Schmidt

Einkommensteuergesetz

Schmidt

Einkommensteuergesetz

Herausgegeben von

Professor Dr. Heinrich Weber-Grellet

Erläutert von

Wolfgang Heinicke
Vors. Richter am Finanzgericht
in München a. D.

Dr. Roland Krüger
Richter am Bundesfinanzhof
in München

Dr. Egmont Kulosa
Richter am Bundesfinanzhof
in München

Dr. Christian Levedag
Richter am Bundesfinanzhof
in München

Dr. Friedrich Loschelder
Richter am Finanzgericht
in Hamburg

Prof. Dr. Siegbert F. Seeger
Präsident des Niedersächsischen
Finanzgerichts in Hannover a. D.

Dr. Roland Wacker
Richter am Bundesfinanzhof
in München

Prof. Dr. habil.
Heinrich Weber-Grellet
Vors. Richter am Bundesfinanzhof
in München a. D.

Begründet von Prof. Dr. Ludwig Schmidt†

35., völlig neubearbeitete Auflage
2016

C.H.BECK

Zitierweise:

Schmidt/Heinicke EStG § 1 Rz 1
Schmidt/Krüger EStG § 8 Rz 1
Schmidt/Kulosa EStG § 6 Rz 1
Schmidt/Levedag EStG § 3 Rz 1
Schmidt/Loschelder EStG § 4h Rz 1
Schmidt/Seeger EStG § 5a Rz 1
Schmidt/Wacker EStG § 15 Rz 1
Schmidt/Weber-Grellet EStG § 2 Rz 1

Ausgeschiedene Autoren

Prof. Dr. Walter Drenseck† (1.–30. Aufl.)
Dr. Peter Glanegger (6.–28. Aufl.)
Prof. Dr. Ludwig Schmidt† (1.–25. Aufl.)

www.beck.de

ISBN 978 3 406 68450 0

Wilhelmstraße 9, 80801 München
Satz, Druck und Bindung: Druckerei C. H. Beck Nördlingen
(Adresse wie Verlag)
Umschlaggestaltung: Druckerei C. H. Beck Nördlingen

Gedruckt auf alterungsbeständigem, säurefreiem Papier
(hergestellt aus chlorfrei gebleichtem Zellstoff)

Vorwort zur 35. Auflage

Verehrte Leserinnen und Leser,

35 Jahre – da ist die erste Jugend Vergangenheit, die Entwicklung ist abgeschlossen und sollte einen Stand erreicht haben, der dazu befähigt, auch die kommenden Jahre zu bestehen. Auch bei der Erarbeitung der 35. Auflage haben wir dementsprechend alle Anstrengungen unternommen, Ihnen den aktuellen Stand des Einkommensteuerrechts in all seinen Facetten zu erläutern, um unseren Lesern erneut eine erstklassige Kommentierung des Einkommensteuerrechts bieten zu können.

Personell haben wir uns wiederum verjüngt und verstärkt durch Herrn Dr. Christian Levedag, der 2013 zum Richter am BFH ernannt worden ist, nachdem er bereits zuvor als Mitarbeiter insbesondere des X. Senats die Luft am BFH kennen gelernt hatte. Herr Levedag hat zunächst die Kommentierung der §§ 3, 3b und 3c übernommen.

I. Gravierende gesetzliche Änderungen hat es im Einkommensteuerrecht seit der Vorauflage nicht gegeben. Wer aber nun meint, dass das zurückliegende Jahr einkommensteuerrechtlich wenig Ertrag gebracht hätte, dürfte angesichts nachfolgender Aufstellung überrascht sein. Die maßgebenden Akteure – Gesetzgeber, Finanzgerichte, Finanzverwaltung – haben das Einkommensteuerrecht erneut „in Bewegung gehalten". Welche Änderungen das im Einzelnen waren, soll die folgende (nur exemplarische und dementsprechend unvollständige) Übersicht illustrieren.

1. Aktuelle Gesetzgebung

Geändert wurde das EStG durch die folgenden Gesetze:

- **Gesetz zur Modernisierung der Finanzaufsicht über Versicherungen (VAG)** v. 1.4.2015, BGBl I 2015, 434, 1834: §§ 4c, 4e, 10, 19, 43
- **Gesetz zur Neuregelung der Unterhaltssicherung sowie zur Änderung soldatenrechtlicher Vorschriften** v. 29.6.2015, BGBl I 2015, 1061: §§ 3, 32b
- **Gesetz zur Anhebung des Grundfreibetrags, des Kinderfreibetrags, des Kindergeldes und des Kinderzuschlags** v. 16.7.2015, BGBl I 2015, 1202): §§ 24b, 32, 32a, 33a, 39a, 39b, 46, 51a, 52, 66
- **Bilanzrichtlinie-Umsetzungsgesetz (BilRUG)** v. 17.7.2015, BGBl I 2015, 1245): §§ 253, 264, 264b, 267 ff. HGB (uU Auswirkungen auf GoB)
- **Bürokratieentlastungsgesetz** (Gesetz zur Entlastung insbesondere der mittelständischen Wirtschaft von Bürokratie) v. 28.7.2015, BGBl. I 2015, 1400: §§ 39a, 39f, 40a, 51a, 52
- **10. Zuständigkeitsanpassungsverordnung** v. 31.8.2015, BGBl I 2015, 1474: §§ 49, 51, 92a
- **Steueränderungsgesetz 2015** v. 2.11.2015, BGBl I 2015, 1834: §§ 1, 3, 6, 6b, 7g, 10, 39e, 43b, 44, 44a, 50, 52
- **Gesetz zur Umsetzung der EU-Mobilitäts-Richtlinie** v. 21.12.2015, BGBl I 2015, 2553: §§ 4d, 6a, 52.

Noch nicht zum Abschluss gebracht worden sind das *Investmentsteuerreformgesetz* und das *Gesetz zur steuerlichen Förderung der Elektromobilität.*

2. Aktuelle Rechtsprechung

Steuerpflicht; Steuerfreiheit: § 1: Fiktive unbeschränkte Einkommensteuerpflicht: Einbeziehung von Kapitaleinkünften, die der Abgeltungsteuer unterliegen (I R 18/14) – § 3: Trinkgelder nach § 3 Nr 51 EStG: Keine Steuerfreiheit freiwilliger Zahlungen von Notaren für die Vertretungstätigkeit von Notarassessoren (VI R 6/14) – § 3: Steuerfreiheit von Trinkgeldern – Freiwillige Zahlungen von Spielbankkunden (VI R 37/14)

Gewinnermittlung: § 4: Gemischt veranlasste Aufwendungen eines eingetragenen Vereins (I R 48/13) – § 4: Anerkennung eines Vertragsverhältnisses (X R 49/13) – § 4: Zurechnung des Ertrags aus einem Schulderlass im Zusammenhang mit einem Gesellschafterwechsel (IV R 38/10) – § 4: Unangemessener Repräsentationsaufwand – Berechnung des Veräußerungsgewinns (X R 14/12) – § 4: Betriebliche Veranlassung der Kosten einer Anteilsübertragung (IV R 44/12) – § 4: Fahrtkosten eines Selbständigen zur Betriebsstätte eines Kunden (III R 59/13) – § 4: Aufwendungen für Fahrten zwischen Wohnung und Betriebsstätte – „Umwegfahrten" (VIII R 12/13) – § 4: Arbeitszimmer für Klavierlehrerin – Mittelpunkt der beruflichen Tätigkeit im Arbeitszimmer (VIII R 8/13) – § 4: Buchwertabspaltung bei Einschlag in stehendes Holz (IV R 21/14) – § 4: Kein Betriebsausgabenabzug bei Nutzung eines nach der sog. 1%-Regelung versteuerten PKW's (III R 33/14) – § 4: Fremdvergleich bei Provisionszahlungen einer Personengesellschaft an beteiligungsidentische GmbH (IV R 16/12) – § 4: Verfassungsmäßigkeit des Abzugsverbots für Gewerbesteuer (IV R 8/13) – § 4: keine Aufteilung von Arbeitszimmeraufwendungen gem § 4 V 1 Nr 6b (GrS 1/14)

Bilanzsteuerrecht: § 5: Keine Pflicht zur Aktivierung eines Instandhaltungsanspruchs (IV R 63/11, IV R 29/12) – § 5: Bilanzierung von Verbindlichkeiten bei Rangrücktritt (I R 44/14) – § 5: Schlussbilanz und Aufgabebilanz im Fall der Betriebsaufgabe (X R 48/13) – § 5: Steuerl Behandlung von kundenspezifischen, mit Werkzeugkostenzuschüssen geförderten Werkzeugen (IV R 3/13) – § 5: Bildung einer Rückstellung wegen Erfüllungsrückstand (X R 27/13) – § 5: Zurechnung von Aktien bei einer Wertpapierleihe (I R 88/13)

Bewertung: § 6: Buchwertabspaltung bei Holzeinschlag (IV R 35/11) – § 6: Abzinsung erfolgsunabhängiger Beitragsrückerstattungen (I R 7/14) – § 6: Wertaufholungsgebot verstößt nicht gegen Art. 20 III GG (IV R 15/12) – § 6: Wertaufholung von Teilwertabschreibungen auf Beteiligungen an Organgesellschaften (IV R 6/11) – § 6: Vorlage an den Großen Senat des BFH zur Ermittlung eines Veräußerungsgewinns bei teilentgeltlichen Übertragungen (X R 28/12) – § 6a: Pensionszusage im Rahmen eines Ehegatten Arbeitsverhältnisses (VIII R 49/12) – § 6b: Keine Verlängerung der Reinvestitionsfrist für Anschaffungsvorgänge (IV B 103/14) – § 7g: Investitionsabzugsbetrag – Nachweis der Investitionsabsicht in Gründungsfällen (IV R 38/12) – § 7g: Ansparabschreibung nach Buchwerteinbringung (GrS 2/12)

Einnahmen; Werbungskosten: § 8: Anwendung der §§ 8 II 9, 19a EStG auf den Aktienerwerb im Rahmen von Mitarbeiterbeteiligungsprogrammen (VI R 16/12) – § 8: Fahrtenbuchmethode; Leasingsonderzahlung – Bloß zeitanteilige Berücksichtigung einer Leasingsonderzahlung (VI R 27/14) – § 9: Fahrtkosten eines Kindes wegen Fachschule und Praktikum (III R 24/14) – § 9: Verpflegungsmehraufwand als Werbungskosten eines Lokomotiv-Rangierführers (VI R 87/13) – § 9: Regelmäßige Arbeitsstätte in der Probezeit oder bei befristeter Beschäftigung (VI R 54/14) – § 9: Abzugsfähigkeit von Umzugskosten als Werbungskosten bei Einkünften aus nichtselbständiger Arbeit (VI R 73/13) – § 9: Verlust einer

Darlehensforderung, Aufwendungen zur Tilgung einer Bürgschaftsverpflichtung (VI R 55/14) – § 9: Doppelte Haushaltsführung bei beiderseits berufstätigen Eheleuten (VI R 71/14) – § 9: Vorab entstandene Werbungskosten im Rahmen des § 21 EStG (IX R 21/14) – § 9: Aufwendungen eines Arbeitnehmers für die Feier des Geburtstages und der Bestellung zum Steuerberater (VI R 46/14) – § 9: Arbeitgeberinsolvenz, Werbungskosten des Arbeitnehmers aus Bürgschaftsverlusten (VI R 77/14) – § 9: Fahrtkosten und Verpflegungsmehraufwendungen eines Polizeibeamten (VI R 8/15) – § 9: Berücksichtigung nachträglicher Schuldzinsen nach nicht steuerbarer Veräußerung einer Immobilie (IX R 40/14) – § 9: Risikolebensversicherungsbeiträge keine Werbungskosten bei den Einkünften aus VuV (IX R 35/14)

Sonderausgaben: § 10: Vermögensübergabe gegen Versorgungsleistungen – Zeitpunktbezogene Ertragsprognose (X R 47/14) – § 10: Verfassungsmäßigkeit der Neuregelung des beschränkten Abzugs der sonstigen Vorsorgeaufwendungen (X R 5/13; I R 61/13) – § 10: Kein Abzug von ausl Sozialversicherungsbeiträgen (EuGH-Vorlage; I R 62/13) – § 10a: Altersvorsorgezulage: Mittelbare Zulageberechtigung über den Ehegatten bei Versäumung der Einwilligungsfrist (X R 20/14) – § 10a: Altersvorsorgezulage: Versäumung der Frist für die Erteilung der Einwilligung von Beamten (X R 38/14) – § 10a: Kein zusätzlicher Sonderausgabenabzug gem § 10a EStG für nicht aktiv in der gesetzlichen Rentenversicherung Pflichtversicherte (X R 11/13) – § 10b: Spende an eine sog. Vorstiftung keine Sonderausgabe (X R 36/11) – § 79: Erträge des Altersvorsorgevermögens keine Altersvorsorgebeiträge (X R 41/13)

Einzelne Einkünfte: § 15: Anforderungen an die Nachhaltigkeit bei gewerblichem Grundstückshandel (X R 25/13) – § 15: Betriebsaufspaltung mit einer vermögensverwaltenden GmbH (IV R 11/13) – § 15: Betriebsaufspaltung – Gewerbesteuerbefreiung einer Besitzpersonengesellschaft (IV R 26/13) – § 15: Keine Betriebsaufspaltung zwischen Eigentümer und Mieter bei Vermietung durch Erbbauberechtigten (IV R 9/13) – § 15: Minderheitsbeteiligung an Komplementär-GmbH kein notwendiges SonderBV II (IV R 1/12) – § 15: vGA bei GmbH & Atypisch Still – Gewinnkorrektur (IV R 5/12) – § 15a: Einbeziehung eines negativen Kapitalkontos in die Berechnung des Veräußerungsgewinns (IV R 19/12) – § 16: Tarifbegünstigung des Betriebsaufgabegewinns (IV R 26/12) – § 16: Freibetrag nach § 16 IV EStG – Erbfall (X R 6/13) – § 16: Betriebsaufgabe aufgrund Vorbehaltsnießbrauch (X R 16/12) – § 17: Zuordnung Veräußerungsverlust § 17 EStG/§ 23 EStG (IX R 16/14) – § 17: Zivilrechtliche Folgen der Auflösung einer GmbH – Berechnung des Auflösungsgewinns (IX R 28/14) – § 17: Realisierung eines Veräußerungsverlusts (IX R 30/14) – § 17: Bewertung einer Sachgegenleistung nach dem Zeitpunkt der Erfüllung (IX R 43/14) – § 19: Telefoninterviewer als Arbeitnehmer (VI R 77/12) – § 20: Besteuerung einer Entschädigungszahlung für entgehende Einnahmen aus Genussrechten (VIII R4/12) – § 20: Rechtmäßigkeit der Besteuerung von Erstattungszinsen (VIII R 30/13) – § 20: Besteuerung des Gewinns aus der Einlösung von Xetra-Gold Inhaberschuldverschreibungen (VIII R 35/14, VIII R 4/15) – § 20: Aktienveräußerung im Rahmen eines amerikanischen Insolvenzplanverfahrens (IX R 57/13) – § 20: Einkünfte aus Kapitalvermögen – Zinsen gem § 44 I SGB I (VIII R 18/12) – § 20: Besteuerung von Erträgen aus sog. „schwarzen" Fonds nach dem AuslInvestmG (VIII R 2/09, VIII R 39/12) – § 20: VGA durch überhöhte Geschäftsführervergütungen an den Kommanditisten der Mutter-KG nahestehende Personen (IV R 7/13) – § 21: Einkünfteerzielungsabsicht bei langjähriger Generalsanierung von leerstehenden Wohnungen (IX R 46/13) – § 21: Einkünfteerzielungabsicht bei Gewerbeimmobilien (IX R 31/14) – § 22 Nr 1: Einkommensbesteuerung von Destinatärsleistungen von Stiftungen (X R 31/13) – § 22 Nr 1: Steuerliche Behandlung der Todesfallleistung einer schweizerischen privatrechtlichen Pensionskasse (X R 43/11) – § 22 Nr 3: Eingeschränkte Berücksichtigung von Verlusten aus Stillhaltegeschäften (IX R 8/14) – § 22 Nr 3: Vergütung für die Verpfändung eines GmbH-Anteils zur Sicherung eines Darlehens (IX R 35/13) – § 22 Nr 3: Erhalt von Bestechungsgeldern – Herausgabe an Arbeitgeber (IX R 26/14) – § 23: Privates Veräußerungsgeschäft – Verkauf unter aufschiebender Bedingung (IX R 23/13) – § 23: Verfall von Knock-out-Produkten – Erwerbsaufwendungen für verfallene Termingeschäfte (IX R 20/14) – § 24: Entschädigung für die vorzeitige Beendigung eines Grundstückspachtvertrages (III R 22/14)

Tarif; außergewöhnliche Belastungen: § 32: Elterngeldzahlungen als Bezüge eines behinderten Kindes (III R 31/13) – § 32: Kindergeld: Abschluss einer erstmaligen Berufsausbildung bei mehraktiger Ausbildung (V R 27/14) – § 32: Kindergeld: Beginn der Übergangszeit gem § 32 IV 1 Nr 2 Buchst b EStG (III R 54/13) – § 32: Kindergeldanspruch: Wegfall der Arbeitsuchendmeldung aufgrund Pflichtverletzung des Kindes (XI R 46/14) – § 32: Kindergeldanspruch bei dualer Ausbildung (XI R 1/14) – § 32: Kindergeld, Anforderungen an den Nachweis als Ausbildungsuchender (VI R 10/14) – § 32: Kindergeld: erstmalige Berufsausbildung und Ausbildungsdienstverhältnis eines Feldwebels (III R 37/14) – § 32: Kindergeld: Konsekutives Masterstudium als Teil der Erstausbildung (VI R 9/15) – § 32: Kindergeld: Ausbildung für einen Beruf und Ausbildungsdienstverhältnis bei verwendungsbezogenen Lehrgängen (III R 6/15) – § 32: Kein Kindergeld für behindertes Kind bei Fehlen hinreichender Nachweise (XI R 17/14) – § 32d: Abgeltungsteuer: Kein Abzug der tatsächlichen Werbungskosten bei Günstigerprüfung (VIII R 13/13) – § 32d: Ausschluss des Abgeltungsteuersatzes bei Kapitalerträgen aus Darlehen zwischen Ehegatten (VIII R 8/14) – § 32d: Antrag auf Anwendung der tariflichen Einkommensteuer (Günstigerprüfung) nach § 32d VI EStG (VIII R 14/13) – § 32d: Antrag auf Anwendung des Teileinkünfteverfahrens nach § 32d II Nr 3 S 1 Buchst a EStG (VIII R 50/14) – § 32d: Antrag auf Anwendung des Teileinkünfteverfahrens nach § 32d II Nr 3 S 1 Buchst b EStG (VIII R 3/14) – § 33: Nachweis der Zwangsläufigkeit von krankheitsbedingten Aufwendungen nach § 64 EStDV (VI R 85/13) – § 33: Adoptionskosten als außergewöhnliche Belastungen (VI R 60/11) – § 33: Aufwendungen für Arzneimittel bei Diätverpflegung als außergewöhnliche Belastung (VI R 89/13) – § 33: Behinderungsbedingte Umbaukosten einer Motoryacht keine außergewöhnlichen Belastungen (VI R 30/14) – § 33: Außergewöhnliche Belastungen bei Unterbringung einer Jugendlichen (VI R 31/14) – § 33: Zivilprozesskosten im Allgemeinen keine außergewöhnlichen Belastungen (VI R 17/14; X R 34/12) – § 33: Außergewöhnliche Belastungen, zumutbare Belastung, Krankheitskosten, Zuzahlungen (VI R 32/13) – § 33a: Außergewöhnliche Belastung durch Unterhaltszahlungen: Erwerbsobliegenheit bei im Ausland ansässigen Angehörigen (VI R 5/14) – § 33a: Unterhaltsaufwendungen an im Ausland lebende Eltern (VI R 32/14) – § 33a: Außergewöhnliche Belastungen – keine Kürzung der anrechenbaren Einkünfte um Pflichtbeiträge (VI R 45/13) – § 34: Keine Tarifbegünstigung bei Teilzahlung (IX R 29/14) – § 34: Ermäßigt zu besteuernder Arbeitslohn für eine mehrjährige Tätigkeit (VI R 44/13) – § 34: Besteuerung einer Entschädigungszahlung für entgehende Einnahmen aufgrund einer Vergleichsvereinbarung (VIII R 2/13) – § 34: Abfindung – Ermäßigte Besteuerung – Geringfügigkeit einer Teilauszahlung (IX R 46/14) – § 35: Gewerbesteueranrechnung (IV R 27/12) – § 35: Ermäßigungshöchstbetrag – keine quellenbezogene Betrachtung (III R 7/14) – § 35a: Versorgung und Betreuung eines Haustieres als haushaltsnahe Dienstleistung (VI R 13/15) – § 35a: Betreuungspauschale für Notrufsystem (VI R 18/14)

Erhebung der Einkommensteuer: § 36: Anrechnung und Aufrechnung nach Eröffnung des Insolvenzverfahrens (VII R 27/14) – § 36: Anrechnung ausländischer Körperschaftsteuer – Schlussurteil Meilicke I und Meilicke II (I R 69/12)

Lohnsteuer: § 38: Lohnsteuerpauschalierung bei geldwerten Vorteilen für Fahrten zwischen Wohnung und Arbeitsstätte (VI R 69/14) – § 38a: Einkommensteuernachzahlung bei Nettolohnvereinbarung (VI R 1/14)

Kapitalertragsteuer: § 44b: Erstattungsanspruch (I R 11/13)

Beschränkt steuerpflichtige Einkünfte: § 49: Besteuerung von Abfindungen; keine Bindungswirkung späterer Konsultationsvereinbarungen (I R 79/13) – § 50: Abzugsfähigkeit von Versorgungsleistungen im Zusammenhang mit Vermögensübertragungen (EuGH C-559/13 *Grünewald*))

Sonstige Vorschriften: § 50d: Verfassungswidrigkeit eines sog. Treaty override – Ergänzungsbeschluss (I R 66/09) – § 50d: Besteuerung von in Deutschland ansässigen und im Ausland beschäftigten Piloten (I R 68/14)

Kindergeld: § 62: Kindergeldberechtigung nicht freizügigkeitsberechtigter Ausländer (III R 19/14) – § 62: Kindergeld: Keine Sperrwirkung hinsichtlich Anwendung der §§ 62 ff. EStG aufgrund VO (EWG) Nr 1408/71 (III R 29/14) – § 62: Differenzkindergeld für einen vom persönlichen Anwendungsbereich der VO (EWG) Nr 1408/71 erfassten Selbständigen (III R 39/13) – § 63: Kindergeld – Beibehaltung des Wohnsitzes – mehrjähriger Auslandsaufenthalt – Auslandsstudium (III R 38/14) – § 65: Kumulierung von Ansprüchen auf Familienleistungen (III R 40/09) – § 65: Kindergeld: notwendiger Umfang der Feststellungen zum anwendbaren ausländischen Recht (III R 6/14) – § 74: Kostenerstattung für Einspruch gegen die Erstattung von Kindergeld an einen Sozialleistungsträger (III R 31/14)

3. Aktuelle BMF-Schreiben

Änderungen der Gesetzgebung und im Bereich der Rechtsprechung haben fast zwangsläufig auch Änderungen der Verwaltungsanweisungen zur Folge. Dementsprechend sind im letzten Jahr wieder zahlreiche BMF-Schreiben ergangen, die fast alle Bereiche des Einkommensteuerrechts berühren:

Gewinnermittlung: § 4: Standardisierte Einnahmenüberschussrechnung nach § 60 IV EStDV; Anlage EÜR 2015 – IV C 6-S 2142/07/10001:010 (27.10.) – § 4b: Betriebliche Altersversorgung; Übertragung von Versorgungsverpflichtungen – IV C 6-S 2144/07/10003 (10.7.) – § 5: Gewinnrealisierung bei Abschlagszahlungen für Werkleistungen; BFH-Urteil vom 14. Mai 2014 – IV C 6-S 2130/15/10001 (29.6.) – § 5b: E-Bilanz; Veröffentlichung der Taxonomien 5.4 vom 3. April 2015 – IV C 6-S 2133-b/11/10016:006 (25.6.) – § 6: Bewertung des Vorratsvermögens gem. § 6 I Nr 2a EStG – Lifo-Methode – IV C 6-S 2174/07/10001:002 (12.5.)

Sachbezüge: § 8: Lohnsteuerliche Behandlung von unentgeltlichen oder verbilligten Mahlzeiten der Arbeitnehmer – IV C 5 – S 2334/14/10005 (9.12.) – § 8: Pauschbeträge für Sachentnahmen (Eigenverbrauch) – V A 4-S 1547/13/10001-03 (16.12.)

Werbungskosten: § 9: Dienstreise-Kaskoversicherung des Arbeitgebers für Kraftfahrzeuge des Arbeitnehmers – IV C 5-S 2353/11/10 003 (9.9.) – § 9: Steuerliche Behandlung von Reisekosten und Reisekostenvergütungen bei betrieblichen und beruflichen Fahrten – IV C 5-S 2353/08/10 006:006 (9.12.)

Sonderausgaben: § 10: Einkommensteuerrechtliche Behandlung von Vorsorgeaufwendungen und Altersbezügen – IV C 5-S 2345/08/10 001:006 (10.4.) – § 10: Einkommensteuerrechtliche Behandlung von Vorsorgeaufwendungen und Altersbezügen – IV C 5-S 2345/15/10 001 (1.6.) – § 10: Vorsorgeaufwendungen, Aufteilung eines einheitlichen Sozialversicherungsbeitrags – IV C 3-S 2221/09/10 013:001 (28.8.) – § 10: Leistungen aufgrund von Vermögensübergabeverträgen; Sonderausgabenabzug und Besteuerung bei beschr Stpfl – IV C 3-S 2301/07/10 001:003 (18.12.)

Einkünfte: § 13a: Gewinnermittlung nach Durchschnittssätzen für Land- und Forstwirte – IV C 7-S 2149/15/10001 (10.11.) – § 17: Rückwirkende Absenkung der Beteiligungsgrenze in § 17 I 4 EStG – IV C 6-S 2244/10/10 001:003 (16.12.) – § 19: Steuerl Behandlung der Rabatte, die Arbeitnehmern von dritter Seite eingeräumt werden – IV C 5-S 2360/12/10002 (20.1.) – § 19: Steuerl Behandlung von Arbeitgeberdarlehen – IV C 5-S 2334/07/0009 (19.5.) – § 19: Lohn- und umsatzsteuerl Behandlung von Betriebsveranstaltungen – IV C 5-S 2332/15/10 001 (14.10.) – § 20: Auslegungsfragen zu § 20 I Nr 10 EStG bei Betrieben gewerblicher Art – IV C 2-S 2706-a/13/10 001 (9.1.) – § 20: Steuerl Behandlung von negativen Einlagezinsen und von Zinsen auf rückerstattete Gebühren – IV C 1-S 2210/15/10 001:002 (27.5.) – § 23: Ermittlung des Gewinns aus privaten Veräußerungsgeschäften in Fällen der rückwirkenden Verlängerung der Veräußerungsfrist – IV C 1-S 2256/07/10 001:009 (18.5.)

Unterhalt: § 33a: Unterhaltsleistungen nach § 33a I 1 EStG – IV C 4-S 2285/07/0003:006 (27.5.)

Steueranrechnung; Steuerberechnung: § 34c: Anrechnung spanischer Quellensteuer auf die deutsche AbgeltungSt – IV C 1-S 2406/10/10 001:002 (18.3.) – § 34c: Anrechnung ausländischer Steuern – Umsetzung des EuGH-Urteils C-168/11 – IV B 3-S 2293/09/10005-04 (4.5.) – § 35: Steuerermäßigung bei Aufwendungen für haushaltsnahe Beschäftigungsverhältnisse – IV C 4-S 2296-b/07/0003:007 (10.11.) – § 37b: Pauschalierung der Einkommensteuer bei Sachzuwendungen – IV C 6-S 2297-b/14/10 001 (19.5.) – § 38: Lohn- und umsatzsteuerliche Behandlung von Betriebsveranstaltungen – IV C 5-S 2332/15/10 001 (14.10.) – § 50i: Anwendung des § 50i II EStG – IV B 5-S 1300/14/10 007 (21.12.)

II. Unser besonderer Dank gilt auch bei dieser Neuauflage dem engagierten und unermüdlichen Einsatz der Mitarbeiter des Verlags, ohne deren Hilfe und Unterstützung das Werk nicht gelingen könnte, und Ihnen, liebe Leserinnen und Leser, die wieder in zahlreichen Fällen mit uns in Kontakt getreten sind, uns auf Fehler und Ungereimtheiten aufmerksam gemacht und uns Anregungen gegeben haben.

III. Über Glanz und Elend der Kommentatoren ist schon viel geschrieben worden; vom Glanz und Elend der Leser war selten die Rede: Vom Elend des Lesers, wenn er nach mühsamer Suche mal wieder keine Antwort gefunden hat; aber auch vom Glanz (in den Augen) des Lesers, wenn der Kommentator das Problem gesehen und einen Weg gewiesen hat, der den Erwartungen des Lesers entspricht. Wir hoffen, dass Sie, verehrte Leserinnen und Leser, mit unserem Kommentar – trotz seines handlichen Umfangs – möglichst häufig die zweite Alternative erleben werden.

Im März 2016 *Die Verfasser*

Redaktionelle Hinweise:

Kontaktadresse: Wenn Sie uns Fehler, Ungenauigkeiten oder Verbesserungsvorschläge mitteilen wollen, kontaktieren Sie uns bitte über die Mail-Adresse steuerrecht@beck.de

Lücken bei den Randziffern: Die gelegentlichen Randziffern-Sprünge sind *bewusst gesetzt,* damit wir bei eventuell notwendigen Ergänzungen in späteren Auflagen nicht alle Randziffern ändern müssen.

Vorwort zur 1. Auflage 1982

Unsere Verwegenheit, dem geneigten Publikum einen neuen Kommentar zum Einkommensteuergesetz anzubieten, lässt sich rational kaum erklären, am ehesten vielleicht noch aus dem eigenen Wunsch nach einer auf praktische Bedürfnisse konzentrierten, aber gleichwohl möglichst umfassenden, aktuellen und einsichtigen Erläuterung des EStG. Jedenfalls war ein solches Werk das Ziel unserer Anstrengungen, wobei wir mit einer einsichtigen Erläuterung in aller Bescheidenheit nur eine Darstellung meinen, die bemüht ist, sowohl dem Experten als auch dem interessierten Steuerlaien weiterzuhelfen. Folgerichtig wenden wir uns zwar naturgemäß primär an den Praktiker im Bereich der beratenden Berufe, der Wirtschaft, der Gerichte und der Verwaltung, grundsätzlich aber an jeden, der gelegentlich (z. B. als Zivilrichter, als Anwalt, als Vermögensverwalter oder einfach als Steuerzahler) oder der erstmals (z. B. im Rahmen seiner Ausbildung) mit Fragen des Einkommensteuerrechts konfrontiert wird. Bei unserer Dokumentation zum EStG waren wir bemüht, die Rechtsprechung des Bundesfinanzhofs, soweit veröffentlicht und soweit nicht durch jüngere Entscheidungen überholt, erschöpfend zu berücksichtigen. Die Rechtsprechung der Finanzgerichte und das Schrifttum, insbesondere in Form von Aufsätzen und Monografien, sind in einer, wie wir hoffen, reichhaltigen und weiterführenden Auswahl dargeboten. Ein besonderes Anliegen war uns die stete Verbindung mit dem Zivilrecht einschließlich Handels- und Gesellschaftsrecht, insbesondere die Erkenntnis zivilrechtlicher Gegebenheiten als Grundlage einkommensteuerrechtlicher Wertungen. Unsere eigenen Rechtsansichten, für die jeder Autor nur persönlich verantwortlich zeichnet, bleiben nicht verborgen, stehen aber ebensowenig im Vordergrund der Kommentierung wie etwa neue Theorien oder Systeme.

Für Hinweise und Anregungen aus der Leserschaft werden wir uns stets dankbar zeigen.

Herzlicher Dank gebührt dem Verleger und seinen Mitarbeitern, unter ihnen insbesondere Herrn *Albert Buchholz* für das große Engagement und die vielfältige Unterstützung.

Im April 1982 *Die Verfasser*

Bearbeiterverzeichnis

Es wurden bearbeitet von

Wolfgang Heinicke
§§ 1, 1a, 2a–4, 4a, 4g, 10, 10b–10d, 32b, 34c, 34d, 34g

Dr. Roland Krüger
§§ 8, 11–11b, 19, 19a, 35a, 38–42g, 52b

Dr. Egmont Kulosa
§§ 6, 7–7k, 10f, 10g, 13–14a, 21, 34b, 35b, 46, 55

Dr. Christian Levedag
§§ 3, 3b, 3c

Dr. Friedrich Loschelder
§§ 4h, 6b, 6c, 9, 9a, 12, 24b, 31–32a, 32c, 33–33b, 36–37b, 48–50a, 50d, 50e, 50i, 51a (mit Exkurs SolZG), 53

Prof. Dr. Siegbert Seeger
§§ 5a, 15b, 25–28

Dr. Roland Wacker
§§ 15, 15a, 16, 18, 24, 24a, 34, 34a, 35, 79–99

Prof. Dr. habil. Heinrich Weber-Grellet
§§ 2, 4b–4f, 5, 5b, 6a, 9b, 10a, 17, 20, 22, 22a, 23, 32d, 43–45e, 50b, 50f–50h, 51, 52, 56–58, 62–78

Inhaltsverzeichnis

Einkommensteuergesetz (EStG)

I. Steuerpflicht

II. Einkommen

1. Sachliche Voraussetzungen für die Besteuerung

2. Steuerfreie Einnahmen

3. Gewinn

8. Die einzelnen Einkunftsarten

III. Veranlagung

IV. Tarif

VIII. Besteuerung beschränkt Steuerpflichtiger

IX. Sonstige Vorschriften, Bußgeld-, Ermächtigungs- und Schlussvorschriften

X. Kindergeld

XI. Altersvorsorgezulage

Einkommensteuer-Durchführungsverordnung (EStDV)

Lohnsteuer-Durchführungsverordnung (LStDV)

Abkürzungsverzeichnis

aA	anderer Ansicht
aaO	am angeführten Ort
AbgeltungSt	Abgeltungsteuer
abl	ablehnend
Abs	Absatz
abw	abweichend
AdV	Aussetzung der Vollziehung
aF	alte Fassung
AfA	Absetzung für Abnutzung
AfaA	Absetzung für außergewöhnliche Abnutzung
AFR	Ahrend/Förster/Rößler, Steuerrecht der betrieblichen Altersversorgung (Loseblatt)
AfS	Absetzung für Substanzverringerung
AG	Aktiengesellschaft; Die Aktiengesellschaft (Zeitschrift)
agB	außergewöhnliche Belastung
AGGrenzG NL	Ausführungsgesetz Grenzgänger Niederlande
AK	Anschaffungskosten
AktG	Aktiengesetz
allg	allgemein
Alt	Alternative
AltEinkG	Alterseinkünftegesetz
AltfahrzeugG	Gesetz über die Entsorgung von Altfahrzeugen
AltvVerbG	Altersvorsorge-Verbesserungsgesetz
AltZertG	Altersvorsorgeverträge-Zertifizierungsgesetz
AmtshilfeRLUmsG	Amtshilferichtlinie-Umsetzungsgesetz
Anm	Anmerkung
ao	außerordentlich
AO	Abgabenordnung
AOÄndG	Gesetz zur Änderung der AO und weiterer Gesetze
AO-StB	Der AO-Steuerberater (Zeitschrift)
ArbG	Arbeitgeber
ArbLohn	Arbeitslohn
ArblVers	Arbeitslosenversicherung
ArbN	Arbeitnehmer
ArbVerh	Arbeitsverhältnis
ArbZG	Arbeitszeitgesetz
arg	argumentum
Art	Artikel
AStG	Außensteuergesetz
ATG	Altersteilzeitgesetz
AufenthG	Gesetz über den Aufenthalt, die Erwerbstätigkeit und die Integration von Ausländern
AÜG	Arbeitnehmerüberlassungsgesetz
Aufl	Auflage
Ausl, ausl	Ausland, ausländisch
AUV	Auslandsumzugskostenverordnung
AV	Anlagevermögen
AVmG	Altersvermögensgesetz

BA	Betriebsausgaben
BaFin	Bundesanstalt für Finanzdienstleistungsaufsicht
BAföG	Bundesausbildungsförderungsgesetz
BAG	Bundesarbeitsgericht
BAnz	Bundesanzeiger
BauGB	Baugesetzbuch
BaWü	Baden-Württemberg
Bay	Bayern (bayerisch)
BB	Betriebs-Berater (Zeitschrift)
BBg/Bbg	Berlin-Brandenburg/Brandenburg
BBK	Buchführung, Bilanz, Kostenrechnung (Zeitschrift)
BC	Bilanzbuchhalter und Controller (Zeitschrift)
Bd	Band
BE	Betriebseinnahme(n)
BeBiKo	Beck'scher Bilanz-Kommentar, 9. Aufl. 2014
BEEG	Gesetz zum Elterngeld und zur Elternzeit
Beil	Beilage
Begr	Begründung
BeitrRLUmsG	Beitreibungsrichtlinie-Umsetzungsgesetz
bej	bejahend
beschr	beschränkt
bestr	bestritten
BeSt	Beratersicht zur Steuerrechtsprechung
betr	betreffend
BetrAufsp	Betriebsaufspaltung
BetrAV	Mitteilungsblatt der Arbeitsgemeinschaft für betriebliche Altersversorgung (Zeitschrift)
BetrAVG	Gesetz zur Verbesserung der betrieblichen Altersversorgung
BetrVG	Betriebsverfassungsgesetz
BewG	Bewertungsgesetz
BFHE	Sammlung der Entscheidungen des Bundesfinanzhofs
BFH/NV	Sammlung amtlich nicht veröffentlichter Entscheidungen des Bundesfinanzhofs (Zeitschrift)
BFH-PR	Entscheidungen des BFH für die Praxis der Steuerberatung (Zeitschrift)
BFuP	Betriebswirtschaftliche Forschung und Praxis (Zeitschrift)
BGB	Bürgerliches Gesetzbuch
BGBl	Bundesgesetzblatt
BGHZ	Entscheidungen des Bundesgerichtshofs in Zivilsachen
BH HGB	Baumbach/Hopt, Kommentar zum HGB, 36. Aufl. 2014
BH GmbHG	Baumbach/Hueck, Kommentar zum GmbHG, 20. Aufl. 2013
BImSchG	Bundesimmissionsschutzgesetz
Binz	Binz, GmbH & Co. KG, 11. Aufl. 2010
BiRiLiG	Bilanzrichtlinien-Gesetz
Birk	Birk/Desens/Tappe, Steuerrecht, 18. Aufl. 2015
BKGG	Bundeskindergeldgesetz
BKR	Zeitschrift für Bank- und Kapitalmarktrecht
Bln	Berlin
Blümich/Autor	Blümich, Kommentar zu EStG, KStG, GewStG und Nebengesetzen (Loseblatt)
BMF	Bundesministerium der Finanzen
BNotO	Bundesnotarordnung
BoBr	Bordewin/Brandt, Kommentar zum EStG (Loseblatt)
BörsG	Börsengesetz

BP	Betriebsprüfung
BPO	Betriebsprüfungsordnung
BR-Drs	Bundesrats-Drucksache
BReg	Bundesregierung
Brem	Bremen
BRKG	Bundesreisekostengesetz
BSG	Bundessozialgericht
BSGE	Entscheidungen des Bundessozialgerichts
BSL	Berger/Steck/Lübbehüsen, InvStG-Kommentar, 1. Aufl. 2011
BStBl	Bundessteuerblatt
BT-Drs	Bundestags-Drucksache
Buchst	Buchstabe
BUKG	Bundesumzugskostengesetz
BürgEntlG	Bürgerentlastungsgesetz
BuW	Betrieb und Wirtschaft (Zeitschrift)
BV	Betriebsvermögen
BVerfG	Bundesverfassungsgericht
BVerwG	Bundesverwaltungsgericht
BVG	Bundesversorgungsgesetz
bzgl	bezüglich
BZSt	Bundeszentralamt für Steuern
Chem	Chemnitz
Cott	Cottbus
DA-KiGeld	Dienstanweisung zum Kindergeld nach dem Einkommensteuergesetz
DB	Der Betrieb (Zeitschrift)
DBA	Doppelbesteuerungsabkommen
Ddorf	Düsseldorf
demggü	demgegenüber
ders	derselbe
DienstVerh	Dienstverhältnis
diff	differenzierend
DirektVers	Direktversicherung
Diss	Dissertation
DMBilG	Gesetz über die Eröffnungsbilanz in Deutscher Mark
DM-EB	DM-Eröffnungsbilanz
döR	des öffentlichen Rechts
Dötsch	Dötsch/Eversberg/Jost/Witt, KStG-Kommentar (Loseblatt)
Drs	Drucksache
DRV Bund	Deutsche Rentenversicherung Bund
DStBTg	Deutscher Steuerberatertag (Protokoll)
DStJG, Bd	Deutsche Steuerjuristische Gesellschaft e. V., Band
DStR	Deutsches Steuerrecht (Zeitschrift)
DStRE	Deutsches Steuerrecht Entscheidungsdienst (Zeitschrift)
DStZ	Deutsche Steuer-Zeitung
dt	deutsch
DV, DVO	Durchführungsverordnung
DW	Debatin/Wassermeyer, Doppelbesteuerungsabkommen (Loseblatt-Kommentar)
EB	Eröffnungsbilanz
EBITDA	earnings before interest, taxes, depreciation and amortization
EFG	Entscheidungen der Finanzgerichte

EG	Einführungsgesetz; Europäische Gemeinschaft
EGAmtAnpG	EG-Amtshilfe-Anpassungsgesetz
EGG	Gesetz über rechtliche Rahmenbedingungen für den elektronischen Geschäftsverkehr
EGMR	Europäischer Gerichtshof für Menschenrechte
EGRiLi	EG-Richtlinie
ehem	ehemalige(r)
EigRentG	Eigenheimrentengesetz
Einl	Einleitung
einschr	einschränkend
EK-Quote	Eigenkapitalquote
EK-Vergleich	Eigenkapitalvergleich
entspr	entsprechend
Entw	Entwurf
ErbSt	Erbschaftsteuer
ErbStG	Erbschaftsteuer- und Schenkungsteuergesetz
ErbStPfl, erbstpfl	Erbschaftsteuerpflicht, erbschaftsteuerpflichtig
Erf	Erfurt
Erläut	Erläuterung
ESG	Gesetz zur Stärkung des Ehrenamts
ESt	Einkommensteuer
EStÄndG	Einkommensteueränderungsgesetz
EStÄR	Einkommensteuer-Änderungsrichtlinien
EStB	Der Ertragsteuerberater (Zeitschrift)
EStDV	Einkommensteuer-Durchführungsverordnung
EStG	Einkommensteuergesetz
EStH	Einkommensteuer-Hinweise
estl	einkommensteuerlich
EStPfl, estpfl	Einkommensteuerpflicht, einkommensteuerpflichtig
EStR	Einkommensteuer-Richtlinien
EU	Europäische Union
EuG/EuGH	Gericht der Europäischen Union/Europäischer Gerichtshof
EURLUmsG	Richtlinien-Umsetzungsgesetz
EuroG	Gesetz zur Einführung des Euro
EU-VorgUmsG	Gesetz zur Umsetzung steuerlicher EU-Vorgaben sowie zur Änderung steuerlicher Vorschriften
EuZW	Europäische Zeitschrift für Wirtschaftsrecht
evtl	eventuell
EWIV	Europäische wirtschaftliche Interessenvereinigung
EWR	Europäischer Wirtschaftsraum
EWS	Europäisches Wirtschafts- und Steuerrecht (Zeitschrift)
EZB	Europäische Zentralbank
FA, FÄ	Finanzamt, Finanzämter
FamFördG	Gesetz zur Familienförderung
FamLeistG	Familienleistungsgesetz
FELEG	Gesetz zur Förderung der Einstellung landwirtschaftlicher Erwerbstätigkeit
Felsmann	Felsmann, Einkommensbesteuerung der LuF (Loseblatt)
Ffm	Frankfurt am Main
FG BaWü	Finanzgericht Baden-Württemberg
FG BBg	Finanzgericht Berlin-Brandenburg
FG Bbg	Finanzgericht Brandenburg
FG Bln	Finanzgericht Berlin
FG Brem	Finanzgericht Bremen

FG Ddorf	Finanzgericht Düsseldorf
FG Hbg	Finanzgericht Hamburg
FG Hess	Hessisches Finanzgericht
FG Köln	Finanzgericht Köln
FG Mchn	Finanzgericht München
FG MeVo	Finanzgericht Mecklenburg-Vorpommern
FG Mster	Finanzgericht Münster
FG Nbg	Finanzgericht Nürnberg
FG Nds	Niedersächsisches Finanzgericht
FG RhPf	Finanzgericht Rheinland-Pfalz
FG Saarl	Finanzgericht des Saarlandes
FG SachsAnh	Finanzgericht Sachsen-Anhalt
FG Sachs	Sächsisches Finanzgericht
FG SchlHol	Schleswig-Holsteinisches Finanzgericht
FG Thür	Finanzgericht Thüringen
FGG	Gesetz über die freiwillige Gerichtsbarkeit
FGO	Finanzgerichtsordnung
FinA	Finanzausschuss
FinVerw	Finanzverwaltung
FMBl	Finanzministerialblatt
Fn	Fußnote
FN-IdW	Fachnachrichten des Instituts der Wirtschaftsprüfer
FödRefBeglG	Föderalismusreform-Begleitgesetz
FördWachsG	Gesetz zur stl Förderung von Wachstum und Beschäftigung
FR	Finanz-Rundschau (Zeitschrift)
Frotscher	Frotscher, EStG-Kommentar (Loseblatt)
FS	Festschrift
FSchAusglG	Forstschädenausgleichsgesetz
FVG	Gesetz über die Finanzverwaltung
FWBS	Flick/Wassermeyer/Baumhoff/Schönfeld, Kommentar zum Außensteuerrecht (Loseblatt)
GAV	Gewinnabführungsvertrag
GBl	Gesetzblatt
GbR	Gesellschaft bürgerlichen Rechts
gem	gemäß
GenG	Genossenschaftsgesetz
Ges	Gesellschaft
Ges'ter	Gesellschafter
GewBetr	Gewerbebetrieb
GewSt	Gewerbesteuer
gewstl	gewerbesteuerlich
GewStDV	Gewerbesteuer-Durchführungsverordnung
GewStG	Gewerbesteuergesetz
GewStPfl, gewstpfl	Gewerbesteuerpflicht, gewerbesteuerpflichtig
GewStR	Gewerbesteuerrichtlinien
GG	Grundgesetz
ggf	gegebenenfalls
ggü	gegenüber
glA	gleicher Ansicht
Glanegger/Güroff, GewStG	Glanegger/Güroff, Kommentar zum GewStG, 8. Aufl. 2014
GmbHG	Gesetz betreffend die GmbH
GmbHR	GmbH-Rundschau (Zeitschrift)
GmbH-StB	Der GmbH-Steuerberater (Zeitschrift)

GoB .... Grundsätze ordnungsmäßiger Buchführung
Gosch .... Gosch, KStG-Kommentar, 3. Aufl. 2015
grds .... grundsätzlich
GrESt .... Grunderwerbsteuer
GrEStG .... Grunderwerbsteuergesetz
GrenzpendlerG .... Gesetz zur estl Entlastung von Grenzpendlern
GrS .... Großer Senat
GS .... Gedächtnisschrift
GStB .... Gestaltende Steuerberatung (Zeitschrift)
GuB .... Grund und Boden
GuV .... Gewinn- und Verlustrechnung
GVBl .... Gesetz- und Verordnungsblatt
GWG .... geringwertige Wirtschaftsgüter

Habil .... Habilitationsschrift
HAG .... Heimarbeitsgesetz
Hann .... Hannover
HB .... Handelsbilanz
HBeglG .... Haushaltsbegleitgesetz
Hbg .... Hamburg
HdJ .... Handbuch Jahresabschluss in Einzeldarstellung (Loseblatt)
HdR .... Beck'sches Handbuch der Rechnungslegung (Loseblatt)
HdU .... Handbuch der Unternehmensbesteuerung (Loseblatt)
Hess .... Hessen
HFA .... Hauptfachausschuss des Instituts der Wirtschaftsprüfer
HFR .... Höchstrichterliche Finanzrechtsprechung
HHR .... Herrmann/Heuer/Raupach, Kommentar zur Einkommensteuer und Körperschaftsteuer (Loseblatt)
HHSp .... Hübschmann/Hepp/Spitaler, Loseblatt-Kommentar zu AO und FGO
HK .... Herstellungskosten
hL .... herrschende Lehre
hM .... herrschende Meinung
HMW .... Hartz/Meeßen/Wolf, ABC-Führer Lohnsteuer (Loseblatt)
HöfeO .... Höfeordnung
HReg .... Handelsregister
HS .... Halbsatz
HStruktG .... Haushaltsstrukturgesetz
HW .... Heuermann/Wagner, Lohnsteuer (Loseblatt)

idF .... in der Fassung
idR .... in der Regel
idS .... in diesem Sinne
IdW .... Institut der Wirtschaftsprüfer
iEinz .... im Einzelnen
iErg .... im Ergebnis
ieS .... im engeren Sinne
iHd(e), (v) .... in Höhe des (eines), (von)
IHK .... Industrie- und Handelskammer
INF (Inf) .... Die Information über Steuer und Wirtschaft (Zeitschrift)
Inl, inl .... Inland, inländisch
insb .... insbesondere
InsO .... Insolvenzordnung
InstFSt .... Institut Finanzen und Steuern
InvG .... Investmentgesetz

InvStG	Investmentsteuergesetz
InvZulG	Investitionszulagengesetz
iRd(e)	im Rahmen der/des (eines)
iSd(e)	im Sinne des (eines)
IStR	Internationales Steuerrecht (Zeitschrift)
iSv	im Sinne von
iÜ	im Übrigen
iVm	in Verbindung mit
IWB	Internationale Wirtschafts-Briefe
iwS	im weiteren Sinne
iZm	im Zusammenhang mit
Jakob, LB	Jakob, Einkommensteuer, 5. Aufl. 2012
Jakom	Jakom, Kommentar zum (österr) EStG, 8. Aufl. 2015
Jauernig	Jauernig, Kommentar zum BGB 16. Aufl. 2015
JbFfSt	Jahrbuch der Fachanwälte für Steuerrecht
JStG	Jahressteuergesetz
jurisPR-StR	PraxisReport Steuerrecht (juris)
K/Autor	Kirchhof, EStG Kompaktkommentar, 13. Aufl. 2014
Ka	Karlsruhe
KapAEG	Kapitalaufnahmeerleichterungsgesetz
KapCoRiLiG	Kapitalgesellschaften- und Co-Richtlinie-Gesetz
KapEinkünfte	Kapitaleinkünfte
KapErhStG	Kapitalerhöhungsteuergesetz
KapErträge	Kapitalerträge
KapESt	Kapitalertragsteuer
kapestfrei	kapitalertragsteuerfrei
kapestpfl	kapitalertragsteuerpflichtig
KapGes	Kapitalgesellschaft
KapKto	Kapitalkonto
KapVerm	Kapitalvermögen
KAV	Kindergeldauszahlungs-Verordnung
Kfm, kfm	Kaufmann, kaufmännisch
KG	Kammergericht; Kommanditgesellschaft
KGaA	Kommanditgesellschaft auf Aktien
KiGeld	Kindergeld
KiSt	Kirchensteuer
KiStPfl, kistpfl	Kirchensteuerpflicht, kirchensteuerpflichtig
Kj	Kalenderjahr
Klein/Autor	Klein, Kommentar zur AO, 12. Aufl. 2014
Knobbe-Keuk	Knobbe-Keuk, Bilanz- u. Unternehmenssteuerrecht, 9. Aufl. 93
Kobl	Koblenz
KöKlausel	Körperschaftsklausel
KÖSDI	Kölner Steuerdialog (Zeitschrift)
Koller/Kindler/Roth/Mock	Kommentar zum HGB, 8. Aufl. 2015
Kom	Kommentar
KonTraG	Gesetz zu Kontrolle u. Transparenz im Unternehmensbereich
Korn/Autor	Korn/Carlé/Stahl/Strahl, Kommentar zum EStG (Loseblatt)
krit	kritisch
KSM	Kirchhof/Söhn/Mellinghoff, Loseblatt-Kommentar zum EStG
KSt	Körperschaftsteuer
KStDV	Körperschaftsteuer-Durchführungsverordnung
KStG	Körperschaftsteuergesetz

kstl	körperschaftsteuerlich
KStPfl, kstpfl	Körperschaftsteuerpflicht, körperschaftsteuerpflichtig
KStR	Körperschaftsteuerrichtlinien
KSVG	Künstlersozialversicherungsgesetz
KSZW	Kölner Schrift zum Wirtschaftsrecht
K'tist	Kommanditist
Küttner	Küttner, Personalbuch 2015
KV	Krankenversicherung
KW	Küting/Weber, Handbuch der Rechnungslegung (Loseblatt)
KWG	Kreditwesengesetz
Lademann	Kommentar zum Einkommensteuergesetz (Loseblatt)
LB	Lehrbuch
LBauO	Landesbauordnung
Leingärtner	Leingärtner, Besteuerung der Landwirte (Loseblatt)
Leip	Leipzig
lfd	laufend
LfD	Landesfinanzdirektion *(früher OFD)*
Lfg	Lieferung
LfSt	Landesamt für Steuern *(früher OFD)*
Littmann/Autor	Littmann/Bitz/Pust, Das Einkommensteuerrecht (Loseblatt)
LPartG	Gesetz über die eingetragene Lebenspartnerschaft
LS	Lademann/Söffing, Kommentar zum EStG (Loseblatt)
LSt	Lohnsteuer
LStDV	Lohnsteuer-Durchführungsverordnung
LStJA	Lohnsteuerjahresausgleich
LStPfl, lstpfl	Lohnsteuerpflicht, lohnsteuerpflichtig
LStR	Lohnsteuer-Richtlinien
lstrechtl	lohnsteuerrechtlich
LuF, luf	Land- und Forstwirtschaft, land- und forstwirtschaftlich
LV	Lebensversicherung
Mbg	Magdeburg
Mchn	München
MDR	Monatsschrift für Deutsches Recht
mE	meines Erachtens
Meincke	Meincke, Kommentar zum Erbschaftsteuer- und Schenkungsteuergesetz, 16. Aufl. 2012
MeVo	Mecklenburg-Vorpommern
MinBl	Ministerialblatt
Moxter BilRspr	Moxter, Bilanzrechtsprechung, 5. Aufl. 1999
mR	mit Recht
Mster	Münster
MUer	Mitunternehmer
MUerschaft	Mitunternehmerschaft
MuSchG	Mutterschutzgesetz
mwN	mit weiteren Nachweisen
Nbg	Nürnberg
Nds	Niedersachsen
nF	neue Fassung
NJW	Neue Juristische Wochenschrift
nrkr	nicht rechtskräftig
NRW, NW	Nordrhein-Westfalen
NV, nv	Nichtveranlagung, nichtveranlagt; nicht veröffentlicht

NWB	Neue Wirtschafts-Briefe
NZB	Nichtzulassungsbeschwerde
NZFam	Neue Zeitschrift für Familienrecht
NZG	Neue Zeitschrift für Gesellschaftsrecht
oÄ	oder Ähnliches
obj	objektiv
OECD-MA	OECD-Musterabkommen zur Vermeidung der Doppelbesteuerung auf dem Gebiet der Steuern vom Einkommen und vom Vermögen
österr	österreichisch
ÖStZ	Österreichische Steuer-Zeitung
OFD	Oberfinanzdirektion
og	oben genannt(en)
OGAW-IV-UmsG	Gesetz zur RL-Umsetzung betr. bestimmte Organismen für gemeinsame Anlagen in Wertpapieren
OWiG	Ordnungswidrigkeitengesetz
Palandt	Palandt, Kommentar zum BGB, 76. Aufl. 2016
ParteiG	Parteiengesetz
PartGG	Partnerschaftsgesellschafts-Gesetz
PersGes	Personen(handels)gesellschaft(en)
PflV	Pflegeversicherung
PflegeVG	Pflege-Versicherungsgesetz
PSV	Pensionssicherungsverein (auf Gegenseitigkeit)
PV	Privatvermögen
QuellenSt	Quellensteuer
RA	Rechtsanwalt(-anwälte)
RAP	Rechnungsabgrenzungsposten
RdF	Recht der Finanzinstrumente (Zeitschrift)
RegBegr	Regierungsbegründung
RegEntw	Regierungsentwurf
RfE	Rücklage für Ersatzbeschaffung
Rev	Revision
Rhl	Rheinland
RhPf	Rheinland-Pfalz
RIW	Recht der internationalen Wirtschaft (bis 1974 AWD)
rkr	rechtskräftig
RL	Richtlinien der EG
Roth	Roth/Altmeppen, Kommentar zum GmbHG, 8. Aufl. 2015
Rspr	Rechtsprechung
RV	Rentenversicherung
Rz	Randziffer, Randzahl
S; s	Satz, Seite; siehe
SA	Sonderausgaben
Saarl	Saarland
Sachs	Sachsen
SachsAnh	Sachsen-Anhalt
Schaumburg	Schaumburg, Internationales Steuerrecht, 3. Aufl. 2011
SchlHol	Schleswig-Holstein
Schrb	Schreiben
SchwArbBekG	Schwarzarbeitsbekämpfungsgesetz

SEStEG	Gesetz über steuerl Begleitmaßnahmen zur Einführung der Europäischen Ges und Änderung weiterer strechtl Vorschriften
SGB	Sozialgesetzbuch
SHS	Schmitt/Hörtnagl/Stratz, Umwandlungsgesetz – Umwandlungssteuergesetz, 6. Aufl. 2013
SolZ, SolZG	Solidaritätszuschlagsgesetz
SonderBV	Sonderbetriebsvermögen
StandOG	Standortsicherungsgesetz
StAnpG	Steueranpassungsgesetz
StÄndG	Steueränderungsgesetz
StB	Steuerbilanz; Steuerberater; Der Steuerberater (Zeitschrift)
stbar	steuerbar
StBer	Steuerberater
StBerG	Steuerberatungsgesetz
StBereinG	Gesetz zur Bereinigung von steuerlichen Vorschriften
Stbg	Die Steuerberatung (Zeitschrift)
StBil	Steuerbilanz
StbJb	Steuerberater-Jahrbuch
StBP	Die steuerliche Betriebsprüfung (Zeitschrift)
StBürAbG	Steuerbürokratieabbaugesetz
StC	SteuerConsultant (Zeitschrift)
StEd	Steuer-Eildienst (Zeitschrift)
StEntlG 99 ff	Steuerentlastungsgesetz 1999/2000/2002
SteuerStud	Steuer und Studium (Zeitschrift)
Steufa	Steuerfahndung
stfrei	steuerfrei
StGB	Strafgesetzbuch
StLex	Steuer-Lexikon
StMBG	Gesetz zur Bekämpfung des Mißbrauchs und zur Bereinigung des Steuerrechts
StPfl, stpfl	Steuerpflicht(iger), steuerpflichtig
StPO	Strafprozessordnung
str	strittig
strechtl	steuerrechtlich
stRspr	ständige Rechtsprechung
Streck	Streck, Kommentar zum KStG, 8. Aufl. 2014
StRefG	Steuerreformgesetz
StSenkG	Steuersenkungsgesetz
StuB	Steuern und Bilanzen (Zeitschrift)
StuW	Steuer und Wirtschaft (Zeitschrift)
StVerG	Steuervereinfachungsgesetz
StVerfG 2013	Gesetz zur Änderung und Vereinfachung der Unternehmensbesteuerung und des steuerlichen Reisekostenrechts
StVergAbG	Steuervergünstigungsabbaugesetz
StWa	Steuer-Warte (Zeitschrift)
subj	subjektiv(e)
SV	Sozialversicherung
SvEV	Sozialversicherungsentgeldverordnung
Thür	Thüringen
Tipke LB	Tipke/Lang, Steuerrecht, 22. Aufl. 2015
Tipke StRO II	Tipke, Die Steuerrechtsordnung, Bd II, 2. Aufl. 2013
T/K	Tipke/Kruse, Loseblatt-Kommentar zu AO und FGO
TEHG	Treibhaus-Emissionshandelsgesetz

TW .... Teilwert
TW-AfA .... Teilwertabschreibung

ua .... unter anderem
uÄ .... und Ähnliches
Ubg .... Unternehmensbesteuerung (Zeitschrift)
UmweltHG .... Umwelthaftungsgesetz
UmwG .... Umwandlungsgesetz
UmwStG .... Umwandlungs-Steuergesetz
unbeschr .... unbeschränkt
UntStFG .... Gesetz zur Fortentwicklung des Unternehmenssteuerrechts
UntStRefG .... Unternehmenssteuerreformgesetz
unstr .... unstrittig
unzul .... unzulässig
unzutr .... unzutreffend
UR .... Umsatzsteuer-Rundschau (Zeitschrift)
Urt .... Urteil
USt .... Umsatzsteuer
UStDV .... Umsatzsteuer-Durchführungsverordnung
UStG .... Umsatzsteuergesetz
UStPfl, ustpfl .... Umsatzsteuerpflicht, umsatzsteuerpflichtig
UStR .... Umsatzsteuer-Richtlinien
uU .... unter Umständen
UV .... Umlaufvermögen

v .... vom
VA .... Verwaltungsakt
VAG .... Versicherungsaufsichtsgesetz
VAStrRefG .... Gesetz zur Strukturreform des Versorgungsausgleichs
VBL .... Versorgungsanstalt des Bundes und der Länder
VE .... Vieheinheiten
vEK .... verwendbares Eigenkapital
VerfBeschw .... Verfassungsbeschwerde
verf… .... verfassungs…
VermBG .... Vermögensbildungsgesetz
vern .... verneinend
VersSt .... Versicherungsteuer
Verw .... Verwaltung
VerwG .... Verwaltungsgericht
Vfg .... Verfügung
vGA .... verdeckte Gewinnausschüttung
vH .... vom Hundert
VIZ .... Zeitschrift für Vermögens- und Immobilienrecht
VO .... Verordnung
Vogel/Lehner .... Vogel/Lehner, DBA-Kommentar, 6. Aufl. 2015
Vorb .... Vorbemerkung
VorSt .... Vorsteuer
vT .... von Tausend
VuV .... Vermietung und Verpachtung
VVaG .... Versicherungsverein auf Gegenseitigkeit
VwGO .... Verwaltungsgerichtsordnung
VwZG .... Verwaltungszustellungsgesetz
VZ .... Veranlagungszeitraum

WachsBeschlG .... Wachstumsbeschleunigungsgesetz

WagKapG	Gesetz zur Förderung des Wagniskapitals
WG	Wirtschaftsgut
WiB	Wirtschaftsrechtliche Beratung (Zeitschrift)
WM	Widmann/Mayer, Umwandlungsrecht (Loseblatt)
Wj	Wirtschaftsjahr
WK	Werbungskosten
WoBauG	Wohnungsbaugesetz
WoP(G)	Wohnungsbauprämie(ngesetz)
WP	Wirtschaftsprüfer
WPg	Die Wirtschaftsprüfung (Zeitschrift)
WpÜG	Wertpapiererwerbs- und Übernahmegesetz
WRS/Autor	Wassermeyer/Richter/Schnittger, Personengesellschaften im Internationalen Steuerrecht, 2. Aufl. 2015
ZBB	Zeitschrift für Bankrecht und Bankwirtschaft
ZEV	Zeitschrift für Erbrecht und Vermögensnachfolge
ZfB	Zeitschrift für Betriebswirtschaft
ZfbF	Zeitschrift für betriebswirtschaftliche Forschung
ZfV	Zeitschrift für Versicherungswesen
ZgK	Zeitschrift für das gesamte Kreditwesen
ZGR	Zeitschrift für Unternehmens- und Gesellschaftsrecht
ZHR	Zeitschrift für das gesamte Handels- und Wirtschaftsrecht
ZIP	Zeitschrift für Wirtschaftsrecht
ZIV	Zinsinformationsverordnung
ZPO	Zivilprozessordnung
zR	zu Recht
zT	zum Teil
zul	zulässig
zust	zustimmend
zutr	zutreffend
ZuwandG	Zuwanderungsgesetz
ZVG	Gesetz über die Zwangsversteigerung und -verwaltung
zw	zwischen

Einkommensteuergesetz (EStG)

In der Fassung der Bekanntmachung vom 8. Oktober 2009 (BGBl. I S. 3366), berichtigt am 8. Dezember 2009 (BGBl. I S. 3862)

BGBl. III/FNA 611-1

Geändert durch Art. 1 Gesetz zur Beschleunigung des Wirtschaftswachstums v. 22.12.2009 (BGBl. I S. 3950), Art. 1 Gesetz zur Umsetzung steuerlicher EU-Vorgaben sowie zur Änderung steuerlicher Vorschriften v. 8.4.2010 (BGBl. I S. 386), Jahressteuergesetz 2010 v. 8.12.2010 (BGBl. I S. 1768), Gesetz zur Restrukturierung und geordneten Abwicklung von Kreditinstituten, zur Errichtung eines Restrukturierungsfonds für Kreditinstitute und zur Verlängerung der Verjährungsfrist der aktienrechtlichen Organhaftung v. 9.12.2010 (BGBl. I S. 1900), Gesetz zur bestätigenden Regelung verschiedener steuerlicher und verkehrsrechtlicher Vorschriften des Haushaltsbegleitgesetzes 2004 v. 5.4.2011 (BGBl. I S. 554), Gesetz zur Umsetzung der Richtlinie 2009/65/EG zur Koordinierung der Rechts- und Verwaltungsvorschriften betreffend bestimmte Organismen für gemeinsame Anlagen in Wertpapieren v. 22.6.2011 (BGBl. I S. 1126), Steuervereinfachungsgesetz 2011 v. 1.11.2011 (BGBl. I S. 2131), Gesetz zur Umsetzung der Beitreibungsrichtlinie sowie zur Änderung steuerlicher Vorschriften v. 7.12.2011 (BGBl. I S. 2592), Gesetz zur Verbesserung der Eingliederungschancen am Arbeitsmarkt v. 20.11.2012 (BGBl. I S. 2854), Art. 13 Abs. 4 Gesetz zur Neuordnung der Organisation der landwirtschaftlichen Sozialversicherung v. 12.4.2012 (BGBl. I S. 579), Art. 3 Gesetz zur Änderung des Gemeindefinanzreformgesetzes und von steuerlichen Vorschriften v. 8.5.2012 (BGBl. I S. 1030), Gesetz zum Abbau der kalten Progression v. 20.2.2013 (BGBl. I S. 283), Gesetz zur Änderung und Vereinfachung der Unternehmensbesteuerung und des steuerlichen Reisekostenrechts v. 20.2.2013 (BGBl. I S. 285), Gesetz zur Verbesserung der steuerlichen Förderung der privaten Altersvorsorge v. 24.6.2013 (BGBl. I S. 1667), Art. 2 Gesetz zur Umsetzung der Amtshilferichtlinie sowie zur Änderung steuerlicher Vorschriften v. 26.6.2013 (BGBl. I S. 1809), Gesetz zur Änderung des EStG in Umsetzung der Entscheidung des BVerfG vom 7. Mai 2013 v. 15.7.2013 (BGBl. I S. 2397), Gesetz zur Anpassung des Investmentsteuergesetzes und anderer Gesetze an das AIFM-Umsetzungsgesetz v. 18.12.2013 (BGBl. I S. 4318), Art. 1 Gesetz zur Anpassung steuerlicher Regelungen an die Rechtsprechung des BVerfG v. 18.7.2014 (BGBl. I S. 1042), Art. 1, 2, 3 Gesetz zur Anpassung des nationalen Steuerrechts an den Beitritt Kroatiens zur EU und zur Änderung weiterer Vorschriften v. 25.7.2014 (BGBl. I S. 1266), Art. 3 Gesetz zur Änderung des Freizügigkeitsgesetzes/EU und weiterer Vorschriften v. 2.12.2014 (BGBl. I S. 1922), Art. 4 und 5 Gesetz zur Anpassung der Abgabenordnung an den Zollkodex der Union und zur Änderung weiterer steuerlicher Vorschriften v. 22.12.2014 (BGBl. I S. 2417), Art. 2 Abs. 7 Gesetz zur Modernisierung der Finanzaufsicht über Versicherungen v. 1.4.2015 (BGBl. I S. 434), Art. 3 Abs. 11 Gesetz zur Neuregelung der Unterhaltssicherung sowie zur Änderung soldatenrechtlicher Vorschriften v. 29.6.2015 (BGBl. I S. 1061), Art. 1 und 2 Gesetz zur Anhebung des Grundfreibetrags, des Kinderfreibetrags, des Kindergeldes und des Kinderzuschlags v. 16.7.2015 (BGBl. I S. 1202), Art. 5 Gesetz zur Entlastung insbesondere der mittelständischen Wirtschaft von Bürokratie (Bürokratieentlastungsgesetz) v. 28.7.2015 (BGBl. I S. 1400), Art. 234 Zehnte Zuständigkeitsanpassungsverordnung v. 31.8.2015 (BGBl. I S. 1474), Art. 1, 2 und 3 Steueränderungsgesetz 2015 v. 2.11.2015 (BGBl. I S. 1834), Art. 2 Gesetz zur Umsetzung der EU-Mobilitäts-Richtlinie v. 21.12.2015 (BGBl. I S. 2553) und Entwurf eines Gesetzes Sonderabschreibung für den Mietwohnungsneubau (BR-Drs v. 5.2.2016)

Einkommensteuer-Durchführungsverordnung (EStDV)

In der Fassung vom 10. Mai 2000 (BGBl. I S. 717 = BStBl. I S. 595)

BGBl. III/FNA 611-1-1

Geändert durch Gesetz zur weiteren steuerlichen Förderung von Stiftungen v. 14.7.2000 (BGBl. I S. 1034), Steuersenkungsgesetz v. 23.10.2000 (BGBl. I S. 1433), Steuer-Euroglättungsgesetz v. 19.12.2000 (BGBl. I S. 1790), Neuntes Buch Sozialgesetzbuch (SGB IX) v. 19.6.2001 (BGBl. I S. 1046), Siebente Zuständigkeitsanpassungs-VO v. 29.10.2001 (BGBl. I S. 2785), Steueränderungsgesetz 2001 v. 20.12.2001 (BGBl. I S. 3794), Flutopfersolidaritätsgesetz v. 19.9.2002 (BGBl. I S. 3651), Kleinunternehmerförderungsgesetz v. 31.7.2003 (BGBl. I

S. 1550), Achte Zuständigkeitsanpassungsverordnung v. 25.11.2003 (BGBl. I S. 2304), Gesetz zur Umsetzung der Protokollerklärung der Bundesregierung zur Vermittlungsempfehlung zum Steuervergünstigungsabbaugesetz v. 23.12.2003 (BGBl. I S. 2840), Gesetz zur Einordnung des Sozialhilferechts in das Sozialgesetzbuch v. 27.12.2003 (BGBl. I S. 3022), Haushaltsbegleitgesetz 2004 v. 29.12.2003 (BGBl. I S. 3076), Geschmacksmusterreformgesetz v. 12.3.2004 (BGBl. I S. 390), Alterseinkünftegesetz v. 5.3.2004 (BGBl. I S. 1427), EU-Richtlinien-Umsetzungsgesetz v. 9.12.2004 (BGBl. I S. 3310, 3843), Dreiundzwanzigste Verordnung zur Änderung der EStDV v. 29.12.2004 (BGBl. I S. 3884), Neunte Zuständigkeitsanpassungsverordnung v. 31.10.2006 (BGBl. I S. 2407), Gesetz über steuerliche Begleitmaßnahmen zur Einführung der Europäischen Gesellschaft und zur Änderung weiterer steuerrechtlicher Vorschriften (SEStEG) v. 7.12.2006 (BGBl. I S. 2782), ber. BGBl. I 2007 S. 68, Gesetz zur weiteren Stärkung des bürgerschaftlichen Engagements v. 10.10.2007 (BGBl. I S. 2332), Jahressteuergesetz 2008 (JStG 2008) v. 20.12.2007 (BGBl. I S. 3150), Jahressteuergesetz 2009 (JStG 2009) v. 19.12.2008 (BGBl. I S. 2794), Gesetz zur Modernisierung und Entbürokratisierung des Steuerverfahrens v. 20.12.2008 (BGBl. I S. 2850), Gesetz zur Sicherung von Beschäftigung und Stabilität in Deutschland (sog. Konjunkturpaket II) v. 2.3.2007 (BGBl. I S. 416), Begleitgesetz zur zweiten Föderalismusreform v. 10.8.2009 (BGBl. I S. 2702), VO zur Änderung steuerlicher Verordnungen v. 17.11.2010 (BGBl. I S. 1544), Gesetz über die weitere Bereinigung von Bundesrecht v. 8.12.2010 (BGBl. I S. 1864), Steuervereinfachungsgesetz 2011 v. 1.11.2011 (BGBl. I S. 2131), VO zum Erlass und zur Änderung steuerlicher Verordnungen v. 11.12.2012 (BGBl. I S. 2637), Gesetz zur Stärkung des Ehrenamts v. 21.3.2013 (BGBl. I S. 556), VO zur Übertragung der Zuständigkeit für das Steuerabzugs- und Veranlagungsverfahren nach den §§ 50 und 50a des EStG auf das Bundeszentralamt für Steuern und zur Regelung verschiedener Anwendungszeitpunkte und weiterer Vorschriften v. 24.6.2013 (BGBl. I S. 1679), Art. 2 Gesetz zur Anpassung steuerlicher Regelungen an die Rechtsprechung des BVerfG v. 18.7.2014 (BGBl. I S. 1042), Art. 24 Gesetz zur Anpassung des nationalen Steuerrechts an den Beitritt Kroatiens zur EU und zur Änderung weiterer steuerlicher Vorschriften v. 25.7.2014 (BGBl. I S. 1266), VO zur Änderung steuerlicher Verordnungen und weiterer Vorschriften v. 22.12.2014 (BGBl. I S. 2392) und Art. 235 Zehnte Zuständigkeitsanpassungsverordnung v. 31.8.2015 (BGBl. I S. 1474)

Lohnsteuer-Durchführungsverordnung (LStDV)

In der Fassung vom 10. Oktober 1989 (BGBl. I S. 1848 = BStBl. I S. 405)

BGBl. III/FNA 611-2

Geändert durch Steueränderungsgesetz 1992 v. 25.2.1992 (BGBl. I S. 297), Jahressteuergesetz 1996 v. 11.10.1995 (BGBl. I S. 1250), Steuerentlastungsgesetz 1999/2000/2002 vom 24.3.1999 (BGBl. I S. 402), Steuerbereinigungsgesetz 1999 v. 22.12.1999 (BGBl. I S. 2601), Steuer-Euroglättungsgesetz v. 19.12.2000 (BGBl. I S. 1790), Steueränderungsgesetz 2001 v. 20.12.2001 (BGBl. I S. 3794), Steueränderungsgesetz 2003 v. 15.12.2003 (BGBl. I S. 2645), Alterseinkünftegesetz v. 5.7.2004 (BGBl. I S. 1427), Jahressteuergesetz 2007 v. 13.12.2006 (BGBl. I S. 2878), VO zur Änderung steuerlicher Verordnungen v. 17.11.2010 (BGBl. I S. 1544), Gesetz zur Umsetzung der Beitreibungsrichtlinie sowie zur Änderung steuerlicher Vorschriften v. 7.12.2011 (BGBl. I S. 2592), Art. 5 Gesetz zur Änderung und Vereinfachung der Unternehmensbesteuerung und des steuerlichen Reisekostenrechts v. 20.2.2013 (BGBl. I S. 285) und Gesetz zur Anpassung des nationalen Steuerrechts an den Beitritt Kroatiens zur EU und zur Änderung weiterer steuerlicher Vorschriften v. 25.7.2014 (BGBl. I S. 1266)

Einkommensteuer-Richtlinien 2012 (EStR 2012)

mit den EStH 2014

In der Fassung der EStÄR 2012 vom 18.12.2008 (BStBl. I S. 1017)

Lohnsteuer-Richtlinien 2015 (LStR 2015)

mit den LStH 2016

Vom 22.10.2014 (BStBl. I S. 1344)

I. Steuerpflicht

§ 1 Steuerpflicht

(1) [1]Natürliche Personen, die im Inland einen Wohnsitz oder ihren gewöhnlichen Aufenthalt haben, sind unbeschränkt einkommensteuerpflichtig. [2]Zum Inland im Sinne dieses Gesetzes gehört auch der der Bundesrepublik Deutschland zustehende Anteil

1. an der ausschließlichen Wirtschaftszone, soweit dort
   a) die lebenden und nicht lebenden natürlichen Ressourcen der Gewässer über dem Meeresboden, des Meeresbodens und seines Untergrunds erforscht, ausgebeutet, erhalten oder bewirtschaftet werden,
   b) andere Tätigkeiten zur wirtschaftlichen Erforschung oder Ausbeutung der ausschließlichen Wirtschaftszone ausgeübt werden, wie beispielsweise die Energieerzeugung aus Wasser, Strömung und Wind oder
   c) künstliche Inseln errichtet oder genutzt werden und Anlagen und Bauwerke für die in den Buchstaben a und b genannten Zwecke errichtet oder genutzt werden, und
2. am Festlandsockel, soweit dort
   a) dessen natürliche Ressourcen erforscht oder ausgebeutet werden; natürliche Ressourcen in diesem Sinne sind die mineralischen und sonstigen nicht lebenden Ressourcen des Meeresbodens und seines Untergrunds sowie die zu den sesshaften Arten gehörenden Lebewesen, die im nutzbaren Stadium entweder unbeweglich auf oder unter dem Meeresboden verbleiben oder sich nur in ständigem körperlichen Kontakt mit dem Meeresboden oder seinem Untergrund fortbewegen können; oder
   b) künstliche Inseln errichtet oder genutzt werden und Anlagen und Bauwerke für die in Buchstabe a genannten Zwecke errichtet oder genutzt werden.

(2) [1]Unbeschränkt einkommensteuerpflichtig sind auch deutsche Staatsangehörige, die

1. im Inland weder einen Wohnsitz noch ihren gewöhnlichen Aufenthalt haben und
2. zu einer inländischen juristischen Person des öffentlichen Rechts in einem Dienstverhältnis stehen und dafür Arbeitslohn aus einer inländischen öffentlichen Kasse beziehen,

sowie zu ihrem Haushalt gehörende Angehörige, die die deutsche Staatsangehörigkeit besitzen oder keine Einkünfte oder nur Einkünfte beziehen, die ausschließlich im Inland einkommensteuerpflichtig sind. [2]Dies gilt nur für natürliche Personen, die in dem Staat, in dem sie ihren Wohnsitz oder ihren gewöhnlichen Aufenthalt haben, lediglich in einem der beschränkten Einkommensteuerpflicht ähnlichen Umfang zu einer Steuer vom Einkommen herangezogen werden.

(3) [1]Auf Antrag werden auch natürliche Personen als unbeschränkt einkommensteuerpflichtig behandelt, die im Inland weder einen Wohnsitz noch ihren gewöhnlichen Aufenthalt haben, soweit sie inländische Einkünfte im Sinne des § 49 haben. [2]Dies gilt nur, wenn ihre Einkünfte im Kalenderjahr mindestens zu 90 Prozent der deutschen Einkommensteuer unterliegen oder die nicht der deutschen Einkommensteuer unterliegenden Einkünfte den Grundfreibetrag nach § 32a Absatz 1 Satz 2 Nummer 1 nicht übersteigen; dieser Betrag ist zu kürzen, soweit es nach den Verhältnissen im Wohnsitzstaat des Steuerpflichtigen notwendig und angemessen ist. [3]Inländische Einkünfte, die

nach einem Abkommen zur Vermeidung der Doppelbesteuerung nur der Höhe nach beschränkt besteuert werden dürfen, gelten hierbei als nicht der deutschen Einkommensteuer unterliegend. [4]Unberücksichtigt bleiben bei der Ermittlung der Einkünfte nach Satz 2 nicht der deutschen Einkommensteuer unterliegende Einkünfte, die im Ausland nicht besteuert werden, soweit vergleichbare Einkünfte im Inland steuerfrei sind. [5]Weitere Voraussetzung ist, dass die Höhe der nicht der deutschen Einkommensteuer unterliegenden Einkünfte durch eine Bescheinigung der zuständigen ausländischen Steuerbehörde nachgewiesen wird. [6]Der Steuerabzug nach § 50a ist ungeachtet der Sätze 1 bis 4 vorzunehmen.

(4) **Natürliche Personen, die im Inland weder einen Wohnsitz noch ihren gewöhnlichen Aufenthalt haben, sind vorbehaltlich der Absätze 2 und 3 und des § 1a beschränkt einkommensteuerpflichtig, wenn sie inländische Einkünfte im Sinne des § 49 haben.**

Einkommensteuer-/Lohnsteuer-Richtlinien: EStR 1/LStH 1

Übersicht Rz

I. Allgemeines zur persönl Steuerpflicht

1 **1. Begriff persönl StPfl.** Die ESt ist eine **Personensteuer.** Daher steht vor Prüfung der sachl StPfl und unabhängig von ihr die Prüfung der persönl StPfl, dh die Prüfung, ob eine Person als **Steuerschuldner** der dt ESt unterliegt. Der Begriff ist enger als der des StPfl in § 33 AO. Zur Person des **Haftungsschuldners** enthält das EStG besondere Vorschriften (§§ 42d, 44 V, 45a VII, 48a III, 50a V). Kein direkter Zusammenhang besteht zw persönl StPfl und StErklärungspflicht

(§ 56 EStDV); wer vom FA dazu aufgefordert wird, ist verpflichtet, eine StErklärung abzugeben (§ 149 AO).

2. Arten der persönl StPfl. § 1 unterscheidet nach Voraussetzungen und Rechtsfolgen zw unbeschr und beschr StPfl. Die **unbeschr StPfl** setzt grds gemäß **§ 1 I** einen Wohnsitz oder gewöhnl Aufenthalt im Inl voraus; sie erstreckt sich auf alle stbaren Einkünfte iSv § 2 I (Welteinkünfte – Doppelbesteuerung s Rz 80). Die **beschr StPfl** erfasst grds alle übrigen Personen, aber nur mit ihren inl Einkünften iSv § 49 (§ 1 IV). Die unbeschr StPfl hat durch **§ 1 II** für im Ausl ansässige öffentl Bedienstete eine personelle Erweiterung erfahren (sog **erweiterte unbeschr StPfl,** s Rz 35 ff), die beschr StPfl durch **§§ 2, 5 AStG** eine sachl Erweiterung (sog **erweiterte beschr StPfl,** s Rz 75). **§ 1 III** nimmt seit 1996 **Grenzeinpendler** in den Personenkreis der **fiktiv unbeschr StPfl** auf (s Rz 40 ff), aber nur mit ihren inl Einkünften iSv § 49, mit StAbzug entspr § 50a (§ 1 III 6) und unter Begrenzung der familienbezogenen Vergünstigungen auf den EU-Bereich nach § 1a. **Wechsel der StPfl** s § 2 VII 3 (Rz 77) und § 2 AStG (Rz 75). 2

3. Unterschiede unbeschr/beschr StPfl. Sie ergaben sich **bis 2008** vor allem aus dem Grundsatz der Einnahmen-Bruttobesteuerung bei beschr StPfl ohne Veranlagungsmöglichkeit (nach § 50 II 1 idR abgeltender StAbzug; zu Bedenken gegen die Rechtmäßigkeit s 31. Aufl Rz 4). **Ab 2009** sind diese Unterschiede verringert und im EU-Bereich durch ein neues Veranlagungswahlrecht minimiert (§ 50 II 2 Nr 5). **Ausnahmen vom abgeltenden StAbzug:** – Inl **Gewerbetreibende** sind und waren stets zu veranlagen (§ 50 II 2 Nr 1). – Ebenso StPfl nach Wegfall der unbeschr StPfl (§ 50 II 2 Nr 2; BFH I R 65/07 BStBl II 09, 666). – Bei **ArbN** bestand schon früher leichte Annäherung durch – idR abgeltenden – begrenzten Nettosteuerabzug (§§ 39d, 50 I); die Restunterschiede sind im **EU-Raum** nahezu abgebaut (§ 1 III, § 1a, § 50 II 2 Nr 4, s Rz 42 ff). – Der vorübergehende Erstattungsanspruch nach § 50 V 2 Nr 3 aF für **Künstler, Sportler** uÄ (*BMF* BStBl I 03, 839) ist ab 2009 im EU-Bereich ersetzt durch ein Veranlagungswahlrecht (§ 50 II 2, 6; *BMF* BStBl I 10, 1350). – Fälle des Wechsels der StPfl nach § 2 VII 3 (s Rz 78) nimmt § 50 II 2 Nr 3 ausdrückl aus. – Weitere Milderungen des abgeltenden Bruttosteuerabzugs: Senkung des StSatzes auf 15% (§ 50a II) bzw im EU-Bereich wahlweise Nettobesteuerung bereits im StAbzugsverfahren gem EuGH-Urteil *Scorpio* BStBl II 07, 352, Rz 5 (§ 50a III). – Die MindestSt nach § 50 III 2 aF ist auch außerhalb des EU-Bereichs aufgehoben. – **Fortgeltende Unterschiede (abgeltender StAbzug)** bestehen vor allem für ArbN und selbständige Künstler uÄ *außerhalb des EU-Bereichs* sowie für den abgeltenden StAbzug auf alle Nutzungsüberlassungsrechte iSv § 50a I Nr 3 (Abgeltung nach § 50 II 1; Begründung: Besteuerung im Wohnsitzstaat, idR mit Berücksichtigung von BA/WK/SA bzw personen- und familienbezogenen Abzügen/Freibeträgen; Besteuerungssicherung). 3

4. EG-Problematik

Schrifttum: *Kessler/Spengel* DB Beil 1/14 und 1/15 (Checkliste uU EU-widriger Normen); *Musil/Schulz* DStR 13, 2205 (grenzüberschreitende Einkünfteverlagerungen); *Mitschke* IStR 14, 37 („Schlingerkurs“); weitere Hinweise s im Text sowie 27./30./33. Aufl.

Verträge (ausführl *Drüen* in Tipke/Kruse § 2 AO Rz 46):
- *EWG*-Gründungsvertrag v 25.3.57 (Zitat idF des Vertrages von Amsterdam ab 1.5.99/ Fassung v 31.1./16.4.03 (ABl. L 236/2003 S. 33): „Art … EG“ (s 33. Aufl); 5
- Vertrag über die EU-Gründung v 7.2.92 (BGBl II 1253, mehrfach geändert); Zitat ab 1.5.99: „Art … EU“; Gesetz zum Vertrag von Lissabon s BGBl II 2008, 1038;
- *EWR*-Abkommen v 2.5.92, AusführungsG BGBl II 93, 266, 1294 und 2436, § 1a Rz 5.

Wichtige **EuGH-Urteile zu direkten Steuern** (weitere Urteile s 27. Aufl):
- Fall *Schumacker* Rs C-279/93, Slg 1995, I-225 = DStR 95, 326; s Rz 7, Anm 19. Aufl;
- Fall *Wielockx* Rs C-80/94, Slg 1995, I-2495 = IStR 95, 431;
- Fall *Asscher* Rs C-107/94, Slg 1996, I-3089 = IStR 96, 329, Anm s 18. Aufl;

– Fall *Scorpio* Rs C-290/04 BStBl II 07, 352: Der EuGH sieht im Abzugs-, Haftungs- und Freistellungsverfahren nach §§ 50 ff keinen grds EG-Rechtsverstoß;
– Verfahren zu Ausl**Verlustabzug** s § 2a Rz 13 (Fälle *Marks & Spencer, Lidl, Wannsee*);
– Verfahren zur **Steuerentstrickung** s 33. Aufl und § 4g Rz 1.

6 **a) EG-Recht und ESt.** Während der Einfluss des EG-Rechts auf die indirekten Steuern (vor allem die USt) seit längerem Allgemeingut ist, haben Gesetzgebung und Rspr den Einfluss auf die direkten Steuern, vor allem die ESt, lange negiert bzw unterschätzt. Das hat sich geändert.

7 **b) EuGH-Rspr. – aa) Grundsatz.** Gelegenheit zur Konkretisierung der Rechtslage bot dem EuGH das Vorabentscheidungsersuchen des BFH im Fall ***„Schumacker"*** (s Rz 5). In dieser und in der späteren Entscheidung ***„Wielockx"*** stellt der EuGH folgende Grundsätze klar: Die direkten Steuern fallen zwar in die Zuständigkeit der EU-Mitgliedsstaaten (zu EWR s § 1a Rz 5). Diese müssen jedoch ihre Befugnisse unter Wahrung des Gemeinschaftsrechts ausüben und deshalb jede offene oder versteckte Diskriminierung Staatsangehöriger anderer EU-Staaten unterlassen. Das bedeutet zunächst, dass zwar **keine grds Bedenken** gegen unterschiedl nationale Steuerrechtsordnungen oder gegen die klassische, international übl unterschiedl Besteuerung Gebietsfremder als beschr StPfl und Gebietsansässiger als unbeschr StPfl bestehen (obj ungleichartige Stellung hinsichtl der Einkunftsquelle, der persönl Steuerkraft und des Familienstands; grds Gewährung personen- und auslandseinkünftebezogener Abzüge bereits im Wohnsitzstaat; keine Doppelentlastung), auch nicht gegen entspr **DBA-Regelungen** (EuGH Fälle *Gilly* Rs C-336/96 DStRE 98, 445 und *de Groot* Rs C-385/00 IStR 03, 58 mit Abgrenzung im Sonderfall *Renneberg* EuGH Rs C-527/06 IStR 08, 805; zu Abzug ausl Verluste § 2a Rz 13, 46, 51; zu **ausl Steuerfreibeträgen** EuGH Rs C-39/10 DStR 12, 1185 mwN; s auch § 1 III 4 mit Rz 56). Die EUvertragl garantierte nationale Steuersouveränität ist im Grundsatz nicht in Frage gestellt; insb kann sich kein StPfl auf günstigere Regelungen in anderen EU-Staaten berufen (**kein Meistbegünstigungsanspruch,** s EuGH Rs C-240/10 BStBl II 13, 56 zu § 3 Nr 64). Zu begrenztem Rentenbeitragsabzug nach § 10 III eines Frankreichgrenzgängers mit Einkünften § 19 in Deutschland trotz späterer voller Rentenbesteuerung in Frankreich s BFH X R 57/06 BStBl II 09, 1000; zu stpfl Zukunftsleistungen trotz voller späterer StPfl in Schweden BFH VI R 27/06 BStBl II 09, 857; USA s *Portner* BB 14, 1175; s zu Grenzgänger Österreich *Wurmdobler* IStR 09, 758.

8 **bb) Grenzen der Steuersouveränität.** Der **EG-Vertrag** enthält **einzelne Grundfreiheitsrechte,** an welchen sich die nationalen Gesetzgeber stets zu orientieren haben. Dazu gehört in diesem Zusammenhang insb die Freiheit des Personenverkehrs über die EU-Grenzen hinweg (Freizügigkeit, Niederlassungsfreiheit für ArbN, Selbständige, Ges'ten, Art 39 ff, 43 ff und 18a EU, zu Kapitalverkehrsfreiheit Art 56b ff EU). **Diskriminierungen und sonstige ungerechtfertigte Behinderungen** dieser EU-Grundfreiheiten sind zu vermeiden. Primär ist der nationale Gesetzgeber gehalten, diskriminierende Vorschriften anzupassen; andernfalls sind diese von den Gerichten nicht anzuwenden bzw gemeinschaftskonform auszulegen (Problematik s *Rust* IStR 09, 382; *Gosch* DStR 07, 1553/6 und 1895/7) oder dem EuGH vorzulegen. Verstöße sind nicht nur bei gezielter, sondern auch bei versteckter Benachteiligung gegeben, uU auch durch **Verfahrensbeschränkung** (s EuGH Fall *Peterbroeck* Rs C-312/93 FR 96, 628, wenn diese tatsächl ein EU-Grundrecht beschränkt, abl zu vorübergehenden Verfahrensbelastungen ohne sachl StNachteile durch Abzugs-, Haftungs- und Freistellungsverfahren nach §§ 49 ff EuGH-Fall *Scorpio* Rs 290/04 BStBl II 07, 352, s Rz 5, zu Antragserfordernis § 2a III BFH I B 47/05 BStBl II 09, 766, zu unterschiedl Verjährungsfristen EuGH Rs C-155/08, 157/08 IStR 09, 465; zu Berücksichtigung ausl StBescheide bei § 174 AO BFH I R 73/10 BStBl II 13, 566). Der nationale Gesetzgeber kann sich idR nicht darauf berufen, die besondere Besteue-

rung bei beschr StPfl stelle nicht auf die Staatsangehörigkeit, sondern auf die Ansässigkeit ab (§ 1 I, IV), soweit im Einzelfall vorwiegend ausl Staatsangehörige betroffen sind.

cc) Rechtfertigungsgründe. Vgl ausführl EuGH Rs C-284/09 DStR 11, 2038; EuGH Rs C-18/11 IStR 12, 847 mit Anm *Schiefer; Herbert* IStR 15, 15; s auch Rz 5; 33. Aufl mwN. Eine solche Regelung diskriminiert nur insoweit, als *gleichartige* Situationen ungleich behandelt werden, also nur bei Ausländern, die eine dem unbeschr stpfl Inländer vergleichbare Stellung haben, zB nach § 1 III (zu abw WK-Abzug EuGH Rs C-9/14 IStR 15, 554 mit Anm *de Werth;* zu „objektiver Vergleichbarkeit" *Schulz-Trieglaff* IStR 14, 394 mwN). IÜ ist eine **Tendenz der EuGH-Rspr** zu erkennen, die **Rechtfertigungsgründe** für eine unterschiedl Besteuerung auszudehnen und scharfe Eingriffe in die nationale Gesetzgebung abzuschwächen, vor allem durch Ausweitung des Rechtfertigungsgrundes der **„Kohärenz"** bei wechselseitigem Zusammenhang zw Entlastung und Besteuerung (s Rspr § 2a Rz 13 zu Ausschluss eines DBA-widrigen, uU doppelten Verlustabzuges und der freien Wahl des Verlustabzugsstaates) sowie durch Aufnahme des **Territorialitätsprinzips** und der **Abwehr von StVermeidung** als Rechtfertigungsgründe; Rz 8 zu unbedenkl **Verfahrensbesonderheiten.** 9

c) Rechtsfolgen eines Verstoßes. Der StPfl hat einen Rechtsanspruch auf Gleichbehandlung und auf Anwendung der EuGH-Rspr, allerdings kein *eigenes* EU-Beschwerderecht. Bei Abweichung durch die *FinVerw* kann (FG) bzw muss (BFH) der Fall dem EuGH vorgelegt werden. Die Vollziehung solcher StBescheide ist ggf auszusetzen (**AdV** – zB BFH I B 44/04 BStBl II 04, 882). Zum Verhältnis EU-Widrigkeit und VerfWidrigkeit s *Lüdicke/Roth* DStR 14, 504. 10

5. Kreis der StPfl. Das BGB unterscheidet zur Rechtsfähigkeit zw natürl und juristischen Personen; der ESt-Pflicht unterliegen nur natürl Personen (§ 1 I, IV). – **a) Natürl Personen.** Das sind alle Menschen von der Geburt bis zum Tod (vgl § 1 BGB). Jede natürl Person ist *einzeln* stpfl, auch Kinder und Ehegatten, auch im Falle der Zusammenveranlagung (s Wortlaut § 26 I, Fiktion § 26b und Aufteilungsmöglichkeit §§ 268 ff AO). **Sonstige Persönlichkeitsmerkmale** wie Staatsangehörigkeit, Geschäftsfähigkeit, Alter, Verfügungsbeschränkungen durch Konkurs/Insolvenz oÄ berühren die StPfl grds nicht (Ausnahmen s § 1a, § 2a I–IIa, § 50 II 7 zu **EU-Staatsangehörigkeit**). – ***Beispiele:*** 11

– Dreijähriges **Kind** erbt Mietshaus; für das Kind als StPfl ist eine Veranlagung durchzuführen; es wird nur bei der Abgabe und beim Empfang von Willenserklärungen, die Geschäftsfähigkeit voraussetzen (zB StErklärung, Zustellungen, § 79 I AO, §§ 104 ff BGB, § 6 VwZG), durch seine gesetzl Vertreter vertreten.
– Ausländische **Gastarbeiter** sind grds gemäß § 1 I estpfl (s Rz 23, 27; § 1a I).
– **Gemeinschuldner** bleibt im Insolvenzverfahren EStPfl (BFH XI R 73/92 BFH/NV 94, 477).
– **Verschollene** werden im StRecht bis zur Rechtskraft der Todeserklärung als lebend und damit als stpfl behandelt (§ 49 AO abw von der Rückbeziehung auf den wahrscheinl Todestag gem §§ 13 ff VerschG). Es wird unterstellt, dass vor Eintritt der Verschollenheit ein Wohnsitz im Inl bestand und nicht aufgegeben ist.

b) Juristische Personen. Sie unterliegen nicht der ESt, sondern gem §§ 1, 2 KStG der KSt (KapGes einschließl Einmann-GmbH, Genossenschaften, Vereine; **ausl KapGes** s BFH IX R 182/87 BStBl II 92, 972, Rz 13). Nichtrechtsfähige Vereine sind zwar keine juristischen Personen, werden jedoch aus praktischen Gründen ebenso besteuert (§ 1 I Nr 5 KStG). Bei **Betriebsaufspaltung** sind Besitz- und Betriebsunternehmen zwei selbständige StSubjekte (s § 15 Rz 870), ebenso **Organträger/OrganGes** (vgl § 14 KStG, § 2 II 2 GewStG). 12

c) Personengesellschaften. OHG, KG, GbR unterliegen als solche zwar der USt und GewSt, nicht aber der ESt oder KSt. Stpfl sind nach § 1 EStG die beteiligten Ges'ter als natürl Personen. Um eine einheitl Besteuerung zu erreichen, 13 werden die Einkünfte einheitl und gesondert festgestellt, auf die Ges'ter verteilt und diesen iRd Einkommensbesteuerung zugerechnet (§§ 179, 180 I Nr 2a, 182 I AO); über die persönl Voraussetzungen der unbeschr/beschr StPfl ist im ESt-Verfahren der Ges'ter zu entscheiden (vgl 34. Aufl). Das gilt auch für die **GmbH & Co KG** (bei der ledigl die GmbH mit dem festgestellten Gewinnanteil der KSt unterliegt) und die **atypische stille Ges** (vgl § 15 Rz 340 und 700) und für **Publikumsgesellschaften** in diesen Rechtsformen (schwer praktikabel; s auch § 15 Rz 705 mwN). Die persönl StPfl einer **ausl Ges** (KSt der Ges oder ESt der Ges'ter – ausnahmsweise Bescheinigung für PersGes s *FinVerw* DB 15, 1933) ist nach dt Recht zu entscheiden; Qualifikationsprobleme s § 34c Rz 4.

14 **d) StPfl im Erbfall.** S *BMF* BStBl I 93, 80 mit Änderung BStBl I 07, 269; I 06, 253; § 16 Rz 590 ff; 34. Aufl mwN. Die persönl StPfl erlischt mit dem Tod. – **aa) Bis zum Todeszeitpunkt erzielte Einkünfte:** Veranlagung des Verstorbenen als StPfl. Hierunter fallen – unterschiedl nach Art der Einkünfteermittlung – alle Einkünfte, die zu Lebzeiten zu versteuern gewesen wären (vgl Rspr 16. Aufl), einschließl Übergangsgewinn nach Auflösung einer Zwei-PersGes durch Tod (BFH IV R 18/97 BStBl II 98, 290 – s aber § 4 Rz 669). Diese Einkünfte des Erblassers werden nicht mit denen des Erben zusammengerechnet, auch nicht über § 2 VII 3. Der Bescheid ist an den Erben *als Rechtsnachfolger* zu adressieren und ihm bekanntzugeben; er schuldet die Steuer als Nachlassverbindlichkeit (§ 45 AO; zu § 10 V Nr 1 ErbStG BFH II R 15/11 BStBl II 12, 790, Anm 33. Aufl).

15 **bb) Nach dem Tode bezogene Einkünfte.** Der Erbe tritt als Gesamtrechtsnachfolger (vgl § 1922 BGB) nicht nur zivilrechtl, sondern nach stRspr auch strechtl in die vermögensgebundenen **Rechtsbeziehungen des Erblassers** ein, und zwar unabhängig von Nachlassverwaltung (s BFH VII R 33/91 BStBl II 92, 781), Nachlasskonkurs/-Insolvenz (BFH VII R 118/95 BStBl II 98, 705), Testamentsvollstreckung (s BFH X B 328/94 BStBl II 96, 322) oder Vermächtnissen (s BFH X R 14/94 BStBl II 96, 287). Das gilt auch für im Vergleichswege erfolgreiche Erbprätendenten (BFH IV R 15/96 BStBl II 97, 535). *Beispiele:* Art der Einkünfte (s 16. Aufl, zu § 18 s unten); Zurechnung der Einkünfte: BFH VII R 33/91 BStBl II 92, 781 (zu § 15), BFH VIII R 160/81 BStBl II 82, 540, unter 2, FG BaWü DStRE 05, 243, rkr (zu § 20), FG Hbg EFG 88, 365, bestätigt (zu § 19); Verpächterwahlrecht s BFH IV R 97/89 BStBl II 92, 392; Kürzung § 10 III s FG Hbg EFG 92, 265, rkr; **Verlustabzug § 10d** s RsprÄnderung § 10d Rz 14; AfA einschließl Bemessungsgrundlage s § 11d EStDV; Anschaffungszeitpunkt des Erblassers s § 16 Rz 590, § 23 Rz 40; Verlustantrag § 2a III aF/Hinzurechnung § 2a IV 1 Nr 2 s dort Rz 63. In der Person des Erben sind nur **höchstpersönl Besteuerungsmerkmale** zu prüfen, wie etwa fachl Voraussetzungen der freiberufl Tätigkeit iSv **§ 18** (BFH IV R 29/91 BStBl II 93, 36, auch zu Übergangszeit; zu Verkaufserträgen eines Künstlererben BFH IV R 16/92 BStBl II 93, 716; BFH XI R 6/06 BFH/NV 07, 436 zur Wahl einer Betriebsaufgabe, s § 6 III, § 18 Rz 36).

16 **cc) Erbengemeinschaft/Erbauseinandersetzung.** Probleme der Gewinnrealisierung s § 16 Rz 590 ff zu BFH GrS 2/89 BStBl II 90, 837 und *BMF* BStBl I 06, 253; *Röhrig/Doege* DStR 06, 969. Testamentsvollstreckung s Rz 15.

17 **dd) Vorweggenommene Erbfolge.** S BFH GrS 4/89 BStBl II 90, 847, *BMF* BStBl I 93, 80 und I 07, 269, § 16 Rz 45 ff, § 23 Rz 44.

II. Unbeschränkte Steuerpflicht, § 1 I

19 **1. Personenkreis.** Unbeschr stpfl sind natürl Personen (Rz 11), die im Inl einen Wohnsitz oder gewöhnl Aufenthalt haben (§ 1 I). EU-Angehörige s § 1a.

20 **2. Wohnsitz.** S *BMF* AEAO § 8. – **a) Allgemeines.** Einen Wohnsitz hat jemand dort, wo er eine Wohnung unter Umständen innehat, die darauf schließen lassen, dass er sie beibehalten und benutzen wird (§ 8 AO; zum von der Rspr neu

eingeführten **Zeitmoment** – 6 Monate gem § 9 AO als Anhaltspunkt – s BFH I R 215/85 BStBl II 89, 956, auch zu Bindung an Tatsachenwürdigung durch FG). Die Begriffsmerkmale gehen fließend ineinander über und werden auch in der Rspr oft nicht sauber getrennt. **Mehrfache Wohnsitze** sind mögl (BFH I R 50/12 BFH/NV 13, 1909; zu mehreren Wohnstätten mit **Ansässigkeit nach DBA** s BFH I R 40/97 BStBl II 99, 207, *FinVerw* FR 09, 1021; zu „ständiger Wohnstätte" nach DBA Schweiz BFH I R 22/06 BStBl II 07, 810; zu DBA Dreieckskonflikt BFH I R 19/13 BFH/NV 15, 333, Anm *Gosch* IStR 15, 112; *Wassermeyer* IStR 15, 144), auch Wohnsitz neben gewöhnl Aufenthalt (nicht zwei gewöhnl Aufenthalte gleichzeitig, s Wortlaut § 1 I, BFH I R 281/82 BStBl II 84, 11). Für die unbeschr StPfl genügt *ein* inl Wohnsitz (BFH I R 250/72 BStBl II 75, 708), **unabhängig vom Lebensmittelpunkt** (BFH I R 100/99 BFH/NV 01, 1402). Doppelansässigkeit s Art IV OECD-MA, *Lüdicke* FS Fischer S. 731. Prüfung nach dt Recht zunächst ohne DBA für jeden StPfl und jeden VZ neu (BFH I R 8/94 BStBl II 96, 2 zu Ehegatten). Keine DBA-Ansässigkeit durch § 1 III (s Rz 70). Zur **Ansässigkeit nach Art 37 III WüD, Art 49 I WÜK** von Botschafts- und Konsularbediensteten s BFH I R 119/95 BFH/NV 97, 664; FG Köln EFG 01, 552, rkr, § 3 Nr 29, § 3 Rz 104. **„Heiratsprivileg"** bei Wegzug in die Schweiz s *BMF* BStBl I 94, 683, BFH I R 44/10 BFH/NV 11, 2005.

b) Wohnung. Der Begriff ist weit auszulegen iSv Räumlichkeiten, die zum Wohnen geeignet sind. Es braucht sich nicht um ein Gebäude oder einen baul abgeschlossenen Gebäudeteil zu handeln, wenn nur ein fester, zum Wohnen geeigneter Raum vorhanden ist (mit Möbeln ausgestattet, heizbar, Kochgelegenheit). Das kann ein möbliertes Zimmer sein, eine Unterkunft in einer Gemeinschaftsbaracke, eine Zweitwohnung, ein Sommer- oder Ferienhaus, ein Jagdhaus, uU eine „Standby-Wohnung" (BFH I R 50/12 BFH/NV 13, 1909), selbst ein *feststehender* Campingwagen, der ständig zu Wohnzwecken und nicht nur vorübergehend zu Erholungsaufenthalten benutzt wird (BFH VI R 195/72 BStBl II 75, 278; s aber BFH I R 80/92 BStBl II 93, 655; FG Hbg EFG 99, 222, rkr). Ein gemietetes Hotelzimmer wird auch bei langfristiger Nutzung selten eine Wohnung idS sein; keine Wohnung ist der Wohnwagen eines fahrenden Zirkusartisten oder das Wohnmobil in einem Ferienpark (FG Hbg EFG 82, 18, rkr; FG Mster EFG 06, 1677, rkr). Je zweifelhafter es ist, ob eine solche Wohnung vorliegt, desto sorgfältiger sind das Verfügungsrecht und die sonstigen Umstände zu prüfen (und umgekehrt, s FG BaWü EFG 85, 483, rkr). 21

c) Verfügungsrecht. Der Wohnberechtigte muss die Wohnung **„innehaben"**, dh er muss darüber nach Belieben verfügen können. Dabei steht weniger die rechtl als die *tatsächl* Verfügungsmöglichkeit im Vordergrund. Das Verbot des Bewohnens muss nicht entgegenstehen (BFH VI R 127/76 BStBl II 79, 335, Rz 27). Das Verfügungsrecht entfällt bei längerfristiger Vermietung (s Rz 24). Besuchsweise Überlassung an Dritte ist idR unschädl. Benutzungsrecht mehrerer Personen kann genügen – sorgfältige Prüfung der obj Umstände (s Rz 21, 23). **Strafgefangene** begründen keinen Wohnsitz am Ort der Strafanstalt, es fehlt die Verfügungsbefugnis (s Rz 27). Ausgewiesene Ausländer geben ihren Wohnsitz auf (FG Mchn EFG 04, 837, rkr); Ausreiseverfügung allein reicht nicht. Das Verfügungsrecht kann von dritten Personen abgeleitet sein (**Kinder**/Eltern, s Rz 24, auch zu Ehegatten; s aber BFH V R 15/13 BFH/NV 14, 1030 zu Kindergeld § 63 I). 22

d) Tatsächl Nutzung. Darüber hinaus müssen die **obj Umstände** darauf schließen lassen, dass die **Wohnung beibehalten und benutzt** werden soll (objektivierter Wohnsitzbegriff im StRecht). Die *Absicht* des StPfl, einen Wohnsitz zu begründen, ist weder ausreichend noch erforderl. Die **polizeil Anmeldung** ist nicht ausschlaggebend (zB BFH III R 89/06 BFH/NV 08, 351). Eine ständige Nutzung ist nicht geboten; ein bloßes Innehaben ohne Nutzung genügt nicht. Im Einzelfall sind alle **tatsächl Umstände** zu berücksichtigen, die erkennen lassen, 23 dass die Wohnung dadurch als Bleibe dient, dass sie ständig oder doch mit einer gewissen Regelmäßigkeit und Gewohnheit benutzt wird bzw zu nicht nur vorübergehenden Wohnzwecken *bestimmt* ist (vgl zur „Wohnstätte" nach DBA Rz 20). Diese Umstände stellt das FG mit Bindung für den BFH fest (BFH VIII B 155/02 BFH/NV 03, 881). *Beispiele:* Dauer der tatsächl Nutzung, Bauausführung, Lage, Ausstattung und Einrichtung, Angemessenheit nach den sonstigen Lebensverhältnissen des Inhabers (BFH VI R 236/62 U BStBl III 64, 462), Anlass für den Aufenthalt, zeitl Pläne über die Rückkehrabsicht eines **Gastarbeiters** in sein Heimatland sowie seine Familienbande nach dorthin, Umfang der tatsächl und rechtl Verfügungsmacht über eine Wohnung, Erst- oder Zweitwohnung, Familienstand, Entfernung vom Hauptwohnsitz (BFH I B 112/92 BFH/NV 94, 456; FG Nds EFG 97, 1150, rkr). Bei **Zweitwohnung** mit begrenztem Verwendungszweck werden an die Ausstattung geringere Anforderungen gestellt; es muss jedoch ein zweiter Lebensmittelpunkt geschaffen werden. Kurzfristige Aufenthalte (Erholung, Ferien, Kur) begründen grds keinen Wohnsitz (BFH I 38/65 BStBl II 68, 439, FG BaWü EFG 88, 418, rkr – 5 bis 6 Wochen; zu besuchsweiser Nutzung eines Elternhauses BFH III B 99/05 BFH/NV 06, 300 mwN); sie können jedoch für die Beibehaltung reichen (s Rz 24). Durch *regelmäßige* Aufenthalte an Wochenenden/ in den **Ferien** kann ein Wohnsitz begründet bzw beibehalten werden (BFH VI R 107/99 BStBl II 01, 294). Aufenthalte von Familienangehörigen, Hauspersonal oder Gästen sind dem Wohnungsinhaber als **eigene Nutzung** zuzurechnen.

24 **e) Aufgabe des Wohnsitzes.** Sie ist anzunehmen, wenn die tatsächl Umstände so verändert werden, dass die Voraussetzungen des § 8 AO nicht mehr vorliegen. Die Begründung eines neuen Wohnsitzes ist nicht erforderl. Erzwungene Nutzungsunterbrechungen können, aber müssen nicht schädl sein (s Rz 22 – Gefängnis- oder Krankenhausaufenthalt – sowie unten zu Touristen- oder Kindesentführung). Die Begründung eines zweiten Wohnsitzes oder die längere Abwesenheit müssen keine Aufgabe des ersten Wohnsitzes bewirken, vor allem nicht bei **Familienwohnsitzen.** So wird ein Schiffskapitän oder ein längerfristig auswärts, auch im Ausl beschäftigter ArbN bei Aufrechterhaltung der ehel Wirtschaftsgemeinschaft und gelegentl Besuchen seinen Familienwohnsitz beibehalten (widerlegbare Vermutung, s BFH I R 8/94 BStBl II 96, 2; FG BaWü EFG 08, 1626, rkr). Entscheidend sind die tatsächl Umstände für oder gegen die Beibehaltung zu – auch zukünftigen – eigenen Wohnzwecken (vgl BFH III R 89/06 BFH/NV 08, 351). Bei Auslandstätigkeit über 1 Jahr eines Ledigen bzw bei Familienmitnahme führen auch kurzfristige Inlandsbesuche nicht zur Beibehaltung oder Begründung eines Wohnsitzes (vgl BFH III B 121/12 BFH/NV 13, 1381 mwN). **DDR-Ausreise** als Wohnsitzaufgabe s FG Sachs EFG 00, 191, rkr. **Vermietung** spricht idR für Aufgabe (FG Bremen EFG 90, 93, rkr, zu Schiffsoffizier – aA zu befristeter/kurzfristiger Vermietung bis 6 Monate FG Hbg EFG 92, 277, rkr). Ebenso dauernde Überlassung an volljähriges Kind mit eigenen Einkünften (FG Nds EFG 97, 1150, rkr). Die **Ehefrau** teilt nicht ohne weiteres den Wohnsitz des Mannes (BFH I R 8/94 BStBl II 96, 2; s aber BFH I R 69/96 BStBl II 97, 447; zu Zeit zw Heirat im Ausl und Bezug der Inlandswohnung des Ehegatten FG Hbg EFG 94, 730, rkr; vgl auch Rz 37; fragl bei anschließendem Umzug im Inl; zum umgekehrten Fall der Anmietung einer Familienwohnung im Ausl trotz kurzfristigen Verbleibs der Ehefrau und der Kinder bis zum Schuljahresabschluss s FG Nds EFG 03, 756, rkr); ohne besondere Umstände ist jedoch idR davon auszugehen (vgl BFH I R 56/02 BFH/NV 04, 917). **Kinder** behalten idR ihren Wohnsitz bei den Eltern, auch wenn sie sich vorübergehend zu Auswärtsarbeit (zB FG Nds EFG 93, 135, rkr zu ledigem Seemann) oder zu Ausbildungszwecken auswärts aufhalten (BFH III R 38/14 DStRE 15, 1363 mit Anm *Wd;* anders uU bei längerfristigen Auslandsstudien mit wenigen Inlandsaufenthalten, vgl BFH III R 10/14 BStBl II 15, 655, Anm *Dziadkowski* IStR 15, 147, *Siegers* HFR 15, 257, oder bei längerfristigem

Aufenthalt von Gastarbeiterkindern im Heimatland trotz Ferienaufenthalts im Inl, s RsprÄnderung BFH III B 99/05 BFH/NV 06, 300 und 31. Aufl mwN). IdR keine Aufgabe durch **Kindesentführung** ins Ausl (s BFH III B 174/11 BFH/NV 12, 1599; BFH III B 156/13 BFH/NV 14, 1208 und 31. Aufl mwN) oder **Touristenentführung.** Dagegen grds Wohnsitzaufgabe im Ausl verheirateter Kinder (BFH VI B 387/98 NV 00, 42). **Studenten** begründen am Hochschulort idR weder Wohnsitz noch gewöhnl Aufenthalt (s zu **EG-Staatsangehörigen** FG BaWü EFG 92, 238, rkr).

3. Gewöhnlicher Aufenthaltsort (s *BMF* AEAO § 9). Diesen hat der StPfl 27
dort, wo er sich unter Umständen aufhält, die erkennen lassen, dass er an diesem Ort oder in diesem Gebiet nicht nur vorübergehend verweilt (**§ 9 AO,** BFH I R 215/85 BStBl II 89, 956), häufig neben Wohnsitz (Rz 20), mit der gleichen Rechtsfolge der unbeschr StPfl. Dann kann die schwierigere Wohnsitzprüfung uU (Zuständigkeit des FA, § 19 AO!) unterbleiben, zB bei einem ein Jahr im Inl arbeitenden und wohnenden Gastarbeiter. Die **Unterschiede zum Wohnsitz** liegen darin, dass keine Wohnung als fester Lebensmittelpunkt unterhalten werden muss, dass nicht einmal ein gleich bleibender Aufenthaltsort zu bestehen braucht. Anders als beim Wohnsitz genügt es, dass sich jemand tatsächl für eine gewisse Dauer „in diesem Gebiet" aufhält (dh im Inl, s Rz 30). *Beispiele:* Fahrende Zigeuner, Filmschauspieler mit wechselnden Drehorten im Inl; zu Pilot mit Standby-Wohnung BFH I R 38/13 BFH/NV 14, 1046. **Vorübergehende Aufenthalte** begründen grds keinen gewöhnl Aufenthalt. Ausnahmen sind mögl. Vorübergehend sind nach § 9 S 2 AO Aufenthalte bis zu 6 Monaten, in Sonderfällen (Urlaub, Erholung, Kur, private Besuche, Studium – soweit dadurch überhaupt ein gewöhnl Aufenthalt begründet wird) bis zu einem Jahr, vgl § 9 S 3 AO. Alle längeren Aufenthalte, durch die kein Wohnsitz begründet wird, führen über die unwiderlegbare gesetzl Vermutung in § 9 S 2 AO zur unbeschr StPfl (s umgekehrt zur **Aufgabe** BFH I R 112/04 BFH/NV 05, 1756). Kurzfristige **Unterbrechungen** (zB Weihnachtsurlaub, Jahresurlaub eines Gastarbeiters) bleiben ohne Auswirkung, dh die 6-Monatsfrist läuft weiter und die Unterbrechungszeit wird mitgerechnet (vgl § 9 S 2 AO „von Beginn an"). Unterbrechungen setzen den erkennbaren Willen und die Möglichkeit zur Fortsetzung des unterbrochenen Aufenthaltes voraus. Beurteilung nach obj Merkmalen (zB Dauer) unter Einbeziehung der erkennbaren Pläne und Absichten. **Rechtswidriger** (FG BaWü EFG 91, 102, rkr) oder **unfreiwilliger Aufenthalt** genügt (**Krankenhaus/Gefängnis,** BFH VI B 97/86 BFH/NV 87, 262), auch ohne Beibehaltung des Wohnsitzes (s Rz 22). **Asylbewerber** werden erst ab Anerkennung unbeschr stpfl, dann aber rückwirkend ab Aufnahme (vgl BFH III R 148/86 BStBl II 88, 14). Die 6 Monate brauchen nicht in *einen* VZ zu fallen. *Beispiel:* Bei Aufenthalt eines Gastarbeiters vom 1.10.01 bis 15.4.02 mit 3 Wochen Weihnachtsurlaub unbeschr StPfl im VZ 01 und im VZ 02. Der gewöhnl Aufenthalt setzt eine gewisse Beständigkeit der Anwesenheit voraus. So verweilt ein ArbN, der sich regelmäßig zur Arbeit im Inl aufhält und tägl zu seinem Familienwohnsitz im Ausl zurückkehrt **(Grenzgänger),** nur vorübergehend im Inl (und umgekehrt); dagegen begründet er einen gewöhnl Aufenthalt im Inl, wenn er nur zum Wochenende heimfährt (vgl BFH I R 205/82 BStBl II 90, 687). Das gilt entspr für weggezogene, pendelnde **Inlandsunternehmer** (s *Löffler/Stadler* IStR 08, 832). **DBA-Regelungen** s Rz 46; zu längeren berufl Aufenthalten mit periodischen Unterbrechungen BFH I R 26/10 BFH/NV 11, 2001. Die Übertragung dieser Grundsätze zum Aufenthaltsort auf den **183-Tage-Aufenthalt** von ArbN-Grenzgängern (zB Art 15 II OECD-MA) ist nicht mögl (so jetzt auch BFH I R 4/96 BStBl II 97, 15 = *BMF* BStBl I 94, 11): Auch bei tägl Rückkehr ins Ausl an mehr als 183 Tagen unabhängig von der Dauer der tägl Inlandstätigkeit beschr StPfl nach § 49 I Nr 4 mit zeitanteiligen Inlandseinkünften. S auch Verständigungsvereinbarung mit Luxemburg *FinVerw* IStR 11, 853. Das Problem ist durch

Einführung einer neuen Veranlagungsmöglichkeit für alle Grenzpendler mit Inlandseinkünften entschärft (s § 1 III mit Rz 40 ff).

30 **4. Inland. a) § 1 I 1, staatl Hoheitsgebiet als Grundlage einer unbeschr StPfl.** Inland idS ist – ohne Begriffsbestimmung im EStG – das staats- und völkerrechtl Gebiet der BRD innerhalb seiner Bundesgrenzen, dh der Geltungsbereich des GG. Die früheren Zollgrenzen sind nicht maßgebl, so dass auch „Zollausschlussgebiete" (bzw EU-rechtl „Drittlandsgebiete"), „Zollfreigebiete"/Freihäfen sowie exterritoriale Grundstücke wie ausl Botschaften Inl idS sind (zB BFH IV R 196/85 BStBl II 89, 614), nicht aber „Zollanschlussgebiete" oder dt Botschaften im Ausl. **Schiffe** zählen zum Inl, soweit sie unter inl Flagge in dt Gewässern oder auf hoher See fahren (vgl BFH I R 250/75 BStBl II 78, 50), **Flugzeuge,** soweit sie dt Hoheitsgebiet oder völkerrechtl Niemandsland überfliegen (vgl BFH I R 148/87 BStBl II 89, 319) – beides bedeutsamer für die inl Einkünfteermittlung nach § 1 IV/§ 49 und DBA bei inl StPfl. **Küstenmeer/Festlandsockel** s Rz 32, 34, **Kabel/Rohrleitungen** s Rz 34.

31 **b) § 1 I 2, Ausdehnung des Inlandsbegriffs über das staatl Hoheitsgebiet hinaus** (Neuregelung **ab 2016,** s *Hawlitschek* IStR 15, 413). Die zunehmende wirtschaftl Ausbeutung des Meeres und seines Untergrunds hat zu einer mehrfachen Ausdehnung des Inlandsbegriffs im Küstenbereich geführt. Dabei hat sich der Gesetzgeber an das **UN-Seerechtsübereinkommen** angelehnt und die dortigen Tatbestände wiederholt (SRÜ, s BGBl II 94, 1799), zuletzt umfassend im StÄndG 2015. Das SRÜ unterscheidet zw inl Küstenmeer (s Rz 32) und dem anschließenden Seegebiet bis zu 200 Seemeilen von der Küste, das für abschließend festgelegte Zwecke hoheitl genutzt werden kann (s Rz 33, 34). Jenseits von 200 Seemeilen entfallen alle staatl Hoheitsrechte. Die Erweiterungen in § 1 I 2 zielen systematisch weniger auf eine persönl StPfl nach § 1 I ab (so wird ein ausl ArbN auf einer Bohrinsel auf dem Festlandsockel nicht dadurch unbeschr stpfl, weil das Unternehmen dort inl Einkünfte iSv § 1 I 2 erzielt), sondern primär auf die Ermittlung inl Einkünfte nach § 1 IV/§§ 49 ff und DBA, wohl auch § 34 c. Fragl ist dies allenfalls bei § 1 I 2 Nr 1 Buchst c und Nr 2 Buchst b (vgl zutr *Blümich/Rauch* § 1 Rz 138a, *Hawlitschek* IStR 15, 413 mwN: insoweit weist Art 60/Art 80 SRÜ dem Küstenstaat ausschließl Hoheitsbefugnisse auch im Finanzwesen zu). Die Tatbestände des § 1 I 2 überschneiden und wiederholen sich weitgehend; idR wird auch eine Ausbeutung des Festlandsockels zu einer ausschließl Wirtschaftszone führen – insoweit ist der dem SRÜ entspr Aufbau von § 1 I 2 Nr 1 und 2 ohne sachl Bedeutung. Entspr Änderungen enthalten § 1 III KStG und § 2 VII GewStG.

32 **aa) Küstenmeer.** Bis zu 12 Seemeilen (Art 2 ff SRÜ; vgl BGBl I 94, 3428) gehört das Küstenmeer ohne Einschränkung zum Inl iSv § 1 I 1 (so dass auch der gewöhnl Aufenthalt in diesem Teil zur unbeschr StPfl führt). Daher betrifft § 1 I 2 nur den darüber hinausgehenden Bereich.

33 **bb) § 1 I 2 Nr 1, ausschließl Wirtschaftszone.** Dies ist das jenseits des Küstenmeeres angrenzende Seegebiet bis 200 Seemeilen, in dem der Küstenstaat unabhängig vom Festlandsockel (aber häufig überlappend) einzelne souveräne Rechte hat. Diese Rechte sind in Nr 1 in Anlehnung an Art 56 SRÜ abschließend aufgezählt und beschränken sich grds auf diese Tätigkeiten (s Rz 31). – **Buchst a und b** (die nochmalige Aufteilung über Art 56 I Buchst a hinaus ergibt wenig Sinn) erfassen nun jegl wirtschaftl Erforschung oder Ausbeutung der Zone. Die ursprüngl in § 1 I 2 aF geforderte Verbindung mit dem Meeresboden des Festlandsockels (zB Abbau von Mineralien oder anderen Naturschätzen, nach zutr hM wohl auch Erdöl, Erdgas, Kohle) war bereits ab 2008 erweitert worden um die Energieerzeugung unter Nutzung erneuerbarer Energien (zB Windräder, Solaranlagen, Erdwärmeanlagen, Wasserkraft-Gezeitenanlagen), ab 2015 erstmals ausgedehnt auf ausschließl Wirtschaftszonen zur Errichtung (neu) oder zum Betrieb von Energieerzeugungsanlagen unabhängig von einer Bodenverbindung, allerdings immer

noch beschränkt auf die Nutzung erneuerbarer Energien (zB schwimmende Windanlagen). Damit waren die mögl Tatbestände noch nicht voll ausgeschöpft. Ab 2016 hat nun der Gesetzgeber alle Lücken geschlossen durch umfassende Übernahme der Hoheitsbefugnisse aus Art 56 SRÜ (neu vor allem „lebende Ressourcen über dem Meeresboden" wie Meeresfischzuchten). – **Buchst c** übernimmt als Sonderfall aus Art 56/60 SRÜ die Errichtung und Nutzung künstl Inseln oä Bauwerke unter Einbeziehung der Errichtung von Anlagen und Bauwerken für Zwecke des Buchst a. Umfang dieser Zuweisung s Rz 31.

cc) § 1 I 2 Nr 2, Festlandsockel. Vgl zunächst Rz 31. Der Festlandsockel umfasst den jenseits des Küstenmeeres gelegenen Meeresboden und Meeresuntergrund der Unterwassergebiete, die sich über die natürl Verlängerung des Landgebietes bis zur äußeren Kante des Festlandsockels oder bis zu einer Entfernung von 200 Seemeilen von der Küste erstrecken, nicht aber den Tiefseeboden (Art 76 SRÜ), für den ggf Nr 1 greift. – **Buchst a** entspricht im Wesentlichen den hier auf den Meeresboden beschränkten Hoheitsbefugnissen der ausschließl Wirtschaftszone (s Rz 33, Art 77 SRÜ). – **Buchst b** übernimmt (wie Art 80 den Art 60 SRÜ) wörtl § 1 I 2 Nr 1c. Unterseeische **Kabel und Rohrleitungen** darf nicht nur der Küstenstaat verlegen, sondern mit dessen Zustimmung jeder ausl Staat; das hindert den Küstenstaat jedoch nicht, auf seinem Festlandterritorium inl Betriebsstätten zu besteuern (Art 79 SRÜ; § 49 I Nr 2 Buchst a, BFH II R 12/92 BStBl II 97, 12). 34

III. Erweiterte unbeschränkte Steuerpflicht, § 1 II

1. Personenkreis. Er umfasst öffentl **Auslandsbedienstete** ohne unbeschr StPfl im Ausl. § 1 II unterstellt unter bestimmten Voraussetzungen alle dt Staatsangehörigen, die keinen Wohnsitz oder gewöhnl Aufenthalt im Inl haben, der unbeschr StPfl, wenn sie zu einer inl juristischen Person döR in einem DienstVerh stehen und dafür ArbLohn aus einer **inl öffentl Kasse** beziehen (dazu BFH I R 88/00 BFH/NV 02, 623 – DAK –, wie § 3 Nr 64, anders § 49 I Nr 4b, s dort). Das sind insbes (nicht nur, s unten und Rz 36) aktive Staatsbedienstete mit diplomatischem/konsularischem Status (s auch Rz 39, § 3 Nr 29, § 3 Rz 104), dagegen nicht dt Beschäftigte internationaler Organisationen (s dazu Rz 38; zu Goethe-Institut China BFH I R 60/05 BStBl II 07, 106) und auch nicht Empfänger von Versorgungsbezügen (§ 1a II, s § 1a Rz 33). **Auslandslehrer** können nach § 1 II (oder § 1 III, uU § 1 I) unbeschr stpfl sein (s Rz 36), sonst beschr stpfl (s § 49 I Nr 4b, § 49 Rz 88). Auslandskorrespondenten s *BMF* BStBl I 96, 100; BFH I R 27/13 BStBl II 15, 448, Anm *Hilbert* NWB 15, 1032. Die StPfl gem § 1 II erstreckt sich während dieser Zeit (s Rz 37) auf die zum Haushalt gehörenden **Angehörigen** iSv § 15 AO. Bei ihnen war die Voraussetzung der dt Staatsangehörigkeit bereits ab 1975 entfallen, soweit sie keine oder nur im Inl stpfl Einkünfte bezogen (§ 1 II 1). Bei geringfügigen Auslandseinkünften von EG-Ehegatten/LPart (§ 2 VIII) uU unbeschr StPfl nach § 1 III/§ 1a. 35

2. Sachl Voraussetzung. Der StPfl darf nach ausl Recht/Völkerrecht nicht unbeschr zur ESt herangezogen werden können (zB dt Diplomaten im Ausl, § 1 II S 2, BFH V R 9/12 BStBl II 14, 715; Auslandslehrer s *BMF* BStBl I 94, 853, I 96, 373 und 688; I 99, 844 – USA –; FG BaWü EFG 99, 453, rkr, sowie Rz 35; umgekehrt s Rz 39). Der Bezug stfreier Einkünfte ist nicht gleich zu stellen (BFH I R 88/00 BFH/NV 02, 623). 36

3. Rechtsfolgen. Grds bestehen keine Unterschiede zur unbeschr StPfl nach § 1 I. Auch die erweiterte unbeschr StPfl nach § 1 II erfasst entgegen § 1 III alle und nicht nur die von der öffentl Kasse gezahlten Einkünfte (vgl zur beschr StPfl § 49 I Nr 4b). Der mit einer Inländerin oder Ausländerin ohne oder mit geringfügigen (s Rz 35) Auslandseinkünften verheiratete Auslandsbeschäftigte kann die **LSt-Klasse III** bzw den **Splittingtarif** beanspruchen (Korrektur ggf nach § 50 37

II 2 Nr 2). Nach **Rückkehr ins Inl** gelten allg Grundsätze. Zur **Billigkeitsregelung** bei kurzfristigem Verbleib des **Ehegatten** im Ausl s *BMF* BStBl I 96, 1191 (über § 1a I hinaus). **Zuständiges FA:** § 19 I 3 AO; *FinVerw* DB 13, 1452.

38 **4. Deutsche Bedienstete der EU.** Sie fallen nicht unter § 1 II, weil sie von der EG/EU besoldet werden. Sie werden jedoch nach besonderen zwischenstaatl Vereinbarungen wie unbeschr StPfl behandelt (EG-Privilegienprotokoll BGBl II 1965, 1482 und 1967, 2156; zu Bediensteten des Europäischen Währungsinstituts *FinVerw* StEd 99, 231). Ohne solche Vereinbarungen Beurteilung der StPfl nach § 1 (vgl BFH VI R 381/70 BStBl II 74, 230). Häufig sachl StBefreiung (s Rz 39, § 3 Nr 29, § 3 Rz 104; Aufstellung *BMF* BStBl I 13, 404).

39 **5. Ausl Diplomaten in der BRD.** Sie sind wie sonstige Beschäftigte ausl Vertretungen als solche auch bei Wohnsitz oder gewöhnl Aufenthalt im Inl hier grds nicht unbeschr stpfl (vgl § 3 Nr 29, § 3 Rz 104, BFH I R 19/96 BFH/NV 97, 664, s Rz 35). **Ausnahmen:** – Ständige Ansässigkeit nach § 49 WÜD (vgl FG Köln EFG 01, 552, rkr; s auch Rz 20); – dt Staatsangehörigkeit (vgl FG Köln EFG 12, 65, rkr). Ausl Mitglieder **ausl Streitkräfte,** gleichgestellte technische Fachkräfte (s unten) und ihre – ausl – Angehörigen sind im Inl mit ihren Truppenbezügen nicht stpfl (Art X NATO-Truppenstatut, BGBl II 61, 1190 sowie BGBl II 63, 745; Abgrenzung s BFH VI B 132/07 BFH/NV 09, 21; BFH III B 162/08 BFH/NV 10, 630; zu **Rückkehrwillen** BFH I B 10/12 BFH/NV 13, 27; BFH I R 72/14 BFH/NV 16, 28; FG BaWü EFG 14, 919, rkr; 21. Aufl mwN). Mit anderen inl Einkünften unterliegen sie der beschr StPfl (zB US-Soldaten, die im Inl als Musiker auftreten; s auch BFH I B 19/96 BFH/NV 97, 468 und BVerfG StEd 96, 622). Ausl Mitglieder des zivilen Gefolges, die sich auf Grund dieser Tätigkeit im Inl aufhalten, sind nicht unbeschr stpfl, wohl aber dt Staatsangehörige, selbst als **Ehegatte** eines Truppenmitgliedes (BFH III R 95/68 BStBl II 70, 153), sowie uU Truppenangehörige, die im Inl einen Deutschen geheiratet haben (BFH I R 69/84 BStBl II 89, 290; zu „technischen Fachkräften" BFH I R 47/04 BStBl II 06, 374, Anm *Ränsch/Müller-Düttiné* IStR 06, 205; BFH VIII B 272/09 BFH/NV 10, 1819).

IV. Grenzpendlerbesteuerung, § 1 III

41 **1. Personenkreis; Problemstellung.** Die Problematik der Besteuerung im Ausl wohnender, im Inl tätiger Personen hat sich durch zunehmende Durchlässigkeit der Grenzen iRd EG/EU ständig verschärft. Der Gesetzgeber musste daher die zunächst bestehenden Sonderregelungen durch eine familiengerechte Grenzpendlerbesteuerung ersetzen.

42 **2. Grenzpendler (Einpendler) mit Inlandseinkünften. – a) § 1 III** fingiert im Anschluss an EuGH-Urt *Schumacker* (s Rz 5, 6) seit VZ 1996 eine unbeschr StPfl für diesen Personenkreis. Zur begrenzten Wirkung der Fiktion s Rz 70. **§ 1a** erstreckt darüber hinaus einzelne Vergünstigungen auf **Familienangehörige** im EU-Ausl, teils durch Fiktion deren begrenzter unbeschr StPfl (§ 1a I Nr 2 iVm § 26 I 1), teils durch Unbeachtlichkeit deren beschr StPfl (§ 1a I Nr 1, Nr 1a auch über den EU-Bereich hinaus).

46 **b) Grenzgänger.** Einzelne DBA-Regelungen bzw gesonderte Protokolle teilen das Besteuerungsrecht für Tagespendler (s Rz 27) idR abw von der übl ArbN-Besteuerung dem Wohnsitzstaat zu (also zB fortbestehende unbeschr StPfl für Auspendler mit Besteuerung nach dt Recht, beschr StPfl für Einpendler).

47 **c) Sonderregelungen. § 50 I 4, 5, II 2 Nr 3** ermöglichen eine sachl und verfahrensrechtl unterschiedl Besteuerung beschr stpfl **EU-ArbN-Einkünfte** iSv § 49 I Nr 4, wenn die Voraussetzungen des § 1 III nicht vorliegen. Ähnl **§ 50 II 2 Nr 5** für selbständige **EU-Künstler, Sportler** ua Personen iSv § 50a I Nr 1, 2.

d) Sonstige StPfl. Besteht kein Wohnsitz/gewöhnl Aufenthalt im Inl, fallen die StPfl mit ihren inl Einkünften unter die normale beschr StPfl nach **§ 1 IV, § 49, § 50 I 1–3, § 50a.** Das Abzugs-, Haftungs- und Freistellungsverfahren wird vom EuGH im Grundsatz nicht beanstandet (s Rz 7); nur eine definitiv höhere StBelastung durch das *abgeltende* Bruttoabzugsprinzip muss ausgeschlossen sein (s EuGH Rs C-290/04 Fall *Scorpio* BStBl II 07, 352; BFH I R 39/04 BStBl II 08, 95, Rz 5), jetzt berücksichtigt in §§ 50, 50a. 48

3. Ziel der besonderen Grenzpendlerbesteuerung, § 1 III. Die subj Leistungsfähigkeit soll stärker berücksichtigt werden, soweit nach der – personenbezogenen – Summe der Einkünfte und dem Anteil der Auslandseinkünfte anzunehmen ist, dass der Grenzpendler nicht auch im Wohnsitzstaat veranlagt wird und er persönl und familienbezogene Entlastungen nicht doppelt in Anspruch nehmen kann. Das ist auch der Grund für die Fiktion der unbeschr StPfl mit allen rechtl Folgen für den ganzen VZ des Wechsels der StPfl (§ 2 VII 3, s Rz 54, 77). 50

4. Persönl Geltungsbereich des § 1 III. Der Personenkreis der Grenzpendler umfasst grds alle im Ausl ansässigen Personen ohne inl Wohnsitz oder gewöhnl Aufenthaltsort, die im Inl nach § 49 stbare Einkünfte erzielen **(§ 1 III 1).** Das sind zwar vielfach ArbN (und Selbständige) aus EU-Staaten, bei denen auch der größte Handlungsbedarf bestand, vor allem Grenzgänger (s Rz 27, 46). Gleichwohl enthält § 1 III aus Gleichbehandlungsgründen **keine persönl Beschränkungen.** Die fiktive unbeschr StPfl erfasst nicht nur EU-Staatsangehörige (EuGH-Fall *Schumacker*) einschließl Auslandsdeutsche und nicht nur Grenzbewohner/Grenzgänger iSv Rz 27, sondern alle (Nur-)Auslandsbewohner mit Inlandseinkünften, auch öffentl Bedienstete iSv § 1 II S 1 Nr 1 und 2 ohne diplomatischen/konsularischen Status iSv § 1 II S 2. Sie beschränkt ihre begrenzte Wirkung (s Rz 44) jedoch zunächst auf die **Person des Grenzpendlers selbst.** Ledigl Familienvergünstigungen unterliegen weiteren persönl Beschränkungen nach § 1a (s § 1a Rz 13, auch zu Ausnahmen). S auch Rz 53. 51

5. Sachl Voraussetzungen, 1 § 1 III 1–5. – a) Beschränkungen. Es gibt keine Beschränkungen durch § 1 III nach Art der Einkünfte über § 49 hinaus (nicht nur ArbN) oder nach deren Erhebung (auch bei StAbzug), nur nach Höhe und anteiliger Länderzurechnung der Einkünfte. Grds müssen bei nicht nur geringfügigen Auslandseinkünften mindestens 90 vH der Gesamtsumme der im Kj erzielten Einkünfte der dt ESt unterliegen (s Rz 54 ff, Grund s Rz 50). 53

b) Einkünftegrenzen, § 1 III 2. Grenzpendler iSv § 1 III ist, wer seine weltweiten Einkünfte zu mindestens **90 vH** im Inl zu versteuern hat **(relative Begrenzung).** Liegt der Inlandsanteil unter 90 vH, ist dies unschädl, wenn die Auslandseinkünfte im Kj den jeweiligen Grundfreibetrag § 32a I nicht übersteigen **(absolute Begrenzung** – 2014: 8354 €; 2015: 8472 €; 2016: 8652 €; vorher s 32. Aufl). Bei **Ehegatten/LPart** (§ 2 VIII) mit Splittingtarif nach § 1a I Nr 2 S 3 Verdoppelung unter Einbeziehung der Einkünfte beider Partner (auch in 90%-Prüfung). Zum Nachweis nach § 1 III 5 s Rz 57. **Zeitl Kj-Zurechnung** nach EStG (§§ 4 ff, § 11). Erreicht der Auslandsanteil 10 vH der Gesamtsumme *und* übersteigt er den Grundfreibetrag im Kj (*ein* höherer Betrag ist unschädl), entfällt das Wahlrecht nach § 1 III 1 und die Veranlagung nach § 46 II 1 Nr 7/§ 50 (s Rz 3, 48). Die tatsächl Besteuerung ist für diese Berechnung unmaßgebl. Zur StFreiheit im Ausl s Rz 56. Die Beträge sind **personenbezogen,** auch bei PersGes; Einkünfte des Ehegatten/LPart sind nur in Fällen des § 1a I Nr 2 in die Berechnung einzubeziehen (s auch Rz 51, § 1a Rz 21). Nach **§ 1 III 2 HS 2** ist der Höchstbetrag entspr zu **kürzen,** soweit dies nach den Lebensverhältnissen des Wohnsitzstaates notwendig und angemessen ist (vgl die vom BFH gebilligten *BMF*-Länderaufstellungen ab 2014 BStBl I 13, 1462; BFH VI R 28/10 BStBl II 11, 283 – kein Verstoß gegen EU-Recht, s aber zu EU-widrigen DBA-Nachteilen EuGH Rs C-303/12 BFH/NV 14, 287). Die an der **Rechtmäßigkeit der** 54

Grenze von 90 % geäußerten Zweifel hat der **EuGH** ausgeräumt (s 29. Aufl mwN). **Zeitl** ist bei Wechsel im lfd VZ auf die Einkünfte *im Kj* abzustellen (EuGH Rs C- 9/14 DStRE 15, 1233, IStR 15, 554 mit Anm *de Werth;* vgl auch Rz 77 zu § 2 VII 3).

55 **c) Gesamteinkünfteermittlung, § 1 III 2, 3. – aa) Einkünfte.** „Einkünfte" = „Summe der Einkünfte". Einzubeziehen sind mangels Sonderregelung alle bei – unterstellter – Inlandsbesteuerung nach dt EStG im Kj anzusetzenden inl und ausl Einkünfte iSv § 2 I, II (vgl Ausgangsbetrag § 2 III, EStR 2). Das ist die Summe der Gewinne/Verluste bzw der BE/Einnahmen abzügl BA/WK (ggf Pauschbeträge § 9a), Sparer-Freibetrag § 20 IX, Versorgungs-Freibetrag § 19 II, soweit diese Einkünfte bei unbeschr StPfl nach dt Recht ohne DBA stbar und stpfl wären (vgl zu entspr Regelung in § 2 AGGrenzgNL BFH I R 222/82 BStBl II 87, 256). Dazu gehören nicht nur Einkünfte iSv § 49, sondern grds alle Inlands- und Auslandseinkünfte mit oder ohne Inlandsbezug, positive abzügl ausgleichbare negative Einkünfte ohne Beschränkungen nach § 50 (s Rz 58), unabhängig vom inl StAbzug (§ 1 III 3, 6; zu KapEinkünften iSv § 32d s *FinVerw* DStR 13, 1382; zu § 2 Vb BFH I R 18/14 DStRE 16, 65) und unabhängig davon, welchem Staat das Besteuerungsrecht zusteht (zB Grenzgänger). Besteuerungsgrundlagen außerhalb des Einkünftebereichs sind unbeachtl (zB § 10d). Stfreie ausl Einkünfte s Rz 56. Die Aufteilung nach inl/ausl Einkünften erfolgt erst in einem zweiten Schritt (s Rz 59).

56 **bb) Steuerpflicht von Auslandseinkünften, § 1 III 4.** Die Einkünfte müssen nach dt ESt-Grundsätzen stbar und stpfl sein (BFH I R 18/13 BStBl II 15, 474; zu KapEinkünften iSv § 32d *FinVerw* DStR 13, 1382). StFreiheit nach ausl Recht stand dem Ansatz nach früher hM nicht entgegen. Das hat sich geändert durch **§ 1 III 4** idF JStG 2008. Grund ist die EuGH-Entscheidung zu § 1a I Nr 2 (Fall *Meindl* Rs C-329/05 DStR 07, 232): Zusammenveranlagung ohne Einbeziehung stfreier österr Einkünfte. Das hat unmittelbare Auswirkung auf § 1 III. Nach § 1 III 4 nF (mit Folgewirkung auf § 1a I Nr 2 S 3) bleiben nicht der dt ESt unterliegende Einkünfte, die im Ausl nicht besteuert werden (also nicht stbar oder stfrei sind), außer Ansatz, für EU/EWR-Staatsangehörige auf Antrag **rückwirkend** bei allen nicht bestandskräftigen Veranlagungen (§ 52 Abs 1a aF), für andere Staatsangehörige aber erst **ab VZ 2008.** Allerdings ist § 1 III 4 bei allen Ausländern davon abhängig, dass *vergleichbare* Einkünfte im Ausl stfrei sind (vgl zu im Inl stfreiem, aber im Ausl stpfl Arbeitslosengeld BFH I R 18/13 BStBl II 15, 474 mit Anm *Melkonyan/Mroz* IWB 15, 227; *FinVerw* DB 15, 1933; 34. Aufl mwN) und bei Inlandserzielung auch hier stfrei wären (also kein Umkehrschluss aus § 1 III 4); s auch Rz 58.

57 **cc) Nachweis, § 1 III 5. Sonstige Auslandseinkünfte** hat der StPfl zu erklären und ggf durch Vorlage einer **Vordruck-Bescheinigung EU/EWR** der zuständigen ausl StBehörde nachzuweisen (s auch § 90 II AO, § 76 I 4 FGO). Keine Bindung durch Auslandsbescheid – Berechnung nach EStG (BFH I R 78/07 BStBl II 09, 708). Der Nachweis muss als materielle Tatbestandsvoraussetzung grds auch dafür erbracht werden, dass keine ausl Einkünfte erzielt wurden (BFH I R 80/09 BStBl II 11, 447 – **Nullbescheinigung** des ausl FA oder der dt Auslandsvertretung). Der Gesetzeswortlaut des § 1 III 2 erfasst aus Praktikabilitätsgründen als Auslandseinkünfte auch Einkünfte aus anderen als dem Wohnsitzstaat **(Drittstaateneinkünfte),** fragl nach § 1 III 2 HS 2 – „Verhältnisse des Wohnsitzstaats" – und nach Sinn und Zweck der Regelung (keine nochmalige Entlastung im Wohnsitzstaat, s Rz 50); mE bei Nachweis fehlender Berücksichtigung im Wohnsitzstaat und Drittstaaten durch den StPfl Billigkeitsanwendung von § 1 III (glA *FinVerw* DB 12, 1240, DB 13, 907).

58 **dd) Ausnahmen.** Nicht einzubeziehen sind dagegen: – nach ausl Recht stbare, nach inl Recht auch bei unbeschr StPfl nicht stbare Einkünfte (zB Spekulations-

gewinne nach Fristablauf § 23; nach ausl StRecht stpfl Wohnungseigennutzung, s BFH I R 18/13 BStBl II 15, 474); – nach § 3 oä Regelungen (außer DBA, s § 1 III 3, Rz 60) im Inl stfreie Einkünfte (zB inl Lohnersatzleistungen iSv § 3 Nr 2; s Rz 56); – nach §§ 40–40b pauschal besteuerter ArbLohn (s § 40 III 3); – Verluste, die nach EStG nicht ausgleichbar wären (zB nach §§ 2a, 15 IV, 15a, b, 22 Nr 3 S 3, 23 III 7), unabhängig vom Auslandsabzug und von einem Ausgleichsverbot (s zu § 50 II aF BFH I R 222/82 BStBl II 87, 256). – **Ehegatteneinkünfte** sind – nur – bei Veranlagung nach § 26 I einzubeziehen (§ 1 I oder § 1a I Nr 2, Ehegatte im Inl oder EU-Ausl; ebenso LPart, § 2 VIII).

d) Einkünfteaufteilung, § 1 III 2. § 1 III 2 stellt für die Aufteilung auf Teilmengen der (Summe der) Einkünfte iSv Rz 55 ab. Nicht darin enthaltene Einkünfte (s Rz 58) und inl Einkünfte, die nicht unter § 49 fallen, entfallen auch für die Aufteilung; die übrigen Einkünfte sind nach dem Verhältnis dt/ausl Besteuerungsrecht aufzuteilen. Die inl Einkünfte iSv § 49 unterliegen der Besteuerung nach § 1 III 1, die ausl Einkünfte allenfalls dem Progressionsvorbehalt nach § 32b I Nr 5 (s § 32b Rz 37). 59

e) Sonderzuweisung, § 1 III 3. Für nach **DBA** im Inl **stfreie** Einkünfte gilt die Sonderregelung des § 1 III 3. Sie werden unabhängig von einem inl **QuellenSt-Abzug** stets dem Auslandsanteil zugerechnet, unterliegen jedoch uU dem Progressionsvorbehalt (wie Rz 59). Der StAbzug als solcher wird dadurch nicht in Frage gestellt (s Rz 71). Vor allem bei Einbeziehung inl Einkünfte, die nach einem DBA nur beschr besteuert werden dürfen, ergäben sich dabei merkwürdige Vorteile für Angehörige von Nicht-DBA-Staaten bei der KSt- und KapESt-Anrechnung (s 24. Aufl mwN). Daher hat der BFH **§ 1 III 3 nach seinem Wortsinn europarechtskonform ausgelegt** dahingehend, dass sich diese Vorschrift allein auf die Ermittlung der in S 2 geregelten Einkunftsgrenzen bezieht und nicht die Rechtsfolge nach sich zieht, dass die im Inl beschränkt stpfl und nach DBA nur einem beschr StAbzug unterliegenden Einkünfte keine „inländischen" iSv § 1 III 1 wären (BFH I R 67/01 BStBl II 03, 587; s auch BFH I R 72/02 BFH/NV 04, 321). Der Einklang mit den DBA-rechtl Vorgaben ist danach nicht durch Einbeziehung der beschr stpfl Einkünfte in den Progressionsvorbehalt, sondern durch quotale Aufteilung der rechnerischen Gesamtsteuer mit anschließender Reduzierung des StSatzes für die betr Einkünfte herzustellen. Inl Einkünfte, die nach DBA im Inl unter **Anrechnung** ausl ESt zu versteuern sind und inl Einkünfte eines StPfl mit Wohnsitz in einem Nicht-DBA-Staat gelten dagegen als der dt ESt unterliegende Einkünfte (s *FinVerw* DStR 12, 1510). 60

6. Verfahrensfragen. – a) Zeitl Anwendung. § 1 III gilt grds ab 1996, ist aber über § 1a auf alle nicht bestandskräftigen Fälle anwendbar (§ 52 Abs 2 aF). § 1 III 4 nF s Rz 56. 65

b) Antrag, § 1 III 1. Grenzpendler haben ein **Wahlrecht** der Besteuerung wie unbeschr StPfl nach § 1 III (§ 32b I Nr 5 ist zu beachten; Vor-/Nachteile s *Kudert/Glowienka* StuW 10, 278). Ohne Antrag erfolgt Besteuerung als beschr StPfl nach §§ 49 ff. Der Antrag ist personenbezogen, auch bei Ehegatten (nur für § 1a I Nr 2 einheitl Ausübung) und PersGes'tern (unterschiedl Ausübung mögl). Verfahrensrechtl ist er bis Schluss des Rechtsbehelfsverfahrens zu stellen/zu widerrufen, uU auch bedingt (vgl BFH I R 109/09 BStBl II 11, 443 Tz 21). 66

c) Erhebungsverfahren. Der LStAbzug bei ArbN und der – auch ab 2008 fortbestehende – LStJA durch ArbG nach § 42b ist durch § 1 III nicht tangiert (LStBescheinigung statt LStKarte, vgl § 39c IV bei unbeschr StPfl, sonst § 39d). Nach § 1 III/§ 1a unbeschr StPfl sind nach § 46 II Nr 7 von Amts wegen zu veranlagen. So erhalten befristet beschäftigte ArbN-Grenzpendler uU ihre gesamte ESt erstattet. Für die übrigen Einkünfte gelten bei unbeschr und beschr StPfl die allg Veranlagungsvorschriften (§ 56 EStDV, §§ 149 ff AO, vgl bei § 25). 67

68 **d) FA-Zuständigkeit.** S § 19 II AO für öffentl Bedienstete (Kassen-FA), § 39c IV bzw § 39d I iVm § 41a I Nr 1, § 46 II Nr 7b für LStBescheinigung/LStAbführung/Veranlagung von ArbN iSv § 1 III/§ 1a (BetriebsstättenFA).

70 **7. Rechtsfolgen. – a) Wirkung der fiktiven unbeschr StPfl nach § 1 III.** Sie ist durch § 1 III 1 ausdrückl beschränkt auf die Besteuerung *inl* Einkünfte iSv § 49. Damit sollte zum Ausdruck kommen, dass die Regelung keine Bedeutung hat für die DBA-Ansässigkeit oder die Besteuerung der ausl Einkünfte (keine Besteuerung der Welteinkünfte wie grds nach § 1 I und 1 II). § 50d IX ist nicht anwendbar (BFH I R 90/08 BStBl II 10, 394; s auch zur Bindung von Verständigungsvereinbarungen *BMF* BStBl I 10, 353). § 1 III betrifft zunächst nur die Besteuerung des Grenzpendlers selbst; das Schwergewicht liegt jedoch in § 1a (vgl dort Rz 15).

71 **b) Steuerabzug, § 1 III 6.** Der StAbzug ist unabhängig von der Art der StPfl. Eine Besonderheit ist die unsystematische Regelung in § 1 III 6: Der StAbzug nach § 50a, der grds nur beschr StPfl trifft, wird trotz des Wechsels in die unbeschr StPfl zur Sicherung des StAufkommens und der Rechtssicherheit für den Vergütungsschuldner beibehalten; betroffen sind vor allem Künstler und Sportler.

V. Beschränkte Steuerpflicht, § 1 IV

74 **1. Beschr StPfl, §§ 1 IV, 49 ff.** Sie erfasst natürl Personen, die im Inl weder Wohnsitz noch gewöhnl Aufenthaltsort haben und auch nicht nach §§ 1 II, 1 III oder 1a unbeschr stpfl sind. Diese unterliegen der dt ESt, *soweit* sie inl Einkünfte iSv §§ 49 ff erzielen. Wie § 1 IV verweist der Kommentar insoweit auf die Erläut zu §§ 49 ff. Zu Besonderheiten bei Wechsel der StPfl s Rz 75 ff. Probleme der Doppelbesteuerung s Rz 80 ff.

75 **2. Erweiterte beschr StPfl, § 2 AStG.** S Schrifttum 30. Aufl; *Haase/Dorn* IStR 13, 909; *Könemann* IStR 12, 560. Personen, die ihren Wohnsitz und gewöhnl Aufenthalt als Deutsche nach mindestens 5-jähriger unbeschr StPfl aus dem Inl wegverlegen, können 10 Jahre lang mit anderen als den in § 49 aufgezählten, nach dem Wegzug im In- und Ausl erzielten Einkünften in der BRD mit allen Rechtsfolgen wie bei unbeschr StPfl fiktiv beschr stpfl sein. Voraussetzung ist, dass sie in einem niedrig besteuerten Land ansässig sind und wesentl wirtschaftl Interessen im Inl haben. Zu Einbeziehung britischer Remittance-Base-Besteuerung s BFH I R 4/12 BFH/NV 13, 1925. IEinz wird auf § 2 AStG und *BMF* BStBl I 04 Sonder-Nr 1 verwiesen. **EG-rechtl Bedenken** gegen die Wegzugsbesteuerung s EuGH Rs C-470/04 (Fall *N/Almelo* DStR 06, 1691) und C-9/02 (Fall *Lasteyrie du Saillant* DStR 04, 551) sowie Änderungen durch § 4 I 3, 4 mit Rz 329, § 4g. Umherreisend Tätige s BFH I R 19/06 BStBl II 10, 398.

77 **3. Beginn, Ende, Wechsel der StPfl** (mit **§ 2 VII 3**). Die unbeschr StPfl beginnt mit Geburt oder Zuzug in das Inl und endet mit dem Tod (s Rz 14) bzw Wegzug aus dem Inl (s Rz 24). Den **Wechsel** von der unbeschr zur beschr StPfl (und umgekehrt) innerhalb eines VZ regelt **§ 2 VII 3.** Seit 1996 ist vor allem bei **Wohnsitzverlegung** im Laufe eines VZ für das gesamte Kj (§ 25 I) nur noch ***eine* Veranlagung** durchzuführen, und zwar nach den Grundsätzen der unbeschr StPfl mit allen danach zustehenden Jahresfreibeträgen ua Abzügen und Anrechnung von Jahresabzugsteuern entspr § 36 II. Bei Berechnung des zu versteuernden Gesamteinkommens sind die während der beschr StPfl erzielten **inl Einkünfte** nach §§ 49 ff zu ermitteln und den unbeschr stpfl Einkünften hinzuzurechnen; der *abgeltende* StAbzug ist von § 2 VII 3 überlagert (zwingende Einbeziehung in die Veranlagung, vgl Klarstellung in § 50 II 2 Nr 3); Abzugsbeträge und Freibeträge sind für diese Zeit nur iRv § 50 I, II zu berücksichtigen. Während der unbeschr StPfl nach DBA stfreie und während der beschr StPfl nicht nach § 49 stbare **ausl Einkünfte** sind nicht in diese Einkünfteermittlung einzubeziehen, aber ebenso wie Abzugs-

einkünfte iSv § 1 III 3 über den **Progressionsvorbehalt** zu berücksichtigen (§ 32b I Einleitungssatz und Nr 2; ggf Amtsveranlagung nach § 46 I Nr 1; Einbeziehung nach Wechsel der StPfl erzielter Einkünfte s § 32b Rz 30). Diese Grundsätze finden in gleicher Weise auf Einkünfte zusammenveranlagter Ehegatten/LPart iSv § 26 I und § 1a I Nr 2 Anwendung. Die Problematik der Ausgabenzurechnung für die einzelnen Abschnitte (s § 50 Rz 9; BFH I R 78/95 BStBl II 96, 571) ist dadurch nur zT beseitigt. **Kindergeldansprüche** nach § 62 sind dagegen unabhängig von § 2 VII nicht jahres-, sondern monatsabhängig zu prüfen (vgl BFH III R 59/11 BStBl II 14, 843 mwN). EU-Recht s Rz 54.

4. Doppelbesteuerung von Einkünften. Sie ist idR nicht gewollt. Da jeder 80
Staat sein Besteuerungsrecht selbständig regelt, ergibt sich nach den einzelnen nationalen ESt-Gesetzen jedoch häufig eine mehrfache StPfl. *Beispiel:* A hat einen Wohnsitz im Inl (unbeschr StPfl, § 1 I) und ein Mietshaus im Ausl (dort beschr StPfl mit den Mieteinkünften nach dem Belegenheitsprinzip; vgl dazu umgekehrt § 49 I Nr 6). Diese Doppelbesteuerung ist im Verhältnis zu vielen Staaten durch vertragl Vereinbarungen ausgeschlossen. Vgl jährl DBA-Zusammenstellung (zB BStBl I 15, 128, I 16, 76); *Lang* IStR 13, 365 (EU-Steuerpolitik); *Anger/Wagemann* IStR 14, 611 (Zweifelsfragen); zu dt DBA-Verhandlungsgrundlagen *Lüdicke* IStR Beil Heft 10/13; *Ditz/Schönfeld* DB 13, 1437, *Kaminski* Stbg 13, 261; *Rotter/Welz* IWB 13, 628; *Leisner/Egensperger* IStR 14, 10; s auch 27./29./32. Aufl mwN. DBA-Klauseln s Rz 83.

a) Zuteilungsverfahren mit Freistellung. Die meisten DBA schränken den 81
sachl Umfang der Besteuerung durch Zuweisung des Besteuerungsrechtes an einen Staat nach Art der Einkünfte und Ort der Einkünfteerzielung ein. Die Einkünfte – Gewinne wie Verluste – sind dann nach DBA in dem anderen Staat stfrei, auch im EU-Raum (§ 2a Rz 13), idR unabhängig davon, ob das vereinbarte Besteuerungsrecht im Einzelfall ausgeübt wird oder nicht (s § 49 Rz 6 mit Ausnahmen, zB § 50d VIII, IX, X, § 50i, Rz 83 – das Ziel der Vermeidung einer Doppelbesteuerung und der Sicherung einer Einmalbesteuerung wird oft durch unterschiedl Einkünftequalifikationen in Frage gestellt). DBA gehen wie andere internationale Abkommen den StGesetzen vor, soweit ihr Regelungsinhalt reicht (§ 2 AO; zu DBAwidriger Verständigung s Rspr 31. Aufl und *BMF* BStBl I 10, 353 – ab 2010 § 2 II AO/§ 1 IX EGAO). Sie beschränken nicht die *persönl* StPfl nach EStG (BFH I R 250/73 BStBl II 75, 708). Obwohl nach DBA stfreie Einkünfte im Inl nicht versteuert werden, sind sie idR in die Berechnung des – progressiven – Steuersatzes einzubeziehen (**Progressionsvorbehalt,** vgl § 32b I Nr 3); Einschränkungen bei Verlusten im EU-Bereich s § 2a Rz 13, § 32b Rz 5, 34. Nach DBA stfreie **Auslandsverluste** waren bei Entstehung vor 1999 in den Fällen des § 2a III 1, 2 aF absetzbar, sind aber später zeitl unbegrenzt hinzuzurechnen (s § 2a III 3 mit Rz 55 ff). **Freistellungsbeschränkungen** s § 50d, Rz 83.

b) Anrechnungsverfahren. Ohne Zuteilung statt StBefreiung Anrechnung im 82
Ausl erhobener, der dt ESt entspr QuellenSt auf die dt ESt nach DBA/§ 34c. Zur Rechtmäßigkeit dieses Verfahrens s BFH I R 47/14 BStBl II 15, 808.

c) DBA-Klauseln. Neue DBA lassen zur Vermeidung einer Doppelfreistellung 83
oder Niedrigbesteuerung einen Wechsel von der Freistellungs- zur Anrechnungsmethode zu (**Switch-over;** vgl *BMF* BStBl I 14, 1258 Tz 4.1.3.2; *Korten* IWB 15, 471). S auch § 20 II AStG; zu EU-Rechtswidrigkeit EuGH Rs C-298/96 Fall *Columbus* DStR 07, 2308, Anm 28. Aufl; FolgeUrt BFH I R 114/08 BStBl II 10, 774, Anm 31. Aufl. **DBA und PersGes** s *BMF* BStBl I 14, 1258, *Hruschka* DStR 14, 2421, IStR 14, 785. Zu virtueller Doppelbesteuerung und **Subject-to-tax-Rückfallklauseln** s § 50d Rz 52, *BMF* BStBl I 13, 980, **BFH Vorlagen an BVerfG** I R 66/09 DStR 12, 949 mit Ergänzungsbeschl BFH/NV 15, 1250, abl Anm *Mitschke* IStR 15, 629 (BVerfG 2 BvL 1/12); BFH I R 4/13 BStBl II 14, 791 (Az BVerfG 2 BvL 15/14); BFH I R 86/13 BStBl II 15, 18 (BVerfG 2 BvL

21/14); *Brandenberg* DStZ 15, 393; *Lehner* IStR 14, 189; *Musil* IStR 14, 192; *Ismer/Baur* IStR 14, 421; *Lüdicke* IStR 13, 721; *Jehl-Magnus* NWB 15, 24; *Mitschke* FR 15, 94; 34. Aufl mwN. S auch Rz 80 sowie 4. steuerwissenschaftl BFH-Symposium 2013 DStR Beil zu Heft 36/2013. Zu **Teilrückfall** s FG Mchn EFG 15, 652 mit Anm *Fink* = BFH I R 69/14 BFH/NV 15, 1395.

§ 1a Fiktive unbeschränkte Steuerpflicht von EU- und EWR-Familienangehörigen

(1) **Für Staatsangehörige eines Mitgliedstaates der Europäischen Union oder eines Staates, auf den das Abkommen über den Europäischen Wirtschaftsraum anwendbar ist, die nach § 1 Absatz 1 unbeschränkt einkommensteuerpflichtig sind oder die nach § 1 Absatz 3 als unbeschränkt einkommensteuerpflichtig zu behandeln sind, gilt bei Anwendung von § 10 Absatz 1a und § 26 Absatz 1 Satz 1 Folgendes:**

1. [1] **Aufwendungen im Sinne des § 10 Absatz 1a sind auch dann als Sonderausgaben abziehbar, wenn der Empfänger der Leistung oder Zahlung nicht unbeschränkt einkommensteuerpflichtig ist.** [2] **Voraussetzung ist, dass Fiktive unbeschr StPfl von EU-/EWR-Angehörigen**
   a) **der Empfänger seinen Wohnsitz oder gewöhnlichen Aufenthalt im Hoheitsgebiet eines anderen Mitgliedstaates der Europäischen Union oder eines Staates hat, auf den das Abkommen über den Europäischen Wirtschaftsraum Anwendung findet und**
   b) **die Besteuerung der nach § 10 Absatz 1a zu berücksichtigenden Leistung oder Zahlung beim Empfänger durch eine Bescheinigung der zuständigen ausländischen Steuerbehörde nachgewiesen wird;**
2. **der nicht dauernd getrennt lebende Ehegatte ohne Wohnsitz oder gewöhnlichen Aufenthalt im Inland wird auf Antrag für die Anwendung des § 26 Absatz 1 Satz 1 als unbeschränkt einkommensteuerpflichtig behandelt.** [2] **Nummer 1 Satz 2 gilt entsprechend.** [3] **Bei Anwendung des § 1 Absatz 3 Satz 2 ist auf die Einkünfte beider Ehegatten abzustellen und der Grundfreibetrag nach § 32a Absatz 1 Satz 2 Nummer 1 zu verdoppeln.**

(2) **Für unbeschränkt einkommensteuerpflichtige Personen im Sinne des § 1 Absatz 2, die die Voraussetzungen des § 1 Absatz 3 Satz 2 bis 5 erfüllen, und für unbeschränkt einkommensteuerpflichtige Personen im Sinne des § 1 Absatz 3, die die Voraussetzungen des § 1 Absatz 2 Satz 1 Nummer 1 und 2 erfüllen und an einem ausländischen Dienstort tätig sind, gilt die Regelung des Absatzes 1 Nummer 2 entsprechend mit der Maßgabe, dass auf Wohnsitz oder gewöhnlichen Aufenthalt im Staat des ausländischen Dienstortes abzustellen ist.**

Einkommensteuer-Richtlinien: EStH 1a

Übersicht

1 **1. Hintergrund der Neuregelung.** § 1a ist eine Ergänzungsvorschrift zu § 1 I–III und wesentl Grund für die Fiktion der unbeschr StPfl von **Grenzpendlern** iSv § 1 III. Damit (über)erfüllt der Gesetzgeber die Auflagen des EuGH, EU-Grenzpendlern, die im Inl weder Wohnsitz noch gewöhnl Aufenthaltsort haben,

personen- und familienbezogene Vergünstigungen für Ehegatten/LPart und Kinder im EU-/EWR-Ausl zu gewähren, insb eine Zusammenveranlagung mit Splittingtarif (bzw LSt-Klasse III) zu ermöglichen (s § 1 Rz 5, 6, 44). Dies geschieht, indem das Gesetz entweder die unbeschr StPfl der Angehörigen fingiert (§ 1a I Nr 2) oder ihre Ansässigkeit im Ausl negiert (§ 1a I Nr 1).

2. Regionale Voraussetzungen EU/EWR. § 1a enthält eine mehrfache regionale Begrenzung auf den Bereich der Mitgliedstaaten der EU (s Rz 4) bzw der Staaten, auf die das Abkommen über den EWR anwendbar ist (Grund: Der EWR-Vertrag übernimmt die EG/EU-Grundfreiheiten und deren Auslegung durch den EuGH). Die Anknüpfungspunkte sind unterschiedl für den StPfl (Rz 11) und die Angehörigen (Rz 13). 3

a) EU-Staaten. Das waren bis 2004 Belgien, Niederlande, Luxemburg, Deutschland, Frankreich, Italien, Großbritannien, Irland, Spanien, Portugal, Griechenland, Dänemark, Finnland, Schweden, Österreich (§ 8 EU-Vertrag, s § 1 Rz 5; die letzten drei ab 1994, s Rz 7). Die 10 Beitrittsstaaten ab 1.5.2004 sind: Estland, Lettland, Litauen, Malta, Polen, Slowakische Republik, Slowenien, Tschechische Republik, Ungarn und Zypern, ab 2007 Bulgarien und Rumänien; ab 1.7.2013 auch Kroatien. 4

b) EWR-Staaten. Vgl EWR-Abkommen BGBl II 1993, 266 und 1294 mit AusführungsG BGBl I 1993, 2436. Das sind derzeit folgende frühere EFTA-Staaten: Island, Norwegen (seit 1994, s Rz 7) und Liechtenstein (ab 1996, s Rz 7). Zu Unterschieden/Einschränkungen s § 2a IIa, § 4g, § 32b I 2, 3 ab 2009. 5

c) Assoziationsabkommen. Keine Ausdehnung auf andere assoziierte Staaten (zB Türkei, s FG Mchn EFG 99, 167, rkr; FG Hbg EFG 00, 866, rkr). 6

3. Zeitl Voraussetzungen. § 1a gilt grds ab VZ 1996. Eine Grenze ergibt sich aus der Anwendbarkeit des EU-Rechts. Bei EU-Staaten ist der Zeitpunkt des Beitritts maßgebend bzw sonst der vorherige Beitritt zum EWR-Abkommen (s 29. Aufl). § 1a I Nr 3 aF ist ab 2003 aufgehoben, Nr 4 ab 2000. Die Änderungen durch JStG 2008 (Abs 1 S 1, Nr 1, 2, Nr 1a neu) gelten ab 2008, die Änderungen durch JStG 2010 (Abs 1 Nr 1b) ab 2010, die Änderungen durch ZK-AnpG (Abs 1 Nr 1) ab 2015. 7

4. Persönl Voraussetzungen, § 1a I, II. – a) Person des StPfl. – aa) Personenkreis. Es sind dies neben den nach der Fiktion des **§ 1 III** im Ausl ansässigen unbeschr stpfl Grenzpendlern aus Gleichbehandlungsgrundsätzen die im Inl ansässigen unbeschr stpfl **Gastarbeiter (§ 1 I).** Die frühere Einschränkung, dass auch Letztere – und ihre Ehegatten/LPart – neben ihren Inlandseinkünften nur geringfügige Auslandseinkünfte erzielen dürfen (Verweisung in § 1a I 1 aF auf § 1 III 2–4), entfällt nach Streichung dieses Zusatzes im JStG 2008 für§ 1 Ia 1 Nr 1 und 2. StPfl iSv **§ 1 II** sind grds unbeschr stpfl; ausgenommen sind jedoch Ausländer-Ehegatten mit im Ausl stpfl Einkünften (§ 1 II S 1). Sind diese Einkünfte geringfügig iSv § 1 III 2, erfüllt auch dieser Personenkreis die Grundvoraussetzungen des § 1 III 1/§ 1a (Klarstellung durch **§ 1a II;** vgl auch § 1 Rz 35). **Sonstige Angehörige** iSv § 1 II müssen die Voraussetzungen des § 1 III gesondert erfüllen. 10

bb) Staatsangehörigkeit; Ansässigkeit. Anders als beim Angehörigen stellt der Gesetzgeber in § 1a I *beim StPfl selbst* (entgegen § 1 I und III) für alle Vergünstigungen nach § 1a nicht auf die Ansässigkeit, sondern primär auf die Staatsangehörigkeit zu einem Mitgliedstaat der EU/EWR ab (dazu Rz 3–6). Grund: Die EU-Grundfreiheiten gelten nur für Gemeinschaftsangehörige (einschließl EWR). EU-/EWR-Staatsangehörige iSv § 1 I haben stets einen Wohnsitz/gewöhnl Aufenthaltsort in Deutschland, solche iSv § 1 III im beliebigen Ausl. Das bedeutet, dass zB ein Schweizer (oder ein anderer Nicht-EU/EWR-Staatsangehöriger iSv § 1 III 1) den § 1a I nie in Anspruch nehmen kann (zB BFH I B 101/13 BFH/NV 15, 201), auch nicht bei Wohnsitz zB in Österreich. Umgekehrt ist zu 11 differenzieren: Ein dt oder österr Staatsangehöriger mit Wohnsitz in der Schweiz erfüllt die Voraussetzungen des Einleitungssatzes von § 1a I und kann Unterhaltsleistungen an den geschiedenen Ehegatten in Deutschland oder Österreich absetzen (§ 1a I Nr 1). Einschränkungen können sich aber aus § 1a I Nr 2 ergeben (zB Splitting nach Nr 2 nur bei Gemeinschaftswohnung im EU-/EWR-Bereich). Hier kann der gemeinsame Wohnsitzwechsel zB von Deutschland in die Schweiz schädl sein, und zwar auch bei dt Staatsangehörigen. **Sonderregelung § 1a II** s Rz 27.

13 **b) Person des Ehegatten/LPart.** Die Vergünstigungen des **§ 1a I Nr 1 und 2** beziehen sich auf beschr stpfl Ehegatten/LPart (§ 2 VIII) im Ausl, für welche die angesprochenen Vorschriften sonst nicht anwendbar wären. Diese müssen einen **Wohnsitz** oder ihren gewöhnl Aufenthaltsort im Hoheitsgebiet eines EU-/EWR-Staates haben (vgl § 1a I Nr 1 Buchst a, Nr 2 S 2; zu **Ausnahmen** nach Freizügigkeitsabkommen Schweiz s EuGH Rs C-425/11 BStBl II 13, 896; FG BaWü DStRE 15, 591, rkr; *Cloer/Vogel* DB 13, 1141; *Lüdicke* IStR 13, 928; *Sunde* IStR 13, 568; zur Anwendung auf EU-/EWR-Angehörige s *BMF* BStBl I 13, 1325). Anders als beim StPfl selbst ist ihre **Staatsangehörigkeit unerhebl** (*Beispiel:* Splitting für Österreicher mit türkischem Ehegatten in Österreich, jedoch nicht für Deutschen mit dt Ehegatten in der Schweiz). **Auslandsangehörige öffentl Bediensteter** können nach **§ 1 II** oder **§ 1 III** iVm § 1a II selbst unbeschr stpfl sein (s Rz 10).

14 **c) Person des Versorgungsempfängers.** **§ 1a I Nr 1** betrifft (wie schon Nr 1b, 1c aF) alle im EU-Bereich ansässigen Versorgungsempfänger iSv § 10 Ia nF/§ 10 I Nr 1, 1a, b aF (wie Rz 13).

15 **5. Regelungsinhalt des Abs 1.** Eine Reihe von **Vergünstigungen,** die § 50 I für beschr StPfl ausschließt, die aber Gastarbeitern und Grenzpendlern schon vorher gewährt wurden, stehen auf Grund der unbeschr StPfl **nach § 1 III** auf Antrag zu. *Beispiele:* SA-Abzug nach § 10, Pauschbeträge nach §§ 9a, 10c aF/39b II 5, Freibeträge nach § 16 IV, § 24a, § 32 VI, VII aF, § 33b V, KiGeld s §§ 62, 63, 65 I Nr 2, ag Belastungen nach §§ 33 ff; Anspruch auf Veranlagung nach § 46. **§ 1a gewährt darüber hinaus** einzelne, idR familienbezogene Vergünstigungen, die von einem gesetzl geforderten, hier fehlenden Inlandsbezug abhängen (unbeschr StPfl des Ehegatten/LPart oder Versorgungsempfängers). Diesen Bezug fingiert § 1a I ohne Änderung der betroffenen Vorschriften. **Änderungen durch ZK-AnpG ab 2015:** Es handelt sich um eine formale Folgeänderung iZm der Zusammenfassung der Korrespondenztatbestände: SA-Abzug beim Zahlenden nur bei Besteuerung durch den Empfänger (§ 10 I Nr 1, 1a, 1b aF in § 10 Ia nF sowie § 22 Nr 1a, 1b, 1c in § 22 Nr 1a). Die einzige **neue sachl Auswirkung** besteht in der Einbeziehung der neu in § 10 Ia Nr 3 aufgenommenen Ausgleichszahlungen zur Vermeidung eines Versorgungsausgleichs in § 1a I 1. Die Nachweisvoraussetzungen (Wohnsitz und Besteuerung) sind für alle Varianten in § 1a I 1 Buchst a, b zusammengefasst.

16 **a) Unterhaltszahlungen an geschiedene/getrennt lebende Ehegatten/LPart, § 1a I Nr 1 iVm § 10 Ia Nr 1, § 2 VIII.** § 10 Ia Nr 1 knüpft den Abzug als SA grds an die unbeschr StPfl des Empfängers. Bei Vorliegen der persönl Voraussetzungen (s Rz 10 ff, 13) und der sonstigen Voraussetzungen des § 10 Ia Nr 1 ermöglicht § 1a I Nr 1 dagegen den Abzug auch bei Zahlung an beschr stpfl EU-/EWR-Auslandsehegatten, ab 2008 unabhängig davon, welchen Teil seiner Einkünfte er im Inl erzielt (§ 1a I S 1 idF JStG 2008, s Rz 10). Der Abzug von Unterhaltsleistungen zB an die *im Inl nicht stpfl* geschiedene Ehefrau in Spanien ist jedoch davon abhängig, dass diese dem Ehemann bzw dessen FA durch Vorlage einer **Bescheinigung** der für sie zuständigen ausl StBehörde (oder ihres StBescheides) nachweist, dass sie die Leistungen dort tatsächl versteuert hat (Nr 1 S 2 Buchst b). Hieran wird der Abzug häufig scheitern, so auch wenn keine Besteue-

rung im Ausl vorgesehen ist (vgl zu Österreich BFH XI R 5/02 BFH/NV 06, 1069 – nicht EG-widrig, so entgegen BFH-Vorlage BStBl II 03, 851 EuGH Rs C-403/03 Fall *Schempp* DStR 05, 1265). Dieser Nachweis ersetzt die nach § 10 Ia Nr 1 geforderte Zustimmung. Er muss bis zur Veranlagung des Unterhaltsleistenden bzw bis zur Bestandskraft seines StBescheides vorliegen (s Rz 7). Bei nachträgl Auslandsveranlagung kann der Bescheid uU nach § 175 I 1 Nr 2 AO geändert werden (vgl auch § 10 Rz 134). Ist der Ehegatte im Inl *unbeschr oder beschr stpfl* mit Eink iSv § 49, ist der Nachweis ab 2016 durch Mitteilung der **Identifikationsnummer** (§ 139b AO) zu erbringen (§ 10 Ia Nr 1 S 7–9, s § 10 Rz 137). Ist § 1a I nicht anwendbar (zB Ehefrau in der Türkei, s Rz 6) oder fehlt der Nachweis, kann sich eine Abzugsmöglichkeit aus DBA ergeben (zB USA, Kanada, Schweiz, s § 10 Rz 34, EStH 10.2); sonst sind die Unterhaltsaufwendungen ggf nach § 33a I ag Belastungen.

b) Versorgungsleistungen, § 1a I Nr 1 iVm § 10 Ia Nr 2. § 10 I Nr 1a aF enthielt ab 2008 eine die bisherige BFH-Rspr einschränkende gesetzl Regelung des SA-Abzugs von Versorgungsleistungen iZm Vermögensübertragungen (jetzt § 10 Ia Nr 2, s § 10 Rz 139) und begünstigte nur Leistungen an unbeschr stpfl Personen. Auf Grund der EG-vertragl garantierten Freizügigkeit muss der SA-Abzug aber auch mögl sein, wenn die Leistungen von einem im Inl unbeschr estpfl Staatsangehörigen eines EU/EWR-Mitgliedsstaates gewährt werden (s EuGH Rs C-450/09 DStR 11, 664), ab 2008 unabhängig vom Staat seiner Einkünfteerzielung (s Rz 10), und der Empfänger in einem dieser Staaten ansässig ist. Das stellt § 1a I Nr 1, Ia Nr 1a S 2 unter den Voraussetzungen des Nr 1 Buchst a, b sicher (Wohnsitz- und Besteuerungsnachweis wie Rz 16). Zur Erweiterung auf Drittstaatenempfänger s *BMF* BStBl I 15, 1088 nach EuGH Rs C-559/13 BStBl II 15, 1071, § 10 Rz 31. 17

c) Ausgleichsleistungen, § 1a I Nr 1 iVm § 10 Ia Nr 3. Nach der Neuregelung ab 2015 in § 10 Ia Nr 3 können Ausgleichsleistungen *zur Vermeidung* eines Versorgungsausgleichs auf Antrag des Leistenden mit Zustimmung des Empfängers als SA abgesetzt werden. Auch hier müssen Wohnsitz und Besteuerung nachgewiesen sein (§ 1a I Nr 1 Buchst a, b). Auch insoweit gilt aufgrund des Korrespondenzprinzips für den gesamten § 10 Ia die Sonderregelung für EU/EWR-Angehörige (und der Ausschluss für sonstige beschr StPfl), obwohl die unbeschr StPfl des Empfängers in § 10 Ia Nr 3 nicht ausdrückl gefordert ist (s § 10 Rz 153). 18

d) Versorgungsausgleichszahlungen, § 1a I Nr 1 iVm § 10 Ia Nr 4. Sie wären nach § 10 grds nur als SA abziehbar, wenn die ausgleichsberechtigte Person unbeschr estpfl ist. § 1a I erweitert den Abzug auf Leistungen an im EU-/EWR-Ausl lebende geschiedene Ehegatten, wenn diese einen Wohnsitz- und Besteuerungsnachweis erbringen (§ 1a I 1 Buchst a, b). 19

e) Zusammenveranlagung, § 1a I Nr 2. – aa) Gesetzeszweck. § 26 I S 1 gewährt Ehegatten/LPart nur dann ein Veranlagungswahlrecht mit Splitting/LSt-Klasse III, wenn beide unbeschr stpfl sind. Nur hierfür (und für Folgevorschriften, s Rz 22) fingiert § 1a I Nr 2 die unbeschr StPfl des Ehegatten/LPart im Ausl. 20

bb) Voraussetzungen 21

- Gültige **Ehe,** bei Ausländern auch nach ausl Recht, s § 26 Rz 7; **LPart** sind gleichgestellt (§ 2 VIII);
- keine dauernde Trennung (s § 26 Rz 11);
- unbeschr **StPfl** *eines* Ehegatten/LPart nach § 1 I, § 1 II oder § 1 III;
- *dessen* EU-/EWR-**Staatsangehörigkeit** (s Rz 11);
- **Ansässigkeit** des *anderen* Ehegatten/LPart im EU-/EWR-Ausl (s Rz 3–6 und 13 mit Ausnahmen); diese ist selbst dann erforderl, wenn für den Ehegatten/LPart isoliert ebenfalls die Voraussetzungen des § 1 III vorlägen. *Beispiel:* Kein Splitting für US-Gastarbeiter (§ 1 I), wenn die Ehefrau in USA lebt, selbst wenn

sie auf Grund eigener Einkünfte iSv § 1 III 2 im Inl unbeschr stpfl ist (anders aber, wenn sie EU-Staatsangehörige wäre). § 1 II S 2 s Rz 10–13 und § 1 Rz 35, 37. Nachweis bis Bestandskraft, s Rz 7;

– **Antrag** (§ 1a I Nr 2 S 1, § 1 III 1), wohl entspr § 26 II 2, 3 von beiden schriftl oder zu Protokoll, ohne Frist bis zur Bestandskraft des StBescheides, aber nicht mehr im Revisionsverfahren (BFH I R 96/95 BStBl II 98, 21);
– **Einkünftegrenzen, § 1a I Nr 2 S 3.** Die Rechtslage zur Verdoppelung der Höchstgrenzen hat sich **ab 2008** geändert. – *(1)* Bei unbeschr StPfl des Inlands-Ehegatten/LPart nach **§ 1 I** ist die Höhe der Auslandseinkünfte *beider* Ehegatten/LPart nicht mehr zu prüfen (geänderter Einleitungssatz § 1a I; s Rz 10, BFH I R 28/10 BStBl II 11, 269 mit Klarstellung in BFH I R 16/14 BStBl II 15, 957; *FinVerw* DB 12, 1239). – *(2)* Bei unbeschr StPfl nach **§ 1 II** oder **§ 1 III** sind inl und ausl Einkünfte beider Ehegatten/LPart in die Prüfung nach § 1 III 2 einzubeziehen (§ 1a I Nr 2 S 3, § 1a II; getrennte Prüfung von § 1/§ 1a). Zusammenveranlagung erfolgt dann nur, wenn die *gesamten* Einkünfte (s § 1 Rz 55 ff) nur geringfügig, dh zu weniger als 10 vH oder ab 2008 bis zum doppelten Grundfreibetrag (s § 1 III 2, § 1 Rz 54) nicht der dt ESt unterliegen (arg: Ausschluss einer Doppelentlastung; s § 1 Rz 54, auch zu – wirksamen – Grenzen entspr § 1 III 2, *BMF* BStBl I 13, 1462). Bei der Prüfung der Einkunftsgrenzen nach § 1 III ist iRe einstufigen Prüfung auf die Einkünfte beider Ehegatten abzustellen und der Grundfreibetrag zu verdoppeln (BFH I R 16/14 BStBl II 15, 957; 34. Aufl mwN; aA noch EStR 1 S 3). Einkünfte *eines* Ehegatten/LPart über den einfachen Höchstbetrag nach § 1 III 2 hinaus sind unschädl (zB 1000 + 10 000 €: § 1a). Berechnung der ausl Einkünfte nach dt Recht (str, s § 1 Rz 57, BFH I R 78/07 BStBl II 09, 708). Str war früher, ob nach ausl Recht **stfreie Auslandseinkünfte** des im Ausl wohnhaften Ehegatten/LPart die schädl Einkunftsgrenze erhöhen (s 26. Aufl mwN). EuGH Rs C-329/05 Fall *Meindl* hatte die Versagung der Zusammenveranlagung wegen StFreiheit der in Österreich erzielten Ehegatteneinkünfte für EG-widrig erklärt (DStR 07, 232). **§ 1 III 4** idF JStG 2008 trägt dieser Rspr mit Wirkung auf § 1a I Nr 2 Rechnung, allerdings unter Beschränkung auf *auch* im Inl stfreie Vergleichseinkünfte (s § 1 Rz 56) – aA zutr zu im Inl stfreiem, aber im Ausl stpfl Arbeitslosengeld BFH I R 18/13 BStBl II 15, 474, Anm *Melkonyan/Mroz* IWB 15, 227. Das gilt bei EU-/EWR-Staatsangehörigen auf Antrag für alle noch nicht bestandskräftigen Veranlagungen (§ 52 Abs 1a aF), iÜ ab VZ 2008. Einkünftenachweis des Ehegatten/LPart nach § 1a I Nr 2 S 3 entspr § 1 III 5 (s § 1 Rz 57); nach Bestandskraft uU Nachholung über § 175 I 1 Nr 2 AO (s Rz 16).

22 **cc) Rechtsfolgen.** Zusammenveranlagung mit Splitting bzw LSt-Klasse III mit Pflichtveranlagung nach § 46 II Nr 7b und allen sonstigen Zusammenveranlagungsvergünstigungen (zB Verdoppelung von Höchst- und Pauschbeträgen, § 10 III 2, § 9a S 1 Nr 2, § 20 IX 2). Dafür Wegfall von Einzelveranlagungsvergünstigungen (zB § 24b, § 32 VII aF). Bei StPfl nach § 1 I sind alle stpfl Einkünfte, bei StPfl nach § 1 III die inl Einkünfte iSv § 49 nach Splittingtarif zu versteuern – die übrigen Einkünfte (bei § 1 III insb ausl Einkünfte beider Ehegatten/LPart) sind über Progressionsvorbehalt zu berücksichtigen (§ 32b I Nr 5; s dort Rz 37). Bei Wechsel der Verhältnisse und der StPfl im Laufe eines VZ gilt **§ 2 VII 3:** Es erfolgt *eine* unbeschr Veranlagung für den ganzen VZ unter Ansatz aller im Inland unbeschr und beschr stpfl Einkünfte. *Beispiel:* Ehegatte verlegt Wohnsitz im Mai von der Schweiz nach Österreich oder umgekehrt (s Rz 13, § 1 Rz 75).

25 **6. Regelungsinhalt des Abs 2. – a) Rechtsentwicklung.** § 1 III aF bis 1995 (s 32. Aufl) ist für den StPfl selbst mit gleicher Wirkung, aber günstigeren Einkommensgrenzen in **§ 1 III nF** aufgegangen (s § 1 Rz 44 und 50 ff). Insoweit ist **im EU/EWR-Bereich § 1a I** anwendbar, allerdings mit den dort vorgesehenen **Einschränkungen** (insoweit Schlechterstellung, s Rz 33). Nach **§ 1 II** un-

beschr stpfl Deutsche mit Ehegatten/LPart im EU/EWR-Raum ohne Auslandseinkünfte fallen bei eigenen geringfügigen Auslandseinkünften unter § 1 III, § 1a (s Rz 10, 32).

b) EU-/EWR-Bereich. Liegen bei Auslandsansässigkeit im EU-/EWR-Bereich die Voraussetzungen des § 1a I vor (s Rz 11 und 13), stehen die Vergünstigungen des § 1a unabhängig von einer Tätigkeit im Ausl und damit auch für Versorgungsempfänger und ohne Anwendung von Abs 2 nach § 1a I zu. *Beispiel:* Belgier oder Deutsche mit Wohnsitz in Belgien und Tätigkeit im Inland; dt Pensionäre in Spanien. Dagegen soll § 1a II – unverständl verklausuliert – nach BT-Drs 13/1558 S 149 **zwei Dinge regeln:** 26

c) Erweiterung von § 1a I über EU-/EWR-Raum hinaus. Zunächst soll ein Teil des **„Beamtenprivilegs"** über § 1a I hinaus erhalten bleiben. § 1a I Nr 2 soll grds auch für alle außerhalb dieses Raums ansässigen öffentl Bediensteten iSv § 1 III, § 1 II 1 Nr 1 und 2 anwendbar sein, auch für Deutsche iSv § 1 II, deren Ehegatte nicht unter diese Vorschrift fällt (zB Russin mit geringfügigen Auslandseinkünften; s Rz 10 und 30). Die Voraussetzungen des § 1a S 1 (EU-/EWR-Staatsangehöriger) brauchen nicht vorzuliegen, wohl aber die Voraussetzungen des § 1 III und § 1 II 1 Nr 1 und 2 (*Beispiel:* § 1a II, I Nr 2 für in Moskau ansässigen, von einer inl Kasse besoldeten russischen Botschaftssekretär ohne wesentl Auslandseinkünfte iSv § 1 III 2). Die sonst erforderl Ansässigkeit im EU-/EWR-Bereich (§ 1a I Nr 2) wird durch die ausreichende Ansässigkeit im Staat des ausl Dienstortes ersetzt. 27

d) Reduzierung des bisherigen „Beamtenprivilegs" auf seinen Kernbereich. Hauptanliegen des Gesetzgebers war offenbar, durch § 1a II die Vergünstigungen nach § 1 III aF für öffentl **Versorgungsempfänger** ua Personen, die aus privaten Motiven außerhalb des EU-/EWR-Raums wohnen, von den familienbezogenen Vergünstigungen des § 1a I auszuschließen. § 1a II setzt die **Tätigkeit an einem ausl Dienstort** voraus. Das führt ab 1996 zu einer Schlechterstellung aller Personen mit aktiven oder Ruhestandsbezügen im Inl, die sich ohne Auslandsbeschäftigung außerhalb des EU-/EWR-Raums niederlassen (*Beispiel:* dt Beamter im Ruhestand in der Schweiz; in der Schweiz wohnhafter, im Inl tätiger Grenzpendler, unabhängig von seiner Nationalität). 28

II. Einkommen

1. Sachliche Voraussetzungen für die Besteuerung

§ 2 Umfang der Besteuerung, Begriffsbestimmungen

(1) [1]**Der Einkommensteuer unterliegen**

1. Einkünfte aus Land- und Forstwirtschaft,
2. Einkünfte aus Gewerbebetrieb,
3. Einkünfte aus selbständiger Arbeit,
4. Einkünfte aus nichtselbständiger Arbeit,
5. Einkünfte aus Kapitalvermögen,
6. Einkünfte aus Vermietung und Verpachtung,
7. sonstige Einkünfte im Sinne des § 22,

die der Steuerpflichtige während seiner unbeschränkten Einkommensteuerpflicht oder als inländische Einkünfte während seiner beschränkten Einkommensteuerpflicht erzielt. [2]**Zu welcher Einkunftsart die Einkünfte im einzelnen Fall gehören, bestimmt sich nach den §§ 13 bis 24.**

(2) [1]**Einkünfte sind**

1. **bei Land- und Forstwirtschaft, Gewerbebetrieb und selbständiger Arbeit der Gewinn (§§ 4 bis 7k und 13a),**
2. **bei den anderen Einkunftsarten der Überschuss der Einnahmen über die Werbungskosten (§§ 8 bis 9a).**

[2]**Bei Einkünften aus Kapitalvermögen tritt § 20 Absatz 9 vorbehaltlich der Regelung in § 32d Absatz 2 an die Stelle der §§ 9 und 9a.**

(3) **Die Summe der Einkünfte, vermindert um den Altersentlastungsbetrag, den Entlastungsbetrag für Alleinerziehende und den Abzug nach § 13 Absatz 3, ist der Gesamtbetrag der Einkünfte.**

(4) **Der Gesamtbetrag der Einkünfte, vermindert um die Sonderausgaben und die außergewöhnlichen Belastungen, ist das Einkommen.**

(5) [1]**Das Einkommen, vermindert um die Freibeträge nach § 32 Absatz 6 und um die sonstigen vom Einkommen abzuziehenden Beträge, ist das zu versteuernde Einkommen; dieses bildet die Bemessungsgrundlage für die tarifliche Einkommensteuer.** [2]**Knüpfen andere Gesetze an den Begriff des zu versteuernden Einkommens an, ist für deren Zweck das Einkommen in allen Fällen des § 32 um die Freibeträge nach § 32 Absatz 6 zu vermindern.**

(5a) [1]**Knüpfen außersteuerliche Rechtsnormen an die in den vorstehenden Absätzen definierten Begriffe (Einkünfte, Summe der Einkünfte, Gesamtbetrag der Einkünfte, Einkommen, zu versteuerndes Einkommen) an, erhöhen sich für deren Zwecke diese Größen um die nach § 32d Absatz 1 und nach § 43 Absatz 5 zu besteuernden Beträge sowie um die nach § 3 Nummer 40 steuerfreien Beträge und mindern sich um die nach § 3c Absatz 2 nicht abziehbaren Beträge.** [2]**Knüpfen außersteuerliche Rechtsnormen an die in den Absätzen 1 bis 3 genannten Begriffe (Einkünfte, Summe der Einkünfte, Gesamtbetrag der Einkünfte) an, mindern sich für deren Zwecke diese Größen um die nach § 10 Absatz 1 Nummer 5 abziehbaren Kinderbetreuungskosten.**

(5b) **Soweit Rechtsnormen dieses Gesetzes an die in den vorstehenden Absätzen definierten Begriffe (Einkünfte, Summe der Einkünfte, Gesamtbetrag der Einkünfte, Einkommen, zu versteuerndes Einkommen) anknüpfen, sind Kapitalerträge nach § 32d Absatz 1 und § 43 Absatz 5 nicht einzubeziehen.**

(6) [1]**Die tarifliche Einkommensteuer, vermindert um die anzurechnenden ausländischen Steuern und die Steuerermäßigungen, vermehrt um die Steuer nach § 32d Absatz 3 und 4, die Steuer nach § 34c Absatz 5 und den Zuschlag nach § 3 Absatz 4 Satz 2 des Forstschäden-Ausgleichsgesetzes in der Fassung der Bekanntmachung vom 26. August 1985 (BGBl. I S. 1756), das zuletzt durch Artikel 18 des Gesetzes vom 19. Dezember 2008 (BGBl. I S. 2794) geändert worden ist, in der jeweils geltenden Fassung, ist die festzusetzende Einkommensteuer.** [2]**Wurde der Gesamtbetrag der Einkünfte in den Fällen des § 10a Absatz 2 um Sonderausgaben nach § 10a Absatz 1 gemindert, ist für die Ermittlung der festzusetzenden Einkommensteuer der Anspruch auf Zulage nach Abschnitt XI der tariflichen Einkommensteuer hinzuzurechnen; bei der Ermittlung der dem Steuerpflichtigen zustehenden Zulage bleibt die Erhöhung der Grundzulage nach § 84 Satz 2 außer Betracht.** [3]**Wird das Einkommen in den Fällen des § 31 um die Freibeträge nach § 32 Absatz 6 gemindert, ist der Anspruch auf Kindergeld nach Abschnitt X der tariflichen Einkommensteuer hinzuzurechnen.**

(7) [1]**Die Einkommensteuer ist eine Jahressteuer.** [2]**Die Grundlagen für ihre Festsetzung sind jeweils für ein Kalenderjahr zu ermitteln.** [3]**Besteht während eines Kalenderjahres sowohl unbeschränkte als auch beschränkte Einkommensteuerpflicht, so sind die während der beschränkten Einkommensteuer-**

pflicht erzielten inländischen Einkünfte in eine Veranlagung zur unbeschränkten Einkommensteuerpflicht einzubeziehen.

(8) **Die Regelungen dieses Gesetzes zu Ehegatten und Ehen sind auch auf Lebenspartner und Lebenspartnerschaften anzuwenden.**

Einkommensteuer-Durchführungsverordnung

§ 1 *Anwendung auf Ehegatten und Lebenspartner*

Die Regelungen dieser Verordnung zu Ehegatten und Ehen sind auch auf Lebenspartner und Lebenspartnerschaften anzuwenden.

Einkommensteuer-/Lohnsteuer-Richtlinien: EStR 2/EStH 2/LStH 2

Übersicht Rz

Schrifttum (Aufsätze bis 2010 s Vorauflagen): *Weber-Grellet,* Steuern im modernen Verfassungsstaat, 2001. – *Hey* (Hrsg), Einkünfteermittlung, DStJG 34 (2011); *Drüen,* Systembildung und Systembindung im StR, FS Spindler 2011, 29; *Birk,* Einkommen, Einkunftsarten, Einkünfteermittlung, DStJG 34 (2011), 11; *Weber-Grellet,* Entwicklung der ESt im 19. Jahrhundert, StuW 12, 375. – **Verwaltung:** *BMF* BStBl I 15, 278 (Positivliste der geltenden Anweisungen).

I. Grundaussage des § 2 I; Struktur und Aufbau des EStG

1 § 2 konstituiert das ‚Programm' und das **System der ESt** und normiert deren Begriffe. **§ 2 I** bestimmt die Steuerbarkeit von Einkünften, §§ 13–24 (1. aus LuF, 2. aus GewBetr, 3. aus selbständiger Arbeit, 4. aus nichtselbständiger Arbeit, 5. aus KapVerm, 6. aus VuV, 7. Sonstige Einkünfte iSd § 22). – Erfasst werden die Einkünfte, die der StPfl während seiner unbeschr EStPfl oder als inl Einkünfte während seiner beschr EStPfl erzielt. – Gem **§ 2 II** sind Einkünfte nach §§ 13–18 der Gewinn (§§ 4 bis 7k), nach §§ 19–22 der Überschuss der Einnahmen über die WK (§§ 8 bis 9a); **Abzug erwerbssichernden Aufwandes (obj Nettoprinzip).** Bei Einkünften aus KapVerm tritt § 20 IX vorbehaltl der Regelung in § 32d II an die Stelle der §§ 9 und 9a. – Der sog **Dualismus der Einkunftsarten** (mit der Freistellung der nichtbetriebl Vermögensphäre) ist durch § 20 II und auch durch die ständige Erweiterung des § 17 relativiert worden. – Die Summe der Einkünfte, vermindert um den Altersentlastungsbetrag, den Entlastungsbetrag für Alleinerziehende und den Abzug nach § 13 Abs. 3, bildet nach **§ 2 III** den Gesamtbetrag der Einkünfte. – Der Gesamtbetrag der Einkünfte, vermindert um die SA und die agB, ist gem **§ 2 IV** das Einkommen (**Abzug existenzsichernden Aufwandes; subj Nettoprinzip;** Rz 11). – Das Einkommen, vermindert um die Freibeträge nach § 32 VI 6 und um die sonstigen vom Einkommen abzuziehenden Beträge, ist das zu versteuernde Einkommen **(§ 2 V);** dieses bildet die Bemessungsgrundlage für die tarifl ESt. Dass gilt auch, wenn andere (Steuer-)Gesetze an den Begriff des zu versteuernden Einkommens anknüpfen. – Knüpfen außersteuerl Rechtsnormen an

diese Begriffe an, erhöhen sich diese Größen um die Beträge nach 32d I, § 43 V, § 3 Nr. 40, und mindern sich um die Beträge nach § 3c II **(§ 2 Va).** – IRd Gesetzes sind KapErträge nach § 32d I und § 43 V grds nicht einzubeziehen **(§ 2 Vb 1 und 2).** – Die tarifl ESt wird dann nach **§ 2 VI** errechnet **(progressiver Tarif).** – Nach **§ 2 VII** ist die ESt eine **Jahressteuer** (Kj, Wj). Bei gemischter unbeschr und beschr EStPflicht ist eine Veranlagung zur unbeschr EStPfl vorzunehmen. – § 2 VIII überträgt EheRegelungen auf LPart. – Das StRecht ist obj Lastenverteilungsrecht; subj Absichten und Einschätzungen sind irrelevant (Rz 35; zur Aufgabe des subj Fehlerbegriffs BFH GrS 1/10 BStBl II 13, 317; *Weber-Grellet* DStR 13, 729; *Drüen* GmbHR 13, 505; *Schulze-Osterloh* BB 13, 1131).

II. Kompetenzen; Grundlagen; Nichtanwendungserlasse; sachl StPfl

Die (konkurrierende) **Gesetzgebungskompetenz** für die ESt hat der Bund 2
(Art 105 II, Art 106 III GG); verwaltet wird die ESt durch Landesfinanzbehörden. Kompetent zur Steuerfestsetzung einschließl des Einspruchsverfahrens (§§ 355 AO) sind die FinBeh (§ 16 AO, §§ 17, 21a FVG); zur Streitentscheidung über Steueransprüche sind allein die Finanzgerichte berufen (§ 2 FGO; Art 92, 20 III GG). An deren Entscheidungen ist die FinVerw gem § 110 FGO im entschiedenen Einzelfall gebunden. – Steuern unterliegen dem Gesetzesvorbehalt (Gesetz; VO; *Drüen/TK* § 4 Rz 50). Ausnahmsweise ist aus Billigkeitsgründen („Gerechtigkeit des Einzelfalls"; auch teleologische Erwägungen) eine Abweichung geboten (§§ 163, 227 AO); die Verwaltung kann die Grundsätze durch Erlass regeln (zutr BFH X R 23/13 DStR 15, 1443 – GrS-Vorlage). Die Verwaltung handelt durch Richtlinien (Art 108 VII GG), BMF-Schreiben, Ländererlasse und (OFD-)Verfügungen (zur Bindung s *Drüen/TK* § 4 AO Rz 80f; sog Positivliste in *BMF* BStBl I 14, 606). – Sog **Nichtanwendungserlasse** sind grds zul (*Weber-Grellet* FS Lang 2010, 927; ferner Beiträge in FS Spindler 2011); die Diskussion hat sich beruhigt. EUrechtl prüft der EuGH Normen der nicht harmonisierten ESt an den Grundfreiheiten und den Diskriminierungsverboten (zur Neuorientierung der EuGH-Rspr *Weber-Grellet* StbJb 09/10, 43; *Hey* StuW 10, 301; Übersicht über EUwidrige Normen *Kessler/Spengel* DB Beil 1/15). § 2 verdeutlicht das EStSystem und regelt die **sachl StPfl.** Mit der ESt soll der einzelne StPfl nach Maßgabe seiner finanziellen Leistungsfähigkeit zum Zwecke der (teilweisen) Deckung des Finanzbedarfs des Fiskus (Bund, Länder, Gemeinden) besteuert werden (BFH GrS 4/82 BStBl II 84, 751, 766); daneben werden sozial- und wirtschaftspolitische Ziele mit der Gestaltung des EStG verfolgt. Das Aufkommen der ESt (im Jahr 2014 ca 271 Mrd €) steht Bund und Ländern gemeinsam zu.

III. Einkunftsarten, § 2 I

Schrifttum: *Birk,* Einkommen, Einkunftsarten, Einkünfteermittlung, DStJG 34 (2011), 11.

1. Einkunftssphäre. Der ESt unterworfen ist das Entgelt für Leistungen; dies 3
dokumentiert § 22 Nr 3 als allgemeinste Einkunftsart; die sog Markteinkommenstheorie findet im Gesetz keine Stütze (*Weber-Grellet* vor Rz 39, 80f). Das Gesetz erfasst nur die in § 2 I 1 aufgezählten sieben Einkunftsarten; nach der ursprüngl Konzeption wurde das private Vermögen nicht erfasst (Änderungen zB durch § 20 II). Die **Steuerfreiheit des Vermögensstamms** bildet mittlerweile die Ausnahme; zur Rechtsentwicklung sowie zur **Reinvermögenszuwachstheorie** und zur **Quellentheorie** *K/S/M* § 2 Rz A 240–460. Seit 2006 verwendet auch § 15b den Begriff der **„Einkunftsquelle".** Auch enthält das EStG zunehmend **schedulenähnl** Elemente (zB § 20 VI).

Hinsichtl der weiteren Entwicklung der ESt (dazu zB DStJG 34; 2011; *Weber-Grellet* StuW 12, 375) besteht Diskussionsbedarf zum Dualismus der Einkunftsarten und der differenzierten

„Vermögenserfassung“; s nur VuV-Einkünfte) und zu den „Rechtsnaturändernden“ Neuerungen der letzten Zeit (zB AbgeltungSt, § 20 II, § 22, Erweiterung des § 23).

Mit der **KSt** werden die Erträge „juristisch ausgegliederter Sondervermögen“ gesondert erfasst. Das Besteuerungssubstrat wird durch das Teileinkünfteverfahren aufgeteilt; die KSt ist wirtschaftl eine Art Vorauszahlung auf die ESt.

4 **2. Welteinkommen.** Der ESt unterliegen die Einkünfte, die weltweit erzielt werden („Welteinkommen“), wenn der StPfl unbeschr stpfl ist (§ 1 I–III). Ist er beschr stpfl (§ 1 IV), wird er (ledigl) mit seinen inl Einkünften zur ESt herangezogen (§§ 49–50a). Bei erweiterter beschr StPfl unterliegen der dt ESt auch die im Ausl erzielten Einkünfte, sofern sie nicht Einkünfte iSv § 34c I sind (§ 2 AStG); nach § 5 AStG kann sich auch eine Hinzurechnung von Einkünften aus ZwischenGes ergeben. Durch zahlreiche **DBA** ist der Grundsatz der Welteinkommensbesteuerung **praktisch beseitigt,** so dass es zu einem Ursprungsprinzip mutiert, das an den Arbeitsort oder die Betriebsstätte/Grundbesitz anknüpft (FG Köln EFG 10, 435, rkr; *Fischer* FR 01, 1). Soweit nach einem DBA das Besteuerungsrecht dem Quellenstaat zusteht, dieser davon aber keinen Gebrauch macht, fällt es an den Wohnsitzstaat nur dann zurück, wenn dies im DBA ausdrückl vorgesehen ist (BFH I R 14/02 BStBl II 04, 260).

3. Währung

Schrifttum (Aufsätze vor 2001 s Vorauflagen): *Hey* HHR Einf ESt Rz 47 (8/14). – *Becht,* Die Umstellung der Steuergesetze auf die Währungseinheit €, DB 01, 741, 1800.

5 **a) Fremdwährungseinkünfte.** Sie sind zum **Tageskurs** (= *Anschaffungskurs* = *Zeitbezugsverfahren*) in € umzurechnen (BFH I R 117/87 BStBl II 90, 57, 59); **§ 340h HGB** schreibt für Kreditinstitute grds ebenfalls Bewertung nach dem Zeitbezugsverfahren vor, lässt aber Ausnahmen zu. – Zur **Euro-Umstellung** vgl 27. Aufl.

6 **b) Nominalwertprinzip.** Die Einkünfte werden nach den nominellen Geldbeträgen ermittelt (*Weber* Inflationsberücksichtigung in der ESt, 2012; *Hey* in Tipke LB § 8 Rz 56. – § 5 Rz 82; § 6 Rz 21); zur Entwicklung des Preisrechts s 34. Aufl. – Das Nominalwertprinzip ist auch bei der Gegenüberstellung der Beitragszahlungen mit dem nicht stbaren Rentenzufluss verfrechtl zul (BVerfG 2 BvR 2683/11 DStR 15, 2757).

IV. Ermittlung der Einkünfte, § 2 II

7 **Gewinn; Einnahmenüberschuss.** Einkünfte sind der **Gewinn** (§§ 4–7k; der Überschuss der BE über die BA bzw. die BV-Differenz, die Differenz von Aufwand und Ertrag) oder der **Überschuss** der Einnahmen über die WK (§§ 8–9a), die der StPfl iRd sieben Einkunftsarten erzielt (§ 2 II). Der Begriff der Einkünfte wird im EStG grds einheitl verwendet (BFH III R 69/09 DStRE 12, 880, zu § 32 IV 2). Ab **VZ 2009** gehören dazu nicht mehr Einkünfte aus **Kapitalvermögen** (s Rz 64), sofern sie der AbgeltungSt unterliegen; bei ihnen wird statt der tatsächl WK der Sparer-Pauschbetrag (§ 20 IX) abgezogen; nach § 2 II 2 verdrängt § 20 IX die §§ 9 und 9a. Zur Einbeziehung bei Steuerermäßigungen s Rz 64. – Eine in § 2 II nicht erwähnte Ausnahme bildet der Gewinn iSd § 20 II, der in § 20 IV definiert wird. – Bei den Gewinneinkünften ist im Allgemeinen auch das (eingesetzte) Vermögen steuerverstrickt, also Erfassung von Veräußerungsgewinnen und -verlusten.

Gegenstand der ESt ist das um das Existenzminimum, um SA und agB verminderte **Nettoeinkommen.** Die ESt ist in besonderer Weise Ausdruck eines sozialen Steuerstaats iRe demokratisch organisierten Ges, die einerseits zur Finanzierung der Gemeinschaftsaufgaben auf Steuern angewiesen ist, andererseits die Steuerlast gerecht verteilen muss; Steuern sind Solidarbeiträge zur Finanzierung der Gesellschaft. Die Idee der ESt beruht auf der Besteuerung des Nettoeinkommens; Erwerbsaufwendungen sind daher prinzipiell abzuziehen; dasselbe gilt für existentielle Aufwendungen; unterhalb des „Sozialhilfestandards" ist der StPfl hilfeberechtigt, so dass die Pflicht zu eigenen Steuerbeiträgen entfällt.

V. Verfassungsrechtliche Maßstäbe

Schrifttum (vor 2010 s Vorauflagen): *Birk/Desens/Tappe* Rz 185 ff; *G Kirchhof*/HHR Einf ESt Rz 220, 331 (8/14). – *Hey,* Verfrechtl Maßstäbe der Unternehmensbesteuerung, FS Herzig, 2010, 7; *Breinersdorfer,* Abzugsverbote und obj Nettoprinzip, DStR 10, 2492; *Weber-Grellet,* Das Koordinatensystem des BVerfG bei der Prüfung von Steuergesetzen, FR 11, 1028; *Britz,* Der allg Gleichheitssatz in der Rspr des BVerfG, NJW 14, 346; *Kempny,* StRecht und Verfassungsrecht, StuW 14, 185.

1. Maßstäbe des Grundgesetzes. Die verfrechtl Maßstäbe für das EStRecht ergeben sich aus einzelnen Grundrechten, aus dem Rechtsstaatsprinzip und den Regelungen des GG über das Finanzwesen (Art 104a ff GG). Hauptmaßstab ist der **Gleichheitssatz** des Art 3 GG, der dem Gesetzgeber gebietet, wesentl Gleiches gleich und wesentl Ungleiches ungleich zu behandeln. Eine spezielle Ausprägung des Art 3 GG enthält Art 6 GG. – Die StBelastung fällt auch in den Schutzbereich des **Art 14 GG;** allerdings bildet der sog **Halbteilungsgrundsatz** keine Belastungsobergrenze (BVerfG 2 BvR 2194/99 DStR 06, 555); die Besteuerung „unterhalb der Schwelle der Erdrosselung" ist eine Konkretisierung des Inhalts und der Schranken des Art 14 GG. – Entscheidend ist der Aspekt der angemessenen **Lastenverteilung,** der mE in der BVerfG-Rspr (krit zB *Weber-Grellet* BB 15, 1367/70) und auch in der wissenschaftl Diskussion (s Beiträge bei BFH-Symposium DStR 15, 1137) zu kurz kommt. 8

Von Bedeutung war der Gleichheitssatz zB in den Entscheidungen des BVerfG zur Verfassungsmäßigkeit des § 32c (BVerfG 2 BvL 2/99 DStR 06, 1316), der GewSt (BVerfG 1 BvL 2/04 DStRE 08, 1003) und zum Abzug von Versicherungsleistungen gem § 10 III EStG (BVerfG 2 BvL 1/06 DStR 08, 604). – In der Entscheidung zur Pendlerpauschale (BVerfG 2 BvL 1/07 DStR 08, 2460) hat das BVerfG formal auf das Gebot der Folgerichtigkeit abgestellt; mE war die **Diskriminierung** der Nahpendler entscheidend (*Weber-Grellet* DStR 09, 349/53). Entscheidend ist nicht eine abstrakte Folgerichtigkeit, sondern die konkrete (dem Lastenverteilungsgedanken widersprechende) Ungleichheit. – Einen Verstoß gegen Art 3 I GG sah das BVerfG im **Verlust von KStGuthaben** bei Übergang zum Halbeinkünfteverfahren (BVerfG 1 BvR 2192/05 DStR 10, 434); ebenfalls beanstandet hat das BVerfG § 4 V 1 Nr 6b (BVerfG 2 Bvl 13/09 DStR 10, 1563), und den Aussetzungsbeschluss BFH IX B 179/09 BFH/NV 10, 1627 (gegen FG Mchn EFG 09, 2035; aufgehoben durch BVerfG 2 BvR 1710/10 DStR 10, 2296) wegen Verletzung von Art 19 IV GG (§ 20 Rz 120).

2. Konkretisierungen. – *(1)* Konkretisiert werden Art 2, 3, 14 GG als steuerverfrechtl Maßstäbe *(a)* durch das Gebot der Besteuerung nach der finanziellen *Leistungsfähigkeit, (b)* durch das Gebot der Besteuerung nach der horizontalen und vertikalen *Steuergerechtigkeit, (c)* durch das obj und subj Nettoprinzip (Rz 10, 11), *(d)* durch das – so die BVerfG-Rspr – ***Gebot der Folgerichtigkeit,*** das aber die (s für eine Demokratie typische) Gemengelage widerstreitender Interessen vernachlässigt (s iEinz *Tappe* JZ 16, 27) und *(e)* durch Beachtung des allg Grundsatzes der Verhältnismäßigkeit. – *(2)* Der Gesetzgeber hat im StRecht prinzipiell einen weiten Entscheidungsspielraum, er ist berechtigt, nichtfiskalische Förderungs- und Lenkungsziele zu verfolgen und ist zur Vereinfachung und Typisierung befugt. – *(3)* Steuergesetze müssen auch den rechtstaatl-verfahrensrechtl Geboten (ua Gebot der Normenklarheit; Rückwirkungsverbot) genügen. 9

Eine Reform der ESt verlangt vor allem: *(1)* Beseitigung von Komplexität und Unübersichtlichkeit; *(2)* mehr Eigenverantwortung (*Weber-Grellet* Rechtstheorie 2005, 301; *ders* FS DRB 2009, 235; *ders* ZRP 14, 82); *(3)* notwendig ist vor allem auch der Verzicht auf die „moralische Diskreditierung" des StRechts: „Die Steuer raubt dem Grundrechtsberechtigten gegenwärtig aber vor allem ein Stück seiner Freiheit ..." (*Kirchhof* Ein Viertel für den Staat, FAZ v 10.5.2008, S. 13). Um das StRecht aus seiner (angesichts seiner gesellschaftspolitischen Bedeutung) vollkommen ungerechtfertigten Schattenexistenz herauszuführen, ist es an der Zeit, es iRd rechtswissenschaftl Ausbildung zum Pflichtfach zu machen.

3. Objektives Nettoprinzip (s auch § 9 Rz 4).

Schrifttum: *G Kirchhof* HHR Einf ESt Rz 295 (8/14). – *Frye,* Die Eigentumsfreiheit des GG als Gebot des sog obj Nettoprinzips, FR 10, 603; *Seiler,* Obj Nettoprinzip, DStJG 34 (2011), 61; *Weber-Grellet,* Das Koordinatensystem des BVerfG bei der Prüfung von StGesetzen, FR 11, 1028.

10 Prinzipiell sind alle Aufwendungen, die durch die Einnahmeerzielung veranlasst sind, als BA/WK abziehbar; die ESt besteuert das Nettoeinkommen; dementsprechend definiert § 2 II (nur) den Gewinn bzw den Überschuss der Einnahmen über die Ausgaben als zu erfassende Einkünfte (*Hey/Tipke* LB § 8 Rz 54f; *Birk/Desens/Tappe* Rz 615f). Das obj Nettoprinzip ist ein Element der ESt, das der Besteuerung nach der individuellen Leistungsfähigkeit Rechnung trägt. Das Nettoprinzip schließt grds den Abzug sog **Drittaufwands** aus (s Rz 19). Das BVerfG hat bisher den Verfassungsrang des obj Nettoprinzips offen gelassen (BVerfG 2 BvL 13/09 DStR 10, 1563 – Arbeitszimmer); unabhängig davon kann es der Gesetzgeber bei Vorliegen gewichtiger Gründe durchbrechen; die einfachgesetzl Ausnahmevorschrift darf nicht willkürl sein (BVerfG 2 BvL 1/00 BStBl II 09, 685, zu Jubiläumsrückstellungen). Das Nettoprinzip ist ein **estl Strukturelement,** das zu anderen estl Strukturelementen (wie zB Tarifverlauf) in Beziehung zu setzen ist.

Das obj Nettoprinzip steht **typisierenden Regelungen** von Erwerbsaufwendungen nicht entgegen (BVerfG 2 BvL 77/92 BStBl II 97, 518; BVerfG 2 BvL 13/09 DStR 10, 1563), so dass WK- oder BA-Pauschalen, Freibeträge und mE auch Quellensteuern mit Abgeltungswirkung (zB KapESt) zul sind. In jüngerer Zeit ist das obj Nettoprinzip eingeschränkt worden, zB *(1)* § 4 V, *(2)* Teileinkünfteverfahren (§ 3 Nr 40), *(3)* Arbeitszimmer (§ 4 V Nr 6b; einschr BVerfG 2 BvL 13/09 DStR 10, 1563 – Arbeitszimmer; § 19 Rz 60/2), *(4)* Zinsschranke (§ 4h Rz 3), *(5)* Entfernungspauschale (§ 9 Rz 179), *(6)* Berufsausbildungskosten (§ 12 Rz 56), *(7)* AbgeltungSt (§ 20 IX), *(8)* AK für Renteneinkünfte (§ 10 III 1). Ggf verlangt das obj Nettoprinzip eine realitätsgerechte Typisierung (BVerfG 2 BvL 13/09 DStR 10, 1563 zu § 4 V Nr 6b – Arbeitszimmer – und verbietet grundlose Schlechterstellungen (BVerfG 2 BvL 1/07 DStR 08, 2460 – Pendlerpauschale). – Sind die Erwerbsaufwendungen (BA/WK) höher als die Erträge/Einnahmen, ergeben sich ein **Verlust** bzw negative Einkünfte (§ 39a I Nr 5 Buchst b); ein Verlust ist nicht „wirksam gewordener Aufwand". Die Wirksamkeit kann durch Rücktrag bzw Vortrag nachgeholt werden; endgültiger Ausfall kann zu Verfwidrigkeit führen (BFH I R 59/12 BStBl II 14, 1016 – BVerfG-Vorlage). Schon bevor Einnahmen fließen, sowie nach dem Wegfall der Möglichkeit, Einnahmen zu erzielen, können negative Einkünfte (insb durch Zinsaufwendungen) entstehen. Verluste sind prinzipiell mit dem Ergebnis anderer Einkünfte auszugleichen, auch interperiodisch; ein intersubjektiver Ausgleich ist nur bei Ehegatten (LPart, § 2 VIII) geboten (Rz 19).

Gegenstand des obj Nettoprinzips ist auch die Frage, ob und in welchem Umfang sog gemischte Aufwendungen abgezogen werden können. BFH GrS 1/06 BStBl II 10, 672 hatte die Aufteilung grds zugelassen; aA BFH GrS 1/14 DStR 16, 201 zu Arbeitszimmeraufwendungen. – Die Abziehbarkeit von Berufsausbildungskosten darf nach Auffassung des VI. BFH-Senats nicht eingeschränkt werden (BFH VI R 2/12 ua BFH/NV 14, 1954 – BVerfG-Vorlage). ME geht es dabei um die Frage, ob die Kosten der Erstausbildung, die für die Berufsaufnahme und -ausübung unabdingbar sind und eine wesentl Grundlage für die weitere personelle Existenz bilden, zT durch die Allgemeinheit getragen werden sollen.

4. Subjektives Nettoprinzip; Halbteilungsgrundsatz

Schrifttum (vor 2006 s Vorauflagen): *Moes* Die Steuerfreiheit des Existenzminimums vor dem BVerfG, 2011; *G Kirchhof* HHR Einf ESt Rz 280 (8/14). – *Pezzer* Der Halbteilungsgrundsatz ist tot, und nun?, DB 06, 912; *Karrenbrock/Fehr* Die einkommensteuerl Behandlung von Aufwendungen für Fahrten zw Wohnung und Arbeitsstätte, DStR 06, 1303; *Bareis* Zur

Problematik steuerjuristischer Vorgaben für die ESt – Tarifstruktur und Familiensplitting als Musterbeispiele, DStR 10, 565.

11 Das subj Nettoprinzip gebietet die Steuerfreiheit des **Existenzminimums;** der Grundfreibetrag hat sich an den Sozialhilfeleistungen zu orientieren (BVerfG BStBl II 93, 413; krit *Bareis* DStR 10, 565: Abschmelzung zul), die Kinderfreibeträge an den gesetzl Unterhaltslasten des StPfl (§§ 1601 ff, insb § 1610 BGB) und die Versicherungsbeiträge an den Sozialhilfesätzen (vgl BVerfG BStBl II 90, 653, 664; BVerfG 13.2.2008 2 BvL 1/06, zum Abzug von Versicherungsleistungen als SA). – Soweit BVerfG BStBl II 90, 659 aus *Praktikabilitätsgründen* die Gewährung von hinter den gesetzl Unterhaltslasten zurückbleibenden **Kinderfreibeträgen** für ausreichend erklärt, ist seine Entscheidung nicht überzeugend. Nach BVerfG-Rspr ist das Existenzminimum durch einen Abzug von der estl Bemessungsgrundlage freizustellen (aA *Moes* aaO: Grundlage der Steuerfreiheit des Existenzminimums ist das Subsidiaritätsprinzip, das dem Gesetzgeber aber keinen Abzug des Existenzminimums von der Bemessungsgrundlage vorschreibt). Ein Verstoß gegen das subj Nettoprinzip soll im Ausschluss des WK-Abzugs für Berufsausbildungskosten (§ 9 Abs. 6 EStG) liegen (so Vorlagebeschluss BFH VI R 2/12 HFR 14, 1049, Az BVerfG 2 BvL 23/14).

12 **5. Zulässigkeit von BVerfG-Vorlagen.** Sie bestimmt sich nach eigenen Regeln (*Franz* DStR 11, 2118); BVerfG 2 BvL 3/02 DStRE 09, 1292 zu SA bei Veräußerungsrente [„Endurteil“ BFH X R 32, 33/01 DStR 10, 2073]; BVerfG 2 BvL 3/10 DStR 10, 1982 zum SolZ (mit krit Anm von *Birk* FR 10, 1002); BVerfG 2 BvR 2227/08 DStRE 10, 1058 zu § 3 Nr 12, § 22 Nr 4 (Abgeordnetenpauschale). Zur Mindestbesteuerung s BVerfG 12.10.10 2 BvL 59/06 DStR 10, 2290; zur (evtl missbräuchl) Vorlage I R 80/12 (§ 6 V) vgl *Cropp* DStR 14, 1855. – Bei anhängigen **Musterverfahren** kann die Steuer vorläufig festgesetzt werden (§ 165 I AO; *BMF* BStBl I 15, 786 mit Auflistung).

VI. Nichtsteuerbare Vermögensmehrungen

14 Das EStG erfasst Leistungen (*Weber-Grellet* DStR 12, 1253; *Musil/HHR* Anm 68). Bezüge (Einnahmen/Erträge), die außerhalb der gesetzl Einkunftsarten anfallen, sind nicht stbar (§ 6 III EStG 1925, der nach der Begründung zum EStG 1934, RStBl 35, 35, als selbstverständl gestrichen wurde). Bisher wurde die **private Vermögensphäre** nur ausnahmsweise erfasst (zB §§ 17, 23). Das hat sich durch § 20 II grundlegend geändert; Ähnliches gilt bei der nachgelagerten Rentenbesteuerung. – Sittenwidrigkeit oder Strafbarkeit eines auf Vermögensmehrung gerichteten Verhaltens schließen die Steuerbarkeit nicht aus (§ 40 AO; BFH X R 142/95 BStBl II 00, 610). Keine stbaren Einkünfte sind zB Erbschaften, Schenkungen, Aussteuern, Ehrenpreise, Einkünfte aus Spiel und Wette, Erlöse aus der Veräußerung von (nicht zu einem BV gehörenden) Gegenständen des PV, soweit nicht die Voraussetzungen der §§ 17 oder 23 erfüllt sind, Schadenersatzleistungen für private Schäden (s iEinz § 22 Rz 51 f).

VII. Veranlassungsprinzip; nichtabziehbare Vermögensminderungen

15 Einnahmen müssen in einem sachl (nicht kausalen) Veranlassungs-Zusammenhang stehen (BFH VI R 37/12 BFH/NV 13, 1706; BFH I R 48/13 DStR 15, 821: „Prinzip der wertenden Selektion der Aufwandsursachen“). Alle Ausgaben, die durch die Erzielung von Einnahmen iRe Einkunftsart veranlasst sind (§ 4 IV), sind grds gegenzurechnen (BA, WK); entscheidend ist der Sachzusammenhang zw Einnahmen und Ausgaben. Die Aktivierungspflicht ändert an diesem Grundsatz nichts, da die Abziehbarkeit nur hinausgeschoben wird. Übersteigen die Ausgaben die Einnahmen, liegen grds negative Einkünfte vor. Dieses Veranlassungsprinzip ist ab 2007 für einen praktisch bedeutsamen Teil eingeschränkt worden; nach § 4 Va

und § 9 II EStG 07 idFd StÄndG 2007 (BStBl I 06, 432) und das JStG 2007 (BStBl I 07, 28) haben die Kosten für Fahrten zw Wohnung und Arbeitsstätte den Charakter von BA bzw WK verloren **(Werkstorprinzip);** vgl aber § 6 I Nr 4 S 3 EStG 07. Die Kosten für Fahrten zw Wohnung und Arbeitsstätte sowie Familienheimfahrten können jetzt nur noch *wie* BA bzw WK abgezogen werden (begrenzt, s Erläut zu § 4 Va, § 9 II). Die Regelung war verfwidrig (BVerfG 2 BvL 2/08 DStR 08, 2460); zur jetzigen Rechtslage § 9 Rz 179f. – Keine negativen Einkünfte sind außerhalb der gesetzl Einkunftsarten entstehende Verluste (BFH GrS 4/82 BStBl II 84, 751). Das gilt auch für Vermögensminderungen außerhalb eines BV. Abziehbar sind allerdings Vermögensabgänge, die unfreiwillig bei der einkunftsbegründenden Tätigkeit entstehen (s § 9 Rz 79ff). – Grds nichtabziehbar sind Einkommensverwendungen (§ 12), auch wenn sie dem StPfl zwangsläufig erwachsen, zB Aufwendungen iRd familiären Haushaltsgemeinschaft (BFH IX B 5/05 BFH/NV 05, 1551). Allerdings sieht das EStG (außerhalb der Einkünfteermittlung) insoweit die Möglichkeit der Minderung des Einkommens durch Abzug von SA und agB vor.

VIII. Sachliche Steuerbefreiungen

16 Soweit Einnahmen und Einkünfte aus sachl Gründen von der Steuer befreit sind, sind sie bei den (stbaren) Einkünften nicht anzusetzen (BFH VI R 30/69 BStBl II 72, 341). Sie gehören idR auch nicht zum Gewerbeertrag des § 7 GewStG (BFH IV R 84/74 BStBl II 78, 267). Damit zusammen hängende Aufwendungen dürfen die (stpfl) Einkünfte nicht mindern (§ 3c).

IX. Einkünfteerzielung

Schrifttum (vor 2006 s Vorauflagen): *Toifl,* Der subj Tatbestand im Steuer- und Steuerstrafrecht, Habil, Wien 2010; *Urban,* Die Einkünfteerzielungsabsicht in der Systematik des EStG, 2010. – *Strnad* Vor der Entscheidung des Großen Senats zur Vererblichkeit des Verlustabzugs: Gewohnheitsrecht und Folgeprobleme, BB 06, 1774; *Spindler* Einkünfteerzielungsabsicht bei VuV, DB 07, 185; *Kirchhof/Pezzer/Dötsch/Schön/Sieker/Weber-Grellet,* Subj Tatbestandsmerkmale im StRecht, DStR Beil 39/07; *Falkner,* Die Einkünfteerzielungsabsicht im Spannungsfeld von Dogmatik und Praxis, DStR 10, 788; *dies,* Die Fiktion subj Tatbestandsmerkmale im StRecht, DStZ 10, 316; *Hey* (Hrsg), Einkünfteermittlung, DStJG 34 (2011). – **Verwaltung:** s Rz 30.

18 **1. Objektiver und subjektiver Tatbestand.** Wer den Tatbestand verwirklicht (s Rz 19), an den das EStG die Entstehung der Steuer knüpft (Tatbestand der Einkünfteerzielung), erzielt Einkünfte und hat sie zu versteuern (BFH IX R 269/87 BStBl II 94, 615; § 38 AO). Der Steuertatbestand der ESt setzt sich zusammen aus: Steuersubjekt, Steuerobjekt (= Einkünfte), Zurechnung (s Rz 19), Inlandsbezug, Bemessungsgrundlage, Steuersatz (*Seer* in *Tipke* LB § 6 Rz 27f). Steuerobjekt ist die einzelne **„Einkunftsquelle“,** die sich nach dem einheitl Nutzungs- und Funktionszusammenhang einer Sache/Sachgesamtheit bestimmt; dies gilt bei gewerbl Einkünften und auch bei VuV, zB die einzelne Etage bei unterschiedl Gebäudenutzung (BFH GrS 5/71 BStBl II 74, 132; BFH IX R 54/08 FR 10, 172; BFH III R 40/11 BStBl II 13, 341). – ***(1)* Obj Tatbestand.** Einkünfteerzielung setzt – sowohl bei den Gewinneinkünften als auch bei den Überschusseinkünften – eine wirtschaftl auf **Vermögensmehrung** gerichtete Tätigkeit des StPfl voraus (BFH GrS 4/82 BStBl II 84, 751 unter C III, IV; BFH IV R 15/05 BStBl II 08, 465). Diese zielgerichtete Tätigkeit muss auf die Erwirtschaftung eines Vermögenszuwachses – über die gesamte Dauer der Tätigkeit betrachtet – gerichtet sein (BFH IX R 80/94 BStBl II 98, 771/2); ist dementsprechend ein **Totalgewinn** wahrscheinl, ist dies ein gewichtiges Indiz einer Einkünfteerzielungsabsicht (s Rz 23, 24, 32; *Drüen* FR 99, 1097, 1102). Für die Totalerfolgsprognose (*Drüen* AG 06, 707) ist nach dem Grundsatz der **Individualbesteuerung** auf den jeweiligen StPfl und auf die (voraussichtl) Gesamtdauer der Betätigung abzustellen (BFH IV R

15/05 BStBl II 08, 465). Bei der Prognose ist nicht nur auf die Verhältnisse des jeweiligen VZ abzustellen; auch **spätere Erkenntnisse** (zB im Klageverfahren) sind zu berücksichtigen, ggf auch **rückwirkende Ereignisse** (VZ-übergreifend; BFH IX R 31/14 juris). In besonderen Fällen (zB bei unentgeltl Rechtsnachfolge; § 6 III, § 24 Nr 2, § 11d EStDV) wird die Totalerfolgsrechnung personenübergreifend verstanden (dazu BFH GrS 2/04 DStR 08, 545 unter D. III. 6; Nichtvererblichkeit von Verlusten; s § 10d Rz 14; s auch Rz 58 mwN). Aus der Entscheidung ergibt sich mE (natürl) nicht die Notwendigkeit, die Lebenserwartung von StPfl zu ermitteln; die Einkunftserzielung ist insoweit obj zu bestimmen. Besondere Bedeutung hat die Frage auch für die Totalgewinnperiode in der LuF, zB wegen langer Aufzuchtzeiten in Forstbetrieben; s auch § 10d Rz 14; zur bisherigen Auffassung der FinVerw s 26. Aufl. – ***(2)*** **Subj Tatbestand.** Die Einkunfts-/Gewinnerzielungsabsicht wird gemeinhin als subj Tatbestandsmerkmal verstanden (Beiträge in DStR Beil 39/07); mE ist sie keine innere Tatsache, kein Willenselement; iEinz, auch zur Liebhaberei s Rz 23. – ***(3)*** **Entstehung.** Die ESt entsteht grds („veranlagungstechnisch") erst mit Ablauf des VZ (§ 25 I, § 36 I; BFH I R 117/87 BStBl II 90, 57, 60); zur Rückwirkung Rz 41 ff. Die gesetzl Tatbestandsvoraussetzungen für die Erzielung von Einkünften (StGegenstand) sind in § 2 und §§ 13 bis 24, § 32d festgelegt (§ 2 II 2). – ***(4)*** Der für die Beurteilung maßgebl **Zeitraum,** der für die Ermittlung und Einordnung der Einkünfte zu beachten ist, geht häufig über den Besteuerungsabschnitt (s Rz 23) hinaus, BFH IX R 31/14 juris; vgl zB § 15 Rz 30.

Schrifttum: *Ratschow,* Subjektsteuerprinzip, DStJG 34 (2011), 35.

2. Zurechnung. Nach Maßgabe des obj Nettoprinzips und des Prinzips der Individualbesteuerung (**Subjektsteuerprinzip;** krit *Ratschow* DStJG 34 (2011), 35; *Musil/HHR* Anm 100 f) können dem StPfl nur die selbst erzielten Einnahmen und der selbst geleistete Aufwand zugerechnet werden. Drittaufwand ist nicht abziehbar (Rz 21). Die **Tatbestandsverwirklichung** bestimmt die persönl Zurechnung der Einkünfte (Rz 54; *P. Fischer* FR 01, 1 mwN). Das gilt prinzipiell auch für nahe Angehörige und für Ehegatten (LPart, § 2 VIII). Auch bei der **Rechtsnachfolge** gilt der Grundsatz der Individualbesteuerung (*Musil/HHR* Anm 159). 19

a) Eigene Aufwendungen. Eigene nachträgl AK für einen **Gesellschaftsanteil** iSd § 17 liegen vor, wenn der StPfl einem anderen Aufwendungen für eine Bürgschaft ersetzt (BFH VIII R 22/92 BStBl II 01, 385). Eigene Aufwendungen sind zB auch Zinszahlungen auf Grund nachträgl Schuldbeitritts nach (unentgeltl) Grundstückserwerb (BFH IX R 14/00 BFH/NV 03, 468). 20

Als eigene Aufwendungen gelten auch Zahlungen aus einem **gemeinsamen Konto** von Ehegatten zur Tilgung der Schuld eines von ihnen; eigene Zahlungen sind auch gegeben bei **Abkürzung des Zahlungsweges** (§ 9 Rz 18 f) sowie bei **abgekürztem Vertragsweg** (BFH IX R 25/03 BStBl II 06, 623; BFH IX R 45/07 BStBl II 08, 572: sofern Vertrag des Dritten im Interesse des StPfl und Zuwendung durch Dritten an StPfl; zust *BMF* BStBl I 08, 717), nicht bei Kreditverbindlichkeiten und anderen Dauerschuldverhältnissen, nicht bei agB und bei SA (*BMF* BStBl I 08, 717). Problematisch ist der Fall, dass der Ehemann für seine Ehefrau eine Rente kauft und diese fremdfinanziert, möglicherweise kein Zinsabzug. Zahlt ein StPfl Schuldzinsen für ein Darlehen, das zum Kauf eines Rentenstammrechts für seinen Ehegatten verwendet worden ist, sind die Zinsen (nach FG Mchn 6 K 2070/00, rkr) nicht als WK bei den sonstigen Einkünften abziehbar; mögl aber bei Ersatz-/Freistellungsverpflichtung im Innenverhältnis (BFH X R 36/05 DStR 08, 2204).

b) Drittaufwand. Drittaufwand (insb Nutzungsaufwand, Dritt-AfA) ist grds nicht abziehbar (GrS 1/97 BStBl II 99, 778; BFH GrS 5/97 BStBl II 99, 774; BFH GrS 2/04 BStBl II 08, 608 zum Erblasseraufwand; BFH X R 36/05 DStR 08, 2204; *Musil/HHR* Anm 139; § 4 Rz 504 ff; § 9 Rz 21 ff), weil von einem Dritten getragener Aufwand den StPfl nicht belastet, also seine Leistungsfähigkeit nicht mindert. (Abgekürzte) Zuwendungen (durch Übertragung von WG) sind zul (Zuwendungsgedanke; *Weber-Grellet* DB 95, 2550). Als Erwerbsaufwendungen 21

(BA, WK) abziehbar sind daher zB Aufwendungen eines StPfl iZm dem Eigentumserwerb eines WG durch einen Dritten (zB den Ehegatten), die der StPfl im eigenen berufl Interesse trägt. Kein Drittaufwand bei abgekürztem Zahlungs- und Vertragsweg (BFH IX R 45/07 DStR 08, 495; BFH X R 36/05 DStR 08, 2204; *Kestler* DStR 15, 2465); das gilt nicht bei Kreditverbindlichkeiten und bei Dauerschuldverhältnissen (*BMF* DStR 08, 1382).

Bei „schenkweiser" Beauftragung eines Handwerkers zugunsten des Sohnes ist von Schenkung iVm Einkünfteerzielung des Beschenkten auszugehen (so auch BFH IX R 25/03 BStBl II 06, 623). – Wer eine durch eigene wirtschaftl Tätigkeit erlangte Geschäftschance einem anderen überlässt, erzielt gleichwohl selbst die aus der Realisierung der Chance sich ergebenden Einkünfte, da ihm die Tatbestandsverwirklichung zuzurechnen ist (BFH X R 39/03 BFH/NV 05, 1437); bedenkl, weil die Merkmale für das Vorliegen einer hinreichend konkretisierten Erwerbschance nicht durch Gesetzesauslegung zu ermitteln sind; dieselben Bedenken ergeben sich bei Heranziehung von § 42 AO.

22 **c) Nutzungsüberlassung.** Entscheidend ist, wer den Tatbestand der Einkunftserzielung verwirklicht (Rz 18; *Musil/HHR* Anm 204f). Die Einkünfteerzielung kraft **Nießbrauchs** setzt das Auftreten des Nießbrauchers ggü dem Vertragspartner (Mieter) voraus (FG BaWü EFG 92, 195, rkr zum Grundstücksnießbrauch; *Carlé/Bauschatz* KÖSDI 01, 12872 mit Überblick). Der Vorbehaltsnießbraucher kann die AfA fortsetzen (§ 7 Rz 40), nicht aber der (unentgeltl) Zuwendungsnießbraucher (§ 21 Rz 74f). Dass auch im Eigentum eines Dritten stehende Betriebsgrundlagen nicht notwendigerweise einer Unternehmereigenschaft desjenigen entgegenstehen, der diese WG als fremdes Eigentum nutzt, zeigen die landwirtschaftl sog **Wirtschaftsüberlassungsverträge,** die häufig zw Eltern und Kindern bestehen (§ 13 Rz 91). An den Gesichtspunkt des Erwirtschaftens von Einkünften sind je nach Art der Einkunftsart unterschiedl Anforderungen zu stellen. So versagt zB bei freiberufl Einkünften die **Treuhandschaft** als Instrument, Unternehmereigenschaft zu vermitteln, weil es auf das persönl Tätigwerden des Selbständigen (BFH VIII R 143/78 BStBl II 81, 665) ankommt; s auch § 15 Rz 295–298. Bei anderen Einkünften entscheiden dagegen vielfach zivilrechtl Grundsätze darüber, wer den Einkunftstatbestand dadurch verwirklicht, dass er Vermieterleistungen erbringt und Vermieterrisiken trägt (§ 21) oder Kapital einsetzt (§ 20).

X. Einkünfteerzielungsabsicht; Liebhaberei

23 **1. Allgemeines.** Einkünfte (Gewinn oder Verlust) aus GewBetr kann nur erzielen, wer in der Absicht – mindestens Nebenabsicht (zB BFH X B 150/12 BFH/NV 13, 1784) – tätig ist, „Gewinn zu erzielen" (§ 15 II 1, 3); „Einkünfte" aus Liebhaberei oder gemeinnütziger Tätigkeit sind nicht stbar (*Hey* in *Tipke* LB § 8 Rz 133; aA *Beiser* DB 05, 2598). – ***(1)* Tatbestand.** Die Gewinnerzielungsabsicht liegt vor, wenn sich der StPfl **wie ein Gewerbetreibender** (und nicht wie ein „Liebhaber") verhält; (nur) in diesem Fall sind auch Verluste („fehlgeschlagene Gewinnerzielung") anzuerkennen. Im StRecht verwendet der Gesetzgeber „Absichten" iZm „unvollendeten" Sachverhalten (zB Abbruchabsicht, Investitionsabsicht); zu strafrechtl Absicht oder Vorsatz (als Willen und Wollen) besteht keine Ähnlichkeit. Trotz fehlender Tatbestandsvollendung („Gewinnerzielung") ist die Einkunftserzielungsabsicht gegeben, wenn sich der StPfl (nach Maßgabe eines normativen Fremdvergleichs) **wie ein Einkünfteerzieler** verhält (grundlegend *Weber-Grellet* DStR Beil 39/07, 40/45f; ebenso § 15 Rz 24; *Wüllenkemper* EFG 10, 1413; *Plücker* FS Spindler 2011, 703; zur Maßgeblichkeit obj Kriterien für die Qualifizierung von Tätigkeiten [eines gewerbl Grundstückshändlers] auch BFH X R 25/06 BStBl II 09, 965; *Hartrott* FR 10, 72). Die (positive) Einkunftserzielungsabsicht lässt den Versuch genügen, die fehlende Vollendung ist unerhebl. Die Rede von subj Tatbestandsmerkmalen und inneren Tatsachen führt nur in die Irre; maß-

gebl sind nicht Vorstellungen, sondern die obj Verhältnisse (so schon *Mrozek* PrEStG, 1914, § 14 Rz 2; vgl auch öVwGH 2006/15/0095 zur LiebhabereiVO 1993). Die Auslegung und Anwendung des Merkmals (auch der normative **Fremdvergleich;** dazu *Weber-Grellet* Fr 15, 609 zu VIII R 32/12 FR 15, 607) sind reine Gesetzesauslegung und Rechtsanwendung und haben mit Tatsachenermittlung und Beweiserhebung, mit Anscheinsbeweisen und Vermutungen nichts zu tun (*Schell* Subj Besteuerungsmerkmale im EStR, 2006, 65; aA *Anzinger* Anscheinsbeweis und tatsächl Vermutung, 2006; *Pezzer* DStR Beil 39/07, 16/9; *Hintze,* Indizien in der FinanzRspr, 2008; *Musil/HHR* Anm 346 f; aA auch zB BFH VIII R 32/12 FR 15, 607; BFH VIII R 49/12 juris – zu Ehegatten-Pensionszusage). Wer sich bei der StRechtsanwendung auf „Indizienbeweise als bipolare Elemente" stützen muss, kommt rechtsmethodisch vom rechten Weg ab (so aber *Heuermann ua* StBp 07, 344/5, StuW 09, 356); Tatsachen- und Rechtsebene sind zu trennen (§ 118 II FGO), weder die juristische Methodenlehre noch das Gesetz kennen „bipolare Elemente" (*Stein* DStZ 13, 33/43; *Stein* Der Geist des EStG als Rechtfertigung für Liebhaberei, 2013, 37 f). – ***(2)* Rechtsfolge.** Der Betrieb des Liebhabers wird strechtl nicht anerkannt; das entspr BV ist strechtl irrelevant; es nimmt am BV-Vergleich nicht teil (dasselbe gilt für BE und BA); beim Wechsel in die Liebhaberei wird das BV „eingefroren" (*Weber-Grellet* DStR 92, 602/4; DStZ 98, 357/67); keine BetrAufgabe (FG Ddorf DStRE 16, 13, Rev X R 15/15).

Der BFH-Rspr liegt der sog zweigliedrige Liebhabereibegriff (*obj:* negative Ergebnisprognose; *subj:* Ausübung der Tätigkeit aus persönl Neigung) zugrunde (§ 15 Rz 28 f; *Ismer/Riemer* FR 11, 455). Das BVerfG hat den sog **zweigliedrigen Liebhabereibegriff** des BFH (zB BFH IV B 137/10 BFH/NV 12, 732) akzeptiert (BVerfG DStR 98, 1743, Anm *Weber-Grellet* DStR 98, 1781/3).

2. Einzelne Einkünfte. Inhalt und Funktion der Einkunftserzielungsabsicht sind von der jeweiligen Einkunftsart abhängig. Zur Gewinnerzielungsabsicht iRv gewerbl Einkünfte s § 15 Rz 24 ff; zur Einkünfteerzielungsabsicht bei **PersGes** s § 15 Rz 182 f; zu den (Rz 23 bestätigenden) Besonderheiten der Forstwirtschaft FG Mchn EFG 15, 379, Rev IV R 47/14. Auch bei den **Überschusseinkünften** (§ 2 I Nr 4–7) gelten prinzipiell die zur sog Liebhaberei entwickelten Grundsätze: zu § 19 (§ 2 I Nr 4) s BFH VI R 50/06 BStBl II 09, 243; zur Einkunftserzielungsabsicht bei Vermietungseinkünften (§ 2 I Nr 6; mE [bisher] „Subventionstatbestand"; BFH IX R 7/10 BStBl II 13, 436; BFH IX R 37/12 DStR 14, 1050; BFH IX R 2/13 BStBl II 14, 527; BFH IX R 46/13 BFH/NV 15, 668: keine Absicht bei langjährigem Leerstand; *Drüen/KSM* § 21 Rz B 135; krit *Hahn* DStZ 09, 768; iEinz § 21 Rz 10 f); zur Einkunftserzielungsabsicht bei **Kapitaleinkünften** (§ 2 I Nr 5) s § 20 Rz 12. Zur Einkunftserzielungsabsicht iRd § 22 s § 22 Rz 2, zu § 23 s § 23 Rz 3. – Nach BFH I R 54/95 DStR 97, 492 und BFH I R 123/97 BFH/NV 99, 269 haben **KapGes** nur einen betriebl Bereich; nach dieser Rspr können Liebhabereitätigkeiten nur als vGA erfasst werden (aA *Weber-Grellet* DStR 98, 873/6; § 20 Rz 42). 24

XI. Abgrenzung der Einkunftsarten

Schrifttum (Aufsätze vor 2006 s Vorauflagen): *Hey* in Tipke LB § 8 Rz 400 f; *Koller,* Abgrenzung von Einkunftstatbeständen im EStRecht 1993; *Jah,* Zur steuerl Abgrenzung gewerbl Tätigkeit von freiberufl und sonstiger Tätigkeit, DB 07, 2613.

1. Bedeutung. Von der Zuordnung zu einer bestimmten Einkunftsart (§§ 13 bis 24) hängen ua ab die Art der Gewinnermittlung, der Zeitpunkt und Umfang der Erfassung von Vermögenszugängen und -minderungen, etwaige bzw unterschiedl Freibeträge (§ 13 III, § 14a, § 16 IV, § 17 III, § 18 III, IV, § 19 II, § 20 IX, § 22 Nr 3, § 23 III, § 24a), die Möglichkeit des Verlustausgleichs (s Rz 58) bzw Verlustabzugs (§ 10d, § 15a II, § 22 Nr 3, § 23 III, § 50 II), die Höhe der WK-Pauschbeträge und der Vorsorgepauschale (§ 9a, § 10c III), einkunftsartabhängige 27

Steuervergünstigungen (§ 34, § 46, § 51 I Nr 2w) und Steuerbefreiungen (§ 3, § 3a, § 3b), die Freistellung von der dt Steuer auf Grund eines DBA bzw für die Besteuerung nach § 49. Zu den Schwierigkeiten der Erfassung der Einkünfte aus gewerbl Grundstückshandels s *Fischer* jurisPR-StR 9/09 Anm 4; § 15 Rz 47.

28 **2. Abgrenzung.** Hinsichtl der Artzurechnung wird auf die Erläut zu §§ 13, 15, 18, 19, 20, 21 und 22 verwiesen. Subsidiar sind KapVermEinkünfte (§ 20 VIII), VuV- (§ 21 III) und die sonstigen Einkünfte (§ 22 Nr 1 S 1, Nr 3; § 23 II). Fingiert wird der Umfang der gewerbl Einkünfte in § 8 II KStG für KapGes und in § 15 III für PersGes. – Wegen **gemischter Tätigkeiten** s § 15 Rz 97f, 111ff; § 18 Rz 50ff.

XII. Eheliches Güterrecht

30 Soweit Ehegatten die zur Einkünfteerzielung verwendeten WG kraft ehel Güterrechts gemeinschaftl gehören und verwenden *(Gütergemeinschaft),* erzielen sie die Einkünfte grds je zur Hälfte. Beruht die Einkünfteerzielung (vorwiegend) auf – evtl qualifizierter – Arbeitsleistung, wie dies bei Einkünften aus **freiberufl Tätigkeit** die Regel und bei Einkünften aus GewBetr mögl ist, so erzielt die Einkünfte, wer die spezifische Tätigkeit ausübt (vgl BFH IV R 53/76 BStBl II 80, 634). Zur Bedeutung des Güterstandes für die gewerbl Einkünfteerzielung s § 15 Rz 375f. Zur DDR-Errungenschaftsgemeinschaft s *BMF* BStBl I 92, 542. Zur auch verdeckt mögl MUerschaft zw Eheleuten s § 15 Rz 286, 290 für gewerbl und § 13 Rz 105ff für LuF-Einkünfte (Gütergemeinschaft ähnl der PersGes; BFH IV R 37/04 BFH/NV 05, 2289). – Für die Annahme der **Beherrschung** eines Unternehmens durch Ehegatten dürfen deren Anteile nicht wegen der Vermutung **gleichgerichteter Interessen** der Ehegatten zusammengerechnet werden (§ 15 Rz 823, 846f); andererseits sind Besitz- und Betriebsunternehmen grds (materiell) als Einheit zu behandeln (BFH X R 59/00 BStBl II 06, 661).

XIII. Rechtsanwendung; wirtschaftl Betrachtungsweise; Missbrauch

1. Rechtsanwendung; Auslegung; Methode

Schrifttum: *Eckhoff,* Rechtsanwendungsgleichheit, 285ff; *Drüen,* in Tipke/Kruse, § 4 AO, Tz 200ff; *Schwenke,* Die Rechtsfindung im StRecht, 2007; *Englisch* in Tipke LB § 5, Rz 46f. – *Weber-Grellet,* Auf den Schultern von Larenz: Demokratisch-rechtsstaatl Rechtsanwendung und Rechtsfortbildung im StRecht, DStR 1991, 438; *Rüthers* Methodenrealismus in Jurisprudenz und Justiz, JZ 2006, 53; *Tipke,* Zur strechtl Methodenlehre, StuW 08, 377; BFH-Symposium zu Rechtsanwendung im StRecht, DStR Beil 31/11; *Drüen,* Verfassungskonforme Auslegung und Rechtsfortbildung …, StuW 12, 269; *Weckerle,* Zur teleologischen Auslegung …, StuW 12, 281; *Englisch,* Zulässigkeit und Grenzen steuerverschärfender Rechtsfortbildung, StuW 15, 302.

32 **a) Rechtsanwendung.** Die Aussage, dass sich Sachverhalt und Norm decken, ist ein auf Wertung und Abwägung beruhender argumentativer Prozess, die „Politik des Einzelfalls" nach Maßgabe des Gesetzes. Der Richter hat die Befugnis und die Pflicht zu „schöpferischer Rechtsfindung" und Rechtsfortbildung (BVerfG 1 BvR 112/65 NJW 73, 1221; *Weber-Grellet* DStR 91, 438). Rechtsfortbildung intra legem ist Aufgabe der Gerichte und entspricht der grundgesetzl Kompetenzverteilung zw Gesetzgeber und Gerichten. Bei der Auslegung ist grds vom Wortlaut einer Norm (von der Wortbedeutung des einzelnen Tatbestandsmerkmals) auszugehen. Jedoch braucht der Richter nicht am Wortlaut haltzumachen (also ggf auch gegen den Wortlaut !), sondern ist verpflichtet, den Sinn und Zweck der Norm unter Berücksichtigung ihrer Einordnung in das Gesetz zu ermitteln (BFH GrS 1/05 BStBl II 07, 508; *Weber-Grellet* DStR Beil 31/11, 48). Methodenfragen dienen natürl nicht nur der Kontrolle, sondern haben unmittelbare Bedeutung für das Ergebnis (aA *F Kirchhof* DStR Beil 31/11, 49). – Der wertende Auslegungsakt darf nicht mit einem Akt der Beliebigkeit und der Willkür gleichgesetzt werden; er

ist auch kein (dezisionistischer) Willensakt (*Weber-Grellet* DStR 91, 438/40). In einem Kollegialgericht werden die einzelnen Argumente in einem offenen Diskurs erörtert und abgewogen; es entscheidet die Mehrheit des Spruchkörpers.

b) Auslegung. Das Gesetz ist als sinnvolle Einheit zu interpretieren, dessen Inhalt durch einen Rückgriff auf den Wortsinn, den Zweck, die Entstehungsgeschichte und die Systematik der Norm zu bestimmen ist; im Vordergrund steht nicht der semantische Wortsinn, sondern die teleologische und die verfassungskonforme Interpretation (BFH XI R 66/98 BStBl II 00, 533; BFH GrS 1/05 BStBl II 07, 508). Maßgebend für die Interpretation eines Gesetzes ist letztl der in ihm zum Ausdruck kommende objektivierte Wille des Gesetzgebers. Die obj Theorie eröffnet die Möglichkeit, im Einzelfall vom Willen des historischen Gesetzgebers abzuweichen; das Gesetz kann klüger sein als der Gesetzgeber (aA *Rüthers* JZ 08, 446). Offene und verdeckte Lücken können durch Analogie, Reduktion und Extension geschlossen werden. Die Lückenausfüllung ist im Prinzip nur eine besondere Form der Auslegung, bei der allerdings die Grenzen der Auslegung tangiert werden (iEinz BFH-Symposium zu Rechtsanwendung im StRecht, DStR Beil 31/11; *Englisch* StuW 15, 302). – Neuerdings berühmt sich der III. Senat, von einer teleologischen zu einer am Wortlaut (und der Systematik) des **§ 32 IV** orientierten Auslegung übergegangen zu sein, die die Rechtsanwendung deutl vereinfache (BFH III R 22/13 BStBl II 14, 257). Das verstößt schlicht gegen anerkannte Auslegungsgrundsätze. 33

c) Rechtl Vorgang. Die Auslegung und Anwendung eines Tatbestandes (auch der normative Fremdvergleich) sind reine Gesetzesauslegung und Rechtsanwendung und haben mit Tatsachenermittlung und Beweiserhebung, mit Anscheinsbeweisen und Vermutungen nichts zu tun (*Weber-Grellet* DStR Beil DStR 39/07, 40); der Fremdvergleich ist ein ergänzendes Tatbestandmerkmal für die Fälle, in denen der ‚natürl' Interessengegensatz (etwa zw Angehörigen, Ges'ter) fehlt (*Weber-Grellet* FR 15, 609). Das einzelne Tatbestandsmerkmal ist erfüllt, wenn ihm Tatsachen zugeordnet werden können, die den Vorgaben des Tatbestandes entsprechen („ähnl" sind); zum immer noch unbefriedigenden Subsumtionsverständnis s *Gabriel/Gröschner* (Hrsg), Subsumtion, 2012. 34

d) Abgrenzung zur Tatsachenermittlung. Die Ermittlung der relevanten Tatsachen ist eine Sache der Tatsachenfeststellung; alles, was darüber hinausgeht, ist nicht mehr Tatsachenermittlung, sondern Rechtsanwendung (Subsumtion). Subj Absichten sind im StRecht grds fehl am Platz (iEinz *Weber-Grellet* DStR Beil DStR 39/07, 40; so zB zum Wohnsitz BFH III R 10/14 juris). – Die Lehre vom Typus-Begriff (zB der Gewerbebetrieb; § 15 Rz 8) ist im StRecht wegen dessen strikter Gesetzesgebundenheit nur mit Vorsicht einzusetzen (*Eckhoff* Rechtsanwendungsgleichheit, 1999, 75 ff, 104; *Weber-Grellet* FS Beisse 1997, 551; *Musil/HHR* Anm 90). 35

e) Beweislast. Die **Verteilung der materiellen Beweislast** ist unter Berücksichtigung des eingriffs- und des verteilungsrechtl Charakters des StRechts vorzunehmen. Die (materielle) Beweislast, die bestimmt, zu wessen Lasten ein „non-liquet" geht, liegt prinzipiell für steuerbegründende Merkmale (zB Einnahmen) beim Fiskus (s BFH VIII R 54/10 BFH/NV 14, 1501: Feststellungslast für vGA) und für steuerentlastende Merkmale (zB WK) beim StPfl. Die Gleichmäßigkeit der Besteuerung verlangt allerdings die vollständige Aufklärung des Sachverhalts und auch die Berücksichtigung von Beweisinteresse, Beweisnähe (Sphäre) und Beweisvereitelung (BFH X B 138/13 BFH/NV 14, 720). 36

f) Europarechtl Aspekte. Seit der Entscheidung „avoir fiscal" (EuGH 28.1.86 270/83 EuGHE 6, 273) hat der EuGH mit einer geradezu unglaubl Dynamik auch in das Ertragssteuerrecht eingegriffen, trotz des Fehlens einer besonderen Harmonisierungskompetenz. Von besonderer Bedeutung ist der Anwendungsvorrang 37 europäischen Rechts (BFH VIII R 24/07 BStBl II 09, 518), der dazu führt, dass bei eindeutiger Rechtslage europäisches Recht nationales Recht verdrängt (FG Köln DStRE 14, 966, Rev I R 58/13); zu Einzelheiten § 1 Rz 5 f; *Weber-Grellet* LdR 6/320 (9/12).

38 **2. Wirtschaftliche Betrachtungsweise**

Schrifttum allgemein (Aufsätze vor 1999 s auch Vorauflagen): *Ball,* StRecht und Privatrecht, 1924, 118 ff; *Tipke,* StRO, Bd III, §§ 28, 29 (1229 ff; 1309 ff); *Walz,* WG und wirtschaftl Eigentum. Rechtsvergleichende Überlegungen zur Gegenstandswelt von Zivil- und StRecht, FS L. Fischer, 1999, 463. – Zum Stand der strechtl Methodenlehre vgl *Tipke* StuW 08, 377 (zR gegen *Schenke* StuW 08, 206).

Die sog wirtschaftl Betrachtungsweise (besser: strechtl oder funktionale Betrachtungsweise) ist Ausdruck der Eigenständigkeit des StRechts, insb der funktionalen Differenz zw Zivil- und StRecht. Die Auslegung der Steuergesetze erfordert unter „lastenverteilungsrechtl" Aspekten in besonderer Weise eine am Maßstab des Gesetzes und der Verfassung orientierte Interpretation der einzelnen Norm, um einen sachgerechten Interessenausgleich herstellen zu können. Diesem Zweck dient auch die sog wirtschaftl Betrachtungsweise, die den Sieg der Wertungsjurisprudenz über die Begriffsjurisprudenz dokumentiert. Auch bei den sog Finanzzwecknormen – im Unterschied zu den steuerl Lenkungsnormen – ist eine teleologische Gesetzesauslegung mögl. Bei einer Steuernorm kann nicht allein auf den „Primärzweck der Mittelbeschaffung" abgestellt werden. Die einzelnen Elemente des Steuertatbestandes sind im Hinblick auf die Gesamtregelung – natürl – systembestimmt und zweckorientiert. –

Die wirtschaftl Betrachtungsweise verlangt im Kern die autonome strechtl Beurteilung eines konkreten Sachverhalts, wie zB auch das Unionsrecht autonom auszulegen ist (BFH VII B 39/15 BFH/NV 16, 230). Sie rechtfertigt keine außerrechtl wirtschaftl Beurteilung, sondern fordert die an den spezifischen Regelungszielen einer strechtl Regelung und deren eigengesetzl Terminologie auszurichtende strechtl Beurteilung. Die wirtschaftl Betrachtungsweise stellt auf den Inhalt ab, weniger auf die äußere Form („substance over form"), zB bei der BetrAufsp. Grundlage der wirtschaftl Betrachtungsweise ist die Besteuerung nach der wirtschaftl Leistungsfähigkeit (*Hey/Tipke* LB § 3 Rz 40 f). Das Rechtsinstitut der wirtschaftl Betrachtungsweise ist kein defizienter Modus der Rechtsanwendung, sondern Ausdruck der Emanzipation des StRechts und einer der Materie angemessenen rechtsmethodischen Grundhaltung. Im Bereich der Auslegung bedeutet die wirtschaftl Betrachtungsweise die Anwendung der hermeneutisch-teleologischen Methode, sie ermöglicht eine autonome Beurteilung und verhindert die Übernahme der zivilrechtl Qualifikation (autonome Sachverhaltsbeurteilung), zB bei dem grunderwerbsteuerl Vertragsbündel, bei der Leibrente (BFH GrS 1/90, BStBl II 92, 78) oder auch im Fall der BetrAufsp, bei der die zivilrechtl Aufspaltung einzelner Vorgänge überwunden und diese einheitl als betriebl erfasst werden (§ 15 Rz 800 f). Ein instruktives Beispiel für eine teleologische Auslegung bildet die Entscheidung des GrS zur Bodenschatzeinlage (BFH GrS 1/05 BStBl II 07, 508).

3. Verhältnis zum Zivilrecht

Schrifttum: *Weber-Grellet,* Steuern im modernen Verfassungsstaat, 2001, 194 f, 207 f; Tipke LB § 1 Rz 30 f; § 5 Rz 70 f; *Klingelhöffer,* Die Bedeutung des StRecht bei der Auslegung und Anwendung zivilrechtl Normen, DStR 97, 544; *Walz,* Wirtschaftsgüter und wirtschaftl Eigentum. Rechtsvergleichende Überlegungen zur Gegenstandswelt von Zivil- und StRecht, FS L. Fischer, 1999, 463; *Schön,* Die zivilrechtl Voraussetzungen steuerl Leistungsfähigkeit, StuW 05, 247; *Vogel,* Die Auslegung privatrechtl geprägter Begriff im Ertragsteuerrecht, 2015.

39 Es besteht keine Vorrangigkeit des Zivilrechts, auch nicht dessen Maßgeblichkeit (BVerfG 2 BvL 1/00 BStBl II 09, 685: Vorrang des StRechts bei Jubiläumsrück-

stellung); das StRecht knüpft aber an zivilrechtl und gesellschaftsrechtl Gestaltungen und Verträge an und beurteilt sie nach strechtl Maßstäben. Zivilrecht und StRecht haben ihre jeweils eigenen Teleologien (BFH X R 28/12 BStBl II 14, 629, Rz 110). Zivilrechtl Begriffe haben in vielen Fällen infolge vertragl Gestaltung (§ 311 BGB) einen Inhalt, der von dem im StGesetz vorausgesetzten „normalen" oder „typischen" Inhalt abweicht. In dem Maße, in dem solche Abweichungen von dem dem StGesetz zugrunde liegenden Begriffsinhalt im Einzelfall herbeigeführt worden sind, ist eine an dem Gehalt der StRechtsnorm orientierte, vom (konkreten) zivilrechtl Begriffsinhalt abw Bestimmung des Begriffs geboten (vgl das Leasing-Urt BFH IV R 144/66 BStBl II 70, 264), die sich aus der Eigenständigkeit des StRechts als Teil des öffentl Rechts ergibt (*Weber-Grellet,* vor Rz 39, 207 f). § 39 AO enthält eine diesen Grundsätzen entspr Regelung des sog **wirtschaftl Eigentums** (dazu – und zur Übertragung von Mietereinbauten – BFH XI R 18/06 BStBl II 09, 957; ferner BFH X R 57/04 BFH/NV 06, 1819; *Musil/HHR* Anm 147). Da Einkünfteerzielung Tatbestandsverwirklichung bedeutet (§§ 13 bis 24), besagt das wirtschaftl Eigentum an einem WG noch nicht, dass nur der wirtschaftl Eigentümer unter Einsatz des WG Einkünfte erzielen kann (*Beispiel:* der Mieter eines Gebäudes ist nicht dessen wirtschaftl Eigentümer, kann aber durch Untervermietung Einkünfte aus VuV erzielen). – Im Hinblick auf die Selbständigkeit des StRechts ist auch ein **Durchgriff** (durch die juristische Person des Privatrechts), insb in den Fällen des Missbrauchs (Rz 40) nicht ausgeschlossen (zB § 15 Rz 75). „Piercing the corporate veil" bedeutet die Einschränkung des Trennungsprinzips (dazu *Weber-Grellet* FR 15, 1085 zu BFH GrS 2/12 BStBl II 15, 1007); die Abschirmwirkung, wie sie zivilrechtl Funktionen entspricht, kann im StRecht allenfalls begrenzte Wirkung entfalten.

4. Gestaltungsmissbrauch

Schrifttum: *Hensel,* Zur Dogmatik des Begriffs „Steuerumgehung", Festgabe für Zitelmann, 1923, 217; *Fischer,* Die Steuerumgehung in der neueren BFH-Rspr, FR 00, 451; *ders* jurisPR-StRecht 15/08 Anm 4; *Hahn,* Wie effizient ist § 42 AO nF?, DStZ 08, 483; *Hüttemann* (Hrsg), Gestaltungsfreiheit und -missbrauch im StRecht, DStJG 33 (2010); *G Kirchhof* HHR Einf ESt Rz 207 (8/14); *Hüttemann,* Steuer-Rspr- und Umgehung, DStR 15, 1146.

Nach § 42 AO kann das Gesetz durch den Missbrauch (unangemessene rechtl Gestaltung; § 42 II AO) von Gestaltungsmöglichkeiten des Rechts nicht umgangen werden, wie zB eine wirtschaftl sinnlose Zwischenvermietung bei Fehlen von „good business reasons" (vgl BFH IX R 17/07 BStBl II 08, 502). ME ist die Wertung als Missbrauch auf der Grundlage der jeweiligen Norm zu treffen; § 42 AO selbst regelt den Rahmen (unangemessene rechtl Gestaltung iSv Zweckwidrigkeit und innerer Widersprüchlichkeit) und das Verfahren der Missbrauchsprüfung (*Druen* DStJG 33 [2010], 64). Bei missbräuchl Gestaltung fallen äußere Gestaltung und wirtschaftl Gehalt auseinander (zB Vermietung mit anschließender Rückmietung; BFH IX R 2/13 BStBl II 14, 527). – Missbrauch gebietet (zwingend) eine teleologische Reduktion (unangemessene Gestaltungen sind nicht solche iSd Gesetzes); rechtstheoretisch ist § 42 AO eine **Auslegungsnorm;** die Anwendung des § 42 AO ist Teil der Auslegung. Die Unangemessenheit ist nach Maßgabe des steuergesetzl geregelten Tatbestandes und dessen Zweck (also nach dem **„Gesamtplan des Gesetzes"**) zu bestimmen. § 42 AO bestimmt die Grenze der Norm von außen, die ratio legis von innen. Missbrauch und Steuerumgehung beruhen vielfach auf der sachwidrigen Anwendung und Übertragung von Formen des Privatrechts, zB durch Zwischenschaltung einer funktionslosen GmbH (BFH IV R 25/08 BStBl II 10, 622; BFH IV R 62/07 BFH/NV 10, 2261) oder durch künstl Inanspruchnahme des negativen Progressionsvorbehalts (sog Goldfälle; dazu *Dornheim* DStR 12, 1581). Nach § 42 I 2 AO entsteht der Steueranspruch so, wie er bei einer den wirtschaftl Verhältnissen angemessenen rechtl Gestaltung entsteht. § 42 AO bezieht sich nur auf den einzelnen Steueranspruch; die Rechtsfolgen des 40

Gestaltungsmissbrauchs sind nicht auf andere Personen und andere Steuerarten zu erstrecken. Eine **Missbrauchsabsicht** ist obsolet; StRecht ist obj Lastenverteilungsrecht. Sondervorschriften können die Wertungen des Gesetzes verdeutlichen und den Missbrauchstatbestand konkretisieren (§ 42 I 2 AO). – Der **EuGH** sieht eine „obj künstl" Gestaltung, die „einzig darauf gerichtet ist, der Anwendung von Regelungen des jeweils nationalen StRechts zu entgehen", als missbräuchl an (EuGH C-425/06 – *Part Service Srl* IStR 08, 258). – Vom „Gesamtplan des Gesetzes" ist der **Gesamtplan der tatsächl und rechtl Gestaltung** („Figur des Gesamtplans") zu unterscheiden (zB BFH II R 37/11 BStBl II 13, 934); auch der Gesamtplan-Aspekt ist – wie § 42 AO – Teil der teleologischen Auslegung des Gesetzes (anderer Akzent bei BFH X B 43/10 BFH/NV 11, 636). IZm sog cum/ex-Geschäften hat der I. Senat (ohne Anwendung des § 42 AO) auf ein „modellhaft aufgelegtes Gesamtvertragskonzept" abgestellt und einen bloßen Durchgangserwerb angenommen (BFH I R 2/12 DStR 14, 2012). Der X. Senat hat in einem anderen Fall (bei vorbereitenden Veräußerungen) den „Plan in Einzelakten" kreiert (BFH X R 14/11 BStBl II 14, 158). In allen Fällen geht es iRd Rechtsanwendung um die Frage, inwieweit die einzelnen tatsächl und rechtl Elemente (die Umstände des einzelnen Falls) in ihrem jeweiligen Zusammenhang gesehen werden müssen.

XIV. Rückwirkung

Schrifttum (Aufsätze vor 2011 s Vorauflagen): *A. Leisner* Kontinuität als Verfassungsprinzip, 2001; *Hey* Steuerplanungssicherheit als Rechtsproblem, 2002; *G Kirchhof* HHR Einf ESt Rz 331 (8/14). – *Desens,* Die neue Vertrauensschutzdogmatik …, FR 13, 148; *Ernst & Young,* Künftige Entwicklung …, DB 15, 513; *Kirchhof,* Verfassungsrechtl Grenzen rückwirkender Steuergesetze, DStR 15, 717,

BVerfG: 2 BvR 748/05 BStBl II 11, 86 (zu § 17), 2 BvL 14/02 BStBl II 11, 76 (zu § 23), 2 BvL 1/03 DStR 10, 1736 (zu § 34); 1 BvL 6/07 BStBl II 12, 933 (zu § 8 Nr 5 GewStG); 1 BvL 5/08 DStR 14, 520 (zu §§ 40a I 2, 43 Abs 18 KAGG iVm § 8b II, III KStG).

41 **1. Rückwirkung von Gesetzen. a) Grundsätzl Unzulässigkeit.** Rückwirkende (Steuer-) Gesetze sind grds unzul (*Kirchhof* DStR 15, 717 mwN; *Osterloh* StuW 15, 201; *Drüen* StuW 15, 210). Die frühere Grenzziehung (zw sog echter und unechter Rückwirkung) hat das BVerfG relativiert (IEinz 34. Aufl) und hat die Anforderungen an die Zulässigkeit unechter Rückwirkung erhöht (BVerfG 2 BvL 14/02 ua BStBl II 11, 76); erforderl ist nunmehr eine höchst komplexe Gesamtabwägung (vgl nur BFH X R 30/06 BStBl II 12, 667 zu § 4 IVa; BFH I R 76/12 DStR 15, 874; *Ernst & Young* DB 12, 761). Hat der Gesetzgeber dem StPfl eine auf Dauer gefestigte Rechtsposition eingeräumt, kann er diese grds nicht mehr entziehen (*Kirchhof* DStR 15, 717/8).

42 **b) Einzelfälle.** BFH IX R 70/07 BStBl II 11, 346 hält die per Nichtanwendungsgesetz angeordnete Rückwirkung (§ 11 II 3 zur Verteilung von im Voraus gezahlten Erbbauzinsen) für verfwidrig und hat diese Frage – trotz der Klärung durch die BVerfG-Beschlüsse v 7.7.10 (s oben) – erneut dem BVerfG vorgelegt (Az 2 BvL 1/11, noch anhängig 12.1.16). – Zur bisherigen Beurteilung s 29. Aufl.

Fall: Erbbauzinsen im Jahr 2004 für 99 Jahre im Voraus gezahlt; Neuregelung des § 11 II 3 durch RiLiUmsG v. 9.12.2004. – ME noch keine vermögenswerte Position (wie § 4 IVa-Fälle; dazu BFH X R 28/09 BStBl II 11, 753).

Eine gesetzl „Klarstellung", die eine Auslegungsvariante beseitigt, soll als echte Rückwirkung unzul sein (BVerfG 1 BvL 5/08 DStR 14, 520 [abw Meinung v *Masing*]; zust *Birk* FR 14, 338; *Wiese/Berner* DStR 14, 1260; zR krit *Lepsius* JZ 14, 488; *Ernst & Young* DB 15, 513).

43 **2. Rückwirkung von Rechtshandlungen. – a) Estrechtl Wirkung.** Rechtshandlungen, die kraft Gesetzes zurückwirken (§§ 142, 184 BGB; § 175 I Nr 2 AO) wird auch estrechtl Rückwirkung beigelegt (BFH VIII R 67/02 BStBl II 04, 107 mwN); § 175 I Nr 2 AO ist die verfahrensrechtl Ausprägung

eines materiellrechtl Prinzips; es ist sachgerecht, Änderungen, die sich auf einen strechtl relevanten Vorgang beziehen (wie etwa die Betriebsveräußerung) diesem Vorgang zuzuordnen, zB bei Änderung des Kaufpreises bzw Veräußerungserlöses, soweit dies nach Übergang des wirtschaftl Eigentums am Veräußerungsgegenstand zB durch **Anfechtung,** Kaufpreisermäßigung oder Forderungsausfall eintritt (BFH GrS 1/92 BStBl II 93, 894 mwN). Auch der Eintritt einer **auflösenden Bedingung** kann – unbeschadet § 158 II BGB – ein rückwirkendes Ereignis sein (BFH XI R 36/95 BStBl II 96, 399, 401; BFH VIII R 67/02 BStBl II 04, 107 mwN). § 175 I 1 Nr 2 AO ist auch in den Fällen steuerl wirksamer Steuerklauseln anwendbar (Rz 44).

b) Steuerklauseln. Noch nicht abschließend geklärt ist die strechtl Wirkung 44
von Steuerklauseln (dazu *T/K* § 41 AO Rz 49 f). – Steuerklauseln sind Vertragsbestimmungen, denen zufolge ein Rechtsgeschäft als aufgelöst, nicht abgeschlossen und damit als unwirksam angesehen werden soll, wenn das Geschäft zu nicht vorhergesehenen ungünstigen Steuerfolgen führt. Strechtl können solche (salvatorischen) Klauseln prinzipiell nicht anerkannt werden, da das StRecht an den tatsächl verwirklichten Tatbestand anknüpft; die strechtl Folgen sind grds unbeachtl. BFH IX R 30/88 BStBl II 93, 296 hat die Frage der strechtl Wirksamkeit von StKlauseln ausdrückl offengelassen, aber ihre Unwirksamkeit für den Fall angenommen, dass die Steuerklausel zunächst (mehrere Jahre) dem FA nicht zur Kenntnis gebracht wurde. Die Rspr nimmt grds eine ablehnende Haltung ein: Keine Rückgängigmachung kraft **Satzungsklausel** wurde für **vGA** angenommen (BFH VIII R 10/07 BFH/NV 09, 1815), ebenso die Rückgängigmachung durch **Aufhebung des Gewinnverteilungsbeschlusses** (BFH I B 58/87 BFH/NV 89, 460).

c) Einzelfälle. In Fällen der Anfechtung (§§ 119, 123 BGB) kommt es darauf 45
an, wie die Beteiligten das Geschäfts zunächst behandelt haben (§ 41 I 1 AO); die Anfechtung führt nicht automatisch zur Rückwirkung (*TK* § 41 AO Rz 43, 44). Die Rückabwicklung ist ggf ein neues Geschäft. – Diese Grundsätze gelten auch für den Eintritt von Bedingungen (*TK* § 41 AO Rz 47). – Die Erstattung von KiSt ist insoweit ein rückwirkendes Ereignis iS des § 175 I 1 Nr 2 AO, als sie die im Jahr der Erstattung gezahlte KiSt übersteigt (BFH X R 46/07 DB 2008, 2465). – Bei der Ausübung von **Wahlrechten** sind die materiellrechtl und die verfahrensrechtl Ebene (Bestandskraft) zu trennen (BFH IX R 72/06 DStR 08, 2209; *Weber-Grellet* DStR 92, 1417). **Besonderheiten** gelten für **Bilanzierungswahlrechte** und **Bilanzänderungen,** s § 4 Rz 750.

d) Grundlagen der Rspr. Die Rspr beruht iÜ auf dem Grundsatz der Unab- 50
änderlichkeit des verwirklichten Einkünfteerzielungstatbestandes (zB BFH VIII R 149/75 BStBl II 80, 441 unter B II 3 zur nachträgl Erlangung der Bauherreneigenschaft). – Wegen der Besonderheiten bei **FamilienPersGes** s § 15 Rz 747. – **Einlagen** und **Entnahmen** können als tatsächl Vorgänge nicht auf einen früheren Zeitpunkt zurückbezogen werden (BFH X R 57/04 BFH/NV 06, 1819). Fehlt eine Einlage-/Entnahmehandlung, kann sie nicht rückwirkend nachgeholt werden, auch nicht dadurch, dass die Bilanz nach dem Bilanzstichtag berichtigt wird, da sie nicht unrichtig ist (BFH IV R 84/96 BStBl 98 II, 104). Eine Entnahme kann nicht durch eine andere buchmäßige Behandlung oder durch „rückwirkende" Einbuchung einer Einlage/Entnahme aufgehoben werden (vgl BFH VIII R 15/80 BStBl 83 II, 736); zur Rückgängigmachung von Entnahmen bei unwirksamen Rechtsgeschäften vgl *Barth* BB 1989, 746.

e) Ausnahmen vom Rückwirkungsverbot. Diese sind aus Vereinfachungs- 52
gründen und im Falle fehlender steuerl Auswirkung bei kurzfristigen Rückbeziehungen, insb auf den Bilanzstichtag, zugelassen worden (BFH I R 202/75 BStBl II 79, 581); ferner bei gerichtl und außergerichtl Vergleichen (BFH I R 234/74 BStBl II 75, 603; FG Mster EFG 14, 1574, rkr). Als Ereignis mit Rückwirkung

wird eine Auseinandersetzungsvereinbarung zw Erben zur Erbauseinandersetzung angesehen, wenn die Erbauseinandersetzung innerhalb von sechs Monaten nach dem Erbfall zustande kommt (*BMF* BStBl I 93, 62 Tz 8); zu längerer Frist s § 16 Rz 623. Soweit die Rspr wegen Unvorhersehbarkeit besonders harter steuerl Folgen die rückwirkende Aufhebung von Geschäftsvorfällen zugelassen hatte (zB BFH I 65/61 U BStBl III 62, 255), ist durch BFH VIII R 15/80 BStBl II 83, 736 eine Änderung eingetreten; danach kommt in solchen Fällen nur eine **Billigkeitsmaßnahme** in Betracht.

53 **3. Rückwirkende RsprÄnderung.** Prinzipiell wirkt sich eine RsprÄnderung auf alle offenen Fälle aus; verfahrensrechtl bieten die §§ 176, 163 AO einen gewissen Schutz (BFH X R 45/03 BStBl II 07, 103). – Allerdings kann der GrS im Wege der Rechtsfortbildung anordnen, dass die RsprÄnderung erst in der Zukunft wirkt (BFH GrS 2/04 BStBl 08, 608; *Kanzler* FS Spindler 2011, 265/77; zurückhaltend BFH GrS 1/10 BStBl II 13, 317). – Zur Rückwirkung von EuGH-Entscheidungen vgl *Waldhoff* EuR 06, 615: „kontrollierte und maßvolle Folgenorientierung".

XV. „Übertragung von Einkunftsquellen"; Angehörigenverträge; Verträge zw Ges'ter und KapGes

Schrifttum (vor 2007 s Vorauflagen): *Ruppe* Möglichkeiten und Grenzen der Übertragung von Einkunftsquellen als Problem der Zurechnung DStJG 1, 7; *L. Schmidt* Möglichkeiten und Grenzen der Übertragung von Einkunftsquellen von Eltern auf Kinder DStJG 1, 41; *Tiedtke/Möllmann* Zivilrechtl Wirksamkeit als Voraussetzung der steuerl Anerkennung von Verträgen zw nahen Angehörigen, DStR 07, 1940; *Kulosa,* Verträge zwischen nahen Angehörigen, DB 14, 972.

Verwaltung: *BMF* BStBl I 11, 37 (zu Darlehensverträgen).

54 **1. Ertragsgrundlagen.** Die Rspr stellt bei der Übertragung von Ertragsgrundlagen – unter Abkehr von der sog **Abspaltungstheorie** – zutr allein darauf ab, ob der Übertragungsempfänger mit Hilfe der ihm übertragenen WG und/oder ihm eingeräumten Rechtsposition (Ges'terstellung, Nießbrauch, Wohnrecht) den **Tatbestand der Einkünfteerzielung** selbst verwirklicht (BFH VIII R 128/78 BStBl II 81, 299; vgl § 4 Rz 128 f), weil er nicht nur die sächl Mittel wie Grundstücke oder Nutzungsrechte innehat, sondern auch darüber durch die Erbringung und Verwertung von Leistungen disponiert (*Ruppe* DStJG 1, 18 f).

55 **2. Einkünfteerzielung durch Minderjährige.** Auch Minderjährige können Einkünfte erzielen. Voraussetzung ist nur, dass die zur Einkünfteerzielung erforderl Maßnahmen in ihrem Namen, auf ihre Rechnung und Gefahr durchgeführt werden (BFH VIII R 75/79 BStBl II 81, 297) und dass ihnen **schenkweise** übertragene Ertragsgrundlagen nicht vom Schenker – zur Bewahrung der bisherigen Herrschaftsbefugnisse – zurückgefordert werden können (BFH IV R 27/76 BStBl II 79, 670; aA BFH IV R 54/00 BFH/NV 04, 1079: freie Widerruflichkeit eines Nießbrauchs für Einkünfteerzielung durch Nießbraucher – Kind – unschädl; mE bedenkl). – Die unentgeltl Bestellung eines Nießbrauchs zugunsten minderjähriger Kinder ist ohne Ergänzungspfleger unwirksam und nicht anzuerkennen (BFH IX R 216/84 BStBl II 92, 506); zur Übertragung von KapVerm auf Kinder vgl *OFD Magdeburg* DB 07, 603. – Von der (faktischen) Einkunftserzielung zu unterscheiden ist die **‚Anerkennung' von Geschäftsbeziehungen.** – Die zivilrechtl wirksame und rechtl vorteilhafte **Darlehensschenkung** ist strechtl anzuerkennen (BFH VIII R 13/05 BStBl II 08, 568).

56 **3. Angehörigenverträge.** Vereinbarungen unter Angehörigen (§ 15 AO), die zu einer Verlagerung der Einkünfteerzielung führen können, müssen *(1)* zivilrechtl wirksam, *(2)* klar und eindeutig, *(3)* fremdübl sein (Fremdvergleich) und *(4)* tatsächl durchgeführt werden (s dazu § 4 Rz 520 *Angehörige; BMF* BStBl I 11, 37, 14, 809; BFH X R 26/11 BStBl II 14, 374; iEinz *Kulosa* DB 14, 972; *Levedag*

GmbHR 15, 57). Die einzelnen Kriterien haben unterschiedl Gewicht und sind im Lichte der konkreten Vereinbarung zu sehen (*Kulosa* DB 14, 972/6); methodisch geht es (auch hier) nicht um Indizien und Beweisanzeichen, sondern ausschl um Rechtsanwendung. – So ist etwa die **Formwirksamkeit** nur ein (formelles) **Indiz** der Ernsthaftigkeit des Vertrages/Geschäfts, so dass bei anderweitig erkennbarer Ernsthaftigkeit die (zeitweilige) Unwirksamkeit der steuerl Anerkennung eines Vertrages zw Angehörigen nicht entgegen steht (BFH IX R 4/04 BStBl II 06, 386; BFH IX R 45/06 DB 07, 1287; *Heuermann* DB 07, 1267, zutr gegen *BMF* v 2.4.07 DB 07, 945); eine eher großzügige Prüfung ist bei Darlehen zur Finanzierung von Kaufverträgen angezeigt (BFH IX R 46/01 BStBl II 03, 243; *Kulosa* DB 14, 972/8). – Zum **Gestaltungsmissbrauch** bei Angehörigen-Vereinbarungen BFH IX R 17/07 BStBl II 08, 502.

4. Verträge zw Ges'ter und KapGes. Ähnl Maßstäbe (Rz 56) gelten für Verträge zw Ges'ter und KapGes (BFH X R 49/13 BFH/NV 15, 704), speziell auch bei den Voraussetzungen einer vGA (§ 20 Rz 42). 57

XVI. Summe und Gesamtbetrag der Einkünfte, § 2 III

1. Saldierung der Einkünfte. Die Summe der Einkünfte ist der sich bei ihrer Zusammenrechnung *im Veranlagungsverfahren* ergebende Saldo; Einkünfte aus KapVerm iSd § 43 V werden nicht einbezogen. Negative Einkünfte einer Einkunftsart werden zunächst mit positiven Einkünften derselben Einkunftsart ausgeglichen (BFH VIII R 209/72 BStBl II 75, 698); sog **horizontaler Verlustausgleich;** sodann werden verbleibende positive und negative Einkünfte verschiedener Einkunftsarten ausgeglichen; sog **vertikaler Verlustausgleich** (*Musil/HHR* Anm 560). Begünstigt zu versteuernde Einkünfte werden (zur Erhaltung des StVorteils) nachrangig ausgeglichen (BFH XI R 27/03 BStBl II 04, 547 Anm *Wendt* FR 04, 538; vgl auch § 34). Nicht am (horizontalen) Verlustausgleich nehmen Veräußerungsgewinne iSv § 14, § 14a I bis III, § 16 IV, § 17 III, § 18 III teil, da die Freibeträge als sachl Steuerbefreiungen aufgefasst werden (BFH VIII R 147/71 BStBl II 76, 360). IÜ ist der Verlustausgleich vollständig, dh nicht nach Wahl des FA oder StPfl teilweise (etwa bis zu einer bestimmten Progression) durchzuführen (BFH IV R 188/71 BStBl II 76, 248). Auch bei der **Zusammenveranlagung** nach § 26b ergibt sich durch das „Zusammenrechnen" der Einkünfte ein Verlustausgleich (BFH VIII R 120/74 BStBl II 78, 8). – Der **Erbe** kann nach dem 12.3.08 entstandene Verluste des Erblassers nicht mehr ausgleichen (Veröffentlichung von BFH GrS 2/04 DStR 08, 545 [Drittaufwand]; nach *BMF* BStBl I 08, 809: kein Ausgleich von nach dem 18.8.08 entstandenen Verlusten (§ 10d Rz 14); aA bisher ua BFH I R 76/99 BStBl II 00, 622). – Ausgleichsfähig sind auch während eines **Insolvenzverfahrens** erlittene Verluste (BFH IV R 288/66 BStBl II 69, 726; EStH § 10d) Das gilt grds auch für nicht voll haftende Ges'ter einer PersGes (zB Kommanditist), wenn und soweit nach § 15a der Verlustausgleich nicht ausgeschlossen ist (§ 15a Rz 30). – Durch die Aufhebung der Sätze 2–8 ab VZ 2004 ist im Verlustentstehungsjahr wieder ein uneingeschränkter sog **vertikaler Verlustausgleich** mögl; zur Neuregelung des § 10d (Begrenzungen des Rück- und Vortrags) s § 10d Rz 4f. – Zum Verlustausgleich gem § 2 III von VZ 1999 bis 2003 s 33. Aufl. 58

2. Einschränkungen. Kein bzw eingeschränkter Verlustausgleich mit: *(1)* in der ehem **DDR** erzielten negativen Einkünften (§ 3 Nr 63 aF; BFH I R 165/74 BStBl II 76, 676); – *(2)* Verlusten aus **sonstigen Einkünfte** gem § 22 Nr 3 S 4 idF des StEntlG 99 sowie aus **privaten Veräußerungsgeschäften** gem § 23 III 7, 8; – *(3)* im Ausl erzielten negativen Einkünften iSd § 2a; – *(4)* in einem anderen Staat erzielten Verlusten, wenn dem anderen Staat durch ein **DBA** das Besteuerungsrecht für Einkünfte dieser Art zugewiesen ist (BFH I B 3/69 BStBl II 70, 569; auch nicht EU-widrig, EuGH C-414/06 – *Lidl* GmbHR 08, 709); eine Steu- 59 erminderung kann sich aber durch den negativen **Progressionsvorbehalt** ergeben (§ 32b); – *(5)* Verlusten aus **gewerbl Tierhaltung, betriebl Termingeschäften** und **mitunternehmerischer InnenGes an KapGes** (§ 15 IV); wegen der Ermittlung des ausgleichsfähigen Verlustes bei Zusammentreffen mit Einkünften aus LuF vgl EStR 15.10; – *(6)* Verlusten bei beschränkter Haftung des StPfl gem § 15a, § 13 V, § 18 V, § 20 I Nr 4 S 2, § 21 I 2. – Dem **Steuerabzug** unterliegende positive Einkünfte **beschr StPfl** (§ 50 II, V, § 50a) und Einkünfte aus Grundpfandrechten und Kapitalforderungen (§ 20 I Nr 5, 8) können nicht mit negativen inl Einkünften ausgeglichen werden. **Unbeschr StPfl,** die dem Steuerabzug unterliegende Einkünfte erzielen (LSt, KapErtragSt), können nach § 46 II Nr 8 Veranlagung beantragen und dadurch Verlustausgleich erreichen. Die im Steuerabzugsverfahren gem § 39a I Nr 5 vorläufig berücksichtigten Verluste (Abzüge) werden im Veranlagungsverfahren endgültig ausgeglichen (§ 46 II Nr 4).

60 **3. Gesamtbetrag der Einkünfte.** Dieser ergibt sich gem § 2 III, indem von der Summe der Einkünfte der Altersentlastungsbetrag (§ 24a) und der Entlastungsbetrag für Alleinerziehende (§ 24b; *Plenker* DB 04, 156; zur Ausdehnung auf volljährige Kinder s *Plenker/Schaffhausen* DB 04, 2440) und der Landwirtschaftsfreibetrag (§ 13 III) abgezogen werden.

XVII. Einkommen, § 2 IV, V

Schrifttum: *Plenker* Entlastungsbetrag statt Haushaltsfreibetrag für Alleinerziehende, DB 04, 156; *Plenker/Schaffhausen* Rückwirkende Änderung beim Entlastungsbetrag für Alleinerziehende, DB 04, 2440.

61 **1. Einkommen, § 2 IV.** Zur Entstehung und Abgrenzung des Einkommensbegriffs ggü dem finanzwissenschaftl Sprachgebrauch s die Begründung zum EStG 1934 (RStBl 35, 34 f). Das Einkommen wird als die Besteuerungsgrundlage (nicht: Bemessungsgrundlage, § 2 V) angesehen. – Nach § 2 IV ist Einkommen der Gesamtbetrag der Einkünfte, vermindert um SA (§§ 10–10c) und agB (§§ 33–33c); das Einkommen berücksichtigt den Abzug privat veranlasster, zwangsläufiger, also **existenzsichernder Aufwendungen.** Da SA und agB dem StPfl zwangsläufig erwachsen (wenn auch nicht wie BA oder WK bei der Einkünfteerzielung), ist das Einkommen der Maßstab der Leistungsfähigkeit des StPfl für die Steuerbelastung; deshalb muss das **Existenzminimum** einschließl der gesamten Unterhaltslasten (§§ 1601, 1610 BGB) stfrei bleiben (s Rz 11 mwN). Wegen der teilweise unterschiedl Höhe dieser Abzüge je nach Veranlagungsart s Erläut zu § 26a und § 26b. – Den SA sind (rechtstechnisch) verschiedene Aufwendungen gleichgestellt: **Verlustabzug,** § 10d, §§ 10e–10i.

62 **2. Zu versteuerndes Einkommen.** Das Einkommen, vermindert um die Freibeträge nach § 32 VI und um die sonstigen vom Einkommen abzuziehenden Beträge, ist das zu versteuernde Einkommen; dieses bildet die Bemessungsgrundlage für die tarifliche Einkommensteuer (§ 2 V 1, § 32a; maßgebl auch für §§ 34, 34a, 34b, 34c, 35, 50, 51a). – § 2 V 2 legt fest, dass bei Verwendung des Begriffs „zu versteuerndes Einkommen" in anderen Gesetzen dieses stets (bei Vorhandensein berücksichtigungsfähiger Kinder) unter Abzug der Kinderfreibeträge (Kinderfreibetrag; Freibetrag für den Betreuungs- und Erziehungs- oder Ausbildungsbedarf) zu ermitteln ist.

63 **3. Außersteuerrechtl Zwecke, § 2 Va 1.** Für außersteuerrechtl Zwecke werden nach § 2 Va 1 bei Anknüpfung an die genannten strechtl Begriffe (zB § 1 VIII BElterngeld- und ElternzeitG; § 14 I WohngeldG) die Einnahmen (§ 3 Nr 40) und die Erwerbsaufwendungen (§ 3c II) vollständig erfasst, und zwar auch die Einkünfte aus KapVerm, die (ab 2009, s § 52a II idF 2013) nach § 32d I und § 43 V der AbgeltungsSt unterliegen. Nach § 2 Va 2 (eingefügt durch StVerG 2011; BR-Drs 40/11), sind für außersteuerl Zwecke auch Kinderbetreuungskosten

nach dem (gleichfalls neuen) § 10 I Nr 5 abzuziehen (*Hechtner/Sielaff* BBK 11, 963).

4. Abgeltungsteuer, § 2 Vb 1. Die Regelung stellt klar, dass die Kaperträge, die (ab VZ 2009) der AbgeltungSt (§ 32d I und § 43 V) unterliegen, nicht bei der Einkünfte-/Einkommensermittlung einzubeziehen sind (Verhinderung einer Doppelerfassung; dazu BT-Drs 16/4841, 46); daher keine Anwendung (mE teleologische Reduktion) bei § 1 III (BFH I R 18/14 juris), bei § 15b III (*Gragert* NWB 10, 2450), ggf bei Berechnung des Altersentlastungsbetrags (§ 24a; FG Mster EFG 12, 1464, rkr; FG Mchn EFG 14, 2118, rkr), bei der Günstigerprüfung nach § 31 (§ 31 Rz 12). – Die Ausnahme des **§ 2 Vb 2** ist durch das StVerG 2011 aufgehoben worden (*Grottke/Kittz* StuB 11, 919/21; *Hechtner/Sielaff* BBK 11, 963; aF s 30. Aufl); damit wird bei der Ermittlung der zumutbaren Eigenbelastung und des Spendenabzugsvolumens zR auf die Einbeziehung der abgeltend besteuerten KapErträge verzichtet (*Neufang* StB 12, 64). 64

5. Die festzusetzende ESt, § 2 VI 1. a) Berechnung. Diese ergibt sich nach weiteren Abzügen von der tarifl Steuer (Rechenschema in EStR 2). Die tarifl ESt errechnet sich durch die Anwendung der EStTarifformel (§ 32a I oder V) auf das zu versteuernde Einkommen; zT ist die tarifl ESt durch Sonderberechnungen nach §§ 32b, 32c, 34, 34b, 34c III, IV zu berechnen. § 32c in der von 1994 bis 2000 geltenden Fassung war nicht verfwidrig (BVerfG 2 BvL 2/99 DStR 06, 1316 gegen BFH X R 171/96 BStBl II 99, 450). Zur Ermittlung der festzusetzenden ESt (§ 2 VI) sind jeweils unmittelbar von der tarifl ESt die Steuerermäßigungen nach §§ 32c aF/nF (ab 2007), 34c I, 34e, 34f, 34g, 35; § 12 AStG, § 40 IV KAGG, § 19 AuslInvG abzuziehen. Der tarifl ESt wird erhöht um die St nach § 34c V, den Zuschlag nach § 3 IV 2 FSchAusglG und (ab VZ 2009; § 52a II idF 2013) die **(Abgeltung)-Steuer** nach § 32d III und IV. Die Nachsteuer gem § 10 V aF (iVm §§ 30, 31 EStDV aF) ist durch das BürgEntlG KV (v. 16.7.09 BStBl I 09, 782) beseitigt. – Die festzusetzende ESt ist Steuermaßstab iSd § 51a II für die Zuschlagsteuern; dazu gehört ab 1995 auch der **Solidaritätszuschlag.** Mit der festzusetzenden ESt kann nach § 11 II, III AStG zu erstattende Steuer verrechnet werden. IÜ ist nach § 36 II abzurechnen. – Bei Abzug **nach § 10a** ist eine gewährte Zulage (nach §§ 79 ff) hinzurechnen (VI 2). Die Grundzulage für junge Zulagenberechtigte wird nach VI 2 HS 2 nicht in die Günstigerprüfung einbezogen (*HHR* § 2 J 08-1). – Bei Abzug von **Freibeträgen (§§ 31, 32 VI)** ist das KiGeld hinzurechnen (VI 3). – Zur ESt bei Insolvenz s *Bodden* FR 14, 1124. 65

b) Ermittlungsschema. Das Schema zur Ermittlung des zu versteuernden Einkommens und der festzusetzenden ESt ist in EStR 2 abgedruckt. 66

6. Einkommensteuer bei Insolvenz (iEinz *Bodden* FR 14, 1114; *Uhländer* DB 15, 1620). Bei Insolvenz (§§ 17, 18 InsO) ist zu unterscheiden zw der EStSchuld *(1)* als Teil der Insolvenzmasse (§ 35 InsO; angemeldete Insolvenzforderung), *(2)* als Masseverbindlichkeit (§ 55 InsO; BFH VI R 21/10 BStBl II 11, 520; BFH X R 12/12 BFHNV 15, 988) und *(3)* als Teil des insolvenzfreien Vermögens (§§ 35 II, 36 InsO) bzw des nachinsolvenzl Vermögens. Die EStPflicht besteht unverändert fort; Handlungen des Insolvenzverwalters sind dem StPfl zuzurechnen; die ESt ist nach allg Regeln zu ermitteln. Der StBescheid ist bei *(1)* und bei *(2)* an den Insolvenzverwalter, bei *(3)* an den StPfl zu richten. – Einspruchs- und Klageverfahren werden unterbrochen (§ 240 ZPO); Fortsetzung gem §§ 85, 86, 180 II, 185 InsO. – Zur **Zwangsverwaltung** s BFH IX R 23/14 DStR 15, 1307. 67

7. Einkunfts- oder Einkommensgrenzen. Soweit es nach dem Gesetz auf Einkunfts- oder Einkommensgrenzen ankommt (zB: § 13 III, § 24a, § 33 III, § 46, § 48), sind die nach § 2 II bzw § 2 IV sich tatsächl ergebenden Beträge maßgebl. **Stfreie** Beträge bleiben außer Ansatz. Auch bei nach § 26b zusammenzuveranlagenden Ehegatten sind Einkunftsgrenzen getrennt zu ermitteln. 68

XVIII. Abschnittsbesteuerung, § 2 VII

Schrifttum (vor 2001 s Vorauflagen): *Sabatschus* Zweifel an der BFH-Rspr zum Progressionsvorbehalt, IStR 02, 623; *Jacob* Abkommensrechtl Fragen der Einbeziehung inländischer Einkünfte in die einheitl Veranlagung nach § 2 Abs 7 Satz 3 EStG, FR 02, 1113; *Giloy,* Zum Zeitpunkt der steuerl Erfassung von Einnahmen und Ausgaben, GS Trzaskalik 2005, 311; *Ismer,* Periodizitätsprinzip, DStJG 34 (2011), 91.

69 **1. Veranlagungszeitraum.** Die ESt entsteht jährl mit Ablauf des Kj (§ 2 VII, § 36 I) und wird grds nachträgl veranlagt (§ 25 I, § 46); dabei sind auch außerhalb des Steuerabschnitts liegende Tatsachen und Umstände zu beachten. Zur Bedeutung des Prinzips der Abschnittsbesteuerung vgl Rz 23, 42; BFH XI B 138/03 BFH/NV 05, 1264). Es werden Vorauszahlungen erhoben (§ 37), daneben findet ein grds auf die JahresESt anzurechnender Quellensteuerabzug durch LSt und KapESt statt. Für zusammenveranlagte Ehegatten entsteht die EStSchuld – ggf ohne Verwirklichung eines Einkünfteerzielungstatbestands – auf Grund des EStBescheids (§ 26b Rz 15). Hat die StPfl nicht während des ganzen Kj bestanden, ist idR der kürzere Zeitraum Ermittlungs-, nicht aber Veranlagungszeitraum (§ 25 Rz 15); auch dann ist die Tarifformel (§ 32a I, V) auf das tatsächl Einkommen anzuwenden. Vollzieht sich während des Kj ein **Wechsel** zw **unbeschr** und **beschr StPfl,** sind nach § 2 VII 3 (*Mössner* IStR 97, 225) während der beschr StPfl erzielte inl Einkünfte in eine Veranlagung zur unbeschr StPfl einzubeziehen. Dabei werden ausl Einkünfte, auch wenn sie auf Grund von DBA im Inl nicht der Besteuerung unterliegen, im Wege des **Progressionsvorbehalts** gem § 32b I Nr 2 und 3, II Nr 2 einbezogen (BFH I R 63/00 BFH/NV 02, 584; BFH I R 40/01 BStBl II 02, 660). Das ist gerechtfertigt, weil die DBA keine Aussagen über Art und Ausmaß der inl Besteuerung treffen (vgl auch *Mössner* IStR 02, 242), so dass die Einbeziehung von in Deutschland nicht zu besteuernden Einkünften in die Ermittlung des Steuersatzes für Zwecke der inl Besteuerung grds weder abkommensrechtl noch gemeinschaftsrechtl zu beanstanden ist (*OFD Nürnberg* DStR 02, 1905; *Schnitger* IStR 02, 638; aA *Jacob* FR 02, 1113/5). In der Konsequenz des veränderten Verständnisses der Freistellungsmethode durch den BFH liegt es, ausl Verluste aus Gründen des Leistungsfähigkeitsprinzips im Inl zu berücksichtigen (*Vogel* IStR 02, 91). Die Einbeziehung in die Veranlagung nach den für unbeschr StPfl geltenden Vorschriften schließt insb die Abgeltungswirkung nach § 50 V 1 aus (BT-Drs 13/5952, 44; *Jacob* FR 02, 1113). Nur eine Veranlagung ist beim Wechsel von unbeschr zu **erweitert unbeschr** StPfl vorzunehmen (FG Ddorf EFG 93, 641, rkr). Dadurch kann sich eine Minderung der Progression ergeben; § 50 III 2 ist zu beachten. § 4a II (s Rz 63) gilt hier ebenso (FG Ddorf EFG 88, 507, rkr). Zum Verlustabzug und Verlustausgleich beim Wechsel der StPfl s § 10d Rz 23. Wegen der Berücksichtigung agB bei Wegfall der unbeschr StPfl s § 33a Rz 2, 6.

70 **2. Abweichendes Wirtschaftsjahr.** Weicht das Wj vom Kj ab (§ 4a I), ist bei LuF-Einkünften der Gewinn zeitanteilig aufzuteilen; bei Einkünften aus GewBetr wird er dem Kj zugerechnet, in dem das Wj endet (§ 4a II). Veräußerungsgewinne iSd §§ 16, 18 III, 14, 14a I–III (nicht § 14a IV) werden im Kj ihrer Entstehung (Veräußerung) erfasst (§ 4a Rz 21). Zum Ausscheiden eines MUer bei abw Wj BFH X R 8/07 BStBl II 10, 1043.

XIX. Lebenspartnerschaften, § 2 VIII

Schrifttum: *Merkt,* Die Gleichstellung der LPart mit der Ehe im EStR, DStR 13, 2312.

71 **1. Anlass der Regelung.** Durch EStG-ÄndG v 19.7.13 zur Umsetzung von BVerfG v. 7.5.13 2 BvR 909/06 DStR 13, 1228 ist ein neuer § 2 VIII – rückwirkend für alle noch offenen Fälle – eingefügt worden. Die Vorschrift bewirkt die vollständige Gleichstellung von LPart mit Ehen im EStG; sie geht damit über den Auftrag des BVerfG hinaus, das nur den Ausschluss vom Ehegattensplitting gerügt

hatte. Nebengesetze (wie EStDV, WoPG, AltvZertG) sind durch G v 18.7.14 BGBl I 1042 angepasst worden. – Das LPartG v 16.2.01 ermöglicht zwei Menschen gleichen Geschlechts die Begründung einer LPart (sog Verpartnerung). – § 2 VIII erstreckt den personellen Anwendungsbereich zahlreicher Vorschriften des EStG auf Lebenspartner und Lebenspartnerschaften (LPart), ohne die betroffenen Einzeltatbestände zu ändern; die Anwendung der jeweiligen Vorschrift auf LPart folgt nur aus § 2 VIII (krit zu dieser Regelungstechnik *Blümich/Ratschow* § 2 Rz 182, der gleichwohl – mE zR – die Regelung für noch hinreichend bestimmt hält, aber eine baldige Einzelanpassung verlangt, die dann allerdings zu einer weiteren Aufblähung des Gesetzestextes führen würde). Die FinVerw ist bereits dabei, die erforderl Anpassungen schrittweise zu vollziehen (zB *BMF* v 31.7.13 BStBl I 13, 940). – Nicht eingetragene LPart werden nach wie vor nicht zusammenveranlagt (BFH III R 14/05 BStBl II 14, 829; *Kanzler* FR 14, 1048).

2. Betroffene Vorschriften. § 2 VIII wirkt sich auf alle Regelungen aus, in 72
denen für Ehen und Ehegatten besondere Regelungen getroffen sind, also für die §§ 1a, 2, 3 Nr. 55c, 10–10f, 12 Nr. 2, 13, 14a, 20, 24a–26b, 28, 32, 32a, 32c, 32d, 34e–34g, 36, 38b–39a, 39c, 39e, § 40, 45d, 46, 51a, 52, 63–65, 79, 85–87, 89, 92a–93 (vgl iEinz BT-Drs 17/11844, 8 ff).

3. Erweiterungen. Die bisherige Erstreckung des § 2 VIII auf die EStDV und 73
die EStG-Nebengesetze (dazu *Merkt* DStR 13, 2312/3) ist durch G v 18.7.14 BGBl I 1042 obsolet geworden; die EStDV ist nach deren § 1 auch auf LPart anzuwenden.

4. Anwendung. § 2 VIII ist auf alle noch offenen Verfahren anwendbar (BFH 74
VI R 76/12 BStBl II 14, 36; *Bleschick* HFR 13, 1118; *Musil/HHR* Anm 941; s auch § 84 Ia EStDV). – Ist die Veranlagung des einen LPart noch offen, die des anderen nicht, so ist (zur Vermeidung einer widerstreitenden StFestsetzung) auch der bestandskräftige Bescheid ggf zu ändern; das gilt mE auch für Saldierungsfälle und Fälle des § 164 AO.

§ 2a Negative Einkünfte mit Bezug zu Drittstaaten

(1) [1] **Negative Einkünfte**

1. aus einer in einem Drittstaat belegenen land- und forstwirtschaftlichen Betriebsstätte,

2. aus einer in einem Drittstaat belegenen gewerblichen Betriebsstätte,

3. a) aus dem Ansatz des niedrigeren Teilwerts eines zu einem Betriebsvermögen gehörenden Anteils an einer Drittstaaten-Körperschaft oder

b) aus der Veräußerung oder Entnahme eines zu einem Betriebsvermögen gehörenden Anteils an einer Drittstaaten-Körperschaft oder aus der Auflösung oder Herabsetzung des Kapitals einer Drittstaaten-Körperschaft,

4. in den Fällen des § 17 bei einem Anteil an einer Drittstaaten-Kapitalgesellschaft,

5. aus der Beteiligung an einem Handelsgewerbe als stiller Gesellschafter und aus partiarischen Darlehen, wenn der Schuldner Wohnsitz, Sitz oder Geschäftsleitung in einem Drittstaat hat,

6. a) aus der Vermietung oder der Verpachtung von unbeweglichem Vermögen oder von Sachinbegriffen, wenn diese in einem Drittstaat belegen sind, oder

b) aus der entgeltlichen Überlassung von Schiffen, sofern der Überlassende nicht nachweist, dass diese ausschließlich oder fast ausschließlich in einem anderen Staat als einem Drittstaat eingesetzt worden sind, es sei denn, es handelt sich um Handelsschiffe, die

aa) von einem Vercharterer ausgerüstet überlassen oder

bb) an in einem anderen als in einem Drittstaat ansässige Ausrüster, die die Voraussetzungen des § 510 Absatz 1 des Handelsgesetzbuchs erfüllen, überlassen oder

cc) insgesamt nur vorübergehend an in einem Drittstaat ansässige Ausrüster, die die Voraussetzungen des § 510 Absatz 1 des Handelsgesetzbuchs erfüllen, überlassen

worden sind, oder

c) aus dem Ansatz des niedrigeren Teilwerts oder der Übertragung eines zu einem Betriebsvermögen gehörenden Wirtschaftsguts im Sinne der Buchstaben a und b,

7. a) aus dem Ansatz des niedrigeren Teilwerts, der Veräußerung oder Entnahme eines zu einem Betriebsvermögen gehörenden Anteils an

b) aus der Auflösung oder Herabsetzung des Kapitals,

c) in den Fällen des § 17 bei einem Anteil an

einer Körperschaft mit Sitz oder Geschäftsleitung in einem anderen Staat als einem Drittstaat, soweit die negativen Einkünfte auf einen der in den Nummern 1 bis 6 genannten Tatbestände zurückzuführen sind,

dürfen nur mit positiven Einkünften der jeweils selben Art und, mit Ausnahme der Fälle der Nummer 6 Buchstabe b, aus demselben Staat, in den Fällen der Nummer 7 auf Grund von Tatbeständen der jeweils selben Art aus demselben Staat, ausgeglichen werden; sie dürfen auch nicht nach § 10d abgezogen werden. [2]Den negativen Einkünften sind Gewinnminderungen gleichgestellt. [3]Soweit die negativen Einkünfte nicht nach Satz 1 ausgeglichen werden können, mindern sie die positiven Einkünfte der jeweils selben Art, die der Steuerpflichtige in den folgenden Veranlagungszeiträumen aus demselben Staat, in den Fällen der Nummer 7 auf Grund von Tatbeständen der jeweils selben Art aus demselben Staat, erzielt. [4]Die Minderung ist nur insoweit zulässig, als die negativen Einkünfte in den vorangegangenen Veranlagungszeiträumen nicht berücksichtigt werden konnten (verbleibende negative Einkünfte). [5]Die am Schluss eines Veranlagungszeitraums verbleibenden negativen Einkünfte sind gesondert festzustellen; § 10d Absatz 4 gilt sinngemäß.

(2) [1]Absatz 1 Satz 1 Nummer 2 ist nicht anzuwenden, wenn der Steuerpflichtige nachweist, dass die negativen Einkünfte aus einer gewerblichen Betriebsstätte in einem Drittstaat stammen, die ausschließlich oder fast ausschließlich die Herstellung oder Lieferung von Waren, außer Waffen, die Gewinnung von Bodenschätzen sowie die Bewirkung gewerblicher Leistungen zum Gegenstand hat, soweit diese nicht in der Errichtung oder dem Betrieb von Anlagen, die dem Fremdenverkehr dienen, oder in der Vermietung oder der Verpachtung von Wirtschaftsgütern einschließlich der Überlassung von Rechten, Plänen, Mustern, Verfahren, Erfahrungen und Kenntnissen bestehen; das unmittelbare Halten einer Beteiligung von mindestens einem Viertel am Nennkapital einer Kapitalgesellschaft, die ausschließlich oder fast ausschließlich die vorgenannten Tätigkeiten zum Gegenstand hat, sowie die mit dem Halten der Beteiligung in Zusammenhang stehende Finanzierung gilt als Bewirkung gewerblicher Leistungen, wenn die Kapitalgesellschaft weder ihre Geschäftsleitung noch ihren Sitz im Inland hat. [2]Absatz 1 Satz 1 Nummer 3 und 4 ist nicht anzuwenden, wenn der Steuerpflichtige nachweist, dass die in Satz 1 genannten Voraussetzungen bei der Körperschaft entweder seit ihrer Gründung oder während der letzten fünf Jahre vor und in dem Veranlagungszeitraum vorgelegen haben, in dem die negativen Einkünfte bezogen werden.

(2a) [1]Bei der Anwendung der Absätze 1 und 2 sind

1. als Drittstaaten die Staaten anzusehen, die nicht Mitgliedstaaten der Europäischen Union sind;

2. Drittstaaten-Körperschaften und Drittstaaten-Kapitalgesellschaften solche, die weder ihre Geschäftsleitung noch ihren Sitz in einem Mitgliedstaat der Europäischen Union haben.

[2]Bei Anwendung des Satzes 1 sind den Mitgliedstaaten der Europäischen Union die Staaten gleichgestellt, auf die das Abkommen über den Europäischen Wirtschaftsraum anwendbar ist, sofern zwischen der Bundesrepublik Deutschland und dem anderen Staat auf Grund der Amtshilferichtlinie gemäß § 2 Absatz 2 des EU-Amtshilfegesetzes oder einer vergleichbaren zwei- oder mehrseitigen Vereinbarung Auskünfte erteilt werden, die erforderlich sind, um die Besteuerung durchzuführen.

(3) [1]Sind nach einem Abkommen zur Vermeidung der Doppelbesteuerung bei einem unbeschränkt Steuerpflichtigen aus einer in einem ausländischen Staat belegenen Betriebsstätte stammende Einkünfte aus gewerblicher Tätigkeit von der Einkommensteuer zu befreien, so ist auf Antrag des Steuerpflichtigen ein Verlust, der sich nach den Vorschriften des inländischen Steuerrechts bei diesen Einkünften ergibt, bei der Ermittlung des Gesamtbetrags der Einkünfte abzuziehen, soweit er vom Steuerpflichtigen ausgeglichen oder abgezogen werden könnte, wenn die Einkünfte nicht von der Einkommensteuer zu befreien wären, und soweit er nach diesem Abkommen zu befreiende positive Einkünfte aus gewerblicher Tätigkeit aus anderen in diesem ausländischen Staat belegenen Betriebsstätten übersteigt. [2]Soweit der Verlust dabei nicht ausgeglichen wird, ist bei Vorliegen der Voraussetzungen des § 10d der Verlustabzug zulässig.* **[3]Der nach den Sätzen 1 und 2 abgezogene Betrag ist, soweit sich in einem der folgenden Veranlagungszeiträume bei den nach diesem Abkommen zu befreienden Einkünften aus gewerblicher Tätigkeit aus in diesem ausländischen Staat belegenen Betriebsstätten insgesamt ein positiver Betrag ergibt, in dem betreffenden Veranlagungszeitraum bei der Ermittlung des Gesamtbetrags der Einkünfte wieder hinzuzurechnen.** *[4]Satz 3 ist nicht anzuwenden, wenn der Steuerpflichtige nachweist, daß nach den für ihn geltenden Vorschriften des ausländischen Staates ein Abzug von Verlusten in anderen Jahren als dem Verlustjahr allgemein nicht beansprucht werden kann.* **[5]Der am Schluß eines Veranlagungszeitraums nach den Sätzen 3 und 4 der Hinzurechnung unterliegende und noch nicht hinzugerechnete (verbleibende) Betrag ist gesondert festzustellen; § 10d Absatz 4 gilt entsprechend. [6]In die gesonderte Feststellung nach Satz 5 einzubeziehen ist der nach § 2 Abs. 1 Satz 3 und 4 des Gesetzes über steuerliche Maßnahmen bei Auslandsinvestitionen der deutschen Wirtschaft vom 18. August 1969 (BGBl. I S. 1214), das zuletzt durch Artikel 8 des Gesetzes vom 25. Juli 1988 (BGBl. I S. 1093) geändert worden ist, der Hinzurechnung unterliegende und noch nicht hinzugerechnete Betrag.**

(4)** **[1]Wird eine in einem ausländischen Staat belegene Betriebsstätte**

1. in eine Kapitalgesellschaft umgewandelt oder
2. entgeltlich oder unentgeltlich übertragen oder
3. aufgegeben, jedoch die ursprünglich von der Betriebsstätte ausgeübte Geschäftstätigkeit ganz oder teilweise von einer Gesellschaft, an der der inländische Steuerpflichtige zu mindestens 10 Prozent unmittelbar oder mittelbar beteiligt ist, oder von einer ihm nahe stehenden Person im Sinne des § 1 Absatz 2 des Außensteuergesetzes fortgeführt,

so ist ein nach Absatz 3 Satz 1 und 2 abgezogener Verlust, soweit er nach Absatz 3 Satz 3 nicht wieder hinzugerechnet worden ist oder nicht noch hinzuzurechnen ist, im Veranlagungszeitraum der Umwandlung, Übertragung

---

* Abs 3 aufgehoben: Sätze 1, 2 und 4 ab VZ 1999; Sätze 3, 5 und 6 gelten noch fort, nach JStG 2008 auch über VZ 2008 hinaus (§ 52 Abs 3 S 5, 6 aF, § 52 Abs 2 S 3, 4 nF).

** Abs 4 aF ist zwar formal ab 1999 aufgehoben, gilt aber noch fort in der hier abgedruckten Fassung (§ 52 Abs 3 S 7, 8 aF, § 52 Abs 2 S 3 nF).

oder Aufgabe in entsprechender Anwendung des Absatzes 3 Satz 3 dem Gesamtbetrag der Einkünfte hinzuzurechnen. [2]Satz 1 gilt entsprechend bei Beendigung der unbeschränkten Einkommensteuerpflicht (§ 1 Absatz 1) durch Aufgabe des Wohnsitzes oder des gewöhnlichen Aufenthalts oder bei Beendigung der unbeschränkten Körperschaftsteuerpflicht (§ 1 Absatz 1 des Körperschaftsteuergesetzes) durch Verlegung des Sitzes oder des Orts der Geschäftsleitung sowie bei unbeschränkter Einkommensteuerpflicht (§ 1 Absatz 1) oder unbeschränkter Körperschaftsteuerpflicht (§ 1 Absatz 1 des Körperschaftsteuergesetzes) bei Beendigung der Ansässigkeit im Inland auf Grund der Bestimmungen eines Abkommens zur Vermeidung der Doppelbesteuerung.

Einkommensteuer-Richtlinien: EStR 2a/EStH 2a

Übersicht Rz

I. Vorbemerkung zum Regelungsinhalt, § 2a

1 § 2a I, II und § 2a III, IV sind Vorschriften mit unterschiedl Regelungsinhalt, die nur gemeinsam haben, dass sie beide Auslandsverluste betreffen und systemwid-

rig sind. Während **§ 2a I, II** den sonst mögl Verlustabzug einschränkt, eröffnete **§ 2a III 1, 2 aF** für Verluste aus vor 1999 endenden Wj (§ 52 Abs 3 S 4 aF) zusätzl Abzugsmöglichkeiten (Aufhebung durch StEntlG 99 ff, auch für Anlaufverluste), allerdings nur, soweit die Verluste nach inl StRecht, also auch nach § 2a I, II abziehbar waren (§ 2a III 1 aF). Nach § 52 Abs 2 S 3 sind vor 1999 abgezogene Verluste nach **§ 2a III 3, 5 und 6, IV** gesondert festzustellen und ggf später wieder hinzuzurechnen, nach JStG 2008 *ohne zeitl Begrenzung,* auch Altabzüge nach § 2 I/§ 8 V AIG. Die Erweiterung der Hinzurechnungstatbestände auf die Übertragung von Betriebsstätten ist versteckt in § 52 Abs 2 S 3 gesetzl verankert.

II. Anwendungsbereich, § 2a I, II

1. Gesetzeszweck; Bedenken. Grds sind positive und negative Einkünfte eines StPfl im selben Jahr iRv § 2 III auszugleichen, verbleibende Verluste iRv § 10d in anderen Jahren abziehbar. Aus ähnl wirtschaftspolitischen Erwägungen wie § 15a beschränkt § 2a den Abzug bestimmter Auslandsverluste von positiven inl Einkünften. Betroffen sind vor allem Investitionen in unerwünschte Verlustzuweisungsmodelle, die der Volkswirtschaft keinen erkennbaren Nutzen bringen. § 2a I, II ist verfmäßig und schließt *nach inl Recht* auch den **negativen Progressionsvorbehalt** aus (zB BFH I R 13/02 BFH/NV 07, 410 nach EuGH-Vorlage BStBl II 03, 795). Der **EuGH** hatte EG-rechtl Bedenken, zunächst gegen den – im JStG 2008 gestrichenen – Ausschluss des negativen Progressionsvorbehalts (s Rz 46), später auch allg gegen die Anwendung von § 2a im EU-Bereich (zu § 2a I Nr 2 Fall *Rewe,* Rs C-347/04 BStBl II 07, 492; zu § 2a I Nr 6a Fall *Busley/Cibrian,* Rs C-35/08 DStR 09, 2186). Daher beschränkte das JStG 2009 die Anwendung von § 2a I, II nach Aufforderung durch die EU-Kommission nunmehr auf **Drittstaaten** außerhalb des EU/EWR-Bereichs (s Rz 2, 8) – ohne die engere nachfolgende EuGH-Rspr berücksichtigen zu können (s Rz 8, 13, 51). 2

2. Zeitl Anwendungsbereich. – *(1)* **Allgemeines.** § 2a I, II gilt seit 1982 als Nachfolgevorschrift von § 2 I AIG (mit Änderungen ab 1992 und 2000, s 25. Aufl mwN). – *(2)* **Änderungen ab 2008:** – *(a)* **Grundsatz. Beschränkung auf Drittstaaten iSv § 2a IIa** (s Rz 1, 8) für alle offenen Fälle, EU-Verluste unterliegen nicht mehr den Beschränkungen des § 2a. – *(b)* **Ausnahmen.** – *(aa)* **Bestandskräftig festgestellte EU-Verluste** sind weiterhin nach § 2a I 3–5 aF abziehbar (s § 52 Abs 2 S 2, *BMF* BStBl I 08, 810). Auch *insoweit* könnte die Beschränkung auf Ausgleich mit positiven Einkünften derselben Art aus demselben Staat EG-widrig sein (s Rz 1; *HHR* § 2a Anm 5). – *(bb)* **Verluste aus Staaten mit DBA-Freistellung** sind nach DBA wie Gewinne aus diesen Staaten im Inl nicht abziehbar (Symmetriebehandlung, s Rz 9, 13), unterliegen aber – nach JStG 2009 eingeschränkt – uU dem Progressionsvorbehalt, § 32b (s Rz 46). 3

3. Persönl Anwendungsbereich. § 2a betrifft unbeschr stpfl Personen; § 2a und § 49 I schließen einander weitgehend aus – ein Verlustausgleich/Verlustabzug setzt einen Zusammenhang von Auslandsverlusten mit inl Einkünften voraus (zB InlBetrieb eines beschr StPfl mit ausl Betriebsstätte). AuslVerluste ohne gleichzeitige inl StPfl sind auch im EU-Bereich im Inl nicht ausgleichbar oder abziehbar (vgl BFH IX R 57/09 BStBl II 11, 405; s auch Rz 9, 13). § 2a I Nr 1 und 2 sind unternehmerbezogen, die Rechtsfolgen sind iRd Veranlagung des Einzelunternehmers, der KapGes (§ 8 I KStG) zu berücksichtigen. § 2a I Nr 3, 4 und 7 betreffen private StPfl und Unternehmer. **Drittstaaten** s Rz 8. **PersGesVerluste** (s Rz 25) sind einheitl und gesondert festzustellen, bindend zu Art, Höhe und Abziehbarkeit. Hinzurechnung gem § 2a I 5/§ 10d IV gesondert festgestellter Verluste bei **Wechsel der StPfl** (Erbfall, Umwandlung uÄ) s Rz 60 ff. 4

4. Sachl Anwendungsbereich. Negative Einkünfte (*eigene* Verluste, TochterGes- und Betriebsstättenverluste iZm inl Einkünften, s Rz 3, 9, 13) sind zwar nur 6 solche iSv § 2 I. § 2a I S 1 aE, S 3 stellt jedoch nicht auf einzelne Einkunftsarten ab, sondern – unabhängig von den Verlustgründen und von der strechtl Zuordnung gem §§ 13 ff bzw § 8 II KStG – auf **der Art nach** bestimmte Quellen und Tätigkeiten in einem Staat (s auch BFH IV R 69/92 BFH/NV 94, 100, Rz 41). *Beispiele:* Eine KapGes kann aus Vermietung im Ausl nach Nr 2 gewerbl Verluste oder – ohne Betriebsstätte – Verluste iSv Nr 6 erzielen, eine gewerbl geprägte PersGes (§ 15 III) Einkünfte aus LuF; Verluste aus Betriebsverpachtung können unter Nr 1, 2 oder (nach Betriebsaufgabe) Nr 6 fallen. Diese Umkehrung der isolierenden Betrachtungsweise des § 49 II ist str. Die Höhe der Einkünfte wird nach dt Recht ermittelt. Vgl Rz 18 (funktionale Betrachtung). **§ 2a I S 2** stellt entspr **Gewinnminderungen** den negativen Einkünften gleich (s Rz 28).

7 **5. Regionaler Anwendungsbereich. – a) Ausl Einkünfte.** Ausl Einkünfte (§ 2a aF bis 2009) sind grds solche, die nicht in der BRD erzielt wurden. Wegen der Abgrenzung wird auf § 1 Rz 30 ff (Inl) und § 34d Rz 2 (Ausl) verwiesen. Ob die Herausnahme hoheitsfreier Zonen dem Gesetzeszweck entspricht, ist fragl (kein „ausl Staat", s *FinVerw* DStR 97, 661). Es besteht ein unterschiedl Auslandsbezug bei den einzelnen Tatbeständen (s Rz 11 ff), aber grds entspr den Regelungen in §§ 34d bzw (zu inl Einkünften) 49 I.

8 **b) Drittstaaten, § 2a I, II, IIa.** Wegen EG-rechtl Bedenken (s Rz 1) nimmt das JStG 2009 im EU-Bereich erzielte – offene – Verluste von den Abzugsbeschränkungen nach § 2a I, II aus; sie sind grds mit positiven Einkünften jeder Art ausgleichbar (s aber Rz 2). „Drittstaaten" sind: ***(1)* Alle Staaten,** die nicht EU-Mitgliedsstaaten sind (s § 1a Rz 4). Drittstaaten-Körperschaften/KapGes sind solche, die weder Geschäftsleitung noch Sitz in einem EU-Mitgliedsstaat haben (§ 2a IIa S 1). Allerdings bestehen mit allen EU-Staaten DBA, die idR den Verlustabzug einschränken, wenn Gewinne dem anderen Staat zugewiesen sind (s Rz 2, 9, 13, 51; Einschränkungen zB nach DBA Finnland und Spanien: uU Anrechnungs- statt Freistellungsmethode); die Gesetzesänderung geht daher insoweit ins Leere. – ***(2)* EWR-Staaten** (s § 1a Rz 5) sind nur dann gleich gestellt, wenn ein gegenseitiges Amtshilfe- und Auskunftsrecht besteht (§ 2a IIa S 2, früher nur Island und Norwegen, seit 28.10.2010 – s BStBl I 11, 292 – bzw 19.12.2013 – s BStBl I 13, 507 – auch Liechtenstein, s BGBl II 10, 950, BStBl I 11, 285 und DBA BGBl II 12, 1462, BStBl I 13, 488; vgl *Niehaves/Beil* DStR 12, 209, Anm 32. Aufl).

9 **6. DBA-Verluste, Symmetriebehandlung.** Eine Einkünftefreistellung im Inl erfasst alle positiven und negativen Einkünfte. Solche Verluste sind bereits nach DBA – unabhängig von § 2a – im Inl nicht abziehbar, weil auch Gewinne hier stfrei sind (BFH I R 45/05 BStBl II 07, 398); EG-rechtl Bedenken sind nunmehr durch EuGH Fälle *Lidl* Rs C-414/06 BStBl II 09, 692 und *Wannsee* Rs C-157/07 BStBl II 09, 566 weitgehend ausgeräumt (s Rz 13, 51). Bedeutung für den Progressionsvorbehalt s Rz 46. § 2a I, II betrifft daher – anders als § 2a III, IV, die DBA-Freiheit voraussetzen, s Rz 50 – primär Verluste aus Staaten, mit denen **kein DBA** den Verlustausgleich einschränkt (BFH I R 7/99 BStBl II 00, 605), also EU-Staaten nur ausnahmsweise (s Rz 8). Das Anrechnungsverfahren nach DBA steht der Anwendung des § 2a I, II und des § 34c nicht entgegen (str); DBA schreiben keine Doppelentlastung vor.

10 **7. Verhältnis zu anderen Vorschriften.** Von mehreren einschlägigen Ausschlussvorschriften ist jeweils diejenige mit den weitergehenden Einschränkungen anzuwenden. **§ 15a:** Eine nach § 2a I, II mögl Verlustverrechnung mit anderen Gewerbegewinnen (einschließl Verlustabzug § 10d) kann bei Ges'tern mit negativem KapKto nach § 15a I, V Nr 3 entfallen (BFH I R 63/97 BFH/NV 98, 680). Umgekehrt ist iRd § 15a ein Ausschluss des Verlustausgleichs/Verlustrücktrags zu beachten (str). **§ 15 IV** ist wie **§ 2 III** und **§ 15b** vorrangig. Hierbei sind die Grenzen des § 2a I S 1 zu beachten. Verluste sind nur iRe Feststellung nach **§ 10d**

IV abziehbar (§ 2a I 5); beim Verlustverbrauch geht § 2a I 4 dem **§ 10d** vor. Verhältnis § 2a/**§ 34c** s Rz 9; **§ 32b** s Rz 46. **EG-Recht** s Rz 13.

III. Einzelne Tatbestände, § 2a I, II

11 **1. Land- und Forstwirtschaft, § 2a I Nr 1.** Die Vorschrift schließt den Abzug von Verlusten aus in Drittstaaten belegenen luf Betriebstätten (§ 12 AO) aus, auch von Nebenbetrieben iSv § 13 II Nr 1 (vgl zu § 32b BFH I R 68/12 BStBl II 14, 875, Anm *Holthaus* IStR 14, 766; § 32b Rz 34). Der Unternehmer braucht im Inl keine LuF zu betreiben. § 2a I Nr 1 erfasst Verluste jeder Art, auch solche aus aktiver Bewirtschaftung einer LuF oder Betriebsstättenveräußerung. Zur Betriebsverpachtung s Rz 6. § 2a II ist nicht anwendbar. *Beispiele:* Obstplantagen, luf Tierfarmen; BFH IV R 69/92 BFH/NV 94, 100.

12 **2. Gewerbeverluste (Grundsatz), § 2a I Nr 2.** Nicht abziehbar sind Verluste eines inl StPfl aus im Ausl belegenen Betrieben, unselbständigen Betriebsstätten oder Beteiligungen an einer ausl PersGes. Dazu gehören alle durch die Auslandstätigkeit veranlassten Verluste einschl Anlauf-, Veräußerungs- und Betriebsveräußerungsverlusten (§ 16, § 17 s Rz 28), vgl Rz 18. Betriebsverpachtung s Rz 6. – ***(1)* Betriebsstätten.** Das sind idR wie bei § 49 I Nr 2a solche iSv § 12 AO, nicht iSv DBA-Recht (s Rz 9). Einzelheiten zum Begriff s § 49 Rz 21 ff. Verlustermittlung entspr BFH I R 49/84 BStBl II 89, 140, *BMF* BStBl I 99, 1076 nach wirtschaftl Veranlassung (s § 50 Rz 29 ff). Prüfung von § 2a für jede einzelne Betriebsstätte (EStR 2a II, s auch § 2a I S 2). Die Bestellung eines ständigen Auslandsvertreters reicht nicht aus, auch nicht ausl Filmproduktion (*BMF* BStBl I 01, 175 Tz 43 ff). Ohne ausl Betriebsstätte greift § 2a I Nr 2 nicht ein (zB bei normalen Exportgeschäften vom Inl aus; selbständige TochterGes s Rz 13; Holding s Rz 24); die Einkünfte können jedoch zB unter Nr 6 fallen, s Rz 6. – ***(2)* Gewerblichkeit.** Gewerbl sind Betriebsstätten, in denen nach dt Recht eine ihrer Natur nach gewerbl Tätigkeit ausgeübt wird (§ 15 II, s aber oben Rz 6). – ***(3)* Belegenheit.** Belegen ist eine Betriebsstätte unabhängig vom Sitz der Geschäftsleitung (str) dort, wo sie unterhalten wird, wo die wirtschaftl Tätigkeit oder Leistung erbracht wird. S auch § 2a IIa 1 Nr 2. – ***(4)* Ausland.** S Rz 7; **Drittstaaten.** S Rz 8.

13 **3. EG-Recht.** Die noch immer str Rechtslage (s 27. Aufl mwN) ist weitgehend durch Gesetzesänderung und EuGH-Rspr geklärt, auch wenn diese noch immer keine klare Linie aufweist (s Schrifttum unten). – ***(1)* Ohne DBA-Einkünftefreistellung.** Ausl Verluste sind im EU-Bereich in allen offenen Fällen mit InlEinkünften ausgleichbar bzw davon abziehbar s Rz 1, 2, 8). – ***(2)* DBA-Einkünftefreistellung; Symmetriegrundsatz.** Sind von Betriebsstätten oder TochterGes im EU-Ausl erzielte Gewinne nur dort zu versteuern, sind auch deren dort erlittene Verluste unabhängig von § 2a grds im Inl nicht abziehbar (s Rz 9). So – ohne ausdrückl Abgrenzung vom EuGH-Urteil Rs C-347/04 (Fall *Rewe* BStBl II 07, 492) und entgegen dem Votum des Generalanwalts IStR 08, 183 – EuGH Rs C-414/06 (Fall *Lidl Belgium* BStBl II 09, 692, noch verstärkt durch EuGH Rs C-157/07 Fall *Wannsee* BStBl II 09, 566 zu § 2a III 3, s unten). Damit ist wohl BFH I R 85/06 BStBl II 08, 671 zu Fremdenverkehrsverlusten in Österreich überholt (vgl *BMF* BStBl I 08, 837). AA waren– ohne EuGH-Vorlage rkr – der österr VwGH (v 25.9.01, IStR 01, 754) und der luxemburgische Cour administrative (v 19.1.05, s dazu *Hahn* IStR 10, 157; *Braunagel* IStR 10, 163). Weiteres Schrifttum s unten und 28./29. Aufl mwN. **Zwei Einschränkungen:** – ***(3)* „Finale Verluste“ mangels Verlustabzugsmöglichkeit im Ausl.** Der EuGH hatte im (Sonder-)Fall *Marks* & *Spencer* Rs C-446/03 DStR 05, 2168 erstmals das Territorialitätsprinzip und die Abwehr von StVermeidung zwar grds als Rechtfertigungsgründe anerkannt (Einzelfallabwägung, s auch § 1 Rz 8), aber den Verlustabzug über die Grenze gefordert, wenn der TochterGes/Betriebsstätte in ihrem Sitzland

kein entspr Verlustausgleich oder Verlustabzug zusteht (also keine generelle EG-Widrigkeit von § 2a, keine doppelte Verlustberücksichtigung und kein Wahlrecht des Verlustabzugsortes) oder wenn die Ges, wie im Sonderfall *Marks & Spencer,* liquidiert wurde. **BFH** I R 100/09 BStBl II 10, 1065 hat die **Finalität** im Anschluss an das og EuGH-Urt *Wannsee* verneint für Verluste, die nach dem Recht des Betriebsstättenstaats vollständig oder nach Ablauf eines Vortragszeitraums oder durch spätere Hinzurechnung entspr § 2a III vom Abzug ausgeschlossen sind. Dagegen hatte BFH I R 107/09 DStR 10, 1611 im Anschluss an EuGH *Marks & Spencer* – unabhängig von solchen symmetrischen oder asymmetrischen Abzugsbeschränkungen – Finalität (und damit Abzug im Inl, auch bei der GewSt) angenommen, wenn der Verlustabzug im Ausl rechtl mögl wäre, aber aus *tatsächl* Gründen *definitiv* entfällt und vorher kein Abzug mögl war (dagegen kein inl Abzug, wenn der ausl Abzug aus *rechtl* Gründen entfällt – so zutr zu österr VuV-Verlusten, die dort mangels positiver Einkünfte nicht ausgleichbar und nach öEStG nicht vortragbar sind FG BaWü DStRE 15, 1293 = BFH I B 83/14, nv). Diese BFH-Rspr wird zunehmend in Frage gestellt durch spätere **EuGH-Rspr** (Rs C-123/11 Fall *A Oy* DStR 13, 392, Rs C-322/11 Fall *„K"* DStR 13, 2441 und Rs C-172/13 „Vereinigtes Königreich" DStR 15, 337), soweit sie die Finalität bei Umwandlung der ausl Betriebsstätte in eine KapGes, entgeltl oder unentgeltl Übertragung oder „endgültiger" Aufgabe annimmt (obwohl noch immer ohne die erhoffte *endgültige* Klärung durch den EuGH – vgl die weitergehenden Generalanwalts-Schlussanträge iS EuGH Rs C-322/11 *A Oy* IStR 12, 618 und iS EuGH Rs C-322/11 *„K"* IStR 13, 312 mit Anm 34. Aufl; *Mitschke* IStR 14, 37; *Cordewener* EuZW 15, 295; *Benecke/Staats* IStR 15, 137; *Linn/Oumar* IWB 15, 259; *Möller* BB 15, 616. Der EuGH weicht zwar die dem *Marks & Spencer*-Urt zu Grunde gelegten Überlegungen zunehmend auf, ohne allerdings von der (theoretischen) Möglichkeit des inl Abzugs ausl finaler Verluste endgültig abzurücken. FG Köln EFG 14, 1901 versucht mit der Vorlage an EuGH Rs C-388/14 den EuGH zu einer definitiven Stellungnahme zu zwingen; der Generalanwalt hatte vorgeschlagen, die dt Regelung zu billigen (IStR 15, 738 mit Anm *Kippenberg*); EuGH v 17.12.2015 ist dem gefolgt (DStR 16, 28, Anm *Schnitger* IStR 16, 72; *Benecke/Staats* IStR 16, 80; *Linn* IStR 16, 103; *Schlücke* FR 16, 130; *Mitschke* FR 16, 132). Die Finalität der Verluste ist jedenfalls abhängig vom Nachweis, dass sämtl Möglichkeiten des Verlustabzugs oder der Minimierung durch Aufdeckung stiller Reserven im Quellenstaat im Verlustjahr sowie in früheren und späteren Jahren bis zum Ende ausgeschöpft wurden (s zutr FG Hbg EFG 15, 156 mit Anm *Pache,* rkr). – *Beispiele:* Verlustabzug bei Aufgabe der ausl Betriebsstätte s FG Nbg EFG 15, 537, Rev I R 2/15, FG Ddorf EFG 15, 313 mit Anm *Hennigfeld,* NZB I B 132/14, FG Köln EFG 13, 1430 zu verfallenen Kaufpreisanzahlungen, Rev I R 40/13 durch *FinVerw* zurückgenommen; FG Hbg EFG 14, 2084, NZB I B 95/14 mit Anm *Kögel* IStR 15, 664; zu PersGes *Bernütz/Loll* DStR 15, 1226; zu nachträgl BE § 4 Rz 446; s auch Anm 32./34. Aufl. Es liegt nahe, dass die *FinVerw* in diesen Fällen Umgehung eines grds im Ausl mögl Verlustabzugs wittert (vgl § 2a IV, *BMF* BStBl I 09, 835, *FinVerw* DStR 10, 444). BFH I R 107/09 DStR 10, 1611 hat auch den **Zeitpunkt eines solchen Verlustabzugs im Inl** geklärt: Entscheidend ist nicht die Verlustentstehung, sondern der VZ, in dem die Verluste final werden (s auch FG Ddorf EFG 12, 1123, rkr; *Stiller* IWB 11, 913 und BB 11, 607 zum mögl „double-dip-Effekt" bei Progressionsvorbehalt, 32. Aufl und § 32b Rz 45). Zur Frage der Finalität s auch BFH I R 48/11 DStR 14, 837 mit zutr abl Anm *Mitschke* IStR 14, 381; vgl auch *Micker* IWB 14, 548, *Becker/Loose* BB 14, 2013. Eine nachträgl Änderung der finalen Umstände führt ggf zu einer Bescheidänderung nach § 175 I 1 Nr 2 AO. – ***(4)* Inl Beteiligungsverluste an EU-TochterGes.** Diese Verluste sind *deren* Auslandsverlusten nicht gleich zu stellen und müssen bei der inl MutterGes uU berücksichtigt werden (EuGH-Fall *Rewe* Rs C-347/04 BStBl II 07, 492 = § 2a I Nr 3, 4 idF JStG 2009; abl zu lfd Verlusten EuGH Rs C-123/11 Fall *A Oy,*

DStR 13, 392). GlA zu **Organschaftsverlusten** BFH I R 16/10 DStR 11, 169 mit Anm *Homburg* IStR 11, 110 und 10, 246; FG RhPf EFG 10, 1632, rkr, abl *Schulz-Trieglaff* IStR 11, 244, *Rublack* FR 10, 791, *v Brocke* DStR 10, 964 entgegen *Mitschke* DStR 10, 1368 und IStR 11, 185; s auch *Heuring ua* FR 11, 212. GlA zu **Währungskursverlusten** aus ausl Betriebsstätte EuGH Rz 51. Vgl auch zu **Progressionsvorbehalt** Rz 46, zu **Rechtmäßigkeit von § 2a III EuGH** Rz 51, zu – nach EuGH begrenzten – **Gewinnverlagerungen** EuGH Rs C-196/04 und Rs C-231/05 (Fälle *Cadbury Schweppes* DStR 06, 1686 und *Oy AA* IStR 07, 631, Anm *Möller* IStR 10, 166); zum Abzug von Inlandsverlusten aus grenzüberschreitenden **Fusionen** s EuGH Rs C-123/11 Fall A Oy DStR 13, 392 mit Anm *Hruschka; Mitschke* IStR 13, 209; *Ditz/Quilitzsch* IStR 13, 242 und 32. Aufl mwN sowie EuGH-Urt Rs C-18/11 DStRE 13, 285 mit Anm *Schiefer* IStR 12, 847; zu **Konzernverlusten** über „Bindegliedgesellschaft" EuGH Rs C-80/12 DStR 14, 784, Anm *Rehfeld/Krumm* IStR 14, 394; zu zwischengeschalteter TochterGes EuGH Rs C-39, 40, 41/13 DStR 14, 1333 mit Anm *Brocke/Müller* DStR 14, 2106, *Sydow* IStR 14, 480, *Schnitger* IStR 14, 587, *Schiefer* EuZW 14, 702. – ***(5)*** **Ohne Inlandseinkünfte.** In diesem Fall sind ausl Verluste auch im EU-Bereich wie bei nach DBA im Inl stfreien Einkünften hier weder ausgleichbar noch von Inlandseinkünften in anderen Jahren abzugsfähig (s Rz 3).

4. Ausnahmen vom Abzugsverbot ausl Gewerbeverluste, § 2a II. – **a) Aktivitäts-/Produktivitätsklausel, § 2a II 1.** Abs 1 Nr 2 ist auf bestimmte, erwünschte Auslandsbetätigungen nicht anzuwenden (Aktivitätsklausel, die zT von denen nach DBA abweicht; EStR 2a III; vgl 34. Aufl mwN). Die zunächst mit gewerbl Lieferungen und Leistungen recht umfassend anmutende – unschädl – Ausnahmeregelung des Abs 2 enthält ihrerseits eine Reihe wichtiger – schädl – Einschränkungen, die wiederum unter Abs 1 Nr 2 fallen. Voraussetzung für alle Begünstigungen nach Abs 2 ist eine (fast) *ausschließl* (dh – indiziell - mindestens 90 vH des Betriebsergebnisses tragende) Tätigkeit der ausl Betriebsstätte (vgl BFH I R 77/94 BStBl II 96, 122). 14

b) Beteiligungsverluste. § 2a II 2 erweitert die Aktivitätsklausel auf ausl Beteiligungsverluste iSv Abs 1 Nr 3, 4 (s Rz 30). 15

c) Nachweispflicht. Der Nachweis für das Vorliegen begünstigter Tätigkeitsmerkmale obliegt dem StPfl (klarstellend § 2a II 2, s Rz 39). 16

d) Warengeschäfte. Auslandsverluste aus der Herstellung oder Lieferung von Waren sind grds abziehbar. – **aa) Waren.** Der Begriff ist im EStG nicht bestimmt. Unstreitig handelt es sich um übliche Gegenstände des Handelsverkehrs als Teile des UV (s § 266 II HGB unter B I 3). Unklar ist, ob alle zum Verkauf bestimmten WG darunter fallen. Dem allg Sprachgebrauch dürfte das kaum entsprechen. Die hM versteht als Waren ausdrückl nur bewegl Sachen (BFH I R 70/00 BStBl II 03, 38). Strom oder ähnl Energie werden als Waren umgesetzt, **nicht** dagegen Grundstücke, Gebäude, immaterielle WG, Wertpapiere (vgl § 266 II HGB unter B III) oder sonstige nichtverbriefte Rechte des UV (s dazu Rz 33), auch nicht Spielfilme, bei denen nicht die Produktion oder Lieferung einer Ware, sondern die Übertragung von Rechten im Vordergrund steht (str, s Rz 22, 24, 16. Aufl; BFH X R 225/93 BStBl II 97, 320, enger *BMF* BStBl I 97, 398). Allg **PC-Software** kann zu den Waren gehören (BFH IX R 22/08 BStBl II 09, 517; s aber BFH III R 82/06 BStBl II 09, 421, BFH X R 26/09 BStBl II 11, 865 mit Anm *Anzinger* FR 11, 958, BFH III B 7/14 BFH/NV 14, 1590, abl zu InvZul für Datenträger/Datensätze als immaterielle WG; s auch 33. Aufl mwN). Bodenschätze s Rz 20. 17

bb) Waffen. Waffen iSv § 1 Waffengesetz und des Kriegswaffen-KontrollG einschl Sport- und Jagdwaffen und Rüstungsmaterial sind generell vom Warenverlustabzug ausgenommen, nicht jedoch der Handel mit Jagd- und Sportmunition (BFH I R 95/02 BStBl II 03, 918). 18

19 **cc) Umfang der Begünstigung; funktionale Betrachtungsweise.** Abs 2 umfasst alle Vorgänge, die in einem funktionalen Zusammenhang mit dem förderungswürdigen Bereich stehen, einschließl Vorbereitungshandlungen, Herstellung von WG des AV zum Zwecke der Warenherstellung, Nebenkosten und -erträge, Veräußerungsgewinne und -verluste. S auch EStR 2a III.

20 **e) Bodenschatzgewinnung.** Sie ist auf eigenem oder fremdem Grundstück ohne Einschränkung begünstigt, soweit sie nicht unter § 15a fällt. Begriff Bodenschatz s § 5 Rz 140 und 270, § 4 Rz 189; soweit das Aufsuchen nicht unter die Gewinnung fällt, ist es idR als gewerbl Leistung begünstigt (Rz 22). *Beispiele:* Gewinnung von Öl, Gas, Uran, Kohle uÄ.

22 **f) Gewerbliche Leistungen.** Dies sind sonstige ihrer Art nach gewerbl Leistungen iSv § 15 (s oben Rz 6 und 12), die nicht die Herstellung oder Lieferung von Waren zum Gegenstand haben; sie sind nach Abs 2 S 1 HS 1 grds begünstigt. *Beispiele:* Handwerkl, technische und kfm Leistungen, Transportleistungen, der Betrieb von Handelsschiffen und Luftfahrzeugen (entgegen § 5 AIG ohne Unbedenklichkeitsbescheinigung); VuV s Rz 24, 34, wohl auch die Produktion von Spielfilmen (Verleih s Rz 24 und 16).

23 **g) Beteiligungsverluste, § 2a II S 1 HS 2** erstreckt die Aktivitätsklausel (dh die begünstigten gewerbl Leistungen der Betriebsstätte iSv HS 1) auf das unmittelbare Halten bestimmter Auslandsbeteiligungen von – entgegen § 271 HGB – mindestens 1/4 des Nennkapitals einer (rechtl selbständigen) KapGes/Körperschaft (s auch Rz 26). **Voraussetzungen:** Die KapGes darf weder Geschäftsleitung noch Sitz (s §§ 10, 11 AO) im Inl haben, im Ausl jedoch auch außerhalb des Betriebsstättenstaates. Sie muss selbst – im Ausl oder Inl – aktiv iSv Rz 13 ff tätig sein. Damit sind nicht nur Landes- und Funktionsholdings begünstigt, wie ursprüngl geplant. Nach § 2a II 1 HS 2 ist die Art der Finanzierung unerhebl. **Unmittelbares Halten** bedeutet Halten durch die Betriebsstätte bzw durch den inl StPfl für die Betriebsstätte, in deren Ergebnis die Beteiligungserträge eingehen (s Rz 12). **Sinn und Zweck der Regelung:** HS 2 betrifft nicht den Abzug von Verlusten der KapGes durch die KapGes oder den Halter (lfd Verluste treffen nur die KapGes und – mangels Auslandsorganschaft – nicht den Halter; abgesehen von eigenen, nach HS 2 abziehbaren Finanzierungsverlusten werden der Betriebsstätte keine negativen Beteiligungserträge, sondern allenfalls positive Ausschüttungserträge zugerechnet, s auch Rz 6, 12, 41; Substanzverluste der Beteiligung fallen unter § 2a I Nr 3, s Rz 26). HS 2 erweitert vielmehr nur den Umfang der begünstigten Auslandsaktivitäten der Betriebsstätte iSv HS 1 durch Fiktion des Haltens unabhängig vom Betriebsergebnis der KapGes als gewerbl Leistung der Betriebsstätte mit Folge des Abzugs etwaiger Betriebsstättenverluste beim inl StPfl.

24 **h) Ausnahmen.** Nicht begünstigt sind die Errichtung und der Betrieb von **Fremdenverkehrsanlagen** – wie die Einrichtung einer Bungalowanlage – nach Wortlaut auch durch beauftragte Bauunternehmer, fragl –, der Betrieb eines Campingplatzes oder eines Hotels uÄ; zu Time-Sharing BFH I R 70/00 BStBl II 03, 48; zu allg zugängl Golfplatz : FG Hbg EFG 02, 1014, rkr; aA zu Skilift *Schuhmann* FR 98, 95, fragl; zutr abl zu Touristenbistro BFH I B 52/06 BFH/NV 07, 1646) sowie die **gewerbl Vermietung und Verpachtung** einzelner WG jeder Art (s auch Rz 33) einschließl der Übertragung von Know-how uä Nutzungsrechten (s § 49 Rz 125). Damit ist der Verlustausgleich für Besitz-, Leasing-, Patentverwertungs-, Lizenzvergabe- und Spielfilmverleihunternehmen eingeschränkt. Die Einschränkung war im EU-Bereich bereits vor der Gesetzesänderung durch JStG 2009 nicht anwendbar (BFH I R 85/06 BStBl II 08, 671: abl zu Wohnwagenvermietung auf Campingplatz in Österreich – s aber Rz 13 –; BFH I R 45/10 BStBl II 12, 118: abl zu Hotel). Verluste aus gewerbl Tierzucht und aus gewerbl Termingeschäften sind bereits nach § 15 IV nicht ausgleichbar (s Rz 10).

i) Personengesellschaften. Verluste aus Beteiligung an ausl PersGes sind in § 2a nicht ausdrückl geregelt. Der Ges'ter erzielt Einkünfte aus ausl Betriebsstätte mit der Folge, dass wirtschaftl durch die PersGes veranlasste Verluste nach § 2a I Nr 2 grds nicht abziehbar sind. Für die Veranlassung gelten die allg zu § 2a III und §§ 49 ff entwickelten Zurechnungsgrundsätze nach wirtschaftl Veranlassung (§ 50 Rz 29; *BMF* BStBl I 99, 1076). Vgl BFH I R 7/99 BStBl II 00, 605; FG Mster EFG 07, 1025, Rev I R 16/07 Hauptsacherledigung; Rz 3, 51 und 56 ff. 25

5. Verluste aus Beteiligung an Drittstaaten-Körperschaften, § 2a I S 1 Nr 3, 4, S 2, mit Ausnahmen gem § 2a II S 2. – a) Gesetzeszweck. § 2a enthielt Besteuerungslücken, die bald ausgenutzt wurden: Die Wertminderung von Anteilen an ausl Körperschaften durch **TW-AfA,** Veräußerungs-, Entnahme- oder Liquidationsverluste als Folge schädl Auslandsverluste führte früher idR mittelbar zum unbeschr Abzug ausl Beteiligungsverluste im Inl. Diese Umgehungstatbestände schließt § 2a I Nr 3, 4 (und 7 – dazu Rz 37) für Verluste aus passiven Auslands- und Inlandsbeteiligungen aus, auch für inl Holding iSv § 2a II S 1 HS 2 (s Rz 23). § 2a I 1 Nr 4 ist verfgemäß (BFH VIII R 43/00 BFH/NV 02, 14); Bedenken bestehen gegen die Einbeziehung von Verlusten aus inl Betriebsstättenbeteiligungen (s *Bron* IStR 13, 951). S auch EG-Recht Rz 13. Beteiligungsverluste an **PersGes** s Rz 25. **Rechtsfolgeproblematik** § 2a I S 1, 3 s Rz 41. 26

b) Drittstaatenbezug. Er ist unterschiedl: Für Nr 3, 4 genügt grds die Auslandsbeteiligung (mit **Aktivitätsnachweismöglichkeit** des StPfl nach **§ 2a II 2,** s BFH VIII R 43/00 BFH/NV 02, 14; FG Hbg EFG 02, 1014, rkr); bei Nr 7 muss eine Tatbestandserfüllung Nr 1–6 durch die KapGes in einem EU/EWR-Staat feststehen (s Rz 12, 30, 37). 27

c) Beteiligungsverluste im inl BV. – ***(1)*** **Wertminderungstatbestände:** ***(a)*** TW-AfA (§ 2a I Nr 3a, s Rz 10, § 5 Rz 270, § 6 Rz 281). – ***(b)*** Veräußerung oder Entnahme der Beteiligung oder eines Teils davon (§ 2a I Nr 3b, s § 4 Rz 51, 52, 300 ff). – ***(c)*** Auflösung oder Kapitalherabsetzung der ausl Ges (§ 2a I Nr 3b, s § 16 Rz 167). – ***(d)*** Währungsverluste s FG Brem EFG 95, 571, rkr, *Pyszka* DStR 96, 170. – ***(2)*** **Betriebsvermögen.** Für jegl BV iSd Einkunftsarten § 2 I Nr 1–3 (dh über § 2a I hinaus iSv §§ 13, 15 und ggf § 18), bei dessen inl Besteuerung sich der Verlust auswirken würde, gilt das Abzugsverbot. – ***(3)*** **Drittstaaten-Körperschaften** sind solche iSv §§ 1, 2 KStG ohne Sitz oder Geschäftsleitung im Inl oder im EU-Bereich (§ 2a IIa 1 Nr 2). – ***(4)*** **Gewinnminderungen. § 2a I S 2** stellt den Verlusten jede einzelne Gewinnminderung iSv § 2a I S 1 gleich und beschränkt so deren StAbzug vor allem bei (unmittelbaren und mittelbaren) Beteiligungen im BV, unabhängig vom Gesamtergebnis des Beteiligungsunternehmens. *Beispiel:* Die Minderung eines Gesamtgewinns von 1 Mio um eine darin enthaltene TW-AfA iHv 500 000 wirkt sich nur iHv 500 000 iRv § 2a steuerl aus. **EU-Verluste** s Rz 13. 28

d) Beteiligungsverluste im inl Privatvermögen, § 2a I 1 Nr 4. Diese könnten sich nach **§ 17** auswirken. Der Verlustabzug aus der Veräußerung wesentl Beteiligungen im PV und aus der Auflösung einer KapGes bzw einer Kapitalherabsetzung (s § 17 Rz 210 ff) entfällt ab 1992, ab 2009 beschränkt auf Drittstaaten (s Rz 2, 8). 29

e) Aktivitäts-/Produktivitätsklausel, § 2a II S 2. Beteiligungsverluste sind entgegen Abs 1 Nr 3, 4 im BV und im PV abziehbar, wenn der **StPfl nachweist,** dass die ausl Körperschaft selbst gewerbl aktiv tätig ist iSv Abs 2 S 1 (dazu Rz 12–24), und zwar nicht nur (stets) im Jahr des Beteiligungsverlusts, sondern volle 5 Jahre vorher oder – ohne Frist – seit (späterer) Gründung ohne Unterbrechung. Es kann daher sinnvoll sein, die Realisierung von Beteiligungsverlusten aufzuschieben, bis die zeitl Voraussetzungen erfüllt sind. 30

32 **6. Stille Gesellschaft; partiarische Darlehen, § 2a I Nr 5.** Die Regelung betrifft die typische stille Ges iSv § 20 I Nr 4, über § 20 VIII auch solche gewerbl Verluste, auch vergebl Aufwendungen (BFH I B 80/98 BStBl II 99, 293). Verluste aus atypisch stiller Ges fallen unter § 2a I Nr 2, II. Verluste aus partiarischen Darlehen sind kaum denkbar. Andere (absetzbare) Verluste aus Darlehen (BV), Verluste iSv § 20 und Spekulationsverluste fallen nicht unter § 2a. Der Schuldner der Kap-Erträge, also das Handelsunternehmen bzw sein Inhaber, muss Wohnsitz (Einzelunternehmer, § 8 AO), Sitz oder Geschäftsleitung (PersGes, KapGes, s §§ 10, 11 AO) im Drittstaat haben.

33 **7. Vermietung und Verpachtung, § 2a I Nr 6. – a) Unbewegl Vermögen, § 2a I Nr 6a.** Die Regelung schließt nur den Abzug von Verlusten aus der Nutzungsüberlassung von in Drittstaaten belegenem unbewegl Vermögen (Grundstücke, Gebäude, Gebäudeteile, registrierte Schiffe und Rechte, § 21 I Nr 1) und Sachinbegriffen (§ 21 I Nr 2) aus, *nicht* von bewegl Sachen (s § 22 Nr 3 S 3) und nicht registrierten Rechten oder Schiffen (§ 21 I Nr 1, 3 – s jetzt Nr 6b–d); FG Saarl EFG 06, 172, rkr. Soweit § 2a I Nr 2 nicht anwendbar ist, umfasst Nr 6 auch nach § 21 III gewerbl Vermietungsverluste (s Rz 6, 36 und 41), auch Veräußerungsverluste von BV. Die Verluste sind häufig bereits nach DBA nur im Ausl abziehbar (zB FG RhPf EFG 10, 1614, rkr, s Rz 9, 12). **EU-Verluste** s Rz 8; s auch EuGH Rs C-322/11 DStR 13, 2441, Fall *K*, zu finnischen Veräußerungsverlusten; zu Altverlusten Rz 1.

34 **b) Schiffe, § 2a I Nr 6b.** Die Vorschrift beschränkt den Verlustabzug aus entgeltl Überlassung nicht registrierter Schiffe ab VZ 2000, wenn diese Einkünfte nicht tatsächl der inl Besteuerung unterliegen (s auch Rz 9) – vor allem bei betriebl Vercharterung ohne ausl Betriebsstätte (sonst § 2a I Nr 2 oder – privat – § 22 Nr 3). Die ursprüngl geplante Erstreckung auf Luftfahrzeuge/Raumfahrzeuge/Satelliten ist gescheitert (s *FinVerw* DB 02, 1408). Betroffen sind insb Leasingstrukturen und Beteiligungsmodelle mit hohen Anlauf-AfA-Verlusten (s *Dammer* IStR 99, 572; *Lüdicke* DB 99, 1921), vor allem die sog „bare-boat-Vercharterung" unausgerüsteter, in ausl Häfen liegender Freizeit-, Segel- oder Motoryachten – solche Verluste dürfen allerdings mit gleichartigen positiven Einkünften auch aus anderen Staaten ausgeglichen werden (s Rz 41). **Ausgenommen** sind diese Schiffe bei Nachweis des (fast = mindestens 90 vH) ausschließl Einsatzes im Inl, außerdem alle Handelsschiffe, die ausgerüstet verchartert oder an im Inl ansässige Ausrüster iSv § 510 I HGB oder nur vorübergehend an solche im Ausl ansässigen Ausrüster überlassen werden.

36 **c) Sonstige Verluste, § 2a I Nr 6c.** Die Regelung stellt klar (vgl FG Brem EFG 95, 571, rkr), dass Vermietungsverluste, die wirtschaftl auf eine Wertminderung durch TW-AfA oder Übertragung von Auslandsvermögen iSv Buchst a–c entfallen, auch im BV nicht abziehbar sind, unabhängig vom Gesamtergebnis (§ 2a I S 2, s Rz 28). **Übertragungen** sollten solche in ein anderes BV (Veräußerungen) und ins PV umfassen (Entnahmen! – nach Wortlaut fragl). Wertminderungen ausl KapGesAnteile fallen unter Nr 3, 4 (s Rz 26 ff), inl KapGesAnteile unter Nr 7 (s Rz 37).

37 **8. Mittelbare Drittstaatenverluste aus Beteiligung an Nicht-Drittstaaten-Körperschaften, § 2a I Nr 7. – a) Gesetzeszweck.** S zunächst Rz 26, 27. § 2a I Nr 7 erweitert die unmittelbaren Verlustabzugsbeschränkungen auf Grund der Tatbestände § 2a I Nr 1–5 kraft gesetzl Fiktion auf die nahe liegende Variante, solche wirtschaftl im Ausl angefallenen Verluste durch Zwischenschaltung einer inl KapGes (bei der die Verluste nach Nr 1–6 nicht abziehbar sind) in abziehbare inl Beteiligungsverluste umzuwandeln (vor allem Verluste iSv Nr 2, 3, 6d).

38 **b) Inlandsverlusttatbestände.** Die Tatbestände des § 2 I Nr 7 entsprechen den einzelnen Beteiligungsverlusten nach Nr 3 und 4 (s Rz 28, 29), allerdings in

anderer Zusammenfassung (s auch Rz 41). Buchst a betrifft eindeutig nur BV, Buchst c nur PV, Buchst b sicher *auch* BV – hier ist fragl, aber wohl bedeutungslos, ob § 17 IV unter b oder c fällt.

c) Auslandsbezug. § 2a I Nr 7 erfasst anders als Nr 3, 4 nur Beteiligungen an 39
Nicht-Drittstaaten-Körperschaften (s Rz 8), also idR mit Sitz im EU-/EWR-Raum. Abw von Nr 3 (s allg Rz 27) muss bei Nr 7 feststehen, dass der Beteiligungsverlust auf einen der in Nr 1–6 genannten Tatbestände zurückzuführen ist (s Rz 42), ohne Ausnahme nach § 2a II (dadurch mittelbarer Drittstaatenbezug). Diese Tatbestände erfüllt nicht der StPfl, sondern idR die KapGes. Offenbar hat der Gesetzgeber deshalb entgegen Abs 2 S 1 und 2 die **Beweislast** nicht dem StPfl auferlegt (s aber zu Mitwirkungspflicht § 90 II AO, oben Rz 15).

IV. Rechtsfolgen, § 2a I

1. Beschränkter Verlustausgleich, § 2a I S 1 HS 1. – a) Allgemeines. 41
Während „aktive" Verluste iSv § 2a II im selben Jahr iRv § 2 III voll ausgleichbar sind, ist der Ausgleich sonstiger Verluste iSv § 2a I 1 Nr 1–7 beschränkt auf Einkünfte derselben Art und – ab VZ 2000 mit Ausnahme von Nr 6b – aus demselben Staat (= **Verluststaat,** dazu *FinVerw* DStR 97, 661, ab 2009 beschränkt auf Drittstaaten, s Rz 2, 8). Dabei sind § 3 Nr 40 und § 3c vorrangig zu beachten (EStR 2a VIII). **Einkünfte derselben Art** (auch von zusammenveranlagten **Ehegatten/LPart;** hM, s 22. Aufl mwN, EStR 2a VII) sind weder solche einer Einkunftsart iSv § 2 I noch solche einzelner Einkunftsquellen (wie bei § 15a einer bestimmten Beteiligung); s auch Rz 6. Entscheidend sind grds die **einzelnen Nummern in Abs 1,** auch wenn sie mehrere Einzeltatbestände aufführen. *Beispiel:* Nr 2 zwei Betriebsstätten, Nr 5 stille Ges/partiarisches Darlehen, jeweils im selben Staat – bei Nr 2 mE nach Gesetzeswortlaut und -zweck unabhängig von der Aktivitätsklausel des Abs 2 (dh Verlustverrechnung auch mit „aktiven" Betriebsstättengewinnen, str). Die Zuordnung zu einer anderen Nr auf Grund einer **Subsidiaritätsklausel** (s Rz 6) stellt die Gleichartigkeit nicht in Frage. *Beispiel:* Gewerbl VuV-Verlust ohne Betriebsstätte ist mit positiven Einkünften aus VuV auszugleichen – beides Nr 6. Nr 3 und 4 sind zusammenzufassen.

b) Beteiligungsproblematik. § 2a I Nr 7 stellt auf „Tatbestände der jeweils 42
selben Art" ggü sonst „positive Einkünften der jeweils selben Art" ab. Vor allem der Wortlaut von Abs 1 S 3 zeigt, dass der Gesetzgeber dabei nur die Lückenfüllung im Auge hatte, ohne die Auswirkungen abschließend zu bedenken. Die Neuregelung zu Beteiligungsverlusten iSv Nr 7 sollte sicher nicht die nummernmäßige Bestimmung der Art der Einkünfte durch eine buchstabenmäßige Abgrenzung oder andere „Tatbestände" ersetzen. Die nummernmäßige Artbestimmung gilt jetzt für Nr 1–7. Die Zusatzvoraussetzung für Nr 7 in § 2a I 1 aE geht offenbar auf den Wortlaut in Nr 7 zurück. Das Merkmal „soweit die negativen Einkünfte auf einen der in Nummern 1 bis 6 genannten Tatbestände zurückzuführen sind" ist auch nummernbezogen, betrifft jedoch unmittelbar die inl KapGes und damit mittelbar den inl StPfl.

2. Beschränkter Verlustabzug, § 2a I S 1 HS 2, S 3–5. – a) Grundsatz. 43
Zunächst schließt **§ 2a I S 1 HS 2** den Abzug nach § 10d für alle beschränkt ausgleichbaren Verluste grds aus. „Aktive" Verluste iSv § 2a II (s Rz 13) können dagegen nach § 10d zurück- und vorgetragen werden (Koppelung Verlustabzug/Verlustausgleich). Die **Gesetzesänderungen § 10d** (s dort) sind zu beachten. **§ 2a I 3** erstreckt die beschränkte Verlustausgleichsregelung nach S 1 (s Rz 41) auf die Einkünfteminderung in späteren Jahren, wie § 10d als Vortrag ohne zeitl Begrenzung, auch für bis 1991 nicht verbrauchte **Altverluste** aus Verlustjahren ab 1985 (s 29. Aufl).

44 **b) Verlustfeststellung.** **§ 2a I 4, 5** gleichen die Regelung an § 10d an. Die **„verbleibenden negativen Einkünfte" (S 4)** werden wegen des Abzugs bei den Einkünften anders (einfacher) berechnet als der „verbleibende Verlustvortrag" nach § 10d. Negative Einkünfte **„konnten nicht berücksichtigt werden"** (s auch Rz 58), wenn im Vorjahr gleichartige positive Einkünfte aus demselben Staat fehlten; die steuerl Auswirkung ist nicht entscheidend, solange die Summe der Einkünfte positiv bleibt. Im Zweifel geht § 2a I 3 dem § 10d vor, wohl auch dem Ausgleich mit unbeschr abziehbaren Verlusten anderer Art. Die danach am Schluss eines VZ verbleibenden negativen Einkünfte sind entspr § 10d IV **gesondert festzustellen** (**S 5** – s bei § 10d Rz 40, auch zu Änderungen); ebenso Einkünfte iSv **§ 34 und § 32b** (s 180 V Nr 1 AO, *FinVerw* DStR 07, 1727; zu § 32b aF vor 2009 BFH I R 84/13 BFH/NV 15, 664).

46 **3. Negativer Progressionsvorbehalt, § 32b.** § 2a schließt nicht nur die Einkünfteminderung, sondern auch den negativen Progressionsvorbehalt aus (BFH I R 35/10 BStBl II 11, 494 mwN). Die **EG-rechtl Bedenken** (s 27. Aufl mwN) sind weitgehend durch **Gesetzesänderungen** ausgeräumt: Im JStG 2008 wurde zunächst allg die Beschränkung auf positive Progressionsvorbehalte in § 32b I Nr 5 gestrichen (s § 32b Rz 5, 38). Gem § 32b I S 2, 3 idF JStG 2009 entfällt die Berücksichtigung bestimmter negativer wie positiver, nach DBA stfreier Einkünfte in EU-/EWR-Staaten (s Rz 8) vollständig. Gesetzesanpassung von § 2a im EU-Bereich s Rz 1, 8.

V. Verlustabzug, § 2a III 1, 2, 4 aF

50 **1. Gesetzeszweck.** Vgl zunächst allg Vorbemerkung (Rz 1). Nach der Rspr sind Auslandsverluste grds nicht als negative Einkünfte zu berücksichtigen, wenn Gewinne nach DBA (nur) im Ausl besteuert werden (**Symmetriemethode;** s Rz 9). Diese vor Einfügung von § 2a I bestehende Benachteiligung nach Inlandsrecht durch eine (idR begünstigende) DBA-Befreiung ggü Nicht-DBA-Ländern war vor allem im Hinblick auf gewerbl Auslandsinvestitionen in DBA-Staaten unerwünscht und sollte durch eine **vorübergehende Investitionshilfe** gemildert werden (s 16. Aufl), zunächst durch § 2 AIG, später in gleicher Weise durch § 2a III, IV EStG aF. Stfreie Verluste wurden bis 1998 außerhalb des Einkünftebereichs als **Korrekturposten** berücksichtigt (s bis 26. Aufl), spätere Gewinne werden nach § 52 Abs 2 S 3 zeitl unbegrenzt entspr nachversteuert (s Rz 55). Die ausgleichende Hinzurechnung nach § 2a III 3 verdeutlicht, dass der StPfl grds nicht günstiger gestellt werden soll als ohne DBA; die Ausnahmeregelung des § 2a III 4 aF zeigt, dass idR nur ein doppelter Verlustabzug im In- und Ausl verhindert werden soll.

51 **2. Bedenken.** – ***(1)*** **Gleichstellung mit Nicht-DBA-Fällen.** Absolute Gleichstellung war weder geplant noch durchführbar. So kann es uU zu **doppelter Verlustberücksichtigung** kommen. Vor allem sind andere als gewerbl Einkünfte in dem Bauschema des § 2a III, IV nicht berücksichtigt, weder beim Verlustausgleich/Verlustabzug noch bei Hinzurechnung (s *Hellwig* DB 89, 1365). – ***(2)*** **Verfassungsmäßigkeit** von § 2a IV mit Rückwirkung s BFH I R 96/05 BFH/NV 09, 744; zu Nachversteuerung gem §§ 2 I, 5, 8 V AIG BFH I R 23/09 BStBl II 10, 599. – ***(3)*** **EG-rechtl Bedenken.** Sie sind weitgehend ausgeräumt (s zu § 2a I Rz 13): BFH und EuGH halten die Hinzurechnung nach § 2a III 3 ebenso wie die Einschränkung des Verlustabzugs nach § 2a I bei DBA-Gewinnzuweisung (Freistellungsmethode, s Rz 8, 9, 13) grds für EG-rechtmäßig (EuGH-Voranfragen des BFH BStBl II 06, 861 und 864 und II 07, 398; Bestätigung durch EuGH Rs C-414/06 und C-157/07, Fälle *Lidl Belgium* BStBl II 09, 692, und *Wannsee* BStBl II 09, 566, soweit Verluste ausl Betriebsstätten dort *rechtl* („allgemein") abziehbar sind; Folgeurteile *Lidl* BFH I R 84/04 BStBl II 09, 630; Fall *Wannsee* BStBl II 10, 599; s Rz 13 mwN). S auch EuGH Rs C-48/13 zu dänischer Nachversteuerung IStR 14, 563 mit Anm *Mitschke* und *Englisch* IStR 14, 561, *Blöchle/Dumser* IWB 14,

773, sowie EuGH Rs C-415/06, Fall *Stahlwerk Ergste Westig* (DStRE 08, 619; Folgeurteil BFH I R 116/04 BFH/NV 08, 1161) zu Verlusten aus PersGesBeteiligungen in USA. Ob sich diese Grundsätze uneingeschränkt auf alle **PersGes-Beteiligungen** übertragen lassen, ist str (s *Obser* DStR 08, 1088; *Tippelhofer/Lohmann* IStR 08, 857). S auch zu **Währungskursverlust** am Dotationskapital einer ausl Betriebsstätte nach Vorlage EFG 07, 43 EuGH Rs C-293/06 Fall *Shell* DStRE 08, 1263 mit Anm 34. Aufl; einschr *BMF* DStR 09, 2535.

3. Zeitl Anwendungsbereich. § 2a III, IV lösen **ab 1990** sachl unverändert 52
§ 2 I, II AIG ab (s 22. Aufl mwN); für Verluste bis 1989 und (hM) deren spätere Hinzurechnung gilt § 2a III 6. **Ab VZ 1999** entstandene Verluste sind nicht mehr abziehbar **(§ 52 Abs 2 S 2),** auch nicht über § 10d (BFH I R 116/04 BFH/NV 08, 1161). Dagegen sind vor 1999 abgezogene Verluste ggf wieder hinzuzurechnen (s **§ 52 Abs 2 S 3**).

4. Verlustabzug, § 2a III 1, 2, 4 aF; Verweisungen. Da abziehbare Verluste 53
seit 1999 nicht mehr entstehen können und verbleibende, noch hinzuzurechnende Verluste seit 1996 nach § 2a III 5, 6 festgestellt sind, wird wegen der persönl, sachl und verfahrensrechtl Voraussetzungen für den Verlustabzug auf Rz 53–75 der 26. Aufl verwiesen. Rz 55–65 neu (Hinzurechnung) entsprechen Rz 76–86 alt.

VI. Hinzurechnung, § 2a III 3, 5, 6, IV

1. Hinzurechnungsgrundsatz, § 2a III 3. Hinzugerechnet werden nur posi- 55
tive Einkünfte aus gewerbl Tätigkeit. Nach dem Regelungszweck des § 2a III wurde der Verlustabzug nur bedingt für den Fall der Gewinnlosigkeit gewährt; er entfiel, wenn im gleichen Jahr gewerbl Gewinne in diesem Staat erzielt wurden (§ 2a III S 1 aF). Ein vollzogener Abzug wird ggf nachträgl durch Hinzurechnung solcher Gewinne in späteren Jahren wieder rückgängig gemacht – die ursprüngl **zeitl Begrenzung** bis längstens 2008 ist wegen der Vielzahl offener Verlustabzüge durch JStG 2008 **aufgehoben** (s § 52 Abs 2 S 3). Dabei werden nicht Gewinne als Einkünfte zugerechnet – das wäre nicht mit DBA-Recht vereinbar (s Rz 51). Vielmehr wird nur der **Verlustabzug korrigiert,** abw von § 2a IV der Höhe nach auf spätere Gewinne **begrenzt** und nur aus Vereinfachungsgründen nicht durch rückwirkende Berichtigung, sondern – zwingend – **ex nunc** durch Zurechnung zum Gesamtbetrag der Einkünfte des Gewinnjahres („in dem betreffenden VZ"). Anders als beim Verlustabzug ist das systematisch unstr (s BFH X R 181/87 BStBl II 89, 541). Wie die Beschränkung eines ausl Verlustabzugs ist die spätere Hinzurechnung **EG-rechtmäßig** (s Rz 51). Bei **PersGes** ist die Hinzurechnung (wie früher der Verlustabzug) in das **gesonderte Feststellungsverfahren** einzubeziehen (BFH I R 25/07 BFH/NV 08, 1097). Hinzurechnung beim Erben, beim Wechsel der StPfl und bei Umwandlung/Übertragung/Aufgabe s Rz 60 ff; s auch 26. Aufl Rz 53 ff.

2. Art der Hinzurechnungsbeträge. § 2a III 3 enthält (neben § 2a IV) einen 56
abschließenden Hinzurechnungstatbestand für Folgejahre. Hinzuzurechnen ist der **positive Saldo** („positive Betrag" – abw von S 1 aF) aller stfreien Gewinne und Verluste aus – alten und neuen – **gewerbl Betriebsstätten iSv § 12 AO** *dieses* StPfl in *diesem* ausl Staat. Dazu gehören unselbständige Zweigniederlassungen eines Inlandsbetriebs, Auslandsbetriebe eines unbeschr StPfl und Beteiligungen an PersGes (nicht an KapGes, BFH I R 78/80 BStBl II 82, 243), nicht selbständige TochterGes, nicht ständige Vertreter iSv § 13 AO. Solche gewerbl Gewinne sind unabhängig davon einzubeziehen, ob für *diese* Betriebsstätte bereits ein Verlustabzug beantragt war und ob die Gewinne aus produktiver Tätigkeit iSv § 2a II stammen (vgl BFH X R 180/87 BStBl II 90, 112). Abw von § 2a III 4 aF („in anderen Jahren") beschränkt S 3 die Zurechnung auf **Gewinne „der folgenden" VZ.** Gewerbl Gewinne vergangener VZ vor Verlusterzielung sind ebenso wenig hinzu-

zurechnen wie positive Einkünfte aus anderen Einkunftsarten. Sonstige Gründe, wie die bloße Tatsache eines endgültigen doppelten Verlustabzuges im Ausl und im Inl ohne spätere Gewinne (zB nach Liquidation, Wohnsitzwechsel) rechtfertigten keine Hinzurechnung *nach S 3;* diese Vorschrift ist **nicht** als **Entstrickungstatbestand** konzipiert (s aber *§ 2a IV,* Rz 60 ff). Bei **PersGes** sind § 15 I Nr 2 und § 15a zu beachten.

57 **3. Höhe der Zurechnungsbeträge.** Sie ist **doppelt begrenzt,** zum einen durch die festgestellten, *tatsächl* nach S 1 *und 2* abgezogenen und „wieder hinzuzurechnenden" **Verlustbeträge,** zum anderen – abw von Abs 4 – durch die Höhe der zurechenbaren **Gewinne.** Gewinne über den Verlustabzug hinaus werden weder im gleichen VZ noch später hinzugerechnet, ein Restverlust allenfalls in späteren Jahren. Besonderheiten nach DBA Österreich s Rz 58. Wie beim Verlustabzug (auf Grund ausdrückl Regelung in S 1 aF) müssen trotz Fehlens einer solchen Regelung in S 3 auch die Art der Einkünfte und die Höhe des Hinzurechnungsbetrages nach **inl Recht** bestimmt werden (BFH IV R 128/86 BStBl II 89, 543; str). Gleichwohl sind nicht Einkünfte zu ermitteln, sondern nur **Verlustkorrekturposten** auf der Grundlage der umgerechneten Betriebsstättengewinne (§ 146 AO), die nur als Anknüpfungspunkt und Berechnungsgrundlage dienen. Daher erstreckt sich der Hinzurechnungsbetrag ohne Kürzung auf lfd und ao, aktive und passive, im Inl stpfl und stfreie Gewinne, stfreie Teile eines **Veräußerungsgewinns** (zu § 16 IV BFH X R 181/87 BStBl II 89, 541), für den auch keine Tarifermäßigung nach § 34 gewährt wird (BFH IV R 128/86 BStBl II 89, 543). Nach § 2a III 3 hinzuzurechnen sind auch *realisierte* **Umwandlungsgewinne** ua Gewinne aus Übertragung von GesAnteilen (str, s Rz 61, auch zu sonstigen Hinzurechnungstatbeständen ab 1999).

58 **4. Hinzurechnungsausnahmen, § 2a III 4 aF.** § 2a III 4 aF, wonach von der Hinzurechnung abgesehen werden konnte, falls der ausl Staat keinen Verlustabzug in anderen Jahren kennt, ist an versteckter Stelle gestrichen worden: Die Fortgeltung der Hinzurechnungsvorschriften in § 52 Abs 2 S 3/§ 52 Abs 3 S 5 aF ist auf § 2a III 3, 5, 6 beschränkt unter Ausnahme von S 4. **Finale Verluste** s Rz 13.

59 **5. Feststellung verbleibender Hinzurechnungsbeträge, § 2a III 5, 6.** Am Jahresende nicht gem § 2a III 3 (und ggf § 2 I 3, 4 AIG) ausgeglichene Verluste sind entspr § 10d IV gesondert festzustellen, um eine spätere – dann unbefristete – Hinzurechnung sicherzustellen. Dabei ist der Ablauf der Feststellungsfrist zu beachten (§ 52 Abs 25 S 5 aF; §§ 181 I 1 iVm 169 ff AO). Ungeklärt ist, ob § 181 V anwendbar ist oder ob § 10d IV 6 einer späteren Feststellung entgegensteht, obwohl in Folgejahren noch zu kürzende Gewinne zu erwarten sind. FG BaWü EFG 15, 626, Rev I R 5/15 hat die nachträgl Feststellung iJ 2012 für VZ bis 1998 zugelassen, auch wenn das FA die Feststellung jahrelang unterlassen hatte, mE zutr.

60 **6. Sonstige Hinzurechnungen, § 2a IV** (idF von § 52 Abs 3 S 8 aF/§ 52 Abs 2 S 3 nF). – **a) Sinn und Zweck und Anwendungsbereich.** Da nach Abs 3 grds nur Gewinne des StPfl zuzurechnen sind, der Verluste abgezogen hat, musste der Gesetzgeber sukzessive weitere Hinzurechnungstatbestände beim StPfl selbst schaffen, um die Umgehung der Rechtsfolgen des Abs 3 zu verhindern. Die Neufassung von § 2a IV ergibt sich allerdings nicht direkt aus § 2a, sondern über § 52 Abs 2 S 3 aus der Altfassung von § 52 Abs 3 S 8!

61 **b) Umwandlung, § 2a IV 1 Nr 1.** Nur realisierte Umwandlungsgewinne sind gem § 2a III zuzurechnen (s Rz 57); daher war die Sonderregelung in § 2a IV erforderl. Ausgangstatbestand war die Erfassung der Umwandlung ausl Betriebsstätten auf eine KapGes (TochterGes) als selbständiges Rechtssubjekt. Wie bei § 1 IV 3 AIG aF sollten primär alle Fälle erfasst werden, in denen die Betriebsstätte ohne Veräußerung in einer KapGes aufgeht (Untergang im Rechtssinne, endgültiger Verlust der Zuordnung zum Inlandsbetrieb), s EStR 2a V. **Hierunter fällt** insb

die Einbringung der ausl Betriebsstätte in eine KapGes gegen Gewährung von GesRechten bei Einbringung ohne Gewinnrealisierung. Mangels gesetzl Definition war eine ausdehnende Auslegung kaum mögl. Daher war eine gesetzl Ausdehnung durch eine Entstrickungsregelung geboten, um den ersatzlosen Ausfall der – dann ohne Rechtsgrund abgezogenen – Verluste zu verhindern (s Rz 62 ff).

7. Neue Hinzurechnungstatbestände, § 2a IV S 1 Nr 2, 3, S 2 (idF von § 52 Abs 3 S 8). Sie wurden von § 2a IV aF nicht erfasst, wenn nicht der StPfl selbst einen der gesetzl Tatbestände erfüllte, sondern ein Dritter, auf den er die Betriebsstätte übertrug oder wenn die persönl StPfl entfiel. Der Gesetzgeber erweiterte daher die Zurechnungstatbestände zunächst ab 1999 (s BFH I R 48/11 DStR 14, 837) durch § 2a IV 1 Nr 2, 3 idF von § 52 Abs 3 S 7 aF auf Fälle der **Übertragung** und **Aufgabe,** ab 2006 darüber hinaus durch § 2a IV 2 idF von § 52 Abs 3 S 8 aF/Abs 2 S 3 nF unter Aufhebung der ursprüngl zeitl Begrenzung bis 2008 auf die **Beendigung der persönl StPfl.** Die rückwirkenden Erweiterungen sind nicht unbedenkl, aber verfgemäß (FG Nbg EFG 15, 537, Rev I R 2/15). 62

a) Übertragung der Betriebsstätte, § 2a IV 1 Nr 2. Sie führt unabhängig von einer tatsächl Gewinnrealisierung durch den StPfl oder Dritte vorweg zur Hinzurechnung abgezogener Verluste *beim StPfl selbst.* – ***(1)* Entgeltl Übertragungen.** Dies sind Veräußerung, Einbringung gegen Gewährung von GesRechten und Tausch (§ 2a IV ist wohl nicht Sonderregelung, sondern nur Ergänzungsregelung zu Abs 3 S 3 – letztl ist der gesamte Verlust über Abs 4 hinzuzurechnen). Beteiligungsveräußerungen s BFH I R 25/07 BFH/NV 08, 1097; BFH I R 57/11 DStR 14, 199. – ***(2)* Unentgeltl Übertragungen.** Dies sind Schenkungen einschließl vorweggenommene Erbfolge; die Hinzurechnung nach § 2a IV 1 Nr 2 *beim StPfl* ersetzt eine spätere Verlusthinzurechnung beim Rechtsnachfolger. – ***(3)* Erbfall.** Im Erbfall entfällt zwar der Verlustübergang auf den Erben (s § 10d Rz 14). Gleichwohl ist § 2a IV 1 Nr 2 insoweit gegenstandslos, weil nur Verluste des Erblassers korrigiert werden und diese Korrektur bereits nach § 2a III 3 auf den Erben als Gesamtrechtsnachfolger übergeht (glA BFH I R 13/09 BStBl II 11, 113). 63

b) Aufgabe der Betriebsstätte, § 2a IV 1 Nr 3. Die *endgültige* Betriebsaufgabe ist unschädl. Erfasst werden soll die Umgehung der Hinzurechnung durch Fortführung der Geschäftstätigkeit durch eine KapGes (idR desselben Staates, aber nicht zwingend) ohne Umwandlung der Betriebsstätte; die Einbringung in eine PersGes (nach dt Recht, auch bei ausl Qualifikation als KapGes) fällt unter § 2a III 3. Voraussetzung ist, dass der StPfl oder eine nahe stehende Person iSv § 1 II AStG zu mindestens 10 vH unmittelbar oder mittelbar an der KapGes beteiligt ist. 64

c) Wegfall der unbeschr StPfl, § 2a IV S 2. S 2 stellt klar, dass ab 2006 eine Nachversteuerung auch bei tatsächl Verlegung des Wohnsitzes/Sitzes oder bei Ansässigkeitsbeendigung nach DBA erfolgt (arg: Übernahme von Art 10 I 2 FusionsRiLi; s auch § 4 I 3, § 4 Rz 331). 65

8. Rechtsfolgen, § 2a IV. Sofortige Hinzurechnung der vorher nach Abs 3 S 1 und 2 abgezogenen Verluste zum Gesamtbetrag der Einkünfte im Zeitpunkt des Ereigniseintritts nach § 2a IV, wohl auch bei Fortführung nach Betriebsaufgabe, § 2a IV 1 Nr 3. Trotz des Wortlauts (Hinzurechnung „entsprechend Abs 3 S 3“) werden, anders als bei Abs 3 S 3 (s Rz 57) unabhängig von einer Gewinnauswirkung in vollem Umfang alle abgezogenen Verluste korrigiert. Berechnung nach dt Recht (wie Rz 57). Die Ausnahmeregelung „soweit ...“ schließt doppelte Hinzurechnung bei Anwendung von Abs 3 S 3 in früheren Jahren („hinzugerechnet worden ist“) und im lfd Jahr („noch hinzuzurechnen ist“) und die Anwendung der weitergehenden Ausnahmeregelungen aus. Eine Feststellung entspr Abs 3 S 5 entfällt nach Änderung der persönl StPfl. 66

2. Steuerfreie Einnahmen

§ 3 Steuerfreie Einnahmen

Steuerfrei sind

1. a) Leistungen aus einer Krankenversicherung, aus einer Pflegeversicherung und aus der gesetzlichen Unfallversicherung,
   b) Sachleistungen und Kinderzuschüsse aus den gesetzlichen Rentenversicherungen einschließlich der Sachleistungen nach dem Gesetz über die Alterssicherung der Landwirte,
   c) Übergangsgeld nach dem Sechsten Buch Sozialgesetzbuch und Geldleistungen nach den §§ 10, 36 bis 39 des Gesetzes über die Alterssicherung der Landwirte,
   d) das Mutterschaftsgeld nach dem Mutterschutzgesetz, der Reichsversicherungsordnung und dem Gesetz über die Krankenversicherung der Landwirte, die Sonderunterstützung für im Familienhaushalt beschäftigte Frauen, der Zuschuss zum Mutterschaftsgeld nach dem Mutterschutzgesetz sowie der Zuschuss bei Beschäftigungsverboten für die Zeit vor oder nach einer Entbindung sowie für den Entbindungstag während einer Elternzeit nach beamtenrechtlichen Vorschriften;
2. a) das Arbeitslosengeld, das Teilarbeitslosengeld, das Kurzarbeitergeld, der Zuschuss zum Arbeitsentgelt, das Übergangsgeld, der Gründungszuschuss nach dem Dritten Buch Sozialgesetzbuch sowie die übrigen Leistungen nach dem Dritten Buch Sozialgesetzbuch und den entsprechenden Programmen des Bundes und der Länder, soweit sie Arbeitnehmern oder Arbeitsuchenden oder zur Förderung der Aus- oder Weiterbildung oder Existenzgründung der Empfänger gewährt werden,
   b) das Insolvenzgeld, Leistungen auf Grund der in § 169 und § 175 Absatz 2 des Dritten Buches Sozialgesetzbuch genannten Ansprüche sowie Zahlungen des Arbeitgebers an einen Sozialleistungsträger auf Grund des gesetzlichen Forderungsübergangs nach § 115 Absatz 1 des Zehnten Buches Sozialgesetzbuch, wenn ein Insolvenzereignis nach § 165 Absatz 1 Satz 2 auch in Verbindung mit Satz 3 des Dritten Buches Sozialgesetzbuch vorliegt,
   c) die Arbeitslosenbeihilfe nach dem Soldatenversorgungsgesetz,
   d) Leistungen zur Sicherung des Lebensunterhalts und zur Eingliederung in Arbeit nach dem Zweiten Buch Sozialgesetzbuch,
   e) mit den in den Nummern 1 bis 2 Buchstabe d genannten Leistungen vergleichbare Leistungen ausländischer Rechtsträger, die ihren Sitz in einem Mitgliedstaat der Europäischen Union, in einem Staat, auf den das Abkommen über den Europäischen Wirtschaftsraum Anwendung findet oder in der Schweiz haben;
3. a) Rentenabfindungen nach § 107 des Sechsten Buches Sozialgesetzbuch, nach § 21 des Beamtenversorgungsgesetzes oder entsprechendem Landesrecht und nach § 43 des Soldatenversorgungsgesetzes in Verbindung mit § 21 des Beamtenversorgungsgesetzes,
   b) Beitragserstattungen an den Versicherten nach den §§ 210 und 286d des Sechsten Buches Sozialgesetzbuch sowie nach den §§ 204, 205 und 207 des Sechsten Buches Sozialgesetzbuch, Beitragserstattungen nach den §§ 75 und 117 des Gesetzes über die Alterssicherung der Landwirte und nach § 26 des Vierten Buches Sozialgesetzbuch,
   c) Leistungen aus berufsständischen Versorgungseinrichtungen, die den Leistungen nach den Buchstaben a und b entsprechen,

d) Kapitalabfindungen und Ausgleichszahlungen nach § 48 des Beamtenversorgungsgesetzes oder entsprechendem Landesrecht und nach den §§ 28 bis 35 und 38 des Soldatenversorgungsgesetzes;

4. bei Angehörigen der Bundeswehr, der Bundespolizei, der Zollverwaltung, der Bereitschaftspolizei der Länder, der Vollzugspolizei und der Berufsfeuerwehr der Länder und Gemeinden und bei Vollzugsbeamten der Kriminalpolizei des Bundes, der Länder und Gemeinden
   a) der Geldwert der ihnen aus Dienstbeständen überlassenen Dienstkleidung,
   b) Einkleidungsbeihilfen und Abnutzungsentschädigungen für die Dienstkleidung der zum Tragen oder Bereithalten von Dienstkleidung Verpflichteten und für dienstlich notwendige Kleidungsstücke der Vollzugsbeamten der Kriminalpolizei sowie der Angehörigen der Zollverwaltung,
   c) im Einsatz gewährte Verpflegung oder Verpflegungszuschüsse,
   d) der Geldwert der auf Grund gesetzlicher Vorschriften gewährten Heilfürsorge;
5. a) die Geld- und Sachbezüge, die Wehrpflichtige während des Wehrdienstes nach § 4 des Wehrpflichtgesetzes erhalten,
   b) die Geld- und Sachbezüge, die Zivildienstleistende nach § 35 des Zivildienstgesetzes erhalten,
   c) der nach § 2 Absatz 1 des Wehrsoldgesetzes an Soldaten im Sinne des § 1 Absatz 1 des Wehrsoldgesetzes gezahlte Wehrsold,
   d) die an Reservistinnen und Reservisten der Bundeswehr im Sinne des § 1 des Reservistinnen- und Reservistengesetzes nach dem Wehrsoldgesetz gezahlten Bezüge,
   e) die Heilfürsorge, die Soldaten nach § 6 des Wehrsoldgesetzes und Zivildienstleistende nach § 35 des Zivildienstgesetzes erhalten,
   f) das an Personen, die einen in § 32 Absatz 4 Satz 1 Nummer 2 Buchstabe d genannten Freiwilligendienst leisten, gezahlte Taschengeld oder eine vergleichbare Geldleistung;
6. Bezüge, die auf Grund gesetzlicher Vorschriften aus öffentlichen Mitteln versorgungshalber an Wehrdienstbeschädigte, im freiwilligen Wehrdienst Beschädigte, Zivildienstbeschädigte und im Bundesfreiwilligendienst Beschädigte oder ihre Hinterbliebenen, Kriegsbeschädigte, Kriegshinterbliebene und ihnen gleichgestellte Personen gezahlt werden, soweit es sich nicht um Bezüge handelt, die auf Grund der Dienstzeit gewährt werden. [2]Gleichgestellte im Sinne des Satzes 1 sind auch Personen, die Anspruch auf Leistungen nach dem Bundesversorgungsgesetz oder auf Unfallfürsorgeleistungen nach dem Soldatenversorgungsgesetz, Beamtenversorgungsgesetz oder vergleichbarem Landesrecht haben;
7. Ausgleichsleistungen nach dem Lastenausgleichsgesetz, Leistungen nach dem Flüchtlingshilfegesetz, dem Bundesvertriebenengesetz, dem Reparationsschädengesetz, dem Vertriebenenzuwendungsgesetz, dem NS-Verfolgtenentschädigungsgesetz sowie Leistungen nach dem Entschädigungsgesetz* und nach dem Ausgleichsleistungsgesetz, soweit sie nicht Kapitalerträge im Sinne des § 20 Absatz 1 Nummer 7 und Absatz 2 sind;
8. Geldrenten, Kapitalentschädigungen und Leistungen im Heilverfahren, die auf Grund gesetzlicher Vorschriften zur Wiedergutmachung nationalsozialistischen Unrechts gewährt werden. [2]Die Steuerpflicht von Bezügen aus einem aus Wiedergutmachungsgründen neu begründeten oder wieder begründeten Dienstverhältnis sowie von Bezügen aus einem früheren

---

* Aufgehoben durch den Einigungsvertrag v 31.8.1990 (BGBl II, 889).

Dienstverhältnis, die aus Wiedergutmachungsgründen neu gewährt oder wieder gewährt werden, bleibt unberührt;

8a. Renten wegen Alters und Renten wegen verminderter Erwerbsfähigkeit aus der gesetzlichen Rentenversicherung, die an Verfolgte im Sinne des § 1 des Bundesentschädigungsgesetzes gezahlt werden, wenn rentenrechtliche Zeiten auf Grund der Verfolgung in der Rente enthalten sind. [2]Renten wegen Todes aus der gesetzlichen Rentenversicherung, wenn der verstorbene Versicherte Verfolgter im Sinne des § 1 des Bundesentschädigungsgesetzes war und wenn rentenrechtliche Zeiten auf Grund der Verfolgung in dieser Rente enthalten sind;

9. Erstattungen nach § 23 Absatz 2 Satz 1 Nummer 3 und 4 sowie nach § 39 Absatz 4 Satz 2 des Achten Buches Sozialgesetzbuch;

10. Einnahmen einer Gastfamilie für die Aufnahme eines behinderten oder von Behinderung bedrohten Menschen nach § 2 Absatz 1 des Neunten Buches Sozialgesetzbuch zur Pflege, Betreuung, Unterbringung und Verpflegung, die auf Leistungen eines Leistungsträgers nach dem Sozialgesetzbuch beruhen. [2]Für Einnahmen im Sinne des Satzes 1, die nicht auf Leistungen eines Leistungsträgers nach dem Sozialgesetzbuch beruhen, gilt Entsprechendes bis zur Höhe der Leistungen nach dem Zwölften Buch Sozialgesetzbuch. [3]Überschreiten die auf Grund der in Satz 1 bezeichneten Tätigkeit bezogenen Einnahmen der Gastfamilie den steuerfreien Betrag, dürfen die mit der Tätigkeit in unmittelbarem wirtschaftlichen Zusammenhang stehenden Ausgaben abweichend von § 3c nur insoweit als Betriebsausgaben abgezogen werden, als sie den Betrag der steuerfreien Einnahmen übersteigen;

11. Bezüge aus öffentlichen Mitteln oder aus Mitteln einer öffentlichen Stiftung, die wegen Hilfsbedürftigkeit oder als Beihilfe zu dem Zweck bewilligt werden, die Erziehung oder Ausbildung, die Wissenschaft oder Kunst unmittelbar zu fördern. [2]Darunter fallen nicht Kinderzuschläge und Kinderbeihilfen, die auf Grund der Besoldungsgesetze, besonderer Tarife oder ähnlicher Vorschriften gewährt werden. [3]Voraussetzung für die Steuerfreiheit ist, dass der Empfänger mit den Bezügen nicht zu einer bestimmten wissenschaftlichen oder künstlerischen Gegenleistung oder zu einer bestimmten Arbeitnehmertätigkeit verpflichtet wird. [4]Den Bezügen aus öffentlichen Mitteln wegen Hilfsbedürftigkeit gleichgestellt sind Beitragsermäßigungen und Prämienrückzahlungen eines Trägers der gesetzlichen Krankenversicherung für nicht in Anspruch genommene Beihilfeleistungen;

12. aus einer Bundeskasse oder Landeskasse gezahlte Bezüge, die zum einen
    a) in einem Bundesgesetz oder Landesgesetz,
    b) auf der Grundlage einer bundesgesetzlichen oder landesgesetzlichen Ermächtigung beruhenden Bestimmung oder
    c) von der Bundesregierung oder einer Landesregierung

    als Aufwandsentschädigung festgesetzt sind und die zum anderen jeweils auch als Aufwandsentschädigung im Haushaltsplan ausgewiesen werden. [2]Das Gleiche gilt für andere Bezüge, die als Aufwandsentschädigung aus öffentlichen Kassen an öffentliche Dienste leistende Personen gezahlt werden, soweit nicht festgestellt wird, dass sie für Verdienstausfall oder Zeitverlust gewährt werden oder den Aufwand, der dem Empfänger erwächst, offenbar übersteigen;

13. die aus öffentlichen Kassen gezahlten Reisekostenvergütungen, Umzugskostenvergütungen und Trennungsgelder. [2]Die als Reisekostenvergütungen gezahlten Vergütungen für Verpflegung sind nur insoweit steuerfrei, als sie die Pauschbeträge nach § 9 Absatz 4a nicht übersteigen; Trennungsgelder sind nur insoweit steuerfrei, als sie die nach § 9 Absatz 1

Satz 3 Nummer 5 und Absatz 4a abziehbaren Aufwendungen nicht übersteigen;

14. Zuschüsse eines Trägers der gesetzlichen Rentenversicherung zu den Aufwendungen eines Rentners für seine Krankenversicherung und von dem gesetzlichen Rentenversicherungsträger getragene Anteile (§ 249a des Fünften Buches Sozialgesetzbuch) an den Beiträgen für die gesetzliche Krankenversicherung;

15. *(weggefallen)*

16. die Vergütungen, die Arbeitnehmer außerhalb des öffentlichen Dienstes von ihrem Arbeitgeber zur Erstattung von Reisekosten, Umzugskosten oder Mehraufwendungen bei doppelter Haushaltsführung erhalten, soweit sie die nach § 9 als Werbungskosten abziehbaren Aufwendungen nicht übersteigen;

17. Zuschüsse zum Beitrag nach § 32 des Gesetzes über die Alterssicherung der Landwirte;

18. das Aufgeld für ein an die Bank für Vertriebene und Geschädigte (Lastenausgleichsbank) zugunsten des Ausgleichsfonds (§ 5 des Lastenausgleichsgesetzes) gegebenes Darlehen, wenn das Darlehen nach § 7f des Gesetzes in der Fassung der Bekanntmachung vom 15. September 1953 (BGBl. I S. 1355) im Jahr der Hingabe als Betriebsausgabe abzugsfähig war;

19. *(weggefallen)*

20. die aus öffentlichen Mitteln des Bundespräsidenten aus sittlichen oder sozialen Gründen gewährten Zuwendungen an besonders verdiente Personen oder ihre Hinterbliebenen;

21. *(weggefallen)*

22. *(weggefallen)*

23. die Leistungen nach dem Häftlingshilfegesetz, dem Strafrechtlichen Rehabilitierungsgesetz, dem Verwaltungsrechtlichen Rehabilitierungsgesetz und dem Beruflichen Rehabilitierungsgesetz;

24. Leistungen, die auf Grund des Bundeskindergeldgesetzes gewährt werden;

25. Entschädigungen nach dem Infektionsschutzgesetz vom 20. Juli 2000 (BGBl. I S. 1045);

26. Einnahmen aus nebenberuflichen Tätigkeiten als Übungsleiter, Ausbilder, Erzieher, Betreuer oder vergleichbaren nebenberuflichen Tätigkeiten, aus nebenberuflichen künstlerischen Tätigkeiten oder der nebenberuflichen Pflege alter, kranker oder behinderter Menschen im Dienst oder im Auftrag einer juristischen Person des öffentlichen Rechts, die in einem Mitgliedstaat der Europäischen Union oder in einem Staat belegen ist, auf den das Abkommen über den Europäischen Wirtschaftsraum Anwendung findet, oder einer unter § 5 Absatz 1 Nummer 9 des Körperschaftsteuergesetzes fallenden Einrichtung zur Förderung gemeinnütziger, mildtätiger und kirchlicher Zwecke (§§ 52 bis 54 der Abgabenordnung) bis zur Höhe von insgesamt 2400 Euro im Jahr. [2]Überschreiten die Einnahmen für die in Satz 1 bezeichneten Tätigkeiten den steuerfreien Betrag, dürfen die mit den nebenberuflichen Tätigkeiten in unmittelbarem wirtschaftlichen Zusammenhang stehenden Ausgaben abweichend von § 3c nur insoweit als Betriebsausgaben oder Werbungskosten abgezogen werden, als sie den Betrag der steuerfreien Einnahmen übersteigen;

26a. Einnahmen aus nebenberuflichen Tätigkeiten im Dienst oder Auftrag einer juristischen Person des öffentlichen Rechts, die in einem Mitgliedstaat der Europäischen Union oder in einem Staat belegen ist, auf den das Abkommen über den Europäischen Wirtschaftsraum Anwendung findet, oder einer unter § 5 Absatz 1 Nummer 9 des Körperschaftsteuergesetzes fallenden Einrichtung zur Förderung gemeinnütziger, mildtätiger und kirchlicher Zwecke (§§ 52 bis 54 der Abgabenordnung) bis zur Höhe von

insgesamt 720 Euro im Jahr. [2]Die Steuerbefreiung ist ausgeschlossen, wenn für die Einnahmen aus der Tätigkeit – ganz oder teilweise – eine Steuerbefreiung nach § 3 Nummer 12, 26 oder 26b gewährt wird. [3]Überschreiten die Einnahmen für die in Satz 1 bezeichneten Tätigkeiten den steuerfreien Betrag, dürfen die mit den nebenberuflichen Tätigkeiten in unmittelbarem wirtschaftlichen Zusammenhang stehenden Ausgaben abweichend von § 3c nur insoweit als Betriebsausgaben oder Werbungskosten abgezogen werden, als sie den Betrag der steuerfreien Einnahmen übersteigen;

26b. Aufwandsentschädigungen nach § 1835a des Bürgerlichen Gesetzbuchs, soweit sie zusammen mit den steuerfreien Einnahmen im Sinne der Nummer 26 den Freibetrag nach Nummer 26 Satz 1 nicht überschreiten. [2]Nummer 26 Satz 2 gilt entsprechend;

27. der Grundbetrag der Produktionsaufgaberente und das Ausgleichsgeld nach dem Gesetz zur Förderung der Einstellung der landwirtschaftlichen Erwerbstätigkeit bis zum Höchstbetrag von 18 407 Euro;

28. die Aufstockungsbeträge im Sinne des § 3 Absatz 1 Nummer 1 Buchstabe a sowie die Beiträge und Aufwendungen im Sinne des § 3 Absatz 1 Nummer 1 Buchstabe b und des § 4 Absatz 2 des Altersteilzeitgesetzes, die Zuschläge, die versicherungsfrei Beschäftigte im Sinne des § 27 Absatz 1 Nummer 1 bis 3 des Dritten Buches Sozialgesetzbuch zur Aufstockung der Bezüge bei Altersteilzeit nach beamtenrechtlichen Vorschriften oder Grundsätzen erhalten sowie die Zahlungen des Arbeitgebers zur Übernahme der Beiträge im Sinne des § 187a des Sechsten Buches Sozialgesetzbuch, soweit sie 50 Prozent der Beiträge nicht übersteigen;

29. das Gehalt und die Bezüge,

a) die die diplomatischen Vertreter ausländischer Staaten, die ihnen zugewiesenen Beamten und die in ihren Diensten stehenden Personen erhalten. [2]Dies gilt nicht für deutsche Staatsangehörige oder für im Inland ständig ansässige Personen;

b) der Berufskonsuln, der Konsulatsangehörigen und ihres Personals, soweit sie Angehörige des Entsendestaates sind. [2]Dies gilt nicht für Personen, die im Inland ständig ansässig sind oder außerhalb ihres Amtes oder Dienstes einen Beruf, ein Gewerbe oder eine andere gewinnbringende Tätigkeit ausüben;

30. Entschädigungen für die betriebliche Benutzung von Werkzeugen eines Arbeitnehmers (Werkzeuggeld), soweit sie die entsprechenden Aufwendungen des Arbeitnehmers nicht offensichtlich übersteigen;

31. die typische Berufskleidung, die der Arbeitgeber seinem Arbeitnehmer unentgeltlich oder verbilligt überlässt; dasselbe gilt für eine Barablösung eines nicht nur einzelvertraglichen Anspruchs auf Gestellung von typischer Berufskleidung, wenn die Barablösung betrieblich veranlasst ist und die entsprechenden Aufwendungen des Arbeitnehmers nicht offensichtlich übersteigt;

32. die unentgeltliche oder verbilligte Sammelbeförderung eines Arbeitnehmers zwischen Wohnung und erster Tätigkeitsstätte sowie bei Fahrten nach § 9 Absatz 1 Satz 3 Nummer 4a Satz 3 mit einem vom Arbeitgeber gestellten Beförderungsmittel, soweit die Sammelbeförderung für den betrieblichen Einsatz des Arbeitnehmers notwendig ist;

33. zusätzlich zum ohnehin geschuldeten Arbeitslohn erbrachte Leistungen des Arbeitgebers zur Unterbringung und Betreuung von nicht schulpflichtigen Kindern der Arbeitnehmer in Kindergärten oder vergleichbaren Einrichtungen;

34. zusätzlich zum ohnehin geschuldeten Arbeitslohn erbrachte Leistungen des Arbeitgebers zur Verbesserung des allgemeinen Gesundheitszustands

und der betrieblichen Gesundheitsförderung, die hinsichtlich Qualität, Zweckbindung und Zielgerichtetheit den Anforderungen der §§ 20 und 20a des Fünften Buches Sozialgesetzbuch genügen, soweit sie 500 Euro im Kalenderjahr nicht übersteigen;

34a. zusätzlich zum ohnehin geschuldeten Arbeitslohn erbrachte Leistungen des Arbeitgebers

a) an ein Dienstleistungsunternehmen, das den Arbeitnehmer hinsichtlich der Betreuung von Kindern oder pflegebedürftigen Angehörigen berät oder hierfür Betreuungspersonen vermittelt sowie

b) zur kurzfristigen Betreuung von Kindern im Sinne des § 32 Absatz 1, die das 14. Lebensjahr noch nicht vollendet haben oder die wegen einer vor Vollendung des 25. Lebensjahres eingetretenen körperlichen, geistigen oder seelischen Behinderung außerstande sind, sich selbst zu unterhalten oder pflegebedürftigen Angehörigen des Arbeitnehmers, wenn die Betreuung aus zwingenden und beruflich veranlassten Gründen notwendig ist, auch wenn sie im privaten Haushalt des Arbeitnehmers stattfindet, soweit die Leistungen 600 Euro im Kalenderjahr nicht übersteigen;

35. die Einnahmen der bei der Deutsche Post AG, Deutsche Postbank AG oder Deutsche Telekom AG beschäftigten Beamten, soweit die Einnahmen ohne Neuordnung des Postwesens und der Telekommunikation nach den Nummern 11 bis 13 und 64 steuerfrei wären;

36. Einnahmen für Leistungen zur Grundpflege oder hauswirtschaftlichen Versorgung bis zur Höhe des Pflegegeldes nach § 37 des Elften Buches Sozialgesetzbuch, wenn diese Leistungen von Angehörigen des Pflegebedürftigen oder von anderen Personen, die damit eine sittliche Pflicht im Sinne des § 33 Absatz 2 gegenüber dem Pflegebedürftigen erfüllen, erbracht werden. [2]Entsprechendes gilt, wenn der Pflegebedürftige Pflegegeld aus privaten Versicherungsverträgen nach den Vorgaben des Elften Buches Sozialgesetzbuch oder eine Pauschalbeihilfe nach Beihilfevorschriften für häusliche Pflege erhält;

37. *(weggefallen)*

38. Sachprämien, die der Steuerpflichtige für die persönliche Inanspruchnahme von Dienstleistungen von Unternehmen unentgeltlich erhält, die diese zum Zwecke der Kundenbindung im allgemeinen Geschäftsverkehr in einem jedermann zugänglichen planmäßigen Verfahren gewähren, soweit der Wert der Prämien 1080 Euro im Kalenderjahr nicht übersteigt;

39. der Vorteil des Arbeitnehmers im Rahmen eines gegenwärtigen Dienstverhältnisses aus der unentgeltlichen oder verbilligten Überlassung von Vermögensbeteiligungen im Sinne des § 2 Absatz 1 Nummer 1 Buchstabe a, b und f bis l und Absatz 2 bis 5 des Fünften Vermögensbildungsgesetzes in der Fassung der Bekanntmachung vom 4. März 1994 (BGBl. I S. 406), zuletzt geändert durch Artikel 2 des Gesetzes vom 7. März 2009 (BGBl. I S. 451), in der jeweils geltenden Fassung, am Unternehmen des Arbeitgebers, soweit der Vorteil insgesamt 360 Euro im Kalenderjahr nicht übersteigt. [2]Voraussetzung für die Steuerfreiheit ist, dass die Beteiligung mindestens allen Arbeitnehmern offensteht, die im Zeitpunkt der Bekanntgabe des Angebots ein Jahr oder länger ununterbrochen in einem gegenwärtigen Dienstverhältnis zum Unternehmen stehen. [3]Als Unternehmen des Arbeitgebers im Sinne des Satzes 1 gilt auch ein Unternehmen im Sinne des § 18 des Aktiengesetzes. [4]Als Wert der Vermögensbeteiligung ist der gemeine Wert anzusetzen;

40. 40 Prozent

a) der Betriebsvermögensmehrungen oder Einnahmen aus der Veräußerung oder der Entnahme von Anteilen an Körperschaften, Personen-

vereinigungen und Vermögensmassen, deren Leistungen beim Empfänger zu Einnahmen im Sinne des § 20 Absatz 1 Nummer 1 und 9 gehören, oder an einer Organgesellschaft im Sinne des § 14 oder § 17 des Körperschaftsteuergesetzes, oder aus deren Auflösung oder Herabsetzung von deren Nennkapital oder aus dem Ansatz eines solchen Wirtschaftsguts mit dem Wert, der sich nach § 6 Absatz 1 Nummer 2 Satz 3 ergibt, soweit sie zu den Einkünften aus Land- und Forstwirtschaft, aus Gewerbebetrieb oder aus selbständiger Arbeit gehören. [2]Dies gilt nicht, soweit der Ansatz des niedrigeren Teilwerts in vollem Umfang zu einer Gewinnminderung geführt hat und soweit diese Gewinnminderung nicht durch Ansatz eines Werts, der sich nach § 6 Absatz 1 Nummer 2 Satz 3 ergibt, ausgeglichen worden ist. [3]Satz 1 gilt außer für Betriebsvermögensmehrungen aus dem Ansatz mit dem Wert, der sich nach § 6 Absatz 1 Nummer 2 Satz 3 ergibt, ebenfalls nicht, soweit Abzüge nach § 6b oder ähnliche Abzüge voll steuerwirksam vorgenommen worden sind,

b) des Veräußerungspreises im Sinne des § 16 Absatz 2, soweit er auf die Veräußerung von Anteilen an Körperschaften, Personenvereinigungen und Vermögensmassen entfällt, deren Leistungen beim Empfänger zu Einnahmen im Sinne des § 20 Absatz 1 Nummer 1 und 9 gehören, oder an einer Organgesellschaft im Sinne des § 14 oder § 17 des Körperschaftsteuergesetzes. [2]Satz 1 ist in den Fällen des § 16 Absatz 3 entsprechend anzuwenden. [3]Buchstabe a Satz 3 gilt entsprechend,

c) des Veräußerungspreises oder des gemeinen Werts im Sinne des § 17 Absatz 2. [2]Satz 1 ist in den Fällen des § 17 Absatz 4 entsprechend anzuwenden,

d) der Bezüge im Sinne des § 20 Absatz 1 Nummer 1 und der Einnahmen im Sinne des § 20 Absatz 1 Nummer 9. [2]Dies gilt nur, soweit sie das Einkommen der leistenden Körperschaft nicht gemindert haben. [3]Satz 1 Buchstabe d Satz 2 gilt nicht, soweit eine verdeckte Gewinnausschüttung das Einkommen einer dem Steuerpflichtigen nahe stehenden Person erhöht hat und § 32a des Körperschaftsteuergesetzes auf die Veranlagung dieser nahe stehenden Person keine Anwendung findet,

e) der Bezüge im Sinne des § 20 Absatz 1 Nummer 2,

f) der besonderen Entgelte oder Vorteile im Sinne des § 20 Absatz 3, die neben den in § 20 Absatz 1 Nummer 1 und Absatz 2 Satz 1 Nummer 2 Buchstabe a bezeichneten Einnahmen oder an deren Stelle gewährt werden,

g) des Gewinns aus der Veräußerung von Dividendenscheinen und sonstigen Ansprüchen im Sinne des § 20 Absatz 2 Satz 1 Nummer 2 Buchstabe a,

h) des Gewinns aus der Abtretung von Dividendenansprüchen oder sonstigen Ansprüchen im Sinne des § 20 Absatz 2 Satz 1 Nummer 2 Buchstabe a in Verbindung mit § 20 Absatz 2 Satz 2,

i) der Bezüge im Sinne des § 22 Nummer 1 Satz 2, soweit diese von einer nicht von der Körperschaftsteuer befreiten Körperschaft, Personenvereinigung oder Vermögensmasse stammen.

[2]Dies gilt für Satz 1 Buchstabe d bis h nur in Verbindung mit § 20 Absatz 8. Satz 1 Buchstabe a, b und d bis h ist nicht anzuwenden für Anteile, die bei Kreditinstituten und Finanzdienstleistungsinstituten nach § 1a des Kreditwesengesetzes in Verbindung mit den Artikeln 102 bis 106 der Verordnung (EU) Nr. 575/2013 des Europäischen Parlaments und des Rates vom 26. Juni 2013 über Aufsichtsanforderungen an Kreditinstitute und Wertpapierfirmen und zur Änderung der Verordnung (EU) Nr. 646/2012

(Abl. L 176 vom 27.6.2013, S. 1) oder unmittelbar nach den Artikeln 102 bis 106 der Verordnung (EU) Nr. 575/2013 dem Handelsbuch zuzurechnen sind; Gleiches gilt für Anteile, die von Finanzunternehmen im Sinne des Gesetzes über das Kreditwesen mit dem Ziel der kurzfristigen Erzielung eines Eigenhandelserfolges erworben werden. [4] Satz 3 zweiter Halbsatz gilt auch für Kreditinstitute, Finanzdienstleistungsinstitute und Finanzunternehmen mit Sitz in einem anderen Mitgliedstaat der Europäischen Union oder in einem anderen Vertragsstaat des EWR-Abkommens. [5] Satz 1 ist nicht anzuwenden bei Anteilen an Unterstützungskassen;

40a. 40 Prozent der Vergütungen im Sinne des § 18 Absatz 1 Nummer 4;

41. a) Gewinnausschüttungen, soweit für das Kalenderjahr oder Wirtschaftsjahr, in dem sie bezogen werden, oder für die vorangegangenen sieben Kalenderjahre oder Wirtschaftsjahre aus einer Beteiligung an derselben ausländischen Gesellschaft Hinzurechnungsbeträge (§ 10 Absatz 2 des Außensteuergesetzes) der Einkommensteuer unterlegen haben, § 11 Absatz 1 und 2 des Außensteuergesetzes in der Fassung des Artikels 12 des Gesetzes vom 21. Dezember 1993 (BGBl. I S. 2310) nicht anzuwenden war und der Steuerpflichtige dies nachweist; § 3c Absatz 2 gilt entsprechend;

    b) Gewinne aus der Veräußerung eines Anteils an einer ausländischen Kapitalgesellschaft sowie aus deren Auflösung oder Herabsetzung ihres Kapitals, soweit für das Kalenderjahr oder Wirtschaftsjahr, in dem sie bezogen werden, oder für die vorangegangenen sieben Kalenderjahre oder Wirtschaftsjahre aus einer Beteiligung an derselben ausländischen Gesellschaft Hinzurechnungsbeträge (§ 10 Absatz 2 des Außensteuergesetzes) der Einkommensteuer unterlegen haben, § 11 Absatz 1 und 2 des Außensteuergesetzes in der Fassung des Artikels 12 des Gesetzes vom 21. Dezember 1993 (BGBl. I S. 2310) nicht anzuwenden war, der Steuerpflichtige dies nachweist und der Hinzurechnungsbetrag ihm nicht als Gewinnanteil zugeflossen ist.

    [2] Die Prüfung, ob Hinzurechnungsbeträge der Einkommensteuer unterlegen haben, erfolgt im Rahmen der gesonderten Feststellung nach § 18 des Außensteuergesetzes;

42. die Zuwendungen, die auf Grund des Fulbright-Abkommens gezahlt werden;

43. der Ehrensold für Künstler sowie Zuwendungen aus Mitteln der Deutschen Künstlerhilfe, wenn es sich um Bezüge aus öffentlichen Mitteln handelt, die wegen der Bedürftigkeit des Künstlers gezahlt werden;

44. Stipendien, die aus öffentlichen Mitteln oder von zwischenstaatlichen oder überstaatlichen Einrichtungen, denen die Bundesrepublik Deutschland als Mitglied angehört, zur Förderung der Forschung oder zur Förderung der wissenschaftlichen oder künstlerischen Ausbildung oder Fortbildung gewährt werden. [2] Das Gleiche gilt für Stipendien, die zu den in Satz 1 bezeichneten Zwecken von einer Einrichtung, die von einer Körperschaft des öffentlichen Rechts errichtet ist oder verwaltet wird, oder von einer Körperschaft, Personenvereinigung oder Vermögensmasse im Sinne des § 5 Absatz 1 Nummer 9 des Körperschaftsteuergesetzes gegeben werden. [3] Voraussetzung für die Steuerfreiheit ist, dass

    a) die Stipendien einen für die Erfüllung der Forschungsaufgabe oder für die Bestreitung des Lebensunterhalts und die Deckung des Ausbildungsbedarfs erforderlichen Betrag nicht übersteigen und nach den von dem Geber erlassenen Richtlinien vergeben werden,

    b) der Empfänger im Zusammenhang mit dem Stipendium nicht zu einer bestimmten wissenschaftlichen oder künstlerischen Gegenleistung oder zu einer bestimmten Arbeitnehmertätigkeit verpflichtet ist;

45. die Vorteile des Arbeitnehmers aus der privaten Nutzung von betrieblichen Datenverarbeitungsgeräten und Telekommunikationsgeräten sowie deren Zubehör, aus zur privaten Nutzung überlassenen System- und Anwendungsprogrammen, die der Arbeitgeber auch in seinem Betrieb einsetzt, und aus den im Zusammenhang mit diesen Zuwendungen erbrachten Dienstleistungen. [2] Satz 1 gilt entsprechend für Steuerpflichtige, denen die Vorteile im Rahmen einer Tätigkeit zugewendet werden, für die sie eine Aufwandsentschädigung im Sinne des § 3 Nummer 12 erhalten;
46. *(weggefallen)*
47. Leistungen nach § 14a Absatz 4 und § 14b des Arbeitsplatzschutzgesetzes;
48. Leistungen nach dem Unterhaltssicherungsgesetz mit Ausnahme der Leistungen nach § 7 des Unterhaltssicherungsgesetzes;
49. *(weggefallen)*
50. die Beträge, die der Arbeitnehmer vom Arbeitgeber erhält, um sie für ihn auszugeben (durchlaufende Gelder), und die Beträge, durch die Auslagen des Arbeitnehmers für den Arbeitgeber ersetzt werden (Auslagenersatz);
51. Trinkgelder, die anlässlich einer Arbeitsleistung dem Arbeitnehmer von Dritten freiwillig und ohne dass ein Rechtsanspruch auf sie besteht, zusätzlich zu dem Betrag gegeben werden, der für diese Arbeitsleistung zu zahlen ist;
52. *(weggefallen)*
53. die Übertragung von Wertguthaben nach § 7f Absatz 1 Satz 1 Nummer 2 des Vierten Buches Sozialgesetzbuch auf die Deutsche Rentenversicherung Bund. [2] Die Leistungen aus dem Wertguthaben durch die Deutsche Rentenversicherung Bund gehören zu den Einkünften aus nichtselbständiger Arbeit im Sinne des § 19. [3] Von ihnen ist Lohnsteuer einzubehalten;
54. Zinsen aus Entschädigungsansprüchen für deutsche Auslandsbonds im Sinne der §§ 52 bis 54 des Bereinigungsgesetzes für deutsche Auslandsbonds in der im Bundesgesetzblatt Teil III, Gliederungsnummer 4139-2, veröffentlichten bereinigten Fassung, soweit sich die Entschädigungsansprüche gegen den Bund oder die Länder richten. [2] Das Gleiche gilt für die Zinsen aus Schuldverschreibungen und Schuldbuchforderungen, die nach den §§ 9, 10 und 14 des Gesetzes zur näheren Regelung der Entschädigungsansprüche für Auslandsbonds in der im Bundesgesetzblatt Teil III, Gliederungsnummer 4139-3, veröffentlichten bereinigten Fassung vom Bund oder von den Ländern für Entschädigungsansprüche erteilt oder eingetragen werden;
55. der in den Fällen des § 4 Absatz 2 Nummer 2 und Absatz 3 des Betriebsrentengesetzes vom 19. Dezember 1974 (BGBl. I S. 3610), das zuletzt durch Artikel 8 des Gesetzes vom 5. Juli 2004 (BGBl. I S. 1427) geändert worden ist, in der jeweils geltenden Fassung geleistete Übertragungswert nach § 4 Absatz 5 des Betriebsrentengesetzes, wenn die betriebliche Altersversorgung beim ehemaligen und neuen Arbeitgeber über einen Pensionsfonds, eine Pensionskasse oder ein Unternehmen der Lebensversicherung durchgeführt wird. [2] Satz 1 gilt auch, wenn der Übertragungswert vom ehemaligen Arbeitgeber oder von einer Unterstützungskasse an den neuen Arbeitgeber oder eine andere Unterstützungskasse geleistet wird. [3] Die Leistungen des neuen Arbeitgebers, der Unterstützungskasse, des Pensionsfonds, der Pensionskasse oder des Unternehmens der Lebensversicherung auf Grund des Betrags nach Satz 1 und 2 gehören zu den Einkünften, zu denen die Leistungen gehören würden, wenn die Übertragung nach § 4 Absatz 2 Nummer 2 und Absatz 3 des Betriebsrentengesetzes nicht stattgefunden hätte;

55a. die nach § 10 des Versorgungsausgleichsgesetzes vom 3. April 2009 (BGBl. I S. 700) in der jeweils geltenden Fassung (interne Teilung) durch-

geführte Übertragung von Anrechten für die ausgleichsberechtigte Person zu Lasten von Anrechten der ausgleichspflichtigen Person. [2]Die Leistungen aus diesen Anrechten gehören bei der ausgleichsberechtigten Person zu den Einkünften, zu denen die Leistungen bei der ausgleichspflichtigen Person gehören würden, wenn die interne Teilung nicht stattgefunden hätte;

55b. der nach § 14 des Versorgungsausgleichsgesetzes (externe Teilung) geleistete Ausgleichswert zur Begründung von Anrechten für die ausgleichsberechtigte Person zu Lasten von Anrechten der ausgleichspflichtigen Person, soweit Leistungen aus diesen Anrechten zu steuerpflichtigen Einkünften nach den §§ 19, 20 und 22 führen würden. [2]Satz 1 gilt nicht, soweit Leistungen, die auf dem begründeten Anrecht beruhen, bei der ausgleichsberechtigten Person zu Einkünften nach § 20 Absatz 1 Nummer 6 oder § 22 Nummer 1 Satz 3 Buchstabe a Doppelbuchstabe bb führen würden. [3]Der Versorgungsträger der ausgleichspflichtigen Person hat den Versorgungsträger der ausgleichsberechtigten Person über die für die Besteuerung der Leistungen erforderlichen Grundlagen zu informieren. [4]Dies gilt nicht, wenn der Versorgungsträger der ausgleichsberechtigten Person die Grundlagen bereits kennt oder aus den bei ihm vorhandenen Daten feststellen kann und dieser Umstand dem Versorgungsträger der ausgleichspflichtigen Person mitgeteilt worden ist;

55c. Übertragungen von Altersvorsorgevermögen im Sinne des § 92 auf einen anderen auf den Namen des Steuerpflichtigen lautenden Altersvorsorgevertrag (§ 1 Absatz 1 Satz 1 Nummer 10 Buchstabe b des Altersvorsorgeverträge-Zertifizierungsgesetzes), soweit die Leistungen zu steuerpflichtigen Einkünften nach § 22 Nummer 5 führen würden. [2]Dies gilt entsprechend

a) wenn Anwartschaften der betrieblichen Altersversorgung abgefunden werden, soweit das Altersvorsorgevermögen zugunsten eines auf den Namen des Steuerpflichtigen lautenden Altersvorsorgevertrages geleistet wird,

b) wenn im Fall des Todes des Steuerpflichtigen das Altersvorsorgevermögen auf einen auf den Namen des Ehegatten lautenden Altersvorsorgevertrag übertragen wird, wenn die Ehegatten im Zeitpunkt des Todes des Zulageberechtigten nicht dauernd getrennt gelebt haben (§ 26 Absatz 1) und ihren Wohnsitz oder gewöhnlichen Aufenthalt in einem Mitgliedstaat der Europäischen Union oder einem Staat hatten, auf den das Abkommen über den Europäischen Wirtschaftsraum anwendbar ist;

55d. Übertragungen von Anrechten aus einem nach § 5a Altersvorsorgeverträge-Zertifizierungsgesetz zertifizierten Vertrag auf einen anderen auf den Namen des Steuerpflichtigen lautenden nach § 5a Altersvorsorgeverträge-Zertifizierungsgesetz zertifizierten Vertrag;

55e. die auf Grund eines Abkommens mit einer zwischen- oder überstaatlichen Einrichtung übertragenen Werte von Anrechten auf Altersversorgung, soweit diese zur Begründung von Anrechten auf Altersversorgung bei einer zwischen- oder überstaatlichen Einrichtung dienen. [2]Die Leistungen auf Grund des Betrags nach Satz 1 gehören zu den Einkünften, zu denen die Leistungen gehören, die die übernehmende Versorgungseinrichtung im Übrigen erbringt;

56. Zuwendungen des Arbeitgebers nach § 19 Absatz 1 Satz 1 Nummer 3 Satz 1 aus dem ersten Dienstverhältnis an eine Pensionskasse zum Aufbau einer nicht kapitalgedeckten betrieblichen Altersversorgung, bei der eine Auszahlung der zugesagten Alters-, Invaliditäts- oder Hinterbliebenenversorgung in Form einer Rente oder eines Auszahlungsplans (§ 1 Absatz 1

Satz 1 Nummer 4 des Altersvorsorgeverträge-Zertifizierungsgesetzes) vorgesehen ist, soweit diese Zuwendungen im Kalenderjahr 1 Prozent der Beitragsbemessungsgrenze in der allgemeinen Rentenversicherung nicht übersteigen. [2]Der in Satz 1 genannte Höchstbetrag erhöht sich ab 1. Januar 2014 auf 2 Prozent, ab 1. Januar 2020 auf 3 Prozent und ab 1. Januar 2025 auf 4 Prozent der Beitragsbemessungsgrenze in der allgemeinen Rentenversicherung. [3]Die Beträge nach den Sätzen 1 und 2 sind jeweils um die nach § 3 Nummer 63 Satz 1, 3 oder Satz 4 steuerfreien Beträge zu mindern;

57. die Beträge, die die Künstlersozialkasse zugunsten des nach dem Künstlersozialversicherungsgesetz Versicherten aus dem Aufkommen von Künstlersozialabgabe und Bundeszuschuss an einen Träger der Sozialversicherung oder an den Versicherten zahlt;
58. das Wohngeld nach dem Wohngeldgesetz, die sonstigen Leistungen aus öffentlichen Haushalten oder Zweckvermögen zur Senkung der Miete oder Belastung im Sinne des § 11 Absatz 2 Nummer 4 des Wohngeldgesetzes sowie öffentliche Zuschüsse zur Deckung laufender Aufwendungen und Zinsvorteile bei Darlehen, die aus öffentlichen Haushalten gewährt werden, für eine zu eigenen Wohnzwecken genutzte Wohnung im eigenen Haus oder eine zu eigenen Wohnzwecken genutzte Eigentumswohnung, soweit die Zuschüsse und Zinsvorteile die Vorteile aus einer entsprechenden Förderung mit öffentlichen Mitteln nach dem *Zweiten Wohnungsbaugesetz,** dem Wohnraumförderungsgesetz oder einem Landesgesetz zur Wohnraumförderung nicht überschreiten, der Zuschuss für die Wohneigentumsbildung in innerstädtischen Altbauquartieren nach den Regelungen zum Stadtumbau Ost in den Verwaltungsvereinbarungen über die Gewährung von Finanzhilfen des Bundes an die Länder nach Artikel 104a Absatz 4 des Grundgesetzes zur Förderung städtebaulicher Maßnahmen;
59. die Zusatzförderung nach § 88e des *Zweiten Wohnungsbaugesetzes** und nach § 51f des Wohnungsbaugesetzes für das Saarland und Geldleistungen, die ein Mieter zum Zwecke der Wohnkostenentlastung nach dem Wohnraumförderungsgesetz oder einem Landesgesetz zur Wohnraumförderung erhält, soweit die Einkünfte dem Mieter zuzurechnen sind, und die Vorteile aus einer mietweisen Wohnungsüberlassung im Zusammenhang mit einem Arbeitsverhältnis, soweit sie die Vorteile aus einer entsprechenden Förderung nach dem *Zweiten Wohnungsbaugesetz**, nach dem Wohnraumförderungsgesetz oder einem Landesgesetz zur Wohnraumförderung nicht überschreiten;
60. Leistungen aus öffentlichen Mitteln an Arbeitnehmer des Steinkohlen-, Pechkohlen- und Erzbergbaues, des Braunkohlentiefbaues und der Eisen- und Stahlindustrie aus Anlass von Stilllegungs-, Einschränkungs-, Umstellungs- oder Rationalisierungsmaßnahmen;
61. Leistungen nach § 4 Absatz 1 Nummer 2, § 7 Absatz 3, §§ 9, 10 Absatz 1, §§ 13, 15 des Entwicklungshelfer-Gesetzes;
62. Ausgaben des Arbeitgebers für die Zukunftssicherung des Arbeitnehmers, soweit der Arbeitgeber dazu nach sozialversicherungsrechtlichen oder anderen gesetzlichen Vorschriften oder nach einer auf gesetzlicher Ermächtigung beruhenden Bestimmung verpflichtet ist, und es sich nicht um Zuwendungen oder Beiträge des Arbeitgebers nach den Nummern 56 und 63 handelt. [2]Den Ausgaben des Arbeitgebers für die Zukunftssicherung, die auf Grund gesetzlicher Verpflichtung geleistet werden, werden

* Zweites Wohnungsbaugesetz aufgehoben ab 1.1.2001.

gleichgestellt Zuschüsse des Arbeitgebers zu den Aufwendungen des Arbeitnehmers
a) für eine Lebensversicherung,
b) für die freiwillige Versicherung in der gesetzlichen Rentenversicherung,
c) für eine öffentlich-rechtliche Versicherungs- oder Versorgungseinrichtung seiner Berufsgruppe,

wenn der Arbeitnehmer von der Versicherungspflicht in der gesetzlichen Rentenversicherung befreit worden ist. [3]Die Zuschüsse sind nur insoweit steuerfrei, als sie insgesamt bei Befreiung von der Versicherungspflicht in der allgemeinen Rentenversicherung die Hälfte und bei Befreiung von der Versicherungspflicht in der knappschaftlichen Rentenversicherung zwei Drittel der Gesamtaufwendungen des Arbeitnehmers nicht übersteigen und nicht höher sind als der Betrag, der als Arbeitgeberanteil bei Versicherungspflicht in der allgemeinen Rentenversicherung oder in der knappschaftlichen Rentenversicherung zu zahlen wäre. [4]Die Sätze 2 und 3 gelten sinngemäß für Beiträge des Arbeitgebers zu einer Pensionskasse, wenn der Arbeitnehmer bei diesem Arbeitgeber nicht im Inland beschäftigt ist und der Arbeitgeber keine Beiträge zur gesetzlichen Rentenversicherung im Inland leistet; Beiträge des Arbeitgebers zu einer Rentenversicherung auf Grund gesetzlicher Verpflichtung sind anzurechnen;

63. Beiträge des Arbeitgebers aus dem ersten Dienstverhältnis an einen Pensionsfonds, eine Pensionskasse oder für eine Direktversicherung zum Aufbau einer kapitalgedeckten betrieblichen Altersversorgung, bei der eine Auszahlung der zugesagten Alters-, Invaliditäts- oder Hinterbliebenenversorgungsleistungen in Form einer Rente oder eines Auszahlungsplans (§ 1 Absatz 1 Satz 1 Nummer 4 des Altersvorsorgeverträge-Zertifizierungsgesetzes vom 26. Juni 2001 (BGBl. I S. 1310, 1322), das zuletzt durch Artikel 7 des Gesetzes vom 5. Juli 2004 (BGBl. I S. 1427) geändert worden ist, in der jeweils geltenden Fassung) vorgesehen ist, soweit die Beiträge im Kalenderjahr 4 Prozent der Beitragsbemessungsgrenze in der allgemeinen Rentenversicherung nicht übersteigen. [2]Dies gilt nicht, soweit der Arbeitnehmer nach § 1a Absatz 3 des Betriebsrentengesetzes verlangt hat, dass die Voraussetzungen für eine Förderung nach § 10a oder Abschnitt XI erfüllt werden. [3]Der Höchstbetrag nach Satz 1 erhöht sich um 1800 Euro, wenn die Beiträge im Sinne des Satzes 1 auf Grund einer Versorgungszusage geleistet werden, die nach dem 31. Dezember 2004 erteilt wurde. [4]Aus Anlass der Beendigung des Dienstverhältnisses geleistete Beiträge im Sinne des Satzes 1 sind steuerfrei, soweit sie 1800 Euro vervielfältigt mit der Anzahl der Kalenderjahre, in denen das Dienstverhältnis des Arbeitnehmers zu dem Arbeitgeber bestanden hat, nicht übersteigen; der vervielfältigte Betrag vermindert sich um die nach den Sätzen 1 und 3 steuerfreien Beiträge, die der Arbeitgeber in dem Kalenderjahr, in dem das Dienstverhältnis beendet wird, und in den sechs vorangegangenen Kalenderjahren erbracht hat; Kalenderjahre vor 2005 sind dabei jeweils nicht zu berücksichtigen;

64. bei Arbeitnehmern, die zu einer inländischen juristischen Person des öffentlichen Rechts in einem Dienstverhältnis stehen und dafür Arbeitslohn aus einer inländischen öffentlichen Kasse beziehen, die Bezüge für eine Tätigkeit im Ausland insoweit, als sie den Arbeitslohn übersteigen, der dem Arbeitnehmer bei einer gleichwertigen Tätigkeit am Ort der zahlenden öffentlichen Kasse zustehen würde. [2]Satz 1 gilt auch, wenn das Dienstverhältnis zu einer anderen Person besteht, die den Arbeitslohn entsprechend den im Sinne des Satzes 1 geltenden Vorschriften ermittelt, der Arbeitslohn aus einer öffentlichen Kasse gezahlt wird und ganz oder im Wesentlichen aus öffentlichen Mitteln aufgebracht wird. [3]Bei anderen

für einen begrenzten Zeitraum in das Ausland entsandten Arbeitnehmern, die dort einen Wohnsitz oder gewöhnlichen Aufenthalt haben, ist der ihnen von einem inländischen Arbeitgeber gewährte Kaufkraftausgleich steuerfrei, soweit er den für vergleichbare Auslandsdienstbezüge nach § 55 des Bundesbesoldungsgesetzes zulässigen Betrag nicht übersteigt;

65. a) Beiträge des Trägers der Insolvenzsicherung (§ 14 des Betriebsrentengesetzes) zugunsten eines Versorgungsberechtigten und seiner Hinterbliebenen an eine Pensionskasse oder ein Unternehmen der Lebensversicherung zur Ablösung von Verpflichtungen, die der Träger der Insolvenzsicherung im Sicherungsfall gegenüber dem Versorgungsberechtigten und seinen Hinterbliebenen hat,

b) Leistungen zur Übernahme von Versorgungsleistungen oder unverfallbaren Versorgungsanwartschaften durch eine Pensionskasse oder ein Unternehmen der Lebensversicherung in den in § 4 Absatz 4 des Betriebsrentengesetzes bezeichneten Fällen und

c) der Erwerb von Ansprüchen durch den Arbeitnehmer gegenüber einem Dritten im Fall der Eröffnung des Insolvenzverfahrens oder in den Fällen des § 7 Absatz 1 Satz 4 des Betriebsrentengesetzes, soweit der Dritte neben dem Arbeitgeber für die Erfüllung von Ansprüchen auf Grund bestehender Versorgungsverpflichtungen oder Versorgungsanwartschaften gegenüber dem Arbeitnehmer und dessen Hinterbliebenen einsteht; dies gilt entsprechend, wenn der Dritte für Wertguthaben aus einer Vereinbarung über die Altersteilzeit nach dem Altersteilzeitgesetz vom 23. Juli 1996 (BGBl. I S. 1078), zuletzt geändert durch Artikel 234 der Verordnung vom 31. Oktober 2006 (BGBl. I S. 2407), in der jeweils geltenden Fassung oder auf Grund von Wertguthaben aus einem Arbeitszeitkonto in den im ersten Halbsatz genannten Fällen für den Arbeitgeber einsteht.

[2] In den Fällen nach Buchstabe a, b und c gehören die Leistungen der Pensionskasse, des Unternehmens der Lebensversicherung oder des Dritten zu den Einkünften, zu denen jene Leistungen gehören würden, die ohne Eintritt eines Falles nach Buchstabe a, b und c zu erbringen wären. [3] Soweit sie zu den Einkünften aus nichtselbständiger Arbeit im Sinne des § 19 gehören, ist von ihnen Lohnsteuer einzubehalten. [4] Für die Erhebung der Lohnsteuer gelten die Pensionskasse, das Unternehmen der Lebensversicherung oder der Dritte als Arbeitgeber und der Leistungsempfänger als Arbeitnehmer;

66. Leistungen eines Arbeitgebers oder einer Unterstützungskasse an einen Pensionsfonds zur Übernahme bestehender Versorgungsverpflichtungen oder Versorgungsanwartschaften durch den Pensionsfonds, wenn ein Antrag nach § 4d Absatz 3 oder § 4e Absatz 3 gestellt worden ist;

67. a) das Erziehungsgeld nach dem Bundeserziehungsgeldgesetz und vergleichbare Leistungen der Länder,

b) das Elterngeld nach dem Bundeselterngeld- und Elternzeitgesetz und vergleichbare Leistungen der Länder,

c) Leistungen für Kindererziehung an Mütter der Geburtsjahrgänge vor 1921 nach den §§ 294 bis 299 des Sechsten Buches Sozialgesetzbuch sowie

d) Zuschläge, die nach den §§ 50a bis 50e des Beamtenversorgungsgesetzes oder nach den §§ 70 bis 74 des Soldatenversorgungsgesetzes oder nach vergleichbaren Regelungen der Länder für ein vor dem 1. Januar 2015 geborenes Kind oder für eine vor dem 1. Januar 2015 begonnene Zeit der Pflege einer pflegebedürftigen Person zu gewähren sind; im Falle des Zusammentreffens von Zeiten für mehrere Kinder nach § 50b

des Beamtenversorgungsgesetzes oder § 71 des Soldatenversorgungsgesetzes oder nach vergleichbaren Regelungen der Länder gilt dies, wenn eines der Kinder vor dem 1. Januar 2015 geboren ist;

68. die Hilfen nach dem Gesetz über die Hilfe für durch Anti-D-Immunprophylaxe mit dem Hepatitis-C-Virus infizierte Personen vom 2. August 2000 (BGBl. I S. 1270);

69. die von der Stiftung „Humanitäre Hilfe für durch Blutprodukte HIV-infizierte Personen" nach dem HIV-Hilfegesetz vom 24. Juli 1995 (BGBl. I S. 972) gewährten Leistungen;

70. die Hälfte

a) der Betriebsvermögensmehrungen oder Einnahmen aus der Veräußerung von Grund und Boden und Gebäuden, die am 1. Januar 2007 mindestens fünf Jahre zum Anlagevermögen eines inländischen Betriebsvermögens des Steuerpflichtigen gehören, wenn diese auf Grund eines nach dem 31. Dezember 2006 und vor dem 1. Januar 2010 rechtswirksam abgeschlossenen obligatorischen Vertrages an eine REIT-Aktiengesellschaft oder einen Vor-REIT veräußert werden,

b) der Betriebsvermögensmehrungen, die auf Grund der Eintragung eines Steuerpflichtigen in das Handelsregister als REIT-Aktiengesellschaft im Sinne des REIT-Gesetzes vom 28. Mai 2007 (BGBl. I S. 914) durch Anwendung des § 13 Absatz 1 und 3 Satz 1 des Körperschaftsteuergesetzes auf Grund und Boden und Gebäude entstehen, wenn diese Wirtschaftsgüter vor dem 1. Januar 2005 angeschafft oder hergestellt wurden, und die Schlussbilanz im Sinne des § 13 Absatz 1 und 3 des Körperschaftsteuergesetzes auf einen Zeitpunkt vor dem 1. Januar 2010 aufzustellen ist.

[2] Satz 1 ist nicht anzuwenden,

a) wenn der Steuerpflichtige den Betrieb veräußert oder aufgibt und der Veräußerungsgewinn nach § 34 besteuert wird,

b) soweit der Steuerpflichtige von den Regelungen der §§ 6b und 6c Gebrauch macht,

c) soweit der Ansatz des niedrigeren Teilwerts in vollem Umfang zu einer Gewinnminderung geführt hat und soweit diese Gewinnminderung nicht durch den Ansatz eines Werts, der sich nach § 6 Absatz 1 Nummer 1 Satz 4 ergibt, ausgeglichen worden ist,

d) wenn im Fall des Satzes 1 Buchstabe a der Buchwert zuzüglich der Veräußerungskosten den Veräußerungserlös oder im Fall des Satzes 1 Buchstabe b der Buchwert den Teilwert übersteigt. [2] Ermittelt der Steuerpflichtige den Gewinn nach § 4 Absatz 3, treten an die Stelle des Buchwerts die Anschaffungs- oder Herstellungskosten verringert um die vorgenommenen Absetzungen für Abnutzung oder Substanzverringerung,

e) soweit vom Steuerpflichtigen in der Vergangenheit Abzüge bei den Anschaffungs- oder Herstellungskosten von Wirtschaftsgütern im Sinne des Satzes 1 nach § 6b oder ähnliche Abzüge voll steuerwirksam vorgenommen worden sind,

f) wenn es sich um eine Übertragung im Zusammenhang mit Rechtsvorgängen handelt, die dem Umwandlungssteuergesetz unterliegen und die Übertragung zu einem Wert unterhalb des gemeinen Werts erfolgt.

[3] Die Steuerbefreiung entfällt rückwirkend, wenn

a) innerhalb eines Zeitraums von vier Jahren seit dem Vertragsschluss im Sinne des Satzes 1 Buchstabe a der Erwerber oder innerhalb eines Zeitraums von vier Jahren nach dem Stichtag der Schlussbilanz im Sinne des Satzes 1 Buchstabe b die REIT-Aktiengesellschaft den Grund und Boden oder das Gebäude veräußert,

b) der Vor-REIT oder ein anderer Vor-REIT als sein Gesamtrechtsnachfolger den Status als Vor-REIT gemäß § 10 Absatz 3 Satz 1 des REIT-Gesetzes verliert,
c) die REIT-Aktiengesellschaft innerhalb eines Zeitraums von vier Jahren seit dem Vertragsschluss im Sinne des Satzes 1 Buchstabe a oder nach dem Stichtag der Schlussbilanz im Sinne des Satzes 1 Buchstabe b in keinem Veranlagungszeitraum die Voraussetzungen für die Steuerbefreiung erfüllt,
d) die Steuerbefreiung der REIT-Aktiengesellschaft innerhalb eines Zeitraums von vier Jahren seit dem Vertragsschluss im Sinne des Satzes 1 Buchstabe a oder nach dem Stichtag der Schlussbilanz im Sinne des Satzes 1 Buchstabe b endet,
e) das Bundeszentralamt für Steuern dem Erwerber im Sinne des Satzes 1 Buchstabe a den Status als Vor-REIT im Sinne des § 2 Satz 4 des REIT-Gesetzes vom 28. Mai 2007 (BGBl. I S. 914) bestandskräftig aberkannt hat.

[4] Die Steuerbefreiung entfällt auch rückwirkend, wenn die Wirtschaftsgüter im Sinne des Satzes 1 Buchstabe a vom Erwerber an den Veräußerer oder eine ihm nahe stehende Person im Sinne des § 1 Absatz 2 des Außensteuergesetzes überlassen werden und der Veräußerer oder eine ihm nahe stehende Person im Sinne des § 1 Absatz 2 des Außensteuergesetzes nach Ablauf einer Frist von zwei Jahren seit Eintragung des Erwerbers als REIT-Aktiengesellschaft in das Handelsregister an dieser mittelbar oder unmittelbar zu mehr als 50 Prozent beteiligt ist. [5] Der Grundstückserwerber haftet für die sich aus dem rückwirkenden Wegfall der Steuerbefreiung ergebenden Steuern;

71. die aus einer öffentlichen Kasse gezahlten Zuschüsse für den Erwerb eines Anteils an einer Kapitalgesellschaft in Höhe von 20 Prozent der Anschaffungskosten, höchstens jedoch 50 000 Euro. [2] Voraussetzung ist, dass
   a) der Anteil an der Kapitalgesellschaft länger als drei Jahre gehalten wird,
   b) die Kapitalgesellschaft, deren Anteile erworben werden,
      aa) nicht älter ist als zehn Jahre, wobei das Datum der Eintragung der Gesellschaft in das Handelsregister maßgeblich ist,
      bb) weniger als 50 Mitarbeiter (Vollzeitäquivalente) hat,
      cc) einen Jahresumsatz oder eine Jahresbilanzsumme von höchstens 10 Millionen Euro hat und
      dd) nicht börsennotiert ist und keinen Börsengang vorbereitet,
   c) der Zuschussempfänger das 18. Lebensjahr vollendet hat oder eine GmbH ist, deren Anteilseigner das 18. Lebensjahr vollendet haben und
   d) für den Erwerb des Anteils kein Fremdkapital eingesetzt wird.

Einkommensteuer-Durchführungsverordnung:

§ 4 *Steuerfreie Einnahmen*

Die Vorschriften der Lohnsteuer-Durchführungsverordnung über die Steuerpflicht oder die Steuerfreiheit von Einnahmen aus nichtselbständiger Arbeit sind bei der Veranlagung anzuwenden.

Lohnsteuer-Durchführungsverordnung:

§ 5 *Besondere Aufzeichnungs- und Mitteilungspflichten im Rahmen der betrieblichen Altersversorgung*

(1) Der Arbeitgeber hat bei Durchführung einer kapitalgedeckten betrieblichen Altersversorgung über einen Pensionsfonds, eine Pensionskasse oder

eine Direktversicherung ergänzend zu den in § 4 Abs. 2 Nr. 4 und 8 angeführten Aufzeichnungspflichten gesondert je Versorgungszusage und Arbeitnehmer Folgendes aufzuzeichnen:

1. **bei Inanspruchnahme der Steuerbefreiung nach § 3 Nr. 63 Satz 3 des Einkommensteuergesetzes den Zeitpunkt der Erteilung, den Zeitpunkt der Übertragung nach dem „Abkommen zur Übertragung von Direktversicherungen oder Versicherungen in eine Pensionskasse bei Arbeitgeberwechsel" oder nach vergleichbaren Regelungen zur Übertragung von Versicherungen in Pensionskassen oder Pensionsfonds, bei der Änderung einer vor dem 1. Januar 2005 erteilten Versorgungszusage alle Änderungen der Zusage nach dem 31. Dezember 2004;**
2. **bei Anwendung des § 40b des Einkommensteuergesetzes in der am 31. Dezember 2004 geltenden Fassung den Inhalt der am 31. Dezember 2004 bestehenden Versorgungszusagen, sowie im Fall des § 52 Absatz 4 Satz 10 des Einkommensteuergesetzes die erforderliche Verzichtserklärung und bei der Übernahme einer Versorgungszusage nach § 4 Abs. 2 Nr. 1 des Betriebsrentengesetzes vom 19. Dezember 1974 (BGBl. I S. 3610), das zuletzt durch Artikel 2 des Gesetzes vom 29. August 2005 (BGBl. I S. 2546) geändert worden ist, in der jeweils geltenden Fassung oder bei einer Übertragung nach dem „Abkommen zur Übertragung von Direktversicherungen oder Versicherungen in eine Pensionskasse bei Arbeitgeberwechsel" oder nach vergleichbaren Regelungen zur Übertragung von Versicherungen in Pensionskassen oder Pensionsfonds im Falle einer vor dem 1. Januar 2005 erteilten Versorgungszusage zusätzlich die Erklärung des ehemaligen Arbeitgebers, dass diese Versorgungszusage vor dem 1. Januar 2005 erteilt und dass diese bis zur Übernahme nicht als Versorgungszusage im Sinne des § 3 Nr. 63 Satz 3 des Einkommensteuergesetzes behandelt wurde.**

(2) [1]**Der Arbeitgeber hat der Versorgungseinrichtung (Pensionsfonds, Pensionskasse, Direktversicherung), die für ihn die betriebliche Altersversorgung durchführt, spätestens zwei Monate nach Ablauf des Kalenderjahres oder nach Beendigung des Dienstverhältnisses im Laufe des Kalenderjahres gesondert je Versorgungszusage die für den einzelnen Arbeitnehmer geleisteten und**

1. **nach § 3 Nr. 56 und 63 des Einkommensteuergesetzes steuerfrei belassenen,**
2. **nach § 40b des Einkommensteuergesetzes in der am 31. Dezember 2004 geltenden Fassung pauschal besteuerten oder**
3. **individuell besteuerten**

Beiträge mitzuteilen. [2]**Ferner hat der Arbeitgeber oder die Unterstützungskasse die nach § 3 Nr. 66 des Einkommensteuergesetzes steuerfrei belassenen Leistungen mitzuteilen.** [3]**Die Mitteilungspflicht des Arbeitgebers oder der Unterstützungskasse kann durch einen Auftragnehmer wahrgenommen werden.**

(3) [1]**Eine Mitteilung nach Absatz 2 kann unterbleiben, wenn die Versorgungseinrichtung die steuerliche Behandlung der für den einzelnen Arbeitnehmer im Kalenderjahr geleisteten Beiträge bereits kennt oder aus den bei ihr vorhandenen Daten feststellen kann, und dieser Umstand dem Arbeitgeber mitgeteilt worden ist.** [2]**Unterbleibt die Mitteilung des Arbeitgebers, ohne dass ihm eine entsprechende Mitteilung der Versorgungseinrichtung vorliegt, so hat die Versorgungseinrichtung davon auszugehen, dass es sich insgesamt bis zu den in § 3 Nr. 56 oder 63 des Einkommensteuergesetzes genannten Höchstbeträgen um steuerbegünstigte Beiträge handelt, die in der Auszahlungsphase als Leistungen im Sinne von § 22 Nr. 5 Satz 1 des Einkommensteuergesetzes zu besteuern sind.**

Einkommensteuer-/Lohnsteuer-Richtlinien 3.0–3.44/EStH 3.0–3.65; LStR 3.2–3.65/LStH 3.0–3.66

I. Allgemeine Erläuterungen; ABC der steuerfreien Einnahmen

1 **1. Allgemeine Erläuterungen. – a) Keine Binnensystematik.** § 3 enthält keine persönl, sondern sachl StBefreiungen von *Einnahmen* aller Einkunftsarten (BFH I R 28/87, BStBl II 89, 449) in unsystematischer Folge, zT nur als Klarstellung fehlender StBarkeit. Verschiedene Tatbestände des § 3 befreien zwar sozialrechtl *Leistungen* und nicht Einnahmen, sollen aber ebenfalls die Einnahmen daraus beim Empfänger stfrei stellen (*HHR/Bergkemper* § 3 Rz 6).

2 **b) Persönl Geltungsbereich. –** ***(1)*** **Grundsatz.** § 3 gilt für unbeschr und beschr ESt-Subjekte (BFH I R 28/87, BStBl II 89, 449; Rz 3, § 50 Rz 6, 14). – ***(2)*** **StBefreiungen auf Grund zwischenstaatl Vereinbarungen.** Zu den begünstigten Angehörigen internationaler Organisationen s *BMF*-Übersicht BStBl I 13, 404 und § 3 Nr 29 (Rz 104). Zum Europäischen Patentamt s BFH I R 181/87 BStBl II 91, 84 und FG Mchn, EFG 15, 131 rkr, zum OSZE-Einsatz im Kosovo BFH I R 35/08 BFH/NV 08, 26; I R 73/13, BeckRS 2015, 95817; zum ISAF-Einsatz in Afghanistan s FG RhPf EFG 14, 1455, Rev I R 45/14. – ***(3)*** **Körperschaften.** Zu den anwendbaren Regelungen aus dem Katalog des § 3 bei der Ermittlung des kstpfl Einkommens (§§ 7, 8 KStG) neben den StBefreiungen des § 5 KStG s R 32 I KStR.

3 **c) Sachl Geltungsbereich. –** ***(1)*** **Einlagen** sind nicht stbare Vermögenszuführungen, keine stfreien Einnahmen (BFH I R 182/78 BStBl II 83, 744); § 3c ist nicht anwendbar (s dort Rz 8). – ***(2)*** **Entschädigungen; Zulagen; Zuschüsse.** Sind diese bereits nicht stbar, ist eine gleichwohl in § 3 enthaltene StBefreiung deklaratorisch. Werden diese iRd Einkünfteerzielung vereinnahmt, sind sie stpfl, soweit sie nicht unter eine StBefreiung des § 3 fallen. Stpfl ArbG-Zuschüsse, die nicht befreit sind, können in den Fällen der §§ 40, 40b pauschal besteuert werden (s § 40 Rz 11 ff). Zu Bonuszahlungen einer gesetzl KV s FG RhPf EFG 15, 1357, nrkr, Rev X R 17/15. – ***(3)*** **Stfreier WK-Ersatz.** Gleiches gilt für den WK-Ersatz. Zunächst muss geprüft werden, ob dem ArbN ersetzte Aufwendungen „für" die Beschäftigung aufgrund einer arbeitsrechtl Verpflichtung des ArbG bzw im Interesse des ArbG geleistet werden. (§ 19 Rz 41, 55). Für die wichtigsten berufl veranlassten WK des ArbN sind die stbaren Erstattungen des ArbG aus Vereinfachungsgründen in § 3 befreit (s *HHR/Bergkemper* § 3 Rz 10, zu § 3 Nr 12 s Rz 50, zu § 3 Nr 13 Rz 54; zu § 3 Nr 50 s Rz 167. Ohne StBefreiung sind Erstattungen für den ArbN stpfl und ggf als WK abzuziehen. – ***(4)*** **Versicherungsleistungen.** Soweit Leistungen aus einem Versicherungsverhältnis auf eigenen Beitragsleistungen und einem eigenen Rechtsanspruch des ArbN gegen den Versicherungsträger beruhen, führt die Leistung idR nicht zu ArbLohn gem § 19 I (§ 19 Rz 64 mwN). Eigenbeiträge des ArbN sind auch nicht befreite ArbG-Beiträge (zB gem § 3 Nr 62, Nr 63), die beim ArbN ArbLohn sind (BFH VI R 30/04 BFH/NV 2008, 550). Gleiches gilt im betriebl Bereich für Versicherungsleistungen, die bei versicherten privaten Risiken keine BE sind (s § 4 Rz 266, 278). Wiederkehrende und einmalige Versicherungsleistungen, die auf Beitragsleistungen des Berechtigten beruhen, sind iRd § 22 Nr 1 und Nr 5 stpfl (vgl § 22 Rz 4, 41, 50 ff; BFH X R 3/12 BStBl II 14, 58; *BMF* BStBl I 13, 1087/I 14, 70 Rz 204). Zum Einbezug stfreier Versicherungsleistungen in den Progressionsvorbehalt s § 32b Rz 23. – ***(5)*** **Ausl Einnahmen.** Stbare ausl Einnahmen sind je nach Wortlaut des Einzeltatbestands stfrei, es sei denn, es werden ausdrückl nur inl Einnahmen befreit. Gem § 3 Nr 2 Buchst e (und § 32b I 1 Nr 1 Buchst k) sind vergleichbare ausl Leistungen iSv § 3 Nr 1 und Nr 2a–d aus der EU, EWR und Schweiz nunmehr stfrei (s Rz 12, 20). – ***(6)*** **Rückzahlung stfreier Einnahmen.** Die Rückzahlung *stpfl Einnahmen* führt zu negativen Einnahmen oder zu WK/BA. Dies ist in der Rspr zuletzt offengelassen worden (s zutr § 8 Rz 9 zur Behandlung der Rückzahlung als negative Einnahme). Die Rückzahlung *stfreier Einnahmen* führt unabhängig von dieser Einord-

nung nicht zu einer StMinderung, da die Rückzahlung entweder ein actus contrarius zur stfreien Vereinnahmung ist oder WK/BA vorliegen, die durch stfreie Einnahmen veranlasst sind und daher dem Abzugsverbot des § 3c (§ 3c Rz 2) unterfallen. – *(7)* **Umsetzung.** Die Berücksichtigung einer StBefreiung gem § 3 erfolgt iRd Veranlagung. Im StAbzugsverfahren ist § 3 anzuwenden (BFH I R 28/87, BStBl II 1989, 449 und §§ 50a, 4 EStDV sowie § 50 Rz 6, 14). Sind aufgrund eines DBA *beschr stpfl Einkünfte* iSd § 49 freizustellen (s Rz 4), kann dennoch inl AbzugsSt gem § 50d I einbehalten werden (s § 50d I Rz 4).

d) Verhältnis zu and Vorschriften. – *(1)* **Weitere Stbefreiungen im EStG.** 4
s § 3b und § 20 I Nr 6 S 2 sowie die die Freibeträge-/grenzen in § 13 III, § 14, § 14a I, IV und V, § 16 IV, § 17 III, § 18 III, § 22 Nr. 3, § 24a, § 46 II Nr. 1 sowie § 49 IV (*Blümich/Erhard* § 3 Rz 11). – *(2)* **DBA.** § 3 ist ggü der StFreistellung in einem DBA logisch vorrangig. Greift § 3 ein, besteht schon kein nationaler StAnspruch. Die DBA können eine inl StPfl weder begründen noch erweitern, sondern ledigl durch Freistellung oder Anrechnung überlagern und modifizieren (§ 49 Rz 6). Die jeweilige DBA-Freistellungs- oder Verteilungsnorm hat für inl stpfl Einkünfte den Charakter einer StBefreiungsnorm wie § 3, da sie einen nach inl Recht bestehenden StAnspruch stfrei stellt (BFH I R 79/96, BStBl II 98, 113; I B 1/92 BFH/NV 93, 27; *BMF* BStBl. I 13, 404). Rechtsgrundlage innerhalb des DBA für die StBefreiung ist idR die Art. 23A des OECD-MA entspr Bestimmung, es sei denn, bereits eine einzelne Verteilungsnorm gem Art. 6–22 OECD-MA regelt abschließend die Verteilung des Besteuerungsrechts (*Wassermeyer/F. Wassermeyer,* OECD-MA, Art. 23A Rz. 2, 20, 50 f, 56). Zur Erfassung freigestellter ausl Einkünfte im Progressionsvorbehalt s § 32b Rz 33, 43. – *(3)* **Nichterfassung von Einnahmen aus Billigkeitsgründen, § 163 AO.** Einnahmen als Besteuerungsgrundlagen können bei der Veranlagung aus Billigkeitsgründen außer Acht zu lassen sein (s *Klein/Rüsken* § 163 Rz 39b, 66). Zu Billigkeitsmaßnahmen für **Sanierungsgewinne** aufgrund des sog Sanierungserlasses (*BMF* BStBl I 03, 240), der den Wegfall des § 3 Nr 66 aF teilweise kompensieren soll, s Vorlagebeschluss BFH X R 23/13 BStBl II 15, 696 (GrS 1/15) sowie § 4 Rz 460 „Sanierungsgewinne". – *(4)* **Abzugsbeschränkung für BA/WK, § 3c I.** Stehen Ausgaben mit stfreien Einnahmen iSv § 3 in unmittelbaren Zusammenhang, scheidet ein Abzug als BA/WK aus. – *(5)* **Progressionsvorbehalt, § 32b.** Stfreie Einnahmen werden zT im Katalog des § 32b II erfasst. S hierzu die Einzelkommentierungen und § 32b Rz 20 ff. Zur StFreistellung aufgrund eines DBA s § 32b Rz 33, 43. – *(6)* **Vereinbarkeit mit höherrangigem Recht.** Wenn § 3 konstitutiv stbare Einnahmen befreit, ist dies als Durchbrechung der Besteuerung nach der Leistungsfähigkeit am Maßstab des Art 3 I GG rechtfertigungsbedürftig (*HHR/Bergkemper* § 3 Rz 1). In den Blick zu nehmen ist der jeweilige Normzweck der StBefreiung als Lenkungsnorm, Sozial- oder Fiskalzwecknorm. Zur Unvereinbarkeit einzelner StBefreiungen gem § 3 mit dem Unionsrecht s *Kessler/Spengel* DB 5/15, Beil Nr. 1.

2. ABC der steuerfreien Einnahmen 5

Abfindung Rz 35
Altersteilzeit, Rz 102
Altersvorsorgevermögen, Rz 183
Angehörigen-Betreuung, Rz 118
Arbeitgeberbeiträge, Rz 200 ff
Arbeitsförderungsleistungen, Rz 16
Arbeitslosengeld, Rz 17
Arbeitsschutzgesetz, Rz 167
Aufwandsentschädigung, 50
Aufwendungsersatz (Übungsleiter/Erzieher), Rz 91 ff
Ausbildungsförderung, Rz 16, 41, 44
Ausgleichsleistungen, Rz 30, 100
Auslagenersatz, Rz 167
Auslandszuschläge, Rz 218
Basisrente (Übertragung), Rz 184
Beihilfeleistungen (Hilfsbedürftigkeit/Ausbildung/Erziehung/Kunst/Wissenschaft), Rz 25, 41 ff, 77, 152
Beitragserstattung, Rz 20, 35
Beitragszuschüsse, Rz 3, 61, 71
Beschädigtenbezüge, Rz 29

II. Kommentierung der § 3 Nrn 1–71

Nr 1 Buchst a–d: Leistungen aus gesetzl Versicherungen, Übergangsgeld und Mutterschaftsgeld ua. – a) Kranken-, Pflege- und gesetzl Unfallversicherung, § 3 Nr 1a. – aa) KV-Leistungen. – *(1)* Begriffsinhalt. § 3 Nr 1a begünstigt Bar- und Sachleistungen durch gesetzl *und* private Versicherungen einschließl der Ersatzkassen, die Schutz bei Krankheit bieten, für den StPfl und seine mitversicherten Angehörigen. Maßgebend ist der jeweilige Leistungskatalog (*HHR/Bergkemper* § 3 Nr 1 Rz 6). Die Leistungen können bei ArbN nach § 19 (Leistung beruht auf ArbG-Beiträgen) oder § 22 Nr 1 stpfl (s Rz. 3 „Versicherungsleistungen") oder nicht stbar sein. KV-Leistungen im betriebl Bereich sind aufgrund des privaten Charakters der versicherten Gefahr idR keine BE (s § 4 Rz 266, 278) – ***(2)* Steuerbefreite inl Leistungen.** *Krankengeld* (§ 44 I SGB V), das statt oder nach der Entgeltfortzahlung gewährt wird, ist als Versicherungsleistung allenfalls nach § 22 Nr 1 stbar, aber gem § 3 Nr 1a stfrei und in den Progressionsvorbehalt einzubeziehen (s § 32b Rz 23). Unter § 3 Nr 1a fallen auch Leistungen der *Krankenhaustagegeldversicherung* (BFH IV R 144/68 BStBl II 69, 489) und der *Krankentagegeldversicherung* zum Ausgleich des Verdienstausfalls (BFH VI R 242/69 BStBl II 72, 177). Erstattete KV-Beiträge sind keine Einnahmen, mindern aber die abziehbaren SA-Beiträge (s § 10 Rz 7, 8, 71). *Sterbegelder* waren bis Ende 2003 gem § 3 Nr 1a stfrei (§§ 58, 59 SGB V aF; zur StPfl gem § 22 Nr 1 S s FG BaWü, ZEV 14, 388, nrkr, Rev X R 13/14). Das sog *Entbindungsgeld* (§ 200b RVO) fällt ebenfalls unter § 3 Nr 1a, nicht unter Nr 1d (*K/von Beckerath* § 3 Rz 8). Zu ausl Leistungen s Rz 21 – ***(3)* Leistungen anderer Personen** als einer Versicherung sind grds nicht begünstigt (zB BFH VI B 113/05 BFH/NV 06, 1093; zur Einkommensergänzung für Notare FG SachsAnh, EFG 15, 31 auch zu § 3 Nr 2; s auch BVerfG StEd 98, 290 – Lohnfortzahlung ArbG –; § 2 II Nr 5 LStDV). 6

bb) Pflegeversicherung. *Schrifttum* s *Marburger* NWB 15, 41; *Schmidt,* NWB 15, 3821; *Barkow v Creytz,* DStR 15, 128. – ***(1)* Versicherungsleistungen an Pflegebedürftige.** Die Leistungen nach dem PflegeVG (§ 21a SGB I, § 28 SGB XI) sind bei diesen – soweit stbar – nach § 3 Nr 1a stfrei (vor allem Geldleistungen als Grundpflege). Das gilt unabhängig von der Art der KV/PflV (gesetzl, privat, Beihilfe). Unter die Befreiung fallen nicht die Lohnersatzleistungen in Form des *Pflegeunterstützungsgeldes* (§ 2 Abs. 3 PflegeZG idF 23.12.2014, BGBl I 14, 2462 iVm § 44a Abs. 3 SGB XI), die an Pflegepersonen gezahlt werden. Es handelt sich zwar um Leistungen „aus" der Pflegeversicherung. § 3 Nr. 1a betrifft aber ausschließl die Leistungen der Pflegekasse an die pflegebedürftigen Personen selbst (*HHR/Bergkemper* § 3 Nr 1 Rz 7). S zur Pflegeperson § 3 Nr 26 und § 3 Nr 36. – ***(2)* Umfang.** Erfasst sind Bar- und Sachleistungen. Zu ausl Leistungen s § 3 Nr 2e (Rz 21). 7

cc) Unfallversicherung. Vgl §§ 26 ff SGB VII; BMF BStBl I 09, 1275; *Harder-Buschner/Jungblut* NWB 10, 26 – ***(1)* Leistungen aus der gesetzl Unfallversicherung.** Die Stbefreiung ist begrenzt auf inl oder ausl (s § 3 Nr 2e, Rz. 21) *gesetzl* Unfallversicherungen. Empfänger können auch Hinterbliebene sein. Die StFreiheit gem § 3 Nr 1a erstreckt sich auf einmalige und wiederkehrende Leistungen einer gesetzl UnfallVers iSv § 22 Nr 1 (s *BMF* BStBl I 13, 1087 Rz 197). Eine von § 3 Nr. 1a erfasste Leistung liegt auch bei freiwilliger UV eines Betriebsinhabers (§ 6 SGB VII) vor, s *FinVerw* DStR 05, 968. Der Abzug der Prämien als BA/WK/SA (s § 4 Rz 276 ff, § 10 Rz 57 „Sozialversicherung") steht der StFreiheit nicht entgegen. Zu Unfallfürsorgeleistungen an Beamte s § 3 Nr 6; uU Progressionsvorbehalt nach § 32b I Nr 1b (§ 32b Rz 23). – ***(2)* Leistungen aus privaten Unfallversicherungen.** Diese fallen nicht unter § 3. Sie sind iRe Einkunftsart stets (ggf nach WK/BA-Abzug der Beiträge) stbare Einkünfte, wenn sie Einnahmeausfälle ausgleichen (s § 19 Rz 100 „Unfallversicherung", zur Praxisausfallversicherung § 4 Rz 278). Besteht kein solcher Veranlassungszusammenhang, 8 kommt bei wiederkehrenden Leistungen nach dem Rechtsgrund der Zahlung und der steuerl Entlastung der Beiträge eine StBarkeit gem § 22 Nr 1 in Betracht (s § 22 Rz 42, 51). Zur vGA aufgrund Übernahme der Beiträge durch die KapGes ohne Vereinbarung im Anstellungsvertrag s *FinVerw* DStR 05, 968 und für eine BetriebsunterbrechungsVers zugunsten der KapGes BFH I R 16/13 BFH/NV 15, 1273.

9 **b) Sachleistungen und Kinderzuschüsse, § 3 Nr 1b.** – ***(1)*** **Erfasste Sachleistungen.** Hierunter fallen gem §§ 15, 16 und 28 SGB VI, § 10 ALG etwa Rehabilitationsmaßnahmen, Lieferung von Prothesen, Heilkuren uÄ aus gesetzl RV. – ***(2)*** **Kinderzuschüsse** gem § 270 I SGB VI aus der gesetzl RV sind nach § 3 Nr 1b stfrei, wenn der Rentenberechtigte vor dem 1.1.92 einen Anspruch erworben hat (*HHR/Bergkemper* § 3 Nr 1 Rz 15). Kinderzuschüsse aus einem berufsständischen Versorgungswerk sind gem § 22 Nr 1 S 3 Buchst a/aa beim Empfänger stbar und nicht befreit (BFH X R 11/10 BStBl II 12, 312).

10 **c) Übergangsgelder/-beihilfen ua, § 3 Nr 1c.** – ***(1)*** **Zweck.** § 3 Nr 1c befreit derartige Leistungen an Rentenempfänger nach dem SGB VI und dem ALG. Der Leistungsumfang umfasst wie § 3 Nr 1b auch Rehabilitationsleistungen in Geld (s §§ 20 bis 27 SGB VI, 36 bis 39 ALG). S zu ausl Leistungen Rz 21 – ***(2)*** **Weitere StBefreiungen für Landwirte.** Andere Leistungen an Landwirte sind zT ebenfalls stfrei (vgl § 3 Nr 1c, d), iÜ stpfl;. Leistungen der Alterskassen zur Entlastung von SV-Beiträgen sind nach § 3 Nr 17 stfrei (Rz 71); der Grundbetrag der Produktionsaufgaberente und das Ausgleichsgeld bei Einstellung der Erwerbstätigkeit sind bis zum Auslaufen des FELEG nach § 3 Nr 27 stfrei (Rz 100).

11 **d) Mutterschaftsgeld, § 3 Nr 1d.** – ***(1)*** **Erfasste Leistungen.** Die Regelung befreit das als Lohnersatzleistung gezahlte Mutterschaftsgeld vor und nach der Entbindung innerhalb der Schutzfristen nach den im Gesetz abschließend angeführten Normen (ua § 13 MuSchG). Erfasst sind auch die nicht mehr existente Sonderunterstützung nach § 12 des MuSchG aF und Zuschüsse des ArbG zum Mutterschaftsgeld gem 14 MuschG sowie gem § 79 BBG bei Beamtinnen. Ferner sind Zuschüsse während eines Beschäftigungsverbots (§§ 1, 3, 4, 6 MuSchG) stfrei. Arbeitsentgelt, das aufgrund eines Beschäftigungsverbots (§ 11 MuSchG) *während* der Mutterschaftsfristen oder das *anstelle* stfreier Leistungen nach dem MuSchG (bei freiwilliger Weiterarbeit gem § 3 Abs 2 MuSchG) oder das als *freiwillige* Leistung des ArbGeb neben dem Mutterschaftsgeld gezahlt wird, ist stpfl (*Küttner* Mutterschaftsgeld Rz 3–5). – ***(2)*** **Folgewirkungen.** Die stfreien Leistungen unterfallen § 32b I Nr 1c (s § 32b Rz 23). Der LStJA ist ausgeschlossen (§ 42b I Nr 4).

16 **Nr 2 Buchst a–e: Leistungen zur Arbeitsförderung.** – **a) Norminhalt ab VZ 2015.** Die StBefreiung erfasst Leistungen der Arbeitsförderung im weiteren Sinne. Der Katalog ist abschließend und in der jetzigen Fassung an die geltende sozialrechtl Rechtslage angepasst und systematischer gegliedert worden. Seit 2015 gilt die StBefreiung gem § 3 Nr 2e entspr für vergleichbare ausl Leistungen (EU, EWR, Schweiz). Diese scheiterte in der Vergangenheit idR daran, dass § 3 Nr 2 an die inl Leistungsgesetze unmittelbar anknüpfte. Die stfreien Leistungen werden in die Berechnung des StTarifs einbezogen, § 32b I Nr 1a. (s § 32b Rz 23).

17 **b) Arbeitslosengeld und vergleichbare Leistungen, Nr 2a.** Stfrei sind Leistungen an ArbN, Arbeitsuchende oder (sonstige) Teilnehmer von Aus- oder Weiterbildungsmaßnahmen bzw Existenzgründer nach dem SGB III und Leistungen aus Programmen, die neben denen des SGB III stehen. Letztere müssen sich an ArbN, Arbeitsuchende oder Existenzgründer richten und dem Zweck der Ausoder Weiterbildung oder Existenzgründung dienen. Unter die Leistungen nach dem SGB III fallen einerseits Entgeltersatzleistungen (*Arbeitslosengeld,* §§ 136 ff SGB III, *Teilarbeitslosengeld,* § 162 SGB III und *Kurzarbeitergeld,* § 95 SGB III, *Zu-*

schuss gem § 417 SGB III). Zu letzteren gehören auch *Überbrückungsgelder* für Behinderte gem § 119 SGB III (LStR 3.2 IV, s auch § 3 Nr 1c). Der *Gründerzuschuss* (§§ 93, 94 SGB III) soll bei Aufnahme einer selbstständigen Tätigkeit den Lebensunterhalt des zuvor Arbeitslosen sichern und stellt somit Einkünfte aus §§ 15, 18 frei. Die *übrigen Leistungen nach dem SGB III* betreffen das *Wintergeld* (R 3.2 LStH I, III), *Berufsausbildungsbeihilfen* und *Weiterbildungskosten* (s *Blümich/Erhard* § 3 Nr 2 Rz 4). Mit Bezugnahme in § 3 Nr 2 auch auf *„entsprechende Programme des Bundes und der Länder zur Förderung der Existenzgründung"* ist ab dem VZ 2015 die Rspr überholt, die landesrechtl Existenzgründerzuschüsse als stpfl ansah (BFH IV R 39/01, BStBl II 2992, 697; FG Sachs 8 V 179/07, BeckRS 2009, 26026848). Leistungen aus dem *Europäischen Sozialfonds* einschließl der aus Landesmitteln ergänzten Leistungen, die seitens der KfW und verbundener Partner gewährt werden (*Küttner* „Arbeitsförderung" Rz 31) sind nicht im Katalog des § 3 Nr. 2a aufgeführt und damit nicht stfrei (*Blümich/Erhard* § 3 Nr 2 Rz 4). § 3 Nr 2 gilt nicht für Arbeitsförderungszuschüsse an ArbG nach dem SGB III (BFH IV B 139/00 BFH/NV 03, 158). Die stfreien Leistungen fallen idR unter § 32b I Nr 1a, nicht jedoch der Gründerzuschuss. Zum Abzug von BA/WK während des Leistungsbezugs s § 3c Rz 4.

c) Insolvenzgeld und vergleichbare Leistungen, Nr 2b. *Insolvenzgeld* ist bei 18 Bestehen rückständiger Ansprüche eines ArbN auf Arbeitsentgelt (Insolvenzforderungen iSd § 38 InsO) durch die BA als Lohnersatzleistung idR iHd jeweiligen Nettoentgelts (§ 167 I SGB III) zu zahlen. Es umfasst das Arbeitsentgelt für die letzten drei Monate des ArbVerh vor Eintritt eines Insolvenzereignisses (s § 165 I 2 SGB III). Mit Antragstellung durch den ArbN und Nachentrichtung der SV-Beiträge an die Einzugsstelle gehen nach § 169, 175 II SGB III die Ansprüche des ArbN gegen den ArbG auf diese über. § 3 Nr. 2b befreit die unmittelbaren Zahlungen an den ArbN. Die Rspr fasst auch „vorfinanziertes Insolvenzgeld" (Abtretung des künftigen Insolvenzgeldanspruchs durch den ArbN an eine Bank gem § 170 SGB III gegen Auszahlung des Insolvenzgeldbetrags) unter die Befreiung (s BFH VI R 4/11 BStBl II 12, 597, auch zum Zufluss und zu § 32b I 1 Nr 1). Zusätzl befreit § 3 Nr 2b *Leistungen* des Insolvenzverwalters oder des ehemaligen ArbG an die BA, die diese aufgrund des gesetzl Forderungsübergangs *gem §§ 169, 175 II SGB III* schulden. Gleiches gilt für Zahlungen des ArbG an andere SV-Träger, die Leistungen an den ArbN erbringen und denen aufgrund eines Forderungsübergangs *gem § 115 I SGB X* Forderungen gegen den ArbG zustehen. Ohne die StBefreiung wären diese als Einnahme des ArbN im Zeitpunkt der Zahlung an den jeweiligen öffentl-rechtl Forderungsinhaber stpfl (BFH VI R 66/03, BStBl II 2008, 375, ebenfalls auch zu § 32b). Zu den weiteren Folgen s §§ 32b III, 41b, 46 II Nr 1.

d) Weitere Leistungen an Arbeitslose, Nr 2c, d. Stfrei sind gem *§ 3 Nr 2c* 19 auch die Arbeitslosenhilfe gem § 86a I SoldatenversorgungsG für Zeitsoldaten, die dem Arbeitslosengeld gem § 3 Nr 2a entspricht. Gem *§ 3 Nr 2d* ist das im SGB II geregelte Arbeitslosengeld II stfrei, das Leistungen zur Sicherung des Lebensunterhalts (zB den Regel-, Mehrbedarf und für die Unterkunft, §§ 20ff SGB II) und auf Grundlage einer Eingliederungsvereinbarung zur Arbeitsförderung (zB das Einstiegsgeld und Sachleistungen in Gestalt von Beratungen, Betreuung von Angehörigen, Schaffung von Arbeitsgelegenheiten, §§ 15ff SGB II) beinhaltet. § 3 Nr 2d benennt keinen ausdrückl Empfänger, sondern knüpft an Leistungen zur Eingliederung an. Str ist, ob Eingliederungszuschüsse an ArbG stfrei sind (FG Hess EFG 13, 764 nrkr, Rev VIII R 17/13).

e) Leistungen ausl Träger, Nr 2a–d iVm Nr 2e. Vergleichbare ausl Leistun- 20 gen iSv § 3 Nr 2a–d aus der EU, EWR und Schweiz sind stfrei. Früher war die Stfreiheit wegen der gesetzl Anknüpfung an das jeweilige inl Sozialgesetz idR zu verneinen (vgl zB für Arbeitslosengeld aus einem EU-Staat FG Köln EFG 12,

1677 und zur Vereinbarkeit mit dem Unionsrecht BFH I R 18/13, BStBl II 15, 474). S auch Rz 16, § 1 Rz 56, 58.

21 **f) Ausl Leistungen, § 3 Nr 1a–d iVm Nr 2e.** – ***(1)* Klarstellende Erweiterung.** Nach § 3 Nr 2e sind vergleichbare Leistungen der § 3 Nr 1a–d ausl Versicherungsträger mit Sitz in einem EU/EWR-Staat oder in der Schweiz stfrei. Die Vergleichbarkeitsprüfung für die ausl Leistung ist anhand des Leistungskatalogs der entspr gesetzl oder privaten inl Versicherung vorzunehmen (s BFH X R 31/08 BFH/NV 09, 1625). – ***(2)* Einzelfälle.** Die Rspr hatte schon in der Vergangenheit vereinzelt ausl Leistungen in die StBefreiung gem § 3 Nr 1a-d einbezogen (s zum schweiz Geburtengeld s BFH X R 31/08 BFH/NV 09, 1625; zum schweiz Krankentagegeld s BFH VI R 9/96 BStBl II 98, 581, zum Taggeld der schweiz Invalidenversicherung s BFH VI R 98/95 BStBl II 96, 478, zu § 3 Nr 1c s BFH VI R 98/95 BStBl II 96, 478).

23 **Nr 3 Buchst a–d: Rentenabfindungen, Beitragserstattungen, berufsständische Versorgungsleistungen, Kapitalabfindungen und Ausgleichszahlungen.** – ***(1)* Inhalt.** § 3 Nr 3a–d idF JStG 2007 (BGBl I 2006, 2878) beschränkt seit dem VZ 2006 die StFreiheit auf die im Gesetz abschließend angeführten Abfindungen, Ausgleichszahlungen von Versorgungsansprüchen und Beitragserstattungen. Im System der sog nachgelagerten Besteuerung von Alterseinkünften ab dem VZ 2005 mit der vollständigen Besteuerung von Einmalzahlungen (Kapitalabfindungen) und Renten gem § 22 Nr 1 S 3 Buchst a/aa und dem Abzug der Altersvorsorgeaufwendungen als SA gem § 10 III, 10a (s § 22 Rz 89f, BFH X R 3/12 BStBl II 14, 58) wurde die bis dahin bestehende Befreiungsmöglichkeit für Kapitalabfindungen von Versorgungsansprüchen aus *gesetzl* Renten- oder Knappschaftsversicherungen oder von Pensionsansprüchen sinnwidrig. – ***(2)* Inl Zahlungen.** Der abschließende Katalog des § 3 Nr 3 umfasst die Abfindung von Witwen- und Witwerrenten bei Wiederheirat (zB § 107 SGB VI Buchst a), die ohnehin nicht stbare Erstattung von Beiträgen bei voraussichtl Nichterreichen eines Rentenanspruchs und zu Unrecht gezahlter Beiträge (Buchst b), die gleichgestellten Leistungen berufsständischer Versorgungswerke (Buchst c) und öffentlrechtl Ausgleichsleistungen/Kapitalabfindungen, die statt eines Ruhegehalts bei Ausscheiden aus dem Dienst vor Erreichen der Altersgrenze gezahlt werden (Buchst d). Zinsen auf die unter § 3 Nr. 3 fallenden Kapitalforderungen sind stpfl (BFH VIII R 64/78 BStBl II 81, 6). – ***(3)* Ablösungszahlungen privatrechtl Versorgungsansprüche** sind idR stbar und nicht nach § 3 Nr 3 begünstigt (BFH IX B 45/12 BFH/NV 12, 1958 und nachgehend BVerfG 2 BvR 2346/12, juris. Zur vGA bei Abfindung von Pensionsansprüchen des GmbH-Ges'ters s *Ott,* DStR 15, 2262 und § 20 Rz 52, s auch § 22 Rz 60). – ***(4)* Ausl Kapitalabfindungen.** Da der Katalog des § 3 Nr 3 nur an inl Abfindungen und Beitragserstattungen anknüpft, können ausl Zahlungen ab dem VZ 2006 nicht mehr stfrei sein (glA *Blümich/Erhard* § 3 Nr 3 Rz 3).

Für die VZ 2005 ff hat der BFH die stfreie Kapitalabfindung des sog obligatorischen Rentenanspruchs eines *Grenzgängers* aus einer privaten schweiz Pensionskasse, der mit einer inl Abfindung vergleichbar war, bejaht, für andere obligatorische Kapitalleistungen schweiz Pensionskassen (Austrittsleistungen/Vorbezug) die Stfreiheit jedoch verneint (BFH X R 33/10 BStBl II 14, 103, VIII R 38/10 DStR 15, 171, VIII R 39/10, BFH/NV 15, 1145, *Levedag* IWB 15, 553). Zur Todesfallleistung aus einer Pensionskasse s BFH X R 43/11, BFH/NV 16, 301.

25 **Nr 4 Buchst a–d: Leistungen an Berufssoldaten und andere.** – ***(1)* Persönl Voraussetzungen.** Für Berufssoldaten der Bundeswehr (s LStR 3.4 S. 2), Angehörige der Bundespolizei und des Bundeskriminalamtes, Berufsfeuerwehr, Zollverwaltung (für andere Berufsgruppen s § 3 Nr 31) gelten zT klarstellend, da kein ArbLohn (s § 19 Rz 100 „Berufskleidung"), folgende StBefreiungen. – ***(2)* § 3 Nr 4a, b:** für den Geldwert überlassener Dienstkleidung und entspr Einkleidungsbeihilfen sowie Abnutzungsentschädigungen (s LStR 3.4 S 1 und zu den WK

§ 9 Rz 241 ff). – *(3)* **§ 3 Nr 4c,** Verpflegungszuschüsse und Geldwert der unentgeltl Verpflegung *im Einsatz* (nicht im übl Dienstbetrieb, s LStR 8.1 VII). – *(4)* **§ 3 Nr 4d,** Geldwert der gesamten gesetzl Heilfürsorge. Sog **Übergangsgebührnisse** an Soldaten nach Ablauf der vereinbarten Dienstzeit gem § 11 SVG sind stpfl (FG Mster EFG 97, 147, rkr).

Nr 5 Buchst a–f: Leistungen an Wehr-, Zivil- und Freiwilligendienstleistende. – *(1)* **Freiwilliger Wehrdienst.** Nach der seit 2013 geltenden Fassung bleiben an Wehrpflichtige gezahlte Geld- und Sachbezüge nach § 4 WehrpflichtG, Heilfürsorge und das Taschengeld stfrei. StPfl werden – bei Dienstbeginn ab 2014, um eine rückwirkende Schlechterstellung zu vermeiden (§ 52 IV S 2) – die weiteren Bezüge wie der Wehrdienstzuschlag, besondere Zuwendungen sowie die unentgeltl Unterkunft und Verpflegung. – *(2)* **Zivildienstleistende.** Geld- und Sachbezüge sowie Heilfürsorge und Taschengeld bleiben nach § 3 Nr 5b, e, f iVm § 52 IV 2 stfrei. – *(3)* **Soldaten.** Wehrsold, der im Spannungs- und Verteidigungsfall nach § 2 I WehrsoldG gezahlt wird, ist stfrei. – *(4)* **Reservisten, § 3 Nr. 5d.** Ihre Bezüge bleiben nach § 3 Nr 5d stfrei. – *(5)* **Freiwillig dienstleistende Personen iSv § 32 IV 1 Nr 2d.** Hierunter fallen ua Dienstleistende nach dem BundesfreiwilligenG. Taschengeld uä Geldleistungen sind nach § 3 Nr 5 f freigestellt. – *(6)* **Dienstl Beschädigungsbezüge** sind stfrei nach § 3 Nr 6. 27

Nr 6: Leistungen an Wehrdienst- und ähnl. Geschädigte. – *(1)* **Persönl Anwendungsbereich.** Unter die StBefreiung fallen gem § 3 Nr 6 S 1 Leistungen *aus öffentl Mitteln* (s Rz 41) an Kriegs- (§§ 80–86 BVG), Zivildienstgeschädigte und Angehörige von Freiwilligendiensten und Hinterbliebene, die versorgungshalber gezahlt werden. § 3 Nr 6 S 2 befreit Leistungen an gleichgestellte Personen, die unmittelbar aufgrund einer Anspruchsgrundlage im BVG oder mittelbar aufgrund einer Anspruchsgrundlage in einem anderen Gesetz, das auf das BVG verweist, beruhen. – *(2)* **Sachl Anwendungsbereich.** S den Katalog der stfreien Leistungen in LStR 3.6; zur ausl Invalidenrente s BFH I R 152/94 BStBl II 97, 358 zu § 32b). Diese sind idR wiederkehrend. Leistungen, die aufgrund der Dienstzeit erbracht werden, und gem § 22 Nr 1 S 3 Buchst a/aa stpfl (s BFH VI R 25/07 BStBl II 09, 150). 29

Nr 7: Ausgleichsleistungen nach dem LAG und ähnl Geschädigtenleistungen. – *(1)* **Persönl Anwendungsbereich.** Leistungen an Vertriebene, NS-Verfolgte, Flüchtlingshilfe, für Reparationen aufgrund der in § 3 Nr. 7 in Bezug genommenen Gesetze sind nach § 3 Nr 7 stfrei. – *(2)* **Sachl Anwendungsbereich.** In der Praxis relevant dürften hauptsächl noch Leistungen aufgrund des Entschädigungs- und AusgleichsleistungsG sein (BGBl I 94, 2624). Unter letztere können sowohl Schadensersatzleistungen für WG als auch für Körperverletzungen fallen, die ohne § 3 Nr 7 stpfl wären, jedoch auch nicht stbare Eingliederungsdarlehen an den StPfl (EStH 3.7). Nur die Entschädigungen sind stfrei; nach S 2 nicht aber Zinsen, die aufgrund gesetzl Zinsansprüche in den Entschädigungsgesetzen zu leisten sind (FG Hbg EFG 12, 60, rkr; FG Mchn EFG 13, 1012, rkr; FG Kln EFG 14, 273, rkr). Zum Lastenausgleich s auch § 3 Nr 18. 30

Nr 8: Wiedergutmachungsleistungen. – *(1)* **Befreite Leistungen.** Erfasst werden Geldrenten, Kapitalentschädigungen und Leistungen in einem Heilverfahren. Abschn 3.8 EStH listet die Gesetze auf, die Rechtsgrundlagen der befreiten Leistungen enthalten. Beruht die Leistung auf einer anderen Rechtsgrundlage, ist sie stpfl (BFH VIII R 93/70, BStBl II 1975, 884). – *(2)* **Ausnahmen.** S 2 schließt die Stbefreiung für Bezüge aus neu oder wiederbegründeten ArbVerh aus. Die Rspr sieht auch Zinsen, die auf stfreie Entschädigungen gezahlt werden (BFH VIII R 64/78, BStBl II 1981, 6), als stpfl an. 31

Nr 8a: Verfolgten-Rentenleistungen. – *(1)* **Renten an Verfolgte.** Die StBefreiung erfasst in S 1 gem § 22 Nr 1 S 3 Buchst a/aa an sich stpfl Renten 33

(§ 22 Rz 51) wegen Alters und verminderter Erwerbsfähigkeit (§§ 33 II, III SGB VI), wenn der Empfänger Verfolgter gem § 1 BundesentschädigungsG ist und rentenrechtl Zeiten auf Grund der Verfolgung (s hierzu § 54 IV SGB VI) im Rentenstammrecht enthalten sind. Da Rechtsgrund der Leistung das SV-Recht ist, sind diese Renten in der Nr 8 nicht erfasst, der persönl Anwendungsbereich der Regelungen überschneidet sich jedoch. Sind die Voraussetzungen in Nr 8a erfüllt, wird die Rente insgesamt und nicht nur anteilig stfrei gestellt. – ***(2)*** **Hinterbliebenenrenten.** Nr 8a S 2 befreit Renten an Hinterbliebene des Verfolgten (§ 33 IV SGB VI).

35 **Nr 9: Beitragserstattungen an Pflegepersonen.** – ***(1)*** **Begünstigter Personenkreis.** Die StBefreiung in *Nr 9 Alt 1* zielt auf StPfl, die als Tagespflegepersonen (§ 22 SGB VIII), zB als „Tagesmütter“, Einkünfte gem § 18 I Nr 1 (s § 18 Rz 84, 155 „Kindertagespflege“, BMF BStBl 08, 17/BStBl I 09, 15 und 642) oder als ArbN gem § 19 erzielen. *Nr 9 Alt 2* betrifft Leistungen an Personen, die besondere Pflegeleistungen in Tagesgruppen oder der heilpädagogischen Tagespflege (§ 32 SGB VIII), der Vollzeitpflege bei Pflegeeltern (§ 33 SGB VIII), in einer Fachfamilie/einer Einzelbetreuung (§§ 34, 35 SGB VIII) oder Tageseinrichtung gem § 35a SGB VIII erbringen. Maßgebl dafür, ob eine besondere Pflege in einer Einrichtung vorliegt, sind allein die tatsächl Verhältnisse der konkreten Unterbringung (BFH VIII R 9/12, BFH/NV 15, 967). Sonstige betreute Wohnformen iSd. § 34 SGB VIII sind nur gegeben, wenn sie als Einrichtung einen institutionalisierten Rahmen für die Betreuung bieten; dazu gehören nicht ledigl angemietete Wohnungen oder das Überlassen von Wohnraum wie zB eines Zimmers im Privathaushalt der betreuenden Person (BFH VIII R 29/12, DStR 15, 963; VIII R 30/11, BFH/NV 15, 963). Bei Tätigkeiten iSd Alt 2 können ebenfalls Einkünfte gem § 18 (s § 18 Rz 100 „Kindervollzeitpflege“) oder § 19 erzielt werden. S *Benzler* DStR 09, 954 – ***(2)*** **Befreite Leistungen.** Die vom Träger der Jugendhilfe an die Pflegeperson geleisteten Erstattungen nachgewiesener Aufwendungen für Beiträge der Pflegeperson zu einer Unfall- und zur angemessenen Alters-, Kranken- und Pflegeversicherung (§ 23 II Nr 3, 4 SGB VIII) sind zwar BE, aber gem § 3 Nr 9 vollständig oder hälftig stfrei. Gleiches gilt für entspr Leistungen (§ 39 IV SGB VIII) an Pflegepersonen, die unter Alt 2 fallen. Diese Erstattungen sind Teilleistungen der insgesamt der Pflegeperson durch den Träger gewährten Vergütungen. Letztere können hinsichtl anderer Komponenten gem Nr 11 stfrei sein. Die StBefreiung gem Nr. 9 ist aber nicht abhängig davon, ob für die anderen Vergütungsbestandteile die Voraussetzungen gem Nr 11 erfüllt sind. Zu den Auswirkungen auf den SA-Abzug s § 10 IV 2 (§ 10 Rz 191). – ***(3)*** **StBefreiung für Abfindungen gem § 3 Nr 9 aF.** S 27. Aufl.

38 **Nr 10: Einnahmen einer Gastfamilie für Betreutes Wohnen von Behinderten.** – ***(1)*** **Abgrenzung.** § 3 Nr 10 stellt die Einnahmen für das Betreuungsgeld beim Empfänger stfrei, das für die Pflege, Betreuung, Unterbringung und Verpflegung eines erwachsenen Behinderten in einer Gastfamilie gezahlt wird. Dieses kann zu den Einkünften gem § 18 gehören (*BMF* v 14.11.07 BeckVerw 110668; *Benzler* DStR 09, 954, 957) oder bei der Pflege im familiären Umfeld nicht stbar sein (*HHR/Bergkemper* § 3 Nr 10 Rz 2). Die Regelung wurde eingeführt, da § 3 Nr 11 nur Leistungen an die hilfsbedürftige Person selbst und § 3 Nr 26 nur nebenberufl Betreuungsleistungen erfasst. – ***(2)*** **Behinderte.** Behinderte iSv § 2 I SGB IX sind Personen, deren körperl Funktion, geistige Fähigkeit oder seelische Gesundheit mit hoher Wahrscheinlichkeit länger als 6 Monate von dem für das Lebensalter typischen Zustand abweichen, so dass ihre Teilhabe am Leben in der Gesellschaft beeinträchtigt ist. – ***(3)*** **Zahlende.** Die Einnahmen können auf Zahlungen der Leistungsträger nach dem SGB (zB § 21 SGB I, §§ 17, 46 SGB IX) oder anderer Personen/Organisationen bzw der Behinderten als Selbstzahler an die Gastfamilie beruhen. – ***(4)*** **Gastfamilien.** Pflegeleistende „Gastfamilien“ sind

ohne Einschränkung neben Angehörigen des Behinderten alle Privatpersonen, Familien mit und ohne Kinder, Lebensgemeinschaften oder Alleinstehende, nicht gewerbl Pflegeheime. Der Behinderte muss in den „Familienhaushalt" aufgenommen werden (sonst uU § 3 Nr 36, häusl „Pflege"). Für die Zurechnung der stfreien Einnahmen ist festzulegen, wer aus der „Familie", die Einkünfte iSd § 2 erzielt – ***(5)* Begünstigte Einnahmen.** Dies sind solche für Pflege, Betreuung, Unterbringung und Verpflegung. Die stfreie Höhe ist nach S 1 und S 2 begrenzt auf Leistungsbeträge iSv SGB IX bzw SGB XII. – ***(6)* Verhältnis zu § 3c.** S 3 begrenzt den BA/WK-Abzug (abw von § 3c wie in § 3 Nr 26 S 2, 26a S 3, § 26b S 2) auf die Einnahmen übersteigende Beträge.

Nr 11: Bezüge und Beihilfen aus öffentl Mitteln wegen Hilfsbedürftigkeit sowie zur Erziehungs-, Ausbildungs- und Kunstförderung. – **a) Übergreifende Voraussetzungen.** – ***(1)* Bezüge aus öffentl Mitteln.** Die Bezüge für alle begünstigten Zwecke müssen aus öffentl Mitteln (nicht aus öffentl Kassen wie in § 3 Nr 12), dh aus haushaltsrechtl ausgewiesenen Mitteln verausgabt werden (BFH VI R 20/80 BStBl II 84, 113; s LStH 3.11) oder aus Mitteln einer öffentl Stiftung stammen. Bezüge stammen nach der Rspr auch dann aus öffentl Mitteln, wenn sie in einem öffentl Haushalt als Ausgaben festgelegt sind und verausgabt, aber *mittelbar* über Dritte an den Empfänger als Bezüge gezahlt werden. Erforderl ist in diesem Fall, dass über die Mittel nur nach Maßgabe der haushaltsrechtl Vorschriften verfügt werden kann und ihre zweckgerichtete Verwendung der gesetzl geregelten Kontrolle auf Ebene der verausgabenden juristischen Person döR unterliegt (BFH VIII R 29/11, DStR 15, 1230 zu Mitteln der Jugendhilfe, enger *BMF* BStBl I 11, 487). Öffentl Stiftungen sind selbst juristische Personen döR oder das Stiftungsvermögen steht im Eigentum einer solchen oder die Stiftung wird von einer solchen verwaltet oder sie sind, wenn das Landesrecht iVm §§ 80 ff BGB diese Einordnung trifft, auch rechtsfähige privatrechtl Stiftungen, die der Allgemeinheit dienen (EStH 3.11, vern für nichtrechtsfähige privatrechtl Stiftung FG RhPf, EFG 15, 358, rkr). – ***(2)* Unmittelbare Förderung des Zwecks (S 1).** Dieses Kriterium verlangt, dass die Zuwendung öffentl Mittel den jeweiligen Zweck ohne ein Dazwischentreten weiterer Ereignisse oder Zwecke positiv beeinflusst. Je nach Zweck kann die Übernahme der Lebenshaltungskosten des Empfängers als unmittelbare Fördermaßnahme stfrei sein (BFH IV R 41/04, BStBl II 06, 744). – ***(3)* Kein Gegenleistungscharakter (S 3).** Die StBefreiung ist nach S 3 ausgeschlossen, wenn die Zuwendung der *Bezüge* eine Gegenleistung für eine wissenschaftl, künstlerische oder ArbN-Tätigkeit des Empfängers darstellt. Entscheidendes Merkmal der *Beihilfe* ist ebenfalls ihre Unentgeltlichkeit und Einseitigkeit, dh Leistungen iRe entgeltl Austauschgeschäfts sind nicht stfrei (EStH 3.11). – ***(4)* Verfassungsmäßigkeit.** S BVerfG 2 BvR 397/94 DStRE 99, 289. – ***(5)* Verhältnis zu § 3c.** S zur Kürzung des BA/WK-Abzugs BFH IV R 41/04, BStBl II 06, 744. 41

b) Bezüge und Beihilfen aus öffentl Mitteln wegen Hilfsbedürftigkeit (Nr 11 S 1, Alt 1). – ***(1)* Hilfsbedürftigkeit** muss in der Person des Empfängers gegeben sein, dem die Bezüge bewilligt werden („wegen"). Der Empfänger muss eine natürl Person sein, die infolge ihres körperl, geistigen oder seelischen Zustandes oder auf Grund ihrer Wirtschaftslage (Bezüge bis zum Vierfachen des Regelsatzes der Sozialhilfe, § 28 SGB XII) auf Hilfe anderer angewiesen ist (§ 53 Nr 1, 2 AO, offen gelassen in BFH IV R 109/84 BStBl II 86, 806). *Beispiel:* Sozialhilfeleistungen (§§ 27 ff SGB XII) aus öffentl Mitteln (BFH VIII R 32/02, BStBl II 04, 588). – ***(2)* Leistungen an ArbN.** Unter § 3 Nr 11 S 1 Alt 1 fallen alle **Beihilfeleistungen** an öffentl Bedienstete (zu nichtbeamteten Empfängern s BFH VI R 28/11, BStBl II 13, 572) und Zahlungen eines Unternehmens mit öffentl-rechtl AlleinGes'ter (abl FG Mster EFG 96, 687, rkr; aA FG Ddorf EFG 04, 1502, rkr) sowie gleichgestellter Unternehmen (s LStR 3.11 I Nr 3, 4; krit *K/von Beckerath* 42

§ 3 Nr 11 Rz 29). Die Hilfsbedürftigkeit wird unterstellt in allen Krankheits-, Geburts- oder Todesfällen und besonderen Notlagen (LStR 3.11 I Nr 1, 2). Zu ehem Postbeamten s § 3 Nr 35. – *(3)* **Leistungen an Behinderte.** Zum Begriff s § 3 Nr 10. Diese sind ebenfalls erfasst. Die Abgrenzung zu § 3 Nr 10 liegt darin, dass dieser die Einnahmen der Gastfamilie und nicht wie § 3 Nr 11 die Bezüge des Behinderten stfrei stellt. – *(4)* **Beitragsermäßigungen und Beitragsrückzahlungen** eines gesetzl KVTrägers für nicht in Anspruch genommene Beihilfen sind gem § 3 Nr 11 S 4 stfrei. – *(5)* **Private Unterstützungsleistungen,** die in Notfällen aus privaten Kassen/vom ArbG bezahlt werden, lässt die *FinVerw* nach LStR 3.11 II iRe Billigkeitsmaßnahme stfrei, idR bis zu 600 € pro Kj, in Katastrophenfällen darüber hinaus (zB *BMF* BStBl I 14, 889; I 13, 769). Das gilt nur ausnahmsweise für Erholungsbeihilfen (BFH VI R 144/72 BStBl II 75, 749, LStH 3.11 – dafür Pauschalierung § 40 II 3; LStR 40.2 III). – *(6)* **Zu sonstigen stfreien Krankheitshilfeleistungen** s § 3 Nr 25, 68, 69.

43 **c) Bezüge und Beihilfen aus öffentl Mitteln zur Erziehung.** – *(1)* **Erziehung.** S § 18 Rz 84 und BFH VIII R 29/11, DStR 15, 1230. Erziehungs- und Pflegegeld fällt bei der Pflegeperson grds unter die stbaren Einkünfte gem § 18, uU § 19, § 15 oder § 22 Nr 3 (s BFH X R 15/11 BFH/NV 13, 1548). Der BFH nimmt stfreie Bezüge der Pflegeperson, die aus öffentl Mitteln der Jugendhilfe stammen, auch an, wenn die Betreuung über zwischengeschaltete privatrechtl Institutionen durch Betreuungsverträge mit den Erziehungsstellen vereinbart wird und iRd Vertragsbeziehungen die öffentl Mittel von diesen an die Pflegeperson ausgezahlt werden (BFH VIII R 29/11, DStR 15, 1230; a. A. *BMF* BStBl I 11, 487). – *(2)* **Beihilfecharakter.** Erziehungs- und Pflegegeld hat noch keinen Gegenleistungscharakter, wenn die Betreuung bis zu sechs Kinder umfasst (BFH VIII R 29/11, DStR 15, 1230, ebenso *BMF* BStBl I 11, 487/I 12, 1226). – *(3)* **Unmittelbarkeit.** Die Rspr sieht Pflegegelder als unmittelbare Zuwendungen an, weil die Pflegeperson der Notwendigkeit des Gelderwerbs zum Lebensunterhalt enthoben und dadurch zeitl in die Lage versetzt wird, sich der Erziehung zu widmen. Daneben stellt sie entscheidend auf Inhalt und Durchführung des Pflegeverhältnisses ab. Zuwendungen sind keine stfreien Erziehungsbeihilfen iSd § 3 Nr. 11 EStG, wenn die gezahlten Beträge den sachl und zeitl Aufwand der Pflegeeltern oder die tatsächl Kosten einer Einrichtung nach Maßgabe der Pflegesätze und hinsichtl der Personal- und Sachkosten in angemessenem Umfang ersetzen sollen. Bei der **Vollzeitpflege** (§§ 33, 39 SGB VIII) von in den Haushalt der Pflegeperson aufgenommenen Kindern und bei der **Tagesgruppenerziehung** (§ 32 SGB VIII) besteht daher grds StFreiheit nach § 3 Nr 11, soweit keine Erwerbsmäßigkeit vorliegt. Erwerbsmäßigkeit und fehlende Unmittelbarkeit wird bei Erziehung in sonstigen Einrichtungen nach § 34 SGB VIII (Heimerziehung) oder bei intensiver Einzelbetreuung nach § 35 SGB VIII angenommen (s Rz 35; zur Rspr s BFH VIII R 29/11, DStR 15, 1230; *BMF* BStBl I 11, 487).

44 **d) Bezüge zur Ausbildungsförderung.** – *(1)* **Ausbildung.** S zum Begriff § 10 I Nr 7 (§ 10 Rz 102). „*Fort*bildungszuschüsse" (zB BFH IX R 63/06, BFH/NV 08, 1138) und Promotionsstipendien (s FG Mster, EFG 14, 19, rkr) aus öffentl Mitteln fallen nicht unter Nr 11 S 1. – *(2)* **Unmittelbarkeit** der Ausbildungsförderung durch die Zuwendung ist bei diesem Förderzweck auch gegeben, soweit die Beihilfe der Bestreitung des Lebensunterhalts des Empfängers dient (vgl EStH 3.11, BFI IV R 41/04, BStBl II 06, 744). – *(3)* **Beihilfencharakter.** Die Zuwendung darf keine Gegenleistung für eine bestimmte (idR ArbN-)Tätigkeit sein. *Beispiele:* BAföG-Stipendien; Ausbildungszuschüsse nach § 30 IV SoldatenG; uU Doktorandenstipendien bis zum Ausbildungsabschluss (Universitäten, VW-Stiftung oÄ); Beihilfe für die Tätigkeit eines Tutors im Studentenwohnheim fällt nicht unter § 3 Nr 11 (BFH VIII R 116/75 BStBl II 78, 387, uU Nr 26).

e) Bezüge zur Wissenschafts- und Kunstförderung. – *(1)* **Begriffsbestimmungen** s § 18 Rz 66. – *(2)* **Abgrenzung zu Nr 44.** § 3 Nr 44 begünstigt neben § 3 Nr 11 bestimmte Aus- und Fortbildungs- sowie Forschungsstipendien. Die Vorschriften überschneiden sich zT, soweit die Förderung der Wissenschaft infrage steht (nicht aber bei der Promotionsförderung, s zutr FG Mster, EFG 14, 19, rkr). – *(3)* **Unmittelbarkeit.** Das künstlerische oder wissenschaftl Schaffen als solches muss unterstützt werden, dh der Zuschuss muss Aufwendungen iZm der künstlerischen oder wissenschaftl Tätigkeit abgelten (zB BFH IV R 11/74 BStBl II 75, 378; *FinVerw* BB 95, 80 zu Forschungspreis) und darf nicht an eine *bestimmte* Gegenleistung geknüpft sein (§ 3 Nr 11 S 3 wie Nr 44 S 3b). Daran fehlt es (anders als bei der „Ausbildungsförderung"), wenn die Bezüge nicht als Sachbeihilfen, sondern **zur Bestreitung des Lebensunterhalts** des Empfängers gewährt werden (BFH IV R 41/04 BStBl II 06, 755 mwN; abl zu EXIST-Gründerstipendien BFH III B 128/11 BFH/NV 13, 29). – *(4)* **Einzelfälle.** Abl zur Verleihung eines **Bundesfilmpreises** für gute Filmprogramme eines Filmtheaterbesitzers BFH IV R 11/74 BStBl II 75, 378, zu **Kulturfilmpreisen** *FinVerw* DStR 93, 243, zu **Spielfilmpreisen** DB 56, 244, einschr für Kinder- und Jugendspielfilme. Vgl auch „Preise" und *BMF* BStBl I 96, 1150; zu Wissenschaftspreisen s *Grotherr/Hardeck* StuW 14, 3. 45

e) Ausschlusstatbestand. Kinderzuschläge und -beihilfen auf Grund der Besoldungsgesetze oä Vorschriften (zB Ortszuschläge) sind stpfl (§ 3 Nr 11 S 2). – 46

Nr 12: Aufwandsentschädigungen auf öffentl-rechtl Grundlage. – **a) Allgemeines.** – *(1)* **Vereinfachungszweck.** § 3 Nr 12 regelt Aufwandsentschädigungen aus öffentl Kassen, unterteilt in Entschädigungen der Bundes- und Landeskassen (S 1) und sonstiger öffentl Kassen (S 2). Aufwandsentschädigungen sind begriffl Ersatzleistungen für berufl Ausgaben, Verdienstausfall und Zeitverlust, werden aber in S 1 und 2 in unterschiedl Reichweite befreit und wären als Einnahmen stbar (s Rz 3). Die Regelung befreit nach verfkonformer Auslegung in beiden Sätzen im Kern nur Aufwandsentschädigungen, die die tatsächl entstandenen Aufwendungen des Beziehers abgelten sollen (BFH VIII R 57/09, BStBl II 13, 799; VIII R 34/11, BStBl II 14, 248) und wird daher dem stfreien WK-Ersatz zugeordnet (s zur StBarkeit auch § 19 Rz 35 „Ehrenamtl Tätigkeit"). Die notwendige Verknüpfung der stfreien Entschädigung mit tatsächl entstandenen BA/WK ist in S 1 und 2 jedoch unterschiedl ausgeprägt. – *(2)* **Verfassungsmäßigkeit.** Die StBefreiung nur der Entschädigungen aus öffentl Kassen durch § 3 Nr 12 ist unter verschiedenen Aspekten str. Der BFH legt – anknüpfend an BVerfG 2 BvL 10/95, BStBl II 99, 502 – die Regelung verfkonform iSd stfreien WK-Ersatzes aus. Die Bevorzugung aufgrund der hohen stfreien gesetzl Ausgabenpauschale für Abgeordnete (§ 12 AbgG) nach § 3 Nr 12 S 1 hat BFH VI R 13/06 BStBl II 08, 928 (ebenso BFH IX R 23/05 BFH/NV 09, 388) ggü Dritten als nicht entscheidungserhebl für eine Vorlage gem Art 100 I GG angesehen (nachgehend BVerfG 2 BvR 2227/08 DStRE 10, 1058, Anm *Bode* FR 10, 992 s auch § 9a Rz 10). – *(3)* **Abgrenzung zu anderen StBefreiungen und zu § 3c.** Neben § 3 Nr 12 können Entschädigungen uU vorrangig stfrei nach § 3 Nr 10, § 3 Nr 26, Nr 26a, Nr 26b sein (s BFH VIII R 57/09, BStBl II 13, 799). Die Anwendbarkeit des § 3 Nr 12 S 2 als Auffangtatbestand zu § 3 Nr 13 wurde von FG BaWü, EFG 15, 1249, nrkr, Rev VI R 23/15 zutr verneint. Zum Umfang der WK-Abzugsbeschränkung nach § 3c bei Vereinnahmung stfreier Bezüge s § 3c Rz 3, LStR 3.12 IV 1 und § 19 Rz 100 „Aufwandsentschädigung". 50

b) Aufwandsentschädigungen, Nr 12 S 1 – *(1)* **Inhalt.** § 3 Nr 12 S 1 befreit alle **Bezüge in Geld,** die auf Grund eines formellen Gesetzes, einer RVO oder eines Kabinettsbeschlusses der zuständigen Regierung (nicht Gemeinderatsbeschluss oÄ) im Haushaltsplan *als eigener Titel Aufwandsentschädigungen* mit Empfänger und Höhe ausgewiesen sind und als solche von einer (inl) Bundes- oder Lan- 51 deskasse iHd gesetzl ausgewiesenen Amtsausstattung oder Kostenpauschale ausgezahlt werden (Klarstellung in § 3 Nr 12 S 1 entgegen BFH VIII R 57/09 BStBl II 13, 799). – *(2)* **Voraussetzungen.** Es kommt (nur bei S 1!) nicht darauf an, ob die Entschädigung in vollem Umfang tatsächl Aufwand des Empfängers abdeckt, sondern ob die Aufwendungen „ihrer Art nach" Aufwandscharakter haben und formell als Aufwandsentschädigung im Haushalt eingestellt ist (BFH VIII R 57/09 BStBl II 13, 799). Stfrei sind nach S 1 daher auch im Haushaltsplan ausgewiesene Entschädigungen, die Zeitaufwand, Verdienstausfall und Arbeitsleistung ausgleichen (*HHR/Bergkemper* § 3 Nr 12 Rz 8f; *Korn/Tormöhlen* § 3 Nr 12 Rz 5) Unter die Vorschrift fallen zB Aufwandsentschädigungen für den Bundespräsidenten, Bundes- und Landesminister sowie für Abgeordnete (§ 12 AbgG). Zu Abgeordneten des Europaparlaments s § 22 Rz 161 ff.

52 **c) Gleichgestellte öffentl Aufwandsentschädigungen, Nr 12 S 2.** – *(1)* **Nachweisbarer Aufwand.** Die Entschädigungen gem S 2 müssen nach verfkonformer Auslegung des BFH tatsächl Aufwand, der zu *WK oder BA* geführt hat, ausgleichen (Rz 3; s zB BFH VI R 3/04 BStBl II 07, 308; VI R 91/04 BFH/NV 08, 769; I R 35/08 BFH/NV 09, 26). – *(2)* **Zahlung aus öffentl Kasse** (s LStH 3.14). Es muss sich um eine inl Kasse handeln, die der Staatsaufsicht unterliegt (BFH IV R 228/82 BStBl II 86, 848). Das sind Kassen der juristischen Personen döR, Bundesbahn (auch der DB nach Privatisierung), AOK, öffentl Rundfunkanstalten, Postunternehmen (Sonderregelung **§ 3 Nr 35**) uä Kassen, zB eines Versorgungswerks (BFH VIII R 34/11, BStBl II 14, 248, s auch LStR 3.11 III), *nicht* der kommunalen Spitzenverbände (*FinVerw* DStR 09, 1312) und der Parteifraktionen (zu Fraktionszahlungen nach § 22 Nr 4 FG Bln EFG 02, 1128, rkr). – *(3)* **Öffentl Dienste** (dazu LStR 3.12 I) muss der Empfänger verrichten, dazu gehört auch eine Tätigkeit in der sog schlichten Hoheitsverwaltung (zB Bauernverband, Sparkassenverband, BRK; Schulweghelfer s *FinVerw* DB 00, 952; Jugendbildung an Volkshochschule, FG BaWü EFG 87, 495, rkr; staatl Förster s *FinVerw* FR 96, 798; SV-Tätigkeit s *FinVerw* DStR 12, 2600; Standesvertretungen), nicht aber in der Fiskalverwaltung (vgl BFH VIII R 34/11 BStBl II 14, 248 zu Anwaltsversorgung, zur Ärzteversorgungseinrichtung, BFH IV R 160/71 BStBl II 74, 631; zu Wasserversorgungsverband, BFH VI R 42/86 BStBl II 90, 679; zu Versicherungsältesten § 39 SGB IV FG BaWü EFG 90, 309, rkr). Eine ständige öffentl Tätigkeit oder feste Anstellung bei dem Träger der öffentl Kasse ist nicht erforderl (*Beispiele:* Sachverständige, Schöffen, ehrenamtl Beisitzer bei Gericht). Bei gemischter Tätigkeit muss der hoheitl Teil überwiegen (BFH VI R 171/74 BStBl II 75, 563, zum Leiter eines gewerbl Versorgungs- und Verkehrsbetriebes). – *(4)* **Kraft Gesetzes ausgeschlossene Stfreiheit.** Entschädigungen für **Verdienstausfall oder Zeitverlust** nimmt § 3 Nr 12 S 2 ausdrückl aus (vgl zB zu ehrenamtl Richtern zutr abl *Pfab/Schießl* FR 11, 795; zu Entschädigungen der Dt RV s FG BBg, EFG 15, 1598, nrkr, Rev VIII R 28/15. Die Entschädigung darf den tatsächl Aufwand nicht *offenbar* übersteigen (BFH VIII R 58/06 BStBl II 09, 405). Anders als bei S 1 (Rz 51) muss das FA diese Ausschlussgründe bei besonderer Veranlassung prüfen (BFH VI R 43/89 BStBl II 92, 140; IV R 7/91 BStBl II 93, 50). Das Merkmal *„offenbar"* schließt eine kleinl Prüfung aus (vgl BFH VI R 32/89 BStBl II 92, 140). – *(5)* **Schätzung angemessenen Aufwands.** Die FinVerw ermittelt im Zusammenwirken mit den obersten Landesbehörden jährl Beträge (LStR 3.12 III S 10), die den Aufwand von Personen in vergleichbarer Stellung erfassen. Zudem bestimmt LStR 3.12 III 2 bei bekannten Höchstbeträgen für eine Vollzeittätigkeit, dass für eine ehrenamtl Tätigkeit ein Drittel dieses Höchstbetrags und ohne bekannten Höchstbetrag ein Mindestbetrag iHv monatl 200 € ohne Nachweis stfrei sind. Die jeweils nicht ausgeschöpften monatl Pauschbeträge sind übertragbar (LStH 3.12). Zu Beispielen aus der Rspr s BFH VIII B 210/06 BFH/NV 07, 2286, BFH XI B 129/05 BFH/NV 07/43; FG BBG EFG 08, 1400, rkr; Zur

Bindung der Gerichte an die Verwaltungsanweisungen s FG Köln EFG 08, 105, rkr; FG Hess EFG 13, 1820, rkr. FG Nbg, EFG 15, 1188 rkr.

Nr 13: Reisekosten- und Umzugskostenvergütungen sowie Trennungsgelder aus öffentl Kassen. – a) Allgemeine Erläuterungen. – *(1)* Norminhalt und Normzweck. § 3 Nr 13 bestimmt die StFreiheit für Reisekosten- und Umzugskostenvergütungen sowie Trennungsgelder aus öffentl Kassen. Der Vereinfachungszweck der Norm liegt in der Möglichkeit des stfreien BA-/WK-Ersatzes, um die Saldierung von Vergütungen und Aufwendungen in der Veranlagung obsolet zu machen (s § 19 Rz 66ff). Die StBefreiung gilt für alle Einkunftsarten. Sie ist für die im Gesetz genannten Vergütungen abschließend und ggü § 3 Nr. 12 vorrangig (FG BaWü, EFG 15, 1249, Rev VI R 23/15). – ***(2)* Verhältnis zu § 3c I.** Bleibt die Erstattung stfrei, schließt § 3c I den Abzug der damit in unmittelbarem wirtschaftl Zusammenhang stehenden Kosten als BA/WK aus. Ein Differenzbetrag zw niedrigerer Kostenerstattung und höheren Pauschbeträgen bzw höheren Aufwendungen können als BA/WK berücksichtigt werden, nicht aber übersteigende WK-Pauschbeträge (s § 3c Rz 10). Stfreie ArbG-Erstattungen mindern die abziehbaren WK des ArbN auch dann, wenn sie erst im Folgejahr geleistet werden (s § 19 Rz 67; BFH I R 59/05 BStBl 07 II S. 756). 54

b) Übergreifende Voraussetzungen. – *(1)* Berufl Veranlassung der erstatteten Kosten. Stfrei ist nur der Ersatz berufl veranlasster Aufwendungen, die ohne den Ersatz als BA/WK abziehbar wären (BFH VI R 67/92, BStBl II 95, 17; VIII R 58/06, BStBl II 09, 405). Hierzu gehören nicht Kostenvergütungen, denen tatsächl kein entspr berufl Aufwand gegenübersteht (zur Vergütung eines Mietausfalls, erstatteter Aufwendungen der privaten Lebensführung oder ArbG-Leistungen an den ArbN bei Incentive-Reisen s LStH 3.13). Zudem muss der Aufwand beim StPfl auch tatsächl angefallen sein (vern BFH VI R 25/10, BStBl II 13 für eine Mietentschädigung gem § 8 III BUKG) – ***(2)* Inkongruenz mit dem öffentl Leistungsrecht.** Ob Zahlungen aus öffentl Kassen „Reisekosten–, Umzugsvergütung und Trennungsgeld" sind, ist in § 3 Nr. 13 in Anlehnung an das öffentl Recht zu bestimmen (s EStR 3.13 II 1, IV 1: Leistungen, die dem Grunde und der Höhe nach auf den öffentl-rechtl Vorschriften beruhen). Das öffentl Recht ist aber für die StBefreiung nicht bindend, da die Merkmale in Nr 13 estl auszulegen sind (BFH VIII R 58/06, BStBl II 09, 405). Fahrtkostenersatz aus öffentl Kassen ist damit nicht automatisch auch eine stfreie Reisekostenvergütung (aA FG SchlHol, EFG 15, 452, nrkr, Rev VIII R 58/14). Auch eine Umzugskostenerstattung für den Erwerb von Kleidung aus einer öffentl-rechtl Kasse ist nicht allein deshalb stfrei (BFH VI R 67/92, BStBl II 1995, 17). – ***(3)* Öffentl Kassen.** Dies sind inl juristische Personen des döR sowie Unternehmen, Kammern und Verbände, die einer Dienstaufsicht und Prüfung ihres Finanzgebarens durch die öffentl Hand unterliegen (FG SchlHol, EFG 15, 452, nrkr, Rev VIII R 58/14). Hierzu gehören nach der FinVerw auch Leistungen aufgrund von Tarifverträgen oder anderen Vereinbarungen (zB öffentl-rechtl Satzungen), die den Vorschriften des Bundes oder der Länder entsprechen (EStR R 3.13 II 2). – ***(4)* Leistungsformen.** Erfasst sind Bar- und Sachleistungen (EStR 3.13 I; § 19 Rz. 67). 55

c) Stfreie Reisekostenvergütungen. – *(1)* Kostenarten. EStl fallen hierunter Verpflegungsmehraufwand, Fahrt-, Übernachtungs- und sonstige Kosten (s § 19 Rz 110 „Reisekosten", § 4 Rz 520 „Geschäftsreisen" und 570ff). Nach öffentl Recht sind Reisekostenvergütungen im Katalog des § 1 II BRKG und dem entspr Landesrecht angeführt. Reisekostenvergütungen können bei berufl Veranlassung bis zu den WK-Pauschbeträgen des § 9 IVa (S 2) stfrei ersetzt werden. – ***(2)* StBefreiung für Verpflegungsmehraufwand nur in Höhe der Pauschbeträge gem § 9 IVa (§ 3 Nr 13 S 2, HS 1).** Zu den seit 2014 als WK abziehbaren Pauschbeträgen für Inlands- und Auslandsreisen und deren Kürzung bei Mahlzeitengestellung gem § 9 IVa s § 9 Rz 259, 261. Die Voraussetzungen des WK-Abzugs sind 56 aufgrund der Verweisung von S 2 HS 2 auch für die StFreiheit bindend. Vergütungen, die die Pauschbeträge übersteigen, sind stpfl, können aber bis zu den doppelten Pauschbeträgen mit einem LStPauschsatz von 25 vH besteuert werden (§ 40 II 1 Nr 4; s *BMF* BStBl I 14, 1412 Rz 58, zB für 12 Stunden 24 € Erstattung, 12 € stfrei, 12 € pauschal). – *(3)* **Übernachtungskosten.** S § 9 Rz 237, § 19 Rz 110 „Reisekosten". Diese können bei **Auslands-/Inlandsreisen** in nachgewiesener Höhe (uU mit Kürzung um Verpflegungskosten vgl § 9 IVa 8) oder *pauschal* bei Auslandsreisen iHd höchsten Auslandsübernachtungsgelder nach dem BRKG und bei Inlandsreisen iHv 20 € je Übernachtung stfrei erstattet werden (LStR 9.7 III 1, auch ab 2014, *BMF* BStBl I 14, 1412 Rz 123). *Ausnahmen:* Übernachtungsgestellung oder Übernachtung im Fahrzeug (LStR 9.7 III). Der *WK-Abzug* von Übernachtungskosten im Inl und Ausl gem § 9 I 3 Nr 5a richtet sich hingegen nur nach den tatsächl Kosten s § 9 Rz 237f, zur Schätzung bei Berufskraftfahrern BFH VI R 48/11 BStBl II 12, 926, *BMF* BStBl I 2012, 1249). – *(4)* **Fahrtkosten.** Wegen der Bezugnahme auf § 9 I 3 Nr 4a S 2 sind Fahrtkosten iSd des estl Reisekostenbegriffs ab 2014 nur noch Aufwendungen für die berufl veranlassten Fahrten, nicht aber für Fahrten von der Wohnung zur ersten Tätigkeitsstätte oder Familienheimfahrten, dh für letztere gibt es keinen stfreien Ersatz mehr (s auch § 9 Rz 203, § 19 Rz 110 „Kraftfahrzeugkosten", „Reisekosten"). Nicht mehr zu prüfen ist ab 2014 wegen der gesetzl geregelten Pauschbeträge, ob die stfreie Erstattung zu einer unzutr Besteuerung führt (*BMF* BStBl I 14, 1412, Rz 36, auch bis Ende 2013 bestand keine Prüfungspflicht des ArbG, s LStR 9.V II S 3). Für Barzuschüsse des ArbG zu den Fahrten des ArbN zw Wohnung und erster Tätigkeitsstätte oder bei Pkw-Gestellung s die Pauschalierungsmöglichkeit in § 40 II S 2, 3 (dort Rz 18 und LStR 9.V II 3; LStH 9.V, BFH VI R 122/98 BStBl II 01, 844). Stfrei erstattbar sind die tatsächl Aufwendungen oder die Pauschbeträge gem § 9 I 3 Nr 4a S 2, s *BMF* BStBl I 14, 1412, Rz 35f. – *(5)* **Reisenebenkosten** können in nachgewiesener Höhe (LStR 9.8, *BMF* BStBl I 14, 1412 Rz 124) stfrei erstattet werden, soweit sie beim ArbN WK sind.

57 **d) Stfreie Umzugskostenvergütungen.** – *(1)* **Voraussetzungen.** ArbN im öffentl Dienst (zu „Post-ArbN" s § 3 Nr 35) erhalten bei berufl Veranlassung Umzugskostenerstattungen aus öffentl Kassen, die nach § 3 Nr 13 stfrei sind (LStR 3.16, 3.13 IV). Die Höhe der Vergütungen richtet sich öffentl-rechtl nach dem BUKG bzw bei Umzügen zw Inl und Ausl nach der AUV (LStR 9.9 II). Auch hier gilt, dass die Merkmale des § 3 Nr. 13 estl autonom ohne Bindung an die öffentl-rechtl Rechtsgrundlage der Vergütung auszulegen sind. Es müssen die nach dem öffentl Recht gewährten Umzugsvergütungen berufl veranlasste WK ersetzen (s BFH VI R 53/04, BStBl II 07, 536). Die Erstattung von Umzugsaufwendungen nach dem BUKG ist ledigl ein Indiz für die berufl Veranlassung der Aufwendungen (BFH VI R 2/11, BStBl II 12, 104). Zahlungen aus öffentl Kassen nach dem BUKG ohne berufl Veranlassung oder in Fällen des § 12 Nr 1 sind nicht stfrei. Umzugskosten in das Ausl iZm im Inl stfreien Auslandseinkünften sind nicht als WK abziehbar (s BFH I R 59/05 BStBl II 07, 756, auch zu § 32b; s auch § 3c Rz 8 zu vergebl Kosten), bei Rückumzug liegen WK vor s § 19 Rz 110 „Umzugskosten"). – *(2)* **Einzelfragen.** Zur berufl Veranlassung einzelner un- und mittelbar mit dem Umzug zusammenhängender Aufwendungen s § 19 Rz 110 „Umzugskosten".

58 **e) Stfreies Trennungsgeld.** – *(1)* **Verweis auf § 9 I 3 Nr 5, IVa.** Anfall und Höhe richten sich nach §§ 12 BUKG, 15 BRKG, der TGV (BGBl I 09, 320) und AuslandstrennungsgeldVO (BGBl I 2009, 160, s BFH VI R 228/80 BStBl II 87, 385). § 3 Nr 13 S 2, HS 2 enthält die Vorgabe, dass stfreie Trennungsgelder die für eine doppelte Haushaltsführung nach § 9 I 3 Nr 5 abziehbaren Aufwendungen nicht übersteigen dürfen. Das Trennungsgeld muss Aufwendungen iRe berufl veranlassten und nach § 9 I 3 Nr 5 anzuerkennenden doppelten Haus-

haltsführung abgelten (BFH VI B 31/00, BFH/NV 00, 1465). Dies sind Aufwendungen für die erste und letzte Fahrt, Familienheimfahrten, Verpflegungsmehraufwand sowie die notwendigen Kosten der Unterkunft am Beschäftigungsort und sonstige Kosten. – *(2)* **Höhe der StBefreiung.** Ist die berufl Veranlassung der Aufwendungen gegeben, die das Trennungsgeld ersetzt, darf es die Höhe der Pauschbeträge gem § 9 I 3 Nr 5 S 4 für Unterkunftskosten, gem § 9 I 3Nr 5 S 6 für Familienheimfahrten und gem § 9 IVa S 12f für Verpflegungsmehraufwand nicht übersteigen.

Nr 14: KV-Zuschüsse des RV-Trägers an Rentner. – *(1)* **Krankenversicherungszuschüsse.** Zuschüsse iSd *§§ 106 I 1, 315 SGB VI* durch Träger der gesetzl RV sind für freiwillig in der gesetzl KV und für privat krankenversicherte Rentner aus Vereinfachungsgründen stfrei. Ohne die Regelung wären die Zuschüsse als wiederkehrende Leistungen stpfl und als SA gem § 10 I Nr. 3 Buchst a abzugsfähig (*HHR/Bergkemper* § 3 Nr 14 Rz 1). – *(2)* **Beiträge an gesetzl Krankenversicherungen.** Die Beiträge iSv § 249a SGB V der Träger gesetzl RV an gesetzl KV für pflichtversicherte Rentner werden in § 3 Nr 14 ebenfalls stfrei gestellt. Die StBefreiung ist deklaratorisch (*HHR/Bergkemper* § 3 Nr 14 Rz 1). S jeweils zum SA-Abzug § 10 IV S 2 (§ 10 Rz 191). 61

Nr 15: *(weggefallen)* 63

Nr 16: Erstattungen privater ArbG für Reise- und Umzugskosten sowie Mehraufwendungen bei doppelter Haushaltsführung. – a) Anknüpfung an WK-Abzug. – *(1)* **Rechtslage seit 2014.** § 3 Nr 16 knüpft an die neuen Begriffsinhalte des Reisekostenrechts an. Der ArbG darf nur die in § 3 geregelten Aufwendungen stfrei erstatten, wenn der ArbN sie als berufl veranlasste WK abziehen könnte (s oben Rz 54 zu § 3 Nr 12, § 19 Rz. 67). Dies folgt mittelbar aus dem 2. HS in § 3 Nr 16, nachdem die stfreie Erstattung auf die *Höhe* der nach § 9 abziehbaren Aufwendungen begrenzt ist. Folgl verlangt § 3 Nr 16 eine Inzidentprüfung des WK-Abzugs der jeweiligen Aufwendungen (glA *K/von Beckerath* § 3 Rz 37; *HHR/Bergkemper* § 3 Nr 16 Rz J 12-5 ff). Der Mehraufwand für Verpflegung als Bestandteil der Reisekosten ist nicht mehr in § 4 V Nr 5 mit Verweisung in § 9 III, sondern in § 9 IVa, die berufl veranlassten Fahrtkosten sind in § 9 I Nr 4a, die Aufwendungen für die doppelte Haushaltsführung in § 9 I Nr 5, und die Übernachtungskosten in § 9 I Nr 5a geregelt. Zur Rechtslage bis Ende 2013 s § 19 Rz 110 „Reisekosten“, „Einsatzwechseltätigkeit“, „Fahrtätigkeit“, „Kraftfahrzeugkosten“ und die 32. Aufl. – *(2)* **Verhältnis zum Sozialrecht.** Stfreier WK-Ersatz unterliegt gem § 1 I 1 Nr 1 SvEV nicht der Beitragspflicht. 66

b) Stfrei erstattbare Aufwendungen. – *(1)* **Reisekosten.** Zum Merkmal der Reisekosten s § 19 Rz 110 „Reisekosten“ und § 9 Rz 203. Hierunter fallen Aufwendungen für Verpflegungsmehraufwand, Fahrt-, Übernachtungs- und sonstige Kosten, nicht aber für Fahrten zw Wohnung und erster Tätigkeitsstätte und Familienheimfahrten iRe doppelten Haushaltsführung (s auch Rz 56 zu § 3 Nr 13). – *(2)* **Umzugskosten.** Die stfrei erstattbaren Umzugskosten entsprechen inhaltl den berufl veranlassten Umzugskosten iSd §§ 9, 19, s § 19 Rz 110 „Umzugskosten“ und § 9 Rz 237 ff und LStR 9.9 III, 9.9 II 4. – *(3)* **Doppelte Haushaltsführung.** S zum Begriffsinhalt § 9 Rz 205 ff. Umfasst sind Aufwendungen für die erste und letzte Fahrt, Familienheimfahrten, Verpflegungsmehraufwand sowie die notwendigen Kosten der Unterkunft am Beschäftigungsort und sonstige Kosten. Bei unentgeltl Fahrzeuggestellung durch den ArbG scheidet ein WK-Abzug für Familienheimfahrten und damit auch die stfreie Erstattung aus (§ 9 I 3 Nr 5 S 8, *BMF* BStBl I 14, 1412, Rz 108, § 9 Rz 230). 67

c) Keine Überschreitung der nach § 9 abziehbaren WK. – *(1)* **Reisekosten.** Hier gelten die Ausführungen unter Rz 56 zu § 3 Nr 12 entspr. – *(2)* **Umzugskosten.** S Rz 57 zu § 3 Nr 12. – *(3)* **Doppelte Haushaltsführung.** Inl 68

Übernachtungskosten sind auf 1000 €/Monat begrenzt (§ 9 I 3 Nr 5 S 4); die Prüfung der Notwendigkeit/Angemessenheit (so BFH VI R 10/06 BStBl II 07, 820) entfällt daher im Inl, nicht im Ausl (§ 9 I 3 Nr 5 S 4); Mietnebenkosten sind abgegolten (*BMF* BStBl I 14, 1412 Rz 102 ff).

71 **Nr 17: Beitragszuschüsse zur Alterssicherung der Landwirte.** – ***(1)*** **Inhalt.** Zuschüsse an Landwirte und mitarbeitende Familienangehörige zur Entlastung von Beiträgen an die landwirtschaftl Alterskasse sind nach § 3 Nr 17 stfrei, wenn das maßgebl jährl Einkommen 15 500 € nicht übersteigt. – ***(2)*** **Kürzung des SA-Abzugs.** Die Stfreiheit nach § 3 Nr 17 steht dem Abzug der entspr Vorsorgeaufwendungen gem § 10 II 1 entgegen (*HHR/Kulosa* § 10 Rz. 305).

72 **Nr 18: Aufgelder für Lastenausgleichsdarlehen.** – ***(1)*** **Inhalt.** Befreit wurden Aufgelder, die die Lastenausgleichsbank (§ 5 LAG) an die Empfänger zahlte. – ***(2)*** **Anwendungsbereich.** Die Regelung hat faktisch keinen Anwendungsbereich mehr, da die betroffenen Darlehen vor dem 1.1.55 gewährt worden sein müssen und getilgt sein dürften. Der Ausgleichsfonds gem § 5 LAG wurde aufgelöst (*HHR/Bergkemper* § 3 Nr 18 Rz 1).

74 **Nr 19:** *(weggefallen).*

77 **Nr 20: Zuwendungen des Bundespräsidenten.** – ***(1)*** **Zweck.** Es handelt sich bei den Zuwendungen idR um nicht stbare Einmalzahlungen (*HHR/Bergkemper* § 3 Nr 20 Rz 2), aber auch stbare wiederkehrende Zahlungen iSd § 22 sind mögl. Die Zuwendung soll dem Empfänger in voller Höhe verbleiben. – ***(2)*** **Voraussetzungen.** Die Zuwendungen stammen aus öffentl Mitteln des Bundespräsidenten, wenn sie auf einem entspr Haushaltstitel beruhen. Die Gewährung aus sittl und sozialen Gründen setzt Verdienste für die Allgemeinheit auf staatspolitischem, wirtschaftl oder kulturellem Gebiet voraus. Empfänger der Zuwendungen müssen die verdienten Personen oder deren Hinterbliebene sein; Bedürftigkeit des Empfängers ist nicht erforderl (*HHR/Bergkemper* § 3 Nr 20 Rz 2).

80 **Nr 21:** *(weggefallen).*

83 **Nr 22:** *(weggefallen).*

86 **Nr 23: Leistungen an Verfolgte.** – ***(1)*** **Zweck.** Die Vorschrift enthält eine konstitutive StBefreiung für gem § 22 Nr. 1 stpfl wiederkehrende Leistungen (*HHR/Bergkemper* § 3 Nr 23 Rz 1). Es gibt eine Überschneidung mit Opferentschädigungen nach § 3 Nr. 8, 8a. – ***(2)*** **Voraussetzungen.** Erfasst sind Leistungen nach den im Wortlaut des Nr 23 in Bezug genommenem Gesetzen: dem HäftlingshilfeG (v 2.6.93 BGBl I 93, 839), dem Strafrechtl RehabilitierungsG und dem Berufl RehabilitierungsG (beide jeweils idF v 22.12.14 BGBl I 14, 2208) sowie dem verwaltungsrechtl RehabilitierungsG (idF v. 2.12.10 BGBl I 10, 1744). Empfänger der Leistungen können dt Staats- und Volkszugehörige oder deren Angehörige sein, die in der sowjetischen Besatzungszone unverschuldet (aus politischen Gründen) inhaftiert wurden sowie Personen, die während des SED-Regimes inhaftiert oder Opfer rechtswidrigen Verwaltungshandelns waren oder in ihrem berufl Fortkommen behindert wurden.

87 **Nr 24: Bundeskindergeldgesetz-Leistungen.** – ***(1)*** **Zweck.** Leistungen nach dem BKGG sind gem § 3 Nr 24 stfrei. Sie wären sonst nach hM gem § 22 Nr 1 stbar (*HHR/Bergkemper* § 3 Nr 24 Rz. 1). Zu Kinderzuschüssen s auch § 3 Nr. 1 und Nr 11. – ***(2)*** **Voraussetzungen.** Zur KiGeld-Berechtigung bestimmter beschr StPfl nach dem BKGG s § 62 Rz 1. KiGeld nach §§ 62–78 ist als StVergütung (§ 31 S 3).

88 **Nr 25: Infektionsschutzgesetz-Entschädigungen.** – ***(1)*** **Zweck.** Die Regelung stellt Entschädigungen für Sonderopfer bei der Seuchenbekämpfung stfrei – ***(2)*** **Entschädigungen iEinz.** Sie betrifft vor allem die Entschädigungen nach §§ 56, 65 IfSG für den Verdienstausfall und für Impfschäden; Versorgungsleistungen auf-

grund eines Impfschadens nach § 60 IfSG sind uU nach Nr 6 stfrei (s *HHR/Bergkemper* § 3 Nr 25 Rz 2). Stfreie Entschädigungen für den Verdienstausfall (§ 56 IfSG) werden gem § 32b I Nr 1e in den Progressionsvorbehalt einbezogen (s § 32b Rz 23).

Nr 26: Aufwendungsersatz für nebenberufl Tätigkeiten als Übungsleiter, Ausbilder, Erzieher, Betreuer ua. – a) Nebenberufl Tätigkeit. Eine nebenberufl Tätigkeit iSd § 3 Nr 26 S 1 kann (selbständig und unselbständig) auch ohne Hauptberuf ieS (zB Rentner, Student, Hausfrau) und ohne Vollzeiterwerb ausgeübt werden, auch mit dem Ziel, den Lebensunterhalt damit zu bestreiten. Sie muss nur neben einer Vollbeschäftigung ausgeübt werden können. BFH VI R 188/87 BStBl II 90, 854 stellt als maßgebl Kriterium **zeitl Grenzen** auf (= LStR 3.26 II 1): Nebentätigkeit bis zu $^1/_3$ der übl Arbeitszeit einer Vollzeitkraft (Durchschnittswert während der Vertragsdauer im VZ). Dies schlägt auch auf die sozialrechtl Beitragspflichten durch (§ 14 SGB IV). Mehrere verschiedenartige Nebentätigkeiten sind gesondert zu beurteilen, gleichartige grds einheitl. Die Abgrenzbarkeit Neben- und Haupttätigkeit ist nicht abschließend geklärt. BFH VI R 188/87 BStBl II 90, 854 nimmt zB nach der Verkehrsanschauung bei Unterricht an verschiedenen Schulen grds eine einheitl Haupttätigkeit an, soweit sich nicht eine der Tätigkeiten allein als Vollzeiterwerb darstellt (mit dem Ergebnis, dass nur für diese § 3 Nr 26 anwendbar ist). LStR 3.26 II und *BMF* BStBl I 14, 1581, Nr 2 verneinen die Möglichkeit der Nebentätigkeit für denselben ArbG (s auch FG SachsAnh EFG 02, 958, rkr; abw FG Ddorf DStRE 12, 1361, rkr), nehmen aber in LStH 3.26 auch bei aus dem Hauptamt resultierender Pflicht zur Übernahme einer Tätigkeit eine nebenberufl Tätigkeit an. Die gemeinsame Auffassung von BFH und BMF ist mE überprüfungsbedürftig. Ist die Nebenberuflichkeit allein wegen Überschreitens der zeitl Grenzen zu verneinen, sind auch unterhalb der gesetzl Höchstgrenze liegende Beträge steuer- und beitragspflichtig. Zudem ist die Drittelbetrachtung des BFH nicht mit dem Sozialrecht abgestimmt, das Tätigkeiten bis 50% der Vollarbeitszeit als nebenberufl qualifiziert. Ferner stellt sich die Frage, ob nicht Einnahmen bis zu den Freibeträgen unabhängig vom zeitl Umfang stets als „nebenberufl" angesehen werden sollten (überzeugend FG Köln EFG 15, 1507, rkr; *Bender* DStR 15, 2257, 2259). 91

b) Person des Auftraggebers. Dies kann nur eine juristische Person döR sein, die im Inl oder einem EU/EWR-Staat ansässig ist bzw eine ihrer Behörden („im Dienst oder Auftrag") oder eine unter § 5 I Nr 9 KStG fallende Einrichtung sein, auch ein Betrieb gewerbl Art bei gemeinnütziger Zweckverfolgung (LStR 3.26 I). *Beispiele:* Bund, Länder, Gemeinden, Universitäten, Schulen, Volkshochschulen, öffentl Beratungsstellen, Sportvereine, gemeinnützige Körperschaften, Ärztekammern, Anwaltskammern, IHK, SV-Träger. Die frühere Beschränkung auf inl Auftraggeber war unionsrechtswidrig (EuGH Rs C-281/06 DStRE 08, 666; BFH VIII R 101/02 BStBl II 10, 265) und ist im EU-/EWR-Raum entfallen. Str ist, ob der Ausschluss der Tätigkeit für schweiz Hochschulen nach dem Freizügigkeitsankommen das Unionsrecht verletzt (s EuGH-Vorlage FG BaWü, 14 K 1229/13, juris, Az des EuGH: C-478/15). 92

c) Erfasste nebenberufl Tätigkeiten. § 3 Nr 26 begünstigt – anders als § 3 Nr 26a – nur die in der Norm angeführten Tätigkeiten. Der Empfänger muss nebenberufl als Übungsleiter, Ausbilder, Erzieher, Betreuer oder in vergleichbarer Weise, zur Pflege alter, kranker oder behinderter Menschen oder durch künstlerisches Engagement im kulturellen Bereich, zur Förderung gemeinnütziger, mildtätiger oder kirchl Zwecke gem §§ 52 bis 54 AO tätig werden (s § 10b Rz 24f). Verbindendes und gefördertes Element der Tätigkeiten als Übungsleiter, Ausbilder, Erzieher oder Betreuer ist die pädagogische Ausrichtung und Betätigung durch persönl Kontakt (BFH IV R 106/90, BStBl II 92, 176; LStR 3.26 I 2). § 3 Nr 12, 13, 16, 26b sind nachrangig. – ***(1)*** **Übungsleiter.** S BFH IV R 24/84, BStBl II 86, 93

398. Die Tätigkeit muss die Entwicklung geistiger und körperl Fähigkeiten anderer Menschen durch Ausbildung vorhandener Anlagen fördern; gleichgestellt ist dem die Leitung von Übungen, in denen Menschen ihre Fähigkeiten selbst entwickeln oder erproben. – *(2)* **Ausbilder:** S zum Begriff auch BFH IV R 24/84, BStBl II 86, 398. Es braucht sich nicht um Aus- oder Fortbildung iSd EStG zu handeln; auch die Vermittlung von Allgemeinwissen fällt darunter (wie handwerkl Fähigkeiten). Unterricht im Betrieb oder in gemeinnützigen Anstalten ist begünstigt iSv § 52 AO, wenn die Aus- oder Fortbildung im Interesse der Allgemeinheit liegt (BFH IV R 34/91 BStBl II 93, 20). *Beispiele:* Unterricht des Arztes bei Pflegern auch bei vertragl Verpflichtung FG BaWü EFG 91, 594, rkr; Arbeitsgemeinschaftsleiter, zB für Rechtsreferendare, s *FinVerw* DStR 90, 352; zu Volkshochschule BFH IV R 24/84 BStBl II 86, 398. – *(3)* **Erzieher.** Zum Begriff s § 3 Nr 11 (Rz 43) und BFH VIII R 29/11, DStR 15, 1230. Hierunter fällt auch die Hausaufgabenbetreuung in Ganztagesschulen (FG Köln, StE 15, 618, rkr). – *(4)* **Betreuer.** Auch diese müssen eine pädagogische Ausbildung haben und sich entspr betätigen (BT-Drs 14/2070; LStR 3.26 I 2; vern für Versichertenberaterin der DRV FG BBg, EFG 15, 1598, nrkr, Rev VIII R 28/15). Sonstige Betreuer in nicht gemeinnützigen Sanatorien oder Altersheimen sind ebenfalls nicht begünstigt. Ehrenamtl rechtl Betreuer iSd BGB-Betreuungsrechts, die beratende Tätigkeiten und die Betreuung im rechtsgeschäftl Sinn leisten, fallen unter § 3 Nr 26b. – *(5)* **Vergleichbare Tätigkeiten.** Auch insoweit müssen anderen Menschen Wissen (einschließl der Charakter- und Persönlichkeitsbildung), Kenntnisse, Fähigkeiten oder Fertigkeiten irgendwelcher Art vermittelt werden. Typisches Beispiel ist die Tätigkeit als Prüfer in den die Ausbildung abschließenden Examina (BFH IV R 189/85 BStBl II 87, 783; IV R 21/86 BStBl II 88, 890; BFH XI R 43/02 BStBl. II 06, 685). Dies haben FG Nbg, EFG 15, 1425, rkr, für Turnierrichter im Amateurpferdesport und FG Thüringen, EFG 2014, 1662, nrkr, Rev VIII R 43/14 für das Fertigen von Lehrbriefen verneint. – *(6)* **Künstlerische Tätigkeit.** Zum Begriff s § 18 Rz 66 ff. Es können Honorare für Künstler, die nebenberufl im Altenheim, Pflegeheim, Krankenhaus, in Volkshochschulen oder anderen ähnl Einrichtungen auftreten, zB Konzerte des Pianisten im Altenheim, Pflegeheim, Krankenhaus, in Volkshochschulen oä gemeinnützigen Einrichtungen (§ 52 II Nr 5 AO und §§ 64 ff, 68 Nr 7 AO) sowie Einnahmen eines nebenberufl Kirchenmusikers stfrei sein (*FinVerw* DB 00, 1258). – *(7)* **Pflege.** S zum Begriff § 33b VI (§ 33b Rz 33 f) und unter § 3 Nr 36. Hierunter fallen die unmittelbare häusl Sachpflege und andere akute menschl Rettungs-, Hilfs- und Betreuungsdienste sowie die Dauerpflege von Menschen (LStR 3.26 I), nicht aber Tätigkeiten als Geschäftsführer einer Pflegeeinrichtung (BFH XI B 117/02, BFH/NV 04, 1405). FG Köln, EFG 15, 1507, rkr, fasst hierunter auch den Hintergrunddienst im Hausnotruf.

94 **d) Rechtsfolgen.** – *(1)* **Höhe der StBefreiung.** § 3 Nr 26 gewährt einen Jahresfreibetrag iHv 2400 €. Der Jahresbetrag ist nicht zeitanteilig aufzuteilen (LStR 3.26 VIII 1) und auch bei mehreren Tätigkeiten und bei Nachzahlung für mehrere Jahre nur einmalig zu gewähren (BFH IV R 87/89 BStBl II 90, 686). Soweit Einnahmen diesen Freibetrag übersteigen, sind sie nicht nach § 3 Nr 26 stfrei. – *(2)* **WK- und BA-Abzug (S 2).** BA/WK können nur abgezogen werden, soweit die Einnahmen und BA/WK jeweils den Freibetrag (ggf zuzügl WK-Pauschbetrag nach § 9a Nr 1) übersteigen – darunter keine Aufteilung im Verhältnis stfreie/stpfl Einnahmen nach § 3c (§ 3 Nr 26 S 2). Stfrei ersetzte WK/BA sind nicht in die Berechnung einzubeziehen (vgl BFH IV R 41/04 BStBl II 06, 755). Ohne Anfall von Einnahmen gab es keine Abzugsbegrenzung nach § 3c aF (BFH IX R 42/08 BStBl II 10, 220; XI R 61/04 BStBl II 06, 163). Hierzu ist auch keine Änderung durch S 2 eingetreten, s aber § 3c Rz 3); ebensowenig bei Einnahmen unter dem Freibetrag (über diese Einnahmen hinaus sind WK abziehbar; glA FG BBg EFG 08, 1535, rkr; LStR 3.26 IX).

Nr 26a: Aufwendungsersatz für weitere nebenberufl Tätigkeiten. – 96
***(1)* Allgemeines.** Während § 3 Nr 26 die StFreiheit nur für Einnahmen/Aufwandsentschädigungen einzelner, in der Norm aufgezählter Tätigkeiten regelt, sieht § 3 Nr 26a weitergehend einen allg Freibetrag für Einnahmen/Aufwandsentschädigungen aus allen sonstigen (entgeltl oder unentgeltl, selbständigen oder unselbständigen) nebenberufl Tätigkeiten im gemeinnützigen, mildtätigen oder kirchl Bereich vor, die nicht unter § 3 Nr 12 oder Nr 26 fallen (EStR 3.26a, *BMF,* BStBl I 14, 1581; auch zu Amateurschiedsrichtern). Es soll der durch diese Tätigkeiten entstehende Aufwand pauschal stfrei abgegolten werden können (kein Freibetrag ohne Einkünfte, s BFH VIII B 202/11 BFH/NV 12, 1330). Pauschale Vergütungen an Vereinsvorstände müssen nach §§ 27 III/662 BGB satzungsmäßig vorgesehen sein, um die Gemeinnützigkeit des Vereins nicht zu gefährden. Das gilt nicht für Stiftungen (s *Hüttemann* DB 09, 1205). – ***(2)* Nebenberuflichkeit und Auftraggeber.** S Rz 91 zu § 3 Nr 26. – ***(3)* Begünstigte Tätigkeiten.** § 3 Nr 26a erfasst alle der Allgemeinheit dienenden Nebentätigkeiten iSv §§ 52–54 AO mit Sach- und Personenhilfe (zB freiwillige Feuerwehr, THW, Wasserwacht). Eine unmittelbare Förderung des Zwecks wird nicht verlangt; auch können zB Vereinsvorstände, Kassierer, Platzwarte, Verwaltungshelfer oder Reinigungskräfte stfreie Vergütungen erzielen. – ***(4)* Höhe.** Die StBefreiung ist begrenzt auf jährl Zahlungen von „insgesamt" 720 € als Freibetrag, wie bei § 3 Nr 26 unabhängig von der Tätigkeitsdauer (einmaliger Jahresbetrag ohne Zwölftelung) und auf das Jahr der Tätigkeit (also auch bei Nachzahlung für Vorjahr). „Rückspenden" sind unschädl (*BMF* BStBl I 14, 1581). – ***(5)* Konkurrenzen, § 3 Nr 26a S 2.** Die StBefreiung von Einnahmen, für die ganz oder zT eine StBefreiung nach § 3 Nr 12, § 3 Nr 26 oder Nr 26b gewährt wird, ist jeweils vorrangig (*BMF* BStBl I 14, 1581, Tz 5) – Ausschluss aber nur für Einzeltätigkeiten, die unter jede der Befreiungen fallen, sonst Aufteilung nach günstigstem Maßstab für den StPfl (*BMF,* aaO Tz 6). – ***(6)* Ausgabenabzugsbeschränkung (S 3).** § 3 Nr 26a S 3 entspricht § 3 Nr 26 S 2. BA/WK können abw von § 3c nur abgezogen werden, soweit sie nachweisl den Freibetrag (ggf zuzügl des WK-Pauschbetrags nach § 9a Nr 1) übersteigen. – ***(7)* Zeitl Anwendung** ab 2007/2011 s 32. Aufl und 34. Aufl „Nebeneinkünfte".

Nr 26b: Aufwandsentschädigungen nach § 1835a BGB. *Schrifttum: Tegelkamp/Krüger* ZErb 11, 125 und FR 13, 490. – ***(1)* Erfasster Personenkreis.** Aufwandsentschädigungen ehrenamtl *rechtl Betreuer* iSv §§ 1908i I 1, 1835a, 1915 I BGB, Vormünder (§ 1773 I 1 BGB) und *Pfleger* (§§ 1909 ff., 1915 I 1 BGB) können bei Zahlung eines idR nach § 18 stpfl Entgelts (s § 18 Rz 141 mwN) ab 2011 nur noch gem § 3 Nr 26b stfrei sein (*BMF,* BStBl I 14, 1581; zu den vorhergehenden VZ s BFH VIII R 57/09 BStBl II 13, 799; *Tegelkamp/Krüger* FR 13, 490). Eine StBefreiung gem § 3 Nr 26a ist für dieselbe Tätigkeit ausgeschlossen (§ 3 Nr 26a S 2) – ***(2)* Ehrenamtl Tätigkeit (S 1).** S 1 verlangt eine ehrenamtl Tätigkeit, die allein durch den pauschalen Auslagenersatz gem § 1835a BGB abgegolten wird. Nur dieser Auslagenersatz ist stfrei wie sich aus dem Verweis in Nr 26b S 1 ergibt. Die Aufwandsentschädigung nach § 1835a BGB beträgt pro Jahr das 19fache des Höchstbetrages einer Zeugenentschädigung gem. § 22 Satz 1 JVEG (derzeit 399 €). Die Tätigkeit ist zu unterscheiden von der nebenberufl Tätigkeit gem Nr 26 und Nr 26a. Letztere kann auch ehrenamtl (ohne Vergütung) ausgeübt werden, muss es aber nicht (s *Bender* DStR 15, 2257). – ***(3)* Höhe.** Die Höhe des Freibetrags beträgt in der Gesamtschau mit ggf daneben noch ausgeübten Tätigkeiten iSd § 3 Nr 26 (*BMF,* BStBl I 14, 1581) 2400 €/Jahr. Dies erlaubt bei ausschließl Betreuungstätigkeit iSd § 3 Nr 26b bis zu sechs parallele Betreuungen, wenn jeweils der pauschale Auslagenersatz (6 * 399 €) in Anspruch genommen wird. – ***(4)* BA/WK-Abzug (S 2).** Wie bei § 3 Nr 26 können BA/WK nur abgezogen werden, soweit die Einnahmen und BA/WK jeweils den StFreibetrag übersteigen. 98

100 **Nr 27: Grundbetrag für Produktionsaufgaberenten und Ausgleichsgelder.** – ***(1)*** **Zweck.** Die Regelung knüpft an § 13 II Nr 3 an (§ 13 Rz 94; s auch 3.27 EStH 2009). Produktionsaufgaberenten und das Ausgleichsgeld gem §§ 1, 9 FELEG sind bis zum gesetzl Höchstbetrag (18 407 €) stfrei. Letzterer kann nur einmal in Anspruch genommen werden. Die Anwendung der StBefreiung war aufgrund der Voraussetzungen des FELEG für berufsunfähige StPfl allenfalls bis zum 31.12.08, iÜ bis zum 31.12.06 mögl und ist faktisch überholt (*HHR/Kanzler* § 3 Nr 27 Rz 5). – ***(2)*** **Abgrenzung.** Nicht befreit sind Vorruhestandsleistungen, die iZm einer Betriebsaufgabe aufgrund anderer öffentl-rechtl Rechtsgrundlagen gewährt werden (s BFH IV R 17/08 BStBl II 11, 716, § 16 Rz 265) und vom Bund nach § 15 FELEG getragene SV-Beiträge, s BFH VI R 134/01, BStBl. II 05, 569.

102 **Nr 28: Aufstockungsbeträge bei Altersteilzeit.** – ***(1)*** **Inhalt.** Die Regelung stellt die vom ArbG an einen zur Altersteilzeit berechtigen ArbN (§ 2 I AltTZG) auf Grund tarifl, betriebl oder Einzelvereinbarung gezahlten Lohnzuschläge von (mind) 20 vH und die vom ArbG an die gesetzl RV gezahlten Höherversicherungsbeiträge bzw Ersatzleistungen iSv §§ 3, 4 AltTZG von Beginn der Altersteilzeit bis zum Beginn der (vorzeitigen oder regulären) Altersrente stfrei (s LStR 3.28 I). Unerhebl für die StBefreiung beim ArbN ist, dass mit Ablauf des VZ 15 der ArbG eine öffentl-rechtl Förderung durch die BA (§ 4 AltTZG) nicht mehr in Anspruch nehmen kann und ob der Arbeitsplatz gem § 3 AltTZG wiederbesetzt wird (LStR 3.28 II). – ***(2)*** **Versicherungsfreie ArbN iSd § 27 I Nr 1–3 SGB III.** Auch die an Beamten, Richter und gleichgestellte Personen gezahlten Lohnzuschläge des ArbG sind stfrei. – ***(3)*** **Übernahme von Beiträgen gem § 187a SGB VI.** Die vom ArbG zum Ausgleich von Rentenminderungen bei vorzeitiger Altersrente übernommen Beiträge an die gesetzl RV sind zu 50% (des ArbG-Anteils) stfrei. – ***(4)*** **Weitere Folgen.** Die Zahlungen des ArbG aufgrund der Altersteilzeit sind stbar gem § 19 (BFH VI R 26/11, BStBl II 12, 415; VI R 5/12, BStBl II 13, 611). Zum Progressionsvorbehalt s § 32b I Nr 1g (§ 32b Rz 23). Zur Stbefreiung bei Übernahme ausl, § 187a SGB VI vergleichbarer, Beiträge bei Grenzgängern s FG BaWü BeckRS 2015, 94916 nrkr, Rev X R 10/15. S ferner § 19 Rz 100 „Altersteilzeit", § 24 Rz 22 und §§ 41 I 5, 41b I Nr 5.

104 **Nr 29 Buchst a und b: Gehälter und Bezüge ausl Diplomaten und Konsulatsangehöriger.** – ***(1)*** **Vorrang des Völkerrechts.** § 3 Nr 29 steht neben den Gewährleistungen des Wiener Übereinkommens über diplomatische Beziehungen (BGBl II 64, 957, II 65, 147) und für ausl Konsularbeamte nach dem Wiener Übereinkommen über konsularische Beziehungen (BGBl II 69, 1585; II 71, 1285) und ist weitgehend deklaratorisch. Die Übereinkommen bestimmen völkerrechtl steuerl Privilegien, welche auch durch die DBA nicht in Frage gestellt werden und gem § 2 AO dem § 3 Nr 29 vorgehen (s Art 28 OECD-MA, *Wassermeyer/F. Wassermeyer,* OECD-MA Art 28 Rz 7f, 10, 16, 16a). Ausl Angehörige diplomatischer oder konsularischer Vertretungen im Inl besitzen nach den vorgenannten Wiener Übereinkommen exterritorialen Status und sind abw von § 1 I im Inl nicht unbeschr, sondern allenfalls beschr stpfl (*Wassermeyer/F. Wassermeyer,* OECD-MA Art 28 Rz 7f; EStH 3.29 Nr 2, § 1 Rz 39). Zu dt Diplomaten im Ausl s § 1 Rz 35. – ***(2)*** **Persönl Anwendungsbereich.** Die völkerrechtl Übereinkommen befreien in Deutschland als Empfangsstaat ausl **Diplomaten** (Mitglieder des Verwaltungs- und technischen Personals, des dienstl und privaten Hauspersonals, jeweils einschließl der Familienangehörigen, letzteres weitergehend als nach § 3 Nr 29 s EStH 3.29 Nr 3, 4). Gleiches gilt entspr für ausl Konsuln, deren Personal und Familienangehörige (EStH 3.29). Die persönl StFreiheit aufgrund des Völkerrechts besteht ohne Rücksicht auf die Gewährleistung der Gegenseitigkeit und auf § 3 Nr 29. § 3 Nr 29 wirkt nur konstitutiv, soweit er das Gehalt und die Bezüge des privaten Hauspersonals der Berufskonsuln und Konsulatsangehörigen

stfrei stellt (*HHR/Bergkemper* § 3 Nr 29 Rz 1). Die gem Nr 29 begünstigten Personen dürfen nach dem Völkerrecht nicht die dt Staatsangehörigkeit besitzen und nicht im Inl ständig ansässig sein (s jeweils § 3 Nr 29a, b S 2). Fehlende Ansässigkeit idS meint, dass der Grund für den inl Aufenthalt nur die Tätigkeit in der inl Mission sein darf (*HHR/Bergkemper* § 3 Nr 29 Rz 2). Auf ehrenamtl tätige **Wahlkonsuln** findet § 3 Nr 29 keine Anwendung (EStR 3.29). – ***(3)* Umfang.** Die Stbefreiung nach Völkerrecht und § 3 Nr 29a S 1 umfasst nur das Gehalt und die Dienstbezüge iSd § 19, nicht aber Einkünfte aus anderen inl Quellen iRd beschr StPflicht. Für den Personenkreis in Nr 29 Buchst b gilt die StFreiheit nur dann, wenn kein Beruf, kein Gewerbe und keine andere gewinnbringende Tätigkeit im Inl ausgeübt wird, sonst ist auch das Gehalt hier stpfl. – ***(4)* Andere Fälle.** S. *BMF* BStBl I 13, 404 und VerwAnordnung der Bundesregierung vom 13.10.50 (BAnz Nr 212); zu DBA USA ab 2008 *FinVerw* StEd 08, 335; zu DBA-GB *BMF* BStBl I 08, 835 und 886.

Nr 30: Werkzeuggeld. – ***(1)* Begriff.** Das Merkmal umfasst laut Legaldefinition Entschädigungen, die der ArbG dem ArbN gewährt, weil dieser eigene Werkzeuge zugunsten des ArbG betriebl einsetzt. IdR sind diese Entschädigungen nicht stbar (s § 19 Rz 69, Rz 100 „Arbeitsmittel"). – ***(2)* Umfang.** Die Befreiung verlangt Entschädigungen für Aufwand des ArbN, der durch die Anschaffung und Erhaltung iSv § 9 I Nr 6 aufgrund des Einsatzes der Werkzeuge veranlasst ist und zu den WK des ArbN gehört (s EStR 3.30 S 4 Nr 1 bis 3, auch Beförderungskosten, aber kein Ersatz für Zeitaufwand). Instrumentengeld für Orchestermusiker ist stpfl (BFH VI R 30/95 BStBl II 95, 906, s auch LStR 3.30 S 1 zu anderen nichterfassten WG). Die StBefreiung entfällt teilweise, wenn und soweit die Entschädigung den tatsächl Aufwand des ArbN offensichtl übersteigt. **106**

Nr 31: Überlassung von Berufskleidung und Barablösungen. – ***(1)* Überlassung von Berufskleidung an ArbN.** Zum Begriff der typischen Berufskleidung s § 9 Rz 241 ff. In der entgeltl oder unentgeltl Überlassung (Gestellung) der Berufskleidung liegt idR keine stbare Sachzuwendung (s § 19 Rz 100 „Berufskleidung"; LStR 3.31, EStH 3.31 mit Beispielen). § 3 Nr 31 dehnt die StFreiheit, die in § 3 Nr 4a, b, Nr 5 für die Überlassung von nach Art oder Kennzeichnung typischer Berufskleidung bei Soldaten, Polizisten uÄ auf sonstige ArbN aus. – ***(2)* Stfreie Barablösung.** Aufwendungen der ArbN für Instandhaltungs- und Instandsetzungskosten für typische Berufskleidung, die durch den ArbG bar abgelöst werden, sind gem § 19 stbar. Die StBefreiung setzt voraus, dass der ArbN einen allg Gestellungsanspruch, zB auf Grund Tarifvertrags (nicht Einzelvertrag!), gegen den ArbG hat, wenn der Ersatz der Barablösungen des ArbG betriebl veranlasst ist und dem ArbN tatsächl Aufwendungen entstanden sind (BFH VI R 37/14, DStR 15, 2226). S LStR 3.31 II mit Beispielen, abl zu Reinigungskosten des ArbN). Die StBefreiung entfällt teilweise, soweit die Entschädigung den tatsächl Aufwand des ArbN offensichtl übersteigt. **108**

Nr 32: Sammelbeförderung durch ArbG. – ***(1)* Zweck.** Es ist str, ob die Beförderung des ArbN zu stbarem ArbLohn führt (bejahend und übertragbar nach BFH VI R 7/08, BStBl II 10, 763; *Küttner* „Arbeitnehmerbeförderung", Rz 8, vern *Blümich/Erhard* § 3 Nr 31 Rz 1; § 19 Rz 51, 55, 100 „Sammelbeförderung"). § 3 Nr 32 ist je nach Auffassung deklaratorisch – ***(2)* Inhalt.** Stfrei ist die unentgeltl oder verbilligte, vom ArbG idR auf der Grundlage einer Betriebsvereinbarung oder eines Tarifvertrags organisierte (BFH VI R 56/07 BStBl II 10, 1067) Sammelbeförderung zw Wohnung und erster bzw einer weiträumigen Tätigkeitsstätte von mind zwei ArbN mit vom ArbG gestellten, nicht unbedingt arbeitgebereigenen Kfz oder sonstigem Beförderungsmittel (Flugzeug, Bergbahn, Schiff), soweit dies für den betriebl Einsatz des ArbN notwendig ist. Zur betriebl Notwendigkeit der Beförderung, die der ArbG beim LSt-Abzug ggf darzulegen hat, s LStR 3.32. – ***(3)* WK-Abzug des ArbN** ist bei unentgeltl Sammelbeförderung ausgeschlossen (§ 9 I 3 Nr 4 S 3; s auch § 9 Rz 203 f). **110**

112 **Nr 33: ArbG-Leistungen zur vorschulischen Kinderbetreuung.** – *(1)* **Lohncharakter.** Die Leistungen sind stbarer ArbLohn (§ 19 Rz 100 „Kindergarten"). – *(2)* **Voraussetzungen.** Nur „zusätzl zum geschuldeten Lohn" ohne Rechtsanspruch erbrachte Sachleistungen und Zuschüsse des ArbG an ArbN (auch bei Kostentragung des Ehegatten, LStR 3.33 I 2) sind stfrei (s BFH VI R 54/11, BStBl II 13, 395; FG Nds, EFG 15, 1257, rkr). *BMF* BStBl I 13, 728 lässt wie der BFH die Gehaltsumwandlung von Lohn in stfreie Leistungen gem Nr 33 nicht zu, sieht aber abw davon nicht nur freiwillige, sondern jede zweckbestimmte Leistung des ArbG, die zum arbeitsrechtl geschuldeten ArbLohn hinzukommt, als „zusätzl" an. Stfrei ist die Leistung auch, wenn sie iRe Gehaltserhöhung erfolgt, auf die der ArbN keinen Anspruch hat (*HHR/Bergkemper* § 3 Nr 33 Rz 2; a. A. *Blümich/Erhard* § 3 Nr 31 Rz 4). Unterbringung ist die Unterkunft und Verpflegung des Kindes, Betreuung die „behütende Betreuung" (*BMF* BStBl I 12, 307), laut BFH III R 29/11 BStBl II 12, 862 weitergehend aber auch die im Vordergrund stehende Vermittlung frühkindl Bildung (*Connemann* NWB 14, 1357). Unterbringung/Betreuung müssen außer Haus (tagsüber) in betriebl (Betriebskindergarten) und außerbetriebl Einrichtungen für nicht schulpflichtige bzw nicht eingeschulte Kinder erfolgen (s LStR 3.33, auch zu begrenzter Schulpflichtprüfung; nicht Kindermädchen, nicht Unterricht/Vorschule). Die Begrenzung des § 3 Nr 33 auf Kinder von ArbN ist verfgemäß (BFH III R 80/09 BStBl II 12, 816).

115 **Nr 34: ArbG-Leistungen zur Gesundheitsförderung.** *Schrifttum: Bechthold/Hilbert* NWB 09, 2946. – *(1)* **Zweck.** § 3 Nr 34 soll die Prüfung obsolet machen, ob Leistungen des ArbG (Sach- und Barleistungen) zur Gesundheitsfürsorge berufsspezifisch bedingten gesundheitl Beeinträchtigungen vorbeugen (dann kein ArbLohn s BFH VI R 177/99 BStBl II 01, 671; VI R 7/08, BStBl II 10, 763; § 19 Rz 100 „Gesundheitsfürsorge") oder den allg Gesundheitszustand des ArbN verbessern sollen (dann ArbLohn, s BFH VI R 28/13, BFH/NV 14, 1734). – *(2)* **Voraussetzungen.** Begünstigt sind alle ArbN, auch Ehegatten/LPart, Geringverdiener, Ges'tergeschäftsführer (soweit keine vGA). Die Leistungen des ArbG müssen hinsichtl Qualität, Zweckbindung und Zielgerichtetheit den Anforderungen der §§ 20, 20a SGB V genügen. Darunter fallen Präventions- und Fördermaßnahmen der gesetzl Krankenkassen in folgenden Bereichen: Arbeitsbedingte körperl Belastungen (zB Massagen; Rückengymnastik), gesundheitsgerechte betriebl Gemeinschaftsverpflegung (Vermeidung von Fehlernährung, Übergewichtsreduktion, Küchenpersonalschulung, Informations- und Motivationskampagnen), psychosoziale Belastungen (zB Kurse zur Stressbewältigung am Arbeitsplatz), Suchtmittelprävention (Rauchen/Nüchternheit am Arbeitsplatz). Nicht begünstigt ist die Übernahme von Mitgliedsbeiträgen an Sportvereine oder Fitnessstudios, wohl aber die Erstattung der vom ArbN bei solchen externen Anbietern selbst organisierten Maßnahmen. Die Höhe ist begrenzt auf 500 €/Kj (Freibetrag). Die Leistung des ArbG muss „zusätzl zum ohnehin geschuldeten Arbeitslohn" gewährt werden (s dazu Rz 112).

118 **Nr 34a Buchst a und b: ArbG-Zuschüsse zur Betreuung von ArbN-Angehörigen.** *(1)* **Buchst a.** Zahlungen vom ArbG für von ihm bestellte auch längerfristige Dienstleistungen eines Dienstleistungsunternehmers sind ohne Höchstbegrenzung begünstigt, wenn sie „zusätzl zum ArbLohn" gezahlt werden (s Rz 112). Die Leistungen an die Fremdfirma müssen Beratungs- und Vermittlungsleistungen zugunsten des ArbN hinsichtl der Betreuung (§ 3 Nr 33) von Kindern/pflegebedürftigen Angehörigen (§§ 14 I, 15 I SGB XI) und der Vermittlung von Betreuungspersonen zum Gegenstand haben. Ziel ist, Beschäftigten, die nach einer Elternzeit wieder in den Beruf zurückkehren, den Wiedereinstieg zu ermöglichen oder ArbN, die pflegebedürftige Angehörige betreuen, zu unterstützen – *(2)* **Buchst b.** Zudem ist der „zusätzl zum ArbLohn" erbrachte Ersatz von Betreuungsaufwand des ArbN durch den ArbG für die zwingend notwendige kurzfristige

(nicht regelmäßige) Betreuung von Kindern (§ 32 I) oder pflegebedürftigen Angehörigen des ArbN bis 600 €/Kj stfrei. Die StBefreiung gilt für schulpflichtige Kinder bis 14 Jahre, bei Behinderung uU länger. Die kurzfristige Notbetreuung muss aus zwingenden berufl veranlassten Gründen notwendig sein. Die Betreuung kann im Privathaushalt des ArbN (anders als bei § 3 Nr 33) geleistet werden.

Nr 35: Ausdehnung von StBefreiungen auf ehemalige Postbeamte. Die Regelung enthält eine Sonderregelung für die an Nachfolgeunternehmen der Bundespost entliehenen Beamten. Hierdurch werden steuerl Nachteile aus der Postneuordnung vermieden, da Deutsche Post, Postbank, Telekom keine öffentl Kassen sind und die Voraussetzungen der StBefreiungen in § 3 Nr 11–13 und Nr 64 ansonsten nicht erfüllt würden. Stfrei sind danach Beihilfeleistungen in Krankheits-, Geburts- und Todesfällen (§ 3 Nr 11), Aufwandsentschädigungen gem § 3 Nr 12, Erstattung von Reise-, Umzugskosten und Trennungsgeldern iSv § 3 Nr 13 (s BFH VI R 22/10 BStBl II 12, 827) sowie Kaufkraftausgleich und Auslagenersatz gem § 3 Nr 64. **120**

Nr 36: Einnahmen für Pflege- und Versorgungsleistungen. – ***(1)*** **Verbindung zu § 3 Nr 1.** Der Pflegebedürftige erhält stfrei Pflegegeld (§ 3 Nr. 1a). § 3 Nr 36 greift idR ein, wenn der Pflegebedürftige das Pflegegeld an die Pflegeperson weiterleitet. Leistungen des Pflegebedürftigen an Pflegepersonen sind *bei diesen* gem § 3 Nr 36 bis zur Höhe eines Pflegegeldes iSv § 37 SGB XI stfrei. – ***(2)*** **Steuerbarkeit.** BFH IX R 88/95 BStBl II 99, 776 verneint „im Regelfall" für die Angehörigenpflege (ohne Arbeitsvertrag) bereits die StBarkeit des Entgelts nach § 22 Nr 3, zu § 18 glA FG RhPf EFG 99, 1123, rkr; FG Bln EFG 01, 1373, rkr. Das schließt im Einzelfall steuerl beachtl (Arbeits-)Verträge unter Angehörigen nicht aus (*HHR/Kanzler* § 3 Nr 36 Rz 4, 27; *Korn/Tormöhlen* § 3 Nr 36 Rz 34). Für den WK-Abzug der Pflegeperson gilt die Rspr zu Übungsleitern (Abzug nur bei Aufwendungen über Freibetrag hinaus, BFH IV R 87/89 BStBl II 90, 686; Rz 94). – ***(3)*** **Pflegebedürftigkeit.** Die Zahlung muss durch Pflegebedürftige (iSv §§ 14 I, II, 15 iVm 37 SGB XI oder entspr Vorschriften zB § 64 SGB XII, § 26c VIII BVG) erfolgen. Eine Mindestpflegedauer von 6 Monaten (wie § 14 I SGB XI) sieht § 3 Nr 36 nicht vor. Ohne Bezug von Pflegegeld obliegt es dem StPfl, den Grad der Pflegebedürftigkeit anderweitig nachzuweisen, ggf durch amtsärztl Zeugnis (§ 64 EStDV; s auch §§ 17, 18 SGB XI). Hilflosigkeit iSv § 33b VI (mit Nachweis § 65 EStDV) braucht nicht vorzuliegen. – ***(4)*** **Pflegeformen.** Stfrei sind Zahlungen für häusl Pflegeleistungen iSv Grundpflege der Person *oder* (s Wortlaut § 3 Nr 36) hauswirtschaftl Versorgung iSv §§ 37, 36, 14 III, IV SGB XI. Solche Pflegeleistungen können uU auch bei Heimunterbringung erbracht werden (zB Altersheim), nicht aber in Pflegeeinrichtungen iSv § 71 SGB XI (wie § 33b VI). Die Mindestpflegezeiten nach §§ 15 III, 19 SGB XI müssen zwar nicht immer erreicht werden; sie sind jedoch ein Anhaltspunkt dafür, dass die „erforderliche" Pflege nach § 37 I SGB XI sichergestellt ist. – ***(5)*** **Pflegeperson.** Sie muss ein Angehöriger iSv § 15 AO oder eine andere zur Pflege sittl verpflichtete Person sein (zB Nachbar, Freund). Eine zusätzl vertragl Verpflichtung steht dem nicht entgegen. Hauptberufl Pflegepersonen sind zwar nicht – wie in § 19 SGB XI – ausdrückl ausgenommen; ihre Berufsleistungen sind jedoch wie die von Zivildienstleistenden idR nicht sittl geboten und damit stpfl (vgl FG Hess EFG 01, 125, rkr; s auch FG Nds EFG 07, 994, rkr, zu Tagespflegeleistungen); Ausnahmen bei Angehörigen- oder Nachbarpflege außerhalb der Erwerbstätigkeit sind denkbar. Sog Verhinderungspflege (§ 39 SGB XI) ist iRv § 37 SGB XI stfrei (*FinVerw* DStR 12, 907, DStR 13, 2060). – ***(6)*** **Höhe.** Sie ergibt sich aus der Bezugnahme auf § 37 I, II SGB XI (je nach Pflegestufe I/II/III monatl ab 1.1.2015 244/458/728 € – bei erhebl eingeschränkter Alltagskompetenz seit 2013 erhöht gem § 123 SGB XI). Die Höhe des stfreien Betrages bezieht sich wie in § 37 I SGB XI auf den Pflegebedürftigen, nicht auf die Pflegeperson. ME muss bei mehreren gleichzeitig tätigen Pflegepersonen die StBefreiung aufgeteilt werden, aber nicht entspr § 33b VI 6 kopfanteilig, sondern nach anteiliger Beschäftigungszeit. – ***(7)*** **Entspr** **123**

Geltung. § 3 Nr 36 S 2 befreit bei der Pflegeperson auch weitergeleitete Gelder des Pflegebedürftigen aus privaten Pflegeversicherungen und aus Beihilfen. – ***(8)* Pflegeunterstützungsgeld.** Dieses ist mE nicht stfrei, obwohl der weite Wortlaut („Einnahmen für Leistungen") auch eine andere Auslegung zulässt. Es ist für die Stbefreiung gem § 3 Nr 36 nicht erforderl, dass es sich um das Pflegegeld aus der PflV handelt, das der Pflegebedürftige an die Pflegeperson weiterleitet (*K/von Beckerath* § 3 Rz 69). Bislang werden aber nur Zahlungen der pflegebedürftigen Person an die Pflegeperson unter § 3 Nr 36 gefasst. Das Pflegeunterstützungsgeld gibt pflegenden ArbN bei kurzzeitiger Arbeitsverhinderung nach § 2 I des PflegeZG, wenn für diesen Zeitraum vom ArbG keine Entgeltfortzahlung beansprucht werden kann, gem § 44a Abs 3 SGB XI einen Anspruch auf Entgeltfortzahlung für bis zu zehn Arbeitstage, der sich gegen die Pflegekasse oder das private Versicherungsunternehmen des pflegebedürftigen nahen Angehörigen richtet (*Küttner* „Pflegezeit", Rz 47f und das Schrifttum zu § 3 Nr 1a). § 3 Nr 1a ist nicht einschlägig, da dieser nur Leistungen an den Pflegebedürftigen befreit.

126 **Nr 37:** *(weggefallen).*

129 **Nr 38: Sachprämien aus Kundenbindungsprogrammen.** – ***(1)* StPflicht.** Die StBefreiung erfasst Fälle der berufl Ansammlung und privaten Ausnutzung von Sachprämien idR durch Selbständige, ArbN oder Abgeordnete aus Kundenbindungsprogrammen. Sie ist auf alle StPfl anwendbar. Die Inanspruchnahme von Gutschriften, die der ArbG finanziert hat, durch den ArbN für private Sachprämien ist ArbLohn (str, ob seitens des ArbG oder eines Dritten, s § 19 Rz 70, § 37a Rz 5). Gleiches gilt im betriebl Bereich (BE bei Nutzung betriebl erworbener Bonuspunkte für private Sachprämie, s § 37a Rz 3). Das die Sachprämie gewährende Unternehmen kann gem § 37a pauschalieren (§ 37a Rz 7; s auch § 37b). – ***(2)* Voraussetzungen.** Es müssen unentgeltl Sachprämien (Sach- und Leistungszuwendungen, s § 8 Rz 18), nicht Rückvergütungen in Geld, Rabatte oder Skonti gewährt werden. Die Prämien müssen „planmäßig", dh nach festen Regeln und in einem öffentl zugängl Kundenbindungsprogramm (zu einem nicht öffentl Treueprogramm s FG Mster, EFG 11, 1886, rkr) vergeben werden Zur Bewertung gem § 8 II 1 und zum Zufluss s *FinVerw* DStR 97, 1166 und 98, 1217. Die Wertgrenze von 1080 € ist ein Jahresfreibetrag und nicht anbieterbezogen, so dass zB Prämien mehrerer Flugunternehmen insgesamt nur einmal bis zum Höchstbetrag stfrei sind. Auch die nicht stbaren Prämien eines Dienstleistungsunternehmens sind in die Berechnung einzubeziehen (ebenso § 37a Rz 7).

132 **Nr 39: ArbN-Vorteile aus Vermögensbeteiligungen.** – *Schrifttum* s 32. Aufl. *BMF* BStBl I 09, 1513; *Grohmann/Reinhold* DStR-Beih zu Heft 23/14, 61. – **a) Verhältnis zu anderen Vorschriften.** – ***(1)* §§ 19a aF, 52 Abs 27.** § 3 Nr 39 ersetzt ab 1.1.09 § 19a aF, ist zT günstiger, aber von anderen Voraussetzungen abhängig. § 19a gilt jedoch übergangsweise fort, wenn die Vermögensbeteiligung vor dem 1.4.09 überlassen wurde (§ 52 Abs 27 Nr 1) oder auf Grund einer am 31.3.09 bestehenden Vereinbarung ein Anspruch auf unentgeltl oder verbilligte Überlassung der Vermögensbeteiligung besteht und vor dem 1.1.16 erfüllt wird (§ 52 Abs 27 Nr 2) und der ArbG bei demselben ArbN im Kj der Überlassung nicht zugleich § 19a aF und § 3 Nr 39 anzuwenden hat (Kumulationsverbot). – ***(2)* §§ 19, 37b.** Die unentgelt oder verbilligte Zuwendung einer Vermögenbeteiligung ist stbarer ArbLohn (s § 19 Rz 100 „Aktien", „Ankaufsrecht", „Gewinnbeteiligung"; BFH VI R 73/12 BStBl II 14, 904). Ist die Überlassung nicht gem § 3 Nr 39 stfrei, kann der geldwerte Vorteil nicht pauschaliert werden (§ 37b II 2). – ***(3)* Sonderrechtsverhältnis.** IdR wird mit der verbilligten/unentgelt und stfreien Überlassung der Vermögensbeteiligung ein Sonderrechtsverhältnis zw ArbN und ArbG neben dem dem ArbVerh begründet. Lfd Erträge und Veräußerungsgewinne des ArbN aus der Vermögensbeteiligung gehören idR daher nicht zu den Einkünften des § 19, sondern der §§ 17, 20, 23 (s § 19 Rz 52 mwN, § 20 Rz 200; abw

BFH VIII R 20/11 BStBl II 14, 275; VIII R 44/11 BStBl II 15, 593). Zur Rückabwicklung s allerdings BFH VI R 17/08 BStBl II 10, 299: negative Einnahmen nach § 19 iHd ursprüngl geldwerten Vorteils.

b) Voraussetzungen, § 3 Nr 39 S 1–3. – ***(1)* Persönl Anwendungsbereich, § 3 Nr 39 S 1.** Der ArbG muss einem ArbN iSv § 1 LStDV iRe gegenwärtigen, dh arbeitsrechtl bestehenden DienstVerh unentgeltl oder verbilligt Vermögensbeteiligungen als geldwerten Sachbezug zuwenden. Maßstab einer Verbilligung ist, ob die Gegenleistung des ArbN unterhalb des gemeinen Werts der Vermögensbeteiligung gem § 3 Nr 39 S 4 liegt. Erfasst sind unbeschr und beschr stpfl ArbN in einem ungekündigten ArbVerh, auch in Altersteilzeit, Erziehungsurlaub oä ruhendem ArbVerh, iRd Abwicklung des ArbVerh auch nach Kündigung, nicht aber Rentner oder Vorruheständler. Barzuschüsse des ArbG zum Erwerb einer Vermögensbeteiligung durch ArbN sind nicht begünstigt. § 3 Nr 39 kann bei mehreren ArbVerh im Kj vom ArbN mehrfach in Anspruch genommen werden – ***(2)* Sachl Voraussetzungen, § 3 Nr 39 S 1.** Die gem § 3 Nr 39 *begünstigten Vermögensbeteiligungen* ergeben sich aus der Verweisung auf § 2 I Nr 1a, b, f–l, II–V 5 VermBG. Dies sind: Verbriefte Beteiligungen in Form von handelbaren (Unternehmens-) Aktien (§ 2 I Nr 1a, nicht aber Aktienoptionen), bestimmte Schuldverschreibungen (§ 2 I Nr 1b, II, III), Genussrechte (§ 2 I Nr 1 f, IV, V) sowie nichtverbriefte Beteiligungen an Genossenschaft, GmbH, stille Ges (§ 2 I Nr 1g–i, II, IV, V) oder Mitarbeiterdarlehen bzw nicht verbriefte Genussrechte (§ 2 I Nr 1k, l, II, IV, V). Die Begünstigung von Mitarbeiterbeteiligungs-Sondervermögen (§ 2 I Nr 1 Buchst d 5. VermBG) ist ab 2014 entfallen (s 33. Aufl); § 3 Nr 39 ist entspr angepasst. Ggf greift nach der Günstigerregelung (§ 52 Abs 27) § 19a weiter. Diese Beteiligungen müssen *am Unternehmen des ArbG* eingeräumt werden. – ***(3)* Öffnungsklausel, § 3 Nr 39 S 2.** Weitere Voraussetzung für die StFreiheit ist, dass die Beteiligung (mind) allen ein Jahr oder länger beschäftigten ArbN des Unternehmens offensteht (Gleichstellung von weibl ArbN; auch geringfügig Beschäftigen, TeilzeitArbN, Azubis und weiterbeschäftigten Rentnern. In Sonderfällen kann davon abgesehen werden (s *BMF* BStBl I 2009, 1513). Ein Ausschluss Einzelner ist für alle schädl; die Zuteilungsgrundsätze können jedoch unterschiedl sein (zB Staffelung nach Zugehörigkeit, dann aber jeweils für alle). Kürzer Beschäftigte können beteiligt werden. – ***(4)* Erweiterung der Beteiligungsunternehmen, § 3 Nr 39 S 3.** S 3 erweitert die Zielunternehmen, an denen die ArbN-Beteiligung bestehen kann, auf Konzernunternehmen iSv § 18 AktG. Zulässig ist auch, dass ein Dritter bei sich verwahrte Beteiligungen am Unternehmen des ArbG einräumt (*BMF* BStBl 09, 1513, Tz 1.1.3). – ***(5)* Zufluss und Höhe, § 3 Nr 39 S 4.** Die Zurechnung des ArbLohns erfolgt bei Zufluss. Dies hängt bei den verschiedenen Formen der begünstigten Vermögensbeteiligungen jeweils vom Zeitpunkt der Erlangung der wirtschaftl Verfügungsmacht ab (vgl zu Aktien mit Verfügungsbeschränkungen § 11 Rz 19 mwN; *Grohmann/Reinhold* DStR-Beih 23/14, 61; *Käshammer/Ramirez*, DStR 14, 1419). Beteiligungswert ist stets der gemeine Wert im Zeitpunkt der Überlassung gem §§ 9, 11 BewG (vgl BFH VI R 73/12 BStBl II 14, 904). Zuzahlungen des ArbN sind abzusetzen. – ***(6)* Höhe des Freibetrages.** Der Freibetrag beträgt 360 €/Kj. Übersteigende geldwerte Vorteile sind stbar und stpfl (s Rz 132). Die FinVerw wendet auf stpfl zugewendete Vermögensbeteiligungen die Freigrenze des § 8 II 1 nicht an, obwohl die Regelung „sonstige Sachbezüge" umfasst (s LStR 8.1 III S 3; § 8 Rz 68). Zur ArbN-Sparzulage für betriebl ArbN-Beteiligungen s § 13 I 1, II 1 5. VermBG. 133

Nr 40 Buchst a–i: Teileinkünfteverfahren. – a) Allgemeines. – aa) Entlastung des Anteilseigners. – *(1)* Sachl StBefreiung der Einnahmen. § 3 Nr 40 dient der Abmilderung der Doppelbelastung von lfd Bezügen und Veräußerungsgewinnen (sowie bei jeweils gleichgestellten Vorgängen) beim Anteilseigner eines KSt-Subjekts (§ 1 I Nr 1 KStG) iRd ESt. Diese Einnahmen sind auf Ebene 135 des KSt-Subjekts (bei Thesaurierung und Ausschüttung) mit KSt/SolZ/GewSt vorbelastet. Die Veräußerung von Anteilen sieht der Gesetzgeber als Vollausschüttung thesaurierter Bezüge an. Zur Entlastungswirkung s § 20 Rz 35. Die StFreistellung von 40% der Bruttoeinnahmen gilt nur *für betriebl Einnahmen,* dh die jeweilige Beteiligung muss *zu einem BV* gehören (§ 3 Nr 40 S 2 iVm § 20 VIII). Für Beteiligungen *im PV* werden die lfd Bezüge (§ 20 I Nr 1 und Nr 2) gem § 32d I iRd AbgeltungSt entlastet (s § 32d Rz 2). Veräußerungsgewinne gem § 17 unterliegen ebenfalls dem Teileinkünfteverfahren (s § 3 Nr 40 S 1 Buchst c, S § 17 Rz 15), solche für „ nicht wesentl" Beteiligungen gem § 20 II S 1 Nr 1 und 2 der AbgeltungSt. Allerdings ermöglicht § 32d II Nr 3 dem Anteilseigner, *für lfd Bezüge* gem § 20 I Nr 1 und Nr 2 im PV aus der AbgeltungSt zum Teileinkünfteverfahren zu optieren (§ 32d II Nr 3 S 2, s § 32d Rz 12). Weitergehend als Nr 40 ist *§ 3 Nr 41* (s Rz 147) – ***(2)* Beteiligungsaufwand/AK.** Findet das *Teileinkünfteverfahren* Anwendung (Beteiligung im BV/Fälle des § 32d II Nr 3), sind WK/BA iZm den Bezügen aus der Beteiligung und AK/Veräußerungskosten nur zu 60% abzugsfähig (§ 3c II). IRd *AbgeltungSt* ist der Abzug der tatsächl WK ausgeschlossen (§ 20 IX: Abzug des Sparerpauschbetrags, s § 20 Rz 204ff). – ***(3)* Technik.** § 3 Nr 40 stellt Bruttoeinnahmen und nicht Einkünfte anteilig stfrei (dh die Ausschüttungsbeträge zuzügl der an das FA abgeführten KapESt). Durch die korrespondierende Kürzung des BA/WK-Abzuges und der AK/Veräußerungskosten in § 3c II wird die anteilige Freistellung der Einkünfte erreicht. Die Kürzung der Einnahmen findet außerbilanziell statt (s § 15 Rz 438). – ***(4)* Persönl Anwendungsbereich.** § 3 Nr 40 gilt für Zwecke der Einkommensbesteuerung (vgl § 2 Va) *unbeschr und beschr stpfl natürl Personen* (Einkünfte gem § 49 I Nr 2a, 2f, 5 oder 8). Auf Ebene *einer PersGes* als Gewinnermittlungssubjekt (s § 15 Rz 163ff) können Einnahmen iSd § 3 Nr 40 *brutto* (ohne StFreistellung) einheitl und gesondert festgestellt werden, wenn im Feststellungsbescheid bindend entschieden wird, dass die BE im Folgebescheid gem § 3 Nr 40 zu kürzen sind (BFH X R 28/10 BStBl II 13, 444). Fehlt diese Feststellung, ist nicht abschließend geklärt, ob über die Gewährung der StBefreiung bindend im einheitl und gesonderten Feststellungsbescheid (dann iHd Nettobetrags) oder im Folgebescheid zu entscheiden ist (offengelassen in BFH IX S 25/14 BFH/NV 15, 497). Zu KSt-Subjekten s unter bb (2).

136 **bb) Verhältnis zu anderen Vorschriften.** – ***(1)* EStG.** – ***(a)* § 32b.** Keine Einbeziehung des stfreien Teils in den Progressionsvorbehalt des § 32b. – ***(b)* § 34.** Die Vergünstigungen der §§ 3 Nr 40 und 34 I schließen sich aus (§ 34 II Nr 1). S § 34 Rz 28f . Die Einstellung des nach § 34 I 4 iVm § 3 Nr 40 nicht begünstigten Teils des Gewinns aus der Veräußerung einer KapGes-Beteiligung in eine Rücklage nach § 6b X steht einer Anwendung des § 34 I auf den verbleibenden stpfl Teil des Veräußerungsgewinns nicht entgegen (FG Mster BB 15, 2774, nrkr, Rev IV R 48/15, zutr, s zu § 16 IV § 16 Rz 586). – ***(c)* § 34a.** Da die stfreien Einkünfte gem § 3 Nr 40 außerbilanziell gekürzt werden (s Rz 135 Anm (3)), erhöhen sie nicht den „nicht entnommenen Gewinn" gem § 34a II, können aber kompensatorisch wirken (s § 34a Rz 25f); – ***(d)* § 34c.** S dort Rz 12 – ***(2)* KStG.** Für *KapGes,* die Bezüge und Veräußerungsgewinne iSd § 3 Nr 40 erzielen, sind § 8b I und II KStG abschließend (auch bei Streubesitzdividenden gem § 8b IV; *Gosch* § 8b Rz 287b; *R/H/N* § 8b KStG Rz 60, 448; aA *Rathke/Ritter* DStR 14, 1207). Bei Durchschüttung durch eine PersGes ist für KapGes als MU'er ebenfalls nur § 8b KStG anzuwenden (§ 8b VI KStG). IRd Organschaft gelten §§ 3 Nr 40/3c erst beim Organträger (§ 15 I Nr 2 KStG). – ***(3)* GewStG.** S § 7 S 4 GewStG. Stfreie Bezüge gem § 3 Nr 40 werden dem Gewerbeertrag gem § 8 Nr 5 hinzugerechnet, wenn die Schachtelprivilegien der §§ 9 Nr 2a/Nr 7 nicht eingreifen (s auch 23. Aufl mwN). – ***(4)* InvStG/ReitG.** § 3 Nr 40 ist auf Ebene des Anlegers nicht anzuwenden auf Ausschüttungen/ausschüttungsgleiche Erträge iSd § 1 III 2–4 InvStG, die BE sind (§ 2 I 1; HS 2 InvStG), wohl aber auf in diesen Bezügen enthaltene Erträge iSd § 3 Nr 40 (§ 2 II InvStG). S auch *BMF* BStBl I 09, 931 Tz 26,

32, 38, 43. Zu Ausschüttungen aus REITS gem § 19 REITG s § 3 Nr 70 (Rz 270) – ***(5)* UmwStG.** S zum Übernahmegewinn § 4 VII UmwStG sowie zum Übernahmeverlust § 4 VI S 4 ff. (auch zur Verrechnung mit Bezügen gem § 7 UmwStG). Bei Einbringungen zum gemeinen Wert wird die Tarifbegünstigung gem § 34 I, III nur gewährt, soweit der Gewinn auf nicht gem § 3 Nr 40 stfrei gestellten Erträgen beruht (§§ 20 IV S 2, 24 III 2 UmwStG). Auf einen sog Einbringungsgewinn I (§ 22 I 5 iVm § 22 II 1 UmwStG), der auf miteingebrachte Anteile an KapGes entfällt, ist § 3 Nr 40 nicht anwendbar. – ***(6)* KapESt.** Das KapESt-Abzugsverfahren ist ohne Anwendung des Teileinkünfteverfahrens vorzunehmen (s § 43 I S 1 Nr 1, S 3, V, 43a I Nr 1, S § 43 Rz 57). Die KapESt ist iRd Veranlagung anzurechnen (§ 36 II). Diese Technik führte unter dem früheren Halbeinkünfteverfahren (s Rz 137) wegen der Abgeltungswirkung der ESt (§ 50 V aF) für *beschr StPfl* mit Anteilen *im PV* zum Leerlaufen der StBefreiung. Da dem Teileinkünfteverfahren idR nur noch BE einer beschr stpfl nat Person unterliegen (zB Beteiligung an einer KapGes gehört zu inl Betriebsstätte iSd § 49 I Nr 2a), die gem § 50 V 2 Nr 1 veranlagt werden (s § 50 Rz 28 f), ist § 3 Nr 40 idR anwendbar. Für beschr StPfl, die den Antrag gem § 32d II Nr 3 stellen, gilt mE nach wie vor die Abgeltungswirkung gem § 50 V 1 (kein WK-Abzug, s auch § 50 Rz 7). – ***(7)* Zuschlagsteuer.** Zur Nichtanwendung des § 3 Nr 40 bei KiSt/SolZ s § 51a II und § 3 I SolZG (§ 51a Rz 2). Ein Vortrag negativer hinzuzurechnender Einkünfte gem § 3 Nr 40 und Verrechnung mit positiven Einkünften gem § 3 Nr 40 in späteren VZ für Zwecke der KiSt ist ausgeschlossen (FG Ddorf EFG 12, 2150, rkr). – ***(8)* AStG.** Keine Anwendung des § 3 Nr 40 auf den Hinzurechnungsbetrag (§ 10 II 3 AStG; s aber für den VZ 2001 BFH I R 40/08 BStBl II 09, 594). S auch § 3 Nr 41 (Rz 147).

cc) Zeitl Anwendungsbereich. – *(1)* Übergang vom Anrechnungs- zum Halbeinkünfteverfahren. § 3 Nr 40 knüpft beim Übergang vom Anrechnungs- zum Halbeinkünfteverfahren für Bezüge und Veräußerungsgewinne aus *inl Körperschaften* in § 52 Abs 4 S 5 an die Übergangsregelungen des KStG an. Bei kalenderjahrgleichem Wj führte dies für *offene Ausschüttungen/Anteilsveräußerungen* beim Anteilseigner zur Anwendung des § 3 Nr 40 ab VZ 2002; bei abw Wj im Wj 2002/2003 (BFH VIII B 107/04 BStBl II 06, 523; VIII R 10/06 BStBl II 07, 866; IX R 57/08 BStBl II 10, 607). Gleiches gilt für *Liquidationsgewinne und -verluste* (BFH VIII R 25/05 BStBl II 08, 298; VIII R 60/05 BStBl II 08, 303; IX R 29/10 BFH/NV 11, 2015). *VGA* (§ 20 I Nr 1 2) unterfallen bei kalenderjahrgleichem Wj ab 2001, bei abweich Wj ab dem Wj 2001/2002 dem Halbeinkünfteverfahren (s § 20 Rz 59). Bei Veräußerung Beteiligung gem § 17 an inl KapGes gegen wiederkehrende Leistungen vor Inkrafttreten des § 3 Nr 40 gilt die Norm auch für Rentenzahlungen ab 2002 bzw dem Wj 2002/2003 (BFH IX R 4/14 BStBl II 15, 526). Für Bezüge und Veräußerungsgewinne aus *ausl Körperschaften* ist die Regelung bereits im VZ 2001 anzuwenden (s BFH IX R 56/09 BStBl II 11, 409). Zur vollen Berücksichtung eines Veräußerungsverlusts im VZ 2001 aufgrund des Unionsrechts s FG Hbg EFG 15, 1675, nrk, Rev IX R 34/15. Zu weiteren Einzelfragen s die 33. Aufl. – ***(2)* Übergangsrecht iRd § 3 Nr 40. – *(a)* Anteilsveräußerungen im PV gem § 23.** § 3 Nr 40 S 1 Buchst j wurde mit Ablauf des 31.12.08 aufgehoben. § 3c II minderte entspr Veräußerungsverluste (s dort Rz 14). Buchst j iZm § 23 aF gilt jedoch bis 2013 fort, soweit § 23 auf vor 2009 angeschaffte Wertpapiere im PV weiter anwendbar ist (§ 52a Abs 3 S 2, Abs 11 S 4 aF). Verluste aus Wertpapierveräußerungen, die gem § 3 Nr 40 S 1 Buchst j iVm § 3c II nur iHv 50% der Nominalbeträge entstanden sind, können nur in dieser geminderten Höhe in den VZ 09–13 gem § 23 III 9 mit Veräußerungsgewinnen gem § 20 II verrechnet werden (mE zutr FG Ddorf EFG 13, 1567, nrkr, Rev VIII R 51/13; FG BBg EFG 13, 1209, nrkr, Rev VIII R 37/13). S auch die 33. Aufl. – ***(b)* Einbringungsgeborene Anteile gem § 21 UmwStG aF, § 3 Nr 40 3, 4** 137

aF. Für solche Anteile, die bis zum 12.12.2006 (vor Inkrafttreten des UmwStG 2006) entstanden sind, läuft gem § 27 IV UmwStG die alte siebenjährige Sperrfrist (dh maximal bis zum Ablauf des 12.12.13); § 22 UmwStG 2006 gilt insoweit nicht. Für Veräußerungen uä innerhalb der Sperrfrist war die StBefreiung ausgeschlossen (§ 3 Nr 40 S 3 aF), danach galt sie (Rückausnahme, § 3 Nr 40 S 4 aF). § 3 Nr 40 3, 4 aF gelten für alteinbringungsgeborene Anteile fort (§ 52 Abs 4 6, EStR 3.40, s iEinz die 27. Aufl). Zur Folgeeinbringungen gem §§ 20, 21 UmwStG 2006 innerhalb der Sperrfrist alten Rechts s *BMF* BStBl I 11 1314, Tz 20.38 ff, 27.02–16; *Roser,* GmbHR 12, 245. – ***(3)* Teileinkünfteverfahren und Folgeänderungen.** § 3 Nr 40 idF durch das UntStRefG gilt für Zuflüsse ab 2009 (kalenderjahrgleiches Wj im VZ 2009; bei abw Wj ab Wj 2009/2010). Die Änderung in § 3 Nr 40 Buchst d S 2 zu § 20 I Nr 9 durch das JStG 2010 (BGBl I 10, 1768) gilt iE ab dem VZ 2011; das Korrespondenzprinzip bei vGA (AmtshilfeRL-UmsG BGBl I 13, 1809) ab dem VZ 2014 (kalenderjahrgleiches Wj), anderenfalls ab dem Wj 2014/2015. Die Ergänzung des S 3 durch das KroatienAnpG (BGBl I 14, 1266) gilt ab dem VZ 2014 und die Anfügung des S 5 (Versagung der StBefreiung bei Anteilen an Unterstützungskassen) im StÄndG 2015 (BGBl I 15, 1834) ab dem VZ 2016.

138 **b) StBefreiung der BE bei Veräußerung von Anteilen und gleichgestellten Vorgängen, Nr 40 S 1 Buchst a–c.** – ***(1)* Übergreifende Voraussetzungen.** Die Anteile müssen an Körperschaften, Personenvereinigungen und Vermögensmassen iSd § 20 I Nr 1 und Nr 9 bestehen. Dies sind *inl KSt-Subjekte* gem § 1 I Nr 1 bis 5 KStG und nach dem Typenvergleich *entspr ausl KSt-Subjekte* gem § 2 Nr 1 KStG. Die Anteile müssen bei *Buchst a, b* zu einem inl oder ausl BV des StPfl gehören (Einzelunternehmen, Gesamthandsvermögen oder SonderBV), zB bei BetrAufsp (s § 15 Rz 873) oder gewerbl Holding-PersGes (s § 15 Rz 438, 714). *Buchst c* erfasst Anteile gem § 17. – ***(2)* BV-Mehrungen gem § 3 Nr 40 1 Buchst a.** – ***(a)* Stfreie BE, § 3 Nr 40a 1 und 2.** – *(1)* Für Höhe und Bewertung der Gewinnrealisierung gelten jeweils die allg Gewinnermittlungsgrundsätze in §§ 4 ff iVm § 6. Stfrei sind 40% der BE aus der *Veräußerung* (auch Tausch und Einbringung)/*Entnahme* (auch bei nachfolgender verdeckter Einlage zum TW, s § 6 Rz 749, 751 und bei Entstrickungen gem § 4 I 3, wenn kein Ausgleichsposten gem § 4g gebildet wird (s § 4 Rz 329, 332 f) der Beteiligung durch Anteilseigner. Dies gilt auch bei der Veräußerung von Organbeteiligungen (s *BMF* BStBl I 03, 437); – *(2)* BE aus der *Auflösung/Liquidation* oder Herabsetzung des Nennkapitals (vgl *BMF* BStBl I 03, 434/I 08, 542; BFH VIII R 25/05 BStBl II 08, 298, – *(3)* Stfrei sind auch *BE aus TW-Zuschreibungen* beim Anteilseigner nach § 6 I Nr 2 S 3 iVm § 6 I Nr 1 S 4 (s § 6 Rz 371). – ***(b)* Rückausnahme, § 3 Nr 40a 2,** Keine StFreistellung für die BE aus der Zuschreibung, wenn die TW-AfA nach altem Recht zu einer voll Steuer wirksamen und noch nicht ebenso korrigierten Gewinnminderung geführt hat. Auch die BE aufgrund der Veräußerung/Entnahme werden bis zur gewinnwirksamen Korrektur aber nur iHd erforderl Wertaufholungsbetrags nicht stfrei gestellt (glA *Korn/Tormöhlen* § 3 Nr 40 Rz 23). Zur Verrechnungsreihenfolge der BE aus den Wertaufholungen mit steuerwirksamen und steuerunwirksamen TW-AfA s BFH I R 2/09 BStBl II 10, 760 – mE auf § 3 Nr 40 übertragbar. Eine Billigkeitsregelung (§ 163 AO) ist mE erforderl, wenn die TW-AfA dem Halbeinkünfte- und die BE aus der Zuschreibung dem Teileinkünfteverfahren unterliegt. S auch FG Nds, EFG 15, 1463, nrkr, Rev IV R 19/14 und *FinVerw* DStR 06, 2033 sowie die 25. Aufl mwN. – ***(c)* Weitere Ausnahme, § 3 Nr 40 Buchst a S 3:** BE aus Vorgängen gem S 1 sind nicht stfrei (in Höhe der übertragenen stillen Reserven, „soweit"), wenn § 6b uä Vergünstigungen in Anspruch genommen wurden (Geltung ab dem 13.12.2006, auch für Buchst b; vgl *Förster* DB 07, 72). – ***(3)* Betriebsveräußerungs- und aufgabgewinne gem § 16 II und III, § 3 Nr 40 1 Buchst b S 1–3.** Bei Betriebsveräußerung und

-aufgabe nach § 16 I und III, § 14 oder § 18 III 2 ist der anteilige, auf Anteile iSv Buchst a entfallende Veräußerungspreis bzw gemeine Wert iRd Aufgabegewinns (etwa bei Beendigung der BetrAufsp s BFH X R 14/11 BStBl II 14, 158; X R 22/12 BStBl II 14, 388) nur zu 60% stpfl, auch als nachträgl BE (s § 16 Rz 221, 340 ff, § 4 Rz 446). Dies gilt auch für *Organbeteiligungen* (§ 3 Nr 40 1 Buchst b 2, *BMF* BStBl I 03, 437), *100%-Beteiligungen* an KapGes (§ 16 I 1 Nr 1 2) sowie einen Entnahmegewinn/Spitzenausgleich/Aufgabegewinn aus einem rückwirkenden TW-Ansatz iRd *Realteilung* (§ 16 III 2, 3, s § 16 Rz 551, 553). Abw von Buchst a schließt Buchst b die Vergünstigung nicht wegen vorangegangener erfolgswirksamer TW-AfA oÄ aus, wohl aber ab 13.12.2006 wegen steuerwirksamer Abzüge nach § 6b oÄ (§ 3 Nr 40 Buchst b S 3). Die Ermittlung des auf die Beteiligung entfallenden Anteils am Gesamtkaufpreis kann im Kaufvertrag erfolgen (zur Bindung s BFH VIII B 110/13 BFH/NV 14, 1886), sonst nach dem Verhältnis der TW (Stufentheorie, § 6 Rz 118 f – s zu § 16 IV Rz 587, BFH X R 61/08 BStBl II 10, 1011). – ***(4)* Veräußerungen und gleichgestellte Vorgänge bei Beteiligungen iSd § 17, § 3 Nr 40 1 Buchst c.** Stfrei sind 40% des *Veräußerungspreises* gem § 17 I 1 und II 1 (s § 17 Rz 135 ff, 190), des *gemeinen Werts* bei verdeckten Einlagen (§ 17 I 2 und II 2, s § 17 Rz 139) und in den Fällen des § 17 V sowie der Erträge aus der Auflösung/KapHerabsetzung/Auskehrung des Einlagekontos gem § 27 KStG (§ 20 I Nr 1 S 3) iSd § 17 IV. Zum Nachweis der Verwendung des Einlagekontos s BFH VIII R 50/11 BFH/NV 15, 1603; FG BaWü EFG 15, 885, rkr. Zum zeitl Anwendungsbereich auch bei Veräußerung gegen wiederkehrende Leistungen s § 17 Rz 143, 206 und Rz 137 unter *cc.* Die (ursprüngl und nachträgl) AK und Veräußerungskosten sind gem § 3c II entspr zu kürzen, auch bei Entstehung von Veräußerungs- und Aufgabeverlusten (s § 17 Rz 150 ff, 156 ff, 197, zum Vollabzug bei einnahmelosen Beteiligungen s § 17 Rz 191 und § 3c II, dort Rz 13, 15).

c) Begünstigung lfd Bezüge und gleichgestellter Einnahmen, Nr 40 Buchst d–i. – *(1)* Sachl und persönl Anwendungsbereich. Die zu 40% stfrei gestellten Bezüge müssen wie bei Buchst a–c von inl oder ausl KSt-Subjekten stammen (s Rz 138). Sie müssen beim StPfl (natürl Person) zu BE führen (§ 20 VIII iVm § 3 Nr 40 S 2) oder gem § 32d II Nr 3 nicht der AbgeltungSt unterliegen (Rz 135). – ***(2)* Bezüge gem § 20 I Nr 1 und Nr 9, § 3 Nr 40 1 Buchst d. – *(a)* Umfang (S 1).** Zu *offenen Ausschüttungen* gem § 20 I Nr 1 s § 20 Rz 31 ff. Auch disquotale Ausschüttungen fallen unter § 3 Nr 40 (*BMF* BStBl I 14, 63, s *Förster* DB 15, 331; *Kamchen/Kling* NWB 15, 819). *Nicht erfasst* werden sonstige Kapitalerträge, zB Zinsen aus Ges'terdarlehen iSd § 20 I Nr 7. Zu *vGA* gem § 20 I Nr 2 s § 20 Rz 41 ff (zur SchenkungSt s BFH II R 6/12 DStR 13, 649 und zur Nichtanwendung *FinVerw* BStBl I 13, 1465). Erfasst sind auch *ausschüttungsähnl Bezüge* gem § 20 I Nr 9 (StPfl ab 2002 s BFH X R 41/12, DStR 14, 2115). Dies sind idR die an den StPfl, seine Angehörigen/Abkömmlinge gewährten Leistungen eines KSt-Subjekts gem § 1 I Nr 3–5, wenn diese unmittelbar oder mittelbar Einfluss auf das Ausschüttungsverhalten nehmen können (s auch § 20 Rz 111 ff). – ***(b)* Korrespondenzprinzip bei vGA (S 2 und 3).** 40% der Bezüge aus einer vGA werden nur dann beim Ges'ter befreit, wenn die vGA bei der Körperschaft zur Einkommenserhöhung (§ 8 III 2 KStG) geführt hat (s § 20 Rz 41 und ebenso § 32d II Nr 4). Ausl Bezüge iSv § 3 Nr 40 Buchst d S 1 werden nur noch freigestellt, soweit sie im Quellenstaat nicht aufgrund unterschiedl ausl Qualifikation als BA das Einkommen der leistenden Körperschaft gemindert haben. Bei vGA an nahestehende Personen (Zufluss beim Ges'ter, s § 20 Rz 59) wird die StBefreiung dem Ges'ter jedoch gewährt (Rückausnahme, S 3 und ebenso § 32d II Nr 4), wenn die Einkünfte bei der nahestehenden Person stpfl veranlagt wurden und diese Veranlagung gem § 32a KStG nach Erkenntnis der vGA und Einkommenserhöhung bei der Körperschaft (§ 8 III 2 KStG) aber ausnahmsweise nicht mehr geän- 139 dert werden kann (s zu § 32d II Nr 4 *Levedag* GmbHR 15, 57). Zum InvStG und der Bruttomethode bei Ausschüttungen einer Organgesellschaft s Rz 136. – ***(3)* Bezüge gem § 20 I Nr 2, § 3 Nr 40 1 Buchst e.** S zum Begriffsinhalt § 20 Rz 69 ff. Erfasst sind inl und ausl Bezüge. – ***(4)* Besondere Entgelte oder Vorteile iSv § 20 III, § 3 Nr 40 I Buchst f.** Stfrei sind 40% der Entgelte, wenn sie Beteiligungsertrag sind und *neben* Einnahmen iSd § 20 I Nr 1 oder Veräußerungsentgelten zB für Dividendenscheine uÄ gem § 20 II 1 Nr 2 Buchst a (zB Freianteile/Barzahlung neben Sachdividende, vgl *Korn/Tormöhlen* § 3 Nr 40 Rz 43) gewährt werden; S auch § 20 Rz 127, 156. – ***(5)* Veräußerung von Dividendenscheinen und sonstigen Ansprüchen, § 3 Nr 40 1 Buchst g.** S vorstehend unter (4) und § 20 Rz 127. – ***(6)* Gewinn aus der Veräußerung von Dividendenansprüchen, § 3 Nr 40 1 Buchst h:** Stfrei zu 40% ist auch der Gewinn (bis 2008 „Einnahmen") aus der Abtretung von Dividenden- uä Ansprüchen iSv § 20 II S 1 Nr 2 Buchst a iVm § 20 II S 2. S § 20 Rz 128. – ***(7)* Wiederkehrende Bezüge gem § 22 I 2, § 3 Nr 40 Buchst i.** S zu den stbaren Leistungen iEinz § 20 Rz 68. Die die Leistungen gewährenden nicht gemeinnützigen KSt-Subjekte unterliegen der KSt. Die Bezüge nach § 22 Nr 1 S 2 werden daher beim Empfänger nur anteilig besteuert.

140 **d) Ausnahmetatbestände, Nr 40 S 2–5.** – ***(1)* Beschränkung auf BE gem § 3 Nr 40 1 Buchst d–h (S 2).** S Rz 136. – ***(2)* Nichtanwendung der § 3 Nr 40 1 Buchst a, b, d–h (S 3 und 4).** StPfl, die als natürl Person (zB Einzel- und MU'er/Komplementär in der KGaA) BE (zur Abgrenzung von der Vermögensverwltung s § 15 Rz 91; BFH X R 7/99 BStBl II 04, 799) aus den genannten Tatbeständen erzielen und als Kredit- oder Finanzdienstleistungsinstitut iSd § 1 I, Ia und III KWG zu qualifizieren sind, erhalten die StBefreiung nicht, wenn die Anteile dem Handelsbuch zuzurechnen sind (Kreditinstitute) oder dem kurzfristigen Eigenhandel dienen (Finanzdienstleistungsinstitute). Dies gilt ab 2014 auch für Institute mit Sitz im EU- und EWR-Bereich. Zur entspr Regelung s *BMF* BStBl I 02, 712; zur weiten Auslegung der Merkmale s die Rspr zu § 8b VII KStG BFH I R 36/08 BSBl I 09, 671; I R 4/11 BFH/NV 12, 453; FG Mster EFG 15, 1222, rkr. – **(3) Nichtanwendung auf Anteile an Unterstützungskassen (S 5).** S auch § 8b XI KStG. Unterstützungskassen sind idR rechtsfähige und gem § 5 I Nr 3 KStG steuerbefreite inl KSt-Subjekte gem § 1 I KStG (s § 1b III, IV). ArbG-Beiträge des Trägerunternehmens *zugunsten der ArbN* sind gem § 4d als BA abzugsfähig. Ist der StPfl Träger/Ges'ter der Unterstützungskasse, können ihm mE allenfalls Bezüge iRd § 3 Nr 40 I Buchst a, d, e aufgrund Veräußerung/vGA oder Auflösung zufließen, was jedoch idR zum Verlust der StBefreiung gem § 5 I Nr 3 KStG führen dürfte (*B/R/O,* Kap G Rz 76 f, 83 f). Der ab dem VZ 16 geltende S 5 soll (entspr § 8b XI KStG nF) die StBefreiung gem S 1 für Zuwendungen der Unterstützungskasse an den StPfl (Träger) ausschließen, „da die ArbG-Beiträge an die Unterstützungskasse idR dem BA-Abzug gem § 4d unterlegen haben" (s BR-DrS 121/15, 45). Dies ist mE verfehlt, da für den StPfl geleistete Beiträge idR nicht zum BA-Abzug führen können (s § 4d Rz 3), die Norm überschießend ist (der vorangegangene BA-Abzug gem § 4d wurde nicht als Voraussetzung normiert) und sie im Kern eine nachträgl BA-Abzugsbeschränkung iSd § 3c II enthält.

145 **Nr 40a: Wagniskapitalförderung (Carried Interest).** *Schrifttum: Elser/Dürrschmidt* FR 10, 1075. – ***(1)* Zeitl Anwendungsbereich.** Die Regelung gilt seit dem VZ 2004 idF des Gesetzes zur Förderung von Wagniskapital (BGBl I 04, 2013; BStBl I 04, 846). Tz 26 des *BMF* BStBl I 04, 40 trifft eine Übergangsregelung für frühere VZ (§ 18 Rz 289). – ***(2)* Rechtsgrundverweisung.** Die StBefreiung knüpft als Rechtsgrundverweisung an die Vergütungen iSd § 18 I Nr 4 an (zum Begriff s § 18 Rz 280 ff), die disquotale Gewinnbeteiligungen für den Ges'terbeitrag des *carry holders* darstellen. § 3 Nr 40a soll die Bereitstellung von Wagniskapital fördern, nicht aber dem Umstand Rechnung tragen, dass die disquotale Tätigkeitsvergütung auf Ebene des Fonds mittelbar auf Beteiligungserträgen beruht (*HHR/Kanzler* § 3 Nr 40a Rz 3). Eine *entspr Anwendung* des § 18 I Nr 4 hat FG Mster, EFG 15, 385 mit Anm *Wendt* in einem Fall verneint, in dem der Ges'tergeschäftsführer einer GmbH im Zuge der Veräußerung seiner KapGes-Beteiligung gem § 17 und der gleichzeitigen Veräußerung der Beteiligung der Investoren an der GmbH einen „Exit-Bonus" realisierte, der den Veräußerungspreis der Investoren minderte. Dem ist zuzustimmen, da Gewinnvorzüge iSd § 18 I Nr 4 nach dessen Wortlaut bei Tätigkeitsvergütungen auf Ebene einer KapGes nicht erzielt werden können (§ 18 Rz 286, 288); solche disquotalen Tätigkeitsvergütungen sind entweder Teil des Veräußerungspreises gem § 17 II des Ges'tergeschäftsführers (*Hentschel* BB 15, 804, vern *Wendt* EFG 15, 389), ArbLohn von dritter Seite (*Wendt* aaO, 389 f) oder ggf Vergütung gem § 18 I Nr 3. – ***(3)* Persönl Anwendungsbereich.** § 3 Nr 40a gilt für beschr und unbeschr StPfl und über § 8 Nr 1 auch für inl und ausl KapGes, die am Fonds beteiligt sind (zutr *HHR/Kanzler* § 3 Nr 40a Rz 5 mwN). – ***(4)* Höhe der StBefreiung.** Die disquotalen Vergütungen iSv § 18 I Nr 4 (*Blümich/Erhard* § 3 Nr 40a Rz 4; *Korn/Tormöhlen* § 3 Rz 2; *HHR/Kanzler* § 3 Nr 40a Rz 10) sind nach § 3 Nr 40a zu 40 vH stfrei und Ausgaben nach § 3c II zu 60 vH abziehbar.

Nr 41: Gewinnausschüttungen und Veräußerungsgewinne. – *Schrifttum: Maciejewski* IStR 13, 449, *Waldhoff/Grefrath* IStR 13, 477; *Ernest & Young* IStR 13, 549; *Watrin/Eberhardt* DStR 13, 2601; *Hielscher/Beermann* BB 15, 2782; *Kollruss* FR 15, 693; *Gläser/Birk,* ISR 15, 231; *Kraft/Schreiber* IStR 15, 149. – ***(1)* Besteuerung des Hinzurechnungsbetrags bei der ESt/KSt (S 1).** Erträge einer ausl ZwischenGes werden beim inl Anteilseigner (natürl Person/KapGes) als Hinzurechnungsbetrag gem § 10 II, III AStG besteuert. Die Einkunftsart bestimmt sich danach, ob die Anteile an der ausl ZwischenGes zum inl PV oder BV des Anteilseigners gehören. Bei Zuordnung *zum PV einer natürl Person* ist der Hinzurechnungsbetrag fiktive Ausschüttung iSd § 20 I Nr 1 (s BFH I R 40/08 BStBl II 09, 594), *bei Zuordnung zu einem BV* Bestandteil der betriebl Einkünfte. Letzteres gilt auch für inl KapGes als Anteilseigner (§ 10 II 1 AStG). Da nur fiktive Dividenden vorliegen, ist die Anwendung der § 3 Nr 40 S 1 Buchst d (anders im VZ 2001 BFH I R 40/08 BStBl II 09, 594), § 8b I KStG und des § 32d ausgeschlossen (§ 10 II 3 AStG). § 12 I AStG lässt die Anrechnung ausl Steuern, die auf Ebene der ZwischenGes angefallen sind, auf die dt ESt/KSt auf den Hinzurechnungsbetrag zu, wenn dieser um den Betrag der anrechenbaren Steuern erhöht wird (§ 12 I 2 AStG). Technisch wird der Hinzurechnungsbetrag außerhalb der Gewinnermittlung dem Einkommen hinzugerechnet. Er geht auch (in den Fällen des § 12 I 2 AStG erhöht um die ausl Steuer) in den inl Gewerbeertrag des Anteilseigners gem § 7 S 1 GewStG ein, ist aber gem § 9 Nr 3 S 1 GewStG zu kürzen (BFH I R 10/14 DStR 15, 995; zur Nichtanwendung s *BMF* BStBl I 15, 1090). S zur Diskussion der Auswirkungen und zu Belastungsvergleichen das zitierte Schrifttum. § 3 Nr 41 vermeidet die Doppelerfassung von Ausschüttungen/ Veräußerungsgewinnen und Hinzurechnungsbeträgen. – ***(2)* StBefreiung von Ausschüttungen (S 1 Buchst a, HS 1).** – ***(a)* Ausschüttungen nach Hinzurechnung.** Stfrei sind Ausschüttungen aus der ausl ZwischenGes, wenn der StPfl nachweist, dass in diesem oder in den sieben vorangegangenen Jahren Hinzurechnungsbeträge aus dieser Ges nach § 10 II AStG der ESt/KSt unterlegen haben (s S 1 Buchst b, HS 2) und nicht nach § 11 AStG freigestellt waren. Die Bezüge von der ausl ZwischenGes müssen unter § 20 I Nr 1 fallen (s § 20 Rz 31 ff) und bei Inanspruchnahme der StBefreiung bezogen (§ 11) sein. Die Hinzurechnungsbeträge müssen veranlagt worden sein; für die StBefreiung ist aber nicht erforderl, dass derjenige StPfl, der Adressat der Bescheide war, auch Ausschüttungsempfänger ist (str, glA *HHR/Intemann* § 3 Nr 41 Rz 9; aA *K/von Beckerath* § 3 Rz 120). Nach § 3 Nr 41 S 1 Buchst a stfreie Ausschüttungen unterliegen nicht der GewSt (§ 8 147

Nr 5 S 2 GewStG). – ***(b)* Persönl Anwendungsbereich.** § 3 Nr 41 gilt für natürl Personen und KapGes. Die Regelung verdrängt § 8b I KStG, da sie die Ausschüttung ohne Anwendung des § 8b V vollständig befreit (str, zutr *R/H/N* § 8 KStG Rz 50; KStR 32 I Nr 1). – ***(c)* Siebenjahresfrist.** Es muss für das Kj des Bezugs der Ausschüttung ein Hinzurechnungsbetrag der Besteuerung unterlegen haben. Dieser gilt im Jahr nach Ablauf des Wj der ausl ZwischenGes als zugeflossen (§ 10 II 1 AStG). Fallen Ausschüttung und Hinzurechnungsbetrag nicht in dasselbe Jahr, kann die Ausschüttung nur befreit sein, wenn sie dem Bezug des Hinzurechnungsbetrags maximal sieben Kj/Wj nachfolgt. Wird diese Frist nicht eingehalten (krit *Gläser/Birk* ISR 15, 231), unterliegt die Ausschüttung nach allgemeinen Regeln der ESt/KSt (§§ 32d, 3 Nr 40/§ 8b I KStG) und der GewSt (§§ 8 Nr 5 S 2, 9 Nr 7 GewStG sind nicht erfüllt). – ***(d)* Umfang.** Die StBefreiung erfasst nur den Hinzurechnungsbetrag, nicht aber dessen Erhöhung um ausl Steuern (§ 12 I 2 AStG – krit *Gläser/Birk* ISR 15, 231). – ***(3)* Entspr Anwendung des § 3c II (S 1, HS 2).** S auch § 10 II S 4 AStG. Durch das Zusammenspiel der beiden Abzugsbeschränkungen soll sichergestellt werden, dass bei Beteiligung an der ausl ZwischenGes *im BV einer natürl Person* trotz des voll stpfl Hinzurechnungsbetrags aufgrund der späteren voll frei gestellten Dividende alle mit der ausl Beteiligung zusammenhängenden BA nur zu 60% abzugsfähig sind. Dies dient der Gleichstellung mit Bezügen aus inl KapGes, die dem Teileinkünfteverfahren in § 3 Nr 40 und der Abzugsbeschränkung des § 3c II unterliegen. – ***(4)* Veräußerungsgewinne und andere Bezüge (S 1 Buchst b).** Die StBefreiung gilt auch für Veräußerungserträge („Gewinne“ aus der Veräußerung eines Anteils an ausl KapGes sowie aus deren Auflösung oder Kapitalherabsetzung). Diese müssen der Hinzurechnungsbesteuerung unterlegen haben und dürfen nicht als Gewinnanteil im Wege der Ausschüttung nach Buchst a zugeflossen sein. – ***(5)* Nachweis (S 2).** Ob Hinzurechnungsbeträge der ESt/KSt unterlegen haben, ist gem § 18 AStG gesondert festzustellen. – ***(6)* Verhältnis zu anderen Vorschriften.** § 3 Nr 41 findet entspr Anwendung auf Ausschüttungen/ausschüttungsleiche Erträge aus ausl Investmentvermögen (§ 2 IV InvStG), aus denen Hinzurechnungsbeträge versteuert wurden.

151 **Nr 42: Fulbright-Stipendium.** – ***(1)* Fulbright-Stpendium.** Maßgebl ist das Abkommen v. 20.11.1962 (BGBl. II 1964, 27), das das ursprüngl Fulbright-Stipendium abgelöst hat (EStH 3.42). – ***(2)* Konkurrenzen.** § 3 Nr 42 ist lex specialis zu § 3 Nr 11 (Rz 45) und § 3 Nr 44 (Rz 154).

152 **Nr 43: Ehrensold an Künstler.** – ***(1)* Ehrensold.** Dieser ist eine Beigabe zu einem Verdienstorden in Form von Geld oder Sachzuwendungen, der idR auf Lebenszeit gewährt wird und nicht von der Bedürftigkeit des Empfängers abhängt (*HHR/Bergkemper* § 3 Nr 43 Rz 2; *Blümich/Erhard,* § 3 Nr 43 Rz 2). – ***(2)* Zuwendungen der Dt Künstlerhilfe.** Diese müssen aus öffentl Mitteln an bedürftige Künstler gewährt werden. Die Regelung steht neben § 3 Nr 11 („Förderung der Kunst aus öffentl Mitteln“, Rz 45) und § 3 Nr 20, da der Bundespräsident diese Mittel zT vergibt (Rz 77). Sie ist mit diesen nicht abgestimmt.

154 **Nr 44: Stipendien.** S *OFD Ffm* BeckVerw 321524. – ***(1)* Verhältnis zu anderen Vorschriften.** S § 3 Nr 42 und § 3 Nr 11 „Ausbildungsförderung“, „Förderung der Wissenschaft“. § 3 Nr 44 S 3 Buchst a stellt, anders als Nr 11, für alle Förderzwecke auch die zum Bestreiten des Lebensunterhalts des Stipendiaten erforderl Mittel stfrei (s auch BFH VIII R 43/12 BStBl II 15, 691; vgl *Ernst/Schill* DStR 08, 1461). Zw Einnahmen aus einem nach § 3 Nr. 44 stfrei gewährten Stipendium und den iZm dem Stipendium entstehenden Mehraufwendungen besteht idR ein unmittelbarer wirtschaftl Zusammenhang iSd § 3c I (BFH VI R 139/74 BStBl II 77, 207). – ***(2)* Stipendiengeber, § 3 Nr 44 S 1.** Dies können zwischen- oder überstaatl Einrichtungen sein, denen die Bundesrepublik angehört (zB EU). Die Stipendien müssen aus *öffentl Mitteln* (s § 3 Nr 11) stammen und dürfen auch mittelbar über eine zwischengeschaltete Institution vergeben werden. – ***(3)* Stipendiengeber iSd § 3**

Nr 44 S 2. In S 2 werden inl KSt-Subjekte gem § 1 I Nr 1–5 KStG (s für Zweckvermögen auch zu § 3 Nr 11), die gem § 5 I Nr 9 KStG steuerbefreit sind, und Einrichtungen, die von einer Körperschaft döR errichtet wurde oder verwaltet wird, erfasst. Zur Prüfung dieser persönl und der sachl Voraussetzungen durch das zuständige FA s EStR 3.44 S 1. Den inl KSt-Subjekten stehen ausl KSt-Subjekte unter den Voraussetzungen des § 5 II Nr 2 KStG gleich (zur Prüfung der Voraussetzungen s EStR 3.44 S 3, 4). Eine fehlende beschr StPfl gem § 2 Nr 1 KStG mangels Einnahmen ist unschädl (BFH X R 33/08 BStBl II 11, 637). Zu Körperschaft aus einem Drittstaat s FG Thür EFG 15, 1717, rkr. – ***(4)*** **Begünstigte Zwecke, § 3 Nr 44 S 1 und 2.** Begünstigt ist die Förderung der Forschung. Forschung ist die Suche nach neuen wissenschaftl Erkenntnissen und damit ein Ausschnitt aus der „Wissenschaft", welche die Anwendung der Forschungsergebnisse umfasst. Ferner wird die wissenschaftl oder künstlerische Aus- oder Fortbildung gefördert (zu den Merkmalen s § 3 Nr. 11, Rz 45). – ***(5)*** **Zweckbindung und Höhe, § 3 Nr 44 S 3 Buchst a.** Neben der Förderung der gesetzl Zwecke iSd S 1 müssen weitere Voraussetzungen erfüllt werden. S 3 Buchst a, Alt 1 bestimmt für *Forschungsstipendien* zwar, dass das Stipendium nur (Sach- oder Geld-) Beihilfen umfasst, die zur Erfüllung der Aufgabe notwendig sind. BFH (BFH IV R 15/01 BStBl II 04, 190; VIII R 43/12 BStBl II 15, 691) und *FinVerw* (EStH 3.44) beziehen aber auch insoweit angemessene Lebensunterhaltszuwendungen in die Befreiung ein. Gleiches gilt für die Förderung der wissenschaftl/künstlerischen Aus- und Fortbildung. Zudem ist die einheitl Vergabe nach den *vom Geber erlassenen Richtlinien* erforderl. Fehlen solche, ist das Stipendium stpfl, wenn es iRd Einkunftserzielung zufließt (zutr FG Mster EFG 14, 19, rkr; FG RhPf EFG 15, 358, rkr). Der *erforderl Betrag* zur Förderung des Zwecks ist nach der Verkehrsanschauung zu ermitteln. Er wird idR nicht überschritten, wenn die stfreien Netto(-Bezüge) aus dem Stipendium die vor Aufnahme des Stipendiums iRe DienstVerh bezogenen (Brutto-)Einnahmen nicht übersteigen (BFH VIII R 43/12 BStBl II 15, 691; s auch FG BaWü EFG 05, 1333, rkr). – ***(6)*** **Fehlender Gegenleistungscharakter, § 3 Nr 44 S 3 Buchst b.** Das Stipendium muss uneigennützig gewährt werden und darf keine offene oder verdeckte Vergütung für eine wissenschaftl/künstlerische oder eine ArbN-Tätigkeit darstellen. Dies setzt Entscheidungsfreiheit des Stipendiaten innerhalb des Forschungsthemas voraus, allerdings darf das Stipendium themengebunden vergeben werden. Unschädl ist die Verpflichtung, die wissenschaftl Ergebnisse zu publizieren, einen Zwischenvortrag über den Stand der Ergebnisse zu halten, einen Abschlussbericht zu erstellen, an einem Kolloquium aller Stipendiaten teilzunehmen, Belegexemplare abzuliefern und eine Residenzpflicht zu beachten (FG Hbg EFG 13, 104 zwar aufgehoben, aber insoweit von BFH VIII R 43/12 BStBl II 15, 691 unbeanstandet).

Nr 45: Private Nutzung arbeitgebereigener Datenverarbeitungs- und Telekomunikationsgeräte sowie Software-Überlassung. – *Schrifttum: Hechtner* NWB 12, 1216; *Trinks/Heine* NWB 15, 2433. – ***(1)*** **StBefreiung für ArbN, § 3 Nr 45 S 1.** S 1 gilt für ArbN in einem aktiven DienstVerh (zu PC-Überlassung nach Pensionierung *Voßkuhl/Wenzel* NWB 09, 1575), die aufgrund der privaten Nutzung ihnen überlassener *arbeitgebereigener* Geräte, Software und gewährten Dienstleistungen im Betrieb oder zu Hause geldwerte Vorteile erzielen (s § 19 Rz 49, 100 „Internet"). Andere StPfl sind ausgeschlossen (BFH XI R 50/05 BStBl II 06, 715, s aber S 2). – ***(2)*** **Private Mitnutzung arbeitgebereigener Geräte und Leistungen.** Erfasst werden alle auch privat (im Betrieb oder zu Hause) genutzten *Datenverarbeitungsgeräte.* Hierzu gehören zB Personalcomputer (Standgeräte und Laptops, Tablets) einschließl aller Hardware-Standardkomponenten (wie Prozessor, Speicher, Laufwerke), Zubehörgeräte (Monitor, Drucker, Scanner, Modem/Router uä mit Internetzugang). *Telekommunikationsgeräte* sind zB (auch fest installierte) Telefon- und Faxgeräte sowie Handys und Smartphones zur In- 157 ternetnutzung. Es sind auch die vom ArbG getragenen lfd Gebühren der Privatnutzung stfrei (LStR 3.45 S 5). *System- und Anwendungsprogramme* (zB Betriebssysteme und Home-Use-Programme) sind solche, die der ArbG im Betrieb einsetzt und die der ArbN auf seinem privaten Rechner installieren und nutzen darf. Bei Installation von Geräten im Auto ist keine teilweise Kürzung des Listenpreises für die 1% -Regelung gem § 3 Nr 45 S 1 geboten, wenn es aufgrund der festen Verbindung mit dem Fahrzeug an der WG-Qualität fehlt (s zu Navigationsgerät BFH VI R 37/04 BStBl II 05, 563, str, s auch § 6 Rz 519, § 8 Rz 35). Schließl sind *Dienstleistungen* des ArbG an den ArbN, die sich auf die zur Nutzung überlassene Hard- und Software beziehen, stfrei. Unerhebl ist, in welchem Verhältnis der private zum betriebl Nutzungsanteil steht (s LStR 3.45 S 1). Der Verzicht des ArbN auf Barlohn zugunsten der leihweisen und damit stfreien Überlassung von Hard- oder Software zur privaten Mitnutzung ist zulässig *(HHR/Bergkemper* § 3 Nr 45 Rz 2). – ***(3)*** **Personen gem § 3 Nr 12, § 3 Nr 45 S 2.** Seit 2015 gilt § 3 Nr 45 auch für öffentl Dienste leistende, idR ehrenamtl tätige Personen iSv § 3 Nr 12 S 2, die für tatsächl Aufwandentschädigungen erhalten, allerdings umfasst die Verweisung über den beabsichtigten Zweck hinaus auch Abgeordnete (§ 3 Nr 12 S 1). Zu Mandatsträgern kommunaler Vertretungen *FinVerw* DStR 14, 1391. – ***(4)*** **Übereignung von Geräten/Zubehör durch den ArbG** sowie die Einrichtung eines Internetzugangs für den ArbN oder Barzuschüsse des ArbG begründen stbare geldwerte Vorteile des ArbN, die nicht unter § 3 Nr 45 fallen (BFH XI R 50/05 BStBl II 06, 715). Der ArbG kann den Lohnvorteil pauschal mit 25 vH versteuern (§ 40 II 1 Nr 5, § 40 Rz 17). – ***(5)*** **Sonstiges.** Zum WK-/BA-Abzug bei berufl/betriebl Nutzung des ArbN s § 9 Rz 245 „Computer"; § 4 Rz 360 „Nutzung" und § 19 Rz 110 „Telekommunikationsaufwendungen".

160 **Nr 46:** *(weggefallen)*

162 **Nr 47: Leistungen des Arbeitsschutzgesetz.** – ***(1)*** **Vorsorgeaufwendungen gem § 14a IV ArbPlSchG.** Freiwillige Beiträge eines ArbN zur gesetzl RV oder zu einer sonstigen Alters- und Hinterbliebenenversorgung, die einem wehrpflichtigen ArbN für die Dauer des Dienstes erstattet werden, sind nach Alt 1 stfrei. Gleiches gilt für Kriegsdienstverweigerer (§ 78 I Nr 1 ZDG). Die Regelung hat nach Abschaffung des Zivil- und Wehrdienstes nur noch einen begrenzten Anwendungsbereich. – ***(2)*** **Gleichgestellte ArbN, § 14b ArbPlSchG.** Die StBefreiung in Alt 2 erfasst Vorsorgeaufwendungen an öffentl-rechtl Versicherungs- oder Versorgungseinrichtungen und für StPfl, die von der Versicherungspflicht in der gesetzl RV befreit sind.

164 **Nr 48: Leistungen nach dem Unterhaltssicherungsgesetz.** – ***(1)*** **Zeitl Anwendung:** § 3 Nr 48 ist geändert worden und in der aktuellen Fassung am 1.11.15 (s Art 3 XI, 5 I in BGBl I 15, 1061) in Kraft getreten. Die Neuregelung gilt damit im VZ 2015 (§ 52 Abs 1). – ***(2)*** **Gegenstand.** Stfrei sind alle Leistungen nach dem neugefassten USG (BGBl I 15, 1061), die den Reservistentendienst und den freiwilligen Wehrdienst Leistenden gewährt werden. Ausgenommen sind Leistungen an Selbständige gem § 7 USG. § 3 Nr 48 enthält nunmehr eine konstitutive StBefreiung, da die frühere, in § 15 USG enthaltene StBefreiung aufgehoben wurde. Die stfreien Leistungen unterliegen dem Progressionsvorbehalt, § 32b I Nr 1h.

165 **Nr 49:** *(weggefallen)*

167 **Nr 50: Durchlaufende Gelder; Auslagenersatz.** – ***(1)*** **StBarkeit.** Weder durchlaufende Gelder noch Auslagenersatz führen beim ArbN zu stbarem ArbLohn, da diese Gelder im eigenbetriebl Interesse des ArbG vereinnahmt und verausgabt werden und es an der Bereicherung des ArbN fehlt (BFH VI R 24/03 BStBl II 06, 473; LStR 3.50 I, § 19 Rz 43, 65 ff auch zur Abgrenzung von stpfl WK-Ersatz). – ***(2)*** **Durchlaufende Gelder, § 3 Nr 50, Alt 1.** Dies sind nach der Legaldefinition Beträge, die dem ArbN im eigenbetriebl Interesse des ArbG zuge-

wendet werden, um dessen zukünftige Aufwendungen zu bestreiten. – ***(3)*** **Auslagenersatz, § 3 Nr 50, Alt 2.** Es handelt es sich um die Erstattung von Aufwendungen, die im eigenbetriebl Interesse des ArbG durch den ArbN verausgabt wurden. Das eigenbetriebl Interesse des ArbG an den Aufwendungen kann auf einer rechtl Verpflichtung des ArbN beruhen, eigene WG in Stand zu halten (BFH VI R 24/03 BStBl II 06, 47; LStH 3.50 zum Instrumentengeld). – ***(4)*** **Pauschaler Auslagenersatz.** Voraussetzung der StBefreiung ist grds eine Einzelabrechnung der Auslagen und Erstattungen (LStR 3.50 II 1). BFH (BFH IV R 4/02 BStBl II 04, 129) und *FinVerw* (LStR 3.50 II) behandeln pauschalen Auslagenersatz als stfrei, wenn die Pauschale den tatsächl Aufwendungen im Großen und Ganzen entspricht. LStR 3.50 II sehen dies ausdrückl für nachgewiesene wiederkehrende (s LStR 3.50 II S 2 – Dreimonatszeitraum) Ausgaben bis zur Änderung der Verhältnisse (zB Arbeitsplatzwechsel) vor. Erfahrungsgemäß wiederkehrend anfallender Aufwand des ArbN für Telekommunikation mit eigenen Geräten (lfd Entgelte/Grundpreis) kann stfrei pauschal erstattet werden, wenn er im eigenbetriebl Interesse des ArbG entsteht (s LStR 3.50 II S 3ff – Erstattung von 20% des monatl Rechnungsbetrags/maximal 20 € ohne Nachweis). Zu WK des ArbN, die nicht im eigenbetriebl Interesse des ArbG anfallen s § 19 Rz 110 „Telekommunikationsaufwendungen".

Nr 51: Trinkgelder. – ***(1)*** **StBarkeit.** Trinkgelder Dritter, die ohne Rechtsanspruch als freiwillige Zuwendungen an ArbN als Anerkennung gewährt werden, sind stbarer ArbLohn (s § 19 Rz 70), bei anderen StPfl stbare Einnahmen gem § 2 I, 4 IV und 8 I (s § 4 Rz 442, § 8 Rz 13). Der BFH sieht den ArbN in einer doppelten Leistungsbeziehung. Der ArbN erhält für seine Arbeitsleistung vom ArbG das Arbeitsentgelt und als zusätzl Entgelt das Trinkgeld vom Leistungsempfänger (BFH VI R 37/14, DStR 15, 2226; VI R 6/14 BStBl II 15, 767) oder einer anderen Person (zB vom Angehörigen eines Patienten, *HHR/Bergkemper* § 3 Nr 51 Rz 2). Das Trinkgeld beruht auf der persönl Leistungsbeziehung zw dem ArbN und dem Dritten und ist insoweit ein besonderes Entgelt. – ***(2)*** **Stfreies Trinkgeld.** Unter die StBefreiung fallen solche besonderen Entgelte (in bar), die anlässl der Arbeitsleistung dem ArbN von einem Dritten freiwillig und ohne Rechtsanspruch gewährt werden. Befreit sind auch Trinkgelder, die gewährt werden, ohne dass der Geber dem ArbG eine Vergütung schuldet (*HHR/Bergkemper* § 3 Nr 51 Rz 2). Ein auf der persönl Beziehung beruhendes Entgelt ist ferner ein allen ArbN in eine Trinkgeldkasse zugewendeter Betrag (BFH VI R 37/14, DStR 15, 2226 mwN). – ***(3)*** **Einzelfälle.** Gelder aus Spielbanktronc sind nicht stfrei; es fehlt an der persönl Beziehung zw Geber und Empfänger oder es besteht bereits ein tarifvertragl Anspruch der ArbN auf Auskehrung (BFH VI R 49/06 BStBl II 09, 821); anders bei Saalassistenten, s BFH VI R 37/14, DStR 15, 2226. Keine hinreichende persönl Beziehung besteht zw Notaren und Notarassessoren für deren Vertretungstätigkeit, sodass freiwillige Zahlungen der Notare ArbLohn sind (BFH VI R 6/14 BStBl II 15, 767). Beträge, auf die ArbN einen Anspruch haben, sind voll stpfl (zB Bedienungszuschlag/Metergeld im Gaststätten- oder Möbeltransportgewerbe, vgl BFH VI 109/62 U, BStBl III 65, 426). S zur Kassierbeteiligung FG BBg EFG 09, 2006, rkr; zur Poolvergütung von Krankenhausärzten s FG BaWü EFG 09, 1286, rkr, zu Konzernmutterzahlungen BFH VI R 37/05 BStBl II 07, 712). – ***(4)*** **Andere StPfl.** Zuwendungen an sonstige StPfl sind nicht befreit. Dies führt mE zu einer verfwidrigen Ungleichbehandlung (offen gelassen in BFH VI R 49/06 BStBl II 09, 821; glA *HHR/Bergkemper* § 3 Nr 51 Rz 1; *Korn/Tormöhlen* § 3 Nr 51 Rz 6) – ***(5)*** **Aufzeichnung.** Stfreie Trinkgelder sind nicht gem § 4 II Nr 4 LStDV aufzuzeichnen. 170

Nr 52: *(weggefallen)* 173

Nr 53: Übertragung von Wertguthaben. *Schrifttum: Niermann,* DB 09, 139. – ***(1)*** **ArbLohn in der Aufbauphase.** Bei Wertguthabenvereinbarungen iSd § 7b 175

SGB IV vereinbaren ArbG und ArbN, dass künftiger ArbLohn nicht ausbezahlt, sondern beim ArbG nur betragsmäßig erfasst wird, um ihn später iZm einer Arbeitsfreistellung auszuzahlen (§ 7 SGB IV). Es fließt aufgrund dieser Verfügung des ArbN bei Gutschrift noch kein ArbLohn zu (s iEinz § 19 Rz 100 „Arbeitszeitkonten" mwN und zu den str Sachverhalten). – ***(2)* Übertragung von Wertguthaben (S 1).** § 7f I 1 Nr 2 SGB IV eröffnet die Möglichkeit, bei Beendigung des ArbVerh das Wertguthaben auf die DRV zu übertragen, *wenn keine neues ArbVerh folgt* und dort treuhändisch verwalten zu lassen. § 3 Nr 53 stellt als Portabilitätsregelung sicher, dass diese Übertragung trotz der Verfügung des ArbN über das Guthaben nicht zur ArbLohn-Besteuerung führt, wobei unklar ist, ob der Gesetzgeber in diesem Fall von einem Zufluss gem § 11 ausgeht. Denn nach hM wird kein Zufluss ausgelöst, wenn das Wertguthaben gem § 7f I 1 Nr 1 SGB IV bei Begr eines neuen ArbVerh auf einen *neuen* ArbG übertragen wird (*BMF* BStBl I 09, 1286), sodass § 3 Nr 53 für diese Fallgruppe keine StBefreiung zu enthalten braucht. § 3 Nr 53 ist mE für die Übertragung auf die DRV ebenfalls deklaratorisch (glA § 19 Rz 100, aaO; *HHR/Bergkemper* § 3 Nr 53 Rz; aA *Korn/Tormöhlen,* § 3 Nr 53 Rz 6). – ***(3)* Leistungen aus dem Wertguthaben (S 2 und 3).** Leistungen der RV sind ArbLohn und unterliegen dem LStAbzug.

177 **Nr 54: Zinsen aus Entschädigungsansprüchen nach §§ 52–54 AuslWBG.** Die Regelung hat faktisch keine Bedeutung mehr. Sie betrifft Entschädigungsansprüche für vor 1945 ausgegebene Wertpapiere, die für in den in der Norm genannten Gesetzen für kraftlos erklärt wurden. Die Zinsen aus diesen Entschädigungsansprüchen sind stfrei.

180 **Nr 55: Übertragung von Versorgungsanwartschaften.** *Schrifttum:* S 34. Aufl; *BMF* BStBl I 13, 1022 Rz 323 ff, Rz 396. – ***(1)* Übertragung von Versorgungsanwartschaften (S 1).** – ***(a)* Bezugnahme auf das BetrAVG.** Nach *§ 4 II Nr 2* BetrAVG können bei einem ArbG-Wechsel ArbN, alter und neuer ArbG den Übertragungswert einer unverfallbaren Anwartschaft einvernehml auf Versorgungseinrichtungen des neuen ArbG übertragen, indem der neue ArbG eine wertgleiche *Neuzusage* über eine sofort unverfallbare Anwartschaft erteilt. Gem *§ 4 III BetrAVG* können ArbN bei betriebl Altersvorsorge über einen Pensionsfonds, eine Pensionskasse oder DirektVers durch den alten ArbG nach einem ArbG-Wechsel innerhalb gesetzl Fristen die Fortführung durch den neuen ArbG verlangen, wenn der Übertragungswert die BBG in der gesetzl RV nicht übersteigt. Stfrei ist jeweils der übergehende versicherungsmathematische Anwartschaftsbarwert iSd § 4 V BetrAVG. Begünstigt sind nach S 1 nur Übertragungen gem §§ 4 II Nr 2, 4 III BetrAVG *zw externen Versorgungsträgern* (Pensionsfonds, Pensionskasse, Direktversicherung), nicht aber von externen auf interne Durchführungswege (Direktzusagen/Unterstützungskassen) beim neuen ArbG und umgekehrt (*BMF* aaO, Rz 327). Wechsel innerhalb der externen/internen Durchführungswege sind jeweils stfrei mögl (*BMF* aaO, Rz 327). *Nicht erfasst* von der StBefreiung sind Übergänge von Anwartschaften durch Schuldübernahme gem *§ 4 II Nr 1 BetrAVG* (dh die ursprüngl Anwartschaft besteht anders als bei der Neuzusage beim neuen ArbG fort) und der gesetzl Übergang von Anwartschaften gem § 613a BGB (s iEinz *BMF* aaO, Rz 324, 327, 328). – ***(b)* Zufluss.** Die Übertragung führt in den steuerbefreiten Fällen des S 1 je nach Durchführungsweg beim ArbN zum Zufluss von Einkünften (ArbLohn gem § 19 I Nr 2 oder Einkünfte gem § 22 Nr 5 S 1), da der ArbN über den Übertragungswert disponiert, die ursprüngl Zusage endet und eine neue Zusage begründet wird (§ 4 VI BetrAVG). § 3 Nr 55 wirkt konstitutiv (glA *Korn/Tormöhlen* § 3 Nr 55 Rz 1.1; aA *HHR/Bergkemper* § 3 Nr 55 Rz 3). – ***(c)* ArbN-Begriff.** S *BMF* aaO, Rz 323. Hierzu gehören auch beherrschende Ges'tergeschäftsführer von KapGes. Eine vGA gem § 8 III 2 KStG der übertragenden oder übernehmenden KapGes wird bei Übertragungen gem *§ 4 II Nr 2 BetrAVG* auf Ebene der KapGes verwirklicht, wenn die Ausgleichszahlung der übertragenden KapGes in Relation zum Übertragungswert zu hoch bzw zu niedrig ist (*R/H/N* § 8 KStG, Rz 1441). Die *Ablösung* einer Anwartschaft bei der „alten"

KapGes im Wege der Schuldübernahme der Verpflichtung gem *§ 4 II Nr 1 BetrAVG* und Übertragung des Deckungskapitals von der „alten" auf eine „neue" KapGes des Ges'ters führt nach bisher Rspr auch bei diesem zum Zufluss von Einkünften iHd Übertragungswerts (für VZ vor 2005 s BFH VI R 6/02 BStBl II 07, 581; FG Köln EFG 13, 1498, nrkr, Rev VI R 46/13; für VZ ab 2005 FG Ddorf DStRE 14, 597, nrkr, Rev VI R 18/13) und ist nicht gem § 3 Nr 55 S 1 steuerbefreit. S zu den aufgeworfenen Fragen bei Verzicht/Abfindung/Übertragung durch GmbH-Ges'ter auch *Feldgen* StuB 15, 416; *Ott* DStR 15, 2262. – ***(2)* Wechsel zw internen Durchführungswegen (S 2).** Begünstigt sind auch Übertragungen vom alten ArbG/Unterstützungskassen auf einen neue(n) ArbG/Unterstützungskasse. – ***(3)* Einkünftezuordnung bei Auszahlung (S 3).** Die auf dem stfrei gestellten Übertragungswert beruhenden Versorgungsleistungen sind bei Auszahlung so zu besteuern, wie sie ohne die Übertragung aufgrund der vom ehemaligen ArbG erbrachten Beiträge zu besteuern wären (s auch § 3 Nr 65 S 3). Dies führt zu Einkünften iSd § 19 I Nr 2 oder § 22 Nr 5. S auch § 22 Nr 5 S 10, 12. – ***(4)* Ausl Übertragungen.** Kein Zufluss von Arblohn, wenn Anrechte eines dt Grenzgängers Schweiz von einer schweiz Pensionskasse auf ein schweiz Freizügigkeitskonto übertragen werden, s BFH VI R 20/10 BStBl II 13, 405; VIII R 41/11 BFH/NV 15, 1154.

Nr 55a: Versorgungsausgleich bei interner Teilung. Vgl *BMF* BStBl I 13, 1022 Rz 400 ff mit Änderungen BStBl I 14, 97; I 13, 1087 Rz 270 ff; zu SA s BStBl I 10, 323; s auch BMF BStBl I 10, 1303 *Schrifttum: Risthaus* DStZ 10, 269; *Schrehardt* DStR 13, 2489; *Wolter* DB 13, 2646; 33. Aufl mwN. – ***(1)* Interne Teilung gem § 10 VersAusglG (S 1).** Die während einer Ehe/eingetragenen LPart erworbenen Versorgungsanrechte innerhalb der betriebl und privaten Altersvorsorge werden bei einer Scheidung/Aufhebung aufgeteilt. Nach dem Grundsatz der internen Teilung werden diese Anrechte im Zuge der Scheidung durch das Familiengericht auf öffentl-rechtl Grundlage (Urteilswirkung) im jeweiligen System geteilt (§ 10 VersAusglG). Jeder der Ehegatten/Lebenspartner erhält einen Anspruch/eine Anwartschaft gegen den Versorgungsträger des Ausgleichsverpflichteten. Es wird gem § 3 Nummer 55a EStG die Übertragung der Anrechte für die ausgleichspflichtige und – berechtigte Person stfrei gestellt (*BMF* BStBl I 13, 1087 Rz 279). Ob die StBefreiung konstitutiv wirkt, ist nicht abschließend geklärt Die Teilung bewirkt für die in § 93a Ia genannten Fälle keine schädl Verwendung von Altersvorsorgevermögen iSd § 22 Nr 5 S 3 (s *BMF* BStBl I 13, 1022 Rz 422 ff). Der Gesetzgeber scheint in der Teilung und Begr neuer Anrechte Leistungen gem § 22 Nr 5 S 1 iRd privaten/betrielbl Altersvorsorge oder einen Zufluss von ArbLohn gem § 19 bei Direktzusagen/Unterstützungskassen zu sehen. – ***(2)* Auszahlungsphase (S 2).** Ausgleichspflichtiger und – berechtigter versteuern die ihnen zufließenden Leistungen, wie wenn die interne Teilung nicht stattgefunden hätte. Für den *Ausgleichsverpflichteten* reduziert sich ledigl die Anwartschaft. Beim *Ausgleichsberechtigten* werden die Einkünfte aus dem neu begründeten Anrecht gem S 2 der Einkunftsart zugewiesen, die der Ausgleichsverpflichtete verwirklicht. S zu Leistungen aus Direktzusagen/Unterstützungskassen § 19 I 1 Nr 2 (§ 19 Rz 89). Dessen persönl Verhältnisse sind grds auch für alle weiteren persönl Voraussetzungen maßgebl (s iEinz *BMF* BStBl I 13, 1022 Rz 412–414). Auszahlungen, die beim Ausgleichsberechtigten gem § 3 Nr 55a S 2 den Leistungen aus Altersvorsorgevermögen, Pensionsfonds/-kassen und DirektVers zuzuordnen sind, unterliegen gem § 22 Nr 5 S 1 der vollen nachgelagerten Besteuerung, da sie insoweit auf stfrei neu begründeten Anrechten beruhen (s auch § 22 Nr 5 S 9, 12 (§ 22 Rz 126 ff). Für geteilte Anwartschaften aus Versicherungsverträgen iSd § 22 Nr 5 S 2 Buchst b/c iVm § 20 I Nr 6 ist für die Abgrenzung von Neu-/Altverträgen (s § 20 Rz 98) gem § 52 Abs 28 S 9 auf den Abschlusszeitpunkt abzustellen. – ***(3)* Verhältnis zum schuldrechtl Versorgungsausgleich.** § 3 Nr 55a ist *nicht entspr* auf die 181 schuldrechtl Abtretung von Versorgungsansprüchen nach §§ 1587f, g, i BGB anzuwenden (BFH X R 7/14, BFH/NV 15, 824). Bei diesem kommt es abw zu § 3 Nr 55 S 2 in der Auszahlungsphase zur Zurechnung der ungekürzten Versorgungsleistungen beim Ausgleichsverpflichteten mit SA-Abzug gem § 10 Ia Nr 4 für die dem Berechtigten zufließenden Leistungen (s § 10 Rz 155 f; FG Hbg BeckRS 15, 95332, rkr zum leerlaufenden SA-Abzug bei beschr stpfl Ehegatten). Dies gilt auch beim Versorgungsausgleich gem §§ 20–22, 26 VersAusglG. S auch § 19 Rz 110 „Versorgungsausgleich".

182 **Nr 55b: Versorgungsausgleich bei externer Teilung.** *Schrifttum: Risthaus* DStZ 10, 269 – ***(1)* Versorgungsausgleich gem § 14 VersAusglG.** Ist eine interne Teilung nicht mögl, kann das Familiengericht im Fall der Scheidung/Auflösung einer LPart gem §§ 14 – 17 VersAusglG eine externe Teilung durchführen, indem es für die ausgleichsberechtigte Person bei einem anderen Versorgungsträger ein neues Anrecht begründet. Verbunden ist die externe Teilung mit der Leistung eines Kapitalbetrags iHd Ausgleichswerts vom Versorgungsträger der ausgleichspflichtigen Person an den Versorgungsträger der ausgleichsberechtigten Person (s *BMF* BStBl I 13, 1087 Rz 272–274). – ***(2)* StBefreiung des Ausgleichswerts (S 1).** Diese Übertragung wird unter der Voraussetzung stfrei gestellt, dass die *Leistungen aus dem neu begründeten Anrecht* beim Ausgleichsberechtigten in der Auszahlungsphase zu Einkünften gem §§ 19, 20, 22 führen (*BMF* aaO, Rz 283 mit Beispielen). S zu Leistungen aus Direktzusagen/Unterstützungskassen in der Auszahlungsphase § 19 I Nr 2 (§ 19 Rz 89). Leistungen aus Altersvorsorgeverträgen, Pensionsfonds/-kassen und DirektVers werden gem § 22 Nr 5 S 2 unter Verweis auf § 3 Nr 55b S 1 der vollen nachgelagerten Besteuerung gem § 22 Nr 5 S 1 unterworfen, da aus Sicht des Gesetzgebers durch die Teilung beim Ausgleichsberechtigten stfrei *neue Anrechte* begründet werden (s auch § 22 Nr 5 S 12, § 22 Rz 128). Die StBefreiung der Übertragung ist nach dem Wortlaut des S 1 nicht erforderl, soweit die späteren Auszahlungen beim Ausgleichsberechtigten nicht zu stpfl Einkünften führen. – ***(3)* Rückausnahme (S 2).** Wenn die Einkünfte in der Auszahlungsphase zwar gem §§ 20/22 stpfl sind, aber zu den Einkünften nach § 20 I Nr 6 (Besteuerung des Unterschiedsbetrags oder StBefreiung gem § 20 I Nr 6 S 2 bei Altverträgen, s zum Vertragsabschlusszeitpunkt § 22 Nr 5 S 12, § 52 Abs 28 S 9) oder zu den nur mit dem Ertragsanteil zu besteuernden Renten gem § 22 Nr 1 S 3 Buchst a/bb gehören, wird der Ausgleichsbetrag nicht stbefreit, um interpersonelle Besteuerungslücken zu vermeiden Dies trifft zwar in der Übergangsphase bis zur Vollbesteuerung (§ 22 Rz 91) eigentl auch auf die nach § 22 Nr 1 S 3 Buchst a/aa stpfl Erträge zu. Der Gesetzgeber hat aber insoweit auf eine Ausnahme in § 3 Nr 55b S 2 verzichtet. – ***(4)* Stbarkeit der Teilung.** Es ist für die Übertragungen iSd S 1 und 2 iEinz unklar, für welche Sachverhalte ohne § 3 Nr 55b im Übertragungszeitpunkt von einem Zufluss stpfl Einkünfte beim Ausgleichsverpflichteten auszugehen ist. Der Gesetzgeber scheint wie bei § 3 Nr 55b die Neubegründung des Anrechts durch Teilung als Zufluss von ArbLohn (interne Durchführungswege) und iÜ als Leistung gem § 22 Nr 5 S 1 vorauszusetzen (s auch zu § 3 Nr 55). Für geteiltes Altersvorsorgevermögen besteht keine StPfl der Übertragung gem § 22 Nr 5 S 3, da keine schädl Verwendung vorliegt (§ 93 Ia). – **(4) Mitteilungspflichten (S 3, 4).** § 3 Nr 55b S 3 und 4 stellen die erforderl Datenübermittlung zw den Versorgungseinrichtungen sicher. S auch BMF BStBl I 11, 6. – ***(5)* Sonstiges.** § 3 Nr 55b ist ebenfalls nicht entspr auf den schuldrechtl Versorgungsausgleich anwendbar (s zu § 3 Nr 55a). S auch § 19 Rz 110 „Versorgungsausgleich".

183 **Nr 55c: Übertragung von Altersvorsorgevermögen.** Vgl *BMF* BStBl I 13, 1022 Rz 144 ff mit Änderungen BStBl I 14, 97; *Myßen/Fischer,* NWB 11, 4390; *Schrehardt* DStR 13, 2489; *Killat,* DStZ 13, 616; *Patzner/Mann,* BB 15, 2070. – ***(1)* Übertragungen gem § 1 I Nr. 10 Buchst. b AltZertG (S 1).** – ***(a)* Über-**

tragungsformen. Die Regelung erlaubt dem StPfl, einen Altersvorsorgevertrag bis zur Auszahlungsphase zu kündigen, um das bis dahin gebildete Altersvorsorgevermögen (Beiträge und Zulagen, s § 92 I Nr 5) auf einen anderen *auf seinen Namen* ltd Altersvorsorgevertrag bei demselben oder einem anderen Anbieter übertragen zu lassen. – ***(b)* StBarkeit.** Der Gesetzgeber (BTDrs 17/7524, 9) und die *FinVerw* (*BMF* aaO, Rz 144, 146) sehen die Übertragung für (ganz oder zT) steuerl gefördertes Altersvorsorgevermögen iSd § 22 Nr 5 S 1/2 mE aufgrund der Disposition des Berechtigten (Beendigung des Altvertrags) als stpfl an. Für ungefördertes Altersvorsorgevermögen aus Versicherungsverträgen kann die Übertragung gem § 22 Nr 5 S 2 Buchst b iVm § 20 I Nr 6 nicht stbar sein (*BMF* aaO, Rz 150) an. Eine schädl Verwendung iSd § 22 Nr 5 S 3 wird durch die Übertragung nicht ausgelöst (s § 93 II 2). Ob aus § 22 Nr 5 tatsächl die StPfl der Übertragung folgt, ist aber zweifelhaft (glA *K/von Beckerath* § 3 Rz 152c). – ***(c)* Umfang der StBefreiung und Auszahlung.** Die StBefreiung greift ein, soweit die Leistungen aus dem übergehenden Anrecht in der *Auszahlungsphase* gem § 22 Nr 5 S 1 oder S 2 stpfl sind. § 22 Nr 5 S 1 statuiert unter Verweis auf § 3 Nr 55c bei stfrei *neu begründeten* Anrechten stets die volle StPfl in der Auszahlungsphase. Die *FinVerw* sieht Übertragungen geförderten Altersvorsorgevermögens auf schon bestehende Verträge des StPfl als *Neuabschluss* idS an (*BMF* aaO, Rz 124, 132; krit *Patzner/Mann* BB 15, 2070). Hierdurch wird pauschalisierend für bis zur Übertragung nur zT gefördertes Altersvorsorgevermögen iSd § 22 Nr 5 S 2 in der Auszahlungsphase eine *volle* StPfl gem § 22 Nr 5 S 1 begründet, obwohl die Leistungen ohne die Übertragung gem § 22 Nr 5 S 2 Buchst a bis c nur teilweise stpfl wären (krit *HHR/Killat* § 22 Rz 496). Zur Freistellung von Auszahlungen, die auf nicht stbar übertragenem Altersvorsorgevermögen beruhen, s *BMF* aaO, Rz 149ff. – ***(2)* Entspr Anwendung des S 1 (S 2).** – ***(a)* Begünstigte Fallgruppen.** *S 2 Buchst a* erweitert die StBefreiung auf die Abfindung von Anwartschaften auf betriebl Altersversorgung (vgl § 82 II, IV Nr 5 iVm § 3 BetrAVG), wenn diese *zu Lebzeiten* auf einen anderen privaten oder betriebl Altersvorsorgevertrag des StPfl übertragen werden. *S 2 Buchst b* begünstigt unter besonderen Voraussetzungen dieselben Übertragungen *im Todesfall* auf den Altersvorsorgevertrag eines nicht dauernd getrennt lebenden und in einem EU-/EWR-Staat ansässigen Ehegatten/LPart. – ***(b)* StBarkeit der Übertragung/Auszahlung.** In beiden Fallgruppen wird aufgrund der Übertragungen idR keine schädl Verwendung gem § 22 Nr 5 S 3 (s § 93 I S 4 Buchst c, II S 3) ausgelöst, aber aus Sicht des Gesetzgebers aufgrund der Disposition über das Anrecht eine Leistung gem § 22 Nr 5 S 1 bewirkt, sodass § 3 Nr 55c S 2 konstitutiv wirkt (*K/von Beckerath* § 3 Rz 152g). Die Leistungen aus dem aufnehmenden Altersvorsorgevertrag müssen wie in den Fällen des S 1 in der Auszahlungsphase gem § 22 Nr 5 stpfl sein, damit die StBefreiung greifen kann. § 22 Nr 5 S 1 und 2 gehen auch für die Fälle des § 3 Nr 55 S 2 von *stfrei neu begründeten Anrechten* aus, die zur vollständigen StPflicht der Auszahlungen gem § 22 Nr 5 S 1 führen (s auch zu § 3 Nr 55b).

Nr 55d: Übertragung von Anrechten auf Basisrenten. – ***(1)* Norminhalt.** 184
§ 3 Nr 55d stellt nach dem Vorbild des § 3 Nr 55c die Übertragung der Anrechte aus einem nach § 5a AltZertG zertifizierten Basisrentenvertrag (Basis-/Rürup-rente) auf einen anderen Vertrag dieser Art *desselben StPfl* stfrei. Dies gilt unabhängig davon, ob das Kapital vor der Übertragung steuerl gefördert wurde (*BMF* BStBl I 13, 1022 Rz. 206). – ***(2)* StBarkeit/Auszahlungen.** § 3 Nr 55d wirkt konstitutiv, da die Übertragung als andere Leistung iSd § 22 Nr 1 S 3 Buchst a/aa stbar ist (*K/von Beckerath* § 3 Rz 152m; *Korn/Tormöhlen* § 3 Nr 55d Rz 7). Der Übertragungsbetrag ist nicht als SA abziehbar (§ 10 II 1 Nr 1). Die spätere Besteuerung der Rentenzahlungen ist von § 3 Nr 55d nicht tangiert (s dazu § 22 Rz 91).

Nr 55e: Übertragung von Anrechten bei einer zwischen- und überstaatl Einrichtung. – ***(1)* StBefreiung (S 1).** § 3 Nr 55e S 1 befreit die 185

Übertragung von Anrechten auf Altersversorgung zur Begr *eines neuen Anrechts* des StPfl auf Altersversorgung bei der übernehmenden Einrichtung, wenn die Übertragung in einem Abkommen mit einer zwischen- oder überstaatl Einrichtung vereinbart ist (nicht bei teilweise Barauszahlung der bisherigen Anwartschaft). Ob die späteren Versorgungsbezüge der inl StPfl unterliegen, ist unerhebl. – ***(2)* Auszahlungsphase (S 2) und weitere Folgen.** Maßgebl ist, welcher Einkunftsart die Leistungen aus der übernehmenden Einrichtung zuzuordnen sind. In Betracht kommen sowohl Einkünfte gem § 19 I 1 Nr 2 als auch – bei Vergleichbarkeit der ausl Einrichtung und Leistungen mit dem Inlandsfall – solche gem § 22 Nr 5 (s § 22 Nr 5 S 10). Die Auszahlungen können im Inl aufgrund von Abkommen (ua DBA) stfrei sein. Kein SA-Abzug gem § 10 II 1 Nr 1 für den Übertragungsbetrag; uU rückwirkende Streichung eines vor der Übertragung gewährten SA-Abzugs nach § 175 I 1 Nr 2 AO (vgl § 10 Rz 160 mwN).

188 **Nr 56: ArbG-Zuwendungen an umlagefinanzierte Pensionskassen.** – ***(1)* Zuwendungen gem § 19 I 1 Nr 3 S 1, § 3 Nr 56 S 1.** S § 19 Rz 91. ArbLohn sind auch lfd ArbG-Beiträge aus dem ersten DienstVerh (s Rz 200 ff) an nicht kapitalgedeckte, sondern umlagefinanzierte Pensionskassen. Diese werden gem § 3 Nr 56 unter weiteren Voraussetzungen stfrei gestellt. – ***(2)* Aufbau einer betriebl Altersvorsorge mit bestimmten Auszahlungsformen.** S ausführl Rz 208 ff. Zu Einzelfragen s *BMF* BStBl I 13, 1022 Rz 296 ff, 340 ff; *Dommermuth/Killat* NWB 13, 119 und 675; *Bergkemper* FR 11, 1043 – ***(3)* StFreibetrag, § 3 Nr 56 S 1 und 2.** Dieser steigt schrittweise an von zunächst 1% der Beitragsbemessungsgrenze in der allg RV (West) über 2% ab 2014, 3% ab 2020 bis auf 4% ab 2025. – ***(4)* Kürzung, § 3 Nr 56 S 4.** Der Freibetrag ist bei gem § 3 Nr 63 geförderten Beiträgen in kapitalgedeckte Versorgungseinrichtungen um diese zu kürzen. S auch *BMF* aaO, Rz. 343 f. – ***(5)* Verhältnis zu § 40b I.** Umlagefinanzierte Versorgungsbeiträge sind pauschalierbar gem § 40b I, soweit sie nicht gem § 3 Nr 56 stfrei sind (§ 40b Rz 1).

190 **Nr 57: Künstlersozialkassen-Leistungen.** – ***(1)* Leistungen an Träger der SV.** Beiträge, die die Künstlersozialkasse nach dem KSVG für selbständige Künstler und Publizisten an Träger der SV leistet, sind nach § 3 Nr 57 stfrei (entspr Nr 62 S 1 für ArbN). Eine Beitragshälfte muss der Versicherte selbst aufbringen (s zu SA § 10 Rz 57 „Künstlersozialversicherung"; *Mittelmann* DStR 11, 819). Leistungen des SV-Trägers an Versicherte fallen unter § 3 Nr 1. – ***(2)* Leistungen an den Versicherten.** Nach dem Wortlaut sind auch Leistungen der Künstlersozialkasse an den Versicherten selbst stfrei. Die Regelung läuft leer, da die Beiträge von der Künstlersozialkasse als Beitragsschuldner an die Träger der SV zu zahlen sind *(HHR/Bergkemper* § 3 Nr 54, Rz 2).

192 **Nr 58: Wohngeldgesetz-Leistungen.** – ***(1)* Wohngeld.** Das WohngeldG ist mit Wirkung zum 1.1.16 teilweise neu gefasst worden (BGBl I 15, 1610). Wohngeld wird als Mietzuschuss oder Lastenzuschuss (bei Wohneigentum) für den selbst genutzten Wohnraum an die Berechtigten iSd § 3 WohngeldG gezahlt. Die Berechnung richtet sich nach §§ 9, 10, 19 WohngeldG. Wohngeld ist nicht stbar. – ***(2)* Sonstige Leistungen aus öffentl Mitteln.** Öffentl Haushalte sind die Haushalte von Bund, Ländern, Gemeinden, Gemeindeverbänden, kommunalen Zweckverbänden und SV-Trägern (LStR 3.58). Befreit sind Leistungen, die in § 11 II Nr 4 WohngeldG genannt sind, die Belastung aus Miete oder einer Finanzierung senken und bei der Wohngeldberechnung abzuziehen sind. Es werden somit sowohl das Wohngeld als auch die das Wohngeld mindernden Fördermittel befreit (*HHR/Bergkemper* § 3 Nr 58, Rz 3). – ***(3)* Aufwendungszuschüsse und Zinsvorteile** bei Darlehen aus öffentl Haushalten für eigengenutztes Wohneigentum bis zur Höhe der Fördergrenzen nach dem II. WoBauG (bis 31.12.01) bzw dem WohnraumförderungsG (WoFG) sind ebenfalls stfrei. Über den Grenzen liegende Beträge des ArbG können gem § 19 I stpfl sein. – ***(4)* Stadtumbau Ost.** Stfrei

sind auch die Zuschüsse iRd Programms Stadtumbau Ost für die Wohneigentumsbildung in innerstädtischen Altbauquartieren.

Nr 59: Wohnungsbau-Förderungsleistungen. – *(1)* **Bestimmte öffentl Fördermittel, § 3 Nr 59 HS 1.** Fördermittel, die aufgrund der in § 3 Nr 59 HS 1 genannten Gesetze an Mieter gezahlt werden, sind stfrei. Werden die Fördermittel an den Mieter ausgezahlt, von diesem nicht an den Eigentümer weitergeleitet und sind die Einkünfte aus der geförderten Wohnung dem Mieter und nicht dem Eigentümer zuzurechnen (weil er etwa selbst untervermietet), sind die Leistungen stfrei, denn ohne die Befreiung wären sie in die Einkünfte des Mieters nach § 21 einzubeziehen (*Korn/Tormöhlen* § 3 Nr 59 Rz 3; *HHR/Bergkemper* § 3 Nr 59 Rz 2; *Blümich/Erhard* § 3 Nr 59 Rz 5). – *(2)* **Verbilligte Wohnraumüberlassung an ArbN, § 3 Nr 59 HS 2.** Zur StBarkeit s § 19 Rz 100 „Dienstwohnung" und LStR 8.1 VI S 7. Stfrei sind Mietvorteile, die iRe DienstVerh gewährt werden und die auf der Förderung nach dem 2. WobauG, dem WobauG *Saarl,* dem WoFG oder einem Landesgesetz zur Wohnraumförderung beruhen (BFH VI R 58/03 BStBl II 05, 750; *BMF* BStBl I 05, 959). Geldwerte Vorteile aus der verbilligten Überlassung bestimmter Wohnungen (Baujahrgänge ab 1957, s LStR 3.59 Satz 5 LStR), die ohne Mittel aus öffentl Haushalten errichtet worden sind, werden nach LStR 3.59 S 3 ff iRe Billigkeitsmaßnahme (LStH 3.59) stbefreit. 194

Nr 60: Montanindustrie-Leistungen. – *(1)* **Öffentl Mittel.** Rechtsgrundlage der Zuwendungen sind (s *HHR/Bergkemper* § 3 Nr 60 Rz 1) das G v 11.4.67 (BGBl. I 67, 403; BStBl. I 67, 204) mit Folgeänderungen (ÄndG v 22.12.71, BGBl. I 71, 2110 und v 16.8.77, BGBl. I 77, 1586). – *(2)* **Befreite Leistungen.** Für Bergleute und die Industriearbeiter der im Gesetz genannten Branchen können nach § 3 Nr 60 öffentl Wartegelder, Lohnbeihilfen, Abfindungen, Übergangsbeihilfen, Umschulungsbeihilfen uÄ stfrei sein. 196

Nr 61: Entwicklungshelferleistungen. – *(1)* **Inhalt.** Die im Gesetz in Bezug genommenen Leistungen nach dem EntwicklungshelferG (EhfG) sind stfrei, nicht aber andere auf den EhfG beruhende Leistungen. – *(2)* **Vergleichbare Leistungen.** Wiedereingliederungsbeihilfen, die nach § 4 I Nr. 2 EhfG stfrei sind, aber an Pastoren nach Rückkehr von einem mehrjährigen Auslandsaufenthalt auf anderer Rechtsgrundlage gewährt werden, gehören zu den Einkünften aus § 19 und sind nicht analog § 3 Nr 61 befreit (FG Nds EFG 96, 1200). 198

Nr 62: Zukunftssicherungsleistungen des ArbG. – a) Allgemeine Erläuterungen. – *(1)* **Verhältnis zu anderen Vorschriften.** § 3 Nr 62 gilt *nur für ArbN.* Die Übernahme gesetzl Pflichtbeiträge durch den Bund für ArbN, die FELEG-Ausgleichszahlungen beziehen (s §§ 9, 15 FELEG, § 3 Nr 27), ist nicht stbar (BFH VI R 134/01 BStBl II 05, 569). Beiträge der Künstlersozialkasse für selbständige Künstler und Publizisten unterfallen ua § 3 Nr 57. Zur entspr Anwendung des § Nr 62 auf Nachversicherungsbeträge bei Abgeordneten s § 22 Nr 4a (§ 22 Rz 164). ArbG-Anteile „angestellter MUer" sind Einkünfte gem § 15 (BFH XI R 37/88, BStBl II 92, 812); Zuschüsse eines Geschäftsherrn für die persönl Altersvorsorge des Handelsvertreters sind BE (BFH XI R 24/88 BFH/NV 91, 453). Ob ArbG-Beiträge einer KapGes für den *Ges'tergeschäftsführer* gem § 3 Nr 62 S 1 stfrei sind, hängt von dessen sozialversicherungsrechtl Status im Zeitpunkt der Beitragsabführung ab (BFH VI R 95/99 BStBl II 02, 886 und unten Rz 201, 204). Die Rspr des BFH ist verfgemäß (BFH VI B 129/07 BFH/NV 09, 742). – *(2)* **Besteuerungsfolgen.** Zur Berücksichtigung der gem § 3 Nr 62 S 1 und S 2 Buchst b und c stfrei gestellten RV-Beiträge beim SA-Abzug des ArbN s § 10 I Nr 2a S 1, Nr 2 Buchst b S 6 und § 10 I S 2 und III (vgl § 10 Rz 60, 66). Die Leistungen aus der Kranken-, Pflege- und ArbeitslosenVers, die auf dem stfreien ArbG-Anteil beruhen, sind gem § 3 Nr 1a und Nr 2a stfrei. Die Leistungen aus der gesetzl RV werden gem § 22 I Nr 1 S 3 Buchst a/aa nachgelagert besteuert (§ 22 Rz 90). Auszahlungen aus einer LV des ArbN, die auf gem § 3 Nr 62 S 2 Buchst a stfrei gestellten Zuschüssen beruhen, sind gem § 20 I Nr 6 (ggf iVm § 22 Nr 5 S 2 200

Buchst b bei Vertragsschluss mit einer betriebl Pensionskasse, s § 22 Rz 127; *HHR/Killat* § 22 Rz 499) stfrei (Altverträge, zu § 20 I Nr 6 S 2 s § 20 Rz 98) oder stpflichtig (§ 20 Rz 92 ff).

201 **b) StBefreiung der ArbG-Pflichtbeiträge, § 3 Nr 62 S 1. – aa) Beiträge an inl SV-Träger – *(1)* Zukunftssicherungsleistungen für den ArbN.** Ausgaben des ArbG (s R 19 Rz 32) für die gesetzl Zukunftssicherung (s § 2 II Nr 3 LStDV) seiner ArbN rechnen grds zum ArbLohn, wenn dem ArbN ein unentziehbarer Rechtsanspruch gegen die Versorgungseinrichtung zusteht (s § 19 Rz 20 ff, 60). ArbG-Beiträge, die aufgrund einer eigenen gesetzl Verpflichtung des ArbG abgeführt werden, sind dagegen kein ArbLohn. Die StBefreiung in § 3 Nr 62 S 1 ist insoweit deklaratorisch (s § 19 Rz 100 „ArbG-Anteil zum Gesamtsozialversicherung" mwN). Die aufgrund einer gesetzl Verpflichtung *für den ArbN* abgeführten Beiträge gehören zum ArbLohn (BFH VI B 120/03 BFH/NV 04, 1263; VI R 45/13, DStR 15, 2010; zur Nachentrichtung hinterzogener ArbN-Anteile s BFH VI R 54/03 BStBl II 08, 58). Gleiches gilt für vertragl vereinbarte Zuschüsse zu den Beiträgen von nicht in der RV versicherungspflichtigen ArbN in Vorsorgeeinrichtungen, selbst wenn damit künftige Pensionslasten des ArbG gemindert werden sollen und auch ein eigenbetriebl Interesse des ArbG an der Beitragstragung besteht (BFH VI R 8/11 BStBl II 14, 124) – ***(2)* Gesetzl Pflichtbeiträge. – *(a)* Sozialversicherungsrechtl Verpflichtung, § 3 Nr 62 S 1, Alt 1.** Maßgebl ist trotz des auch in § 3 Nr 62 anzuwendenden steuerrechtl ArbN-Begriffs, ob sozialrechtl eine Beitragspflicht besteht (*HHR/Bergkemper* § 3 Nr 62 Rz 5). Die Rspr sieht Entscheidungen der SV-Träger zum Status des ArbN (zB Auskunft der RV-Anstalt Bund, § 7a SGB IV) nicht als bindende ressortfremden Grundlagenbescheide iSd § 171 X AO (s dazu *Klein/Rüsken* § 171 Rz 104) an, bejaht aber deren Tatbestandswirkung. Eine steuerrechtl Prüfung der sozialrechtl Verpflichtung ist nur bei offensichtl Rechtswidrigkeit der Entscheidung des SV-Trägers zulässig (s BFH VI R 52/08 BStBl II 10, 703 mwN, BFH VI B 38/12 BFH/NV 12, 1968; LStH 3.62 I). *Einzelne ArbG-Beiträge (s LStR 3.62 I, II):* Beiträge des ArbG zur gesetzl SV des in Vollzeit beschäftigten ArbN (RV, KV, PflV sowie ArblVers, s § 10 Rz 57 „Sozialversicherung" zu Höhe und Bemessungsgrenze), zur gesetzl Unfallversicherung (§ 150 SGB VII), zur Insolvenzsicherung (LStR 3.65 II) sind stfrei; aber keine stfreie Erstattung des Zusatzbeitrags des ArbN zur KV; s ferner *Blümich/Erhard* § 3 Nr 62 Rz 5. – ***(b)* Andere gesetzl oder auf RVO beruhende Verpflichtung, § 3 Nr 62 S 1, Alt 2 und 3.** Stfrei sind auch Beiträge des ArbG auf Grund Gesetzes oder RVO (zB § 9 Mutterschutz- und ElternzeitVO). Unter Alt 2 fällt auch der 50%ige Zuschuss zu den tatsächl Beitragszahlungen an die private KV/PflV oder an die gesetzl KV/PflV bei freiwilliger Versicherung eines nicht versicherungspflichtigen ArbN gem § 257 I, II SGB V, § 61 I, II SGB XI bis zur Höhe der gesetzl Versicherungsbeiträge. Die *FinVerw* verlangt einer Vergleichbarkeit des Leistungsumfangs bei der PflV, s LStR 3.62 II Nr 3. Eine Verpflichtung aufgrund *Tarifvertrags/Betriebsvereinbarung* fällt nicht unter S 1, Alt 2 und 3 (BFH VI R 8/07 BStBl II 10, 194; LStR 3.62 I S 4). Stfrei können aber KV-Beiträge sein, die auf einer *zwischenstaatl VerwVereinbarung* mit gesetzl Ermächtigung beruhen (BFH VI R 24/10 BStBl II 11, 767). *Einzelfälle (s LStR 3.62 II):* Stfrei sind zB Beiträge in Versorgungswerke für nicht in der RV versicherungspflichtige ArbN; Beiträge für geringfügig beschäftigte ArbN; für Bundesbahn-Zusatzrenten, s BFH VI R 159/99 BStBl II 01, 815). Zu nicht tarifgebunden ArbG und amtl Allgemeinverbindlicherklärung eines Tarifvertrags s BFH VI R 16/06 BStBl II 08, 394; s iÜ BFH IX R 77/01 BFH/NV 06, 2242. Zum Zuschuss für Beiträge in die KV an nahe Angehörige gem § 257 II SGB V s LStR 3.62 II Nr 3 S 1; FG Bbg EFG 02, 1284, rkr. – ***(3)* Höhe der StBefreiung.** Diese umfasst stets nur den gesetzl geschuldeten Betrag, nicht aber freiwillig gezahlte höhere ArbG-Beiträge. – ***(4)* Nachträgl erkannte Versicherungsfreiheit/vGA.** Aufgrund der Bindung an sozialrechtl

Rechtsakte tritt ein Wegfall der StBefreiung erst für ArbG-Beiträge ein, die nach Änderung der Einstufung durch den SV-Träger abgeführt werden (zur Erstattung von Beiträgen an den ArbG s BFH VI R 35/89; an den ArbN § 10 Rz 7). Dies gilt auch für Organe von KapGes im Hinblick auf eine vGA (*Gosch* § 8 Rz 1016). Eine vGA beim beherrschenden Ges'tergeschäftsführer aufgrund der Weiterleitung der durch den SV-Träger an die KapGes (nach Erkenntnis der fehlenden Versicherungspflicht) erstatteten Beträge an die ArbN-Ehefrau hat BFH VIII R 21/12 BStBl II 15, 638 trotz Fehlens einer Weiterleitungsvereinbarung verneint. Die Weiterleitung konnte von der ArbN-Ehefrau ggü der KapGes zivilrechtl verlangt werden. Für die Weiterleitung erstatteter Beiträge der SV-Träger an Ges'tergeschäftsführer durch die KapGes wird aber eine vGA bejaht (FG Ddorf, EFG 94, 566, rkr; *R/H/N* § 8 KStG, Rz 891).

bb) Beiträge an ausl SV-Träger. – ***(1)*** **Vergleichbarkeitsprüfung.** Für ArbG-Beiträge an ausl SV-Träger ist die *gesetzl oder andere Verpflichtung* nach den im Ausland maßgebenden Vorschriften zu prüfen (LStR 3.62 I; maßgebl ist nur die Verpflichtung des ArbG, zB nach §§ 1 Nr 1, 168 I Nr 1 SGB VI, § 3 Nr 1 SGB IV). Eine *vertragl (freiwillige) Verpflichtung* des ArbG reicht nicht aus (BFH VI R 11/01 BStBl II 04, 1014; VI R 27/06 BStBl II 09, 857 auch zur Vereinbarkeit mit dem Unionsrecht; BFH I R 49/10 BStBl II 11, 446). Zur Gleichstellung von Zuschüssen des ArbG zu einer Auslandsversicherung bei EU/Schweiz ArbG-Beiträgen iSd § 257 I SGB V aufgrund EU-Rechts s *BMF* BStBl I 14, 210. – ***(2)*** **Dt Grenzgänger Schweiz.** Beiträge schweizer *privater ArbG* in die gesetzl RV (AHV-IV) und das Obligatorium schweiz Pensionskassen zugunsten dt Grenzgänger sind gem § 3 Nr 62 S 1 stfrei (für VZ bis Ende 2004 BFH VI R 6/11 BFH/NV 14, 241; für VZ ab 2005 BFH VIII R 39/10 BFH/NV 15, 1145). Die *FinVerw* sah diese Beiträge zuvor insgesamt gem § 3 Nr 62 S 1 als stfrei an (*Miessl* IStR 15, 683; *Levedag* IWB 15, 710 mwN). Zu ArbG-Spezialeinlagen s Rz 102. Erreichen die obligatorischen ArbG-Beiträge nicht den Betrag, der bei inl RV-Pflicht stfrei wäre, ist keine Aufstockung vorzunehmen, selbst wenn daneben gezahlte überobligatorische ArbG-Beiträge iE nicht entlastet werden (s Rz 205; BFH VIII R 39/10, aaO). Nicht gem S 1 stfrei gestellte ArbG-Beiträge sind stpfl ArbLohn und „Eigenbeiträge" des ArbN iRd SA-Abzugs. Beiträge *öffentl-rechtl schweiz ArbG* in die AHV-IV und das Obligatorium/Überobligatorium einer Pensionskasse fallen insgesamt unter § 3 Nr 62 S 1, wenn sie auf einer einheitl öffentl-rechtl Rechtsgrundlage erbracht werden (BFH X R 33/10 BStBl II 14, 103). 202

cc) Vorrang der §§ 3 Nr 56, 63. Die Subsidiaritätsklausel in § 3 Nr 62 S 1 soll vermeiden, dass gesetzl iRd betriebl Altersvorsorge geschuldete ArbG-Beiträge gem § 3 Nr 62 stfrei gestellt werden, wenn die Voraussetzungen der §§ 3 Nr 56, 63 erfüllt, aber die Höchstbeträge überschritten sind (*BMF* BStBl I 13, 1022, Rz 315). 203

c) Gleichgestellte freiwillige ArbG-Beiträge, § 3 Nr 62 S 2 und 3. – ***(1)*** **Befreiung des ArbN von der gesetzl RV-Pflicht.** Der ArbN kann *auf eigenen Antrag oder Antrag des ArbG* (BFH VI R 39/81 BStBl II 83, 712; FG BaWü EFG 00, 542, rkr). von der gesetzl RV-Pflicht befreit werden (s zu den Befreiungsregelungen LStR 3.62 III 1). Stfrei sind auch ArbG-Zuschüsse, die an angestellte und von der RV-Pflicht befreite Freiberufler (zB gem § 6 I S 1 Nr 1 SGB VI) in das Versorgungswerk gezahlt werden (zu Syndikusanwälten s BSG B 5 RE 3/14 R, DStR 14, 2185; zur Neuregelung s BGBl I 15, 2517). Nicht unter S 2 fällt hingegen die *gesetzl Versicherungsfreiheit* (s BFH VI B 111/09 BFH/NV 10, 1445; VI R 8/11 BStBl II 14, 124 zu Vorstand einer AG; zu Ges'tergeschäftsführer der GmbH s BFH VI R 16/03 BFH/NV 06, 544; VI R 81/06 BStBl II 12, 262; LStR 3.62 III 2). Daher können freiwillige Zuschüsse einer KapGes zur Altersvorsorge des Ges'tergeschäftsführers nicht gem S 2 stfrei sein. Sie sind vGA, wenn die KapGes freiwillige RV-Leistungen iSd S 2 erbringt und dadurch die Gesamtbezüge unan- 204 gemessen werden oder die Übernahme der ArbG-Anteile bei beherrschenden Ges'tergeschäftsführern nicht klar und eindeutig vereinbart wurde (*Gosch* § 8 Rz 1016; *R/H/N* § 8 KStG Rz 91) – *(2)* **Stfreie ArbG-Beiträge iEinz.** Freigestellt sind ArbG-Zuschüsse zu Aufwendungen des ArbN für eine LV (S 2a), für die freiwillige Weiterversicherung in einer gesetzl RV (S 2b), für eine öffentl-rechtl Versicherungs- oder Versorgungseinrichtung seiner Berufsgruppe (S 2c). VBL-Umlagezahlungen des ArbG sind stpfl ArbLohn (s § 19 Rz 61). Eine Erweiterung der stfreien Beitragsleistungen gem S 2 enthält LStR 3.62 III 3 für bestimmte befreiende LV, freiwillige Versicherung in der ArbeiterRV oder in der knappschaftl RV oder für die Selbstversicherung in der gesetzl RV. Für die Anwendung des S 2 auf schweiz Grenzgänger hat BFH VIII R 40/11 BFH/NV 15, 1194 für ArbG-Beiträge in eine sog Anlagestiftung verlangt, dass eine Befreiung des ArbN *von der schweiz RV-Pflicht* vorliegen müsse. – *(3)* **Subsidiaritätsklausel.** Der Vorrang der §§ 3 Nr 56, 63 (s Rz 225) gilt für ArbG-Beiträge gem S 2 entspr (*HHR/Bergkemper* § 3 Nr 62 Rz 6). – *(4)* **Höhe der Stfreistellung (S 3).** In allen Fällen des S 2 ist die Höhe begrenzt auf die stfreien ArbG-Anteile bei Versicherungspflicht, abhängig davon, ob eine Befreiung in der gesetzl oder knappschaftl RV besteht.

205 **d) Beiträge in ausl Pensionskassen, § 3 Nr 62 S 4.** – *(1)* **Anwendungsbereich (S 4 HS 1).** Die Regelung zielt auf schweiz Grenzgänger ab, die im Inl von der RV-Pflicht befreit und in schweiz Pensionskassen versichert sind. Beiträge privater schweiz ArbG in das Überobligatorium solcher Pensionskassen können grds stfrei gestellt werden (s für VZ bis Ende 2004 BFH VI R 6/11 BFH/NV 14, 241 und für VZ ab 2005 BFH VIII R 39/10 BFH/NV 15, 1145; s auch BFH X R 43/11 DStRE 16, 79). – *(2)* **Anrechnung, § 3 Nr 62 S 4 2. HS.** Faktisch läuft die Stfreistellung nach S 4 aber bei schweiz Grenzgängern idR ins Leere, da auf die ArbG-Beiträge gem S 2 und 3 die gesetzl verpflichtenden stfreien ArbG-Beiträge gem S 1 anzurechnen sind. Letztere sind grds größer als der ArbG-Beitrag im überobligatorischen Bereich (BFH VIII R 39/10, aaO; *Miessl* IStR 15, 684; *Levedag* IWB 15, 710). Nicht stfrei gestellte überobligatorische ArbG-Beiträge sind ArbLohn und Eigenbeiträge des ArbN iRd SA-Abzugs.

208 **Nr 63: Betriebliche Altersvorsorgebeiträge des ArbG. – a) Allgemeines.** – *(1)* **Normzweck.** § 3 Nr 63 gilt für ArbN und betrifft einen Teilbereich der steuerl geförderten betriebl Altersvorsorge. Erfasst von der StBefreiung sind ArbG-Beiträge, die dieser zugunsten des ArbN an Pensionsfonds (§ 4e), Pensionskassen (§ 4c) und für DirektVers (§ 4b) leistet. Der ArbN erwirbt für den Versorgungsfall unmittelbare Ansprüche gegen die Versorgungseinrichtung. Die mit Zustimmung des ArbN gezahlten ArbG-Beiträge sind stpfl ArbLohn (§ 19 I 1 Nr 3, § 2 Abs. 2 Nr. 3 LStDV; BFH VI R 47/02 BFH/NV 07, 1876; VI R 36/09 BFH/NV 12, 201; s § 19 Rz 60, 91). § 3 Nr 63 gewährleistet iErg in der Ansparphase die Gleichbehandlung der externen Durchführungswege mit Direkt- und Unterstützungskassenzusagen, bei denen ArbG-Leistungen nicht stbar sind. Die Förderung ist betragsmäßig begrenzt, was insb zu Problemen führt, wenn die *FinVerw* § 3 Nr 63 statt § 3 Nr 66 auf ArbG-Leistungen zur Übertragung von *„future service-Anwartschaften"* auf Pensionsfonds anwendet (s Rz 223). – *(2)* **Auszahlungsphase.** Die dem ArbN von den Versorgungseinrichtungen gewährten Leistungen sind unabhängig davon, ob sie gem § 3 Nr 63 steuerbefreit waren, kein ArbLohn (BFH VI R 9/96 BStBl II 98, 581; VIII R 31/10 DStRE 15, 844 mwN). Sie sind bei Förderung iRd § 3 Nr 63 gem § 22 Nr 5 S 1 stpfl (s § 22 Rz 125). Nicht stfrei gestellte ArbG-Beiträge (ArbLohn) sind Eigenbeiträge des ArbN; die gewährten Leistungen unterliegen der Besteuerung gem § 22 Nr 5 S 2 Buchst a–c (iVm § 22 Nr 1 S 3 Buchst a oder § 20 I Nr 6, s iE BFH X R 43/11 DStRE 16, 79; § 22 Rz 127, § 4b Rz 35; § 4c Rz 9; § 4e Rz 11). Eine Kapitalauszahlung, die auf gem § 3 Nr 63 geförderten Beiträgen beruht, ist gem § 22 Nr 5 S 1 stpfl (zur zutr Anwendung des § 34 II Nr 4 s FG RhPf EFG 15, 1441 nrkr, Rev X R 23/15). –

***(3)* Behandlung beim ArbG.** Zum BA-Abzug des ArbG für Beiträge zu DirektVers s § 4 Rz 266 ff, an Pensionsfonds § 4e Rz 4 und an Pensionskassen § 4c Rz 6. S dort auch zu ArbN-Ehegatten; zur vGA s Rz 232. – ***(4)* Verhältnis zum BetrAVG/Sozialrecht.** Die arbeitsrechtl Regelungen in den §§ 1, 1a, 1b BetrAVG gelten sowohl für die steuerl geförderte als auch für die nicht geförderte betriebl Altersvorsorge. Stfrei gestellte ArbG-Beiträge sind beitragsfrei (§ 1 I 1 Nr 9 SvEV).

b) Voraussetzungen, § 3 Nr 63 S 1. S *BMF* BStBl I 13, 1022, Rz 284 ff, 301 ff. – **aa) Begünstigte Durchführungswege.** – ***(1)* Versorgungseinrichtungen.** Begünstigt sind Versorgungszusagen, die dem ArbN eine Absicherung über eine DirektVers (§ 1b II BetrAVG, s § 4b Rz 5), kapitalgedeckte Pensionskasse (§ 1b III BetrAVG, s § 4c Rz 10) oder Pensionsfonds (§ 1b III BetrAVG, s § 4e Rz 2, 5) verschaffen. – ***(2)* Übergangsrecht bei Pensionskassenzusagen und DirektVers.** S § 52 Abs 4 S 10–12. Es ist zw vor dem 1.1.05 erteilten Altzusagen und nach dem 31.12.04 erteilten Neuzusagen zu unterscheiden. ArbG-Beiträge aufgrund von *Neuzusagen* an kapitalgedeckte Pensionskassen und DirektVers können nur noch gem § 3 Nr 63 steuerl begünstigt werden (s § 40b Rz 1; *BMF* aaO, Rz 363). Bei *Altzusagen* hat der ArbN ggü dem ArbG für die Dauer des DienstVerh bis 30.6.2005 und bei späterem ArbG-Wechsel bis zur ersten Beitragsleistung durch den neuen ArG erklären müssen, auf die StFreiheit nach § 3 Nr 63 S 1 zu verzichten. Die stbaren ArbG-Beiträge werden dann gem § 40b aF iVm § 52 Abs 40 pauschal besteuert (20% und Höchstbetrag 1752 €/Kj; s auch§ 40b Rz 5 und § 1 I Nr 4 SvEV). Zur Auszahlungsphase s § 22 Nr 5 S 2 (§ 22 Rz 127). Zu *Einzelfragen* der Umwandlung von Alt- in Neuzusagen durch Inhaltsänderung, bei Übertragung einer Altzusage auf einen neuen ArbG gem § 4 II Nr 2 BetrAVG (s auch § 3 Nr 55) oder der gleichzeitigen Anwendung der §§ 3 Nr 63, 40b s iEinz *BMF* aaO, Rz 349 ff. 209

bb) ArbG-Beiträge aus einem ersten DienstVerh. – ***(1)* Erfasste Beiträge.** ArbG-Beiträge gem § 3 Nr 63 S 1 liegen vor, wenn der ArbG sie aufgrund einer eigenen versicherungsrechtl Außenverpflichtung ggü der begünstigten Versorgungseinrichtung leistet (BFH VI R 57/08, BStBl. II 11, 978) und die Beiträge sich einem ArbN (anders als gem § 40b II bei Altzusagen, s § 40b Rz 9) individuell zuordnen lassen (s iEinz *BMF* aaO, Rz 304 ff). Stfrei sind freiwillig mit Zustimmung des ArbN geleistete *ArbG-finanzierte Beiträge* (§ 1 II Nr 1 BetrAVG). Gleiches gilt für ArbG-Beiträge, die iRe *Entgeltumwandlung* künftiger oder erdienter, aber noch nicht fälliger Lohnansprüche in eine wertgleiche Anwartschaft geleistet werden (§ 1 II Nr 3 BetrAVG; zur sofortigen Unverfallbarkeit s § 1b V iVm § 30f BetrAVG; iEinz *BMF* aaO, Rz 292 ff). Stfrei sind auch *Eigenmittel* des ArbN, die iRd vom ArbG geschuldeten Gesamtversicherungsbetrags geleistet werden (BFH VI R 57/08 BStBl II 11, 978, *BMF* BStBl I 11, 1250). Es kann sich um lfd und Einmalbeiträge handeln. *Nicht stfrei* sind ArbN-Eigenbeträge gem § 1 II Nr 4 BetrAVG, die aufgrund dessen eigener rechtl Verpflichtung an die Versorgungseinrichtung geleistet werden (s S 2). – ***(2)* ArbN-Begriff und erstes DienstVerh.** S § 1 LStDV. Unerhebl ist, ob eine gesetzl RV-Pflicht besteht. Erfasst sind zB auch geringfügig Beschäftigte sowie beherrschende Ges'tergeschäftsführer von KapGes (s § 4b Rz 11). Nur die ArbG-Beiträge *im ersten DienstVerh* sind stfrei (keine StBefreiung bei StKlasse VI, *BMF* aaO Rz 301). – ***(3)* VGA.** Beiträge der KapGes an Versorgungseinrichtungen iSd S 1 für den Ges'tergeschäftsführers können zu *vGA* führen (s *B/R/O,* Kapitel F Rz 338; *Gosch* § 8 KStG, Rz 721, 991 ff). Die *FinVerw* versagt zutr die StBefreiung gem § 3 Nr 63 S 1 für ArbG-Beiträge, die vGa sind, beim Ges'ter (*BMF* aaO, Rz 313). 210

cc) Kapitalgedeckte betriebl Altersversorgung mit bestimmten Auszahlungsformen. – ***(1)* Betriebl Altersversorgung.** Nach der arbeitsrechtl Legaldefinition ist dies die Zusage von Leistungen durch den ArbG aus Anlass des ArbVerh zur Alters-, Invaliditäts- oder Hinterbliebenenversorgung, die durch den ArbG 211 selbst oder einen Versorgungsträger erfolgt (§ 1 I 1 und 2 BetrAVG). § 3 Nr 63 S 1 ist enger. – *(2)* **Anforderungen iEinz.** S *BMF* BStBl I 13, 1022 Rz 284 ff. Die StBefreiung verlangt eine kapitalgedeckte, nicht umlagefinanzierte (s § 3 Nr 56) Absicherung des ArbN. Erforderl ist die Absicherung *mind eines biometrischen Risikos* (Alter/Invalidität/Tod), eine Mehrfachabsicherung ist mögl (*BMF* aaO Rz 284). Bei Absicherung des Alters darf die Auszahlung mit Vollendung des 60., bei Zusagen nach dem 31.12.11 des 62. Lj erfolgen. Das Ausscheiden aus dem Erwerbsleben wird nicht verlangt (BMF aaO Rz 286; s *Ulbrich/Schwebe* BB 13, 2973). Die *Vererblichkeit* der Anwartschaft ist nicht zulässig. Eine Hinterbliebenenversorgung darf idR nur Witwen/Witwer/LPart, Kinder, frühere Ehegatten und namentl benannte Lebensgefährten bei gemeinsamer Haushaltsführung begünstigen (iEinz *BMF* aaO Rz 287 ff). Auszahlungen dürfen an den ArbN *im Erlebensfall* nur in Form einer lebenslangen Rente oder eines Auszahlungsplans (mit 30%-Obergrenze für die Kapitalauszahlung) mit anschließender lebenslanger Teilkapitalverrentung erfolgen (§ 1 Abs. 1 Satz 1 Nr. 4 Buchstabe a AltZertG). S iEinz *BMF* BStBl I 13, 1022 Rz 312. Schädl ist die Wahl einer Kapitalauszahlung erst bei Auszahlung, nicht aber das vertragl Kapitalauszahlungswahlrecht. – **(3) Ausl Versorgungseinrichtungen.** ArbG-Beiträge an ausl Versorgungseinrichtungen können bei Vergleichbarkeit stfrei sein. Zu den Anforderungen s BMF BStBl I 13, 1022 Rz 314 (krit *Portner* BB 13, 2652 und BB 14, 1175). Überobligatorische Beiträge schweiz ArbG in schweiz Pensionskassen und Anlagenstiftungen für dt Grenzgänger können idR nur gem § 3 Nr 62 S 4 (s Rz 227), nicht aber gem § 3 Nr 63 stfrei sein (BFH VIII R 39/10 BFH/NV 15, 1145; VIII R 40/11 BFH/NV 15, 1154; BFH X R 43/11, DStRE 16, 301).

212 **dd) Höhe (S 1, 3).** Der StFreibetrag ist auf der Grundlage der BBG-West zu berechnen (s *BMF* BStBl I 13, 1022 Rz 307). Für 2016: 74 400 €, 4% = 2976 €). Er ist ein Jahresbetrag, der bei unterjährigem Beginn des DienstVerh nicht gekürzt wird. Der Betrag wird zunächst auf die ArbG-Beiträge angerechnet, die weder aus einer Entgeltumwandlung stammen noch weitergeleitete Eigenmittel des ArbN sind. Zur Verrechnung des Freibetrags mit ArbG-Beiträgen nebeneinander bestehenden Zusagen oder bei Alt- und Neuzusagen s *BMF* aaO, Rz 310 f. Für Neuzusagen nach dem 31.12.04 erhöht sich der StFreibetrag gem S 1 um jährl 1800 € (S 3).

213 **c) Wahlrecht des ArbN zur StPfl, § 3 Nr 63 S 2.** In den Fällen der Entgeltumwandlung können ArbN gem § 1a III BetrAVG verlangen, dass die umgewandelten Beträge versteuert und als Netto-Eigenbeiträge des ArbN gem §§ 10a, 79 ff (s auch § 82 II) gefördert werden (*BMF* aaO, Rz 330 ff). Das Wahlrecht muss bis zu einem Zeitpunkt ausgeübt werden, zu dem die Umwandlungsvereinbarung wirksam ist. Zum berechtigten ArbN-Personenkreis s *BMF* aaO, Rz 316–319.

214 **e) StBefreiung bei Beendigung des DienstVerh, § 3 Nr 63 S 4.** S *BMF* BStBl I 13, 1022 Rz 320. Bei Beendigung des DienstVerh kann der ArbN Abfindungen oder Wertguthaben aus Arbeitszeitkonten stfrei für den Aufbau einer kapitalgedeckten betriebl Altersversorgung in eine Versorgungseinrichtung gem S 1 einzahlen. Zur Berechnung des StFreibetrags ist der Betrag von 1800 € mit der Anzahl der Dienstjahre (Kj) bei diesem ArbG zu vervielfältigen; zu kürzen ist er um die stfreien ArbG-Beiträge gem S 1, 3 der letzten sechs Beitragsjahre (ab dem Kj 2005). Vgl *BMF* BStBl I 13, 1022 Rz 320.

218 **Nr 64: Auslandszuschläge; Kaufkraftausgleich.** – *(1)* **StBefreiung gem § 3 Nr 64 S 1, 2.** Bei Auslandsbediensteten im inl öffentl Dienst, die ArbLohn aus inl öffentl Kassen beziehen (s § 1 Rz 35; s auch § 49 Rz 88 zu § 49 I Nr 4), bleiben höhere Auslandsdienstbezüge (Auslandszuschlag, Mietzuschuss – s LStR 8.1 VI 10 – und Zulagen, §§ 47, 52, 55–58 BBesG; zu Auslandsverwendungszuschlag gem AuslVZV, § 58a BBesG FinVerw FR 98, 749/908) sowie der Kaufkraftzuschlag nach §§ 7, 54 BBesG stfrei. Die Beschränkung auf inl Kassen ist nicht

EU-widrig (vgl EuGH Rs C-240/10 BStBl II 13, 56, str). § 3 Nr 64 S 2 erfasst ArbN sonstiger ganz oder wesentl durch öffentl Mittel finanzierter Einrichtungen, deren Gehalt nach öffentl-rechtl Grundlagen ermittelt wird. *Beispiele:* Dt Zentrum für Luft- und Raumfahrt eV, Max-Planck-Ges; Goethe-Institut; Dt Akademischer Austauschdienst; Dt Entwicklungsdienste; Gesellschaft für technische Zusammenarbeit (FG Bbg EFG 02, 311, rkr). *Grund:* Für diese ArbN wären nach dem Kassenstaatsprinzip nicht nur das Inlandsgehalt, sondern – mit Ausnahme des Kaufkraftausgleichs – auch Auslandsdienstbezüge wie Auslandskinderzuschlag oder Mietzuschuss stpfl. – ***(2)*** **ArbN in der Privatwirtschaft, § 3 Nr 64 S 3.** Bei privaten ArbN, die zeitl begrenzt im Ausl einen Wohnsitz oder gewöhnl Aufenthalt begründen, ist der als gesonderter Lohnbestandteil gewährte Kaufkraftzuschlag bis zur Höhe des Betrags gem § 55 BBesG stfrei (zu verfassungsrechtl Bedenken BFH VI R 38/97 BStBl II 01, 132). Zu den Kaufkraftzuschlägen in den einzelnen Ländern s *BMF* v 14.1.16 juris). Vgl LStR 3.64 III bis V zur Berechnung. Zu WK-Aufteilung nach § 3c s BFH VI R 77/94 BFH/NV 96, 541, § 3c Rz 2, 8.

Nr 65 Buchst a–c: Beiträge des Insolvenzsicherungsträgers und ähnl Sicherungsleistungen. S *BMF* BStBl I 13, 1022, Rz 284 ff. – ***(1)*** **Abgrenzung zu § 3 Nr 62.** Beiträge des ArbG zur Insolvenzsicherung gem § 10 BetrAVG sind nach § 3 Nr. 62 S 1 stfrei, da es sich um gesetzl geschuldete Ausgaben des ArbG handelt (LStR § 3 Nr 65 II). – ***(2)*** **Ablösung von Verpflichtungen des PSV (S 1 Buchst a).** Bei Eintritt eines Sicherungsfalls (Insolvenz des ArbG und gleichgestellte Ereignisse, § 7 I BetrAVG) geht der Versorgungsanspruch idR auf den PSV als Träger der Insolvenzsicherung (gesetzl Insolvenzsicherung) über. Diesen erfüllt der PSV in der Praxis nicht selbst, sondern zahlt gem §§ 8 I 1, Ia BetrAVG einem Dritten einen Beitrag, damit dieser (auch ohne Zustimmung des Versorgungsempfängers) die Verpflichtung des PSV übernimmt (ausführl *HHR/Rätke* § 3 Nr 65 Rz 14 ff). Die StBefreiung gem S 1 Buchst a betrifft die Leistungen, die der PSV erbringt, um für die Versorgungsberechtigten Anrechte bei einer LV-Versicherung oder Pensionskasse zu erwerben. Sie ist deklaratorisch, weil dem Versorgungsberechtigten keine Einkünfte zufließen (*HHR/Rätke* § 3 Nr 65 Rz 12). Zur Besteuerung der Auszahlungen s S 2. Wird der Versorgungsberechtigte hingegen vom PSV abgefunden, führt dies idR zu stpfl Einkünften gem § 24 Nr 1 (s § 24 Rz 24 ff). – ***(3)*** **Leistungen in Fällen des § 4 IV BetrAVG (S 1 Buchst b).** Stfrei sind vom ArbG an eine Pensionskasse oder ein LV-Unternehmen erbrachte Leistungen, damit im Fall der Liquidation und Betriebseinstellung Verpflichtungen mit lfd Versorgungsleistungen und unverfallbare Anwartschaften durch Pensionskassenzusagen oder Einräumung von Anrechten auf DirektVers/LV ersetzt werden. Dies ist auch ohne Zustimmung des Versorgungsempfängers gestattet. Die StBefreiung ist für den Versorgungsberechtigten konstitutiv (*HHR/Rätke* § 3 Nr 65 Rz 32). Ges'tergeschäftsführer von KapGes sind im Liquidationsfall einbezogen (LStR 3.65 I S, 3, 4). – ***(4)*** **Einräumung von Ansprüchen im Sicherungsfall (S 1 Buchst c).** Steuerbefreit ist **(S 1 Buchst c, HS 1)** beim ArbN die Einräumung von Ansprüchen gegen Dritte, die eine Versorgungsverpflichtung bei Eintritt des Sicherungsfalls *neben* der gesetzl Insolvenzsicherung privatvertragl absichern (zB durch das sog doppelseitige Treuhandmodell, dazu *Niermann* DB 06, 2595). Ausgenommen sind die Übertragung oder Umwandlung einer Rückdeckungsversicherung (LStR 3.65 IV). **S 1 Buchst c HS 2** befreit die Absicherung von Ansprüchen aus Altersteilzeitmodellen und aus Arbeitszeitkonten durch Dritte. – ***(5)*** **Behandlung der Auszahlungen (S 2–4).** S 2 fingiert, dass die tatsächl Auszahlungen der Einkunftsart zugeordnet werden, die sich ergäbe, wenn der Sicherungsfall (S 1 Buchst. a und c) bzw. der Übernahmefall (S 1 Buchst. b) nicht eingetreten wären (*HHR/Rätke* § 3 Nr 65 Rz 48; LStR 3.65 III). S 3 und 4 ordnen den LStEinbehalt durch die auszahlende Stelle (als fiktiver ArbG) an, wenn die Auszahlungen fiktive Einkünfte gem § 19 I 1 Nr 2 sind (*BMF* BStBl I 13, 1022, Rz 321). 220

223 **Nr 66: Leistungen des ArbG oder Unterstützungskasse an Pensionsfonds.** *BMF* BStBl I 13, 1022, Rz 322 mit Änderungen BStBl I 14, 97; *BMF* BStBl I 15, 544. – ***(1)* Zweck.** Die Regelung stellt Mittelzuwendungen des ArbG/von Unterstützungskassen für die Übertragung von Versorgungsverpflichtungen und -anwartschaften aus Direktzusagen des ArbG auf einen Pensionsfonds und den Übergang solcher Rechte auf Pensionsfonds auch ohne Mittelzuwendung (*BMF* BStBl I 13, 1022, Rz 322) durch den ArbG/die Unterstützungskasse für den ArbN stfrei. – ***(2)* Antrag des ArbG gem § 4d III und § 4e III.** S zur Abwicklung der Übertragung beim ArbG (Auflösung der Rückstellung und zeitl Streckung des idR höheren BA-Abzugs für die Zuwendung an den Pensionsfonds) iEinz unter § 4e Rz 8 ff und § 4d Rz 26. Zu weiteren Einzelfragen der Antragstellung und -abwicklung des ArbG s auch *BMF* BStBl I 15, 544. § 3 Nr 66 wirkt konstitutiv, da der ArbN einen unentziehbaren Rechtsanspruch gegen den Pensionsfonds erwirbt und die Übertragung nicht nur im eigenbetriebl Interesse des ArbG liegt (glA *Korn/Tormöhlen* § 3 Nr 66 Rz 5, 8; s aber auch § 19 Rz 61 ff; aA *HHR/Bergkemper* § 3 Nr 66 Rz 2). Übertragungen von Verpflichtungen und Anrechten außerhalb der §§ 4d III, 4e III führen beim Berechtigten zu ArbLohn. – ***(3)* Umfang der StBefreiung.** – ***(a)* Sachl Umfang.** Die StBefreiung ist betragsmäßig nicht begrenzt. Bei ArbN mit Versorgungsanwartschaften befreit § 3 Nr 66 nach seinem Wortlaut *(„bestehenden")* nur Zahlungen, die für die Übernahme bis zum Übertragungszeitpunkt erdienter Versorgungsanwartschaften *(past service)* an den Pensionsfonds geleistet werden (*BMF* BStBl I 15, 544 unter 1). Zahlungen für noch zu erdienende Anwartschaften *(future service)* sind ausschließl iRd § 3 Nr 63 mit dessen Höchstbeträgen befreit. § 3 Nr 63 soll aufgrund einer Gesamtplanbetrachtung auch gelten, wenn nach der Übertragung von Anwartschaften für *den past service* jährl die neu erdienten Anrechte auf den Pensionsfonds übertragen werden (*BMF* BStBl I 13, 1022, Rz 322 – zweifelhaft). – ***(b)* Persönl Anwendungsbereich.** § 3 Nr 66 gilt für alle ArbN (§ 1 LStDV), unabhängig davon, ob sie in der gesetzl RV pflichtversichert sind oder nicht (zB auch für beherrschende Ges'tergeschäftsführer, geringfügig Beschäftigte – s *BMF* BStBl I 13, 1022, Rz 301, 322). Ungeklärt ist, ob auch Zusagen, die vor der Übertragung während der Bildung als vGA bei der abgebenden KapGes zu behandeln waren, gem § 3 Nr 66 stfrei übertragen werden können. ME ist dies zu bejahen, da die Mittelzuwendung an den Pensionsfonds für die Prüfung des § 8 III 2 KStG als isolierter Geschäftsvorfall zu betrachten und die Zahlung an den Pensionsfonds betriebl veranlasst ist (glA *Korn/Tormöhlen,* § 3 Nr 66 Rz 7.3). – ***(4)* Auszahlungsphase.** Die Leistungen unterfallen § 22 Nr 5 (s aber auch § 22 Nr 5 S 11 zur Anwendung der §§ 9a, 19 II für den Leistungsbezug vor Übertragung, § 22 Rz 128 f). – ***(5)* Sanierungsgewinne.** Zu § 3 Nr 66 aF s 34. Aufl („Sanierungsgewinne") und § 4 Rz 460.

226 **Nr 67 Buchst a–c: Erziehungsgeld, Elterngeld und Beamtenversorgungszuschläge.** *Schrifttum: Myßen/Müller,* NWB 15, 905. – ***(1)* Leistungen nach dem BErzGG und ähnliche Leistungen, § 3 Nr 67 Buchst a.** Der noch in § 3 Nr. 67 EStG enthaltene Verweis auf das BErzGG und vergleichbare Leistungen der Länder ist obsolet, denn dass BErzGG galt nur vom 1.1.04 bis 31.12.08 und sollte Leistungen der Länder im Vorgriff auf das Inkrafttreten dieses Gesetzes und im Anschluss an dieses befreien (*Korn/Tormöhlen* § 3 Nr 67 Rz 1; *HHR/Bergkemper* § 3 Nr 67 Rz 1; *K/von Beckerath* § 3 Rz 178). – ***(2)* Elterngeld und ähnl Leistungen, § 3 Nr 67 Buchst a.** *Elterngeld* nach BEEG (BGBl I 15, 34) ersetzt für ab 1.1.2007 geborene Kinder das bis dahin gewährte Erziehungsgeld. Wegen des dynamischen Verweises auf das BEEG erfasst die Stbefreiung ab 2015 auch das sog *Elterngeld Plus* (s dazu *Schmidt* NWB 14, 3821). Es ist Lohnersatzleistung. Zum Progressionsvorbehalt s § 32b I Nr 1j (zum Abzug des Pauschbetrags gem § 9a I S 1 Nr 1 vgl BFH VI B 31/09, BStBl II 12, 382; III R 61/12, BStBl II 15, 182; § 32b Rz 23; zu § 33 I 5 s FG Sachs BeckRS 2016, 94145). Ausl

Elterngeld ist wegen der Bezugnahme in § 3 Nr 67 nur auf die inl Gesetze nicht stfrei, aber wegen des maßgebl inl Einkünftebegriffs ggf nicht stbar (s zu § 1 III 2 BFH BStBl II 15, 474; zu luxemburgischem Elterngeld FG Saarl EFG 14, 1799, rkr, mE unzutr zum Einbezug in den Progressionsvorbehalt gegen den Wortlaut). *Vergleichbares Landeselterngeld* kann ebenfalls stfrei sein, nicht aber kommunales (BFH IV R 26/96, BStBl. II 97, 652). Zu den vergleichbaren stfreien Leistungen zählte das *Betreuungsgeld* (*Brosius-Gersdorf* NWB 13, 2316). Die §§ 4a–4d BEEG sind aber mit dem GG unvereinbar und nichtig (BVerfG NJW 15, 2399). Wird trotz der Nichtigkeit ohne Übergangsfrist aus Vertrauensschutzgründen Betreuungsgeld nach dem 21.7.15 bewilligt/erbracht, sind die Leistungen dennoch iErg stfrei, da sie nicht stbar sind (s *HHR/Bergkemper* § 3 Nr 67 Rz 1). – ***(3)* Leistungen für Kindererziehung, § 3 Nr 67 Buchst c.** – Die Steuerbefreiung erfasst Leistungen in Rentenform „für Kindererziehung" (§§ 294 bis 299 SGB VI) an *vor dem 1.1.21* geborene Mütter („Trümmerfrauen") und unter besonderen Voraussetzungen auch an *vor dem 1.1.1927* geborene Mütter, die keine gesetzl Altersrente erhalten und deshalb von erhöhten Anwartschaften für Kindererziehungszeiten nicht profitieren können (*Myßen/Müller* NWB 15, 905). Bei Müttern der Geburtsjahrgänge ab 1921 erhöhen nach dem SGB VI anzurechnende Kindererziehungszeiten die Bemessungsgrundlage und wirken somit rentensteigernd (Abschnitt 6 EStR 2003). Die StBefreiung gem § 3 Nr 67 Buchst c gilt nicht entspr für jüngere Personen (BFH X B 169/11 BFH/NV 13, 536). – ***(4)* Ruhegehaltszuschüsse für Kindererziehungszeiten, § 3 Nr 67 Buchst d.** Die nach BeamtVG/SVG gezahlten Zuschläge gingen in das stpfl Ruhegehalt ein und wurden gem § 3 Nr 67 befreit (krit zu dieser Bevorzugung der Pensionäre *Myßen/Müller* NWB 15, 905). Die StFreiheit von Ruhegehaltszuschlägen für Kindererziehungs- und Pflegezeiten nach BeamtVG/SVG entfällt nunmehr zur Gleichstellung aller Ruheständler für *ab 2015* geborene Kinder/begonnene Pflegezeiten und wird damit sehr langfristig abgeschafft (*Myßen/Müller* NWB 15, 905 mit Beispiel).

Nr 68: Anti-D-Hilfegesetz-Leistungen. – ***(1)* Zweck.** Das AntiDHG v. 2.8.00 (BGBl. I 00, 1270) soll die materielle Situation mehrerer tausend Frauen verbessern, die in der Zeit zw 2.8.78 und dem 14.3.79 in der ehemaligen DDR mit dem Anti-D-Immunglobulin behandelt und dadurch schuldhaft mit dem Hepatitis C-Virus infiziert wurden (*Lersch* NJW 2000, 3404). Anspruch auf Hilfe haben auch Kontaktpersonen, die von den betr Frauen mit hoher Wahrscheinlichkeit mit dem Hepatitis-C-Virus infiziert wurden und Hinterbliebene (§ 1 AntiDHG). – ***(2)* Befreite Leistungen.** Die in den §§ 2ff AntiHDG gewährten Leistungen (vorwiegend Einmalzahlungen und Renten) sind stfrei. 228

Nr 69: HIV-Hilfegesetz-Leistungen. – ***(1)* Zweck.** Gem § 1 HIV-HilfeG wird aus humanitären und sozialen Gründen Personen, die durch Blutprodukte unmittelbar oder mittelbar dem HIV-Virus infiziert oder infolge davon an AIDS erkrankt sind, und an deren unterhaltsberechtigte Angehörige finanzielle Hilfe geleistet. – ***(2)* Befreite Leistungen.** Dies sind die im HIV-HilfeG für die Anspruchsberechtigten in §§ 15, 16 enthaltenen wiederkehrenden monatl Zahlungen. § 17 I HIV-HilfeG enthält eine eigenständige Stbefreiung der Leistungen, sodass § 3 Nr 69 deklaratorisch ist. 229

Nr 70: REIT-Exit Tax. – ***(1)* REIT-Besteuerung.** Die Besteuerung von Einkünften aus dt ImmobilienAG mit börsennotierten Anteilen (Real Estate Investment Trust) ist – rückwirkend zum 1.1.07 – geändert und von der Ges auf die Ges'ter verschoben (**REITG** BGBl I 07, 914). Die **AG** ist von der KSt und GewSt befreit (§§ 16–18 REITG; *BMF* BStBl I 07, 527; Vor-REIT, AuslandsGes mit inl Einkünften und REIT-DienstleistungsGes iSv § 1 II REITG sind StPfl gem § 1 KStG). Die **Anteilsinhaber** müssen nach §§ 19, 23 REITG gem § 20 oder als BE stpfl Ausschüttungen einer bei Zufluss stbefreiten AG oder „anderer" ausl REITs iSv §§ 19 V, 23 II REITG *zeitl unbegrenzt voll* versteuern (mindestens 90% des 230 handelsrechtl Jahresüberschusses sind auszuschütten, § 13 I REITG); § 3 Nr 40 und § 8b KStG sind auf diese Ausschüttungen nicht anzuwenden (§§ 19 III REITG). Ab 2009 ist § 32d auf die Ausschüttungen anzuwenden (25%ige AbgeltungSt). S auch § 20 Rz 221. Für Anteilsveräußerungsgewinne gelten §§ 17, 23 bzw §§ 4ff (s § 19 II REITG). Verluste sind nur eingeschränkt abziehbar (§ 19 IV REITG). Zur KapESt 25% s § 20 REITG, auch zu Anrechnung nach § 36 II und Erstattung nach § 50d EStG. Zu Doppelbesteuerungsproblemen s § 19 VI REITG (dazu *Bron* BB 09, 84; zum EU-Recht *Breinersdorfer/Schütz* DB 07, 1487; zum AStG *Wassermeyer* IStR 08, 197) – ***(2)* Exit Tax, § 3 Nr 70 S 1.** – ***(a)* Veräußerungsgewinne (Nr 70 S 1 Buchst a).** Die hälftige StBefreiung gem § 3 Nr 70 S 1 Buchst a betraf nicht den REIT oder dessen Anteilseigner, sondern **Dritte** (ESt- und KSt-Subjekte), die aus Grundstücksveräußerungen *an eine REIT-AG oder einen Vor-REIT* stpfl Gewinne erzielen. – ***(b)* Aufstockungsgewinne.** Die StBefreiung einer REIT-AG wirkt ab Beginn des Wj der Eintragung im HReg (§§ 8, 17 REITG; *BMF* BStBl I 07, 527). Durch den Statuswechsel hin zur persönl StBefreiung zuvor stpfl KapGes und anderer kstpfl Personen iSv § 1 KStG entstehende „Aufstockungsgewinne" auf Grundstücke nach § 13 I, III 1 KStG sollten ebenfalls – befristet – von der Exit-Tax profitieren, auch bei Übergang des (stpfl) Vor-REITs und dessen ImmobilienPersGes in stfreie REIT-AG (§ 17 REITG). Daher wurden Aufstockungsgewinne, die durch Umwandlung in eine persönl stbefreite REIT-AG entstehen, hälftig stbefreit **(Nr 70 S 1b).** Damit wirtschaftl zusammenhängende BV-Minderungen, BA oder Veräußerungskosten waren nur zur Hälfte abziehbar (§ 3c III), soweit § 3 Nr 70 anwendbar ist – ***(c)* Auslaufen der StBefreiung.** Die hälftige StBefreiung in S 1 war **zeitl begrenzt** für die Veräußerung von Grund und Boden sowie Gebäuden zw dem 1.1.07 bis 1.1.10 (S 1a) und für Aufstockungsgewinne (S 1b), wenn die Schlussbilanz gem § 13 I KStG auf einen Stichtag vor dem 1.1.10 aufzustellen war. Zudem mussten in den Veräußerungsfällen (S 1 Buchst a) GuB/Gebäude am 1.1.07 mind fünf Jahre zum AV des Veräußerers gehört haben. Für die Aufstockungsgewinne gem S 1 Buchst b § 3 mussten GuB/Gebäude vor dem 1.1.05 angeschafft oder hergestellt worden sein. Nr 70 S 2–4 enthielten Einschränkungen dieser StBefreiung. Da die anteilige StBefreiung gem S 1 ausgelaufen ist und nur noch der nachträgl Korrektur gem S 3 unterliegt, wird für die Voraussetzungen des § 3 Nr 70 S 1 und die Rückausnahmen gem S 2 auf die 27./29. Aufl mwN sowie die 34. Aufl (§ 3 „REIT Exit Tax") verwiesen. Nachfolgend werden die noch praxisrelevanten Sätze 3ff zum nachträgl Wegfall der StBefreiung erläutert. – ***(3)* Rückwirkender Wegfall der StVergünstigung, § 3 Nr 70 S 3, 4.** – ***a)* Technik.** Eine zutr in Anspruch genommene StBefreiung gem S 1 entfällt nachträgl, wenn bestimmte Voraussetzungen nicht innerhalb bestimmter Fristen erfüllt werden oder vorliegende Vergünstigungsvoraussetzungen nachträgl wieder entfallen. Technisch geschieht dies durch Nachversteuerung der Veräußerungsgewinne im Veräußerungsjahr entspr § 175 S 1 Nr 2 AO beim Veräußerer (uU Haftung des Erwerbers nach S 5, s unten). Der Fristlauf der Tatbestände in S 3 knüpft an den obligatorischen Vertragsabschluss nach S 1 Buchst a bzw Schlussbilanzstichtag nach S 1 Buchst b an. – ***(b)* Nachversteuerungstatbestände** – ***(aa)* Behaltefrist gem S 3 Buchst a).** Der REIT bzw Vor-REIT darf die nach S 1 erworbenen bzw übernommenen WG nicht innerhalb von 4 Jahren veräußern. – ***(bb)* Statusverlust (S 3 Buchst b und e).** Die Nachversteuerung in S 3 Buchst b ist an den Verlust des Vor-REIT-Status gem. § 10 Abs. 3 REITG. geknüpft. Nach § 10 Abs. 2 REITG muss der Antrag eines Vor-REIT auf Zulassung als REIT-AG innerhalb von drei Jahren nach Anmeldung der AG als Vor-REIT gestellt werden. Diese Frist kann von der BaFin bis zu zwei Mal um ein Jahr also insgesamt auf fünf Jahre verlängert werden (sog „3+1+1-Lösung, s *Tappen,* DStR 11, 246). S 3 Buchst e begründet die Nachversteuerung, wenn das BZSt dem erwerbenden Vor-REIT nach Inanspruchnahme der StBefreiung gem S 1 Buchst. a den Status als Vor-Reit bestandskräftig aberkennt. – *(cc)* **Nichteintritt/Ende der persönl StBefreiung gem S 3 Buchst c) und d)** Die StBefreiung der REIT-AG ist von bestimmten Voraussetzungen abhängig (vgl § 16 REITG). Innerhalb von 4 Jahren seit Inanspruchnahme der hälftigen StBefreiung gem S 1 müssen alle Voraussetzungen wenigstens in einem VZ erfüllt sein (S 3 Buchst c). Außerdem darf die StBefreiung der AG nicht innerhalb der Vierjahresfrist enden (S 3 Buchst d). **Zum** Wegfall der Voraussetzungen s § 18 REITG. – *(c)* **Einschränkung von Sale-and-lease-back-Konstruktionen, § 3 Nr 70 S 4.** Grds ist die StBefreiung durch die Rückmietung des Veräußereres nach der Veräußerung nicht tangiert. Grenze: Der Veräußerer (und Mieter) oder eine ihm nahestehende Person iSv § 1 II AStG darf innerhalb einer Frist von 2 Jahren nach Eintragung der REIT-AG im HReg nicht zu mehr als 50% unmittelbar oder mittelbar an dieser beteiligt sein. Sonst ist *sein* Veräußerungsgewinn nachzuversteuern. – *(d)* **Haftung, § 3 Nr 70 S 5.** Grds muss sich das FA bei der Nachversteuerung an den Veräußerer halten. Nur wenn das unmögl ist (bei dessen Insolvenz) kann es auch den erwerbenden REIT als Haftungsschuldner gem § 191 AO für die nachträgl entstehende StSchuld des Veräußerers in Anspruch nehmen (eingeschränkte Ermessensentscheidung).

Nr 71: Invest-Zuschüsse für Wagniskapital. *Schrifttum: Boxberger* GWR 15, 23. – *(1)* **StBarkeit und AK der Beteiligung.** Sog Business Angels erhalten für bestimmte (Wagnis)Kapitalbeteiligungen an KapGes Zuschüsse aus öffentl Mitteln. Diese werden in § 3 Nr 71 ab dem VZ 13 (§ 52 IV S 3) stfrei gestellt. Die Investitionszuschüsse sind *bei im BV erworbenen Beteiligungen* grds beim Erwerber stpfl BE. Gem EStR 6.5 besteht das Wahlrecht, diese erfolgswirksam zu vereinnahmen oder die AK der Beteiligung erfolgsneutral zu kürzen (s § 6 Rz 73; § 4 Rz 460 „Zulagen/Zuschüsse"). Auch bei Kürzung der AK ist gem § 3 Nr 71 der Zuschussbetrag im VZ der Realisation oder bei Zufluss gem § 4 III in voller Höhe (keine Anwendung des § 3 Nr 40) außerbilanziell zu kürzen (zutr *HHR/Buge* § 3 Nr 71 Rz 9). Gleiches gilt über § 8 I KStG iVm § 3 Nr 71 beim Erwerb durch eine KapGes (s zum mittelbaren Anteilserwerb § 3 Nr 71 S 2 Buchst e). Bei Bezuschussung des Erwerbs einer wesentl Beteiligung (§ 17) oder Kapitalbeteiligung iSd § 20 II Nr *1 im PV* liegen mE keine stbaren Einnahmen vor. Der Zuschuss ist kein sonstiger Bezug oder besonderes Entgelt „aus" der Beteiligung; auch 22 III ist nicht erfüllt. § 3 Nr 71 ist in dieser Fallgruppe deklaratorisch. Es ist im PV keine zwingende Kürzung der AK der Beteiligung entspr EStR 21.5 I vorzunehmen (s § 6 Rz 71). Hierdurch würde StBefreiung unterlaufen, denn § 3 Nr 71 würde den dann höheren Veräußerungsgewinn nicht freistellen (zutr *HHR/Buge* § 3 Nr 71 Rz 9). – *(2)* **Voraussetzungen.** – *(a)* **Zuschuss aus öffentl Kasse für den Erwerb (S 1).** Der Zuschuss knüpft faktisch an die Förderrichtlinie v 2.4.2014 (BAnz AT 17.4.2014 B 1) zur Förderung von Wagniskapital an, ohne diese zu erwähnen. Auszahlende öffentl Kasse (zum Begriff s § 3 Nr 12) ist das Bundesamt für Wirtschaft und Ausfuhrkontrolle. Ein Gründungszuschuss zur Aufbringung der Einlage wird nicht stfrei gestellt. – *(b)* **Beteiligungsbezogene Voraussetzungen.** Für die StfFreiheit dürfen die Zuschüsse 20% der AK und 50 000 € nicht überschreiten (maximale AK der Beteiligung damit 250 000 €). Die Beteiligung muss an einer im Handelsregister eingetragenen KapGes (s S 2 Buchst b/aa iVm § 1 I Nr 1 KStG; zum AK-Begriff s § 17 Rz 156–158) bestehen. Die Anteile dürfen nicht börsennotiert oder der Börsengang *in Vorbereitung* sein (S 2 Buchst b/cc). Dieser beginnt, wenn entspr Beschlüsse der Organe der KapGes oder Ges'ter gefasst werden, den Börsengang ernsthaft zu verfolgen. – *(c)* **Erwerberbezogene Voraussetzungen (S 2).** Dies sind eine Haltedauer länger als 3 Jahre (Buchst a), Volljährigkeit (Buchst e) und keine Fremdfinanzierung des Erwerbs (Buchst d). – *(dd)* **Gesellschaftsbezogene Voraussetzungen.** S § 3 Nr 71 S 2 Buchst b/aa–cc zu den Höchstgrenzen für das „Lebensalter", die Mitarbeiterzahl und den Jahresumsatz bzw die Jahresbilanzsumme der KapGes. – *(3)* **Verletzung der Haltedauer/** 235

Rückzahlung des Zuschusses. Der StBescheid für den VZ der Vereinnahmung des Zuschusses kann bei Veräußerung vor Ablauf der Dreijahresfrist gem § 175 I 1 Nr 2 AO geändert werden. Die wegfallende StBefreiung führt *im BV* rückwirkend zum Ansatz der BE. Die Rückzahlung eines stfrei gestellten Zuschusses führt ohne Kürzung gem § 3c I zu BA im VZ der Verausgabung. *Im PV* ergeben sich bei rückwirkender Korrektur und Rückzahlung für den VZ der Vereinnahmung mangels StBarkeit des Zuschusses keine Einnahmen und bei Rückzahlung keine WK (zutr zum Ganzen *HHR/Buge* § 3 Nr 71 Rz 38; auch *Korn/Tormöhlen* § 3 Nr 71 Rz 16).

§ 3a *(weggefallen)*

§ 3b Steuerfreiheit von Zuschlägen für Sonntags-, Feiertags- oder Nachtarbeit

(1) **Steuerfrei sind Zuschläge, die für tatsächlich geleistete Sonntags-, Feiertags- oder Nachtarbeit neben dem Grundlohn gezahlt werden, soweit sie**
1. für Nachtarbeit 25 Prozent,
2. vorbehaltlich der Nummern 3 und 4 für Sonntagsarbeit 50 Prozent,
3. vorbehaltlich der Nummer 4 für Arbeit am 31. Dezember ab 14 Uhr und an den gesetzlichen Feiertagen 125 Prozent,
4. für Arbeit am 24. Dezember ab 14 Uhr, am 25. und 26. Dezember sowie am 1. Mai 150 Prozent des Grundlohns nicht übersteigen.

(2) [1] **Grundlohn ist der laufende Arbeitslohn, der dem Arbeitnehmer bei der für ihn maßgebenden regelmäßigen Arbeitszeit für den jeweiligen Lohnzahlungszeitraum zusteht; er ist in einen Stundenlohn umzurechnen und mit höchstens 50 Euro anzusetzen.** [2] **Nachtarbeit ist die Arbeit in der Zeit von 20 Uhr bis 6 Uhr.** [3] **Sonntagsarbeit und Feiertagsarbeit ist die Arbeit in der Zeit von 0 Uhr bis 24 Uhr des jeweiligen Tages.** [4] **Die gesetzlichen Feiertage werden durch die am Ort der Arbeitsstätte geltenden Vorschriften bestimmt.**

(3) **Wenn die Nachtarbeit vor 0 Uhr aufgenommen wird, gilt abweichend von den Absätzen 1 und 2 Folgendes:**
1. Für Nachtarbeit in der Zeit von 0 Uhr bis 4 Uhr erhöht sich der Zuschlagssatz auf 40 Prozent,
2. als Sonntagsarbeit und Feiertagsarbeit gilt auch die Arbeit in der Zeit von 0 Uhr bis 4 Uhr des auf den Sonntag oder Feiertag folgenden Tages.

Lohnsteuer-Richtlinien: LStR 3b/LStH 3b

1 **1. Allgemeines.** – ***(1)* Zeitl Anwendung.** Zur Rechtsentwicklung s 26. Aufl; zu Übergangsregelungen s. 31. Aufl. – ***(2)* Inhalt und Zweck.** § 3b enthält eine sachl StBefreiung ausschließl für Arbeitszeitzuschläge für Sonntags-, Feiertags- und Nachtarbeit bei § 19-Einkünften. Die Regelung subventioniert ArbG und ArbN (krit zur Vereinbarkeit mit dem Leistungsfähigkeitsprinzip BFH VI R 50/09, BStBl II 11, 43). Zur VerfMäßigkeit s 26. Aufl und BFH VI B 69/08, BStBl II 09, 730. – ***(3)* Restriktive Auslegung.** Der BFH hat eine über den Wortlaut hinausgehende Auslegung des § 3b stets abgelehnt (BFH VI B 69/08, BStBl II 09, 730 m. w. N.). Zulagen für andere Erschwernisse sind nicht steuerbefreit (BFH VI R 6/09, BStBl II 12, 144). – ***(4)* Persönl Geltungsbereich.** Unbeschr/beschr stpfl ArbN, auch bei Pauschalierung nach § 40a (LStR 3b I 7). Zum unbeschr stpfl Grenzgänger s BFH VI R 48/12, BFH/NV 14, 341 (auch zur ArbN-Freizügigkeit). – ***(5)* Verhältnis zum Sozialrecht.** Die Zulagen sind beitragsfrei, wenn der Stundengrundlohn iSd § 3b II 1 HS 2 als Bemessungsgrundlage des Zuschlags nicht mehr

als 25 € beträgt und auch die weiteren Voraussetzungen des § 3b erfüllt sind (§ 1 I 1 Nr 1 SvEV). Die StBefreiung erfasst weitergehend Zuschläge bis zu einem Höchststundengrundlohn von 50 €. – ***(6)* Verhältnis zur vGA.** Die Zuschläge bei Ges'tergeschäftsführern und Ges'terangestellten von KapGes sind idR vGA, da von diesen die Arbeit zu den begünstigten Zeiten als Ges'terbeitrag verlangt werden kann. Durch einen betriebsinternen Fremdvergleich kann die Veranlassung durch das Gesellschaftsverhältnis widerlegt werden (BFH I R 111/03, BStBl II 05, 307; VIII R 31/05, BStBl. II 07, 393; VIII R 27/09, BFH/NV 12, 1127).

2. Begünstigte Zeiten und Tätigkeiten, § 3b I, III. – a) Sonntagsarbeit. Sie ist von 0 bis 24 Uhr begünstigt. Bei Arbeitsbeginn Sonntag vor 24 Uhr ist auch die Zeit bis Montag 4 Uhr erfasst (§ 3b II 3, III Nr 2). Für Feiertagssonntage (zB Pfingsten, Ostern) gilt nur die Feiertagsregelung (§ 3b I Nr 2 „vorbehaltl"). – **Höhe** (§ 3b I Nr 2): Bis 50% Zuschlag zum Stundengrundlohn, soweit kein Feiertag (dann Rz 3), ggf mit Nachtzuschlag (s Rz 4). 2

b) Feiertagsarbeit. Begünstigt ist die Zeit von 0–24 Uhr; bei Arbeitsbeginn vor 24 Uhr auch der Folgetag bis 4 Uhr (§ 3b II 3, III Nr 2). Die begünstigten Feiertage richten sich nach den Landesfeiertagsgesetzen (§ 3b II 4). Unabhängig davon sind die in § 3b I Nr 3, 4 aufgeführten Tage stets begünstigt. – **Höhe** (§ 3b I Nr 3, 4) – ***(1)* Sonderregelungen.** 1.5., 25. und 26.12. ganztags sowie 24.12. ab 14 Uhr: Zuschlag zum Stundengrundlohn bis 150 vH (§ 3b I Nr 4), ggf mit Nachtzuschlag (s Rz 4). Der begünstigte Zeitraum kann sich in den Folgetag bis 4 Uhr verlängern (§ 3b III Nr 2): – ***(2)* Sonstige gesetzl Feiertage** und am 31.12. ab 14 Uhr bis 125 vH des Stundengrundlohns (§ 3b I Nr 3). 3

c) Nachtarbeit, § 3b II 2. Begünstigt ist die Zeit von 20 bis 6 Uhr. – **Höhe:** Grds 25% Zuschlag zum Grundlohn (§ 3b I Nr 1); nur bei Arbeitsbeginn vor 0 Uhr Erhöhung für die Zeit von 0–4 Uhr auf 40% (§ 3b III Nr 1). Bei Nachtarbeit an Sonn- und Feiertagen sind die entspr Zuschläge befreit (**Zuschlagskumulierung,** s LStR 3b III). 4

d) Begünstigte Tätigkeit des ArbN. Hierunter fallen auch Zeiten für Telefon-Rufbereitschaft, Wäsche, Schichtübergabe und Pausen (BFH VI R 64/96, BStBl II 02, 883; LStR 3b VI S 2). 5

3. Zuschläge neben dem Grundlohn, § 3b I. – a) Zuschlag. Für die begünstigte Tätigkeit muss eine Grundvergütung gezahlt werden, zu der ein besonderes Entgelt für die Sonn-, Feiertags- und Nachtarbeit hinzutritt (BFH VI B 72/10, BFH/NV 2011, 254). Der Anspruch des ArbN auf den Zuschlag kann sich aus Gesetz, Tarifvertrag, Betriebs- oder Einzelvereinbarung ergeben; bei einer Nettolohnvereinbarung muss der Zuschlag neben dem vereinbarten Nettolohn gezahlt werden (LStR 3b I S 2, 3). Aus § 11 II iVm § 6 V ArbZG ergibt sich kein gesetzl Anspruch auf einen Zuschlag für *Sonn- und Feiertagsarbeit.* Soweit keine andere Regelung oder Vereinbarung besteht, hat der ArbG gem § 6 V ArbZG für *Nachtarbeit* die Wahl, ob er einen Ausgleich in Geld, Freizeit oder durch eine Kombination beider Leistungen gewährt. 6

b) Nebeneinander von Grundlohn und Zuschlag. Zw ArbN und ArbG müssen Grundlohn und Zuschlag als besonderes Entgelt abgrenzbar vereinbart sein. Dies ist nicht der Fall bei einem einheitl Grundlohn, der sich aus einem Basisbetrag und einer pauschalen Zulage für Sonn-, Feiertags- und Nachtarbeit zusammensetzt. Für einen einheitl Grundlohn spricht zB die gleichbleibende Höhe der Zulage, unabhängig von der Arbeitsleistung oder deren Einbeziehung als Gehaltsbestandteil bei Sonder- und Lohnfortzahlungen (BFH VI R 27/10, BStBl II 12, 288; s auch Rz 6). Pauschale *Wechselschichtzulagen* (BFH IX R 81/98, BStBl II 05, 888) und *Bereitschaftsdienstzulagen* (FG BaWü, EFG 15, 106, nrkr, Rev VI R 61/14) können Bestandteil des Grundlohns sein, auch wenn sie Sonn-, Feiertags- und Nachtarbeit mitvergüten. Bei Vereinbarung eines **durchschnittl (gleichblei-** 7

benden) Effektivstundenlohns mit variablem Grundlohn und variablen Zuschlägen für Sonn-, Feiertags- und Nachtarbeit, die sich jeweils beeinflussen, liegt hingegen ein vom Grundlohn abgrenzbarer Zuschlag vor (BFH VI R 50/09, BStBl II 2011, 43; BSG B 12 R 18/11 R, BSGE 112, 295). Ist die Sonn-, Feiertags- und Nachtarbeit zugleich Mehrarbeit, ist es unschädl, wenn vereinbart ist, dass die Mehrarbeit über den (höheren) Grundlohn entlohnt wird und der ArbN daneben nur für diese Zuschläge erhält (LStR 3b I 4, V; s auch Rz 13).

8 **c) Stundengrundlohn,§ 3b II 1. – *(1)* Begriff.** Zum lfd Arbeitslohn für die *regelmäßige Arbeitszeit* iSd § 3b II 1 s § 39b II (§ 39b Rz. 2; LStR 3b II). Nicht zum Grundlohn gehören die in LStR 3b II Nr 1c genannten Überstunden- und stpfl Zuschläge. – ***(2)* Ermittlung und Deckelung.** Der Stundengrundlohn ist Bemessungsgrundlage für die prozentualen Zuschläge iSd § 3b I Nr 1–4, III Nr 1; bei monatl Lohnzahlung ist das 4,35-fache der wöchentl Arbeitszeit maßgebl (LStR 3b II Nr 2a S 5, Nr. 3 S 2). Er ist auf 50 € gedeckelt.

9 **d) Auszahlung.** Für den Zufluss gilt § 11 I. Die Stfreiheit bleibt auch bei zeitversetzter Auszahlung der Zuschläge im Blockmodell oder ihrer Gutschrift als *Geldanspruch* auf einem Zeitwertkonto erhalten; dies gilt nicht für Zinsen und Wertsteigerungen (s LStR 3b VIII; *BMF* BStBl I 09, 1286; *Sterzinger,* BB 12, 2728/31; s auch Rz 11).

10 **4. Zuschläge für tatsächl geleistete Sonn-, Feiertags- und Nachtarbeit, § 3b I. – a) Anforderungen.** Die Rspr legt den Kausalzusammenhang („für") eng aus (s Rz 1) und verlangt zum Nachweis grds eine Einzelaufstellung der während der begünstigten Zeiten erbrachten Arbeitsstunden und der hierfür (s Rz 6) gezahlten Zuschläge (BFH VI R 18/11, BStBl II 12, 291).

11 **b) Fiktive Zuschläge.** Nicht stfrei sind daher Zuschläge, die iRd Entgeltfortzahlung gezahlt werden, da ihnen keine tatsächl Arbeitsleistung während der begünstigten Zeiten zugrunde liegt (BFH VI B 69/08, BStBl II 2009, 730 zum MuSchG). Erwirbt der ArbN durch Sonn-, Feiertags- und Nachtarbeit einen Anspruch auf vergüteten Freizeitausgleich, ist weder der Lohn für diesen Tag noch eine Barabgeltung, die der ArbG oder ArbN statt des Freizeitausgleichs wählen, stfrei, da es sich nur mittelbar um steuerbefreite Zuschläge handelt (BFH IX R 55/04, BFH/NV 06, 712; BFH IX R 27/05, BFH/NV 06, 1274). Gleiches gilt, wenn der ArbN vor der Entstehung seines Zuschlaganspruchs wählt, ihm den stfreien Betrag auf einem Zeitwertkonto für eine spätere bezahlte Freistellung (anders bei Gutschrift eines Geldanspruchs, Rz 9) gutzuschreiben und dieser „Freizeitanspruch" später durch eine Geldzahlung abgegolten wird (OFD Ffm 1.11.12 S 2343 A-38-St 222, *juris*).

12 **c) Pauschalierung.** Pauschale Zahlungen auf gesondert vereinbarte Zuschläge (s Rz 6) sind nur begünstigt, wenn sie Abschlagszahlungen oder Vorschüsse auf einen noch durch Einzelabrechnung zu ermittelnden und zu verrechnenden stfreien Betrag sind. Diese Abrechnung (bei unterjährigem Ausscheiden des ArbN oder zum Ende des Kj, § 41b I 1) ist unverzichtbar und nicht nachholbar (BFH VI R 18/11 BStBl II 12, 291; BFH VI R 48/12, BFH/NV 14, 341; BFH VI B 123/03 BFH/NV 04, 335). Ausnahmsweise ist die Abrechnung entbehrl, wenn fast ausschließl *Nachtarbeit* geleistet wird und die Vorschüsse realitätsgerecht sind (BFH VI R 16/08 BFH/NV 10, 201). Nicht ausreichend ist es, ohne Einzelabrechnung stfreie Zuschläge nach Erfahrungswerten oder Modellrechnungen aus dem gezahlten Lohn herauszurechnen (BFH VI R 27/10 BStBl II 12, 288; BFH IX R 72/02 BStBl II 05, 725).

13 **d) Mehrarbeits- und Mischzuschläge.** Hat der ArbN Ansprüche sowohl auf einen Zuschlag für Sonn-, Feiertags- und Nachtarbeit als auch für Mehrarbeit, kommt es auf die Tilgungsbestimmung bei Auszahlung an (s LStR 3b V 1 Nr 1 bis 5). Wird ein Zuschlag nur für *Mehrarbeit* gezahlt, ist dieser nicht aufteilbar und stpfl

(LStR 3b V 1 Nr. 3). Ein ohne eindeutige Tilgungsbestimmung gezahlter Betrag *(Mischzuschlag),* der nicht der Summe der geschuldeten Einzelzuschläge entspricht, ist aufteilbar (LStR 3b V 4).

e) Leistungsnachweis. Die tatsächl erbrachte Arbeitsleistung kann durch jedes Beweismittel nachgewiesen werden (BFH VI R 56/90, BStBl II 91, 298); s auch die Billigkeitsregelung in LStR 3b VI 6. 14

§ 3c Anteilige Abzüge

(1) **Ausgaben dürfen, soweit sie mit steuerfreien Einnahmen in unmittelbarem wirtschaftlichen Zusammenhang stehen, nicht als Betriebsausgaben oder Werbungskosten abgezogen werden; Absatz 2 bleibt unberührt.**

(2) [1] **Betriebsvermögensminderungen, Betriebsausgaben, Veräußerungskosten oder Werbungskosten, die mit den dem § 3 Nummer 40 zugrunde liegenden Betriebsvermögensmehrungen oder Einnahmen oder mit Vergütungen nach § 3 Nummer 40a in wirtschaftlichem Zusammenhang stehen, dürfen unabhängig davon, in welchem Veranlagungszeitraum die Betriebsvermögensmehrungen oder Einnahmen anfallen, bei der Ermittlung der Einkünfte nur zu 60 Prozent abgezogen werden; Entsprechendes gilt, wenn bei der Ermittlung der Einkünfte der Wert des Betriebsvermögens oder des Anteils am Betriebsvermögen oder die Anschaffungs- oder Herstellungskosten oder der an deren Stelle tretende Wert mindernd zu berücksichtigen sind.** [2] **Satz 1 ist auch für Betriebsvermögensminderungen oder Betriebsausgaben im Zusammenhang mit einer Darlehensforderung oder aus der Inanspruchnahme von Sicherheiten anzuwenden, die für ein Darlehen hingegeben wurden, wenn das Darlehen oder die Sicherheit von einem Steuerpflichtigen gewährt wird, der zu mehr als einem Viertel unmittelbar oder mittelbar am Grund- oder Stammkapital der Körperschaft, der das Darlehen gewährt wurde, beteiligt ist oder war.** [3] **Satz 2 ist insoweit nicht anzuwenden, als nachgewiesen wird, dass auch ein fremder Dritter das Darlehen bei sonst gleichen Umständen gewährt oder noch nicht zurückgefordert hätte; dabei sind nur die eigenen Sicherungsmittel der Körperschaft zu berücksichtigen.** [4] **Die Sätze 2 und 3 gelten entsprechend für Forderungen aus Rechtshandlungen, die einer Darlehensgewährung wirtschaftlich vergleichbar sind.** [5] **Gewinne aus dem Ansatz des nach § 6 Absatz 1 Nummer 2 Satz 3 maßgeblichen Werts bleiben bei der Ermittlung der Einkünfte außer Ansatz, soweit auf die vorangegangene Teilwertabschreibung Satz 2 angewendet worden ist.** [6] **Satz 1 ist außerdem ungeachtet eines wirtschaftlichen Zusammenhangs mit den dem § 3 Nummer 40 zugrunde liegenden Betriebsvermögensmehrungen oder Einnahmen oder mit Vergütungen nach § 3 Nummer 40a auch auf Betriebsvermögensminderungen, Betriebsausgaben oder Veräußerungskosten eines Gesellschafters einer Körperschaft anzuwenden, soweit diese mit einer im Gesellschaftsverhältnis veranlassten unentgeltlichen Überlassung von Wirtschaftsgütern an diese Körperschaft oder bei einer teilentgeltlichen Überlassung von Wirtschaftsgütern mit dem unentgeltlichen Teil in Zusammenhang stehen und der Steuerpflichtige zu mehr als einem Viertel unmittelbar oder mittelbar am Grund- oder Stammkapital dieser Körperschaft beteiligt ist oder war.** [7] **Für die Anwendung des Satzes 1 ist die Absicht zur Erzielung von Betriebsvermögensmehrungen oder Einnahmen im Sinne des § 3 Nummer 40 oder von Vergütungen im Sinne des § 3 Nummer 40a ausreichend.** [8] **Satz 1 gilt auch für Wertminderungen des Anteils an einer Organgesellschaft, die nicht auf Gewinnausschüttungen zurückzuführen sind.** [9] **§ 8b Absatz 10 des Körperschaftsteuergesetzes gilt sinngemäß.**

(3) **Betriebsvermögensminderungen, Betriebsausgaben oder Veräußerungskosten, die mit den Betriebsvermögensmehrungen oder Einnahmen im Sinne des § 3 Nummer 70 in wirtschaftlichem Zusammenhang stehen, dürfen unabhängig davon, in welchem Veranlagungszeitraum die Betriebsvermögensmehrungen oder Einnahmen anfallen, nur zur Hälfte abgezogen werden.**

Einkommensteuer-Richtlinien: EStH 3c

Übersicht

I. Allgemeine Abzugsbeschränkung, § 3c I

1 **1. Allgemeines.** – ***(1)*** **Normzweck.** Das Abzugsverbot § 3c I bestätigt nur einen von der Rspr herausgearbeiteten allg Rechtsgrundsatz. Nach § 3c I dürfen unbeschr und beschr StPfl Ausgaben nicht als WK/BA abziehen, soweit sie mit stfreien Einnahmen in unmittelbarem wirtschaftl Zusammenhang stehen. Es soll neben der Erzielung stfreier Einnahmen nicht noch ein Abzug von anderen Einkünften mögl sein (Vermeidung eines sog doppelten Vorteils, s BFH VI R 26/00, BStBl. II 02, 823; XI R 61/04, BStBl. II 06, 163. Das Schrifttum stellt darauf ab, ob die Ausgaben zu einer geminderten Leistungsfähigkeit führen (*HHR/Desens* § 3c Rz 6). – ***(2)*** **Verhältnis zu anderen Vorschriften.** – ***(aa)*** **ESt.** § 3c I gilt für **BA** und **WK** (nicht für **SA** s § 10 Ia Nr 2 S 1, § 10 II Nr 1, BFH VI R 71/02, BStBl. II 04, 890 und **agB**). Nach § 3c I HS 1 bleibt § 3c II unberührt und ist für die dort geregelten BA/WK spezieller. § 20 IX schließt den Abzug von WK iZm tarifbegünstigten Einkünften gem § 32d I aus; dies gilt auch für hälftig gem § 20 I Nr 6 S 2 steuerbefreite LV-Leistungen (s § 32d Rz 11; für VZ vor 2009 *BMF* BStBl I 09, 1172 in Rz 81 zu § 3c I). § 3c I kommt nicht iRd § 34d (BFH I R 15/99 BStBl II 00, 577) zur Anwendung. Zu § 32b s Rz 14. **Sonderregelungen** iZm mit dem BA/WK-Abzug stfreier Aufwandsentschädigungen/Vergütungen für nebenberufl Tätigkeiten enthalten §§ 3 Nr 26 S 2 (s § 3 Rz 94), Nr 26a S 3 (s § 3 Rz 96), Nr 26b S 2 (s § 3 Rz 98), Nr 10 (s § 3 Rz 38) und § 22 Nr 4 S 2 (Abgeordnete). Zur Geltung des § 3c bei der Einkünfteermittlung beschr StPfl s § 50 Rz 8. Zum Wechsel der StPfl s § 2 VII 3 und § 50 Rz 9, 33. – ***(bb)*** **KStG.** Über § 8 I KStG findet § 3c I zwar grds auch in der KSt Anwendung. Dies gilt für BA eines kstpfl KSt-Subjekts, die mit stfreien Einnahmen in unmittelbarem Zusammenhang stehen (KStR 32 I; *R/H/N* § 8 KStG Rz 41 ff). Daneben kommt § 3c bei gem § 5 KStG steuerbefreiten KSt-Subjekten für Ausgaben zur Anwendung die nicht mit Einkünften iRe wirtschaftl Geschäftsbetriebs im Zusammenhang

stehen. § 3c I wird für BA/AK iZm Beteiligungserträgen und Veräußerungsgewinnen durch § 8b III 2, V 2 KStG seit dem VZ 04 ausgeschlossen (*R/H/N* § 8b Rz 483; s näher *Gosch* § 8b Rz 280, 285, 484). Für die Anwendung des § 3c I für Zeiträume bis Ende VZ 03 s *BMF* BStBl I 08, 349; BFH I R 32/12 BFH/NV 14, 1090 und (krit) die 34. Aufl Rz 16 sowie zur VerfMäßigkeit BVerfG 1 BvL 12/07 DStR 10, 2393, Anm *Krug* DStR 11, 598). Bei Einkommensermittlung des *Organträgers* (§§ 14, 15 KStG) sind BA iZm der Organbeteiligung nicht von § 3c I betroffen, wenn sie iZm mit den Gewinnabführungen stehen, da diese keine stfreien Einnahmen sind (*R/H/N* KStG § 15 Rz 71; KStR 62 I, s aber Rz 18 zu § 3c II 8).

2. Ausgaben. – ***(1)*** **Begriff.** Die Norm statuiert ein Abzugsverbot für Ausgaben, die BA/WK sind. Der Begriff ist weit auszulegen und umfasst nicht nur abgeflossene Ausgaben iSv § 11 II einschließl vorab entstandener und nachträgl BA/WK, sondern jede einkünftemindernde Aufwendung einschließl Rückstellungen, RAP, AfA, TW-AfA, Gemeinkosten uÄ (vgl BFH IV R 122/79 BStBl II 83, 566; BFH I R 11/03 BStBl II 05, 581; s BFH I R 32/12 BFH/NV 14, 1090 zum Vorteilsverbrauch bei der vGA und die 27. Aufl mwN). Die Ausgaben müssen durch die Einkünfteerzielung veranlasst (§ 4 IV/§ 9 I) sein. § 12 ist vorrangig, dh nicht stbare Aufwendungen und iZm mit nicht stbaren Einnahmen stehende Aufwendungen fallen nicht unter § 3c I. – ***(2)*** **Rückzahlung stfreier Einnahmen.** Deren Einordnung als negative Einnahme oder als BA/WK ist von der Rspr nicht abschließend geklärt (s zB BFH VI R 33/03 BStBl II 06, 911, § 3 Rz 3), führt aber im Abflussjahr iErg nie zu einer StMinderung. 2

3. Unmittelbarer Zusammenhang mit stfreien Einnahmen. – **a) Zuordnungsentscheidung.** – ***(1)*** **Unmittelbarkeit.** Es ist für jede einzelne Ausgabe unabhängig von der Einkunftsart zu prüfen, ob sie nach Entstehung und Zweckbestimmung so eng mit der stfreien Einnahme verbunden ist, dass sie *unmittelbar* (ohne Dazwischentreten einer weiteren Ursache) auf Vorgänge zurückzuführen ist, die diese Einnahme betreffen (s BFH I R 11/03 BStBl II 05, 581, abl zur Passivierung haftungsloser Darlehen; BFH VIII R 3/11 BStBl II 14, 560 zu Zinsen für stfreie LV trotz Absicherung anderer stpfl Einkünfte). Es müssen Ausgabe und stfreie Einnahme durch dasselbe Ereignis veranlasst sein (vgl BFH VI R 26/00 BStBl II 02, 823, BFH IX R 26/92 BStBl II 93, 784 zu ArbG-Zinszuschuss und ArbN-WK-Abzug). – ***(2)*** **Fallgruppen.** Ein *finaler* Zusammenhang (Ausgabe wird getätigt, um stfreie Einnahme zu erzielen) ist stets unmittelbar iSd§ 3c I. Die Regelung greift aber auch für andere Sachverhalte ein. Einen engen *zeitl Zusammenhang* (Zu- und Abfluss im selben VZ) verlangt die Rspr zwar nicht (zur abw Rspr zu Beteiligungsaufwendungen vor Einführung der §§ 3 Nr 40 und 3c II s 34. Aufl Rz 16), sodass sowohl vor Zufluss der stfreien Einnahmen entstandene Ausgaben als auch Ausgaben, die bereits erzielten stfreien Einnahmen nachlaufen, nicht abzugsfähig sein können. Der unmittelbare Zusammenhang muss über den reinen Veranlassungszusammenhang gem § 4 IV, 9 I hinausgehen und verlangt eine eindeutig feststellbare, klar abgrenzbare Beziehung zw Ausgabe und stfreier Einnahme. Neben den finalen Ausgaben erfasst § 3c I daher nach allg Auffassung den *Ersatz berufl veranlasster Aufwendungen durch stfreie Einnahmen oder stfreie Zuschüsse* (zu Letzteren s BFH IV R 41/04 BStBl II 06, 755; s zum Vereinfachungszweck § 3 Rz 3). *Beispiel:* Werden gem § 3 Nr 13 oder Nr 16 WK dem ArbN stfrei ersetzt, besteht ein unmittelbarer Zusammenhang der Ausgaben iSd § 3c I mit den stfreien Einnahmen, nicht aber ein finaler mit dem stpfl ArbLohn gem § 19 (BFH IV R 27/94 BStBl II 95, 895; *K/von Beckerath* § 3c Rz 8; *HHR/Desens* § 3c Rz 39). – ***(3)*** **Begrenzung der Höhe nach.** Das Abzugsverbot ist beschränkt auf die Höhe der stfreien Einnahmen. Höhere BA/WK bleiben abzugsfähig, da ihnen keine stfreien Einnahmen gegenüberstehen. Entfallen beabsichtigte stfreie Einnahmen, beeinflussen diese die WK/BA nicht, sodass § 3c I dem Abzug nicht entgegensteht (BFH XI R 61/04 BStBl II 06, 163; anders ist dies bei nicht 3 stbaren **vorab entstandenen BA/WK** s Rz 8; zur Sonderregelung des **§ 3c II 2** § 3c Rz 15).

4 **b) Besonderheiten.** Verschiedenen Zwecken dienende stfreie Einnahmen desselben Leistungsträgers sind für den Unmittelbarkeitszusammenhang gesondert zu beurteilen. *Beispiele* zu § 3 Nr 2: Ausbildungsleistungen nach §§ 73ff SGB III schließen den Abzug von Fortbildungskosten jeder Art einschließl der berufl Mehraufwendungen für Verpflegung aus; Unterhaltsleistungen nach §§ 61, 62 SGB III stehen dem Abzug nicht entgegen (BFH VI R 71/02 BStBl II 04, 890; s auch Rz 5). – ***(1)*** Auch ein **pauschaler stfreier Auslagenersatz** kann den Abzug von Aufwendungen ausschließen, zu deren Ausgleich er bestimmt ist (s zB FG Bbg EFG 06, 1506, rkr; *FinVerw* DStR 10, 1524 zu Gerichtsvollzieher; Abgeordnete s FG BBg EFG 12, 1725, rkr, da Rev IX R 33/12 unzulässig; weitere Beispiele s 26./32. Aufl; zur Aufteilung s Rz 10). – ***(2)*** **WK-Pauschbeträge** sind mE wegen zusätzl stfreier Einkünfte nicht zu kürzen, soweit sie die stpfl Einnahmen nicht übersteigen (zutr zu ArbN-Pauschbetrag bei stfreier Abfindung gem § 3 Nr 9aF neben lfd Lohn FG Sachs EFG 97, 795, bestätigt durch BFH XI R 33/97, nv; BFH XI R 63/97 BStBl II 99, 588 zu §§ 24/34, EStR 34 IV). Auch **Einkünftefreibeträge** sind ohne gesetzl Regelung wegen anteilig stfreier Einnahmen nicht zu kürzen (s Rz 18).

5 **4. Mittelbarer wirtschaftl Zusammenhang.** Das Abzugsverbot greift nicht ein, dh die Aufwendungen sind als BA/WK abziehbar, wenn ein nur mittelbarer Zusammenhang mit der stfreien Einnahme besteht.

6 **Beispiele für abziehbare BA/WK trotz stfreier Einnahmen** (s auch Rz 3):

– § 3c I greift nicht ein, nur weil Ausgaben mit stfreien Einnahmen finanziert werden (BFH I R 12/87 BStBl II 90, 88).
– Nach § 3 Nr 2 stfreie **„Arbeitsförderungsleistungen"** iSv § 44 AFG (s unter § 3 und Rz 3), **Konkursausfallgeld** (zu abziehbaren Fahrtkosten BFH VI R 93/98 BStBl II 01, 199 mit Anm in der 24. Aufl) oder nach § 3 Nr 11 stfreie „Ausbildungsförderungsleistungen" für den Lebensunterhalt (§ 13 BAföG, BFH VI R 26/76 BStBl II 79, 212) im Verhältnis zu Fortbildungskosten jeder Art.
– **Gewerkschaftsbeiträge** trotz nicht stbarer Streikgelder (BFH X R 161/88 BStBl II 91, 337).
– **Umwandlungskosten** gem § 4 IV UmwStG sind iRe Übernahmegewinns gem § 4 VII abziehbar (zur früheren Rechtslage s BFH I R 93/96 BStBl II 98, 698), iRe Übernahmeverlusts unterfallen sie § 4 VI UmwStG;
– **Sonderregelungen in § 3 Nr 26 S 2, Nr 26a S 3, § 26b S 2 und § 3 Nr 10 S 3** (WK/BA über stfreie Einnahmen hinaus) s BFH XI R 61/04 BStBl II 06, 163, Rz 2, 19; vergebl WK/BA ohne reale stfreie Einnahmenerzielung sind wohl auch nach § 3 Nr 26 S 2 ab VZ 2000 abziehbar (s *Heuermann* StBp 05, 337); s auch FG BBg EFG 08, 1535, rkr.

7 **5. Steuerfreie Einnahmen.** – ***(1)*** **Begriff.** § 3c I erfasst nicht nur Einnahmen iSv §§ 2 I Nr 4–7, 8, 4 III, 11 I, sondern alle derzeitigen und künftigen Vermögensmehrungen, die unter eine Überschuss- oder Gewinneinkunftsart des § 2 I fallen und von der Besteuerung freigestellt sind. Auch bei persönl StBefreiung entfällt der Ausgabenabzug (s Rz 1). Die StBefreiung der Einnahmen kann auf *gesetzl Vorschriften* (zB § 3, bis Ende VZ 2003 auch § 8b I, II KStG, s Rz 1), *DBA* (s § 3 Rz 4; BFH I R 25/08 BStBl II 10, 536), *Unionsrecht* (s § 3 Rz 1 zu Beispielen) oder *Billigkeitsregelungen* der Verwaltung (BFH VI R 209/82 BStBl II 89, 351 zu fehlender Rechtsgrundlage) beruhen. – ***(2)*** **Abgrenzung zu stfreien Einkünften.** Nicht erfasst von § 3c I sind *Einkünfte,* die als Saldo von Einnahmen und Ausgaben stfrei gestellt werden. Dies hat in DBA-Fällen Bedeutung. Die Anwendung des § 3c I auf Ausgaben iZm ausl Einnahmen setzt voraus, dass die Verteilungsnorm oder der Methodenartikel des DBA ausdrückl *Einnahmen* freistellen und nicht Einkünfte (s *HHR/Desens* § 3c Rz 33). WK, auch vorab entstandene, die zB nach dem Methodenartikel (vgl Art 23 OECD-MA) wie die korrespondierenden

Einkünfte von der inl Steuer freigestellt sind, gehen als nicht stbare Aufwendungen schon gar nicht in die inl Bemessungsgrundlage (keine Anwendung des § 3c I), sondern nur in den Progressionsvorbehalt (BFH I R 32/93 BStBl II 94, 113; I R 59/05, BStBl II 07, 756) ein.

8 ***(3)* Einzelfälle steuerfreier Einnahmen:**

- **Einnahmen außerhalb des Einkünftebereichs** sind nicht stbar. Daher keine Anwendung des § 3c bei Kürzung stfreier Einahmen durch den ArbG BFH VI R 11/10 BStBl II 11, 829; zu BA im Hinblick auf den stfreien Kapitalanteil einer **Leibrente** oder **LV** s *BMF* BStBl I 06, 82 Rz 81); **Einlagen gem § 4 I** sind keine stfreien Einnahmen iSd § 3c I (§ 3 Rz 1); BA iZm WG mit **InvZul** sind nach hM abziehbar (Vermögensmehrung außerhalb der Besteuerung, s *FinVerw* DB 00, 1937); bei Hinzurechnungsbeträgen s § 10 II 4 AStG;
- **Tarifvergünstigungen** fallen nicht unter § 3c I (StSatz- oder StSchuldermäßigungen s EStR 2 II; zu § 17 II BerlinFG BFH VIII R 153/78 BStBl II 80, 352, str; s auch Rz 3 zu §§ 24/34); mE auch nicht **StBefreiungen bei der Ermittlung *(1)* der Einkünfte** (zB §§ 19 II, 20 IX, 16 IV, s Rz 3), ***(2)* des Gesamtbetrages der Einkünfte** (zB § 13 III) oder ***(3)* des Einkommens** (zB § 18 IV aF). In allen genannten Fällen fehlt der unmittelbare Zusammenhang mit BA/WK. Auf Anrechnungsfälle nach **§ 34c** ist § 3c nicht anwendbar (BFH I R 14/99 BStBl II 00, 577; s aber § 34c I 4).
- **Progressionsvorbehalt.** Es sind zwei Fragen zu trennen: Inl Ausgaben sind von den stfreien ausl Einnahmen nicht abziehbar (§ 3c I). Dagegen werden bei der Tarifermittlung ohne Rücksicht auf § 3c I nur Einkünfte (Einnahmen ./. BA/WK) zugerechnet, vgl § 32b II Nr 2, zu negativem Progressionsvorbehalt und zukünftigen stfreien Einnahmen s BFH I R 59/05 BStBl II 07, 756, BFH I R 112/04 BFH/NV 05, 1756;
- **Stfreie Auslandseinkünfte.** Zur Unterscheidung zw der Freistellung von Einnahmen und Einkünften s Rz 7. Soweit sich stfreie Auslandseinnahmen auf die inl Besteuerung auswirken, fallen lfd wie vorweggenommene BA/WK unter § 3c I (BFH IV R 122/79 BStBl II 83, 566 zu § 2 AIG). Für **BA für die gescheiterte Betriebsstättengründung** in Drittländern ist maßgebl, ob die Aufwendungen dem inl Stammhaus oder der ausl Betriebsstätte zuzuordnen sind (zu den Folgen der BSGaV s *Schnorberger/Dust* BB 15, 608; *Wassermeyer,* IStR 15, 37). Zur Zuordnung zum nicht stbaren Betriebsstättengewinn nach bisheriger Rechtslage s zutr BFH I R 56/12 BStBl II 14, 703 mit Anm *Kraft* NWB 14, 2482; *Cloer/Leich* IWB 14, 660; aA zu finalen EU-Verlusten FG Köln EFG 13, 1430, Rev I R 40/13 durch *FinVerw* zurückgenommen – fragl, s Anm *Mössner* IStR 13, 888). Zu Beispielen für die Unterscheidung zw nicht stbaren Aufwendungen und Ausgaben (Rz 7) iSd § 3c I aus der Rspr s BFH I R 22/86 BStBl II 86, 479 zu Fahrtkosten; BFH VI R 141/89 BStBl II 92, 666 zu Sprachkurs; BFH I R 25/08 BStBl II 10, 536 zu Auslandszuzahlung; s auch BFH VI R 24/95 BStBl II 96, 452 zu einer vorübergehenden Auslandstätigkeit nach Auslandsstudium; BFH I R 112/04 BFH/NV 05, 1756 zu Inlandstätigkeit nach Auslandsstudium als beschr StPfl; BFH VI R 70/94 BFH/NV 95, 505 – ausl Dienstlehrgang –; zu Vertragsstrafe an ausl ArbG BFH I R 34/05 BFH/NV 06, 1068; zur Zahlung von Stückzinsen vor Wegzug FG BaWü EFG 08, 669, rkr; zu **Umzugskosten** s unter § 3 Rz 57 und zu § 32b BFH I R 59/05 BStBl II 07, 756; zu **vergebl** Auslandsangebotskosten *Münch* StBP 95, 54; *Bader/Klose* IStR 96, 318; zu Ausgaben vor Wegzug *Podewils* DStZ 11, 238 mwN. Eine nur *mögl* Auslandsausübung einer Tätigkeit steht dem Abzug nicht entgegen (BFH VI R 5/10 BStBl II 12, 553; FG Köln EFG 12, 2210, rkr). § 3c I ist auch **nicht EU-widrig** (zu doppelter Haushaltsführung FG BBg EFG 09, 1630, rkr, mit Anm *Bozza-Bodden; Wagner* NWB 10, 753).

9 **6. Umkehrung der Grundsätze des § 3c I.** Die Erstattung nicht abziehbarer BA führt zu stpfl BE, s BFH I B 164/02 BFH/NV 03, 1555; § 4 Rz 460 „Abfindungen" mwN, str).

10 **7. Rechtsfolgen.** – ***(1)* Technik.** § 3c I enthält ein **Abzugsverbot.** Die Ausgaben dürfen daher die Höhe der ESt nicht beeinflussen. Haben sie den Gewinn beim BV-Vergleich gemindert, sind sie *außerhalb der Bilanz* hinzuzurechnen. Bei gemischter Veranlassung der Aufwendungen mit nur teilweise stfreien Einnahmen lässt die Rspr eine **Aufteilung im Schätzungswege** zu, s zB BFH I R 25/08 BStBl II 10, 536; FG Köln EFG 15, 573, rkr; zu Wegzugsfällen *Podewils* DStZ 11, 238. – ***(2)* Umfang des Abzugsverbots.** Der **Umfang** des Abzugsverbotes des § 3c I beschränkt sich auf den Betrag der *tatsächl erzielten* stfreien Einnahmen („soweit"; s Rz 3). *Beispiele:* zu nicht ausbezahlten Reisekosten s BFH VI R 11/10

BStBl II 11, 829 mit Anm *Bergkemper* FR 11, 777 sowie *BMF* BStBl 11 I, 976; zu nicht in Anspruch genommener Freifahrtberechtigung FG Bln EFG 07, 1314, rkr; zu Nachzahlungen gem § 3 Nr 6 s BFH IV R 87/89 BStBl II 90, 686; zu vergebl BA/WK s BFH XI R 61/04 BStBl II 06, 163; zur Billigkeitsfreistellung von Sanierungsgewinnen (§ 3 Rz 4) s *Mertzbach* DStR 14, 172 mwN; zu § 3 Nr 26 HS 2 s Rz 1 und § 3 Rz 94). **Kein Abzug höherer WK-Pauschbeträge** bei voller stfreier Kostenerstattung der tatsächl entstandenen Kosten durch ArbG (BFH VI R 24/09 BStBl II 11, 288; zu Arbeitszimmer BFH VI R 37/11 BFH/NV 13, 1776).

II. Abzugsbeschränkungen im Teileinkünfteverfahren, § 3c II

13 **1. Allgemeines. – a) Normzweck. –** ***(1)*** **Komplementärfunktion.** § 3c II 1 statuiert ein Abzugsverbot iRd Teileinkünfteverfahrens für Aufwendungen, die iZm mit stfreien Einnahmen gem § 3 Nr 40 stehen. Korrespondierend zur 60%-StPfl der Einnahmen sind 60% der BA/WK abzugsfähig. § 3c II wird daher eine Komplementärfunktion zur StBefreiung zugeschrieben. BFH XI R 61/04 BStBl II 06, 163 und BFH VIII R 69/05, BStBl II 08, 551 sehen wie bei § 3c I (s Rz 1) den Zweck des Abzugsverbots darin, doppelte Vorteile des StPfl durch den vollständigen Abzug der mit stfreien Einnahmen aus § 3 Nr 40 zusammenhängenden Ausgaben von anderen Einkünften auszuschließen. Diese Rechtfertigung des Abzugsverbots der Beteiligungsaufwendungen und AK ist jedoch vor dem Hintergrund des *obj Nettoprinzips* str. Während § 3 Nr 40 der Vorbelastung von Einnahmen des Ges'ters auf Ebene der KapGes Rechnung trägt, greift § 3c II auch ein, wenn auf Ebene des Ges'ters Verluste entstehen, die auf Einlagen/nachträgl AK beruhen (s BFH IX R 19/13 BStBl II 14, 682; mE zutr krit *Bareis* FR 15, 1 zu Liquidationsverlusten). Der BFH hatte daher zutr „mangels doppelten Vorteils" den vollständigen Abzug der Erwerbsaufwendungen (BA, AK und Veräußerungskosten) systemgerecht zugelassen, wenn der StPfl. keine teilweise stfreien Einnahmen aus der Beteiligung erzielte (BFH IX R 42/08 BStBl II 10, 220; BFH IX R 8/09, BFH/NV 10, 399; BFH IX B 227/09 BStBl II 10, 627). Der Gesetzgeber lässt für das Abzugsverbot nunmehr bereits die Absicht der Erzielung stfreier Einnahmen iSd § 3 Nr 40 genügen (s zu § 3c II 7 Rz 15). – ***(2)*** **Verfassungsmäßigkeit.** Der BFH hat sowohl die bis Ende 10 geltende Fassung des § 3c II, die das tatsächl Erzielen stfreier Einnahmen verlangte, als verfgemäß angesehen (BFH VIII R 69/05, BStBl II 08, 551; VerfBeschw erfolglos, StEd 10, 178) als auch die ab VZ 11 geltende Fassung (§ 3c II 7), die nur noch die Absicht der Einnahmenerzielung verlangt (s Rz 15; BFH IX R 43/13 BStBl II 15, 257). ME ist zweifelhaft, ob die vom BFH geltend gemachten Vereinfachungsgründe den Ausschluss des Halbabzugsverbots bei einnahmelosen Beteiligungen rechtfertigen. – ***(3)*** **Verhältnis zu anderen Vorschriften.** S iEinz § 3 Rz 136 zur Anwendung des § 3 Nr 40. § 3c II ist auch anwendbar bei Einkünften aus §§ 18 I Nr 4 iVm § 3 Nr 40a und aus § 3 Nr 41 (Buchst a HS 2). Vorrangige Verlustabzugsbeschränkungen (s § 10d Rz 11) schließen den Verlustabzug nach § 3c II aus; das gilt insb für Verluste gem § 15 IV 3, 4. Die Ausnutzung von StVorteilen durch eine Anteilsveräußerung vor Einführung des § 3c II war nicht missbräuchl iSd § 42 AO (BFH IX R 77/06 BStBl II 08, 789).

14 **b) Zeitlicher und persönlicher Anwendungsbereich. –** ***(1)*** **Zeitl Anwendungsbereich.** Für den Übergang *vom Anrechnungs- zum Halbeinkünfteverfahren* stellt § 52 Abs 8a aF auf die erstmalige Anwendung von § 3 Nr 40 ab, § 52 Abs 4 S 5 verweist dazu auf die Anwendung des neuen Rechts bei der KSt (§ 34 Abs 1, 2, 7 KStG). S für die jeweiligen Beteiligungserträge und Veräußerungsgewinne iEinz § 3 Rz 137. BA/WK im VZ 2001 grds waren unabhängig von späteren teilbesteuerten Gewinnausschüttungen voll abziehbar (BFH VIII R 10/06 BStBl II 07, 866; BFH IV R 51/09 BStBl II 13, 203; zu nachträgl Schuldzinsen 2001 s BFH VIII R 13/11 BStBl II 14, 251). Für den Übergang *vom Halb- zum Teilein-*

künfteverfahren ab 2009 mit Abzug von 60% der Aufwendungen s auch § 3 Rz 137. Zur Anwendung des § 20 IX auf ab 2009 nachträgl entstehenden Beteiligungsaufwand und zur fehlenden Optionsmöglichkeit gem § 32d II Nr 3 nach Entstehen eines Verlusts iSd § 17 IV s BFH VIII R 48/12 BStBl II 15, 270. – ***(2)* Persönl Anwendungsbereich.** § 3c II gilt wie § 3 Nr 40 für alle natürl Personen und PersGes (bzw deren MU'er) mit *Anteilen an KapGes im BV* (s § 3 Rz 137); *Beispiele:* Besitzunternehmen in der BetrAufsp und Holding-PersGes. Ab 2009 gilt § 3c II *bei Anteilen im PV* für lfd Beteiligungsaufwendungen nur, wenn der Antrag gem § 32d II Nr 3 gestellt wird sowie bei Veräußerung und gleichgestellten Vorgängen gem § 17 (s § 3 Rz 135) s dort auch zur „Bruttofeststellung" stfreier Einnahmen und damit zusammenhängender Aufwendungen bei PersGes in der einheitl und gesonderten Feststellung. Für *KapGes* sind die Regelungen in § 8b (auch für stpfl Streubesitzdividenden) abschließend (s Rz 1 und § 3 Rz 136). S auch § 15 S 1 Nr 2 KStG zur Anwendung des § 3c II auf Ebene des Organträgers.

2. Abzugsverbot gem § 3c II 1, 7. – ***(1)* Ausgabenkategorien, § 3c II 1 HS 1 und 2.** § 3c II 1 umfasst mit den Merkmalen BV-Minderungen, BA, Veräußerungskosten, WK, AK und HK alle den stfreien Einnahmen/Vermögensmehrungen iSv § 3 Nr 40 korrespondierenden Formen von *„Ausgaben"* im BV oder PV (bei Antragstellung gem § 32d II Nr 3): – ***(aa)*** bei lfd Vergütungen iSv § 3 Nr 40, 40a damit wirtschaftl zusammenhängende lfd WK bzw BA (insb Fremdfinanzierungszinsen für Beteiligungserwerb), **§ 3c II 1 HS 1;** – ***(bb)*** bei BV-Mehrungen durch Veräußerung oder Entnahme von Kapitalbeteiligungen sowie bei Liquidationserträgen oder bei Teilwertaufholungen iSv § 3 Nr 40 Buchst a und b *entspr BV-Minderungen* einschließl TW-AfA sowie Veräußerungskosten, AK oder Einlagewerte **(§ 3c II 1 HS 2);** nach voller TW-AfA ohne Wertaufholung oä Vergünstigungen ist später das Teileinkünfteverfahren nicht anwendbar (s § 3 Nr 40 Buchst a S 2 – FG Nds EFG 14, 1463, nrkr, Rev IV R 19/14); s auch § 3c II 5; – ***(cc)*** bei stpfl Veräußerungserträgen im PV (§ 3 Nr 40 Buchst c und – bis 2008 – j) erfasst § 3c II Finanzierungskosten, Veräußerungskosten sowie AK und oder Einlagen (nachträgl AK). Es sind auch entspr **Veräußerungs- oder Entnahmeverluste** grds nur noch zu 60% abziehbar (vgl zu Aufgabe- und Veräußerungsverlusten nach **§ 17** BFH IX R 19/13 BStBl II 14, 682; BFH IX R 43/13 BStBl II 15, 257; krit *Bareis* FR 15, 1). – ***(2)* Wirtschaftl Zusammenhang.** Abw von § 3c I genügt ein *mittelbarer wirtschaftl Zusammenhang* mit teilweise stfreien Einnahmen gem § 3 Nr 40 (BFH X R 5/10 BStBl II 13, 785; BFH IV R 49/11 BStBl II 13, 802). Es reicht jede obj kausale oder finale Verknüpfung mit den Einnahmen (vgl § 4 Rz 27 ff, 420, § 9 Rz 41 ff); BFH IV R 4/11 BFN/NV 13, 1081). Nach **§ 3c II S 1 HS 1** gilt die Abzugsbeschränkung grds unabhängig von der Einnahmenbesteuerung in diesem Jahr. (Zusatz „unabhängig davon …" in § 3c II 1, s 31. Aufl und ab 2011 § 3c II 2; s unter 3). – ***(3)* Absicht der Einnahmenerzielung, § 3c II 7. – Rechtslage ab 2011:** Nach § 3c II 7 (§ 3c II 2 idF JStG 2010) steht bereits die *Absicht,* teilbefreite Einnahmen iSd §§ 3 Nr 40, 40a, zu erzielen, dem vollen Ausgabenabzug entgegen, allerdings erst für Verlustvorgänge iSv Satz 1 ab 2011 (§ 52 Abs 8a aF, vgl BFH IX R 43/13 DStR 15, 25, Anm *Bareis* FR 15, 1). Zur Rechtslage bis 2010 s 33. Aufl und BFH IX R 13/13 BFH/NV 15, 1313; BFH X R 17/11 BStBl II 13, 817; BFH IX R 19/13 BStBl II 14, 682). – ***(4)* Rechtsfolgen.** Sind die Voraussetzungen erfüllt, wird die Ausgabe um 60% *außerbilanziell* gekürzt (s § 3 Nr 40 Rz 135). Nicht gekürzt werden bei der Einkünfteermittlung zu berücksichtigende **WK-Pauschbeträge** (§ 9a), **Freibeträge** (§ 17 III, § 16 IV und § 13 III) und **Freigrenzen** (§ 23 III 5 bis Ende 2008).

3. Abzugsverbot bei Substanzverlusten von Darlehens- und Rückgriffsforderungen, § 3c II 2–5. *BMF* BStBl I 10, 1292; *BMF* BStBl I 13, 1269; *Schrifttum: Gragert/Wißborn* NWB 13, 3936; *Ott* DStZ 16, 14; *Strahl* kösdi 15, 19204; *Zaisch,* NWB 15, 2453. – ***(1)* Rechtslage ab VZ 2015** (§ 52 Abs 5 S 2):

Hauptanwendungsfälle der Neuregelung sind BetrAufsp und betriebl Holding-PersGes. *Nicht* unter die Neuregelung fallen Ges´ter mit Anteilen an der KapGes im PV nach § 17, die gem § 32d II Nr 3 für lfd Erträge zum Teileinkünfteverfahren optiert haben und auf ein Ges´terdarlehen verzichten (nachträgl AK, s § 17 Rz 170ff). **§ 3c II 2–5** schreiben (vgl § 8b III S 3–8 KStG) die in *BMF* BStBl I 10, 1292 vertretene – von der BFH-Rspr aber abweichende (s BFH X R 5/10 BStBl II 13, 785; BFH X R 7/10 BStBl II 13, 791; BFH IV R 45/10 BFH/NV 13, 518; *BMF* BStBl I 13, 1269) – Auffassung der *FinVerw* für ab 2015 beginnende Wj gesetzl fest. BA, die aus Substanzverlusten aufgrund des *Verzichts (auf den nicht werthaltigen Teil)* eines *Ausfalls* oder einer *TW-AfA* auf Ges'terdarlehen (Satz 2) oder vergleichbaren Forderungen (zB Rückgriffsforderungen aus Bürgschaften uA, Satz 4) an KapGes resultieren, an der der StPfl zu mehr als einem Viertel (qualifiziert) beteiligt ist, sind nur zu 60% abziehbar, wenn der StPfl nicht die Fremdüblichkeit der Forderung nachweist (Satz 3). Zum Rangrücktritt s BFH I R 44/14 BStBl II 15, 769 und *Ott* DStZ 16, 20. Die Regelung definiert gesetzl einen wirtschaftl Zusammenhang zw BA und stfreien Beteiligungserträgen. Beim Forderungsverzicht greift die Abzugsbeschränkung beim „Verzichtenden" neben der Gewinnauswirkung aus dem Wegfall der Verbindlichkeit bei der KapGes ein (s auch BFH I R 87/12 BStBl II 14, 859). Spätere Wertaufholungen nach vorausgegangener TW-AfA unterliegen nicht der vollen Besteuerung (Satz 5). Satz 5 soll eine Übermaßbesteuerung vermeiden. –

***(2)* Beteiligungserfordernis; Gegenbeweis.** Das *mittelbare/unmittelbare Beteiligungserfordernis* knüpft an den StPfl an. Dies führt zB bei Besitz-PersGes (Beteiligung/Forderung im Sonder-BV) zur *gesellschafterbezogenen* Kürzung der BA, denn die PersGes ist nicht der „StPfl". Bei Holding-PersGes (Beteiligung/Forderung in der Gesamthand) ist durchzurechnen. Schwierig ist der *Gegenbeweis* zu führen (§ 3c II 3). Die Fremdüblichkeit muss sowohl im Hinblick auf die Verzinsung als auch auf die Besicherung gegeben sein. Das Gesetz und *BMF* BStBl I 10, 1292 sehen mE überschießend auch fremdübl hingegebene Darlehen, die in der Krise stehen gelassen werden, ohne Abstimmung mit §§ 39, 130ff InsO als nicht fremdübl an (glA *Ott* DStZ 16, 14, 23). Krit ist zudem, dass nur die eigenen Sicherungsmittel der KapGes iRd Fremdvergleichs zur Besicherung heranzuziehen sind.

***(3)* Rechtslage bis VZ 2014 und bei Nichteingreifen der Neuregelung.** BFH (s die unter *(1)* zitierte Rspr) und *BMF* BStBl I 13, 1269 nehmen für die Vergangenheit (auch bei nicht fremdübl Forderung oder Beteiligung > 25%) sowie bei Nichteingreifen der Regelung ab VZ 2015 (Beteiligung bis 25% oder fremdübl Forderung) keinen Zusammenhang zw BV-Minderung und gem § 3 Nr 40 teilbefreiten (künftigen) Beteiligungseinnahmen an. Das Abzugsverbot des § 3c II 1 aF/nF kommt nicht zur Anwendung, da die BA ausschließl durch Untergang/Wertminderung der betriebl Forderung ggü der KapGes veranlasst sind.

17 **4. Verluste aus verbilligter WG-Überlassung an KapGes, § 3c II 6.** – ***(1)* Voraussetzungen wie bei § 3c II, 2–5.** Zum zeitl, persönl Anwendungsbereich und zum qualifizierten Beteiligungserfordernis s Rz 16. § 3c II 6 setzt BA iZm der verbilligten/unentgeltl Nutzungsüberlassung eines WG durch den qualifiziert beteiligten StPfl an eine KapGes voraus. § 12 ist bei verbilligter Nutzungsüberlassung an Angehörigen-KapGes vorrangig (s BFH VIII R 68/96, BFH/NV 00, 1278). – ***(2)* Inhalt.** Bei verbilligter/unentgeltl Nutzungsüberlassung von WG an eine KapGes durch den Ges´ter sieht die BFH-Rspr für *substanzbezogene BA* (AfA/Erhaltungsaufwand) keinen wirtschaftl Zusammenhang der Aufwendungen des Ges´ters mit gem § 3 Nr 40 stfreien (potenziellen) Beteiligungserträgen. Für *andere Aufwendungen* des Ges´ters kann sich auch nach der Rspr aufgrund der nicht fremdüblichen Nutzungsüberlassung der Veranlassungszusammenhang von den Pachteinnahmen hin zu Beteiligungserträgen verlagern (BFH IV R 49/11 BStBl II 13, 802; BFH X R 17/11 BStBl II 13, 817; BFH X R 6/12 BFH/NV 14, 21; zustimmend *BMF* BStBl I 13, 1269). § 3c II 6 gilt bei unentgeltl oder teilentgelt Überlassung für sämtl Arten von Aufwendungen des Ges'ters (zweifelhaft bei Ver-

äußerungskosten), ungeachtet eines tatsächl wirtschaftl Zusammenhangs mit (künftigen) Beteiligungserträgen (zB bei BetrAufsp; *BMF* BStBl I 10, 1292 Nr 1, dort auch zur Aufteilung bei teilentgeltl Überlassung). Die verbilligte/unentgeltl Überlassung muss auf dem Gesellschaftsverhältnis beruhen; eine Mitveranlassung reicht jedoch aus. Unklar ist daher, ob schon eine nicht ausschließl betriebl veranlasste Minderung der Pacht zum Zweck der Sanierung einer Betriebs-GmbH schädl ist (s BMF BStBl I 10, 1292; *Ott* DStZ 16, 14). Zur SchenkungSt s § 7 VIII ErbStG.

5. Wertminderungen bei Organschaft, § 3c II 8. Die Vorschrift stellt klar, dass Wertminderungen des Anteils an einer KapGes, die auf abführungsbedingten Gewinnminderungen beruhen, beim Organträger nur zu 60% zu berücksichtigen sind. 18

6. Wertpapierleihe, § 3c II 9. § 8b X KStG gilt sinngemäß. Die Regelung gilt für einen Entleiher, der der ESt unterfällt. Die Gewinnausschüttungen aus den entliehenen Anteilen sind bei ihm anteilig stfrei (§ 3 Nr. 40 Satz 1 Buchst. d, Satz 2). § 3c II erfasst die vom Entleiher an den Wertpapierverleiher gezahlten Entgelte. Diese umfassen idR die Leih- bzw. Darlehensgebühren und Kompensationszahlungen, mit denen der Entleiher dem Verleiher die während der Nutzungsüberlassung erhaltenen Ausschüttungen erstattet (s BFH I R 88/13, DStR 16, 168). 19

III. Abzugsbeschränkungen bei § 3 Nr 70, § 3c III

Zu den ausgelaufenen hälftigen StBefreiungen gem § 3 Nr 70 s § 3 Rz 230. Die mit diesen wirtschaftl zusammenhängende BV-Minderungen, BA und Veräußerungskosten waren gem § 3c III nur anteilig abziehbar, soweit stille Reserven mit Gewinn aufgedeckt wurden. Verlustgeschäfte fallen nicht unter § 3 Nr 70 (s § 3 Nr 70 S 2 Buchst d). 20

3. Gewinn

§ 4 Gewinnbegriff im Allgemeinen

(1) [1] **Gewinn ist der Unterschiedsbetrag zwischen dem Betriebsvermögen am Schluss des Wirtschaftsjahres und dem Betriebsvermögen am Schluss des vorangegangenen Wirtschaftsjahres, vermehrt um den Wert der Entnahmen und vermindert um den Wert der Einlagen.** [2] **Entnahmen sind alle Wirtschaftsgüter (Barentnahmen, Waren, Erzeugnisse, Nutzungen und Leistungen), die der Steuerpflichtige dem Betrieb für sich, für seinen Haushalt oder für andere betriebsfremde Zwecke im Laufe des Wirtschaftsjahres entnommen hat.** [3] **Einer Entnahme für betriebsfremde Zwecke steht der Ausschluss oder die Beschränkung des Besteuerungsrechts der Bundesrepublik Deutschland hinsichtlich des Gewinns aus der Veräußerung oder der Nutzung eines Wirtschaftsguts gleich.** [4] **Ein Ausschluss oder eine Beschränkung des Besteuerungsrechts hinsichtlich des Gewinns aus der Veräußerung eines Wirtschaftsguts liegt insbesondere vor, wenn ein bisher einer inländischen Betriebsstätte des Steuerpflichtigen zuzuordnendes Wirtschaftsgut einer ausländischen Betriebsstätte zuzuordnen ist.** [5] **Satz 3 gilt nicht für Anteile an einer Europäischen Gesellschaft oder Europäischen Genossenschaft in den Fällen**

1. **einer Sitzverlegung der Europäischen Gesellschaft nach Artikel 8 der Verordnung (EG) Nr. 2157/2001 des Rates vom 8. Oktober 2001 über das Statut der Europäischen Gesellschaft (SE) (ABl. EG Nr. L 294 S. 1), zuletzt geändert durch die Verordnung (EG) Nr. 885/2004 des Rates vom 26. April 2004 (ABl. EU Nr. L 168 S. 1), und**
2. **einer Sitzverlegung der Europäischen Genossenschaft nach Artikel 7 der Verordnung (EG) Nr. 1435/2003 des Rates vom 22. Juli 2003 über das Statut der Europäischen Genossenschaft (SCE) (ABl. EU Nr. L 207 S. 1).**

[6] Ein Wirtschaftsgut wird nicht dadurch entnommen, dass der Steuerpflichtige zur Gewinnermittlung nach § 13a übergeht. [7] Eine Änderung der Nutzung eines Wirtschaftsguts, die bei Gewinnermittlung nach Satz 1 keine Entnahme ist, ist auch bei Gewinnermittlung nach § 13a keine Entnahme. [8] Einlagen sind alle Wirtschaftsgüter (Bareinzahlungen und sonstige Wirtschaftsgüter), die der Steuerpflichtige dem Betrieb im Laufe des Wirtschaftsjahres zugeführt hat; einer Einlage steht die Begründung des Besteuerungsrechts der Bundesrepublik Deutschland hinsichtlich des Gewinns aus der Veräußerung eines Wirtschaftsguts gleich. [9] Bei der Ermittlung des Gewinns sind die Vorschriften über die Betriebsausgaben, über die Bewertung und über die Absetzung für Abnutzung oder Substanzverringerung zu befolgen.

(2) [1] Der Steuerpflichtige darf die Vermögensübersicht (Bilanz) auch nach ihrer Einreichung beim Finanzamt ändern, soweit sie den Grundsätzen ordnungsmäßiger Buchführung unter Befolgung der Vorschriften dieses Gesetzes nicht entspricht; diese Änderung ist nicht zulässig, wenn die Vermögensübersicht (Bilanz) einer Steuerfestsetzung zugrunde liegt, die nicht mehr aufgehoben oder geändert werden kann. [2] Darüber hinaus ist eine Änderung der Vermögensübersicht (Bilanz) nur zulässig, wenn sie in einem engen zeitlichen und sachlichen Zusammenhang mit einer Änderung nach Satz 1 steht und soweit die Auswirkung der Änderung nach Satz 1 auf den Gewinn reicht.

(3) [1] Steuerpflichtige, die nicht auf Grund gesetzlicher Vorschriften verpflichtet sind, Bücher zu führen und regelmäßig Abschlüsse zu machen, und die auch keine Bücher führen und keine Abschlüsse machen, können als Gewinn den Überschuss der Betriebseinnahmen über die Betriebsausgaben ansetzen. [2] Hierbei scheiden Betriebseinnahmen und Betriebsausgaben aus, die im Namen und für Rechnung eines anderen vereinnahmt und verausgabt werden (durchlaufende Posten). [3] Die Vorschriften über die Bewertungsfreiheit für geringwertige Wirtschaftsgüter (§ 6 Absatz 2), die Bildung eines Sammelpostens (§ 6 Absatz 2a) und über die Absetzung für Abnutzung oder Substanzverringerung sind zu befolgen. [4] Die Anschaffungs- oder Herstellungskosten für nicht abnutzbare Wirtschaftsgüter des Anlagevermögens, für Anteile an Kapitalgesellschaften, für Wertpapiere und vergleichbare nicht verbriefte Forderungen und Rechte, für Grund und Boden sowie Gebäude des Umlaufvermögens sind erst im Zeitpunkt des Zuflusses des Veräußerungserlöses oder bei Entnahme im Zeitpunkt der Entnahme als Betriebsausgaben zu berücksichtigen. [5] Die Wirtschaftsgüter des Anlagevermögens und Wirtschaftsgüter des Umlaufvermögens im Sinne des Satzes 4 sind unter Angabe des Tages der Anschaffung oder Herstellung und der Anschaffungs- oder Herstellungskosten oder des an deren Stelle getretenen Werts in besondere, laufend zu führende Verzeichnisse aufzunehmen.

(4) Betriebsausgaben sind die Aufwendungen, die durch den Betrieb veranlasst sind.

(4a) [1] Schuldzinsen sind nach Maßgabe der Sätze 2 bis 4 nicht abziehbar, wenn Überentnahmen getätigt worden sind. [2] Eine Überentnahme ist der Betrag, um den die Entnahmen die Summe des Gewinns und der Einlagen des Wirtschaftsjahres übersteigen. [3] Die nicht abziehbaren Schuldzinsen werden typisiert mit 6 Prozent der Überentnahme des Wirtschaftsjahres zuzüglich der Überentnahmen vorangegangener Wirtschaftsjahre und abzüglich der Beträge, um die in den vorangegangenen Wirtschaftsjahren der Gewinn und die Einlagen die Entnahmen überstiegen haben (Unterentnahmen), ermittelt; bei der Ermittlung der Überentnahme ist vom Gewinn ohne Berücksichtigung der nach Maßgabe dieses Absatzes nicht abziehbaren Schuldzinsen auszugehen. [4] Der sich dabei ergebende Betrag, höchstens jedoch der um 2050 Euro verminderte Betrag der im Wirtschaftsjahr angefallenen Schuldzinsen, ist

dem Gewinn hinzuzurechnen. [5]Der Abzug von Schuldzinsen für Darlehen zur Finanzierung von Anschaffungs- oder Herstellungskosten von Wirtschaftsgütern des Anlagevermögens bleibt unberührt. [6]Die Sätze 1 bis 5 sind bei Gewinnermittlung nach § 4 Absatz 3 sinngemäß anzuwenden; hierzu sind Entnahmen und Einlagen gesondert aufzuzeichnen.

(5) **[1]Die folgenden Betriebsausgaben dürfen den Gewinn nicht mindern:**

1. **Aufwendungen für Geschenke an Personen, die nicht Arbeitnehmer des Steuerpflichtigen sind. [2]Satz 1 gilt nicht, wenn die Anschaffungs- oder Herstellungskosten der dem Empfänger im Wirtschaftsjahr zugewendeten Gegenstände insgesamt 35 Euro nicht übersteigen;**
2. **Aufwendungen für die Bewirtung von Personen aus geschäftlichem Anlass, soweit sie 70 Prozent der Aufwendungen übersteigen, die nach der allgemeinen Verkehrsauffassung als angemessen anzusehen und deren Höhe und betriebliche Veranlassung nachgewiesen sind. [2]Zum Nachweis der Höhe und der betrieblichen Veranlassung der Aufwendungen hat der Steuerpflichtige schriftlich die folgenden Angaben zu machen: Ort, Tag, Teilnehmer und Anlass der Bewirtung sowie Höhe der Aufwendungen. [3]Hat die Bewirtung in einer Gaststätte stattgefunden, so genügen Angaben zu dem Anlass und den Teilnehmern der Bewirtung; die Rechnung über die Bewirtung ist beizufügen;**
3. **Aufwendungen für Einrichtungen des Steuerpflichtigen, soweit sie der Bewirtung, Beherbergung oder Unterhaltung von Personen, die nicht Arbeitnehmer des Steuerpflichtigen sind, dienen (Gästehäuser) und sich außerhalb des Orts eines Betriebs des Steuerpflichtigen befinden;**
4. **Aufwendungen für Jagd oder Fischerei, für Segeljachten oder Motorjachten sowie für ähnliche Zwecke und für die hiermit zusammenhängenden Bewirtungen;**
5. **Mehraufwendungen für die Verpflegung des Steuerpflichtigen. [2]Wird der Steuerpflichtige vorübergehend von seiner Wohnung und dem Mittelpunkt seiner dauerhaft angelegten betrieblichen Tätigkeit entfernt betrieblich tätig, sind die Mehraufwendungen für Verpflegung nach Maßgabe des § 9 Absatz 4a abziehbar;**
6. **Aufwendungen für die Wege des Steuerpflichtigen zwischen Wohnung und Betriebsstätte und für Familienheimfahrten, soweit in den folgenden Sätzen nichts anderes bestimmt ist. [2]Zur Abgeltung dieser Aufwendungen ist § 9 Absatz 1 Satz 3 Nummer 4 Satz 2 bis 6 und Nummer 5 Satz 5 bis 7 und Absatz 2 entsprechend anzuwenden. [3]Bei der Nutzung eines Kraftfahrzeugs dürfen die Aufwendungen in Höhe des positiven Unterschiedsbetrags zwischen 0,03 Prozent des inländischen Listenpreises im Sinne des § 6 Absatz 1 Nummer 4 Satz 2 des Kraftfahrzeugs im Zeitpunkt der Erstzulassung je Kalendermonat für jeden Entfernungskilometer und dem sich nach § 9 Absatz 1 Satz 3 Nummer 4 Satz 2 bis 6 oder Absatz 2 ergebenden Betrag sowie Aufwendungen für Familienheimfahrten in Höhe des positiven Unterschiedsbetrags zwischen 0,002 Prozent des inländischen Listenpreises im Sinne des § 6 Absatz 1 Nummer 4 Satz 2 für jeden Entfernungskilometer und dem sich nach § 9 Absatz 1 Satz 3 Nummer 5 Satz 5 bis 7 oder Absatz 2 ergebenden Betrag den Gewinn nicht mindern; ermittelt der Steuerpflichtige die private Nutzung des Kraftfahrzeugs nach § 6 Absatz 1 Nummer 4 Satz 1 oder Satz 3, treten an die Stelle des mit 0,03 oder 0,002 Prozent des inländischen Listenpreises ermittelten Betrags für Fahrten zwischen Wohnung und Betriebsstätte und für Familienheimfahrten die auf diese Fahrten entfallenden tatsächlichen Aufwendungen; § 6 Absatz 1 Nummer 4 Satz 3 zweiter Halbsatz gilt sinngemäß;**

6a. die Mehraufwendungen für eine betrieblich veranlasste doppelte Haushaltsführung, soweit sie die nach § 9 Absatz 1 Satz 3 Nummer 5 Satz 1 bis 4 abziehbaren Beträge und die Mehraufwendungen für betrieblich veranlasste Übernachtungen, soweit sie die nach § 9 Absatz 1 Satz 3 Nummer 5a abziehbaren Beträge übersteigen;

6b. Aufwendungen für ein häusliches Arbeitszimmer sowie die Kosten der Ausstattung. [2]Dies gilt nicht, wenn für die betriebliche oder berufliche Tätigkeit kein anderer Arbeitsplatz zur Verfügung steht. [3]In diesem Fall wird die Höhe der abziehbaren Aufwendungen auf 1250 Euro begrenzt; die Beschränkung der Höhe nach gilt nicht, wenn das Arbeitszimmer den Mittelpunkt der gesamten betrieblichen und beruflichen Betätigung bildet;

7. andere als die in den Nummern 1 bis 6 und 6b bezeichneten Aufwendungen, die die Lebensführung des Steuerpflichtigen oder anderer Personen berühren, soweit sie nach allgemeiner Verkehrsauffassung als unangemessen anzusehen sind;

8. von einem Gericht oder einer Behörde im Geltungsbereich dieses Gesetzes oder von Organen der Europäischen Union festgesetzte Geldbußen, Ordnungsgelder und Verwarnungsgelder. [2]Dasselbe gilt für Leistungen zur Erfüllung von Auflagen oder Weisungen, die in einem berufsgerichtlichen Verfahren erteilt werden, soweit die Auflagen oder Weisungen nicht lediglich der Wiedergutmachung des durch die Tat verursachten Schadens dienen. [3]Die Rückzahlung von Ausgaben im Sinne der Sätze 1 und 2 darf den Gewinn nicht erhöhen. [4]Das Abzugsverbot für Geldbußen gilt nicht, soweit der wirtschaftliche Vorteil, der durch den Gesetzesverstoß erlangt wurde, abgeschöpft worden ist, wenn die Steuern vom Einkommen und Ertrag, die auf den wirtschaftlichen Vorteil entfallen, nicht abgezogen worden sind; Satz 3 ist insoweit nicht anzuwenden;

8a. Zinsen auf hinterzogene Steuern nach § 235 der Abgabenordnung;

9. Ausgleichszahlungen, die in den Fällen der §§ 14 und 17 des Körperschaftsteuergesetzes an außenstehende Anteilseigner geleistet werden;

10. die Zuwendung von Vorteilen sowie damit zusammenhängende Aufwendungen, wenn die Zuwendung der Vorteile eine rechtswidrige Handlung darstellt, die den Tatbestand eines Strafgesetzes oder eines Gesetzes verwirklicht, das die Ahndung mit einer Geldbuße zulässt. [2]Gerichte, Staatsanwaltschaften oder Verwaltungsbehörden haben Tatsachen, die sie dienstlich erfahren und die den Verdacht einer Tat im Sinne des Satzes 1 begründen, der Finanzbehörde für Zwecke des Besteuerungsverfahrens und zur Verfolgung von Steuerstraftaten und Steuerordnungswidrigkeiten mitzuteilen. [3]Die Finanzbehörde teilt Tatsachen, die den Verdacht einer Straftat oder einer Ordnungswidrigkeit im Sinne des Satzes 1 begründen, der Staatsanwaltschaft oder der Verwaltungsbehörde mit. [4]Diese unterrichten die Finanzbehörde von dem Ausgang des Verfahrens und den zugrundeliegenden Tatsachen;

11. Aufwendungen, die mit unmittelbaren oder mittelbaren Zuwendungen von nicht einlagefähigen Vorteilen an natürliche oder juristische Personen oder Personengesellschaften zur Verwendung in Betrieben in tatsächlichem oder wirtschaftlichem Zusammenhang stehen, deren Gewinn nach § 5a Absatz 1 ermittelt wird;

12. Zuschläge nach § 162 Absatz 4 der Abgabenordnung;

13. Jahresbeiträge nach § 12 Absatz 2 des Restrukturierungsfondsgesetzes.

[2]Das Abzugsverbot gilt nicht, soweit die in den Nummern 2 bis 4 bezeichneten Zwecke Gegenstand einer mit Gewinnabsicht ausgeübten Betätigung des Steuerpflichtigen sind. [3]§ 12 Nummer 1 bleibt unberührt.

(5a) *(weggefallen)*

(5b) **Die Gewerbesteuer und die darauf entfallenden Nebenleistungen sind keine Betriebsausgaben.**

(6) **Aufwendungen zur Förderung staatspolitischer Zwecke (§ 10b Absatz 2) sind keine Betriebsausgaben.**

(7) [1] **Aufwendungen im Sinne des Absatzes 5 Satz 1 Nummer 1 bis 4, 6b und 7 sind einzeln und getrennt von den sonstigen Betriebsausgaben aufzuzeichnen.** [2] **Soweit diese Aufwendungen nicht bereits nach Absatz 5 vom Abzug ausgeschlossen sind, dürfen sie bei der Gewinnermittlung nur berücksichtigt werden, wenn sie nach Satz 1 besonders aufgezeichnet sind.**

(8) **Für Erhaltungsaufwand bei Gebäuden in Sanierungsgebieten und städtebaulichen Entwicklungsbereichen sowie bei Baudenkmalen gelten die §§ 11a und 11b entsprechend.**

(9) [1] **Aufwendungen des Steuerpflichtigen für seine erstmalige Berufsausbildung oder für sein Studium sind nur dann Betriebsausgaben, wenn der Steuerpflichtige zuvor bereits eine Erstausbildung (Berufsausbildung oder Studium) abgeschlossen hat.** [2] **§ 9 Absatz 6 Satz 2 bis 5 gilt entsprechend.**

Einkommensteuer-Durchführungsverordnung:

§ 6 *Eröffnung, Erwerb, Aufgabe und Veräußerung eines Betriebs*

(1) **Wird ein Betrieb eröffnet oder erworben, so tritt bei der Ermittlung des Gewinns an die Stelle des Betriebsvermögens am Schluss des vorangegangenen Wirtschaftsjahrs das Betriebsvermögen im Zeitpunkt der Eröffnung oder des Erwerbs des Betriebs.**

(2) **Wird ein Betrieb aufgegeben oder veräußert, so tritt bei der Ermittlung des Gewinns an die Stelle des Betriebsvermögens am Schluss des Wirtschaftsjahrs das Betriebsvermögen im Zeitpunkt der Aufgabe oder der Veräußerung des Betriebs.**

§ 8 *Eigenbetrieblich genutzte Grundstücke von untergeordnetem Wert*

Eigenbetrieblich genutzte Grundstücksteile brauchen nicht als Betriebsvermögen behandelt zu werden, wenn ihr Wert nicht mehr als ein Fünftel des gemeinen Werts des gesamten Grundstücks und nicht mehr als 20 500 Euro beträgt.

Einkommensteuer-Richtlinien: EStR 4.1 bis 4.14/EStH 4.1–4.15

Übersicht Rz

I. Allgemeine Grundsätze der Gewinnermittlung

1 **1. Gesetzessystematik.** – **§ 4** enthält allg Grundsätze zur Ermittlung des Gewinns iSv § 2 II Nr 1 (Rz 2) mit den Begriffen BV, BE, BA, Entnahmen, Einlagen, Bilanzänderung/-berichtigung/-zusammenhang. Diese Begriffe gelten auch für die Gewinnermittlung buchführender Gewerbetreibender (§ 5 I, VI). Sie werden einheitl bei § 4 erläutert. – **§ 5** bestimmt, welche WG des BV zu bilanzieren sind, auch bei Gewinnermittlung nach § 4 I (s Rz 3). Bei § 5 werden daher insb die allg Grundsätze ordnungsmäßiger Buchführung und Bilanzierung nach Handels- und Steuerrecht mit dem Begriff WG und Fragen der Aktivierung und Passivierung besprochen. – **§§ 6 ff** behandeln die Bewertung dieser WG mit AfA für alle Gewinnermittlungsarten, vgl § 4 I 9, § 5 VI, § 4 III 3 EStG, § 4 IVa 6, § 6 VII.

2 **2. Allgemeines zum Gewinnbegriff.** Als Gewinn bezeichnet das EStG die Einkünfte aus den Einkunftsarten § 2 I Nr 1–3 (§ 2 II Nr 1). Der Gewinn ist periodisch für ein Wj zu ermitteln (§ 4a). Einkunftsart und Art der Aufzeichnungen (s Rz 3 ff) beeinflussen den Lauf des Wj (§ 4a I, §§ 8b, c EStDV) und die Höhe des Jahresgewinns (s Rz 10). Die Veranlagung erfolgt unabhängig von der Gewinnermittlung jeweils für ein Kj (Abschnittsbesteuerung, § 2 VII, § 25). Der Gewinn eines abw Wj ist nach § 4a II auf das Kj umzurechnen. Soweit das Gesetz (zB §§ 2a, 15a, b) keine Einschränkungen enthält, können die Jahreseinkünfte positiv wie negativ sein; der Begriff „Gewinn" in § 4 I umfasst auch **Verluste.**

3 **3. Arten der Gewinnermittlung.** – **a) Betriebsvermögensvergleich** (Rz 40 ff). Wer nach Handels- oder Steuerrecht verpflichtet ist, Bücher zu führen und regelmäßig Abschlüsse (Rz 42) zu machen (§ 141 AO, § 140 AO iVm §§ 238 ff HGB für Land- und Forstwirte und Gewerbetreibende, nicht für Selbständige iSv § 18; zu ausl Rechtsgrundlage EStR 4.1 IV 2, str), oder wer dies freiwillig tut, ermittelt den Gewinn auf Grund seiner Bilanzen durch BV-Vergleich nach **§ 4 I** (Land- und Forstwirte – s § 13a I 4, II –, Selbständige iSv § 18) bzw **§ 5** (Gewerbetreibende), s Rz 377, § 5 Rz 12 ff. Es handelt sich dabei um eine grundlegend von *statischen* Gesichtspunkten geprägte **Bestandsrechnung** nach Sollzahlen. Anhebung der Buchführungspflichtgrenzen in § 141 AO auf **ab 2016** 600 000 € (vorher ab **2007** 500 000 €) Umsatz, **ab 2016** 60 000 € (vorher ab **2008** 50 000 €) Gewinn sowie 25 000 € Wirtschaftswert LuF. 267a HGB idF MicroBilG sieht für Kleinst-KapGes Bilanzierungserleichterungen vor (BGBl I 12, 2751). Wechsel bei schwankenden Grenzen ab 2009 s § 241a HGB, *Neufang* StBp 09, 260. Grds ab **2012** sind Bilanzen und GuV-Rechnungen dem FA **elektronisch** zu

übermitteln **(§ 5b).** Werden trotz Buchführungspflicht keine Bücher geführt, erfolgt **Schätzung** nach § 4 I/§ 5 (s Rz 6), sonst uU nach § 4 III (Rz 4).

b) Überschussrechnung. Besteht keine Buchführungspflicht, *kann* (Rz 3, 6) der Gewinn durch Gegenüberstellung der BE und BA gem **§ 4 III** ermittelt werden (Einzelheiten s Rz 370). Das gilt für Selbständige iSv § 18 ohne Einschränkung; LuF s Rz 5, § 13 Rz 191, 205; Betriebe gewerbl Art von juristischen Personen döR s *BMF* BStBl I 12, 184/I 13, 59. Die 4 III-Rechnung ist im Grundsatz (Ausnahmen vgl Rz 11, 373) eine Istrechnung nach dem Zu- und Abflussprinzip des § 11. Seit VZ 2005/2006 ist grds ein einheitl Formular EÜR zu verwenden (s Rz 374). **Schätzung** ggf nach § 4 III (s Rz 654, 655 mwN zu Korrekturen; zu Richtsatzschätzung BFH IV R 68/98 BStBl II 99, 481, Rz 376, Anm 23. Aufl). 4

c) Sonderregelungen. Gewinn aus LuF wird uU nach Durchschnittssätzen **(§ 13a),** Gewinn aus dem Betrieb von **Handelsschiffen** ab 1999 wahlweise als ertragsunabhängige **Tonnagesteuer (§ 5a)** ermittelt. 5

d) Wahlrecht. Soweit die gesetzl Voraussetzungen gegeben sind (s Rz 3), kann der StPfl durch die Art seiner Aufzeichnungen die Art der Gewinnermittlung bestimmen (Nachweis bei FA oder FG). Das hat ua Auswirkungen auf die Tarifbegünstigung nicht entnommener Gewinne (§ 34a nicht bei § 4 III). Ausübung des Wahlrechts durch Abschluss nach Eröffnungsbilanz oder – § 4 III – geordnete Belegsammlung. Die Wahl ist eine **„Grundentscheidung"** mit stillschweigender Fortgeltung in Folgejahren (BFH X R 58/06 BStBl II 09, 368). Zu Bindung atypisch stiller Ges'ter an GmbH-Buchführungspflicht s BFH I R 24/13 BStBl II 15, 141; allg zu Einstrahlungswirkung ausl Gewinnermittlungsnormen BFH I R 3/13 BFH/NV 15, 667, Anm *Mann/Stahl* DStR 15, 1425, zweifelnd *Salzmann* IStR 15, 282, *Hennrichs* DStR 15, 1320; *Müller* BB 15, 2327. **Wahl und Wechsel der Gewinnermittlungsart** sind zwar prinzipiell unbefristet, dh formal bis zur Bestandskraft der StFestsetzung mögl, materiellrechtl jedoch **begrenzt** durch die Gewinnermittlungsvorschriften des § 4 I, III (Mindestvoraussetzungen s BFH IV R 57/07 BStBl II 09, 659, BFH X R 15/11 BFH/NV 13, 1548 mwN): Der Wechsel *von § 4 III zu § 4 I/§ 5* setzt Maßnahmen zum Jahresbeginn voraus und kann ohne zeitnahe Erstellung einer EB und Einrichtung einer kfm Buchführung nicht nachgeholt werden (vgl BFH XI R 4/04 BStBl II 06, 509, BFH IV B 107/04 BFH/NV 06, 276); umgekehrt kann der Wechsel *von § 4 I/§ 5 nach § 4 III* auch noch nach Ablauf des Wj erklärt werden (RsprErweiterung in BFH IV R 57/07 BStBl II 09, 659, BFH X R 46/08 BFH/NV 10, 186 mit Anm 20. Aufl, auch zu VuV-Einkünften und § 4 III), offen, ob bis zur Abgabe der StErklärung, aber wohl nicht nach Vorlage einer EB (FG BBg EFG 07, 1855, rkr; *FinVerw* DStR 10, 544; vgl auch BFH III R 33/12 BStBl II 13, 1035 und FG SchlH EFG 13, 916, Rev III R 13/13 zur endgültigen Festlegung zB durch Übersendung an das FA). Bei LuF ist § 13a II zu beachten. Auch bei anderen StPfl ist ein willkürl Hin- und Herschwanken unzulässig (s BFH IV R 84/93 BStBl II 94, 932). **Bindung** an ausgeübte Wahl mindestens 3 Jahre (BFH IV R 18/00 BStBl II 01, 102), bei Erstwahl nur bei Kenntnis des Wahlrechts (keine Wahl durch Erklärung von gewerbl Einkünften als solche aus VuV, BFH VIII R 40/94 BFH/NV 97, 403, BFH III R 72/11 BStBl II 13, 684; Abgrenzung zu Fortgeltung der § 4 III-Wahl in BFH X R 58/06 BStBl II 09, 368; zur Fortgeltung von § 4 I nach Widerruf einer zwischenzeitl § 4 III-Wahl s FG Nds EFG 14, 243, Rev IV R 39/13; zu Unkenntnis über gemischte Tätigkeit BFH X R 28/06, BFH/NV 09, 1979), auch ohne Kenntnis der Folgen (BFH IV R 111/83 BFH/NV 86, 158). Ohne Wahlrechtsausübung **Schätzung** nach § 4 I/§ 5 (BFH VIII R 201/78 BStBl II 81, 301, § 162 II 2 AO, EStR 4.1 II). Bei **nachträgl BE** gilt § 4 III ohne Wahlrecht (s Rz 446). 6

e) Inland; Ausland. Die Gewinnermittlungsvorschriften gelten für inl und ausl Einkünfte, bei beschr StPfl mit Einschränkungen, § 50 I, s Rz 327. 7

8 **f) Gewinnermittlung nach Betriebsaufgabe,** s Rz 6, 446. Die Gewinnermittlung für **PersGes'ter** folgt der Gewinnermittlung der Ges, s Rz 257.

10 **4. Gewinnauswirkungen. – a) Unterschiedl Periodengewinne und Identität des Totalgewinns.** Je nach Art der Gewinnermittlung können sich unterschiedl Periodengewinne ergeben (s Rz 14). Die Unterschiede sind geringfügig zw § 4 I und § 5 (wenige Besonderheiten durch die Maßgeblichkeit der HB für die StB, s § 5 I, § 5 Rz 26ff), wesentl jedoch zw BV-Vergleich nach §§ 4 I/5 und 4 III-Rechnung. Gleichwohl begründet § 4 III nur eine vereinfachte Technik zur Ermittlung der *Abschnittsgewinne* unter dem vorrangigen Postulat der Identität des Totalgewinns von Beginn bis Ende des Betriebes (ausführl *Drüen* FR 99, 1097; vgl BVerfG HFR 2005, 1019; BFH IV R 25/04 BStBl II 08, 171; Rz 14, 703).

11 **b) Angleichung der Gewinnermittlungen durch den Gesetzgeber in Einzelpunkten.** Vgl Rz 345ff (Einlagen/Entnahmen), Rz 420ff (BE), Rz 470ff (BA), Rz 534 (§ 4 IVa); 23. Aufl mwN. Allerdings gilt die StTarifbegünstigung für nicht entnommene Gewinne gem **§ 34a** nur bei Gewinnermittlung nach § 4 I/5.

12 **c) Wechsel der Gewinnermittlungsart.** Soweit periodische Unterschiede bestehen ist Gewinnangleichung geboten (vgl Rz 652ff mwN). Spätestens bei Veräußerung oder Aufgabe des Betriebes ist die Gewinnermittlung nach § 4 III unter Beachtung der Regeln des Bestandsvergleichs abzuschließen (§ 16 II 2), mit der Folge einer Korrektur des lfd Gewinns durch Zu- und Abrechnungen (Rz 650). Ohne Rücksicht auf die Gewinnermittlungsart wird jeder Geschäftsvorfall mit Gewinnauswirkung gleichmäßig einmal erfasst.

13 **d) Kein Entnahmegewinn** durch Wechsel der Gewinnermittlungsart (§ 4 I 6).

14 **e) Fortentwicklung dieser Grundsätze durch die Rechtsprechung.** Ausgehend von der Überlegung, dass die lfd Buchführung von Betriebsanfang bis Betriebsende ein geschlossenes Ganzes darstellt (vgl Rz 703), räumt der BFH idR der richtigen Besteuerung des einzelnen Geschäftsvorfalls und des zutr Totalgewinns den Vorrang vor dem Vereinfachungszweck des § 4 III und der systemgerechten Ermittlung der Periodengewinne ein (vgl Rz 10; zur Gewinnabsicht BFH GrS 4/82 BStBl II 84, 751 unter C IV 3c; zum identischen Veranlassungsprinzip bei § 4 I und § 4 III BFH GrS 2–3/88 BStBl II 90, 817). So werden auch ohne Zahlung **Wertveränderungen im Vermögensbereich bei § 4 III** berücksichtigt, soweit die gebotene steuerl Auswirkung sonst nicht sichergestellt wäre (s Rz 373). *Beispiele:* Endgültige Darlehensverluste (s Rz 383); Geldverluste im betriebl Bereich (s Rz 382); Entnahmen/Einlagen und Zufluss von Sachwerten und Forderungen (s Rz 355, 427, 428); BE durch Wegfall betriebl Leibrentenverpflichtungen (s Rz 404); BA durch Verlust einer Beteiligung im BV (vgl Rz 250, zu anderen Verlusten Rz 520 „Verluste"). Deshalb kann auch der Grundsatz des Bilanzenzusammenhanges bei § 4 III von Bedeutung sein (s Rz 703). Aktivierungsverbote sind zu beachten. **Grenze:** Bei § 4 III **keine Periodenfehlerberichtigung** wie bei §§ 4 I/5 über Bilanzenzusammenhang (BFH XI R 49/05 BStBl II 06, 712).

15 **f) Verwaltung.** Die *FinVerw* lässt zudem aus Billigkeits- oder Vereinfachungsgründen bei der Rentenbesteuerung rechtsunsystematische Abweichungen zu (s Rz 410ff), ebenso bei der „Rücklage für Ersatzbeschaffung" (EStR 6.6 V).

19 **5. Einheitl Begriffsauslegung. – a) Grundsatz.** Die Identität des Totalgewinns (s Rz 10) ist nur erreichbar, wenn die für die einzelnen Gewinnermittlungsarten maßgebl Grundbegriffe einheitl ausgelegt werden. Vor allem gilt dies für den Zentralbegriff **„Betrieb" (betriebl Zusammenhang, betriebl Veranlassung)** – s Rz 25ff – etwa in den Begriffsbestimmungen des **BV** (bedeutsam auch bei § 4 III, vgl Rz 100) sowie der **BE** und **BA** (vgl die Verweisungen in § 4 I 9 und § 5 VI sowie Rz 420, 470). Die erforderl Begriffsannäherung scheint sich durchzusetzen (s Rz 30). Die Gewinnermittlungsvorschriften sind zT unscharf, weil sie in erster Linie die Ermittlungstechnik im Auge haben. Entscheidend ist, dass sie alle

die gleiche gedankl Wurzel haben, den betriebl vom außerbetriebl Bereich abzugrenzen.

b) BFH-Begriffsbestimmungen. Sie beruhen zwar zT auf unterschiedl Ansatzpunkten. Das hindert die Rspr jedoch nicht, bedarfsweise auf benachbarte Begriffsbestimmungen zurückzugreifen. Der Zusammenhang soll wie folgt verdeutlicht werden: **BA** sind Aufwendungen, die betriebl veranlasst sind, dh in tatsächl oder wirtschaftl Zusammenhang mit dem Betrieb stehen (§ 4 IV, Rz 27 und 480). Der BFH stellt auch hier auf den obj Zusammenhang und die subj Bestimmung ab (zB BFH GrS 2–3/88 BStBl II 90, 817 unter C II 2). Zu den BA gehören Aufwendungen für den Erwerb und die betriebl Nutzung von WG des BV. Umgekehrt sind Erträge aus der Nutzung und Veräußerung von WG des BV **BE.** Dem **BV** sind solche WG zuzurechnen, die für betriebl Zwecke eingesetzt werden, deren Erwerb betriebl veranlasst ist und deren Erträge zu den BE zählen (s Rz 113, 142). Eine betriebl Veranlassung liegt vor, wenn ein WG betriebl veranlasst angeschafft, hergestellt oder eingelegt wird und obj ein wirtschaftl oder tatsächl Zusammenhang mit dem Betrieb besteht (vgl Rz 143 ff). Umgekehrt werden WG dem **PV** zugeordnet, wenn der Erwerb nicht „durch den Betrieb“ bzw „betrieblich veranlasst“ war. Gesetzl Ausnahme: § 8 EStDV, Rz 200. Vgl auch Schrifttum vor Rz 27, zum Verhältnis der Begriffe BA und WK Rz 30. 20

c) Begriffe Entnahmen/Einlagen. Sie sollten mit diesen Begriffen korrespondieren (s Rz 300); die Rspr hat sich hier allerdings vom Betriebsbegriff gelöst (s Rz 31, 326). Private Vorgänge dürfen den Gewinn nicht verändern, egal, ob ein solcher Vorgang von vornherein nicht gebucht wird (§ 4 IV, V oder § 12) oder ob eine Korrektur über Entnahmen/ Einlagen erfolgt. 21

6. Begriffe Betrieb/betrieblich. Der Begriff bildet die Grundlage für die gesamte Gewinnermittlung. Er bestimmt die Abgrenzung von den übrigen Einkünften und vom Privatbereich und damit die Begriffe BV, BE, BA, Gewinn, Entnahmen und Einlagen (s Rz 19 ff). Das EStG definiert den Begriff Betrieb nicht und versteht ihn auch nicht einheitl, sondern normspezifisch. **Die zu § 4 vertretenen Auffassungen** sind vielfältig und reichen vom Gewinn des Einzelbetriebes über den Gewinn aller Betriebe einer Einkunftsart bis hin zum Gewinn aus allen Einkunftsarten des § 2 I Nr 1–3, § 2 II Nr 1. ME sollte es dem Einzelunternehmer freistehen, den Gewinn für jeden seiner *selbständig geführten Betriebe* gesondert nach verschiedenen Methoden zu ermitteln, ohne die Gewinne zu konsolidieren (so zu Begünstigung nicht entnommener Gewinne § 34a I 2, zu Einkünften aus VuV aus mehreren Objekten BFH VIII R 70/78 BStBl II 80, 348, s auch Rz 524 zu § 4 IVa, § 4h Rz 8). BE, BA, BV und Gewinn sind den einzelnen Betrieben nach wirtschaftl Zusammenhang zuzurechnen. So verfährt auch die Praxis. Beim **Freiberufler** als Einzelunternehmer kann dagegen die Personenbezogenheit der einheitl Tätigkeit zB als StB einer steuerl Trennung verschiedener Praxisteile am Ort oder an mehreren Orten entgegenstehen. Bei der Auslegung des Begriffs **Entnahme für betriebsfremde Zwecke** (§ 4 I 2) bei Überführung von einem Betrieb in einen anderen desselben StPfl hat sich die Rspr bewusst vom Betriebsbegriff gelöst (vgl Rz 21, 326, § 6 III–VII). 25

7. Betriebliche Veranlassung

Schrifttum: S Hinweise 33. Aufl und im Text.

a) Allgemeines. Der Begriff hat grundlegende Bedeutung für die gesamte Gewinnermittlung (s Rz 19 ff). Die Probleme der Praxis liegen weniger bei den im Ansatzpunkt unterschiedl Definitionen der Begriffe BV, BE, BA als vielmehr bei den Schwierigkeiten der *tatsächl* Feststellung, in welchem Maße im Einzelfall betriebl oder außerbetriebl Gründe für ein Handeln oder einen Handlungserfolg ausschlaggebend waren. Den StPfl muss daher nachdrückl empfohlen werden, den zu beurteilenden Sachverhalt bereits beim FA, spätestens jedoch beim FG umfas- 27 send glaubhaft darzulegen. Der BFH ist als Revisionsgericht an den vom FG festgestellten Tatbestand gebunden (§ 118 II FGO). Vgl Rz 31 Feststellungslast.

28 **b) Begriff Veranlassung.** Ob eine betriebl Veranlassung gegeben ist, muss strechtl eigenständig geprüft werden. Die Bedingungstheorien aus dem Straf-, Zivil- oder SV-Recht sind nicht übertragbar. Fragen des Verschuldens oder eines strafbaren Handelns oder sonstigen Gesetzesverstoßes (vgl §§ 40, 41 AO) schließen eine betriebl Veranlassung grds nicht aus (BFH GrS 2–3/77 BStBl II 78, 105 zur Frage des Verschuldens beim Autounfall; Ausnahme: Vorsatz, alkoholbedingte Fahruntüchtigkeit, s BFH VI R 73/05 BStBl II 07, 766). Strafen und Geldbußen sind jedoch trotz betriebl Veranlassung grds nicht als BA absetzbar (§ 4 V 1 Nr 8, s Rz 520 „Strafen"); eine strafbare Handlung kann einen betriebl Zusammenhang unterbrechen (vgl zu Versicherungsbetrug mit Betriebs-Pkw FG Mchn EFG 99, 108, bestätigt). Eine Aufwendung (Anschaffung, Herstellung) oder Einnahme ist betriebl veranlasst, wenn – aus Sicht des Unternehmers – ein **tatsächl oder wirtschaftl Zusammenhang** mit dem Betrieb besteht (zB BFH GrS 2–3/88 BStBl II 90, 817 unter C II 2). Ein allg Zusammenhang zur Schaffung günstiger betriebl **Rahmenbedingungen** soll genügen (str, s Rz 520 „Beiträge" mwN). Ein nur **rechtl Zusammenhang** schafft keine betriebl Veranlassung. *Beispiel:* Ein Privatgebäude wird durch die Belastung zur Absicherung einer Betriebsschuld nicht notwendig BV (und umgekehrt), vgl Rz 145, Rz 360 „Belastung". Der Zusammenhang ist für jeden Sachverhalt gesondert zu prüfen (s auch Rz 520 „Verlust"). Ist der betriebl Zusammenhang bei Anschaffung eines WG gegeben, bleibt das WG solange BV, bis es entnommen oder veräußert wird. *Vorübergehende* Privatnutzung löst diesen Zusammenhang nicht. Der ursprüngl betriebl Zusammenhang kann durch private Zielvorstellungen, Entscheidungen oder Handlungen überlagert werden. *Beispiel:* Wird ein Betriebs-Pkw privat genutzt, sind alle Aufwendungen für *diese* Fahrt nicht betriebl veranlasst, und umgekehrt. Dieser private Zusammenhang kann jederzeit wieder unterbrochen werden, etwa durch betriebl Umweg. Entscheidend ist, ob das unmittelbar **auslösende Moment** im betriebl Bereich liegt (zB BFH GrS 2–3/88 BStBl II 90, 817 unter C II 2b/bb). Lässt das keine Rückschlüsse auf bestimmte Veranlassung zu, muss diese aus den maßgebl Umständen des Einzelfalles abgeleitet werden (s Rz 481). *Beispiele* (s auch BA Rz 520): Bei Unfallkosten ist grds auf den Anlass der Fahrt zurückzugreifen (s aber Rz 121); Fahrten Wohnung/Betrieb sind nicht privat veranlasst (gekürzte BA, s Rz 580); Reisekosten sind ggf aufzuteilen (BFH GrS 1/06 BStBl II 10, 672). Bei Schadensersatzverpflichtungen kommt es darauf an, ob sie im Betrieb begründet sind (s Rz 520, BFH IV R 26/04 BStBl II 06, 182), beim Verlust einer Beteiligung darauf, ob diese BV war (Rz 257), ähnl bei Darlehensverlusten (Rz 221, 383). Krankheitskosten sind BA, wenn die Erkrankung auf berufl Tätigkeit zurückzuführen ist (s Rz 520). Die Rspr zur Veranlassung von **KfzSchäden** als BA bzw **KfzVersicherungsentschädigungen** als BE ist nicht abschließend geklärt (s Rz 121, 273).

29 **c) Mittelbarer betriebl Zusammenhang.** Er genügt jedenfalls dann nicht, wenn er durch außerbetriebl Umstände überlagert ist (s Rz 28, 488). **Anteiliger betriebl Zusammenhang** führt grds zur anteiligen Berücksichtigung im betriebl Bereich, soweit es um Abgrenzung zu anderen Einkünften geht (Aufteilung ggf im Schätzungswege, s Rz 489). *Beispiel:* PkwNutzung für selbständige und unselbstständige oder gewerbl und freiberufl Tätigkeit. Bei anteiliger *privater* Mitveranlassung ist ein Abzug von BA nur mögl, soweit nicht § 12 entgegensteht (vgl RsprÄnderung BFH GrS 1/06 BStBl II 10, 672, Rz 520 Informationsreisen).

30 **d) Obj oder subj Begriff.** Der Gesetzeswortlaut scheint in § 4 IV bei den BA im Gegensatz zu den WK in § 9 I S 1 zunächst auf einen weniger subj nach der Zielrichtung („zur") als mehr nach der obj Veranlassung zu bestimmenden Zusammenhang hinzudeuten. Die Rspr versteht dagegen beide Begriffe zutr einheitl (zB BFH GrS 2–3/88 BStBl II 90, 817 unter C II 2 mwN) „sowohl kausal als auch

final" (zB BFH I R 140/81 BStBl II 82, 465 zu **BA,** BFH VI R 193/77 BStBl II 81, 368 zu **WK,** systembedingte **Unterschiede** s BFH VIII R 34/91 BFH/NV 92, 797 mwN). Die **Grenzen** jeder betriebl Veranlassung liegen dort, wo bereits bei obj Betrachtung ein sachl Zusammenhang mit dem Betrieb nicht mehr begründet werden kann. Dieser obj Zusammenhang ist unabdingbare Voraussetzung für die betriebl Veranlassung (vgl zum BV Rz 150). *Beispiel:* Die Anschaffung eines privaten Wohnhauses und die lfd Nutzungsaufwendungen können ohne betriebl Mitbenutzung nicht betriebl veranlasst sein; auf die Absichten des StPfl kommt es nicht an (s Rz 156, 106). In diesem **obj abgesteckten Rahmen** steht dem Unternehmer ein **Handlungs- und Entscheidungsspielraum** zu bei der Bestimmung, ob, auf welche Weise und in welchem Umfang er betriebl tätig werden will (vgl Rz 148 zu branchenähnl Geschäften, § 2 Rz 23ff zur Abgrenzung von Liebhaberei), welche Aufwendungen er aus gegebenem betriebl Anlass tätigen will (s Rz 480) oder welche WG er im Betrieb zum Einsatz bringen will (s Rz 142ff, 150). Ein solcher subj Wille ist jedoch nicht entscheidend für eine betriebl Veranlassung (s Rz 34, 382, 481, 520 „Verlust").

e) Rechtsfolgen. Das bedeutet nun nicht etwa, dass Verwaltung und Gerichte stets den Erklärungen des StPfl über seine Absichten folgen müssten. Ein Willensentschluss wird idR durch äußere Umstände ausgelöst und spiegelt sich in einem Sachverhaltsablauf, in Handlungen oder Handlungserfolgen wider. Beruft sich ein StPfl auf das Vorliegen einer betriebl Veranlassung, obliegt es *ihm* in Zweifelsfällen, anhand der obj tatsächl und wirtschaftl Gegebenheiten des Betriebes und des jeweiligen Geschäftsvorfalles darzulegen und glaubhaft zu machen, dass das seinen Entschluss auslösende Moment im betriebl Bereich lag und private Motive ausgeschlossen werden können (§ 12; vgl RsprÄnderung BFH GrS 1/06 BStBl II 10, 672). Lässt der feststellbare Geschehensablauf einen derartigen Rückschluss auf die behaupteten betriebl Absichten nicht zu, trifft den StPfl ggf die obj **Beweislast** (**Feststellungslast,** grundlegend BFH IV R 101/75 BStBl II 76, 562 mit Ausnahmen BFH VII R 43/80 BStBl II 83, 760, zur Entkräftung eines Anscheinsbeweises BFH GrS 4/82 BStBl II 84, 751 unter C IV 3c/bb). Das bedeutet, dass zB ungeklärte Ausgaben (BFH VIII B 122/92 BFH/NV 94, 173 mwN), Minderungen des BV (BFH VIII R 29/82 BStBl II 85, 308) oder Verluste nicht als betriebl Aufwand berücksichtigt werden können (Rz 151, 157). Vgl umgekehrt zu ungeklärtem Vermögenszuwachs BFH III B 449/90 BFH/NV 91, 724, BVerfG HFR 89, 443; zur Benennung von Auslandsgläubigern Rz 640; zum Nachweis betriebl Buchungen auf Kontokorrentkonto s BFH GrS 2–3/88 BStBl II 90, 817 unter C II 5h; zu vGA BFH III R 9/03 BStBl II 05, 160 = BVerfG 2 BvR 1883/05 StEd 06, 786; zur **Minderung des Beweismaßes** bei fehlender Mitwirkung des StPfl BFH X R 16/86 BStBl II 89, 462 (Schätzung von BE). 31

f) Nachweisanforderungen. Die Anforderungen der Rspr an den Nachweis der betriebl Veranlassung steigen mit dem Grad der Berührung der **privaten Lebenssphäre** und der **Unüblichkeit** (BFH I R 73/82 BStBl II 86, 250, unter 3). In gleichem Maße wird der subj Entscheidungsspielraum des StPfl eingeengt. Die Nachprüfung der Motive des StPfl wird in der Praxis häufig ersetzt durch eine typisierende Beweisvermutung auf Grund obj, nach der **allg Lebenserfahrung** erstellter Kriterien. Diese obj Kriterien werden nicht mehr als Beweisfrage zur Aufklärung des Motivs behandelt, sondern zum Gesetzestatbestand gezogen. Gelingt es dem StPfl nicht, einen ganz konkreten Zusammenhang zum Betrieb nachzuweisen, reicht die Darlegung seiner betriebl Absichten nicht aus. *Beispiele:* Es wird idR ausgeschlossen, dass der **Brockhaus** eines Lehrers oder eine **Tageszeitung** *nur* berufl oder betriebl gelesen (s Rz 520 „Fachliteratur"), ein **Videorecorder** (s unten) oder **Pkw** nicht privat mitbenutzt wird. Vgl zu **Heimcomputer** Rz 628 und BFH VI R 135/01 BStBl II 04, 958. Bei Aufteilungsmöglichkeit (s Rz 628) sinkt mit der Lebenserfahrung der **Beweiswert eigener Erklärungen** 32

und Aufzeichnungen. Vgl BFH VI R 1/90 BStBl II 92, 195 (Video), FG RhPf EFG 97, 952, rkr (Satelliten-Zweit-TV), BFH VI R 99/89 BFH/NV 93, 722 und FG Mchn EFG 99, 1176, rkr (Musikinstrument), BFH VI R 16/94 BFH/NV 95, 216 (Video und Stereoanlage); FG BaWü EFG 98, 276, rkr (CD-Player bei Musikredakteur); FG Mchn EFG 99, 891, rkr (Musik-CD Musiklehrer) und EFG 09, 1447, rkr (Flügel Musiklehrer). **Fahrtenbuch** und Telefonaufzeichnungen s Rz 375, 582, § 6 Rz 531, § 12 Rz 14, LStR 8.1 IX Nr 2, auch zu inhaltl Anforderungen; die Aufforderung des FA, ein Fahrtenbuch zu führen, ist kein VA, sondern nur ein Hinweis auf Nachweisobliegenheiten (BFH VI B 4/05 BFH/NV 05, 1755). **Aufteilungsmöglichkeiten** s Rz 626 ff.

33 **g) Vergleich mit verdeckter Gewinnausschüttung.** Je näher liegend es die äußeren Umstände erscheinen lassen, dass ein Einzelunternehmer auch private Vorteile aus einer Aufwendung zieht, desto stärker verlangt bzw unterstellt die Rspr im Ergebnis, dass er seine betriebl Entscheidungen mit der Sorgfalt eines ordentl und gewissenhaften Geschäftsführers trifft; hätte dieser eine solche Entscheidung nicht getroffen, ist das ein gegen die betriebl Veranlassung sprechendes, schwer widerlegbares Indiz, vor allem bei unangemessenen und unwirtschaftl Aufwendungen (s auch § 4 V 1 Nr 7, Rz 483). Der Vergleich mit der vGA an beherrschende KapGes'ter (vgl § 20 Rz 41 ff) liegt nahe, weil es in beiden Fällen darauf ankommt, die betriebl Veranlassung von der außerbetriebl abzugrenzen (vgl BFH I R 92/00 DStR 02, 1660 mit Anm *Prinz* FR 02, 1171). Stets ist zu beachten, dass die Verhältnisse zum **Zeitpunkt** der maßgebl Handlung zugrunde gelegt werden. Spätere bessere Erkenntnis bleibt unberücksichtigt (vgl Rz 150).

34 **h) Sonstiges.** – **Bedeutung der Buchung** s Rz 360. – **Auch ohne oder gegen den Willen** des StPfl entstandene Aufwendungen können BA sein (vgl Rz 520 „Krankheitskosten", „Verluste", Rz 28, 30, 121, 481).

II. Gewinnermittlung durch Betriebsvermögensvergleich

40 **1. Persönlicher Anwendungsbereich.** S Rz 3, § 5 Rz 7.

41 **2. Gewinnermittlung.** – **a) Gewinn, § 4 I 1/§ 5 I.** Das ist der Unterschiedsbetrag zw dem BV am Schluss des Wj (bzw Betriebsbeendigung, § 6 II EStDV) und dem BV am Schluss des vorangegangenen Wj (bzw Betriebsbeginn, § 6 I EStDV), vermehrt um den Wert der Entnahmen und vermindert um den Wert der Einlagen. Der Gewinn wird auf der Grundlage einer von *statischen* Gesichtspunkten geprägten Bestandsentwicklung des im Betrieb arbeitenden Vermögens ermittelt.

42 **b) Vermögen.** Vermögen idS (vgl Rz 101, 102) ist das eingesetzte **Eigenkapital** als Differenz zw der Summe aller aktiven WG und der Summe aller passiven WG iwS (Begriff WG s § 5 Rz 93). Dafür müssen alle WG des BV in einer geschlossenen Buchführung erfasst sein. Zum Schluss eines jeden Wj (§ 4a) ist eine mengen- und wertmäßige Bestandsaufnahme **(Inventur)** durchzuführen und zu einem Jahresabschluss zusammenzufassen. Diese **„Abschlüsse"** (vgl Wortlaut § 4 I, § 4 III, § 4a I Nr 2, § 5 I) sind die bei § 4 I unmittelbar zu erstellenden, bei § 5 grds aus den HB abzuleitenden StB (Maßgeblichkeit mit steuerl Wahlrechten nach § 5 I, s *BMF* BStBl I 10, 239, § 5 Rz 26 ff).

43 **c) Korrekturen.** Da in der StB nur tatsächl Wertveränderungen des BV ohne Rücksicht auf die Veranlassung wiedergegeben werden, der Gewinn jedoch nur betriebl Wertveränderungen umfasst, muss dieses Bilanzergebnis ggf außerhalb der Bilanz (vgl Rz 48, 53, 300) korrigiert werden durch Zurechnung privat veranlasster Wertabgaben, die das BV gemindert haben (**Entnahmen,** Begriff § 4 I 2) und Kürzung um privat veranlasste Wertzuführungen, die das BV erhöht haben (**Einlagen,** Begriff § 4 I 8 HS 1); vgl Rz 300. Außerdem uU Korrektur um **stfreie BE** (s Rz 447), **nicht abziehbare BA** (s Rz 491, 521 ff) oder **vGA** (s Rz 696).

3. Allgemeine Bilanzierungsgrundsätze. Welche Einzelposten in die Bilanz aufzunehmen sind, ergibt sich in erster Linie aus §§ 4 I, 5. §§ 140 bis 146 AO und die allg GoB sind zu beachten (vgl § 5 Rz 26 und §§ 240 ff HGB), außerdem § 12. Die in § 266 HGB vorgesehene Gliederung ist nicht allg verbindl (s auch steuerl Wahlrechte nach § 5 I idF BilMoG). Auf der Aktivseite der Bilanz müssen alle aktiven Vermögenswerte erscheinen, die Passivseite muss die Herkunft der eingesetzten Mittel erkennen lassen (Fremd- und Eigenkapital). Begriff WG s § 5 Rz 93. Die Gewinnermittlung ist Wj-**periodenbezogen** (s Rz 2, § 4a, §§ 240 II, 242 II HGB) und erfolgt durch jährl Bilanzabschluss mit Bewertung der einzelnen Bilanzposten (s bei § 6), Ansatz von RAP (§ 5 Rz 241 ff, 481 ff, § 250 HGB), Rückstellungen (§ 5 Rz 351 ff) und Wertberichtigungsposten (§ 6 Rz 302). 44

4. Buchungstechnik und laufende Gewinnauswirkung. – a) Allgemeines. Alle betriebl Geschäftsvorfälle müssen ihren Niederschlag in der Bilanz finden, wobei in der doppelten Buchführung stets zwei Konten bewegt werden. Das besagt jedoch noch nichts über die Gewinnauswirkung. Es gibt Geschäftsvorfälle ohne Gewinnauswirkung (Rz 46), solche mit unmittelbarer Gewinnauswirkung auf Grund der Buchung (Rz 47) und solche mit ungewollter Gewinnauswirkung, die außerhalb der Bilanz korrigiert werden muss (Rz 48 und 43). 45

b) Erfolgsneutrale BV-Umschichtungen. Solche Geschäftsvorfälle iRd Bestandskonten des Aktivvermögens und des Fremdkapitals berühren das Eigenkapital und damit den Gewinn nicht. Die Bestandskonten werden zum Jahresabschluss erfolgsneutral über das Schlussbilanzkonto zusammengeführt. **Beispiele für Aktivtausch:** Anschaffung von Ware gegen Barzahlung (Buchung: Ware an Kasse), Veräußerung eines WG zum Buchwert (Buchung: Kasse an WG); **Passivtausch:** Schuldwechsel an Lieferanten (Buchung: Lieferantenverbindlichkeit an Schuldwechselverbindlichkeit); **Aktiv-Passivtausch:** Warenkauf auf Kredit (Buchung: Ware an Lieferantenverbindlichkeit). 46

c) Erfolgswirksame Geschäftsvorfälle. Sie berühren nicht nur ein Bestandskonto, sondern auch ein **Erfolgskonto** (Ertrags- oder Aufwandskonto) und damit das **Eigenkapital.** Soweit Bestandskonten angesprochen sind, werden sie wie in Rz 46 abgeschlossen. Soweit Erfolgskonten angesprochen sind, werden sie über das Gewinn- und Verlustkonto als Unterkonto des KapKto abgeschlossen. Dessen Saldo, der den Reingewinn oder Reinverlust wiedergibt, wird auf das KapKto übertragen. Aus den Erfolgskonten wird außerdem – mit gleichem Ergebnis – die **Gewinn- und Verlustrechnung** abgeleitet, in der die einzelnen Ertrags- und Aufwandsposten festgehalten werden (vgl § 60 EStDV, § 275 HGB). *Beispiele:* Dienstleistung gegen Barzahlung (Buchung: Kasse an Kapital bzw Ertragskonto); Barzahlung der Büromiete (Buchung: Kapital bzw Aufwand an Kasse); Erlass einer Forderung aus betriebl Gründen (Buchung: Kapital bzw Aufwand an Forderung); Verkauf von Waren gegen Barzahlung (Buchung: Kasse an Ware und Kapital bzw Ertrag); Verkauf von Wertpapieren mit Verlust (Buchung: Kasse und Kapital bzw Aufwand an Wertpapiere); s auch Rz 50 ff, § 5 Rz 601 ff. 47

d) Nichtbetriebl BV-Veränderungen. Einlagen/Entnahmen dürfen gem § 4 I 1 den zu versteuernden Gewinn nicht berühren. Sie müssen daher, soweit sie die Höhe des BV bzw der betriebl Erträge beeinflusst haben, in der lfd steuerl Buchführung oder spätestens beim Jahresabschluss mit gegenläufiger Wirkung auf einem Privatkonto verbucht werden, das über das KapKto aufgelöst wird. Sie wirken zwar – für sich betrachtet – gewinnerhöhend (Entnahmen) bzw gewinnmindernd (Einlagen). Soweit sie jedoch nur der Korrektur einer sonst erfolgswirksamen Buchung dienen, sind sie im Gesamtergebnis erfolgsneutral. Für Einlagen gilt das ausnahmslos (Buchwert § 6 I Nr 5), ebenso bei der Betriebseröffnung (§ 6 I Nr 6, § 6 I EStDV), für Entnahmen iHd Buchwertes (§ 6 I Nr 4). Zur Folgewirkung der Aufdeckung stiller Reserven durch Entnahmen s Rz 53, 726. *Beispiele:* StPfl trinkt privat betriebl eingekauften Wein; zahlt EStSchuld vom Betriebskonto; 48

schenkt Sohn den BetriebsPkw; legt Geld aus privater Erbschaft in den Betrieb ein; zahlt betriebl Miete vom Privatkonto. – **Sonstige Korrekturen** s § 4 V, Rz 521 ff.

50 **5. Gewinnrealisierungstatbestände; Aufdeckung der stillen Reserven.** *Schrifttum:* § 5 vor Rz 601 und § 6 vor Rz 641 ff. – **a) Allgemeines.** Durch Ausschluss einer Aktivierungsmöglichkeit (zB § 5 II), überhöhte AfA oder spätere Wertsteigerung bei Fortführung der Buchwerte (§ 6 I Nr 1, 2) können sich stille Reserven als unversteuerte Gewinne bilden. Da ihr Bestand nicht gesichert ist (bei Auflösung im inl BV ergibt sich kein Vermögenszuwachs), werden sie grds nur versteuert, wenn sie durch Erfüllung eines Besteuerungstatbestandes verwirklicht werden (**Realisationsprinzip,** s Rz 51 ff, § 5 Rz 78). Es gab bis zur Einfügung der Entstrickungsbesteuerung in § 4 I ab 2006 **keinen allg Realisationsgrundsatz „Steuerentstrickung"** (s Rz 326), aber auch keinen allg Grundsatz, wonach stille Reserven so lange nicht aufzudecken sind, wie ihre Besteuerung im Inl gesichert ist (vgl BFH IX R 27/82 BStBl II 85, 250 aE – s aber Rz 63 ff, 316). Das WG muss idR aus dem BV ausscheiden (s Rz 118 ff), sei es durch Übertragung auf andere Rechtsträger (Veräußerung, Betriebsveräußerung, s Rz 51, 52), sei es durch endgültige Lösung des betriebl Zusammenhanges (Entnahme, Betriebsaufgabe, s Rz 53, 54, 329). Durch Zuführung eines höheren Wertes bei gleichzeitigem Ausscheiden des Buchwertes wird die Wertsteigerung des BV verwirklicht. **Absicht der Gewinnrealisierung** ist nicht erforderl (vgl zu Entnahme Rz 318). **Wertverluste** können bei betriebl Veranlassung den lfd Gewinn mindern (vgl Rz 28 und 520 „Verluste"; zu TW-AfA § 6 I Nr 1 S 2, Nr 2 S 2). Sie führen jedoch ohne Rücksicht auf die Veranlassung nicht zur Aufdeckung stiller Reserven (str, s Rz 121). **Ausnahmefälle:** – UU trotz Gewinnrealisierungstatbestands Aufschiebung der Besteuerung (s Rz 63, 333); – gewinnerhöhende **TW-Zuschreibung** ohne Veräußerung bei UV und AV, bei abnutzbarem AV bis zur Höhe der AK/HK abzügl AfA (§ 6 I Nr 1 S 4, Nr 2 S 3, s auch § 7 I 7).

51 **b) Veräußerung.** Wie lfd Gewinne gehen auch verwirklichte Veräußerungsgewinne nach der Ermittlungstechnik des § 4 I im Zeitpunkt der Aktivierung des Anspruchs auf Gegenleistung unmittelbar in das Bilanzergebnis ein. Der Buchwert scheidet aus, der (Anspruch auf den) Veräußerungserlös wird zugeführt. Gewinn aus der Veräußerung von BV ist stets betriebl Gewinn (private Mitbenutzung s Rz 144, 208; zu § 4 III Rz 100, 371).

52 **c) Betriebsveräußerung.** Sie wird als Veräußerung der Gesamtheit der WG des BV ebenso behandelt (vgl § 16 II), nur mit den Vergünstigungen der §§ 16 IV/34 I. Vgl Rz 76 ff (Veräußerungsrenten), Rz 217 (Forderung), Rz 400 (§ 4 III), Rz 446 (nachträgl BE), Rz 486 (nachträgl BA), Rz 668 sowie § 16 Rz 221 ff.

53 **d) Entnahme.** § 4 I 1 enthält ausdrückl den Gewinnrealisierungstatbestand der Entnahme. Zum Begriff s Rz 300. Der Entnahme*bewertung* liegt die Vorstellung einer Veräußerung in das PV zugrunde (BFH IX B 169/91 BStBl II 92, 909 mwN). Das WG wird mit dem Buchwert ausgebucht; gleichzeitig wird der Gewinn idR außerhalb der Bilanz um den Teilwert erhöht (§ 6 I Nr 4, s aber Rz 68, 326). Der Differenzbetrag (die während der betriebl Nutzung angesammelten stillen Reserven) ist als Entnahmegewinn (Verlust) zu versteuern. Keine Gewinnauswirkung hinsichtl des Buchwertes, s Rz 48, 726. Die Korrekturvorschriften des § 4 I haben Vorrang vor den Aktivierungs- und Bewertungsvorschriften (BFH VIII R 74/77 BStBl II 80, 244, unter 3b/bb). Daher sind die stillen Reserven auch bei Entnahme nicht aktivierbarer WG aufzudecken (Rz 102, 301), auch bei WG, die vorher privat mitgenutzt wurden, voll (vgl Rz 51).

54 **e) Betriebsaufgabe.** Sie gilt als Veräußerung (§ 16 III), ist ein Entnahmevorgang eigener Art (BFH VIII R 90/81 BStBl II 84, 474 unter III 3a; **Betriebsverlegung ins Ausl** s § 4 I 3, 4, § 4g, § 16 IIIa, Rz 331). Die stillen Reserven sind im Jahr der Aufgabe zu versteuern (s § 16 IIIb). Den Buchwerten werden die gemeinen Werte der einzelnen WG gegenübergestellt. Vgl § 16 Rz 170, 260.

f) Betriebsverpachtung. Sie ist idR eine Betriebsaufgabe. Vgl Rz 360 „Betriebsverpachtung", Rz 267 „Geschäftswert" und § 16 Rz 690 ff. 55

g) Steuerentstrickung. Über diese Tatbestände hinaus enthielt das geltende EStRecht früher keinen allg Grundsatz der Gewinnrealisierung durch „Steuerentstrickung" (s Rz 326). Gesetzesänderungen ab 2006 durch **§ 4 I 3, 4)** s Rz 328 ff. 56

h) Unentgeltl Übertragung einzelner WG des BV. Bei **betriebl Gründen** führt sie zur gewinnmindernden Ausbuchung des Buchwertes beim Übertragenden (beim Erwerber uU zu BE und zur Aktivierung gem § 6 IV; zu § 4 III s Rz 390–398 Buchst i). *Beispiele:* Schmiergelder; Werbegeschenke iRv § 4 V 1 Nr 1, 10; unentgeltl Überlassung eines Vorführwagens an den Händler). Einer Schenkung aus **privater Veranlassung** muss eine erfolgswirksame Entnahme vorangehen. Schulderlass s Rz 404 (§ 4 III) und § 5 Rz 671. 57

i) Unentgeltl Übertragung eines Betriebes bewirkt keine Aufdeckung der stillen Reserven beim Übertragenden (Erbschaft s Rz 61, Schenkung § 6 III). 58

j) Wechsel der Gewinnermittlungsart s Rz 651. 59

k) Zeitpunkt der Gewinnzurechnung. Er ergibt sich nach den Aktivierungsgrundsätzen des § 5 (s Rz 51, 125, 339, § 5 Rz 607) bzw aus § 4 III ff/11; zum PersGes'ter s Rz 257, § 15 Rz 441, zum abw Wj § 4a II. 60

6. Gewinnrealisierung und Erbfall. S § 16 Rz 45, 590 ff; § 1 Rz 14, § 4 Rz 520 „Erbfall"; *BMF* BStBl I 93, 80/I 07, 269 und I 05, 253. 61

7. Verzicht auf Besteuerung realisierter Gewinne. Es gab vor 2006 keinen allg StEntstrickungsgrundsatz des Verzichts auf die Besteuerung realisierter stiller Reserven, solange deren spätere Erfassung im Inl gesichert war (s Rz 50, 56, 326 ff, auch zu **Änderung durch § 4 I 3**), nur den **Verzicht in folgenden Einzelfällen** (Besonderheiten für Entnahmen s Rz 68, 326): 63

a) Besteuerungsaufschub nach § 6b/§ 6c. Dies sind die wichtigsten Gesetzesgrundlagen über den befristeten Aufschub der Besteuerung eines verwirklichten Gewinns. Begünstigt sind nur Veräußerungs-, nicht Entnahmegewinne. 64

b) Rücklage für Ersatzbeschaffung, EStR 6.6. S § 5 Rz 501. Die Möglichkeit besteht neben § 6b, c, beschränkt sich aber – zeitl befristet – auf den Ersatz eines infolge höherer Gewalt oder eines behördl Eingriffs aus dem BV ausgeschiedenen oder beschädigten WG durch ein wirtschaftl gleichartiges WG. Eine allg Begünstigung von Ersatzbeschaffungen hat die Rspr stets abgelehnt. 65

c) Tausch. Wirtschaftl besteht ein Tauschgeschäft aus einer Veräußerung (mit Gewinnrealisierung in Höhe der Differenz zw Buchwert und gemeinem Wert des *hingegebenen* WG – vgl aber im PV § 23 Rz 71) und einer Anschaffung (mit AK in Höhe des aufgewandten gemeinen Wertes des *hingegebenen* WG), vgl § 5 Rz 631, § 6 Rz 731. Seit 1999 führt Tausch ausnahmslos zu Gewinnrealisierung (s § 6 VI), wohl auch bei gesetzl Tausch im Umlegungsverfahren, § 6b Rz 73, zu § 4 III Rz 427; vgl auch § 23 Rz 57. Austausch von eigenen Grundstücksteilen s Rz 302. Tausch im **GesBereich** s § 6 V 3, VI, § 6 Rz 681 ff, § 16 Rz 560 ff. 66

d) Sonstige begünstigte Übertragungsvorgänge; Betriebsübertragung; Umwandlung; Einbringung; Teilung uÄ. Seit 1999 Gewinnrealisierung stets, soweit nicht ausdrückl ausgenommen, etwa durch § 6b, UmwStG oder § 6 III, V; PersGes s Rz 69. Die Veräußerung von **Kapitalbeteiligungen** ist bei KapGes voll (§ 8b KStG), sonst anteilig stbefreit (§ 3 Nr 40). 67

e) Entnahmevorgänge zum Buchwert. Grds führt ab 1999 jede Lösung aus einem EinzelBV (Übertragung ins PV oder auf andere Rechtsträger) zur Gewinnrealisierung, selbst wenn die Besteuerung der stillen Reserven gesichert bleibt (s Rz 67). **Ausnahmen:** – WG-Übertragung in anderes BV desselben StPfl (§ 6 V 1, 2, § 6 Rz 731 ff). – Entnahmen durch StEntstrickung ab 2006 s § 4 I 3/4, 68

Rz 328 ff. – Buchwertspenden s § 6 I Nr 4 S 4 (§ 6 Rz 541). – Unentgeltl Betriebsübertragung zu Buchwert s § 6 III.

69 **f) Übertragungen innerhalb einer PersGes.** S § 6 V, § 6 Rz 691 ff.

70 **g) Wahlrecht.** In Einzelfällen wird dem StPfl ein Wahlrecht iRd Bewertung zugestanden, die stillen Reserven im Zeitpunkt des Gewinnrealisierungsvorgangs – ganz bzw teilweise – aufzudecken oder aber die Buchwerte fortzuführen. Durch die Anknüpfung an die Buchwerte bzw die vom Rechtsnachfolger angesetzten Werte muss gewährleistet sein, dass die inl stillen Reserven der Besteuerung nicht verloren gehen. *Beispiele:* § 6b IV 1 Nr 4 EStG, §§ 11, 20, 21 II, 24 UmwStG und Rz 67 sowie § 6 I Nr 5a idF SEStEG. Ab 1999 beschränkt sich dieses Wahlrecht bei Entnahmen auf diese gesetzl geregelten Fälle (s Rz 328).

71 **h) Nachholung der Gewinnrealisierung.** Wenn der Gewinnrealisierungstatbestand bereits erfüllt war, genügt später jedes Geschehen, das die Besteuerung der stillen Reserven in Frage stellt, um die Gewinnrealisierung eintreten zu lassen, auch ohne erneute Entnahme oder Veräußerung. Darin liegt kein Verstoß gegen die Tatbestandsmäßigkeit der Besteuerung, da nur die aufgeschobene Gewinnrealisierung nachgeholt wird (glA BFH VIII R 109/75 BStBl II 77, 283 zur „Wohnsitzverlegung", die früher keine Entnahmehandlung darstellte, s Stichwort Rz 360; Rz 328 ff und § 4g). **Höhe** s Rz 338.

72 **i) Erfolgsneutrale Behandlung von Zuschüssen** s EStR 6.5, Rz 460 „Zuschüsse", § 5 Rz 270, 550; § 6 Rz 71.

75 **8. Betriebl wiederkehrende Bezüge. – a) Allgemeines.** Das Gesetz regelt nur die Besteuerung und den Abzug *privater* wiederkehrender Bezüge und Leistungen (§ 22 Nr 1, 1a, § 9 I Nr 1, § 10 I Nr 1, 1a, § 12 Nr 2). Im **betriebl Bereich** gelten die allg Gewinnermittlungsvorschriften (zu § 4 III s Rz 410).

76 **b) Betriebl Veräußerungsleibrente. – aa) Begriff.** Lebenslange Rente als Gegenwert für die Übertragung eines Betriebes oder eines WG des BV, auch unter **Familienangehörigen,** wenn sich Leistung und Gegenleistung voll entsprechen. Die entgegenstehende **Vermutung** ist widerlegt, wenn der StPfl substantiiert darlegt, dass die Vertragspartner subj von der Gleichwertigkeit im Zeitpunkt der Übergabe ausgegangen waren, wobei die Anforderungen mit steigender Bewertungsproblematik sinken (BFH X R 12/01 BStBl II 04, 211; BFH X R 2/06 BStBl II 08, 99; Rz 84, 88). Umgekehrt gegenläufige Vermutung unter **Fremden,** s BFH IX R 11/94 BStBl II 98, 718, *BMF* BStBl I 10, 227 Tz 5.

77 **bb) Besteuerung beim Zahlungsverpflichteten.** Er aktiviert die einzelnen erworbenen WG mit dem versicherungsmathematischen Rentenbarwert (str, s FG Hess EFG 90, 308, rkr, § 16 Rz 221 ff, 294; EStR 6.2: Wahlrecht §§ 12 ff BewG) im Zeitpunkt der Anschaffung. Diese AK werden durch spätere Änderungen der Verpflichtung nicht berührt (BFH IV R 93/67 BStBl II 73, 51). Die Rentenlast wird mit dem jährl neu zu berechnenden Rentenbarwert passiviert. Zur Nachholung einer unterlassenen Passivierung s BFH IV R 62/77 BStBl II 78, 301, Rz 411, 716. Die mit abnehmender Lebenserwartung des Empfängers eintretende Minderung der Schuld führt gem § 4 I zu einem Ertrag, die lfd Rentenzahlungen sind als Aufwand zu verbuchen. Der Differenzbetrag (Zinsanteil) mindert den Gewinn. Stirbt der Berechtigte vorzeitig, ist die Restschuld gem § 4 I 1 gewinnerhöhend aufzulösen (BFH XI R 41/95 BStBl II 96, 601, auch als Gewerbeertrag iSv § 7 GewStG, BFH X R 64/98 BStBl II 91, 358). **§ 4 III** s Rz 80.

78 **cc) Besteuerung beim Zahlungsempfänger.** Er hat bei der Betriebsveräußerung ein **Wahlrecht,** das – auch bei abgekürzter Leibrente – mit deren Wagnischarakter begründet wird (zB BFH VIII R 8/01 BStBl II 02, 532 mwN, auch zu Ausschluss bei gewinn- oder umsatzabhängigem Kaufpreis; BFH XI B 56/06 BFH/NV 07, 1306 zu Ausschluss bei fehlendem Versorgungszweck). **Entweder** er versteuert einen Veräußerungsgewinn (mit Vergünstigungen nach §§ 16 IV, 34 I)

iHd Differenz zw dem wie bei Rz 77 ermittelten (str; glA *Richter* DStR 88, 178; aA – §§ 14, 15 BewG – EStR 16 XI 4) Rentenbarwert und den Buchwerten und später die lfd Rentenzahlungen als private wiederkehrende Bezüge nach § 22 Nr 1. **Oder** er behandelt den Vorgang zunächst als nicht stbare Vermögensumschichtung, bis die Zahlungen die Höhe des Kapitalkontos erreichen. Dann sind übersteigende Zahlungen ohne Begünstigung nach § 24 Nr 2 voll als BE zu versteuern; bei Veräußerungen ab 2004 ist der Zinsanteil bereits *von Anfang an* im Zeitpunkt des Zuflusses als nachträgl BE zu erfassen; dem KapKto wird nur der Kapitalanteil der wiederkehrenden Leistungen ggü gestellt (EStR 16 XI 7, 8; vgl *Kiesewetter/Schipke* DB 04, 1677; zu Teileinkünfteverfahren *BMF* BStBl I 04, 1187).

dd) Veräußerung einzelner WG. Es besteht kein Wahlrecht (BFH I R 191/79 BStBl II 84, 664; BFH VIII R 64/93 BFH/NV 02, 10). 79

ee) Überschussrechnung. S Rz 411, EStR 4.5 IV 4 (weitergehendes Wahlrecht beim Zahlenden). Auch hier Aufteilung von dauernden Lasten/Leibrenten in AK und Zinsanteil (vgl BFH IV R 48/90 BStBl II 91, 796). 80

c) Betriebl Veräußerungszeitrenten. – aa) Begriff. Veräußerungsrenten, deren Laufzeit genau festgelegt ist oder bei denen auf Lebenszeit, mindestens aber 10 Jahre lang ein bestimmter Betrag zu zahlen ist, werden idR wie Kaufpreisraten behandelt (BFH VIII R 37/90 BFH/NV 93, 87, § 22 Rz 40, 85). 82

bb) Besteuerung beim Zahlungsverpflichteten. Er passiviert den Barpreis (Rz 85) der Kaufpreisschuld und aktiviert mit diesem Wert die angeschafften WG. Der in jeder Zahlung enthaltene Zinsanteil ist betriebl Aufwand. Der Barwert der Ratenzahlungen wird erfolgsneutral mit dem Schuldposten verrechnet. 83

cc) Besteuerung beim Zahlungsempfänger. Er hat den abgezinsten Gesamtkaufpreis (Barwert der Rentenzahlungen, Rz 85) im Zeitpunkt der Veräußerung als Veräußerungspreis zu versteuern. Der Zinsanteil der jährl Zahlungen unterliegt der Besteuerung gem § 20 I Nr 7 iVm § 11 I (bei Betriebsveräußerung) bzw über § 20 VIII als lfd Gewinn (bei Veräußerung einzelner WG unter Fortführung des Betriebes). Ein **Wahlrecht** besteht idR nicht. **Ausnahmen** (vgl auch zu § 4 III Rz 411): Wenn der **Versorgungscharakter** der Zahlungen im Vordergrund steht, hat (auch) der Berechtigte ein Wahlrecht (BFH IV B 52/98 BFH/NV 99, 1330 mwN, EStR 4.5 IV, V). Bei Bemessung der Gegenleistung nach gewichtigen **Wagnisgesichtspunkten** Besteuerung ohne Wahlrecht wie Rentenzahlungen, Rz 78, etwa bei Ungewissheit wegen gewinn- oder umsatzabhängiger Berechnung (BFH I R 69/75 BStBl II 79, 64, unter 2, mwN), wegen Anknüpfung an künftige Sachwertentwicklung (BFH IV R 377/62 U BStBl III 64, 622) oder wegen langer Laufzeit (BFH IV R 137/82 BStBl II 84, 829 weitgehend – 25 Jahre trotz dingl Sicherung). 84

dd) Zinsanteil. Ohne abw Vereinbarung wird der kapitalisierte Ratenbetrag mit 5,5 vH abgezinst (EStR 16 XI 10, BFH VIII R 64/93 BFH/NV 02, 10). 85

ee) Ausfall der Betriebsveräußerungsforderung. Es entfällt die Besteuerung des Veräußerungsgewinns rückwirkend (BFH GrS 2/92 und 1/92 BStBl II 93, 897 und 894, § 175 I Nr 2 AO, Rz 400, § 16 Rz 381). 86

d) Betriebl Versorgungsrente. – aa) Begriff. Rente, die aus betriebl Gründen als Gegenleistung für früher im Betrieb erbrachte Leistungen und nicht aus privaten Gründen oder als Gegenleistung für die Übertragung von WG bezahlt wird (BFH VIII R 11/96 BFH/NV 98, 835). Sie kommt vor allem bei PersGes (s Rz 480), ausnahmsweise bei Einzelunternehmen vor (BFH IV R 62/77 BStBl II 78, 301). Versorgungsrenten an **Familienangehörige** beruhen im Zweifel – widerlegbar – auf privaten Gründen (vgl Rz 76, BFH X R 55/99 BStBl II 04, 706). 88

bb) Besteuerung. Rspr und wohl hM im Schrifttum behandeln betriebl Versorgungsrenten auch bei gleichzeitiger Betriebsübertragung bisher beidseitig als 89 unentgeltl und nicht zT als Veräußerung, unabhängig vom Wertverhältnis (BFH GrS 4–6/89 BStBl I 90, 847, GrS 1/90 BStBl II 92, 78).

90 **cc) Besteuerung beim Zahlungsverpflichteten.** Die betriebl Rentenzahlungen sind nach hM voll als betriebl Aufwand absetzbar. Eine Passivierung der Schuld entfällt, weil wirtschaftl erst die künftigen Erträge belastet sind (BFH I R 72/76 BStBl II 80, 741 unter 2b mwN, vgl auch § 5 Rz 315 und 550 „Versorgungsrente", zu Rückstellungswahlrecht BFH VIII R 36/90 BStBl II 93, 26). Bei gleichzeitiger Betriebsübernahme sind die Buchwerte folgerichtig gem § 6 III fortzuführen, wenn der Vorgang nicht als entgeltl Erwerb behandelt wird.

91 **dd) Besteuerung beim Zahlungsempfänger.** Die Zahlungen sind nachträgl BE (§ 24 Nr 2, Rz 446), und zwar auch bei gleichzeitiger Übertragung eines Betriebes von Anfang an (fragl, s Rz 89). Ein Wahlrecht wie Rz 78 besteht bei unentgeltl Betriebsübertragung nicht. Kein Veräußerungsgewinn.

93 **e) Abfindung lästiger Gesellschafter.** S § 16 Rz 491 (betriebl Aufwand).

95 **f) Betriebl Schadensrenten. – aa) Begriff.** Renten für Personenschäden, die betriebl verursacht sind.

96 **bb) Besteuerung beim Zahlungsverpflichteten.** Er hat die kapitalisierte Rentenschuld im Jahr der Entstehung gewinnmindernd zu passivieren. *Beispiel:* Unternehmer verletzt auf Betriebsfahrt Radfahrer. Bei § 4 III BA bei Zahlung.

97 **cc) Besteuerung beim Zahlungsempfänger.** Er erzielt Ersatz für den Verlust betriebl Einnahmen, der als Gewinn iSv § 24 Nr 1a (iVm § 15) zu versteuern ist, bei ao Einkünften gem § 34 I. *Beispiel:* Unternehmer wird auf Betriebsfahrt durch Dritten verletzt. Bilanzierende Unternehmer haben wohl nicht den gesamten Rentenanspruch gewinnerhöhend zu aktivieren, sondern nur den jeweiligen Jahresanspruch (FG BaWü EFG 94, 740, rkr, entgegen BFH IV R 446/55 U BStBl III 57, 165). Rentenzahlungen für **Schmerzensgeld** haben keinen betriebl Zusammenhang und sind nach BFH VIII R 79/91 BStBl II 95, 121 auch nicht nach § 22 Nr 1 stbar (§ 22 Rz 51, 52).

III. Betriebsvermögen; Privatvermögen

100 **1. Begriff Betriebsvermögen. – a) Bedeutung.** BV bildet die Grundlage für die Gewinnermittlung bei den Einkunftsarten § 2 I Nr 1–3, § 2 II Nr 1 durch Bestandsvergleich **(§§ 4 I, 5).** Der Begriff hat jedoch ebenso Bedeutung für die Gewinnermittlung nach **§ 4 III** (zB Gewinn durch Veräußerung eines WG des BV – Rz 371, 441 – oder durch Entnahme einer Forderung – Rz 355). **Überschusseinkünfte** (§ 2 I Nr 4–7) kennen nach bisher hM kein entspr „Einkünftevermögen"; alle dafür eingesetzten WG sind PV (vgl Rz 156).

101 **b) Allgemeine Begriffsbestimmung.** Den Begriff BV verwendet das Gesetz, ohne ihn zu definieren (zB § 4 I, § 5 I, § 6 I 1, wohl synonym „Wirtschaftsgüter des Betriebs" in § 6 I Nr 2 S 1). Zum **„Vermögen"** zählen alle WG im weitesten Sinne (vgl Rz 42, 102). Zum Begriff **„Betrieb"** s Rz 19–25. Es gibt wenige WG, die *ihrer Art nach* stets einem Betrieb zuzuordnen sind. *Beispiel:* Jedes Werkzeug kann im Betrieb BV sein, in der Hobbywerkstatt PV. Es muss daher im Einzelfall nach *funktionalen Gesichtspunkten* geprüft werden, ob ein **sachl betriebl Zusammenhang** gegeben ist (Rz 27, 142, 150). Außerdem muss eine **persönl Zurechnung** erfolgen, da BV nur WG im Eigentum des Unternehmers umfasst (Rz 128, 131 ff). BV ist danach die Summe aller im Eigentum des Unternehmers stehenden WG, die in einen tatsächl oder wirtschaftl Förderungszusammenhang zum Betrieb gestellt sind. Die Voraussetzungen sind für jeden VZ neu zu prüfen. Maßgebend sind idR die Verhältnisse zum **Bilanzstichtag** (Ende des Wj, § 4a).

102 **2. Gegenstand des Betriebsvermögens. WG** aller Art (zum Begriff WG s § 5 Rz 93). Darunter fallen aktive und passive WG einschließl Rückstellungen,

Wertberichtigungen und RAP, die beim BV-Vergleich als Bilanzierungshilfen *wie* WG behandelt werden, abnutzbare (einschließl GWG) und nicht abnutzbare WG, WG des AV und UV, materielle und immaterielle WG, unter den immateriellen nicht nur dingl, sondern auch obligatorische **Nutzungsrechte,** nicht andere, ungesicherte Nutzungsvorteile (BFH GrS 2/86 BStBl II 88, 348 unter C I 1; Rz 303; s aber § 5 Rz 176). Die BV-Eigenschaft ist für **jedes einzelne WG gesondert** zu prüfen. Jedes WG kann grds nur **einheitl** zum BV oder PV gerechnet werden (hM, vgl zur Aufteilung von Grundstücken in mehrere WG Rz 189, 192, 302, zu bewegl WG Rz 206). Ob das WG im konkreten Einzelfall bilanzierbar (§ 5) und bewertbar (§ 6) ist, berührt die Beurteilung als BV nicht. Der Grundsatz der Trennung betriebl/privater Bereich geht dem Aktivierungsverbot § 5 II vor (s Rz 53, 305). **Eigene Arbeitskraft** ist kein WG (s Rz 309).

3. Dreiteilung des Vermögens. Wie der betriebl Zusammenhang iEinz bestellt sein muss, ist nicht restlos geklärt. Bisher geht die Rspr bei der Prüfung, ob ein WG in die betriebl Gewinnermittlung einzubeziehen ist, von einer Dreiteilung in notwendiges BV, gewillkürtes BV und (notwendiges) PV aus. WG, die nach Art und Einsatz im Betrieb eine besonders enge betriebl Beziehung aufweisen, werden als **notwendiges BV** bezeichnet (Rz 104). WG, die der StPfl für Zwecke der privaten Lebensführung verwendet, sind **notwendig PV** (Rz 106). Fehlt eine solche eindeutige Beziehung zum einen oder anderen Bereich, steht es dem StPfl frei zu bestimmen, ob er das zunächst neutrale WG der Förderung betriebl Zwecke widmen will (sog **gewillkürtes BV,** Rz 105) oder nicht (PV). Der Begriff gewillkürtes PV ist überflüssig und nicht übl (s Rz 106). **Kritik** s Rz 108. **103**

4. Begriff notwendiges Betriebsvermögen. Die Begriffsbestimmung durch die Rspr ist uneinheitl. Üblicherweise werden als notwendiges BV solche WG bezeichnet, die dem Betrieb in dem Sinne unmittelbar dienen, dass sie obj erkennbar zum unmittelbaren Einsatz im Betrieb selbst bestimmt sind (zB BFH XI R 1/96 BStBl II 97, 399; s § 18 III 1; Beispiele Rz 143). Sie rechnen ohne weitere Einlagehandlung (Erklärung oder Buchung) zum BV. Das Merkmal des **„Dienens"** soll die besonders enge Beziehung zum Betrieb zum Ausdruck bringen. Das Besondere ist, dass auch in diesem Bereich die **„Bestimmung"** (endgültige Funktionszuweisung, Widmung), das **subj Element** der betriebl Veranlassung in den Vordergrund gerückt ist (s BFH X B 1/03 BFH/NV 03, 1424 mwN; Rz 27, § 16 III 5, 6, § 247 II HGB). **Wohnen** im BV s Rz 106. **104**

5. Begriff gewillkürtes Betriebsvermögen. Üblicherweise werden zum gewillkürten BV die WG gerechnet, die obj geeignet und bestimmt sind, den Betrieb zu fördern (zB BFH XI R 1/96 BStBl II 97, 399, Beispiele Rz 151). **Fördern** soll eine weniger intensive Bindung zum Betrieb ausdrücken als „dienen" beim notwendigen BV. **105**

6. Begriff Privatvermögen. Das EStG nennt diesen Begriff nicht ausdrückl. Er ergibt sich als Gegenstück zum BV aus § 4 I. PV ist daher **jedes NichtBV.** Das sind alle WG, die sachl weder notwendiges noch gewillkürtes BV darstellen, die also keinen betriebl Zusammenhang aufweisen. Ein WG wird PV durch den Erwerb (entgeltl Anschaffung, unentgeltl Schenkung oder Erbschaft) oder die Herstellung im privaten Bereich bzw durch Lösung aus einem betriebl Zusammenhang (Entnahme aus dem eigenen BV, vgl Rz 118, 300). Diese Vorgänge können im Bereich der privaten Lebensführung (§ 12) oder einer der Überschuss-Einkunftsarten des § 2 I Nr 4–7, § 2 II Nr 2 begründet sein (Rz 156). Zu den Besonderheiten bei KapGes s Rz 171; PersGes s Rz 173, § 15 Rz 480. *Beispiele:* Private Kleidung, Möbel, privates Wohnhaus einschließl Grund und Boden (BFH VIII R 151/76 BStBl II 80, 740), auch bei PersGes. **Ausnahmen:** Auch **Wohnen** kann **betriebl** veranlasst sein, etwa bei Wohnwagen eines Schaustellers (BFH III R 160/73 BStBl II 77, 566; FG Mster EFG 00, 987, rkr), bei der übl Wohnung des **106**

Landwirts (§ 13 II Nr 2, IV und 18. Aufl), bei nur vorübergehender Privatnutzung (s Rz 360 „Nutzung“, EStR 4.2 X, Rz 202). Vgl auch Rz 143, 151, 176.

108 **7. Kritik an der Dreiteilung.** Abgesehen davon, dass eine Dreiteilung unvollständig ist, solange dem gewillkürten BV nicht ein gewillkürtes PV gegenübersteht (fragl zB bei § 8 EStDV, s Rz 200), ist die Unterteilung des BV mE weder nach dem Gesetzeswortlaut noch nach Sinn und Zweck der Gewinnermittlung geboten. Grds interessiert nur die Frage, ob ein WG zum BV gehört oder nicht. Die Einteilung in BV und NichtBV grenzt den Gewinnbereich ausreichend von anderen Einkunftsarten und vom privaten Lebensbereich ab. Vor allem die neuere Rspr trägt die Dreiteilung nicht mehr. Der BFH hat den ursprüngl Ansatzpunkt des RFH – strikte Orientierung des Steuerrechts am Handelsrecht – eingeschränkt (vgl Rz 155, 175, § 5 Rz 27 mwN und § 5 I idF BilMoG ab 2009), den Bereich des sog notwendigen BV ausgedehnt und auch hier die subj Bestimmung durch den Unternehmer in den Vordergrund gerückt (s Rz 104, 164, zur betriebl Veranlassung vgl Rz 19, 27, 142). Dem notwendigen BV werden selbst WG zugerechnet, die nicht *notwendig* iSv unentbehrl für den Betrieb sind (BFH X R 77/88 BStBl II 91, 829); für jede Art von BV verlangt die Rspr zutr einen betriebl Zusammenhang (s Rz 142, 155). Die **Rechtsfolgen** sind identisch (s Rz 118 ff, 123 ff). Unterschiedl Einlagevoraussetzungen sind sachl begründet (s Rz 115). Soweit die Rspr sachl Unterschiede nach Art der Gewinnermittlung machte und gewillkürtes BV auf den BV-Vergleich beschränkte, ist sie überholt (s Rz 166).

111 **8. Begründung von Betriebsvermögen. – a) Möglichkeiten.** Ein WG wird dadurch BV, dass ein sachl Bezug zum Betrieb (s Rz 118, 125) und (oder) die persönl Rechtszuständigkeit des Betriebsinhabers hergestellt wird (s Rz 128, 131). Das kann geschehen durch Betriebseröffnung oder Betriebserwerb (Rz 112), durch den entgeltl oder unentgeltl Erwerb einzelner WG aus betriebl Veranlassung (Rz 113), durch Herstellung im betriebl Bereich (Rz 114) oder durch Einlage aus dem eigenen PV in den betriebl Bereich (Rz 115).

112 **b) Betriebseröffnung; Betriebserwerb.** Hierin liegt die erste Entscheidung des StPfl, WG dem (seinem) BV zuzuführen. Da Einlagen iSv § 4 I 8, § 6 I Nr 5 bzw Anschaffungen iSv § 6 I Nr 1–3 einen Betrieb voraussetzen, hat der Gesetzgeber die einlage- und anschaffungsähnl Vorgänge in Anlehnung an diese Bestimmungen gesondert geregelt (§ 6 I Nr 6 und 7, vgl auch § 6 I EStDV zum Zeitpunkt der EB und § 6 Rz 572). BV kann bereits vor (beendeter) Betriebseröffnung begründet werden (s Rz 360 „Vorbereitung“, § 15 Rz 129). Bei **unentgeltl Betriebserwerb** ohne betriebl Veranlassung (Erbschaft, Schenkung) wird BV grds in der Person des Erwerbers fortgeführt (vgl Rz 58; zu Besonderheiten bei § 18 s dort Rz 256, § 1 Rz 15). § 6 III betrifft nur die Bewertung und Gewinnrealisierung.

113 **c) Erwerb.** Erwirbt der Unternehmer ein WG, zählt dieses zum BV, wenn der Erwerb betriebl veranlasst war (s Rz 142), sei es wegen betriebl Nutzungsabsicht oder aus anderen betriebl Gründen (BFH X R 20/86 BStBl II 90, 128). Fehlt diese Veranlassung, handelt es sich um PV. **Dokumentation** idR durch Bilanz-/Buchführungsausweis (s auch BFH XI R 5/93 BFH/NV 94, 472; zu Einlage s Rz 115, 314 ff). Auch **unentgeltl Erwerb** schafft bei betriebl Veranlassung BV (§ 6 IV, Rz 428); private Veranlassung s Rz 115.

114 **d) Herstellung.** Ein im Betrieb für betriebl Zwecke hergestelltes WG entsteht notwendig als BV. Die Art des WG (AV/UV) kann für die Beurteilung des sachl Zusammenhanges von Bedeutung sein, der bei zur Veräußerung bestimmten WG stets vorliegen wird. Bei Herstellung branchenübl WG spricht eine Vermutung für betriebl Veranlassung (Rz 148). Außerhalb des Betriebes hergestellte WG entstehen im Zweifel als PV.

115 **e) Einlage.** Durch Einlage führt ein StPfl ein WG einem bestehenden Betrieb zu (§ 4 I 8 HS 1, Rz 300 ff). Die persönl Zurechnung ändert sich im Gegensatz zur Anschaffung nicht. Der StPfl muss seine unternehmerische Entscheidung, ein WG *endgültig* dem Betrieb zu widmen, durch sein obj Verhalten für Dritte erkennbar zum Ausdruck bringen (s BFH X R 37/91 BStBl II 94, 172; BFH IV B 22/01

BStBl II 02, 690; Rz 314ff, 360). Einer so verstandenen **„Widmung“** (Rz 104, 105) bedarf es beim notwendigen BV ebenso wie bei gewillkürtem BV (BFH X R 57/88 BStBl II 91, 829).

9. Ausscheiden aus dem Betriebsvermögen. – a) Möglichkeiten. Ist ein WG BV geworden, verliert es diese Eigenschaft bis zur Betriebsbeendigung nur durch Lösung des persönl oder sachl Betriebszusammenhanges (BFH IV R 130/82 BStBl II 85, 395). Das gilt für gewillkürtes BV wie für notwendiges BV (vgl Rz 314ff zur unterschiedl Bindung). **Einzelfälle:** 118

b) Lösung des persönl Betriebszusammenhanges. Sie erfolgt durch Wechsel der Rechtszuständigkeit wie Veräußerung gegen Entgelt oder uU unentgeltl Übertragung – Schenkung oder Erbschaft (Verlust des zivilrechtl und wirtschaftl Eigentums, BFH IV R 89/90 BStBl II 93, 225; § 6 IV – s aber Ausnahmen § 6 III, V). Tausch und Betriebsveräußerung sind solche Veräußerungsvorgänge (Rz 52, 66; FG Mchn EFG 15, 1685, Rev IV R 40/15 vom BFH zugelassen). Persönl Zurechnung vgl Rz 128ff; Zeitpunkt s Rz 125. Tod eines Freiberuflers s BFH IV R 45/87 BStBl II 89, 509, § 1 Rz 15, § 18 Rz 256 (Übergangszeit). 119

c) Lösung des sachl Betriebszusammenhanges. Sie erfolgt durch *endgültige* Entnahme des WG (§ 4 I 2, Rz 314ff, 360) oder Betriebsaufgabe (Rz 54). Dagegen idR **keine Entnahme** des WG durch: Einstellung der betriebl Nutzung, vorübergehende oder anteilige Privatnutzung (Rz 360 „Bebauung“, „Nutzung“, „LuF“, „Nießbrauch“, „PersGes“, Rz 175, 180), vollständige Absetzung des Buchwertes, Zerstörung (Rz 121), Belastung für private Zwecke (Rz 145), Vermietung (s Rz 360), Betriebsverpachtung (§ 16 Rz 690ff), Umwandlung eines WG (Alt- in Feinsilber s BFH IV R 50/86 BStBl II 86, 907); Absinken der betriebl Kfz-Nutzung unter 10 vH (BFH VIII R 11/11 BStBl II 13, 117). 120

d) Lösung des tatsächl Betriebszusammenhanges. Verlust, Untergang, Zerstörung, Diebstahl, Unterschlagung oÄ machen das WG idR für den Betrieb wertlos mit der Folge der gewinnmindernden Ausbuchung des Restwerts (ohne Aufdeckung stiller Reserven, s BFH I R 213/85 BStBl II 90, 8), fragl bei Ersatzanspruch einer PersGes, fragl bei **Privatfahrtunfall:** Die Vorlage VIII R 48/98 an GrS BStBl II 01, 395 zu Verlust als BA und Versicherungsentschädigung als BE wurde wegen Zweifeln des GrS an der Zulässigkeit zurückgenommen (Verböserungsverbot). Nach VIII. Senat liegt eine Nutzungsentnahme vor, für die § 6 I Nr 4 S 1 – Sachentnahmen – nicht gilt; die Gesetzeslücke sollte durch den Ansatz der tatsächl Selbstkosten bis zur Höhe der ursprüngl AK/HK zu füllen sein. Der VIII. Senat gelangte schließl auch auf Grund seiner Rechtsauffassung zur Klageabweisung (VIII R 48/98 BStBl II 04, 725: Die gewinnerhöhende Nutzungsentnahme iHd Differenz zw tatsächl Wertverlust und Buchwertverlust durch Privatunfall überstieg die – nach Auffassung des VIII. Senats private – Versicherungsentschädigung). Die Bedeutung der Rechtsfrage nach Gesetzesänderung § 6 I Nr 4 S 2 ab 1996 (**1%-Regelung** für private Kfz-Nutzung) ist str: Nach BFH VI R 73/05 BStBl II 07, 766 ist Unfallaufwand durch den Pauschalbetrag nicht abgegolten; glA LStR 8.1 IX Nr 2 mit Vereinfachungsregelung bis 1000 €; aA ausführl *Urban* FR 07, 873 und DStZ 04, 741; § 4 V 1 Nr 6 iVm § 6 I Nr 4 S 2 und § 9 II 1 sind nach wie vor zu beachten, s Rz 520 „Fahrtkosten“). S zu den – offenen – Rechtsfragen auch Schrifttum 29. Aufl. Die BV-Eigenschaft wird durch Unfall ebensowenig beendet wie durch Einstellung der tatsächl Nutzung ohne Veräußerung. **Diebstahlsverluste** des Betriebs-Pkw auf Privatfahrt sind keine BA (BFH XI R 60/04 BStBl II 07, 762, fragl, s *Weber-Grellet* NWB F 3, 14869; vgl auch Rz 520 „Verlust“). Das wieder gefundene WG ist grds noch BV, ebenso der durch Unfall auf Privatfahrt zerstörte Betriebs-Pkw. Der Schrotterlös ist BE (EStR 4.7 I), str bei **Versicherungsentschädigung,** offen BFH IV R 31/02 BStBl II 06, 7; für BE EStR 4.7 S 6; s auch 29. Aufl, Rz 271–274, 360, 520 „Verlust“. 121

123 **10. Rechtsfolgen. – a) Zuführung eines WG zum BV** kann erfolgsneutral oder erfolgswirksam sein. **Beim bilanzierenden Unternehmer** sind Anschaffungen und Einlagen idR erfolgsneutral (Rz 46, 48). Die Einbuchung kann erfolgswirksam sein, wenn das KapKto als Erfolgskonto berührt wird (Rz 47). *Beispiele:* Einbuchung von Forderungen oder Verbindlichkeiten (soweit Erfolgskonten angesprochen sind), Rückstellungen, Wertberichtigungs- oder Rechnungsabgrenzungsposten. – **Bei § 4 III** kann sich nach Art des WG eine Gewinnminderung ergeben (Beispiele s Rz 390 ff).

124 **b) Rechtsfolgen der Zugehörigkeit.** Ab Zuführung werden stille Reserven im betriebl Bereich angesammelt, bei notwendigem wie bei gewillkürtem BV, auch bei anteiliger Privatnutzung (Rz 51, 53, 206 ff). Aufwendungen und Einnahmen sind bei WG des BV idR betriebl veranlasste BA/BE. Der betriebl Zusammenhang kann durch außerbetriebl Umstände unterbrochen sein (Rz 20, 28).

125 **c) Ausscheiden eines WG aus dem BV.** Veräußerung oder Entnahme (nicht Verlust, s Rz 121, str) führt idR im Wj des Ausscheidens zur Aufdeckung und Besteuerung der im – notwendigen und gewillkürten – BV angesammelten stillen Reserven (s Rz 335; Zeitpunkt s Rz 60, 339). Zu § 4 III s Rz 390 ff (Veräußerung) und Rz 345 ff (Entnahme). Spätere Fehlerkorrektur s Rz 715 ff.

126 **d) Sonstiges.** In bestimmten Fällen wird auf die **Gewinnrealisierung** endgültig oder vorübergehend **verzichtet** (Rz 63, 322, 326 zu Veräußerungs-, Entnahmevorgängen), auch bei **Betriebsgründung** und **Betriebsbeendigung** (s Rz 52, 54, 55, 112, 120). Bei **unentgeltl Betriebsübertragung** entfällt die Gewinnrealisierung gem § 6 III (Rz 58, 112), bei unentgeltl WG-Übertragung uU nach § 6 V. IÜ wirken sich Einlagen und Entnahmen auf die Höhe der abziehbaren Schuldzinsen (**§ 4 IVa,** s Rz 522 ff), und bei § 4 I/5 auf die StBegünstigung nach **§ 34a** aus.

128 **11. Persönl Zurechnung. – a) Allgemeines.** WG sind handelsrechtl (§§ 238 I, 240 I, 242 HGB) und strechtl (§ 39 I AO) grds dem Eigentümer zuzurechnen, strechtl uU einem wirtschaftl Eigentümer (s § 39 II AO, Rz 132, § 5 Rz 151). Daher gehören nur solche WG zum BV, die im **Eigentum des Unternehmers** stehen (s Rz 133 mit Ausnahmen), nicht gepachtete oder nur zur Sicherheit übereignete WG. **Nießbrauch** bewirkt idR kein wirtschaftl Eigentum (s Rz 360). Leasing vgl § 39 II AO, § 5 Rz 721, Betriebsverpachtung s § 16 Rz 690 ff.

129 **b) Unternehmer.** Unternehmer ist, wer den Betrieb auf eigene Rechnung und Gefahr führt, Unternehmerinitiative entfalten kann und Unternehmerrisiko trägt (s § 15 Rz 135). Bei der **KapGes** ist stets die Ges Unternehmerin; nur das in *ihrem* Eigentum stehende Vermögen ist BV (vgl auch Rz 171). Bei **Gesamthandsgemeinschaften** ist zunächst nach den vorgenannten Grundsätzen zu prüfen, ob strechtl MUerschaft vorliegt. Sind die Voraussetzungen gegeben – vor allem bei OHG, KG –, steht das Eigentum eines MUer dem Eigentum der Ges bzw aller Ges'ter gleich. Ein im Betrieb der Ges genutztes WG des Ges'ters rechnet daher zu dessen (Sonder-)BV, vgl Rz 175, § 15 Rz 507 ff. Soweit **Betriebsfremde** (Nicht-Ges'ter) Miteigentümer des betriebl genutzten WG sind, ist deren Anteil nicht BV (BFH **GrS** s Rz 133). Anders als im Bewertungsrecht erfolgt nach EStG grds eine **Aufteilung** (s Rz 135, 191), insoweit auch bei bewegl WG (s Rz 207). Bei sonstigen Gemeinschaften (Erbengemeinschaft, GbR) idR trotz gesamthänderischer Bindung (s § 15 III Nr 1; § 15 Rz 171) getrennte WG-Zurechnung (§ 39 II Nr 2 AO, zu GbR BFH IV R 160/73 BStBl II 78, 299; BFH IX R 15/11 BStBl II 12, 205 – Vermietung innerhalb Miteigentümergemeinschaft –, zu Erbengemeinschaft BFH GrS 2/89 BStBl II 90, 837. *Beispiel:* Bisher an einen Miterben vermietetes, von ihm betriebl genutztes Privatgrundstück geht auf zwei Miterben über; der Anteil des ersten wird dessen BV; der Anteil des zweiten bleibt bei diesem PV. S auch Rz 132.

12. Zurechnung bei Ehegatten/Lebenspartnern. – a) Mitunternehmer-Ehegatten. Bei ihnen rechnen alle in ihrem Eigentum stehenden (betriebl) WG wie bei sonstigen MUerschaften zum BV (Rz 129). Die MUerschaft muss sich idR aus der tatsächl Betätigung, aus dem Auftreten nach außen und im geschäftl Verhalten der Ehegatten/LPart zueinander ergeben (zB BFH IV R 81/93 BFH/NV 95, 202, § 13 Rz 164 ff zu LuF). Auswirkung des **Güterstandes** s § 15 Rz 375. **Zusammenveranlagung** bewirkt keine MUerschaft und hat keinen Einfluss auf die Einkünfteermittlung (§ 26b). 131

b) Ehegatte als Miteigentümer, aber nicht MUer. Der Unternehmer kann in zwei Ausnahmefällen auch den bürgerlichrechtl dem anderen Ehegatten/LPart zustehenden Teil im eigenen BV aktivieren (eigener Anteil s BFH IV R160/73 BStBl II 78, 299, BFH IV B 174/03 BFH/NV 05, 2009). – **aa) Wirtschaftl Eigentümer.** Wenn *er* die tatsächl Herrschaftsgewalt ausübt und den Ehegatten/LPart auf Dauer von der Einwirkung auf das WG ausschließen kann, § 39 II 1 AO, BFH XI R 77/96 BStBl II 97, 774, *Strahl* FR 03, 447; Rz 128, § 5 Rz 114 zu Mietereinbauten) kann er das WG *als* eigenes aktivieren und seine Aufwendungen auf die Nutzungsdauer des WG als BA absetzen (s BFH XI R 18/06 BStBl II 09, 957, III R 8/07 BFH/NV 10, 190 – widerlegbare Vermutung). Zur Fortentwicklung der Rspr zum wirtschaftl Eigentum bei Bauten auf fremdem Grund und Boden (Entschädigungsanspruch gem § 951 BGB) s Rz 133. 132

bb) Zustimmung des Ehegatten/LPart. Gestattet ihm dieser, aus betriebl Gründen auf gemeinschaftl Grundstück auf eigene Kosten ein Betriebsgebäude zu errichten und dies – tatsächl Vermutung – ohne zeitl Begrenzung unentgeltl zu nutzen, kann er die gesamten HK, auch soweit das Gebäude in das Eigentum des betriebsfremden Ehegatten/LPart fällt, gesondert *wie* HK eines eigenen materiellen WG aktivieren **(„Quasi-WG")** und auf die Dauer der tatsächl und rechtl Nutzungsmöglichkeit absetzen (BFH GrS 4/92 BStBl II 95, 281; BFH IV R 2/07 BStBl II 10, 670 mwN zur entgeltl Überlassung mit Anm 33. Aufl). **AfA-Berechnung** nach den Regeln des WG (zB Gebäude, § 7 IV, V einschließl SonderAfA), nicht als Nutzungsrecht nach § 7 I (EStR 7.4 III 3, EStH 7.4 „Mietereinbauten"; § 7 Rz 46 mwN). BFH XI R 22/98 BStBl II 99, 523 folgerte daraus bei Beendigung der Nutzung **Entnahme** eines eigenen WG als wirtschaftl Eigentümer mit voller Gewinnrealisierung, wenn **Aufwendungsersatzanspruch** nach § 951 BGB bestand. Von dieser Begründung ist der **Große Senat des BFH** GrS 1/97 unter C I 2b und GrS 5/97 unter C 1 ausdrückl abgerückt (BStBl II 99, 778 und 774). BFH VIII R 98/04 BStBl II 08, 749 geht zutr vom steuerneutralen Wegfall des fremden Miteigentumsanteils bei Veräußerung aus; ebenso jetzt BFH IV R 29/09 BStBl II 13, 387 entgegen (1. Rechtszug) BFH IV R 79/05 BStBl II 09, 15; s auch **§ 7 Rz 55** mwN. 133

c) Andere Fälle. Nur der **Miteigentümeranteil** des Unternehmers an dem WG „Gebäude" bzw „betriebl genutzter Gebäudeteil" (s Rz 191 ff) ist als BV auszuweisen, und zwar als ideeller Anteil an dem Sachwert (§ 39 II 2 AO, BFH IV B 174/03 BFH/NV 05, 2009 – s aber Rz 135), vgl Rz 129, 207, 301, 360 Nutzung, § 5 Rz 150 ff. 134

d) Anteil des Nichtunternehmer-Ehegatten/LPart. Er ist dessen PV und darf ebenso wenig bilanziert werden wie ein privat genutzter Anteil des Unternehmer-Ehegatten/LPart (s Rz 100, 129). *Beispiel:* Ehegatten sind je zur Hälfte Miteigentümer eines zu 60 vH vom Ehemann betriebl genutzten, zu 40 vH selbst bewohnten Gebäudes; nur 30 vH des Gebäudes zählen zum BV (hM, zB BFH IV R 60/89 BStBl II 94, 559; A 14 II Beispiel C EStR bis 1987, bestätigt durch BFH **GrS** 5/97 BStBl II 99, 774 unter C 1; zweifelhaft, s 19. Aufl – uU Bilanzierung bis 50 vH). Unabhängig hiervon sind die Bilanzierung eines Nutzungsrechts und der Aufwandsabzug zu beurteilen (Rz 136; s auch Rz 133 und 501 „Drittaufwand"). 135

136 **e) Auswirkungen auf Einkünfteermittlung. – aa) Entgeltl Nutzungsüberlassung.** Schließen Miteigentümer-Ehegatten/LPart einen Mietvertrag über den betriebl genutzten Anteil, erzielt der Nichtunternehmer-Ehegatte/LPart Einkünfte aus VuV mit Abzug der anteiligen GebäudeAfA als WK. Der Betriebsinhaber hat zunächst BA iHd tatsächl betriebl Aufwendungen einschließl der Mietzahlungen. Außerdem kann er jedenfalls die auf seinen Betriebsteil entfallende GebäudeAfA als BA absetzen (im Beispiel Rz 135 30 vH), ggf weitere 20 vH als WK aus VuV (während er ohne Mietvertrag nach **GrS** Rz 139 in Höhe seines eigenen Beitrags zu den AK/HK bis zu 60 vH der AfA als BA absetzen könnte!).

137 **bb) Unentgeltl Nutzungsüberlassung.** Sie berechtigt den Überlassenden auch nach **GrS** (Rz 139) grds nicht zur Vornahme der AfA auf das überlassene WG; fremde Aufwendungen dienen nicht der Erzielung eigener Einnahmen, sie werden nicht in berufl/betriebl Interesse getätigt. Der Unternehmer kann zwar *seine* lfd **betriebl Nutzungsaufwendungen** *voll* absetzen, unabhängig von Erstattungsansprüchen (BFH IV R 2/07 BStBl II 10, 670) und von der Herkunft der Mittel (s Rz 502), dagegen weder Aufwendungen des anderen Ehegatten/LPart noch – ohne Übernahmeverpflichtung – eigene, mit dem Eigentum des anderen zusammenhängende, *grundstücksorientierte* Aufwendungen (zB bei Gebäuden Grundsteuer, Anschaffungs-Finanzierungszinsen, allg Gebäudereparaturkosten, Gebäudeversicherung; vgl **GrS** 2/97 BStBl II 99, 772 unter C. V, nicht zwingend) und somit auch keine **AfA** auf den ihm nicht zuzurechnenden und nicht von ihm finanzierten Gebäudeteil (kein eigener betriebl Wertverlust, s aber Rz 133, 139). **Frühere Nutzungsrecht-Rspr** ist überholt (s 23. Aufl).

139 **cc) AfA-Berechtigung des Nichteigentümers bei eigenem Aufwand.** Vgl **BFH GrS** 1/97 BStBl II 99, 778, GrS 2/97 BStBl II 99, 782, GrS 3/99 BStBl II 99, 787 und GrS 5/97 BStBl II 99, 774; Rz 506 und § 7 Rz 36 ff. Der GrS rückt bei der Frage der AfA-Berechtigung von Ehegatten (und mE – ohne Vermutung, s unten – in gleicher Weise anderer Personen, glA *Söffing* BB 00, 381/392) mehr pragmatisch als rechtssystematisch von dem Erfordernis eines eigenen bilanzierungsfähigen WG ab und lässt „zur Wahrung des Nettoprinzips" im BV wie im PV und unabhängig von der Gewinnermittlungsart den Abzug der AfA auf fremde WG zu, soweit der StPfl darauf tatsächl im *eigenen* berufl/betriebl Interesse einen *eigenen* Beitrag zu den AK/HK tätigt (GrS 1/97; zur Feststellungsproblematik s *Fischer* FR 99, 1177). Er schließt dabei an seine Rspr in BFH GrS 4/92 BStBl II 95, 281 an. Der Aufwand wird bilanztechnisch „wie ein materielles WG" behandelt („Quasi-WG", s Rz 133). Kein AfA-Abzug über den eigenen Aufwand hinaus (**kein Drittaufwand,** s Rz 500 ff, § 7 Rz 57 ff, aber uU Beitrag mit geschenktem Geld, s unten und Rz 502). Es genügt, wenn der StPfl Mitschuldner eines Darlehens ist und die Tilgungen mitträgt (Zahlung „aus einem Topf"). Der Umfang der *jährl* Darlehenstilgung ist unerhebl (s aber Einschränkungen Rz 505 bei Einzelaufnahme). S auch Rz 503, 504. Die AfA-Bemessungsgrundlage ist jedoch beschränkt auf den gesamten Tilgungsbeitrag und die anteiligen AK/HK des Betriebsteils (GrS 1/97 zu **Alleineigentum**). Bei **Miteigentümern,** die beide AK/HK tragen, ist der jeweilige Aufwandsbeitrag in vollem Umfang primär dem jeweils eigenbetriebl/eigenberufl genutzten Teil zuzuordnen mit der Folge der vollen AfA unabhängig vom Miteigentum des anderen (GrS 5/97 unter Abweichung von BFH IX R 11/91 BStBl II 95, 192, auch zur Berechnung des Nutzungsanteils nach dem Verhältnis der Nutzflächen). Bei gemeinsamer Nutzung eines Arbeitszimmers anteilige Aufwandszurechnung (BFH IV R 21/08 BStBl II 10, 337, auch zu sonstigem Aufwand; FG Köln EFG 09, 1196, rkr; s Rz 598). Bei zusammen veranlagten **Miteigentümer-Ehegatten/LPart,** die gemeinsam ein Gebäude anschaffen/herstellen, unterstellt der GrS zur Entschärfung der Problematik – eigentl systemwidrig – die vorherige Mittelzuwendung nach dem Miteigentumsverhältnis und damit die anteilige AfA-Berechtigung, ohne die Herkunft der

Mittel zu prüfen. Diese **Vermutung** gilt nach GrS 2/97 (C. I. 1) selbst dann, wenn ein Teil voll die AK/HK trägt und der andere Alleineigentümer wird (gleichwohl sollen nach GrS 2/97 bei gemeinsamer Anschaffung von zwei Wohnungen im jeweiligen Alleineigentum aus gemeinsamen Mitteln nur die lfd, auf das betriebl Nutzungsobjekt aufgewandten Kosten als BA abziehbar sein, nicht dagegen anteilige AfA – schwer verständl Abgrenzung ohne logische Begründung; s BFH XI B 20/99 BFH/NV 00, 1337 zu abw Absprachen). Ohne tatsächl oder fingierte Beitragsleistung (zB bei betriebl Nutzung eines Büros durch Ehemann im Gebäude der Ehefrau) kein anteiliger AfA-BA-Abzug (GrS 3/97: bei berufl **Mitbenutzung** des Büroraums durch die Ehefrau keine AfA-Kürzung bei dieser; sonst anteiliger AfA-Verlust; s auch BFH VI R 23/95 BFH/NV 01, 21); ebenso zu Nutzung eines Pkw im BV eines Ehegatten im Betrieb des anderen Ehegatten (BFH X R 24/12 BStBl II 15, 132, Anm *Kanzler* FR 15, 413).

dd) Rechtsfolgen und Empfehlung. Bei gemeinsamer Anschaffung/Herstellung eines WG durch Ehegatten/LPart ist nichts veranlasst. Unabhängig von der Herkunft der Mittel kann jeder Aufwendungen für seine anteilige betriebl/berufl Nutzung bis zum Umfang seines Miteigentumsanteils als BA/WK absetzen. Bei betriebl Nutzung über den Miteigentumsanteil hinaus kann der andere Ehegatte/LPart vorher entspr Mehrmittel unentgeltl zuwenden. Sonst muss der Nutzende einen höheren Finanzierungsbeitrag nachweisen, soll nicht ein Teil der AfA verloren gehen. Darüber hinaus versagt der GrS den Abzug als **Drittaufwand** (zu Einzelheiten s Rz 500 ff). Hat ein Ehegatte/LPart allein die AK/HK getragen (zB bei Erbschaft oder Schenkung des Gebäudes oder der Geldmittel vor Eheschließung, Überlassung eines Arbeitszimmers im fertigen Gebäude), ist deshalb anzuraten, dem Ehepartner keine selbst finanzierten, im eigenen oder gemeinschaftl Eigentum stehende WG des BV oder PV ohne vertragl Regelung unentgeltl zur Nutzung zur Einkünfteerzielung zu überlassen (Abhilfe zB durch Mietvertrag, Nießbrauch, Realteilung; uU Geldschenkung für die gemeinschaftl Anschaffung/Herstellung; s zu FremdPkw-Nutzung Rz 139 aE). Der fremdübl Nutzungsvertrag sollte eine Regelung enthalten, dass der Gebäudeteil nach Ablauf der Nutzungszeit dem Eigentümer verbleibt (s Rz 133 mit Rspr zu Ausgleichsanspruch und Gewinnrealisierung). 140

13. Betriebl Veranlassung beim Betriebsvermögen. – a) Allgemeines. 142
Die Zuführung eines WG zum BV (s Rz 111) muss betriebl veranlasst sein (vgl Rz 20). IdR geht die Rspr bisher von unterschiedl formulierten Begriffsbestimmungen für notwendiges und gewillkürtes BV aus (Rz 104, 105). Eine Annäherung ist dadurch erfolgt, dass die subj „Bestimmung“ nicht nur beim gewillkürten BV, sondern auch beim notwendigen BV in den Vordergrund rückt. Diese Entwicklung ist mE zutr (vgl Rz 108), ebenso aber das vorrangige Festhalten am Erfordernis eines sachl Bezugs des WG zum Betrieb. Ist dieser nicht feststellbar, trägt idR die **obj Beweislast,** wer sich zu seinen Gunsten auf die BV-Eigenschaft beruft (s Rz 150 und 31). Betriebl Veranlassung nach Betriebsaufgabe s Rz 234 (Schulden), Rz 486 (BA), § 16 Rz 127, 310, 355.

b) Notwendiges BV. Die betriebl Veranlassung ergibt sich idR aus dem tatsächl Einsatz im Betrieb (Definition s Rz 104). – **aa) Grundsätze mit Beispielen.** Das WG braucht nicht notwendig iSv unentbehrl für den Betrieb zu sein (zB BFH I R 6/73 BStBl II 76, 179 – Belegschaftsheim). Die *tatsächl Nutzung* im Betrieb ist nicht erforderl. Es werden daher nicht nur die WG erfasst, die unmittelbar im technischen, verwaltungsmäßigen oder wirtschaftl Ablauf des Betriebsprozesses genutzt oder verwertet werden (zB Geschäftsgrundstück, LKW, Büroeinrichtung, zum Verkauf bestimmte Produkte), sondern alle WG, welche – obj erkennbar – zum Einsatz im Betrieb *bestimmt* sind. *Beispiele:* WG des Vorratsvermögens; die für den Betrieb angeschaffte, noch nicht oder nicht mehr genutzte Maschine; das ungenutzte Grundstück, das nach konkreten Plänen später mit einem Betriebsgebäude bebaut oder als Lagerplatz verwendet werden oder als betriebl Anlageobjekt dienen soll (vgl BFH X R 57/88 BStBl II 91, 829 sowie 20. Aufl mwN; BFH VIII R 302/82 BFH/NV 89, 304 zu Lage/Nachbargrundstück); auswärtige Grundstücke einer verpachteten LuF (vgl BFH IV R 10/09 BStBl II 12, 93); betriebl Tauschobjekte (vgl BFH IV R 115/84 BStBl II 86, 607); gegen WG des BV ein- 143 getauschte Objekte (BFH X R 20/86 BStBl II 90, 128; FG Mchn EFG 15, 1685, Rev IV R 40/15 vom BFH zugelassen); Erwerb im Umlegungsverfahren (einschr BFH IV R 70/06 BStBl II 10, 270); betriebl ersteigerte Objekte (BFH I R 7/84 BStBl II 88, 424); Darlehen zur Rettung einer Betriebsforderung (BFH IV R 2/90 BStBl II 91, 786 mwN; zu luf BV BFH IV R 14/89 BStBl II 92, 134); Baubetreuergrundstück bei Veräußerungsabsicht (BFH X R 41/04 BFH/NV 07, 21). Dem WG muss nach seiner Art und nach den Vorstellungen des Unternehmers eine nicht nur mögl, sondern sichere, nicht unwesentl Funktion im Rahmen der Betriebsführung zukommen (**endgültige Funktionszuweisung,** s BFH X R 57/88 BStBl II 91, 829; BFH XI R 32/01 BStBl II 05, 431). Weitgehend BFH IV R 160/84 BFH/NV 89, 95 mwN zum an ArbN vermieteten Wohngebäude. Enger wohl BFH IV R 129/78 BStBl II 81, 618 (fließender Übergang zum gewillkürten BV). Ob der angestrebte betriebl Erfolg im Einzelfall erreicht wird, ist nicht entscheidend (BV trotz **Fehlinvestition,** BFH I R 6/73 BStBl II 76, 179). **Zeitpunkt** s Rz 33, 339, 360 „Vorbereitungshandlungen".

144 **bb) Gemischte Nutzung.** Die betriebl Mitbenutzung privater **bewegl WG** begründet nicht immer einen notwendigen betriebl Zusammenhang. *Beispiel:* Der zu 20 vH betriebl genutzte PrivatPkw wird nicht notwendig BV (§ 6 I Nr 4 S 2, Grenze s Rz 206, auch zu Unteilbarkeit). Ebensowenig wird ein betriebl Zusammenhang durch *gelegentl* Privatnutzung gelöst (Nutzungsentnahme s Rz 305, 360). **Gebäude** s Rz 192.

145 **cc) Beleihung oder dingl Belastung für betriebl Zwecke.** Sie funktionieren ein WG des PV nicht notwendig in BV um (und umgekehrt). Sie schaffen nur einen rechtl, keinen wirtschaftl Zusammenhang (s BFH XI R 16/93 BFH/NV 94, 620, Rz 28 und 360 „Belastung"; zu betriebl Anschaffungsauflage eines Wohnobjekts BFH XI R 32/01 BStBl II 05, 431). So können private Mietshäuser oder Wertpapiere als PV zur Absicherung einer Betriebsschuld eingesetzt werden (zu gewillkürtem BV s Rz 151). Die Schuld bleibt unabhängig davon BV (Rz 226).

146 **dd) Herkunft der für den Erwerb eingesetzten Mittel.** Sie lässt keine zwingenden Rückschlüsse auf den Charakter des erworbenen WG zu. Betriebl Mittel können vorher entnommen, private Mittel eingelegt sein (s Rz 153).

147 **ee) Sonstiges.** Die **Art des WG,** seine private **Verwendbarkeit** oder die **Unangemessenheit der AK/BA** stellen die BV-Eigenschaft nicht in Frage (s Rz 216). Maßgebend ist die Bedeutung für den Betrieb. Bei dieser Prüfung kann jedoch die Art des WG von Bedeutung sein (vgl Rz 32 und 483).

148 **ff) Branchentypische Geschäfte.** Sie wickelt der Unternehmer idR im betriebl Bereich ab (s § 15 Rz 126). Die *im Betrieb umgesetzten* WG stehen in einem notwendigen betriebl Zusammenhang. *Beispiele:* Der Privatring, den der Juwelier im Geschäft vom Finger verkauft; an Kunden eines Reisebüros vermietete Eigentumswohnungen des Unternehmers (BFH I R 44/73 BStBl II 74, 488); Baugrundstücke eines Bauunternehmers (BFH XI R 71/96 BFH/NV 97, 839, s aber unten). Das schließt die Möglichkeit, in diesem Bereich PV zu erwerben, zu verwalten und umzuschichten, nicht generell aus (vgl BFH X B 70/13 BFH/NV 14, 1043; FG RhPf EFG 02, 1089, rkr; FG Sachs EFG 02, 1091, rkr). Der **Einsatz betriebl Kenntnisse und Fähigkeiten** schafft als solcher keinen *notwendigen* betriebl Zusammenhang (vgl Rz 445 zu BE; zu Wertpapiergeschäften eines Maklers, der sonst vermittelt, BFH X R 38/92 BFH/NV 94, 850 mwN, oder eines angestellten Rentenhändlers, s Abgrenzung BFH X R 39/88 BStBl II 91, 631, BFH III R 9/89 BFH/NV 94, 80, Rz 151 „Risikogeschäfte"; zu Ferienwohnungen eines Immobilienmaklers BFH XI R 31/95 BStBl II 97, 247 mit unerklärl Zurückverweisung). Bei branchentypischen Geschäften muss der Unternehmer jedoch anhand obj Umstände darlegen, dass er bestimmte WG eindeutig vom betriebl Bereich getrennt hat. *Beispiele:* Wertpapiere, die ein Bankier über seine

Bank kauft und verkauft (BFH I R 10/74 BStBl II 77, 287; s aber FG BBg EFG 08, 128, rkr wegen Fristversäumung, BFH X R 38/07 BFH/NV 08, 1517; s auch Rz 151); Baugrundstücke eines Bauunternehmers, Grundstückshändlers, Architekten (BFH X R 105–107/88 BStBl II 91, 519; BFH XI R 71/96 BFH/NV 97, 839). BE ist jedoch eine Maklerprovision für den Erwerb von Wertpapieren im PV (BFH X R 24/10 BStBl II 12, 498 mwN, Rz 444 – BFH IV R 183/78 BStBl II 82, 587 ist überholt).

c) Gewillkürtes BV (Definition s Rz 105). – **aa) Obj betriebl Zusammenhang.** Es ist str, ob gewillkürtes BV das Vorliegen eines obj betriebl Zusammenhanges voraussetzt. ME genügt das Begriffsmerkmal der „Bestimmung, den Betrieb zu fördern", das allerdings die – stets zu prüfende – obj *Fördermöglichkeit* voraussetzt (Rz 28, 155). Ein freies Wahlrecht durch formalen Buchungsakt würde gegen die Gewinnermittlungsgrundsätze des § 4 verstoßen und ist deshalb auch nach hM unzulässig (vgl BFH GrS 2–3/88 BStBl II 90, 817 unter C II 3a; BFH III B 66/93 BFH/NV 96, 327). Die obj Eignung oder Nichteignung wird sich häufig erst später herausstellen. **Spätere Erkenntnis** ist jedoch für die Beurteilung als BV oder PV nicht maßgebend (vgl Rz 33, 157). BV ist anzunehmen, wenn es dem Stpfl gelingt glaubhaft zu machen, dass es *damals* betriebl und nicht private Gründe waren, die ihn bewogen hatten, ein WG in den Gewinnbereich zu überführen (zur subj Bestimmung s Rz 105, 111 ff, 142, 315). Diese rechtl Würdigung beruht allerdings auf Tatsachenfeststellungen, für die **obj Beweislastregeln** gelten (Rz 142 und 31). Die bloße Behauptung, es seien betriebl Gründe ausschlaggebend gewesen, reicht nicht aus, wenn sich später – wie meist in solchen Streitfällen – herausstellt, dass das WG dem Betrieb tatsächl nicht förderl war. Es obliegt dem StPfl, der sich auf die BV-Eigenschaft beruft, konkrete obj Umstände darzulegen, die – rückwirkend betrachtet – diese Schlussfolgerung nach der Funktion des WG im Betrieb rechtfertigten. Nur in diesem Sinne eines Nachweises betriebl Gründe kann von einem obj betriebl Zusammenhang gesprochen werden (vgl Rz 31 ff; BFH III B 123/07 BFH/NV 09, 916; zum „eindeutigen" Zusammenhang BFH III R 68/85 BStBl 89, 666). Es besteht eine Parallele zu der Frage, ob Verluste iRe Einkunftsart steuerl zu berücksichtigen sind. Auch hier ist die behauptete Gewinnerzielungsabsicht (dh die Bestimmung, den Betrieb zu fördern) nach obj Gesichtspunkten zu prüfen (s Rz 30, 115, zur Abgrenzung gewerbl Verluste von privater Liebhaberei/Vermögensverwaltung § 2 Rz 23). Gewillkürtes BV öffentl Betriebe gewerbl Art s BFH I R 52/06 BStBl II 09, 248. 150

bb) Einzelfälle des Förderungszusammenhanges. Die Rspr ist meist großzügig (Freiberufler s Rz 163), vor allem bei WG, die einen nicht durch besondere Umstände beeinträchtigten Vermögens- oder Ertragswert besitzen. *Beispiele:* Mietshaus (BFH VIII R 4/94 BStBl II 98, 461; EStR 4.2 IX; Abgrenzung s BFH III B 66/93 BFH/NV 96, 327 und BFH IV R 80/92 BFH/NV 95, 288 – LuF), Wertpapiere (Rz 260 und unten), Forderungen (Rz 217), Beteiligungen (Rz 164, 250), uU Goldreserven ohne betriebl Verwendung (s Rz 143) bei eindeutiger Einlage ohne erkennbares Risiko und bei plausibler Erklärung (BFH XI R 52/95 BStBl II 97, 351). Abgesehen davon, dass dem Betrieb uU Erträge zufließen, können solche WG für andere betriebl Zwecke eingesetzt werden, zB als **Sicherheit** für betriebl Schulden (FG Nbg EFG 88, 508, rkr – s aber Rz 145), als mögl Tauschobjekt für betriebl zu nutzende WG (BFH IV R 71/73 BStBl II 77, 150, vgl aber Rz 143) oder für gelegentl betriebl Mitbenutzung (Landarzt benutzt PrivatPkw zu 30 vH betriebl, Rz 206). Die Belegenheit eines Grundstücks neben dem Betrieb kann einen Förderungszusammenhang schaffen (s Rz 143; BFH IV R 12/98 BFH/NV 00, 317, XI R 5/93 BFH/NV 94, 472 mwN). Bei **Risikogeschäften,** die auch im Privatbereich getätigt werden, ist der betriebl Förderungszusammenhang besonders sorgfältig zu prüfen und häufig auszuschließen. Unternehmerrisiko ist zwar betriebsspezifisch. Gleichwohl darf nicht ledigl ein privates 151

Risiko in den Betriebsbereich verlagert werden (Rz 157). *Beispiele:* Lotteriespiel (BFH I R 133/68 BStBl II 70, 865), Wettgeschäfte (Rz 445), zweifelhafte Forderungen (Rz 218). **Wertpapiergeschäfte** s zu BFH-Rspr *Ritzrow* StBp 12, 284 und 322; BFH X R 37/91 BStBl II 94, 172; FG Köln EFG 15, 1510, Rev IV R 25/15; zu Widmung bei KG FG Mchn EFG 05, 584, rkr; s auch BFH VIII R 23/98 BFH/NV 00, 420; BFH VIII R 1/08 BStBl I 11, 862; enger zu Freiberufler BFH IV B 54/97 BFH/NV 98, 1477; abl zu Lehrer BFH III R 31/07 BFH/NV 10, 844. Vgl auch Rz 148, 157 und – branchenuntypische Options- bzw Termingeschäfte – BFH X R 7/99 BStBl II 04, 408 mwN (nur bei Typus eines Wertpapierhändlers iSv § 1 III KWG; s auch BFH X R 24/06 BFH/NV 08, 774); BFH IX R 35/01 BStBl II 05, 26 (abl zu notwendigem BV); für BV BFH VIII R 63/96 BStBl II 99, 466; ausführl *Weyde/Frey* FR 02, 190; zu Devisentermingeschäften/Dax-Optionsscheinhandel s BFH IV R 87/05 BFH/NV 09, 1650, zu Warentermingeschäften FG Nds EFG 02, 619, rkr; zu kurzfristiger stiller Beteiligung zur Steuerersparnis BFH X R 3/03 BFH/NV 05, 682; s auch FG BaWü EFG 08, 1103, rkr; zur Abzugsbeschränkung betriebl Differenzgeschäftsverluste ab 1999 § 15 IV 3.

152 **cc) Verwendungspläne.** Konkrete Pläne über *bestimmten* Einsatz im Betrieb und genauen Zeitpunkt brauchen noch nicht vorzuliegen (dann notwendiges BV); die betriebl Verwendung muss jedoch geplant sein und mögl erscheinen (s Rspr 16. Aufl). Zum maßgebl Zeitpunkt s Rz 33, 339. Eine weitere Prüfung ist vor allem dann geboten, wenn einem WG besondere Umstände anhaften, die den betriebl Förderungszweck in Frage stellen (Rz 155).

153 **dd) Mittelherkunft.** Gelegentl lässt die Rspr die Tatsache des Erwerbs mit betriebl Mitteln als wirtschaftl Grund für die Bildung von gewillkürtem BV genügen (BFH VIII R 100/69 BStBl II 73, 289). Diese BFH-Entscheidung ist im Ergebnis sicher richtig; die Begründung darf jedoch nicht so verstanden werden, als hätte die Herkunft der Mittel die betriebl Veranlassung bestimmt (s Rz 146; BFH XI R 52/95 BStBl II 97, 351; BFH IV B 53/96 BFH/NV 97, 651). Diese ist nach den vorgenannten Umständen zu beurteilen. Dabei besteht kein Unterschied, ob dem Betrieb private Mittel zugeführt oder betriebl Mittel nicht entzogen werden. Das schließt nicht aus, dass der Herkunft der Mittel in Zweifelsfällen eine Indizwirkung für die betriebl Veranlassung zukommen kann (ähnl BFH IV R 25/78 BStBl II 82, 461; weit FG Hbg EFG 96, 1021, rkr; FG Mster EFG 00, 304, rkr, zu Festgeldanlage von BE bei § 4 III).

155 **14. Grenzen der betriebl Veranlassung. – a) Verhältnis Steuerrecht/Handelsrecht.** Die Rspr prüft im Einzelfall verstärkt, ob nicht aus steuerrechtl Gründen Ausnahmen vom Maßgeblichkeitsgrundsatz der HB für die StB nach § 5 I geboten sind (vgl § 5 I, § 5 Rz 26 ff, BFH GrS 2–3/88 BStBl II 90, 817 unter C II 3). Die Ausnahmen betreffen Einzelunternehmer und **PersGes** (Rz 173). Wo die strechtl Grenzen liegen, ist nicht abschließend geklärt. Jedenfalls besteht kein freies Wahlrecht (s Rz 150; **Ausnahmen** s Rz 156 ff).

156 **b) Private Lebensführung.** WG, die der StPfl endgültig für Zwecke der privaten Lebensführung erwirbt oder einsetzt, hat die Rspr seit jeher als PV (NichtBV) aus der Gewinnermittlung ausgeschlossen (zB BFH X R 105–107/88 BStBl II 91, 519 mwN). Zum Begriff PV s Rz 106. Das ergibt sich ohne Rückgriff auf § 12 aus § 4 I, IV, da es bereits obj am betriebl Zusammenhang fehlt (s Rz 30). Nicht unter diese Kategorie fallen WG, die der StPfl zur Erzielung von Überschusseinkünften iSv § 2 II Nr 2 einsetzt; sie sind zwar idR PV, können jedoch, wenn keine anderen Umstände entgegenstehen, in das BV eingelegt werden (vgl § 20 VIII, § 21 III, Rz 151). Zu gemischt genutzten WG s Rz 192, 206.

157 **c) Betriebsschädl WG.** Ein WG, dem außerhalb des Betriebes erworbene Umstände anhaften, die im Zeitpunkt der Anschaffung oder Einlage (s Rz 33, 115,

150) erkennen lassen, dass es für den Betrieb schädl wäre, kann nach hM nicht zum (gewillkürten) BV gezogen werden. Bei solchen vorprogrammierten Verlusten fehlt die Einbeziehung in das Gewinnstreben. Diese Frage geht der Bewertung der Einlage vor. Vgl außer Rz 151 „Risikogeschäfte" folgende **Beispiele:**

- Anschaffung/Einlage **verlustgezeichneter Wertpapiere** (BFH XI R 1/96 BStBl II 97, 399; BFH X B 40/99 BFH/NV 00, 563; FG Saarl EFG 03, 1462, rkr; unvorhersehbare Wertverluste vgl Rz 33, 150, 260), **wertloser GmbH-Beteiligung** (FG RhPf EFG 91, 306, rkr), **minderwertiger Gemälde** (BFH IV R 25/78 BStBl II 82, 461) oder eines **Oldtimer-Kfz** (vgl BFH IV B 73/05 BFH/NV 07, 1106; FG Mster EFG 11, 2083, rkr – Wertanlage im BV ist wohl mögl, vgl *Eckert* DStR 12, 1119 mwN);
- Einlage eines verbilligt an Ges'ter vermieteten **Grundstücks** (BFH IV B 47/00 BFH/NV 01, 597) oder eines fremdvermieteten Grundstücks, bei dem die Finanzierungskosten auf Dauer die Mieteinnahmen übersteigen (FG Hbg EFG 06, 1652, rkr);
- Einlage zweifelhafter **Forderungen** (FG RhPf EFG 07, 1142, rkr); s auch Rz 219;
- Übernahme einer zweifelhaften **Verbindlichkeit** (Rz 232);
- Hingabe ungesicherter und unverzinsl **Darlehen** an nahe stehende Personen (BFH IV R 207/83 BStBl II 85, 6; BFH IV R 73/85 BFH/NV 87, 765; Rz 218 ff); Erwerb einer wertlosen Forderung (BFH IV R 193/71 BStBl II 75, 804, BFH VIII R 237/83 BFH/NV 89, 305); mE zu eng FG Thür EFG 10, 697, rkr. GesDarlehen s § 15 Rz 491.

d) Risikogeschäfte. In gleicher Weise können andere WG, denen ihrer Natur nach Risiken für den Betrieb anhängen, nur bei Vorliegen eines konkreten sachl Anlasses in das BV überführt werden (vgl Rz 151 und 157). 158

15. Bedeutung der Art der Einkünfte und der Gewinnermittlung. – a) Allgemeines. Die Bildung von notwendigem BV hat die Rspr nie von der Art der Gewinnermittlung abhängig gemacht. Die allg Einschränkungen beim gewillkürten BV sind zum Teil aufgegeben (c), darüber hinaus nicht gerechtfertigt (d). 160

b) Bilanzierende Gewerbetreibende, § 5. Sie können Art und Umfang ihres Betriebes beliebig festlegen, verändern, erweitern oder verringern. Bei ihnen spricht der erste Anschein für die Begründung eines betriebl Zusammenhanges, auch wenn sie außerhalb des betriebl Bereiches ein Rechtsgeschäft abschließen (vgl Rz 148). Die Rspr beruft sich häufig auf die Vermutung des § 344 I HGB (s aber BFH X R 36/03 BFH/NV 05, 682). Ein betriebl Förderungszusammenhang darf jedoch nicht ausgeschlossen sein. 161

c) Sonstige Bilanzierende, § 4 I. – aa) Grundsatz. Entgegen der Auffassung des RFH lässt der BFH auch bei der Gewinnermittlung nach § 4 I grds die Bildung von gewillkürtem BV zu (**LuF:** BFH IV B 112/99 BFH/NV 00, 1086; Minderkaufleute – § 4 HGB aF – nach **§ 15:** BFH I R 76/79 BStBl II 84, 294; **§ 18:** BFH IV R 72/79 BStBl II 83, 215, Rz 163 und § 18 Rz 156 ff). 162

bb) Tatsächl Auswirkungen der Berufsstellung. Bei der Prüfung, ob tatsächl ein obj betriebl Zusammenhang begründet wurde, können sich Nachweisschwierigkeiten ergeben. Der Umfang der übl Berufstätigkeit ist häufig durch die allg Verkehrsauffassung, beim Freiberufler zusätzl durch Standesregelungen (vgl BVerfG HFR 69, 346), beim LuF durch die in § 13 vorgegebenen Tätigkeiten (vgl BFH IV R 5/07 BFH/NV 10, 612, Rz 169) in einer Weise festgelegt, dass wesensfremde Betätigung gegen berufl Veranlassung spricht. 163

Beispiele: Steuerberater will Baumaschine als BV aktivieren und absetzen (BFH IV R 57/83 BFH/NV 87, 708); Bauträgerbeteiligung eines Anwalts (FG Mchn EFG 06, 1326, rkr); betriebsneutrale Geldanlagen/Wertpapiere/Geldgeschäfte eines Freiberuflers zur Praxisförderung (BFH IV R 6/99 BStBl II 00, 297; BFH VIII R 1/08 BStBl I 11, 862; *Brinkmann* StBp 12, 209 und 250; Rz 164 und 19./31. Aufl. mwN); Kunstgalerie eines Architekten (FG Brem EFG 88, 107, rkr); Bodenschätze bei LuF (BFH IX R 45/91 BStBl II 94, 840, Rz 189); zu Mietshaus EStR 4.2 IX und Rz 151. **Abgrenzung:** Das bedeutet jedoch nicht, dass unübl oder standeswidrigen Geschäften zwangsläufig die Berufsbezogenheit im steuerrechtl Sinne abgesprochen werden müsste. Gelingt es zB einem RA nachzuweisen, dass er die Baumaschine (s oben) als Honorarersatz erhalten hat oder dass ein Mandat oder eine Honorarzahlung von der Gewährung eines – standeswidrigen – Kredits abhing, ist die Maschine/Kreditforderung mE notwendiges BV (zB BFH XI B 25/07 BFH/NV 07, 1888; BFH VIII R 19/08 BFH/NV 11, 1311; Rz 164); der Wert der Maschine/die für die Kreditgewährung erhaltenen Zinsen sind BE; ein späterer Verlust ist berufl veranlasster Aufwand (s Rspr 31. Aufl, Rz 164). Diese Rechtsfolge ergibt sich bereits aus dem Begriff der betriebl Veranlassung. Sie wird durch den Rechtsgedanken des § 40 I AO nur noch unterstrichen.

164 **cc) Tendenz der Rspr.** Die Rspr ist im Normalfall (dh ohne Gefahr der Verlustverlagerung) eher großzügig. – (1) Sie wich früher *zum einen* zunehmend auf **notwendiges BV** aus, wohl auch wegen der – überholten – Einschränkungen beim gewillkürten BV (Rz 166, 253), ohne sachl Änderung durch die neue Rspr (BFH XI B 166/05 BFH/NV 06, 2037). *Beispiele:* Darlehensforderung eines Freiberuflers (BFH IV R 77/76 BStBl II 82, 340 und Rz 221); Erwerb eines GmbH-Anteils als Honorar eines Steuerberaters (BFH IV R 57/99, BStBl II 01, 546; vgl auch Rspr 31. Aufl, Rz 163); Bürgschaft (BFH IV B 101/95 BFH/NV 97, 99 mwN); zur betriebl Nutzung bestimmter Grundstücke FG BaWü EFG 89, 560, rkr; Verpachtung einer Arztpraxis im Apothekergebäude (FG Ddorf EFG 01, 1055, rkr); Beteiligung und Darlehensforderung eines Architekten an Schweizer BauträgerAG (BFH IV R 168/78 BStBl II 82, 345) oder an Hausbauverein (BFH XI R 108/92 BFH/NV 96, 300); Beteiligungen eines Baustatikers an WohnungsbauAG (BFH IV R 146/75 BStBl II 79, 109), eines Apothekers an Einkaufsgenossenschaft (FG Köln EFG 97, 597, rkr; s aber BFH XI R 45/97 BStBl II 98, 301; s auch Rz 252), eines Ingenieurs an Ingenieursberatungs-GmbH/Wirtschaftsprüfers an TreuhandGmbH (BFH IV R 185/71 BStBl II 76, 380; FG BaWü EFG 08, 784, rkr), eines LuF an Genossenschaft (BFH IV R 5/07 BFH/NV 10, 612 mit allg Ausführungen) oder an LuF-AG (BFH IV R 19/02 BStBl II 04, 280; FG Nbg EFG 10, 637, rkr), eines Arztes an Lizenz-GmbH von ihm entwickelter Medikamente (BFH IV R 14/00 BStBl II 01, 798), eines Journalisten an Vermarktungs-GmbH (BFH VIII R 34/07 BStBl II 10, 612, Anm *Kempermann* FR 10, 664). – (2) *Zum anderen* soll bei wertneutralen WG ein ganz **loser betriebl Zusammenhang** genügen. *Beispiele:* Anschaffung von Wertpapieren mit betriebl Mitteln (s Rz 153, auch zu Festgeldanlage von BE bei § 4 III; mE ist die nur hilfsweise angeführte Absicherung eines betriebl Risikos ausschlaggebend – s auch Rz 163 zu Geldanlage); Mietswohnhaus eines LuF oder Freiberuflers (BFH IV R 129/78 BStBl II 81, 618; enger BFH III R 68/85 BStBl II 89, 666; zu Eigentumswohnung eines Architekten BFH IX R 32/01 BStBl II 04, 1002; für PV BFH XI R 32/01 BStBl II 05, 431); einschr bei (verlustbringender) wesensfremder Beteiligung an KapGes BFH IV R 193/83 BStBl II 85, 517; s auch Rz 252 ff. Nach der RsprÄnderung zu § 4 III (Rz 167) könnte zunehmend gewillkürtes BV anzunehmen sein (zB BFH IV R 5/07 BFH/NV 10, 612).

166 **d) Überschussrechnung, § 4 III. – aa) RsprÄnderung.** Die frühere Rspr hatte gewillkürtes BV bei § 4 III abgelehnt. Hiervon ist BFH IV R 13/03 BStBl II 04, 985 nach Dauerkritik abgerückt: Die Gewinnermittlung nach § 4 III steht der Bildung gewillkürten BV nicht mehr entgegen, soweit nur das WG zu mindestens 10 vH betriebl genutzt wird. Wie BFH jetzt EStR 4.1, 4.2; § 6 I Nr 4 S 2; sonst keine sachl Folgeänderungen (BFH XI B 166/05 BFH/NV 06, 2037).

168 **bb) Praktische Schwierigkeiten.** Ihnen kann auf andere Weise begegnet werden. Einmal rechtfertigen sie es, strengere Anforderungen an den **Nachweis der Einlagehandlung** zu stellen. Das ist keine rechtl Einschränkung des BV, sondern eine auf tatsächl Gebiet liegende Beweisfrage mit häufig gleichem Ergebnis der Verneinung der betriebl Veranlassung. Die Einlagehandlung muss so eindeutig und rechtzeitig sein, dass das FA die Entwicklung von Anfang an verfolgen kann (zB durch Aufnahme in das betriebl Bestandsverzeichnis, EStR 5.4 I, vgl BFH IV R 13/03 BStBl II 04, 985, Erfassung in der lfd Buchführung, BFH XI B 66/04 BFH/NV 05, 549, s auch § 5 I nF, oder ausdrückl Erklärung gegenüber dem FA, BFH IV R 49/88 BFH/NV 91, 363; Rz 115, 206). S auch *BMF* BStBl I 04, 1064. Abgesehen davon kann sich der StPfl **strafbar** machen, wenn er einen Entnahme- oder Veräußerungsgewinn realisiert und nicht erklärt (§§ 370, 378 AO). Bei späterer Entdeckung hat das FA ggf die Möglichkeit, die Veranlagung gem § 173 I Nr 1 AO zu ändern.

169 **e) Land- und Forstwirtschaft, § 13a.** Nach BFH IV R 58/90 BStBl II 91, 798 früher grds kein gewillkürtes BV. Aber wohl Übertragung der Rspr zu § 4 III (vgl § 13 Rz 243, *HHR* § 13a Anm 10, EStR 4.2 XVI).

171 **16. Betriebsvermögen bei KapGes.** Eine KapGes erzielt Einkünfte ausnahmslos als gewerbl Einkünfte (§ 8 II KStG). Die dazu eingesetzten WG stellen daher, soweit sie der **Ges zugerechnet** werden (Rz 128), stets ohne weitere sachl Prüfung deren BV dar. Privatnutzung durch Ges'ter löst den betriebl Zusammenhang nicht und führt allenfalls zu vGA iHd Nutzungswertes. **Ges'terVermögen**

wird andererseits – abw von der PersGes – durch betriebl Nutzung im Dienst der KapGes nicht BV. Nutzungseinlagen und vGA s BFH GrS 2/86 BStBl II 88, 348, Rz 301, 353, 360. Diese Grundsätze beschränken sich nicht auf die Einkünfteerzielung iRd 7 Einkunftsarten (s BFH I R 32/06 BStBl II 07, 961; 26. Aufl mwN; s auch *BMF* BStBl I 02, 1394 und I 07, 905; zu vGA bei KapGes mit Überschusseinkünften s *Böhmer* DStR 12, 1995). Der I. Senat des BFH schließt vielmehr nach wie vor eine außersteuerl Privatsphäre und PV der KapGes aus – aA zu Vereinen BFH I R 48/13 BStBl II 15, 713 –, wertet Privatinteressen der Ges'ter nach Liebhabereigrundsätzen und korrigiert das steuerl Ergebnis ggf über vGA („liebhabereigeneigte vGA"; s *Mindermann/Lukas* NWB 14, 2092) oder – wohl vorrangig – über die Abzugsbeschränkungen nach § 4 V (BFH I R 27–29/05 DStRE 07, 946 als Folgeurteil von I R 54/95 DStR 97, 492, Anm *Pezzer* FR 07, 890). Die Rspr ist str (s Schrifttum 23./29. Aufl; *Weber-Grellet* BB 14, 2263, *Briese* FR 14, 1002, DB 14, 2610, BB 14, 1943, *Brenner* DStZ 14, 464 entgegen *Wassermeyer* DB 11, 1828; zu VwGH Österreich *Renner* DStZ 14, 453). Zur **Besteuerung der Beteiligung** an KapGes s Rz 250 ff, zum Zeitpunkt der Zurechnung der Gewinnanteile s Rz 257, zu verdeckten Einlagen s Rz 221, 360, zu BA/§ 4 V 1 Nr 4 s Rz 567.

17. Betriebsvermögen bei PersGes. Einzelheiten s § 15 Rz 480 ff. **Abw von der KapGes** können iRe PersGes andere als gewerbl Einkünfte erzielt werden, sowohl nichtgewerbl Gewinneinkünfte als auch Überschusseinkünfte iSv § 2 II Nr 2. Zum Betrieb der PersGes eingesetztes Vermögen ist im ersten Fall nichtgewerbl BV, im zweiten Fall NichtBV (bzw PV der Ges'ter). 173

a) WG der PersGes. – aa) Grundsatz: Gesellschaftsvermögen als notwendiges BV. WG, die zivilrechtl im Gesellschaftseigentum (§ 124 HGB) bzw im Gesamthandseigentum der Ges'ter einer gewerbl tätigen bilanzierenden Handelsgesellschaft stehen, sind gem §§ 238, 240 HGB in der HB und damit gem § 5 I in der Steuerbilanz *der Ges* als BV auszuweisen (kein gewillkürtes BV *der Ges*). 174

bb) Einschränkungen (PV der Ges'ter). Der Grundsatz der Maßgeblichkeit der HB für die StB muss im Zweifel hinter die strechtl Gewinnermittlungsgrundsätze des § 4 I, IV zurücktreten. Wie beim Einzelunternehmer sind daher einzelne WG nicht dem BV der Ges, sondern dem PV der Ges'ter zuzurechnen, wenn sie von Anfang an *auf Dauer* der privaten Lebensführung eines (mehrerer, aller) Ges'ter dienen oder später *endgültig* deren **Privatnutzung** zugeführt und damit entnommen werden (und nicht nur eine unschädl *vorübergehende* Entnahme des Nutzungsaufwands vorliegt, s BFH IV R 10/03 BStBl II 04, 947). **Verlustgezeichnete WG** sind aus der Gewinnermittlung auszuscheiden. Vermietung an Ges'ter stellt die BV-Eigenschaft nicht in Frage (vgl § 15 Rz 481 ff, FG Köln DStRE 14, 1345, Rev IV R 43/13). 175

b) WG der Ges'ter als deren SonderBV. Abw von der HB rechnet das StRecht WG im Eigentum eines Ges'ters dessen notwendigem (Sonder)BV zu, wenn sie bestimmt sind, dem gemeinschaftl Betrieb **(SonderBV I)** oder der Beteiligung des Ges'ters **(SonderBV II)** zu dienen (s § 15 Rz 640 ff). In diesem Bereich kommt der Widmung durch den Ges'ter Bedeutung zu, so dass sowohl PV als auch (positives und negatives) **gewillkürtes SonderBV** gebildet werden kann. 176

18. Grund und Boden. – a) Betriebsvermögen. Einbeziehung von Betriebsgrundstücken in die Gewinnermittlung gem § 4 bei allen StPfl (vor 1970/71 nicht bei LuF, § 4 I 5 aF; vgl BFH IV R 44/06 BStBl II 09, 811; Einlagewert s § 55). 185

b) Selbständiges WG. Grund und Boden ist – abw von § 94 BGB – gem § 6 I Nr 2 als nicht abnutzbares WG getrennt vom abnutzbaren WG Gebäude zu aktivieren (s § 5 Rz 133). Ein Gesamtkaufpreis ist aufzuteilen (s § 6 Rz 118 ff). 186

c) Zuordnung zum BV/PV. – aa) Unbebaute Grundstücke. Sie sind BV, wenn sie bestimmt sind, dem Betrieb zu dienen oder ihn zu fördern (Rz 104, 105, 187

142). Der sachl Zusammenhang ergibt sich idR aus der tatsächl oder geplanten betriebl Nutzung (zB als Lagerplatz). Neutrale Grundstücke können als Wertanlage zum BV gezogen werden (s Rz 150). Das ist grds für jedes Grundstück iSv § 3 GBO bzw bei unterschiedl Nutzung für jedes reale Grundstücksteil zu prüfen. Mögl Aufteilung s Rz 189, zur LuF Rz 162, 189, § 13 Rz 217ff, BFH IV R 12/98 BFH/NV 00, 317. **Anlieger- und Erschließungsbeiträge** iZm der *Erstanlage* von Straßen und Ent- oder Versorgungsanlagen mit Strom, Wasser sind – anders als nachträgl verbessernde Ergänzungsbeiträge (ggf BA/WK) – unselbständiger Teil des Grund und Bodens (ggf nachträgl AK, BFH I R 36/04 BStBl II 06, 369 mwN). **Grundstücksgleiche Rechte** sind trotz Verbindung mit dem Grundstück selbständige WG (zB Grunddienstbarkeit, Wassernutzungsrecht, Jagdrecht, Auffüllungsrecht – außer bei Übertragung mit dem Grundstück, s BFH IV R 27/01 BStBl II 03, 878). Erbbaurecht s § 5 Rz 270. **Milch-** und **Zuckerrübenlieferungsrecht** als eigenes WG in der LuF s § 13 Rz 252f.

188 **bb) Bebauter Grund und Boden.** Er teilt das Schicksal des Gebäudes als BV oder PV; ein Privatgrundstück wird durch Bebauung mit einem Betriebsgebäude in das BV eingelegt, ein Betriebsgrundstück durch die Bebauung mit einem Privatgebäude idR daraus entnommen (s Rz 360 „Bebauung"). Das gilt grds auch für PersGes (Rz 175). S auch Rz 323, 360 „LuF", § 13 Rz 82ff.

189 **cc) Ausnahmen.** Eine vom Gebäude abw Zuordnung bzw eine – vertikale oder horizontale – **Aufteilung** des Grund und Bodens *eines* StPfl in mehrere WG ist mögl, wenn einzelne Teile verschiedenartig genutzt werden (EStR 4.2 IV). Auch der **unter der Erdoberfläche** liegende Teil kann einer besonderen Nutzung unterliegen und ist dann als eigenes WG zu bewerten (zB nicht erneuerbare Kohle-, Mineral-, Lehm-, Kies-, Erdölvorkommen). Ein solcher **Bodenschatz** ist bis zur Erschließung unselbständiger, bei Kenntnis wertbildender Teil des WG Grund und Boden. Er erstarkt zum selbständigen materiellen WG durch Aufschließung (zB durch Antragstellung auf Abbaugenehmigung, bergrechtl Berechtigung oder Aneignungsrecht nach BBergG) oder Verwertung (zB durch Veräußerung); vgl BFH GrS 1/05 BStBl II 07, 508, BFH IV R 45/05 BStBl II 09, 449, BFH X R 10/07 BFH/NV 10, 184; einschr trotz vertragl Trennung bei Veräußerung BFH IV R 36/06 BeckRS 2008, 15014903. Gleichwohl auch bei Einlage eines im PV entdeckten Schatzes ins BV mit dem Teilwert keine AfS nach § 7 VI und keine abbaubedingte TW-AfA. Weitere Einzelheiten s § 5 Rz 270, § 7 Rz 191, Schrifttum 31. Aufl; *Ritzrow* StBp 14, 77, 110, 143 und 175. **Feldinventar** (Pflanzenbestände) und **stehende Ernte** sind bilanzrechtl selbständige WG des UV (BFH IV R 23/07 BStBl II 11, 654), anders als die **Grasnarbe** (BFH IV R 229/81 BStBl II 84, 424). **Wald** s § 13 Rz 14 mwN (bei bestimmter Größe selbständiges WG als nicht abnutzbares AV; s auch *BMF* BStBl I 12, 595).

Beispiele für Aufteilung:

- Ein Teil des Grundstücks wird mit einem privaten Wohngebäude bebaut, ein Teil als betriebl Abstellplatz genutzt **(flächenmäßige Aufteilung);**
- Bebauung mit gemischt genutztem Gebäude (ggf **quotenmäßige Aufteilung);**
- **Nutzungsverlagerung auf dem Grundstück** s Rz 302;
- Vermietung eines unterirdisch gelegenen Teiles zur Erdöllagerung (BFH IV R 19/79 BStBl II 83, 203 – **wertmäßige Aufteilung**) oder Überlassung zum U-Bahnbau (s BFH VIII R 7/74 BStBl II 77, 796 – Privatgrundstück –, FG Nbg EFG 84, 390, rkr – Betriebsgrundstück – Letzteres mE iErg zweifelhaft).

191 **19. Gebäude; Gebäudeteile. – a) Grundsatz der Gebäudeeinheit.** Gebäude sind Bauwerke auf eigenem oder fremdem Grund, die Menschen oder Sachen durch räuml Umschließung Schutz gegen Witterungseinflüsse gewähren, den nicht nur vorübergehenden Aufenthalt von Menschen gestatten, fest mit dem Boden verbunden, von einiger Beständigkeit und ausreichender Standfestigkeit sind (BFH III R 26/99 BStBl II 01, 137 mwN; *BMF* BStBl I 13, 734 mit Anm *Eisele* NWB 13, 2473). Ein einheitl genutztes Gebäude bildet grds mit allen Bestandteilen ein

einheitl WG „Gebäude" und ist – soweit es zum BV gehört, s Rz 106, 143, 151 – als solches nach § 6 I Nr 1, 1a mit den gesamten AK/HK zu aktivieren und nach § 7 IV, V, Va auf die Dauer der Gebäudenutzung abzuschreiben. Grundlegend BFH **GrS** 5/71 BStBl II 74, 132. **Gebäudebestandteile:** Welche Einzelteile zum WG „Gebäude" gehören, entscheidet sich weniger nach der bürgerlichrechtl Zugehörigkeit als nach dem nach der Verkehrsauffassung zu beurteilenden **Nutzungs- und Funktionszusammenhang.** Gebäudeteile sind solche, deren Fehlen dem Gebäude ein negatives Gepräge gäbe, die unabdingbar sind (zB Treppe), oder die zwar nicht allg übl sind, aber die Gebäudenutzung in einer bestimmten Weise festschreiben und dem Gebäude eine besondere Prägung verleihen (wie zB Sauna oder Schwimmbad im Haus, Breitbandkabelanschluss, Küchenspüle). Danach gehören zum Wohngebäude nicht nur *fest eingebaute* Teile, wie zB Zentralheizung, Wasser- und Elektroinstallation, Müllschlucker, Fußbodenbelag, Fahrstuhl, Türen, Fenster, Schwimmbad im Wohnhaus oder im Hotel (BFH II R 14/89 BStBl II 92, 278, s aber Rz 192), **Garage** am Haus uU (BFH IX R 26/04 BStBl II 06, 169 – nachträgl Errichtung), BFH IX R 72/00 BStBl II 03, 916 (Tiefgaragenplatz); FG Hess EFG 06, 1656, rkr (Stellplatz), sondern uU auch *bewegl* Teile, wie Nachtspeicheröfen als einzige Heizungsmöglichkeit (BFH VIII R 27/75 BStBl II 77, 306), Markisen (BFH IX R 176/84 BStBl II 90, 430), uU auch übl Einbaumöbel (Spüle, Herd, BFH IX R 104/85 BStBl II 90, 114). Auch der **Zaun** um Wohnhäuser gehört – anderes als die Gartenanlage – zum WG Gebäude (BFH VIII R 121/73 BStBl II 87, 210). S auch EStH 4.2 (5). Der vorzeitige Ersatz solcher Einzelteile mit kürzerer Nutzungsdauer führt zu Erhaltungsaufwand.

b) Ausnahmen. – *(1)* **Reale Aufteilung gemischt genutzter Gebäude** in mehrere WG entspricht dem allg Grundsatz der Gewinnermittlung, den betriebl Bereich vom privaten zu trennen, und vermindert Schwierigkeiten der Aufteilung von Einnahmen und Ausgaben, wie sie sich bei bewegl WG ergeben, deren sachl Aufteilung die Rspr nicht zulässt (Rz 206). Voraussetzung für die Aufteilung ist, dass einzelne Gebäudeteile in einem von der sonstigen Nutzung eindeutig und nicht nur vorübergehend **abw Nutzungs- und Funktionszusammenhang** stehen (zB etagenweise teils betriebl Nutzung, teils Vermietung, teils Eigennutzung/Eigentumswohnung, s Rz 193). Eine betriebl *Mit*nutzung einzelner Räume reicht nicht (§ 12 Nr 1, Rz 195). – *(2)* **Wesentl Gebäudebestandteile iSv §§ 93, 94 II BGB.** Sie sind zwar idR Gebäudeteile, können aber bei Sonderfunktion als unbewegl oder bewegl WG oder als anderes Gebäude gesondert zu aktivieren und abzuschreiben sein (EStR 4.2 III–V, 7.1 V, VI). **Selbständige WG** sind insb: – **Betriebsvorrichtungen,** die nicht der Funktion Gebäude, sondern der Betriebsführung dienen (s § 68 II Nr 2 BewG; *BMF* BStBl I 13, 734), auch bei Festeinbau (zB betriebl Rohrleitungen, Kühleinrichtungen, Fettabscheider, Entrauchungsanlagen – vgl BFH V R 7/14 BStBl II 15, 682 –; nicht zB Warnanlagen uÄ, BFH III R 21/98 BStBl II 02, 310); Windkraftanlagen s unten; – **Scheinbestandteile,** die nur zu vorübergehenden Zwecken eingebaut sind (§ 95 BGB, zB entfernbare nichttragende Trennwände, BFH III R 247/94 BFH/NV 98, 325); – **Mietereinbauten** oä Einbauten in Fremdgebäude (BFH III R 191/85 BStBl II 88, 300, BFH XI R 18/06 BStBl II 09, 957 – Aktivierung „*wie* ein materielles WG" als „Quasi-WG", s EStH 4.2 III, Rz 132, 133, § 5 Rz 114, 270); – **Ladeneinbauten,** Schaufensteranlagen, Gaststätteneinrichtungen, Schalterhallen uä einem schnellen Wandel des modischen Geschmacks unterliegende WG (s EStR/H 7.1); – **Garten**- bzw Strandanlagen (BFH IX R 18/91 BStBl II 97, 25), **Schwimmbäder** im Garten (BFH IX B 40/03 BFH/NV 03, 1324, s aber Rz 191), *betriebl* **Zäune,** Einfriedungen, Platzbefestigungen (BFH III R 18/70 BStBl II 71, 673, EStH 7.1; s aber zu PV Rz 191), Tennis- oder Reitplätze, Garagen im Außenbereich (s Rz 191), jeweils ohne unmittelbaren Gebäudebezug. Problematisch ist die Einordnung von **Heizanlagen,** die teils den Gebäudebedarf decken, teils Strom ins allg Netz liefern: Ob Gebäudeteil oder eigenes WG des BV, hängt vom Leistungsverhältnis im Einzelfall ab (vgl zu Wärmerückgewinnungsanlage BFH III R 8/99 BStBl II 02, 877). So auch früher hM zu **Fotovoltaikanlage** und **Blockheizkraftwerk** (zB FG RhPf EFG 07, 1068, rkr, *FinVerw* DStR 10, 207). Nach neuerer Auffassung (*FinVerw* DStR 10, 2037 und 2305, EStR 4.2 III 4 handelt es sich dagegen unabhängig von der Gebäudeverbindung um selbständige WG (zu Bauwerken iSv § 48 *FinVerw* DStR 15, 2720). Privatgebäude werden durch Aufbau einer Fotovoltaikanlage auch durch Stromerzeugung für das Gebäude nicht BV; auch Dachreparaturaufwendungen sind nicht aufteilbar (BFH III R 27/12 BStBl II 14, 372; BFH X R 32/12 BFH/NV 15, 324). S auch 33. Aufl mwN; zu Blockheizkraftwerk FG Nds DStRE 08, 1437, rkr (str, s § 7 Rz 27). Allg zu Besteuerung *Schöpflin/Schönwald* NWB 15, 856; *Schustek* DStR 15, 678; *Baltromejus* NWB 16, 172; *Schulze zur Wiesche* StBp 15, 327. Energieentnahmen s Rz 360. Bei *vermögensverwaltender Ges* ist Gefahr gewerbl Infektion zu beachten (§ 15 III Nr 1, OFD Ffm v 21.10.09 EStKartei Hess § 15 F 2 K 22 = BeckVerw 257067, bestätigt durch BMF v 16.7.2010 IV C 6-S 2240/09/10001, nv – Ausweichmöglichkeit s § 15 Rz 193; uU entfällt die Abfärbung bei Geringfügigkeit, vgl BFH VIII R 6/12 BStBl II 15, 996, *v Lersner* DStR 15, 2817, § 15 Rz 188). – *(3)* **Sonstiges. Miteinander verbundene Bauwerke** sind einheitl WG, wenn in der baulichen Verbindung ein einheitl Nutzungs- und Funktionszusammenhang zum Ausdruck kommt. AfA eines **Windparks** s BFH IV R 46/09 BStBl II 11, 692; BFH I R 57/10 BStBl II 12, 407; *Wischott/Nogens* DB 12, 1352; *Peetz* DStZ 13, 144. **Freistehende Gebäude** auf einem Grundstück sind idR selbständige WG (anders zu Garage BFH VIII R 179/79 BStBl II 84, 196). Ein grundlegender **Umbau** kann zu einem neuen WG Gebäude führen (vgl BFH VIII R 6/01 BStBl II 04, 783); zu Anbau als neues WG s BFH III R 49/06 BStBl II 07, 586; zu Ausbauten/Erweiterungen s § 7 Rz 84.

193 **c) Umfang der Aufteilung bei unterschiedl Gebäudenutzung.** Werden Gebäude teils eigenbetriebl, teils fremdbetriebl, teils zu eigenen und fremden Wohnzwecken genutzt, entstehen mindestens zwei, höchstens vier WG (EStR 4.2 IV; BFH **GrS** 5/71 BStBl II 74, 132 und GrS 5/97 BStBl II 99, 774; BFH III R 40/11 BStBl II 13, 340 zu Bauphase). Betriebl genutzte Teile sind grds BV, eigengenutzte Wohnungen grds PV, Vermietung kann betriebl und privat sein. Nach dem Grundsatz der Gebäudeeinheit (Rz 191) ist eine Aufteilung über zwei WG (BV/PV) hinaus pro Eigentümer (s Rz 134) auf Ausnahmefälle zu begrenzen, in denen sie (zB wegen unterschiedl AfA, s Rz 197) aus steuerrechtl Gründen geboten ist. Eine weitergehende Aufteilung eigenbetriebl genutzter Teile eines Grundstücks in mehrere WG ist – ohne Aufteilung in Teileigentum – grds nicht mögl (glA BFH III R 80/92 BStBl II 95, 72); ebensowenig bei Fremdvermietung an verschiedene Personen (EStR 4.2 IV 4). **Ausnahmen:** Keine Zwangsentnahme bzw Zwangseinlage durch *(1)* **Hinzuerwerb** eines weiteren Miteigentumsanteils im PV zu gewillkürtem BV-Anteil (BFH IV R 60/89 BStBl II 94, 559) und *(2)* **Nutzungsänderung** eines Gebäudeteils nach zunächst gemischter Nutzung (im gewillkürten BV keine Zwangsanpassung an den anderen Teil, s BFH XI R 31/03 BStBl II 05, 334 – BV neben PV –, BFH III R 4/04 BStBl II 05, 604 – PV neben gewillkürtem BV –; glA EStH 4.2 IV). **Räuml Verlagerungen** auf dem Grundstück haben mE keine bilanz- und gewinnmäßigen Auswirkungen (str, s Rz 302). **Wahlrecht § 8 EStDV** bei „geringfügigen Betriebsanteilen" s Rz 200; zu Altfällen einer überwiegend betriebl Nutzung Rz 202, EStR 4.2 X – auch zu Baudenkmalen in der LuF § 13 II Nr 2, IV.

194 **d) Sachl Zuordnung einzelner Gebäudeteile. – aa) Art der Aufteilung.** Wird ein Gebäude teils betriebl, teils privat genutzt (zwei WG), sind die dem BV oder PV zuzurechnenden Werte idR nach dem Größenverhältnis der für den einen oder den anderen Zweck eingesetzten Nutzflächen zu ermitteln (vgl BFH GrS 5/

97 BStBl II 99, 774; BFH VIII R 3/12 BStBl II 15, 382; s auch – gegen Verhältnis der Ertragswerte – BFH III R 20/99 BStBl II 03, 635).

bb) Aufteilung, § 12. Einzelne – nicht weiter aufteilbare – Räume als BV 195
müssen ganz überwiegend (idR über 90%) betriebl genutzt sein (wohl auch nach BFH GrS 1/06 BStBl II 10, 672; s auch zu bewegl WG Rz 206, EStR 4.2 I; häusl *Arbeitszimmer* s Stichwort Rz 520 und Rz 590 ff). *Geringwertige Gebäudeteile* s Rz 200.

cc) Unselbständige Gebäudeteile. Wenn sie *zwangsläufig* mehreren Zwecken 196
dienen (zB Treppenhaus, Fahrstuhl, Heizungsanlage, Hausmeisterwohnung; „Zubehörräume" iSv § 2 III Nr 1 WoFlV), sind sie nicht unmittelbar in diese Rechnung einzubeziehen, sondern nach dem ohne sie ermittelten Verhältnis entspr Rz 194 aufzuteilen (EStR 4.2 VIII 6; abw Wahlrecht zB für Lager/Arbeitszimmer im Keller s EStH 4.7 „Nebenräume", BFH X R 1/01 BStBl II 07, 304). BFH GrS 5/71 BStBl II 74, 132 – unter C II 3d – spricht von Zurechnung „entsprechend ihren Wertverhältnissen".

e) Rechtsfolgen der Aufteilung. – aa) Grundsatz. Gebäudeteile im Wohn- 197
haus, die selbständige WG des BV darstellen, sind mit allen Konsequenzen in die Gewinnermittlung einzubeziehen: **BE** s Rz 520 „Gebäude"; konkret zuzuordnende **BA** (zB Streichen des Büros; problematisch bei allg und unselbständigen Gebäudeteilen: zB bei Dachreparatur Aufteilung, bei Bürofenstерersatz mE voll BA, umgekehrt bei Schlafzimmerfenster keine anteiligen BA, sehr str; wie hier FG Mster EFG 98, 1000, rkr, für Aufteilung als Gebäudekosten FG Saarl EFG 93, 70, rkr, zu Zinsen für Privatanbau BFH VI R 49/95 BStBl II 95, 729; vgl auch FG BaWü EFG 95, 914, rkr, und FG Köln EFG 95, 913, rkr; zu durch Gebäudereparatur entstandenen Gartenschäden BFH VI R 27/01 BStBl II 04, 1071 – anteilig BA des Arbeitszimmers; glA zu Badezimmererneuerung FG Mster DStR 15, 1496, Rev VIII R 16/15 wegen Erhöhung eines etwaigen Entnahmewerts; fragl, abl zutr *Hilbertz* NWB 15, 1520; abl zu Dachaufteilung nach Installierung einer gewerbl Fotovoltaikanlage BFH X R 32/12 BFH/NV 15, 324; zu AfA s Rz 198; zu Versicherungen s Rz 269). Anteilige Aufdeckung der **stillen Reserven** bei Entnahme oder Veräußerung, auch im Falle der Zuordnung über EStR 4.2 X bis 1999 (s Rz 202). Nur im Ausnahmefall des § 8 EStDV (s Rz 200) folgt die Zurechnung der lfd Einnahmen und Ausgaben nicht der Zuordnung der Vermögensart; obwohl PV, fallen BE und BA an (EStR 4.7 II 4).

bb) Abschreibung. Bei der AfA können sich besondere Schwierigkeiten erge- 198
ben. IdR ist die AfA für jedes WG gesondert zu berechnen. Für **Betriebsvorrichtungen** (s Rz 191) und sonstige selbständige Einbauten uä WG sind die AK/HK gesondert zu ermitteln und – uU nach verschiedenen Methoden – abzusetzen (vgl BFH GrS 4/92 BStBl II 95, 281; Rz 133). Zerfallen Gebäude nur auf Grund unterschiedl Nutzung in mehrere WG (Rz 192 ff), ist die Bemessungsgrundlage zunächst auf die einzelnen WG aufzuteilen. Die AfA-Methode kann uU auseinander laufen (zB bei SonderAfA auf den Teil im BV, AfA § 7 I, II, Va auf bestimmte Teile, vgl § 7 Rz 21, FG Nds EFG 91, 15, rkr); die Bemessungsgrundlage kann sich ändern (zB durch nachträgl HK auf betriebl Teil). Darüber hinaus sollte man nach dem ursprüngl Gedanken der Gebäudeeinheit unterschiedl AfA-Methoden nur zulassen, wenn dies aus besonderen steuerl Gründen geboten ist (s Rz 193).

cc) Sonstiges. – ***(1)*** **Verlagerung von Betriebsteilen auf dem Grundstück** 199
als Einlage/Entnahme s Rz 302. – ***(2)*** **AfA nach Einlage/Entnahme** s Rz 741, 742, § 7 Rz 78.

f) Grundstücksteile von untergeordnetem Wert, § 8 EStDV, EStR 4.2 200
VIII. – aa) Inhalt der Ausnahmeanordnung. Grundstücksteile im Werte bis zu 20 500 € *und* 1/5 des Gesamtwerts sollen trotz eigenbetriebl Nutzung dem PV zuge-

rechnet werden können (**Wahlrecht** – „brauchen nicht"; gleichwohl BA-Abzug, EStR 4.7 II 4). Beide Wertgrenzen müssen eingehalten sein. Dabei ist bei Miteigentümern mE nur auf den Anteil des Betriebsinhabers abzustellen (zB bei Arbeitszimmer im Ehegattengebäude; EStR 4.2(8); s auch Rz 133 ff). Die Prüfung erfolgt zu jedem Bilanzstichtag neu (bei endgültiger Wertüberschreitung grds Einlage, s BFH VI 290/65 BStBl III 1967, 752; fragl bei geringfügiger und vorübergehender Grenzüberschreitung). Entscheidend ist der gemeine Wert des *ganzen* Grundstücks (GuB *und* Gebäude mit Außenanlagen, BFH IV R 55/74 BStBl II 80, 5; Zurechnung von Nebenräumen s EStR 4.2 VIII 6, Rz 196). Früher wurde in dem Absinken unter die Grenzen eine Entnahme gesehen (zB BFH IV R 99/63 S BStBl III 65, 46); seit dem Übergang zum Wahlrecht dürfte eine ausdrückl Entnahmehandlung des StPfl erforderl sein, s Rz 360 „Nutzung".

201 **bb) Kritik.** Die Anordnung war schon bisher weder als Vereinfachungs- noch als Billigkeitsregelung vertretbar, da sie der gesetzl Gewinnermittlung zuwiderläuft (PV trotz betriebl Nutzung, s Rz 20). § 4 I, IV verlangen die Einbeziehung des *gesamten* im Betrieb eingesetzten Vermögens, soweit es betragsmäßig ins Gewicht fällt. Durch **Einführung des Wahlrechts** unter **Betragsverdoppelung** ggü R 13 VIII EStR 96 sind diese Zweifel noch verstärkt worden. Anders als bei unteilbaren bewegl WG (Rz 206) entfällt durch Aufteilungsmöglichkeit eines Gebäudes in mehrere WG jegl sachl Veranlassung für das Wahlrecht.

202 **g) Altfälle bis 1998.** Privat genutzte Grundstücksteile konnten vor 1999 zum BV gezogen werden, wenn das ganze Grundstück mehr als zur Hälfte die BV-Voraussetzungen erfüllte (**EStR 13 X bis 1999;** s 23. Aufl). Die Regelung gilt für Altfälle fort **(EStR 4.2 X).**

206 **20. Gemischt genutzte bewegl WG.** S Rz 144, 620. – **a) Grundsatz der Unteilbarkeit.** Während Grundstücke strechtl mehrere WG darstellen können (s Rz 185 ff), lässt die hM eine reale Aufteilung bei bewegl WG nicht zu. Sie rechnet zB den betriebl und privat genutzten **Pkw** entweder voll dem BV oder voll dem PV zu (vgl BFH III B 152/13 BFH/NV 14, 1364; *Neufang/Haak* StBp 14, 291). Notwendiges BV liegt danach vor, wenn das WG nicht nur vorübergehend zu mehr als 50 vH betriebl genutzt wird oder von besonderer Bedeutung für die berufl Tätigkeit ist (vgl auch § 6 I Nr 4 S 2); die Art des WG hat dabei nur indizielle Bedeutung für die betriebl Nutzung (vgl zu Oldtimer BFH IV B 73/05 BFH/NV 07, 1106; *Eckert* DStR 12, 1119). IÜ begründet eine geringere betriebl Nutzung, soweit sie nicht von untergeordneter Bedeutung ist (unter 10 vH, EStR 4.2 I, einen betriebl Förderungszusammenhang, der die Einlage als gewillkürtes BV ermöglicht (zu **§ 4 III** BFH IV R 13/03 BStBl II 04, 985, Rz 167; **Nachweis** s FG RhPf EFG 11, 1313, bestätigt durch VIII R 12/11, nv, BeckRS 2013, 94963, FG Mchn DStRE 10, 394, rkr). Ein Absinken unter die 10 vH-Grenze führt nicht zur Entnahme (BFH VIII R 11/11 BStBl II 13, 117).

207 **b) Kritik.** Diese Auslegung bietet sich zwar nach dem Begriff des WG an, ist jedoch nicht zwingend, wie die Behandlung beim Gebäude zeigt (Rz 191). Bilanztechnisch wäre Aufteilung mögl, da nicht zB „1/2 Pkw", sondern anteilige AK bilanziert werden. Der Begriff WG ist dehnbar. Auch bei Nutzung für mehrere Einkunftsarten und beim nur im Betrieb eines Ehegatten genutzten Pkw, der im Eigentum beider Ehegatten steht, kommt man um eine Aufteilung nicht herum (Bilanzierung des ideellen Anteils, s Rz 134). § 12 steht jedenfalls dann nicht entgegen, wenn die Aufteilung der Aufwendungen zugelassen wird, wie zB beim Pkw (s Rz 212). Den Gewinnermittlungsgrundsätzen des § 4 I, IV würde eine Aufteilung besser gerecht (ausführl *Wassermeyer* DStJG 3, 331 ff; *Weber* StuW 09, 184/95).

208 **c) Auswirkungen.** Sie liegen weniger bei den lfd Aufwendungen als bei den Einnahmen einschließl der Realisierung der stillen Reserven:

- **Betriebsausgaben.** Durch anteilige Privatnutzung anfallende Aufwendungen sind keine BA (s § 12 Nr 1); sie werden einschließl der stets anfallenden fixen Kosten (Versicherung, Steuer) und der AfA entweder nicht als BA gebucht oder später als Nutzungsaufwandsentnahmen zugerechnet (BFH X R 1/92 BStBl II 94, 353; § 4 V 1 Nr 6, Rz 580 ff).
- **Betriebseinnahmen.** Einnahmen aus Nutzungsüberlassung werden nach Einordnung des WG besteuert (BE aus Vermietung gemischt genutzter Pkw im BV ohne Kürzung um Privatanteil). § 12 Nr 1 ist nicht einschlägig (vgl BFH VI R 48/99 BStBl II 03, 725).

– **Buchgewinne.** Hier gilt dasselbe. Wird der zu 60 vH betriebl, zu 40 vH privat genutzte Pkw über Buchwert veräußert, entsteht der Veräußerungsgewinn zu 100 vH im betriebl Bereich (BFH IV B 105/89 BFH/NV 91, 386) ebenso zu anteiligem AfA-Abzugsverbot nach § 4 V 1 Nr 7 BFH X R 14/12 BFH/NV 15, 973; Rz 564, 603. Eine fehlerhafte Berechnung und Aufteilung der AfA in Vorjahren, die zur Ansammlung stiller Reserven geführt hat, kann nicht über Aufteilung des Buchgewinns oder Vorwegabzug des Veräußerungsgewinns als BA korrigiert werden (BFH X R 1/92 BStBl II 94, 353; FG Mster EFG 96, 216, rkr).
– **Zerstörung.** Bei Zerstörung des Pkw auf Privatfahrt löst sich die Rspr für die Beurteilung der betriebl Veranlassung von der Bilanzierung (s Rz 121 zu BFH VIII R 48/98 BStBl II 04, 725 und zu Auswirkung der pauschalen Nutzungswertbesteuerung nach § 6 I Nr 4); fragl bei Zerstörung ohne unmittelbare betriebl oder private Veranlassung (vgl Rz 274 und 520 „Verlust" mwN). **Versicherungsentschädigung** s Rz 273.

d) Bedeutung des § 12. Die Vorschrift betrifft zwar unmittelbar nur die Aufteilung bzw den Abzug von Aufwendungen (Rz 208, 620). Wenn § 12 einschlägig ist, kann jedoch auch das WG mE nur dem PV zugerechnet werden. Die Bilanzierung solcher WG wäre schlicht sinnlos. Dieser Auffassung scheinen auch Rspr und Literatur zuzuneigen. *Beispiele:* Fernsehgerät eines Drehbuchautors (BFH GrS 3/70 BStBl II 71, 21); Wohnwagen eines Schaustellers (BFH IV R 159/74 BStBl II 75, 769); Landhausgrundstück (BFH I R 6/73 BStBl II 76, 179); Haushaltsmaschinen (FG RhPf EFG 80, 588, rkr; s aber Rz 628). 212

e) Gemischt genutzte GWG. S EStH 6.13: grds BV mit BA-Abzug der vollen AK/HK bis 410 € netto (nur 2008 und 2009 bis 150 €) und jährl Zurechnung eines privaten Nutzungsanteils. Fragl bei Sammelposten iSv § 6 IIa (alle WG bis 1000 €) – mE jährl Zurechnung der Nutzungsentnahme über Nebenrechnung (s § 6 Rz 606; so wohl auch *BMF* BStBl I 10, 755 Tz 18). 213

21. Betriebsvermögen und § 4 V. Dass Aufwendungen für ein WG nicht als BA abziehbar sind, soll die BV-Eigenschaft als solche nicht berühren (s Rz 208). So ist ein betriebl Gästehaus auch dann mit allen Folgen BV, wenn die Aufwendungen unter § 4 V 1 Nr 3 fallen (s Rz 563). Auch nach § 4 V 1 Nr 7 unangemessene BA stellen die BV-Eigenschaft des WG nicht in Frage, sofern die Anschaffung betriebl veranlasst war (s Rz 491, 603). Vgl Rz 599 zu Arbeitszimmer. BE s Rz 447. 216

22. Forderungen. – a) Zeitpunkt der Begründung. Es besteht ein unlösbarer Zusammenhang zw der Rechtsnatur der Forderung und des sie begründenden Vorganges. Eine Forderung entsteht notwendig als BV oder PV, je nachdem, ob die Entstehung betriebl veranlasst ist oder nicht. Das gilt auch bei § 4 III (s Rz 400). *Beispiele:* Die Forderung aus Warenverkauf entsteht notwendig als BV, die Forderung aus der Gewährung privater Darlehen notwendig als PV; die Forderung aus einer **Betriebsveräußerung** wird der Berechnung des Veräußerungsgewinns zugrunde gelegt. Sie entsteht daher mE zu diesem Zeitpunkt als BV und verliert diesen Charakter allenfalls durch endgültige Betriebsabwicklung (glA BFH II R 45/97 BFH/NV 00, 686; str, s Rz 400, § 16 Rz 381). 217

b) Spätere Veränderungen. – aa) Grundsatz. Eine Forderung behält ihre Rechtsnatur als BV/PV bis sie erlischt, sei es durch Zahlung, sei es durch Aufrechnung, Erlass oder Ausbuchung aus betriebl oder privaten Gründen. Die **Verpfändung** für private oder betriebl Zwecke ändert den Charakter als BV/PV nicht notwendig (s Rz 145). 218

bb) Entnahme. Die Abhängigkeit von dem Entstehungsgrund entfällt mE nach der Entstehung. **Werthaltige Forderungen** sind ihrer Natur nach ähnl vermögensneutral wie etwa Bargeld oder Wertpapiere. Es handelt sich um rechtl und wirtschaftl selbständige Vermögenswerte, deren späteres Verhältnis zum Betrieb losgelöst vom Entstehungsgrund zu prüfen ist. Der betriebl Zusammenhang einer solchen Forderung kann jederzeit durch private Verwertung gelöst werden – Entnahme in das PV mit allen Folgen und Risiken (str). *Beispiele:* Erlass aus privaten Gründen, Abtretung an Privatgläubiger. Die Gewinnrealisierung bei Überschuss- 219 rechnung (Rz 355) zeigt deutl, dass die Forderung selbst entnommen wird und nicht nur der Wert in Geld. Die Verlagerung betriebl Erträge in den Privatbereich durch Entnahme **zweifelhafter Forderungen** scheidet jedoch aus (s zu BE aus bestrittener, nicht aktivierbarer Forderung BFH IV R 37/92 BStBl II 94, 564).

220 **cc) Einlage.** In diesem Rahmen können privat begründete Forderungen in das BV eingelegt werden (str, s 16. Aufl). Allerdings sind dabei die **Grenzen der betriebl Veranlassung** zu beachten (s Rz 155 ff/157). **Beispiele:**

– Die **Zahlungsfähigkeit** des Schuldners darf nicht in Frage stehen, wenn die Forderung nicht anderweitig gesichert ist. Es müssen **übliche Vereinbarungen** über Verzinsung, Laufzeit bzw Kündigungsmöglichkeit getroffen sein.
– Der Unternehmer muss darlegen, welche **konkreten betriebl Gründe** ihn zu der Einlage veranlasst haben. Anders als bei Bargeld wird der allg Hinweis auf die Verstärkung des Betriebskapitals häufig nicht ausreichen, weil zunächst nur das Einzugsrisiko in den betriebl Bereich verlagert wird (bei Ausfall von BV-Forderungen Gewinnminderung; BFH III B 123/07 BFH/NV 09, 916). Ein Förderungszusammenhang kann zB durch Beseitigung eines akuten **Kapitalbedarfs** oder durch **Verpfändung** der Forderung für betriebl Zwecke hergestellt werden (Rz 151). IdR sollten auch steuerl anzuerkennende **Verwandtenforderungen** in das BV einlegbar sein (s Rz 221, 157, 520 „Angehörige" 5, str).

221 **c) Darlehensforderungen.** Sie sind notwendig BV, wenn die Gewährung des Darlehens auf einem Vorgang beruht, der in den betriebl Bereich fällt. Die Herkunft der Mittel ist nicht entscheidend (s Rz 146, 153). *Beispiele:* Der StPfl gewährt Darlehen, um eine andere betriebl Forderung zu retten (BFH XI B 25/07 BFH/NV 07, 1888), betriebl WG anzuschaffen oder die Anschaffung sicherzustellen (BFH I R 212/73 BStBl II 74, 734), Geschäfte anzubahnen, Kunden zu werben, den guten Ruf des Unternehmens zu bewahren. BV sind auch Darlehen eines Einzelhändlers an seine Wareneinkaufsgenossenschaft (s Rz 164). Die **Person** des Darlehensnehmers und seine Stellung zum Darlehensgeber lassen keine zwingende Schlussfolgerung auf die Darlehensnatur zu. **Beispiele:**

– Das Darlehen an die **Ehefrau/Kinder** kann uU BV sein (s Rz 520 „Angehörige" 5c);
– das Darlehen an eine **KapGes** oder Genossenschaft, deren Beteiligung im notwendigen BV gehalten wird, kann PV darstellen; die Rechtsnatur des Darlehens und der Beteiligung sind unabhängig voneinander zu prüfen (BFH IV R 185/71 BStBl II 76, 380 zu Darlehen eines Freiberuflers, dazu auch Rz 163). Darlehen des Ges'ters an die KapGes sind idR Fremdkapital und nicht **verdeckte Einlage** (s Rz 360) vgl Rz 253; Forderungsverzicht als Einlage s Rz 301.

222 **d) Forderungen Ges'ter/PersGes.** Sie werden grds gem § 15 I Nr 2 steuerl nicht berücksichtigt, vgl § 15 Rz 540 ff; zu Angehörigen s § 15 Rz 427. Anders Forderungen **PersGes/Ges'ter,** s § 15 Rz 629 ff, BFH IV R 64/93 BStBl II 96, 642.

223 **e) Forderungen aus Bausparverträgen.** Sie sind notwendig BV, wenn die Bausparsumme der Errichtung eines Betriebsgebäudes dient. Bei Errichtung eines gemischt genutzten Gebäudes besteht ein betriebl Förderungszusammenhang, so dass eine Einlage in das gewillkürte BV mögl ist. Notwendiges BV liegt selbst dann nicht vor, wenn die Kosten für den betriebl Gebäudeteil überwiegen, soweit die Baukosten für den Privatteil die Bausparsumme erreichen (BFH VIII R 168/83 BStBl II 89, 299). Vgl BFH VIII R 422/83 BStBl II 91, 765.

224 **f) Verweisungen.** Aktivierung von Forderungen s § 5 Rz 270, Bewertung s § 6 Rz 291, Forderungserlass bei § 4 III s Rz 400 (betriebl) und 355 (privat), zu Darlehensforderungen und Forderungsverlusten bei § 4 III Rz 371, 382, 520 „Verlust", zu Forderungen aus Bankguthaben Rz 238 ff, zu Forderungsverlust aus Betriebsveräußerung Rz 400.

226 **23. Verbindlichkeiten. – a) Entstehung.** Die Rechtsnatur einer Verbindlichkeit ist abhängig vom obj Anlass ihrer Entstehung. Eine notwendige Betriebsschuld liegt vor, soweit der auslösende Vorgang einen tatsächl oder wirtschaftl Zusammenhang mit dem Betrieb aufweist. *Beispiele:* Verwendung der Kreditmittel, um WG des BV anzuschaffen, herzustellen, zu erneuern, zu verbessern, um andere Betriebsschulden abzulösen bzw zu sichern, um dem Betrieb liquide Mittel zuzuführen, auch zur Bilanzverschönerung (sog **„window-dressing",** BFH I R 237/70 BStBl II 73, 136). Bürgschaftsverbindlichkeiten s Rz 232, Darlehensver-

bindlichkeiten Rz 233. Dieser Zusammenhang ist nach dem tatsächl Geschehensablauf aus **Sicht des Schuldners** zu beurteilen, der mit dem Einsatz von Eigenmitteln weitgehend den Bedarf an Fremdkapital steuern kann (s Rz 241). Ein **rechtl Zusammenhang** genügt ebenso wenig wie der Ausweis in der Handelsbilanz. *Beispiel:* Eine Privatschuld wird nicht durch hypothekarische Absicherung auf Betriebsgrundstück zur Betriebsschuld und umgekehrt; das privat belastete Grundstück bleibt BV und umgekehrt (vgl Rz 145, 360 „Belastung"). Bei **gemischter Nutzung eines WG** folgt die Behandlung der Verbindlichkeit idR der Behandlung des WG (BFH GrS 2–3/88 BStBl II 90, 817; BFH IV R 57/90 BStBl II 92, 141); vgl Rz 185 ff (Grundstück) und Rz 206 (bewegl WG); die Zinsen sind grds anteilig BA. Vgl zu **VuV** Rspr § 9 Rz 143. Schulden, deren Entstehung nicht betriebl veranlasst ist, gehören notwendig zum **PV:** BFH GrS 2–3/88 BStBl II 1990, 817; Rz 241, 275 und 480; dazu gehören auch **Zugewinnausgleichsschulden** (RsprÄnderung in BFH IX R 68/89 BStBl II 93, 434; s 20. Aufl); **sonstige Privatkredite** s etwa BFH IV R 63/88 BStBl II 91, 238 – Privatschuldablösung für Ehegatten –; BFH IV R 46/86 BStBl II 91, 514 – EStZahlung –; BFH VIII R 93/84 BStBl II 91, 516 – sonstige Entnahmefinanzierung.

b) Zinsen. Sie konnten früher nach der sog **SekundärfolgenRspr** trotz eines privaten Hintergrundes bei betriebl Veranlassung uU BA sein. Nach der RsprÄnderung Rz 226 entfällt dieser BA-Abzug. Vgl *BMF* BStBl I 94, 603 (ab 1995); § 16 Rz 593; § 9 Rz 154. Dagegen sind betriebl **Policendarlehen** auf Privatversicherungen – anders als die Versicherung selbst – nach wie vor BV (s Rz 275, 520, 524). **Weitere BA-Abzugsbeschränkungen** (welche die BV-Eigenschaft betriebl Schulden nicht in Frage stellen): **Überentnahmebesteuerung § 4 IVa** s Rz 522; **GewSt-Zinsen** s § 4 Vb, Rz 618; **Zinsschranke § 4h** (auch bei § 4 III), § 8a KStG; **eingeschränkte Verlustübertragung** §§ 8 IV/8c KStG, §§ 4 II, III, 12 III, 15 III, 20 IX, 24 VI UmwStG; **Mindestbesteuerung** § 10d II. 227

c) Spätere Veränderungen. – aa) Grundsatz. Verbindlichkeiten bleiben so lange BV/PV, bis sie erlöschen (BFH GrS 2–3/88 BStBl II 90, 817 unter C II 3b). Zum Erlass bei § 4 III vgl Rz 404 (betriebl Gründe) und Rz 356 (private Gründe). Eine Verbindlichkeit verliert ihre Abhängigkeit vom Entstehungsgrund nicht durch Willensentscheidung des StPfl, Betriebsaufgabe (vgl BFH I R 205/85 BStBl II 90, 537; s auch Rz 486 und 520 „Schuldzinsen"), Betriebseinbringung in PersGes (BFH IV R 131/91 BStBl II 93, 509) oder durch **Ablösungsdarlehen** (BFH VIII R 42/98 BStBl II 00, 390 mwN). Wie das finanzierte WG bleibt die Verbindlichkeit auch nach Einstellung der betriebl Nutzung (ohne Veräußerung/Entnahme), Verlust oder vollständiger Abschreibung des WG BV (s Rz 121, 533; *BMF* BStBl I 00, 1118 zu Policendarlehen). Nach ganz hM gibt es **keine gewillkürten Betriebsschulden** (BFH GrS 2–3/88 BStBl II 90, 817 unter C. II. 3.a; BFH X R 5/11 BFH/NV 14, 1018; s auch Rz 233). Verbindlichkeiten sind zwar zu bilanzierende WG, im Gegensatz zu Forderungen jedoch keine Vermögenswerte, die einen betriebl Förderungszusammenhang begründen könnten (Rz 142 ff, auch nicht iSv § 240 I HGB). Der Tilgung einer Betriebsschuld mit Privatmitteln geht eine Geldeinlage voraus, der Tilgung einer Privatschuld mit betriebl Mitteln eine Geldentnahme. 228

bb) Ausnahmen. Das bedeutet nicht, dass die Rechtsnatur einer Schuld nicht wechseln könnte. Die **Umwandlung** einer Betriebsschuld in eine Privatschuld **(Entnahme)** und umgekehrt **(Einlage)** ist mögl, wenn sich die ursprüngl Veranlassung ändert, sei es durch Verwendung betriebl aufgenommener Kreditmittel für nichtbetriebl Zwecke (oder umgekehrt), sei es iZm der Entnahme/Einlage des mit diesen Mitteln angeschafften WG (s Rz 231). Das gilt mE entgegen EStR 4.2 (15) grds für UV wie für AV (*Beispiel:* Grundstückshändler entnimmt Grundstück des UV für Privatzwecke: die Schuld wird PV; der BA-Abzug späterer Zinsen entfällt). **Sonstige Schuldumwandlungen** s Rz 400, 487, § 9 Rz 99. 229

230 **cc) Höhe einer Entnahme/Einlage.** Diese entscheidet sich bei Änderung des Verwendungszwecks nach dem Umfang der Veränderung. Beim Wechsel zusammen mit einem WG kann die ganze Verbindlichkeit zu überführen sein. Sind jedoch die finanzierten Aufwendungen für die Anschaffung des WG zeitbezogen (abnutzbare WG des AV) dürfte das auch für die wirtschaftl damit zusammenhängende Verbindlichkeit gelten. Während ein Kredit für die Anschaffung von Waren oder nicht abnutzbaren WG des AV bei Überführung des WG in das PV voll PV wird, bleibt zB ein offener PkwKredit mit dem Anteil BV, der auf die Zeit der betriebl Nutzung entfiel. In diesem Umfang wird die ursprüngl Veranlassung durch den Wechsel des Pkw nicht mehr berührt. Rückständige Zinsen bleiben mE insoweit BA (s auch Rz 231). Die Restschuld wird zusammen mit dem Pkw PV.

231 **dd) Sonstiges.** Bei **Veräußerung des auf Kredit erworbenen WG des BV** gelten mE ähnl Grundsätze wie bei der Betriebsveräußerung. Die Schuld ist mit dem Kaufpreis zu verrechnen; eine übersteigende Restschuld bleibt BV, die Zinsen BA. Die Entnahme des Veräußerungserlöses wirkt sich über § 4 IVa aus (s Rz 522 ff). **Rückständige Zinsen,** die im BV angelaufen sind, können BA bleiben (s Rz 230, 486, auch zu Betriebsübertragung). **Umschuldungen** s Rz 229.

232 **d) Bürgschaftsverbindlichkeiten.** Es gelten ähnl Grundsätze. Bei betriebl veranlasster Übernahme handelt es sich um **notwendiges BV.** *Beispiele:* Sicherung einer Geschäftsverbindung, Existenzbedrohung, entgeltl Übernahme mit Gewinnerzielungsabsicht (zB BFH IV R 42/96 BFH/NV 97, 837; s auch zu WK § 19 Rz 110); zu Betriebsaufspaltung BFH VIII R 27/00 BStBl II 02, 733. Ohne betriebl Veranlassung liegt **PV** vor, auch im Verhältnis PersGes – Ges'ter (BFH I R 136/74 BStBl II 76, 668) und Ges'ter – PersGes (BFH IV R 37/89 BStBl II 91, 64; s auch Rz 222). **Einlage** scheidet jedenfalls dann aus, wenn sich bereits Verluste abzeichnen (BFH IV R 2/90 BStBl II 91, 786; Rz 155).

233 **e) Darlehensverbindlichkeiten.** Hier deutet die Rspr begrenzte Ausnahmen von dem Grundsatz an, dass Verbindlichkeiten nicht gewillkürtes BV sein können (BFH I R 101/81 BStBl II 85, 510, mwN – schenkweise Begründung). IÜ gelten die allg Grundsätze (Rz 226; zu schädl Darlehen Tz 157). Die **Buchung** ist nicht entscheidend (s Rz 241 und 360). Es kommt nicht auf die Person des Darlehensgebers und dessen Beweggründe an, so dass Darlehensverbindlichkeiten ggü **Familienangehörigen** BV (und damit Zinsen BA) sein können, soweit die Darlehensaufnahme betriebl veranlasst ist (Rz 226, 153; BFH IV R 17/89 BStBl II 91, 18, Rz 520 „Angehörige", § 15 Rz 740 ff).

234 **f) Verbindlichkeiten nach Betriebsbeendigung.** S Rz 400, 486, § 16 Rz 350 ff sowie 23. Aufl Rz 234–236.

238 **24. Geldbestände; Bankverbindlichkeiten. – a) Geldbestände.** Bargeld, Bank- und Postscheckguthaben können BV sein; der betriebl Zusammenhang kann allerdings jederzeit gelöst werden. Das Entgelt aus betriebl Vorgängen fließt als BV zu. Es bleibt bei **§§ 4 I/5** BV, solange es nicht für außerbetriebl Zwecke aus der geschlossenen Kassenführung entnommen wird. Bei **§ 4 III** ist die Zurechnung von Geld zum BV zweifelhaft. Die Tendenz geht wohl dahin, Geld hier nur als eine Art Gewinnberechnungseinheit zu betrachten und die betriebl Veranlassung einzelner Vorgänge unabhängig davon zu beurteilen (vgl Rz 382 zu Geldverlusten; s aber zu § 4 IVa 6 Rz 534); das Entgelt aus betriebl Vorgängen wird bei Zufluss als BE erfasst und geht dann unmittelbar in das PV über (Rz 347, 354, 380; s aber Rz 153 zu Anlage im BV), jedenfalls soweit keine geschlossene Kassenführung besteht. IÜ können Privatgelder jederzeit in das BV **eingelegt** werden, da sie das Betriebskapital verstärken. *Pläne* über die spätere Verwendung der Mittel bewirken noch keine Entnahme oder Einlage.

239 **b) Bankkonto. –** ***(1)*** **Forderungen** gegen die Bank können wie Geldbestände (Rz 238) zum BV gehören. Die Verbuchung von Privateinnahmen auf dem Betriebskonto führt zur Einlage der Geldmittel, die Verbuchung von Privatausgaben zu deren Entnahme (BFH VIII R 61/96 BFH/NV 99, 463). – ***(2)*** **Bankschulden:** Der Entstehungsgrund ist nach allg Grundsätzen zu prüfen (Rz 226). Bei betriebl

Veranlassung ist die Kreditaufnahme idR gewinnneutral (bei §§ 4 I/5 Passivierung der Verbindlichkeit, Aktivierung der Valuta oder Wegfall einer anderen Verbindlichkeit, zu § 4 III s Rz 382). Gewinnauswirkung nur hinsichtl der Zinsen und Gebühren. – *(3)* **Das Bankkonto selbst** dient nur als **Rechnungsabschlussgrundlage;** unabhängig vom Zivilrecht enthält der Schuldensaldo nur das vom ursprüngl Rechtsgrund der einzelnen Zahlungen gelöste Saldoanerkenntnis durch gewinnneutrale Buchung (vgl § 355 I HGB, BFH GrS 2–3/88 BStBl II 90, 817 unter C II 4 und Anm c zu Kontokorrent).

c) Gemischte Kontokorrentkonten; Mehrkontenmodelle. Rspr **BFH GrS** 2–3/88 BStBl II 90, 817, BFH GrS 1–2/95 BStBl II 98, 193; *BMF* BStBl I 93, 930 idF BStBl I 00, 588 Tz 39 (Aufhebung von Tz 8–10 aF). Gesetzesentwicklung zur allg Beschränkung des Schuldzinsenabzuges als BA durch **§ 4 IVa** s unten Rz 243 und 522 ff. – **aa) Veranlassungsgrundsatz.** Die lange str Behandlung der Schuld als BV und der Zinsen als BA hat der **GrS** aaO wie folgt geklärt: Jedem StPfl steht es grds frei, seinen Betrieb ganz oder zT fremd zu finanzieren (gesetzl Einschränkungen s Rz 227). Wie bei anderen Schulden (s Rz 226) ist jedoch nur der betriebl Teil eines Kredits BV und nur der entspr Zinsanteil BA. Die entscheidende Frage, ob ein wirtschaftl Zusammenhang zw Zinsen und Betrieb besteht, ist danach zu beurteilen, inwieweit die Entstehung der Schuld durch den Betrieb veranlasst ist (BFH GrS 2–3/88 BStBl II 90, 817 unter C II). Maßgebend ist allein der tatsächl Verwendungszweck der Darlehensmittel als auslösendes Moment *jeder einzelnen* Darlehensaufnahme bzw Krediterhöhung (BFH GrS 1–2/95 BStBl II 98, 193). Diesen Konflikt hat die Rspr zu Gunsten des **Fremdfinanzierungswahlrechts** gelöst: Ein für betriebl Zahlungsverkehr eingerichtetes Kontokorrentkonto verliert seinen betriebl Charakter nicht bereits dadurch, dass Privatentnahmen über das Konto getätigt werden. § 12 ist nicht einschlägig (s Rz 245). Das gilt auch bei Darlehensgutschrift (BFH IV R 80/99 BFH/NV 01, 902). Andererseits schafft die **Buchung** über ein betriebl Konto noch keine betriebl Veranlassung, auch **keine Vermutung** dafür, wohl auch keine Indizwirkung. Unbeachtl sind die **Art der Gewinnermittlung** (zu §§ 4 I/5 und § 4 III BFH GrS 2–3/88 BStBl II 90, 817; zu § 13a BFH IV R 103/87 BFH/NV 91, 805), der **handelsrechtl Bilanzausweis** und **wirtschaftl Alternativlösungen** (wie die Möglichkeit, fremdfinanzierte Aufwendungen durch eigene private oder betriebl Mittel zu bestreiten, GrS aaO). Der StPfl hat grds die **Wahl,** Privataufwendungen über Darlehensaufnahme zu finanzieren (auch bei Belastung eines Betriebskontos kein BV, keine BA, vgl BFH IV R 46/86 BStBl II 91, 514; BFH XI R 74/00 BFH/NV 02, 188; Rz 233) oder aber dafür **im Betrieb vorhandene Mittel** zu entnehmen und gleichzeitig weitere – nicht bereits getätigte, eigenfinanzierte – betriebl Aufwendungen über Betriebsschulden (und BA) zu bestreiten; uU entscheidet die richtige **Gestaltung** (Bargeldentnahme oder Zahlung der Privatschuld über Betriebskontenentnahme mit späterer Finanzierung betriebl Vorgänge führt zu BA, nicht Finanzierung des Privataufwandes). Solche Gestaltungsmöglichkeiten werden estl beachtet (BFH GrS 2–3/88 BStBl II 90, 817 unter C II 4b/cc; BFH IV R 25/07 BStBl II 08, 715) und sind unabhängig von der wirtschaftl Veranlassung (auch bei zeitl Nähe und betragsmäßige Übereinstimmung mit Privatschuldtilgung) in den Grenzen von Rz 242 grds nicht missbräuchl nach § 42 AO, zB bei Privathausbau mit entnommenen 1 Mio € aus der Betriebskasse und gleichzeitiger „Betriebsschuldaufnahme" von 1 Mio €. Entscheidend ist allein der Nachweis der tatsächl betriebl Darlehenszuordnung, der Finanzierung von Betriebsschulden und des Vorhandenseins entnahmefähiger betriebl Eigenmittel (Rz 242). 241

bb) Grenzen; Rspr zu BA bei Sollsaldo. Der BFH übernahm diese Grundsätze unabhängig von dem tatsächl Schuldgrund auch für die Fälle, in denen durch private Entnahmenfinanzierung über ein Betriebskonto ein **Sollsaldo** entstand (GrS 1–2/95 BStBl II 98, 193 im Anschluss an BFH GrS 2–3/88 BStBl II 90, 242

817). Die Überziehungsmöglichkeit wurde durch Billigung der sog **Mehrkontenmodelle** erleichtert (reines BA-Konto, privat belastbares BE-Konto, dazu uU noch ein reines Privatkonto, s auch Rz 243, 244, 522). Die schädl **Grenze zur privaten Entnahmenfinanzierung** zog der **GrS** erst, wenn dem Betrieb keine entnahmefähigen Finanzmittel mehr zur Verfügung stehen und die Entnahme nur dadurch mögl wird, dass Darlehensmittel in das Unternehmen fließen (BStBl II 98, 193 unter B I 6 mwN), wenn also eine betriebl Fremdfinanzierung ausscheidet und nicht Eigen- durch Fremdkapital ersetzt wird, sondern Entnahmen durch Darlehensmittel finanziert werden. Vgl auch die Folgeurteile 29. Aufl. Die vorher vom I. Senat vertretene *automatische* wirtschaftl **Umschuldung** von privaten in betriebl Kontokorrentschulden hat der GrS zwar nicht gebilligt, wohl aber die *tatsächl* nachträgl Umschuldung, unabhängig von der Aufteilung auf mehrere Konten (GrS BStBl II 98, 193 unter B II; s auch Rz 400 und 487). **Habenbuchungen** sind im Zweifel automatisch mit privaten Schuldenteilen zu verrechnen (GrS BStBl II 98, 193 unter B I 3; ebenso jetzt § 4 IVa: „Unterentnahme" als Gewinn oder Einlage). Diese Grundsätze gelten auch für **PersGes'ter** (vgl Rz 535 und 27. Aufl).

243 cc) **Fortgeltung dieser Rechtslage trotz Gesetzesänderungen durch § 4 IVa.** Diese allg Veranlassungsgrundsätze auf der Basis des **freien Finanzierungsbestimmungsrechts** des Unternehmers mit Eigen- oder Fremdkapital hatte § 4 IVa idF StEntlG 99 vorübergehend in Frage gestellt, soweit einzelne Belastungen iZm privaten Zahlungsvorgängen zu einem Sollsaldo führten (s 18. Aufl Rz 243 ff). Diese Vorschrift hatte sich als unhaltbar und nicht praktikabel erwiesen und ist schließl in **§ 4 IVa nF rückwirkend** durch eine völlige **Neuregelung zur Begrenzung des Schuldzinsenabzuges** ersetzt worden (s Rz 522 ff). Es wird jetzt nicht mehr auf einzelne Zahlungsvorgänge abgestellt, sondern auf die gesamte Eigenkapitalentwicklung seit Betriebseröffnung (bzw seit 1.1.1999). Der StPfl kann entspr der GrS-Rspr auch ab 1999 ohne steuerl Nachteile wählen, ob er seinen Betrieb mit Eigen- oder Fremdkapital finanzieren will; er kann auch nachträgl Eigenkapital durch Fremdkapital ersetzen (vgl BFH IV R 25/07 BStBl II 08, 715). BE mindern im Zweifel die Privatschulden. Die Rspr zu Mehrkontenmodellen gilt weiter (s Rz 242; zu Vorschlag eines **„umgekehrten Zwei-Konten-Modells"** s Rz 522). Die Problematik der Zuordnung einzelner Zahlungsvorgänge auf gemischten Konten zum betriebl oder nichtbetriebl Bereich besteht unverändert fort (s Rz 244 ff). Die betriebl Veranlassung des Zinsanfalls ist trotz § 4 IVa Primärvoraussetzung für den BA-Abzug, der dann durch § 4 IVa begrenzt ist (s Rz 522).

244 dd) **Aufteilung (Grundsatz; Möglichkeiten; Grenzen).** Bei Kontenüberziehung sind alle betriebl von den privaten Belastungen zu trennen, am besten durch Abwicklung über **getrennte Konten** (mindestens ein Betriebskonto für jeden Einzelbetrieb für BE und BA und ein Privatkonto – **„Zweikontenmodell",** s Rz 242, FG Mchn EFG 05, 422, rkr). Dann entfällt jede weitere Aufteilung. Dies ist ratsam, um die sich sonst ergebenden Aufteilungsprobleme und -nachteile zu vermeiden. Eine getrennte Aufzeichnung oder eine spätere Aufteilung aller Vorgänge in – mindestens – **zwei Unterkonten** in der Buchführung des StPfl genügt, sogar in Form einer – belegbaren – Kennzeichnung der einzelnen Buchungen durch besondere **Symbole** (s *Weber* DStZ 91, 611). *Zwingende* Voraussetzung für die Aufteilung und den BA-Abzug ist dies nicht (s BFH XI R 19/95 BFH/NV 98, 1342). **Andernfalls** ergeben sich aber praktisch kaum lösbare **Aufteilungs- und Zuordnungsprobleme,** die idR den StPfl treffen (Rz 246). Grds ist jeder einzelne Debetzwischensaldo (nicht Tagessaldo, BFH IV R 97/82 BStBl II 91, 226) nach der **Zinszahlenstaffelmethode** entspr den privaten und betriebl Sollbuchungen dem jeweiligen Bereich zuzuordnen. Jedes Mischkonto ist rechnerisch in zwei Unterkonten zu zerlegen, die unter Beachtung des Zeitmoments fortgeführt werden. Habenbuchungen s Rz 242. *Berechnungsbeispiele* s GrS 2–3/88 BStBl II 90, 817 unter C II 5c, e, BFH IV R 87/88 BFH/NV 92, 12, *Söffing* BB

99, 929/31. **§ 12 Nr 1 S 2** steht der Aufteilung dann nicht entgegen, wenn einzelne Buchungen ausschließl einen bestimmten Bereich betreffen (GrS BStBl II 90, 817, Rz 241).

ee) Folgen eines fehlenden Aufteilungsnachweises; Schätzung. Die betriebl Veranlassung jeder einzelnen Buchung hat der StPfl im Zweifel darzulegen und glaubhaft zu machen, uU nachträgl (BFH IV R 20/89 BFH/NV 91, 731); ihn trifft ggf die **Feststellungslast** (s auch Rz 31). In diesem Rahmen kann ohne Einzelkennzeichnung und Berechnung durch den StPfl eine **schätzungsweise Aufteilung** durch FA/FG mögl und geboten sein, vor allem bei zahlenmäßig oder zeitl geringfügigen privaten Belastungen (vgl BFH XI R 19/01 BFH/NV 04, 1277). Die Aufteilungspflicht von FA/FG im Schätzungswege findet ihre **Grenze** an der bei solchen Zuordnungsfragen **gesteigerten Mitwirkungspflicht** des StPfl. Mit dem Umfang der privaten und betriebl Buchungen wächst die Obliegenheit des StPfl, selbst für die Beschaffung geeigneter Zuordnungsunterlagen Sorge zu tragen. Von einfachen Ausnahmefällen abgesehen wird es dem Betriebsprüfer, der Veranlagungsstelle des FA oder dem FG idR nicht zuzumuten sein, den Aufteilungsmaßstab durch Prüfung der einzelnen Buchungen (deren Art der Veranlassung oft nur der StPfl selbst kennt) selbständig zu ermitteln. Bei gleich bleibenden Verhältnissen und geringen Privatvorgängen kann es genügen, wenn der StPfl eine (nachprüfbare) Berechnung für einen oder einzelne typische **Zeitabschnitte** erstellt (vgl zu allem – auch zu Schätzungsmethoden – GrS BStBl II 90, 817 unter C II 5h, 6, 7; BFH IV R 97/82 BStBl II 91, 226). 246

25. Beteiligungen

Schrifttum: *Carlé/Bauschatz* KapKonten bei PersGes, FR 02, 1153; *Dietl* Bilanzierung von Anteilen an PersGes, DStR 02, 2140; *Thiel* in FS L. Schmidt S 569; *Wassermeyer* in FS L. Schmidt S 621 – eigene Anteile an KapGes; *Ludwig* DStR 03, 1646 (Eigene Anteile im BV einer KapGes); Hinweise 26. Aufl, § 5 Rz 270 „Beteiligung", § 15 Rz 690.

a) Begriff. Beteiligungen setzen den Erwerb gesellschaftsrechtl Befugnisse an PersGes oder KapGes zur Herstellung einer dauernden Unternehmensverbindung voraus (idR ab 20 vH, § 271 HGB). Anders als bei § 17 handelt es sich bei mehreren Aktienbeteiligungen grds um einheitl WG „Beteiligung" (BFH VIII R 126/75 BStBl II 79, 77 mit Abgrenzung BFH VIII R 26/03 BStBl II 06, 22; s auch § 15 II GmbHG zur Selbständigkeit einzelner GmbH-Anteile). Vgl Beispiele Rz 164 und 252 und BFH VIII R 37/92 BStBl II 94, 444 unter 4a. 250

b) Beteiligung an PersGes iSv § 15. Sie gehört stets zum notwendigen BV iRd PersGes (vgl § 15 I Nr 2, § 16 I Nr 2), und zwar in der Weise, dass der Ges'ter an allen WG beteiligt ist, die sich im BV der Ges befinden. Auch wenn die Beteiligung zum BV eines Einzelunternehmens oder einer KapGes gehört, kommt ihr für die ertragsteuerl Gewinnermittlung keine weitere Bedeutung zu. Sie wird nicht als solche bilanziert. Vgl § 15 Rz 690; BFH X B 208/10 BFH/NV 11, 1868. Dagegen sind Beteiligungen an einer **vermögensverwaltenden Zebragesellschaft** – bzw die Anteile an den einzelnen WG – anteilig im BV der gewerbl Beteiligten zu erfassen (ESt und GewSt; vgl BFH IV R 44/09 BStBl II 13, 142 mit Anm *Sanna* NWB 12, 3156; FG Mchn EFG 02, 420, rkr; zu Verfahren s Rz 257). 251

c) Beteiligung an KapGes. Diese kann beim Ges'ter notwendiges oder gewillkürtes BV (in einem anderen Betrieb) oder PV (vgl § 20) sein (s *Ritzrow* StBp 13, 349 und 14, 11; zu SonderBV *Schulze zur Wiesche* DStZ 15, 929). Die Höhe der Beteiligung ist idR nicht ausschlaggebend (BFH XI R 18/93 BStBl II 94, 296), aber uU Indiz in Zweifelsfällen (s auch Rz 250). Aufteilung in BV und PV kommt idR nicht in Betracht (s Rz 250); betriebl Veranlassung ist nicht erforderl (BFH I R 16/73 BStBl II 76, 188). **Notwendiges BV** ist anzunehmen, wenn die Anschaffung betriebl veranlasst ist, dh wenn die Beteiligung nach Art und tatsächl Betriebsführung besonderes Gewicht für die Betriebsführung hat und der Stärkung 252 der unternehmerischen Position dient (s Anm d) oder als Honorarersatz geleistet wird (BFH XI R 39/01 BFH/NV 04, 622; BFH VIII R 19/08 BFH/NV 11, 1311; s auch Rz 164). Ob diese Voraussetzungen vorliegen, ist Tatfrage (BFH IV R 19/02 BStBl II 04, 280, BFH X B 268/07 BFH/NV 09, 162). Eine *qualifizierte* Förderung (zB BFH VIII R 159/85 BStBl II 87, 257) ist nicht zwingend erforderl (vgl BFH XI R 52/01 BStBl II 03, 658, Anm *Weber-Grellet* NZG 03, 808). Normale Geschäftsbeziehungen als Lieferant, Abnehmer, Kreditgeber, Schuldner, Bürge, Verpächter, Pächter einzelner WG oder die organisatorische oder finanzielle Unterstützung oder Zusammenarbeit (zB gemeinsamer Bürobetrieb) reichen jedoch idR nicht aus, um ohne Buchung notwendiges BV anzunehmen (zB BFH XI R 36/88 BStBl II 92, 721; BFH IV R 2/90 BStBl II 91, 786); auch nicht bei Branchengleichheit der Unternehmen, s FG Bln EFG 85, 385, rkr. Anders aber bei wesentl Absatzförderung durch die KapGes (BFH X R 32/05 BStBl II 09, 634). **Gewillkürtes BV** ist iRv Rz 111 ff/155 ff mögl (s Rz 151). Zeitl Grenze: Betriebsaufgabe (s BFH X R 128/84 BFH/NV 96, 877).

253 **d) Sonstige Einzelfälle notwendigen Betriebsvermögens** (Rz 164, 252):

- Beteiligung des Besitzunternehmens an Betriebsunternehmen (**Betriebsaufspaltung/mittelbare Beteiligung,** s BFH X R 2/10 BStBl II 13, 907 mit Anm *Teller* HFR 13, 1093; *Prinz* DB 14, 1218; 31. Aufl; *FinVerw* FR 12, 976; § 15 Rz 873 mwN); **Grundstücke** als wesentl Betriebsgrundlage s BFH IV R 11/13 BFH/NV 15, 1398, DStR 15, 2424 mit Anm *Kessler.*
- **Organschaftsanteile** als BV beim Organträger s BFH IV R 12/03 BStBl II 06, 361;
- Beteiligung gewerbl **Maler an WohnbauGmbH** (BFH X R 46/94 BFH/NV 96, 393) oder **Kunsthändler** an AuktionsGmbH (FG Nds EFG 97, 50, rkr), Rz 164;
- Beteiligungen im **SonderBV** eines K'tisten s BFH IV R 65/07 BStBl II 09, 371; BFH IV R 13/08 BFH/NV 12, 1112; *Schulze zur Wiesche* DStZ 15, 929 – dies gilt allerdings nicht für Minderheitsbeteiligungen (BFH IV R 1/12 BStBl II 15, 705 mit Anm *Wit* DStR 15, 1362; *Wendt* FR 15, 849); vgl auch BFH VIII R 6/12 BStBl II 15, 1002;
- Beteiligung des K'tisten einer **typischen GmbH & Co KG** an der GmbH (BFH VIII R 12/99 BStBl II 01, 825; § 15 Rz 714). Tritt die GmbH nicht als Komplementärin der KG auf, ist, wie in anderen Fällen, in denen sich ein Einzelunternehmer an einer KapGes beteiligt, auf Grund einer Gesamtwürdigung aller Umstände des Einzelfalles zu prüfen, ob die unternehmerischen Beziehungen zu der KapGes so eng sind, dass die Beteiligung unmittelbar zur Stärkung der unternehmerischen Position eingesetzt werden soll, vgl BFH VIII R 2/87 BStBl II 93, 328; BFH IV R 51/08 BFH/NV 12, 723; BVerfG DStR 93, 603; zu **doppelstöckiger GmbH & Co KG** BFH VIII R 14/87 BStBl II 91, 510 (Beherrschung). Das gilt nicht für Aktien bei KGaA (BFH X R 14/88 BStBl II 89, 881 unter 4);
- **GmbH-Beteiligung des atypisch stillen Ges'ters als BV** s § 15 Rz 340 ff, BFH IV R 18/98 BStBl II 99, 286;
- **GmbH-Beteiligung beherrschender geschäftsführender Ges'ter** ist nach bislang hM idR PV, ihre – angemessene – Tätigkeitsvergütung ArbLohn. Bei der Tätigkeitsvergütung macht der BFH im Anschluss an das BSG auch strechtl eine Wende: Nach BFH VIII R 34/08 DStR 11, 911 sind zu mindestens 50 vH des Stammkapitals beteiligte GmbH-Ges'tergeschäftsführer idR nicht ArbN, sondern Selbständige iSv § 15 I Nr 1 (vgl auch § 15 Rz 12, 90). Ob ihre Beteiligung dadurch notwendig BV wird, ist offen, wird aber zunehmend vertreten (s *Seer* GmbHR 11, 225 und GmbHR 12, 563; *Müller* DB Heft 3/08 S. M 7; aA *Schothöfer* GmbHR 12, 559). Eine solche RsprÄnderung würde folgerichtig die bisherige Zwitterstellung beseitigen und – vor allem beim Alleinges'ter – an die tatsächl beherrschende Position anpassen. Sie würde auch den Übergang zur BetrAufspRspr und zur (gewerbl fingierten) Beteiligungsveräußerung nach § 17 sowie zu § 32d II Nr 3 erleichtern;
- Behandlung von **Darlehen Ges'ter/KapGes als verdecktes Stammkapital** s 23. Aufl, § 4h, § 8a KStG.

256 **e) Gewillkürtes BV.** Es kann gebildet werden, soweit nicht Verluste in den betriebl Bereich verlagert werden (s Rz 150, 157, 158; BFH IV R 14/07 BStBl II 10, 227).

257 **f) Rechtsfolgen. – aa) Beteiligungen im BV.** Veräußerungsgewinne und -verluste sind betriebl veranlasst (zu Beteiligungsverlusten s Rz 520 „Verluste"). Aufwendungen und Vermögensverluste mindern den Gewinn (zu § 4 III s Rz 398, zu TW-AfA § 5 Rz 270 „Beteiligung an PersGes" und § 6 Rz 330). Lfd Erträge

sind Gewinn, bei der PersGes über § 15 I 1 Nr 2 iHd anteiligen GesGewinns, bei der KapGes über § 20 VIII iVm § 15 iHd ausgeschütteten Gewinnanteils einschließl KapESt (§ 12 Nr 3). **§ 32d** ist im BV nicht anwendbar. **Zeitpunkt der Gewinnzurechnung:** – Bei **Beteiligung an PersGes** Ende des Wj der Ges, auch für SonderBE (§ 5, s § 15 Rz 441 und 576, § 4a II Nr 2 – Anteilsveräußerung s § 4a Rz 23 mwN), auch bei verweigerter Auszahlung (BFH VIII R 112/09 BStBl II 12, 207) und bei Betriebsveräußerung (§ 16 II 2, § 16 Rz 220). Das Verfahren der Gewinnermittlung bei betriebl Beteiligung an **vermögensverwaltender PersGes** (s Rz 251, § 15 Rz 202 ff) ist geklärt durch BFH GrS 2/02 BStBl II 05, 679 (Entscheidung durch Wohnsitz-FA über Art und Höhe der Einkünfte; s auch *Steger* DStR 09, 784, *Pyszka* DStR 10, 1372, Anm 26. Aufl). – Bei **Beteiligung an KapGes** grds Zeitpunkt des Gewinnverwendungsbeschlusses (s § 5 Rz 270 „Dividendenanspruch"), bei § 4 III grds Zeitpunkt des Zuflusses (§ 11 I); Ausnahmen bei beherrschenden Ges'tern vgl § 20 Rz 21 (Ende der vorherigen phasengleichen Besteuerung im Konzern). KapESt wird auf die ESt angerechnet (§ 36 II Nr 2). Teileinkünftebesteuerung § 3 Nr 40 s bei § 3.

bb) Beteiligungen im PV. Sie führen zu KapEinkünften iSv § 20. Der Veräußerungsgewinn war bis 2008 allenfalls nach §§ 17/23 zu versteuern, ab 2009 statt nach § 23 nach § 20 II. Die Teileinkünftebesteuerung (§ 3 Nr 40, § 3c II; s § 3) ist im PV – außer § 17 – ersetzt durch das Abgeltungsverfahren (§ 32d). **258**

26. Wertpapiere. Wenn sie keine Beteiligung verkörpern, sind sie idR **kein *notwendiges* BV** (nicht wesentl für die Betriebsführung). Ausnahmen sind denkbar (zB bei Wertpapiergeschäften eines Bankiers, vgl Rz 148). Sie können jedoch gewillkürtes BV sein, auch beim LuF und beim Freiberufler; sie sind idR geeignet, den Betrieb durch Verstärkung des Betriebskapitals zu fördern (Rz 150, 163, zu eindeutiger Einlagehandlung s Rz 316 ff). Allerdings dürfen keine *absehbaren* **Verluste** in den betriebl Bereich verlagert werden (Rz 157). Ein vorübergehendes Nachgeben der Kurse muss einer Einlage nicht entgegenstehen. Nachweis bei Einlage ins SonderBV s FG Köln EFG 15, 1510, Rev IV R 25/15. **Anschaffung mit betriebl Mitteln** s Rz 153, **Verpfändung für betriebl Zwecke** s Rz 145. **260**

27. Immaterielle WG. – a) Begriff s § 5 Rz 171. Die Probleme liegen weniger im Bereich der Zuordnung zum BV als im Bereich der Aktivierung (vgl § 5 Rz 161 ff) und Bewertung (vgl § 6 Rz 322 ff). **261**

b) Geschäftswert. Begriff und Abgrenzung zu anderen WG s § 5 Rz 221; BFH I R 49/85 BFH/NV 90, 442; EStR 5.5; Bewertung s § 6 Rz 311 ff. Die Zuordnung zum BV ist unabhängig von der Aktivierung (Rz 102). Der (selbst geschaffene wie der erworbene) Geschäftswert gehört stets zum notwendigen BV. Er bleibt BV, bis er sich verflüchtigt oder bis er (mit dem Unternehmen, BFH I R 123/78 BStBl II 83, 113, mwN) realisiert wird – auch uU durch BetrAufsp, s BFH I R 42/00 BStBl II 01, 771; FG RhPf EFG 03, 240, rkr. Das soll auch bei **Betriebsverpachtung** mit Aufgabeerklärung gelten: Geschäftswert bleibt BV; stille Reserven werden nicht realisiert. S 23. Aufl und § 16 Rz 713. Nutzungsüberlassung an (eigene) GmbH s BFH X R 32/05 BStBl II 09, 634 mit Anm *Levedag* HFR 09, 654 und NWB 10, 106. **262**

c) Erfindungen; Patente; Lizenzrechte. Diese können – soweit nicht PV iRe Liebhaberei – zum notwendigen oder gewillkürten BV des selbständigen Erfinders oder des Verwertungsbetriebes gehören (s 23. Aufl und Abgrenzung – abl zu gelegentl Zufallserfindung – BFH XI R 26/02 BStBl II 04, 218). Verhältnis der ungeschützten Erfindung zu Verwertungsrechten s § 49 Rz 125 (know-how), BFH IV B 33/93 BFH/NV 95, 102 (Einlage) und BFH I R 86/92 BStBl II 94, 168, auch zur getrennten Beurteilung regional begrenzter Patente; zu Lizenzrechten s FG BaWü EFG 94, 606, rkr. Urheberpersönlichkeitsrechte können BV sein (BFH IV B 129/91 BFH/NV 93, 471). Patente gehören zum BV des Verwertungsbetrie- **263**

bes, wenn sie im Betrieb entstanden, in das BV eingelegt oder betriebl angeschafft sind; BetrAufsp s BFH XI R 72/97 BStBl II 99, 281.

266 **28. Versicherungen.** *Schrifttum* s Rz 121 und im Text. – **a) Allgemeines zur betriebl Veranlassung.** Ob ein Versicherungsabschluss betriebl veranlasst ist, richtet sich zunächst danach, ob betriebl oder private Risiken abgedeckt werden (BFH IV R 45/08 BStBl II 11, 552). Nicht entscheidend ist, welche Schäden ersetzt werden sollen (s BFH VIII R 6/07 BStBl II 10, 168, BFH VIII R 4/10 BStBl II 13, 615 mit Anm *Brandt* StBp 13, 296; Rz 278). Versicherungsansprüche werden idR **notwendig zum BV oder PV** gehören (str vor allem bei Pkw-Unfallversicherungen, s Rz 278). Auf die Person des Unternehmers bezogene Versicherungen werden häufig privat (mit-)veranlasst sein; sie fallen auch nicht deshalb in den betriebl Bereich, weil sie mittelbar von Bedeutung für das Unternehmen sind, etwa weil wegen Krankheit oder Tod des Unternehmers BE entfallen. Die Rspr ist konsequent bei KV und LV, Praxisausfallversicherung (Rz 278, gegen Aufteilung BFH VI B 20/13 BFH/NV 14, 327), wohl auch bei Versicherung gegen Entführungsrisiko (PV; Hinweis in BFH IV R 27/77 BStBl II 81, 303, unter 3b, s auch *Wunderlich* DStR 96, 2003, Rz 275 und 520 „Lösegeld", „Sicherheit"; ArbN s *FinVerw* DStR 92, 129), lässt jedoch bei allg Unfallversicherungen und bei Pkw-Insassenversicherungen gewillkürtes BV zu (Rz 278). Bei Sach- und Schadensversicherungen gemischt genutzter WG ergeben sich uU Probleme (Rz 271). Die betriebl Veranlassung der Prämien (BA) und Versicherungsleistungen (BE, zur Aktivierung s § 5 Rz 93 ff) richtet sich nach der Zuordnung des Versicherungsvertrages, soweit der ursprüngl Zusammenhang nicht durch späteres Ereignis unterbrochen wird (str, s Rz 271 ff, 278).

267 **b) Beispiele für private Sachversicherungen.** Private Hausratsversicherung, Brandversicherung für Privatgebäude (vgl zu Entschädigung BFH IX R 1/14 BStBl I 15, 493), Kaskoversicherung für PrivatPkw (Rz 271).

268 **c) Beispiele für betriebliche Sach- und Schadensversicherungen.** BV, BA, BE bei betriebl Feuer- (BFH IV R 156/83 BFH/NV 86, 208), Diebstahls-, Rechtsschutz- (BFH VI R 97/94 BFH/NV 97, 346; s aber Rz 281), Hagel-, Kaskoversicherung für betriebl Pkw (Rz 271), Delkredereversicherung gegen Forderungsausfälle, Maschinen-/Betriebsunterbrechungsversicherung (BFH IV R 54/80 BStBl II 83, 371 mwN – s aber Rz 278).

269 **d) Sachversicherungen gemischt genutzter WG. – aa) Teilbare WG.** Beispiel: Feuerversicherung eines zu 40 vH betriebl, 60 vH privat genutzten Gebäudes, vgl Rz 185 ff. Die Versicherung ist im gleichen Verhältnis BV/PV, die Prämien sind anteilig BA/WK. Im Versicherungsfall richtet sich die Zurechnung der Einnahmen idR nach dem Verhältnis der zerstörten Teile. Bei Zerstörung des ganzen Gebäudes ist die Versicherungsleistung im Beispielsfall im Verhältnis $^{40}/_{60}$ aufzuteilen. Brennt nur der Betriebsteil im Obergeschoss aus, ist die Versicherungsleistung voll BE (der Verlust bzw Reparaturkosten BA; s aber Rz 197).

270 **bb) Unteilbare WG, § 12.** *Beispiel* (s auch Rz 206, 620): Diebstahlsversicherung für betriebl und privat getragenes Schmuckstück. Die Versicherung gehört ebenso wenig wie der Schmuck zum BV (Rz 212); die Prämien sind grds keine BA; die Versicherungsleistung ist keine BE. Der Verlust anlässl einer ausschließl betriebl Nutzung kann jedoch zu betriebl Wertverlust führen; dann muss auch die Versicherungsleistung zu den BE gehören, jedenfalls bei Versicherung nur für diese Zwecke (*Beispiel:* Vorübergehende Ausstellung des Schmuckstücks im Schaufenster zu Dekorationszwecken, vgl Rz 280, 520 „Verlust").

271 **cc) Unteilbare WG ohne Anwendung § 12.** *Beispiel:* **Kaskoversicherung** eines zu 75 vH betriebl und zu 25 vH privat genutzten **Pkw.** Es ist fragl, ob die Zuordnung der Versicherung zum BV stets an die Vermögenseigenschaft des Pkw anknüpft oder ob eine Aufteilung möglich ist; BA/BE werden jedoch unabhängig davon besteuert. Die Prämien sind wie alle anderen Aufwendungen nur iHd betriebl Nutzungsanteils betriebl veranlasst (BA), bei Kaskoversicherung eines pri-

vaten ArbN-Pkw für Dienstfahrten voll (vgl zu LSt BFH VI R 191/87 BStBl II 92, 204). Eine genauere Bestimmung der Veranlassung der Zahlungen ist zu diesem Zeitpunkt noch nicht mögl. Bei den BE kann dieser Schätzungsmaßstab uU durch abw Veranlassung des Schadensereignisses zu ersetzen sein. Die Versicherungsleistung ist nicht Gegenleistung für gezahlte Prämien, sondern wirtschaftl Gegenwert für durch den Versicherungsfall erlittene Einbußen. *Beispiele:*

– Wird der Pkw auf **Betriebsfahrt** zerstört, schlägt die betriebl Veranlassung, der betriebl Risikoanteil des Versicherungsvertrages und der Prämien mE durch. Die Versicherungsleistung ist in vollem Umfang BE. Abw Rechtsauffassungen dürften durch BFH GrS 2–3/77 BStBl II 78, 105 (zu KfzUnfallkosten) überholt sein (s Rz 520 „Verlust" sowie Rz 28 – sehr str, s Rz 121). 272

– Umgekehrt ist die Versicherungsleistung bei Zerstörung auf **Privatfahrt** mE keine BE, auch nicht anteilig iHd Buchwerts, jedenfalls soweit die Prämien nur anteilig als BA abgesetzt waren. Die Frage ist jedoch nach wie vor nicht abschließend geklärt (I. gegen VIII. Senat des BFH; offen IV R 31/02 BStBl II 06, 7; für BE EStR 4.7 I 6): BFH I R 213/85 BStBl II 90, 8 ist umstritten (s Rz 121 zu – zurückgenommener – Vorlage VIII R 48/98 BStBl II 01, 395 an GrS und Urteil BStBl II 04, 725) und spricht nur scheinbar dagegen, erfasst zwar Schadensersatz durch fremde Haftpflichtversicherung über den Buchwert hinaus als BE („stellvertretendes commodum" für den zerstörten Pkw), nimmt aber ausdrückl Zahlungen eigener Versicherungen unter Hinweis auf BFH IV R 78/74 BStBl II 78, 212 aus – dort betont der BFH die Gleichbehandlung von Insassen- und Kaskoversicherungsentschädigungen; die Voraussetzungen des § 285 (früher § 281) BGB liegen nicht vor. Ist dagegen mit BFH VIII R 48/98 aaO der Verlust des Kfz privat veranlasst, ist es auch die Versicherungsentschädigung. Vgl dazu *Wassermeyer* DB 03, 2616; *Küffner* DStR 99, 485; *Scheidel* DStR 00, 1890; *Jüptner* DStZ 01, 811; *Beiser* DB 03, 15 und 2200 entgegen *Ismer* DB 03, 2197; *Gschwendtner* DStR 04, 1638; *Urban* DStZ 04, 741, FR 07, 873 (Überlagerung des Veranlassungsprinzips durch Pauschalierung der Privatnutzungsentnahme nach § 6 I Nr 4 S 2; glA FG Köln EFG 05, 589, rkr). 273

– Bei Zerstörung **ohne besondere Veranlassung** sollte die Kaskoleistung mE im Nutzungsverhältnis des Pkw aufzuteilen sein. Anders als bei Pkw-Veräußerung (s Rz 208) scheint hier Aufteilung mögl und – sehr str – geboten (Betriebs-Pkw verbrennt in der Garage). GlA *Weber-Grellet* NWB F 3, 14869; aA zu Diebstahl aus Privatgarage BFH VIII R 57/07 DStRE 10, 331, nv; s auch zu Nutzungsausfallentschädigung FG Ddorf 12 K 290/11 v 3.12.13, BeckRs 2014, 94519, Rev X R 2/14 (auch bei Privatfahrt voll BE). 274

e) Private Personenversicherungen des Unternehmers. Sie dürfen den Gewinn nicht berühren (SA, § 10 I Nr 3a). *Beispiele:* **KV** (s BVerfG StEd 95, 146), **Krankentagegeldversicherung** (BFH IV R 32/80 BStBl II 83, 101 – fragl –; zu **Praxisausfallversicherung** s Rz 278), **private Haftpflicht-, Unfall-, Rentenversicherung** von ArbN und Selbständigen (Pflichtversicherung und freiwillige Versicherung, lfd Zahlungen und Nachzahlungen), „ArbG-Anteile" einer PersGes zur **SV eines Ges'ters** (BFH XI R 37/88 BStBl II 92, 812 – anders zu Hausgewerbetreibenden BFH X R 30/86 BStBl II 89, 891: BA), **LV, Sterbegeld- oder Aussteuerversicherung,** auch bei Aufnahme zur Sicherung von Geschäftskrediten oder ähnl Darlehen im Einkünftebereich (s Rz 520 „Policendarlehen"), auch wenn eine **PersGes** die Ges'ter-Prämien übernimmt und das Leben eines Ges'ters versichert, selbst bei Bezugsberechtigung der PersGes (BFH VIII R 63/88 BStBl II 90, 1017; glA zu Rückdeckungsversicherung BFH IV R 41/00 BStBl II 02, 724, str, s auch Rz 480 und 19. Aufl); glA zu Versicherung von Ges'tern durch andere Ges'ter BFH VIII R 4/10 BStBl II 13, 615. Maßgebl bleibt idR der Privatanlass, auch bei Absicherung von Betriebsdarlehen (BFH VIII B 5/06 BFH/NV 07, 689) oder eines Betriebsausfallrisikos (s Rz 278), aber nur für die Versicherung selbst, nicht für betriebl „Policendarlehen" (s BFH IV R 127/86 BStBl II 91, 505, *FinVerw* DStR 03, 1299; Rz 276, 520, 227, 524: BV mit BA). Dadurch sind ältere Rspr und Verwaltungserlasse zur sog **Teilhaberversicherung,** die eine PersGes auf das Leben eines Ges'ters oder dessen Hinterbliebenen zu ihren eigenen Gunsten abschließt, überholt. S 23. Aufl und § 15 Rz 431. **Ausnahmen:** Das gilt begrenzt für GmbH-Ges'ter (s Rz 278; FG Ddorf EFG 95, 176, rkr), nicht für Versi- 275 cherung anderer ArbN oder GesFremder (Rz 276). Mögl ist auch, dass durch besondere Gestaltung im Einzelfall die private Absicherung überlagert wird durch den Zweck, Geld für die Tilgung betriebl Kredite anzusparen (s BFH IV R 45/08 BStBl II 11, 552 zu Kreditfinanzierung über eine „Optima-LV"; BFH X B 138/14 BFH/NV 15, 982 zu RV iVm „Provisionskarussel"). Privatversicherungen sind die eigene allg **Invaliditäts- oder Berufsunfähigkeitsversicherung** (s Rz 278), die allg **Rechtsschutz-** oder **Reisegepäckversicherung** (s Rz 281, 282), die **Versicherung gegen Entführungsrisiko** (s Rz 266).

276 **f) Betriebl Personenversicherungen.** Bei betriebl Versicherungsanspruch führen sie zu BV, BA, BE. – **aa) Versicherungen zugunsten anderer Personen.** Die Versicherung von ArbN, Geschäftsfreunden, Geschäftsführern von KapGes ist betriebl veranlasst, auch wenn sie *deren* Privatbereich berührt. *Beispiele:* Allg Unfall-, Berufsunfähigkeits-, Invaliditäts-, wohl auch Lohnfortzahlungsversicherungen des ArbG; Besucherversicherungen, Versicherungen zum Zwecke der Zukunftssicherung von ArbN, auch ArbN-Ehegatten, auch bei eigenem Unternehmerbezugsrecht (BFH IV R 14/95 BStBl II 97, 343, s auch *FinVerw* DStR 04, 1607). Der Abzug der Prämien als BA ist unabhängig von der Lohnversteuerung des Privatanteils (s *BMF* BStBl I 97, 278, auch zu Aufteilung, auch bei Pauschalversteuerung nach § 40b). **D&O-Versicherung:** Beiträge zu Directors & Officers-Versicherungen uä Schadensausgleichsversicherungen für leitende ArbN, AG-Vorstände und Aufsichtsratsmitglieder können BA sein (*FinVerw* FR 02, 358; *Weiß* GmbHR 14, 574; *Loritz/Wagner* DStR 12, 2205; *Wax* NWB 13, 368; 32. Aufl mwN); bei KapGes ist BA-Kürzung § 10 Nr 4 KStG zu beachten.

277 **bb) Betriebl Versicherungen zugunsten des Unternehmers.** BA, wenn sie auf den betriebl Bereich beschränkt sind (*Beispiel:* Rein betriebl Unfallversicherung, Berufshaftpflichtversicherung, Managerversicherung, s Rz 276). ***Mitversicherung des Unternehmers*** gegen Betriebsrisiken ist unschädl. *Beispiel: Gesetzl* **Unfallversicherung** (s § 3 Nr 1a; BA auch bei freiwilligem Beitritt und unabhängig von der StFreiheit der Versicherungsleistung, s *FinVerw* DStR 04, 1607 – Arbeitsunfälle sind stets betriebl veranlasst).

278 **g) Personenversicherungen zur Abdeckung privater Risiken des Unternehmers und betriebl Risiken/Betriebsausfall. – aa) Allg Unfall- oder Krankenversicherung des Unternehmers.** Ist *nur* die Person des Unternehmers versichert, ist zu differenzieren: – **(1) Besonderes Berufsrisiko.** Bei gefahrgeneigter Tätigkeit, Berufsunfall, Berufskrankheit, besonderem Betriebsrisiko; behördl Quarantäneanordnung uÄ kann die Versicherung BV sein (s 16./23. Aufl zu BFH VI R 87/73 BStBl II 76, 599); ebenso bei Pflichtversicherung oder freiwilliger Versicherung nach § 6 SGB VII (*FinVerw* DStR 05, 968). *Rechtsfolgen:* Die Prämien sind BA (ggf pauschale Aufteilung, vgl *BMF* BStBl I 09, 1275 Tz 1.3 zu WK; BFH VIII R 6/07 BStBl II 10, 168), die Versicherungsleistungen BE, wenn sie auf Grund eines Berufsunfalls gezahlt werden oder BA ersetzen. – **(2) Ohne solche konkrete betriebl Veranlassung/Betriebs-/Praxisausfallversicherung.** Eigene Unfall- und Krankenversicherungen sind nicht dem betriebl Bereich zuzurechnen, auch wenn sie den Betriebsausfall absichern sollen (§ 12 Nr 1). So sind nach neuer BFH-Rspr die Prämien für eine *allg* Betriebs-/Praxisausfallversicherung bei Krankheit wie für eine Krankentagegeldversicherung – anders als bei betriebl Ausfallversicherung – keine BA (allenfalls als zusätzl KV-Kosten begrenzt abziehbare SA nach § 10 I Nr 3a, IV 4); Versicherungsleistungen sind keine BE, auch nicht auf Grund eines fehlerhaften BA-Abzugs (der ggf rückwirkend zu ändern ist). Vgl BFH VIII R 6/07 BStBl II 10, 168; BFH VIII R 36/09 v 24.8.11 nv, BeckRS 2012, 95377 mwN; *Pfirrmann* NWB 09, 1786; *Alvermann/Potsch* FR 08, 119 und 09, 1132 und DStR 10, 91; sehr str, s *Beiser* DB 09, 2237; gegen Aufteilung BFH VI B 20/13 BFH/NV 14, 327 (§ 12 Nr 1, Rz 266). **Ausnahme:** BA-Abzug bei GmbH-Versicherung gegen Erkrankung der Geschäfts-

führer, wenn *nur* die GmbH bezugsberechtigt ist (BFH I R 16/13 BFH/NV 15, 1273).

bb) Mitversicherung anderer Personen. *Beispiel:* Allg Gruppenunfallversicherung zugunsten aller Betriebsangehörigen einschließl des Unternehmers. Kein Fall des § 12, soweit ArbN versichert sind (BV, Prämie BA und ArbLohn, Versicherungsleistung bei Zufluss an den ArbN ohne betriebl Gewinnauswirkung, sonst BE und BA, s zu geschätzter Aufteilung § 19 BFH VI R 9/05 BStBl II 09, 385, *BMF* BStBl I 09, 1275). Der berufl Versicherungsanteil des **Unternehmers** wird ebenso behandelt (s Rz 277, 278, 282). ME ist zweifelhaft, ob sich der StPfl durch Buchung der Prämie als BA der Möglichkeit eines „Privatunfalls" begibt und die Versicherungsleistung stets BE darstellt (so FG Nbg EFG 81, 119, rkr, offen BFH IV R 78/74 BStBl II 78, 212; BFH IV R 15/86 BFH/NV 89, 499; vgl auch Rz 121, 273, 278). Fehlerhafter Abzug von BA kann nur durch Berichtigung der fehlerhaften Veranlagungen korrigiert werden. 279

cc) Pkw-Insassenunfallversicherung. Sie weist gegenüber sonstigen Unfallversicherungen die Besonderheit auf, dass nicht eine bestimmte Person versichert ist, sondern der jeweilige Benutzer des Pkw, so dass die Person des Versicherten erst bei Eintritt des Versicherungsfalles feststeht. Der StPfl kann ebenso begünstigt sein wie ein ArbN, ein Geschäftsfreund oder ein betriebsunabhängiger Dritter. Der Unfall kann sich auf einer Betriebs- oder Privatfahrt ereignen. Eine Abtrennung des auf den StPfl entfallenden privaten Risikoanteils ist idR nicht mögl (§ 12). Die Rspr lässt aus diesen Gründen beim **BetriebsPkw** zutr die Behandlung des Versicherungsabschlusses als maßgebl Betriebsvorgang zu (BFH IV R 132/66 BStBl II 72, 277). Die betriebl Veranlassung der Prämien und der Versicherungsleistung richtet sich mE nach den für die Pkw-Aufwendungen und für die Entschädigung aus Kaskoversicherungen geltenden Grundsätzen (Rz 271 ff, BFH IV R 78/74 BStBl II 78, 212, aA FG Nbg EFG 81, 119, rkr; s auch *Wassermeyer* DB 03, 2616). Auch BFH VIII R 48/98 BStBl II 04, 725 bringt keine Klärung (s Rz 121). Die Prämien sind BA iHd betriebl Nutzungsanteils des Pkw; die Behandlung der Versicherungsleistung richtet sich mE nach der Pkw-Nutzung im Zeitpunkt des Unfalls (str, s Rz 272 ff/274). Das gilt mE entspr für die Insassenversicherung des betriebl mitbenutzten **PrivatPkw.** Der Versicherungsvertrag ist ein Privatvorgang. Die Prämien sind anteilig BA. Die Versicherungsleistung ist mE beim Betriebsunfall voll BE (str), beim Privatunfall voll Privateinnahme. 280

dd) Private Rechtsschutzversicherung. Die Beiträge sind idR keine BA (§ 12 Nr 1, BVerfG HFR 87, 34, s aber Rz 268, BFH VI R 97/94 BFH/NV 97, 346 und Rz 628 zu Beitragsaufteilung; dazu auch *BMF* DStR 98, 1357). 281

ee) Reisegepäckversicherung des Unternehmers. Grds keine BA (§ 12 Nr 1, s aber zu WK BFH VI R 42/92 BStBl II 93, 519, Rz 628). 282

IV. Einlagen und Entnahmen

1. Begriffe und Zweck der Regelung, § 4 I 1. Durch Korrektur des Buchführungsergebnisses um Einlagen und Entnahmen soll erreicht werden, dass der Gewinn nur betriebl Geschäftsvorfälle ausweist, diese jedoch umfassend, einschließl stiller Reserven. Die Gewinnermittlung nach tatsächl BV-Veränderungen berücksichtigt weder die Herkunft des BV noch den Anlass für das Ausscheiden eines WG aus dem BV (ähnl § 4 III, s Rz 345 ff). Ohne Korrektur um **Einlagen** (§ 4 I 1, 7, § 5 VI) würde der BV-Zuwachs durch betriebl Widmung von stfrei gebildetem oder versteuertem Vermögen unzutr als Gewinn erfasst; umgekehrt würde der Gewinn bei betriebsfremder Verwendung von BV ohne Korrektur um **Entnahmen** nach § 4 I 1, 2, § 5 VI um betriebl erwirtschaftete Werte gekürzt (Rz 43, 47, 53, 115, 120: Korrektur durch lfd Buchung auf Privatkonto oder Umbuchung außerhalb der StB, vgl Rz 696 zu vGA). Die Begriffspaare BE/BA als betriebl ver- 300 anlasste Wertzugänge/Wertabgänge und Einlagen/Entnahmen als nichtbetriebl Wertzuführungen und Wertabgaben (vgl BFH VIII R 41/79 BStBl II 82, 18) decken mE den gesamten Bereich der für die Gewinnermittlung maßgebenden Vermögenswertänderungen ab. Das ergibt sich nicht deutl aus der gesetzl Regelung, die bei BA auf die Veranlassung (§ 4 IV), bei Entnahmen auf die Zweckbestimmung abzustellen scheint (§ 4 I 2). Die Tendenz geht – ähnl wie bei BA, s Rz 30 – hin zu einer einheitl, sowohl kausalen als finalen Betrachtung (s aber Rz 326: finaler Entnahmebegriff; Rz 305: finaler Einlagebegriff). Die – grundlos unterschiedl – Klammerzusätze in § 4 I 2, § 4 I 8 versteht die Rspr nicht als Begriffserläuterung (BFH GrS 2/86 BStBl II 88, 348 unter C I 1a). Richtig ist sicher, dass den ledigl in § 4 I 2 aufgezählten „Nutzungen und Leistungen" häufig nur ein tatsächl Geschehen zugrunde liegt; wer ein WG nutzt, entnimmt idR nicht das WG und verfügt häufig nicht über ein vermögenswertes Nutzungsrecht; wer eine Leistung entnimmt, entnimmt kein WG. Wie BE/BA setzen Entnahmen/Einlagen eine **Minderung/Mehrung des BV** voraus (vgl etwa BFH I R 41/85 BStBl II 89, 612). Inwieweit § 4 I 1 Gewinnkorrekturen nach **§ 1 AStG** ausschließt, ist ungeklärt (s Rz 360 „Ausland"; 25. Aufl mwN). **Höhe (Bewertung)** s § 6 Rz 504. **§ 12** kann bei Entnahme-/Einlagevorgängen zu beachten sein (s Rz 21, 212). Neu ist der Begriff der **Überentnahme** bzw **Unterentnahme** in § 4 IVa (s Rz 522ff). Ab 2008 sind bei §§ 4 I/5 Entnahmefolgen nach **§ 34a** zu beachten.

301 **2. Gegenstand von Einlagen und Entnahmen. – a) Wirtschaftsgüter aller Art.** Das sind **Vermögensgegenstände** iSv § 246 I HGB, § 27 AktG (vgl § 5 Rz 93, EStR 4.3 IV), dh alle **bilanzierbaren WG,** materielle und immaterielle, abnutzbare und nicht abnutzbare, aktive und passive (vgl § 5 Rz 301ff), jedes *einzeln* ohne Saldierung von Einlagen/Entnahmen (§ 4 I 1), nicht stille Reserven isoliert ohne WG (vgl BFH GrS 2/86 BStBl II 88, 348; FG Mster EFG 95, 794, rkr). *Beispiele:* Geld, Waren, Grundstücke, Wertpapiere, Forderungen (Rz 217), Verbindlichkeiten (Rz 226), Patente, Nutzungsrechte (Rz 303 und 360, auch zu Nutzungsaufwand); Optionsrechte (günstige Leasing-Kaufoption, auch ohne „Mehrjährigkeit" des Nutzens) s BFH X R 20/12 BStBl II 15, 325; Aufgeld bei Ausgabe von Optionsanleihen (BFH I R 3/04 BStBl II 08, 809); Geschäftswert s Rz 262. **Bodenschätze/Kiesvorkommen** sind nicht als Nutzungsrecht, sondern als selbständige materielle WG mit dem TW in das BV einlegbar, aber ohne AfS und ohne abbaubedingte TW-AfA (s Rz 189 mwN). Der **Ges'ter-Verzicht** auf Forderungen oder Anwartschaften gegen KapGes führt wie der Verzicht durch NichtGes'ter zugunsten eines Ges'ters zur **verdeckten Einlage** mit dem werthaltigen Teil (TW) sowie zum entspr Zufluss beim Ges'ter (vgl RsprÄnderung zu Pensionsanwartschaft durch BFH GrS 1/94 BStBl II 98, 307 mit Folgeurteilen 23. Aufl, BFH I B 143/00 BStBl II 02, 436). Forderungsverzicht gegen Besserungsschein s 25. Aufl mwN. Ob das WG **im Einzelfall bilanzierbar** ist und seinen Niederschlag in der Buchführung oder im Gewinn findet, ist unerhebl. *Beispiele:* Entnahme selbst geschaffener Patente bzw Einlage unentgeltl erworbener Nutzungsrechte (s § 5 II, § 5 Rz 164, 176; § 4 Rz 305); Know-how s BFH IV R 94/93 BStBl II 95, 637; Entnahme einer Forderung bei § 4 III (Rz 347, 355); Entnahme eines auf null abgeschriebenen WG.

302 **b) Reale und ideelle Teile eines WG.** Sie sollten mE jedenfalls bei Wertgleichheit im Betrieb unabhängig von der Teilbarkeit auch bei gesonderter Bilanzierung gewinnneutral **austauschbar** sein (zB **räuml Verlagerung** von Betriebsteilen auf gemischt genutztem Grundstück oder Wechsel des Arbeitszimmers im Gebäude, glA FG BaWü EFG 91, 372 und EFG 95, 107, rkr, FG Ddorf EFG 94, 346, rkr, FG Mchn EFG 91, 64, bestätigt mit mE unzutr Begründung durch BFH XI R 27/90 BStBl II 93, 391 – keine Entnahme, da keine Privatnutzung, aber dafür jetzt 2 BV-Teile –; s auch Rz 63ff, 134, 191, 328 – Surrogationsgedanke). Die Frage ist str (aA noch BFH IV 134/64 BStBl II 70, 313; ausführl *Wacker*

BB Beil 18 zu Heft 47/95, *Ehmcke* DStR 96, 201; vgl auch zu Wohnungstausch und § 52 XXI 2 aF BFH IX R 65/93 BStBl II 95, 535, zu Gebäudeteilen Rz 133, 192).

c) Nutzungen; Nutzungsrechte; Nutzungsaufwand. S BFH GrS 2/86 BStBl II 88, 348. Einzelheiten s § 5 Rz 100 und 176ff, *Beiser* DB 03, 15; *Wassermeyer* DB 03, 2616; zu Auswirkungen des Halb-/Teileinkünfteverfahrens (§ 3 Nr 40) s *Starko* DB 00, 2347; s auch BFH IV R 3/04 BFH/NV 05, 1784; 27. Aufl mwN. – **aa) Allgemeines.** Die Entscheidung des GrS enthält zwar wichtige allg Ausführungen über die Problematik von Nutzungseinlagen (Entnahmen/vGA) im Bereich des BV-Vergleichs bei Einzelunternehmen, PersGes und KapGes, stützt sich jedoch letztl auf die Sonderbeurteilung verdeckter Einlagen bei verbundenen KapGes'ten (vgl auch Rz 353, 360 „verdeckte Einlagen"). 303

bb) Nutzungsrechte als WG einlegbar und entnehmbar. Der GrS baut auf der Systematik der Gewinnermittlungsvorschriften durch Bestandsvergleich auf, die nach dem Wortlaut des § 4 I Wertveränderungen an WG erfassen (s Rz 301). Er spricht dem **Klammerzusatz § 4 I 2** begriffsbestimmende Bedeutung ab und kommt so zum Ergebnis, dass – unabhängig von der Erfassung als Überschusseinnahmen §§ 4 III, 8 I – nicht in WG verkörperte **Nutzungsvorteile** grds nicht Gegenstand einer Entnahme oder Einlage mit Gewinnauswirkung nach § 4 I 1 sein können (GrS unter C I 1a). An der Entnahme/Einlage echter **Nutzungsrechte** hat der GrS im Grundsatz festgehalten (unter C I 1c, str, s § 5 Rz 176). Dazu gehören dingl und obligatorische Ansprüche auf Nutzungsgewährung auf Grund gesicherter Rechtsposition, nicht die rechtl ungesicherte, jederzeit entziehbare Überlassung eines WG zur Nutzung. Eine solche – grds formlos gültige, aus Beweisgründen aber besser schriftl festzuhaltende – **Rechtsposition** wird idR auf einem Gebrauchsüberlassungsrecht beruhen (zB Nießbrauch, Miete, Leihe). **Bewertung** mit Selbstkosten s Rz 360 „Nutzung". Nutzung von **Mietereinbauten** s Rz 133. 304

cc) Ausnahmen; Kritik (finaler Einlagenbegriff; Nutzungsaufwandseinlagen/-entnahmen). Diese einschr Auslegung des § 4 I ist – auch im Hinblick auf die zum gleichen Totalgewinn führende Gewinnermittlung nach § 4 III, s Rz 10 – ebenso wenig zwingend wie die im Vorlagebeschluss vertretene Gegenmeinung. Es müssen stets Abstriche gemacht werden. So zieht sich auch wie ein roter Faden durch die Begründung des GrS-Beschlusses das Bestreben, vorrangig die allg Wertungen des EStRechts zu beachten. Danach muss der Grundsatz Rz 304 (nur WG) im Zweifelsfall zurücktreten hinter **vorrangige allg Besteuerungsgrundsätze:** ***(1)*** Nutzungserträge unterliegen grds der Besteuerung (zur Gefährdung bei Einlegbarkeit lfd Nutzungen GrS unter C I 1b/aa mit Abgrenzung zu Forderungsverzicht in BFH GrS 1/94 BStBl II 98, 307); – ***(2)*** Abgrenzung privater/betriebl Bereich kann ein Abweichen von einzelnen Vorschriften der §§ 4ff gebieten (GrS aaO unter Hinweis auf BFH VIII R 74/77 BStBl II 80, 244; BFH I R 150/82 BStBl II 87, 455); – ***(3)*** Rspr zu besonderen Anforderungen an Verträge mit Angehörigen (Rz 520) und beherrschenden Ges'tern (§ 20 Rz 49) ist vorrangig zu beachten (GrS unter C I 1c, 3c). Daraus ergibt sich – ähnl dem finalen Entnahmebegriff zur Sicherung stiller Reserven (Rz 326) – eine Art finaler Einlagenbegriff mit **Ausnahmen** vom Grundsatz (Rz 304) in beiden Richtungen: 305

aaa) Einlage von Nutzungsrechten. Sie führt nicht immer zur Gewinnauswirkung über § 4 I 1/§ 6 I Nr 5. *Beispiele:* Keine künstliche Bildung eines neuen AfA-Aufwandes durch Einlage unentgeltl erworbener oder eigener privater Nutzungsrechte mit dem TW (GrS unter C I 1c); – keine Gewinnminderung durch verdeckte Einlage von Nutzungsrechten in KapGes (GrS unter C I 3c, e mit Abgrenzung zur entgeltl, beim Ges'ter stbaren Sacheinlage); – keine Einlage/Aktivierung/AfA bloßer Nutzungsvorteile (BFH VIII R 65/91 BStBl II 95, 312; *Gschwendtner* DStZ 95, 417/421 mwN, § 5 Rz 185). 306

307 **bbb) Sonstiger Nutzungsaufwand.** Umgekehrt beeinflusst ein nicht in WG verkörperter Nutzungsaufwand über seine Einlage/Entnahme nach § 4 I 1 den Gewinn, wenn diese sachl gebotene Auswirkung sonst nicht erreicht würde (GrS unter C I 1b/bb). *Beispiele:* Privatnutzungsanteil des BetriebsPkw (s Rz 360 „Nutzung"); – Arbeitszimmer im Privathaus (WG-Einlage); betriebl Nutzung eines PrivatPkw (Nutzungseinlage einschließl AfA); – Wertentnahme betriebl gewonnener Privatreise (BFH III R 175/85 BStBl II 88, 995).

309 **d) Leistungsentnahmen; Leistungseinlagen. – aa) Eigene Arbeitskraft.** Sie kann nicht Gegenstand von Einlagen/Entnahmen sein, soweit sie nicht in den Wert eines WG eingegangen ist (s Rz 102, § 6 Rz 507). *Beispiel:* Errichtet ein Bauunternehmer ein Privatgebäude unter Einsatz seiner Arbeitskraft, entnimmt er dafür kein WG (BFH IV R 87/85 BStBl II 88, 342); errichtet er das Gebäude im BV und entnimmt das fertige Gebäude, erfolgt die Entnahme mit dem TW einschließl Arbeitsleistung (§ 6 I Nr 4, BFH I R 69/58 U BStBl III, 59, 421).

310 **bb) Sonstige eigene und Fremdleistungen.** Sie sollten in gleichem Umfang einlegbar und entnehmbar sein wie Nutzungen (von denen sie ohnehin schwer abgrenzbar sind), dh wenn sie in einem WG verkörpert sind (zB Entnahme eines von Hilfskräften eines Architekten gefertigten privaten Hausbauplanes), oder wenn Aufwendungen sonst nicht den Wertungen des EStG entspr dem Gewinn zu- oder abgerechnet werden können *(Beispiel:* Einzelunternehmer setzt private ArbN im Betrieb oder betriebl ArbN zur privaten Gartenarbeit ein; der jeweils entstandene Lohnaufwand ist einzulegen oder zu entnehmen). **Unentgeltl private Gefälligkeitsleistungen Dritter** für den Betrieb bewirken grds keine Gewinnminderung (wie Rz 309; wohl auch bei Verpflichtung keine Einlage der eigenen Arbeitskraft des Dritten, der bestimmen kann, unentgeltl für den Betrieb tätig zu werden).

311 **cc) PersGes.** S Rz 360 und § 15 Rz 625 ff. Unentgeltl Leistungen der Ges für Ges'ter: Aufwandsentnahme zu Selbstkosten. Unentgeltl Leistungen der Ges'ter für die Ges sind keine Einlage bei der Ges.

312 **dd) KapGes.** Unentgeltl Leistungen der Ges für Ges'ter führen zur Besteuerung von vGA bei Ges und Ges'tern (voller Fremdleistungswert, § 8 III 2 KStG). Unentgeltl Leistungen der Ges'ter sind nicht in das BV der Ges einlegbar.

314 **3. Einlage- und Entnahmetatbestände; Grenzen.** Wie BV und PV (dazu Rz 155) sind Einlagen und Entnahmen nur in den Grenzen der betriebl und privaten Veranlassung möglich. – **WG des notwendigen BV** (Rz 104) können nur durch endgültige Lösung des betriebl Zusammenhanges oder der persönl Zurechnung entnommen (s Rz 118), WG des **notwendigen PV** nur durch Herstellung eines betriebl Zusammenhanges eingelegt werden (s Rz 111 und 115). Abw „Buchungen" und „Erklärungen" sind nicht maßgebend (s Rz 360). Wird der Charakter des WG nicht verändert, kann nur Nutzungsaufwand eingelegt oder entnommen werden (s Rz 303, 360, 500). – Beim **gewillkürten BV** (Rz 105) bestehen über die Grenzen des sachl Zusammenhanges (Rz 155) hinaus keine Einschränkungen. Hier kommt der **Buchung** (s Rz 360) als Bestimmung durch den StPfl maßgebl Bedeutung zu. Auch gewillkürtes BV verliert diese Eigenschaft nur durch eindeutige Entnahmehandlung (s Rz 316, 318), nicht dadurch, dass sich die rechtl Voraussetzungen oder die tatsächl Beziehung zum Betrieb ohne eine hierauf gerichtete Tätigkeit des StPfl so ändern, dass das WG *nun nicht mehr* BV werden könnte (s Rz 360 „Nutzung"). – **§ 4 III** s Rz 345 ff. **LuF** s Rz 162.

316 **4. Einlage- und Entnahmewille; Einlage-/Entnahmehandlung mit Ausnahmen (Rechtsvorgang). – a) Handlungsgrundsatz.** Der StPfl bestimmt den Umfang seiner betriebl Tätigkeit (Rz 30) und damit des BV (Rz 142). Er entscheidet iRd obj mögl betriebl Veranlassung (Rz 155), welches WG dem Betrieb dienen soll (Einlage) sowie ob und wann ein betriebl Zusammenhang gelöst werden soll (Entnahme; s auch Rz 360 „geduldetes BV"). Dieser **unternehmerische**

Handlungswille (s Rz 318) muss idR durch ein tatsächl Geschehen, ein Verhalten des StPfl deutl für Dritte erkennbar nach außen hin nachprüfbar **dokumentiert** werden, damit die richtige Besteuerung gewährleistet ist (s BFH X B 153/11 BFH/NV 12, 1956; zu § 4 III und Beweislast BFH IV R 13/03, BStBl II 2004, 985; zu SonderBV in GesBilanz BFH VIII R 4/94 BStBl II 98, 461). Deshalb verlangt die hM für Einlagen und Entnahmen eindeutige, unbedingte und endgültige Handlungen. Das gilt auch für die Einlage von notwendigem BV (str, s Rz 115). Eine **Form** ist nicht vorgeschrieben (BFH IV R 130/82 BStBl II 85, 395, Rz 360 „schlüssiges Verhalten", „Bebauung", „Buchung", „Erklärung", „Nutzung"; s auch Anm 22. Aufl). Rechtsfolgen/zeitl Wirkung s Rz 335. Anders als beim Ausscheiden auf Grund eines Rechtsvorganges (Rz 319) ist nicht erforderl, dass das WG aus dem BV ausscheidet oder dass der Betrieb als wirtschaftl Organismus eingestellt wird. Es genügt häufig, dass die **Erfassung der stillen Reserven** auf Grund einer betriebsbezogenen Handlung des StPfl endgültig nicht mehr gesichert ist (dazu Rz 326). Vor 2006 galt allerdings kein **allg Steuerentstrickungsgrundsatz,** nur unsystematische Einzelregelungen, zB im UmwStG, in § 12 KStG, § 6 AStG. Teilabhilfe durch **§ 4 I 3, 4** idF SEStEG, s Rz 328 ff.

Beispiele für Aufdeckungshandlungen: Überführung eines WG ins PV oder in ausl Betriebsstätte, Wohnsitz- und Betriebsverlegung, Betriebsaufgabe (s Rz 331, Stichworte Rz 360 sowie 26. Aufl Rz 317 und 320 mwN). 317

b) Einlage-/Entnahmewille. Voraussetzung einer Entnahmehandlung ist grds ein konkret gefasster Willensentschluss, idR mit endgültiger Entnahmeabsicht (s BFH IV R 44/06 BStBl II 09, 811). Bei nachweisl als **Bilanzberichtigung** gedachten Ein- und Ausbuchungen fehlt es wegen der unterschiedl Besteuerung am Einlage- und Entnahmewillen (BFH IV R 36/79 BStBl II 83, 459 unter 5), ebenso bei Erklärung einer „steuerfreien Ausbuchung" (BFH IV R 64/01 BFH/NV 03, 904), bei Erklärung von Einkünften aus VuV statt aus LuF ohne Realisierungsabsicht (s Rz 360 „Erklärung") oder bei Einbuchung von gewillkürtem BV in der irrigen Annahme, es handele sich um notwendiges BV (BFH I R 159/71 BStBl II 73, 628, FG RhPf EFG 84, 445, rkr). Hatte der StPfl dagegen die Einlage oder Entnahme beabsichtigt, kann er sich nachträgl nicht erfolgreich auf spätere **RsprÄnderung** oder **Irrtum** über die tatsächl oder rechtl Auswirkungen, dh vor allem über Bestand, Aufdeckung und Höhe stiller Reserven berufen (vgl BFH III R 9/03 BStBl II 05, 160 = BVerfG 2 BvR 1883/05 StEd 06, 786 und 19. Aufl). *Beispiel:* Bebauung eines Betriebsgrundstücks mit Privathaus in der Meinung, das Grundstück könne BV bleiben (Entnahme). Die **Motive und Absichten** des StPfl sind ohne Bedeutung (BFH I R 174/66 BStBl II 70, 205), ebenso innere Vorbehalte (BFH IV R 39/78 BStBl II 81, 731). **Buchungen eines Angestellten** oder steuerl Vertreters muss sich der StPfl entgegenhalten lassen, wenn sie seinem Willen entsprachen, da sie auf seinen Anweisungen beruhten, er sie widerspruchslos zur Kenntnis genommen hat oder er nach den obj Umständen davon hätte Kenntnis nehmen können und müssen (BFH IV R 39/78 BStBl II 81, 731). *Beispiel:* Unterzeichnung der vom Steuerberater gefertigten StErklärung mit anliegender Bilanz, in die Wertpapiere als BV eingebucht sind (Einlage – vgl BFH VIII R 4/94 BStBl II 98, 461). BFH I 154/65 BStBl II 68, 522 zur **irrtüml Fernbuchung** des steuerl Vertreters darf nicht verallgemeinert werden (s FG Mster EFG 10, 967, rkr). Auch BFH I R 143/66 BStBl II 69, 617 (irrtüml Buchung auf **unrichtige Anweisung des Betriebsprüfers** hin) betraf einen Ausnahmefall. Die **Absicht der späteren betriebl Wiederverwendung** steht der Entnahme nicht entgegen, wenn der betriebl Zusammenhang zunächst endgültig gelöst wird (BFH VIII R 13/74 BStBl II 75, 811 – s aber zu PersGes Rz 175 und 360 „Nutzung"). **Vorübergehende „Entnahmen"** brauchen nicht immer als solche berücksichtigt zu werden (BFH XI R 48/00 BFH/NV 03, 895 zum Parken von Betriebsgeld auf 318

Privatkonto). Die bewusst unerlaubte Entfernung eines Bilanzpostens, um Steuern zu hinterziehen, ist keine Entnahme (zB BGH in HFR 80, 155). Eindeutige **Erklärungen** ggü Behörden/Gerichten können Rückschlüsse auf tatsächl Willen zulassen (s Rz 360 „Erklärung", „Buchung").

319 **c) Ausnahmen; mittelbare Entnahmevorgänge. – aa) Rechtsvorgang.** Der **Große Senat** hat in seinem grundlegenden Beschluss zu **Entnahmen** BFH GrS 1/73 BStBl II 75, 168 betont, dass in besonders gelagerten Fällen auch ein **Rechtsvorgang** (bzw die Rechtsfolge eines mittelbaren tatsächl Geschehens) genügen könnte, ein WG aus dem BV auszuscheiden (str). Der BFH scheint dabei vorrangig darauf abzustellen, dass die stillen Reserven steuerl erfasst werden (s Rz 326). *Beispiele:* Tod eines PersGes'ters mit der notwendigen Folge der Überführung eines WG des SonderBV in das PV (BFH IV R 115/73 BStBl II 75, 580 – s aber BFH IV R 16/92 BStBl II 93, 716); Enteignung, Erbfall, gesellschaftsrechtl Vorgang, der zum endgültigen **Wegfall der *tatsächl* BetrAufsp-Voraussetzungen** führt (s § 15 Rz 865 und *FinVerw* FR 12, 976 zu Einzelfällen; s auch Rz 324). **Pfändung/Verpfändung** kann bei Verwertung für private Zwecke zu Entnahme führen, s Rz 360. Das gilt entspr für **Einlagen.**

320 **bb) Gefährdung der Besteuerung stiller Reserven; Steuerentstrickung.** Sie war vor 2006 kein allg Besteuerungstatbestand des EStG (s Rz 326, 329, 360 „Steuerentstrickung", auch zu § 4 I 3 ab 2006). Die Rspr beschränkte daher die Entnahme *ohne Entnahmehandlung* zutr auf Rechtsvorgänge, welche die vorher gegebenen gesetzl Voraussetzungen für die Annahme von BV *endgültig* beseitigten (vgl Rz 316, BFH IV R 21/03 BStBl II 04, 272 und *BMF* BStBl I 04, 442). Das WG musste in das PV übergehen (BFH VIII R 3/74 BStBl II 76, 246, *vor § 4 I 3, 4* abl zum Abschluss eines **DBA** mit Verlagerung der Gewinnbesteuerung einer ausl Betriebsstätte in den ausl Staat; anders bei Entnahmehandlung, s Rz 331, auch zu § 4 I 3, 4). *Beispiele* s 26. Aufl. Entstrickung von **SonderBV** s § 50i, *Jochimsen/Kraft* FR 15, 629.

321 **cc) Verzicht auf sofortige Besteuerung.** Der Aufschub ist in Ausnahmefällen mögl, wenn spätere Gewinnrealisierung gewährleistet ist, selbst wenn der Rechtsvorgang die spätere Zuführung zum BV ausschließt. **Beispiele:**

- **Strukturwandel** ohne darauf gerichtete unternehmerische Handlung: BFH IV R 108/75 BStBl II 79, 732; s Rz 338, § 13 Rz 64, EStR 4.3 II 4;
- **Umqualifizierung** eines bisher als LuF anerkannten Betriebes als **Liebhaberei** (BFH IV R 138/78 BStBl II 82, 381; Rz 338, 670 zum Wechsel Liebhaberei/GewBetr);
- **Gesellschaftsgründung** mit ArbN, der GesGrundstück wie vorher als Wohnhaus nutzt (keine Entnahme des Grundstücks, BFH IV R 125/76 BStBl II 80, 40, wohl Ausnahmefall wie BFH I R 97/78 BStBl II 83, 288; *Mitschke* FR 08, 1144);
- **Verlagerungen im Gewinnbereich** *eines* StPfl (§ 6 V; s auch § 4g; zu Betriebsverlagerung ins Ausl Rz 331, BFH I R 99/08 BStBl II 11, 1019);
- **Unentgeltl Betriebsübertragungen** an Dritte (s § 6 III);
- **Wechsel der Gewinnermittlungsart** (§ 4 I 6, vgl Rz 322ff, 327, 360 „LuF");
- **Betriebsverkleinerung** unter Einkunftsgrenze (BFH IV R 41/91 BStBl II 93, 430) ohne Betriebsaufgabe (s aber BFH III R 7/91 BFH/NV 93, 358); s auch Rz 360 „LuF";
- **Betriebsverpachtung** ohne Betriebsaufgabe (s Rz 360, auch Stichwort „Erklärung"; § 16 III b idF StVerG 2011 zu Voraussetzungen);
- **Absinken betriebl PkwNutzung** unter 10%Grenze (s Rz 206; Rz 360 „geduldetes BV");
- **Schenkung einbringungsgeborener Anteile** nach §§ 20 I, 21 I UmwStG aF (Sonderregelung zu § 4 I 2, s BFH I R 33/10 BStBl II 12, 445, fragl, aber anzuwenden).

322 **dd) Änderung von Gesetz oder Rechtsprechung.** Beide bewirken grds keine Einlagen/Entnahmen. Dabei ist zu unterscheiden: – **(1) Änderungen ab einem bestimmten Zeitpunkt.** Ein WG des BV ist nicht schon dadurch entnommen, dass es jetzt nicht mehr BV werden könnte (s § 4 I 6, 7; Rz 360 „Nutzung" zu Nutzungsänderung), soweit es nicht notwendig PV wird. Ein WG des PV wird nicht BV durch Gesetzesänderung, wohl aber durch andauernde betriebl

Nutzung. Gesetz oder Verwaltung (§ 163 AO) lassen uU **steuerneutrale Ausbuchung** zu. Vgl Beispiele 23. Aufl. Eine neue gesetzl Abzugsbeschränkung von BA (zB § 4 V 1 Nr 6b ab 1996) stellt eine vorher gegebene BV-Eigenschaft nicht in Frage und führt nicht zur Entnahme des WG (vgl Rz 564, 599 und 603).

(2) Rückwirkende Klarstellungen. Dass ein WG *von Anfang an* nicht BV war, führt zur Ausbuchung zum Buchwert (s Rz 726). **Beispiele:** 324

– Aufgabe der EhegattenRspr zur **Betriebsaufspaltung** s § 15 Rz 846, 868, BFH VIII R 36/84 BStBl II 87, 858, 22. Aufl mwN; *tatsächl* Änderungen s Rz 319; *persönl* Veränderungen s BFH XI R 2/96 BStBl II 97, 460, Anm 29. Aufl; ausführl *FinVerw* FR 12, 976; BFH X B 47/99 BFH/NV 00, 559 – Wertpapiere –; RsprÄnderung zu Einstimmigkeitsabreden s BFH VIII R 82/98 BStBl II 02, 774 mit Übergangsregelung *BMF* BStBl I 02, 1028 – wohl keine nachträgl Bescheidänderung, s BFH IV B 167/04 BStBl II 06, 158.
– Aufgabe der **GeprägeRspr** (hM, s 16. Aufl), s § 15 Rz 211 ff zur rückwirkenden Wiedereinführung durch §§ 15 III Nr 2 (keine Einlage) und 23. Aufl mwN.
– **Sonstige Fälle:** Vgl zur Privatnutzung des Grundstücks einer PersGes EStR 4.2 XI sowie Rz 175. Fragl BdF BStBl I 80, 219 zur Entnahme fremdvermieteter Gebäudeteile als Folge von BFH GrS 5/71 BStBl II 74, 132 (dazu Rz 191, 16. Aufl); iErg zutr (Entnahme oder Ausbuchung nicht erforderl); s auch Rz 193. Rückgabe von Grundstücken im Beitrittsgebiet s *BMF* BStBl I 94, 286 und BB 95, 2267. Absinken unter die Wertgrenze des § 8 EStDV s Rz 200; zur **FolgeAfA § 7 I 5** Rz 741/742, EStR 7.3 VI.

5. Finaler Entnahmebegriff/Einlagebegriff. – a) Grundsatz. Das EStG enthielt vor 2006 nur einzelne Gewinnrealisierungstatbestände, keinen allg Grundsatz der StEntstrickung (s Rz 50). Die wohl als ständig zu bezeichnende Rspr ließ sich früher bei Auslegung des Begriffes Entnahmehandlung „für betriebsfremde Zwecke" (§ 4 I 2) auch ohne gesetzl Regelung einer „Steuerentstrickung" in erster Linie von der **Zweckbestimmung der Entnahmeregelung** leiten, die Inlandsbesteuerung der hier erwirtschafteten (und nur dieser) stillen Reserven zu gewährleisten. Sie reduzierte den Entnahmebegriff allg durch teleologische Auslegung von § 4 I 1, 2 mit Erweiterung um das ungeschriebene Tatbestandsmerkmal der **Gefährdung der stillen Reserven,** sah bei Verbleib im eigenen stbaren Betriebsbereich von einer sofortigen Gewinnrealisierung ab (vgl vor § 6 III–V BFH GrS 1/73 BStBl II 75, 168 zum Strukturwandel, BFH I 266/65 BStBl II 70, 175 zum Wegfall des inl Besteuerungsrechts durch eine Handlung des StPfl; s auch Rz 320, 321, 360 „geduldetes BV") und löste sich so von dem allg Betriebsbegriff (s dazu Rz 25). Diese Grundsätze gelten im Verhältnis BV/PV fort, erfahren aber bei Verlust des inl Besteuerungsrechts eine Änderung durch BFH-Rspr (s Rz 327) und Gesetzesänderung § 4 I 3, 4 idF SEStEG (s Rz 328 ff). 326

b) Einschränkungen durch spätere Rspr. – ***(1)*** **Einschränkung durch betriebl Vorgänge.** 2009, also Jahre nach Einfügung von § 4 I 3 durch das SEStEG, erfolgte im EU-Bereich eine überraschende BFH-RsprÄnderung für Altfälle. Danach waren jedenfalls vor 2006 keine stillen Reserven aufzudecken bei **Überführung eines WG** in eine ausl Betriebsstätte (I R 77/06 BStBl II 09, 464) oder bei steuerbefreiender **Wohnsitz-/Betriebsverlagerung** ins Ausl (BFH I R 99/08 BStBl II 11, 1019; BFH I R 28/08 BFH/NV 10, 4329), also auch nicht, wenn eine Handlung des StPfl zu Grunde lag (s *Schrifttum* Rz 328). GlA BFH I R 75/14 BFH/NV 15, 1687 mit Anm *Dürrschmidt* IStR 15, 883 zu nachträgl Einkünften einer aufgegebenen AuslBetriebsstätte (keine Inlandsbesteuerung stiller Reserven aus Rückstellungsauflösung) wie umgekehrt zu Veranlassungszurechung gescheiterter Gründungskosten einer ausl Betriebstätte (kein Inlandsabzug, BFH I R 56/12 BStBl II 14, 703). Die Bedeutung der späteren GesÄnderung § 4 I 3 ließ der BFH offen (s aber § 16 Rz 175, *Wassermeyer* IStR 15, 37). – ***(2)*** **Besteuerungsverluste durch abw DBA-Auslegung des Begriffs „Unternehmensgewinn".** Das EStG weist vor allem zwei Besonderheiten auf: – ***(a)*** **Sondervergütungen von PersG'tern, § 15 I 1 Nr 2.** BFH I R 74/09 BStBl II 14, 788 (mit Anm *Gosch* BFH/PR 11, 70) hatte die Fiktion als Unternehmensgewinne im JStG 09 (§ 50d 327

X aF) ohne Zuordnung zu einer Betriebsstätte nicht anerkannt. Abhilfe erfolgte durch **§ 50d X** idF AmtshilfeRLUmsG (s dort und § 1 Rz 83) – ***(b)* Gewerbl Prägung von PersGes, § 15 III.** BFH I R 81/09 BStBl I 14, 754 mit Anm *Gosch* BFH/PR 10, 351 lehnte den Durchgriff auf Unternehmensgewinne ab. Abhilfe soll **§ 50i** schaffen (s dort; *BMF* BStBl I 14, 1258 Rz 2.3; *Jochimsen/Kraft* FR 15, 629; *Kaminski/Strunk* Stbg 14, 449; *Sonnleitner/Winkelhog* BB 14, 375; *Töben* IStR 13, 682; *Liekenbrock* IStR 13, 690; *Pohl* IStR 13, 699; *Prinz* DB 13, 1378; *Jehl-Magnus* NWB 14, 1649; *Hruschka* DStR 14, 2421, IStR 14, 785; *Möller* NWB 14, 3883).

328 **c) Gesetzesänderung 2006; Entnahmefiktion bei Wegfall des inl Besteuerungsrechts, § 4 I 3/4.**

Schrifttum/FinVerw: Zu **Gesetzesänderung 2006** s 31. Aufl. Zu **neuer BFH-Rspr** s *Wassermeyer* IStR 10, 461 (zu § 49), IStR 11, 361 (nachträgl ausl Eink); *Schneider/Oepen* FR 09, 22, 568 und 660; *Kahle/Franke* IStR 09, 406; *Prinz* DB 09, 807; *Ditz* IStR 09, 115; *Ditz/Schneider* DStR 10, 81; *Schönfeld* IStR 10, 133; *Köhler* IStR 10, 337; *Intemann* NWB F 2, 10101; *Körner* IStR 09, 741, 10, 208 und 11, 527; *Krüger/Heckel* NWB 09, 3638 und 10, 1334; **aA *BMF*** BStBl I 09, 671 und I 11, 1278; *Mitschke* FR 08, 1144, 09, 326 und 10, 187, DB 09, 1376, IStR 10, 95 und 211 und 11, 294; *Blöchle* IStR 09, 645; *Benecke* IStR 10, 101. Zu **Gesetzesänderung JStG 2010** *Ernest & Young* – Beirat DB 10, 1776; *Beinert/Benecke* FR 10, 1009 und 1120 (Entstrickung bei Umwandlungen); *Musil* FR 11, 545 (abl zu Rückwirkung); *Brähler/Bensmann* DStZ 11, 702; *Heurung/Engel/Thiedemann* EWS 11, 228 (Entstrickung im Lichte des Europarechts); *Wassermeyer* IStR 11, 813 (EU-Recht); *Bron* IStR 12, 904 (Entstrickung durch DBA-Abschluss). ***BMF*** **Betriebsstättenerlass** BStBl I 99, 1076, in Einzelpunkten geändert durch *BMF* BStBl I 00, 1509 (Tz 4.4.4), BStBl I 04, 917 (Kreditinstitute), BStBl I 09, 888 (Tz 2.2, 2.4, 2.6.1, 2.6.2, 2.9.2, 2.10), BStBl I 13, 980 (Tz 1.2.6), BStBl I 14, 1258 (Tz 1.1.5.1, 1.1.5.2), iÜ fortgeltend (s § 4g Rz 1). **Funktionsverlagerungen** (Transferpaket) s FVerlV zu § 1 I AStG BGBl I 08, 1680; BStBl I 09, 34; ***BMF*** **Funktionsverlagerungsgrundsätze** BStBl I 10, 774; *Schrifttum* 32. Aufl; zu grenzüberschreitenden Einkünfteverlagerungen (OECD- und G20-Plan) *Musil/Schulz* DStR 13, 2205; zu **§ 1 AStG nF** als Folge des „Authorized OECD Approach" s BetriebsstättengewinnaufteilungsVO – **BsGaV** – gem § 1 VI AStG BStBl I 14, 1378, Anm *Roeder/Friedrich* BB 15, 1053, *Kußmaul/Delarber/Müller* IStR 14, 573 und 466; *Neumann-Tomm* IStR 14, 806 und 15, 907, *ders* IWB 15, 166; *Melhem/Dombrowski* IStR 15, 912; *Busch* DB 14, 2490; *Höreth/Zimmermann* DStZ 14, 743; *Nientimp/Ludwig/Stein* IWB 14, 815; *Kraft/Dombrowski* FR 14, 1105; 33. Aufl mwN; zu Entstrickungsregeln und **Hinzurechnungsbesteuerung** § 10 III AStG s Wassermeyer IStR 12, 804 und *Kraft* IStR 12, 733; zu Besonderheit DBA Schweiz *Haase/Steierberg* s IStR 13, 537; zu Zuzug ausl KapGes *Kahle/Cortez* FR 14, 673; zu OECD-Aktionsplan **BEPS** IStR-Jahrestagung IStR Heft 23/14 S. III ff; *Pinkernell* IStR-LB 1545 (Heft 9/2015); *Fuest ua* StuW 15, 90; *Kraft/Dombrowski* IWB 15, 87; *Rautenstrauch* IWB 15, 95; *Wolenski/Wähnert* IWB 15, 105; *Schmidtke* IStR 15, 120; *Koch* IStR 15, 199; *Fehling/Schmid* IStR 15, 493; *Jochimsen* IStR 14, 865; *Wichmann/Schmidt-Heß* IStR 14, 883; *Hummel/Knebel/Born* IStR 14, 832; *Reimer* IStR 15, 1; *Naumann/Groß* IStR 14, 906; BR-Drs 432/14 mit – aufgeschobenem – Gesetzesänderungsvorschlag § 4 Va (s Rz 490a). S auch *BMF* **UmwStErlass** BStBl I 11, 1314.

329 **aa) Steuerentstrickungstatbestand, § 4 I 3, 4.** Durch die **Entnahmefiktion § 4 I 3** erfährt das Tatbestandsmerkmal der **Steuerentstrickung** von WG des BV durch Ausschluss oder Beschränkung des inl Besteuerungsrechts zur Sicherung stiller Inlandsreserven eine gesetzl Regelung. Nach der Gesetzesbegründung soll es sich nur um eine Klarstellung der bisherigen Rspr handeln, daher **rückwirkende Anwendung ab 2006** (bzw für nach dem 31.12.2005 endende Wj, § 52 Abs 8b aF, auch zu „Nachbesserung" in § 4 I 4). Das ist – abgesehen von der späteren RsprÄnderung Rz 327 – fragl, jedenfalls zur Einbeziehung von DBA-Staaten ohne Freistellung, zu isolierten DBA-Abschlüssen und Nutzungsüberlassungen, iÜ auch wegen Schlechterstellung ggü Betriebsstättenerlass BStBl I 99, 1076, s bei § 4g. Die (estl) Gefährdung durch Ausschluss (DBA mit Freistellung) oder Beschränkung des inl Besteuerungsrechts (kein DBA bzw DBA mit Anrechnung) iZm **Auslandsverlagerungen** ohne Veräußerung oder Entnahmehandlung wird einer Entnahme für betriebsfremde Zwecke gleichgestellt (**Entnahmefiktion,** auch iSv § 34a, s *BMF* BStBl I 08, 838 Tz 34, bei § 12 KStG mangels Privatsphäre

der KapGes **Veräußerungsfiktion**). Grds führt diese Fiktion zur ***sofortigen* Gewinnbesteuerung** iHd Differenz zw Buchwert und gemeinem Wert (§ 6 I Nr 4 als Fremdvergleichspreis, um Gewinnzuschläge zu erfassen) und gilt für alle entnehmbaren WG des BV iSv § 4 I 2, für AV und UV. Die StSchuld wird sofort festgesetzt (während zB in Österreich zunächst nur der aktuelle Fremdvergleichspreis festgestellt wird). **Ausnahmen:** Besteuerungsaufschub bei EuropaGesAnteilen iSv § 4 I 5 (s Rz 333) und bei AV im EU-Bereich (s § 4g mit **EuGH**-Rspr).

bb) Folgeregelungen: – **§ 4 I 4.** Zuordnung eines WG zu einer ausl Betriebsstätte als „*klarstellender* Regelfall" einer Entstrickung iSv § 4 I 3; die Einfügung von § 4 I 4 und § 16 IIIa im JStG 2010 soll die gesetzgeberische Absicht verdeutlichen und Bedenken der neuen BFH-Rspr und des Schrifttums rückwirkend für nach 2005 endende Wj beseitigen, § 52 Abs 6 S 1, § 52 Abs 8b aF, FG D'dorf EFG 16, 209, Rev I R 95/15, Anm *Mitschke* IStR 16, 118. – **§ 4 I 5.** Ausnahmeregelung für Sitzverlegung einer Europäischen Ges (s Rz 333). – **§ 4g.** Aufschub der sofortigen Gewinnrealisierung für WG des AV im EU-Bereich. – **§ 6 I Nr 4 S 1.** Bewertung fiktiver Entnahmen. – **§ 16 IIIa** (Entstrickung durch Betriebsverlagerung mit Verteilung nach **6 V**), s § 16 Rz 175. – **§ 17 V** (Sondertatbestand für Beteiligungen im PV bei Sitzverlegung, vgl auch zu Wegzug **§ 6 AStG; § 50i,** s dort sowie Rz 327). – **§ 12 I, III KStG** enthält eine entspr Regelung zu Körperschaften. – **§ 1 IV, V AStG** stellt ab 2013 entspr OECD-MA 2010 die Anwendung der Fremdvergleichsgrundsätze auf internationale Betriebsstättenfälle und die Gleichbehandlung unselbständiger Betriebsstätten mit selbständigen TochterGes sicher, s Schrifttum Rz 328, auch zu BsGaV. 330

cc) Einzelfälle; Bedenken. – ***(1)* Ende der persönl StPfl** (zB durch **Wegzug** ins Ausl mit Wegfall eines inl Besteuerungsrechts; s auch § 6 AStG, BFH I B 92/08 BStBl II 09, 524; *Schönfeld/Häck* IStR 12, 582; *Haase/Steierberg* IStR 14, 888; Bedenken wegen fortbestehender beschr StPfl gem § 49 s BFH I R 99/08 BStBl II 11, 1019; ab 2013 § 1 AStG, § 50d X, § 50i, Rz 327; *Kudert/Kahlenberg* IStR 15, 918; *Prinz* DB 13, 1378; zu BFH-Bedenken § 1 Rz 83; zu Gestaltungsfragen *Demuth* Kösdi 14, 19017); – ***(2)* Sachl Veränderungen:** WG des BV verlässt die betriebl Sphäre oder wird anderweitig dem dt Besteuerungszugriff entzogen. *Beispiele:* **Verlagerung von Betrieben/Betriebsteilen** ins Ausl oder **Überführung von WG** vom inl Stammhaus oder inl Betriebsstätte in ausl Betriebsstätte oder von inl Betriebsstätte in das ausl Stammhaus; entscheidend ist der Verlust des inl Besteuerungsrechts nach DBA, wohl entgegen früherer Rspr (s Rz 320) auch durch **isolierte DBA-Änderung** ohne Entnahmehandlung (vgl § 6 I 2 Nr 4/V 2 Nr 4 AStG; zu DBA Spanien 2013 *Herbort/Sendke* IStR 14, 499; Sonderregelung Ziff 4 Protokoll DBA Liechtenstein BGBl II 12, 1462, *Hosp/Langer* IWB 13, 15; str, abl *Bron* IStR 14, 918; s auch *Wassermeyer* DB 06, 2420, *Lüdicke* FR 11, 1077, *Käshammer/Schümmer* IStR 12, 362, *Reiter* IStR 12, 357). – ***(3)* Nutzungsüberlassung** eines inl WG **an ausl Betriebsstätte** für deren Zwecke soll nach § 4 I 3 (abw von § 4 I 8 HS 2) einer Entnahme für betriebsfremde Zwecke gleichgestellt werden (fragl). § 4 I 3 lässt offen, ob Nutzungsüberlassungen zur Entnahme des überlassenen WG oder eines Nutzungsrechts führen sollen (s Rz 300, 304 zu Nutzungsentnahmen, Problematik s *Wassermeyer* DB 06, 2420). EStR 4.3 II 3 geht von Nutzungsentnahme aus. Allerdings geht es dem Gesetzgeber um die Besteuerung stiller Reserven *des WG.* So spricht § 12 I KStG nur von „Überlassung des WG", § 4g nur von „Wert eines WG des AV", *BMF* BStBl I 99, 1076 und I 09, 888 Tz 2.4 nur von „Zuordnung der WG", die bei der ausl Betriebsstätte „bei nur vorübergehender, miet- oder pachtähnl Überlassung wie unter Fremden unterbleiben kann" (ebenso Gesetzesbegründung zu § 4 I 3). Jedenfalls kurzfristige Überlassungen oder längerfristige Überlassungen gegen Verrechnung von Nutzungsgebühren sollten nicht zur Aufdeckung stiller Reserven des WG zwingen. Vgl auch zu „unentgeltl Beistellung" (§ 1 V, VI AStG/BsGaV) *Kußmaul/* 331

Delarber/Müller IStR 14, 573/*Neumann-Tomm* IStR 14, 806. – ***(4)*** Str ist, ob das **inl Besteuerungsrecht** durch einen Überführungsvorgang überhaupt **verloren geht** oder nicht (vgl zum Produktionsgewinn und zur Bedeutung der Frage, aus welchem Staat die stillen Reserven „stammen", BFH-Rspr Rz 327, *Gosch* BFH/PR 08, 499 und BFH/PR 10, 116, auch zur mögl Lösung praktischer Besteuerungsprobleme durch gesetzl Mitwirkungspflicht, aber offen zu Auswirkungen auf § 4 I 3). Außerdem ist die Weiterentwicklung der stillen Reserven und ihre Besteuerungszuordnung nach DBA-Recht fragl (s auch BFH I R 81/09 BStBl I 14, 754 und BR-Bedenken BR-Drs 302/12 Ziff 31 mit Prüfungszusage der BuReg). § 4 I 3/4 geht wie *BMF* BStBl I 99, 1076 und I 14, 1258 abw vom Inlandsrecht von der DBArechtl Verselbständigung eigener ausl Betriebsstätten bei der Gewinnzuordnung aus (zB Art 7 II OECD-MA) mit der Folge der Gleichbehandlung mit selbständiger TochterGes oder FremdGes, Anwendung der Fremdvergleichsgrundsätze im Zeitpunkt der Überführung und Verlust des inl Besteuerungsrechts mit Entnahmecharakter, obwohl kein Rechtsträgerwechsel stattfindet. § 1 V, VI AStG ersetzt diesen Mangel ab 2013 durch gesetzl Fiktion einer Rechtsübertragung. S dazu *Schrifttum* oben Rz 328 und hier 29. Aufl; FG RhPf EFG 11, 1096, FG Köln EFG 12, 302 mit Anm *Neu,* beide rkr gegen *BMF* BStBl I 09, 671 und I 11, 1278, *Mitschke* IStR 11, 294. – ***(5)*** Bedenkl ist weiter, dass nach der Gesetzesbegründung auch eine Überführung in Betriebsstätten **ohne DBA-Freistellung** zur „Beschränkung" des inl Besteuerungsrechts iSv § 4 I 3 führen soll (arg: abstrakte Gefahr der Anrechnung von Auslandsteuern nach § 34c; anders bei § 4 I 8, s Rz 334).

332 **d) Europarecht.** Vgl auch § 4 I 5, Rz 333. – **aa) Geltungsbereich; Ausnahmen.** WG-Überlassungen an *inl* Betriebsstätten haben keinen Entnahmecharakter; ebensowenig bislang Nutzungsüberlassungen an selbständige ausl TochterGes. Daher bestehen EGrechtl Bedenken gegen die umfassende Anwendung der neuen StEntstrickungsgrundsätze im EU-Bereich. Während sie in Drittstaaten uneingeschränkt Anwendung finden, kann die sofortige Gewinnrealisierung im EU-Bereich nur für WG des AV durch **Bildung eines Ausgleichspostens** hinausgeschoben werden (s **§ 4g;** s auch zu § 16 IIIa Verteilung nach **§ 36 V**). Ob diese Regelung dem EU-Recht entspricht, ist str, aber nun weitgehend geklärt (s EuGH Rs C-657/13 DStR 15, 1166 mit Anm § 4g Rz 1).

333 **bb) Europagesellschaft, § 4 I 5.** Die **Sitzverlegung** einer Europäischen Ges (SE, s SEAG BGBl I 05, 3675) oder Genossenschaft kann hinsichtl der Anteile, die einer inl Betriebsstätte zuzurechnen sind, zur Entstrickung führen, da das inl Besteuerungsrecht an dem Betriebsstättenvermögen beschränkt wird. Nach § 10d FusionsRiLi ist jedoch die sofortige Besteuerung der Ges'ter auf Grund einer solchen Sitzverlegung unzulässig (Verstoß gegen EG-Grundfreiheiten als primäres Europarecht; vgl EuGH-Fall *de Lasteyrie du Saillant* RS C-9/02 DStR 04, 551; EuGH-Fall *N/Almelo* Rs C-470/04 DStR 06, 1691; BFH I R 99/08 BStBl II 11, 1019 zu VZ 95). Daher musste der StEntstrickungsgrundsatz des § 4 I 3 für solche Anteile bei Sitzverlegung im EG-Bereich nach den in § 4 I 5 Nr 1 und 2 genannten EG-Verordnungen eingeschränkt werden **(§ 4 I 5, § 12 I KStG).** Die Anteile bleiben aber insoweit der inl Besteuerung verstrickt, als der Gewinn aus einer **späteren Veräußerung** erfasst wird (**§ 15 Ia,** § 15 Rz 155), und zwar entgegen den DBArechtl Grundsätzen ohne ausdrückl Begrenzung auf das Reservevolumen im Zeitpunkt der Sitzverlegung (mögl Folge: Doppelbesteuerung ausl Wertsteigerungen, fragl; s auch § 4g III mit Rz 16). Für Anteile im PV gilt dasselbe (§ 17 V; § 20 IVa). **Sonstige EU-Vergünstigungen.** EU-grenzüberschreitende Umstrukturierung von EU/EWR-Ges s § 1 UmwStG, Rz 360 „FusionsRiLi" und „Umwandlung".

334 **e) Steuerverstrickungsvorgänge, § 4 I 8 HS 2.** Umgekehrt kodifiziert § 4 I 8 den Grundsatz der **Steuerverstrickung** durch Zuzug oder Verbringung eines WG des BV (entgegen § 4 I 3 nicht dessen Nutzung) in den inl Besteuerungsbe-

reich. Die zugeführten WG werden bei **Begründung eines inl Besteuerungsrechts** als in das inl BV eingelegt behandelt und sind nach § 6 I Nr 5a mit dem gemeinen Wert im Zeitpunkt der Zuführung anzusetzen. Im Gegensatz zu § 4 I 3, wonach nicht nur ein Ausschluss, sondern schon eine „Beschränkung" des Besteuerungsrechts Entnahmecharakter hat, ist eine Einlage nur bei „Begründung", nicht schon bei „Stärkung" des inl Besteuerungsrechts anzunehmen. Daher keine Einlage bereits steuerverstrickter WG bei Wechsel von beschr zu unbeschr Besteuerungsrecht (zB bei Überführung eines bisher der DBA-Anrechnung unterliegenden WG in den Bereich der unbeschr StPfl).

6. Rechtsfolgen. – a) Grundsatz der Gewinnauswirkung. Die Buchung 335
von Einlagen und Entnahmen ist zwar *iHd Buchwerte* als Korrekturposten im Gesamtergebnis gewinnneutral (s Rz 48). Darüber hinaus führen Entnahmen jedoch idR zur gewinnerhöhenden Aufdeckung der stillen Reserven (s Rz 53). **Ausnahmen** s §§ 6 I Nr 4 (uU Entnahmen zum Buchwert oder gemeinen Wert oder Pauschalierung), § 6 I Nr 5 S 3 für Einlagen, § 6 V (Übertragung von WG, *BMF* BStBl I 11, 1279), § 13 IV, V, § 15 I 3 (Sonderregelungen zu Grundstücksentnahmen), Rz 726 zur begrenzten Nachholung, Rz 321, 326, § 4g zum Aufschub der Gewinnrealisierung; uU Verlustrealisierungsausschluss (zB § 2a I Nr 3, 7). **Gewinnauswirkung** wie bei Veräußerung, soweit das Gesetz nicht ausdrückl Einschränkungen enthält. **§ 4g** sieht für Fälle der Entnahmefiktion nach § 4 I 3 (nur) bei AV-Verlagerung in andere EU-Betriebsstätten die Möglichkeit des **Aufschubs der sofortigen Gewinnrealisierung** vor (s bei § 4g), **§ 36 V** für Betriebsverlagerungen nach § 16 IIIa. Die **private Mitbenutzung** des entnommenen WG des BV ist für die Zurechnung des *vollen* Entnahmegewinns zum Betriebsgewinn unbeachtl (s Rz 53, 118, 208). Voraussetzung einer Gewinnrealisierung durch Entnahme ist, dass das WG bis zu diesem Zeitpunkt dem BV zugerechnet wurde (BFH VIII R 146/74 BStBl II 78, 144, s Rz 726; s aber Rz 321). **Sonstige Rechtsfolgen** s Rz 123 ff, 337. § 50c ist ggf zu beachten.

b) Technische Durchführung. Bei Gewinnermittlung nach §§ 4 I/5 werden 336
in der Handels- und Steuerbilanz *alle* Vermögensveränderungen erfasst. Daher spätere Korrektur um außerbetriebl veranlasste Vorgänge (s Rz 43, 53). Stille Reserven werden dadurch erfasst, dass Entnahmen mit dem Teilwert anzusetzen sind (§ 6 I Nr 4 S 1, Ausnahmen s Rz 335). Dem wird der Buchwert ggü gestellt. Bei Gewinnermittlung nach **§ 4 III** kann Korrektur um Einlagen und Entnahmen über den Wortlaut der Gewinndefinition hinaus erforderl sein, wenn sonst das Gesamtergebnis von dem nach BV-Vergleich abweicht (vgl Rz 10, 305–307, 355 ff).

c) Folgewirkungen. – ***(1)*** Einlagen und Entnahmen können sich auf **andere** 337
WG erstrecken. *Beispiele:* GuB/Gebäude (s Rz 185, 360 „Bebauung"); Verbindlichkeit/angeschafftes WG (s Rz 228 ff, 245); Versicherung/versichertes WG (s Rz 266). – ***(2)*** Auswirkung auf Schuldzinsenabzug s **§ 4 IVa,** Rz 522 ff. – ***(3)*** Tarifauswirkungen auf die begünstigte Besteuerung nicht entnommener Gewinne bei §§ 4 I/5 und ggf Nachversteuerung s **§ 34a.**

d) Höhe späterer Gewinnrealisierung. Wird die Gewinnrealisierung hinaus- 338
geschoben (s Rz 321, 327), werden stille Reserven idR nicht eingefroren, sondern bis zum Besteuerungszeitpunkt angesammelt und dann voll versteuert (BFH VIII R 109/75 BStBl II 77, 283 zur aufgeschobenen Veräußerungswirkung, BFH GrS 1/63 S BStBl III 64, 124 zur gewerbl Betriebsverpachtung; Rz 333 zu § 4 I 5). Spätere Veränderungen bleiben nur unberücksichtigt, wenn sie die Gewinnermittlung nicht mehr berühren dürfen (zB GuB beim Strukturwandel zur LuF nach früherem Recht, § 4 I 5 EStG 1970, BFH GrS 1/73 BStBl II 75, 168 unter C II 3; Übergang zu Liebhaberei s Rz 321; Folgen des Übergangs Liebhaberei/GewBetr s BFH IV B 155/11 BFH/NV 12, 950, Rz 670; Betriebsverpachtung mit Aufgabeerklärung unter Zurückbehalt eines Geschäftswertes s Rz 262). Problematik ausl stillen Reserven bei StEntstrickung gem § 4 I 3, 4 s Rz 328 ff, § 4g Rz 1.

339 **e) Zeitl Wirkung.** Die Rechtsfolgen einer Einlage oder Entnahme treten im Zeitpunkt einer eindeutigen und endgültigen Einlage- bzw Entnahmehandlung ein (Rz 118, 316, 328, 360 „Bebauung", „Erklärung", „Schenkung" – zu Ehegatten BFH IV R 281/84 BFH/NV 87, 427), spätestens bei erklärter **Betriebsaufgabe** (s § 16 Rz 192, 260; § 16 IIIb – *Wendt* FR 11, 1023). Geheime Pläne oder Entschlüsse reichen nicht, auch nicht die für die Einheitsbewertung uU genügende Wahrscheinlichkeit einer Nutzungsänderung (§ 69 I BewG). Einlagen und Entnahmen sind tatsächl Vorgänge, die nur **in die Zukunft** wirken. Weder der Vorgang selbst noch seine steuerl Folgen können **rückwirkend** nachgeholt oder beseitigt werden (BFH IV R 66/00 BStBl II 02, 815 mwN). Eine Abschlussbuchung im Folgejahr hat keine Wirkung für das Vorjahr (BFH IV R 97/82 BStBl II 91, 226).

340 **f) Grenzen.** Ausnahmen sollten auch bei **Irrtum über Rechtsfolgen** nicht gemacht werden (s Rz 318, zu Billigkeitsverfahren § 163 AO BFH IV R 77/84 BFH/NV 87, 769; str). Fragl ist, ob die Erfüllung einer ursprüngl **Rückübertragungsverpflichtung** aus dem BV die Entnahmefolgen beseitigt (so BFH IV R 58/73 BStBl II 77, 823 – von der *FinVerw* nicht angewandt und vom Schrifttum zutr abgelehnt, s 16./29. Aufl). BFH IV R 37/92 BStBl II 94, 564 lässt im Anschluss an GrS 2/92 BStBl II 93, 897 uU rückwirkende Entnahme einer bei Betriebsaufgabe noch nicht entnehmbaren strittigen BV-Forderung zu. Eine unterlassene Einlage oder Entnahme muss zum nächstmögl Zeitpunkt im Wege der Bilanzberichtigung nachgebucht werden; eine zwingende Entnahmegewinnrealisierung kann jedoch in späteren Jahren nicht nachgeholt werden (Ausbuchung zum Buchwert, vgl Rz 710, 726). Zum Einlagezeitpunkt bei Beginn eines Gewerbebetriebes s Rz 360 „Vorbereitungshandlungen". **USt** s Rz 360.

341 **g) Persönl Zurechnung.** Ebenso wie eine vGA KapGes'tern zugerechnet wird, ist der Entnahmegewinn stets dem entnehmenden (Mit-)**Unternehmer** zuzurechnen (*welchem* PersGes'ter, ist str, vgl § 15 Rz 446). Das gilt auch bei Zuwendungen an Dritte aus nichtbetriebl Gründen (zB Schenkung des BetriebsPkw an Sohn). Der Unternehmer muss das WG vorher entnehmen. Die **unberechtigte Privatnutzung** eines WG des BV durch Dritte ist ein Vorgang, der in den Bereich des Betriebsrisikos fällt. Der Unternehmer muss sich die private Wertabgabe jedoch zurechnen lassen, wenn er sie billigt (zB wenn er einem Freund den BetriebsPkw für Privatfahrten zur Verfügung stellt). Bei Angehörigen wird das häufig auch im Falle der Wertentnahme bzw Nutzungsentnahme ohne Kenntnis des Unternehmers gelten (Ehefrau entnimmt Geld aus Kasse; StPfl ermöglicht Sohn unerlaubte Benutzung des BetriebsPkw), s Rz 381.

345 **7. Einlagen und Entnahmen bei § 4 III. – a) Grundsatz.** Die Gewinndefinition in § 4 III 1 enthält keine Verweisung auf Einlage- oder Entnahmevorschriften. Dass die Überschussrechnung nicht ohne diese Begriffe auskommt, ergibt sich aus dem Wortlaut § 4 III 4, dem allg Grundsatz, bei der Gewinnermittlung (nur) alle betriebl veranlassten Vorgänge zu erfassen (Rz 27, 300), und der Identität der Totalgewinne (Rz 10). Ebenso zB BFH IV R 180/71 BStBl II 75, 526 zur **Entnahme,** BFH VIII R 196/77 BStBl II 79, 401 aE zur **Einlage.** Will man die Begriffe BE und BA nicht überdehnen, muss der Differenzbetrag (Gewinn iSv § 4 III 1) um den Wert der Einlagen und Entnahmen korrigiert werden. Bestätigung durch **§ 4 IVa 6,** s Rz 534. **Unterschiede** ergeben sich bei der StBegünstigung nicht entnommener Gewinne (**§ 34a** gilt nur bei §§ 4 I/5).

346 **b) Rechtsfolgen.** Grds wird der Gewinn auch bei § 4 III durch Entnahmen erhöht und durch Einlagen vermindert. Dabei sind jedoch die Besonderheiten der Gewinnermittlungstechnik und – wie beim Verlust aus betriebl Gründen, s Rz 520 „Verlust" – die bisherige Gewinnauswirkung zu beachten. Da es sich um echte Entnahmen und Einlagen handelt, ist nach der wohl zutr hM nicht nur die bisherige Gewinnauswirkung rückgängig zu machen. Es sind vielmehr die Bewertungs-

vorschriften des § 6 I Nr 4, 5 anzuwenden, wohl einschließl der Ausnahmeregelungen. Nur so ist die Identität der Totalgewinne sichergestellt. Ggf sind fiktive BE/BA anzusetzen (BFH X R 135/87 BStBl II 90, 742). **USt** s Rz 360.

c) Einlage-/Entnahmefähigkeit. Auch § 4 III erfasst **alle WG,** selbst solche, die nach der Gewinnermittlungstechnik des § 4 III zunächst keine Berücksichtigung finden (zB Forderungen, s Rz 355, 382, Geld s § 4 IVa 6, Rz 534). Bei **Geld** keine Gewinnauswirkung, weil sein Zufluss bereits als BE erfasst war und Geld nicht unter Fiktion einer BA in das BV eingelegt wird (vgl Rz 380, BFH IV R 180/71 BStBl II 75, 526, mwN, FG Mchn EFG 83, 341, rkr) – Buchwert = Teilwert. Trotzdem kann Geld Gegenstand einer Einlage/Entnahme iSv § 4 IV sein (s BFH VIII R 32/09 BStBl II 13, 16). 347

8. Einzelfälle der Einlagen/Entnahmen bei § 4 III. – a) Umlaufvermögen. Bei **Einlage** Gewinnminderung iHd TW, § 6 I Nr 5 (zum Ausgleich der bei Veräußerung anfallenden BE), Ausnahmen s § 4 III 4, 5, Rz 373, 374 (für bestimmte WG ab 6.5.2006 zunächst erfolgsneutrale Aufnahme in ein UV-Verzeichnis mit Gewinnminderung erst im Zeitpunkt der Veräußerung, Entnahme oder Zerstörung des WG, Rz 374). Bei **Entnahme** Gewinnmehrung iHd TW, § 6 I Nr 4 (Ausgleich abgesetzter BA). Bei Entstrickung gem § 4 I 3 kein Gewinnaufschub nach § 4g. 350

b) Abnutzbares Anlagevermögen. Einlage grds zum TW § 6 I Nr 5 erfolgsneutral (AfA-Bemessungsgrundlage), in Fällen des § 4 I 8 HS 2 zum gemeinen Wert (§ 6 I Nr 5a). Ab 6.5.2006 Aufnahme in ein AV-Verzeichnis zum TW (§ 4 III 5, s Rz 374). Bei **Entnahme** Gewinnauswirkung iHd Differenz zw TW (§ 6 I Nr 4 mit Ausnahmen, auch zu StEntstrickung) und Restbuchwert; zur Nutzungsentnahme s Rz 301, 360. Bei StEntstrickung iSv § 4 I 3 im EU-Bereich uU Gewinnaufschub nach **§ 4g.** Kein Unterschied zu §§ 4 I/5. USt s Rz 360. Auswirkung vorangegangener **AfA** im PV gem § 9 I Nr 7 nach betriebl **Umwidmung** s Rz 742, § 6 Rz 559, § 7 Rz 80, § 6 I Nr 5, § 7 I 5. 351

c) GWG. Einlage gewinnneutral zum TW. Bei **Entnahme** Gewinn iHd TW; ein etwaiger (bei § 6 II fiktiver, vgl auch Rz 396) Restbuchwert ist abzusetzen. Ausnahme: § 6 IIa 3 ab 2008 (keine Auswirkung auf Sammelposten). 352

d) Nicht abnutzbares AV. Bei **Einlage** erfolgsneutrale Aufnahme in das Anlagenverzeichnis zum TW, uU gemeiner Wert (§ 4 III 4, § 6 I Nr 5a). Gewinnminderung erst im Zeitpunkt der Veräußerung (Erlöszufluss), Entnahme oder Zerstörung des WG (s auch Rz 373). **Entnahmegewinn** iHd Differenz zw TW (uU gemeiner Wert, § 6 I Nr 4 S 1 HS 2) und dem aufgezeichneten Wert bzw iHd des TW, wenn bereits BA abgesetzt waren (vgl Rz 398). Im EU-Bereich uU Gewinnaufschub, § 4g. 353

e) Geld. Zur Bedeutung des Geldes bei § 4 III s Rz 347, 380, 238. Einlagen und Entnahmen von Geld wirken sich bei § 4 III nicht gewinnmäßig aus. Nur der betriebl Zu- und Abfluss wird als BE/BA erfasst. Zur Bedeutung für Schuldzinsenabzug s § 4 IVa 6, Rz 534. 354

f) Forderungen. – ***(1)*** **Behandlung als BV/PV** s Rz 218, Forderungen bei § 4 III s Rz 400, 382. – ***(2)*** **Rechtsfolgen.** Die eindeutige, endgültige **Entnahme** einer betriebl Forderung, die sich bei § 4 III noch nicht steuerl ausgewirkt hat, führt zur Gewinnrealisierung, ähnl Betriebsveräußerung oder Wechsel der Gewinnermittlungsart. Sonst würde der betriebl entstandene Gewinn der Besteuerung entzogen (*Beispiele:* Erlass einer Honorarforderung, BFH IV R 180/71 BStBl II 75, 526, oder einer Forderung aus der Veräußerung von AV oder UV aus privaten Gründen). Umgekehrt führt die **Einlage** der privaten Forderung zur Gewinnminderung, soweit bei Zahlung BE anfallen (vgl BFH I R 77/76 BStBl II 79, 481, letzter Abs). – ***(3)*** **Bewertung.** Gem § 6 I Nr 4, Nr 5 mit TW = Nennbetrag, soweit der Wert zu diesem Zeitpunkt realisierbar ist. – ***(4)*** **Darlehensforderun-** 355

gen. Sie können BV darstellen (Rz 221), zu § 4 III s Rz 382. Die Entnahme/Einlage berührt den Gewinn grds nicht (Hingabe und Rückzahlung im Vermögensbereich; s aber Rz 347).

356 **g) Verbindlichkeiten.** – ***(1)* Behandlung als BV/PV.** S Rz 226 (begrenzte Entnahme- und Einlagemöglichkeit). – ***(2)* Rechtsfolgen.** Die **Entnahme** einer lfd Verbindlichkeit wirkt wie die Einlage der Mittel, der **Erlass** aus privaten Gründen wie die private Schenkung und Einlage der Mittel; ebenso bei **Konfusion** nach Erbfolge (s Rz 460; dagegen bei § 5 gewinnerhöhende Bilanzberichtigung nach gewinnmindernder Bilanzierung, s Rz 716, § 5 Rz 672). Bei Anschaffungsverbindlichkeiten gleiche Wirkung wie bei privater Schenkung und Einlage (Rz 350–353) des angeschafften WG (dazu Rz 404). Entnahme und Mitteleinlage haben keine unmittelbare Gewinnauswirkung; nur der spätere BA-Abzug entfällt. Zinsen sind BA bis zu diesem Zeitpunkt. Die isolierte **Einlage** einer Verbindlichkeit ist kaum denkbar (vgl Rz 228). Die spätere Zahlung der Verbindlichkeit darf sich nicht als BA auswirken. – ***(3)* Darlehensverbindlichkeiten.** Es gelten die Grundsätze Rz 355. Keine Gewinnerhöhung durch **Verzicht** des Gläubigers aus privaten Gründen (BFH IV R 39/69 BStBl II 70, 518).

9. ABC der Einlagen und Entnahmen

360 **Auslandsverlagerungen.** Entnahmen durch Verlagerungen von WG, Betrieb oder Wohnsitz ins Ausl haben diverse Rechtsänderungen erfahren. Die frühere BFH-Rspr war durch BFH I R 99/08 BStBl II 11, 1019 und BFH I R 77/06 BStBl II 09, 464 in Frage gestellt (s Rz 326, 327). **Ab 2006** gesetzl Regelung durch **§ 4 I 3** mit rückwirkender „Klarstellung“ der Entnahme durch StEntstrickung in **§ 4 I 4, § 16 IIIa und § 52 Abs 6 S 1** (s Rz 328 ff, § 4g). Umgekehrt liegt eine Einlage vor, wenn ein WG durch Überführung aus ausl in inl Betriebsstätte der inl Besteuerung zugeführt wird (s jetzt § 4 I 8 HS 2). Das Verhältnis § 4 I zu **§ 1 AStG** ist ungeklärt (s BFH I B 96/97 BStBl II 98, 321; BFH I B 141/00 DStR 01, 1290/X B 138/13 BFH/NV 14, 720 zu **EG-Bedenken;** zur Neufassung von § 1 AStG s Rz 328, EuGH Rs C-311/08 IStR 10, 144 Fall *SGI*. Abzugsbeschränkung von **Entnahmeverlusten** bei Auslandsbeteiligungen s § 2a.

Bagatellgrenze. Eine feste Grenze besteht nicht. Grds sind Einlagen und Entnahmen vollständig zu erfassen. Ohne Sonderregelung (zB § 8 EStDV) bleiben nur Vorgänge von absolut untergeordneter Bedeutung unberücksichtigt. Die Aufteilungsgrundsätze nach § 12 (GrS 1/06 BStBl II 10, 672) sind nicht übertragbar. **Beispiel:** StPfl klebt gelegentl Briefmarken der Geschäftspost in privates Album.

Bebauung. Bei bebauten Grundstücken richtet sich der Charakter des WG Grund und Boden nach dem Charakter des Gebäudes (Rz 188, BFH VIII R 4/94 BStBl II 98, 461). Hier ist im Einzelfall sorgfältig zu prüfen, ob und ab welchem **Zeitpunkt** die Bebauung eines Betriebsgrundstücks mit einem später privat genutzten Gebäude zur Entnahme des GuB bzw die Bebauung eines Privatgrundstücks mit einem später betriebl genutzten Gebäude zur Einlage führt (s BFH VIII R 301/83 BStBl II 87, 261; 31. Aufl mwN; s auch „Vorbereitungshandlungen“; zu LuF BFH IV R 44/06 BStBl II 09, 811). Spätester Zeitpunkt ist der Beginn der endgültigen Nutzung (vgl BFH III R 275/83 BStBl II 88, 293; FG Saarl EFG 92, 407, rkr). Die Einlage- oder Entnahmebestimmung kann vor Baubeginn liegen (s Rz 143; BFH IV B 211/01 BFH/NV 03, 1407 und BFH I R 111/73 BStBl II 75, 582). **Vorübergehende Nutzung** muss keine Widmung oder Entwidmung darstellen (s „Nutzung“; BFH X R 105–107/88 BStBl II 91, 519; Rz 120). Bebauung eines **fremden Grundstücks** s Rz 132, 174, „Erbbaurecht“ „Nutzung“, „Nießbrauch“, BFH IV R 137/88 BFH/NV 90, 422. **PersGes** s dort und Rz 175. **Neutrale Grundstücksentnahme** s § 6 I Nr 4 S 4, §§ 13 IV, V/15 I 3. **Räuml Verlagerungen** eines BV-Teils bei gemischter Nutzung s Rz 302.

Belastung (Beleihung, Verpfändung). Ein bisher zum PV gehörendes WG wird nicht dadurch in das (notwendige) BV eingelegt, dass es zur Absicherung eines Betriebskredites eingesetzt wird. So können privat oder neutral genutzte WG (Mietshäuser oder Wertpapiere) als PV für betriebl Zwecke belastet werden und umgekehrt (s Rz 145). Soweit es sich nicht um notwendiges PV handelt (§ 12, s Rz 206, zu LV Rz 275), wird dadurch jedoch ein ausreichender betriebl Förderungszusammenhang begründet, der die Einlage als gewillkürtes BV zulässt (BFH I R 159/71 BStBl II 73, 628 zur **Verpfändung** von Forderungen/Wertpapieren, Rz 151; die *Verwertung* für private Zwecke kann zu Entnahme führen, s FG Ddorf EFG 05, 344, rkr). Die abgesicherte **Betriebsschuld** bleibt unabhängig davon BV (Rz 227, Rz 520 „Policendarlehen", Rz 524). Vgl auch „Erbbaurecht" und „Nießbrauch".

Betrieb, betriebsfremd. Es wird auf Rz 25 und 326 verwiesen.

Betriebsaufgabe (§ 16 III) ist ein Entnahmevorgang eigener Art mit Aufdeckung der stillen Reserven und Versteuerung des Gewinns gem §§ 16 IV, 34 I, II. Zu den Voraussetzungen der Betriebsaufgabe nach Betriebsverpachtung s **§ 16 IIIb/§ 52 Abs. 34** aF StVerG 2011; *Wendt* FR 11, 1023, § 16 Rz 175.

Betriebsverlegung s „Ausland", „Steuerentstrickung", § 16 IIIa und Rz 331.

Betriebsverpachtung. Jedenfalls die nicht nur vorübergehende Betriebsverpachtung ist als „Betriebsaufgabe" grds ein **Entnahmevorgang.** Gleichwohl verzichtet die Rspr, soweit nicht besondere Umstände oder eine ausdrückl Aufgabeerklärung hinzutreten, *zunächst* auf die zwingende Besteuerung der stillen Reserven (**Wahlrecht** – wohl auch ab 1999 –, s EStR 16 V, § 16 Rz 690). Damit diese nicht verloren gehen, macht § 16 IIIb die endgültige Betriebsaufgabe von besonderen Voraussetzungen abhängig.

Bewertung von Einlagen/Entnahmen s § 6 Rz 501 ff; unten „Umsatzsteuer".

Bilanzberichtigung s „Buchung", Rz 338, 680 ff.

Buchung. – *(1)* Bei **notwendigem BV oder PV** wird der Charakter eines WG nicht durch die Art der Buchung verändert. Solche WG werden durch Lösung des betriebl Zusammenhanges oder der persönl Zurechnung entnommen und durch Herstellung eines betriebl Zusammenhanges eingelegt. Eine **fehlerhafte Buchung** bewirkt keine Einlage/Entnahme und ist zu korrigieren (s Rz 318, 682, 690, 711, 726). Bei nachträgl auftauchenden Zweifeln am (Fort-)Bestehen einer betriebl Veranlassung und am Zeitpunkt der Beendigung kommt der Buchung auch bei notwendigem BV eine **Indizwirkung** zu (vgl BFH X R 46/94 BFH/NV 96, 393 mwN); das ist eine Folge der Bestimmungsmöglichkeit (Rz 104). – *(2)* Beim **gewillkürten BV** hat der Ausweis in der Buchführung zwar größeres Gewicht, da dies die übl Art und oft die einzige Möglichkeit ist, eine Widmung oder Entwidmung zu dokumentieren (s Rz 318, 168 und BFH VIII R 142/85 BStBl II 91, 401; BFH X R 46/94 BFH/NV 96, 393; zu widersprüchl Buchung FG SchlHol EFG 01, 620, rkr). Letztl wirkt die Buchung jedoch auch hier nur als starkes, aber widerlegbares **Beweisanzeichen** für eine Willensentschließung des StPfl. Ob tatsächl ein Förderungszusammenhang mit dem Betrieb begründet oder gelöst worden ist, muss unabhängig davon geprüft werden. Ohne diesen obj Zusammenhang kann auch gewillkürtes BV nicht durch formalen Buchungsakt begründet werden (s Rz 150; zu den Grenzen der betriebl Veranlassung s Rz 155, 314). Auch ein WG des gewillkürten BV kann ohne Buchung entnommen oder eingelegt werden (BFH VIII R 13/74 BStBl II 75, 811). Ein durch Buchung manifestierter Entnahme- oder Einlagewille kann durch sonstige Umstände in Frage gestellt sein. – *(3)* **Buchungen durch dritte Personen** und **irrtümliche Buchungen** ohne Entnahmewillen s Rz 318. – *(4)* **Bei Buchungen, die nicht unmittelbar die Bilanzierung des WG betreffen,** ist besonders sorgfältig zu prüfen, ob sie den eindeutigen und endgültigen Einlage- oder Entnahmewillen des

StPfl ausdrücken. *Beispiele:* Buchung von Versicherungsprämien als **BA** als Einlage der Versicherung in das BV (BFH IV R 132/66 BStBl II 72, 277, vgl Rz 266); „Erklärungen" s unten und Rz 318. – **Beweislast** trifft idR den StPfl (s Rz 316, BFH IV B 31/97 BFH/NV 98, 1345).

Doppelbesteuerungsabkommen (DBA). Der Abschluss eines DBA mit der Folge des Ausscheidens eines WG des BV aus dem Bereich der Inlandsbesteuerung führt **ab 2006** auch ohne aktive Verlagerungshandlung zur StEntstrickung und zur Aufdeckung der stillen Reserven (§ 4 I 3–6, Rz 331; abl *Bron* IStR 14, 918; zur früheren Rechtslage s Rz 320).

Energieentnahmen s *Moorkamp* NWB 11, 2947 (Stromentnahmen); FG Nds DStRE 13 1281, rkr (Wärmeentnahme Biogas); s auch zu § 7g *BMF* BStBl I 13, 1493 Tz 41.

Entnahmehandlung s Einzelstichworte und Rz 316.

Entstrickung s „Steuerentstrickung".

Erbbaurecht. Die Belastung eines Betriebsgrundstücks mit einem entgeltl Erbbaurecht führt auch im Falle der Privatnutzung unabhängig von der Höhe des Entgelts idR nicht zur Entnahme des Grundstücks (BFH IV R 46/08 BStBl II 11, 692 mwN; s auch „Belastung", „Nießbrauch" und 20. Aufl mwN).

Erbfall und Entnahme vgl Rz 57, 58, § 16 Rz 590 ff.

Erklärung. Die eindeutige Erklärung **ggü dem FA** ist eine Einlage- bzw Entnahmehandlung (BFH X R 46/94 BFH/NV 96, 393). Beim notwendigen BV muss eine Änderung des betriebl Zusammenhangs hinzutreten (wie bei der „Buchung"). Die Erklärung von Einkünften aus VuV bei LuF kann jedenfalls ab 2011 gem **§ 16 IIIb** nicht zur Entnahme eines Mietgebäudes oder zur Aufgabe einer LuF führen (vorher s 33. Aufl). Die Erklärung **ggü Dritten** kann uU den eindeutigen Einlage- oder Entnahmewillen verdeutlichen (s Rz 318). Beispiel: Anweisung an Buchhalter, der die Buchung vergisst. Zeitpunkt s auch „Buchung", „Bebauung" und Rz 339.

EU s „Fusionsrichtlinie", „Steuerentstrickung", „Umwandlung", Rz 328 ff.

Europäische Gesellschaft s Sonderregelungen s § 4 I 5, Rz 334 mwN.

Finaler Entnahme-/Einlagebegriff s Rz 305, 326, 329.

Forderungen. Zur Einlage und Entnahme s Rz 217 und 355 mwN.

Form. Für Einlage-/Entnahmehandlungen ist grds keine Form vorgeschrieben (s „schlüssiges Verhalten"). Angehörige s Rz 520.

Fusionsrichtlinie. Diese EG-RiLi wurde ab 1995 durch das UmwStG 1995 in dt Recht umgesetzt; s 23. Aufl und „Umwandlung". Zu Divergenzen und Folgen und Änderungen 2005 s 32. Aufl mwN. Die FusionsRiLi wird durch das SEStEG umgesetzt (Anpassung des UmwStG, s Stichwort „Umwandlung" und Rz 328 ff).

Geduldetes Betriebsvermögen. Rspr, Verwaltung und Schrifttum verwenden diesen Begriff vor allem beim luf BV, um auszudrücken, dass ein WG zwar jetzt nicht mehr (notwendig oder gewillkürt) BV werden könnte, jedoch eine vorher gegebene BV-Eigenschaft nicht durch einen Wechsel äußerer Umstände verliert, wenn es nicht notwendig PV wird (zB 4 I 6, 7, § 13 Rz 244; BFH IV B 138/98 BFH/NV 00, 713; oben „Erbbaurecht" und 20. Aufl mwN). ME ist der Begriff überflüssig und keinesfalls als weitere Unterart von BV zu verstehen (s Rz 104 ff). Er verdeutlicht nur die fortbestehende Bindung bis zur eindeutigen Lösung aus dem BV durch eine weitere Entnahmehandlung (s Rz 118 ff, 316 ff, 339, zu Verpachtung BFH IV R 74/99 BStBl II 02, 356; zu gewillkürtem BV Kfz bei Absinken der Nutzung unter 10 vH BFH VIII R 11/11 BStBl II 13, 117). GlA *Wendt* FR 05, 686 zu BFH XI R 31/03 BStBl II 05, 334. Vgl auch zu fortbestehendem PV bei fremdbetriebl Vermietung BFH III R 4/04 BStBl II 05, 604.

Geld s Rz 238, 347, 354, 380.

Grundstücke s „Bebauung", „LuF", „Nießbrauch", „Nutzung", „Wohnung", Rz 106, 185, 191, 302, zu Einlage bei gewerbl Grundstückshandel s „Vorbereitungshandlungen". Buchwertentnahmen s §§ 13 IV, V, 15 I 3.

Kapitalgesellschaften s „Fusionsrichtlinie", „Spaltung", „Umwandlung", „verdeckte Einlagen", Rz 171, 301 ff.

Land- und Forstwirtschaft. Entnahmen von **Grund und Boden** sind ab 1.7.1970 grds in die Gewinnermittlung einbezogen (s Rz 185, § 13a VI Nr 2, zu § 4 I 7 s „Nutzung"; Verrechnung mit gesetzl Einlagewerten § 55), jedoch uU zum Wohnbau stfrei entnehmbar (§ 13 IV, V). Bedeutung der Entnahmehandlung s BFH IV R 44/06 BStBl II 09, 811, Einzelfälle 28. Aufl. **Überführung in Grundstückshandelsgewerbe** s *BMF* BStBl I 90, 884 und DStR 99, 1615. Bebauung mit Vermietung führt – mE unabhängig von der Zahl der Objekte – nicht zur Grundstücksentnahme (vgl zu luf Kleinbetrieb BFH IV R 48/08 BStBl II 11, 792 mit Anm *Kanzler* FR 11, 910). S oben „Bebauung", „Erklärung" (zu Betriebsaufgabe), „Erbbaurecht", „geduldetes BV", „Nutzung", „Vorbereitungshandlungen" und Rz 316. Besonderheiten bestehen für **Wohngebäude.** Während es sich früher stets um BV handelte (s 31. Aufl), gilt dies ab 1999 nur noch für Baudenkmale (§ 13 II Nr 2, IV, V).

Leistungen s Rz 309; s auch § 6 I Nr 4 S 5, § 6 Rz 507.

Nachversteuerung begünstigter Gewinne bei **Überentnahmen** s § 34a.

Nießbrauch (s auch § 5 Rz 156, 655; § 7 Rz 41). Jede Art von Nießbrauchsrecht ist ein selbständiges immaterielles WG, kein Eigentumsausschnitt, sondern echtes Nutzungsrecht, einlegbar, entnehmbar und abschreibbar (BFH GrS 2/86 BStBl II 88, 348 und 20. Aufl mwN). Die BV-Eigenschaft ist idR unabhängig vom Eigentum an dem belasteten WG zu prüfen. Die Bestellung eines Nießbrauchs an einem WG des BV aus privaten Gründen kann nur dann zur Entnahme dieses WG führen, wenn der Nießbraucher ausnahmsweise wirtschaftl Eigentümer wird (abl zu Vorbehaltsnießbrauch BFH IV R 49/98 BStBl II 99, 264; BFH X B 128/05 BFH/NV 06, 704) oder wenn der betriebl Zusammenhang endgültig unterbrochen wird (vgl auch Rz 314, zum Nießbraucher als Unternehmer § 15 Rz 143, 306). Vor allem beim entgeltl bestellten Nießbrauch wird die BV-Eigenschaft häufig fortbestehen. Dann werden allenfalls lfd Nutzungen entnommen. Keine Entnahme des Nutzungsrechts durch unentgeltl Überlassung des Betriebes zur Nutzung (BFH VIII R 55/77 BStBl II 81, 396, str) oder unentgeltl Betriebsübertragung und Nießbrauchsvorbehalt am Grundstück (*L. Schmidt* FR 88, 133 mwN, „Erbbaurecht" und unten). Umgekehrt wird das Betriebsfremden gehörende WG durch Bestellung eines Nießbrauchs zugunsten des Betriebsinhabers idR nicht in das BV eingelegt. Wird das Nießbrauchsrecht privat erworben oder entsteht es durch Entnahme des belasteten WG auf Grund dessen unentgeltl privater Übertragung bei Nießbrauchsvorbehalt im PV, kann es in das BV eingelegt und mit dem Wert des § 6 I Nr 5 aktiviert und abgesetzt werden (Beschränkung auf AfA des WG s BFH VIII R 57/80 BStBl II 83, 739 zu Zuwendungsnießbrauch; s aber BFH IV R 20/82 BStBl II 84, 202 zu Vorbehaltsnießbrauch); § 5 II ist auf Einlagen nicht anwendbar (vgl § 5 Rz 164). Vermächtnisnießbrauch s BFH IV R 7/94 BStBl II 96, 440. Nießbrauch an PersGesAnteil s *Wälzholz* DStR 10, 1930; *Küspert* FR 14, 397; *Reich/Stein* DStR 13, 1272; zu Tod des Nießbrauchsunternehmers s *Mielke* DStR 14, 18; zu ErbSt *BMF* BStBl I 12, 1101.

Nutzung (s auch „Nießbrauch"). – ***(1)* Eigene WG.** – ***(a)* Dauernutzung** eines WG spiegelt seinen Einsatz im Betrieb wider und bestimmt dabei als schlüssige Einlage- oder Entnahmehandlung den Charakter des WG als PV oder BV (BFH III B 152/13 BFH/NV 14, 1364 mwN). – ***(b)* Vorübergehende betriebl Nutzung** macht ein WG des PV nicht notwendig zu BV und umgekehrt (s auch

Anm c). *Beispiele:* Gelegentl Privatnutzung des BetriebsKfz (§ 4 V 1 Nr 6, s Rz 121 und 580 ff); vorübergehende Privatnutzung eines Betriebsgebäudes (BFH BFH IV R 10/03 BStBl II 04, 947, 31. Aufl mwN); zu Fremdvermietung im BV BFH XI R 31/03 BStBl II 05, 334, im PV BFH III R 4/04 BStBl II 05, 604; zu WG-Überlassung an ausl Betriebsstätte s oben StW „Ausland", § 4 I 3, Rz 331. UU werden nur die Nutzungen entnommen bzw eingelegt (s Rz 303, 329, 341, 506). Darunter fallen als Selbstkosten (§ 6 Rz 507) alle durch die abw Nutzung veranlassten Aufwendungen, lfd und feste Kosten (uU Schätzung, zu Raumkosten s FG Hbg EFG 91, 457, rkr), AfA (Sonder-AfA s BFH III R 96/85 BStBl II 88, 655), Finanzierungskosten (BFH VIII R 9/87 BFH/NV 92, 590), sonstige durch die Nutzung wirtschaftl verursachte Aufwendungen einschließl vorheriger teilwerterhöhender Erhaltungsaufwendungen, höchstens jedoch iHd Differenz zw Miete und Marktmiete (BFH IV R 46/00 DStRE 03, 773, Anm 31. Aufl). Unfallaufwendungen s Rz 121, 206. – ***(c)* Gemischte Nutzung.** Grds ist Aufteilung geboten, soweit mögl (Grundstücke, vgl Rz 189, 193). Entfällt diese Möglichkeit (hM bei bewegl WG, s dazu Rz 206), wird bei überwiegender betriebl Nutzung notwendiges BV angenommen. Eine nicht überwiegende, aber nicht unbedeutende betriebl Mitbenutzung zw 10 und 50% begründet einen betriebl Förderungszusammenhang, der – auch bei § 4 III – eine Einlage als (gewillkürtes) BV rechtfertigt (Rz 151, 167, 206 – Ausnahme: § 12, s Rz 208 ff, auch zu Rechtsfolgen bei Veräußerung; Beschränkung der pauschalen Privatnutzungsberechnung auf Kfz im notwendigen BV s § 6 I Nr 4 S 2, § 6 Rz 531). **GWG** s Rz 208, 352 und EStR 6.13 II. – ***(d)* Nutzungsänderungen.** Der betriebl Zusammenhang ist jährl neu zu prüfen. So ist eine Einlage anzunehmen, sobald bei Grundstücken eine der Grenzen des § 8 EStDV überschritten wird (BFH VI 290/65 BStBl III 67, 752) oder ein bewegl WG nicht nur vorübergehend zu mehr als 50 vH betriebl genutzt wird (Anm c). Umgekehrt löst eine Nutzungsänderung, die ein Absinken unter diese Grenzen bewirkt, keine Entnahme aus (s „geduldetes BV"). Es ist eine zusätzl Entnahmehandlung erforderl, sofern der betriebl Zusammenhang nicht vollständig verloren geht (zB BFH IV R 33/04 BStBl II 06, 68; zu LuF BFH IV R 44/06 BStBl II 09, 811). Das gilt auch wenn das WG unter diesen Voraussetzungen nicht mehr BV werden könnte (s Rz 120, 200, 321, BFH VIII R 11/11 BStBl II 13, 117 zu Kfz im gewillkürten BV; vgl auch § 4 I 6, 7 zum Wechsel der Gewinnermittlungsart und zu Nutzungsänderungen bei § 4 III und § 13a). Gebäude s „Bebauung", „Wohnung", Rz 191; s auch „Vermietung" von Betriebsgrundstücken. Zur **räuml Verlagerung** von Betriebsteilen am Grundstück s Rz 302. Ein Tennisplatz oä WG verliert eine bestehende BV-Eigenschaft durch endgültig ausschließl Privatnutzung, nicht aber durch absinkende ArbN-Nutzung. – ***(2)* Fremde WG** sind nicht BV des StPfl (s Rz 100). Gewinnauswirkungen können sich ergeben durch Einlage/Entnahme eines eigenen Nutzungsrechts (s Rz 301 und oben „Nießbrauch") bzw – wie bei eigenen betriebsfremden WG (s Anm 1b) – im Wege der Einlage/Entnahme des Nutzungsaufwands (s Drittaufwand Rz 500 ff). Die **Bebauung** eines fremden Grundstücks auf Grund eines Nutzungsrechts kann zu einem eigenen WG führen (vgl Rz 132, 186, oben „Nießbrauch", BFH IV R 137/88 BFH/NV 90, 422).

Personengesellschaft. S Rz 173, 222, § 15 Rz 536, 627, 660 ff; zu Entnahmeklauseln *Fischer* DB 15 Beil 4 zu Heft 25. – ***(1)* Entnahmen** der Ges'ter aus dem BV der Ges und ihrem eigenen SonderBV haben gem § 4 I den GesGewinn ohne betriebl Veranlassung gemindert und sind daher dem Gewinn (dem Anteil des entnehmenden Ges'ters bzw allen Ges'tern, vgl § 15 Rz 446 und 669, BFH IV R 39/94 BStBl II 96, 276) wieder zuzurechnen. *Beispiele:* Überführung eines WG aus dem (Sonder)BV in das PV; Privatnutzung des BetriebsPkw; Auszahlung und Verbuchung von Vergütungen iSv § 15 I Nr 2 als BA; Aufgabe des Mitunternehmeranteils (§ 16 I Nr 2, s § 16 Rz 414). Zu Begünstigung nicht entnommener Gewinnanteile und ggf Nachversteuerung s **§ 34a.** – *(2)* **Einlagen** berühren den Gewinn entgegengesetzt. *Beispiele:* Überführung eines WG aus dem PV in das (Sonder)BV; betriebl Nutzung des PrivatPkw; Zahlung des Ges'ters als Vergütung für GesLeistung; s auch „verdeckte Einlagen"; *BMF* BStBl I 11, 713. – *(3)* **Nutzungsverhältnisse.** Überlässt der Ges'ter der Ges ein WG nicht nur kurzfristig zur betriebl Nutzung, legt er das WG in das SonderBV ein (§ 15 I Nr 2, § 15 Rz 513 ff und 20. Aufl mwN); Aufwendungen des Ges'ters mindern den GesGewinn nicht als Einlagen (§ 4 I 1) oder Drittaufwand, sondern als eigene SonderBA (BFH GrS 2/86 BStBl II 88, 348 unter C I 2; *Groh* DB 88, 514/571). Andererseits wird der BV-Charakter eines im Eigentum der Ges stehenden WG durch Privatnutzung grds nicht berührt. Entnommen werden nur lfd Nutzungen. Die *endgültige* Privatnutzung durch einen oder alle Ges'ter kann zur Entnahme des WG führen (s Rz 175). S auch oben „Nießbrauch". – *(4)* **Entgeltl Übertragung von WG im Gesellschaftsbereich** wird nicht anteilig als Entnahme (Einlage), sondern voll als Veräußerung (Anschaffung) gewertet (s § 15 Rz 660 ff, 674). **Ohne Entgelt** Buchwertfortführung, § 6 V. – *(5)* **Unentgeltl Betriebsübertragung** s § 6 III. **Überentnahmen § 4 IVa** s Rz 535.

Pfändung/Verpfändung s „Belastung".

Rechtsvorgang als Entnahme s Rz 319, 329, 338.

Rückgängigmachung von Einlagen und Entnahmen s Rz 339.

Schenkung und Entnahme s Rz 119, 125, 316, 339; *Giloy* FR 87, 25.

Schlüssiges Verhalten kann Einlage- oder Entnahmehandlung darstellen, aber nur, wenn es diese Absicht des StPfl unmissverständl zum Ausdruck bringt (s Rz 316 ff, BFH GrS 1/73 BStBl II 75, 168, „Bebauung", „Erklärung", „Nutzung", „Vorbereitungshandlungen").

Schuldzinsenabzug und Über-/Unterentnahmen s § 4 IVa, Rz 522 ff.

Steuerbegünstigung nicht entnommener Gewinne bei §§ 4 I/5 s **§ 34a.**

Spaltung von KapGes s „Umwandlung".

Steuerentstrickung; Steuerverstrickung. Die Begriffe waren iZm Entnahmen/Einlagen früher nicht gesetzl definiert (s Rz 326), sind aber seit 2006 **in § 4 I 3, 4, 8 festgeschrieben.** – *(1)* **Steuerentstrickung.** Der Begriff bedeutet über den allg Entnahmebegriff in § 4 I 2 hinaus („Entnahme zu betriebsfremden Zwecken"), dass stille Reserven durch sonstige Vorgänge der inl Besteuerung entzogen („entstrickt") werden, etwa durch Entfernung des BV aus dem inl Besteuerungsbereich, Betriebsverlegung oder Beendigung der unbeschr StPfl (§ 4 I 3, 4, Rz 331). – *(2)* **Steuerverstrickung** ist der umgekehrte Fall der Verlagerung ins Inl. Vgl FG Ddorf EFG 86, 446, rkr (Wohnsitzverlegung ins Inl) und Festschreibung in **§ 4 I 8 HS 2, § 6 I Nr 4 S 1 HS 2** (s Rz 334).

Stromentnahmen von eigenerzeugtem Strom s „Energieentnahmen".

Strukturwandel ohne betriebl Umorganisation führt nicht zur Entnahme der WG (s Rz 319). Vgl auch Rz 336.

Umsatzsteuer. – *(1)* **§ 15 Ia UStG** ersetzt die frühere USt auf Eigenverbrauch durch Vorsteuerausschluss (s auch § 3 Ib und IXa UStG). – *(2)* **TW** als Entnahmewert errechnet sich ohne USt, soweit die VorSt bei Wiederbeschaffung absetzbar wäre (§ 9b Rz 8 ff).

Umwandlung. Das UmwBerG gestattet nahezu sämtl Rechtsträgern (zB Einzelunternehmen, PersGes, KapGes), die Rechtsform ohne Liquidation und ohne Erfordernis der Einzelrechtsnachfolge durch Gesamtrechtsnachfolge, Sonderrechtsnachfolge oder Vollübertragung zu verändern, sich zu verbinden oder zu teilen. In Anlehnung daran erweiterte das UmwStG 95 über die vorher geltenden Vorschriften der „Fusions-RiLi" (s dort) hinaus die steuerl Möglichkeiten der Umwandlung, Fusion und Spaltung zu Buchwerten mit wahlweiser Aufdeckung (gesicherter) stiller Reserven im Inl. Das SEStEG enthält eine grundlegende Änderung des UmwStG mit StAnpassungen an die Einführung der Europäischen Ges (SE; s SEAG BGBl I 05, 3675 und oben „FusionsRiLi"; glA vor 2007 EuGH RS C-285/07 Fall *AT,* BStBl II 09, 940). S dazu *BMF* BStBl I 11, 1314; *Drüen ua* DStR Beil Heft 2/2012; *Walzer* DB 09, 2341, *Beinert/Benecke* FR 10, 1009 und 1120; Anm 27. Aufl. Danach fallen auch vergleichbare *grenzüberschreitende* Umwandlungsvorgänge im *EU-/EWR-Bereich* unter das UmwStG, s Rz 328 ff. S auch EuGH Rs C-164/12 DStR 14, 193, § 4g mwN.

Verbindlichkeiten. Einlage/Entnahme s Rz 228, 356, EStR 4.2 XV.

Verdeckte Einlagen/Entnahmen und Gewinnausschüttungen

Schrifttum: *Briese* DStR 04, 249 (Korrektur verbilligter Privatüberlassung von BV durch Nutzungsentnahme und vGA); *Mutscher* DB 05, 2096 (Fallstricke der verdeckten Einlage in BV einer PersGes); *Böth* StBp 05, 341 und 06, 13; *Briese* GmbHR 06, 1136 (verdeckte Einlage in KapGes); *ders* FR 09, 991 (rechtssystematische Aspekte der vGA); *Großhäuser* NWB 11, 4168 (offene und verdeckte Einlagen in PersGes und KapGes, Musterfall); 20./23./25./29. Aufl mwN; Nutzungseinlagen s Rz 303.

Privatzahlungen und Zahlungen auf gesellschaftsrechtl Ebene dürfen als Einkommensverwendung den Gewinn nicht berühren (§ 4 I 1; vorrangige Abgrenzung der betriebl von der privaten Sphäre bzw der schuldrechtl von den Beteiligungsbeziehungen Ges/Ges'ter unabhängig von § 5 II, BFH **GrS** 2/86 BStBl II 88, 348 unter C I 1b/aa, 3e, s Rz 305, § 5 Rz 176, 196). Daher sind ggf Korrekturen um verdeckte wie offene (auch mittelbare, BFH VIII R 159/85 BStBl II 87, 257) Einlagen und Entnahmen bzw Gewinnausschüttungen geboten. Sie sind **verdeckt,** wenn sie nicht als solche bezeichnet, sondern in verborgener Form zugewendet werden, zB als „Forderungsverzicht" (s *BMF* BStBl I 12, 874; FG Mster EFG 11, 2194, rkr), „Gehalt", „Pachtentgelt", „Veräußerungserlös". Verdeckte WG-Einlagen aus BV in KapGes werden als Veräußerungsvorgang behandelt (s § 6 VI 2, § 6 Rz 741 ff). Die Rspr hat die Begriffe zur **KapGes** entwickelt (vgl Rz 171, 353). Begriff **vGA** s Rz 33, § 20 Rz 42. – **§ 8 III 2 KStG** enthält vorrangige Sonderregelung zu Entnahmen § 4 I (BFH GrS 2/86 BStBl II 88, 348 unter C I 3). Abw davon nimmt die Rspr **verdeckte Einlagen** grds nur an, wenn (der KapGes) ohne Gegenleistung eine bilanzielle Vermögensmehrung zugeführt wird, die ihre Ursache im GesVerhältnis hat (s BFH GrS 1/94 BStBl II 98, 307 und *BMF* BStBl I 12, 874 zu Pensionsverzicht; Einzelheiten s 32. Aufl). **Genossenschaft** s BFH IV R 115/88 BStBl II 90, 86. Beim **Einzelunternehmer** besteht keine Notwendigkeit, zw offenen und verdeckten Einlagen/Entnahmen zu unterscheiden. Bei **PersGes** (s Stichwort) können verdeckte Einlagen/Entnahmen auftauchen, ohne dass sich Unterschiede zu sonstigen Einlagen/Entnahmen ergeben (s BFH IV R 12/08 BFH/NV 11, 768; § 15 Rz 627; s auch § 6 III–V, *BMF* BStBl I 11, 713).

Verlust. – ***(1)* Keine Entnahme des WG.** Der Verlust eines WG des BV führt auch bei *außerbetriebl* Verursachung nach bisher hM mangels Entnahmehandlung nicht zur Entnahme des WG. *Beispiel:* Zerstörung des BetriebsPkw durch Unfall auf Privatfahrt. Der Unternehmer, der seinen BetriebsPkw privat nutzt, übernimmt damit zwar das Risiko der Beschädigung und der Zerstörung in den privaten Bereich, mit der Folge, dass Reparaturkosten und der Restbuchwert den betriebl Gewinn nicht mindern dürfen (str, s Rz 121, Rz 520 „Verlust"). Das zerstörte Fahrzeug bleibt jedoch BV, selbst wenn es seinen Wert für den Betrieb verloren hat. Der Schrotterlös bleibt BE. Die Aufdeckung und Versteuerung der stillen Reserven ist daher nach bisheriger Rspr ebenso wenig veranlasst wie im Falle der betriebl Zerstörung oder der normalen betriebl Abnutzung und Absetzung (BFH I R 213/85 BStBl II 90, 8; str, s Rz 121; *Beiser* DB 03, 15 und 2200). Zur Nutzungsentnahme s „Nutzung", zur Versicherungsentschädigung Rz 271, 460, zu § 4

III Rz , 345, 350, 520 „Verlust". Entnahme bei Versicherungsbetrug s FG Mster EFG 99, 615, rkr, FG Mchn EFG 99, 108, rkr. – ***(2)* Einlage.** In gleicher Weise führt der betriebl veranlasste Verlust eines WG des PV nicht zur Einlage des WG in das BV (betriebl Aufwand s Rz 520 „Verlust").

Vermietung und Verpachtung eines Betriebsgrundstücks führt grds nicht zur Entnahme (s BFH I R 96/83 BStBl II 87, 113; BFH IV R 49/88 BFH/NV 91, 363). Zur Abgrenzung s BFH I R 7/84 BStBl II 88, 424 und „Buchung" d. S auch „Betriebsverpachtung", „LuF" und „Wohnung".

Verpfändung s „Belastung".

Verschmelzung s „Fusions-RiLi", „Umwandlung", Rz 333 und 520.

Vorbereitungshandlungen. Eine gewerbl Tätigkeit beginnt idR mit den ersten Vorbereitungshandlungen; dann werden die zum betriebl Einsatz bestimmten WG in das BV eingelegt (BFH X R 60/93 BFH/NV 96, 202 mwN zum Beginn eines gewerbl Grundstückshandels; BFH IV R 110/91 BStBl II 93, 752 zum luf Betriebserwerb; s auch Rz 339, § 15 Rz 129). Die Widmung muss eindeutig und endgültig gewollt sein (s FG Hbg EFG 92, 521, rkr). Das Gleiche gilt für den umgekehrten Fall der Entnahme aus dem BV. *Beispiel:* Bebauung eines Betriebsgrundstücks mit Privatwohnhaus muss noch nicht *im Zeitpunkt des Baubeginns* zur Entnahme des Grund und Bodens führen (s „Bebauung" und Rz 318); vgl auch zur endgültigen Funktionszuweisung BFH X R 57/88 BStBl II 91, 829.

Wechsel der Gewinnermittlungsart. Keine Entnahme, § 4 I 6, Rz 321, 651.

Wechsel der Steuerpflicht s „Wohnsitzverlegung".

Wohnsitzverlegung in das Ausl mit der Folge des Wegfalls der unbeschr StPfl berührt die Besteuerung des *inl* BV meist nicht (§ 49 I Nr 1–3 und die einschlägigen DBA-Regelungen). Das BV einer ausl Betriebsstätte wird dagegen uU der inl Besteuerung entzogen, soweit nicht die Vorschriften des AStG eingreifen. BFH-Rspr und EGrechtl Bedenken mit *BMF*-Ablehnung s Rz 316, 320, 326; hier 32. Aufl. Nach **§ 4 I 3** kann der Verlust des inl Besteuerungsrechts jedenfalls ab 2006 zur gewinnerhöhenden „Steuerentstrickung" führen (s „Ausland", Rz 328 ff).

Wohnung. Zur Frage BV/PV s Rz 106, „Bebauung", „LuF", „Nutzung", „Vermietung". Steuerneutrale Entnahme in Alt-Ausnahmefällen s 24./33. Aufl. Fremdvermietete Wohnungen bleiben BV. Entnahme*verluste* sind grds zu berücksichtigen (*BdF* BStBl I 86, 528). Besteuerung von BE/BA s Rz 520 „Gebäude".

V. Gewinnermittlung bei Überschussrechnung, § 4 III

1. Persönlicher Anwendungsbereich. S Rz 4 (allg), 456 (BE), 500 (BA). 370

2. Gewinnbegriff. Gewinn iSv § 4 III ist der Überschuss der BE (Rz 420) 371
über die BA (Rz 470 ff). Im Grundsatz handelt es sich um eine **(Geld-)Zu- und Abflussrechnung iSv § 11,** die jedoch durch viele **Ausnahmen** durchlöchert und erschwert ist (Rz 373 ff). Die für den Betrieb eingesetzten WG sind BV (s Rz 100). Die Besteuerung der **stillen Reserven** richtet sich nach den gleichen Regeln wie beim BV-Vergleich (Rz 50, 166). **Forderungen und Schulden** entstehen auch bei § 4 III als BV, haben nur (zunächst) keinen Einfluss auf den Gewinn (Rz 400 ff). Änderungen im Bestand des BV berühren den Gewinn im Grundsatz nicht. Für Rechnungsabgrenzungsposten, Rückstellungen, Wertberichtigungen, TW-AfA ist grds kein Raum (str, s Rz 392); ggf Ersatz durch BA-Abzug bzw BE-Ansatz (zB § 6c, § 7g VI aF – dazu BFH IV R 30/04 BStBl II 05, 704, ebenso ab 2008, § 7g nF – auch bei §§ 4 I/5 außerbilanzieller Abzug). **Geld** und BV § 4 III s Rz 380 ff. **Systemwidrige Ausnahmen** (§ 4 III 2–5) sind zur Wahrung der Identität des Gesamtgewinns geboten (Rz 10, 373, 400, 471), sollten sich aber auf anders nicht lösbare Unterschiedsfälle beschränken (zweifelnd *Groh* FR

86, 396; *Söhn* StuW 91, 270; s auch *Kanzler* FR 98, 233; *Weber-Grellet* DStR 98, 1343; FG Köln EFG 94, 1083, rkr). **Einlagen und Entnahmen** s Rz 345 ff.

372 **3. Vor- und Nachteile.** Die Gewinnermittlung nach § 4 III ist von der Grundidee her buchungstechnisch einfach, vor allem weil sie grds keine Kassenführung, keine Bestandskonten und keine Inventur voraussetzt (Aufzeichnungspflichten s Rz 374). Dieser Vereinfachungseffekt kann jedoch in einzelnen VZ zur Besteuerung wirtschaftl nicht erzielter Gewinne/Verluste führen. *Beispiel:* Durch Einkauf und Zahlung von Waren im Jahr 01 im Werte von 10 000 entstehen BA in dieser Höhe, obwohl ein Verlust wirtschaftl nicht eingetreten ist; Einnahmen von 15 000 aus dem Verkauf dieser Waren im Jahr 02 sind voll BE 02. Bestandsveränderungen bleiben unberücksichtigt. Ausnahmen s § 4 III 4, Rz 373. Die **umwidmende Zweckbestimmung** eines WG (zB UV statt ursprüngl AV oder umgekehrt) kann nicht rückwirkend berücksichtigt werden (vgl BFH IV R 20/04 BStBl II 05, 758, Rz 373). Ebensowenig kann der **fehlerhaft unterlassene Abzug** von BA später nachgeholt werden, selbst wenn diese dadurch verloren gehen (BFH XI R 49/05 BStBl II 06, 712; umgekehrt zu unterlassener Auflösung einer § 7g-Rücklage BFH VIII B 212/07 BFH/NV 08, 1322); zu verspäteter BV-Einbuchung BFH VIII R 3/08 BStBl II 10, 1035; bei zu niedrigen AK ggf Ausgleich durch spätere Gewinnminderung bei Veräußerung (BFH IV R 20/04 BStBl II 05, 758, BFH III R 54/12 BFH/NV 13, 1916, Rz 710, 727, 736).

373 **4. Ausnahmen; Sonderregelungen.** Diese wirtschaftl Nachteile durch § 11 werden zB bei lfd Geschäftsvorfällen/Geschäften mit typischem UV, das idR bald umgesetzt wird, grds in Kauf genommen, ohne Nachholung vergessenen Aufwands (s Rz 372). Bei stärkerer Berührung des Vermögensbereichs hielt der Gesetzgeber dieses Ergebnis nicht mehr für vertretbar: – ***(a)* Gesetzl Durchbrechungen der Istrechnung** (§ 4 III 2–5, vgl auch Rz 10, 14, 388 ff und § 4 VIII): – ***(1)* § 4 III 3, abnutzbare WG des AV/GWG:** AK/HK sind wie bei § 4 I nach §§ 6 ff zu bewerten und abzuschreiben (§ 6 VII; Rz 392, 396). – ***(2)* § 4 III 4, nicht abnutzbare WG des AV:** Der StPfl kauft im Jahr 07 ein Grundstück für 1 Mio, das er im Jahr 15 für 2 Mio veräußert (nur Gewinnbesteuerung **bei Zahlung** im VZ 15 und Aufzeichnungspflicht § 4 III 5 ab VZ 07; s Rz 11, 398 und unten). **Zusatzregelung in § 52 Abs 6 S 4:** Der *Zuflusszeitpunkt* (statt vorher Zeitpunkt der Veräußerung) ist auch für vor dem 6.5.2006 angeschaffte – und noch nicht veräußerte – WG des nicht abnutzbaren AV maßgebend (vgl BFH IV R 2/09 BFH/NV 12, 1309). – ***(3)* UV: § 4 III 4** enthält **ab 6.5.2006** (§ 52 Abs 6 S 3) eine Ausdehnung der Ausnahmen auf ***bestimmte* WG des UV (Wertpapiere, KapGesAnteile uä Forderungen und Rechte, Grund und Boden/Gebäude)** um Missbräuche durch Sofortabzug bei Anschaffung und Herstellung (sowie bei Einlage und unentgeltl Erwerb, s Rz 374) zu verhindern; sonstiges „normales" UV ist nicht betroffen; vgl *Stahl/Mann* FR 11, 1139. Die AK/HK sind erst bei **Zufluss** des Veräußerungserlöses bzw bei Entnahme abziehbar, auch bei Verlust durch Diebstahl, Brand uÄ. Keine Anwendung auf Rückdeckungsversicherungen (FG RhPf EFG 14, 538, Rev VIII R 9/14). Problematik bei anderen, mit Besitzkonstitut gehandelten WG (zB Edelmetalle, Holz, Kunstgegenstände uÄ): Sie fallen nach zutr hM nicht unter § 4 III 4 (vgl *Schulte-Frohlinde* BB 12, 2791; zu Gold FG Mchn EFG 15, 1931, Rev IV R 10/14; FG Mster EFG 14, 753, Rev I R 14/14). Ausnutzung iZm Auslandsbeteiligungen und Vorteilen durch negativen Progressionsvorbehalt **(„Goldfälle", „double-dip")** s Schrifttum 34. Aufl; zu § 15b s BFH IV R 59/10 BStBl II 14, 465 mit Anm *Lüdicke* DStR 14, 688; *Schulte-Frohlinde* BB 15, 287; *Müller* BB 15, 2327; 33. Aufl mwN; § 15b Rz 6; zu Wahlrecht § 4 III s Rz 6, *Kräa* FR 15, 928. Diese Progressionsvorteile hat der Gesetzgeber inzwischen ausgeschlossen (§ 32b II 1 Nr 2 S 2c, s § 32b Rz 45; s auch § 15b IIIa nF). Bei **PersGes** ist nicht auf die GesAnteile, sondern auf die WG der PersGes abzustellen (vgl Rz 251; BFH X B 208/10 BFH/NV 11, 1868). – ***(b)* Rspr**

und Verwaltung lassen weitere Ausnahmen zu, zT um Härten zu beseitigen, zT um die Gesamtgewinngleichheit mit dem BV-Vergleich zu gewährleisten (s Rz 14, 15). Sonstige außergewöhnl Härten können allenfalls ausnahmsweise **im Erlasswege** ausgeräumt werden (§§ 163, 227 AO, FG Mchn EFG 84, 555, rkr; Hinweis BFH IV R 20/04 BStBl II 05, 758), aber nur bei besonderen Umständen über abw Gewinnauswirkung hinaus (BFH IX B 132/09 BFH/NV 10, 646; BFH X R 9/09 BFH/NV 11, 561; 32. Aufl mwN).

5. Aufzeichnungspflichten mit § 4 III 5. – a) Gesetzeslage. – ***(1)*** **Allg** 374
Aufzeichnungspflichten für BE/BA. Das EStG enthält bei Gewinnermittlung § 4 III keine Regelung. §§ 140 ff AO gelten eingeschränkt (keine *obligatorische* Kassenbuchführung, BFH X B 57/05 BFH/NV 06, 940). Gleichwohl nach den GoB grds Einzelaufzeichnungspflicht und ggf Vorlage der Aufzeichnungen, bei freiwilliger Kassenbuchführung Vorlage der Datenträger (BFH X R 42/13 BStBl II 15, 519 mit Anm *Brandt* StBp 15, 180; BFH X R 29/13 und X R 47/13 BFH/NV 15, 790 und 793; *FinVerw* DB 15, 2604; zu Grenzen FG Mster EFG 15, 262, rkr, mit Anm *Mathes;* 34. Aufl mwN. Vgl auch zu Vorlage digitalisierter Steuerdaten iRe BP BFH VIII R 52/12 DStR 15, 1920, abl *Wargowske* DStR 15, 2689. §§ 4 III 5, 4 IVa 6, 4 VII, § 4g IV, 5 I 2, 3, 6 II 4, 6c II, 7a VIII, 13a II Nr 2 EStG und § 5 LStDV betreffen nur einzelne **Sonderaufzeichnungspflichten. Belegsammlung** s Rz 375. **Beweislast** s Rz 375, 31 sowie zu BE BFH XI B 8/03 BFH/NV 03, 1323 (Herkunftsnachweis bei gemischten Bankkonten; bei Eingang auf Betriebskonto Vermutung für BE). – ***(2)*** **Besondere Aufzeichnungspflichten.** Nach **§ 4 III 5** sind ab 6.5.2006 (§ 52 Abs 6 S 3) aufzuzeichnen: (1) alle WG des *abnutzbaren* **AV** (früher war nur nicht abnutzbares AV betroffen) und (2) einzelne in § 4 III 4 genannte WG des **UV** (wohl für jede Art ein Verzeichnis). Die Anwendung auf **Einlagen/Einbringungen** ergibt sich nicht ausdrückl aus § 4 III 5 (AK/HK), entspricht aber dem Willen des Gesetzgebers (vgl § 52 Abs 6 S 3, § 6 I Nr 5) und der BFH-Rspr (BFH I R 142/76 BStBl II 79, 729). – ***(3)*** **Einnahmeüberschussrechnung, § 60 IV EStDV.** Für VZ ab 2005 ist der StErklärung bei BE ab 17 500 € eine *Gewinnermittlung nach amtl vorgeschriebenem Vordruck* beizufügen, die elektronisch zu übermitteln ist. Die geänderten **Vordrucke „EÜR“** sind jährl mit Erläuterungen in BStBl veröffentlicht (zuletzt BStBl I 14, 1330 – VZ 2014 – und I 15, 800 – VZ 2015. Obwohl der StVereinfachungszweck str ist (s 29./32. Aufl mwN), hat BFH X R 18/09 BStBl II 12, 129 § 60 IV DV aus Gründen der Gleichmäßigkeit der Besteuerung und der Verfahrensvereinfachung bestätigt. – ***(4)*** **§ 90 III AO** enthält eine Aufzeichnungspflicht ab 30.6.2003 für **Auslandsgeschäfte** (s *Kußmaul/Müller* StB 13, 432). Einzelheiten zu Art, Inhalt und Umfang der Aufzeichnungen regelt die **GewinnabgrenzungsaufzeichnungsVO – GAufzV** –, vgl *BMF* BStBl I 10, 774 Rz 150 ff; zu VerfMäßigkeit BFH I R 45/11 BStBl II 13, 771 mit Anm *Busch* FR 13, 943; *Schulz-Trieglaff* IStR 13, 827. – ***(5)*** **Weitere Mitwirkungs- und Aufzeichnungspflichten bei Auslandsgeschäften.** Ab 2010 gilt die SteuerHBekV BGBl I 09, 3046, BStBl I 09, 1146 auf der Grundlage des SteuerHBekG/§ 51 I Nr 1 f (s Rz 491); s auch § 138 AO, *BMF* BStBl I 10, 346. – ***(6)*** **Bilanzielle Wahlrechte** erfordern nach BilMoG bei Abweichung der StB von der HB die Aufzeichnung der betr WG in einem besonderen Verzeichnis **(§ 5 I 2, 3 ab 2009).** – ***(7)*** **Elektronische Bilanz- und GuV-Übermittlung** ab 2012 s § 5b Rz 7.

b) Rechtsfolgen fehlender Aufzeichnungen. Das bedeutet nun nicht, dass 375
der StPfl bei § 4 III weitere Geschäftsvorfälle nicht festzuhalten hätte. Er muss in seiner StErklärung BE und BA aufführen, mE ohne Saldierung, und sie dem FA auf Verlangen erläutern und glaubhaft machen, damit die Behörde die Richtigkeit (BA) und Vollständigkeit (BE) nachprüfen kann (§ 90 I AO, Rz 374); zu **Schätzung** bei fehlendem Vollständigkeitsnachweis – Arztpraxis – BFH VIII B 28/09 BFH/NV 09, 1967, FG Saarl EFG 10, 772, rkr. Dazu gehört die Darlegung der

betriebl Veranlassung aller BA. Das FA kann auf Nachweisen bestehen, die Art und Entstehungszeitpunkt einer Aufwendung und den Bezug zum Betrieb des StPfl erkennen lassen (geordnete Belegablage, § 146 V 1 AO; vgl Rz 440, 480, 30 ff). Diese **Belegsammlung** ist bei § 4 III die entscheidende Grundlage für die StErklärung (s auch BFH IV R 68/98 BStBl II 99, 481, Rz 4 und – Wahlrechtsausübung – Rz 6, 377). Vgl zu **Taxifahrer**-Schichtzetteln BFH XI R 25/02 BStBl II 04, 599; BFH XI B 133/11 BFH/NV 13, 341; BFH III B 43/14 BFH/NV 15, 987; *BMF* BStBl I 10, 1342; *Ritzrow* StBp 15, 45; zu Aufzeichnung von Bargeschäften im Einzelhandel s Rz 374 mwN. Der StPfl trägt die objektive **Beweislast (Feststellungslast)** für den BA-Abzug (Rz 31). Ist die betriebl Veranlassung nicht nachgewiesen, wird das FA idR keine BA berücksichtigen; ist dagegen nur die **Höhe** nicht nachgewiesen, muss das FA wahrscheinl angefallene Kosten schätzen (Rz 494). Der StPfl kann sich dabei nicht zu seinen Gunsten auf allg Erfahrungssätze berufen (vgl BFH VI R 113/88 BStBl II 92, 854 und Rz 590 zu ADAC-Tabellensätzen). **Verstöße gegen § 90 AO** (Rz 374) können für VZ ab 2004 zur Versagung eines BA-Abzugs führen (Fristen § 90 III AO; **Sanktionen** s § 162 IV AO, § 4 V 1 Nr 12, Rz 613). **Eigene Nutzungsaufzeichnungen** erkennen Rspr und FinVerw idR an (vor allem für Telefon und Pkw; aber strenge Rspr zu inhaltl Anforderungen). **Fahrtenbücher** müssen formell ordnungsmäßig geführt und wenigstens stichprobenweise sachl nachprüfbar sein anhand sonstiger Belege und Unterlagen wie Benzinquittungen, Terminkalender oÄ (vgl BFH VI R 33/10 BStBl II 12, 505 mwN; s auch 18. Aufl; § 8 II 4, § 6 I Nr 4 S 3; LStR 8.1 IX Nr 2; Rz 32 und 582, § 6 Rz 531, auch zu elektronischer Führung). Sonstige **Eigenbelege** genügen nur in glaubhaften Einzelfällen. Keine Bindung der FG (s Rz 32).

376 **c) Einlagen und Entnahmen.** In **Geld** waren sie bisher nicht aufzuzeichnen, da sie für die Besteuerung nach § 4 III grds keine Bedeutung besitzen (s Rz 380). **Ab 1999** beeinflussen sie den allg Schuldzinsenabzug als BA und sind daher wie andere Einlagen und Entnahmen (ab VZ 2000) gesondert aufzuzeichnen (**§ 4 IVa 6,** § 52 Abs 6 S 6, s Rz 534). Für **Sacheinlagen** und Sachentnahmen gelten die vorgenannten Grundsätze (s Rz 345; zu Aufzeichnung **§ 4 III 5** Rz 374). Sachentnahmen sind ggf nach Erfahrungssätzen zu schätzen (vgl amtl Richtsatzsammlungen, zB 2014 BStBl I 15, 521).

377 **d) Aufzeichnungsgrenzen.** Der StPfl darf für § 4 III keine Aufzeichnungen führen, die als Abschluss iSv §§ 4 I/5 gelten – grds Wahlrecht der Gewinnermittlungsart, s Rz 6 mwN, zur Buchführungspflicht und Hinweis des FA nach § 141 II AO s auch Rz 3.

380 **6. Bedeutung des Geldes bei § 4 III. – a) Grundsatz.** Geld dient zunächst nur als Berechnungsgrundlage für BE und BA (s Rz 238, 347). Maßgebl ist der Zeitpunkt der Zahlung (§ 11). Ausnahmen s Rz 383, 373, 388 ff sowie § 4 IVa 6 mit Rz 534; zur Bedeutung von Forderungen und Schulden s Rz 400, 404.

381 **b) Einlagen und Entnahmen.** S Rz 153, 238, 347, 354, 376.

382 **c) Geldverluste.** Verluste durch Diebstahl, Unterschlagung, Brand oä Ereignisse können BA sein, wenn sie betriebl veranlasst sind (s auch Rz 520 „Verlust"). Die Tendenz der Rspr geht dahin, solche vom privaten Bereich trennbaren Verluste unabhängig von der BV-Eigenschaft und dem Vorliegen einer geschlossenen Kassenführung *bei betriebl Anlass* als **BA** zu berücksichtigen (zB BFH IV R 79/73 BStBl II 76, 560 zu **Unterschlagung** durch Angestellte nach Zufluss § 4 III im betriebl Bereich, BFH X B 296/95 BFH/NV 96, 739 zu § 18; *Schroer/Starke* FR 07, 781). Fragl ist das bei **Unterschlagungen im GesBereich** (s 23. Aufl und BFH IV R 56/04 BStBl II 06, 838 mwN). Unterschlagung von Einlagebeträgen durch Vermittler führt nicht zum BA-Abzug, wohl aber Haftungszahlung wegen Beihilfe zur StHinterziehung (vgl BFH VI R 35/96 BStBl II 04, 641). Die Be-

stimmung zur betriebl Verwendung oder der **Verlust auf Geschäftsreise** schaffen mE keinen ausreichenden betriebl Zusammenhang (zu § 4 III FG BaWü EFG 98, 721, rkr; aA FG Nds EFG 99, 761 = BFH X R 65/98, nv wegen Absicht der Einzahlung auf Betriebskonto; zu WK BFH VI R 26/95 BStBl II 95, 744 – Reisegepäckverlust auf Dienstreise, fragl, s Rz 628; 32. Aufl mwN). Die Möglichkeit privater Veranlassung muss ausscheiden (vgl BFH XI R 35/89 BStBl II 92, 343; BFH X R 69/88 BFH/NV 90, 553 zum Sonderfall der **Unterschlagung durch die Ehefrau** – dazu Rz 341 und FG Mchn EFG 77, 205, rkr). Zweifel gehen zu Lasten des StPfl (HFR 76, 401). Regressansprüche beeinflussen den Abzug als BA nicht; sie führen zu BE bei Durchsetzung (vgl auch Rz 476).

d) Darlehensgeschäfte. – aa) Grundsatz. Die Gewährung bzw Aufnahme eines Darlehens und seine Rückzahlung beruhen auf Geldbewegungen im Vermögensbereich. Sie werden deshalb wie beim BV-Vergleich auch iRv § 4 III trotz betriebl Veranlassung zunächst nicht berücksichtigt. Der BFH begründet dieses Ergebnis zutr damit, dass der StPfl bei Hingabe von Darlehensmitteln AK für das nicht abnutzbare WG des AV „Forderung“ aufwende (BFH IV R 4–5/72 BStBl II 73, 293, § 4 III 4, 5, Rz 398). Die Rückzahlung führt zur erfolgsneutralen Verrechnung mit dieser Forderung. Abgrenzung „Zahlungsvorschuss“ und „Darlehen“ bei § 4 III (GEMA) s FG Ddorf EFG 11, 313, rkr. **383**

bb) Ausnahmen. Wie beim betriebl veranlassten Verlust eines nicht abnutzbaren WG des BV (Rz 398) sind die AK der Forderung in dem Jahr, in dem der endgültige Ausfall feststeht, gewinnmindernd auszubuchen (BFH IV 342/65 BStBl II 72, 334, BFH XI B 184/06 BFH/NV 07, 1880; Rz 400). Umgekehrt führt der endgültige Wegfall einer betriebl Darlehensverbindlichkeit aus betriebl Gründen zur Gewinnerhöhung (vgl Rz 404). **384**

cc) Einlage/Entnahme einer Darlehensforderung/-verbindlichkeit. S Rz 355(4), 356(3); zu **BV** Rz 221, 223. **Zinsen** einer betriebl Darlehensschuld sind BA ab Einlage bis zur Entnahme (BFH IV R 39/69 BStBl II 70, 518); die erhaltenen Zinsen aus betriebl gewährten Darlehen sind in gleichem Umfang BE. Das **Damnum** (Disagio) ist gem § 11 II 4 idR ohne Verteilung sofort als BA abziehbar, anders als beim BV-Vergleich (s Rz 520). **385**

e) Geldschenkungen an Dritte. Bei betriebl Veranlassung BA, bei privater Veranlassung keine Aufzeichnung (Ausnahme s § 4 IVa 6) – wie bei betriebl Arbeitsleistung ohne Entgelt (s auch Verzicht auf Einnahmen, Rz 433). Bei Leistung gegen Entgelt und Verzicht auf die Forderung aus betriebl Gründen keine BE (Rz 400), bei privaten Gründen Entnahmegewinn (Rz 355). **386**

f) Geldschenkungen an den StPfl. Bei betriebl Veranlassung BE, bei privater Veranlassung keine Aufzeichnung (Ausnahme: § 4 IVa 6), ebenso wenig wie bei **unentgeltl Tätigkeit Dritter** für den Betrieb, da der StPfl die Aufwendungen sonst als BA abgesetzt hätte (vgl auch Rz 404, 430, 431). **387**

7. Durchlaufende Posten, § 4 III 2. Im Namen und – vor allem – für Rechnung eines anderen vereinnahmte und verausgabte Gelder werden auch bei § 4 III nicht als BE/BA erfasst, da sie wirtschaftl nicht das *eigene* BV betreffen, selbst wenn ihre Zahlung betriebl veranlasst ist (BV-Vergleich s 26. Aufl und § 5 Rz 270; BFH IV R 25/07 BStBl II 08, 715, mit Anm *Wacker* HFR 08, 912). **Beispiel für § 4 III 2:** RA kassiert von Mandanten im Jahr 01 **Gerichtskostenvorschuss,** den er im Jahr 02 bei Gericht einzahlt (oder umgekehrt), s BFH IV B 54/96 BFH/NV 97, 290. Es darf sich nicht um *eigene* Verbindlichkeit handeln, die der StPfl auf Dritte abwälzen kann. **Keine durchlaufende Posten:** Zahlung und Erstattung von **Auslagen des RA** für Porti und Telefon sowie Verausgabung und Vereinnahmung von **USt** führen zu BA und BE (BFH IV R 211/83 BStBl 87, 374; IV S 6/06 BFH/NV 06, 1827; zu UStVorauszahlungen als regelmäßig wiederkehrende BA – § 11 II 2 – BFH VIII R 34/12 BStBl II 15, 285, *FinVerw* DStR 14, 127; **388**

Jochum DStZ 14, 811; *Peetz* DStZ 15, 347; StW § 11 Rz 50); ebenso *BMF* BStBl I 04, 526 zu Ärzte-Praxisgebühr, fragl. Betrag, Verpflichtung und Wille zur Weiterleitung müssen bei Zufluss dem Grunde und der Höhe nach zweifelsfrei erkennbar feststehen (BFH IV R 190/71 BStBl II 75, 776; glA zu Unterschlagung BFH VIII R 19/12 BStBl II 15, 643, Anm *Levedag* HFR 15, 722 und NWB 15, 3323, abl *Kanzler* FR 15, 802; abl ohne aktuelle Verpflichtung BFH VIII R 98/02 BFH/NV 05, 1768; s auch BFH VIII S 16/12 BFH/NV 13, 32; abl zu eigener Zinsanlage FG Köln EFG 14, 1768, rkr). Hat der StPfl die vorweggenommene Zahlung jedoch im Jahr 01 entgegen § 4 III 2 als BA gebucht, kann er nicht im Jahr 02 unter Berufung auf § 4 III 2 von der Besteuerung der BE absehen; durchlaufende Posten setzen gewinnneutrale **Vereinnahmung und Verausgabung** voraus (BFH IV R 12/72 BStBl II 76, 370).

390 **8. Umlaufvermögen.** Bei UV galten §§ 4 III, 11 bis 5.5.2006 ohne Einschränkung. Ab 6.5.2006 gelten für bestimmte WG des UV **Ausnahmen** nach § 4 III 4, 5 (s Rz 373). – ***(1)* Anschaffung.** Kaufpreis ist grds BA bei Zahlung (zu Vorratskäufen s BFH IV R 137–138/89 BStBl II 91, 13); s aber § 4 III 4. – ***(2)* Herstellung.** BA bei Zahlung der Material- und Fertigungskosten. Ausnahmen wie *(1)*. – ***(3)* Veräußerung.** BE bei Zahlungseingang, soweit früher BA abgesetzt waren. – ***(4)* Tausch.** S Rz 66, 428 (zunächst idR keine Gewinnauswirkung). – ***(5)* Verlust** (Verderb, Zerstörung). Bei *betriebl* Veranlassung grds keine Auswirkung, soweit bereits BA abgesetzt waren – s § 4 III 4 –; bei *privater* Veranlassung Gewinnerhöhung in dieser Höhe (vgl auch Rz 392). – ***(6)* Einlage.** S Rz 350, 374. – ***(7)* Entnahme.** S Rz 350, 374. – ***(8)* Schenkung durch StPfl.** Bei *betriebl* Veranlassung wie *(5)*, bei *privater* Veranlassung Entnahme wie (7). – ***(9)* Schenkung an StPfl.** Bei *betriebl* Veranlassung wohl keine Gewinnerhöhung bei Zuwendung (§ 6 IV ist durch entfallenden BA-Abzug Genüge getan, s Rz 427, 454); BE bei Veräußerung/Entnahme. Bei *privater* Veranlassung Einlage (s Rz 350). – ***(10)* Wechsel der Gewinnermittlungsart.** S Rz 650.

392 **9. Abnutzbares Anlagevermögen.** Sonderregelung des § 4 III 3 iVm §§ 6 VII, 7 ff mit Gleichstellung zum BV-Vergleich, gültig für materielle und immaterielle, bewegl und unbewegl WG. Die Nutzungsdauer muss ein Jahr übersteigen (§ 7 I; BFH IV R 127/91 BStBl II 94, 232). – ***(1)* Anschaffung.** BA nur iHd auf das einzelne Jahr entfallenden AfA (grds Zwölftelung, § 7 I 4, II 3; die Vereinfachungsregelung nach EStR 44 II *aF* – Halbjahresabzug – bindet FG nicht, BFH VIII R 78/02 BStBl II 06, 58, und ist ab 2004 abgeschafft). Die Zahlung hat keine Gewinnauswirkung, so dass die AfA auch vor Zahlung des Kaufpreises als BA abgesetzt werden kann (Sonderregelung zu § 11, BFH IX R 50/06 BStBl II 08, 480; s auch Rz 460 „Zuschuss"). *Beispiel:* Anschaffung BetriebsPkw im Dez 01; Zahlung 30 000 im Jahr 02. Bei Nutzungsdauer von 5 Jahren BA im Jahr 01 von 500 ($^1/_{12}$ von 6000; uU vor 2007 sowie 2009 und 2010 degressiv § 7 II). Ab 6.5.2006 Aufzeichnungspflicht, s § 4 III 5, Rz 374. Geschäftswert (ab 1987) s § 6 Rz 311. UU BA-Abzug statt Ansparrücklage nach **§ 7g VI** aF (s Rz 371 – iErg ebenso bei InvAbzugsbetrag § 7g nF). – ***(2)* Herstellung.** Berechnung der HK wie bei AK und beim BV-Vergleich, soweit die Kosten nicht bereits als BA abgesetzt waren. AfA als BA im Zeitpunkt der Fertigstellung. – ***(3)* Veräußerung.** Der Veräußerungserlös ist BE, nach BFH im Jahr der Zahlung, der Restbuchwert BA, und zwar in Anknüpfung an § 7 grds im Jahr der Veräußerung ohne Rücksicht auf die Zahlung (BFH IV R 29/94 BStBl II 95, 635 – § 52 Abs 6 S 4 gilt nur für nicht abnutzbare WG des AV). Bei Forderungsausfall BA. Mögl Verlagerung der steuerl Auswirkungen auf spätere Jahre der Zahlung s EStR 4.5 V 1, 2. Die Besteuerung der stillen Reserven kann uU durch Abzug einer Rücklage als BA nach § 6c (Gebäude) oder EStR 6.6 VII hinausgeschoben werden. **Betriebsveräußerung** s Rz 409. – ***(4)* Tausch.** S Rz 66, 428. – ***(5)* Verlust** (Zerstörung, Diebstahl). Bei *betriebl* Veranlassung BA iHd Restbuchwerts. Keine TW-AfA, da § 6 I Nr 2 nicht

anwendbar ist (BFH XI R 49/05 BStBl II 06, 712, str), aber ggf außerordentl AfA gem § 7 I 7, IV 3. Bei *privater* Veranlassung keine Entnahme des WG, also keine Aufdeckung etwaiger stiller Reserven (s Rz 121, 360 „Verlust"), aber auch keine BA (weder AfA noch Restbuchwert, BFH XI R 60/04 BStBl II 07, 762; str, s Rz 121). – ***(6)* Einlage.** S Rz 351. – ***(7)* Entnahme.** S Rz 351. – ***(8)* Schenkung durch StPfl.** Bei *betriebl* Veranlassung wie *(5);* bei *privater* Veranlassung Entnahme wie *(7):* – ***(9)* Schenkung an StPfl.** Bei *betriebl* Veranlassung BE. Höhe: gemeiner Wert, zugleich Bemessungsgrundlage für die AfA (§ 6 IV, VII). Bei *privater* Veranlassung Einlage des WG wie *(6).* – ***(10)* § 4 VIII, Verteilung von Erhaltungsaufwand** für bestimmte Wohngebäude iSv §§ 11a, b auf 2–5 Jahre. **§ 82b EStDV** ist ab 2004 wieder gültig, aber wie vor 1999 **nicht für BV.**

10. Geringwertige Wirtschaftsgüter. § 4 III 3 bestimmt auch den Vorrang **396**
des § 6 II, IIa vor § 11; s auch § 6 VII. – ***(1)* Anschaffung** (s *BMF* BStBl I 10, 755). Grds Abzug der AK/HK bis 450 € bzw 2008/9150 €, aber nicht im Jahr der *Zahlung,* sondern im Jahr der Anschaffung, bis 2007 und ab 2010 wahlweise statt AfA § 7, 2008 und 2009 zwingend (§ 6 II idF UntStRefG). Bis 2007 und ab 2010 Aufzeichnungen nach § 6 II 4. Ggf AfA auf Sammelposten (§ 6 IIa). – ***(2)* Herstellung.** Wie *(1)* – Jahr der Herstellung. – ***(3)* Veräußerung.** BE iHd Veräußerungserlöses, soweit die AK nach § 6 II abgesetzt waren (wie Rz 392). Bei Fortführung eines Sammelpostens gilt § 6 IIa 3. – ***(4)* Tausch.** S Rz 66, 428. – ***(5)* Verlust** (Zerstörung, Diebstahl). Bei *betriebl* Veranlassung keine Aufzeichnung, soweit die AK schon BA waren. Sonst wie Rz 392 *(5);* ggf § 6 IIa 3. Bei *privater* Veranlassung nach Anwendung § 6 II Gewinnerhöhung um fiktiven Restbuchwert (ähnl Entnahme – s Rz 352 – bzw privater Mitbenutzung – s Rz 213); nach § 6 IIa 3 Fortführung mit Entnahmegewinn. – ***(6)* Einlage.** S Rz 352. – ***(7)* Entnahme.** S *(5)* und Rz 352. – ***(8)* Schenkung durch den StPfl.** Bei *betriebl* Veranlassung wie *(5);* bei *privater* Veranlassung Entnahme des WG wie *(7).* – ***(9)* Schenkung an den StPfl.** Bei *betriebl* Veranlassung (aus Sicht des StPfl) BE gem § 6 IV. ME ist § 6 II auf die fiktiven AK § 6 IV anwendbar. Bei *privater* Veranlassung Einlage wie *(6).*

11. Nicht abnutzbare Wirtschaftsgüter des AV: GmbH-Beteiligungen, **398**
Grund und Boden, Darlehensforderungen (s Rz 383, 400). Es galt stets **§ 4 III 4** als Sondervorschrift zu § 11. – ***(1)* Anschaffung (Herstellung).** Die AK/HK werden grds im Jahr der Anschaffung/Herstellung ohne Gewinnauswirkung in ein Verzeichnis aufgenommen **(§ 4 III 5).** Die tatsächl Zahlung ist mE – anders als bei Veräußerung – ohne Bedeutung. Spätere Gewinnauswirkung s *(3).* Auch bei § 4 III gilt das Aktivierungsverbot gem **§ 5 II;** Aufwendungen für selbst geschaffene immaterielle WG des AV sind daher abw von § 4 III 4 bei Zahlung als BA absetzbar (BFH III R 6/05 BStBl II 07, 301). – ***(2)* Fiktive AK. Grund und Boden.** Bis 1970 (§ 55) s Rz 186 und 23. Aufl. – ***(3)* Veräußerung.** Der Veräußerungserlös wird um den aufgezeichneten Buchwert gekürzt. Voraussetzung ist, dass die AK/HK nicht bereits vor Inkrafttreten des § 4 III 4 aF (s dazu § 52 Abs 6 S 2) gem § 11 II als BA abgesetzt waren (dann BE iHd Veräußerungserlöses; vgl BFH IV R 85/79 BStBl II 82, 397; EStR 4.5 III 4). Im Normalfall ist der Differenzbetrag abzügl der Veräußerungskosten als Gewinn zu versteuern. **Zeitpunkt:** Nach § 4 III 4 nF und § 52 Abs 6 S 4 bei Veräußerung *ab 6.5.2006 Jahr der Zahlung* (vorher Jahr der Veräußerung). Zur Absetzung einer Rücklage als BA s § 6c (Grund und Boden) sowie EStR 6.6 VII (für alle WG). – ***(4)* Tausch.** S Rz 66, 428. – ***(5)* Verlust.** (Zerstörung, Diebstahl). Bei *betriebl* Veranlassung BA iHd aufgezeichneten Buchwertes (soweit die AK/HK noch nicht als BA abgesetzt waren, – sonst keine Gewinnauswirkung), s auch Rz 384, 520 „Verlust". § 4 III 4 enthält wohl eine Regelungslücke, soweit nur Veräußerung und Entnahme genannt sind (BFH IV R 146/75 BStBl II 79, 109). S auch Rz 353. Bei *privater* Veranlassung gewinnneutrale Ausbuchung des Buchwertes; nur bei vorheriger Absetzung als BA Gewinn in dieser Höhe. – ***(6)* Einlage.** S Rz 353, 374. – ***(7)* Entnahme.** S Rz 353,

374. – *(8)* **Schenkung durch StPfl.** Bei *betriebl* Veranlassung wie *(5),* bei *privater* Veranlassung Entnahme des WG wie *(7).* – *(9)* **Schenkung an StPfl.** Bei *betriebl* Veranlassung BE § 6 IV im Zeitpunkt der Zuwendung. Zum Ausgleich Aufnahme der fiktiven AK in das Verzeichnis nach § 4 III 5, um nochmalige Versteuerung bei Veräußerung/Entnahme zu vermeiden. Bei *privater* Veranlassung Einlage des WG wie *(6).*

400 **12. Forderungen bei § 4 III und ihr Wegfall.** – *(1)* **Grundsatz.** Forderungen (Entstehung, Wertberichtigung, Ausfall) beeinflussen den Gewinn nach § 4 III grds nicht (s Rz 371). Es handelt sich um nicht abnutzbare WG des AV (s Rz 383). Sie entstehen zwar bei betriebl Veranlassung als BV (s Rz 217). Ihr **Erlass** aus *privaten* Gründen kann zu Entnahmegewinn führen (Rz 355); ansonsten wird der Gewinn jedoch erst durch den Zahlungseingang berührt. **Konfusion** mit Verbindlichkeiten s *Grube* FR 12, 551, Rz 356, 460. Erlässt der StPfl die Forderung vorher aus *betriebl* Gründen, darf der zugrunde liegende Vorgang den Gewinn nicht berühren. Dabei sind die Besonderheiten der Gewinnermittlungstechnik des § 4 III und die bisherige Aufzeichnung des Geschäftsvorfalls zu beachten. IEinz ist zw dem Ausfall folgender Forderungen zu unterscheiden: – *(2)* **Lfd Geschäftsvorfall.** ZB bei Ausfall einer Honorarforderung keine Gewinnauswirkung, wie bei von Anfang an unentgeltl Leistung des StPfl (Verzicht auf BE, vgl Rz 386, 433). – *(3)* **Darlehen.** BA im Jahr der Ausbuchung (Rz 383). – *(4)* **Veräußerungsforderungsverluste: – UV.** Wie beim Verlust des WG (Rz 390) grds keine Gewinnauswirkung. Ausnahme: UV iSv § 4 III 4. – **Abnutzbare WG des AV.** Je nach Besteuerung der Veräußerung (Rz 392) keine Gewinnauswirkung oder bei Forderungsausfall BA iHd Restbuchwerts. – **GWG.** Je nach Behandlung bei Anschaffung und Veräußerung (Rz 396) keine Gewinnauswirkung oder BA bei Forderungsausfall. – **Nicht abnutzbare WG des AV.** Je nach Behandlung der Anschaffung und Veräußerung (Rz 398) keine Gewinnauswirkung oder BA im Jahr des Forderungsausfalls. – *(5)* **Betriebsveräußerung** (s Rz 409). Der Wert des BV wird nach den Grundsätzen der §§ 4 I/5 ermittelt (§ 16 II 2). Die Forderung wird der Besteuerung des Veräußerungsgewinns als Veräußerungserlös zugrunde gelegt, was bedeuten müsste, dass sie noch im BV entsteht (s Rz 217). Der **GrS** des BFH hat diese Frage offen gelassen (GrS 2/92 und GrS 1/92 BStBl II 93, 897 und 894), sieht jedoch die Forderungsrealisierung als Tatbestandsmerkmal des § 16 II mit der Folge der rückwirkenden Bescheidberichtigung bei späterem Ausfall, egal aus welchem Grund (**§ 175 I Nr 2 AO;** s § 16 Rz 381 ff; BFH VIII R 69/88 BStBl II 94, 648 zu privatem Forderungserlass; glA zu Vertragsaufhebung und Veräußerung an neuen Erwerber BFH VIII R 66/03 BStBl II 06, 307, zu vergleichsweiser Rückzahlung nach vollständiger Kaufpreiszahlung BFH VIII R 67/02 BStBl II 04, 107). Zum Anfall von Schuldzinsen als nachträgl BA s Rz 486. Zur Gewinnermittlung s Rz 446 (§ 4 III), Veräußerung gegen Leibrente und Wahl der Versteuerung nach § 24 Nr 2 s Rz 78, 410. Bei Besteuerung nachträgl Gewinne entspr § 4 III (s Rz 446) müssen Forderungen wohl BV bleiben. Erlass aus betriebl Gründen wirkt sich durch Wegfall der BE aus.

404 **13. Verbindlichkeiten bei § 4 III und ihr Wegfall.** – *(1)* **Grundsatz.** Verbindlichkeiten beeinflussen den Gewinn nach § 4 III grds nicht (s Rz 371). Sie entstehen zwar wie Forderungen als BV (Rz 226). Ihr **Erlass** aus *privaten* Gründen kann zur Einlage führen (Rz 355). Ansonsten wird der Gewinn erst durch Tilgung berührt. Wird dem StPfl die Schuld vorher aus *betriebl* Gründen erlassen, darf der zugrunde liegende Vorgang den Gewinn nicht mindern. **Konfusion** mit Forderungen s *Grube* FR 12, 551, Rz 356, 460. Dabei sind die Besonderheiten der Gewinnermittlungstechnik des § 4 III und die Behandlung des Vorgangs, der zur Entstehung der Verbindlichkeit geführt hat, zu beachten. IEinz ist zw Wegfall folgender Verbindlichkeiten zu unterscheiden: – *(2)* **Lfd Verbindlichkeiten.** (*Beispiel:* Lohnverbindlichkeit). Wie bei unentgeltl Tätigkeit des Dritten keine BE

(Rz 387, 430) und keine BA (keine Zahlung). – *(3)* **Darlehensverbindlichkeiten.** S Rz 383. – *(4)* **Anschaffungsverbindlichkeiten.** ME ist der Erlass bei § 4 III nicht wie die Schenkung der für die Anschaffung erforderl Mittel, sondern wie die Schenkung des angeschafften WG zu behandeln, dessen Art das steuerl Ergebnis beeinflusst: – **UV:** Nach hM keine Gewinnauswirkung (wie Rz 390). Ausnahme: WG iSv § 4 III 4. – **Abnutzbare WG des AV:** ME im Jahr des Erlasses BE iHd Nennbetrags (§ 6 Rz 441 ff). Dafür weiterhin AfA auf das WG als BA (entspr § 6 IV, VII). – **GWG:** BE in Höhe der AK (Nennbetrag der Verbindlichkeit), vgl auch Rz 396 *(9)*. – **Nicht abnutzbare WG des AV:** Wohl nach Ziel des § 4 III 4 Wegfall der aufgezeichneten AK (mit Folge der Erhöhung des späteren Veräußerungs- oder Entnahmegewinns). Vgl auch Rz 398. – *(5)* **Verbindlichkeiten aus Betriebserwerb** (Rz 408). Angeschafft werden die einzelnen WG. Für sie sind die Auswirkungen nach den vorgenannten Grundsätzen zu prüfen. – *(6)* **Schuldzinsen nach Betriebsaufgabe.** S Rz 400 (5) und 486.

14. Einlage und Entnahme bei § 4 III s Rz 345 ff. 406

15. Betriebsbeginn. – *(1)* **Betriebseröffnung.** Die einzelnen WG sind gem § 6 I Nr 6 iVm § 6 I Nr 5 in das BV einzulegen. Die Gewinnermittlungstechnik des § 4 III (Rz 380) ist zu beachten. – *(2)* **Betriebserwerb.** Die einzelnen WG sind mit dem Wert nach § 6 I Nr 7 anzusetzen und nach den vorgenannten Grundsätzen zu besteuern, s auch Rz 404. – *(3)* **Unentgeltl Erwerb,** Die Buchwerte des Rechtsvorgängers sind fortzuführen (§ 1922 BGB bzw § 6 III, VII). 408

16. Betriebsende. – *(1)* **Betriebsveräußerung.** Der StPfl muss den Wert des BV gem den Grundsätzen §§ 4 I/5 ermitteln (§ 16 II 2). Er muss ggf einen lfd Übergangsgewinn (s Rz 650 ff, 668) und einen Veräußerungsgewinn versteuern (wie Rz 52, vgl auch Rz 76 ff, 410 zu wiederkehrenden Zahlungen). Zum späteren Forderungsausfall s Rz 400, zu nachträgl BA Rz 486, zu nachträgl BE Rz 446. – *(2)* **Betriebsaufgabe.** Es gelten die gleichen Grundsätze (§ 16 III, IIIb). Betriebsverlegung ins Ausl s BFH I R 99/08 BStBl II 11, 1019, ab 2006 § 16 IIIa, Rz 331. – *(3)* **Unentgeltl Betriebsübertragung.** Kein Entnahmegewinn, da der Erwerber die Buchwerte fortführt (§ 6 III, zum Erbfall s § 16 Rz 590). Kein notwendiger Wechsel der Gewinnermittlungsart (s Rz 669). 409

17. Wiederkehrende Leistungen bei § 4 III. – **a) Grundsatz.** Die Gewinnermittlung gem § 4 III muss zum selben Gesamtergebnis führen wie der BV-Vergleich (vgl Rz 10). Auch hier ist die unterschiedl Behandlung der einzelnen WG bei § 4 III zu beachten. Bei Betriebsveräußerung muss der StPfl den Wert des BV nach §§ 4 I/5 ermitteln, § 16 II 2; s Rz 52, 88, 400 *(5)*. 410

b) Besteuerung beim Erwerber (Zahlungsverpflichteten). – *(1)* **Erwerb einzelner WG des AV oder WG des UV iSv § 4 III 4.** Zunächst gelten die Ausführungen zum BV-Vergleich (vgl Rz 76, EStR 4.5 IV). Keine Berechnung nach § 22 (BFH XI R 46/98 BStBl II 00, 120). Die Verwaltung gewährt jedoch dem Erwerber(!) zusätzl das **Wahlrecht,** stattdessen die Rentenzahlungen zunächst gewinnneutral mit dem versicherungsmathematischen Wert der ursprüngl Rentenverpflichtung zu verrechnen und die übersteigenden Zahlungen voll als BA abzusetzen (EStR 4.5 IV 4 – nicht für Kaufpreisraten, BFH IX R 110/90 BStBl II 95, 47). Fällt die Rentenverpflichtung vorzeitig fort, muss der Erwerber den nicht verbrauchten Teil des Rentenbarwerts als BE versteuern (s Rz 77, EStR 4.5 IV 5, str). Bei Rentenerhöhung durch **Wertsicherungsklausel** nach BFH IV R 48/90 BStBl II 91, 796 – anders als im PV – sofortiger BA-Abzug (Zins- und Tilgungsanteil des Erhöhungsbetrages abw von § 5 voll, str). Umgekehrt bei Rentenermäßigung sofortige Besteuerung als BE (s Rz 77 mwN). Keine nachträgl **Korrektur** bei fehlerhafter Barwertfortschreibung (BFH IV R 48/90 BStBl II 91, 796). – *(2)* **Erwerb von nicht in § 4 III 4 aufgeführtem UV.** Volle Gewinnauswirkung im Zeitpunkt der Verausgabung (EStR 4.5 IV 6, 7). 411

412 **c) Besteuerung beim Zahlungsempfänger.** Er setzt bei Veräußerung einzelner *WG des UV iSv § 4 III 4* jährl Teilbeträge der AK/HK iHd zufließenden Renten- oder Ratenbeträge als BA ab (EStR 4.5 V 1). Das gilt auch bei **Betriebsveräußerung** (EStR 4.5 VI) und wahlweise bei Veräußerung **abnutzbarer WG des AV** (EStR 4.5 V 2). **Forderungsausfall** s Rz 400 *(5)* und EStR 4.5 V 3 (BA bei Ausfall). – Veräußerung von **sonstigem UV:** BE; der Forderungsausfall ist keine BA.

VI. Betriebseinnahmen

420 **1. Begriff.** Eine Begriffsbestimmung enthält das Gesetz nicht. Die Rspr greift auf die Definition der BA in § 4 IV und die Definition der Überschusseinnahmen in § 8 zurück und bezeichnet als BE „Zugänge von WG in Form von Geld oder Geldeswert, die durch den Betrieb veranlasst sind" (BFH III R 175/85 BStBl II 88, 995 zu §§ 4 I/5 und § 4 III, Geld- und Sachleistungen). Im Gegensatz dazu stehen Einlagen als außerbetriebl Wertzugänge (Rz 300). BE bilden eine unmittelbare Besteuerungsgrundlage für die Gewinnermittlung nach § 4 III. Der Begriff hat daneben – auch ohne Verweisung in §§ 4 I/5 VI – Bedeutung für die Gewinnermittlung durch BV-Vergleich. **SonderBE** s § 15 Rz 640 ff.

421 **2. Wertzugänge. – a) Allgemeines.** Es ist str, ob der *Zufluss* ein Begriffsmerkmal der BE darstellt. Die Streitfrage dürfte keine praktische Auswirkung auf die Gewinnermittlung nach § 4 III haben, da § 11 I auf den Zufluss abstellt, uU auch im PV oder bei Dritten (Rz 441, 456). Besonderheiten bei beherrschenden KapGes'tern (uU Besteuerung ohne Zufluss) sind nicht übertragbar (s § 20 Rz 21). Es ist jedoch zweifelhaft, ob man die Überschussrechnung nach § 4 III trotz der vielen Ausnahmen noch als reine Geldrechnung bezeichnen kann. Sie ist es tatsächl nur in den durch § 4 III eng abgesteckten Grenzen (s Rz 373). Es ist im Einzelfall unter Berücksichtigung der Ausnahmetatbestände nach dem Grundsatz der Gesamtgewinngleichheit (Rz 10) zu entscheiden, welche Wertzugänge als BE aufzuzeichnen sind (s auch Rz 443 aE). Ob ein **Rechtsanspruch** auf die Einnahme besteht und ob sich ein **Zugang im BV** ergibt, ist unerhebl (s Rz 427, 444).

422 **b) Geldzuwendungen. – aa) Dazu gehören** neben lfd Einnahmen **Vorschüsse** (BFH III R 30–31/85 BStBl II 90, 287) und **BE nach Betriebsbeendigung** (§ 24 Nr 2; Rz 446). Die Bezeichnung ist ohne Bedeutung (s Rz 441).

423 **bb) Dem StPfl zurückerstattete oder durch Dritte ersetzte BA** können als BE zu versteuern sein (s Rz 460 „Abfindung" und „Zinsen"), nicht jedoch solche Zuwendungen außerhalb des Einkünftebereichs (s auch Rz 426).

424 **cc) Erstattungspflicht.** Zugeflossene BE sind auch dann zu versteuern, wenn sie in späteren VZ zurückzuerstatten sind (BFH III R 30–31/85 BStBl II 90, 287; vgl auch Rz 475 mwN zu negativen Einnahmen). **Gespendete** TV-Spielgewinne von Prominenten fließen ihnen idR nicht zu (bei vorheriger Spendenzusage weder BE noch BA oder Spenden; *BMF* BStBl I 06, 342 und I 08, 645).

425 **dd) Beim Geber nicht abziehbare BA** können beim Empfänger BE sein (BFH VIII R 35/93 BStBl II 96, 273, *BMF* BStBl I 96, 1192); ebenso BE aus der Veräußerung eines WG, dessen AK der StPfl nicht als BA absetzen konnte (§ 4 V; Rz 564); uU doppelte steuerl Auswirkung, s *oV* HFR 96, 244; Rz 477, 490.

426 **ee) Ausnahmen (Geldzufluss ohne BE).** Durchlaufende Posten (Rz 388); Zahlungen im Vermögensbereich (zB Darlehen, Rz 383, § 8 Rz 8).

427 **c) Sonstige Zuwendungen in Geldeswert. – aa) Sachzuwendungen.** Gegenwert für betriebl Leistungen ist BE, auch ohne Zuwendung eines WG (zB Honorarzahlung in Form einer GmbH-Beteiligung, vgl BFH IV R 57/99 BStBl II 01, 546; BFH XI R 39/01 BFH/NV 04, 622 und 20. Aufl). Vgl zu **Incentivereise** BFH IV R 106/87 BStBl II 89, 641; BFH X R 36/03 BFH/NV 05, 682;

32. Aufl mwN. **Höhe** s Rz 452. **Pauschalierung** s § 37b. **Tausch** s Rz 66, 428, § 5 Rz 631, zu § 4 III *Groh* FR 86, 393.

bb) Unentgeltl betriebl Sachzuwendungen Dritter. Sie führen zu BV und bei **AV** und GWG zu BE iHd Verkehrswertes (§ 6 IV, VII, BFH IV R 86/86 BStBl II 88, 633; vgl auch Rz 392, 396, 398). Bei **UV** muss die – einmalige – steuerl Auswirkung nach Art und Verwendung des WG und Systematik des § 4 III gesichert werden (uU Ansatz von BE mit Ausgleich durch BA in gleicher Höhe; ggf später Entnahme). *Beispiele:* – Überlassung von **Altgold** an Zahnarzt (BFH IV R 115/84 BStBl II 86, 607; 23. Aufl mwN); – Silberabfälle bei Röntgenarzt (BFH IV R 50/86 BStBl II 86, 907); – Erbschaft bei betriebl Veranlassung (zu Altenheimträger BFH VIII R 60/03 BStBl II 06, 650); – Verzicht auf eine gegen den StPfl bestehende Forderung s Rz 404, § 11 Rz 50 „Verzicht". – Auch unentgeltl **Informations-/Fortbildungsveranstaltungen** können – soweit BA nicht abziehbar wären – zu BE führen (vgl BFH III R 175/85 BStBl II 88, 995 unter II 2, Rz 520 „Informationsreisen"), zB bei Ärzteeinladungen durch Arzneimittelhersteller (s *LS* DStR 90, 561; *HG* DStR 94, 1415; s auch *Balzer* NJW 03, 3325 zu § 95d I 3 SGB V: Standesrechtl Anerkennung von ärztl Fortbildungsveranstaltungen nur, wenn diese „frei von wirtschaftl Interessen" sind); uU Schiffsreisetagung (zu PersGes'ter s BFH VIII R 35/93 BStBl II 96, 273; zu Lieferanteneinladung fremder ArbN s BFH VI R 10/96 BStBl II 96, 545; BA bei Geber s Rz 425 und Rz 520 „Info-Reisen"). Vgl auch Rz 444 zu ungewöhnl Preisnachlässen und *BMF* BStBl I 05, 845 und I 06, 307 zu Pauschalierung bei **VIP-Logen-Geschenken** an Geschäftsfreunde und ArbN sowie werbefreien Hospitality-Leistungen zur Fußball-WM; *FinVerw* DB 06, 1136 zu FIFA-Eröffnungsfeier; *BMF* BStBl I 06, 447 zu ähnl Sachverhalten. 428

cc) Sonstige Sachwertzugänge im Bestandsbereich (zB Wareneingang) haben als solche bei § 4 III keine Auswirkung. 429

d) Leistungszuwendungen Dritter. Bei **entgeltl** Leistungen wird im Betrieb nur die Zahlung als BA aufgezeichnet. **Unentgeltl** Leistungszuwendungen an den Betrieb sind keine BE, soweit nur die Leistung, nicht aber ein WG zugewendet wird (ersparte Aufwendungen, s Rz 431). 430

e) Ersparte Aufwendungen. IdR keine BE – Auswirkung auf die Gewinnermittlung ergibt sich durch Wegfall des BA-Abzugs. *Beispiele:* Einsatz der eigenen Arbeitskraft statt Beschäftigung fremder ArbN (Auswirkung durch höheren Gewinn, s Rz 309); unentgeltl Beratung des StPfl (vgl Rz 386, 430); Gewährung zinsloser Darlehen an den StPfl (ersparte Zinsen sind keine BE), vgl auch Rz 436; zum Verzicht auf eine gegen den StPfl bestehende betriebl Forderung s Rz 404. **Abgrenzung:** Betriebl Zuwendungen sind grds BE, wenn der StPfl dadurch Aufwendungen erspart (s Rz 428, 460 „Zuschüsse", EStR 6.5, § 7 Rz 63). BA-Abzug von Drittaufwendungen bei privater Zuwendung s Rz 500. 431

f) Fiktive Einnahmen. Ohne Zufluss grds keine BE (Grundsatz der Tatbestandsmäßigkeit der Besteuerung). Bei **§ 4 III** uU BE aus Rückgängigmachung rücklagenersetzender BA (zB § 6c, § 7g VI aF, § 7g II–IV nF, Rz 371, 392). 432

g) Verzicht auf Einnahmen. – aa) Wird der StPfl von vornherein **unentgeltl tätig,** so entstehen keine betriebl Forderung und keine BE. Das Motiv ist unerhebl. Beispiel: Arzt behandelt Patienten ohne Honorar. 433

bb) Nachträgl Verzicht. Wird der StPfl gegen Entgelt tätig und **verzichtet er später** ohne Gegenleistung (ohne Zufluss/Zuflussersatz, s § 11 Rz 50 „Verzicht") auf die Forderung, entstehen keine BE. Dann ist jedoch das Motiv für den Verzicht zu prüfen. Bei *betriebl* Veranlassung (Zahlungsunfähigkeit des Schuldners, Erwartung neuer Aufträge) keine Gewinnauswirkung. Bei *privater* Veranlassung (zB Verwandtschaftsverhältnis) Gewinnerhöhung durch Entnahme (BFH IV R 180/71 BStBl II 75, 526, Rz 355). 434

435 **cc) Einsatz von Sachwerten.** Stellt der StPfl nicht nur seine Arbeitskraft unentgeltl zur Verfügung, sondern sonstige betriebl Vermögenswerte, Nutzungen oder Leistungen, entsteht bei *privater* Veranlassung auch bei vorherigem Verzicht ein Entnahmegewinn. Bei *betriebl* Veranlassung keine Gewinnerhöhung.

436 **dd) Zinslose Forderung.** Für die Hingabe eines zinslosen Darlehens bzw den späteren Erlass vereinbarter Darlehenszinsen gelten die Grundsätze zu Rz 433, 434, vgl auch Rz 431. Zur Zerlegung einer Kaufpreisforderung in Kapital- und Zinsanteil auch ohne Vereinbarung vgl BFH VIII R 163/71 BStBl II 75, 431, § 20 Rz 102. Diese Rspr zu § 20 müsste auch im betriebl Bereich gelten.

440 **3. Betriebl Veranlassung. – a) Allgemeines.** Zunächst gelten die Grundsätze Rz 27 ff. Dabei ist nicht zu übersehen, dass der StPfl seinen subj Beurteilungsspielraum weitgehend bereits im Vorfeld absteckt. Durch Bestimmung des betriebl Aufgabenbereichs und des Umfanges des dafür eingesetzten BV setzt er die obj Maßstäbe, an denen er sich bei der Beurteilung der betriebl Veranlassung der daraus entstehenden Einnahmen festhalten lassen muss. Man könnte wie beim BV von **notwendigen BE** als Ergebnis einer mit Gewinnabsicht betriebenen Tätigkeit sprechen (zB BFH IV R 173/84 BFH/NV 87, 495).

441 **b) Einzelfälle. – aa) Betriebl veranlasst** sind alle lfd, einmaligen und ao Einnahmen aus betriebl Tätigkeiten und Geschäften einschließl **Hilfsgeschäften** (Veräußerung von WG des AV, vgl Rz 50, 51; Gewinnchancen aus Tauschgeschäft, s Rz 143, 428; Grundstücksersteigerung aus betriebl Forderung, s Rz 143 mwN) und **Nebentätigkeiten** (Rz 445). Entgelt für **Nutzungsüberlassung** und **Veräußerung** von WG des BV stellt ohne Rücksicht auf den Willen des StPfl und die Buchung notwendig BE dar (BFH I R 44/73 BStBl II 74, 488), auch bei gewillkürtem BV (s Rz 123, 166). Die Besteuerung der Nutzungseinnahmen und stillen Reserven ist nicht davon abhängig, ob sich die Anschaffung des WG gewinnmäßig ausgewirkt hat. *Beispiele:* Veräußerung von WG iSv § 4 V (Rz 564); Darlehenszinsen sind auch bei § 4 III BE, vgl Rz 383, auch zu Kursgewinnen. Veruntreuung s Rz 448.

442 **bb) Zuwendungen Dritter.** Sie können auch dann betriebl veranlasst sein, wenn sie nicht unmittelbar als Gegenleistung für eine betriebl Leistung gedacht sind (§ 6 IV, BFH IV R 125/89 BStBl II 90, 1028); ebenso sonstige **Zuwendungen ohne Rechtspflicht** (wie § 19 I S 2, zB einem Selbständigen gewährte Trinkgelder, „Sanierungsgewinne" (s Rz 460).

443 **cc) Bezeichnung einer Zuwendung.** Diese hat allenfalls Indizwirkung für die betriebl Veranlassung (wie § 19 I). Es ist stets unter Abwägung aller Umstände des Einzelfalles zu prüfen, ob der Anlass für die Leistung im betriebl oder im außerbetriebl Bereich liegt. **BE ist** letztlich jeder wirtschaftl Vorteil, den der StPfl aus *betriebl Gründen* erlangt, insb für die Hingabe oder den Verlust von etwas, was als Teil des Betriebes oder als Objekt des Gewinnstrebens des Betriebsinhabers zu qualifizieren ist (ähnl BFH IV R 236/71 BStBl II 77, 62; s auch BFH X R 24/10 BStBl II 12, 498). BFH I R 213/88 BStBl II 90, 8 zu **„stellvertretendem commodum"** bei Ersatzleistung für Privatunfall mit BetriebsPkw gilt mE nicht für eigene Insassen-/Kaskoversicherungsleistungen, s Beispiel Rz 273 und BFH VIII R 48/98 BStBl II 04, 725, Rz 121, sehr str). S auch BFH IV R 13/89 BStBl II 90, 621 zu Altersversorgungszuschuss der VG Wort bzw aus Härtefonds der GEMA. Die Besteuerung beim Leistenden ist ohne Bedeutung (s Rz 477, 460 „Abfindung", Rz 425).

444 **dd) Verwendung der BE.** Diese ist unerhebl (BFH XI R 35/96 BStBl II 97, 125). BE können **im PV** des StPfl und **bei Dritten** zufließen (BFH X R 146/94 BFH/NV 98, 961 und 20. Aufl; zu **eigenen Versicherungsprovisionen** BFH X R 24/10 BStBl II 12, 498 mwN). Die Versteuerung ist unabhängig vom BA-Abzug (BFH III R 175/85 BStBl II 88, 995 zu Reisepreis; dazu Rz 427), sofern noch betriebl Veranlassung besteht (abl BFH IV R 183/78 BStBl II 82, 587 zu Provisionsvorteilen mit Abgrenzung in BFH X R 24/89 BFH/NV 91, 537 zu unübl Preisnachlässen). Bei **gemischter Veranlassung** ist aufzuteilen; **§ 12 Nr 1** ist auf BE nicht anwendbar (s § 12 Rz 14).

445 **c) Einnahmen aus Nebentätigkeiten,** die nicht unter die eigentl betriebl Zweckbestimmung fallen, sind BE, wenn ein wirtschaftl Zusammenhang mit dem Betrieb besteht (zB berufl Mitwirkung an Prüfungen, berufsbezogene Gutachtenerstellung, Aufwandsentschädigung für berufsbezogenes Ehrenamt, s BFH III R 241/84 BStBl II 88, 615, BFH VIII R 72/03 BFH/NV 05, 29; BVerfG BB 91, 2423; uU StFreiheit nach § 3 Nr 12, 26, 26a, 26b). **Verwertung berufl Kenntnisse und Fähigkeiten** führt nur bei berufstypischen Geschäften zu BE (s Rz 148 und § 15 Rz 126). **Werbeeinkünfte von Fußballspielern** als BE s BFH X

R 14/10 BStBl II 12, 511. Bei **Risikogeschäften** ist betriebl Förderungszusammenhang häufig auszuschließen (s Rz 151); so sind Wetteinnahmen auch bei Trabertrainer, Buchmacher oder Jockey idR privat veranlasst (BFH IV R 139/68 BStBl II 70, 411, FG Köln EFG 88, 518, rkr; Abgrenzung zu Rennstall § 15 s BFH IV R 82/89 BStBl II 91, 333).

d) BE vor Betriebsbeginn und nach Betriebsbeendigung. Vgl § 24 Nr 2, § 16 Rz 350 ff, 29. Aufl mwN. Nach welcher **Gewinnermittlungstechnik** solche Gewinne zu berechnen sind, war str (vgl 31. Aufl). Nach aktueller Rspr sind nicht die Vorschriften des BV-Vergleichs, sondern die der Überschussrechnung anzuwenden (s § 16 Rz 354 und hier 16. Aufl). S auch BFH IV R 31/09 BFH/NV 12, 1448 (kein Wahlrecht). *Beispiele:* Forderungseingänge nach dem Tode eines Freiberuflers mit Überschussrechnung (noch weiter zu Erbengeschäften BFH IV R 16/92 BStBl II 93, 716; s § 24 Nr 2); Forderungseingang nach Praxiseinbringung s Rz 668; betriebl Versorgungsrenten (Rz 90); noch nicht versteuerte Rentenzahlungen aus Betriebsveräußerung (Rz 78, 84 und 412); Veräußerung eines Geschäftswertes nach Betriebsverpachtung mit Aufgabeerklärung (s Rz 262); betriebl Versorgungsleistungen an die Witwe eines Gewerbetreibenden (BFH VIII B 111/93 BStBl II 94, 455); Wegfall einer in der Schlussbilanz passivierten oder später entstandenen Schuld (BFH I R 205/85 BStBl II 90, 537; FG Mster EFG 94, 824, rkr). Nachträgl BE bei **beschr StPfl** s § 49 Rz 15, 81; nachträgl BE und **DBA** s BFH I R 75/14 BFH/NV 15, 1687, Anm *Schäfer* IStR 15, 346. 446

e) Steuerfreie BE. Das sind keine „Einlagen" und stehen diesen nicht gleich. Bei § 4 III keine Aufzeichnung; bei §§ 4 I/5 ggf Korrektur außerhalb der Bilanz. Zur Erstattung solcher BE vgl Rz 460 „Abfindung" *(4)*. 447

f) Gesetzes-/Sittenwidrigkeit. Sie stellt die betriebl Veranlassung und die Besteuerung dabei erzielter BE nicht in Frage (§ 40 AO, verfmäßig, BVerfG DStRE 97, 273). *Beispiele:* Gewinn aus verbotenem gewerbl Glücksspiel, aus gewerbsmäßiger Hehlerei oder aus verbotenen Ein- und Ausfuhrgeschäften, empfangene Bestechungsgelder sowie Zinsen aus Wuchergeschäften; Abgrenzung von ungesetzl Privatgeschäften s BFH IV R 140/84 BFH/NV 87, 577 (**Veruntreuung** durch Vermögensverwalter – keine BE; s auch Abgrenzung BFH X R 163–164/87 BStBl II 91, 802; zu ArbN BFH VI R 38/11 BStBl II 13, 929; *BMF* BStBl I 13, 1474; Rz 376). Auch die sonstige **Rechtsunwirksamkeit** des zugrunde liegenden Rechtsgeschäfts ist für die Besteuerung nicht entscheidend (§ 41 AO). Vgl auch Rz 492 (BA). Zur **Standeswidrigkeit** s Rz 163. 448

4. Verhältnis Betriebseinnahmen/Einlagen/Entnahmen. Entnahmen werden bei § 4 III *wie* BE besteuert, soweit sonst – entgegen § 4 III 1 – außerbetriebl veranlasste Wertabgänge den Gesamtgewinn durch die vorangegangene Aufzeichnung von BA bzw durch den Wegfall der späteren Aufzeichnung von BE beeinflussen würden. *Beispiele:* Privatentnahme eines GWG, eines WG des UV nach BA-Abzug, einer lfd betriebl Forderung (vgl Rz 345 ff, BFH IV R 180/71 BStBl 75 II 526). **Steuerfreie BE** s Rz 447. Unentgeltl Sachzuwendungen s Rz 428. 450

5. Höhe der BE; Aufzeichnungen. BE sind iHd obj Wertzugangs festzuhalten (vgl zu Sacheinnahmen § 8 II, ähnl § 6 IV zur betriebl Schenkung, s auch Rz 427). Der Aufzeichnungsumfang ist str (s Rz 374, auch zu EÜR). Sie sind ggf zu **schätzen** (s Rz 375, § 162 AO, BFH III R 175/85 BStBl II 88, 995 mwN); die obj Feststellungslast trifft grds das FA; aber uU Minderung des Beweismaßes bei Zweifeln und fehlender Mitwirkung des StPfl (BFH X R 16/86 BStBl II 89, 462); s auch Rz 31 (eigene Aufzeichnungen). **Reisezuwendungen** sind mit den übl Endverbraucherpreisen anzusetzen (s § 6 Rz 507, § 8 II 1), idR ohne Kürzung wegen berufl/betriebl Beschränkungen im Genusswert (vgl BFH VI R 88/93 BStBl II 97, 97; *BMF* BStBl I 96, 1192). Die Höhe der BA beim Geber und dessen BA-Abzug sind nicht verbindl für die BE-Beurteilung (s Rz 425, 477, 490). Pauschalierungsmöglichkeiten s §§ 37a, b, Rz 537. Die Angemessenheit einer Gegenleistung ist nicht zu prüfen (zB BFH IV R 125/89 BStBl II 90, 1028). Bei der Veräußerung von WG des AV und bestimmter WG des UV sind § 4 III 3–5 zu beachten (s Rz 392–398). 452

6. Zeitpunkt der Besteuerung. Der Besteuerungszeitpunkt richtet sich nach Art der Einnahme und Gewinnermittlungsart. Bei § 4 III ist der Zufluss maßgebend (Erlangung der tatsächl Verfügungsmacht, s Rz 421, 456, § 11, zur mögl 454

„Steuerung" BFH IX R 1/09 BStBl II 10, 746). Spätere Rückzahlungspflicht steht der Besteuerung nicht entgegen (Rz 424).

456 **7. Persönliche Zurechnung von BE.** Entscheidend ist, wer den Tatbestand der Tätigkeit iSv §§ 13–18 verwirklicht (hat). Zufluss bei dritten Personen s Rz 444, Rechtsnachfolger s § 24 Nr 2, § 15 I S 2, § 1 Rz 14, § 16 Rz 590.

460 **8. ABC der Betriebseinnahmen**

Abfindungen (Entschädigungen, Schadensersatzleistungen). – ***(1)* Die Begriffe** gehen fließend ineinander über und sind für die Besteuerung nicht entscheidend. Zur Bedeutung einer vertragl Vereinbarung s Erläuterungen zu § 24. – ***(2)* Besteuerung.** Beim Empfänger liegen BE vor, wenn der Grund für die Entstehung des Anspruchs *bei ihm* im betriebl Bereich liegt, unabhängig von der Behandlung beim Leistenden (vgl dazu Rz 520 „Abfindung", „Schadensersatzleistungen"). Anders als bei privaten Abfindungen ist unerhebl, ob ein Vorgang in den Vermögensbereich fällt (Rz 51, s aber Rz 423, 426). Erfasst wird jedes Entgelt für die Veräußerung, Nutzungsüberlassung, Belastung, Wertminderung, Aufgabe oder den Verzicht oder Verlust von WG des BV (vgl auch Rz 441). Selbst Entschädigungen für Verlust von PV können im Einzelfall betriebl veranlasst sein (zB Versicherungsentschädigungen, Rz 270, s auch BFH X S 12/03 BFH/NV 04, 337; Rz 520 „Verlust"). Zur Anwendung von § 24 Nr 1/§ 34 I, II s dort. **PersGes** s § 16 Rz 520 ff. – ***(3)* Beispiele für vertragl Abfindungen:** Verzicht auf betriebl Vorkaufsrecht (BFH IV R 236/71 BStBl II 77, 62); Aufgabe eines betriebl Mietrechts (zu § 24 Nr 1 BFH IV R 43/74 BStBl II 79, 9); Entschädigung an abziehenden Pächter einer LuF für stehende Ernte (BFH VIII R 68/71 BStBl II 76, 781). – ***(4)* Entschädigungen für Wegfall von Einnahmen** sind so zu versteuern, wie die Einnahmen zu versteuern gewesen wären: – ***(a)* Ersatz stpfl BE** ist stpfl, unabhängig von § 24 Nr 1a (Ausnahme: StFreiheit zB nach § 3). *Beispiele:* Verlust eines Bauauftrages (BFH IV R 153/77 BStBl II 79, 69); Stornierung eines Architektenvertrages (BFH IV R 149/77 BStBl II 79, 66); Aufgabe oder Nichtausübung einer berufl Tätigkeit, Wettbewerbsabrede/Ausgleichszahlung an Handelsvertreter (§ 24 Nr 1b, c); betriebl Schadensrenten (Rz 95); Versicherungsleistungen als betriebl Entschädigung (Rz 266); Pachtaufhebungsentschädigung (BFH VIII R 10/91 BStBl II 96, 281); EG – Entschädigung an LuF (*FinVerw* DStR 94, 541, § 13 Rz 251 ff). – ***(b)* Ersatz steuerfreier BE** sollte mE in gleicher Weise stfrei sein. *Beispiele:* Ersatz für Ausfall von Leistungen aus gesetzl UV (§ 3 Nr 1a), des Trinkgeldes eines ArbN (§ 3 Nr 51) oder eines Wohngeldanspruchs (§ 3 Nr 58); aA BFH Anm (5); s auch BFH VI R 33/03 BStBl II 06, 911 zu Rückzahlung einer ermäßigt besteuerten Abfindung – mE anders bei stfreiem Zufluss, s § 3c. Dass die Erstattung von Aufwendungen außerhalb des Betriebes stfrei wäre, berührt die Besteuerung bei Ersatz im betriebl Bereich nicht. *Beispiel:* Ersatz von Krankheitskosten durch Geschäftsherrn eines Handelsvertreters (BFH VI R 63/73 BStBl II 75, 632). – ***(c)* Ersatz nichtbetriebl Einnahmen** führt nicht zu BE. *Beispiel:* Ersatz der InvZulage durch StB, § 12/13 InvZulG (BFH I R 73/76 BStBl II 79, 120 – offen BFH I R 26/91 BStBl II 92, 686 unter 1, 3).

***(5)* Ersatz von Aufwendungen.** – ***(a)* Ersatz abziehbarer BA** als BE. *Beispiele:* Versicherung ersetzt Sachschäden an WG des BV (Rz 268 ff); FA erstattet überzahlte GewSt oder Zinsen § 233a AO (nur nach BA-Abzug, s § 4 Vb, Rz 618, auch bei Erstattung von Rückzahlungszinsen zu – nicht stbarer – InvZul BFH IV B 131/07 BFH/NV 09, 133; ebenso, wenn StB für Ausfall Schadensersatz leistet – EStErsatz s *b, c*); Geldersatz aus betriebl Unterschlagung (BFH IV R 79/73 BStBl II 76, 560, s Rz 382); Schrotterlös aus Zerstörung des BetriebsPkw, auch bei Privatfahrt (s Rz 121, 360 und 520 „Verlust"). – ***(b)* Ersatz nichtabziehbarer BA.** Die Besteuerung ist ungeklärt. Die Rspr verneint allg Grundsatz, wonach BE iZm nichtabziehbaren BA stfrei wären (Umkehrung von § 3c) und tendiert zu stpfl BE. *Beispiele:* **§ 3c/§ 10 Nr 2 KStG:** Erstattung von KSt durch das FA sowie von

GewSt durch die Gemeinde soll stfrei sein, Ersatz durch Dritte stpfl (BFH I R 43/08 BStBl II 12, 688 mit Anm *Gosch* BFH/PR 10, 162 und 13, 220, BFH I R 54/11 BStBl II 13, 1048 mwN; s auch 32. Aufl mwN; aA jedoch zu EStHaftungsanspruch gegen StB BFH IV R 61/97 BStBl II 98, 621 mit Abgrenzung zu KSt in BFH I R 54/05 BFH/NV 08, 617; FG Hbg EFG 08, 1268, rkr; zu Schadensersatz des StBer wegen Falschberatung zu nach § 4 Vb nicht als BA abziehbarer GewSt als BE s FG BaWü EFG 14, 1980, rkr, Anm *Merkt* DStRE 15, 1223; BR-Drs 220/07 S. 75; zu Erstattung von VorSt für nicht als BA anerkannte Zahlungen als BE s BFH X R 39/13 BFH/NV 15, 486. Vgl zur berechtigten **Kritik** – hM im Schrifttum – Hinweise in BFH I R 26/91 BStBl II 92, 686, BFH VIII R 24/95 DStRE 97, 532 sowie *Rodewald* GmbHR 99, 807. – **Erstattungszinsen** § 233a AO s „Zinsen" (BE wohl auch bei nach § 4 Vb nichtabziehbarer GewSt). § 4 V 1 Nr 8 S 3 enthält eine Sonderregelung zu Geldbußen. – **§ 160 AO** (Rz 640): Die Rückerstattung durch nichtbenannte Empfänger oder Dritte kann als BE zu versteuern sein; – **§ 4 V** (Rz 536 ff, Rückgabe eines Geschenks durch den Empfänger). Die fehlende Abzugsmöglichkeit der BA hat zwar keinen Einfluss auf den Veräußerungsgewinn eines WG des BV (Rz 564); sie sollte jedoch nach Sinn und Zweck des § 4 V bei Erstattung nichtabziehbarer BA berücksichtigt werden (vgl **§ 4 V 1 Nr 8 S 3,** BFH IV 117/60 S BStBl III 64, 181). BFH I R 136/72 BStBl II 74, 210 betraf das Verhältnis zum Abzug von BA bei *anderen* StPfl und lässt keine Rückschlüsse auf diese Fälle zu. – ***(c)*** **Ersatz nichtbetriebl Aufwendungen:** ME keine BE. *Beispiele:* Verluste von PV (s aber Rz 269), Schmerzensgeld (s auch Rz 95), Erstattung privater ESt (durch FA oder als Schadensersatz durch StB – s aber BFH Anm *b* und „Zinsen").

Aufrundungsbeträge sind bei Vereinnahmung BE, bei Spendenabführung BA (*BMF* DStR 13, 1288).

Beteiligungen s „Wertpapiere".

Buchgewinne (stille Reserven) s Rz 50, 441, 564, § 5 Rz 601 ff.

Darlehen. Zinsen aus hingegebenen Darlehen sind BE, wenn die Darlehensforderung zum BV gehört (s dazu Rz 221). Das gilt auch bei § 4 III, obwohl die Darlehensrückzahlung ohne Aufzeichnung von BE im Vermögensbereich stattfindet (Rz 383, auch zum Erlass einer gegen den StPfl bestehenden Darlehensforderung und zu Kursgewinnen).

Durchlaufende Posten s Rz 388.

Erbschaft kann uU zu BE führen (s Rz 428, auch zu Schenkung).

Erstattung von BA s Rz 422 und 460 „Abfindungen", „Zinsen".

Geschenke als BE s „Preise", „unentgeltl Zuwendungen", Rz 427.

Hilfsgeschäfte s Rz 441.

Insolvenzerträge können stpfl BE sein (vgl zu StErlass *BMF* BStBl I 10, 18).

Investitionszulagen sind keine stbaren BE, § 13 InvZulG 2010.

Konfusion von Forderungen und Schulden kann zwar zu BE führen (vgl auch Rz 356, 404, 716; § 5 Rz 672), wird sich aber idR gegenseitig neutralisieren (ausführl *Grube* FR 12, 551).

Miete, Mietwert s „Wohnung" und Rz 520 „Gebäudenutzung".

Nebengeschäfte s Rz 445.

Negative Betriebseinnahmen s Rz 475.

Optionsanleihen. Aufgeldzahlung bei Ausgabe ist Einlage, nicht BE (BFH I R 3/04 BStBl II 08, 809).

Preise als Gegenleistung für eine mit Gewinnstreben betriebene Tätigkeit sind **BE** (*BMF* BStBl I 96, 1150; *Marx* DStZ 14, 282) und können sonst unter § 22

Nr 3 fallen (s § 22 Rz 150). *Beispiele:* Architektenentwurf (BFH IV R 75/74 BStBl II 75, 558); Wettbewerbspreis (FG Mster EFG 10, 27, rkr); Filmpreise uÄ (FG Bln EFG 85, 335, rkr, *BMF* BStBl I 96, 1150 – Nr 4 aufgehoben durch *BMF* BStBl 03, 76); betriebsbezogener Förderpreis für Handwerksmeister, auch ohne Gegenleistung (BFH I R 83/85 BStBl II 89, 650); Förderpreis für berufsbezogene Habilitationsschrift (§ 19, FG SchlHol EFG 00, 787, rkr); Projektentwicklungspreis (§ 19, FG Bln EFG 00, 936, rkr); Nachwuchsförderpreis Marktleiter (§ 19, BFH VI R 39/08 BStBl II 09, 668, Anm *Wübbelsmann* DStR 09, 1744); uU Sachpreise für Schönheitskönigin (FG RhPf EFG 96, 52, rkr); Erfolgsbeteiligung eines RA (BFH IX R 48/05 BFH/NV 07, 886); berufsbezogener Innovationspreis FG BaWü EFG 12, 1327, rkr. Voraussetzung ist ein wirtschaftl Bezug zum Beruf (vgl FG Nbg EFG 14, 1187, rkr, mit Anm *Neu;* aA FG Hbg EFG 14, 1790, rkr). Wissenschaftspreise s *Grotherr/Hardeck* StuW 14, 3. **Keine BE** sind Preise, die das Gesamtwerk oder eine Forschungstätigkeit des StPfl würdigen. *Beispiele:* Goethepreis, Nobelpreis, Theodor-Wolff-Preis für Journalisten (BFH IV R 184/82 BStBl II 85, 427, str, s Anm FR 85, 541; zu Forschungspreisgeldern *Krumm* FR 15, 639), Dt Zukunftspreis für Technik und Innovation (*BMF* DStR 03, 157); nicht berufsbezogene Promotionspreise, Wettgewinne (das Gesetz zur Besteuerung von Sportwetten BGBl I 12, 1424 betrifft nur die Wettveranstalter). **Meisterbonus** für erfolgreichen Abschluss ist idR nicht stbar. **Verlosungspreise** können nur bei konkretem Betriebsbezug BE sein (BFH X R 25/07 BStBl II 10, 550 mit Abgrenzung in BFH X R 8/06 BStBl II 10, 548; *Förster* DStR 09, 249; 27. Aufl mwN). **Fernsehpreisgelder** für öffentl Auftritte können uU in den Einkünftebereich fallen (s zu § 22 Nr 3 BFH IX R 39/06 BStBl II 08, 469; BFH IX R 6/10 BStBl II 12, 581; FG Mster EFG 14, 638 = BFH IX B 22/14 BFH/NV 14, 1540; *BMF* BStBl I 06, 342 und I 08, 645; *Binnewies* DStR 12, 1586), ebenso **Spielgewinne** (BFH X R 43/12 BStBl II 16, 48, § 22 Rz 150; abgrenzend *Schiefer/Quinten* DStR 13, 686). **Reisepreise** s Rz 427.

Provisionszahlungen s Rz 444.

Rabatte uä Nachlässe, die ein Selbständiger von seinem Unternehmen erhält, sind iRv § 8 I uU zu versteuern (vgl zu Versicherungsvertreter BFH XI R 24/88 BFH/NV 91, 453, X R 43/08 BFH/NV 10, 1436). Vom Unternehmen ausgehandelte Rabatte bei Dritten sind nicht stbar (zB Firmenautorabatte).

Rentenbezüge als BE s § 24 Nr. 2, Rz 75, FG BaWü EFG 04, 1827, rkr.

Sachzuwendungen können BE sein (s Rz 427/428, oben „Erbschaft"; „Preise"). UU Pauschalierung nach § 37b (s dort).

Sanierungsgewinne. § 3 Nr 66 aF stellte bis 1997 Erhöhungen des BV durch einseitigen, endgültigen Erlass bestehender Schulden zur Sanierung eines Unternehmens ausdrückl stfrei (zur EU-rechtl str Freistellung von Beteiligungserwerbsverlusten nach § 8c I a/§ 34 VI KStR s 34. Aufl Stichwort § 3). **Voraussetzungen:** Vorliegen von Sanierungsbedürftigkeit, Sanierungseignung und Sanierungsabsicht (vgl BFH X B 127/14 BFH/NV 15, 809). Diese StBefreiung wurde für ab 1998 endende Wj wegen Doppelbegünstigung durch unbegrenzten Verlustabzug aufgehoben und blieb es trotz der folgenden Verlustabzugsbeschränkungen nach § 10d. Damit sollte eigentl auch der von Verwaltung und Rspr vor § 3 Nr 66 praktizierte *allg* Erlass der ESt/KSt auf Sanierungsgewinne wegen sachl Unbilligkeit entfallen. Gleichwohl geht ***BMF*** BStBl I 03, 240 bei *unternehmensbezogener* Sanierung weiterhin entspr § 3 Nr 66 aF von einem allg Erlassgrund aus (bestätigt durch *FinVerw* DStR 12, 969; FG SachsAnh EFG 14, 721, rkr; zu begrenzter Bindungswirkung BFH X R 39/10 BStBl II 14, 572), in Sonderfällen auch bei *unternehmerbezogener* Sanierung (*BMF* BStBl I 10, 18). BFH X R 34/08 BStBl II 10, 916 hat entgegen FG Mchn EFG 08, 5 (s Kostenentscheidung BFH VIII R 2/08 BFH/NV 12, 1135) die *unternehmensbezogene* Sanierung nicht allg in Frage gestellt, wohl aber die *unternehmerbezogene* Sanierung (abl FG Sachs EFG 13, 1898, Rev X R 23/13; FG Sachs DStR 14, 190, rkr). BFH X R 23/13 BStBl II 15, 696 bejaht zwar die Rechtmäßigkeit der BMF-Regelung, hat die Frage aber dem GrS zur Entscheidung vorgelegt (GrS 1/15; Anm *Kanzler* FR 15, 898; *Keuthen/Hübner* FR 15, 865; *Sonnleitner/Strotkemper* BB 15, 2395; zu EU-Recht *Ismer/Piotrowski* DStR 15, 1993). Die *FinVerw* hält bis zur Entscheidung am bisherigen Verfahren fest (DStR 15, 2497). Ein Erlass *im Einzelfall* ist dadurch auch bei unternehmerbezogener Sanierung nicht ausgeschlossen (s aber BVerfG 2 BvR 2483/10 StEd 11, 530). Verfahrensfragen (PersGes) s *Haberland* FR 15, 645. GewSt s *FinVerw* DStR 15, 1114; *Hageböke/Hasbach* DStR 15, 1713, *Krumm* DB 15, 2714.

Schadensersatz s „Abfindung", „Versicherungsentschädigungen" (BFH IX R 32/04 BStBl II 07, 44 – „Reuegeld nicht stbar" – betrifft nur PV).

Schmiergelder sind beim Empfänger BE, wenn sie iZm einer selbständigen Tätigkeit geleistet werden. § 160 AO ist zu beachten, wenn der Empfänger nicht benannt wird (s dazu Rz 640). S auch „Abfindung" (Rückzahlung) und Rz 448 (zu § 40 AO).

SonderBE s Rz 176, § 15 Rz 640 ff.

Sponsoringzuschüsse an gemeinnützigen Sportverein können uU BE eines wirtschaftl Geschäftsbetriebs sein (BFH I R 42/06 BStBl II 08, 949); s Rz 520.

Steuererstattungen betriebl Steuern sind grds BE. S „Abfindung", „Zinsen" zu Erstattungszinsen iSv § 233a AO.

Streikunterstützungsleistungen des ArbG-Verbandes sind stpfl Unternehmergewinne (s FG Köln EFG 01, 1230, rkr) – nur bei ArbN stfrei.

Umsatzsteuer nach Vorsteuerberichtigung s § 9b II, § 9b Rz 8.

Unentgeltl Zuwendungen sind bei betriebl Veranlassung BE (§ 6 IV, Rz 428, 441, unten „Zulagen"). Der BA-Abzug beim Schenker ist nicht maßgebl (Rz 425). Erlass einer Verbindlichkeit s Rz 356, 404.

Veräußerungsvorgänge. Veräußerung von BV ist stets betriebl veranlasst (s Rz 441). Sie führt grds zur Aufdeckung stiller Reserven (s Rz 51, zu § 4 V Rz 564). Ausnahmen s Rz 64. Besonderheiten bei § 4 III s Rz 390–398. Zum Veräußerungspreis (s § 16 Rz 265) gehört alles, was der Veräußerer in wirtschaftl Zusammenhang mit der Veräußerung erhält (zB auch Schuldbefreiung, Entgelt für die Aufgabe eines Mietrechts anlässl einer Betriebsveräußerung). **Tausch** s Rz 428.

Versicherungsentschädigungen als BE s „Abfindungen", Rz 266, 269, 443.

Veruntreuung s Rz 448.

Verzicht auf BE s Rz 433 (grds keine BE).

Vorschüsse sind auch bei § 4 III BE (s Rz 422).

Wertpapiere (Beteiligungen). Die Erträge sind BE, soweit die Wertpapiere oder Beteiligungen zum BV gehören (Rz 250 ff).

Wohnung. Wohnen ist idR privat veranlasst (§ 12 Nr 1). Ausnahmen s § 13 II Nr 2, Rz 104, 520 „Gebäudenutzung", Rz 360 „Land- und Forstwirtschaft".

Zinsen aus betriebl Forderungen (vgl Rz 217), Erstattungszinsen iSv §§ 233a, 236 AO auf Betriebsteuern sind BE (§ 20 I Nr 7, VIII). Die Problematik der Bruttobesteuerung von **ESt-Erstattungszinsen** iSv § 233a AO trotz des Nichtabzugs von Nachzahlungszinsen nach § 12 Nr 3 (s Rz 520 „Steuern") ist gesetzl geklärt: Die RsprÄnderung durch BFH VIII R 33/07 BStBl II 11, 503 (keine StPfl) ist überholt durch die „klarstellende" Gesetzesänderung in § 20 I Nr 7 im JStG 2010 (StPfl), diese bestätigt durch BFH VIII R 36/10 BStBl I 14, 168, BFH VIII R 1/11 BFH/NV 14, 830 mit VerfBeschw 2 BvR 482/14, BFH VIII R 30/13, nv, VerfBeschw 2 BvR 1711/15; glA zu ESt-Erstattungszinsen vor Streichung des SA-

Abzugs von Nachzahlungszinsen § 10 I Nr 5 aF bis 1999 BFH VIII R 29/12 BStBl II 14, 998. Die Ungleichbehandlung wird nicht als unbillig angesehen, soweit sie nicht auf demselben Ereignis beruht (dann uUBilligkeitserlass gem § 163 AO, *FinVerw* DB 14, 571). Bei KSt sind ohnehin alle Einnahmen BE (vgl *FinVerw* DStR 15, 2777). Erstattung von GewSt-Zinsen s „Abfindung".

Zulagen/Zuschüsse sind BE, wenn ein wirtschaftl Zusammenhang mit dem Betrieb besteht, sofern Einlagen (s Rz 300, *Wegehenkel* BB 89, 1796), Aktivierung oder steuerneutrale Behandlung nach EStR 6.5 oder StFreiheit nach anderen Vorschriften ausscheiden (dazu § 6 Rz 71, BFH I R 56/94 BStBl II 96, 28 mwN). Das gilt für Aufwands- und Ertragszuschüsse, lfd und einmalige Investitionszuschüsse privater und öffentl Art mit – rechtsbegründenden – Ausnahmen zu einzelnen stfreien Zulagen in § 13 InvZulG 2010, § 19 IX 1 BerlFG (zur außerbetriebl Veranlassung dieser Zulagen und Prämien s BFH I R 73/76 BStBl II 79, 120). Bei § 4 III mindert der Zuschuss die AfA schon im Jahr der Bewilligung, nicht erst im Jahr der Zahlung (BFH IV R 81/05 BStBl II 08, 561; zu nachträgl Bewilligung – Zuschuss statt Darlehen – BFH IX R 46/09 BStBl II 12, 310). *Beispiele:* BFH IV R 78/85 BStBl II 89, 189 mwN (öffentl Beförderungs- bzw Bauzuschüsse; Strukturhilfen; Krankenhauszuschüsse – dazu auch BFH VIII R 58/93 BStBl II 97, 390). Voraussetzung ist, dass die Zweckbestimmung rechtl bindend sichergestellt ist (BFH IX R 104/86 BStBl II 92, 999; zweifelnd BFH IV R 58/94 BStBl II 95, 702). Weitere Bsp s 33. Aufl.

VII. Betriebsausgaben

470 **1. Begriff, § 4 IV.** Durch den Betrieb veranlasste Aufwendungen sind unmittelbare Besteuerungsgrundlage bei Gewinnermittlung nach § 4 III. Die Verweisungen in § 4 I 9 und § 5 VI zum BV-Vergleich dienen der Abgrenzung von außerbetriebl Aufwendungen bzw Wertabgaben zu außerbetriebl Zwecken (Entnahmen, vgl Rz 300) und der Anwendung des § 4 V–VIII. **SonderBA** s § 15 Rz 640.

471 **2. Aufwendungen, § 4 IV, III. – a) Allgemeines.** Es ist in der Rechtslehre str, wie dieser Begriff zu verstehen ist. Eine allg Begriffsbestimmung ist wegen fehlender Systematik der Gewinnermittlung nach § 4 III (Rz 373) kaum mögl.

472 **aa) Ausgabenzahlung.** Gezahlte Ausgaben (§ 11 II) in Geld und Geldeswert werden im Grundsatz als BA erfasst, idR auch **Vorauszahlungen** (BFH III R 30–31/85 BStBl II 90, 287; s auch Rz 390, 422, § 11 Rz 50), soweit die gewinnmäßige Auswirkung nicht durch **Sondervorschriften** bzw § 42 AO eingeschränkt ist. Dann werden die Ausgaben durch sonstige Aufwendungen ersetzt, die an andere Werte oder Zeitpunkte anknüpfen bzw – im Vermögensbereich – überhaupt nicht berücksichtigt. *Beispiele:* Durchlaufende Posten (Rz 388); Zahlungen für die Anschaffung eines GWG (Rz 396), eines abnutzbaren (Rz 392) oder nicht abnutzbaren WG des AV (Rz 398) sowie bestimmter WG des UV (§ 4 III 4, Rz 373); Darlehenshingabe (vgl Rz 383); sonstige regelmäßig wiederkehrende Ausgaben (§ 11 II 2, § 11 Rz 50, auch zu USt-Vorauszahlungen – s Rz 388).

473 **bb) Wertabgänge ohne Zahlung.** AfA, Ausfall einer Darlehensforderung, Anrechnung früherer AK nach § 4 III 4, Verlust oder Zerstörung aus betriebl Anlass sind Aufwendungen mit BA-Charakter (s BFH IV R 57/99 BStBl II 01, 546), jedenfalls absetzbar (s auch Rz 371, 383, 400). Die Rechtsnatur dieser Aufwendungen ist ungeklärt (vgl zur **AfA** 22. Aufl mwN; zu § 4 V 1 Nr 7 BFH I R 29/85 BStBl II 87, 108). **Ersparte BA** sind nicht abziehbar (s Rz 431); **entgehende BE** sind keine BA (vgl BFH VI R 25/10 BStBl II 13, 699). **Drittaufwand** s Rz 500 ff.

474 **cc) Praxis.** Sie entscheidet im Einzelfall nach dem Grundsatz, dass sich bei **§ 4 III** ebenso wie bei §§ 4 I/5 alle betriebl veranlassten Geschäftsvorfälle im Gesamt-

ergebnis gewinnmindernd und alle außerbetriebl veranlassten Geschäftsvorfälle gewinnneutral auswirken müssen (vgl Rz 305; zur Gleichheit der Gesamtgewinne s Rz 10, 14, auch zu Einschränkungen). Die Entscheidung hängt damit wesentl von der Art der Aufwendung, bei Anschaffung und Einlage eines WG von Art und Verwendung und steuerl Behandlung nach § 4 III 2–5 ab (Einzelfälle s Rz 390 ff). Bei § 4 III uU BA-Abzug statt Rücklagenbildung (zB § 6c, § 7g, s Rz 371).

b) Zurückgezahlte BE. Das sind betriebl Aufwendungen, soweit die BE stpfl waren (§ 3c) und eine Bescheidänderung im BE-Jahr ausscheidet. Die Rspr nimmt in diesen Fällen zT statt BA sog **negative Einnahmen** an, wenn von Anfang an eine rechtl oder tatsächl Verpflichtung zur Rückzahlung bestand (s Rz 424). Die Bedeutung liegt mehr im Bereich der Überschusseinkünfte iSv § 2 II 2 (WK-Pauschbetrag!). Vgl § 9 Rz 108, § 11 Rz 18. Rückzahlungen im außersteuerl Vermögensbereich sind keine BA. Andererseits steht der **Rückfluss von BA** als Einlage oder Darlehen dem Abzug nicht entgegen (BFH I R 2/85 BStBl II 89, 473, Rz 520 „Angehörige" und oben). 475

c) Ersatzanspruch. Ein Ersatzanspruch steht dem BA-Abzug bei § 4 III nicht entgegen (BFH IV R 79/73 BStBl II 76, 560, § 11 Rz 38; s aber Rz 472). 476

d) Besteuerung beim Empfänger. Sie ist für den Abzug von BA ohne Bedeutung. Bei ihm können die BA-Zahlungen stpfl oder stfreie BE/Einnahmen oder nichtsteuerbare Zuflüsse darstellen (s Rz 490, 425, 460 „Abfindung"). 477

e) Betriebl Sachaufwendungen. Veräußerung, Tausch, unentgeltl Zuwendung, Verlust sind bei *betriebl* Veranlassung gewinnmindernd zu berücksichtigen. Dabei sind Art der Gewinnermittlung und Art der Aufwendung zu beachten. BE sind unabhängig davon zu beurteilen. 478

f) Betriebl Forderungsausfall s Rz 400 (zu § 4 III). 479

3. Betriebl Veranlassung. – a) Allg Grundsätze/Nachweis. Bei BA ist der dem StPfl verbleibende subj Entscheidungsspielraum größer als bei BE. Der StPfl hat es in der Hand, den Betriebsumfang und damit den Umfang der betriebl Veranlassung von Aufwendungen zu bestimmen (vgl auch Rz 477 und GrS 2–3/88 BStBl II 90, 817 unter C II 2). *Dass* er derartige Entscheidungen getroffen hat, muss *er* jedoch in Zweifelsfällen anhand obj Tatsachen darlegen (**Feststellungslast** s Rz 31, 375). Es muss feststehen, dass eine Aufwendung in tatsächl oder wirtschaftl Zusammenhang mit konkreter Gewinnerzielungsabsicht angefallen ist (BFH X R 146/94 BFH/NV 98, 961; FG Mchn DStRE 15, 519, rkr), und dass ggf private Mitveranlassung unbedeutend oder trennbar ist (§ 12; BFH GrS 1/06 BStBl II 10, 672; s auch Rz 520 „Informationsreisen" und Rz 626); zur **Gewichtung der Einzelumstände** s BFH XI R 30–31/89 BStBl II 91, 842. Nur die Höhe kann geschätzt werden (Rz 375, 494). Die **Art der Buchung** ist nur Indiz (BFH VIII R 296/81 BStBl II 85, 325 mwN, zu BV Rz 153). Aufwendungen eines **PersGes'ters,** die beim Einzelunternehmer keine BA wären, weil sie die private Lebensführung betreffen (§ 12 Nr 1, Rz 626), sind nicht dadurch betriebl veranlasst, dass andere Ges'ter beteiligt sind (BFH VIII R 148/85 BStBl II 92, 647), die Leistung verlangen (BFH IV R 32/80 BStBl II 83, 101, § 15 Rz 647) oder übernehmen (s Rz 520 „Lösegeld", zu Versicherungen Rz 275). 480

b) Einzelfälle. Betriebl veranlasst sind alle Aufwendungen, die in einem tatsächl oder wirtschaftl **Zusammenhang mit dem Betrieb** stehen. Dazu gehören die lfd Betriebsaufwendungen (zB gezahlte Arbeitslöhne, Betriebsmiete, Betriebsteuern und betriebl Versicherungen – Rz 266 –, Werbekosten usw, s auch Stichworte Rz 520 sowie Vordruck EÜR, Rz 374). Ausgaben für dem Betrieb ggü erbrachte Leistungen und für die Anschaffung von BV sind idR betriebl veranlasst; wie beim BV (s Rz 143) ist auch bei den BA die konkrete **Funktion des WG im Betrieb** von Bedeutung (BFH IV R 107/77 BStBl II 81, 564; Zahngold s Rz 143, 176, 428). Ohne oder **gegen den Willen des StPfl** anfallende Aufwendungen 481 können BA sein (zB bei Zerstörung, Verlust, Unterschlagung – s Rz 382 –, Diebstahl von BV, Schadensersatz; s Rz 34, 121, 520 „Verlust"). Die **Zuordnung des WG zum BV** ist häufig, aber nicht immer maßgebend für BA-Abzug (s Rz 520 „Verlust", „Schuldzinsen"), auch nicht bei lfd Nutzungsaufwendungen (Rz 206, 303, 500). Die steuerl Berücksichtigung der Anschaffung muss nicht mit der Besteuerung der lfd Aufwendungen übereinstimmen (zB Darlehenszinsen bei § 4 III, vgl Rz 383). Eine betriebl (Primär-)Kausalität kann durch eine nichtbetriebl **Sekundärkausalität** überholt werden (zB durch vorübergehende nichtbetriebl Nutzung von WG des BV oder Verlust/Beschädigung von aus privaten Gründen auf Geschäftsreise mitgenommenen Sachen oder Personen). Zur betriebl Veranlassung wiederkehrender Zahlungen s Rz 75, 410, zu **Sponsoringzuschüssen** s Rz 520. Zu Veranlassung bei nachträgl BA in **DBA-Fällen** s Rz 486.

482 **c) Rechtspflicht zur Zahlung.** Freiwillige unentgeltl Zuwendungen können beim Geber betriebl veranlasst sein. *Beispiele:* Schmiergelder, Geschenke an ArbN und Geschäftsfreunde – unabhängig von der Abziehbarkeit nach § 4 V 1 Nr 1 und Nr 10, s Rz 536 und 607.

483 **d) Sonstige Voraussetzungen.** Notwendigkeit, Angemessenheit, Üblichkeit, Zweckmäßigkeit einer Aufwendung sind ebensowenig Voraussetzung für den Abzug von BA wie der Eintritt des beabsichtigten Erfolges (Rz 495). Insoweit bleibt dem StPfl ein subj Entscheidungsspielraum (Rz 480). Fehlen diese Merkmale jedoch, kann das inzident Rückschlüsse auf die Beurteilung der betriebl Veranlassung zulassen, vor allem wenn die Möglichkeit einer privaten Mitveranlassung nach Art der Aufwendung nicht auszuschließen ist (vgl Rz 32, BFH VIII R 188/84 BStBl II 86, 373). Grenze ist stets die obj Nachvollziehbarkeit (zutr abl zu spiritueller „Betriebsförderung" FG Mster EFG 14, 630 = BFH IV B 17/14, nv).

484 **e) Vorweggenommene bzw vorab entstandene BA.** Betriebl Aufwendungen können bereits vor Betriebseröffnung anfallen. Es muss nur ein ausreichender Zusammenhang mit der Gewinnerzielung bestehen. Ein Unterfall sind **vergebliche BA;** kommt es nicht zur Betriebsgründung, kann jedoch der Nachweis der betriebl Veranlassung schwierig sein (Rz 483, Rz 520 „Anlaufkosten"). Auch bei § 4 III ist zu prüfen, ob eine Aufwendung zu aktivieren ist (vgl § 4 III 3, Rz 498, § 5 Rz 90 ff). Soweit die Rspr den Bezug zu einem **bestimmten Betrieb einer *feststehenden* Einkunftsart** verlangte (zB BFH IV R 117/94 BFH/NV 96, 461), ist sie überholt, soweit nur überhaupt Ausgaben iZm der Erzielung von Einkünften anfallen (s BFH-Rspr zu Fortbildungskosten Rz 485).

485 **Beispiele für vorab entstandene BA:**
- **Finanzierungskosten** (s Rz 520); vgl auch § 15 Rz 522 zur Finanzierung einer KG-Beteiligung; zu **Vermittlungsprovisionen** einer PersGes für Ges'terbeitritt s § 5 Rz 270;
- **Kosten für Unternehmensrückübertragung nach VermG** (s *BMF* DStR 94, 1195);
- **Aufwendungen eines ArbN für die Wahl als Aufsichtsrat** (BFH IV R 81/76 BStBl II 81, 29; *FinVerw* DB 95, 1310; s Rz 520 „Wahlkampfkosten");
- **Gründungskosten, Anlaufkosten** (s unter Rz 520, auch zu vergebl GesBeitrittskosten);
- **Reisekosten** für die Besichtigung von zum Verkauf angebotenen Betrieben (BFH III R 96/88 BStBl II 92, 819); bei tatsächl Ankauf uU AK;
- **Abfindung** an Mieter wegen betriebl Gebäudenutzung (s § 5 Rz 270);
- **Planungskosten** für Betriebsgebäude (Aktivierung s § 5 Rz 270 „Gebäude");
- **Fortbildungskosten,** auch bei ungewisser und ohne Berufsausübung (s BFH-Rspr VI. Senat zu Arbeitslosen, Rz 625, § 10 Rz 104);
- **Auslandseinkünfte** s Rz 520 „Sprachkurse", Rz 327, § 3c Rz 8; s auch § 2a.

486 **f) Nachträgl BA.** Aufwendungen nach Betriebsbeendigung sind idR nicht mehr betriebl veranlasst. Die Betriebsbeendigung soll einen Schlussstrich unter die betriebl Geschäftsvorfälle setzen, die mit allen erkennbaren Forderungen und Verbindlichkeiten iRd Veräußerungs- oder Aufgabengewinns erfasst werden (s zu nachträgl konkretisierten Schulden BFH I R 205/85 BStBl II 90, 537, zu § 4 III Rz 409, 650 ff und – BE – Rz 446). Aktivvermögen ist grds zur Schuldenbeglei-

chung einzusetzen (BFH XI R 98/96 BStBl II 98, 144 mwN und Abgrenzung; BFH X R 63/95 BFH/NV 00, 40; zu BV Rz 234 und 241 ff; zu Schätzung BFH X B 168/95 BFH/NV 97, 348; 22. Aufl mwN). Damit ist jedoch der **Abzug verbleibender nachträgl BA** nicht allg ausgeschlossen. *Einzelfälle* s § 16 Rz 350 ff, zu Strukturwandel zur Liebhaberei BFH X R 3/99 BStBl II 02, 809 (s aber *Weber-Grellet* FR 02, 1228), zu PersGes BFH VIII R18/92 BStBl II 96, 291; zu Freiberuflern BFH IV R 45/87 BStBl II 89, 509, BFH XI R 26/98 BFH/NV 00, 11 zu Soziusaufnahme; zu Rentenzahlungen bei Tilgungshindernis s BFH XI R 46/98 BStBl II 00, 120, auch zu **Verwertungshindernis** des Aktivvermögens; Abgrenzung in BFH X R 15/04 BStBl II 07, 642 mwN (nur betriebl Hindernisse); FG Nds EFG 07, 1231 mit Anm *Müller* = BFH VIII B 48/07 DStRE 08, 68 (nv); BFH X R 60/99 BFH/NV 03, 900 (nachträgl SonderBA); „Vertragsstrafen" s Rz 520; abl zu Schuldzinsen nach Insolvenz FG Mchn EFG 12, 1990, Rev X R 25/12; s auch zu nachträgl Kaufpreisänderung Rz 400. Nachträgl BA bei **beschr StPfl/wechselnder StPfl** s § 50 Rz 9; nachträgl BE/BA und **DBA** s BFH I R 75/14 BFH/NV 15, 1687, Anm *Schäfer* IStR 15, 346. **Gewinnermittlung** nach § 4 III, s Rz 446. Das Aktivvermögen übersteigende Schulden bleiben BV, die Zinsen BA. Zum späteren Ausfall der Forderung aus **Betriebsveräußerung** s Rz 400, § 16 Rz 381. Auch die **Rspr zu nachträgl WK im PV** bewegt sich, s § 9 Rz 99; *FinVerw* DStR 15, 1753; *Geißler* NWB 15, 332; *Engelberth* NWB 16, 20; 33. Aufl.

g) Umschuldungen im Einkünftebereich. Die Rspr erkennt nachträgl BA/ **487** WK ohne formale Schuldveränderungen an (s Rz 400; *FinVerw* FR 00, 788), nicht jedoch *automatische* Umschuldungen durch bloße Willensentscheidung (s BFH X R 15/04 BStBl II 07, 642 und 20. Aufl mwN).

h) Mittelbare betriebl Veranlassung. Nach wohl hM soll ein mittelbarer **488** betriebl Zusammenhang für den Abzug von BA ausreichen. Das ist in dieser Allgemeinheit missverständl und bedeutet sicher nicht, dass *jeder* mittelbare betriebl Zusammenhang den Abzug von BA rechtfertigen würde (grundlegend BFH GrS 2–3/77 BStBl II 78, 105 – Unfallkosten). Ein zunächst bestehender betriebl Zusammenhang kann durch außerbetriebl Umstand überlagert werden und umgekehrt. Es ist daher in jedem Einzelfall zu prüfen, welches das **auslösende Moment** für die Aufwendung war und ob es dem betriebl oder dem außerbetriebl Bereich zuzurechnen ist. Dabei ist **§ 12** zu beachten. *Beispiele:* Unfall mit BetriebsPkw auf Privatfahrt (keine BA, s Rz 520 „Verlust"); Verlust eines privaten WG auf Betriebsfahrt (BA oder § 12); Fund eines WG auf Betriebsfahrt (keine BE); Lohn für Hausgehilfin oder Kindergartenkosten (s Rz 520 „Arbeitslohn"). Ehrenamtl oder verlustbringende **Nebentätigkeit** kann uU durch Haupttätigkeit veranlasst sein (vgl Rz 445, BFH VI R 122/92 BStBl II 94, 510). S auch Rz 28, 29, 481 und 520 „Kleidung", „Schadensersatz", „Verlust", zu Einschränkung der sog SekundärfolgenRspr „Schuldzinsen".

i) Anteilige betriebl Veranlassung. Werden Aufwendungen durch *verschiedene* **489** *Einkunftsarten* verursacht, sind sie aufzuteilen, notfalls im Schätzungswege (vgl Rz 29, s aber Rz 194 und 484). Probleme ergeben sich vor allem bei *zT betriebl, zT privat* veranlassten Aufwendungen (bei Trennbarkeit Aufteilungsmöglichkeit, s BFH GrS 1/06 BStBl II 10, 672, Rz 206, 226, 620, Stichworte Rz 520 und § 12). Steht die konkrete Veranlassung von Erwerbsaufwendungen noch nicht fest, ist aber eine private Mitveranlassung auszuschließen, sind die Aufwendungen je nach derzeitiger Beschäftigung oder nach den Planungen als BA oder WK abziehbar (s Rz 484). Bei gemischter Tätigkeit § 18/§ 19 keine Kürzung des ArbN-Pauschbetrages und gesondert zuzuordnender BA – beide Einkunftsarten zugleich betr Ausgaben sind ggf im Schätzungswege aufzuteilen (BFH VIII R 76/05 BStBl II 08, 937).

j) BA im Verhältnis zur Besteuerung beim Empfänger. Die Besteuerung **490** ist bei Geber und Empfänger gesondert zu prüfen und muss nicht übereinstimmen (s Rz 425, 477, § 8 Rz 7 zum Fehlen eines *allg* Korrespondenzprinzips). Beim ArbN stfreie Lohnzahlungen sind beim ArbG BA (s Rz 497, 520 „Arbeitslohn"). Vor allem bei Zuwendungen unter **Angehörigen** (s Rz 520) wird jedoch häufig ein einheitl Motiv bestehen (zB Beurteilung einer Rente als private Versorgungs- oder als betriebl Veräußerungsrente, Rz 76, 88).

490a **k) Hybride Gestaltungen.** Vielfach werden staatl Unterschiede in der steuerl Behandlung von Rechtsträgern oder Rechtsverhältnissen/Finanzinstrumenten gezielt ausgenutzt, um eine inkongruente Besteuerung zu erreichen (BA-Abzug ohne BE-Besteuerung; doppelte Nichtbesteuerung – „weiße Einkünfte" –; doppelter BA-Abzug – „double dip"). Der BRat hatte bereits Ende 2014 die Einfügung eines **§ 4 Va** angeregt, um derartige Konstruktionen auszuschließen (BT-Drs 18/2158 S 7/13); die BReg hatte dies zunächst verschoben unter Hinweis auf die OECD-Verhandlungen zum sog **BEPS-Projekt** (BT-Drs aaO S 70). Im dortigen Abschlussbericht zu Aktionspunkt 2 „hybride Gestaltungen" wird die Einführung sog „Linking Rules" empfohlen, die Umsetzung jedoch ohne Bindung dem BA-Abzugstaat überlassen. Damit wäre der Weg für die unilaterale Einfügung eines § 4 Va frei (str). Vgl *Körner* IStR 15, 449; *Linn* IStR 15, 920; *Schiefer* IWB 15, 352; *Rüsch* DStZ 15, 783; *Berges/Rotter* IWB 15, 802.

491 **l) Nicht abziehbare BA, § 4 IVa–VIII.** Dies sind betriebl veranlasste Aufwendungen iSv § 4 IV (s Rz 521 ff), s auch Rz 493. Sie sind jedoch nicht abziehbar, werden nicht gebucht (zB § 4 III) oder außerhalb der Bilanz dem Gewinn hinzugerechnet. Das gilt auch für GewSt (§ 4 Vb, Rz 618). Weitere Abzugsbeschränkungen ergeben sich, wenn Mitwirkungs- und Aufzeichnungspflichten nicht erfüllt werden, zB nach §§ 90 II, 160 AO, vgl Rz 374 (5), Rz 640; *BMF* BStBl I 10, 19; Schrifttum 32. Aufl.

492 **m) Gesetzes- oder Sittenwidrigkeit eines Handelns.** Weder die BE-Besteuerung noch die betriebl Veranlassung und der Abzug dabei aufgewandter BA sind eingeschränkt (§ 40 AO, verfgemäß, s BVerfG HFR 96, 597). *Beispiel:* BE/BA aus verbotenem Bordell. Eine systemwidrige Ausnahme macht § 4 V 1 Nr 10 für strafbare Schmier- und Bestechungsgeldzahlungen (s Rz 613). **Standeswidrigkeit** s Rz 163. Die Wirksamkeit des zugrunde liegenden Rechtsgeschäfts ist ohne Bedeutung (§ 41 AO, Rz 448 – BE – und § 15 Rz 45).

493 **4. Verhältnis zu Einlagen und Entnahmen.** Einlagen werden nur *wie* BA behandelt, soweit sonst – entgegen § 4 III 1 – außerbetriebl veranlasste Wertzugänge den Gesamtgewinn durch die Aufzeichnung eines außerbetriebl veranlassten Vorganges beeinflussen würden. *Beispiele:* Einlage von UV bei § 4 III (vgl Rz 350, 373), Einlage einer Forderung (vgl Rz 355). Die Kürzung um nicht abziehbare BA ist keine Entnahme (s Rz 491).

494 **5. Höhe. – a) Grundsatz.** BA sind iHd *tatsächl Wertabgabe* absetzbar. Die Höhe der Aufwendungen hat der StPfl ggf zu belegen (Aufzeichnungspflichten s Rz 374, 375). Soweit ihm das nicht gelingt, obwohl der Anfall und die betriebl Veranlassung feststehen (Rz 480), muss das FA/FG die Höhe schätzen (§ 162 II 1 AO).

495 **b) Einschränkungen.** Sie müssen sich aus dem Gesetz ergeben, als Abzugsverbot oder Begrenzung der Höhe nach gem §§ 3c, 4 IVa, V–VIII oder 12 EStG, § 160 AO (dazu Rz 521 ff), als gesetzl Pauschalierung (zB § 4 V 1 Nr 5) oder als zeitl Verschiebung (Sondervorschriften bei Anschaffung von WG des AV, s Rz 498, uU des UV, s Rz 373). § 4 VIII s Rz 499. Darüber hinaus brauchen Aufwendungen nicht notwendig, übl, zweckmäßig, angemessen oder erfolgreich zu sein (s Rz 483).

496 **c) Pauschbeträge.** Anders als § 9a zu WK sieht das Gesetz keinen allg Pauschbetrag für BA vor. Immerhin enthält **§ 51 I Nr 1c** eine – offene – Ermächtigung zum Erlass einer derartigen VO-Regelung. Die Verwaltung lässt jedoch aus Grün-

den der Vereinfachung bei einzelnen Berufsgruppen oder Aufwendungsarten pauschale Abzüge zu – an die die Rspr (nur) gebunden ist, wenn sie nicht gesetzesauslegenden Charakter haben (BFH VI R 154/00 BStBl II 02, 779). **Einzelfälle** s Rz 520 „Pauschbeträge", auch zu stfreier Abgeordneten-Pauschale.

d) Pauschbeträge auf Empfängerseite. WK-Pauschbeträge/-Höchstbeträge beim ArbN berühren die Höhe des BA-Abzugs nicht (s Rz 520 „ArbLohn"). 497

e) Aktivierung. Bei § 4 I/5 und § 4 III sind – soweit der sofortige Abzug von Aufwendungen gem § 4 I 9, § 5 VI, § 4 III 3–5 ausgeschlossen ist – die Vorschriften über die Aktivierung (s Rz 392 ff) und Aktivierungsverbote zu beachten (zB § 5 II). 498

6. Zeitpunkt des BA-Abzugs. Dieser richtet sich nach Art der Aufwendung und Gewinnermittlung. Grds ist bei § 4 III der Zeitpunkt der Zahlung als Verlust der tatsächl Verfügungsmacht maßgebend (vgl § 11 II). Zu den zahlreichen Ausnahmen s § 4 III 3–5, Rz 373, 390 ff, 471. **§ 4 VIII** übernimmt seit 1990 die bisher in §§ 11h, k EStDV geregelte **Verteilungsmöglichkeit von Erhaltungsaufwand** bestimmter Wohngebäude auf 2–5 Jahre (Sanierungsgebiet, Baudenkmal iSv §§ 11a, b). **§ 82b EStDV** gilt nicht für BA/Betriebsgebäude. Beim BV-Vergleich erfolgt Ausgleich durch Bildung von RAP, s § 5 Rz 241, 301. 499

7. Persönl Zurechnung; Drittaufwand. S § 2 Rz 21, § 7 Rz 31 ff/57, § 9 Rz 21 ff. Zu Drittaufwand bei KapGes *Kestler* DStR 15, 2465. Die Frage, ob man Aufwand, der die Erzielung von stpfl Einnahmen ermöglicht, deshalb vom Abzug als BA/WK ausschließen kann, weil ein Dritter den Aufwand für den StPfl trägt, hat der **Große Senat des BFH** in **4 Beschlüssen** grundlegend – wenn auch nicht abschließend – geklärt (GrS 1/97 BStBl II 99, 778; GrS 2/97 BStBl II 99, 782; GrS 3/97 BStBl II 99, 787; GrS 5/97 BStBl II 99, 774). Er macht den BA-Abzug davon abhängig, dass der StPfl selbst Aufwand trägt, verneint grds den Abzug von Drittaufwand unter Verweisung auf das Leistungsfähigkeitsprinzip/Nettoprinzip, macht jedoch großzügige Ausnahmen bei der Frage der Zurechnung der Aufwandstragung. Die Fälle betrafen vorwiegend Aufwendungen an Gebäuden von Ehegatten, insb Fragen des AfA-Abzuges; sie haben jedoch – mit Ausnahme der Mittelzurechnung, s Rz 502 – darüber hinaus Gültigkeit für alle Einkunftsarten und alle Arten der Gewinnermittlung. 500

a) Eigene Aufwendungen. Aufwendungen die ein StPfl für seinen Betrieb erbringt, kann er grds als BA absetzen, auch wenn sie an WG im PV, im anderen eigenen Betrieb oder an fremden WG anfallen. *Beispiele:* Dacherneuerung an gepachtetem Betriebsgebäude (BFH IV R 1/02 BStBl II 04, 780, s auch Rz 133/137); lfd eigene Betriebskosten für Pkw der Ehefrau; mE auch AfA auf den Pkw, soweit der StPfl selbst AK getragen hat (GrS Rz 500 und Rz 506 zu GebäudeAfA). 501

b) Geldschenkung; Zuwendungsgedanke. Die Herkunft der Mittel, die tatsächl finanzielle Belastung und die endgültige Kostentragung sind für den BA-Abzug nach zutr hM ohne Bedeutung. Der StPfl kann BA aus (betriebl und privaten) eigenen oder fremden Mitteln bestreiten, die er sich wiederum entgeltl (Darlehen) oder unentgeltl beschaffen kann (Schenkung, Erbschaft). Für betriebl Zwecke des StPfl bestimmte unentgeltl private Geldzuwendungen Dritter sind grds bei deren ESt nicht abziehbar, bei der ESt des Empfängers nicht zu versteuern. Dieser Zuwendungsgedanke verlagert Aufwendungen des Dritten außerhalb der ESt in den Geschäftsbereich des Bedachten und rechtfertigt so den Abzug von BA bei ihm als dem – ohne eigene finanzielle Belastung – wirtschaftl in seiner Leistungsfähigkeit beeinträchtigten StPfl. Deutl wird dies bei **Zahlung von BA mit geschenktem Geld** (*Beispiel:* Vater gibt Sohn Geld für Kauf eines BetriebsPkw; BA des Sohnes – AfA und lfd Kosten) und bei **AfA auf geschenktes WG.** 502

c) Verkürzung des Zahlungsweges. Wirtschaftl gleichgelagert sind Fälle der unmittelbaren Zahlung von Betriebsschulden durch Dritte (*Beispiel:* Vater zahlt 503

Rechnung über eine vom Sohn als StPfl in Auftrag gegebene Pkw-Reparatur an die Werkstatt). Auch hier ist unstreitig, dass der Dritte mit oder ohne Auftrag BA des StPfl in Zuwendungsabsicht trägt und dass die Zahlung Vermögen und Leistungsfähigkeit des StPfl betrifft. Der Zahlende muss im Einvernehmen mit dem StPfl, also mit „Drittleistungswillen" *dessen* Schuld tilgen (GrS 2/97 – Rz 500 – unter B. IV.1.c/aa). Damit steht die Zahlung von Schulden des StPfl durch Dritte dem BA-Abzug beim StPfl grds nicht entgegen (wesentl Entschärfung der Drittaufwandsproblematik).

504 **d) Abkürzung des Vertragsweges.** Jemand tätigt Aufwendungen zu Gunsten eines Dritten in Erfüllung einer *eigenen* vertragl oder gesetzl Verpflichtung. *Beispiel:* Vater gibt Pkw-Reparatur für Sohn selbst in Auftrag: Der GrS hatte diesen Fall ausdrückl offen gelassen (Rz 500 GrS 2/97 unter B IV 1.c/bb). Die Tendenz der Begründung schien eher in Richtung Ablehnung der Abzugsfähigkeit zu gehen; beim Sohn mangels Aufwand, beim Vater mangels betriebl Veranlassung. Die **Abgrenzung** zur vorherigen Geldschenkung (Rz 503) ist allerdings kaum noch nachvollziehbar und widerspricht vor allem bei Ehegatten/LPart (s BFH VI R 56/02 BFH/NV 06, 1650) dem vom GrS herausgestellten Netto- und Leistungsfähigkeitsprinzip, dem Zuwendungsgedanken und den allg Veranlassungsgrundsätzen (ohne diese BA keine BE). Das erkennt auch die Rspr und macht **Ausnahmen:** BFH IV R 75/98 BStBl II 00, 314 berücksichtigt die Abkürzung des Vertragsweges bei **Bargeschäften des tägl Lebens,** nicht bei Dauerschuldverhältnissen (Darlehen; zu Rentenversicherung FG Ddorf EFG 01, 428, rkr; Nutzung der vom Vater angemieteten Wohnung durch Sohn, FG Nds EFG 10, 417, rkr; s auch FG Köln EFG 10, 705, rkr); zutr großzügig zu eigener Zahlungsverpflichtung zu Gunsten des Sohnes BFH X R 15/05 BStBl II 07, 390 (Hinterbliebenenrente) und BFH IX R 25/03 BStBl II 06, 623 mit Anm 31. Aufl; zu ArbG-Übernahme zukünftiger Bewerbungskosten nach Vertragsende FG BaWü EFG 07, 832, rkr; noch weiter zu Vertragsabschluss durch Dritte BFH IX R 45/07 BStBl II 08, 572; zu Angehörigen-Mieteraufwand BFH IX R 27/08 BFH/NV 09, 901 (Herkunft der Mittel ist unschädl); zu Darlehenszinsen BFH IX 29/11 BFH/NV 12, 1952; § 9 Rz 18 ff. ***BMF*** BStBl I 08, 717 hat sich dieser erweiterten Rspr angeschlossen, jedoch die Ausdehnung auf SA (und agB) ausdrückl verneint (fragl, s § 10 Rz 25). Aufwendungen eines **Vorbehaltsnießbrauchers** können Zuwendungen an den Eigentümer iSv § 12 Nr 2 oder abziehbare BA sein (s BFH IV R 20/07 BFH/NV 10, 20; § 12 Rz 27).

505 **e) Sonstige Drittaufwendungen.** Ohne Mittelzuwendung oder Vertrag zu Gunsten Dritter lässt der GrS Rz 500 auch nach dem Zuwendungsgedanken grds keinen BA-Abzug zu. *Beispiele/Ausnahmen:* Ehegatte nimmt eigenes Darlehen zur Finanzierung eines im Alleineigentum des anderen Ehegatten stehenden Grundstücks auf (vgl BFH IX R 22/97 BStBl II 01, 785; s auch BFH VI R 41/15, BFH/NV 15, 1136), nutzt Pkw des Ehegatten auch für eigenen Betrieb (BFH X R 24/12 BStBl II 15, 132), nutzt Dienstwagen mit 1%-Regelung und Kostentragung durch ArbG für selbständige Tätigkeit (BFH III R 33/14 BStBl II 16, 44; – er erbringt Leistungen (Zahlungen, Darlehens- oder Bürgschaftsübernahme) auf KapGes-Beteiligung des Ehegatten (**§ 17;** vgl BFH VIII R 22/92 BStBl II 01, 385, auch zu **Ausnahmen** bei gemeinsamer Schuldaufnahme und interner Ausgleichsverpflichtung; zu Ausnahmen auch BFH IX R 29/11 BFH/NV 12, 1952; BFH IX R 78/07 BStBl II 09, 299, BFH X R 36/02 BStBl II 05, 707; FG Ddorf DStRE 15, 131, Rev VIII R 10/14; *FinVerw* BeckVerw 277632; *Rennar* NWB 14, 828). Drittaufwand bei Übernahme von **Kinderbetreuungskosten** für LPart abl BFH III R 79/09 BStBl I 11, 450, s § 10 Rz 98; fragl nach § 2 VIII.

506 **f) Gebäude-AfA bei Ehegatten** (wohl auch LPart, § 2 VIII, FG Ddorf EFG 15,709, rkr). Hier erweitert die Rspr die Auslegung des Begriffs „Drittaufwand" (vgl § 7 Rz 57; *Neufang/Körner* BB 10, 1503). Der GrS schließt Aufwand auf ein

Grundstück im Miteigentum oder im Alleineigentum des anderen Ehegatten *insoweit* nicht als Drittaufwand vom Abzug aus, als es sich um **eigene Aufwendungen** der StPfl handelt. *Beispiel:* Der StPfl unterhält ein Büro im Gebäude des Ehegatten. Er kann nicht nur alle lfd – nutzungsorientierten – Kosten für seinen Bürobetrieb als BA absetzen, sondern auch anteilige Gebäude-AfA mit den unmittelbar auf die Anschaffung/Herstellung/Erhaltung des Gebäudes entfallenden – grundstücksorientierten – Ausgaben, *soweit er solche selbst getragen hat.* Der GrS stellt hier also nicht auf die Aufwandleistung an einem fremden WG ab, sondern auf den eigenen Aufwandsbeitrag hierzu. Die Bedeutung dieser Rspr liegt darin, dass der GrS bei gemeinsamer Gebäudeanschaffung/-herstellung ohne Prüfung der Mittelherkunft unterstellt, dass jeder Ehegatte einen Aufwandsbeitrag iHv seinem Miteigentumsanteil leistet und dass dieser Aufwandsbeitrag in erster Linie auf eigengenutzte berufl/betriebl Gebäudeteile entfällt (vgl Rz 139 mwN). S aber zu gemeinsamer Nutzung eines Arbeitszimmers BFH IV R 21/08 BStBl II 10, 337, Rz 598, zu gemeinsamer Pkw-Nutzung BFH X R 24/12 BStBl II 15, 132; zu Finanzierungskosten Rz 505, zur begrenzten Zurechnung stiller Reserven BFH VIII R 98/04 BStBl II 08, 749, Rz 134.

8. ABC der Betriebsausgaben

Abfindungen (Abstandszahlungen, Entschädigungen). Begriffe s Rz 460. Ent- **520**
spr Zahlungen fallen in den betriebl Bereich, wenn sie *aus der Sicht des Leistenden* betriebl veranlasst sind. *Beispiele:* Aufwendungen für den Erwerb eines WG, einer Nutzungsmöglichkeit, für die Aufgabe eines Mietrechts, die Nichtübernahme eines Warenlagers (BFH I R 66/72 BStBl II 75, 56), Bindung an Kaufangebot (BFH X R 136/87 BStBl II 92, 70), Kündigungsabfindung (zu Angehörigen BFH I R 89/84 BFH/NV 89, 577). Die Zahlung darf nicht privat mitveranlasst sein (§ 12 Nr 1, zB „Lösegeldzahlung"). Bilanzierungsfragen s Rz 498, § 5 Rz 270.

Abwehrkosten (Rufschädigung). Aufwendungen, die primär bestimmt und geeignet sind, betriebl Schäden und Beeinträchtigungen abzuwenden, sind BA (Feststellung durch FG; abl zB BFH IV B 101/03 BFH/NV 05, 2205). *Beispiele:* Wahrung des Rufs als ehrl Kaufmann (nicht der persönl Ehre) durch Bezahlung fremder Geschäftsschulden aus *eigenem* betriebl Interesse, auch uU für Familienangehörige (FG Mster EFG 68, 57, rkr – Kleinstadt, branchengleiche Unternehmen von Vater und Sohn, Konkursabwendung); Abwehr von gegen den Betrieb erhobenen Ansprüchen; Abfindung lästiger Ges'ter (s § 16 Rz 491); Streit über Fortbestand einer PersGes; s auch „Rechtsverfolgung", § 9 Rz 84. Abl zu RA-Kosten iZm K'tisten-Haftung gem § 171 ff HGB FG BaWü EFG 15, 901, rkr (private Vermögenssphäre).

AfA. Länger als 1 Jahr abnutzbare WG des AV sind grds nur iRd zeitanteiligen Nutzungsdauer als BA absetzbar (§ 7 iVm §§ 4 III, 5 VI). *BMF* BStBl I 00, 1532 hat dafür **AfA-Tabellen** für einzelne WG aufgestellt, die nicht für die FG, aber für die FÄ bindend sind (vgl FG Nds EFG 14, 1780, rkr). Zu Pkw s „Fahrtkosten".

Angehörige; Angehörigenverträge s EStR 4.8; *Kulosa* DB 14, 972; *Gemeinhardt* BB 12, 739; 34. Aufl mwN. – ***(1)* Grundsatz.** Verträge unter nahen (enger als § 15 AO, s unten *e*) **Angehörigen** sind strechtl zu berücksichtigen, wenn sichergestellt ist, dass sie betriebl Beziehungen und nicht private Unterhaltsleistungen regeln (BFH IV R 132/85 BStBl II 91, 607, auch zu missbräuchl Gestaltung). **Arbeitsverträge** s Anm (2–4), sonstige Verträge s auch Anm (5) c. Verwaltung und Rspr stellen wegen gleichgerichteter Interessen nahe stehender Personen strenge Anforderungen an Vereinbarung und Durchführung; außerdem muss die Gegenleistung angemessen sein. Letztl ist – auch nach Rspr des BVerfG und unabhängig von geringfügigen Abweichungen einzelner Sachverhaltsmerkmale vom Üblichen – stets eine Entscheidung über die innere Tatsache, ob die Tätigkeit betriebl oder durch familiäre Beziehungen veranlasst ist, auf Grund einer **Gesamt-**

würdigung aller obj Einzelkriterien/Indizien zu treffen (vgl Rz 30, BFH IX R 78/07 BStBl II 09, 299, BFH VIII R 29/97 BStBl II 00, 386 mwN). Dabei ist der Anlass des Vertragsschlusses zu beachten (BFH X R 31/12 BStBl II 13, 1015: Unbezahlte Mehrarbeit über die vertragl Vereinbarung hinaus muss dem BA-Abzug auch bei fehlenden Aufzeichnungen nicht entgegenstehen). Eine **arbeitsgerichtl Bestätigung** allein ist steuerl nicht bindend (vgl BFH X R 4/03 BFH/NV 05, 549). ***Ziel:*** Durch **Fremdvergleich/Drittvergleich** soll bei Vermögensverschiebungen zw Nahestehenden § 4 IV bzw § 9 sachgerecht von § 12 abgegrenzt werden (vgl BFH X B 117/97 BFH/NV 98, 1212 mwN, BVerfG 2 BvR 802/90 BStBl II 96, 34; *Kulosa* DB 14, 972).

(2) **Vereinbarung.** – ***(a)*** **Zeitpunkt.** Die Rspr verlangt zutr Vereinbarung zu Beginn des Vertragsverhältnisses (zB BFH I R 73/82 BStBl II 86, 250, zu Tantiemevereinbarung BFH VIII R 83/82 BStBl II 89, 281 und FG Mchn EFG 04, 1937, rkr, zu Kfz-Überlassung BFH XI R 1/98 BFH/NV 99, 760). – ***(b)*** **Form.** Einhaltung der bürgerl-rechtl vorgeschriebenen Form ist nicht *zwingende* Voraussetzung für die strechtl Wirksamkeit, hat aber *indizielle* Bedeutung (Einschränkung von § 41 I AO; BFH IX B 66/10 BFH/NV 12, 738 mwN). *Beispiele:* Verträge mit minderjährigen Kindern bedürfen häufig einer *familiengerichtl Genehmigung* (§§ 1643, 1821, 1822 BGB) bzw der Bestellung eines *Ergänzungspflegers* (§§ 181, 1629 Abs 2, 1795, 1909 BGB – das Fehlen kann, aber muss nicht steuerl zur Versagung des BA-Abzugs führen, s BFH IX R 46/08 BStBl II 11, 24, BFH IV R 24/08 BFH/NV 09, 1425; *BMF* BStBl I 11, 37, EStR 4.8 III, 31. Aufl mwN). Vgl zu Gesellschaftsverträgen § 15 Rz 747; BFH IV R 52/11 DStR 14, 2111. Grds **keine Rückwirkung** einer nachträgl Genehmigung (BFH IV R 46/91 BStBl II 92, 1024, str; s auch BFH VIII R 29/97 BStBl II 00, 386 mit Hinweis auf rückwirkende Heilungsmöglichkeit bei Unkenntnis). Schriftform ist uU vorgeschrieben (vgl zu Arbeitsverträgen NachweisG BGBl I 95, 946/I 14, 1384; abl BFH VIII R 81/94 BFH/NV 99, 1457 – mündl Änderung mögl), iÜ aus Nachweisgründen zweckmäßig (s auch FG Nbg EFG 08, 1013, rkr). **Feststellungslast** s Rz 31 und 480 (grds StPfl).

(c) **Inhalt.** Unabdingbar ist die Vereinbarung der Hauptvertragspflichten (beim Arbeitsvertrag in erster Linie Höhe der Zahlung, s BFH IV R 214/85 BStBl II 88, 877, sowie Art und Umfang der Tätigkeit, s FG Ddorf EFG 96, 1152, rkr; „Bürohilfe" reicht uU, FG Nds FFG 94, 867, rkr). Die Verpflichtung muss über **übl familiäre Unterhaltsleistungen** hinausgehen (zB nicht Reinigung des Arbeitszimmers durch Ehefrau, s BFH VI R 173–174/76 BStBl II 79, 80, oä gelegentl Hilfeleistungen von Kindern, s BFH IV R 14/92 BStBl II 94, 298; aA zu volljährigen Kindern BFH X R 168/87 BStBl II 89, 453, zu Altenteilermithilfe BFH IV R 15/98 BFH/NV 99, 919; BFH X R 31/12 BStBl II 13, 1015, auch zu unbezahlter Mehrarbeit). **Persönl ArbN-Pflichten** sind idR nicht übertragbar (s 31. Aufl mwN). **Überkreuzarbeitsverhältnisse** s unten (3). Der **Lohn** kann niedriger sein als übl (BFH IV R 115/89 BStBl II 90, 776; s aber zur negativen Indizwirkung FG Nds EFG 97, 529, rkr). Zur übl Fälligkeit BFH I R 124/84 BFH/NV 86, 601.

(d) **Art und Angemessenheit der Gegenleistung.** Die Gegenleistung muss in den **einzelnen Bezugsteilen** (BFH IV R 2/86 BStBl II 86, 559, BFH I R 220/82 BStBl II 87, 205 zu Verhältnis Aktivbezüge/Altersversorgung) und in der **Gesamtheit** der vereinbarten Bezüge (s BFH VIII R 50/80 BStBl II 83, 209) dem Grunde und der Höhe nach betriebl veranlasst sein und noch im Rahmen dessen liegen, was ein fremder Dritter erhalten würde. Das ist in erster Linie durch **betriebsinternen Vergleich** mit anderen ArbN zu entscheiden (BFH I R 118/91 BStBl II 93, 604). Die fehlende **Branchenüblichkeit** in anderen Betrieben muss den Abzug nicht in Frage stellen (vgl zur DirektVers BFH VIII R 106/81 BStBl II 85, 124; zu **Überversorgung** RsprÄnderung BFH VIII R 68/06 BStBl II 08, 973; s auch 27. Aufl mwN). BFH III R 154/86 DStR 89, 586 betont dagegen erneut die – hilfsweise/indizielle – Bedeutung des **betriebsexternen Vergleichs** bei **Tantiemen** (s aber Abgrenzung BFH VIII R 69/98 BStBl II 02, 353, Anm *Gosch* StPB 02, 147). *In diesem Rahmen* können auch **sonstige Gegenleistungen** wie Heirats- und Geburtsbeihilfen, Tantiemeleistungen, Weihnachtsgratifikationen (BFH III R 103/85 BStBl II 88, 606, BFH IV R 214/85 BStBl II 88, 877), stfreie Zinszuschüsse oder Zulagen § 3b und Zukunftssicherungsleistungen aller Art (s auch FG Köln EFG 02, 246, rkr) vereinbart werden, uU Kindergartenzuschüsse (§ 3 Nr 33, aber probl, § 12). Zu **Aus-/Fortbildungskosten für Kinder** (als ArbN) s BFH III R 92/88 BStBl II 91, 305 mit zutr Abgrenzung in BFH X R 129/94 BStBl II 98, 149, BFH VIII R 49/10 BStBl II 13, 309 und 20. Aufl mwN (grds kein BA-Abzug, § 12). Pensionszusage an Ehegatten vgl § 6a Rz 34, zu Abfindung bei Ausscheiden FG BaWü EFG 00, 248, rkr; FG Nbg DStRE 02, 473, rkr, 20. Aufl mwN.

***(e)* Personenkreis und Unterschiede** (**Vermutung gleichgerichteter Interessen** bei „nahen Angehörigen" – dazu *Bordewin* DB 96, 1359). Kinder s oben *d*. Die zu **Ehegatten** entwickelte Rspr ist wegen fehlender wirtschaftl Interessengleichheit nur begrenzt auf **andere nahe stehende Personen** übertragbar (glA *Friedrich* DB 95, 1048; zu geschiedenen Eheleuten BFH X S 7/94 BFH/NV 95, 782; FG RhPf EFG 97, 284, rkr; zu getrennt lebenden Ehegatten FG Köln EFG 02, 246, rkr; zu *Verlobten* BFH X R 163/93 BFH/NV 99, 24; zu Eltern BFH X R 31/12 BStBl II 13, 1015). Gleichbehandlung eingetragener LPart s § 2 VIII und 32. Aufl mwN; zu Ehegatten eines PersGes'ters BFH XI B 123/99 BFH/NV 00, 1467 mwN, EStR 4.8 II. Die *unwiderlegbare* Vermutung dürfte auch bei **Ehegatten/LPart** nicht zu halten sein (vgl BVerfG BStBl II 85, 475 zu BetrAufsp – Abgrenzung BFH IV B 28/90 BStBl II 91, 801). Gleichwohl werden in allen diesen Fällen die betriebl Veranlassung und der Ausschluss privater Gründe je nach Angehörigkeitsgrad auch nach der Rspr des BVerfG mehr oder weniger **streng geprüft** (BFH IX R 69/94 BStBl II 97, 196, 31. Aufl mwN). Es muss sicher gestellt sein, dass nicht Unterhalt oder Zugewinnausgleich verdeckt in Form von „Arbeitslohn" gezahlt wird, unabhängig von zivilrechtl Verwandtschaft und strechtl Angehörigeneigenschaft (vgl BFH IX B 94/02 BFH/NV 03, 617).

***(3)* Tatsächl Durchführung.** Es muss feststehen, dass die vereinbarten Leistungen tatsächl erbracht wurden (**Lohnzahlung** und **Dienstleistung** – auch unregelmäßig, FG Nbg EFG 08, 1013, rkr; ggf sind Aufzeichnungen erforderl, s BFH IV B 71/00 BFH/NV 01, 1390). Grds keine **wechselseitigen Arbeitsverträge/Überkreuzarbeitsverhältnisse** (BFH X R 2/86 BStBl II 89, 354; BFH X R 59/97 BFH/NV 98, 448; 32. Aufl mwN), **Mietverträge** oder **Darlehensverträge** (FG BaWü EFG 98, 1519, rkr). Der **Lohn** muss aus der wirtschaftl Verfügungsmacht des Unternehmers in den *alleinigen* Einkommens-/Vermögensbereich des ArbN-Ehegatten/-LPart übergehen (s BFH X R 145/94 BFH/NV 97, 347). Diese Voraussetzungen sind unabdingbar; die weiteren Details sind Indizien für die Ernsthaftigkeit iRd Gesamtwürdigung. Dazu verlangen Verwaltung und BFH vor allem bei Ehegatten (Kinder s BFH III R 130/86 BFH/NV 90, 224) idR die tatsächl lfd (BFH I R 161/85 BFH/NV 90, 364, FG Saarl EFG 96, 863) Auszahlung des Lohnes wie bei fremden ArbN. Die unregelmäßige Arbeitszeit oder Zahlung bzw die Art der Kontoführung muss jedoch nicht stets schädl sein, wenn sich die Ernsthaftigkeit aus anderen Indizien ergibt (vgl BFH IV R 44/99 BFH/NV 00, 699; FG Nds EFG 00, 790, rkr). Die Zahlung auf ein **Oderkonto** muss nicht schädl sein (s 33. Aufl), wenn nachweisl ArbLohn abgehoben wird (s aber BFH IV R 68/02 NV 05, 553). Die darlehensweise Überlassung durch stillschweigende **Umbuchung** im Betrieb wird bisher steuerl nicht berücksichtigt, wohl dagegen vereinbarte **Darlehen** nach Angebot der Gehaltszahlung, auch ohne Sicherheit und Zinsen (BFH I R 203/84 BStBl II 90, 68; zur getrennten Beurteilung BFH VIII R 72/84 BFH/NV 89, 291). Ebenso zu **Rückschenkung** BFH VIII R 82/85 BStBl II 87, 336. Darlehensverträge vor Gehaltsfälligkeit müssen unter

Fremden übl Bedingungen entsprechen (Abgrenzung BFH X R 152/87 BFH/NV 90, 695). Die fehlende Einbehaltung der **LSt** und – ggf – der **SV-Beiträge** ist *nicht allein* entscheidend, uU aber Indiz gegen die Ernsthaftigkeit (BFH VIII R 83/82 BStBl II 89, 281; BFH I R 126/84 BFH/NV 91, 582; FG BaWü EFG 94, 652, rkr). Tatsächl Zinszahlung s BFH VIII R 321/83 BFH/NV 91, 667. **Gewichtung der Einzelumstände** s BFH XI R 31/89 BStBl II 91, 842, BFH III R 24/91 BFH/NV 96, 320 und oben; zu Beratervertrag BFH III B 84/12 BFH/NV 14, 533.

(4) **Rechtsfolgen.** – ***(a)*** **Bei Verstößen gegen die Vereinbarung oder Durchführung** wird das Vertragsverhältnis strechtl nicht berücksichtigt (einschließl SV-Beiträge, BFH VIII R 27/80 BStBl II 83, 496); ebenso dem Grunde nach unübl Vereinbarungen. UU Korrektur der Folgewirkungen beim Empfänger über § 173 AO (zB kein Lohn, keine Zinsen), vgl BFH VIII R 65/93 BStBl II 95, 264. Eine überhöhte Gegenleistung wird – bei Anerkennung – auf ein angemessenes Maß beschränkt. – ***(b)*** **Vorteile der Anerkennung.** Betriebl Leistungen des StPfl an ArbN-Ehegatten/LPart sind BA bzw rückstellbarer Aufwand (zB § 6a). Ohne BA zwar auch keine Lohnversteuerung. Bei Anerkennung ergibt sich aber eine niedrigere GewSt. Bei der ESt Möglichkeit der Pauschalversteuerung nach § 40b, der stfreien „Zukunftssicherung“ und der Gewährung einer ArbN-Sparzulage. Der beschäftigte Partner erhält die für ArbN vorgesehenen Pausch- und Freibeträge (§§ 3, 9a, 19 II).

(5) **Beispiele für sonstige Verträge** (Tendenz der Rspr: Wie bei Arbeitsverträgen grds Anerkennung, aber verschärfte Prüfung der Veranlassung, Vereinbarung und Durchführung, vgl auch *BMF* BStBl I 11, 37; Literatur oben). – ***(a)*** **Gesellschaftsverträge.** Einzelheiten s 23. Aufl und § 15 Rz 740 ff, zu Unterbeteiligung **§ 17** BFH IX R 19/09 BStBl II 10, 823. – ***(b)*** **Pacht-/Mietverträge/unentgeltl Nutzungsüberlassungen** s § 21 Rz 81 ff und hier 31. Aufl. – ***(c)*** **Schenkungs-/Darlehensverträge** erkennt die Rspr bei tatsächl Vereinbarung und Durchführung auch zw Eltern/Kindern/Ehegatten grds an, stellt aber strenge Anforderungen (s BFH IV R 58/99 BStBl II 00, 393; FG Nds EFG 07, 501, bestätigt; s auch *BMF* BStBl I 11, 37; *Kulosa* DB 14, 972/7). Die Grundsätze gelten auch für **partiarische Darlehen** (BFH X R 99/88 BStBl II 93, 289). Von den Eltern gezahlte Zinsen sind BA, wenn die Darlehensgewährung betriebl und nicht privat veranlasst war, was die Rspr im Einzelfall – ohne klare Linie – prüft. IdR ist die Verwendung der Mittel maßgebl (wie BFH GrS 2–3/88 BStBl II 90, 817 unter C II 2, 3). Die vorherige Schenkung nach Entnahme aus betriebl Mitteln muss nicht schädl sein (vgl BFH VIII R 1/88 BStBl II 91, 911 sowie zur anschließenden Fremdfinanzierung von BA Rz 241 ff). Zweifel am Vorliegen betriebl Gründe für den gesamten Vorgang können vor allem bei gleichzeitiger bzw sich wirtschaftl bedingender **Schenkung der Mittel und Rückgewähr/Rückbehalt als Darlehen** auftauchen. Die **Rspr schwankt:** – ***(aa)*** **grds Ablehnung** (am konsequentesten bei gleichzeitigem Hin- und Herschieben mE zutr BFH X R 121/88 BStBl II 92, 468, BFH IV R 60/98 BStBl II 99, 524, ***BMF*** BStBl I 11, 37; s auch Rspr 31. Aufl mwN; entscheidend ist wohl, ob der StPfl eine sachl betriebl Veranlassung nachweisen kann, zutr BFH VIII R 46/00 BStBl II 02, 684, Anm *Gschwendtner* HFR 02, 594; Abgrenzung in BFH VIII R 13/05 BStBl II 08, 568 mit Anm *Heuermann* StBp 08, 119; zu Gesamtplan-Rspr BFH X R 14/11 BStBl II 14, 158; *Krüger* DStZ 14, 194; *Schmidtmann* FR 15, 57; *Wiese/Berner* DStR 14, 1148; *Oenings/Lienicke* DStR 14, 1997; *Mielke* DStR 15, 673). – ***(bb)*** **Ablehnung wegen Rechtsmissbrauchs** (vgl unten *d* und zum Kontokorrent Rz 241 ff). – ***(cc)*** **Abweichung von dem nach Dritt-/Fremdvergleich Üblichen.** Problem: Feststellung des „Üblichen“ durch FA/FG; vgl zur Verzinsung BFH VIII R 321/83 BFH/NV 91, 667; zur Sicherheitsleistung bei längerfristigen Verträgen, jedenfalls ab 4 Jahren, BFH X R 126/87 BStBl II 91, 291; 31. Aufl mwN. – ***(dd)*** **BA-Abzug aus besonderen Gründen** (zB BFH III R 197/83 BStBl II 88,

603 mit Abgrenzung in BFH VIII R 134/86 BStBl II 91, 882 wegen Sicherheitsanspruchs; 31. Aufl mwN). Bei Verträgen des beherrschenden Ges'ters einer **PersGes** gilt das Gleiche (vgl *BMF* BStBl I 11, 37; 23. Aufl und § 15 Rz 427). – ***(ee)*** **Isolierte Darlehensverträge** unter Angehörigen können uU auch bei unübl *Einzel*bedingungen – zB niedrigerer Zinssatz, Zinszahlung ohne ausdrückl Vereinbarung, unzureichende Sicherheitsgewährung – steuerl anzuerkennen sein, soweit feststeht, dass es sich nicht um Unterhaltsgewährung oder Schenkung, sondern um vorübergehende verzinsl Fremdgeldgewährung handelt (BFH IX R 46/08 BStBl II 11, 24, BFH X R 26/11 BStBl II 14, 374, *BMF* BStBl I 14, 809; *Osterloh* DStR 14, 393; zu typischen Fehlerquellen *Pump* StBp 01, 239). Es darf kein Gestaltungsmissbrauch vorliegen (FG Nds DStRE 02, 686). Enger auch zu kontokorrentähnl Darlehen FG RhPf DStRE 01, 561, rkr. **Partiarische Darlehen** s oben; **Arbeitslohndarlehen** s oben (3).

(d) **Kaufverträge.** Es gelten dieselben Grundsätze, s BFH VIII R 28/97 BFH/NV 99, 616; zu Verkauf mit Kaufpreisschenkung Eltern/Kinder s BFH X B 164/04 BFH/NV 05, 1126 mwN; zu Rückkauf nach Schenkung BFH IX R 182/87 BFH/NV 92, 661; zu Kaufpreisstundung über Lebzeit hinaus BFH IX R 142/90 BStBl II 92, 397; zu Übertragung auf Ehegatten-GbR (vgl *Kiesow* DStR 13, 2252) s BFH IV R 53/00 BFH/NV 01, 1547 und FG Mchn EFG 02, 753, rkr (idR § 42 AO); zu § 17 BFH IX R 4/09 BFH/NV 10, 623; großzügig BFH IX R 46/01 BStBl II 03, 243 mit Abgrenzung in BFH IX R 30/01 BFH/NV 03, 465 zu Trennung von Kauf und Finanzierung sowie BFH IX R 40/05 BFH/NV 06, 2236, abl zu rückwirkender Vereinbarung der Hauptpflichten; s auch BFH IX B 144/10 BFH/NV 11, 1367 zu Ratenzahlung statt Einmalzahlung.

Anlaufkosten; Gründungskosten (s *Köhler* StBp 96, 253, *Kudert* DB 92, 437, *Urban* FR 92, 569 – Emissionskosten –, *Schiller* BB 91, 2403; Umwandlungskosten s *Mühle* DStZ 06, 63). ***(1)*** **Begriff.** Aufwendungen vor Betriebseröffnung zur „Ingangsetzung und Erweiterung des Geschäftsbetriebs" (vgl § 282 HGB) und bei Betriebsgründung sind stets betriebl veranlasst (vgl auch Rz 484). **Anlaufzeit** für inl TochterGes grds 3 Jahre (BFH I R 3/92 BStBl II 93, 457, str, s 19. Aufl); sonst betriebsspezifische Einzelfallprüfung der Gewinnerzielungsabsicht (Abgrenzung zu Anlaufverlusten iVm Liebhaberei s BFH VIII R 28/94 BStBl II 97, 202). **Beispiele für Anlaufkosten:** Planung, Organisationsaufbau, Werbung, Anschaffung von Vorbereitungsmaterial, Auswahl der Lieferanten und Kunden, Beratung, Besichtigung von Betriebsgebäuden (beides uU AK), Erprobung von Maschinen, Gebühren, Entwicklung. **Beispiele für Gründungskosten:** Gerichts- und Notarkosten, Kosten der Kapitalbeschaffung (s „Finanzierungskosten"), der Börseneinführung, der „Umwandlung". Das gilt auch für vergebl BA iZm dem geplanten Erwerb eines PersGesAnteils (vgl – abgrenzend – BFH III R 38/03 BFH/NV 05, 202). – ***(2)*** **Besteuerung.** Die Aufwendungen sind als BA abziehbar (s Rz 484), soweit sie nicht zu aktivieren sind (§ 259 HGB, s § 5 Rz 270; zu Due-Diligence-Kosten – § 8b II KStG – BFH I R 72/11 BStBl II 13, 343; *Peter/Graser* DStR 09, 2032; *Kahle/Hiller* DB 14, 500). Ausl Anlaufkosten s § 3c Rz 8.

Anschaffung. Die Anschaffung von WG des BV ist stets betriebl veranlasst. §§ 7, 6 II, IIa, VII sind zu beachten (s „AfA"; vgl §§ 4 I 9, 5 VI, 4 III 3, zu Besonderheiten bei § 4 III s Rz 390–398). Begriff AK s § 6 Rz 32, zu SonderAfA und Anschaffungsrücklagen s „Steuervergünstigungen"; zu „Zuschüssen" für die Anschaffung eines WG s Rz 460 und EStR 6.5. DrittAfA als BA s Rz 139, 506.

Arbeitslohn (betriebl Auswirkungen). – ***(1)*** **Dem Grunde nach** sind alle Aufwendungen des Unternehmers für ArbN BA. Auf die Art der Aufwendung und deren Bezeichnung kommt es nicht an (vgl FG BBg EFG 12, 1905, rkr). Voraussetzung ist nur die betriebl Veranlassung *beim ArbG.* BA ist der betriebl Lohnanteil für die im Betrieb mitbeschäftigte **Hausgehilfin/Kinderpflegerin** (vgl FG Mchn EFG 98, 937, rkr); der Privatanteil fällt ab 2012 unter § 10 I Nr 5, s § 10

Rz 85 ff. – *(2)* **Höhe der BA.** Maßgebl ist der tatsächl Aufwand ohne Rücksicht auf die StPfl beim ArbN. Auf die Angemessenheit kommt es nicht an. § 4 V enthält für Zuwendungen an ArbN keine Einschränkungen und nimmt sie zT ausdrückl (§ 4 V 1 Nr 1), zT sinngemäß aus (s Rz 542, 567, 570, 601 sowie BFH I R 20/96 BStBl II 97, 539). **Pauschbeträge** kann der ArbG uU in Anspruch nehmen, wenn er in dieser Höhe Erstattung leistet (zB stfreier Ersatz gem § 3 Nr 13, 16); erstattet er (beim ArbN stpfl) höhere Beträge, so hat er höhere BA. Auch die **Höchstbeträge** nach § 9 IVa/§ 4 V 1 Nr 5 gelten nur für *eigene* Mehraufwendungen für Verpflegung. Bei **Sachzuwendungen** sind nicht die vom ArbN nach der SachbezugsVO zu versteuernden Werte maßgebl, sondern die tatsächl Aufwendungen, soweit nicht bereits vorher als BA abgesetzt. Im Falle der **unentgeltl Wohnungsüberlassung** gleichen sich BE und BA in Höhe des obj Mietwertes aus. Die sonstigen Aufwendungen auf das Gebäude sind BA. **Zukunftssicherungsleistungen** für ArbN s §§ 4b–4e.

Arbeitsmittel. Gegenstände, die der StPfl nach Art, Verwendungszweck und tatsächl Nutzung für seine berufl Tätigkeit benötigt, gehören zum BV. Die Aufwendungen sind nach allg Grundsätzen BA (§ 7, § 6 II, IIa). Die Problematik liegt in der Abgrenzung zu § 12 (s dazu Rz 32, 620 und Erläut zu § 12). Die Angemessenheit kann nach § 4 V 1 Nr 7 zu prüfen sein (s Rz 595).

Arbeitszimmer. – *(1)* **Grundvoraussetzungen.** Begriff häusl Arbeitszimmer s Rz 591 mwN. Bei rein berufl Nutzung einzelner Räume der Privatwohnung fallen BA iRv § 4 V 1 Nr 6b an (wohl notwendiges BV bei betriebl Nutzung über 90%, s Rz 195). Bei **Arbeitslosen** (FG Ddorf EFG 05, 779, rkr), längerer Freistellung (BFH VI R 63/03 BStBl II 06, 329) oder **Erziehungsurlaub** (BFH VI R 137/99 BStBl II 04, 888) können uU iRv § 4 V 1 Nr 6b vorab entstandene BA/WK anfallen (s aber BFH VIII B 39/11 BFH/NV 12, 418); glA zutr zu **Elternzeit** *Schmidt* NWB 13, 1294. Tatsächl private Mitbenutzung (zB als Schlafzimmer) ist mE entgegen früherer Rspr auch dann schädl, wenn es sich um den einzigen Arbeitsraum als häusl Betriebsstätte handelt (s 23. Aufl; BFH VI B 35/04 BFH/NV 04, 1549; s aber unten zu str Aufteilung). Es bedarf einer **Gesamtwürdigung** nach Indizien wie Erforderlichkeit, Lage, Einrichtung, Wohnungsgröße (vgl grundlegend BFH IV 168/63 S BStBl III 65, 16). Durchgangszimmer s BFH VI B 49/06 BFH/NV 06, 2074. Fragl ist, ob BFH GrS 1/06 BStBl II 10, 672 eine weitere **Aufteilung bei gemischter Nutzung** ermöglicht (so noch Vorlage BFH IX R 23/12 an GrS 1/14 BStBl II 14, 312; aA zutr BFH GrS 1/14 DStR 16, 210 unter Hinweis auf Begriffe Sonderregelung für „Arbeitszimmer" in § 4 V 1 Nr 6b; BFH III B 243/11 BFH/NV 12, 1597; FG RhPf DStRE 15, 641, Rev VIII R 22/14; FG RhPf EFG 15, 367, rkr; FG RhPf EFG 11, 1961, Rev III R 62/11; FG Mchn EFG 12, 1825, Rev VIII R 24/12; FG Ddorf EFG 12, 1830, Rev VIII R 10/12; FG Sachs EFG 12, 1125, rkr, FG BaWü EFG 11, 1055, rkr; *FinVerw* DStR 12, 78; *Eismann* DStR 13, 117; *Geserich* DStR Beil zu Heft 14/12 S. 72, *Meurer* BB 14, 1184; zu Wohnungseinrichtung BFH VIII B 18/10 BFH/NV 11, 1346, BFH X B 153/11 BFH/NV 12, 1956). Einzelne **Privatgegenstände** können, müssen aber nicht schädl sein, s BFH VI R 70/01 BStBl II 03, 139 mwN (Liege, geringe Privatnutzung); vgl auch BFH VI R 15/07 BStBl II 09, 598. Bei gesonderter berufl Anmietung **außerhalb der Wohnung** (ohne Verlagerung von Privatkosten in BA-Bereich) sind mE private Mitbenutzungsumstände geringer zu gewichten als bei häusl Arbeitszimmer (s auch Rz 591 mwN). **Feststellungslast** trägt der StPfl (FG Brem EFG 91, 336, rkr); Aufklärungspflicht von FA/FG s BFH VI R 198/83 BFH/NV 86, 202; zu schädl Besichtigungsablehnung FG Nds EFG 94, 182, rkr; aA FG Ddorf EFG 93, 64, rkr. – *(2)* **Höhe.** BA sind iRv § 4 V 1 Nr 6b grds alle durch die berufl Nutzung anfallenden Gebäude-, Miet- und Nebenkosten (s Rz 598). – *(3)* **Abzugsbeschränkungen** dem Grunde und der Höhe nach s **§ 4 V 1 Nr 6b,** Rz 590 ff, auch zu gesonderter Beurteilung der Einrichtung/Ausstattung.

Aufsichtsratsvergütungen sind nur zur Hälfte als BA abziehbar (§ 10 Nr 4 KStG, str, s *Clemm/Clemm* BB 01, 1873). Vgl zu Haftpflicht-/D&O-Versicherung Rz 276, *Kästner* DStR 01, 195 und 422; *FinVerw* FR 03, 48.

Auswärtstätigkeit. – *(1)* Begriff; Rechtsentwicklung. Ab 2008 ist der durch die BFH-Rspr vorgeprägte umfassende Begriff (zB BFH VI R 70/03, BStBl II 05, 785) von der *FinVerw* für ArbN in die LStR ab 2008 übernommen worden (LStR 9.4 II), ab 2014 in § 9 IVa 2, 4. Er gilt auch für den betriebl Bereich (s EStR 4.12) und umfasst nicht nur übl auswärtige Geschäftsreisetätigkeit außerhalb der regelmäßigen Betriebsstätte, sondern auch „Einsatzwechseltätigkeit" und „Fahrtätigkeit" mit der Folge des vollen Fahrtkostenabzugs bei Aufwandstragung (sonst 0,30 € pauschal) und der StFreistellung pauschaler Reisekostenerstattung, unabhängig von Einsatzentfernung und Dauer. Gesetzesänderung ab 2014 zur auswärtigen **Fortbildung** s § 9 IV 8 entgegen vorher BFH VI R 44/10 BStBl II 13, 234. Jeder beschäftigte StPfl kann **höchstens *eine* regelmäßige Arbeitsstätte/Tätigkeitsstätte/Betriebsstätte** haben, und zwar dort, wo – außerhalb der Wohnung – der zentrale *ortsgebundene* Mittelpunkt seiner gesamten Tätigkeit liegt (zB BFH VI R 55/10 BStBl II 12, 38). Ohne einen solchen Mittelpunkt entfallen für berufl Fahrten von zu Hause aus die Abzugsbeschränkungen (s § 9 I 3 Nr 4 S 1, § 9 Rz 179; 32. Aufl). Das gilt auch bei wechselnden Tätigkeitsstätten (BFH III R 19/13 BStBl II 15, 323, auch zum Begriff Betriebsstätte iSv § 4 V 1 Nr 6; BFH VIII R 47/11 HFR 15, 944, nv; FG RhPf EFG 15, 367, rkr; FG Nbg EFG 14, 1858 mit Anm *Hoffsümmer,* Rev VIII R 33/14; glA *FinVerw* DB 15, 2360; ab 2014 *BMF* BStBl I 15, 26 Rz 3, 5). Auswärtstätigkeit im Ausl s BFH VI R 11/13 BStBl II 14, 804. **Tätigkeit bei Kunden** führte bis 2013 idR nicht zu einer regelmäßigen Arbeitsstätte (BFH VI R 47/11 BStBl II 13, 169), aber uU zu regelmäßiger Betriebsstätte (BFH X R 13/13 BStBl II 15, 273 zu Dauerkunden, BFH III R 59/13 BFH/NV 15, 1365 zu Tätigkeit bei *einem* Kunden; vgl auch ab 2014 *BMF* BStBl I 15, 26 Rz 1, 5 Bsp 5, Rz 5, zu DBA-Betriebsstätte *FinVerw* IStR 15, 887). – ***(2)* Ab 2014 gesetzl Neuregelung der Auswärtstätigkeit (StVerG 2013).** Vgl *BMF* BStBl I 14, 1412 mit Änderungen von *BMF* BStBl I 13, 1376 zu § 9; *BMF* BStBl I 15, 26 zu Selbständigen. Das Gesetz übernimmt die BFH-Rspr und kodifiziert sie in § 9 (wo sie auch hingehört). Die „regelmäßige Arbeitsstätte" wird ohne sachl Änderung zur **„ersten Tätigkeitsstätte"** bzw zur **ersten Betriebsstätte** (§ 9 IV nF, § 9 Rz 254 ff). Häusl Arbeitszimmer ist keine Betriebsstätte (*BMF* BStBl I 15, 26 Rn 3, BFH X R 13/13 BStBl II 15, 273; str, s *Schmidt* NWB 15, 1758). Ohne auswärtige Betriebsstätte greift keine Abzugsbeschränkung (zB Tätigkeit auf Schiff). Bei mehreren Betriebsstätten gelten auch ohne ausdrückl Verweisung in § 4 die Grundsätze des § 9 IV 4 und 7 (erste Betriebsstätte dort, wo der StPfl 2 volle Arbeitstage pro Woche oder mindestens $^1/_3$ seiner regelmäßigen Arbeitszeit tätig ist, sonst an der nächstgelegenen Betriebsstätte; *BMF* BStBl I 15, 26 Rz 5). § 4 V 1 Nr 5 spricht wie bisher von Abwesenheit von der Wohnung und vom „Mittelpunkt seiner dauerhaft angelegten betriebl Tätigkeit" und verweist zum abziehbaren *Mehraufwand für Verpflegung* bei Geschäftsreisen auf § 9 IVa. § 4 V 1 Nr 6 verweist zur Abzugsbeschränkung bei *Fahrtkosten* Wohnung/regelmäßige Betriebsstätte und doppelte Haushaltsführung (iÜ voller Abzug) auf die Neuregelungen in § 9 I 3 Nr 4 S 2–6 und Nr 5 S 5–7 (nicht § 9 IV, s aber oben), § 4 V 1 Nr 6a zu *sonstigen Mehraufwendungen durch doppelte Haushaltsführung* auf die Neuregelung in § 9 I 3 Nr 5 S 1–4 (mit Begrenzung inl Unterkunftskosten auf 1000 € Monatskosten) sowie zu *Übernachtungskosten auf Geschäftsreisen* auf § 9 I 3 Nr 5a nF.

Auto s unter „Verlust", „Fahrtkosten", „Geschäftsreisen" – auch zu „AfA" –, zu § 4 V 1 Nr 6 Rz 580 ff, zu Angemessenheit § 4 V 1 Nr 7 Rz 601 ff, zu Versicherungen Rz 266 ff.

Beiträge. Beiträge an **Berufsverbände** sind BA, selbst wenn diese auch allg politische Rahmenziele verfolgen (weit BFH VIII R 76/85 BStBl II 89, 97; enger

BFH VI R 51/92 BStBl II 94, 33, § 5 I Nr 5 KStG), allerdings nur bei **betriebl Bezug des Verbandszwecks,** nicht Beiträge und Spenden an **Sportvereine** oÄ, selbst wenn der Sport nicht ausgeübt wird und die Mitgliedschaft dem Beruf förderl ist (§ 12 Nr 1, zB Golfclub, Rotary-Club, vgl FG Hbg EFG 02, 708, rkr; FG Köln EFG 11, 1782, rkr; s auch Rz 567 zu Golfturnierveranstaltung; BFH VI R 31/10 BStBl II 13, 700 zu Golfclubbeitrag als ArbLohn – s aber BFH VI R 69/13 BStBl II 15, 41 –; BFH VI R 106/88 BStBl II 93, 840 zu Abgrenzung berufsbezogene/berufsfremde Verbände; BFH VI R 50/93 BFH/NV 95, 22 zu **„Wirtschaftsjunioren"**; str, s 20. Aufl mwN). Zur Abgrenzung Mitgliedsbeiträge/Beiträge für Sonderleistungen eines Vereins s BFH I R 86/85 BStBl II 90, 550, § 10b Rz 20; zu Beiträgen an Berufsverbände (Marketing-Club) BFH VI R 35/86 BFH/NV 90, 701. Soweit **Freiberufler-Kammerbeiträge** einem Versorgungszweck dienen, handelt es sich um SA (§ 10 Rz 57 „Versorgungskassen", auch zur Aufteilung). Keine BA sind Beiträge an **politische Parteien** (§ 4 VI), **Gewerkschaften** (*FinVerw* DStR 96, 1606) und **Bund der Steuerzahler,** s „Spenden", „Wahlkampfkosten", Rz 611; BFH X B 263/07 BFH/NV 08, 1329); zu **CDU-Wirtschaftsrat** s *FinVerw* DStR 90, 118, BFH IV R 28/89 BFH/NV 90, 360 und – uU WK – BFH VI R 51/92 BStBl II 94, 33, abw im 2. Rechtszug FG RhPf EFG 95, 799, rkr.

Beratungskosten s unter „Rechtsverfolgung".

Bestechungsgelder sind auch bei betriebl Veranlassung nur iRv § 4 V 1 Nr 1 und Nr 10, § 160 AO abziehbare BA (s „Schmiergelder", Rz 607).

Bewirtungskosten. Der BA-Abzug ist von mehreren Voraussetzungen abhängig (vgl ausführl *FinVerw* DB 12, 714): – ***(1)*** **Betriebl Veranlassung.** Bei Bewirtung von ArbN, Geschäftsfreunden, Kunden, Lieferanten idR gegeben; dann BA einschließl des auf den StPfl entfallenden Anteils. – ***(2)*** **Abzugsbeschränkung nach § 12 Nr 1.** Häufig bei privatem Anlass: Bei **persönl Jubiläum/Geburtstag str,** bislang häufig auch ohne Hinweis auf Anlass abl BFH IV B 30/98 BFH/NV 99, 467, BFH IV R 58/88 BStBl II 92, 524, BFH VIII B 174/07 BeckRS 2008, 25013235, nv (Anwalt), BFH VI R 35/11 BFH/NV 14, 500 (Priester), BFH IV R 60/96 BFH/NV 97, 560 (PersGes'ter), BFH VIII B 71/93 BFH/NV 95, 118 (Geschäftsjubiläum – zutr aA FG Mchn DStRE 00, 452, rkr, zu Einweihungsfeier; FG BBg DStRE 08, 265, rkr zu Kanzleijubiläum/Geburtstag; zu dienstl Abschiedsfeier BFH VI B 95/09 BFH/NV 10, 875; FG Hess EFG 13, 1583, rkr; zu Habilitationsfeier FG Sachs EFG 16, 23, Rev VI R 52/16; zu Feier anlässl ArbG-Wechsel FG Mster EFG 15, 1520, rkr; zu Festschriftübergabefeier FG Köln EFG 12, 590, rkr; abl gem § 4 V 1 Nr 4 zu Einladung zu „Herrenabend" FG Ddorf DStZ 14, 734, rkr). Zu **Aufteilung** s unten *(4)*. **Tendenz zur Ausweitung jedenfalls bei ArbLohn/BE** (s § 19 Rz 110; hier 27. Aufl; zu Einladung einer KapGes zum Geburtstag eines Vorstandsmitglieds bzw eines Ges'ter-Geschäftsführers bei fehlender Bereicherung des ArbN kein ArbLohn; aA bei persönl Einladung BFH I R 57/03 BStBl II 11, 285: **vGA;** zweifelhaft, s *Gosch* StBp 04, 309; s auch *Offerhaus* DStR 05, 446). UU hat diese Rspr **Auswirkung auf BA/WK-Abzug** (s *Bergkemper* FR 03, 517; *Pust* HFR 03, 574; glA BFH VI R 52/03 BStBl II 07, 317; FG Mchn DStRE 10, 719, rkr und *FinVerw* StB 07, 447 zu **Verabschiedung/Amtseinführung** im Einzelfall; zu „Veranlassung" von Bewirtungen durch Vertreter BFH VI R 78/04 BStBl II 07, 721; zu Dienstjubiläum BFH VI R 25/03 BStBl II 07, 459; zu Geburtstagsfeier des GmbH-Geschäftsführers nur mit Betriebsangehörigen FG RhPf 6 K 1868/13 v 12.11.15 BeckLink 20011901, NZB VI B 131/15). Das ist im Hinblick auf die Beschränkung von § 12 Nr 1 S 2 auf Ausgaben nicht unzweifelhaft (s FG RhPf EFG 09, 9, rkr, mit Anm *Wagner; MIT* DStR 07, 342; zu fragl Aufteilung s unten). **Politikerbewirtung** aus solchem Privatanlass (zB Geburtstagsfeier) führt nicht zu BA; Bewirtung *durch* Politiker s BFH X R 6/84 BStBl II 91, 396 (wie ArbN). **Wohnungseinladung** kann Indiz für § 12 sein (s Rz 546). – ***(3)*** **Abzugsbegrenzungen und Nachweisvoraussetzungen gem § 4 V 1 Nr 2, VII** sind stets zu beachten, s Rz 540 ff, BFH VI R 33/07 BStBl II 09, 11; BFH I R 12/11 BStBl II 12, 194; BFH X R 37/10 BFH/NV 14, 347. – ***(4)*** **Aufteilung** entspr GrS 1/06 BStBl II 10, 672 (zu Reisekosten) allenfalls in eindeutig trennbaren Fällen. Zu Indizien s BFH VI R 46/14 BStBl II 15, 1013 mit Anm *Krüger* DStR 15, 2820, *Bergkemper* FR 16, 48 (StBer-Bestellung und Geburtstag); BFH VI R 35/11 BFH/NV 14, 500 (abl zu Priesterjubiläum); FG Köln EFG 15, 635, rkr (abl zu Hochzeitsfeier); *Leisner-Egensperger* DStZ 10, 673; s auch Revisionszulassung VI R 24/15 gegen FG Nds DB 15, 2419 mit Anm *Kreft* zu Dienstjubiläum; „Arbeitszimmer" zu BFH GrS 1/14 DStR 16, 210).

Bürgschaft s Rz 232 und „Verluste".

Damnum (Disagio) ist zinsähnl Aufwand, s „Finanzierungskosten"; § 5 Rz 270; BFH X R 69/96 BStBl II 00, 259. Verhältnis Zinsbindung/Höhe s *BMF* BStBl I 03, 546; *FinVerw* DStR 04, 356. **Darlehen** s Rz 221 (BV/PV), 241 ff (Kontokorrent), 383 (§ 4 III), 441 (BE), 481 (BA), 521 ff (§ 4 IVa), „Damnum", „Finanzierung", „Policendarlehen".

Diebstahl von WG/Geld kann uU zu BA führen (s „Verlust" und Rz 382).

Doppelte Haushaltsführung. – ***(1)*** **Begriff** s § 9 I 3 Nr 5 S 2, EStR 4.12, § 9 Rz 206. Die Begründung und ab 2014 auch die Beibehaltung muss betriebl veranlasst sein (auch nach Wegverlegung der Wohnung, RsprÄnderung BFH VI R 58/06 BStBl II 09, 1012; *BMF* BStBl I 09, 1599). Änderungen **ab 2014** s § 4 V 1 Nr 6, 6a (betriebl Veranlassung; erste Tätigkeitsstätte; s auch „Auswärtstätigkeit"). – ***(2)*** **Abziehbare BA:** – ***(a)*** **Fahrtkosten.** Erste und letzte Fahrt als (gefahrene) *Km*Pauschale 0,30 €; Familienheimfahrten in den Grenzen von § 4 V 1 Nr 6 iVm § 9 I 3 Nr 5 als aufwandsunabhängige *Entfernungs*pauschale 0,30 €. Außergewöhnl „Fahrtkosten" s dort; uU **Telefonkosten** (BFH VI R 48/96 BFH/NV 97, 472; BFH VI R 50/10 BStBl II 13, 282). Keine Änderung ab 2014. – ***(b)*** **Mehraufwendungen für Verpflegung.** Ohne Prüfung einer offenbar unzutr Besteuerung drei Monate Abzug gesetzl Pauschbeträge (bis 2013 § 4 V 1 Nr 5 S 6, Rz 574; ab 2014 ohne Betragsänderung § 4 V 1 Nr 5 iVm 9 I 3 Nr 5, Rz 576; im Ausland idR Pauschbetrag nach BMF-Tabellen Rz 575); danach ohne Ortswechsel kein Abzug mehr. – ***(c)*** **Übernachtungs- und Umzugskosten.** Abzug ohne Pauschalierung in **nachgewiesener Höhe** (Hotel, Miete am Arbeitsort; ggf Schätzung entspr Rz 494; nur eigene Kosten, s BFH VI R 103/95 BStBl II 96, 375), ab 2008 auch für **Auslandsaufenthalte** (bis 2007 mögl Pauschalierung, s 30. Aufl). Bei **Eigentumswohnung** BA-Abzug aller notwendigen Kosten. **Höchstgrenzen:** – ***Bis 2013*** Begrenzung auf *notwendige* Ausgaben (BFH VI R 10/06 BStBl II 07, 820, auch zu Begrenzung durch Mietwert bis 60 qm Wohnfläche, ohne Arbeitszimmer, BFH VI R 23/05 BStBl II 09, 722); dazu Abzug sonstiger notwendiger Mehrkosten (s BFH VI R 50/11 BStBl II 13, 286, Anm *Geserich* NWB 13, 1552/7 zu Garage). – ***Ab 2014*** Begrenzung im Inl auf 1000 € Monatskosten einschließl Nebenkosten (§ 4 V 1 Nr 6a iVm § 9 I 3 Nr 5 S 4 und Nr 5a nF; *BMF* BStBl I 14, 1412 Rz 102). Die Notwendigkeit der Höhe nach ist daher im Inl nicht mehr zu prüfen (anders im Ausl, § 9 I 3 Nr 5 S 4, *BMF* BStBl I 14, 1412 Rz 117; LStR 9.11 VIII).

Drittaufwendungen als BA s Rz 500.

Einbürgerungskosten sind keine BA (s § 12 Rz 25 mwN).

Einsatzwechseltätigkeit (§ 4 V 1 Nr 5 S 3 aF, ab 2014 § 9 IV). An wechselnden Einsatzstellen tätige StPfl haben dort idR keine regelmäßige Tätigkeits-/Betriebsstätte und können Fahrt- und Verpflegungskosten ab der Wohnung als BA/WK absetzen (s BFH VI R 36/10 BStBl II 12, 36, zu Kaminkehrer BFH X R 19/12 BFH/NV 15, 482, „Auswärtstätigkeit", 32. Aufl mwN). **Ab 2014** sind zwar für ArbN Änderungen nach § 9 IV 2 mögl; auf Selbständige ohne ArbG ist jedoch allenfalls § 9 IV S 4, 7, 8 übertragbar (vgl „Auswärtstätigkeit"). Für **Fahrtkosten** gilt § 4 V 1 Nr 6 iVm § 9 I 3 Nr 4 S 4, Nr 4a S 3 (idR keine Fahrten Wohnung/Arbeit; vgl BFH III R 19/13 BStBl II 15, 323, „Auswärtstätigkeit" – s aber zu Dauerkunden BFH X R 13/13 BStBl II 15, 273); keine Änderung auch bei Verpflegungs- (§ 4 V 1 Nr 5 iVm § 9 IVa) und Übernachtungsaufwand (§ 4 V 1 Nr 6a iVm § 9 I 3 Nr 5a).

Entschädigungen s „Abfindungen".

Erbfall; Erbschaftsauseinandersetzungskosten (Neuorientierung nach BFH GrS 2/89 BStBl II 90, 837; *BMF* BStBl I 06, 253 – Erbauseinandersetzung –, I 93, 80/I 07, 269 – vorweggenommene Erbfolge – und I 94, 603 – Sekundärfolgen-Rspr). *Schrifttum:* § 16 Rz 45 und 590 ff; *Röhrig/Doege* DStR 06, 969; *Grube* FR 07, 533. Der Erbfall ist nach wie vor grds ein privater Vorgang. **Erbprozesskosten** sollen daher auch bei gewerbl Erbteil grds keine BA sein (§ 12, BFH III R 37/98 BStBl II 99, 600 zu Testamentsanfechtung unter Ausnahme entgeltl Erbauseinandersetzung; BFH X R 16/98 NV 01, 1262; nicht zwingend, s *Grube* DB 03, 2300 und FR 07, 533; *Kanzler* FR 99, 1119; ausführl *Dusowski* DStZ 00, 584). Das müsste auch für betriebl **Erbfolgeberatungskosten** gelten (str; zu Beurkundungskosten bei vorweggenommener Erbfolge BFH IV R 44/12 BFH/NV 15, 1085, *Trossen* EFG 11, 1688; aA etwa *Götz* DStR 06, 545). **Testamentskosten** sind auch bei betriebl Nachfolgeregelung keine BA (FG Nds EFG 01, 1372, rkr). Getrennt davon ist nunmehr die **Erbauseinandersetzung** zu beurteilen als im BV betriebl Vorgang mit allen Folgerungen für BA, AK usw, (nur) soweit Leistungen über den Erbanteil hinaus erbracht werden (s § 16 Rz 601 ff). Übernommene Betriebsschulden bleiben grds BV, übernommene Privatschulden PV der Erben – die Übernahme im Wege vorweggenommener Erbfolge kann jedoch zu AK des Übernehmers führen (mit Zinsen als BA, BFH IV R 73/87 BStBl II 91, 450; *BdF* BStBl I 93, 80 Tz 22 und 40; § 16 Rz 35 ff). **Erbfallschulden** (zB Vermächtnis-, Pflichtteilsschulden, Erbersatzansprüche) sind durch den außerbetriebl Vorgang des Erbfalls veranlasst und begründen keine AK der WG des Nachlasses beim Erben (BFH VIII R 6/87 BStBl II 93, 275 mwN). Es handelt sich um notwendige Privatschulden mit Ausschluss des BA-Abzuges von **Kreditzinsen** für Ablösungsdarlehen, Stundung, Verzug oÄ (BFH IV R 62/93 BStBl II 95, 413; BFH VIII R 6/87 BStBl II 93, 275; ähnl zu Zugewinnausgleich Rspr Rz 227). **Keine BA** waren schon bisher Zinsen zur Zahlung von **ErbSt** (BFH VIII R 35/80 BStBl II 84, 27; aA *Paus* FR 91, 69) oder **ESt** oä Privatzinsen (s Rz 227). Testamentsvollstreckerkosten s „Rechtsverfolgung".

Fachliteratur. BA, wenn die betriebl Veranlassung der Anschaffung und der Ausschluss einer privaten Mitveranlassung nach Art des Werkes und Art der Tätigkeit obj feststehen. Dazu muss der StPfl ggf auf seinen Namen lautende **Belege** mit Titelangabe vorlegen; der Ausweis als „Fachliteratur" ist nicht nachprüfbar und reicht idR nicht (vgl auch Rz 377 – BFH VI R 144/86 BFH/NV 90, 763 darf nicht verallgemeinert werden, s BFH IV B 4/00 BFH/NV 01, 774). In Zweifelsfällen muss ein konkreter berufl Grund für die Anschaffung jedes Einzelwerks (BFH VI R 164/87 BFH/NV 91, 598) glaubhaft gemacht werden. Dazu genügt idR nicht der Nachweis, dass die Literatur *auch* berufl benötigt wird, selbst wenn der StPfl noch ein ähnl Werk für die private Nutzung besitzt. Zu Fachliteratur eines Lehrers hat der BFH die Prüfung der berufl Nutzung in den Vordergrund gerückt (BFH VI R 53/09 BStBl II 11, 723). Vgl zum Funktionsnachweis von Belletristik als Arbeitsmittel BFH IV R 70/91 BStBl II 92, 1015 mit Hinweis auf tatsächl Verständigungsmöglichkeit über Berufsanteil – nicht Schätzung bei Einzelwerk –; zum allg Nachschlagewerk eines Lehrers oder RAs BFH VI R 208/75 BStBl II 77, 716; zur Englischliteratur einer Lehrerin BFH VI R 305/69 BStBl II 72, 723, anders uU bei berufsbezogenen wissenschaftl Werken als „Arbeitsmittel"

(Wörterbuch eines Englischlehrers, Grzimeks Tierleben uä Literatur eines Biologielehrers, dazu BFH VI R 112/87 BFH/NV 90, 564 – Einzelprüfung). Völlig fließend wird die Grenze bei der fremdsprachigen Enzyklopädie eines Sprachlehrers (nach BFH VI R 180/79 BStBl II 82, 67 berufl Aufwand). Für Berufsübersetzer dürfte jede Enzyklopädie Arbeitsmittel sein (BA). Die Kosten für im Büro oder im Wartezimmer aufliegende Allgemeinliteratur sind BA. Das Gleiche gilt für **Fachzeitschriften,** nach BFH VI R 64/95 BFH/NV 96, 402 uU auch für das „Handelsblatt" (s aber zutr Abgrenzung FG BaWü EFG 97, 467, rkr; FG Bbg EFG 02, 1085, rkr; FG Hess EFG 02, 1289, rkr); nach BFH VI R 138/86 BFH/NV 90, 89 für „Kosmos" und „Das Tier" (mE fragl). Computerschriften s *Voss* FR 89, 72 (wie Computer). Die Anschaffung von allg informierenden **Tages- oder Wochenzeitschriften** ist idR nicht ausschließl betriebl veranlasst (zB BFH IV R 2/81 BStBl II 83, 715 – FAZ –; BFH VI B 168/04 BFH/NV 05, 1300; FG Köln EFG 91, 21, rkr, und FG Hess EFG 92, 517, rkr, FG BaWü EFG 88, 461 – Wirtschaftsbild –; FG Saarl EFG 91, 468, rkr – Effecten-Spiegel für Steuerberater –; s auch FG Mster EFG 86, 491, rkr zu GEO; BFH VI R 137/83 BStBl II 87, 262 zu Schachzeitung eines Lehrers; BFH VI R 35/86 BFH/NV 90, 701 zu „Test"; FG BaWü EFG 93, 284, rkr zu Int Herald Tribune; FG Nds EFG 93, 375, rkr zu „Flight" eines Flugkapitäns). Der Sonderfall FG Köln EFG 94, 199 (rkr) darf nicht verallgemeinert werden (rein berufl Bezug). Hält der StPfl mehrere *gleiche* Zeitschriften (zB 2 FAZ), kann uU Ausnahme gerechtfertigt sein, nicht bei *gleichartigen* Zeitschriften (zB Zeit und Spiegel, SZ und FAZ), auch nicht bei Berufsbezogenheit (zu Kulturkritiker s BFH IV R 70/91 BStBl II 92, 1015; zu Redakteur nach GrS 1/06 BStBl II 10, 672 FG Mster EFG 11, 228, rkr).

Fahrtätigkeit (vgl § 4 V 1 Nr 5 S 3 bis 2013) ist **„Auswärtstätigkeit"** ohne regelmäßige *ortsfeste* Betriebsstätte (vgl zu Lkw, Schiff, Flugzeug *BMF* BStBl I 15, 26 Rz 6; BFH-Rspr 33. Aufl; aA zu Notarztwagenfahrer BFH VI R 23/11 BStBl II 12, 472 und BFH VI R 36/11 BStBl II 12, 503). Daher keine Beschränkung für Fahrtkosten von der Wohnung und keine Begrenzung der Verpflegungsmehrkosten auf 3 Monate gem § 4 V 1 Nr 5 (BFH VI R 66/10 BStBl II 12, 27). Übernachtungskosten s „Geschäftsreisen". **Ab 2014** keine wesentl Änderung durch StVerG 2013 (*BMF* BStBl I 14, 1412 Rz 3, 56).

Fahrtkosten. – ***(1)*** **Kosten für Betriebsfahrten** sind BA (s „Auswärtstätigkeit", „Doppelte Haushaltsführung", „Fortbildungskosten", „Geschäftsreisen"; eingeschränkt tägl eine Fahrt von der Wohnung zum Betrieb). Daneben gibt es **andere Betriebsfahrten,** die unter keine dieser Kategorien fallen, zB Mandantenbesuche; Fahrten von einer zur anderen Betriebsstätte; Berufsfahrten von der Wohnung zu nicht regelmäßigen Betriebsstätten – s RsprÄnderung unter „Auswärtstätigkeit" (auch von der Wohnungsbetriebsstätte voller Abzug, dadurch ist die Problematik der Fahrten von **in die Wohnung integrierten Betriebsstätten** zu anderen Betriebsstätten – s dazu 30. Aufl mit Beispielen – entschärft; allerdings ist ein Arbeitszimmer im eigenen Haus keine Betriebsstätte, s *BMF* BStBl I 15, 26 Rz 3, BFH X R 13/13 BStBl II 15, 273). Bei Fahrten zu einer regelmäßigen Betriebsstätte gilt § 4 V 1 Nr 6. **Mischfahrten/Dreiecksfahrten** von ArbN s BFH VIII R 12/13, nv; zu berufl Unterbrechung der Fahrt Wohnung/Betriebsstätte (Hausbesuch Arzt) s FG Mchn EFG 14, 2128, rkr, mit Anm *Rosenke.* **Begriff Betriebsstätte** (§ 4 V 1 Nr 6) s BFH III R 19/13 BStBl II 15, 323, „Auswärtstätigkeit", „Einsatzwechseltätigkeit", „Fahrtätigkeit", „Geschäftsreisen". – ***(2)*** **Höhe.** Grds Abzug der tatsächl Aufwendungen, bei *Pkw* einschließl Autoclubbeitrag, Kasko- und Unfallversicherung (s Rz 271, 280), Garage (auch am Betriebsort, BFH IV B 13/93 BFH/NV 94, 777) und **„AfA":** Nutzungsdauer bei Fahrtleistung bis 15 000 km für Neuwagen idR 8 Jahre; zu BV BFH VIII R 64/06 BFH/NV 08, 1660 und 27./31. Aufl mwN; § 7 Rz 107; in Sonderfällen kürzer (zB LStH 9.5, FG Mster EFG 00, 350, rkr); bei Gebrauchtwagen uU insgesamt länger (BFH VI B 306/00 BFH/NV 01, 1255). Nach AfA-Tabellen 2001 auch im BV grds 6 Jahre (s *BMF* BStBl I 00, 1532 unter 4.2.1, für die Rspr nicht bindend, aber grds für die FinVerw – FG Nds EFG 14, 1780, rkr). Sonder-AfA (zB § 7g II, V) muss zur Ermittlung eines privaten Nutzungsanteils nicht in die Gesamtkosten einbezogen werden (s § 6 Rz 535; *BMF* BStBl I 09, 1326 Tz 32). Leasing-Sonderzahlungen sind neben AfA abziehbar (BFH VI R 100/93 BStBl II 94, 643). Pauschbeträge für „Geschäftsreisen" s dort. – ***(3)* Abzugsbeschränkungen** gem **§ 4 V 1 Nr 6/§ 9 II** bei Fahrten Wohnung/Betrieb (für eigenen und zur Nutzung überlassenen Pkw) und Familienheimfahrten s Rz 580 ff; zu unangemessenen Kosten § 4 V 1 Nr 7 s Rz 601, zu Aufteilungsmöglichkeit bei privater Mitveranlassung (eigenes Flugzeug) s FG Hess EFG 15, 542, NZB VI B 137/15; 27. Aufl mwN. – ***(4)* Außergewöhnl Fahrtkosten, § 9 II 1.** Die frühere Rspr, nach der Pausch- bzw Höchstbeträge nur übl Fahrtkosten abgelten, nicht aber (nicht pauschalierbare) außergewöhnl Fahrtkosten, ist seit Einführung der **Entfernungspauschale** nicht mehr für diese Fahrten iSv § 9 I Nr 4, 5 anzuwenden. Die – unabhängig vom Transportmittel und vom Aufwand für Fahrten Wohnung/Betrieb stets anzusetzende – Entfernungspauschale gilt nach dem eindeutigen GesWortlaut *sämtl* Aufwendungen ab (§ 9 II 1, s § 9 Rz 196). Das gilt nach **RsprÄnderung** durch BFH VI R 29/13 BStBl II 14, 849 ausnahmslos (hier zu Motorschaden nach Falschbetankung; wohl auch zu **Unfallschäden,** s *ge* DStR 14, 1276, *Schneider* NWB 14, 2080, die allerdings nach *BMF* BStBl I 13, 1376 Tz 4 auch ab 2014 wie vorher zusätzl abziehbar sind!).

Finanzierungskosten (Geldbeschaffungskosten). – ***(1)* Begriff.** Aufwendungen für Beschaffung von Kreditmitteln, zB „Schuldzinsen", Bereitstellungs- bzw Vermittlungsprovisionen oder -gebühren, „Damnum (Disagio)", Notargebühren (s BFH IX R 72/99 BStBl II 03, 399), Gerichtskosten, Abschluss-, Beratungs- oder Verwaltungsgebühren. Zu **Vorfälligkeitsentschädigung** s § 5 Rz 270, BFH VIII R 55/97 BFH/NV 00, 1028 (Betriebsveräußerungskosten); s auch BFH VIII R 34/04 BStBl II 06, 265. – ***(2)* Besteuerung.** Finanzierungskosten sind BA, wenn Geldmittel für betriebl Zwecke aufgenommen werden (vgl Rz 226). Sie gehören grds nicht zu den AK/HK des finanzierten WG (vgl auch BFH IX R 190/85 BStBl II 90, 460; Ausnahme bei HK s EStR 6.3 IV, § 255 III 2 HGB) oder des Darlehens, das mit dem Nennbetrag bilanziert wird (s § 5 Rz 270). Bei **§§ 4 I/5** werden sie uU auf die Laufzeit des Darlehens abgegrenzt; sonst sind sie Aufwendungen des Entstehungsjahres (s § 6 Rz 448). S auch „Damnum". – **Kontokorrent** s Rz 241 ff. **§ 4 IVa** s Rz 522 ff. **Drittschulden** s Rz 505.

Fortbildungskosten (s „Fachliteratur", „Arbeitszimmer", „Informationsreisen", „Sprachkurse"). – ***(1)* Begriffe Ausbildung/Fortbildung** s § 19 Rz 110, § 10 Rz 102/115; zu § 4 IX Rz 625. – ***(2)* Besteuerung.** *Eigene* Fortbildungskosten eines Selbständigen sind BA. Ausbildungskosten – grds auch für erstmalige Berufsausbildung und Erststudium – sind keine BA (s § 4 IX, str, s Rz 625), sondern SA (§ 10 I Nr 7, § 12 Nr 5). *Für ArbN* gezahlte Aus- und Fortbildungskosten sind BA des ArbG (s „Arbeitslohn"). – ***(3)* Höhe** der BA bei Auswärtsausbildung idR wie bei „Auswärtstätigkeit", vgl EStH 12.2; LStR 9.2: **Fahrtkosten** nach Rspr bis 2013 in nachgewiesener Höhe oder pauschal wie bei „Geschäftsreisen"; Familienheimfahrten nach Zahl, Entfernung und Höhe der BA unbegrenzt; Verpflegungsaufwand und Übernachtungskosten wie „Geschäftsreise" (zB BFH VI R 44/10 BStBl II 13, 234; 32. Aufl mwN). **Ab 2014** ist diese Rechtslage überholt durch § 9 IV 8, § 9 I 3 Nr 4a S 3; eine auswärtige Bildungseinrichtung wird idR erste Tätigkeitsstätte (damit beschr Abzug wie bei Fahrten Wohnung/Arbeit).

Gebäudenutzung. – ***(1)* Eigenes Gebäude.** – ***(a)* Eigennutzung zu Wohnzwecken:** Grds PV; in Ausnahmefällen kann das Wohnen betriebl veranlasst sein, s Rz 106, dann BV, BE (§ 21 III) und BA. – ***(b)* Nutzung zu eigenbetriebl Zwecken.** Grds BV (s Rz 191 mit Ausnahme EStR 4.2 VIII); auch vor 1987/

1998 kein Mietwert als BE (Wortlaut § 21 II aF); Ausgaben sind BA (vgl EStR 4.7 II). – *(c)* **Vermietung** zu Wohnzwecken oder fremdbetriebl Zwecken: PV oder gewillkürtes BV. Zur Behandlung als *ein* WG s Rz 193. Bei BV fallen BE und BA an (auch bei EStR 4.2 X/13 X aF), bei PV Einnahmen iSv § 21 I und WK aus VuV. **§ 21 II** gilt im BV nicht entspr für vollen BA-Abzug bei Mietnachlass (vgl BFH IV R 46/08 BStBl II 11, 692 Rz 31 mwN – Nutzungsentnahme bzw vGA zur Abgrenzung § 4 IV/§ 12; Problematik s 27. Aufl). – *(d)* **Gemischte Nutzung.** Zu Aufteilung s Rz 192 und „Arbeitszimmer". Reisekosten fallen uU unter § 12 (s BFH IV R 37/93 BStBl II 94, 350; BFH GrS 1/06 BStBl II 10, 672). – *(2)* **Fremdgebäude.** – *(a)* **Betriebl Nutzung.** Miete und sonstige Aufwendungen sind BA, etwaige Mieteinnahmen BE. – *(b)* **Privatnutzung.** Miete und sonstige Aufwendungen sind nicht abziehbar (§ 12 Nr 1). – *(c)* **Mietvertrag unter Ehegatten** s „Angehörige", Rz 131 und 506. – *(d)* **Gemischte Nutzung.** Aufteilung der Einnahmen/Ausgaben erforderl. – *(e)* **Unentgeltl überlassenes Gebäude** s Rz 137.

Geld. Zu Geldbeständen und Bankverbindlichkeiten als BV sowie Zinsen für ein gemischt genutztes Kontokorrentkonto als BA s Rz 238 ff, zu Geldbeschaffungskosten s „Finanzierungskosten", zu § 4 III s Rz 380.

Geldbußen s „Strafen", §§ 4 V 1 Nr 8, 12 Nr 4; EStR 4.13 und 12.3.

Geschäftsreise. – *(1)* **Begriff.** Der StPfl wird außerhalb seiner regelmäßigen Betriebsstätte betriebl tätig, ohne eine solche auch von seiner Wohnung aus (s „Auswärtstätigkeit", „Einsatzwechseltätigkeit", „Fahrtätigkeit"). – *(a)* **Betriebl Veranlassung.** Dem StPfl obliegt es ggf, die obj Umstände für die betriebl Veranlassung der einzelnen Reise glaubhaft darzulegen (zur Feststellungslast Rz 31, 480). *Beispiele:* Verhandlungen mit Geschäftsfreunden, Besuch eines Lieferanten, Abnehmers, Vertreters oder einer Fachmesse, Besichtigung einer Maschine, Abholung oder Lieferung einer Ware, betriebl Behördenbesuche, auswärtige Berufsausübung, auch ohne doppelte Haushaltsführung (BFH VI R 40/03 BStBl II 04, 1074, FG Mchn EFG 10, 1397, rkr). Ein *allg* betriebl Interesse genügt idR nicht (s „Informationsreisen"; s aber zu Teilnahme an Regierungsdelegation im Ausl BFH VIII R 32/07 DStRE 10, 925 mit Anm *Pezzer* BFH/PR 10, 293). – *(b)* **Entfernung** spielt keine Rolle mehr. – *(c)* **Dauer** wirkt sich nur bei Verpflegungsaufwand auf die Höhe der Pauschbeträge aus. – *(d)* **Regelmäßige/erste Betriebsstätte** (vgl § 4 V 1 Nr 5 S 2, wohl auch iSv § 4 V 1 Nr 6) ist als Pendant zur „regelmäßigen Arbeitsstätte" des ArbN iSv § 9 I Nr 4 bzw ab 2014 zur „ersten Tätigkeitsstätte" iSv § 9 IV der zentrale ortsgebundene Mittelpunkt seiner auf Dauer angelegten berufl Tätigkeit. Das gilt auch bei Gewinneinkünften (s „Auswärtstätigkeit"). Ein StPfl kann nur *eine* solche Mittelpunktsbeschäftigungsstätte haben; nur wenn er keine regelmäßige Betriebsstätte hat, wird er ohne Abzugsbeschränkungen tätig. Abw von § 12 AO ist dafür weder eine abgrenzbare Fläche oder Räumlichkeit noch eine hierauf bezogene eigene Verfügungsmacht des StPfl erforderl (vgl *BMF* BStBl I 15, 26 Rz 1; BFH III R 19/13 BStBl II 15, 323; 19. Aufl mwN). – *(2)* **Höhe der BA** (vgl EStR 4.12 II iVm LStR 9.4 ff). – *(a)* **Fahrtkosten** iHd tatsächl Aufwendungen (Pkw, Bahn, Flugzeug, Taxi; s „Fahrtkosten", auch zu AfA; Abzugsbegrenzung nach § 4 V 1 Nr 6 nur bei Fahrten von der Wohnung zur regelmäßigen Betriebsstätte und Familienheimfahrten), auch bei weiträumigen Tätigkeitsgebieten. Bei Pkw-Nutzung *kann* der Stpfl *statt dessen* **pauschal** 0,30 € pro gefahrenen km absetzen. Bei Fahrtleistungen über 40 000 km jährl oder sonstigen Kostenminderungen (zB Fremd-Kfz ohne AfA) anders als bei Entfernungspauschale uU Kürzung wegen offenbar unzutr Besteuerung (BFH VI R 114/88 BStBl II 92, 105; FG Mster EFG 00, 350, rkr). ADAC-Tabellen sind zugunsten des StPfl nicht anzuwenden. Grenzen des Abzugs s § 4 V 1 Nr 7 (Rz 603). Ggf anteiliger Abzug bei privater Mitveranlassung (s „Info-Reisen"). – *(b)* **Mehraufwendungen für Verpflegung.** Die StPfl können für ein- und mehrtägige Geschäftsreisen über

8 Stunden höchstens 3 Monate *nur* pauschalierte Höchstbeträge geltend machen. Das waren bis 2013 bei Abwesenheit von mindestens 8/14/24 Std im Inl 6/12/24 €, im Ausl 40/80/120 vH der vom BMF regelmäßig veröffentl, auf volle €-Beträge aufgerundeten höchsten Auslandstagegelder (§ 4 V 1 Nr 5 S 2, 4 aF, *BMF* BStBl I 13, 60, I 15, 1058; Rz 575). **Änderungen ab 2014:** § 4 V 1 Nr 5 nF verweist auf § 9 IV a nF mit Änderung nur der Abwesenheitszeiten unter Reduzierung auf 2 Stufen und Erhöhung des niedrigeren Pauschbetrages (ab 8 Stunden 12 €, auch für An- und Abreisetage, ab 24 Stunden wie bisher 24 €). Auch die Auslandspauschbeträge werden nur noch in 2 Stufen auf 80/120 vH der Auslandstagegelder erhöht (*BMF* BStBl I 13, 1467). Die 3-Monatsfrist bleibt bestehen (§ 9 IVa 6, 7, auch zu Neubeginn bei 4-wöchiger Unterbrechung). – ***(c)* Übernachtungskosten.** Bei **Inlandsreisen** schon vor 2008 kein Pauschbetrag, nur Nachweis der tatsächl Aufwendungen (uU Schätzung der Höhe, s Rz 494). Grenze: § 4 V 1 Nr 7 (Rz 603). In der Übernachtungsrechnung enthaltene **Frühstückskosten** sind im Ausl und ab 2008 auch im Inl mit 20 vH des Verpflegungspauschbetrages bzw 4,80 € herauszurechnen (vgl ab 2014 § 4 V 1 Nr 5 iVm § 9 IVa 8). **Ersatz** durch Geschäftsherrn ist stpfl (§ 3 Nr 16 ist auf Selbständige nicht anwendbar, str) und tangiert daher den BA-Abzug nicht. Bei **Auslandsreisen** ab 2008 nur noch Einzelnachweis. **Ab 2014** nach Ablauf von 4 Jahren an derselben inl Betriebsstätte Begrenzung auf 1000 € monatl (§ 4 V 1 Nr 6a iVm § 9 I 3 Nr 5a, Nr 5 S 4). – ***(d)*** Sonstige nachgewiesene **Nebenkosten** (LStR 9.8, EStR 4.12). Das sind zB Taxi am Beschäftigungsort, Parkgebühren, Gepäckbeförderung, Porto, Telefon (s BFH VI R 50/10 BStBl II 13, 282); uU **Verluste** von BV und betriebl genutztem PV, fragl bei sonstigem PV einschließl Geld (s aber BFH VI R 26/95 BStBl II 95, 744 zu praktisch seltenen Ausnahmen, s auch unten „Verlust", „Kleidung", Rz 382, 622).

Geschenke. Aufwendungen für hingegebene Geschenke sind bei betriebl Veranlassung BA. **§ 12 Nr 1** ist zu beachten (s zu Schulleiter FG Brem EFG 08, 1281, rkr, fragl nach BFH-Rspr zu „Bewirtungskosten", s Anm *Siegers* EFG 08, 1282; BFH VI R 78/04 BStBl II 07, 721). Die Abziehbarkeit als BA ist nach **§ 4 V 1 Nr 1** eingeschränkt (s Rz 536), uU nach § 4 V 1 Nr 10 (s Rz 607). Privatgeschenke aus dem BV müssen vorher entnommen werden (Rz 57). Zum schenkweisen Forderungserlass bei § 4 III s Rz 400 (betriebl Gründe) und Rz 355 (private Gründe), zum Verzicht auf Einnahmen Rz 433, 500. S auch „Spenden", „Schmiergeld".

Gründungskosten s unter „Anlaufkosten".

Herstellung. Die Herstellung von WG des BV (Rz 114) ist betriebl veranlasst. §§ 6 II, IIa, 7 sind zu beachten (s „Anschaffung"). Besonderheiten bei § 4 III Rz 390–398 *(2)*. Begriff HK s § 6 Rz 151. HK auf fremde WG s Rz 133.

Informationsreisen (*FinVerw* IStR 12, 729 und StEd 09, 232 mit RsprÜbersicht; EStR/H 12.2). – ***(1)* Grundsatz.** Der Ausgangspunkt ist bei inl und ausl Einzel- und Gruppenreisen derselbe (Abgrenzung s BFH VIII R 43/03 BFH/NV 05, 2174; FG RhPf EFG 06, 879, rkr): Eigene Reisekosten sind BA, wenn (uU soweit) die Reise betriebl veranlasst ist (§ 4 IV). Die der Lebenserfahrung entspr Tatsache, dass Reisen häufig einen allg Bildungs-, Informations- und Erholungszweck erfüllen, bedingt jedoch vor allem bei interessanten Reisezielen uU eine Prüfung nach **§ 12 Nr 1** (s unten). Der **EuGH** lehnt im Urt *Vestergaard* Rs C-55/98 (DStRE 00, 114) zwar das *alleinige* Abstellen auf einen EU-Auslandsort ab, stellt aber eine *indizielle* Würdigung durch das FA/FG im Einzelfall nicht in Frage (s unter „Sprachkurse"; BFH VI B 133/12 BFH/NV 13, 552; *BMF* BStBl I 03, 447; 32. Aufl mwN). Selbst bei einer ursprüngl aus betriebl Gründen geplanten Reise kommt ein Abzug als BA nur in Betracht, soweit *obj* Umstände/Indizien (Rz 32) erkennen lassen, dass die Befriedigung privater Interessen nahezu ausgeschlossen ist. Kann der StPfl nachweisen, dass die Reisetage wie normale Arbeitstage mit betriebl Tätigkeit ausgefüllt sind, ist eine private Mitveranlassung in der übrigen

Zeit unschädl (freies Wochenende). Diese Abwägung ist besonders problematisch bei Berufszweigen, bei denen Beruf und private Lebensführung fließend ineinander übergehen (zB Künstler, Reisejournalisten, s Anm *2b*). Bei **Gruppenreisen** fehlt es häufig bereits am unmittelbaren betriebl Anlass (grundlegend BFH **GrS** 8/77 BStBl II 79, 213); die *allg* betriebl oder berufl Information reicht nicht aus. Ein betriebl Anlass kann uU in einer rein betriebsbezogenen Organisation zum Ausdruck kommen. Eine Reise war nach früherer Rspr als **Einheit** zu beurteilen; nur einzelne abgrenzbare Kosten für unmittelbar betriebl veranlasste Reiseabschnitte waren als BA zu behandeln (betriebl Reiseabschnitte vor Ort, früher dagegen nicht ein Anteil der **Kosten der Hin- und Rückfahrt** – so noch BFH GrS 8/77 BStBl II 79, 213 unter C II 2a, III 1, IV; BFH VIII R 43/04 BFH/NV 05, 2174). Diese rigide BFH-Rspr ist überholt. BFH **GrS 1/06** BStBl II 10, 672 hat nach langjähriger Überlegung den steigenden Bedenken gegen das *absolute* **Aufteilungsverbot nach § 12 Nr 1** Rechnung getragen. Der Anwendungsbereich des § 12 Nr 1 wird auf *untrennbare* Ausgaben im privaten Bereich zurückgefahren, auch wenn diese zur Förderung der Berufstätigkeit erfolgen (s § 12 Rz 15; *BMF* BStBl I 10, 614; Schrifttum s 33. Aufl). Sind sie jedoch obj trennbar durch den betriebl/berufl und den privaten Bereich veranlasst (zB Urlaub *nach* Geschäftsreise), steht § 12 Nr 1 dem anteiligen Abzug nicht entgegen, soweit der StPfl dem FA/FG den Umfang der betriebl Veranlassung nachweist (s Anm *4,* auch zu Auslandssprachreisen). Damit ist GrS 8/77 insoweit überholt. Allerdings sind bei der Aufteilung alle Umstände des Einzelfalls zu berücksichtigen, nicht nur das zeitl Verhältnis der Reiseabschnitte, sondern auch zB die Gewichtung des betriebl/privaten Anlasses, wobei das Reiseziel oder das Transportmittel Rückschlüsse auf eine stärkere private Veranlassung zulassen kann (s Anm *3,* BFH X B 32/09 BFH/NV 10, 1250) und ein konkreter Betriebsbesuch mehr für einen betriebl Anlass sprechen kann als eine allg Informationsreise (s Anm *2*). Zweifel bei der – bindenden – Tatsachenfeststellung durch das FG gehen zu Lasten des StPfl (s GrS aaO, BFH VI R 3/11 BStBl II 12, 416). Ohne klare Trennungsmöglichkeit kein anteiliger BA-Abzug (s zu Arbeits-/Urlaubsreise BFH VIII R 51/10 BStBl II 13, 808; zu Auslandsgruppenreisen zB von Sportärzten 33. Aufl mwN). **Incentivereisen als BE** s Rz 427 mwN, zu BA bei **Einladung von Geschäftsfreunden** s BFH I R 14/93 BStBl II 93, 806 (uU § 4 V 1 Nr 1 ohne *konkreten* betriebl Anlass, vor allem bei längeren Reiseeinladungen; sonst uU § 4 V 1 Nr 2, 3, 7, 10 oder § 12, s oben „Bewirtung").

(2) **Für betriebl Veranlassung sprechende Umstände** (denen von Fall zu Fall unterschiedl Gewicht zukommt, s Anm *4,* BFH X R 17/86 BStBl II 89, 405; zu Einkaufs-Informationsreise BFH X R 78/88 BFH/NV 91, 447). – *(a)* **Unmittelbarer betriebl Anlass.** Besuch von Geschäftsfreunden zu Vertragsverhandlungen (s „Geschäftsreise"); – **Vortragsreise** eines Arztes zu Fachkongress (zB BFH IV R 106/77 BStBl II 79, 513 zu Einzelreise; FG Ddorf, EFG 80, 330, rkr, zu Gruppenreise; s aber FG Saarl EFG 89, 275, rkr); – *aktive* Teilnahme an Berufstagung (BFH VIII R 296/81 BStBl II 85, 325 und BFH IV R 46/95 BFH/NV 97, 18 zur Abgrenzung von allg Informationsreise; fragl bei Berufstreffen an interessanten Orten mit Rundumvorträgen aller Teilnehmer, s 16. Aufl und BFH IV R 39/96 BStBl II 97, 357, BFH VI R 10/97 BFH/NV 98, 157; zweifelnd *Gosch* StBp 97, 190); zu Fachkongresskosten als WK s BFH VI R 8/05 BStBl II 07, 457; – **Entsendung von ArbN,** s BFH VI R 94/90 BStBl II 93, 674; zur – unentgeltl – Verwertung durch DGB abl BFH VI R 14/90 BStBl II 93, 559; – **angeordnete Lehr- und Studienveranstaltungen** s 25. Aufl und § 19 Rz 110 „Studienreisen"; – berufl **Reiseleitung** uU (s BFH VI R 42/09 BStBl II 11, 522); – **Fortbildung** des Facharztes an ausl Klinik; – **Berufsreisen** von Journalisten (vgl BFH IV R 88/76 BStBl II 80, 152), Kunstkritikern (FG Mchn EFG 91, 651, rkr) oder **Künstlern** iZm Aufträgen (Italienreise eines Architekten, BFH VI 241/60 U BStBl III 61, 99); berufsmäßige Auswertung von Museumsbesuchen – Nachweis durch Vorlage übl Arbeitsmaterialunterlagen (zu Schriftsteller/Kunsthistoriker BFH IV 432/60 U BStBl II 63, 36; FG Nds EFG 93, 71), uU durch Tagebuch (FG Brem EFG 94, 650, rkr, zu Forschungsauftrag); fragl bei Sammlung künstlerischer Anregungen (weit FG BaWü EFG 90, 98, rkr, BFH IV R 138/83 BStBl II 87, 208, BFH VI R 39/90 BFH/NV 93, 652 und FG Hbg EFG 94, 1036, rkr, zu Künstler-Auslandsreisen: der BFH betont, dass der Künstler – uU durch Vorlage

der gefertigten Produkte – den *ausschließl* berufl Reiseanlass nachweisen muss; die Klage zu Rev BStBl II 87, 208 ist inzwischen rkr abgewiesen; vgl auch BFH VIII R 109/86 BFH/NV 90, 624 zu Afrikareise mit Fotoauswertung; BFH VI R 63/01 BFH/NV 06, 728 zu dienstl Lehrer-Australienreise mit Auswertung). Maßgebl sind der tatsächl Reiseablauf, der Anteil der berufl Tätigkeit, die Bedeutung der Reise für die Ausübung der Tätigkeit und wohl auch die spätere Verwertung des Arbeitserfolges (s BFH VI R 51/88 BStBl II 91, 575 mit – nicht entscheidungserhebl – fragl Beispielen am Ende). BA-Abzug, wenn die Reisetage wie **normale Arbeitstage** mit der berufl Tätigkeit ausgefüllt sind und Privataktivitäten *in dieser Zeit* ausgeschlossen werden können (BFH IV R 37/93 BStBl II 94, 350, BFH VIII R 43/04 BFH/NV 05, 2174; Nachweis s Anm *4*). RsprÄnderung zu praktischer **Sportärzteausbildung** (zB Skitage in Davos): BFH VI R 66/04 BStBl II 10, 685; zu **Anwälten** BFH IV R 36/96 BFH/NV 97, 219; noch enger als bei **Schulskilehrausbildung** (dazu 23. Aufl mwN). – ***(b)*** **Lehrgangsmäßige Organisation einer Fortbildungsveranstaltung.** Sie kann eine berufl Veranlassung begründen. Nicht jede von einem Fachverband organisierte Reise ist jedoch als betriebl veranlasst anzusehen. Voraussetzungen (vgl BFH X B 210/06 BFH/NV 07, 2106; Kriterien in BFH I R 73/79 BStBl II 83, 409; BFH VI R 3/11 BStBl II 12, 416): Berufsbezogene Fachprogrammgestaltung; gleichartiger, fachbezogener Teilnehmerkreis (Nachweis s *FinVerw* DB 99, 408, BFH I R 178/78 BStBl II 80, 386); straffe zeitl Programmgestaltung ohne überflüssige Ruhetage (was nicht bedeutet, dass das Programm sich auf Wochenenden erstrecken müsste, s aber Anm *3* zu Ruhepausen).

(3) **Gegen berufl Veranlassung sprechende Indizien.** – ***(a)*** Wahl eines touristisch interessanten Tagungsortes oder häufiger Ortswechsel, der nicht aus sachl Gründen geboten ist, dessen Informationswert sich ohne besonderen Anlass auf allg Besichtigungen beschränkt (*Beispiele:* Richter-Japanreise BFH VI R 64/91 BStBl II 93, 612, Lehrer Chinareise BFH VI R 3/11 BStBl II 12, 416; Beispiele zu § 19 s 27. Aufl und § 19 Rz 110 „Studienreisen"). – ***(b)*** Offene, nicht fachbezogene Veranstaltung durch allg Reiseunternehmen (BFH IV R 88/76 BStBl II 80, 152); – ***(c)*** Besichtigung beliebter Touristenziele ohne konkretes Betriebsziel (Brasilienreise eines Tabakhändlers BFH IV R 86/86 BStBl II 88, 633; Chinareise auch zur Mandantenwerbung, BFH IV B 57/09 BFH/NV 10, 880; Skisport in Davos oä Orten, s Anm *2/a*); – ***(d)*** Verlegung des Programms in eine Zeit mit vielen Wochenend- und Feiertagen; – ***(e)*** Benutzung eines erholsamen und zeitaufwändigen Beförderungsmittels (Schiffsreise – s aber zu Schiffstagung BFH IV R 57/87 BStBl II 89, 19; BFH IV R 54/94 BFH/NV 95, 1052, BFH IV B 135/97 BFH/NV 99, 611); – ***(f)*** vorangehende oder nachfolgende Urlaubsreise am Tagungsort (BFH IV R 27/91 BStBl II 92, 898, BFH VI B 139/96 BFH/NV 97, 290; s aber oben Anm 1); – ***(g)*** Mitnahme der Ehefrau, soweit nicht aus berufl Gründen veranlasst (BFH I R 178/78 BStBl II 80, 386; BFH IV R 106/77 BStBl II 79, 513; BFH VIII R 51/10 BStBl II 13, 808). S aber BFH III B 21/12 BFH/NV 12, 1973. – ***(h)*** Die Unangemessenheit der Kosten im Verhältnis zum Betriebsgewinn kann für private Mitveranlassung sprechen. – ***(i)*** **Auslandssprachreisen** s Anm *4,* „Sprachkurse".

(4) **Nachweise; Feststellungslast; Höhe.** Die entscheidenden tatsächl Feststellungen muss das FA bzw das FG treffen (Rz 27), die obj Beweislast trifft den StPfl (Rz 31, 480, oben Anm *2b;* BFH VIII R 80/05 BFH/NV 10, 1805). Reisefälle werden daher idR mit tatsächl Bindung des BFH durch das FG entschieden (s aber BFH VI R 61/04 BFH/NV 07, 1132 und unten); ein Unbehagen im Tatsächlichen (Fortbildung ohne Skifahren im Januar in Davos, s *Macher* DStZ 07, 253) kann nicht im rechtl Bereich gelöst werden (s *Heuermann* StBp 07, 122 zu BFH VI R 8/05 BStBl II 07, 457). Der Nachweis eines berufl Anlasses kann, muss aber nicht immer zum BA-Abzug führen (uU **Aufteilung** oder Überlagerung durch private Mitveranlassung, vgl GrS Anm *1;* bei **Sprachlehrgängen** im Ausl grds zu prüfen, s Rspr-Verschärfung BFH VI R 12/10 BStBl II 11, 796 mit Anm 33. Aufl); BFH VI B 133/12 BFH/NV 13, 552 – keine unmittelbare berufl Veranlassung der Ortswahl. Die tatsächl **Teilnahme** an den Veranstaltungen muss feststehen (GrS 8/77 BStBl II 79, 213 unter C II 1g); der Nachweis der Zahlung dürfte im Zweifel nicht ausreichen; eigentl müsste Anwesenheitsliste mit Eintragungspflicht und Bestätigung durch Veranstalter gefordert werden; Zeugenbeweis ist mögl. **BA-Höhe** s „Fahrtkosten", „Geschäftsreise", EStH 12.2.

Kinder s „Angehörige"; zur Kinderbetreuung s „Arbeitslohn" und § 10 I Nr 5.

Kleidung. Kasuistische, teils widersprüchl Einzelfall – Rspr. Der tatsächl Nachweis ausschließl berufl Nutzung spätestens beim FG ist wichtig! IdR kann private Mitveranlassung selbst bei berufsbezogener und für die Berufsausübung erforderl, uU vorgeschriebener Kleidung (BFH IV R 91–92/87 BStBl II 90, 49) nicht ausgeschlossen werden (§ 12 Nr 1), so dass der Abzug von BA entfällt. Die Aufteilungsgrundsätze zu Reisen sind grds nicht auf einzelne berufl und privat nutzbare

Kleidungsstücke übertragber (BFH GrS 1/06 BStBl II 10, 672 unter C III 4a). – *(1)* **Beispiele gegen Abzug** (s auch § 9 Rz 241): Businesskleidung (BFH VI B 40/13 BFH/NV 14, 335; FG Mchn DStRE 15, 1482, rkr); Trachtenanzug eines Geschäftsführers oder Unternehmers eines bayerischen Lokals (BFH VI R 143/77 BStBl II 80, 73 – anders wohl bei Kellner); Skikleidung eines nebenberufl Skilehrers (BFH IV R 101/72 BStBl II 75, 407 – großzügig zu Sportkleidung des Sportlehrers *FinVerw* DB 85, 1147, Rspr 27. Aufl; aA zutr BFH VI B 28/07 BFH/NV 07, 1868 – tatsächl FG-Würdigung); Tropenkleidung (FG BaWü EFG 94, 467, rkr), Briefträger-Schuhe (FG Saarl EFG 94, 237, rkr). Das gilt auch dann, wenn diese Kleidung nachweisl nur berufl getragen wird (BFH VI R 25/78 BStBl II 80, 75; BFH VI B 80/04 BFH/NV 05, 1792), selbst wenn sie berufl besonders hohem Verschleiß unterliegt (BFH VI R 61/83 BFH/NV 87, 33). Die **Grenze** liegt dort, wo die private Mitbenutzung berufl benötigter Kleidungsstücke nach Menge, Art und Verwendung praktisch ausgeschlossen ist. Dann BA (uU anteilig, ggf bei mehreren Stücken **Schätzung,** s oben Sportkleidung). **Höhe:** AK (§ 6 II, IIa), AfA (§ 7), Reparatur- und Reinigungskosten (**Akzessorietät der Folgekosten,** nach BFH auch Heimreinigung, s Rz 628 zu bedenkl Tendenz; enger zutr FG Brem EFG 02, 964, rkr; s auch LStR 3.31 II 4). – *(2)* **Beispiele für Abzug:** Schwarzer Anzug oder Frack des Musikers (*FinVerw* DStR 92, 790), Kellners (fragl zu Hosen BFH VI R 20/85 BFH/NV 88, 703 – laut BFH IV R 65/90 BStBl II 91, 348 Einzelfallurteil), Empfangschefs (aA zu Röcken FG Saarl EFG 89, 110, rkr), Leichenbestatters (Abgrenzung BFH III R 5/88 BFH/NV 91, 25), Geistlichen (BFH VI R 159/86 BFH/NV 90, 288), Büromantel des Architekten, Arztkittel, Uniform des Soldaten BFH VI R 171/77 BStBl II 79, 519 – abl FG Nds EFG 10, 707, rkr mit abl Anm *Wagner* –; FG Nds EFG 91, 471, rkr; Dienstkleidung des Försters FG Hess EFG 87, 552, bestätigt, *FinVerw* DStR 96, 1934 – **aA** zu Lodenmantel zutr BFH VI R 73/94 BStBl II 96, 202 –; „Posthornkleidung" s FG Nds EFG 91, 118, rkr; mE zu großzügig zu Sport- und Ausgehkleidung des Offiziers FG Brem EFG 92, 735, rkr, zutr **enger** zu Arztkleidung BFH IV R 65/90 BStBl II 91, 348 (auch zu Bedeutung des Kaufs im Fachhandel/Privatgeschäft); **abl** zu weißer Masseurkleidung BFH I B 5/94 BFH/NV 95, 207, BVerfG StEd 95, 158; zu Kleidern und Hosen einer Musikerin BFH IV R 13/90 BStBl II 91, 751; zu Messeblazer mit Firmenemblem FG BaWü EFG 00, 1113, rkr; zu weißer Berufskleidung von Altenpflegerin FG Hbg EFG 02, 963; zu einheitl Verkaufskleidung FG Ddorf EFG 01, 362, rkr. S auch zu Kleidergestellung als ArbLohn BFH VI R 21/05 BStBl II 06, 915. Zu Pilot FG Hess EFG 89, 173, rkr (Schuhe § 12, Hemden mit Schulterklappe WK). **Verlust** von Kleidung ist nur bei ausschließl berufl Anlass BA (zB Berufsunfall, FG Thür EFG 00, 211, rkr; idR nicht Diebstahl/Beschädigung auf Geschäftsreise, s aber „Verlust" *1,* Rz 628).

Kontokorrentzinsen s Rz 238 ff.

Kraftfahrzeug s unter „Fahrtkosten", „Geschäftsreisen", „Verlust", zu Versicherungen Rz 266 ff, zu Angemessenheit § 4 V 1 Nr 7, Rz 601 ff.

Krankheitskosten sind BA, wenn der StPfl unter einer typischen Berufskrankheit leidet oder der Zusammenhang mit dem Beruf in anderer Weise eindeutig feststeht. *Beispiele:* Strahlenschäden des Röntgenarztes, Tuberkulose des Lungenarztes (BFH IV R 207/75 BStBl II 80, 639); Folgen eines Betriebsunfalls (Fahrt zum Arzt s FG Hess EFG 88, 556, rkr); Berufssportlerkrankheit (FG Hess EFG 01, 683, rkr); uU physische Erkrankung wegen Mobbing (FG RhPf DStRE 14, 1217, rkr); **nicht** Herzinfarkt (zu RA BFH VI R 59/68 BStBl II 69, 179) oder Gelenkarthrose (zu Lehrer FG Bln EFG 92, 322, rkr) oder allg vorbeugende Kur (vgl BFH IV R 96/88 BFH/NV 93, 19); s auch zu Berufsmusikerin BFH VI R 37/12 BStBl II 13, 815. Kein BA-Abzug für **Brille** (§ 12, BFH VI R 50/03 BFH/NV 05, 2185, 31. Aufl mwN) oder **Hörgerät** (BFH VI B 275/00 BFH/NV 03, 1052). KV-Beiträge sind auch bei Arzt keine BA.

Kundschaftsessen/-trinken. Sucht der StPfl einen Geschäftsfreund (zB den Inhaber einer Gastwirtschaft) auf, um zur Pflege bestehender oder Anknüpfung neuer Geschäftsbeziehungen für die **eigene Verpflegung** eine größere Zeche zu machen, sollte es nach BFH VI R 340/62 U BStBl III 64, 98 mögl sein, außergewöhnl Kosten bei Branchenüblichkeit als BA abzusetzen. ME nach Auslegung von § 12 Nr 1 durch BFH GrS 2/70 BStBl II 71, 17 nur noch bei konkreten betriebl Anlässen anzuwenden (vgl auch BFH IV R 205/85 BStBl II 88, 771; zu übl „Jahresessen" FG Mchn EFG 96, 93, rkr; abl zu „Testessen" eines Kochs BFH III R 11/94 BFH/NV 96, 539; offen zu Restaurantkritiker BFH IV B 131/99 BFH/NV 01, 162). Anders bei **Kundenbewirtung zu Werbezwecken** (s „Bewirtung", BFH I B 157/02 BFH/NV 03, 1314 und Rz 540).

Lösegeld. – *(1)* **Zahlungen nach Entführung des StPfl** sind keine BA (§ 12, BFH IV R 27/77 BStBl II 81, 303). Ort und Zeit der Entführung sowie die Person des Entführers sind für die Beurteilung des privaten Zusammenhanges nicht entscheidend; das Risiko der Entführung und Erpressung ist idR personenbezogen, anders als das Risiko der Zerstörung eines Pkw oder eines Arbeitsunfalles bei besonders gefahrgeneigter Tätigkeit. Keine BA sind auch Aufwendungen für den persönl Schutz (zB Beschäftigung eines persönl Bewachers, vgl FG Köln EFG 81, 558, rkr) und Prämien einer Versicherung gegen Entführungsrisiko (Rz 266, 275, unten „Sicherheit"). – *(2)* **Entführung eines PersGes'ters:** Zahlungen der Ges aus diesen Gründen sind keine BA (§ 15 I Nr 2, BFH IV R 223/79 BStBl II 81, 307, Rz 480); bei Entführung eines **KapGes'ters** kann **vGA** vorliegen (BFH I B 132/00 BFH/NV 01, 1048). – *(3)* **Entführung von ArbN oder Kunden:** Zahlungen des Unternehmers sind idR BA.

Nachträgl BA s Rz 234, 486, § 16 Rz 350 ff.

Nutzungsaufwendungen s Rz 301, 360, 139 (AfA), 500 ff (Drittaufwand).

Pauschbeträge s Rz 496, auch zu Bindung. Bisher existiert **kein allg BA-Pauschbetrag,** auch nicht für Kleinbetriebe. **Pauschbetrags-Einzelfälle** s „Doppelte Haushaltsführung", „Geschäftsreisen", forstwirtschaftl Betriebe s § 51 EStDV; hauptberufl schriftstellerische oder journalistische Tätigkeit (30 vH der BE bis 2455 €) oder nebenberufl schriftstellerische uä Tätigkeit (insgesamt 25 vH der BE bis 614 €; EStH 18.2); s § 18 Rz 216. ArbG-Ersatz s „Arbeitslohn". BA-Pauschalen für **Pflegepersonen** s *BMF* BStBl I 12, 1226 (bis zu 300 € monatl für 40 Stunden; s 33. Aufl mwN). **Abgeordneten** werden hohe Pauschbeträge stfrei gewährt, ohne Auswirkung auf sonstige BA/WK (verfmäßig, s 32. Aufl). Schätzung bei gemischter Tätigkeit § 18/§ 19 s Rz 489. Pauschalierende Aufteilung von **VIP-Logen-Rechnungen** s unten „Sponsoring" und 33. Aufl mwN. Pauschalierung von Sachzuwendungen s §§ 37a, b, Rz 537.

Policendarlehen auf private LV sind unabhängig von der Behandlung der Versicherung (PV, SA, s Rz 275) bei betriebl Veranlassung der Schuldaufnahme wie bisher grds BV, hierfür (nicht für LV-Beiträge) aufgewandte Zinsen sind BA (s Rz 227, unten „Schuldzinsen") – fragl jedoch, soweit das Policendarlehen das ursprl benötigte Bankdarlehen übersteigt. Vgl zu **§ 4 IVa** Rz 524.

Prozess-/Rechtsverfolgungskosten. – *(1)* **Grundsatz.** Beratungs-, Vertretungs- und Prozesskosten für die Verfolgung betriebl Ansprüche und die Abwehr gegen den Betrieb erhobener Ansprüche sind BA (vgl „Abwehrkosten", zu WK und Höhe *Müller* DStZ 99, 50, zu Statusfeststellungsanfragen nach § 7a SGB IV BFH VI R 25/09 BStBl II 10, 851). Zum Zeitpunkt der Passivierung von Prozesskosten § 5 Rz 550; bei § 4 III gilt § 11 II. *Beispiele:* Anwaltsberatung iZm Betriebskosten (iZm Anschaffungen uU AK); betriebl Mietprozesskosten (BFH I R 61/93 BStBl II 94, 323); Kosten eines Zivilprozesses wegen Honorarzahlung (BFH VIII R 102/97 BStBl II 84, 314; vgl auch BFH VI R 23/10 BStBl II 12, 829 und § 19 Rz 110 zu Vergleichskosten als WK) oder Gewinnanteil PersGes'ter (BFH

I R 215/72 BStBl II 73, 493); Passivprozess wegen Schadensersatz nach betriebl PkwUnfall (ohne Rücksicht auf Verschulden, s „Verlust" – zu privater Mitveranlassung BFH IV R 26/04 BStBl II 06, 182); VerwG-Kosten wegen betriebl Genehmigung. – *(2)* **Steuerberatungs-/Steuerprozesskosten** sind BA, soweit sie iZm der Gewinnermittlung entstehen, auch nach Streichung von § 10 I Nr 6 aF. Die Rechtslage ist eindeutig bei reinen **Betriebsteuern** einschließl GewSt, s Rz 618 (Abschlusskosten als BA s BFH IV R 22/81 BStBl II 84, 301 und § 5 Rz 550; uU Aktivierung), fragl bei Personensteuern, die auch betriebl veranlasst, aber nicht abziehbar sind (**abl** zu EStErklärung über Gewinnermittlung hinaus BFH X B 124/10 BFH/NV 11, 1838; BFH III B 22/13 BFH/NV 14, 1200; s § 12 Nr 3, Rz 631 und unten „Steuern"; abl zu Feststellungserklärung BFH IV B 45/04 BFH/NV 05, 2186, BFH VIII B 40/14 BFH/NV 15, 1565; Selbstanzeigekosten/ StAmnestieberatungskosten s unter *3*). Bisher dehnen Rspr und Verwaltung **§ 12 Nr 3 nicht** auf Kosten der **Rechtsverfolgung** aus (bei ESt-Verfahren unabhängig vom Ausgang BA, soweit sie die Gewinnermittlung oder Fragen der – erfolgreichen – Betätigung mit Gewinnabsicht oder der Gewinnverteilung betreffen, s BFH IV R 151/64 U BStBl III 66, 190 zu Steuerberatungskosten, abgrenzend BFH III R 220/83 BStBl II 87, 711 zu Kosten eines FG-Verfahrens bei Verneinung der beantragten Gewerbetätigkeit – anders wohl bei Gewerbe mit 0 € Gewinn –; BFH VIII R 27/08 BFH/NV 10, 2038 zu WK). Das ist – im abgesteckten Rahmen – wohl zutr, da es sich nicht, wie bei der ESt selbst, um Einkommensverwendung, sondern um Kosten der Einkommenserzielung handelt. **Haftungsprozesskosten** gegen StB wegen Fehlberatung sind keine BA (FG Hbg EFG 08, 1268, rkr). Bei ESt-Veranlagungen sind StBKosten aufzuteilen (ggf Herausschätzung der Kosten für Mantelbogen, s *BMF* BStBl I 08, 256, § 10 Rz 99). Dagegen sollen **Auskunftskosten** nach § 89 III AO nur zu Betriebsteuern abziehbar sein (§ 3 IV AO, *BMF* BStBl I 07, 227 Tz 4/DStR 08, 1139). – *(3)* **Strafverteidigungskosten** können bei betriebl Veranlassung BA sein (s „Strafen"; *FinVerw* DB 06, 2091); ebenso StErmittlungs- und Nacherklärungskosten iRe Selbstanzeige (*FinVerw* DB 06, 2091; BeckVerw 241539; FG Köln EFG 13, 1328, Rev VIII R 34/13; *Viebrock ua* DStR 15, 391); damit zusammenhängende Strafverteidigungskosten oder StBer-Kosten wegen **Steueramnestie nach StraBEG** sind nicht abziehbar (s *FinVerw* 32. Aufl, BFH VIII R 29/10 BStBl II 13, 344). – *(4)* **Testamentsvollstreckungskosten** sind BA, soweit sie die Erzielung von BE (zB Betriebsfortführung) und nicht die Nachlassabwicklung betreffen (BFH VIII R 47/77 BStBl II 80, 351 zu WK, BFH IV R 36/73 BStBl II 78, 499 zu BA; *Ebeling* BB 92, 325; *Noll/Schuck* DStR 93, 1437; zu **Nachlasspfleger** FG Nbg EFG 87, 20, rkr). **Testamentskosten** sind keine BA (FG Nds EFG 00, 1372, rkr). **Nachlasskonkursverwaltergebühren** sind keine BA (FG Mchn EFG 98, 548); fragl nach BFH III R 39/97 BStBl II 00, 69 (BA/WK für Vermögensvorsorgekosten eines **Vormunds/ Betreuers**); anders uU Kosten des **Insolvenzverfahrens** iSv §§ 54, 63, 274 I, 293 InsO. – *(5)* **Vorweggenommene Erbfolge-Beratungskosten** sind mE wie **Erbprozesskosten** auch bei BV keine BA (str, s „Erbfall"; *Grube* FR 07, 533).

Reisekosten s „Geschäftsreisen", „Informationsreisen" und Rz 484.

Renten s Rz 75, 410, § 16 Rz 221.

Sachaufwendungen können BA sein (s Rz 478 mwN).

Schadensersatzleistungen an Dritte sind BA, wenn ihr Rechtsgrund in der berufl Tätigkeit des StPfl liegt (s BFH IV R 140/84 BFH/NV 87, 577), oder wenn die Entstehung des Schadens selbst betriebl/berufl veranlasst ist (vgl Rz 481 – Sekundärkausalität). Auf das Verschulden und die Behandlung beim Empfänger kommt es nicht an. *Beispiele:* Kunstfehler des Arztes, fehlerhafte Warenlieferung, Fristversäumung durch StB; Haftung wegen Beihilfe zur StHinterziehung (BFH VI R 35/96 BStBl II 04, 641). Private Mitveranlassung muss ausscheiden (BFH IV R 207/75 BStBl II 80, 639 zu Heilkosten für strahlengeschädigte Kinder eines Röntgenarztes, BFH VI R 30/77 BStBl II 81, 362 und BFH VI R 121/84 BFH/NV 88, 353 zu berufl Vermögensschaden; BFH IV R 26/04 BStBl II 06, 182 zu Schadensersatz an Privatpassagiere wegen Unfalls auf Betriebsfahrt, s auch FG RhPf EFG 09, 31, rkr; zu Untreueschaden BFH X R 163–164/87 BStBl II 91, 802; BFH X S 12/03 BFH/NV 04, 337; FG Hbg EFG 01, 559, rkr, und Rz 382). Vgl „Abfindung", „Fahrtkosten", „Verlust", „Vertragsstrafen", Rz 95 zu Schadensrenten. D&O-Versicherungen s Rz 276.

Schmiergelder/Bestechungsgelder werden idR aus betriebl Gründen gezahlt (s Rz 482, 492, unten „Spenden"). Sie sind als BA absetzbar, soweit es sich nicht um Geschenke iSv § 4 V 1 Nr 1 handelt (Abgrenzung s Rz 537), keine strafbare Handlung vorliegt (§ 4 V 1 Nr 10, s Rz 607) und der Empfänger benannt wird (§ 160 AO, s Rz 640). Bei **Rückzahlung** oder Verfall (§ 73 I StGB) BA bzw negative BE allenfalls in diesem Jahr. **Ausland** s Rz 607 mwN.

Schuldzinsen (dh alle Aufwendungen für die zeitl Überlassung von Fremdkapital, s Rz 523 und § 9 Rz 132) sind BA, soweit die Zahlung betriebl veranlasst ist, idR weil die Schuld BV darstellt(e), nicht allein durch Buchung bzw bloßen Willensakt, s BFH GrS 2–3/88 BStBl II 90, 817 unter C II 3a und GrS Rz 241, auch zu Ablösung und Umwandlung von Darlehen. Finanzierung gemischt genutzter WG s BFH IV R 57/90 BStBl II 92, 141; s auch Rz 486 zu nachträgl BA, auch nach Strukturwandel; Rz 238 ff zu Kontokorrentzinsen, Rz 383, 441, 481 zu Darlehenszinsen, Rz 400 und 487 zu Umschuldung. Ab 1999 generelle BA-Abzugsbegrenzung bei **„Überentnahmen"** (**§ 4 IVa,** Rz 522 ff). Sonstige gesetzl Abzugsbeschränkungen s Rz 227. Eigene **Auslandszinsen** können BA sein. **Zinsen für Privatschulden** sind auch bei Betriebsbelastung und wirtschaftl Zusammenhang mit künftigen BE nur dann BA, wenn die Schuldübernahme zu AK betriebl WG führt (**Aufgabe der sog SekundärfolgenRspr** – zB BFH IX R 111/84 BStBl II 89, 706 – durch GrS 2–3/88 und GrS 2/89 BStBl II 90, 817 und 837, s BFH VIII R 47/90 BStBl II 94, 619 und Rz 227 mwN). Umgekehrt sind **Zinsen für Betriebsschulden** BA auch bei Privatabsicherung (zB über Privathaus oder private Lebensversicherung), s „Policendarlehen", Rz 227, 275, 524; zu Notargebühren iVm Finanzierung BFH IX R 72/99 BStBl II 03, 399.

Sicherheit. Ausgaben für die persönl Sicherheit des StPfl sind idR keine BA (s „Lösegeld", Rz 266, 275, *BMF* BStBl I 10, 614, FG BaWü EFG 93, 72, rkr), für fremde ArbN BA (§ 19 Rz 100, *BMF* BStBl I 97, 696).

Sonderabschreibungen s „Steuervergünstigungen".

Sonderbetriebsausgaben s Rz 176, § 15 Rz 640 ff.

Spenden sind freiwillige, unentgeltl Zuwendungen zur Förderung bestimmter begünstigter Zwecke iSv § 10b I. Dazu gehören grds als Ausgaben zur Förderung staatspolitischer Zwecke auch Spenden und Beiträge an politische Parteien (§ 10b II), die aber nach § 4 VI nicht als BA abziehbar sind. Das Motiv für die Zahlung ist zwar unerhebl (s § 10b Rz 15), jedoch müssen Spenden **ohne Erwartung einer konkreten Gegenleistung** erbracht werden. Solche unentgeltl Zuwendungen können andererseits auch betriebl/berufl veranlasst und damit BA sein, soweit eine private Mitveranlassung ausscheidet (vgl „Schmiergelder", § 4 IV, V S 3, § 12 Nr 1 und unten „Sponsoring"). **Humanitäre Katastrophenspenden** aus BV als BA s *BMF*-Schreiben 33. Aufl, BStBl I 15, 466, I 14, 889; Flüchtlingsspenden s *BMF* BStBl I 15, 745.

Sponsoring. – ***(1)* BA als entgeltl Zuwendungen.** Nicht ausgeschlossen ist der Abzug entgeltl Aufwendungen auf Grund konkreter nachweisl betriebl Erwägungen (zB Werbung). Das sind begriffl BA und keine Spenden iSv § 10b; auch § 4 V 1 Nr 1 und § 12 Nr 1 sind insoweit nicht einschlägig (BFH I R 126/85 BStBl II 88, 220). Bei Aufteilung eines Gesamtrechnungsbetrages für **VIP-Logen in Sportstätten** kann dieser voll abziehbare Anteil ohne abw Spezifikation durch den Anbieter pauschal mit 40 vH des Gesamtbetrages angesetzt werden, der nach § 4 V 1 Nr 2 zu kürzende Bewirtungsanteil mit 30 vH, bei VIP-Hospitality-Leistungen für die Fußball-WM höchstens 1000 € pro Teilnehmer; der Restbetrag entfällt auf den nach § 4 V 1 Nr 1 grds nur bei ArbN abziehbaren Geschenkanteil – je $1/2$ auf Geschäftsfreunde und ArbN (vgl *BMF* BStBl I 05, 845 und I 06, 307; *FinVerw* DB 06, 1136 zu FIFA-Eröffnungsfeier; *BMF* BStBl I 06, 447 zu ähnl Sachverhalten; *Mann/Bierstedt* BB 06, 1366; zu Pauschalierung § 37b, Rz 537; Abgrenzung zu Regattaeinladung s BFH IV R 25/09 BStBl II 12, 824, *Wallenhorst* DStR 12, 2212). *Beispiele:* Zu Sponsoring allg *BMF* BStBl I 98, 212 mit Ergänzung zu Tz III *FinVerw* DStR 00, 594; FG Hess EFG 99, 496, rkr; *Kasper* DStZ 05, 397; 25. Aufl mwN; zu Veranstaltungs-Sponsoring *FinVerw* DStR 93, 203, BB 96, 36; zu Sozio-Sponsoring *Breuninger/Prinz* DStR 94, 1401, auch zu § 4 V 1 Nr 1 und Nr 7; zu Kultur- und Sportsponsoring *Heuer* DStR 96, 1789; zu Kunstspenden *Boochs/Gantefführer* DB 89, 2095; zu Share Sponsoring *Ball/Diekmann* DStR 02, 1450 und 1602; zu Partei-Sponsoring *Hey* DB 05, 1403; zu Banken-Sponsoring *Waschbusch/Knoll/Stolz* StB 13, 367. Unabhängig von der Besteuerung beim Geber ist die steuerl Behandlung beim Empfänger (uU BE wegen wirtschaftl Geschäftsbetrieb, s BFH I R 42/06 BStBl II 08, 949, Anm *Scholz/Garthoff* BB 08, 1148). – ***(2)* Abgrenzung.** In tatsächl Hinsicht müssen FA/FG prüfen, ob der StPfl die Zahlung aus seiner Sicht deutl überwiegend aus betriebl Interesse erbracht hat; die Darlegungs- und Feststellungslast trägt der StPfl (s Rz 480, FG BaWü EFG 88, 461, rkr). In rechtl Hinsicht ist es mE gefährl, die betriebl Veranlassung auf das Schaffen günstiger betriebl Rahmenbedingungen, auf allg berufs- und wirtschaftspolitische Aufwendungen zu erstrecken (so zB BFH VIII R 188/84 BStBl II 86, 373; aA zu Parteispenden BFH I R 65/86 BStBl II 91, 258 mwN). Allg politische Förderung und allg Spenderdarstellung (zB einer Sparkasse) beruhen idR nach außen erkennbar auf Spendenmotivation, nicht auf betriebl Veranlassung, ebenso Mandats-Sonderbeiträge (s Wahlkampfkosten"); zu CDUWirtschaftsrat BFH VI R 51/92 BStBl II 94, 33, *FinVerw* DStR 90, 118.

Sprachkurse. Die Kosten können bei konkreter betriebl Veranlassung ohne Privatinteresse BA sein. Der obj Zusammenhang mit der Einnahmenerzielung und die subj Förderungsabsicht der Tätigkeit müssen (durch das FA bzw das FG) auf Grund einer tatsächl Gesamtwürdigung von Indizien festgestellt werden (zB nach Kostenhöhe, Kursort, Kursprogramm, Freizeit, Bedeutung für die Tätigkeit, Lernziel usw; grundlegend BFH IV R 153/79 BStBl II 80, 746; s auch BFH VI R 13/07 BFH/NV 08, 1356). Dies gilt auch nach der EuGH-RsprÄnderung im EG-Bereich. Der BFH BFH VI R 168/00 BStBl II 03, 765 hat die Rspr – im Anschluss an **EuGH-Urt** *Vestergaard* Rs C-55/98 (DStRE 02, 114) – nur insoweit geändert, als Auslandsaufenthalte in EG-Staaten oder außerhalb bei gleichwertigen Inlandsangeboten nicht *per se* eine Ablehnung rechtfertigen (so jetzt auch *BMF* BStBl I 03, 447; s *Rößler* StBp 04, 176; *Brähler/Lösel* Stbg 05, 250). Wie bei Inlandsaufenthalten ist die berufl Veranlassung nach den Gesamtumständen zu prüfen; dabei kann *auch* der Kursort eine Rolle spielen (Hamburger mit Sprachkurs in Berchtesgaden, Honolulu oder Sevilla: uU – schwaches – negatives Indiz mit der Folge des § 12; s auch BFH VI R 89/02 BFH/NV 06, 934 mit Folgeurteil EFG 07, 755, rkr; „Informationsreisen"; 27. Aufl mwN). Daher uU Ablehnung bei Erwerb von Grundkenntnissen im Ausl trotz berufl (Mit-)Veranlassung wegen § 12 (s aber – Inlandskurs – BFH VI R 46/01 BStBl II 02, 579). Vgl auch zu Aufnahme einer Ausländerin im Haushalt BFH VI R 10/90 BStBl II 94, 114; BFH VI R 43/04 BFH/NV 08, 357; zu Deutschkurs eines Ausländers (§ 12) BFH VI R 14/04 BStBl II 07, 814, FG Nbg EFG 15, 2052, rkr – abl *Beiser* DB 07, 1720.

Steuern. – ***(1)* Betriebsteuern** sind als betriebl Aufwendungen BA. *Beispiele:* USt, GewSt vor 2008 – dann Abzugsverbot nach § 4 Vb und Ausgleich durch § 35, Rz 618 –, betriebl Kfz-Steuer (s „Auto"), Grundsteuer für Betriebsgrundstück (GrESt als AK s BFH I R 78/94 BStBl II 95, 207 mit Abgrenzung bei Sacheinlage I R 2/10 BStBl II 11, 761 und I R 40/10 BStBl II 12, 281 und – GesAnteilsübertragung – FG Mster DStRE 13, 749, Rev IV R 10/13 erledigt, *Graessner* NWB 13, 2993; *Gadek/Mörwald* DB 12, 2010). Der **Steueramnestiebetrag** ist trotz des Wortlauts von § 10 I StraBEG keine ESt und daher BA, soweit er auf Betriebsteuern (USt, GewSt, nicht ESt) entfällt – aber auch insoweit kein Abzug der StB-Kosten (BFH VIII R 29/10 BStBl II 13, 344). Die USt ist auch bei § 4 III kein durchlaufender Posten (s Rz 388). – ***(2)* Private Steuern** dürfen den Gewinn nicht mindern, auch nicht, soweit sie auf betriebl Gewinne oder BV entfallen (ESt, KSt, ErbSt, USt auf Entnahmen, KiSt, SolZ – § 12 Nr 3, § 10 I Nr 4, § 10 Nr 2 KStG, BFH I R 7/94 BStBl II 95, 477), auch nicht Kreditkosten hierfür (s Anm 3, Rz 227 und oben „Erbfall"). Das gilt auch für AbzugSt (BFH I R 64/96 BStBl II 97, 548). Vgl Rz 631, § 12 Rz 45, § 10 Rz 147 „ErbSt". – ***(3)* Steuerl Nebenleistungen** (§ 3 IV AO, Zinsen, Verspätungs- und Säumniszuschläge, Zwangsgelder, Kosten; ab 2007 auch Auskunftsgebühren nach § 89 III AO – fragl, s „Prozess/Rechtsverfolgung" *2)* werden idR wie die Steuer behandelt (bei ESt/KSt Abzugsbeschränkung, § 12 Nr 3, § 10 Nr 2 KStG, s BFH I B 97/11 BStBl II 12, 697, VerfBeschw 2 BvR 1608/12 nicht zur Entscheidung angenommen; Sanktionszuschläge gem § 162 IV AO sind nicht abziehbar, § 4 V 1 Nr 12, s Rz 614). Die Ungleichbehandlung von Nachforderungszinsen (keine BA, § 12 Nr 3) und Erstattungszinsen (BE gem § 20 I Nr 7, s Rz 460 „Zinsen") wird nur als unbillig angesehen, soweit sie auf demselben Ereignis beruhen (dann uU Erlass gem § 163 AO, s *FinVerw* DB 14, 571). Zinsen auf BetriebSt sind nach wie vor grds – mit Einschränkung durch § 4 IVa, Vb – gem § 4 IV als BA abziehbar. Hinterziehungszinsen iSv § 235 AO sind nicht abziehbar (§ 4 V 1 Nr 8a, § 9 IV). – ***(4)* StBeratungs-, StErklärungs- und Prozesskosten** s „Rechtsverfolgung".

Steuervergünstigungen im Ausgabenbereich. – ***(1)* Allg Bewertungsfreiheit** (keine Aktivierung): GWG § 6 II, IIa. – ***(2)* Erhöhte Absetzungen** (*anstelle* der NormalAfA, vgl § 7a III, VIII; s auch § 6 IIa, § 7 II, IV, V; Gebäude §§ 7b aF, 7c, 7d aF, 7h, 7i, 7k; EStDV §§ 82a, 82g, 82i), s 23. Aufl. – ***(3)* Sonderabschreibungen** (*neben* NormalAfA, vgl § 7a IV, IX): §§ 7e–g, §§ 76, 78, 81, 82d, f EStDV; § 4 FördG). **RestAfA** s § 7a IX. – ***(4)* Bildung stfreier Rücklagen** in Einzelfällen, um die Besteuerung stiller Reserven zu verhindern oder hinauszuschieben (§§ 6b, 6c mit BA-Abzug bei § 4 III, EStR 6.6, s Rz 72) oder um Anschaffungen zu begünstigen (AnsparAfA nach § 7g III–VIII aF, Investitionsabzugsbeträge § 7g nF s Rz 371). – ***(5)* Zulagengewährung** (zB nach InvZulG; s Rz 460). – ***(6)* Verteilung von Erhaltungsaufwand** bestimmter Wohngebäude auf 2–5 Jahre (§ 4 VIII iVm §§ 11a, b – s Rz 499). **§ 82b EStDV** gilt auch nach Wiedereinführung ab 2004 nicht für Betriebsgebäude. – ***(7)* Katastrophenfälle** s *BMF* BStBl I 14, 889, I 15, 466 sowie „Spenden".

Strafen; Geldbußen (§ 4 V 1 Nr 8, § 12 Nr 4). Aufgrund von BFH GrS 2/82 BStBl II 84, 160 hat der Gesetzgeber die früher schon praktizierte Nichtabziehbarkeit von Geldstrafen (§ 12 Nr 4, § 10 Nr 3 KStG) sowie Geldbußen, Ordnungs- und Verwarnungsgeldern, die nach dt Recht so bezeichnet sind (**§ 4 V 1 Nr 8 S 1,** § 9 IV; nicht „Vertragsstrafen") gesetzl geregelt. Betroffen sind nur **eigene Strafen** des StPfl, nicht solche, die er als ArbG für ArbN übernimmt (BA ArbG, Einnahmen ArbN ohne WK-Abzug, vgl BFH VI R 36/12 BStBl II 14, 278), und nur, wenn die Tat **betriebl veranlasst** ist, also nicht aus dem Rahmen der Berufsausübung herausfällt (BFH VI B 133/14 BFH/NV 15, 1247; s unten Strafverfahrenskosten). § 4 V 1 Nr 8 ist verfgemäß, soweit die Ordnungsbehörden bzw Strafgerichte die EStBelastung bei Abschöpfung des wirtschaftl Vorteils berücksichtigen (BVerfG BStBl II 90, 483). Diese können und sollten das Bußgeld entspr mindern, uU im Schätzungswege: Dann bleibt es beim Abzugsverbot nach § 4 V 1 Nr 8. Ohne diese – nicht zwingende – Kürzung des Bußgeldes sieht

§ 4 V 1 Nr 8 S 4 generell – nicht nur für EG-Geldbußen, wie ursprüngl geplant – eine Einschränkung des Abzugsverbots vor (s 23. Aufl; vorher uU Erlass, s BFH X R 59/09 BFH/NV 11, 2047; zum **Nachweis** s BFH IV R 4/12 BStBl II 14, 306). Zur **Höhe des „wirtschaftl Vorteils"** bei § 81 II 1 GWB/§ 17 IV 1 OWiG großzügig BFH I R 100/97 BStBl II 99, 658; zu Schätzung bei Kartellbußen FG BaWü EFG 02, 72, rkr. Die Ausnahmevoraussetzung muss am **Bilanzstichtag** vorliegen (zu **Rückstellung** BFH I R 64/97 BStBl II 99, 656 mit Abgrenzung zu voraussichtl Verfallsanordnung bis 1992 in BFH IV R 31/99 BStBl II 01, 536; s auch BFH VIII R 34/96 BFH/NV 01, 297; zu **Verfall** bei Schmiergeldzahlungen *Sedemund* DB 03, 2423 und 323 und 04, 2256). Die Abgrenzung muss eindeutig mögl sein (EStR 4.13 III, auch zu Nachweis durch StPfl; Bindung an Aufteilung im Bußgeldbescheid, sonst Schätzung, s FG Nds EFG 06, 1737, rkr; zu begrenzter Aufteilung BFH IV R 5/96 BStBl II 97, 353). Für **Nebenstrafen** (Verfall/Einziehung) nach §§ 73 ff StGB schließt **§ 12 Nr 4** den BA-Abzug aus, soweit der Strafcharakter überwiegt, vertretbar, soweit die Strafgerichte die Steuer berücksichtigen. Das gilt auch für reine **Wiedergutmachungsleistungen** in berufsgerichtl Verfahren, die sich nicht nur auf Ersatz des Schadens richten **(§ 4 V 1 Nr 8 S 2,** § 12 Nr 4, zB nach § 153a StPO, § 56b StGB; zu **Auflagen** BFH VIII R 21/11 BFH/NV 15, 191, auch zu Zahlung der PersGes für Ges'ter – s Anm *G. Wacker* DStR 15, 1591; Abgrenzung zu Nebenstrafzweck nach § 56b II Nr 1 StGB s BFH VI R 37/06 BStBl II 10, 111, Anm 33. Aufl), wohl auch für den **Strafzuschlag nach § 398a Nr 2 AO** nach Selbstanzeige (str, s *Roth* DStR 11, 1410 und – uU überflüssige – Sonderregelung § 4 V Nr 12, s Rz 614). Auch betriebl veranlasste **Strafverfahrenskosten** sind BA (vgl BFH IX R 5/12 BStBl II 13, 806; zur Feststellungslast des StPfl BFH X R 20/88 BStBl II 89, 831, zu Aufteilung von Strafverteidigungskosten im Disziplinarverfahren abl BFH VIII R 34/93 BStBl II 95, 457; s auch BFH VI R 75/10 BFH/NV 11, 2040, FG Mster EFG 13, 425 mit Anm *Hennigfeld,* rkr; 32. Aufl mwN). Zu Verteidigungskosten für Geschäftsführerveruntreuung BFH VI R 42/04 BStBl II 08, 223 mit Abgrenzung; zu Abrechnungsbetrug FG Mster EFG 94, 88, rkr; vgl auch FG Thür EFG 14, 1662, Rev VIII R 43/14; zu Tötungsvorwurf ggü Altenpflegerin abl BFH XI R 35/01 BFH/NV 02, 1441; zu Promotionsbestechungszahlungen abl FG Köln EFG 12, 286, rkr; zur Unterbrechung des betriebl Zusammenhanges Rz 28 und unten „Verlust", FG Hess EFG 94, 1043, rkr; FG BaWü EFG 95, 246, rkr. BA sind mE auch **Gerichtskosten** (zu **EuGH** FG Brem EFG 89, 185, rkr, FG RhPf EFG 89, 562, rkr; FG Ddorf EFG 89, 227, rkr) sowie **Zwangsgelder** (zB §§ 328 ff AO) als Beugemaßnahmen zur Erzwingung bestimmter Handlungen (EStR 4.13 IV 2) – nicht abziehbar sind jedoch mE nicht zur Erzwingung, sondern als gesetzl Bußgeldfolge für den Fall der Unterlassung festzusetzende „Ordnungsgelder", zB für unterlassene Offenlegung von GmbH-Abschlüssen (§§ 334 I Nr 5 HGB), auch wenn die in § 335 III HGB vorgeschriebene „Androhung eines Ordnungsgeldes" wie eine Zwangsmaßnahme wirkt (vgl dazu Verfahren FG Nbg Az 1 K 1017/14). Einziehung von Gegenständen nach §§ 76, 76a StGB s EStR 12.3 (§ 4 V 1 Nr 8); zu Verfallsanordnung § 73 StGB BFH X R 23/12 BStBl II 14, 684 (nicht § 4 V 1 Nr 8, aber Nr 10 bei Zugrundelegung der stl Bruttoerträge); *Schneider/Perrar* DB 14, 2428; *Hermenns/Sendke* FR 14, 550. **Haftungszahlungen** wegen Beihilfe zur StHinterziehung Dritter können zu Erwerbsaufwendungen führen (Schadensersatz ohne Straffunktion, BFH VI R 35/96 BStBl II 04, 641). **Ausl Geldbußen** fallen nicht unter § 4 V 1 Nr 8, soweit nicht durch EU-Organe festgesetzt (s 16. Aufl, EStR 4.13 II – Begriffsunterschiede), **ausl Geldstrafen** sind grds nicht abziehbar, soweit es sich um Strafen iSd dt Rechtsordnung handelt (BFH VIII R 89/86 BStBl II 92, 85, EStR 12.3). **EU-Kartellbußen** enthalten nach hM nur einen Sanktions- und keinen Abschöpfungsteil (dazu *FinVerw* DStR 11, 221; EStR 4.13 II 2, III 4; *Schall* DStR 08, 1517; *Sünner* EuZW 07, 8), daher idR kein BA-Abzug (BFH IV R 4/12 BStBl II 14, 306, 33. Aufl mwN; str, s *Haase/Geils* BB 15, 2583;

Drüen DB 13, 1133; *Haus* DB 14, 2066; *Schönfeld/Haus/Bergmann* DStR 14, 2323). In Zweifelsfällen der Art 81/82 EG kann die EU-Kommission schriftl Stellungnahmen zur Abzugsfähigkeit von wegen Wettbewerbsverstößen erhobenen Geldbußen abgeben (VO EG Nr 1/2003 Art 15 III Unterabs 1 S 3; EuGH Rs C-429/07 BeckRS 2009 70633, BFH/NV 09, 692 – LS; dazu *Bronett* EWS 13, 449 und 14, 5). Umgekehrt erhöhen zurückgezahlte Ausgaben iSv S 1 und 2 nicht den Gewinn **(§ 4 V 1 Nr 8 S 3),** s dazu § 4 Rz 460 „Abfindungen". **Sanktionszuschläge** gem § 162 IV AO der FinVerw sind gem § 4 V 1 Nr 12 nicht abziehbar. **Gewinnabschöpfung** nach § 29a OWiG s *Gehm* NWB 12, 2149.

Studienreisen s „Informationsreisen" und § 19 Rz 110.

Telefonkosten sind bei betriebl Veranlassung BA. Bei privater Mitbenutzung eines betriebl Anschlusses (und umgekehrt) ist der BA-Anteil ggf im Schätzungswege zu ermitteln (Gesprächs- und Grundgebühr, BFH IX R 83/85 BFH/NV 91, 95 mwN; FG Nds EFG 97, 1300, rkr, Rz 32); uU Abzug auch bei gemischter Veranlassung (BFH VI R 50/10 BStBl II 13, 282 zu Auswärtstätigkeit).

Testamentsvollstreckerkosten s unter „Rechtsverfolgungskosten".

Umsatzsteuer. Für die Anschaffung von WG des BV gezahlte USt/VorSt gehört grds nicht zu den AK des WG (§ 9b). Sie ist daher BA (und bei Erstattung/Verrechnung durch das FA in gleichem Umfang BE). Bei gemischt genutzten WG mit vollem VorSt-Abzug nach § 15 I UStG ist jedoch § 4 IV zu beachten: Bei zT vermieteten, zT eigengenutzten Grundstücken (s Rz 192; *FinVerw* DB 06, 419) und bei sonstigen betriebl mitgenutzten bewegl WG im PV und mE auch im BV (zB bei zu 30 vH betriebl genutzten Kfz, s Rz 206 ff) ist der VorSt-Abzug (und damit die spätere BE) nur zu 30 vH betriebl veranlasst (bei vollem Abzug spätere BE-Korrektur, § 9b II). Verhältnis USt/1%-Regelung bei Kfz-Nutzung s BFH VIII R 54/07 BStBl II 11, 451 (Ansatz nach UStG). Sonstige Auswirkungen der USt auf die ESt (Entnahmen, GWG, BA iSv § 4 V, § 12 Nr 3) s Rz 360, 538; § 9b Rz 8 ff, auch zu Änderungen durch AIFM-StAnpG bei Vorsteuerabzugsberichtigung, § 15a UStG.

Umwandlung; Verschmelzung. Unmittelbar hierdurch verursachte Kosten sind unabhängig von der Besteuerung eines Übernahmegewinns BA des jeweils Betroffenen (BFH I R 83/96 BStBl II 98, 698 mwN; *Mühle* DStZ 06, 86).

Umzugskosten. Es gelten die WK-Grundsätze (s § 19 Rz 110). Der Umzug muss durch Wechsel einer Berufstätigkeit, Betriebsverlegung oder sonstige Veränderungen im berufl Bereich veranlasst sein (s etwa BFH I S 5, 6/03 BFH/NV 04, 637). Das ist bei Betriebsverlegung ausnahmslos, bei Wohnungsverlegung nach BFH VI R 189/97 BStBl II 02, 56 selbst bei Eheschließung und bei gemeinsamem Umzug von Ehegatten stets ohne weitere Prüfung von § 12 bei **Wegezeitverkürzung um 1 Stunde** anzunehmen, also nicht nur als wesentl Indiz (fragl, s 20. Aufl; *Kanzler* FR 02, 288; bei Ehegatten keine Addition, BFH VI R 175/99 BStBl II 01, 584, str, und keine Saldierung, BFH IX R 79/01 BStBl II 06, 598). Begrenzung bei Zwischenumzug s BFH IV R 78/99 BStBl II 01, 70; zu Übergangsabzug bei Verlegung der Familienwohnung BFH VI R 2/11 BStBl II 12, 104. – **Höhe: BA** sind alle betriebl veranlassten Kosten (s Rspr § 19 Rz 110). Höchst-/Pauschbeträge s LStR 9.9 II, ab 1.3.2014/2015 *BMF* BStBl I 14, 1342 (Inland) und ab 2012 BGBl I 12, 2349 (AUV Ausland).

Unentgeltliche Zuwendungen s „Geschenke", „Spenden".

Unfallaufwendungen s „Verlust" und „Schadensersatz".

Unterschlagung kann zu BA führen (s „Schadensersatz", „Verlust"; Rz 382).

Verlust (Zerstörung; Diebstahl; Unterschlagung; Unfall). – ***(1)*** **Betriebl Veranlassung.** Verluste mindern den Gewinn, wenn ihre Entstehung betriebl veranlasst ist. Dafür ist zunächst Voraussetzung, dass die zugrunde liegende Tätigkeit mit Gewinnabsicht betrieben wird (BFH GrS 4/82 BStBl II 84, 751 mwN). Zur Feststellung der Veranlassung durch diese Tätigkeit s Rz 27. Der Verlust *fremder* WG ist in diesem Rahmen nur bei „Schadensersatzleistung" (s Stichwort) als eigener Aufwand absetzbar. Die **Art des WG** ist allenfalls ein Indiz für die Art des Verlusts (weit zu Arbeitsmitteln – Violine – BFH VI R 185/97 BStBl II 04, 491). So sind Verluste typischer WG des **BV** idR betriebl veranlasst, zB Beteiligungsverluste (Rz 250), Forderungsverluste (einschließl Darlehensforderungen, s Rz 217, 383); Bürgschaftsverluste (s Rz 232); Wertpapierverluste (Rz 260), Zerstörung einer Maschine, eines BetriebsPkw im betriebl Bereich (Anm 2). – Umgekehrt führen Verluste von **WG des PV** nach wohl zutr hM grds nicht zu betriebl Aufwand, selbst wenn die auslösende Verwendung bei fortbestehender privater Mitveranlassung *auch* im betriebl Interesse erfolgte (§ 12 Nr 1). *Beispiele:* – Verlust eines privaten Schmuckstücks auf betriebl Veranstaltung oder Geschäftsreise (vgl BFH VI R 131/66 BStBl II 68, 342, zu Kleidung, Koffer, Brille usw FG Nbg EFG 89, 226, EFG 90, 19, rkr, und „Kleidung"; ähnl zu Geldverlusten eines ArbN BFH VI R 227/83 BStBl II 86, 771, Rz 382 – weiter uU BFH VI R 26/95 BStBl II 95, 744; fragl, s Rz 628); – zu Besonderheit bei PkwDiebstahl auf Geschäftsreise s BFH VI R 171/88 BStBl II 93, 44; – zu Unterschlagung durch Ges'ter *Flies* DStR 96, 89, oben Rz 382. **Aufteilung** scheidet aus (BFH VI R 133/76 BStBl II 78, 457 zum Unfall mit gemischt genutztem PrivatPkw auf der Fahrt zum TÜV oder zum Kundendienst, vgl auch BFH IV R 353/84 BFH/NV 91, 512 zum Unfall auf der Heimfahrt vom Betriebssport im Anschluss an die Berufstätigkeit; diese Fahrten sind nicht mehr rein betriebl veranlasst). Essens- und Tankfahrten s unten *b,* Umwegfahrten unten *a,* Abhol-Leerfahrten s RsprÄnderung BFH VI R 82/92 BStBl II 93, 518; Austauschmotor s „Fahrtkosten" *(3).* Entscheidend ist, ob das **verlustauslösende Ereignis** wesentl betriebl veranlasst ist (abl zu privat mitveranlasstem Schadensersatz wegen Unfalls auf Betriebsflug BFH IV R 26/04 BStBl II 06, 182). **Versicherungsbetrug** führt nicht zu BA (zu BetriebsPkw FG Mchn EFG 99, 108, bestätigt, FG Mster EFG 99, 615, rkr). **Ausnahmen: –** ***(a)*** **Privatverluste von BV.** Die zur Zurechnung des WG zum BV führende – fortbestehende – betriebl Veranlassung kann ohne Entnahme des WG (Rz 360 „Verlust") vorübergehend im Nutzungsbereich durch tatsächl außerbetriebl Verwendung unterbrochen und ersetzt sein. Unter welchen Voraussetzungen dies anzunehmen ist, hat **GrS 2–3/77** BStBl II 78, 105 **(Kfz-Unfallkosten)** grundlegend geklärt. Fragen des Verschuldens oder der Strafbarkeit spielen in diesem Zusammenhang grds keine Rolle. Willensentscheidungen, die der StPfl iRd Zielvorstellung Betriebsfahrt trifft, stellen die ursprüngl betriebl Veranlassung nicht in Frage. *Beispiele:* Zu schnelles Fahren, Übersehen eines Verkehrszeichens, Übermüdung und Einschlafen am Steuer, Auswechseln einer Musikkassette, Herabfallen einer brennenden Zigarette, Überfall durch mitgenommenen Anhalter. Die betriebl Veranlassung wird nur durch eine **außerbetriebl Willensentscheidung oder Handlung des StPfl** gelöst. *Beispiele:* Unfall mit BetriebsPkw auf einer (auch) **Privatfahrt** bzw auf Umweg aus außerbetriebl Gründen (s oben vor *a* und BFH VI R 79/83 BStBl II 87, 275 zu Abholfahrt eines Arbeitskollegen aus Gefälligkeit; zu Hubschrauberunfall FG BaWü EFG 99, 219, rkr); unfallauslösender **Alkoholgenuss** (BFH VI R 103/79 BStBl II 84, 434). Auch bei *vorsätzl* Unfallverursachung wird das auslösende Moment idR im privaten Bereich liegen (zB Selbstmordabsicht). Ebenso, wenn der Juwelier Betriebsschmuck aus privatem Anlass trägt und ihn dabei verliert (betriebl Folgen sind str, s Anm *2*). Ungeklärt sind Umfang und Dauer der Unterbrechung. Sie sollte mE auf die tatsächl bestimmungsgemäße Verwendung zu privaten Zwecken beschränkt werden (fragl zB bei Diebstahl des BetriebsPkw aus der Garage des Urlaubshotels ohne besondere Diebstahlsgefährdung, nach BFH IV R 31/02 BStBl II 06, 7, BFH XI R 60/04 BStBl II 07, 762 kein Betriebsverlust; nicht zwingend, s *Weber-Grellet* NWB F 3, 14869, Rz 274, Anm *2a* und 16. Aufl mwN). Keine Ersetzung des Veranlassungsprinzips von Kfz-Unfallkosten durch Pauschalierung der Nutzungsentnahme nach § 6 I Nr 4 S 2, s Rz 121; BFH VI R 73/05 BStBl II 07, 766; LStR 8.1 IX; str, s § 6 Rz 512; *Urban* FR 07, 873; FG Köln EFG 05, 589, rkr. – ***(b)*** **Durch Verlust von PV** kann umgekehrt betriebl Aufwand entstehen, wenn der private Zusammenhang unterbrochen ist. *Beispiele:* Auslage eines Privatringes im Geschäft zu Dekorationszwecken: Diebstahlsverlust dürfte BA darstellen (vgl Rz 270 zu Versicherungsentschädigung); fragl bei Privatschmuckdiebstahl auf Dienstreise (zu Schauspielerin abl FG Mchn EFG 99, 1216, rkr – § 12 Nr 1 –, s Rz 628, 382 zu Verlust von Kleidung, Geld); Zerstörung des PrivatPkw auf Betriebsfahrt (zu WK durch Unfall auf Fahrt zur Tankstelle BFH VI R 48/81 BStBl II 85, 10, zur betriebl Jubiläumsfeier BFH VI R 54/94 BFH/NV 95, 668, oder zum Arzt nach Betriebsunfall FG Hess EFG 88, 556, rkr; abl zu Kindergartenumweg BFH VI R 94/95 BStBl II 96, 375; s auch „Kleidung“ und Anm *1;* zu Abschleppfahrt FG RhPf EFG 89, 569, rkr; RsprÄnderung zu Fahrten zur Essenseinnahme s 12. Aufl und BFH VI R 36/92 BStBl II 93, 505); Verlust eines abgestellten Pkw aus berufl Gründen (vgl unten *2a,* zu WK BFH VI R 171/88 BStBl II 93, 44 mit Abgrenzung zu **§ 12** in BFH VI R 25/93 BStBl II 94, 355; FG Saarl EFG 00, 1249, rkr).

(2) **Rechtsfolgen.** – ***(a)*** **Dem Grunde nach** sind betriebl veranlasste Verluste von BV und von PV betriebl Aufwand. Private Verluste dürfen sich nicht betriebl auswirken (s Rz 481 „Sekundärkausalität“ zu nichtbetriebl Folgeschäden, Rz 271 ff zu Versicherung). Eine Aufteilung scheidet aus, wenn der Verlust privat mitveranlasst war (Anm *1*). Ein Entnahmegewinn fällt nicht an (s aber Rz 121, 360 „Verlust“). Verluste eines in diesem Moment nicht genutzten WG durch Zerstörung **ohne unmittelbare betriebl oder private Veranlassung** (zB Zerstörung des gemischt genutzten Pkw in der Garage durch höhere Gewalt) rechnet die Rspr bisher je nach Zuordnung des WG voll dem betriebl oder dem privaten Bereich zu, ebenso wie bei Veräußerung (s dazu Rz 208, 274), Entnahme (vgl Rz 53) und Zerstörung aus rein betriebl oder privatem Anlass (BFH I R 213/85 BStBl II 90, 8; VI R 171/88 BStBl II 93, 44 – s aber zu Diebstahl auf Privatfahrt Anm *1a,* Rz 121). Das ist komplikationslos und praktikabel. Rechtsdogmatisch erscheint es jedoch nicht unbedenkl, hier sachl Unterschiede zu den lfd Aufwendungen zu machen. Ähnl Zweifel bestehen bei außergewöhnl **Reparaturkosten** (Austauschmotor, s „Fahrtkosten“ und Rz 584 zu **Entfernungspauschale** § 9 I Nr 4, 5, II 1, § 4 V 1 Nr 6 S 2). – ***(b)*** **Höhe der BA** (s auch § 19 Rz 110 „Unfallkosten“). Im **BV** Ausbuchung des (Rest-)Buchwerts bzw TW-AfA, außerordentl AfA oder Reparaturkosten als betriebl Aufwand (bei privatem Anlass – nicht anlässl Fahrten Wohnung/Betrieb, s § 4 V 1 Nr 6, Rz 585 – sehr str und fragl, s oben *a,* Rz 121, 210, 273 zu BFH VIII R 48/98 BStBl II 04, 725; *Beiser* DB 03, 15 und 2200; *Wassermeyer* DB 03, 2616; *Gschwendtner* DStR 04, 1638; *Urban* DStZ 04, 741, FR 07, 873). Der betriebl Verlust von **PV** führt zu BA iHd Reparaturkosten bzw ohne Reparatur nicht iHd der Differenz zw dem Zeitwert vor und nach dem Unfall (s 13. Aufl), sondern nach dem – fiktiv ermittelten – **Restbuchwertverlust** (s zu § 4 BFH IV R 25/94 BStBl II 95, 318; zu WK BFH VIII R 33/09 BStBl II 13, 171, § 19 Rz 110 „Unfall“, auch zu merkantilem Minderwert); fragl, s 24. Aufl. Die Verluste können als außerordentl Aufwendungen im Verlustjahr (s unten *3*) neben Pausch- und Höchstbeträgen für die Nutzung geltend gemacht werden (fragl bei Entfernungspauschale, s „Fahrtkosten“); bei **Pauschalermittlung des privaten Nutzungsanteils** sollen sie unabhängig von dem Nutzungsanlass entspr aufzuteilen sein (LStR 8.1 IX Nr 2 S 8, fragl bei Fahrtenbuch; s auch Rz 586, § 6 Rz 511 ff). Außerdem können betriebl Folgekosten (Taxi, Mietwagen – soweit betriebl genutzt, BFH I R 213/85 BStBl II 90, 8 –, Porti, Telefon oÄ) abgesetzt werden, auch für unbedeutende Unfallschäden (BFH VI R 158/76 BStBl II 78, 595) und „Krankheit“.

(3) **Verluste bei § 4 III.** Damit sich Verluste nicht doppelt auswirken, muss jeweils geprüft werden, ob nicht die AK des WG bereits als BA abgesetzt waren

(Beispiel: UV) oder ob der Verlust nicht auf andere Weise berücksichtigt wird (Beispiel: Wegfall von BE durch Forderungsverlust). IEinz wird auf Rz 390, 392, 398 sowie Rz 400 zu betriebl Forderungsverlusten, Rz 383 zu Darlehensverlusten, Rz 355 zu privaten Forderungsverlusten verwiesen. Etwaige Regressansprüche berühren den Abzug des Verlustes als BA nicht (BE bei Zufluss, s Rz 476; BA nur im *VZ des Schadenseintritts,* s RsprÄnderung BFH VI R 27/97 BStBl II 98, 443; FG Saarl EFG 00, 1249, rkr). Zu **„USt"** s StW oben und Rz 360 mwN.

Verpflegungsaufwendungen. Grds kein Abzug (§ 12 Nr 1). Ausnahmen: BA, soweit Mehraufwand überwiegend betriebl veranlasst ist. Dazu abschließende Regelung in § 9 IV a (vor 2014 in § 4 V 1 Nr 5, s Rz 570 ff).

Versicherungen. Die Prämien können BA (WK), SA oder nicht abziehbare Ausgaben sein (vgl Rz 266 ff). Hiervon zu trennen ist der BA-Abzug von Zinsen auf „Policendarlehen" (s dort).

Versorgungszuwendungen betriebl Art s Rz 88, § 5 Rz 550.

Vertragsstrafen sind bei berufl Veranlassung BA (oder bei Nichteinhaltung einer Tätigkeitsverpflichtung nach unentgeltl Ausbildung nachträgl WK, s BFH VI R 5/03 BStBl II 07, 4; zu **Schadensersatz bei Vertragsaufhebung** BFH IX R 45/05 BStBl II 06, 803). § 4 V 1 Nr 8 ist nicht einschlägig (s „Strafen").

Vorweggenommene (vorab entstandene) BA s Rz 484.

Verschmelzung s „Umwandlung" sowie Rz 328 ff und 360.

Wahlkampfkosten für ehrenamtl Stadtratsmandat können nach BFH IV R 15/95 BStBl II 96, 431 BA sein (s auch *FinVerw* DStR 96, 1732). Vgl auch § 19 Rz 110, § 22 Rz 163, *Stübe* FR 94, 385, *FinVerw* DStR 92, 358 (hauptamtl kommunale Vertretungsorgane) und StEK § 4 BetrAusg Nr 226 (Aufsichtsrat – dazu Rz 484), FG BBg EFG 07, 1323, rkr (Personalratswahl). **Partei-Sonder- und Fraktionspflichtbeiträge** sind keine BA/WK (§ 4 VI; FG Mster EFG 02, 129, rkr). Die Abführung von ArbN-Aufsichtsratsvergütungen an betriebl Sozialeinrichtung kann zu BA führen (BFH IV R 81/76, BStBl II 81, 29), einschr zu gewerkschaftl Einrichtung FG BBg EFG 09, 1286 mit Anm *Rosenke,* rkr.

Wertpapiere (Beteiligungen). Bei BV (Rz 250 ff) sind AK, lfd Aufwendungen und „Verluste" betriebl veranlasst.

Zinsen s „Finanzierung", „Erbschaft", „Schuldzinsen", „Steuern" *3,* Rz 523.

Zwangsarbeiter. Humanitäre Hilfezahlungen sind BA der Beschäftigungsunternehmen (*FinVerw* DB 00, 398; s auch oben „Spenden").

VIII. Nicht abziehbare Betriebsausgaben, § 4 IVa, V–IX

1. Vorbemerkung. – *(1)* **Hintergrund und Grenzen der Abzugsbeschränkungen.** Die Einkommensbesteuerung nach der Leistungsfähigkeit beruht auf dem Grundsatz des **obj Nettoprinzips** (vgl *Schrifttum* 32. Aufl). Ausgaben zur Erzielung stpfl Einkommens (bei stfreien Einnahmen gilt § 3c) können nur in Ausnahmefällen vom Abzug ausgeschlossen werden, in denen der Abzug sonstige systemwidrige Auswirkungen zur Folge hätte (zB Gefahr des Ausfalls der Besteuerung bei Dritten, § 160 AO, Berührung der privaten Lebenssphäre des StPfl oder Dritter, § 12, Durchsetzung der Wirkung von Strafen und Geldbußen, § 4 V 1 Nr 8). Nach BVerfGE 91, 228/238 ist eine Durchbrechung bei „Vorliegen wichtiger Gründe" gerechtfertigt (s zu § 4 V 1 Nr 8 BFH I R 100/97 BStBl II 99, 658; zu § 4 V 1 Nr 6b aF BVerfG BStBl II 00, 162). Keine ausreichenden Gründe sind der Finanzbedarf der öffentl Hand oder die Gesetzes- oder Sittenwidrigkeit von BA (§§ 40, 41 AO). Nach diesen Grundsätzen war der Gesetzgeber früher verfahren. Er hatte zwar den Katalog der Abzugsbeschränkungen in § 4 V lfd erweitert, aber stets begrenzt auf Aufwendungen, die ohne betriebl Veranlassung typische Kosten 521 der privaten Lebensführung wären („Spesenunwesen"). So hat BFH I R 111/77 BStBl II 81, 58 die Einschränkung unangemessener Repräsentationsaufwendungen nach **§ 4 V 1 Nr 7** (bzw damals § 4 V 2) als „Schlüssel zum Verständnis" des § 4 V bezeichnet – auch hier bleibt dem StPfl ein weiter Beurteilungsspielraum (vgl Rz 602). Auf dieser Überlegung beruht letztl auch die Abzugsbeschränkung privat veranlasster Schuldzinsen als BA in **§ 4 IVa** (s Rz 522). Ausgaben für notwendige Arbeitsmittel und sonstige Ausgaben, die obj zur Einnahmenerzielung dienen und nicht die private Lebensführung berühren, stehen nicht zur Disposition des Gesetzgebers. Diese Grenze war zB mit der Kürzung bzw Streichung der **Arbeitszimmerkosten** in § 4 V 1 Nr 6b aF 2007 überschritten und musste durch BVerfG 2 BvL 13/09 BStBl II 11, 318 aufgehoben und durch Gesetzesneufassung korrigiert werden. (vgl auch 28./32. Aufl mwN). Eine zusätzl Problematik ergibt sich aus dem häufig praktizierten **Gesetzgebungsverfahren,** solche Einschränkungen im Vermittlungsausschuss nachzuschieben (s BVerfG 2 BvL 12/01 DStR 08, 556 nach Vorlage BFH I R 38/99 BStBl II 02, 27 zu § 10d; die VerfWidrigkeit der Ergänzungen im HBeglG 2004 (s 30. Aufl mwN) ist durch rückwirkende Nachbesserung im Reparaturgesetz 2011 geheilt (BGBl I 11, 554, BStBl I 11, 310 – str, s Rz 548, *FinVerw* DStR 14, 1603). Weitere Abzugsbeschränkungen für **Körperschaften** enthält **§ 10 KStG.** – ***(2)* Rechtsfolgen.** Nicht abziehbare BA erhöhen den Gewinn außerhalb der Gewinnermittlung nach §§ 4 I, III, 5, sind aber als BA **keine Entnahmen** (daher keine Zurechnung nach § 4 IVa, s Rz 525; keine Tarifbegünstigung nach § 34a, s *BMF* BStBl I 08, 838; § 34a Rz 25 mwN). Das gilt wohl auch für **GewSt** ab 2008 trotz des Wortlauts § 4 Vb („keine BA").

2. Schuldzinsenabzug, § 4 IVa

Schrifttum: *Weber-Grellet* DB 12, 1889 (Rspr-Entwicklung); *Möller* NWB 14, 3184 (Praxisleitfaden); *Schmudlach* StBp 15, 103 (Entnahmen/Einlagen iSv § 4 IV a); 27./32./34. Aufl mwN. **Verwaltung:** *BMF* BStBl I 05, 1019 (mit einzelnen Änderungen BStBl I 06, 416, I 08, 588, I 13, 197).

522 **a) Allg Vorbemerkung.** – ***(1)* Grundsatz.** Die Neuregelung des Schuldzinsenabzuges im BV ist losgelöst von der Art der Finanzierung, von gemischten Zahlungskonten, vom Verhältnis von BE und BA im Einzelfall. IdR bleibt es damit bei den Grundsätzen des GrS des BFH Rz 241 (**freies Finanzierungswahlrecht** mit Eigen- oder Fremdkapital; Aufteilung bei gemischten Konten; Mehrkontenmodelle; s zum **„umgekehrten Zwei-Konten-Modell"** *Graf* DStR 00, 1465; abl BFH IV R 53/07 BStBl II 11, 688; 25. Aufl mwN). Der Zinsabzug als BA wird rückwirkend ab VZ 99 (s § 52 Abs 6 S 5, Rz 530) beschränkt, soweit der StPfl **„Überentnahmen"** tätigt, soweit also das KapKto durch Entnahmen negativ wird (§ 4 IVa S 1 als gesetzl Fiktion, dass die Fremdfinanzierung solcher Überentnahmen – anders als die von Verlusten – grds **nicht betriebl veranlasst** ist). Bei der Berechnung der nicht abziehbaren und dem Gewinn gem § 4 IVa S 4 ggf außerhalb der Bilanz hinzuzurechnenden Zinsen werden alle bisherigen Eigenkapitalvorgänge, Gewinne (und Verluste, s Rz 526), Einlagen, Entnahmen einschließl Umschuldungen des StPfl berücksichtigt. Die Abzugsbeschränkung ist nach zutr hM **verfgemäß** (zB BFH III R 99/07 BFH/NV 12, 729 und Rspr Rz 530), gilt unabhängig vom Entstehungsgrund der Zinsen (s zu AK für UV Rz 533) und wohl auch, wenn mit den Entnahmen Schulden anderer Einkunftsarten getilgt werden, wodurch dort WK-Abzüge entfallen (str); sie gilt auch für die **GewSt** (§ 7 GewStG, ohne Zurechnung nach § 8 Nr 1 GewStG). – ***(2)* Zweistufige Vorabprüfung. Privatzinsen/Zinsen für andere Einkunftsarten** sind unabhängig von § 4 IVa keine BA. An der vorrangigen Veranlassungsprüfung einzelner Zahlungsvorgänge in einem ersten Prüfungsschritt (BA oder Entnahmen) und der Problematik vor allem bei Zahlung über gemischte Kontokorrentkonten hat sich nichts geändert (s Rz 241 ff). Nur soweit die betriebl Veranlassung feststeht (BV, BA) ist in einem **zweiten Prüfungsschritt** der BA-Abzug nach § 4 IVa zu prüfen (mangels abw

Bestimmung in § 4 IVa zutr *BMF* aaO Tz 1–7; BFH X R 46/04 BStBl II 06, 125; 32. Aufl mwN). Daher sind Zinsen für über betriebl Konten finanzierte Privatentnahmen vorweg aus der Berechnung nach § 4 IVa auszuklammern (ebenso die Entnahmen selbst, s *BMF* aaO Tz 6, sowie „Einlagen" zur Tilgung von Privatschulden; s auch BFH IV R 53/07 BStBl II 11, 688).

b) Begriffsbestimmungen, 4 IVa 1, 2. – aa) Schuldzinsen. Das sind begriffl alle lfd und einmaligen Gegenleistungen in Geld oder Sachwert für die zeitl begrenzte Überlassung von Fremdkapital (vgl BFH VI R 379/70 BStBl II 73, 868; zur betriebl Veranlassung s Rz 520; mE ohne Saldierung mit ZinsBE). Abw von BStBl I 00, 588 Tz 22 legt *BMF* BStBl I 05, 1019 Tz 22/37a den Zinsbegriff nach § 4 IVa mit Übergangsregelung bis November 2005 wie beim WK/BA-Abzug entspr BFH IX R 72/99 BStBl II 03, 399 weit aus und zieht zu Lasten der StPfl alle **Finanzierungs- und Geldbeschaffungskosten** sowie **Nachzahlungs-, AdV- und Stundungszinsen** in die Abzugsbeschränkung ein (nicht zwingend); glA zu Vergütungen an typisch stille Ges'ter FG Köln EFG 14, 173, rkr. 523

bb) Überentnahmen; Unterentnahmen, § 4 IVa 1–3. Die Begriffsbestimmungen greifen auf die Tatbestandsmerkmale „Gewinn", „Entnahmen" und „Einlagen" zurück (s Begriffe § 4 I, Rz 525). **§ 4 IVa 2** geht dabei von einem **engeren Gewinnbegriff** als in § 4 I 1 aus, näml vom Jahresgewinn (= realisierter Gewinn im – uU abw – Wj), zunächst ohne Zurechnung von Entnahmen und Kürzung um Einlagen (nur in der Summe in Satz 2 erhöht um Einlagen, s Rz 531). § 4 IVa 1, 2 beschränkt den betriebl Schuldzinsenabzug, soweit die Entnahmen die Summe von Gewinn und Einlagen in diesem Wj in diesem Betrieb übersteigen. **Satz 3** zieht entspr Vorgänge der Vorjahre in die Abzugsbeschränkung ein. Das Gesetz stellt entgegen der Vorgängerregelung nicht mehr auf einzelne Zahlungsvorgänge ab, sondern – mit gleicher Absicht – auf die **Summe aller Entnahmen.** Zur zeitl Anwendung s Rz 530. Bei der Prüfung ist auf den **Einzelbetrieb** abzustellen (s Rz 25). Anders als die unentgeltl Betriebsübertragung nach § 6 III führt daher auch die gewinnneutrale Verlagerung im Gewinnbereich eines StPfl (s § 6 V mit Rz 510ff) grds zu Entnahmen und Einlagen iSv § 4 IVa, allerdings zu Buchwerten ohne Aufdeckung stiller Reserven (*BMF* aaO Tz 10; BFH IV R 33/08 BStBl II 12, 10 unter Einschränkung des finalen Entnahmebegriffs und Ausnahme des Sonderfalls der Begründung einer mitunternehmerischen BetrAufsp mit doppelter BV-Zurechnung ohne Gewinnrealisierung sowie der unentgeltl Übertragung von Betrieben/MU-Anteilen mit SonderBV gem § 6 III an Dritte; s Anm *Wendt* FR 1281; *Wagner* NWB 12, 670; glA jetzt *BMF* BStBl I 13, 197 Tz 10b; zur Entnahme von SonderBV durch Rechtsvorgänger beim Rechtsnachfolger gem § 6 III s FG Nds EFG 13, 1825, rkr; zu Übertragung aus Einzelunternehmen in SonderBV s FG Ddorf EFG 07, 1672, rkr). **Betriebsverpachtung** s BFH IV R 17/10 BStBl II 14, 316. 524

cc) Begriffe. – *(1)* Gewinn. Ohne abw gesetzl Regelung gilt der Gewinnbegriff iSv § 4 I/§ 4 III ohne Entnahmen/Einlagen (BFH X R 44/04 BStBl II 06, 588, Rz 524; zu uU mißbräuchl Geldeinlagen bei § 4 III BFH VIII R 32/09 BStBl II 13, 16). – **Stfreie Gewinne** sind ebenso in die Berechnung einzubeziehen wie **Übergangsgewinne** nach EStR 4.6 (BFH VIII R 5/08 BFH/NV 12, 1418; *BMF* aaO Tz 8) und **stfreie Rücklagen** (zB nach § 6b oder § 7g aF, gewinnmindernd und überentnahmeerhöhend wie bei BA-Abzug nach § 4 III/ § 6c/§ 7g VI aF, § 7g I, V nF, gewinnerhöhend bei Auflösung wie bei BE-Ansatz, § 6b III 4, 5, § 6c I 2, § 7g IV–VI aF, II–IV nF, s FG Mster EFG 14, 254, rkr, Rz 371; gewinnerhöhende Auflösung eines Ausgleichspostens nach § 4g IV; zu stillen Reserven im AV BFH III B 4/13 BFH/NV 14, 339). – **BE** erhöhen den Gewinn und ermöglichen so einen höheren Schuldzinsenabzug, soweit sie nicht zur Tilgung eines privaten Sollsaldos verwendet werden (dann Entnahme, BFH X R 46/04 BStBl II 06, 125). – **Verluste** s Rz 526. – **Nicht abziehbare BA** „dür- 525 fen den Gewinn nicht mindern" **(§ 4 V)** und sind trotz betriebl Veranlassung dem Gewinn ggf außerhalb der Gewinnermittlung wieder hinzuzurechnen. Da es sich gleichwohl um BA handelt, scheidet trotz des fingierten privaten Hintergrundes eine Zuordnung zu den Entnahmen iSv § 4 IVa aus (mE ebenso bei GewSt ab 2008 trotz § 4 Vb „keine BA" – anders nur bei tatsächl Entnahme zu privaten Zwecken, zB bei Nutzungsentnahme durch private KfzNutzung, § 6 I Nr 4, glA *BMF* aaO Tz 15). Die Streitfrage, ob nach § 4 IVa nicht abziehbare Zinsen danach nicht auch selbst den Gewinn iSv § 4 IVa S 2 erhöhen (vgl 20. Aufl), ist durch Ergänzung von S 3 HS 2 „klarstellend" verneint. – ***(2)*** **Entnahmen.** Das sind – zunächst unabhängig von der Höhe des im Betrieb vorhandenen Eigenkapitals – alle Geld-, Sach- und sonstigen Entnahmen iSv § 4 I 2 für betriebsfremde Zwecke (s Rz 301 ff, 226; zu Wohnungs-Zwangsentnahme nach § 52 XV 6 EStG vor 1999 abl FG Nds EFG 10, 941, rkr, offen BFH IV R 48/03 BStBl II 06, 760; s zu sonstigen Zwangsentnahmen/-einlagen FG Nds EFG 13, 1825, Rev X R 35/13). Entspr sind alle **Einlagen** entnahmemindernd zu berücksichtigen; zu **Gestaltungsmissbrauch** durch kurzfristiges „windowdressing" s BFH VIII R 32/09 BStBl II 13, 16, Anm *Wendt* FR 13, 29, *Heuermann* StBp 13, 27. – **Stfreie Entnahmen** (zB § 13 IV, V, § 14a IV) sind Entnahmen iSv § 4 IVa, können jedoch statt mit dem Wert nach § 6 I Nr 4 ohne Gewinnbesteuerung mit dem Buchwert angesetzt werden (vgl *BMF* aaO Tz 8; s auch Rz 524). – **Entnahme und Einlage von AV** wirkt sich unabhängig von § 4 IVa 5 als solche iSv § 4 IVa S 2 aus (s Rz 533, auch zur umgekehrten Wirkung bei Entnahme/Einlage von Verbindlichkeiten). – **Privatentnahmen,** deren Fremdfinanzierung zuvor zur Ausklammerung der Zinsen als BA geführt hat (s oben Rz 522) sind nicht nochmals in die Berechnung der Überentnahmen einzubeziehen (glA *BMF* aaO Tz 6, Rz 522). Sie können aber auch durch Einlage von mit Geldentnahmen finanzierten Wertpapieren ins BV ausgeglichen werden (s BFH VIII R 1/08 BStBl II 11, 862, VIII R 18/09 BFH/NV 11, 1847). – **Betriebseröffnung/Betriebsaufgabe:** WG des BV sind als eingelegt bzw als entnommen zu behandeln; bei **Betriebsveräußerung** gehen sie in den Veräußerungserlös ein. Für **vor 1999 eröffnete Betriebe** gilt insoweit die Sonderregelung des § 52 Abs 6 S 7 und bereits vor der Gesetzesänderung *BMF* aaO Tz 8, 9 mit Billigkeitsregelung in Tz 37 (bei Überführung in das PV keine Entnahme zu Buchwerten; bei Betriebsveräußerung wird nur Veräußerungsgewinn erfasst, auch bei MUeranteilen, s *FinVerw* DB 07, 197, Rz 530); s *Paus* FR 00, 957/961, zu zurückbehaltenen Verbindlichkeiten als Einlagen *Meyer/Ball* Inf 00, 459/461. **Betriebsverpachtung** s BFH IV R 17/10 BStBl II 14, 316.

526 **dd) Verluste.** Diese sind in § 4 IVa ebenso wenig gesondert angesprochen wie in § 2 II Nr 1 (s Rz 2). Sie verbrauchen zwar als negative Gewinne das durch Einlagen und Gewinne angesammelte Eigenkapital. Der undeutl Wortlaut von § 4 IVa 2 und 3 stellt dagegen ausdrückl nur den (positiven) Gewinn den Einlagen gleich, nicht aber den Verlust (als negativen Gewinn) den Entnahmen. Das schließt jedoch die eigenkapitalmindernde Verlustberücksichtigung nicht aus. *BMF* aaO Tz 11–15 geht in relativ freier, nicht zwingender, aber sinnvoller Auslegung des undeutl Gesetzeswortlauts von folgender Mittellösung aus: § 4 IVa S 1–3 macht die Kürzung von „Überentnahmen" abhängig (im lfd Wj oder in Vorjahren). Das bedeutet: Ohne Entnahmen bzw über die Entnahmen hinaus oder bei übersteigenden Einlagen keine BA-Kürzung; Verluste begründen also *isoliert* keine Überentnahmen. Darüber hinaus sind Verluste jedoch als negative Gewinne eigenkapitalmindernd zu berücksichtigen: Sie mindern zunächst im Verlustjahr etwaige Einlagen nach § 4 IVa 2 (insoweit keine Entnahmenminderung durch Einlagen). Wirken sie sich so nicht aus, sind sie nach § 4 IVa 3 vorrangig mit Unterentnahmen vergangener VZ zu verrechnen. Dann noch verbleibende Verluste sind für eine Verrechnung mit Unterentnahmen zukünftiger VZ formlos fortzuschreiben

(Beispiel Rz 531); glA BFH IV R 53/07 BStBl II 11, 688; BFH X R 27/10 BFH/NV 12, 1420; BFH X R 12/09 BFH/NV 12, 1418.

ee) Ausnahmen. Da die Gesamtentwicklung im Wj mehr oder weniger zufällig ist, sehen **§ 4 IVa 3 bis 5** drei wesentl Ausnahmen von dieser immer noch rigiden Einschränkung des freien Finanzierungswahlrechts vor: – ***(1)* Finanzierung von AV** ist ausgenommen (**§ 4 IVa 5,** Rz 533); – ***(2)* § 4 IVa 3 HS 1 Teil 2: Berücksichtigung von Unterentnahmen aus Vorjahren** s Rz 529. – ***(3)* § 4 IVa 4:** UU Kürzung des Hinzurechnungsbetrages um einen Bagatellbetrag von bis zu 2050 € (s Rz 526). – ***(4)* § 4 IVa 3 aF** – Die befristete Rückgängigmachung von Über- und Unterentnahmen im 1. Quartal des Folgejahres wurde ab 2001 ersatzlos gestrichen. Vorgenommene Korrekturen können nicht nochmals berücksichtigt werden (*BMF* aaO Tz 36a). 527

c) Höhe der nicht abziehbaren Schuldzinsen, § 4 IVa 3. – aa) Fester Zinssatz, § 4 IVa 3 HS 1 Teil 1. Eine große Erleichterung bringt die Typisierung der Kürzung der Höhe nach mit **6 vH** der Bemessungsgrundlage, unabhängig vom tatsächl Zinssatz und unabhängig vom zeitl Anfall der Einzelkomponenten im VZ. Die tatsächl Entnahmeverwendung spielt keine Rolle (FG Köln EFG 08, 1191, rkr). Insoweit entfällt die Anwendung der Zinszahlenstaffelmethode nach einzelnen Zahlungsvorgängen (s aber Rz 245). Höhere Zinsen sind stets abziehbar; ein niedrigerer Zinssatz bleibt ohne Auswirkung (s FG Mster EFG 05, 179, rkr). 528

bb) Einbeziehung der Eigenkapitalentwicklung, § 4 IVa 3 HS 1 Teil 2. Durch die **Erweiterung der Bemessungsgrundlage** um die Kapitalentwicklungsvorgänge in den Vorjahren hat der Gesetzgeber das durch § 4 IVa aF entfallene **freie Finanzierungswahlrechts des Unternehmers** in einem begrenzten Rahmen wieder hergestellt (s Rz 522). Die Ausgangsgröße der Überentnahmen des Wj ist nicht nur um **Überentnahmen in vorangegangenen Wj** zu erhöhen, sondern auch um **Unterentnahmen dieser Vorjahre** zu kürzen, so dass der StPfl zunächst eingelegte Gelder und im Betrieb erwirtschaftete Gewinne später ohne BA-Kürzung wieder entnehmen und durch Fremdkapital ersetzen kann. Damit wird die betriebl Liquidität durch Eigenkapitalbildung/das Fremdfinanzierungswahlrecht ausreichend berücksichtigt (Rückkehr zum Grundsatz des GrS des BFH Rz 241, wonach die schädl Grenze der privaten Entnahmefinanzierung erst dann erreicht wird, wenn kein Eigenkapital mehr vorhanden ist und das Fremdkapital daher zwingend zur Finanzierung der Entnahmen eingesetzt wird). Auch isolierte Überentnahmen im Vorjahr führen zur Abzugsbeschränkung nach S 1, glA *BMF* aaO Tz 23; BFH VIII R 42/07 BStBl II 10, 1041, aA zB *Horlemann* FR 11, 612). – **§ 4 IVa 3 HS 2** stellt klar, dass es sich bei der pauschalen Kürzung lediglich um einen Berechnungsmodus handelt, bei dem die zwangsläufige Gewinnauswirkung der Rechtsfolge nicht zu berücksichtigen ist (so schon bisher hM, vgl Rz 525). 529

cc) Zeitl Anwendung. – (1) Grundsatz, § 52 Abs 6 S 5. § 4 IVa nF gilt rückwirkend für Wj, die nach dem 31.12.1998 enden (Rz 535). Für den BA-Abzug in VZ vor 1999 gilt die Rspr des GrS Rz 241 ff ohne Einschränkung fort. – **(2) Über- und Unterentnahmen vor 1999.** Ohne eindeutige gesetzl Ausnahmeregelung wurden *in VZ 1999 und 2000* jedenfalls bei positivem KapKto zum 31.12.1998 Unterentnahmen berücksichtigt (s 33. Aufl). – **(3) Rechtslage ab VZ 2001, § 52 Abs 6 S 6.** Die nachträgl Korrektur in § 52 Abs 11 S 2 aF stellt – wohl in erster Linie aus Praktikabilitätsgründen – klar, dass jedenfalls ab VZ 2001 Über- und Unterentnahmen aus der Zeit vor 1999 außer Ansatz bleiben. Vgl zu **Überentnahmen** 1998 bei abw Wj 98/99 BFH X R 28/09 BStBl II 11, 753; zur Verfassungsmäßigkeit der Ausklammerung von **Unterentnahmen** aus VZ vor 1999 BFH X R 30/06 BStBl II 12, 667; BFH III R 99/07 BFH/NV 12, 729. Damit ist ab 2001 von einem KapKto 0 zum 31.12.1998 auszugehen (vgl FG Köln EFG 13, 589, rkr). – **(4) Billigkeitsregelung bei Betriebsbeendigung, § 52 Abs 6 S 7.** Zur Beseitigung einer Benachteiligung von vor 1999 eröffneten Betrieben bei deren Aufgabe oder Veräußerung ab 1999 gehen die eingelegten WG nicht in die Berechnung der Überentnahmen ein (s auch oben *BMF* BStBl I 06, 416 und Rz 525). – **(5) Aufzeichnungen.** Die besondere Eigenkapitalentwicklung ist spätestens ab 530

1.1.1999 gem § 4 IVa festzuhalten und jährl fortzuschreiben, mE in einem Betrag, der nach § 4 IVa 3 zu berücksichtigen ist, nicht notwendig in einzelnen Jahresbeträgen (Einlagen + Gewinne ./. Entnahmen ./. unterentnahmenmindernde Verluste für alle vorangegangenen Jahre zusammen). Auf Dauer wird die gesetzl Regelung einer gesonderten **Feststellung** zum Ende des jeweiligen Wj unentbehrl sein (bisher nicht vorgesehen). Ggf wird das FA die Grundlagen der nichtabziehbaren BA **schätzen** (s Rz 534). S auch Rz 533. Für **§ 4 III** gelten entspr Aufzeichnungspflichten seit 1.1.2000 (vgl § 4 IVa 6, § 52 Abs 1 S 4 aF).

531 **dd) Ermittlungsschema Überentnahmen nach § 4 IVa schrittweise:**

(1) Ermittlung der Jahresentnahmen/-einlagen
+ Entnahmen im lfd Wj als Ausgangsgröße
./. Einlagen im lfd Wj, soweit nicht durch Verluste verbraucht (Rz 526)
= Entnahmen- bzw Einlagenüberschuss im Wj

(2) Ermittlung der Überentnahmen im lfd Wj, § 4 IVa 2
Ergebnis (1) ./. Gewinn im lfd Wj
= vorläufige Überentnahmen (bzw Unterentnahmen) im lfd Wj

(3) Ermittlung der endgültigen Überentnahmen, § 4 IVa 3
./. kumulierte Unterentnahmen zum Vorjahresende (ggf gekürzt um verbliebene Verluste des lfd Wj) bzw je nach Bestand
+ kumulierte Überentnahmen zum Vorjahresende (ggf gekürzt um verbliebenen Einlagenüberschuss des lfd Wj)
= Bemessungsgrundlage der Überentnahmen für Hinzurechnung,

(4) Berechnung der Höhe der hinzuzurechnenden Zinsen
(vorherige Ausklammerung von Privatzinsen s Rz 522)
– grds 6 vH der positiven Bemessungsgrundlage, § 4 IVa 3
– Höchstgrenze: Tatsächl Zinszahlung ./. 2050 €, § 4 IVa 4
– abzügl Zinsen für Investitionsdarlehen, § 4 IVa 5
= Gewinnzurechnung

Beispiel: Betriebsgründung VZ 01 mit Eigenmitteln 100 000 (Unterentnahme für VZ 02: 100 000, voller BA-Abzug in VZ 01); VZ 02 Verlust 70 000, keine Entnahmen/Einlagen (verbleibende Unterentnahme für VZ 03 nach Verlustkürzung 30 000, s Rz 526, gleichwohl mangels Entnahme voller BA-Abzug in VZ 02); VZ 03 Gewinn 50 000, Entnahme 170 000 (Überentnahme 90 000 = 170 000 ./. 50 000 Gewinn ./. 30 000 Unterentnahme aus VZ 02/03, zugleich als Bemessungsgrundlage für nicht abziehbare Schuldzinsen in VZ 03 nach S 3 und 4 und als Teil-Bemessungsgrundlage für VZ 01); VZ 04 Entnahmen 10 000, Verlust 50 000 (Überentnahme 100 000 = 10 000 aus VZ 04 + 90 000 aus VZ 03; 50 000 Verlust 04 verbleiben für Verrechnung in späteren VZ).

532 **d) Betragsbegrenzung; Rechtsfolge, § 4 IVa 4.** Die nicht abziehbaren Schuldzinsen sind dem Betriebsergebnis – wie die Entnahmen – außerhalb der Gewinnermittlung hinzuzurechnen (auch für GewSt, FG RhPf EFG 07, 706, rkr). Das sind entweder 6 vH der Bemessungsgrundlage nach Satz 3 – ohne Berücksichtigung dieser weiteren Gewinnerhöhung, s Rz 525 –, wenn die tatsächl aufgewandten Zinsen um mindestens 2050 € höher sind, sonst die um diesen Betrag gekürzten tatsächl Zinsen (kein allg Frei- oder Pauschbetrag!). *Beispiel:* 6 vH der Überentnahmen nach § 4 IVa 3 53 000, tatsächl Schuldzinsen 55 000; Hinzurechnung 52 950 = 55 000 ./. 2050 €. Verhältnis zu § 4 IVa 5 s Rz 533. Es handelt sich um einen **Jahresbetrag** ohne zeitl Aufteilung nach dem Zeitpunkt der Entnahmen/Einlagen. Bei **PersGes** ist der betriebsbezogene Kürzungsbetrag nur einmal anzusetzen (s Rz 535). Für **mehrere Einzelbetriebe** müsste er ggf mehrfach gewährt werden (s Rz 524; glA *Wendt* FR 00, 417/428).

533 **e) Ausnahme von Investitionskrediten, § 4 IVa 5.** Schuldzinsen für Darlehen zur Finanzierung von AK/HK von **WG des AV** sind ohne Einschränkung durch § 4 IVa abziehbar (problematische Abgrenzung AV/UV s § 6 Rz 343 ff) und sollten daher gesondert festgehalten werden. Hier geht die betriebl Veranlassung vor. Das gilt allerdings nur iZm der *Anschaffung/Herstellung* solcher WG (nicht für deren Erhaltung, so dass auch für § 4 IVa AK und Erhaltungsaufwand zu trennen sind) und nur für den BA-Abzug der Zinsen: Die Einlage oder Entnahme solcher

WG wird bei der Ermittlung der Über-/Unterentnahmen ebenso berücksichtigt wie die der zugehörigen Verbindlichkeit (s Rz 229 ff) und sonstige eigenkapitalverändernde Vorgänge (zB die Ablösung eines solchen Darlehens durch Geldeinlage). *Mittelbarer* Finanzierungszusammenhang kann genügen (FG D'dorf EFG 16, 109, Rev III R 26/15). Die **Anschaffung von UV** ist nicht begünstigt (s BFH X R 28/09 BStBl II 11, 753; BFH III R 60/09 BFH/NV 12, 576; BFH IV R 48/09 BFH/NV 13, 187; *Weiland* DStR 12, 372). Fragl ist, ob die begünstigten Zinsen iSv Satz 5 in die Höchstbetragsberechnung nach Satz 4 einzubeziehen sind (abl wohl zutr hM; FG Mster EFG 06, 1152, rkr; aA etwa *Söffing* DB 08, 319; *Wendt* FR 00, 417/429: Prüfung von Satz 5 nur bei Übersteigen der Bagatellgrenze nach Satz 4). Nicht geregelt ist die Bedeutung **späterer Veränderungen des WG;** schädl ist der Wegfall der BV-Eigenschaft des WG und der Verbindlichkeit durch **Veräußerung oder Entnahme des WG** (s Rz 228 ff) sowie dessen **Umwidmung,** nicht die Einstellung der betriebl Nutzung, der Verlust oder die völlige Abschreibung des WG (s Rz 121, 372). Die spätere **Umwandlung eines Kontokorrentkredits** für die Anschaffung eines WG des AV in ein Darlehen ist ausnahmsweise ab Umschuldung nach Satz 5 begünstigt, wenn der StPfl nach der tatsächl Verwendung eine eindeutige vorübergehende Vorfinanzierung der Anschaffung eines WG über lfd Konten nachweist (enger zeitl – bis 30 Tage – und betragsmäßiger Zusammenhang zw Kontobelastung und Darlehensaufnahme; außerhalb dieser Frist kann ein Finanzierungszusammenhang im Einzelfall nachgewiesen werden; BFH IV R 19/08 BStBl II 13, 151; jetzt ebenso *BMF* BStBl I 13, 197 Tz 27). Ein **gemischtes betriebl Darlehen** kann geteilt werden (Teilbegünstigung nach Satz 5; *BMF* BStBl I 00, 588 Tz 28; *Kempermann* FR 06, 282); bei Teiltilgung wird automatisch der nicht begünstigte Teil zuerst getilgt (vgl schon BFH-Rspr Rz 242).

f) Überschussrechnung, § 4 III, § 4 IVa 6. Zur richtigen Gewinnermittlung nach § 4 III sind Entnahmen und Einlagen zu berücksichtigen (s Rz 345 ff). Daher gelten auch die Grundsätze § 4 IVa 1–5 entspr (s Rz 535). Das ist nach dem Grundsatz der Identität der Totalgewinne unabhängig von der Gewinnermittlungsart wohl zwingend (s Rz 10 ff), führt aber zu weiteren Problemen (Einlagen und Entnahmen von **Geld** wirken sich bisher nicht gewinnmäßig aus, s Rz 347, 354, 376 – idR Saldierung von BE durch gleichzeitige Entnahme). Seit 2000 sind Entnahmen und Einlagen auch von Geld bei § 4 III für § 4 IVa gesondert aufzuzeichnen (S 6, § 52 Abs 11 S 4 aF; s Rz 376). Die Aufzeichnung sieht *BMF* aaO Tz 34 über § 4 IVa 4, 5 hinaus offenbar als materiellrechtl Abzugsvoraussetzung (str – keine Regelung entspr § 4 VII 2). Nachträgl Belegableitung sollte idR ausreichen. Für VZ 1999 war ggf zu schätzen (*BMF* aaO Tz 34, 38). Dem Überschussrechner werden hier – für die Vergangenheit – zusätzl Buchführungspflichten zur Kapitalermittlung auferlegt. Dabei sollten die StPfl versuchen, zumindest Unterentnahmen und nach Satz 5 begünstigte Investitionsdarlehen zu rekonstruieren; für Überentnahmen ist das FA beweispflichtig. Im Zweifel ist jedenfalls der Sockelbetrag von 2050 € nach § 4 IVa 3 als BA abziehbar (s *BMF* aaO Tz 34). Durch die unterschiedl Gewinnermittlung ergeben sich in einzelnen Jahren unterschiedl Gewinne und damit unterschiedl Kürzungsbeträge nach § 4 IVa. Daher sind auch bei **Wechsel der Gewinnermittlungsart** anfallende Übergangsgewinne zu berücksichtigen (s Rz 650 ff; *BMF* aaO Tz 8). 534

g) Anwendungsbereich. – ***(1)* Zeitlich.** S Rz 530. – ***(2)* Sachlich.** Es gilt § 4 IVa nur für **Gewinneinkünfte** iSv § 2 II Nr 1, bei diesen unabhängig von der Art der Gewinnermittlung (s Rz 534 zu § 4 III), allerdings nicht bei § 5a oder § 13a (vgl *BMF* aaO Tz 35, § 13a III 2 nF, fragl Vergünstigung für § 13a, s *Kanzler* Inf 00, 513; *Eggesiecker/Ellerbeck* BB 00, 1763). In eine Schätzung der Besteuerungsgrundlagen ist § 4 IVa einzubeziehen. – ***(3)* PersGes.** Persönl ist § 4 IVa nicht nur beim Einzelunternehmer, sondern auch bei MUer-PersGes zu beachten mit entspr gesteigerter Problematik wegen der Doppelstellung von Ges und Ges'ter 535 (vgl Rz 173 ff; grundlegend zur Problematik der Entnahmen bei PersGes § 15 Rz 485 ff; 26. Aufl mwN). BFH IV R 72/02 BStBl II 08, 420 bestätigt die **gesellschaftsbezogene Gewinnermittlung,** geht dagegen stets von einer **gesellschafterbezogenen Hinzurechnung** des Mehrgewinns unter Einbeziehung der vom einzelnen Ges'ter verwirklichten Merkmale eines überhöhten Kapitalentzugs (Überentnahmen im SonderBV mit Ergänzungsbilanzen) aus, allerdings **ohne Vervielfältigung des Sockelbetrages** nach § 4 IVa 5 (einmalige Gewährung für die Ges unter Aufteilung nach Schuldzinsanteilen der Ges'ter). Diese Rspr hat *BMF* BStBl I 08, 588 Tz 32–32d übernommen mit Übergangsregelung in Tz 40: Auf gemeinsamen Antrag aller Ges'ter kann für vor dem 1.5.08 beginnende Wj die gleichmäßige Verteilung nach Gewinnverteilungsschlüssel beibehalten werden; außerdem kann auf eine Rückrechnung nach der gesellschafterbezogenen Ermittlungsmethode des Saldos der Über- oder Unterentnahmen bis zur GesGründung verzichtet werden (*BMF* BStBl I 08, 957). Diese Grundsätze gelten auch bei Schwester-PersGes/doppelstöckigenr PersGes/Konzern (BFH IV R 72/02 BStBl II 08, 420; BFH IV R 22/10 BStBl II 14, 621 mit Anm *Bode* NWB 14, 2320, *Wendt* FR 14, 768 – Sonderfall zu SonderBE). – **Entnahmen** iSv § 4 IVa sind nicht nur „Gewinnausschüttungen", sondern schlechthin alle Geld-, Sach- oder Aufwandsentnahmen der Ges'ter aus dem GesVermögen oder SonderBV (zB ausgezahlte Sondervergütungen, *BMF* BStBl I 08, 588 Tz 32d). Gleiches gilt mE, wenn WG zu Buchwerten in ein anderes BV eines Ges'ters überführt (*BMF* BStBl I 05, 1019 Rz 10; *Wacker* BB 07, 1936; ebenso grds BFH IV R 33/08 BStBl II 12, 10 – Sonderfall mitunternehmerische BetrAufsp, fragl, s auch *BMF* BStBl I 13, 197) oder vom SonderBV des Ges'ters A in dasjenige des Ges'ters B unentgeltl übertragen wird (§ 6 V 3 Nr 3). – **Keine Entnahmen** sind zB Darlehen an Ges'ter oder die Veräußerung von WG des Gesamthandsvermögens an Ges'ter zu fremd übl Konditionen oder Tilgungsleistungen auf steuerl anerkannte Ges'terdarlehen (*BMF* BStBl I 08, 588 Rz 32, 32c). – **Einlagen** sind umgekehrt alle offenen oder verdeckten Geld- oder Sachzuwendungen aus BV oder PV ins GesamthandsBV oder SonderBV einschließl der Übertragung von WG zum Buchwert. Problematik von Darlehensrückzahlungen durch PersGes an Ges'ter s *Pach/Hanssenheimb* DStR 12, 2519. – **Zinsen** für einen Kredit, den ein Ges'ter zB zum Erwerb eines wie **AV** zu wertenden Grundstücks des SonderBV aufnimmt, sind stets voll abzugsfähig (§ 4 IV a 5; dazu *BMF* aaO Rz 32a/b). Gleiches gilt für einen Kredit zum Erwerb eines Anteils an der PersGes, soweit die AK anteilig auf WG des AV der PersGes entfallen (Bruchteilsbetrachtung; *BMF* aaO Rz 32c). **Einbringung** von Einzelunternehmen in PersGes s Rz 524 und *Rüping* DStR 10, 1560; zu Formwechsel KapGes/PersGes *Mühlhausen* DStR 13, 2496. **Betriebsveräußerung** s Rz 525. – ***(4)* KapGes.** Die Abzugsbeschränkung von Schuldzinsen ist fragl (s Rz 171); die Ges hat keine Privatsphäre und Entnahmen allenfalls über vGA oder Einlagenrückgewähr mit Sonderregelungen im KStG. KapGes sind nur als Ges'ter von PersGes betroffen. Die Ungleichbehandlung ist bedenkl (GmbH-Geschäfte können trotz § 8 I KStG unabhängig von Eigenkapitalminderung durch Ausschüttung für Privatzwecke der Ges'ter über BA fremdfinanziert werden). ME ist eine Gesetzesänderung geboten. – ***(5)* Unentgeltl Rechtsnachfolge.** Wegen der Betriebsbezogenheit Bindung an verbleibende Über-/Unterentnahmen (vgl § 6 III, oben Rz 524; glA *BMF* BStBl I 05, 1019 Tz 10a; BFH X R 28/09 BStBl II 11, 723). **Umwandlung** s *BMF* BStBl I 08, 588 Tz 32e, f, *FinVerw* DStR 11, 1666.

536 **3. Geschenke, § 4 V 1 Nr 1. – a) Anwendungsbereich.** § 4 V 1 Nr 1 (§ 8 I KStG) erfasst nur *betriebl* veranlasste Geschenke, bei denen die Voraussetzungen des § 4 IV vorliegen und § 12 Nr 1 nicht eingreift (s Rz 520 „Geschenke"). Geschenke an *eigene* ArbN (und deren Hinterbliebene, § 1 LStDV) sind ausgenommen, ohne Rücksicht auf die Besteuerung bei diesen. BA für Geschenke an andere Per-

sonen sind nur iRv § 4 V 1 Nr 1 absetzbar, auch an juristische Personen (str; glA FG Köln EFG 83, 60, rkr, EStR 4.10 II). *Beispiele:* Weihnachtsgeschenk an selbständige Handelsvertreter (EStR 4.10 II), Kunden, Geschäftsfreunde oder an *fremde* ArbN (BFH IV R 186/82 BStBl II 85, 286; zu teils selbständigem Krankenhausarzt FG Ddorf EFG 02, 971, rkr). Berufl Geschenke *von* ArbN fallen unter § 4 V 1 Nr 1/§ 9 V. S auch – Musterfall – *Liess* NWB 11, 913.

b) Begriff. Geschenke sind unentgeltl Zuwendungen, die – aus Sicht beider Beteiligter – nicht als Gegenleistung für bestimmte Leistung des Empfängers gedacht sind und nicht in unmittelbarem zeitl oder wirtschaftl Zusammenhang mit einer solchen Leistung stehen (vgl BFH I R 14/93 BStBl II 93, 806 zu geschenkter Reise, offen zu einschr Auslegung bei Zuwendungen, die sonst beim Empfänger BA/WK wären – dazu FG Ddorf EFG 02, 1227, rkr). *Beispiele:* Geld- oder Sachzuwendungen als lfd Aufmerksamkeiten zu Weihnachten oder zum Geburtstag, um sich für etwaige spätere Aufträge in Erinnerung zu halten (vgl zu Incentivereisen *BMF* BStBl I 96, 1192, *FinVerw* DStR 03, 2225 und unten zu § 37b; zu Tombolapreisen für Geschäftsfreunde FG Köln EFG 14, 296, rkr, mit Anm *Neu*). – **Keine Geschenke** sind: Betriebl Bewirtungen (Sonderregelung § 4 V 1 Nr 2; EStR 4.10 IV 6; sonstige Bewirtungen s FG Thür EFG 14, 1290, rkr, mit Anm *Wagner*); Schmier- und Bestechungsgelder, um bestimmten Auftrag zu erhalten (vgl BFH IV R 47/78 BStBl II 82, 394, FG Nbg EFG 00, 5, rkr, s aber ab 1996 § 4 V 1 Nr 10, Rz 607, Abgrenzung *Stapf* DB 00, 1092), Spargeschenkgutscheine einer Bank für Kontoeröffnung, Gutscheine einer Zeitung für ein Abonnement, Sponsoring-Ausgaben zu Werbezwecken (s Rz 520), Belohnungsreisen an Vertreter (s auch zu Empfänger Rz 427 und 520 „Informationsreisen"), Ärztemuster uä betriebl nutzbares Werbematerial (EStR 4.10 II 4 zu nur betriebl nutzbaren geschenkten WG ohne private Vorteilszuwendung), Werbezugaben (BFH III R 76/88 BStBl II 94, 170; s auch *BMF* DStR 95, 884 und 1150, BGH NJW-RR 94, 942 „Stofftragetasche" und Änderung ZugabeVO BGBl I 94, 1688; aA zu größeren „Zugaben" BFH I R 99/09 BFH/NV 11, 650), Preisnachlässe für gute Kunden, Preise eines Preisausschreibens oder einer Auslobung (EStR 4.10 IV), Gewinne aus Losverteilung anlässl Warenkauf (DB 88, 579; uU Loswert, FG Ddorf EFG 88, 11, rkr; Empfänger s Rz 460 „Preise"), Zuwendungen in Erfüllung einer betriebl Obliegenheit ohne geldwerten Empfängervorteil (*Beispiele:* Kränze und Blumen zur Beerdigung eines Geschäftsfreundes – s aber FG Saarl EFG 89, 102, rkr, zu § 12). – **Parteispenden** sind keine BA (§ 4 VI, Rz 611) und damit keine Geschenke iSv § 4 V 1 Nr 1 (s auch Rz 520 „Spenden"). – **Übernahme einer PauschalSt nach § 37b** für geschenkte Sachzuwendungen iSv § 4 V 1 Nr 1 (auch unter 35 €, BFH VI R 52/11 BStBl II 15, 455) an Geschäftsfreunde und deren ArbN ist aus Sicht des zuwendenden StPfl ein zusätzl Geschenk iSv § 4 V 1 Nr 1 (Abzug als BA nur bei eigenen ArbN; str, s FG Nds EFG 14, 894 mit Anm *Graw,* Rev IV R 13/14, abl *Kohlhaas* FR 14, 545). Gleichwohl nach *BMF* aus Vereinfachungsgründen Berechnung der 35 € nur aus der Zuwendung selbst (*BMF* BStBl I 08, 566 Rz 25). Entgegen BMF aaO keine Pauschalversteuerung ohne StPfl der Empfänger (BFH VI R 57/11 BStBl II 15, 457; glA *BMF* BStBl I 15, 468 mit Anm *Niermann* DB 15, 1242; 32. Aufl mwN. Einzelheiten s bei § 37b; *Geserich* DStR 14, 561; *Schneider* NWB 14, 341; *Niermann* NWB 14, 351; *Strohner* DB 14, 387. 537

c) Abzugsvoraussetzungen. – *(1)* **Geschenkwert.** Die AK/HK der *einem* Empfänger in *einem Wj* zugewendeten Geschenke iSv Rz 537 dürfen zusammengerechnet **35 €** (vor 2004 40 € bzw 75 DM) nicht übersteigen. Geschenke an dem Empfänger nahe stehende Personen können einzubeziehen sein (FG Nbg EFG 94, 815, rkr). Es handelt sich um eine **Freigrenze:** 35 € sind voll abziehbar, bei 36 € entfällt *jeder* Abzug. Die Berechnung der AK/HK richtet sich nach allg Vorschriften (s § 6 Rz 31, 151), bei VorStAbzugsberechtigten ohne USt, sonst einschließl USt (§ 15 Ia UStG; s EStR 4.10 III, 9b II, s auch Rz 520 „USt"). Bei gebrauchten 538

WG sind das wohl aktuelle – fiktive – AK/HK (str). Echte Verpackungs-/Versandkosten werden nicht angesetzt (EStR 4.10 III). Der Wert nach vorangegangener Einlage des WG ist nicht geregelt (TW, § 6 I Nr 5). KapGes/Verein ist *ein* Empfänger (FG Köln EFG 83, 60, rkr); bei Zuwendungen an einzelne PersGes'ter ist auf den Ges'ter abzustellen. – ***(2)*** **Werbeträger.** Die frühere Kennzeichnungspflicht als Abzugsvoraussetzung ist entfallen. Damit sind auch **Geld- und Geschenkgutscheine** iRv Rz 536, 537 abziehbar. – ***(3)*** **Aufzeichnungen, § 4 VII.** S Rz 620 und EStR 4.11 (nach *BayLfSt* v 7.10.11, nv, ist Vereinfachung für Streuwerbeartikel bis 10 € nicht mehr allg anzuwenden, sondern Prüfung im Einzelfall – zB bei auch privat nutzbaren WG, wie Golfbällen, Pralinen oä).

539 **d) Rechtsfolgen.** Bei Übersteigen der Grenze oder fehlender Aufzeichnung trotz betriebl Veranlassung kein BA-Abzug, ggf Zurechnung im Schenkungsjahr außerhalb der Bilanz, jedoch keine Entnahmen (s Rz 525, EStR 4.10 I 3).

540 **4. Bewirtungskosten, § 4 V 1 Nr 2. – a) Persönl Anwendungsbereich.** Der Begriff Bewirtung setzt in persönl Hinsicht eine bewirtende (zahlende) und eine oder mehrere bewirtete Personen voraus (s auch Rz 544). – **aa) Bewirtende Person.** § 4 V 1 Nr 2 gilt seit 1992 nicht nur für Selbständige iSv § 2 I Nr 1–3, sondern nach § 9 V auch für ArbN ua Überschusserzieler. **Einschränkungen:** **(1)** Kürzung nur bei **persönl Bewirtung** oder Bewirtung durch Dritte im Namen und für Rechnung des StPfl (vgl BFH VI R 48/07 BStBl II 08, 870; zu Kaffeefahrten BFH X R 37/10 BFH/NV 14, 347). – **(2) Gastwirte uÄ.** *Berufsmäßig* gegen Entgelt bewirtende Unternehmer können uU berufl veranlasste Bewirtungsaufwendungen unabhängig von § 4 V 1 Nr 2 voll als BA absetzen **(§ 4 V S 2).** Das gilt nicht für Hotelbetriebe mit Restaurant (BFH I R 12/11 BStBl II 12, 194).

542 **bb) Bewirtete Personen; geschäftlicher Anlass.** Während die Bewirtung von ArbN früher von der Beschränkung ausgenommen war, erfasst § 4 V 1 Nr 2 ab 1990 nicht nur Kunden, Geschäftsfreunde, mögl Auftraggeber uä Personen, sondern alle Personen einschließl **ArbN,** Ges'ter/Genossen (vgl *FinVerw* BB 98, 1401). Dadurch wären alle auf ArbN entfallenden Bewirtungskosten grds nicht mehr voll abziehbar. Das entsprach wiederum nicht der Absicht des Gesetzgebers, nur die bisher gebotene Aufteilung der BA für „normale" Fremdbewirtungen unter Teilnahme von ArbN zu beseitigen. Durch die Beschränkung auf Bewirtungen „aus geschäftl Anlass" sollte erklärtermaßen der volle Abzug für **rein betriebsinterne ArbN-Bewirtungen** erhalten werden (s 18. Aufl; zu ArbN-Bewirtung durch Vorgesetzte BFH VI R 33/07 BStBl II 09, 11 mit Anm *Titgemeyer* BB 09, 1898; BFH VI R 12/07 BFH/NV 08, 1997). *Beispiele:* Weihnachtsfeier, Betriebsausflug, Betriebsfeste, mE einschließl der Bewirtung des Unternehmers selbst ua mitveranstaltender Dritter, zB der Musiker (glA EStR 4.10 VI). Ist bereits diese sprachl Deutung ohne Rückgriff auf die Gesetzesbegründung kaum nachvollziehbar, bereitet die Ausgrenzung des geschäftl Anlasses aus dem Oberbegriff der betriebl Veranlassung (die stets vorliegen muss) Probleme. Sicher ist, dass der Gesetzgeber einerseits die Bewirtung von **Geschäftsfreunden** ieS treffen wollte (also von Personen, mit denen Geschäfte abgeschlossen oder angebahnt werden sollen, einschließl deren und der eigenen teilnehmenden ArbN) – das gilt wohl auch für selbständige Vertreter, die ArbN ihres Versicherungsunternehmens bewirten. Kürzung auch bei Schulungsbewirtung von freien Mitarbeitern/Handelsvertretern (BFH I R 75/06 BStBl II 08, 116, Anm *Heuermann* StBp 08, 57; zu Bewirtung bei Fremdschulung s FG Ddorf EFG 01, 731, rkr). Andererseits wollte er bestimmte – „nichtgeschäftliche" – Bewirtungen ausnehmen. Selbst wenn rein innerbetriebl Veranstaltungen nicht betroffen sind, bleibt fragl, ob ein Anlass auch ohne konkrete Geschäftsinteressen schon deshalb „geschäftl" ist, weil betriebsexterne Personen bewirtet werden (zB allg Informationsbesuche einer Schulklasse, Betriebsbesichtigungen zur Öffentlichkeitsdarstellung, BP, Ges'ter-Versammlungen). Für geschäftl

Anlass EStR 4.10 VI 3. Die einfachste Lösung wäre sicher, geschäftl und betriebsintern nur nach den die Bewirtung auslösenden Personen abzugrenzen und nur die primäre Bewirtung Betriebsangehöriger von § 4 V 1 Nr 2 auszunehmen. Das hätte der Gesetzgeber jedoch eindeutiger zum Ausdruck bringen können. Anlässl der Bewirtung Dritter auf den **Unternehmer selbst** und seine (aus betriebl Gründen teilnehmende, Rz 546) **Ehefrau** entfallende Kosten sind wie die übrigen Bewirtungskosten beschr abziehbar (vgl auch BFH IV R 150/85 BStBl II 86, 488; EStR 4.10 VI 7). – **Eigenbewirtungskosten** sind grds nicht abziehbar (§ 12 Nr 1, Rz 546), sonst nicht nach § 4 V 1 Nr 2, sondern ggf nach § 4 V 1 Nr 5 zu beurteilen (vgl Rz 544, zu **Ges** s FG RhPf EFG 90, 294, rkr). **Kundschaftsessen** (s Rz 520) und reine **Werbebewirtungen** fallen nicht unter Bewirtungskosten (s FG RhPf EFG 01, 420, rkr; § 4 V S 2, Rz 540).

b) Sachl Anwendungsbereich. – aa) Bewirtung. Hierunter fällt eine Einladung anderer Personen (s Rz 542) vorrangig zum Verzehr von Speisen, Getränken und (oder) anderen zum sofortigen Verzehr bestimmten Genussmitteln; vgl BFH III R 21/86 BStBl II 90, 575 (nicht Nachtbar- oder Bordellbesuch, s Rz 601; nicht Geschenknebenleistungen, BFH I R 79/08 BFH/NV 10, 1307). Grund: Einschränkung des sog „Spesenunwesens" (s Rz 521). Str ist, ob für § 4 V 1 Nr 2 die Darbietung von Speisen und Getränken eindeutig im Vordergrund stehen muss (so EStR 4.10 V 2; **aA** aber ausdrückl BFH I B 4/99 BFH/NV 00, 698, Anm *Wilhelm* NWB 10, 2164/5, zu Messebewirtung FG Mster EFG 96, 1203, aus anderen Gründen aufgehoben; zu Verzehrgutscheinen FG Mchn EFG 97, 1099, rkr). Bewirtungen fallen nicht unter die Geschenkregelung nach § 4 V 1 Nr 1; § 4 V 1 Nr 2 erfasst nicht nur unentgeltl, sondern uU auch entgeltl „Einladungen" (s BFH I B 53/12 BFH/NV 13, 1561; zu Seminarbewirtung FG RhPf EFG 14, 538, Rev VIII R 9/14), soweit die Bewirtung nicht im Leistungsaustausch vergütet wird (BFH X R 37/10 BFH/NV 14, 347). Der **Ort der Bewirtung** spielt nur iZm § 4 V 1 Nr 3 (Gästehaus, s Rz 562), Nr 4 (Jagd oä Veranstaltung, s Rz 567), Nr 7 (unangemessene bewirtungsähnl Einladungen, s Rz 545, 601) und § 12 Nr 1 eine Rolle (s Rz 546 zu Hauseinladungen). Bei Bewirtung im Betrieb gelten die Grundsätze Rz 542. **Geringfügige Aufmerksamkeiten** bei betriebl Anlässen sind voll abziehbar (zB Kaffee, Wasser, Kekse, s EStR 14.10 V; Grenze – Wein – s FG Mster EFG 15, 453, rkr). 544

bb) Bewirtungskosten. Das sind über die BA für die eigentl Bewirtung hinaus die dabei anfallenden Nebenkosten, wie Garderobegebühren, Trinkgelder, Taxi, Saalmiete, wohl auch Unterhaltungskosten iZm der Bewirtung (zB für Musik, für vollen BA-Abzug EStR 4.10 VI 5 Nr 5, offen BFH III R 96/85 BStBl II 88, 655, BFH I R 57/92 BFH/NV 93, 530). Übernachtungskosten fallen nicht darunter, wohl auch nicht Fahrtkosten, begleitende Vergnügungskosten (Theaterbesuch, Damenzuführung) oä Begleitkosten. Solche Ausgaben sind grds voll als BA abziehbar, wenn nicht sonstige Beschränkungen entgegenstehen (zB § 4 V 1 Nr 7, s EStR 4.10 VI 5 Nr 1–4, Rz 601, BFH III R 21/86 BStBl II 90, 575). Auch berufl Dienstverabschiedungskosten können uU zu kürzen sein (§ 12 Nr 1, s Rz 520 „Bewirtung", BFH VI R 48/07 BStBl II 08, 870 – nicht bei Fremdbewirtung, s Rz 540 –, BFH VI R 33/07 BStBl II 09, 11 – nicht bei Bewirtung eigener ArbN, s *Titgemeyer* BB 09, 1898). 545

cc) Betriebl/geschäftl Anlass und private Lebensführung, § 4 V S 3. Für die betriebl Veranlassung, die stets gegeben sein muss (vgl BFH XI B 159/02 BFH/NV 03, 754; Rz 520 „Bewirtung", auch zu Aufteilung), gelten allg Grundsätze (s Rz 480). § 4 V 1 Nr 2 schränkt nur den BA-Abzug für betriebl Bewirtungen aus geschäftl Anlass ein (dazu Rz 542). Beide Voraussetzungen können im Einzelfall auch in der Person der Ehefrau (des Unternehmers, des Geschäftsfreundes, des ArbN im Rahmen von Rz 542) gegeben sein. Eine private Mitveranlassung über den Verzehr hinaus (s Rz 548) schließt den – anteiligen – BA-Abzug aus 546

(§ 4 V S 3, § 12 Nr 1). Das kann bei Bewirtung von Geschäftsfreunden **in der Wohnung** oder zum privaten Anlass (Geburtstagsfeier) außerhalb der Wohnung zutreffen (s Rz 520 „Bewirtung", BFH IV R 184/83 BFH/NV 86, 657; weiter BFH VI R 25/03 BStBl II 07, 459). S *Wilhelm* NWB 10, 2164/6.

548 **c) Höhe; Angemessenheit. – aa) Grundsatz.** Die tatsächl Aufwendungen sind aufzuteilen. § 4 V 1 Nr 2 begrenzt den BA-Abzug wie bisher auf einen angemessenen Betrag und schließt darüber hinaus **30 vH** vom BA-Abzug aus. Diese frei gegriffene Aufteilung soll dem Umstand Rechnung tragen, dass die Bewirtung die Lebensführung der Bewirteten und des Bewirtenden berührt; sie ist unbedenkl (s aber zu verfahrensrechtl Bedenken gegen die rückwirkend bestätigende Kürzung durch Reparaturgesetz BGBl I 11, 554 FG BaWü EFG 12, 1894 mit Vorlage an BVerfG 2 BvL 4/13, *Korn* NWB 13, 2696, Rz 521; *FinVerw* DStR 14, 1603). Der Gesetzeswortlaut ist durch die Negation im Einleitungssatz § 4 V 1 („Gewinn nicht mindern"), durch die seit 1990 positiv gefassten Voraussetzungen in Nr 2 S 1 („angemessen", „nachgewiesen") und durch die verschachtelten „soweit"-Verknüpfungen schwer verständl. Die Vorschrift gibt nur bei **folgendem Berechnungsaufbau** einen Sinn (bb, cc, dd):

549 **bb) Bewirtungskostenermittlung. § 4 V 1 Nr 2 S 2 letzter HS** wiederholt nicht nur den allg Nachweisgrundsatz für BA (dazu Rz 31, 374, 480; s auch Rz 545), sondern bestimmt darüber hinaus die Berechnungsgrundlage für die Aufteilung. Vor Aufteilung sind daher wie bei Rz 549 die nach betriebl Anlass und Höhe nicht nachgewiesenen Bewirtungskosten auszuscheiden (Rz 554). Die Berechnung ist einfach bei Fremdbewirtungen. Bei Bewirtung in **werkseigenen Einrichtungen** (Kantine, Casino) werden sich die maßgebl einrichtungsspezifischen (Gesamt-)Aufwendungen häufig nur durch Schätzung ermitteln lassen. Eine Schätzung nach Restaurantpreisen ist unrealistisch. Die *FinVerw* lässt – im Wj einheitl – einen Pauschalansatz von 15 € pro Bewirtung zu (EStR 4.10 VI 9).

550 **cc) Angemessenheitsprüfung, § 4 V 1 Nr 2 S 1.** Sodann ist zu prüfen, ob die tatsächl Kosten – bezogen auf *eine* Bewirtungsveranstaltung, nicht auf einzelne Personen und nicht auf den Jahresaufwand – angemessen sind (glA BFH III R 21/86 BStBl II 90, 575). Das richtet sich nach der allg Verkehrsauffassung und damit nach den Umständen des Einzelfalles (s Rz 602: Größe des Unternehmens, Art und Umfang der – beabsichtigten – Geschäftsbeziehungen, Stellung des Geschäftsfreundes oÄ). Feste Grenzen bestehen nicht (s aber FG Hbg EFG 94, 780, rkr). § 4 V 1 Nr 5 ist nicht anwendbar. Ggf sind die Kosten auf das angemessene Maß zu kürzen. Der unangemessene Teil ist – vorweg – dem Gewinn hinzuzurechnen. Vgl *Wilhelm* NWB 10, 2164/8.

551 **dd) Aufteilung, § 4 V 1 Nr 2 S 1.** Von dem so errechneten Restbetrag sind 70 vH abziehbar (Nachweis s Rz 554). 30 vH dürfen den Gewinn nicht mindern.

552 **ee) Beispiel.** Tatsächl Bewirtungskosten 900; angemessen 500, abziehbar 350 (70 vH von 500). Bei Nachweis von nur 300 sind 210 abziehbar (70 vH von 300).

554 **d) Aufzeichnungen; Nachweise, § 4 V 1 Nr 2 S 2, 3. – aa) Eigene Aufzeichnungen, § 4 V 1 Nr 2 S 2.** Die Angaben idR im *Vordruck* sind unabdingbare **materielle Voraussetzung** für den BA-Abzug (s Rz 557 und 618); nur die Angaben zu Tag und Ort der Bewirtung sowie Höhe der Aufwendungen werden ggf durch eine **Gaststättenrechnung** ersetzt **(§ 4 V 1 Nr 2 S 3 HS 1).** Aufzeichnungen im Vordruck und Rechnung können verbunden sein. **Inhaltlich** ist klargestellt, dass nicht nur die Bewirteten, sondern auch der Bewirtende anzugeben ist („Teilnehmer der Bewirtung", s Rz 555). Anschriften der Gäste sind nicht erforderl, können aber nachgefordert werden. Bei Unzumutbarkeit genügt die Angabe der Zahl der Teilnehmer (EStR 4.10 IX, Rz 622). Der **Anlass** der Bewirtung muss konkret angegeben sein (zB Kunde – Kaufverhandlungen Maschine; Handelsvertreter oder Einkäufer Firma X); allg Angaben wie „Geschäftsfreund",

„Arbeitsessen", „Informationsgespräch", „Kundenpflege" oÄ sind wenig aussagekräftig und reichen idR als Grundlage für die gebotene Nachprüfung nicht (BFH IV B 76/94 BFH/NV 97, 218; FG BBg EFG 11, 2130, rkr), auch nicht bei Schweigepflicht (vgl zu RA BFH IV R 50/01 BStBl II 04, 502; zu Journalisten BFH IV R 81/96 BStBl II 98, 263). Nach dem fortbestehenden **Zweck** der Vorschrift (leichte und sichere Prüfungsmöglichkeit, Manipulationsausschluss) sind die Aufzeichnungen **zeitnah** zu erstellen, auch bei § 4 III (s BFH IV R 47/02 BFH/NV 04, 1402). Die **Erstellung** ist **nicht nachholbar** (unstr, s Rz 621 mwN). Dazu gehören die wesentl Angaben iSv § 4 V 1 Nr 2 S 2 und die **Unterschrift** des Bewirtenden (wie Rspr vor 1990, s 32. Aufl). Vordrucke sind als Eigenbuchungsbelege aufzubewahren (wie Rz 555). Vgl auch *BMF* BStBl I 94, 855 und DStR 95, 1151 zu Einzelfragen.

bb) Rechnung, § 4 V 1 Nr 2 S 3 HS 2. Das Gesetz verlangt bei Gaststättenbewirtung die Beifügung der Rechnung mit Angabe der Gaststätte (ohne Unterschrift deren Inhabers), des Tages und Ortes der Bewirtung sowie der Höhe und Art der Aufwendungen – *insoweit* als Ersatz für eigene Aufzeichnungen (S 3 HS 1). Rspr und Verwaltung verlangen auch im Ausl die Angabe des *Bewirtenden* auf Rechnungen über 150 € (vgl EStR 4.10 VIII 4, glA BFH X R 57/09 BStBl II 12, 770). Nur der Gastwirt kann die Zuordnung zu dem StPfl nachweisen (materiellrechtl BA-Abzugsvoraussetzung ohne sonstige Nachweismöglichkeit, etwa durch Zahlung); nur er kann ggf die Rechnung um die Angabe des Bewirtenden nachträgl ergänzen. Die *FinVerw* verlangt, dass die Rechnung den Anforderungen des § 14 UStG genügt, dass „Speisen und Getränke" nach Art und Zahl erkennbar einzeln ausgewiesen werden (EStR 4.10 VIII 8, 9). Unabhängig davon, ob die Gaststätte über eine Registrierkasse verfügt, genügen nicht (für den Wirt risikolose) handschriftl Rechnungen, sondern nur noch **nachprüfbare maschinelle Belege.** Diese Belege müssen der Bewirtende (registrierte Rechnung – zu Registrier-Nr *BMF* DStR 95, 1151, zu Verzicht auf Kassenstreifen *BMF* BStBl I 96, 34) und der Wirt (nur registrierte Rechnungsendsumme) 10 Jahre **aufheben** (§ 147 I Nr 4, III AO). **555**

cc) Gesonderte Aufzeichnung, § 4 VII. Die geschäftl Bewirtungskosten müssen auf einem gesonderten Konto zusammengefasst sein (s Rz 620, auch zu Besonderheiten). Rechnung und *Vordruck* müssen leicht zusammenzuführen sein („beizufügen" – idR Vorder- und Rückseite). **Ausnahmen** s Rz 622. **556**

e) Rechtsfolgen. Soweit (betriebl und geschäftl veranlasste) Bewirtungskosten unangemessen (s Rz 602) oder nicht entspr Rz 554 nachgewiesen sind, können sie nicht als BA abgesetzt werden und sind ggf durch spätere Korrekturbuchungen dem Gewinn außerbilanziell hinzuzurechnen (§ 4 V S 1). Verbleibende Bewirtungskosten sind zu 70 vH abziehbar, einschließl **USt** (s § 9b I; § 15 Ia 2 UStG). **557**

5. Gästehäuser, § 4 V 1 Nr 3. – a) Anwendungsbereich. Aufwendungen für privat genutzte Gästehäuser (Wohnungen, Zimmer) sind keine BA (und – seit 1992 – keine WK, § 9 V). Aufwendungen für betriebl genutzte Gästehäuser, die ArbN zur Verfügung gestellt werden, sind unabhängig von der Lage BA (*Beispiel:* Erholungsheim im Gebirge, auch im Ausland, BFH I R 20/96 BStBl II 97, 539). Aufwendungen für eigene Gästehäuser, die Geschäftsfreunden unentgeltl zur Verfügung gestellt werden, sind BA iRd § 4 V 1 Nr 7, wenn sie sich am Ort des Betriebes befinden. Sonst fallen die Aufwendungen unter § 4 V 1 Nr 3. Betreibt der StPfl das Gästehaus mit Gewinnabsicht (Pension), ist § 4 V 1 Nr 3 nicht anwendbar **(§ 4 V Satz 2).** Verlangt er ein nicht kostendeckendes Entgelt, gelten für den Zuschuss die Beschränkungen des § 4 V 1 Nr 3 (EStR 4.10 X). Kosten der Unterbringung in *fremden* Beherbergungsbetrieben fallen nicht unter § 4 V 1 Nr 3 (allenfalls § 4 V 1 Nr 7). Ein gepachtetes, ständig betriebenes Gästehaus gehört jedoch zu „Einrichtungen des StPfl" idS (FG Nds EFG 05, 1261, rkr). **560**

561 **b) Ort des Betriebs.** Der Ort muss nicht mit den politischen Gemeindegrenzen übereinstimmen. Vorortgemeinden fallen darunter, wenn sie räuml und verkehrstechnisch zur Betriebsgemeinde gehören (BFH I 156/65 BStBl II 68, 603; abgrenzend FG Nds EFG 05, 1262, rkr).

562 **c) Aufwendungen.** § 4 V 1 Nr 3 erfasst alle auf die Herstellung oder Anschaffung der Einrichtung und deren Unterhalt entfallenden Kosten einschließl AfA (BFH I R 29/85 BStBl II 87, 108), Personalkosten, Zinsen. USt s § 9b I; § 15 Ia 1 UStG. Kosten der Bewirtung fallen nur unter § 4 V 1 Nr 2.

563 **d) Aufzeichnung, § 4 VII.** Die Regelung verlangt Aufzeichnung auf einem gesonderten Konto (s Rz 620/622).

564 **e) Rechtsfolgen.** – ***(1)*** **Betriebsausgaben.** Keine Aufzeichnung oder Gewinnerhöhung aufgezeichneter BA nach § 4 V 1 Nr 3 außerhalb der Bilanz. – ***(2)*** **Betriebseinnahmen.** Problematisch ist die Auswirkung der Abzugsbeschränkung auf BE. Soweit der StPfl (nicht kostendeckendes) Mietentgelt verlangt, besteht ein unmittelbarer Zusammenhang mit nichtabziehbaren BA; der Eigenzuschuss ist nicht abziehbar, EStR 4.10 XI 2. Die Miete dürfte umgekehrt nach Sinn und Zweck des Gesetzes nicht als BE zu versteuern sein (aA hM, s Rz 460 „Abfindung" 5). – ***(3)*** **Veräußerung.** Dagegen sind Gewinne aus der Veräußerung eines solchen WG nach dem Regelungsinhalt des § 4 V 1 Nr 3 voll zu versteuern. Dem Veräußerungserlös ist ein (auch) um die nicht abziehbare AfA geminderter Bilanzwert gegenüberzustellen (BFH VIII R 40/69 BStBl II 74, 207, BFH X R 14/12 BFH/NV 15, 973; str, s auch Rz 208, 586, 599, 603). Nicht der Ansatz der AK als BV ist beschränkt, sondern nur der Aufwandsabzug als BA (s BFH IV R 5/85 BStBl II 87, 853 unter 3a mwN zu 4 I 1 Nr 7). Sonst würde die ausgeschlossene Gewinnminderung auf Umwegen nachgeholt. *Beispiel:* HK eines Gebäudes 200 000. Jährliche AfA 4000 (keine BA). Bei Veräußerung nach 10 Jahren für 250 000 (Bilanzwert 160 000): Veräußerungsgewinn 90 000. Ebenso bei Verlusten.

567 **6. Aufwendungen für Jagd, Fischerei usw, § 4 V 1 Nr 4. – a) Anwendungsbereich.** § 4 V 1 Nr 4 bringt eine beispielhafte Aufzählung besonderer Repräsentationsaufwendungen, die häufig auch im Privatbereich anfallen und bei denen die betriebl Veranlassung im Einzelfall kaum nachprüfbar ist. *Beispiele:* Tennis- oder Golfplatz (s BFH X B 123/08 BFH/NV 09, 752, FG Hess EFG 13, 1477, Rev IV R 24/13 und FG Nds EFG 14, 122, Rev I R 74/13, zu Golfturnierveranstaltung), Schwimmbecken, Segeljacht (s unten), Reitpferd (zB EFG 15, 1791 mit Anm *Lemaire,* rkr, zu Rennpferden einer Ges BFH I B 235/93 BFH/NV 95, 205; BFH XI R 66/06 BStBl II 09, 206), Jagdpachtabfindung (BFH I B 29/96 BFH/NV 97, 285), Motorflugzeug, Segelflugzeug, Sportflugzeug (FG Mchn EFG 10, 1345, rkr); Oldtimer (BFH I B 42/11 BFH/NV 11, 2097; s auch *Eckert* DStR 12, 1119, Rz 157), Rennwagen (BFH III B 154/07 BFH/NV 09, 579); zu Einladung zu „Herrenabend" FG Ddorf DStZ 14, 734, rkr; selten bei Event-Marketingsveranstaltung (vgl *Schiffer/Feldgen* DStZ 14, 571). Nach Wortlaut und Zweck der Vorschrift spielt es keine Rolle, ob es sich um eigene oder gepachtete Einrichtungen handelt. Auch die Kosten für die Benutzung fremder Einrichtungen fallen unter die Beschränkung. Häufig wird die Abziehbarkeit solcher Aufwendungen bereits an § 4 IV/§ 12 Nr 1 EStG scheitern, wenn näml die Einrichtung (auch) durch den StPfl und seine Familienangehörigen genutzt wird (Rz 626). **Unbeschränkt abziehbar** sind die Kosten für solche Anlagen und Einrichtungen, die *nur ArbN* zur Verfügung stehen (BFH I R 111/77 BStBl II 81, 58) oder *gewerbl* betrieben werden **(§ 4 V S 2).** *Beispiele:* Vermietung von Segelbooten mit Gewinnabsicht; zu gemietetem Konferenzschiff BFH I R 18/92 BStBl II 93, 367; zu vGA s Rz 171 und unten, auch Nebenanlagen eines GewBetr (zum Hotel gehöriger Tennisplatz) und für sonstige berufl Zwecke genutzte WG dieser Art (zu Motorboot für Fahrten Wohnung/Betrieb, vgl BFH IV R 6/00 BStBl II 01, 575 – unter fragl Ausdehnung von § 4 V 1 Nr 6). Das Abzugsverbot gilt ansonsten un-

eingeschränkt, auch bei betriebl Nebeneffekten (zB Werbung), wenn die Möglichkeit besteht, dass die aufgeführten WG auch der Unterhaltung von Geschäftsfreunden dienen (BFH I R 27–29/05 DStRE 07, 946 als Schlussurteil zu I R 54/95 DStR 97, 492, nunmehr mit Vorrang von § 4 V 1 Nr 4 vor vGA, s *Pezzer* FR 07, 890; s auch BFH X B 123/08 BFH/NV 09, 752). Charter eines Begleitschiffs der Kieler Regatta s BFH IV R 25/09 BStBl II 12, 824; Charter eigener Flugzeuge s FG Hbg EFG 07, 616, rkr.

b) Gesonderte Aufzeichnungen, § 4 VII. S Rz 620. 568

c) Rechtsfolgen. Alle BA iZm Anschaffung und Betrieb der Anlage oder Einrichtung einschließl der dabei anfallenden Bewirtungskosten (Wortlaut § 4 V 1 Nr 4) sind dem Gewinn ggf außerhalb der Bilanz zuzurechnen. USt s § 9b I, § 15 Ia 1 UStG. Ein Veräußerungsgewinn ist wie bei Rz 564 zu versteuern, das Entgelt für gelegentl Vermietung nach hM unabhängig vom BA-Abzugsverbot als BE zu erfassen (str, vgl Rz 564 und 460 „Abfindung" 5). 569

7. Mehraufwendungen für Verpflegung, § 4 V 1 Nr 5 iVm § 9 IVa/§ 4 V 1 Nr 5 aF. S zu BA *BMF* BStBl I 15, 26; zu § 9 *BMF* BStBl I 14, 1412, § 9 Rz 258 ff. – **a) Gesetzesentwicklung.** Bis 2013 Gesamtregelung in § 4 V 1 Nr 5 aF. **Änderungen ab 2014:** § 4 V 1 Nr 5 nF beschränkt sich auf den Hinweis, dass Verpflegungsmehraufwendungen nur begrenzt als BA abziehbar sind und nimmt zur Begründung auf die Neuregelung zu WK in § 9 IV a nF Bezug. Einzelne sachl Änderungen vor allem zur Höhe s Rz 574. 570

b) Grundsatz, § 4 V 1 Nr 5 S 1. Verpflegungsaufwendungen stellen auch bei berufl Mitveranlassung als private Lebensführungskosten nur in Ausnahmefällen BA/WK dar (§ 4 V 1 Nr 5 S 1, § 12 Nr 1). Abziehbar sind nur Verpflegungsmehraufwendungen, die auf einer rein betriebl/berufl „Auswärtstätigkeit" (s Rz 520) beruhen, nicht solche bei Fahrten von der Wohnung zur regelmäßigen Betriebsstätte (§ 4 V 1 Nr 5 S 2; s Abgrenzung Rz 520 „Fahrtkosten"). 571

c) Abzugsvoraussetzungen dem Grunde nach, § 4 V 1 Nr 5 S 2. Jede längere vom „Mittelpunkt der dauerhaft angelegten betriebl Tätigkeit" entfernte Auswärtstätigkeit ist begünstigt. Wie vorher gibt es auch ab 2014 für jeden Betrieb nur (allenfalls) *einen* solchen Mittelpunkt (s Rz 520 „Auswärtstätigkeit"). StPfl mit einer solchen **regelmäßigen Betriebsstätte** müssen vorübergehend außerhalb *davon* betriebl tätig sein, ohne Rücksicht auf die Entfernung. **Ohne regelmäßige Betriebsstätte,** wie bei typischerweise auf Grund der individuellen betriebl Tätigkeit nur an ständig wechselnden Tätigkeitsstätten (vgl zu selbständiger Musiklehrerin BFH III R 19/13 BStBl II 15, 323; Rz 520 „Auswärtstätigkeit") oder auf einem Fahrzeug Berufstätigen (zB Taxi- oder LKW-Fahrer), ist für Verpflegungskosten auf die Abwesenheit von der Wohnung (Lebensmittelpunkt) abzustellen (**§ 4 V 1 Nr 5 iVm § 9 IVa 4**/§ 4 V 1 Nr 5 S 3 aF, Rz 520 „Einsatzwechseltätigkeit", „Fahrtätigkeit"). **Doppelte Haushaltsführung** s Rz 576. 572

d) Dreimonatsgrenze, § 4 V 1 Nr 5 iVm § 9 IVa S 6, 7, 12/§ 4 V 1 Nr 5 S 5, 6 aF. Für alle diese längeren Auswärtstätigkeiten an *derselben* auswärtigen Tätigkeitsstätte bzw für jede doppelte Haushaltsführung (Rz 576) werden Pauschbeträge für die ersten drei Monate gewährt (verfgemäß, BFH VI R 10/08 BStBl II 11, 32; BFH III R 94/10 BStBl II 13, 725). Das sind Kalendermonate, unabhängig von Zwischenheimfahrten, Urlaub, Krankheit oä kurzfristigen Unterbrechungen (s auch BFH VI R 70/98 BStBl I 04, 962). Fristanlauf nur bei „längerfristiger" Berufsausübung an einer – derselben – auswärtigen Tätigkeitsstätte (§ 9 IVa 6); fragl ist, ob dafür – ohne Verweisung in § 4 V S 1 Nr 5 – § 9 IV 4 Nr 2 anwendbar ist – so wohl *BMF* BStBl I 15, 26 Rz 5 Bsp 4 (wöchentl mind 2 volle Arbeitstage oder $^1/_3$ der Arbeitszeit). Nach mindestens 4-wöchiger Unterbrechung oder bei Aufnahme einer anderen Auswärtstätigkeit beginnt eine neue Frist (§ 9 IVa 7; s auch BFH III R 94/10 BStBl II 13, 725). Bei sonstigen Geschäftsreisen während der 573

Frist ist für jeden Kalendertag nur einmal der jeweils höhere Betrag zu gewähren (§ 9 IVa S 12/§ 4 V 1 Nr 5 S 6 aF). Die Dreimonatsfrist gilt auch bei längerer Abwesenheit von der Wohnung an einer Tätigkeitsstätte **ohne *regelmäßige* auswärtige Tätigkeitsstätte** (s RsprÄnderung Rz 520 „Auswärtstätigkeit"; **§ 9 IVa S 4;** 32. Aufl mwN).

574 **e) Höhe der Pauschbeträge. – aa) Inlandsreisen, § 4 V 1 Nr 5 iVm § 9 IVa S 3**/§ 4 V 1 Nr 5 S 2 aF. Die Vorschrift setzt die Pauschbeträge gesetzl fest. Die Nachweismöglichkeit höherer Aufwendungen entfällt, auch nach Ablauf der Dreimonatsfrist am selben Tätigkeitsort. Der Abzug richtet sich ausschließl nach der Dauer der Abwesenheit von der Wohnung (bei unmittelbarem Reiseantritt von dort aus) bzw vom Tätigkeitsmittelpunkt (bei Reiseantritt von dort aus). Ohne Nachprüfung der tatsächl Aufwendungen und einer offenbar unzutr Besteuerung gewährte das Gesetz **bis 2013** bei Abwesenheit von 24 Stunden 24 €, von mindestens 14 Stunden 12 €, ab 8 Stunden 6 €; **ab 2014** Reduzierung der 3-Stufen-Staffelung auf 2 Stufen unter Erhöhung des niedrigeren Pauschbetrages von 6 auf 12 € bei Abwesenheit von mehr als 8 Stunden bzw für An- und Abreisetage mit Übernachtung (§ 4 V 1 Nr 5 iVm § 9 IVa S 3). Die Begrenzung ist unabhängig vom Anfall tatsächl Aufwendungen, von der Inanspruchnahme einer bezahlten Verpflegung und vom Verpflegungsort (s BFH VIII R 21/08 DStRE 09, 771). Kein Abzug bei Abwesenheit unter 8 Stunden. Keine Unterschiede zw ein- und mehrtägigen Reisen. Die Abwesenheitszeiten sind kalendertagsbezogen. Bei Abwesenheit über Mitternacht mit Übernachtung beträgt die Pauschale ohne Prüfung der Dauer je 12 € für An- und Abreisetag, ohne Übernachtung bei Abwesenheit insgesamt über 8 (und unter 24) Stunden 12 € für den überwiegenden Abwesenheitstag (§ 9 IVa 3 Nr 2, 3).

575 **bb) Auslandsreisen, § 4 V 1 Nr 5 iVm § 9 IVa S 5**/§ 4 V 1 Nr 5 S 4 aF. Die Regelung stellt nicht auf die Inlandspauschbeträge ab, sondern auf die höchsten Auslandstagegelder nach dem BRKG für den jeweiligen Staat, die das *BMF* im Einvernehmen mit den Länderfinanzministerien lfd festsetzt (vgl LStR 9.6 III, 2014 BStBl I 13, 1467; 2015 BStBl I 15, 34; 2016 BStBl I 15, 1058). Dagegen ist kein höherer Nachweis mehr mögl. Zum Ausgleich werden diese Auslandstagegelder **ab 2014** je nach Abwesenheitsdauer mit 120 bzw 80 vH angesetzt (Wegfall der 40 vH-Stufe bis 2013). Dauert die Reise insgesamt länger (nicht unbedingt im Ausl), richtet sich der Pauschbetrag nach dem Staat, den der StPfl vor 24 Uhr Ortszeit zuletzt erreicht bzw nach dem letzten Tätigkeitsort im Ausl am Rückkehrtag.

576 **cc) Doppelte Haushaltsführung. § 4 V 1 Nr 5 iVm § 9 IVa 4, 12, 13** (bzw § 4 V 1 Nr 5 S 6 aF) übernimmt diese Grundsätze für die doppelte Haushaltsführung. Bei Anmietung einer Zweitwohnung auf Grund einer „Auswärtstätigkeit" sind daher 3 Monate die Reisekostenpauschbeträge für Verpflegung abziehbar (s allg Rz 520 und 588; Auslandswohnung s LStR 9.11 VIII). Fristbeginn in Wegverlegungsfällen s BFH VI R 7/13 BStBl II 15, 336.

577 **dd) Aufwandserstattung, § 4 V 1 Nr 5 iVm § 9 IVa 8.** Während ArbG ihren ArbN die nach § 4 V 1 Nr 5 abziehbaren Pauschbeträge stfrei erstatten können (§ 3 Nr 13, 16), entfällt diese Möglichkeit bei Selbständigen (BE und BA). Durch unentgelt Abgabe von Mahlzeiten werden die BA-Abzüge für Auswärtstätigkeit ab 2014 entspr § 9 IVa 8 gekürzt.

578 **f) Aufzeichnungen, § 4 VII.** Sie entfallen für § 4 V 1 Nr 5, s Rz 622.

8. Fahrtkosten Wohnung/Betrieb; Familienheimfahrten, § 4 V 1 Nr 6

FinVerw/Schrifttum: *BMF* BStBl I 09, 1326, I 12, 1099 mit Erläut *Nolte* NWB 10, 655; *Wagner* NWB 11, 2930; *Becker* StBP 11, 218, 254 und 285; krit *Urban* FR 10, 510 und NJW 11, 2465 (Dienstwagenbesteuerung); 23./32. Aufl mwN.

a) Hintergrund der Regelung. – *(1)* **Vorbemerkung.** § 4 V 1 Nr 6 betrifft nur Fälle der Kfz-Nutzung (egal ob BV oder PV) für Fahrten Wohnung/Betriebsstätte und Familienheimfahrten bei ungekürzter BA-Aufzeichnung. Das Abzugsverbot wird durch entspr Gewinnerhöhung erreicht. – *(2)* **Abzugsbeschränkung, § 4 V 1 Nr 6 S 1 und 2 iVm § 9 I Nr 4, 5, II.** Fahrtkosten mit dem eigenen Kfz sind bei betriebl Veranlassung grds voll, bei privater Veranlassung grds nicht, bei Fahrten von der Wohnung zur Betriebsstätte und Familienheimfahrten – obwohl betriebl veranlasst – nur mit pauschalen Höchstbeträgen des § 9 I Nr 4, 5, II als BA absetzbar. Fahrten von in die Wohnung integrierter Betriebsstätte sind wie Fahrten von der Wohnung begrenzt abziehbar (vgl BFH X R 13/13 BStBl II 15, 273). Die (isoliert kaum verständl) Regelung des § 4 V 1 Nr 6 enthält – anders als zB Nr 5 – nur diese letzten Beschränkungen mit entspr Gewinnerhöhung, unterschiedl je nach Ermittlung des privaten Nutzungsanteils. **Ohne Kfz** sind – aufwandsunabhängig – BA iHd Entfernungspauschalen abziehbar (s Rz 585), nur nicht für Flugstrecken (§ 9 I Nr 4 S 3; BFH VI R 42/07 BStBl II 09, 724). Zur Erhöhung um höhere öffentl Verkehrsmittelkosten s § 9 II 2, ab 2012 mit *Jahresvergleichsrechnung*. Bei **Nutzung eines Privat-Kfz** (bzw eines Kfz, das nicht notwendiges BV iSv § 6 I Nr 4 S 2 HS 1 ist) sind nur BA iHd Beträge nach § 9 I 3 Nr 4, 5 anzusetzen (§ 4 V 1 Nr 6 S 2). – *(3)* **Gewinnerhöhung bei Nutzung eines Betriebs-Kfz für beschr abziehbare Fahrten, § 4 V 1 Nr 6 S 3.** Der StPfl hat bei notwendigen Betriebs-Kfz **zwei Möglichkeiten:** Führt er ein Fahrtenbuch iSv § 6 I Nr 4 S 3, sind wie bei Nutzung eines Privat-Kfz BA iHv § 9 I 3 Nr 4, 5 absetzbar (§ 4 V 1 Nr 6 S 3 **HS 2**), s Rz 582. Sonst wird für reine Privatfahrten ohne Fahrten Wohnung/Betrieb und ggf Familienheimfahrten monatl 1 vH des inl Kfz-Listenneupreises als gewinnerhöhende Nutzungsentnahme zugerechnet (s § 6 Rz 511 ff). § 4 V 1 Nr 6 S 3 **HS 1** betrifft nur die Zuschätzung dadurch noch nicht erfasster Gewinnerhöhungen für Fahrten Wohnung/Betrieb sowie Familienheimfahrten *bei Abzug aller Kfz-Kosten als BA* (vgl BFH III B 108/14 BFH/NV 15, 1575). – *(4)* **Elektrofahrzeuge, § 4 V 1 Nr 6 S 3 HS 3** (idF AmtshilfeRLUmsG; *BMF* BStBl I 14, 835). Während die Listenpreisminderung nach § 6 I Nr 4 S 2 bei Anschaffung vor dem 1.1.2023 automatisch auf § 4 V 1 Nr 6 durchschlägt, stellt die neue Verweisung auf § 6 I Nr 4 S 3 HS 2 sicher, dass die Entnahmeminderung um die Batteriesystemkosten nach § 6 I Nr 4 S 2 HS 2, 3 auch bei der Fahrtenbuchmethode greift (Kürzung der tatsächl Aufwendungen). Die Regelung gilt ab 2013, auch für am 30.6.13 bereits vorhandene Fahrzeuge (§ 52 Abs 12 S 1). – *(5)* **Sonstige Zurechnungen.** Zu Nutzung des Betriebs-Kfz für **andere Einkunftsarten** s *BMF* BStBl I 09, 1326 Rz 17 mit Vereinfachungsregelungen. – *(6)* **Ab 2014** keine sachl Änderungen, nur Anpassung § 4 V 1 Nr 6 an die Änderungen § 9. 580

b) Regelungsinhalt, § 4 V 1 Nr 6 S 3 HS 1. Fahrten Wohnung/Tätigkeitsstätte sind mit der 1%-Regelung nach § 6 I Nr 4 noch nicht abgegolten. Der 1%-Wert erhöht sich bei ArbN nach § 8 II 3 monatl um 0,03 vH des Listenpreises pro Entfernungs-km. Dem entspricht iErg § 4 V 1 Nr 6 S 3 HS 1 für Fahrten Wohnung/Betriebsstätte bei Selbständigen. 581

c) Fahrtenbuch; „Escape-Klausel", § 4 V 1 Nr 6 S 3 HS 2 iVm § 6 I Nr 4 S 3. Dies alles gilt nicht, wenn der StPfl *alle* betriebl und privaten Fahrten einschließl der Fahrten iSv § 4 V 1 Nr 6/§ 9 I Nr 4, 5 für den gesamten VZ (BFH VI R 35/12 BStBl II 14, 643) gesondert aufzeichnet, einheitl danach abrechnet und sie belegmäßig nachweist (Beweislast: StPfl). Dann sind von den belegten Kfz-Kosten für die aufgezeichneten Fahrten iSv § 4 V 1 Nr 6 nur die Beträge iHv § 9 I Nr 4, 5, II zu kürzen. Einzelheiten zum Fahrtenbuch s 32. Aufl und § 6 Rz 531 ff. 582

d) Gewinnzurechnung für Fahrten bei doppelter Haushaltsführung. – *(1)* **BA-Abzugsbeschränkung der tatsächl Kosten, § 4 V 1 Nr 6 S 1, 2.** Es gelten die allg Abzugsbeschränkungen nach § 9 I 3 Nr 5 (vgl § 9 Rz 205 ff). Die 583

Kosten für die erste Hinfahrt und die letzte Rückfahrt sind nicht begrenzt (keine Zurechnung). Zwischenzeitl kann der StPfl grds (Ausnahme für Behinderte entspr § 9 II 3; zu Wahlrecht BFH VI R 77/06 BStBl II 09, 729) nur die Kosten für *eine* Heimfahrt wöchentl und diese auch bei Kfz-Benutzung nur betragsmäßig begrenzt als BA absetzen (s § 9 I 3 Nr 5, Nr 4, auch zur Entfernungspauschale mit Klarstellung, dass wie bisher längere verkehrsgünstigere Strecken bei regelmäßiger Benutzung anzusetzen sind). Der Abzug ist grds aufwandsunabhängig, allerdings mit Einschränkungen bei Erstattung (§ 9 I 3 Nr 5 S 7, 8 nF; BFH VI R 29/12 BStBl II 13, 735; BFH VI R 33/11 BStBl II 13, 629). – ***(2)* Berechnung ohne Fahrtenbuch, § 4 V 1 Nr 6 S 3 HS 1.** Bei vollem BA-Abzug ist für jeden Entfernungs-km der positive Unterschiedsbetrag zw 0,002 vH des Listenneupreises des Kfz iSv § 6 I Nr 4 S 3 (s § 6 Rz 518) und dem nach § 9 I 3 Nr 5, 4 und § 9 II abziehbaren Betrag dem um die tatsächl Kosten gekürzten Gewinn wieder zuzurechnen, sachl iErg wie bei den Überschusseinkünften nach § 9 I 3 Nr 5, § 8 II 5 – die abw Zurechnung bei Überlassung eines Kfz mit AK über dem Schwellenpreis von 15 000 € (0,002 × 15 000 = 0,30 € wie in § 9 I 3 Nr 5) ohne Ausnahme entspr § 8 II 5 HS 2 ist verfgemäß (BFH VIII R 24/09 BStBl II 13, 812). Bei der Zurechnung handelt es sich – anders als bei Rz 584 – nicht um einen Monatssatz, sondern um einen *fahrtbezogenen vH-Satz pro Entfernungs-km.*

584 **e) Gewinnzurechnung für Fahrten Wohnung/Betriebsstätte.** – ***(1)* Abzugsbeschränkung, § 4 V 1 Nr 6 S 1, 2 iVm § 9 I Nr 4.** Bei Kfz-Benutzung gelten die Abzugsbeschränkungen nach § 9 I Nr 4 (s § 9 Rz 179 ff). **Betriebsstätte** iSv § 4 V 1 Nr 6 ist abw von § 12 AO jede regelmäßige Tätigkeitsstätte (nur *eine* mögl, s Rz 520 „Auswärtstätigkeit“, „Geschäftsreise“). Eine unterschiedl Behandlung im betriebl Bereich kann nicht aus dem fehlenden Merkmal der *„regelmäßigen“* Betriebsstätte in § 4 V 1 Nr 6 hergeleitet werden. Die Beschränkung gilt daher nicht bei ständig wechselnden Einsatzstellen oder Fahrtätigkeiten ohne feste Betriebsstätte. Die Definition „Erste Tätigkeitsstätte“ in § 9 IV ab 2014 ist nur beschränkt übertragbar (keine „Zuordnung durch ArbG“, s *Weber* NWB 13, 3049). – ***(2)* Pauschale Gewinnzurechnung ohne Fahrtenbuch, § 4 V 1 Nr 6 S 3 HS 1.** Die Gewinnerhöhung um den positiven Unterschiedsbetrag zw 0,03 vH des Listenpreises und dem nach § 9 I Nr 4 abziehbaren Pauschbetrag entspricht bei § 8 II 2 der vollen Zurechnung mit WK-Abzug. Der gegriffene vH-Satz von 0,03 des Listenpreises (dazu § 6 Rz 518, § 8 Rz 45) führt – anders als bei Familienheimfahrten – zu einem von der Zahl der tatsächl (tägl) Fahrten pro Monat und den tatsächl Kfz-Kosten (außer über Listenpreis) unabhängigen, jedoch **entfernungsgekoppelten Monatsbetrag.** Ihm liegt offenbar die Benutzung an 180 Arbeitstagen pro Jahr bzw durchschnittl 15 Tagen pro Monat zugrunde. **Negative Unterschiedsbeträge** (Pauschbeträge höher als die tatsächl Aufwendungen bei niedrigen Kfz-AK) sind nach zutr hM seit Einführung der Entfernungspauschale ab VZ 2001 als BA absetzbar (EStR 4.12 I 2; s auch BFH XI B 178/06 BFH/NV 08, 562; nach *Briese* DStR 03, 1336 Einbuchung einer Aufwandseinlage). Der Vorteil der Pauschalregelung sinkt mit steigendem Listenpreis und abnehmender Fahrtenzahl. Unabhängig von der tatsächl Nutzung sind nach § 4 V 1 Nr 6 S 3 für jedes betroffene Fahrzeug als Jahresbetrag grds 12 „Kalendermonate“ zugrunde zu legen, auch bei zeitweiliger Reparatur, Urlaub, Krankheit (aber nicht ohne Nutzung in einem Kalendermonat, *BMF* BStBl I 09, 1326 Tz 15). *Abw* taggenaue Berechnung ohne Fahrtenbuch bei Nutzung unter 15 Tagen lehnt FG Ddorf EFG 14, 1770, rkr, zutr ab (aA zu § 8 II 3 BFH VI R 85/04 BStBl II 08, 887).

585 **f) Aufzeichnungen.** Eine bestimmte Aufzeichnungspflicht ist für § 4 V 1 Nr 6 nicht vorgeschrieben. § 4 VII ist nicht anwendbar. Belegsammlung für Fahrtenbuch oder Kostendeckelung s *BMF* BStBl I 09, 1326 Rz 4 ff, § 6 Rz 531 ff.

586 **g) Rechtsfolgen.** Über die Nutzungsentnahme nach § 6 I Nr 4 für die „normale“ Privatnutzung (und ggf zusätzl Nutzung für andere Einkünfte) hinaus ist der

positive Differenzbetrag nach § 4 V 1 Nr 6 – als BA-Kürzung – dem Gewinn hinzuzurechnen. Keine Kürzung der stillen Reserven bei Veräußerung (s Rz 603). Abzug von **Unfallkosten** neben der Entfernungspauschale ist str (s Rz 520 „Fahrtkosten" mwN).

9. Doppelte Haushaltsführung, § 4 V 1 Nr 6a idF ab 2014. § 4 V 1 Nr 6a nF verweist zu den **grundlegenden Abzugsvoraussetzungen** auf § 9 I 3 Nr 5 S 1–4 nF (wie bisher keine zeitl Beschränkung dem Grunde nach, aber finanzielle Beteiligung an den Haushaltskosten). **Höhe des BA-Abzugs:** Die unveränderte **Fahrtkostenbeschränkung** ergibt sich aus § 4 V 1 Nr 6 iVm § 9 I 3 Nr 5 (s Rz 583), der nur betragsmäßig veränderte 3-monatige Abzug des **Mehraufwands für Verpflegung** durch Verweisung in § 4 V 1 Nr 5 nF auf § 9 IVa nF (mit Klarstellung in S 12, s Rz 576), der Abzug von **Übernachtungskosten** durch Verweisung auf § 9 I 3 Nr 5 S 4 und Nr 5a in § 4 V 1 Nr 6a nF unter Begrenzung im Inl auf 1000 € monatl. 588

10. Häusliches Arbeitszimmer, § 4 V 1 Nr 6b

Schrifttum: *Drenseck* DStR 09, 1877; *Wichert/Koch* NWB 13, 435; *Rolfes/Seifert* StuB 13, 848; 30./34. Aufl mwN; vgl auch 32. Aufl § 19 Rz 100 „Arbeitszimmer". ***BMF*** BStBl I 11, 195, bis VZ 2006 s 32. Aufl; zum Verfahren s BStBl I 10, 1497, Rz 593.

a) Vorbemerkung. § 4 V 1 Nr 6b S 1 geht von dem Grundsatz aus, dass Aufwendungen für ein häusl Arbeitszimmer und seine Ausstattung nicht als BA oder WK abziehbar sind (WK s § 9 V, uU auch für Nutzungseinkünfte §§ 20, 21, s BFH VIII B 184/08 BStBl II 09, 850, Rz 595 – s aber § 20 IX –; zu SA § 10 I Nr 7 S 4). S 2 und 3 enthalten Ausnahmen mit sachl und betragsmäßiger Beschränkung des BA-Abzugs für steuerl anzuerkennende, betriebl genutzte Arbeitszimmer. **Grundvoraussetzung** für die Anerkennung als Arbeitszimmer ist die nach der Einrichtung und sonstigen erkennbaren obj Umständen zu beurteilende *ausschließl* bzw *ganz überwiegende* berufl/betriebl Nutzung (vgl Rz 195; str **Aufteilungsmöglichkeiten** s BFH GrS 1/14 DStR 16, 210, Rz 596 und Rz 520 „Arbeitszimmer" mwN, auch zu Arbeitslosen; zu vorübergehender Nichtnutzung wegen **Erziehungsurlaubs** s BFH VI R 137/99 BStBl II 04, 888). Hierbei kann auch der Bedarf eine Rolle spielen (vgl zu Einkünften §§ 20, 21 FG Nbg EFG 14, 1103, NZB VIII B 38/14; s Rz 483). Die verschärfenden Änderungen durch § 4 V 1 Nr 6b idF StÄndG 2007 hat das BVerfG rückwirkend aufgehoben (s Rz 593). Daraufhin hat der Gesetzgeber im JStG 2010 im Wesentlichen die Rechtslage vor 2007 wieder hergestellt (Ausnahme: Das neue Abzugsverbot gilt nach S 2 auch, wenn das häusl Arbeitszimmer trotz eines berufl Arbeitszimmers zu mehr als 50 vH genutzt wird). 590

Übersicht über die einzelnen Fallgruppen des § 4 V 1 Nr 6b

Nutzung des häusl Arbeitszimmers	BA voll	bis 1250 €	kein Abzug
Mittelpunkt der gesamten Tätigkeit	×		
Sonst: ohne berufl Arbeitsplatz		×	
bei anderem Arbeitsplatz – seit 2007 unabhängig vom Umfang der häusl Tätigkeit			×

b) Grundsatz, § 4 V 1 Nr 6b S 1. Generelles Abzugsverbot von BA für häusl Arbeitszimmer, unabhängig von der betriebl/berufl Veranlassung. Hintergrund war wohl die ausufernde Inanspruchnahme vor allem bei ArbN und die begrenzte Nachprüfbarkeit der Voraussetzungen im privaten Wohnbereich (Missbrauchsabwehr). – ***(1)* Begriff häusl Arbeitszimmer** (s auch *BMF* BStBl I 11, 195 Rz 3–5 mit *Beispielen*). – ***(aa)* Begriff Arbeitszimmer.** Der BFH hat den Begriff zwar nicht als Gegenstück zur häusl Betriebsstätte iSv § 12 AO definiert (vgl BFH VI R 74/98 BStBl II 00, 7), ihn jedoch abgegrenzt von betriebsstättenähnl Räumen im Wohnungsbereich wie Werkstatt, Lager-, Ausstellungs- oder Archivräumen, Praxisräumen eines Arztes, RA oder StB (BFH VI R 70/01 BStBl II 03, 139 zu Annexräumen; BFH IV R 7/01 BStBl II 03, 463, BFH IV R 3/02 BStBl II 05, 203 und BFH VIII B 222/08 BFH/NV 09, 1421 zu ärztl Notfallpraxis im Keller; BFH XI R 89/00 BStBl II 03, 185 und BFH IV R 53/01 BStBl II 04, 55 zu berufl genutz- 591 tem Tonstudio im Keller; abl BFH IV R 2/06 BFH/NV 07, 677 zu Anwaltskanzlei im Keller mit separatem Eingang, s auch unten *bb*). Danach fällt unter § 4 V 1 Nr 6b jeder berufl oder betriebl genutzte Arbeitsraum, der nach Lage, Funktion und Ausstattung nahezu ausschließl der häusl *büromäßigen Erledigung gedankl, schriftl oder verwaltungstechnischer bzw -organisatorischer Arbeiten* vom Schreibtisch aus dient. FA und FG sind gehalten, sich nach den konkreten tatsächl Verhältnissen ein Gesamtbild zu formen und danach zu werten, ob der zu prüfende Raum dem Typus „häusl Arbeitsbüro" entspricht oder ob er dem Typus „häusl Betriebsstätte" näher steht (für den § 4 V 1 Nr 6b nicht gilt; s Rspr oben, BFH VI R 15/07 BStBl II 09, 598 mwN; zu Musikzimmer einer Berufsmusikerin abl BFH VIII R 44/10 DStR 13, 296, BFH VIII R 8/13 HFR 16, 13, nv; zu Schauspieler BFH VIII R 4/09 BFH/NV 12, 200; zu Künstler-Kreativraum FG Nds EFG 12, 2098, rkr). Dabei kann maschinelle Ausrüstung ebenso eine Rolle spielen wie Beschäftigung von Angestellten oder Publikumsverkehr sowie Größe, Lage und sonstige Raumausstattung (s auch BFH VIII B 22/10 BFH/NV 11, 1682; FG Mchn EFG 07, 820, rkr). Eine feste Grenzlinie gibt es nicht; zu Aufteilung s Rz 590, 596. Bei zutr Vorgehensweise ist der BFH an die Würdigung des FG gebunden (§ 118 II FGO; zB BFH XI B 93/06 BFH/NV 07, 1650). Ein häusl Arbeitszimmer setzt begriffl überwiegende *„Arbeitsnutzung" durch den StPfl selbst* voraus (Warenlager, Warteraum, isoliertes Sekretärinnenbüro oder Besuchertoilette sind grds keine Arbeitszimmer iSv § 4 V 1 Nr 6b); dagegen fällt ein durch die in Wohngemeinschaft mit dem StPfl lebende angestellte Ehefrau genutzter Raum nach Sinn und Zweck der Regelung unter die Abzugsbeschränkung des § 4 V 1 Nr 6b (BFH VI B 153/09 BFH/NV 10, 1442 mwN). IdR setzt die Abzugsbeschränkung das *Vorliegen einer auswärtigen Schwerpunkt-Beschäftigungsstätte voraus.* Ein Selbständiger, der seinen Beruf *ausschließl* (von) zu Hause ausübt, hat dort idR seine Betriebsstätte, auf die § 4 V 1 Nr 6b nicht anwendbar ist (*Beispiele:* Arzt-/Anwaltspraxis, Schriftstellerbüro, Malatelier im Wohnhaus); unterhält er dagegen eine Praxis außer Haus, fällt ein häusl Arbeitsraum idR unter § 4 V 1 Nr 6b (vgl BFH VIII B 186/10 BFH/NV 12, 574 mwN). Die Problematik entflammt jedoch bei Auswärtstätigkeiten ohne eine solche Beschäftigungsstätte außer Haus (s Rz 597, zB Vertreter) und vor allem bei mehreren voneinander unabhängigen Tätigkeiten (s Rz 596): Die Verknüpfung von betriebl *und* berufl Tätigkeit in § § 4 V 1 Nr 6b S 3 ist zweifelhaft (s Rz 521, 594). Die Vorschrift begrenzt die Höhe des BA-Abzugs nur für häusl Arbeitszimmer und sollte etwa der einzigen häusl Betriebsstätte des selbständigen Schriftstellers diesen Charakter nicht dadurch nehmen, dass er nebenbei außer Haus eine *davon unabhängige* selbständige oder unselbständige Tätigkeit (ohne Arbeitszimmer) beginnt (s auch *BMF* BStBl I 11, 195 Rz 16). Bei *KapGes/PersGes* ist häusl Arbeitszimmer idS kaum vorstellbar, wohl bei Ges'ter (vgl zu GmbH-Geschäftsführer *FinVerw* DStR 00, 1775; zu PersGes'ter FG Bln EFG 06, 1890, rkr). – ***(bb)* Häuslichkeit.** Das Abzugsverbot beschränkt sich auf häusl Arbeitszimmer in eigener oder angemieteter Wohnung im Gegensatz zu dafür angemieteten Räumen außer Haus bzw außerhalb der Wohnsphäre. Vgl 34. Aufl mwN. **Mittelbare räuml Verbindung** mit der Wohnung bzw Einbindung in die häusl Sphäre reicht idR, vor allem bei Einfamilienhaus (vgl BFH XI R 47/04 BFH/NV 06, 43; BFH VIII R 8/11 HFR 15, 914); glA zu Zweifamilienhaus BFH VIII R 7/10 BStBl II 13, 374; s auch FG Nbg EFG 13, 111, rkr, zu Keller in leerem Miet-Zweifamilienhaus; glA FG Köln EFG 15, 1253, rkr; FG BBg EFG 13, 109, rkr, zu Zubehörraum im Keller; BFH VIII B 153/12 BFH/NV 13, 1233 zu Garagenaufbau neben Wohnhaus; BFH VI R 55/10 BStBl II 12, 38 und BFH IX R 56/10 BFH/NV 12, 1776 zu Anbau mit eigenem Eingang; zu Mehrfamilienhaus BFH VI R 39/04 BStBl II 06, 428. S auch 32. Aufl mwN. – ***(cc)* Mietverträge mit dem ArbG.** Die Vermietung eines im Wohnbereich des ArbN gelegenen Zimmers **an den ArbG** mit Rücküberlassung an den ArbN ist idR anzuerkennen; dann ist § 4 V 1 Nr 6b nicht anzuwenden. Entscheidend ist die Intensität der betriebl Bedürfnisse für die Anmietung des Raumes durch den ArbG (*Beispiele:* Heimarbeit; Telearbeitsplätze; s BFH VI R 25/02 BStBl II 06, 10, 32. Aufl mwN; *BMF* BStBl I 06, 4; zu Indizien *FinVerw* DB 08, 729; zu Vertrag zw GbR und Ges'ter-Ehegatten FG Mchn EFG 07, 338, rkr). Bei StFreiheit von ArbG-Zuschüssen nach § 3 Nr 12 ist § 4 V 1 Nr 6b zu beachten (BFH VI R 3/04 BStBl II 07, 308; BFH VI R 37/11 BFH/NV 13, 1776). – ***(2)* Abziehbare BA/Kosten der Ausstattung.** § 4 V 1 Nr 6b erfasst neben anteiligen Gebäudekosten mit Nebenkosten (Rz 598) die „Kosten der Ausstattung". Darunter fallen zB Tapeten, Teppiche, Vorhänge, Deckenlampen uä raumzugehörige, funktionell dem Gebäude zuzurechnende Gegenstände, nicht jedoch arbeitsbedingtes, raumunabhängiges Mobiliar wie Bücherschrank, Schreibtisch, Stuhl, Schreibtischlampe ua Arbeitsmaterial. Rspr und *FinVerw* stellen auf die Funktion der Gegenstände im Einzelfall ab und ordnen solches Arbeitsmaterial den ohne Begrenzung durch § 4 V 1 Nr 6b abziehbaren **Arbeitsmitteln** zu (vgl § 9 I Nr 6), und zwar unabhängig vom Standort im Arbeitszimmer (vgl BFH VI R 4/97 BStBl II 98, 351, BFH VI R 91/00 BFH/NV 04, 1241; BVerfG BStBl II 00, 162; *BMF* BStBl I 11, 195 Rz 8). Arbeitsmittel sind nicht nur reine Arbeitswerkzeuge, wie Bleistift, Schreibmaschine, Computer oder das Klavier des Musiklehrers, sondern darüber hinaus alle zum unmittelbaren Arbeitseinsatz bestimmten WG (Vorrang § 9 I Nr 6 vor §§ 9 V, 4 V Nr 6b, BFH VI R 91/10 BStBl II 12, 127). Nicht unmittelbar arbeitsfördernde Einrichtungsgegenstände (Teppiche, Bilder ua Kunstgegenstände iwS, soweit nach § 12 Nr 1 abziehbar, s Rz 603) sind dagegen als „Ausstattung" nur iRv § 4 V 1 Nr 6b zu berücksichtigen (vgl FG Köln EFG 03, 518, rkr; *BMF* BStBl I 11, 195 Rz 7).

c) Ausnahmen vom Abzugsverbot dem Grunde nach, § 4 V 1 Nr 6b 592
S 2. Die Rechtslage hat sich ab 2007 geändert (s *BMF* BStBl I 11, 195 Rz 14–17). Der Abzug dem Grunde nach ist nur noch mögl, wenn **kein anderer Arbeitsplatz** zur Verfügung steht – Wegfall des Abzugs wegen überwiegend berufl Nutzung (dazu 31. Aufl). – ***(1)* Einzige Tätigkeit mit *einem* Arbeitsplatz.** Diese Ausnahme ist zwangsläufig, wenn der StPfl nur eine Tätigkeit ausübt und diese ausschließl von zu Hause (ohne Arbeitsplatz keine Einnahmen; *Beispiele:* Arztpraxis; Versicherungsvertreter; Heimarbeiter, Telearbeiter; Taxifahrer; Seelotse; Schornsteinfeger; häufig wird eine häusl Betriebsstätte vorliegen (aber sonst uU kein Mittelpunkt iSv S 3, s Rz 591 und 596). – ***(2)* Einzige Tätigkeit mit *mehreren* Arbeitsplätzen.** Problematischer ist die Beurteilung, ob *daneben ein außerhäusl Arbeitsplatz* zur Bewältigung *dieser* Tätigkeit „zur Verfügung steht" (Beurteilung nach funktionalen Gesichtspunkten, vgl BFH VI R 1/02 BFH/NV 04, 943, *BMF* BStBl I 11, 195 Rz 16; hier 29. Aufl). Bei **Betriebsprüfer** kein Arbeitsplatz in Prüffirmen, aber idR im FA, s – auch zu Tätigkeitsmittelpunkt, Rz 595 – BFH VI B 150/90 BFH/NV 10, 1434, auch bei FA-Poolarbeitsplatz, soweit verfügbar (BFH VI R 37/13 BStBl II 14, 570). Die *Möglichkeit* einer Arbeitsplatzeinrichtung muss nicht schädl sein; ein vom ArbG zugewiesenes Amtszimmer muss tatsächl nutzbar sein (BFH VI R 11/12 BStBl II 14, 674, BFH VI R 4/12 BFH/NV 15, 485, BFH IX R 19/14, nv Tatsachenfrage). Häusl **Heimarbeitsplatz/Telearbeitsplatz** s BFH VI R 40/12 BStBl II 14, 568 – s aber BFH VI R 21/03 BStBl II 06, 600; *Geserich* DStR 14, 1316 (fallabhängig). **Kein Abzug** (da anderer Arbeitsplatz) auch bei **Schreibtischarbeitsplatz** (FG Köln EFG 09, 2007, rkr), **Großraumbüro** (BFH VI R 17/01 BStBl II 04, 78). Bei dienstl Heimarbeit – **Bereitschaft** – ist ArbG-Arbeitsplatz unschädl (BFH VI R 41/98 BStBl II 04, 80; *BMF* BStBl I 11, 195 Rz 15). Allein Überstundenarbeit nach Feierabend oder an Wochenenden reicht aber nicht aus (BFH VI R 17/01 BStBl II 04, 78). Der andere Arbeitsplatz steht auch dann zur Verfügung, wenn sich der ArbN den Zugang am Wochenende oder nach Feierabend zumutbar verschaffen kann (BFH VI R 43/02 BFH/NV 04, 1102; BFH XI R 13/04 BStBl II 05, 344). Die Nutzungsmöglichkeit von Arbeitsmitteln am Arbeitsplatz ist nicht entscheidend (BFH VI R

91/10 BStBl II 12, 127, fragl). Für ganz geringfügige Schreibarbeiten ist kein Arbeitszimmer erforderl (FG Nbg EFG 04, 1208, rkr, Hausmeister). – ***(3)* Mehrere voneinander unabhängige Tätigkeiten** (zB bei selbständiger Arbeit von zu Hause neben unselbständiger Tätigkeit mit berufl Arbeitsplatz). Für die Abziehbarkeit *dem Grunde nach* (kein anderer Arbeitsplatz nach S 2!) ist jede Tätigkeit für sich zu beurteilen (s BFH VI R 74/98 BStBl II 00, 7 mwN; zu Aufteilung BFH XI R 13/04 BStBl II 05, 344; so auch *BMF* BStBl I 11, 195 Rz 16). Das Problem liegt bei S 3 – Höhe –, s Rz 596. – ***(4)* Auswärtstätigkeit mit (nur) häusl Arbeitszimmer.** Auch hier ist das Problem nicht S 2 „kein anderer Arbeitsplatz", sondern S 3 „Mittelpunkt" (s Rz 597). – ***(5)* Mischtätigkeit.** Dagegen greift die Ausnahme S 2 sicher nicht, wenn ein Freiberufler, Richter (s FG Hbg EFG 09, 927, rkr), Vertreter, Abgeordneter, Verlagslektor, Handwerker, Künstler seine eigentl Berufstätigkeit zT an einem Arbeitsplatz außer Haus und zT in einem häusl Arbeitszimmer verrichtet (ab 2007 auch bei überwiegender Nutzung kein Abzug).

593 **d) Begrenzung der Abzugshöhe, 4 V 1 Nr 6b S 3.** Die Begrenzung auf 1250 € nach S 3 HS 1 greift nur, wenn das Arbeitszimmer nicht den **Mittelpunkt der gesamten betriebl *und* berufl Tätigkeit** bildet (S 3 HS 2). – **aa) Rechtsentwicklung.** Dieses Besteuerungsmerkmal betrifft nur eine ***Begrenzung der Höhe nach,*** wenn die Voraussetzungen dem Grunde nach gem § 4 V 1 Nr 6b S 2 gegeben sind. Die weitergehende Forderung des Mittelpunkts als ***Abzugsvoraussetzung dem Grunde nach*** im JStG 2007 ist durch **BVerfG** 2 BvL 13/09 BStBl II 11, 318 rückwirkend für verfwidrig erklärt worden. Daraufhin hat der Gesetzgeber im JStG 2010 den Mittelpunkt als Voraussetzung für die Abziehbarkeit *dem Grunde nach* wieder aufgehoben und nur noch auf den fehlenden Arbeitsplatz abgestellt (diese nachteilige Rückwirkung nach § 52 Abs 12 S 9 aF gilt allerdings erst ab 2010, BFH X R 49/11 BFH/NV 15, 177). Die Begrenzung der Abzugshöhe ohne Mittelpunkt auf einen auch bei Anmietung anfallenden Durchschnittsbetrag von 1250 € ist verfgemäß (BFH VI R 58/11 BStBl II 13, 642). Damit sind alle nicht bestandskräftigen oder unter Vorläufigkeitsvorbehalt gestellten Veranlagungen für VZ ab 2007 nach der Neuregelung zu überprüfen (vgl *BMF* BStBl I 10, 1497). Bestandskräftige und endgültige Veranlagungen sind nicht zu ändern (FG Mster EFG 12, 1267 mit Anm *Trossen,* rkr; FG BaWü EFG 12, 2085, rkr; aA *Schüßler* DStR 11, 890).

594 **bb) Mittelpunktsbegriff, § 4 V 1 Nr 6b S 3 HS 2.** Vgl *BMF* BStBl I 11, 195 Rz 9ff; *Bleschick* NWB 12, 16. Voller Abzug, wenn das Arbeitszimmer den Mittelpunkt der *gesamten* betriebl *und* berufl Betätigung bildet. Es scheint sich um einen primär örtl bestimmten Mittelpunkt zu handeln, der nach den tatsächl Umständen des Einzelfalles danach zu lokalisieren ist, wo der StPfl seine eigentl Berufstätigkeit regelmäßig ausübt. **Zeitl Momente** treten insoweit in den Hintergrund und haben nur indizielle Bedeutung (glA *BMF* BStBl I 11, 195 Rz 10). Entscheidend ist auch nicht, wo der StPfl den wesentl Teil seiner BE erzielt. Eine dauerhafte Außendiensttätigkeit muss den Abzug nicht ausschließen; andererseits soll es nicht genügen, dass der StPfl nur sein häusl Arbeitszimmer als festen Arbeitsplatz hat und diesen für seine Außendiensttätigkeit benötigt (zB BFH IV R 34/02 BStBl II 04, 53 – abl zu selbständigem Bildjournalisten – fragl, s Rz 595, 596 und FG Hess EFG 05, 518, rkr). Die Rspr stellt vielmehr für alle Berufsgruppen (zu rechtl Betreuern BFH X B 112/08 BFH/NV 09, 161) auf den **qualitativen Schwerpunkt der Gesamttätigkeit** ab, also darauf, wo der StPfl nach den bindenden FG-Feststellungen die für seine Berufsausübung wesentl **Kerntätigkeit** erbringt. – *Beispiele:* Rz 597, BFH VI R 28/02 BStBl II 04, 59 (Ingenieur mit Außendienst), BFH VI R 104/01 BStBl II 04, 65 (Verkaufsleiter mit Außendienst); BFH VI R 15/07 BStBl II 09, 598 (Ingenieur-Handelsvertreter); FG Mchn EFG 14, 1659, rkr (IT-Beraterin); s auch 32. Aufl mwN. **Häusl Arbeitszimmer** und Außendienst können nicht gleichermaßen Mittelpunkt der Gesamttätigkeit sein

(BFH VI R 14/02 BStBl II 04, 68). Nach dem Gesetzeswortlaut ist das häusl Arbeitszimmer nur dann Mittelpunkt der gesamten Betätigung, wenn der StPfl dort seine regelmäßige Stätte der Berufsausübung, seine erste Tätigkeitsstätte iSd Rspr zu Dienst-/Geschäftsreisen bzw den Mittelpunkt seiner dauerhaft angelegten betriebl/berufl Gesamttätigkeit iSv § 4 V 1 Nr 5 S 2 unterhält (fragl, s Rz 597). Das gilt auch bei Nutzung für mehrere Einkunftsquellen (BFH X R 49/11 BFH/NV 15, 177). Einkünfte aus früheren Dienstleistungen, die ohne aktuelle Mitwirkung zufließen, sind in die Beurteilung des Mittelpunkts nicht einzubeziehen (BFH VIII R 3/12 BStBl II 15, 382 zu Renten). *Diese Voraussetzungen* sind bei nicht ganzjähriger Nutzung und bei Nutzung für einzelne aufeinander folgende Tätigkeiten **zeitanteilig** zu prüfen, die BA des Arbeitszimmers ggf zu zwölfteln (s *BMF* BStBl I 11, 195 Rz 22; s auch Rz 598).

Einzelfälle: – ***(1)*** **Ausübung nur** ***einer*** **Tätigkeit: Voller Abzug** nur, wenn das häusl Arbeitszimmer im Wesentl der einzige Betätigungsort ist (häufig Betriebsstätte). *Beispiele:* Heimarbeiter, Arzt mit Praxis im Wohnhaus, Volltelearbeitsplatz (s Rz 596). Umgekehrt **kein voller Abzug,** wenn nur ein Teil der gesamten Betätigung zu Hause erfolgt, der qualitative Schwerpunkt dieser Tätigkeit aber außerhalb liegt (ohne anderen Arbeitsplatz fragl, s Rz 597). – *Beispiele* (s auch *BMF* BStBl I 11, 195 Rz 13): Unternehmer (Mittelpunkt Betrieb, vgl zu Tankstelle BFH XI R 87/03 BStBl II 06, 181 – abl *Bergkemper* FR 06, 228 –; zu Ladengeschäft FG Mchn EFG 07, 1067, rkr); Freiberufler (Praxis); idR Handelsvertreter/ EDV-Berater mit Außendienst (s Rz 597); Betriebsprüfer (nicht Prüfbetriebe, aber FA, s Rz 592); Lehrer (Schule); Richter (Gericht, BFH VI R 13/11 BStBl II 12, 236); StB/WP (Kanzlei, BFH VIII B 134/12 BFH/NV 14, 509); Professor (Uni, BFH VI R 71/10 BStBl II 12, 234), auch bei 70 vH Heimarbeit. Das gilt jedenfalls bei **voneinander abhängigen Nebentätigkeiten** (zB RA, der abends zu Hause Rechtsgutachten iRd selbständigen Tätigkeit erstellt; zu Ärztin BFH IV R 71/00 BStBl II 04, 43; zu Ingenieur mit Unterrichtstätigkeit BFH IV B 219/01 BFH/NV 03, 1408). Problematischer sind folgende Fallgruppen: 595

(2) Mehrere **voneinander unabhängige Tätigkeiten,** von denen nur eine im Wesentlichen im häusl Bereich ausgeübt wird: Da § 4 V 1 Nr 6b S 3 entgegen dem ursprüngl Entwurf (BT-Drs 13/1686 S. 16: „oder") ausdrückl auf die gesamte betriebl *und* berufl Betätigung abstellt, würde der Vollabzug idR ausscheiden, selbst wenn die häusl Tätigkeit überwiegt und hierfür kein anderer Arbeitsplatz zur Verfügung steht, und zwar unabhängig von der Höhe der dafür erzielten stpfl Einnahmen. Diese systemfremde Verknüpfung unterschiedl Einkünfte ist mE **verfrechtl bedenkl,** jedenfalls bei wesentl Umfang dieser Tätigkeit, bei verhältnismäßig hohem Zeitaufwand und bei hohem Einkünfteanteil (s Rz 521, *Greite* FR 10, 808; das BVerfG ist auf dieses Problem nicht eingegangen). Geht ein StPfl mehreren steuerl selbständig zu beurteilenden Tätigkeiten nach, genügt es jedenfalls nach dem Gesetzeswortlaut nicht, dass das häusl Arbeitszimmer den Mittelpunkt nur einer dieser Tätigkeiten bildet (so schon BFH VI R 74/98 BStBl II 2000, 7). Das bedeutet jedoch nicht, dass das Arbeitszimmer den Mittelpunkt aller Einzeltätigkeiten bilden müsste. Nach BFH VI R 27/02 BStBl II 04, 771 sind aber grds **alle Tätigkeiten in ihrer Gesamtheit** zu erfassen. Bildet das Arbeitszimmer den qualitativen Mittelpunkt einzelner Tätigkeitsbereiche, anderer aber nicht, ist anhand der konkreten Umstände des Einzelfalles wertend zu entscheiden, ob die Gesamttätigkeit nach dem Gesamtbild der Verhältnisse und der Verkehrsanschauung ihren qualitativen Schwerpunkt im häusl Arbeitszimmer hat oder nicht (s auch Rz 598 und *BMF* BStBl I 11, 195 Rz 12, 13). Dabei wird der Schwerpunkt der Gesamttätigkeit durch den Mittelpunkt der Haupttätigkeit indiziert (BFH IV R 19/03 BStBl II 05, 212; BFH VI B 96/06 BFH/NV 07, 1131). Bei Selbständigen uU Problementschärfung durch häusl Betriebsstätte (kein Arbeitszimmer iSv Rz 591). – *Beispiele für Vollabzug:* Selbständiger Arzt mit Praxis im Hause nimmt halbtags 596

Krankenhaustätigkeit auf; selbständiger StB mit Kanzlei im Hause übernimmt nebenbei Vorlesungen an der Uni (eindeutig); Teil-Telearbeitsplatz im Hause als Tätigkeitsmittelpunkt (BFH VI R 21/03 BStBl II 06, 600 mit Abgrenzung in BFH VI R 40/12 BStBl II 14, 568, *BMF* BStBl I 11, 195 Rz 1 und *FinVerw* DB 13, 670; nach FG Ddorf EFG 14, 250, rkr, auch bei Verpflichtung durch ArbG kein Vollabzug). Ebenso mE, wenn ein ArbN – ggf unter Einschränkung seiner unselbständigen Tätigkeit – ein häusl Büro *ausschließl* für eine neue, *unabhängige* selbständige oder sonstige Einkunftserzielungsbetätigung einrichtet (sehr str; s auch BFH VIII B 100/14 BFH/NV 15, 1107 zu Chefarzt/Gutachter). Nach wohl hM ist – immerhin – bei mehreren betriebl Tätigkeiten eine **Aufteilung** mögl, bei Mittelpunkt der Gesamttätigkeit im Arbeitszimmer (ohne anderen Arbeitsplatz) mit Abzug der auf den Nutzungsanteil entfallenden Gesamtkosten (*BMF* BStBl I 11, 195 Rz 19), sonst mit anteiligem Abzug bis insgesamt 1250 € (*BMF* aaO Rz 20; s BFH XI R 13/04 BStBl II 05, 344 zum anteiligen Abzug für eine Einkunftsart; Rspr 23. Aufl). Zur Aufteilung bei zeitl aufeinander folgenden Tätigkeiten s Rz 594, 598. Grds keine Aufteilung bei anteiliger Privatnutzung (str, s BFH GrS 1/14 DStR 16, 210, Rz 520 „Arbeitszimmer").

597 *(3)* **Berufe, die ihrer Art nach in nicht unwesentl Umfang außer Haus ausgeübt werden,** aber häufig gleichwohl *ein* Arbeitszimmer benötigen, das zu Hause eingerichtet ist (sonst ergäbe sich das Problem nicht), machen die Problematik der Mittelpunktsbestimmung besonders deutl. Auch hier liegt nahe, daran anzuknüpfen, ob der StPfl im (einzigen) häusl Arbeitszimmer den „Mittelpunkt seiner dauerhaft angelegten betriebl Tätigkeit" begründet (mit den weiteren Folgen, dass seine Berufsfahrten von hier aus zu voll abziehbaren BA führen und dass er Verpflegungsmehraufwendungen geltend machen kann, s Rz 520 „Auswärtstätigkeit"). Jedenfalls in Bezug auf das einzige „Arbeitszimmer" als Mittelpunkt der gesamten Berufstätigkeit ist hier kein sachl Unterschied zu entdecken (str). ME kann in diesen Fällen der volle BA-Abzug nicht versagt werden – die RsprEntwicklung bleibt abzuwarten. Ebenso je nach Art und Ausübung der Tätigkeit in Einzelfällen die BFH-Rspr. – ***Beispiele für Vollabzug*** (vgl auch Rz 594, *BMF* BStBl I 11, 195 Rz 13 und hier 23. Aufl): BFH X R 75/00 BFH/NV 03, 917 zu Werbematerialproduzent; BFH X R 52/01 BFH/NV 03, 1172 (Konstrukteur); BFH VI R 84/02 BFH/NV 03, 1042 (KfzSachverständiger) mit Abgrenzung zu BFH IV R 71/00 BStBl II 04, 43 (Ärztin) durch *Loschelder* HFR 03, 858; BFH VIII R 8/10 BFH/NV 13, 1096 (offen zu Arbeitsmediziner); BFH XI R 5/03 BFH/NV 04, 29 (EDV-Organisator/Handelsvertreter – uU); BFH IV R 53/01 BStBl II 04, 55 (Tonstudio eines Berufsmusikers); BFH IV R 33/02 BFH/NV 05, 174 (uU Kirchenmusiker); BFH VI R 21/03 BStBl II 06, 600 (häusl Teil-Telearbeitsplatz – s auch Rz 591); BFH VI R 15/07 BStBl II 09, 598 (Ingenieur-Handelsvertreter; s auch FG Mster EFG 15, 889, rkr); FG Nbg DStRE 07, 595, rkr (Gerichtsvollzieher); FG Nds EFG 10, 711, rkr (Insolvenzprüfer); FG Hbg EFG 00, 357 (TV-Regisseur; aA zu Dokumentarfilmerin BFH XI B 84/06 BFH/NV 07, 913 – „Einzelfallentscheidung"); FG BaWü EFG 15, 888, rkr (Dirigent – wohl Sonderfall). – ***Beispiele für begrenzten Abzug*** s *BMF* BStBl I 11, 195 Rz 13; BFH IV R 9/03 BStBl II 04, 50 (Architekt); BFH IV R 34/02 BStBl II 04, 53 (selbständiger Bildjournalist); BFH X R 57/09 BStBl II 12, 770 mwN (Handelsvertreter); FG Ddorf EFG 12, 2270 = BFH VIII B 134/12 BFH/NV 14, 509 (StB/WP); FG BBg EFG 12, 500, rkr (Außendienstmitarbeiter); BFH X R 58/09 BFH/NV 12, 1768 (Exportberater); FG Köln DStRE 09, 580 = BFH VIII R 5/09 BeckRS 2012, 95132 (Schriftsteller/Dozent); FG Köln EFG 09, 911, rkr (Berufsbetreuer). Die BFH-Rspr stellt dabei im Einzelfall darauf ab, ob das FG zutr gewürdigt hat, ob die Tätigkeit mit Schwerpunkt von diesem Raum aus betrieben wird (dann unabhängig von der häusl Nähe voller BA-Abzug, s Rz 594) oder ob es sich um eine typische Auswärtstätigkeit handelt (dann nur beschr Abzug).

cc) Höhe der abziehbaren BA. Arbeitszimmerkosten sind die anteiligen Gebäudekosten mit AfA ua Nebenkosten (BFH VI R 27/01 BStBl II 04, 1071), auch als *vorab entstandene BA* iRv § 4 V 1 Nr 6b (BFH VI R 21/03 BStBl II 06, 600 mwN; *BMF* BStBl I 11, 195 Rz 23) sowie die Ausstattungskosten, nicht aber sonstige Arbeitsmittelkosten (Rz 591). Die Ermittlung der anteiligen Arbeitszimmeraufwendungen erfolgt nach der WoFlV (s Rz 194 ff, auch zu sachl Zuordnung sonstiger Hausaufwendungen) unter Einbeziehung als Arbeitszimmer benutzter Kellerräume, nicht aber *allg* nutzbarer **Nebenräume** (s BFH VIII R 3/12 BStBl II 15, 382; FG Ddorf EFG 13, 1023, Rev X R 26/13). Bei berufl Mittelpunkt außerhalb des häusl Arbeitszimmers (und Vorliegen der sonstigen Voraussetzungen nach S 2) sind die Kosten für Gebäudeanteil und Ausstattung **bis zu 1250 € Höchstgrenze in nachgewiesener Höhe** abziehbar (laut BT-Drs 17/3549: Mittelkosten 2008 für Anmietung von 12–14 qm). Dabei handelt es sich um einen **Jahresbetrag,** der mangels gesetzl Regelung bei zeitanteiliger Jahresnutzung nicht zu kürzen ist (BFH XI R 42/02 BFH/NV 06, 504; glA *BMF* BStBl I 11, 195 Rz 22; s aber Rz 593, 594; bei Nutzung an nur 20 Tagen im Jahr soll ein WK-Abzug indes ausscheiden, FG Mchn EFG 12, 1825, Rev VIII R 24/12). ME ist der **Höchstbetrag personen- und objektbezogen.** Das spricht dafür, dass er – ***(1)*** einem StPfl auch bei mehreren Arbeitszimmern (die nicht Betriebsstätten sind, s Rz 591) jedenfalls bei Funktionsgleichheit nur einmal zusteht (glA BFH IV R 21/08 BStBl II 10, 337; zu 2 Wohnungen FG RhPf EFG 15, 1076, Rev VIII R 15/15; mehrere häusl Arbeitszimmer, die im VZ nacheinander in verschiedenen Wohnungen oder Häusern genutzt werden, gelten als ein Objekt, BFH IV R 21/08 BStBl II 10, 337, Anm *Wit* DStR 10, 97; Abgrenzung zu funktionell unterschiedl genutzten Räumen s BFH VI R 15/07 BStBl II 09, 598), dass er – ***(2)*** berufstätigen **Ehegatten/LPart** bei getrennten Arbeitszimmern bis zur Höhe der anteiligen Gesamtkosten je einmal iRv § 4 V 1 Nr 6b zusteht; dagegen – ***(3)*** bei Teilung eines Arbeitszimmers nur anteiliger Abzug iRv § 4 V 1 Nr 6b nach Prüfung bei jedem Partner zu seinem Nutzungs- und Miteigentumsanteil (BFH IV R 21/08 BStBl II 10, 337 mwN; FG Mchn EFG 12, 1997 mit Anm *Wagner,* Rev VI R 53/12; FG Nds DStRE 14, 1346, Rev vom BFH zugelassen VI R 86/13); str, s 28. Aufl. – ***(4)*** Bei Nutzung für **mehrere Einkunftsarten** nach § 4 V 1 Nr 6b keine Vervielfältigung, sondern **Aufteilung,** ggf im Schätzungswege (BFH XI R 13/04 BStBl II 05, 344; BFH X R 49/11, BFH/NV 15, 177; *BMF* BStBl I 11, 195 Rz 19); s aber Rz 596; zu Aufteilung bei Nutzung für mehrere aufeinander folgende Tätigkeiten s Rz 594. Bei **PersGes'ter** personenbezogene Prüfung (BFH IV R 21/08 BStBl II 10, 337; FG Bln EFG 06, 1890, rkr). **598**

e) Rechtsfolgen; Aufzeichnungen. Die (abziehbaren) BA sind nach § 4 VII gesondert aufzuzeichnen (s Rz 622 mit Problemen; zu Vereinfachung *BMF* BStBl I 11, 195 Rz 25). BA, bei denen die Voraussetzungen des § 4 V 1 Nr 6b S 2 oder § 4 VII nicht vorliegen, sind nicht abziehbar, die übrigen iRv S 3. Bei Abzug keine Überprüfung der Angemessenheit nach § 4 V 1 Nr 7 (s Wortlaut Nr 7). **Aufteilungsmöglichkeiten** s Rz 594, 596, 598. Zu beachten ist, dass ein betriebl Arbeitszimmer (s Rz 195) iRv § 8 EStDV (s Rz 200) unabhängig vom BA-Abzug notwendiges **BV** wird (s auch § 23 Rz 18) mit der Folge der Besteuerung des (anteiligen) **Aufgabe-/Veräußerungsgewinns** unter Kürzung der Buchwerte um nicht absetzbare AfA (hM, vgl Rz 564, 603; zu Zweifeln s *Kanzler* FR 13, 36 unter Hinweis auf BFH IV R 38/01 BFH/NV 04, 327 und BFH XI R 87/03 BStBl II 06, 18). Dagegen ist es nicht aufgrund des Wegfalls gesetzl Abzugsvoraussetzungen aus dem BV zu entnehmen (s Rz 323; BFH XI B 16/04 BFH/NV 06, 268). **599**

11. Unangemessener Repräsentationsaufwand, § 4 V 1 Nr 7. Dieser Grundgedanke ist der „Schlüssel zum Verständnis des § 4 V" (BFH I R 111/77 BStBl II 81, 58; Rz 521; *Weiss* NWB 15, 2774). – **a) Anwendungsbereich.** Grds ist die Angemessenheit von BA nicht zu prüfen (Rz 495). § 4 V 1 Nr 7 schränkt **601**

diesen Grundsatz ein, zwar nicht für die Zuordnung angeschaffter WG zum BV (s Rz 564), aber für den Abzug aller BA einschließl AfA (BFH I R 29/85 BStBl II 87, 108), die ohne betriebl Veranlassung Kosten der Lebensführung des StPfl oder anderer Personen wären (BFH IV R 5/85 BStBl II 87, 853; zu Incentivereisen BFH IV B 106/97 BFH/NV 98, 958) und nicht schon durch § 4 V 1 Nr 1–6, 6b, VI, VII, IX oder § 12 Nr 1 vom Abzug ausgeschlossen sind. Nach bisher hM beschränkte § 4 V 1 Nr 7 **nur die Höhe** des BA-Abzugs auf einen angemessenen Betrag. Dafür sprechen Wortlaut und Systematik der Regelung („andere …, *soweit* … unangemessen"). BFH III R 21/86 BStBl II 90, 575 hatte neue Wege beschritten und über Nr 7 den gesetzl Katalog der Abzugsverbote ausgedehnt auf sonstige BA, die in besonderem Maße die private Lebenssphäre des StPfl oder anderer Personen berühren (Unangemessenheit **dem Grunde nach** ohne jegl BA-Abzug). Der Fall betraf den Besuch von Nachtbars und Bordellen, müsste aber grds auf andere Privatvergnügungen wie Opern- oder Theaterbesuche uä BA übertragbar sein (*Herden* BB 90, 1251). Ein solches generelles Abzugsverbot ist rechtsdogmatisch und von den wirtschaftl Auswirkungen her bedenkl, auch im Hinblick auf die Möglichkeit, Geschäftsfreunden bei Betriebsbesuchen nicht zweckgebundene Barspesen zu zahlen und diese in dem Geschäftszweck angemessener Höhe (§ 4 V 1 Nr 7) als BA abzusetzen (abl auch *Steilen* BB 92, 755; abgrenzend BFH I B 157/02 BFH/NV 03, 1314). Mögl ist allerdings der Ausschluss des BA-Abzugs in voller Höhe. Ob auch **ArbN** als „andere Personen" iSv § 4 V 1 Nr 7 in Frage kommen, ist zweifelhaft, jedenfalls wenn die Zuwendungen als ArbLohn erfasst werden (FG RhPf EFG 90, 296, rkr). *Beispiele* s EStR 4.10 XII, Rz 602.

602 **b) Angemessenheitsprüfung.** Ein betriebl Einzelaufwand wird nach allg Verkehrsauffassung auf seine Angemessenheit überprüft (WG-bezogene **Einzelprüfung,** BFH III R 21/86 BStBl II 90, 575, auch zu Bewirtungskosten). Die Verwaltung ist idR großzügig und wendet die Vorschrift nur an, wenn die Grenze des Angemessenen *erhebl* überschritten ist (so ausdrückl A 20 Abs 17 S 2 EStR 90). Grund: Bestimmungsrecht des Unternehmers (vgl Rz 480). Die allg Verkehrsauffassung ist nicht nur aus Sicht der beteiligten Wirtschaftskreise, sondern nach Anschauung breitester Bevölkerungskreise („des Durchschnittsbürgers") zu beurteilen (BFH IV R 5/85 BStBl II 87, 853). Diese Wertgrenzen werden als gerichtsbekannt unterstellt (BFH VIII R 225/75 BStBl II 76, 97; nach FG Bln EFG 90, 295, rkr, richterl Ermessen, s auch Rz 32). Entscheidend sind die Umstände des Einzelfalles. Dabei sind neben der Größe des Unternehmens, der Höhe des – längerfristigen – Umsatzes und Gewinns (nicht allein, BFH I R 149/84 BFH/NV 89, 362) und der Bedeutung des Repräsentationsaufwandes für den Geschäftserfolg nach Art der Tätigkeit (dazu BFH XI B 155/94 BFH/NV 96, 308) in erster Linie die Art der Aufwendung, ihre Üblichkeit und Erforderlichkeit im betriebl Bereich und der Grad der Berührung der privaten Lebenssphäre von Bedeutung. Die **absolute Höhe** der Aufwendungen spielt nur in diesem Rahmen eine Rolle (vgl BFH IV R 5/85 BStBl II 87, 853). So werden Preis und Größe eines Pkw oder Möbelstücks erst dann das Interesse der FinVerw wecken, wenn ein obj Grund (stabile Verarbeitung, längere Haltbarkeit oÄ) nicht mehr erkennbar ist und ein Mehraufwand dieser Art üblicherweise in den privaten Bereich fällt. Die Rspr spricht von Kosten-Nutzen-Analyse eines ordentl und gewissenhaften Unternehmers (s Rz 33, BFH VIII R 20/12 BStBl II 14, 679; zu Fremdvergleich *Eppler* DStR 87, 607). § 4 V 1 Nr 7 will nicht den Mercedes vom Volkswagen abgrenzen, sondern ein übl Betriebsfahrzeug vom (betriebl) Sportwagen, Rennwagen oder Sportflugzeug (vgl BFH III B 154/07 BFH/NV 09, 579; BFH IV B 50/00 BFH/NV 02, 1145 – StB mit 5 Luxus-Pkw –; FG BaWü EFG 12, 1134, rkr – Vertreter mit 2 Luxus-Pkw –; FG Thür EFG 06, 713, rkr). Dabei kann auch eine Rolle spielen, ob der StPfl sich die Nutzung überwiegend selbst vorbehält. *Beispiele* (s auch 32. Aufl): Teppiche (BFH I R 80/93 BStBl II 86, 904; BFH I R 29/85 BStBl II 87, 108); **Pkw** (BFH

VIII R 20/12 BStBl II 14, 679; BFH VIII B 28/09 BFH/NV 09, 1976, auch zu privatem Nutzungsanteil: je 100 000 DM für 2 Arzt-Pkw); zu lfd Pkw-Kosten s Rz 603. S auch BFH IV R 157/74 BStBl II 78, 93, FG BaWü EFG 07, 1627 mit Anm *Wilk,* rkr, und FG Mchn EFG 88, 463, rkr, zum eigenen **Flugzeug;** zur Ablehnung wegen privater Mitveranlassung s FG Hess EFG 15, 542, Rev vom BFH zugelassen VI R 37/15, abl *Weigell/Görlich* DStR 15, 2318; zum gemieteten Hubschrauber BFH I R 20/82 BStBl II 85, 458. **Luxushandy** (§ 4 V 1 Nr 7) s FG RhPf DStRE 12, 981, rkr.

c) Rechtsfolgen. § 4 V 1 Nr 7 betrifft nur bestimmte BA iSv § 4 V 1 Nr 1–6, 603
6b (kein umfassendes Abzugsverbot – Ausnahme s Rz 601). Es ist im Einzelfall zu prüfen, in welcher Höhe die Aufwendungen *angemessen* wären. Dieser Betrag ist dem Abzug zu Grunde zu legen. Dabei verfahren FinVerw und Rspr zu Recht nicht kleinl (vgl Rz 602, zu lfd BA für teuren Pkw BFH IV R 5/85 BStBl II 87, 853 – keine Kürzung). *Beispiele:* StPfl kauft Barockschrank im Werte von 100 000 und nutzt ihn als Büroschrank. Angemessen wäre ein Schrank im Werte bis 10 000. Als BA ist nur die nach fiktiven AK von 10 000 und der für einen solchen „normalen" Büroschrank übl Nutzungsdauer zu berechnende AfA abzusetzen. Das ändert allerdings nichts daran, dass der Barockschrank BV wird und etwaige Veräußerungsgewinne/-verluste im Verhältnis zum Buchwert von 100 000 abzügl Jahres-AfA von 10 000 voll zu versteuern sind (BFH X R 14/12 BFH/NV 15, 973; Rz 208, 564). Auch der für den privaten PkwNutzungsanteil maßgebl Listenpreis iSv §§ 6 I Nr 4, 4 V Nr 6 bleibt trotz BA-Kürzung unverändert. **Aufzeichnungen** s Rz 619.

12. Geldbußen, § 4 V 1 Nr 8, § 12 Nr 4. S Rz 520 „Strafen". 604

13. Hinterziehungszinsen, § 4 V 1 Nr 8a. Zinsen iSv § 235 AO auf Be- 605
triebsteuern (und Zölle, s FG Hess EFG 14, 1461, rkr) sind vom BA-Abzug ausgeschlossen (s Rz 520 „Steuern").

14. Ausgleichszahlungen bei Organschaft, § 4 V 1 Nr 9. S § 16 KStG 606
und § 304 AktG sowie die Kommentierungen dazu.

15. Bestechungs- und Schmiergelder, § 4 V 1 Nr 10

Schrifttum: *Pelz* DStR 14, 449; *Gotzens* DStR 05, 673 (Risiken nützl Aufwendungen); *Preising/Kiesel* DStR 06, 118 (Probleme); *dies* DStR 07, 1108 (Verhältnis zu § 37b); *Schroer/Starke* FR 07, 781 (unerlaubte ArbN-Handlungen); *Schmidt/Leyh* NWB F 13, 1199 (Informationsaustausch); 18./32. Aufl mwN; s auch Rz 521. **FinVerw:** Ausführl ***BMF*** BStBl I 02, 1031; EStR/EStH 4.14.

a) Gesetzesentwicklung. S 30. Aufl Rz 607/608 (Geltung ab 1996; Verschär- 607
fung ab 1999, Rz 611).

**b) Tatbestandsvoraussetzungen, § 4 V 1 Nr 10 S 1. – aa) Zuwendun- 610
gen. Gegenstand des Abzugsverbotes** sind zugewandte (nicht vergebl angebotene/versprochene/erfolglose) Geld- und Sachvorteile sowie damit zusammenhängende Aufwendungen (zB AK des zugewandten Teppichs; Handwerkerlohn für die zugewandte Hausreparatur; Reise-, Transport- oder Telefonkosten; Beratungs- und Verteidigungskosten, s *BMF* BStBl I 02, 1031 Tz 8, *FinVerw* DStR 10, 1890; *Stapf* DB 00, 1092, zu Verfallsanordnung § 73 StGB BFH X R 23/12 BStBl II 14, 684; *Hermenns/Sendke* FR 14, 550). Bewertungsfragen stellen sich nicht, da nur die gebuchten Werte korrigiert werden. § 4 V 1 Nr 10 beschränkt nur den **BA-Abzug** und tangiert weder eine Einnahmeminderung beim Zuwendenden (anders als § 1 AStG) noch die Besteuerung beim Empfänger (§ 40 AO, s Rz 448 – ggf § 22 Nr 3). Daher ohne BA-Abzug keine Anwendung von § 4 V 1 Nr 10 (zB Rabattgewährung, s *BMF* aaO Tz 7).

bb) Obj Straftatbestände. Sie waren in § 4 V 1 Nr 10 im Entwurf des 611
StEntlG 99 ff abschließend aufgezählt (s 21. Aufl; jetzt auch *BMF* aaO Rz 10 mit Verweisung auf EStH 4.14 und wörtl Zitierung in Rz 40 ff; *Stapf* DB 00, 1092).

Seit 1999 genügt die **abstrakte Strafbarkeit** nach *deutschem* Recht als solche („rechtswidrige Tat" – früher „rechtskräftige Verurteilung"), unabhängig vom Verschulden, vom Vorliegen eines Strafantrags, von der Eröffnung eines Strafverfahrens, von einer Verurteilung und unabhängig vom Erfolg der Aufwendung (missglückter Bestechungsversuch, str). Als **Geber** kommen alle inl – bei Auslandstaten uU nur deutsche – StPfl in Frage (vgl § 9 V zu ArbN; Ges'ten sind die Handlungen ihrer Vorstände, Geschäftsführer, Prokuristen und Handelsbevollmächtigten zuzurechnen, s § 30 I Nr 1–4 OWiG; *BMF* aaO Rz 7 und – Auslandstaten – Rz 19, 45, 46), als **Empfänger** zunächst idR nur inl Amtsträger und Richter iSv § 11 I Nr 2, 3 StGB, Soldaten (vgl § 48 WStG, § 19 SoldatenG), Abgeordnete und ab 1.9.2014 auch ehrenamtl kommunale Mandatsträger (§ 108e StGB idF BGBl I 14, 410) ua für den öffentl Dienst besonders Verpflichtete (zB öffentl Angestellte), bei Wettbewerbsverstößen auch Privatangestellte (§ 299 StGB). Direktzahlungen an private Geschäftsinhaber erfasst § 299 II StGB grds nicht (s *Bürger* DStR 03, 1421). Der Abzug rechtswidriger Betriebsratsbegünstigungen ist str (s *Rieble* BB 09, 1612). **Ausland** s *Schrifttum* 32. Aufl. Seit 1999 sind auch Bestechungsaufwendungen an bestimmte **ausl Amtsträger ua EU-Empfänger** nicht mehr abziehbar (s Art 2 §§ 1, 2 EUBestG; *BMF* aaO Rz 17 ff, 45, 46, 32. Aufl mwN). Auslandstaten müssen im Inl verfolgbar sein (§§ 3–9 StGB; s *BMF* aaO Rz 26, 40). Der Vorteil kann auch **Dritten** zugute kommen (§§ 331 ff StGB; s auch zu verdeckten Zahlungen FG Mster EFG 10, 2053, rkr).

612 **c) Mitteilungspflichten, § 4 V 1 Nr 10 S 2–4.** Während früher nur das FA eine Mitteilungspflicht an die Strafinstanzen hatte, um die erforderl Verurteilung zu erreichen, ist dies durch die Tatbestandserweiterung seit 1999 bedeutungsloser geworden (allg Mitteilungspflicht iRv §§ 30 ff AO, unabhängig von der Besteuerung, vorsorgl konkretisiert in **S 3** zur Prüfung der Strafbarkeit; Durchbrechung des StGeheimnisses über § 30 IV Nr 5 AO hinaus – dazu BFH VII B 92/08 BStBl II 08, 850; BGH 1 StR 90/09 BStBl I 10, 835; s auch zur Geldwäschemitteilung § 31b AO/§ 261 StGB *FinVerw* DStR 04, 506). Nunmehr hat der Gesetzgeber umgekehrt den Gerichten, Staatsanwaltschaften und Verwaltungsbehörden auferlegt, dem FA in Verdachtsfällen (s *Pelz* DStR 14, 449) dienstl erfahrene Tatbestände iSv § 4 V 1 Nr 10 (nur diese) zur Kenntnis zu bringen, um den Abzug zu verhindern (**S 2** und **S 4**). Hierauf hat das FA den StPfl hinzuweisen (s *BMF* aaO Rz 30 – strafrechtl Verwertungsvoraussetzung, nach *FinVerw* DStR 03, 1527, 1927 nicht Mitteilungsvoraussetzung).

613 **16. Tonnagesteuer-Gewinnermittlung, § 4 V 1 Nr 11.** Die besondere Form der Gewinnermittlung in der Seeschifffahrt nach **§ 5a** hatte durch Ausnutzung der Rechtsinstitute der kapitalistischen BetrAufsp und der kstl Organschaft sowie der BFH-Rspr zur unentgeltl Nutzungseinlage (s Rz 303) zu einer Aufspaltung der Betriebsergebnisse durch künstl Trennung von BE und BA geführt. Der so erreichte volle BA-Abzug wird durch die Neuregelung des § 4 V 1 Nr 11 ausgeschlossen. Entscheidend ist der wirtschaftl Zusammenhang mit der Gewinnermittlung nach § 5a.

614 **17. Sanktionszuschläge, § 4 V 1 Nr 12.** Die Regelung schließt ab 2007 Zuschläge nach § 162 IV AO der *FinVerw* bei Verstoß gegen die Vorlage von Aufzeichnungen bei Auslandsgeschäften nach § 90 III AO wegen des Sanktionscharakters vom BA-Abzug aus. Weder kann dies auf andere Sanktionszuschläge ausgedehnt werden noch sollte daraus der Umkehrschluss gezogen werden, sonstige Sanktionszuschläge zur Steuer iZm einer Straf- oder Ordnungswidrigkeitshandlung würden nicht unter § 4 V Nr 8 fallen (s Rz 520 „Strafen" zu Strafzuschlägen nach § 398a AO).

615 **18. Restrukturierungsfondsbeiträge, § 4 V 1 Nr 13.** Eine Maßnahme der Finanzmarktstabilisierung ist die Einrichtung eines Restrukturierungsfonds zur Finanzierung künftiger Restrukturierungs- und Abwicklungsmaßnahmen bei sys-

temrelevanten Banken. Der Fonds soll durch Beiträge aller Kreditinstitute entspr ihrem systemischen Risiko in nach dem 30.9.10 beginnenden Wj aufgebaut werden. Um die Steuerzahler nicht an der Finanzierung von Bankenrettungen zu beteiligen, sind die Jahresbeiträge der Banken iSv § 12 II RestrukturierungsfondsG nicht als BA absetzbar (§§ 4 I Nr 13, 52 Abs 12 S 9 aF; Art 8 RestrukturierungsG, BGBl I 10, 1933). Der Vorschlag des BR, auch Sonderbeiträge nach § 12 III RestrukturierungsG vom Abzug auszunehmen, wurde nicht übernommen.

19. Gewerbesteuer, § 4 Vb. Die Streichung des GewSt-Abzugs als BA ab VZ 2008 beendet die wechselseitige Beeinflussung der Bemessungsgrundlagen der GewSt und der ESt/KSt, erleichtert die Gewinnberechnung und klärt die (unterschiedl) Ertragshoheiten. Entgegen dem Wortlaut und der unsystematischen Stellung handelt es sich um ein BA-Abzugsverbot iSv § 4 V (GewSt ist BA – die vom BRat geforderte Umstellung in § 4 V im JStG 2008 hielt der FinA für überflüssig; zur Gleichbehandlung iZm § 4 IVa und § 34a s Rz 521). Zur **VerfMäßigkeit** s BFH I R 21/12 BStBl II 14, 53, Anm *Nöcker* FR 14, 198 (KapGes); BFH IV R 8/13 BStBl II 15, 1046 (PersGes); *BMF* BStBl I 12, 1174, BStBl I 13, 195, 459 (vorläufige Veranlagung), DStR 13, 143; *Quinten/Anton* NWB 12, 4227. § 4 Vb ist bei allen Gewinnermittlungsarten zu berücksichtigen (s § 5 VI) und umfasst GewSt-Zinsen ua Nebenleistungen iSv § 3 IV AO (s *FinVerw* DStR 15, 2777) – weshalb umgekehrt auch FA-Erstattungszinsen (nur) nach GewSt-Abzug als BE zu erfassen sind (str, vgl Rz 460 „Abfindung"). Auch GewSt-Rückstellungen entfallen bzw sind außerbilanziell zu neutralisieren (*FinVerw* DStR 10, 1890, EStR 5.7 I, zu § 4 III DB 10, 24). Zum **Ausgleich** ist der Anrechnungsfaktor für die ESt-Ermäßigung bei gewerbl Einkünften nach **§ 35** ab 2008 von 1,8 auf 3,8 erhöht und die **GewStMesszahl** von 5 vH auf 3,5 vH **gesenkt** (§ 11 II GewStG). **Ausl** GewSt und sonstige lokale UnternehmenSt sind nicht betroffen (glA *Kollruss* BB 08, 1373). 618

20. Verweisungen. – (1) **§ 4 V S 2** s Rz 540, 560, 567. – (2) **§ 4 V S 3** s Rz 626 ff. – (3) **§ 4 VI, Parteizuwendungen** s Rz 520 „Spenden". 619

21. Gesonderte Aufzeichnung, § 4 VII. – a) Anwendungsbereich. § 4 VII betrifft nur einzelne Aufwendungen iSv § 4 V 1 Nr 1–4, 6b und 7. Nach dem Gesetzeswortlaut ist der Aufwand als materiell-rechtl Voraussetzung *für jede Gruppe* ihrer Art nach gesondert aufzuzeichnen, also für alle Geschenke, Nr 1, für alle Bewirtungen, Nr 2 usw (so jetzt auch EStR 4.11 I), auch soweit die betriebl Veranlassung feststeht und kein Abzugsverbot nach § 4 V eingreift (BFH I B 125/06 BFH/NV 07, 1306). Die Einbeziehung *ihrer Art nach nicht unter § 4 V fallender* Aufwendungen ist grds schädl. **Ausnahmen:** Offenbare **Fehlbuchungen** und **versehentl Mitbuchung** wegen rechtl Zweifel, wenn der Nachweiszweck gesichert ist (s BFH IV R 20/99 BStBl II 00, 203). Die Zusammenfassung verschiedener Gruppen iSv § 4 V lässt EStR 4.11 bei sachl Zusammenhang zu (s Rz 622). Die Mitbuchung voll abziehbarer Kosten *innerhalb einer Gruppe* ist nicht Voraussetzung für den Abzug, steht ihm jedoch auch nicht entgegen (zB Geschenke ab und unter 35 € oder an ArbN und Dritte), vgl BFH IV R 20/99 BStBl II 00, 203, EStR 4.11. Ausnahmen s Rz 622. § 4 VII ist unabhängig von der Gewinnermittlungsart und gilt – trotz Wegfalls der Verweisung in § 4 III 1 – nach hM auch für **§ 4 III** (s BFH IV R 47/02 BFH/NV 04, 1402, Rz 621). Die Anforderungen sind unterschiedl für die einzelnen BA (s Rz 622). 620

b) Art der Aufzeichnung (EStR 4.11). „Einzeln und getrennt von den sonstigen Betriebsausgaben" bedeutet Aufzeichnung auf einem besonderen Konto oder in einer besonderen Spalte der Buchführung. Belegablage allein genügt auch bei **§ 4 III** nicht (BFH IV R 207/85 BStBl II 88, 611; BFH IV R 47/02 BFH/NV 04, 1402). Nach BFH VIII R 208/78 BStBl II 80, 745 schließt die Buchung zusammen mit anderen – nicht unter § 4 V 1 Nr 1–4, 6b, 7 fallenden (sonst uU Rz 622) – BA die Abzugsmöglichkeit aus, auch bei vorübergehender Buchung in 621 der letzten Spalte des Amerikanischen Journals und Aufteilung im Hauptbuch zum Monatsende (s aber Rz 620). Die Aufzeichnung muss **zeitnah** erfolgen, dh grds 10 Tage bis höchstens 1 Monat nach dem Geschäftsvorfall, keinesfalls durch Umbuchung nach Ablauf des Geschäftsjahres (BFH III R 171/82 BStBl II 88, 535, BFH I R 62/88 BStBl II 91, 28 mit Abgrenzung zu nachträgl **Ergänzung**). Zu **Fehlbuchungen** s Rz 620.

622 **c) Ausnahmen.** – Zu **§ 4 V 1 Nr 1–4, 6b, 7:** Zusammenfassung aller *dieser* BA (s Rz 621) auf *einem* Konto oder in *einer* Spalte gem EStR 4.11 (zweifelhaft, ob Einzelaufzeichnung); zu Benennung des tatsächl Empfängers s *Starke* FR 06, 501. – Zu **§ 4 V 1 Nr 1:** Sammelbuchung bestimmter Geschenke gem EStR 4.11 II. Geringfügige Geschenke s EStR 4.11, Rz 538. – Zu **§ 4 V 1 Nr 2:** Verzicht auf besondere Aufzeichnungen bei Bewirtung im Betrieb und Unzumutbarkeit (EStR 4.10 IX; zu unbekannten Teilnehmern BFH IV R 95/86 BStBl II 88, 581); vgl auch EStR 4.10 V 9 zu geringen Aufmerksamkeiten mit Abgrenzung bei Messeeinladungen durch FG Mster EFG 96, 1203, aus anderen Gründen aufgehoben, und EStR 4.10 VIII 4 zu Rechnungen bis 150 € ohne Namen des StPfl = BFH I R 168/85 BStBl II 90, 903 (aber Angabe der Gaststätte, s *BMF* BStBl I 94, 855); Rz 620 zu irrtüml Fehlbuchung; BFH V R 49/02 BStBl II 04, 1090 zu unzureichender Belegsammlung bei wenigen Buchungen; BFH IV R 50/01 BStBl II 04, 502 zu Bedeutung des Berufsgeheimnisses (hier bei RA; s auch Rz 634 zu Journalisten und Empfängerbenennung). – Zu **§ 4 V 1 Nr 5** keine gesonderte Reisekostenaufzeichnung (Streichung in § 4 VII). – **§ 4 V 1 Nr 3, Nr 6b.** Bei Aufzeichnung der Kosten für Gästehäuser und Arbeitszimmer waren vor allem Überschussrechner (§ 4 III) zu Recht verunsichert. Insb bei der lfd Aufzeichnung der fixen Kosten (AfA) und bei – ggf geschätzten – Zinsanteilen aus Annuitätsraten, Mieten und verbrauchsabhängigen Ausgaben genügt Gesamtaufzeichnung auf ein „Konto" zeitnah nach Jahresende (*BMF* BStBl I 11, 195 Rz 25).

623 **d) Rechtsfolgen.** Ausschluss vom Abzug als BA (§ 4 VII 2, BFH III R 20/85 BStBl II 88, 613), ohne Ersatznachweismöglichkeit (FG Hbg EFG 94, 780, rkr), auch bei **Belegverlust** (FG Hbg EFG 85, 547, rkr), **wenigen Vorgängen** (BFH IV R 122/88 BFH/NV 90, 495) und **Bagatellfällen** (FG Ddorf EFG 89, 104, rkr; aA FG Bln EFG 89, 165, rkr). Versehentl **Fehlbuchung** s Rz 620. Zurechnung außerhalb der Bilanz.

624 **22. Verteilung von Gebäudeerhaltungsaufwand, § 4 VIII.** S Rz 499.

625 **23. Aufwendungen für Erstausbildung, § 4 IX.** – ***(1)*** **Rechtsentwicklung.** Durch die rechtsdogmatisch ebenso überraschende wie (über)mutige Auslegung von § 12 Nr 5 idF ab 2004 (BFH VI R 7/10 BStBl II 12, 557, BFH VI R 38/10 BStBl II 12, 561: alle Studienkosten sind WK/BA) war der Gesetzgeber gezwungen, die früher in § 12 Nr 5 aF kodifizierte ältere Rspr, Kosten der ersten Berufsausbildung und des Erststudiums der Privatsphäre zuzuordnen und vom BA/WK-Abzug auszunehmen, als eindeutiges Abzugsverbot zu verdeutlichen (§ 4 IX, § 9 VI). Gleichzeitig erfolgte eine Anhebung des SA-Höchstbetrages (ab 2012, § 10 I Nr 7, allerdings mangels Verlustvortragsmöglichkeit idR ohne Wirkung, s § 10d Rz 17). Der eindeutige Ausschluss entsprach der früheren BFH-Rspr und der hM im Schrifttum und soll daher als nachträgl Klarstellung der gesetzgeberischen Absicht zu § 12 Nr 5 *rückwirkend ab VZ 2004* gelten. Als BA abziehbar sind wie bisher schon Kosten für Zweitausbildung und Zweitstudien nach abgeschlossener Erstausbildung/ Erststudium. – ***(2)*** **Verfassungsmäßigkeit von § 9 VI/§ 4 IX.** Str ist die VerfMäßigkeit der Regelung selbst sowie deren Rückwirkung, vor allem bei teuren Erstausbildungskosten, zB für Piloten. BFH VIII R 22/12 BStBl II 14, 165 hielt beides für rechtmäßig und lehnte den BA-Abzug von Erststudienkosten ab; ebenso die meisten FG-Urteile (vgl 33. Aufl sowie FG Köln EFG 14, 838 mit Anm *Helde,* Rev VI R 12/14; FG Mchn EFG 15, 200, Rev IX R 34/14; s auch *Klein* DStR 14, 776; *Geserich* NWB 14, 681; *Brandt* StBp 14, 116;

§ 10 Rz 110). **AA** zB FG Ddorf EFG 13, 282, Rev VI R 53/12, *Neugebauer* FR 15, 307; *Braun* Stbg 12, 65; *ders* NWB 13, 188 und 14, 3834; *Meeh-Bunse/Lühn* StB 12, 84; *Wenzel* StB 12, 278. **BFH VI. Senat** hält zwar die Rückwirkung für verfgem, nicht jedoch die sachl Abzugsbeschränkung für Erstausbildungskosten. Er hat daher die Verfahren VI R 2/12 und VI R 8/12 (und 4 weitere Verfahren – VI R 61/11, 38/12, 2/13, 72/13; BFH/NV 14, 1954, 1970) dem BVerfG vorgelegt (DStR 14, 2216 und DStRE 15, 5, BVerfG Az 2 BvL 23/14 und 24/14; Anm *Bergkemper* DB 14, 2626, *Trossen* EFG 15, 40). – ***(3)*** **Gesetzesänderung ab 2015, § 4 IX iVm § 9 VI 2–5** (ZK-AnpG). Nachdem der BFH die Erst-/Zweitausbildung großzügig ausgelegt und weder ein Berufsausbildungsverhältnis nach dem Berufsbildungsgesetz noch eine bestimmte Ausbildungsdauer oder eine formale Abschlussprüfung vorausgesetzt hatte (vgl BFH VI R 52/10 BStBl II 12, 825, BFH VI R 6/12 BStBl II 15, 180), erfolgt jetzt eine gesetzl Klarstellung: Eine (erste) Berufsausbildung verlangt eine auf der Grundlage von Rechts- oder Verwaltungsvorschriften geordnete Vollzeitausbildung von mindestens 12 Monaten, grds mit Abschlussprüfung (vgl dazu FG Köln EFG 12, 1735, Rev VI R 38/12). Ist eine Prüfung im Ausbildungsplan nicht vorgesehen, genügt die planmäßige Beendigung der Ausbildung. Master nach Bachelorabschluss ist Zweitstudium (s aber zu Sonderregelung KiGeld § 32 IV 2 BFH VI R 9/15 DStR 15, 2601, BFH III R 52/13 BStBl II 15, 152). Auch die Neuregelung ist abhängig von der Entscheidung des BVerfG (oben 2). Bis dahin vorläufige Festsetzung und AdV (*BMF* BStBl I 15, 174).

24. Privataufwendungen, § 4 V S 3, § 12. – a) § 12 Nr 1. – aa) Allgemeines. Während § 4 V S 1 Aufwendungen betrifft, die zwar nicht betriebsnotwendig, aber doch betriebl veranlasst sind, erfasst § 12 Nr 1 S 2 Aufwendungen, die ganz oder zT durch die private Lebensführung veranlasst sind, gleichzeitig aber der Förderung des Berufs dienen. Beiden Vorschriften ist der Gedanke gemein, dass anhand der obj Gegebenheiten idR nicht nachprüfbar ist, in welchem Umfang tatsächl berufl oder private Umstände ausschlaggebend waren. Die Prüfung nach § 12 Nr 1 ist vorrangig, da hierdurch bereits § 4 IV ausgeschlossen wird. 626

bb) Grundsätzl Aufteilungs- und Abzugsverbot, § 12 Nr 1 iVm § 4 V S 3. Unstr sind privat veranlasste Aufwendungen nicht abziehbar (Abzugsverbot). Die Rspr leitete darüber hinaus aus § 12 Nr 1 ein allg Aufteilungsverbot ab, wonach auch der betriebl veranlasste Teil der Aufwendungen nur dann als BA abziehbar ist, wenn sich dieser Teil nach obj Merkmalen und Unterlagen vom privaten Teil leicht und einwandfrei trennen lässt und nicht von untergeordneter Bedeutung ist (grundlegend BFH GrS 2/70 BStBl II 71, 17, vgl auch EStR 12.1). Dieses Aufteilungsverbot war seit langem str, vor allem wenn betriebl und private Veranlassung zeitl aufeinander folgen oder wenn die berufl Veranlassung überwiegt (s § 12 Rz 12; zu RsprWandel s Ausnahmen Rz 628). – *Beispiele:* Vgl Rz 520 „Arbeitszimmer", „Fachliteratur", „Kleidung", „Informationsreisen", „Lösegeld", BFH IV R 97/82 BStBl II 91, 226 zur betriebl und privat genutzten Schwimmhalle, BFH IV R 103/75 BStBl II 79, 512 und FG Hbg EFG 83, 342 (rkr) zum Hund einer Landärztin; s auch § 9 Rz 245 „Diensthund"; Rspr Rz 32 zu Video- und Stereogerät, Musikinstrument (s auch Rz 628); FG Saarl EFG 89, 102, rkr, zu Beerdigungskranz Arzt für Patienten. Kosmetik- und Kleidungskosten fallen grds unter § 12 (BFH IV R 91–92/87 BStBl II 90, 49; s aber GrS 1/06 BStBl II 10, 672, Rz 628, BFH X R 119/88 BFH/NV 91, 306 mit Aufteilung; Rz 520 „Kleidung"). Brille/Hörgerät s Rz 520 „Krankheit". **Umfang** des Aufteilungsverbots und Nachweispflichten s Rz 628; zu Versicherungen s Rz 266. 627

cc) Ausnahmen; Aufteilung. Andererseits machte die Rspr schon früher zunehmend unsystematische und aus dem Wortlaut des § 12 Nr 1 nur bei *konkreten* Aufteilungsanhaltspunkten nachzuvollziehende Ausnahmen in (Gruppen von) Einzelfällen. – *Beispiele:* Aufteilung von **PkwKosten** (BFH GrS 2/70 BStBl II 71, 628

17, unter II 7), **Telefonkosten** einschließl Grundgebühr (s Rz 520; BFH VI R 50/10 BStBl II 13, 282), betriebl/privaten Zinsen auf Kontokorrentkonto (BFH GrS 2–3/88 BStBl II 90, 817 unter C II 5h/bb, Rz 241), zu gemischt veranlassten **Reisekosten** RsprÄnderung durch BFH GrS 1/06 BStBl II 10, 672 mit 32. Aufl, **Computer** (*FinVerw* DB 01, 231 und FR 02, 697; BFH VI R 135/01 BStBl II 04, 958; dagegen keine Aufteilung bei PC-Tisch, FG RhPf EFG 04, 718, rkr); Reisegepäckversicherungsbeiträge (BFH VI R 42/92 BStBl II 93, 519 – enger zu Verlustersatz als Lohn BFH VI R 21/92 BStBl II 94, 256 und zu Verlust von Privatkleidung auf Dienstreise BFH VI R 26/95 BStBl II 95, 744, mit zwangsläufigen Nachweishürden zu „Buchwert" und Verlust, die die mangelnde Praktikabilität offenbaren – *diese* Probleme sollte § 12 ausschließen), **Rechtsschutzversicherungsbeiträge** (BFH VI R 97/94 BFH/NV 97, 346, abl *MIT* DStR 97, 1078; s auch Rz 266), AK und Nutzungskosten für **Waschmaschine/Heimbügler** (BFH VI R 77/91 BStBl II 93, 837, BFH VI R 53/92 BStBl II 93, 838; zu fragl Schätzung von Reinigungskosten FG Mster EFG 02, 670 und 1589, FG BaWü EFG 06, 811, FG Nbg EFG 15, 1162, alle rkr; abl FG Nds EFG 10, 707, rkr, mit Anm *Wagner;* LStR 3.31 II 4). Diese weite **Tendenz des VI. Senats** war jedenfalls in schwer abgrenzbaren Fällen kaum mit § 12 Nr 1 vereinbar, ist aber uU durch **BFH GrS 1/06** BStBl II 10, 672 bestätigt. Die weitere Entwicklung bleibt abzuwarten; s Vorlage BFH IX R 23/12 BStBl II 14, 312 an GrS und abw Beschluss **GrS 1/14** DStR 16, 210 zu Arbeitszimmer; Rz 520 „Bewirtung", § 9 Rz 54 ff, § 12 Rz 18. Bei **Schätzungen** ist die allg Lebenserfahrung zu berücksichtigen (Rz 32; zum privaten Nutzungsanteil eines Betriebs-Pkw oben, § 4 V 1 Nr 6, § 6 I Nr 4, Rz 580 ff. Zum Teil wird auf Grund der Bedeutung eines WG für den Beruf eine private Mitbenutzung ausgeschlossen (zB Aufwendungen für Schreibtisch im Privatraum, BFH VI R 182/75 BStBl II 77, 464 und Rz 591; WK für Flügel einer Musiklehrerin, FG Mchn EFG 09, 1447, rkr, Fernsehgerät eines Medienpädagogen am Arbeitsplatz, FG Mster FR 87, 458, rkr; allg zur **Gewichtung der Einzelumstände** BFH XI R 30–31/89 BStBl II 91, 842 mwN). S auch 33. Aufl mwN.

629 **dd) Rechtsfolgen.** Unter § 12 Nr 1 fallende Aufwendungen sind bereits begriffl keine BA iSv § 4 IV.

630 **b) Privataufwendungen nach § 12 Nr 2–5.** IdR Ausschluss des BA-Abzugs auch ohne Verweisung in § 4 V 3. – **aa) Unterhalts- und Versorgungszuwendungen nach § 12 Nr 2.** Diese Vorschrift wird kaum mit § 4 IV kollidieren, da betriebl veranlasste Zuwendungen (bei denen eine private Mitveranlassung ausgeschlossen sein muss) nicht unter § 12 Nr 2 fallen. *Beispiele:* Betriebl Veräußerungs- oder Versorgungsrenten, s Rz 76, 88.

631 **bb) Steuern, § 12 Nr 3.** Die Regelung enthält eine Einschränkung zu § 4 IV. So ist zB die auf den gewerbl Gewinn anfallende ESt trotz betriebl Veranlassung nicht als BA abziehbar. Vgl – auch zu Zinsen – Rz 520 „Steuern", „Rechtsverfolgung", § 12 Rz 45 und § 10 Nr 2 KStG; zu Erstattung durch das FA/Ersatz durch Dritte s Rz 460 „Abfindung" *(5),* zu GewSt Rz 618.

632 **cc) Strafen, § 12 Nr 4.** Strafen sind wegen des Sanktionscharakters auch bei betriebl (Mit-)Veranlassung nicht als BA abziehbar (s Rz 520 „Strafen").

634 **c) Abzugsausschluss. § 3c** schließt BA-Abzug von BA iZm stfreien BE aus.

640 **25. Benennung des Empfängers, § 160 AO.** *Schrifttum: Bruschke* DStZ 14, 315; 33. Aufl mwN. – **a) Bedeutung.** Die Benennung des Empfängers von BA kann nicht erzwungen werden. Die Nichtbenennung trotz Aufforderung hat jedoch (nur) die materiell-rechtl Wirkung eines Abzugsverbotes und schränkt die Aufklärungspflicht von FA/FG ein (BFH I R 7/81 BStBl II 86, 318). Es handelt sich um eine Art Haftung des Zahlenden und ist verfgemäß (BVerfG StEd 97, 235).

b) Zweck. Zum einen wird die Besteuerung beim Empfänger gewährleistet (unabdingbare Primärbedingung, bei StAbzug wohl nicht gegeben, s § 48 IV Nr 1). Zum anderen wird allg einem im Inl als verwerfl empfundenen Geschäftsgebaren entgegengetreten. 641

c) Umfang. – ***(1)* Grundsatz.** § 160 AO gilt für alle Aufwendungen, die zu BA führen, also nicht nur für Schwarzmarktgeschäfte, Bestechungsgelder (neben § 4 V 1 Nr 10) und sonstige illegale Aufwendungen, sondern auch zB für legale Schmiergelder, Wareneinkäufe und sonstige Anschaffungsgeschäfte (uU sogar für TW-AfA, BFH IV R 27/09 BStBl II 13, 989, *Jorde/Verfürth* DB 14, 563). Hier ergeben sich niedrigere AK, ein niedrigerer Wareneinsatz, bei § 4 III beim UV grds geringere BA, und zwar auch (und gerade dann über § 160 AO), wenn die betriebl Ausgabe als solche feststeht. – ***(2)* Ausnahmen** (s auch Rz 644). Gleichwohl sind die Höhe des mögl StAusfalls und damit feststehende steuerl Verhältnisse und die wahrscheinl Auswirkung beim unbekannten Empfänger bei ausreichender Aufklärung durch den zahlenden StPfl zu beachten (BFH I R 66/86 BStBl II 89, 995; 29. Aufl mwN, auch zu Treuhandverhältnissen; zu DomizilGes BFH IV R 27/09 BStBl II 13, 989; Grenze s FG Nds EFG 15, 2145, rkr; *Gehm* StBp 15, 283). 642

d) Entscheidung und Anfechtbarkeit. Dem Verlangen der Benennung (grds Name mit Wohnung, uU Geschäftsanschrift, s Rz 644) und der Bestimmung der Höhe der nichtabziehbaren BA liegen **zwei Ermessensentscheidungen** des FA (bzw des FG, § 96 I FGO) zugrunde (vgl BFH VIII R 9/96 BStBl II 98, 51, s auch Rz 642). Die Aufforderung ist nach BFH I R 67/84 BStBl II 88, 927 kein VA und nur mit Ablehnung des BA-Abzuges im Einspruchsverfahren gegen den EStBescheid anzufechten. 643

e) Grenzen. Der StPfl wird sich nur in Ausnahmefällen erfolgreich auf die **Unzumutbarkeit** der Benennung berufen können (Einzelfallbeurteilung, s BFH XI R 10/98 BStBl II 99, 434). – *Beispiele:* Argument, er kenne den Empfänger nicht, BFH I R 8/91 und I B 145/93 BFH/NV 94, 357 und 688, oder er könne ihn nicht genau benennen, FG Köln EFG 00, 460, rkr; FG Hbg EFG 00, 1385, rkr; zu Tod eines zahlenden PersGes'ters BFH VIII R 64/86 BFH/NV 92, 449; zum Tod des Empfängers BFH IV B 66/98 BFH/NV 99, 1188; zu späterem Wegzug BFH XI B 94/92 BFH/NV 93, 633; zu Erkennbarkeit als Domizil-Ges und zur Täuschung ohne Aufdrängen von Zweifeln und zu genauer Einzelbenennung BFH I R 28/02 BStBl II 07, 855 und 29. Aufl mwN, auch zu Nachprüfbarkeit und Weiterleitung von Schmiergeldern. IEinz wird verwiesen auf die Kommentierungen zu § 160 AO. 644

f) Rechtsfolgen. Kein BA-Abzug, s Rz 640. Zur Erstattung vgl Rz 520 „Abfindung". 645

26. Besondere Mitwirkungs- und Aufzeichnungspflichten bei Auslandsgeschäften. S § 90 II, III AO; zu SteuerHBekV (BGBl I 09, 3046) s Rz 491. 646

IX. Wechsel der Gewinnermittlungsart

1. Zulässigkeit des Wechsels. Wahlrecht s Rz 6; *Schrifttum* 29. Aufl; *Otto* NJW 10, 3601 zu Übergangsgewinn bei RA; *Schoor* StBp 15, 45. 650

2. Auswirkungen auf stille Reserven. Durch Änderung der Gewinnermittlungsart wird ein WG nicht aus dem BV entnommen, so dass stille Reserven nicht zu versteuern sind (§ 4 I 6), auch wenn die Zuführung des WG nach dem Wechsel nicht mehr mögl wäre. Die Streichung von § 4 III in § 4 I 6 ändert jedoch nichts daran, dass durch den Wechsel zur Sicherstellung eines einheitl Totalgewinns **Zu- und Abrechnungen** zum lfd Gewinn anfallen können. Außerdem können sich Auswirkungen über **§ 34a** ergeben (§ 34a VI 1 Nr 3). 651

3. Rechtsgrundlage für die Zu- und Abrechnungen beim lfd Gewinn. Das Gesetz enthält keine ausdrückl Regelung. EStR 4.6 mit Anlage und 4.5 VI geben die stRspr des BFH wieder und werden zutr allg gebilligt (zB BFH I R 124/93 BStBl II 94, 852). Die Gewinnermittlung nach §§ 4 I/5 und nach § 4 III kann zu unterschiedl Periodengewinnen führen. Trotzdem muss der Gesamtgewinn von Beginn bis Ende des Betriebes gleich hoch sein (s Rz 10). Das lässt sich häufig nur durch Korrekturen im Zeitpunkt des Wechsels erreichen. 652

4. Sonderfälle. Bei **§ 13a** ist zu unterscheiden: Die Gewinnermittlung beruht zT auf den Grundsätzen von § 4 I (Grundbetrag, s § 13a IV 1), zT auf denen der Überschussrechnung nach § 4 III (Zuschläge, vgl 17. Aufl). Korrektur nach allg 653

Grundsätzen (Rz 657, BFH IV R 33/97 BStBl II 98, 145). Übergang zu **Tonnagebesteuerung** s § 5a IV, BFH IV R 40/08 BFH/NV 12, 293.

654 **5. Korrekturen bei Schätzung. – a) Schätzung des Vermögenszuwachses.** Bei griffweiser Schätzung der Besteuerungsgrundlagen wird der wahrscheinl Vermögenszuwachs nach den Grundsätzen der §§ 4 I/5 als Gewinn geschätzt. Korrekturen im Jahr der Schätzung sind nur dann vorzunehmen, wenn der Gewinn im Vorjahr, nicht jedoch im Schätzungsjahr nach § 4 III zu ermitteln war (BFH VIII R 225/80 BStBl II 84, 504 unter 1d, EStR 4.1 II/4.6 I); dann entfallen Korrekturen auf Grund späteren Übergangs zum BV-Vergleich.

655 **b) Schätzung iRd Ist-Rechnung.** Hat der StPfl den Gewinn *tatsächl* – berechtigt oder unberechtigt, vgl BFH IV R 155/83 BStBl II 85, 255, Rz 4 – durch Gegenüberstellung der Ist-BE/Ist-BA ermittelt und hat das FA unter Beibehaltung dieser Gewinnermittlungsart einzelne Besteuerungsgrundlagen geschätzt, erfolgen wie bei § 13a (Rz 653) im Zeitpunkt eines späteren Übergangs zu §§ 4 I/5 Korrekturen (BFH IV B 8/75 BStBl II 75, 732).

656 **6. Prüfung im Einzelfall. – a) Prüfungsfragen.** Bei jedem noch nicht endgültig abgeschlossenen Geschäftsvorgang bzw bei jedem im Zeitpunkt des Übergangs bilanzierten oder zu bilanzierenden Aktiv- oder Passivwert (BFH IV 270/65 BStBl II 70, 745) ist zu untersuchen: – *(1)* Welche (Gesamt-)Gewinnauswirkung sieht das Gesetz vor? Das ist idR unmittelbar nach den Grundsätzen des BV-Vergleichs zu beurteilen (s dazu Rz 45 ff und § 5). – *(2)* Welche Gewinnauswirkung ist nach der *bisherigen* Gewinnermittlungsart bereits eingetreten durch Mehrung oder Minderung des BV bzw durch den Ansatz von BE oder BA? – *(3)* Welche Gewinnauswirkung ist nach der *neuen* Gewinnermittlungsart ohne Zu- und Abrechnungen zu erwarten?

657 **b) Ergebnis.** Jeder Vorgang mit gesetzl Gewinnauswirkung muss und darf nur insgesamt einmal erfasst werden. Ein gewinnneutraler Vorgang, der sich bereits ausgewirkt hat und nicht mehr gegenläufig auswirken würde, muss neutralisiert werden (*Beispiel:* Anschaffung von Waren bei § 4 III s Rz 390). Eine zu hohe Gesamtauswirkung ist durch Abschlag, eine zu niedrige Gesamtauswirkung durch Zuschlag zu korrigieren. Beim **Übergang von § 4 III zu §§ 4 I/5** werden die einzelnen WG – gewinnneutral – in der Eröffnungsbilanz mit demjenigen Wert angesetzt, mit dem sie zu Buche stehen würden, wenn der Gewinn von Anfang an durch Bestandsvergleich ermittelt worden wäre (Korrektur der vergangenen Gewinne, vgl EStR 4.6, BFH I R 255/71 BStBl II 74, 518). Beim **Übergang von §§ 4 I/5 zu § 4 III** waren die vergangenen Gewinne zutr ermittelt; es ist jedoch den Besonderheiten der Überschussermittlung Rechnung zu tragen (EStR 4.6). **Übergang von § 13a auf § 4 III** s BFH IV R 56/01 BStBl II 03, 801; BFH IV R 31/10 BFH/NV 14, 514.

658 **7. Beispiele** (vgl auch Übersicht Anlage zu EStR 4.6). – **a) Gleiche Gewinnauswirkung:** Keine Korrektur, allenfalls Nachholung einer bei § 4 III nicht zulässigen TW-AfA (str, s Rz 371, 392): – **Abnutzbare WG des AV** einschließl **GWG.** – **Nicht abnutzbare WG des AV** (s Rz 398 und Anm b (4)). Beim Grund und Boden entspricht der Bilanzwert dem Wert des § 4 III 5. – **Darlehensforderungen und -verbindlichkeiten** s Rz 383. – **UV iSv § 4 III 4** s Rz 373.

659 **b) Unterschiedl Gewinnauswirkung; Zu- bzw Abschlag.** – *(1)* **Warenbestand** (einzelne WG des UV abw je nach Aktivierung gem § 4 III 4, vgl Rz 373/390): Bei Übergang 4 I/5-4 III Abschlag iHd Buchwertes (Grund: BE bei Veräußerung); bei Übergang 4 III–4 I/5 Zuschlag iHd Buchwertes (Grund: Wegfall von BE), vgl dazu Rz 652. Keine Korrektur auf *fremde* Warenbestände (Agenturwaren, BFH I R 255/81 BStBl II 74, 518). – *(2)* **Forderungen** (Rz 400, außer Darlehensforderungen, vgl dazu Rz 658): Bei Übergang 4 I/5-4 III Abschlag iHd Buchwertes (Grund: Bei Zahlungseingang BE, obwohl bereits versteuert); bei Übergang 4 III–4 I/5 Zuschlag iHd Buchwertes (Grund: Noch keine Aktivierung, bei Zahlung keine BE). – *(3)* **Verbindlichkeiten** (Rz 404, außer Darlehen, vgl dazu Rz 658): Bei Übergang 4 I/5-4 III Zuschlag iHd Buchwerts (Grund: Bei Zahlung BA, obwohl das BV

bereits gemindert war); bei Übergang 4 III–4 I/5 Abschlag in gleicher Höhe (Grund: keine Minderung des BV, keine BA bei Zahlung). – *(4)* **Nicht abnutzbare WG des AV,** deren AK/HK vor 1971 als BA abgesetzt waren (vgl Rz 398, s auch Rz 658): Zuschlag bei Übergang 4 III–4 I/5. Sonst keine Änderung. – *(5)* **Aktive RAP:** Bei Übergang 4 I/5-4 III Abschlag, da sonst keine Gewinnauswirkung (*Beispiel:* Vorauszahlungen für Miete, Versicherung). Bei Übergang 4 III–4 I/5 Zuschlag (Grund: BA § 4 III durch Zahlung und BV-Minderung durch Auflösung bei § 4 I/5). – *(6)* **Passive RAP:** Umgekehrte Korrekturen (*Beispiel:* Passivierung einer empfangenen Anzahlung). – *(7)* **Rückstellungen:** Bei Übergang 4 I/5-4 III Zuschlag (BV-Minderung bei § 4 I/5, BA bei Zahlung § 4 III); bei Übergang 4 III–4 I/5 Abschlag – sonst keine Gewinnauswirkung (*Beispiele:* GewSt, Prozesskosten, Ansatz in Eröffnungsbilanz). – *(8)* **Delkredere** wegen Pauschalwertberichtigung: Bei Übergang 4 I/5-4 III: Zuschlag (sonst doppelte Gewinnminderung durch Passivierung bei §§ 4 I/5 und geringeren Zahlungseingang bei § 4 III); bei Übergang 4 III–4 I/5: Abschlag bei Aktivierung der Forderung, s oben (2). – *(9)* **Rücklagen** können fortgeführt werden (§ 6c, § 7g VI aF, EStH 6.6 V, BFH IV R 7/98 BStBl II 99, 488; s aber zu Übergang § 4 III – § 13a FG Mchn EFG 06, 957, rkr; zu Betriebsveräußerung FG Mchn EFG 06, 644, rkr), ebenso **Investitionsabzugsbeträge** § 7g I nF.

8. Laufender Gewinn. Bei dem Übergangsgewinn handelt es sich – auch im Falle der Betriebsveräußerung – um einen Teil des lfd Gewinns, bei der GewSt um lfd Gewerbeertrag (GewStR 7.1 III, BFH VIII R 32/67 BStBl II 73, 233; zu Ausscheiden aus PersGes BFH IV R 67/98 BStBl II 00, 179 – zweifelnd *Kanzler* FR 00, 100). Es ändert sich lediglich der Zeitpunkt der Versteuerung (Rz 663). Eine Trennung vom sonstigen lfd Gewinn des Übergangsjahres erfolgt nicht, auch nicht für den Zinsabzug nach § 4 IVa (BFH VIII R 5/08 BFH/NV 12, 1418). 661

9. Zeitpunkt der Entscheidung und Versteuerung. – a) Übergang von § 4 III auf §§ 4 I/5. Über die Höhe des Übergangsgewinns ist im ersten Jahr der geänderten Gewinnermittlung zu entscheiden (Übergangsjahr, BFH IV R 39/89 BStBl II 90, 495). Der Gewinn/Verlust ist grds auch in diesem Jahr zu versteuern. Die Verwaltung lässt in Härtefällen uU (bei hohen Zuschlägen) aus Billigkeitsgründen eine von der Rspr gebilligte gleichmäßige **Verteilung** auf 2 oder 3 Jahre zu (EStR 4.6 I 4), auch bei Einbringung in GbR zu Buchwerten, s FG Mster EFG 08, 763, rkr. **Ausnahmen:** Betriebsveräußerung (s Rz 668); Verluste (BFH VIII R 17/10 BStBl II 13, 820, Anm *Kanzler* FR 14, 21). Auch bei Verteilung ist im Übergangsjahr mit Bindungswirkung für die Folgejahre über die Höhe der Korrekturen zu entscheiden (BFH VIII R 20/68 BStBl II 74, 303, Rz 666). Abschlagsverluste können gem § 10d abgezogen werden (mE auch durch Rücktrag nach § 10d I). Beim Zusammenfallen mit Strukturwandel ändert sich nach BFH I R 134/78 BStBl II 81, 780 auch die Art des Übergangsgewinns (str). 663

b) Übergang von §§ 4 I/5 auf 4 III. Es gelten die Grundsätze Rz 663. Außerdem uU Nachversteuerung nach **§ 34a VI 1 Nr 3. Ausnahmen:** Grds keine Verteilung; die Korrektur kann in Ausnahmefällen auf Antrag in spätere Jahre der tatsächl Auswirkung verschoben werden (EStR 4.6 II). 664

Beispiel: Rückstellung in der Bilanz 01, ab 02 Übergang zu § 4 III, Zahlung im Jahre 03. Grds Zuschlag in 02 und BA 03. Ausnahmsweise Zuschlag (und BA) erst 03.

10. Rechtsfolgen der fehlerhaften Ermittlung. – a) Fehler bei Festsetzung des Übergangsgewinns. Sie können nur durch Berichtigung der ESt-Veranlagung des Übergangsjahres (Rz 663) berichtigt und mit Rechtsbehelf gegen diesen Bescheid angefochten werden, auch bei Verteilung des Übergangsgewinns (Rz 663, BFH X R 32/13 DStR 15, 2664; FG Mchn EFG 10, 1678, rkr – keine spätere Bilanzberichtigung). Kein Ausgleich durch erneuten Wechsel der Gewinnermittlungsart, wenn die betr Bilanzposten dann nicht mehr vorhanden sind (BFH IV R 270/65 BStBl II 70, 745). 666

b) Nachholung unterlassener Korrekturen einzelner Bilanzposten. Sie ist uU mögl im Jahr der tatsächl Auswirkung (oder eines vorangehenden weiteren Wechsels der Gewinnermittlungsart, s Rz 666), damit der StPfl keinen ungerecht- 667 fertigten StVorteil erlangt (allerdings keine Nachholung einer fehlerhaften Gewinnauswirkung zu Unrecht bilanzierter WG in späteren VZ, s Rz 666, 710).

Beispiele: Betriebsveräußerung ohne Schlussbilanz (BFH VIII R 84/79 BStBl II 80, 692). Das Gleiche dürfte gelten, wenn zwar eine Bilanz erstellt wird, einzelne Bilanzposten jedoch außer Ansatz bleiben. Wird eine **Rückstellung für Prozesskosten** beim Übergang von § 4 III zu § 5 im Jahre 01 versehentl nicht gewinnmindernd passiviert (Rz 659), kann dies im Jahre 02 mit gleicher Gewinnauswirkung nachgeholt werden (s Rz 715 ff). Im umgekehrten Fall (keine Rückstellung bei § 5, kein Zuschlag bei Übergang zu § 4 III) BA im Jahr der Zahlung (BFH IV R 119/73 BStBl II 77, 866, s auch Rz 486 zu nachträgl BA).

668 **11. Veräußerung/Aufgabe/Einbringung von Betrieben.** Zum Zeitpunkt der Betriebsveräußerung muss der StPfl den Wert des BV nach §§ 4 I/5 ermitteln (§ 16 II 2). Dadurch wird häufig neben dem Veräußerungsgewinn durch Korrekturen ein Übergangsgewinn anfallen (EStR 4.5 VI). Gewinnverteilung auf mehrere Jahre (Rz 663) scheidet dabei aus (FG Mster EFG 01, 764, rkr, EStH 4.6 mwN). Bei Betriebsveräußerung in dem auf den Wechsel folgenden Jahr erhöht der offene Korrekturposten den *laufenden* Jahresgewinn (vgl § 16 Rz 330). Dieselben Grundsätze gelten bei **Betriebseinbringung** (s EStR 4.5 VI, BFH IV R 13/01 BStBl II 02, 287: jedenfalls bei Buchwerteinbringung keine Gewinnverteilung). Str ist, ob Altforderungen zurückbehalten und – ohne Privatentnahme – weiterhin bei Zufluss nach § 4 III besteuert werden können (so BFH VIII R 41/09 BStBl II 14, 288 mit Anm *Fuhrmann/Müller* DStR 13, 848; BFH XI R 32/06 BFH/NV 08, 385; so jetzt auch *FinVerw* DStR 15, 1312). Vgl auch § 16 Rz 330, § 18 Rz 230 ff; Korn FR 05, 1236. Übergangsgewinn bei Rechtsanwälten s *Otto* NJW 10, 3601.

669 **12. Unentgel Betriebsübertragung.** Schenkung oder Erbschaft bewirken als solche keinen Wechsel der Gewinnermittlungsart. Der Rechtsnachfolger tritt in die Stellung des Rechtsvorgängers ein (vgl § 1922 BGB, § 6 III) und übernimmt verteilten Übergangsgewinn (BFH VIII R 22/67 BStBl II 72, 338 – s aber § 1 Rz 14 zu Auflösung einer 2-PersGes durch Tod). Wechselt der Rechtsnachfolger die Gewinnermittlung, so sind die Verhältnisse des Rechtsvorgängers bei den Korrekturen zu beachten (BFH I R 184/69 BStBl II 71, 526). Ebenso bei **Realteilung** und Umwandlung ohne Gewinnrealisierung (§ 16 Rz 547; BFH III R 32/12 BStBl II 14, 242 mit Anm *Brandt* StBp 13, 297; jetzt auch *FinVerw* DStR 15, 1312; *Kanzler* FR 13, 1983; BFH III B 71/12 BFH/NV 15, 173; zu Rückstellungsauflösung BFH VIII R 45/12 BStBl II 15, 759). Vgl auch Rz 668; *Schoor* NWB 13, 3239.

670 **13. Übergang zur Liebhaberei.** Der Übergangsgewinn ist erst im Zeitpunkt der tatsächl Betriebsaufgabe/Betriebsveräußerung zu erfassen (FG RhPf EFG 15, 11, Rev X R 61/14); die Höhe der zu versteuernden stillen Reserven richtet sich allerdings nach dem Zeitpunkt des Übergangs zur Liebhaberei (vgl FG Ddorf EFG 15, 1431 mit Anm *Wüllenkemper,* Rev X R 15/15).

X. Bilanzberichtigung; Bilanzänderung; Bilanzenzusammenhang

Schrifttum: *Kanzler* NWB 12, 2374 (Bilanzkorrekturen); *Schoor* DStZ 07, 274; *Werra/Rieß* DB 07, 2502 (Bindungswirkung von Bilanzen); *Ritzrow* (BFH-Rspr) StBp 11, 199 und 229 (Bilanzänderung) sowie 278 und 312 (BilBerichtigung); *Kobor* FR 01, 281 (Verbindlichkeiten); zu subj Fehlerbegriff Anm Rz 681; 23. Aufl mwN.

680 **1. Bilanzberichtigung; Bilanzierungsfehler. – a) Begriffe.** Die Ermittlung eines richtigen Periodengewinns setzt voraus, dass die einzelnen Bilanzposten in zutr Höhe angesetzt sind. Bilanzierungsfehler hat der *StPfl* gem § 4 II 1 zu berichtigen, dh der *falsche* Ansatz wird – soweit mögl (vgl Rz 706) – *an der Fehlerquelle* durch den richtigen ersetzt; er wird mit gesetzl Gewinnauswirkung „storniert“ (s Beispiele Rz 715 ff). – Bilanzänderung betrifft dagegen den Austausch *richtiger* Bilanzansätze (§ 4 II 2, vgl Rz 750). Einzelne Bilanzansätze s Rz 696. Die Proble-

matik berührt auch die Gewinnermittlung nach **§ 4 III** (vgl Rz 10ff, 703). Bei **PersGes** ist auf die Ges, nicht die Ges'ter abzustellen mit Folgeänderung der Sonder- und Ergänzungsbilanzen (BFH I B 179/11 BFH/NV 13, 21; *FinVerw* DStR 12, 1660; EStR 4.4 II 6; s auch Rz 697).

b) Fehlerhaftigkeit eines Bilanzansatzes; obj oder subj Fehlerbegriff; RsprÄnderung. Ein Ansatz ist unstr fehlerhaft, wenn er *obj* gegen ein handels- oder steuerrechtl Bilanzierungsgebot oder -verbot verstößt (es darf also kein strechtl Wahlrecht bestehen). Str ist die Bedeutung der **subj Erkenntnismöglichkeit** des StPfl. Die Rspr hatte zunehmend Bilanzierungsfehler nur noch angenommen, wenn der StPfl die Fehlerhaftigkeit nach den *im Zeitpunkt der Bilanzerstellung* bestehenden subj Erkenntnismöglichkeiten der zum Bilanzstichtag gegebenen obj Verhältnisse bei pflichtgemäßer und gewissenhafter Prüfung erkennen konnte, zunächst zur Beurteilung tatsächl Verhältnisse (BFH I 56/60 U BStBl III 61, 3), später auch zur Beurteilung von Rechtsfragen (BFH IV R 30/71 BStBl II 76, 88), vgl BFH I R 47/06 BStBl II 07, 818 zum subj Fehlerbegriff. **BFH GrS 1/10 BStBl II 13, 317** hat diese Beurteilung unter Hinweis auf die str Rechtsauffassungen eingeschränkt (Folgeurteil BFH I R 77/08 BStBl II 13, 730 mit Anm *Hoffmann* DStR 13, 1774): – ***(1)* Beurteilung bilanzrechtl Rechtsfragen.** Vgl *FinVerw* DStR 14, 2294; *Weber-Grellet* DStR 13, 729; *Drüen* GmbHR 13, 505; *Schlotter* FR 13, 835; *Demuth* EStB 13, 350. Nur Rechtsfragen waren Gegenstand der Vorlage. Insoweit stellt der GrS abw vom Handelsrecht (vgl § 252 I Nr 4 HGB) stets auf die obj richtige Rechtslage ab, und zwar zu Gunsten wie zu Ungunsten des StPfl, der sich nicht darauf berufen kann, dass der gewählte Bilanzansatz nach den Erkenntnismöglichkeiten eines gewissenhaften und pflichtgemäß handelnden Kfm aufgrund der *zum Zeitpunkt der Bilanzerstellung* geltenden Rechtsauffassung der FinVerw und der Rspr zutr oder zumindest vertretbar gewesen sei. Die Bilanzansätze sind bei der späteren Entscheidung auf ihre obj Richtigkeit nach der *am Bilanzstichtag* geltenden Gesetzeslage zu prüfen. Daran haben sich der StPfl, das FA und die Rspr zu halten, ohne Übergangsregelung und selbst dann, wenn der gewählte Ansatz auf einer im Zeitpunkt der Bilanzerstellung geltenden, *später geänderten Rspr* beruht (wohl ohne Rückwirkung späterer Gesetzesänderungen). Das gilt für eine Bilanzberichtigung des StPfl nach § 4 II 1 ebenso wie für die Überprüfung der Gewinnermittlung durch das FA (§§ 85, 88 AO; s *Oser* DB 13, 2466); vgl auch zu Änderung der Gewinnermittlung BFH VIII R 45/12 BStBl II 15, 759; FG BaWü DStRE 15, 961, Rev X R 46/14. Damit verliert § 4 II an Bedeutung (s Rz 683). Grundlage für die *Prüfung der Rechtsfrage* ist der von Amts wegen festzustellende Sachverhalt *am Bilanzstichtag.* Korrekturen erfolgen grds im Bilanzierungsjahr; spätere Folgekorrekturen über den Grundsatz des formellen Bilanzenzusammenhangs und die Zweischneidigkeit der Bilanz (Rz 695ff) im ersten offenen VZ sind auf Fälle zu begrenzen, in denen ein fehlerhafter Bescheid aus verfahrensrechtl Gründen nicht mehr geändert werden kann. Der Entscheidung sind also **nachträgl bekannt werdende rechts- und wertaufhellende Tatsachen,** die zum Bilanzstichtag bereits vorlagen, zu Grunde zu legen, auch ohne ursprüngl Kenntnis oder subj Fehlverhalten des StPfl (s § 5 Rz 81 und unten *2*). Das galt vor der RsprÄnderung nur bei gesetzl verfahrensrechtl Rückwirkung späterer Ereignisse (zB § 7g IV 2, § 175 II AO, vgl zu Verbleibensvoraussetzung § 7d VI aF BFH XI R 64/04 BStBl II 06, 371). Sonstige nachträgl eintretende **neue tatsächl Umstände,** die nicht werterhellend, sondern wertbegründend und rechtsgestaltend wirken, sind wie bisher auch dann nicht rückwirkend zu berücksichtigen, wenn sie steuerl auf die Vergangenheit zurückwirken (zB § 175 II AO). *Beispiele* (s auch *Kamchen/Kling* NWB 13, 4111): Keine estrechtl Rückwirkung forderungsbegründender Umstände im Folgejahr (zu späterer Kaufvertragswandlung s BFH VIII R 77/96 BStBl II 02, 227; zu später aufgedeckten Schadensersatzansprüchen BFH III R 190/85 BFH/NV 90, 358; BFH X S 12/03

BFH/NV 04, 337; zu späterem Vergleichsabschluss BFH VIII R 45/12 BStBl II 15, 759, Anm *Moritz* DB 15, 1803; zu bestätigendem Gerichtsurt einer bisher str Forderung BFH I R 147/84 BStBl II 91, 213, BFH I R 12/14 BFH/NV 14, 1544, BFH X R 19/10 BStBl II 12, 190, *FinVerw* DB 15, 2974 – s aber zu fehlender BMF-Freigabe eines BFH-/EuGH-Urt wegen weiter bestrittenem VorSt-Erstattungsanspruch FG BaWü EFG 14, 149 und – nach Bescheidänderung – BFH I R 59/13 BFH/NV 14, 1752; *Bolik* NWB 14, 409); – keine Fehlerhaftigkeit einer Bewertung durch wertbegründende Aktienkursentwicklung im Folgejahr (BFH I R 89/10 BStBl II 14, 612), einer von künftiger Gewinnermittlung abhängigen Verbindlichkeitspassivierung (BFH I R 100/10 BStBl II 12, 232, § 5 II a), einer USt-Rückstellung bei späterer Aufhebung eines USt-Bescheids (FG Mchn EFG 87, 58, rkr; zu späterer Verzichtserklärung § 19 II UStG FG Mchn EFG 84, 489, rkr). – ***(2)* Beurteilung tatsächl Umstände.** Eine Entscheidung über die Anwendung des subj Fehlerbegriffs bei der Beurteilung von Tatsachen/Prognosen/Schätzungen/Abschreibungen hat der GrS ausdrückl ausgeklammert. Die Vorlage BFH I R 77/08 hielt eine RsprÄnderung insoweit nicht für erforderl („Befriedungsfunktion"); im Schrifttum wird das in Frage gestellt (zB *Weber-Grellet* DStR 13, 729 und in KSM § 4 Rz C 112; *Stapperfend* DStR 10, 2161 und in *HHR* § 4 Anm 411). Alle gehen jedoch zutr davon aus, dass sich keine wesentl unterschiedl Ergebnisse ergäben, weil auch die Gegner des subj Fehlerbegriffs die Einräumung großzügiger Beurteilungsspielräume und Entscheidungsprärogativen befürworten für tatsächl Ansätze, die nicht obj „richtig oder falsch" sind, sondern in Ausübung kfm Ermessens nur die Wahrscheinlichkeit einer unbekannten zukünftigen tatsächl Entwicklung in einer vertretbaren Bandbreite einschätzen. Hier muss man dem StPfl einen gewissen Spielraum auf Grund seiner zum Bilanzstichtag mögl Erkenntnisse zugestehen, zumal davon oft weitere unternehmerische Entscheidungen abhängen (vgl auch *Hoffmann* DStR 11, 88). Insoweit lebt jedenfalls der Grundgedanke des subj Fehlerbegriffs fort. Bedenken zur objektivierten Rspr s auch *Drüen* GmbHR 13, 505; zu Verfahrensfragen/Vertrauensschutz *Dißars* Stbg 15, 22.

682 **2. Zeitl Grenzen der Bilanzberichtigung. – a) Bis zur Bilanzeinreichung.** Der StPfl muss „richtige" Bilanzen einreichen (§ 150 II AO; s Rz 681).

683 **b) Nach Bilanzeinreichung.** Der StPfl muss Bilanzierungsfehler iSv Rz 681, die zu einer Steuerverkürzung führen können, gem § 153 AO bis zum Ablauf der Festsetzungsfrist richtig stellen. Sonstige Fehler, die zu seinen Lasten gehen oder sich steuerl nicht auswirken, „darf" er gem **§ 4 II 1** dem FA anzeigen. Das FA hat alle bekannten Bilanzierungsfehler bei der Veranlagung (vgl §§ 85, 88 AO) und im außergerichtl Rechtsbehelfsverfahren (vgl § 367 II AO zur Verböserung und Rz 685) ohne Einschränkungen von Amts wegen zu korrigieren, ebenso das FG im Klageverfahren iRd Verböserungsverbotes, der Beschwer und der Klageanträge (nach BFH VIII R 258/72 BStBl II 75, 206 nur bei Auswirkung auf die Höhe der Steuer, fragl; zur Beschwer durch Bilanzenzusammenhang s BFH VIII R 153/77 BStBl II 80, 181). Dem steht nicht entgegen, dass eine „Bilanzberichtigung" iSv § 4 II 1 grds **nur der StPfl** vornimmt mit der Folge, dass das FA eine fehlerhafte Bilanzkorrektur idS nicht von sich aus im Folgejahr rückgängig machen kann (BFH IV R 70/98 BStBl II 00, 129). Das schließt nicht aus, dass das FA eine eigenständige Gewinnermittlung durchführt und dabei den obj Fehlerbegriff zu Grunde legt (BFH GrS 1/10 BStBl II 13, 317, Rz 681). Die subj Fehlerkenntnis des StPfl ist jedenfalls bei der Beurteilung von Rechtsfragen unbeachtl und wohl auch bei tatsächl Fragen, die keinen Einfluss auf Bilanzierungsentscheidungen des StPfl haben (zB die Erkenntnis im Folgejahr, dass das Unternehmen bereits im Vorjahr insolvent war).

684 **c) Sachl Grenze, § 4 II 1 HS 2.** Der Fehler darf ab 2007 noch keiner anderen, nicht mehr änderbaren StFestsetzung zugrunde liegen. Die Bedeutung dieser Vorschrift ist unklar. Letztl bestätigt sie den str Grundsatz des formellen Bilanzen-

zusammenhanges (s Rz 685, 689, 701). Ursprüngl hatte der Bundesrat eine Änderung von § 4a II 1 vorgeschlagen, um sicherzustellen, dass Einkünfte aus LuF, die durch Zusammenrechnung zweier Wj-Hälften für eine Veranlagung ermittelt werden, vollständig festgesetzt werden. Grund war die abw BFH-Rspr, nach welcher der LuF-Gewinn für den 2. VZ (mit der 2. Wj-Hälfte) ohne Bindung an die bestandskräftige Festsetzung für den 1. VZ (mit der 1. Wj-Hälfte) zu ermitteln ist (s § 4a Rz 22, § 13 Rz 209). Um darauf zurückzuführende unzutr Besteuerungen zu verhindern, sollten StBescheide für den *unmittelbar vorangegangenen VZ* bei Vornahme einer Bilanzberichtigung folgeberichtigt werden, auch nach Bestandskraft und unabhängig vom Ablauf der Festsetzungsfrist für den VZ, in dem das Wj endet, für das eine Bilanzberichtigung vorzunehmen ist. Diese Einschränkungen haben zwar einen Niederschlag in der Gesetzesbegründung BT-Drs 16/368, nicht aber in der dafür gem FinA aufgenommenen Änderung des § 4 II 1 gefunden. Aufgrund des Zusammenhangs mit § 4 II S 1 HS 1 und S 2 kann jedoch davon ausgegangen werden, dass mit der Neuregelung über die Festlegung des formellen Bilanzenzusammenhangs keine weiteren Rechtsfolgen verbunden werden sollten, dass Gewerbetreibende mit und ohne abw Wj darüber hinaus nicht betroffen sind (s auch EStR 4.4 I 10) und dass es bei der BFH-Rspr verbleibt, nach der Buchungsfehler ohne Gewinnauswirkung in der Anfangsbilanz des ersten offenen VZ richtigzustellen sind (Rz 691) und sonstige *Veranlagungsfehler* aus früheren VZ nicht später korrigiert werden können (Rz 710, 726). **Zeitl Anwendung** ab VZ 2007, also entgegen *FinVerw* DStR 07, 1208 nicht bereits für luf Wj 2006/2007 (BFH IV R 53/09 BStBl II 11, 1017; s auch EStR 4.4 I 10).

d) Bestandskräftige Festsetzung. Eine Berichtigung von Bilanzansätzen ist nur iRe Berichtigung der Veranlagung mögl (BFH IV R 33/87 BStBl II 89, 407, BFH I R 136/85 BStBl II 90, 905; str, vgl – auch zu Ausnahmen – Rz 690, 706; zu § 4 II 1 HS 2 Rz 684; *Stapperfend* FR 08, 437), also grds bis zur formellen Bestandskraft. Die rückwirkende Berichtigung nach **Ablauf der Festsetzungsfrist** ist *zu diesem Stichtag* grds ausgeschlossen, und zwar auch zugunsten des StPfl (vgl § 169 I AO, BFH III R 190/85 BFH/NV 90, 358; Ausnahmen s Rz 690 ff); dafür ist aber spätere Korrektur über den Bilanzenzusammenhang mögl (s Rz 689, 701 ff). Die Voraussetzungen sind für **ESt** und **GewSt** gesondert zu prüfen; es besteht – auch bei rkr Entscheidung über *eine* Veranlagung – keine Bindung zw den StBilanzansätzen (BFH XI R 83/00 BStBl II 04, 699). Nach BFH XI R 18/00 BStBl II 01, 106 Berichtigung der Bilanz ggf in verschiedenen VZ (GewSt Korrektur VZ 01; bei Bestandskraft ESt 01 Korrektur ESt 02). – Einheitl Ausübung von **Wahlrechten** vgl BFH VIII R 72/87 BStBl II 92, 958 zu Bilanzänderung. 685

3. Verhältnis Bilanzberichtigung/Veranlagungsberichtigung. – a) Zusammenhang. Beide sind zwar nach Voraussetzungen und Rechtsfolgen zunächst *getrennt* zu beurteilen (vgl §§ 129, 164 f, 172 ff AO). Es bestehen jedoch Zusammenhänge, da die Bilanz eine Grundlage der Gewinnermittlung und damit der Veranlagung bildet. Das hat Auswirkungen in zweifacher Hinsicht: 686

b) Auswirkungen eines Bilanzfehlers auf die Veranlagungsberichtigung. – aa) Fehlerjahr. Der für die Bilanzberichtigung maßgebl Fehlerbegriff (Rz 681) kann bei der Prüfung einer Veranlagungsberichtigung nicht außer Acht gelassen werden. Ist die Bilanz nicht fehlerhaft, kann weder eine später bekannt werdende Tatsache, welche die Fehlerhaftigkeit zum Bilanzstichtag zeigt, nach § 173 AO „zu einer höheren oder niedrigeren Steuer führen“, noch kann ein „Rechtsfehler“ nach § 177 AO im Wege der Saldierung berichtigt werden. Die Bilanz ist „richtig“ (vgl Rz 681). 687

bb) Folgejahre. Wird ein Bilanzansatz rückwirkend für ein früheres Jahr geändert (vgl Rz 682, 683, 690, 706), kann das Auswirkungen auf die Veranlagungen anderer Jahre haben. Der StAnspruch des Jahres 02 entsteht (§ 38 AO, § 36 I 688

EStG) nach Maßgabe des bei der Veranlagung 01 ausgewiesenen Gewinns (BFH IV R 9/73 BStBl II 77, 472, mwN). Das bei der Veranlagung 01 angesetzte BV wird – soweit sich der Bilanzansatz unmittelbar auf die Besteuerung auswirkt – zum materiell-rechtl Tatbestandsmerkmal für die Entstehung der StSchuld des Jahres 02 (BFH I R 136/60 BStBl III 62, 273). Die nachträgl Berichtigung eines Ansatzes in der Schlussbilanz 01 führt zur Änderung der Anfangsbilanz 02 und damit auch bei bestandskräftiger Veranlagung des Jahres 02 zu deren Berichtigung gem **§ 175 I Nr 2 AO** (vgl BFH IV R 11/04 BStBl II 05, 809; BFH IV B 83/10 BFH/NV 12, 702). Zinsen § 233a AO/§ 10 Nr 2 KStG s BFH I R 43/08 BStBl II 12, 688 mit Anm *Gosch* BFH-PR 10, 162 und 13, 220; BFH I R 54/11 BStBl II 13, 1048 mit Anm Rz 717 und 29. Aufl mwN. Str war das Verhältnis Bilanzberichtigung/Bescheidänderung nach **§ 174 IV AO.** Nach BFH GrS 1/96 BStBl II 98, 83 eröffnet diese Vorschrift nicht die Möglichkeit, fehlerhafte Bilanzansätze in der Anfangsbilanz zu berichtigen, wenn die entspr Schlussbilanz einer bestandskräftigen Veranlagung zugrunde liegt (s 16./17. Aufl; s auch § 4 II 1 HS 2 idF JStG 2007; Folgeurteil s BFH I R 150/94 BStBl II 98, 503). S auch BFH I R 98/97 BFH/NV 98, 1315 zu § 175 I 1 Nr 2, Rz 689, 702, 706 sowie FG Nds EFG 03, 18, rkr.

689 **c) Auswirkungen der Veranlagung auf die Bilanzberichtigung.** – **aa) Grundsatz.** Bilanzierungsfehler können nur so lange rückwirkend berichtigt werden, wie die Berichtigung der fehlerhaften Veranlagung mögl ist, also längstens bis zum Ablauf der Festsetzungsfrist. Danach greift jedoch – unabhängig vom Ablauf der Festsetzungsfristen für die Berichtigungsjahre – die spätere Korrektur über den Grundsatz des Bilanzenzusammenhanges. Das entspricht der stRspr und ist mE zutr, allerdings str (Rz 701). Der Einwand der Gegenmeinung, es verjähre nicht die Verpflichtung zur Bilanzberichtigung, sondern nur die Festsetzung des Steueranspruchs, dürfte nicht durchschlagen. Der Ablauf der Festsetzungsfrist betrifft zwar in erster Linie das Veranlagungsverfahren (§ 169 I AO), hat jedoch auch materiellrechtl Wirkung (vgl § 47 AO). Die zeitl Begrenzung der Pflicht zur Bilanzberichtigung durch § 153 I 1 AO verdeutlicht das Abhängigkeitsverhältnis vom Veranlagungsverfahren. Sie erscheint nur folgerichtig, wenn dem Gesetzgeber beim Bilanzenzusammenhang eine **Bindung an die Veranlagungsbilanz** und nicht an die materiell richtige Bilanz vorgeschwebt hat (s Rz 702). Nach Ablauf der Festsetzungsfrist bleibt allenfalls die Bilanzberichtigung in späteren Jahren. Daran sollte sich auch durch die Umstellung auf den objektiven Fehlerbegriff nichts ändern (s Rz 681). **§ 174 IV 3** und **§ 175 I 1 Nr 2** s Rz 688, 706 mwN 16. Aufl. Keine Bilanzberichtigung bei erhöhter Bestandskraft nach BP (§ 173 II AO, FG Ddorf EFG 94, 867, rkr). Zu **§ 164 AO** als Grundlage für Bilanzberichtigung s BFH I R 107/00 BStBl II 02, 134.

690 **bb) Ausnahmen.** Ein falscher Bilanzansatz kann vor allem in folgenden Fällen unabhängig von der Möglichkeit der Veranlagungsberichtigung *rückwirkend* bzw in der Anfangsbilanz korrigiert werden.

691 **(1) Auswirkungsvorbehalt.** Buchungsfehler ohne Auswirkung auf die Höhe der festgesetzten Steuer sind zu stornieren. Dabei sind nur solche steuerl Auswirkungen schädl, die sich *unmittelbar* aus dem Ansatz eines falschen Buchwertes ergeben, nicht zB die unterlassene Aufdeckung stiller Reserven bei Weiterbilanzierung eines entnommenen WG (vgl Rz 710, 713, 725 ff). Zu den Auswirkungen durch die AfA vgl Rz 735. Bei Fehlern, die aus einer **Eröffnungsbilanz** fortgeführt werden, fehlt es idR an der Zweischneidigkeit eines Bilanzansatzes (Rz 695) und damit an der steuerl Auswirkung (BFH VIII R 21/77 BStBl II 82, 456, unter I 3c), vgl aber BFH I R 204/70 BStBl II 73, 320. *Beispiele:* – Gewinnneutrale Bilanzberichtigung (vor allem bei nichtabnutzbaren WG, vgl Beispiele Rz 725 ff; Rz 696 „Schätzung“; BFH VIII R 51/84 BStBl II 92, 512; zur gewinnneutralen Bildung organschaftl aktiver Ausgleichsposten BFH I R 31/08 BFH/NV 09, 790; uU **Sal-**

dierung mehrerer Bilanzposten, s aber Rz 696); – **gleich bleibender Steuerbetrag** (zB Steuer in beiden Fällen 0, s BFH IV B 107/97 BFH/NV 99, 162 mwN); – **Nichtveranlagung** des StPfl (vgl BFH I R 47/67 BStBl II 69, 464); – **Kapitaländerungen** durch Vorjahresentnahmen (§ 4 I 1, BFH VIII R 128/84 BStBl II 93, 594; s aber Rz 696). Insoweit auch keine Bindung durch „Einigung" nach BP (BFH X R 96/96 BStBl II 99, 217 unter V 2). – Ungeklärt ist, ob die Auswirkung über die Höhe eines nach § 10d IV festzustellenden **Verlustabzugs** die fehlende Änderung der Höhe der festgesetzten Steuer ersetzt (vgl FG Nds EFG 12, 1027, rkr, mit abl Anm *Wüllenkemper;* BFH I R 47/67 BStBl II 69, 464; BFH IV B 107/97 BFH/NV 99, 162).

(2) Treu und Glauben. Bei bewusster, willkürl Falschbuchung kann trotz **692**
steuerl Auswirkung die Berichtigung der Anfangsbilanz unter Durchbrechung des Bilanzenzusammenhanges geboten sein (BFH IV R 33/87 BStBl II 89, 407; Beispiele s Rz 715 ff, 736, 738).

(3) Gesetzesvorbehalt. Umgekehrt können gesetzl Vorschriften den Grundsatz **693**
des formellen Bilanzzusammenhanges ausschließen (zB Nachholverbot für Pensionsrückstellungen, § 6a IV 1; BFH I R 44/07 BStBl II 08, 673).

4. Grundsatz des Bilanzenzusammenhangs; Bilanzzweischneidigkeit. **695**
Fehlerhafte (Rz 681) Bilanzansätze, die nicht an der Fehlerquelle richtiggestellt werden können (Rz 682, 690, 706), sind bis zur Korrekturmöglichkeit lückenlos fortzuführen.

a) Gegenstand einer Bilanzberichtigung. Hierunter fallen die einzelnen **696**
Bilanzposten, dh die Buchansätze aller einzelnen aktiven und passiven WG einschließl Rückstellungen, RAP, Wertberichtigungen (von der Rspr häufig ohne Erläuterung als „individuelle Gegenstände" bezeichnet), auch bei Zusammenfassung (s zu Gruppenbewertung BFH IV B 154/02 BFH/NV 04, 1099; bei Sammelposten nach § 6 IIa gilt dies nur für Bildungsfehler, nicht für – steuerl unbeachtl – spätere Änderungen, s § 6 IIa 3, § 6 Rz 606, EStR 6.13 VI), auch aus Einlagen/Entnahmen abgeleitete Ansätze wie Eigenkapital oder Gewinn ohne Änderung solcher Bilanzposten (s BFH I R 54/11 BStBl II 13, 1048 mit Anm Rz 717, BFH I R 29/13 BFH/NV 15, 27; zu Folgebilanzänderung BFH IV R 54/05 BStBl II 08, 665; *BMF* BStBl I 08, 845; 26. Aufl mwN); nach BFH nicht **vGA** (die sich nicht in einem Bilanzansatz niederschlagen, s BFH I R 137/93 BStBl II 02, 366; *BMF* BStBl I 02, 603 und I 05, 387, *Wassermeyer* DB 10, 1959 und 11, 1830; str, s zB Rz 171 mwN;, *Weber-Grellet* BB 14, 2263; s auch FG SchlH EFG 08, 637, rkr, Rz 726). Keine rückwirkende Korrektur einer vGA durch nachträgl „bilanzberichtigende" Forderungseinbuchung bei der Ges (str, s auch § 20 Rz 25, 62). Eine **Saldierung** ist grds nicht mögl (§§ 246 II, 252 I 3 HGB; vgl auch BFH XI R 41/95 BStBl II 96, 601). **Ausnahme:** wirtschaftl zusammenhängende gegenläufige Buchungen im selben Jahr (vgl § 252 II HGB, BFH I R 153/86 BStBl II 91, 479 unter II.2.b/cc, Rz 691, 723 und 18. Aufl). Die tatsächl Erstellung einer **Schlussbilanz** ist nicht Voraussetzung, sofern nur die einzelnen Posten nach §§ 4 I/5 ermittelt sind, sei es auch durch **Schätzung.** Nur bei Vollschätzung entfällt eine Anknüpfung an einzelne Posten (vgl BFH VIII R 128/84 BStBl II 93, 594; BFH I B 190/03 BFH/NV 04, 1642; ähnl Rspr zu Korrekturen bei Wechsel der Gewinnermittlungsart, s Rz 654).

b) Rechtsfolgen; Bilanzenidentität; Zweischneidigkeit der Bilanz. Diese **697**
Buchansätze sind – zugunsten wie zuungunsten des StPfl – für die Gewinnermittlung nicht nur des lfd, sondern auch des folgenden Wj maßgebl. Die Gewinnermittlung knüpft in § 4 I (und damit § 5 I) an das Schlussvermögen des Vorjahres = Anfangsvermögen des Folgejahres an (s auch § 252 I Nr 1 HGB). Die Bilanzansätze werden so automatisch – ggf mit gegenläufiger Gewinnauswirkung – in späteren Jahren fortgeführt. *Beispiel:* Die zu niedrige Einbuchung einer Forderung bewirkt zwar über ein niedrigeres Endvermögen eine Gewinnminderung, dafür im Jahr des

Forderungseinganges über ein niedrigeres Anfangsvermögen eine Gewinnerhöhung. Eine **zeitl Begrenzung** (vgl Rz 700) besteht ebenso wenig wie eine **persönl Beschränkung** auf bestimmte StPfl, soweit nur die Buchwerte fortgeführt werden. Gebunden ist daher auch, wer unentgeltl einen Betrieb übernimmt (§ 6 III, BFH IV 201/65 BStBl II 71, 686) oder aus sonstigen Gründen die Buchwerte fortführt (zB nach Umwandlung oder Einbringung in **PersGes,** glA BFH VIII R 296/82 BStBl II 88, 886; s auch Rz 680); zu Realteilung s FG Mster EFG 13, 1203 mit Anm *Wüllenkemper,* Rev VIII R 33/13. Bei **abweichenden Wj (LuF)** bestand nach BFH IV R 129/89 BStBl II 91, 356 vor 2007 keine Bindung an den Gewinn des 1. Teils des Wj – s aber Rz 684 zu Gesetzesänderung **§ 4 II 1 HS 2.**

700 **5. Grenzen des Bilanzenzusammenhanges.** Sie sind zweifelhaft und umstritten, weil das Verhältnis zur bestandskräftigen Festsetzung der einzelnen Periodengewinne nicht geklärt ist. Die Frage bedürfte dringend einer gesetzl Regelung, da alle theoretischen Lösungsmöglichkeiten mit allg Grundsätzen des Verfahrensrechts in Widerspruch stehen und rechtsdogmatisch angreifbar sind. Unstreitig ist, dass nach § 4 I die Anfangsbilanz mit der Schlussbilanz des Vorjahres übereinstimmen muss (s Rz 695) und dass vorrangig die Korrekturmöglichkeit der fehlerhaften Veranlagung zu prüfen ist (s Rz 706).

701 **a) Meinungsstreit.** Er geht um die Frage, ob an die der Vorjahresbesteuerung zugrunde gelegte **Veranlagungsbilanz (formeller Bilanzenzusammenhang) oder** an die **materiellrechtl richtige Bilanz** anzuknüpfen ist. Die erste Lösung widerspricht dem Grundsatz der Abschnittsbesteuerung; die Korrektur eines zunächst nicht mehr zu berichtigenden Fehlers wird in einem späteren Besteuerungsabschnitt nachgeholt. Die zweite Lösung durchbricht den Grundsatz der Bilanzenidentität (s Rz 687, 697).

702 **b) Rechtsprechung und Praxis.** Sie knüpfen an die Werte der **Veranlagungsbilanz** an (seit BFH **GrS** 1/65 S BStBl III 66, 142 ständige Rspr, s Rz 715 ff, BFH VIII R 46/96 BStBl II 98, 443, BFH I R 29/13 BFH/NV 15, 27, sehr str, s 23./32. Aufl mwN). Die Divergenzen tragen keine NZB wegen grds Bedeutung (BFH I B 81/93 BFH/NV 95, 192). Hieran hat auch die Vorlage an den GrS BFH I R 150/94 BStBl II 96, 417 festgehalten – GrS 1/96 BStBl II 98, 83 wollte sich zwar dazu nicht festlegen, hat die logisch vorrangige Frage jedoch letztl bestätigt (betr § 174 IV AO, s Rz 688). GlA BFH GrS 1/10 BStBl II 13, 317, 32. Aufl mwN. Dem hat sich letztl auch der Gesetzgeber in § 4 II 1 HS 2 angeschlossen.

703 **c) Stellungnahme.** ME ist die hM zutr, *soweit* die Korrektur auf die Stornierung einzelner Bilanzierungsfehler beschränkt bleibt (vgl Rz 708 ff). Das Anknüpfen an die materiell richtigen Bilanzansätze, welche der Veranlagung nicht zugrunde gelegen haben, würde zu einer vermeidbaren Durchbrechung des Bilanzenzusammenhanges führen. Der Fehlerausgleich durch die Zweischneidigkeit der Bilanz (s Rz 695) ginge verloren. Nach Sinn und Zweck des Bilanzenzusammenhanges muss der richtigen Besteuerung jedes einzelnen Geschäftsvorfalls und damit der **Ermittlung des richtigen Totalgewinns** der Vorrang vor der Ermittlung richtiger Periodengewinne eingeräumt werden (s dazu Rz 10, 14). Für den Vorrang des richtigen Totalgewinns spricht, dass die lfd **Buchführung** von Betriebseröffnung bis Betriebsende ein **geschlossenes Ganzes** darstellt. Die Bilanzen sind nichts anderes als Zwischenabschlüsse zu bestimmten Stichtagen (vgl zur Einheit von Buchführung und Bilanzen BFH IV R 89/79 BStBl II 80, 297, mwN). Allein diese Lösung ist auch praktikabel, weil sonst sowohl der StPfl als auch das FA gezwungen wären, jeden einzelnen Bilanzansatz im Jahr der Veranlagung genauestens zu kontrollieren, um – zugunsten wie zuungunsten des StPfl – die steuerl Auswirkungen zu sichern. Nicht zuletzt sollte der **Grundsatz der Rechtssicherheit** angesichts der gefestigten Rspr beachtet werden (vgl BFH I R 94/10 BStBl II 12, 244 Tz 18). Die von der Gegenmeinung befürchteten **Ungleichheiten je nach Gewinnermittlung** gem § 4 I/ § 5 oder **§ 4 III** lassen sich idR vermeiden (vgl Rz 10, zum Übergang bei Betriebsveräußerung § 16 II 2; zu AfA-Nachholung BFH VIII R 3/08 BStBl II 10, 1035) und werden sonst als systembedingt in Kauf genommen (zu Berichtigungsunterschieden BFH I R 78/75 BFH/NV 90, 630, Rz 750; zu unterlassener AfA bei § 4 III BFH XI R 49/05 BStBl II 06,

712; BFH IV R 58/10 BStBl II 14, 966; zu Anspar-AfA § 7g IV 2 aF BFH VIII B 212/07 BFH/NV 08, 1322; zu § 6 I Nr 1a *Bäuml* FR 10, 924; s auch Rz 750). **Verjährung** s Rz 689 (Ablauf der Festsetzungsfrist für zu korrigierende VZ steht der späteren Korrektur über den Bilanzenzusammenhang nicht entgegen, s BFH VIII R 46/96 BStBl II 98, 443).

d) Überführung von WG in das PV. Vgl zur Bindung (AfA) an falsche Entnahmewerte Rz 741. S auch Korrekturbeschränkung Rz 710. 704

e) Bilanzberichtigung nach Steueramnestie. Die Frage ist weder im StraBEG noch in *BMF* BStBl I 04, 225 idF DStR 04, 1387 geregelt. Auswirkungen auf der Aktiv- und Passivseite sind jedoch zu berücksichtigen. Ohne Abänderungsmöglichkeit der betroffenen Jahresveranlagungen dürfte bei Erklärung 02 die Schlussbilanz 02 mit Folgewirkungen ab 03 zu berichtigen sein (str, s Rz 724; *Naumann* DStR 04, 984; *Hartmann* DB 05, 1407). 705

6. Verhältnis Bilanzberichtigung/Bilanzenzusammenhang. Die Rspr zur Frage des **Zeitpunkts der Berichtigung,** wenn ein Fehler über mehrere Jahre fortgeführt wird und die Berichtigung an der Fehlerquelle mögl wäre, hat sich im Laufe der Jahre gewandelt. Früher war eine Rückwärtsberichtigung davon abhängig gemacht worden, dass das FA die fehlerhafte Veranlagung ändern konnte und *tatsächl* geändert hatte (so noch BFH I R 189/69 BStBl II 72, 874). Damit hatte es das FA (iRv Treu und Glauben, BFH GrS 1/65 BStBl III 66, 142) in der Hand, nur die letzte Schlussbilanz richtigzustellen – weitverbreitete Übung vor allem nach BP. Tatsächl gebietet jedoch der Grundsatz der periodischen Gewinnermittlung die **Berichtigung an der Fehlerquelle,** soweit diese noch mögl ist (s Rz 682, 690), ansonsten die Berichtigung der Schlussbilanz des ersten Jahres, dessen Veranlagung (bis zum Ablauf der Festsetzungsverjährung, s Rz 689) verfahrensrechtl noch geändert werden kann (BFH I R 58/05 BStBl II 06, 928; EStR 4.4 I). Hierauf hat der StPfl einen **Rechtsanspruch** (vgl Wortlaut § 173 I S 1 AO, § 129 S 2 AO). Die Gerichte haben diese Berichtigungsmöglichkeit im Verfahren gegen späteren Berichtigungsbescheid nachzuprüfen und diesen ggf aufzuheben, soweit eine Gewinnauswirkung fälschlicherweise über den formellen Bilanzenzusammenhang in spätere Jahre verlagert wurde. Entscheidend ist dabei nach BFH X R 72/87 BStBl II 90, 1044 die Möglichkeit der Rückwärtsberichtigung zum Zeitpunkt der gerichtl Entscheidung über den Änderungsbescheid (str, s 9. Aufl – uU Korrektur nach **§ 174 AO,** s Rz 688). 706

7. Gewinnauswirkung. Das Anknüpfen an die Veranlagungsbilanz (Rz 700) besagt noch nichts über die Gewinnauswirkung einer späteren Bilanzkorrektur. Der Bilanzenzusammenhang gibt nicht etwa eine umfassende Handhabe, jegl Veranlagungsfehler in späteren Jahren durch Nachholung der sachl zutr Gewinnkorrektur richtigzustellen. 708

a) Korrektur fehlerhafter Bilanzansätze. Es dürfen nur solche Gewinne oder Verluste nachgeholt werden, die unmittelbar auf der fehlerhaften Buchung eines individuellen Bilanzpostens (vgl Rz 695, 710) **durch den StPfl** (s BFH Rz 683) beruhen. In jedem Einzelfall muss daher die Fehlerursache gesucht und geprüft werden, ob und auf welche Weise sich ein fehlerhafter Bilanzansatz als solcher an der Fehlerquelle gewinnmäßig ausgewirkt hat (BFH IV R 222/72 BStBl II 77, 148). Einer gewinnwirksamen Einbuchung folgt idR eine gewinnwirksame Ausbuchung, einer gewinnneutralen Einbuchung eine gewinnneutrale Ausbuchung (vgl BFH IV R 33/87 BStBl II 89, 407, BFH I R 81/05 BFH/NV 07, 1287 zu DMBilG; Bsp Rz 715 ff). Das muss jedoch nicht immer so sein (zB BFH I R 204/70 BStBl II 73, 320 zur gewinnändernden Ausbuchung eines Eröffnungsbilanzwertes; BFH VIII R 46/96 BStBl II 98, 443 zu Ausschluss nach Treu und Glauben oder bei fehlender Einbuchungsauswirkung; s auch Rz 710). Letztl wird nur die unterbliebene **Stornierung** des fehlerhaften Bilanzansatzes unter Berücksichtigung der Fehlerursache mit gleicher Gewinnauswirkung nachgeholt (vgl BFH IV R 67/97 BStBl II 99, 14 mwN; BFH I R 54/11 BStBl II 13, 1048 mit Anm Rz 717; BFH X R 23/05 BStBl II 09, 407 zu Besonderheit bei „nicht 709 erkanntem Gewerbebetrieb"). Damit können idR Fehlerberichtigung und materiell richtige Besteuerung über den Bilanzenzusammenhang erreicht werden, stimmen Fehlerbildung und -korrektur überein (Beispiele Rz 715 ff).

710 **b) Sonstige Veranlagungsfehler.** Darüber hinaus sind die Grundsätze der Abschnittsbesteuerung und der Bestandskraft nicht eingeschränkt, auch dann nicht, wenn sie mittelbar mit der falschen Bilanzierung zusammenhängen (str, vgl Rz 713). Das ist in zweifacher Hinsicht von Bedeutung: Solche Fehler stehen der Rückwärtsberichtigung des fehlerhaften Buchansatzes im vorgenannten Sinne nicht entgegen (keine steuerl Auswirkung iSv Rz 691) und sind selbst nur durch Berichtigung der fehlerhaften Veranlagung auszuräumen. *Beispiele:* Fehlerhafte Qualifikation eines WG als BV/PV, unterlassene Gewinnrealisierung stiller Reserven auf Grund tatsächl Vorgänge wie Entnahme, Veräußerung (s aber zur Forderungsbuchung Rz 726; Nachholung einer Einlagenbuchung BFH IV R 20/04 BStBl II 05, 758; BFH III R 54/12 BFH/NV 13, 1916, Rz 372, 727, 736), fehlerhafte Bilanzanbindung im Vorjahr (BFH X B 40/10 BFH/NV 10, 1632), fehlerhafter Übergangsgewinn (Rz 667), Fehler iZm außerbilanzieller Zurechnung gem § 4 V (zB BFH III R 43/06 BStBl II 13, 8 mwN), zwischenzeitl gewinnerhöhende Auflösung einer Verbindlichkeit oder gewinnmindernde Übertragung einer § 6b-Rücklage (Rz 718), AfA-Fehler (Rz 735), vGA außerhalb der StBilanz (s Rz 696 und 726). Ursprüngl fehlerhafte gewinnneutrale Einbuchung einer Verbindlichkeit kann nicht durch spätere gewinnneutrale Ausbuchung korrigiert werden (BFH XI R 41/95 BStBl II 96, 601; s aber *Groh* DB 98, 1931; *Kobor* FR 01, 281). Diese Fehler beruhen nicht auf der Zweischneidigkeit der Bilanzansätze.

711 **8. Technische Durchführung der Bilanzkorrektur. – a) Berichtigung an der Fehlerquelle.** Korrekterweise werden der Ansatz in der ursprüngl fehlerhaften Eröffnungs- oder Schlussbilanz und dann – über den Bilanzenzusammenhang bzw § 175 I Nr 2 AO – alle folgenden Bilanzen/Veranlagungen richtiggestellt. Ohne Gewinnauswirkung (s Rz 691) genügt es jedoch, mit gleichem Ergebnis die Anfangsbilanz des letzten Jahres zu berichtigen (keine Durchbrechung des Bilanzenzusammenhanges, sondern nur technisches Mittel der Fehlerberichtigung an der Quelle).

712 **b) Nachholung.** Ist die Berichtigung an der Fehlerquelle nicht mögl, scheidet die Berichtigung einer späteren *Anfangsbilanz* aus, soweit dies gegen den Grundsatz des Bilanzenzusammenhangs verstieße (vgl Rz 696 ff). Dann ist der Fehler in der *Schlussbilanz* des ersten Jahres, dessen Veranlagung noch berichtigt werden kann, zu korrigieren (s BFH VIII R 239/80 BStBl II 84, 695 und Beispiele Rz 715 ff).

713 **c) Korrektur zunächst gewinnneutraler Bilanzansätze, die sich aus anderen Gründen (zB AfA) steuerl ausgewirkt haben.** Vgl Beispiele Rz 710, 725 ff, 735 ff. Jede Minderung des BV durch Ausbuchung in der Schlussbilanz ohne Berichtigung der Anfangsbilanz führt über die gesetzl Systematik des § 4 I zu einer Gewinnminderung. *Woerner* (DStR 76, 623/626) vertritt die Auffassung, in solchen Fällen sei die Ausbuchung *außerhalb* dieser allg Gewinnermittlungsgrundsätze vorzunehmen (s auch FG Hbg EFG 94, 868, rkr zu AfA; BFH IV R 67/97 BStBl II 99, 14 für erfolgswirksame StB-Buchung und Neutralisierung nach Einlagegrundsätzen). Es ist mE gefährl, sich in dieser Weise vom Gesetz zu lösen. Folgerichtiger erscheint in solchen Fällen eine Berichtigung des (Rest-)Buchwertes in der **Anfangsbilanz,** weil sich an dessen ursprüngl gewinnneutraler Buchung nichts geändert hat. Diese *ursprüngl* Ein- oder Ausbuchung hat keine unmittelbare Auswirkung auf die Veranlagung gehabt (vgl zB Rz 46, 48, 725). Auch BFH IV R 222/72 BStBl II 77, 148 (aE) sieht in der gewinnneutralen Ausbuchung keine Durchbrechung, nur eine „Begrenzung" des Bilanzenzusammenhanges, die „im Ergebnis nicht anders als eine Berichtigung der Eröffnungsbilanz des Jahres der Berichtigung" wirke. Der BFH brauchte auf diese Zweifelsfragen noch nicht einzugehen, da nur „Normalfälle" mit automatischer gegenläufiger Auswirkung glei-

cher Höhe in Folgejahren zu entscheiden waren. *Groh* DB 98, 1931 plädiert für vollständige Fehlerkorrektur mit allem Konsequenzen in offener Schlussbilanz.

9. Beispielhafte Übersicht zur Bilanzfehlerkorrektur. – a) Bilanzierungsfehler *mit* Gewinnauswirkung durch Buchungsvorgang. Sie sind grds in der *Schlussbilanz* des ersten Jahres, dessen Veranlagung noch geändert werden kann, mit Gewinnauswirkung richtigzustellen: 715

- **Forderungen; Schulden; RAP.** Typische Fälle solcher Gewinnkorrekturen sind versehentl nicht oder falsch in der Bilanz ausgewiesene Forderungen (zB BFH IV R 25/04 BStBl II 08, 171), Schulden (BFH VIII R 29/82 BStBl II 85, 308) oder RAP (BFH IV R 33/87 BStBl II 89, 407), s auch Rz 667, 27. Aufl mwN. Das gilt auch bei Bilanzierung, die durch *nachträgl* Vorgänge fehlerhaft wird (zB durch **Konfusion** nach Erbfolge, s auch Rz 719, 460). Allerdings keine Korrektur einer versehentl gewinnneutralen Buchung, s Rz 710, und keine Korrektur bei gesetzl Ausschluss (zu § 6a IV 1 s Rz 693). 716
- **Fehlaktivierungen** sind grds erfolgswirksam nachzuholen (BFH X R 38/10 BStBl II 12, 725, einschr *Prinz* FR 12, 1123). Zu Unrecht aktivierte Aufwendungen (statt BA-Abzug) sind später gewinnmindernd auszubuchen (BFH IV R 59/91 BStBl II 93, 392). Ebenso bei Weiteraktivierung eines aus betriebl Anlass zerstörten WG (vgl Hinweis in BFH IV R 222/72 BStBl II 77, 148/150 – anders als bei Veräußerung, Entnahme oder Zerstörung aus *privatem* Anlass hätte sich hier die Stornierung *des Buchwertes* an der Fehlerquelle gewinnmindernd ausgewirkt, s Rz 728, zu AfA s Rz 735). Bei gewinnneutraler Aktivierung eines WG des PV gewinnneutrale Ausbuchung. Zum Problem der fehlerhaften, aber nur einmal steuerl erfassten Doppelbuchung s BFH I R 54/11 BStBl II 13, 1048 – abl *Bareis* DStR 13, 1397; *Siegel* FR 13, 691. Versehentl **Nichtaktivierung** eines WG des BV führt zur erfolgswirksamen Nachaktivierung im ersten offenen VZ (s BFH IV R 37/10 BFH/NV 13, 910). 717
- **6b-Rücklagen.** Die im Jahr 01 mangels Ausnutzung gebotene gewinnerhöhende Auflösung muss ggf mit gleicher Auswirkung im Jahr 02 nachgeholt werden; dagegen ist die fehlerhafte Übertragung in einer bestandskräftigen Veranlagung nicht später über eine Bilanzberichtigung zu korrigieren (kein Bilanzierungsfehler, s Rz 710); vgl auch zur verspäteten Auflösung einer **Akkumulationsrücklage** § 58 II BFH XI R 52/96 BStBl II 98, 377; zur fehlerhaft gebildeten **Ansparrücklage** § 7g BFH IV R 16/09 BStBl II 12, 766. Nachträgl 6b-Rücklage nach gewinnerhöhender Bilanzberichtigung s Rz 751. 718
- **Rückstellungen,** die zu Unrecht gewinnmindernd gebildet waren – auch bei Duldung durch FA – sind später gewinnerhöhend aufzulösen (BFH VIII R 296/82 BStBl II 88, 886; BVerfG HFR 93, 408; FG Hess EFG 97, 544, rkr). Auch Rückstellungen, die im Jahre 01 zutr gewinnneutral gebildet, im Jahre 02 jedoch unzutr weitergeführt werden, obwohl die Voraussetzungen weggefallen sind, müssen nach § 4 I gewinnerhöhend aufgelöst werden, grds in 02, sonst in späteren Jahren mit gleicher Wirkung, vgl BFH I R 204/70 BStBl II 73, 320. S auch BFH I R 43/08 BStBl II 12, 688, Anm *Gosch* BFH/PR 10, 162, BFH I R 54/11 BStBl II 13, 1048 mit Anm Rz 717, BFH X R 51/08 BFH/NV 09, 1789, oben „Schulden" und Rz 709, 681, § 5 Rz 422/3. 719
- **Schätzung.** Nach Vollschätzungen gibt es keine Bindung an Bilanzansätze, wohl aber bei Schätzung auf Grund einer vom Betriebsprüfer gefertigten Vermögensaufstellung (BFH I 221/64 BStBl II 68, 261). Vgl dazu Rz 654, 696. 720
- **Ausnahmen: Keine gewinnmäßige Berichtigung** über den Bilanzenzusammenhang **bei Verstoß gegen Treu und Glauben** (Rz 691) – wenn etwa ein StPfl bewusst rechtswidrig eine Gewinnerhöhung durch Falschbuchung im Jahr 01 in Kauf nimmt, um eine für ihn günstigere Gewinnminderung im Jahr 02 zu erlangen (zB Bilanzierung einer wertlosen Forderung, BFH I 44/53 U BStBl III 53, 158), oder wenn das FA dem StPfl falschen Bilanzansatz aufzwingt (Rz 691 mwN). Willkürl unterlassene AfA s Rz 736. 721
- Wenn die gewinnmindernde Buchung eines Bilanzansatzes durch die gewinnerhöhende **Buchung eines korrespondierenden Bilanzansatzes** ausgeglichen wird, handelt es sich um eine iErg gewinnneutrale Buchung, die ebenso zu berichtigen ist (vgl Rz 696). Steuerl **Folgewirkungen,** die nur mittelbar auf einem fehlerhaften Bilanzansatz beruhen, sind mE keine Gewinnauswirkungen, die einer Bilanzberichtigung entgegenstehen würden (s Rz 710, 713, 735). Vgl Rz 718 6b-Rücklage. 723
- Probleme ergeben sich durch eine straf- und steuerbefreiende Erklärung nach § 1 **StraBEG** (uU Doppelbesteuerung mit erfolgsneutraler Korrektur in der Anfangsbilanz der ersten offenen Veranlagung; vgl Rz 705 mwN, *BMF*-Merkblatt BStBl I 04, 225/7 Tz 3.3.4). 724

b) Sonstige Bilanzierungsfehler. Fehler *ohne* Gewinnauswirkung durch Buchungsvorgang als solchen können nicht durch Bilanzberichtigung repariert werde, 725

(Rz 708). Sie sind an der Fehlerquelle oder in der Anfangsbilanz eines Folgejahres *gewinnneutral* zu korrigieren (Aus- bzw Einbuchung zum Restbuchwert):

726 – **Nicht gebuchte Entnahmen.** Wird ein WG im Jahre 01 trotz Entnahme in das PV weiterbilanziert, kann eine unterlassene Gewinnrealisierung in späteren Jahren nicht nachgeholt werden. Es ist der (Rest-)**Buchwert erfolgsneutral auszubuchen** (vgl Rz 708, BFH IV R 222/72 BStBl II 77, 148, zur Entnahme von SonderBV BFH I R 210/73 BStBl II 76, 180 – zweifelnd *Groh* DB 98, 1931). Die Entnahme hat im Grunde zwei Komponenten. Sie führt zur (gewinnneutralen) Ausbuchung des Buchwerts (die nachgeholt werden kann) und zur Aufdeckung der stillen Reserven als lfd Geschäftsvorfall 01, die in späteren Jahren auch nicht zum Teilwert 01 nachgeholt werden kann. Vgl Rz 710. Keine gewinnerhöhende Nachholung von **vGA** in anderen Jahren, da die Bilanz idR nicht unrichtig ist, s Rz 696 mwN.

727 – **Nicht gebuchte Einlagen.** Bei Nichtaktivierung eines WG des BV ohne Gewinnauswirkung wird der ursprüngl Buchwert in gleicher Weise gewinnneutral nachgebucht (BFH I R 248/74 BStBl II 78, 191). S auch Rz 710, 736 und 741.

728 – **Veräußerung, Zerstörung, Verlust.** Bei Weiteraktivierung eines veräußerten oder aus *privatem* Anlass zerstörten WG Ausbuchung zum Buchwert (vgl Rz 520 „Verlust", anders als bei betriebl Zerstörung – Rz 717 –; vgl auch Rz 726 zu Entnahme; str). Gewinnrealisierung allenfalls durch Nachbuchung einer noch vorhandenen Forderung.

729 – Bei **Passivierung privater Verbindlichkeit** ohne Gewinnauswirkung gewinnneutrale Ausbuchung des (Rest-)Buchwerts, auch soweit der Passivposten gewinnerhöhend aufgelöst wurde (BFH I R 150/74 BStBl II 76, 378); s aber Rz 710; *Kobor* FR 01, 281.

730 – **Bilanzposten ohne Gewinnauswirkung** sind gewinnneutral in der Anfangsbilanz zu berichtigen, auch bei abw „Verständigung" nach BP (FG Mchn EFG 96, 955, rkr). *Beispiel:* Grund und Boden, Rz 691. Zur Saldobuchung auf einem **Kontokorrentkonto** s BFH VIII R 64/79 BStBl II 81, 125, Rz 239.

731 – Zu **ausgleichenden Korrespondenzbuchungen** s Rz 723, 696 und BFH III R 190/85 BFH/NV 90, 358, zu **mittelbaren Folgewirkungen** s Rz 710, 713, 735.

735 **c) AfA und Bilanzberichtigung.** Nicht abschließend geklärt ist die Frage, welchen Einfluss die Veränderung eines Bilanzpostens durch die AfA auf die Bilanzberichtigung über den Bilanzenzusammenhang ausübt (immer unterstellt, dass eine Veranlagungsberichtigung an der Fehlerquelle nicht mehr mögl ist), vgl Rz 713, § 7 Rz 6 ff; *Groh* DB 98, 1931.

736 **aa) Unterlassene AfA** (s auch § 7 Rz 7 ff). Die Grundsätze des Bilanzenzusammenhangs gelten uneingeschränkt, wenn der StPfl AfA (TW-AfA) für ein bilanziertes WG des BV nicht in Anspruch nimmt, wenn der Bilanzposten also tatsächl nicht verändert wird. Hier ist die Zweischneidigkeit der Bilanz in vollem Umfang gegeben; der StPfl kann die AfA über die Fortführung des ungekürzten Buchwerts nach allg Grundsätzen nachholen (zB BFH IV R 76/72 BStBl II 77, 73, unter 5; BFH X R 102/92 BFH/NV 94, 543 unter 3e – aber bei § 4 III keine Nachholung einer unterlassenen AfA durch TW-AfA, s Rz 371, 392, str). Nur soweit der StPfl die AfA *willkürlich* (dh bewusst rechtswidrig) unterlassen hat, um steuerl Vorteile zu erlangen, kann er sich nach **Treu und Glauben** (vgl Rz 692, 721) nicht auf den Bilanzenzusammenhang berufen; der Gewinnermittlung der Folgejahre wird dann ein um die mögl AfA gekürzter, fiktiver Restbuchwert zugrunde gelegt; die AfA ist verloren (zB BFH IV R 31/77 BStBl II 81, 255; zu Grenzen BFH IV R 101/92 BStBl II 94, 638; BFH VIII R 64/06 BFH/NV 08, 1660). Ebenso bei erstmaliger, **versehentl verspäteter Einbuchung eines WG des notwendigen BV** (Einlagewert: AK . /. fiktive AfA mit AfA-Verlust, BFH VIII R 3/08 BStBl II 10, 1035, Anm *Kanzler* FR 11, 82, auch zu § 4 III; 29. Aufl mwN). Versehentl **Nichtaktivierung** eines WG des BV s Rz 717.

737 **bb) Zu niedrige AfA.** S auch § 7a I 1, 2, IX. Die rechtl Beurteilung ist ähnl, wenn der StPfl zu wenig AfA geltend gemacht hat (Rz 736). War der **AfA-Satz** zu niedrig, ist der tatsächl gebuchte (überhöhte) Restwert auf die Restnutzungsdauer abzusetzen (BFH IV R 31/77 BStBl II 81, 255). War die **Bemessungsgrundlage** zu niedrig, ist an den um die *tatsächl* vorgenommene AfA gekürzten *richtigen* Wert anzuknüpfen (glA *BMF* BStBl I 93, 80 Tz 52; BFH XI R 41/95

BStBl II 96, 601, Anm *WG* DStR 96, 1803). Der zunächst nicht berücksichtigte Teil des Buchwerts hat sich bisher nicht ausgewirkt, so dass der Bilanzenzusammenhang durchbrochen werden kann mit der Folge der Buchwerterhöhung in der letzten Anfangsbilanz; sonst würde sich durch einen höheren Endbestand eine ungewollte Gewinnerhöhung ergeben, nicht nur eine Fehlerstornierung.

cc) Zu hohe AfA. S auch § 7a I 3. – **(1) AfA-Satz.** Hat der StPfl auf den richtigen Buchwert überhöhte AfA vorgenommen und lässt sich dieser Fehler nicht rückwirkend korrigieren, ist der AfA-Satz *für dieses WG* (s FG Nds EFG 13, 1833, rkr) ab dem ersten offenen VZ herabzusetzen. Es wird der tatsächl gebuchte Restwert fortgeführt mit der Folge des Ausgleichs der überhöhten AfA durch spätere AfA-Kürzung bzw höhere Gewinnrealisierung im Falle der Veräußerung oder Entnahme. Die nachfolgenden AfA bemessen sich nach allg Grundsätzen (vgl § 7 Rz 11, 83). ME ist in den Folgejahren grds der Restbuchwert als neue Bemessungsgrundlage anzusetzen, bei **Gebäuden** entspr § 11c II EStDV (der StPfl darf bei unberechtigter MehrAfA nicht besser gestellt sein als bei berechtigter MehrAfA, glA BFH III R 266/83 BStBl II 88, 335; BFH VIII R 14/90 BStBl II 93, 661), bei **bewegl WG** nach dem Grundsatz der Verteilung auf die unveränderte Nutzungsdauer. *Beispiel:* Ein StPfl schreibt eine Maschine mit AK von 100 000 zwei Jahre lang statt mit 10 vH mit 20 vH ab; AfA vom 3. bis 10. Jahr (ohne Änderung der Nutzungsdauer) 8 × 7500. Ebenso bei **unzulässiger TW-AfA** und bei **unzutr BA-Abzug** statt Aktivierung (*BMF* DStR 96, 585; BFH XI R 37/06 BFH/NV 08, 365). Nach BFH VIII R 64/06 BFH/NV 08, 1660 ist die zutr lineare Pkw-AfA von 8 Jahren fortzuführen, selbst nach überhöhter AfA auf 4 Jahre bis auf einen „Restwert" in bestandskräftigen Bescheiden – Grenze s Rz 740. Bei gesetzl vorgeschriebenen AfA-Sätzen verkürzt sich die AfA-Dauer (vgl BFH IX R 12/13 BStBl II 14, 563 zu PV, Anm *Trossen* NWB 14, 1786, *Bode* FR 14, 701; ebenso bei BV, anders als bei Ansatz einer unzutr Bemessungsgrundlage, Rz 739, § 7 Rz 11). 738

(2) Bemessungsgrundlage. Beruht die überhöhte AfA auf dem Ansatz eines zu hohen oder nicht zu bilanzierenden Ausgangswertes, ist mE der richtige Buchwert in die Anfangsbilanz des späteren Berichtigungsjahres einzuführen (s auch Rz 717, FG Hbg EFG 94, 868, rkr). Eine Rückwärtsberichtigung bis zur Fehlerquelle mit der Folge einer Korrektur der AfA und der Gewinne der Vorjahre dürfte zwar idR ausscheiden. Auch hier sollte jedoch der Stornierungsgedanke (Rz 709) durchschlagen. Durch den Ansatz und die Korrektur der überhöhten Bemessungsgrundlage ergeben sich unmittelbar keine Gewinnauswirkungen, weder im Fehlerjahr noch in einem Folgejahr; abgesehen davon könnte sich der StPfl dieser Korrektur selbst als Durchbrechung des Bilanzenzusammenhanges nach **Treu und Glauben** nicht widersetzen. Die steuerl Auswirkung der überhöhten AfA kann nach den vorstehenden Grundsätzen später korrigiert werden. Grenzen vgl Rz 740. *Beispiel:* StPfl hat eine Maschine zwei Jahre lang mit 10 vH von AK iHv 100 000 statt richtig 80 000 abgeschrieben; die weitere AfA beträgt bei Restnutzungsdauer von acht Jahren 8 × 12,5 vH von 60 000 = 7500 jährl. 739

dd) Grenzen der AfA-Nachholung. S auch Rz 736. Ein späterer Ausgleich überhöhter AfA ist nur mögl, solange noch ein Teil des zutr Wertes zu Buche steht. *Beispiel:* Hat der StPfl im Beispiel Rz 739 die fehlerhaften 100 000 auf 0 abgesetzt, entfällt diese Korrekturmöglichkeit, bei Absetzung auf 20 000 besteht sie in vollem Umfang, bei Absetzung auf 10 000 kann nur die weitere fehlerhafte AfA in dieser Höhe verhindert werden. Wird ein WG, das nicht (mehr) zum BV gehört, bilanziert und abgeschrieben, kann die fehlerhafte AfA nur in den Fällen später über den Bilanzenzusammenhang berichtigt werden, in denen sich der Wegfall des Buchwertes gewinnmindernd auswirkt (zB bei *betriebl* Zerstörung, s Rz 709, 717; s aber zu Sonderregelung § 6 IIa 3, Rz 696). Diese Gewinnminderung ist zu kürzen um bereits vorgenommene AfA. Ist dagegen der Buchwert ge- 740 winnneutral auszubuchen (vgl Rz 710, 725 ff), wie bei Veräußerung, Entnahme, Zerstörung aus *privatem* Anlass, scheidet spätere Korrektur der unzutr AfA aus. Der Bilanzenzusammenhang bewirkt nur, dass sich die gewinnneutrale Stornierung auf den Restbuchwert beschränkt.

741 **ee) AfA nach Überführung vom BV in das (stbare) PV.** Grds Ansatz des Entnahmewertes bzw ohne Aufdeckung stiller Reserven der AK/HK (vgl BFH IX R 62/96 BStBl II 00, 656 zu Betriebsaufgabe), s § 6 Rz 565, § 7 Rz 78. Zu VuV-Nutzung BFH IX R 59/92 BStBl II 94, 749, zu Einlage in BV (§ 6 I Nr 5) BFH X R 53/04 BStBl II 05, 698 mit unterschiedl Bindung an ursprüngl AK oder TW nach gewinnneutraler Entnahme.

742 **ff) Überführung vom PV ins BV.** Einlage grds mit dem TW (§ 6 I Nr 5 mit Ausnahmen). Bei Einlagen bis Ende 1998 AfA auf diesen Wert. Bei **Einlagen ab 1999** nach Verwendung zur Einkünfteerzielung gem missverständl Wortlaut **§ 7 I 5 aF** AfA-Berechnung durch Kürzung der „AK/HK" (s Rspr 31. Aufl mwN, § 7 Rz 80). Im JStG 2010 Übernahme dieser Rspr in **§ 7 I 5 nF** für **Einlagen ab 2011.** Danach ist AfA-Bemessungsgrundlage der Einlagewert bis zur Höhe der fortgeführten AK/HK. Einlage in PersGes s § 6 III–V, BFH IV R 37/06 BStBl II 11, 617, *BMF* BStBl I 11, 713; *Weidmann* FR 12, 205 und 344.

750 **10. Bilanzänderung, § 4 II 2. – a) Begriff.** Ist ein Bilanzansatz iSv Rz 696 weder dem Grunde noch der Höhe nach fehlerhaft iSv § 4 II 1 (s unten, Rz 680), kann er uU durch einen anderen, gesetzl wahlweise zulässigen Ansatz ersetzt werden (BFH X R 110/87 BStBl II 90, 195). *Beispiele:* Zulässige Wahl einer anderen AfA-Methode (vgl § 7 III, § 6 II, SonderAfA – s BFH III R 39/04 BStBl II 08, 226, Rz 520 „Steuervergünstigungen", s aber BFH I R 83/05 BStBl II 06, 799 – uU Bilanzberichtigung gem § 4 II 1 – und Rz 751 zu nachträgl WG-Aktivierung), Behandlung von Zuschüssen (s unter Rz 460), Bilanzierung eines WG mit Teilwert statt AK (s BFH IV R 59/90 BStBl II 93, 272), Wertberichtigung einer Forderung, Bildung einer Rückstellung bei Wahlrecht, einer Rücklage nach § 6b (s Rz 718, 751 mit Abgrenzung, BFH I R 20/94 BStBl II 99, 272, BFH VIII R 10/99 BStBl II 01, 282), fragl bei Wechsel des Bilanzstichtags ohne die Sonderregelung in § 4a I Nr 2. **Tatsächl Vorgänge** wie Veräußerung, Entnahme, Einlage, vGA (s Rz 696) können nicht über Bilanzänderung rückgängig gemacht werden. *Beispiele:* Veräußerung BFH IV R 30/71 BStBl II 76, 748; Entnahme BFH I R 57/71 BStBl II 73, 700 und Rz 339; nachträgl Änderung eines Einbringungswertes BFH I R 34/04 BFH/NV 06, 1099; BFH I R 98/06 BStBl II 08, 916. Bilanzänderung scheidet aus, wenn ein anderer als der gewählte Bilanzansatz fehlerhaft gewesen wäre. Durch die **Fehlerobjektivierung** (GrS 1/10 BStBl II 13, 317, Rz 681) hat § 4 II jedenfalls bei Rechtsfehlern an Bedeutung verloren (s Rz 683). Bei **§ 4 III** keine Einschränkung durch § 4 II; Ansatz- und Bewertungswahlrechte können grds **bis zur Bestandskraft** bzw bei AO-Änderungsmöglichkeit der Veranlagung bis zum Ablauf der Festsetzungsfrist ausgeübt werden (zu § 6c BFH IV R 30/99 BStBl II 02, 49; *FinVerw* FR 00, 342; zu § 7g BFH VIII R 48/10 BStBl II 13, 952 – nicht unbedenkl Ungleichbehandlung, s Rz 703, *Kanzler* FR 02, 577).

751 **b) Zeitl Grenzen.** *Bis* zur Einreichung der Bilanz beim FA kann der StPfl Bilanzansätze beliebig ändern. *Nach* diesem Zeitpunkt gelten Einschränkungen nach § 4 II 2: Bei zeitl und sachl Zusammenhang mit Änderung eines Bilanzpostens iSv Rz 696 mit Gewinnauswirkung nach S 1 kann ein Bilanzierungswahlrecht ohne Zustimmung des FA neu ausgeübt werden, allerdings **betragsmäßig begrenzt** auf Gewinnänderungen durch Bilanzberichtigung nach S 1 (ähnl § 351 I AO; s auch – obiter dictum – BFH IV R 7/06 BStBl II 08, 600; BFH III R 43/06 BStBl II 13, 8; VerfMäßigkeit s FG BBg EFG 07, 1698, rkr; EStR 4.4 II 5). Dies gilt auch für Gewinnänderungen, die sich bilanziell nur im Kapital niederschlagen (so zu fehlerhafter Einlage-/Entnahmebuchung BFH IV R 54/05 BStBl II 08, 665, BFH IV R 25/06 BFH/NV 07, 2086, Anm 27. Aufl) und für **SonderAfA**

(BFH IV B 103/07 BFH/NV 10, 865; Grenze: BFH I B 169/05 BFH/NV 07, 48 – bei nachträgl WG-Aktivierung ist SonderAfA unabhängig von § 4 II mögl), dagegen nicht für außerbilanzielle Hinzurechnungen (BFH I R 40/07 BStBl II 08, 669, *BMF* BStBl I 08, 845). **Zeitl** verlangt *BMF* BStBl I 00, 587, I 01, 244, EStR 4.4 II 5 einen „unverzügl" Änderungsantrag; weiter – Änderung eines subj richtigen Ansatzes auch noch nach Klärung der Änderungsmöglichkeit im Anschluss an eine BilBerichtigung – BFH I R 85/07 BStBl II 08, 924 mit Anm 32. Aufl. Ein *WG-bezogener sachl* Zusammenhang wird nicht gefordert (str); die Beschränkung auf dieselbe Bilanz ist mE nicht zwingend (Betragsbegrenzung; darüber hinaus Bilanzenzusammenhang mit Bilanzbindung). *Beispiele:* **6b-Rücklage** nach Veräußerungsgewinnerhöhung oder BP-Änderung (BFH IV R 37/04 BStBl II 06, 165; BFH IV R 14/04 BStBl II 06, 418; BFH XI R 16/05 BFH/NV 07, 1293; s aber oben zu Grenze der Bilanzberichtigung und BFH IV R 7/06 BStBl II 08, 600 zu nachträgl Bildung bei erstmaliger WG-Bilanzierung; BFH I R 85/07 BStBl II 08, 924 zu Rückstellung nach Änderung auf Grund neuer Rspr ist überholt durch GrS 1/10 BStBl II 13, 317, Rz 681).

c) Rechtsfolgen. Abgesehen von den laufenden Auswirkungen bestimmt der gewählte Bilanzansatz über den Bilanzenzusammenhang (vgl Rz 695) die Bilanzansätze der Folgejahre. 752

§ 4a Gewinnermittlungszeitraum, Wirtschaftsjahr

(1) [1]**Bei Land- und Forstwirten und bei Gewerbetreibenden ist der Gewinn nach dem Wirtschaftsjahr zu ermitteln.** [2]**Wirtschaftsjahr ist**

1. **bei Land- und Forstwirten der Zeitraum vom 1. Juli bis zum 30. Juni.** [2]**Durch Rechtsverordnung kann für einzelne Gruppen von Land- und Forstwirten ein anderer Zeitraum bestimmt werden, wenn das aus wirtschaftlichen Gründen erforderlich ist;**
2. **bei Gewerbetreibenden, deren Firma im Handelsregister eingetragen ist, der Zeitraum, für den sie regelmäßig Abschlüsse machen.** [2]**Die Umstellung des Wirtschaftsjahres auf einen vom Kalenderjahr abweichenden Zeitraum ist steuerlich nur wirksam, wenn sie im Einvernehmen mit dem Finanzamt vorgenommen wird;**
3. **bei anderen Gewerbetreibenden das Kalenderjahr.** [2]**Sind sie gleichzeitig buchführende Land- und Forstwirte, so können sie mit Zustimmung des Finanzamts den nach Nummer 1 maßgebenden Zeitraum als Wirtschaftsjahr für den Gewerbebetrieb bestimmen, wenn sie für den Gewerbebetrieb Bücher führen und für diesen Zeitraum regelmäßig Abschlüsse machen.**

(2) **Bei Land- und Forstwirten und bei Gewerbetreibenden, deren Wirtschaftsjahr vom Kalenderjahr abweicht, ist der Gewinn aus Land- und Forstwirtschaft oder aus Gewerbebetrieb bei der Ermittlung des Einkommens in folgender Weise zu berücksichtigen:**

1. [1]**Bei Land- und Forstwirten ist der Gewinn des Wirtschaftsjahres auf das Kalenderjahr, in dem das Wirtschaftsjahr beginnt, und auf das Kalenderjahr, in dem das Wirtschaftsjahr endet, entsprechend dem zeitlichen Anteil aufzuteilen.** [2]**Bei der Aufteilung sind Veräußerungsgewinne im Sinne des § 14 auszuscheiden und dem Gewinn des Kalenderjahres hinzuzurechnen, in dem sie entstanden sind;**
2. **bei Gewerbetreibenden gilt der Gewinn des Wirtschaftsjahres als in dem Kalenderjahr bezogen, in dem das Wirtschaftsjahr endet.**

Einkommensteuer-Durchführungsverordnung:

§ 8b *Wirtschaftsjahr*

[1]**Das Wirtschaftsjahr umfasst einen Zeitraum von zwölf Monaten.** [2]**Es darf einen Zeitraum von weniger als zwölf Monaten umfassen, wenn**

1. **ein Betrieb eröffnet, erworben, aufgegeben oder veräußert wird oder**
2. **ein Steuerpflichtiger von regelmäßigen Abschlüssen auf einen bestimmten Tag zu regelmäßigen Abschlüssen auf einen anderen bestimmten Tag übergeht.** [2]**Bei Umstellung eines Wirtschaftsjahrs, das mit dem Kalenderjahr übereinstimmt, auf ein vom Kalenderjahr abweichendes Wirtschaftsjahr und bei Umstellung eines vom Kalenderjahr abweichenden Wirtschaftsjahrs auf ein anderes vom Kalenderjahr abweichendes Wirtschaftsjahr gilt dies nur, wenn die Umstellung im Einvernehmen mit dem Finanzamt vorgenommen wird.**

§ 8c *Wirtschaftsjahr bei Land- und Forstwirten*

(1) [1]**Als Wirtschaftsjahr im Sinne des § 4a Abs. 1 Nr. 1 des Gesetzes können Betriebe mit**

1. **einem Futterbauanteil von 80 Prozent und mehr der Fläche der landwirtschaftlichen Nutzung den Zeitraum vom 1. Mai bis 30. April,**
2. **reiner Forstwirtschaft den Zeitraum vom 1. Oktober bis 30. September,**
3. **reinem Weinbau den Zeitraum vom 1. September bis 31. August**

bestimmen. [2]**Ein Betrieb der in Satz 1 bezeichneten Art liegt auch dann vor, wenn daneben in geringem Umfang noch eine andere land- und forstwirtschaftliche Nutzung vorhanden ist.** [3]**Soweit die Oberfinanzdirektionen vor dem 1. Januar 1955 ein anderes als die in § 4a Abs. 1 Nr. 1 des Gesetzes oder in Satz 1 bezeichneten Wirtschaftsjahre festgesetzt haben, kann dieser andere Zeitraum als Wirtschaftsjahr bestimmt werden; dies gilt nicht für den Weinbau.**

(2) [1]**Gartenbaubetriebe und reine Forstbetriebe können auch das Kalenderjahr als Wirtschaftsjahr bestimmen.** [2]**Stellt ein Land- und Forstwirt von einem vom Kalenderjahr abweichenden Wirtschaftsjahr auf ein mit dem Kalenderjahr übereinstimmendes Wirtschaftsjahr um, verlängert sich das letzte vom Kalenderjahr abweichende Wirtschaftsjahr um den Zeitraum bis zum Beginn des ersten mit dem Kalenderjahr übereinstimmenden Wirtschaftsjahr; ein Rumpfwirtschaftsjahr ist nicht zu bilden.** [3]**Stellt ein Land- und Forstwirt das Wirtschaftsjahr für einen Betrieb mit reinem Weinbau auf ein Wirtschaftsjahr im Sinne des Absatzes 1 Satz 1 Nr. 3 um, gilt Satz 2 entsprechend.**

(3) **Buchführende Land- und Forstwirte im Sinne des § 4a Absatz 1 Satz 2 Nummer 3 Satz 2 des Gesetzes sind Land- und Forstwirte, die auf Grund einer gesetzlichen Verpflichtung oder ohne eine solche Verpflichtung Bücher führen und regelmäßig Abschlüsse machen.**

Einkommensteuer-Richtlinien: EStR 4a/EStH 4a

Übersicht Rz

1 **1. Begriff Wirtschaftsjahr; Bedeutung.** Die ESt beruht auf dem Prinzip der Abschnittsbesteuerung. VZ ist das Kj (§ 25 I). Die Grundlagen für die Festsetzung der JahresSt werden jeweils für ein Kj ermittelt (§ 2 VII, § 32a I). Das gilt auch für die Gewinnbesteuerung. Die Besonderheit des § 4a liegt darin, dass der Gewinn (nur) in bestimmten Fällen zunächst nach den Verhältnissen eines vom Kj abw Wj ermittelt (§ 4a I, Rz 3) und erst dann auf einen Jahresgewinn umgerechnet wird (§ 4a II, vgl Rz 20). **Wj** ist also der strechtl **Gewinnermittlungszeitraum** für **LuF** und **Gewerbebetriebe,** der bei Gewertreibenden häufig dem Kj entspricht, bei LuF idR vom Kj abweicht. § 4a gilt auch bei beschr StPfl. Bedeutung der Zeitzonen im internat StRecht s *Schnitger/Herbst* IStR 13, 649.

2 **2. Dauer; § 8b EStDV.** Das Wj umfasst idR einen Zeitraum von 12 Monaten, kann nur ausnahmsweise kürzer oder länger sein (§§ 8b, 8c II, 84 II EStDV für LuF), was nicht ausschließt, dass bei *einer* Veranlagung Gewinne mehrerer Wj angesetzt werden (vgl Rz 23). Ein kürzeres **RumpfWj** ist nur bei Beginn oder Beendigung des Betriebes bzw bei Umstellung des Wj zugelassen (§ 8b, § 8c II 2 EStDV; zu Einbringung Einzelbetrieb in OHG – offen zu Betriebsverpachtung – BFH IV R 49/02 BFH/NV 04, 1247). RumpfWj bei unentgeltl Betriebsübertragung vgl Rz 10 und BFH IV R 95/75 BStBl II 80, 8. Dieses zur LuF ergangene Urt gilt ebenso für andere Betriebe. Keine Umrechnung kürzerer Wj auf Kj. RumpfWj als „volles Wj" nach § 7g III, IV s dort Rz 28, *FinVerw* DStR 11, 2001; zu Betriebseröffnung bei LuF BFH IV R 28/05 BStBl II 07, 704; zu § 6b VII s dort Rz 88, FG Nds EFG 06, 1732, rkr; zu § 4g II s § 4g Rz 10; zu § 4 IVa/§ 52 Abs 6 S 5 bei abw Wj 98/99 s § 4 Rz 530.

3 **3. Abweichendes Wj; Gewinnberechnung. – a) Land- und Forstwirtschaft, § 4a I 2 Nr 1, § 8c EStDV.** Der Gewinn aus LuF ist grds für genau festgelegte, vom Kj abw Zeitabschnitte zu ermitteln, allerdings nach Art der LuF in Einzelfällen mit **Wahlmöglichkeit nach § 8c EStDV** (nach § 8c I DV nur dort bestimmte Zeiträume, nach § 8c II 1 DV nur für Gartenbau- und reine Forstbetriebe – ohne FA-Zustimmung – auch das **Kj**). Ohne Erklärung gilt § 4a I 2 Nr 1. Die **Art der Gewinnermittlung** spielt bei LuF keine Rolle (s aber § 4a I 2 Nr 3 S 2, § 8c III EStDV). Bei Umstellung abw Wj auf Kj verlängert sich das Wj ohne RumpfWj (§ 8c II 2, 3 DV, Rz 21). Unternehmerwechsel s Rz 2, 10.

4 **b) Wahlrecht bei Gewerbetreibenden.** *Vorteil:* Anpassung an besondere wirtschaftl Gegebenheiten. *Nachteil:* Umrechnung in Kj-Gewinn; bei Gesetzesänderungen am Jahresende geringe Reaktionszeit. – **aa) Handelsrecht.** Während § 240 HGB keine bestimmten Geschäftsjahre für die Gewinnermittlung festlegt, macht das StRecht Unterschiede.

5 **bb) Buchführende Gewerbetreibende, § 4a I 2 Nr 2.** Gewerbetreibende, deren Firma – im Zeitpunkt des gewählten Bilanzstichtages (FG Nbg EFG 98, 1693, rkr zu KapGes, Mchn EFG 88, 464, rkr, str) – im HReg eingetragen ist und die regelmäßig Abschlüsse machen (Gewinnermittlung nach § 5, vgl § 4 Rz 42), können den Beginn ihres Wj bei Eröffnung oder Betriebserwerb zu einem beliebig gewählten Abschlusszeitpunkt bestimmen (§ 4a I 2 Nr 2, § 7 IV KStG). *Beispiel:* Betriebseröffnung am 1.1.01; Bilanzstichtag etwa 31.1.01, 31.12.01 (nicht später). Der StPfl legt sich idR durch Einreichen der ersten Schlussbilanz beim FA fest (BFH IV R 307/84 BFH/NV 90, 632, § 4 Rz 6; später allenfalls Bilanzänderung, vgl § 4 II). Zweckmäßig ist der Abschluss zum Monatsende, zwangsläufig wohl nicht (vgl § 8c I EStDV vor 1984). **Grenze: Missbrauch** (§ 42 AO) bei Wahl *ausschließl* aus Gründen der StErsparnis (zu BetrAufsp BFH VIII R 89/02 BFH/NV 04, 936 mwN; aA zu Vermeidung eines RumpfWj bei Ober-/UnterGes BFH IV R 21/05 BStBl II 10, 230).

6 **cc) Sonstige Gewerbetreibende, § 4a I 2 Nr 3.** Bei ihnen (und allen **Freiberuflern** sowie **Überschusseinkünfteerzielern**) ist Wj bzw Einkünfteermitt-

lungszeitraum stets das Kj (§ 4a I 2 Nr 3; vgl zu § 7g aF BFH VIII B 62/09 BStBl II 10, 180). Ausnahme: § 4a I 2 Nr 3 S 2, § 8c III EStDV und Rz 13. **Für mehrere Betriebe eines StPfl** sind unterschiedl Wj mögl (vgl § 4 Rz 25; s aber § 4a I 2 Nr 3 S 2). **Für PersGes'ter** gilt – wie für die Art der Sondergewinnermittlung, s § 15 Rz 576, 640 – zwangsläufig das Wj der Ges (s auch Rz 8, 10, 23); **KapGes** s § 7 III, IV KStG. **GewSt** s Rz 23.

7 **dd) PartnerschaftsGes.** S § 15 Rz 334, § 18 Rz 41. Die Ges'ter erzielen grds freiberufl Einkünfte und haben daher kein Wahlrecht, auch nicht bei estl „Abfärbe-Qualifizierung" als gewerbl Einkünfte nach § 15 III (§ 15 Rz 185 ff). Grund: keine Eintragung im HReg (§ 4a I 2 Nr 2, *BdF* DStR 95, 181). Abl trotz Eintragung BFH IV R 26/99 BStBl II 00, 498.

8 **c) Sonderfälle.** – ***(1)*** **Gewinnfeststellung nach § 180 II AO für Gewerbetreibende.** Anders als bei LuF und § 18 wird nicht der im Kj zu versteuernde, sondern in erster Linie der im abw Wj erzielte Gewinn einheitl festgestellt (BFH IV R 89/76 BStBl II 80, 94, zum PersGes'ter s auch Rz 6), uU für mehrere Wj (s Rz 23, BFH IV B 113/96 BFH/NV 98, 454), grds auch bei Ausscheiden eines Ges'ters im Wj (bei Fortbestehen der Ges kein RumpfWj, BFH VIII R 48/93 BFH/NV 95, 84 mwN; stRspr; *FinVerw* DStR 98, 1794; Veräußerungsgewinn s Rz 24). – ***(2) Ausnahmen:*** *(a)* Wechsel *aller* Ges'ter; – *(b)* bei Ausscheiden aus einer **zweigliedrigen PersGes** wird die Ges voll beendet (BFH VIII B 73/96 BFH/NV 97, 838); – *(c)* Gewinn aus **LuF** ist für das Kj festzustellen (s BFH IV R 87/82 BStBl II 85, 148). – ***(3)*** **Schätzung der Besteuerungsgrundlagen.** Es sind Verhältnisse eines abw Wj zugrunde zu legen (vgl EStR 4a IV). Bindung bei abw Wj s Rz 22, § 4 II 1 HS 2, § 4 Rz 684. – ***(4)*** **Verpachtung.** Gewinne der LuF oder des GewBetr (vgl zum Wahlrecht § 16 Rz 690) sind ebenfalls nach abw Wj zu ermitteln, wenn die Voraussetzungen Rz 5 weiterhin vorliegen (BFH IV R 60/61 U BStBl III 65, 286, jedenfalls bei Wj-Fortführung auch in der Person des Pächters ausreichend, str). Umrechnung von **Veräußerungsgewinnen** s Rz 21, 24. **Wechsel der persönl StPfl** s § 50 Rz 33.

10 **4. Umstellung des Wirtschaftsjahres, § 4a I 2 Nr 2 S 2; Geltungsbereich. – a) Sachl Geltungsbereich.** Bei bestehendem Wahlrecht (s Rz 5) kann ein gewähltes Wj auf ein anderes Wj umgestellt werden, bei Wahl eines abw Wj allerdings nur mit Zustimmung des FA (§ 4a I 2 Nr 2 S 2, § 8b 2 Nr 2 S 2 EStDV). **Umstellung** ist begriffl ein Wechsel innerhalb *fortbestehender* Betriebe. Bei Betriebsbeendigung und Neugründung kann abw Wj ohne FA-Zustimmung gewählt werden. Der Begriff Wj ist betriebs- und personenbezogen. Daher keine Zustimmungsbedürftigkeit bei Einbringung eines Einzelunternehmens in PersGes (vgl auch BFH IV R 49/02 BFH/NV 04, 1247 – Ende des Einzel-Wj) und bei Fortführung einer PersGes als Einzelunternehmen. Ausnahmen s unten. Die Frage hängt untrennbar zusammen mit der Frage der Bildung eines RumpfWj sowie der Verpflichtung, eine Schluss- und eine Eröffnungsbilanz zu erstellen (und nicht nur eine Abschichtungsbilanz zur Berechnung des Abfindungsguthabens eines ausscheidenden Ges'ters). **Gesellschafterwechsel** oder Ausscheiden einzelner Ges'ter berührt den Bestand einer PersGes nicht (s Rz 8). Zur GesGründung iZm **BetrAufsp** vgl BFH I R 98/88 BStBl II 92, 246. Die Möglichkeit der **Buchwertfortführung** steht der Annahme einer Betriebsbeendigung idS nicht entgegen (BFH IV R 95/75 BStBl II 80, 8 zur unentgeltl Betriebsübertragung nach § 6 III). Dagegen nach bisher hM Bindung bei Gesamtrechtsnachfolge durch **Erbfall** (BFH IV R 244/63 BStBl II 69, 34, zweifelhaft, vgl *HHR* § 4a Anm 47).

11 **b) Persönl Geltungsbereich. – aa) LuF.** Bei LuF scheidet (ohne Strukturwandel) Umstellung grds wegen der vorgegebenen Zeiträume aus. Ausnahmen s Rz 3 (Umstellung bei Wahlrecht, § 8c I EStDV).

bb) Buchführende Gewerbetreibende können bei Eröffnung abw Wj wählen und dieses jederzeit auf Kj umstellen. Umstellung Kj *auf* abw Wj ist nur im Einvernehmen mit dem FA wirksam (Rz 14). 12

cc) Sonstige Gewerbetreibende; Freiberufler. Ohne abw Wj grds keine Umstellung. Ausnahme: § 4a I 2 Nr 3 S 2, § 8c III EStDV (s BFH IV R 13/10 BStBl II 15, 226). Bei Richtigstellung eines **unberechtigten abw Wj** auf Kj ist mE § 4a II Nr 2 entspr anzuwenden (wie Rz 23 und § 8c II 2 DV, glA BFH X R 34/05 BStBl II 07, 775; s auch FG Mchn EFG 98, 998, aufgehoben durch BFH IV R 41/98 BStBl II 00, 24, fragl, s 26. Aufl mwN): Ausschluss eines StAusfalls ggf durch Korrektur der letzten änderbaren Veranlagung. 13

5. Einvernehmen, § 4a I 2 Nr 2, § 8b S 2 Nr 2 S 2 EStDV. – a) Begriff. Einvernehmen des FA = (vorherige) Zustimmung oder (nachträgl) Genehmigung (BFH I R 167/66 BStBl II 70, 85, str). Die Herabsetzung der EStVorauszahlungen enthält idR keine Zustimmung idS (BFH I R 141/72 BStBl II 74, 238). Zustimmung auch für Umstellung vom Kj auf übl Wj iSv § 4a I 2 Nr 1 oder § 8c I DV (§ 8b S 2 Nr 2 S 2 entspr, s BFH IV R 4/98 BStBl II 00, 5). 14

b) Erteilung der Zustimmung; Ermessensfrage. Die Rechtslage ist ähnl § 4 II 2 aF. Voraussetzung ist nicht, dass die Umstellung betriebsnotwendig wäre. Es müssen jedoch gewichtige wirtschaftl, die Organisation des Betriebes berührende Gründe für die Umstellung auf abw Wj gegeben sein (BFH I R 141/72 BStBl II 74, 238; EStR 4a II). *Beispiele:* Inventurschwierigkeiten zum 31.12., Umstellung des Rechnungswesens, Gründung einer Organschaft (§ 7 IV KStG; KStR 59 III; s auch *Kempf/Zipfel* DStR 05, 1301 zum – str – Zurechnungszeitpunkt). Der Beurteilung durch den StPfl kommt hier besondere Bedeutung zu. Die Umstände werden sich auf mehr als ein Jahr erstrecken müssen. Einem Wechsel aus rein steuerl Gründen braucht das FA nicht zuzustimmen (BFH IV R 149/76 BStBl II 81, 50 und BFH I R 76/82 BStBl II 83, 672). 15

c) Verfahrensfragen. Der StPfl kann den Antrag iRd Besteuerungsverfahrens und unabhängig davon stellen. In beiden Fällen entscheidet das FA durch **selbständigen Verwaltungsakt** (BFH I R 76/82 BStBl II 83, 672 und Rz 18), auch wenn es die Versagung mit dem StBescheid verbindet und der Veranlagung deshalb den – ggf geschätzten – Gewinn für das Kj zugrunde legt (**Widerruf** nur gem §§ 130/131 AO). **Anfechtung:** Einspruch (§ 347 I Nr 1 AO). 16

d) Berichtigung. Wird die – erforderl – Zustimmung nachträgl erteilt, muss ein bestandskräftiger StBescheid nach § 175 I 1 Nr 1 iVm § 171 X AO berichtigt werden (BFH IV R 4/98 BStBl II 00, 5). S auch Rz 20. 18

6. Zeitliche Gewinnumrechnung, § 4a II. Der nach § 4a I 2 Nr 1, 2 ermittelte Gewinn des abw Wj muss auf das Kj als Bemessungs- und Veranlagungszeitraum umgerechnet werden. Bei Korrektur eines Jahres uU Änderung des anderen Jahres nach **§ 174 IV AO** (BFH IV R 25/88 BStBl II 90, 373). § 4a II gilt entspr für die ermäßigte Besteuerung nicht entnommener Gewinne nach **§ 34a** ab VZ 2008 (§ 52 Abs 34): Bei LuF ist auf Gewinne/Entnahmen ab Kj 2008 abzustellen, bei Gewerbetreibenden sind Gewinne/Entnahmen des Wj 2007/8 zu erfassen (*BMF* BStBl I 08, 838 Tz 19). StAnrechnungsjahr (KSt, KapESt) s BFH I R 54/06 DStRE 08, 279. 20

a) Umrechnung bei LuF, § 4a II Nr 1. – aa) Aufteilung. Bei LuF zeitanteilige Aufteilung des Gesamtgewinns auf die Kj, in denen das Wj beginnt und endet. Bei Umstellung auf Kj entsteht nach 8c II 2 EStDV kein RumpfWj (Verlängerung des letzten abw Wj). Nur **Betriebsveräußerungsgewinne** sind im Jahr der Entstehung (Jahr der Veräußerung, §§ 14, 16 II 2) zu erfassen (§ 4a II Nr 1 S 2). **Entnahmegewinne** sind als lfd Gewinne aufzuteilen (FG RhPf EFG 93, 511, rkr). 21

22 **bb) Veranlagungsbindung, § 4 II 1 HS 2.** Ab 2007 können bestandskräftige StFestsetzungen im VZ mit dem 1. Teil des Wj nach Bilanzberichtigung im VZ mit dem 2. Teil des Wj noch bis zum Ablauf der Festsetzungsfrist für *diesen* VZ geändert werden (s § 4 Rz 684). Vorher hatte die Rspr dies abgelehnt (BFH IV B 150/99 BFH/NV 01, 308). **Beispiele:**

23
- Wj 1.7.10 bis 30.6.11 Gewinn 10 000, Wj 1.7.11 bis 30.6.12 Verlust 24 000: Verlust VZ 11 7000 ($^{6}/_{12}$ von 10 000 und $^{6}/_{12}$ von ./. 24 000);
- Wj 1.10.10 bis 30.9.11 Gewinn 10 000; Wj 1.10.11 bis 30.9.12 Gewinn 24 000: Gewinn VZ 11 13 500 ($^{9}/_{12}$ von 10 000 und $^{3}/_{12}$ von 24 000);
- RumpfWj 1.9.10–30.6.11 Gewinn 10 000, RumpfWj 1.7.11–31.3.12 (Betriebsbeendigung) Gewinn 24 000, davon 9000 Veräußerungsgewinn: Gewinn VZ 11 16 000 (6 Monate = $^{6}/_{10}$ von 10 000 und 6 Monate = $^{6}/_{9}$ von 15 000); Gewinn VZ 12 14 000 (3 Monate = $^{3}/_{9}$ von 15 000 und 9000 Veräußerungsgewinn).

24 **b) Umrechnung bei GewBetr, § 4a II Nr 2.** Anders als bei LuF gilt der Gewinn dls in dem Kj bezogen, in dem das Wj endet (zu Gewinnfeststellung für das ganze Wj s Rz 8; nach BFH keine entspr Anwendung auf andere StPfl, s Rz 13; str bei Organschaft, s Rz 15). Für die Beispiele Rz 22 bedeutet das, dass der Gewinn des Kj 11 jeweils 10 000 beträgt. Damit erübrigte sich eine Sonderregelung entspr § 4a II Nr 1 S 2 zu Veräußerungsgewinnen. Das soll für die Besteuerung von Gewinnanteilen und Veräußerungsgewinnen im Vorjahr **ausgeschiedener PersGes'ter** nicht gelten (nach EStR 4a V Besteuerung entgegen § 4a II Nr 2 im Kj des Ausscheidens). Diese Rechtsauffassung beruht auf – nicht entscheidungserhebl und nicht näher begründeten – beiläufigen Hinweisen in BFH-Entscheidungen (BFH IV R 49/74 BStBl II 79, 159; BFH IV B 113/96 BFH/NV 98, 454) trotz Ablehnung eines RumpfWj und einer Feststellung zum Zeitpunkt des Ausscheidens (s Rspr Rz 8). Die Abweichung von der gesetzl Fiktion des § 4a II Nr 2, die sich zu Lasten und zu Gunsten des StPfl auswirken kann, überzeugt nicht (glA FG Ddorf EFG 07, 824, ohne plausible Begründung nach Bestätigung durch Gerichtsbescheid im Urt aufgehoben durch BFH X R 8/07 BStBl II 10, 1043; wie FG *Heinicke/Heuser* DB 04, 2655 mwN; aA § 16 Rz 441). Bei Eröffnung und Umstellung auf abw Wj kann in einem VZ eine **Steuerpause** entstehen; dafür ist später bei Umstellung/Veräußerung der Gewinn für mehrere Wj in einem VZ zu versteuern (EStH 4a; BFH I R 140/90 BStBl II 92, 750; zu **§ 42 AO** s Rz 4). Zur Anwendung des **Halb-Teileinkünfteverfahrens** bei Auflösung/Abwicklung von Körperschaften während des Jahres **(§ 11 I KStG)** s *BMF* DStR 03, 1527, BFH VIII R 25/05 BStBl II 08, 298. **§ 34a** s Rz 20.

§ 4b Direktversicherung

[1]**Der Versicherungsanspruch aus einer Direktversicherung, die von einem Steuerpflichtigen aus betrieblichem Anlass abgeschlossen wird, ist dem Betriebsvermögen des Steuerpflichtigen nicht zuzurechnen, soweit am Schluss des Wirtschaftsjahres hinsichtlich der Leistungen des Versicherers die Person, auf deren Leben die Lebensversicherung abgeschlossen ist, oder ihre Hinterbliebenen bezugsberechtigt sind.** [2]**Das gilt auch, wenn der Steuerpflichtige die Ansprüche aus dem Versicherungsvertrag abgetreten oder beliehen hat, sofern er sich der bezugsberechtigten Person gegenüber schriftlich verpflichtet, sie bei Eintritt des Versicherungsfalls so zu stellen, als ob die Abtretung oder Beleihung nicht erfolgt wäre.**

Einkommensteuer-Richtlinien/Verwaltungsanweisungen: EStR 4b/EStH 4b – *BMF* BStBl I 13, 1011 Rz 284 f (zur betriebl Altersversorgung); Aktualisierung 13.1.14 (Dok 2014/0007769)

Übersicht

Schrifttum (Aufsätze vor 2013 s Vorauflagen): *Ahrend/Förster/Rößler,* StR der betriebl Altersversorgung, Loseblatt; *Blomeyer/Rolfs/Otto,* Betriebsrentengesetz – Gesetz zur Verbesserung der betriebl Altersversorgung (BetrAVG), 6. Aufl 2015 (zit *Blomeyer*); *Höfer/Veit/Verhuven* (zitiert *Höfer*), Gesetz zur Verbesserung der betriebl Alterversorgung, 13. Aufl 2015, Band II, StR (Loseblatt); *Streißelberger,* Betriebl Altersversorgung im internat Vergleich, Diss. 2012; *Uckermann* ua BetrAV 2014, Kap 11; *Myßen/Killat,* Renten/Raten/dauernde Lasten, 15. Aufl 2014 (zit *RRdL*). – *Cisch/Bleeck/Karst,* BB-RsprReport zur betriebl Altersversorgung BB 13, 1205; *Killat,* Update zur betriebl Altersversorgung, DB 13, 1925; *Landwehr,* zu BMF v 13.1.14, BetrAV 14, 214; *Reinecke,* 40 Jahre Betriebsrentenrecht, BetrAV 14, 687; *Schwinger/Stöckler,* Betriebliche Altersversorgung – Aktuelle Themen, DStR 15, 15.

I. Betriebl Altersversorgung; normatives Umfeld

1. Überblick. Die betriebl Altersversorgung (zum Inhalt *BMF* BStBl I 13, 1022 1
Rz 284; zur Förderung durch § 10a und Zulage nach §§ 79 ff *BMF* BStBl I 13, 1022, Rz 330 f; zum Begriff nach der BAG-Rspr *Reinecke* BetrAV 15, 18) bildet (neben der gesetzl RV und der Privatvorsorge, auch Riester- und Rürup-Rente) die **dritte Säule** der Alterssicherung. Seit 2001 besteht ein Rechtsanspruch auf Entgeltumwandlung (§ 1 II Nr 3, § 1a BetrAVG; zur Entwicklung *Förster/Cisch/Karst* BetriebsrentenG[14] Einführung); der Versorgungsanspruch ist sofort unverfallbar (§ 1b V 1 BetrAVG). - **Durchführungswege** der betriebl Altersversorgung sind *(1)* **DirektVers** (§ 4b), *(2)* **Pensionskassen** (§ 4c), *(3)* **Unterstützungskassen** (§ 4d), *(4)* **Pensionsfonds** (§ 4e), *(5)* **Pensionszusage** (Direktzusage, § 6a), daneben auch **Basisrente** (§ 3 Nr 63 idF AltEinkG, BStBl I 04, 554; *BMF* BStBl I 13, 1022 Rz 301 f) und **Riesterförderung.** Die betriebl Altersversorgung wird strechtl und sozialabgabenrechtl in unterschiedl Weise gefördert (zB Stfreiheit und BA-Abzug der Beiträge). Auf Empfängerseite werden Leistungen aus Direktzusagen und Unterstützungskassen idR von § 19 I Nr 2 erfasst, Pensionskassen und Pensionsfonds von § 22 Nr 5 (*BMF* BStBl I 13, 1022 Rz 369 f); zu Leistungen aus einer DirektVers s Rz 35 f.

Ende 2013 betrugen die Deckungsmittel der betriebl Altersversorgung insgesamt 538,5 Mrd € (Pensionsrückstellungen 279 Mrd €, Pensionskassen 136,1 Mrd €, Unterstützungskassen 37,0 Mrd €, DirektVers 58,9 Mrd €, Pensionsfonds 28,5 Mrd € (nach BetrAV 15,

437); die Zahl der Anwartschaften auf betriebl Altersversorgung betrug Ende 2013 20,1 Mio (*BMAS* BetrAV 15, 63). – Durch den Niedrigzins sind die Verpflichtungen (insb der Dax-Unternehmen) deutl gestiegen; der Grad der Ausfinanzierung (Verhältnis der Zusagen z entspr vorgehaltenen Vermögen) ist 2014 auf 61 vH gesunken (FAZ 26.3.15, 23). - Das AltEinkG bezweckt – mit langen Übergangsfristen (bis 2040) – zur Herbeiführung der vom BVerfG (BStBl II 02, 616) für verfrechtl geboten erachteten **Besteuerungsgleichheit von Renten und Pensionen** den Übergang zur einheitl **nachgelagerten Besteuerung** von Versorgungsbezügen. Verbunden ist dies ua mit dem Zweck, die private **(kapitalgedeckte) Altersvorsorge** – jenseits der staatl organisierten (umlagefinanzierten) Rentensysteme – wegen der anhaltend niedrigen Geburtenzahlen zu stärken. Das AltEinkG folgt grds dem Bericht der sog *Rürup-Kommission* (*BMF*-Schriftenreihe Bd 74), lässt allerdings – davon abw – den Abzug von Vorsorgeaufwendungen als (vorweggenommene) WK nicht zu, sondern behandelt diese – aus Gründen der Aufkommenssicherung – als (beschr abzugsfähige) SA (zur Entwicklung der Rentenbesteuerung s iE *Weber-Grellet* DStR 12, 1253). Der SA-Abzug für KapitalLV wird für ab dem 1.1.2005 abgeschlossene Neuverträge abgeschafft; Abzug weiterhin für kapitalgedeckte private **Leibrentenversicherungen** (§ 10 I Nr 2/b). Für den – betragsmäßig steigenden – Abzug der Vorsorgeaufwendungen als SA sind lange Übergangsfristen (2025 auf 20 000 € jährl) vorgesehen. Die Besteuerung der Empfänger von **Renten** in der sog Leistungsphase ist in § 22 Nr 1 S 1 und 3 sowie Nr 5 geregelt (zur Anhebung der Altersgrenze *BMF* BStBl I 12, 238); Empfänger von Pensionen werden nach § 19 besteuert.

2 **2. Prinzip.** Die **fünf Durchführungswege** der betriebl Altersversorgung beruhen grds auf dem *Versicherungsprinzip* (Überblick bei *KSM* § 19 Rz B 718 ff). Dabei folgt die Finanzierung der Pensionskassen (§ 4c) dem Anwartschaftsdeckungsverfahren, die der Unterstützungskassen (§ 4d) und Pensionsfonds (§ 4e) dem Kapitaldeckungsverfahren (§ 4c Rz 1; § 4d Rz 2; § 4e Rz 5); (teilweise) Kapitaldeckung ergibt sich auch, wenn für die Finanzierung einer Pensionszusage von den Rückstellungsmöglichkeiten des § 6a Gebrauch gemacht wird. Bei Versorgungszusage nach § 6a und der Unterstützungskasse ist der BA-Abzug beschränkt, dafür entfällt aber die Lohnbesteuerung in der Anwartschaftsphase (nachgelagerte Besteuerung). Direktzusage und Unterstützungskasse können zu § 19-Einkünften führen, DirektVers, Pensionskasse und Pensionsfonds (externe Wege) zu solchen aus § 22.

3 **3. Normatives Umfeld.** § 4b stellt klar, dass der DirektVersAnspruch nicht dem BV des ArbG (Versicherungsnehmer) zuzurechnen ist (Aktivierungsverbot; Ergänzung zu § 4 I, IV; § 5 I) und ermöglicht den Sofortabzug der Versicherungsprämien (*HHR* Rz 4 f); demggü begrenzen **§§ 4c, 4d, 4e** den Umfang des BA-Abzugs (wegen der Nähe zum Versorgungsträger).

DirektVers beruhen, wie die anderen Formen der betriebl Altersvorsorge, auf einem **Vertrag ArbG/ArbN;** die vom ArbG erteilte Zusage bedarf der ausdrückl oder konkludenten Annahme durch den ArbN (vgl § 6a Rz 7, 8). Durch § 1 II BetrAVG idF des AVmG ist die **Beitragszusage mit Mindestleistung** auch für die DirektVers als mögl Gestaltung eingeführt worden. Nach § 1b II BetrAVG ist der ArbG verpflichtet, das Bezugsrecht des ArbN ab Lebensalter 30 und fünfjähriger Dauer des ArbVerh nicht zu widerrufen (Rz 25); bei DirektVers durch **Entgeltumwandlung** ist dem ArbN ein unwiderrufl Bezugsrecht einzuräumen (§ 1b V BetrAVG; sofortige Unverfallbarkeit).

II. Begünstigte Zwecke

5 **1. Lebensversicherung.** – ***(1)* DirektVers.** Das ist eine LV zur betriebl Altersversorgung von ArbN oder deren Hinterbliebenen (§ 1b II BetrAVG; *Blomeyer* § 1b BetrAVG Rz 164 f; *HHR* Rz 33). Eine LV sichert das Risiko des Todes (Todesfallversicherung) oder das Erreichen eines bestimmten Lebensalters (Erlebensfallversicherung; iE Rz 7); wesentl ist, dass das Bezugsrecht (im Unterschied zur Rückdeckungsversicherung) dem ArbN oder seinen Hinterbliebenen zusteht. Das Todesfallwagnis und/oder das Rentenwagnis müssen abgedeckt sein (§ 1 II Nr 2; § 1b II BetrAVG; BFH VI R 164/86 BStBl II 91, 189; LStR (96) 129 IIIa; *BMF* BStBl I 96, 36). Das gilt auch für § 4b (vgl EStR 4b I 1). Anders als bei der Pensionszusage (§ 6a) steht dem ArbN bei der DirektVers ein Versorgungsanspruch

gegen den ArbG nicht zu. – **Zweck** der Versicherung iSd § 4b muss die Alters-, Invaliditäts- oder Hinterbliebenenversorgung sein (§ 1 I 1 BetrAVG; *HHR* Rz 33). Daran zu messen sind zB LV mit kurzer Laufzeit; ein „Mindesttodesfallschutz" ist kein Kriterium (vgl auch *BMF* BStBl I 06, 92 Rz 3). Versicherungsnehmer ist der ArbG (= StPfl), versicherte Person der ArbN oder eine andere Person, die aus betriebl Gründen eine Versorgung erhalten soll (vgl § 17 I 2 BetrAVG), wobei die versicherte Person oder ihre Hinterbliebenen hinsichtl der Versicherungsleistung bezugsberechtigt sind. – ***(2)* Hinterbliebene.** Das können auch Lebensgefährten einer **eheähnl Lebensgemeinschaft** sein, wenn sie in der Versorgungszusage mit Namen, Anschrift, Geburtsdatum genannt sind und eine zivilrechtl Unterhaltspflicht oder Haushaltsgemeinschaft besteht (s *BMF* BStBl I 02, 706). – ***(3)* Ausbildungs-** und **Aussteuerversicherung.** Diese sind nicht als DirektVers iSd § 4b anzusehen, da sie nicht der Versorgung des ArbN dienen. Aus demselben Grund sind RisikoLV zur Sicherung einer **Darlehensschuld** des ArbN ggü dem ArbG keine DirektVers iSd § 4b (zust *KSM* § 4b Rz B 24). LV, die von der **gesetzl Versicherung** befreien, sind keine DirektVers, da es sich um Aufwendungen handelt, die der ArbN auf Grund gesetzl Verpflichtung zu leisten hat; der vom ArbG übernommene Anteil ist nach § 3 Nr 62 stfrei, soweit er die gesetzl ArbG-Anteile zur gesetzl RV nicht übersteigt. – Bis zu 4% der Beitragsbemessungsgrenze (2015: 2904 €) können steuer- und sozialabgabenfrei verwendet werden, ggf sind weitere 1800 € stfrei (§ 3 Rz 212f). – ***(4)* Versicherungsübernahme.** Nach EStR 4b I 2 ist als DirektVers auch eine Versicherung zu behandeln, die der ArbN abgeschlossen hat und die **vom ArbG** zu einem späteren Zeitpunkt als Versicherungsnehmer übernommen wird (vgl § 4 II, III BetrAVG idFd AltEinkG). Bei korrespondierender Lohnkürzung kann der bisherige – ungekürzte – ArbLohn Bemessungsgrundlage künftiger Gehaltserhöhungen bleiben (*BMF* BStBl I 02, 767 Tz 153).

2. Direktversicherungsarten. Nach EStR 4b I sind folgende Versicherungen LV iSd § 4b (§ 1b II 1 BetrAVG): *(1) Risiko-LV* (Versicherung auf den Todesfall), *(2) Gemischte LV* (Versicherung auf den Todes- oder Erlebensfall), *(3) RV* (Versicherung auf den Erlebensfall), *(4) Berufsunfähigkeitsversicherung* jeweils iZm einer LV, *(5) Berufsunfähigkeitszusatzversicherung* (iZm einer LV), *(6) Unfallzusatzversicherung* (iZm einer Todesfallversicherung wird bei Tod durch Unfall die Versicherungsleistung erhöht), *(7) Unfallversicherung mit Prämienrückgewähr* (bei Ablauf der Versicherungszeit wird die Prämie zurückgewährt, der LV-Charakter überwiegt; BFH I 191/59 S BStBl III 62, 101). Keine LV sind Unfallversicherungen (EStR 4b I 6). 7

3. Art der Versicherungsleistung. DirektVers sind mögl als Kapital- oder RV und fondsgebundene LV. Voraussetzung für den Abschluss einer DirektVers ist nicht, dass das Versicherungsunternehmen die Voraussetzungen des § 10 II 1 Nr 2 erfüllt. § 4b gilt auch in Fällen, in denen LV-Unternehmen die betriebl Altersversorgung ihrer ArbN versicherungstechnisch wie DirektVers für fremde ArbN durchführen und abwickeln (vgl FinMin Nds DB 78, 183). 8

Bei **ArbG-Wechsel** eines ArbN kann die DirektVers – ohne Neuabschluss – auf ein anderes VersUnternehmen übertragen werden; Erträge nach § 20 II Nr 6 fallen nicht an (BFH VI R 137/72 BStBl II 74, 633; *BMF* DStR 84, 371). 9

III. Versicherte Personen

1. Allgemeines. § 4b begrenzt den Kreis der Personen, auf deren Leben eine DirektVers abgeschlossen werden kann, nicht auf ArbN des Unternehmens. Nach § 17 I 2 BetrAVG gelten die arbeitsrechtl Vorschriften des Gesetzes auch für Personen, die nicht ArbN sind, wenn ihnen Leistungen der Alters-, Invaliditäts- oder Hinterbliebenenversorgung aus Anlass ihrer **Tätigkeit für das Unternehmen** zugesagt worden sind (s dazu Rz 5; *HHR* Rz 41f; § 6a Rz 3). 10

2. Gesellschafter. Für Ges'ter einer PersGes, die zugleich **MUer** *und* ArbN sind, kann eine DirektVers nicht abgeschlossen werden, auch wenn die Beteiligung 11 an der Ges nur gering ist (vgl BFH GrS 1/70 BStBl II 71, 177); str, s § 6a Rz 35. Eine DirektVers kommt für den GmbH-Geschäftsführer auch dann in Betracht, wenn er beherrschender Ges'ter ist, ebenso für den Geschäftsführer einer GmbH & Co KG, sofern er an der KG nicht beteiligt ist (*Reuter* GmbHR 92, 137 mwN). Keine DirektVers iSd § 4b liegt vor, wenn der ArbG die LV auf das Leben des Ehegatten eines verstorbenen ArbN abschließt (zust *KSM* § 4b Rz B 44).

12 **3. ArbN-Ehegatten.** Auch für ArbN, der zugleich Ehegatte eines Einzelunternehmers (BFH I R 135/80 BStBl II 83, 173) oder eines MUers (BFH I R 42/80 BStBl II 83, 405) sind, ist eine DirektVers zulässig, die folgenden durch die Rspr entwickelten und von der *FinVerw* anerkannten Voraussetzungen vorliegen (vgl *BMF* BStBl I 84, 495, BStBl I 86, 7; dazu auch *HHR* Rz 43):

13 **a) Strechtl beachtl ArbVerh.** Die vertragl Hauptpflichten müssen klar und eindeutig vereinbart sein sowie entspr dem Vereinbarten durchgeführt werden (BFH X R 31/12 DStR 13, 2261; *Wolter* BetrAV 06, 6).

14 **b) Versorgungszusage.** Auch die Zusage muss ernstl gewollt sein und tatsächl durchgeführt werden (BFH XI R 87/93 BStBl II 1995, 873). Diese Voraussetzungen liegen bei einer DirektVers bereits vor, wenn der ArbG den Versicherungsvertrag abgeschlossen hat und regelmäßig die Prämien an die VersicherungsGes entrichtet (BFH IV R 198/84 BStBl II 87, 557). Die Versicherungsleistungen dürfen – außer bei Berufs- und/oder Arbeitsunfähigkeit – grds frühestens bei Erreichen der Altersruhegrenzen der SV fällig werden. Die **Regelaltersgrenze** wird von Männern mit Vollendung des 65. (§ 235 SGB VI), von Frauen des 60. Lebensjahres (§ 237a SGB VI) erreicht.

15 **c) Betriebl Veranlassung der Versicherung.** Das ist nach einem sog **betriebsinternen Fremdvergleich** (BFH I R 220/82 BStBl II 87, 205 unter 3; BFH IV R 198/84 BStBl II 87, 557; *BMF* BStBl I 84, 495) zu beurteilen, bei Fehlen (vergleichbarer) fremder ArbN ist ein sog **betriebsexterner Vergleich (Üblichkeitsprüfung)** vorzunehmen (BFH I R 135/80 BStBl II 83, 173; BFH VIII R 106/81 BStBl II 85, 124). – Die Befreiung von der SV indiziert die betriebl Veranlassung (BFH III R 6/85 BFH/NV 88, 639).

16 **d) DirektVers mit Entgeltumwandlung** (Rz 3). Auch ArbN-Ehegatten haben wie andere „fremde" ArbN Anspruch auf Entgeltumwandlung (vgl BFH VIII R 68/06 BStBl II 08, 973). Eine DirektVers kann auch anlässl einer betriebl veranlassten **Lohnerhöhung** abgeschlossen werden oder bei Übernahme weiterer oder höherwertiger Aufgaben durch den ArbN-Ehegatten (vgl BFH IV R 198/84 BStBl II 87, 557 mwN).

17 **e) Teilweise unentgeltl Mitarbeit eines ArbN-Ehegatten.** Diese allein reicht nicht für die betriebl Veranlassung einer (zusätzl) DirektVers (BFH IV R 198/84 BStBl II 87, 557; vgl auch BFH X R 31/12 DStR 13, 2261). ME liegt eine strechtl beachtl DirektVers aber vor, wenn anzunehmen ist, dass der ArbN-Ehegatte nicht mehr teilweise unentgeltl mitarbeiten soll, so dass die DirektVers an die Stelle einer Erhöhung der sog Aktivbezüge tritt (BVerfG HFR 87, 92). Voraussetzung dafür ist ledigl eine entspr (schriftl) Änderung des Arbeitsvertrages vor Abschluss der DirektVers (sa FG Mster EFG 90, 100, rkr).

Zweifelhaft ist, ob eine **DirektVers als Ausgleich für eine teilweise unentgeltl Mitarbeit** des ArbN-Ehegatten in der Vergangenheit als betriebl veranlasst angesehen werden kann (verneint in BFH IV R 53/77 BStBl II 80, 450 unter 2e; BFH IV R 198/84 BStBl II 87, 557; offen gelassen in BFH VIII R 50/80 BStBl II 83, 209 unter 2b; bejaht in BFH I R 20/77 BStBl II 83, 562 für eine Pensionszusage an den Vater).

18 **f) Verhältnis zu den „Aktivbezügen".** Der Aufwand für die DirektVers darf ggü dem übrigen ArbLohn bzw dem sog Barlohn nicht unangemessen hoch sein (BFH I R 220/82 BStBl II 87, 205 unter II 4c; FG Mster EFG 90, 100; krit *Seeger* FS Wassermeyer 2004, 81 ff).

g) Barlohnumwandlung. Wird in einem steuerl anzuerkennenden ArbVerh zw Ehegatten ein Teil des bis dahin bestehenden angemessenen Lohnanspruchs ohne Veränderung des ArbVerh iÜ in einen DirektVersSchutz umgewandelt (sog echte Barlohnumwandlung), sind die Versicherungsbeiträge betriebl veranlasst und regelmäßig **ohne Prüfung einer sog Überversorgung** als BA zu berücksichtigen (BFH VIII R 68/06 BStBl II 08, 973; gegen BFH XI R 87/93 BStBl II 95, 873 und in Abgrenzung zu Fällen zusätzl zum bis dahin bestehenden Lohnanspruch geleisteter Versicherungsbeiträge); zur bisherigen Rechtslage s 27. Aufl. 19

IV. Rechtsfolgen; Verfahren

1. Aktivierungsverbot, § 4b S 1. Für den ArbG besteht hinsichtl des Versicherungsanspruchs ein Aktivierungsverbot, soweit der Versicherte bezugsberechtigt ist. Auch bei Beleihung oder Abtretung der Versicherungsansprüche ergibt sich keine Aktivierungspflicht (§ 4b S 2; *HHR* Rz 70 f). – Nach § 159 I VVG kann eine LV zu Gunsten eines Dritten abgeschlossen werden. Bezugsberechtigt werden idR der versicherte ArbN bzw seine Hinterbliebenen sein; auch der ArbN-Ehegatte kann bezugsberechtigte Person sein (BFH I R 135/80 BStBl II 83, 173; *HHR* Rz 48 f). Ab 2001 ist ist der ArbG nach § 1b II BetrAVG verpflichtet, das Bezugsrecht des ArbN ab Lebensalter 30 und nach fünfjähriger Dauer des ArbVerh nicht zu widerrufen. Versicherungsrechtl steht im Falle des widerrufl Bezugsrechts der Versicherungsanspruch bis zum Eintritt des Versicherungsfalles dem Versicherungsnehmer und danach dem Bezugsberechtigten als versicherter Person zu. Nach § 1 I BetrAVG wird der Versorgungsanspruch unter bestimmten Voraussetzungen unverfallbar. Hinsichtl der Ansprüche aus einer DirektVers handelt es sich jedoch nur um eine schuldrechtl Verpflichtung des ArbG (§ 1 II BetrAVG). Widerruft der ArbG das Bezugsrecht dennoch, entsteht ein **Schadensersatzanspruch** des ArbN. Der **Versicherungsanspruch** kann auch **geteilt** werden (gespaltene Bezugsberechtigung). Es ist mögl, dass der ArbN oder seine Hinterbliebenen nur teilweise bezugsberechtigt sind (zB nur hinsichtl der Versicherungssumme, während der Ertrag aus der Versicherung, die Überschussanteile, dem ArbG zustehen). Bei gespaltener Bezugsberechtigung ist der Anspruch teilweise zu aktivieren. – Die Bezugsberechtigung kann auch beim **Versorgungsausgleich** anlässl der **Ehescheidung** des ArbN geteilt werden (s dazu *BMF* BB 88, 2129), mE auch nach neuem Recht bei interner Teilung (*Ruland* BetrAV 10, 131; *Schwind* BetrAV 10, 235; *Briel* BetrAV 11, 338). 25

2. Betriebsausgabenabzug. Beiträge (Versicherungsprämien) zur DirektVers sind, da die Zahlungen betriebl veranlasst sind und eine Aktivierung verboten ist, für den ArbG sofort abziehbare BA (*HHR* Rz 70). Bei Zahlungen auf Versicherungsverträge für Angehörige ist der Abzug nur zul, wenn die Prämien iRe steuerl anzuerkennenden ArbVerh geleistet werden (s Rz 12–19). Andernfalls gehören die Ansprüche zum PV; die Beiträge sind dann, wenn sie aus dem BV geleistet werden, Entnahmen oder vGA. Dem BA-Abzug einer betriebl veranlassten DirektVers steht nicht entgegen, dass der Versicherungsanspruch gegen **Einmalbetrag** erworben wird (vgl BFH I R 209/81 BStBl II 83, 664); ein aktiver **RAP** ist nicht zu bilden, da eine kalendermäßig bestimmte Frist für die Versicherung nicht gegeben ist. 26

3. Rückstellung. Gerät der ArbG ggü dem Versicherungsunternehmen in Rückstand, hat er die Verpflichtung zur Nachentrichtung der Prämien zu passivieren (§ 5 Rz 311, 361). Kürzt das Versicherungsunternehmen die zu erbringenden Versorgungsleistungen, entfällt die Verpflichtung und es entsteht ein **Schadenersatzanspruch** des ArbN gegen den ArbG (s dazu § 4d Rz 5). Für die Verpflichtung zur Leistung von Schadenersatz hat der ArbG eine Rückstellung zu bilden (*A/F/R* Teil 8, Rz 19). 27

4. Abtretung; Beleihung; Insolvenzsicherung, § 4b S 2. Der ArbG kann den Anspruch aus der Versicherung abtreten oder beleihen (*HHR* Rz 85 f). Durch die Beleihung oder anderweitige Finanzierung der Zahlungsverpflichtungen an den Versorgungsträger kann ein Liquiditätsnachteil für das Unternehmen vermieden werden. Als Beleihung ist auch das **Policendarlehen** anzusehen, bei dem die 30

VersicherungsGes dem Versicherungsnehmer bis zur Höhe des Rückkaufwertes eine verzinsl Vorauszahlung auf die Versicherungsleistung gewährt (BFH VI R 339/70 BStBl II 74, 237EStH 4b). Die Abtretung oder Beleihung durch den ArbG berührt das **Aktivierungsverbot** nicht, sofern sich der ArbG der bezugsberechtigten Person ggü **schriftl verpflichtet,** sie bei Eintritt des Versicherungsfalles so zu stellen, als ob die Abtretung oder Beleihung nicht erfolgt wäre (§ 4b S 2; s ab 2001 auch § 1b II 3 BetrAVG).

Durch diese Regelung soll die Gefahr vermindert werden, dass der Bezugsberechtigte den Anspruch auf die Versicherung verliert, wenn das Versicherungsunternehmen bei Eintritt des Versicherungsfalles die Aufrechnung des Versicherungsanspruchs gegen den Rückzahlungsanspruch erklärt. Wegen der **Insolvenzsicherung** der DirektVers s §§ 7, 10 BetrAVG. Die Verpflichtungserklärung des ArbG nach § 4b S 2 bedarf der Schriftform und muss dem Bezugsberechtigten ausgehändigt werden (s auch *KSM* § 4b Rz C 29; aA *A/F/R* Teil 4, Rz 60). Auf welche Art der ArbG die Verpflichtung verwirklicht, bleibt ihm überlassen. Die Verpflichtung ist nicht zu passivieren.

33 **5. Verfahren.** Der ArbG hat gem § 6 I 1 AltvDV der Versorgungseinrichtung (Pensionsfonds, Pensionskasse, DirektVers), die für ihn die betriebl Altersversorgung durchführt, spätestens zwei Monate nach Ablauf des Kj oder nach Beendigung des Dienstverhältnisses im Laufe des Kj gesondert je Versorgungszusage mitzuteilen, ob die für den einzelnen ArbN geleisteten Beiträge nach § 3 Nr 63, nach § 40b aF oder individuell besteuert wurden. Die Mitteilungspflicht des ArbG kann durch einen Auftragnehmer wahrgenommen werden.

V. Besteuerung der Beiträge und Bezüge beim Empfänger

35 **1. Allgemeines.** Beiträge des ArbG für eine **DirektVers** (§ 4b), an eine **Pensionskasse** (§ 4c) oder einen **Pensionsfonds** (§ 4e) führen (schon in der Ansparphase) zu ArbLohn des ArbN, weil der ArbN ggü dem leistungsverpflichteten Träger der Versorgungslast einen **Rechtsanspruch** erwirbt (§ 19 I Nr 3; *Heger* BetrAV 13, 305); zur Besteuerung von Renten aus DirektVers in der Leistungsphase s Wortlaut des § 22 Nr 5 S 1; *RRdL* Rz 2018; § 22 Rz 52, 53, 127). – **Beiträge** des ArbG (Ansparphase) an **Unterstützungskassen** (§ 4d) und **Pensionsrückstellungen** gem § 6a führen nicht zu stpfl ArbLohn des ArbN; auf sie besteht noch kein durchsetzbarer Rechtsanspruch. Sie werden in der Leistungsphase, also bei **Rentenbezug,** beim Empfänger als Versorgungsbezüge iSd § 19 II – also nachgelagert – besteuert.

36 **2. Direktversicherung.** Für den ArbN sind die Beiträge grds **ArbLohn** (BFH X R 35/12 DStR 14, 2498), der aber ab 2005 grds stfrei ist (§ 3 Nr 63; *RRdL* Rz 2181 f).

38 **3. Rechtslage nach dem AltEinkG.** Da der ArbN in der Ansparphase einen eigenen Anspruch erwirbt, führen die Beiträge zum Lohnzufluss. Bei Neuverträgen, die **Rentenzahlungen** vorsehen, sind die Prämienzahlungen gem § 3 Nr 63 (bis zu den gesetzl Höchstbeträgen) stfrei. Weil die Beiträge bereits zum Lohnzufluss geführt haben, entstehen iZm den Versorgungsleistungen keine lostl Pflichten; der ArbN erzielt Einkünfte aus § 22 Nr 5 (*RRdL* Rz 2018; *Höfer* BetrAVG Kap 18 Rz 103). Soweit die Erträge auf stfreien Beiträgen beruhen, sind sie gem § 19 I 1 Nr 2/II 2 Nr 2 als nachträgl ArbLohn stpfl; soweit die Erträge auf Prämienbestandteilen beruhen, die über die Höchstbeträge des § 3 Nr 63 hinausgingen, beruht die Besteuerung mit dem Ertragsanteil auf § 22 Nr 1 S 3a/bb nF (§ 22 Rz 125 ff). – Renten sind von Ruhegeldern (Ruhegehältern) abzugrenzen (*Portner* BB 15, 854/6). – Zur Übertragung der Versorgungsverpflichtung auf einen Pensionsfonds s § 4e Rz 4 f.

§ 4c Zuwendungen an Pensionskassen

(1) [1] **Zuwendungen an eine Pensionskasse dürfen von dem Unternehmen, das die Zuwendungen leistet (Trägerunternehmen), als Betriebsausgaben abgezogen werden, soweit sie auf einer in der Satzung oder im Geschäftsplan der Kasse festgelegten Verpflichtung oder auf einer Anordnung der Versicherungsaufsichtsbehörde beruhen oder der Abdeckung von Fehlbeträgen bei der Kasse dienen.** [2] **Soweit die allgemeinen Versicherungsbedingungen und die fachlichen Geschäftsunterlagen im Sinne des § 234 Absatz 3 Nummer 1 des Versicherungsaufsichtsgesetzes nicht zum Geschäftsplan gehören, gelten diese als Teil des Geschäftsplans.**

(2) **Zuwendungen im Sinne des Absatzes 1 dürfen als Betriebsausgaben nicht abgezogen werden, soweit die Leistungen der Kasse, wenn sie vom Trägerunternehmen unmittelbar erbracht würden, bei diesem nicht betrieblich veranlasst wären.**

Einkommensteuer-Richtlinien: EStR 4c/EStH 4c

Übersicht

Schrifttum: S Schrifttum zu § 4b; *Uckermann* ua BetrAV 2014, Kap 12; ferner *Thurnes,* Aspekte zum neuen Versorgungsausgleich bei Pensionskassen, BetrAV 10, 230.

I. Regelungsbereich

Einem ArbN kann eine betriebl Altersversorgung auch über eine Pensionskasse zugesagt werden (§ 1 II Nr 4 BetrAVG); § 1a BetrAVG eröffnet die Möglichkeit der Zusage durch **Entgeltumwandlung.** § 4c regelt, unter welchen Voraussetzungen Zuwendungen an Pensionskassen durch das Trägerunternehmen abgezogen **(Abs 1)** bzw nicht abgezogen **(Abs 2)** werden können. § 4c ist eine Sonderregelung zu § 4 IV (*HHR* Rz 3) und beschränkt den Abzug der an die Pensionskasse gezahlten Zuwendungen. 1

II. Abzug von Zahlungen an Pensionskasse

1. Pensionskasse. – a) Definition. Eine Pensionskasse ist eine regelmäßig **kapitalgedeckte rechtsfähige Versorgungseinrichtung** zur Durchführung der betriebl Altersversorgung, die dem ArbN oder seinen Hinterbliebenen auf ihre Leistungen einen **Rechtsanspruch** gewährt (§ 232 I VAG; § 1b III BetrAVG; *HHR* Rz 26); in BRD 164 (Stand 2013); ggf besteht eine Einstandspflicht des ArbG (BAG 3 AZR 408/10 BetrAV 12, 710). Eine Rückdeckungskasse ist daher keine Pensionskasse; wegen des Kreises der Begünstigten s § 4b Rz 5. Nach EStR 4c I ist auch eine rechtl unselbständige **Zusatzversorgungseinrichtung des öffentl Dienstes** iSd § 18 BetrAVG als Pensionskasse anzusehen, wenn sie einen Rechtsanspruch gewährt (zu umlagefinanzierte Versorgungskassen *Abel* DB 06, 961). **Pensionskassen** sind **ihrer Art nach Versicherungsunternehmen.** Ihre Geschäftspläne müssen von den Versicherungsaufsichtsbehörden genehmigt werden. Damit soll die jederzeitige Erfüllbarkeit der Verpflichtungen gesichert werden. 2

§ 4c I 2 (Einbeziehung von deregulierten Pensionskassen) dient ebenfalls diesem Zweck und soll die Gleichbehandlung aller Pensionskassen gewährleisten (*HHR* Rz 55). Auch Leistungen an **ausl Pensionskassen** können nach § 4c abgezogen werden (*Blümich/Förster* Rz 24).

3 **b) Pensionskassen bei wirtschaftl verbundenen Unternehmen.** Träger einer Pensionskasse können auch wirtschaftl verbundene Unternehmen **(Konzernpensionskassen)** und wirtschaftl nicht verbundene Unternehmen, die aber häufig demselben Wirtschaftszweig angehören, Trägerunternehmen sein **(Gruppenpensionskassen).** Der steuerl Vorteil der Einrichtung einer Pensionskasse kommt nur dann zum Tragen, wenn diese stbefreit ist (vgl § 5 I Nr 3, § 6 KStG, §§ 1, 2 KStDV, § 3 Nr 9 GewStG). Wegen der danach für die Anerkennung als soziale Einrichtung (§ 5 Abs 1 Nr 3b KStG) vorgeschriebenen Begrenzung der Leistungshöhe s § 2 KStDV.

4 **c) Abgrenzung zur Unterstützungskasse.** Die Pensionskasse **unterscheidet** sich von der **Unterstützungskasse** (§ 4d) vor allem dadurch, dass auf die Leistungen der Pensionskasse ein **Rechtsanspruch** besteht (§ 232 I Nr 4 VAG). Der BFH (VI R 154/99 BFH/NV 02, 110) hat entschieden, dass Zuwendungen zur Erfüllung der Solvabilitätsvoraussetzungen keinen Zufluss von Entgelt bei den Versorgungsberechtigten darstellen, weil sie bei LV nicht aus dem Prämienaufkommen finanziert werden; vielmehr gehört die Solvabilität zu den Voraussetzungen für die Aufnahme des Geschäftsbetriebs.

5 **2. Trägerunternehmen und versicherte ArbN.** Um Leistungen an die Versicherten erbringen zu können, muss eine Pensionskasse nach den versicherungsrechtl Bestimmungen in der Zeit bis zum Eintritt des Versicherungsfalles **(Anwartschaftszeit)** das Deckungskapital ansammeln. Diese Finanzierung erfolgt durch das oder die Trägerunternehmen, also den ArbG (§ 4c I 1; *HHR* Rz 46), zT auch durch die versicherten ArbN. – Der ArbN ist versicherte Person und kann zugleich Versicherungsnehmer sein; insofern besteht ein Unterschied zur DirektVers (BFH VI R 61/88 BStBl II 91, 647). Der ArbN ist daher Inhaber des Anspruchs auf die Kassenleistung. Begünstigte Personen sind der ArbN und seine Angehörigen; Teilung iRd Versorgungsausgleichs (*Thurnes* BetrAV 10, 230). Auch Personen, die außerhalb eines arbeitsrechtl ArbVerh für den ArbG tätig geworden sind, können Leistungen aus der Pensionskasse empfangen (s § 17 I BetrAVG; § 4b Rz 5).

6 **3. Beschränkter Abzug von Zuwendungen an Pensionskasse, § 4c I. – a) Abzug.** Leistungen des Trägerunternehmens an die Pensionskasse (Zuschüsse, Zuwendungen; *HHR* Rz 36) sind als BA nur abziehbar, wenn sie für die Erfüllung der Aufgaben der Pensionskasse notwendig sind. Abziehbar sind nach § 4c I Zuwendungen, *(1)* die zur Erfüllung einer in der Satzung oder im Geschäftsgang der Kasse festgelegten Verpflichtung gemacht werden, *(2)* die auf Anordnung der Versicherungsaufsichtsbehörde geleistet werden oder die *(3)* der Abdeckung von Fehlbeträgen bei der Kasse dienen (*HHR* Rz 47).

Die Höhe der erforderl Zuwendungen wird nach dem Bedarf der Kasse (Deckungsmittel) anhand versicherungsmathematischer Grundsätze ermittelt. Dabei ist ein *Rechenzinsfuß* von 3,5 vH zu Grunde zu legen (*Blümich/Heger* Rz 36). Liegt eine Beitragszusage vor (Rz 1), kann sich keine Überdotierung ergeben, wenn ledigl die zugesagten Beiträge gezahlt werden. Der Verwaltungsaufwand der Kasse mindert sich, weil die versicherungsmathematische Ermittlung der erforderl Zuwendungen entfällt.

7 **b) Nichtabzug.** Darüber hinausgehende Zuwendungen sind nicht als BA abziehbar (*HHR* Rz 62). Durch diese Abzugsbeschränkung soll vermieden werden, dass einer Pensionskasse unter Inanspruchnahme der Abzugsfähigkeit mehr Mittel zugeführt werden, als zur Erfüllung ihrer Aufgaben erforderl sind. Ohne Bedeutung ist die Art der Zahlung; es sind also anders – als nach dem früheren Zuwendungsgesetz – nicht ledigl lfd Zuweisungen abziehbar, sondern auch Einmalzahlungen.

Eine Überdotierung der Pensionskasse (Reinvermögen = Eigenkapital der Kasse höher als Verlustrücklagen) führt zur teilweisen KStPflicht der Pensionskasse (§ 6 I KStG; vgl *BMF* DStR 83, 300). Für die Feststellung der Überdotierung besteht keine Bindung an Entscheidungen der Versicherungsaufsichtsbehörden (*BMF/OFD Bln* DStR 89, 257). Die Stpfl ist auflösend bedingt; sie entfällt nach § 6 II KStG mit Wirkung für die Vergangenheit, soweit das übersteigende Vermögen innerhalb von 18 Monaten nach dem Schluss des Wj, für das es festgestellt worden ist, mit Zustimmung der Versicherungsaufsichtsbehörde etwa durch **Rückzahlung an das Trägerunternehmen** wieder beseitigt wird. – Ggf hat das Trägerunternehmen einen Rückforderungsanspruch zu aktivieren (*HHR* Rz 62).

c) Kein Betriebsausgabenabzug bei Zuwendungen an sich selbst, § 4c 8
II. Leistungen können auch an den ArbG und seine Angehörigen selbst erbracht werden; die dafür erbrachten Zuwendungen an die Kasse dürfen dann aber (mangels betriebl Veranlassung) nicht als BA abgezogen werden; der „Umweg" über die Kasse führt nicht zu BA (*Frotscher/Kauffmann* § 4c Rz 28). Das Abzugsverbot greift nicht ein, soweit zw dem ArbG und seinen Angehörigen ein **strechtl anzuerkennendes ArbVerh** besteht (EStR 4c IV 3).

III. Besteuerung der Arbeitnehmer

1. Kassenzuweisungen als ArbLohn. Die Zuweisungen des Trägerunter- 9
nehmens an die Pensionskasse sind für den ArbN und bezugsberechtigte ehemalige ArbN ArbLohn und daher grds bereits bei ihrer Entrichtung vom ArbG für den ArbN zu versteuern (LSt), da die Zuwendung einen Zufluss beim ArbN darstellt (§ 11, § 2 II Nr 3 LStDV). Die **Pauschalierung nach § 40b** war bis zum 31.12.04 möglich; sie ist durch das AltEinkG – wie für Neuabschlüsse zur DirektVers (§ 4b Rz 3, 38) – auch für Beiträge an kapitalgedeckte Pensionskassen beseitigt worden; für umlagefinanzierte Pensionskassen (Rz 2) besteht sie fort (§ 40b I, II; s auch Rz 10). Dieser Grundsatz ist durch die begrenzte **Steuerfreiheit** der Beitragsleistungen an Pensionskassen gem § 3 Nr 63 (geändert durch das AltEinkG) eingeschränkt (4 vH der Beitragsbemessungsgrenze; 2014/West: 71 400 × 4 vH = 2856 €; s § 3 Rz 209 f; *Langohr-Plato* INF 01, 518, 520); in dieser Höhe besteht auch Beitragsfreiheit zur SV. Das gilt auch bei Pauschalierung nach § 40b. Die Beitragsfreiheit endet in den Fällen der Entgeltumwandlung 2008 (§ 115 SGB IV; ArbeitsentgeltVO idFd Art 28 AVmG; Art 35 VIII AVmG). Über 4 vH der Beitragsbemessungsgrenze hinaus gehende Zuwendungen sind stpfl (§ 3 Nr 63); für sie kann Förderung nach § 10a und §§ 79 ff beantragt werden (Rz 10). Für die Steuerfreiheit ist es nach § 1 II BetrAVG unerhebl, ob die Beiträge vom ArbG aufgebracht oder durch Entgeltumwandlung vom ArbN finanziert werden.

2. Art der Besteuerung. Sie hängt davon ab, wie die Einzahlungen an die 10
Pensionskasse steuerl behandelt wurden: – **a) Einzahlungen in kapitalgedeckte Pensionskasse.** Diese werden *(a) vorgelagert individuell, (b)* in Altfällen (s § 4b Rz 35 f) *pauschaliert* gem § 40b (§ 52 Abs. 40) besteuert oder es kann *(c)* der SA-Abzug gem §§ 10a, 79 ff iVm individueller Besteuerung der Beiträge (Nettoentgeltumwandlung) oder *(d)* Steuerfreiheit der Zuwendungen gem § 3 Nr 63 geltend gemacht werden (Bruttoentgeltumwandlung). **Leistungen** der Pensionskasse werden in den Fällen *(a)* und *(b)* mit dem (neuen) niedrigeren Ertragsanteil nach § 22 Nr 1 S 3a/bb besteuert. In den Fällen *(c)* und *(d)* bleiben die Beiträge unversteuert, so dass die volle nachgelagerte Besteuerung eingreift (§ 22 Nr 5; *RRdL* Rz 2008; *Höfer* BetrAVG Kap 26 Rz 11).

b) Zuwendungen an umlagefinanzierte Pensionskasse (der öffentl Hand). 11
Diese werden *(a)* individuell vorgelagert oder *(b)* pauschal nach § 40b versteuert; Gegenwertzahlungen bei Systemumstellung unterliegen nicht der LSt (BFH VI R 32/04 DB 05, 2445; *Seeger* DB 05, 2771). Für die Besteuerung beim Leistungsempfänger in

der Auszahlungsphase greift § 22 Nr 1 S 3a/bb ein. §§ 10a, 79 ff sind, weil diese Kassen nicht kapitalgedeckt sind (vgl § 3 Nr 63 S 1), nicht anwendbar.

§ 4d Zuwendungen an Unterstützungskassen

(1) [1] Zuwendungen an eine Unterstützungskasse dürfen von dem Unternehmen, das die Zuwendungen leistet (Trägerunternehmen), als Betriebsausgaben abgezogen werden, soweit die Leistungen der Kasse, wenn sie vom Trägerunternehmen unmittelbar erbracht würden, bei diesem betrieblich veranlasst wären und sie die folgenden Beträge nicht übersteigen:

1. bei Unterstützungskassen, die lebenslänglich laufende Leistungen gewähren:

a) das Deckungskapital für die laufenden Leistungen nach der dem Gesetz als Anlage 1 beigefügten Tabelle. [2] Leistungsempfänger ist jeder ehemalige Arbeitnehmer des Trägerunternehmens, der von der Unterstützungskasse Leistungen erhält; soweit die Kasse Hinterbliebenenversorgung gewährt, ist Leistungsempfänger der Hinterbliebene eines ehemaligen Arbeitnehmers des Trägerunternehmens, der von der Kasse Leistungen erhält. [3] Dem ehemaligen Arbeitnehmer stehen andere Personen gleich, denen Leistungen der Alters-, Invaliditäts- oder Hinterbliebenenversorgung aus Anlass ihrer ehemaligen Tätigkeit für das Trägerunternehmen zugesagt worden sind;

b) in jedem Wirtschaftsjahr für jeden Leistungsanwärter,

aa) wenn die Kasse nur Invaliditätsversorgung oder nur Hinterbliebenenversorgung gewährt, jeweils 6 Prozent,

bb) wenn die Kasse Altersversorgung mit oder ohne Einschluss von Invaliditätsversorgung oder Hinterbliebenenversorgung gewährt, 25 Prozent

der jährlichen Versorgungsleistungen, die der Leistungsanwärter oder, wenn nur Hinterbliebenenversorgung gewährt wird, dessen Hinterbliebene nach den Verhältnissen am Schluss des Wirtschaftsjahres der Zuwendung im letzten Zeitpunkt der Anwartschaft, spätestens zum Zeitpunkt des Erreichens der Regelaltersgrenze der gesetzlichen Rentenversicherung erhalten können. [2] Leistungsanwärter ist jeder Arbeitnehmer oder ehemalige Arbeitnehmer des Trägerunternehmens, der von der Unterstützungskasse schriftlich zugesagte Leistungen erhalten kann und am Schluss des Wirtschaftsjahres, in dem die Zuwendung erfolgt, das 27. Lebensjahr vollendet hat; soweit die Kasse nur Hinterbliebenenversorgung gewährt, gilt als Leistungsanwärter jeder Arbeitnehmer oder ehemalige Arbeitnehmer des Trägerunternehmens, der am Schluss des Wirtschaftsjahres, in dem die Zuwendung erfolgt, das 27. Lebensjahr vollendet hat und dessen Hinterbliebene die Hinterbliebenenversorgung erhalten können. *[ab VZ 2018: [2] Leistungsanwärter ist jeder Arbeitnehmer oder ehemalige Arbeitnehmer des Trägerunternehmens, der von der Unterstützungskasse schriftlich zugesagte Leistungen erhalten kann und am Schluss des Wirtschaftsjahres, in dem die Zuwendung erfolgt,**

aa) bei erstmals nach dem 31. Dezember 2017 zugesagten Leistungen das 23. Lebensjahr vollendet hat,

bb) bei erstmals nach dem 31. Dezember 2008 und vor dem 1. Januar 2018 zugesagten Leistungen das 27. Lebensjahr vollendet hat oder

cc) bei erstmals vor dem 1. Januar 2009 zugesagten Leistungen das 28. Lebensjahr vollendet hat;

soweit die Kasse nur Hinterbliebenenversogung gewährt, gilt als Leistungsanwärter jeder Arbeitnehmer oder ehemalige Arbeitnehmer des

* § 4d I 1 Nr 1 S 1 Buchst b S 2 neu gefasst durch Gesetz v 21.12.15 (BGBl I 15, 2553).

Trägerunternehmens, der am Schluss des Wirtschaftsjahres, in dem die Zuwendung erfolgt, das nach dem ersten Halbsatz maßgebende Lebensjahr vollendet hat und dessen Hinterbliebene die Hinterbliebenenversorgung erhalten können.*]* 3 Das Trägerunternehmen kann bei der Berechnung nach Satz 1 statt des dort maßgebenden Betrags den Durchschnittsbetrag der von der Kasse im Wirtschaftsjahr an Leistungsempfänger im Sinne des Buchstabens a Satz 2 gewährten Leistungen zugrunde legen. 4 In diesem Fall sind Leistungsanwärter im Sinne des Satzes 2 nur die Arbeitnehmer oder ehemaligen Arbeitnehmer des Trägerunternehmens, die am Schluss des Wirtschaftsjahres, in dem die Zuwendung erfolgt, das 50. Lebensjahr vollendet haben. 5 Dem Arbeitnehmer oder ehemaligen Arbeitnehmer als Leistungsanwärter stehen andere Personen gleich, denen schriftlich Leistungen der Alters-, Invaliditäts- oder Hinterbliebenenversorgung aus Anlass ihrer Tätigkeit für das Trägerunternehmen zugesagt worden sind;

c) den Betrag des Beitrages, den die Kasse an einen Versicherer zahlt, soweit sie sich die Mittel für ihre Versorgungsleistungen, die der Leistungsanwärter oder Leistungsempfänger nach den Verhältnissen am Schluss des Wirtschaftsjahres der Zuwendung erhalten kann, durch Abschluss einer Versicherung verschafft. 2 Bei Versicherungen für einen Leistungsanwärter ist der Abzug des Beitrages nur zulässig, wenn der Leistungsanwärter die in Buchstabe b Satz 2 und 5 genannten Voraussetzungen erfüllt, die Versicherung für die Dauer bis zu dem Zeitpunkt abgeschlossen ist, für den erstmals Leistungen der Altersversorgung vorgesehen sind, mindestens jedoch bis zu dem Zeitpunkt, an dem der Leistungsanwärter das 55. Lebensjahr vollendet hat, und während dieser Zeit jährlich Beiträge gezahlt werden, die der Höhe nach gleich bleiben oder steigen. 3 Das Gleiche gilt für Leistungsanwärter, die das 27. Lebensjahr noch nicht vollendet haben *[ab VZ 2018:* die das nach Buchstabe b Satz 2 jeweils maßgebende Lebensjahr noch nicht vollendet haben*]*, für Leistungen der Invaliditäts- oder Hinterbliebenenversorgung, für Leistungen der Altersversorgung unter der Voraussetzung, dass die Leistungsanwartschaft bereits unverfallbar ist. 4 Ein Abzug ist ausgeschlossen, wenn die Ansprüche aus der Versicherung der Sicherung eines Darlehens dienen. 5 Liegen die Voraussetzungen der Sätze 1 bis 4 vor, sind die Zuwendungen nach den Buchstaben a und b in dem Verhältnis zu vermindern, in dem die Leistungen der Kasse durch die Versicherung gedeckt sind;**

d) den Betrag, den die Kasse einem Leistungsanwärter im Sinne des Buchstabens b Satz 2 und 5 vor Eintritt des Versorgungsfalls als Abfindung für künftige Versorgungsleistungen gewährt, den Übertragungswert nach § 4 Absatz 5 des Betriebsrentengesetzes oder den Betrag, den sie an einen anderen Versorgungsträger zahlt, der eine ihr obliegende Versorgungsverpflichtung übernommen hat.

2 Zuwendungen dürfen nicht als Betriebsausgaben abgezogen werden, wenn das Vermögen der Kasse ohne Berücksichtigung künftiger Versorgungsleistungen am Schluss des Wirtschaftsjahres das zulässige Kassenvermögen übersteigt. 3 Bei der Ermittlung des Vermögens der Kasse ist am Schluss des Wirtschaftsjahres vorhandener Grundbesitz mit 200 Prozent der Einheitswerte anzusetzen, die zu dem Feststellungszeitpunkt maßgebend sind, der dem Schluss des Wirtschaftsjahres folgt; Ansprüche aus einer Versicherung sind mit dem Wert des geschäftsplanmäßigen Deckungskapitals zuzüglich der Guthaben aus Beitragsrückerstattung am Schluss des Wirt-

* § 4d I 1 Nr 1 S 6 neu gefasst durch Gesetz v 21.12.15 (BGBl I 15, 2553).

schaftsjahres anzusetzen, und das übrige Vermögen ist mit dem gemeinen Wert am Schluss des Wirtschaftsjahres zu bewerten. [4] Zulässiges Kassenvermögen ist die Summe aus dem Deckungskapital für alle am Schluss des Wirtschaftsjahres laufenden Leistungen nach der dem Gesetz als Anlage 1 beigefügten Tabelle für Leistungsempfänger im Sinne des Satzes 1 Buchstabe a und dem Achtfachen der nach Satz 1 Buchstabe b abzugsfähigen Zuwendungen. [5] Soweit sich die Kasse die Mittel für ihre Leistungen durch Abschluss einer Versicherung verschafft, ist, wenn die Voraussetzungen für den Abzug des Beitrages nach Satz 1 Buchstabe c erfüllt sind, zulässiges Kassenvermögen der Wert des geschäftsplanmäßigen Deckungskapitals aus der Versicherung am Schluss des Wirtschaftsjahres; in diesem Fall ist das zulässige Kassenvermögen nach Satz 4 in dem Verhältnis zu vermindern, in dem die Leistungen der Kasse durch die Versicherung gedeckt sind. [6] Soweit die Berechnung des Deckungskapitals nicht zum Geschäftsplan gehört, tritt an die Stelle des geschäftsplanmäßigen Deckungskapitals der nach § 176 Absatz 3 des Gesetzes über den Versicherungsvertrag berechnete Zeitwert *[ab VZ 2018**: nach § 169 Absatz 3 und 4 des Versicherungsvertragsgesetzes berechnete Wert*]*, beim zulässigen Kassenvermögen ohne Berücksichtigung des Guthabens aus Beitragsrückerstattung. [7] Gewährt eine Unterstützungskasse an Stelle von lebenslänglich laufenden Leistungen eine einmalige Kapitalleistung, so gelten 10 Prozent der Kapitalleistung als Jahresbetrag einer lebenslänglich laufenden Leistung;

2. bei Kassen, die keine lebenslänglich laufenden Leistungen gewähren, für jedes Wirtschaftsjahr 0,2 Prozent der Lohn- und Gehaltssumme des Trägerunternehmens, mindestens jedoch den Betrag der von der Kasse in einem Wirtschaftsjahr erbrachten Leistungen, soweit dieser Betrag höher ist als die in den vorangegangenen fünf Wirtschaftsjahren vorgenommenen Zuwendungen abzüglich der in dem gleichen Zeitraum erbrachten Leistungen. [2] Diese Zuwendungen dürfen nicht als Betriebsausgaben abgezogen werden, wenn das Vermögen der Kasse am Schluss des Wirtschaftsjahres das zulässige Kassenvermögen übersteigt. [3] Als zulässiges Kassenvermögen kann 1 Prozent der durchschnittlichen Lohn- und Gehaltssumme der letzten drei Jahre angesetzt werden. [4] Hat die Kasse bereits zehn Wirtschaftsjahre bestanden, darf das zulässige Kassenvermögen zusätzlich die Summe der in den letzten zehn Wirtschaftsjahren gewährten Leistungen nicht übersteigen. [5] Für die Bewertung des Vermögens der Kasse gilt Nummer 1 Satz 3 entsprechend. [6] Bei der Berechnung der Lohn- und Gehaltssumme des Trägerunternehmens sind Löhne und Gehälter von Personen, die von der Kasse keine nicht lebenslänglich laufenden Leistungen erhalten können, auszuscheiden.

[2] Gewährt eine Kasse lebenslänglich laufende und nicht lebenslänglich laufende Leistungen, so gilt Satz 1 Nummer 1 und 2 nebeneinander. [3] Leistet ein Trägerunternehmen Zuwendungen an mehrere Unterstützungskassen, so sind diese Kassen bei der Anwendung der Nummern 1 und 2 als Einheit zu behandeln.

(2) [1] Zuwendungen im Sinne des Absatzes 1 sind von dem Trägerunternehmen in dem Wirtschaftsjahr als Betriebsausgaben abzuziehen, in dem sie geleistet werden. [2] Zuwendungen, die bis zum Ablauf eines Monats nach Aufstellung oder Feststellung der Bilanz des Trägerunternehmens für den Schluss eines Wirtschaftsjahres geleistet werden, können von dem Trägerunternehmen noch für das abgelaufene Wirtschaftsjahr durch eine Rückstellung gewinnmindernd berücksichtigt werden. [3] Übersteigen die in einem Wirtschaftsjahr geleisteten Zuwendungen die nach Absatz 1 abzugsfähigen Beträge, so können die übersteigenden Beträge im Wege der Rechnungsabgrenzung auf die

---

* § 4d I 1 Nr 1 S 1 Buchst c S 3 neu gefasst durch Gesetz v 21.12.15 (BGBl I 15, 2553).

folgenden drei Wirtschaftsjahre vorgetragen und im Rahmen der für diese Wirtschaftsjahre abzugsfähigen Beträge als Betriebsausgaben behandelt werden. [4]§ 5 Absatz 1 Satz 2 ist nicht anzuwenden.

(3) [1]**Abweichend von Absatz 1 Satz 1 Nummer 1 Satz 1 Buchstabe d und Absatz 2 können auf Antrag die insgesamt erforderlichen Zuwendungen an die Unterstützungskasse für den Betrag, den die Kasse an einen Pensionsfonds zahlt, der eine ihr obliegende Versorgungsverpflichtung ganz oder teilweise übernommen hat, nicht im Wirtschaftsjahr der Zuwendung, sondern erst in den dem Wirtschaftsjahr der Zuwendung folgenden zehn Wirtschaftsjahren gleichmäßig verteilt als Betriebsausgaben abgezogen werden. [2]Der Antrag ist unwiderruflich; der jeweilige Rechtsnachfolger ist an den Antrag gebunden.**

Anlage 1 zu § 4d Abs. 1:

Tabelle für die Errechnung des Deckungskapitals für lebenslänglich laufende Leistungen von Unterstützungskassen

Erreichtes Alter des Leistungsempfängers (Jahre)	**Die Jahresbeiträge der laufenden Leistungen sind zu vervielfachen bei Leistungen**	
	an männliche Leistungsempfänger mit	**an weibliche Leistungsempfänger mit**
1	**2**	**3**
bis 26	**11**	**17**
27 bis 29	**12**	**17**
30	**13**	**17**
31 bis 35	**13**	**16**
36 bis 39	**14**	**16**
40 bis 46	**14**	**15**
47 und 48	**14**	**14**
49 bis 52	**13**	**14**
53 bis 56	**13**	**13**
57 und 58	**13**	**12**
59 und 60	**12**	**12**
61 bis 63	**12**	**11**
64	**11**	**11**
65 bis 67	**11**	**10**
68 bis 71	**10**	**9**
72 bis 74	**9**	**8**
75 bis 77	**8**	**7**
78	**8**	**6**
79 bis 81	**7**	**6**
82 bis 84	**6**	**5**
85 bis 87	**5**	**4**
88	**4**	**4**
89 und 90	**4**	**3**
91 bis 93	**3**	**3**
94	**3**	**2**
95 und älter	**2**	**2**

Einkommensteuer-Richtlinien / Verwaltungsanweisungen: EStR 4d/EStH 4d – *FinVerw Nds* DB 06, 644 (zur Portabilität); *BMF* 12.11.10 BStBl I 10, 1303 (Versorgungsausgleich); *BMF* 10.11.11 BStBl I 11, 1084 (Versorgungsausgleich)

Übersicht

Schrifttum (Aufsätze vor 2012 s Vorauflagen): *Uckermann* ua BetrAV 2014, Kap 10. – *Buttler/Baier* Stl Behandlung von Unterstützungskassen, 6. Aufl, 2014; s auch Schrifttum zu § 4b. – *Langohr-Plato,* Unterstützungskassen (ArbR), BetrAV 14, 242; *Schu,* Zur stl Weiterentwicklung, BetrAV 14, 250; *Ulbrich,* Der fehlende Rechtsanspruch ..., BetrAV 15, 546.

I. Allgemeines

1 **1. Regelungsbereich.** § 4d regelt den Umfang des BA-Abzugs bei einer Unterstützungskasse. Da kein Rechtsanspruch auf Leistungen besteht (arbeitsrechtl weitgehend bedeutungslos), sind die Dotierungsmöglichkeiten der Unterstützungskasse restriktiv (*Blümich/Heger* Rz 2). Die **Unterstützungskasse** ist eine rechtsfähige Versorgungseinrichtung, die auf ihre Leistungen keinen Rechtsanspruch gewährt (§ 1b IV BetrAVG; Rz 3). Im Unterschied zur pauschaldotierten Unterstützungskasse, bei der sich eine Unterdeckung ergeben kann (*Alt/Stadelbauer* StuB 11, 731), ist bei der **rückgedeckten Unterstützungskasse** („outside funding“) eine vollständige und periodengerechte Ausfinanzierung der Versorgungsleistungen mögl (*Höfer* BetrAVG Kap 2 Rz 931; zur Vorteilhaftigkeit *Harte/Kesting/Leser* BB 06, 131). Bei kongruenter Rückdeckung sind Regelzuwendungen (Deckungskapital und Reservepolster) nicht zul (*Blümich/Heger* Rz 121). Die **Beitragszusage mit Mindestleistung** ist für die Unterstützungskasse nicht zugelassen. Unterstützungskassen sind – wegen des Ausschlusses eines Rechtsanspruchs auf ihre Leistungen – in der Anlage ihres Vermögens frei. Sie überlassen es meist kreditweise dem oder den Trägerunternehmen, denen bei unveränderter Liquidität dadurch ein erhebl steuerl Vorteil entstehen kann. Während sich bei Pensionskassen die Ansammlung des Deckungskapitals nach dem **Anwartschaftsdeckungsverfahren** (Ansammlung des Deckungskapitals für die Leistungen während der Anwartschaftszeit) vollzieht, wird bei den Unterstützungskassen (für Leistungsempfänger) die Finanzierung des Deckungskapitals grds nach dem sog **Kapitalde-**

ckungsverfahren (Zuwendung des Deckungskapitals für die Leistungen erst im Zeitpunkt des Leistungsfalls) gestattet; daneben darf zusätzl (für Leistungsanwärter) ein **Reservepolster** gebildet werden, das sich nach den voraussichtl Kassenleistungen bemessen muss. Das zul Kassenvermögen darf nicht überschritten werden.

Abzugsbegrenzungen (Übersicht):

	Unterstützungskassen, die lebenslängl lfd Leistungen gewähren			Unterstützungskassen, die keine lebenslängl lfd Leistungen gewähren
	Leistungsanwärter		Leistungsempfänger	
	Unterstützungskassen, die nur Invaliditäts- oder nur Hinterbliebenenversorgung gewähren	Unterstützungskassen, die eine Altersversorgung gewähren		
Jährliche Zuwendungen:				
Bei pauschal dotierter UK	6 vH der Jahresrente (Reservepolster)	25 vH der Jahresrente (Reservepolster)	das Deckungskapital für lfd Leistungen	0,2 vH der Lohn- und Gehaltssumme
Bei rückgedeckter UK	alternativ: Beitrag für eine entspr Rückdeckungsversicherung			
Insgesamt zulässiges Kassenvermögen:				
Bei pauschal dotierter UK	Deckungskapital der lfd Leistungen + das 8-fache der Regelzuwendung			1,0 vH der Lohn- und Gehaltssumme
Bei rückgedeckter UK	alternativ: Deckungskapital der Rückdeckungsversicherung			

2. Beschränkter Betriebsausgabenabzug. Nach § 4d ist der BA-Abzug für 2
Beitragsleistungen, die § 4 IV erfüllen müssen (BFH X R 30/12 juris; § 4b Rz 3), der Höhe nach beschränkt und darf nicht übersteigen: – ***(1)*** **Deckungskapital** für lfd Leistungen nach Maßgabe des Vervielfältigers in Anlage 1 zum EStG (§ 4d I Nr 1 S 1 Buchst a). – ***(2)*** **Zur Bildung des Reservepolsters** jährl für jeden Leistungsanwärter *(a)* bei Leistung von Altersversorgung mit und ohne Einschluss von Invaliditäts- oder Hinterbliebenenversorgung 25 vH und *(b)* bei Leistung nur von Invaliditäts- oder Hinterbliebenenversorgung 6 vH des Durchschnittsbetrages der jährl mögl Leistungen (§ 4d I Nr 1 S 1 Buchst b; maßgebl ist spätestens das Erreichen der Regelaltersgrenze); – ***(3)*** **Jahresprämie für eine Rückdeckungsversicherung,** soweit solche abgeschlossen worden ist (§ 4d I Nr 1S 1 Buchst c); – ***(4)*** **Ablösungs- und Abfindungsbeträge,** die vor Eintritt des Versorgungsfalles an einen anderen Versorgungsträger bei Übernahme der Versorgungsleistung geleistet werden (§ 4d I Nr 1 S 1 Buchst d); § 4d I Nr 1 S 1 Buchst d wurde durch das AltEinkG an die erweiterten Übertragungsmöglichkeiten angepasst (*Melchior* DStR 04, 1061/2). Neben diesen Zuwendungen iSd § 4d (Definition s Rz 6) darf das Trägerunternehmen die **Verwaltungskosten der Kasse** übernehmen und als Ersatz dafür an die Kasse geleistete Zahlungen als BA abziehen (Rz 6). – § 4d II, III regelt den BA-Abzug in zeitl Hinsicht, die Behandlung von Zuwendungen nach dem Bilanzstichtag, den Vortrag überhöhter Zuwendungen auf folgende Wj und die Verteilung der Zuwendungen bei Verpflichtungsübernahme.

II. Unterstützungskassen

3 **1. Rechtsform und Ausgestaltung.** Sie müssen rechtsfähig sein und werden üblicherweise als eingetragene Vereine, GmbH oder Stiftung betrieben. Wesentl Merkmal ist im Unterschied zur Pensionskasse, dass ein **Rechtsanspruch auf die Leistungen ausgeschlossen** ist (*Ulbrich* BetrAV 15, 546). Der Ausschluss muss in der Satzung festgelegt sein, und die Leistungsempfänger müssen sich schriftl damit einverstanden erklären. Werden Ansprüche aus der betriebl Altersversorgung unverfallbar, bedeutet dies vor allem, dass der ArbN beim Ausscheiden aus dem Betrieb aus dem Kreis der Begünstigten nicht ausscheidet. Eine dahingehende Klarstellung enthält § 1b IV BetrAVG. In den Fällen der **Entgeltumwandlung** (s § 4b Rz 3), die bei Unterstützungskassen wegen des fehlenden Rechtsanspruchs (s Rz 4–6) kaum vorkommt, behält der ArbN seine Anwartschaft, auch wenn sein ArbVerh vor dem Eintritt des Versorgungsfalles endet (§ 1b V BetrAVG; BFH X R 30/11 BFH/NV 13, 1393). Der **begünstigte Personenkreis** deckt sich mit dem bei der DirektVers und bei der Pensionskasse (s § 4b Rz 5), auch ein Ges'tergeschäftsführer (*Intemann* BetrAV 14, 525). Der **Unternehmer** kann nach dem Wortlaut des § 4d I Nr 1 S 1 Buchst b S 2 nicht Leistungsanwärter (noch Leistungsempfänger) sein, so dass Zuwendungen für ihn nicht das zulässige, sondern nur das tatsächl Kassenvermögen erhöhen und beim Trägerunternehmen nicht als BA abziehbar sind; § 1 Nr 1 KStDV und § 5 KStG betreffen demggü allein die Frage, ob der Unternehmer als Empfänger von Leistungen die Annahme einer sozialen Einrichtung ausschließt (*Pinkos* BetrAV 96, 297, 302). Zuwendungen an die Unterstützungskasse werden ausschließl durch das Trägerunternehmen geleistet, nicht auch durch die ArbN (vgl § 1a BetrAVG). Die Zuwendungen der Trägerunternehmen sind bei der Kasse BE, deren Leistungen BA (BFH I R 110/09 BStBl II 14, 119).

4 **2. Kein Rechtsanspruch auf Leistungen; VerfMäßigkeit. – a) Definition.** Die Unterstützungskasse ist gesetzl als Versorgungseinrichtung definiert, „die auf ihre Leistungen keinen Rechtsanspruch gewährt" (§ 1b IV BetrAVG; BFH I R 6/12 BFH/NV 13, 1817). Der gesetzl Ausschluss der Rechtsansprüche auf Unterstützungskassenleistungen steht in einem sachl und systematischen Zusammenhang mit der Freistellung der Unterstützungskassen von der **Versicherungsaufsicht,** der Begrenzung der als BA abzugsfähigen **Zuführungen** des Träger-Unternehmens nach Maßgabe des Kapitaldeckungsverfahrens und der Nichterhebung von **LSt auf die Zuführungen** (während die Zuführungen zur Pensionskasse der LSt unterliegen). Dieser sachl und systematische Zusammenhang ist durch die Rspr des **BAG** „gestört" worden.

5 **b) Gesetzesändernde Rechtsfortbildung.** § 4d ist durch die Rechtsfortbildung des BAG (BAG 3 AZR 72/83 DB 86, 228; dazu BVerfG 1 BvR 1052/79 BB 87, 616) nicht obsolet geworden.

6 **c) Abziehbarkeit.** Trotz Erwerbs einer **Anwartschaft** (BFH X R 30/11 BFH/NV 13, 1393; *A/F/R* Teil 3, Rz 44) sind die Zuführungen des Trägerunternehmens als BA abziehbar. Eine verfrechtl Notwendigkeit, (unter Übergang zum Anwartschaftsdeckungsverfahren) höhere Zuführungen oder Rückstellungen beim Trägerunternehmen (entspr § 6a) zuzulassen, weil Rechtsansprüche auf die Kassenleistungen angenommen werden, besteht nicht.

III. Abziehbare Zuwendungen für lebenslängl Leistungen, § 4d I Nr 1

7 **1. Abziehbare Zuwendungen.** Zuwendungen sind einseitige Vermögensübertragungen des Trägerunternehmens an die Unterstützungskasse; davon zu unterscheiden sind Leistungen des Trägerunternehmens auf Grund zweiseitiger Verträge wie zB Darlehenszinsen oder Mieten (BFH GrS 6/71 BStBl II 73, 79; *Uckermann* ua BetrAV 2014, Kap 10 Rz 11). **Lebenslängl lfd Leistungen,** die von den Unterstützungskassen idR erbracht werden, sind Alters-, Invaliden- und Witwenrenten, die

nicht von vornherein auf eine bestimmte Zeit begrenzt sind. Der **Vorbehalt eines Widerrufs,** etwa für den Fall der Wiederverheiratung einer Witwe oder Wiederaufnahme der Arbeit nach Wiedererlangung der Arbeitsfähigkeit, berühren nicht die Eigenschaft der Renten als lebenslängl lfd Leistungen (EStR 4d II 8; BFH I R 6/12 BFH/NV 13, 1817). Die lebenslängl lfd Leistungen dienen dem Zweck, die Altersversorgung der Empfänger sichern zu helfen; dadurch unterscheiden sie sich von den sog Notfallleistungen zur Behebung konkreter Notstandslagen (s Rz 17). Auch Kapitalabfindungen bzw Kapitalleistungen geringeren Umfangs können dem **Versorgungszweck** dienen und deshalb gem § 4d I Nr 1 S 7 lebenslängl lfd Leistungen sein (BFH IX R 109/90 BStBl II 95, 21; s auch EStR 4d II). Als **BA** abziehbar sind die Zuwendungen des Trägerunternehmens gem Rz 2 (a) bis (d). Zuwendungen sind beim Trägerunternehmen nur als BA abziehbar, wenn die sich aus § 4d I Nr 1 S 1 Buchst a–d ergebenden **Betragsgrenzen** nicht überschritten werden und wenn – wie sich aus § 4d I Nr 1 S 2 ergibt – das (aE des Wj) insgesamt zul Kassenvermögen der Unterstützungskasse nicht überschritten wird (s Rz 2). Soweit Zuwendungen eine **Überdotierung** bewirken, sind sie nicht abziehbar, können aber unter den Voraussetzungen des § 4d II 3 auf die drei folgenden Wj vorgetragen werden. Tritt eine Überdotierung nicht ein, und sind zwar die Voraussetzungen einer Zuwendung nach § 4d I Nr 1 S 1 Buchst c nicht gegeben, aber diejenigen für einen Abzug nach § 4d I Nr 1 S 1 Buchst b, so steht der Abschluss einer **Rückdeckungsversicherung** dem Abzug nicht entgegen (vgl *BMF* BB 95, 1741). Auch Zahlungen zur Übernahme der **Verwaltungskosten der Kasse** können als BA (§ 4 IV) vom Trägerunternehmen abgezogen werden (*BMF* v 28.11.96, Abschnitt A, DStR 96, 1931; *Buttler* BB 97, 1661/3). – Der **Zeitpunkt** auf den die abzuziehenden Zuwendungen zu ermitteln sind, ist grds der **Bilanzstichtag.**

2. Zuwendungen zum Deckungskapital für lfd Leistungen. Für jeden Leistungsempfänger ist nach der dem EStG als Anlage 1 (abgedruckt nach § 4d) beigefügten Vervielfältigungstabelle ein Deckungskapital zu ermitteln. Durch das StÄndG 92 (BGBl I 92, 297) ist in § 4d I Nr 1 S 1 Buchst a S 2 eine dem § 17 I BetrAVG entspr **Definition des Leistungsempfängers** (s Rz 1) eingefügt worden. Nur noch ehemalige ArbN kommen als **Leistungsempfänger** in Betracht (§ 4d I Nr 1 S 1 Buchst a S 2); aktive ArbN können nicht mehr Leistungsempfänger sein. Sofern ArbN infolge Invalidität oder Erreichen der Altersgrenze Versorgungsleistungen nach § 4d erhalten, aber gleichwohl (in vollem Umfang) im Betrieb weiter arbeiten, sind sie keine ehemaligen ArbN; für sie kommen aber Zuwendungen zum Reservepolster in Betracht (vgl *Doetsch* BB 95, 2553/4). Soweit sie teilweise weiter arbeiten, sind sie „teilweise" ehemalige ArbN, so dass Zuwendungen zum Deckungskapital zur Finanzierung der **Teilrente** abziehbar bleiben (s auch *BMF* DStR 96, 1931 sub B 2; *KSM* § 4d Rz B 80). Das Deckungskapital richtet sich nach dem Alter des Leistungsempfängers zu Beginn der Leistungen und nach dem Jahresbetrag der Leistungen, die **nach dem Leistungsplan** der Kasse vorgesehen sind. Die Tabelle beruht auf einem **Rechenzinsfuß von 5,5 vH.** Für Männer ergeben sich höhere Jahresbeträge, weil die Tabelle zugleich auf der Annahme basiert, dass nach dem Ableben des männl Leistungsempfängers noch iHv 60 vH der reinen Mannesrente Witwenrente zu leisten sein wird. Nach EStR 4d III 5 ist das Alter des Leistungsempfängers mit dem vollendeten **Alter im zivilrechtl Sinne** anzusetzen. Wird eine Leistung erhöht, erhöht sich das Deckungskapital entspr. Nach § 4d I Nr 1 S 1 Buchst a können Zuwendungen als BA abgezogen werden, die das Deckungskapital für die lebenslängl lfd Leistungen nicht übersteigen. Für die Zuwendung gilt kein Nachholverbot. Die Beträge brauchen nicht im Jahre des Beginns der Leistungen in einem Betrag zugewendet werden, sondern können noch solange zugewendet werden, wie die Leistungen noch laufen, also bis zum Tod des Leistungsempfängers. Das Trägerunternehmen hat daher bei Zuwendungen zum Deckungskapital die Möglichkeit, die 8

Zuwendungen entspr seiner Leistungsfähigkeit zu verteilen; hinsichtl der Zuwendungen zum Reservepolster gilt dies nicht.

9 **3. Zuwendungen zum Reservepolster für Leistungsanwärter. – a) Allgemeines; Schriftform.** Nach § 4d I Nr 1 S 1 Buchst a kann nur das Deckungskapital für die lfd Leistungen zugewendet werden. Die Ertragslage des Trägerunternehmens kann bei Eintritt neuer ArbN, die Leistungsanwärter werden, Zuweisungen zum Deckungskapital nicht zulassen. Um in derartigen Fällen die Versorgungsleistungen gleichwohl erbringen zu können, kann die Unterstützungskasse vorab aus Zuweisungen des Trägerunternehmens für Leistungsanwärter ein Reservepolster bilden (§ 4d I Nr 1 S 1 Buchst b). Die Abzugsfähigkeit der Zuwendungen für das Reservepolster ist nicht vom Bestehen eines Leistungsplans abhängig (BFH I R 22–23/87 BStBl II 90, 1088). Für die Bemessung der Zuwendungen zum Reservepolster sind die Verhältnisse am Schluss des Wj maßgebend (vgl § 4d I Nr 1 S 1 Buchst b; *BMF* BStBl I 94, 18).

Die Leistungen, für die das Reservepolster gebildet wird, müssen schriftl zugesagt worden sein (§ 4d I Nr 1 S 1 Buchst b S 2 idFd JStG 96). Insofern ist § 4d an § 6a I Nr 3 angeglichen worden. Die **Schriftform der Zusage** erfordert individuelle schriftl Mitteilung oder eine andere allg Bekanntmachung des Leistungsplans (iEinz BFH I R 6/12 BFH/NV 13, 1817; s auch § 6a Rz 15).

10 **b) Summe der erreichbaren Endrenten als Bemessungsgrundlage.** Die Zuwendungen zum Reservepolster (Rz 1) bemessen sich nach den verschiedenen Leistungen der Unterstützungskasse (EStR 4d IV). Nach § 4d I Nr 1 S 1 Buchst b können nur (noch) der **durchschnittl Betrag der jährl Versorgungsleistungen,** den die Leistungsanwärter bzw deren Hinterbliebene erhalten können, dem **Reservepolster** zugeführt werden darf. Nach § 4d I Nr 1 S 1 Buchst b ist die Summe der jährl **tatsächl** gewährten Versorgungsleistungen Bemessungsgrundlage der Zuführungen zum Reservepolster. Leistungsanwartschaft setzt **Mindestalter** voraus, vor 2009 28 Jahre, ab 2009 27 Jahre, ab 2018 23 Jahre (§ 4d I 1 Nr 1 S 1 Buchst b S 2; BT-Drs 18/6283); Entsprechendes gilt, soweit Hinterbliebenenversorgung gewährt wird. § 4d deckt sich insoweit mit § 6a II, III. – Statt der Ermittlung des Zuführungsbetrags zum Reservepolster anhand der jährl mögl Leistungen darf nach § 4d I Nr 1 S 1 Buchst b S 3–5 aus Vereinfachungsgründen der **Durchschnittsbetrag** der nach § 4d I Nr 1 S 1 Buchst a im Wj tatsächl gewährten individuellen Leistungen je Leistungsanwärter zu Grunde gelegt werden (schriftl Zusage auch insoweit erforderl; BFH I R 110/09 BStBl II 14, 119). An die Ausübung der **Wahl der Berechnungsmethode** zur Dotierung des Reservepolsters ist das Trägerunternehmen **fünf Jahre gebunden** (*BMF* DStR 93, 566). Werden Zuwendungen an mehrere Kassen vorgenommen, sind diese für die Ermittlung der Zuwendungsgrenze als Einheit zu betrachten (BFH I R 187/84 BStBl II 90, 210). Um **Missbräuche** der Vereinfachungsregelung zu **vermeiden,** schreibt S 4 vor, dass nur solche Leistungsanwärter bei der Ermittlung des Durchschnittsbetrags zu berücksichtigen sind, die im Jahr der Zuwendung das **50. Lebensjahr** vollendet haben.

11 **c) Höhe der Zuwendungen.** Diese richtet sich nach der Zahl der Leistungsanwärter und der Art der Versorgungsleistungen. Für jeden Leistungsanwärter kann eine Zuwendung von 25 vH des Durchschnittsbetrages der mögl künftigen Leistungen (s Rz 10) gemacht werden, wenn die Kasse Altersversorgung (mit oder ohne Einschluss von Invaliditäts- oder Hinterbliebenenversorgung) gewährt, und iHv 6 vH des Durchschnittsbetrags, wenn die Kasse nur eine Invaliditäts- oder nur eine Hinterbliebenenversorgung vorsieht. Wird für bestimmte Personenkreise des Trägerunternehmens eine Altersversorgung, für andere jedoch eine Invaliditäts- oder Hinterbliebenenversorgung gewährt, so ist für die verschiedenen Versorgungsbereiche eine besondere Berechnung vorzunehmen (EStR 4d IV 9; *Stuhrmann* BB 87, 2137). Hinzu kommen Abfindungsbeträge und Prämien für Rückdeckungsversicherungen (vgl Rz 13).

d) Leistungsanwärter. Das sind nach § 4d I Nr 1 S 1 Buchst b sind alle ArbN, ehemaligen ArbN und ihnen gleichgestellte Personen des Trägerunternehmens, denen eine schriftl Versorgungszusage erteilt worden ist (BFH I R 110/09 BStBl II 14, 119). Auch **Auszubildende** können bereits Leistungsanwärter sein. Leistungsanwärter sind nur solche ArbN bzw ehemaligen ArbN, die im Jahr der Zuwendung das **30. Lebensjahr** vollendet haben. Die Senkung auf **Lebensalter 28** durch Art 6 Nr 4 AVmG gilt für Zusagen ab 2001 (§ 52 Abs 7, 13; *BMF* DStR 01, 1703). Nach § 4d I Nr 1 S 1 Buchst b gilt als Leistungsempfänger für Hinterbliebenenversorgung nicht die Person, die später die Hinterbliebenenbezüge erhalten wird, sondern die Person, deren Hinterbliebene die Hinterbliebenenversorgung erhalten können; ob diese Person überhaupt Angehörige hat, ist nicht zu prüfen. Scheiden ArbN mit unverfallbaren Versorgungsrechten aus dem Trägerunternehmen aus, bleiben sie Leistungsanwärter; erst wenn die Kasse nicht mehr mit der Inanspruchnahme rechnen muss, scheiden sie aus. Die Kasse braucht allerdings keine Nachforschungen anzustellen, bevor die Altersgrenze erreicht ist. Hat der ausgeschiedene ArbN die Altersgrenze erreicht, steht aber fest, dass die Kasse mit einer Inanspruchnahme nicht mehr zu rechnen hat, gehört er nicht mehr zu den Leistungsanwärtern (EStR 4d V). 12

4. Begrenzung durch Kassenvermögen. Nach § 4d I Nr 1 S 2 dürfen Zuwendungen zum Deckungskapital (Rz 8) und zum Reservepolster (Rz 9–12) nicht als BA abgezogen werden, wenn das Vermögen der Kasse zu groß wird **(Überdotierung).** § 4d I Nr 1 S 2 verhindert die Privilegierung rückgedeckter Kassen. Eine Überdotierung tritt danach stets ein, wenn das tatsächl das zulässige Kassenvermögen übersteigt (FG RhPf EFG 12, 1436, rkr); bei mehreren Trägerunternehmen ist eine kassenbezogene (und keine segmentierende) Betrachtung (Gesamtvermögen der Kasse) vorzunehmen (BFH I R 37/13 BStBl II 15, 813; BFH I R 66/13 BFH/NV 16, 67 (§ 126a FGO); krit *Höfer* DB 15, 831; *Höfer* BetrAVG Kap 35 Rz 94). Zur Ermittlung des zul Kassenvermögens sind auch bei einer rückgedeckten Kasse Vermögenserträge nicht anzusetzen (BT-Drs 13/901, 131). 13

a) Zulässiges Kassenvermögen. Das ist eine Rechengröße, die Summe aus dem Deckungskapital für alle am Schluss des Wj lfd Leistungen an Leistungsempfänger iSd § 4d I Nr 1 S 1 Buchst a nach der dem ESt als Anlage 1 beigefügten Tabelle und dem Reservepolster (§ 4d I Nr 1 S 1 Buchst b; vgl EStR 4d IV; *A/F/R* 3. Teil Rz 168; *Uckermann* ua BetrAV 2014, Kap 10 Rz 65), das mit dem Achtfachen der nach § 4d I Nr 1 S 1 Buchst b zul Zuwendungen anzusetzen ist, und 1% der durchschnittl Lohn- und Gehaltssumme des Trägerunternehmens. Wegen der sich aus dem zul Kassenvermögen ergebenden Abzugsgrenzen für den BA-Abzug beim Trägerunternehmen s Rz 6. Wenn für Leistungen der Unterstützungskasse eine **Rückdeckungsversicherung** abgeschlossen ist, mindert dies das zul Kassenvermögen dadurch, dass an die Stelle des Reservepolsters der Wert der Rückdeckungsversicherung tritt (iEinz s 34. Aufl; EStR 4d VI f). 14

Das zul Kassenvermögen nach § 4d I Nr 1 und Nr 2 (Rz 17) ist einheitl zu ermitteln und insgesamt mit dem tatsächl Kassenvermögen zu vergleichen (§ 4d I 3; EStR 4d XIII); mehrere Unterstützungskassen eines Unternehmens sind stets als Einheit zu behandeln (BFH I R 187/84 BStBl II 90, 210). Wird die Versicherungsleistung aus der Rückdeckungsversicherung vor Eintritt des Versorgungsfalles fällig, wird der Anspruch aus Billigkeitsgründen bis zum Beginn der Versorgungsleistungen zum zul Kassenvermögen gerechnet (*BMF* DStR 96, 1931 unter G).

Streitig ist, ob bei der Berechnung auf das Wj des Trägerunternehmens oder auf das Wj der Unterstützungskasse abzustellen ist. EStR 4d XIII geht von dem Wj der Kasse aus. Nach *Heubeck ua* Betriebsrentengesetz, Bd II, § 19 Rz 178 handelt es sich dem Wortlaut nach um das Wj des Trägerunternehmens; ebenso *B/F* § 4d Rz 88. ME ist der aus den Richtlinien sich ergebenden Auffassung zu folgen; denn zu vergleichen ist das Vermögen der Kasse, so dass auch vom Wj der Kasse auszugehen ist.

15 **b) Vorhandenes Kassenvermögen.** Das ist der Unterschied zw Vermögensgegenständen und Schulden der Kasse. Das Vermögen ist grds mit dem gemeinen Wert, **Grundbesitz** ab 1996 mit 200% des Einheitswertes anzusetzen (§ 4d I Nr 1 S 3). Die Erhöhung des Wertansatzes für Grundbesitz bezweckt, Bewertungsungleichheiten im Hinblick auf die geringere Werterfassung durch die Einheitswerte des Grundbesitzes zu mildern und darauf beruhende Gestaltungsspielräume einzuengen (*Pinkos* BetrAV 96, 297/8). Nach § 4d I Nr 1 S 3 werden Versicherungsansprüche unabhängig davon, ob sie fällig sind, mit dem geschäftsplanmäßigen Deckungskapital bzw dem Wert iSd § 169 III, IV VVG bewertet, und zwar zuzügl des Guthabens aus Beitragsrückerstattung (FG RhPf EFG 12, 1436, NZB III B 14/12). Die künftig zu erbringenden Leistungen sind nicht als Schuldposten abzuziehen (§ 4d I Nr 1 S 2), da auf diese kein Rechtsanspruch besteht.

16 **5. Beiträge zur Rückdeckungsversicherung.** Unterstützungskassen können schon für die späteren Leistungen an ihre Leistungsanwärter Rückdeckungsversicherungen abschließen und die **Jahresprämien** nach **§ 4d I Nr 1 S 1 Buchst c** als BA abziehen. Diese gesetzl Regelung beruht auf der Vorstellung, dass der Berechtigte die ihm in Aussicht gestellten Versorgungsleistungen während der Zeit zw „Zusage" (vgl Rz 3–5) und Eintritt des Versorgungsfalls (durch seine Arbeitsleistung) verdient. Sieht die Versorgungsregelung der Unterstützungskasse vor, dass die Versorgungsleistungen abhängig sind von der Höhe der Zuwendungen des Trägerunternehmens (statt der Höhe der Zuwendungen von den zu erbringenden Leistungen), so sind die Voraussetzungen für den Abzug der Prämien zur Rückdeckungsversicherung nicht gegeben (*BMF* DB 94, 2005). Wenn der Versorgungsfall eintritt, zahlt die Unterstützungskasse die Versorgungsleistungen aus den Versicherungsleistungen. Durch die Versicherung kann die von der Unterstützungskasse zu erbringende Leistung voll abgedeckt sein (**kongruente Rückdeckung;** dazu *Thierer* BetrAV 09, 115) oder nur teilweise **(partielle Rückdeckung);** allerdings muss die Versicherung grds bis zu dem Zeitpunkt abgeschlossen werden, zu dem erstmals Leistungen vorgesehen sind (*BMF* aaO; BFH VIII R 98/02 BFH/NV 05, 1768/71). Die Aufbringung der Mittel für die Versorgungsleistungen anhand einer Rückdeckungsversicherung bedeutet, dass die Unterstützungskasse schon in einer Art **Anwartschaftsdeckungsverfahren** (ähnl der Pensionskasse), nicht erst im **Kapitaldeckungsverfahren** (vgl Rz 1) finanziert wird.

Bei kongruenter Deckung sind demgemäß die Regelzuwendungen (sowohl Zuwendungen zum Deckungskapital als auch zum Reservepolster) nicht zul (vgl zur Rechtsentwicklung insoweit *Buttler* BB 97, 1661). Bei partieller Deckung sind die Regelzuwendungen zu kürzen (s „soweit" in § 4d I Nr 1 S 5); das Verhältnis des rückgedeckten Teils zur gesamten Leistung der Kasse kann durch Vergleich des Barwertes der Versicherungsleistungen mit dem Barwert der Kassenleistungen ermittelt werden, erforderlichenfalls durch Schätzung.

Zuwendungen für Rückdeckungsversicherungen sind an folgende **Voraussetzungen** gebunden worden (*Thierer* BetrAV 09, 115/7): *–(1)* Versorgungsleistungen an Leistungsempfänger oder **schriftl Zusage** von Versorgungsleistungen an Leistungsanwärter (§ 4d I Nr 1 S 1 Buchst c S 2 iVm I Nr 1 S 1 Buchst b S 2). – *(2)* Begrenzung der Zuwendungen auf die Höhe des **Beitrags je Leistungsanwärter oder Leistungsempfänger,** wobei Rückdeckungsversicherungen beim tatsächl Kassenvermögen mit dem Deckungskapital zuzügl des Guthabens aus Beitragsrückerstattung und beim zul Kassenvermögen mit dem Deckungskapital ohne Guthaben aus Beitragsrückerstattung anzusetzen sind (vgl Rz 12–14). Bei inkongruenter Rückdeckungsversicherung gilt daneben eine anteilige Abzugsbeschränkung (s oben). – *(3)* Das **tatsächl Kassenvermögen** darf das zulässige Kassenvermögen nicht übersteigen (s Rz 12–14). – *(4)* Die Ansprüche aus der Rückdeckungsversicherung dürfen nicht der **Sicherung eines Darlehns** dienen (§ 4d I Nr 1 S 1 Buchst c S 4; BFH IV R 8/02 BFH/NV 04, 1246; FG Nds EFG 05, 1671, rkr; **Beleihungsverbot**). Beleihung ist auch die Inanspruchnahme von Vorauszahlungen des Versicherers durch ein sog Policendarlehn (vgl EStH 4b; FG

Köln EFG 2000, 415, rkr; diff zur Rechtslage 1990 BFH VIII R 32/10 juris). Verpfändung an den ArbN ist unschädl (*BMF* DStR 98, 1554). – *(5)* Zuwendungen an **Leistungsanwärter** unterliegen folgenden weiteren Voraussetzungen: *(a)* Erreichen des 28. Lebensjahres aE des Wj und unverfallbare Anwartschaft (vgl EStR 4d VIII 7) oder ledigl Anwartschaft auf Invaliditäts- oder Hinterbliebenenversorgung; *(b)* **steigende oder gleich bleibende** (jährl; s EStR 4d VIII) **Beiträge** (s Rz 13) bis wenigstens zum 55. Lebensjahr des Begünstigten (wegen der Altersgrenze s EStR 4d II 4: Alter 60 erforderl; für Zusagen nach 31.12.11: Alter 62, s EStÄR 08 4d II 5; *BMF* BStBl I 12, 238); die Altersgrenze gilt entspr auch für Gruppenunterstützungskassen (BFH IX R 10/02 BStBl II 03, 599). Zeitweilige Unterbrechung ist unschädl (*BMF* DStR 96, 1931 unter E). Das Absinken der **Netto-Prämie** kann bei Verrechnung mit Gewinngutschriften (Rz 13), bei Änderung der Versorgungszusage oder wegen Gesetzesänderungen (EStR 4d IX 5 f) unschädl sein. Entspr gilt, wenn der Beitrag infolge vorzeitigen Ausscheidens des ArbN oder Reduzierung der Versorgungszusage sinkt (*Doetsch* BB 95, 2553/5 mwN). – Sofern die Voraussetzungen (1)–(5) nicht erfüllt sind, kann gleichwohl ein BA-Abzug nach § 4d I Nr 1 S 1 Buchst a oder b in Betracht kommen (vgl § 4d I Nr 1 S 1 Buchst c S 5). – Der **Zeitpunkt des Abzugs** der Zuwendungen bestimmt sich grds nach ihrem Abfluss beim Trägerunternehmen (BFH VIII R 98/02 BFH/NV 05, 1768).

6. Abfindungen, § 4d I Nr 1 S 1 Buchst d; Übernahme von Versorgungsverpflichtungen. Nach § 3 BetrAVG gilt ab 2001 ein grds Abfindungsverbot. Abfindungen sind nur noch zul, wenn der ArbN zustimmt und sie zum Aufbau einer Altersversorgung bei einer DirektVers, einer Pensionskasse oder der gesetzl RV verwendet werden (§ 3 I BetrAVG). Der ArbN hat einen Anspruch auf Übertragung auf den neuen ArbG oder einen anderen Versorgungsträger (§ 4 III, IV BetrAVG). §§ 3, 4 BetrAVG dienen dem Schutz des ArbN und sollen insb verhindern, dass aus Entgeltumwandlung stammende Anwartschaften abgefunden werden. War der in diesen beiden Fällen von der Unterstützungskasse gezahlte Betrag noch nicht zugewendet, kann er ihr daher mit steuerl Wirkung zugewendet werden. Hatte die Kasse eine RückdeckungsVers (s Rz 15) abgeschlossen, ist die Zuwendung um den Versicherungsanspruch zu kürzen. Die Übernahme einer bestehenden kongruenten RückdeckungsVers ist unschädl (*FinVerw Hann* 10.2.06 DB 06, 644: keine Überdotierung durch Einmalprämie). – Eine Pensionsverpflichtung (ggü Ges'tergeschäftsführer) kann mit schuldbefreiender Wirkung auf eine Unterstützungskasse übertragen werden (§ 4d I 1 Nr 1 Buchst d; *Neufang* StB 09, 117/23; unverständl FG Köln EFG 13, 654, rkr). – Zul ist auch die Übernahme von Zusagen durch eine andere Unterstützungskasse, uU mit erfolgsneutraler Weiterleitung der Beiträge und ohne Verstoß gegen das „Jährlichkeitsgebot" (BFH VIII R 98/02 BFH/NV 05, 1768). – Unter § 4d I Nr 1 S 1 Buchst d fällt (bei externer Teilung) auch die Zuwendung an einen anderen Versorgungsträger iRd **Versorgungsausgleichs;** bei interner Teilung weiterhin Abzug nur nach § 4d I Nr 1 S 1 Buchst a, b, bei rückgedeckten Unterstützungskassen (Rz 16) nach Buchst c (*BMF* BStBl I 10, 1303; *Heger* BB 10, 3081; *Schu* BetrAV 10, 237). 17

IV. Abziehbare Zuwendungen für nicht lebenslängl lfd Leistungen, § 4d I Nr 2

1. Notstandsleistungen. Neben den lebenslängl lfd Leistungen der typischen Altersversorgung leisten Unterstützungskassen sog Notstandsleistungen; das sind wiederholte Leistungen aus besonderem Anlass wie Krankheit, Geburt, Tod oder Arbeitslosigkeit. Obwohl die Notstandsleistungen nicht zur typischen Altersversorgung gehören, fallen sie unter § 4d. Außer den Notstandsleistungen gehören die zeitl befristeten Leistungen zu den nicht lebenslängl lfd Leistungen iSd § 4d I Nr 2. Befristete Leistungen sind alle nur auf eine bestimmte Anzahl von Jahren lfd Leis- 18 tungen (Überbrückungsrenten, zB Invalidenrente bis zum Einsetzen der Altersversorgung aus der SV – anders bei Altersversorgung aus betriebl Altersversorgung, vgl Rz 6 – und von vornherein zeitl befristete Witwenrente) und alle nur bis zu einem bestimmten Alter des Leistungsempfängers lfd Leistungen (zB Waisenrente). Dazu gehören auch abgekürzte Leibrenten, die bis zum Ableben des Leistungsempfängers, höchstens aber eine bestimmte Anzahl von Jahren gezahlt werden (Rz 6; krit *Höfer* BetrAVG Kap 9 Rz 458). Das Trägerunternehmen hat bei nicht lebensslängl lfd Leistungen eine gewisse **Wahlmöglichkeit** zw Regelzuwendungen und dem Ersatz der Leistungen, wenn nicht das zul Kassenvermögen überschritten ist.

19 **2. Regelzuwendungen.** Das sind iHv 0,2 vH der Lohn- und Gehaltssumme des Trägerunternehmens für jedes Wj als BA abziehbar. Nach EStR § 4d XII gehören zur Lohn- und Gehaltssumme iSd § 4d I Nr 2 alle Arbeitslöhne iSd § 19 I Nr 1, soweit sie nicht von der ESt befreit sind. Bei der Ermittlung der Arbeitslöhne ist § 19 III und IV nicht anzuwenden. Zuschläge für Mehrarbeit und für Sonntags-, Feiertags- und Nachtarbeit gehören zur Lohn- und Gehaltssumme, auch soweit sie steuerbefreit sind.

Nicht in die Lohn- und Gehaltssumme einzubeziehen sind Ruhegelder, Witwen- und Waisenbezüge und Leistungen an eine Unterstützungskasse. Vermögenswirksame Leistungen nach dem 3. VermögensBG gehören dazu, nicht jedoch die ArbN-Sparzulage. Gehören auch NichtArbN zu den Leistungsanwärtern (§ 17 I 2 BetrAVG), so sind Provisionszahlungen und sonstige Entgelte an diese Personen zur Lohn- und Gehaltssumme zu rechnen (EStR § 4d XV). Pauschalzuwendungen sind für den gleichen Personenkreis zugelassen, für den auch Zuwendungen zum Reservepolster zul sind (vgl Rz 11). Diese Zuwendungen sind nur abziehbar, wenn sie das zul Kassenvermögen nicht übersteigen (§ 4d I Nr 2 S 2).

20 **3. Ersatz der Leistungen.** Statt der Regelzuwendungen kann das Trägerunternehmen der Unterstützungskasse die Leistungen ersetzen, die sie in einem Wj für nicht lebenslängl lfd Leistungen aufgewendet hat. Dieser Betrag ist um die Beträge zu kürzen, die das Trägerunternehmen in den fünf vorangegangenen Jahren über die tatsächl Kassenleistungen hinaus der Kasse zugewendet hat.

21 **4. Zulässiges Kassenvermögen** ist wie bei der lebenslängl lfd Leistung (Rz 12, 13) eine Rechengröße. Das zul Kassenvermögen ist für **Notfallleistungen** in § 4d I Nr 2 S 3–5 gesondert definiert. Die Beschränkung der Zuwendungsmöglichkeit beruht darauf, dass für Unterstützungskassen, die bereits zehn Jahre bestehen, ab 1.1.1996 das zul Kassenvermögen künftig – neben der weiterhin geltenden 1%-Lohndurchschnittsgrenze – auf die Summe der in den letzten zehn Jahren gewährten Leistungen begrenzt ist.

V. Besonderheiten des Betriebsausgabenabzugs

22 **1. Zuwendungen an mehrere/an gemischte Kassen, § 4d I 2, 3.** Gewährt eine Kasse Leistungen iSd Nr 1 und Nr 2 nebeneinander, sind die Leistungen entspr aufzuteilen. Bei Zuwendungen an mehrere Kassen sind diese als Einheit zu behandeln.

23 **2. Nachholung von Zuwendungen.** Die Möglichkeit, in den Vorjahren nicht ausgenutzte Zuwendungen nachzuholen, ist bei den verschiedenen Zuwendungsarten unterschiedl. Zuwendungen zum Deckungskapital können nach dem Wortlaut beliebig nachgeholt werden. Zuwendungen zum Reservepolster (§ 4d I Nr 1 S 1 Buchst b) und Pauschalzuwendungen (§ 4d I Nr 2) sind auf einen Jahresbetrag beschr; eine Nachholung kommt nicht in Betracht (*Alt/Stadelbauer* StuB 11, 731/40). Zuwendungen nach § 4d I Nr 1 S 1 Buchst c und d sind von den tatsächl Zahlungen abhängig und daher nicht nachholbar (aA *KSM* § 4d Rz B 227, B 287). Der Ersatz der Leistungen nach § 4d I Nr 2 ist in gewissen Grenzen nachholbar. Eine weitere Nachholung wird durch § 4d II eröffnet. Grds können schon

nach den GoB Zuwendungen an Unterstützungskassen vom Trägerunternehmen in dem Wj als BA abgezogen werden, in dem sie geleistet werden (s Rz 6). Die Höhe der Zuwendungen wird vielfach erst festgelegt, nachdem der Jahresgewinn festgestellt worden ist. Deshalb bestimmt § 4d II 2, dass Zuwendungen, die innerhalb eines Monats nach Aufstellung oder Feststellung der Bilanz des Trägerunternehmens für den Schluss eines Wj geleistet (= verbindl zugesagt; *Blomeyer* BetrAVG StR A Rz 216), noch für das abgelaufene Wj durch eine **Rückstellung** gewinnmindernd berücksichtigt werden.

3. Aktive Rechnungsabgrenzung, § 4d II 3. Sind für die Unterstützungskasse höhere als die zugelassenen Zuwendungen geleistet worden, sind die überhöhten Zuwendungen nicht als BA abziehbar. Der nicht abziehbare Betrag fällt jedoch nicht als BA ganz aus, sondern kann durch Einstellung eines entspr RAP in der Bilanz auf drei Jahre vorgetragen werden. IRd für die drei folgenden Wj abzugsfähigen Beträge kann der RAP gewinnmindernd aufgelöst werden; der StPfl hat die Wahl, ob er den steuerl abziehbaren Beitrag erst mit dem RAP oder erst mit den Zuführungen verrechnet (*Kuhfus* EFG 06, 1821). Die Auflösung nach 3 Jahren geschieht erfolgsneutral (BFH I R 48/06 BFH/NV 07, 2089). – Bei der § 4 III-Rechnung kann § 4d II 3 sinngemäß im Wege der Billigkeit angewandt werden (*BMF* BStBl I 96, 1435, unter J 2; FG Ddorf EFG 06, 1818, rkr). 24

4. Partielle StPfl überdotierter Unterstützungskassen. Übersteigt das tatsächl Kassenvermögen während oder aE des Wj den Betrag des zul Kassenvermögens um mehr als 25 vH, wird die Unterstützungskasse mit dem übersteigenden Teil ihres Vermögens stpfl (§ 5 I Nr 3e, § 6 VI KStG), dh 5/4 des zul Kassenvermögens bleiben steuerbefreit. Auf die Erträge aus dem übersteigenden Vermögen ist KSt und – wenn die Kasse die Rechtsform einer KapGes hat (§ 2 GewStG) – auch GewSt zu entrichten. Die stpfl Einkünfte sind nach dem Verhältnis des zul zum tatsächl Kassenvermögen aus der Summe der Einkünfte zu errechnen; nach diesem Verhältnis bestimmt sich auch die Anrechnung von KSt und KapESt; FG Hbg EFG 89, 251, bestätigt durch BFH I R 4/89 BStBl II 92, 98, Anm *Gosch* FR 89, 413 mit betragsmäßiger Darstellung der unterschiedl Berechnungsmöglichkeiten. Anders als bei den Pensionskassen (vgl § 4c Rz 7) ist die partielle StPfl nicht auflösend bedingt. Sie kann grds nur für das folgende Wj wieder beseitigt werden. 25

5. Verpflichtungsübergang auf Pensionsfonds, § 4d III. Versorgungsanwartschaften und die entspr Verpflichtungen können durch Vertrag vom bisherigen Versorgungsträger auf einen Pensionsfonds übertragen werden (§ 4e Rz 8 mwN). Das Trägerunternehmen hat dann die insgesamt zur Erfüllung der Zusagen erforderl Mittel an den Pensionsfonds zu zahlen. Da Zuwendungen an Unterstützungskassen nur in den oben dargestellten Grenzen – bei der Vermeidung der KStPflicht – zul sind (Rz 7 ff), ergibt sich für das Trägerunternehmen eine zusätzl Zahlungsverpflichtung. Die Zahlung darf nur nach Maßgabe des § 4d III über 10 Jahre verteilt als BA abgezogen werden. – Zur Auslagerung einer Pensionszusage auf eine Unterstützungskasse s *Uckermann* ua BetrAV 2014, Kap 125; *Haas* DStR 12, 987; *Siebert* GmbHR 13, 130; krit wegen fehlender StNeutralität *Alt/Stadelbauer* DStR 12, 1820 (stattdessen Ausfinanzierung oder Übertragung auf Pensionsfonds). 26

VI. Besteuerung beim ArbN

In der Auszahlungsphase fließen dem ArbN Bezüge iSd § 19 zu (*RRdL* Rz 2003; vgl § 4b Rz 35–38 und § 4c Rz 9–11; *Portner* BB 14, 91). 27

§ 4e Beiträge an Pensionsfonds

(1) Beiträge an einen Pensionsfonds im Sinne des § 236 des Versicherungsaufsichtsgesetzes dürfen von dem Unternehmen, das die Beiträge leistet (Trägerunternehmen), als Betriebsausgaben abgezogen werden, soweit sie auf einer festgelegten Verpflichtung beruhen oder der Abdeckung von Fehlbeträgen bei dem Fonds dienen.

(2) Beiträge im Sinne des Absatzes 1 dürfen als Betriebsausgaben nicht abgezogen werden, soweit die Leistungen des Fonds, wenn sie vom Trägerunternehmen unmittelbar erbracht würden, bei diesem nicht betrieblich veranlasst wären.

(3) [1] Der Steuerpflichtige kann auf Antrag die insgesamt erforderlichen Leistungen an einen Pensionsfonds zur teilweisen oder vollständigen Übernahme einer bestehenden Versorgungsverpflichtung oder Versorgungsanwartschaft durch den Pensionsfonds erst in den dem Wirtschaftsjahr der Übertragung folgenden zehn Wirtschaftsjahren gleichmäßig verteilt als Betriebsausgaben abziehen. [2] Der Antrag ist unwiderruflich; der jeweilige Rechtsnachfolger ist an den Antrag gebunden. [3] Ist eine Pensionsrückstellung nach § 6a gewinnerhöhend aufzulösen, ist Satz 1 mit der Maßgabe anzuwenden, dass die Leistungen an den Pensionsfonds im Wirtschaftsjahr der Übertragung in Höhe der aufgelösten Rückstellung als Betriebsausgaben abgezogen werden können; der die aufgelöste Rückstellung übersteigende Betrag ist in den dem Wirtschaftsjahr der Übertragung folgenden zehn Wirtschaftsjahren gleichmäßig verteilt als Betriebsausgaben abzuziehen. [4] Satz 3 gilt entsprechend, wenn es im Zuge der Leistungen des Arbeitgebers an den Pensionsfonds zu Vermögensübertragungen einer Unterstützungskasse an den Arbeitgeber kommt.

Einkommensteuer-Richtlinien: EStH 4e

Übersicht Rz

Schrifttum (Aufsätze vor 2011 s Vorauflagen): *Blank,* Der Pensionsfonds im StRecht, Diss 2014. – *Uckermann* ua BetrAV 2014, Kap 13. – *Wellisch/Quiring/Siebert,* Wertgleiche Umstellung von Pensionszusagen …, BB 11, 2859; *Uckermann/Jaklob/Drees,* Betriebswirtschaftl Sinnhaftigkeit …, DStR 12, 2292; *Wellisch,* Steuerl und bilanzielle Folgen bei Änderungen von Pensionsfondsverträgen, BB 13, 1047; *Karst/Heger,* Zum Umfang der „bestehenden Versorgungsverpflichtung, BB 13, 1259.

1 **1. Entstehung und Zweck der Vorschrift.** § 4e ist iRd sog **Riester-Reform** der Altersversorgung durch das AVmG in das EStG eingefügt worden (erstmals anwendbar für Wj, die nach 31.12.01 enden). Der Pensionsfonds (§ 236 VAG; dazu *Förster/Weppler* BetrAV 06, 10) ist als **5. Durchführungsweg** in die gesetzl freiwillige betriebl Alterversorgung eingeführt worden; seine Akzeptanz ist eher gering (*Günter* BetrAV 11, 677). Beiträge des ArbG zu Pensionsfonds sind – ab 1.1.02 (Art 35 AVmG) – stfrei gem § 3 Nr 63 (s aber Rz 4).

2 **2. Regelungsbereich.** Pensionsfonds gewähren nach Maßgabe der Zusage (Leistungszusage, Beitragszusage mit Mindestleistung) einen **lebenslangen Versorgungsanspruch;** auch eine einmalige Leistung ist zulässig (§ 236 I Nr 1, 4 VAG). Da Pensionsfonds einen **Rechtsanspruch** auf ihre Leistungen gewähren (§ 236 I Nr 3 VAG), sind die Beiträge grds sofort stpfl Arbeitsentgelt des ArbN.

Pauschalierung nach § 40b ist (weiterhin) nicht mögl. IRd Höchstbeträge des § 3 Nr 63 sind Beiträge an den Pensionsfonds aber stfrei. **Entgeltumwandlung** in einen Pensionsfonds findet auf Antrag des ArbN statt, wenn ein Pensionsfonds besteht oder vom ArbG eingerichtet wird (§ 1a I BetrAVG). Der Wechsel aus einem anderen Durchführungsweg zum Pensionsfonds ist stfrei mögl (vgl § 3 Nr 55).

3. Begrenzter Betriebsausgabenabzug, § 4e I, II. – a) Voraussetzungen. Beiträge an einen Pensionsfonds sind als BA abziehbar, soweit sie auf einer festgelegten Verpflichtung beruhen oder der Abdeckung von Fehlbeträgen bei dem Fonds dienen (Abs 1; *Blümich/Heger* Rz 20) und auch beim Trägerunternehmen betriebl veranlasst wären (Abs 2; wie § 4c II). 4

Fragl ist insoweit, ob **Nachschüsse zur Deckung von Fehlbeträgen** vom ArbG für den ArbN dem LStAbzug unterworfen werden müssen, da § 3 Nr 63 die Steuerfreiheit nur für Beiträge begründet, die 4 % der Beitragsbemessungsgrenze nicht überschreiten. Hier kommt in Betracht, auf das Jahr der Zahlung abzustellen werden oder auf den Zeitraum, in dem die Unterdeckung entstanden ist. Unterdeckungen können sich (nachträgl) zB auch ergeben, wenn der Rechnungszins oder die Sterbetafeln sich ändern. In allen Fällen ist mE im Hinblick auf den Zweck des § 3 Nr 63 und des § 4e die Steuerfreiheit der Nachschusszahlungen gegeben, weil andernfalls die LSt die betriebl Altersversorgungsleistungen teilweise oder ganz aufzehrt (vgl *Höfer* BetrAVG Kap 30 Rz 54).

b) Pensionsfonds. Ein Pensionsfonds ist eine rechtsfähige Versorgungseinrichtung, *(1)* die im Wege des Kapitaldeckungsverfahrens Leistungen der betriebl Altersversorgung für einen oder mehrere ArbG zugunsten von ArbN erbringt, *(2)* die Höhe der Leistungen oder die Höhe der für diese Leistungen zu entrichtenden künftigen Beiträge nicht für alle vorgesehenen Leistungsfälle durch versicherungsförmige Garantien zusagen darf, *(3)* den ArbN einen eigenen Anspruch auf Leistung gegen den Pensionsfonds einräumt und *(4)* verpflichtet ist, die Altersversorgungsleistung als lebenslange Zahlung oder als Einmalkapitalzahlung zu erbringen (§ 236 I VAG). - Das sind durch das AVmG zugelassene Versorgungsträger, die – im Unterschied zu Versicherungen und Pensionskassen – mit höherem „Renditeprofil" ein größeres Risiko bei der Vermögensanlage eingehen (Rz 4). Sie können in der Rechtsform der AG oder als Pensionsfondsverein auf Gegenseitigkeit errichtet werden. Sie arbeiten nach dem **Kapitaldeckungsverfahren.** – 5

c) Körperschaftsteuer. Pensionsfonds sind subj nicht von der KSt befreit, aber de facto mit ihr nicht belastet; denn für Beitragszusagen (s Rz 4) ergeben sich keine Erträge, da diese dem Versorgungskapital des ArbN gutgeschrieben werden; soweit für Leistungszusagen Erträge aus den Beiträgen erwirtschaftet werden, sind diese als Dividenden oder Kapitalanlagen in KapGes nach § 8b KStG stfrei; ledigl Zinsen werden als Einkommen erfasst (vgl *Langohr-Plato* INF 01, 518, 522). 6

d) Versicherungsaufsicht und Leistungsarten. Pensionsfonds unterliegen wie DirektVers und Pensionskassen der Versicherungsaufsicht. In der Vermögensanlage gelten für sie jedoch weniger strengen Grundsätzen als für Versicherungen (vgl § 115 VAG; PFKapAV); diese „Erleichterung" soll die Erzielung höherer Erträge ermöglichen, sie ist aber auch mit höheren Risiken verbunden. Deshalb besteht für Pensionsfonds Beitragspflicht zum **Pensionssicherungsverein.** IZm dieser Inkaufnahme größerer Risiken, sind auch **Beitragszusagen** mit Mindestleistungspflicht (§ 1 II Nr 2 BetrAVG) – statt der bisher allein bekannten **Leistungszusagen** (§ 1 I 1 BetrAVG) – eingeführt worden; die **Mindestleistung** besteht in der Summe der Beiträge abzügl der rechnungsmäßig für den biometrischen Risikoausgleich verbrauchten Beträge; kann der Versorgungsträger die Mindestleistung nicht erbringen, greift trotz Erfüllung der zugesagten Beiträge die Einstandspflicht des ArbG bestehen (*Höfer* DB 01, 1145). Nach § 236 I VAG nF ist auch eine Einmalkapitalzahlung mögl (iEinz *Höfer/de Groot* DB 14, 540). Pensionsfonds ähneln iÜ den Pensionskassen, sind aber nicht wie diese von der KSt befreit. 7

8 **4. Übergang von Versorgungsverpflichtungen auf Pensionsfonds, § 4e III. – a) Auslagerung.** Pensionsverpflichtungen (insb lfd Renten) oder Pensionsanwartschaften (zum Umfang s *Karst/Heger* BB 13, 1259) können durch Vertrag vom bisherigen Versorgungsträger lSt-frei auf einen Pensionsfonds übertragen werden (Abs 3; *Pradl* GStB 13, 60; Beispiel bei *Dreixler* StuB 13, 43 auch zur bilanziellen Behandlung). Die Ausfinanzierung gegen lfd Beiträge führt zur Minderung der § 6a-Rückstellung (III 3, dazu *Wellisch/Lüken* BB 11, 1131/5; *BMF* BStBl I 15, 544; krit *Stöckler* BB 15, 1970), bei vollständiger Übertragung des ‚past service' [bereits erdienter Teil der Rückstellung] vollständige (gewinnneutrale) Auflösung (per Rückstellung an Geld; *Pradl* GStB 13, 60/4; *Weber-Grellet* BB 13, 43/6 zu BFH IV R 43/09 BFH/NV 12, 1248); für den ‚future service' beginnt der ArbG wieder bei Null (*Bredebusch/Großmann* DStR 10, 1441/2); iEinz *BMF* BStBl I 06, 709, *BMF* 10.7.15 BStBl I 15, 544 (mit Beispielen). Bei Auslagerung von Pensionsverpflichtungen ist § 3 Nr 66 nur auf erdiente Ansprüche anwendbar (‚past service'; *BMF* 10.7.15 BStBl I 15, 544); der steuerl ausfinanzierbare Teil ergibt sich aus dem Quotienten des steuerl TW zum Anwartschaftsbarwert (*Jaeger* Versicherungswirtschaft 07, 1528; ähnl *BMF* 10.7.15 BStBl I 15, 544), Übertragung der Restrente (‚future Service') zB durch Zusage an rückgedeckte Unterstützungskasse (*Pradl* GStB 13, 82/3: Kombimodell); zu den steuerl Risiken dieses Modells (Aufteilung in past/future service; teilw Lohnzufluss) *Janssen* NWB 09, 796, 10, 772. Ein Wechsel des Pensionsfonds ist stneutral mögl (*Wellisch* BB 13, 1047).

9 **b) Differenz zw Auflösung und Zuwendung.** Die Differenz zw dem Auflösungsbetrag der Pensionsrückstellung und der Zuwendung an den Pensionsfonds ergibt sich daraus, dass Pensionsrückstellungen gem § 6a III 3 nur mit 6% abgezinst werden dürfen, während für Unternehmen, die der Versicherungsaufsicht unterliegen, eine niedrigere Abzinsung (*Blomeyer* DB 01, 1413/4) vorgeschrieben ist (*Langohr-Plato* INF 01, 518; 520/1). **Unterstützungskassen** können nach § 4d nicht voll finanziert werden (§ 4d Rz 2), da ihnen nur die Mittel für das zul Kassenvermögen – eingeschränkt für das sog Reservepolster sowie für eine Rückdeckungsversicherung und Abfindungen – zugewendet werden dürfen (vgl § 4d Nr 1a–d). Deshalb ergibt sich bei der Übertragung der Versorgungsverpflichtung auf einen Pensionsfonds ein Nachzahlungsbedarf für den ArbG. Für die Höhe der **Nachzahlung** ist auch der **Abzinsungszinsfuß für Pensionsfonds** mitbestimmend; dieser beträgt nach § 1 I PFDeckRV 2,25%.

10 **c) Auswirkungen beim ArbN.** Da Direktzusagen und Unterstützungskassen keinen Rechtsanspruch auf die zugesagten Leistungen begründen, aber bei Übertragung von Versorgungsanwartschaften auf Pensionsfonds ein solcher **Rechtsanspruch** entsteht (Rz 2), müsste die mit der Verpflichtungswechsel verbundene Vermögenszuwendung an den Pensionsfonds vom ArbN versteuert werden. **§ 3 Nr 66** stellt solche Vermögensübertragungen für den ArbN indes dann stfrei (zur Besteuerung des ArbN s Rz 11), wenn der ArbG gem unwiderrufl Antrag nach § 4d III oder § 4e III die Beiträge des ArbG oder der Unterstützungskasse, die zur Erfüllung der Zusage durch den Pensionsfonds erforderl sind, auf den Pensionsfonds überträgt und seinem Antrag entspr im Jahr der Übertragung nur den aus der (gewinnerhöhenden) Auflösung der **Pensionsrückstellung** sich ergebenden Betrag gewinnmindernd als BA abzieht und den verbleibenden Teil des Zuwendungsbetrags erst in den zehn folgenden Wj gleichmäßig verteilt als BA abzieht (*Langohr-Plato* INF 01, 518; 520/1; *Niermann* DB 01, 1380/2; iEinz *Mühlberger* ua DB 06, 635).

11 **5. Besteuerung der Versorgungsleistungen beim ArbN.** Beiträge an Pensionsfonds werden *(a)* individuell vorgelagert besteuert. *(b)* Dabei kann gem § 10a, §§ 79ff SA-Abzug und Zulage gewährt werden (Nettoentgeltumwandlung). *(c)* Beiträge können auch iRd Höchstbeträge nach § 3 Nr 63 stfrei sein (Bruttoentgeltumwandlung; vgl Rz 1). – Soweit die Beiträge der Besteuerung unterlegen

haben (Fall 1), werden die Versorgungsleistungen nur mit dem niedrigeren Ertragsanteil des § 22 Nr 1 S 3a/bb besteuert. In den Fällen *(b)* und *(c)* sind die Beiträge aus (quasi) unversteuertem Einkommen geleistet worden; sie werden deshalb nach § 22 Nr 5 besteuert (*RRdL* Rz 2013; *Blank* aaO, vor Rz 1, 67). – S auch § 4c Rz 9–11.

§ 4f Verpflichtungsübernahmen, Schuldbeitritte und Erfüllungsübernahmen

(1) [1] **Werden Verpflichtungen übertragen, die beim ursprünglich Verpflichteten Ansatzverboten, -beschränkungen oder Bewertungsvorbehalten unterlegen haben, ist der sich aus diesem Vorgang ergebende Aufwand im Wirtschaftsjahr der Schuldübernahme und den nachfolgenden 14 Jahren gleichmäßig verteilt als Betriebsausgabe abziehbar.** [2] **Ist auf Grund der Übertragung einer Verpflichtung ein Passivposten gewinnerhöhend aufzulösen, ist Satz 1 mit der Maßgabe anzuwenden, dass der sich ergebende Aufwand im Wirtschaftsjahr der Schuldübernahme in Höhe des aufgelösten Passivpostens als Betriebsausgabe abzuziehen ist; der den aufgelösten Passivposten übersteigende Betrag ist in dem Wirtschaftsjahr der Schuldübernahme und den nachfolgenden 14 Wirtschaftsjahren gleichmäßig verteilt als Betriebsausgabe abzuziehen.** [3] **Eine Verteilung des sich ergebenden Aufwands unterbleibt, wenn die Schuldübernahme im Rahmen einer Veräußerung oder Aufgabe des ganzen Betriebes oder des gesamten Mitunternehmeranteils im Sinne der §§ 14, 16 Absatz 1, 3 und 3a sowie des § 18 Absatz 3 erfolgt; dies gilt auch, wenn ein Arbeitnehmer unter Mitnahme seiner erworbenen Pensionsansprüche zu einem neuen Arbeitgeber wechselt oder wenn der Betrieb am Schluss des vorangehenden Wirtschaftsjahres die Größenmerkmale des § 7g Absatz 1 Satz 2 Nummer 1 Buchstabe a bis c nicht überschreitet.** [4] **Erfolgt die Schuldübernahme in dem Fall einer Teilbetriebsveräußerung oder -aufgabe im Sinne der §§ 14, 16 Absatz 1, 3 und 3a sowie des § 18 Absatz 3, ist ein Veräußerungs- oder Aufgabeverlust um den Aufwand im Sinne des Satzes 1 zu vermindern, soweit dieser den Verlust begründet oder erhöht hat.** [5] **Entsprechendes gilt für den einen aufgelösten Passivposten übersteigenden Betrag im Sinne des Satzes 2.** [6] **Für den hinzugerechneten Aufwand gelten Satz 2 zweiter Halbsatz und Satz 3 entsprechend.** [7] **Der jeweilige Rechtsnachfolger des ursprünglichen Verpflichteten ist an die Aufwandsverteilung nach den Sätzen 1 bis 6 gebunden.**

(2) **Wurde für Verpflichtungen im Sinne des Absatzes 1 ein Schuldbeitritt oder eine Erfüllungsübernahme mit ganzer oder teilweiser Schuldfreistellung vereinbart, gilt für die vom Freistellungsberechtigten an den Freistellungsverpflichteten erbrachten Leistungen Absatz 1 entsprechend.**

Verwaltungsanweisungen: OFD Mbg DStR 14, 1546, *BMF* Schreiben angekündigt.

Schrifttum (vor 2015 s Vorauflagen): *Grützner,* Anwendungsfragen der §§ 4f und 5 VII, StuB 15, 17; *Reichl/von Bredow,* Exit-Tax mal anders?!, IStR 15, 23; *Huth/Wittenstein,* Übertragung von Pensionsverpflichtungen, DStR 15, 1088, 1153; *Horst,* Behandlung stiller Lasten bei Umwandlungen, FR 15, 824.

1. Grundaussage. § 4f ist durch das AIFM-StAnpG v 23.12.13 BGBl I 13, 4318 eingefügt worden (zur Gesetzesbegründung s BR-Drs 740/13, 114f; BT-Drs18/68, 73). Nach der BFH-Rspr konnten estl Passivierungsbegrenzungen (zB Ansatzverbote gem § 5 IVa, Ansatzbeschränkungen gem § 5 III, IV oder Bewertungsvorbehalte gem § 6a) überwunden werden, indem Dritte die Verbindlichkeiten übernahmen (BFH I R 61/06 BStBl II 08, 555; BFH IV R 43/09 DStR 12, 1128), die dann die Passivierungsbegrenzungen nicht zu beachten brauchten (BFH 1

I R 102/08 BStBl II 11, 566; BFH I R 72/10 DStR 12, 452; *K/Schindler* § 4f Rz 1); insb verbundene Unternehmen konnten Verpflichtungen stgünstig „verschieben". Diese Praxis soll die Neuregelung begrenzen; die Neuregelung dient damit der Fortsetzung von Passivierungsbegrenzungen bei Verpflichtungsübernahme, insb in Konzernfällen, aber auch unter Fremden (*Dannecker/Rudolf* BB 14, 2539). Hauptgegenstand dürften Pensionszusagen sein (dazu *Pradl* GStB 14, 64, auch zum Ausweis von Past und Future Service; *Huth/Wittenstein* DStR 15, 1088, 1153). – § 4f und § 5 VII sind komplementäre Regelungen, die (dem Sinn und der Regelung nach, vgl § 52 Abs 8, 9) nebeneinander anwendbar sind, § 4f beim Veräußerer (Aufwandsverteilung), § 5 VII beim Übernehmer (Ertragsverteilung; § 5 Rz 503); die Begründung in BR-Drs 740/13 (B), 117 („bis zur erstmaligen Anwendung des § 4f") ist mE irreführend (ähnl *Schultz/Debnar* BB 14, 109/11; *OFD Mbg* DStR 14, 1546/7). – Die Regelungen sind mE nicht verfwidrig, da sie ledigl bezwecken, die Passivierungsbeschränkungen (auch) für den Fall der Übertragung beim Veräußerer und beim Erwerber aufrechtzuerhalten (aA *Krumm/Blümich* Rz 11). – Auf eine § 5 VII 6 vergleichbare Regelung konnte der Gesetzgeber mE wegen der ‚Verpflichtungs-Abkoppelung' verzichten. – Umwandlungsfälle (Gesamtrechtsnachfolge) sind nach UmwStG zu behandeln (*Huth/Wittenstein* DStR 15, 1153; *Schmitt/Keuthen* DStR 15, 2521; s auch *Horst* FR 15, 824).

2 **2. Aufwandsverteilung, § 4f I. – a) Verpflichtungsübernahme.** In Anlehnung an § 4e EStG ordnen § 4f I, II an, dass die durch die Übertragung der Verpflichtung, die beim Übertragenden Ansatz- und Bewertungsvorbehalten unterlegen hat, entstehenden BA sich nicht sofort, sondern verteilt über einen Zeitraum von 15 Jahren verteilt steuerl auswirken. Eine Verpflichtung kann insb im Wege der Einzelrechtsnachfolge nach § 414 BGB oder der Sonder- oder Gesamtrechtsnachfolge nach dem UmwG übertragen werden. – Durfte eine Passivierung der Verpflichtung (zB § 5 IVa – Verlustrückstellung) beim Übertragenden bisher nicht erfolgen, sind die BA im Wj der Übertragung und in den folgenden 14 Wj mit jeweils $^{1}/_{15}$tel zu berücksichtigen (§ 4f I 1; *Benz/Placke* DStR 13, 2653/5), mE als aktiver steuerl Ausgleichsposten (RAP-ähnl; so auch *Riedel* FR 14, 6/10). – War dagegen eine Verpflichtung (zB gem § 6a) passiviert und ist diese gewinnerhöhend aufzulösen, dürfen die BA iHd aufgelösten Passivpostens sofort und iÜ mit $^{1}/_{14}$tel des verbleibenden Betrags verteilt in den folgenden 14 Wj berücksichtigt werden (§ 4f I 2; *K/Schindler* § 4f Rz 15; *Höfer* BetrAV 14, 134).

Beispiel: Die A-GmbH hat in ihrer HB für einen Kaufvertrag eine Verlustrückstellung von 500 gebildet. Die A-GmbH zahlt für die Vertragsübernahme an die B-GmbH 500. Buchung bei A-GmbH: per Aufwand an Geld 500; per § 4f-Ausgleichsposten an Aufwand 500. – Buchung bei B-GmbH: per Geld an Ertrag (nicht: an Rückstellung) 500; ggf per Ertrag an Rücklage (*OFD Mbg* DStR 14, 1546 mit weiteren Beispielen; § 5 Rz 504).

3 **b) Keine Aufwandsverteilung, § 4f I 3.** Eine Aufwandsverteilung unterbleibt, **(1)** bei Schuldübernahme iRd Veräußerung oder Aufgabe des ganzen Betriebs oder des gesamten MUeranteils, **(2)** bei ArbG-Wechsel unter Mitnahme der Pensionsansprüche, sofern **(3)** Klein- und Mittelbetriebe iSd § 7g I 2 Nr 1 Buchst a–c betroffen sind (*Benz/Placke* DStR 13, 2653/6).

4 **c) Teilbetriebsveräußerung; Betriebsaufgabe, § 4f I 4–6.** Bei Teilbetriebsveräußerung bzw. -aufgabe erfolgt eine Verteilung nur insoweit, als diese den Verlust aus Teilbetriebsaufgabe oder -veräußerung begründet oder erhöht haben. Es kommt nur dann zu einer Verteilung, wenn die durch den Vorgang der Teilbetriebsaufgabe oder -veräußerung realisierten stillen Lasten die stillen Reserven übersteigen (*Benz/Placke* DStR 13, 2653/7); entspr Anwendung für Funktionsverlagerung (*Reichl/von Bredow* IStR 15, 23).

5 **d) Rechtsnachfolge, § 4f I 7.** § 4f I 7 gewährleistet, dass beim Übertragenden noch nicht berücksichtigter Aufwand – zB infolge seines Todes – nicht untergeht,

sondern auf die Rechtsnachfolger übergeht; dadurch ist die vollständige steuerl Berücksichtigung des durch die Übertragung realisierten Aufwands gesichert.

3. Erfüllungsübernahme und Schuldbeitritt, § 4f II. – a) Freistellungsverpflichtung. Erfüllungsübernahme und Schuldbeitritt sind gesondert geregelt, da die Schuld abw von den Fällen des § 4f I nicht direkt übernommen wird, sondern sich aus dem Rechtsgeschäft eine neue Verpflichtung ergibt (*Benz/Placke* DStR 13, 2653/7). 8

b) Entspr Anwendung des § 4f I. Nach § 4f II gelten für die Fälle der Erfüllungsübernahme (§ 329 BGB) und des Schuldbeitritts, bei denen die Verpflichtung des bisherigen Schuldners im Innenverhältnis ganz oder teilw übernommen wird; die Regelungen des § 4f I gilt entspr. Auch in diesen Fällen wird der durch die genannten Vorgänge entstehende Aufwand gestreckt. Eine Erfüllungsübernahme liegt im Zweifel auch vor, wenn in Fällen der Schuldübernahme nach § 415 I BGB der Gläubiger die Genehmigung noch nicht erteilt oder sie verweigert hat (§§ 415 III 3, 329 BGB). Nach ZK-AnpG ist Abs 1 zwecks Gleichbehandlung in Gänze entspr anzuwenden (BR-Drs 432/1/14, S. 36). 9

4. Erstmalige Anwendung. § 4f idF AIFM-StAnpG (v 18.12.2013, BGBl I 13, 4318) ist gem § 52 Abs 8 erstmals für Wje anzuwenden, die nach dem 28.11.13 enden (*OFD Mbg* DStR 14, 1546; *Benz/Placke* DStR 13, 2653/8; *Hoffmann* StuB 14, 1); danach bereits auf Übertragungen nach dem 30.11.12 anwendbar (zur Rückwirkungsproblematik § 2 Rz 41). 10

§ 4g Bildung eines Ausgleichspostens bei Entnahme nach § 4 Absatz 1 Satz 3

(1) [1]**Ein unbeschränkt Steuerpflichtiger kann in Höhe des Unterschiedsbetrags zwischen dem Buchwert und dem nach § 6 Absatz 1 Nummer 4 Satz 1 zweiter Halbsatz anzusetzenden Wert eines Wirtschaftsguts des Anlagevermögens auf Antrag einen Ausgleichsposten bilden, soweit das Wirtschaftsgut infolge seiner Zuordnung zu einer Betriebsstätte desselben Steuerpflichtigen in einem anderen Mitgliedstaat der Europäischen Union gemäß § 4 Absatz 1 Satz 3 als entnommen gilt.** [2]**Der Ausgleichsposten ist für jedes Wirtschaftsgut getrennt auszuweisen.** [3]**Das Antragsrecht kann für jedes Wirtschaftsjahr nur einheitlich für sämtliche Wirtschaftsgüter ausgeübt werden.** [4]**Der Antrag ist unwiderruflich.** [5]**Die Vorschriften des Umwandlungssteuergesetzes bleiben unberührt. Bildung eines Ausgleichspostens bei Entnahme**

(2) [1]**Der Ausgleichsposten ist im Wirtschaftsjahr der Bildung und in den vier folgenden Wirtschaftsjahren zu jeweils einem Fünftel gewinnerhöhend aufzulösen.** [2]**Er ist in vollem Umfang gewinnerhöhend aufzulösen,**

1. **wenn das als entnommen geltende Wirtschaftsgut aus dem Betriebsvermögen des Steuerpflichtigen ausscheidet,**
2. **wenn das als entnommen geltende Wirtschaftsgut aus der Besteuerungshoheit der Mitgliedstaaten der Europäischen Union ausscheidet oder**
3. **wenn die stillen Reserven des als entnommen geltenden Wirtschaftsguts im Ausland aufgedeckt werden oder in entsprechender Anwendung der Vorschriften des deutschen Steuerrechts hätten aufgedeckt werden müssen.**

(3) [1]**Wird die Zuordnung eines Wirtschaftsguts zu einer anderen Betriebsstätte des Steuerpflichtigen in einem anderen Mitgliedstaat der Europäischen Union im Sinne des Absatzes 1 innerhalb der tatsächlichen Nutzungsdauer, spätestens jedoch vor Ablauf von fünf Jahren nach Änderung der Zuordnung, aufgehoben, ist der für dieses Wirtschaftsgut gebildete Ausgleichsposten ohne Auswirkungen auf den Gewinn aufzulösen und das Wirtschaftsgut mit den fortgeführten Anschaffungskosten, erhöht um zwischenzeitlich gewinnerhöhend berücksichtigte Auflösungsbeträge im Sinne der Absätze 2 und 5**

Satz 2 und um den Unterschiedsbetrag zwischen dem Rückführungswert und dem Buchwert im Zeitpunkt der Rückführung, höchstens jedoch mit dem gemeinen Wert, anzusetzen. [2]Die Aufhebung der geänderten Zuordnung ist ein Ereignis im Sinne des § 175 Absatz 1 Nummer 2 der Abgabenordnung.

(4) [1]**Die Absätze 1 bis 3 finden entsprechende Anwendung bei der Ermittlung des Überschusses der Betriebseinnahmen über die Betriebsausgaben gemäß § 4 Absatz 3. [2]Wirtschaftsgüter, für die ein Ausgleichsposten nach Absatz 1 gebildet worden ist, sind in ein laufend zu führendes Verzeichnis aufzunehmen. [3]Der Steuerpflichtige hat darüber hinaus Aufzeichnungen zu führen, aus denen die Bildung und Auflösung der Ausgleichsposten hervorgeht. [4]Die Aufzeichnungen nach den Sätzen 2 und 3 sind der Steuererklärung beizufügen.**

(5) [1]**Der Steuerpflichtige ist verpflichtet, der zuständigen Finanzbehörde die Entnahme oder ein Ereignis im Sinne des Absatzes 2 unverzüglich anzuzeigen. [2]Kommt der Steuerpflichtige dieser Anzeigepflicht, seinen Aufzeichnungspflichten nach Absatz 4 oder seinen sonstigen Mitwirkungspflichten im Sinne des § 90 der Abgabenordnung nicht nach, ist der Ausgleichsposten dieses Wirtschaftsguts gewinnerhöhend aufzulösen.**

Übersicht Rz

Schrifttum: *Kahle/Eichholz* FR 15, 7; *Hoffmann* DB 07, 652; *Kessler/Winterhalter/Huck* DStR 07, 133; *Kramer* DB 07, 2338; *Lange* StuB 07, 259; *Srebne* StB 08, 317; weitere Hinweise im Text und § 4 Rz 328.

1 **1. Hintergrund der Regelung.** § 4g beruht auf der gesetzl Festschreibung einer Entnahmefiktion in § 4 I 3 (SEStEG) bei Gefährdung des inl Besteuerungsrechts durch Auslandsvorgänge (s § 4 Rz 328 ff). § 4g ermöglicht bei Auslandsverbringung einzelner WG im EU-Bereich eine 5-jährige Streckung der Versteuerung des Entnahmegewinns, ähnl wie § 36 V für Betriebsverlagerungen nach § 16 III a. Während *BMF* im – iÜ idF BStBl I 09, 888/I 14, 1258 fortgeltenden – **Betriebsstättenerlass** BStBl I 99, 1076 Tz 2.6.1 Buchst a, b und d wie bereits BStBl I 90, 72 für solche Fälle aufgrund der früheren BFH-Rspr bei AV *und UV* (!) ein Wahlrecht mit Aufschub der sofortigen Gewinnrealisierung im Billigkeitswege bis zu 10 Jahren vorsah und § 6 IV AStG im Anschluss an EuGH Rs C-9/02 *Lasteyrie du Saillant* DStR 04, 551 eine Stundungsmöglichkeit der WegzugSt eröffnet (s auch *BMF* BStBl I 05, 714), hatte der Gesetzgeber zunächst umfassend eine sofortige Gewinnbesteuerung der nach § 4 I 3 zu realisierenden stillen Reserven ohne Aufschub geplant. Aufgrund des einhelligen Widerstands aus Wirtschaft und Wissenschaft und zur Ausräumung EG-rechtl Bedenken lässt § 4g wenigstens für WG des AV im EU-Bereich die Bildung von Ausgleichsposten zur zeitl Streckung der Besteuerung stiller Reserven ohne Verzinsung oder Sicherheitsleistung zu (UV ist wegen der idR geringen Umschlagsdauer ausgenommen, mE vertretbar). Str ist, ob dadurch die **EG-Rechtmäßigkeit** abschließend gesichert ist, da inl Verlagerungen nach § 6 V ohne Gewinnrealisierung mögl sind. **EuGH** Rs C-371/10 Fall National Grid Indus B.V. DStR 11, 2334 billigt bei Wegzug einer KapGes aus den Niederlanden (vgl § 12 III KStG, *Hölscher* IStR 13, 747) immerhin den Entnahmetatbestand und die sofortige StFestsetzung, hält nur die sofortige Fälligkeit der Steuer

für EGwidrig, weist aber in Rz 73 darauf hin, dass die „Wahl einer Aufschiebung" eine weniger beeinträchtigende Maßnahme wäre; glA zu Portugal EuGH Rs C-38/10 IStR 12, 763 mit Anm *Thömmes* IWB 12, 515 und 723 (ohne ausdrückl Hinweis auf Verzinsung und Sicherheitsleistung; zu Spanien EuGH Rs C-64/11 mit Anm *Mitschke* IStR 13, 393; zu Dänemark – immaterielle WG – EuGH Rs C-261/11 mit Anm *Sydow* IStR 13, 663). Vgl auch zur Übertragung einer 6b-Rücklage ins EU-Ausland EuGH Rs C-591/13 DStR 15, 870. Diesen Anforderungen scheint die 5-jährige sachl und persönl eingeschränkte zinslose Streckung nach § 4g/§ 36 V zu entsprechen (vgl EuGH Rs C-164/12 DStR 14, 406; str, s 32./33. Aufl mwN). Dann wäre eine andernfalls geplante Gesetzesanpassung nicht erforderl (dazu 33. Aufl). Das **geänderte niederländische Recht** sieht nun eine verzinsl Stundung bis zur endgültigen Realisierung gegen Sicherheitsleistung vor (s IStR-LB 12, 18 Heft 3). Zur Besonderheit des **DBA Schweiz** s *Haase/Steierberg* IStR 13, 537. FG Ddorf hielt § 4 I 3, 4/§ 4g für EG-widrig und hatte eine Vorabentscheidung des EuGH beantragt (DStR 14, 119); EuGH Rs C-657/13 DStR 15, 1166 hat die dt Regelung jedoch gebilligt; ebenso schon Generalanwalt IStR 15, 206; s auch Folgeurteil FG D'dorf EFG 16, 209, Rev I R 95/15, Anm *Mitschke* IStR 16, 118; *Kudert/Kahlenberg* DB 15, 1377; *Faller/Schröder* DStZ 15, 890; *Mitschke* IStR 15, 443 entgegen *Kahle/Beinert* FR 15, 585; glA EuGH Rs C-164/12 DStR 14, 406 zu Entstrickung nach § 20 III, IV UmwStG 95 mit Anm *Gosch* IWB 14, 183; *Linn* IStR 14, 136; *Mitschke* IStR 14, 111, 214 und 522/525; *Nitzschke* IStR 14, 367 und 524; *Musil* FR 14, 470; 33. Aufl mwN (fragl ist, ob die Auslegung durch FG Hbg im Folgeurteil DStRE 15, 982 den Vorgaben des EuGH entspricht, s *Mitschke* IStR 15, 526 – aber im Streitfall bestätigt durch Zurückweisung der NZB des FA I B 66/15 BFH/NV 15, 1708 DStR 15, 2603).

2. Anwendungsbereich, § 4g I. – a) Persönl Anwendung. Nur im Inl unbeschr StPfl, nicht beschr StPfl können einen Gewinnaufschub über § 4g erreichen (§ 4g I 1; EG-rechtl nicht unbedenkl). Unerhebl sind die Art der Gewinneinkünfte (wie § 4 I 3, 4 gilt § 4g für alle Gewinneinkunftsarten iSv § 2 II Nr 1) und die Art der Gewinnermittlung (§ 4g I 1, IV, s Rz 6). Unmittelbar gilt § 4g nur für EStPfl; die Anwendung auf KStPfl ist – rückwirkend – durch § 12 I, III KStG klargestellt. Ob bei Entnahmen eines WG aus dem Gesamthandsvermögen einer PersG im Anschluss an BFH I R 17/01 BStBl I 03, 631 eine quotale Bildung von Ausgleichsposten bei den Ges'tern mögl ist, ist str (s *Kolbe* in *HHR* § 4g Anm 15, 19 mwN). Begünstigt sind nur Überführungen vom inl Unternehmen (Stammhaus oder Betriebsstätte) in eine ausl EU-Betriebsstätte ***desselben*** **StPfl** (nach Wortlaut § 4g entgegen § 6 AStG nicht EWR-Betriebsstätte). Keine Anwendung findet die Regelung auf Überführungen in andere, eigene oder fremde Unternehmen, selbständige TochterGes, ein ausl Stammhaus oder *dessen* ausl Betriebsstätte und – Betriebsstättenerlass Tz 2.6.4 – auf ausl PersGes. **§ 1 V 6 AStG** soll klarstellen, dass § 4g nicht dadurch entfällt, dass neben den Voraussetzungen des § 4 I 3 auch jene des § 1 AStG gegeben sind (s *Schrifttum* § 4 Rz 328). 2

b) Zeitl Anwendung, § 52 Abs 6 S 1. § 4g knüpft an § 4 I 3 an und ist daher rückwirkend anzuwenden auf alle Entstrickungsvorgänge iSd Vorschrift ab 2006 bzw in nach dem 31.12.2005 endenden Wj. Diese (unechte) Rückwirkung mit Nachteilen ggü dem Betriebsstättenerlass (s Rz 1) ist für die Zeit bis zur Verkündung Ende 2006 bedenkl. Für vorher (und wahlweise wohl auch in 2006) gebildete Ausgleichsposten gelten die Grundsätze *BMF* BStBl I 99, 1076 fort (*BMF* BStBl I 09, 888 aE). 3

c) Sachl Anwendung, § 4g I. § 4g gilt nur für Verlagerungen einzelner WG vom inl Stammhaus in eine eigene ausl EU-Betriebsstätte iSv § 4 I 3/4 (s Rz 2, nicht für andere Entstrickungsvorgänge iSv § 4 I 3 oder für Gewinnrealisierungen nach UmwStG, s § 4g I 5; str bei WG-Verlagerung durch Unternehmenssitzverlegung, vgl *HHR* § 4g Anm 17; aA *Förster* DB 07, 72; s auch EuGH-Urt Rz 1) und 4 nur für WG des betriebl **AV,** materielle (Maschinen, technische Anlagen, Werkzeuge, Formen) wie immaterielle (gewerbl Schutzrechte, Patente, Warenzeichen, Know-how, s EuGH Rz 1), abnutzbare und nicht abnutzbare WG, entgegen *BMF* BStBl I 99, 1076 Tz 2.6.1 nicht für WG des UV. **Verlagerung:** Das WG muss aus dem Inl ohne ausdrückl Veräußerungs- oder Entnahmehandlung einer eigenen ausl EU-Betriebsstätte körperl oder – nicht nur vorübergehend – zur Nutzung überlassen werden mit der Folge, dass es nach § 4 I 3, 4 wie nach DBA-Recht (vgl Art 7 IV OECD-MA) für die Gewinnzuordnung nicht mehr dem überlassenden Stammhaus, sondern der Betriebsstätte zuzurechnen wäre und hierdurch das inl Besteuerungsrecht der stillen Reserven mit der Folge der grds Gewinnrealisierung nach § 4 I 3 verloren ginge (Problematik s § 4 Rz 328 ff, auch zu Funktionsverlagerungen – FVerlV zu § 1 I AStG, BGBl I 08, 1680, BStBl I 09, 34; Änderung von § 1 IV, V AStG durch JStG 2012; *BMF* BStBl I 10, 774). Abw von *BMF* BStBl I 99, 1076 Tz 2.6.1 (geändert in BStBl I 09, 888) ist nur die Überführung im **EU-Bereich** begünstigt (s Rz 2), nicht in EWR- oder Drittstaaten. Nicht geregelt ist, ob der StPfl bei **nachträgl Eintritt der Voraussetzungen** für den Gewinnaufschub einen anteiligen Ausgleichsposten für die verbleibende Fünfjahresfrist ansetzen kann (Umkehrung von § 4g II Nr 2; *Beispiel:* Verlagerung eines WG 2 Jahre nach der Überführung in einen Drittstaat in einen EU-Staat); die nicht begünstigte Entnahmefiktion kann wohl wie eine tatsächl Entnahme nicht rückgängig gemacht werden. Vgl zu DBA Liechtenstein BGBl II 12, 1462 Protokoll zu Art 4 I, *Niehaves/Beil* DStR 12, 209/12; *Hosp/Langer* IWB 13, 15.

6 **3. Gewinnaufschub durch Bildung eines Ausgleichspostens, § 4g I 1, IV. – a) Unterschiede nach Gewinnermittlungsart.** Für die Durchführung des Gewinnaufschubs können Bilanzierende die sofortige Gewinnerhöhung iHd stillen Reserven durch Ansatz eines passiven Ausgleichspostens in zunächst gleicher Höhe neutralisieren (§ 4g I 1). Es handelt sich um eine **Bilanzierungshilfe** als Merkposten inner- oder außerhalb der StB (nach *Wassermeyer* DB 08, 430 in der StB; nach *Hoffmann* DB 07, 652 und 08, 433 in einer StB-Nebenrechnung; nach *Kramer* DB 07, 2338 in einer gesonderten Gewinnabgrenzungsbilanz; s auch *Srebne* StB 08, 317). Die Gewinnermittlung nach **§ 4 III** führt zum selben Ergebnis. Auch hier ist ein Ausgleichsposten nach Abs 1 zu bilden und in ein lfd Verzeichnis aufzunehmen, zunächst ohne Gewinnauswirkung **(§ 4g IV).** Anders als bei §§ 4 I/5 ist dem Ausgleichsposten keine Gewinnerhöhung iHd stillen Reserven ggü zu stellen. Zwar sind Entnahmen grds auch bei § 4 III gewinnerhöhend zu buchen, aber nur, wenn der Vorgang sonst nicht erfasst würde (s § 4 Rz 345). Die Gewinnerhöhung nach § 4 I 3 erfolgt durch sukzessive Auflösung des Ausgleichspostens.

7 **b) Höhe des Ausgleichspostens, § 4g I 1, 2.** Der Ausgleichsposten verkörpert wie eine *Bilanzierungshilfe* die im Zeitpunkt der Überführung in dem WG enthaltenen stillen Reserven. Entspr den ohne die Sonderregelung aufzudeckenden stillen Reserven (§ 4 Rz 336) ist der Ausgleichsposten iHd Unterschiedsbetrages zw dem Buchwert und dem nach § 6 I Nr 4 S 1 HS 2 als von fremden Dritten unter gleichen Bedingungen zu erwartenden **Fremdvergleichspreis** anzusetzenden gemeinen Wert (s § 9 BewG) für jedes einzelne überlassene WG auszuweisen.

10 **4. Auflösung des Ausgleichspostens, § 4g II, V 2. – a) Sukzessive Gewinnerhöhung, § 4g II 1.** Im Normalfall der Dauerüberlassung erstreckt sich der Gewinnaufschub auf **fünf Jahre** (fragl gesetzl Pauschalierung, s Rz 1; nach *BMF aF* BStBl I 99, 1076 Tz 2.6.1 waren es noch bis zu 10 Jahre). Daher ist der für alle WG eines Wj gebildete (§ 4 I 3) Ausgleichsposten im Wj der Verlagerung – unabhängig vom Fortgang des Wj, also ohne Zwölftelung – und in den vier folgenden Wj pauschal zu jeweils einem Fünftel gewinnerhöhend aufzulösen, auch bei nicht abnutzbaren WG und bei abnutzbaren WG mit längerer Restnutzungsdauer. Damit wird die Gewinnrealisierung der stillen Reserven gleichmäßig auf

fünf Jahre verteilt. Auch RumpfWj sind als Wj einzubeziehen. Das Auflösungsergebnis ist lfd Gewinn des Stammhauses.

b) Vorzeitige Auflösung, § 4g II 2. Die sukzessive Auflösung unterstellt zur Verfahrensvereinfachung unabhängig von Art und tatsächl Restnutzungsdauer der einzelnen WG pauschalierend, dass die Voraussetzungen für die Bildung des Ausgleichspostens nach § 4g I 1 fünf Jahre lang bestehen bleiben. Tritt zwischenzeitl ein Umstand ein, der unabhängig davon zur Gewinnrealisierung führt, ist der (verbleibende) Ausgleichsposten ohne Änderung der abgelaufenen Veranlagungen *sofort gewinnerhöhend* aufzulösen, allerdings nur für das einzelne betroffene WG (s Rz 20). Gewinnrealisierungen bei der Betriebsstätte sind dieser zuzurechnen. Unter § 4g II 2 fallen 11

- **S 2 Nr 1:** Ausscheiden des WG aus dem BV des StPfl durch Veräußerung, Verschenken oder ausdrückl Entnahmehandlung, nicht durch Abnutzung;
- **S 2 Nr 2:** Verlagerung des WG aus der Besteuerungshoheit der EU (zB Verlagerung von einer italienischen in eine USA-Betriebsstätte);
- **S 2 Nr 3:** Aufdeckung der stillen Reserven in der ausl Betriebsstätte nach ausl oder dt Realisierungsgrundsätzen (zB durch Verlagerung der Betriebsstätte von Italien in die Schweiz; wohl auch – wie „Klarstellung" in § 52 Abs 2 S 3 zu § 2a IV S 2 entspr Art 10 I 2 FusionsRiLi – bei Beendigung der unbeschr StPfl, str, aA *Kahle/Eichholz* FR 15, 7/13 mwN).

c) Auflösung bei Verstoß gegen Mitwirkungspflichten, § 4g V 2. § 4g V 1 erlegt dem StPfl eine allg Anzeigepflicht von Vorgängen iSv § 4g II auf. Ein Verstoß hiergegen oder gegen Aufzeichnungspflichten gem § 4g IV oder sonstige Mitwirkungspflichten nach § 90 AO (Auslandsbezug!) führt ebenfalls – WG-bezogen – zur sofortigen gewinnerhöhenden Auflösung des Ausgleichspostens bzw des verbleibenden Restpostens (§ 4g V 2, ohne Hinweis auf § 175 I Nr 2 AO wie in Abs 3), wohl im VZ des ersten Verstoßes. 12

5. Rückführung des WG ins inländische BV, § 4g III. – a) Grundgedanke. Die gem FinA kurzfristig eingefügte Vorschrift ist keine Meisterleistung. Sie ist relativ unklar und kann allenfalls vor dem Hintergrund eines gedachten, durch die missverständl Verweisung auf § 175 I Nr 2 AO zusätzl verschwommenen Regelungszwecks ausgelegt werden (s Rz 15). **Abweichungen vom alten Betriebsstättenerlass** (s auch Rz 1, 4, 10; zu Fortgeltung iÜ *BMF* BStBl I 09, 888, I 13, 980): Während früher im Ausl zwischenzeitl eingetretene Wertveränderungen ausschließl der ausl Betriebsstätte zugeordnet wurden (32. Aufl mwN), verknüpft § 4g III den inl Step-Up mit einer Versteuerung im Ausl. Ziel ist, einerseits sicherzustellen, dass die im Inl aufgedeckten stillen und anteilig bereits versteuerten Reserven per Saldo neutralisiert werden (Vermeidung einer Doppelbesteuerung), andererseits zu verhindern, dass im Ausl eingetretene Wertänderungen im Inl zu einem steuerneutralen Step-Up genutzt werden (vgl *Kessler/Winterhalter/Huck* DStR 07, 133). Daher werden die im Auflösungszeitraum fortgeführten AK um die bisher steuerwirksam aufgelösten Teile des Ausgleichspostens iSv § 4g sowie um die anlässl der Rücküberführung im Ausl tatsächl aufgedeckten stillen Reserven erhöht (Sonderregelung zu § 4 I 8/§ 6 I Nr 5a). Die AfA-Bemessungsgrundlage im Inl für die Jahre nach der Rückführung verändert sich so iErg um den Saldo aus den nach § 4g II im Inl aufgedeckten stillen Reserven zuzügl der im Ausl im Zeitpunkt der Rückführung aufgedeckten stillen Reserven abzügl der im Inl während der Auslandszuordnung der WG versäumten AfA. 13

b) Auflösung des verbleibenden Ausgleichspostens, § 4g III 1 HS 1. Durch das Rückgängigmachen des Entstrickungsvorgangs bzw die erneute Inlandsverstrickung innerhalb der Nutzungsdauer, aber vor Ablauf der Fünfjahresfrist wird ein **verbleibender Ausgleichsposten gegenstandslos.** Da die Voraussetzungen für die Entnahmefiktion des § 4 I 3/4 und den Gewinnaufschub nach § 4g I entfallen, ist er *ohne Gewinnauswirkung* aufzulösen, dh bei §§ 4 I/5 zusammen mit 14 dem Rest des offenen Realisierungsgewinns, bei § 4 III ohne sonstige Buchung durch Wegfall der späteren Auflösungs-Gewinnrealisierung. Insoweit besteht Übereinstimmung mit dem Betriebsstättenerlass BStBl I 99, 1076 Tz 2.6.2 (aber geändert durch BStBl I 09, 888).

15 **c) Berichtigung, § 4g III 2/§ 175 I 1 Nr 2 AO.** Bereits realisierte Auflösungsgewinne werden durch die Rückführung offenbar ebenfalls in Frage gestellt (anders gibt die Verweisung auf § 175 AO gar keinen Sinn). Die „Aufhebung der geänderten Zuordnung" (dh die Rückführung des WG) gilt als Ereignis iSv § 175 I 1 Nr 2 AO (§ 4g III 2). Das könnte bedeuten, dass vorgenommene Gewinnrealisierungen unabhängig von der Bestandskraft der Vorjahresveranlagungen ggf durch Bescheidänderung nach § 175 I Nr 2 AO rückgängig zu machen sind und damit der Entstrickungsgewinn beim inl Stammhaus neutralisiert wird. Offenbar ist dies mehr oder weniger unbesehen aus dem Betriebsstättenerlass BStBl I 99, 1076 Tz 2.6.2 (Neufassung I 09, 888) übernommen und dabei übersehen worden, dass das nicht dem Besteuerungskonzept des § 4g III 1 entspricht. Es kann nicht sein, dass die Gewinnerhöhungen der Vorjahre rückgängig gemacht und gleichwohl bei der Rückführungsbewertung hinzugerechnet werden (mit der Folge, dass diese stillen Reserven gar nicht erfasst würden). Dazu kommen folgende Zweifel: Nach dem uneingeschränkten Gesetzeswortlaut § 4g III 2 könnte dies nicht nur für Fälle des § 4g III 1 HS 1, sondern allg für die nachträgl „Aufhebung der geänderten Zuordnung" und damit auch bei Rückführung nach Ablauf der Fünfjahresfrist oder der Nutzungsdauer und – wie nach Betriebsstättenerlass BStBl I 99, 1076 Tz 2.6.2 – bei sofortiger Gewinnrealisierung ohne Inanspruchnahme von § 4g I gelten (unklar und bedenkl, s oben). Andererseits könnte die Stellung als S 2 von § 4g III dafür sprechen, dass auch ohne ausdrückl Hinweis nur geänderte Zuordnungen iSv S 1 gemeint sind. Letztl geht die **Verweisung ins Leere** (glA hM).

16 **d) Bewertung durch die Neuverstrickung, § 4g III 1 HS 2. – aa) Ausgangssituation.** Die Einlage als solche ist grds gewinnneutral. Der Bewertungsansatz bestimmt jedoch den Umfang der späteren Besteuerung der stillen Reserven im Stammhaus (ein niedriger Einlagewert sichert die spätere Erfassung der stillen Reserven). Die Rückführung sollte die steuerl Erfassung der stillen Reserven im Inl sichern. Entscheidend sind dabei zwei Fragen: – Wo sind die während der Auslandszugehörigkeit angewachsenen stillen Reserven zu besteuern? – Und: Sind im Inl zu erfassende stille Reserven bereits versteuert? Jedenfalls die vor Überführung im Inl angewachsenen stillen Reserven müssen hier besteuert werden. Nur insoweit ist ein höherer Einlagewert als der frühere Entnahmewert gerechtfertigt. Sonst könnte die Besteuerung durch Rückführung des WG vermieden werden. Entspr EuGH Rs C-9/02 Fall *Lasteyrie du Saillant* DStR 04, 551 sollen (nur) die stillen Reserven besteuert werden, die in dem Zeitraum entstanden sind, in dem die aus dem inl Besteuerungsrecht ausgeschiedenen WG der inl StHoheit unterlegen haben, wohl einschließl der im Ausl nicht erfassten Gewinnrealisierungen (für welche die inl StHoheit grds fortgilt), nicht aber im Ausl anlässl der Rückführung besteuerte Entstrickungsgewinne aus dem ausl BV.

17 **bb) Umsetzung.** Ob dies sich in § 4g III 1 HS 2 so niederschlägt, ist fragl. Während *nach Ablauf der Fünfjahresfrist* die Bewertung nach § 6 I Nr 5a mit dem gemeinen Wert als Fremdvergleichspreis im Zeitpunkt der Rückführung erfolgt – dann waren die stillen Reserven voll erfasst (fragl bei Gewinnkorrektur der Vorjahre über § 175 I 1 Nr 2 AO, s Rz 15) –, regelt § 4g III 1 HS 2 die Bewertung bei *vorzeitiger* Rückführung nach Bildung eines Ausgleichspostens (Wahlrecht § 4g I, s Rz 20). Die Frist beginnt mit Verlagerung in die ausl Betriebsstätte („Änderung der Zuordnung"). Zum Ende dieses Wj ist der Ausgleichsposten zu bilden und erstmals zu $^1/_5$ aufzulösen. *Beispiel:* Bei Entstrickung am 20.3.2016 endet die Frist nach 5 Jahren mit Ablauf des 19.3.2021. Nach dem Gesetzeswortlaut gilt § 4g III nicht bei Rückführung (innerhalb der Frist) *nach Ablauf* der tatsächl Nutzungsdauer

– dann wohl Ansatz des gemeinen Werts nach § 6 I Nr 5a (str, glA *Kolbe* in *HHR* § 4g Anm 36 mwN). § 4g III ist wegen neuer Begriffsbestimmungen und Abweichung von den Betriebsstättenerlassen unklar. Während vor § 4 I 3 vom **Fremdvergleichspreis** auszugehen war, der durch erfolgsneutrale Auflösung und Abzug des Restausgleichspostens korrigiert wurde (*BMF* BStBl I 99, 1076 Tz 2.6.2 machte so die Entstrickung rückgängig), geht § 4g III umgekehrt von den AK aus und korrigiert diese um Positionen, deren Ziel und Durchsetzungsweg sich weder aus dem Gesetz noch aus der Begründung des FinA noch aus einem Vergleich mit dem Betriebsstättenerlass eindeutig ergibt: – ***(1)* Ausgangspunkt.** Für die Bewertung nach § 4g III 1/§ 6 I Nr 5a sind die **„fortgeführten AK"** (damit wohl auch die HK) der Ausgangspunkt. Für die „AK" und deren „Fortführung" sollte die Beurteilung aus Sicht des Stammhauses, nicht der ausl Betriebsstätte maßgebend sein (es geht um die Ermittlung des Inlandsgewinns, während spätere Wertänderungen, Änderungen der Nutzungsdauer, AfA, TW-AfA auf Rechnung der Betriebsstätte gehen). Auszugehen ist damit zunächst vom inl Buchwert bei Auslagerung aus dem Stammhaus, der bei abnutzbaren WG um die dort ohne den Zuordnungswechsel nach Inlandsrecht zu berücksichtigende (fiktive) AfA und sonstige Wertveränderungen zu kürzen ist. Die Höhe der (ausl) AfA während der ausl Betriebszugehörigkeit wird hierbei nicht berücksichtigt (wodurch sich bei höherer AuslandsAfA ein AfA-Ausfall ergeben kann; umgekehrt ist ein zusätzl AfA-Volumen durch die Begrenzung auf den gemeinen Wert ausgeschlossen). Vgl Problembereiche bei *Kessler/Winterhalter/Huck* DStR 07, 133. – ***(2)* Erhöhung.** Dieser Ausgangswert wird zur Vermeidung der Doppelbesteuerung erhöht um bis dahin gewinnerhöhend berücksichtigte Auflösungsbeträge iSv § 4g II und V 2 (der offene Restbetrag ist bereits gewinnneutral aufgelöst), allerdings wohl nur, soweit diese Gewinnerhöhungen tatsächl bei Bilanzerstellung „berücksichtigt" und nicht bereits nach § 175 I 1 Nr 2 AO, § 4 III 2 rückgängig gemacht wurden (ungeklärt, s Rz 15). – ***(3)* Unterschiedsbetrag.** Dazu kommt der „Unterschiedsbetrag zwischen Rückführungswert und Buchwert im Zeitpunkt der Rückführung" bis zur Höhe des – nach § 6 I Nr 5a nach Ablauf von 5 Jahren anzusetzenden – aktuellen gemeinen Werts. Der Begriff **Rückführungswert** ist neu und nicht definiert im EStG. Es kann weder der gemeine Wert noch der Teilwert gemeint sein. Bei zwischenzeitl Rückführungen ist daher ein nach Zeitablauf seit der Entstrickung zu ermittelnder Zwischenwert als Grundlage für *spätere* Gewinnrealisierung stiller Reserven anzusetzen. Entscheidend sind offenbar die **Besteuerungsverhältnisse im Ausl** für die Berechnung der Differenz zw dem sich *nach ausl Recht* ergebenden stpfl Entnahmewert (wohl unabhängig von einer *sofortigen* Besteuerung der stillen Reserven nach ausl Recht) und dem *ausl* Buchwert, jeweils im Zeitpunkt der Rückführung (str). Zur Vermeidung einer Doppelbesteuerung wird sichergestellt, dass nur die im Inl angewachsenen bzw – ohne Auslandsbesteuerung wegen der grds fortgeltenden inl StHoheit – im Inl zu erfassenden stillen Reserven hier besteuert werden. Die auf die Entstrickungszeit entfallenden stillen Reserven sind daher auszuklammern, soweit sie nach ausl Recht erfasst werden. Insoweit könnte BFH I R 77/06 BStBl II 09, 464 zu beachten sein. Während sie nach Betriebsstättenerlass aF – ausgehend vom Fremdvergleichswert – abzuziehen waren, sind sie nach § 4g III den fortgeführten AK hinzuzurechnen. Ohne Auslandsbesteuerung entfällt dieser Zurechnungsteil; dann kann es günstiger sein, keinen Ausgleichsposten zu bilden oder die 5-Jahresfrist abzuwarten, um einen Rückführungsansatz mit dem gemeinen Wert zu erreichen.

e) Beispiel. Überführung eines vor 5 Jahren angeschafften abnutzbaren WG des AV (Nutzungsdauer 10 Jahre) mit AK 100, Buchwert 50 und gemeinem Wert 200 in Betriebsstätte in Italien in VZ 1. – ***aa)* Grundfall § 4g II 1:** Buchung VZ 1: Per Entnahme 200 an WG 50 und an Ertrag 150; per Ertrag 150 an Ausgleichsposten 150; per Ausgleichsposten 30 an Ertrag 30. Buchung VZ 2–5: Per Ausgleichsposten je 30 an Ertrag 30. Damit sind die stillen Reserven voll versteuert. Bei **§ 4 III** in VZ 1 Aufzeichnung des Ausgleichspostens 150 ohne 18

Gewinnauswirkung und gewinnerhöhende Auflösung in VZ 1–5 zu je 30. – ***bb)* Sonderfall § 4g II 2:** Bei Veräußerung im VZ 3 Buchung Restbetrag Ausgleichsposten 90 an Ertrag 90 bzw bei § 4 III gewinnerhöhende Auflösung dieses Postens von 90. – ***cc)* Sonderfall § 4g III:** Bei Rückführung im VZ 3 in das inl BV zunächst gewinnneutrale Buchung: Per (verbleibender) Ausgleichsposten 90 an Einlage 90. Dann **Ansatz des WG *(1)*** mit den fortgeführten AK von 30 (AK 100 ./. tatsächl AfA vor Verlagerung 5 × 10 = Buchwert 50 ./. fiktive InlandsAfA 2 Jahre 2 × 10), ***(2)*** zuzüglich – ohne Änderungen nach § 175 I 1 Nr 2 AO, s Rz 15 – bereits realisierte Auflösungsbeträge des Ausgleichspostens von 60 (2 Jahre je 30), ***(3)*** zuzüglich der (im Ausland versteuerten) Differenz zw dem Auslandsbuchwert bei Rückführung (angenommen, aber nicht zwingend, AK iHd ursprüngl gemeinen Werts als Fremdvergleichspreis von 200 und AfA 2 Jahre mit je 12,5% = Buchwert von 150) und dem aktuellen Rückführungswert nach ausl Betriebsstättenrecht (bei – Annahme – gleicher Rechtslage wie nach EStG und gemeinem Wert im Zeitpunkt der Rückführung von 175) ergibt Auflösung stiller Reserven im Ausl von 25. Damit Inlandsbewertung des rückgeführten WG nach § 4g III als Grundlage für die weiteren AfA und die fortgeführten stillen Reserven mit 115 (30 + 60 + 25).

20 **6. Verfahrensfragen. – a) Antrag, § 4g I.** Wie früher hat der StPfl ein **Wahlrecht.** Der Gewinnaufschub erfolgt nur auf unwiderrufl Antrag (§ 4g I 4). Obwohl der Ausgleichsposten für jedes WG getrennt auszuweisen ist, kann der Antrag, wie schon nach *BMF* BStBl I 99, 1076 Tz 2.6.1, nur einheitl für alle WG des AV, bei denen die Voraussetzungen des § 4 I 3/4 und § 4g I 1 vorliegen, ausgeübt werden (§ 4g I 3). Diese Beschränkung ist begrenzt auf das Wj. Im nächsten Wj ist daher für neue, wegen der Bindungswirkung jedoch nicht für alte Übertragungen ein abw Antrag mögl. Offen ist, ob für mehrere Betriebsstätten eines StPfl unterschiedl Anträge gestellt werden können (so BT-Drs 16/3369 S. 11; § 4g I 1 betrifft die Zuordnung zu *einer* Betriebsstätte). Der Wortlaut von § 4g I 4 könnte dagegen sprechen. Diese Einheitsbehandlung beschränkt sich aber auf die Antragstellung und wird durch spätere schädl Veränderungen bei einzelnen WG durchbrochen (Einzelaufzeichnung, § 4g I 2, s zu § 4g II Rz 11, zu § 4 V 2 Rz 12).

21 **b) Aufzeichnung, § 4g I, IV.** Bei Gewinnermittlung nach **§§ 4 I/5** ergibt sich die Aufzeichnungspflicht aus dem gesonderten Ausweis des Ausgleichspostens für jedes WG in der Bilanz (§ 4g I 2). Ein Gesamtverzeichnis über die betroffenen WG entspr § 4g IV ist nicht ausdrückl vorgeschrieben, aber sinnvoll. Bei Gewinnermittlung nach **§ 4 III** sind alle WG, für die ein Ausgleichsposten nach Abs 1 gebildet wurde, in ein lfd zu führendes Verzeichnis aufzunehmen (§ 4g IV 2). Außerdem sind – uU damit verbunden – Aufzeichnungen zu führen, aus denen die weitere Entwicklung des Ausgleichspostens (Bildung und Fortgang der Auflösung) hervorgehen (§ 4g IV 3). Diese Aufzeichnungen sind der StErklärung beizufügen (§ 4g IV 4). Folge eines Verstoßes: Gewinnerhöhende Auflösung des Ausgleichspostens für nicht aufgezeichnete WG, nach § 4g V 2 abw von § 4g I 3 nur für diese, nicht für den Teil der aufgezeichneten WG.

22 **c) Anzeigepflicht, § 4g V 1.** Der StPfl ist verpflichtet, dem FA die Entnahme des WG oder andere zur Auflösung führende Ereignisse iSv § 4g II unverzügl anzuzeigen. Folge eines Verstoßes: Gewinnerhöhende Auflösung des Ausgleichspostens *dieses* WG (§ 4g V 2).

§ 4h Betriebsausgabenabzug für Zinsaufwendungen (Zinsschranke)

(1) [1] **Zinsaufwendungen eines Betriebs sind abziehbar in Höhe des Zinsertrags, darüber hinaus nur bis zur Höhe des verrechenbaren EBITDA.** [2] **Das verrechenbare EBITDA ist 30 Prozent des um die Zinsaufwendungen und um die nach § 6 Absatz 2 Satz 1 abzuziehenden, nach § 6 Absatz 2a Satz 2 gewinnmindernd aufzulösenden und nach § 7 abgesetzten Beträge erhöhten und um die Zinserträge verminderten maßgeblichen Gewinns.** [3] **Soweit das verrechenbare EBITDA die um die Zinserträge geminderten Zinsaufwendungen des Betriebs übersteigt, ist es in die folgenden fünf Wirtschaftsjahre**

vorzutragen (EBITDA-Vortrag); ein EBITDA-Vortrag entsteht nicht in Wirtschaftsjahren, in denen Absatz 2 die Anwendung von Absatz 1 Satz 1 ausschließt. [4] Zinsaufwendungen, die nach Satz 1 nicht abgezogen werden können, sind bis zur Höhe der EBITDA-Vorträge aus vorangegangenen Wirtschaftsjahren abziehbar und mindern die EBITDA-Vorträge in ihrer zeitlichen Reihenfolge. [5] Danach verbleibende nicht abziehbare Zinsaufwendungen sind in die folgenden Wirtschaftsjahre vorzutragen (Zinsvortrag). [6] Sie erhöhen die Zinsaufwendungen dieser Wirtschaftsjahre, nicht aber den maßgeblichen Gewinn.

(2) [1] **Absatz 1 Satz 1 ist nicht anzuwenden, wenn**

a) **der Betrag der Zinsaufwendungen, soweit er den Betrag der Zinserträge übersteigt, weniger als drei Millionen Euro beträgt,**
b) **der Betrieb nicht oder nur anteilmäßig zu einem Konzern gehört oder**
c) **der Betrieb zu einem Konzern gehört und seine Eigenkapitalquote am Schluss des vorangegangenen Abschlussstichtages gleich hoch oder höher ist als die des Konzerns (Eigenkapitalvergleich). [2] Ein Unterschreiten der Eigenkapitalquote des Konzerns um bis zu zwei Prozentpunkte ist unschädlich.**

[3] Eigenkapitalquote ist das Verhältnis des Eigenkapitals zur Bilanzsumme; sie bemisst sich nach dem Konzernabschluss, der den Betrieb umfasst, und ist für den Betrieb auf der Grundlage des Jahresabschlusses oder Einzelabschlusses zu ermitteln. [4] Wahlrechte sind im Konzernabschluss und im Jahresabschluss oder Einzelabschluss einheitlich auszuüben; bei gesellschaftsrechtlichen Kündigungsrechten ist insoweit mindestens das Eigenkapital anzusetzen, das sich nach den Vorschriften des Handelsgesetzbuchs ergeben würde. [5] Bei der Ermittlung der Eigenkapitalquote des Betriebs ist das Eigenkapital um einen im Konzernabschluss enthaltenen Firmenwert, soweit er auf den Betrieb entfällt, und um die Hälfte von Sonderposten mit Rücklagenanteil (§ 273 des Handelsgesetzbuchs) zu erhöhen sowie um das Eigenkapital, das keine Stimmrechte vermittelt – mit Ausnahme von Vorzugsaktien –, die Anteile an anderen Konzerngesellschaften und um Einlagen der letzten sechs Monate vor dem maßgeblichen Abschlussstichtag, soweit ihnen Entnahmen oder Ausschüttungen innerhalb der ersten sechs Monate nach dem maßgeblichen Abschlussstichtag gegenüberstehen, zu kürzen. [6] Die Bilanzsumme ist um Kapitalforderungen zu kürzen, die nicht im Konzernabschluss ausgewiesen sind und denen Verbindlichkeiten im Sinne des Absatzes 3 in mindestens gleicher Höhe gegenüberstehen. [7] Sonderbetriebsvermögen ist dem Betrieb der Mitunternehmerschaft zuzuordnen, soweit es im Konzernvermögen enthalten ist.

[8] Die für den Eigenkapitalvergleich maßgeblichen Abschlüsse sind einheitlich nach den International Financial Reporting Standards (IFRS) zu erstellen. [9] Hiervon abweichend können Abschlüsse nach dem Handelsrecht eines Mitgliedstaats der Europäischen Union verwendet werden, wenn kein Konzernabschluss nach den IFRS zu erstellen und offen zu legen ist und für keines der letzten fünf Wirtschaftsjahre ein Konzernabschluss nach den IFRS erstellt wurde; nach den Generally Accepted Accounting Principles der Vereinigten Staaten von Amerika (US-GAAP) aufzustellende und offen zu legende Abschlüsse sind zu verwenden, wenn kein Konzernabschluss nach den IFRS oder dem Handelsrecht eines Mitgliedstaats der Europäischen Union zu erstellen und offen zu legen ist. [10] Der Konzernabschluss muss den Anforderungen an die handelsrechtliche Konzernrechnungslegung genügen oder die Voraussetzungen erfüllen, unter denen ein Abschluss nach den §§ 291 und 292 des Handelsgesetzbuchs befreiende Wirkung hätte. [11] Wurde der Jahresabschluss oder Einzelabschluss nicht nach

denselben Rechnungslegungsstandards wie der Konzernabschluss aufgestellt, ist die Eigenkapitalquote des Betriebs in einer Überleitungsrechnung nach den für den Konzernabschluss geltenden Rechnungslegungsstandards zu ermitteln. [12]Die Überleitungsrechnung ist einer prüferischen Durchsicht zu unterziehen. [13]Auf Verlangen der Finanzbehörde ist der Abschluss oder die Überleitungsrechnung des Betriebs durch einen Abschlussprüfer zu prüfen, der die Voraussetzungen des § 319 des Handelsgesetzbuchs erfüllt. [14]Ist ein dem Eigenkapitalvergleich zugrunde gelegter Abschluss unrichtig und führt der zutreffende Abschluss zu einer Erhöhung der nach Absatz 1 nicht abziehbaren Zinsaufwendungen, ist ein Zuschlag entsprechend § 162 Absatz 4 Satz 1 und 2 der Abgabenordnung festzusetzen. [15]Bemessungsgrundlage für den Zuschlag sind die nach Absatz 1 nicht abziehbaren Zinsaufwendungen. [16]§ 162 Absatz 4 Satz 4 bis 6 der Abgabenordnung gilt sinngemäß.

[2]Ist eine Gesellschaft, bei der der Gesellschafter als Mitunternehmer anzusehen ist, unmittelbar oder mittelbar einer Körperschaft nachgeordnet, gilt für die Gesellschaft § 8a Absatz 2 und 3 des Körperschaftsteuergesetzes entsprechend.

(3) **[1]Maßgeblicher Gewinn ist der nach den Vorschriften dieses Gesetzes mit Ausnahme des Absatzes 1 ermittelte steuerpflichtige Gewinn. [2]Zinsaufwendungen sind Vergütungen für Fremdkapital, die den maßgeblichen Gewinn gemindert haben. [3]Zinserträge sind Erträge aus Kapitalforderungen jeder Art, die den maßgeblichen Gewinn erhöht haben. [4]Die Auf- und Abzinsung unverzinslicher oder niedrig verzinslicher Verbindlichkeiten oder Kapitalforderungen führen ebenfalls zu Zinserträgen oder Zinsaufwendungen. [5]Ein Betrieb gehört zu einem Konzern, wenn er nach dem für die Anwendung des Absatzes 2 Satz 1 Buchstabe c zugrunde gelegten Rechnungslegungsstandard mit einem oder mehreren anderen Betrieben konsolidiert wird oder werden könnte. [6]Ein Betrieb gehört für Zwecke des Absatzes 2 auch zu einem Konzern, wenn seine Finanz- und Geschäftspolitik mit einem oder mehreren anderen Betrieben einheitlich bestimmt werden kann.**

(4) **[1]Der EBITDA-Vortrag und der Zinsvortrag sind gesondert festzustellen. [2]Zuständig ist das für die gesonderte Feststellung des Gewinns und Verlusts der Gesellschaft zuständige Finanzamt, im Übrigen das für die Besteuerung zuständige Finanzamt. [3]§ 10d Absatz 4 gilt sinngemäß. [4]Feststellungsbescheide sind zu erlassen, aufzuheben oder zu ändern, soweit sich die nach Satz 1 festzustellenden Beträge ändern.**

(5) **[1]Bei Aufgabe oder Übertragung des Betriebs gehen ein nicht verbrauchter EBITDA-Vortrag und ein nicht verbrauchter Zinsvortrag unter. [2]Scheidet ein Mitunternehmer aus einer Gesellschaft aus, gehen der EBITDA-Vortrag und der Zinsvortrag anteilig mit der Quote unter, mit der der ausgeschiedene Gesellschafter an der Gesellschaft beteiligt war. [3]§ 8c des Körperschaftsteuergesetzes ist auf den Zinsvortrag einer Gesellschaft entsprechend anzuwenden, soweit an dieser unmittelbar oder mittelbar eine Körperschaft als Mitunternehmer beteiligt ist.**

Einkommensteuer-Richtlinien: EStH 4h

Übersicht Rz

Verwaltung: *EStH 4h; BMF* BStBl I 08, 718

Schrifttum (allg): *BDI/KPMG-Studie,* Behandlung von Finanzierungsaufwendungen, BDI-Drs Nr 392; *Bohn,* Zinsschranke und Alternativmodelle (Diss 2009); *Ehlermann/Nakhai* Zinsabzugsbeschränkungen – Nationale und Internationale Entwicklungen, ISR 12, 29; *Ernst & Young,* Unt-StReform 2008 (2007); *Herzig ua,* Zinsschranke im Lichte einer Unternehmensbefragung DB 08, 593; *Hey,* Verletzung fundamentaler Besteuerungsprinzipien (…), BB 07, 1303; *Hoffmann,* Zinsschranke (2008); *Jehlin* Die Zinsschranke als Instrument zur Missbrauchsvermeidung und Steigerung der Eigenkapitalausstattung (Diss 2013); *Kaminski,* Internationale Aspekte, IStR 11, 783; *Kessler,* Die Zinsschranke nach dem WachsBeschlG …, DB 10, 240; *Körner,* Offene Praxisfragen, Ubg 11, 610; *Schaumburg/Rödder,* UntStReform 2008 (2007), 447 ff; *Schirmer,* Zinsschranke, StBP 12, 1, 29 und 64; *Shou,* Zinsschranke im UntStRefG 2008 (2009).

I. Allgemeines

1. Bedeutung; Aufbau. § 4h beschränkt die steuerl Berücksichtigung betriebl veranlasster Zinsaufwendungen. Diese sind grds nur noch bis zur Höhe des Zinsertrags und, soweit sie diesen übersteigen, bis zur Höhe von 30% eines modifizierten Betriebsergebnisses, des verrechenbaren EBITDA, abziehbar **(Zinsschranke).** Die Regelung ersetzt die Bestimmungen zur Ges'terfremdfinanzierung in § 8a KStG aF. Sie gilt für Gewinneinkünfte aller Unternehmensformen und für jede Art von Fremdfinanzierung (auch Bankdarlehen); doch sollen aufgrund von Ausnahmebestimmungen idR nur Betriebe erfasst werden, die einen negativen Zinssaldo von 3 Mio € oder mehr aufweisen und zu einem Konzern gehören. – **§ 4h I** regelt den Grundsatz der Abzugsbeschränkung sowie den EBITDA-Vortrag und den Zinsvortrag. **§ 4h II** bestimmt drei Ausnahmen zu der Abzugsbeschränkung: Freigrenze, Konzernklausel, Eigenkapitalvergleich. **§ 4h III** enthält Legaldefinitionen zu § 4h I und II. **§ 4h IV und V** behandeln die gesonderte Feststellung des EBITDA-Vortrags und des Zinsvortrags sowie ihren (vollständigen/partiellen) Untergang im Falle einer Betriebsaufgabe/-übertragung und bei Ausscheiden eines MUers. – Die Regelung ist **sehr komplex,** vor allem aufgrund ihrer Verflechtung mit § 8a KStG und der Einbeziehung der IFRS. Der Vereinfachung des Ertragsteuerrechts dient § 4h sicherl nicht (s auch *Herzig/Liekenbrock* Ubg 11, 102). 1

Die Zinsschranke will als **Missbrauchsvorschrift** die unerwünschte Verlagerung von Gewinnen ins Ausl bekämpfen (s aber Rz 4); zudem ist sie **Gegenfinanzierungsmaßnahme** zur Absenkung des KSt-Tarifs, der GewSt-Messzahl und der Thesaurierungsbegünstigung für Personenunternehmen. Ferner soll sie dem Schutz vor Insolvenz dienen (Förderung höherer Eigenkapitalquoten) und das inl Steuersubstrat sichern (BT-Drs 16/4841, 48). – Zu entspr Regelungen in anderen Ländern s *Ehlermann/Nakhai* ISR 12, 29; zu Spanien s *Müller/Hernández* IStR 12, 877.

2 **2. Persönl Anwendungsbereich.** Der Zinsschranke unterliegen Einzelunternehmer und (iErg) die Ges'ter von gewerbl tätigen oder geprägten PersGes (zu Erben- und Gütergemeinschaften sowie luf/freiberufl MUerschaften mit privaten Einkünften s § 15 Rz 187, 191) jeweils mit ihren Gewinneinkünften (Rz 7), ferner über § 8 I KStG Körperschaften (Sonderregelungen in § 8a KStG) einschließl der Betriebe gewerbl Art juristischer Personen döR. Auf OrganGes ist § 4h nicht anzuwenden (§ 15 S 1 Nr 3 KStG).

Zur **KGaA:** *Kollruss* BB 07, 1988; *ders* DStR 09, 88; *Rohrer/Orth* BB 07, 2266; *Rödder ua* DB 09, 1561. Zu **Genossenschaften:** *Kollruss ua* DStR 09, 117. Zu **Publikum GmbH & Co KG** s *Dorenkamp* FR 08, 1129. Zu sog **Öffentl Privaten Partnerschaften** (ÖPP/PPP) s *BMF* BStBl I 08, 718 Rz 84 ff.

3 **3. Rechtsentwicklung; zeitl Anwendungsbereich.** Die Regelung ist durch das UntStRefG 2008 geschaffen worden. Sie ist erstmals auf Wj anwendbar, die nach dem 25.5.07 beginnen und nicht vor dem 1.1.08 enden (§ 52 Abs 12d Satz 1 aF). – S iÜ 34. Aufl Rz 3.

4 **4. Verfassungsrecht; Europarecht.** Die Zinsschranke verstößt gegen **Verf-Recht.** § 4h wirkt, soweit ein Zinsvortrag tatsächl nicht genutzt werden kann (Rz 10), wie ein (partielles) definitives Abzugsverbot für betriebl veranlassten Zinsaufwand und ordnet für bestimmte Fälle den Untergang des Zinsvortrags explizit an (Rz 32). Damit **durchbricht** § 4h das **obj Nettoprinzip,** ohne dass sich dies hinreichend rechtfertigen ließe; denn die Regelung ist letztl **keine Missbrauchsvorschrift,** sondern Fiskalzwecknorm. Missbrauchsvorschrift kann sie nicht sein, da sie einerseits regelmäßig (auch) Finanzierungsgestaltungen erfasst, die marktübl, sinnvoll und typischerweise nicht missbräuchl sind, andererseits missbräuchl Gestaltungen unterhalb der Freigrenze von 3 Mio € nicht berücksichtigt. Ungeachtet dessen wird man auch prüfen müssen, ob § 4h nicht aufgrund seiner Komplexität den Grundsatz der **Normenklarheit** verletzt (s aber *Heuermann* DStR 13, 1: komplex, nicht verfwidrig; dagegen *Prinz* FR 13, 145). – Die Zinsschranke verstößt gegen **Europarecht.** Sie beschränkt vorsätzl und ohne Rechtfertigung die **Niederlassungs- und Kapitalverkehrsfreiheit** (Art 43, 56 EG); denn es ist ihr erklärtes Ziel zu verhindern, „dass Konzerne mittels grenzüberschreitender konzerninterner Fremdkapitalfinanzierung in Deutschland erwirtschaftete Erträge ins Ausl transferieren" (BT-Drs 16/4841, 57). Zur Vereinbarkeit mit der **Zins- und Lizenzrichtlinie** s einerseits *Shou* aaO, S 140 ff; *Schön* JbFfSt 2010/2011, 59/66 f; andererseits *Frotscher* EStG § 4h Rz 7 (der einen Verstoß verneint); ebenso *Rehm/Nagler* GmbHR 11, 937; *Hiller* BB 11, 2715. – Wegen ernstl Zweifel an der VerfMäßigkeit hat der **BFH** inzwischen **AdV gewährt** (BFH I B 85/13 BStBl II 14, 947 mwN, Anm *Gosch* BFH/PR 14, 226; ebenso wegen Einschränkung der „Stand-alone-Klausel" des § 4h II 1 Buchst b durch § 8a II KStG BFH I B 111/11 BStBl II 12, 611; aA FG Mchn EFG 15, 1126 (ua), Rev I R 20/15; krit auch *Ismer* FR 14, 777: Verbesserung der Eigenkapitalausstattung als Rechtfertigungsgrund). **Weitere Revisionsverfahren** sind beim BFH anhängig; es besteht also die Möglichkeit, dass es zu einer Normenkontrolle durch das BVerfG kommt. Wer überlegt, selbst AdV zu beantragen, muss die Folgen der Verzinsung prüfen (§ 237 AO); allerdings lehnt die FinVerw auch nach Ergehen des BFH-Beschlusses AdV grds ab (*BMF* BStBl I 14, 1516).

5 **5. Verhältnis zu anderen Vorschriften. §§ 3c, 4 IVa, 4 V 1 Nr 8a** gehen als speziellere Abzugsverbote und wegen § 4h III 1 und 3 der Zinsschranke vor (dh für § 4 IVa: Summe der ges'terbezogenen Überentnahmen [§ 15 Rz 430] erhöht den „maßgebl Gewinn" und vermindert zugleich den Zinsaufwand iSv § 4h). **§§ 2a, 15a und 15b** betreffen die Einkünfteermittlung und sind ggü § 4h nachrangig. Da der Verlustabzug an den Gesamtbetrag der Einkünfte anknüpft, geht § 4h dem **§ 10d** vor. Zur Abgeltungssteuer gem **§ 32d** s *Kollruss* GmbHR 07, 1133; zu **§ 50d III** *ders* IStR 07, 870; *ders* BB 07, 2274. – Für Körperschaften

enthält **§ 8a KStG** eine Sonderregelung, die gem § 4h II 2 auch für PersGes gelten kann (Rz 18ff); zu **§ 8c KStG** s Rz 32. Bei Organschaft ist **§ 15 S 1 Nr 3 KStG** zu beachten (Rz 8). – Gem **§ 10 III 4 AStG** bleiben § 4h EStG und § 8a KStG bei der Hinzurechnungsbesteuerung unberücksichtigt (s *Goebel/Haun* IStR 07, 768). Nicht abzugsfähige Zinsaufwendungen dürfen nach **§ 8 Nr 1 Buchst a GewStG** erst dann dem gewstl Gewinn hinzugerechnet werden, wenn sie im Wege des Zinsvortrags in einem späteren Wj tatsächl berücksichtigt worden sind (s *Schaumburg* JbFfSt 2009/2010, 160; *Schuck/Faller* DB 10, 2186). Zu **§ 2 II 2a InvStG** s Rz 25; zu **§ 4 II 2, § 15 III, § 20 IX, § 24 VI UmwStG** s Rz 32.

II. Abzugsbeschränkung und Ausnahmen

1. Abzugsbeschränkung, § 4h I. – a) Grundregel, § 4h I 1, 2. Zinsaufwendungen eines Betriebs können bis zur Höhe des Zinsertrags desselben Wj als BA abgezogen werden. Übersteigen die Zinsaufwendungen den Zinsertrag (negativer Zinssaldo), sind sie zusätzl nur noch bis zur Höhe von 30% eines modifizierten Betriebsergebnisses (verrechenbares EBITDA, s Rz 10) abziehbar. Nicht abzugsfähige Zinsaufwendungen sind dem Betriebsergebnis (wie Entnahmen) außerhalb der Gewinnermittlung wieder hinzuzurechnen und in die folgenden Wj vorzutragen. Beim Empfänger werden die Zinszahlungen ungekürzt als Einnahmen erfasst (keine Umqualifizierung); dies kann, soweit ein Zinsvortrag unberücksichtigt bleibt (Rz 13) oder untergeht (Rz 32), zu einer (endgültigen) wirtschaftl Doppelbesteuerung führen. – Die Zinsschranke gilt **nur für Gewinneinkünfte** (keine Verweisung in § 9; s aber § 8a I 4 KStG für ausl KapGes mit inl Einkünften, Rz 11). Das schließt § 15 III Nr 1 *und* 2 ein (mE nur missverständl: *BMF* BStBl I 08, 718 Rz 5; wie hier: *v Lishaut ua* DStR 08, 2341; aA *Winkler/Käshammer* Ubg 08, 478/9). Auf eine **vermögensverwaltend tätige,** nicht gewerbl geprägte **PersGes** ist § 4h nicht anwendbar, im Falle einer sog **ZebraGes** (§ 15 Rz 201) nur auf der Ebene des Ges'ters, der gewerbl Einkünfte erzielt (Rz 11). – Bilanzierung wird nicht vorausgesetzt; Gewinnermittlung nach § 4 III genügt. 7

aa) Betrieb. Gegenstand der Abzugsbeschränkung sind Zinsaufwendungen eines „Betriebs", nicht eines StPfl (objektbezogene Zinsschranke). – **(1) Begriff.** „Betrieb" wird in § 4h nicht definiert, sollte aber wegen der systematischen Stellung der Vorschrift und der Bezugnahme auf die Gewinnermittlungsvorschriften in § 4h III 1 ebenso wie in § 4 verstanden werden (s § 4 Rz 25). – Ein **Einzelunternehmer** kann *mehrere* Betriebe unterhalten; die Zinsschranke ist auf jeden selbständig geführten, abgrenzbaren Betrieb gesondert anzuwenden (keine Zusammenfassung mehrerer Betriebe, auch nicht innerhalb einer Einkunftsart). Zinsaufwendungen und -erträge sind ggf den einzelnen Betrieben nach wirtschaftl Zusammenhang zuzuordnen. **Körperschaften** und **PersGes** unterhalten stets *nur einen* Betrieb; das gilt auch für eine KGaA (*BMF* BStBl I 08, 718 Rz 8). – Inl und ausl **Betriebsstätten** (§§ 12, 13 AO) eines inl Unternehmens sind *keine* Betriebe, sondern Teil des *einen* inl Betriebs (bei Einzelunternehmer ggf Abgrenzung zu eigenständigem Betrieb erforderl). Dagegen wird die inl Betriebsstätte eines ausl Unternehmens wie ein Betrieb zu behandeln sein, der (isoliert) der Zinsschranke unterliegt (s *HHR* § 4h Anm 26 mwN; *Hoffmann* Zinsschranke Rz 155; *Köhler/Hahne* DStR 08, 1505/6; aA *Grotherr* IWB 07, 1496; *Bron* IStR 08, 14; *Huken* DB 08, 544; s auch *BMF* BStBl I 11, 530 Rz 9; diff *Kaminski* IStR 11, 783); welche Bedeutung das für die Bestimmung von Zinsaufwand, Zinsertrag etc hat, ist ungeklärt. – Bei **Organschaft** gelten Organträger und OrganGes als *ein* Betrieb (Rz 11, 27, 32); die Zinsschranke greift (ggf) nur auf der Ebene des Organträgers ein (§ 15 S 1 Nr 3 KStG; s *Herzig/Liekenbrock* Ubg 09, 750; *Bron* IStR 08, 14; zu PersGes als Organträger s § 15 Rz 175). 8

Zur Betriebsdefinition s auch *Herzig/Liekenbrock* Ubg 11, 102/6 mwN. – **Schwester-PersGes** und **Ober/UnterPersGes** unterhalten *jeweils* eigenständige Betriebe (keine Zusammenfassung, kein Rückgriff auf § 15 S 1 Nr 3 KStG; s aber Rz 11), ebenso eine Organ-Ges/KapGes, die als MUer an einer PersGes beteiligt ist. – Zu **Vermietungseinkünften beschr stpfl KapGes** s *Günkel* JbFfSt 2010/2011, 826/30; *Bron* DB 09, 594; *Huschke/Hartwig* IStR 08, 745/9. – Zu **Treuhandmodellen** s *Schaumburg/Rödder* UntStRef 2008, 456; *v Lishaut ua* DStR 08, 2341/2.

9 **(2) Betrieb einer PersGes.** Hierzu gehört (ggf neben Ergänzungsbilanzen) auch das **SonderBV** (zB Zinsaufwendungen eines Ges'ters zur Finanzierung seines Anteils; dagegen heben sich Zinsaufwendungen und -erträge aus Ges'terdarlehen gegenseitig auf, s auch Rz 24). Unklar ist, in welcher Weise die Zinsschranke hier zur Anwendung kommen soll. Da PersGes und SonderBV *einen* Betrieb iSd § 4h bilden und die Zinsschranke objektbezogen wirkt, sollten mE die nicht abziehbaren Zinsaufwendungen **in einer Gesamtrechnung** auf der Grundlage des zusammengefassten Gesamthands- und SonderBV ermittelt werden. Bei der sich daran anschließenden **Verteilung der nicht abziehbaren Zinsaufwendungen** muss allerdings nicht nur berücksichtigt werden, in welcher Höhe der einzelne Ges'ter den negativen Zinssaldo des Betriebs (mit)verursacht hat, sondern auch, wie hoch sein Anteil am verrechenbaren EBITDA ist, mit dem er einen negativen Zinssaldo kompensieren kann (Umsetzung s 27. Aufl; iErg ebenso: *Blümich/Heuermann* § 4h Rz 41).

Beides vernachlässigt das ***BMF***, demzufolge die Zurechnung nach dem **allg Gewinnverteilungsschlüssel** erfolgen soll (BStBl I 08, 718 Rz 51). Auf § 4h V 2 kann in diesem Zusammenhang jedenfalls nicht zurückgegriffen werden; denn dort ist ausdrückl nur der Fall des Ausscheidens eines Ges'ters geregelt (abl auch *Hoffmann* Zinsschranke Rz 851 ff, 883 f; *ders* GmbHR 08, 113/4 f; *Kußmaul ua* DStR 08, 904 – mit unterschiedl Berechnungsmodellen).

10 **bb) Verrechenbares EBITDA.** Die Zinsschranke knüpft an den stpfl Gewinn vor Zinsen, Steuern und Abschreibungen auf materielle und immaterielle WG an (***E****arnings* ***B****efore* ***I****nterest,* ***T****ax,* ***D****epreciations and* ***A****mortization* = EBITDA). – **(1) Maßgebl Gewinn.** Der „maßgebl Gewinn" (§ 4h III 1: Gewinn „vor" Zinsschranke, s Rz 22) eines Betriebs muss um die Zinsaufwendungen sowie um abgesetzte GWG (§ 6 II 1), Sammelposten (§ 6 IIa 2) und reguläre AfA (§ 7) erhöht und um die Zinserträge vermindert werden. Die Beschränkung des § 4h I 1 greift nur ein, *soweit* die Zinsaufwendungen des Betriebs die Zinserträge *zuzügl* 30% des Ergebnisses dieser Berechnung übersteigen. Nicht hinzugerechnet zum maßgebl Gewinn werden damit TeilwertAfA (§ 6 I Nr 1 S 2 und Nr 2 S 2), erhöhte AfA (§§ 7h, 7i) und SonderAfA (§ 7g; s auch § 7a Rz 1). – Das verrechenbare EBITDA des § 4h deckt sich *nicht* mit dem betriebswirtschaftl EBITDA, da es gem § 4h III 1 auf dem *stpfl* Gewinn aufbaut.

Beispiel: Bei Zinserträgen iHv 3 Mio € und Zinsaufwendungen iHv 12 Mio € sowie einem maßgebl Gewinn von 10 Mio € unter Berücksichtigung von Abschreibungen iHv 1 Mio € lautet die Berechnung: *Zinserträge + 30% × (Gewinn + Zinsaufwendungen + Abschreibungen ./. Zinserträge),* also: 3 Mio € + 30/100 × (10 Mio € + 12 Mio € + 1 Mio € ./. 3 Mio €) = 3 Mio € + 6 Mio € = 9 Mio €. *Ergebnis:* Zinsaufwendungen können iHv 9 Mio € stl geltend gemacht werden. Der stpfl Gewinn „nach" Zinsschranke beträgt (maßgebl Gewinn + nichtabzugsfähige Zinsen =) 13 Mio €.

11 **(2) Ermittlung.** Sie erfolgt grds **betriebsbezogen** (Rz 8). Daraus folgert das *BMF*, dass Beträge, die in das verrechenbare EBITDA einer **MUerschaft** eingeflossen sind, beim MUer nicht erneut berücksichtigt werden dürfen (*BMF* BStBl I 08, 718 Rz 42). Mit der Regelung des § 4h I 1, III 1 lässt sich das allerdings nicht vereinbaren; der „maßgebl Gewinn" des MUers als Ausgangsgröße *seines* verrechenbaren EBITDA ist der stpfl Gewinn *ohne* § 4h I 1, dh: einschließl seines Anteils am Gewinn einer nachgeordneten PersGes (§ 15 Rz 620; so jetzt auch FG Köln EFG 14, 521, Rev IV R 4/14; zum Streit s *Liekenbrock* DStR 14, 991 mwN; aA wohl *Baschnagel* BB 15, 349). – Bei einer **ZebraGes** (Rz 7 aE) gehen die Berechnungsgrößen des verrechenbaren EBIDTA der Ges anteilig in die Zinsschrankenberechnung des Ges'ters ein, der gewerbl Einkünfte erzielt (*BMF* BStBl I 08,

718 Rz 43, zutr wegen BFH GrS 2/02 BStBl II 05, 679). Zur Beteiligung einer **ausl KapGes** (§ 8a I 4 KStG, § 49 I Nr 2 Buchst f nF) s *Schuck/Faller* DB 12, 1893; *HHR* § 4h Anm 26.

Bei **Organschaft** wird das verrechenbare EBITDA auf der Ebene des Organträgers unter Zusammenrechnung aller Zinsaufwendungen, -erträge und Abschreibungen des Organkreises ermittelt. – Zur **KGaA** s *BMF* aaO Rz 44 (Gewinnanteil des persönl haftenden Ges'ters bleibt unberücksichtigt; keine Anwendung von § 9 I KStG; bei Sondervergütungen ist § 8a II, III KStG zu prüfen); s auch *Herzig/Liekenbrock* Ubg 11, 102/6 mwN; *Hoffmann* Zinsschranke Rz 1206; *Kollruss ua* DStR 09, 88/91 f.

b) EBITDA-Vortrag, § 4h I 3, 4. Ist das verrechenbare EBITDA eines Betriebs in einem Wj größer als der nach § 4h I 1 HS 1 ermittelte negative Zinssaldo (Rz 7), kann der StPfl gem **§ 4h I 3 HS 1** den nicht ausgeschöpften Betrag in spätere Wj vortragen. In diesem Fall gilt: verrechenbares EBITDA + Zinsertrag . /. Zinsaufwendungen = EBITDA-Vortrag (s auch *Bohn/Loose* DStR 11, 241; *Herzig/Liekenbrock* DB 10, 690; *Littmann/Hoffmann* § 4h Rz 71 ff). Der Vortrag ist auf die folgenden **fünf Wj** beschränkt und gilt erstmals für Wj, die nach dem 31.12.09 enden (s Rz 3); vor diesem Zeitpunkt angefallene (fiktive) EBITDA-Vorträge der Jahre 2007 bis 2009 werden auf Antrag des StPfl berücksichtigt (§ 52 Abs 12d Satz 5 aF; s auch BT-Drs 17/15, 18; *Bien/Wagner* BB 09, 2633; *Rödder* JbFfSt 2010/2011, 115/23: Beginn der 5-Jahresfrist Ende 2010). Zur gesonderten Feststellung und zum Untergang des EBITDA-Vortrags s Rz 31 f. – Gem **§ 4h I 3 HS 2** kommt die Regelung nur dann zur Anwendung, wenn für das betreffende Wj keine der in § 4h II genannten Ausnahmen gilt (s *Körner* Ubg 11, 610). Zu Zinsertragsüberhang s *Rödder* JbFfSt 2010/2011, 115/8 ff. – **§ 4h I 4** legt die **Verwendungsreihenfolge** fest: Zunächst wird geprüft, inwieweit Zinsaufwendungen eines Wj durch Zinserträge und das verrechenbare EBITDA *dieses* Wj ausgeglichen werden. Sodann sind die EBITDA-Vorträge aus vorangegangenen Wj zur Verrechnung heranzuziehen, beginnend mit dem jeweils ältesten EBITDA-Vortrag. Ein EBITDA-Vortrag, der in dem fünften auf seine Feststellung folgenden Wj nicht bzw nicht vollständig mit Zinsaufwendungen verrechnet worden ist, verfällt. Zum fiktiven EBITDA-Vortrag nach § 52 Abs 12d Satz 5 aF s *Herzig/Liekenbrock* DB 10, 690/1; *Bohn/Loose* DB 11, 1246 (kein negatives EBITDA). – EBITDA-Vorträge werden **von Amts wegen** berücksichtigt (kein Wahlrecht: „ist … vorzutragen"). Ausnahme: § 52 Abs 12d Satz 5 aF. – Zu Organschaft s *Bohn/Loose* DStR 11, 1009. 12

c) Zinsvortrag, § 4h I 5, 6. Zinsaufwendungen, die der Zinsschranke unterliegen, gehen idR (zumindest rechtl) nicht verloren, sondern können ohne zeitl Begrenzung in spätere Wj vorgetragen werden (§ 4h I 5). Der StPfl kann den Zinsvortrag allerdings (tatsächl) nur dann nutzen, wenn sich die Finanzierungssituation des Betriebs in einem späteren Wj wesentl ändert. Ist dies nicht der Fall, entsteht ein stetig wachsender **„ewiger" Zinsvortrag,** der einem definitiven Abzugsverbot gleichkommt. Einen Zinsrücktrag gibt es nicht. – Vorgetragene Zinsaufwendungen erhöhen in Folgejahren den Zinsaufwand (§ 4h I 6 HS 1); dies kann dazu führen, dass die Freigrenze von 3 Mio € überschritten wird, obwohl die „aktuellen" Zinsaufwendungen des betreffenden Wj unter diesem Betrag liegen (aA wohl *Neumann* EStB 07, 293; krit auch *Köhler/Hahne* DStR 08, 1505/12). – Dem maßgebl Gewinn dürfen vorgetragene Zinsen bei der Ermittlung des verrechenbaren EBITDA nicht hinzugerechnet werden (§ 4h I 6 HS 2), so dass der Zinsvortrag nicht (erneut) das Abzugsvolumen für die Ermittlung der Zinsschranke des lfd Wj erhöhen kann. – Zu gesonderter Feststellung und Untergang des Zinsvortrags s Rz 31 f.; zur Bilanzierung latenter Steueransprüche s *Bolik/Linzbach* DStR 10, 1587; *Kirsch* DStR 07, 1268; *Heintges ua* DB 07, 1261. 13

2. Ausnahmen, § 4h II. Drei Ausnahmen zur Zinsschranke gibt es: Freigrenze, keine Konzernzugehörigkeit und Eigenkapitalvergleich. Durch § 8a II und III 14

KStG werden (nur) die beiden letztgenannten Ausnahmen für Körperschaften eingeschränkt (schädl Ges'terfremdfinanzierung); für MUerschaften, die unmittelbar oder mittelbar einer Körperschaft nachgeordnet sind, gelten diese Einschränkungen gem § 4h II 2 entspr (Rz 18 ff). – Es genügt, wenn einer der drei Tatbestände erfüllt ist („oder"). Die **Beweislast** trägt der StPfl.

15 **a) Freigrenze von 3 Mio €, § 4h II 1 Buchst a („Kleinbetriebsklausel").** Die Zinsschranke ist bei einem negativen Zinssaldo (Zinsaufwand . /. Zinsertrag) von weniger als 3 Mio € nicht anzuwenden. Es handelt sich um eine Freigrenze für das jeweilige Wj; beträgt der negative Zinssaldo 3 Mio € oder mehr, unterliegen die *gesamten* Zinsen den Beschränkungen des § 4h I. Die Freigrenze ist betriebsbezogen zu prüfen (s Rz 9); bei mehreren Betrieben gilt für jeden Betrieb eine eigene Freigrenze von 3 Mio €. Bei Organschaft kommt die Freigrenze nur einmal zur Anwendung (§ 15 S 1 Nr 3 KStG: nur *ein* Betrieb). – **Konzernzugehörigkeit** ist für Betriebe mit negativem Zinssaldo von weniger als 3 Mio € **unschädl;** ebenso eine nach § 4h II 2 iVm § 8a II u III KStG (an sich) schädl Ges'terfremdfinanzierung. Das gilt auch für Körperschaften. Dass § 8a KStG nicht auf § 4h II 1 Buchst a verweist, ist unerhebl; denn die (generelle) Anwendbarkeit der Zinsschranke ergibt sich aus § 8 I 1 KStG (vgl *Rödder/Stangl* DB 07, 478).

2010 betraf dies **1019 unbeschr stpfl Körperschaften** (s BT-Drs 18/3215, S 41). – Zu **Gestaltungsmöglichkeiten** (Spaltung des Betriebs, Beendigung der Organschaft, Finanzierungssplitting, variable Verzinsung) s *Dörr/Fehling* Ubg 08, 345/51; *Prinz* FR 08, 441/6; *Kußmaul ua* GmbHR 08, 505/12; *Schirmer* StBp 12, 64 (mit Beispielen).

16 **b) Keine Konzernzugehörigkeit, § 4h II 1 Buchst b („Konzernklausel").** Die Zinsschranke ist nur auf Betriebe anzuwenden, die (als Mutterunternehmen oder TochterGes) zu einem Konzern iSd § 4h gehören. Der Begriff Konzernzugehörigkeit wird in § 4h III 5, 6 definiert (s Rz 27 ff).

17 **c) Eigenkapitalvergleich, § 4h II 1 Buchst c („Escape-Klausel").** – ***(1)* Eigenkapitalquote, S 1–3.** Ein Betrieb, der zu einem Konzern gehört, unterliegt gleichwohl nicht der Zinsschranke, wenn seine Eigenkapitalquote (= Eigenkapital/Bilanzsumme × 100) die des Konzerns (einschließl des betr Betriebs) nicht oder nur um einen Prozentpunkt bzw ab VZ 2010 um bis zu zwei Prozentpunkte unterschreitet (ausführl *Hennrichs* DB 07, 2101; *Hoffmann* Zinsschranke Rz 521 ff; *Littmann/Hoffmann* § 4h Rz 208 ff; *Pawelzik* DB 08, 2439; *ders* Ubg 09, 50; *Schulz* DB 08, 2043). Maßgebl sind die Eigenkapitalquoten zum vorangegangenen Abschlussstichtag. Bei Neugründung eines Betriebs wird dessen Quote gem Eröffnungsbilanz mit der Konzernquote zum vorangegangenen Abschlussstichtag verglichen (*ohne* dass der neu gegründete Betrieb in die Konzernquote eingeht, s *BMF* BStBl I 08, 718 Rz 70; krit *Huken* DB 08, 544/7). Für jeden (inl) Betrieb wird ein eigener Eigenkapitalvergleich durchgeführt (zu ausl Betriebsstättenvermögen s *Prinz* FR 08, 441/7). – ***(2)* Abschlüsse/Korrekturen, S 4–7.** Wahlrechte sind gem S 4 HS 1 einheitl auszuüben. Das *BMF* fordert über den Gesetzeswortlaut hinaus einen einheitl Ansatz weiterer Bilanzpositionen (BMF aaO Rz 73: maßgebl ist der Konzernabschluss; mE zweifelhaft, krit auch *Köhler/Hahne* DStR 08, 1505/15; *Geißelmeier/Bargenda* NWB F 4 5329/30; aA *Fischer/Wagner* BB 08, 1872/7 f). Damit **PersGes** überhaupt die „Escape-Klausel" nutzen können, ist gem S 4 HS 2 unabhängig von IFRS/IAS (32.18b) zumindest das Eigenkapital lt HGB anzusetzen (s BT-Drs 16/5491; *Dörfler ua* BB 07, 1084/6; krit *Hennrichs* DB 07, 2101/6). Das Eigenkapital des Betriebs ist gem S 5 um Anteile an anderen KonzernGes (auch an PersGes, s *BMF* aaO Rz 74) zu kürzen; eine Sonderregelung für **HoldingGes** wie in § 8a IV KStG aF gibt es nicht (s *Geißelmeier/Bargenda* NWB F 4, 5329/32; krit *Körner* Ubg 11, 610). Der Kürzung unterliegen weder eigene Anteile noch Anteile an konzernfremden Ges oder an einer vermögensverwaltenden PersGes (kein Betrieb, teleologische Reduktion, s *Geißelmeier/Bargenda* NWB F 4 5329/31; *v Lishaut ua* DStR 08, 2341/5). Soll das Eigenkapital eines Betriebs

verstärkt werden, um die Voraussetzungen für die Nutzung eines Zinsvortrags zu schaffen, ist eine **Sperrfrist** von jeweils 6 Monaten vor und nach dem maßgebl Abschlussstichtag zu berücksichtigen (S 5 letzte Alt). Die Kürzung der Bilanzsumme (nicht: Eigenkapital) gem S 6 soll verhindern, dass sich die Weiterreichung von Fremdkapital (Bilanzverlängerung) negativ auf die Eigenkapitalquote des Betriebs auswirkt (BT-Drs 16/4841, 49). Darlehen zw Ges und Ges'ter werden nicht erfasst (*v Lishaut ua* DStR 08, 2341/5). **SonderBV** wird gem S 7 nicht dem (ggf) eigenen Betrieb des MUers zugeordnet (*Köhler* DStR 07, 597/602; *Korn* KÖSDI 08, 15 866/74), sondern dem der MUerschaft (Ausnahme: Ges'terdarlehen, s *v Lishaut ua* DStR 08, 2341/5 mwN), soweit es „im Konzernvermögen enthalten ist"; letzteres ist für SonderBV konzernfremder Personen umstr (vgl *Dörfler ua* BB 07, 1084/6; *Schaumburg/Rödder* UntStRef 2008, 485; *Kußmaul ua* DStR 08, 904/9; *v Lishaut ua* DStR 08, 2341/5; zum Verhältnis zu § 4h II 1 Buchst c S 6 s *Wagner/Fischer* BB 07, 1811/5). – ***(3)* Einheitl Standards, S 8–13.** Die Ermittlung der Eigenkapitalquoten von Konzern und Betrieb setzt grds Abschlüsse nach einheitl Rechnungslegungsstandards, idR nach **IFRS,** voraus (krit *Kahle ua* StuW 08, 266/9; *Stibi/Thiele* BB 08, 2507/9); subsidiär können unter bestimmten Voraussetzungen auch Abschlüsse nach Handelsrecht (HGB, Handelsrecht eines anderen EU-Mitgliedstaats) oder US-GAAP herangezogen werden (S 8–10; ausführl *Littmann/Hoffmann* § 4h Rz 208 ff). Fehlt es an einheitl Abschlüssen, muss die Eigenkapitalquote des Betriebs in einer **Überleitungsrechnung** ermittelt werden; diese ist einer prüferischen Durchsicht zu unterziehen (S 11 und 12; s *Hennrichs* DStR 07, 1926) und ggf durch einen Abschlussprüfer zu testieren (S 13). – ***(4)* Sanktion, S 14–16.** Wird die Eigenkapitalquote falsch ausgewiesen, kann dies zu **Strafzuschlägen** (§ 162 IV AO) führen.

Krit zum Eigenkapitalvergleich *Kußmaul ua* BB 08, 135/9; zu Gestaltungen (Änderung der Finanzierungsstruktur) *ders* ua GmbHR 08, 505/9; zu **Organschaft** s *Herzig/Liekenbrock* Ubg 09, 750. – Zu Auswirkungen auf die **Akquisitionsfinanzierung** s *Reiche/Kroschewski* DStR 07, 1330. Zur Anfechtbarkeit der **Anordnung des FA,** Abschluss oder Überleitungsrechnung durch einen Abschlussprüfer prüfen zu lassen, s *Schwedhelm ua* GmbHR 07, 1233/40.

d) Rückausnahme bei Gesellschafterfremdfinanzierung, § 4h II 2. Körperschaften mit einem negativen Zinssaldo von 3 Mio € oder mehr unterliegen bei einer **schädl Ges'terfremdfinanzierung** gem § 8a II und III KStG der Zinsschranke, ohne dass sie sich auf die Ausnahmeregelungen in § 4h II 1 Buchst b und c berufen können. Für **MUerschaften** gilt dies gem § 4h II 2 entspr, wenn sie einer Körperschaft (KapGes = MUer) unmittelbar (als Tochter-PersGes) oder mittelbar (als Enkel-PersGes) nachgeordnet sind. „Nachordnung" setzt, anders als etwa § 8a II 1 KStG, keine (wesentl) Mindestbeteiligung der betr Körperschaft voraus (so auch *Wagner/Fischer* BB 07, 1811/2; *v Lishaut ua* DStR 08, 2341/6; aA *Prinz* FR 08, 441/5; *Littmann/Hoffmann* § 4h Rz 362; *Schaden ua* BB 07, 2259/62). Es kann sich um eine inl oder ausl Körperschaft handeln (*Hoffmann* GmbHR 08, 183/5). Dagegen unterliegen MUerschaften, an denen unmittelbar/mittelbar ausschließl natürl Personen beteiligt sind, nicht den Regelungen des § 8a II, III KStG. Zu § 8c s Rz 32. Zu Organschaft s *Herzig/Liekenbrock* Ubg 09, 750. 18

Die **Beweislast** trifft den StPfl (so ausdrückl § 8a II und III 1 KStG, jeweils aE, Rz 19; s auch *BMF* BStBl I 08, 718 Rz 80). Die Möglichkeit, einen entlastenden Fremdvergleich zu führen, ist (anders als in § 8a KStG aF) nicht vorgesehen (krit, auch zu weiteren Verschärfungen ggü der früheren Regelung: *Thiel* FR 07, 729, 731 f; *Köhler/Hahne* DStR 08, 1505/16; ferner *Schaden/Käshammer* BB 07, 2259).

aa) Keine Konzernzugehörigkeit. – (1) Schädlichkeitsgrenze. Schädl iSd § 8a II KStG sind im Falle einer Körperschaft/nachgeordneten PersGes, die zu keinem Konzern gehört, Vergütungen für Fremdkapital iHv mehr als 10% des negativen Zinssaldos, wenn diese an einen **Anteilseigner** (auch MUerschaft) gezahlt werden, der wesentl (mehr als 25%) unmittelbar oder mittelbar an Grund- 19 oder Stammkapital beteiligt ist. Alle (schädl) Vergütungen sollen der FinVerw zufolge zusammengerechnet werden (Gesamtbetrachtung, *BMF* BStBl I 08, 718 Rz 82; s aber FG Nds DStR 10, 597: ernstl zweifelhaft). Ebenso schädl sind entspr Vergütungen an eine dem (wesentl beteiligten) Anteilseigener iSd § 1 II AStG **nahe stehende Person** oder an einen **Dritten,** der seinerseits auf den Anteilseigner oder die ihm nahe stehende Person zurückgreifen „kann". Eine Rückgriffsmöglichkeit soll schon dann zu bejahen sein, wenn der Anteilseigner oder die ihm nahe stehende Person faktisch für die Erfüllung der Schuld einsteht (BT-Drs 16/4841, 75; *BMF* aaO Rz 83). – S aber jetzt BFH I B 111/11 BStBl II 12, 611.

Erfasst werden sollen damit nicht nur konkrete, rechtl durchsetzbare Ansprüche (aus Bürgschaft, Garantieerklärung oÄ), dingl Sicherheiten (Sicherungseigentum, Grundschuld), harte/weiche Patronatserklärungen und Vermerkpflichten in der Bilanz, sondern jede tatsächl bestehende Rückgriffsmöglichkeit (keine Beschränkung auf sog back-to-back-Finanzierungen, s *BMF* BStBl I 08, 718 Rz 83; krit: *Köhler/Hahne* DStR 08, 1505/16). – Problematisch kann insoweit die in § 8a II KStG begründete **Nachweispflicht** werden (*Köhler* DStR 07, 599). ME dürfen **keine überzogenen Anforderungen** an den StPfl hinsichtl des hier zu führenden Negativbeweises („*keine* Rückgriffsmöglichkeit") gestellt werden. Ggf wird man von der FinVerw wenigstens ein *substantiiertes* Bestreiten unter Darlegung der *für* das Vorliegen einer Rückgriffsmöglichkeit sprechenden Tatsachen oder Indizien verlangen können (s allg auch BFH V R 48/04 BStBl II 09, 315). – Zu **Bürgschaften** (oÄ) der **öffentl Hand,** die keine schädl Gesellschafterfremdfinanzierung begründen, s *BMF* BStBl I 08, 718 Rz 93.

20 **(2) Entspr Anwendung.** Zu berücksichtigen ist, dass § 4h II 2 für KapGes (ledigl) die Umgehung des § 8a KStG durch Verlagerung von Zinsaufwendungen auf eine MUerschaft verhindern soll. Daher sind die personellen Merkmale des § 8a II KStG (wesentl Beteiligung/nahestehende Person/Rückgriff) in Bezug auf die KapGes zu bestimmen. Zinsaufwendungen und -erträge setzen sich aus Gesamthands- *und* SonderBV zusammen. Zinszahlungen an die KapGes fallen unter § 15 I 1 Nr 2 (entgegen BT-Drs 16/4841, 48) und sind keine Vergütungen für Fremdkapital (vgl *Schaumburg/Rödder* UntStRef 2008, 500; *Korn* KÖSDI 08, 15866/81; *v Lishaut ua* DStR 08, 2341/46; *Prinz* FR 08, 441/5; aA *Möhlenbrock* Ubg 08, 1, 12; *Blümich/Heuermann* § 4h Rz 95).

21 **bb) Konzernzugehörigkeit.** Eine Körperschaft/nachgeordnete PersGes, die zu einem Konzern gehört, unterliegt gem § 8a III 1 KStG ohne Rücksicht auf ihre Eigenkapitalquote der Zinsschranke, wenn entweder sie selbst oder ein anderer zum Konzern gehörender (inl oder ausl) Rechtsträger nach den og Voraussetzungen schädl Vergütungen erhält. Dies gilt allerdings nur, soweit Vergütungen für Fremdkapital **an einen Konzernfremden** gezahlt werden (§ 8a III 2 HS 1 KStG). Des Weiteren muss sich im Falle der Finanzierung durch einen Dritten der Rückgriff gegen einen selbst nicht zum Konzern gehörenden Ges'ter oder eine diesem nahe stehende Person richten. Auch hier wird dem StPfl ein uU (insb bei internationalen Konzernen) sehr umfangreicher Negativbeweis (s Rz 19) abverlangt, da *keine* KonzernGes in schädl Weise fremdfinanziert worden sein darf. **Konzerninterne Finanzierung** (auch Bürgschaften) ist **unschädl;** Finanzierung durch eine Konzernspitze, die selbst nicht zum Konzern gehört, ist keine konzerninterne Finanzierung (*BMF* BStBl I 08, 718 Rz 80; *Hoffmann* GmbHR 08, 183/4; krit: *Körner* Ubg 11, 610/12). – Die entspr Anwendung des § 8a III KStG auf eine **MUerschaft** setzt nicht voraus, dass die vorgeordnete Körperschaft selbst dem betr Konzern angehört (str, vgl *v Lishaut ua* DStR 08, 2341/7 mwN). – Zu einem „Logikfehler" des § 8a III KStG s *Staats/Renger* DStR 07, 1801; *Dörr ua* NWB Fach 4, 5210.

22 **3. Legaldefinitionen, § 4h III. – a) Maßgebl Gewinn, § 4h III 1.** Ausgangsgröße für die Ermittlung des verrechenbaren EBITDA (Rz 10) ist bei **Einzelunternehmen** und **PersGes** der maßgebl Gewinn. Dabei handelt es sich um den mit Ausnahme des § 4h nach den Vorschriften der §§ 4 ff ermittelten Gewinn (Gewinn *vor* Zinsschranke). Bei **KapGes** wird gem § 8a I 1 KStG auf das in § 8a

I 2 KStG definierte maßgebl Einkommen abgestellt (Einkommen nach EStG und KStG *vor* Anwendung der §§ 4h, 10d EStG und § 9 I Nr 2 KStG).

b) Zinsaufwendungen; Zinserträge, § 4h III 2–4. In die Berechnung der Zinsschranke gehen nach den Definitionen des § 4h III 2 und 3 nur solche Aufwendungen und Erträge ein, die als BA/BE den maßgebl Gewinn gemindert bzw erhöht haben. Unberücksichtigt bleiben somit stfreie Zinserträge (zB nach DBA), Zinsaufwendungen, die einem Abzugsverbot unterliegen (§ 3c, § 4 IVa, § 4 V 1 Nr 8a), und Zinsen, die als vGA unter § 8 III 2 KStG fallen (s dazu *Schirmer* StBp 12, 64, 71). Zu §§ 2a, 15a und 15b s Rz 5. – Nicht erfasst werden nach *BMF* Förderdarlehen, Baudarlehen, Wohnungsfürsorgemittel etc (BStBl I 08, 718 Rz 94). 23

aa) Zinsaufwendungen, § 4h III 2. Es muss sich um Vergütungen für die Überlassung von Fremdkapital handeln. Auf die Dauer der Überlassung kommt es, anders als nach § 8a KStG aF, nicht an; auch kurzfristige Kapitalüberlassung unterliegt der Zinsschranke. Ob die Höhe der Vergütung von einem gewissen oder ungewissen Ereignis abhängt, ist ebenfalls unerhebl. Was zum **Fremdkapital** zählt, lässt § 4h offen (vgl die Diskussion zu § 8a KStG aF). Grds fallen darunter alle Kapitalzuführungen in Geld, die als Verbindlichkeiten passivierungsfähig sind und nach steuerrechtl Grundsätzen nicht zum Eigenkapital gehören. Die Überlassung von Sachkapital wird hingegen nicht erfasst (enger Zinsbegriff, s BT-Drs 16/4841, 49; *BMF* BStBl I 08, 718 Rz 11), wodurch sich Gestaltungsspielräume ergeben (Zuführung entsprechender Sachwerte, vgl *Kußmaul* ua GmbHR 08, 505/6; *Häuselmann* Ubg 09, 225; *ders* FR 09, 401 und 506; s aber § 8b X KStG). – Zu **Auf-/Abzinsungen** s Rz 26. Zu den Folgen einer **Aktivierung als HK** s § 6 Rz 206. 24

Vergütung für Fremdkapital: Zinsen für fest und variabel verzinsl Darlehen, Erträge aus partiarischem Darlehen und typisch stiller Beteiligung, Damnum, Disagio, Diskontgebühren, Vorfälligkeitsentschädigung, Verwaltungskosten für Kapitalüberlassung (soweit sie keine sonstigen Leistungen entgelten, s iEinz *Littmann/Hoffmann* § 4h Rz 55 ff; *Schaumburg/Rödder* UntSt-Ref, 460, auch zu **Swap-Erträgen;** ferner *Kreft/Schmitt-Homann* BB 09, 2404/8); verdeckte Zinszahlungen. – **Keine Vergütung für (Fremd-/Geld-)Kapital:** Dividenden, Erträge aus atypisch stiller Ges, Miet- und Pachtzinsen, Erbbauzinsen, Leasingraten (ggf aber Berücksichtigung im Billigkeitswege, vgl *BMF* BStBl I 08, 718 Rz 25 f), Gebühren für Wertpapierleihe, Teilwertabschreibungen, Lizenzgebühren, Zinsen nach §§ 233 ff AO, Skonti, Boni und Rabatte, Bereitstellungszinsen, Mahngebühren, Aval- und Bürgschaftsprovisionen, Vermittlungsprovisionen, auf Deckungsrückstellungen und Rückstellungen für Beitragsrückerstattungen beruhende Leistungen an Versicherungsnehmer (BT-Drs 16/4841, 49), nach § 253 III 2 HGB aktivierte Zinsen (BFH I R 19/02 BStBl II 04, 192: Bauzeitzinsen, s auch *Eilers* Ubg 08, 197/8); zu Finanzierungsgebühren s *Hahn* Ubg 14, 106. – Zinsaufwand lässt sich uU durch **Verkauf und Rückmietung** von Gebäuden, Maschinen oder Patenten vermeiden (Umwandlung in Mieten, Pachten und Lizenzgebühren, vgl *Homburg* FR 07, 723); die Gestaltungen dürfen jedoch nicht rechtsmissbräuchl sein (§ 42 AO, s auch *BMF* BStBl I 08, 718 Rz 24; einschr *Köhler/Hahne* DStR 08, 1505/10). – **Unechtes Factoring/unechte Forfaitierung** sind Überlassung von Fremdkapital (§ 15 Rz 270) und fallen unter die Zinsschranke, nicht hingegen **echtes Factoring/echte Forfaitierung** (letztere können aber auf Antrag von Zessionar und Zedent als solche behandelt werden, s *BMF* BStBl I 08, 718 Rz 14, 29 ff). – **Zerobonds** s Rz 26. – Zinsen aus **Ges'ter-Darlehen** (SonderBE) bleiben bei einer **PersGes** wegen § 15 I 1 Nr 2 unberücksichtigt (Rz 9, vgl *Köhler* DStR 07, 597; *Wagner/Fischer* BB 07, 1811). Das *BMF* will dies auf „im Inl stpfl Sondervergütungen" beschränken (BStBl I 08, 718 Rz 19), mE ohne gesetzl Grundlage (s *Köhler/Hahne* DStR 08, 1505/8; *Schaden/Franz* Ubg 08, 452/8; *Salzmann* IStR 08, 399 zu BFH I R 5/06 BStBl II 09, 356; ferner BT-Drs 16/10494, S 2; aA *Fischer/Wagner* BB 08, 1872/3; *Dörfler* Ubg 08, 693/6). Zum Gestaltungsrisiko s *Herzig/Liekenbrock* Ubg 11, 102/7 mwN. – Fremdkapital, das nach **KWG** dem haftenden Eigenkapital zuzurechnen ist, ist Fremdkapital iSd § 4h (*BMF* BStBl I 08, 718 Rz 13). – Zu **Schuldverschreibungen** und **Zinssicherungsgeschäften/Derivaten** s *Köhler/Hahne* DStR 08, 1505/8 f mwN; *Graf* JbFfSt 2009/2010, 329. Zu **Negativzinsen** s *Patzner/Joch* GmbHR 15, 747.

bb) Zinserträge, § 4h III 3. Erfasst werden Erträge aus KapForderungen jeder Art. KapForderung ist grds jede auf eine Geldleistung gerichtete Forderung ohne 25

Rücksicht auf die Dauer der Kapitalüberlassung oder den Rechtsgrund des Anspruchs (so zu § 20 I Nr 7: BFH VIII R 67/95 BFH/NV 97, 175). Bezeichnung und zivilrechtl Gestaltung sind unerhebl; ebenso, ob die Höhe der Vergütung von einem gewissen oder ungewissen Ereignis abhängt (s iEinz § 20 Rz 100f). Dividendenbezüge sollen nicht darunter fallen (BT-Drs 16/4841, 49; *BMF* BStBl I 08, 718 Rz 16; str, s *Blümich/Heuermann* § 4h Rz 36). – Gem § 2 II 2a InvStG werden auch Zinsanteile an ausgeschütteten und ausschüttungsgleichen **Investmenterträgen** beim Anleger als Zinserträge iSd § 4h berücksichtigt; sie erhöhen damit das Volumen für den Abzug von Zinsaufwendungen; s iÜ die Aufzählung in Rz 24.

26 **cc) Auf- und Abzinsungen, § 4h III 4.** Ausdrückl der Zinsschranke unterworfen werden auch Auf- und Abzinsungen unverzinsl oder niedrig verzinsl Verbindlichkeiten oder Kapitalforderungen (zB Zerobonds). Dem *BMF* zufolge werden hiervon Erträge aufgrund der erstmaligen Erfassung von Verbindlichkeiten (gem § 6 I Nr 3 S 1) ausgenommen (BStBl I 08, 718 Rz 27). Auf-/Abzinsungen von Rückstellungen für Sachleistungsverpflichtungen gem § 6 I Nr 3a Buchst e fallen ebenfalls nicht unter § 4h III 4 (kein Entgelt für die Überlassung von Geldkapital); s auch *HHR* § 4h Anm 81; *Köhler/Hahne* DStR 08, 1505/7.

27 **c) Konzernzugehörigkeit, § 4h III 5, 6. – aa) Weiter Konzernbegriff.** Der Regelung liegt ein weiter Konzernbegriff mit drei Tatbestandsalternativen zugrunde. Ein Betrieb ist einem Konzern zuzurechnen, wenn er nach den maßgebl Rechnungslegungsstandards (§ 4h II 1 Buchst c S 8 und 9: vorrangig IFRS, subsidiär Handelsrecht eines EU-Mitgliedstaats oder US-GAAP, s Rz 17) in den handelsrechtl Konzernabschluss eines anderen Betriebs einbezogen wird **(Konsolidierung),** einbezogen werden könnte **(mögl Konsolidierung)** oder wenn seine Finanz- und Geschäftspolitik zusammen mit anderen Betrieben einheitl bestimmt werden kann **(Beherrschungsverhältnis).** Die gesetzl Regelung setzt **mindestens zwei Betriebe** iSd § 4h voraus (missverständl: *BMF* BStBl I 08, 718 Rz 59; aA *Fischer/Wagner* BB 08, 1872/6). Bei Anwendung der Zinsschranke sind *alle* Betriebe einzubeziehen, die *eine* der genannten Voraussetzungen erfüllen. Die Definition des § 4h III 5 und 6 deckt sich nicht notwendig mit dem handelsrechtl Konzernbegriff (zB §§ 18 AktG, 290ff HGB; s ausführl *Littmann/Hoffmann* § 4h Rz 160ff; *Kahle ua* StuW 08, 266/70; *Goebel/Eilinghoff* DStZ 10, 487 und 515; *Brunsbach* IStR 10, 745).

Kein Konzern (vgl BT-Drs 16/4841, 49): Einzelunternehmer, der keine weiteren Beteiligungen hält (mehrere Betriebe sind insoweit unschädl); Einzelunternehmen oder Ges mit einer oder mehreren Betriebsstätten im Ausland; KapGes, die sich im Streubesitz befindet und keine weiteren Beteiligungen hält; Beteiligung einer MUerschaft/KapGes an einer nur vermögensverwaltenden PersGes, da letztere keinen Betrieb iSd § 4h unterhält (vgl *Kußmaul ua* BB 08, 135/7). – Decken sich bei einer **Organschaft** Konzern (iSd § 4h III 5 und 6) und Organkreis, greift die Zinsschranke ebenfalls nicht ein (nur *ein* Betrieb, s § 15 S 1 Nr 3 KStG). Etwas anderes gilt, wenn der Organkreis seinerseits einer nicht zum Organkreis gehörenden MutterGes nachgeordnet ist (s auch *Töben/Fischer* BB 07, 977); zur schädl mehrheitl Beteiligung an einer MUerschaft s *Herzig* DB 07, 2388. – **Zweckgesellschaften** (SIC 12 zu IAS 8) werden nach den allg Regeln (§ 4h III 5, 6) einem Konzern zugerechnet, **Verbriefungsgesellschaften** idR nicht (*BMF* BStBl I 08, 718 Rz 67). **Körperschaften des öffentl Rechts** sollen mit ihren Betrieben gewerbl Art und sonstigen Beteiligungen grds keinen Gleichordnungskonzern bilden (s iEinz *BMF* aaO Rz 91f; *Strunk/Hofacker* Stbg 08, 249). – Zu **Betriebsaufspaltung** und **GmbH & Co KG** s Rz 29.

28 **bb) Vollkonsolidierung.** § 4h III 5 erfasst ua PersGes-Unterordnungskonzerne (zu Mutter-PersGes s *Hennrichs* DB 07, 2101/2: *potenziell* konsolidierungsfähig; zur Komplementär-GmbH als Mutterunternehmen gem § 290 I HGB s BeBiKo § 290 Rz 20ff). – Eine anteilige Konsolidierung begründet gem § 4h II 1 Buchst b keine Konzernzugehörigkeit. Daher gilt die Zinsschranke grds (soweit § 4h II 2 iVm § 8a KStG nicht greift) nur für Unternehmen, die im Rahmen einer Vollkonsolidierung erfasst werden. **Gemeinschaftsunternehmen** sind damit idR nicht konzernzuge-

hörig iSd § 4h (Quotenkonsolidierung: IAS 31, § 310 HGB; so auch *BMF* BStBl I 08, 718 Rz 61). Für **assoziierte Unternehmen** (IAS 28) muss das erst recht gelten; denn der Grad der Einflussnahme aus der Sicht des Mutterunternehmens ist hier noch geringer als bei einem Gemeinschaftsunternehmen.

Vgl *Senger/Diersch* in Beck'sches IFRS-Handbuch (4. Aufl, 2013), § 35 Rz 9 ff; s hierzu und zu VerbriefungszweckGes/LeasingobjektGes auch *Lüdenbach/Hoffmann* DStR 07, 636; *Heintges ua* DB 07, 1261; *Schaumburg/Rödder* UntStRef 2008, 470; *Hageböke/Stangl* DB 08, 200; zu mittelständisch strukturierten Unternehmen s *Weber-Grellet* DStR 09, 557). – Zur Einordnung von **Private Equity Fonds** s *Töben/Fischer* GmbHR 07, 532; *Eilers* Ubg 08, 197/200.

cc) Beherrschung. Nach der Definition des § 4h III 6 liegt ein Konzern auch dann vor, wenn eine natürl Person Beteiligungen an zwei KapGes (im BV *oder* PV) hält, die sie alleine oder mehrheitl beherrscht (s aber FG Mchn EFG 12, 453 zu Beherrschung ohne Stimmrechtsmehrheit), oder ein Einzelunternehmen betreibt und daneben als AlleinGes'ter eine GmbH beherrscht (jeweils zwei Betriebe, vgl BT-Drs 16/4841, 50; krit *Dörfler/Vogl* BB 07, 1085; *Schaumburg/Rödder* aaO, 477; s auch *Lüdenbach/Hoffmann* DStR 07, 636/7: IFRS-konformer Konzernabschluss unmögl; *Köhler/Hahne* DStR 08, 1505/14: additive Zusammenfassung der Abschlüsse). Ebenso kann sich die Beherrschung über eine nur vermögensverwaltend tätige PersGes ergeben (*BMF* BStBl I 08, 718 Rz 60). Zur Bedeutung von IAS 27 s *HHR* § 4h Rz 95. 29

Im Falle einer **Betriebsaufspaltung** soll dagegen kein Konzern vorliegen, wenn die Gewerblichkeit des Besitzunternehmens *nur* auf der personellen und sachl Verflechtung mit der BetriebsKapGes beruht (BT-Drs 16/4841, 50; *BMF* BStBl I 08, 718 Rz 63; krit *Schaumburg/Rödder* UntStRef 2008, 478). – Für eine **GmbH & Co KG** muss das ebenso gelten; s iEinz *HHR* § 4h Rz 89; *Littmann/Hoffmann* § 4h Rz 178; und *BMF* BStBl I 08, 718 Rz 66: Konzern nur bei eigener Geschäftstätigkeit der GmbH; aA wohl *Neumann* EStB 07, 295; *Schiffers/Köster* DStZ 07, 778; *Wagner/Rischer* BB 07, 1811/2 Fn 6; *Dörfler/Vogl* BB 07, 1084/5; *Schmitz-Herscheidt* BB 08, 699; s ferner *Schwedhelm ua* GmbHR 07, 1233, 1240 zur Bildung einer EinheitsGes). Zu konkretem Fall s auch *Weber-Grellet* DStR 09, 557.

dd) Maßgebl Zeitpunkt. Bei der Bestimmung der Konzernzugehörigkeit will das *BMF* auf den vorangegangenen Abschlussstichtag abstellen, auch bei Erwerb/Veräußerung von Gesellschaften im Verlauf eines Wj; neu gegründete Ges sollen einem bestehenden Konzern ab dem Zeitpunkt der Gründung zugerechnet werden (auch bei Umwandlung); entsteht ein Konzern (iSd § 4h III 5, 6) überhaupt erst im Verlauf eines Wj, werden die einzelnen Betriebe zum folgenden Abschlussstichtag als konzernangehörig angesehen (BStBl I 08, 718 Rz 68). Eine **gesetzl Grundlage** gibt es hierfür nicht. Man wird dem *BMF* daher nur dort folgen können, wo sich diese Regelungen (vereinfachend) zugunsten des StPfl auswirken (so zutr *Köhler/Hahne* DStR 08, 1505/14: eine Ges, die zum 2.1. veräußert wird, darf nicht für das gesamte Wj dem Konzern zugerechnet werden). 30

III. EBITDA-Vortrag; Zinsvortrag

1. Gesonderte Feststellung, § 4h IV. EBITDA- und Zinsvorträge werden entspr § 10d IV 1 auf den Schluss eines VZ gesondert festgestellt (§§ 179 ff AO). Der Bescheid ist an den Betriebsinhaber zu richten: den Einzelunternehmer (unter Bezeichnung des betr Betriebs), die Körperschaft und im Falle einer PersGes an die MUer (so zutr *Blümich/Heuermann* EStG § 4h Rz 99; aA *BMF* BStBl I 08, 718 Rz 49: MUerschaft). Die Feststellungsbescheide sind eigenständige VAe. Sie sind (wegen § 4h I 3 bis 6) **Grundlagenbescheide** iSd §§ 171 X, 351 II AO für StBescheide des folgenden VZ sowie hinsichtl des Zinsvortrags für Feststellungsbescheide späterer VZ; gleichzeitig sind sie für den Zinsvortrag **Folgebescheide** zum jeweiligen Feststellungsbescheid des vorangegangenen VZ. Hinsichtl der Feststellungsfrist gilt § 10d IV 6 entspr (s § 10d Rz 41). Handelt es sich um den Betrieb einer PersGes, ist das FeststellungsFA zuständig, ansonsten das für die Besteuerung 31 zuständige FA. – § 4h IV 4 enthält eine eigene, an § 10d IV 4 angelehnte **Korrekturvorschrift** (vgl § 10d Rz 46).

32 **2. Untergang, § 4h V.** Bei Betriebsaufgabe/-übertragung geht ein nicht verbrauchter EBITDA-Vortrag/Zinsvortrag vollständig unter, bei Ausscheiden eines MUers anteilig entspr seiner Beteiligung (wie § 10a GewStG, vgl BT-Drs 16/4841, 50); ob der Vortrag das Gesamthands- oder SonderBV betrifft, ist unerhebl. Es kommt auch nicht darauf an, ob der Betrieb oder der Anteil eines MUers entgeltl oder unentgeltl übertragen worden ist (vgl *Blümich/Heuermann* § 4h Rz 103 unter Hinweis auf die Gesetzesgenese; krit *Hoffmann* GmbHR 08, 113/6; *Köhler/Hahne* DStR 08, 1505/13). Die Aufgabe/Übertragung eines **Teilbetriebs** oder einzelner WG fällt, entgegen *BMF* BStBl I 08, 718 Rz 47, nicht unter § 4h V (Umkehrschluss, s auch *Hoffmann* Zinsschranke Rz 751 mwN; *Schaumburg/Rödder* UntStRef 2008, 513; *Fischer/Wagner* BB 08, 1872/5; *Beußer* FR 09, 49/52; *Kleinheisterkamp* FR 09, 522, auch zu BFH IV R 86/05, BStBl II 12, 145; *HHR* § 4h Anm 113). Für **Änderungen der Beteiligungsquote** wird dies grds ebenso gelten (vgl *Hoffmann* GmbHR 08, 113/8; *Köhler/Hahne* DStR 08, 1505/12; aA *HHR* § 4h Anm 115); allerdings stellt sich die Frage, ob man bei einem späteren Ausscheiden nicht auf die ursprüngl Quoten wird zurückgreifen müssen. – In **Umwandlungsfällen** werden EBITDA- und Zinsvortrag wie ein Verlustvortrag behandelt und gehen ebenfalls, ganz oder anteilig, unter (§§ 4 II 2, 15 III, 20 IX, 24 VI UmwStG), wenn die Anmeldung zur Eintragung nach dem 31.12.07 erfolgt ist (§ 27 V UmwStG). Zur Auf-/Abspaltung einer PersGes s *Hoffmann* GmbHR 08, 113/8; *Hierstetter* DB 09, 79/82. – Die Beendigung einer **Organschaft** führt nicht zum Untergang des Zinsvortrags, wenn der Organträger den Betrieb fortführt. Das gleiche gilt mangels entspr Regelung in § 4h V für das Ausscheiden einer OrganGes (aA *BMF* BStBl I 08, 718 Rz 47). Der vororganschaftl Zinsvortrag einer OrganGes geht durch Begründung der Organschaft nicht verloren, kann aber während der Organschaft nicht genutzt werden (*BMF* BStBl I 08, 718 Rz 48; s auch *Schaden/Käshammer* BB 07, 2317/22, mit Hinweisen zu Gestaltungsmöglichkeiten; ausführl *Herzig/Liekenbrock* DB 09, 1949; krit *Köhler/Hahne* DStR 08, 1505/12). – **Schädl Beteiligungserwerb.** Der nachträgl eingefügte (Rz 3) **§ 4h V 3** verschärft die Beschränkungen, denen die Berücksichtigung betriebl veranlassten Zinsaufwands ohnehin unterliegt, und somit auch den daraus resultierenden Verstoß gegen das obj Nettoprinzip (Rz 4). Die Regelung ordnet für PersGes, an denen unmittelbar oder mittelbar eine Körperschaft als MUer beteiligt ist, die **entspr Anwendung von § 8c KStG** an (s auch BT-Drs 16/11108, 15). Ein bestehender Zinsvortrag geht auch im Falle eines unmittelbaren oder mittelbaren schädl Beteiligungserwerbs innerhalb von fünf Jahren anteilig (bei Anteilsübergang von mehr als 25%) oder vollständig (bei Anteilsübergang von mehr als 50%) unter; für einen EBITDA-Vortrag gilt das nicht.

Zu **unterjährigem Ges'ter-Wechsel** s *FinMin SchlHol* DB 12, 1897: vollständiger Wegfall des jeweiligen Zins-/EBITDA-Vortrags; mE zweifelhaft, so zutr auch *Fischer* DStR 12, 2000 und *Liekenbrock* DB 12, 2488 unter Hinweis auf BFH I R 14/11 BStBl II 12, 360: Verrechnung bis zum Eintritt des schädl Ereignisses. – Zur **VerfMäßigkeit von § 8c KStG** s aber die Vorlage des FG Hbg EFG 11, 1460, BVerfG: 2 BvL 6/11. – S iÜ auch *Hierstetter* DB 09, 79/80 f; *Hoffmann* DStR 09, 257; *Dörfler ua* BB 09, 580; zu der vergleichbaren Regelung des § 8a I 3 s *HHR* § 8a KStG Anm 13; *Hoffmann* Zinsschranke Rz 761 ff.

§ 5 Gewinn bei Kaufleuten und bei bestimmten anderen Gewerbetreibenden

(1) [1]Bei Gewerbetreibenden, die auf Grund gesetzlicher Vorschriften verpflichtet sind, Bücher zu führen und regelmäßig Abschlüsse zu machen, oder die ohne eine solche Verpflichtung Bücher führen und regelmäßig Abschlüsse machen, ist für den Schluss des Wirtschaftsjahres das Betriebsvermögen anzu-

setzen (§ 4 Absatz 1 Satz 1), das nach den handelsrechtlichen Grundsätzen ordnungsmäßiger Buchführung auszuweisen ist, es sei denn, im Rahmen der Ausübung eines steuerlichen Wahlrechts wird oder wurde ein anderer Ansatz gewählt. [2]Voraussetzung für die Ausübung steuerlicher Wahlrechte ist, dass die Wirtschaftsgüter, die nicht mit dem handelsrechtlich maßgeblichen Wert in der steuerlichen Gewinnermittlung ausgewiesen werden, in besondere, laufend zu führende Verzeichnisse aufgenommen werden. [3]In den Verzeichnissen sind der Tag der Anschaffung oder Herstellung, die Anschaffungs- oder Herstellungskosten, die Vorschrift des ausgeübten steuerlichen Wahlrechts und die vorgenommenen Abschreibungen nachzuweisen.

(1a) [1]**Posten der Aktivseite dürfen nicht mit Posten der Passivseite verrechnet werden. [2]Die Ergebnisse der in der handelsrechtlichen Rechnungslegung zur Absicherung finanzwirtschaftlicher Risiken gebildeten Bewertungseinheiten sind auch für die steuerliche Gewinnermittlung maßgeblich.**

(2) **Für immaterielle Wirtschaftsgüter des Anlagevermögens ist ein Aktivposten nur anzusetzen, wenn sie entgeltlich erworben wurden.**

(2a) **Für Verpflichtungen, die nur zu erfüllen sind, soweit künftig Einnahmen oder Gewinne anfallen, sind Verbindlichkeiten oder Rückstellungen erst anzusetzen, wenn die Einnahmen oder Gewinne angefallen sind.**

(3) [1]**Rückstellungen wegen Verletzung fremder Patent-, Urheber- oder ähnlicher Schutzrechte dürfen erst gebildet werden, wenn**

1. **der Rechtsinhaber Ansprüche wegen der Rechtsverletzung geltend gemacht hat oder**
2. **mit einer Inanspruchnahme wegen der Rechtsverletzung ernsthaft zu rechnen ist.**

[2]**Eine nach Satz 1 Nummer 2 gebildete Rückstellung ist spätestens in der Bilanz des dritten auf ihre erstmalige Bildung folgenden Wirtschaftsjahres gewinnerhöhend aufzulösen, wenn Ansprüche nicht geltend gemacht worden sind.**

(4) **Rückstellungen für die Verpflichtung zu einer Zuwendung anlässlich eines Dienstjubiläums dürfen nur gebildet werden, wenn das Dienstverhältnis mindestens zehn Jahre bestanden hat, das Dienstjubiläum das Bestehen eines Dienstverhältnisses von mindestens 15 Jahren voraussetzt, die Zusage schriftlich erteilt ist und soweit der Zuwendungsberechtigte seine Anwartschaft nach dem 31. Dezember 1992 erwirbt.**

(4a) [1]**Rückstellungen für drohende Verluste aus schwebenden Geschäften dürfen nicht gebildet werden. [2]Das gilt nicht für Ergebnisse nach Absatz 1a Satz 2.**

(4b) [1]**Rückstellungen für Aufwendungen, die in künftigen Wirtschaftsjahren als Anschaffungs- oder Herstellungskosten eines Wirtschaftsguts zu aktivieren sind, dürfen nicht gebildet werden. [2]Rückstellungen für die Verpflichtung zur schadlosen Verwertung radioaktiver Reststoffe sowie ausgebauter oder abgebauter radioaktiver Anlagenteile dürfen nicht gebildet werden, soweit Aufwendungen im Zusammenhang mit der Bearbeitung oder Verarbeitung von Kernbrennstoffen stehen, die aus der Aufarbeitung bestrahlter Kernbrennstoffe gewonnen worden sind und keine radioaktiven Abfälle darstellen.**

(5) [1]**Als Rechnungsabgrenzungsposten sind nur anzusetzen**

1. **auf der Aktivseite Ausgaben vor dem Abschlussstichtag, soweit sie Aufwand für eine bestimmte Zeit nach diesem Tag darstellen;**
2. **auf der Passivseite Einnahmen vor dem Abschlussstichtag, soweit sie Ertrag für eine bestimmte Zeit nach diesem Tag darstellen.**

[2]Auf der Aktivseite sind ferner anzusetzen

1. als Aufwand berücksichtigte Zölle und Verbrauchsteuern, soweit sie auf am Abschlussstichtag auszuweisende Wirtschaftsgüter des Vorratsvermögens entfallen,

2. als Aufwand berücksichtigte Umsatzsteuer auf am Abschlussstichtag auszuweisende Anzahlungen.

(6) **Die Vorschriften über die Entnahmen und die Einlagen, über die Zulässigkeit der Bilanzänderung, über die Betriebsausgaben, über die Bewertung und über die Absetzung für Abnutzung oder Substanzverringerung sind zu befolgen.**

(7) **[1]Übernommene Verpflichtungen, die beim ursprünglich Verpflichteten Ansatzverboten, -beschränkungen oder Bewertungsvorbehalten unterlegen haben, sind zu den auf die Übernahme folgenden Abschlussstichtagen bei dem Übernehmer und dessen Rechtsnachfolger so zu bilanzieren, wie sie beim ursprünglich Verpflichteten ohne Übernahme zu bilanzieren wären. [2]Dies gilt in Fällen des Schuldbeitritts oder der Erfüllungsübernahme mit vollständiger oder teilweiser Schuldfreistellung für die sich aus diesem Rechtsgeschäft ergebenden Verpflichtungen sinngemäß. [3]Satz 1 ist für den Erwerb eines Mitunternehmeranteils entsprechend anzuwenden. [4]Wird eine Pensionsverpflichtung unter gleichzeitiger Übernahme von Vermögenswerten gegenüber einem Arbeitnehmer übernommen, der bisher in einem anderen Unternehmen tätig war, ist Satz 1 mit der Maßgabe anzuwenden, dass bei der Ermittlung des Teilwertes der Verpflichtung der Jahresbetrag nach § 6a Absatz 3 Satz 2 Nummer 1 so zu bemessen ist, dass zu Beginn des Wirtschaftsjahres der Übernahme der Barwert der Jahresbeträge zusammen mit den übernommenen Vermögenswerten gleich dem Barwert der künftigen Pensionsleistungen ist; dabei darf sich kein negativer Jahresbetrag ergeben. [5]Für einen Gewinn, der sich aus der Anwendung der Sätze 1 bis 3 ergibt, kann jeweils in Höhe von vierzehn Fünfzehntel eine gewinnmindernde Rücklage gebildet werden, die in den folgenden vierzehn Wirtschaftsjahren jeweils mit mindestens einem Vierzehntel gewinnerhöhend aufzulösen ist (Auflösungszeitraum). [6]Besteht eine Verpflichtung, für die eine Rücklage gebildet wurde, bereits vor Ablauf des maßgebenden Auflösungszeitraums nicht mehr, ist die insoweit verbleibende Rücklage erhöhend aufzulösen.**

Einkommensteuer-Richtlinien: EStR 5.1–5.7/EStH 5.1–5.7; Anhang 9, 10, 16

Übersicht

I. Allgemeines

Schrifttum (allgemeiner Art; Aufsätze vor 2012 s Vorauflagen): *Knobbe-Keuk,* Bilanz- und Unternehmenssteuerrecht[9] 1993; *Weber-Grellet,* StBilRecht, 1996; *Böcking ua* (Hrsg),

Beck'sches Handbuch der Rechnungslegung (HdR); *Schulze-Osterloh/Hennrichs/Wüstemann* (Hrsg), Handbuch des Jahresabschlusses in Einzeldarstellungen (HdJ); *Adler/Düring/Schmaltz,* Rechnungslegung und Prüfung der Unternehmen[6] 1995 ff; *Wilhelm/Hennig,* Kleines Handbuch der StB[2] 2002; *Fritz-Schmied,* Die stbilanzielle Gewinnermittlung, Wien 2005; *Moxter,* Bilanzrechtsprechung[6] 2007; *Thiel/Lüdtke-Handjery,* Bilanzrecht[6] 2010; *Baetge/Kirsch/Thiele,* Bilanzen[13] 2014; *Förschle/Grottel/Kozikowski/Schmidt/Schubert/Winkeljohann,* Beck'scher Bilanz-Kommentar[9] 2014; *IdW* (Hrsg), WP-Handbuch Band I, 14. Aufl, 2012; *Hoffmann/Lüdenbach* NWB Kommentar Bilanzierung[4] 2013; Birk/Desens/Tappe, StR[17] 2014, § 5 E; *Hennrichs* in Tipke LB[21] § 9; *v Wolfersdorf,* Stbilanzielle Gewinnermittlung, Diss 2014; *Weber-Grellet,* Bilanzsteuerrecht (BilStR)[13] 2015; *Winnefeld,* Bilanz-Handbuch[5] 2015. – *Strahl,* Aktuelle Entwicklungen im BilanzStRecht, KÖSDI 12, 17946; *Weber-Grellet,* Abschied vom subj Fehlerbegriff, DStR 13, 729; *Weber-Grellet,* Wider den subj Fehlerbegriff, KSZW 13, 311; *Strahl,* Aktuelles zum StBilRecht, KÖSDI 13, 18444; *Lange/Fink,* Tax Accounting, StuB 13, 239; *Kahle,* Entwicklung der StBil, DB 22/14 Beil 4; *Strahl,* Praxisorientierte Hinweise ..., kösdi 15, 19430; *Prinz,* Entwicklungsperspektiven im BilanzStRecht, DB 16, 9; *Weber-Grellet* BFH-Rspr zum BilanzStRecht, BB 16, 43.

Verwaltung: *BMF* BStBl I 14, 606 (Positivliste der geltenden Anweisungen)

1 **1. Grundaussage (§ 5 I, VI) und Entwicklungen. – a) Gesetzesinhalt. § 5 I** enthält eine Sonderregelung für die Gewinnermittlung der Gewerbetreibenden durch BV-Vergleich nach § 4 I (§ 4 Rz 40 f; ungenau mE BFH X R 27/13 BFH/NV 15, 1676). Das StBilRecht ist **dreischichtig** (reines StRecht; GoB; analog angewendetes Handelsrecht). Grundlage der Gewinnermittlung sind die materielle Maßgeblichkeit **(§ 5 I 1)** der handelsrechtl GoB über den Ansatz (Rz 30 f) und die Bewertung (str, Rz 33). **§ 5 II** *verbietet* die Aktivierung nicht entgeltl erworbener immaterieller WG des AV und *gebietet* die Aktivierung entgeltl erworbener immaterieller WG (Rz 161). **§ 5 IIa** schränkt den Ansatz gewinnabhängiger Verpflichtungen ein. **§ 5 III–IVb** beschränken Rückstellungen wegen Verletzung bestimmter Schutzrechte (III); für Verpflichtungen zu Dienstjubiläumszuwendungen (IV); Verbot der Verlustrückstellung (IVa); Rückstellungsverbot für AK/HK (IVb). **§ 5 V 1** regelt – wie § 250 I HGB – den Ansatz von RAP. § 5 V 2 gebietet die Aktivierung der als Aufwand berücksichtigten Zölle und Verbrauchsteuern sowie der USt auf Anzahlungen. **§ 5 VI** stellt klar, dass estrechtl Normen, insb über Bewertung (§§ 6–7k) und BA (§ 4 IV–VIII) Vorrang vor HB-Recht haben (Steuer-, insb Bewertungsvorbehalt); damit richtet sich die Beurteilung der betriebl Veranlassung *allein* nach EStRecht. **5 VII** (idF AIFM-StAnpG) regelt – korrespondierend zu § 4f (s dort) – die Fortgeltung der Passivierungsbeschränkungen beim Übernehmer (Rz 503).

Erhebl verändert wurde das Bilanzsteuerrecht durch das **StEntlG 99 ff** (BT-Drs 14/23, 170; iEinz 23. Aufl). De lege ferenda ist weiterhin ein **eigenständiges Bilanzsteuerrecht** anzustreben (s iEinz *Weber-Grellet* DB 10, 2298, BB 11, 43/9; 31. Aufl), insb wegen der Funktion des Steuerrechts als eigenständiger Rechtsmaterie (BFH GrS 1/10 BStBl II 13, 317). – Die Neuregelungen des **BilMoG** sind überwiegend ab 1.1.10 anzuwenden (*Hüttche* BB 09, 1346; *Korn/Strahl* KÖSDI 09, 16721; Übersicht über die Änderungen bei *Hennrichs* StbJb 09/10, 261/278 ff; krit *Esterer* FS Herzig 2010, 627; s aber Rz 60 f). – Die **IFRS** haben grds keinen Einfluss auf die steuerl Gewinnermittlung (*Glaser/Kahle* Ubg 15, 113).

2 **b) Entwicklungen.** Auch das Bilanzsteuerrecht ist obj Lastenverteilungsrecht (Rz 59; § 2 Rz 1). Maßgebl sind die obj Verhältnisse; der subj Fehlerbegriff gilt im StRecht nicht (BFH GrS 1/10, BStBl II 13, 317; *Weber-Grellet* DStR 13, 729; *Weber-Grellet* KSZW 13, 311; *Schulze-Osterloh* BB 13, 1131); Ähnl gilt für die Wertaufhellung (Rz 81). – Das Bilanzsteuerrecht ist teleologisch auszulegen; Ausprägungen der teleologischen Betrachtungsweise sind das Realisationsprinzip und das Belastungsprinzip (Rz 382); auch der I. Senat stellt daher nunmehr zR (iZm einer Anpassungsverpflichtung) auf die „innere Wirksamkeit" ab (BFH I R 8/12 DB 13, 1087, unter Aufgabe von BFH I R 45/97 BStBl II 03, 121; *Prinz* FR 13, 802; *Prinz* DB 13, 1815 und DB 16, 9). – Der obj Fehlerbegriff gilt mE auch für Tatsachen (*Weber-Grellet* DStR 13, 729; aA *Strahl* kösdi, 13, 18444/9).

Bilanzsteuerrechtl scheint sich der I. BFH-Senat in einem Prozess der (vorsichtigen) Neuorientierung zu befinden; vgl BFH I R 77/08 BStBl II 10, 739 (Vorlage zum Fehlerbegriff), BFH I R 8/12 DB 13, 1087 (Interpretation der rechtl Entstehung einer Verbindlichkeit), BFH I R 80/12, DStR 13, 2158 (BVerfG-Vorlage zu § 6 V).

2. Europäisierung des Bilanzsteuerrechts. Die RL 2013/34/EU (v 26.6.13, ABl Nr L 182, 19 v 29.6.13; dazu *Velte* GmHR 13, 1125) ersetzt die 4. RL (78/660/EWG – BiRiLi) und die 7. RL (83/349/EWG – konsolidierter Abschluss; die RL ist durch das BilRUG (v 17.7.15, BGBl I 15, 1245) umgesetzt worden (BReg BR-Drs 23/15; dazu *Zwirner* DStR 15, 1640; *Schulze-Osterloh* BB 7/15 I; *Lüdenbach/Freiberg* BB 15, 363). Für die HB bringt das BilRUG gewisse Erleichterungen und erweitert den Begriff „Umsatzerlöse (*Zwirner* DStR 15, 1640/2; *Strahl* kösdi 15, 19430); allein diese Änderung könnte mE steuerl Bedeutung haben. – Die RL steht mit ihrem „true and fair view" (Bilanzwahrheit; Art 4 III RL 2013/34/EU) dem Bilanzsteuerrecht näher als dem vom Vorsichtsprinzip bestimmten Handelsrecht und den GoB (*Blöink* KSzW 13, 318; zur Entwicklung *Weber-Grellet* StbJb 09/10, 43); die allg Grundsätze (Art 6 I) ähneln denen des § 252 HGB, gelten aber auch für den Ansatz. Generell ist nur bei Fragen zur Gültigkeit und Auslegung von Europarecht **vorzulegen** (Art 267 AEUV; BFH I R 6/96 BStBl II 01, 570; *Wagner* Inf 03, 301), nicht bei eindeutiger Rechtslage (BFH X R 7/13 DStR 15, 989; konkret verneint der **BFH** die Vorlagepflicht auch bei eigenständigen steuerl Regelungen wie § 6 und soweit nicht KapGes betroffen sind (BFH VIII R 77/96 BStBl II 02, 227; krit *Meilicke* BB 01, 40). Ob iÜ eine Vorlagepflicht in bilanzstrechtl Fragen besteht (so zB *Schütz* DB 03, 688; diff *Dziadkowski* FR 03, 552) oder (mE zutr) nur ein Vorlagerecht, ist str. 3

Der **EuGH** selbst hält sich auch in bilanzstrechtl Fällen zur Auslegung der 4. RL Stellung für zuständig (zB C-306/99 BStBl II 04, 144 – BIAO, auch zur Wertaufhellung, nachfolgend FG Hbg EFG 04, 746, aufgehoben durch BFH I R 5/04 DStR 05, 238, BStBl II 09, 100: Risikobeurteilung nach nationalem Recht; *ego* FR 05, 314; krit *Christiansen* DStR 07, 1178/82), überlässt die Entscheidung über eine Vorlage aber den nationalen Gerichten (C-297/88, 197/89 EuGHE I 1990, 3763 – *Dzodzi;* C-439/07 Rz 59 DStRE 09, 1181 – *KBC Bank; Weber-Grellet* DStR 03, 67; ferner *Bärenz* DStR 03, 492; zur Vorlagepflicht an den EuGH vgl auch BVerfG 1 BvR 1631/08 [Geräteabgabe] RIW 10, 792; *Eckhoff* in Roth, Europäisierung des Rechts, 2010, 11). – Dementsprechend haben in den letzten Jahren die FG von **bilanzsteuerrechtl Vorlagen** abgesehen.

II. Tatbestand

1. Tatbestandsvoraussetzungen (Überblick). § 5 setzt – im Unterschied zu § 4 I – einen „Gewerbetreibenden" voraus; dieser muss entweder nach inl Recht gesetzl verpflichtet sein (Rz 12) – vertragl Pflicht genügt nicht –, „Bücher" zu führen und „regelmäßige Abschlüsse zu machen", oder dies freiwillig tun. Bücher sind Handelsbücher iSv §§ 238, 239 HGB und § 141 I AO. Regelmäßiger Abschluss sind ieS Eröffnungs- und Jahresschlussbilanz (§ 242 I HGB), iwS der aus Bilanz, GuV-Rechnung und – ggf – Anhang bestehende Jahresabschluss (§§ 242 III; 264 I; 284–286 HGB). Danach fällt unter § 5 zB auch, wer freiwillig eine Jahresbilanz, jedoch keine GuV-Rechnung erstellt. – Auf StPfl, die nicht unter § 5 fallen (zB Landwirt, ausl PersGes), kann § 5 insgesamt oder teilweise (§§ 238, 240–245 HGB; s § 141 I 2 AO) analog anzuwenden sein (BFH IV R 49/86 BStBl II 88, 327 zu LuF; BFH I R 32/90 BStBl II 92, 94 und BFH I R 3/13 DStR 15, 629 zu ausl PersGes). – Zur Erstellung von Jahresabschlüssen durch StB *BundesStB-Kammer* DStR Beihefter 16/10, 17. 6

2. Persönl Anwendungsbereich. – a) Gewerbetreibender. Das ist nur, wer ein gewerbl Unternehmen iSv § 15 I 1 Nr 1 betreibt (*Anzinger/HHR* Anm 70). Ein Handelsgewerbe iSv §§ 1, 2 HGB ist weder erforderl noch ausreichend. Trotz handelsrechtl Buchführungspflicht muss § 5 nicht unmittelbar anwendbar sein, zB bei einem in das HReg eingetragenen Landwirt oder einer Grundstücksvermie- 7 tung; umgekehrt kann § 5 ohne handelsrechtl Buchführungspflicht anwendbar sein (wohl aber nach § 141 AO), zB bei gewerbl Grundstückshandel (dazu BFH VIII R 40/94 BFH/NV 97, 403).

8 **b) Natürl Personen.** Gewerbetreibender kann eine – unbeschr oder beschr estpfl – **natürl Person** (§ 1), aber auch eine **PersGes** iSv § 15 I 1 Nr 2 sein (s § 15 Rz 407 ff). Zur Anwendung des § 5 auf Sonder-BV und -vergütungen s § 15 Rz 400, 475, 560.

9 **c) Juristische Personen.** Für KapGes gilt § 5 über die §§ 7, 8 KStG. Zum Gewinnanteil des persönl haftenden Ges'ters einer KGaA s § 15 Rz 891.

10 **d) Geltung für inl und ausl GewBetr.** Bei unbeschr estpfl Personen gilt § 5 für **inl** und grds auch für ausl GewBetr (BFH I R 3/13 DStR 15, 629), bei beschr estpfl Personen nur für inl GewBetr (§ 49 I Nr 2; BFH I R 49/84 BStBl II 89, 140). Bei unbeschr stpfl Personen erfasst § 5 ausl Unternehmensteile nur, soweit dies für die inl Besteuerung erforderl ist, zB wenn keine DBA-Befreiung oder in den Fällen der §§ 2a, 32, 34c (vgl *Anzinger/HHR* Anm 81). Die gewerbl Einkünfte einer ausl PersGes ohne inl Betriebsstätte (aber mit unbeschr stpfl Ges'tern) sind nach § 4 I unter Beachtung der materiellen GoB zu ermitteln (BFH I R 32/90 BStBl II 92, 94 mwN). Eine inl Betriebsstätte eines ausl Unternehmens hat ihren Gewinn in Euro zu ermitteln (BFH I B 44/08 BFH/NV 09, 940).

11 **3. Sachl Anwendungsbereich.** § 5 gilt nur für den **lfd Gewinn.** Ein Betriebsveräußerungs- oder -aufgabegewinn ist nach § 16 II zu ermitteln; dabei ist aber für den Zeitpunkt der Veräußerung oder Aufgabe der Buchwert des BV nach § 5 fortzuentwickeln (§ 16 II 2; § 16 Rz 310). Gewinne aus der Veräußerung von Anteilen an KapGes bei relevanter Beteiligung (§ 17) oder von im PV gehaltenen einbringungsgeborenen Anteilen (§ 20 UmwStG) sind zwar Einkünfte aus GewBetr, aber nur bedingt nach § 5 zu ermitteln (BFH VIII R 69/93 BStBl II 95, 725; s § 17 Rz 16, 131).

12 **4. Gesetzl Buchführungs- und Abschlusspflicht. – a) Verpflichtung.** Verpflichtet, Bücher zu führen und regelmäßig (Jahres-)Abschlüsse (Rz 6) zu machen, sind: – *(1)* Natürl Personen gem §§ 238, 242 HGB, wenn sie Kfm (§ 1 HGB, FG BBg DStRE 12, 201, rkr) oder Kannkaufmann (§§ 2, 3, 105 II HGB; ab Eintragung) sind; zur Befreiung von der Buchführungspflicht: § 241a HGB idF BilMoG; *Künkele/Zwirner* DStR 09, 1277. – *(2)* OHG, KG nach § 6 iVm §§ 238, 242 HGB; – *(3)* AG und KGaA nach § 3 AktG, § 6 iVm §§ 238, 242, 264 HGB; – *(4)* GmbH nach § 13 III GmbHG, § 6 iVm §§ 238, 242, 264 HGB; Genossenschaften nach § 17 II GenG, §§ 238, 242 HGB; – *(5)* sonstige juristische Personen des Privatrechts (zB eV, rechtsfähige Stiftung; *Orth* DB 97, 1341) und des öffentl Rechts (vgl aber §§ 36, 263 HGB) einschließl der ehemals volkseigenen Kombinate; – *(6)* Gewerbetreibende, soweit sie nicht bereits handelsrechtl (iVm § 140 AO) buchführungs- und abschlusspflichtig sind, unter den Voraussetzungen des § 141 AO. – *(7)* Ein Einzelunternehmer kann mehrere Betriebe haben; für jeden ist eine eigene Gewinnermittlung zu erstellen (BFH X B 156/14 BFH/NV 15, 1087). Die Buchführungspflicht einer OHG (KG) erstreckt sich auf SonderBV (str, s § 15 Rz 50). – *(8)* Zur Rechnungslegung im **Konzern** nach BilMoG s *Küting/Seel* DStR Beihefter zu 22/10.

13 **b) Beginn und Ende. – aa) Handelsrechtl Buchführungs- und Abschlusspflicht.** Sie beginnt für Musskaufleute mit dem „Beginn des (vollkaufmännischen) Handelsgewerbes", dh von der ersten Vorbereitung an (BGHZ 10, 91/6); auf diesen Zeitpunkt ist eine **Eröffnungsbilanz** aufzustellen (§ 242 I HGB). – Sie endet mit Betriebseinstellung (Betriebsaufgabe oder -veräußerung iSv § 16), vorher zB mit Löschung im HR bei Kannkaufmann, nicht bei einer Teilbetriebsveräußerung (BFH IV R 4/93 BStBl II 94, 677). Eine aufgelöste OHG oder KG kann unabhängig von § 154 HGB zu Jahresabschlüssen verpflichtet sein (*B/H*

HGB § 154 Rn 4). – Zur Gründungsbilanzierung bei KapGes nach Handels- und StRecht vgl *Joswig* DStR 96, 1907; zur Buchführungs- und Bilanzierungspflicht während der **Insolvenz** BFH VIII R 128/84 BStBl II 93, 594; §§ 153, 155 InsO; *Lorenzen* HdR B 768 (2/02).

bb) Steuerl Buchführungs- und Bilanzierungspflicht. Nach § 141 I AO beginnt sie im nächsten Wj nach Mitteilung des FA (§ 141 II 1 AO). Sie endet erst mit Ablauf des Wj nach entspr Feststellung des FA (§ 141 II 2 AO). 14

cc) Besondere Anlässe. Im Fall der Betriebsaufgabe (Betriebsveräußerung) sind eine letzte Schlussbilanz zur Ermittlung des lfd Gewinns und eine Aufgabebilanz zur Ermittlung des Aufgabegewinns bzw -verlusts aufzustellen (BFH X R 48/13 BFH/NV 15, 1358). 15

dd) Ausl Buchführungs- und Bilanzierungspflicht. Auch eine ausl Rechtsnorm kann Buchführungspflicht begründen (EStR 4.1 IV 2; offen in BFH I R 24/13 BStBl II 15, 141 mwN; BFH I R 3/13 DStR 15, 629; krit *Korn* KÖSDI 13, 18261; *Hennrichs* DStR 15, 1420/3; *Salzmann* IStR 15, 282; *Müller* BB 15, 2327); str ist, ob eine ausl Immobilien-KapGes von § 141 AO erfasst wird (BFH I B 93/15 DStR 15, 2771). 16

5. Freiwillige Buchführung und Bilanzierung, § 5 I 1 Hs 1 Alt 2. Freiwillige Buchführung zwingt zur Gewinnermittlung nach § 5, auch die eines Ausländers (BFH I R 24/13 BStBl II 15, 141, Rz 16 – gegen „Goldfinger-Modell"). Nur Gewerbetreibende, die nicht handelsrechtl buchführungs- und abschlusspflichtig sind (zB Kleingewerbetreibende [frühere Minderkaufleute]; s § 1 II HGB (keine Notwendigkeit eines in kfm Weise eingerichteten GewBetr; *BH* HGB[34] Rz 23; *FinVerw* BB 00, 1400; nunmehr nach § 241a HGB: Erlöse unter als 500 T€, Überschuss unter 50 T€) noch § 141 I AO erfüllen und auch tatsächl keine Bücher führen, haben die Wahl zw Überschussrechnung (§ 4 III) oder Vermögensvergleich (§ 4 I iVm § 5; mE nicht ausschließl nach § 4 I, aA *Förster/Schmidtmann* BB 09, 1342); sie üben die Wahl zB durch entspr Einrichtung aus (BFH III R 30–31/85 BStBl II 90, 287; *Drüen* DStR 99, 1589; s auch § 4 Rz 6). Trifft der StPfl keine Wahl (zB keinerlei Aufzeichnungen), ist nach BV-Vergleichsgrundsätzen zu schätzen (BFH III R 30–31/85 BStBl II 90, 287; *Mathiak* DStR 90, 259). Bei nachträgl Einkünften kann (muss?) der Gewinn nach § 4 III ermittelt werden (BFH XI S 14/98 BFH/NV 99, 926; offen in BFH IV R 47/95 BStBl II 97, 509). 17

6. Ordnungsvorschriften für Buchführung; Schätzung

Schrifttum: *Bieg,* Buchführungspflichten und -vorschriften, HdR A 100/110 (12/05); *Gehringer,* Buchführungssysteme HdR A 120 (8/10); *Priester,* Jahresabschlussfeststellung bei PersGes, DStR 07, 28; *Goldshteyn/Thelen,* Krit Anmerkungen zu den GoBD, DStR 15, 326, FR 15, 268. – **Verwaltung:** EStR 5.2–5.4.; *BMF* BStBl I 14, 1075 (Richtsatzsammlung); *BMF* BStBl I 14, 1450 (zu EDV-gestützten Buchführungssystemen; GoBD).

a) Ordnungsgemäße Buchführung. Die Verweisung in § 5 I auf die handelsrechtl Grundsätze über die formelle Ordnungsmäßigkeit der lfd Buchführung (Buchführungssysteme; zu führende Bücher; Eintragungen; Belege; Aufbewahrung; vgl §§ 238–239, 257 HGB), die Aufstellung eines Inventars (§§ 240–241 HGB; s *Petersen/Zwirner* HdR A 210 – 11/10), die Form und Frist eines Jahresabschlusses (vgl §§ 243 III, 264 I HGB; § 42a II GmbHG; §§ 4, 35 DMBilG; BFH VIII R 110/79 BStBl II 84, 227; *ADS* § 243 Tz 38; nicht über ein Jahr) hat estrechtl kaum noch Bedeutung, seit (für Wj, die nach dem 31.12.74 enden) zahlreiche Steuervergünstigungen nicht mehr von einer ordnungsgemäßen Gewinnermittlung abhängen (s aber Rz 81). Die GoB verpflichten Einzelhändler (zB Apotheker) grds, alle **bar vereinnahmten Umsätze** einzeln aufzuzeichnen (BFH X R 42/13 BStBl II 15, 519; s auch *BMF* BStBl I 04, 419); die bloße Erfassung der baren Tageseinnahmen ist damit unzul (GoB als – auch von der technischen Entwicklung abhängiges – **dynamisches System**). Zur **bestandsmäßigen Erfas-** 18

sung des bewegl AV s iEinz EStR 5.4; die Buchführung muss an die Ergebnisse der **Inventur** angepasst werden. Ggf sind Kassendateien vorzulegen (BFH X R 29/13 BFH/NV 15, 790; BFH X R 47/13 BFH/NV 15, 793). – Für elektronische Bücher gelten im Prinzip dieselben Anforderungen (*BMF* BStBl I 14, 1450 Rz 22f); im Vordergrund steht der Grundsatz der Nachvollziehbarkeit. Die vom BMF aufgestellten GoBD (dazu *Henn* DB 15, 2660) sind nicht ‚per se' GoB (zutr *Goldshteyn/Thelen* DStR 15, 326/31; DB 15, 1126).

19 **b) Schätzung.** Bei Verletzung der Ordnungsvorschriften entfällt die widerlegbare Vermutung der sachl Richtigkeit (§ 158 AO; dazu BFH III R 129/85 BStBl II 92, 55 mwN); der Gewinn ist gem § 162 AO ganz oder teilweise zu schätzen (vgl EStR 4.1 II 3, 4), ggf auch nach Richtsätzen (*BMF* BStBl I 14, 1075). Diese Schätzung ist, sofern der StPfl buchführungs- und abschlusspflichtig ist, nach den Regeln des BV-Vergleichs (§ 4 I) durchzuführen (BFH X R 163–164/87 BStBl II 91, 802); dabei sind beim Ansatz des BV die materiellen GoB (Rz 58f) zu berücksichtigen (BFH VIII R 28/90 BStBl II 1992, 881). Zur Geldverkehrsrechnung BFH VIII B 138/10 BFH/NV 11, 1662; zu Umfang und Methoden der Schätzung s *KSM* § 5 Rz A 245; *T/K* § 162 Rz 8. – Zur Möglichkeit eines Zeitreihenvergleichs s BFH X R 20/13 DStR 15, 1739; zur Schätzung bei Taxibetrieb s FG Köln EFG 14, 5, 7, rkr), bei Fahrlehrer s FG RhPf EFG 14, 1320, rkr.

III. Rechtsfolgen

21 **1. Normative Aussage des § 5; bilanzsteuerrechtl Gewinnermittlung. – a) Allgemeines.** Funktion der StB ist die periodengerechte Ermittlung des („vollen") Gewinns als Indikator der wirtschaftl Leistungsfähigkeit mit dem Ziel einer gesetz-, insb gleichmäßigen Besteuerung (BFH GrS 2/68 BStBl II 69, 291; BFH GrS 2/99 BStBl II 00, 632; *Weber-Grellet* StBilRecht § 2). Sind die tatbestandl Voraussetzungen des § 5 I 1 erfüllt, hat das zur Folge: – ***(1)* BV-Vergleich.** Der Gewinn iSv § 4 I ist auf der Grundlage einer „Vermögensübersicht (Bilanz)" (vgl § 4 II) zu ermitteln, dh durch Vergleich des Endvermögens eines Wj (Schlussbilanz) mit dem Anfangsvermögen (vgl § 242 I HGB: Eröffnungsbilanz; dazu Rz 13) bzw dem Endvermögen des vorhergehenden Wj (vgl § 252 I Nr 1 HGB); der „Gewinn" umfasst positive wie negative Betriebsergebnisse (BFH IV R 156/74 BStBl II 75, 734); eine Überschussrechnung ist unzul (vgl § 4 III „StPfl, die nicht auf Grund gesetzl Vorschriften verpflichtet sind …"). Die (im Unterschied zur HB den steuerl Vorschriften entspr) Schlussbilanz (**Steuerbilanz;** vgl § 27 I KStG – häufig ‚Einheitsbilanz') und ggf die Eröffnungsbilanz sind mit der Steuererklärung beim FA einzureichen (vgl § 60 EStDV), nebst GuV-Rechnung (§ 60 I 2 EStDV; FG BBg EFG 09, 714, rkr); zur Anpassung der HB vgl *IDW/HFA* WPg 01, 1084. – ***(2)* GoB-Maßgeblichkeit.** IRd BV-Vergleichs ist jeweils das BV anzusetzen, das nach den handelsrechtl GoB (Buchführung und Bilanzierung) auszuweisen ist (§ 5 I 1; *Weber-Grellet* BilStR[13] Rz 66f). Zu **Durchbrechungen** s Rz 34.

22 **b) BV-Vergleich.** In den Vergleich sind nur aktive und passive Bilanzposten einzubeziehen, die **BV** iSv **§ 4 I** sind. Dabei bestimmt sich die sachl Zuordnung zum BV ausschließl estrechtl; der Ausweis in der HB genügt nicht, unabhängig davon, ob der Posten in der HB ausgewiesen werden muss oder nur darf; so auch für das aktive und passive Gesamthandsvermögen einer PersGes (§ 15 Rz 481–505); zu KapGes *Weber-Grellet* StBilRecht § 25. – Umgekehrt kann der Nichtausweis in der HB die Einbeziehung in den BV-Vergleich nicht hindern, sofern notwendiges BV iSv § 4 I vorliegt (BFH VIII R 322/84 BFH/NV 90, 499; § 4 Rz 101ff). Ebenso bestimmt sich ausschließl nach EStRecht, welchem von mehreren BV ein Aktiv- oder Passivposten bei sog **Bilanzierungskonkurrenz** zuzurechnen ist (vgl BFH VIII B 88/10 BFH/NV 11, 600); für SonderBV bei PersGes s § 15 Rz 533. Im System der doppelten Buchführung sind GuV und Bilanz kom-

plementäre Rechnungen, die zwingend zum identischen Ergebnis führen müssen. Der BV-Vergleich als solcher ist nicht in der Lage, privat veranlasste BV-Veränderungen zu erfassen; daher sind entspr Korrekturen geboten. Im System nicht vorgesehen sind – von Entnahmen und Einlagen abgesehen – „außerbilanzielle Hinzurechnungen" (anders zB BFH I R 54/11 BStBl II 13, 1048; krit *Weber-Grellet* BB 14, 42/3).

2. Maßgeblichkeit handelsrechtl GoB; Maßgeblichkeitsgrundsatz, § 5 I

Schrifttum (vor 2013 s Vorauflagen; s auch vor Rz 60): *Gräbe,* Das Maßgeblichkeitsprinzip vor dem Hintergrund des BilMoG, 2012; *Scheffler,* Das Maßgeblichkeitsprinzip nach BilMoG, IFSt 474, 2011; *Krengel,* Der Maßgeblichkeitsgrundsatz nach dem BilMoG, Diss. Bonn, 2013/4. – *Velte,* Fiskalpolitische Maßgeblichkeit bei der Rückstellungsbewertung, StuW 13, 197; *Velte,* Entwicklung und Perspektiven ..., Ubg 15, 265.

Verwaltung: R 6.11 III EStR 2012 (zur Rückstellungsbewertung); *BMF* BStBl I 10, 239 (zu § 5 I idF BilMoG – GoB-Maßgeblichkeit); *BMF* BStBl I 10, 597 (Beginn der HK-Aktivierungspflicht für Kosten der allg Verwaltung und soziale Einrichtungen). – **Gesetzesmaterialien zu § 5 I 2:** BT-Drs 11/2157; BT-Drs 11/5970.

a) Überblick. Der Maßgeblichkeitsgrundsatz (Gewinnermittlung nach den handelsrechtl GoB; BFH I R 58/05 BStBl II 06, 928) ist in § 5 I normiert, in 5 I 1 die **materielle** und in 5 Ia 2 die **konkrete** Maßgeblichkeit für Sicherungseinheiten (*Altvater* RdF 13, 329/35. Die bisherige umgekehrte Maßgeblichkeit (§ 5 I 2 aF; Rz 65) ist durch BilMoG abgeschafft (*Künkele/Zwirner* DStR 09, 1277/8). Eine weitergehende (konkrete) Maßgeblichkeit (HB-Ansatz = StB-Ansatz oder HB = StB) bestand und besteht nicht (vgl *Weber-Grellet* StBilRecht § 6 Rz 7; BFH I R 44/07 DStR 08, 1226; iErg ähnl BFH IV R 1/93 BStBl II 99, 348). – Erst recht nicht maßgebl ist der konkrete Ansatz in der HB, soweit dieser handels- oder estrechtl unzul ist, zB bei GoB-Widrigkeit oder bei Nichtigkeit der HB (vgl § 256 AktG; *Haas* in B/H GmbHG § 42a Rz 22); maßgebl ist nach dem (eindeutigen) Gesetz nicht das HGB, sondern sind die GoB (aA zB *Velte* Ubg 15, 1/5). – Einen (unsystematischen) Fall konkreter (formeller) Maßgeblichkeit enthält allerdings § 5 Ia (HB-Bewertungseinheiten; Rz 70). Sachl nicht gerechtfertigt ist mE daher die Begrenzung von Rückstellungen nach R 6.11 III EStR 2012 (so bereits *OFD Mster* DB 12, 1779: keine Überschreitung des zul HB-Ansatzes; dazu BR-Drs 681/12; wie hier *Buchholz* Ubg 12, 777; s aber § 6 Rz 473); „höchstens" in § 6 I Nr 3a bestimmt allein die steuerl Obergrenze (steuerl Bewertungsvorbehalt; Rz 33). – Über BFH GrS 2/68 BStBl II 69, 291 und die umgekehrte Maßgeblichkeit konnten handelsrechtl Regelungen steuerl Ansätze bestimmen; so war ein steuerl Wahlrecht bei handelsrechtl Zwang obsolet (zB bei § 6a); nach Abschaffung der umgekehrten Maßgeblichkeit (durch das BilMoG) könnte der vor Einführung des § 5 I 2 aF herrschende Rechtszustand wieder an Bedeutung gewinnen (8. Aufl, Anm 9c, 12c; BFH GrS 2/68 BStBl II 69, 291; Rz 60); das gilt zB für die konkrete (formelle) Maßgeblichkeit handelsrechtl Wahlrechte (vgl EStR 6.3 V; *Weber-Grellet* DB 12 Heft 26/27 M1). – Wie bei Verbindlichkeitsrückstellungen besteht mE auch bei der Pensionsrückstellung und der allg TW-AfA prinzipiell nach allg steuerl Grundsätzen ein Ausweiszwang (*Weber-Grellet* DB 09, 2402; BB 10, 43/50; *Anzinger/HHR* Anm 280; *Schulze-Osterloh* DStR 11, 534: Geltung des Niederstwertprinzips; aA § 6 Rz 361 mwN); der Gesetzgeber sollte die Formulierungen in § 6 I Nr 1 S 2 (TW-AfA) und § 6a I (Pensionsrückstellung) möglichst umgehend korrigieren. – Insgesamt besteht nur noch eine Rest-Maßgeblichkeit (*Herzig/Briesemeister* DB 09, 926/31). 26

b) Zweck der StBilanz. Das ist (auch nach BilMoG) unverändert (*Hennrichs* StbJb 09/10, 261/279) die Ermittlung des „wirklichen" Gewinns als Indikator der stl Leistungsfähigkeit auf der Grundlage des obj Nettoprinzips (*Fritz-Schmied* [vor Rz 1]). Die Behauptung, dass die StB keinen eigenen Zweck habe, ist unzutr (so aber *Anzinger/HHR* Anm 172). – Zum Ende der Einheitsbilanz und zu Abwei- 27 chungen zw HB und StB nach BilMoG und zur Internationalisierung s *Herzig/Briesemeister* DB 09, 1; *Weber-Grellet* DB 10, 2298, 2302. –

Der Maßgeblichkeitsgrundsatz – ein Relikt aus dem 19. Jahrhundert – steht einer sachgerechten Besteuerung entgegen (*Wagner* DStR 14, 1133/41); zur Zeit vollzieht sich (in vielen Einzelheiten) ein permanenter „schleichender Ablösungsprozess" von der handelsrechtl Rechnungslegung (*Hüttemann* JbFfSt 11/12, 11, 21). Die logische Konsequenz der neueren Entwicklungen (Verdichtung der §§ 5 ff) ist – de lege ferenda – die Aufgabe des Maßgeblichkeitsgrundsatzes (*Thiel* FS Meilicke 2010, 733/52; *Prinz* DB 10, 2069; *Lange/Fink* StuB 13, 239); s iEinz 23. Aufl.

Nach **BVerfG 12.5.2009 2 BvL 1/00 BStBl II 09, 685** (Jubiläumsrückstellung; krit *ms* KÖSDI 09, 16585; *Hüttemann* FS Spindler 2011, 627) ist eine steuergesetzl Abweichung von der Maßgeblichkeit des handelsrechtl Vorsichtsprinzips (s Rz 409) nur dann verfwidrig, wenn sie als willkürl zu bewerten ist. Dies folge jedenfalls bei Verbindlichkeitsrückstellungen aus der grundsätzl steuergesetzl Disponibilität des einfachgesetzl Maßgeblichkeitsgrundsatzes und insb aus der speziell handelsrechtl Zielsetzung des Vorsichtsprinzips (Vorrang des Steuerrechts).

28 **c) Materielle Maßgeblichkeit.** Die Verweisung in § 5 I 1 auf die handelsrechtl GoB (dazu Rz 58) bezieht sich nur auf die **GoB ieS,** also auf die Grundsätze und nicht auf die unterhalb dieser Grundsätze angesiedelten Normen (str; wie hier BFH I R 58/05 BStBl II 06, 928; *Winkler/Golücke* BB 03, 2602/3; *Schulze-Osterloh* DStR 11, 534), auch nicht auf die HB (ungenau zB BFH IV R 64/93 BStBl II 96, 642; *Meilicke* BB 01, 40/1). Nicht alle handelsrechtl Normen sind GoB (str; wie hier zB *KSM* § 5 Rz B 38); andere handelsrechtl Normen können nur im Wege der **Analogie** in das StRecht übertragen werden (vgl § 141 I 2 AO), sofern die Voraussetzungen dafür vorliegen (zum bilanzstrechtl Koordinatensystem vgl *Weber-Grellet* StBilRecht § 2 Rz 12 f; ähnl *Schreiber* FS Beisse, 1997, 491/508; nicht diff BFH VIII R 1/03 BStBl II 06, 298).

29 **d) Inkorporation in das StRecht.** Durch die Verweisung in § 5 I 1 werden – vorbehaltl vorrangiger abw oder deckungsgleicher estrechtl Normen und teleologischer Grenzen der Verweisung (Steuervorbehalt) – in das EStRecht transformiert: – *(1)* Die normierten und die ungeschriebenen GoB über die formellen Anforderungen an die **lfd Buchführung,** soweit nicht vorrangige (abw oder deckungsgleiche) AO-Normen (§§ 143–147 AO) eingreifen (s Rz 18 f); – *(2)* die für das einzelne Unternehmen nach Rechtsform und Geschäftszweig verbindl GoB über die **äußere Form des Jahresabschlusses** und die Frist, innerhalb der der Jahresabschluss aufzustellen ist (s Rz 18) sowie über den **materiellen Inhalt** des Jahresabschlusses (vgl Rz 58–84), also Ansatz-, Bewertungs- und Gliederungsvorschriften, die mittelbare Ansatzvorschriften sind; – *(3)* die Regeln über den **materiellen Inhalt** des Jahresabschlusses, die als allg GoB (offenes System) nach §§ 238 I, 243 I für alle Kaufleute handelsrechtl verbindl sind (vgl Rz 58–84). – **Nicht** zu den von § 5 I 1 umfassten GoB gehören einfache handelsrechtl Normen unterhalb der Schwelle der GoB (Anm HFR 95, 573, zB AK-Begriff, handelsrechtl Wahlrechte, §§ 258 ff HGB; vgl *Weber-Grellet* DB 94, 2405/6; *Pyszka* DStR 96, 809/11; *KSM* § 5 Rz B 119), ebenfalls nicht IAS/IFRS und GAAP (*Moxter* WPg 09, 7; zum „Konvergenzfahrplan" BReg BT-Drs 16/2208); IFRS bestimmen nicht die steuerl Gewinnermittlung (BFH I R 103/09 BStBl II 11, 215); generell skeptisch ggü IFRS *Luttermann* StuW 10, 346; *Weber-Grellet* BB 11, 43/50; *Küting/Pfitzer/Weber* IFRS oder HGB?, 2011 („volatile Bilanzwelt"). – § 5b schafft die sog E-Bilanz; damit jedenfalls ist die Ablösung von der HB und dem HB-Recht unaufhaltsam (*Weber-Grellet* BB 11, 43/50; *Herzig* DB 11, 1). Spätestens nach dem BilMoG ist die *Einheitsbilanz* passé (*Herzig* DB 09, 1; *Esterer* FS Herzig 2010, 627/36; *Weber-Grellet* DB 10, 2298; für Beibehaltung – ohne auf die Rechtsnatur des StRechts einzugehen – *Krengel* vor Rz 26).

e) Ansatzvorschriften. Für die estrechtl Gewinnermittlung ist zw Ansatz- und Bewertungsnormen und dem konkreten Bilanzansatz (nach Grund und Höhe) zu unterscheiden. – **aa) Maßgeblichkeit.** Sofern keine estrechtl Ansatznorm eingreift (zB § 5 II), sind handelsrechtl Aktivierungs- und Passivierungsge- und -verbote maßgebl; nach dem Wortlaut des § 5 I 1 ist das GoB-BV (Rz 22) anzusetzen (vgl §§ 242–251 HGB, aber auch die materiell aussagefähigen Gliederungsvorschriften des § 266 HGB für KapGes; s Rz 110 ff). Eigene Ansatzvorschriften, die teilweise mit Handelsrecht deckungsgleich sind, enthält das EStG in § 5 II für immaterielle Anlagegüter, in § 5 IIa, III, IVb für Rückstellungen, in § 5 V für RAP, in § 5 VI iVm § 4 IV–VIII für BA (entspr dem allg Vorbehalt der BV-Eigenschaft iSv § 4 I), in § 5 VI iVm § 4 I 1 HS 2 für Entnahmen und Einlagen sowie zB für Sonderfälle in § 6b III (Rücklage für bestimmte Veräußerungsgewinne). § 6 regelt nur die Bewertung (zB BFH IV R 87/92 BStBl II 94, 176). 30

bb) Handelsrechtl Ansatzwahlrechte. Sie sind grds nicht maßgebl, sofern nicht estrechtl Vorschriften ein gleichartiges Wahlrecht einräumen (zB § 6a für Alt-Pensionszusagen vor 1.1.87; dazu § 6a Rz 3); einzige Ausnahme: das Wahlrecht bei öffentl Zuschüssen (EStR 6.5 II; BFH X R 23/89 BStBl II 92, 488; *Mathiak* DStR 92, 1605). Demnach muss in der StB aktiviert werden, was handelsrechtl aktiviert werden darf (aber nicht muss), und darf in der StB nicht passiviert werden, was handelsrechtl nicht passiviert werden muss, sondern nur passiviert werden darf (so ständige BFH-Rspr: grundlegend BFH GrS 2/68 BStBl II 69, 291; ferner zB BFH IV R 87/92 BStBl II 94, 176). – Ebenfalls nicht maßgebl für die StB sind (handelsrechtl) **Bilanzierungshilfen** (weitere Nachweise s in 29. Aufl). 31

f) Bewertungsvorschriften. Die Bewertung von Aktiv- und Passivposten in der StB bestimmt sich primär nach § 6 (§ 5 VI; Bewertungsvorbehalt; *BMF* BStBl I 10, 239 Rz 8; *Weber-Grellet* BilStR[13] Rz 72, 214 f); subsidiär, dh soweit die estrechtl Bewertungsnormen lückenhaft sind, gelten – über den unzulängl Wortlaut des § 5 I 1 hinaus – die als kodifizierte GoB zu beurteilenden „Allg Bewertungsgrundsätze" des § 252 HGB, und ggf – analog – auch die Bewertungsnormen der §§ 253–256a HGB (zB *Weber-Grellet* DB 94, 2405; *KSM* § 5 Rz B 121; BFH VIII R 1/03 BStBl II 06, 298). 33

§§ 6, 7 enthalten das selbständige bilanzsteuerrechtl Bewertungsrecht; ein Rückgriff auf die GoB ist grds obsolet (aA – unter Außerachtlassung des „Regelungsgefüges" [vgl nur § 5 I und § 6 I] – BFH I R 66/11 BStBl II 13, 676, betr § 6 I Nr 3a; EStR 6.11 III); der Maßgeblichkeitsgrundsatz hat im Bereich der Bewertung nur (noch) ganz untergeordnete Bedeutung (*Weber-Grellet* BilStR[13] Rz 217); der Hinweis auf die Begr zum StEntlG 99 ff (FinA BT-Drs 14/443, 23) ist bedeutungslos, da zwischenzeitl mit dem BilMoG die formelle Maßgeblichkeit abgeschafft worden ist. – § 5 verweist auf die GoB, nach § 6 I 1 gilt für die Bewertung (nur) „das Folgende".

Handelsrechtl Bewertungswahlrechte (und evtl -hilfen) führen ebenso wie Ansatzwahlrechte estrechtl zu „Aktivierungspflichten", soweit sie nicht insgesamt oder teilweise mit estrechtl Wahlrechten korrespondieren; BFH IV R 87/92 BStBl II 94, 176 bedeutet Fortführung von BFH GrS 2/68 BStBl II 69, 291 für die Bewertung. An dieser Rechtslage hat sich durch das BilMoG prinzipiell nichts geändert (*Förster/Schmidtmann* BB 09, 1342/4).

g) Durchbrechungen der Maßgeblichkeit. StRecht ist ggü GoB in folgenden Fällen vorrangig: – *(1)* steuerl Ansatzgebote, Ansatzverbote, Ansatzvorbehalte (zB § 5 II–V, VII); – *(2)* steuerl Bewertungsvorbehalt (§ 5 VI iVm §§ 6, 7); – *(3)* Vorrang steuerl Wahlrechte (Wahlrechtsvorbehalt; Rz 60 ff); – *(4)* Einschränkung handelsrechtl Wahlrechte durch Zwecke der estrechtl Gewinnermittlung; handelsrechtl Wahlrechte führen zu steuerl Aktivierungsgebot bzw Passivierungsverbot (BFH GrS 2/68 BStBl II 69, 291; BFH GrS 2/99 BStBl II 00, 632); str bei Wahlrechten des § 255 HGB (vgl EStR 2012 6.3). 34

ME ist die Position der FinVerw uneinheitl: auf der einen Seite Freiheit bei der TW-AfA (EStR 6.8 I), auf der anderen Seite Bindung an die HB (nicht GoB !) bei der Rückstellungsbewertung (EStR 6.11 III), partieller steuerl Aktivierungszwang bei HK-Wahlrechten (EStR 6.3 I, V) und Passivierungszwang dem Grunde nach bei § 6a (EStR 6a I).

3. Handelsbilanzrecht

Gesetzesmaterialien: BR-Drs 257/83; BT-Drs 10/4268 (BiRiLiG). BR-Drs 616/89 (Bank-BiRiLiG). BR-Drs 11/7818 S 65 ff (DMBilG). BT-Drs 12/5587, 7646 (VersRiLiG).

55 **a) HGB.** Das HGB enthält im *3. Buch 1. Abschnitt* (§§ 238–263 HGB) Vorschriften über Buchführung, Inventar, Eröffnungsbilanz, Jahresabschluss, Vorlage und Aufbewahrung von Handelsbüchern, die **für alle Kfm** (Einzelkaufmann, OHG, KG, KapGes) gelten (§ 1 HGB), und im *2. und 3. Abschnitt* (§§ 264–339 HGB) ergänzende Vorschriften **für KapGes** und Genossenschaften einschließl Konzerne (zur Entwicklung *Merkt* in B/H HGB vor § 238). – Der für alle Kaufleute verbindl Unterabschnitt über den Jahresabschluss (§§ 242–256 HGB) umfasst formelle Vorschriften (§§ 242–245 HGB) sowie Ansatz- und Bewertungsvorschriften (§§ 246–256a HGB). Zum Teil sind diese Normen **kodifizierte GoB,** die früher ungeschrieben oder nur im AktG ausformuliert waren (s Rz 58–84). Zum Bilanzrecht der GmbH vgl *Hüttche* in MünchHdB GesR Bd 3[4] § 56; *Haas* in B/H GmbHG §§ 41, 42.

Das **BilMoG** hat die formelle Maßgeblichkeit abgeschafft; ein Wahlrecht für IFRS-Einzelabschluss wurde nicht normiert (iEinz *Zülch/Hoffmann* BB 08, 1272; KÖSDI 08, 16082); IFRS sind für tax-accounting nicht geeignet (*von der Laage/Reusch* NZG 09, 245).

56 **b) Nebengesetze. Bankbilanzrichtlinie-Gesetz** v 30.11.90 (BGBl I S 2570; Ergänzung um die §§ 340 ff HGB) und **VersicherungsBiRiLi-Gesetz** v 24.6.94 (BGBl I S 1377. Ergänzung um die §§ 341–341o s 27. Aufl mwN.

4. Grundsätze ordnungsmäßiger Buchführung (GoB)

Schrifttum (Auswahl; Aufsätze vor 2008 s Vorauflagen): *Weber-Grellet,* StBilRecht, 1996, § 5; *Lorenz,* Wirtschaftl Vermögenszugehörigkeit im Bilanzrecht, 2002; *Moxter,* Grundsätze ordnungsgemäßer Rechnungslegung, 2003; *Dauber,* Das Realisationsprinzip als Grundprinzip der strechtl Gewinnermittlung, Diss jur 2003; *Baetge/Zülch,* Rechnungslegungsgrundsätze nach HGB und IFRS, HdJ I/2; *Lutz/Schlag,* Der Gegenstand der Aktivierung und der Passivierung, HdJ I/4 (2007). – *Moxter,* Das Wertaufhellungsverständnis in der jüngeren höchstrichterl Rspr, DStR 08, 469; *Weber-Grellet,* Die Unterschiede handels- und strechtl Wertaufhellung – ein Beitrag zur weiteren Objektivierung des StRechts, FS Reiß, 2008, 483; *Herzig,* Zum Prinzip der Wertaufhellung, FS Meilicke, 2010, 179.

58 **a) Normative Begriffe.** Die GoB des § 5 I 1 (ähnl wie zB §§ 243 I, 264 II HGB; Rz 21) haben als **unbestimmte Rechtsbegriffe** (grundlegend *Döllerer* BB 59, 1217; *BMF* BStBl I 14, 1450 Rz 17) normativen Charakter (*ADS* § 263 Tz 6; *Beisse* BB 99, 2180); sie sind nicht einseitig induktiv oder deduktiv, sondern hermeneutisch-teleologisch zu ermitteln (*Baetge/Kirsch/Thiele* Bilanzen, 113 f; *Förschle/Usinger* BeBiKo § 243 Rz 14; *Drüen/Mundfortz* DB 14, 2245; *Tiedchen/HHR* Anm 300/11). Bedenkl ist daher die Einsetzung privater Gremien (zB gem §§ 342, 342a HGB); zR krit *Moxter* DB 98, 1425. Mit dem **BiRiLiG** sind die meisten **GoB kodifiziert;** die handelsrechtl Regelungen konkretisieren den Begriff ‚GoB'. Weitere **(ungeschriebene) GoB** sind ggf aus den (heterogenen und zT auch kollidierenden) Zwecken der Rechnungslegung im Wege der Auslegung abzuleiten (*Weber-Grellet* StBilRecht § 5 Rz 2). Indes sind nicht alle Regeln des 3. Buchs des HGB GoB (*Dziadkowski* HdR B 120; *Weber-Grellet* DB 94, 2405; Rz 27, 30). Zur Relativität der GoB im Hinblick auf Rechtsform und Branchenzugehörigkeit vgl *Ballwieser* FS Budde, 1995, 43.

59 **b) Auslegung von Bilanzsteuerrecht.** Der Bilanzansatz wird bestimmt nach dem **Prinzip der wirtschaftl** (besser: **teleologischen**) **Betrachtungsweise** (EuGH C-234/94 DStR 96, 1093; BFH GrS 2/99 BStBl II 00, 632; *Weber-Grellet* StBilRecht § 5 Rz 6; *Breidert/Moxter* WPg 07, 912; *Florstedt/Wüstemann* StuW 15, 374/81; § 2 Rz 33; aA iErg bisher BFH I R 45/97 BStBl II 03, 121; Nichtanwendung *BMF* BStBl I 03, 125; ausdrückl aufgegeben durch BFH I R 8/12 DB 13,

1087); zu berücksichtigen ist die funktionale Differenz von Zivil- und StRecht; bedenkl ist daher eine einseitige Orientierung am Zivilrecht, wie sie etwa in BFH I R 92/94 BStBl II 95, 594 – Wechseldiskont zu finden ist. Der GrS (BFH GrS 2/99 BStBl II 00, 632) betont die strechtl Selbständigkeit und anerkennt die Bedeutung des Grundsatzes der Wahrheit und Redlichkeit (true-and-fair-view); s Rz 83; 270 „Dividendenansprüche". Bei der Verwerfung des subj Fehlerbegriffs hat der GrS erneut die (eigenständige) Bedeutung der strechtl Systematik hervorgehoben (BFH GrS 1/10 BStBl II 13, 317). Die Nicht-Kodifizierung nach RegE-BilRUG (*Zwirner* DStR 15, 375/81) steht dieser Beurteilung nicht entgegen. Bilanzrechtl Ausprägungen der teleologischen Betrachtungsweise sind das **Realisationsprinzip** und das **Belastungsprinzip** (Rz 382). Bilanzstrechtl Normen sind in erster Linie nach ihrem Zweck und ihrer Funktion auszulegen; zur bilanzstrechtl Betrachtungsweise gehört auch die Anknüpfung an reale Sachverhalte; Umgehungs-, fiktive oder missbräuchl Geschäfte können nicht der Besteuerung zugrunde gelegt werden (§§ 41, 42 AO; zB BFH XI B 137/02 BFH/NV 04, 638 zum zeitgleichen Verkauf/Rückkauf nicht existierender junger Aktien iZm Dividenden-Stripping; aA zB BFH I R 128, 129/04 BFH/NV 06, 1261); zum Gesamtplan im Bilanzsteuerrecht (am Beispiel von BFH I R 58/04 BStBl II 06, 707) s *Strahl* FS Herzig 2010, 577.

5. Ausübung steuerl Wahlrechte nach BilMoG, § 5 I 2

Schrifttum (vor 2013 s Vorauflagen; s auch vor Rz 26): *Ernsting,* Ausübung stbilanzieller Wahlrechte nach dem BilMoG, FR 10, 1067; *Drüen/Mundfortz,* Zweck und Zulässigkeit der Lifo-Methode in der StBil, DB 14, 2245; *Barke,* Verfrechtl Grundfragen strechtl Bilanzierungswahlrechte, DStZ 15, 302.

Verwaltung: *BMF* BStBl I 10, 239 (zu § 5 I idF BilMoG – GoB-Maßgeblichkeit); *BMF* BStBl I 10, 597 (Beginn der HK-Aktivierungspflicht für Kosten der allg Verwaltung und soziale Einrichtungen); *OFD Chemnitz* 29.12.11 DB 12, 376; *BMF* BStBl I 14, 1162 (TW-AfA).

a) Vorrang steuerl Wahlrechte. Steuerl Wahlrechte sind (im Hinblick auf die 60
Gleichmäßigkeit der Besteuerung) problematisch, aber nicht verfwidrig (*Barke* DStZ 15, 302 mwN). Das BilMoG (v 25.5.09, BGBl I 09, 1102/20) hat die sog formelle („umgekehrte") Maßgeblichkeit (§ 5 I 2 aF) abgeschafft (*Förster/Schmidtmann* BB 09, 1342; *Hummel* FR 10, 163; *Hennrichs* StbJb 09/10, 261/2; Rz 26); steuerl Wahlrechte (Rz 64) können nun grds abw von den handelsrechtl GoB ausgeübt werden **(genereller Vorrang steuerl Wahlrechte)** mit der Möglichkeit einer eigenständigen StB-Politik (*Ernsting* FR 10, 1067; *Korn/Strahl* KÖSDI 12, 18126/35). Diese klare Aussage, die dem Wortlaut, der Systematik und der Tendenz von BFH GrS 1/10 BStBl II 13, 317 entspricht, sollte nicht für „GoB-konforme" Wahlrechte (zB § 6 I Nr 2a) relativiert werden (so aber *Drüen/Mundfortz* DB 14, 2245/50); für eine Reduktion des § 5 I 2 besteht keine hinreichende Legitimation (wie hier *BMF* BStBl I 10, 239 Rz 16). Auch eine konkrete Maßgeblichkeit (Bindung an den konkreten HB-Ansatz) besteht nicht. Alleinige Voraussetzung ist insoweit die Erfüllung des § 5 I 2 EStG nF. Nach § 5 I 2 müssen Abweichungen in besondere, lfd zu führende Verzeichnisse aufgenommen werden (*BMF* BStBl I 10, 239 Rz 19f; RegEntw BT-Drs 16/10067, 99; *Zwirner* DStR 11, 802). Der Bezug auf den handelsrechtl maßgebl Wert ist terminologisch „unsauber" (richtiger: GoB-Wert). – Die Neuregelung ist auf Wj anzuwenden, die nach dem 31.12.08 enden (*BMF* BStBl I 10, 239 Rz 24).

b) Inhalt des Verzeichnisses (§ 5 I 3). Aufzunehmen sind *(1)* der Tag der An- 61
schaffung/Herstellung, *(2)* die AK/HK, *(3)* die Wahlrechtsnorm und *(4)* die vorgenommenen AfA nachzuweisen. Buchhaltungsbelege sind kein Verzeichnis (FG Mchn v 27.7.15 BB 15, 2864). Das Verzeichnis ist der „Einstieg" in eine selbständige StB. Zu erfassen sind mE auch „vor 2010 begonnene Wahlrechte"; § 5 I 2 enthält keine Beschränkung auf erstmals ausgeübte Wahlrechte (aA *Ortmann-Babel ua* DStR 09, 934). Das Wort „wurde" (in Abs 1 S 1 letzter Satzteil) will nur sicherstellen, dass „Zeitraum-Wahlrechte" in jedem Wj erfasst werden.

62 **c) Aufnahme bei Abweichung.** Die Aufnahme des WG in das Verzeichnis ist nur **geboten,** wenn sein Wert aufgrund der Ausübung eines steuerl Wahlrechts vom handelsrechtl maßgebl Wert abweicht. Erfasst werden (vom Wortlaut) auch rein steuerl Wahlrechte (wie etwa **TW-AfA** nach § 6 I Nr 2, § 6 II oder § 6b; *Ortmann-Babel ua* DStR 09, 934; *Niemeyer/Froitzheim* DStR 11, 538; diff *Hoffmann* StuB 09, 515/6, *Hennrichs* Ubg 09, 533, *Weber-Grellet* DB 09, 2402). – *(1)* Nach Abschaffung der umgekehrten Maßgeblichkeit ist mE der Rechtszustand vor Einführung des § 5 I 2 aF zu berücksichtigen (s 8. Aufl, Anm 9c, 12c; BFH GrS 2/68 BStBl II 69, 291); die Wahlfreiheit wäre iErg auf „subventionelle" Wahlrechte zu beschränken (*Anzinger/Schleiter* DStR 10, 395; ähnl *Hennrichs* StbJb 09/10, 261/8f; *Schulze-Osterloh* DStR 11, 534/8). – *(2)* Wie bei Verbindlichkeitsrückstellungen besteht mE daher auch bei TW-AfA nach allg steuerl Grundsätzen prinzipiell ein Ausweiszwang (aA *BMF* BStBl I 10, 239 Rz 15; *Frank/Wittmann* Stbg 10, 362/4); § 6 I Nr 1, 2 sollte insoweit – zur Vermeidung von Manipulationen – klargestellt werden. – *(3)* § 6a statuiert kein Wahlrecht (§ 6a Rz 2; *BMF* BStBl I 10, 239 Rz 9).

63 **d) BMF-Position.** Nach ***BMF* BStBl I 10, 239** (s auch EStR 2012 6.3 III, V, IX; zur Kritik am ursprüngl Entwurf *Weber-Grellet* DB 09, 2402) gilt: Handelsrechtl Aktivierungsgebote und -wahlrechte führen zu stl Aktivierungszwang, aber Vorrang strechtl Regelungen (*BMF* BStBl I 10, 239 Rz 3); auf der Passivseite Ausweis nur bei handelsrechtl Passivierungsgebot (*BMF* BStBl I 10, 239 Rz 4). HB-Bewertungswahlrechte sollen bei fehlender stl Regelung auch für die StB wirken (*BMF* BStBl I 10, 239 Rz 5f, zB bei §§ 240, 255 III 2HGB). – Die Einbeziehungswahlrechte des § 255 II 3 würden durch § 6 I Nr 2 verdrängt (*BMF* BStBl I 10, 239 Rz 8; *BMF* I 13, 296; krit *Kaminski* DStR 10, 771). – Pensionsrückstellungen sind bei Vorliegen der § 6a-Voraussetzungen auszuweisen (*BMF* BStBl I 10, 239 Rz 9; krit *Frank/Wittmann* Stbg 10, 362/5). – Bei Wahlrechten nach Handels- und StRecht sei unterschiedl Ausübung zul (*BMF* BStBl I 10, 239 Rz 16; wohl auch *BMF* BStBl I 14, 1162 zu § 6 – voraussichtl dauernde Wertminderung).

64 **e) Steuerl Wahlrechte iSv § 5 I.** Das sind grds alle Ansatz- und Bewertungswahlrechte für die Aktiv- und Passivseite (str, s *KSM* § 4 Rz C 186; zur Ausübung und zur verfahrensrechtl Seite s *Weber-Grellet* DStR 92, 1414; *KSM* § 5 Rz B 154). Zu unterscheiden sind: *(1)* fiskalische Wahlrechte (zB TW-AfA); *(2)* subventionelle Wahlrechte (zB § 6b); *(3)* GoB-konforme Wahlrechte (zB Festbewertung). – Sie sind zB enthalten in den estrechtl Vorschriften über: *(1)* die AfA-Wahl (linear oder degressiv; BFH I R 84/05 BFH/NV 2006, 2334; *BMF* BB 95, 196), bei beweg1 WG des AV (§ 7 I–III) und bei Gebäuden (§ 7 IV–Va; *BMF* BB 95, 196; *FinVerw* BB 98, 689); – *(2)* TW-AfA (§ 6 I Nr 1 S 2, Nr 2 S 2; BFH XI R 43/03 BFH/NV 05, 22) und (früher) TW-Aufstockungen (§ 6 I Nr 1 S 3; BFH I R 179/94 BStBl II 96, 402); – *(3)* erhöhte AfA zB nach §§ 7c, 7d, 7k EStG, §§ 82a, 82g, 82i EStDV); – *(4)* SonderAfA/Investitionsabzugsbetrag zB nach § 7f EStG, § 7g EStG, §§ 81, 82f EStDV, §§ 1, 4 FördG (bis 1998); – *(5)* Bewertungsfreiheit nach § 6 II; – *(6)* Abzug von den AK/HK nach § 6b I, III 2 (*FinVerw* StEK EStG § 5 Bil Nr 98; *BMF* 29.2.08 DB 08, 551); – *(7)* Lifo-Bewertung (§ 6 I Nr 2a; BFH VIII R 32/98 BStBl II 01, 636; EStR 2012 6.9; *Hüttemann/Meinert* DB 13, 1865; *Herzig* DB 14, 1756); – *(8)* Bildung/Auflösung stfreier Rücklagen nach §§ 6b III, 6d, 52 XVI 3, 7, 10, § 6 UmwStG, § 6 FördG und EStR 6.5, 6.6 (*Anzinger/HHR* Anm 262).

65 **f) Frühere Rechtslage.** Zur **umgekehrten und formellen Maßgeblichkeit** vgl 29. Aufl Rz 41–49 mwN, 31. Aufl.

67 **6. Einzelne materielle GoB, auch § 5 I .** GoB – teils gesetzl formuliert, teils ungeschrieben – sind zB (Übersicht bei *Ballwieser* HdR B 105 – 10/09): – **a) Bilanzwahrheit und Bilanzrichtigkeit; Vollständigkeitsgebot.** Der Grundsatz der Bilanzwahrheit verlangt, dass die Eintragungen und Aufzeichnungen richtig, vollständig, zeitgerecht und geordnet sind (Rz 83; *Tiedchen/HHR* Anm 320). – In der HB hat der Kfm grds seine *sämtl* Vermögensgegenstände (und aktiven RAP) zu

aktivieren (ggf mit Erinnerungsposten 1 €) und seine *sämtl* Schulden (und passiven RAP) zu passivieren; die GuV-Rechnung muss grds sämtl Aufwendungen und Erträge enthalten. Dies gilt nicht, soweit gesetzl (s Rz 76 f) etwas anderes bestimmt ist (§ 246 I HGB), zB bei Bilanzierungswahlrechten (zB bei selbst geschaffenen immateriellen WG nach § 248 II HGB nF) oder bei Bilanzierungsverboten (zB § 248 I HGB nF). Damit in Zusammenhang steht das **„Objektivierungsprinzip"** iS eindeutiger Anwendungsregeln und eine „Verrechtlichung" des Bilanzinhalts. – Zur Bewertungsstetigkeit § 6 Rz 12 ff.

b) Verrechnungs-/Saldierungsverbot. Aktivposten dürfen nicht mit Passivposten, Grundstücksrechte nicht mit Grundstückslasten verrechnet werden (§ 5 Ia 1; § 246 II 1 HGB; Bruttoprinzip; BFH I R 54/02 BStBl II 04, 654; *Hick/HHR* Anm 1700/16). Dies ist Ausprägung der Einzelbewertung, so dass die entspr Regeln und Ausnahmen (zB § 252 II HGB) auch strechtl maßgebl sind (vgl BFH I R 91/98 BStBl II 00, 381). § 246 II 2 HGB ist nicht anwendbar (RegEntw BT-Drs 16/10067, 35, 99; *Künkele/Zwirner* DStR 09, 1277/9). **68**

c) Einzelbewertung. Die WG und Schulden sind in HB und StB „einzeln" anzusetzen und zu bewerten (vgl § 240 I; § 252 I Nr 3 HGB; BFH VIII R 62/85 BStBl II 89, 359); zB ist ein Gebäude auch dann auf den TW abzuschreiben, wenn der Buchansatz für den GuB stille Reserven enthält. **Ausnahmen** ergeben sich aus gesetzl Vorschriften (zB §§ 240 III, IV; 256 HGB), in „begründeten Ausnahmefällen" (§ 252 II HGB), aus Sinn und Zweck der Bilanzierung (*Finne* BB 91, 1295) und aus dem Prinzip der Wesentlichkeit (Rz 84). **Pauschalbewertungen** (einheitl Bewertung mehrerer Bewertungsobjekte auf Grund betriebl, branchenmäßiger oder sonstiger Erfahrungen), zB durch Wertberichtigung oder Rückstellung, verstoßen nicht gegen das Einzelbewertungsprinzip (*Berndt* ZfbF 2001, 366; Rz 4, 421). – Gleiche Bewertungsobjekte sind unter gleichen Bedingungen einheitl zu bewerten (*Kupsch* FS Börner, 1998, 31); Ansatz- und Bewertungsstetigkeit (§ 246 III HGB; *Küting/Tesche* DStR 09, 1491). **69**

d) Bewertungseinheiten

Schrifttum: *Wiechens* ua HdJ I/13 Rz 210 ff (5/2014); *Meinert,* Die Bildung objektübergreifender Bewertungseinheiten nach Handelsrecht und StRecht, 2010. – *Günkel,* Bewertungseinheiten in der StB ... RdF 11, 59; *Drewes,* Bewertungseinheiten nach Handels- und StRecht, DStR 11, 1967; *Helios/Meinert,* Strechtl Behandlung von Bewertungseinheiten bei Umwandlungen, Ubg 11, 592; *Velte/Haaker,* Bewertungseinheiten ..., StuW 13, 182; *Scharpf,* Bewertungseinheiten mit Optionen nach HGB, RdF 14, 62; *Meinert/Helios,* Kompensatorische Bewertung ... beim Einsatz von CLN, DB 14, 1697. – **Verwaltung:** *BMF* 25.8.10 DB 10, 2024; *OFD Rhl* DB 11, 737; *OFD Ffm* DStR 12, 1389.

aa) Hedging. – (1) Funktion. Nach § 5 Ia 2 sind die Ergebnisse der in der handelsrechtl Rechnungslegung (*Meinert* aaO [vor Rz 70 f], 197) zur Absicherung finanzwirtschaftl (nicht leistungswirtschaftl) Risiken gebildeten (objektübergreifenden) Bewertungseinheiten auch für die steuerl Gewinnermittlung maßgebl; **§ 5 Ia 2** statuiert (klarstellend) eine Pflicht zur Bildung von Bewertungseinheiten in der StB auch bei **Macro- und Portfolio-Hedging** (wN s 32. Aufl; *Hick/HHR* Anm 1722). – **(2) Voraussetzungen.** (Nach handelsrechtl Regeln gebildete) Bewertungseinheiten sind nach Abs Ia für die steuerl Gewinnermittlung maßgebl, wenn sie *(1)* in der HB ausgewiesen sind und *(2)* der Absicherung finanzwirtschaftl Risiken wie zB steigende Zinsen, Wechselkursschwankungen dienen (*Prinz/Hick* DStR 06, 771; *Hahne* StuB 07, 18; *Helios* DB 12, 2890 zum Zinsswap). Im Hinblick auf die Abweichung von strechtl Grundsätzen ist Abs 1a eng auszulegen; Handelsportfolios (Ertragsmehrung) werden mE nicht erfasst. Die Anwendung von Abs 1a in anderen Bereiche (zB InvStG; AStG) bedarf gesonderter Anordnung. – Eine eigenständige Bewertung der zusammengefassten WG scheidet aus (*BMF* 25.8.10 DB 10, 2024); zur Beendigung einer Bewertungseinheit s *Weitbrecht/Helios* RdF 12, 141. – **(3) Vorrang.** § 5 IVa 2 stellt klar, dass das negative Ergebnis einer **70**

Bewertungseinheit nicht vom Verlustrückstellungsverbot (Rz 450) erfasst wird (krit *Wagner* Inf 06, 538/41). Der eingefügte Satz 2 in Abs. 4a stellt klar, dass diese – ledigl technisch als Rückstellung für drohende Verluste bezeichnete – Bilanzposition nicht dem Passivierungsverbot nach Abs 4a 1 unterliegt. – Eine Rückstellung für die Zusage einer Zinsunterbeteiligung kommt (bei Sicherungszusammenhang) nicht in Betracht (FG Nds EFG 14, 123, Rev I R 83/13; krit *Meinert/Helios* DB 14, 1697).

71 **bb) Bewertungseinheiten nach § 254 HGB.** Werden Vermögensgegenstände, Schulden, schwebende Geschäfte oder mit hoher Wahrscheinlichkeit erwartete Transaktionen (zum Ausgleich gegenläufiger Wertänderungen oder Zahlungsströme aus dem Eintritt vergleichbarer Risiken) mit Finanzinstrumenten zusammengefasst, sind § 249 I, § 252 I Nr 3, 4, § 253 I 1 und § 256a in dem Umfang und für den Zeitraum nicht anzuwenden, in dem die gegenläufigen Wertänderungen oder Zahlungsströme sich ausgleichen, also kein Ausweis nur „theoretischer" Verluste (*Künkele/Zwirner* DStR 09, 1277/80); „Netto-/Einfrierungsmethode" und Brutto-/Durchbuchungsmethode führen zum selben Nettoergebnis, aber Vorrang der Nettomethode (*OFD Ffm* DStR 12, 1389). – Als Finanzinstrumente iSd § 254 S 1 HGB gelten auch Termingeschäfte über den Erwerb oder die Veräußerung von Waren (zur Sicherung von Auslandsbeteiligungen *Teiche* DStR 14, 1737). Alle in der Praxis bekannten Formen sind zul, insb **Micro-Hedge** und **Portfolio-Hedge** (BT-Drs 16/10067, 58; *OFD Rhl* DB 11, 737). **§ 254 HGB** (iEinz *Günkel* RdF 11, 59) enthält einen GoB und ist deshalb für § 5 grds verbindl, soweit nicht das StRecht entgegensteht. Die Bewertungseinheit verändert nicht die steuerl Qualifikation (*Schmitz* DB 09, 1620). – Zu bisheriger Rechtslage und Rspr ausführl 28. Aufl § 5 Rz 70, § 6 Rz 38f.

Beispiel für Kreditsicherung: U nimmt für 5 Jahre Kredit iHv 10 Mio Dollar auf zum Kurs von 1 € = 1,25 Dollar. Zur Absicherung des Wechselkursrisikos kauft U 10 Mio Dollar per Termin (Devisentermingeschäft) zum selben Kurs. Zum Stichtag steigt der Kurs auf 1 € = 1,20 Dollar. Der Wert der Verbindlichkeit steigt von 8 Mio auf 8,333 Mio €, dem ein unrealisierter Ertrag aus Termingeschäft von 333 T gegenübersteht.

76 **e) Nichtbilanzierung schwebender Geschäfte und Realisation.** Forderungen (Rechte) und Schulden (Lasten) aus schwebenden Geschäften (ggf verpflichtende Verträge – zB Kauf-, Dienst-, Werkvertrag –, die auf Leistungsaustausch gerichtet und von dem Sach-/Dienstleistungsverpflichteten noch nicht erfüllt sind (*ADS* § 246 Tz 183; *Knobbe-Keuk* § 4 VII 1; *Tiedchen/HHR* Anm 540; *Hoffmann* StuB 13, 677) dürfen nicht bilanziert werden (allg Grundsatz; Ausfluss des Realisations- und Vorsichtsprinzips; Unmaßgeblichkeit der rechtl Entstehung; andere Begründung BFH I B 197/07 BFH/NV 08, 1355: keine Bilanzierung wegen wertmäßigen Ausgleichs der wechselseitigen Ansprüche; EStR 5.7 VII). Dementsprechend sind **Vorleistungen,** zB als erhaltene/geleistete Anzahlungen oder unfertige Leistungen (Rz 244) zu neutralisieren (BFH I R 5/04 BStBl II 09, 100; BFH I R 15/12 BFH/NV 14, 907; *Gschwendtner* DStZ 95, 417); Teilerfüllung mögl (BFH VIII R 25/11 BStBl II 14, 968). Das Verbot bezieht sich auch auf Nebenkosten des Vertrags (BFH IV R 16/95 BStBl II 97, 808 – Maklerkosten eines Mietvertrags; aA evtl BFH X R 136/87 BStBl II 92, 70 für Erbbaurechts-Nebenkosten). – Der entgeltl Eintritt in schwebende Absatzgeschäfte begründet (neben dem schwebenden Geschäft) ein immaterielles EinzelWG, das nach § 7 I über die Laufzeit der Verträge abzuschreiben ist (BFH X R 102/92 BFH/NV 94, 543/5). – Bilanzierung erst mit **Realisation** (§ 252 Abs 1 Nr 4 HGB; Rz 601). Den Zeitpunkt der Gewinnrealisierung sehen Rspr und hM im Allgemeinen als gegeben an, wenn der Leistungsverpflichtete die von ihm geschuldete Erfüllungshandlung erbracht, dh seine Verpflichtung „wirtschaftl erfüllt" hat (BFH X R 15/11 BFH/NV 13, 1548). Damit steht dem Leistenden der Anspruch auf die Gegenleistung (die Zahlung) so gut wie sicher zu. Sein Risiko reduziert sich dar-

auf, dass der Empfänger im Einzelfall Gewährleistungs- oder Schadensersatzansprüche geltend macht oder sich als zahlungsunfähig erweist. Damit ist der Schwebezustand des zugrunde liegenden Geschäfts beendet (BFH IV R 62/05 BStBl II 08, 557). – Spiegelbildl hat der Leistungsempfänger eine **Verbindlichkeit** (ggf Erfüllungsrückstand; Rz 317) auszuweisen; der früher mögl Ausweis eines drohenden Verlustes ist nicht mehr zulässig (§ 5 IVa; Rz 450). Ggf kommt eine **TW-AfA** („realisierter Aufwand“; Rz 382) in Betracht (Rz 451).

f) Vorsichtsprinzip. Das allg Vorsichtsprinzip (dazu *KSM* § 5 Rz B 96; *Tiedchen/HHR* Anm 375; *Moxter/Engel-Ciric* BB 14, 489) konkretisiert sich insb im Realisationsprinzip (Rz 78 f) und im Imparitätsprinzip (allg *Tipke* LB § 9 Rz 90): Vermögenszuwächse dürfen erst bei Realisation ausgewiesen werden; demgegenüber sind „Risiken und Verluste, die bis zum Abschlussstichtag entstanden sind“, bereits bei Vorhersehbarkeit zu berücksichtigen (§ 252 I Nr 4 HS 1 HGB), und zwar über § 252 I Nr 4 HGB hinaus auch beim Ansatz dem Grunde nach (zB durch Rückstellungen), sofern nicht Bewertungseinheiten bestehen oder eine „zweckadäquate“ Kompensation von Aktiv- und Passivposten (Rz 69 f) geboten ist. 77

Das Vorsichtsprinzip wird zumeist mit dem Gedanken des Gläubigerschutzes begründet (krit *Budde/Steuber* AG 96, 542/4; *Weber-Grellet* DB 97, 385/91). Ausprägungen des Imparitätsprinzips sind das strenge Niederstwertprinzip für UV (§ 253 IV HGB nF; BFH IV R 31/90 BStBl II 91, 627) und das gemäßigte Niederstwertprinzip für AV (§ 253 III 4 HGB), bei Finanzanlagen müssen außerplanmäßige AfA bei nicht dauernder Wertminderung nicht vorgenommen werden. – Durch das StEntlG 99 ff wurde die strechtl Geltung des handelsrechtl Imparitätsprinzips (§ 252 I Nr 4 HGB) und des Niederstwertprinzips erhebl eingeschränkt (BT-Drs 14/23, 171; Rz 1). Gesetzl Ausdruck dieser geänderten Betrachtungsweise ist die Abschaffung der Verlustrückstellung (§ 5 IVa), die Beschränkung der Rückstellungsbildung (§ 5 IIa, IVb; § 6 I Nr 3a) und der TW-AfA in § 6 I Nr 1 und 2 (krit *Groh* DB 99, 978).

Wahlrechte sind weder selbst GoB noch durch das Vorsichtsprinzip oder andere GoB legitimiert (*Weber-Grellet* StBilRecht § 7; *Kropff* FS Baetge, 1997, 65/87).

g) Realisationsprinzip. – aa) Umfang. Das Realisationsprinzip (Rz 601–677; *Tiedchen/HHR* Anm 395) ist Ausdruck des allg Vorsichtsprinzips (§ 252 I Nr 4 HGB; BFH I R 91, 92/02 BFH/NV 04, 182) und Maßstab für den (zeitgerechten) Ausweis von Erträgen und Aufwendungen und damit **grundlegendes Aktivierungsprinzip,** nach zutr, aber str Meinung auch **Passivierungsprinzip** (*Herzig* FS Schmidt, 1993, 209/19; *KSM* Rz B 84; *Moxter* FS Havermann, 1995, 487/96; aA – nur Aktivierungsprinzip – zB *Knobbe-Keuk* § 3 III 4c; *Siegel* BFuP 94, 1; diff *Weber-Grellet* DB 02, 2180). Es umfasst das **„Periodisierungsprinzip“** (Abgrenzungsprinzip) und das **„Prinzip der wirtschaftl Verursachung“** (vgl § 252 I Nr 5 HGB „Aufwendungen und Erträge *des Geschäftsjahrs*“; *Weber-Grellet* FR 03, 468: bilanzstrechtl Grundprinzip). 78

bb) Realisierter Ertrag (Buchung: per Geld an Ertrag; *Lutz/Schlag* HdJ I/4 Rz 1). Nur die am Bilanzstichtag realisierten, „durch einen Umsatzakt in Erscheinung getretenen Gewinne (Wertsteigerungen)“ sind auszuweisen (vgl § 252 I Nr 4 HS 2 HGB); dies trifft zu, sobald der Leistungsverpflichtete seine Leistung (Veräußerung, Dienstleistung usw) im Wesentlichen erbracht hat und deshalb sein Anspruch auf die Gegenleistung (Zahlung usw) nicht mehr mit ungewöhnl Risiken belastet erscheint (zB BFH IV R 80/96 BStBl II 99, 21; BFH III B 114/03 BFH/NV 04, 1109/11: „so gut wie sicher“; zur Aktivierung nach HGB *Ballwieser* HdR B 131 – 10/09). Auf Vertragsabschluss oder Zahlungseingang kommt es nicht an. Auch ein rechtl noch nicht entstandener, aber wirtschaftl in der Vergangenheit verursachter und am Bilanzstichtag hinreichend sicherer künftiger Anspruch muss in der Bilanz des Gläubigers aktiviert werden (BFH I R 11/02 BStBl II 03, 400); **rechtl Entstehung** und **Fälligkeit** sind letztl unerhebl; s iEinz Rz 601 f. Mit Realisation entfällt die Nichtbilanzierung schwebender Geschäfte (BFH I R 142/ 79

81 BStBl II 83, 369; s auch Rz 270 „Forderungen"). – Gewinne aus anderen Rechtsverhältnissen als gegenseitigen Verträgen sind auszuweisen, sobald sie gesichert erscheinen (s Rz 97 f, 676; zu Dividendenanspruch s Rz 270; BFH I R 91, 92/02 BFH/NV 04, 182; BFH X S 12/03 BFH/NV 04, 337 für Schadenersatzanspruch). – Das Realisationsprinzip verlangt vice versa, dass bereits angefallene, aber erst den Umsätzen künftiger Wj zuzuordnende Ausgaben aktiviert (und damit neutralisiert) werden.

80 **cc) Realisierter Aufwand** (Buchung: per Aufwand an Verbindlichkeit/Rückstellung; *Lutz/Schlag* HdJ I/4 Rz 140). Hat sich die Verpflichtung zu einer wirtschaftl Belastung verdichtet, ist der entspr Aufwand nach Maßgabe des **Belastungsprinzips** grds immer abziehbar; hingegen ist (künftiger) Aufwand, der noch nicht zu einer wirtschaftl Belastung geführt hat, grds noch nicht absetzbar (so jetzt auch BFH I R 44/14 BStBl II 15, 769). Der **Grundsatz der Nettorealisation** (einheitl Ausweis von Aufwand und Ertrag) nimmt gewisse Modifikationen vor – passivierungsbegrenzend zB bei der Aktivierung von HK und bei halbfertigen Arbeiten oder passivierungserweiternd bei der Zuordnung künftiger Aufwendungen zu realisierten Erträgen, zB bei Garantierückstellungen, bei der Passivierung nachträgl Buchungskosten, bei Jahresabschlusskosten oder als Erfüllungsrückstand (*Weber-Grellet* DB 02, 2180/2, FR 04, 1016; skeptisch *Neumann* StbJb 03/04, 263/78; Rz 311, 317, 381 f).

81 **h) Stichtagsprinzip; (Wert-)Aufhellung.** Maßgebl sind die am Bilanzstichtag vorliegenden Verhältnisse – grds auch Preisverhältnisse (str; s Rz 421) – nach dem **subj Erkenntnisstand des sorgfältigen Kfm** bei (fristgerechter) Bilanzaufstellung (BFH I R 47/06 BStBl II 07, 818; *Tiedchen/HHR* Anm 420; vgl § 252 I Nr 3 bzw 4 HGB „... *zum Abschlussstichtag* ..."). Dies gilt entgegen dem Wortlaut des § 252 I auch für den Ansatz (vgl BFH I R 147/84 BStBl II 91, 213). **(Neue)** Tatsachen, die erst nach dem Bilanzstichtag eintreten, bleiben unberücksichtigt (BFH XI R 64/04 BStBl II 06, 371). Berücksichtigt werden hingegen sog **aufhellende** (positive wie negative) Umstände, die zum Bilanzstichtag bereits „obj" vorliegen, aber erst nachträgl (zw Stichtag und Aufstellung bzw späterer Feststellung) bekannt geworden sind (EuGH C-306/99 BStBl II 04, 144 – BIAO; BFH VIII R 45/12 BStBl II 15, 759; FG BBg DStRE 15, 1486, Rev IV R 3/15; weitergehend BFH I R 5/04 DStR 05, 238, BStBl II 09, 100, der auch den Wegfall eines Risikos durch Rückzahlung nicht als neu, sondern als aufhellend ansieht; *ego* FR 05, 314; StuB 05, 306; krit *Bärenz* DStR 05, 243). *Littmann/Hoffmann* §§ 4, 5 Rz 492e will das Problem mit Hilfe von Schätzungen lösen; mE ein völlig falscher Ansatz.

Stellungnahme:

- Im Hinblick auf unterschiedl Systematik und abw Zwecke ist zw der handels- und der strechtl Wertaufhellungskonzeption zu differenzieren (wie auch in ähnl Weise im StRecht der obj Fehlerbegriff gilt; BFH GrS 1/10, BStBl II 13, 317; *Weber-Grellet* DStR 13, 729; *Schulze-Osterloh* BB 13, 1131; *Herrfurth* StuB 14, 123/6; *Ohmen/Seidler* BB 15, 3051 zu HGB/IFRS).
- Handelsrechtl entspricht eine subjektive Betrachtungsweise dem Wesen der HB und den entspr gesetzl Regelungen. Die handelsrechtl Wertaufhellungskonzeption führt zu einer partiellen Relativierung des Stichtagsprinzips. Bei Risiken und Verlusten ist auf den subjektiven Erkenntnisstand am Tag der Bilanzaufstellung abzustellen.
- Strechtl sind die obj Verhältnisse zum Bilanzstichtag maßgebl, wie sie sich zum Zeitpunkt der Veranlagung darstellen (*Hüttemann* FS Priester, 2007, 301/34). Aus strechtl Sicht ist der Tag der Bilanzaufstellung insoweit irrelevant. Der in BFH I 324/62 S BStBl III 65, 409 ausgesprochene Grundsatz, dass die Berücksichtigung wertaufhellender Umstände dazu diene, die Verhältnisse am Stichtag so zutr wie mögl zu erfassen, entspricht dem strechtl Anliegen, der Steuerfestsetzung möglichst obj richtige Sachverhalte zugrunde zu legen.
- Über die bisherige Rspr hinaus (BFH XI R 64/04 BStBl II 06, 371; BFH IV B 177/04, BFH/NV 06, 1286; FG Mster EFG 11, 468, rkr) sind daher nicht nur die bis zur Bilanzaufstellung, sondern die bis zur Veranlagung bekannt gewordenen Tatsachen und Erkenntnisse, soweit sie zur Beurteilung der am Bilanzstichtag gegebenen tatsächl obj Verhältnisse geeig-

net sind, zu berücksichtigen (*Weber-Grellet* FS Reiß, 2008, 483/92; aA FG Köln EFG 11, 1768, rkr: spätester Bilanzaufstellungszeitpunkt; aA auch BFH I B 27/12 BFH/NV 13, 545: bis zum Ende der gesetzl Aufstellungsfrist; krit auch *Hoffmann* StuB 13, 317).

Die (fristgerechte) Bilanzaufstellung (Ende der Feststellung) soll den Zeitraum begrenzen, in dem noch nachträgl bekannt gewordene Tatsachen aufhellend wirken können (BFH I R 5/04 DStR 05, 238, BStBl II 09, 100; *Drüen/Stiewe* StuB 04, 489; zR aA OLG Ddorf NJW 89, 2143; *KSM* § 4 Rz C 188; *Kropff* WPg 00, 1137). – **Vergleichsabschluss, Vertragsänderung (Wandlung), rkr Urteil** oder **Rechtsmittelverzicht** sind keine (nur) aufhellenden, sondern rechtsgestaltende („wertbegründende") Tatsachen; sie bleiben idR unberücksichtigt (zB BFH VIII R 77/96 BStBl II 02, 227; BFH I R 96/10 BFH/NV 12, 991; BFH I R 12/14 BFH/NV 14, 1544; *Weber-Grellet* BB 15, 43).

i) Nominalwertprinzip. Alle Bilanzposten sind in Euro (§ 244 HGB) ohne **82** Berücksichtigung einer etwaigen Geldentwertung anzusetzen (*B/H* HGB § 244 Rn 2; BFH II R 10/92 DStR 95, 979); die gesetzl Fixierung der AK/HK als Wertobergrenze für die HB in §§ 253, 255 HGB und für die StB in § 6 ist Ausdruck des Prinzips der nominellen Kapitalerhaltung (vgl *Knop/Küting/Weber* DB 85, 2517). Zunehmend wird auf der Grundlage des **Barwertprinzips** die Zinsbereinigung des Einkommens verlangt (zB *Nguyen-Thanh/Rose/Thalmeier* StuW 03, 169; *Wurmsdobler* StuW 03, 176/7).

j) True and fair view. Dieses Gebot (§ 264 II 1 HGB: tatsächl Verhältnisse; **83** „Generalnorm") ist ein von § 5 I erfasster GoB; nach BFH GrS 2/99 BStBl II 00, 632 ergänzt der true-and-fair-view-Grundsatz das Realisations- und das Vorsichtsprinzip, hat also auch materielle Bedeutung (*Weber-Grellet* StBilRecht § 5 Rz 4: Erläuterungs-, Interpretations- und Abweichungsfunktion, overriding principle; *Kirsch* DStZ 13, 258). Der Ausdruck des „true-and-fair-view" ist der obj Fehlerbegriff (Rz 2). Nach *Beisse* (DStZ 98, 310; FS W. Müller, 2001, 731/43) und *Moxter* (FS Baetge, 1997, 97) hat das Gebot nur Informations-, nicht Gewinnermittlungs- (Ausschüttungsbemessungs-)funktion (sog Abkoppelungsthese). Das HGB lässt dem Bilanzierer immer noch viel freie Hand (zB Veräußerung mit Wiedererwerb; Einbringung von immateriellen WG, Sale-and-Lease-back, öffentl Zuschüsse, Wahlrechte; zR krit *Hoffmann* DB 30/14 M5). – Die (fundamentale) Generalnorm ist nicht nur zur Auslegung von Einzelvorschriften und Schließung von Lücken heranzuziehen (vgl EuGH C-234/94 DStR 96, 1093; dazu *Weber-Grellet* DB 96, 2089; EuGH C-306/99 BStBl II 04, 144 – BIAO).

k) Wesentlichkeit. Dieser Grundsatz („materiality"; BFH VIII R 32/98 **84** BStBl II 01, 636/8; *Tiedchen/HHR* Anm 460), modifiziert den Grundsatz der Bilanzklarheit und Bilanzwahrheit und gebietet, unwesentl Elemente bei der Bilanzierung und Bewertung außer Betracht zu lassen. Unwesentl sollen nach *BMF*-Auffassung zB die Betreuungskosten für LV sein (*BMF* BStBl I 06, 765; gegen BFH XI R 63/03 BStBl II 06, 866; wie BFH auch FG Mster EFG 09, 454 (Rev I R 11/09 in Hauptsache erledigt, 28.7.10); *Wendt* FS Herzig 2010, 517; AdV zul (*FinVerw* DB 07, 2118); zutr *Groh* ZGR 96, 642/6: unwesentl Abweichungen machen den Abschluss nicht unrichtig, hindern aber nicht eine exakte Gewinnermittlung; vergleichbar kein Zwang zum Ausweis **geringfügiger RAP** (Maßstab § 6 II; BFH X R 20/09 BFH/NV 10, 1796). – Keine Kodifizierung nach RegE-BilRUG (*Zwirner* DStR 15, 375/81).

IV. Aktivierung

1. Aktivierung. – a) Voraussetzungen und Wirkung. Die Aktivierung be- **90** wirkt den Ausweis von Ertrag bzw den „Noch-Nicht-Ausweis" von Aufwand. Für den Ansatz eines Postens auf der Aktivseite der Bilanz kommt es darauf an, *wer* (Zurechnung), *was* (dem Grunde nach), *wann* (der Zeit nach) und *mit welchem Wert* (der Höhe nach = Bewertung) auszuweisen hat. Die Aktivierung als solche trifft noch keine Aussage über die Erfolgsauswirkung; entscheidend ist die Gegenbuchung. Erfolgswirksam ist eine Aktivierung nur, wenn die Gegenbuchung als Ertrag (ggf auch ‚Stornierung' von Aufwand) auf einem GuV-Konto vorgenommen werden muss (zB Verkauf von Waren über AK: per Forderung an Ware und Ertrag, oder bei vereinnahmten Zinsen: per Geld an Zinsertrag); (noch) keine Erfolgsauswirkung daher zB bei Anschaffung eines WG (per WG an Geld/Verbindlichkeit), bei Hingabe eines Darlehens (per Darlehensforderung an Bankkonto; Aktivtausch) oder bei Einlage (per WG an Einlage); bei der Aktivierung nicht realisierter Werte (Anlage-, UV, halbfertige Arbeiten) wird Aufwand „abgegrenzt" und bis zur Realisierung „gespeichert" (Aktivseite als ‚Aufwandsspeicher'). – **Aktivierung erfordert positiv** (vgl BFH GrS 2/86 BStBl II 88, 348/52), dass grds (s Rz 91) am Bilanzstichtag ein aktivierungsfähiges WG vorhanden ist (s Rz 93 f), das dem StPfl subj zuzurechnen (s Rz 151 f) und BV ist (s Rz 22) oder dass ein aktiver RAP anzusetzen ist (s Rz 241–252), und **negativ,** dass kein Aktivierungsverbot eingreift, wie zB nach § 5 II (s Rz 161–208), und kein schwebendes Geschäft (s Rz 76) vorliegt. Sind diese Voraussetzungen erfüllt, *muss* in der StB aktiviert werden (s Rz 30 f). Zur Rückgängigmachung und rückbezügl Änderung eines Geschäftsvorfalls s Rz 616.

91 **b) Zeitpunkt.** Maßgebl ist insoweit das (imparitätische) Realisationsprinzip (Rz 76 f, 601). Für die Aktivierung von Aufwendungen als AK (HK) eines WG reicht es aus, dass am Bilanzstichtag mit der Anschaffung (Herstellung) begonnen ist; nicht erforderl ist, dass das WG bilanzrechtl bereits dem Erwerber zuzurechnen ist (BFH IV R 160/78 BStBl II 84, 101). Lfd (Erhaltungs-)Aufwand ist nicht zu aktivieren (BFH I R 9/91 BStBl II 93, 41; § 6 Rz 188), da weder AK noch HK (§ 255 HGB) vorliegen. Ein StErstattungsanspruch ist erst mit der Veröffentlichung des diesen bejahenden EuGH-Urt im BStBl zu aktivieren (FG BaWü EFG 14, 149; aus formellen Gründen durch BFH I R 59/13 BFH/NV 14, 1752 aufgehoben); allg BFH X R 19/10 BStBl II 12, 190; *OFD NRW* 18.8.14 DStR 14, 1720; *BayLfSt* DStR 15, 1752 .

92 **c) Gliederung.** Für die Gliederung der Aktivseite sind die handelsrechtl Normen iVm GoB maßgebl; danach sind bei allen Kfm aktiv mindestens das AV und UV und die RAP gesondert und hinreichend aufgegliedert auszuweisen (§§ 243 I, II, 247 I HGB; für KapGes § 266 II HGB).

2. Wirtschaftsgut/Vermögensgegenstand (Grundsätzliches)

Schrifttum (Aufsätze vor 2006 s Vorauflagen): *Weber-Grellet,* StBilRecht, § 8; *Wildner,* Nutzungsrechte in HB und StB, 2004; *Ebber,* Die Abbildung von Nutzungsrechten in HB und StB, 2011. –*Kahle/Heinstein,* Ansatz und Bewertung von Grundstücken in der StB, DStZ 06, 825; 07, 93, 141; *Babel,* Nutzungsrechte …, FS Mellwig, 2007, 1; *Strahl* KÖSDI 12, 17946/7 (s auch Schrifttum bei Rz 150, 161).

93 **a) Begriffe. Handelsrechtl** sind Vermögensgegenstände (vgl §§ 246 I, 252, 253, 266, 240, 241 HGB), **estrechtl** sind WG zu aktivieren (§§ 4, 5, 6). Die Begriffe **Vermögensgegenstand** und **(aktives) WG** werden gleichgesetzt (BFH GrS 2/99 BStBl II 00, 632; *ADS* § 246 Tz 12).

94 **b) Weiter WG-Begriff. – aa) BFH-Rspr.** Der BFH fasst den estrechtl Begriff des WG zR weit; für die Begriffsbestimmung sind weniger zivilrechtl als strechtl (wirtschaftl) Gesichtspunkte maßgebend (zB BFH IV R 112/81 BStBl II 84, 554). WG sind Sachen, Tiere (§§ 90, 90a BGB) und auch unkörperl Gegenstände, sofern sie am Bilanzstichtag bereits „als realisierbarer Vermögenswert" angesehen werden können (BFH I R 218/82 BStBl II 87, 14), als auch bloße vermögenswerte Vorteile (vgl § 266 II HGB „Rechte und Werte") einschließl „tatsächl Zustände" und „konkreter Möglichkeiten", Chancen (zB BFH IX R 29/98 BFH/NV 03, 21; BFH IV R 47/09 BStBl II 13, 324); Voraussetzung ist aber (sowohl bei

„Gegenständen" als auch „tatsächl Zuständen" uÄ), dass diese *(1)* sich der Kfm etwas kosten lässt, *(2)* nach der Verkehrsauffassung einer selbständigen Bewertung zugängl sind und *(3)* idR einen Nutzen für mehrere Wj erbringen (BFH X R 139/93 BFH/NV 97, 105; zR einschr BFH X R 20/12 BStBl II 15, 325). Ein WG ist daher ein Wert, der auch mit künftigen Erträgen in Zusammenhang steht; daher sind Zahlungen eines Pozesskostenfinanzierungsfonds an einen Geschäftsbesorger als WG „Beteiligung am Prozesserlös" zu aktivieren (FG BBg EFG 12, 1912, rkr).

bb) Übertragbarkeit. Nicht erforderl für den Begriff des WG ist die Einzelveräußerbarkeit, wohl aber die Übertragbarkeit zusammen mit dem Betrieb (BFH IV R 51/02 BFH/NV 04, 1393) oder wenigstens eine wirtschaftl Verwertbarkeit zB durch Überlassung zur Ausübung (vgl § 1059 BGB), Übertragung „dem Werte nach" oder Pfändbarkeit. WG sind deshalb zB auch vertragl (§ 399 BGB) oder gesetzl nicht abtretbare Ansprüche oder Rechte (BFH I R 44/83 BStBl II 89, 323), das Recht auf die Firma, der Geschäftswert oder ein Belieferungsrecht (BFH I B 144/01 BFH/NV 03, 154). 95

cc) Selbständige Bewertbarkeit. Sie ist zu unterscheiden von der selbst Nutzbarkeit iSd § 6 II (BFH VI R 135/01 BFH/NV 04, 872) und bestimmt sich nach dem (einheitl) Nutzungs- und Funktionszusammenhang, nach dem Grad der Festigkeit einer evtl vorgenommenen Verbindung, nach dem Zeitraum, auf den die Verbindung und gemeinsame Nutzung angelegt sind, sowie nach dem äußeren Erscheinungsbild (BFH IV R 27/01 BStBl II 03, 878; *Weber-Grellet* StBilRecht § 8 Rz 6; BB 04, 35). Von Bedeutung ist, ob das Objekt vollständig erscheint und ihm ein „negatives Gepräge" fehlt; ein Autotelefon zB ist ein selbständiges WG (BFH III B 98/96 BStBl II 97, 360), ebenso ein Drucker oder andere Peripheriegeräte (BFH VIII R 42/03 BFH/NV 04, 1527). – Den Gegensatz zu selbständigen WG bilden unselbständige Teile (zB Kiesvorkommen als Teil des Grundstücks, FG BBg EFG 08, 1544, rkr), wertbildende Faktoren wie zB geschäftswertbildende (s Rz 131 f, 221sf), Rechtsreflexe (zB günstige Verkaufslage, *Schubert/Krämer* BeBiKo § 247 Rz 10) oder Nutzungsvorteile eines WG (s Rz 100); eine Kassenzulassung ist kein selbständiges WG (BFH VIII R 13/08 BStBl II 11, 875). 96

c) Forderungen. – aa) Zivilrechtl Entstehung. Zu den WG gehören Forderungen, insb Geldansprüche, die zivilrechtl im abgelaufenen Wj bereits entstanden sind, auch wenn sie noch nicht fällig oder als Naturalobligation nicht einklagbar sind (BFH IV 73/63 BStBl II 68, 79 zu § 656 BGB; BFH X B 167/94 BFH/NV 96, 34 zu Optionsrechten). 97

bb) Konkretisierung. Bei bestimmten zB bestrittenen Ansprüchen reicht deren obj Entstehung nicht aus; erforderl ist, dass sich der Anspruch konkretisiert hat, zB Anerkenntnis (BFH II R 15/98 BStBl II 00, 588; Rz 270) oder für den Anspruch aus einer Satzungs- oder Steuerklausel auf „Rückgewähr" einer vGA der Wille zur Geltendmachung kundgetan ist (zB BFH VIII R 7/99 BStBl II 01, 173: *Einlage*forderung). – Zu bestrittenen Forderungen in der Insolvenz *Höffner* DStR 08, 1787. 98

cc) Künftige Entstehung. Ansprüche, die zivilrechtl obj noch nicht bestehen (vor rechtl Entstehung; zur Parallelproblematik auf der Passivseite Rz 384), sind WG, sofern die für die künftige Entstehung wesentl wirtschaftl Ursachen im abgelaufenen Wj gesetzt worden sind und der StPfl mit der künftigen Entstehung fest rechnen kann (BFH VIII R 28/95 BStBl II 98, 505 für Pachterneuerungsanspruch nur bei eingetretenem Pachterneuerungsfall). 99

d) Nutzungsvorteile. Diese sind keine WG, sondern nur wertbestimmende Eigenschaften der genutzten WG; sie können daher nicht Gegenstand einer Einlage iSv § 4 I 1, 5 sein (str, s Rz 185). Aufwendungen, die bei betriebl Nutzung von *eigenem* PV entstehen, sind aber wie BA abziehbar (BFH GrS 2/86 BStBl II 88, 100

348/53). Bei außerbetriebl Verwendung sind betriebl erlangte Nutzungsvorteile bereits beim Zufluss als BE zu erfassen (BFH IV R 106/87 BStBl II 89, 641; ähnl BFH VI R 10/96 BStBl II 96, 545). –

101 **e) Nutzungsrechte.** Dingl oder obligatorische **Nutzungsrechte** (gesicherte Rechtsposition) sind nach hM idR *selbständige* (immaterielle) WG (s iEinz Rz 176f; aA [zumindest iErg] *BMF* BStBl I 13, 1184 [sog Nießbrauchserlass] Rz 26; zR krit § 7 Rz 44), die auch selbständig veräußert werden können (FG Nds DStRE 15, 133, Rev IV R 41/13 für Windparkbetrieb). Werden außerbetriebl unentgeltl erlangte Nutzungsrechte (WG) in ein BV eingelegt, soll nach dem Zweck der estrechtl Einlageregelung nicht der Nutzungswert (TW) angesetzt und abgeschrieben werden dürfen; der StPfl kann stattdessen seine eigenen Aufwendungen wie bei schlichter Nutzungsüberlassung absetzen (BFH GrS 2/86 BStBl II 88, 348/53).

Beispiele (Grundfall mit Abwandlung): A schließt mit B einen Mietvertrag ab; schwebendes Geschäft; Dauerschuldverhältnis; A erzielt Einkünfte aus § 21. – *1. Abwandlung:* Der Fall spielt im gewerbl Bereich: Einkünfte nach § 15; keine Bilanzierung; erfasst werden nur die lfd Leistungen; nur Aufwand (bei B) und Ertrag (bei A). – *2. Abwandlung:* A verkauft ein „Mietrecht" für 10 Jahre; (B erwirbt die Nutzung gegen Einmalzahlung): bei A RAP (per Geld an RAP); bei B: *(1)* per Mietrecht an Geld; *(2)* per Aufwand an Mietrecht; pro rata temporis. – *3. Abwandlung:* A legt privat erworbenes Mietrecht in seinen Betrieb ein: *(1)* bei unentgeltl Erwerb: keine TW-Einlage; kein Aufwand; *(2)* bei entgeltl Erwerb: *(a)* Aktivierung mit Rest-AK; *(b)* AfA pro rata temporis (Übertragung von „Nutzungspotential"; TW-Idee [Zuordnung von WG-Wertsteigerungen] passt nicht; str). – *4. Abwandlung:* B nutzt betriebl ein Nutzungsrecht des A: kein Abzug, da Drittaufwand.

Der Nutzende kann Aufwendungen des Eigentümers, insb die AfA grds nicht als **Drittaufwand** abziehen (zB BFH GrS 2/04 DStR 08, 545, unter D III 2 zum nicht übertragbaren Erblasseraufwand); Ausnahme bei Miteigentum und Mitfinanzierung; keine Sonderbehandlung für Eheleute (BFH GrS 1/97f BStBl II 99, 774ff; *Fischer* StbJb 99/00, 35: gesetzgeberischer Handlungsbedarf); weitgehend geklärt schien die dogmatische Behandlung der **Fremdbauten als WG** (BFH XI R 18/06 BStBl II 09, 957); s nun aber BFH IV R 29/09 BStBl II 13, 387 (krit *Weber-Grellet* BB 14, 42/48); FG BaWü DStRE 15, 961, Rev X R 46/14. Abgekürzter Zahlungsweg und auch abgekürzte Vertragsweg werden anerkannt (BFH IX R 45/07 DStR 08, 495), allerdings nicht bei Kreditverbindlichkeiten und bei Dauerschuldverhältnissen (*BMF* DStR 08, 1382). – Die Mittelherkunft ist irrelevant (BFH IX R 27/08 BFH/NV 09, 901).

102 **f) Handelsrechtl Bilanzierungshilfe.** Diese ist kein WG (vgl § 274 II HGB aF; Einzelheiten 29. Aufl).

103 **g) Neues WG.** Eine grundlegende Erweiterung oder Umgestaltung kann ein neues WG begründen; das ist nicht der Fall, wenn wesentl Elemente bestehen bleiben und keine Zweckänderung vorgenommen wird (FG Mster EFG 97, 155); dann Erhaltungsaufwand oder nachträgl HK (iEinz § 6 Rz 171f).

110 **3. Arten von WG.** Zu unterscheiden ist zw WG und Schulden (zB §§ 240 I, 252 I, 253 HGB) und innerhalb der WG zw verschiedenen Arten, an die das EStG unterschiedl Rechtsfolgen knüpft, zB AfA nur bei abnutzbaren WG des AV (§§ 6, 7 EStG).

111 **a) Unterscheidung nach Substanz.** Zu unterscheiden sind materielle WG, immaterielle WG, (davon zu unterscheidende, s Rz 171f) Geldforderungen und Anteile an KapGes. Zur Einordnung von WG mit materiellen und immateriellen Komponenten (zB Buch, Software, Film) ist auf die Funktion, das wirtschaftl Interesse, die Werterelation, den Marktpreis und die Vervielfältigung abzustellen (BFH III B 7/14 BFH/NV 14, 1590; *KSM* Rz C 69; Rz 270). Die Unterscheidung ist bedeutsam zB für die Aktivierung von selbsthergestellten WG (Aktivierungsverbot nach § 5 II nur für immaterielle WG des AV). Ein materielles WG ist auch Voraus-

setzung zB für erhöhte AfA (zB § 7d), SonderAfA (zB §§ 7f, 7g) und Investitionszulage (§ 2 I InvZulG).

aa) Materielle WG. Das sind körperl (räuml abgrenzbare) Gegenstände, wie zB Sachanlagen, Grundstücke, Gebäude, Kiesvorkommen, Maschinen, maschinelle Anlagen, Kraftfahrzeuge, Betriebsvorrichtungen, Geschäftsausstattungen, Waren, Roh-, Hilfs- und Betriebsstoffe (BFH GrS 1/05 BStBl II 07, 508, unter C II 1a). Unerhebl ist, ob es sich dabei um Sachen iSd § 90 BGB, Bestandteile von Sachen gem § 93 BGB oder Zubehör nach § 97 BGB handelt. Auch die sog Finanzanlagen (vgl § 266 II A III HGB) werden als WG materieller Art behandelt, weil sich ihr Gegenstand auf konkrete materielle Werte richtet. Materielle WG sind auch *(1)* Sachteile, die selbständige WG sind, wie zB Betriebsvorrichtungen iSv § 68 II Nr 2 BewG und Ladeneinbauten (s Rz 132 f); *(2)* Tiere iSv § 90a BGB. – Forderungen sind Rechte (des UV), keine materiellen WG. 112

bb) Immaterielle WG (Rz 171 f; EStR 5.5 I, EStH 5.5). Diese unterscheiden sich von den materiellen WG durch ihre „Unkörperlichkeit"; es handelt sich zumeist um „geistige Werte" (zB Ideen) und Rechte (Berechtigungen); BFH GrS 1/05 BStBl II 07, 508, unter C II 1a. Immaterielle WG sind zB Konzessionen, gewerbl Schutzrechte (*Donle* DStR 97, 74), Urheberrechte, aber auch ungeschützte Erfindungen (BFH I R 20/74 BStBl II 76, 666), know-how (BFH II R 209/82 BStBl II 89, 82), Software (BFH III R 47/92 BStBl II 94, 873; str; s Rz 270), Rechte aus vertragl Wettbewerbsverboten, Belieferungsrechte, Kauf- und Verkaufsoptionen (BFH X R 139/93 BFH/NV 97, 105; FG Mster EFG 12, 331, rkr), Nutzungsrechte (s Rz 175 f) und der Geschäftswert (vgl § 266 II iVm § 246 I 4 HGB nF), nicht die einfache Liefermöglichkeit (FG Nds EFG 04, 1428, rkr); krit ggü WG ‚Transfer-Paket' *Blumers* BB 07, 1757. 113

cc) Mietereinbauten. Diese (sonstige unbewegl WG, kein Gebäude; § 7 Rz 17) und **Gebäude auf (teilweise) fremdem Grund** (§ 266 II A II 1 HGB; § 94 I 2 BewG) können bilanzrechtl materielle WG sein (BFH VIII R 30/98 BStBl II 02, 741), nicht nur „bilanztechnische" Merkposten (*Weber-Grellet* DB 95, 2550/8; zur Rspr *Neufang/Körner* BB 10, 1503); sie können auf Dritte übereignet werden (durch Einräumung des Besitzes und Übertragung des Wertersatzanspruchs) und auch in der Hand des zivrechtl Eigentümers bei separatem Nutzungs- und Funktionszusammenhang bestehen bleiben (BFH XI R 18/06 BStBl II 09, 957). Bauten auf fremdem Grund sind wie Gebäude (zB iSv § 6b, § 7 IV, V) zu behandeln (EStR 7.1 V 3–4; BFH GrS 4/92 BStBl II 95, 281). – S iEinz bei Rz 270. 114

b) Bewegl/unbewegl WG (s auch Rz 135). Diese Qualifikation ist zB wesentl für § 6 II, § 7 II, für SonderAfA (zB §§ 7f, 7g; §§ 2, 3 FördG) und InvZul (§ 2 I InvZulG). Nur materielle (körperl) WG können bewegl oder unbewegl sein, nicht immaterielle WG (BFH III B 7/14 DStRE 14, 1198; EStR 7.1 II; *Nolde/HHR* § 7 Anm 315), Geldforderungen und Anteile an KapGes. – ***(1)* Bewegl WG.** Dies sind bewegl Sachen, Scheinbestandteile iSv § 95 BGB (Rz 139), wesentl Bestandteile eines Gebäudes, wenn sie Betriebsvorrichtungen iSv § 68 II Nr 2 BewG sind (vgl BFH III R 60/89 BStBl II 92, 5; Rz 137), mit einem Gebäude verbundene Sachen zB Maschinen, wenn sie nicht wesentl Bestandteile des Gebäudes sind (BFH III R 76/75 BStBl II 77, 590), Schiffe, Feldinventar und stehende Ernte (BFH IV R 160/74 BStBl II 79, 138), Dauerkulturen (*BMF* BStBl I 90, 420), Zubehör (Datenkabel; FG Bln EFG 05, 1464). – ***(2)* Unbewegl WG.** Dies sind *(1)* der GuB, Gebäude iSv § 7 IV, V, Gebäudeteile (vgl § 7 Va), Eigentumswohnungen und im Teileigentum stehende Räume iSv § 7 Va, Wohnungen iSv §§ 7c, 7k und *(2)* sonstige unbewegl WG (EStR 7.1 VI; § 89 BewG) wie zB auf festen Fundamenten ruhende Bürocontainer (BFH III R 47/93 BStBl II 96, 613); Tankstellenüberdachung (BFH III R 26/99 BStBl II 01, 137); Videoüberwachungsanlage (FG SachsAnh DStRE 01, 761, rkr); Bodenschätze (Rz 140), Ladeneinbauten 115

(EStR 4.2 III Nr 3), Dachausbauten (*BMF* BStBl I 96, 689, Rz 9), Teppichböden (FG Bbg EFG 96, 190), Trennwände (BFH III R 247/94 BFH/NV 98, 215), wenn diese keine Betriebsvorrichtungen oder Scheinbestandteile und damit bewegl WG sind (BFH IV R 170/70 BStBl II 75, 531).

116 **c) Abnutzbare/nichtabnutzbare WG.** Die Unterscheidung „materiell/immateriell“, „unbewegl/bewegl“) ist unerhebl. Abnutzbare WG (zum Begriff s BFH X R 131–133/87 BStBl II 90, 50; krit *Beater* BB 90, 1869) sind Voraussetzung zB des § 6 I Nr 1, 2, § 6 II, § 7, zahlreicher Vorschriften über erhöhte AfA und SonderAfA (zB § 7f; §§ 2, 3 FördG) und des InvZulG. – ***(1)* Abnutzbare WG.** Dies sind (maßgebl ist der technische Verschleiß, nicht die wirtschaftl Nutzungsdauer; dazu BFH X R 78/94 BStBl II 98, 59) Gebäude und Gebäudeteile (auch ein unfertiges, aber in Gebrauch genommenes Gebäude, BFH X R 21/81 BStBl II 87, 463) und andere unbewegl WG außer GuB, idR alle bewegl Sachen, auch tatsächl genutzte antike Möbel (BFH VI R 26/98 BStBl II 01, 194 für alte Meistergeige) und aufliegende antike Orientteppiche. – ***(2)* Nicht abnutzbare WG.** Dies sind zB der GuB, Anteile an KapGes, Geldforderungen, Wertpapiere, Bargeld, uU Warenzeichen (BFH II B 135/95 BStBl II 96, 586; s Rz 270), auch nicht Gemälde alter oder anerkannter Meister (BFH III R 58/75 BStBl II 78, 164 mwN; FG Thür DStRE 97, 767) oder berufshistorische Dekorationsobjekte (BFH X R 131–133/87 BStBl II 90, 50), immaterielle WG (BFH IV R 30/88 BStBl II 90, 623; Rz 188), zB Software (Rz 270); Ausnahme s Rz 233; weitere Einzelheiten § 7 Rz 29.

117 **d) WG des AV und UV.** Vgl EStR 6.1; *BMF* DStR 92, 1060; § 6 Rz 343 ff; 28. Aufl. § 5 Rz 117; zur Abgrenzung *Kußmaul/Huwer* DStR 10, 2471). AfA nach § 4 FördG auch bei UV-Gebäuden (BFH IV R 48/07 BStBl II 10, 799). – **Musterhäuser** gehören bis zu ihrer Umwidmung zum Verkauf zum AV (BFH I R 47/07 BStBl II 09, 986).

118 **e) Kurzlebige WG.** WG mit einer Nutzungsdauer von weniger als ein Jahr (vgl § 7 I 1) sind auch bei hohem Rohstoffwert weder einzeln noch als Festwert zu aktivieren (BFH X R 19/81 BStBl II 88, 502), auch nicht bei Anschaffung in der zweiten Hälfte eines Wj (BFH IV R 127/91 BStBl II 94, 232) oder in einem RumpfWj. Für **geringwertige WG** (iSv § 6 II) besteht nunmehr ein Aktivierungsgebot.

119 **f) WG der Spesensphäre.** S § 4 V Nrn 3, 4; zB Gästehaus (§ 4 Rz 564, 569).

131 **4. Selbständige WG (unselbständige Teile eines WG; mehrere WG).** – **a) Bewertungseinheit.** Das WG bildet bilanzrechtl eine Ansatz- und Bewertungseinheit (dazu *Glanegger* FS Schmidt, 1993, 145; Rz 96); Maßstab ist der einheitl Nutzungs- und Funktionszusammenhang (Rz 96, 135). – Selbständige WG sind grds gesondert zu bilanzieren und zu bewerten (Einzelbewertung; s Rz 69); AfA ist einheitl vorzunehmen (BFH GrS 5/71 BStBl II 74, 132). Betriebl Aufwendungen, die nicht zur Anschaffung (Herstellung) selbständiger WG führen, sind entweder sofort abziehbar oder Teil der AK (HK) bereits vorhandener WG, insb nachträgl AK (HK; vgl BFH III R 178/86 BStBl II 91, 187).

132 **b) BGB-Sache.** Jede Sache iSv § 90 BGB (zB auch *ein* Grundstück iSv § 3 GBO) ist grds auch ein selbständiges WG (BFH IV R 67/97 BStBl II 99, 14). Unselbständiger Teil des immateriellen WG Software ist der Datenträger (BFH III R 7/86 BStBl II 87, 728); umgekehrt kann Systemsoftware (bewegl Systemplatte) unselbständiger Teil der Hardware sein (BFH III B 90/88 BStBl II 90, 794; s Rz 270). Bei **Bruchteilseigentum** (Miteigentum) sind (mindestens) so viele WG gegeben, wie Eigentümer vorhanden sind (BFH GrS 4/92 BStBl II 95, 281; FG Hbg EFG 12, 1448, rkr; *Tiedchen/HHR* Anm 607) bilanziert wird (anteilig) die Sache selbst (BFH IV R 60/89 BStBl II 94, 559; *Wacker* BB Beil 18/95, 12). Bei einheitl Nutzung können die Anteile aus praktischen Gründen zusammengefasst werden.

c) Grundstücke und Gebäude. – aa) Wirtschaftl Betrachtung. Abw vom BGB können auch **wesentl Bestandteile (§§ 93, 94 BGB)** bilanzrechtl *selbständige* WG und umgekehrt verschiedene Sachen zB Grundstücke *ein* WG sein, wenn sie eine wirtschaftl Einheit bilden (BFH I R 33/75 BStBl II 79, 259 mwN). Selbständige WG, obwohl zivilrechtl grds (Ausnahme; § 5 BGB) nur *eine* Sache, sind der (nackte) **GuB** (unbewegl nichtabnutzbares WG) und das aufstehende **Gebäude** (unbewegl abnutzbares WG), gleichgültig, ob Grund und Gebäude gleichzeitig oder nur der Grund erworben und darauf ein Gebäude errichtet wurde (BFH I R 58/90 BStBl II 92, 517); Gesamtkaufpreis ggf aufzuteilen (BFH XI R 3/89 BFH/NV 92, 373 mwN). Selbständige WG sind **grundstücksgleiche Rechte** wie zB ein Erbbaurecht (dazu Rz 270) und das auf Grund des Erbbaurechts errichtete Gebäude (BFH VIII R 202/72 BStBl II 77, 384 zu § 23). Betriebsvorrichtungen (wie zB eine Tankstellenbedachung) sind keine Gebäude (Rz 112, 137; BFH I R 109/04 BFH/NV 06, 1812). 133

bb) Einheitlichkeit. Grundstück und Gebäude sind zwar selbständige WG, können aber nur einheitl entweder BV oder PV sein (BFH IV R 130/82 BStBl II 85, 395: Identität der Nutzung); anders ist dies bei realen Teilen des (nackten) Bodens, die selbständige WG und daher teils BV und teils PV sein können (vgl BFH VIII R 7/74 BStBl II 77, 796; s Rz 115, 136 f). Die mit einem Grundstück verbundenen **Rechte** wie zB Grunddienstbarkeit, Wassernutzungsrecht, Jagdrecht, Auffüllrecht sind zivilrechtl Bestandteile des Grundstücks (§ 96 BGB), estrechtl aber bei Abspaltung uU selbständige (immaterielle) WG, nicht zB bei einheitl Übertragung (BFH IV R 27/01 BStBl II 03, 878). – Einschlag kann zu selbständigem WG (UV) führen (mit Buchwertabspaltung: BFH IV R 21/14 BFH/NV 16, 17). 134

cc) Gebäudeteile. Reale Teile eines Gebäudes (zB Erdgeschoss) können selbständige WG (teils BV und teils PV) sein, wenn sie in unterschiedl Nutzungs- und Funktionszusammenhang stehen, zB teils eigenbetriebl, teils durch Vermietung genutzt werden (EStR 4.2 III–IV; GrS BFH GrS 5/71 BStBl II 74, 132; BFH IV R 30/05 BFH/NV 08, 1246); bei untergeordnetem Wert (20 500 €) vgl § 8 EStDV/EStR 4.2 VIII (*Schoor* DStZ 03, 227 zu Wahlrechten). Eine eigengenutzte Wohnung ist stets notwendig PV. – Ein eigenbetriebl genutzter Gebäudeteil kann aber nicht nach verschiedenen betriebl Funktionen oder bei Nutzung durch verschiedene Personen weiter aufgeteilt werden (BFH III R 29/88 BStBl II 89, 903, EStR 4.2 IV 4; *Rudloff* FR 92, 565), es sei denn Aufteilung in Teileigentum (BFH III R 80/92 BStBl II 95, 72). – Keine Zwangsentnahme in den Fällen der Nutzungsänderung (BFH XI R 31/03 BStBl II 05, 334: geduldetes BV; BFH III R 4/04 BStBl II 05, 604) und des Hinzuerwerbs von Miteigtanteilen (vgl BFH IV R 60/89 BStBl II 94, 559; BFH IV R 44/06 BB 09, 1970). Reale Gebäudeteile können, auch wenn sie verschiedene WG sind, gleichwohl eine Bewertungs-, insb AfA-Einheit bilden, vgl § 7 Va. Mehrere **miteinander verbundene Bauwerke** sind ein einheitl WG, wenn ein einheitl Nutzungs- und Funktionszusammenhang besteht, der auch in der baul Verbindung zum Ausdruck kommt (BFH IX R 72/00 DStR 03, 774). **Freistehende Gebäude** auf demselben zivilrechtl nur *eine* Sache bildenden Grundstück sind idR selbständige WG (BFH VIII R 179/79 BStBl II 84, 196). Zu Anbau s BFH IX R 1/08 BFH/NV 09, 370; zu Ausbauten und Erweiterungen § 4 Rz 191, 192). – **Raumtausch** oder **räuml Verlegung** betriebl genutzter Fläche (BFH XI R 27/90 BFH/NV 92, 454) führen nicht zur Entnahme (§ 4 Rz 193). 135

dd) Maßgeblichkeit des Funktionszusammenhangs. Gebäudebestandteile, die der Nutzung des Gebäudes dienen, sind grds unselbständige Teile des WG Gebäude; sie sind selbständige WG, wenn sie in einem von der Gebäudenutzung verschiedenen Nutzungszusammenhang stehen (§ 4 Rz 191). 136

ee) Betriebsvorrichtungen. S § 68 II Nr 2 BewG (s iEinz § 4 Rz 192, 198). 137

138 **d) Einzelfälle. – aa) Ladeneinbauten, Schaufensteranlagen, Gaststätteneinrichtungen, Schalterhallen uÄ.** Diese (idR unbewegl; BFH VI R 209/67 BStBl II 68, 581 und einem schnellen Wandel des modischen Geschmacks unterworden (§ 4 Rz 192) sind selbständige WG.

139 **bb) Scheinbestandteile, § 95 BGB.** Auch diese sind trotz ihres vorübergehenden Zwecks selbständige WG (BFH III R 247/94 BFH/NV 98, 215; § 4 Rz 192).

140 **cc) Bodenschätze.** Ein Bodenschatz ist grds ein unselbstständiger Bestandteil des GuB. Die Eigenschaft eines selbständigen WG erlangt ein Kiesvorkommen, wenn mit seiner Aufschließung (zB durch Stellung eines Antrags auf Genehmigung) oder Verwertung (z. B. Veräußerung) begonnen wird (vgl BFH GrS 1/05 BStBl II 07, 508; BFH IV R 45/05 BStBl II 09, 449; FG BaWü EFG 12, 2088, rkr; Einzelheiten s Rz 270, § 4 Rz 189.

141 **dd) Grundstücksteile. Feldinventar** (Pflanzenbestände) und **stehende Ernte** sind bilanzrechtl selbständige WG des UV (§ 4 Rz 189; zur Aktivierung BFH IV R 23/07 DStRE 10, 691); zum Baumbestand BFH IV R 50/07 BStBl II 09, 968; *BMF* BStBl I 10, 224 (grds stehendes Holz als einheitl, nicht abnutzbares WG). – Selbständige WG können auch unter der Erdoberfläche gelegene, räuml abgegrenzte **Grundstücksteile** (BFH VIII R 7/74 BStBl II 77, 796) sein, zB Verfüllvolumen (*Salch* StBp 00, 231; aA im Einzelfall FG Mster EFG 04, 1044, rkr), oder Anlagen im Boden zB Drainage (FG Nds EFG 83, 600 rkr), evtl Regenwasser-Hebeleitung (BFH III R 125/84 BStBl II 90, 82). – Das **Leitungsnetz** (einschließl sog Hausanschlüsse) eines Versorgungsunternehmens ist idR ein einheitl WG; Teilnetze mit unterschiedl Funktionen können ein besonderes WG bilden (BFH I R 9/91 BStBl II 93, 41 mwN; *BMF* BStBl I 97, 567), ebenso Netzwerkkabel (FG SachsAnh DStRE 13, 129, NZB III B 47/12); zur Aktivierung geographischer Informationssysteme *FinVerw* DB 07, 1837. – Ein Windpark ist kein einheitl WG (BFH IV R 52/10 BFH/NV 11, 1339), vielmehr mehrere WG, zB Kraftanlage, Wegebau, Anschlusskosten, Verkabelung (BFH IV R 46/09 BStBl II 11, 697; BFH I R 57/10 BStBl II 12, 407; *Peetz* DStZ 11, 904), selbständig auch Biogasanlage und Kraftwerk (FG Mster EFG 15, 891, rkr).

142 **ee) Beiträge. Unselbständiger Teil** des GuB (nachträgl AK) sind der durch **Anlieger-** und **Erschließungsbeiträge** zur *Erstanlage* von Straßen erlangte Vorteil für ein angrenzendes Grundstück (BFH III R 114/95 BStBl II 97, 811), uU auch bei Zweitanlage (BFH IX R 54/94 BStBl II 96, 190), und der durch einen Anliegerbeitrag zur Erstanlage einer Ent- oder Versorgungsanlage (zB Strom, Wasser) erlangte Vorteil für das angeschlossene Grundstück (BFH VIII R 322/83 BStBl II 87, 333 mwN; EStH 21.1); Kanalbaubeiträge einer Gemeinde als HK der Entwässerungsanlage (FG Saarl EFG 92, 158). Keine nachträgl AK des GuB, sondern abziehbarer Erhaltungsaufwand sind aber nachträgl Erschließungskosten (**Ergänzungsbeiträge;** vgl *Spindler* DB 96, 444), zB zur Verbesserung einer Ortsstraße (BFH VIII R 198/85 BFH/NV 91, 29), zur Ersetzung eines Wegs (BFH IX R 5/95 BStBl II 96, 134), zur Erweiterung einer Kanalisation oder Stromumstellung. Beiträge, die mit einer gewerbl Sondernutzung im Zusammenhang stehen (zB Zuschuss zum Ausbau einer Ortsstraße wegen besonderer Beanspruchung) sind sofort abziehbar (BFH II R 30/89 BStBl II 90, 569).

143 **e) Patente.** Werden für das **immaterielle WG** ‚Erfindung' Patente in mehreren Ländern erteilt, spaltet sich für jedes Land ein immaterielles WG Patent ab (BFH I R 20/74 BStBl II 76, 666; offen für *ungeschützte Erfindung,* BFH I R 86/92 BStBl II 94, 168).

144 **f) Optionsgeschäfte.** Hier ist zu differenzieren zw dem Kauf des Optionsrechts (selbständiges immaterielles WG) einerseits und der Ausübung der Option mit Abschluss des Hauptvertrags andererseits (**Zweivertragstheorie;** BFH I R 18/12 BStBl II 13, 588; *FinVerw* DB 97, 753; *Rau* DStR 06, 627 für Aktienanleihe); die Prämie ist erfolgsneutral zu erfassen (per Geld an Optionsverpflichtung; so auch *Herzig/Briesemeister* DB 02, 1570; *Günkel* StbJb 02/03, 275/87; aA *Schmid/Renner*

DStR 13, 2734/6: vorgezogene Besteuerung). – Ferner Rz 270 „Finanzprodukte", insb auch zu Stock Options; zu PV s § 20 Rz 119, 135.

Vor Ausübung der Option sind – soweit nicht Nichtbilanzierung wegen schwebenden Geschäfts (dazu FR 03, 514; *Hahne/Sievert* DStR 03, 1992/4) – das Optionsrecht (immaterielles WG) bzw beim Stillhalter die Optionsverpflichtung mit dem Optionsentgelt (Prämie) – als bedingtes Übertragungsgeschäft – gewinnneutral zu erfassen (*Günkel* JbFfSt 98/99, 218; ähnl BFH I R 17/02 BStBl II 04, 126); nach *BMF* DB 04, 159 ist das übersteigende Risiko als steuerl unzul Verlustrückstellung (§ 5 IVa) zu erfassen. – **Bei Ausübung** der Option erhöht die Prämie die AK des erworbenen WG (Kauf) oder sie mindert den Erlös (Verkauf); aA *Schmid/Renner* DStR 05, 2059: keine Veräußerungskosten. – Beim Stillhalter ist die sonstige Verbindlichkeit – neben der Abwicklung des eigentl Geschäfts – gewinnerhöhend zu berücksichtigen (allg *Wiese/Dammer* DStR 99, 867/74). – Bei **Nichtausübung** sind Optionsrecht/-verpflichtung erfolgswirksam aufzulösen (*Schumacher* DStR 97, 1236; unklar *FinVerw* DB 97, 753).

5. Subj WG-Zurechnung als Aktivierungsvoraussetzung

Schrifttum (Aufsätze vor 2010 s Vorauflagen): *Lorenz,* Wirtschaftl Vermögenszugehörigkeit im Bilanzrecht, 2002. – *Steinhauff,* Die Treuhand im ErtragStR SteuK 10, 249; *Kruse,* Über das „wirtschaftl Eigentum", FS Hüffer, 2010, 555; *Wüstemann/Wüstemann,* Maßgeblichkeit der HB-Zurechnung für die StB, BB 12, 3127. – **Verwaltung:** *BMF* BStBl I 96, 1257 (Eigen-/Drittaufwand).

a) Ausweiszwang. Ein WG ist in der Bilanz auszuweisen, sofern die sachl, zeitl und **subj Voraussetzungen** gegeben sind. Die sachl Zurechnung verlangt die betriebl Veranlassung (§ 4 Rz 100 ff), die zeitl Zurechnung richtet sich nach GoB, insb nach dem Prinzip der wirtschaftl Belastung/Verursachung (Rz 80, 361, 381) und nach dem Realisationsprinzip (Rz 601 ff) und für die subj Zurechnung ist das wirtschaftl Eigentum maßgebend (vgl *Weber-Grellet* StBilRecht §§ 13–15; FR 03, 468; *ADS* § 246 Tz 260; *Tiedchen/HHR* Anm 515). Erwirbt ein StPfl ein WG, hat er es in dem Zeitpunkt zu aktivieren, in dem das wirtschaftl Eigentum, dh Nutzungen und Lasten und die Gefahr des zufälligen Untergangs auf ihn übergehen (BFH VIII R 26/01 DB 2004, 1243; § 17 Rz 50). Auch rechtsunwirksame Geschäfte können wirtschaftl Eigentum begründen und zur Realisation führen (aA wohl *Lüdenbach/Hoffmann* DB 09, 861); § 41 AO gilt auch im Bilanzsteuerrecht. 150

b) HB-Zurechnung. Handelsrechtl darf und muss der Kfm nur „seine" Vermögensgegenstände aktivieren (vgl §§ 240, 242 I, 246 I HGB). § 39 AO enthält eine eigenständige strechtl Zurechnungsnorm; im Zweifel gehen die strechtl Grundsätze (§ 39 I, II Nr 1 AO) vor (so auch *Mayer* WPg 03, 925/37; *KSM* Rz B 231; iEinz 28. Aufl). Auch die für die HB maßgebende **Zugehörigkeit zum Vermögen des Kfm** richtet sich vorrangig nach der wirtschaftl Zurechnung (§ 246 I 2 HGB; *Künkele/Zwirner* DStR 09, 1277/9; *Henckel/Krenzer* StuB 09, 492). 151

c) StB-Zurechnung. Nach der BFH-Rspr ist insoweit maßgebl, wer **wirtschaftl Eigentümer** ist (BFH VIII R 30/98 BStBl II 2002, 741; BFH XI R 18/06 BStBl II 09, 957). Wirtschaftl Eigentum verlangt den „wirtschaftl Ausschluss" des rechtl Eigentümers, idR Eigenbesitz, Gefahr, Nutzen und Lasten der Sache (BFH IX R 73/06 BStBl II 09, 140; so im Ansatz auch FG Nbg EFG 11, 518, Rev IV R 41/10), zB Kostentragung, (dauerhafte) Nutzung (BFH X R 54/01 BFH/NV 04, 474), Teilnahme an Wertsteigerungen und (Wert-)Ersatzanspruch (BFH I R 88/92 BStBl II 94, 164; BFH IX R 14/06 BFH/NV 07, 1471; *Strahl* FR 03, 447) oder güterrechtl Ausgleich (BFH X R 72/98 BStBl II 04, 403; dazu *Weber-Grellet* BB 04, 35); entscheidend sind Gesamtbild und „normaler Verlauf der Dinge" (BFH I R 17/09 DStR 10, 2455). WEG-Sondernutzungsrecht soll kein wirtschaftl Eigentum begründen (FG Mster EFG 15, 1590, Rev IV R 36/15; fragl). – Die **Aktivierung** als wirtschaftl Eigentum verlangt *(1)* eigenen betriebl veranlassten Aufwand, *(2)* die ausschließl Nutzungsbefugnis und *(3)* das Fehlen einer Zuwendung an den rechtl Eigentümer (BFH XI R 43/01 BFH/NV 04, 152

1397 [Dachausbau]; BFH XI R 18/06 BStBl II 09, 957; BFH IV R 2/07 BStBl II 10, 670 betrifft nur AfA). – Zu wirtschaftl Eigentum bei Bauten auf fremdem Grund und Mietereinbauten s Rz 270.

153 **d) Rspr zur Zurechnung** (weitere Fälle s Vorauflage). Einräumung einer Dauernutzungsrechts kann wirtschaftl Eigentum begründen (BFH IX R 33/05 BFH/NV 07, 1097), ebenso Übertragung eines Grundstücks ohne Eintragung (FG Mster EFG 09, 1217, rkr). –Durch Dienstbarkeit (Überspannung; Tankstellenrecht) geht das wirtschaftl Eigentum nicht verloren (BFH IV R 23/03 DB 05, 1362). Zur sog eisernen Verpachtung BFH IV R 31/97 BStBl II 00, 286. – Scheidungsklausel oder einzelne Verfügungsbeschränkungen führen nicht zum Verlust des wirtschaftl Eigentums (BFH XI R 35/97 BStBl II 98, 542), auch nicht ein von künftigen Ereignissen abhängiger Rückübertragungsanspruch (BFH XI R 55/97 BFH/NV 99, 9). Der nur kurzfristige Erwerb von Aktien soll auch bei zugleich vereinbarter Rückübertragung zunächst zur Übertragung des wirtschaftl Eigentums führen (BFH I R 128, 129/04 BFH/NV 2006, 1261; BFH I R 85/05 DStRE 09, 76; mE zu formal, da Koinzidenz von Veräußerung und Rückkauf; vgl Rau BB 04, 1600; zR Nichtanwendung *BMF* BStBl I 00, 1392).

154 **e) Einzelfälle. – aa) Sicherungsweise oder treuhänderisch übereignete WG.** Diese sind nicht in der Bilanz des zivilrechtl Eigentümers, sondern in der des Sicherungs- bzw Treugebers auszuweisen (§ 39 II Nr 1 S 2 AO; BFH I R 12/09 BStBl II 10, 590; BFH IV R 17/09 BStBl II 11, 419; *Heger* DB 10, 761; *Müller/Wangler* DStR 10, 1067; *Steinhauff* SteuK 10, 249; § 17 Rz 51; klarer Ausweis notwendig (BFH I R 12/00 BStBl II 01, 468). **Treuhand** verlangt: *(1)* Beherrschung durch Treugeber, *(2)* Weisungsgebundenheit des Treuhänders, *(3)* Verpflichtung zur jederzeitigen Rückgabe des Treuguts (BGH I StR 140/12 DStRE 13, 38; BFH I R 42/12 BStBl II 15, 4; *Fischer* jurisPR-StR 50/14 Anm 1 mwN). – Zu Treuhand-Verein nach § 8a AltTZG *FinVerw* DB 07, 196. Die Bestellung von **Pfandrechten** verändert nicht die subj Zurechnung; Sicherungsfunktion macht WG nicht zu notwendigem BV (BFH XI R 32/01 BStBl II 05, 431). Zur Zurechnung von WG, die ein Ges'ter in eine Ges nur „dem Werte nach" einbringt, s § 15 Rz 483. **Kommissionsgüter** gehören nicht in die Bilanz des Kommissionärs (*Hottmann* StBp 83, 221). Unter **Eigentumsvorbehalt** veräußerte WG sind bereits dem (anwartschaftsberechtigten) Erwerber zuzurechnen (§ 246 I 2 HGB; dazu BR-Drs 616/89, 16), mE auch nach nF (wirtschaftl Zurechnung); entspr gilt uU für Objekte eines **Mietkaufvertrags** (BFH III R 233/90 BStBl II 92, 182). Die Übertragung „quoad sortem" (dem Wert nach; im Unterschied zu „quoad usum") kann genügen (BFH VIII R 18/92 BStBl II 96, 291).

155 **bb) Grundstücksveräußerungen.** Das Grundstück ist dem Erwerber nicht erst mit Grundbucheintragung zuzurechnen, sondern von dem Zeitpunkt an, zu dem – idR nach Auflassung (§ 925 BGB) – Besitz, Gefahr, Nutzen und Lasten übergehen (BFH I R 213/69 BStBl II 73, 209; s auch Rz 602f); ein Verkaufsangebot oder ein Optionsrecht begründen idR noch kein wirtschaftl Eigentum des späteren Käufers (BFH XI R 6/93 BStBl II 94, 23); ebenso wenig eine Rückfallklausel (BFH IV R 114/91 BStBl II 94, 635; *Gosch* StBp 94, 242). Bei Gebäudeveräußerung mit **Abbruchverpflichtung** bleibt Veräußerer wirtschaftl Eigentümer (BFH XI R 14/87 BStBl II 91, 628).

156 **cc) (Zugewendete) Nutzungsrechte.** Diese begründen idR kein wirtschaftl Eigentum (BFH X R 91/94 BStBl II 98, 203; BFH X B 40/99 BFH/NV 00, 563); (verbleibender) **Nießbrauchsvorbehalt** führt zum Verlust (auch) des wirtschaftl Eigentum (zB BFH X R 38/98 BStBl II 00, 653; FG Mster EFG 08, 1937, rkr; *BMF* BStBl I 13, 1184 Rz 39f; *Korn/Carlé* KÖSDI 09, 16514/22; s auch Rz 653 zur Entnahme und § 7 Rz 44f zur AfA; anders bei Nutzungsrecht mit zusätzl Rechten (FG Bbg EFG 97, 775, bestätigt durch BFH X R 23/99 BStBl II 02, 281; *BMF* BStBl I 02, 525: Wertersatzanspruch). – Zur Zurechnung bei Leasingverträgen s Rz 721 ff, bei Pensionsgeschäften s Rz 270.

157 **dd) Miteigentum, §§ 1008, 741 BGB.** Es ist nur der ideelle (Gebäude-)Teil als materielles WG zu bilanzieren (Rz 132), nicht etwa ein immaterielles WG „Gemeinschaftsanteil" (vgl

BFH IV R 60/89 BStBl II 94, 559), und bei nur teilweise betriebl Nutzung (zB nur Erdgeschoss) nur der entspr ideelle Anteil (BFH IV R 57/90 BStBl II 92, 141). Schlichte Mitnutzung von Miteigentum führt nicht zu BV (BFH VIII R 98/04 BStBl II 08, 749); Trennung von Nutzungs- und Vermögensebene. – Die Änderung der Eigentumsverhältnisse kann zu Entnahme/Einlage führen (*Ehmcke* DStR 96, 201/7); ggf Bildung von Teileigentum. Entsprechendes gilt gem § 39 II Nr 2 AO idR, wenn das WG **Gesamthandsvermögen** einer nicht gewerbl tätigen PersGes ist (BFH IV R 160/73 BStBl II 78, 299; aA evtl BFH X R 148/88 BStBl II 92, 211; s § 15 Rz 200 f). Hinsichtl des fremden (Miteigentums-)Anteils kann ein Mietereinbau/Bau auf fremdem Boden vorliegen (s Rz 270). Ein **Erbbauberechtigter** ist idR nicht wirtschaftl Eigentümer des belasteten Grundstücks (BFH VIII R 276/81 BStBl II 84, 820; BFH IV R 67/94 BFH/NV 96, 101), wohl aber des Gebäudes (s Rz 270).

6. Aktivierung immaterieller WG, § 5 II

Schrifttum (Auswahl): *Niemann,* Immaterielle WG im Handels- und StRecht, 2. Aufl, 2006; *Haase* (Hrsg), Geistiges Eigentum, 2012. – *Beinert,* Nutzungseinlage als Gestaltungsinstrument im Halbeinkünfteverfahren, StbJb 03/04, 345 (s auch Schrifttum vor Rz 93). – **Verwaltung:** EStR 5.5.

a) Bedeutung; Funktion. 5 II gebietet („ist“) bei entgeltl Erwerb (Rz 190 ff) die Aktivierung (Rz 90) immaterieller WG (Rz 94–96; 171 ff) des AV **(Aktivierungsgebot).** Daraus folgt im Umkehrschluss: *(1)* Unentgeltl erworbene oder selbsthergestellte WG des AV sind nicht zu aktivieren **(Aktivierungsverbot).** – *(2)* Immaterielle WG des **UV** (Rz 117, 171; zB EDV-Programme) sind stets zu aktivieren. – *(3)* Das Gleiche gilt für **materielle WG** (Rz 111). Hintergrund sind das Vorsichtsprinzip und wohl auch der Vereinfachungsgedanke (*Anzinger/HHR* Anm 1754). – *(4)* Handelsrechtl bisher Aktivierungsverbot; nunmehr grds Wahlrecht; Aktivierungsverbot für Marken- und Verlagsrechte, Kundenliste und vergleichbare Rechte (§ 248 II HGB; RegEntw BT-Drs 16/10067, 50). 161

Die unterschiedl Behandlung von AV und UV lässt sich im Hinblick auf die Dauer der Zugehörigkeit zum BV, die von materiellen und immateriellen WG in Bezug auf ihre Greifbarkeit rechtfertigen. § 5 II verhindert periodengerechte Gewinnermittlung und führt zum sofortigen Abzug entspr Aufwands (zB sofort abziehbare Aufwendungen auf den originären Geschäftswert). Immaterielle WG des AV dürfen nur bei Marktbestätigung aktiviert werden (BFH I R 24/91 BStBl II 92, 977 mwN). In der Praxis kann § 5 II durch Gründung einer Tochter-GmbH und Veräußerung der immateriellen WG an diese zum „Marktpreis“ (= mindestens HK) unterlaufen werden (*Küting/Kaiser* BB 94 Beil 2, 11; Rz 199, 675). 162

b) Sphärenvorrang. – aa) Einlage, Entnahme. Die estrechtl Normen über **Einlagen** (§§ 4 I 5, 6 I Nr 5; zum Begriff Rz 636) sind (wegen der strechtl Notwendigkeit der strikten Trennung von PV und BV) ggü § 5 II vorrangig (BFH IV B 33/93 BFH/NV 95, 102; stRspr). 164

Beitrag (§ 15 Rz 562), (verdeckte) Einlage (Rz 204; § 4 Rz 300, 360; § 6 Rz 551), Einbringung (§§ 20–24 UmwStG; qualifizierte Form der Einlage [von (Teil-)Betrieben und Anteilen in KapGes/PersGes]; *Wacker* NWB 3, 15181 zu BFH IV R 37/06: § 7 I 5; § 15 Rz 472, § 16 Rz 22) haben eine spezifisch strechtl Funktion (Abgrenzung zum BV; Gewinnrealisierung); sie sind mit den entspr gesellschaftsrechtl Begriffen (dazu *K. Schmidt* GesRecht, 4. Aufl, 2002, § 20 II) nur bedingt vergleichbar.

Selbstgeschaffene oder unentgeltl erworbene immaterielle WG, die aus dem PV in ein BV überführt werden, sind danach im BV grds mit dem TW anzusetzen (BFH GrS 2/86 BStBl II 88, 348/53; BFH GrS 1/94 BStBl II 98, 307; EStR 5.5 III; 39). Das gilt nicht für Nutzungsrechte (nach der Rspr zwar WG, aber Vereitelung der Nutzungsbesteuerung; BFH IV R 117/92 BStBl II 94, 454; s Rz 176). – Ebenso steht bei **Entnahmen** das Aktivierungsverbot des § 5 II der Bewertung eines entnommenen immateriellen WG mit dem TW nicht entgegen (BFH X R 20/12 BStBl II 15, 325). Gelten soll § 5 II allerdings iZm § 13 I, II KStG (BFH I R 69/98 BStBl II 01, 71; krit *Weber-Grellet* FR 00, 1284).

bb) Übertragungen im Gesellschaftsbereich. Auch die Trennung des gesellschaftl vom betriebl Bereich bei KapGes geht dem Aktivierungsverbot des § 5 II vor; deshalb ist § 5 II nicht anzuwenden auf Wertbewegungen zw einer KapGes 165 und ihren Ges'tern, die – wie zB vGA oder verdeckte Einlagen – ihre Ursache im GesVerhältnis haben (BFH GrS 2/86 BStBl II 88, 248/55; BFH GrS 1/94 BStBl II 98, 307; BFH I R 6/01 BFH/NV 03, 88; s Rz 202–207). Entspr muss für Übertragungen zw PersGes und ihren Ges'tern gelten und beim Formwechsel von KapGes zu PersGes (FG Mster EFG 15, 1079, Rev I R 77/14).

166 **cc) Vorrang vor § 5 V 1 Nr 1.** Bei Vorliegen eines WG hat § 5 II zwingend Vorrang vor § 5 V 1 Nr 1 (aktiver RAP; s Rz 244). § 6 III hat als speziellere Norm Vorrang ggü § 5 II; bei unentgeltl Übertragung eines Betriebs usw sind deshalb die Buchwerte aktivierter immaterieller WG fortzuführen (EStR 5.5 III). § 6 IV ist einlageähnl (Realisation) und geht § 5 II vor (Rz 196 f; EStR 5.5 III; aA *KSM* Rz C 32).

167 **c) Geltung außerhalb von § 5 I.** § 5 II gilt analog für die Gewinnermittlung nach § 4 I und § 4 III und damit auch für Einkünfte aus selbständiger Arbeit (BFH VIII R 74/77 BStBl II 80, 244) oder aus LuF (s auch § 141 S 2 AO).

171 **7. Immaterielle WG. – a) Begriff.** Immaterielle WG iSv § 5 II sind alle unkörperl WG, insb Rechte und tatsächl Positionen von wirtschaftl Wert (*Weber-Grellet* StBilRecht § 8 Rz 23; *Tiedchen/HHR* Anm 586 f); das Interesse an der unkörperl Substanz muss im Vordergrund stehen. Ausgenommen sind Anteile an KapGes (einschließl Bezugsrechte) und an PersGes (zu diesen s Rz 270) sowie Geldforderungen (vgl auch § 266 II HGB; Rz 111; EStR 5.5 I, EStH 5.5). – Körperl WG können ausnahmsweise unselbständiger Teil eines immateriellen WG sein, zB Datenträger für EDV-Programme, Negative und Kopien für Filmwerke. – Ein immaterielles WG ist auch der (umfassende) Geschäftswert (Rz 221, 223).

172 **Beispiele** (weitere Beispiele s 34. Aufl): Ungeschützte Erfindungen, Rezepte, Know-how (FG Hess EFG 98, 1080), EDV-Programme (BFH III R 49/83 BStBl II 88, 737; s Rz 270 Software), Marken-, Urheber-, Verlagsrechte (BFH I R 37/75 BStBl II 79, 470), Emissionsberechtigungen (Rz 270), Geopunkte (BFH III B 7/14 BFH/NV 14, 1590).

176 **b) Nutzungsrechte**

Schrifttum: (Auswahl) *Ebber,* Die Abbildung von Nutzungsrechten in HB und StB, 2011; *Daragan,* Der MUerAnteil des Nießbrauchers, DStR 11, 1347 (s auch Schrifttum bei Rz 93, 150, 161); *Kußmaul/Ollnger,* Zur Aktivierungsfähigkeit von Nutzungsrechten in HB und StB, StuW 11, 282.

aa) Begriff. Nach der BFH-Rspr sind Nutzungsrechte dingl (zB Nießbrauch) oder schuldrechtl Art (zB Rechte aus Miet-, Pacht- oder Leihvertrag) immaterielle WG (BFH I R 109/04 BFH/NV 06, 1812; *Ebber* aaO 193 f), sofern sie auf bestimmbare Zeit (*Groh* DB 88, 514) oder gar immerwährend (vgl BFH X R 20/86 BStBl II 90, 128) eine „gesicherte Rechtsposition" gewähren, die aber nicht zu aktivieren sind, wenn ihnen ein schwebendes Geschäft zu Grunde liegt (BFH IV R 16/95 BStBl II 97, 808; diff *Anzinger/HHR* Anm 1787). – Zum Vorbehaltsnießbrauch § 7 Rz 40; zur Surrogation *Götz/Hülsmann* DStR 10, 2432.

Stellungnahme: ME (aA noch 27. Aufl) können im Einzelfall Nutzungsrechte immaterielle WG sein, zB im Fall des entgeltl Erwerbs eines Mietrechts (Rz 101). Der Umstand, dass sie Teil eines schwebenden Geschäfts sind, steht dieser Beurteilung nicht entgegen (*Babel* FS Mellwig 2007, 1, 25). Damit entfällt die Notwendigkeit, einmalige oder voraus gezahlte Nutzungsentgelte ggf als RAP zu aktivieren. Bei der Aktivierung oder Einlage von Nutzungsrechten ist allerdings darauf zu achten, dass den estrechtl Wertungen Rechnung getragen wird. So darf (nach bisheriger Rspr) zur Vermeidung von Besteuerungslücken als Einlagewert unentgeltl erworbener (schenkweise oder von Todes wegen zugewendeter) Nutzungsrechte weder der TW (Nutzungswert) angesetzt werden (BFH GrS 2/86 BStBl II 88, 348/53; BFH GrS 1/05 BFH BStBl II 07, 508; zur Problematik *Weber-Grellet* DB 95, 2550/7) noch ist ein Ansatz des Nutzungsrechts mit einem auf die Summe der Aufwendungen des Eigentümers des genutzten WG „reduzierten TW" zul (BFH IV R 300/84 BStBl II 91, 82; zB *Schubert* DStR 95, 362/6; überholt BFH VIII R 57/80 BStBl II 83, 739). – ME ist die bisherige Rspr durch BFH GrS 1/05 BFH GrS 1/05 BStBl II 07, 508 überholt; die dort entwickelten Grundsätze sind auf Nutzungsrechte zu übertragen (so auch *Ebber* aaO 245).

bb) Vorbehalt von Nutzungsrechten. – (1) Bei entgeltl Veräußerung. Nutzungsrechte, die sich der Veräußerer bei entgeltl Veräußerung eines WG vorbehält, sind nach hM nicht Teil der Gegenleistung und damit bereits mangels AK nicht aktivierbar. (zB BFH IX B 187/12 BFH/NV 13, 1405; *KSM* § 5 Rz E 92) und beim Erwerber die dingl Last nicht passivierbar (s Rz 321). Andererseits entstehen aber, wenn ein StPfl als Entgelt für die Einräumung einer Dienstbarkeit ein Nutzungsrecht an anderen WG erlangt, für dieses AK iHd Wertminderung des belasteten WG (BFH X R 20/86 BStBl II 90, 128). – Folgt man der hM, muss auch (zumindest) ein Teil des Buchwerts des veräußerten WG beim Veräußerer bleiben (*L. Schmidt* DStR 90, 611); spätere Ablösezahlungen sind dann zusätzl Veräußerungspreis des Veräußerers und nachträgl AK des Erwerber-Eigentümers (BFH IX R 72/90 BStBl II 93, 486). 180

(2) Bei unentgeltl Übertragung. Ein bei un-/teilentgeltl Übereignung eines WG vorbehaltenes Nutzungsrecht kann nicht mit dem TW in das eigene BV eingelegt werden (BFH GrS 4/92 BStBl II 95, 281); nur die eigenen Aufwendungen sind abziehbar. Dabei ist die AfA aber nicht nach den ursprüngl AK (HK), sondern nach dem höheren Gebäude-Entnahmewert (sog großer Entnahmegewinn; str, s Rz 653) zu bemessen (BFH X R 140/87 BStBl II 90, 368; *Korn* DStR 99, 1461/9); soweit sich das vorbehaltene Nutzungsrecht auf den GuB bezieht, ist AfA nicht zul. – Erlischt das Vorbehalts-Nutzungsrecht zB durch Tod des Berechtigten, ist ein etwaiger „Restbuchwert" im Hinblick auf die bereits erfolgte Übertragung erfolgsneutral auszubuchen (BFH III R 113/85 BStBl II 89, 763; *Brandenberg* DB 90, 1835/9). 181

cc) Rechte auf Dienstleistung. Auch diese (Rz 187) können – unabhängig davon, dass sie gesrechtl keine Sacheinlage sein können (§ 27 II AktG) – immaterielle WG sein; für sie gelten die oben dargestellten Grundsätze sinngemäß (BFH I R 8/85 BStBl II 89, 633; *Groh* StbJb 88/89, 187/91). 183

c) Nutzungen. – aa) Drittnutzung eines fremden WG. Bloße Nutzungen eines **fremden** WG sind auch nach der Rspr keine (immateriellen) WG, sondern nur wertbestimmende Eigenschaften der genutzten WG. Sie können daher nicht Gegenstand einer Einlage iSv § 4 I 1, 5 (Nutzungseinlage) sein, insb auch nicht einer verdeckten Einlage bei einer KapGes (BFH GrS 2/86 BStBl II 88, 348/53-4; BFH I B 2/95 BFH/NV 96, 215; *Beinert* StbJb 03/04, 345/52; § 4 V Nr 11; abl *Frye* FR 98, 973; *Gassner* aaO [Rz 204], 24), wohl aber Gegenstand einer vGA (BFH GrS 2/86 BStBl II 88, 348/56) oder einer estpfl BE (s Rz 100). Der Nutzende kann die Aufwendungen des Eigentümers, insb die AfA grds nicht als **Drittaufwand** abziehen; Ausnahme bei Miteigentum und Mitfinanzierung; keine Sonderbehandlung für Eheleute (BFH GrS 1/97 f BStBl II 99, 774 ff; iEinz s Rz 101). 185

bb) Nutzung eigenen PV. Nutzt ein StPfl *eigene* WG des PV vorübergehend für betriebl Zwecke, sind seine Aufwendungen insoweit anteilig BA (BFH X R 1/92 BStBl II 94, 353); iErg entspricht dies der Anerkennung einer Nutzungseinlage mit den anteiligen Selbstkosten (Aufwandseinlage; zB *J. Thiel* DStJG 14, 161/86; *Weber-Grellet* DB 95, 2550/5). – Dachnutzung für Photovoltaikanlage soll nicht zu einer Aufwandseinlage führen (BFH III R 27/12 BStBl II 14, 372; BFH X R 32/12 BFH/NV 15, 324); mE müssten zumindest die Mehrkosten absetzbar sein. 186

d) Dienstleistungen. Diese (des StPfl oder Dritter) sind keine (immateriellen) WG; ihr Wert und der Aufwand des Ditten können nicht als Einlage abgezogen werden (BFH III R 67/87 BFH/NV 91, 442 mwN; BGH II ZR 120/07 – *‚Qivive'* DStR 09, 809; § 27 II AktG), wohl aber stehen gelassene Vergütungsansprüche. 187

e) Verzehr. Immaterielle WG können **abnutzbar** (mit entspr Wertverzehr) oder **nicht abnutzbar** sein (s Rz 116, 233). Zeitl befristete, auch lebenslängl Rechte sind abnutzbare WG (zB BFH IV R 30/88 BStBl II 90, 623, mwN für 188

Nutzungsrecht; BFH X R 10/86 BStBl II 89, 549 für Vertreterrecht: 5 Jahre; BFH X R 5/05 BStBl II 07, 959: keine Anwendung des § 7 I 3; BFH VIII R 361/83 BFH/NV 89, 778 für Auftragsbestand); „ewige" Rechte sind nicht abnutzbare WG; weitere Einzelheiten § 7 Rz 29.

190 **8. Aktivierung bei entgeltl Erwerb. – a) Voraussetzungen.** Das in § 5 II enthaltene Aktivierungsgebot verlangt den Erwerb gegen Entgelt, also *(1)* den abgeleiteten Erwerb von einem Dritten und *(2)* die Erbringung einer Gegenleistung (BFH VIII R 37/92 BStBl II 94, 444; EStR 5.5 II; *Anzinger/HHR* Anm 1830 f).

191 **aa) Erwerb.** Grundlage eines Erwerbsaktes ist ein Rechtsgeschäft (zB Kauf, Tausch), ein Hoheitsakt oder ein gesellschaftl Vorgang. Erwerb ist immer der abgeleitete Erwerb von einem Dritten; unechte Auftragsproduktion (Werbefilm, Imagefilm) ist kein Erwerb (FG RhPf EFG 13, 15, Rz 31/12). Umwandlung genügt nicht (BFH III R 45/98 BStBl II 03, 10: keine Marktbestätigung; aA für übertragende Umwandlung *Anzinger/HHR* Anm 1851). Anschaffung ist im Regelfall Erwerb (im Unterschied zur eigenen Herstellung; BFH I R 109/04 BFH/NV 06, 1812) mit Übergabe/-nahme (BFH III R 92/08 BStBl II 14, 190).

192 **bb) Entgelt.** Für den Erwerb muss eine Gegenleistung aufgewendet werden; die Art des Entgelts ist grds ohne Bedeutung (*KSM* Rz C 105); unerhebl ist, ob eine einmalige oder wiederkehrende Gegenleistung gewährt wird, soweit nicht der Grundsatz der Nichtbilanzierung eines schwebenden Geschäfts eingreift (BFH I R 24/91 BStBl II 92, 977). – Besteht die Gegenleistung in wiederkehrenden Bezügen mit schwankender Bezugsgröße (zB Umsatz, Gewinn), soll die Aktivierung auch nach BFH unterbleiben können (BFH X R 10/86 BStBl II 89, 549 mwN; „praktische Unmöglichkeit"). – Entgeltl Erwerb liegt vor, wenn der Nutzungsberechtigte sein Recht zB als stpfl Einnahme aus nichtselbständiger Arbeit (Sachbezug; vgl BFH VI R 135/84 BStBl II 88, 525) oder als Entgelt für die Einräumung einer Dienstbarkeit erlangt hat (vgl BFH X R 20/86 BStBl II 90, 128), mE auch bei gleichzeitiger Gewähr eines zinsl Darlehens (BFH X R 2/04 BStBl II 08, 109). Zuschuss ist Entgelt, wenn er als unmittelbare Gegenleistung für den Erwerb gezahlt wird, zB bei Bierlieferungsrecht (*Niemann* vor Rz 161, 68). – Kein Entgelt und noch keine AK-Aktivierung bei variablem gewinnabhängigen Kaufpreis (BFH IV B 132/09 nv; Rz 314; § 6 Rz 81).

193 **cc) Synallagmatische Verknüpfung.** Der Erwerb des WG muss Gegenstand eines gegenseitigen Vertrags sein, bei dem Leistung und Gegenleistung kfm gegeneinander abgewogen sind und die Leistung des anderen Vertragspartners in der Übertragung eines bereits bestehenden WG, zB Patent oder in der Begründung (Einräumung) eines neuen Rechts besteht (zB BFH VIII R 37/92 BStBl II 94, 444); Aufwendungen gelegentl des Erwerbs (zB Provision an Handelsvertreter) genügen nicht (BFH III R 45/98 BStBl II 03, 10; BFH I R 108/10 BStBl II 12, 238); das Entgelt muss sich direkt auf das WG beziehen.

194 **dd) Tausch.** Ein entgeltl Erwerb liegt auch vor, wenn ein immaterielles WG gegen ein anderes immaterielles WG getauscht wird (§ 6 VI 1; BFH I R 6/01 BFH/NV 03, 88; *Anzinger/HHR* Anm 1832).

195 **ee) Nutzungsrechtserwerb.** Die entgeltl Begründung eines Nutzungsrechts (zB Lizenzvertrag) ist entgeltl Erwerb und kann Anschaffung sein (BFH X R 136/87 BStBl II 92, 70); vorausgezahlte oder einmalige Nutzungsentgelte sind ggf zu aktivieren (BFH VIII R 65/91 BStBl II 95, 312; *Weber-Grellet* DB 95, 2550/8). Bei entgeltl Übertragung eines Nutzungsrechts können ein „Aufpreis" (*FinVerw* DStR 92, 1652) als auch die Erstattung vorausgezahlten Nutzungsentgelts zu den AK gehören (*J. Thiel* DStJG 14, 161/78).

196 **b) Nicht entgeltl Erwerb.** Den Gegensatz zum entgeltl Erwerb bilden der abgeleitete unentgeltl Erwerb und die Herstellung eines immateriellen WG; der **teilentgeltl** Erwerb ist teilweise entgeltl (§ 6 Rz 157 f; §§ 16, 57 f). – **aa) Unentgeltl Erwerb.** Wird ein betriebl genutztes immaterielles WG von einem anderen unent-

geltl aus privaten Gründen erworben (zB Schenkung des Vaters an den Sohn), liegt ein abgeleiteter, aber unentgeltl Erwerb vor; gleichwohl greift das Aktivierungsverbot nicht ein, weil dem privaten Erwerb notwendig eine Einlage folgt und für diese § 5 II nicht gilt (s Rz 164; Ansatz mit dem TW). Geht einem unentgeltl ein entgeltl Erwerb voraus, greift § 5 II nicht ein (*KSM* Rz C 108). – Die unentgeltl Übertragung nach § 6 III (Buchwertfortführung) ist bezügl der Rechtsfolgen ebenso wenig eine Einlage wie die Einbringung nach § 20 UmwStG (Rz 166).

bb) Unentgeltl Erwerb aus betriebl Gründen, § 6 IV. Wird ein immateriel- 197 les WG unentgeltl aus betriebl Gründen erworben, zB Schenkung eines Lieferanten, und ausschließl betriebl genutzt (zu privater Nutzung vgl BFH III R 175/85 BStBl II 88, 995), greift mE das Aktivierungsverbot nicht ein, weil einlageähnl.

cc) Herstellung. Kein Erwerb; für die Unterscheidung zw (Fremd-)Herstel- 198 lung und entgeltl Anschaffung (vgl zB BFH III R 53/84 BStBl II 88, 1009) sind die allg Rechtsgrundsätze anzuwenden (§ 6 Rz 34, 151). – Die Beteiligung von Dienstverpflichteten steht der Herstellung nicht entgegen; str bei Werk(lieferungs)vertrag (*KSM* Rz C 104).

dd) Konzerntransaktionen. Streitig ist, ob bei entgeltl Transaktionen zw 199 Mutter-/TochterGes ein entgeltl Erwerb vorliegt und damit Gewinnausweis und Aktivierung zul sind (diff *Anzinger/HHR* Anm 1851; vern *Löcke* BB 98, 415; Rz 675).

ee) Einzelfälle. Die **Rspr** hat den entgeltl Erwerb eines immateriellen WG zB **verneint** 200 bei Provision für Darlehensvermittlung (BFH IV R 78/72 BStBl II 77, 380), für Zuschuss zu Fußgängerzone (BFH IV R 137/80 BStBl II 84, 489), für Kanalbaubeitrag (BFH I R 130/78 BStBl II 83, 38), für Beitrag an E-Werk zu Stromumstellung oder Bau einer Trafostation (BFH VIII R 249/80 BStBl II 85, 289; BFH IV R 4/85 BFH/NV 88, 229), für Zusage künftiger Jubiläumszuwendungen (BFH IV R 81/84 BStBl II 87, 845), **bejaht** bei Abfindung (auch) für Geschäftswert an einen ausscheidenden Ges'ter (BFH III R 45/98 BStBl II 03, 10).

c) Verdeckte Gewinnausschüttung. Kein entgeltl Erwerb ist der Erwerb 201 durch vGA (BFH IV R 90/72 BStBl II 77, 467) oder Liquidation einer KapGes (BFH VIII R 23/75 BStBl II 77, 712; *Groh* StbJb 88/89, 187/90; *Anzinger/HHR* Anm 1850). Gleichwohl ist das WG zu aktivieren (soweit BV), weil die „Trennung des gesellschaftl vom betriebl Bereich" dem Aktivierungsverbot des § 5 II vorgeht (BFH I R 150/82 BStBl II 87, 455/7; Rz 165). Ist Gegenstand der vGA ein Nutzungsrecht, sind jeweils nur die lfd Nutzungen ausgeschüttet (*Groh* StbJb 88/89, 187/94). Zu PersGes s Rz 208.

d) Offene Sacheinlage in KapGes. Entgeltl Erwerb der KapGes (tauschähnl 202 Anschaffung) liegt vor, wenn ein (immaterielles) WG gegen Gewährung von Ges-Rechten in eine KapGes eingebracht wird (offene Sacheinlage; BFH I R 6/01 BFH/NV 03, 88; *Anzinger/HHR* Anm 1846; aA *Schmidt/Hageböke* DStR 03, 1813: Einlage). – Entgeltl ist ein Geschäft nach hL auch, wenn ein (dingl oder schuldrechtl) Nutzungsrecht an einem WG des BV des Ges'ters Gegenstand der Sacheinlage ist (*K. Schmidt* GesRecht, 4. Aufl, 2002, § 20 II 3; BGH II ZR 121/02 BB 04, 1925). Die KapGes aktiviert das Nutzungsrecht (wie einen RAP); der Ges'ter hat die (als vorausgezahltes Nutzungsentgelt) erlangten Anteile zu aktivieren, in gleicher Höhe einen passiven RAP zu bilden und diesen über die Nutzungsdauer gewinnerhöhend aufzulösen (*Beinert* StbJb 03/04, 345/56); die Aufwendungen des Ges'ters für die Nutzungsüberlassung sind keine nachträgl AK, sondern sofort abziehbar (*Groh* DB 88, 514/21); ist das belastete WG (zB Grundstück) PV des Ges'ters, erlangt dieser mit den neuen GesAnteilen zB Einnahmen aus VuV, auch wenn die Anteile in ein BV des Ges'ters eingehen (aA *Beinert* aaO, 345/58). Willkür mögl.

e) Verdeckte Einlage

Schrifttum: (Auswahl): *Gassner* Die verdeckte Einlage in KapGes, 2004; *Marschner* Einlagen in KapGes 2015; *Briese* Die verdeckte Einlage …, GmbHR 06, 1136; *Dörfler ua* Korrespondenzprinzip bei vGA und verdeckter Einlage, DStR 07, 514; *Hirschler,* Einlagen im Handels- und im StR, FS Pircher, 2007, 43; *Pohl/Raupach,* VGA und verdeckte Einlagen nach dem JStG 07, FR 07, 210; *Fuhrmann/Demuth,* Verdeckte Sacheinlagen, KÖSDI 09, 16562.

204 **aa) Wirkungen.** Die (im Unterschied zur offenen) mit einem Subjektwechsel (zumeist von Ges'ter auf Ges) verbundene verdeckte Einlage (§ 6 VI 2; zB bei un- oder teilentgeltl Übertragung von WG auf die BetriebsGes, BFH X R 17/05 BStBl II 08, 579; „Ertragszuschuss") führt beim Ges'ter zur (gewinnrealisierenden) „Entnahme" und zu (nachträgl) AK auf die Beteiligung und bei der Ges zur Einlage (mit dem TW); sie sind aus Empfängersicht wegen ihrer unternehmerischen/gesellschaftl Veranlassung **keine BE** (BFH I R 44/04 BStBl II 05, 522 – Fremdvergleich; *Briese* GmbHR 06, 1136; *Lüdenbach* StuB 10, 709; § 8 III 4 KStG idF JStG 07). Das Einkommen erhöht sich, soweit das Einkommen des Ges'ters gemindert wurde (materielles [§ 8 III 4 KStG] und formelles [§ 32a II KStG] Korrespondenzprinzip; BT-Drs 16/2712, 70; *Schwedhelm ua* GmbHR 06, 1225/34; *Dötsch/Pung* DB 07, 11/4). Nach § 32a II KStG idF JStG 07 kann der KSt-Bescheid entspr geändert werden. – § 6 VI 2 stellt die verdeckte Einlage (in Bezug auf die Realisation, nicht auf die Entgeltlichkeit) einem Veräußerungsvorgang gleich. Veräußerungspreis/Entnahmewert und Einlagewert bemessen sich grds nach dem TW (BFH I R 30/01 BFH/NV 02, 677; FG Hbg VII 105/01 DStRE 02, 193, rkr); nur in den Fällen des § 6 I Nr 5 S 1 Buchst a gilt (zur Vermeidung einer Übermaßbesteuerung) der Einlagewert als Veräußerungspreis (§ 6 VI 3). Die Beurteilung der verdeckten Einlage („zusätzl Beitrag eines Ges'ters"; § 272 II Nr 4 HGB) als **unentgeltl** – besser: entgeltlosen – Erwerb (BFH X R 22/02 BStBl II 06, 457; *Weber-Grellet* DB 98, 1532/6) wird nicht in Frage gestellt (*Beinert* StbJb 03/04, 345/60; *Anzinger/HHR* Anm 1848). Die KapGes hat ein entgeltlos erworbenes immaterielles (materielles) WG mit dem TW zu aktivieren (Geltung der estrechtl Normen über Einlagen auch für KapGes und Vorrang ggü § 5 II; Rz 165) und ggf auch abzuschreiben, bisher unabhängig von der Besteuerung beim Einlegenden (BFH I R 104/94 DStR 96, 617). Ein überhöhtes Aufgeld ist keine verdeckte Einlage (BFH I R 53/08 BB 10, 304). – Von der verdeckten Einlage ist die verdeckte Sacheinlage (Ersatz einer Bareinlage) zu unterscheiden (*Fuhrmann/Demuth* KÖSDI 09, 16562/8). – Zur **Bewertung** § 6 Rz 551, 741 f.

205 **bb) Verknüpfung.** § 6 VI 2, 3 verknüpft den Wertansatz zw Ges und Ges'ter. War das WG BV und sind die Anteile PV, wird Gewinn durch Entnahme oder Betriebsaufgabe realisiert (BFH I R 104/94 DStR 96, 617; *Weber-Grellet* DB 98, 1532/6). War das WG BV und sind die Anteile ebenfalls BV, wird Gewinn realisiert durch Entnahme iVm dem Ansatz **zusätzl AK** für die GesAnteile iHd TW des WG (§ 6 VI 2; § 6 Rz 741; BFH X R 36/02 DStR 05, 1389; nicht eindeutig BFH VIII R 57/94 BStBl II 98, 652). S ferner (auch zur disquotalen/inkongruenten Einlage) Rz 270 „Beteiligungen an KapGes" und Rz 639. Eine verdeckte Einlage kann auch durch einen Ges'terVerzicht bewirkt werden, der bei diesem zu Gewinnrealisation bzw Zufluss (‚Fiktion') führt (BFH GrS 1/94 BStBl II 98, 307; FG Mster EFG 00, 1304); s Rz 550 ‚Ges'terfinanzierung'; Rz 671.

206 **cc) Nutzungen.** Diese (sowie *Dienstleistungen*) können nicht Gegenstand einer verdeckten Einlage bei einer KapGes sein (Rz 185). Wenn kein Drittaufwand eingelegt werden kann, kann auch kein „Drittertrag" in Gestalt eines zinslosen Darlehens eingelegt werden (aA BFH I R 97/00 GmbHR 02, 169). – **(1) Gesellschafter.** Er hat keine Einnahmen aus der Nutzungsüberlassung; seine eigenen Aufwendungen hierfür sind keine nachträgl AK auf die GesAnteile, sondern als BA (Anteile im BV) oder WK bei Einkünften aus KapVerm (Anteile im PV) sofort abziehbar (BFH GrS 2/86 BStBl II 88, 348/54; BFH I R 8/85 BStBl II 89, 633; krit *Biergans* DStR 89, 367/71; *Beiser* DStR 95, 635).

207 **(2) Nutzungsrechte.** Ob die für die verdeckte Einlage von Nutzungen maßgebl Grundsätze auch auf die verdeckte Einlage von Nutzungsrechten (Rz 176 f)

Anwendung finden, ist str (*Groh* StbJb 88/89, 187/92; *Beiser* StuW 91, 136/43; *Weber-Grellet* DB 98, 1532/5; aA *Beinert* StbJb 03/04, 345/69: Einlage zur Verhinderung des § 3c II; iEinz s 29. Aufl). – Zur Problematik „kapitalersetzender Nutzungsüberlassung" und ihrer Bilanzierung s Rz 550; § 15 Rz 805. – Bei teilentgeltl Nutzungsüberlassung (zB Überlassung eines Grundstücks durch A an die A-GmbH zu 100 bei angemessenen 200) sollen die auf die unentgeltl überlassenen Teile entfallenden Aufwendungen gem § 3c II nur zu 60 vH abziehbar sein (FG Brem EFG 06, 1234; aA *Schwedhelm ua* GmbHR 06, 1225/37). – **(3)** Zu Einlage in bzw Entnahme aus **MUerschaft** s 29. Aufl und § 6 Rz 555, 690 ff.

9. Geschäftswert

Schrifttum (Auswahl; vor 2010 s Vorauflagen): *Fasselt/Radde,* Geschäfts- oder Firmenwert, BeckHdR B 211a (12/14). – *Velte,* HB- und StB-Qualifikation des derivativen Geschäfts-/Firmenwerts, StuW 10, 93; *Mujkanovic,* Die Bilanzierung des derivaten Geschäfts- oder Firmenwerts, StuB 10, 167; *Velte,* Negative Geschäftswerte im Handels- und StRecht, StB 11, 396. – **Verwaltung:** EStH 5.5.

a) Geschäftswert (Firmenwert). Das ist der Mehrwert, der einem gewerbl Unternehmen über den Substanzwert der einzelnen materiellen und immateriellen WG abzügl Schulden hinaus innewohnt (BFH I R 42/00 BStBl II 01, 477; BFH III R 40/07 BStBl II 10, 609; vgl § 246 I 4 HGB nF (zeitl begrenztes WG); auch handelsrechtl kein Wahlrecht mehr; *Künkele/Zwirner* DStR 09, 1277/80), der sich in der „Mehrzahlung" des Käufers ausdrückt (ein „Sammelbecken aller nicht bilanzierungsfähigen immateriellen Werte"; *Küting* DStR 08, 1795). Er wird durch die Gewinnaussichten bestimmt, die, losgelöst von der Person des Unternehmers, auf Grund besonderer dem Unternehmen eigener Vorteile (zB Ruf, Goodwill, Kundenkreis, Organisation usw) gegeben sind (BFH II R 102/90 BStBl II 94, 9). Einen Geschäftswert kann auch ein **Teilbetrieb** haben (BFH I R 60/95 BStBl II 96, 576), nicht ein Unternehmen im Aufbau (BFH IV R 40/92 BStBl II 94, 224; krit *Moxter* StuW 95, 378). – Er ist an den (Teil-)Betrieb gebunden und kann nicht ohne diesen veräußert oder „entnommen" werden (BFH I R 52/93 BStBl II 94, 903; BFH X R 57/93 DStR 98, 887: grds keine Entnahme bei BetrAufsp; krit zR ggü Transferpaket bei Funktionsverlagerung *Blumers* BB 07, 1757); differenzierte Beurteilung bei Betriebsübernahme, ggf sogar Spaltung des Geschäftswerts in einzelne geschäftswertbildende Faktoren (BFH I R 42/00 BStBl II 01, 477); keine zwingende Verflüchtigung bei BetrAufsp (FG RhPf EFG 03, 240, rkr); Übertragung und Realisierung mögl (BFH X R 34/03 DB 04, 2505; Rz 639). – Auch bei **„personenbezogenen GewBetr"** bejaht die Rspr einen Geschäftswert (zB BFH I R 96/70 BStBl II 72, 381 Friseurbetrieb; BFH I R 60/95 BStBl II 96, 576 Apotheke); Ausnahme: Handelsvertreter (BFH IV R 50/72 BStBl II 77, 201). – Zur **Unterscheidung** zw **Geschäfts-** und **Praxiswert** s BFH I R 83/89 BStBl II 91, 595; zu den Rechtsfolgen dieser Unterscheidung s Rz 227 f. 221

aa) Wirtschaftsgut. Der Geschäftswert ist handelsrechtl ein (abnutzbarer) Vermögensgegenstand (§§ 266 II; 246 I 4 HGB idF BilMoG) und estrechtl ein **immaterielles WG,** keine Bilanzierungshilfe (BFH X R 5/05 BStBl II 07, 959; *Schubert/F. Huber* BeBiKo § 247 Rz 400); § 253 V 2 HGB idF BilMoG bedeutet eine Absage an die Einheitstheorie (*Hennrichs* StbJb 09/10, 261/76). 222

ME ist zu überlegen, ob de lege ferenda die (strechtl) Einordnung des Geschäftswerts als WG nicht aufgegeben werden sollte. Die bilanziellen Probleme (Einheitstheorie; TW-AfA; negativer Geschäftswert) beruhen größtenteils auf dieser Einordnung; ein (positiver oder negativer) Ausgleichsposten wäre leichter zu handhaben (ähnl *Hügel* ÖStZ-Sonderheft 97, 9/32; *Bruckner* in: Steuern in Österreich, 1998, 109).

Der Geschäftswert *gilt* für nach dem 31.12.86 beginnende Wj als **abnutzbares WG** mit einer gesetzl festgelegten Nutzungsdauer von 15 Jahren (§ 7 I 3 s Rz 227), der auch verdeckt eingelegt werden kann (BFH I R 104/94 DStR 96,

617). – Handelsrechtl darf ein selbst geschaffener (originärer) Geschäftswerts aktiviert werden (§ 248 II HGB nF); bei entgeltl Erwerb besteht Ansatzpflicht (Schluss aus § 248 II HGB). **Estrechtl** darf ein **selbst geschaffener** Geschäftswert **nicht** aktiviert werden; ein **entgeltl** erworbener (derivativer) Geschäftswert **muss** aktiviert werden (§ 5 II; *Velte* StuW 10, 93). Ein entgeltl Erwerb eines Geschäftswerts liegt nur vor, wenn ein (Teil-)Betrieb „lebend" zum Zwecke der unveränderten oder umstrukturierten Fortführung erworben wird; bei **Erwerb zum Zwecke der Stilllegung** (Ausschaltung eines Konkurrenten) sind die Aufwendungen keine AK, sondern Aufwendungen zur Verbesserung des eigenen Geschäftswerts und damit sofort abziehbar, sofern sie nicht AK für EinzelWG (zB Kundenstamm) sind (BFH I R 49/85 BFH/NV 90, 442). Wird nur eine Summe einzelner WG erworben, ist kein Geschäftswert zu aktivieren (BFH IV R 218/72 BStBl II 77, 595). Ein Geschäftswert wird entgeltl erworben, wenn (unabhängig von einer ausdrückl Vereinbarung) die Summe der TW der einzelnen WG (nach Abzug der Schulden) unter dem gezahlten Kaufpreis liegt (BFH IV R 129/90 BStBl II 92, 841). Dem entgeltl Erwerb eines Geschäftswerts steht nicht entgegen, dass das erworbene Unternehmen in ein vorhandenes integriert wird (BFH IV R 61/77 BStBl II 80, 690); bei Aufteilung eines Unternehmens geht der Geschäftswert nicht zwangsläufig unter (BFH I R 60/95 BStBl II 96, 576).

223 **bb) Abgrenzung.** Insb kurzfristig **abnutzbare immaterielle EinzelWG** sind vom Geschäftswert einschließl der geschäftswertbildenden Faktoren abzugrenzen (zB zum Mandantenstamm; BFH I R 52/93 BStBl II 94, 903; BFH III R 40/07 BStBl II 10, 609); insoweit kann indiziell bedeutsam sein, ob die Vertragsparteien bei der Preisfindung erkennbar bestimmte Verhältnisse des Unternehmers einzeln bewertet haben (grds BFH IV R 7/83 BStBl II 86, 176). Eigenständige WG sind anzunehmen, wenn es sich um **Gegenstände** handelt, die auch als solche **am Markt greifbar** sind und gesondert übertragen werden (Rz 171 ff mwN für Rechte, Patente, EDV-Programme, EStR 5.5 I), zB Konzessionen (BFH X R 176–177/87 BStBl II 90, 15), kassenärztl Zulassung (*FinVerw* DB 06, 127; aA *Michels/Ketteler-Eising* DStR 08, 314), Wettbewerbsverbot (bei wirtschaftl Eigengewicht und besonderem Entgelt; BFH IX R 86/95 BStBl II 99, 590). – **Unselbständige geschäftswertbildende Faktoren** sind zB das Recht zur Fortführung des Firmennamens, ein bei Geschäftsübernahme vereinbartes Wettbewerbsverbot (BFH I R 130/85 BFH/NV 89, 780), der Kundenstamm – aber nicht bei Unternehmenserwerb zur Stilllegung (BFH I R 49/85 BFH/NV 90, 442) –, die Kundenkartei und günstige Einkaufsmöglichkeiten, schwebende Arbeitsverträge (BFH IV R 7/83 BStBl II 86, 176), die (innere und äußere) Organisation des Unternehmens, eingearbeitetes Personal, wohl auch sog Zertifizierungsaufwendungen (*Streck/Alvermann* BB 97, 1184). Verdeckte Einlage (mit der Möglichkeit der Aufwandsabsetzung) setzt vertragl Überlassung voraus (BFH X R 32/05 BStBl II 09, 634). – Zu entgeltl Erwerb, vGA und verdeckter Einlage s Rz 190 ff.

226 **b) Negativer Geschäftswert.** Dieser („Geschäftsmangel"; wegen geringen Ertragswerts Kaufpreis niedriger als Substanzwert; „Mehrzahlung" des Verkäufers = „Anschaffungsertrag" des Erwerbers) soll nach wohl noch hM weder in der HB noch in der StB passivierbar sein (BFH IV R 77/93 BStBl II 98, 180; *Groh* FS Klein, 1994, 815; *Schülen* FS Stehle, 1997, 151; aA zB *Clemm* FS Claussen, 1997, 605). Er kann aber *(1)* eine TW-AfA bzw eine Abstockung (nicht Bar- und Buchgeld) rechtfertigen (BFH VIII R 160/79 BStBl II 84, 56 mwN; *Strahl* DStR 98, 515) oder *(2)* als **„passiver Ausgleichsposten"** in Erscheinung treten (BFH IV R 77/93 BStBl II 98, 180; BFH I R 49, 50/04 BStBl II 06, 656; dazu *ADS* § 255 Tz 294; *Velte* StB 11, 396), der gewinnerhöhend aufzulösen ist (evtl entspr § 7 I 3; ähnl *Möhrle* DStR 99, 1414: entspr § 255 IV 2 HGB aF: 4 Jahre); nach aA ist der negative Geschäftswert erst bei Verkauf, bei Liquidation oder bei Wegfall der Ursachen für den negativen Geschäftswert gewinnerhöhend aufzulösen (*Roser/Haupt* GmbHR 07, 78; *Preißer* DStR 11, 133; *Meier/Geberth* DStR 11, 733). Nach *Pickhardt* DStR 97, 1095 führt Zuzahlung des Verkäufers zu sofortigem Gewinnausweis; mE AK-korrespondierende Betrachtung vorzuziehen (ähnl BFH I R 49, 50/04 BStBl II 06, 656; *Heger* jurisPR-StR 34/06 Anm 2).

c) Absetzung. Der Geschäftswert (GewBetr; LuF) kann mit einer für die StB (zur HB s § 246 I 4 HGB) gesetzl festgelegten fiktiven Nutzungsdauer von 15 Jahren (§ 7 I 3) abgesetzt werden, die weder über- noch unterschritten werden darf (IEinz § 7 Rz 110). 227

d) Praxiswert. Anders als ein Geschäftswert ist ein **freiberufl** Praxiswert von jeher als abnutzbares WG zu werten und auf seine AK daher idR eine AfA zul (zB BFH VIII B 42/10 BFH/NV 11, 1345; zur Ermittlung des Werts einer Praxis s *George* DB 95, 896 mwN). Ein Praxiswert kann nur in der Person des Praxisinhabers entstehen (FG Bbg EFG 96, 218); zur Abgrenzung von Praxiswert und Mandantenstamm BFH I R 52/93 BStBl II 94, 903. Eine Kassenzulassung ist kein selbständiges WG (BFH VIII R 13/08 BStBl II 11, 875). – Seit Inkrafttreten des BiRiLiG ist auch der bei der Sozietätsgründung oder -erweiterung (in vollem Umfang) aufgedeckte Praxiswert ein abnutzbares WG, dessen Nutzungsdauer bei weiterer Mitarbeit des Praxisinhabers doppelt so lang ist wie die des Wertes einer Einzelpraxis, idR 3–5 Jahre (BFH IV R 38/94 BFH/NV 95, 385; *BMF* BStBl I 95, 14); bei Übertragung auf KapGes ist die Stellung des übertragenden Ges'ters von Bedeutung (BFH I R 52/93 BStBl II 94, 903). Bei Fortführung einer Praxis mit Betriebsfremden soll der Praxiswert zu einem Geschäftswert werden (BFH VIII R 13/93 BStBl II 94, 922); zur Aufnahme eines Sozius in ein Einzelunternehmen BFH VIII R 13/07 DB 09, 2071. 228

e) Teilwertabschreibung. Dazu s 23. Aufl (Rz 230–232); § 6 Rz 313 f; zur TW-AfA bei BetrAufsp BFH X R 45/06 BStBl II 10, 274. 230

f) Geschäftswertähnl WG. Diese sind uU als abnutzbar und analog § 7 I 3 zu behandeln (BFH IV R 48/97 BStBl II 98, 775; *BMF* BStBl I 86, 532 für Verlagswert; BFH IV B 24/97 BFH/NV 98, 1467 für Kundenstamm). Daneben gibt es nach wie vor nichtabnutzbare immaterielle WG, zB Brennrechte (*BMF* BB 89, 745); Güterfernverkehrsgenehmigungen (*BMF* BStBl I 86, 532; diff *IdW* WPg 92, 609, str, dazu Rz 270); Linienkonzessionen (BFH X R 102/92 BFH/NV 94, 543); ewige Rechte (s Rz 188). 233

10. Aktive und passive Rechnungsabgrenzung

Schrifttum (Aufsätze vor 2001 s Vorauflagen): *Weber-Grellet,* StBilRecht, 1996, § 9; *Bertl ua* (Hrsg), Erfolgsabgrenzungen in Handels- und Steuerbilanz, 2001; *Tiedchen,* Aktive RAP, HdJ II/9 (2013), *Tiedchen,* Passive RAP, HdJ III/8 (2013); *Hayn* HdR B 218; *Bauer*/KSM § 5 Rz F 1–386; *Weber-Grellet,* RAP insb iZm Finanzierungsaufwendungen, RdF 14, 56. – **Verwaltung:** EStR 5.6; *BMF* BStBl I 95, 183; *FinVerw* StEK EStG § 4 Buchf Nr 52 – 8.8.00 (Milchaufgabevergütung).

a) Grundsätzliches. Nach § 5 V 1 EStG (§ 250 I, II HGB) besteht ein Ansatzgebot für „vorverausgabten Aufwand" (noch kein Aufwand; per RAP an Geld) und für „vorvereinnahmten Ertrag" (noch kein Ertrag; per Geld an RAP) – sog **transitorische RAP** (Ausgaben werden aktiviert, Einnahmen werden passiviert). RAP sind mE nicht aus dem Vorsichtsprinzip des § 252 I Nr 4 HGB abzuleiten, sondern sind **Stornoposten zur perioden- und realisationsgerechten Gewinnermittlung** (§ 252 I Nr 5 HGB; BFH I R 18/06 DStR 07, 1519; *Tiedchen* HdJ III/8 Rz 9; Rz 78), aber weder WG noch (ungewisse) Verbindlichkeit. Zahlungen mit Zukunftsbezug sind (nach Maßgabe des imparitätischen Realisationsprinzips; s Rz 381, 601) aufwands- und ertragsmäßig den zukünftigen Zeiträumen zuzuordnen (**Zahlungszuordnungsposten;** *Weber-Grellet* RdF 14, 56/61). RAP entstehen nur iZm Einnahmen und Ausgaben (baren und unbaren Zahlungen, *KSM* § 5 Rz F 47), denn allen anderen Bilanzposten (Forderungen, Verbindlichkeiten) ist der zeitgerechte Ausweis wesensimmanent; eine Forderung kann nicht Gegenstand eines RAP sein. – Zur bilanziellen Abwicklung eines subventionierten Handyverkaufs (nach BFH I R 77/08 BStBl II 13, 730) mit Hilfe eines verdeckten Zuschusses s 34. Aufl. 241

Unterbliebene RAP sind in späteren Wj nachzuholen (BFH IV R 33/87 BStBl II 89, 409). Die Vorschrift gilt sinngemäß für § 4 I (BFH IV R 49/86 BStBl II 88, 327 zu LuF; EStH 5.6). Sind die Voraussetzungen des § 5 V 1 nicht erfüllt, lässt sich die Bildung eines RAP nicht mit dem Grundsatz der einheitl Behandlung eines schwebendes Geschäft rechtfertigen (BFH I R 27/74 BStBl II 77, 802; BFH VIII R 24/91 BFH/NV 93, 461).

b) Aktive RAP. – aa) Funktion. § 5 V 1 Nr 1 (abschließende Sondernorm, BFH I R 92/94 BStBl II 95, 594) statuiert mit der Definition aktiver RAP für die 242

StB ein **Aktivierungsgebot** für Ausgaben, die der Definition entsprechen (BFH IV R 153/72 BStBl II 78, 262; *Tiedchen/HHR* Anm 570, 2185 f), und ein Aktivierungsverbot für Ausgaben, die der Definition nicht genügen und auch aus anderen Gründen zB als AK (HK) für WG nicht aktivierungspflichtig sind. **Geringfügige RAP** sind nicht auszuweisen (Wahlrecht; Maßstab § 6 II; BFH X R 20/09 BFH/NV 10, 1796); für Rückstellungen Rz 370.

243 **bb) Voraussetzungen.** Ein aktiver RAP erfordert, *(1)* Ausgaben vor dem Abschlussstichtag, *(2)* die Aufwand für eine **bestimmte Zeit** nach dem Abschlussstichtag sind. Aktiviert werden Aufwendungen, die als **lfd BA** abziehbar sind (zB vor dem Bilanzstichtag gezahlte, aber als Gegenleistung für die Zeit nach dem Bilanzstichtag bestimmte Miet-, Pacht-, Darlehenszinsen, Versicherungsprämien und ähnl wiederkehrende Leistungen (BFH I 93/64 BStBl II 70, 178), auch Kfz-Steuer (BFH I R 65/09 DStR 10, 1616; so auch *Tiedchen* FR 10, 160); ausnahmsweise Verzichtsmöglichkeit bei Kleinbeträgen (BFH X R 20/09 BFH/NV 10, 1796); dienen die Aufwendungen dem Erwerb eines WG, das erst in späterer Zeit genutzt werden soll, sind die Aufwendungen als WG zu aktivieren und die Absetzungen erst mit der späteren Nutzung zu beginnen.

244 **c) Verhältnis zu anderen Aktivposten. – *(1)* Antizipative RAP.** Im Unterschied zu den transitorischen sind antizipative RAP bei nachfolgenden Zahlungsvorgängen (also „Ertrag/Aufwand jetzt, Zahlung später“) nicht zul; diese Tatbestände sind ggf als Forderung oder Schuld zu erfassen (vgl EStR 5.6 III; BFH X R 49/89 BStBl II 92, 904). – ***(2)* Geleistete/erhaltene Anzahlungen** (Rz 270, 550). Diese sind in HB und Steuerbilanz gesondert zu aktivieren (vgl für KapGes § 266 II HGB). Anzahlungen (nach Bestellungen) werden zumeist iZm der Anschaffung von WG geleistet; ihre Aktivierung dient dazu, das schwebende Geschäft erfolgsneutral zu lassen; sie stehen daher in keinem unmittelbaren Konkurrenzverhältnis zu RAP (vgl aber *Tiedchen* HdJ II/9 Rz 43 f; *KSM* § 5 Rz F 21; offen gelassen in BFH VIII R 65/91 BStBl II 95, 312).

***(3)* Vorrang des § 5 II.** Auch das Aktivierungsgebot für **entgeltl erworbene immaterielle WG** (Rz 161) hat Vorrang (ähnl *Krumm/Blümich* § 5 Rz 694; offen in BFH IV R 184/79 BStBl II 82, 696); jedenfalls ist Aktivierung geboten, wenn die Voraussetzungen des § 5 V 1 nicht, die des § 5 II aber erfüllt sind (ähnl *KSM* § 5 Rz F 30).

245 **d) Passive RAP. – aa) Funktion.** § 5 V 1 Nr 2 enthält – deckungsgleich mit § 250 II HGB – eine Definition des passiven RAP, ein **Passivierungsgebot** (BFH IV R 33/87 BStBl II 89, 409; *Tiedchen/HHR* Anm 2210 f) für die der Definition entspr „Einnahmen“, und ein Passivierungsverbot (BFH IV R 96/82 BStBl II 84, 552) für andere „Einnahmen“, soweit nicht eine Passivierung aus anderen Gründen geboten ist. Zur Abgrenzung von noch nicht verbrauchten Aufwandsbeträgen (Franchise-Werbung) BFH X R 59/04 BStBl II 08, 284. Vorab vereinnahmte Entgelte werden erst erfolgswirksam, wenn die ausstehende Gegenleistung erbracht wird; ähnl einer Anzahlung nach § 266 III C Nr 3 HGB (BFH I R 18/06 DStR 07, 1519). Der Begriff des passiven RAP erfordert Einnahmen vor und Ertrag für eine bestimmte Zeit nach dem Abschlussstichtag (zB vor dem Bilanzstichtag empfangene Miet-, Pacht-, Erbbau-, Darlehenszinsen, Versicherungsprämien und ähnl wiederkehrende Leistungen, die Entgelt für erst nach dem Bilanzstichtag zu erbringende Leistungen sind; BFH X R 49/89 BStBl II 92, 904; *Tiedchen* HdJ III/8 Rz 9).

246 **bb) Anwendungsbereich.** Gegenstand der passiven RAP sind vor allem gegenseitige Verträge, idR Dauerschuldverhältnisse, bei denen Leistung und Gegenleistung zeitl auseinander fallen, also einer erhaltenen Einnahme eine Verpflichtung zu einer noch nicht erbrachten zeitbezogenen Leistung gegenübersteht (BFH I B 12/94 BFH/NV 95, 786; *Tiedchen* HdJ III/8 Rz 23 f). Ein passiver RAP kann aber auch zB bei einer Forfaitierung (BFH I R 94/95 BStBl II 97, 122; Rz 270, 732) oder bei einer Leistung auf öffentl-rechtl Grundlage (zB öffentl Subventionen)

veranlasst sein, sofern das vom Empfänger erwartete Verhalten (zB ein Unterlassen) zeitraumbezogen und wirtschaftl Gegenleistung für die Subvention ist (BFH I R 56/94 BStBl II 96, 28), *nicht* hingegen bei einem einmaligen Verzicht/Schadensausgleich (BFH I R 18/06 DStR 07, 1519) oder bei einer Abfindung für eine vorzeitige Vertragsauflösung (BFH I R 9/04 BStBl II 05, 481; vollständige Gewinnrealisierung). – Im Verhältnis zu anderen Passivposten ist § 5 V 1 subsidiär (*KSM* § 5 Rz F 30 mwN).

e) Vorzahlungen. – aa) Zahlungen. Vorgezahlte Ausgaben und Einnahmen iSd § 5 V EStG liegen nur vor, wenn Bar- oder Buchgeldzahlungen (zB Darlehen) geleistet bzw empfangen worden sind (vgl BFH IV R 10/76 BStBl II 81, 669). 247

Beispiel: Ausgabe einer Schuldverschreibung mit Emissionsdisagio (nach BFH I R 46/05 BStBl II 09, 955): per Geld 900 und RAP 100 an Verpflichtung 1000.

Nur den Ausgaben und Einnahmen fehlt eine zeitl Dimension; andere Bilanzposten (zB als Ertrag gebuchte Forderungen und als Aufwand gebuchte Verbindlichkeiten) gehören – logisch zwingend – nicht dazu (*Klein* BB 69, 908; undifferenziert BFH I 208/63 BStBl II 67, 607; BFH IV R 49/86 BStBl II 88, 327; *KSM* § 5 Rz F 49); in den zitierten Fällen bedurfte es keiner RAP, da die entspr Forderungen noch gar nicht hätten ausgewiesen werden dürfen.

bb) Aufwand nach Bilanzstichtag. Ob Ausgaben Aufwand für das abgelaufene Wj oder für eine (bestimmte) Zeit nach dem Bilanzstichtag sind, ist allg danach zu entscheiden, ob der wirtschaftl Grund der Ausgaben in der Vergangenheit oder Zukunft liegt, insb ob die Ausgaben durch im abgelaufenen Wj empfangene oder durch künftig zu erwartende Gegenleistungen wirtschaftl verursacht sind (BFH IV R 184/79 BStBl II 82, 696; Abgrenzung wie bei Rückstellung [mit umgekehrten Vorzeichen], Rz 381); ggf Aufteilung (BFH VIII R 87/91 BStBl II 94, 109). Erforderl ist grds, dass einer Vorleistung eine noch nicht erbrachte zeitbezogene Gegenleistung des Vertragspartners gegenübersteht (BFH VIII R 86/91 BStBl II 93, 709 mwN; *KSM* § 5 Rz F 56f; *Hartung* FS Moxter, 1994, 213/22: bilanzrechtl Synallagma). Abzustellen ist auf das einzelne Rechtsverhältnis (BFH I R 48/69 BStBl II 73, 565); keine Beschränkung auf gegenseitige Verträge (BFH VIII R 145/78 BStBl II 79, 625; EStH 5.6). Leistungen an einen Dritten (zB Vermittlungsprovision) rechtfertigen keinen aktiven RAP (BFH IV R 16/95 BStBl II 97, 808; krit *Stobbe* FR 97, 812). Neuerdings stellt der BFH (als Indiz) darauf ab, ob der Darlehensnehmer im Falle einer vorzeitigen Vertragsbeendigung die anteilige Erstattung der bereits gezahlten Zinsen verlangen könnte (BFH I R 7/10 BStBl II 11, 870, BFH I R 77/10 BStBl II 12, 284; EStH 5.6; *Weber-Grellet* BB 12, 43/5). 248

cc) Ertrag nach Bilanzstichtag. Ertrag für eine (bestimmte) Zeit nach dem Abschlussstichtag ist eine Einnahme, soweit sie Entgelt für noch nicht erbrachte, nach dem Bilanzstichtag zu erbringende zeitraumbezogene Leistungen (Tun, Dulden, Unterlassen) ist (BFH I R 18/06 DStR 07, 1519). Bei einmaligen Leistungen (zB Lieferung) ist die Einnahme als erhaltene Anzahlung zu passivieren. 249

f) Bestimmte Zeit. – aa) Funktion. Das gesetzl Bestimmtheitsgebot („für eine bestimmte Zeit") setzt nach hM einen Zeitraum voraus, der sich rechnerisch ermitteln lässt; die bestimmte Zeit muss **kalendermäßig** festgelegt oder berechenbar oder aus anderen Rechengrößen mathematisch ableitbar sein; eine nur mehr oder minder vage Schätzung genügt nicht (zB BFH IV R 130/91 BStBl II 95, 202; BFH I B 107/13 BFH/NV 15, 353; *Tiedchen* HdJ II/9, Rz 78; *Weber-Grellet* RdF 14, 56/7). Das Merkmal ist Ausdruck des **Objektivierungsprinzips** (*Moxter* BilRspr § 7 I 3). Beginn und Ende des Zeitraums müssen bestimmt werden können (*Crezelius* DB 98, 633/8). Eine enge Auslegung des Merkmals „bestimmte Zeit" entspricht bei aktiven RAP dem Vorsichtsprinzip; bei passiven RAP kann sie zu einer zu frühen Gewinnrealisierung führen. Das Merkmal der bestimmten Zeit 250 ist daher **„imparitätisch"** auszulegen (FG Köln EFG 12, 105, rkr; so auch *Beisse* FS Budde, 1995, 67/79; *Weber-Grellet* RdF 14, 56; *Bertl,* vor Rz 241, 139/45; aA (mE unter Vernachlässigung bilanzsteuerrechtl Grundprinzipien) *Marx/Löffler* DB 15, 2765; *KSM* § 5 Rz F 99); die Voraussetzungen für den Ausweis von Aufwand und Ertrag sind (rechtl) unterschiedl. Der BFH vertritt dementsprechend bei der Bildung passiver RAP eine relativ weite Auslegung; Beispiele: Baukostenzuschüsse für Außenanlagen (BFH I R 104/75 BStBl II 77, 392); Entschädigungen für eine dauernde Unterlassung (BFH IV R 10/76 BStBl II 81, 669); Entgelt für eine zeitl unbegrenzte Duldungsverpflichtung (BFH IV R 111/79 BStBl II 82, 655); Zuschuss für die mehrjährige Besetzung eines Ausbildungsplatzes (BFH IV R 96/82 BStBl II 84, 552); Zuschuss für Handy (BFH I R 77/08 BStBl II 13, 730; *Weber-Grellet* BB 14, 42/4).

251 **bb) Einzelfälle.** – ***(1)*** **Zeitfaktor.** Eine bestimmte Zeit kann zB auch ein **langjähriger Zeitraum** sein (zB BFH IV R 111/79 BStBl II 82, 655: 30 Jahre; aA *Mathiak* StuW 86, 173) und – mE – auch eine **immerwährende Zeit** (glA *Hartung* FS Moxter, 1994, 213/23; *Krumm/Blümich* § 5 Rz 684; BFH IV R 96/78 BStBl II 82, 643; FG Köln EFG 12, 105, rkr; evtl BFH X R 20/86 BStBl II 90, 128; aA *KSM* Rz F 127). Relevant wird dies zB, wenn die noch zu erbringende Leistung in einem Dulden besteht und man mit der hL Duldungsleistungen (-pflichten) zwar als zeitraumbezogene Leistung iSd RAP-Begriffs, nicht aber als passivierbare Verbindlichkeit (s Rz 318) wertet. – ***(2)*** **Keine bestimmte Zeit.** Dies ist nach noch hM ein Zeitraum, der nur im Schätzungswege bestimmbar ist, wie zB die Nutzungsdauer eines (materiellen) WG (EStR 5.6 II, EStH 5.6; BFH I R 56/94 BStBl II 96, 28). Dies ist mE zu eng (krit auch zB *Meyer-Scharenberg* DStR 91, 754).

252 **cc) Rspr-Tendenzen.** Die Rspr tendiert im Hinblick auf eine zutr Periodenabgrenzung zR zu einer **extensiveren Auslegung.** Für einen **aktiven RAP** kann nach BFH VIII R 65/91 BStBl II 95, 312 (dazu *Stobbe* FR 95, 399) der „bestimmte Zeitraum" nicht nur durch ein Zeitmaß, sondern zB durch die jeweilige **Abbaumenge** bestimmt werden. Für einen **passiven RAP** verzichtet der BFH auf einen kalendermäßig festgelegten Zeitraum und lässt – unter Hinweis auf die Funktion der RAP, näml eine willkürl Beeinflussung des Gewinns zu verhindern, einen **Mindestzeitraum** genügen (BFH IV R 130/91 BStBl II 95, 202; *Beisse* FS Budde, 1995, 67/79; *BMF* BStBl I 95, 183).

253 **g) Abwicklung. – aa) Höhe und Auflösung.** Sie bestimmen sich nach hM (zB BFH IV R 76/82 BStBl II 84, 713 für Disagio) ausschließl nach dem Umfang der Vorauszahlung (BFH I 208/63 BStBl III 67, 607) und nach dem Wertverhältnis der noch ausstehenden (Gegen-)Leistung zur gesamten (Gegen-)Leistung (*Rose* StbJb 83/84, 141/55; *Tiedchen* HdJ II/9 Rz 117), zB nach dem Verhältnis der Höhe und Zeitdauer der gesamten Kapitalüberlassung bei Darlehensgewährung (BFH IV R 66/94 BStBl II 95, 772) oder nach dem Ausmaß der Erfüllung bei Pauschalvergütung (FG Bln EFG 03, 980, rkr). Beträgt der RAP-Zeitraum **mehr als ein Jahr,** ist der RAP um den jeweiligen Betrag, der dem abgelaufenen Jahr erfolgsmäßig zuzurechnen ist, zu vermindern (BFH IV R 76/82 BStBl II 84, 713; *KSM* § 5 Rz F 126 f); eine **Abzinsung** (zukünftiger Aufwendungen oder Erträge) scheidet aus (*Tiedchen* HdJ II/9 Rz 106; *Achatz/Kofler* vor Rz 241, 185/216). **§ 6** ist, da der RAP ledigl lfd Zahlungen abgrenzt, weder unmittelbar noch sinngemäß anzuwenden (*Tiedchen* HdJ II/9 Rz 102; *KSM* § 5 Rz F 116; aA *Gassner* vor Rz 241, 104). Dementsprechend kann ein aktiver RAP nicht auf einen niedrigeren TW abgeschrieben werden.

254 **bb) Erfolgsauswirkung.** Diese hängt von den individuellen Verhältnissen ab (BFH VIII R 87/91 BStBl II 94, 109: **lineare Auflösung** bei vorausbezahltem Erbbauzins, so auch FG Bln EFG 01, 38, rkr; BFH VIII R 65/91 BStBl II 95, 312: Auflösung nach Maßgabe der **jährl Fördermenge**) und kann auf Grund allgemeingültiger Maßstäbe geschätzt werden. – Zur **degressiven** Auflösung eines

Disagios s BFH IV B 132/90 BFH/NV 91, 736/7; FG BaWü EFG 03, 379, rkr; *Meyer-Scharenberg* DStR 91, 754.

h) Rechtsprechungsbeispiele. – aa) Aktive RAP (noch kein Aufwand). 255
Diese sind erforderl für einmalige Bearbeitungsgebühr und vorausgezahlte Avalprovision für Bürgschaft (BFH IV R 28/91 BStBl II 92, 600/4), für Zahlung eines Kaufinteressenten für mehrjährig bindendes Verkaufsangebot (vgl BFH X R 136/87 BStBl II 92, 70); für Abgrenzung von Urlaubsgeld bei abw Wj Parteivereinbarung maßgebl (BFH VIII R 86/91 BStBl II 93, 709); für Vorauszahlungen auf Ausbeuteverträge (BFH VIII R 65/91 BStBl II 95, 312); Vermarktungskostenzuschuss eines Filmfonds kein RAP, sondern Darlehen (BFH IV R 25/12 DStR 15, 1792). Bei Stufenzinsprodukten (‚Step-down') kommt RAP in Betracht (BFH I R 77/10 BStBl II 12, 284: wie Damnum). – Der Aufwand für Zinsbegrenzung ist aktiv abzugrenzen (*Lüdenbach* StuB 11, 26). – Zu Darlehensgebühren s Rz 270; weitere Beispiele s 34. Aufl.

bb) Ausschluss. Kein aktiver RAP ist erlaubt für vor Verkauf von Schallplatten entstandene Lizenzgebührenschuld (BFH I R 22/66 BStBl II 70, 104), für Mietereinbauten/-umbauten (BFH I R 32/73 BStBl II 75, 443; s Rz 270), für Vorschüsse an Handelsvertreter vor Entstehung des Provisionsanspruchs (BFH I R 145/74 BStBl II 76, 675: Aktivierung als Anzahlung), für Aufwendungen, die Teil der HK bestimmter Erzeugnisse sind (BFH IV R 20/75 BStBl II 79, 143: Abraumvorrat), für degressive Raten beim Mobilienleasing (BFH I R 51/00 BStBl II 01, 645; krit Rz 735); weitere Beispiele s 34. Aufl. 256

cc) Passive RAP (noch kein Ertrag). Diese sind zu bilden: bei einem Elektrizitätsversorgungsunternehmen für von den Abnehmern erhaltene Baukostenzuschüsse (BFH I R 104/75 BStBl II 77, 392; *BMF* BStBl I 03, 361: nur sofortige Vereinnahmung oder AK/HK-Verrechnung; Rz 550); für Erlös aus Forderungsverkauf (Forfaitierung) einer LeasingGes (s Rz 732); bei Gebühren für die Übernahme einer Ausbietungsgarantie (BFH IV R 66/94 BStBl II 95, 772); für Zuschuss bei Bierlieferungsvertrag (*BMF* DB 95, 1637); für vorab gezahlte Provisionen (BFH IV R 12/99 BStBl 00, 25); für Vertragsfortführungsentgelt (*Weber-Grellet* DB 11, 2875), für Zinszuschuss bei Autokauf (*Balmes/Graessner* FR 11, 885), für Entschädigung wegen Verzicht auf baul Veränderungen (FG Nbg EFG 14, 906, Rev IV R 40/13); weitere Beispiele s 34. Aufl. 257

dd) Ausschluss. Unzulässig ist die Bildung eines passiven RAP für bei Abschluss eines Bausparvertrags erhaltene Abschlussgebühren (BFH I R 23/96 BStBl II 98, 381) bzw „Einlagen" (BFH I R 18/89 BStBl II 91, 485: keine bestimmte Zeit), für öffentl Investitionszuschüsse (BFH I R 56/94 BStBl II 96, 28), für ratenweisen Schadensersatz (BFH I R 78/10 BFH/NV 12, 44), für Entgelt für Gesamtwerk-Verwertungsrechte (BFH X B 72/14 BFH/NV 15, 1252), bei Wechseldiskontgeschäften einer Bank (BFH I R 92/94 BStBl II 95, 594); bei Entschädigung für einmaligen Verzicht (FG Nds EFG 98, 657); bei gleichzeitiger Rückmietung von WG (*FinVerw* DB 99, 1631); für eine veräußerbare Spielberechtigung (BFH XI B 42/99 BFH/NV 00, 1200; für eine Milchaufgabevergütung (BFH IV R 42/99 BFH/NV 01, 246; aA *OFD Frankfurt* FR 00, 1059); für Werkzeugkostenbeitrag (BFH I R 87/99 BStBl II 02, 655; Rz 550); für Milchreferenzmenge (FG SchlHol EFG 02, 1431); für Provisionszahlungen auf Teilbetreibungen (BFH IV R 62/05 BStBl II 08, 557); für eine erhaltene Vorfälligkeits-Entschädigung für Zinsherabsetzung (BFH I R 18/06 DStR 07, 1519: Aufgabe einer Rechtsposition, keine künftige Leistung; *Weber-Grellet* RdF 14, 56/9); für eine Entschädigung bei durch Straßenbau bedingte künftige Erwerbsverluste (FG Köln EFG 09, 1369, rkr). – Für close-out-Zahlungen iRe Zinsswaps ist mE kein RAP zu bilden (*Weber-Grellet* RdF 14, 56/60: aA *Helios* DB 12, 2890). 258

11. Zölle und Verbrauchsteuern, § 5 V 2 Nr 1. Die entspr HGB-Regelung (§ 250 I HGB aF) wurde durch das BilMoG aufgehoben; die steuerl Legitimation ist nunmehr fragl (*Marx* Steuerl Gewinnermittlung nach BilMoG 2008, 201). – Zölle und Verbrauchsteuern (zB Bier- oder MineralölSt) wirken erst in dem Wj als Aufwand, in dem der Hersteller das belastete Produkt veräußert und die im Preis einkalkulierte Abgabe vom Abnehmer vergütet erhält (Aktivierungsgebot); das gilt (natürl) nicht, soweit sie bereits – wie zB idR die Branntweinsteuer (BFH IV 259

R 18/80 BStBl II 83, 559) – als Teil der AK/HK der Vorräte aktiviert sind (BFH I R 32/00 BStBl II 02, 349); Einzelheiten *KSM* § 5 Rz F 135–165.

261 **12. USt auf erhaltene Anzahlungen (§ 5 V 2 Nr 2).** In der StB ist gem § 5 V 2 Nr 2 die als Aufwand berücksichtigte USt auf am Abschlussstichtag auszuweisende Anzahlungen zu aktivieren; also Bruttoausweis der Anzahlungen und noch kein UStAbzug (Einzelheiten *KSM* § 5 Rz F 166–188). – Zur Bilanzierung der USt (Vorsteuer) bei *geleisteten* Anzahlungen s § 9b.

270 **13. ABC der Aktivierung**

Abbauberechtigung s Bodenschätze.

Abbruchkosten eines Gebäudes s EStH 6.4; s auch „Gebäude".

Abfindungen s Abstandszahlungen, Ablösebeträge. Zur Abfindung eines ausscheidenden Mitunternehmers s § 16 Rz 450–502.

Ablösebeträge im Sport sind idR zu aktivieren (BFH I R 24/91 BStBl II 92, 977; BFH I R 108/10 BStBl II 12, 238; BFH I R 86/07 DStRE 09, 983 [zu Spielerleihe]; *OFD Ffm* StEK EStG § 5 Akt Nr 195-6.5.08; *Teschke* ua FR 12, 1137; *Weber-Grellet* BB 13, 43), ebenso die Beteiligung an Spielertransferrechten (*Kütting ua* DStR 10, 2646); s auch Spielerlaubnis.

Abraumvorrat ist als Teil der HK der herzustellenden Mineralien zu aktivieren (BFH IV R 20/75 BStBl II 79, 143). S aber § 81 V EStDV.

Abschlussprovision s Provisionen.

Abstandszahlungen zB des Erwerbers eines Grundstücks an den Mieter (Pächter) für Räumung vor Ablauf der Mietzeit sind als AK eines selbständigen immateriellen WG zu aktivieren (BFH GrS 1/69 BStBl II 70, 382; EStH 6.4). Nicht zu aktivieren sind Zahlungen des Neumieters für die Nichtübernahme bestimmter WG (BFH I R 66/72 BStBl II 75, 56). Zahlungen an einen dingl Wohnberechtigten (Mieter) bei Gebäudeabbruch gehören zu den HK des neuen Gebäudes (BFH I R 29/79 BStBl II 83, 451), ebenso die Ablösung einer Stellplatzerrichtungsverpflichtung (BFH IX R 45/80 BStBl II 84, 703); Zahlungen zur Befreiung eines Grundstücks von einer dingl Last zB Vorbehaltsnießbrauch, Wohnrecht oÄ können nachträgl AK sein (BFH IX R 72/90 BStBl II 93, 486).

Abspaltung von AK/HK bei Entstehung neuer WG (*Weber-Grellet* FR 07, 515/8; BFH IV R 2/10 BStBl II 11, 171; BFH IV R 30/08 BStBl II 11, 210).

Abwasserbeseitigung (Kläranlage, Kanalisation). EigentümerBeiträge für den **erstmaligen Anschluss** eines Grundstücks an eine öffentl Abwasserbeseitigungsanlage sind als nachträgl AK des Bodens zu aktivieren (BFH I R 129/82 BFH/NV 86, 205); Hausanschlusskosten (vom Haus zum öffentl Kanal; „Kanalanstich") sind HK des Gebäudes (FG RhPf EFG 91, 466, rkr; EStH 6.4). – **Sofort abziehbar** sind *(1)* Beiträge zur Ersetzung oder Verbesserung einer alten Anlage (sog Ergänzungsbeiträge; BFH VIII R 198/85 BFH/NV 91, 29); *(2)* Erstanschlussbeiträge, wenn der Grundstückseigentümer eine eigene Anlage hatte; *(3)* Beiträge wegen gewerbl Sondernutzung (gewerbebezogene Aufwendungen; vgl BFH VIII R 322/83 BStBl II 87, 333 mwN). – Für die Abwasserabgabe ist eine Rückstellung zu bilden (*OFD Ffm* BB 12, 314).

Abzinsung s § 6 Rz 454 ff, *BMF* BStBl I 05, 699, *Hoffmann* GmbHR 05, 972, *Mellwig* FS Krawitz 2010, 667 (weitere Einzelheiten 29. Aufl).

Ackerprämienberechtigung und Ackerquote. Zur Entstehung als immaterielles WG BFH IV R 28/08 BStBl II 11, 406; FG SchlHol EFG 15, 245, Rev I R 67/14.

Aktienoptionsprogramme s Rz 550.

Aktivierung s Forderungen.

Ankaufsrecht s Bezugsrecht.

Anleihen. Zur steuerbilanziellen Erfassung aktienbezogener Anleihen (Options-, Wandel-, Umtausch- und Aktienanleihen) s *Häuselmann/Wagner* BB 03, 1531; *Rau* DStR 06, 627; ferner ‚Finanzprodukte'. **Optionsanleihen** sind Schuldverschreibungen mit dem Recht des Gläubigers, zusätzl Aktien zu einem bestimmten Preis zu beziehen (§ 221 I 1 AktG). Das Optionsrecht ist immaterielles WG und als solches neben der Forderung mit den AK zu aktivieren (*OFD Ddorf* DB 01, 1337). – **Wandelschuldverschreibungen** gewähren dem Gläubiger das Recht, den Rückzahlungsanspruch in GesAnteile umzutauschen (§ 221 I 1 AktG). – Das bei Ausgabe erhobene **Aufgeld** ist in eine stfreie Rücklage einzustellen und bei Nichtausübung des Umtauschrechts erfolgswirksam aufzulösen (BFH I R 3/04 DB 06, 130; BFH I R 26/04 BFH/NV 06, 616: Einlage; *Griemla* FR 05, 565); die leistenden Optionsinhaber sind nicht Ges'ter geworden; damit ist mE eine Kapitaleinlage zwingend ausgeschlossen (Vorrang des § 4 IV).

Anliegerbeiträge s Rz 142 und Erschließungsbeiträge.

Anschluss s Stromanschluss.

Anzahlungen (Vorleistungen auf eine vom anderen Vertragsteil zu erbringende Lieferung oder Leistung; s auch Rz 244) sind als „geleistete Anzahlungen" (BFH IV R 300/84 BStBl II 89, 411) grds (gewinnneutral) zum Nennwert zu aktivieren (vgl § 266 II HGB; *Köhler* StBp 16, 14), auch wenn der Gegenstand des Gegenanspruchs kein aktivierungsfähiges WG ist (BFH VIII R 65/91 BStBl II 95, 312); AK (HK) erst bei erbrachter Gegenleistung (BFH GrS 1/89 BStBl II 90, 830). Anzahlungen liegen auch noch vor, wenn der Vergütungsanspruch noch von einem Leistungserfolg abhängt (BFH I R 145/74 BStBl II 76, 675).

Arzneimittelzulassungen können bei entgeltl Erwerb als immaterielle (Einzel-) WG zu aktivieren sein; nach *BMF* BStBl I 99, 687 wie Warenzeichen (s dort) abzuschreiben; *Boorberg ua* DStR 98, 113: circa 8 Jahre.

Ärztemuster. Beim Hersteller als körperl WG zu aktivieren (BFH I R 89/79 BStBl II 80, 327).

Auftragsbestand s Rz 172, 188, 223.

Ausgleichsanspruch des Handelsvertreters (§ 89b HGB) bzw Kommissionsagenten oder Eigenhändlers entsteht (erst und schon) mit der Beendigung des Vertragsverhältnisses zB zum 31.12.; er ist grds zu diesem Zeitpunkt zu aktivieren (BFH XI R 72/94 BFH/NV 96, 312/4 bei Tod; zur Betriebsaufgabe s § 16 Rz 325); die Neutralisierung durch passiven RAP ist unzul (*KSM* § 5 Rz F 277). – Auch kein Aktivposten für künftige „Vorteile" (kein RAP; kein immaterielles WG; vgl BFH X R 111/88 BStBl II 91, 218); bei Ausgleichszahlungen an Eigenhändler ist dies evtl anders (entgeltl Erwerb eines Kundenstamms). Zur Ablösung durch Nachfolger-Vertreter s BFH X R 10/86 BStBl II 89, 549.

Aussetzungszinsen s Steuerschulden.

Baggersee (Ansatz und Bewertung) s *Burger* StBp 10, 148.

Bauaufträge s Unfertige Erzeugnisse.

Bauplanungskosten s Gebäude.

Bauspardarlehen. Zuteilungs- und Abschlussgebühren sind wie Disagio zu aktivieren und auf Darlehenslaufzeit abzuschreiben (BFH IV 131/63 BStBl III 67, 670; *Herzig/Joisten* DB 11, 1014: bei Laufzeitabhängigkeit).

Bauten auf fremdem GuB (§ 266 II A II 1 HGB, § 5 I EStG; § 94 I BewG), die der Hersteller auf eigene Rechnung baut, die aber zivilrechtl voll oder anteilig im (Mit-)Eigentum des Grundstückseigentümers stehen, sind nach BFH GrS 1/97 BStBl II 99, 778 (EStR 7.1 V 3–4; *J. Thiel* DStJG 14, 161/96) wie Gebäude zu behandeln (AfA idR gem § 7 IV; auch erhöhte Absetzungen); Rz 152.

Fremdbauten sind **materielle WG** (vgl Rz 114, 176; BFH XI R 18/06 BStBl II 09, 957; *Weber-Grellet* StBilRecht § 8 Rz 10 mwN; *ders* FR 03, 1075; ähnl *BMF* BStBl I 96, 1257) und keine Nutzungsrechte (so immer noch zB BFH IV R 12/96 BStBl II 97, 718 und wohl auch BFH GrS 1/97 BStBl II 99, 778; dazu krit *Weber-Grellet* BB 00, 1024; 04, 35; Rz 101). Der Hersteller des Gebäudes ist idR dessen **wirtschaftl Eigentümer,** wenn er wegnahmeberechtigt ist oder wenn er bei Beendigung des Nutzungsverhältnisses einen Anspruch auf eine Entschädigung hat (zB gem §§ 812, 951 BGB; BFH X R 72/98 BStBl II 04, 403; BFH X R 8/13 BFH/NV 15, 1409; *Schuster* DStZ 03, 369; ähnl bei vGA BFH I R 65/96 BStBl II 98, 402; vgl auch Rz 152 f) oder wenn die Nutzung über die gesamte Nutzungsdauer sicher ist. – BFH IV R 2/07 BStBl II 10, 670 (und erneut BFH IV R 29/09 BStBl II 13, 387) behandelt den Aufwand auf fremden GuB wieder – wie schon GrS 4/92 – „wie ein materielles WG"; das mag für die AfA reichen, bedeutet aber einen dogmatischen Rückschritt ggü BFH XI R 18/06 BStBl II 09, 957. Immerhin bleibt jetzt der fremde Grundstücksteil außer Betracht (BFH IV R 29/09 BStBl II 13, 387; krit *Weber-Grellet* BB 14, 42/8; aA noch BFH IV R 79/05 BStBl II 09, 15); entnommen wird der Fremdbau, nicht das Grundstück. – Bei vorzeitiger Beendigung eines Nutzungsverhältnisses und vorausgegangenem Entschädigungsverzicht (jeweils betriebl veranlasst) ist der Restwert abzuschreiben (FG Mchn EFG 98, 274); Rz 690.

Bauzeitzinsen. Strechtl im Hinblick auf das Wahlrecht nach § 255 III 2 HGB (dazu Rz 31) nicht zu aktivieren (iEinz *Haupt* DStR 08, 1814).

Bearbeitungsgebühren für Darlehen (auch für öffentl geförderte) sollen nur bei Laufzeitabhängigkeit aktiv abzugrenzen sein (BFH I R 7/10 DStR 11, 1704; Rz 243).

Beiträge (Zuschüsse) zu kommunalen Investitionen; s Abwasserbeseitigung; Fußgängerzone; Straßenbeiträge; Strom-, Wasserversorgung.

Belieferungsrechte zB Bier-, Strom-, Gas- oder Zeitschriftenlieferungsrechte, die auf einer rechtl begründeten Absatzmöglichkeit beruhen, sind, soweit entgeltl erworben und nicht Teil eines Geschäftswerts, als immaterielle WG zu aktivieren (BFH I B 144/01 BFH/NV 03, 154; Rz 233; zum Bierlieferungsrecht s *Strunz* DStZ 92, 721; *BMF* DB 95, 1637). Sog Listungs- und Positionierungsgebühren sind Aufwendungen auf den eigenen Geschäftswert (*FinVerw* BB 97, 519; Rz 96; Rz 270 Zuschüsse). Milchlieferrechte sind abnutzbare WG (BFH IX R 34/08 BFH/NV 10, 17); zur Abspaltung von AK bei Entstehung neuer WG *Weber-Grellet* FR 07, 515/8; BFH IV R 32/08 BStBl II 12, 551.

Besserungsschein. Sollte entgegen der hL eine mit Besserungsschein bedingt erlassene Schuld weiterhin zu passivieren sein (s Rz 550 ‚Gesellschafterfinanzierung'), ist gleichwohl fragl, ob der Gläubiger den Besserungsanspruch zu aktivieren hat. Zur Erfassung entspr Zahlungen s *Korn* GmbHR 07, 624.

Beteiligungen (allg) sind dauernd dienende Anteile (§ 271 HGB) und strechtl ein einheitl WG (FG Nds EFG 14, 1463, Rev IV R 19/14); iEinz *BH* HGB[34] § 271 Rz 1 f; *Schwarz* Die Beteiligung in der steuerl Gewinnermittlung, GS Kögelberger (Österreich), 2008, 305), zur Equity-Bewertung (Spiegelbildmethode) *Hoffmann* FS W. Müller, 2001, 631/47.

Beteiligungen an KapGes im BV sind ***(1)*** **WG** (*Hoffmann* FS W. Müller, 2001, 631) und mit den AK zu aktivieren, auf die keine AfA zul sind (BFH IV R 144/84 BStBl II 86, 142); bei neuen Anteilen sind AK der Ausgabebetrag, auch bei erst teilweise Einzahlung (Bruttoausweis; *FinVerw* FR 89, 215). Das Halb-/Teileinkünfteverfahren nach § 3 Nr 40 erfordert Zu- und Abrechnungen „außerhalb der Bilanz", zB bei TW-Ab- oder -zuschreibungen und bei Veräußerungsgewinnen (vgl *Hoffmann* DB 00, 1931), innerhalb eines kstl BV völlig (§ 8b III KStG), innerhalb eines estl BV anteilig (§ 3c II; dazu *BMF* 8.11.10 DB 10, 2531). – Für Anteile an einem „herrschenden oder mehrheitl beteiligten Unternehmen" ist eine (Gewinn-)Rücklage zu bilden (§§ 272 IV, § 266 III A III Nr 3 HGB nF; RegEntw BT-Drs 16/10067, 66). – ***(2)*** **Sacheinlagen** (gegen Gewährung von GesRechten) führen nach Tauschregeln (§ 6 VI 1; Rz 632) zu AK (zB BFH I R 183/81 BStBl II 84, 422 zu Forderungen als Sacheinlagen; *Groh* FR 90, 528); dies gilt auch bei der Sacheinlage eines (dingl oder schuldrechtl) Nutzungsrechts (s Rz 202). – ***(3)*** Ebenso führen **verdeckte Einlagen** (zusätzl Beiträge; Zuzahlungen iSv § 272 II Nr 4 HGB) durch Zuschüsse, Verlustübernahme, Verzicht (auf Forderungen, Gehalt, Pensionszusage) oder Übertragung materieller oder immaterieller WG auf die KapGes grds zu aktivierungspflichtigen nachträgl AK (§ 6 VI 2; BFH I R 58/99, BStBl II 01, 168; *Weber-Grellet* DB 98, 1532/5; *Strahl* KÖSDI 99, 11862); zu Nutzungsrechten Rz 206/7. – ***(4)*** Noch nicht abschließend geklärt ist die Behandlung der **disquotalen Einlage** (zur disquotalen/inkongruenten Gewinnverteilung s BFH VIII B 174/11 BFH/NV 12, 1330; *BMF* BStBl I 14, 63 [zul bei wirksamer Bestimmung, dazu – offener – *Bender/Bracksiek* DStR 14, 121; *Birnbaum/Escher* DStR 14, 1413; *Förster* DB 15, 331]; BayObLG 3 Z BR 31/01 GmbHR 01, 728: Satzungsklausel zul). Ist der Ges'ter nicht AlleinGes'ter, soll seine (disquotale) verdeckte Sacheinlage bei ihm nur nach dem Maß seines Anteils zu aktivieren sein, sofern nicht die anderen Ges'ter entspr Leistungen erbringen (so *Schulze-Osterloh* FS Kropff, 1997, 605, 612f; aA BFH IV R 135/82 BStBl II 85, 635; Sonderfall BFH X R 34/03 DB 04, 2505: teilentgeltl Veräußerung), iÜ uU bei den anderen Ges'tern. ME ist darauf abzustellen, ob der Ges'ter vorrangig im eigenen Interesse handelt oder ob er auch seinen MitGes'tern einen Vorteil zuwenden will (*Weber-Grellet* StB 00, 122/7; ähnl BFH VIII R 68/96 DStR 00, 1426 und BFH VIII R 35/99 DStR 01, 14 zu § 20; auch zu § 7 VIII ErbStG *van Lishaut/Ebber/Schmitz* Ubg 12, 1). – Zur **„disquotalen Entnahme"** (ua des Geschäftswerts) bei Begründung einer BetrAufsp mit Verwandten BFH X R 17/05 BStBl II 08, 579.

(5) Zu Verzicht auf Ges'terForderung s Rz 550 „Gesellschafterfinanzierung (5)". – ***(6)*** Soweit bei **Forderungsverzicht** mit Besserungsklausel die Forderung wieder auflebt (BFH I R 41/87 BStBl II 91, 588; krit *Eppler* DB 91, 195), mindern sich auch die AK um die evtl frühere Erhöhung.– Zu Verlusten von **Ges'terdarlehen** (und Regressforderungen aus Bürgschaft) und ihre Behandlung als AK vgl § 17 Rz 170, 175; s auch Rz 270 „kapitalersetzende Darlehen").

Beteiligungen an PersGes. – ***(1)*** Bei **betriebl** Beteiligung an einer gewerbl tätigen (oder geprägten) PersGes hat der Posten Beteiligung (und Beteiligungserträge) in der StB des Ges'ters grds keine Bedeutung (BFH GrS 7/89 BStBl II 91, 691; BFH VIII R 81/85 BStBl II 94, 645; BFH IV R 1/11 DStR 15, 283; FG Mster DStRE 11, 473, rkr; *BMF* BB 96, 424; *Bürkle/Knebel* DStR 98, 1067/1890), da Gewinne und Verluste aus der Beteiligung einschließl ihrer Veräußerung estrechtl dem Ges'ter unmittelbar (verfahrensrechtl nach § 180 AO) zugerechnet werden (aA *Dietel* DStR 02, 2140: WG; Spiegelbildmethode [notwendige Identität zw Beteiligungskonto und Kapitalansatz]; *Mayer* DB 03, 2034: Merkposten; umstr [Einzelheiten in FG Köln EFG 08, 1230, rkr].

(2) **Gewinnmindernde TW-AfA** auf die Beteiligung sind in der StB nicht mögl (BFH IV R 36/83 BStBl II 85, 654; FG Mster EFG 96, 356); umgekehrt werden durch eine „Entnahme" der in der HB als BV ausgewiesenen Beteiligung keine stillen Reserven realisiert. Ist der Ges'ter aber eine KapGes, ist eine unentgeltl Übertragung auf deren Ges'ter vGA. Gewinne aus der Veräußerung der Beteiligung sind beim Ges'ter (auch KapGes) zwar estpfl bzw kstpfl (§ 16 I Nr 2), aber nicht Teil seines Gewerbeertrags (BFH I R 92/86 BStBl II 90, 699).

(3) Werden Anteile an einer vermögensverwaltenden, nicht gewerbl geprägten PersGes von einem oder mehreren Ges'tern im BV gehalten (sog **ZebraGes**), sind die nicht gewerbl Einkünfte der PersGes beim betriebl beteiligten Ges'ter anteilig gewerbl Einkünfte; die WG der ZebraGes sind anteilig im BV auszuweisen (Einzelheiten s § 15 Rz 200f).

Beteiligungsentwertungskonto (§ 24 V DMBilG) s Rz 102 (29. Aufl).

Betriebsteuern. Ein Anspruch auf Erstattung überzahlter Betriebssteuern zB GewSt (ab VZ 08 keine BA; § 4 Vb idF UntStRefG; BFH I R 21/12 DStR 14, 941; BFH IV R 8/13 DStR 15, 2539: verfgemäß) ist mE erst zu aktivieren, wenn er vom FA anerkannt ist (s „Steuererstattungsansprüche"; Rz 676).

Betriebsstoffe. Vorräte an Öl, Kohle usw müssen aktiviert werden (BFH I 56/57 U BStBl III 57, 237).

Betriebsvorrichtungen s Rz 137.

Bezugsrecht auf Anteile an KapGes kann als selbständiges WG mit entspr Minderung des Buchwerts der alten Anteile (Abspaltung) zu aktivieren sein (vgl BFH IV R 27/97 BStBl II 1999, 638; § 6 Rz 140 ‚Optionen'; § 17 Rz 27).

Bierlieferungsrecht s Belieferungsrechte.

Bilanzierungshilfen s Rz 32, 101, 222.

Blockheizkraftwerk kann Gebäudebestandteil sein, nicht mehr Betriebsvorrichtung (*Schustek* DStR 15, 678; *OFD Nds* DB 15, 2360); Auswirkung auf InvZul.

Bodenschätze. – ***(1)*** Selbständige, vom GuB zu unterscheidende materielle abnutzbare WG (s Rz 140; BFH GrS 1/05 BStBl II 07, 508; BFH I R 101/10 BStBl II 13, 165; FG BaWü DStRE 13, 582, rkr; *Wolf,* Besteuerung der Bodenschatzverwertung, 2011). – ***(2)*** Der Bodenschatz (Rz 140) **entsteht** (zB durch Abschluss eines Kaufvertrags; FG Mster EFG 15, 1265, rkr) im Regelfall im PV (BFH X R 10/07 BFH/NV 10, 184; FG Nds EFG 11, 2135, rkr; FG BaWü EFG 12, 2088, rkr); bei einem gewerbl Abbauunternehmer kann er im BV entstehen (BFH X B 70/99 BFH/NV 00, 713), ebenso bei unmittelbarer Verwendung für LuF-Zwecke (*BMF* BStBl I 98, 1221; zum Verkauf an Ehegatten s BFH IV R 50/88 BFH/NV 90, 693, an eigene GmbH s *Pflug* INF 89, 4. – ***(3)*** Bei **Einlage** eines Kiesvorkommens in GewBetr ist der TW anzusetzen; gleichwohl sind AfS nicht zul, natürl auch keine TW-AfA (Bruttobesteuerung der Abbauerträge; BFH III R 8/98 DStR 07, 2311 – Endentscheidung nach GrS 1/05; FG Mchn EFG 13, 421, Rev IV R 46/12 betr Veräußerung an bzw Einlage in PersGes/Einmann-GmbH & Co-KG; ferner Rev IV R 15/14). Bei Veräußerung ist der noch nicht verbrauchte Buchwert gegenzurechnen (BFH GrS 1/05 BStBl II 07, 508; *Weber-Grellet* FR 07, 515; *ders* DStR 07, 1788; krit *Hoffmann* DStR 07, 1783).

(4) Ein **Substanzausbeutevertrag** (Abbauvertrag) ist bürgerl-rechtl idR Pachtvertrag nach § 581 BGB und berechtigt den Pächter zum Genuss der Ausbeute, § 99 BGB (BFH IX R 45/91 BStBl II 94, 840; BFH GrS 1/05 BStBl II 07, 508; BFH IX R 6/12 BFH/NV 13, 907). Der Erwerb der Ausbeute ist nicht Folge eines Veräußerungsgeschäfts, sondern der Verpachtung (zur Abgrenzung BFH IX R 30/88 BStBl II 93, 296); der Ausbeutevertrag kann nicht in eine Veräußerung des WG „Bodenschatz" und eine zeitl begrenzte Nutzungsüberlassung aufgespalten werden (BFH IX R 9/89 BStBl II 94, 231; ähnl *BMF* DB 98, 1639). Zum wirtschaftl Eigentum an einem Ausbeuterecht (langfristiger und bedingungsfreier Vertrag; Ausschaltung der Verfügungsrechte des Grundstückseigentümers; Befugnis zur vollen Ausbeute der vorhandenen abbaubaren Mineralien) s BFH I R 46/86 BStBl II 90, 388. Allg zu Substanzausbeuteverträgen (VuV) s § 21 Rz 18.

Bonusansprüche aus Lieferungen im abgelaufenen Wj sind auch (abgezinst) zu aktivieren, wenn sie erst mehrere Jahre später fällig werden und nicht abgetreten werden dürfen (BFH 30.11.83 I R 93/79 nv) oder wenn sie erst mit Rechnungsregulierung entstehen (BFH I B 182/00 BFH/NV 01, 1399; s Rz 608).

Bürgschaft s Rz 550.

CD-ROM s Software.

Darlehen. Zinsansprüche sind (unabhängig von ihrer Fälligkeit und ggf zeitanteilig) zu aktivieren, soweit sie auf die Zeit vor dem Bilanzstichtag entfallen (BFH I R 11/02 BStBl II 03, 400), nicht aber als Gegenleistung für die künftige Kapitalüberlassung für die Zeit danach (schwebender Vertrag; BFH I R 166/78 BStBl II 84, 747). Unverzinsl oder niederverzinsl Darlehen an ArbN sind mit dem Nennwert zu aktivieren (BFH I R 114/84 BStBl II 90, 117; BFH VIII R 7/86 BFH/NV 91, 451; Übergangsregelung *BMF* BStBl I 90, 71). Gleiches gilt idR für entspr Darlehen an Kunden (BFH IV R 35/78 BStBl II 81, 734) und unterverzinsl, aber kongruent refinanzierte Ausleihungen (BFH I R 145/86 BStBl II 90, 639). S auch Abzinsung und Rz 550 ‚Gesellschafterfinanzierung'.

Darlehensgebühren (gezahlte) sind nicht aktiv abzugrenzen, wenn der Empfänger sie bei vorzeitiger Kündigung behalten dürfte, es sei denn, dass die Kündigungsmöglichkeit nicht real ist (BFH I R 19/12 BFH/NV 13, 1389).

Disagio (ausführl *Tiedchen* HdJ II/9 Rz 115f). Den Unterschiedsbetrag zw Erfüllungs- und Ausgabebetrag bei Aufnahme eines Kredits, für den in der HB ein Aktivierungswahlrecht besteht (§ 250 III HGB), *muss* der Darlehensnehmer in der StB als RAP aktivieren (BFH IV R 47/85 BStBl II 89, 722/6; EStH 6.10; *Knobbe-Keuk* § 4 VI 2) und auf den **Zinsfestschreibungszeitraum,** der kürzer sein kann als die Darlehenslaufzeit, abschreiben (BFH IV R 47/85 BStBl II 89, 722/6; FG BaWü EFG 03, 379, rkr), evtl bei Annuitätendarlehen in fallenden Beträgen (*Meyer-Scharenberg* DStR 91, 754/8); wird das Darlehen vorzeitig zurückgezahlt, ist das Disagio außerplanmäßig abzuschreiben (BFH IV R 76/82 BStBl II 84, 713 zur Rückzahlung bei Betriebsaufgabe) bzw mit Anspruch auf anteilige Erstattung (BGH BB 90, 1441) zu verrechnen. – Für ein einbehaltenes Disagio ist ein **passiver RAP** zu bilden (EStH 6.10), der nach der Zinsstaffelmethode im vertragl Zinsfestschreibungszeitraum aufzulösen ist (BFH II R 29/86 BStBl II 90, 207; *BMF* BStBl I 91, 701 zum BewG; § 340e II HGB).

Diskontgeschäfte s Wechselforderungen.

Dividendenansprüche aus Anteilen an KapGes sind idR in der Bilanz des Jahres zu aktivieren, in dem ein entspr Ausschüttungsbeschluss gefasst worden ist (BFH IV R 28/11 BFH/NV 15, 495). – ***(1)*** Bei **(betriebl) Mehrheitsbeteiligung** konnte früher in Übereinstimmung mit BGH (BGH II ZR 82/93, DStR 98, 383 – *Tomberger*) und EuGH (EuGH C-234/94 DStR 96, 1093, 97, 1416 [Berichtigung]) eine zeitkongruente „phasengleiche" Aktivierung eines rechtl noch nicht, aber wirtschaftl entstandenen Dividendenanspruchs **handelsrechtl und estrechtl geboten** sein (BFH X R 9/86 BStBl II 89, 714 mwN; BFH I R 1/93 BFH/NV 94, 230; zu den Voraussetzungen iEinz und zum früheren Diskussionsstand s 19. Aufl). Nach **GrS** (BFH GrS 2/99 BStBl II 00, 632) ist eine phasengleiche Dividenden-Aktivierung strechtl nicht mehr zul, es sei denn, es ist obj belegt, dass die ausschüttende Ges am maßgebl Bilanzstichtag unwiderrufl zur Ausschüttung entschlossen war (BFH I R 15/06 BStBl II 08, 340; FG Köln EFG 15, 1569, rkr); Vorabausschüttung indiziert nicht weitere Ausschüttung (BFH I R 48/94 BStBl II 01, 401); *BMF* (BStBl I 99, 822) hält aber an der bisherigen Auffassung fest. – Eine Mindestbesitzzeit ist obsolet (BFH I R 50/95 BStBl II 01, 409).

Kritik: Die Entscheidung GrS 2/99 basiert auf einer formalen Betrachtung (kein WG zum Bilanzstichtag); die wirtschaftl Verhältnisse (Beherrschung) werden nicht berücksichtigt; auch in anderen Fällen (zB bei Wahlrechtsausübung) findet eine Rückbeziehung statt (krit ua *Moxter* DStZ 02, 243; *Groh* DB 00, 2444). Besondere Bedeutung hat die Entscheidung indes (eher ungewollt) unter dem Aspekt der Emanzipation des Bilanzsteuerrechts (Gleichheit der Besteuerung vor Gläubigerschutz; Anerkennung einer funktionalen Differenz).

(2) Auch im Fall einer **BetrAufsp** sind die Grundsätze des GrS (BFH GrS 2/99 BStBl II 00, 632) für den Einzel- und MUer anwendbar (BFH VIII R 85/94 BStBl II 01, 185); es gelten die allg Regeln der Gewinnrealisierung (so bereits BFH IV R 52/96 BStBl II 99, 547; krit auch [im Hinblick auf die wirtschaftl Einheit der Unternehmen] § 15 Rz 870).

(3) Die **PersGes** aktiviert die (Netto-)Dividende einschließl KapESt; die (nach KStG aF) anrechenbare KSt steht nur den MUern zu (SonderBV); BFH I R 114/94 BStBl II 96, 531 **(eingeschränkte Nettomethode);** BGH NJW 95, 1088; *Crezelius* FS Claussen, 1997, 621; krit *Altmann* BB 98, 631.

(4) Die vorstehenden Grundsätze gelten nicht bei ergebnisunabhängiger Entnahme; maßgebl ist der Ausschüttungsbeschluss (BFH VIII R 60/96 BFH/NV 99, 1200).

Domain/Internetadresse ist ein nicht abnutzbares immaterielles WG (BFH III R 6/05 BStBl II 07, 301; *Petereit* StB 05, 288; krit *Mank* DStR 05, 1294). Die mit einem Domain-Namen verbundene IP-Adresse ist von der homepage zu unterscheiden (ausführl und diff *Wübbelsmann* DStR 05, 1659).

Drittaufwand s Rz 101.

Durchlaufende Posten sind nur bei der Überschussrechnung anzusetzen (§ 4 III 2; BFH I R 85/96 BStBl II 98, 161); bei Bilanzierung wird die Gewinnneutralität durch Verbuchung gleich hoher Wertzu- und -abgänge erreicht (BFH III R 5/03 BStBl II 05, 277 für Tankstellenpächter). – Veruntreuung soll nicht zu BE führen (BFH VIII R 19/12 DStR 15, 1367); mE schon – wegen „Unterbrechung des Durchlaufs" (*KSM* Stand 1/88 § 4 Rz D 145).

EDV-Programm s Software.

Ehevermittler. Honorarforderung zu aktivieren, obwohl nicht einklagbar (BFH IV 73/63 BStBl II 68, 79).

Eigene Anteile einer KapGes waren bisher, sofern nicht zur Einziehung bestimmt, nach hM WG und als solche zu aktivieren (BFH I R 44/04 BStBl II 05, 522; *Ludwig* DStR 03, 1646); nunmehr auch strechtl Kapitalherabsetzung (*BMF* BStBl I 13, 1615; *Brill* kösdi 15, 19279; *Müller/Reinke* DStR 15, 1127; wN 34. Aufl; aA *Johannemann/Herr* BB 15, 2158). Nach § 272 Ia HGB ist stets eine passivische Absetzung (vom Posten „Gezeichnetes Kapital") vorzunehmen („Kapitaltransaktion"). Bei der Veräußerung von eigenen Anteilen kann daher kein stl Veräußerungsgewinn entstehen (*Müller/Reinke* DStR 14, 711/6).

Beispiel: Buchung bei Erwerb eigener Anteile: per Kapital an Geld (= Kapitalherabsetzung; Buchung bei Wiederveräußerung (§ 272 Ib HGB): per Geld an Kapital/Rücklage (= Kapitalerhöhung). – Vgl auch § 17 Rz 101/2.

Eigenkapitalvermittlungsprovisionen bei gewerbl Immobilienfonds sollen als AK/HK zu aktivieren sein (BFH IV R 40/97 BStBl II 01, 717; krit Anm FR 01, 888, 1006. Zur Anwendung s *BMF* BStBl DStR 01, 1979; zuvor: *BMF* BStBl I 90, 366 Tz 7.1.6; I 92, 585: bis iHv 6%.

Emballagen (Verpackungsmittel). Verbuchung *Köhler/Wiemers* StBp 05, S 351.

Emissionsdisagio bei Ausgabe von Inhaberschuldverschreibungen ist mE wie ein Disagio zu aktivieren (BFH VIII R 156/84 BStBl II 88, 252: Zins-Feineinstellung; BFH I R 46/05 BStBl II 09, 955); zur Aufstockung *BMF* DStR 00, 687.

Emissionsberechtigungen (§ 3 IV TEHG). Zur Ausgabe, Bilanzierung als immaterielles WG des UV, zur Rückstellungsbildung bei fehlenden Berechtigungen iEinz *BMF* BStBl I 05, 1047, *BMF* BStBl I 13, 275; *Hoffmann* PiR 14, 354). Hintergrund ist die Verringerung der Treibhausgasemissionen (Reduktionsziel 21%); betroffen sind ca 1200 Unternehmen mit ca 1850 Anlagen; zum System BVerfG 1 BvR 3151/07 DVBl 10, 250.

Die Emissionsberechtigungen werden **kontingentiert** für jede Zuteilungsperiode durch das Umweltbundesamt unentgelt zugeteilt und sind mit 0 € zu bewerten (*BMF* BStBl I 05, 1047, Rz 9); sie sind dann handel- und übertragbar (*BMF* BStBl I 05, 1047, Rz 3, 5). Nach jeder Periode besteht die Verpflichtung, dem tatsächl Ausstoß entspr bei der Emissionshandelsstelle eine entspr Zahl von Berechtigungen einzureichen (iEinz *Maier/Ortmann-Babel* ZSteu 05, 224); bei fehlenden Berechtigungen sind Rückstellungen zu bilden (*BMF* BStBl I 05, 1047, Rz 17, 22). Zu Gewinnauswirkungen kommt es nur dann, wenn Berechtigungen zugekauft werden müssen oder abgegeben werden können. Zahlungen nach § 18 I TEHG sind abziehbar, nach *BMF* BStBl I 05, 1047, Rz 25, aber nicht rückstellbar (mE fragl).

Entwicklungskosten s Forschungskosten.

Erbbaurecht (§§ 1, 12 ErbbRVO: das Recht auf dem Grundstück ein Bauwerk zu haben) und Gebäude sind getrennt zu erfassen. ME ist das Erbbaurecht ein (schwebendes) **Nutzungsverhältnis** und kein WG (so aber *Marx* FR 06, 797; krit *Hoffmann* StuB 09, 667). – ***(1)*** Die Rspr ist **uneinheitl,** teils eher WG (BFH I R 126/83 BStBl II 88, 70 – I. Senat: dingl Recht; BFH X B 165/92 BFH/NV 94, 214 – IX. Senat: AK), teils eher mietähnl Nutzungsverhältnis (BFH IV R 40/96 BFH/NV 98, 569 – IV. Senat), teils gemischt (BFH X R 97/92 BStBl II 94, 934 –

X. Senat: Aktivierung der einmaligen Erwerbskosten wie Notar- und Gerichtskosten, GrESt, Maklerprovision als AK). – *(2)* Einigkeit besteht darin, dass der Kapitalwert der Erbbauzinsverpflichtung nicht als Teil der AK aktiviert werden darf, weil das Erbbaurechtsverhältnis im Regelfall auch noch nach Entstehung des Erbbaurechts ein schwebendes Geschäft ist (BFH IV R 11/92 BStBl II 94, 796). Im Voraus gezahlter Erbbauzins ist als RAP zu aktivieren (BFH IV B 132/90 BFH/NV 91, 736). – *(3)* Die Übernahme von **Erschließungskosten** (auch Ergänzungsbeiträgen) durch den Erbbauberechtigten ist zusätzl Nutzungsentgelt, und ggf aktiv (BFH VIII R 87/91 BStBl II 94, 109) bzw passiv abzugrenzen und linear aufzulösen (BFH IV R 40/96 BFH/NV 98, 569); im Einzelfall können auch AK gegeben sein (BFH IX R 31/96 BFH/NV 00, 558). – *(4)* Ist das Erbbaurechts-Grundstück bebaut, geht das **(wirtschaftl) Eigentum am Gebäude** auf den Erbbauberechtigten über (insoweit AK; einheitl Entgelt ggf aufzuteilen). – *(5)* Ausnahmsweise kann der Erbbauberechtigte **wirtschaftl Eigentümer des Grundstücks** sein (BFH IV R 11/92 BStBl II 94, 796); er muss dieses aktivieren und die Erbbauzinsverpflichtung mit ihrem Barwert passivieren (BFH VI 288/63 U BStBl III 65, 613). – Zum späteren entgeltl Erwerb des belasteten Grundstücks s BFH I R 132/81 BStBl II 85, 617. – *(6)* Die entgeltl **Begründung** eines Erbbaurechts auf einem BV-Grundstück führt idR nicht zur Entnahme des Grundstücks (BFH XI R 28/97 BStBl II 98, 665); anders ist dies uU bei privater unentgeltl Belastung (s Rz 655). – *(7)* Der Anspruch auf **entschädigungslose Rückübertragung** bei Heimfall bewirkt zusätzl Nutzungsentschädigung, die auf die Dauer des Erbbaurechts zu verteilen ist (BFH IV R 42/02 BStBl II 04, 353).

(8) Wird ein **unentgeltl** erworbenes Erbbaurecht in ein BV eingelegt, ist mE – ebenso wie bei anderen Nutzungsrechten – ein Ansatz mit dem Nutzungswert unzul; Gleiches gilt für die verdeckte Einlage bei KapGes oder PersGes (s Rz 165, 204 ff). – Zum Erbbaurecht als **Sacheinlage** bei KapGes s *Groh* StbJb 88/89, 187/92; *Geissen ua* JbFfSt 90/91, 409; Rz 202. – *(9)* Zur teilweise abw Beurteilung bei VuV (kein RAP mögl) BFH IX R 101/92 BStBl II 94, 348; *BMF* BStBl I 91, 1011; 96, 1440; § 6 Rz 89 ff.

Erfindungen, geschützte und ungeschützte, sind als immaterielle WG zu aktivieren, wenn entgeltl erworben (BFH IV R 145/77 BStBl II 80, 146).

Erhaltungsaufwand s Rz 91.

Erschließungsbeiträge (vgl § 127 BauGB) sind nach hL zusätzl AK des GuB (EStH 6.4; zB BFH III R 114/95 BStBl II 97, 811); das gilt auch für Zweit- und Zusatzerschließung, sofern die Nutzbarkeit erhöht wird (BFH IX R 54/94 BStBl II 96, 190; EStH 6.4). Zur Übernahme durch Pächter s BFH IV 403/62 U BStBl III 65, 414, durch Erbbauberechtigten s BFH VIII R 87/91 BStBl II 94, 109; *FinVerw* BB 92, 2391: RAP. Zu nachträgl Erschließungskosten s Rz 142 und § 6 Rz 140.

Erweiterungskosten s Ingangsetzungskosten.

Explorationsaufwendungen zum Suchen von Erdöl usw sind HK immaterieller WG und als solche nicht zu aktivieren. Beiträge an den Erdölbevorratungsverband sind nicht bei den Vorräten zu aktivieren (FG Hbg DStRE 00, 802).

Factoring. Beim Factoring-Geschäft lässt sich der Factor (regelmäßig noch nicht fällige) Forderungen des sog Anschlusskunden abtreten und bezahlt dafür sofort; echtes Factoring liegt vor, wenn der Factor auch das Risiko des Forderungsausfalls übernimmt (BFH V R 34/99 BStBl II 04, 667 zur USt). – Factoring (Finanzierungs-, Dienstleistungs-, Delkredere-Funktion) kann Forderungsverkauf (echtes Factoring; bei Übergang des Ausfallwagnisses; Bilanzierung beim Factor) oder Kredit mit Sicherungsabtretung (unechtes Factoring) sein; in diesem Fall ist die Forderung weiterhin beim Zedenten zu aktivieren, der Kredit zu passivieren; ähnl sog Securisations- und ABS (Asset-Backed Securities) – Finanzierung; s BFH I R 17/09 DStR 10, 2455 (keine Übertragung wegen verbliebenen Bonitätsrisikos; „Aus" für das ABS-Modell), krit dazu *Schmid* DStR 10, 145, 11, 794: „Endgültigkeit des Kaufpreises"; *Hahne* BB 10, 1017: Verfügungsgewalt maßgebl; *Mihm* BB 11, 112); s auch Forfaitierung.

Fernwärmeversorgung. S Stromversorgung; Gasversorgung.

Fertige Erzeugnisse sind mE RAP-ähnl (wie unfertige Erzeugnisse/Leistung). Erst mit Abnahme/Übergabe ist der Schwebezustand beendet; TW-AfA ist schon vorher mögl (Rz 76, 79; EStH 6.7; aA 22. Aufl). Die Abrechnung ist nicht entscheidend. Der Hersteller hat eine Forderung zu aktivieren, der Auftraggeber hat Verbindlichkeit/Rückstellung auszuweisen (*OFD Mchn* DStR 00, 1348). S ferner Rz 317; unfertige Erzeugnisse.

Filme (Filmrechte; Filmverwertungsrechte; Ausstrahlungsrechte) sind – soweit umfassend – immaterielle WG iSv § 5 II (*Hruschka* DStR 03, 1559; *Gabert* StuB 10, 891; *OFD Ffm* DStR 10, 1338); der Filmstreifen erhält rechtl und wirtschaftl Wert erst durch das Schutzrecht. HK des Produzenten sind nicht zu aktivieren (vgl BFH V R 11/78 BFH/NV 85, 58), ausgenommen Auftragsproduktion (UV, BFH X R 225/93 BStBl II 97, 320). – Einzelheiten zur Bilanzierung von Filmen und erworbener Film-(Lizenz-)rechte s *Petersen/Zwirner* PiR 08, 162; zu Film- und Fernsehfonds *BMF* BStBl I 01, 175; *Rüber/Angloher* FR 08, 498. – Zu Filmfonds BFH IV B 126/07 DStRE 09, 268.

Finanzprodukte (zB von Kursen, Indizes, Basispapieren abhängige **Derivate;** häufig zur Absicherung von Risiken eingesetzt; Rz 70) sind im Regelfall schwebende Geschäfte (Rz 76) mit wettähnl Charakter (allg *Zerey* Finanzderivate^2 2010; *Roberts* DStR 11, 1231). – ***(1)*** Nach **GoB** zu bilanzieren sind allg nur Prämien- und Marginzahlungen sowie ggf Verlustrückstellungen (dazu Rz 450); Erträge sind nach dem Realisationsprinzip abzurechnen.

(2) (Bedingte) **Termingeschäfte** (Auseinanderfallen von Vertragsabschluss und -erfüllung) in Gestalt von Optionen und Zinsbegrenzungsvereinbarungen (Caps, Floors, Collars; vgl auch §§ 20 I Nr 11, 20 II Nr 3 nF) beinhalten den Kauf (Verkauf) bestimmter WG (Waren, Devisen, Wertpapiere, Zinsen) zu einem künftigen Stichtag zu festem Preis (vgl §§ 50 ff BörsG; § 340b VI HGB). Sie können als Sicherungsgeschäfte mit anderen WG eine Bewertungseinheit bilden (s Rz 70, 270 Fremdwährung). – ***(a)*** **Optionsgeschäfte** (zB BGH ZIP 94, 693) begründen ein Recht (keine Pflicht), WG (zB Devisen, Aktien) vom „Stillhalter" während einer bestimmten Frist oder zu einem bestimmten Datum zu festem Preis zu kaufen (Kaufoption = **Call**) oder an diesen zu verkaufen (Verkaufsoption/Andienungsrecht = **Put**); sie können mit anderen WG (zB Aktien, Devisen) eine **‚Bewertungseinheit'** (Rz 70) bilden: iEinz Rz 144. – Der Aufwand für Zinsbegrenzung ist aktiv abzugrenzen (*Lüdenbach* StuB 11, 26). – ***(b)*** **Futures** (standardisierte Termingeschäfte) sind an den Terminbörsen gehandelte unbedingte (beide Vertragspartner bindende) Kontrakte (*Eilenberger* BFuP 95, 125/37). Zur Behandlung von Financial Futures (an Terminbörsen mit Clearing-System gehandelte Finanzterminkontrakte) und von Forward Rate Agreements (individuell vereinbarte Zinstermingeschäfte) als (bilanzunwirksame) schwebende Geschäfte s *Bieg* StB 03, 92, 126; 174; krit *Menninger* IStR 94, 195/253. – ***(c)*** **Swaps** (im Prinzip: Austausch von Zahlungsforderungen und -verpflichtungen, zB zur Reduzierung von Zinskosten) beruhen auf der Ausnutzung der Zinsdifferenzen auf den Finanzmärkten (Zinsswaps, Währungsswaps). Zur Bilanzierung s *Bieg* StB 03, 209, 259; *Helios* DB 12, 2890. – Mit sog „Total Return Equity Swaps" (kein Aktienerwerb; nur cash settlement, Barausgleich) hatte sich die Schaeffler-Gruppe über Merrill Lynch die Kontrolle an Conti gesichert. – ***(d)*** **Zero-Bonds** (Null-Koupon-Anleihen; festverzinsliches Wertpapier, bei dem die Gegenleistung ausschließl in der Differenz zw niedrigerem Ausgabebetrag (Ausgabekurs) und höherem Rückzahlungskurs liegt) sind beim Gläubiger, soweit BV, mit dem Ausgabebetrag (zzgl Nebenkosten als RAP, vgl *Beckmann* BB 91, 938 mwN) zu aktivieren; während der Laufzeit ist jährl der anteilige Zinsbetrag den AK gewinnerhöhend zuzuschreiben (Nettomethode). – Der Emittent hat zunächst nur den Ausgabebetrag zu passivieren (netto): die Zinsverpflichtung ist mit Ablauf der jeweiligen Nutzungsperiode (Wj) zusätzl gewinnmindernd zu passivieren (hL; *BMF* BStBl I 87, 394; nach aA auch Bruttoausweis mit aktivem RAP zul).

(3) **Zu Finanzprodukten im PV** (zB Zinsanleihen, Optionsscheine, Garantie-Scheine) *FinVerw* StEK EStG § 20 Nr 308. – ***(4)*** Zur (einheitl) Bilanzierung **struk-**

turierter Finanzprodukte (zusammengesetzt aus einfachen Bausteinen, zB Anleihen, Aktien und Derivaten) *Haisch* FR 09, 65.

Firmenwert s Rz 221.

Forderungen (§ 266 II B. II HGB), insb Geldforderungen aus Lieferungen und Leistungen, sind – ***(1)*** zu **aktivieren,** sobald sie (unabhängig von der rechtl Entstehung) wirtschaftl in der Vergangenheit verursacht und am Bilanzstichtag hinreichend sicher sind (BFH X R 19/10 BStBl II 12, 190; BFH I B 119/13 BFH/NV 15, 53), sobald also zB im wesentl geliefert bzw geleistet, insb „wirtschaftl erfüllt" ist (BFH XI R 1/93 BStBl II 93, 786); **Teilerfüllung** bei insoweit gesichertem Anspruch (BFH I R 142/81 BStBl II 83, 369; BFH VIII R 25/11 BStBl II 14, 968); zur Erfüllung gehört beim Werkvertrag idR auch die Abnahme (§§ 640, 644 BGB; BFH IV R 40/04 BStBl II 06, 26); nicht maßgebl ist der Zeitpunkt der Rechnungserteilung und der Fälligkeit (zB BFH I R 121/74 BStBl II 76, 541; Rz 79, 608). Eine Provisionsforderung, die nach einem mehrjährigen Zeitraum berechnet wird, kann nicht zeitanteilig aktiviert werden (FG Mster EFG 02, 1582). – ***(2)*** **Bestrittene Forderungen** können weder aktiviert noch entnommen werden (BFH I R 91, 92/02 BFH/NV 04, 182; BFH X R 10/12 BStBl II 14, 668); Aktivierung erst, wenn Streit beseitigt ist, zB nach rkr Entscheidung oder Anerkennung (BFH VIII R 60/03 BStBl II 06, 650); auch abgeschriebene Forderungen bleiben BV. – ***(3)*** **Aufschiebend bedingte** Forderungen sind bis zum Eintritt der Bedingung noch nicht realisiert und daher nicht zu aktivieren (BFH X R 42/08 BStBl II 12, 188 mit Anm *Kulosa* HFR 11, 1092; *ADS* § 246 Tz 33); ähnl für aufschiebend bedingte Anteilsveräußerung BFH IV R 3/07 BStBl II 10, 182, GmbHR 09, 1282 mit Anm *Hoffmann; Lange* StuB 10, 145; so auch für BewG BFH II R 92/93 BStBl II 96, 348); ausnahmsweise Realisierung, wenn der Bedingungseintritt so gut wie sicher ist (BFH X B 27/12 BFH/NV 13, 1566; *Weber-Grellet* BB 14, 42/7). Davon zu unterscheiden ist eine aufschiebend bedingte „Entfallens-Klausel" (BFH I R 11/02 BStBl II 03, 400; *Weber-Grellet* BB 04, 35/6). – ***(4)*** **Auflösend bedingte** Forderungen sind zu aktivieren, sofern die Bedingung (zB Rückzahlungsverpflichtung) erst in späteren Wj wirtschaftl verursacht wird (FG RhPf EFG 94, 738, rkr); ebenso führen auflösend bedingte Veräußerungen zu Gewinn/Verlust; der (künftige) **Rückforderungsanspruch** ist idR erst mit Eintritt der Bedingung realisiert (aA BFH VIII R 29/93 BStBl II 95, 693); ähnl ist ein Vertreterrecht zu aktivieren, obwohl die vereinbarte Einstandszahlung gestundet und aufschiebend bedingt erlassen ist (BFH X R 2/04 BStBl II 08, 109); s auch ‚Kauf mit Rücktrittsrecht' – ***(5)*** Bei **zeitraumbezogenen** Leistungen (zB Nutzungsüberlassung) ist auch die Forderung zeitraumbezogen zu aktivieren (Rz 618). Maßgebl ist der Nennwert (ggf TW; BFH VIII R 64/86 BFH/NV 92, 449), nicht etwa die AK (HK) der veräußerten WG (Gewinnrealisierung!). – ***(6)*** Ein **Schadenersatzanspruch** ist zu aktivieren, sobald er konkretisiert ist, grds mit Entstehung (BFH IV R 37/92 BStBl II 94, 564), bei Bestreiten später, zB wenn anerkannt oder rkr zuerkannt (BFH II R 15/98 BStBl II 00, 588), bei deklaratorischem Schuldanerkenntnis (FG Mchn DStRE 09, 520, rkr); bei Ersatz entgehender künftiger Gewinne aber nur periodengerecht (FG BaWü EFG 94, 740; Rz 676). – ***(7)*** (In unmittelbarem Zusammenhang stehende und zwangsläufig nachfolgende) **Rückgriffsansprüche** sind bei Vollwertigkeit gegenzurechnen (BFH VIII R 58/98 BStBl II 02, 420; Rz 70), bei Wertlosigkeit nicht zu aktivieren (BFH XI R 52/01 BStBl II 03, 658). Zum Rückgewähranspruch nach vGA BFH VIII R 7/99 BStBl II 01, 173. – S auch Langfristige Fertigung und Wechselforderungen.

Forfaitierung (uneinheitl Sprachgebrauch; an sich regressloser Verkauf von Exportforderungen; nach BFH I R 94/95 BStBl II 97, 122 Forderungsverkauf unter Haftung des Veräußerers für den rechtl Bestand, nicht für die Bonität) ist wie Factoring (s dort) zu bilanzieren (*Hinz* DStR 94, 1749/51). Bei Kauf muss auch das Bonitätsrisiko (Werthaltigkeit) vollständig übergehen (BFH I R 44/09 BFH/

NV 10, 1623 (zu unschädl Beschränkungen); BFH I R 17/09 DStR 10, 2455, zu ABS-Modell; *Peters* DB 02, 864; *Reuter* BB 03, 18), nicht zB bei Sicherungsrechten gegen den Leasinggeber; ansonsten Darlehen (sog unechte Forfaitierung); s auch Rz 732.

Formen zB Gussformen, die Eigentum des Bestellers werden, hat dieser als materielle WG zu aktivieren; bleiben sie Eigentum des Lieferers, aber kundengebunden, hat der Besteller die Vergütung als AK eines abnutzbaren immateriellen WG zu aktivieren (BFH IV R 64/88 BStBl II 89, 830).

Forschungskosten. Als HK eigener Kenntnisse, Erfindungen usw nicht aktivierbar; sie gehören, soweit Grundlagenforschung und Neuentwicklung, auch nicht zu den HK der Erzeugnisse (BFH III R 141/74 BStBl II 77, 234; *BMF* BStBl I 85, 683; *ADS* § 255 Tz 151); zur Abbildung pharmazeutischer Forschung in der StBil *Schmidt* DStR 14, 544. S auch Innovation.

Franchising s Rz 550; ferner *KSM* § 5 Rz F 323.

Freianteile. Nicht zu aktivieren (BFH VI 140/64 BStBl III 66, 220; anders ausl Anteile BFH I R 164/75 BStBl II 78, 414).

Fremdwährung. § 256a S 1 HGB idF BilMoG schreibt (vereinfachend) vor, dass die auf fremde Währung lautenden Vermögensgegenstände und Verbindlichkeiten (bei Anschaffung) mit dem **Devisenkassamittelkurs am Abschlussstichtag** umzurechnen sind (*Gelhausen* ua HdJ V/8 Rz 5f; *Grottel/Leistner* BeBiKo § 256a Rz 2). § 256a S 2 HGB stellt klar, dass ein höherer Ansatz als zu AK nicht in Frage kommt, außer bei Restlaufzeit von weniger als einem Jahr (*BH* HGB[34] § 256a Rz 2). Fragl ist, ob § 256a S 1 HGB (*Zwirner/Künkele* StuB 09, 517) für die StB als **GoB** zu übernehmen ist (zR dafür *Schüttler* PiR 11, 136 mwN). Nicht (mehr) maßgebl dürfte für WG der (niedrigere) Geldkurs, für Verbindlichkeiten (wie bisher) der Briefkurs sein. Auf jeden Fall nicht maßgebl ist der Kurs im Zeitpunkt der Anschaffung/Herstellung (bisheriges Zeitbezugsverfahren); Währungsschwankungen führen also (insoweit; Zeitraum zw Anschaffung und Stichtag) zur Realisation. IÜ ist steuerl § 6 I maßgebl (§ 6 Rz 22; *Herzig/Briesemeister* DB 09, 976/81).

Fußgängerzone. Beiträge zur Schaffung einer Fußgängerzone sind nachträgl AK des GuB, wenn ein gesetzl Beitragspflicht der Grundeigentümer besteht (BFH IV R 30/80 BStBl II 84, 480). Zuschüsse, die Grundstückseigentümer *und* Mieter freiwillig leisten, sind sofort abziehbar (BFH IV R 137/80 BStBl II 84, 489; generell zu grundstücksbezogenen Beiträgen EStH 6.4).

Futures s Finanzprodukte.

Gasversorgung. Kosten des erstmaligen Anschlusses an das Erdgasnetz, die bei Umstellung einer Heizungsanlage entstehen, sind sofort abziehbar (*FinVerw* DStR 88, 622; s auch EStH 6.4).

Gebäude. Bauplanungskosten sind als HK des Gebäudes (Anlagen im Bau, § 266 HGB) zu aktivieren, auch wenn am Bilanzstichtag mit den Bauarbeiten noch nicht begonnen ist (BFH IV R 176/72 BStBl II 76, 614; *Glanegger* DB 87, 2115/6; EStH 6.4), es sei denn, am Bilanzstichtag steht bereits fest, dass nicht gebaut wird. Vergebl Planungskosten können HK eines anderen Gebäudes sein (BFH VIII R 96/81 BStBl II 84, 303). Verlorene Anzahlungen an Bauhandwerker sind sofort abziehbar (BFH GrS 1/89 BStBl II 90, 830). Aufwendungen für Gebäude, die in Abbruchabsicht erworben werden, sind HK des neuen Gebäudes (EStH 6.4) oder, bei Erwerb wirtschaftl verbrauchter Gebäude, AK des GuB (FG Hess EFG 15, 964, rkr, mwN). S auch Bauten auf fremdem Grund; Rz 132f.

Geldbeschaffungskosten sind idR Kreditaufwand (BFH I R 218/82 BStBl II 87, 14). An Dritte gezahlte Provisionen für Kreditvermittlung sind weder als RAP noch als AK eines immateriellen WG zu aktivieren (BFH IV R 78/72 BStBl II 77,

380). Entsprechendes muss zB für Notariatskosten bei Bestellung eines Grundpfandrechts gelten. An den Darlehensgeber zu zahlende Gebühren müssen grds als RAP aktiviert werden (BFH IV R 153/72 BStBl II 78, 262). S Disagio, Eigenkapitalvermittlungsprovisionen.

Genussscheine. Der Anspruch auf Genussrechtsvergütung ist **phasengleich** zu aktivieren, wenn der Anspruch so gut wie sicher ist (BFH I R 11/02 BStBl II 03, 400); vgl auch Dividendenansprüche und Rz 550 Genussrechte.

Geschäftswert s Rz 221.

Gewinnabhängige Vergütungen für erbrachte Dienstleistungen sind als Forderungen mit Ablauf des Wj, dessen Gewinn maßgebl ist, zu aktivieren. – Wird ein WG gegen gewinn- oder umsatzabhängige (oder ähnl ungewisse) wiederkehrende Bezüge entgeltl erworben, ist dieses mit seinem gemeinen Wert als AK zu aktivieren und in gleicher Höhe die Schuld zu passivieren, sofern der Wert des WG obj bestimmbar ist (BFH VIII R 16/68 BStBl II 72, 884); mE Anpassung über § 175 I Nr 2 AO (ähnl BFH I R 107/00 BStBl II 02, 134 zu AfA). Andernfalls ist (ohne Passivierung der Schuld) allmähl nach Maßgabe der tatsächl Zahlungen (per WG an Geld) zu aktivieren; ist auch die Nutzungsdauer des WG unbestimmt, unterbleibt jede Aktivierung (und Passivierung), die tatsächl Zahlungen sind BA (BFH X R 10/86 BStBl II 89, 549; s Rz 192, 550, 603); s auch Rz 315 zu § 5 IIa.

Gewinnanspruch s ‚Dividendenansprüche' und ‚Stille Beteiligung'.

Gewinnbezugsrecht. Werden Anteile an einer KapGes während des Wj der KapGes entgeltl veräußert, ist eine gesonderte Aktivierung eines Teils des Kaufpreises als AK für ein WG „Gewinnbezugsrecht" selbst bei gegenteiliger Vereinbarung nicht mögl (BFH I R 190/81 BStBl II 86, 815). Bei späterer Ausschüttung der „gekauften" Gewinnanteile kommt – ebenso wie bei Ausschüttung „gekaufter" Rücklagen – evtl eine (ausschüttungsbedingte) TW-AfA in Betracht (BFH I R 199/84 BStBl II 86, 794; *Gail ua* GmbHR 93, 685/8). Gesondert zu aktivieren ist aber ein evtl miterworbener, durch Gewinnverwendungsbeschluss für frühere Wj bereits entstandener Gewinnanspruch. – S ferner Dividendenanspruch; KSt-Anrechnungsanspruch; stille Beteiligung.

Grund und Boden. Aufwendungen, die ein Grundstückseigentümer leistet, sind, wenn sie Nutzbarkeit und Wert des Grundstücks erhöhen (zB Beiträge zur erstmaligen Errichtung von Ent- und Versorgungs- sowie Erschließungsanlagen), nach hM (vgl EStH 6.4) als zusätzl AK des GuB zu aktivieren; sog Ergänzungsbeiträge sind sofort abziehbar (BFH VIII R 322/83 BStBl II 87, 333 mwN) ebenso wie Aufwendungen wegen besonderer Nutzung des Grundstücks (zB ein betriebsbedingter Wegebeitrag; BFH I R 130/78 BStBl II 83, 38 mwN). – Zu Schadstoffbelastung s Sanierungsaufwendungen sowie Rz 550 Umweltschutz und -schäden.

Güterfernverkehrsgenehmigungen sind, obwohl nur mit dem (Teil-)Unternehmen „übertragbar" (§ 10 IV GüKG), selbständige immaterielle nichtabnutzbare WG, auf die § 7 I nicht anzuwenden ist (BFH I R 43/91 BStBl II 92, 529 mwN; diff *IdW* WPg 92, 609: grenzüberschreitende Konzessionen abnutzbar, Restnutzungsdauer bis 31.12.92; Inlandskonzessionen nicht abnutzbar. Zu **TW-AfA** wegen des EG-Binnenmarkts ab 93 BFH I R 48/92 BFH/NV 94, 455; *BMF* BStBl I 96, 372; *FinVerw* DStR 97, 1575 – Nach Änderung des PBefG zum 1.1.13 Abnutzung mögl (*OFD NRW* DStR 14, 268).

Halbfertige Bauten s unfertige Erzeugnisse.

Handelsvertreter s Ausgleichsanspruch, Provisionen, Pensionsanwartschaften. – Geschäftswert s Rz 221; entgeltl Übernahme eines Bezirks s BFH X R 111/88 BStBl II 91, 218. Bei Entgeltverpflichtung, die aufschiebend bedingt erlassen ist,

ist das Handelsvertreterrecht zu aktivieren (BFH X R 2/04 BStBl II 08, 109; Rz 192).

Ingangsetzungskosten. Aufwendungen für Ingangsetzung des Geschäftsbetriebs und dessen Erweiterung (zB Aufbau der Innen- und Außenorganisation, Werbekampagne) – zu unterscheiden von nicht aktivierbaren Gründungs- und Kapitalbeschaffungskosten (vgl § 248 I HGB aF) – dürfen in der StB nicht aktiviert werden (weder WG noch RAP; BFH I 154/54 U BStBl III 55, 221).

Innovation. Aufwand ist aktivierungspflichtig, soweit auftrags- oder objektgebunden (vgl *W. Müller* DStZ 91, 385).

Instandhaltungsanspruch des Verpächters ist nicht zu aktivieren, nach BFH IV R 29/12 DStR 15, 811 (und BFH IV R 63/11 BFH/NV 15, 398) wegen fehlender AK (unzutr; *Weber-Grellet* FR 15, 557; *Tiedchen* StuW 15, 281), mE wegen fehlender Realisierung (s auch Rz 692).

Instandhaltungsrücklage: bei Zahlendem noch kein Aufwand, daher Aktivierung mit dem Nennwert (BFH I R 94/10 BStBl II 12, 244); „Instandhaltungsanspruch". – Bei Empfänger: „per Geld an Instandhaltungsverpflichtung". § 21 V Nr 4 WEG spricht fälschlicherweise von „Rückstellung".

Internet. Webseiten sind zumeist immaterielle (abnutzbare) WG des AV (*Eberlein* DStZ 03, 677) mit Nähe zur Software (s dort); Wartung und Aktualisierung sind nach allg Regeln zu beurteilen (*Petereit* StB 05, 288).

Investmentanteile. Zur Bilanzierung s *Wagner* StuB 07, 801; zur Bilanzierung der Erträge (mit aktivem Ausgleichsposten) *Petersen* DStR 06, 1674; *Rockel/Patzner* DStR 07, 1546.

Joint-Ventures. Zur Bilanzierung s *HFA* WPg 93, 441; *Hebestreit* DStR 94, 834, 1707; *Früh/Klar* DStR 94, 1706; ferner *Ropohl/Schulz* GmbHR 08, 561.

Kapitalersetzende Darlehen sind beim Darlehensgeber als selbst Forderung (also nicht auf Beteiligung) zu aktivieren (BFH X R 2/03 BStBl II 05, 694); anders bei § 17 (dort Rz 170 ff); zur Behandlung bei Ausfall BFH VIII R 27/00 BStBl II 02, 733.

Kapitalertragsteueranspruch s KSt-Anrechnungsanspruch; bei Bilanzierung abgezinster Kapitalforderungen ist die KapESt im Erhebungsjahr anzurechnen (*FinVerw* DB 01, 357).

Kassenarztzulassung s Vertragsarztzulassung.

Kataloge grds nicht aktivierungspflichtig (BFH IV 433/62 S BStBl III 64, 138; BFH HFR 65, 6; krit *Kupsch* DB 83, 509).

Kauf auf Probe (§ 454 BGB nF) bzw mit „Rück*gabe*recht": Aktivierung der Kaufpreisforderung (Gewinnrealisierung!) erst mit Billigung durch Käufer (*FinVerw* DStR 89, 402); mE Gefahrübergang maßgebl.

Kauf mit Rücktrittsrecht. Kaufpreisforderung mit Lieferung zum Nennwert zu aktivieren; für Rücknahmepflicht ist Rückstellung zu bilden, soweit Rückgabe wirtschaftl verursacht und wahrscheinl (s auch Rz 616).

KfW-Darlehen. Gebühren sind sofort abziehbare BA, wenn keine Erstattung vorgesehen; Gebühren bei stiller Beteiligung mit Rangrücktritt ggf zu aktivieren (BFH I R 77/10 BStBl II 12, 284; BFH I R 19/12 BFH/NV 13, 1389).

Klischeekosten. HK eines Buchs (BFH IV R 51/69 BStBl II 71, 304).

Konzeptionskosten können im Einzelfall zu aktivieren sein (BFH XI R 45/88 BStBl II 93, 538), bei einer Grundstücks-KG aber evtl Teil der AK des von der KG erworbenen Grundstücks (BFH IX S 5/83 BStBl II 87, 212); ferner *Niemann* aaO [vor Rz 161], 225.

Körperschaftsteuer-Guthaben. Zur steuerbilanziellen Behandlung *Ott* StuB 08, 127; *BMF* BStBl I 08, 280; vgl auch BFH I R 42/07 DB 08, 502 zur KSt-Minderung nach § 37 II KStG 2002.

Körperschaftsteuer-Anrechnungsanspruch (§ 20 I Nr 3 aF; § 36 II Nr 3 aF) für zum BV gehörige Anteile an **KapGes** ist BV und grds zugleich mit dem Dividendenanspruch (s dort) zu aktivieren (BFH VIII R 2/93 BStBl II 95, 705). – Zur Aktivierung und Abgrenzung des Auszahlungsanspruchs *Förster/Felchner* DStR 06, 1725/8; ferner *BMF* DStR 08, 301.

Kundenstamm s Rz 172, 223.

Ladeneinbauten s Rz 112, 138.

Langfristige Fertigung. Bei selbständigen Teilleistungen wird (sukzessive) Gewinn realisiert (BFH VIII R 1/03 BStBl II 06, 298 aE); iÜ nur unter engen Voraussetzungen; vgl BFH IV R 87/06 DStR 08, 665; *Marx/Löffler* HdR B 700 (11/10), Rz 35, 85: „completed-contract-Methode" für StRecht; *Tiedchen/HHR* Anm 399; mE unzutr; zur ‚percentage-of-completion-Methode' *Baetge/Kirsch/Thiele* Bilanzen[13], 388f; *Brandt* FS Strobel, 2001, 155. S auch Nichtabgerechnete Leistungen, Unfertige Erzeugnisse; Rz 618.

Latente Steuern (nur HB-Ausweis) erfassen bilanzierte zeitl Differenzen zw strechtl und handelsrechtl ermitteltem (fiktivem) Steueraufwand; *Küting/Zwirner* BB 05, 1553); die latente Steuer ist die (fiktive) Steuer nach Maßgabe des HB-Gewinns und soll (bei KapGes) einen zutr Einblick in die Vermögenslage vermitteln (§ 274 HGB).

Beispiel: Höherer StB-Gewinn bei höheren HB-Absetzungen; also höhere aktuelle Steuer und niedrigere **künftige Steuer** (= aktiver Steuerposten). Bei höherem StB-Gewinn besteht wirtschaftl eine Forderung ggü FA, umgekehrt eine Verbindlichkeit. Bei zunächst niedrigerem StB-Gewinn (zB Aktivierung und Abschreibung eines WG in StB, nicht in HB) muss die Besteuerung später nachgeholt werden, also: per HB-Aufwand an passive latente Steuerabgrenzung (s aber *Kleemann/Metzing* DStR 12, 2405; *Hoffmann* StuB 12, 889; *Haaker* DB 43/12 M 1; StuB 13, 920; *Pollanz* DStR 13, 58 zum Streit zw IDW [das offenbar alle Steuerstundungen in der HB als Rückstellung ausweisen will] und BStBK).

Aktive latente Steuern *können,* passive latente Steuern *müssen* ausgewiesen werden (§ 274 I HGB). – Zur Neukonzeption durch das BilMoG (von der GuV- zur Bilanzorientierung, zum Temporary-Konzept (auch Berücksichtigung von Differenzen, die sich erst bei Veräußerung ergeben) s *Grottel/Larenz* BeBiKo § 274 Rz 4, 31; *Ley* KÖSDI 11, 17414; krit *Wolz* DB 10, 2625.

Leasing s Rz 721.

Lebensversicherungen. Der Erwerb „gebrauchter LV" ist ein aufschiebend bedingtes (schwebendes) Geschäft; Gewinnrealisierung erst bei Tod des ursprüngl Versicherten; dazu *Kemsat/Wichmann* BB 04, 2287; § 15 Rz 150. – Beiträge zu einer Risikolebensversicherung sind grds nicht betriebl veranlasst (BFH VIII R 4/10 DStR 13, 1524).

Leergut. Entscheidend für die bilanzsteuerrechtl Behandlung von **Pfandgeldern** ist die Ausgestaltung des jeweiligen Pfandsystems: Die Flaschen können *(1)* Gegenstand eines Veräußerungsgeschäfts sein (Anschaffung und Veräußerung). – *(2)* Sie können aber auch „pfandweise" nur zur Nutzung überlassen sein (Individualleergut); das Pfandgeld ist dann nur eine (erfolgsneutrale) Sicherheitsleistung (Kaution), die bei Rückgabe des Leerguts zur Rückzahlung fällig wird. So ist der Pfandgelderstattungsanspruch des Händlers gegen den Lieferanten idR gewinnneutral (wie eine Kaution) zu aktivieren (BFH I R 36/07 BStBl II 10, 232). – *(3)* Bei Mehrrücknahmen von „Brunneneinheitsleergut" sollen Nutzungsrechte entstehen (BFH I R 33/11 DStR 13, 957; *Oellerich* HFR 13, 582; krit *Krieger* DStR 14, 1989; *Köhler* DB 14, 2555; *Schothöfer* DStR 15, 268; *Köhler* FR 15, 318); zur früheren Betrachtung s 32. Aufl. – *(4)* **Einwegpfand** (zB Dosenpfand) ist als durchlaufender Posten zu erfassen (*Köhler* DStR 15, 489).

Leibrentenrecht ist als Entgelt für die Veräußerung *einzelner* WG des BV mit dem Barwert zu aktivieren (BFH I R 44/83 BStBl II 89, 323). S auch Pensionsanwartschaften.

Leitungsnetz (Rz 141) idR einheitl WG; Netzpläne sind unselbständige Teile (*Bay LfSt* DB 07, 1110).

Lieferrecht s Belieferungsrechte.

Lizenzen sind nach hM immaterielle WG (*Götting* AG 99, 1; *Hommel/Berndt* K&R 00, 581, auch zu UMTS-Lizenzen). Bei *Begründung* gegen wiederkehrende Bezüge sind nur die Erwerbskosten als AK zu aktivieren, nicht auch der Kapitalwert der Bezüge; dies gilt auch bei ausschließl Lizenzen, die *dingl* Nutzungsrechte sind, weil das Lizenzverhältnis (Grundgeschäft und dingl Rechtsverhältnis) ein schwebendes Rechtsverhältnis ist (vgl BFH III R 64/74 BStBl II 76, 529), das – wie ein Erbbaurecht (s dort) – grds nicht zu bilanzieren ist (aA wohl BFH XI R 12/87 BStBl II 92, 415: WG). Einmalige Nutzungsentgelte sind zu aktivieren (Rz 195). Bei entgeltl *Übertragung* sollen einmalige Entgelte Teil der AK sein (*Döllerer* BB 84, 2034/9). Zu Lizenzen als Sacheinlage bei KapGes BGH GmbHR 00, 870; *Boehme* GmbHR 00, 841 (krit); Rz 202. S auch Filme.

Makleranspruch. Zu aktivieren, sobald zivilrechtl entstanden (vgl § 652 BGB; BFH I 104/65 BStBl II 69, 296).

Maklergebühren sind grds als AK (Nebenkosten) zu aktivieren (vgl BFH X R 136/87 BStBl II 92, 70), aber nicht bei Anmietung von Geschäftsräumen, weder als Nutzungsrecht noch als RAP (BFH IV R 16/95 BStBl II 97, 808; *Meyer-Scharenberg* DStR 91, 754/7; Rz 76).

Mandantenstamm ist ein immaterielles WG, das isoliert übertragen werden kann (BFH I R 128–129/95 BStBl II 97, 546; BFH III R 40/07 BStBl II 10, 609; *Schulze zur Wiesche* DB 10, 1261; zur Abgrenzung vom Praxiswert BFH I R 52/93 BStBl II 94, 903; Rz 223, 228).

Marke (§§ 1, 3 MarkenG) s Warenzeichen.

Mietereinbauten und -umbauten, die ein Mieter (Pächter) in gemieteten Räumen auf eigene Rechnung vornimmt, sind als materielle, dem Mieter zuzurechnende WG zu aktivieren (BFH XI R 18/06 BStBl II 09, 957; EStR 7.1 VI; *Lorenz* vor Rz 58, 141 ff). Mietereinbauten sind – ***(1)*** als **Scheinbestandteile** nach § 95 BGB (Verbindung zu einem vorübergehenden Zweck) oder als **Betriebsvorrichtung** nach § 68 II Nr 2 BewG (s Rz 137) *bewegl WG* und – ***(2)*** unter dem Gesichtspunkt des **wirtschaftl Eigentums** oder **des einheitl Nutzungs- und Funktionszusammenhangs** (zB Ladeneinbau, Schaufensteranlage) *unbewegl WG* (BFH III R 191/85 BStBl II 88, 300).

Der Mieter ist **wirtschaftl Eigentümer** (Rz 152) der Einbauten, zB *(a)* wenn ihre Nutzungsdauer kürzer als die Mietzeit ist oder *(b)* der Mieter die Sachen nach Ablauf der Mietzeit entfernen muss oder darf (vgl BFH VIII R 63/95 BFH/NV 98, 1202) oder *(c)* wenn er bei Beendigung des Nutzungsverhältnisses einen Anspruch auf eine Entschädigung iHd Restwerts der Einbauten besitzt (BFH I R 88/92 BStBl II 94, 164; BFH XI R 35/97 BStBl II 98, 542; *HG* DStR 97, 996: Rückübertragung gegen Entschädigung als Form der Veräußerung; krit *Sauren* DStR 98, 706).

(3) Mietereinbauten können durch Einräumung des Besitzes und des Wertersatzanspruchs, der ggü dem zivilrechtl Eigentümer bei Beendigung des Nutzungsverhältnisses besteht, auf Dritte übertragen werden (BFH XI R 18/06 BStBl II 09, 957). – ***(4)*** Aufwendungen, die nicht zu materiellen WG führen, sind weder als immaterielle WG noch als RAP zu aktivieren, sondern uU als „uneigentl" Drittaufwand (Rz 101) sofort abziehbar (BFH IV R 1/02 BFH/NV 04, 1335); durch Aufwendungen, die Erhaltungsaufwand wären, wenn sie beim Gebäudeeigentümer anfielen, können keine aktivierungspflichtigen WG des Mieters entstehen (BFH VIII R 148/73 BStBl II 78, 345). – ***(5)*** Mögl ist ein Anspruch auf Rückzahlung von Investitionskosten (FG Köln EFG 05, 1918, rkr). – *(6)* Einzelheiten *Weber-Grellet* DB 95, 2550/8; *Gschwendtner* FS Beisse, 1997, 215; StEK EStG § 7 Akt Nr 368 – 8.7.02. S auch „Bauten auf fremdem Grund". – *(7)* **Einzelfälle:** Umbau einer Bäckerei in Antiquitätengeschäft (FG Sachs 6 K 552/09, rkr: materielles WG).

Milchreferenzmengen sind immaterielle WG (BFH IV R 64/98 BStBl II 03, 61 zu § 55 VI; zur Bilanzierung *BMF* BStBl I 95, 148). Zur Bewertung *BMF* BStBl I 03, 78.

Miteigentum s Bauten auf fremdem Grund; Rz 132, 157, 184 (Drittaufwand).

Mobilfunkdienstleistungsvertrag s Rz 241.

Musterbücher aktivierungspflichtig (BFH IV 299/63 U BStBl III 66, 86).

Nachbezugsrecht. Nicht aktivierungspflichtig (BFH I R 35/78 BStBl II 79, 262).

Nichtabgerechnete Lieferungen und Leistungen. Bei vollständig bewirkter Lieferung und Leistung (zB ein abgenommenes Bauvorhaben) steht die fehlende Abrechnung der Aktivierung nicht entgegen (BFH VIII R 134/80 BStBl II 86, 788); ein Vergütungsanspruch für Teillieferungen oder -leistungen ist zu aktivieren, wenn diese selbständig abrechenbar sind (BFH IV R 69/74 BStBl II 80, 239; Rz 611). Zu Dauerschuldverhältnissen s Rz 618.

Nichteisen(NE)-Metallvorräte. Bilanzierung s *BMF* BStBl I 89, 179.

Nießbrauch an einem Unternehmen ist nicht zu aktivieren (BFH VIII R 55/77 BStBl II 81, 396; § 15 Rz 144). Zum Nießbrauch an einzelnen WG s Rz 101, 176 f, 202 f, 653. Bei entgeltl Erwerb sind die für Erbbaurechte maßgebl Grundsätze (s dort) sinngemäß anzuwenden.

Nutzungsdauer. WG mit unterjähriger Nutzungsdauer sind nicht zu aktivieren (BFH IV R 127/91 BStBl II 94, 232; aA *Kratzenberg* StBp 93, 88).

Nutzungsrechte s Rz 101, 176 ff, 202 f, 655; 750; Bauten auf fremdem Grund, Erbbaurecht, Lizenz, Mietereinbauten.

Öffentl Private Partnerschaften in der Ausgestaltung des sog A-Modells (Errichtung von Autobahnstreckenabschnitten) werden als Dauerschuldverhältnisse mit unterschiedl zeitraumbezogenen Leistungen und entspr Abgrenzungen erfasst (*BMF* BStBl I 05, 916; *Fabian/Farle* DStR 06, 169; zu Instandhaltungspflichten *BMF* I 13, 722). – Die Behandlung der A-Modelle kann auf andere Modelle übertragen werden (*BMF* 17.5.13 BB 13, 1842).

Optionen als selbständige WG Rz 144; iÜ s Finanzprodukte.

Optionsanleihen s Anleihen.

Organisationsaufwendungen s Ingangsetzungskosten.

Pachterneuerungsanspruch s Rz 99 und ‚Substanzwerterhaltungsanspruch'.

Patent ist immat WG (*Grünewald* ua Bilanzierung von Patenten 2010, 25ff).

Pensionsanwartschaften, die ein von § 17 I 2 BetrAVG erfasster (ArbN-ähnl) Unternehmer aus betriebl Anlass (Entgelt) erlangt, sind nicht zu aktivieren, auch wenn sie unverfallbar sind (BFH I R 44/83 BStBl II 89, 323; s auch BFH X R 42/08 BStBl II 12, 188). S Leibrentenrecht.

Pensionsgeschäfte. Bei echten entgeltl Pensionsgeschäften (Übertragung von WG gegen Zahlung eines Betrags mit Verpflichtung zu späterer Rückübertragung) waren nach früherer BFH-Rspr – ebenso wie bei unechten Pensionsgeschäften (nur Recht, keine Pflicht zur Rückübertragung) – die Erträge der in Pension gegebenen WG dem Pensionsnehmer zuzurechnen, weil er zivilrechtl „uneingeschränkt" Eigentümer auf Zeit ist (BFH GrS 1/81 BStBl II 83, 272; *Franz/HHR* Anm 1588 f); Ausnahme bei Sicherungsgeschäft (BFH I R 147/78 BStBl II 84,

217). – Diese Beurteilung der echten Pensionsgeschäfte ist durch § 340b HGB (allg GoB) überholt, also Zurechnung beim Pensionsgeber (iEinz *Heilmeier* StuW 14, 344/61; str).

Nach § 340b IV HGB hat bei echten Pensionsgeschäften – anders als bei unechten (§ 340b V HGB) – der Pensionsgeber die übertragenen WG weiterhin zu aktivieren und iHd erlangten Betrags eine Verbindlichkeit zu passivieren; die Erträge der WG sind – wie bei Treuhand – dem Pensionsgeber zuzurechnen (*Bieg* BeckHdR B 900 (7/00) Rz 41; *BH* HGB[34] (7) Bankgeschäfte J/5), der sie aber, da sie tatsächl dem Pensionsnehmer zufließen, in gleicher Höhe als BA abziehen kann (als Entgelt für den erlangten und zurückzuzahlenden Betrag). Umgekehrt darf der Pensionsnehmer die in Pension gegebenen WG nicht aktivieren; er hat stattdessen iHd gezahlten Betrags eine Forderung auszuweisen, auf die iHd Erträge der in Pension genommenen WG Zinsen anfallen (*Waschbusch* BB 93, 172). Ein Unterschied zw Kauf- und Rücknahmepreis ist als RAP auf die Laufzeit des Pensionsgeschäfts zu verteilen (§ 340b IV 3, 6 HGB). – S auch Wertpapierleihe.

Pensionszusage. Überhöhte Pensionszusage (vGA bei BetriebsGes) ist bei BesitzGes noch nicht zu aktivieren, da nur aufschiebend bedingte Anwartschaft (BFH X R 42/08 BStBl II 12, 188).

Personenhandelsgesellschaft. Zur Bilanzierung s ‚Beteiligung an PersGes'; *HFA* WPg 94, 22; § 15 Rz 400 ff.

Pfandgelder s 'Leergut'.

Positionierungsrecht s Zuschüsse.

Prämienanspruch ist bei Erfüllung der Voraussetzungen zu aktivieren (*FinVerw* FR 95, 482 zu Vielfliegerprämien).

Praxiswert s Rz 228. Eine Kassenzulassung ist kein selbständiges WG; Kassenzulassung und Patientenstamm bilden untrennbar das WG Praxiswert (BFH VIII R 13/08 BStBl II 11, 875).

Prepaidvertrag s Mobilfunkdienstleistungsvertrag.

Provisionen. – ***(1)* Aktivierung.** Der Zeitpunkt, zu dem ein Anspruch auf eine Vermittlungsprovision im LV-Geschäft realisiert ist, hängt von den Vertragsgestaltungen im konkreten Einzelfall ab; Provisionsvorschüsse sind als „erhaltene Anzahlungen" zu passivieren (BFH X R 28/08 BFH/NV 10, 2033; *Weiland* DStR 11, 2213). – Ein **Handelsvertreter** hat seinen Provisionsanspruch idR zu aktivieren, sobald das vermittelte Geschäft ausgeführt ist (vgl § 87a HGB, auch wenn der Kunde noch nicht an den Unternehmer gezahlt hat (BFH III B 29/07 BFH/NV 08, 947) oder wenn nach abw Vereinbarung der Anspruch erst mit der Zahlung des Kunden entstehen soll (BFH I 104/65 BStBl II 69, 296; mE zutr, weil „quasisicherer Anspruch", der bereits wirtschaftl verursacht ist; BFH I R 94/03 BStBl II 06, 20; Rz 79). Ist vereinbart, dass der Anspruch bereits mit Abschluss des vermittelten Vertrags entstehen soll, ist er zu diesem Zeitpunkt zu aktivieren (BFH I 111/64 BStBl III 67, 464), auch wenn der Anspruch unter der auflösenden Bedingung der Ausführung des Geschäfts steht (vgl BFH III R 179/82 BStBl II 86, 669); anders bei aufschiebender Bedingung (vgl BFH I R 15/12 BFH/NV 14, 907). – Beim **Versicherungsvertreter** ist idR für die Realisierung der Abschlussprovision der Zeitpunkt der Zahlung der Prämie (= Zahlung des Einlösungsbetrags; materieller Versicherungsbeginn) maßgebl, aus der sich die Provision nach dem Vertretervertrag berechnet (§ 92 IV HGB; BFH X R 28/08 BFH/NV 10, 2033; BFH IV 305/65 BStBl II 72, 274); abw Regelungen zul; ferner *BMF* 28.5.02 StuB 02, 712: konkrete Vertragsgestaltung).

In Betracht kommen also die Aktivierung (per Forderung an Ertrag), die Behandlung als Anzahlung (per Geld an Anzahlung; Rz 256), die Einstellung in eine Stornoreserve (per Kaution an Geld); eine Rückstellung scheidet aus (vgl. FG Nds EFG 13, 595, rkr).

***(2)* Passivierung.** Provisionsverpflichtungen ggü Handelsvertretern sind (erst) nach Ausführung des Geschäfts zu passivieren (vgl § 87a HGB), sofern nichts anderes vereinbart ist (BFH IV R 168/71 BStBl II 73, 212, 481; FG Mchn 22.7.99 15 K 1673/95 nv, rkr; *Jonas* DB 86, 337/345; Rz 314). Ist vereinbart, dass die Provision erst mit Eingang der Zahlung des Kunden entsteht und dass bis dahin nur Vorschüsse geleistet werden, sind diese als Anzahlungen zu aktivieren und erst bei Zahlungseingang Aufwand (BFH I R 145/74 BStBl II 76, 675; krit zR *Lempenau* StbJb 78/79, 149/63). Ist vereinbart, dass der Provisionsanspruch unter der auflösenden Bedingung der Geschäftsausführung mit Geschäftsabschluss entsteht, ist zu diesem Zeitpunkt die Schuld als Aufwand zu passivieren (BFH III R 179/82 BStBl II 86, 669); Erfüllungsrückstand mögl bei Kundenbetreuungspflicht (BFH X R 41/07 BFH/NV 10, 860); s Handelsvertreter und Rz 387.

(3) **Vermittlungsprovisionen,** die eine KG für die Vermittlung des Eintritts von K'tisten schuldet (Eigenkapitalbeschaffung!), sind selbst dann nicht zu aktivieren (sondern BA der KG), wenn den eintretenden K'tisten die Entrichtung dieser Provisionen durch die KG bekannt ist (BFH IV R 352/84 BStBl II 88, 128; *BMF* BStBl I 88, 98; auch zur Zahlung an einen Ges'ter); anders bei geschlossenem Immobilienfonds (BFH IV R 40/97 BStBl II 2001, 717; mE einheitl Leistungsgegenstand). Zu aktivieren sind Provisionen, die der K'tist selbst schuldet (BFH IV R 160/78 BStBl II 84, 101). Zu Eigenkapitalvermittlungsprovisionen s dort. – Provisionen für Veräußerungen und andere Leistungen (Vertriebskosten gem § 255 II 4 HGB; vgl *Pickert* DStR 92, 1252) und auch für die Anwerbung von Abonnenten (dazu BFH VIII R 37/92 BStBl II 94, 444) sind sofort abziehbar. – Die (Fremd- und auch Eigen-)Provisionen, die der Vermittler von Beteiligungen vom Emissionshaus bezieht, sind BE (BFH X R 24/10 BStBl II 12, 498). Zur Provisionszuordnung bei komplexen Leistungen BFH X R 19/03 DStR 04, 2183.

Provisionsvorschüsse sind als „geleistete Anzahlungen" zu aktivieren (BFH III R 179/82 BStBl II 86, 669).

Recycling (Schaffung selbständiger WG durch Elektrolyse) s BFH XI R 34/88 BStBl II 92, 893; Anm HFR 93, 6; krit *Mittmann* DStZ 93, 89.

Redaktionskosten sind nach BFH III R 8/75 BStBl II 79, 235 weder als halbfertige Zeitschrift noch als immaterielles WG zu aktivieren; mE vom Einzelfall abhängig (s unfertige Erzeugnisse).

Reklamekosten s Werbung.

Rübenquoten s Zuckerrübenlieferrechte.

Rückdeckungsversicherung. Ansprüche zur Rückdeckung von Versorgungszusagen (Versicherung auf das Leben eines ArbN mit Berechtigung des ArbG) sind iHd Deckungskapitals zu aktivieren (BFH I R 11/06 BStBl II 06, 762; *Neu* EFG 08, 1443; *FinVerw* WPg 94, 148; zur Abzinsung BFH I R 67/08 BStBl II 10, 32).

Rückforderungs- und -übertragungsansprüche führen nicht zum Verlust des wirtschaftl Eigentums, wenn der Anspruch von künftigen Ereignissen abhängt (BFH XI R 55/97 BFH/NV 99, 9; Rz 153); allg zur Auswirkung vertragl Rückforderungsrechte *Jülicher* DStR 98, 1977; s auch Forderungen.

Rückzahlungsverpflichtung von Miete bei Vermietung von Kraftfahrzeugen ist durch Rückstellung zu berücksichtigen (BFH I R 50/10 BStBl II 12, 197; EStH 2012 5.7 (8)).

Sachhaftungs(-duldungs)anspruch s Rz 550 Gesellschafterfinanzierung.

Sanierungsaufwendungen für die Beseitigung von Altlasten im Boden können beim GuB, beim Gebäude zu aktivieren oder auch sofort als Erhaltungsaufwand abzuziehen sein (iEinz str, vgl zB *Siegel* DB 95, 537); zur Rückstellungsbildung s Rz 550 Umweltschutz und -schäden.

Satzungs- und Steuerklauseln. Ein Anspruch auf „Rückgewähr" einer vGA nach Gesetz (§§ 30, 31 GmbHG) oder auf Grund Satzungsklausel (Einlageforderung; BFH VIII R 7/99 BStBl II 01, 173) ist idR erst zu aktivieren, wenn die KapGes den Anspruch tatsächl geltend macht (BFH I R 110/88 BStBl II 90, 24/7: erst wenn Streit über vGA entschieden); daher erhöht sich auch das verdeckte

Eigenkapital der KapGes erst zu diesem Zeitpunkt (BFH I R 110/88 BStBl II 90, 24/7). Selbst bei früherer Aktivierung tritt keine Gewinnerhöhung (zum Ausgleich der vGA) ein, weil der Anspruch Einlage ist (BFH VIII R 7/99 BStBl II 01, 173; *Wassermeyer* GmbHR 93, 639/40). Zur Aktivierung eines Rückgewähranspruchs einer Einmann-GmbH BFH/NV 94, 126. Die Rückzahlung führt beim Ges'ter zu nachträgl AK (BFH VIII R 7/99 BStBl II 01, 173).

Schadensersatzanspruch s Forderungen.

Schallplattenherstellung. Keine Aktivierung der HK für Tonträger (§ 5 II; BFH I R 1/76 BStBl II 79, 734).

Schaufensteranlagen s Rz 138.

Schwebende Geschäfte s Rz 76, 242, 451 f, 609; Forderungen, nichtabgerechnete Leistungen, unfertige Erzeugnisse bzw Leistungen.

Schwimmende Ware darf der Käufer erst nach Erlangung der Verfügungsmacht aktivieren (BFH I R 157/84 BStBl II 89, 21); der Verkäufer realisiert Gewinn mit Übergang der Preisgefahr (Rz 609).

Signing Fee (Handgeld) s Rz 550

Software (vgl EStR 5.5 I, EStH 5.5; *FinVerw* BB 98, 1401; *KSM* Rz C 174; *Pfitzer/Schwenzer* HdR B 765-6/03; Rz 111). – ***(1)*** Software ist (sofern nicht bloße Nutzungsüberlassung nach § 31 UrhG) idR ein **immaterielles (unkörperl) und abnutzbares WG** (BFH X R 26/09 BStBl II 11, 865; *Schmittmann* StuB 11, 718; *LFD Thür* DB 11, 2812), und zwar nicht nur System- und Anwender-Individualsoftware (BFH III R 76/90 BFH/NV 96, 643; unstr), sondern auch Anwender-Standardsoftware (BFH X R 26/09 BStBl II 11, 865). **Ausgenommen** sind Datenträger, die nur Datenbestände und keine Befehle enthalten (BFH III R 49/83 BStBl II 88, 737; s aber BFH III R 38/84 BStBl II 89, 160) und Trivialprogramme (EStR 5.5 I 2–3: Programme, deren AK nicht mehr als 800 DM/410 € betragen, stets materielle bewegl WG).

(2) Software bildet bilanzrechtl idR keine Einheit mit der EDV-Anlage (Hardware), sondern ist **selbständiges WG,** die das Programm, dessen Beschreibung und den maschinenlesbaren Programmträger (Diskette, CD-ROM) umfasst (BFH III R 147/86 BStBl II 87, 787; Rz 96). – **Technische Geräte,** in deren Gehäuse ein EDV-Programm zur Steuerung fest eingebaut ist (zB Produktionsroboter), sind insgesamt (einschließl verdrahteter Software) ein einheitl materielles (körperl) WG (BFH III R 7/86 BStBl II 87, 728).

(3) **Erhaltungs- und Herstellungsaufwand** sind nach allg Kriterien abzugrenzen (*Färber* BuW 96, 533); „update" ist Erhaltungsaufwand (*Rätke* StuB 03, 842). Zu **Softwareumstellungen** s *Färber* BuW 96, 533; zu Softwareserviceverträgen s *Delcker* BB 90, 1097; zur steuerl Behandlung von Software-Leasing s *Engel* DStZ 92, 721. – ***(4)*** Ein neues **Softwaresystem** kann ein einheitl immaterielles WG sein (*FinSen Brem* DB 04, 2782). – ***(5)*** Zur Nutzungsdauer *Eisenbach* StuB 05, 293. – ***(6)*** Zum Urheberrechtsschutz s § 2 I Nr 1, II UrhG; BFH V R 13/96 BStBl II 97, 372. – Zur zivilrechtl Einordnung von Softwareverträgen *Palandt* § 90 Rz 2, § 433 Rz 9; *Junker* NJW 02, 2992/7. – Zu Webseiten s ‚Internet'.

Spielerlaubnis/Spielerwert im Lizenzfußball ist selbst WG (BFH I R 24/91 BStBl II 92, 977; BFH I R 108/10 BStBl II 12, 238; *Hüttemann* DStR 94, 490; *Wehrheim* BB 04, 433; *Schülke* DStR 12, 45; *Teschke* ua FR 12, 1137; aA *Jansen* FS Raupach, 2006, 247; krit *Söffing* BB 96, 523 (dagegen *Kessler* BB 96, 947); *Niemann* aaO (vor Rz 161), 254 f; zur Bundesliga-Bilanzierung *Littkemann* ua StuB 05, 660. – Zu Spielerwert-Aktivierung nach BilMoG *Rade/Stobbe* DStR 09, 1109. – S Ablösezählungen.

Sport(übertragungs)rechte sind keine (aktivierbaren) WG, sondern Gegenstand schwebender Verträge (*Rodewald* BB 95, 2103); zur Aktivierung von Vermarktungsrechten im Profifußball *Kirsch* ua DStR 13, 541; s auch Ablösebeträge, Filme.

Steuerabgrenzung s Latente Steuern.

Steuererstattungsansprüche sind zu erfassen, wenn sie in der Vergangenheit wirtschaftl verursacht und hinreichend sicher sind (BFH X R 19/10 BStBl II 12, 190; BFH I R 96/10 BFH/NV 12, 991; *OFD Nds* DB 15, 2975; s auch „Betriebssteuern", Rz 550 „StSchulden"). – StErstattungszinsen (§ 233a AO) sind entspr zu aktivieren (*OFD Ffm* DB 13, 1084; *OFD Nds* DB 15, 2974). – S ferner Darlehen, Disagio.

Stille Beteiligung im BV ist eine sonstige Ausleihung; zum Zeitpunkt der Aktivierung des Gewinnanspruchs eines stillen Ges'ters, der zugleich MehrheitsGes'ter der KapGes ist, an der er still beteiligt ist (BFH VIII R 106/87 BStBl II 91, 569; *Grottel/Kreher* BeBiKo § 271 Rz 15). – Ist der stille Ges'ter am Verlust beteiligt, sind Verlustanteile phasengleich (BFH I R 62/08 DStR 12, 1024) zu berücksichtigen.

Straßen(anlieger)beiträge s Rz 142 und Erschließungsbeiträge.

Stromanschluss. Beiträge (Zuschüsse) des Grundstückseigentümers an ein Energieversorgungsunternehmen zur Finanzierung der örtl Verteilungsanlagen sind (analog BFH-Rspr zu Wasserversorgungsanlagen, s dort) nachträgl AK des GuB (BFH IX R 138/88 BFH/NV 89, 633; aA zR *Glanegger* DB 87, 2115/9: Gebäude-HK). Abnehmerbeiträge zur Umstellung der Stromversorgung oder zum Bau einer Trafostation sind idR keine AK eines WG ‚Strombezugsrecht', sondern sofort abziehbar (BFH IV R 4/85 BFH/NV 88, 229; *FinVerw* FR 94, 101). Hausanschlusskosten sind HK des Gebäudes (EStH 6.4). – Diese Grundsätze gelten sinngemäß für Beiträge zwecks Gas-/Fernwärmeversorgung. Beim Energieversorgungsunternehmen (Empfänger) ist der Anschluss ein WG (*BMF* BStBl I 03, 361).

Substanzausbeutevertrag s Bodenschätze.

Substanzwerterhaltungsanspruch (des Verpächters) ist entspr der Pachterneuerungsrückstellung lfd mit dem TW (BFH IV 228/64 S BStBl III 1966, 147) zu aktivieren (BFH VIII R 28/95 BStBl II 98, 505; krit *Westerfelhaus* DB 92, 2365; *Sundermeier* BB 93, 824); Rz 702. Beim Verpächter ist das Ersatzgut mit den AK/HK des Pächters zu aktivieren unter gleichzeitiger Auflösung des Pachterneuerungsanspruchs.

Swapgeschäfte s Finanzprodukte.

Tabakquote ist ein immaterielles WG (FG RhPf EFG 07, 21, rkr); s Zuckerrübenlieferrechte.

Teilhaberversicherungsanspruch ist notwendiges PV (BFH IV R 30/91 BStBl II 92, 653 mwN; krit *Kessler* FR 91, 290).

Teilleistungen s langfristige Fertigung, unfertige Leistungen, Nichtabgerechnete Lieferungen und Leistungen.

Termingeschäfte s Finanzprodukte.

Tilgungsstreckung. Zur Aktivierung eines Anspruchs des Darlehensgebers aus einer Tilgungsstreckung BFH I 52/64 BStBl II 69, 18.

Trägerunternehmen. ArbG sichern die Ansprüche von ArbN aus der betriebl Altersversorgung für den Fall der Insolvenz häufig über die gesetzl eingerichtete Insolvenzsicherung hinaus zusätzl privatrechtl ab (*OFD Mster* StEK EStG § 5 Bil 121 – 6.2.08).

Transferentschädigungen s Ablösebeträge.

Transferpaket (Bewertungseinheit) bei Funktionsverlagerung (iZm § 1 III AStG); zR krit *Blumers* BB 07, 1757 (Abkehr von Einzelbewertung).

Treuhandanstalt s Rz 225.

Treuhandgeschäfte s Rz 154.

Umsatzprämie. Ein rechtl noch nicht entstandener Anspruch auf Umsatzprämie ist zu aktivieren, wenn der Kfm am Bilanzstichtag mit einer Gewährung fest rechnen kann (BFH IV R 201/74 BStBl II 78, 370; aA *Lüders* Der Zeitpunkt der Gewinnrealisierung, 1987 S 96).

Umsatzsteuer. Aktivierung des Anspruchs auf USt-Erstattung wegen stfreier Geldspielautomatenumsätze erst in Wj, die nach dem 17.2.05 enden (*BMF* 5.7.06 DStR 06, 1281; BFH X R 19/10 BStBl II 12, 190; BFH I R 96/10 BFH/NV 12, 991).

Umwandlungskosten als sofort abziehbare BA oder aktivierungspflichtige AK (*Orth* GmbHR 98, 511).

Umweltschützende Einrichtungen, die in betriebl Anlagen eingebaut werden (zB Filter), sind idR als nachträgl AK (HK) zu aktivieren (*Gail* StbJb 90/91, 67; *Korn* KÖSDI 91, 8495/03).

Unentgeltl erworbene WG. Zu aktivieren (sofern BV), auch immaterielle WG (§ 6 IV, § 7 II EStDV aF; s Rz 196/7); bei privatem Anlass Einlage.

Unfertige Erzeugnisse (teilfertige Bauten). Nach hM mit bis zum Bilanzstichtag angefallenen Aufwendungen als HK materieller WG zu aktivieren; mE **Stornierung von Aufwand** iRe schwebenden Geschäfts (Rz 76; *Weber-Grellet* BB 03, 37/41; vgl BFH I R 15/12 BFH/NV 14, 907 iZm Aufwand für noch nicht realisierte Provisionen); nach aA (im Baugewerbe) als Forderung oder als Vorratsvermögen (ua *Hoffmann* DStR 00, 1338; offen gelassen in BFH VIII R 1/03 BStBl II 06, 298 unter B 2b bb) ccc). Trotz noch schwebenden Geschäfts ist eine **TW-AfA** mögl (BFH VIII R 1/03 BStBl II 06, 298; BFH X R 27/05, BFH/NV 10, 1090; Rz 76); der Umfang ist **retrograd** zu ermitteln (voraussichtl Erlöse ./. durchschnittl Gewinn ./. Selbstkosten); dabei ist nicht nur auf das bis zum Bilanzstichtag abgewickelte Geschäft („Teilrealisierung"), sondern (so BFH unter Berufung auf den „gedachten Erwerber") auf das gesamte Geschäft abzustellen (keine Begrenzung auf bereits geleistete Arbeiten; EStH 6.7; zust *Hoffmann* DStR 05, 1981; *Schubert/Roscher* BeBiKo § 253 Rz 524; *Franz/HHR* Anm 965).

Stellungnahme: ME übersieht BFH VIII R 1/03, dass der Grundsatz der verlustfreien Bewertung durch § 5 IVa strechtl beseitigt ist (den Widerspruch sieht auch *Hoffmann* StuB 11, 437) und beruft sich zu Unrecht auf die handelsrechtl Praxis; zudem führt der „gedachte Erwerber" zu einer fiktiven Realisation (krit *Weber-Grellet* BB 06, 35/8; krit auch *Siegel* StuB 06, 61 zum Abzug des durchschnittl Gewinns und der späteren Fixkosten); HB und StB liegen unterschiedl Konzeptionen zugrunde (*Schubert/Roscher* BeBiKo § 253 Rz 523). S fertige Erzeugnisse; Rz 317.

Unfertige Leistungen werden (wegen fehlender Realisation) wie unfertige Erzeugnisse behandelt, auch wenn die Aufwendungen nicht zu materiellen WG geführt haben (vgl *FinVerw* DB 79, 625; *Schubert/Roscher* BeBiKo § 247 Rz 64). Bei Teilerfüllung ist gesicherter Anspruch auf Teil des Entgelts zu aktivieren (BFH I R 142/81 BStBl II 83, 369; BFH VIII R 25/11 BStBl II 14, 968; Rz 608).

Urlaub. Kein Ansatz eines Aktivpostens bei vor dem Bilanzstichtag für die Zeit nach dem Bilanzstichtag gewährten Urlaub (*FinVerw* StEK EStG § 6 I Ziff 3 Nr 5 – 8.3.77). Für aktive Abgrenzung von Urlaubsgeld bei abw Wj Parteivereinbarung maßgebl (BFH VIII R 86/91 BStBl II 93, 709). S auch Rz 550.

Verlagsrecht (Vervielfältigungs- und Verbreitungsrecht) ist ein selbständiges immaterielles WG; abzugrenzen vom Verlagswert (BFH II R 8/92 BStBl II 95, 505; *Niemann* aaO, vor Rz 161, 261; Rz 233).

Vermittlungsprovisionen s. Provisionen.

Versendungskauf s Schwimmende Ware.

Versicherungsvertreter s Provisionen.

Versorgungsanlagen, die von einem privaten Erschließungsträger erstellt und unentgeltl auf gemeindl Versorgungsbetriebe übertragen werden, sind dort ertragswirksam zu aktivieren (*FinVerw* StEK EStG § 5 Bil Nr 94 – 21.1.98); s auch Wasserversorgung.

Vertragsarztzulassung ist (selbständiges) immaterielles WG (*OFD Mster* DB 09, 875; FG Nbg EFG 15, 361, Rev VIII R 56/14; einschr FG Nbg EFG 14, 1179, Rev VIII R 7/14: nur wenn Kaufpreis deutlich über Praxiswert).

Vorbehalte als Aktivierungshindernis (Rz 151 zur WG-Zurechnung; allg zur Schenkung unter Vorbehalt *Escher* FR 08, 985). Zu vorbehaltenen Nutzungsrechten/-lasten s Rz 180, 653.

Vorbelastungshaftung. Anspruch der GmbH gegen Ges'ter (BGHZ 105, 300) führt in der StB nicht zu einer Gewinnerhöhung, weil der Anspruch auf Einlageleistung gerichtet ist (vgl BFH I R 176/83 BStBl II 87, 733).

Vorfälligkeitsentschädigung (Entgelt für Kreditrückzahlung vor Fälligkeit) ist mE sofort abziehbar, iZm Betriebsveräußerung Veräußerungskosten (BFH X R 70/97 BFH/NV 01, 440); Rz 258.

Vorräte sind mit den AK/HK zu aktivieren; allein die lange Lagerdauer rechtfertigt keine TW-AfA (BFH IV R 18/92 BStBl II 94, 514).

Vorsteueranspruch (§ 15 UStG) ist bei Lieferungen vor und Eingang der (berichtigten) Rechnung nach dem Bilanzstichtag bereits zu aktivieren (BFH XI R 1/93 BStBl II 93, 786), es sei denn, der Anspruch ist nicht sicher (FG Mster EFG 99, 1268, rkr); bei „Begründung" durch den EuGH erst mit BStBl-Veröffentlichung (s Rz 91).

Währungsumrechnung s Fremdwährung.

Wärmelieferungsvertrag. Zu Gewinnrealisation s *Mellwig/Hastedt* DB 92, 1589.

Warenrückvergütungen sind in der StB des Wj, für das die Vergütung gewährt wird, zu aktivieren, wenn sie schon in der Satzung der Genossenschaft begründet sind (BFH IV R 112/81 BStBl II 84, 554).

Warenzeichen (jetzt: Marke; MarkenG v 28.10.94, BGBl I, 3082) kann im Einzelfall ein abnutzbares immaterielles WG sein (FG Ddorf EFG 00, 1177 rkr; *BMF* BStBl I 99, 687; *Schubert* FR 98, 92; aA (für EW des BV) BFH II B 135/95 BStBl II 96, 586); Nutzungsdauer entspr § 7 I 3 oder nachgewiesene kürzere Nutzungsdauer (aA *Gold* DB 98, 956: 5 Jahre; *Schubert* FR 98, 541: Einzelfall).

Wartungsaufwand. Nach FG BBg (EFG 09, 316, rkr; ähnl FG Ddorf EFG 15, 1247, rkr; FG Ddorf EFG 15, 1629, Rev I R 43/15) darf der Verpächter für vom Pächter erhaltene Wartungsentgelte (für Flugzeuge) weder einen passiven RAP noch eine Rückstellung (dazu Rz 383, 387) bilden; mE im Hinblick auf den RAP (dazu Rz 246, 250) fragl.

Wassernutzungsrecht s Rz 134, 172; *Niemann* aaO, vor Rz 161, 265 f.

Wasserversorgung (Wasserleitung). Beiträge für den erstmaligen Anschluss eines Grundstücks an eine öffentl Wasserversorgungsanlage sind (sofern nicht gewerbe-, sondern grundstücksbezogen) als nachträgl AK des GuB zu aktivieren; Beiträge zur Ersetzung oder Verbesserung einer alten Anlage (sog Ergänzungsbeiträge) sind als Erhaltungsaufwand sofort abziehbar (BFH X R 6/86 BFH/NV 89, 494). Auch Erstanschlussbeiträge sollen sofort abziehbar sein, wenn der Grundstückseigentümer eine eigene Anlage hatte. S Rz 142, Abwasserbeseitigung, Erschließungsbeiträge.

Website (Internet-Auftritt) s Internet.

Wechselforderungen sind mit den AK zu aktivieren; der zw Erwerb und Stichtag angefallene Diskont soll noch nicht realisiert sein (BFH I R 92/94 BStBl II 95, 594; *Plewka/Krumbholz* DB 96, 342; zR aA *Groh* FR 95, 581; *Moxter* BB 95, 1997; s a Rz 618).

Werbespots als immaterielle WG s Filme.

Werbung. Aufwendungen sind sofort abziehbar (BFH IV 433/62 S BStBl III 64, 138), auch bei einmaligem Werbefeldzug (*Döllerer* BB 69, 501/5: kein entgeltl Erwerb eines immateriellen WG; aA BFH I 198/61 U BStBl III 63, 7). Für Werbezwecke hergestellte **materielle WG** (Werbemittel) sind aktivierungspflichtig (BFH I R 112/75 BStBl II 77, 278; *Boorberg* DB 01, 497). S auch Filme.

Werkzeuge als WG oder Teil der HK vgl *Gläßner/Leineweber* StBP 85, 97; *FinVerw* DB 82, 1787.

Wertpapierfonds. Der Anspruch auf Ausschüttungen ist zu aktivieren, wenn er nach den Vertragsbedingungen entstanden ist (BFH I R 59/93 BStBl II 95, 54); s auch *Becker* StBp 96, 127; Dividendenansprüche.

Wertpapierleihe (Wertpapierdarlehen; keine „Zahlung eines Betrags" iSd § 340b HGB) sind wie Sachdarlehen (dh nach hL ohne Gewinnrealisierung, s Rz 602, 703; so auch *Schmitt-Homann* BB 10, 351/5; *OFD Ffm* 19.11.13 DB 14, 454) zu bilanzieren (*BMF* DB 90, 863; WPg 91, 454; *Haisch/HHR* Anm 1554; *Häuselmann* DB 00, 495; *Haarmann* FS Raupach, 2006, 233). Im Unterschied zum Pensionsnehmer (s Pensionsgeschäfte) ist der Entleiher idR wirtschaftl Eigentümer (BFH I R 2/12 DStR 14, 2012; *Bay LfSt* DB 10, 1672); ausnahmsweise weiterhin der Verleiher (BFH I R 88/13 juris). Letztl ist auf die konkreten Umstände (Chancen, Risiken, Insolvenzrisiko: Gesamtwürdigung!) abzustellen.

Wettbewerbsverbot kann ein selbständiges WG sein, wenn dem Verbot eine eigene wirtschaftl Bedeutung zukommt und für seine Übernahme ein besonderes Entgelt vereinbart wurde; Aufwendungen hierfür sind als AK eines entgeltl erworbenen (idR abnutzbaren) immateriellen EinzelWG zu aktivieren (BFH I R 130/85 BFH/NV 89, 780; *Haisch/Franz/HHR* Anm 1570 f; *Eder* DStR 95, 1937/42), es sei denn, es ist unselbständiger Teil eines entgeltl erworbenen Kundenstamms (BFH I R 49/85 BFH/NV 90, 442) oder Geschäftswerts (BFH IV R 138/80 BStBl II 84, 233). Keine Aktivierung bei Zahlung eines umsatzabhängigen lfd Entgelts (BFH I 224/64 BStBl II 68, 520); zum Wegfall s *Franz/HHR* Anm 1594.

Windpark besteht aus mehreren WG, zB Kraftanlage, Wegebau, Anschlusskosten, Verkabelung (BFH IV R 46/09 BStBl II 11, 697; Rz 131).

Wirtschaftl Eigentum s Rz 152 f.

Wirtschaftsgut s Rz 93 ff. „Verlustträchtige" WG können nicht eingelegt werden (BFH X B 11/89 BFH/NV 90, 769).

World Wide Web (www) s Internet.

Zeitarbeit. Minderstunden sind nach FG BBg EFG 12, 600, rkr, nicht zu aktivieren (mE falscher Ansatz; es geht um Stornierung von Aufwand); s auch Rz 550 *Überstunden*.

Zero-Bonds s Finanzprodukte.

Zinsen auf Steuererstattungen s *FinVerw* BB 95, 561; zu Zinsbegrenzungsverträgen s Darlehen und Finanzprodukte.

Zuckerrübenlieferrechte sind abnutzbare immaterielle WG (BFH IV R 3/08 BStBl II 14, 512; stRspr); bei Veräußerung ist kein Grundstücks-Buchwert gegenüberzustellen (FG Nds EFG 01, 1431, rkr; *Valentin* EFG 02, 1609); Nutzungsdauer von 15 Jahren ist nicht zu beanstanden (BFH IV R 1/06 BStBl II 10, 28).

Zurechnung von WG s Rz 151 f.

Zuschüsse, die der Zuschussgeber aus *betriebl Anlass* auf privatrechtl oder öffentlrechtl Grundlage zahlt (zum Erhalt s Rz 550), sind (sofern keine zusätzl AK vorhandener WG, s zB Erschließungsbeiträge) nach der jeweiligen Funktion des Zuschusses entweder *(1)* sofort abziehbar (Aufwendungen auf den eigenen Firmenwert) oder *(2)* als AK eines entgeltl erworbenen (immateriellen) WG (so BFH VI 239/65 BStBl II 70, 35 – GrS-Vorlagefall) oder *(3)* als aktiver RAP zu aktivieren. Einzelheiten § 6 Rz 71; 28. Aufl § 5 Rz 270).

Barzuschüsse, die ein Ges'ter seiner KapGes aus *gesellschaftl Anlass* gewährt, sind **verdeckte Einlagen** (Rz 204; zusätzl Beiträge; Zuzahlungen iSv § 272 II Nr 4 HGB) und als nachträgl AK zu aktivieren (§ 6 VI 2; BFH VI R 3/92 BStBl II 94, 242); zur disquotalen Einlage vgl ‚Beteiligungen an KapGes'.

V. Passivierung

1. Passivierung. – a) Gegenstand. Auf der Passivseite der HB und StB hat der StPfl die **Schulden** (Verbindlichkeiten und Rückstellungen), die (passiven) **RAP** (Rz 245) sowie das **Eigenkapital** (Rz 550; einschließl Rücklagen, ggf auch Bilanzgewinn) gesondert auszuweisen und hinreichend aufzugliedern (§ 247 I HGB; *Tiedchen/HHR* Anm 650). – Die GuV-Rechnung weist Ertrag und Aufwand aus, die Bilanz Vermögen (Aktivseite) und dessen Finanzierung (Passivseite); zur spiegelbildl Aktivierung s Rz 90. **301**

b) Unterscheidungen. Bei der Passivierung von **Schulden** (ggf auch von stfreien Rücklagen) ist zu unterscheiden zw der Passivierung dem **Grunde** nach (was und wann) und der Passivierung der **Höhe** nach (Bewertung). Die Passivierung ist **erfolgswirksam,** wenn die Gegenbuchung als lfd Aufwand anzusetzen ist (zB bei Rückstellung für drohende Schadenersatzverpflichtung: „per Aufwand an Rückstellung"); sie ist **erfolgsneutral** bei Gegenbuchung auf einem Bestandskonto (zB „per Geld an Darlehensverbindlichkeit" bei Aufnahme eines Kredits); sie ist **zunächst erfolgsneutral,** wenn die Gegenleistung zu den AK eines abnutzbaren WG zählt (zB – ungewisse – Prozesskosten bei Anschaffung eines abnutzbaren WG „per WG an Rückstellung"). **302**

c) Wertberichtigung. Keine echte Passivierung ist die Bildung passiver Wertberichtigungen zur Korrektur der Wertansätze von Aktivposten des AV (sog indirekte Abschreibung) oder des UV (zB Einzel- oder Pauschalwertberichtigungen auf Forderungen); diese sind in der HB als Passivposten – mindestens für KapGes – grds unzul und stattdessen aktivisch abzusetzen (*Schubert/Roscher* BeBiKo § 253 Rz 567). **304**

d) Maßgeblichkeitsgrundsatz. Dieser (Rz 26) besagt im Bereich der Passivierung, dass Passivposten in der StB nur angesetzt werden dürfen, wenn sie in der HB nicht nur passivierungsfähig, sondern -pflichtig sind, sofern nicht estrechtl Sondervorschriften eingreifen (s Rz 30, 60, 352, 353; BFH I R 150/77 BStBl II 84, 299). **305**

e) Gliederung. Für die Gliederung der Passivseite sind GoB iVm den handelsrechtl Normen maßgebl; danach sind bei allen Kfm – neben dem Eigenkapital – mindestens Verbindlichkeiten, Rückstellungen, RAP und Sonderposten mit Rücklagenanteil (= steuerfreie Rücklagen) gesondert, klar und übersichtl auszuweisen (§§ 243 I, II; 247 I HGB; für KapGes § 266 III HGB). Andere Posten (zB negative Vermögensposten) kommen nicht in Betracht; evtl Ausnahme beim Geschäftswert (Rz 226). **306**

2. Verbindlichkeiten (einschließl § 5 IIa).

Schrifttum (vor 2007 s Vorauflagen): *Breidert/Moxter,* Zur Bedeutung wirtschaftl Betrachtungsweise in jüngeren höchstrichterl Bilanzrechtsentscheidungen, WPg 07, 912; *Christiansen,* Allgemeines und Spezifisches zur Bilanzierung von Verbindlichkeiten, DStR 13, 1347 (s auch Schrifttum bei Rz 351, 550). – **Verwaltung:** EStR 4.2 XV, EStH 4.2 (15), EStH 6.10.

a) Verbindlichkeiten. Diese verpflichten als betriebl Schuldposten (vgl § 253 I 2, § 266 III HGB) zu bestimmten Leistungen; Art und Rechtsgrund sind grds irrelevant; sie müssen (wie auch Rückstellungen, Rz 351 f) grds ausgewiesen werden (**Passivierungsgebot;** BFH I R 153/86 BStBl II 91, 479; *Tiedchen/HHR* Anm 670). **310**

b) Voraussetzungen. – *(1)* Die Verbindlichkeit muss **betriebl veranlasst** sein (§ 4 IV) und darf nicht unter § 4 V fallen (BFH I R 64/97 BStBl II 99, 656; BFH **311**

IV R 31/99 BStBl II 01, 536 für Verfallsanordnung); Veranlassung durch Ges-Verhältnis genügt nicht (BFH XI R 52/01 BStBl II 03, 658). Auf der Passivseite wird nicht zw notwendigem und gewillkürtem BV unterschieden; entscheidend ist allein, inwieweit die Entstehung der Schuld durch den Betrieb veranlasst ist (BFH GrS 2–3/88, BStBl. II 90, 817, unter C II; ferner BFH IV R 57/90 BStBl II 92, 141); – ***(2)*** sie muss am Bilanzstichtag dem Grund und der Höhe nach **gewiss** und quantifizierbar sein (die Feststellungslast trifft den StPfl; BFH III R 40/95 BFH/NV 98, 1217) und – ***(3)*** das abgelaufene Wj **wirtschaftl belastet** haben („wirtschaftl Verursachung"; BFH IV R 62/05 BStBl II 08, 557; Rz 361, 381 f; § 268 V 3 HGB; *Hageböke* RdF 13, 304/9); künftige Verbindlichkeiten müssen mit Erträgen oder dem betriebl Geschehen abgelaufener Wj in Zusammenhang stehen (iEinz *Weber-Grellet* DB 02, 2180; s auch Rz 381 f; – ***(4)*** das Bestehen der Verbindlichkeit muss dem Kfm bis zur Bilanzaufstellung **bekannt** geworden sein. – Der Passivierung der Verbindlichkeit steht nicht entgegen, dass sie noch nicht fällig ist (vgl BFH I R 166/78 BStBl II 84, 747), dass der Schuldner zahlungsunfähig ist (BFH I B 50/07 BFH/NV 08, 616) oder dass sie ohne Gläubigerzustimmung übertragen wurde (vgl *IDW* WPg 89, 626).

312 **c) Passivierungsverbot.** Hingegen besteht ein Passivierungsverbot bei: – ***(1)*** Verbindlichkeiten aus schwebenden Geschäften (Rz 76), es sei denn, dass Vorleistungen erbracht sind (erhaltene Anzahlungen) oder Erfüllungsrückstände bestehen (vgl zB BFH VIII R 28/95 BStBl II 98, 505; EStR 5.7 VIII); – ***(2)*** Schulden, die obschon noch nicht verjährt, mit an Sicherheit grenzende Wahrscheinlichkeit nicht erfüllt werden müssen (keine wirtschaftl Belastung; BFH I R 73/95 BStBl II 96, 592; ähnl BFH I R 34/12 BFH/NV 14, 1014; BFH I R 44/14 BStBl II 15, 769) weniger strenge Grundsätze bei einer **ungewissen** Verbindlichkeit, s Rz 376; – ***(3)*** Schadensersatzpflichten aus strafbarer Tat vor Entdeckung (BFH X R 163–164/87 BStBl II 91, 802).

313 **d) Ausbuchung.** (Gewinnerhöhende) Ausbuchung, wenn Inanspruchnahme nicht mehr zu erwarten ist oder rechtsvernichtende Einwendungen oder (dauerhaft wirkende) Einreden (zB Verjährung) geltend gemacht werden (BFH X B 121/99 BFH/NV 00, 1450; *Weber-Grellet* BB 15, 43/6; Rz 376). Die nicht mehr werthaltigen Verpflichtungen sind ggf zu schätzen (auch bei Sammelverbindlichkeiten; BFH I R 3/95 BStBl II 96, 470). – Allein die (bevorstehende) Liquidation oder ein Rangrücktritt sind (noch) kein Anlass zur Ausbuchung (*Farle* BB 12, 1507; *Farle* DStR 12, 1590; *Weber-Grellet* BB 15, 2667); aus BFH I R 100/10 BStBl II 12, 332 folgt nichts Gegenteiliges (aA wohl *Rätke* BBK 13, 2013; krit zu dieser Entscheidung *Weber-Grellet* BB 13, 43/47; zT geändert durch BFH I R 44/14 BStBl II 15, 769). – Bei Insolvenz wird erst das tatsächliche Erlöschen der Schuld gewinnwirksam, zB wenn ein Gläubiger wirksam auf seine Forderung verzichtet, wenn nach rechtskräftiger Bestätigung des Insolvenzplans die Forderungen nachrangiger Gläubiger erlöschen, wenn eine Befreiung ggü nicht nachrangigen Geldgebern im Insolvenzplan vorgesehen ist oder auch über die Restschuldbefreiung nach § 286 InsO (*OFD Mster* DStR 05, 2079; *OFD NRW* KurzInfo 46/14 DB 14, 2741).

314 **e) Bedingte Verbindlichkeiten.** Es ist zw bedingter **Entstehung** und bedingtem **Erlass** zu unterscheiden (s auch Rz 270 Forderungen). **Aufschiebend** bedingt entstehende **(= künftige) Verbindlichkeiten** zB aus Bürgschaften, öffentl Zuschüssen oder Besserungsscheinen sind als Verbindlichkeiten erst mit Eintritt der Bedingung auszuweisen (BFH IV B 72/10 BFH/NV 12, 21; BFH X R 42/08 BStBl II 12, 188; *FinVerw* FR 95, 482; *Tiedchen/HHR* Anm 675; *ADS* § 246 Tz 1121); als Rückstellungen dürfen sie vorher nur passiviert werden, sofern am Bilanzstichtag der Eintritt der Bedingung wahrscheinl ist (vgl BFH X R 23/89 BStBl II 92, 488) und die künftigen Ausgaben in der Vergangenheit wirtschaftl verursacht sind (Rz 383, 386 f; iErg aA für Druckbeihilfe BFH IV R 49/96

BStBl II 98, 244, s Rz 550; aA auch BFH IV R 54/97 BStBl II 00, 139 für Vorauszahlung; wie hier *Moxter* BB 98, 2464/7). **Auflösend bedingt entstandene** Verbindlichkeiten (= späterer Wegfall) sind zu passivieren und erst bei Bedingungseintritt wieder auszubuchen (*Tiedchen/HHR* Anm 675). Wegen zivilrechtl und wirtschaftl Parallelwertung sind **auflösend bedingt erlassene** Verbindlichkeiten – im Unterschied zu aufschiebend bedingt erlassenen oder zu erlassenden (also erst später wegfallenden) – nicht mehr zu passivieren (vgl BFH I R 11/03 BStBl II 05, 581; *FinVerw* StEK EStG § 5 Pass Nr 17 – 27.12.84; *Schubert* BeBiKo § 247 Rz 225 mwN; *Küting* DStR 96, 313/4); zu passivieren sind sie aber bei Entfallen des Erlasses.

f) Passivierungsverbot für abhängige Verbindlichkeiten, § 5 IIa. 315

Schrifttum (Auswahl; vor 2015 s Vorauflagen): *Weber-Grellet,* Rangrücktritt im BilanzSt-Recht, BB 15, 2667; *Kahlert,* Stbilanzielle Behandlung des Rangrücktritts nach ... BGH, DStR 15, 734/6; *Wälzholz,* Mehr Sicherheit beim Rangrücktritt, GmbH-StB 15, 259.

Verbindlichkeiten, die nur **aus künftigen Einnahmen/Gewinnen** (je nach Vereinbarung „brutto/netto") zu tilgen (ggf zurückzuzahlen) sind, dürfen, bevor solche Einnahmen/Gewinne entstanden sind (mangels wirtschaftl Verursachung) weder als Verbindlichkeit noch als Rückstellung aufwandswirksam passiviert werden („Passivierungsaufschub"; aufgenommen durch StBerG 1999; zur Begründung BT-Drs 14/2070, 17 unter Hinweis auf § 6a I Nr 2; BFH GrS 1/79 BStBl II 81, 164); s auch Rz 383.

§ 5 IIa ist (ebenso wie § 5 IVb; Rz 369) Ausdruck des Prinzips der wirtschaftl Verursachung; die rechtl Entstehung ist unmaßgebl (BFH VIII R 8/01 DStR 02, 1212/6; Rz 381 mwN; krit *Wendt* StbJb 03/04, 247/57, der – zu Unrecht – auf den ‚realisationsirrelevanten' TW abstellt). Die abw Rspr des IV. Senats (Rz 387) und des X. Senats (BFH X R 225/93 BStBl II 97, 320 – Filmkredit) ist überholt (ähnl BFH IV R 68/05 BStBl II 08, 483; stets aA *BMF* BStBl I 00, 375; wN in 34. Aufl).

§ 5 IIa betrifft nur abhängige Verbindlichkeiten, nicht automatisch den **Rangrücktritt** ohne jede Besserungsabrede (BFH I R 11/03 BStBl II 05, 581); ein Rangrücktritt macht eine Verbindlichkeit nur unter bestimmten weiteren Voraussetzungen zu einer solchen iSd § 5 IIa (*Weber-Grellet* BB 15, 2667); iEinz s unten Rz 550 ‚Gesellschafterfinanzierung'.

Nach BFH I R 100/10 BStBl II 12, 332 darf eine Verbindlichkeit, die nur aus künftigen Gewinnen oder einem etwaigen Liquidationsüberschuss erfüllt zu werden braucht, mangels gegenwärtiger wirtschaftl Belastung nicht ausgewiesen werden. Nach BFH I R 44/14 DStR 15, 1551 unterliegt eine Verbindlichkeit, die nach einer im Zeitpunkt der Überschuldung getroffenen Rangrücktrittsvereinbarung nur aus einem zukünftigen Bilanzgewinn und aus einem etwaigen Liquidationsüberschuss zu tilgen ist, dem Passivierungsverbot des § 5 IIa. Der Gewinnbegriff des § 5 IIa stelle nicht nur auf den Steuerbilanzgewinn ab, sondern erfasse – entspr dem Wortlaut und Sinn der Regelung (Passivierungsverbot bei fehlender wirtschaftl Belastung) – auch die Fälle, in denen die betroffenen Verpflichtungen nur aus künftigen (handelsrechtl) Jahresüberschüssen zu erfüllen seien.

Selbst wenn Rücklagen vorhanden sein sollten, ist die Vereinbarung, bestimmte Verbindlichkeiten nur aus einem künftigen HB-Gewinn (zB in Gestalt der Entnahme von Rücklagen) zu begleichen, mE in ihrer Zukunftsbezogenheit eindeutig; die Vereinbarung, für eine Verpflichtung vorhandene oder künftige Rücklagen erst künftig zu verwenden, steht einer aktuellen wirtschaftl Belastung entgegen und führt – ebenso wie die anderen Fälle des § 5 IIa – zur Ausbuchung (krit *Oser* BB 15, 1906). Dasselbe gilt mE für den Fall, dass die Forderung erst nach Befriedigung sämtl anderer Gläubiger der Ges und nur zugleich mit den Einlagenrückgewähransprüchen der Ges'ter berücksichtigt werden soll. Die Einlagenrückgewähr liegt ebenfalls „hinter" allen künftigen Gewinnen.

FG Köln (EFG 15, 1212, BB 15, 1456, Rev I R 25/15) hält die Erfüllung aus künftigem Bilanzgewinn zu Unrecht für unschädl (dazu *Weber-Grellet* BB 15, 2667). Bei einer **Besserungsabrede** ist die Verbindlichkeit trotz § 5 IIa auszuweisen, wenn eine Tilgung aus sonstigem freien Vermögen vereinbart ist (*BMF* BStBl I 06, 497).

Soweit der StPfl Sachwerte oder (Genussrechts-)Kapital erwirbt und die gewinnabhängige Schuld Gegenleistung hierfür ist, soll nach hL ein Zugang auf der Aktivseite durch Passivierung zwar keiner Schuld, aber des Postens „haftendes Kapital" neutralisiert werden (*Böcking* Verbindlichkeitsbilanzierung, S 55/6; Rz 603). Im Hinblick auf § 5 IIa muss sichergestellt sein, dass (noch) kein Aufwand abgezogen wird. – Ähnl für von Einlagen abhängige Verbindlichkeiten FG Leip EFG 07, 906 (aufgehoben durch BFH IV R 68/05 BStBl II 08, 483: Passivierung bei UnterGes).

Beispiel: Erwerb eines abnutzbaren WG gegen eine gewinnabhängige Gegenleistung. Zu buchen ist: per WG an Kapital; AfA (Aufwand) frühestens ab Entstehen der Rückzahlungsverpflichtung: per Aufwand an WG und per Kapital an Geld. S auch Rz 369; Rz 550, Gewinnabhängige Verbindlichkeiten'; Rz 616; § 16 Rz 235.

316 **g) Erhaltene Anzahlungen** (vgl § 266 III HGB) sind als Vorleistungen auf eine von dem anderen Vertragsteil zu erbringende Lieferung oder Leistung (vgl BFH III R 179/82 BStBl II 86, 669) beim Empfänger mit dem Nennwert zu passivieren (BFH IV R 138/76 BStBl II 80, 648 mwN), wohl (im Hinblick auf die potentielle Rückzahlung) als Verbindlichkeit (gewinnneutral) zu passivieren (per Geld an Anzahlung/Verbindlichkeit; *Küting ua* Beil DStR 47/08, 81) und bei künftiger Aktivierung der Forderung auf das Entgelt mit dieser zu verrechnen (vgl BFH X R 49/89 BStBl II 92, 904). – Auflösung als lfd Gewinn (FG Mchn EFG 09, 337, rkr).

317 **h) Erfüllungsrückstand.** Dieser ist keine eigenständige bilanzstrechtl Kategorie (iEinz *Weber-Grellet* FS Doralt 2007, 501; ferner BFH XI R 63/03 BStBl II 06, 866; BFH I R 43/05 DStR 06, 1123; zutr EStR 5.7 VII, VIII: Rückstellung für Erfüllungsrückstand); er ist der bilanzielle Ausdruck einer in der Vergangenheit (im abgelaufenen VZ) realisierten, aber noch nicht erfüllten Leistungspflicht. Er beruht auf dem Prinzip der Nettorealisation (Rz 80, 383) und dient der periodengerechten Ergebniszuordnung. Jede Verbindlichkeit und jede Rückstellung sind Ausdruck eines „Erfüllungsrückstandes". Dem **„Erfüllungsrückstand"** liegt ein typischer Sachverhalt zugrunde, insb iZm der Verpflichtung zu „kostenloser" Nachbetreuung (zB Hörgeräteakustiker, Versicherungsbetreuung). Der Erfüllungsrückstand kann daher – logisch und rechtl – keine weiteren Voraussetzungen verlangen, die über die zum Ansatz einer (ungewissen) Verbindlichkeit hinausgehen (*Weber-Grellet* BB 07, 35/6). Fälligkeit (BFH I R 24/96 BStBl II 98, 728; BFH XI R 63/03 BStBl II 06, 866; aA *Christiansen* DStR 07, 869/73; aA *Hoffmann* StuB 14, 473) und die Unterscheidung nach **Haupt- oder Nebenpflicht** und nach selbständig/unselbständig sind ohne Bedeutung (FG SchlHol EFG 00, 1057; offen in BFH VIII R 88/87 BStBl II 93, 89); entscheidend ist der Rückstand nach Beendigung des „Schwebezustands". Erfüllungsrückstand zB mögl bei Kundenbetreuungspflicht (BFH X R 41/07 BFH/NV 10, 860). Auch eine progressive Miete kann zu einem Erfüllungsrückstand führen (*Schönborn* BB 98, 1099; Rz 693). Der vom I. Senat (BFH I R 43/05 DStR 06, 1123) entschiedene Fall betraf keinen Erfüllungsrückstand (Rz 550, Mietfreistellung); die vom I. Senat in diesem Zusammenhang entwickelten zusätzl Voraussetzungen gehen mE ins Leere.

319 **i) Dingl Lasten.** Soweit sie nur auf Dulden oder Unterlassen gerichtet sind (zB Grunddienstbarkeit, Nießbrauch, Erbbaurecht; s *Ramcke,* Dingl Lasten im EStRecht, 1991), sind sie keine Verbindlichkeiten, sondern nur Wertminderungen des belasteten WG (vgl BFH X R 20/86 BStBl II 90, 128 für unbefristete Grunddienstbarkeit; BFH I R 96/02 BB 05, 770 für Erbbaulast; *Korn* DStR 99, 1461/9); so auch für befristete Lasten *Franz/HHR* Anm 1040; *J. Thiel* DStJG 14, 161/88 ff. Die Übernahme solcher Lasten beim Erwerb des belasteten WG ist kein Entgelt (*Döllerer* BB 84, 2034; aA *IdW* WPg 83, 160). – Eine Passivierung ist idR nach den GoB zur Bilanzierung schwebender Geschäfte ausgeschlossen (s Rz 76). – Bei dingl Belastungen mit **Sicherungscharakter** (zB Grundschuld, Hypothek, Reallast) ist die gesicherte Geld- oder Sachleistungsschuld (zB Darlehen) zu passivieren (zur Sicherung der Schuld eines Dritten s BFH VIII R 226/84 BFH/NV 91, 588 mwN); Übernahme führt nicht zu AK (BFH I R 96/02 BStBl II 08, 296). – Ist die Belastung nur „Wertminderung", kann uU eine TW-AfA geboten sein (BFH

X R 20/86 BStBl II 90, 128; BFH IV B 107/97 BFH/NV 99, 162; *Mathiak* FS Döllerer, 1988, 397/409; *J. Thiel* DStJG 14, 161/90), der mE aber ein aktiver RAP gegenübersteht, wenn zB ein Nutzungsrecht Sachbezug eines ArbN ist (vgl BFH VI R 135/84 BStBl II 88, 525). Erhält der StPfl als Entgelt für die Belastung ein WG, das BV wird, hat er hierfür AK iHd Wertminderung seines belasteten WG, gleichzeitig ist evtl ein RAP zu passivieren (BFH X R 20/86 BStBl II 90, 128; *Weber-Grellet* DB 95, 2550/7). – Zu vorbehaltenen Nutzungsrechten/-lasten s Rz 180, 653; zu Baulasten *Metzger/Neubacher* WPg 96, 500; s auch Erbbaurecht, Lizenz; Rz 180, 245, 655; § 6 Rz 84.

j) Nutzungsverpflichtungen. Diese sind nicht als Verbindlichkeiten auszuweisen (vgl *Weber-Grellet* DB 95, 2550/7; StbJb 95/96, 105, 157; FR 05, 322; ähnl BFH I R 96/02 DB 05, 422), weder als selbständig bewertbare (Nießbrauchs-)Last noch als negatives WG (so aber *Ramcke* Dingl Lasten im EStR, 1991, 123); beide Kategorien sind dem Bilanzsteuerrecht fremd; ggf ist ein (passiver) RAP zu bilden. 321

k) Übernahme von Verbindlichkeiten. Die entgeltl Übernahme einer Verpflichtung ist ein „Anschaffungsvorgang“ und führt grds nicht zu Ertrag (*Weber-Grellet* DB 11, 2875 mwN; Rz 451, 674); nach § 5 VII (Rz 503) sind übernommene Verpflichtungen wie beim ursprüngl Verpflichteten zu bilanzieren (s auch § 4f). 322

3. Geldverbindlichkeiten. – a) Nennwert. Sie sind grds einzeln mit dem Nennwert auszuweisen (Erfüllungsbetrag; vgl § 253 I 2 HGB; EStH 6.10); der Nennwert gilt als AK iSv § 6 I Nr 3, da es bei Geldschulden ebenso wie bei Geldforderungen keine echten AK gibt (BFH VIII R 62/85 BStBl II 89, 359). 326

b) Unverzinsl Geldschulden. Diese sind mit dem mit 5,5 % abgezinsten Erfüllungsbetrag anzusetzen (§ 6 I Nr 3; dazu *BMF* BStBl I 99, 818; § 6 Rz 454). S zur Abzinsung und zu Fremdwährungsverbindlichkeiten Rz 270. 327

c) Rentenverbindlichkeiten. Sie haben keinen Nennwert und sind daher mit dem Kapitalwert (Barwert; § 253 I 2 HGB aF) auszuweisen (BFH IV R 126/76 BStBl II 80, 491 mwN, auch zum Zinsfuß); zur Berechnung des betriebl veranlassten Zinsanteils BFH X R 32, 33/01 DStR 10, 2073. 329

d) Wertsicherung. Bei wertgesicherten Verbindlichkeiten dürfen künftige Leistungserhöhungen vor Eintritt der Wertsicherung, zB Erhöhung von Beamtengehältern, nicht berücksichtigt werden (BFH IV R 170/73 BStBl II 76, 142); nach Eintritt des Wertsicherungsfalles erhöht sich der zu passivierende Barwert der Schuld, nicht jedoch die AK des erworbenen WG (BFH IV R 48/90 BStBl II 91, 796). 330

e) Sach- und Dienstleistungen. Verbindlichkeiten, die auf Sach- oder Dienstleistungen (im Unterschied zu Geld) gerichtet sind (zB auf Entfernung, Reparatur, Urlaub, Rückgabe oder iRe Tausches), müssen mit dem Betrag passiviert werden, der den zur Leistung erforderl Aufwendungen (idR Vollkosten) entspricht (BFH IV R 191/85 BStBl II 88, 661; s auch Rz 423, 468). 331

4. Rückstellungen

Schrifttum (Auswahl; Aufsätze vor 2013 s Vorauflagen): *Weber-Grellet,* StBilRecht, 1996, § 11; *Niemann,* Rückstellungen – Rücklagen – Rechnungsabgrenzung, InstFSt 380/2000; *Mayr,* Rückstellungen, 2004 (grundlegend); *Müller,* Verbindlichkeitsrückstellungen, Diss jur 2008. – *Euler/Hommel,* Passivierungszeitpunkt von Rückstellungen – neuere Entwicklungen …, BB 14, 2475; *Oser/Wirtz,* Rückstellungsreport 2014, StuB 15, 3; *Prinz,* Leitlinien stbilanzieller Rückstellungsbildung, DB 15, 147 (s auch Schrifttum bei Rz 311, 450).

Verwaltung: EStR 5.7, EStR 6.11

a) Voraussetzungen. Verbindlichkeitsrückstellungen verlangen *(1)* eine ungewisse betriebl veranlasste Dritt-Verpflichtung, *(2)* die in der Vergangenheit verursacht ist und *(3)* aus der eine Inanspruchnahme wahrscheinl ist (iEinz Rz 361 f). 350

Der **Ansatz** von Rückstellungen (dem Grund und/oder der Höhe nach ungewissen Verbindlichkeiten) richtet sich gem § 5 I nach den handelsrechtl GoB. Danach wird eine Rückstellung grds aufwandswirksam verbucht (per Aufwand an Rückstellung). Tritt der „Rückstellungsfall nicht ein, ist die Rückstellung – als „actus contrarius" – wieder auszubuchen (per Rückstellung an Aufwand). Tritt der „Rückstellungsfall" aber ein, ist idR eine schlichte Umbuchung – ohne Gewinnauswirkung – vorzunehmen (per Rückstellung an Verbindlichkeit). War die Verbindlichkeit erfolgsneutral entstanden (zB eine Darlehensverbindlichkeit), ist sie ebenso aufzulösen. Die Schuld ist dagegen erfolgswirksam auszubuchen, wenn sie seinerzeit gegen Aufwand eingebucht wurde (BFH X R 51/08 BFH/NV 09, 1789).

351 **b) Arten.** Zu unterscheiden ist zw **Verbindlichkeitsrückstellungen,** denen eine ungewisse (Außen-)Verpflichtung ggü einem anderen zu Grunde liegt (realisierter Aufwand; Rz 361 ff), **Verlustrückstellungen** für drohende Verluste aus (noch) schwebenden Geschäften (künftiger Mehraufwand; s Rz 450/1) und (echten) **Aufwandsrückstellungen,** durch die ledigl künftige Ausgaben in gegenwärtigen Aufwand (Aufwandsantizipation) transformiert werden (Rz 461 f). – Nach § 5 IVa dürfen Verlustrückstellungen in der StB nicht mehr gebildet werden (Rz 450); § 5 IVb verbietet Rückstellungen für AK/HK (Rz 369), § 6 I Nr 3a regelt die Rückstellungsbewertung. – Strechtl führen Rückstellungen zu Aufwand, betriebswirtschaftl ist die Rückstellungsbildung eine vorteilhafte Finanzierungsform (*Schwetzler* ZfB 98, 678).

352 **c) Ausweispflicht.** In der **HB** müssen Rückstellungen gebildet werden **(HB-Passivierungsgebot)** *(1)* für ungewisse Verbindlichkeiten, drohende Verluste aus schwebenden Geschäften und Gewährleistungen ohne Rechtspflicht; vgl § 249 I 1, 2 Nr 2 HGB; BGH BB 89, 1518, *(2)* für im Wj unterlassene Aufwendungen für Instandhaltung, soweit diese im folgenden Wj innerhalb von 3 Monaten, und für Abraumbeseitigung, die im folgenden Wj nachgeholt werden („Aufwandsrückstellungen"; vgl § 249 I 2 Nr 1 HGB) und *(3)* bei KapGes für latente Steuern, wenn der StB-Gewinn niedriger ist als der HB-Gewinn (§ 274 I HGB; s Rz 270 ‚Latente Steuern'). – Nach dem **Maßgeblichkeitsgrundsatz** und im Hinblick auf die Gleichmäßigkeit und Gesetzmäßigkeit der Besteuerung müssen diese Rückstellungen grds auch in der **StB** gebildet werden (**StB-Passivierungsgebot;** *Tiedchen/HHR* Anm 680/9; *Wehrheim/Rupp* DStR 10, 821/3). Für andere Zwecke dürfen in der HB und damit auch in der StB keine Rückstellungen gebildet werden (**Passivierungsverbot;** § 249 II I HGB nF; BFH I R 68/87 BStBl II 88, 338: GoB).

353 **d) Abweichungen von der HB.** Zu einer Abweichung von der HB kommt es – ***(1)*** bei speziellen **steuerl Passivierungsbegrenzungen,** zB § 5 III; IV–IVb (Rz 369, 406, 450); § 4 V Nr 8. Der HB-Passivposten soll in der StB durch eine außerbilanzielle Hinzurechnung neutralisiert werden (BFH IV R 4/12 BStBl II 14, 306); mE ist der Posten in der StB mit seinem steuerl Wert auszuweisen (HB: per Aufwand an Rückstellung; stl Korrektur in StB: per Rückstellung an Aufwand); – ***(2)*** früher (vor BilMoG) bei einem **HB-Passivierungswahlrecht,** das zu einem **StB-Passivierungsverbot** führt (BFH I R 102/88 BStBl II 92, 336; s auch Rz 66 mwN): zB für im Wj unterlassene Aufwendungen für Instandhaltung, soweit diese im folgenden Wj zwar nicht innerhalb von 3 Monaten, aber bis zum Ende des Wj nachgeholt werden (§ 249 I 3 HGB aF); für dem Wj oder früheren Wj zuzuordnende künftige Aufwendungen für Großreparaturen (§ 249 II HGB aF); für mittelbare Pensionsverpflichtungen und unmittelbare oder mittelbare „ähnl Verpflichtungen" (Art 28 I 2 EGHGB); § 249 I 3, II aF HGB sind durch das BilMoG aufgehoben worden (Wegfall von Aufwandsrückstellungen; *Künkele/Zwirner* DStR 09, 1277/81).

355 **e) Betriebsveräußerung.** Nach Veräußerung oder Aufgabe eines GewBetr kann eine Rückstellung für künftige nachträgl BA nicht mehr gebildet werden (BFH I R 137/74 BStBl II 78, 430); eine bestehende muss nicht notwendig aufgelöst werden; ihr späterer Wegfall führt zur Änderung des Veräußerungs-(Aufgabe-) gewinns oder zu nachträgl gewerbl Einkünften (s § 16 Rz 350 ff).

5. Rückstellungen für ungewisse Verbindlichkeiten; auch 5 IV b. Diese setzen *(1)* dem Grunde, *(2)* der Höhe und *(3)* der Zeit nach voraus (*Weber-Grellet* DB 02, 2180): – *(1)* eine betriebl veranlasste (s Rz 311f), aber dem Grunde nach (Ent- oder Bestehen) ungewisse Verbindlichkeit ggü einem anderen, sofern wahrscheinl ist, dass die (ggf konkretisierte; Rz 364f) Verbindlichkeit besteht oder entstehen wird und der StPfl in Anspruch genommen wird (s Rz 376); eine Passivierung darf nicht nach estrechtl Normen (zB § 4 V, § 5 III–IVb) verboten sein. – *(2)* Die (dem Grunde nach gewisse oder ungewisse) Verbindlichkeit kann auch der Höhe nach ungewiss sein; auszuweisen ist die Rückstellung in der voraussichtl Höhe. – *(3)* In zeitl Hinsicht muss die Verbindlichkeit in der Vergangenheit wirtschaftl verursacht sein; es muss bereits bis zum Bilanzstichtag eine **wirtschaftl Belastung** eingetreten sein (BFH XI R 64/04 BStBl II 06, 371; BFH IV R 62/05 BStBl II 08, 557; BFH I R 44/14 BStBl II 15, 769; iEinz *Weber-Grellet* DB 02, 2180; *Osterloh-Konrad* DStR 03, 1631/5). Die künftigen Ausgaben müssen sofort abziehbar sein, dürfen also ihrer Art nach nicht als AK (HK) zu aktivieren sein (BFH VIII R 27/00 BStBl II 02, 733; BFH XI R 52/01 BStBl II 03, 658, zB als nachträgl AK für GmbH-Beteiligung; BFH I R 36/04 BStBl II 06, 369; s Rz 369); die Verbindlichkeit muss außerhalb eines schwebenden Geschäfts stehen (GoB über den Nichtausweis schwebender Geschäfte; zB BFH GrS 2/93 BStBl II 97, 735; s Rz 76, 451). 361

Die **Konkurrenzproblematik** zw **TW-AfA** (Wertminderung) und Rückstellung (ggf Wertminderung mit Beseitigungspflicht), die sich insb bei der Altlastenbeseitigung stellt, ist dogmatisch noch nicht geklärt (für einen Vorrang der Rückstellung wohl BFH VIII R 14/92 BStBl II 93, 891; hingegen für getrennte Beurteilung von TW-AfA und Rückstellung BFH I R 77/01 BStBl II 10, 482; *Schmidt/Roth* DB 04, 553/6; *BMF* BStBl I 10, 495); vgl weitere Nachweise bei Rz 550 Umweltschutz und -schäden, unter h); ein Doppelabzug desselben Aufwandes ist natürl nicht zul.

a) Drittverpflichtung. Eine (ungewisse) Verbindlichkeit setzt eine Verpflichtung ggü einem anderen (zB BFH I R 153/86 BStBl II 91, 479; EStR 5.7 III) voraus, der aber nicht persönl bekannt sein muss; auch eine Nebenverpflichtung kann genügen (BFH VIII R 134/80 BStBl II 86, 788; Rz 370), zB eine Verpflichtung zur Nachbetreuung ggü Kunden. Eine nur interne betriebswirtschaftl „Obliegenheit" zur Substanz- und Betriebsbereitschaftserhaltung rechtfertigt keine Schuldrückstellung (BFH I R 77/01 BStBl II 10, 482); diese „interne Verpflichtung" ist mE von (zB) zu erwartenden BP-Kosten oder Nachbetreuungskosten zu unterscheiden (aA *Strahl* KÖSDI 13, 18444/51). Ein **eigenbetriebl Interesse** (zB an einer Entsorgung) wird von der notwendigen betriebl Veranlassung umfasst und ist daher ein untaugl Kriterium (*Moxter* BB 01, 569; *Weber-Grellet* BB 03, 37/40; *Mayr* DB 03, 740; *Tiedchen* NZG 05, 801; iErg BFH VIII R 30/01 BStBl II 03, 131; aA BFH I R 6/96 BStBl II 01, 570). Der Verpflichtung muss mE nicht zwingend ein Anspruch iSd § 194 BGB entsprechen (so aber wohl BFH I R 6/96 BStBl II 01, 570). Die Verpflichtung muss nicht einklagbar sein (BFH IV 285/65 BStBl II 68, 80). Eine tatsächl Verpflichtung, der sich der Kfm nicht entziehen kann und will („faktischer Leistungszwang"), zB Gewährleistung ohne Rechtspflicht (§ 249 I 2 Nr 2 HGB), steht einer rechtl grds (s aber zu b) gleich (EStR 5.7 XII). Vertragl Verpflichtungen bedürfen keiner weiteren zeitl Konkretisierung (BFH VIII R 13/99 BStBl II 00, 612). 362

b) Öffentl-rechtl Verpflichtungen. Rückstellbar sind auch öffentl-rechtl Verpflichtungen (zB BFH I R 77/01 BStBl II 10, 482; BFH IV R 35/02 BStBl II 06, 644; *Tiedchen/HHR* Anm 695), ungeachtet dessen, ob sie auf Geld oder eine andere Leistung gerichtet sind (BFH IV R 28/91 BStBl II 92, 600). Pflichten zu solch anderen „Leistungen" sind zB Erklärungs-, Prüfungs-, Instandhaltungs-, Entfernungs-, Aufbewahrungs- (vgl *Herzig* DB 90, 1341), aber auch (ernsthaft drohende) Rückzahlungspflichten, zB an die Kassenärztl Vereinigung (BFH XI R 64/04 BStBl II 06, 371; BFH VIII R 13/12 BStBl II 15, 523). 363

364 **aa) Voraussetzungen.** Nach **Rspr** (zB BFH VIII R 30/01 BStBl II 03, 131) und **FinVerw** (EStR 5.7 IV 1; *Meurer* BetrAV 10, 431/6) ist eine „hinreichende Konkretisierung" der öffentl-rechtl Pflicht notwendig (zust *KSM* § 5 Rz D 51; *Kessler* DStR 96, 1228/31; mE verschiedene Formen der Konkretisierung mögl; so auch *Köster* FS Herzig 2010, 695). Dazu ist erforderl, dass eine behördl Verfügung ergangen ist oder, sofern diese nicht vorliegt, eine gesetzl Regelung besteht, die *(1)* ein inhaltl bestimmtes Handeln, *(2)* innerhalb eines bestimmten (voraussehbaren) Zeitraums vorschreibt, der in der Nähe des betr Wj liegt (BFH III R 95/87 BStBl II 89, 893) und die *(3)* zwecks Vermeidung unzul Aufwandsrückstellungen die Verletzung der Pflicht **sanktioniert** (zB BFH VIII R 30/01 BStBl II 03, 131; BFH I R 8/12 DB 13, 1087; *Schmidt/Roth* DB 04, 553/4). Die allg gesetzl Entsorgungspflicht, die nur internen künftigen Aufwand bewirke, genügt nicht (BFH I R 6/96 BStBl II 01, 570; aA *Frenz* DStZ 97, 37); ebensowenig allein die Regelungen des BImSchG (FG Mster EFG 07, 504, rkr).

365 **bb) Einwendungen.** Gegen die Rspr zur „Konkretisierung" wird – speziell im Hinblick auf Rückstellungen für **Umweltschutzpflichten** (s Rz 550 mwN) – eingewandt, diese Anforderungen seien ein „im Gesetz nicht vorgesehenes Sonderrecht für öffentl-rechtl Verpflichtungen" (*Schön* BB 94, Beil 9, 8); die allg Voraussetzungen (s Rz 361) müssten ausreichen (so auch *Köster* FS Herzig 2010, 695). BFH VIII R 14/92 BStBl II 93, 891 lässt die Frage einer notwendigen Rechtsfortbildung offen (dazu HFR 94, 132; ferner Rz 378). Systematisch betrachtet gehört die Frage der Konkretisierung mE zum Merkmal ‚Wahrscheinlichkeit des Ent-/Bestehens und der Inanspruchnahme' (Rz 376); von einem Sonderrecht kann daher keine Rede sein (so auch *Rätke* StuB 02, 135; *Heger* StbJb 05/06, 233/48).

366 **c) Gegenstand.** Die Verpflichtung wird idR auf eine Geld-, Sach-, Dienst- oder Werkleistung gerichtet sein (BFH VIII R 134/80 BStBl II 86, 788). S auch Rz 311 f.

367 **d) Ungewissheit.** Die Verbindlichkeit muss dem Grunde und/oder der Höhe nach ungewiss sein (dazu zB BFH I R 78/89 BStBl II 92, 177), dh es muss offen sein, ob und/oder in welcher Höhe sie am Bilanzstichtag besteht – andernfalls ist eine Verbindlichkeit auszuweisen (s Rz 311). Ungewiss ist eine Verbindlichkeit auch, wenn sie **aufschiebend** oder **auflösend bedingt** und ungewiss ist, ob die Bedingung eintritt (BFH I R 63/86 DStR 90, 484; aA für auflösend bedingte Verbindlichkeiten BFH IV B 100/89 BStBl II 90, 980; iEinz Rz 314) oder dem Gläubiger ein Wahlrecht zw zwei Ansprüchen zusteht (BFH I R 153/86 BStBl II 91, 479) oder zwar gewiss ist, dass sie am Bilanzstichtag noch nicht besteht, aber ungewiss ist, ob ihr Tatbestand in Zukunft noch vollendet wird – immer vorausgesetzt, dass die Entstehung der Schuld wahrscheinl (Rz 376) und diese im abgelaufenen Wj wirtschaftl verursacht ist (Rz 381).

368 **e) Betriebl Veranlassung.** Die Verbindlichkeit muss, wenn sie be- oder entstehen sollte, **Betriebsschuld** sein (s Rz 311; § 4 Rz 226) und die Aufwendungen zu ihrer Erfüllung **abziehbare BA** (BFH VIII R 34/96 BFH/NV 01, 297; *KSM* § 5 Rz D 64). Auch Schadenersatzpflichten aus strafbaren Handlungen können Betriebsschulden sein (BFH III R 54/91 BStBl II 93, 153); ebenso eine drohende Verfallsanordnung (BFH IV R 31/99 BStBl II 01, 536). – Die vom StPfl nachzuweisende betriebl Veranlassung der Schuld muss feststehen; Ungewissheit reicht nicht aus (BFH III R 220/83 BStBl II 87, 711); Rz 311.

369 **f) Keine Rückstellung von AK/HK, § 5 IVb.** Die Verpflichtung muss – wegen des Erfordernisses der wirtschaftl Verursachung (Rz 381) – Ausgaben zum Inhalt haben, die das abgelaufene Wj betreffen. **(Künftige)** Aufwendungen, die als **(nachträgl) HK (AK)** zu aktivieren sind, sind nicht rückstellbar (§ 5 IV b; BT-Drs 14/23,170; 14/443, 49; BFH XI R 8/96 BStBl II 99, 18; BFH VIII R 27/00 BStBl II 02, 733 für Bürgschaftsverpflichtung), also keine Buchung „per (Herstellungs-)*Aufwand* an Rückstellung/Verbindlichkeit". Die Übernahme des Jahresfehlbetrags einer Beteiligungs-GmbH führt zu (nachträgl) AK (per AK an Geld), nicht

zu einer Rückstellung (FG Köln EFG 12, 1867, rkr). – Hingegen ist für aktivierte und damit neutralisierte (ungewisse) HK der Ansatz eines entspr Passivpostens bei Ungewissheit der Kosten (HK an Rückstellung) nach wie vor zul (*FinVerw* WPg 00, 1132; Klarstellung durch StÄndG 2001: „in künftigen Wj als AK oder HK zu aktivieren"; vgl BT-Drs 14/7340, 10). – ME ist eine **teleologische Reduktion** vorzunehmen, wenn die künftigen HK ausnahmsweise nicht künftige Erträge alimentieren (so auch FG Mster EFG 15, 1283, Rev I R 35/15), sondern iZm realisierten Erträgen stehen, zB bei an sich aktivierungspflichtigen Aufbewahrungskosten (ähnl *Siegel* DB 99, 857). AK/HK für fremde WG sind schädl Drittaufwand (iErg aA *Günkel* ua DStR 99, 1873/5). Künftiger Erhaltungsaufwand ist ebenfalls nicht rückstellbar (aA BFH I R 45/97 BStBl II 03, 121, aufgegeben durch BFH I R 8/12 DB 13, 1087; dazu Rz 383/4).

Nach § 5 IVb 2 dürfen keine Rückstellungen für Aufwendungen gebildet werden, die (auch) zur Gewinnung (werthaltiger) wieder verwendbarer Brennelemente (zB sog MOX-Brennelemente) führen (krit *Küting/Kessler* DStR 98, 1937/42, BBK Beil zu 24/98, 14; *Günkel/Fenzl* DStR 99, 649/50); mE enthält S 2 ein Aufteilungsverbot. Zum Übergang s § 52 Abs 14 aF: Auflösungsgebot in voller Höhe. Das Rückstellungsverbot bezieht sich nicht auf die Verwertung radioaktiver Abfälle.

g) Nebenpflichten. Auch Rückstellungen, die nur geringen Aufwand erfordern (zB § 14 I 1 UStG), kann der StPfl ausweisen (Wahlrecht); es besteht kein Rückstellungsausschluss unter dem Gesichtspunkt der Wesentlichkeit (BFH X R 26/10 BStBl II 12, 856, BFH I R 99/10 BStBl II 13, 196; *Weber-Grellet* BB 13, 43/5; Rz 84). 370

6. Wahrscheinlichkeit des Entstehens/Bestehens der Verbindlichkeit und der Inanspruchnahme. – a) Existenz. Handelsrechtl und estrechtl geboten sind Rückstellungen nur – auch solche wegen Erfüllungsrückstands (BFH VIII R 88/87 BStBl II 93, 89; Rz 317) –, wenn und soweit der ordentl Kfm nach den am Bilanzstichtag obj gegebenen und bis zur Aufstellung der Bilanz subj erkennbaren Verhältnissen (s auch Rz 81 zur Wertaufhellung) ernsthaft damit rechnen muss, dass eine Verbindlichkeit besteht oder entstehen wird. Das Bestehen der Verbindlichkeit muss wahrscheinl sein (zB BFH VIII R 77/96 BStBl II 02, 227; BFH VIII R 45/12 BStBl II 15, 759; FG BaWü BB 15, 1391, rkr; *Mayr* Rückstellungen 165 ff). Allein die erstinstanzl Verurteilung eines Dritten (in vergleichbarer Lage) genügt nicht (BFH XI R 64/04 BStBl II 06, 371). Keine Rückstellung nach wirksamen Vergleich (FG Köln EFG 11, 1768, rkr). – Nach dem **AltFahrzeugG** (v 21.6.02, BStBl I 02, 854; RegEntw BT-Drs 14/8343) iVm **Art 53 EGHGB** sind Rückstellungen für Verpflichtungen zur Rücknahme (§ 3 AltautoVO) und Verwertung von Altfahrzeugen (ratierlich; § 6 I Nr 3a Buchst d S 2) zu bilden (*Volkmann* StuB 09, 263; FG Nds EFG 07, 621, rkr). 376

b) Überwiegende Gründe. Für das Bestehen müssen nach hM überwiegende Gründe sprechen (**„51 %"**; vgl BFH I R 88/80 BStBl II 85, 44; BFH VIII B 163/02 BFH/NV 03, 1313; BFH VIII R 45/12 BStBl II 15, 759; FG BaWü EFG 15, 2347, Rev III R 58/15; BGH II ZR 229/02 GmbHR 03, 1420; EStR 5.7 VI; *Tiedchen/HHR* Anm 694); mE reicht im Hinblick auf das Vorsichtsprinzip (Rz 77) bereits eine gewisse Wahrscheinlichkeit (*Weber-Grellet* FR 15, 758; krit auch *KSM* § 5 Rz D 73: Scheinobjektivierung; Gesamtabwägung erforderl). Die bloße Möglichkeit einer Verbindlichkeit genügt hingegen nicht zur Bildung einer Rückstellung (BFH I R 35/03 DStR 05, 1485; FG Köln EFG 11, 1768, rkr). 377

c) Wahrscheinl Inanspruchnahme. Auch die Inanspruchnahme aus der Verbindlichkeit muss nach den am Bilanzstichtag gegebenen Verhältnissen wahrscheinl sein (BFH IV R 43/09 DStR 12, 1128; BFH VIII R 45/12 BStBl II 15, 759; FG Mchn BB 15, 176, rkr; *Schubert* BeBiKo § 249 Rz 42); entgegen BFH VIII R 45/12 BStBl II 15, 759 keine „Prognose" (Vorhersage), sondern Rechtsanwendung (*Weber-Grellet* FR 15, 758). Bei fehlender Wahrscheinlichkeit besteht ein 378

Passivierungsverbot. Der StPfl darf nicht die pessimistischste Alternative wählen; auch für die Inanspruchnahme müssen mehr Gründe dafür als dagegen sprechen; der genaue Zeitpunkt der Inanspruchnahme kann noch ungewiss sein (FG Ddorf DStRE 06, 449, rkr). Wird gegen den StPfl ein Anspruch im Klagewege geltend gemacht, ist idR – zumindest – eine Rückstellung zu bilden (so auch die Wertung des § 5 III; *Weber-Grellet* FR 15, 758; aA BFH VIII R 45/12, BStBl II 15, 759; diff *Prinz* FR 15, 750).

379 **d) Kenntnis.** Der Gläubiger muss seinen Anspruch kennen (BFH VIII R 34/99 BFH/NV 02, 486; FG Mster EFG 15, 1749, rkr); unproblematisch bei vertragl Verbindlichkeiten (unklar BFH VIII R 40/04 BStBl II 06, 749). Bei einer Verbindlichkeit, die dem Grunde nach gewiss ist, soll davon auszugehen sein, dass der Gläubiger den Anspruch auch geltend machen wird (BFH VIII R 348/82 BStBl II 88, 430 mwN; zust *Herzig* DStJG 14, 215; *Fatouros* DB 05, 117/23), es sei denn, aus konkreten Umständen ergibt sich das Gegenteil (BFH VIII R 62/85 BStBl II 89, 359); eine Schadenersatzpflicht aus strafbarer Handlung ist erst nach Aufdeckung der Tat passivierbar (BFH X R 163–164/87 BStBl II 91, 802: vorher wirtschaftl nicht belastend). Belastung besteht fort in der Insolvenz (*OFD Mster* DB 05, 2382). Die Kenntnis kann sich auch durch behördl Kontrolle ergeben (*Zühlsdorff/Geißler* BB 05, 1099/03). Die unmittelbar bevorstehende Kenntniserlangung soll ausreichen (BFH VIII R 40/04 BStBl II 06, 749).

Stellungnahme: ME ist die Kenntnis des Gläubigers nur *ein* Aspekt bei der Beurteilung der Wahrscheinlichkeit der Inanspruchnahme (so auch BFH VIII R 34/99 BFH/NV 02, 486; ähnl BFH I R 77/01 BStBl II 10, 482 für öffentl-rechtl Verpflichtung). Dieser Aspekt ist ohne Bedeutung bei Sachverhalten, die idR offen zutage liegen (vertragl Verbindlichkeiten, Garantierückstellungen, Bergschadenrückstellungen; Rückstellungen für Produzentenhaftung); der Aspekt ist dagegen relevant bei Sachverhalten, die (bewusst) verborgen gehalten werden (wie zB Verpflichtungen aus Straftaten; BFH IV R 56/04 DStR 06, 1788).

381 **7. Wirtschaftl Belastung (Verursachung) in der Vergangenheit. – a) Systematik.** EStrechtl zul (und geboten) sind Rückstellungen erst, wenn und soweit die ungewisse Verbindlichkeit dem abgelaufenen Wj (oder den Vorjahren, BFH I R 31/00 BStBl II 04, 41; *Mayr* Rückstellungen 39 ff) zuzuordnen ist. Dass die „wirtschaftl Verursachung in der Vergangenheit" Tatbestandsmerkmal ist, entspricht der ständigen RFH- und BFH-Rspr, der BGH-Rspr (NJW 91, 1890), der hL (zB *ADS* § 249 Tz 63 ff; *Merkt* in B/H HGB § 249 Rn 2) und der FinVerw (EStR 5.7 V). Die Rspr orientiert sich seit alters her in erster Linie am imparitätischen **Realisationsprinzip,** am **Vorsichtsprinzip** und am Prinzip der **wirtschaftl Betrachtungsweise;** sie ist weder statisch noch dynamisch. Der I. Senat, der zwischenzeitl eine frühere rechtl Entstehung genügen ließ (BFH I R 23/01 DStRE 02, 1180; dagegen *BMF* BStBl I 05, 953 [12.10.05]), verlangt in neueren Entscheidungen ebenfalls eine wirtschaftl Belastung (BFH I R 11/03 BStBl II 05, 581, unter II. 4.c; BFH I R 77/01 BStBl II 10, 482; BFH I R 44/14 BStBl II 15, 769; s aber Rz 384; ebenso BFH II B 59/02 BFH/NV 04, 614 zu § 103 BewG). Zu unterscheiden sind realisierte Aufwendungen und künftige Aufwendungen und ihr Bezug zu realisierten Erträgen und künftigen Erträgen (ähnl BFH I R 22/66 BStBl II 70, 104; *Moxter* ZfbF 1995, 311, 319 f; *Euler/Hommel* BB 14, 2475). Realisierte Aufwendungen sind – von Sonderfällen abgesehen – stets wirtschaftl verursacht, künftige Aufwendungen hingegen nur, sofern sie mit realisierten Erträgen in Zusammenhang stehen (iEinz *Weber-Grellet* DB 02, 2180; *Hruby* DStR 10, 127/30; *Baetge/Kirsch/Thiele* Bilanzen[13], 436 f).

382 **b) Realisierter Aufwand.** Gegenwärtig (fort-)bestehender (bereits „realisierter") Aufwand ist gegeben, wenn sich die rechtl Verpflichtung zu einer konkreten Leistungspflicht verdichtet hat, also der Aufwand, der bereits im abgelaufenen Jahr geleistet werden musste und damit zu einer **Belastung** des Betriebs im abgelaufenen Jahr geführt hat; zB Kaufpreisverpflichtung nach Erhalt der Sache; Schadener-

satzverpflichtung, Zulassungskosten (BFH IV R 5/09 BStBl II 12, 122). Realisierter Aufwand ist *grds* im abgelaufenen Geschäftsjahr absetzbar; das gilt auch, wenn der realisierte Aufwand (erst) künftige Erträge alimentiert (zB Forschungskosten). Realisierter Aufwand ist abzusetzen, ohne dass es eines Rückgriffs auf dessen rechtl Entstehung bedarf und ohne dass es darauf ankommt, ob er realisierten oder künftigen Ertrag alimentiert (*Weber-Grellet* DB 02, 2180/2; allg *H/H/R* § 5 Rz 220f); das Pendant des Realisationsprinzips auf der Passivseite ist das **Belastungsprinzip.** Die Zuordnung von realisierten Aufwendungen zu künftigen Erträgen hat die Rspr in mehreren Urteilen eindeutig abgelehnt (BFH I R 22/66 BStBl II 70, 104; BFH I 93/64 BStBl II 70, 178; BFH I R 39/70 BStBl II 71, 601; BFH I R 206/71 BStBl II 73, 774); es besteht kein Grundsatz der „einheitl Behandlung schwebender Verträge" (BFH I R 22/66 BStBl II 70, 104). Nur ausnahmsweise ist realisierter Aufwand zu **stornieren** (neutralisieren), soweit das gesetzl vorgeschrieben ist, zB bei der Aktivierung von WG (§ 7 EStG), in Gestalt der Aktivierung von HK (§ 266 HGB) und bei unfertigen Arbeiten (*Weber-Grellet* DB 02, 2180/2); nicht „realisierter Aufwand" (nicht verbrauchte Werbebeiträge) ist natürl ebenfalls zu stornieren (BFH X R 59/04 BStBl II 08, 284; *Giesler/Dornbusch* DStR 08, 1574 zu den unterschiedl Marketing-Konstruktionen). – Fehlende Mittel (BFH VIII R 29/01 BStBl II 93, 747) und Insolvenz führen nicht zum Fortfall der Belastung (*OFD Mster* DB 05, 2382), es sei denn Forderungsverzicht oder Restschuldbefreiung (dazu *Thouet/Baluch* DB 08, 1595).

c) Künftiger Aufwand. Hinsichtl künftigen Aufwands („Zukunftsbezug"; so *Euler/Hommel* BB 14, 2475) ist zu differenzieren: Künftiger Aufwand ist nicht zu erfassen, soweit er künftigen Erträgen zuzuordnen ist (*Herzig* FS Schmidt, 1993, 209; *Weber-Grellet* DB 02, 2180/2; Rz 79); mit dieser Begründung hätten BFH I R 45/97 BStBl II 03, 121 (Anpassungsverpflichtung für künftige Wj) und auch BFH I R 35/03 DStR 05, 1485, unter II 3d (künftiger Kavernenspeicherbetrieb) gelöst werden müssen (so der Sache nach auch § 5 IVb; Rz 369; *Weber-Grellet* BB 06, 35; ähnl jetzt BFH I R 8/12 DB 13, 1087). Künftiger Aufwand ist hingegen zu erfassen, sofern er bereits mit realisierten Erträgen (oder dem betriebl Geschehen der Vergangenheit) in Verbindung steht (Gedanke der **Nettorealisation** – Ausweiseinheit in zeitl Hinsicht; *Weber-Grellet* DB 02, 2180/2; *Fatouros* DB 05, 117/22; zB Garantierückstellung); Gewinne, die mit künftigen Aufwendungen belastet sind, sollen nicht brutto ausgewiesen werden (BFH IV R 35/02 BStBl II 06, 644). 383

d) Rechtl Entstehung. – *(1)* Diese ist für die Frage des Ausweiszeitpunktes prinzipiell unerhebl (so zB BFH XI R 8/96 BStBl II 99, 18; BFH VIII R 30/01 BStBl II 03, 131; auch BFH IV R 5/09 BStBl II 12, 122; *Herzig* DStJG 14, 199/213; *Weber-Grellet* DB 02, 2180/3, BB 12, 43/7; *Hey* in Tipke LB[20] § 17 Rz 109; *Tiedchen/HHR* Anm 673; *Mayr* BB 02, 2323/8; *Sigler* DStR 11, 1478; **aA** zB *Schulze-Osterloh* DStJG 23 (2000), 67, 83; *Christiansen* DStR 07, 127; 09, 2213; 11, 2483; *Blümich/Krumm* § 5 Rz 799b; *Rogall/Dreßler* Ubg 14, 759; aA auch BFH I R 45/97 BStBl II 03, 121 für Umrüstungsverpflichtung [Nichtanwendung *BMF* BStBl I 03, 125; überholt durch BFH I R 8/12 DB 13, 1087]; FG Mster DStRE 12, 593 (Erneuerung einer Entstaubungsanlage); krit *Weber-Grellet* FR 01, 900; *Euler* BB 01, 1897; *Siegel* DB 02, 707; *Moxter* DStR 04, 1097/1100; aA auch FG Mchn EFG 05, 1528, aufgehoben durch BFH IV R 85/05 BStBl II 08, 516); aA auch FG Mster EFG 12, 944, für Rauchgasentstaubungsanlage, aufgehoben durch BFH I R 8/12 DB 13, 1087. In der Sache interpretiert der I. Senat nunmehr das Merkmal der rechtl Entstehung als „rechtl Wirksamkeit" (BFH I R 8/12 DB 13, 1087), gibt seine frühere Rspr (BFH I R 45/97 BStBl II 03, 121) ausdrückl auf und schließt sich der Rspr des IV. Senats (BFH IV R 85/05 BStBl II 08, 516) an (krit *Prinz* FR 13, 802; *Marx* FR 13, 969), wobei *Gosch* Haufe-Index 3746796 (unter 5.) und *Wacker* HFR 13, 677 an der früheren Auffassung dezidiert festhalten wollen. – Rechtl entstandene Verbindlichkeiten sind nicht auszuweisen, sofern sie 384 iRe noch nicht erfüllten, also schwebenden Geschäfts entstanden sind (*Hey* in Tipke LB[20] § 17 Rz 109); die rechtl Entstehung (zB eine Kaufpreisverbindlichkeit) wird erst dann relevant, wenn die Gegenleistung erbracht wird, zB wenn der Verkäufer geliefert hat. Ebenso sind rechtl bereits entstandene Verbindlichkeiten (wie die zur Entsorgung eines Reaktors) trotz ihrer rechtl Entstehung erst im Laufe der Zeit zu passivieren (Erfüllung erst in der Zukunft; *Baetge/Kirsch/Thiele* Bilanzen[13], 436), zB Beseitigung einer Windkraftanlage (aA FG RhPf EFG 05, 616, rkr mit den vollen Beseitigungskosten). IErg ähnl BFH IV R 85/05 BStBl II 08, 516 (Gaspendelung), der auf die (spätere) Nachrüstungsfrist abstellt (*Haberland* DStZ 11, 790; im Fall BFH IV R 7/11 BStBl II 14, 302 war die Nachrüstungsfrist (partiell) bereits abgelaufen). – Nach IFRS sind Entsorgungskosten zu aktivieren und über die Nutzungsdauer abzuschreiben (*Hoffmann* PIR 10, 22: matching principle; *Lüdenbach* StuB 10, 26 für Rückbaukosten, unter Hinweis auf § 6 I Nr 3a Buchst d). – ***(2)*** Die alte Rspr des I. Senats (BFH I R 45/97 BStBl II 03, 121 widersprach der Nichtbilanzierung schwebender Verträge (trotz rechtl Entstehung), der Aktivierung von AK (trotz rechtl Entstehung) und den Regelungen des § 5 IIa, IVa und IVb (iEinz 32. Aufl). – ***(3)*** Der Entscheidung BFH IV R 7/11 BStBl II 14, 302 ist im Ergebnis zu folgen, wenn auch die Diktion und die Annahme des Zusammenfallens von rechtl Entstehung und wirtschaftl Verursachung zunächst überraschen: – *(a)* Der IV. Senat hält am bisherigen System fest. Entscheidendes Merkmal für den Rückstellungsausweis ist das Merkmal der wirtschaftl Verursachung. – *(b)* Der IV. Senat geht – völlig zR – weiterhin davon aus, dass rechtl Entstehung und wirtschaftl Verursachung auseinanderfallen können. – *(c)* Die Auffassung des IV. Senats entspricht der Trennung von „künftigem Aufwand" und „bereits realisiertem Aufwand" (Rz 382, 383). – *(d)* Eine Inspektionsverpflichtung, die sich auf einen bereits abgelaufenen (vor dem Bilanzstichtag liegenden) Zeitraum bezieht, ist nach dieser Unterscheidung daher realisierter Aufwand (eine rechtl Verpflichtung, die sich zu einer konkreten Leistungspflicht verdichtet hat). – *(e)* Entgegen der Auffassung von *Prinz* DB 14, 80/2 und *Strahl* kösdi 14, 18961/9 ist die wirtschaftl Verursachung daher weiterhin „Alleinmerkmal" der steuerbilanzrechtl Rückstellungsbildung, was sich deutl daran zeigt, dass bei noch nicht abgelaufener Frist – trotz rechtl Entstehung – (auch nach Auffassung des IV. Senats) noch keine Rückstellung gebildet werden darf (so auch *Schulze* StuB 14, 92/4).

385 **e) Unausweichlichkeit.** Kein selbständiges Merkmal ist die Unentziehbarkeit, also die Frage, ob sich der Schuldner der Verbindlichkeit entziehen kann (*Krumm/Blümich* § 5 Rz 791c; aA *Woerner* StVj 1993, 193, 205; *Schön* BB Beil 9/1994, 7; nach *Schulze-Osterloh* FS Siegel, 2005, 185, ein Indiz für die Gefahr der Inanspruchnahme). Die (dem Grunde nach) unentziehbare Bindung des Schuldners widerspricht dem Vorsichtsprinzip; wäre das der Maßstab, gäbe es keine Rückstellungen mehr (*Schubert* BeBiKo § 249 Rz 36). Nach *Siegel* (DStR 02, 1192/5; krit *Mayr* BB 03, 305) ist die Frage der Entziehbarkeit gleichbedeutend mit der Frage, ob die zu erwartenden Auszahlungen vergangenheits- oder zukunftsbezogen sind, mE also eine Frage der wirtschaftl Belastung. – Entgegen einer verbreiteten Meinung kann das **Vollständigkeitsprinzip** die Frage der wirtschaftl Belastung nicht lösen (vgl *Weber-Grellet* DStR 96, 896/904, DB 02, 2180/3; *Moxter* DStR 03, 1586/9).

386 **f) Kriterien der wirtschaftl Belastung (Verursachung) im abgelaufenen VZ:** Die verschiedenen von der Rspr entwickelten Kriterien haben alle dieselbe Funktion; sie sollen die Zuordnung von künftigen Aufwendungen zu realisierten Erträgen (oder – hilfsweise – zum vergangenen betriebl Geschehen) bestimmen. Diese Kriterien sind (iEinz *Weber-Grellet* DStR 96, 896, 900): – ***(1)*** Verwirklichung des wesentl Tatbestandes der Verbindlichkeit (BFH I R 44/94 BStBl II 95, 742); – ***(2)*** Verknüpfung mit dem betriebl Geschehen des abgelaufenen Geschäftsjahrs (BFH XI R 34/91 BStBl II 94, 158); – ***(3)*** Zusammenhang von Verbindlichkeit

und Anspruch, Aufwand und Ertrag (BFH I R 44/94 BStBl II 95, 742); – *(4)* Bezugspunkt der Verbindlichkeit in der Vergangenheit, Abgeltung von Vergangenem (BFH I B 112/88 BFH/NV 91, 434); – *(5)* zukunftsorientierte Verpflichtungen; Verbindung mit künftigen Gewinnchancen (BFH IV R 28/91 BStBl II 92, 600) oder künftigen Tätigkeiten (BFH VIII R 58/96 BFH/NV 99, 27); – *(6)* öffentlrechtl Verpflichtungen (BFH I R 44/94 BStBl II 95, 742; BFH VIII R 30/01 BStBl II 03, 131); – *(7)* Beurteilung der Verbindlichkeit im Falle der Veräußerung (BFH I 149/54 S BStBl III 55, 266).

g) Fallgruppen. (IEinz *Weber-Grellet* DStR 96, 896, 901): – **(1) Wiederherstellung** (zB nach Kohleausbeute RStBl 40, 537; Rekultivierung BFH IV R 205/79 BStBl II 83, 670, FG Ddorf DStRE 03, 1042 [dazu Gerichtsbescheid I R 35/03 DStR 05, 1485; erledigt nach Klagerücknahme]; Abbruchverpflichtung BFH VIII R 13/99 BStBl II 00, 612; Pachterneuerung BFH VIII R 28/95 BStBl II 98, 505). – **(2) Rückzahlung/Rückgabe/Rücknahme;** zB bei Verpflichtungen wegen **(von vornherein)** überhöhter Leasingraten (BFH IV R 75/91 DStR 93, 1552); bei einem bei Erreichen des wissenschaftl Ziels rückzahlbaren Forschungszuschuss (BFH IV R 21/97 BStBl II 00, 116; *WG* FR 99, 528); bei der Verpflichtung zur Rücknahme von verkauften Batterien (BFH I B 95/98 BFH/NV 99, 1205, *WG* FR 99, 806), auch ggü Nichtkunden wegen faktischen Rücknahmezwangs (BFH I R 53/05 BFH/NV 07, 1102); bei Mietrückzahlungsverpflichtung (BFH I R 50/10 BStBl II 12, 197). Beruht die Rückzahlungsverpflichtung hingegen auf einem **neuen Ereignis** (zB Austritt, Verzicht; Erreichen bestimmter Absatzzahlen), so ist daran anzuknüpfen (§ 5 IIa, s Rz 315; aA bisher zB BFH I R 153/86 BStBl II 91, 479 für Beitragsrückerstattung; BFH IV R 49/96 BStBl II 98, 244 für Druckkostenzuschuss); zur **Rückgängigmachung** s Rz 616. Bei rückzahlbarer Vorauszahlung ist keine Rückstellung (so aber BFH IV R 54/97 BStBl II 00, 139), sondern RAP zu bilden. – **(3) Abrechnung,** Jahresabschluss (zB Abrechnungsverpflichtung, BFH VIII R 134/80 BStBl II 86, 788; Jahresabrechnung, BFH I R 44/94 BStBl II 95, 742; FG SchlHol EFG 00, 1057). – **(4) Zusammenhang mit erbrachten Leistungen** (Umzugskosten, StuW 33 II Nr 275; Gratifikationsverpflichtung, BFH IV R 47/80 BStBl II 83, 753; zusätzl Entgelt, BFH I R 39/00 BStBl II 05, 465; konkrete Nachbetreuung, BFH X R 26/10 BStBl II 12, 856 mwN; Aufbewahrungspflichten, BFH VIII R 30/01 BStBl II 03, 131; weitere Vertragsbetreuung, BFH XI R 63/03 BStBl II 06, 866 (*OFD Mster* DStR 07, 22012: Ruhen/AdV). – **(5) Provisionsverpflichtungen** (Provisionsverpflichtung nach § 87 HGB, BFH IV R 168/71 BStBl II 73, 481; BFH III R 179/82 BStBl II 86, 669; Ausgleichsverpflichtung nach § 89b HGB BFH I R 39/00 BStBl II 05, 465; einschr *BMF* BStBl I 05, 802; Rz 270). – **(6) Steuerschulden** (auf das Jahr, auf das die Steuerschuld entfällt, BFH IV R 112/81 BStBl II 84, 554; hinterzogene LSt, wenn mit der Inanspruchnahme zu rechnen ist, BFH I R 73/95 BStBl II 96, 592). – **(7) Zukunftspflichten/Nachrüstung** (zB Arzneimittelanalyse, BFH VIII R 59/95 BFH/NV 98, 22; Beiträge an den Pensionssicherungsverein, BFH I R 102/88 BStBl II 92, 336; Hubschrauberinspektion, BFH VIII R 327/83 BStBl II 87, 848; Uferschlamm, BFH IV R 28/91 BStBl II 92, 600; allg Nachbetreuung, BFH XI R 34/91 BStBl II 94, 158; Verpflichtungen nach dem MuSchG, BFH IV R 82/96 BStBl II 98, 205; für Lagerkostenabgabe, BFH VIII R 58/96 BFH/NV 99, 27; Fettabscheider, BFH XI R 8/96 BStBl II 99, 18; BFH IV R 85/05 BStBl II 08, 516 – Gaspendelung). 387

h) Einzelfälle. – **(1) Bejahung** der wirtschaftl Belastung (Verursachung): für Jahresabschluss- und Prüfungskosten (BFH IV R 89/79 BStBl II 80, 297; BFH I R 28/77 BStBl II 81, 62), für Pflicht zur Buchung lfd Geschäftsvorfälle des Vorjahres (BFH I R 69/91 BStBl II 92, 1010), für Steuererklärungskosten (BFH I R 30/78 BStBl II 81, 63), für Garantieleistungen (BFH I R 7–8/70 BStBl II 73, 217), für Rekultivierungsaufwendungen (BFH IV R 205/79 BStBl II 83, 670), für Gratifikationszusage ggü ArbN (BFH IV R 47/80 BStBl II 83, 753), für künftige (Dienst-)Jubiläumszuwendungen (BFH IV R 81/84 BStBl II 87, 845; s aber Rz 406), für rückständige Urlaubsverpflichtung (BFH I R 14/95 BStBl II 96, 406), für ungewisse Pflicht zur Rückzahlung von Entgelten, die den Ertrag abgelaufener Wj erhöht haben (BFH I R 86/85 BStBl II 90, 550), bei Bausparkassen für bedingt rückzahlbare „Einlagen" bzw „Abschlussgebühren" (BFHE I R 153/86 BStBl II 91, 479), für Finanzhilfen eines Vertriebsunternehmens zu Entwicklungskosten des Herstellers (BGH NJW 91, 1890); für Abrechnungskosten auf bereits ausgeführte Lieferungen (BFH I R 44/94 BStBl II 95, 742; für Beihilfeverpflichtung an Pensionäre (BFH I R 71/00 BStBl II 03, 279m Anm *WG* FR 02, 928; BFH I R 59/00 BFH/NV 02, 1288; nun auch *FinVerw* DStR 03, 1661; DB 03, 1931; BB 05, 1049; *Bay LfSt* DStR 11, 724); für Nachbetreuung (BFH X R 26/10 BStBl II 12, 856), für Rücknahmeverpflichtung von Altbatterien (BFH I B 95/98 BFH/NV 99, 1205: ernstl zweifelhaft); Provisionsverpflichtung ggü Handelsvertreter ohne weitere wirtschaftl 388

Vorteile des Geschäftsherrn (BFH I R 39/00 BStBl II 05, 465); Aufbewahrungskosten (BFH VIII R 30/01 BStBl II 03, 131); für Wasserver- und -entsorgungsbeiträge (FG Leip EFG 03, 1570, rkr; mE unzutr; kein Vergangenheitsbezug); für Kosten der Zulassung eines Pflanzenschutzmittels (BFH IV R 5/09 BStBl II 12, 122).

389 *(2)* **Ablehnung der wirtschaftl Belastung** (Verursachung) für sog Erfolgsprämien ggü ArbN (BFH I R 72/76 BStBl II 80, 741; ähnl BFH I R 46/91 BStBl II 93, 109), für künftige Ausgleichsschuld ggü Handelsvertreter nach § 89b HGB (BFH IV R 168/81 BStBl II 83, 375; s Rz 550), für gem § 87a I 1 HGB aufschiebend bedingte Provisionsschuld ggü Handelsvertretern (BFH IV R 168/71 BStBl II 73, 481), für Lizenzgebühren aus dem Verkauf bestimmter Produkte (BFH I R 22/66 BStBl II 70, 104), für künftige Beiträge zur gesetzl Unfallversicherung (BFH I R 50/67 BStBl II 68, 544), für betriebl Versorgungsrenten (BFH I R 12/74 BStBl II 77, 603; dazu Rz 550), für künftigen Aufwand zur Überholung eines Hubschraubers (BFH VIII R 327/83 BStBl II 87, 848; unzutr FG Bln EFG 05, 544, rkr), für künftigen Aufwand eines Flusskraftwerks zum Uferschutz und zur Entschlammung (BFH IV R 28/91 BStBl II 92, 600), für Kosten der Analyse und Registrierung bislang zulassungsfreier Arzneimittel (BFH I B 112/88 BFH/NV 91, 434; BFH VIII R 59/95 BFH/NV 98, 22), für künftige Beiträge an den PSV (BFH I R 14/95 BStBl II 96, 406) oder zu einem Garantiefonds der Banken (BFH I R 78/89 BStBl II 92, 177), für künftige Prozesskosten (BFH I R 14/95 BStBl II 96, 406; BFH I B 3/15 juris), für nach dem Bilanzstichtag anfallende Lagerkostenabgabe (BFH VIII R 58/96 BFH/NV 99, 27); für Verpflichtungen nach dem MuSchG (BFH IV R 82/96 BStBl II 98, 205); für Fettabscheider, BFH XI R 8/96 BStBl II 99, 18); für die Beseitigung von Erdgasspeichern (*FinVerw* WPg 99, 126); für zusätzl Arbeiten (BFH IV B 119/99 BFH/NV 00, 711), für künftigen Inkassoaufwand (BFH IV R 62/05 BStBl II 08, 557; ähnl FG Nbg DStRE 06, 1038, rkr).

8. Rückstellungen wegen Verletzung fremder Schutzrechte, § 5 III

Schrifttum (Aufsätze vor 2006 s Vorauflagen): *Ilzhöfer/Engels,* Patent-, Marken- und Urheberrecht, 8. Aufl, 2010; *Götting,* Gewerbl Rechtsschutz, 9. Aufl, 2010. – *Offerhaus,* Die besondere Interessenlage bei der Bildung von Rückstellungen für Patentverletzungen, FS Wacker, 2006, 333. – **Verwaltung:** EStR 5.7 X.

391 **a) Funktion.** § 5 III regelt vorrangig vor GoB (§ 5 I), unter welchen tatbestandl Voraussetzungen Schuldrückstellungen wegen Verletzung fremder Schutzrechte in der StB gebildet und beibehalten werden dürfen. Auf der Grundlage der vorausgegangenen BFH-Rspr (BFH I R 157/79 BStBl II 82, 748) statuiert § 5 III ein **estrechtl Passivierungsverbot,** und zwar primär in der Form eines **Auflösungsgebots** (§ 5 III 2). § 5 III enthält eine Konkretisierung des Merkmals „Wahrscheinlichkeit der Inanspruchnahme" (*Offerhaus* FS Wacker, 2006, 333/43) und ist nicht verfwidrig (*Anzinger/HHR* Anm 1952). – § 5 III erfasst tatbestandl nur – *(1)* **Rückstellungen,** also Passivposten für ungewisse Schulden (Gegensatz: Verbindlichkeiten), – *(2)* wegen **Verletzung** (also rechtswidriger Eingriffe in fremde Rechte; keine vertragl Ansprüche), – *(3)* der in § 5 III abschließend aufgeführten Schutzrechte.

392 **b) Voraussetzungen.** § 5 III 1 knüpft die estrechtl Rückstellungsbildung und -beibehaltung **alternativ** an zwei (Mindest-)Voraussetzungen: – *(1)* Der Rechtsinhaber hat gegen den StPfl **Ansprüche** wegen der Rechtsverletzung **geltend gemacht** (Nr 1; s Rz 395/6). – *(2)* Der StPfl muss mit einer **Inanspruchnahme ernsthaft rechnen,** obwohl der Rechtsinhaber (noch) keine Ansprüche geltend gemacht hat, nicht einmal Kenntnis von der Rechtsverletzung hat (Nr 2; BFH IV R 33/05 BStBl II 06, 517; FG Thür EFG 14, 1661, rkr); nur für diese Alternative gebietet § 5 III 2 die gewinnerhöhende Auflösung einer Rückstellung „spätestens" in der Bilanz des dritten auf die erstmalige Bildung folgenden Wj, sofern Ansprüche bis zur fristgerechten Aufstellung der Bilanz nicht geltend gemacht worden sind.

Beispiel: Erstmalige Patentverletzung in 01. Rückstellungsbildung zum 31.12.01. Auflösung zum 31.12.04, wenn bis zur Aufstellung dieser Bilanz zB am 30.4.05 keine Ansprüche geltend gemacht sind.

393 **aa) Fortgesetzte Verletzung.** Auch wenn **dasselbe Patent über Jahre hinweg fortgesetzt verletzt** wird, läuft die Frist von dem Wj an, in dem das Schutz-

recht erstmals verletzt *und* eine Rückstellung gebildet worden ist (BFH IV R 33/05 BStBl II 06, 517; aA *Offerhaus* FS Wacker, 2006, 333/47); Erhöhungen wegen weiterer Verletzungen *desselben* Schutzrechts in den Folgejahren sind ebenfalls spätestens in der Bilanz des dritten auf die erstmalige Bildung folgenden Wj aufzulösen, nicht erst in der Bilanz des dritten auf die Erhöhung folgenden Wj, sofern keine Ansprüche geltend gemacht worden sind (BFH IV R 33/05 BStBl II 06, 517 mwN; EStR 5.7 X). Wird das Schutzrecht auch noch im dritten Wj nach der erstmaligen Bildung der Rückstellung und in den folgenden Wj verletzt, darf mE keine Rückstellung mehr gebildet werden („Rückstellungsverbrauch"), solange keine Ansprüche erhoben worden sind (EStR 5.7 X 4).

bb) Geltendmachung. Mit der (fristgerechten) Geltendmachung von Ansprü- 394
chen entfällt das Auflösungsgebot; die Rückstellung ist estrechtl beizubehalten (dazu *Christiansen* StBP 89, 12/5). Werden erst nach Auflösung Ansprüche geltend gemacht, ist estrechtl eine Neubildung nach S 1 Nr 1 zul, soweit diese nach GoB geboten ist. Ansprüche wegen der Rechtsverletzung sind geltend gemacht (§ 5 III 1 Nr 1; § 5 III 2), sobald der Rechtsinhaber mündl oder schriftl mindestens Unterlassung verlangt (zB nach § 139 I PatG, § 97 UrhG, § 1004 BGB; str, s *Christiansen ua* JbFfSt 88/89, 123/30); Klageerhebung ist nicht erforderl (BT-Drs 9/1956, 40; *Anzinger/HHR* Anm 1975). Gegenstand der Rückstellung sind die auf Geld gerichteten Schadenersatzverpflichtungen, zB nach § 139 II PatG, § 97 UrhG oder § 823 BGB (angemessene Lizenzgebühren, Verletzergewinn, entgangener Gewinn des Verletzten; *van Venrooy* StuW 91, 28; BGH BB 92, 1885) oder die Verbindlichkeit aus ungerechtfertigter Bereicherung nach §§ 812 ff BGB (vgl *Anzinger/HHR* Anm 1969). Es müssen ein Schaden des Rechtsinhabers oder eine ungerechtfertigte Bereicherung des Verletzers wahrscheinl sein.

cc) Weitere Voraussetzungen. – *(1)* Werden gegen den StPfl **Ansprüche** 395
geltend gemacht (S 1 Nr 1), folgt daraus noch nicht, dass eine Rückstellung zu bilden ist; es müssen auch die allg Voraussetzungen erfüllt (Rz 361 f), insb muss wahrscheinl sein, dass eine Verbindlichkeit besteht und der StPfl leisten muss (Rz 376); nicht erforderl ist, dass eine Schutzrechtsverletzung feststeht (*Christiansen* StBP 89, 12/4). – *(2)* Sind **Ansprüche nicht geltend gemacht,** muss (während des Laufs der in S 2 genannten Fristen) mit einer Inanspruchnahme ernsthaft zu rechnen sein (S 1 Nr 2), dh es muss wahrscheinl sein, dass eine Verbindlichkeit besteht und der StPfl leisten muss (ähnl *Anzinger/HHR* Anm 1976). Hat der Inhaber des angebl verletzten Rechts Kenntnis von der Verletzung, macht er aber keine Ansprüche geltend, kann dies einen konkludenten Verzicht zB wegen lfd Geschäftsbeziehungen beinhalten.

c) Schutzrechte. – aa) Patentrecht. Das (iSd § 5 III) ist das „Recht aus dem 398
Patent" (§ 9 PatG); gleichgestellt sind europäische Patente (*Anzinger/HHR* Anm 1965). Kein Patentrecht sind die Rechte auf das Patent nach §§ 6, 7 PatG und das mit der Erfindung entstehende grds ungeschützte Erfinderrecht, wohl aber die durch Patentanmeldung offen gelegte Erfindung (EStR 5.7 X 1). **Ähnl Schutzrechte** iSv § 5 III sind zB: das **Gebrauchsmusterrecht** (§§ 1, 5 GebrauchsMG); das **Geschmacksmusterrecht** (§§ 1, 5 GeschmG); das **Halbleiterschutzrecht** (§§ 5, 6 Halbleiterschutzgesetz; Schutz der Topographie eines Chips); das **Markenrecht** (§§ 1, 3 MarkenG); das **Sortenschutzrecht; ausl Schutzrechte,** insb Patentrechte; **Nutzungsrechte (Lizenzen)** ausschließl (dingl) Art an den genannten Schutzrechten.

bb) Urheberrecht. Das ist das subj absolute Recht des Urhebers eines Werks 399
der Literatur, Wissenschaft oder Kunst (zB Sprach-, Musik-, Filmwerk, Werk der bildenden Kunst oder Baukunst) nach Maßgabe des UrhG (vgl insb §§ 1, 11, 15, 120–123 UrhG), seine materiellen Verwertungsinteressen (vgl §§ 15–24 UrhG) ggü anderen durchzusetzen. **Ähnl Schutzrechte** iSv § 5 III sind zB: **Leistungsschutzrechte** iSd §§ 70–87 UrhG; **Nutzungsrechte** ausschließl (dingl) Art an

urheberrechtl geschützten Werken (§ 31 III UrhG), zB Verlags-, Verfilmungsrecht, ausl Rechte.

400 **d) Bewertung.** Diese richtet sich nach dem mögl Anspruch des Rechtsinhabers (Einzelheiten bei *KSM* § 5 Rz D 244; *Anzinger/HHR* Anm 1969).

9. Rückstellung für Dienstjubiläumszuwendungen, § 5 IV

Gesetzesmaterialien: BT-Drs 11/2157; 2226; 2529; 2536; BR-Drs 300/88.

Schrifttum (Aufsätze vor 2008 s Vorauflagen): *Dunker,* ArbN-Jubiläumsrückstellungen als Sozialaufwand in HB und StB, 1991. – *Veit,* Rückstellungen für Dienstjubiläumszuwendungen, StuB 09, 102. – **Verwaltung:** *BMF* BStBl I 08, 1013.

406 **a) Entwicklung.** Für die (ungewisse) Verpflichtung aus einer Zusage, einem ArbN bei einem **Dienstjubiläum** (zum Begriff *BMF* BStBl I 93, 898; BStBl I 08, 1013) Geld- oder Sachzuwendungen zu gewähren (vgl GrS BAG DB 87, 265), war in der HB (*HFA* WPg 94, 27) und in der StB eine Rückstellung zu bilden (BFH IV R 81/84 BStBl II 87, 845; anders noch BFH I 160/59 U BStBl III 60, 347). Die Änderung der Rspr war Anlass zu der Regelung in § 5 IV (BGBl I 88, 1093; dazu BT-Drs 11/2536 S 86). Zur Anwendung s 29. Aufl Rz 407.

409 **b) Verfassungsmäßigkeit.** Die Neuregelung wurde zT für verfwidrig gehalten (*Schulze-Osterloh* FS Friauf, 1996, 833/40 mwN); mE war und ist die Regelung im Hinblick auf die Entwicklung der Rspr und die nur vorläufige Natur des Rückstellungspostens nicht „willkürlich"; glA *Anzinger/HHR* Anm 2004; *Weber-Grellet* BB 00, 1024/8; ähnl *Loose* FR 00, 553; BVerfG 2 BvL 1/00 BStBl II 09, 685 (Vorrang des Steuerrechts), gg BFH X R 60/95 BStBl II 00, 131; krit zum rein pagatorischen Verständnis *ms* KÖSDI 09, 16 585; krit auch *Schulze-Osterloh* FS Lang 2010, 255; zust *Buciek* FR 09, 877. – Keine Auflösung bei „asset deal" (BFH I R 72/10 DStR 12, 452).

415 **c) Voraussetzungen.** (Zusätzl) Voraussetzungen der (zwingenden) Passivierung für nach dem 31.12.92 erworbene Anwartschaften sind: – ***(1)*** ein Dienstverhältnis (jegl Art), das mindestens 10 Jahre bestanden hat, – ***(2)*** ein Dienstjubiläum, das das Bestehen eines Dienstverhältnisses von mindestens 15 Jahren voraussetzt; die Jubiläumsdienstzeit muss nicht durch 5 ohne Rest teilbar sein, sonst kein (rundes) Jubiläum (*BMF* BStBl I 08, 1013 Rz 1; *Anzinger/HHR* Anm 2011; aA noch 33. Aufl), – ***(3)*** Schriftform der Zusage (iEinz zB *Gail* GmbHR 93, 685/91; *Anzinger/HHR* Anm 2021); Bezugnahme in einer Betriebsvereinbarung auf aufgehobenen § 3 LStDV unschädl (*Schroer/Starke* FR 03, 1164). – Nach BFH IV R 42/04 BStBl II 08, 956 sollen jederzeit widerrufl Leistungen ausreichen (mE damit auflösend bedingt, s BB 08, 38/40; Rz 314); die Verpflichtung muss nicht rechtsverbindl, unwiderrufl und vorbehaltlos sein (*BMF* BStBl I 08, 1013 Rz 4; zur Anwendung Rz 17 f). – Unzul Rückstellung wird bei Betriebsübernahme nicht zul (aA *Günkel* StbJb 02/03, 275/91).

Zur **Bewertung** (TW- oder Pauschalwertverfahren; kein Fluktuationsabschlag; Altersbegrenzung; Kürzung bei Beginn des Dienstverhältnisses vor dem 1.1.93; ArbG-Anteile zur Sozialversicherung) vgl iEinz *BMF* BStBl I 08, 1013; *Anzinger/HHR* Anm 2031 f; *s auch* 27. Aufl.

421 **10. Höhe, Ansammlung, Nachholung und Auflösung von Verbindlichkeitsrückstellungen, § 6 I Nr 3a. – a) Allgemeines.** Grds sind Rückstellungen mit dem Betrag auszuweisen, der bei vernünftiger kfm Beurteilung nach den Verhältnissen am Bilanzstichtag (Rz 81) wahrscheinl zur Erfüllung notwendig ist (notwendiger Erfüllungsbetrag; § 253 I 2, II 1; § 252 I Nr 3 HGB nF; EStH 6.11). Ist die ungewisse Verbindlichkeit auf eine **Geldleistung** gerichtet, ist der **(abgezinste) Betrag** anzusetzen, der nach den **Preisverhältnissen am Bilanzstichtag** wahrscheinl zu leisten ist (vgl BFH VIII R 30/01 BStBl II 03, 131; BFH IV R 32/07 BStBl II 12, 98). Dazu ist eine Einzel- oder Pauschalbewertung (zB bei Garantierückstellungen) idR durch Schätzung erforderl (BFH I R 129/90 BStBl II 92, 519; EuGH C-306/99 BStBl II 04, 144 – BIAO; FG Bbg EFG 04, 638: 1 vH

des garantiebehafteten Umsatzes; Rz 69). Der Höhe nach gewisse, nur dem Grunde nach ungewisse Verbindlichkeiten sind prozentual iHd wahrscheinl Bestehens, ggf aber auch in voller Höhe auszuweisen (*Knobbe-Keuk* § 5 IX 2). § 6 I Nr 3a enthält (beispielhaft) objektivierungsbedingte Konkretisierungen: – ***(1)*** Berücksichtigung der Erfahrungen der Vergangenheit (Buchst a; § 6 Rz 474), – ***(2)*** Bewertung von ungewissen Sachleistungsverpflichtungen mit den Vollkosten (Buchst b; § 6 Rz 475), – ***(3)*** Saldierung mit künftigen Vorteilen (Buchst c; § 6 Rz 476; BFH I B 60/12 BFH/NV 14, 28, zu Kippgebühren), – ***(4)*** Bildung von Ansammlungsrückstellungen (Buchst d; BFH IV R 32/07 BStBl II 12, 98; zur Unterscheidung von Ansammlungs- und Verteilungsrückstellungen *Weber-Grellet* BB 12, 43/6; zu Altautos Rz 376; § 6 Rz 477). Der Ansammlungszeitraum ist ggf stichtagsbezogen anzupassen (BFH I R 46/12 BStBl II 14, 979; *Wacker* HFR 15, 114). – ***(5)*** Generelles Abzinsungsgebot (Buchst e; § 6 Rz 481; BFH IV R 32/07 BStBl II 12, 98). – Nach *OFD Mster* DStR 12, 1606 soll der (im Vergleich zu § 6 I Nr 3a niedrigere) handelsrechtl Rückstellungsbetrag für die strechtl Bewertung maßgebl sein (so auch EStR 2012 6.11; krit *Korn* KÖSDI 13, 18265). Zum Übergang *BMF* DB 06, 419; § 6 Rz 473. – Bei Bewertung ist von der (noch) aktuellen Rechtsauffassung der Verw auszugehen (FG Nds EFG 12, 1390, rkr).

b) Nachholung. Waren die Voraussetzungen für eine Rückstellung bereits in früheren Wj erfüllt, ohne dass diese passiviert wurde, und sind die Bilanzen dieser Wj nicht mehr zu berichtigen, muss sie in einem späteren Wj (aber mE nach Maßgabe der Verhältnisse zu diesem Bilanzstichtag) gewinnmindernd nachgeholt werden (Bilanzberichtigung; § 4 Rz 680f; *Prinz/Schulz* FR 07, 749); der Grund für die Fehlerhaftigkeit ist irrelevant (BFH GrS 1/10 BStBl II 13, 317; *Weber-Grellet* DStR 13, 729; BB 14, 42, es sei denn, diese Nachholung widerspricht Treu und Glauben, zB weil die Bildung aus Gründen steuerl Manipulation unterblieben ist (vgl BFH IV R 81/84StBl II 87, 845; *KSM* § 4 Rz C 303). Das gilt auch (rückwirkend) in den Fällen geänderter Rspr (aA früher *FinVerw NW* DB 05, 1083). – Entsprechendes gilt für die Erhöhung einer Rückstellung. **422**

c) Auflösung. Rückstellungen sind idR gewinnerhöhend aufzulösen, sobald nach den Verhältnissen am Bilanzstichtag (Rz 81) ihr Zweck, zB drohende Inanspruchnahme, weggefallen ist (vgl § 249 II 2 HGB nF; BFH IV R 95/96 BStBl II 98, 375; EStR 5.7 XIII), bei Zivilklage erst nach rkr Klageabweisung (BFH I R 68/00 BStBl II 02, 688). Entsprechendes gilt nach dem Grundsatz des Bilanzenzusammenhangs, wenn eine Rückstellung von Anfang an zu Unrecht gebildet wurde (BFH I R 78/85 BFH/NV 90, 630) oder ihre Voraussetzungen bereits in früheren Wj entfallen sind, soweit die entspr Veranlagungen, zB wegen Verjährung, nicht mehr berichtigt werden können (BFH VIII R 33/98 BFH/NV 01, 414; s auch *KSM* § 4 Rz C 303). Erfolgswirksame Auflösung einer Rückstellung, die als Korrekturposten zum Ausgleich überhöhter Aktivwerte gebildet wurde (BFH X R 51/08 BFH/NV 09, 1789), ebenso für KSt-Nachforderungszinsen (BFH I R 43/08 BStBl II 12, 688). Bei „Realisierung" erfolgsneutrale Umbuchung (per Rückstellung an Verbindlichkeit); erfolgsneutrale Auflösung auch bei privatem Schulderlass (BFH I R 41/85 BStBl II 89, 612: Einlage). Zur Auflösung von Rückstellungen wegen Patentverletzung uÄ s Rz 391, wegen Dienstjubiläumszuwendungen s Rz 406; die Auflösung einer unberechtigten Rückstellung berührt nicht den Betriebsveräußerungs-/Aufgabegewinn (BFH XI R 8/96 BStBl II 99, 18); zu Insolvenzverfahren Rz 672. **423**

11. Rückstellungen für drohende Verluste aus schwebenden Geschäften; Abgrenzung zu Erfüllungsrückständen, § 5 IVa

Schrifttum (Aufsätze vor 2008 s Vorauflagen): *Heddäus,* Handelsrechtl GoB für Drohverlustrückstellungen, 1997; *Bertl/Egger/Gassner/Lang* (Hrsg), Verlustvorsorgen im Bilanz- und StR, 2000. – *Krüger,* Zur Verfassungsmäßigkeit des Verbots der Verlustrückstellung, FR 08, 625 (s auch Schrifttum bei Rz 351). – **Verwaltung:** EStR 5.7 VII 7.

450 **a) Verlustrückstellung. – aa) Entwicklung.** Nach § 5 IVa dürfen Rückstellungen für drohende Verluste aus schwebenden Geschäften (in Abweichung vom Maßgeblichkeitsgrundsatz; § 5 I, § 249 I 1 HGB) nicht gebildet werden (BT-Drs 13/8325); die Regelung (eine Reaktion auf die von der Rspr mitgetragene Ausweitung; vgl BFH VIII R 160/79 BStBl II 84, 56; BFH GrS 2/93 BStBl II 97, 735) bezieht sich auf Einzelrückstellungen und Rückstellungen aus Dauerschuldverhältnissen; sie ist mE auch bei § 4 I anwendbar. Erfüllungsrückstände (Rz 317; *Tiedchen/HHR* Anm 675) werden ebenso wenig erfasst wie eingegangene Garantie- oder Bürgschaftsverpflichtungen (BFH IV B 176/02 BFH/NV 03, 919; Rz 550). § 5 IVa erfasst nicht das negative Ergebnis von Bewertungseinheiten (§ 5 IVa 2; *Rade/Stobbe/HHR* Anm 2065; Rz 70).

Die Regelung wurde als fiskalischer Beutezug (*Moxter* DB 97, 1477/8) und als Verstoß gegen elementare Grundsätze (*Groh* DB 99, 978/80) beurteilt; mE ist die Streichung der Verlustrückstellung strechtl systemgerecht (*Weber-Grellet* DB 97, 2233/5; *Doralt* DB 98, 1357; *Siegel* StuB 99, 195/7; *Schulze-Osterloh* DStJG 23 (2000), 67, 80; *Mayr* Rückstellungen 202 ff). Im Hinblick auf § 5 IVa wird wegen weiterer Einzelheiten auf die 16. Aufl verwiesen. – Immer noch aA *Hoffmann* StuB 10, 561, der weiterhin meint, dass alle künftigen Verluste aus einem langjährigen Mietvertrag (Anmietung zu 100, Weitervermietung zu 80) bereits jetzt zu berücksichtigen seien; steuerl ist das nicht der Fall (vgl nur die Parallele zur Verbindlichkeitsrückstellung); nach Handelsrecht kann man das durchaus (berechtigterweise) anders sehen. – Zw Anerkennung der TW-AfA und Streichung der Verlustrückstellung besteht kein logischer Bruch (aA *Mayr/Prinz* DStJG 34 [2011], 225/6); die TW-AfA ist (wie jede AfA) Ausdruck realisierten Aufwandes. – Zur erstmaligen Anwendung und zur Verfassungsmäßigkeit s 33. Aufl.

451 **bb) Funktion.** Mit einer Rückstellung für drohende Verluste aus schwebenden Geschäften („Verlustrückstellung“), die abw vom Realisationsprinzip aus Gründen der Vorsicht Verluste antizipiert (künftiger Mehraufwand), wird als Ausnahme vom Grundsatz der Nichtbilanzierung schwebender Verträge (s Rz 76) **vor Lieferung oder Leistung** der (negative) Saldo zw dem Wert des eigenen Anspruchs und dem Wert der eigenen Verpflichtung (den eigenen Kosten) passiviert (**Verpflichtungsüberschuss;** BFH I R 37/91 BStBl II 93, 441). Die Verlustrückstellung erfasst künftige Verluste, die Verbindlichkeitsrückstellung hingegen ‚realisierte‘ Aufwendungen (Rz 381 f; FG Mchn EFG 03, 31). Eine **TW-AfA** kommt daher auch **vor Lieferung oder Leistung** in Betracht (s Rz 270 Unfertige Erzeugnisse; Rz 382). – Neben den (mindestens) drohenden werden auch „sichere Verluste“ vom Verbot des § 5 IVa erfasst (aA *Piltz* StbJb 99/00, 221/30). – Bei Berechnung des Veräußerungsgewinns sind drohenden Verluste nicht zu berücksichtigen (BFH I R 61/06 DStR 08, 963; *Ley* DStR 07, 589); Veräußerungsgewinn ist (verkürzt) nur die Differenz zw Erlös und Aktivvermögen. Keine Ausstrahlung von Rückstellungsverboten auf (Veräußerungs-)Gewinnbesteuerung. – Zu weiteren Einzelheiten s 29. Aufl. Rz 452–471.

Bei „Übernahme“ eines (Verlust-)Mietvertrags **(angeschaffte Verlustrückstellung)** ist nach BFH I R 102/08 BStBl II 11, 566, eine Rückstellung zu bilanzieren (krit *Bareis* FR 12, 385; *Siegel* FR 12, 388); kein Fall des § 5 IVa (*Weber-Grellet* DB 11, 2875; BFH I R 72/10 DStR 12, 452); iEinz § 4f, § 5 VII (Rz 503); Rz 674.

461 **12. Aufwandsrückstellungen.** Ihnen liegt keine (ungewisse) Verpflichtung ggü einem anderen (Außenverpflichtung) zugrunde; sie haben den Zweck, künftige Ausgaben als Aufwand des abgelaufenen Wj zu berücksichtigen. – ***(1)*** In der **HB** sind sie **grds unzul** (§ 249 II 1 HGB nF), ausgenommen der in § 249 I S 2 Nr 1 HGB abschließend aufgezählte Sonderfall. – ***(2)*** In der **StB** sind sie nach hM zul, soweit handelsrechtl gem § 249 I 2 Nr 1 HGB (unterlassene Instandhaltung mit dreimonatiger und Abraumbeseitigung mit einjähriger Nachholfrist) Passivierungs*pflicht* besteht, hingegen waren sie **unzul,** soweit sie in der HB nur in Ausübung des Wahlrechts nach § 249 II HGB aF gebildet wurden (BFH IV R 62/05 BStBl II 08, 557).

13. Passive Rechnungsabgrenzung. Der Begriff des passiven RAP erfordert Einnahmen vor und Ertrag für eine bestimmte Zeit nach dem Bilanzstichtag; er dient der periodengerechten Gewinnermittlung (*KSM* § 5 Rz F 2). § 5 V 1 Nr 2 enthält – deckungsgleich mit § 250 II HGB – eine Definition des passiven RAP; wegen der Einzelheiten s Rz 241–258. 481

14. Rücklagen. – a) Begriff. Rücklagen sind idR Passivposten mit Eigenkapitalcharakter (Kapital- oder Gewinnrücklagen, vgl § 272 II–IV HGB für KapGes; BFH VIII R 46/06 DB 07, 2403; *Heymann* HdR B 231 Rz 81 f; zur Neuregelung nach BilMoG *Briese/Suhrmann* DB 10, 121); sie bewirken eines Ausschüttungssperre (zB § 272 IV 1 HGB für Rücklage bei Mehrheitsbeteiligung); einzubuchen sind sie „per Kapital an Rücklage". Die „Beteiligung an der Rücklage" ist kein selbständiges WG (BFH I R 58/99 BStBl II 01, 168). **Kapitalrücklagen** entstehen aus offenen oder verdeckten Einlagen, die den Gewinn nicht erhöhen (§ 4 I 1; BFH VIII R 52/04 BStBl II 06, 847; als Gestaltungsinstrument *Heidemann* Inf 00, 44). Die Bildung von Rücklagen aus dem Gewinn ist eine Maßnahme der Gewinnverwendung, nicht der Gewinnermittlung (BFH IV R 156/77 BStBl II 80, 434; vgl auch § 58 AktG). Zu Rücklagen in der **DM-EB** zum 1.7.90 s 29. Aufl. 496

b) Stfreie Rücklage. Sie storniert (bis zu ihrer Auflösung) den StB-Gewinn (Buchung: per Ertrag an stfreie Rücklage), wenn dies estrechtl durch besondere Normen zugelassen ist, zB Rücklage nach § 6b, Sanierungsrücklage nach § 6d, Anspar-AfA nach § 7g III–VI EStG; Rücklage nach § 6 FördG, § 58 II (Akkumulationsrücklage; § 58 Rz 2), RfE (Rz 501), Zuschussrücklage nach EStR 6.5 II. Nach Abschaffung der umgekehrten Maßgeblichkeit (Rz 60, 65) entfallen die Sonderposten mit Rücklagenanteil (§§ 247 III, 273 HGB aF; zur übergangsweisen Fortführung bestehender Posten Art 67 III, IV EGHGB). – **Keine** „stfreie" Rücklage ist eine allg **Substanzerhaltungsrücklage** (BFH IV R 156/77 BStBl II 80, 434). 497

15. Rücklage für Ersatzbeschaffung. Die RfE (bzw Übertragung des Buchgewinns auf ein ErsatzWG = Minderung der AK/HK) verhindert die Aufdeckung der stillen Reserven (Rz 602, 631; krit wegen fehlender Grundlage *Marchal* Die strechtl Grundlagen der RfE, 2006); die durch das Ausscheiden des WG erlangte Gegenleistung soll ungeschmälert zur Ersatzbeschaffung verwendet werden können (BFH IV R 46/97 BStBl II 99, 561), auch soweit sie über den TW des WG hinausgeht (BFH IV R 54/80 BStBl II 83, 371); Auflösung bei nicht zeitnaher Ersatzbeschaffung (BFH IV R 4/09 BStBl II 14, 443). Einzelheiten bei § 6 Rz 101 ff; 28. Aufl § 5 Rz 501–511. 501

16. Passivierung bei Verpflichtungsübernahme, § 5 VII. – a) Funktion und Systematik. – ***(1)*** **Ergänzung des § 4f.** § 5 VII (idF AIFM-StAnpG) „perpetuiert" – korrespondierend zu § 4f (s dort) – die Passivierungsbeschränkungen beim Übernehmer, erlaubt aber eine Streckung des dadurch entstehenden Ertrags durch Bildung einer stfreien Rücklage (*Lüdenbach/Hoffmann* GmbHR 14, 13/7; *Tiedchen/HHR* Anm 2400 f; *Krumm/Blümich* Rz 242 f; zur [irreführenden] Gesetzesbegründung BR-Drs 740/13 [B], 117; *Benz/Placke* DStR 13, 2653/8). – ***(2)*** **Fortgeltung der Passivierungsbegrenzungen bei Übernehmer.** § 5 VII 1 ordnet per Fiktion an, dass der Übernehmer einer Verpflichtung und dessen Rechtsnachfolger in der ersten nach der Übernahme aufzustellenden StB die Ansatzverbote, Ansatzbeschränkungen und Bewertungsvorbehalte zu beachten hat, die auch für den ursprüngl Verpflichteten gegolten haben; die Verpflichtung unterliegt weiterhin den entspr Vorschriften (zB §§ 6a, 5 IVa). Die Regelung behindert die Portabilität betriebl Versorgungszusagen (§ 4 BetrAVG; *Pagels* BetrAV 15, 409; zu vertragl Regelungsbedarf bei Umwandlung *Horst* FR 15, 824). – ***(3)*** **Erstreckung auf Erfüllungsübernahme und Schuldbeitritt.** § 5 VII 2 ist 4f II vergleichbar (s § 4f Rz 8; *OFD Mbg* DStR 14, 1546/7). – ***(4)*** *Beispiel* s § 4f Rz 2. 503

504 **b) Einzelheiten.** – ***(1)* MUeranteil.** § 5 VII 3 regelt den Sonderfall der entgeltl Übertragung eines MUerAnteils. Zwar ist Verpflichtete die MUerschaft; wirtschaftl ist aber eine Gleichstellung mit den Fällen von Satz 1 geboten. – ***(2)* ArbG-Wechsel.** R 6a Absatz 13 EStR 2012 (betr einzelne Pensionsverpflichtung) wird klarstellend in Satz 4 übernommen (*Tiedchen/HHR* Anm 2460). Sofern sich aus der Anwendung der Sätze 1 bis 3 ein Gewinn ergibt, ist dieser idR im Wj der Übernahme zu versteuern (§ 6a Rz 55; *Benz/Placke* DStR 13, 2653/9). – ***(3)* St-freie Rücklage iHv $^{14}/_{15}$.** Der Übernehmer kann nach § 5 VII 5 jeweils iHv $^{14}/_{15}$ dieses Gewinns eine gewinnmindernde Rücklage bilden, die in den folgenden 14 Wj mit mindestens $^{1}/_{14}$ gewinnerhöhend aufzulösen ist. – ***(4)* Auflösung der Rücklage.** § 5 VII 6 ordnet an, dass die verbleibende Rücklage aufzulösen ist, wenn die zugrunde liegende Verpflichtung vor Ablauf des Auflösungszeitraums nicht mehr besteht. – ***(5)* Erstmalige Anwendung.** § 5 VII ist gem § 52 Abs 9 anwendbar für Wj, die nach dem 28.11.2013 enden (*Benz/Placke* DStR 13, 2653/9; *OFD Mbg* DStR 14, 1546/7). Auf Antrag kann § 5 VII auch für frühere Wje angewendet werden; Sonderregelungen für Übernahmen, die vor dem 14.12.2011 vereinbart wurden.

550 **17. ABC der Passivierung**

Abbruch. Abbruchverpflichtung kann als Rückstellung zu passivieren sein (BFH I R 28/73 BStBl II 75, 480), auch wenn Abbruchzeitpunkt ungewiss ist (BFH VIII R 13/99 BStBl II 00, 612); bei öffentl-rechtl Verpflichtung ist Konkretisierung geboten (BFH IV R 28/91 BStBl II 92, 600; Rz 387). Eine vor Abbruch erhaltene Entschädigung ist als Anzahlung zu passivieren (BFH I R 198/80 BStBl II 85, 126). – Kosten für einen in die Zukunft wirkenden Abriss (zB zur Herstellung eines neuen Gebäudes) sind nicht rückstellbar (FG Brem EFG 07, 665, rkr; Rz 270 ‚Gebäude'; Rz 550 ‚Umweltschutz und -schäden').

Abfall s Umwelt; Rz 270 Recycling.

Abfindung. Keine Rückstellung für zukünftige Abfindungen an langjährige Mitarbeiter (BFH IV B 97/94 BFH/NV 95, 970; FG Hess EFG 05, 938, rkr), da idR kein Erfüllungsrückstand (Rz 317). – S auch ‚Arbeitszeit' wg Nachteilsausgleich.

Abraum. Für unterlassenen Aufwand für Abraumbeseitigung müssen in der HB und daher auch in der StB Rückstellungen gebildet werden, aber nur insoweit, als die Aufwendungen im folgenden Wj nachgeholt werden (§ 249 I 2 Nr 1 HGB; EStR 5.7 XI 2); weitergehende Aufwandsrückstellungen sind in der StB und nun auch in der HB unzul; das bisherige Wahlrecht des § 249 I 3 HGB aF ist durch das BilMoG gestrichen (s Rz 461). Bei Rechtspflicht zu Abraumbeseitigung ist Schuldrückstellung geboten (EStR 5.7 XI 5).

Abrechnungsverpflichtung (Nebenpflicht aus Werkvertrag) ist als mit den Vollkosten zu bewertende Rückstellung zu passivieren (BFH VIII R 134/80 BStBl II 86, 788; EStH 5.7 (3); *Winkler/Hackmann* BB 85, 1103); ähnl BFH I R 44/94 BStBl II 95, 742: iHd erwarteten Kosten der Jahresabrechnungen.

Abschlussgebühren s Bausparkassen.

Abzinsung s Rz 270.

Aktienoptionsprogramme (als Teil der Entlohnung; „per Aufwand an eigene Aktien") können zu (ungewissen) Verbindlichkeiten führen, sofern Verpflichtung bereits wirtschaftl verursacht (Rz 314; *Walter* DStR 06, 1101); Bewertung von Kursentwicklung abhängig. Bei einem Aktienoptionsplan, der mit einer bedingten Kapitalerhöhung verbunden ist, entsteht im Zeitpunkt der Einräumung der Bezugsrechte noch kein (Personal-)Aufwand (BFH I R 103/09 BStBl II 11, 215; einschr FG Mster EFG 15, 933, Rev I R 11/15; krit *Hoffmann* PiR 11, 30; Ausweichen auf aktienkursorientierte Vergütung).

Altauto/Altgeräte. Für die Verpflichtung zur Altautorücknahme und -entsorgung kann eine Verbindlichkeitsrückstellung zu bilden sein (*Haun/Strnad* DB 99, 2078; *Hug/Roß/Seidler* DB 02, 1013), ähnl wie für die Verpflichtung zur Batterierücknahme (BFH I B 95/98 BFH/NV 99, 1205; ‚Umwelt'; Rz 376z AltFahrzeugG; § 6 Rz 478). Zur Rückstellung bei Elektroaltgeräten nach dem ElektroG v 16.3.05 *Stegemann* Inf 06, 136/9 (ab Inverkehrbringen); Konkretisierung durch Meldung an die Gemeinsame Stelle (FG Mster EFG 15, 1965, Rev I R 70/15).

Altersteilzeitarbeit s Arbeitszeit.

Altlasten s Umwelt.

Altreifen. *BMF* DStR 92, 357: Keine Rückstellung für Vernichtung, solange StPfl nicht durch Verwaltungsakt zu Entsorgung verpflichtet ist.

Altschulden: Ausweis einer Rückstellung zul (FG Nds EFG 13, 1777, rkr); zur Höhe gem § 9 III LwAltschG s *FinVerw* StEK EStG § 5 Rückst Nr 204 – 4.6.08.

Anfechtbare Rechtshandlungen (§ 135 InsO) können (beim Geschäftspartner) ggf Rückstellungen erfordern (*Klusmeier* DStR 14, 2056 mwN).

Anpassungsverpflichtung s Rz 550 ‚Umweltschutz und -schäden', BFH I R 45/97 BStBl II 03, 121 [Nichtanwendung *BMF* BStBl I 03, 125]; Rz 384.

Ansammlungsrückstellung s § 6 Rz 477.

Anschaffungskosten. Bei ungewissen AK (zB Prozesskosten) ist „per AK an Rückstellung" zu buchen; Auflösung: ‚per Rückstellung an Bank oder an AK'.

Anzahlungen. Erhaltene Anzahlungen (auf noch zu erbringende Lieferungen und Leistungen, vgl BFH I R 153/86 BStBl II 91, 479) sind als solche (RAP-ähnl; Rz 244) unter den Verbindlichkeiten (vgl § 266 III HGB) grds zum Nennwert ohne Abzinsung (§ 6 I Nr 3 S 2) und ohne Abzug der USt (per Geld an Anzahlung) zu passivieren (BFH IV R 138/76 BStBl II 80, 648; FG Mchn EFG 03, 148, rkr, für Vorauszahlung auf Wartungsaufwand iRe Leasingvertrags) und nach erbrachter Lieferung oder Leistung grds mit der zu aktivierenden Forderung zu verrechnen (vgl BFH X R 49/89 BStBl II 92, 904). Zu aktiven RAP für die USt s Rz 261.

Arbeitnehmer. Ggü Rückstellungen für Risiken aus ArbVerh war die Rspr (im Hinblick auf wirtschaftl Verursachung, Verpflichtungsüberschuss, Kompensation) eher restriktiv (*Kessler* WPg 96, 2/10); vgl auch Abfindung, Ausbildungskosten, Beihilfeverpflichtungen, Gratifikation, Jubiläumszuwendungen, Lohnfortzahlung, Soziallasten, Verdienstsicherung; Rz 450.

Arbeitslosengeld. Zu Rückstellungen für Erstattungsforderungen der BfA (DRV Bund) nach 128 AFG s *Bauer/Diller* BB 92, 2283; *Beck ua* DB 94, 2557/61; *HFA IDW* WPg 95, 56.

Arbeitszeit. Bei Arbeitsfreistellung nach Vorleistungen (sog **Blockmodell;** Beschäftigungs- und Freistellungsphase) ist bis zum Beginn der Freistellungsphase eine **Ansammlungsrückstellung** mit dem Erfüllungsbetrag (Vollkosten; Aufstockungsbeträge; Nebenleistungen; Fluktuationsabschlag) nach den Wertverhältnissen des jeweiligen Bilanzstichtags zu bilden (BFH I R 110/04 BStBl II 07, 251; jetzt auch *BMF* BStBl I 07, 297; Anwendung ab 1.12.06 *BMF* I 08, 496; *Weber-Grellet* BB 07, 35; *Herzig/Heimig* Ubg 10, 330); Erstattungsansprüche gem § 4 AltTZG sind gegenzurechnen (*BMF* aaO Rz 4f); zur Bewertung iEinz *BMF* aaO Rz 3ff (zust *Lieb/Rhiel* StuB 07, 505); *Andresen* BBK 13, 5221 (20.6.08). – Für **Altersteilzeitvereinbarungen** gelten diese Grundsätze entspr (vgl *BMF* BStBl I 99, 959, Rz 15–21; *Schulz/HHR* Anm 925); Rz 317, 450; zu Änderungen durch § 8a AltTZG *Bode/Hainz* DB 04, 2436. – Zu Wertkonten nach BilMoG *Wellisch/Machill* BB 09, 1351; zur Umwandlung von Zeitwertkonten in betriebl Altersversorgung *Wellisch ua* BB 06, 1100. – Für **Nachteilsausgleich** ist Rückstellung zu bilden (Einmalbetrag; FG Mchn EFG 15, 1560, Rev I R 53/15).

Stellungnahme: Der hier vertretenen Auffassung, dass in der Beschäftigungsphase eine umfassende Ansammlungsrückstellung zu bilden ist, sind BFH I R 110/04 BStBl II 07, 251 und *BMF* BStBl I 07, 297 gefolgt. – Das einheitl Teilzeitbeschäftigungsverhältnis (zB Arbeitsleistung 50 vH; Entlohnung 70 vH) bedeutet eine Verminderung der Arbeitsleistung zu besseren Konditionen; insoweit entsteht ausschließl lfd Aufwand; keine Rückstellung.

Arzneimittelhersteller. Keinen Schuldposten für in Werbeprospekten zugesagte unentgeltl Abgabe von Ärztemustern (BFH I R 112/75 BStBl II 77, 278). Keine Rückstellung für Kosten der Analyse und Registrierung bisher zulassungsfreier Arzneimittel (BFH VIII R 59/95 BFH/NV 98, 22).

Atomare Entsorgung. Zur Rückstellungsproblematik *Meyering/Gröne* DB 14, 1385; *Volk* DStR 15, 2193; zur mögl Bewertung als unzul Beihilfe nach Art 87 I EGV *Reich/Helios* IStR 05, 44; mE ist das bei ratierl Aufbau nicht der Fall (kein strechtl Systembruch).

Aufbewahrungspflichten (zB von Geschäftsunterlagen, Handakten) können Rückstellungen auslösen (BFH VIII B 88/10 BFH/NV 11, 600; *OFD Nds* v 5.10.15 DB 15, 2726; zum Umfang BFH I R 66/11 BStBl II 13, 676; *Prinz* FR 13, 506), keine Bilanzberichtigung (BFH I R 54/08 BFH/NV 09, 746); voraussichtl Aussonderungsmöglichkeiten sind zu berücksichtigen (BFH X R 14/09 BStBl II 11, 496). Ein mögl eigenbetriebl Interesse ist irrelevant (Rz 362; aA *Wendt* DStR Beihefter 32/11, 96).

Auffüllverpflichtung s Rekultivierung.

Ausbildungskosten. Wegen künftiger Kosten eines Berufsausbildungsverhältnisses kann grds keine Verlustrückstellung (s Rz 450) gebildet werden (BFH I R 7/80 BStBl II 84, 344). Dies gilt idR auch bei „Überbestand" an Ausbildungsverträgen (BFH I R 37/91 BStBl II 93, 441; *Groh* StuW 94, 90/5; aA *Kessler* DStR 94, 1289/91).

Ausgleichsposten. Zuzahlungen für den Erwerb von KapGesAnteilen sind erfolgsneutral durch Bildung eines passiven Ausgleichsposten zu berücksichtigen, wenn diese die negativen Ertragsaussichten abgelten sollen (BFH I R 49, 50/04 BStBl II 06, 656; *Hoffmann* DStR 06, 1315); Realisation erst bei Realisation der Beteiligung (*Schulze-Osterloh* BB 06, 1955). Sofortige Realisierung (ggf sukzessiv) bei Entgelt für die Gestellung von Sicherheiten (vgl *Heger* jurisPR-StR 34/06 Anm 2). – Zu passiven Ausgleichsposten bei Organschaft BFH I R 5/05 DB 07, 1119; krit *Weber-Grellet* BB 08, 38/40, *Thiel* FS Lang 2010, 755; *BMF* DB 07, 2286 (Nichtanwendung); Änderung des § 14 IV KStG durch JStG 08.

Ausgleichsverpflichtung. Ein Unternehmen kann für künftige Ausgleichsansprüche seiner Handelsvertreter nach § 89b HGB vor Beendigung des Vertretervertrags keine Rückstellung bilden, weil diese erhebl Vorteile nach Vertragsbeendigung voraussetzen und daher nicht im abgelaufenen Wj wirtschaftl verursacht sind (BFH I R 39/00 BStBl II 05, 465; Rz 387/9; *BMF* BStBl I 05, 802). Die Verpflichtung ist erst im Jahr der Vertragsbeendigung zu passivieren. – Entsprechendes muss für den Anspruch eines Eigenhändlers (Vertragshändler) gelten. – Zur Ersetzung eines Ausgleichsanspruchs durch (nach § 6a passivierbare) Pensionszusage s *Lutz* DB 89, 2345; s auch Rz 270.

Außenprüfung s Betriebsprüfung.

Avalhaftung (Globalgarantie) für Dritten kann (als einseitig verpflichtender Vertrag) zur Rückstellung führen (FG Mchn BB 09, 1011, rkr).

Avalprovisionen. Für die Verpflichtung zur Zahlung von Avalprovisionen, die auf künftige Zeiträume des Avalkredits entfallen, darf ein Bauunternehmer eine Rückstellung auch dann nicht bilden, wenn der Avalkredit der Ablösung eines Gewährleistungseinbehalts des Kunden dient (BFH IV R 28/91 BStBl II 92, 600).

Batterierücknahmeverpflichtung s Altauto.

Baukostenzuschüsse, die ein Energieversorgungsunternehmen von Abnehmern erhält, sind als RAP zu passivieren, der nach der geschätzten (bestimmte

Zeit!; s Rz 250) Dauer der Lieferverträge aufzulösen ist (BFH I R 104/75 BStBl II 77, 392; *FinVerw* BB 89, 1380); *BMF* BStBl I 03, 361 lässt nur noch die sofortige Vereinnahmung oder die AK/HK-Verrechnung zu (*Eisolt* BB 04, 1079; krit *Meißner* DB 03, 2080); Alt-Zuschüsse sind ggf auf 20 Jahre zu verteilen (*FinVerw* DB 03, 2027); zum wahlweisen Brutto-/Netto-Ausweis in der HB *BMF* 7.10.04 DStR 04, 2054; s Zuschüsse.

Bauschuttaufbereitung kann zur Rückstellung führen („Nettorealisation"; BFH IV R 35/02 BStBl II 06, 644; s Umwelt).

Bausparkassen. Zur sog bauspartechnischen Abgrenzung BFH I R 48/69 BStBl II 73, 565; zu Rückstellungen bei „Abschlussgebühren" und rückzahlbaren „Einlagen" BFH I R 153/86 BStBl II 91, 479; *Groh* StuW 92, 178/82; kein passiver RAP für vereinnahmte Abschlussgebühren (BFH I R 23/96 BStBl II 98, 381; FG BaWü EFG 00, 728). – Rückstellung für Kosten von Jahreskontoauszügen (FG BaWü EFG 00, 543; nun auch *FinVerw* DB 02, 1133).

Bedingte Verbindlichkeiten s Rz 314.

Beihilfeverpflichtungen (als Teil von Pensionsverpflichtungen) sind als wirtschaftl in der Vergangenheit verursachte Verbindlichkeiten rückstellbar (BFH I R 71/00 BStBl II 03, 279; zur Berechnung *Höfer/Pisters* DB 02, 2288; Rz 381 f).

Bergbauwagnisse. Für Bergschäden, Gruben- und Schachtversatz sind Rückstellungen zu bilden (*BMF* StEK EStG § 5 RückSt Nr 70 – 18.4.80; BFH I 51/65 BStBl II 69, 266; *Schellhorn* BuW 95, 553).

Berufsgenossenschaft. Keine Rückstellung der Mitglieder für *künftige* Beiträge (BFH I R 50/67 BStBl II 68, 544).

Besserungsscheine s Gesellschafterfinanzierung.

Bestandspflege: Künftiger Aufwand für „kostenlose" Bestandspflege/Nachbetreuung kann (bei entspr rechtl Verpflichtung) rückstellbar sein (Erfüllungsrückstand [Rz 317, 383]; zuletzt BFH X R 25/11 BStBl II 14, 517; BFH X B 248/13 BFH/NV 15, 24; BFH X R 27/13 BFH/NV 15, 1676; zur bisherigen Rspr s 30/33. Aufl; iEinz *Weber-Grellet* FR 14, 606 [zu X R 25/11; krit wg Berechnung der Abzinsung]; *Schustek* DB 15, 882). Keine Verpflichtung trifft den Handelsvertreter (BFH X R 38/13 BFH/NV 15, 195; ähnl BFH III R 14/11 BStBl II 14, 675). – Für Bilanzstichtage vor Veröffentlichung von X R 26/10 kann ggf auf spätere Aufzeichnungen zurückgegriffen werden (BFH X B 191/13 BFH/NV 14, 695). Das BMF hat sich nunmehr der Auffassung des BFH angeschlossen (*BMF* BStBl I 12, 1100; EStH 2012 5.7 (8)). – Zur Verpflichtung einer OHG s FG Mster EFG 13, 1479, Rev IV R 34/14.

Betriebsprüfung. Grds keine Rückstellung bei allg Erwartung, dass bei BP mit Nachforderungen zu rechnen ist (BFH IV 51/62 BStBl III 66, 189); anders, wenn mit einer BP begonnen ist und der Prüfer eine bestimmte Sachbehandlung beanstandet hat (BFH VIII R 36/00 BStBl II 02, 731). Das Wahlrecht nach EStR 20 III ist ab EStR 99 gestrichen; s Rz 387 (6) sowie unten „Steuerschulden und Steuernachforderungen". – (Bereits wirtschaftl verursachte) Verwaltungskosten künftiger (Groß-)BP („BP-Durchführungskosten") sind grds rückstellbar (BFH I R 99/10 BStBl II 13, 196; *Wacker* HFR 13, 11; *Eckert* DB 12, 2187; *Strahl* kösdi, 13, 18444/51; *Arbeitskreis BWA* DStR 13, 373), nach *BMF* BStBl I 13, 274 nur bei Anschlussprüfung gem § 4 II BPO (*Behrens* BB 13, 1138; *Eckert* DB 13, 901); bei Mittel- und Kleinbetrieben daher nur, wenn eine Prüfung angesetzt ist (*Korn* BeSt 12, 34); keine Rückstellung für noch nicht konkretisierte zusätzl Buchführungsarbeiten (BFH VIII R 21/69 BStBl II 73, 55).

Betriebsunterbrechungsversicherungs-Leistungen sind keine die AK eines ErsatzWG mindernde Zuschüsse (BFH IV R 177/78 BStBl II 82, 591), aber Teil einer RfE (BFH IV R 54/80 BStBl II 83, 371).

Bonusschuld ist ggf zurückzustellen (*Küting/Pilhofer* BB 02, 2059/60; s auch Sparprämienverpflichtungen), nicht bei Kundengutscheinen, da erst durch späteren Einkauf verursacht (FG Nds 6 K 357/12 juris).

Buchführung s Jahresabschluss, Betriebsprüfung.

Bürgschaft. Verpflichtungen sind als Rückstellungen erst zu passivieren, wenn eine Inanspruchnahme droht (BFH X R 5/10 DStR 12, 1318; BFH X R 48/13 BFH/NV 15, 1358), § 5 IVb steht nicht entgegen (*FinVerw* DStR 02, 1303); gleichzeitig ist die Rückgriffsforderung gegen den Hauptschuldner (vgl BFH I R 222/83 BFH/NV 89, 103) zu aktivieren und ggf wertzuberichtigen (BFH IV R 8/98 BStBl II 99, 333; BFH X B 191/12 BFH/NV 13, 1622; *Hahne* BB 05, 819/23). Gleiches gilt für (andere) Sicherheitsleistung für fremde Schuld (BFH VIII R 226/84 BFH/NV 91, 588/9). Zum Vorrang der §§ 4, 5 vor § 17 s § 17 Rz 12 (BFH VIII R 27/00 BStBl II 02, 733). – Die Rückstellung ist nicht von der Benennung des Darlehensgläubigers nach § 160 AO abhängig (BFH IV R 8/98 BStBl II 99, 333). Zu Avalprovisionen s dort. – Zur Bearbeitungsgebühr für Bürgschaftsübernahme s BFH IV R 153/72 BStBl II 78, 262: aktiver RAP. – Die Bürgschaftsablösung durch befreiende Schuldübernahme durch den **betriebl beteiligten Ges'ter** führt zu nachträgl AK (soweit Freistellungsanspruch noch werthaltig war), iÜ zu Aufwand (BFH X R 36/02 BStBl II 05, 707).

Credit Link Notes sind eine Kombination aus Anleihe und Kreditsicherung und getrennt zu bilanzieren; einer Abwertung der Kreditforderungen steht der Credit Default Swap entgegen, auch keine Rückstellung (FG Nds BB 14, 815, Rev I R 83/13).

Damnum s Rz 270 Disagio.

Darlehen sind grds mit dem Nennwert (Erfüllungsbetrag) zu passivieren (BFH IV R 139/86 BStBl II 88, 1001; *Groh* BB 88, 1919/20; vgl § 253 I 1 HGB); unverzinsl Darlehen sind abzuzinsen (§ 6 I Nr 3 S 2; *BMF* BStBl I 99, 818); zum Disagio und zur Abzinsung s Rz 270. Zinsen sind unabhängig von ihrer Fälligkeit zu passivieren, soweit sie für die Zeit vor dem Bilanzstichtag geschuldet werden (BFH I R 166/78 BStBl II 84, 747). Überverzinslichkeit infolge Senkung des Marktzinses rechtfertigt weder Verlustrückstellung (s Rz 450) noch „TW-AfA" (*Kessler* WPg 96, 2/8, 12; aA *Bachem* DStR 99, 773: Aufstockung). Bei Darlehen mit steigendem Zinssatz (zB Zuwachssparen) kann für künftige (höhere) Zinsen idR keine Rückstellung gebildet werden (BFH I R 115/91 BStBl II 93, 373; aA *Moxter* StuW 95, 378/81); eine Bonusverpflichtung ist ratierl zurückzustellen. Zur Umwidmung BFH VIII R 9/94 BStBl II 95, 697; s auch Ges'terfinanzierung. – Hybriddarlehensverpflichtungen (Schuldtitel ohne Laufzeitbegrenzung) sind ebenfalls zu passivieren (kein Ertrag; iEinz *Bünning* BB 14, 2667).

Datenzugriff. Rückstellung für Anpassung der EDV-Systeme nach GDPdU zul (*OFD Mster* DStR 10, 1785: in nach 24.12.08 endenden Wj).

Dauerschuldverhältnisse s Rz 450.

Dauerwartungsvertrag. Keine Rückstellung für künftige erhöhte Inanspruchnahme (BFH IV R 138/76 BStBl II 80, 648).

Deponien. Aufwendungen in der Errichtungs- und Ablagerungsphase sind als HK/AK zu aktivieren, Aufwendungen in der Stilllegungs-, Rekultivierungs- und Nachsorgephase sind sofort abziehbar, ggf auch zurückzustellen (*BMF* BStBl I 05, 826; s auch FG Mster EFG 15, 1283, Rev I R 35/15; ‚Rekultivierung').

Dienstjubiläum s Rz 406 ff.

Dienstleistungsgutscheine (zB bei Friseur; Rabattzusagen) berechtigen (mangels wirtschaftl Belastung; s Rz 381) nicht zur Rückstellungsbildung (BFH IV R 45/09 BStBl II 13, 123; EStH 2012 5.7 (5); *Weber-Grellet* BB 13, 43/46; krit *Hoffmann* StuB 10, 293; *Krüger* DStR 11, 1095). Die Hingabe eines Gutscheines bedeutet das Versprechen zu einer künftigen un- bzw teilentgeltl Leistung (= späterer Minderertrag; s auch Rz 241 zu späterem „Mehrertrag“).

Dingl Lasten s Rz 319.

Disagio s Rz 270.

Drohende Verluste aus schwebenden Geschäften s Rz 450 f.

Druckbeihilfen sind als Betriebseinnahmen zu erfassen; wegen einer mögl Rückzahlungspflicht soll eine Rückstellung zu bilden sein (BFH IV R 49/96 BStBl II 98, 244; anders § 5 IIa, dazu Rz 315; *BMF* BStBl I 98, 368, soweit Rückzahlung aus künftigen Erlösen).

Eichkosten auf Grund gesetzl Pflicht (Eichgesetz), Messgeräte in bestimmten Zeitabständen eichen zu lassen, sind mE nicht rückstellbar (analog BFH VIII R 327/83 BStBl II 87, 848).

Eigenkapital. Nach hL ist zw Eigenkapital (Nachrangigkeit, Nachhaltigkeit, Verlustteilnahme, Gewinnabhängigkeit der Vergütung, Vermögensbindung) einerseits und „haftendem“ und „normalen“ Fremdkapital andererseits zu unterscheiden (*K. Schmidt* GesRecht, 4. Aufl, 2002, § 18 II 2, § 37 IV; *Baetge/Kirsch/Thiele* Bilanzen[13], 487 ff; *Heymann* HdR B 231 Rz 1 ff). Haftendes Fremdkapital (zB kapitalersetzende Darlehen) ist „echtes“ Fremdkapital (zB BFH I R 127/90 BStBl II 92, 532; *Priester* DB 91, 1917; s Gesellschafterfinanzierung).

Eigenkapitalersatz s Gesellschafterfinanzierung.

Einbuchung (gewinnneutral) von Verbindlichkeiten in Anfangsbilanz (BFH X R 23/05 BFH/NV 09, 814).

Einlagensicherungsfonds. Für künftige Beiträge keine Rückstellung (BFH I R 78/89 BStBl II 92, 177; *Mathiak* DStR 92, 456).

Einlösungsverpflichtung (zB für Eintrittskarten) entweder durch passiven RAP (besser) oder durch Rückstellung und aktiven RAP (so FG Ddorf DStRE 00, 1087) zu neutralisieren; s Rabattmarken.

Einkommensteuer-Schulden sind, wie auch Zinsen für Darlehen, die zur Begleichung einer solchen Schuld aufgenommen werden, privat veranlasst (BFH III R 66/87 BFH/NV 92, 17).

Einziehung. Für Abfindung wegen Zwangseinziehung von Geschäftsanteilen keine Rückstellung, da entweder vGA oder kein Aufwand (FG Hess EFG 04, 1005, rkr).

Emissionsberechtigungen s Rz 270.

Entfernung. Ein Energieversorgungsunternehmen, das bei Ablauf des Konzessionsvertrags seine Anlagen von öffentl Grund zu entfernen hat, muss hierfür eine Rückstellung bilden (BFH I 162/64 BStBl II 69, 247; Rz 386 f). Hingegen darf für eine evtl Pflicht zur Entfernung der Anlagen eines Flusskraftwerks keine Rückstellung gebildet werden, wenn offen ist, ob überhaupt eine Entfernung verlangt werden wird (BFH IV R 28/91 BStBl II 92, 600); der Zeitpunkt der Inanspruchnahme kann noch ungewiss sein, für **Rückbau** von Wasserleitungen (FG Ddorf DStRE 06, 449, rkr) oder Fernwärmeleitungen (FG Sachs BB 14, 2352, rkr; Rz 376, 382). Zur Gebäudeentfernungspflicht des Erbbauberechtigten *Franz/HHR Anm* 1052. Allg Erwägungen des Umweltschutzes (keine konkrete Verpflichtung) rechtfertigen noch keine Rückstellung für die künftige Entfernung von Versorgungsanlagen wie zB Öltank.

Entgeltrahmenabkommen – Anpassungsfonds (zur Gleichstellung von Arbeitern und Angestellten): Wirtschaftl verursachte Verpflichtungen sind aufwandswirksam, nicht aber die künftigen Verpflichtungen (*BMF* BStBl I 07, 301; *Frey* BB 05, 1044; aA *Herzig* BB 06, 1551: Rückstellung).

Entschädigung (als Ersatz für Tantiemevereinbarung) kann Verbindlichkeit sein (FG Mchn EFG 09, 1000, rkr).

Entsorgung (auch nach ElektroG) s Umwelt, Altauto; Altreifen.

Erbbaurecht. Für im Voraus erhaltenen Erbbauzins hat der Grundeigentümer einen passiven RAP zu bilden (BFH IV R 126/78 BStBl II 81, 398), auch für vom Erbbauberechtigten übernommene Erschließungskosten (BFH IV R 40/96 BFH/NV 98, 569); die dingl Duldungspflicht des Eigentümers ist nicht passivierbar (Rz 319; BFH I R 96/02 BStBl II 08, 296; *Mathiak* FS Döllerer, 1988, 397/402); der Erwerb eines belasteten Grundstücks ist netto auszuweisen (BFH I R 96/02 DB 05, 422; *ego* FR 05, 322; *Gosch* StBp 05, 149). S auch Rz 270, 612, 655.

Erfolgsabhängige Verpflichtungen s Gewinnabhängige, haftungslose, bedingt erlassene Verbindlichkeiten, Zuschüsse, Gratifikation.

Erfüllungsrückstand (= Verbindlichkeit/Rückstellung iRe insoweit realisierten Dauerschuldverhältnisses, zB Pachterneuerungsrückstellung) s Rz 76, 317.

Erneuerungsverpflichtung s ‚Pachterneuerung' und Rz 702.

Erstinnovationszuschüsse. Für die Verpflichtung, solche Zuschüsse zurückzuzahlen, wenn aus dem geförderten Vorhaben Gewinne erzielt werden, kann vor Entstehung von Gewinnen keine Rückstellung gebildet werden (Rz 315).

Factoring s Rz 270, 732.

Finanzverbindlichkeiten und Restrukturierung s *Häuselmann* BB 10, 944.

Forfaitierung s Rz 270, 732.

Franchising. Ein zivilrechtl gemischter Vertrag, durch den entgeltl das Recht des Franchise-Nehmers begründet wird, Waren und/oder Dienstleistungen unter Verwendung bestimmter Namen, Marken usw und des Know-how des Franchise-Gebers im eigenen Namen und auf eigene Rechnung zu vertreiben (zB *Skaupy* NJW 92, 1785 mwN). Der Vertrag ist lizenzvertragähnl und estrechtl schwebendes Geschäft (*KSM* § 5 Rz F 323); er kann mit einer Raum- bzw Unternehmenspacht verbunden sein (BFH VIII R 88/87 BStBl II 93, 89); zu Bilanzierungsfragen (ua Konzeptionskosten, Gebühren) *Marx/Löffler* HdR B 732 (11/10). Nicht verbrauchte Zahlungen auf ein Werbekonto des Franchise-Gebers sind erfolgsneutral zu behandeln (BFH X R 59/04 BStBl II 08, 284; *Marx/Löffler* DB 12, 1337 zu besonderen Entgelten).

Fremdwährungsverbindlichkeiten s Rz 270 Fremdwährung.

Futures s Rz 270 Finanzprodukte.

Garantiegebühren sind mittels passiver RAP (Rz 245) auf die Garantiedauer zu verteilen (BFH IV R 66/94 BStBl II 95, 772; einschr *IDW* WPg 95, 777; aA *Hahne* BB 05, 819/24).

Garantieverpflichtungen (s auch *Bürgschaft* und *Gewährleistung*) werden von § 5 IVa nicht erfasst (BFH IV B 176/02 BFH/NV 03, 919; FG Mchn EFG 09, 917, rkr; Rz 450); Rückstellung auch für (einseitige) Mietgarantie bei Veräußerung (FG BBg EFG 11, 695, rkr).

Geldbuße. Für drohende Geldbuße der EU-Kommission ist bei Vorteilsabschöpfung (§ 4 V Nr 8 S 4) Rückstellung mögl (BFH I B 203/03 DStRE 04, 1449).

Genussrechte enthalten (eigenkapitalähnl) Gläubigerrechte schuldrechtl Art, die mitgliedschaftsrechtl ausgestaltet sein können (BFH VIII R 73/03 BStBl II 05, 861; *Baetge/Brüggemann* DB 05, 2145; *Kratzsch* BB 05, 2603). Wenn neben der Gewinnbeteiligung keine Beteiligung am Liquidationserlös besteht, ist strechtl Fremdkapital gegeben; Ausschüttungen sind abziehbare BA (s § 8 III 2 KStG; BFH I R 67/92 BStBl II 96, 77).

Geschäftsrisiko. Keine Rückstellung für das allg Geschäftsrisiko (BFH III R 95/87 BStBl II 89, 893 für künftige Ertragseinbußen durch verschärfte öffentl-rechtl Vorschriften); keine Einzelbewertung; Ab- oder Zuschlag zum Geschäftswert. Zu diesem gehören mE auch arbeits-/sozialrechtl Folgelasten, die mit Arbeitsverhältnissen verbunden sind, wie zB Lohnfortzahlung bei Krankheit, Mutterschutz, altersbedingte Leistungsminderung.

Geschäftsverlegung. Keine Rückstellung für Aufwand und Risiken (BFH VIII R 31/70 BStBl II 72, 943).

Gesellschafterfinanzierung; Eigenkapitalersatz; Restrukturierung, insb in Krisen- und Insolvenzsituationen

Schrifttum (Auswahl: Aufsätze vor 2010 s Vorauflagen): *Goette/Kleindiek,* Ges'terfinanzierung nach MoMiG, 6. Aufl 2010; *Clemens,* Das neue Recht der Ge'terfremdfinanzierung nach dem MoMiG, 2012. – *Fuhrmann,* Ges'terfremdfinanzierung ..., KÖSDI 12, 17977; *Blaas/Schwahn,* Steueroptimierte Restrukturierung, DB 13, 2350, 2412. – Zur handelsrechtl Behandlung und zum System des Eigenkapitalersatzrechts (Gläubigerschutz) vgl *Raiser/Veil* 4. Auflage § 38.

Durch das MoMiG wurde das tradierte Eigenkapitalersatzrecht (Behandlung von „Eigenkapitalersatz" wie Eigenkapital) durch den insolvenzrechtl Nachrang ersetzt (für Insolvenzeröffnung ab 1.11.08; *Goette/Kleindiek* aaO Rz 1f, 52f; *Gehrlein* BB 11, 3; § 17 Rz 170ff); der Begriff der Krise ist obsolet. Die Sonderbehandlung des Ges'terfremdkapitals beruht auf einer angemessenen Risikoverteilung zw Ges'ter und GesGläubiger (*Clemens* aaO 350). – Rechtstatsächl ist in der Krise häufig eine Ausweitung des Eigenkapitalverlustrisikos unumgängl, steuerl begünstigt wird aber nur das Fremdkapital. **Sanierungs- und Stützungsmaßnahmen** sind entspr ihrer Art (Forderungsverzicht, Besserungsschein, Rangrücktritt, Barzuschüsse, kapitalersetzende Darlehen, Nutzungsüberlassungen, Bürgschaft, Patronatserklärung, stille Beteiligung, Umwandlung; *Hoffmann* FS W. Müller, 2001, 631/5; *Horst* DB 13, 656; *Frey/Mückl* GmbHR 10, 1193, auch zum Sanierungserlass nach BFH X R 34/08 BFHE 229, 502) differenziert zu behandeln, zB weitere Passivierung, ao Ertrag.

***(1)* Kapitalersetzende Darlehen** des Ges'ters an seine Ges (allg *Krink/Maertins* DB 98, 833; *Dörner* Inf 01, 494) sind nach BFH (BFH VIII R 28/98 BStBl II 00, 347 – zu § 15a), nach BGH (II ZR 88/99, DStR 01, 175: nur Durchsetzungssperre) und nach hL (zB *Schulze-Osterloh* WPg 96, 97/105; *Buciek* Stbg 00, 109/10; diff *Carl* Inf 93, 14, 58/84; krit *L. Schmidt* DStZ 92, 702/4) in der HB und damit (§ 5 I) auch in der StB der KapGes (GmbH & Co KG) auf der Passivseite als **echtes Fremdkapital** auszuweisen (formalrechtl Betrachtung); auch weiterhin Passivierung im Überschuldungsstatus (*Altmeppen* ZHR 164 [2000], 349; *Clemens* aaO 354). Die FinVerw hat sich dem BFH angeschlossen (*BMF* BStBl I 92, 653). Beteiligung und Darlehen sind **getrennt** auszuweisen (*Schmidt/Hageböcke* DStR 02, 1202/5).

Daraus folgt: – *(a)* Kapitalersetzende Darlehen sind weder bilanzrechtl (HB, StB) Eigenkapital noch unter dem Gesichtspunkt des Rechtsmissbrauchs (§ 42 AO) wie Eigenkapital zu behandeln. – *(b)* Ges'terdarlehen sind auch bei einem Missverhältnis zw Eigen- und Fremdkapital (zB Eigenkapital weniger als 10 vH des Aktivvermögens) idR nicht rechtsmissbräuchl und daher kein verdecktes Eigenkapital. Die Regelung des § 8a KStG gilt nur für Vergütungen, die nicht im Inl bei einer Veranlagung erfasst werden. – *(c)* Die KapGes (KG) hat keinen Anspruch auf ‚Duldung der Nichtgeltendmachung der Darlehensforderung' („Einlageforderung") zu aktivieren (BFH IV R 105/94 BStBl II 97, 277; *Kürth/Delhaes* DB 00, 2577/80), auf keinen Fall *erfolgswirksam* (so aber *Wolf* DB 97, 1833). – *(d)* Zur Erfassung von Zinsen aus kapitalersetzenden Darlehen BFH VIII R 33/92 BStBl II 94, 632. Unverzinsl Darlehen sind abzuzinsen (*Hauber/Kiesel* BB 00, 1511; Rz 270). Zu Besonderheiten bei KG als Darlehensnehmer s § 15 Rz 540ff; § 15a Rz 89. – *(e)* Die Rückzahlung der Zinsen ist gesellschaftl veranlasst (FG Köln DStRE 07, 532, rkr). – *(f)* Zur Neuregelung des § 8b III KStG idF JStG 08 (Verlust kapitalersetzender Ges'terkredite) *Korn/Strahl* KÖSDI 07, 15783/806.

Diese Rspr dürfte durch das MoMiG an Bedeutung verlieren, da es keine eigenkapitalersetzenden Darlehen mehr gibt; nach § 39 I Nr 5 InsO sind Ges'terdarlehen ggü den restl Insolvenzforderungen nachrangig (*Weber-Grellet* RdF 11, 74).

(2) **Kapitalersetzende Nutzungsüberlassung** (zB in Form der BetrAufsp) ist im Prinzip wie kapitalersetzendes Darlehen zu behandeln (also Fremdgeschäft; ggf Wertberichtigung; ggf gesellschaftl veranlasste Rückzahlungsansprüche (BFH I R 19/07 BFH/NV 08, 1963 zur Rückabwicklung). Zur zivrechtl Problematik s BGH XII ZR 183/05 DB 08, 347 und Nachweise bei § 15 Rz 805; zur str Bilanzierung des überlassenen WG und des Entgelts s *Oppenländer* DStR 93, 1523; *Real* GmbHR 94, 777/81. Zur kapitalersetzenden **Dienstleistung** vgl *Haas/Dittrich* DStR 01, 623.

(3) **Rangrücktritt.** Zu unterscheiden ist zw verschiedenen Erscheinungsformen (*BMF* BStBl I 06, 497; BGH IX ZR 133/14 BB 15, 973; *BAFin*, Merkblatt z Einlagengeschäft v 11.3.14 – Internet; iEinz *Weber-Grellet* BB 15, 2667; zu § 5 IIa s Rz 315). Der „wirklich" **einfache** Rangrücktritt, bei dem einem oder mehreren Gläubigern ledigl ein Anspruch auf Vorwegbefriedigung eingeräumt wird, ändert nicht den Inhalt der Verpflichtung; bilanzsteuerrechtl bleibt es beim Ausweis der Verbindlichkeit. Beim **qualifizierten Rangrücktritt** wird die Darlehensforderung wie ein Einlagerückgewähranspruch behandelt; der qualifizierte Rangrücktritt kann das Wesen der Verbindlichkeit mit steuerbilanzrechtl Wirksamkeit verändern (BGH IX ZR 133/14 DStR 15, 767; *Kahlert* DStR 15, 734). – Beim **spezifizierten Rangrücktritt** (nach BFH I R 44/14 DStR 15, 1551 Rz 10) soll die Forderung nur aus künftigen Jahresüberschüssen und/oder Liquidationsüberschüssen erfüllt werden (*Gosch* BFH/PR15, 287). – Soll die Erfüllung (nur oder auch) aus dem vorhandenen **freien Vermögen** erfolgen, ist die wirtschaftl Belastung weiterhin gegeben (*Weber-Grellet* BB 15, 2667).

Der spezifizierte und auch der qualifizierte Rangrücktritt führen idR zur Ausbuchung der Verbindlichkeit. Die Gewinnwirksamkeit hängt von der Art der vorangegangenen Einbuchung ab; ein Darlehen wird also erfolgsneutral ausgebucht (BFH I R 44/14 DStR 15, 1551 in Abkehr von BFH I R 100/10 BStBl II 12, 332). – Um einerseits die insolvenzrechtliche Überschuldung zu vermeiden, andererseits aber auch weiterhin die Verbindlichkeit ausweisen zu können, könnte ein aufschiebend bedingter Rangrücktritt angezeigt sein (*Weber-Grellet* BB 15, 2667 mwN; vgl auch *Wälzholz* GmbH-StB 15, 259 mit Formulierungsvorschlag); so hat auch der BGH einen Rangrücktritt anerkannt, der nur für den Fall einer drohenden Überschuldung gelten sollte (BGH IX ZR 133/14 DStR 15, 767). Noch einfacher wäre es, den Rangrücktritt idR als einfachen (unspezifizierten) und damit steuerunschädl Rangrücktritt auszulegen (so *K. Schmidt* BB 16, 2); erst die Qualifizierung verursacht ggf die Schädlichkeit.

(4) Der (Forderungs-)**Verzicht** (Rz 671) eines Ges'ters auf eine wertgeminderte Schuld führt bei der **KapGes** nur iHd (aktuellen) TW der Forderung zu einer Einlage, iÜ grds zu stpfl Ertrag (BFH GrS 1/94 BStBl II 98, 307; BFH I R 103/93 BFH/NV 98, 572; *Weber-Grellet* BB 95, 243; *Ott* DStZ 10, 623/7; *Baschnagel* Ubg 14, 767/72; *BMF* BStBl I 03, 648; *FinVerw* DStR 96, 1168; § 6a Rz 71; aA die früher hL; s auch Rz 204 und 671). Verzicht auch durch Umbuchung von Fremd- in Eigenkapital (FG BaWü BB 11, 1263, rkr). – Forderungsverzicht gegen Besserungsschein und Mantelkauf kein Missbrauch und keine vGA BFH I R 23/11 DStR 12, 2058. – Zum Verzicht als Sanierungsmaßnahme *OFD Ffm* DStR 15, 2497/9 (zu BFH X R 23/13 DStR 15, 1443 – GrS-Vorlage). – Beim **Ges'ter** ist die Forderung (korrespondierend) auszubuchen (TW-AfA; Aufwand; Vollabzug [so BFH X R 7/10 BFH/NV 12, 1363; *Korn/Strahl* KÖSDI 06, 15328; aA [nur Abzug nach § 3c II] *BMF* BStBl I 10, 1292) und (ggf) in Höhe ihres (Noch-)Werts der Beteiligung zuzuschreiben (*Weber-Grellet* BB 02, 35/40). Die Rspr zu § 17 ist nicht einschlägig (BFH X R 7/10 BFH/NV 12, 1363 mwN). – Bei **Wertminderung** (zB TW-Minderung von Darlehen) gilt grds Entsprechendes; nun aber „Störung" durch § 8b III KStG (*Hoffmann* DStR 08, 857) – Zum Verzicht auf eine Pensionszusage § 6a Rz 70.

Beispiel: Verzicht auf Darlehensforderung (Fdg) von 100 mit Wert von 30. Bei Ges'ter: per Fdg an Geld 100; per AK-Beteiligung 30 und per Aufwand 70 an Fdg 100. Bei Ges: per Geld an Verbindlichkeit 100; per Verbindlichkeit an Einlage 30 und an Ertrag 70.

Der Verzicht auf ein **Ausgabeaufgeld** bei Kapitalerhöhung ist erst bei einer späteren Anteilsveräußerung zu erfassen (*OFD Ffm* DB 02, 1026).

(5) **Erlass unter Vorbehalt. Verbindlichkeiten aus Besserungsscheinen** sind nach hL als **bedingte** und wirtschaftl erst im Wj der Gewinne verursachte Schulden nicht passivierbar (*BMF* BStBl I 03, 648; *ADS* § 246 Tz 150; zur Formulierung *Neufang* StB 09, 148/54). Sie sind bei Verzicht zunächst auszubuchen (s auch Rz 671) und (erst) im Wj, in dem Gewinne entstehen (Eintritt des Besserungsfalls), als Schuld (ergebniswirksam) wieder einzubuchen, soweit nicht Einlagenrückgewähr vorliegt (dazu BFH I R 50/02 BStBl II 03, 769; *BMF* BStBl I 03, 648: auch bei Ges'terwechsel; ausgenommen Fälle des § 8 IV KStG) oder wegen Zusammenhangs mit stfreiem Sanierungsgewinn (*BMF* BStBl I 03, 240: Billigkeitserlass) das Abzugsverbot des § 3c eingreift. Auch für Zinsen (einschließl der für den Verzichtszeitraum) gilt wieder der ursprüngl Veranlassungszusammenhang (*BMF* BStBl I 03, 648). – Evtl ist ein Forderungsverzicht mit Besserungsklausel als bloßer Rangrücktritt auszulegen.

Stellungnahme: Schulderlass mit Besserungsschein und nachträgl Rangrücktritt sind konstruktiv und wirtschaftl nicht gleichwertig und daher auch bilanzrechtl nicht gleich zu behandeln; bei einem Rangrücktritt bleibt der Erfüllungszwang (und damit das Merkmal der wirtschaftl Verursachung) unverändert bestehen (zur Steuerplanung und Muster *Neufang* ua StB 09, 148/54, 200).

(6) Gesellschaftl veranlasste **Schuldübernahme** ist iHd Werthaltigkeit des Freistellungsanspruchs eine verdeckte Einlage (BFH X R 36/02 BStBl II 05, 707); beim Ges'ter nachträgl AK, bei der Ges erfolgsneutrale Ausbuchung (FG Köln DStRE 01, 1193; BFH I B 74/01 DStRE 02, 257 [nur GesSeite]; *Vogt* DStR 02, 1432; krit *Hoffmann* GmbHR 02, 222); Rz 674. – Bei Freistellung der Ges nur für die Dauer der Überschuldung soll die Schuld weiterhin zu passivieren sein (*Wälzholz* DB 07, 671); mE eher auflösend bedingter Erlass (Rz 314). – Entgegen *Düll ua* DStR 02, 1030 besteht mE kein faktisches Wahlrecht zw Verzicht und Dritt-Schuldübernahme; zur Kombination von Schuldübernahme und Verzicht s *Schmidt/Hageböck* DStR 02, 2150.

Gewährleistung. Rückstellungen müssen gebildet werden für ungewisse vertragl oder gesetzl Gewährleistungsansprüche des Vertragspartners auf Minderung, Nachbesserung usw gem §§ 434, 437, 633 ff BGB nF (BFH VIII R 77/96 BStBl II 02, 227). Zul sind Einzelrückstellungen, soweit bis zur Aufstellung der Bilanz Ansprüche bekannt geworden sind und eine Inanspruchnahme wahrscheinl ist, und Pauschalrückstellungen, soweit nach den Erfahrungen der Vergangenheit Ansprüche wahrscheinl sind (BFH VIII B 163/02 BFH/NV 03, 1313; FG Hbg 3 K 81/13 juris); keine Branchenpauschale. S auch Kfz-Händler, Kundendienst.

Gewährträgerhaftung. Zum Rückstellungszeitpunkt der Verpflichtung ggü dem Reservefonds (FG Mster 9 K 2487/09 K, Rev Kl I R 83/10).

Gewerbesteuer. In der HB (vgl § 249 I 1 HGB) und in der StB muss(te) für die GewSt-Schuld, sofern diese höher ist als die geleisteten VZ, eine Rückstellung in der Bilanz des Wj gebildet werden, auf das die GewSt entfällt (BFH I R 21/06 BFH/NV 10, 1184); ab VZ 08 strechtl kein Abzug (§ 4 Vb; BFH I R 21/12 BStBl II 14, 531: verfgemäß). Bisher war die GewSt bei der Ermittlung ihrer eigenen Bemessungsgrundlage (Gewerbeertrag) als BA abziehbar. Zur exakten Berechnung der GewStRückstellung s 27. Aufl; *Schoor* BBK 30, 1977. – EStR 2012 5.7 I 2 verlangt Ansatz einer Rückstellung und außerbilanzielle Hinzurechnung (zB für § 7g I 2 Nr 1 Buchst a); ähnl *OFD Hann* DB 10, 24; mE ebenso **systemwidrig** wie zB ein vGA-Abzug.

Gewinnabhängige Verbindlichkeiten, die nur aus künftigen Gewinnen zu tilgen sind, dürfen estrechtl nicht passiviert werden (nunmehr § 5 IIa; dazu Rz 314, 315; 32. Aufl). Zum entgeltl Erwerb von WG gegen gewinnabhängige

Bezüge s Rz 270 Gewinnabhängige Vergütungen. – S auch Gesellschafterfinanzierung, Kaufpreisrente, Verbindlichkeiten, Zuschüsse.

Gleitzeit. Nach hL Rückstellung, soweit Gleitzeitüberhang (*Esser* DB 85, 1305; *Schulz/HHR* Anm 925), aber auch Aktivierung des Gleitzeitrückstands.

Gratifikation. Zu Rückstellungen für erst künftig fällige – evtl vom (vergangenen) Erfolg abhängige – Gratifikationen ggü ArbN s BFH IV R 47/80 BStBl II 83, 753; EStH 6.11; *Groh* BB 88, 1919; *Gratz* DB 91, 2553/4. S auch Leistungsprämien; Rz 406 (Jubiläumszuwendungen).

Großreparaturen. Aufwandsrückstellung in HB und StB unzul (Rz 461 f).

Grundpfandrechte sind in der Bilanz grds nicht auszuweisen; zu passivieren ist idR nur die durch das Grundpfandrecht gesicherte Darlehensverbindlichkeit. Anders ist es, wenn ein schuldrechtl Verpflichtung fehlt, weil durch die Grundschuld der Anspruch des Gläubigers gegen einen Dritten gesichert werden soll (BFH X R 48/13 BFH/NV 15, 1358).

Haftpflichtverbindlichkeiten können bestehen ggü Vertragspartnern, zB auf Grund positiver Vertragsverletzung, oder ggü Dritten nach §§ 823 ff BGB oder gesetzl Vorschriften über eine vom Verschulden unabhängige Haftung (zB StVG, ProdHaftG, UmweltHG, GenTG, BImSchG, AtomG, WHG). Für Schadenersatzansprüche Dritter können grds keine Pauschal-, nur Einzelrückstellungen gebildet werden (BFH IV R 41/81 BStBl II 84, 263; ähnl wohl *Herzig/Köster* DB 91, 53/5 zum UmweltHG). Ansprüche gegen Versicherer oÄ mindern die Höhe der Rückstellung, ausgenommen der Versicherer bestreitet seine Ersatzpflicht; dieser Nettoausweis verstößt nicht gegen die Einzelbewertung (vgl § 6 I Nr 3a Buchst c; Rz 69). S auch Produkthaftung, Umweltschäden, Versicherungsvertrag.

Haftungslose Verbindlichkeiten, insb Darlehen, die (rechtl oder tatsächl) nur aus künftigen Einnahmen zu tilgen sind, dürfen in Wj, in denen noch keine Einnahmen anfallen, insb im Jahr der Kreditaufnahme nicht passiviert werden (BFH I R 11/03 BStBl II 05, 581; *BMF* BStBl I 78, 203; *FinVerw* BB 95, 1403). S auch Bedingt erlassene Verbindlichkeiten, Zuschüsse; Rz 314, 315 zu § 5 IIa.

Haftungsverhältnisse sind bedingte Verbindlichkeiten ggü Dritten (Eventualverbindlichkeiten), die zu einer Belastung führen können, ohne dass ihnen eine konkrete Gegenleistung gegenübersteht. Erst bei Bedingungseintritt oder wenn mit dem Bedingungseintritt zu rechnen ist, ist zu passivieren (§ 251 HGB; *Wiehn* HdR B 250); s iEinz Verbindlichkeiten; Rz 314.

Handelsvertreter. Keine Rückstellungen für künftigen Aufwand bei Kundenbetreuung (BFH I R 150/77 BStBl II 84, 299; *KSM* § 5 Rz D 293; Abgrenzung zu BFH XI R 63/03 BStBl II 06, 866: vergütete Nachbetreuung). S ferner Ausgleichsverpflichtung, Provisionen und Wettbewerbsverbot.

Heimfallverpflichtung. Für die Verpflichtung, zB ein Erbbaurecht nebst Gebäude entschädigungslos auf den Grundstückseigentümer zu übertragen (vgl § 2 Nr 4 ErbbauVO), kann keine Rückstellung gebildet werden; der Heimfall ist aber bei der AfA-Bemessung für das Gebäude zu berücksichtigen (offen in BFH I R 77/86 BStBl II 91, 471).

Hörgeräteakustiker s Optiker.

Insolvenzversicherungsbeiträge s Pensionssicherungsverein.

Instandhaltung. Bei Gebäudevermietung keine Schuldrückstellung für künftige Instandhaltung (BFH I R 80/74 BStBl II 76, 622 mwN). Zu Verlustrückstellung des Vermieters s Rz 450. – Für im abgelaufenen Wj (nicht auch für in früheren Wj) unterlassene Instandhaltung (Erhaltungsaufwand ohne Fremdverpflichtung; anders zB Pachterneuerungsverpflichtung, BFH VIII R 28/95 BStBl II 98, 505) sind in der HB (Aufwands-)Rückstellungen zu bilden (Passivierungsgebot), aber nur insoweit, als dieser Aufwand im folgenden Wj innerhalb von 3 Monaten nachgeholt wird (§ 249 I 2 Nr 1 HGB); damit sind diese Rückstellungen auch in der StB zul (EStR 5.7 XI). Weitergehende Rückstellungen sind in HB und StB unzul (EStR 5.7 XI 4; s Rz 351, 461 f). Keine Rückstellung darf für unterlassenen Herstellungsaufwand gebildet werden (BFH I R 27/79 BStBl II 81, 660; vgl Rz 369); ebenso wenig für künftigen Aufwand zur Überholung von Flugzeugen (BFH VIII R 327/83 BStBl II 87, 848; FG Köln EFG 98, 502 rkr; FG Ddorf EFG 15, 1247, rkr; FG Ddorf EFG 15, 1968, Rev I R 43/15; *FinVerw* StEK EStG § 5 Rückst Nr 130 – 24.3.1995); generell auch keine Rückstellung für die Modernisierung von Wohnungsbeständen (*BMF* FR 98, 442). Zur Konkurrenz mit TW-AfA s Rz 361.

Jahresabschluss. Aufwand für die gesetzl Verpflichtung (§ 141 AO iVm § 242 HGB), den Jahresabschluss aufzustellen (BFH I R 44/94 BStBl II 95, 742; EStR 5.7 IV 1; *KSM* § 5 Rz D 295), ist zurückzustellen. Gleiches gilt für die gesetzl Verpflichtung zur Prüfung und Veröffentlichung, zur Erstellung eines Geschäftsberichts und von Betriebsteuererklärungen für das abgelaufene Jahr (BFH I R 28/77 BStBl II 81, 62), nicht jedoch für eine freiwillige (evtl im GesVertrag vorgesehene) Prüfung. Zur Höhe der Rückstellung (bei externer Erstellung das anfallende Honorar; bei interner Erstellung nur interne Einzelkosten, höchstens fiktives Beraterhonorar) s BFH IV R 22/81 BStBl II 84, 301; EStH 6.11; überholt durch § 6 I Nr 3a Buchst b (auch Gemeinkosten); aA auch bereits BFH VIII R 134/80 BStBl II 86, 788: Vollkosten. – Daneben ist eine gesonderte Rückstellung für die Pflicht zu bilden, nach dem Bilanzstichtag noch Geschäftsvorfälle des Vorjahres zu buchen (BFH I R 69/91 BStBl II 92, 1010). – Keine Rückstellung für gesellschaftsvertragl Prüfungspflicht (BFH IV R 26/11 BStBl II 14, 886: keine Außenverpflichtung, sondern ges'l veranlasste Selbstverpflichtung; *Weber-Grellet* FR 14, 1033; krit *Hoffmann* DStR 14, 1817; *Prinz* DB 14, 2188; *Hennrichs* StuW 15,65; *Riedel* FR 15, 371; IDW-FN 15, 553); im Konzern muss ggf dasselbe gelten (aA *Sick/Lukaschek* DStR 15, 712).

Jubiläumszuwendungen. Zu Rückstellungen für künftige *Dienst*jubiläumszuwendungen s Rz 406 ff. – Künftige (zeitpunktbezogene) *Firmen*jubiläumszuwendungen fallen nicht unter §§ 5 IV; sie sind nach Maßgabe der vergangenen Betriebszugehörigkeit allg rückstellbar (BFH I R 31/00 BStBl II 04, 41).

Kammerbeiträge. Nach FG Thür EFG 15, 1513, rkr, ist Rückstellung für Zusatzbeiträge zu bilden; mE fragl.

Kapitalersetzende Darlehen s Gesellschafterfinanzierung.

Kapitalrücklage s Rz 496 f.

Kartellrechtsverstoß kann zu Rückstellung führen (BFH I R 99/10 BStBl II 13, 196; *OFD NRW* DB 15, 524); im Konzern uU § 3c II.

Kaufpreisrenten. Erwirbt ein StPfl WG des BV gegen Leib- oder Zeitrente, muss er den Barwert der Rentenverpflichtung passivieren (BFH VIII R 286/81 BStBl II 86, 55; *ADS* § 255 Tz 65); die Barwertminderung und der Wegfall der Schuld sind Ertrag (BFH X R 64/89 BStBl II 91, 358). Zur Höhe des Barwerts vgl BFH IV R 126/76 BStBl II 80, 491 mwN; bei wertgesicherten Rentenverpflichtungen Rz 330, BFH IV R 170/73 BStBl II 76, 142. Zur Problematik der Passivierung gewinn- oder umsatzabhängiger Kaufpreisrenten s Rz 270 Gewinnabhängige Vergütungen; s auch § 16 Rz 235.

Kfz-Händler. Zu Garantierückstellung auf Grund des Händlervertrags s BFH/NV 90, 691; zur Geldleistungsrückstellung eines Kfz-Importeurs s FG Hess EFG 13, 194, rkr.

Kontokorrentverhältnis. Keine Rückstellung für einen zwar bereitgestellten, aber noch nicht in Anspruch genommenen Kontokorrentkredit (BFH I R 62/97 BStBl II 98, 658).

Konzernhaftung. Zur Frage, ob auf Grund der BGH-Rspr (vgl BGH II ZR 178/99 BGHZ 149, 10) zum qualifizierten faktischen GmbH-Konzern (*Hüffer* AktG § 302 Rz 6) das herrschende Unternehmen für eine evtl Verlustausgleichspflicht analog § 302 AktG in der StB gewinnmindernd eine Rückstellung zu bilden hat, bej zB *Oser* WPg 94, 312; *Pfitzer/Schaum/Oser* BB 96, 1373/80; vern *Kraft* BB 92, 2465: verdeckte Einlage; nachträgl AK. – Zu Rückstellung wegen Freihaltungs- und Verlustausgleichsansprüchen in der Insolvenz der Organgesellschaft FG Köln EFG 06, 648, rkr.

Körperschaftsteuer. Berechnung der (nichtabziehbaren; § 10 Nr 2 KStG) KSt-Rückstellung § 278 HGB; *Orth* FS W. Müller, 2001, 663.

Kostenüberdeckung. Ein Zweckverband muss auszugleichende Kostenüberdeckungen zurückstellen; § 5 IIa ist nicht einschlägig (BFH I R 62/11 BStBl II 13, 954; *BMF* BStBl I 13, 1502; *Janssen* NWB 12, 287; *oVerf* VersorgW 13, 193; *Welter/Ballwieser* DStR 13, 1492; *Weber-Grellet* BB 14, 42/5); bilanzsteuerrechtl einfacher, wäre es, die Überzahlungen als (ertragsneutrale) Vorauszahlungen zu erfassen; s auch Mehrerlösabschöpfung.

Krankenhausträger. Öffentl Investitionszuschüsse können die AK oder HK mindern (auch durch passive Wertberichtigung; BFH VIII R 58/93 BStBl II 97, 390); passive RAP sind unzul (BFH I R 56/94 BStBl II 96, 28). S auch Zuschüsse.

Kulanz. Rückstellungen für Gewährleistung ohne rechtl Verpflichtung sind geboten, wenn sich ihr der StPfl aus tatsächl Gründen nicht entziehen kann (§ 249 I 2 Nr 2 HGB; BFH I 23/63 U BStBl III 65, 383; EStR 5.7 XII); s Optiker.

Kundendienst. Für die vom Großhändler im Vertrag mit dem Hersteller übernommene Verpflichtung, Kundendienst zu leisten, kann keine Rückstellung gebildet werden (BFH I R 93/85 BFH/NV 90, 691). S auch Optiker.

Langfristige Auftragsfertigung s Rz 270.

Latente Steuern s Rz 270.

Leasing s Rz 721 ff.

Lebensversicherung. Die Verpflichtung zu weiterer Vertragsbetreuung kann ggf als Erfüllungsrückstand zurückgestellt werden (BFH XI R 63/03 BStBl II 06, 866; *BMF* BStBl I 06, 765: Nichtanwendung wegen „Unwesentlichkeit"; *FinVerw* DB 07, 2118: AdV; mE Einzelfallbeurteilung); s Optiker; zur (str) Höhe BFH X R 26/10 BStBl II 12, 856).

Leergut. Keine Rückstellung für Rückholkosten, aber für die Verpflichtung zum Leergutersatz (*BMF* FR 00, 227; DStR 01, 1117; *OFD Hannover* DStR 02, 1616) und zur Pfandgeldrückgabe (*BMF* BStBl I 05, 715), wenn mit der Inanspruchnahme ernsthaft zu rechnen ist; s Pfandgelder. Im Hinblick auf die branchenübl Abläufe keine Rückstellung für Schadensersatzverpflichtung wegen verzögerter Leergutrückgabe (BFH VIII R 40/04 BStBl II 06, 749). Nach BFH I R 36/07 BStBl II 10, 232 haben die Pfandgelder Sicherungscharakter und sind idR (auf allen Seiten) gewinnneutral zu behandeln.

Leibrente s Kaufpreisrente.

Leistungsprämien an ArbN s BFH I R 46/91 BStBl II 93, 109.

Lizenz. Befristete Lizenzverhältnisse, auch ausschließl (dingl), sind schwebende Rechtsverhältnisse und als solche (s Rz 76) nicht zu bilanzieren (vgl BFH III R 64/74 BStBl II 76, 529). In Höhe erhaltener Vorauszahlungen oder Einmalentgelte hat der Lizenzgeber einen Passivposten zu bilden und zeitanteilig aufzulösen, entweder als Schuld oder als RAP. Zu Rückstellungen für Lizenzgebühren BFH I R 22/66 BStBl II 70, 104.

Lohnfortzahlung. Keine Rückstellung für künftige Leistungen (BFH VIII R 296/82 BStBl II 88, 886; BFH I R 11/00 BStBl II 01, 758; mE auch nicht, wenn ArbN bereits erkrankt. S Soziallasten und Rz 450.

Lotteriegewinnauszahlungsverpflichtung ist bei Entstehung als Verbindlichkeit zu passivieren, sofern keine Anhaltspunkte für Betrug vorliegen (BFH IV R 17/09 BStBl II 11, 419).

Mehrerlösabschöpfung. Nach BGH KVR 27/07 RdE 2008, 334 (ferner OLG Bbg Kart U 4/12 juris) dürfen die Netzbetreiber Mehrerlöse (Benutzungsentgelt über den später genehmigten Höchstpreis) nicht behalten; die entspr Rückstellungsbildung ist umstr (*Hageböke* DB 11, 1480, 1543; abl *BMF* 12.8.2010 S 2137 nv; *Bay LfSt* BB 10, 2754); s auch Kostenüberdeckung.

Mehrkomponentengeschäft s Rücknahmeverpflichtung; s auch Rz 241 (Handy und Mobilfunkvertrag).

Mietfreistellung in den ersten Monaten führt nach BFH I R 43/05 BStBl II 06, 593 nicht zu Erfüllungsrückstand; mE möglicherweise gleichwohl Aufwand iRe entgeltl Nutzungsverhältnisses (ähnl *Siegel* ZSteu 07, 300); iEinz Rz 317.

Mietkaufvertrag s Rz 154, 691 ff, 721 ff. – Zum Immobilien-Mietkauf-Modell s BFH IX R 92/89 BFH/NV 1991, 390; § 21 Rz 108 (30. Aufl).

Mietpreiszusicherung des Veräußerers verlangt ggf eine Verbindlichkeitsrückstellung; kein Fall des § 5 IVa (Rz 450), da kein schwebendes Geschäft (*Hofer* DB 03, 1069).

Miet- und Pachtverhältnisse s Rz 691 ff; für leer stehende Mieträume ist keine Rückstellung auszuweisen (vgl Rz 451; unzutr *Niehues* DB 07, 1107).

Millennium Bug. Keine Rückstellung für EDV-Anpassung (*Singer* IStR 98, 562).

Mobilfunkdienstleistungsvertrag s Rz 241.

Modernisierung s Instandhaltung.

Mutterschutz s Soziallasten.

Nachbetreuung: s Bestandspflege, Lebensversicherung und Optiker.

Nachrangdarlehen („Mezzanine"-Kapital) s *Bösl/Sommer* Mezzanine Finanzierung, 2006; *Kiethe* DStR 06, 1763; *Carlé/Rosner* KÖSDI 06, 15365.

Naturalobligation. Passivierungsfähig und -pflichtig, vgl BFH IV 285/65 BStBl II 68, 80.

Nießbrauch s Dingl Lasten; Rz 180, 319, 245, 653.

Nonrecourse-Finanzierung s haftungslose Darlehen.

Null-Koupon-Anleihen s Rz 270 Finanzprodukte.

Nutzungsüberlassung s Gesellschafterfinanzierung.

Offenlegungspflichten nach dem EHUG (*Althoff/Hoffmann* GmbHR 10, 518).

Öffentl-rechtl Verpflichtungen (zB durch Verwaltungsakt) s Rz 363.

Optiker. Rückstellungen für Nachbetreuung iZm dem Veräußerungsgeschäft sind mögl (BFH I R 23/01 DStRE 02, 1180; Rz 387; iEinz *BMF* BStBl I 05, 953: ab 6.6.02), auch für Garantie und Gewährleistung (*BMF* DB 99, 70), nicht für künftigen Reparaturaufwand.

Optionsanleihen s Rz 270 Anleihen.

Optionsgeschäfte s Rz 270 Finanzprodukte.

Organgesellschaft s Konzernhaftung.

Pachtaufhebungsentschädigung (iZm A 20): kein RAP, keine RfE (FG MeVo EFG 09, 914, rkr).

Pachterneuerung. Auch für die noch nicht fällige Verpflichtung zur Erneuerung unbrauchbar gewordener Pachtgegenstände (Gebäudebestandteile und Betriebsvorrichtungen) hat der Pächter eine Rückstellung (Erfüllungsrückstand; Rz 317) zu bilden (BFH VIII R 28/95 BStBl II 98, 505); Abzinsung nach § 6 I Nr 3a Buchst e. S auch Rz 702.

Palettenkreislauf s Pfandgelder.

Patentverletzung s Rz 391 ff.

Patronatserklärung. Verpflichtungen hieraus sind wie Bürgschaften erst zu passivieren, wenn Inanspruchnahme ernstl droht (BFH I R 6/05 BStBl II 07, 384; *Weber-Grellet* BB 08, 38/9), auch bei kapitalersetzender Finanzierungshilfe.

Pensionsrückstellung allg s § 6a; für Ges'ter (und Angehörige) s § 15 Rz 585 f; s auch ‚Beihilfeverpflichtungen'. Pflicht (zB einer Stadtwerke-AG) zur Erstattung von künftigen Pensionszahlungen ist rückstellbar (FG RhPf EFG 05, 1674, rkr).

Pensionssicherungsverein. Nur Rückstellung für Beitragsschuld des abgelaufenen Wj, nicht – mangels wirtschaftl Verursachung in der Vergangenheit – für künftige Beiträge aus bereits eingetretenen oder künftigen Insolvenzfällen (BFH I R 14/95 BStBl II 96, 406; *BMF* BStBl I 87, 365; *Groh* StuW 92, 178/84). Zur Nachfinanzierung *Höfer* DStR 06, 2227.

Pfandgelder s Rz 270 ‚Leergut'.

Prämien- bzw Bonusschuld s Sparprämienverpflichtungen.

Preisnachlass. Bei Veräußerung kundengebundener Formen mit der Verpflichtung, bei künftigen Lieferungen einen Preisnachlass zu gewähren, keine Rückstellung für künftigen Preisnachlass (BFH I R 205/69 BStBl II 73, 305; *FinVerw* DB 82, 1787).

Private-Equity-Finanzierung s § 17 Rz 47, § 18 Rz 287.

Produkthaftung nach Maßgabe des ProdHaftG (dazu zB *von Westphalen* NJW 90, 83; *Mayer* VersR 90, 691), des Produktsicherheitsgesetzes (dazu *Wagner* BB 97, 2489, 2541) und § 823 BGB (*Schlutz* DStR 94, 1811). – Die FinVerw lässt nur Einzelrückstellungen zu (*OFD Mster* DStR 86, 756); offen in BFH IV R 41/81 BStBl II 84, 263. Zu Deckungsansprüchen gegen Versicherer s Haftpflichtverbindlichkeiten.

Produktionsabgabe. Für die Verpflichtung zur Zahlung der Produktionsabgabe bei Zuckerherstellung ist eine Rückstellung zu bilden (*BMF* DStR 99, 1113).

Prospekthaftung. Keine Rückstellung bei ‚Haftungsausschluss' im Prospekt; iÜ Regressanspruch gegen Geschäftsführer (FG Hess EFG 93, 140, rkr).

Provisionen s Rz 270.

Prozesskosten. Rückstellung für zu erwartende Kosten eines Zivilprozesses kann idR erst gebildet werden, wenn der Prozess am Bilanzstichtag schwebt (*Osterloh-Konrad* DStR 03, 1631/75), und nur für die Kosten dieser Instanz (für Passivprozesse: BFH I R 6/68 BStBl II 70, 802; für Aktivprozesse: BFH I R 14/95 BStBl II 96, 406; *Stengel* BB 93, 1403). – Prozesszinsen dürfen nur für die zurückliegende Zeit rückgestellt werden (BFH I R 14/95 BStBl II 96, 406). – Zu Strafverteidigungskosten BFH XI R 35/01 BFH/NV 02, 1441.

Rabattmarken. Rückstellung für Verpflichtung zur Einlösung BFH I 267/64 BStBl II 68, 445; s aber BFH VIII R 62/85 BStBl II 89, 359.

Rangrücktritt s Gesellschafterfinanzierung.

Rechnungsabgrenzungsposten s Rz 241–258.

Recycling-Unternehmen. Für die Bauschuttaufbereitung von aufgekauften Bauabfällen ist mE keine (Verlust-)Rückstellung zu bilden (so aber BFH X R 29/03 BStBl II 06, 647 iZm öffentl-rechtl Entsorgungsverpflichtung; Rz 363), auch nicht für die Entsorgungskosten, für die ein Umsatzerlös nicht erzielbar ist (so aber *Hoffmann* DB 06, 1522); zu damit verbundenen Kuppelprozessen *Siegel* DB 07, 121.

Rekultivierung. Für die auf Vertrag oder Gesetz beruhende Verpflichtung, nach Abbau von Kies usw die Grube wieder aufzufüllen und das Grundstück zu rekultivieren, muss eine Rückstellung gebildet werden (BFH IV R 205/79 BStBl II 83, 670; Rz 387; *BMF* BStBl I 99, 1127, 05, 826; § 6 I Nr 3a Buchst d); für Erdgasspeicher (*OFD Han* 14.12.2009 StuB 10, 198). Die mit der Erfüllung eintretende Wertsteigerung ist idR nicht zu berücksichtigen (BFH II R 76/00 BFH/NV 04, 1072 – EWBV). Zur Höhe s Rz 421; s auch Deponien, Umweltschutz.

Restrukturierung. Zu Voraussetzungen, Bedeutung und Umfang entspr Rückstellungen *Aschfalk-Evertz* PiR 13, 13; *Ziegler/Renner* DStR 15, 1264; *Prinz/Keller* DB 15, 2224; s auch Sozialplan.

Rückgriffsmöglichkeiten können bei der Bemessung von Rückstellungen betragsmindernd zu berücksichtigen sein (BFH I R 98/93 BStBl II 95, 412) s auch Rz 70, 421.

Rücklage für Ersatzbeschaffung s Rz 501; § 6 Rz 101 f.

Rückkaufverpflichtung (von Rücknahmeverpflichtung zu unterscheiden) kann nur zu steuerl unzul Verlustrückstellung führen (*Kolb* StuB 02, 1049; Rz 734).

Rücknahmeverpflichtung für Altgeräte kann allenfalls als Erfüllungsrückstand (Rz 317) rückstellbar sein (zB Batterierücknahmeverpflichtung, BFH I R 53/05 BFH/NV 07, 1102), sofern keine (bedingte) Zukunftspflicht (Rz 314, 387; *Temme/Kroppen* JbFfSt 97/8, 223; aA *Birkhan* JbFfSt 97/8, 189/215; s Altauto. – Bei Verpflichtung zur Rücknahme der veräußerten Neuwagen iRv **„Auto-Leasing"** soll eine Verbindlichkeit zu bilden sein (BFH IV R 52/04 BStBl II 09, 705; BFH I R 83/09 BStBl II 11, 812; krit *Hoffmann* DStR 11, 35 und 30. Aufl; Rz 734). *BMF* BStBl I 11, 967 folgt nun BFH (korrespondierende Bilanzierung bei Händler und Käufer; *Klein* DStR 11, 1981; *Rosen* StuB 12, 51; zur Verbuchung *Weber-Grellet* BB 12, 43/6). – Rückstellung ggf auch bei Verpflichtung zur Rücknahme von Mehrwegpaletten (FG RhPf EFG 11, 149, rkr). – Ist die Rückkaufoption ohne jede Bedeutung, scheidet eine Aktivierung beim Käufer und eine Passivierung beim Händler aus (*OFD NRW* 25.7.14 DB 14, 1770; *LfSt Bayern* DStR 14, 2077).

Rückstellungen s Rz 351 ff.

Saldierung s Rückgriffsmöglichkeiten.

Sanierungsgelder (künftig zu zahlende) für eine Umlage-Versorgungseinrichtung: keine Rückstellung (BFH I R 103/08 BStBl II 10, 614; *Buciek* FR 10, 610), da weder rechtl noch wirtschaftl verursacht.

Sanierungsmaßnahmen s Gesellschafterfinanzierung.

Schadenersatz. Rückstellungen für dem Grunde und/oder der Höhe nach ungewisse Schadenersatzverpflichtungen auf Grund Gesetzes oder Vertrags sind zu bilden, wenn nach den bis zur Aufstellung der Bilanz bekanntgewordenen Verhältnissen am Bilanzstichtag wahrscheinl ist, dass der StPfl in Anspruch genommen wird (BFH I R 81/66 BStBl II 70, 15; *BMF* DStR 92, 912; Rz 376), auch bei Zahlungsunfähigkeit des stpfl Schuldners (BFH VIII R 29/91 BStBl II 93, 747; Rz 311). Bei strafbarer Handlung ist erforderl, dass die Tat aufgedeckt ist (BFH III R 54/91 BStBl II 93, 153, *Gail ua* GmbHR 93, 685/9). Zur Netto-Berücksichtigung von Deckungsansprüchen zB gegen Versicherer s Haftpflichtverbindlichkeit.

Schadenrückstellungen. Ein Versicherer hat für am Bilanzstichtag noch nicht abgewickelte Versicherungsfälle Rückstellungen zu bilden (§ 20 II KStG; BFH I 114/65 BStBl II 72, 392 mwN; *BMF* FR 00, 735; *Kreeb* VW 00, 938) einschließl Aufwendungen für die Schadenermittlung, nicht für die Schadenbearbeitung (BFH I 114/65 BStBl II 72, 392; krit *Moxter* StuW 83, 300/5 mwN); anders für Versicherungsvertreter, der dem Versicherer zur Schadenbearbeitung verpflichtet ist, FG Hbg EFG 81, 228. Zur Bewertung vgl Rz 421. Zur Schadenrückstellung in der Transportversicherung *Uhrmann* StBp 96, 62.

Schadstoffbelastung s Umweltschutz.

Schuldbeitritt s Rz 503, 674; § 4f.

Schwankungsrückstellung s BFH I 278/63 BStBl II 68, 715.

Schwebende Geschäfte. Zur Nichtbilanzierung s Rz 76 mwN; zur Verlustrückstellung s Rz 450f.

Schwerbehinderte s Soziallasten.

Sicherheitsleistung s Bürgschaft, Patronatserklärung.

Signing Fee (Handgeld; etwa in der Bundesliga) verlangt den Ausweis eines RAP (*OFD NRW* DB 15, 1013).

Sonderposten mit Rücklagenanteil (§ 247 III, § 273 HGB aF) war kein Schuldposten, sondern Eigenkapital, das eine latente Steuerbelastung ausdrückte (BFH I R 35/04 BStBl II 06, 132; zum Wegfall *Künkele/Zwirner* DStR 09, 1277/8).

Soziallasten. Keine Rückstellung wegen drohenden Verlusts aus schwebenden Verträgen für allg Soziallasten wie zB Lohnfortzahlung bei Krankheit, Mutterschutz, Kündigungsschutz, Beschäftigung Schwerbehinderter, bezahlte Altersfreizeit usw (BFH IV R 82/96 BStBl II 98, 205; *BMF* BB 96, 2243; *KSM* § 5 Rz D 270ff; aA *Hartung* BB 95, 2573; Rz 450). Hinterzogene Sozialversicherungsabgaben sind als Verbindlichkeit auszuweisen (BFH I R 73/95 BStBl II 96, 592). S auch Arbeitnehmer.

Sozialplan. Für künftige Leistungen auf Grund eines Sozialplans (§§ 111, 112 BetrVerfG) müssen Rückstellungen gebildet werden, wenn der ArbG den Betriebsrat vor dem Bilanzstichtag von der geplanten Betriebsänderung unterrichtet hat oder diese wenigstens schon beschlossen oder wirtschaftl notwendig ist (ähnl FG Ddorf EFG 89, 223 rkr). Die Wahrscheinlichkeit künftiger Betriebsänderungen reicht mE nicht aus (*KSM* § 5 Rz D 351; s auch EStR 5.7 IX).

Sparprämienverpflichtungen sind nach Maßgabe der Zinsstaffelmethode und abgezinst ratierl zurückzustellen (BFH I R 24/96 BStBl II 98, 728; *BMF* DB 92, 67; § 6 I Nr 3).

Sponsoring-Verträge (entgeltl Vermittlung von Kommunikationsleistungen) sind nach den allg Regeln zu behandeln (vgl *Kessler* WPg 96, 2/13 mwN, auch zum sog Sozio-Sponsoring); generell *BMF* BStBl I 98, 212.

Steuererklärung. Kosten sind rückstellbar, soweit Betriebssteuern (BFH IV R 22/81 BStBl II 84, 301 mwN: nicht für Gewinnfeststellungserklärung und idR für Vermögensaufstellung; EStH 5.7 (3), 38; *KSM* § 5 Rz D 300; zur USt BFH XI R 55/93 BStBl II 94, 907). S Jahresabschluss.

Steuerschulden und **Steuernachforderungen** sind grds im Jahr der wirtschaftl Verursachung zu berücksichtigen. Das gilt grds auch für Mehrsteuern nach BP (BFH III R 96/07 BStBl II 12, 719; EStH 4.9; *FinMin SchlHol* StEK EStG § 5 Rückst Nr 219; *KSM* § 5 Rz D 305; *Beck ua* DB 94, 2557/8; aA evtl BFH I R 43/08 BStBl II 12, 688), hinterzogene Mehrsteuern hingegen erst bei Aufdeckung und wahrscheinl Inanspruchnahme (BFH VIII R 36/00 BStBl II 02, 731; BFH X R 23/10 BStBl II 13, 76; BFH X B 155/11 BFH/NV 12, 2015; FG Ddorf EFG 14, 253, rkr; *OFD Nds* DB 13, 2534; *FinMin SchlHol* DB 13, 731; *Eckert* DB 12, 2903; *Kulosa* HFR 12, 1234; *Weber-Grellet* BB 13, 43/5); maßgebl ist der Bilanzstichtag (FG Nds EFG 12, 1390, rkr). Hinterzogene Lohnsteuer ist vom ArbG zurückzustellen, sobald er mit seiner Haftungsinanspruchnahme ernsthaft rechnen muss (BFH I R 73/95 BStBl II 96, 592). Bei AdV sind die (abziehbaren) Aussetzungszinsen zurückzustellen (BFH I R 10/98 BStBl II 01, 349). Zu Steuerrückstellungen bei Verrechnungspreisrisiken s *Andersen* WPg 03, 593. Steuerverbindlichkeit wegen doppelt ausgewiesenen UStAnspruchs ist sofort zu passivieren, Steuervergütung nach Rechnungsberichtigung erst im Jahr der Rechnungskorrektur (BFH III R 96/07 BStBl II 12, 719). – Abziehbare Steuern (zB KfzSteuer für Betriebsfahrzeuge), die für einen Zeitraum erhoben werden, der vom Wj abweicht, dürfen nur soweit den Gewinn des Wj mindern, wie der Erhebungszeitraum in das Wj fällt.

Stille Beteiligung. Bilanzierung beim Geschäftsinhaber als Fremdkapital (BFH XI R 24/02 BStBl II 03, 656; *Groh* BB 93, 1882/92).

Stock Options. Keine Rückstellungen (§ 5 IVa) in der StB (*Lange* StuW 01, 137/42; zu sog Weiterbelastungsverträgen *Bauer/Strnad* BB 03, 895).

Stornorückstellung. Das Wagnis eines Provisionsausfalls kann bilanziell zu erfassen sein (*OFD Nds* StEK § 5 Bil Nr 129 – 1.8.14).

Substanzerhaltungsrücklage mindert nicht den Gewinn (BFH IV R 156/77 BStBl II 80, 434).

Subventionen s Zuschüsse.

Swap s Rz 270 Finanzprodukte.

Teilleistungen s Rz 270.

Teilzahlungsbank. Passiver RAP für vereinnahmte Kreditgebühren, keine Rückstellung für zu erwartende Verwaltungskosten (BFH I R 195/72 BStBl II 74, 684); zur Rückstellung für Teilzahlungsobligo BFH II R 213/82 BStBl II 87, 48 zum BewG.

Termingeschäfte (Futures) s Rz 270 Finanzprodukte.

Übergangsgelder sind als Rückstellungen zu passivieren (*Loritz* DStZ 95, 577/83; aA *FinVerw* BB 97, 781); die künftige Auszahlungsverpflichtung ist im Unterschied zu anderen Soziallasten ähnl wie eine Pensionsverpflichtung (teilweise) wirtschaftl bereits in der Vergangenheit verursacht (Rz 381 f).

Überstunden. Für Überstunden sind Rückstellungen zu bilden (geleistete, noch nicht bezahlte Arbeit; per Aufwand an Rückstellungen); mE muss für Minusstunden (noch nicht geleistete, aber entlohnte Arbeit) ein aRAP gebildet werden (per aktiver RAP an Geld; aA FG BBg EFG 12, 600, rkr).

Umsatzabhängige Verbindlichkeiten s Gewinnabhängige Verbindlichkeiten.

Umsatzsteuer. Für die USt, die bei nachträgl Eingang wertberichtigter Forderungen gem § 17 II Nr 1 S 2 UStG zu entrichten ist, darf keine Rückstellung gebildet werden (wirtschaftl Verursachung erst im VZ des Forderungseingangs).

Umweltschutz und Umweltschäden

Schrifttum (Auswahl; Aufsätze vor 2004 s Vorauflagen): *Bach,* Umweltrisiken im handelsrechtl Jahresabschluß und in der Steuerbilanz, 1996; *Friedemann,* Umweltschutzrückstellungen im Bilanzrecht, 1996; *Klein,* Umweltschutzverpflichtungen im Jahresabschluß, 1998; *Heisterkamp,* Umweltschutz und Gewinnermittlung, Diss jur 1998. – *Schmidt/Roth* Bilanzielle Behandlung von Umweltschutzverpflichtungen, DB 04, 553; *Köster,* Objektivierung von Rückstellungen ..., FS Herzig 2010, 695. – **Verwaltung:** EStR 5.7 IV; *BMF*-Entwurf 11/94; *BMF* BStBl I 10, 495.

***(1)* Umweltschutzmaßnahmen.** Diese können bilanzstrechtl als Sofortaufwand, HK, TW-AfA, Verbindlichkeiten oder Rückstellungen erfasst werden (*Stuhr/Bock* DStR 95, 1134; *ADS* § 249 Tz 118). Für die nach allg Kriterien zu beurteilende Relevanz öffentl-rechtl und zivilrechtl Umweltpflichten (Rz 363; **kein Sonderrecht;** so auch *Köster* FS Herzig 2010, 695) sind nach wohl hL in etwa zu unterscheiden: – *(a) Anpassungspflichten,* dh Pflichten, betriebl Anlagen durch Vorsorgemaßnahmen gegen schädl Umwelteinwirkungen dem Stand der

Technik anzupassen (vgl § 5 I Nr 2 BImSchG), – *(b) Inspektionspflichten,* – *(c) Pflichten zur Beseitigung einer Schadstoffbelastung* von WG, insb GuB (sog **Altlasten;** s unten), und zur Abwehr hieraus drohender Gefahren, – *(d) Pflichten zur Rekultivierung* (s dort; „Deponien"), Rücknahmepflicht und Entsorgung (Abfallbeseitigung) nach dem AbfG oder entspr Spezialgesetzen wie zB AtomG, und – *(e) Schadenersatzpflichten.* – ***(2)* Anpassungspflichten.** ME ist – ebenso wie für Inspektions-(Sicherheits-)pflichten (dazu „Instandhaltung") – idR keine Rückstellung zul; Vorsorgemaßnahmen sind wirtschaftl nicht in der Vergangenheit verursacht (iErg auch BFH I R 8/12 DB 13, 1087; *Prinz* DB 13, 1815; Rz 383; die Anpassung führt grds zu sofort abziehbarem Erhaltungsaufwand (*Grube* DB 99, 1723). Hingegen sind **Rücknahme- und Beseitigungspflichten** grds rückstellbar („Altauto"; Rz 376). – ***(3)* BMF.** Nach *BMF* BStBl I 10, 495 gilt: – *(a)* keine hinreichende Konkretisierung allein durch BBodSchG; – *(b)* behördl Anordnung notwendig; – *(c)* keine TW-AfA bei Rückstellung und voraussichtl Wertaufholung. – Allg Verpflichtung nach BBodSchG reicht nicht; ggf TW-AfA. – ***(4)* Rspr.** Nach der Rspr muss *(a)* durch Gesetz oder VA ein inhaltl genau bestimmtes Verhalten innerhalb eines bestimmten Zeitraums verlangt sein, das auch mittels Sanktionen durchgesetzt werden kann **(konkretisierte Sanierungspflicht)** und *(b)* müssen die **verpflichtungsbegründenden Tatsachen** der Fachbehörde **bekannt** geworden sein (zB Anzeige) oder muss dies unmittelbar bevorstehen; ansonsten ist eine Inanspruchnahme nicht wahrscheinl (BFH VIII R 14/92 BStBl II 93, 891; BFH VIII R 34/99 BFH/NV 02, 486; Rz 365, 378; krit zB *Herzig/Köster* WiB 95, 361/5). Dagegen soll nach **hM im Schrifttum,** sofern die Schadstoffbelastung nachgewiesen ist, eine Rückstellung selbst dann zu bilden sein, wenn die zuständige Behörde hiervon noch keine Kenntnis hat und auch in vergleichbaren Fällen nicht eingeschritten ist (statt vieler *Frenz* DStZ 97, 37; *Söffing* FS Ritter 1997, 257/62; Rz 378). Unzul ist eine Rückstellung, wenn eine Schadstoffbelastung nur vermutet wird (ähnl FG Mstr EFG 95, 197). Unabhängig von der Kenntnis der Behörde muss sich die Sanierungspflicht auch auf der Sachverhaltsebene hinreichend **konkretisiert** haben (BFH I R 77/01 BStBl II 10, 482; *Groh* StbJb 94/95, 23, 29 f); die allg gesetzl Entsorgungspflicht genügt nicht (BFH I R 6/96 BStBl II 01, 570; Rz 364), nicht die Ankündigung eines Gefahrerforschungseingriffs (BFH IV B 177/04, BFH/NV 06, 1286), wohl aber die Ankündigung der Ersatzvornahme (FG Saarl EFG 97, 150). – ***(5)* (In die Zukunft wirkende) Aufwendungen.** Diese sind ggf als (nachträgl) AK/HK zu aktivieren, aber nicht rückstellbar (Rz 369; zur früheren Rechtslage s 26. Aufl). – ***(6)* Bewertung.** Die Rückstellung ist mit dem **Erfüllungsbetrag** zu bewerten (BFH I R 77/01 DStR 04, 134; Rz 421); grds keine Ansammlungsrückstellung; anders bei kontinuierl Anwachsen der Verpflichtung (s Rz 421). Bei immerwährenden Pflichten evtl Mindestzeitraum entspr passivem RAP (offen; vgl *Groh* StbJb 94/95, 23, 33). Zur Bilanzierung von Zuwendungen für Umweltschutzmaßnahmen s *Bardy* DB 94, 1989. – ***(7)* Auflösung.** Die Rückstellung ist nach allg Kriterien aufzulösen (Rz 428). – ***(8)* Konkurrenzen:** Die einzelnen bilanzstrechtl Alternativen sind nach ihren jeweiligen Voraussetzungen zu beurteilen, aber keine Doppelerfassung; iEinz str (vgl BFH I R 77/01 BStBl II 10, 482; *Herzig* FS Moxter, 1994, 227/45; *Stuhr/Bock* BuW 95, 293/5: Vorrang der Rückstellung; – *Wesner* FS Moxter, 1994, 433/9; *Groh* StbJb 94/95, 23, 35; *Schneider* DB 95, 1421/2: Vorrang der TW-AfA; diff *Klein/Wienands* FR 95, 641; zR grds für eine isolierte Betrachtung *Baetge/Kirsch/Thiele* Bilanzen[13] 461 f; *BMF* BStBl I 10, 495; ferner Rz 361). – ***(9)* Abfallbeseitigung.** Die Pflicht zur Abfallbeseitigung (Entsorgung) auf Grund des AbfG (ab 7.10.96 das Kreislaufwirtschafts- und AbfallG; dazu *Petersen/Rid* NJW 95, 7; *Bongen* WiB 96, 713; *Zühlsdorff/Geißler* BB 05, 1099) kann bei hinreichender Konkretisierung Rückstellung erfordern (BFH IV R 35/02 BStBl II 06, 644; *Weber-Grellet* FR 04, 1016; anders noch BFH I R 6/96 BStBl II 01, 570: nur interne Verpflichtung). – ***(10)* Umwelthaftung.** Ab 1.1.91 besteht nach Maßgabe des UmweltHG (BGBl I

90, 2634; s zB *Reese* DStR 96, 24) eine verschuldensunabhängige Haftung für Schäden auf Grund Umwelteinwirkung (Wasser, Boden, Luft) aus dem Betrieb bestimmter Anlagen (zur Rückstellungsrelevanz s *Herzig/Köster* DB 91, 53; *Korn* KÖSDI 91, 8505; *Leuschner* Umweltrückstellungen, 1994, 192; ferner Haftpflichtverbindlichkeiten). Zur – bundeseinheitl – Reform des Altlastenrechts vgl *Enders/Uwer* BB 95, 629. Zum **Bundes-BodenschutzG** (BBodSchG) v 17.3.98 (in Kraft ab 1.3.99) vgl *Kügel* NJW 04, 1570; *BMF* BStBl I 10, 495; zum **UmweltschadensG** (BGBl I 07, 666; ab 14.11.07; Umsetzung der UmwelthaftungsRL) *Schubert* WPg 08, 505. – ***(11)* Vertragl Verpflichtungen.** Zu Rückstellungen auf Grund vertragl Sanierungsverpflichtungen s BFH VIII R 13/99 DB 00, 1595; *Rödl* ua DStR 95, 428.

Unterlassene Instandhaltungen s Instandhaltung.

Unterstützungskasse. Keine Rückstellung für die Einstandspflicht (zB BAG DB 90, 938) des Trägerunternehmens (Art 28 I 2 EGHGB; *BMF* BStBl I 87, 365 Nr 2a, b).

Unverzinsl Verbindlichkeiten s Rz 327; s auch Darlehen.

Urheberrechtsverletzung s Rz 391 ff.

Urlaub. Für am Bilanzstichtag (Wj = Kj) noch nicht genommenen Urlaub der ArbN (Geld-, nicht Sachschuld des ArbG) ist eine Schuldrückstellung zu bilden, die sich nicht nach Vollkosten, sondern nach dem vertragl oder gesetzl (§ 11 BUrlG) Urlaubsentgelt, dh dem Bruttoarbeitsentgelt einschließl lohnabhängiger Nebenkosten, bemisst und individuell oder im Durchschnitt berechnet werden kann (BFH I B 100/07 BFH/NV 08, 943; EStH 6.11); einschließl Einmalzahlungen/Weihnachtsgeld (FG RhPf EFG 06, 1503, rkr; FG BBg EFG 09, 2010, rkr). Ein Erstattungsanspruch gegen eine Urlaubskasse ist zu saldieren (BFH I R 72/94 BStBl II 95, 412). Bei **abw Wj** ist die Urlaubsverpflichtung nur insoweit zu passivieren, als sie zeitanteilig den auf die Zeit vor dem Bilanzstichtag entfallenden Urlaubsteil erfasst (BFH IV R 35/74 BStBl II 80, 506). Sog Bildungsurlaub ist eine nicht rückstellbare soziale Folgelast.

Veräußerungsrente für Betriebserwerb ist mit dem kapitalisierten Barwert auszuweisen (BFH X R 12/01 DB 04, 163; Rz 673).

Verbindlichkeiten s Rz 311 f; bedingte Verbindlichkeiten Rz 314; s auch haftungslose Verbindlichkeiten.

Verdeckte Gewinnausschüttung (§ 8 III 2 KStG) bewirkt keine Umqualifizierung von Verbindlichkeiten (Fremdkapital) in Eigenkapital; die Gewinnerhöhung ist außerhalb der Bilanz durch eine Hinzurechnung zum StB-Gewinn durchzuführen (BFH I R 123/97 DStR 98, 1749; krit *Bareis* BB 05, 354); Ersatzansprüche, die ledigl der Rückgängigmachung von vGA dienen, sind Einlageforderungen (BFH I R 6/94 BStBl II 97, 89); ferner Rz 270 Satzungs- und Steuerklauseln.

Verdecktes Eigen-(Stamm-)kapital s Gesellschafterfinanzierung.

Verdienstsicherung. Eine tarif-(oder einzel-)vertragl Pflicht des ArbG, einem ArbN nach dessen Umsetzung auf einen niedriger bewerteten und bezahlten Arbeitsplatz aus altersbedingten oder sonstigen betriebl Gründen den bisherigen höheren Lohn fortzuzahlen (Verdienstsicherung), rechtfertigt idR weder vor noch nach der Umsetzung eine Verlustrückstellung (BFH I R 68/87 BStBl II 88, 338; EStH 5.7 X; *FinMin NW* BB 97, 1411; aA *Lauth* StKongRep 93, 379/91); s auch Rz 450.

Verlustrückstellungen s Rz 450 ff.

Verlustübernahme. Organträger (§§ 14 ff KStG) dürfen keine Rückstellung für drohende Verluste aus Verlustübernahme bilden (BFH I R 101/75 BStBl II 77, 441); Einzelheiten s 19. Aufl; s auch Rz 450 f.

Verpackungs-VO (v 30.12.05 BGBl I 06, 2; *Bernzi/Guldan* DB 07, 645). Für Verpflichtungen nach der VerpackVO sind Rückstellungen zu bilden (FG Köln EFG 15, 1114, rkr).

Verpflichtungsübernahme. Nach BFH I R 102/08, BStBl II 11, 566 ist bei „Anschaffung von Verlustverträgen" eine Rückstellung zu bilden, mE ggf eine passiver RAP (iEinz Rz 674; *Weber-Grellet* DB 11, 2875; *Hoffmann/Lüdenbach* StuB 12, 3). Nunmehr geregelt durch § 4f und § 5 VII (Rz 503; *Beckert/Hagen* NWB 13, 1468; *Strahl* kösdi, 13, 18444).

Verrechnungspreisdokumentation. Künftige Kosten, die die lfd Dokumentation betreffen (zB Übersetzungskosten), sind rückstellbar (*Dziadkowski* FR 13, 777).

Verrechnungsverpflichtung (für zu viel vereinnahmte Entgelte), die in der folgenden Periode auszugleichen sind, ist zurückzustellen (*BMF* BStBl I 13, 1502); s auch Kostenüberdeckung.

Versicherungstechnische Rückstellungen s BFH I 114/65 BStBl II 72, 392; *Buck* Die versicherungstechnischen Rückstellungen im Jahresabschluss von Schaden- und Unfallversicherungsunternehmen, 1995; *Felgenbüscher* WPg 95, 582; zum Abzugsverbot bei Rückstellungen für Beitragsrückerstattung s BFH I R 36/95 BStBl II 00, 238.

Versicherungsvertrag. Bei schadensabhängiger Prämienhöhe rechtfertigt ein Schadensfall keine Verlustrückstellung des Versicherungsnehmers wegen künftiger höherer Prämien (*Scheidt* DB 91, 613; ähnl BFH I R 102/88 BStBl II 92, 336).

Versicherungsvertreter. Nachbetreuungspflichten können eine Rückstellung rechtfertigen (BFH X R 26/10 BStBl II 12, 856; s Bestandspflege); zu geringeren Anforderungen bei **Versicherungsmakler** *Wardemann/Pott* DStR 13, 1874).

Versorgungsrente. Betriebl Versorgungsrenten (zu *privaten* s zB § 16 Rz 51 f) sind bei Abhängigkeit von künftigen Erträgen nicht zu passivieren (BFH I R 72/76 BStBl II 80, 741); ansonsten § 6a (BFH VIII R 64/97 BFH/NV 98, 825).

Vertragsbetreuung s Lebensversicherung.

Verwaltungsakt-Verpflichtungen s Rz 363.

Verwaltungskosten. Keine Rückstellung für künftige allg Verwaltungskosten (BFH I R 48/69 BStBl II 73, 565), wohl aber für Versandkosten von Kontoauszügen des abgelaufenen Jahrs (s ‚Bausparkassen'); s auch Betriebsprüfung.

Verzicht s Gesellschafterfinanzierung und Rz 671.

Vorauszahlungen s Anzahlungen.

Vorruhestandsgeld. Verpflichtungen zu Vorruhestandsleistungen sind passivierungspfl (*FinVerw* DStR 89, 81); die Rückstellung ist um die voraussichtl Zuschüsse zu kürzen (*Herzig* StbJb 85/86, 61/103; aA *BMF* BStBl I 84, 518). Zu Besonderheiten im Baugewerbe s *Hartmann* BB 94, 1319; s Altersteilzeit.

Vorschüsse s Anzahlungen.

Wandelschuldverschreibungen s Rz 270 Anleihen.

Wandlung s Rz 616.

Warenproben. Keine Rückstellung für Zusage unentgeltl Zusendung (BFH I R 112/75 BStBl II 77, 278).

Wechseldiskont s Rz 270 „Wechselforderungen" sowie Rz 618.

Wechselobligo. Erhält der Gläubiger zahlungshalber einen Wechsel, ist nach GoB die Forderung wirtschaftl getilgt und statt dieser der Besitzwechsel zu aktivieren; das Risiko der Nichteinlösung ist durch Wertberichtigung zu berücksichtigen. Veräußert der StPfl den Wechsel zB durch Diskontierung, tritt anstelle des Wechsels der Veräußerungserlös. Für das Risiko der fortbestehenden wechselrechtl Haftung ist eine Rückstellung für Wechselobligo, bei mehreren Wechseln ggf eine Pauschalrückstellung zu bilden (BFH IV R 24/97 BFH/NV 98, 1471). Eine Rückstellung ist unzul, soweit der Wechsel bei Bilanzaufstellung eingelöst ist (BFH VIII R 18/70 BStBl II 73, 218 mwN).

Weihnachtsgratifikation. Verpflichtung zur Zahlung bei abw Wj nur insoweit passivierbar, als sie zeitproportional auf die Zeit vor dem Bilanzstichtag entfällt (BFH IV R 35/74 BStBl II 80, 506).

Werkzeugkostenbeiträge, die vom Kfz-Hersteller an den Zulieferer gezahlt werden, sind nach BFH I R 87/99 BStBl II 02, 655 als BE zu erfassen, als Rückstellung zu passivieren und über die Dauer der Lieferverpflichtung gewinnerhöhend aufzulösen; mE eher Minderung der AK/HK oder RAP (FR 01, 537; krit auch *Kolb* StuB 01, 565; *Hoffmann* StuB 13, 877); aA BFH IV R 3/13 BFH/NV 15, 1577 (sofortige Realisation); s auch Zuschüsse.

Wertguthabenvereinbarungen (§ 7 SGB IV) führen zu abzuzinsenden Rückstellungen (*Hartmann* BetrAV 14, 444).

Wertsicherungsklausel s Rz 330.

Wettbewerbsverbot. Einmalentgelt für Verpflichtung, Wettbewerb zu unterlassen, ist passiv abzugrenzen (str; *Eder* DStR 95, 1937/42). – Für entspr Zahlungsverpflichtung ist mangels wirtschaftl Verursachung keine Rückstellung zu bilden (BFH I R 39/00 BStBl II 05, 465); s auch Rz 113, 172, 270.

Wiederaufforstungspflicht rückstellbar (*Schindler* StBP 88, 205).

Windkraft-Energie-Übernahmeverpflichtungen sind nicht rückstellbar (*Kleine* JbFfSt 97/8, 196).

Zero-Bonds s Rz 270 Finanzprodukte.

Zinsen auf StNachforderungen (§ 233a AO), nicht aber Hinterziehungszinsen (BFH I R 73/95 BStBl II 96, 592), können zurückzustellen sein (*OFD Ffm* DB 13, 1084). S ferner Darlehen, Disagio.

Zulassungskosten für Pflanzenschutzmittel rückstellbar, da der Zulassungsantrag Vergangenheitsbezug haben soll (BFH IV R 5/09 BStBl II 12, 122; krit zur Begründung *Weber-Grellet* BB 12, 43/7; *Hoffmann* StuB 12, 49).

Zusatzversorgungskasse. Rückstellungen nur bei Erfüllungsrückständen (*Uttenreuther/von Puskás* DB 96, 741; *Pfitzer ua* BB 96, 1373/5).

Zuschüsse. Subventionen, Beihilfen, Prämien usw (vgl *Küting* DStR 96, 276, 313), deren Erhalt betriebl veranlasst ist (zur Zahlung Rz 270) und die nicht oder nur bedingt rückzahlbar sind (verlorene Zuschüsse in Form von Aufwands-, Ertrags- oder Investitionszuschüssen; vgl BFH X R 23/89 BStBl II 92, 488), sind grds **estpfl BE;** zu Einzelheiten, insb auch zur bilanziellen Behandlung § 6 Rz 71 ff; 28. Aufl § 5 Rz 550.

Zuzahlungen s Ausgleichsposten.

VI. Gewinnverwirklichung (Gewinnrealisation)

Schrifttum (s auch Schrifttum vor Rz 58): *Mayr, Gunter,* Gewinnrealisierung (Wien), 2001; *Sessar,* Grundsätze ordnungsmäßiger Gewinnrealisierung im deutschen Bilanzrecht, 2007; *Baldauf,* Das innere System der estl Gewinnrealisierung, 2009. – *Weber-Grellet,* Realisationsprinzip und Rückstellungen, DStR 96, 896; *Weber-Grellet,* Realisationsprinzip und Belastungsprinzip, DB 02, 2180; *Schneider,* Wirtschaftl Eigentum und Ertragsrealisierung, PIR 09, 38; *Hommel/Berndt,* Das Realisationsprinzip – 1884 und heute, BB 09, 2190; *Küting/Lam,* Umsatzrealisierung dem Grund nach – ein Vergleich …, DStR 12, 2348. – **Verwaltung:** *BMF* BStBl I 90, 72; 354 (Überführung von WG in ausl Betriebsstätte).

1. Gewinn. Teil des Gewinns (BV-Mehrung; §§ 4 I, 5) ist der **Ertrag,** der **601**
grds erst (als Element des Einkommens) besteuert wird, wenn er nach Maßgabe des **Realisationsprinzips** (*Dauber* aaO [vor Rz 58], 127 ff; *Hoffmann/Lüdenbach* DStR 04, 1758; krit aus ökonomischer Sicht zB *Hackmann* StuW 06, 124/32: „professio-

nal conspiracy against truth"; Notwendigkeit einer fair-value-Bewertung) nach Maßgabe wirtschaftl Betrachtung (Rz 59; *ADS* § 246 Tz 168 ff) **verwirklicht** ist (vgl Rz 78, 79; BFH VIII R 29/93 BStBl II 95, 693; BFH VIII R 25/11 BStBl II 14, 968), zB auf Grund von **Lieferungen** oder **Leistungen** gegen Bar- oder Buchgeld (Rz 602–618), **Tausch** oder tauschähnl Vorgänge (Rz 631–643) oder betriebl **Schulderlass** (Rz 671–674), oder außerhalb gegenseitiger Verträge auf andere Weise, zB durch Ausschüttungen (Rz 676/7); der Realisierung gleichgestellt ist die **Entnahme** (Rz 651–661) einschließl sog Totalentnahme (**Betriebsaufgabe;** § 16); zur Gewinnrealisierung bei Begründung einer **BetrAufSp** s § 6 Rz 745, § 15 Rz 877. Bei der **Umwandlung** von Unternehmen steht die Frage der Realisation im Vordergrund (*Strahl* KÖSDI 11, 17 507). Nach dem **(imparitätischen) Realisationsprinzip** (GoB iSv § 5 I; BFH X R 42/08 BStBl II 12, 188; BFH X R 19/10 BStBl II 12, 190) darf ein Gewinn grds erst ausgewiesen werden, wenn er durch Umsatz (Veräußerung oder sonstigen Leistungsaustausch) verwirklicht ist (BFH VIII R 77/96 BStBl II 2002, 227; Rz 77 f; ferner § 252 I Nr 4 HGB); Vermögensmehrungen dürfen nur erfasst werden, wenn sie disponibel sind (*Weber-Grellet* DStR 96, 896, mwN; zur Realisation von Provisionszahlungen BFH X R 28/08 BFH/NV 10, 2033). Gewinnrealisierung tritt dann ein, wenn der Leistungsverpflichtete die von ihm geschuldeten Erfüllungshandlungen in der Weise erbracht hat, dass ihm die Forderung auf die Gegenleistung (zB die Zahlung) – von den mit jeder Forderung verbundenen Risiken abgesehen – so gut wie sicher ist (BFH I R 11/06 BStBl II 06, 762); spätere Abrechnung ist irrelevant (BFH X B 104/10 BFH/NV 11, 1343).

602 **2. Entgeltl Lieferungen und Leistungen, insb Veräußerung von WG gegen Geld. – a) Gewinnrealisierung.** Gewinn wird realisiert, wenn ein WG aus dem BV durch Veräußerung (s § 6b Rz 65 f) ausscheidet und der StPfl stattdessen Geld oder eine auf Geld gerichtete Forderung erlangt, deren zu bilanzierender Nennwert (§ 6 I Nr 2; zB BFH IV 123/63 BStBl II 68, 176; *Mayr* Gewinnrealisierung, 31 ff) höher ist als der Buchwert des ausgeschiedenen WG (zB BFH IV R 1/75 BStBl II 79, 412; vgl auch § 6b II). Entsprechendes gilt, wenn ein WG ohne Zutun des StPfl zB durch Enteignung aus dem BV gegen Entschädigung ausscheidet (BFH I R 9/91 BStBl II 93, 41; s aber Rz 501). Einer Geldleistung steht die Befreiung von einer Geldschuld (vgl § 414 BGB) gleich (vgl BFH IV R 180/80 BStBl II 83, 595; Rz 674). Keine Gewinnrealisierung bei (Sach-)Darlehensgeschäften; s Rz 270 „Wertpapierleihe"; Rz 703. – Zur Gewinnrealisierung in SchwesterGes § 6 Rz 702; mE fortwährendes Problem der (immer noch zweifelhaften) Rechtsnatur der PersGes (*Weber-Grellet* DStR 83, 16); zur Individualbilanz *Siegel* FR 11, 45).

603 **b) Einzelfälle.** Die Veräußerung gegen wiederkehrende gewinn- oder umsatzabhängige Bezüge führt nicht zur sofortigen Gewinnrealisierung (BFH VIII R 8/01 DStR 02, 1212; BFH XI B 56/06 BFH/NV 07, 1306; *Kratzsch/HHR* Anm 1300 ff; vgl § 16 Rz 235; zur korrespondierenden Frage der AK des Erwerbers s Rz 270 ‚Gewinnabhängige Vergütungen'; Rz 315; BFH X R 10/86 BStBl II 89, 549); ggf auch Wahl der Sofortversteuerung (*Kratzsch/HHR* Anm 1316 f). Zur Veräußerung eines einzelnen WG gegen Leibrente BFH I R 147/69 BStBl II 71, 302 (ähnl BFH I R 44/83 BStBl II 89, 323). Entsteht der Anspruch auf den Veräußerungserlös in der Person eines Dritten zB eines Angehörigen (**Vertrag zu Gunsten Dritter,** § 328 BGB), geht der Veräußerung mE (ganz oder teilweise) eine Entnahme des veräußerten WG voraus; Gewinn wird durch Entnahme, evtl teils durch Veräußerung und teils durch Entnahme (wie bei teilentgeltl Veräußerung, Rz 651 f) realisiert.

607 **c) Zeitpunkt der Gewinnrealisierung. – aa) Wirtschaftl Erfüllung.** Zur Frage, wann der Anspruch auf das Entgelt an Stelle des veräußerten WG oder der HK der versprochenen Leistung zu aktivieren ist (vgl allg zum Realisationsprinzip

Rz 78) stellt die **BFH-Rspr** idR darauf ab, wann der Vertrag „wirtschaftl erfüllt" ist (zB BFH IV R 62/05 BStBl II 08, 557), insb „die vereinbarte Lieferung oder Leistung erbracht" ist (BFH X R 48/03 BFH/NV 06, 534); **Forderungen** sind realisiert, wenn sie (unabhängig von der rechtl Entstehung) wirtschaftl in der Vergangenheit verursacht und am Bilanzstichtag hinreichend sicher sind, grds mit der Ausführung des Geschäfts (s iEinz Rz 270 ‚Forderungen').

bb) Einzelne Schuldverhältnisse. Bei **Verkauf (Veräußerung)** bewegl WG wird Gewinn idR realisiert mit der Übergabe der Sache unter Übergang des wirtschaftl Eigentums (BFH I R 192/82 BStBl II 87, 797), bei Grundstücksveräußerung mit dem Übergang von Besitz, Gefahr, Nutzen und Lasten (BFH X R 49/01 BStBl II 03, 751; FG Nds EFG 15, 1728, rkr); Auflassung nicht erforderl (BFH I B 93/05 BFH/NV 06, 706); frühere Realisierung mögl (zB bei Kaufpreiszahlung nach Vertragsabschluss; BFH III R 25/05 DStR 06, 1359 mit anfechtbarer Begründung); keine Realisierung vor Vertragsabschluss (BFH IV R 35/08 BFH/NV 12, 377); zu Grundstücksverkauf iZm mit dem Ausscheiden von Ges'tern BFH IV R 75/94 BStBl II 96, 194. Bei einem **Werkvertrag** wird Gewinn realisiert mit der Abnahme (BFH IV R 40/04 BStBl II 06, 26; BFH IV R 62/05 BStBl II 08, 557; mE grds Erfüllung; Abnahme nur Indiz), bei (mangelfreier) **Werklieferung** (§ 651 BGB) mit Auslieferung und Eigentumsübertragung (*Tiedchen/HHR* Anm 399). – Bei geistigen Werken wird die Abnahme durch die Billigung ersetzt; Sonderregelungen (etwa Anspruch nach Gebührenordnung – HOAI) gehen vor (BFH VIII R 25/11 BStBl II 14, 968; *BMF* 13.5.15 DStR 15, 1175; krit *Weber-Grellet* FR 14, 1138; *Marx/Juds* DStR 15, 1014). Nach *BMF* sollen **Abschlagzahlungen** (zB nach 15 II HOAI; § 632a BGB) offenbar generell zur Realisation führen (*BMF* v 29.6.15 BStBl I 15, 542; krit *Marx/Juds* DStR 15, 1462); mE brauchen die allg Grundsätze nicht aufgegeben zu werden, sofern die Abschlagzahlungen als selbst Teilleistungen interpretiert werden (Rz 270 ‚Langfristige Fertigung', Rz 611, 618). Zur Veräußerung von Eigentumswohnungen s BFH IV R 40/04 BStBl II 06, 26. Ist die Abnahme nicht übl, kommt es darauf an, ob der Kfm seine Leistung erbracht hat (BFH I 84/56 U BStBl III 57, 27). **Provisionsforderungen** sind nicht vor Ausführung des vermittelten Geschäfts auszuweisen (BFH X R 28/08 BFH/NV 2010, 2033; BFH I B 182/00 BFH/NV 01, 1399: mit Lieferung der Ware; so auch für sog Verbandsabgabe BFH I R 94/03 BStBl II 06, 20; Rz 270); die spätere Rechnungsregulierung ist unerhebl); zu **Dienstverträgen** s Rz 618; vgl ferner Rz 676. – Zur Gewinnrealisierung bei vGA s § 20 Rz 56). 608

cc) Einzelheiten. Die hL (*Woerner* BB 88, 769; *Sessar* vor Rz 601, 336; zR krit *Hoffmann/Lüdenbach* DStR 04, 1758/64) nimmt an, dass der Gewinn idR mit dem **Übergang der Preisgefahr** (§§ 446; 644 BGB) realisiert ist (Einbuchung der Forderung; Ausbuchung der Ware), und zwar grds auch beim Versendungskauf (§ 447 BGB; *Knobloch/Baumeister* DStR 15, 2403) – obwohl das wirtschaftl Eigentum erst später übergeht und somit das veräußerte WG zwar nicht mehr beim Veräußerer, aber auch noch nicht beim Erwerber anzusetzen ist (vgl BFH I R 157/84 BStBl II 89, 21) – und bei (unstreitigem) Annahmeverzug, obwohl hier der Veräußerer noch wirtschaftl Eigentümer der Ware ist; der Geldeingang ist unmaßgebl (*Siegel* FS Forster, 1992, 585/92 mwN). Bei Veräußerung durch Zwangsversteigerung ist der Zuschlag maßgebl (BFH I R 7/84 BStBl II 88, 424). Weder die Abtretung einer Forderung noch § 740 BGB führen zur Realisierung (BFH IV R 75/94 BStBl II 96, 194). – Der Realisierung können forderungsausschließende oder -hemmende Umstände entgegenstehen, es sei denn, es besteht ein zwangsläufig nachfolgender und vollwertiger **Regressanspruch** (BFH I R 10/98 BStBl II 01, 349; Rz 70). 609

dd) Teilgewinnrealisierung. Diese kommt in Betracht bei langfristiger Fertigung (Rz 270); bei (abgrenzbaren) Teilleistungen (FG Bln EFG 92, 62; *Mengel* StBp 96, 191; *Eilers/Forster* BB 96, 2399/01), zB bei lfd Provisionseinnahmen (FG 611

Hbg EFG 04, 1508, rkr); bei Sukzessivlieferung oder -werkleistung (BFH X R 49/89 BStBl II 92, 904), bei Provision für Teil-Inkasso (BFH IV R 62/05 BStBl II 08, 557); keine Realisierung bei 3-Jahres-Superprovision.

616 **d) Rückabwicklung.** Die Rückgängigmachung oder Rückbeziehung einer Veräußerung, zB durch Anfechtung (§§ 119, 123 BGB), Wandlung (§§ 437 ff BGB nF), Bedingungseintritt (§ 159 BGB), Rücktritt oder Vereinbarung, ist nach GoB grds ein neuer Vorgang (BFH I R 43, 44/98 BStBl II 00, 424; BFH I B 151/13 BFH/NV 14, 1544; FG BaWü EFG 03, 430, rkr: kein Fall des § 175 I Nr 2 AO; aA *Fischer* FR 00, 393; *Stoschek/Peter* DB 03, 954); anders ggf bei schlichter Rückabwicklung (ohne Zahlungen und sonstige Rechtswirkungen). Die Rückbuchung kann eine eingetretene Gewinnrealisierung nicht beseitigen (BFH IV B 55/04 BFH/NV 06, 699). – Abzugrenzen ist die Rückgängigmachung von der Kaufpreisanpassung (BFH GrS 2/92 BStBl II 93, 897); mE ungenau BFH VIII R 66/03 BStBl II 06, 307. – Nach BFH VIII R 77/96 BStBl II 02, 227 ist ggf (nach allg Kriterien) eine Rückstellung zu bilden (nach *BMF* BStBl I 02, 335 sofern am Bilanzstichtag eine Vertragsauflösung wahrscheinl ist); keine Verlustrückstellung (so aber *Kessler/Strnad* FR 00, 829/30), sondern „Rückabwicklungs-Rückstand" (vgl Rz 76, 315, 387). Für eine begrenzte (auch steuerl wirksame) Rückbeziehung von Kaufverträgen über KapGesAnteile *Haarmann* FS Haas, 1996, 163.

618 **e) Dauerschuldverhältnisse.** Bei Dauerschuldverhältnissen (Nutzungsüberlassung/Dienstleistung; im Unterschied zu einem zeitpunktbezogenen Erfolg, dazu BFH IV 226/58 S BStBl III 60, 291) ist auch der Anspruch auf das Entgelt fortlfd zeitraumbezogen verwirklicht, dh unabhängig von Fälligkeit und Abrechnungsperiode zu aktivieren, soweit das Entgelt auf die in der Vergangenheit erbrachte Leistung entfällt (BFH IV R 80/96 BStBl II 99, 21; FG Bln DStRE 03, 964, rkr; *Eilers/Forster* BB 96, 2399/00; aA für Wechseldiskont BFH I R 92/94 BStBl II 95, 594; zR krit *Groh* FR 95, 581; *Moxter* BB 95, 1997: RAP); vgl auch Rz 270 ‚Langfristige Fertigung'; ‚Wechselforderungen'.

631 **3. Tausch und tauschähnl Vorgänge. – a) Grundtatbestand.** Gewinn wird auch realisiert, wenn ein WG veräußert wird und die Gegenleistung nicht in Geld, sondern in anderen WG besteht (Tausch iSv § 480 BGB nF oder tauschähnl Geschäft), gleichgültig, ob diese WG BV oder PV werden. Die Gewinnrealisierung tritt im Zeitpunkt der Übertragung des wirtschaftl Eigentums des hingegebenen WG ein (Rz 607), auch wenn das eingetauschte WG erst in einem späteren Wj erlangt wird (*Woerner* FR 84, 489/96); zum Tausch mit Baraufgabe *Lüdenbach/Freiberg* DB 12, 2701.

632 **aa) Gewinnrealisation.** Der Tausch ist (freiwilliger) Umsatzakt und damit Realisationstatbestand (§ 6 VI 1; § 6 Rz 731). Dies gilt auch beim Tausch von immateriellen WG (BFH X R 20/86 BStBl II 90, 128: entgeltl Erwerb eines Nutzungsrechts gegen dingl Belastung eines anderen WG; str, s Rz 195). Auch der Erwerb eines Nutzungsrechts an einem anderen als dem veräußerten WG ist Tausch (zum Vorbehalt eines Nutzungsrechts am veräußerten WG s Rz 180).

633 **bb) Berechnung.** Gewinn wird iHd Differenz zw **Buchwert** des hingegebenen und **gemeinem Wert** des erlangten WG realisiert (arg § 6 VI 1). Das erlangte WG seinerseits (oder der Anspruch hierauf) ist, soweit BV, mit dem gemeinen Wert des weggegebenen WG als AK zu aktivieren (§ 6 VI 1; BFH I R 183/81 BStBl II 84, 422; Maßgeblichkeit der jeweiligen Gegenleistung). Wird ein WG des BV aus privatem Anlass gegen ein WG getauscht, das notwendiges PV wird, wird bereits das hingegebene WG zum **TW** entnommen; Gewinn wird durch Entnahme realisiert (BFH VIII R 41/79 BStBl II 82, 18).

634 **cc) Tausch von KapGesAnteilen.** Nach **§** 6 VI 1 wird auch in diesen Fällen Gewinn realisiert, selbst wenn die hingegebenen und die erlangten Anteile wert-,

art- und funktionsgleich sind (BT-Drs 14/23, 173); die entgegenstehende Rspr, die auf dem sog **Tauschgutachten** beruhte (BFH I D 1/57 S BStBl III 59, 30), ist überholt (*Hörger/Mentel/Schulz* DStR 99, 565/73; offen gelassen in BFH VIII R 11/02 DStRE 06, 247). Bereits nach bisherigen Grundsätzen wurde Gewinn realisiert beim Tausch von MU-Anteilen (BFH XI R 51/89 BStBl II 92, 946, BFH IV R 103/94 DStR 96, 1682) oder bei Übertragung von Wertpapieren auf einen Investmentfonds gegen Gewährung von Investmentzertifikaten (*FinVerw* DB 96, 1649). – Tausch ist auch die „Umwandlung" von nicht werthaltigen Ges'terdarlehen in Genussrechte (*OFD Rheinland* DStR 12, 189).

dd) Umlegung. Bei („identitätswahrendem") Umlegungs-(Flurbereinigungs-)verfahren sind die eingebrachten und die zugeteilten Grundstücke, soweit wertgleich (keine Ausgleichszahlung), wirtschaftl identisch, so dass keine Gewinnrealisierung eintritt (BFH IV R 1/84 BStBl II 86, 711; zust *Jäschke* DStR 06, 1349/51; EStH 6.6 (2)), ggf RfE (Rz 501); die Rspr ist im Hinblick auf den Zwangscharakter der Umlegung mE nicht überholt (teleologische Reduktion des § 6 VI 1). **635**

b) Tauschähnl Vorgang. – aa) Einbringung in KapGes. Gewinn wird auch realisiert bei Einbringung einzelner **WG** aus einem BV in eine KapGes gegen Gewährung von GesRechten (**offene Sacheinlage;** Rz 164); der einbringende Ges'ter hat die erlangten GesAnteile, soweit diese BV werden, mit dem gemeinen Wert der hingegebenen WG als AK zu aktivieren (vgl BFH I R 6/01 BFH/NV 03, 88; *Groh* FR 90, 528; *Wassermeyer* BB 94, 1/3; aA *Hoffmann* BB Beil 16/96: kein Zwang zur Gewinnrealisierung; zum handelsrechtl Ansatz *ADS* § 255 HGB Tz 96 f: Wahlrecht). Werden die Anteile PV, wird Gewinn durch Entnahme realisiert (s Rz 633). Die KapGes hat das eingelegte WG ebenfalls entgeltl angeschafft; § 6 I Nr 5a ist nicht anwendbar (*Groh* FR 90, 528/9). **636**

bb) Einbringung in PersGes. Auch die Einbringung einzelner WG aus einem PV in das GesVermögen einer PersGes gegen Gewährung von GesRechten (Gutschrift auf KapKto) ist tauschähnl Vorgang (BFH VIII R 69/95 BStBl II 00, 230; *BMF* BStBl I 00, 462; Rz 208; zur Einbringung/Veräußerung gegen Mischentgelt BFH VIII R 58/98 DStR 02, 395), str bei SchwesterGes (BFH IV B 105/09 DStR 10, 1070; § 6 Rz 702). –Zur **Einbringung** (Sacheinlage) eines Betriebs usw in eine KapGes vgl §§ 20 ff UmwStG, in eine PersGes § 24 UmwStG; zu Nutzungsrechten s Rz 207. **637**

cc) Verdeckte Einlage. Kein tauschähnl Vorgang, sondern **unentgeltl** (besser: entgeltlos) ist die Übertragung materieller oder immaterieller WG und Gewährung sonstiger Vorteile (*Marx* FR 95, 453/6) durch verdeckte Einlage (§ 6 VI 2; also ohne Einräumung neuer GesRechte; BFH I R 68/89 BStBl II 92, 744) auf eine KapGes (Umbuchung auf das Beteiligungskonto; BFH IV B 33/93 BFH/NV 95, 102), auch bei Übertragung einer 100%-Beteiligung auf 100%-Beteiligung (BFH X R 22/02 BStBl II 06, 457); die durch die Einlage bewirkte Wertsteigerung der (alten) GesAnteile ist keine Gegenleistung (BFH GrS 2/86 BStBl II 88, 348/54; BFH I R 147/83 BStBl II 89, 271 zu § 17). Gleichwohl tritt **Gewinnrealisierung** ein, weil das WG „anderen betriebsfremden Zwecken" zugeführt und damit eine Entnahme vorausgeht (BFH X R 22/02 BStBl II 06, 457; *Weber-Grellet* DB 98, 1532/5; vgl auch § 17 I 2). Dies gilt jedenfalls, soweit die Anteile an der KapGes PV sind (BFH VIII R 17/85 BStBl II 91, 512) oder einem Dritten gehören (verdeckte disquotale Einlage zu Gunsten Dritter; BFH X R 34/03 DB 04, 2505; *Weber-Grellet* FR 05, 94; ähnl für disquotale **Kapitalerhöhung** BFH III R 35/04 BFH/NV 06, 1262: Entnahme durch unentgeltl Anteilsverringerung; Rz 603; 652), aber auch, soweit die Anteile BV des Ges'ters sind (vgl *Wassermeyer* 90, 855/8). Die **verdeckte Sacheinlage** eines Betriebs, auf die die §§ 20 ff UmwStG nicht anwendbar sind, ist Betriebsaufgabe („Totalentnahme"; BFH VIII R 17/85 BStBl II 91, 512; § 16 EStG Rz 23; aA *Geissler* aaO [Rz 636], 249, 342). S auch Rz 204, 208, 270 „Beteiligung an KapGes"; § 17 Rz 110, 164. **639**

640 **dd) Weitere Strukturveränderungen.** Zur Sachwertabfindung eines Ges'ter einer PersGes s § 16 Rz 520–524. Zur Realteilung einer PersGes s § 16 Rz 530–554. – **Umwandlungen** sind weitgehend ohne Gewinnrealisierung mögl (§§ 3, 20 II, 24 II UmwStG; *Weber-Grellet* BB 97, 653). – Durch Kapitalrückzahlung bei **Kapitalherabsetzung** (oder Liquidation) wird Gewinn realisiert, soweit der Buchwert der Anteile (im BV) niedriger ist als die Rückzahlung (BFH I R 1/91 BStBl II 93, 189).

641 **c) Leistungs an Erfüllungs Statt (§ 364 BGB).** In diesem Fall liegt entgeltl Veräußerung vor mit Gewinnrealisierung iHd Differenz zw Buchwert der Schuld und des WG. Die Tilgung einer Schuld des PV durch Hingabe eines WG des BV führt zur Entnahme (BFH I R 43/77 BStBl II 81, 19; zust *Groh* FS Döllerer, 1988, 157/67).

651 **4. Gewinnrealisierung ohne entgeltl Lieferung/Leistung. – a) Entnahme.** Gewinn wird realisiert, wenn ein WG aus dem BV in das PV überführt wird (Entnahme; § 4 Rz 300 ff) und der TW (§ 6 I Nr 4 S 1) höher ist als der Buchwert (zum Unterschied zu erfolgsneutraler Bilanzberichtigung zB BFH IV R 36/79 BStBl II 83, 459 mwN; zur Buchwertentnahme für gemeinnützige Zwecke s § 6 I Nr 4 S 2).

652 **aa) Einzelne Tatbestände.** Eine Entnahme liegt zB vor bei **(vollständiger) Nutzungsänderung** (private statt betriebl Nutzung; BFH IV R 39/93 BFH/NV 95, 873; anders bei bloßem Gebäudeabbruch oder nur räuml Verlagerung der betriebl Nutzung innerhalb eines Gebäudes, BFH XI R 27/90 BStBl II 93, 391; § 4 Rz 302) oder wenn ein WG aus privaten Gründen zB in vorweggenommener Erbfolge unentgeltl oder nur teilentgeltl übertragen wird (BFH IV R 171/85 BStBl II 88, 490; *BMF* BStBl I 93, 80 Rz 33–34; zur Übertragung des ganzen Betriebs s § 16 Rz 45 ff), nicht aber bei Nutzungsänderung zu gewillkürtem BV (BFH IV R 69/95 BStBl II 97, 245). Durch **Entnahme eines Bezugsrechts** (zum mögl Umfang FG Mster EFG 95, 794) wird Gewinn realisiert, wenn stille Reserven von GmbH-Anteilen im BV durch Kapitalerhöhung auf junge Anteile im PV zB von Familienangehörigen übergehen (BFH VIII R 63/87 BStBl II 91, 832; anders bei Übergang von Anteilen iSv § 21 UmwStG im PV BFH I R 128/88 BStBl II 92, 761) oder durch **Entnahme stiller Reserven** bei Ausgabe neuer Anteile zum Nominalwert (BFH III R 8/03 DStRE 06, 312). Entnommen werden kann auch eine iRe Leasingvertrags eingeräumte Kaufoption (BFH X R 20/12 BStBl II 15, 325). – Eine Entnahme liegt erst vor, wenn feststeht, dass das WG auf Dauer im außerbetriebl Bereich genutzt werden soll (BFH IV R 31/91 BFH/NV 93, 405). – Zur Entnahme eines Wohnung bei LuF s § 13 IV, V; 31. Aufl.

653 **bb) Vorbehalt von Nutzungsrechten.** Entnahme liegt nach der Rspr auch vor bei Übertragung unter **Vor-/Rückbehalt eines Nutzungsrechts** (BFH IV R 60/69 BStBl II 74, 481: Entnahme des unbelasteten WG = großer Entnahmegewinn; BFH IV R 39/90 BStBl II 93, 218; *KSM* § 5 Rz E 91), *sofern* der Beschenkte auch wirtschaftl Eigentümer des WG wird (BFH IV R 43/80 BStBl II 83, 631; ferner *Weber-Grellet* DB 95, 2550/9; für USt BFH XI R 5/94 BStBl II 96, 249; Rz 156, 176, 191) und das WG aus dem BV ausscheidet (zB nicht im SonderBV-Bereich; *ms* KÖSDI 99, 12138); zum (str) Einlagewert des vorbehaltenen Rechts s Rz 181. Grds keine Entnahme bei **Zuwendung eines Nießbrauchs** (BFH VIII R 35/92 BStBl II 95, 241). – Bei teilentgeltl Veräußerung aus *privaten* Gründen wird teils durch Veräußerung, teils durch Entnahme Gewinn realisiert (BFH X R 17/05 BStBl II 08, 579); ein vorbehaltenes Nutzungsrecht ist nach hL kein (Teil-)Entgelt (s Rz 180; BFH GrS 4–6/89 BStBl II 90, 847; BFH XI R 5/83 BStBl II 91, 793).

655 **cc) Belastung mit Nutzungsrechten.** Die Belastung eines Betriebsgrundstücks mit einem *entgeltl* Nutzungsrecht beinhaltet idR keine Entnahme des Grundstücks (BFH VIII R 133/86 BStBl II 90, 961 zu Erbbaurecht; BFH X R 20/86 BStBl II 90, 368 zu Dienstbarkeit: TW-AfA, evtl aktiver RAP; *BMF* DStZ 91, 477; ähnl BFH XI R 28/97 BStBl II 98, 665 zur Betriebsaufgabe). Bei

betriebl unentgeltl Belastung (zB Sachbezug eines ArbN, BFH VI R 135/84 BStBl II 88, 525) ist, sofern man mit der hL die Nutzungslast für nicht passivierbar hält (s Rz 319), eine evtl TW-AfA (dazu *Thiel* DStJG 14, 161/188 ff) durch aktiven RAP auszugleichen. Die *private unentgeltl* Belastung eines Betriebsgrundstücks mit einem Nießbrauch führt mE idR weder zu einer Entnahme des Grundstücks (BFH VIII R 35/92 BStBl II 95, 241; aA *BMF* DStZ 91, 477 zu LuF; *Mathiak* FS Döllerer, 1988, 397/406, mwN; *Korn* DStR 99, 1461/9; *Wüllenkemper* FR 91, 101/2: wenn nicht an Eigentümer zurückvermietet) noch eines Nutzungsrechts, sondern nur zur Entnahme lfd Nutzungen (vgl BFH VIII R 35/92 BStBl II 95, 241). Anders (Grundstücksentnahme) ist dies evtl bei besonders langer Laufzeit des Nutzungsrechts (zB Erbbaurecht auf 99 Jahre).

dd) Rückabwicklung. Eine Entnahme kann nicht rückgängig gemacht werden, weil der StPfl die steuerl Folgen nicht überblicken konnte (BFH IV R 77/84 BFH/NV 87, 768); mE bei Anfechtung einer Schenkung wegen Irrtums mögl (ähnl *Barth* BB 89, 746; aA BFH X R 140/87 BStBl II 90, 368; offen in BFH IV R 43/80 BStBl II 83, 631); keine Rückgängigmachung durch Bilanzänderung (BFH IV R 84/96 BStBl II 98, 104). 656

ee) Keine Entnahme. Keine Entnahmen sind – *(1)* die **Überführung eines WG in** einen anderen inl GewBetr (BFH I S 13/85 BFH/NV 87, 294/5) oder ein gewerbl SonderBV (§ 15 Rz 507) des StPfl (BFH VIII R 65/89 BStBl II 91, 789 mwN: notwendig Buchwertfortführung) oder ein nichtgewerbl BV (SonderBV) des StPfl und umgekehrt (BFH VIII R 387/83 BStBl II 89, 187); mE zumindest zT überholt durch § 6 VI (§ 6 Rz 741 f); – *(2)* die **unentgeltl Übertragung eines (Teil-)Betriebs** (§ 6 III), wohl aber als „Totalentnahme" eine Betriebsaufgabe (s § 16 Rz 170); – *(3)* die Zurückbehaltung von (wesentl) WG (auch des SonderBV) bei Begründung einer BetrAufsp (BFH X R 57/93 DStR 98, 887), auch iZm einer Einbringung (BFH I R 183/94 BStBl II 96, 342; krit *Wacker* BB 96, 2224). – *(4)* Weder Entnahme noch Betriebsaufgabe ist der Strukturwandel eines luf oder freiberufl Betriebs zu einem GewBetr und umgekehrt (BFH IV R 41/91 BStBl II 93, 430) oder eines luf Betriebs zu einem Liebhabereibetrieb (BFH IV R 138/78 BStBl II 82, 381: eingefrorenes BV; krit *Knobbe-Keuk* DStR 85, 494: fortbestehendes BV ohne Betrieb mit nachträgl gewerbl Einkünften; s § 16 Rz 176). 657

b) Entstrickung. Gewinn wird auch in Fällen der sog Entstrickung realisiert (nach Aufgabe der Theorie der finalen Betriebsaufgabe durch BFH I R 99/08 BStBl II 11, 1019) neu geregelt durch § 4 I 3, 4 idF JStG 10 (s § 4 Rz 329; *Kahle* StuB 11, 903; *BMF* v 18.11.11 DStR 11, 2355). 661

5. Schulderlass; Schuldwegfall. – a) Verzicht. Der Verzicht ist ein Realisationstatbestand (*Weber-Grellet* BB 95, 243/4); er muss ausreichend sicher sein (BFH IV R 59/96 BStBl II 99, 266); zum Verzicht auf eine Pensionszusage § s 6a Rz 70. – Der **privat veranlasste** Erlass/Verzicht führt zu Entnahme und Einlage. Beim Ges'terverzicht ist zu unterscheiden: – ***(1)* Auswirkungen auf Gesellschafterseite.** Der **betriebl** veranlasste Ges'terverzicht führt aufseiten der Ges zur ergebniswirksamen Ausbuchung der Verpflichtung (auch bei Verzicht mit Besserungsschein; dazu *Becker* ua DStR 10, 506), der **gesellschaftl** veranlasste Verzicht führt zu einer Einlage iHd TW (= tatsächl Wert; vgl BFH GrS 1/94 BStBl II 98, 307; BFH I R 103/93 BFH/NV 98, 572; *BMF* BStBl I 03, 648; § 6a Rz 71; krit *Hoffmann* DStR 04, 293 für Fälle des Ges'ter-Wechsels); ist der TW höher als der Buchwert, fällt zusätzl Aufwand an; keine Änderung durch § 6 VI 2 (*Gebhardt/Hoffmann* GmbHR 99, 1280). Bei einer wertgeminderten Verbindlichkeit ist zu differenzieren zw betriebl veranlasster Wertminderung, die zu Ertrag führt (Stornierung von Aufwand), und Verzicht (GrS wie zuvor, unter C. I.). – ***(2)* Auswirkungen auf Gesellschafterseite.** In gleicher Weise ist (als Folge des sog **Korrespondenzprinzips**) der (Forderungs-)Verzicht (unabhängig vom Zufluss) auf Seiten des Ges'ters ein Realisations- bzw Zuflussersatztatbestand (vgl BFH GrS 1/94 BStBl II 98, 307; *Weber-Grellet* BB 95, 243/4; gegen BFH I R 34/92 BStBl II 93, 804; *Hoffmann* DStR 02, 1233). Der (gesellschaftl veranlasste) Forde- 671 rungsverzicht eines Ges'ters (per Einlage an Forderung) kann den Beteiligungsansatz erhöhen (BFH I R 41/93 BStBl II 96, 614; zur Bewertung FG Mster EFG 11, 2194; § 6a Rz 71); der betriebl veranlasste Verzicht (per Aufwand an Forderung) führt zu Aufwand (= Stornierung von Ertrag). Zum Verzicht ggü PersGes *Pyszka* BB 98, 1557. S auch Rz 550 ‚Gesellschafterfinanzierung'; zur Unterscheidung zw Erlass einer Forderung auf Nutzungsentgelt und unentgeltl Nutzung s BFH I R 166/78 BStBl II 84, 747 mwN.

672 **b) Einzelne Formen des Schuldwegfalls.** Das Unterlassen von Vollstreckungsmaßnahmen steht einem Erlass nicht gleich, evtl aber die Verjährung (Rz 313) und stets der Untergang einer Schuld durch **Konfusion** (BFH I R 41/85 BStBl II 89, 612). Auch der Erlass einer für den Gläubiger wertlosen Forderung ist für den Schuldner Gewinn (BFH IV 232/64 BStBl III 67, 309; Aufwandskorrektur), so wie umgekehrt zivilrechtl zB die Belastung einer vermögenslosen KapGes mit einer Schadensersatzpflicht für diese Schaden ist (BGHZ 59, 148). Zur Passivierung bedingt erlassener Schulden s Rz 314. – Allein die Eröffnung eines Insolvenzverfahrens verlangt noch nicht die Ausbuchung (*Kahlert* DStR 14, 1906); bei Herabsetzung entsteht ein Gewinn wohl erst mit der Bestätigung des Insolvenzplans (§ 248 InsO).

673 **aa) Rentenschuld.** Gewinnerhöhend wirkt auch die lfd Barwertminderung einer passivierten betriebl **Rentenschuld** und ihr Wegfall zB durch den Tod des Berechtigten (BFH XI R 41/95 BStBl II 96, 601 mit Anm *WG* DStR 96, 1803; BFH X R 12/01 DB 04, 163).

674 **bb) Schuldübernahme.** Durch befreiende Schuldübernahme (§§ 414, 415 BGB) zB bei Veräußerungen (s Rz 602) wird bei betriebl Veranlassung Gewinn realisiert, wenn der Buchwert der Schuld höher ist als der TW (vgl *IdW* WPg 89, 626; s auch BFH I R 61/06 DStR 08, 963; Rz 550 „Gesellschafterfinanzierung").

Die Verpflichtungsübernahme ist nunmehr in § 4f und § 5 VII (Rz 503) geregelt; zur früheren Rechtslage s 32. Aufl.

675 **6. Sonstige Gewinnrealisierungen. – a) Gewinnrealisierung bei entgeltl Veräußerungen zw verbundenen Unternehmen.** Diese werden als Instrument der Bilanzpolitik eingesetzt: erstrebter Gewinnausweis als Ersatz der nach den GoB unzul Wertaufstockung. IZm Rspr zu Sacheinlagen (Rz 636 f) wohl grds zul (aA *Löcke* BB 98, 415 für immaterielle WG; Rz 199; krit auch *Kropff* ZGR 93, 41/57).

676 **b) Gewinnverwirklichung aus anderem Rechtsgrund.** Gewinne aus Ansprüchen sind auszuweisen, sobald sie gesichert sind (s Rz 97; 270 ‚Forderungen'; BFH X S 12/03 BFH/NV 04, 337 für bestr Schadenersatzanspruch: erst mit Anerkennung; BFH IV R 49/86 BStBl II 88, 327 für Anspruch auf öffentl Subvention; BFH XI R 1/93 BStBl II 93, 786 für VorStAnspruch); BFH VIII R 29/93 BStBl II 95, 693 zu bedingtem Rückübertragungsanspruch; BFH I R 92/94 BStBl II 95, 594 zu Wechseldiskont; zu Investitionszuschüssen BFH I R 56/94 BStBl II 96, 28; dazu (teilweise krit) *Weber-Grellet* DStR 96, 896/8; zu Anspruch auf Magermilchbeihilfe BFH I R 10/98 BStBl II 01, 349; zu Steuererstattungsanspruch BFH II R 15/98 BStBl II 00, 588; ferner Rz 270 „Steuererstattungsansprüche".

677 **c) Dividendenansprüche.** Diese (aus Anteilen an KapGes) sind idR erst (zeitversetzt) zu aktivieren, wenn sie durch Gewinnverwendungsbeschluss der KapGes entstanden sind (BFH GrS 2/99 BStBl II 00, 632; Rz 270). BFH VIII R 106/87 BStBl II 91, 569 zu Gewinnanspruch aus stiller Beteiligung an GmbH; BFH I R 59/93 BStBl II 95, 54 zu Ausschüttungen eines Wertpapierfonds.

680 **7. ABC der Gewinnverwirklichung**

Barter-Geschäfte (*Sonnenberg/Wiehn* HdR B 731, 7/00) sind tauschähnl; Rz 636.

Bauarbeitsgemeinschaften. Die Leistungen der einzelnen Partner an „kleine" Arbeitsgemeinschaften sind steuerl Fremdleistungen und führen zur sofortigen Realisation (*BMF* BStBl I 98, 251).

Betriebsaufspaltungsbegründung s Rz 601.

Betriebsveräußerung. Übergang des Betriebs (§ 16 Rz 214).

Dauerschuldverhältnisse s Rz 618.

Eigentumswohnungen mit (ggf konkludenter) Abnahme von mehr als der Hälfte der Erwerber (BFH IV R 40/04 BStBl II 06, 26).

Entnahme, Entstrickung s Rz 651; Entnahme einer Kaufoption s Rz 652; Entnahme einer Wohnung s Rz 652.

Erbbaurecht. Der Vorteil, bei Beendigung des Rechts ein Gebäude entschädigungslos zu übernehmen, ist zusätzl Entgelt (BFH IV R 42/02 BStBl II 04, 353).

Flurbereinigung s Rz 635.

Forderungen s Rz 608.

Geschäftswert s Rz 221.

Kauf auf Probe, mit Rückgabe- oder Rücktrittsrecht (Versandhandel) s Rz 270; *FinVerw* DStR 89, 402.

Leasing s Rz 721 ff.

Lieferungen, sonstige Leistungen s Rz 602 ff.

Liquidationsgewinn aus der Auflösung einer GmbH bei Anteilen im BV kann vor Ablauf der Sperrfrist realisiert sein (BFH VIII R 7/03 BStBl II 09, 772).

Magermilchbeihilfe s Rz 676.

Mietverhältnisse s Rz 691 ff.

Nutzungsrecht. Die vorzeitige Beendigung eines beim Ehemann aktivierten Nutzungsrechts am Gebäudeteil der Ehefrau führt zur Gewinnrealisierung iHd Differenz zw dem Restbuchwert des Aktivpostens und einem auf der Rechtsgrundlage des § 951 iVm § 812 BGB zustehenden Ausgleichsanspruch, der sich nach dem Verkehrswert zum Zeitpunkt der Nutzungsbeendigung bemisst (BFH XI R 22/98 BStBl II 99, 523; *Fischer* FR 99, 845); mE eher wirtschaftl Eigentum am Gebäude (Rz 270 ‚Bauten auf fremden GuB'; wohl aA § 7 Rz 38–44; BFH GrS 1/97 BStBl II 99, 778).

Pachtverhältnisse s Rz 691 ff.

Pensionsgeschäfte. Ob durch echte Pensionsgeschäfte Gewinn realisiert wird, war bisher str, ist aber mE nun wegen § 340b HGB zu verneinen (Rz 270).

Provisionen eines Assekuradeurs s BFH IV R 12/99 BStBl II 00, 25; Rz 608.

Provisionsanspruch für das Inkasso von Teilleistungen (BFH IV R 62/05 BStBl II 08, 557).

Rückgängigmachung, Rückbeziehung s Rz 616.

Rücklagen. Kein Gewinn wird realisiert, soweit ein StPfl § 6b anwendet oder zR eine RfE bildet bzw den Buchgewinn auf ein ErsatzWG überträgt (Rz 501; EStR 6.6).

Sachdarlehen realisieren keinen Gewinn (*BMF* DB 90, 863; s Rz 703).

Schulderlass s Rz 671.

Tausch s Rz 631; bei § 4 III-Rechnung BFH IV R 115/84 BStBl II 86, 607.

Teilentgeltl Veräußerung aus betriebl Anlass: s *Groh* StuW 84, 217/21 und BFH IV R 12/81 BStBl II 86, 811, aus privatem Anlass s Rz 653.

Teilgewinnrealisierung s Rz 611.

Umlegung s Rz 635.

Unfertige Erzeugnisse s Rz 270.

Unternehmensverpachtung s Rz 701 ff.

Verdeckte (disquotale) Einlage s Rz 639.

Vergütungsvorschuss nach § 9 InsVV führt zur Vorwegbefriedigung (*OFD Rhl* DB 11, 847).

Verzicht s Rz 671.

Vorbehalt eines Nutzungsrechts s Rz 180.

Vorsteueranspruch s BFH XI R 1/93 BStBl II 93, 786; Rz 676; zur späteren Aktivierung eines USt-Vergütungsanspruchs BFH III R 96/07 BStBl II 12, 719.

Wiederkehrende gewinn- oder umsatzabhängige Bezüge als Veräußerungsentgelt s Rz 603.

VII. Bilanzrechtliche Spezialfragen

691 **1. Miet-/Pachtverhältnisse (Lizenzverhältnisse). – a) Schwebende Verträge.** Das sind schwebende Verträge (Dauerschuldverhältnisse), bei denen sich der Anspruch auf die wiederkehrende Leistung und die Verpflichtung zur wiederkehrenden Gegenleistung sowohl aus der Sicht des Vermieters als auch des Mieters innerhalb eines Wj idR (zumindest) ausgleichen (einfacher: die noch nicht erbracht sind), jedenfalls bei gleichmäßig wiederkehrenden Leistungen, und für die deshalb nach GoB Aktivierung und Passivierung unzul sind (*Brinkmann/von Wallis/HHR* Anm 1200 ff); nur **Vorleistungen** und **Erfüllungsrückstände** sind zu aktivieren und zu passivieren (zB BFH IV R 35/74 BStBl II 80, 506; Rz 76 mwN); zu **Verlustrückstellungen** s Rz 450. Ggf kann ein Rechtskauf vorliegen (FG Mster 8 K 1543/07 E BB 11, 623, rkr).

692 **b) Bilanzierung.** Der Vermieter hat noch nicht erfüllte **Mietzinsforderungen** zu aktivieren, und zwar unabhängig von Fälligkeit und Abrechnungsperiode, soweit der Mietzins auf die in der Vergangenheit erbrachte Nutzungsüberlassung entfällt (BFH X R 49/89 BStBl II 92, 904; *Mathiak* DStR 92, 1607); empfangene **Mietzinsvorauszahlungen** hat er zu passivieren; der Mieter hat Mietzinsschulden für das abgelaufene Wj zu passivieren und Vorauszahlungen für kommende Wj zu aktivieren (BFH VIII R 61/81 BStBl II 84, 267: nur als RAP, nicht als AK eines Nutzungsrechts; ähnl BFH I R 132/81 BStBl II 85, 617; *KSM* § 5 Rz F 282 f; s auch Rz 243), und zwar mit dem Nennbetrag (BFH I 215/58 U BStBl III 59, 268). Der Vermieter kann für künftig notwendig werdende **Instandhaltung** weder Rückstellungen bilden (zB BFH I R 80/74 BStBl II 76, 622; s Rz 550 „Instandhaltung“) noch passive RAP (*KSM* § 5 Rz F 291), aber auch keinen Instandhaltungsanspruch (s Rz 270). Gleiches gilt idR für in der Vergangenheit unterlassene Instandhaltung (s Rz 550 „Unterlassene Instandhaltung“); zum Erfüllungsrückstand s Rz 317.

693 **c) Sonderfälle.** Ob bei einer unkündbaren mehrjährigen Mietzeit mit **ansteigenden (progressiven) Mietzinsen** der Vermieter den Anspruch auf die künftigen Mietzinsen zu aktivieren hat, weil sie später fälliger Teil der Gegenleistung für die bisherige Gebrauchsüberlassung sind, und ob der Mieter die korrespondierende Schuld zu passivieren hat, richtet sich mE danach, ob die Leistungspflicht des Vermieters gleich bleibt oder ebenfalls ansteigt (Rz 317). Keine Aktivierung und Passivierung ist erforderl, soweit Mietzinsen nur wegen einer Wertsicherungsklausel ansteigen. Jährl **fallende (degressive) Mietzinsen** (bei mehrjährig unkündbaren Mietverträgen) sind abzugrenzen (BFH IV R 184/79 BStBl II 82, 696; str, s Rz 735). – Zu Mietereinbauten, Bauten auf fremdem GuB und Abstandszahlungen s Rz 270. Bei entgeltl Eintritt in bestehende Miet- oder Pachtverhältnisse ist das Entgelt als AK (mE RAP; *Weber-Grellet* DB 95, 2550/7) zu aktivieren (s Rz 195).

694 **d) Kaufverträge.** Anders als Miet- und Pachtverträge sind Kaufverträge, auch wenn die Gegenleistung wiederkehrend ist (zB Leibrente), auf eine einmalige Leistung (Eigentumsübertragung) gerichtet und nur solange schwebende Geschäfte, als sie von keiner Seite ganz oder teilweise erfüllt sind (s 602 f). Zur Abgrenzung von Miet- und Kaufverträgen BFH IV R 144/66 BStBl II 70, 264: Leasing-Urteil;

BFH I 133/64 BStBl II 71, 133; BFH III R 233/90 BStBl II 92, 182; BGHZ 94, 195; Rz 602, 721, 550 „Mietkauf".

e) Rechtskauf. Bei Rechtsverkauf tritt eine sofortige Gewinnrealisierung ein, bei Lizenzüberlassung nur pro rata temporis; entscheidend ist, ob bei wirtschaftl Betrachtung das lizensierte Recht unbeschr übertragen worden ist (vgl FG Mster DStRE 11, 1309, rkr). **695**

2. Betriebsverpachtung

Schrifttum: *Knoppe,* Verpachtung eines Gewerbebetriebes, 10. Aufl, 2011; *Geissler,* Gewinnrealisierung am Ende eines Unternehmens, 1999, § 16. – *Erhart/Ostermayer,* Die Betriebsverpachtung im Ganzen, StB 05, 50; *Hiller,* Zweifelsfragen zum Verpächterwahlrecht, Inf 06, 658; *Schuster,* Korrektur angezeigt – Gedanken zum Verpächterwahlrecht, FR 07, 584; *Cornelius,* Das Rechtsinstitut der Betriebsunterbrechung …, DStZ 10, 915; *Kuhr,* Vermeidung ertragsteuerl Gewinnrealisation bei Unternehmenspachtverträgen, Ubg 14, 776. – **Verwaltung:** GewStR 2009 2.2; *FinVerw Bremen* v 31.5.00, DStR 00, 1308.

a) Vermeidung der Realisation. Die Verpachtung eines GewBetr im Ganzen ist grds nicht gewerbl (GewStR 2009 2.2). Durch Betriebsverpachtung (BFH X R 39/04 DB 08, 270; *Rosenberg/HHR* Anm 1400 ff) (oder Betriebsunterbrechung) kann aber eine (gewinnrealisierende) Betriebsaufgabe vermieden werden (*Kuhr* Ubg 14, 777); der Verpächter kann die Fortführung wählen (sog **Verpächterwahlrecht;** BFH VIII R 80/03 DStR 06, 1170). Eine gewerbl Betriebsverpachtung setzt voraus, dass die wesentl, dem Betrieb das Gepräge gebenden WG verpachtet werden; hierzu zählt bei einem Handwerksbetrieb nicht das jederzeit wiederbeschaffbare Werkstattinventar (BFH X R 20/06 BStBl II 10, 222; BFH X R 39/04 BStBl II 08, 220 für Autohaus). – Verpachtet ein Gewerbetreibender sein Unternehmen im Ganzen (BFH XI R 2/96 BStBl II 97, 460; iEinz § 16 Rz 690 ff), ohne eine Betriebsaufgabe zu erklären (BFH III R 9/03 BB 05, 84; BFH IV R 52/02 BFH/NV 05, 674), bezieht der Verpächter weiterhin Einkünfte aus GewBetr, die idR nach § 5 zu ermitteln sind; das BV bleibt bestehen (BFH X R 46/94 BFH/NV 96, 393/5). Von einer Unterbrechung (mit Wiederaufnahmeabsicht) ist auszugehen, solange die Fortsetzung obj mögl und eine eindeutige Aufgabeerklärung nicht abgegeben ist (BFH VIII R 80/03 DStR 06, 1170; BFH IV R 45/06 BStBl II 09, 902); zutr einschr *Schuster* FR 07, 584: Aufgabe nach Wahlrechtsausübung nur bei ausdrückl Erklärung (§ 16 IIIb). Das gilt auch bei unentgeltl Nutzungsüberlassung iR vorweggenommener Erbfolge (BFH X R 176/96 BFH/NV 99, 454) und bei branchenfremder Verpachtung (BFH IV R 20/02 DStR 03, 1785; krit *Paus* FR 04, 198). – Zu einer **Zwangsbetriebsaufgabe** kann es kommen, wenn bei der Betriebsverpachtung (§ 16 Rz 690 ff) auch nur eine wesentl Betriebsgrundlage veräußert wird. – Zur Verpachtung als Veräußerung (Übertragung des wirtschaftl Eigentums) s BFH IV R 3/70 BStBl II 1975, 281. – Zur Betriebsverpachtung bei LuF BFH IV R 65/98 BStBl II 99, 398. Wie beim Wirtschaftsüberlassungsvertrag oder bei der Bestellung eines Unternehmensnießbrauchs (§ 15 Rz 144) oder bei der BetrAufsp führt auch die Betriebsverpachtung zur Entstehung zweier Betriebe, eines ruhenden Eigentümerbetriebs (keine GewSt; *Glanegger/Güroff* § 2 GewStG Rz 217) und eines wirtschaftenden Betriebs in der Hand des Pächters (BFH IV R 7/94 BStBl II 96, 440). Verpächter und Pächter bilanzieren grds unabhängig voneinander (BFH IV R 59/73 BStBl II 75, 700; *FinVerw* DStR 89, 470). Im Unterschied zur Betriebsverpachtung muss bei der **BetrAufsp** (§ 15 Rz 802) mindestens eine der (bisherigen) wesentl Betriebsgrundlagen beim (nunmehrigen) Besitzunternehmen verbleiben. **701**

b) Besonderheiten. – aa) Verpachtung abnutzbaren AV mit Substanzerhaltungspflicht des Pächters. – (1) Bilanzierung beim Pächter. Der Pächter hat weder die übernommenen noch die ersatzbeschafften WG zu aktivieren und ist daher nicht AfA-befugt, weil der Verpächter rechtl und wirtschaftl Eigentümer der verpachteten WG bleibt und der ersatzbeschafften WG wird (zB BFH IV R 160/ **702**

74 BStBl II 79, 138 mwN; *BMF* BStBl I 02, 262). – Der Pächter muss für seine **Pflicht zur Erneuerung** eine **Rückstellung** bilden, soweit mit einer Ersatzbeschaffung während der Laufzeit des Pachtvertrags zu rechnen ist; ihre Höhe bestimmt sich nach der Nutzungsdauer der WG und der Wiederbeschaffungskosten am Bilanzstichtag (BFH VIII R 88/87 BStBl II 93, 89 mwN). – **(2) Bilanzierung beim Verpächter.** Der Verpächter hat vor Ersatzbeschaffung seinen Anspruch auf Substanzerhaltung (BFH VIII R 28/95 BStBl II 98, 505; aA *Westerfelhaus* DB 92, 2365) und nach Ersatzbeschaffung das WG mit den AK/HK des Pächters unter Verrechnung mit dem Anspruch zu aktivieren (BFH VIII R 88/87 BStBl II 93, 89 *BMF* BStBl I 02, 262/3); die Höhe des zu aktivierenden Anspruchs bestimmt sich nach den jeweiligen evtl gestiegenen Wiederbeschaffungskosten am Bilanzstichtag (BFH IV R 73/97 BStBl II 00, 309 zur sog eisernen Verpachtung; *BMF* BStBl I 02, 262).

703 **bb) Umlaufvermögen.** Überlassung des UV mit der Verpflichtung, bei Pachtende WG gleicher Art, Menge und Güte zurückzuerstatten **(Sachwertdarlehen).** – **(1) Bilanzierung beim Pächter.** Er wird idR wirtschaftl Eigentümer der WG; er hat diese mit den TW zu aktivieren und in gleicher Höhe eine Rückgabe- oder Wertersatzverpflichtung zu passivieren (BFH IV R 212/82 BStBl II 85, 391; *BMF* BStBl I 02, 262). In der Folgezeit hat er diese Verpflichtung jeweils mit den AK der vorhandenen neu angeschafften oder übernommenen WG – nicht mit etwaigen höheren Wiederbeschaffungskosten – zu passivieren (BFH I R 166/74 BStBl II 76, 717 mwN). – **(2) Bilanzierung beim Verpächter.** Beim Verpächter tritt an die Stelle der übergebenen WG eine wertgleiche Sachwertforderung (BFH IV R 212/82 BStBl II 85, 391). Zu LuF-Besonderheiten s BFH IV R 130/84 BStBl II 86, 399 mwN; *BMF* BStBl I 02, 262).

704 **cc) Einzelfälle.** Zur Buchwertmethode bei **eiserner Verpachtung** iZm einer späteren Hofübertragung *BMF* BStBl I 02, 262/263. – Zur Behandlung des Geschäfts- und Firmenwerts *Presting* FR 92, 425. – Zur Aufgabe eines Milchrentenrechts gegen eine Milchrente FG Köln EFG 08, 30, rkr.

705 **c) Nießbrauch.** Diese Grundsätze gelten sinngemäß für einen Unternehmensnießbrauch (arg § 22 II HGB; s § 15 Rz 143; § 16 Rz 702), im Einzelfall auch nach Wegfall einer BetrAufsp (BFH XI R 2/96 BStBl II 97, 460; BFH X R 8/00 BB 02, 1462).

3. Leasing

Schrifttum (Auswahl; Aufsätze vor 2011 s Vorauflagen): *Beckmann,* Finanzierungsleasing, 3. Aufl, 2006; *Tonner,* Leasing im StR, 6. Aufl, 2014, 73 ff; *Martinek ua* Leasinghandbuch 2. Aufl 2008, § 68f; *Heurung/Sabel* Leasing HdR B 710 (10/09); *Gelhausen/Henneberger,* Leasingverträge, HdJ I/8 (8/15). – *Loitz ua,* Leasing heute und morgen, DB 11, 1873. – **Verwaltung** (Anweisungen vor 2005 s 27. Aufl): *FM Hess* BB 06, 2017 (feststehende Abschlusszahlung); *OFD Rheinland* DB 07, 829 (Container-Leasing); *LFD Thür* DStR 12, 970 (Container-Leasing).

721 **a) Begriff.** Unter Leasingverträgen versteht die Praxis – ohne feste Begriffsbestimmung – verschiedenartige Rechtsverhältnisse, die sich dem äußeren Erscheinungsbild nach als Mietverträge über bewegl oder unbewegl Investitions- oder Konsumgüter darstellen (*Brinkmann/HHR* Anm 1100 ff), aber je nach Art weniger oder mehr von herkömml, idR kurzfristig kündbaren Mietverträgen unterscheiden und uU Ratenkaufverträgen angenähert sind („Rechtsgeschäfte zw Miete und Kauf" mit leasingtypischer Amortisationsfunktion; zur Abgrenzung *Veigel/Lentschig* StBp 94, 106/7) und die vielfach, aber nicht immer, herkömml Formen der Investierung und Finanzierung, zB Kauf unter Kreditaufnahme, substituieren (zu Leasing nach IFRS *Esser* StuB 05, 429; *Tonner* aaO [vor Rz 721], 153 ff).

722 **aa) Arten.** Zu unterscheiden sind zB (s BStBl I 90, 333/9; *Tonner* aaO [vor Rz 721], 14 f) Spezial-, Finanzierungs-, Herstellerleasing (zB BFH VI R 2/84

BStBl II 87, 448; FG MeVo EFG 97, 1536), **sale-and-lease-back** (Rz 725). Zu (Mobilien)-Leasingfonds vgl *Gondert/Schimmelschmidt* BB 96, 1743, *Bordewin/Tonner* aaO [vor Rz 721], 185f; zu Kommunal-Leasing *Elser* DB 96, 2572; *OFD Mchn* DStZ 05, 317; kein Leasing bei sog Contracting-Anlagen (*FinVerw* BB 05, 2632). Im Vordergrund des bilanzrechtl Interesses stehen **Finanzierungs-Leasingverträge** (s § 1 Ia 2 Nr 10; § 19 I Nr 7 KWG), bei denen ein Finanzierungsunternehmen Leasinggeber ist und die von einem Hersteller erworbenen WG einem Leasingnehmer langfristig unkündbar (sog Grundmietzeit) zur Nutzung überlässt, und zwar in der Form entweder sog Vollamortisationsverträge (full-pay-out), bei denen der Leasinggeber seine Investitions- einschließl Finanzierungskosten aus den während der Grundmietzeit gezahlten Mietzinsen voll amortisieren kann (zB BFH I R 146/81 BStBl II 84, 825) oder sog Teilamortisationsverträgen (non-full-pay-out), bei denen dies nicht der Fall ist (*Gelhausen/Henneberger* HdJ I/8 Rz 12f). **Unterarten** sind Verträge mit und ohne Andienungsrecht des Leasinggeber und mit und ohne Kaufoption des Leasingnehmers (dazu *Tonner* FR 07, 946/8f). Typisch für diese Verträge ist die Vereinbarung einer festen Grundmietzeit, die Verlagerung der Gefahr des zufälligen Untergangs und der zufälligen Verschlechterung des geleasten WG auf den Leasingnehmer und der Ausschluss eigener Gewährleistung des Leasinggebers sowie nach ihrer Funktion das primäre Finanzierungsinteresse der Beteiligten.

bb) Zivilrechtl Einordnung. Die Einordnung, insb des Finanzierungs-Leasingvertrags ist str; die Rspr tendiert zu einem atypischen Mietvertrag (Einzelheiten bei *Palandt* Einf vor § 535 BGB, Rz 37ff; *Heurung/Sabel* HdR B 710 Rz 10f). 723

b) Bilanzstrechtl Einordnung. Hier ist im Einzelfall zu entscheiden, ob Leasingverträge wie **Mietverträge** (schwebendes Dauerschuldverhältnis) oder wie **(Raten-)Kaufverträge** (Veräußerung mit Gewinnrealisierung) zu behandeln sind, ob der Leasingnehmer nach den Vertragsbedingungen (zB Höhe der Zahlungen, Verlängerungs-, Kaufoption) noch Mieter oder schon (wirtschaftl) Eigentümer ist (BFH IV R 144/66 BStBl II 70, 264; BFH III R 130/95 BFH/NV 01, 1041/4; BFH IV B 44/02, BFH/NV 2002, 1559; FG Mster EFG 15, 694, rkr; *Tonner* aaO [vor Rz 721], 27f). 724

c) Zurechnung. Bestimmend dafür ist der normale Verlauf der Vertragsabwicklung (Erfüllung), nicht außergewöhnl Ereignisse wie zB Konkurs des LeasingN (BFH IV R 144/66 BStBl II 70, 264). – ***(1)* Zurechnung beim Leasinggeber.** Danach ist der Leasinggegenstand jedenfalls bei kurzfristig kündbaren, typischen Mietverhältnissen nahezu gleichartigen Verträgen (operating-Leasing) dem **Leasinggeber** zuzurechnen (BFH IV R 144/66 BStBl II 70, 264; *Brinkmann/HHR* Anm 1165f) sowie dann, wenn die Verlängerungsmiete bzw der Anschlusskaufpreis (zumindest) dem Marktpreis zum Ende der Grundmietzeit entspricht (BFH III R 74/97 BStBl II 01, 311); Investitionszuschüsse an den Leasinggeber sind nicht abzuziehen (*BMF* StEK EStG § 5 Bil Nr 89 – 16.4.96; *FinVerw* Mchn DB 03, 2358: ungeminderte AK/HK). – ***(2)* Zurechnung beim Leasingnehmer.** Hingegen ist der Leasinggegenstand jedenfalls dann dem Leasingnehmer zuzurechnen (vgl BFH III R 74/97 BStBl II 01, 311, unter 1b; BFH X R 55/01 BFH/NV 05, 517; *Brinkmann/HHR* Anm 1190f), wenn *(1)* er speziell auf die Verhältnisse des LeasingN zugeschnitten ist und nach Ablauf der Grundmietzeit nur noch bei diesem sinnvolle Verwendung finden kann (**Spezialleasing;** vgl BFH III R 130/95 BFH/NV 01, 1041; FG Hbg DStRE 10, 687, rkr) oder – *(2)* betriebsgewöhnl Nutzungsdauer des Leasinggegenstands (dazu BFH III R 74/97 BFH/NV 00, 658) und Grundmietzeit sich annähernd decken oder – *(3)* die betriebsgewöhnl Nutzungsdauer zwar erhebl länger ist als die Grundmietzeit, dem Leasingnehmer aber ein Recht auf Mietverlängerung oder Kauf (Option) zusteht, bei dessen Ausübung er nur einen geringen Mietzins oder Kaufpreis zu bezahlen 725 hat (BFH I R 146/81 BStBl II 84, 825 zu Immobilien-Leasing mit Vollamortisation in der Grundmietzeit; FG Nds EFG 03, 146, rkr: Kaufoption bei Vollamortisation; FG Mster EFG 15, 694, rkr); nach *BMF* DB 96, 959 muss der Optionspreis mindestens dem Buchwert entsprechen; auszugehen ist von den ungeminderten AK/HK. – *(4)* Zurechnung auch bei Abschlusszahlung iHd Restamortisation mit Ankaufsrecht (*FinMin Hess* BB 06, 2017) oder – wenn der Leasinggeber ein **Andienungsrecht** hat und die Ausübung der Option sicher ist (FG Köln BB 12, 3196; FG Nds EFG 13, 1724, Rev IV R 33/13; FG Mster EFG 15, 694, rkr). – *(5)* Keine Anerkennung bei Einschaltung einer KG, **die** zu 100% dem veräußernden K'tist zuzurechnen ist (*OFD Bln* FR 03, 687). – *(6)* Offen ist, ob bei **Teilamortisationsverträgen** über Immobilien der Leasinggegenstand dem LeasingG (zB *Zahn* DB 92, 2482; 2537; FG Nds EFG 07, 1836, Rev IV R 24/07 wegen der ungewissen Kaufoption-Ausübung) oder dem LeasingN (zB *Kaligin* DStZ 85, 235; *N. Meier* FR 86, 137 mwN) zuzurechnen ist (diff ***BMF*** BStBl I 92, 13). – *(7)* Ein **Sale-and-lease-back-Geschäft** kann als bloße Darlehensgewährung (Kreditgewährung mit Sicherungsübereignung) zu beurteilen sein (BFH V R 22/03 BStBl II 06, 727; FG Nds EFG 13, 1724, Rev IV R 33/13; *Gelhausen/Henneberger* HdJ I/8 Rz 250f; *FinVerw* StEK EStG § 15 Nr 340 – 30.4.03). – *(8)* Für Weitervermietungsverluste keine Rückstellung (FG Mchn BB 08, 2566, rkr).

726 **d) Behandlung durch FinVerw.** Bei einem Vollamortisationsvertrag ohne Kauf- oder Verlängerungsoption (Grundfall) ist der Leasinggegenstand regelmäßig dem Leasinggeber zuzurechnen, wenn die Grundmietzeit **mindestens 40 vH** und **höchstens 90 vH** der betriebsgewöhnl Nutzungsdauer des Leasinggegenstandes beträgt, dem Leasingnehmer, wenn die Grundmietzeit weniger als 40 vH oder mehr als 90 vH der betriebsgewöhnl Nutzungsdauer beträgt (*BMF* BStBl I 71, 264, unter III.); im zweiten Fall wird das WG während der Grundmietzeit praktisch verbraucht, im ersten Fall wird eine Grundmietzeit von weniger als 40 vH bei voller Bezahlung aller Kosten des Leasinggebers nur der vereinbaren, der in dieser Zeit das WG verschleißt (*Wilhelm/Hennig* S 149f). **Einzelheiten** zur Zurechnung von Leasinggegenständen nach der Praxis der **FinVerw** für Leasingverträge über bewegl WG mit Vollamortisation *BMF* BStBl I 71, 264, StEK EStG § 5 Akt Nr 54 – 19.4.71; für Leasingverträge über bewegl WG mit Teilamortisation *BMF* BB 76, 72 (abw FG Saarl EFG 94, 241, rkr); für Leasingverträge mit Vollamortisation über unbewegl WG *BMF* BStBl I 72, 188, StEK EStG § 5 Akt Nr 56 – 21.3.72, BStBl I 87, 440 (betriebsgewöhnl Nutzungsdauer, Restbuchwert); für Leasingverträge mit Teilamortisation über unbewegl WG *BMF* BStBl I 92, 13, StEK EStG § 5 Akt Nr 123 – 19.1.93; *SachsFM* DStR 94, 208; bei Beteiligung zu 100% an einer Leasinggeber-KG *BMF* StEK EStG § 5 Akt Nr 137 – 15.11.94; für Verträge mit Erlösbeteiligung des Leasingnehmers *BMF* DB 76, 76; für Verträge mit Entschädigungsanspruch des Leasingnehmers *BMF* DB 76, 940; zur Irrelevanz der Änderung einer AfA-Tabelle s *BMF* StEK EStG § 5 Akt Nr 155 – 13.5.98; zur Frage des wirtschaftl Eigentums beim Container-Leasing-Modell FG BaWü EFG 10, 486, rkr; *LFD Thür* DStR 12, 970.

731 **e) Rechtsfolgen bei Leasinggeber-Zurechnung. – aa) Aktivierung.** Dieser hat das WG mit seinen AK (HK) zu aktivieren und AfA nach der betriebsgewöhnl Nutzungsdauer des WG (*Gelhausen/Henneberger* HdJ I/8 Rz 84ff; *Tonner* aaO [vor Rz 721], 73; aA *Scheiterle* DB 90, 2182: Laufzeit des Mietvertrags) vorzunehmen; die Leasingraten sind BE des jeweiligen Wj der Nutzungsüberlassung (vgl *Gelhausen/Henneberger* HdJ I/8 Rz 122). Der LeasingN hat die Verpflichtung zur Zahlung künftiger Leasingraten nicht zu passivieren; diese sind grds BA des Wj der Nutzungsüberlassung, für das sie geschuldet werden (*BMF* BStBl I 71, 264; I 72, 188; *Heurung/Sabel* HdR B 710 Rz 135f).

732 **bb) Refinanzierung. – (1) Forfaitierung.** Beim Verkauf der Forderung auf die künftigen Leasingraten mit Übergang des Bonitätsrisikos auf den Käufer (vgl BGH BB 90, 1017; anderenfalls Darlehensgewährung, *BMF* BStBl I 96, 9) hat der LeasingG für den Verkaufserlös einen passiven RAP zu bilden (BFH I R 94/95 BStBl II 97, 122; *BMF* BStBl I 96, 9, *Wilhelm/Hennig* S 162); der RAP ist grds linear und nicht nach dem Kostenverlauf aufzulösen (BFH I R 94/95 BStBl II 97, 122 mwN; *BMF* BStBl I 96, 9; krit *Moxter* DStR 96, 433: progressiv).

(2) Restwertforfaitierung. Entspr Zahlungen (zB der Bank an den Leasinggeber) sind nach BFH I R 37/99 BStBl II 01, 722 als Darlehen zu passivieren, da das Andienungsrecht noch nicht ausgeübt sei, und sollen bis zum Ablauf der Grundmietzeit (wohl nach vorheriger [ertragswirksamer] Abzinsung) ratierl aufzuzinsen sein; *BMF* BStBl I 96, 9: Anzahlung; vgl auch Rz 244, 270, 550. 733

(3) Buy-back-Verpflichtung. Nach BFH IV R 52/04 BStBl II 09, 705 ist für eine solche Verpflichtung iRe Auto-Leasing (zum Zwecke der „Ertragsstornierung") eine Verbindlichkeit auszuweisen (so auch FG Mchn EFG 15, 1561, rkr). – Für die vertragl Verpflichtung, den Leasingnehmer bei Beendigung des Leasingvertrags am Erlös aus einer Veräußerung des Leasinggegenstands zu beteiligen oder ihm das Leasing-Objekt zu einem Vorzugspreis zu überlassen, hatte der Leasinggeber eine **Rückstellung** zu bilden (BFH IV R 75/91 BB 93, 1912 gegen BFH IV R 18/86 BStBl II 88, 57; *Groh* StuW 94, 90/4; s aber Rz 450). Zur Rückstellung im Kfz-Handel bei Neuwagenverkauf an LeasingGes mit **Rückkauf-/Rücknahmepflicht** s Rz 550. Saldierung der einzelnen Kaufverträge unzul (BFH VIII R 35/97 BStBl II 01, 566; *Rätke* StuB 01, 339; s auch Rz 70, 450). Nach BFH IV R 1/93 BStBl II 99, 352 ist weitergegebene InvZul bei Verlustrückstellung nicht zu berücksichtigen; mE bedenkl (Rz 454 29. Aufl). 734

cc) Degressive Raten. Sind in einem Leasingvertrag mit fester mehrjähriger Laufzeit jährl fallende (degressive) Leasingraten (eine Form degressiver AfA) vereinbart, ist idR die Summe der während der vertragl Laufzeit geschuldeten Raten in jährl gleich bleibenden Beträgen auf die Laufzeit zu verteilen (nicht bei Mietverträgen mit Mietänderungsklauseln; *BMF* DB 02, 1530); die in den ersten Jahren über diesen rechnerischen Jahresaufwand hinausgehenden Beträge sind als RAP zu aktivieren und in den Jahren, in denen die Leasingraten niedriger als der rechnerische Jahresaufwand sind, gewinnmindernd linear aufzulösen (BFH IV R 184/79 BStBl II 82, 696; *BMF* BStBl I 83, 431; *Meyer-Scharenberg* DStR 91, 754/8; auch bei zul Zinsanpassung, *OFD Ffm* BB 08, 2232); allg aA zB *KSM* § 5 Rz F 303; *Haarmann* JbFfSt 90/91, 481; aA zum Mobilien-Leasing im Hinblick auf Kosten-/Nutzenverlauf und freier Preisgestaltung BFH I R 51/00 BStBl II 01, 645; krit *WG* FR 01, 794; *Gosch* StBp 01, 275; umgekehrt können **progressive Leasingraten** nicht mit RAP egalisiert werden (vgl BFH IV R 158/80 BStBl II 83, 413 für progressiven Erbbauzins; *Gelhausen/Henneberger* HdJ I/8 Rz 127). 735

dd) Vormieten. Leasingraten, die für die Zeit vor Bezugsfertigkeit eines Gebäudes zu zahlen sind und betriebswirtschaftl die Finanzierungskosten des Leasinggebers während der Bauzeit abgelten sollen, sowie andere Sonderzahlungen, sind idR Teile des Nutzungsentgelts und deshalb nach Art eines Disagios (s Rz 270) als aktiver RAP beim Leasingnehmer zu aktivieren; sofort abziehbar sind sie nur, wenn sie Entgelt für eine während der Bauzeit erbrachte Sonderleistung des Leasinggebers sind, die rechtl selbständig neben der Verpflichtung zur Nutzungsüberlassung steht (BFH IV R 184/79 BStBl II, 82, 696; *BMF* BStBl I 83, 431). – Kapitalmarktänderungen rechtfertigen keine Verlustrückstellung des Leasingnehmers (BFH I R 133/84 BStBl II 88, 999; *Kessler* WPg 96, 2/12; Rz 450). 736

f) Rechtsfolgen bei Leasingnehmer-Zurechnung. – aa) Leasingnehmer. Dieser hat das WG zu aktivieren mit den der Berechnung der Leasingraten zu Grunde gelegten AK (HK) des LeasingG und in gleicher Höhe die Verbindlichkeit ggü dem Leasinggeber als Kaufpreisschuld zu passivieren (*Heurung/Sabel* HdR B 710 Rz 170 f; *Tonner* aaO [vor Rz 721], 97; *Gelhausen/Henneberger* HdJ I/8 Rz 244 f); als zusätzl AK (HK) hat der Leasingnehmer weitere nicht in die Leasingraten einbezogenen Aufwendungen für das WG zu aktivieren (BFH I R 146/81 BStBl II 84, 825). Die Leasingraten sind in einen erfolgsneutral zu behandelnden Tilgungsanteil und einen sofort abziehbaren Zins- und Kostenanteil aufzuteilen (*Veigel/Lentschig* StBp 94, 106/12; *BMF* BStBl I 71, 264; I 72, 188). 741

bb) Leasinggeber. Dieser hat eine (abgezinste) Kaufpreisforderung zu aktivieren, und zwar grds iHd vom Leasingnehmer passivierten Schuld. Die Leasingraten sind in einen erfolgsneutralen Tilgungs- und in einen als Ertrag zu vereinnah- 742 menden Zins- und Kostenanteil aufzuteilen; iEinz *Heurung/Sabel* HdR B 710 Rz 175 f; *BMF* BB 73, 506, 1616.

743 **cc) Herstellerleasing.** Hier sind als HK, die beim Leasingnehmer zu aktivieren sind und die die Höhe der Kaufpreisschuld und der Kaufpreisforderung bestimmen, nicht die tatsächl HK iSv § 6, sondern der bei einer Barveräußerung an einen Dritten zu erzielende Preis anzusetzen, denn der Gewinn des Herstellers ist mit Übergang des wirtschaftl Eigentums auf den Leasingnehmer realisiert (str).

§ 5a Gewinnermittlung bei Handelsschiffen im internationalen Verkehr

(1) [1] **An Stelle der Ermittlung des Gewinns nach § 4 Absatz 1 oder § 5 ist bei einem Gewerbebetrieb mit Geschäftsleitung im Inland der Gewinn, soweit er auf den Betrieb von Handelsschiffen im internationalen Verkehr entfällt, auf unwiderruflichen Antrag des Steuerpflichtigen nach der in seinem Betrieb geführten Tonnage zu ermitteln, wenn die Bereederung dieser Handelsschiffe im Inland durchgeführt wird.** [2] **Der im Wirtschaftsjahr erzielte Gewinn beträgt pro Tag des Betriebs für jedes im internationalen Verkehr betriebene Handelsschiff für jeweils volle 100 Nettotonnen (Nettoraumzahl)**

0,92 Euro	**bei einer Tonnage bis zu 1000 Nettotonnen,**
0,69 Euro	**für die 1000 Nettotonnen übersteigende Tonnage bis zu 10 000 Nettotonnen,**
0,46 Euro	**für die 10 000 Nettotonnen übersteigende Tonnage bis zu 25 000 Nettotonnen,**
0,23 Euro	**für die 25 000 Nettotonnen übersteigende Tonnage.**

(2) [1] **Handelsschiffe werden im internationalen Verkehr betrieben, wenn eigene oder gecharterte Seeschiffe, die im Wirtschaftsjahr überwiegend in einem inländischen Seeschiffsregister eingetragen sind, in diesem Wirtschaftsjahr überwiegend zur Beförderung von Personen oder Gütern im Verkehr mit oder zwischen ausländischen Häfen, innerhalb eines ausländischen Hafens oder zwischen einem ausländischen Hafen und der Hohen See eingesetzt werden.** [2] **Zum Betrieb von Handelsschiffen im internationalen Verkehr gehören auch ihre Vercharterung, wenn sie vom Vercharterer ausgerüstet worden sind, und die unmittelbar mit ihrem Einsatz oder ihrer Vercharterung zusammenhängenden Neben- und Hilfsgeschäfte einschließlich der Veräußerung der Handelsschiffe und der unmittelbar ihrem Betrieb dienenden Wirtschaftsgüter.** [3] **Der Einsatz und die Vercharterung von gecharterten Handelsschiffen gilt nur dann als Betrieb von Handelsschiffen im internationalen Verkehr, wenn gleichzeitig eigene oder ausgerüstete Handelsschiffe im internationalen Verkehr betrieben werden.** [4] **Sind gecharterte Handelsschiffe nicht in einem inländischen Seeschiffsregister eingetragen, gilt Satz 3 unter der weiteren Voraussetzung, dass im Wirtschaftsjahr die Nettotonnage der gecharterten Handelsschiffe das Dreifache der nach den Sätzen 1 und 2 im internationalen Verkehr betriebenen Handelsschiffe nicht übersteigt; für die Berechnung der Nettotonnage sind jeweils die Nettotonnen pro Schiff mit der Anzahl der Betriebstage nach Absatz 1 zu vervielfältigen.** [5] **Dem Betrieb von Handelsschiffen im internationalen Verkehr ist gleichgestellt, wenn Seeschiffe, die im Wirtschaftsjahr überwiegend in einem inländischen Seeschiffsregister eingetragen sind, in diesem Wirtschaftsjahr überwiegend außerhalb der deutschen Hoheitsgewässer zum Schleppen, Bergen oder zur Aufsuchung von Bodenschätzen eingesetzt werden; die Sätze 2 bis 4 sind sinngemäß anzuwenden.**

(3) [1] **Der Antrag auf Anwendung der Gewinnermittlung nach Absatz 1 ist im Wirtschaftsjahr der Anschaffung oder Herstellung des Handelsschiffs (Indienststellung) mit Wirkung ab Beginn dieses Wirtschaftsjahres zu stellen.**

[2] Vor Indienststellung des Handelsschiffs durch den Betrieb von Handelsschiffen im internationalen Verkehr erwirtschaftete Gewinne sind in diesem Fall nicht zu besteuern; Verluste sind weder ausgleichsfähig noch verrechenbar. [3] Bereits erlassene Steuerbescheide sind insoweit zu ändern. [4] Das gilt auch dann, wenn der Steuerbescheid unanfechtbar geworden ist; die Festsetzungsfrist endet insoweit nicht, bevor die Festsetzungsfrist für den Veranlagungszeitraum abgelaufen ist, in dem der Gewinn erstmals nach Absatz 1 ermittelt wird. [5] Wird der Antrag auf Anwendung der Gewinnermittlung nach Absatz 1 nicht nach Satz 1 im Wirtschaftsjahr der Anschaffung oder Herstellung des Handelsschiffs (Indienststellung) gestellt, kann er erstmals in dem Wirtschaftsjahr gestellt werden, das jeweils nach Ablauf eines Zeitraumes von zehn Jahren, vom Beginn des Jahres der Indienststellung gerechnet, endet. [6] Die Sätze 2 bis 4 sind insoweit nicht anwendbar. [7] Der Steuerpflichtige ist an die Gewinnermittlung nach Absatz 1 vom Beginn des Wirtschaftsjahres an, in dem er den Antrag stellt, zehn Jahre gebunden. [8] Nach Ablauf dieses Zeitraumes kann er den Antrag mit Wirkung für den Beginn jedes folgenden Wirtschaftsjahres bis zum Ende des Jahres unwiderruflich zurücknehmen. [9] An die Gewinnermittlung nach allgemeinen Vorschriften ist der Steuerpflichtige ab dem Beginn des Wirtschaftsjahres, in dem er den Antrag zurücknimmt, zehn Jahre gebunden.

(4) **[1] Zum Schluss des Wirtschaftsjahres, das der erstmaligen Anwendung des Absatzes 1 vorangeht (Übergangsjahr), ist für jedes Wirtschaftsgut, das unmittelbar dem Betrieb von Handelsschiffen im internationalen Verkehr dient, der Unterschiedsbetrag zwischen Buchwert und Teilwert in ein besonderes Verzeichnis aufzunehmen. [2] Der Unterschiedsbetrag ist gesondert und bei Gesellschaften im Sinne des § 15 Absatz 1 Satz 1 Nummer 2 einheitlich festzustellen. [3] Der Unterschiedsbetrag nach Satz 1 ist dem Gewinn hinzuzurechnen:**

1. **in den dem letzten Jahr der Anwendung des Absatzes 1 folgenden fünf Wirtschaftsjahren jeweils in Höhe von mindestens einem Fünftel,**
2. **in dem Jahr, in dem das Wirtschaftsgut aus dem Betriebsvermögen ausscheidet oder in dem es nicht mehr unmittelbar dem Betrieb von Handelsschiffen im internationalen Verkehr dient,**
3. **in dem Jahr des Ausscheidens eines Gesellschafters hinsichtlich des auf ihn entfallenden Anteils.**

[4] Die Sätze 1 bis 3 sind entsprechend anzuwenden, wenn der Steuerpflichtige Wirtschaftsgüter des Betriebsvermögens dem Betrieb von Handelsschiffen im internationalen Verkehr zuführt.

(4a) **[1] Bei Gesellschaften im Sinne des § 15 Absatz 1 Satz 1 Nummer 2 tritt für die Zwecke dieser Vorschrift an die Stelle des Steuerpflichtigen die Gesellschaft. [2] Der nach Absatz 1 ermittelte Gewinn ist den Gesellschaftern entsprechend ihrem Anteil am Gesellschaftsvermögen zuzurechnen. [3] Vergütungen im Sinne des § 15 Absatz 1 Satz 1 Nummer 2 und Satz 2 sind hinzuzurechnen.**

(5) **[1] Gewinne nach Absatz 1 umfassen auch Einkünfte nach § 16. [2] §§ 34, 34c Absatz 1 bis 3 und § 35 sind nicht anzuwenden. [3] Rücklagen nach den §§ 6b und 6d sind beim Übergang zur Gewinnermittlung nach Absatz 1 dem Gewinn im Erstjahr hinzuzurechnen; bis zum Übergang in Anspruch genommene Investitionsabzugsbeträge nach § 7g Absatz 1 sind nach Maßgabe des § 7g Absatz 3 rückgängig zu machen. [4] Für die Anwendung des § 15a ist der nach § 4 Absatz 1 oder § 5 ermittelte Gewinn zugrunde zu legen.**

(6) **In der Bilanz zum Schluss des Wirtschaftsjahres, in dem Absatz 1 letztmalig angewendet wird, ist für jedes Wirtschaftsgut, das unmittelbar dem**

Betrieb von Handelsschiffen im internationalen Verkehr dient, der Teilwert anzusetzen.

Einkommensteuer-Richtlinien/Verwaltungsanweisungen: EStH 5a – *BMF* BStBl I 99, 669 (überholt); 00, 453 (zur KSt); 00, 809 (Erstjahr); 02, 614 (sog § 5a-Erlass); Änderung durch *BMF* v 31.10.08 BStBl I 08, 956; *OFD Münster* v 16.12.08 S 2133a – 186 – St 12–33, DB 09, 256; weitere Änderung des § 5a-Erlasses durch *BMF* v 10.9.2013 BStBl I, 1152 = DStR 13, 2111; GewSt auf Hinzurechnungsbeträge: *FinBeh Hbg* v 21.8.2013 52-S2133a-019/12; Anwendung des § 35 *OFD NRW* BeckVerw 294284; GewSt bei Insolvenz: *FinMin SchlHol* v 5.1.15 VI 307-S2133a DStR 15, 2552

Schrifttum (vor 2000 s 18. Aufl; bis 2002 s 32. Aufl; bis 2012 s 34. Aufl.); *Dißars/Kahl-Hinsch* Steuerliche Folgen einer Aufgabe der Tonnagebesteuerung nach § 5a EStG, DStR 13, 2092; *Jacobs* Raus aus der Tonnagesteuer, DB 14, 863; *Ebbinghaus/d'Avoine/Hinz* Insolvenz einer Schiffsgesellschaft und steuerliche Aufgaben des Insolvenzverwalters, BB 14, 1436; *Dißars* Die Gewinnermittlung nach § 5a EStG in der neueren Rechtsprechung des BFH, NWB 14, 1793; *Dißars* Beginn und Ende eines Gewerbebetriebs bei Gewinnermittlung nach § 5a EStG, NWB 14, 3614; *Giese* Kapitalerträge unter Tonnagebesteuerung, DStR 15,107.

Gesetze: SeeschiffsregisterG BGBl I 94, 3140; FlaggenrechtsG BGBl I 94, 3141; Gesetzesmaterialien: BT-Drs 13/9722; 13/10271; 13/10710; 13/10875; BR-Drs 334/97, 844/97, 342/98; 518/98; zu StBereinG 99 BT-Drs 14/2035 u BR-Drs 475/99; zu HBeglG 04 BR-Drs 560/1/03, 3.

Übersicht

I. Allgemeines

1 **1. Zweck; Entstehung.** Die EU hat die Besteuerung nach Tonnage zugelassen (ABl C 205 v 5.7.1997, 5; BT-Drs 13/8298). Weltweit ist sie die durchgängige Form der Besteuerung des Seetransports. Niederländischem Vorbild folgend (*Stevens* IStR 96, 323) wurde ab 1999 die sog **Tonnagebesteuerung** eingeführt (SeeschifffahrtsAnpG, BStBl I 98, 1158; vgl 21. Aufl; *Lademann/Dahm* EStG, § 5a Rz 3–9); zu Rückflaggung, Umfang der dt Handelsflotte und Subventionsumfang s FG Hbg v 11.9.2009 3 K 163/08, EFG 10, 404.

2 **2. Regelungsgehalt.** Für Handelsschiffe im internationalen Verkehr (§ 5a II) kommt ab dem Jahr der Anschaffung/Herstellung (Indienststellung) für (zunächst) zehn Jahre auf Antrag (§ 5a III) die Ertragsbesteuerung nach Tonnage (§ 5a I) zur Anwendung; die Tonnagesteuer umfasst auch etwaige Veräußerungsgewinne/-ver-

luste (§ 5a V). Die Besteuerung von vor der Antragstellung entstandener stiller Reserven durch den sog Unterschiedsbetrag (§ 5a IV) betrifft grds (s Rz 20, 22) nur noch Fälle, bei denen nach der bis 2005 geltenden Fassung des § 5a III der Antrag später als im Jahr der Anschaffung/Indienststellung gestellt werden konnte. Bei Beendigung der Tonnagebesteuerung ist für jedes bilanzierungsfähige, zum Betrieb gehörende WG der Teilwert festzustellen (§ 5a VI; Rz 27).

3. Verfassungsmäßigkeit. Die EU hat zugestimmt (BGBl I 98, 4023) und strebt Vereinheitlichung an. § 5a ist verfgemäß (FG Mster 4 K 855/06 EFG 10, 199, rkr; FG Hbg EFG 10, 404, bestätigt durch BFH IV R 47/09 BStBl II 13, 324, vgl auch BFH IV R 46/10 DStR 14, 6 Rz 19), mE weil § 5a dem Gemeinwohl durch die Erhaltung einer hinreichenden dt Handelsflotte dient. Bei einem Vergleich mit anderen Arten des Handelstransports (zB Binnenschifffahrt, Bahn- oder LKW-Transport) sind auch der branchenimmanente internationale Bezug des Seetransports und dessen spezifische Risiken (Stürme, Piraterie, kriegerische Konflikte) zu berücksichtigen (*Lademann/Dahm* EStG, § 5a Rz 19); zweifelnd *Littmann/Weiland,* EStG, § 5a Rz 5, 6; *H/H/R/Voß* § 5a Rz 5). 3

4. Ausschluss der Verlustverrechnung; Reformbedarf. Da der Gewinn gem § 5a I 1 nach Tonnage ermittelt wird, entsteht rechnerisch kein Verlust. Mit in der Bilanz ermittelten Verlusten (Rz 2) findet kein Verlustausgleich (§ 2 Rz 57) statt. Der Ausschluss der Verlustverrechnung ist in Krisenzeiten wirtschaftl nachteilig und unflexibel (Rz 21) und widerspricht deshalb dem Förderzweck des § 5a. Unabhängig von der gesellschaftsvertragl Ertragsverteilung gefährdet die starre Bindung an die 10-Jahresfrist (§ 5a III 7, 9; Rz 21) nicht allein eine Vielzahl von Schiffsbetrieben, sondern auch kreditgebende Banken. Deshalb sollte in die Vorschrift eine Regelung eingefügt werden, nach der bei Verlustentstehung aus Wirtschaftstätigkeit (§ 5) die 10-jährige Bindung (§ 5a III 7) an die Besteuerung nach Tonnage auf Antrag entfällt oder ausgesetzt wird, um die Innenfinanzierung durch Verlustverrechnung zu verbessern. 4

5. Gewinnerzielungsabsicht. Der Betrieb eines Seeschiffes ist (regelmäßig) ein GewBetr (§ 15; § 2 GewStG), so dass Bilanzierungspflicht besteht (§ 4 I, § 5 I, §§ 238 ff HGB). Damit ist zugleich vorausgesetzt, dass der Betriebsinhaber mit Gewinnabsicht handelt (§ 15 II). Die Geltung dieser Tatbestandsvoraussetzung während der Tonnagebesteuerung ergibt sich auch aus § 5a I 1 („Anstelle …") und aus § 5a III 5. Da bei der Besteuerung nach Tonnage kein Verlust entstehen kann, hat das Tatbestandsmerkmal (§ 2 Rz 22 ff) praktisch ledigl Bedeutung bei Rückkehr zur Normalbesteuerung nach §§ 4, 5; vgl auch *BMF* v 12.6.2002 BStBl I, 614, Rz 33. 5

6. Steuerbilanzen. Sie sind während der § 5a-Besteuerung nach den allg Vorschriften fortzuführen und einzureichen (*BMF* BStBl I 02, 614, Tz 36, ab 2013 durch Datenfernübertragung gem § 5b (*BMF* BStBl I 11, 855), aber für die Gewinnermittlung nicht verbindl (§ 60 I 1 EStDV; BR-Drs 342/1/98, 7); zur verbindl E-Bilanz (auch) bei § 5a ab 2014/2015 s *Zwirner* BB 14, 1906 zu *BMF* v 13.6.2014 IV C 6 – S 2133-b/11/10016: 004, BStBl I 14, 886. Die Steuerbilanzen dienen der Anwendung des § 15a (s Rz 28) und der Rückkehr zur allg Besteuerung sowie – bis 2008 – der Ermittlung der erbschaftsteuerl Werte. Bei Anwendung der Besteuerung nach § 5a kann kein **Verlust** entstehen (§ 5a I); Kosten, Abschreibungen, Veräußerungen haben auf das Ergebnis keinen Einfluss. 6

II. Besteuerung nach Tonnage

1. Voraussetzungen der Tonnagebesteuerung, § 5a I, V. Übersicht: – *(1)* Betrieb von Handelsschiffen im internationalen Verkehr mit der Absicht langfristiger Ausübung der Tätigkeit (§ 5a I 1, II; Rz 8–12), – *(2)* Bereederung der Handelsschiffe im Inl (Rz 13), – *(3)* GewBetr mit Geschäftsleitung im Inl (Rz 13; BFH IV 7

R 58/95 BStBl II 98, 86), – *(4)* bisher Gewinnermittlung nach §§ 4 I, 5 („Anstelle ...“; bei § 4 III fehlt die notwendige Dokumentation), – *(5)* (unwiderrufl) **Antrag** (Rz 19); – *(6)* Keine EStErmäßigung für gewerbl Einkünfte nach § 35 auf Tonnagesteuer (§ 5a V S 2), aber auf Gewinnanteile, die den **Unterschiedsbetrag** oder **Sondervergütungen** iSd § 15 I 1 Nr 2 und S 2 erfassen (Rz 14; *BMF* v 31.10.2008 BStBl II, 956 Rz 35; *OFD Münster* DB 09, 256); Überblick bei *Dißars* NWB 14, 1793.

8 **2. Langfristiger Betrieb von Handelsschiffen im internationalen Verkehr, § 5a II. – a) Betriebl Einsatz.** Der BFH hat das Erfordernis langfristigen Schiffseinsatzes aus dem Gesetzeszeck, namentl der langen 10-jährigen Bindungsfrist hergeleitet; er grenzt diesen vom sog **Schiffshandel** ab (BFH IV R 46/10 BStBl II 14, 253 Rz 18 ff; BFH IV R 45/11 BFH/NV 14, 271; vgl *Dißars* NWB 14, 3614/16). – ***(1)* Schiffseinsatz; Merkmale.** – ***(a)* Einsatz eines eigenen oder gecharterten Seeschiffs**(Rz 7; BFH I R 31/02 BStBl II 03, 875). Dafür kommt es rechnerisch auf das Verhältnis der **Reisetage** im internationalen Verkehr (einschließl vorangegangener **Liegezeiten** in Fahrbereitschaft, vgl *BMF* BStBl I 02, 614 Rz 5 S 2) zu den Reisetagen insgesamt an; eine Mindestzahl von Reisetagen ist nicht erforderl (vgl *BMF* aaO Rz 5). Der Betrieb iSv § 5a II muss mit der **Absicht langfristiger Tätigkeit** verbunden sein (BFH IV R 46/10 DStR 14, 6 Rz 18). Wird das (bestellte) Schiff *vor* Ablieferung verkauft, zeigt dies an, dass die erforderl Absicht fehlt (BFH IV R 46/10 Rz 26; BFH IV R 15/13 DStR 14, 6, Rz 33); der Gegenbeweis soll ausgeschlossen sein; krit dazu *Dißars* NWB 14, 1793/6; 14, 3614/17; aber §§ 16, 34 können anwendbar sein (BFH IV R 12/10 DStR 14, 8 Rz 51 ff); s zur GewSt in Verkaufsfällen Rz 26). – ***(b)* Beweisregel** bei Schiffshandel: Vor dem Hintergrund einer auf lange Frist gerichteten Einsatztätigkeit hat der BFH für alsbald nach der Indienststellung stattfindende Schiffsverkäufe (Zeitpunkt des schuldrechtl Vertrages), durch die die Besteuerung nach § 5a beendet wird, folgende Beweisregeln entwickelt: – ***(aa)*** Bei Veräußerung innerhalb eines Jahres nach Beginn der § 5a-Besteuerung **(Jahresfrist)** spricht eine Vermutung dafür, dass die Absicht zu langfristigem Betrieb als Handelsschiffen im internationalen Verkehr nicht bestand. – ***(bb)*** Wird das Schiff erst nach Ablauf eines Jahres seit Indienststellung veräußert, wird vermutet, dass die Absicht zu langfristigem Einsatz bestand. – ***(cc)*** Die **Beweislast** für die Entkräftung der jeweiligen Vermutung trifft den Beteiligten, der die (jeweilige) Vermutung zu entkräften sucht (BFH IV R 15/13, DStR 14, 6). § 5a findet folgl keine Anwendung, wenn vor oder bei Indienststellung des Schiffes die **Absicht der alsbaldigen Veräußerung** bestand (BFH IV R 45/II DStR 14, 9; Rz 30); anderes gilt, wenn die Veräußerung ledigl eine Handlungsalternative war (vgl BFH IV R 10/12 DStR 14, 8). Danach ist eine **Überführungsfahrt** zwecks Ablieferung des Schiffes in Erfüllung eines *vor* Indienststellung geschlossenen Kaufvertrages kein Einsatz im internationalen Verkehr iSd § 5a (BFH IV R 46/10 Rz 23). An der erforderl Absicht fehlt es zB auch, wenn von Anfang an die Veräußerung des Schiffes in kurzer Zeit geplant war, so dass das Schiff nicht AV, sondern UV ist (BFH IV R 45/11 Rz 27–30); zu Hilfsgeschäften s unten Rz 9. – ***(2)* Register.** Eintragung in einem inl **Seeschiffsregister** für die überwiegende Zeit des Wj erforderl (BFH I R 163/87, BStBl II 1990, 783); die (zusätzl) Eintragung im Zweitregister ist unschädl. Die Führung der dt Flagge ist nur Voraussetzung für die Anwendung des § 41a IV. Dabei ist zu berücksichtigen, dass bei Ausflaggung gem § 7 FlagG die Eintragung im dt Schiffsregister bestehen bleibt, so dass sich kein Widerspruch zum Zweck des § 5a ergibt. – ***(3)* Beförderung.** Im Wj überwiegender Einsatz zur ***Beförderung*** **von Personen und Gütern** unter Berührung eines ausl Hafens (*BMF* BStBl I 02, 614, Tz 5; *Frotscher/Lindberg* § 5a Rz 29).

9 **b) Vercharterung; Hilfsgeschäfte, § 5a II 2.** Zum Betrieb gehören auch die **Vercharterung** (bei Ausrüstung durch den Vercharterer; nicht die **Bareboat-Ver-**

charterung; s Rz 11); zu beachten: Abgrenzung zur Zeit-Charter, die der Bareboat-Charter je nach Vertrag ähnl sein kann) und die **Neben- und Hilfsgeschäfte** (§ 5a II 2; *BMF* BStBl I 02, 614, Tz 6f; *Bartholl* Hansa 10/98, 14/5). Grds ist die **Veräußerung eines Handelsschiffes,** für welches die Voraussetzungen des § 5a vorliegen, ein Hilfsgeschäft (BFH IV R 46/10 Rz 21, 31; BFH IV R 45/11 Rz 27–30), so dass ein etwaiger Veräußerungsgewinn/-verlust nicht gesondert erfasst wird (§ 5a II 2, V; s aber Rz 8). Bei Verwendung gecharterter Schiffe (zB durch Nicht-Eigner) müssen gleichzeitig **mindestens ein eigenes oder ein selbst ausgerüstetes Schiff** betrieben werden (§ 5a II 3; Rz 4). Sind gecharterte Schiffe nicht in einem inl Register eingetragen, darf deren Nettotonnage nicht mehr als das 3-fache der nach § 5a II 1, 2 betriebenen Schiffe betragen (§ 5a II 4).

c) Sonstige Betriebsformen, § 5a II 5. Als Betrieb iSv § 5a II 1 gilt auch der 10 (überwiegend außerhalb der dt Hoheitsgewässer erfolgende) Einsatz zum **Schleppen, Bergen,** zur Aufsuchung von **Bodenschätzen** (§ 5a II 5); die Begünstigung der Vermessungstätigkeit wurde auf Intervention der EU ab 2008 gestrichen. Zum Mischbetrieb s Rz 14.

d) Kreuzschifffahrt. § 5a anwendbar, wenn ein ausl Hafen angelaufen wird 11 (krit *Littmann/Weiland* § 5a, Rz 73, der der Beförderung zu Reisezielen mE zu Unrecht keine Bedeutung beimisst); vgl Tz 13, nicht hingegen **Baggersektor, Seefischerei,** Lotsenwesen, Vergnügungsfahrten (*Stevens* IStR 96, 322/3).

e) Kein gesonderter Abzug von BA, § 4 V Nr 11. Die Verhinderung der 12 Trennung von BE und BA durch Aufspaltung des Betriebsergebnisses auf verschiedene Betriebe bzw. Gesellschaften bezweckt bei § 5a-Besteuerung § 4 V 1 Nr 11 idF HBeglG 04; BR-Drs 560/03, 13; *Strahl* KÖSDI 3/04, 14110. Gegen den Einsatz des § 5a iRe BetrAufsp *Fick* StBp 02, 113.

3. Geschäftsleitung; Bereederung, § 5a I 1. Nicht nur die operative Ge- 13 schäftstätigkeit, sondern auch die Bereederung, näml die lang- und kurzfristige Verwaltung und der Einsatz des Schiffes müssen vom Inl aus geplant und organisiert werden. Die Bereederung vom Inl aus umfasst die Geschäftsbesorgung (Verwaltung) des Betriebs in kommerzieller, technischer und personeller Hinsicht (vgl §§ 484 ff HGB; *BMF* BStBl I 02, 614, Tz 1; *Schultze* FR 99, 977). Zur technischen Schiffsführung gehört auch die Beachtung der Sicherheitsstandards (ab 16.7.2002 **ISM:** International Saftey Management, ab 1.7.2004 **ISPS:** International Ship and Port Security Code) einschließl der Kontrolle ihrer Durchführung. Bei **Kreuzfahrtschiffen** (Rz 11) muss der gesamte Hotelbetrieb und die Verkaufsleistungen an Bord vom Inland aus organisiert werden. Problematisch ist die **Aufspaltung der Bereederung** (zB Crewing, Befrachtung); mE sind mehr als 10% im Ausl schädl; ähnl *BMF* BStBl I 02, 614, Tz 2: *fast ausschließl;* Gesamtbild der Verhältnisse ist entscheidend: so iErg auch FG SchlHol 3 K 66/08 EFG 10, 1482. aA – 50% – *Bartholl* Hansa 1998, Nr 10, S 14 und *Lademann/Dahm* EStG, § 5a Rz 39. Kapitän und Schiffsoffiziere müssen im Inland eingestellt werden (*BMF* v 12.6.2002, BStBl I, 614 Rz 1). Im Ausl bereederte Schiffe nehmen nicht an der Tonnagebesteuerung teil.

4. Tonnagegewinn, § 5a I, V, IVa. – a) Gewinnermittlung, § 5a I 2, V. 14 Der Gewinn, soweit er auf den Betrieb von Handelsschiffen im internationalen Verkehr entfällt (zum „soweit" BR-Drs 13/10710, 4), kann nach der im Betrieb geführten (vorhandenen, nicht tatsächl genutzten) **Tonnage** ermittelt werden. Bei Beginn der Tonnagebesteuerung vorhandene **Rücklagen nach §§ 6b, 6d** sind aufzulösen, ein Abzugsbetrag nach § 7g ist rückgängig zu machen; die Beträge sind im Jahr erstmaliger § 5a-Gewinnermittlung dem Gewinn hinzuzurechnen. Der Gewinn ist für **jedes einzelne Handelsschiff** pro Betriebstag gesondert zu ermitteln. Betriebstage sind auch die Tage, an denen das Schiff warm (= mit Mindestbesatzung) aufliegt, also kurzfristig wieder in Fahrt gesetzt werden kann (arg § 5a II 2), idR also 365 Tage (*BMF* BStBl I 02, 614, Tz 4; *Voß/Steinborn* Hansa 8/98, 14/6; *Blümich/Hofmeister* EStG, § 5a Rz 23), ebenso bei Ballastfahrten und kurzen Werftaufenthalten (BFH I R 163/87 BStBl II 1990, 783 zu § 34c aF); anders bei **kaltem Aufliegen,** Tagen des Umbaus oder Großreparaturen. Berechnungsmaßstab sind jeweils volle 100 Nettotonnen (Nettoraumzahl). Die Nettoraumzahl ist im Schiffsmessbrief ausgewiesen (BT-Drs 13/10271, 8). Wird der Gewinn nicht nur nach der Tonnage ermittelt **(Mischbetrieb),** sind die Einnahmen/Ausgaben ggf aufzuteilen (*BMF* BStBl I 02, 614, Tz 3). Der wirtschaftl Zusammenhang mit dem Betrieb des jeweiligen Schiffes ist maßgebend; dafür trägt der StPfl die obj Beweislast. § 4 IVa ist bei Mischbetrieben nicht anwendbar; § 5a lässt keinen Raum für den BA-Abzug (*Eggesiecker/Ellerbeck* BB 00, 1763).

15 **b) Gewinnbestandteile, Abgeltungsumfang.** Der Gewinn aus der Veräußerung von **Aktien, die anstelle des Charterentgeltes** erlangt werden, ist unmittelbar mit dem Betrieb des Schiffes verbunden und deshalb durch § 5a abgegolten (so FG Hbg 2 K 175/13, rkr, BeckRS 2014, 95683; Ausnahme von *BMF* v 12.6.02, BStBl. 1, 614 Rz 9); mE gilt dies nicht für einen während der Besitzdauer eingetretenen Wertzuwachs oder Wertverlust der Aktien. **Zinsen** aus Zwischenanlagen sind durch den Tonnagegewinn abgegolten (vgl *Littmann/Weiland* EStG § 5a Rz 79; vgl auch *Voß* Hansa 10, 111). Das gilt mE auch bei **Festgeldanlage** größerer Beträge, wenn diese für absehbare Reparaturkosten angespart werden (*Lademann/Dahm,* EStG, § 5a Rz 76, 77; aA FG Nds 8 K 347/09, rkr; *BMF* BStBl I, 2002, 614, Rz 9: gesonderte Erfassung/Mischbetrieb). Keine Abgeltung bei Umgehungsmaßnahmen, zB Einlage von Geld oder Forderungen. Zweifelhaft ist, ob Gewinne aus Beteiligungen im Ausl, wenn sie dem Betrieb dienen, durch § 5a abgegolten sind (bej *Giese* DStR 15, 107; *HHR* § 5a Rz 45; aA *BMF* aaO Rz 9); übt die ausl Ges sog Agenturtätigkeit für das Schiff aus, fällt der Beteiligungsgewinn mE nur anteilig unter § 5a. Zum Gewinn iSd § 5a I gehören auch Gewinne bzw Verluste aus **Währungsausgleichsgeschäften,** wenn die Geschäfte der Sicherung der Ausschüttungen oder der Deckung inl Kosten dienen (vgl § 15 IV 4). Abgegolten sind auch sog **nachlaufende Kosten** und Gewinne aus Auflösung von Rückstellungen bei nicht erfolgter Inanspruchnahme, ferner Zinsen, die während der Liquidation nach Veräußerung des Schiffes, aber vor der Schlussverteilung erzielt werden, wenn mit der Liquidation in der Zeit der § 5a-Besteuerung begonnen wurde (*Beispiel:* Verkauf des Schiffes auf Veranlassung der Bank, die die restl Darlehnsschuld nach Auskehrung des Veräußerungserlöses erlässt; Haben-Zinsen, die bis zur Zahlung an die Bank entstehen, sind mE abgegolten). Zum Veräußerungsgewinn s Rz 17).

16 **c) Staffeltarif.** Der Gewinn beträgt bei einer Tonnage bis zu 1000 Nettotonnen 0,92 €, zw 1000 und 10 000 Nettotonnen 0,69 €, zw 10 000 und 25 000 Nettotonnen 0,46 € und über 25 000 0,23 € für jeweils 100 Nettotonnen(-Nettoraumzahl).

Beispiel: Bei einer Tonnage von 50 000 Nettotonnen beträgt der Gewinn pro Betriebstag 197,8 € (0,92 € × 1000 : 100; 0,69 € × 9000 : 100; 0,46 € × 15 000 : 100; 0,23 € × 25 000 : 100).

17 **d) Veräußerungsgewinn; Steuerermäßigungen, § 5a V, § 16, § 34.** Der Tonnagegewinn umfasst (s § 5a V 1) auch den **Veräußerungs-/Aufgabegewinn.** Es gilt der allg Veräußerungs- bzw. Betriebsaufgabebegriff des § 16, so dass Veräußerungs- bzw Aufgabekosten (*Schmidt/Wacker* EStG, § 16 Rz 300, 301 mwN) in den Tonnagegewinn eingehen; aA *OFD Hannover* v 24.6.08 S 2133a – 1 – StO 221; krit *Voß* Hansa 2/09, 64. Eine durch den TW-Ansatz gem § 5a VI sich ergebende Gewinnänderung gehört zum Tonnagegewinn (Rz 27 mwN). Für den nach § 5a I ermittelten Gewinn (einschließl der Gewinne iSd § 16) werden die Vergünstigungen gem §§ 34, 34c I–III, 35 nicht gewährt (§ 5a V 1 und 2). Der **Unter-**

schiedsbetrag (§ 5a IV; Rz 22ff) wird von der Rspr nicht als Teil des **Veräußerungsgewinns** angesehen (BFH IV R 42/10 BStBl II 11, 878 zur ESt; BFH IV R 92/05 BStBl II 08, 583 zur GewSt; *Littmann/Weiland* EStG, § 5a Rz 149; vgl *Bartsch* BB 09, 1049; Hansa 2/09, 65/66; aA *Lademann/Dahm* EStG, § 5a Rz 111; *Dißars* BFH/NV IndexNr 2745358). Gegen die Rspr spricht, dass bei Betriebsveräußerung auch ein Unterschiedsbetrag zu versteuern ist, so dass sich eine zusammengeballte Aufdeckung stiller Reserven ergibt, die bei Gewinnermittlung nach §§ 4, 5 der Grund für ermäßigte Besteuerung nach §§ 16, 34 ist. Die abw Rechtsfolgeanordnung in § 5a V 1 ändert daran nichts (so auch *Dißars* NWB 14, 1793/5); das Zusammentreffen mit dem Wechsel der Gewinnermittlungsart ist demgegenüber bloß formal. Hinzu kommt, dass § 5a IV 3 für Fälle, in denen die Beendigung der § 5a-Besteuerung nicht mit der Betriebsveräußerung zusammenfällt, der Unterschiedsbetrag auf fünf folgenden Wj verteilt wird, so dass eine dem § 34 I ähnl Tarifglättung eintritt: auch dies spricht dafür, in Veräußerungsfällen den Unterschiedsbetrag als Teil des Veräußerungsgewinns aufzufassen.

e) Gewinn von PersGes, § 5a IVa. § 5a IVa stellt die PersGes der MUerschaft gleich (FG Hbg 2 K 145/13 unter 2a, bb/2b, bb; Rev IV R 33/15). Der Tonnagegewinn ist einheitl zu ermitteln (BT-Drs 13/10710, 4) und entspricht dem GesGewinn (FG Hbg aaO). Er ist anteilig auf die Ges'ter entspr ihrem Anteil am GesVermögen – zu verteilen; zur Zurechnung des Unterschiedsbetrages s Rz 24. Der Ges'ter muss MUer, nicht ledigl Treuhänder sein (BFH IV R 35/10 BFH/NV 13, 1945). Die Ergebnisse aus SonderBV II (insb Anteilsfinanzierung) sowie Ergänzungsbilanzen sind mit dem Tonnagegewinn abgegolten. Die Ergebnisse aus **Sonder BV I** und **Sondervergütungen** (§ 15 Rz 440, 560ff) sind dagegen grds (zur Verhinderung von Missbräuchen) hinzuzurechnen. Keine Sondervergütung idS ist der (gesellschaftsvertragl) **Vorabgewinn,** sofern es sich dabei handelsrechtl – und damit nach dem wirtschaftl Gehalt – für die anderen Ges'ter nicht um Kosten handelt (so auch FG Brem v 6.3.08 1 K 25/07 (6), EFG 08, 1609, rkr, und *BMF* v 31.10.08, BStBl I, 956 Tz 34; *Glasenapp* DStR 09, 1462/64). Teil des Tonnagegewinns ist auch das **Bereederungsentgelt** eines am Schiff beteiligten Vertragsreeders, sofern dieses insgesamt 4% der Bruttofrachtraten nicht übersteigt (*BMF* v 31.10.08 BStBl I, 956 Tz 28–34; anders noch *BMF* BStBl I 02, 614, Tz 34; *Kranz* DStR 00, 1215/7; zur Ermittlung s § 15 Rz 475); ist das Bereederungsentgelt höher, ist es nach Auffassung der FinVerw Sondervergütung iSd § 5a IVa 3. Dies gilt auch, wenn die Bereederungsleistung auf Reeder und Befrachter aufgeteilt wird, für das Entgelt des (am Schiff beteiligten) Befrachters. **Sondervergütungen** sind also nicht Teil des Tonnagegewinns; insoweit sind Vergünstigungen (zB § 35, früher § 32c) anwendbar (BFH VIII R 74/02 BFH/NV 05, 2274 = BStBl II 08, 180), so dass der auf Unterschiedsbeträge und Sondervergütungen entfallende, sich nach § 35 ergebende Betrag (verteilt nach dem allg Gewinnverteilungsschlüssel) abzugsfähig ist. Der *zusätzl* Abzug von SonderBA bei der Ermittlung der Sondervergütungen ist grds unzulässig (*BMF* BStBl I 02, 614, Tz 29). Soweit aber SonderBE erzielt werden, sind SonderBA abzugsfähig, die im Zusammenhang mit den SonderBE stehen (vgl *BMF* BStBl I 02, 614 Tz 29, 34; *Kranz* DStR 00, 1215; *Beispiel* Vertragsreeder mit Buchführungsabteilung: Vom Honorar für die Buchführung dürfen die Kosten für die mit der Buchführung befassten Mitarbeiter abgezogen werden. Sinkt das SonderBE-Honorar, weil es von der Höhe der (sinkenden) Frachtraten abhängig ist, ist der SonderBA-Abzug mE auch zul, wenn die BA die BE übersteigen; denn es handelt sich nicht um eine manipulative Gestaltung, sondern um die Folgen einer wirtschaftl Entwicklung. – Zur Gewinnerzielungsabsicht s Rz 5. 18

5. Antrag auf Anwendung, § 5a I, III. – a) Geänderte Antragsfristen. 19
Bei der **Altfassung** des § 5a III (vgl 22. Aufl.) ist insb umstr, welches das Erstjahr iSd § 5a III 1 **aF** ist. *BMF* BStBl I 02, 614, Tz 12f, sah als Erstjahr bereits das Jahr

an, in dem das Schiff bestellt wurde, da die Bestellung ein Hilfsgeschäft (§ 5a II 2) ist und dessen Ergebnis zu Einkünften iSd § 5a II 1 gehörte. Anders BFH IV R 15/13 BStBl II 14, 774: Erstjahr ist dasjenige, in dem das Schiff im internationalen Verkehr (unter den Voraussetzungen des § 5a I und II) eingesetzt worden ist; dafür reichen Hilfsgeschäfte nicht aus (s auch *Kemsat/Hackert* NWB 11, 1967). Wegen missbräuchl Gestaltungen ist die frühere Antragsfrist zur Ausübung der Option mit Ablauf des Jahre 2005 abgeschafft worden (BR-Drs 560/1/03, 3); Übergangsregelung s § 52 XV 3 und 4. – **Neuregelung:** Für **ab 1.1.06** angeschaffte/hergestellte Schiffe ist der Antrag für und im das Jahr der Anschaffung/Herstellung **(Indienststellung)** zu stellen (§ 52 XV 2). Der Antrag wird mit dem Zugang beim FA **wirksam;** er ist **unwiderrufl** (§ 5a I 1). Wirksamkeitsvoraussetzung ist ferner, dass sämtl Voraussetzungen für die Tonnagebesteuerung erfüllt sind (Rz 20). Alle vor Indienststellung erwirtschafteten Gewinne/Verluste werden (ggf rückwirkend; *Littmann/Weiland* § 5a Rz 136) steuerl nicht erfasst (§ 5a III 2; BFH IV R 19/10 BStBl II 14, 522 DStR 14, 10). Dies gilt entgegen FG Hbg 6 K 242/09 EFG 10, 1485 nicht für **Vergütungen** iSd § 15, da diese dem Gewinn nach § 5a IVa S 3 (ledigl) hinzugerechnet werden (BFH IV R 19/10 BStBl II 14, 522); dementsprechend sind mE SonderBA abziehbar. Die Regelung ist durch die **Neufassung** des § 5a III unklar geworden: Nach § 5a I bezieht sich das Optionsrecht auf den GewBetr, also ggf mehrere Schiffe. Nach § 5a III wird auf das jeweilige Schiff abgestellt. Lösung mE: § 5a III nF als lex posterior geht vor. Bei **Einbringung** eines Schiffes in einen Tonnagebetrieb zu Buchwerten entsteht mE ein **Mischbetrieb,** was durch Antragstellung im Jahr der Anschaffung vermieden werden kann (Rz 14, 15). **PersGes** (§ 5a IVa) können den Antrag nur einheitl stellen (mE Grundlagengeschäft; BGH II ZR 263/94 BGHZ 132, 263).

20 **b) Einkünfte vor Indienststellung; Weiterveräußerung.** Sämtl Voraussetzungen für die Tonnagebesteuerung müssen bei Antragstellung erfüllt sein; idR wird sich kein **Unterschiedsbetrag** nach § 5a IV ergeben, weil der Antrag seit 2006 nur im Jahr der Anschaffung/Herstellung gestellt werden kann. Wird der Antrag wirksam gestellt, sind die Einkünfte vor Indienststellung abgegolten (§ 5a III 2). Die wirksame Antragstellung ist hinsichtl der Verluste, die in der Bauzeit entstanden sind, ein rückwirkendes Ereignis, denn nach § 5a III 3 sind die Bescheide, die für die Bauzeit-Jahre ergangen sind, insoweit zu ändern (= Wegfall der Verluste). – Sind die Voraussetzungen nicht sämtl erfüllt, kann ein Antrag erst nach Ablauf von **10 Jahren** nach Indienststellung gestellt werden.

21 **6. Ausscheiden aus der Tonnagebesteuerung; Antrag auf Beendigung, § 5a III 8, 9.** Die Bindung an die die Tonnagebesteuerung (§ 5a III 7) entfällt, wenn deren sachl Voraussetzungen nicht mehr vorliegen (vgl Rz 7). Werden Schiffe defizitär, sind wirtschaftl angemessene Maßnahmen, auch wenn sie mit einer Beendigung der § 5a-Besteuerung verbunden sind, nicht missbräuchl (*Blümich/Hofmeister* EStG, § 5a Rz 67; *Lademann/Dahm* EStG, § 5a Rz 96). Ein neuerl Antrag nach § 5a kann dann (erst) nach 10 Jahren gestellt werden; das ergibt der Regelungszusammenhang des § 5a III. Ein gänzl Ausschluss neuerl Antragstellung ist im Gesetz nicht angeordnet und entspräche auch nicht seinem Zweck. – Für **Beendigungsanträge** gilt § 5a III 8, 9. Nach Ablauf des 10-Jahreszeitraums (§ 5a III 7) kann der StPfl den Antrag im folgenden (oder jedem späteren) Jahr mit Wirkung für den Beginn des Jahres der Antragstellung stellen (Satz 8). Dementsprechend ist er nach Satz 9 ab dem Beginn des Jahres der Antragstellung auf 10 Jahre zur Gewinnermittlung nach allg Vorschriften verpflichtet.

22 **7. Unterschiedsbetrag, § 5a IV; Verluste. – a) Bildung des Unterschiedsbetrags, § 5a IV 1, 2.** Auf das Ende des Wj, das der erstmaligen Anwendung des § 5a vorausgeht (*Schultze* FR 99, 977/81), ist für jedes WG des Schiffsbetriebs die Differenz zw Buchwert und Teilwert als sog Unterschiedsbetrag festzustellen, und zwar nur für WG, für die ein **Buchwert** anzusetzen ist (BFH IV R 47/09 BStBl II

13, 324). Infolge der Änderung der Antragsfrist des § 5a III ab 2006 (§ 52 XV 2–4) ergibt sich regelmäßig kein Unterschiedsbetrag mehr (s aber Rz 20); anders, wenn der Antrag erst 10 Jahre nach Indienststellung gestellt wird. Der Unterschiedsbetrag dient der Erfassung der **stillen Reserven,** die vor der Option zur Tonnagesteuer entstanden sind, sofern der Antrag nach dem Erstjahr gem § 5a III 1 **aF** (Rz 19) gestellt war. In Betracht kommt jedes (bilanzierungspflichtige; s oben) WG, das stille Reserven enthalten kann und dem Schiffsbetrieb iSv Abs 2 unmittelbar dient. Dazu gehören auch **Fremdwährungsverbindlichkeiten,** die negative (passive) WG sind (BFH IV R 60/10 DStR 14, 8, BFH/NV 14, 1641; BFH IV B 57/11, BFH/NV 12, 1108; FG Nds 1 K 343/06 NZB IV B 145/10); nicht (im Wege der Saldierung) einzubeziehen sind mangels Rechtsgrundlage die **Wertaufholungsrücklage** und andere Gewinnrücklagen (BFH IV R 60/10 DStR 14, 8, BFH/NV 14, 1641). Für **Schiffbauverträge,** weil diese nicht bilanziert werden dürfen, ist kein Unterschiedsbetrag festzustellen (FG Hbg EFG 10, 404, bestätigt durch BFH IV R 47/09 BStBl II 13, 324).

b) Wertermittlung. Der **Unterschiedsbetrag** ist gesondert und ggf einheitl außerhalb der Bilanz in einem besonderen Verzeichnis festzuhalten. Die AK/HK bilden die **Wertobergrenze;** § 6 I Nr 5 ist anwendbar. Die **Teilwertermittlung** hat sich grds am steuerrechtl AK/HK-Begriff zu orientieren (vgl Rz 27). Zur Ermittlung *Bartholl* Hansa 10/98, 14; *Kranz* DStR 00, 1215/6; *BMF* BStBl I 02, 614, Tz 21 f; v 31.10.08, BStBl I, 956, Tz 21: Ursprüngl AK/HK abzügl AfA, Nutzungsdauer 25 Jahre; der Schrottwert bleibt außer Ansatz. Ähnl BFH IV R 8/10 BStBl II 11, 709: betriebsgewöhnl Nutzungsdauer betriebsspezifisch zu ermitteln; für **Doppelhüllentanker** liegt die maßgebl Nutzungsdauer über dem AfA-Tabellenwert. Das Verzeichnis ist vorzulegen (§ 60 III 2 EStDV). Werden Kosten für Kapitalbeschaffung (Platzierungskosten, Prospektkosten, Finanzierungsvermittlungsgebühren, Gebühren der Mittelverwendungskontrolle) kraft vertragl Gestaltung mit dem Eigentumserwerb verknüpft, werden sie als für den Eigentumserwerb aufgewendet angesehen und gehören zu den AK (BFH IV R 36/08 BFH/NV 11, 1361; BFH IV R 8/10 BStBl II 11, 709). Bei Zuführung von WG des BV zum Schiffsbetrieb sind § 5a IV 1–3 entspr anzuwenden (§ 5a IV 4). 23

c) Auflösung, § 5a IV 3. Der Gewinnbetrag aus der Auflösung des **Unterschiedsbetrags** als der einheitl festgestellten stillen Reserven (§ 5a IV 3), wird bei Rückkehr zur Gewinnermittlung nach § 4 I/§ 5 dem Gewinn hinzugerechnet wird (BFH IV R 23/08 BFH/NV 11, 476). Er ist den Ges'tern grds nach ihrer Kapitalbeteiligung (§ 155 HGB), ggf gem dem GesVertrag zuzurechnen; § 5a IVa 2 steht nicht entgegen, da er ledigl die Gewinnverteilung betrifft (FG Hbg 2 K 185/07 EFG 10, 134, rkr). Der Unterschiedsbetrag ist erfolgswirksam aufzulösen: ***(1)*** in den der Anwendung des Abs 1 folgenden 5 Wj (also bei Fortführung des Betriebs) iHv ***mindestens*** $^1/_5$ (Buchst a), ***(2)*** in dem Jahr, in dem das WG aus dem BV ausscheidet (zB Begleichung einer **Fremdwährungsverbindlichkeit,** FG Nds 8 K 35/08 EFG 11, 1599; BFH IV B 57/11 BFH/NV 12, 1108; *Voß/Unbescheid* DB 99, 1777; bei lfd Betrieb s BFH IV R 62/06 BStBl II 09, 778) oder in dem es nicht mehr dem Schiffsbetrieb iSv § 5a II dient (*BMF* BStBl I 02, 614, Tz 25 f; bei **Insolvenz** ist der Unterschiedsbetrag Masseforderung gem § 55 I Nr 1 InsO, vgl *FinMin SchlHol* DStR 15, 2552.) oder ***(3)*** in dem Jahr des Ausscheidens eines Ges'ters hinsichtl des auf ihn entfallenden Anteils; Entsprechendes (sofortige vollständige Versteuerung) gilt, wenn der ganze Betrieb aufgegeben oder veräußert wird (*Blümich/Hofmeister* EStG, § 5a Rz 86). – Das gilt nicht, wenn und soweit der Ges'ter seinen Anteil zu Buchwerten überträgt oder einbringt (vgl § 6 III, § 24 UmwStG; *BMF* v 31.10.08, BStBl I, 956 Rz 28), also zB bei **Umwandlung** entspr § 24 UmwStG (*BMF* v 31.10.2008, BStBl I, 956); dasselbe gilt bei **Eintritt** von NeuGes'tern nach Option zu § 5a. – Übertragung auf ein Ersatzschiff ist seit 2000 nicht mehr mögl (§ 52 XV 5; BR-Drs 475/99, 57). 24

25 **aa) Unterschiedsbetrag in Veräußerungsfällen.** Auch bei diesen wird der Unterschiedsbetrag in der Rspr des BFH nicht als Teil des **Veräußerungsgewinns** angesehen (s dazu Rz 17 mwN).

26 **bb) Gewerbesteuer und Steuerermäßigung nach § 35.** Der „nach § 5a ermittelte" Gewinn – einschließl Veräußerungsgewinn und Unterschiedsbetrag (BFH IV R 92/05 BStBl II 08, 583; vgl *Bartsch* BB 09, 1049) – gilt als **Gewerbeertrag** (§ 7 S 3 GewStG). – ***(1)* Gewerbeertragskürzung.** Kürzungen und Hinzurechnungen des pauschal ermittelten Gewinnsbetrages – (= Gewerbeertrags) sind grds ausgeschlossen (BFH VIII R 72/02 BStBl II 10, 828); das gilt auch für den 80%igen Abzug nach § 9 Nr 3 GewStG (BFH IV R 10/11 DStR 14, 9); die restriktive, allein auf den Wortlaut abstellende BFH-Rspr zu § 7 GewStG widerspricht dem Zweck des Gesetzes. Bei vorzeitigem Verkauf (s Rz 8 mwN), also wenn sich erweist, dass die Absicht zu langfristigem Einsatz des Schiffes im internationalen Verkehr nicht bestand, sind für die Zeit, in der das Schiff im internationalen Verkehr (nicht langfristig, also Gewinnermittlung nach §§ 4, 5) eingesetzt war, die Kürzungsvorschriften, insb des § 9 Nr 3 S 2 GewStG anwendbar (BFH IV R 15/13, BStBl. II 14, 774, Rz 30 ff; BFH IV R 45/11 BFHE 243, 367, DStR 14, 9; *Wendt* BFH/PR 14/90; *Dißars* NWB 14, 1793/6; NWB 14, 3614/18). Nach Rückoption zur Gewinnermittlung nach §§ 4, 5 ist § 9 Nr 3 GewStG auf einen Unterschiedsbetrag nicht anwendbar (*FinBeh Hbg* v 21.8.2013 52-S2133a-019/12; BFH IV R 10/11, DStR 14, 9). – ***(2)* Gewerbesteueranrechnung.** – Der Anwendungsausschluss der §§ 34, 34c I–III und des **§ 35** gilt nach **Wortlaut** und Sinnzusammenhang der Sätze 1 und 2 von § 5a V ***nur*** für nach § 5a I ermittelte Gewinne bzw Gewinnanteile von Ges'tern (BFH VIII R 74/02 BStBl II 08, 180 unter III 2a; vgl auch BFH IV R 14/09 BStBl II 13, 673 = DStR 12, 1169 unter II 2a). Bei **Beteiligungserträgen,** die nicht § 5a unterfallen, bei Auflösung von **Unterschiedsbeträgen** (§ 5a IV) und hinzuzurechnenden **Vergütungen** (§ 5a IVa) ist § 35 daher anzuwenden (vgl BFH VIII R 74/02 BStBl II 08, 180); zur **Berechnung** vgl BFH IV R 27/11 BStBl II 15, 278; mit Beispielen *OFD NRW* v 27.7.15, BeckVerw 294284.

27 **8. Beendigung der Tonnagebesteuerung; Teilwertfeststellung, § 5a V, VI.** In der Schlussbilanz bei letztmaliger Anwendung des § 5a ist für jedes WG, das dem Schiffsbetrieb iSv § 5a II dient, der (höhere oder niedrigere) **Teilwert** anzusetzen; ein sich ergebender Gewinn ist gem § 5a V 1 abgegolten (Rz 17; *Dißars/Kahl-Hinsch* DStR 13, 2092/4); das gilt auch in Insolvenzfällen. Gem § 15a verrechenbare Verluste mindern den § 5a-Gewinn nicht (Rz 28). Nach dem TW ist ab dem Folgejahr die AfA zu bemessen (*Blümich/Hofmeister* EStG, § 5a Rz 110; *HHR/Voß* EStG § 5a Rz 100; *Dißars/Kahl-Hinsch* DStR 13, 2092/5; *Jacobs* DB 14, 863; aA *Littmann/Weiland,* EStG, § 5a Rz 255 ff, der für § 5a von einem teilweise eigenständigen Bilanzrecht ausgeht; dagegen zutr *Jacobs* DB 14, 863 mwN. Die FinVerw will bei einem über dem Buchwert liegenden TW die höhere AfA nicht zulassen, sondern ledigl den bisherigen Buchwert zugrunde legen; die Differenz zum Buchwert soll erst bei einer späteren Veräußerung abzuziehen sein (*FinBeh Hbg* v 21.8.13 Az 52-S2133a-018/12). Für eine solche Abweichung vom Bilanzansatz fehlt es an einer Rechtsgrundlage (vgl *Ebbinghaus/d'Avoine/Hinz* BB 14, 1436; *Jacobs* DB 14, 863). § 5 VI ist eindeutig und nicht auslegungsfähig, weil der TW ein fest umschriebener Rechtsbegriff ist. Auch in Fällen, in denen der TW unter dem Buchwert liegt, was wegen des Verfalls der Schiffspreise in der Schifffahrtskrise nicht selten zutrifft, ist mE deshalb der TW ebenfalls für die weitere AfA der Ausgangswert. Liegt nach Auffassung des FA ein niedrigerer TW vor, trägt es im Streitfall dafür die obj Beweislast.

28 **9. Verluste iSd § 15a und des § 15b.** – Nach § 5a V 3 ist **§ 15a** anwendbar (BR-Drs 475/99, 58; *BMF* BStBl I 02, 614, Tz 31 f; krit *Schultze* FR 99, 977/83). Maßgebl ist der nach §§ 4 I, 5 ermittelte Gewinn (Rz 6). § 15a-Verluste, die vor

Anwendung des § 5a entstanden sind, werden – entgegen *BMF* aaO Tz 32 – nur durch die in der Schattenrechnung (Rz 6) gem § 5 ausgewiesenen Gewinne gemindert (BFH VIII R 33/05 BStBl II 07, 261; BFH IV R 14/09 BStBl II 13, 673); das gilt auch für Gewinne iSd § 16 (*Littmann/Weiland* EStG § 5a Rz 208). Sofern solche Verluste bei Beendigung der Tonnagebesteuerung noch vorhanden sind, mindern sie weder den Unterschiedsbetrag noch den Tonnagegewinn (BFH IV R 14/09 BS II 13, 673); zur Entstehung von Unterschiedsbeträgen s Rz 22. – **§ 15b** wird in § 5a nicht für anwendbar erklärt; eine dem § 5a V 4 entspr Vorschrift für § 15b fehlt.

10. Anwendungsregelung. Die Regelung ist grds ab 1.1.99 anzuwenden (s § 52 XV; *BMF* BStBl I 02, 614, Tz 15 f); die Genehmigung der EU-Kommission ist erteilt (BGBl I 98, 4023; *BMF* BStBl I 99, 828). 29

§ 5b Elektronische Übermittlung von Bilanzen sowie Gewinn- und Verlustrechnungen

(1) [1] **Wird der Gewinn nach § 4 Absatz 1, § 5 oder § 5a ermittelt, so ist der Inhalt der Bilanz sowie der Gewinn- und Verlustrechnung nach amtlich vorgeschriebenem Datensatz durch Datenfernübertragung zu übermitteln.** [2] **Enthält die Bilanz Ansätze oder Beträge, die den steuerlichen Vorschriften nicht entsprechen, so sind diese Ansätze oder Beträge durch Zusätze oder Anmerkungen den steuerlichen Vorschriften anzupassen und nach amtlich vorgeschriebenem Datensatz durch Datenfernübertragung zu übermitteln.** [3] **Der Steuerpflichtige kann auch eine den steuerlichen Vorschriften entsprechende Bilanz nach amtlich vorgeschriebenem Datensatz durch Datenfernübertragung übermitteln.** [4] **§ 150 Absatz 7 der Abgabenordnung gilt entsprechend.** [5] **Im Fall der Eröffnung des Betriebs sind die Sätze 1 bis 4 für den Inhalt der Eröffnungsbilanz entsprechend anzuwenden.**

(2) [1] **Auf Antrag kann die Finanzbehörde zur Vermeidung unbilliger Härten auf eine elektronische Übermittlung verzichten.** [2] **§ 150 Absatz 8 der Abgabenordnung gilt entsprechend.**

Einkommensteuer-Richtlinie/Verwaltungsanweisungen: EStH 5a – *BMF*-AnwendungsSchrb v 28.9.11 BStBl I 11, 855; *BMF* v 5.6.12 BStBl I 12, 598 (Aktualisierung); *BMF* v 5.9.12 (Aktuelle Einführung); *BMF* v 27.6.13 BStBl I 13, 844 (Taxonomie 5.2); *BMF* v 19.12.13 2013/0966930 DStR 14, 100 (aktueller Stand); *BMF* v 13.6.14 BStBl I 14, 886 (Taxonomie 5.3); *OFD NRW* v 18.12.14 DB 15, 99 (gesetzl Übermittlungsumfang); *BMF* 25.6.15 BStBl I 15, 541 (Taxonomie 5.4); *OFD NRW* v 29.9.15 FR 15, 958 (Anforderung von Unterlagen).

Schrifttum (Aufsätze vor 2013 s Vorauflagen): *Ebner/Stolz/Mönning/Bachem,* E-Bilanz, 2013; *Ley,* E-Bilanz, BeckHdR B 771 (7/14); *Herzig/Schäperclaus,* Einheitstaxonomie ..., DB 13, 1; *Beste/Herrman,* Die E-Bilanz – Praxiserfahrungen, NWB 13, 1836; *Berger/Voit,* E-Bilanz als Chance (zu XBRL), DB 13, 1677; *Herrfurth/Zwirner,* Die E-Bilanz jetzt umsetzen, Beil zu StuB 7/13; *Kerssenbrock/Kirch,* E-Bilanz: Zu komplex für PersGes?, Stbg 13, 385; *Adrian* ua, Die Änderungen durch die Taxonomie 5.3, DStR 14, 2522; *Ley,* Kapitalkonten der MUer in der E-Bilanz, kösdi 15, 19317.

1. Grundaussage. § 5b idF StBürokratieabbauG (BStBl I 09, 124) schafft die sog E-Bilanz, die zur Ablösung von der HB und dem HB-Recht führen wird (*Weber-Grellet* BB 11, 43/50; *Herzig* DB 11, 1; *KSM* Rz A 64). Die E-Bilanz ermöglicht eine umfassende Modernisierung des Besteuerungsverfahrens; papierbasierte Arbeitsabläufe werden durch EDV-Abläufe – auf der Basis von XBRL (dazu http://www.xbrl.de; www.esteuer.de; *BMF* BStBl I 11, 855 Rz 9 f; *KSM* Rz B 24, B 32) – ersetzt; die Automatisierung ist nicht aufzuhalten (*Holzinger* DB 36/11 M 1). Der Mindestumfang der Taxonomie geht weit über die Gliederungen der 1

§§ 266, 275 HGB hinaus (*Beste/Herrmann* NWB 13, 1836). Die E-Bilanz dient insb dem **steuerl Risikomanagement der FinVerw** (*Kerssenbrock/Kirch* Stbg 11, 392), in Österreich nur dem Ersatz der papierbasierten Bilanz (*Sopp* ua DStR 13, 605). § 5b ist eine die Steuererklärungspflicht ergänzende (reine) Verfahrensvorschrift und verlangt bei Gewinnermittlung nach § 4 I, § 5 und § 5a, den Inhalt der Bilanz (auch Eröffnungsbilanz, auch Anpassungen) sowie die GuV nach amtl vorgeschriebenem Datensatz durch Datenfernübertragung zu übermitteln; für § 4 III folgt eine entspr Verpflichtung aus § 60 IV EStDV (BFH X R 18/09 DStR 11, 2447). Nicht erfasst werden Bilanzen, die steuerl bedeutungslos sind (etwa Quartalsbilanzen, Überschuldungsbilanzen; *KSM* Rz B 1). – Papierbasierte Abläufe sollen durch elektronische Kommunikation ersetzt werden. Die bisher nach § 60 Abs 1 EStDV vorgeschriebene Übermittlung in Papierform entfällt. Durchsetzung bei unterlassener Datenübermittlung ggf mit Zwangsgeld (*BMF* BStBl I 10, 47 Rz 4). – Durch einen umfassenden Bezug steuerl Daten kann die FinVerw Auswirkungen von Gesetzen, Gesetzesänderungen und Rspr sowie die Evaluation steuerl Lenkungsnormen präzise beurteilen (*KSM* Rz A 4); die E-Bilanz wird den Weg zur selbständigen StB weiter beschleunigen (*Herzig/Briesemeister* DB 5/10 M 18). – Die **Rechtsgrundlage** für die Pflicht zur Erstellung und Übermittlung der E-Bilanz folgt unmittelbar aus § 5b I (krit *Rätke* BBK Beil 1/11, 4). § 51 IV Nr 1b ermächtigt das *BMF* im Wege einfacher Verwaltungsvorschrift, den **Mindestumfang** zu bestimmten (dazu *BMF* 5.9.12 Tz 3.2: nur 17% der mögl Positionen). Da sich der Umfang der StB aus §§ 4, 5f iVm den GoB ergibt und jede Bilanzposition grds nach Maßgabe des Einzelbewertungsgrundsatzes zu deklarieren ist, enthält diese Ermächtigung keine Pflichtausdehnung. Die Pflicht zur E-Bilanz ist mE ebenso unbedenkl wie die zur Abgabe der Anlage EÜR (dazu BFH X R 18/09 DStR 11, 2447; *Hofmeister/Blümich* Rz 15). – Zur Umsetzung im Konzern *Endert* Der Konzern 12, 389. – Die praktische Umsetzung der E-Bilanz-Einführung scheint infolge der unterschiedl EDV-Systeme der Länder zu haken; trotz elektronischer Übermittlung verlangt die FinVerw zT die Nachreichung in Papierform; zum gesetzl Übermittlungsumfang und zur Möglichkeit der Übermittlung weiterer Unterlagen vgl *OFD NRW* v 18.12.14 DB 15, 99. – Im Jahr 2014 wurden 1.006.869 E-Bilanzen übermittelt (DB 14/15 M 5).

2 **2. Einzelheiten. – a) Handelsbilanz, § 5b I 1.** Der Inhalt der Bilanz sowie der GuV ist in Form eines XBRL-Datensatzes auf elektronischem Weg nach Maßgabe der Steuerdaten-ÜbermittlungsVO v 28.1.03 (BGBl I S 139), idF VO v 8.1.09 (BGBl I S 31), in der jeweils geltenden Fassung zu übermitteln. XBRL (eXtensible Business Reporting Language) ist ein international verbreiteter Standard (*BMF* BStBl I 10, 47 Rz 2; *Müller/HHR* Anm 24). – § 88 AO sowie die Mitwirkungspflichten des StPfl, insb nach §§ 90, 97, 146, 147 und 200 I 2 AO bleiben unberührt. Der StPfl kann zB iRd Mitwirkungspflicht die Summen- und Saldenliste sowie das Anlageverzeichnis elektronisch übermitteln. Die Grundsätze der Bilanzklarheit, Übersichtlichkeit (§ 243 II HGB) sowie Ansatz- und Bewertungsstetigkeit (§ 246 III, § 252 I Nr 6 HGB) sind zu beachten (*BMF* BStBl I 10, 47, Rz 1). – Kritisiert wird der amtl vorgeschriebene Datensatz Mindestgliederung nach „Taxonomie Steuern"); *Kußmaul/Weiler* BBK 10, 766; *Hoffmann* DB 38/10 M 1: abstoßende Mischung aus HB- und StB-Elementen; das System könne nur auf der Grundlage einer rechtl eigenständigen StB funktionieren.

3 **b) Steuerbilanz, § 5b I 2.** Enthält die Bilanz Ansätze oder Beträge, die den steuerl Vorschritten nicht entsprechen, so ist gem § 5b I 2 die Anpassung ebenfalls durch Datenfernübertragung zu übermitteln (sog „Überleitungsrechnung"). Der StPfl kann stattdessen auch eine StB durch Datenfernübertragung übermitteln (§ 5b I 3; iEinz *Heinsen/Adrian* DStR 10, 2591). – Sonstige Unterlagen (zB Anlagenspiegel, Lagebericht) sind ebenfalls zu übermitteln, allerdings besteht keine Verpflichtung zur elektronischen Übermittlung (*KSM* Rz B 9; zur Anforderung s

OFD Mster DB 15, 2359). – Ggf sind auch Sonder- und Ergänzungsbilanzen zu übermitteln (*Schäperclaus/Hülshoff* DB 14, 2601).

4 **c) Eröffnungsbilanz, § 5b I 3–5.** Für die Eröffnungsbilanz gilt § 5b I 1–3 entspr. Anzuwenden ist auch § 150 VII AO (Datensicherheit; *KSM* Rz B 19).

5 **d) Härtefallregelung, § 5b II.** Eine unbillige Härte kann vorliegen, wenn dem StPfl nicht zuzumuten ist, die technischen Voraussetzungen für eine elektronische Übermittlung zu schaffen (BReg BT-Drs 16/10188, 24; *BMF* BStBl I 10, 47, Rz 3; *KSM* Rz C 4).

6 **e) Rechtsfolgen bei Verstoß.** Bei (teilweiser) Nichtbefolgung der Übermittlungspflicht kann ggf ein Zwangsgeld festgesetzt werden, kein Verspätungszuschlag; auch eine Schätzung ist mögl (*KSM* Rz B 81).

7 **f) Anwendung.** Gem § 1 AnwZpvV (*BMF* v BStBl I 11, 855 Rz 26) ist § 5b erstmals für Wj anzuwenden, die nach dem 31.12.11 beginnen. – Nach *BMF* BStBl I 11, 855 kann eine E-Bilanz erstmalig für das Wj aufgestellt werden, das nach dem 31.12.2012 beginnt, also ab VZ 2013; Übermittlung erstmalig zum 31.5.2014; bei abw Wj verschiebt sich die Erstanwendung. – Die Taxonomien 5.3. sind grds für die Bilanzen der Wj zu verwenden, die nach dem 31.12.14 beginnen (*BMF* 13.6.14 DStR 2014, 1286, die Taxonomien 5.4. für Wj, die nach dem 31.12.15 beginnen (*BMF* 25.6.15 BStBl I 15, 541).

§ 6 Bewertung

(1) **Für die Bewertung der einzelnen Wirtschaftsgüter, die nach § 4 Absatz 1 oder nach § 5 als Betriebsvermögen anzusetzen sind, gilt das Folgende:**

1. [1] Wirtschaftsgüter des Anlagevermögens, die der Abnutzung unterliegen, sind mit den Anschaffungs- oder Herstellungskosten oder dem an deren Stelle tretenden Wert, vermindert um die Absetzungen für Abnutzung, erhöhte Absetzungen, Sonderabschreibungen, Abzüge nach § 6b und ähnliche Abzüge, anzusetzen. [2] Ist der Teilwert auf Grund einer voraussichtlich dauernden Wertminderung niedriger, so kann dieser angesetzt werden. [3] Teilwert ist der Betrag, den ein Erwerber des ganzen Betriebs im Rahmen des Gesamtkaufpreises für das einzelne Wirtschaftsgut ansetzen würde; dabei ist davon auszugehen, dass der Erwerber den Betrieb fortführt. [4] Wirtschaftsgüter, die bereits am Schluss des vorangegangenen Wirtschaftsjahres zum Anlagevermögen des Steuerpflichtigen gehört haben, sind in den folgenden Wirtschaftsjahren gemäß Satz 1 anzusetzen, es sei denn, der Steuerpflichtige weist nach, dass ein niedrigerer Teilwert nach Satz 2 angesetzt werden kann.

1a. [1] Zu den Herstellungskosten eines Gebäudes gehören auch Aufwendungen für Instandsetzungs- und Modernisierungsmaßnahmen, die innerhalb von drei Jahren nach der Anschaffung des Gebäudes durchgeführt werden, wenn die Aufwendungen ohne die Umsatzsteuer 15 Prozent der Anschaffungskosten des Gebäudes übersteigen (anschaffungsnahe Herstellungskosten). [2] Zu diesen Aufwendungen gehören nicht die Aufwendungen für Erweiterungen im Sinne des § 255 Absatz 2 Satz 1 des Handelsgesetzbuchs sowie Aufwendungen für Erhaltungsarbeiten, die jährlich üblicherweise anfallen.

2. [1] Andere als die in Nummer 1 bezeichneten Wirtschaftsgüter des Betriebs (Grund und Boden, Beteiligungen, Umlaufvermögen) sind mit den Anschaffungs- oder Herstellungskosten oder dem an deren Stelle tretenden Wert, vermindert um Abzüge nach § 6b und ähnliche Abzüge, anzusetzen. [2] Ist der Teilwert (Nummer 1 Satz 3) auf Grund einer voraussichtlich dauernden Wertminderung niedriger, so kann dieser angesetzt werden. [3] Nummer 1 Satz 4 gilt entsprechend.

2a. [1]**Steuerpflichtige, die den Gewinn nach § 5 ermitteln, können für den Wertansatz gleichartiger Wirtschaftsgüter des Vorratsvermögens unterstellen, dass die zuletzt angeschafften oder hergestellten Wirtschaftsgüter zuerst verbraucht oder veräußert worden sind, soweit dies den handelsrechtlichen Grundsätzen ordnungsmäßiger Buchführung entspricht.** [2]**Der Vorratsbestand am Schluss des Wirtschaftsjahres, das der erstmaligen Anwendung der Bewertung nach Satz 1 vorangeht, gilt mit seinem Bilanzansatz als erster Zugang des neuen Wirtschaftsjahres.** [3]**Von der Verbrauchs- oder Veräußerungsfolge nach Satz 1 kann in den folgenden Wirtschaftsjahren nur mit Zustimmung des Finanzamts abgewichen werden.**

2b. [1]**Steuerpflichtige, die in den Anwendungsbereich des § 340 des Handelsgesetzbuchs fallen, haben die zu Handelszwecken erworbenen Finanzinstrumente, die nicht in einer Bewertungseinheit im Sinne des § 5 Absatz 1a Satz 2 abgebildet werden, mit dem beizulegenden Zeitwert abzüglich eines Risikoabschlages (§ 340e Absatz 3 des Handelsgesetzbuchs) zu bewerten.** [2]**Nummer 2 Satz 2 ist nicht anzuwenden.**

3. [1]**Verbindlichkeiten sind unter sinngemäßer Anwendung der Vorschriften der Nummer 2 anzusetzen und mit einem Zinssatz von 5,5 Prozent abzuzinsen.** [2]**Ausgenommen von der Abzinsung sind Verbindlichkeiten, deren Laufzeit am Bilanzstichtag weniger als zwölf Monate beträgt, und Verbindlichkeiten, die verzinslich sind oder auf einer Anzahlung oder Vorausleistung beruhen.**

3a. Rückstellungen sind höchstens insbesondere unter Berücksichtigung folgender Grundsätze anzusetzen:

a) bei Rückstellungen für gleichartige Verpflichtungen ist auf der Grundlage der Erfahrungen in der Vergangenheit aus der Abwicklung solcher Verpflichtungen die Wahrscheinlichkeit zu berücksichtigen, dass der Steuerpflichtige nur zu einem Teil der Summe dieser Verpflichtungen in Anspruch genommen wird;

b) Rückstellungen für Sachleistungsverpflichtungen sind mit den Einzelkosten und den angemessenen Teilen der notwendigen Gemeinkosten zu bewerten;

c) künftige Vorteile, die mit der Erfüllung der Verpflichtung voraussichtlich verbunden sein werden, sind, soweit sie nicht als Forderung zu aktivieren sind, bei ihrer Bewertung wertmindernd zu berücksichtigen;

d) Rückstellungen für Verpflichtungen, für deren Entstehen im wirtschaftlichen Sinne der laufende Betrieb ursächlich ist, sind zeitanteilig in gleichen Raten anzusammeln. [2]**Rückstellungen für gesetzliche Verpflichtungen zur Rücknahme und Verwertung von Erzeugnissen, die vor Inkrafttreten entsprechender gesetzlicher Verpflichtungen in Verkehr gebracht worden sind, sind zeitanteilig in gleichen Raten bis zum Beginn der jeweiligen Erfüllung anzusammeln; Buchstabe e ist insoweit nicht anzuwenden.** [3]**Rückstellungen für die Verpflichtung, ein Kernkraftwerk stillzulegen, sind ab dem Zeitpunkt der erstmaligen Nutzung bis zum Zeitpunkt, in dem mit der Stilllegung begonnen werden muss, zeitanteilig in gleichen Raten anzusammeln; steht der Zeitpunkt der Stilllegung nicht fest, beträgt der Zeitraum für die Ansammlung 25 Jahre;**

e) Rückstellungen für Verpflichtungen sind mit einem Zinssatz von 5,5 Prozent abzuzinsen; Nummer 3 Satz 2 ist entsprechend anzuwenden. [2]**Für die Abzinsung von Rückstellungen für Sachleistungsverpflichtungen ist der Zeitraum bis zum Beginn der Erfüllung maßgebend.** [3]**Für die Abzinsung von Rückstellungen für die Verpflichtung, ein Kernkraftwerk stillzulegen, ist der sich aus Buchstabe d Satz 3 ergebende Zeitraum maßgebend; und**

f) bei der Bewertung sind die Wertverhältnisse am Bilanzstichtag maßgebend; künftige Preis- und Kostensteigerungen dürfen nicht berücksichtigt werden.

4. [1]**Entnahmen des Steuerpflichtigen für sich, für seinen Haushalt oder für andere betriebsfremde Zwecke sind mit dem Teilwert anzusetzen; in den Fällen des § 4 Absatz 1 Satz 3 ist die Entnahme mit dem gemeinen Wert anzusetzen.** [2]**Die private Nutzung eines Kraftfahrzeugs, das zu mehr als 50 Prozent betrieblich genutzt wird, ist für jeden Kalendermonat mit 1 Prozent des inländischen Listenpreises im Zeitpunkt der Erstzulassung zuzüglich der Kosten für Sonderausstattung einschließlich Umsatzsteuer anzusetzen; bei der privaten Nutzung von Fahrzeugen mit Antrieb ausschließlich durch Elektromotoren, die ganz oder überwiegend aus mechanischen oder elektrochemischen Energiespeichern oder aus emissionsfrei betriebenen Energiewandlern gespeist werden (Elektrofahrzeuge), oder von extern aufladbaren Hybridelektrofahrzeugen, ist der Listenpreis dieser Kraftfahrzeuge um die darin enthaltenen Kosten des Batteriesystems im Zeitpunkt der Erstzulassung des Kraftfahrzeugs wie folgt zu mindern: für bis zum 31. Dezember 2013 angeschaffte Kraftfahrzeuge um 500 Euro pro Kilowattstunde der Batteriekapazität, dieser Betrag mindert sich für in den Folgejahren angeschaffte Kraftfahrzeuge um jährlich 50 Euro pro Kilowattstunde der Batteriekapazität; die Minderung pro Kraftfahrzeug beträgt höchstens 10 000 Euro; dieser Höchstbetrag mindert sich für in den Folgejahren angeschaffte Kraftfahrzeuge um jährlich 500 Euro.** [3]**Die private Nutzung kann abweichend von Satz 2 mit den auf die Privatfahrten entfallenden Aufwendungen angesetzt werden, wenn die für das Kraftfahrzeug insgesamt entstehenden Aufwendungen durch Belege und das Verhältnis der privaten zu den übrigen Fahrten durch ein ordnungsgemäßes Fahrtenbuch nachgewiesen werden; bei der privaten Nutzung von Fahrzeugen mit Antrieb ausschließlich durch Elektromotoren, die ganz oder überwiegend aus mechanischen oder elektrochemischen Energiespeichern oder aus emissionsfrei betriebenen Energiewandlern gespeist werden (Elektrofahrzeuge), oder von extern aufladbaren Hybridelektrofahrzeugen, sind die der Berechnung der Entnahme zugrunde zu legenden insgesamt entstandenen Aufwendungen um Aufwendungen für das Batteriesystem zu mindern; dabei ist bei zum Betriebsvermögen des Steuerpflichtigen gehörenden Elektro- und Hybridelektrofahrzeugen die der Berechnung der Absetzungen für Abnutzung zugrunde zu legende Bemessungsgrundlage um die nach Satz 2 in pauschaler Höhe festgelegten Aufwendungen zu mindern, wenn darin Kosten für ein Batteriesystem enthalten sind.** [4]**Wird ein Wirtschaftsgut unmittelbar nach seiner Entnahme einer nach § 5 Absatz 1 Nummer 9 des Körperschaftsteuergesetzes von der Körperschaftsteuer befreiten Körperschaft, Personenvereinigung oder Vermögensmasse oder einer juristischen Person des öffentlichen Rechts zur Verwendung für steuerbegünstigte Zwecke im Sinne des § 10b Absatz 1 Satz 1 unentgeltlich überlassen, so kann die Entnahme mit dem Buchwert angesetzt werden.** [5]**Satz 4 gilt nicht für die Entnahme von Nutzungen und Leistungen.**

5. [1]**Einlagen sind mit dem Teilwert für den Zeitpunkt der Zuführung anzusetzen; sie sind jedoch höchstens mit den Anschaffungs- oder Herstellungskosten anzusetzen, wenn das zugeführte Wirtschaftsgut**

a) innerhalb der letzten drei Jahre vor dem Zeitpunkt der Zuführung angeschafft oder hergestellt worden ist,

b) ein Anteil an einer Kapitalgesellschaft ist und der Steuerpflichtige an der Gesellschaft im Sinne des § 17 Absatz 1 oder Absatz 6 beteiligt ist; § 17 Absatz 2 Satz 5 gilt entsprechend, oder

c) ein Wirtschaftsgut im Sinne des § 20 Absatz 2 ist.

[2]**Ist die Einlage ein abnutzbares Wirtschaftsgut, so sind die Anschaffungs- oder Herstellungskosten um Absetzungen für Abnutzung zu kürzen, die auf den Zeitraum zwischen der Anschaffung oder Herstellung des Wirtschaftsguts und der Einlage entfallen.** [3]**Ist die Einlage ein Wirtschaftsgut, das vor der Zuführung aus einem Betriebsvermögen des Steuerpflichtigen entnommen worden ist, so tritt an die Stelle der Anschaffungs- oder Herstellungskosten der Wert, mit dem die Entnahme angesetzt worden ist, und an die Stelle des Zeitpunkts der Anschaffung oder Herstellung der Zeitpunkt der Entnahme.**

5a. In den Fällen des § 4 Absatz 1 Satz 8 zweiter Halbsatz ist das Wirtschaftsgut mit dem gemeinen Wert anzusetzen.

6. Bei Eröffnung eines Betriebs ist Nummer 5 entsprechend anzuwenden.

7. Bei entgeltlichem Erwerb eines Betriebs sind die Wirtschaftsgüter mit dem Teilwert, höchstens jedoch mit den Anschaffungs- oder Herstellungskosten anzusetzen.

(2) [1]**Die Anschaffungs- oder Herstellungskosten oder der nach Absatz 1 Nummer 5 bis 6 an deren Stelle tretende Wert von abnutzbaren beweglichen Wirtschaftsgütern des Anlagevermögens, die einer selbständigen Nutzung fähig sind, können im Wirtschaftsjahr der Anschaffung, Herstellung oder Einlage des Wirtschaftsguts oder der Eröffnung des Betriebs in voller Höhe als Betriebsausgaben abgezogen werden, wenn die Anschaffungs- oder Herstellungskosten, vermindert um einen darin enthaltenen Vorsteuerbetrag (§ 9b Absatz 1), oder der nach Absatz 1 Nummer 5 bis 6 an deren Stelle tretende Wert für das einzelne Wirtschaftsgut 410 Euro nicht übersteigen.** [2]**Ein Wirtschaftsgut ist einer selbständigen Nutzung nicht fähig, wenn es nach seiner betrieblichen Zweckbestimmung nur zusammen mit anderen Wirtschaftsgütern des Anlagevermögens genutzt werden kann und die in den Nutzungszusammenhang eingefügten Wirtschaftsgüter technisch aufeinander abgestimmt sind.** [3]**Das gilt auch, wenn das Wirtschaftsgut aus dem betrieblichen Nutzungszusammenhang gelöst und in einen anderen betrieblichen Nutzungszusammenhang eingefügt werden kann.** [4]**Wirtschaftsgüter im Sinne des Satzes 1, deren Wert 150 Euro übersteigt, sind unter Angabe des Tages der Anschaffung, Herstellung oder Einlage des Wirtschaftsguts oder der Eröffnung des Betriebs und der Anschaffungs- oder Herstellungskosten oder des nach Absatz 1 Nummer 5 bis 6 an deren Stelle tretenden Werts in ein besonderes, laufend zu führendes Verzeichnis aufzunehmen.** [5]**Das Verzeichnis braucht nicht geführt zu werden, wenn diese Angaben aus der Buchführung ersichtlich sind.**

(2a) [1]**Abweichend von Absatz 2 Satz 1 kann für die abnutzbaren beweglichen Wirtschaftsgüter des Anlagevermögens, die einer selbständigen Nutzung fähig sind, im Wirtschaftsjahr der Anschaffung, Herstellung oder Einlage des Wirtschaftsguts oder der Eröffnung des Betriebs ein Sammelposten gebildet werden, wenn die Anschaffungs- oder Herstellungskosten, vermindert um einen darin enthaltenen Vorsteuerbetrag (§ 9b Absatz 1), oder der nach Absatz 1 Nummer 5 bis 6 an deren Stelle tretende Wert für das einzelne Wirtschaftsgut 150 Euro, aber nicht 1000 Euro übersteigen.** [2]**Der Sammelposten ist im Wirtschaftsjahr der Bildung und den folgenden vier Wirtschaftsjahren mit jeweils einem Fünftel gewinnmindernd aufzulösen.** [3]**Scheidet ein Wirtschaftsgut im Sinne des Satzes 1 aus dem Betriebsvermögen aus, wird der Sammelposten nicht vermindert.** [4]**Die Anschaffungs- oder Herstellungskosten oder der nach Absatz 1 Nummer 5 bis 6 an deren Stelle tretende Wert von abnutzbaren beweglichen Wirtschaftsgütern des Anlagevermögens, die einer selbständigen Nutzung fähig sind, können im Wirtschaftsjahr der Anschaffung, Herstellung oder Einlage des Wirtschaftsguts oder der Eröffnung des**

Betriebs in voller Höhe als Betriebsausgaben abgezogen werden, wenn die Anschaffungs- oder Herstellungskosten, vermindert um einen darin enthaltenen Vorsteuerbetrag (§ 9b Absatz 1), oder der nach Absatz 1 Nummer 5 bis 6 an deren Stelle tretende Wert für das einzelne Wirtschaftsgut 150 Euro nicht übersteigen. [5]Die Sätze 1 bis 3 sind für alle in einem Wirtschaftsjahr angeschafften, hergestellten oder eingelegten Wirtschaftsgüter einheitlich anzuwenden.

(3) **[1]Wird ein Betrieb, ein Teilbetrieb oder der Anteil eines Mitunternehmers an einem Betrieb unentgeltlich übertragen, so sind bei der Ermittlung des Gewinns des bisherigen Betriebsinhabers (Mitunternehmers) die Wirtschaftsgüter mit den Werten anzusetzen, die sich nach den Vorschriften über die Gewinnermittlung ergeben; dies gilt auch bei der unentgeltlichen Aufnahme einer natürlichen Person in ein bestehendes Einzelunternehmen sowie bei der unentgeltlichen Übertragung eines Teils eines Mitunternehmeranteils auf eine natürliche Person. [2]Satz 1 ist auch anzuwenden, wenn der bisherige Betriebsinhaber (Mitunternehmer) Wirtschaftsgüter, die weiterhin zum Betriebsvermögen derselben Mitunternehmerschaft gehören, nicht überträgt, sofern der Rechtsnachfolger den übernommenen Mitunternehmeranteil über einen Zeitraum von mindestens fünf Jahren nicht veräußert oder aufgibt. [3]Der Rechtsnachfolger ist an die in Satz 1 genannten Werte gebunden.**

(4) **Wird ein einzelnes Wirtschaftsgut außer in den Fällen der Einlage (§ 4 Absatz 1 Satz 8) unentgeltlich in das Betriebsvermögen eines anderen Steuerpflichtigen übertragen, gilt sein gemeiner Wert für das aufnehmende Betriebsvermögen als Anschaffungskosten.**

(5) **[1]Wird ein einzelnes Wirtschaftsgut von einem Betriebsvermögen in ein anderes Betriebsvermögen desselben Steuerpflichtigen überführt, ist bei der Überführung der Wert anzusetzen, der sich nach den Vorschriften über die Gewinnermittlung ergibt, sofern die Besteuerung der stillen Reserven sichergestellt ist; § 4 Absatz 1 Satz 4 ist entsprechend anzuwenden. [2]Satz 1 gilt auch für die Überführung aus einem eigenen Betriebsvermögen des Steuerpflichtigen in dessen Sonderbetriebsvermögen bei einer Mitunternehmerschaft und umgekehrt sowie für die Überführung zwischen verschiedenen Sonderbetriebsvermögen desselben Steuerpflichtigen bei verschiedenen Mitunternehmerschaften. [3]Satz 1 gilt entsprechend, soweit ein Wirtschaftsgut**

1. **unentgeltlich oder gegen Gewährung oder Minderung von Gesellschaftsrechten aus einem Betriebsvermögen des Mitunternehmers in das Gesamthandsvermögen einer Mitunternehmerschaft und umgekehrt,**
2. **unentgeltlich oder gegen Gewährung oder Minderung von Gesellschaftsrechten aus dem Sonderbetriebsvermögen eines Mitunternehmers in das Gesamthandsvermögen derselben Mitunternehmerschaft oder einer anderen Mitunternehmerschaft, an der er beteiligt ist, und umgekehrt oder**
3. **unentgeltlich zwischen den jeweiligen Sonderbetriebsvermögen verschiedener Mitunternehmer derselben Mitunternehmerschaft**

übertragen wird. [4]Wird das nach Satz 3 übertragene Wirtschaftsgut innerhalb einer Sperrfrist veräußert oder entnommen, ist rückwirkend auf den Zeitpunkt der Übertragung der Teilwert anzusetzen, es sei denn, die bis zur Übertragung entstandenen stillen Reserven sind durch Erstellung einer Ergänzungsbilanz dem übertragenden Gesellschafter zugeordnet worden; diese Sperrfrist endet drei Jahre nach Abgabe der Steuererklärung des Übertragenden für den Veranlagungszeitraum, in dem die in Satz 3 bezeichnete Übertragung erfolgt ist. [5]Der Teilwert ist auch anzusetzen, soweit in den Fällen des Satzes 3 der Anteil einer Körperschaft, Personenvereinigung oder Vermögensmasse an dem Wirtschaftsgut unmittelbar oder mittelbar begründet wird

oder dieser sich erhöht. [6] Soweit innerhalb von sieben Jahren nach der Übertragung des Wirtschaftsguts nach Satz 3 der Anteil einer Körperschaft, Personenvereinigung oder Vermögensmasse an dem übertragenen Wirtschaftsgut aus einem anderen Grund unmittelbar oder mittelbar begründet wird oder dieser sich erhöht, ist rückwirkend auf den Zeitpunkt der Übertragung ebenfalls der Teilwert anzusetzen.

(6) [1] **Wird ein einzelnes Wirtschaftsgut im Wege des Tausches übertragen, bemessen sich die Anschaffungskosten nach dem gemeinen Wert des hingegebenen Wirtschaftsguts. [2] Erfolgt die Übertragung im Wege der verdeckten Einlage, erhöhen sich die Anschaffungskosten der Beteiligung an der Kapitalgesellschaft um den Teilwert des eingelegten Wirtschaftsguts. [3] In den Fällen des Absatzes 1 Nummer 5 Satz 1 Buchstabe a erhöhen sich die Anschaffungskosten im Sinne des Satzes 2 um den Einlagewert des Wirtschaftsguts. [4] Absatz 5 bleibt unberührt.**

(7) **Im Fall des § 4 Absatz 3 sind**

1. **bei der Bemessung der Absetzungen für Abnutzung oder Substanzverringerung die sich bei Anwendung der Absätze 3 bis 6 ergebenden Werte als Anschaffungskosten zugrunde zu legen und**
2. **die Bewertungsvorschriften des Absatzes 1 Nummer 1a und der Nummern 4 bis 7 entsprechend anzuwenden.**

Einkommensteuer-Richtlinien: EStR 6.1–6.15/EStH 6.1–6.15

Übersicht Rz

I. Allgemeines

1 **1. Überblick.** Allg Schrifttum s § 5 vor Rz 1. – **a) Norminhalt.** § 6 I regelt die Bewertung der WG, die bei Gewinnermittlung nach § 4 I oder § 5 als BV anzusetzen sind. **Zentraler Bewertungsmaßstab** für die aktiven WG sind die **AK/HK** (§ 6 I Nr 1–2a), ggf gemindert um AfA; nachrangiger Bewertungsmaßstab ist der (niedrigere) TW. Die Begriffe der AK/HK sind durch § 255 HGB geprägt; diese Begriffsbestimmungen gelten für alle Gewinnermittlungsarten und auch für die Überschusseinkünfte (s Rz 32, 151). Spiegelbildl gelten diese Maßstäbe auch für WG der Passivseite (§ 6 I Nr 3, 3a). Regelbewertungsmaßstab für **Entnahme- und Einlagevorgänge** ist hingegen der TW; die (fortgeführten) AK/HK gelten hier nur nachrangig (§ 6 I Nr 4–7). – § 6 II, IIa enthalten Spezialregelungen über den Ansatz von GWG. § 6 III–V regeln **unentgeltl Übertragungs- und Überführungsvorgänge,** § 6 VI behandelt den **Tausch** und die verdeckte Einlage, § 6 VII betrifft die Anwendung des § 6 in den Fällen des § 4 III. – **Steuerrechtl Spezialvorschriften** sind ggü § 6 vorrangig. Dies gilt insb für stfreie Rücklagen (zB § 6b, RfE nach EStR 6.6), die Wertansätze bei Betriebsaufgabe (§ 16 III), für Anteile an KapGes im PV (§ 17 II) und die Bewertungsvorschriften des UmwStG.

2 **b) Anwendungsbereich.** Grds gilt § 6 nur bei Gewinnermittlung nach § 4 I oder § 5 (Wortlaut des Einleitungssatzes des § 6 I). Er hat insoweit nicht nur für die ESt, sondern auch für KSt und GewSt Bedeutung. Zur Anwendung in Fällen des § 4 III s § 6 VII und Rz 765. Für die **Überschusseinkünfte** gilt § 6 grds nicht. Ausnahmen sind Abs 1 Nr 1a und Abs 2, die durch § 9 V 2 bzw § 9 I 3 Nr 7 S 2 für anwendbar erklärt werden.

3 **c) Rechtsentwicklung.** Zu den zahlreichen Änderungen des § 6 s *HHR* § 6 Rz 2. – **Jüngste Änderungen ab VZ 2010:** Das **BilMoG** brachte in § 6 nur geringfügige Änderungen, die jeweils die Nichtanwendung handelsrechtl Neuregelungen im StRecht bewirken sollen (§ 6 I Nr 2b, Nr 3a Buchst f; s Rz 427, 484) und grds ab dem Wj 2010 gelten. Soweit mit dem BilMoG zahlreiche handelsrechtl Aktivierungs- und Passivierungswahlrechte abgeschafft worden sind, galten diese steuerl ohnehin nicht (s § 5 Rz 31). Das **WachsBeschlG** stellte ab 1.1.10 bei GWG (§ 6 II) wieder die bis 2007 geltende Rechtslage her und gestaltete die Regelung über Sammelposten (§ 6 IIa) zu einem Wahlrecht um (s näher Rz 592 ff). Das **AmtshilfeRLUmsG** ergänzte § 6 I 4 S 2, 3 ab VZ 2013 um eine Begünstigung für sowohl betriebl als auch privat genutzte Elektro-Kfz (s Rz 520, 535; S 3 erneut geändert durch das **StÄndG 2015**) und erweiterte die Anwendbarkeit des § 6 in Fällen der Gewinnermittlung nach § 4 III (§ 6 VII, s Rz 765).

5 **2. Verhältnis zu den handelsrechtl Bewertungsvorschriften.** – **a) Maßgeblichkeit.** Die GoB (im Bereich der Bewertung stark geprägt durch die Vorschriften der §§ 252–256a HGB) gelten infolge der in § 5 I 1 angeordneten **materiellen Maßgeblichkeit** (ausführl § 5 Rz 26 ff) auch für die StB. Die materiellen GoB sind aber nicht nur von den durch § 5 I erfassten Kaufleuten zu beachten, sondern auch bei Gewinnermittlung durch Betriebsvermögensvergleich nach § 4 I (zB bilanzierende Landwirte und Kleingewerbetreibende). Soweit § 6 allerdings Abweichungen ggü der HB enthält, sind die Vorschriften des § 6 für die StB vorrangig (§ 5 VI). § 6 soll gerade verhindern, dass die (bis 2009 in größerem Umfang als heute mögl) handelsrechtl Unterbewertung auf die StB durchschlägt (BFH GrS 2/68 BStBl II 69, 291 unter II.3.a). Für eine weitergehende Abkoppelung der StB von der HB *Weber-Grellet* DB 08, 2451. – Zur **Europäisierung des Bilanzsteuerrechts** und zur **Vorlagepflicht an den EuGH** bei Auslegungsfragen s § 5

Rz 3 mwN. Eine Vorlagepflicht hinsichtl der Bewertungsregelungen des § 6 besteht nicht (BFH I R 24/96 BStBl II 98, 728 unter II.4.; enger BFH VIII R 77/96 BStBl II 02, 227 unter II.4.: jedenfalls nicht bei StPfl, die weder KapGes sind noch unter die KapGes & Co-RL fallen). Die EG-RL sind nicht auf die Festlegung steuerl Rechtsfolgen gerichtet (EuGH C-306/99 BStBl II 04, 144 Rz 70 – BIAO).

7 **b) Bewertungsgegenstand; Einzelbewertung.** Zu bewerten sind grds die *einzelnen* WG, die als BV anzusetzen sind (§ 252 I Nr 3 HGB; § 6 I Einleitungssatz; s ausführl § 5 Rz 69); zw Aktiv- und Passivseite gilt ein Saldierungsverbot (§ 246 II HGB; § 5 Ia 1). Zum Begriff des WG s § 5 Rz 93 ff (Abgrenzung zu RAP s § 5 Rz 241, zu Rücklagen s § 5 Rz 496). Für die Bewertung wird unterschieden zw **Anlage- und Umlaufvermögen** (zu den Begriffen Rz 343), **abnutzbaren und nichtabnutzbaren WG** (Begriff: § 5 Rz 116) sowie **unbewegl, bewegl und immateriellen WG** (hierzu § 5 Rz 113 ff, § 7 Rz 26–31). – Als Ausnahme vom Grundsatz der Einzelbewertung sind unter bestimmten Voraussetzungen **Bewertungseinheiten** zulässig (kompensatorische Bewertung gegenläufiger Erfolgsbeiträge; ausführl § 5 Rz 70 f; für Teilbereiche in § 5 Ia 2 geregelt). Weitere Ausnahmen werden aus Gründen der **Bewertungsvereinfachung** zugelassen, zB Verbrauchsfolgebewertung (LiFo, § 6 I Nr 2a, s Rz 411 ff), Bildung von Festwerten (Rz 611 ff), Durchschnittsbewertung (Rz 624).

9 **c) Bewertungsstichtag.** Handelsrechtl sind die Vermögensgegenstände zum Zeitpunkt des Beginns des Handelsgewerbes und auf den Schluss jedes Wj anzusetzen und zu bewerten (§ 242 I HGB). Dies gilt auch strechtl (§ 6 I Nr 6, 7: Beginn des Betriebs; § 6 I Nr 1–3a iVm § 5 I: Schluss des Wj). Im Verlauf eines Wj erworbene WG sind zum Erwerbszeitpunkt zu bewerten (**Zugangsbewertung;** bei entgeltl Erwerb § 6 I Nr 1–3, bei unentgeltl Erwerb § 6 III, IV, bei Übertragungen und Überführungen § 6 V, bei Tausch und verdeckter Einlage § 6 VI); maßgebl ist der Zeitpunkt, an dem das wirtschaftl Eigentum übergeht. In der folgenden Schlussbilanz sind die WG dann gem § 6 I Nr 1–3 auszuweisen **(Folgebewertung).** Ferner findet eine Bewertung einzelner WG zu dem Zeitpunkt statt, zu dem sie entnommen oder eingelegt werden (§ 6 I Nr 4, 5). – **Nachträgl Wertänderungen.** Ergeben sich nach dem Jahr der Anschaffung oder Herstellung Änderungen der AK oder HK, ist der Wertansatz des WG (erst) auf den folgenden Bilanzstichtag anzupassen (BFH IV R 216/67 BStBl II 71, 323: keine Minderung der AK um einen Skontoabzug, wenn die Ware erst nach dem Bilanzstichtag bezahlt wird). Zu nachträgl AK s Rz 57. Ist das WG nicht mehr im BV vorhanden, ist der Betrag, um den sich die AK oder HK nachträgl ändern, sofort abzugsfähige BA bzw sofort wirksame BE. Zu **wertaufhellenden Umständen** ausführl § 5 Rz 81 mwN.

12 **d) Bewertungsstetigkeit.** Nach § 252 I Nr 6 HGB müssen (bis 2009: „sollen“) die auf den vorhergehenden Jahresabschluss angewandten Bewertungsmethoden beibehalten werden (ausführl *HFA* WPg 97, 540; *Kupsch/Achtert* BB 97, 1403; *Küting/Tesche* DStR 09, 1491).

13 **aa) Persönl Anwendungsbereich.** Handelsrechtl gilt § 252 I Nr 6 HGB nur für Kaufleute. Der materielle GoB der Bewertungsstetigkeit ist aber von allen bilanzierenden StPfl zu beachten (Rz 5) und gilt auch bei LuF (s § 13 Rz 49, 240).

14 **bb) Sachl Anwendungsbereich.** Vom Stetigkeitsgrundsatz erfasst werden vor allem (wobei pflichtgemäße Methodenänderungen, insb solche aufgrund besserer Erkenntnisse, außer Betracht bleiben): – **(1) Methodenwahl für die HK des § 255 HGB.** Dies gilt natürl nur, soweit die HGB-HK estl übernommen werden dürfen (s Rz 191 ff; zu Ausnahmen *Selchert* DB 95, 1573, 1578 ff). – **(2) Inanspruchnahme von Bewertungsvereinfachungsvorschriften.** Dies betrifft insb LiFo (Rz 411), Ansatz von Festwerten (Rz 611) oder Durchschnittswerten (Rz 624). Eine Neuschätzung des Durchschnittswerts bei Zweifeln an der Richtig-

keit der bisherigen Ansätze ist zulässig (BFH IV R 67/97 BStBl II 99, 14 unter 2.e). Für die Neuzugänge des lfd Wj ist auch ein Übergang von der Durchschnittsbewertung zur SofortAfA von GWG nach § 6 II zulässig (BFH IV R 19/99 BStBl II 01, 549 unter 1.); dann darf allerdings nicht auf einen *Teil* der Neuzugänge weiterhin die Durchschnittsbewertung angewendet werden (BFH IV R 5/99 BStBl II 01, 548; *BMF* BStBl I 01, 864 Rz 19). – **(3) Abschreibungen.** Nur die planmäßige Abschreibung (AfA) unterliegt dem Stetigkeitsgebot, nicht aber die Vornahme von Sonder- oder erhöhter AfA, die Bildung stfreier Rücklagen, der Übergang von der degressiven zur linearen AfA nach § 7 III und die handelsrechtl außerplanmäßige AfA (steuerl AfaA oder TW-AfA). – **(4) Ansatzwahlrechte.** S ab 2010 § 246 III HGB; für die Zeit davor zB BFH IV R 96/86 BStBl II 88, 672 unter 2. (Aktivierung selbsterzeugter Futtervorräte bei LuF); das Stetigkeitsgebot gilt jedoch nicht für den Übergang von einer Nichtbilanzierung, die auf einer Billigkeitsregelung der FinVerw beruht, zur gesetzl vorgeschriebenen Bilanzierung (BFH IV R 38/99 BStBl II 00, 422: Feldinventar bei LuF; s hierzu auch § 13 Rz 240). – **(5) Anwendung auf rein steuerl Wahlrechte.** Angesichts der gestiegenen Bedeutung steuerl Wahlrechte (zB TW-AfA, s Rz 361) wird vertreten, das Stetigkeitsgebot gelte nur für die HB, während steuerl Wahlrechte in jedem Jahr erneut und ohne Bindung an die Vorjahreswahl ausgeübt werden können (*Zwirner/Künkele* DStR 13, 2077 und Ubg 13, 305). UE ist dies abzulehnen. Schon vor Schaffung des § 252 HGB wurde das Stetigkeitsgebot für die StB nicht nur aus den GoB, sondern auch aus dem Verbot eines willkürl Methodenwechsels abgeleitet (Nachweise s 30. Aufl Rz 12).

cc) Abweichungen. In „begründeten Ausnahmefällen" lässt § 252 II HGB 17
ausdrückl Ausnahmen vom Grundsatz der Bewertungsstetigkeit zu.

Beispiele (s auch *Küting/Tesche* DStR 09, 1491, 1496): Einschneidende Produktionsumstellungen, geänderte Kostenrechnungskriterien, Änderung des Gesetzes, der Rspr oder der tatsächl Umstände, Sanierungsmaßnahmen, Anpassung an Außenprüfung, Übergang von gröberen zu feineren Bewertungsmethoden. Für sich genommen noch **nicht ausreichend** sind hingegen eine Unternehmenskrise (*Küting/Kaiser* BB 94, Beilage 2, 9), die Euro-Umstellung (BT-Drs 13/10334, 39 zu Art 43 EGHGB) oder eine vorsichtsbedingte Änderung der HK-Ermittlung.

e) Währungsfragen. – aa) Nominalwertprinzip. Hieran hält die Rspr we- 21
gen der Schwierigkeiten der Abgrenzung inflationsbedingter Scheingewinne sowie aus volkswirtschaftl Erwägungen (Vermeidung von Inflationsanreizen) fest (BFH IV R 156/77 BStBl II 80, 434 mwN: keine Substanzerhaltungsrücklage für künftig höhere Wiederbeschaffungskosten; s auch § 5 Rz 82). Für das Vorratsvermögen mildert das LiFo-Verfahren die Folgen von Preissteigerungen (Rz 411 ff).

bb) Bewertung bei Fremdwährungen. Ausführl § 5 Rz 270 „Fremdwäh- 22
rung"; zu GoB und IAS *Schmidbauer* DStR 04, 699. – **(1) AK/HK der gegen Fremdwährung erworbenen WG.** Sie sind nach den Kursen des Liefertages (nicht des Zahlungs- oder Bilanzstichtags) zu bestimmen (Zeitbezugsverfahren; BFH III R 92/75 BStBl II 78, 233 unter 1.; BFH III R 190/94 BStBl II 98, 123 unter II.1.; zum Zeitbezugsverfahren bei § 23 s BFH IX R 11/13 BStBl II 14, 385). Spätere Währungsschwankungen führen nicht zu einer Veränderung der AK/HK des WG (BFH III R 92/75 BStBl II 78, 233 unter 2.). – **(2) Auf Fremdwährung lautende Forderungen und Verbindlichkeiten.** Für die Umrechnung zum Zeitpunkt ihres Entstehens ist der aktuelle Kurs (BFH IV R 61/73 BStBl II 78, 295; zu Verbindlichkeiten BFH IV R 62/06 BStBl II 09, 778 unter II.1.b) und zu späteren Abschlussstichtagen der Devisenkassamittelkurs am Stichtag maßgebend, nicht aber der Geld- oder Briefkurs (ab 2010 gesetzl Regelung in § 256a HGB; hierzu *Hommel/Laas* BB 08, 1666; *Küting/Mojadadr* DB 08, 1869; *Zwirner/Künkele* StuB 09, 517; zur Umrechnung von Fremdwährungsbilanzen s § 308a HGB; ausführl zur steuerl Behandlung von Wechselkursschwankungen *Schänzle* IStR 09, 514). Hierbei sind für Zwecke einer TW-AfA das Niederstwert-

und Imparitätsprinzip zu beachten (BFH I R 117/87 BStBl II 90, 57 unter II.5.b: selbst bei Ermittlung des Gewinns einer nur im Ausland tätigen PersGes für Zwecke des Progressionsvorbehalts ist grds auf den einzelnen Geschäftsvorfall abzustellen). – Hat sich der **Kurs für den StPfl ungünstig entwickelt,** ist handelsrechtl bei Forderungen stets der gesunkene (bei Verbindlichkeiten der gestiegene) aktuelle Kurswert anzusetzen; auf die voraussichtl Dauerhaftigkeit der Wertminderung kommt es in § 256a HGB nicht an (ebenso *Strahl* BeSt 09, 29, 30). Steuerl bleibt es hingegen beim Erfordernis der voraussichtl dauernden Wertminderung (s Rz 364ff). – Hat sich der **Kurs für den StPfl günstig entwickelt** (dh bei Forderungen höherer Kurswert, bei Verbindlichkeiten geringerer Rückzahlungsbetrag), gilt auch handelsrechtl grds die Begrenzung des Wertansatzes auf die historischen AK der Forderung/Verbindlichkeit (nach Maßgabe des ursprüngl Bilanzansatzes in €). Soweit § 256a S 2 HGB bei einer **Restlaufzeit** von höchstens einem Jahr die Realisierung aufgelaufener Währungsgewinne anordnet, gilt dies wegen des Vorrangs von § 6 I Nr 2, 3 (Begrenzung auf die AK) nicht für die StB (glA *Strahl* KÖSDI 08, 16290, 16297; KÖSDI 09, 16642, 16658; *Hübner/Leyh* DStR 10, 1951; unzutr hingegen *Schüttler/Stolz/Jahr* DStR 10, 768); nach vorangegangener TW-AfA ist eine Zuschreibung bis zur Grenze der AK jedoch stets auch in der StB vorzunehmen. – **(3) Bewertungseinheiten durch Währungssicherungsgeschäfte.** S § 5 Rz 70; in diesen Fällen scheidet eine TW-AfA aus.

II. Anschaffungskosten

31 **1. Begriff der AK.** Literatur s vor Rz 151. – Die AK stellen (neben den HK) den Hauptbewertungsmaßstab des § 6 dar (vgl § 6 I Nr 1, 2, 3). Ihr Ansatz soll die mit der Bezahlung des WG einher gehende BV-Minderung neutralisieren und (bei abnutzbaren WG) den Aufwand periodengerecht verteilen. – Nach der **Definition des § 255 I HGB** sind AK die Aufwendungen, die geleistet werden, um einen Vermögensgegenstand zu erwerben (s Rz 41) und ihn in einen betriebsbereiten Zustand zu versetzen (Rz 44), soweit sie dem Vermögensgegenstand einzeln zugeordnet werden können (Rz 48). Zu den AK gehören auch die Nebenkosten (Rz 52) und nachträgl AK (Rz 57). Anschaffungspreisminderungen sind abzusetzen (Rz 65). – **Anschaffung** ist grds nur der **entgeltl Erwerb;** unentgeltl Vorgänge (BFH X R 51/91 BStBl II 94, 779 unter II.3.a) und insb die Gesamtrechtsnachfolge (BFH IX R 47/98 BStBl II 02, 756 unter II.2.b mwN) stellen keine Anschaffung dar. Daher enthalten § 6 III EStG (für BV) und § 11d EStDV (für PV) Regelungen über die Zurechnung der AK/HK des Rechtsvorgängers (zur Abgrenzung zw entgeltl und unentgeltl Erwerb s Rz 655; zur Behandlung von Nebenkosten des unentgeltl Erwerbs s Rz 53). Auch der Erwerb von WG durch Ges'ter iRd **Liquidation einer KapGes** soll selbst dann keine Anschaffung sein, wenn die Ges'ter hierfür Zahlungen an den Liquidator leisten (BFH VIII R 23/75 BStBl II 77, 712, zu § 23; mE zweifelhaft). – Übertragen die Mitglieder einer **Bruchteilsgemeinschaft** ihre im PV befindl Anteile an dem WG auf eine *vermögensverwaltende* GesamthandsPersGes, an der dieselben Beteiligungsverhältnisse bestehen, entstehen mangels Rechtsträgerwechsel (anteilige Zurechnung nach § 39 II Nr 2 AO) selbst dann keine AK, wenn hierfür ein „Entgelt" vereinbart wird (BFH IX R 18/06 BStBl II 08, 679; Gleiches gilt beim Verkauf eines WG aus dem BV an eine „ZebraGes", s BFH IV R 44/09 BStBl II 13, 142). Soweit sich die Beteiligung eines Ges'ters an dem WG erhöht, liegen hingegen AK vor.

Der BFH hat in diesem Zusammenhang das folgende **Gestaltungsmodell zur Umwidmung privater Schuldzinsen** in abziehbare Aufwendungen anerkannt: A ist Alleineigentümer sowohl eines vermieteten als auch eines selbstgenutzten Hausgrundstücks. Er bringt das vermietete Objekt in eine GbR mit B (zB Ehegatte) ein, an der A zu 10% und B zu 90% beteiligt ist. Als „Gegenleistung" werden auf die GbR auch die Darlehen, die auf dem selbstgenutzten Objekt lasten, umgeschrieben. Nach Auffassung des BFH entstehen der GbR im

Umfang der Beteiligung des B AK; diese liegen in der Übernahme der Darlehensvaluta. Die Schuldzinsen auf die vormals privaten Darlehen sollen daher in der GbR abziehbar sein (BFH IX R 15/11 BStBl II 12, 205; mE zweifelhaft, weil die ursprüngl private Veranlassung der Darlehensaufnahme fortwirkt).

a) Anwendungsbereich. Die mit Wirkung ab 1987 in § 255 I HGB aufge- 32
nommene Definition geht auf die schon zuvor bestehende BFH-Rspr zurück (zB BFH IV R 160/78 BStBl II 84, 101 unter A. 1.; BFH I R 32/00 BStBl II 02, 349 unter II.3.a). Sie gilt daher nicht nur bei Gewinnermittlung nach § 5 I, sondern **für alle Einkunftsarten,** insb für **§ 17** (BFH IV R 27/97 BStBl II 99, 638 unter B. II.1., 4., zu den dortigen Modifikationen s § 17 Rz 156), **§ 19** (BFH VI R 89/10 BStBl II 12, 835), **§ 20** (BFH VIII R 62/05 BStBl II 10, 159 unter II. b), **§ 21** (BFH IX R 52/00 BStBl II 03, 574 unter II.1.; BFH IX R 15/03 BStBl II 05, 477 unter II.1.b), **§ 23** (BFH IX R 36/01 BStBl II 06, 12 unter II.1.a) und auch für **StSubventionen,** insb **§ 10e, EigZul, InvZul, FördG** (Nachweise hierzu s 33. Aufl). Der Begriff der AK ist daher für alle Einkunftsarten gleich auszulegen (BFH IV R 8/10 BStBl II 11, 709 unter II.1.c bb).

b) Finales Verständnis des AK-Begriffs. Dies folgt bereits aus dem Wortlaut 33
des § 255 I 1 HGB („um … zu erwerben“) und wurde schon vor der Kodifizierung von der Rspr zugrunde gelegt (BFH IV R 160/78 BStBl II 84, 101 unter A. 1). Maßgebend für die Zuordnung zu den AK ist daher der **Zweck der Aufwendungen;** ein ledigl kausaler und zeitl Zusammenhang reicht allein noch nicht aus (BFH I R 32/00 BStBl II 02, 349 unter II.3.a mwN: Zwangsbeiträge an Erdölbevorratungsverband keine AK des importierten Rohöls; BFH I R 36/04 BStBl II 06, 369 unter II.4.c: nachträgl Abwasserbeitrag für bereits erschlossenen GuB keine AK; BFH I R 2/10 BStBl II 11, 761 unter II.1.b: GrESt bei Anteilsvereinigung keine AK der Beteiligung; s auch Rz 50). AK sind alle Kosten, die aufgewendet werden, um ein WG von der fremden in die eigene Verfügungsmacht zu überführen (BFH GrS 2/66 BStBl III 66, 672; BFH IV R 52/03 BStBl II 06, 128 unter 2.b). Deshalb zählen Aufwendungen, die auf die Anschaffung eines WG *gerichtet* sind, auch dann zu den AK, wenn der StPfl das Eigentum bisher weder erlangt noch überhaupt sicher in Aussicht hat (näher zu diesen **Vorlaufkosten** s Rz 52, 54). Die finale Sicht der AK gründet in der bei Anschaffungen regelmäßig vorhandenen wirtschaftl Disposition, die auch der innere Grund für die TW-Vermutungen (Rz 241) ist. Daher sind AK nicht zivilrechtl, sondern wirtschaftl aufzufassen. – Bei nachträgl AK und AK-Minderungen (nach früherer Rspr auch bei Anschaffungsnebenkosten) kann hingegen die bloße *Veranlassung* durch den Erwerbsvorgang **(Kausalität)** genügen (BFH III R 203/83 BStBl II 87, 423 unter II.3.: nachträgl AK durch Änderung des Entgelts; sehr str, s Rz 50, 65).

c) Abgrenzung zu HK. Hersteller ist der Bauherr, für den das Handeln auf 34
eigene Rechnung und Gefahr prägend ist (§ 15 I EStDV). Der Herstellerbegriff ist wirtschaftl aufzufassen. Er erfordert wesentl **Einwirkungsmöglichkeiten** auf den Herstellungsprozess und die Tragung des **Kostenrisikos** dieses Prozesses (BFH IX R 197/84 BStBl II 90, 299 unter II.1.b: fehlt beim Erwerb im Bauherrenmodell). Neben diesen Kriterien treten andere zurück. So ist ein Anschaffungsvorgang zwar grds durch den Erwerb eines *bestehenden* WG gekennzeichnet, während „Herstellen“ das Schaffen eines noch nicht existenten WG bedeutet; zwingend ist dies aber nicht, wie Verträge über die Anschaffung noch in Bau befindl Gebäude zeigen (BFH IX R 197/84 BStBl II 90, 299 unter II.1.c; zur Anschaffung teilfertiger Gebäude und ihrer anschließenden Fertigstellung s *Blümich/Ehmcke* § 6 Rz 383 mwN). Nachweise zur **Herstellereigenschaft bei Filmproduktionen** s 34. Aufl Rz 34. – **Bedeutung der Abgrenzung:** Hinsichtl ihres **Umfangs** unterscheiden sich AK und HK vor allem dadurch, dass zu den AK nicht die betriebl Gemeinkosten gehören (Einzelheiten s Rz 48), umgekehrt in die HK aber Nebenkosten und nachträgl Aufwendungen nicht stets einzubeziehen sind (BFH I R 32/00 BStBl II

02, 349 unter II.2.a; s Rz 192). Viele Vorschriften über Sonder- und erhöhte AfA waren nur bei Herstellung, nicht aber bei Anschaffung anwendbar.

35 **d) Zeitpunkt der Anschaffung.** Der Anschaffungsvorgang (und damit die Pflicht zur Aktivierung entspr Aufwendungen) **beginnt,** wenn Handlungen vorgenommen werden, die darauf gerichtet sind, das (wirtschaftl) Eigentum an einem WG zu erwerben (BFH IV R 160/78 BStBl II 84, 101 unter A. 1.). Die Anschaffung ist in dem Zeitpunkt **abgeschlossen,** in dem der Erwerber die **wirtschaftl Verfügungsmacht** erlangt, ihm das WG also zuzurechnen ist (hierzu ausführl § 5 Rz 150 ff, zum Leasing § 5 Rz 721 ff). Bei der Lfg von Sachen (Grundstücke und bewegl WG) ist der **Übergang von Besitz, Gefahr, Nutzung und Lasten** (§ 446 BGB) maßgebl (BFH III R 92/08 BStBl II 14, 190: bei Auseinanderfallen von vertragl und tatsächl Übergabezeitpunkt kommt es auf die tatsächl Übergabe an; zu Besonderheiten bei Windkraftanlagen s § 7 Rz 107). Dieser Zeitpunkt kann für das einzelne WG bereits vor der Betriebseröffnung liegen (FG Thür EFG 08, 1065, rkr). Nach dem Abschluss des Anschaffungsvorgangs kommen AK nur noch unter dem Gesichtspunkt der nachträgl AK in Betracht (s Rz 57). – AK/HK sind bereits im Zeitpunkt der Erlangung der wirtschaftl Verfügungsmacht über das WG anzusetzen **(Sollprinzip),** nicht erst bei Zahlung (BFH III R 92/75 BStBl II 78, 233 unter 1.; BFH X R 2/04 BStBl II 08, 109 unter II.3.a), weil das Entgelt auch in der Übernahme einer Verbindlichkeit liegen kann (s Rz 81). Dies gilt auch bei den Überschusseinkünften (BFH IX R 60/94 BFH/NV 96, 600).

37 **e) Abspaltung von AK.** Wird ein WG durch ein anderes oder mehrere andere ersetzt (Surrogation, Auf- oder Abspaltung), setzen sich die ursprüngl AK in dem/den neuen WG fort (BFH IV R 27/97 BStBl II 99, 638 unter B. II.1. mwN: Grundstückstausch bei Flurbereinigung, Grundstücksteilung, Formwechsel, Auf- oder Abspaltung bei Ges; BFH IX R 26/08 BStBl II 09, 658: Ausgabe neuer Anteile iRe KapErhöhung). Maßgebend für die Verteilung der AK auf die neuen WG ist das Verhältnis der TW (BFH IV R 27/97 BStBl II 99, 638 unter B. II.2: Ausgabe neuer Anteile an KapGes zu einem Vorzugspreis; BFH IX R 36/01 BStBl II 06, 12: auch im PV bei § 23; s auch Rz 140 „Optionen").

Einzelfälle. Zur Abspaltung des Werts bodengebundener Milch- und Zuckerrübenlieferrechte vom GuB ausführl § 13 Rz 252 ff; zur Abspaltung vom Buchwert eines Muttertiers bei der Geburt eines Jungtiers s § 13 Rz 46. Wird eine luf Fläche zu Bauland, muss dafür aber im Umlegungsverfahren eine Teilfläche unentgeltl an die Gemeinde abgetreten werden (Flächenbeitrag zum Vorteilsausgleich), erhöhen sich die AK der verbleibenden Fläche um die AK der abgetretenen Fläche (BFH IV R 27/87 BStBl II 90, 126 unter 2.c). Umgekehrt führt die unentgeltl quotengleiche Einziehung von Anteilen an KapGes zum Übergang des anteiligen Buchwerts der eingezogenen Anteile auf die verbleibenden Anteile (BFH VIII R 26/03 BStBl II 06, 22; s Rz 404). Scheidet ein Filmentwickler Silber aus von ihm zu bearbeitendem Filmmaterial ab, sind als AK des Silbers nur die hierbei entstehenden Kosten anzusehen; zu einer Abspaltung von AK kommt es nicht (BFH XI R 34/88 BStBl II 92, 893).

41 **2. Umfang der AK, § 255 I HGB. – a) Aufwendungen zum Erwerb des WG.** Dazu gehören in erster Linie die vertragl **Entgelte** (zB Kaufpreis), daneben auch weitere Leistungen, die an den Lieferer oder für ihn an Dritte vertragsmäßig erbracht werden (zum Verzicht auf Rechte s BFH IV R 45/99 BStBl II 01, 190 unter 1.d). Bei einem Rückerwerb nach dem VermG zählen dazu auch Ausgleichsleistungen an den bisherigen Nutzer (BFH IX R 15/03 BStBl II 05, 477). Zum Erwerb durch **Zwangsversteigerung** s Rz 140. Auch **Überpreise,** die tatsächl gezahlt werden, gehören zu den AK (zur TW-AfA bei Fehlmaßnahmen s Rz 246). Die **AK von Waren** dürfen auch **retrograd** (dh durch Abzug des Rohgewinns vom voraussichtl Verkaufspreis) ermittelt werden (BFH I R 65/82 BFH/NV 86, 204 unter 1. mwN; s auch *Köhler* StBP 08, 220, 224); zur Ableitung des TW vom Verkaufspreis s Rz 257 ff. – Das Abzugsverbot für **unangemessene Aufwendungen** (§ 4 V 1 Nr 7) gilt nur für den BA-Abzug (Hinzurechnung außerhalb der Bilanz). Die AK als solche werden nicht vermindert (BFH IV R 5/85 BStBl II 87,

853 unter I.3.a). – **Anzahlungen** auf das Entgelt sind zunächst als solche, nicht aber als AK zu aktivieren (s § 5 Rz 270 „Anzahlungen"; zu verlorenen Vorauszahlungen s Rz 208; zur Abgrenzung zw Anzahlungen und RAP s § 5 Rz 244). – Zu den AK gehören auch **übernommene Verbindlichkeiten** (ausführl Rz 81 ff). Zu AK beim **Tausch** (auch soweit es um PV geht) und bei verdeckter Einlage s § 6 VI (Rz 731 ff). Zur Abgrenzung zum unentgeltl Erwerb (insb bei symbolischen Kaufpreisen) s Rz 655 (zu § 6 III). – **Rückfluss von Aufwendungen** (zu AK-Minderungen s auch Rz 65). AK setzen Aufwendungen voraus, die tatsächl eine Veräußerung der Rechtslage bewirkt haben. Daran fehlt es, wenn der Veräußerer aus privaten Gründen auf die Entrichtung des Entgelts verzichtet, eine vom Erwerber entrichtete Zahlung wieder an diesen zurückfließt oder die Rückschenkung des Kaufpreises von vornherein vereinbart ist (BFH X R 14/11 BStBl II 14, 158 Rz 51).

b) Betriebsbereitschaftskosten. – aa) Einbeziehung in die AK. Aufwendungen, um das WG in einen betriebsbereiten Zustand zu versetzen, gehören gem § 255 I 1 HGB ebenfalls zu den AK. Diese Aufwendungen fallen idR erst nach Erlangung der wirtschaftl Verfügungsmacht an. Was als „betriebsbereiter Zustand" anzusehen ist, bestimmt sich nach dem Zweck, den der Erwerber mit der Anschaffung des WG verfolgt (BFH IX R 39/97 BStBl II 03, 569 unter II.2.b; BFH IX R 52/00 BStBl II 03, 574 unter II.2.b aa). 44

Einzelfälle: Bei angelieferten Rohstoffen auch Kosten für den betriebsinternen **Transport** zum Lagerplatz und die Einlagerung, sofern es sich um Einzelkosten handelt (BFH I 219/63 BStBl II 68, 22 unter 1.); Kosten für die technische **Umrüstung** (BFH I R 27/79 BStBl II 81, 660: Umrüstung erworbener Güterwaggons, damit sie im Inl zugelassen werden können; BFH IV R 170/83 BStBl II 86, 60: Umrüstung eines erworbenen Arbeitsschiffs zum Transportschiff sowie Kosten der Überführung vom Erwerbsort zum Einsatzort); mE auch Kosten für die einheitl Lackierung und Beschriftung neu angeschaffter Firmenfahrzeuge (aA FG Mchn EFG 06, 1238, rkr: sofort BA); zu **Software** s Rz 140.

bb) Gebäude. Hier gilt zunächst die gesetzl 15%-Grenze des § 6 I Nr 1a (**anschaffungsnahe HK,** s Rz 381). Da Nr 1a nur HK betrifft, gelten daneben aber die Rspr-Grundsätze zu Betriebsbereitschaftskosten (= AK) fort, und zwar auch dann, wenn die Aufwendungen 15% der AK *nicht* übersteigen (glA *Spindler* DB 04, 507, 509); die *FinVerw* sieht dies allerdings für Fälle der Standarderhöhung als Nichtaufgriffsgrenze (*BMF* BStBl I 03, 386 Rz 38). Danach sind Gebäude (bzw Gebäudeteile), die im Erwerbszeitpunkt bereits vermietet sind, stets betriebsbereit; AK können hier nicht mehr entstehen (BFH IX R 98/00 BStBl II 03, 604 unter II.1.a: allenfalls HK oder Erhaltungsaufwand; ausführl auch *BMF* BStBl I 03, 386 Rz 2 ff). Dies gilt jedoch nicht, wenn das Mietverhältnis kurz nach dem Erwerb endet (BFH IX R 98/00 BStBl II 03, 604 unter II.1.a), insb das Gebäude anschließend selbstgenutzt wird (BFH X R 9/99 BStBl II 03, 596 unter II.2.g; BFH X R 20/01 BFH/NV 03, 763). Werden Wohnräume nach dem Erwerb in Büroräume umgestaltet, sind die hierfür entstehenden Aufwendungen AK (BFH IX R 68/00 BFH/NV 03, 595 unter II.1.a cc). Bei Wohnungen, die beim Erwerb zunächst leer stehen, sind Modernisierungsaufwendungen (insb Schönheitsreparaturen und Instandsetzungsarbeiten an vorhandenen und im wesentl funktionierenden Installationen) nur dann unter dem Gesichtspunkt der Betriebsbereitschaftskosten als AK zu behandeln, wenn sie den **Ausstattungsstandard** in mindestens drei der vier funktionswesentl Bereiche (Heizung, Sanitär, Elektro, Fenster) anheben (BFH IX R 52/00 BStBl II 03, 574 unter II.2.b aa; BFH IX R 98/00 BStBl II 03, 604 unter II.1.a). Diese Beurteilung ist für jeden Gebäudeteil, der in einem eigenständigen Nutzungs- und Funktionszusammenhang steht, getrennt vorzunehmen (BFH X R 30/07 BFH/NV 11, 215 unter B.I.1.c), darüber hinaus ggf sogar für jede Wohnung gesondert (BFH IX R 70/00 BStBl II 03, 585 unter II.2.a bb). Wegen der Einzelheiten der hier sehr stark typisierenden Rspr s Rz 183 (zu HK). – Betriebsbereitschaftskosten entstehen ferner bei der **Wiederherstellung funk-** 45

tionsuntüchtiger Gebäudeteile, die für die geplante Nutzung unerlässl sind (zB Reparatur einer defekten Heizung oder eines schweren Wasser- oder Brandschadens; BFH IX R 52/00 BStBl II 03, 574 unter II.2.b bb). Maßgebend ist, ob der Schaden bis zum Beginn der beabsichtigten erstmaligen Nutzung eintritt; er muss nicht notwendig bereits im Erwerbszeitpunkt vorhanden gewesen sein (BFH IX R 70/00 BStBl II 03, 585 unter II.2.b aa). Daher können auch Aufwendungen zur Beseitigung versteckter Mängel zu AK führen (BFH X R 9/99 BStBl II 03, 596 unter II.2.d). Treten derartige Schäden hingegen erst nach dem Beginn der Nutzung ein, liegen nicht AK, sondern idR Erhaltungsaufwendungen und nur ausnahmsweise nachträgl HK vor (s Rz 188). – Auch im **„Modernisierungsmodell"** (Kaufvertrag und Renovierungsverträge bilden eine wirtschaftl Einheit) entstehen AK (BFH IX R 52/00 BStBl II 03, 574 unter II.2.b bb mwN auf die fortgeltende ältere Rspr). Zu **Abfindungen** und Räumungskosten s Rz 140.

48 **c) Beschränkung auf Einzelkosten.** AK müssen dem WG einzeln zugerechnet werden können; Gemeinkosten bleiben (anders als bei den HK) außer Betracht (BT-Drs 10/317, 88; FG Nds EFG 2003, 835, rkr). Einzelkosten sind auch hier (vgl zu HK Rz 195) nur solche, deren Maßeinheiten (zB Zeit, Menge) für das einzelne WG direkt bewertet werden können. Eine Aufteilungsmöglichkeit nach Zeitabschnitten (Verbrauchskosten von Maschinen, Lohnkosten) genügt (BFH I 219/63 BStBl II 68, 22 unter 2.). Gemeinkosten sind solche, deren Maßeinheiten nur indirekt, aufgrund einer Annahme bewertet werden können (BFH I 219/63 BStBl II 68, 22 unter 2.; BFH IV R 191/85 BStBl II 88, 661 unter 2.). Für die Ermittlung der AK bleiben jedenfalls außer Betracht allg Betriebskosten, Vertriebskosten sowie Kosten für Orientierungs- und Einkaufsreisen betr Anschaffungsvorgänge, wenn der Erwerb konkreter WG noch nicht feststeht (BFH IV R 4/68 BStBl II 72, 422). Zu den AK eines Gasvorrats gehört jedoch nicht nur der pro kWh zu zahlende Arbeitspreis, sondern auch die **anteilige Grundgebühr** („Leistungspreis"; BFH I R 104/86 BStBl II 88, 892).

50 **d) Anschaffungsnebenkosten, § 255 I 2 HGB. – aa) Begriff.** Die Definition der Nebenkosten ist auch in der neueren Rspr weiterhin unscharf. In derselben Entscheidung findet sich sowohl der Satz, es solle eine Zuordnung nach wirtschaftl Gesichtspunkten vorzunehmen sein (was für eine kausale Begriffskomponente sprechen würde), als auch die ausdrückl Einschränkung, ein kausaler oder zeitl Zusammenhang genüge gerade nicht; vielmehr komme es auf die Zweckbestimmung **(Finalität)** der Aufwendungen an (zB BFH I R 2/10 BStBl II 11, 761 Rz 14f; BFH IX R 50/13 BStBl II 15, 260 Rz 14). Nach der älteren (niemals ausdrückl aufgegebenen und mE zutr) Rspr genügte hingegen ein unmittelbarer wirtschaftl Zusammenhang, insb bei „Folgekosten des Erwerbs" (BFH IV R 18/80 BStBl II 83, 559). Auf den **Zeitpunkt** des Anfallens der Nebenkosten (vor, während oder nach der Anschaffung) kommt es jedenfalls nicht an (BFH IX R 50/13 BStBl II 15, 260 Rz 13); ebensowenig darauf, ob die Nebenkosten den **Wert** des WG erhöhen (BFH X R 136/87 BStBl II 92, 70 unter 1.b). Auch der Ansatz von Nebenkosten ist auf **Einzelkosten** beschränkt (*BeBiKo* § 255 Rz 73).

51 **bb) Aufwendungen zeitl vor der Anschaffung.** Diese zählen ebenfalls zu den Nebenkosten. Hierzu können zB Besichtigungs-, Reise- und Begutachtungskosten gehören (s Rz 54). Diese Aufwendungen sind – obwohl das zu erwerbende WG dem StPfl noch nicht zugerechnet wird – als AK zu aktivieren und nicht zunächst gewinnmindernd zu verbuchen (BFH IV R 160/78 BStBl II 84, 101 unter A. 1). Voraussetzung ist, dass die Aufwendungen zeitl nach einer grds gefassten Erwerbsentscheidung entstehen und nicht ledigl der Vorbereitung einer noch unbestimmten, erst später zu treffenden Erwerbsentscheidung dienen (BFH VIII R 62/05 BStBl II 10, 159; BFH VIII R 22/07 BStBl II 10, 469 unter II.1.b aa).

52 **cc) Nebenkosten zur Begründung von Dauerschuldverhältnissen.** Eine Aktivierung unterbleibt, weil es an einem aktivierungsfähigen HauptWG fehlt

(BFH IV R 16/95 BStBl II 97, 808 unter II.3.: Maklerprovision für Mietvertrag). Etwas anders gilt nur bei Begründung grundstücksgleicher Rechte (BFH X R 136/87 BStBl II 92, 70: Nebenkosten zur Bestellung eines Erbbaurechts; s auch Rz 89).

dd) Nebenkosten bei unentgeltl Erwerb. Begriffl handelt es sich zwar nicht um eine „Anschaffung" (s Rz 31); gleichwohl entstehende Anschaffungsnebenkosten (zB Notar- oder Eintragungskosten; nicht jedoch SchenkungSt, s § 12 Rz 47) sind aber nicht sofort BA/WK, sondern zu aktivieren (Ausnahme: unentgeltl Erwerb immaterieller WG iSd § 5 II; s BFH I R 108/10 BStBl II 12, 238 Rz 34). Die Aktivierungspflicht gilt sowohl bei **Gesamtrechtsnachfolge** durch Erbfall (BFH IX R 43/11 BStBl II 14, 878) oder nach dem UmwStG (BFH I R 22/96 BStBl II 98, 168; BFH I R 97/02 BStBl II 04, 686: GrESt bei Verschmelzung; *BMF* BStBl I 10, 70: Wahlrecht nur noch bei Verschmelzungen bis 12.12.06) als auch bei **Schenkung** (zutr *Grube* FR 07, 533, 537; hierfür spricht auch die Begründung von BFH IX R 43/11 BStBl II 14, 878). Die für Schenkungen gegenteilige Auffassung der FinVerw (*BMF* BStBl I 93, 80 Tz 13: weder AK noch BA/WK; zur unentgeltl Übertragung von SonderBV nochmals *BMF* DB 93, 1492) verstößt mE gegen das Nettoprinzip. Sie kann auch nicht auf BFH X R 51/91 BStBl II 94, 779 gestützt werden, da diese Entscheidung zur Subventionsnorm des § 10e ergangen ist und ihre Begründung nicht auf den Bereich der Einkunftserzielung übertragen werden kann. Außerdem würden ansonsten minimale AK dazu führen, dass sich die steuerl Behandlung der Nebenkosten grundlegend ändern würde. – Bei **Teilentgeltlichkeit** sind Nebenkosten in voller Höhe dem entgeltl Teil zuzuordnen (BFH XI R 2/85 BFH/NV 91, 383). 53

ee) Einzelfälle Nebenkosten. S auch ABC in Rz 140. – **(1) Grundstücke.** Aufwendungen für GrESt (BFH IX R 226/87 BStBl II 92, 464: auch Säumniszuschläge zur GrESt; AdV-Zinsen zur GrESt sind hingegen sofort abziehbar, s BFH IX R 38/93 BStBl II 95, 835), Makler (BFH IV R 27/94 BStBl II 95, 895 unter 2.a), Beurkundung, Grundbucheintragung und Notaranderkonto (BFH IX R 45/93 BFH/NV 94, 237). Sofort BA/WK sind Zahlungen an den Verkäufer für dessen einseitige Bindung an ein Verkaufsangebot, die unabhängig vom Zustandekommen des Kaufs geleistet und nicht auf einen etwaigen Kaufpreis angerechnet werden (BFH X R 136/87 BStBl II 92, 70 unter 2.a). – **(2) Beteiligungen** (diese Fallgruppe ist insb dann, wenn die Beteiligung im BV eines KStPfl gehalten wird, wegen der KStFreiheit von Veräußerungsgewinnen/-verlusten nach § 8b II, III KStG [dh Nichtauswirkung von AK] bei gleichzeitiger Abziehbarkeit lfd BA von größter steuerl Bedeutung): Bei *Gründung* einer KapGes Notar- und Beratungskosten, sofern diese nicht kraft Satzungsregelung von der KapGes selbst zu tragen sind (BFH I R 12/87 BStBl II 90, 89 unter II.4.a); beim *Erwerb* von Anteilen (ab dem Zeitpunkt einer grds gefassten Erwerbsentscheidung, die sich zB im Letter of Intent dokumentiert, s *Trossen* EFG 11, 268) Kosten für betriebswirtschaftl Beratungen (BFH VIII R 4/02 BStBl II 04, 597), Prüfungen (due diligence) und Unternehmenswertgutachten (mE zutr BFH VIII R 62/05 BStBl II 10, 159; ausführl FG Köln EFG 11, 264, rkr; glA *Blümich/Ehmcke* § 6 Rz 807; aA *Engler* BB 06, 747; *Peter/Graser* DStR 09, 2032; *Siebmann* StB 11, 163; ausführl *Kahle/Hiller* DB 14, 500; eher krit auch BFH I R 72/11 BStBl II 13, 343 Rz 7, zu § 8b II KStG). Soweit dazu geraten wird, diese Kosten von der KonzernmutterGes tragen zu lassen (so *Pyszka* DStR 10, 1468), würde dies mE zu einer verdeckten Einlage und damit ebenfalls nicht zur erstrebten Gewinnminderung führen. Die nach § 1 III GrEStG wegen der Vereinigung von mindestens 95% der Anteile in der Hand des Anteilserwerbers entstehende GrESt gehört hingegen nicht zu den AK (BFH I R 2/10 BStBl II 11, 761, Anm. *Märtens* HFR 11, 1096; BFH I R 40/10 BStBl II 12, 281 Rz 19; krit *Weber-Grellet* BB 12, 43, 45; zur GrESt bei Verschmelzung s aber Rz 53; zur VerwAuffassung ausführl *Schmitz* NWB 14, 2466); Gleiches gilt für die GrESt bei Ges'terwechsel in PersGes nach § 1 IIa GrEStG (BFH IX R 50/13 BStBl II 15, 260). – **(3) Geschlossene Fonds.** Aufwendungen einer gewerbl FondsGes (GmbH & Co KG) für die typischen „weichen Kosten" der Fondsgründung (Konzeption, Prospekterstellung und -prüfung, Geschäftsbesorgung der Investitionsphase, Eigen- und Fremdkapitalvermittlung, Mittelverwendungskontrolle) sind bei vorformulierten Beitrittsverträgen in voller Höhe AK der von der FondsGes erworbenen WG, und zwar unabhängig davon, ob diese Beträge an die Fondsinitiatoren oder an Dritte fließen (BFH IV R 15/09 BStBl II 11, 706 – Windkraftfonds; BFH IV R 8/10 BStBl II 11, 709 – 54

Schiffsfonds; krit *Peetz* DStZ 11, 904, 905). Der BFH begründet dies unter Heranziehung des § 42 AO damit, dass die Bündelung von Verträgen letztl nur dem Ziel der Anschaffung des WG dient und die einzelnen Ges'ter keinen unternehmerischen Einfluss auf das Konzept nehmen können. Damit tritt die grds gesellschaftsbezogene Sichtweise hier zugunsten einer ges'terbezogenen Betrachtung zurück, weil sonst keine sachl zutr Besteuerung des Ges'ters mögl wäre. Auch im PV (zB Immobilienfonds, Bauherrenmodelle) zählen derartige Aufwendungen zu den AK (s § 21 Rz 171 ff mwN). – **(4) Sonstige Kapitalanlagen.** Aufgeld für den Erwerb von typisch stillen Beteiligungen (BFH VIII R 40/98 BStBl II 01, 24); „Strategieentgelt" für die Auswahl unter mehreren Anlagen (BFH VIII R 22/07 BStBl II 10, 469). Hingegen stellt die Abschlussgebühr zu einem Bausparvertrag sofort BA/WK dar (Finanzierungskosten; BFH VIII R 45/85 BStBl II 90, 975; s auch § 21 Rz 148); anders jedoch, wenn der Bausparvertrag zu Handelszwecken abgeschlossen wird (BFH I R 218/82 BStBl II 87, 14: AK). – **(5) Reisekosten** sind AK, wenn sie mit dem später konkret erworbenen Objekt in Zusammenhang stehen (BFH VIII R 195/77 BStBl II 81, 470 unter 3.; BFH VIII R 62/05 BStBl II 10, 159), Kosten in Zusammenhang mit nicht erworbenen Objekten sind hingegen sofort BA/WK. – **(6) Sonstige Nebenkosten.** Zu Logistikkosten ausführl *Saure* StBP 13, 255, 287. – **(7) Keine Nebenkosten** (sondern sofort BA/WK) sind Kosten der Rechtsverteidigung *nach* Erlangung der Verfügungsmacht.

57 **e) Nachträgl AK, § 255 I 2 HGB. – aa) Allgemeines.** Teile der Rspr fordern für eine Aktivierung hier (anders als bei den Nebenkosten, s Rz 51) eine Erhöhung des Werts des WG (BFH IV R 27/87 BStBl II 90, 126 unter 2.a; BFH I R 36/04 BStBl II 06, 369 unter II.4.c). – Eine spätere Änderung des Entgelts wirkt grds nicht auf den Zeitpunkt der Anschaffung zurück; vielmehr ändern sich die AK (und damit die AfA, s § 7 Rz 85 f) erst mit Wirkung vom Entstehen der nachträgl AK (BFH IV R 10/83 BStBl II 84, 786 unter 2.). Etwas anderes gilt nur bei den „Einmaltatbeständen" der §§ 16, 17 (ausführl § 16 Rz 350 ff; § 17 Rz 137). Wertänderungen der Kaufpreisverbindlichkeit (zB Änderung des Barwerts einer Rentenverbindlichkeit) oder von Verbindlichkeiten, die als Teil des Entgelts übernommen wurden, berühren die AK von vornherein nicht (Rz 81).

Einzelfälle: Der Begriff der nachträgl AK erfasst insb **Beitragslasten** (s Rz 59 ff), **verdeckte Einlagen in KapGes** (§ 6 VI 2, s Rz 741), Zahlungen in die **Kapitalrücklage** von KapGes (BFH I R 58/99 BStBl II 01, 168 unter III.5.b) sowie **Abfindungen** bei dingl Lasten, anderen Nutzungsrechten oder Übertragungsansprüchen Dritter (s Rz 86, 140 „Abfindung").

59 **bb) Anlieger- und Erschließungsbeiträge.** Es kann sich um nachträgl AK des GuB (Rz 59), HK des Gebäudes (Rz 61), Erhaltungsaufwand (Rz 62) oder besonderen betriebl Aufwand (Rz 63) handeln. – **(1) Nachträgl AK des GuB.** Sie entstehen bei Beiträgen für eine **bisher nicht vorhandene Erschließungsanlage.** Voraussetzung ist, dass die Beiträge (zumindest auch) der Benutzbarkeit des Grundstücks zugute kommen, unabhängig von dessen konkreter Nutzung sind und zu dessen Wertsteigerung führen, wobei die Werterhöhung typisierend bejaht wird, wenn die Erweiterung der Nutzbarkeit dem Grundstück ein über den bisherigen Zustand hinaus gehendes Gepräge gibt (BFH IV R 3/93 BStBl II 95, 632 unter 1.a; BFH I R 36/04 BStBl II 06, 369 unter II.4.c). Allein der Umstand, dass eine außerhalb des Grundstücks gelegene Erschließungsanlage für eine Bebauung erforderl ist, reicht nicht aus, um typische Erschließungsbeiträge dem Gebäude zuzuordnen und nicht als AK des GuB zu behandeln (BFH VI 100/63 S BStBl III 65, 85).

Einzelfälle: Beiträge/Baukostenzuschüsse für **erstmalige Versorgungsanschlüsse** (Wasser, Strom, Gas, Fernwärme), soweit sie auf Anlagen *außerhalb* des eigenen Grundstücks entfallen (BFH X R 6/86 BFH/NV 89, 494; BFH IX R 138/88 BFH/NV 89, 633; zu Ausnahmen bei besonderen betriebl Bedürfnissen s Rz 63; zur Behandlung der Zuschüsse beim Empfänger s Rz 78); auch bei erstmaliger *eigenständiger* Erschließung des Grundstücks, selbst wenn es bisher mittelbar über ein anderes Grundstück versorgt wurde (BFH VIII R 322/83 BStBl II 87, 333 unter 2.a); **Zusatzbeitrag** für eine bereits weit in der Vergangenheit errichtete (damals erstmalige) Erschließungsanlage, der infolge einer umfassenderen Bebauung des GuB nacherhoben wird (BFH III R 114/95 BStBl II 97, 811); Flächenbeitrag im **Umlegungsverfahren** nach § 58 BauGB (BFH IV R 27/87 BStBl II 90, 126: zwar kein Erschließungsbeitrag, gilt aber ebenfalls Vorteile für den GuB ab); Zahlungen für **Ausgleichsmaßnahmen nach § 8 BNatSchG** (zutr FG Mster EFG 03, 983, rkr: stellt die Bebaubarkeit des GuB her); Zahlungen für die **Verbesserung der Verkehrsanbindung** des Grundstücks, die erst die Bebauung mit einem Einkaufszentrum ermöglicht (zutr FG Nds EFG 14, 1282, rkr, ausführl Anm *Wüllenkemper* EFG 14, 1284).

Keine AK des GuB sind der Ausgleichsbeitrag für **städtebaul Sanierung** nach § 154 BauGB (BFH I R 65/92 BFH/NV 94, 471: zwar Werterhöhung, Ursache ist aber ledigl eine Umfeldverbesserung; diff *BMF* BStBl I 03, 489; EStH 6.4 „Ausgleichsbeiträge"). Durch erstmaligen Bau einer **Privatstraße** wird ein eigenes abnutzbares WG geschaffen (BFH IX R 34/96 BStBl II 00, 257). Da der spätere Ersatz der Privatstraße durch eine öffentl Straße zu Erhaltungsaufwand führt (s Rz 62), ergeben sich hieraus im Vergleich zur sofortigen Herstellung einer öffentl Straße erhebl StVorteile. Legen Gemeinden die HK ihrer Einrichtungen nicht über Einmalbeiträge, sondern über **lfd Gebühren** um, können diese steuerl in vollem Umfang abgezogen werden (BFH VIII R 322/83 BStBl II 87, 333 unter 2.a: keine Verletzung des Gleichheitssatzes).

(2) HK des Gebäudes. Dies sind die Kosten eines *erstmaligen* Strom-/Gas-/ Wasser-/Fernwärme-Hausanschlusses, soweit die Anlagen auf dem *eigenen* Grundstück liegen (BFH VI R 302/66 BStBl II 68, 178; BFH IX R 34/96 BStBl II 00, 257 unter II.2.), und Stellplatzablösezahlungen, soweit die Baumaßnahme ihrerseits zu HK führt (s Rz 211 „Stellplätze"). Ein *nachträgl* Hausanschluss an ein bereits vorhandenes Gebäude führt hingegen nicht zwingend zu HK (BFH IX R 64/99 BStBl II 03, 590 unter II.2.: sofort BA/WK bei Ersatz für vorhandene Ofenheizungen bzw eigenen Brunnen; anders nur bei wesentl Verbesserung iSd Rz 181). 61

(3) Erhaltungsaufwand. Er führt zu sofort abziehbaren BA/WK und liegt vor, wenn eine **bereits vorhandene Erschließungseinrichtung** ersetzt oder modernisiert wird. 62

Einzelfälle: Rückbau einer Straße zu einer verkehrsberuhigten Zone (BFH IX R 52/90 BStBl II 94, 842); Ergänzungsbeitrag für die umfassende Modernisierung der bereits vorhandenen Wasserver- und -entsorgung (BFH IV R 101/82 BStBl II 85, 49), und zwar auch dann, wenn für die bisher vorhandene Erschließungseinrichtung aufgrund der Besonderheiten des Rechts der ehemaligen DDR zuvor kein Beitrag erhoben worden war (BFH I R 36/04 BStBl II 06, 369); Ersatz einer provisorischen Privatstraße durch eine ordnungsgemäße öffentl Straße (BFH VIII R 198/85 BStBl II 91, 448; BFH IX R 99/93 BStBl II 96, 89; BFH IX R 55/94 BFH/NV 97, 178; BFH IX B 22/08 BFH/NV 08, 1524: die Erreichbarkeit des Grundstücks ändert sich dadurch nicht; auf eine mögl Werterhöhung kommt es hier nicht an); Ersatz einer privaten Kläranlage oder Sickergrube durch Anschluss an das öffentl Kanalnetz und Klärwerk (BFH VIII R 322/83 BStBl II 87, 333 unter 2.b; BFH IX R 61/96 BFH/NV 99, 1079). – Bei einer einheitl Erschließungsmaßnahme, die *mehrere* Grundstücke betrifft, ist danach zu differenzieren, ob das *jeweilige* Grundstück bereits erschlossen war (BFH IV B 19/01 BFH/NV 03, 1159 unter 2.).

Der Ersatz einer bereits vorhandenen Einrichtung führt nur dann **ausnahmsweise zu nachträgl AK,** wenn sich der GuB durch die Maßnahme in seiner Substanz oder in seinem Wesen verändert. Die bloße Wertänderung reicht hierfür nicht aus (BFH IX R 52/90 BStBl II 94, 842 unter 3.). Auch die Schaffung einer **Zweiterschließung** (neben eine vorhandene Erschließungseinrichtung tritt eine weitere gleichartige) bewirkt nur dann AK, wenn die Nutzbarkeit des GuB erhöht oder die Lage verbessert wird (BFH IV R 3/93 BStBl II 95, 632 unter 2.b: zweite Straßenanbindung für ein Geschäftsgrundstück mit Laufkundschaft; BFH IX R 54/94 BStBl II 96, 190: zweite Straßenanbindung, durch die nunmehr weitere Teile des einheitl Grundstücks bebaubar werden; BFH IX R 4/10 BStBl II 11, 35: ein in einer Fußgängerzone gelegenes Grundstück kann durch eine zweite Straßenanbindung besser vom Lieferverkehr erreicht werden; BFH IV R 40/02 BStBl II 04, 282: der Ersatz einer Sickergrube durch einen Kanalanschluss führt zur Bebaubarkeit einer großen zusätzl Grundstücksteilfläche).

(4) Sofortiger betriebl Aufwand. Er ist gegeben, wenn der Beitrag **nicht grundstücks-, sondern betriebsbezogen** ist, zB bei besonderen betriebl Bedürfnissen, die zu erhöhten Anforderungen an die Strom-/Gas-/Wasserversorgung 63

(BFH IV R 4/85 BFH/NV 88, 229; BFH X R 6/86 BFH/NV 89, 494 mwN) oder den Straßenausbau (BFH VIII R 80/77 BStBl II 80, 687) führen.

65 **f) Anschaffungspreisminderungen, § 255 I 3 HGB.** Mit dem Anschaffungsgeschäft in Zusammenhang stehende Ermäßigungen der Aufwendungen für die Anschaffung (einschließl Nebenkosten) führen zu einer Minderung der AK (kein Ertrag; s auch Rz 41 aE). Die Vorschrift gilt nicht nur für Kaufpreisnachlässe, sondern für sämtl Ermäßigungen der AK (BFH IX R 46/03 BStBl II 04, 1046). Es genügt, wenn der maßgebende Anlass für die Preisminderung in der Anschaffung liegt (wirtschaftl Zusammenhang); eine rechtl oder gar synallagmatische Verknüpfung ist nicht erforderl (BFH VI R 89/10 BStBl II 12, 835 Rz 14 mwN). Seit 2016 ist in § 255 I 3 HGB ausdrückl klargestellt, dass auch AK-Minderungen (ebenso wie die AK selbst) dem Vermögensgegenstand einzeln zuzuordnen sein müssen.

66 **aa) Maßgebender Zeitpunkt.** Die AK sind erst bei Eintritt des maßgebl Ereignisses zu mindern; dies hat keine Rückwirkung (s Rz 9; ebenso zu nachträgl AK Rz 57). Insb bleibt es für die Vergangenheit beim Ansatz der AfA aus der zunächst noch höheren Bemessungsgrundlage (§ 7 Rz 87 mwN), und zwar selbst dann, wenn die AK-Minderung größer ist als das verbleibende AfA-Volumen (s Rz 75). Entsteht mit dem Weiterverkauf von Waren ein Bonusanspruch für die Anschaffung, sind die AK erst im Zeitpunkt des Weiterverkaufs zu mindern (BFH I 69/62 U BStBl III 63, 503 unter II.). – **Negative AK** sind in der StB nicht darstellbar. AK-Minderungen können daher im BV maximal zu einer Herabsetzung des Buchwerts auf 0 € führen. Ein übersteigender Rückzahlungsbetrag stellt einen sofort stpfl Ertrag dar (BFH VIII R 38/96 BStBl II 99, 647). Handelt es sich um eine Einlagenrückgewähr und ist der Empfänger eine Körperschaft, gilt die StBefreiung des § 8b II KStG (*BMF* BStBl I 03, 292 Rz 6). Zur Behandlung bei § 17 s § 17 Rz 165, 234.

67 **bb) Einzelfälle AK-Minderungen. Preisnachlässe** (BFH III R 54/83 BStBl II 88, 901: auch bei Gewährung durch den Vermittler); **Skonti,** allerdings nur dann, wenn die Ware am Bilanzstichtag bereits bezahlt ist (BFH IV R 216/67 BStBl II 71, 323; BFH I R 176/84 BStBl II 91, 456); es handelt sich nicht etwa um eine für die AK unbeachtl Wertänderung der Kaufpreisverbindlichkeit (BFH III R 92/75 BStBl II 78, 233 unter 2.); **Boni** (zu Rückvergütungen auf den Jahresumsatz BFH IV 33/56 U BStBl III 58, 65; aA *Meyering* StuW 09, 42, 47); mE auch die genossenschaftl Rückvergütung (unklar hierzu BFH IV R 112/81 BStBl II 84, 554); nicht aber die Zuteilung von Bonusaktien für das Halten einer Beteiligung über einen bestimmten Mindestzeitraum (BFH VIII R 70/02 BStBl II 05, 468: Einnahme); **mängelbedingte Minderungen des Kaufpreises**/Werklohns nach §§ 441, 638 BGB (BFH VI 185/65 U BStBl III 66, 16), auch wenn der Minderungsanspruch in Form einer Vertragsstrafe abgegolten wird (FG Nds EFG 94, 871, rkr); Zahlungen einer Baumehrpreisversicherung (FG Hbg EFG 08, 107, rkr), nicht jedoch bei Schadensersatzzahlungen *Dritter* (BFH IV R 74/90 BStBl II 93, 96: Schadensersatz für schlechte steuerl GrESt-Beratung als sofort stpfl Einnahme); auch nicht, wenn der Verkäufer schadensbedingten Aufwand unmittelbar erstattet (BFH IX R 5/13 BFH/NV 14, 312: Saldierung der Schadensersatzzahlung mit dem Aufwand); **Verzicht** auf einen Teilbetrag des Kaufpreises (BFH XI R 6/84 BFH/NV 91, 453); **Ermäßigung einer Vermittlungsprovision** (BFH IX R 20/98 BStBl II 02, 796; ebenso bei Provisionszahlung des Vermittlers an den Käufer, s BFH IX R 46/03 BStBl II 04, 1046); **Beteiligung an KapGes** (ausführl *OFD Ffm* FR 00, 683): Rückzahlung von Nennkapital (BFH VIII R 69/93 BStBl II 95, 725); Zahlungen aus dem steuerl Einlagekonto iSd § 27 KStG bzw Auskehrung des früheren EK 04 (BFH VIII R 38/96 BStBl II 99, 647; BFH I R 51/09 BStBl II 14, 937 unter II.2.a); Umwandlung einer Kapitalrücklage in ein Darlehen (BFH I R 58/99 BStBl II 01, 168 unter III.6.); zu **Zuschüssen** s ausführl Rz 71 ff.

71 **3. Zuschüsse. – a) Überblick.** Zuschüsse können sofort erfolgswirksam sein, die AK/HK mindern oder durch Bildung von RAP oder Rückstellungen zu passivieren sein. Für diese Rechtsfolgen ist zw Investitions- und Ertragszuschüssen zu unterscheiden. Ertragszuschüsse erhöhen grds den Gewinn (Rz 79). Für Investitionszuschüsse gewährt die *FinVerw* hingegen das Wahlrecht, den Zuschuss er-

folgsneutral von den AK/HK abzuziehen (Rz 73). Zur Beeinflussung des TW durch öffentl Zuschüsse s Rz 241. – Einige Sondervorschriften ordnen die **StFreiheit bestimmter Zuschüsse** an (§ 13 S 1 InvZulG 2010). Diese Ausnahmeregelungen können nicht auf andere Zuschüsse übertragen werden (BFH III R 225/83 BStBl II 88, 324 unter 4.a). Aufwendungen, für die ein stfreier Zuschuss gewährt wird, sind grds nach § 3c I nicht abziehbar (BFH IX R 26/92 BStBl II 93, 784); für bestimmte stfreie Zuschüsse ist aber gesetzl ausdrückl angeordnet, dass die steuerl AK/HK sich nicht mindern (§ 13 S 2 InvZulG 2010), was iErg eine Ausnahme von § 3c I darstellt. Zuschüsse, die in Form einer StRückzahlung gewährt werden, sind nicht stbar (BFH I R 74/94 BStBl II 96, 441). – **Privat veranlasste Zuschüsse** (zB Schenkung von Verwandten) erhöhen den Gewinn nicht; idR wird es sich um Einlagen handeln.

b) Investitionszuschüsse. – aa) Wahlrecht. – (1) Verwaltungsauffassung für BV. Nach EStR 6.5 II kann der StPfl Investitionszuschüsse im BV entweder als BE ansetzen und die vollen AfA von den AK/HK vornehmen oder aber den Zuschuss erfolgsneutral von den AK/HK abziehen und die AfA nur noch von den geminderten AK/HK vornehmen. Dies gilt mittlerweile unabhängig davon, ob es sich um öffentl oder private Investitionszuschüsse handelt. Hintergrund des Wahlrechts dürfte auch die Unsicherheit sein, ob die Zuschüsse dem Bereich der Finanzierung oder der AK/HK zuzurechnen sind (*Weber-Grellet* DB 94, 2405, 2408). Wird der Zuschuss gewährt, bevor die AK/HK entstehen, kann insoweit eine **stfreie Rücklage** (Passivposten) gebildet werden, die im Wj der Anschaffung/Herstellung auf das WG zu übertragen ist (EStR 6.5 IV); ein zwischenzeitl Erwerber des Betriebs kann die Rücklage fortführen (*BMF* BB 90, 1238). Die einmal ausgeübte Wahl kann grds nicht mehr rückgängig gemacht werden (BFH IV S 1/10 BFH/NV 10, 1851 unter II.3.b).– **Maßgeblichkeit.** Das Wahlrecht kann seit VZ 2009 in HB und StB unterschiedl ausgeübt werden (§ 5 I 1; bis VZ 2008 hingegen einheitl Ausübung). – **Einfluss der Gewinnermittlungsart.** Auch bei **§ 4 III** ist der Zuschuss bereits im VZ seiner Bewilligung von den AK/HK abzuziehen; auf den Zeitpunkt des Zuflusses kommt es für die Ermittlung der AK/HK und die AfA nicht an (BFH IV R 81/05 BStBl II 08, 561 unter II.2.c). Bei **§ 13a** ist grds von einer Minderung der AK/HK auszugehen (BFH IV R 56/01 BStBl II 03, 801; s § 13 Rz 202). – **(2) PV (insb VuV).** Hier gilt das Wahlrecht nicht; Investitionszuschüsse mindern zwingend die AK/HK (BFH IX R 104/86 BStBl II 92, 999; näher EStR 21.5 I; ebenso BFH VI R 89/10 BStBl II 12, 835: Zuschuss für den behindertengerechten Umbau eines Pkw, mit dem Einkünfte aus § 19 erzielt werden). Diese einkunftsartabhängige Ungleichbehandlung soll dadurch gerechtfertigt sein, dass bei VuV Einnahmen nur dann erfasst werden, wenn sie Gegenleistung für eine Nutzungsüberlassung sind (*OFD Ddorf* DB 93, 303; mE vertretbar). – **(3) Rspr.** Die Behandlung von Investitionszuschüssen ist str, wobei dieser Streit für die Praxis wegen der nahezu gewohnheitsrechtl Gewährung des Wahlrechts durch die *FinVerw* kaum von Bedeutung ist: Der **III., IV. und IX. Senat des BFH** vertreten die Auffassung, die AK seien gem § 255 I 3 HGB *zwingend* zu mindern (BFH IV R 58/94 BStBl II 95, 702; BFH IV R 81/05 BStBl II 08, 561 unter II.2.b mwN; *Groh* StuW 94, 90, 91; *Blümich/Ehmcke* § 6 Rz 331; IX. Senat für PV s oben (2)). Dagegen sehen der **I. und X. Senat** auch Investitionszuschüsse grds als BE an (BFH X R 23/89 BStBl II 92, 488 unter 3.; BFH I R 56/94 BStBl II 96, 28 unter II.5.c), verweisen zugleich aber auf verschiedene Möglichkeiten, die Gewinnrealisierung aufzuschieben (EStR 6.5 als zulässige Billigkeitsmaßnahme, in Ausnahmefällen TW-AfA). 73

bb) Öffentl Investitionszuschüsse. Sie stellen den Regelfall für die Eröffnung des Wahlrechts dar. Ein RAP kann hierfür mangels Entgeltcharakter nicht gebildet werden (BFH X R 23/89 BStBl II 92, 488 unter 2.c), weil allein das bestimmte Investitionsverhalten, an das die Zuschussgewährung geknüpft ist, noch keine Ge- 75 genleistung darstellt. IÜ werden diese Zuschüsse auch nicht für „bestimmte Zeit“ gewährt; der Umstand, dass sich die betriebsgewöhnl Nutzungsdauer des bezuschussten WG schätzen lässt, reicht hierfür noch nicht aus. – Soll erst nach Ablauf einer bestimmten Frist entschieden werden, ob öffentl Mittel als Zuschuss oder als **Darlehen** gelten sollen, sind diese zunächst zu passivieren; es kommt weder zum Ansatz von BE noch zur Kürzung der AK/HK (BFH IX R 5/92 BStBl II 95, 380; BFH IV R 54/97 BStBl II 00, 139 unter II.2.). Wird später auf die Rückforderung verzichtet, sind die AK/HK in diesem Zeitpunkt zu kürzen. Ist das WG bereits abgeschrieben, kann ein verbleibender Zuschussbetrag im PV nicht als Einnahme behandelt werden; die überhöhten AfA bleiben dem StPfl also erhalten (BFH IX R 46/09 BStBl II 12, 310).

76 **Einzelfälle:** Investitionszuschüsse nach dem **KrankenhausfinanzierungsG** (BFH IV R 78/85 BStBl II 89, 189: kein RAP mangels Gegenleistung; BFH VIII R 58/93 BStBl II 97, 390: dort auch ausführl zur KHBV und den dort vorgesehenen Passivposten); Zuschüsse zur Errichtung von **Pflegeheimen,** soweit damit keine konkreten Belegungsrechte verbunden sind (BFH IX R 7/08 BStBl II 10, 34 unter II.1., Anm *Heuermann* HFR 10, 26); **Städtebaufördermittel** für denkmalgerechte Restaurierung (BFH IX R 104/86 BStBl II 92, 999); Investitionszuschüsse zur **Schaffung von Arbeitsplätzen** (BFH IV R 81/05 BStBl II 08, 561); Zuschuss für Investitionen in einen **Behindertenarbeitsplatz** (BFH X R 23/89 BStBl II 92, 488); **Teilschulderlass bei KfW-Förderdarlehen** (zur CO_2-Gebäudesanierung *OFD Kobl* DB 05, 698); **„Abwrackprämie“** für Erwerb neuer Pkw während der Finanzkrise 2009 (die allerdings nur für PV gewährt wurde; s ausführl *Martini/Roth* FR 09, 846).

Bei **Verknüpfung mit einer Gebrauchsüberlassung** ist der Zuschuss hingegen zwingend als Entgelt (Einnahme) anzusehen. Dies betrifft vor allem die Einräumung von **Belegungsrechten** (anders jedoch BFH IX R 7/08 BStBl II 10, 34 unter III.1., soweit das Belegungsrecht hinter die vorrangige Intention der Neubauförderung zurücktritt) und **Mietpreisbindungen,** insb bei Zuschüssen nach dem Dritten Förderweg im Sozialen Wohnungsbau (BFH IX R 60/02 BStBl II 04, 14; BFH IX R 22/11 BFHE 241, 136 Rz 14; zu Übergangsfragen s 32. Aufl) und Studentenwohnraumförderung (FG BaWü EFG 91, 600, rkr). Bei § 4 I ist dann ein passiver RAP über die Laufzeit der Bindung zu bilden, bei § 4 III und Überschusseinkünften ist gem § 11 I 3 eine Verteilung auf den Bindungszeitraum zulässig. Städtische Mittel aus Stellplatzablösegeldern für die **Errichtung einer Tiefgarage,** in der ein Teil der Stellplätze der Allgemeinheit (nicht bestimmten Personen) zur Verfügung stehen soll, sind hingegen noch als Investitionszuschüsse anzusehen (BFH IV R 58/94 BStBl II 95, 702).

78 **cc) Private Investitionszuschüsse.** Ausführl *HFA* WPg 96, 709. – Solche sind nur unter der engen Voraussetzung anzunehmen, dass eine bindende, auch im Interesse des Zuwendenden liegende Investitionszweckbestimmung vereinbart wird. Daran fehlt es, wenn der Leistende ledigl eine rechtl Verpflichtung erfüllt (BFH IX R 333/87 BStBl II 94, 12 unter 3.b: Versicherungszahlung für Teilzerstörung eines Gebäudes des PV weder Zuschuss noch sonstige stbare Einnahme; anders nur in dem Umfang, in dem der StPfl zuvor eine AfaA als WK abgezogen hatte, s BFH IX R 1/14 BStBl II 15, 493). Baukostenzuschüsse, die **Versorgungsunternehmen** von ihren Kunden verlangen, stellen Investitionszuschüsse dar, so dass das Wahlrecht eröffnet ist (*BMF* BStBl I 03, 361; *OFD Rhld* DB 06, 586; zur HB *BMF* DB 04, 2610; ausführl *Meißner* DB 03, 2080; *Eisolt* BB 04, 1079). Gleiches gilt für Zuschüsse einer **privaten Denkmalstiftung** (BFH X R 13/06 BStBl II 07, 879). Zu AK und AfA bei **mittelbarer Grundstücksschenkung** s Rz 134.

79 **c) Ertragszuschüsse.** Sie weisen keinen Zusammenhang mit AK/HK auf und sind grds **sofort als Einnahme zu versteuern** (BFH III R 225/83 BStBl II 88, 324: öffentl Zuschuss zur allg Liquiditätsstärkung nach einer Betriebsverlagerung; BFH I R 262/83 BStBl II 88, 592: Beihilfe für die Stilllegung von Agrarbetrieben, auch wenn sich diese pauschal nach dem Wertverlust des AV bemisst). Auch hier kann die Gewinnrealisierung aber durch RAP, gesetzl Verteilungsregelungen oder Rückstellungen gestreckt sein: – ***(1)* RAP.** Hier ist der Empfänger zeitraumbezogen zu einer Leistung verpflichtet (BFH IV R 96/82 BStBl II 84, 552: Zuschuss

für die Bereitstellung eines Ausbildungsplatzes für eine bestimmte Zeit; BFH IV R 26/06 BStBl II 09, 781 unter II.2.: Zinsverbilligungszuschuss für LuF, der mE allerdings in der dortigen Ausgestaltung entgegen dem BFH als Investitionszuschuss anzusehen war; BFH IV R 49/86 BStBl II 88, 327: Prämie für fünfjährigen Verzicht auf Vermarktung von Agrarprodukten; *BMF* DB 95, 1637: Zuschuss des Bierlieferanten für ein Bierlieferungsrecht); nicht hingegen bei allg Eingliederungshilfe für die Beschäftigung Behinderter (BFH I R 45/91 BFH/NV 93, 170). – ***(2)*** **Einnahmen für Nutzungsüberlassungen.** Sie können ab VZ 2004 gem § 11 I 3 über die Vertragslaufzeit verteilt werden; die AK/HK werden jedenfalls nicht berührt (BFH VIII R 34/76 BStBl II 81, 161, zur Rechtslage bis VZ 2003). *Beispiele:* öffentl Prämie zugunsten von Vermietern, die Wohnungen familiengerecht vermieten (BFH IX R 121/90 BFH/NV 94, 845); Baukostenzuschüsse von Gebäudemietern. – ***(3)*** **Rückstellungen.** Sie sind zum Ausgleich etwaiger Rückzahlungsverpflichtungen zu bilden. Dies gilt zB für erhaltene Zuschüsse von Kunden zu den HK spezieller Werkzeuge (BFH I R 87/99 BStBl II 02, 655: Auflösung über die Nutzungsdauer der Werkzeuge). Ist die Rückzahlung allerdings nur von künftigen Einnahmen oder Gewinnen abhängig, scheidet eine Rückstellung gem § 5 IIa aus.

4. AK bei Übernahme oder Eingehung von Verbindlichkeiten oder dingl Lasten. – a) Schuldrechtl Verbindlichkeiten. Sie gehören sowohl im BV als auch im PV zu den AK eines WG, wenn der Erwerber sie iRd Anschaffung vom Veräußerer übernimmt oder neu eingeht (zur Bewertung der Verbindlichkeit s ausführl Rz 441 ff). Dies gilt auch für **Rentenverpflichtungen;** diese sind mit dem Barwert anzusetzen (zu dessen Ermittlung s ausführl Rz 443 mwN). Der Barwert stellt dann zugleich die AK des erworbenen WG dar. Zur Abgrenzung zw betriebl Erwerbsrenten und privaten Versorgungsrenten s BFH VIII R 64/93 BFH/NV 02, 10 unter 1.; BFH X R 12/01 BStBl II 04, 211 unter II.2.c. **Dauernde Lasten,** die als Gegenleistung für den entgeltl Erwerb eines WG erbracht werden, sind ebenfalls mit ihrem Barwert zu passivieren, der wegen der Ungleichmäßigkeit der Zahlungen nur geschätzt werden kann (BFH IX R 46/88 BStBl II 95, 169: § 15 III BewG). – **Unverzinsl Verbindlichkeiten** mit einer Laufzeit von mehr als 12 Monaten (Raten- oder Einmalzahlung) sind abzuzinsen (§ 6 I Nr 3; s Rz 454). In diesen Fällen sind auch die AK des WG nur mit dem abgezinsten Betrag anzusetzen (BFH VIII R 32/96 BFH/NV 99, 922 zu § 17; ausführl *S. Viskorf* DB 06, 1231); hier nur der gesetzl vorgegebene Zinssatz von 5,5 % angewendet werden (zutr EStR 6.2 S 2). Zu einer AK-Minderung soll es aber nicht kommen, wenn ein Kaufpreis *vertragswidrig* erst nach mehreren Jahren gezahlt wird und währenddessen unverzinsl bleibt (FG BBg EFG 10, 1124, rkr: nahestehende Personen; mE zweifelhaft). – **Spätere Wertänderungen der Verbindlichkeit** haben keinen Einfluss mehr auf die Höhe der AK des erworbenen WG, weil die Verbindlichkeit ein eigenes WG darstellt (BFH III R 92/75 BStBl II 78, 233 unter 2.: Währungsschwankungen bei Fremdwährungsverbindlichkeit, s Rz 22). Dies gilt bei Rentenverbindlichkeiten auch für Änderungen infolge einer Wertsicherungsklausel oder beim Tod des Berechtigten (§ 16 Rz 233 mwN). – **Aufschiebend bedingte Verbindlichkeiten** sind zunächst nicht zu passivieren (s § 5 Rz 314). Sie führen daher erst bei Eintritt der Bedingung zu AK (BFH XI R 7, 8/84 BStBl II 91, 791; BFH X R 2/04 BStBl II 08, 109 unter II.3.b aa; s auch § 7 Rz 61). Dies gilt auch für Bedingungen, die in Unternehmenskaufverträgen enthalten sind (zB Abhängigkeit eines Teils des Kaufpreises vom künftigen Erreichen bestimmter Ziele; aA *Fey/Deubert* BB 12, 1461). Gleiches gilt für Verbindlichkeiten, die nur aus künftigen Einnahmen/Gewinnen zu tilgen sind (§ 5 IIa, s § 5 Rz 315), zB beim Erwerb eines WG gegen ein **umsatz- oder gewinnabhängiges Entgelt** (BFH IV B 132/09 BFH/NV 11, 27). – Verbindlichkeiten, die **nicht ernsthaft vereinbart** sind, begründen keine AK (BFH XI R 1/83 BFH/NV 91, 309). 81

84 **b) Dingl Lasten.** Zum Einfluss auf den TW s Rz 330 „Dingl Lasten". – **aa) Dingl Sicherungsrechte.** Allein die Eintragung eines solchen Sicherungsrechts (§§ 1105–1203 BGB: Reallast, Hypothek, Grundschuld, Rentenschuld) führt nicht zu AK; vielmehr liegen nur iHd beim Erwerb übernommenen oder begründeten *schuldrechtl* Ansprüche (ggf Barwert) AK und zugleich zu passivierende Verbindlichkeiten vor (s Rz 81). Auf die Höhe einer rein dingl Belastung kommt es hingegen grds nicht an, wenn sie entweder nicht mehr valutiert oder eine Inanspruchnahme aus anderen Gründen nicht zu erwarten ist (BFH IV R 42/08 BStBl II 10, 820 unter II.2.b). Eine dingl Last, die mit keiner persönl Schuld des Eigentümers korrespondiert, tritt daher bilanziell nur dann (als AK und spiegelbildl Verpflichtung) in Erscheinung, wenn sie den Anspruch des Gläubigers gegen einen *Dritten* sichert und zu erwarten ist, dass der Dritte seine Schuld nicht begleichen kann (BFH VIII R 226/84 BFH/NV 91, 588 unter 2.a; BFH IV B 107/97 BFH/NV 99, 162 unter 1.a).

85 **bb) Dingl Nutzungsrechte.** Hierunter fallen die in §§ 1018–1093 BGB geregelten Rechte (Grunddienstbarkeit, Nießbrauch, persönl Dienstbarkeit, insb als Wohnungsrecht), ferner das Dauerwohnrecht iSd §§ 31 ff WEG; zum Erbbaurecht s Rz 89. Sie führen weder im Fall ihrer erstmaligen Begründung anlässl des Erwerbs des WG noch bei Übernahme bestehender Rechte zu AK, weil von vornherein ein um das Nutzungsrecht gemindertes Eigentum erworben wird (BFH IX R 33, 34/92 BStBl II 94, 927 unter 2.a; BFH IX R 50, 51/97 BStBl II 01, 594 unter II.1.a; BFH I R 96/02 BStBl II 08, 296; aA für kurzfristiges schuldrechtl Nutzungsrecht zugunsten des Veräußerers FG Nbg EFG 00, 316, rkr: einerseits Erhöhung der AK, andererseits stpfl Nutzungsentgelt). Hingegen sind AK des GuB gegeben, wenn der StPfl dem Veräußerer eines unbebauten Grundstücks als Gegenleistung ein lebenslanges Nutzungsrecht an einer Wohnung des noch zu errichtenden Gebäudes bestellt (BFH IX R 265/87 BStBl II 92, 718; *BMF* BStBl I 06, 392). Zu AK führt auch die Verpflichtung, den Veräußerer von einer Verbindlichkeit (dingl oder schuldrechtl) ggü einem *Dritten* freizustellen (BFH IV R 180/80 BStBl II 83, 595 unter 1.b).

86 **cc) Ablösung eines dingl Nutzungsrechts.** Entspr Zahlungen führen zu **nachträgl AK** (BFH VIII R 215/78 BStBl II 83, 410: Erbbaurecht; BFH IX R 56/06 BStBl II 07, 956 unter II.1.; BFH IX R 49/13 BStBl II 15, 224: Vorbehaltsnießbrauch; s auch Rz 140 „Abfindung"). Dies gilt auch bei unentgeltl erworbenen Grundstücken (BFH IX R 44/89 BFH/NV 94, 460 unter 1.a mwN); jedoch nicht, wenn es sich um die Ablösung wiederkehrender Versorgungsleistungen aus einer Vermögensübergabe handelt (BFH X R 66/98 BStBl II 04, 830; korrespondierend hierzu fällt beim Veräußerer dann kein Veräußerungsgewinn an, s BFH VIII R 14/04 BStBl II 06, 15). Die Ablösung eines Zuwendungsnießbrauchs kann aber unter § 42 AO fallen (BFH IX R 112/88 BStBl II 98, 429, *BMF* BStBl I 98, 914 Rz 61; ebenso für einen nicht durchgeführten Nießbrauch unter Angehörigen BFH IV B 58/97 BFH/NV 99, 1208).

89 **c) Erbbaurecht.** S auch § 5 Rz 270 „Erbbaurecht"; *Kanzler* NWB 14, 1070. – **aa) Begründung des Erbbaurechts.** Dem Erbbauberechtigten entstehen AK nur in Höhe der Nebenkosten (zB Notar, Makler, GrESt; BFH X R 136/87 BStBl II 92, 70). Die Erbbauzinsverpflichtung betrifft hingegen ein schwebendes Geschäft; sie führt nicht etwa mit ihrem kapitalisierten Betrag zu AK, sondern bei Zahlung zu lfd BA/WK (BFH IX R 65/02 BStBl II 05, 159). Bei **Vorauszahlungen des Erbbauzinses** haben bilanzierende StPfl einen aktiven RAP zu bilden (BFH VIII R 87/91 BStBl II 94, 109 unter 5.); bei § 4 III und im PV ist der Aufwand über die Nutzungsdauer zu verteilen. Als Vorauszahlung von Nutzungsentgelt wird grds auch die Übernahme von Erschließungskosten durch den Erbbauberechtigten behandelt (für BV ausführl BFH VIII R 87/91 BStBl II 94, 109 mwN); die Rspr zu PV sieht aber jedenfalls bei einer Übernahme iZm der *Bestellung* des

Erbbaurechts AK vor (BFH IX R 31/96 BFH/NV 00, 558; *BMF* BStBl I 91, 1011 Tz 2.1). Von den AK des Erbbaurechts sind die AK/HK eines in Ausübung des Erbbaurechts errichteten Gebäudes zu unterscheiden. – Zur Behandlung der korrespondierenden **Einnahmen beim Eigentümer des belasteten Grundstücks** s § 21 Rz 7. Für erhaltene Vorauszahlungen von Erbbauzins (einschließl Übernahme von Erschließungskosten durch den Erbbauberechtigten) hat der bilanzierende Eigentümer einen passiven RAP zu bilden (BFH IV R 40/96 BFH/NV 98, 569); bei § 4 III und im PV handelt es sich um grds sofort zu versteuernde Einnahmen, die aber gem § 11 I 3 auf die Nutzungsdauer verteilt werden können. Davon abw sieht die Rspr zu VuV die Übernahme von Erschließungskosten erst im Zeitpunkt der Beendigung des Erbbaurechts als Einnahme des Eigentümers an (BFH IX R 170/85 BStBl II 90, 310; glA *BMF* BStBl I 91, 1011 Tz 1.1).

bb) Erwerb eines bereits bestehenden Erbbaurechts. AK entstehen in 90
Höhe des Kaufpreises; dazu gehören hier jedenfalls im PV auch im Kaufpreis enthaltene Erschließungskosten (BFH IX R 84/92 BStBl II 94, 292; BFH X R 34/00 BFH/NV 02, 914 mwN). Zur Kaufpreisaufteilung auf Erbbaurecht und Gebäude s BFH VIII R 102/78 BStBl II 82, 533 unter I.2, sowie Rz 118 f; im Einzelfall können die AK allein auf das mit erworbene Gebäude entfallen (BFH IX R 190/87 BFH/NV 93, 92; BFH IX R 73/92 BStBl II 95, 374 unter 2.).

cc) AfA. Sie kann zum einen auf das vom Erbbauberechtigten errichtete oder 91
erworbene Gebäude vorgenommen werden (RegelAfA nach § 7 IV; bei entschädigungslosem Heimfall aber ggf verkürzte Nutzungsdauer); zum anderen auf die AK des (zeitl begrenzten) Erbbaurechts als solche (s § 7 Rz 29).

dd) Ablösung des Erbbaurechts durch den Eigentümer des GuB. Dies 92
bewirkt grds nachträgl AK auf den GuB (s Rz 86). Soweit der Ablösungsbetrag auf ein mit erworbenes Gebäude entfällt, handelt es sich um AK des Gebäudes (für Gutachterkosten s BFH IX R 46/05 BFH/NV 07, 1490). Beim Zusammenhang mit der Errichtung eines *neuen* Gebäudes sind HK des Neubaus gegeben (s Rz 140 „Abfindungen“); beim Zusammenhang mit dem Abschluss eines neuen Erbbauvertrags mit höherem Erbbauzins handelt es sich um BA/WK (BFH IX R 24/10 BFH/NV 11, 1480).

ee) Erwerb des GuB. – (1) Erwerb durch den Erbbauberechtigten. Der 93
Restwert der aktivierten AK des Erbbaurechts (nicht eines errichteten Gebäudes) ist den AK des GuB zuzuschlagen. Hinzu kommt der noch nicht „verbrauchte“ Restbetrag eines vorausgezahlten Nutzungsentgelts (Erbbauzins oder übernommene Erschließungskosten), wenn der frühere Eigentümer dies nicht zurückgewähren muss (für BV BFH I R 132/81 BStBl II 85, 617 unter 3.c: Umbuchung des aktiven RAP auf die AK des GuB; für PV BFH IX R 90/92 BFH/NV 94, 633 unter II.1.b). – **(2) Erwerb durch einen Dritten.** Zwar kann ein Teilbetrag der Zahlung als AK des (zivilrechtl dem Erbbauberechtigten gehörenden) Gebäudes anzusehen sein, wenn dieses beim Ablauf des Erbbaurechts entschädigungslos dem Eigentümer des GuB heimfällt. Auch in einem solchen Fall ist aber mangels Nutzungsüberlassung des Gebäudes während der Laufzeit des Erbbauvertrags keine AfA auf die Gebäude-AK zulässig (BFH IX R 41/98 BFH/NV 02, 18).

5. AK bei Übertragung stiller Reserven nach Ersatzbeschaffung (RfE). 101
Ausführl *Schoor* StBP 14, 6, 49. Werden stille Reserven dadurch aufgedeckt, dass der StPfl eine Entschädigung (Rz 109) für ein durch höhere Gewalt oder behördl Eingriff (Rz 104) aus dem BV ausgeschiedenes WG erhält, kann er die Gewinnrealisierung vermeiden (Wahlrecht), wenn er innerhalb einer bestimmten Frist (Rz 113) ein ErsatzWG (Rz 111) anschafft/herstellt und dessen AK/HK buchmäßig um die aufgedeckten stillen Reserven mindert, dh die stillen Reserven auf das ErsatzWG überträgt. Damit mindert sich zugleich die Grundlage für AfA und TW-AfA für das ErsatzWG (BFH IV R 87/77 BStBl II 81, 432: erst Übertragung

der RfE, danach TW-AfA; BFH VIII R 302/84 BStBl II 89, 697 unter 4.: erst Übertragung der RfE, danach Vornahme erhöhter AfA). Die geminderten AK/HK sind auch für § 6 II, IIa maßgebend (s Rz 600). Diese Grundsätze gelten bei Gewinnermittlung nach § 4 III oder § 13a entspr (Rz 115). Das Wahlrecht kann ab VZ 2009 in HB und StB unterschiedl ausgeübt werden (§ 5 I 1 HS 2). Bei Gewinnschätzung ist eine Rücklagenbildung unzulässig (BFH IV R 57/97 BStBl II 99, 602 unter 2.b).

102 **a) Grundlage für das Wahlrecht.** Die stRspr nimmt eine einschr Auslegung des Realisationsgrundsatzes vor (seit RFH RStBl 30, 313; krit *Marchal* Die strechtl Grundlagen der RfE, 2006), die von der FinVerw (EStR 6.6) übernommen worden und inzwischen **Gewohnheitsrecht** geworden ist (BFH IV R 23–24/68 BStBl II 73, 582 unter 3.; BFH IV R 4/09 BStBl II 14, 443 Rz 13). Zunehmend sieht die Rspr die Grundlage indes eher in **Billigkeitserwägungen** (BFH IX R 27/82 BStBl II 85, 250; BFH I R 79/09 BStBl II 14, 943 Rz 16): Danach soll die Rücklage gewährleisten, dass die Entschädigung ohne Schmälerung durch StZahlungen für die Ersatzbeschaffung verwendet werden kann (BFH IV R 54/80 BStBl II 83, 371; BFH IV R 46/97 BStBl II 99, 561 unter II.2.b). Der Gesetzgeber hat dieses Institut seit 2015 durch ausdrückl Erwähnung in § 13a VI 1 Nr 4 anerkannt. – **Verhältnis zu § 6b.** Bei der Auslegung der RfE-Grundsätze ist zu beachten, dass die gesetzl Voraussetzungen des § 6b nicht unterlaufen werden (BFH X R 85/87 BStBl II 91, 222 unter II.2.e; BFH VIII R 48/90 BStBl II 93, 93 unter 1.; BFH IV R 7/98 BStBl II 99, 488 unter 2.d: keine Erweiterung der RfE auf Strukturanpassungen). **Unterschiede zu § 6b:** Bei RfE ist auch UV begünstigt, es gilt keine Mindest-Vorbesitzzeit, die Investitionsfrist ist ggf verlängerbar, keine Verzinsung bei Auflösung nicht übertragener Rücklagen.

103 **b) Ausscheiden eines WG durch höhere Gewalt oder behördl Eingriff.** Ledigl in diesen Sonderfällen ist die Übertragung stiller Reserven zulässig. Hingegen gibt es keinen allg Grundsatz, wonach bei unbeabsichtigtem Ausscheiden aus dem BV die Gewinnrealisierung stets vermieden werden kann (BFH I R 9/91 BStBl II 93, 41 unter II.4.b: Ausscheiden als Folge eines privatrechtl Vertrags; BFH I B 39/09 BFH/NV 10, 248: Beschädigung eines WG durch den Vertragspartner; BFH I R 79/09 BStBl II 14, 943: Verlust von Aktien durch „squeeze out" nach § 327a AktG).

104 **aa) Höhere Gewalt.** Es handelt sich um ein betriebsfremdes, von außen durch elementare Naturkräfte oder Handlungen Dritter einwirkendes Ereignis, das unvorhersehbar ist, selbst durch die äußerste vernünftigerweise zu erwartende Sorgfalt nicht verhütet werden kann und auch nicht wegen seiner Häufigkeit in Kauf zu nehmen ist (BFH IV R 15/99 BStBl II 01, 130 unter 1.c mwN; s auch § 34b Rz 6). Erfasst sind einerseits **Elementarereignisse** wie die Zerstörung eines WG durch Brand (BFH IV R 46/97 BStBl II 99, 561), Sturm, Überschwemmung, Erdbeben; andererseits **unbeeinflussbare menschl Einwirkungen** wie Straftaten (Raub, Diebstahl, Unterschlagung; EStR 6.6 II 1), unverschuldete Verkehrsunfälle (BFH IV R 15/99 BStBl II 01, 130 unter 1.b: bereits geringstes Mitverschulden schließt die Annahme höherer Gewalt aus; EStR 6.6 II 1: Haftung aus Betriebsgefahr schließt RfE nicht aus), Bergschäden (FG Köln EFG 02, 1288, rkr) oder der wegen schwerster Baumängel erforderl Abriss eines Neubaus (BFH III R 254/84 BStBl II 88, 330); nicht hingegen der gewöhnl Maschinenbruch (BFH IV R 138/70 BStBl II 75, 692 unter 2.; großzügiger BFH IV R 15/99 BStBl II 01, 130 unter 2.).

105 **bb) Behördl Eingriff.** Ein solcher ist gegeben, wenn der StPfl kraft öffentl Zwangs seine Entschließungsfreiheit aufgeben muss (BFH X R 85/87 BStBl II 91, 222 unter II.2.d). Hierunter fällt vor allem die **Enteignung** (EStR 6.6 II), die Tötung von Viehbeständen aufgrund von Seuchen (*BMF* DB 01, 897), aber auch die Anordnung von Betriebsunterbrechungen (BFH I R 134/73 BStBl II 76, 186

unter 2.) oder Bauverboten. Nicht erfasst ist jedoch die Aufstellung eines Bebauungsplans, wenn dieser zwar keine Betriebserweiterungen mehr zulässt, der Betrieb in seiner bestehenden Form aber aufgrund des Bestandsschutzes fortgeführt werden darf (BFH X R 85/87 BStBl II 91, 222 unter II.2.). Im Umlegungs-/Flurbereinigungsverfahren bedarf es keiner RfE, weil es wegen Identitätswahrung der WG schon nicht zu einer Gewinnrealisierung kommt (Rz 734; § 5 Rz 635). – Erfasst sind auch „freiwillige" Veräußerungen, deren Hauptmotiv (BFH I R 134/73 BStBl II 76, 186 unter 4.) die **Vermeidung eines bevorstehenden behördl Eingriffs** ist, mit dem ernstl zu rechnen ist (BFH I 97/65 BStBl II 69, 381 unter 2.; BFH IV R 1/75 BStBl II 79, 412 unter 2.).

cc) Beschädigung eines WG. Die **FinVerw** stellt eine Beschädigung durch höhere Gewalt oder behördl Eingriff dem Ausscheiden des WG gleich, wenn der StPfl eine Entschädigung erhält und diese bis zum Ende des übernächsten Wj zur Reparatur des WG verwendet (EStR 6.6 VII). Die **Rspr** ist hier eher krit, weil bei bloßer Beschädigung (im Gegensatz zur Neubeschaffung/-herstellung) keine AK/HK entstehen, sondern lfd BA, so dass es der Begünstigung durch die RfE nicht bedarf (BFH I B 39/09 BFH/NV 10, 148; *Blümich/Ehmcke* § 6 Rz 980). 107

c) Entschädigungen. In den Fällen der RfE kommen vor allem Zahlungen von Schadensversicherungen des Geschädigten, Haftpflichtversicherungen des Schädigers oder behördl Enteignungsentschädigungen in Betracht. Zahlungen von Betriebsunterbrechungsversicherungen sind hingegen nur insoweit begünstigt, als sie Mehrkosten für eine *beschleunigte* Wiederbeschaffung abdecken (BFH IV R 54/80 BStBl II 83, 371). Bei Veräußerungen zur Vermeidung eines behördl Eingriffs tritt an die Stelle der Entschädigung der Veräußerungserlös (BFH XI R 5/00 BStBl II 01, 830 unter II.1.). Die Entschädigung kann auch in einem Sachwert bestehen; handelt es sich hierbei um ein WG des PV, schließt dies die Übertragung der aufgedeckten stillen Reserven auf ein anderweitiges ErsatzWG des BV nicht aus (BFH VIII R 29/70 BStBl II 73, 297). Die Gewinnrealisierung durch **Entnahme** eines WG ist (mangels Erhalt einer Entschädigung) nicht begünstigt (BFH IV R 23–24/68 BStBl II 73, 582 unter 3.). – **Begünstigter (übertragungsfähiger) Teil der Entschädigung** ist im Hinblick auf den Zweck der RfE (Vermeidung einer Schmälerung durch StZahlung) alles, was über den Buchwert des ausgeschiedenen WG hinaus geht (zur Ermittlung des Buchwerts s § 6b Rz 53); auf den TW dieses WG kommt es nicht an (BFH IV R 54/80 BStBl II 83, 371; BFH IV R 46/97 BStBl II 99, 561 unter II.2.b). Die Entschädigung kann auch insoweit in eine Rücklage eingestellt und von den AK/HK eines ErsatzWG abgezogen werden, als sie (trotz späterer Abziehbarkeit der VorSt aus der Ersatzinvestition) USt enthält, weil auch insoweit Gewinn realisiert würde (BFH IV R 46/97 BStBl II 99, 561 unter II.2.b: der StPfl unterliegt im Zeitpunkt der Entschädigung noch der USt nach Durchschnittssätzen und geht – was sich bei hohen Investitionen empfiehlt – vor der Ersatzbeschaffung zur Regelbesteuerung über). – **Zinsen** auf eine verspätet ausgezahlte Entschädigung sind nicht begünstigt (BFH X R 96/96 BStBl II 99, 217: ggf sogar Abspaltung eines Zinsanteils aus einem einheitl Entschädigungsbetrag). Ausnahmsweise ist aber der Zinsertrag aus einer zwischenzeitl Anlage der Entschädigung übertragungsfähig, wenn die Entschädigung vorzeitig ausgezahlt wurde und daher bei ihrer Bemessung eine Abzinsung vorgenommen wurde (BFH IV R 10/79 BStBl II 82, 568 unter 2.). Soweit die Entschädigung für den Erwerb eines Grundstücks zum Autobahnbau nicht für den Wert des GuB gezahlt wird, sondern für **Erschwernisse der künftigen Betriebsführung,** ist sie nicht begünstigt (FG MeVo EFG 09, 914, rkr; FG SachsAnh EFG 15, 193, rkr; FG SachsAnh EFG 15, 197, rkr: „Erwerbsverlust- und Anschneideentschädigung"); ggf anders, wenn eindeutig nachweisbar ist, dass dieser Teilbetrag unter Umgehung von Kaufpreishöchstgrenzen ebenfalls auf den Erwerb des GuB entfallen sollte. – Sind die **AK/HK des ErsatzWG geringer als die erhaltene** 109

Entschädigung, dürfen die stillen Reserven nur *anteilig* übertragen werden (BFH I 18/65 BStBl II 69, 310; Rechenbeispiel in EStH 6.6 III „Mehrentschädigung").

111 **d) ErsatzWG.** Die stillen Reserven können nur auf ein WG übertragen werden, das im Betrieb **die gleiche Funktion** hat wie das ausgeschiedene WG (BFH IV R 7/98 BStBl II 99, 488 unter 2.c: nicht, wenn ein selbstgenutztes luf Stall- und Lagergebäude durch eine an einen GewBetr fremdvermietete Maschinenhalle ersetzt wird). In Sondersituationen lässt die *FinVerw* aus Billigkeitsgründen die Übertragung auf nicht funktionsgleiche WG zu (*BMF* DB 01, 897: BSE-Rindfleischkrise). Die Übertragung auf WG in anderen Betrieben desselben StPfl ist grds nicht mögl (BFH IV R 65/02 BStBl II 04, 421 unter 2.c: ggf anders, wenn die Zwangslage zugleich den Fortbestand des ersten Betriebs gefährdet); zur Übertragung bei PersGes s *Strahl* KÖSDI 99, 12165, 12173 f). Ist ein bebautes Grundstück ausgeschieden, kommt es für die Übertragung auf ein anderes bebautes Grundstück nicht darauf an, wie sich die stillen Reserven auf GuB und Gebäude verteilen (EStR 6.6 III; BFH I R 34/69 BStBl II 71, 90 unter 2.). ErsatzWG für ein ausgeschiedenes Grundstück kann auch ein Miteigentumsanteil an einem anderen Grundstück sein, wenn dieser demselben Zweck wie das ausgeschiedene Grundstück dient (glA *Blümich/Ehmcke* § 6 Rz 994). Die Einlage eines bereits im PV des StPfl vorhandenen WG in das BV ist keine Ersatzbeschaffung (BFH IX R 27/82 BStBl II 85, 250).

113 **e) Investitionsfrist.** Die **neuere Rspr** überträgt die in § 6b genannten Fristen (grds 4 Jahre, bei neu hergestellten Gebäuden 6 Jahre) und schließt weitere Fristverlängerungen aus (BFH IV R 4/09 BStBl II 14, 443 Rz 16 ff; zR krit *Blümich/Ehmcke* § 6 Rz 997b; hinsichtl der Fristverlängerungen großzügiger noch BFH I 95/56 U BStBl III 56, 332: selbst eine Verzögerung von 7 Jahren kann hinzunehmen sein). Die **FinVerw** (EStR 6.6 IV 3–6) hat sich zu Gebäuden der Vier- bzw Sechs-Jahres-Frist des BFH angeschlossen. Bei bewegl WG (zu denen noch keine BFH-Rspr vorliegt) hält sie aber an ihrer bisherigen Auffassung fest, wonach das ErsatzWG grds bis zum Ende des ersten Wj nach dem Ausscheiden des AltWG angeschafft, hergestellt oder bestellt sein muss; diese Frist kann aber im Einzelfall auf bis zu vier Jahre verlängert werden. – Das ErsatzWG kann bereits vor dem Ausscheiden des AltWG anschafft werden, zB wenn der StPfl erkennt, dass demnächst ein behördl Eingriff droht. In diesem Fall darf der zeitl Zwischenraum zur Wahrung des erforderl ursächl Zusammenhangs aber nicht mehr als 2–3 Jahre betragen (BFH XI R 5/00 BStBl II 01, 830). – Die **vorzeitige Auflösung der RfE** ist geboten, wenn die Absicht der Ersatzbeschaffung endgültig aufgegeben wird (BFH IV R 97/89 BStBl II 92, 392 unter II.4.: Betriebsveräußerung; BFH IV R 7/98 BStBl II 99, 488 unter 2.c: Anschaffung eines nicht funktionsgleichen ErsatzWG); diesen Umstand hat das FA nachzuweisen (BFH IV R 4/09 BStBl II 14, 443 Rz 22). Die Auflösung infolge einer Betriebsveräußerung/-aufgabe gehört zum begünstigten Veräußerungsgewinn (BFH IV R 97/89 BStBl II 92, 392 unter II.4.). Anders als bei § 6b löst die Auflösung einer RfE ohne Investition **keinen Gewinnzuschlag** aus. – Umgekehrt darf der StPfl eine noch nicht vollständig verbrauchte RfE trotz Anschaffung eines ErsatzWG fortführen, wenn er glaubhaft macht, dass er innerhalb der noch lfd Frist weitere ErsatzWG erwerben will.

115 **f) Anwendung bei anderen Gewinnermittlungsarten.** Bei **§ 4 III** wendet die *FinVerw* die vorstehenden Grundsätze aus Billigkeitsgründen entspr an (Einzelheiten in EStR 6.6 V). Die Rspr hat dies bestätigt (BFH IV R 7/98 BStBl II 99, 488 unter 2.b: jedenfalls bei zwischenzeitl Wechsel von § 4 I zu § 4 III). – **Bei § 13a** bleiben das Ausscheiden des WG und die Entschädigung auf Antrag außer Betracht, wenn innerhalb der Fristen eine Ersatzbeschaffung vorgenommen wird (EStR 6.6 VI; zur Erfassung der Entschädigung s § 13a Rz 40). – **Im PV** gelten

diese Grundsätze schon deshalb nicht, weil dort keine stillen Reserven zu versteuern sind (iErg auch BFH IX R 333/87 BStBl II 94, 12).

6. Aufteilung von AK bei Gesamtkaufpreis. Ausführl *Wüllenkemper* EFG 13, 1905; s auch zu Gestaltungen beim Schuldzinsenabzug § 9 Rz 140 ff. – **a) Grundsatz.** Erwirbt ein StPfl durch einen einheitl Vertrag mehrere WG (insb GuB/Gebäude; Betrieb), ist der Gesamtkaufpreis auf die einzelnen WG zu verteilen. Eine **vertragl Einigung über die Aufteilung** ist auch steuerl maßgebl, solange dagegen keine nennenswerten Bedenken bestehen und die Einigung von den wechselseitigen Interessen der Vertragsparteien getragen ist (BFH IX R 86/97 BStBl II 01, 183 unter II.1.: nachträgl Bescheinigung des Veräußerers über die Kaufpreiszuordnung ist keine „Einigung"). Steuerl nicht maßgebl ist hingegen eine **Einigung, die nicht von gegensätzl Interessen getragen wird,** sondern von dem Bestreben, einem Vertragspartner einen möglichst großen StVorteil zukommen zu lassen (BFH X R 96/96 BStBl II 99, 217 unter B. IV.2.c; ausführl BFH X R 19/03 BStBl II 06, 238 unter II.2.a mwN; BFH X B 159/13 BFH/NV 14, 1743; ähnl („nicht bindende vertragl Aufteilung") BFH IX R 31/12 BStBl II 13, 1011 Rz 22; ausführl nunmehr BFH IX R 12/14 DStR 16, 33). 118

Einzelfälle: Allein der übl **Interessengleichlauf zw Bauträger und Erwerber,** einen möglichst hohen Anteil des Gesamtkaufpreises dem Gebäude zuzuordnen, rechtfertigt keine abw Verteilung, wenn keine *konkreten* Anhaltspunkte für eine unzutr Aufteilung gegeben sind (BFH IX B 149/08 BFH/NV 09, 365; FG Sachs EFG 09, 809, bestätigt BFH IX R 56/08 BStBl II 10, 202). Die *FinVerw* greift solche Fälle nur noch auf, wenn der Bauträger den GuB unter dem Einstandswert veräußert (*OFD Kobl* DB 09, 1046; ähnl *Heuermann* DB 09, 1558, 1560); die mit einem solchen Vorgehen notwendigerweise verbundene teilweise Aufdeckung der Kalkulation des Bauträgers ggü dem Erwerber ist trotz § 30 AO zulässig (mE zutr FG BaWü EFG 15, 267, NZB I B 147/14). – Beim **verbilligten Verkauf eines Zweifamilienhauses** von Eltern an die Kinder (gemischte Schenkung/teilentgeltl Vorgang) ist es zulässig, den größten Teil des Kaufpreises vertragl der fremdvermieteten Wohnung (bis zur Höhe ihres Verkehrswerts) zuzuordnen und für die selbstgenutzte Wohnung nur einen geringen Kaufpreis festzuschreiben (BFH IX R 54/02 BStBl II 06, 9; *BMF* BStBl I 07, 269; für den gleichzeitigen Verkauf mehrerer teils selbstgenutzter, teils fremdvermieteter Eigentumswohnungen BFH IX R 35/08 BStBl II 09, 663 unter II.2.c; ebenso für die vorrangige Zuordnung eines Kaufpreises zur Wohnung beim teilentgeltl gemeinsamen Verkauf von Wohnung und Betrieb BFH IX R 34/05 BFH/NV 06, 1634). – Dieselben Grundsätze gelten für die Zuordnung eines Gesamtkaufpreises auf mehrere **Beteiligungen, die teils stpfl und teils stfrei verkauft** werden (BFH I B 26/07 BFH/NV 07, 2354; die konkrete Einzelfallentscheidung dürfte allerdings eher als großzügig anzusehen sein) sowie mE auch für die Zuordnung bei gleichzeitiger Veräußerung von Anteilen an KapGes (teilweise stfrei) und anderen WG, deren Veräußerung voll stpfl ist (aA FG RhPf EFG 12, 63, rkr). – Zur Bedeutung dieser Grundsätze für den **steueroptimierten Abzug von Schuldzinsen** s *Schallmoser* DStR 09, 1685. Zur Aufteilung auf GuB und stehendes Holz beim Verkauf eines **Waldgrundstücks** s § 13 Rz 16.

b) Vornahme der Aufteilung. Fehlt es an einer Einigung der Parteien oder kann sie steuerl nicht zugrunde gelegt werden, sind zunächst für alle erworbenen WG die jeweiligen Einzelwerte zu ermitteln; sodann ist der tatsächl Gesamtkaufpreis im Verhältnis der Einzelwerte auf die WG aufzuteilen (BFH IX R 86/97 BStBl II 01, 183 unter II.2.). **Im BV** ist grds nach dem **Verhältnis der Teilwerte** aufzuteilen (BFH GrS 1/77 BStBl II 78, 620 unter D. II.3.a; BFH III R 272/83 BStBl II 88, 441), **im PV** nach dem **Verhältnis der Verkehrswerte** (BFH X R 97/87 BStBl II 89, 604 unter 1.; BFH IX R 130/90 BStBl II 96, 215 unter 1.a). Gehören die erworbenen WG teils zum BV, teils zum PV, dürfte sowohl die Aufteilung nach TW als auch die nach Verkehrswerten zum selben Ergebnis führen (BFH I R 131/78 BStBl II 82, 320 unter 2.; BFH IV R 204/85 BFH/NV 90, 34). – Beim **Erwerb von GuB und Gebäude** ist grds das Verhältnis der Sachwerte nach der ImmoWertV (s Rz 275) maßgebend (BFH IX R 86/97 BStBl II 01, 183; BFH IX R 13/00 BFH/NV 03, 769). Das *BMF* hat hierzu auf seinen Internetseiten eine Arbeitshilfe veröffentlicht (Excel-Tabelle; s *Jardin/Roscher* NWB 14, 3155), die allerdings naturgemäß auf der Verwaltungsauffassung basiert. Die weitere Auf- 119 teilung des Gebäudes in verschiedene WG bei unterschiedl Nutzungs- und Funktionszusammenhang erfolgt nach dem Verhältnis der Wohn-/Nutzflächen (*BMF* BStBl I 04, 464). Zu AK für den Gebäudeanteil des Erbbaurechts s Rz 89; zur Kaufpreiszuordnung bei Abbruch eines Gebäudes kurz nach dem Erwerb s Rz 213 ff; zu Modernisierungsmodellen s *OFD Ffm* DStR 99, 762; zu AK bei Vorbehalt eines Nutzungsrechts an einer von mehreren verkauften Wohnungen BFH IX R 33, 34/92 BStBl II 94, 927, teilweise modifiziert durch BFH IX R 50, 51/97 BStBl II 01, 594. – Zur Kaufpreisaufteilung beim **Unternehmenskauf** s *Bauer/Baumgartner* FR 15, 838. Dem Geschäftswert ist nur insoweit ein Kaufpreisanteil zuzuordnen, als das gezahlte Entgelt die Summe der TW aller anderen materiellen und immateriellen WG übersteigt (BFH III R 272/83 BStBl II 88, 441; § 16 Rz 489). – Diese Grundsätze gelten entspr, wenn nur ein einziges WG angeschafft worden ist, die AK aber später (zB bei Verkauf von Teilflächen) auf unterschiedl wertvolle Teile des WG aufgeteilt werden sollen (BFH I R 37/81 BStBl II 83, 130 unter II.; BFH VIII R 161/82 BStBl II 84, 26).

130 **7. AK bei unentgeltl und teilentgeltl Erwerb.** Hier erfolgt nur ein **Überblick,** zu Einzelheiten und Nachweisen auf Rspr und Literatur s die folgenden Verweise; zur AfA in diesen Fällen s § 7 Rz 66; zu **Nebenkosten** beim unentgeltl Erwerb s Rz 53.

131 **a) Erbfall.** Ausführl zu Erbfall und Vermächtnis bei BV s § 16 Rz 25–29, 590–604. – Es handelt sich um einen unentgeltl Vorgang, der keine neuen AK entstehen lässt. Für die AfA ist (ggf durch die Erbengemeinschaft) die Bemessungsgrundlage des Rechtsvorgängers fortzuführen (für BV § 6 III, für PV § 11d EStDV). Der Übergang von *Erblasser*schulden auf den Erben führt hier nicht zu AK; Gleiches gilt für die Erfüllung von *Erbfall*schulden (Vermächtnis-, Pflichtteils-, Erbersatz- und Abfindungsschulden).

132 **b) Erbauseinandersetzung mehrerer Miterben.** Dieser Vorgang bildet mit dem Erbfall *keine* Einheit; hier können daher AK anfallen (grundlegend BFH GrS 2/89 BStBl II 90, 837; ausführl *BMF* BStBl I 06, 253). Grds erwirbt der Miterbe, der bei der Auseinandersetzung Teile des Nachlasses erlangt, aber unentgeltl. AK entstehen nur, soweit der Wert des Erlangten den Wert des Erbanteils des Miterben übersteigt und dafür ein Ausgleich zu leisten ist. Zur Erbauseinandersetzung über **BV** (grds Gleichstellung mit dem Ausscheiden aus einer MUerschaft) s § 16 Rz 605–623; zur Erbauseinandersetzung über **PV** § 16 Rz 625–634 (mit Beispielen zur Berechnung der AfA-Bemessungsgrundlage bei Leistung von Ausgleichszahlungen); zur Erbauseinandersetzung bei **Mischnachlass** s § 16 Rz 636–649 (es gelten die für den jeweiligen Nachlassbestandteil maßgebenden Grundsätze). Soweit die Erbauseinandersetzung danach als **teilentgeltl Vorgang** anzusehen ist, gelten die in Rz 137 dargestellten Grundsätze. Die *Teil*erbauseinandersetzung ist wie die vollständige Auseinandersetzung zu behandeln. Der Verkauf eines Erbteils oder die entgeltl Ausschlagung führen ebenfalls zu AK.

134 **c) Reine Schenkung.** Sie stellt ebenfalls einen unentgeltl Vorgang dar. Im PV führt der Erwerber die AfA-Bemessungsgrundlage des Rechtsvorgängers fort (§ 11d EStDV). Im BV gilt dies nur beim Übergang betriebl Einheiten iSd § 6 III; die unentgeltl Übertragung *einzelner* betriebl WG aus privaten Gründen ist hingegen eine gewinnrealisierende Entnahme, sofern das WG nicht (als SonderBV) im Betrieb verbleibt (§ 6 V 3; s Rz 699 f). – Die **Übernahme von Verbindlichkeiten** stellt in den Fällen des § 6 III kein Entgelt dar und führt nicht zu AK (näher § 16 Rz 38); beim Übergang von PV entstehen hingegen AK. Zur Behandlung **teilentgeltl Übertragungen** s Rz 137.

Mittelbare Grundstücksschenkung. Die Rspr bejaht mE zu Recht *insgesamt* eigene AK des Beschenkten, wenn diesem ledigl ein *Teil* der Baukosten im Wege mittelbarer Grundstücksschenkung zugewendet wird (FG Ddorf EFG 03, 603, rkr). Hingegen fehlt es (jedenfalls nach der zu **VZ bis 2008** ergangenen Rspr) an eigenen AK, wenn dem Beschenkten die *gesamten* AK/HK zugewendet werden (BFH IX B 66/02 BFH/NV 03, 1317 betr FördG; BFH IX R 59/04 BFH/NV 06, 2040 mwN; BFH IX R 4/06 BStBl II 07, 372, beide betr EigZulG; BFH IV R 9/06 BStBl II 10, 664 unter II.2.b, betr § 6b). Im BV handelt es sich allerdings um eine Einlage, die mit dem TW anzusetzen ist, so dass AfA vorgenommen werden können. Im PV kann eine AfA hingegen auch nicht auf § 11d EStDV gestützt werden, denn dazu müssten beim *Rechtsvorgänger* AK/HK angefallen sein; diesem war aber niemals ein WG „Grundstück" zuzurechnen. Auch das Nettoprinzip zwingt nicht zu einer Gesetzesauslegung, die dem Beschenkten die AfA ermöglichen würde. Denn dieser hat keine (eigenen) Aufwendungen, so dass das Nettoprinzip nicht berührt ist; beim Schenker fehlt es wiederum an der Einkunftserzielungsabsicht. Bei einer solchen Gestaltung waren daher die früheren schenkungsteuerl Vorteile gegen die (mögl) estl Nachteile abzuwägen. Da allerdings **ab 2009** keine nennenswerten schenkungsteuerl Vorteile der mittelbaren Grundstücksschenkung mehr bestehen, sollte die bisherige Rspr zum ESt-Recht mE überdacht werden. Dies gilt um so mehr, als im Grenzbereich zw Übernahme der *gesamten* AK (Folge: gar keine AfA des Beschenkten) und der Übernahme eines (ggf erhebl) *Teils* der AK (dann sogar *volle* AfA des Beschenkten) ein zweifelhafter Rechtsfolgensprung eintritt und zudem zw BV und PV differenziert wird.

d) Vorweggenommene Erbfolge. Zivilrechtl handelt es sich als gemischte oder Auflagenschenkung um einen Spezialfall der Schenkung. Estrechtl ist zu differenzieren (grundlegend BFH GrS 4–6/89 BStBl II 90, 847; *BMF* BStBl I 93, 80; zu BV ausführl § 16 Rz 45–77): Sind die Voraussetzungen des Rechtsinstituts der „Vermögensübergabe gegen Versorgungsleistungen" erfüllt (dazu § 10 Rz 138 ff), handelt es sich steuerl um einen voll unentgeltl Vorgang; die wiederkehrenden Versorgungsleistungen stellen kein Entgelt dar. Zu AK führen hingegen Abstandszahlungen an den Übergeber, Gleichstellungsgelder an Dritte (zB an weichende potentielle Miterben) und die Übernahme *privater* Schulden des Übergebers (nicht aber die Übernahme vorhandener Betriebsschulden mit dem Betrieb). – Die **Bestellung eines Nießbrauchs oder dingl Wohnrechts** zugunsten des bisherigen Eigentümers oder eines Dritten ist keine Gegenleistung des Erwerbers für die Übertragung des Eigentums (*BMF* BStBl I 98, 914 Rz 40; BFH XI R 7, 8/84 BStBl II 91, 791). 135

e) AK bei teilentgeltl Erwerb. Erfasst sind zB Fälle der Erbauseinandersetzung (Rz 132) oder vorweggenommenen Erbfolge (Rz 135). – **(1) Teilentgeltl Erwerb von PV.** Bzgl des unentgeltl Teils tritt der Rechtsnachfolger in die Rechtsstellung des Vorgängers ein; bzgl des entgeltl Teils hat er eigene AK. Zur komplizierten AfA-Berechnung in diesen Fällen s § 7 Rz 66. Zur **Gestaltung der Kaufpreiszuordnung** bei teilentgeltl Übertragung eines Gebäudes mit unterschiedl Nutzungen s Rz 118. – **(2) Teilentgeltl Erwerb betriebl Einheiten iSd § 6 III** (ganzer Betrieb, Teilbetrieb, MUeranteil). Hier gilt die Einheitsbetrachtung (ausführl § 16 Rz 39–42, 57–60): Der Vorgang ist (anders als im PV) nicht in einen voll unentgeltl und einen voll entgeltl Teil aufzuspalten. Vielmehr entstehen AK des Erwerbers nur, soweit das tatsächl gezahlte Entgelt die Buchwerte (KapKto) übersteigt (Entsprechendes gilt für den Veräußerungsgewinn des Veräußerers). – **(3) Teilentgeltl Übertragung einzelner WG des BV.** Beim **Veräußerer** kommt es iHd Differenz zw Veräußerungspreis und Buchwert zu einem Veräußerungsgewinn, iHd Differenz zw Veräußerungspreis und TW zu einem Entnahmegewinn (BFH VIII R 51/84 BStBl II 92, 512 unter III.; BFH III R 8/03 BStBl II 06, 287 unter II.2.a; für Aufteilung wie bei PV hingegen BFH X R 34/03 BStBl II 05, 378 unter II.7.). Der **Erwerber** kann mE nach § 6 I Nr 5 EStG zum TW in ein BV einlegen (zum selben Ergebnis kommt *BMF* BStBl I 93, 80 Tz 34, allerdings im Wege der Aufspaltung in entgeltl und unentgeltl Übertragung). 137

8. ABC der Anschaffungskosten (s auch ABC der Aktivierung § 5 Rz 270). 140

Abbruchkosten s Rz 213.

Abfindungen. – ***(1)* Empfänger sind Mieter oder dingl Nutzungsberechtigte.** Es kann sich handeln um – ***(a)* Aufzuteilende AK des Gesamtgrund-**

stücks (unter dem Gesichtspunkt der Betriebsbereitschaftskosten), wenn erst der Auszug der Mieter aus dem Gebäude die mit dem Erwerb bezweckte Nutzung ermöglicht. In der Praxis wird diese Zuordnung aber selten sein, da der BFH eine Abfindung, deren Grundlage erst *nach* Abschluss des Anschaffungsvorgangs gelegt wird, als BA/WK ansieht (BFH GrS 1/69 BStBl II 70, 382: im BV allerdings Aktivierung der Abfindung und Verteilung über die Restlaufzeit des Mietvertrags; BFH VIII R 92/77 BStBl II 80, 187: erst nach dem Erwerb wird an die Baubehörde eine Abfindung wegen Zweckentfremdung von Wohnraum gezahlt, um das Gebäude höherpreisig als Büro vermieten zu können). – ***(b)* AK des GuB** sind gegeben, wenn ein unbebautes Grundstück nach der Räumung erstmals vermietet werden soll (BFH IX R 57/01 BStBl II 04, 872 unter II.3.: Zwangsräumung von Besetzern). – ***(c)* GebäudeHK** liegen vor, wenn die Abfindung der Räumung eines unbebauten Grundstücks zum Zwecke des Bebauung (BFH IX R 57/01 BStBl II 04, 872 unter II.2.) oder der Räumung eines Gebäudes zum Zwecke des Abrisses und der Neubebauung dienen soll (BFH I R 243/73 BStBl II 76, 184: Abfindung für dingl Wohnrecht; BFH I R 29/79 BStBl II 83, 451 unter 3.: Mieterabfindung; BFH IX R 24/03 BStBl II 06, 461: Abfindung für Erbbaurecht). – ***(d)* Sofortige BA/WK** sind gegeben, wenn die Abfindung an den bisherigen Nutzer der Erzielung höherer lfd Einnahmen durch sofortigen Abschluss eines neuen Nutzungsvertrags dient (BFH VIII R 115/70 BStBl II 75, 730, dort auch zur Behandlung von Abfindungen, die in Form einer Leibrente gezahlt werden; BFH IX R 24/10 BFH/NV 11, 1480: Ablösung eines Erbbaurechts zur Begründung eines neuen Erbbaurechts mit höherem Erbbauzins; BFH IX R 28/12 BFH/NV 13, 914: der StPfl bewegt den Inhaber eines Wohnungsrechts zum Auszug, übernimmt im Gegenzug die Miete für dessen neue Wohnung und kann die frei gewordene Wohnung zu einem wesentl höheren Betrag vermieten; dies gilt auch zw nahen Angehörigen, sofern die Vereinbarungen einem Fremdvergleich genügen). – *(e)* Die Abfindung ist **estl unbeachtl,** wenn der Eigentümer die Wohnung selbst nutzen will (BFH IX R 38/03 BStBl II 05, 760) oder kein Zusammenhang zu einer Einkunftsart besteht (BFH VIII R 110/70 BStBl II 75, 663). – *(f)* Bei einem **Abfindungsempfänger,** der die Wohnung zu eigenen Wohnzwecken nutzt, ist die erhaltene Zahlung nicht stbar (BFH IX R 89/95 BFH/NV 00, 423). – ***(2)* Abfindungen an Nachbarn** sind HK eines Gebäudes, wenn sie nur der konkreten Bebauung dienen (FG Bln EFG 97, 655, rkr), hingegen AK des GuB, wenn die Bebaubarkeit *allgemein* (unabhängig von dem konkreten Bauvorhaben) erhöht wird (FG Köln EFG 87, 166, rkr) und nachträgl AK des Gebäudes, wenn eine am Gebäude bestehende Nutzungsmöglichkeit des Nachbarn abgefunden wird (FG Hess EFG 88, 68, bestätigt). – ***(3)* Abfindungen zur Vermeidung von (Rück-)Übertragungsansprüchen** sind nachträgl AK, zB bei Anfechtung nach § 3 II AnfG (BFH IX R 56/06 BStBl II 07, 956), Rückforderungsanspruch des verarmten Schenkers gem § 528 BGB (zutr FG Ddorf EFG 97, 1225; die nachgehend von BFH IX R 66/97 BFH/NV 01, 769 unter II.4. geäußerten Zweifel sind durch BFH IX R 56/06 BStBl II 07, 956 überholt); Abfindung, die der bisherige Ges'ter für den Verzicht eines Dritten auf dessen Recht zum Erwerb des Anteils zahlt (FG BaWü EFG 03, 378, rkr).

Anzahlungen. Zur bilanziellen Behandlung s Rz 41 sowie § 5 Rz 270 „Anzahlungen“; zu verlorenen Vorauszahlungen s Rz 208; zum Unterbleiben einer Abzinsung s Rz 463.

Aufzinsungspapiere s Zerobonds.

Bauherrenmodell s ausführl § 21 Rz 171 ff (insb Vertragsbündel, Abgrenzung AK/HK, Provisionen, sofort abziehbare WK).

Beteiligung an KapGes (ausführl § 5 Rz 270 „Beteiligung“, „eigene Anteile“; § 17 Rz 156 ff; zum TW s Rz 278 ff). – ***(1)* Offene Einlagen** (anlässl der Gründung oder einer späteren Kapitalerhöhung) stellen AK dar; dies gilt auch für Zahlungen in die Kapitalrücklage (s Rz 57). Bareinlagen von Beziehern junger Aktien für die Substanzabspaltung der Altaktien sind AK (BFH VIII R 68/05 BStBl II 07, 937 unter II.4.a bb). Bei Erhöhung des Kapitals durch Umwandlung von Rücklagen in Nennkapital entstehen keine neuen AK. Vielmehr sind die AK der Altanteile nach dem Verhältnis der Nennbeträge aufzuteilen und teilweise den neuen Anteilen zuzuordnen (§ 3 KapErhStG). Zahlt der StPfl für den Erwerb eines neuen Anteils iRe Kapitalerhöhung ein Aufgeld, ist dieses ausschließl den AK des neuen Anteils, nicht aber anteilig den AK der Altanteile zuzuordnen, und zwar auch dann, wenn die AK den Verkehrswert des neuen Anteils übersteigen (BFH I R 53/08 BFHE 226, 500). – ***(2)*** **Verdeckte Einlagen** führen zu nachträgl AK (s ausführl Rz 741 ff, insb zu Forderungsverzichten s Rz 756 ff). Dies gilt sowohl für die in § 6 VI 2 erfassten verdeckten Einlagen aus einem BV als auch für verdeckte Einlagen aus dem PV. Zu verdeckten Einlagen in den Fällen des § 17 s § 17 Rz 164. Auch wenn der Ges'ter zugleich als Geschäftsführer ArbLohn bezieht, werden verdeckte Einlagen idR nicht mit dem ArbVerh in Zusammenhang stehen, sondern die AK erhöhen (BFH VI R 3/92 BStBl II 94, 242). – ***(3)*** Beim **Erwerb einer bestehenden Beteiligung** gehören auch Entgelte für die Mitübertragung bereits entstandener, aber noch nicht von einem Verwendungsbeschluss erfasster Gewinne zu den AK (BFH I R 190/81 BStBl II 86, 815); zu Anschaffungsnebenkosten s Rz 54. Gewährt der Veräußerer dem Erwerber eine Zuzahlung, sind weder „negative AK" zu aktivieren noch Erwerbsgewinne zu realisieren; vielmehr ist im BV ein passiver Ausgleichsposten zu bilden (BFH I R 49, 50/04 BStBl II 06, 656; näher § 5 Rz 550 „Ausgleichsposten"; zur Behandlung negativer Kaufpreise, die aus der Übernahme estl nicht passivierungsfähiger Verpflichtungen resultieren, s §§ 4f, 5 VII und *Dannecker/Rudolf* BB 14, 2539). Soweit der endgültige Anteilskaufpreis vom Eintritt bestimmter Bedingungen abhängig ist (zB Erreichen von Unternehmenszielen), sind die Kaufpreisänderungen aufschiebend bedingt und beeinflussen die AK daher erst mit Bedingungseintritt (s Rz 81 aE). – ***(4)*** **Rückzahlung von Nennkapital** bewirkt AK-Minderung (näher s Rz 65 f).

Beteiligung an PersGes. Steuerl werden hier nicht GesAnteile, sondern die Anteile an den einzelnen WG der PersGes angeschafft (BFH IV R 52/03 BStBl II 06, 128 unter 2.c; ausführl § 5 Rz 270 „Beteiligung an PersGes"). Zu AK des Erwerbers ausführl § 16 Rz 480 ff; zu Ergänzungsbilanzen s § 15 Rz 462.

Bodenschatz. Einem selbst entdeckten Bodenschatz sind keine AK zuzurechnen (ausführl § 7 Rz 194 mwN); zur Entstehung als selbständiges WG s § 5 Rz 270 „Bodenschätze"; zur Abgrenzung zw Kauf- und Pachtverträgen bei der Ausbeute s § 21 Rz 18.

Disagio. Zum Einfluss auf die AK von Forderungen s „Forderungen" (2).

Emissionsberechtigungen („CO_2-Zertifikate") nach dem TEHG (BGBl I 04, 1578) werden dem StPfl von der zuständigen Behörde zunächst unentgeltl zugeteilt. Die AK betragen daher 0 €; Anschaffungsnebenkosten sind BA. Die Berechtigungen sind handelbare immaterielle WG des UV. Bei höherem Emissionsbedarf können sie entgeltl (AK) von Dritten erworben werden (ausführl zur steuerl Behandlung *BMF* BStBl I 05, 1047; *Herzig/Jensen-Nissen/Koch* FR 06, 109; *Klein/Völker-Lehmkuhl* DB 04, 332; *Hoffmann/Lüdenbach* DB 06, 57; zur Anwendbarkeit des LiFo-Verfahrens s Rz 412).

Erbbaurecht s Rz 89.

Finanzierungskosten gehören grds nicht zu den AK/HK eines WG, sondern zu den sofort abziehbaren Geldbeschaffungskosten (§ 9 I 3 Nr 1; ausführl Rz 206). Hingegen sind Schuldzinsen des Veräußerers für die Zeit vor der Übergabe des WG, die dieser dem Erwerber weiterberechnet (Bauzeitzinsen), beim Erwerber AK (ausführl BFH IX R 32/01 BStBl II 04, 1002). Wegen Säumniszuschlägen zur GrESt s Rz 54.

Forderungen. – *(1)* Bei **Begründung der Forderung durch Vertrag oder Gesetz** entsprechen die AK dem **Nennwert** (BFH IV 123/63 BStBl II 68, 176), dh bei Geldforderungen dem Betrag, auf dessen Zahlung der StPfl Anspruch hat. Dies gilt auch bei fehlender oder niedriger Verzinsung (BFH I R 114/84 BStBl II 90, 117 unter II.1.; BFH I R 2/06 BStBl II 07, 469 unter II.2.a); die Zinsdifferenz beeinflusst allein den TW (s Rz 296). **Ansprüche auf Leibrenten** sind mit dem **Barwert** anzusetzen (BFH I R 147/69 BStBl II 71, 302; ebenso zu Rentenverpflichtungen Rz 443). Soll eine Schadensersatzrente hingegen ledigl entgangenen Gewinn ausgleichen, unterbleibt eine Aktivierung; vielmehr sind nur die lfd Zahlungen als Ertrag zu erfassen (FG BaWü EFG 94, 740, rkr). Zum Zeitpunkt der Aktivierung von Forderungen s § 5 Rz 270 „Forderungen" (dort auch zur fehlenden Entnahmefähigkeit bestrittener Forderungen); zu gewinn- oder umsatzabhängigen Forderungen s § 5 Rz 270 „gewinnabhängige Vergütungen" und § 5 Rz 603; zu Forderungen in ausl Währung s Rz 22; zu den AK von Ansprüchen aus Rückdeckungsversicherungen s „Rückdeckungsversicherung" mwN. – *(2)* **AK bei Disagio.** Wird bei Gewährung eines Darlehens nicht der volle Nennbetrag ausgezahlt, sondern ein Disagio einbehalten, stellt der Unterschiedsbetrag vorausgezahlten Zins dar. Gleiches kann für einbehaltene Bearbeitungsgebühren gelten (nicht jedoch für Bausparabschlussgebühr, s BFH I R 23/96 BStBl II 98, 381). Der Darlehensgeber hat den Nennbetrag der Darlehensforderung (Rückzahlungsbetrag) als deren AK zu aktivieren (Bruttomethode), den Unterschiedsbetrag als RAP zu passivieren und über die Laufzeit der Kreditgewährung bzw Zinsfestschreibung in jährl Teilbeträgen gewinnerhöhend aufzulösen (s ausführl § 5 Rz 270 „Disagio"). – *(3)* Bei **entgeltl Erwerb einer bereits bestehenden Forderung durch Abtretung** (Zession) bestehen die AK aus der zu erbringenden Gegenleistung einschließl etwaiger Nebenleistungen. Handelt es sich bei der Gegenleistung um eine Sachleistung, bestimmen sich die AK nach dem gemeinen Wert der Sachleistung (§ 6 VI 1).

Fremdwährung s Rz 22.

Grunderwerbsteuer s Rz 54.

Immobilienfonds s Bauherrenmodell.

Investmentanteile (zur Bilanzierung im BV ausführl *Rockel/Patzner* DStR 08, 2122). Zu den AK zählt der Ausgabepreis, der Ausgabeaufschlag und die Vergütung für aufgelaufene Zwischengewinne (dazu *Häuselmann/Ludemann* FR 05, 415). Zum TW s Rz 263.

Kapitalanlagen. Zu Nebenkosten s Rz 54.

Kapitalgesellschaft s Beteiligung an KapGes.

Kundengebundene Formen, die ein Hersteller nach den Wünschen seines Abnehmers für die Produktion von Spezialteilen anfertigt, begründen ein Verwendungsrecht; das hierfür geleistete Entgelt hat der Abnehmer als AK des abnutzbaren immateriellen WG zu aktivieren (BFH IV R 64/88 BStBl II 89, 830 unter 4.).

Lebensversicherung. Beim Erwerb „gebrauchter" LV mindern sich die AK nicht um bereits aufgelaufene Zinsen, die mit dem Kaufpreis vergütet werden (BFH VIII R 46/09 BStBl II 11, 920). S auch „Rückdeckungsversicherung".

Optionen (s auch § 5 Rz 144; zur Behandlung im PV s § 20 Rz 135 ff). – *(1)* Das Optionsrecht ist ein **nicht abnutzbares immaterielles WG des UV** (auch bei Zeitraumbezogenheit einer Zinsbegrenzungsprämie kein RAP, s zutr FG Mchn EFG 03, 1072, rkr). – *(2)* Als **AK des Optionsberechtigten** sind dessen für den Erwerb der Option entstandene Aufwendungen zu aktivieren, sofern bei Sicherungsgeschäften nicht eine Bewertungseinheit zu bilden ist (s § 5 Rz 70). – *(3)* Eine **TW-AfA** kommt in Betracht, wenn der Börsenwert der Option (bei nicht börsengehandelten Optionen der innere Wert) gesunken ist oder mit der

Ausübung des Optionsrechts nicht mehr zu rechnen ist, so dass es ersatzlos verfallen wird (FG Mchn EFG 03, 1072, rkr: Zinsbegrenzungsprämien bei gesunkenem Marktzinsniveau; hierzu ausführl *Rau* DStR 03, 1769). – ***(4)*** Bei **Ausübung der Option** (Erwerb des WG) geht der Buchwert des Optionsrechts in die AK des erworbenen WG ein (aA *Schmid/Renner* DStR 05, 815). Dies hat zur Folge, dass bei vorangegangener TW-AfA auf das Optionsrecht eine Wertaufholung beim Ansatz des WG zu prüfen ist (glA für Wandelanleihen *Pyszka* BB 04, 2497). Wird die Option in Gestalt eines **Bezugsrechts auf junge Anteile** gewährt, geht ein Teil der AK der Altanteile auf das Bezugsrecht und bei dessen Ausübung auf die jungen Anteile über (BFH IX R 36/01 BStBl II 06, 12: auch im PV; zur Werterмittlung *Kraft* BB 04, 595); die AK der Altanteile sind entspr zu kürzen (BFH IX R 100/97 BStBl II 01, 345). – ***(5)*** Der **Stillhalter** hat in Höhe der vereinnahmten Prämie eine Verbindlichkeit auszuweisen, die erst bei Ausübung oder Verfall der Option erfolgswirksam auszubuchen ist (BFH I R 17/02 BStBl II 04, 126). Ob ein gestiegenes Risiko aus der Ausübung der Option zu einem (in der StB zu berücksichtigenden) höheren TW der Verbindlichkeit führt (so *Hahne/Liepolt* DB 06, 1329; mE zutr) oder aber zu einer steuerl nicht passivierbaren Drohverlustrückstellung (so *BMF* BStBl I 04, 192; *Paus* FR 03, 1015), hat der BFH offen gelassen (BFH I R 17/02 BStBl II 04, 126 unter II.8.). Zur Bilanzierung des ArbG bei **Aktienoptionsplänen** zugunsten seiner Manager s *Rode* DStZ 04, 404, 408. – ***(6)*** **Optionsanleihen** kombinieren einen niedrigen Zins mit der Einräumung einer Option auf verbilligten Erwerb eines anderen WG (idR Aktien des ausgebenden Unternehmens). Der **Erwerber** der Anleihe hat die gesamten AK auf die beiden WG Anleihe und Optionsrecht aufzuteilen (Doppelerwerb; s BFH VIII R 9/02 BStBl II 03, 883 mwN auch zur Gegenauffassung; *BMF* BStBl I 04, 1034 Rz 8). **Die ausgebende KapGes** hat den auf das Optionsrecht entfallenden Betrag in die Kapitalrücklage einzustellen (§ 272 II Nr 2 HGB); die daraus folgende Gewinnneutralität gilt auch steuerl (BFH I R 3/04 BStBl II 08, 809; BFH I R 26/04 BFH/NV 06, 616). Zur Bilanzierung von (hochverzinsl) **Aktienanleihen** mit Optionsrecht des Emittenten s *Rau* DStR 06, 627.

Pfandgeld, das bei Mehrrücknahmen von Leergut ausgezahlt wird, stellt AK für Leergut dar, sofern ein Eigentumsübergang stattfindet (*BMF* BStBl I 05, 715; BFH I R 36/07 BStBl II 10, 232 unter II.2.a; zur Aktivierung von Pfandgeldforderungen *OFD Ffm* DStR 07, 806).

Prozesskosten sind AK, wenn der Rechtsstreit AK betrifft, da Prozesskosten stets so zu beurteilen sind wie die Aufwendungen, um die es in dem Prozess geht (s Rz 208 aE mwN).

Räumungskosten sind wie Mieterabfindungen zu behandeln (s „Abfindung").

Realteilung s § 16 Rz 530 ff.

Reisekosten s Rz 54.

Rente. Zum Erwerb eines WG gegen Rentenleistungen s Rz 81; zur Ermittlung des Rentenbarwerts s Rz 443.

Rückdeckungsversicherungen sind mit dem vom Versicherer ausgewiesenen Deckungskapital (Sparanteil der Beiträge zzgl rechnungsmäßige Zinsen) anzusetzen (§ 5 Rz 270 „Rückdeckungsversicherung" mwN). Dies bewirkt angesichts der durch § 6a hervorgerufenen Unterbewertung der korrespondierenden Pensionsrückstellung ggf einen Gewinnausweis (*Neu* EFG 08, 1443). Eine TW-AfA kommt gleichwohl nicht in Betracht; Gleiches gilt (solange kein Rückkauf beabsichtigt ist) für den Umstand, dass der Rückkaufwert idR geringer als das Deckungskapital ist (s Rz 263 mwN).

Skonto s Rz 67.

Software (ausführl *BMF* BStBl I 05, 1025; krit *Suchanek/Heyes* FR 05, 184; *Groß/Georgius/Matheis* DStR 06, 339). Bei Anschaffung von Standardsoftware (insb betriebswirtschaftl ERP-Software) gehört auch der (häufig sehr hohe) weitere Aufwand für deren Anpassung an die betriebl Besonderheiten (nur Einzelkosten) als Betriebsbereitschaftskosten zu den AK, nicht jedoch der Aufwand für Datenmigration und ArbN-Schulung. Funktionserweiterungen (Installation neuer Module) führen zu nachträgl AK; bloße Updates sind aber Erhaltungsaufwand. Die Nutzungsdauer beträgt 5 Jahre. Zur Bilanzierung von Internetauftritten s *Schick/Nolte* DB 02, 541.

Verbrauchsteuern s Rz 54, § 5 Rz 259.

Vermittlungsprovisionen bei Bauherren- und Modernisierungsmodellen sowie Immobilienfonds sind grds AK/HK (ausführl § 21 Rz 171 ff mwN).

Versorgungsleistungen sind keine AK (s § 22 Rz 70 ff).

Vorsteuer gehört nicht zu den AK, soweit sie bei der USt abziehbar ist (§ 9b I; Erläut s dort).

Wechselforderungen s Zerobonds.

Zerobonds sind mit den jeweiligen AK zu aktivieren. Dies gilt sowohl für den Ersterwerber als auch für einen weiteren Erwerber während der Laufzeit. Im BV ist der Bilanzansatz jährl um die anteiligen rechnerischen Zinsen zu erhöhen (*BMF* BStBl I 87, 394; *BeBiKo* § 255 Anm 176; ausführl und mit Berechnungsbeispielen *Beckmann* BB 91, 938; zur Behandlung im PV s § 20 Rz 101; zur Bilanzierung der Verbindlichkeit beim Schuldner s Rz 448). Da dem Inhaber ständig Zinsansprüche zuwachsen, die sich weiter verzinsen, entspricht dies dem Realisationsprinzip und bedeutet nicht etwa eine Überschreitung der AK durch unzulässige TW-Zuschreibung. Diese Bewertungsgrundsätze gelten auch für andere **ab- oder aufgezinste Papiere,** sofern im Rückzahlungsbetrag ein Zinsanteil enthalten ist, zB unverzinsl Schatzanweisungen, Sparbriefe, die bis 2012 ausgegebenen Bundesschatzbriefe Typ B (*BMF* DB 91, 878) sowie beim Bondstripping. – Demggü soll bei **Wechselforderungen** keine Aufzinsung um den vereinbarten Diskont, soweit er auf die bereits abgelaufene Haltedauer entfällt, vorzunehmen sein (zur Rechtslage bis 1992 s BFH I R 92/94 BStBl II 95, 594). ME ist dies unzutr (ebenso § 5 Rz 270 „Wechselforderungen" mwN), da die Ungleichbehandlung im Vergleich zu aufgezinsten Wertpapieren nicht überzeugen kann und der Wechsel einem Inhaberpapier gleichkommt.

Zölle s § 5 Rz 259.

Zugewinnausgleichszahlung (§§ 1363, 1378 BGB) ist Teil eines entgeltl Geschäfts (BFH IX R 34/04 BFH/NV 06, 1280). Die Übertragung eines Betriebs (BFH X R 48/99 BStBl II 03, 282 unter II.1.a cc) oder MUeranteils (BFH IV R 1/01 BStBl II 02, 519) zur Erfüllung der Ausgleichsforderung ist daher gewinnrealisierend. Ob eine „vorherige unentgeltl Übertragung nach § 6 III" steuerl mögl ist (so *Herrmann/Grobshäuser* FPR 05, 146, 147), ist zweifelhaft, da ein Zusammenhang zw Betriebsübertragung und Vermögensauseinandersetzung Entgeltlichkeit auch dann begründet, wenn die Parteien den Vorgang als unentgeltl bezeichnen.

Zwangsversteigerung. Beim ersteigerten Grundstück gehören zu den AK (zusammenfassend BFH X R 4/10 BStBl II 11, 887 Rz 60) – ***(1)*** das **Meistgebot** (BFH IV R 43/93 BFH/NV 96, 26: auch dann, wenn ein Gläubiger das Grundstück ersteigert und im Meistgebot Zinsen auf sein eigenes Grundpfandrecht enthalten sind, die ihm sogleich als Einnahme zuzurechnen sind) einschließl der bestehen bleibenden Rechte (FG RhPf EFG 92, 252, rkr) – ***(2)*** die nicht ausgebotenen nachrangigen **eigenen Grundpfandrechte des Ersteigerers,** allerdings nur, soweit ihr Wert durch den tatsächl Verkehrswert des ersteigerten Grundstücks gedeckt ist (tauschähnl Vorgang; s RFH RStBl 37, 1136; BFH VIII R 69/68 BStBl II 72, 881; BFH IV R 199/74 BStBl II 79, 667 unter 3.; BFH I R 7/84 BStBl II 88, 424 unter II.4.b; EStH 6.2 „Zwangsversteigerung") – ***(3)*** **Verpflichtungen,** die der Ersteigerer ggü dem Schuldner oder Dritten außerhalb des Zuschlagsbeschlusses, aber iZm der Zwangsversteigerung übernimmt (BFH IV 226/65 BStBl II 71, 325: Verpflichtungen aus Mietvorauszahlungen, die Mieter an den Voreigentümer geleistet haben) – *(4)* die **Nebenkosten,** dh die vom Erwerber zu entrichtende GrESt und die von ihm zu tragenden Versteigerungskosten (BFH VIII R 196/74 BStBl II 77, 714). Hingegen gehören die Bargebotszinsen (§ 49 II ZVG) nicht zu den AK, sondern stellen Schuldzinsen dar (BFH XI R 3/85 BStBl II 92, 727 unter 2.). – Bei Hinzuerwerb eines Miteigentumsanteils in einer **Teilungsversteigerung** liegt nur insoweit ein Anschaffungsvorgang vor, als der StPfl nicht bereits zuvor Miteigentümer war (BFH XI R 47/03 BStBl II 05, 41: gilt auch bei Zwangsversteigerung, wenn ein vormaliger *Mit*eigentümer den Zuschlag für das *gesamte* Grundstück erhält). Die AK ergeben sich als Differenz aus dem Bargebot für das gesamte Grundstück und dem an den Erwerber zurückfließenden Anteil aus dem Erlösüberschuss (BFH VIII R 196/74 BStBl II 77, 714). Die Auseinandersetzung von Miterben durch Teilungsversteigerung und der Zuschlag an Miterben werden nach den Regeln der Erbauseinandersetzung (Rz 132 mwN) behandelt (BFH XI R 3/85 BStBl II 92, 727).

III. Herstellungskosten

Schrifttum (auch zu AK; älteres Schrifttum s 32. Aufl): *Kahle/Heinstein,* Die Bewertung von Grundstücken in der StB, DStZ 07, 93; *Köhler,* Bilanzpolitische Gestaltungsmöglichkeiten iRd Ermittlung der HK, StBP 08, 260; *Köhler,* Bilanzpolitische Gestaltungsmöglichkeiten iRd Ermittlung der AK, StBP 08, 333; *Küting,* Die Ermittlung der HK nach den Änderungen durch das BilMoG, StuB 08, 419; *Meyering,* Denkanstöße zu den AK und ihre Ermittlung, StuW 09, 42. *Kahle,* HK bei Gebäuden, StuB 13, 490.

1. Begriff der HK. – a) Überblick. Ebenso wie bei den AK (s Rz 31 f) hat die seit 1987 in § 255 II HGB aufgenommene gesetzl Definition der HK die Grundsätze der zuvor entwickelten Rspr und Verwaltungsauffassung weitestgehend übernommen (BFH GrS 1/89 BStBl II 90, 830 unter C. III.1.b; BFH I R 32/00 BStBl II 02, 349 unter II.2.a). Mit dem **BilMoG** sind ab VZ 2010 Teile der verbliebenen handelsrechtl Wahlrechte im HK-Bereich entfallen (s Rz 194), so dass es hier zu einer weiteren Annäherung zw HB und StB gekommen ist. Die Definition des § 255 II HGB gilt (wie bei den AK, s Rz 31) **für alle Gewinnermittlungs- und Einkunftsarten** (BFH GrS 1/89 BStBl II 90, 830 unter C. III.1.c dd; zum FördG BFH IX R 35/10 BFH/NV 11, 1860). – Auch der Begriff der HK (zu AK s Rz 33) ist **final** zu verstehen („Aufwendungen … *für* die Herstellung"; BFH IV R 160/78 BStBl II 84, 101 unter A. 1.; BFH III R 110/80 BStBl II 86, 367 unter 3.b; BFH IX R 134/83 BStBl II 88, 431 unter 2.a). Zur **Abgrenzung zw AK und HK** sowie zum **Begriff des Herstellers** (Bauherrn) s Rz 34; zur **Abspaltung von HK** s Rz 37, zur Behandlung von **Zuschüssen** s Rz 71 ff, zur **RfE** s Rz 101 ff. Zur **Zuordnung von HK** und Schuldzinsen bei teils selbstgenutzten, teils vermieteten Gebäuden s § 9 Rz 143. 151

b) Beginn und Ende der Herstellung. S auch Rz 35 zu AK. – **aa) Beginn der Herstellung.** Dieser Zeitpunkt ist für die Aktivierungspflicht von Bedeutung, insb bei Herstellungsarbeiten, die sich über das Ende eines Wj hinaus erstrecken. Die Herstellung beginnt, wenn Handlungen vorgenommen werden, die darauf gerichtet sind, ein WG zu schaffen, zu erweitern oder wesentl zu verbessern (*Glanegger* DB 87, 2115, 2116). Dies ist zB mit der Erteilung des Auftrags für die Fertigung und Lieferung wesentl Teile des herzustellenden WG der Fall (BFH III R 54/86 BStBl II 90, 923 unter II.1., betr InvZul). Bereits der Abbruch eines Gebäudes kann als Beginn der Herstellung eines neuen Gebäudes anzusehen sein (BFH GrS 1/77 BStBl II 78, 620 unter D. II.2.a; s Rz 214). Zwar setzt die Aktivierung von Aufwendungen als HK voraus, dass **am Bilanzstichtag bereits ein aktivierungsfähiges WG existiert,** mit der Herstellung also schon begonnen wurde. Dies ist bei einem Gebäude aber bereits vor Beginn der eigentl Bauarbeiten 155 der Fall (zum Ganzen BFH IV R 160/78 BStBl II 84, 101 unter A. 1.). Daher sind auch Aufwendungen, die der körperl Herstellung eines WG vorausgehen und diese ermöglichen oder erleichtern sollen, selbst dann HK und als solche (nicht etwa als selbständiges oder immaterielles WG) zu aktivieren, wenn sie sich noch nicht in körperl Gegenständen niederschlagen (BFH IV R 20/75 BStBl II 79, 143: Aufwendungen eines Abbaubetriebs für die Beseitigung des Deckgebirges als HK der erst im Folgejahr zu gewinnenden Ausbeute; BFH I R 29/79 BStBl II 83, 451 unter 4.: Planungskosten).

156 **bb) Ende der Herstellung.** Maßgebl ist der Zeitpunkt der **Fertigstellung** des WG (§ 9a EStDV); zugleich beginnt die AfA. Ein WG ist fertig gestellt, wenn es einen Zustand erreicht hat, der seine bestimmungsgemäße Nutzung ermöglicht (BFH IV R 5/09 BStBl II 12, 122 Rz 18: Zulassungskosten sind noch Teil der HK eines Pflanzenschutz- oder Arzneimittels). Bei der Herstellung eines **Gebäudes** ist dies der Zeitpunkt, in dem das Gebäude nach Abschluss der wesentl Bauarbeiten bewohnbar ist (BFH IX R 130/90 BStBl II 96, 215 unter 3.b mwN). Gebäudeteile, die in unterschiedl Nutzungs- und Funktionszusammenhängen stehen, können zu verschiedenen Zeitpunkten fertiggestellt sein (BFH X R 77/87 BStBl II 91, 132 unter 1.a). – Nach dem Zeitpunkt der Fertigstellung können grds keine HK mehr anfallen (BFH I R 32/00 BStBl II 02, 349 unter II.2.b: Beiträge zum Erdölbevorratungsverband keine HK bereits fertiggestellter Erdölerzeugnisse). Etwas anderes gilt nur, wenn die Voraussetzungen der in § 255 II HGB genannten Tatbestände der Erweiterung, wesentl Verbesserung oder wirtschaftl Neuherstellung gegeben sind (s dazu Rz 164 ff). Solche nachträgl HK-Maßnahmen sind beendet, wenn die damit sachl zusammenhängenden Arbeiten abgeschlossen sind.

161 **2. Zu HK führende Vorgänge.** In § 255 II 1 HGB sind die Herstellung eines WG (Fallgruppe 1, Rz 162 ff), seine Erweiterung (Fallgruppe 2, Rz 171 ff) oder seine über den ursprüngl Zustand hinausgehende wesentl Verbesserung (Fallgruppe 3, Rz 181 ff) genannt. Aufwendungen für Instandsetzungen und Modernisierungen, die innerhalb von drei Jahren nach Anschaffung eines Gebäudes durchgeführt werden und 15% der AK übersteigen, werden durch § 6 I Nr 1a in HK umqualifiziert (Rz 381; gilt nur für die StB). Abgesehen von der Herstellung eines bisher nicht vorhandenen WG (Teil der Fallgruppe 1) geht es hier vor allem um die Abgrenzung der aktivierungspflichtigen **nachträgl HK** zum **sofort abziehbaren Erhaltungsaufwand** (dazu auch die Stellungnahme des IDW-Immobilienfachausschusses *IDW* RS IFA 1, IDW-FN 14, 246).

162 **a) Herstellung eines WG.** Kennzeichnend ist die Schaffung von etwas Neuem, bisher nicht Vorhandenem **(Erstherstellung).** Besondere Abgrenzungsprobleme stellen sich hier nicht. Ein **Anbau** ist ein selbständiges WG (dh Neubau iSd § 7 V), wenn er mit dem Altbau nicht verschachtelt ist, insb eigene Fundamente und tragende Wände hat (BFH IX R 1/08 BFH/NV 09, 370 unter II.1.); zum Anbau als Erweiterung eines bestehenden WG s Rz 171. – Darüber hinaus liegen HK bei der Wiedererstellung eines bereits vorhandenen, aber zerstörten oder unbrauchbar gewordenen WG vor (**Zweitherstellung;** BFH IX R 39/05 BStBl II 07, 922 unter II.1.a). Hierunter fällt vor allem die **Neuherstellung durch Instandsetzung nach Vollverschleiß** (Rz 164). – Schließl entsteht ein im steuerl Sinne neues WG, wenn ein vorhandenes WG durch Baumaßnahmen **in seiner Funktion oder seinem Wesen verändert** wird (BFH IX R 59/03 BFH/NV 05, 543 unter II.1.a). Dies ist der Fall, wenn Maßnahmen, die an sich „nur" zu nachträgl HK führen würden, einen neuen Nutzungs- und Funktionszusammenhang ermöglichen (Rz 166) oder eine Flächenerweiterung so umfassend ist, dass sie das gesamte erweiterte WG prägt (Rz 167). Zu den **Auswirkungen dieser Differenzierungen auf die AfA** s § 7 Rz 84.

164 **aa) Vollverschleiß.** Ist ein Gebäude so sehr abgenutzt, dass es unbrauchbar geworden ist, wird durch die Instandsetzungsarbeiten unter Verwendung der übrigen

noch nutzbaren Teile ein neues WG hergestellt. In der älteren Rspr wurde diese Fallgruppe als „Generalüberholung" bezeichnet; dieser Begriff ist aufgegeben (BFH IX R 116/92 BStBl II 96, 632 unter I.4.a). Vollverschleiß ist nicht gegeben, wenn das WG trotz erhebl Schäden noch nutzbar war (BFH V R 140/74 BStBl II 77, 577: Lokomotive; BFH VI R 141/82 BFH/NV 86, 529: Pkw; BFH IX R 62/94 BStBl II 96, 639 unter II.2.: Gebäude). Auch genügt es nicht, wenn ein Gebäude faktisch wegen Nichterfüllung zeitgemäßer Wohnvorstellungen nicht mehr vermietbar ist; es müssen vielmehr schwere Substanzschäden an den für Nutzbarkeit und Nutzungsdauer bestimmenden Gebäudeteilen vorliegen (BFH IX R 61/95 BStBl II 99, 282 unter 1.a; BFH IX R 64/99 BStBl II 03, 590 unter II.1.a; BFH X B 171/06 BFH/NV 07, 1127; *BMF* BStBl I 03, 386 Rz 18; zur Abgrenzung s auch FG Mchn EFG 08, 1892, rkr). Abriss und Neuerrichtung eines unbrauchbar gewordenen Gebäude(teil)s führen stets zu HK (BFH X R 36/01 BFH/NV 03, 765 unter II.2.b: Anbau; BFH IX R 14/10 BFH/NV 11, 1302: Abriss und Neuerrichtung des gesamten Obergeschosses; FG Mchn EFG 10, 1778, rkr: Garage), mE auch die Entkernung (glA *Wolff-Diepenbrock* DB 02, 1286, 1289). – Wird das WG nach einer **Substanzzerstörung, die zu einer AfaA führt** (§ 7 I 7), wieder aufgebaut, ist bei Gewinnermittlung nach § 4 I, § 5 eine Zuschreibung vorzunehmen (§ 7 Rz 127); iÜ sind die Reparaturkosten als HK zu aktivieren. Dabei ist das Gebäude im teilzerstörten Zustand mit dem wiederhergestellten Gebäude zu vergleichen (BFH IX R 333/87 BStBl II 94, 12 unter 2.; krit *Grube* DStZ 00, 469, 474). Bei der **Wiederherstellung nach Katastrophenschäden** gewährt die FinVerw Erleichterungen (zB nach den Hochwasserschäden 2013: bis 45 000 € grds Erhaltungsaufwand; bei aktivierungspflichtigen HK sofortige Sonder-AfA von 30% bei Gebäuden und 50% bei bewegl WG; s *FM BaWü* v 6.6.13; *FM Nds* v 13.6.13). Zur **Vereinfachungsregelung für die Feststellung von Vollverschleiß** (der Wert der Baumaßnahmen übersteigt den Wert der Altsubstanz) s Rz 167 aE; zur **RfE** bei Erhalt von Entschädigungen s Rz 101.

bb) Neuer Nutzungs- und Funktionszusammenhang. Steht ein neu errichteter Gebäudeteil (zB Anbau, Ausbau, Aufstockung) nicht in einem einheitl Nutzungs- und Funktionszusammenhang mit dem bereits vorhandenen Gebäude (dazu § 4 Rz 191 ff), entsteht steuerl ein neues WG. Dies gilt zB, wenn ein bisher selbstgenutztes Gebäude um einen fremdvermieteten oder eigenbetriebl genutzten Anbau erweitert wird (BFH XI R 43/01 BFH/NV 04, 1397: häusl Arbeitszimmer; *BMF* BStBl I 96, 689: Dachgeschossausbau). Umgekehrt fehlt es an einem neuen Nutzungs- und Funktionszusammenhang (dh keine Neuherstellung eines WG, sondern „nur" Erweiterung eines vorhandenen WG), wenn ein schon bisher (zumindest teilweise) zu fremden Wohnzwecken vermietetes Gebäude durch eine neue vermietete Wohnung erweitert wird, unabhängig davon, welche sonstigen Nutzungen in diesem Gebäude noch stattfinden (BFH IX R 16/96 BStBl II 98, 625; FG Ddorf EFG 99, 645, rkr). 166

Auch ein **Umbau,** der zu einer neuen Nutzung führt, dient der Herstellung eines neuen WG (BFH IX R 48/95 BStBl II 96, 514: Umbau eines Getreidespeichers in eine Wohnung; BFH X R 151/94 BFH/NV 98, 1086 unter II.1.: Umbau von Wohnungen in Büros; umfassend BFH IX R 59/03 BFH/NV 05, 543 mwN: Umbau von Wohnungen in Arztpraxen; BFH IX R 65/07 BFH/NV 09, 552: Umbau einer Scheune in ein Mehrfamilienhaus; BFH IX R 35/10 BFH/NV 11, 1860: Umbau von Gewerberäumen in Wohnungen gilt nicht als Modernisierung iSd FördG, sondern als HK). Anders zu beurteilen ist hingegen die nur *rechtl* Aufteilung eines bestehenden Gebäudes in **Eigentumswohnungen** ohne gleichzeitige Umbaumaßnahmen (BFH IX R 62/88 BStBl II 93, 188) sowie der Umbau von Großraum- in Einzelbüros unter Fortführung der Büronutzung (BFH IX R 39/05 BStBl II 07, 922).

cc) Besonders umfassende Erweiterungen. Sie führen ebenfalls zur Herstellung eines neuen WG (in dessen HK dann der Restwert der Altsubstanz einbezogen wird). Näher zur Entstehung eines neuen WG s EStH 7.3 „Nachträgl AK/HK"; allg zu Erweiterungen s Rz 171. Zur Entstehung eines neuen WG aus ge- 167 brauchten Teilen im Anwendungsbereich solcher Subventionsvorschriften, die nur für *neue* WG gelten (§ 7g aF, InvZulG), s 29. Aufl § 7g Rz 51 mwN (10%-Grenze). – *Beispiele* (s auch *Paus* DStR 94, 1633): Aufstockung eines schon bisher teilweise fremdvermieteten Gebäudes und dadurch Verdreifachung der Fläche des vermieteten Teils (FG BaWü EFG 05, 856 unter 2.c, rkr); ebenso bei Flächenvergrößerung um 150% (BFH III R 49/06 BStBl II 07, 586 unter II.2.b); nicht hingegen bei Verdoppelung der Fläche (FG BaWü EFG 95, 1008, rkr). – **Vereinfachungsregelung.** Von der Entstehung eines neuen WG kann in dieser Fallgruppe ausgegangen werden, wenn der Wert der Baumaßnahmen einschließl Eigenleistung bei überschlägiger Berechnung den Verkehrswert der Altsubstanz übersteigt (EStR 7.3 V 2; ebenso zur InvZul BFH III R 49/06 BStBl II 07, 586 unter II.2.b). Diese Vereinfachungsregelung gilt auch für *Erwerber* sanierter Gebäude (*SenVerw Bln* DStR 98, 1555). Auf die Feststellung von *Vollverschleiß* (s Rz 164) ist sie hingegen nur mit Einschränkungen übertragbar (BFH X R 54/96 BFH/NV 98, 841; BFH X B 171/06 BFH/NV 07, 1127: nur Einbeziehung von Aufwendungen, die die verwendete Bausubstanz tiefgreifend umgestalten, nicht aber typischer Erhaltungsaufwendungen; beide zu § 10e).

171 **b) Erweiterung eines WG, § 255 II 1 Fall 2 HGB. – aa) Vergrößerung der Nutzfläche eines Gebäudes.** Dies ist die Hauptfallgruppe der „Erweiterung" (BFH IX R 1/87 BStBl II 92, 73 und BFH IX R 36/12 BStBl II 13, 732: Ersatz eines Flachdachs durch ein **Satteldach,** so dass Raum für einen späteren **Dachausbau** entsteht, krit *Paus* DStR 13, 758; *Wüllenkemper* EFG 12, 2004; BFH IX R 116/92 BStBl II 96, 632 unter I.2.b: **Aufstockung, Anbau;** BFH IX R 80/95 BFH/NV 99, 605: Umgestaltung einer Terrasse zu einem **Wintergarten** sowie zahlreiche weitere Beispiele; BFH IX R 88/90 BStBl II 96, 628 unter 2.c und BFH IX R 64/99 BStBl II 03, 590 unter II.4.: Einbau von **Dachgauben;** FG Ddorf EFG 96, 309, rkr: Umbau eines offenen Carport zur geschlossenen **Garage;** FG BaWü EFG 05, 1752, rkr: Einbeziehung eines **Balkons** in die Wohnfläche durch Verschiebung der Fensterfront und Überdachung). Bei der Aufstockung um ein weiteres Vollgeschoss unter Neuerrichtung des Daches liegen auch insoweit HK vor, als das zuvor schadhafte Dach ohnehin hätte saniert werden müssen (BFH IX R 30/95 BStBl II 97, 802 unter 3.c: Dachausbau; FG BaWü EFG 05, 856, rkr: Aufstockung). Für die Erweiterung der Nutzfläche reicht eine Vergrößerung der nicht zur Wohnfläche zählenden Zubehörräume aus (BFH IX R 36/12 BStBl II 13, 732 unter II.1.a). – Str ist, ob das **Entfernen von Zwischenwänden** und Verbreitern von Durchgängen zu HK führt. Der X. Senat bejaht dies, weil auch hierdurch die Nutzfläche vergrößert wird (BFH X R 9/99 BStBl II 03, 596 unter II.2.f bb; BFH X R 20/01 BFH/NV 03, 763 unter II.3.; mE angesichts der hier ansonsten gerade vom IX. Senat vorgenommenen Typisierung zutr); der IX. Senat verneint dies (BFH IX R 30/95 BStBl II 97, 802 unter 3.c; BFH IX R 64/99 BStBl II 03, 590 unter II.3.; unklar BFH IX R 39/05 BStBl II 07, 922: einerseits findet sich unter II.1.b aa eine Bezugnahme auf die Rspr des X. Senats zu dieser Frage, andererseits soll nach den Ausführungen unter II.1.a, b bb auch hier das Merkmal der „Erweiterung" durch das der „wesentl Verbesserung" verdrängt werden [s dazu Rz 175]; allerdings war im Fall des IX. Senats keine Nutzflächenvergrößerung festgestellt worden). Zum *Einbau* neuer Zwischenwände s Rz 174. – Allein eine **Vergrößerung des *Raum*inhalts** ohne gleichzeitige *Flächen*vermehrung bedeutet hingegen noch nicht zwingend HK (BFH VIII R 273/81 BStBl II 85, 394: Erhöhung des Dachs einer Fabrikhalle, um den Betrieb während der Bauzeit nicht schließen zu müssen; BFH III R 170/80 BFH/NV 86, 24: Einbau einer Dachgaube ohne Nutzflächenvermehrung). – Auch eine nur **geringfügige Flächenerweiterung** stellt HK dar (BFH IX R 2/94 BStBl II 96, 637 unter 1.; BFH X R 9/99 BStBl II 03, 596 unter II.2.f bb; BFH IX R 36/12 BStBl II 13, 732 Rz 12). Der *Wert* der eingebauten Anlage ist nicht von Bedeutung (BFH X

R 1/91 BFH/NV 94, 158). – Die Kapazitätserweiterung der **Leitungsnetze von Versorgungsunternehmen** stellt nachträgl HK dar; der bloße Umbau wegen geänderter Straßenführung ist Erhaltungsaufwand (BFH I R 9/91 BStBl II 93, 41); Kosten für den Abbruch vorhandener Leitungen können HK des neuen Netzes sein (*Witteler/Lewe* DB 09, 2445). – Beim **Zusammentreffen einer Erweiterung mit Erhaltungsaufwendungen** sind sämtl Aufwendungen HK, wenn die Einzelmaßnahmen bautechnisch ineinander greifen (BFH IX R 88/90 BStBl II 96, 628 unter 3.; BFH IX R 69/92 BStBl II 96, 630 unter 2.: bei Erweiterung des Dachgeschosses ist auch die Dacherneuerung HK; BFH IX R 2/94 BStBl II 96, 637 unter 2.b: eine Flächenvergrößerung durch Versetzen von Wänden [HK] ist mit der Erneuerung von Decken, Böden und Installationen [an sich Erhaltungsaufwand] verbunden). Hierfür trägt das FA die Feststellungslast (BFH X R 9/99 BStBl II 03, 596 unter II.2.fgg). Zur Parallelproblematik bei der „wesentl Verbesserung“ s Rz 189.

bb) Einbau bisher nicht vorhandener Bestandteile. – (1) Herstellungskosten. Maßgebl ist hier der Gesichtspunkt der Erweiterung (zu Einschränkungen für bestimmte Fallgruppen s Rz 174f). Die Rspr, die dies bejaht hat, wurde bisher nicht ausdrückl aufgegeben (zB BFH IX R 176/84 BStBl II 90, 430 unter I.2.: **Markise;** BFH IX R 85/88 BStBl II 93, 544: **Alarmanlage;** BFH X R 1/91 BFH/NV 94, 158: **Rollläden;** BFH IX R 116/92 BStBl II 96, 632 unter II.: **Leerrohre;** BFH IX R 37/93 BStBl II 96, 131 unter 3.b: **Aufzug**). Hingegen ist BFH IX R 62/94 BStBl II 96, 639 unter II.2. (HK auch bei nachträgl Aufmauerung einer **Vorsatzschale** im Keller, die der Feuchtigkeitsisolierung dient) zu weitgehend (glA *Blümich/Ehmcke* § 6 Rz 393) und wird auch von der FinVerw nicht angewendet (*BMF* BStBl I 03, 386 Rz 24). – Wird in ein vorhandenes Gebäude eine **Betriebsvorrichtung** eingebaut, handelt es sich nicht um eine Erweiterung des Gebäudes, sondern um HK unter dem Gesichtspunkt der erstmaligen Herstellung eines vom Gebäude verschiedenen WG (BFH XI R 8/96 BStBl II 99, 18 unter II.2.: Einbau eines Fettabscheiders in Gaststätte); die nachfolgenden Differenzierungen gelten hierfür nicht. 173

(2) Erweiterung der Nutzungsmöglichkeit. Dies wird in der Rspr (zust *BMF* BStBl I 03, 386 Rz 23) zur Erfüllung des HK-Begriffs bei Erweiterungsmaßnahmen zusätzl vorausgesetzt (BFH IX R 30/95 BStBl II 97, 802 unter 3.b: fehlt beim bloßen Zumauern von Türen und Fenstern; BFH IX R 52/02 BStBl II 04, 949 unter II.1.b; BFH X R 26/97 BFH/NV 01, 306: bejaht bei Einbau eines **Kachelofens** anstelle eines offenen Kamins; FG BaWü EFG 00, 926, rkr: bejaht bei Einbau von Fenstergittern zusätzl zu vorhandenen Rollladen, mE unzutr). Für eine **Klimaanlage** ist dies zu bejahen (FG Nbg EFG 06, 1573, rkr; *Beck* DStR 02, 1559, 1561), bei einem nachträgl verlegten **Kabelanschluss** hingegen nicht (EStR 21.1 I). Zum Einbau von Anlagen, die dem **Umweltschutz** dienen, s *Grube* DB 99, 1723. Das **Einziehen neuer Zwischenwände** (zum Streit über die *Entfernung* von Wänden s Rz 171) wird vom X. Senat als HK angesehen (BFH X R 55/98 BFH/NV 02, 627 unter II.2.b; BFH X R 20/01 BFH/NV 03, 763 unter II.3.), vom IX. Senat hingegen nicht (BFH IX R 61/95 BStBl II 99, 282 unter 1.b). Das bloße *Versetzen* von Wänden reicht jedenfalls nicht aus (*BMF* BStBl I 03, 386 Rz 23). 174

(3) Einbau neuer Gegenstände in bereits vorhandene Installationen. Hier soll nach der Rspr des IX. Senats das Merkmal der „Erweiterung“ hinter dem der „wesentl Verbesserung“ zurücktreten, um zu vermeiden, dass das letztgenannte Merkmal in diesen Fällen leer läuft. HK liegen dann nur vor, wenn der Einbau zugleich eine wesentl Verbesserung mit sich bringt (BFH IX R 98/00 BStBl II 03, 604 unter II.2.b: nicht beim Einbau einer Türsprechanlage; BFH IX R 52/02 BStBl II 04, 949: nicht bei Ergänzung einer vorhandenen Warmwasserversorgung durch eine solarthermische Anlage). 175

Kritik: Im Ausgangspunkt ist zu begrüßen, dass die Rspr die Grenze zw HK und Erhaltungsaufwand auch hier verschoben hat und nicht mehr jede Ergänzung eines Gebäudes um ein „Kleinteil" zu HK führt. Indes schlägt das Pendel nunmehr allzu weit in die Gegenrichtung aus, da eine „wesentl Verbesserung" nach der strengen und grob typisierenden neueren Rspr in Einbaufällen kaum einmal zu bejahen sein dürfte. Die gesetzl Fallgruppe der „Erweiterung" ist damit faktisch auf Nutzflächenvergrößerungen reduziert worden, was zu eng erscheint. IÜ ist eine Abgrenzung zw „Einbau in bereits vorhandene Installationen" und „sonstigen Einbauten" in der Praxis nicht mögl, weil hierfür handhabbare Kriterien fehlen. ME sollte in den „Einbaufällen" bereits eine wesentl Verbesserung in *einem* der standardprägenden Bereiche (s Rz 183) für die Annahme von HK genügen.

177 **cc) Substanzvermehrung.** Dieser Begriff, der aus der Zeit vor Inkrafttreten des § 255 HGB stammt (*Grube* DB 99, 1723, 1725), spielt in der neueren Rspr. des IX. Senats keine Rolle mehr (jüngst aber wieder in BFH IX R 36/12 BStBl II 13, 732 unter II.1.a). Der X. Senat verwendet ihn noch, wenn Baumaßnahmen ohne Flächenvergrößerung eine Erweiterung der Nutzungsmöglichkeiten des Gebäudes zur Folge haben (BFH X R 9/99 BStBl II 03, 596 unter II.2.f aa: Einbau neuer Bäder innerhalb der vorhandenen Nutzfläche, Umgestaltung eines Kellerraums zu einem Wohnraum).

181 **c) Wesentl Verbesserung, § 255 II 1 Fall 3 HGB.** Dies setzt einen Vergleich zw dem ursprüngl und dem neuen Zustand des WG voraus. – **aa) Vergleichsobjekte.** Für den **„ursprüngl Zustand"** ist grds der Zeitpunkt der Anschaffung/Herstellung des WG durch den jeweiligen StPfl maßgebend (BFH IX R 116/92 BStBl II 96, 632 unter I.2.c; zur Begründung s zutr *Mayr* DStZ 02, 790). Wer ein Gebäude bereits lange hält, bleibt daher eher im Bereich des Erhaltungsaufwands als derjenige, der ein überaltertes Gebäude erst kurz vor der Modernisierung erworben hat. Bei unentgeltl Erwerb kommt es auf den Zustand bei Anschaffung durch den Rechtsvorgänger an (BFH IX R 64/99 BStBl II 03, 590 unter II.5.a). Sind die ursprüngl AK/HK allerdings bereits *vor* den nunmehr zu beurteilenden Baumaßnahmen verändert worden (zB durch nachträgl AK/HK oder AfaA), kommt es für den Vergleich auf den Zustand nach diesen Maßnahmen an (BFH IX R 116/92 BStBl II 96, 632 unter I.2.c). Auch TW-AfA, Entnahme und Einlage sollen eine Zäsur für die Zustandsbeurteilung setzen (*BMF* BStBl I 03, 386 Tz 26; mE nicht zwingend, weil es in diesen Fällen nicht um Substanzveränderungen, sondern um bloße Wert- oder Nutzungsänderungen geht). Zu nachträgl HK aufgrund von **Altlastenbeseitigung** nach vorangegangener TW-AfA s Rz 272. – Zu betrachten ist grds **das gesamte Gebäude.** Eine Verbesserung allein von *Teilen* eines WG reicht nicht aus, so dass der Ersatz einer vorhandenen Gebäudeanlage durch eine modernere, die dieselbe Funktion erfüllt, Erhaltungsaufwand ist (BFH VIII R 83/77 BStBl II 79, 435: Heizungserneuerung, Außenverkleidung mit besserem Schall- und Wärmeschutz). Stehen Gebäudeteile jedoch in unterschiedl Nutzungs- und Funktionszusammenhängen (§ 4 Rz 191 ff), ist die Prüfung für das jeweilige WG vorzunehmen (BFH IX R 28/07 BStBl II 08, 218 unter II.1.). Bei **Eigentumswohnungen** ist in zwei Schritten zu prüfen, ob HK vorliegen: Zunächst im Bereich des gemeinschaftl Eigentums bezogen auf das gesamte Gebäude, sodann bezogen auf das *einzelne* Sondereigentum (BFH IX R 37/93 BStBl II 96, 131 unter 1.b: auch bei einheitl Eigentümer).

182 **bb) Wesentl Erhöhung des Gebrauchswerts.** Entscheidend für das Vorliegen eines wesentl Verbesserung ist, ob der Gebrauchswert des Gebäudes ggü dem ursprüngl Zustand wesentl erhöht wird. Dabei ist hinsichtl der Kriterien zw Wohngebäuden (Rz 183 ff) und Betriebsgebäuden (Rz 187) zu differenzieren.

183 **(1) Standardanhebung bei Wohngebäuden.** Dies ist zum prägenden Merkmal der stark typisierenden Rspr des IX. Senats geworden. – **(a) Allgemeine Kriterien.** Maßgebend ist, ob der Gebrauchswert (das Nutzungspotenzial) von einem sehr einfachen Standard (Installationen nur im nötigen Umfang oder in technisch überholtem Zustand) auf einen mittleren (Installationen genügen mittle-

ren und selbst höheren Ansprüchen) oder von einem mittleren auf einen sehr anspruchsvollen Standard (vorhanden ist nicht nur das Zweckmäßige, sondern das Mögliche, Verwendung außergewöhnl hochwertiger Materialien) angehoben wird. Dies ist der Fall, wenn in **mindestens drei** der vier standardprägenden Ausstattungsbereiche **(Heizungs-, Sanitär- und Elektroinstallation** sowie **Fenster)** nicht allein eine zeitgemäße Modernisierung, sondern eine deutl Funktionserweiterung vorgenommen wird, durch die der Wohnkomfort des Gebäudes insgesamt deutl gesteigert wird (grundlegend zum Ganzen BFH IX R 39/97 BStBl II 03, 569 unter II.3.a cc; BFH IX R 64/99 BStBl II 03, 590 unter II.5.b; *BMF* BStBl I 03, 386 Rz 9–14, 28; *Spindler* BB 02, 2041; *Beck* DStR 02, 1559 mit Beispielen). Der mittlere Standard deckt dabei die ganz überwiegende Mehrzahl der bestehenden Gebäude ab (*L. Fischer* DStZ 02, 860, 862 mwN; *Beck* DStR 02, 1559, 1562). Eine Standardanhebung in nur zwei Bereichen genügt hingegen grds nicht (BFH IX R 21/00 BFH/NV 03, 33; BFH IX R 61/99 BFH/NV 03, 148 unter II.3.b; zu Ausnahmen s unten). Reine Reparaturarbeiten genügen auch dann nicht, wenn sie alle vier Bereiche betreffen (BFH IX R 10/02 BFH/NV 03, 35). Verbesserungen in anderen als den genannten vier Ausstattungsbereichen sollen vollständig außer Betracht bleiben (BFH X R 95/00 BFH/NV 03, 301 unter II.2.b: Bodenbeläge, Türen). Wesentl Verbesserung aufgrund von Instandsetzungs- und Modernisierungsarbeiten wird daher nur noch in Ausnahmefällen zu bejahen sein (*Spindler* BB 02, 2041, 2049). ME müssen die typisierenden Kriterien aber für eine **Anpassung an die technische und gesellschaftl Entwicklung** offen sein. So ist zB denkbar, das Kriterium der Elektroinstallation (sehr einfache Installationen dürften heute in der Praxis nicht mehr vorkommen) künftig durch das der Energieeffizienz (ua Wärmedämmung) zu ersetzen. – Ob der ursprüngl Zustand als einfach, mittel oder sehr anspruchsvoll anzusehen war, ist nach den Maßstäben zu entscheiden, die im Zeitpunkt der damaligen Anschaffung/Herstellung (Rz 181) galten (BFH IX R 64/99 BStBl II 03, 590 unter II.5.b bb). – Bei der Betrachtung sind alle Einzelmaßnahmen, die Teil einer planmäßigen Gesamtmaßnahme sind, **über mehrere VZ zusammengefasst** zu würdigen (BFH IX R 39/97 BStBl II 03, 569 unter II.3.a dd; BFH IX R 73/99 BFH/NV 03, 299 unter II.3.). Die FinVerw zieht die Grenze bei 5 Jahren (*BMF* BStBl I 03, 386 Rz 31; einen so langen Betrachtungszeitraum hält auch BFH IX R 39/97 BStBl II 03, 569 unter II.3.a dd erkennbar noch für mögl). Ein bautechnischer Zusammenhang ist bei Vorhandensein eines Gesamtplans nicht erforderl (FG Köln EFG 02, 1291 unter 3.b, rkr). – Wesentl Verbesserung liegt zudem vor, wenn Baumaßnahmen, die ihrer Art nach stets zu HK führen und einen der den Nutzungswert bestimmenden Bereiche betreffen (zB Erweiterung um ein zusätzl Badezimmer), mit einer **Verbesserung in zwei weiteren Bereichen** zusammentreffen (BFH X R 9/99 BStBl II 03, 596 unter II.2.e; *BMF* BStBl I 03, 386 Rz 14). – Zur Aktivierung unter dem Gesichtspunkt der AK **(Betriebsbereitschaftskosten)** in derartigen Fällen s Rz 45.

(b) Beispiele für Standardanhebung. Ersatz von Kohleöfen durch eine moderne **Heizungsanlage** (BFH IX R 64/99 BStBl II 03, 590 unter II.5.b aa); Ergänzung der vorhandenen Zentralheizung um eine zentrale Warmwasserversorgung (BFH X R 9/99 BStBl II 03, 596 unter II.2.f cc); nicht bei Umstellung von Öl- auf Gasheizung (BFH IX R 69/00 BFH/NV 03, 149 unter II.2.b); deutl Erweiterung der **Sanitär**installation samt Komfortsteigerung durch funktionstüchtigere Ausstattungsdetails (BFH IX R 64/99 BStBl II 03, 590 unter II.5.b aa), ledigl Austausch der vorhandenen Badezimmereinrichtungen und Fliesen reicht nicht aus (BFH IX R 39/97 BStBl II 03, 569 unter II.5.); maßgebl Steigerung der Kapazität der **Elektro**leitungen und der Zahl der Anschlüsse (BFH X R 9/99 BStBl II 03, 596 unter II.2.f dd); Ersatz einfachverglaster durch isolierverglaste **Fenster** (BFH X R 9/99 BStBl II 03, 596 unter II.2.f cc). 185

(c) Feststellungslast und Indizien. Das FA trägt die Feststellungslast für das Vorliegen einer „wesentl Verbesserung"; den StPfl trifft aber eine erhöhte Mitwirkungspflicht, insb für die Feststellung des ursprüngl Zustands des Gebäudes (BFH IX R 39/97 BStBl II 03, 569 unter II.4.). Daher sollte vor Baubeginn der Zustand des Objekts dokumentiert werden (s 186 auch *Spindler* BB 02, 2041, 2049). Bei Verletzung der Mitwirkungspflicht ist eine **erhebl erhöhte Miete,** die auf Baumaßnahmen an Installationen und Fenstern zurückzuführen ist, ein Indiz für die wesentl Verbesserung (BFH IX R 39/97 BStBl II 03, 569 unter II.4.; ähnl zuvor bereits BFH IX R 116/92 BStBl II 96, 632 unter I.3b ee; *BMF* BStBl I 03, 386 Rz 37). Die **Höhe der Baukosten** ist nach Auffassung des IX. Senats ohne Bedeutung (BFH IX R 21/08 BFH/NV 10, 846: selbst wenn die Modernisierungskosten die AK um das 7-fache übersteigen; BFH III R 37/09 BStBl II 13, 182 Rz 26; für Heranziehung in Extremfällen hingegen *Wolff-Diepenbrock* DB 02, 1286, 1293; FG Köln EFG 02, 1291 unter 3.a, rkr: Übersteigen um das 5-fache, allerdings neben anderen Indizien; s auch Rz 188). Auch die **Verwendung außergewöhnl hochwertiger Materialien** reicht für sich genommen nicht mehr aus (*Wolff-Diepenbrock* DB 02, 1286, 1289; anders noch BFH IX R 116/92 BStBl II 96, 632 unter I.3b cc; mE zutr aber FG Köln DStRE 09, 131 unter III.2., rkr: HK bejaht bei Ersatz einer einfachen durch eine sehr hochwertige Einbauküche, was kalkulatorisch bereits für sich genommen zu einer Mieterhöhung um 30% führen müsste); sie ist nur noch iRd Prüfung, ob ein sehr anspruchsvoller Standard erreicht ist, von Bedeutung. – Hingegen führen Maßnahmen, die eine deutl **Verlängerung der tatsächl Gesamtnutzungsdauer** bewirken, mE auch weiterhin zu HK, sofern die Arbeiten an denjenigen Teilen der Gebäudesubstanz ausgeführt werden, die (wie Fundament, tragende Wände und Decken) im Wesentl die Lebensdauer bestimmen (so aus der älteren Rspr BFH IX R 116/92 BStBl II 96, 632 unter I.3b dd; BFH IX R 38/95 BFH/NV 99, 603 unter 1.b bb; BFH IX R 72/95 BFH/NV 99, 761 unter 1.d; BFH IX R 40/98 BFH/NV 01, 449 unter II.2.; in der neueren Rspr nicht ausdrückl aufgegeben). Denn diese Maßnahmen betreffen nicht die *Ausstattung* des Gebäudes (mit der sich die neuere Rspr ausschließl befasst), sondern den *Kern* der Gebäudesubstanz. Die Verlängerung der Nutzungsdauer solcher Gebäudeteile, die ohnehin früher als das Gesamtgebäude verschleißen, reicht hingegen nicht aus (BFH IX R 116/92 BStBl II 96, 632 unter II.: Dach, Fenster).

187 **(2) Betriebl genutzten Gebäude(teile).** Hier kommt es darauf an, ob baul Veränderungen vor dem Hintergrund der betriebl Zielsetzung zu einer höherwertigen Nutzbarkeit des WG führen (BFH IX R 28/07 BStBl II 08, 218 unter II.3.a bb; FG Mster EFG 95, 796, rkr: äußerl Umgestaltung eines Bürogebäudes von einen unscheinbaren Altbau in ein Repräsentativobjekt mit futuristischem Erscheinungsbild; krit *Carlé* BeSt 08, 10: die Kriterien sind unklar und bewirken Rechtsunsicherheit) oder eine andere Gebrauchs-/Verwendungsmöglichkeit eröffnen (BFH I R 58/04 BStBl II 06, 707 unter II.2.c: Umbau eines Heizkraftwerks zu einer Müllbehandlungsanlage; aA *Heuermann* StBP 06, 328: nicht wesentl Verbesserung eines bestehenden, sondern Herstellung eines neuen WG).

188 **cc) Erhaltungsaufwand.** Es handelt sich um die Instandhaltung oder -setzung von etwas Bestehendem (BFH X R 26/97 BFH/NV 01, 306 unter II.2.a). Der Begriff wird heute aber durch Negativabgrenzung aus dem der HK abgeleitet (*Beck* DStR 02, 1559, 1560): Sind die Voraussetzungen für HK nicht erfüllt, handelt es sich zwingend um Erhaltungsaufwand. Erhaltungsaufwand ist auch noch bei einer **werterhöhenden Modernisierung** gegeben, die dem Gebäude ledigl den zeitgemäßen Wohnkomfort wiedergibt, den es ursprüngl besessen, aber durch technischen Fortschritt und Änderung der Lebensgewohnheiten verloren hatte (BFH IX R 116/92 BStBl II 96, 632 unter I.3.b aa; BFH IX R 39/97 BStBl II 03, 569 unter II.3.a bb). Dies gilt auch dann, wenn die Maßnahmen das Gebäude als Ganzes betreffen (BFH IX R 116/92 BStBl II 96, 632 unter I.3.b bb). Bei **Kfz** betrifft dies zB Umrüstarbeiten zur Schadstoffreduzierung (*OFD Nbg* DStR 90, 85). Erst recht führt der (auch werterhöhende) **Ersatz von bereits vorhandenen unselbständigen Teilen des WG** zu Erhaltungsaufwand (BFH IV R 56/72 BStBl II 74, 520: Kfz-Austauschmotor; BFH VIII R 42/75 BStBl II 77, 281: Umstellung von Koks- auf Ölheizung; BFH III R 17/84 BStBl II 90, 79 unter II.2.c: Heizkessel; BFH XI R 11/89 BFH/NV 91, 812: Erneuerung der Fassade; BFH VIII R 85/79 BStBl II 82, 64 und IX R 43/06 BFH/NV 08, 208 unter II.3.b: Fassadenverkleidung zur besseren Schall- und Wärmedämmung; zur Standarderhöhung s Rz 183). – Allerdings sind **Betriebsvorrichtungen** (eigenständige WG) getrennt vom Gebäude zu beurteilen. Dies kann der Fall sein, wenn die vorhandene Heizung durch ein Blockheizkraftwerk ersetzt und der zusätzl zur Wärme erzeugte

Strom gewerbl verkauft wird (aA FG RhPf EFG 15, 19, rkr). Erworbene **Reparaturmaterialien** sind im BV zunächst zu aktivieren; erst ihre tatsächl Verwendung ist gewinnwirksam. – Die **Höhe der Aufwendungen** sowie ihr Verhältnis zu den ursprüngl AK/HK ist ebenfalls kein Indiz für eine wesentl Verbesserung, weil auch das Wiederherstellen des ursprüngl Zustands hohe Aufwendungen erfordern kann (BFH V R 140/74 BStBl II 77, 577: Lokomotive; BFH IX R 116/92 BStBl II 96, 632 unter I.3.b; BFH IX R 61/95 BStBl II 99, 282 unter 1.b: jeweils Gebäude); s auch Rz 186. Gleiches gilt für die Zusammenballung von Aufwendungen in einem einzigen VZ (BFH IX R 116/92 BStBl II 96, 632 unter I.4.b). – **Vereinfachungsregelung:** Die FinVerw lässt auf Antrag bei Aufwendungen bis zu 4000 € (ohne USt) für die einzelne Baumaßnahme an einem Gebäude stets den Abzug als Erhaltungsaufwand zu (EStR 21.1 II 2). Die Rspr will dies nur auf die „wesentl Verbesserung", nicht aber auf „Erweiterungen" anwenden (BFH X R 1/91 BFH/NV 94, 158; mE eher mit den Besonderheiten des § 10e erklärbar und nicht auf andere Fallgestaltungen übertragbar).

dd) Zusammentreffen mehrerer Maßnahmen. Hier sind zeitgemäße Mo- **189**
dernisierungsmaßnahmen einerseits (Erhaltungsaufwand) und gebrauchswerterhöhende Aufwendungen andererseits (HK) **grds getrennt zu beurteilen** (BFH IX R 61/95 BStBl II 99, 282 unter 1.b), und zwar auch dann, wenn nur eine einheitl Rechnung vorliegt (ggf Schätzung). Dies gilt insb, wenn die Arbeiten ohne bautechnische Notwendigkeit ledigl deshalb gleichzeitig vorgenommen worden sind, um die damit verbundenen Unannehmlichkeiten abzukürzen. – **Insgesamt HK** liegen nur dann vor, wenn die Arbeiten **bautechnisch ineinandergreifen,** dh in engem räuml, sachl und zeitl Zusammenhang stehen und in ihrer Gesamtheit eine einheitl Maßnahme bilden (zum Ganzen BFH IX R 116/92 BStBl II 96, 632 unter I.3b cc; BFH IX R 34/94 BStBl II 96, 649: HK an einer Stelle des Daches schließen Erhaltungsaufwand an anderer Stelle des Daches nicht aus; BFH IV R 1/02 BStBl II 04, 780: Dachneueindeckung, um weitere Unterkünfte zu schaffen; BFH III R 37/09 BStBl II 13, 182 Rz 33). Typischerweise sind davon solche (Erhaltungs-)Aufwendungen erfasst, die entweder Vorbedingung für die Herstellungsarbeiten oder aber durch diese verursacht sind (*BMF* BStBl I 03, 386 Rz 35; dort auch Beispiele, in denen sich die FinVerw tendenziell großzügiger als die Rspr zeigt; zum Verhältnis zw FinVerw und Rspr in dieser Frage s auch *Stobbe* FR 97, 281, 286). Ein bautechnischer Zusammenhang wird zwar nicht dadurch ausgeschlossen, dass die Arbeiten in verschiedenen Stockwerken stattfinden (BFH IX R 62/94 BStBl II 96, 639 unter II.2.; BFH IX R 36/04 BFH/NV 05, 1263: Dachausbau einerseits, damit zusammenhängende Versorgungsleitungen und Treppen in den darunter liegenden Stockwerken andererseits); eine solche räuml Trennung spricht aber gegen einen bautechnischen Zusammenhang (BFH IX R 88/93 BFH/NV 96, 537: Dachaufstockung einerseits, Instandsetzungsmaßnahmen im Keller und Erdgeschoss andererseits). – Zur Parallelproblematik des bautechnischen Zusammenhangs bei Erweiterungsmaßnahmen s Rz 171 aE.

3. Umfang der HK, § 255 II, III HGB. Nach § 255 II HGB gehören **zwin-** **191**
gend zu den HK die Material- und Fertigungs(einzel)kosten, die Sonderkosten der Fertigung (Rz 192) sowie angemessene Teile der Material- und Fertigungsgemeinkosten und des durch die Fertigung veranlassten Wertverzehrs des AV (Rz 194 ff). Ein **handelsrechtl Aktivierungswahlrecht** (steuerl nach Verwaltungsauffassung künftig Aktivierungszwang) besteht hinsichtl der allg Verwaltungskosten (Rz 199), der Aufwendungen für soziale Einrichtungen, freiwillige soziale Leistungen und betriebl Altersversorgung (Rz 201) sowie der Bauzeitzinsen (Rz 206). **Nicht zu den HK gehören** sonstige Zinsen sowie Forschungs- und Vertriebskosten (Rz 202 f). – Zum Umfang der **HK nach IAS und US-GAAP** ausführl *Küting/Harth* BB 99, 2343, 2393; zur Ableitung der HK aus der Kostenrechnung s *Egger* FS Moxter, 1994, 195; *Blümich/Ehmcke* § 6 Rz 510 ff.

192 **a) Einzelkosten für Material und Fertigung, § 255 II 2 HGB.** Einzelkosten sind solche, die *unmittelbar* der Herstellung eines WG zuzurechnen sind. Hierzu gehören Aufwendungen für Vorprodukte, Roh-, Hilfs- und Betriebsstoffe sowie die Fertigungslöhne (sowohl Akkord- als auch Zeitlöhne). Im Betrieb selbst erzeugtes Material geht mit seinem Buchwert in die HK weiterer Produkte ein (BFH I 175/60 U BStBl III 60, 492 unter b); Gleiches gilt für wiederverwendete Teile aus alten WG (BFH IV 103/61 U BStBl III 64, 299). Einzubeziehen sind auch überhöhte Preise, Schwarzmarktpreise und Schnellbauzuschläge (BFH GrS 1/89 BStBl II 90, 830 unter C.III.1.c aa: nicht etwa sofort BA). **Sonderkosten der Fertigung** können zB für Planungen, Entwürfe und Lizenzen anfallen; **Nebenkosten** sind allerdings (anders als bei AK, s Rz 51) nicht in jedem Fall einbezogen (BFH I R 32/00 BStBl II 02, 349 unter II.2.a). – HK setzen stets den **Verbrauch von Gütern oder die Inanspruchnahme von Diensten** voraus (§ 255 II 1 HGB). Danach werden HK aus den AK der Produktionsfaktoren abgeleitet. Für den Güterverbrauch sind die Buchwerte (fortgeführte AK oder HK) maßgebend. Die Aktivierung eines **kalkulatorischen Unternehmerlohns** ist ausgeschlossen (BFH III R 35/93 BStBl II 96, 427 unter II.1.b). **Tätigkeitsvergütungen an MUer** sollen allerdings ungeachtet ihres fehlenden steuerl Aufwandcharakters (§ 15 I 1 Nr 2) in die HK einzubeziehen sein (EStH 6.4 „Tätigkeitsvergütung"; für InvZul auch BFH III R 35/93 BStBl II 96, 427 unter II.1.b; für AK BFH IV R 50/08 BFH/NV 11, 1334 unter II.d). ME ist dies unzutr, weil es damit zu einer doppelten Hinzurechnung der Tätigkeitsvergütung käme, die systemfremd ist (vgl zu Bauzeitzinsen Rz 206 aE). Zu **vergebl Aufwendungen** s Rz 208; zu den Kosten der Betriebsbereitschaft eines angeschafften WG s Rz 44.

194 **b) Material- und Fertigungsgemeinkosten.** Sie sind ab 2010 auch in der HB in Höhe angemessener Teile zu aktivieren (§ 255 II 2 HGB). Für die StB galt die Aktivierungspflicht aufgrund des Bewertungsvorbehalts des § 5 VI schon während der Geltungsdauer des § 255 II HGB aF (BFH IV R 87/92 BStBl II 94, 176 unter I.4.).

195 **aa) Begriff der Gemeinkosten.** Ausführl *Küting* StuB 08, 419, 422; *Lengsfeld/Wielenberg* WPg 08, 321 *Köhler* StBP 13, 74, 89, 127. – Diese können einem WG im Gegensatz zu Einzelkosten nicht direkt, sondern nur über eine Schlüsselung oder Umlage zugerechnet werden (BFH IV R 87/92 BStBl II 94, 176 unter I.2.; zu den betriebswirtschaftl Methoden für die Aufschlüsselung *Köhler* StBP 08, 260, 261). Sie können sowohl fix als auch variabel sein.

Beispiele (s auch EStR 6.3 II): Aufwendungen für Lagerung, Transport und Prüfung des Fertigungsmaterials, Vorbereitung und Kontrolle der Fertigung, Werkzeuglager, Betriebsleitung, Raumkosten, Sachversicherungen, Unfallstationen und Unfallverhütungseinrichtungen der Fertigungsstätten; Löhne für die vorgenannten Zwecke einschließl zwingender Sozialleistungen (zB Lohnfortzahlung im Krankheitsfall); Lohnbüro, soweit in ihm die Löhne und Gehälter der in der Fertigung tätigen ArbN abgerechnet werden. – Die **GewSt** darf nicht als HK aktiviert werden, weil sie seit 2008 steuerl keinen Aufwand mehr darstellt (EStR 6.3 VI 2); zur Rechtslage bis 2007 s 31. Aufl Rz 195.

196 **bb) Angemessene Teile der Gemeinkosten.** Wegen der Begrenzung auf „angemessene Teile" kann die Einbeziehung der Gemeinkosten nicht zu Überbewertungen führen (BFH IV R 87/92 BStBl II 94, 176 unter I.2.; ausführl zur Angemessenheit *Rade* DStR 11, 1334). Außergewöhnl Gemeinkosten sind daher nicht einzubeziehen. Bei erhöhten Gemeinkosten aufgrund verringerter Kapazitätsauslastung ist wie folgt zu differenzieren: Beruhen Schwankungen in der Auslastung auf der Eigenart des Betriebs, bleibt es grds bei der Einbeziehung der tatsächl angefallenen Gemeinkosten (BFH I 103/63 BStBl III 66, 468: Zuckerfabrik). Ist der Gemeinkostenanteil hingegen wegen fehlender Aufträge außergewöhnl erhöht, gehören die **„Leerkosten"** nicht zu den HK (EStR 6.3 VII; ausführl *Köhler* StBP 12, 15, 45, 127). Diese sind vielmehr weiterhin auf der Grundlage der Normalauslastung zu ermitteln. In der Literatur hat sich hierfür der Ansatz von

Gemeinkosten auf Basis einer Auslastung von 70% der Maximalauslastung eingebürgert (*Küting* BB 89, 587, 595; *Beiser* DB 03, 2557, 2558; *Köhler* DB 15, 763, 764; *Blümich/Ehmcke* § 6 Rz 487).

c) Wertverzehr des für die Fertigung eingesetzten AV. Dieser zählt ebenfalls zu den zwingend zu aktivierenden HK (RFH RStBl 40, 683; in der HB hingegen bis 2009 Wahlrecht); das gilt auch im PV (FG BaWü EFG 87, 295: zB Baumaschinen und Werkzeuge eines privaten Bauherrn). Es handelt sich um einen Teil der Gemeinkosten (*Weber-Grellet* DB 94, 2405, 2407). Zur Ermittlung des Wertverzehrs gewährt die *FinVerw* ein Wahlrecht: Der StPfl kann entweder die tatsächl **AfA** oder aber die lineare AfA (dann aber für die gesamte Nutzungsdauer) ansetzen (EStR 6.3 IV 1–4; dazu *Köhler* StBP 08, 260, 263). Soweit die *FinVerw* allerdings den Wertverzehr nach § 6 II, IIa zwingend unberücksichtigt lassen will (EStR 6.3 IV 5), ist dies mE zweifelhaft. 198

d) Allgemeine Verwaltungskosten. Es handelt sich (als Teil der Gemeinkosten) zB um Aufwendungen für die Hauptverwaltung (Geschäftsleitung), die kfm Verwaltung, das Ausbildungs-, Personal- und Rechnungswesen und den Werkschutz (Beispiele in EStR 6.3 III 1; vgl auch BFH I D 1/58 S BStBl III 60, 191 unter 3.a). Hingegen sind *produktions*bedingte Verwaltungskosten zwingend als Teil der HK (Gemeinkosten) zu erfassen. – **Handelsrechtl** brauchen sie auch nach der ab 2010 geänderten Fassung des § 255 II 3 HGB weiterhin nicht in die HK einbezogen zu werden. Obwohl das BilMoG insoweit keine Änderung mit sich gebracht hat, hat die *FinVerw* ihre Auffassung geändert: Aufgrund des Bewertungsvorbehalts (§ 5 VI) und des Wegfalls der Maßgeblichkeit in § 5 I soll **steuerrechtl** ein **Aktivierungszwang** bestehen, weil auch diese Aufwendungen „ihrer Art nach HK" darstellen (*BMF* BStBl I 10, 239 Rz 8; EStR [2012] 6.3 I; anders bisher EStR [2008] 6.3 IV 1: auch steuerl Wahlrecht). Die Anwendung der neuen Verwaltungsauffassung ist derzeit allerdings „bis zu einer Verifizierung des Erfüllungsaufwands", spätestens bis zu einer abermaligen EStR-Neufassung ausgesetzt (*BMF* BStBl I 13, 296). 199

Stellungnahme: Die hL steht der neuen Verwaltungsauffassung überwiegend krit gegenüber. Die meisten Stimmen beschränken sich jedoch auf einen Verweis auf die Praxisfolgen, dh den Umstellungsbedarf bei der Kostenrechnung und StVorzieheffekte (*Zwirner* DStR 10, 591; *Künkele/Zwirner* DStR 10, 2263, 2266; *Wehrheim/Fross* DStR 10, 1348, 1350; *Kaminski* DStR 10, 1395; *Herzig* DStR 10, 1900, 1903; *Velte/Sepetauz* StuB 10, 523; *Zwirner/Künkele* DStR 12, 319). Nur teilweise werden auch inhaltl Argumente vorgebracht (so *Geberth/Blasius* FR 10, 408; *Herzig/Briesemeister* DB 10, 917, 921 und *Günkel/Teschke* Ubg 10, 401: der Zusammenhang zw Gemeinkosten und dem Herstellungsvorgang sei weniger eng als bei Einzelkosten; ausführl *Spingler/Dietter* Ubg 13, 201; *Korn* KÖSDI 13, 18260). Systematisch wird man gegen die neue Verwaltungsauffassung wenig sagen können, da nach allg Grundsätzen ein handelsrechtl Aktivierungswahlrecht steuerl einen Aktivierungszwang mit sich bringt (BFH GrS 2/68 BStBl II 69, 291 unter II.3.b; *Schumann* DStZ 13, 474, 480; *Blümich/Ehmcke* § 6 Rz 494). Auch hat die Rspr bisher ausdrückl offen gelassen, ob sie sich der früheren Verwaltungsmeinung (wonach auch steuerl ein Wahlrecht bestehe) überhaupt anschließe (BFH IV R 87/92 BStBl II 94, 176 unter I.6.; für Aktivierungspflicht schon nach bisheriger Rechtslage *Mathiak* DStJG 7, 97, 112ff; *Schulze-Osterloh* StuW 91, 284, 289; ausführl zum Streit um die Bedeutung der handelsrechtl Wahlrechte für die StB *Küting/Lorson* DStR 94, 729 mwN; *BeBiKo* § 255 Rz 359; *Raupach* FS Moxter, 1994, 101, 112ff; zur historischen Entwicklung ausführl *Schumann* DStZ 13, 474). Die bisherigen Begründungsversuche für die steuerl Übernahme des handelsrechtl Wahlrechts waren sicherl nicht ganz zwingend; zB Rechtfertigung mit Vereinfachungsgesichtspunkten (RFH RStBl 40, 683; *Bordewin* DStZ 94, 513, 516), der größeren Entfernung vom HK-Bereich (*Weber-Grellet* DB 94, 2405, 2407 und StbJb 94/95, 97, 120), oder mit dem Gebot, ledigl *angemessene* HK zu aktivieren (*Stobbe* FR 94, 105, 108). Gleichwohl hätten gerade Vereinfachungsgesichtspunkte die Durchbrechung der allg Systematik hier mE weiterhin als vertretbar erscheinen lassen. In diese Richtung scheint nun auch die *FinVerw* zu tendieren, die vor Anwendung der neuen EStR eine „Verifizierung des Erfüllungsaufwands" vornehmen will. – In Einzelfällen mag es „helfen", aktivierungspflichtige Verwaltungskosten in sofort abziehbare Vertriebskosten umzuqualifizieren (*Velte* StBP 11, 65, 67).

201 **e) Soziale Aufwendungen.** Auch für die weiteren **handelsrechtl Aktivierungswahlrechte** soll nach Auffassung der *FinVerw* künftig (ab einem noch nicht bestimmten Zeitpunkt) steuerl eine Aktivierungspflicht gelten (s Rz 199). Dies betrifft angemessene Aufwendungen für **soziale Einrichtungen des Betriebs** (EStR 6.3 III 2: zB Kantine, Freizeitgestaltung), **freiwillige soziale Leistungen** (dh nur solche, die nicht tarif- oder arbeitsvertragl vereinbart sind, EStR 6.3 III 3) und die **betriebl Altersversorgung,** soweit die Aufwendungen auf den Zeitraum der Herstellung entfallen. Das bisherige auch steuerl übernommene Wahlrecht beruhte auf dem Fürsorgegedanken sowie auf einem Kompromiss mit der Wirtschaft (*Mathiak* DStJG 7, 97, 114). Ob unter den Begriff der „freiwilligen *sozialen* Leistungen" jede widerrufl Erfolgsbeteiligung fällt (so FG BaWü DStRE 09, 1290, rkr), ist mE zweifelhaft, weil Erfolgsbeteiligungen herkömml nicht unter den Begriff der „Sozialleistungen" fallen.

202 **f) Forschungskosten.** Sie sind auch weiterhin nicht aktivierungsfähig (§ 255 II 4 HGB; s § 5 Rz 270 „Forschungskosten"). HK können sich aber bei auftragsgebundener Forschung ergeben (*Nonnenmacher* DStR 93, 1231).– Demggü dürfen **Entwicklungskosten** ab 2010 in der HB aktiviert werden (Wahlrecht nach § 248 II, § 255 IIa HGB; zur Abgrenzung zw Forschung und Entwicklung s dort und *Schmalenbach-Ges* DB 08, 1813; *Küting/Ellmann* DStR 10, 1300); die meisten Betriebe haben sich bisher aber gegen eine Aktivierung entschieden (*Eierle/Wencki* DB 14, 1029). Für die StB gilt (soweit es sich um *immaterielle* WG handelt) hingegen weiterhin das Aktivierungsverbot des § 5 II (glA *Strahl* KÖSDI 08, 16290, 16293). Zu den Entwicklungskosten für ein *materielles* WG (die daher aktivierungspflichtig sind) zählen zB Aufwendungen für die Herstellung von Spezialwerkzeugen im Betrieb selbst.

203 **g) Vertriebskosten.** Sie gehören nicht zu den HK (§ 255 II 4 HGB) und sind daher sofort abziehbar. Beispiele: **Verpackungskosten** (BFH III R 31/84 BStBl II 88, 961: Verkaufsverpackung um das bereits verpackte Produkt; BFH III R 126/85 BStBl II 90, 593: Kartonverpackung von bereits eingeschweißten Produkten, selbst wenn erst nach dem Verpackungsvorgang eine Sterilisierung erfolgt). HK sind nur dann gegeben, wenn das Produkt ohne die jeweilige Verpackung nicht in Verkehr gebracht werden kann („Innenverpackung"). Dies ist zB bei Milch in Tüten, Zahnpasta in Tuben oder Bier in Flaschen, Fässern oder Dosen (BFH I R 72/73 BStBl II 76, 13) der Fall; Gleiches soll für Schutzumschläge von Büchern gelten (BFH IV R 51/69 BStBl II 71, 304 unter a; mE unzutr). – Vertriebskosten sind auch **Lagerkosten** (anders jedoch, wenn die Lagerung, wie zB bei der Wein- und Sektherstellung, Teil des Herstellungsvorgangs ist); **Provisionen** für die Einwerbung von Aufträgen; Prämien für eine **Ausfuhrversicherung.**

206 **h) Fremdkapitalzinsen.** Sie gehören grds nicht zu den HK (§ 255 III 1 HGB). Dies gilt auch für Teilzahlungsaufschläge (BFH VI R 6/67 BStBl II 68, 574) und zinsähnl Aufwendungen. Hintergrund ist, dass der Umfang der anzusetzenden HK nicht davon abhängig sein soll, ob der Betrieb mit Fremd- oder Eigenkapital wirtschaftet.

Wahlrecht für Bauzeitzinsen. Fremdkapitalzinsen dürfen nur dann in die HK einbezogen werden, wenn das Darlehen zur Finanzierung der Herstellung verwendet wird und soweit die Zinsen auf den Zeitraum der Herstellung entfallen (§ 255 III 2 HGB; BFH V B 138/88 BFH/NV 90, 487; BFH III R 73/05 BStBl II 07, 331; ausführl *Pyszka* DStR 96, 809; *Haupt* DStR 08, 1814; *Köhler* StBP 08, 260, 265; zur Ermittlung des aktivierungsfähigen Teils der Zinsen s *Esser/Gebhardt* WPg 07, 639). Dieses Wahlrecht soll (abw von den allg Grundsätzen, wonach ein Aktivierungswahlrecht in der HB zur Aktivierungspflicht in der StB führt, s BFH GrS 2/68 BStBl II 69, 291 unter II.3.b) auch für die StB gelten (EStR 6.3 V; *BMF* BStBl I 10, 239 Rz 6; *Bordewin* DStZ 94, 513, 516). Weshalb die *FinVerw* hier eine andere Auffassung vertritt als zum Wahlrecht für Verwaltungs- und Sozialaufwendungen (s Rz 199), erschließt sich nicht (ebenso *Kaminski* DStR 10, 771). Die handelsrechtl Einordnung als „Bewertungshilfe" (BT-Drs 10/317, 88) würde eigentl *gegen* die Übernahme in die StB sprechen (*Schulze-*

Osterloh StuW 91, 284, 289; *Blümich/Ehmcke* § 6 Rz 507: Aktivierungsverbot). Bei den **Überschusseinkünften** neigt die neuere Rspr dazu, das (mE rein handelsrechtl) Wahlrecht ebenfalls zu gewähren (BFH IX R 2/12 BStBl II 12, 674, allerdings in einem Fall, in dem während der Herstellungsphase wegen bestehender Veräußerungsabsicht kein WK-Abzug mögl war; aA BFH IX R 190/85 BStBl II 90, 460; ausführl *Wüllenkemper* EFG 12, 610; offen gelassen von BFH III R 73/05 BStBl II 07, 331 unter II.1.b). – **Gestaltungsmöglichkeiten.** Die Aktivierung der Zinsen als HK schließt ihre Hinzurechnung nach § 4 IVa, § 4h EStG/ § 8a KStG/ § 8 Nr 1 GewStG aus, und zwar auch dann, wenn sie sich später im Wege der AfA gewinnmindernd auswirken (BFH I R 19/02 BStBl II 04, 192; *Ländererlasse* BStBl I 12, 654 Rz 13, beide zu § 8 Nr 1 GewStG; *Engers* BB 04, 1595; *Haupt* DStR 08, 1814). Sie kann zudem zur Erlangung einer höheren InvZul vorteilhaft sein (BFH III R 73/05 BStBl II 07, 331; *Pyszka* DStR 96, 809, 810).

i) Vergebl Aufwendungen. Es handelt sich nicht um HK, sondern um sofort abziehbare BA/WK (ausführl *Günther* EStB 09, 318). Dies gilt insb für **verlorene Vorauszahlungen** (grundlegend BFH GrS 1/89 BStBl II 90, 830; BFH IX R 164/87 BStBl II 92, 805 unter 1.: sofort BA/WK), weil nicht die Anzahlung selbst (zu deren Bilanzierung s § 5 Rz 270 „Anzahlungen"), sondern erst der tatsächl Verbrauch von Gütern bzw die Inanspruchnahme von Diensten zu HK führt (BFH III R 110/80 BStBl II 86, 367 unter 3.b). Gleiches gilt für Zahlungen aufgrund der Kündigung eines Werkvertrags durch den Bauherrn, wenn die andere Vertragspartei tatsächl keine Leistung erbringt (BFH IX R 75/95 BStBl II 99, 20: Kündigung; BFH IX R 3/04 BStBl II 06, 258: Rücktritt; BFH IX R 45/05 BStBl II 06, 803: Schadensersatzzahlung an den Verkäufer, weil der Käufer keine Finanzierung erlangen kann). Vergebl Aufwendungen auf den **GuB** sind im PV allerdings nicht abziehbar (BFH IX R 37/09 BFH/NV 11, 36). – Davon abzugrenzen sind **objektiv unnötige Aufwendungen.** Sofern ihnen tatsächl Leistungen zugrunde liegen, die wertbestimmend in das WG eingegangen sein könnten, stellen sie HK dar (zutr BFH III R 110/80 BStBl II 86, 367 unter 4.; ebenso BFH IX R 23/92 BStBl II 95, 306 unter III.2.a; BFH IX B 35/06 BFH/NV 06, 2072 für mangelhafte Leistungen, selbst wenn Schadensersatzansprüche letztl wegen Insolvenz des Bauunternehmers nicht realisierbar sind; zweifelhaft hingegen BFH IX R 23/95 BFH/NV 99, 785 und FG Nds EFG 15, 296, Rev VI R 80/14: selbst dann HK, wenn die Baumängel zum sofortigen und vollständigen Abriss des mangelhaften Gebäudeteils geführt haben und anschließend ein neues Gebäude errichtet wird). Kosten für eine **später geänderte Planung** sind nur dann keine HK, wenn das später tatsächl hergestellte WG hinsichtl seiner Bau- und Nutzungsart derart von dem ursprüngl geplanten WG abweicht, dass die Planungskosten in keiner Weise seiner Herstellung gedient haben (BFH IV R 176/72 BStBl II 76, 614 unter 2.a; BFH IX B 95/00 BFH/NV 01, 592). Für die Zuordnung zu den HK genügt es bereits, wenn durch die ursprüngl Planung Erfahrungen für die Errichtung des anderen WG gewonnen worden sind (BFH VIII R 96/81 BStBl II 84, 303 unter 5.; BFH VIII R 173/81 BStBl II 84, 306: Planungskosten für ein letztl nicht genehmigungsfähiges Einfamilienhaus sind HK, wenn später durch einen anderen Bauunternehmer ein genehmigungsfähiges Einfamilienhaus errichtet wird; FG Mchn EFG 06, 564, rkr: Planungskosten für ein EFH mit Einliegerwohnung, tatsächl gebaut wird ein Doppelhaus). Zur **TW-AfA** in diesen Fällen s Rz 275; zur AfaA s § 7 Rz 123 mwN. – **Prozesskosten** teilen das Schicksal der Aufwendungen, um die gestritten wird. Zu HK führen daher Kosten für einen Prozess wegen Baumängeln (BFH IX R 134/83 BStBl II 88, 431) oder des Rücktritts vom Bauvertrag (BFH IX R 2/90 BFH/NV 95, 381; BFH IX R 3/04 BStBl II 06, 258 unter II.3.), nicht hingegen für einen Prozess wegen verlorener Vorauszahlungen, die ohne Gegenleistung geblieben sind (BFH IX R 164/87 BStBl II 92, 805 unter 2.: sofortige WK). Zu sofort als WK abziehbaren Prozesskosten s § 21 Rz 148 „Prozesskosten". 208

4. Gebäude-Herstellungskosten. – a) Aufwendungen für den Einbau unselbständiger Gebäudeteile. Sie sind in die HK der Bewertungseinheit „Ge- 211 bäude“ einzubeziehen, selbst wenn sie eine wesentl kürzere Lebensdauer als das Gesamtgebäude haben. Im Gegenzug führt die Erneuerung solcher unselbständiger Gebäudeteile nicht zu nachträgl HK, sondern zu Erhaltungsaufwand (BFH GrS 5/71 BStBl II 74, 132). Zur weiteren Abgrenzung zw nachträgl HK und Erhaltungsaufwand s ausführl Rz 164 ff; zu Erschließungsbeiträgen s Rz 59 ff. Soweit es sich allerdings um **Betriebsvorrichtungen** handelt, sind steuerl selbständige WG gegeben.

Einzelfälle GebäudeHK (dh keine eigene AfA; s auch EStH 6.4; § 4 Rz 191 ff): **Außenjalousien** (BFH III R 152/85 BFH/NV 89, 456); Kosten für die Eintragung einer **Baulast** auf dem Nachbargrundstück, die für die Genehmigungsfähigkeit des Gebäudes erforderl ist (BFH I R 18/88 BFH/NV 91, 34); **Einbauspüle** (BFH VIII R 171/71 BStBl II 74, 474) und ggf Einbauherd, nicht aber die übrigen Elemente einer Einbauküche (BFH IX R 104/85 BStBl II 90, 514 unter 2.); **Erdarbeiten** einschließl der Kosten einer Hangabtragung (BFH IV R 104/92 BStBl II 94, 512) sowie des Freimachens des Baugrundstücks von Bewuchs (BFH III R 76/92 BStBl II 95, 71); es handelt sich nicht etwa um nachträgl AK des GuB; **Fahrtkosten** zur Baustelle (BFH IX R 73/91 BStBl II 95, 713: kein Ansatz der Pauschale des § 9 I 3 Nr 4, sondern der tatsächl Aufwendungen; s auch Rz 54 (5)); **Planungskosten** (s auch Rz 208 zu vergebl Aufwendungen); **Richtfest** sowie Feier zur Grundsteinlegung (FG BBg EFG 11, 1143, rkr: auch dann keine Vertriebskosten, wenn Mietinteressenten teilnehmen); **Stellplätze für PKW** (nicht etwa AK des GuB); Gleiches gilt für entspr **Ablösezahlungen** (BFH IX R 45/80 BStBl II 84, 702; BFH VIII R 183/85 BFH/NV 90, 504 unter 3.b). Sofern die Baumaßnahme, die die Ablöseverpflichtung auslöst, steuerl jedoch Erhaltungsaufwand darstellt, sind auch die Ablösezahlungen sofort BA/WK (BFH IX R 51/00 BStBl II 03, 710). Auch **Garagen** sind grds keine selbständigen WG, sondern steuerl Teil des Gebäudes (s § 7 Rz 27 mwN).

Selbständige WG (dh eigene AfA mit kürzerer Nutzungsdauer) sind hingegen zB **Außenanlagen** wie Hofbefestigung (BFH V R 48/71 BStBl II 72, 76), Straßenzufahrt (BFH III R 161/81 BStBl II 83, 686) und Gleisanlagen (BFH IV R 30–31/89 BFH/NV 91, 361); **Grün- und Gartenanlagen** (BFH VI 181/65 U BStBl III 66, 12; BFH IX R 18/91 BStBl II 97, 25 unter 2.; EStR 21.1 III) und **Kinderspielplätze** (EStR 6.4 II). Eine **Umzäunung** ist im betriebl Bereich ein selbständiges WG (BFH III R 161/81 BStBl II 83, 686), bei Wohnhäusern hingegen GebäudeHK (BFH VIII R 121/73 BStBl II 78, 210). Zur Abgrenzung weiterer WG vom GuB (insb bei LuF) s auch Rz 403.

213 **b) Abbruchkosten.** S auch EStH 6.4 „Abbruchkosten“. – **aa) Erwerb ohne Abbruchabsicht.** Hier sind im Jahr des Abbruchs der Restbuchwert des zuvor zur Einkunftserzielung genutzten abgebrochenen Gebäudes (AfaA) und die Abbruchkosten BA (BFH GrS 1/77 BStBl II 78, 620 unter D. II.1.). Dies gilt unabhängig davon, ob auf dem GuB ein Neubau errichtet wird (BFH IX R 333/87 BStBl II 94, 12 unter 2.; BFH IX R 79/89 BFH/NV 94, 232 unter 2.a; BFH IX R 26/96 BFH/NV 98, 1212: letzter Akt der vorangegangenen Einkunftserzielung). Zur **AfaA** in diesen Fällen s ausführl § 7 Rz 122 mwN.

214 **bb) Erwerb in Abbruchabsicht.** In diesem Fall ist ein sofortiger BA/WK-Abzug nicht mögl. – **(1) Obj noch nicht verbrauchtes Gebäude.** Wird ein solches Gebäude abgerissen und durch ein neues ersetzt, gehören Restwert, Abbruchkosten und Räumungsabfindungen an Mieter (s Rz 140 „Abfindungen“; dort auch zur Ablösung eines Erbbaurechts) zu den HK des neuen Gebäudes (BFH GrS 1/77 BStBl II 78, 620 unter D. II.2.a; BFH I R 58/04 BStBl II 06, 707 unter II.2.f: auch soweit die Abrisskosten den Abbruch von *Betriebsvorrichtungen* des Altgebäudes betreffen; mit beachtl Gründen krit zur Rspr *Wüllenkemper* EFG 14, 530). Gleiches gilt, wenn statt eines neuen Gebäudes ein anderes WG (zB Außenanlage, Straße) errichtet wird. Wenn der Neubau *selbst genutzt* werden soll, sind Restwert und Abrisskosten steuerl daher nicht abziehbar (zutr BFH IX B 120/08 BFH/NV 09, 964 unter 2.a: der Zusammenhang mit der früheren Einkunftserzielung wird überlagert). Der Abriss eines Gebäudes *ohne* Errichtung eines neuen WG (zB Erwerb eines „Sperrgrundstücks“) führt zu AK des GuB (BFH GrS 1/77 BStBl II 78, 620 unter D. II.2.b); ebenso bei späterem Scheitern der Neubauplanung (FG Köln EFG 14, 527, rkr: nicht etwa sofort abziehbare WK) oder wenn das neue

Gebäude später auf einem *Nachbar*grundstück errichtet wird (BFH IX R 1/03 HFR 05, 743). – **(2) Obj wertloses Gebäude.** Die vollen AK entfallen auf den GuB (BFH I 64/65 BStBl II 69, 35; BFH IX R 93/82 BStBl II 87, 330; BFH X R 97/87 BStBl II 89, 604 unter 1.).

(3) Indizien für die Abbruchabsicht (BFH GrS 1/77 BStBl II 78, 620 unter D. III.) sind entspr Kaufvertragsklauseln, das Unterlassen einer Gebäudenutzung bis zum Abbruch oder (vor allem) der **Abbruch innerhalb von drei Jahren nach dem Erwerb** (BFH VIII R 105/75 BStBl II 79, 509: maßgebend ist das obligatorische Geschäft; BFH IX R 16/09 BFH/NV 10, 1799), wobei die Indizwirkung nach beiden Seiten hin widerlegt werden kann. Die **Widerlegung der Vermutung** kommt insb bei einer Fehlmaßnahme in Betracht (BFH IX R 2/93 BStBl II 97, 325 unter 2.a: der Erwerber plante ledigl einen Teilabbruch, rechnete aber nicht damit, dass ein Vollabbruch erforderl würde; BFH IX R 58/95 BFH/NV 98, 1080 unter 3.: der Mieter großer Büroflächen in dem erworbenen Gebäude löst das Mietverhältnis unerwartet auf; BFH X R 36/01 BFH/NV 03, 765 unter II.3.b: verdeckte Mängel). Für eine solche Fehlmaßnahme genügt es indes nicht, wenn der Erwerber zwar in erster Linie einen Umbau des Vorhandenen plant, aber wegen des schlechten baul Zustands auch einen Abbruch in Kauf nimmt (BFH IX R 5/79 BStBl II 85, 208; BFH IX R 16/09 BFH/NV 10, 1799). Der Wille des StPfl muss beim Erwerb auf einen *kurzfristigen* Abbruch gerichtet sein (BFH VIII R 93/73 BStBl II 80, 69: die Planung, das Gebäude in 10 Jahren abzubrechen, genügt nicht). 215

cc) Anwendungsbereich. Diese Grundsätze sind auch bei einer **Einlage in das BV** anzuwenden (BFH I R 142/76 BStBl II 79, 729 unter II.1.; BFH I R 29/79 BStBl II 83, 451 unter 2.: bei Einlage in Abbruchabsicht geht der Einlagewert, der sich nicht etwa wegen des beabsichtigten Abbruchs mindert, in die HK ein; aus neuerer Zeit FG BaWü DStRE 12, 1173, rkr). Ist das abgerissene Gebäude zuvor jedoch **nicht zur Erzielung von Einkünften genutzt** worden, gehören Restwert und Abbruchkosten (unabhängig vom Bestehen einer Abbruchabsicht) stets zu den HK eines neuen Gebäudes (BFH IX R 50/00 BStBl II 02, 805 unter II.2.). Auch beim **unentgeltl Erwerb** kommt es darauf an, ob der Erwerber das Gebäude im Erwerbszeitpunkt zur Einkunftserzielung nutzen (dann sind spätere Abrisskosten BA/WK) oder aber abreißen will (dann entstehen HK; zu Schenkung BFH IX R 93/82 BStBl II 87, 330; zu Erbauseinandersetzung BFH IX R 100/83 BFH/NV 88, 26; zu Gesamtrechtsnachfolge BFH X R 116/91 BStBl II 96, 358). Diese Grundsätze gelten auch für den **Teilabbruch** (BFH IX R 58/95 BFH/NV 98, 1080 unter 1.). 216

5. ABC der Herstellungskosten 220

Abstandszahlungen s Rz 140 „Abfindungen".

Außenanlagen s Rz 211.

Bauherrenmodell s ausführl § 21 Rz 171 ff.

Bauwesenversicherung. Beiträge sind sofort BA/WK (BFH VIII B 81/74 BStBl II 80, 294; ebenso für Bauherren-Haftpflichtversicherung BFH VIII R 96/81 BStBl II 84, 303 unter 7.).

Dacherneuerung. Zur Flächenvergrößerung s Rz 171; zum bautechnischen Ineinandergreifen mit anderen Maßnahmen s Rz 189.

Deponien. Zur Aktivierung ausführl *BMF* BStBl I 05, 826.

Eigene Arbeitsleistung führt weder zu HK noch zu BA/WK (BFH IX R 58/81 BStBl II 86, 142).

Erschließungskosten s Rz 59 ff.

Film s Rz 34 mwN.

Fremdwährung s Rz 22.

Gebäude s Rz 161–189, 211–216.

Grund und Boden s Rz 211 „Außenanlagen", „Erdarbeiten", zu Altlastensanierung s Rz 272; zu Kosten der Bodenverbesserung in der LuF s § 13 Rz 234.

Kfz s Rz 188.

Leitungsnetz s Rz 171.

Prozesskosten s Rz 208 aE.

Software s Rz 140 „Software". Zur Bilanzierung beim Hersteller s ausführl *Bormann* WPg 91, 8.

Tierbestände s ausführl § 13 Rz 45 ff.

Verbrauchsteuern s § 5 Rz 259 (dort insb zur unterschiedl Behandlung von Bier- und BranntweinSt).

Vergebl Aufwendungen s Rz 208.

Vorsteuer gehört nicht zu den HK, soweit sie bei der USt abziehbar ist (§ 9b I; Erläut s dort).

Zölle s § 5 Rz 259.

IV. Teilwert

231 **1. Begriff und Bedeutung.** Benutzerhinweis: In Rz 231 ff ist die *Ermittlung* des TW erläutert. Erläuterungen zu den gesetzl Voraussetzungen, unter denen eine *TW-AfA* vorgenommen werden kann, insb zur voraussichtl dauernden Wertminderung, finden sich in Rz 360 ff.

232 **a) Begriff.** TW ist nach der (seit 1934 unveränderten und auf den RFH zurück gehenden) **gesetzl Definition** des § 6 I Nr 1 S 3 (gleichlautend § 10 BewG) der Betrag, den ein Erwerber des ganzen Betriebs iRd Gesamtkaufpreises für das einzelne WG ansetzen würde; dabei ist davon auszugehen, dass der Erwerber den Betrieb fortführt. Maßgebl ist danach der Wert, den das einzelne WG als „Teil" (daher der Begriff „Teilwert") der wirtschaftl Einheit hat. Bereits aus dem Wortlaut der gesetzl TW-Definition folgt, dass es sich hierbei um eine Fiktion handelt; der Wert kann daher nur durch **Schätzung** ermittelt werden. Zur Entstehung des TW-Begriffs s *Doralt* DStJG 7, 141; *Euler* DStJG 7, 155; *Lange,* 75 Jahre TW, 2011, S. 54 ff. Wegen der Eigenständigkeit des steuerl TW-Begriffs kann eine EuGH-Vorlage nicht auf die für die HB geltende EG-RechnungslegungsRL gestützt werden. – **Nur WG** können mit dem TW bewertet werden und sind einer TW-AfA zugängl. Daran fehlt es bei Beteiligungen an PersGes (s Rz 140 „Beteiligung an PersGes"; zu Forderungen an die PersGes s Rz 309), bei RAP (BFH IV R 3/69 BStBl II 70, 209) und dem Korrekturbetrag nach § 1 AStG (BFH I R 97/88 BStBl II 90, 875 unter II.4.e). – **Bewertungseinheit.** Ist ein WG mit einem anderen vereinigt worden, kommt es nicht mehr auf den TW des hinzuerworbenen WG an, sondern nur auf den Gesamtwert des WG. *Beispiele:* Vereinigung zweier Grundstücksteilflächen (BFH I R 33/75 BStBl II 79, 259), Hinzuerwerb von Anteilen an einer KapGes zu einer bereits bestehenden Beteiligung (s Rz 404).

233 **b) Bedeutung des „gedachten Erwerbers".** Die hypothetischen Voraussetzungen (Veräußerung des Betriebes im Ganzen, Bewertung des einzelnen WG durch den gedachten Erwerber, Korrelation zw Einzel- und Gesamtkaufpreis, Betriebsfortführung) ändern nichts daran, dass die tatsächl **obj betriebl Umstände** – unter Außerachtlassung persönl Umstände und subj Vorstellungen des Betriebsinhabers – für die Schätzung maßgebend sind (BFH I R 116/86 BStBl II 91, 342 unter II.4.). Letztl soll das Abstellen auf einen „gedachten Erwerber" nur verdeutlichen, dass eine *obj* Bewertung vorzunehmen ist (BFH I R 51/95 BStBl II 98, 781 unter II.2.a). Insb kommt es nicht darauf an, ob ein gedachter Erwerber wegen

fehlender Spezialkenntnisse aus einem vorhandenen WG keinen Nutzen ziehen könnte (BFH IV R 31/90 BStBl II 91, 627 unter 2.). Die maßgebl Sicht des Erwerbers führt bei der Ermittlung des TW aber idR zu einer Unterscheidung zw AV (Orientierung an Wiederbeschaffungswerten) und UV (Orientierung an aktuellen Veräußerungspreisen).

c) Substanzwert. Grds ist der Substanzwert des *einzelnen* WG maßgebend (BFH I R 56/94 BStBl II 96, 28 unter II.5.c bb). Wegen des Prinzips der Einzelbewertung (s § 5 Rz 69) kann der TW nicht durch Aufteilung des nach dem Ertragswertverfahren ermittelten Unternehmenswerts auf die einzelnen WG bestimmt werden (BFH IV R 63/97 BStBl II 04, 639 unter 2.c; vgl zum BewRecht auch BFH II R 2/90 BStBl II 93, 587 unter II.2.b: selbst ein tatsächl gezahlter niedriger Kaufpreis für den Gesamtbetrieb lässt keinen Rückschluss auf den TW des *einzelnen* WG zu). Eine Ermittlung nach Ertragswertgesichtspunkten scheidet auch wegen der getrennten Bewertung von positiven Geschäftswerten einerseits und der übrigen WG des AV andererseits grds aus (BFH III R 88/69 BStBl II 73, 475 unter 3.). – Nur ausnahmsweise können die **Ertragsaussichten eines EinzelWG** für seinen TW berücksichtigt werden, sofern sie nicht dem Geschäftswert zuzuordnen sind (BFH I R 68/92 BStBl II 95, 336 unter II.2.). Dies kann bei einer sich nachträgl herausstellenden Überdimensionierung einer Maschine/Anlage der Fall sein (s zu Fehlmaßnahme Rz 246). Von besonderer Bedeutung sind die Ertragsaussichten bei Anteilen an KapGes (s Rz 278 ff), Wertpapieren, Vermietungsobjekten (ausführl *FM NRW* DB 94, 555) und immateriellen EinzelWG (s Rz 322), vor allem aber bei zum Verkauf bestimmten WG (zur Verlustantizipation s Rz 258). – Zu den Auswirkungen der (Nicht-)**Abziehbarkeit der VorSt** s § 9b Rz 11 aE. 234

d) Unterschied zum gemeinen Wert. Der gemeine Wert (§ 9 BewG: im gewöhnl Geschäftsverkehr erzielbarer Veräußerungspreis) berücksichtigt im Gegensatz zum TW nicht den wertbestimmenden Einfluss der Betriebszugehörigkeit eines WG. Zudem wird die Betrachtung nicht allein aus der Sicht eines Erwerbers vorgenommen; auch ergeben sich Unterschiede zw den Handelsstufen. Der TW von Waren liegt daher um die Gewinnspanne unterhalb des gemeinen Werts, weil der Erwerber die Gewinnspanne für sich selbst einkalkulieren würde (BFH I 175/60 U BStBl III 60, 492 unter a). Umgekehrt können bei der TW-Findung in gewissen Grenzen auch ungewöhnl Verhältnisse berücksichtigt werden, beim gemeinen Wert hingegen nicht (BFH IV R 103/79 BStBl II 82, 258). – **Anwendungsbereich.** Der gemeine Wert wird im Ertragsteuerrecht bei Ausschluss (§ 6 I Nr 4 S 1 HS 2) und Begründung (§ 6 I Nr 5a) des dt Besteuerungsrechts, unentgeltl Übertragung einzelner betriebl WG (§ 6 IV), beim Tausch (§ 6 VI 1), bei der Betriebsaufgabe (§ 16 III 3, 4, 7), der verdeckten Einlage von Anteilen an einer KapGes in eine KapGes (§ 17 II 2), dem Verlust des dt Besteuerungsrechts für Körperschaften (§ 12 KStG) und Anteile an KapGes (§ 17 V 1) sowie bei Umwandlungs- und Einbringungsvorgängen (§§ 3 I, 11 I, 20 II, 21 I, 24 II UmwStG) verwendet. 235

e) Steuerl Bedeutung des TW, normspezifische Besonderheiten. Der TW verdrängt die als Regelbewertungsmaßstab dienenden (fortgeführten) AK/HK bei einem **Absinken des Wertniveaus** (TW-AfA; für abnutzbare WG § 6 I Nr 1 S 2, für nicht abnutzbare WG § 6 I Nr 2 S 2). Er dient hier der Vorwegnahme (Antizipation) von Verlusten. – Bei **Entnahmen und Einlagen** soll der Ansatz des TW (der hier den Regelbewertungsmaßstab darstellt) eine zutr Zuordnung von Vermögenswerten zw betriebl und privater Sphäre gewährleisten (für Entnahmen § 6 I Nr 4 S 1, für Einlagen § 6 I Nr 5 S 1, Nr 6, 7; für Eintritt oder Beendigung einer StBefreiung bei Körperschaften § 13 KStG). Der dort verwendete TW-Begriff ist mit dem des § 6 I Nr 1 S 3 identisch (BFH IV R 63/97 BStBl II 04, 639 unter 2.a); insb gilt die gesetzl Betriebsfortführungsfiktion grds auch für Ent- 237 nahmen. Zu Besonderheiten der TW-Ermittlung bei Entnahmen s Rz 251; zur Modifizierung des TW-Begriffs bei Betriebseröffnungen iSd § 6 I Nr 6 s Rz 572. – Für bestimmte **Übertragungsvorgänge bei MUerschaften** dient der TW-Ansatz der zutr Zuordnung von Wertänderungen zw einzelnen StPfl (§ 6 V 4–6); Gleiches gilt für die verdeckte Einlage in KapGes (§ 6 VI 2).

241 **2. Teilwertvermutungen. – a) Zeitpunkt des Erwerbs bzw der Fertigstellung eines WG.** Hier wird sowohl bei AV als auch bei UV vermutet, dass der TW den AK/HK entspricht (BFH I R 79/74 BStBl II 77, 540 unter I.1.a; BFH I R 114/84 BStBl II 90, 117 unter II.4.: Darlehensforderung), sofern nicht eine Fehlmaßnahme vorliegt (dazu Rz 246). Dies dient der Vermeidung sofortiger TW-AfA (BFH IV R 8/10 BStBl II 11, 709 unter II.1.e: Anschaffungsnebenkosten bei geschlossenen Fonds, s Rz 54). **Zuschüsse** (ausführl Rz 71 ff) oder stfreie InvZul mindern den TW grds nicht; anders nur dann, wenn der Marktpreis bestimmter WG *generell* durch Zuschüsse beeinflusst wird oder der Zuschussempfänger starken Beschränkungen unterliegt, was der BFH aber weitestgehend verneint (BFH II R 27/87 BStBl II 90, 566: Schlachthof und Molkerei; BFH I R 56/94 BStBl II 96, 28 unter II.5.c bb: Krankenhäuser).

242 **b) Spätere Bewertungsstichtage.** Die TW-Vermutungen sind hier in erster Linie für die Prüfung von TW-AfA zur Vereinfachung der jährl wiederkehrenden Bewertung entwickelt worden. Auf (einmalige) Entnahme- und Einlagevorgänge sind sie nur sehr eingeschränkt übertragbar. – ***(1)* Nicht abnutzbare WG des AV.** Hier wird auch für spätere Bewertungsstichtage aufgrund der Systematik der gesetzl Regelung (AK/HK als Regelbewertungsmaßstab, TW als Ausnahme) vermutet, dass der TW den AK entspricht (BFH I R 116/86 BStBl II 91, 342 unter II.3.; BFH IV R 87/99 BStBl II 02, 294 unter II.1.); zT wird jedoch auf die Wiederbeschaffungskosten abgestellt (BFH IV R 16/94 BStBl II 95, 309 unter 1.; BFH IV B 4/98 BFH/NV 99, 305). Zu Anteilen an KapGes s Rz 278. – ***(2)* Abnutzbare WG des AV.** Der TW entspricht den Wiederbeschaffungs-/Wiederherstellungskosten. Bei individuell auf den Betrieb ausgerichteten WG, für die es keinen Marktpreis gibt, wird vermutet, dass der TW den AK/HK abzügl der AfA entspricht (RFH RStBl 30, 361; BFH III R 26/79 BStBl II 81, 702 unter 1.; BFH II R 2/90 BStBl II 93, 587 unter II.1.). Dabei ist grds von linearer AfA auszugehen (BFH II R 237/83 BStBl II 89, 183 unter 1.: TW-Ermittlung unter Berücksichtigung degressiver AfA nur bei besonderen Gründen). Kann der TW des (nahezu) einzigen WG einer PersGes jedoch aus zeitnahen Anteilsverkäufen ermittelt werden, sind diese maßgebend (BFH II R 225/84 BStBl II 87, 703). – ***(3)* Umlaufvermögen** (Roh-, Hilfs- und Betriebsstoffe, unfertige und fertige Erzeugnisse, Waren). Auch hier wird vermutet, dass der TW zu späteren Bewertungsstichtagen den Wiederbeschaffungskosten entspricht (BFH I R 104/86 BStBl II 88, 892 unter II.3.: Vorräte; BFH IV R 31/90 BStBl II 91, 627 unter 2.: Hilfsstoffe; BFH I R 68/92 BStBl II 95, 336 unter II.1.: zur Veräußerung bestimmte Grundstücke).

244 **c) Widerlegung der TW-Vermutungen; TW-AfA.** Alle TW-Vermutungen sind widerlegbar. Ein Wert von 0 € kann aber nicht unterschritten werden. Eine TW-AfA setzt nach Rspr und FinVerw voraus (BFH I R 54/97 BStBl II 99, 277 unter II.B.3.; EStR 6.7), dass entweder bereits der *Erwerb* des WG eine Fehlmaßnahme darstellte (s Rz 246) oder aber die Wiederbeschaffungs-/-herstellungskosten oder erzielbaren Verkaufspreise *später* gesunken sind (s Rz 254 ff). Zur weiteren **NormalAfA** nach TW-AfA s § 11c II EStDV und § 7 Rz 83; nach Wertaufholung erhöht sich die Bemessungsgrundlage entspr. Zu den besonderen Voraussetzungen der TW-AfA **(voraussichtl dauernde Wertminderung)** s Rz 360.

245 **aa) Feststellungslast; Nachweisfragen.** Der StPfl, der eine TW-AfA entgegen der TW-Vermutungen begehrt, muss die Voraussetzungen (konkrete Tatsachen und Umstände) dafür darlegen (BFH I R 116/86 BStBl II 91, 342 unter II.3.; BFH IV R 18/92 BStBl II 94, 514 unter 2.; BFH I B 46/09 BFH/NV 09, 1843

unter II.2.a). Bei Modewaren können zB Aufzeichnungen über die tatsächl Preisreduzierungen vergleichbarer Waren in Vorjahren herangezogen werden (BFH IV R 143/80 BStBl II 84, 35). Die späteren Erlöse aus einer Liquidation des Warenlagers iRe Betriebsaufgabe lassen hingegen keinen Rückschluss auf den TW der Vorjahre zu (BFH IV R 329/84 BFH/NV 86, 470). Je kürzer der Zeitraum zw Anschaffung und Bewertungsstichtag, desto strenger sind die Anforderungen an die Widerlegung der TW-Vermutungen (BFH I R 104/86 BStBl II 88, 892 unter II.3.; BFH X R 151/94 BFH/NV 98, 1086 unter II.2.b).

bb) Nachweis einer Fehlmaßnahme. Dies widerlegt die TW-Vermutungen. 246
Fehlmaßnahme ist die Anschaffung oder Herstellung eines WG, dessen wirtschaftl Nutzen *von Anfang an* dauerhaft deutl hinter den AK/HK zurück bleibt, so dass ein gedachter Erwerber den Aufwand nicht im Kaufpreis honorieren würde (BFH III R 151/86 BStBl II 89, 269 unter 1.a; BFH X R 151/94 BFH/NV 98, 1086 unter II.2.a). Darauf, ob der Betrieb *insgesamt* rentabel arbeitet, kommt es nicht an (BFH III R 201–202/84 BStBl II 88, 488). Grds rechtfertigen nur **irrtüml** (unbewusste) Fehleinschätzungen die Annahme einer Fehlmaßnahme (BFH GrS 6/71 BStBl II 73, 79 unter IV. 2.); bei bewusst in Kauf genommenem (Mehr-)Aufwand (insb erzwungene oder erkennbar überhöhte Preise, s BFH X R 151/94 BFH/NV 98, 1086 unter II.2.a) ist davon auszugehen, dass auch ein Erwerber diesen für sinnvoll erachtet und getragen hätte (zB Verlustprodukte, s Rz 262). Von besonderer Bedeutung ist die *zeitnahe* eigene Einschätzung durch den StPfl. Daher sind, wenn eine Fehlmaßnahme erst bei einem Antrag auf Berichtigung einer zuvor ohne Berücksichtigung der TW-AfA eingereichten Bilanz behauptet wird, hohe Hürden zu überwinden. – Mehrpreise, die aus **betriebsfremden** (persönl) Gründen gezahlt werden, führen zur Versagung des BA-Abzugs (iErg ähnl BFH IV B 4/98 BFH/NV 99, 305: keine TW-AfA); bei KapGes ist hingegen TW-AfA zu gewähren, aber ggf eine vGA anzusetzen.

Beispiele Fehlmaßnahmen: Erwerb von WG, die nur eingeschränkt funktionsfähig sind; neue gesetzl Regelungen, die das WG nutzlos machen (BFH III R 201–202/84 BStBl II 88, 488 unter 1.a); Erwerb von Maschinen, die sich in einer kurz danach beginnenden Rezession als überdimensioniert erweisen (BFH III R 201–202/84 BStBl II 88, 488 unter 1.b; bei Gebäuden wegen der sehr langen Nutzungsdauer jedoch idR keine Berücksichtigung einer Überdimensionierung, s BFH VIII R 31/75 BStBl II 78, 335).

Die Rspr stellt hohe Anforderungen und hat in den folgenden Fällen **Fehlmaßnahmen verneint:** Zahlung eines Mehrpreises für den Erwerb eines unmittelbar neben dem bisherigen Betriebsgrundstück gelegenen Grundstücks (BFH I 22/61 U BStBl III 62, 186: auch ein Betriebserwerber hätte den Mehrpreis in Kauf genommen); der StPfl nimmt unerwartete Mehrkosten für die Sicherung des schlechten Baugrunds hin, weil die Lage des Grundstücks besonders gut ist (BFH I 99/63 BStBl III 66, 310); Erwerb von Anteilen an einer Unterstützungskasse für ArbN (BFH GrS 6/71 BStBl II 73, 79); Zahlung eines Mehrpreises an Angehörige zur Vermeidung einer Teilungsversteigerung des Grundstücks, auf dem das Betriebsgebäude errichtet ist (BFH III R 151/86 BStBl II 89, 269 unter 1.a); Inkaufnahme hoher Kosten für den Umbau eines an den Betrieb angrenzenden Wohngebäudes in zusätzl Büros, wenn in der Umgebung keine anderen geeigneten Objekte verfügbar sind (BFH X R 151/94 BFH/NV 98, 1086 unter II.2.b). Zum Sinken der Wiederbeschaffungskosten nach Anschaffung unter Zahlung eines Überpreises, der keine Fehlmaßnahme war, s Rz 254.

cc) Unrentabilität des Gesamtbetriebs. Auch in einem solchen Fall ist der 248
TW von EinzelWG nur dann geringer als deren Wiederbeschaffungskosten, wenn die Unrentabilität nachhaltig und erhebl ist. Dies setzt voraus, dass das Unternehmen nachhaltig mit Verlusten arbeitet und deswegen obj nachprüfbare Maßnahmen getroffen hat, den Betrieb so bald wie mögl zu liquidieren oder **stillzulegen** (zum BewRecht BFH III R 88/69 BStBl II 73, 475 unter 4.; BFH II R 53/95 BStBl II 99, 160; zum EStRecht BFH IV B 6/93 BStBl II 94, 569 unter 2.b; BFH I R 56/94 BStBl II 96, 28 unter II.5.c bb). Dies entspricht dem Going-concern-Prinzip des § 252 I Nr 2 HGB. Diese Grundsätze gelten auch für unrentable **Teilbetriebe** (ähnl BFH VIII R 160/79 BStBl II 84, 56 unter II.2.). Allein der

Umstand, dass anlässl der Veräußerung eines MUeranteils nur der Buchwert des KapKto erzielt werden konnte, rechtfertigt keine TW-AfA auf die in den Ergänzungsbilanzen der verbliebenen MUer aktivierten Mehrwerte der erworbenen EinzelWG (BFH IV R 30/93 BStBl II 95, 831).

251 **3. Maßstäbe für die Schätzung des Teilwerts. – a) Maßgebender Zeitpunkt.** Die Schätzung des TW ist aus Sicht des Bewertungsstichtags vorzunehmen (BFH IV R 218/80 BStBl II 84, 33), dh es kommt auf den Bilanzstichtag oder den Zeitpunkt einer Entnahme, Einlage (§ 6 I Nr 4, 5) oder Übertragung (§ 6 V) an. Wertaufhellende Umstände sind zu berücksichtigen (s § 5 Rz 81). – **Schätzungsrahmen.** Geht es bei der Regelbewertung zum Bilanzstichtag um eine **TW-AfA,** sind obere Grenze die Wiederbeschaffungskosten, untere Grenze ist der Einzelveräußerungspreis (gemeiner Wert), der etwaige Vorteile aus der Betriebszugehörigkeit des WG nicht berücksichtigt (BFH IV R 218/80 BStBl II 84, 33; BFH I R 54/97 BStBl II 99, 277 unter II. B.2.). Bei der **Bewertung von Entnahmen und Einlagen** (wenn es also nicht um wertgeminderte WG geht) kann der Einzelveräußerungspreis die Wiederbeschaffungskosten hingegen übersteigen. Die Rspr setzt hier den „Marktpreis" an, der wohl dem Einzelveräußerungspreis entsprechen soll (BFH VIII R 280/81 BStBl II 86, 17 unter I.3.b). Ganz konsequent ist dies mE nicht, weil der TW nicht durch den Gewinnaufschlag beeinflusst werden darf (s Rz 235), der aber bei einem Ansatz des Marktpreises (insb bei selbst hergestellten WG wie zB Gebäude eines Bauunternehmers) einbezogen würde (für Wiederbeschaffungskosten daher FG RhPf EFG 00, 57, rkr; s auch Rz 507).

252 **b) Methodenwahl.** Für die Ermittlung eines geminderten TW kann der StPfl sich je nach Eigenart des zu bewertenden WG am **Beschaffungsmarkt** (Wiederbeschaffungs- oder Reproduktionskosten, Rz 254 f) oder **Absatzmarkt** (Verkaufspreise, Rz 257) orientieren. Eine TW-AfA ist schon dann gerechtfertigt, wenn in *einem* dieser Marktsegmente die Preise gesunken sind (BFH IV 236/63 S BStBl III 64, 426 unter 1.). Der TW von zum Verkauf bestimmten Waren, Eigenerzeugnissen und Zwischenprodukten kann grds sowohl anhand der bei der Anschaffung/Herstellung angefallenen Kosten **(progressive Methode)** als auch durch Rückrechnung vom voraussichtl Verkaufspreis **(retrograde Methode)** ermittelt werden (BFH III R 100–101/72 BStBl II 73, 794; zum handelsrechtl Streit s *Beine* BB 95, 2415). Für Erzeugnisse der gewerbl Urproduktion ist jedoch allein die progressive Methode anzuwenden (BFH III 217/63 BStBl II 70, 614: Rohölförderung). Sind die Verkaufspreise allerdings gesunken, ist der TW ausschließl hieraus abzuleiten; die AK/HK sind nicht mehr von Bedeutung (BFH IV R 143/80 BStBl II 84, 35). Umgekehrt ist der TW bei Vorräten, die *nicht* zum Verkauf bestimmt sind (Roh-, Hilfs- und Betriebsstoffe), ausschließl nach den Verhältnissen auf der Beschaffungs-/Herstellungsseite zu ermitteln (BFH I R 89/79 BStBl II 80, 327: **unverkäufl Ärztemuster** eines Pharmaherstellers, die zu Werbezwecken unentgeltl ausgegeben werden). – Der **Einzelveräußerungspreis** (Rz 263), der idR zugleich die TW-Untergrenze darstellt, ist bei WG maßgebl, die **für den konkreten Betrieb entbehrl** (überflüssig, nicht notwendig) sind, so dass ein gedachter Erwerber nicht seine Wiederbeschaffungskosten ansetzen würde. Diese Voraussetzung ist aber nicht stets schon dann erfüllt, wenn ein im Betrieb genutztes WG jederzeit durch ein gleichartiges ersetzbar ist (mE zutr BFH IV R 118/70 BStBl II 73, 207; aA BFH IV R 218/80 BStBl II 84, 33; dort wurde zudem unzutr die Übereinstimmung von Einzelveräußerungspreis und Wiederbeschaffungskosten angenommen, obwohl diese sich iHd Nebenkosten unterscheiden).

254 **c) Wiederbeschaffungskosten.** Dieser Maßstab kommt für WG in Betracht, die der StPfl **erworben** hat (insb Handelsware, Roh-, Hilfs- und Betriebsstoffe). Maßgebend ist der Beschaffungsmarkt des jeweiligen Unternehmens (insb Börsenpreise; EStR 6.8 II 10; zu stark schwankenden Börsenkursen s BFH I 292/55 U BStBl III 56, 379). – **Anschaffungsnebenkosten** (Rz 51) sind einzubeziehen

(RFH RStBl 30, 436 und BFH IV R 63/97 BStBl II 04, 639 unter 2.b: Grundstücke; BFH VI 226/64 BStBl III 66, 643: Wertpapiere; krit *Gabert* FR 09, 812, 814); dies unterscheidet die Wiederbeschaffungskosten vom Einzelveräußerungspreis (s Rz 263) und vermeidet eine sofort nach dem Erwerb erforderl TW-AfA. Die Möglichkeit zum Abzug von Skonto mindert den TW nur, wenn das WG bis zum Stichtag tatsächl bezahlt ist (BFH I R 176/84 BStBl II 91, 456 unter II.2.4). – Bei **Zahlung eines Überpreises** iRd Anschaffung, die trotz Übersteigen des Marktpreises keine Fehlmaßnahme war, führt ein späteres Sinken der Wiederbeschaffungskosten nur in dem prozentualen Verhältnis zur TW-AfA, das der Differenz zw aktuellen Wiederbeschaffungskosten und früherem Marktpreis entspricht (BFH IV R 87/99 BStBl II 02, 294; BFH IV B 12/09 BFH/NV 10, 2063).

d) Reproduktionswert. Bei **selbst erzeugten (hergestellten) WG,** deren Bewertung von der Beschaffungsseite ausgehen soll (progressive Methode), ist der Reproduktionswert maßgebend. Er umfasst über die aktivierbaren steuerl HK (s Rz 191 ff) hinaus die **Vollkosten,** insb auch die bis zum Bewertungsstichtag entstandenen Verwaltungsgemein- und Vertriebskosten (BFH III R 100–101/72 BStBl II 73, 794 unter 2.), nicht aber die wahlweise aktivierbaren Bauzeitzinsen (BFH II R 72/86 BStBl II 89, 962 unter II.2.); s zu diesen Begriffen Rz 194 ff. Kalkulatorische Ansätze (insb Unternehmerlohn und -gewinn) sind nicht zu berücksichtigen. Zur TW-AfA auf Gebäude wegen Sinkens der Baukosten bzw des maßgebl Index s Rz 275. 255

e) Ableitung vom voraussichtl Verkaufspreis. Hier ist der **voraussichtl Verkaufspreis** um den kalkulatorischen Gewinnaufschlag und die noch anfallenden Vertriebskosten zu mindern. Die Feststellungslast für ein Sinken des TW und für die Höhe eines gesunkenen TW liegt beim StPfl (Einzelheiten zu den Nachweiserfordernissen s Rz 245). Gesetzl Absatzbeschränkungen werden den TW idR mindern (*BMF* DB 01, 1225, zu Brillenfassungen). 257

aa) Verlustantizipation (verlustfreie Bewertung). Auch von einem (voraussichtl dauerhaft, s Rz 364) gesunkenen Verkaufspreis ist der Gewinnaufschlag abzuziehen, da dem gedachten Erwerber die übl Gewinnspanne verbleiben soll (BFH IV R 143/80 BStBl II 84, 35: eine TW-AfA ist selbst dann vorzunehmen, wenn die Verkaufspreise von Modewaren erst *nach* dem Bilanzstichtag herabgesetzt werden, mit dieser Entwicklung aufgrund kfm Erfahrung aber schon am Stichtag zu rechnen war). StB und HB (niedrigerer beizulegener Wert) unterscheiden sich insoweit. Diese Verlustantizipation folgt unmittelbar aus der gesetzl TW-Definition. Sie ist bei *jedem* Sinken der Verkaufspreise anzuwenden, und zwar auch dann, wenn die AK leicht zu ermitteln sind und noch unterhalb der Verkaufspreise liegen (BFH VIII R 35/97 BStBl II 01, 566 unter II.2.c bb). Allein eine **lange Lagerdauer** rechtfertigt eine TW-AfA ohne weitere Darlegungen jedoch nicht, sofern die ursprüngl Verkaufspreise noch tatsächl erzielt werden (ausführl BFH IV R 18/92 BStBl II 94, 514 unter 3.: Kfz-Ersatzteile; *OFD Ffm* DB 97, 1795; zu Werken zeitgenössischer Künstler s BFH II R 218/82 BFH/NV 87, 290; ausführl zur TW-AfA wegen langer Lagerdauer *Görgen* DStR 15, 2250). Ausnahmsweise kommt eine TW-AfA aber auch ohne Preissenkung in Betracht, wenn diese im Geschäftskonzept des StPfl selbst bei schwer verkäufl Waren nicht vorgesehen sind (BFH I R 79/74 BStBl II 77, 540 unter I.1.b: von einem Juwelier individuell angefertigte Schmuckstücke, die von den Bestellern nicht abgenommen wurden). 258

bb) Höhe der TW-AfA. – (1) Handelswaren. Decken die voraussichtl Veräußerungserlöse die Selbstkosten zuzügl eines durchschnittl Unternehmergewinns nicht mehr, ist eine TW-AfA iHd Differenzbetrags vorzunehmen (BFH IV R 18/92 BStBl II 94, 514 unter 2.; BFH VIII R 35/97 BStBl II 01, 566 unter II.2.b aa; BFH X R 36/12 BFH/NV 15, 821 Rz 22). Dabei beinhalten die **Selbstkosten** neben den (ggf ebenfalls retrograd ermittelten, s Rz 41) AK den bis zur Veräußerung anfallenden betriebl Aufwand (zum Abzug des erst nach dem 260

Bewertungsstichtag anfallenden Aufwands s BFH VIII R 35/97 BStBl II 01, 566 unter II.2.e) abzügl der bereits als BA steuerwirksam gewordenen Kosten. Aus Vereinfachungsgründen kann der **Unternehmerlohn** und der über die AK hinaus gehende betriebl Aufwand iHd Rohgewinnaufschlagsatzes angesetzt werden, der sich aus der Gewinnermittlung ergibt (BFH IV R 143/80 BStBl II 84, 35 unter 1.). Arbeitet der Kfm mit unterschiedl Aufschlagsätzen (idR einem hohen Satz für hochmodische Ware mit schnellem Umschlag und einem niedrigen Satz für überalterte Ware), ist der für die jeweilige Warengruppe im Betrieb angesetzte Aufschlagsatz maßgebl (BFH IV 236/63 S BStBl III 64, 426 unter 2.). Reguläre Waren dürfen nicht ohne Weiteres mit den Preisen für Ausverkaufsware oder II. Wahl bewertet werden (BFH IV 236/63 S BStBl III 64, 426 unter 3.). Bei gleichartigen Waren kann der gesunkene TW einzelner WG ggf Rückschlüsse auf einen auch bei anderen WG gesunkenen TW zulassen (BFH X R 36/12 BFH/NV 15, 821 Rz 24 f: Orientteppiche). – Die **FinVerw** sieht entweder die Kürzung des erzielbaren Verkaufspreises um den nach dem Bewertungsstichtag noch anfallenden Teil des durchschnittl Rohgewinnaufschlags vor (Subtraktionsmethode nach EStR 6.8 II 4) oder aber eine formelmäßige Ermittlung in Abhängigkeit vom Unternehmergewinn und dem durchschnittl nach dem Stichtag anfallenden Aufwand (Formelmethode nach EStR 6.8 II 5; s auch EStH 6.8 „Beispiele").

261 **(2) TW-AfA auf halbfertige Erzeugnisse/Bauten.** Hier gelten dieselben Grundsätze. Der TW umfasst die bislang aufgewendeten Selbstkosten (dh die Reproduktionskosten zu Vollkosten), nicht aber die noch nicht zu realisierenden anteiligen Gewinne (BFH I R 79/01 BStBl II 02, 784 unter II.1.b mwN). Eine TW-AfA wird nicht durch das Verbot der Bildung von Drohverlustrückstellungen (§ 5 IVa) ausgeschlossen (BFH X R 27/05 BFH/NV 10, 1090 unter III.2.c). Maßgebend für die Höhe der TW-AfA ist der *gesamte* aus dem Auftrag (kalkulatorisch) drohende Verlust (dh nicht nur der Verlust aus den bis zum Bilanzstichtag ausgeführten Arbeiten), begrenzt auf die bisher aktivierten HK (ausführl BFH VIII R 1/03 BStBl II 06, 298; BFH X R 27/05 BFH/NV 10, 1090 unter III.3.; EStH 6.7 „Halbfertige Bauten"; krit § 5 Rz 270 „unfertige Erzeugnisse").

Beispiel: Ein Bauunternehmer hat bei geplanten GebäudeHK von 200 000 € bis zum Bilanzstichtag 100 000 € verbaut; zugleich stellt sich heraus, dass für das fertige Gebäude nicht die geplanten 300 000 € (Selbstkosten + kalkulierter Unternehmergewinn), sondern nur 250 000 € Verkaufserlös erzielbar sein werden. Der Wertansatz ist hier auf 50 000 € zu mindern (erzielbarer Erlös 250 000 € . /. nach Bilanzstichtag anfallende HK 100 000 € . /. kalkulierter Gewinn 100 000 €); die TW-AfA beträgt 50 000 € und nimmt bereits den (kalkulatorischen) *Gesamtverlust* aus dem erst teilweise erfüllten Auftrag vorweg.

262 **cc) Ausnahmen von der Verlustantizipation. – (1) Seltene Hilfs- und Nebengeschäfte.** Hierauf können diese Grundsätze nicht übertragen werden (BFH I R 68/92 BStBl II 95, 336: bei Grundstücken, die eine Bank zur Vermeidung höherer Forderungsausfälle ersteigert, sind die erzielbaren Verkaufspreise weder um eine Gewinnspanne zu mindern noch abzuzinsen; BFH VIII R 35/97 BStBl II 01, 566 unter II.2.d: Rückankauf von Gebrauchtwagen zu garantierten Preisen als Hilfsgeschäft zum vorangegangenen Neuwagenverkauf). – **(2) Verlustprodukte.** Werden einzelne Produkte iRd Gesamtsortiments eines rentabel arbeitenden Betriebs bewusst so kalkuliert, dass sie nicht den durchschnittl Gewinnaufschlag erbringen, gilt die Verlustantizipation ebenfalls nicht (BFH IV R 14/98 BStBl II 99, 681 unter II.3: weder Verstoß gegen den Grundsatz der Einzelbewertung noch gegen das Imparitätsprinzip; *BMF* BStBl I 14, 1162 Rz 3; aA *Breidert* BB 01, 979; ausführl *Weindel* DB 13, 353). Letztl geht es hier um die Kompensation eines bewusst in Kauf genommenen Verlusts mit dadurch hervorgerufenen anderweitigen Vorteilen (s hierzu auch BFH GrS 2/93 BStBl II 97, 735: verlustbringende Vermietung an einen Arzt durch benachbarten Apotheker). Zu Leerkosten s Rz 196, zu Ärztemustern s Rz 252, zu niedrig verzinsl Darlehen an ArbN s Rz 298.

f) Einzelveräußerungspreis. Es handelt sich um den **Verkehrswert** (BFH IV R 171/85 BStBl II 88, 490 unter 3.). Auch in Fällen nachhaltiger Unrentabilität des Betriebs (s Rz 248) gilt als TW der Einzelveräußerungspreis der EinzelWG, mindestens aber der Material- oder Schrottwert. Diese Werte dürfen nur bei hohen Abbruchkosten unterschritten werden (BFH III R 88/69 BStBl II 73, 475 unter 7.). Eine Abzinsung wegen voraussichtl längerer Liquidationsdauer scheidet mE aus. – Bei **Investmentanteilen** ist Einzelveräußerungspreis der Rücknahmepreis (BFH I R 199/69 BStBl II 72, 489). Bei Anteilen, die nicht überflüssig (entbehrl) sind (s Rz 252 aE), ist jedoch der höhere Ausgabepreis (Wiederbeschaffungskosten) anzusetzen (BFH IV R 118/70 BStBl II 73, 207: dies gilt insb in zeitl Nähe zum Erwerb und vermeidet eine sofort nach dem Erwerb notwendige TW-AfA iHd Ausgabeaufschlags; glA BFH I R 7/11 BStBl II 14, 616 Rz 14; aA *Häuselmann* BB 92, 312, 316). – Bei **Ansprüchen aus Rückdeckungsversicherungen** (zu deren AK s Rz 140 „Rückdeckungsversicherung") rechtfertigt der Umstand, dass der Rückkaufwert erhebl geringer ist als das aktivierte Deckungskapital, keine TW-AfA, sofern der Rückkauf nicht beabsichtigt ist (BFH I R 54/02 BStBl II 04, 654 unter II.3; BFH IV R 45/08 BStBl II 11, 552 unter II.2.b cc). Dies ist zutr, da der gedachte Erwerber ebenfalls an der Deckung des versicherten Risikos, nicht aber am Rückkauf interessiert wäre. 263

4. Besonderheiten der TW-Schätzung bei einzelnen WG. – a) Grundstücke; Gebäude. Für TW-Schätzung und TW-AfA ist jeweils zw den EinzelWG (GuB, Gebäude, ggf Außenanlagen) zu trennen (BFH GrS 1/77 BStBl II 78, 620 unter D.I.1.c; BFH I R 22/05 BStBl II 06, 680 unter II.1.a, 3.: Einzelbewertung). Bei Grundstücken unterscheiden sich TW und gemeiner Wert idR kaum, so dass auch auf die Rspr zum gemeinen Wert zurückgegriffen werden kann. 271

aa) Grund und Boden. Vorrangig ist die TW-Ableitung aus tatsächl Verkaufspreisen für benachbarte und vergleichbare Grundstücke **(Vergleichspreise).** Da dies häufig nicht mögl sein wird, haben in der Praxis die **Bodenrichtwerte** große Bedeutung (BFH IV R 16/94 BStBl II 95, 309 unter 2.). Diese gelten auch für die Ermittlung des TW des GuB bei Eigentumswohnungen (BFH IX R 81/83 BStBl II 85, 252 unter 1.d). Abw von diesen Richtwerten kann der TW aber durch behördl Maßnahmen sowie Substanz- oder Marktveränderungen beeinflusst werden. 272

(1) Behördl Maßnahmen. Bei luf Flächen kommt es für die Preisvorstellungen des Marktes entscheidend darauf an, ob es sich um Bauland oder **Bauerwartungsland** handelt oder ob eine solche Entwicklung zumindest absehbar ist (BFH IV R 218/80 BStBl II 84, 33; FG BaWü EFG 98, 1048, rkr; ebenso für Umwandlung von Gewerbeflächen in Wohnbauland BFH X R 150/95 BStBl II 98, 569 unter 2.). Ansiedlungspolitische **Vorzugspreise** (zB für Betriebe, kinderreiche Familien oder Einheimische) beeinflussen den TW benachbarter Grundstücke hingegen nur dann, wenn auch andere Eigentümer ihre Grundstücke nicht mehr zum früheren Marktwert verkaufen können (BFH IV R 16/94 BStBl II 95, 309 unter 2.; FG Nbg DStRE 15, 1092, Rev X R 58/14; ebenso zu öffentl Zuschüssen Rz 241; zu einem Grenzfall FG Mchn EFG 12, 501, bestätigt durch BFH IV B 111/11 BFH/NV 12, 1482). In **Sanierungsgebieten** sind idR die (eher niedrigen) Eingangswerte anzusetzen (ausführl BFH VIII R 15/93 BStBl II 97, 317). Zur TW-Ermittlung bei der Entnahme von **luf GuB** s ausführl und mit Beispielen § 13 Rz 235. – **(2) Substanzveränderungen. Altlasten** bilden mit dem Grundstück eine Bewertungseinheit und rechtfertigen bei voraussichtl dauernder Wertminderung eine TW-AfA (BFH VIII R 14/92 BStBl II 93, 891 unter 2.). Für eine TW-Minderung kann bereits ein *Verdacht* auf Altlasten genügen; der Abschlag kann die Höhe der voraussichtl Sanierungskosten übersteigen (zutr FG Mchn EFG 02, 6, rkr). War ein später aufgetretener Altlastenverdacht am Stichtag allerdings noch nicht bekannt, kann er den damaligen TW nicht mindern (BFH X R 150/95 BStBl II 98, 569 unter 3.). Soweit eine TW-AfA vorgenommen wurde, können spätere Maßnahmen zur Beseitigung der Altlasten als HK (wesentl Verbesserung) zu aktivieren sein (FG Nds EFG 07, 1756, rkr; glA zu umweltschutzbedingter Nachrüstung einer emittierenden Anlage BFH I R 45/97 BStBl II 03, 121 unter II.4.); anders jedoch, wenn die Altlasten nicht beseitigt, sondern ledigl gesichert und kontrolliert werden (BFH I R 77/01 BStBl II 10, 482 unter II.9.b; so auch *BMF* BStBl I 10, 495

Rz 9). Eine TW-AfA schließt die Bildung einer zusätzl Rückstellung nicht aus (BFH I R 77/01 BStBl II 10, 482 unter II.8.; zu Sanierungsrückstellungen s ausführl § 5 Rz 550 „Umweltschutz"). Jedoch fehlt es an der für die TW-AfA erforderl Dauerhaftigkeit der Wertminderung, wenn eine erfolgreiche Sanierung zu erwarten ist (*BMF* BStBl I 10, 495 Rz 9; *Strahl* BeSt 04, 15; wohl auch BFH I R 77/01 BStBl II 10, 482 unter II.8.a; s auch Rz 367). Eine Doppelberücksichtigung wird jedenfalls durch die (seit 1999 zwingende) Wertaufholung nach erfolgter Sanierung vermieden (*Schmidt/Roth* DB 04, 553, 556). Zur Frage, ob auf GuB eine AfaA in Betracht kommt, s § 7 Rz 120. Wird ein **Deponiegrundstück** im Wege der Verfüllung genutzt, sind auf den GuB weder AfA nach § 7 I noch AfS nach § 7 VI zulässig, wohl aber TW-AfA nach dem Grad der Verfüllung (*OFD Ffm* DB 07, 2441). – **(3) Marktveränderungen.** Die örtl Verknappung von GuB durch umfangreiche Aufkäufe eines Großinvestors beeinflusst den TW (BFH IV R 103/79 BStBl II 82, 258), nicht hingegen die Verpachtung einer luf Fläche zu einem noch marktübl Preis (BFH IV R 53/90 BStBl II 92, 462) oder die Bestellung eines Erbbaurechts zu einem marktübl Erbbauzins (FG Ddorf EFG 98, 1050 unter 2., rkr; FG Bln EFG 98, 1186, rkr).

275 **bb) Gebäude. – (1) Bewertungsmethoden.** Sind keine Vergleichspreise vorhanden, kann zur Ermittlung des TW (Verkehrswert) die aufgrund von §§ 194, 199 BauGB erlassene **ImmoWertV** (v 19.5.10, BGBl I 10, 639) herangezogen werden. Je nach den Umständen des Einzelfalls ist sowohl das Sach- als auch das Ertragswertverfahren geeignet (BFH III R 173/86 BStBl II 90, 497 unter I.2.c: bei vermieteten Gebäuden idR Ertragswertverfahren; BFH III R 20/99 BStBl II 03, 635 unter 1.).

(2) Einzelfälle TW-AfA (wobei zusätzl die Dauerhaftigkeit der Wertminderung erforderl ist, s Rz 364). Änderung des Bebauungsplans, die betriebl notwendige Erweiterungen des Gebäudes nicht mehr zulässt (BFH VIII R 274/81 BFH/NV 86, 22 unter 5.); ein Bauunternehmen mit Gebäuden im Bestand errichtet vergleichbare Objekte aufgrund des Konkurrenzdrucks zu niedrigeren Preisen (BFH VIII R 20/85 BFH/NV 87, 442 unter 1.). Aufwendungen für mangelhafte Bauleistungen gehen zwar zunächst in die HK ein (Rz 208), können aber anschließend ggf eine TW-AfA rechtfertigen, wobei jedoch zu berücksichtigen ist, dass nahezu jedes Bauvorhaben Mängel aufweist. Bei Gebäuden auf fremdem GuB, die nach Ablauf der Vertragsdauer entschädigungslos zu entfernen sind, kann der TW gemindert sein (BFH III R 8/07 BFH/NV 10, 190 unter II.3.). Zu Grundstücken, die eine Bank als Sicherungsgut erworben hat und kurzfristig veräußern will, s Rz 262. – **Keine TW-AfA.** Absinken des Baukostenindex (BFH I 239/54 U BStBl III 56, 102: ggf anders bei erhebl und nachhaltigem Absinken); eine übergroße und aufwändige Bauweise ist bei Gebäuden wegen der langen Nutzungsdauer idR nicht zu berücksichtigen (BFH VIII R 31/75 BStBl II 78, 335); beabsichtigt der StPfl den Verkauf eines obj noch nicht verbrauchten Gebäudes, ist eine TW-AfA nicht schon deshalb vorzunehmen, weil ein Kaufinteressent den Abriss plant (BFH VIII R 274/81 BFH/NV 86, 22 unter 2.); Gleiches gilt für den Einlagewert, der sich nicht deshalb unter den Verkehrswert mindert, weil der StPfl den Abbruch plant (s Rz 216).

278 **b) Anteile an KapGes.** Zu den AK s Rz 140 „Beteiligung"; zur Minderung der AK durch Kapitalrückzahlungen s Rz 67. – **aa) Bewertung börsennotierter Anteile.** Hier entspricht der TW grds dem Börsenkurs zum Bewertungsstichtag (ggf zzgl Nebenkosten, s Rz 254). Sind allerdings mit einer besonderen Höhe der Beteiligung geldwerte Vorteile verbunden, ist ein **Paketzuschlag** vorzunehmen; dies kommt insb in Betracht, wenn der StPfl selbst (oder ein MitGes'ter mit gleich hohem Anteil) beim Erwerb seiner Beteiligung einen Zuschlag zum Börsenkurs gezahlt hat (BFH I R 116/86 BStBl II 91, 342 unter II.5.). In solchen Fällen kann eine TW-AfA nicht allein mit einem Absinken des Börsenkurses begründet werden; es ist auch eine Betrachtung des Ertrags- und Substanzwertes der BeteiligungsGes vorzunehmen (BFH I R 116/86 BStBl II 91, 342 unter II.6.c). – Umgekehrt kann eine *gesetzl* **Veräußerungsbeschränkung** (anders als eine vertragl Veräußerungsbeschränkung, die zu den unbeachtl „persönl Verhältnissen" iSd § 9 III BewG gehört) trotz Börsennotierung von iÜ vergleichbaren Aktien einen Abschlag auf den Börsenkurs rechtfertigen (BFH IX R 96/07 BStBl II 09, 45).

279 **bb) Bewertung nicht börsennotierter Anteile. – (1) Vergleichswert.** Die Orientierung an **zeitnahen Verkäufen,** die nicht durch persönl Beziehungen beeinflusst sind, ist die sicherste Bewertungsmethode. Auch ernsthafte Kauf*angebote*

können einen Anhalt bieten. Steht jedoch fest, dass einzelne KonzernGes aufgrund einer Übernahme aus kartellrechtl Gründen demnächst veräußert werden müssen, rechtfertigen am Stichtag vorliegende Kaufgebote über einen niedrigen Preis allein noch keine TW-AfA, weil diese geringen Gebote auch durch den Zwang zur Veräußerung beeinflusst sein können (FG Hbg EFG 08, 466 unter II.3.b, rkr).

(2) Unternehmensbewertungsverfahren. Hierauf muss in allen anderen Fällen zur TW-Schätzung zurückgegriffen werden. Die vom I. Senat des BFH zur vGA entwickelte BandbreitenRspr ist auf die Schätzung des TW nicht übertragbar, weil es hier nicht um einen Fremdvergleich geht (zutr BFH III R 79/07 BFH/NV 10, 610 unter II.2. vor a; BFH IV B 12/12 BFH/NV 13, 547 Rz 7; BFH IV B 8/12 BFH/NV 13, 551). Soweit die Verfahren den Ertragswert in den Vordergrund stellen, basieren sie (bei Unterschieden im Detail) jeweils auf der Multiplikation des nachhaltig erzielbaren Jahresertrags mit einem Kapitalisierungszinssatz (zu Einzelheiten sowie Methoden, die auch den Substanzwert einbeziehen, s Rz 316 ff; jedenfalls bei einem Unternehmen, bei dem neben den Fähigkeiten des Ges'ter-Geschäftsführers auch das Betriebskapital von Bedeutung ist, darf der Substanzwert berücksichtigt werden, s BFH X B 100/09 BFH/NV 10, 205 unter 2.a). Gebräuchl ist der **IDW-Standard S 1** (für Stichtage seit Einführung des Halbeinkünfteverfahrens s WPg 05, 1303; Änderungen durch UntStRefG 2008 s WPg-Supplement 3/08; hierzu ausführl *Dörschell/Franken/Schulte* WPg 08, 444; *Wagner/Saur/Willershausen* WPg 08, 731; Beispiele s *Bruckmeier/Zwirner/Mugler* DStR 11, 422; *Richard* KÖSDI 14, 19041; zur zivilrechtl Rspr zur Unternehmensbewertung s *Wüstemann* BB 09, 1518; BB 10, 1715; BB 11, 1707; BB 12, 1719; BB 13, 1643; BB 14, 1707; *Wüstemann/Brauchle* BB 15, 1643 *Meinert* DB 11, 2397, 2455). Eine Orientierung kann auch das **vereinfachte Ertragswertverfahren** nach § 199 BewG nF (dazu *Ländererlasse* BStBl I 11, 606) bieten, da es nach seiner Zielsetzung den Verkehrswert abbilden soll (für Anwendung im EStRecht auch *BMF* BStBl I 11, 859; *Creutzmann* DB 08, 2784; *Drosdzol* DStR 11, 1258). Für die Bewertung kleiner und mittlerer Unternehmen **(KMU)** haben die Bundessteuerberaterkammer und das IDW gemeinsame Hinweise veröffentlicht (IDW-FN 14, 282; s dazu *Stein/Fischer* DStR 14, 1018; *Hachmeister/Ruthardt* DStR 14, 1299; *Nickert/Kühne* NWB 14, 2021). Zur fehlenden Eignung des **Stuttgarter Verfahrens** s 32. Aufl. 280

cc) TW-AfA auf Anteile an KapGes. – (1) Allgemeine Grundsätze. Grds setzt eine TW-AfA voraus, dass der innere Wert der Beteiligung gesunken ist (BFH I R 116/86 BStBl II 91, 342 unter II.2.). Die **TW-Vermutung** gilt auch für Anteile an KapGes, und zwar auch für die zusätzl AK aus einer **Kapitalerhöhung** (BFH I R 104/84 BStBl II 89, 274 unter II.5.: selbst dann, wenn die Kapitalerhöhung dem Ausgleich von Verlusten diente; FG Nds DStRE 08, 796 unter I.3.b, rkr). Für nachträgl AK, die durch **verdeckte Einlagen** in KapGes entstanden sind, gilt die TW-Vermutung hingegen nicht ohne Weiteres, so dass dann eine sofortige TW-AfA nicht ausgeschlossen ist (BFH I R 203/74 BStBl II 77, 515; BFH I R 96/88 BStBl II 90, 797 unter II.2.). Diente die verdeckte Einlage (in Form eines verlustdeckenden Zuschusses) der Vermeidung einer Insolvenz, wird idR eine TW-AfA vorzunehmen sein; diente der Zuschuss hingegen in erster Linie der Sanierung mit dem Ziel der Betriebsfortführung (Wiederherstellung der Ertragsfähigkeit), gilt die TW-Vermutung (BFH VIII R 57/94 BStBl II 98, 652 unter B.II.2.; BFH I R 20/03 BFH/NV 05, 19 unter B.I.3.c; BFH X R 19/11 BFH/NV 14, 1736 Rz 26; krit *Kessler/Kahl* DB 02, 2236). Die Vermutung beschränkt sich jedoch auf das Jahr der Zuschussgewährung; in den Folgejahren gelten für die TW-Schätzung die allg Grundsätze (BFH X R 19/11 BFH/NV 14, 1736 Rz 34). – **Teileinkünfteverfahren:** TW-AfA auf Anteile an KapGes wirken sich bei Einzelunternehmen und PersGes (zur Behandlung bei Körperschaften s Rz 288) steuerl nur zu 60% aus (§ 3c II; zu Ausnahmen s § 3c Rz 30). Gleiches gilt für spätere Wertaufholungen (s Rz 373). 281

282 **(2) Verluste der KapGes.** Sie können den Beteiligungswert mindern. – **(a) Anlaufverluste** rechtfertigen eine TW-AfA allerdings nur dann, wenn bereits am Bewertungsstichtag (nicht erst rückblickend) erkennbar ist, dass die Investition eine Fehlmaßnahme war (BFH I R 104/84 BStBl II 89, 274: Anlaufphase bei Inlandsbeteiligungen idR 3 Jahre, im Ausland 5 Jahre; FG Nds DStRE 08, 796 unter I.3.b, rkr). Denn in der Anlaufphase zählen weniger die gegenwärtigen Verluste, als vielmehr die künftigen Ertrags*aussichten* (BFH IV 49/65 U BStBl III 65, 503; FG Saarl EFG 11, 866, NZB IV B 13/11 erfolglos). Eine Anlaufphase ist auch bei der (Betriebs)Aufspaltung eines bereits bestehenden Unternehmens anzunehmen (FG Mster EFG 94, 89, rkr; FG Mchn EFG 98, 1188, rkr).

283 **(b) Substanzwert.** Der TW wird nicht nur durch die Ergebnisse, sondern auch durch den Substanzwert und die **funktionale Bedeutung** der Beteiligung beeinflusst (BFH I R 104/84 BStBl II 89, 274 unter II.2.; BFH I R 20/03 BFH/NV 05, 19 unter B.I.3.b). Daher erhöht die Möglichkeit, über die Beteiligung auf günstige Geschäftsbeziehungen hinzuwirken, den TW über den sich bei bloßer Betrachtung der Verluste ergebenden Betrag hinaus (BFH VIII R 124/74 BStBl II 79, 108; FG Köln DStRE 03, 4, rkr). Auch bei **Betriebsaufspaltung** setzt eine TW-AfA auf Anteile an der BetriebsKapGes wegen deren funktionaler Bedeutung eine Gesamtbetrachtung der Ertragsaussichten von Betriebs- und Besitzunternehmen voraus (BFH IV R 10/01 BStBl II 04, 416 unter 2.b; hierzu *Paus* FR 04, 943; s auch FG Köln EFG 04, 880 unter III.2.c, rkr). Dies bedeutet nicht, dass eine TW-AfA in diesen Fällen stets ausgeschlossen wäre; allerdings gelten erhöhte Nachweisanforderungen (BFH X R 19/11 BFH/NV 14, 1736 Rz 33). – Diese Grundsätze werden auch auf die Bewertung von **Darlehensforderungen** des Ges'ters an die KapGes übertragen (s ausführl Rz 307).

285 **(c) Organschaft.** Hier ist ebenfalls die funktionale Bedeutung der Beteiligung zu beachten (BFH IV R 6/11 BFH/NV 15, 1381 Rz 33; Einzelheiten s Rz 283). Ein Verlust der OrganGes, der dem Organträger zugerechnet worden ist, darf sich jedenfalls gewstl nicht nochmals im Wege einer TW-AfA steuermindernd auswirken (BFH I R 56/82 BStBl II 86, 73), weil der Substanzwert der OrganGes sich infolge des vom Organträger zu leistenden Verlustausgleichs nicht gemindert hat (zur ESt/KSt BFH IV R 37/68 BStBl II 73, 76; FG Hbg EFG 08, 466 unter II.3.c, rkr). Gleiches gilt für eine TW-AfA auf *Forderungen* gegen die OrganGes (zur GewSt BFH IV R 57/06 BStBl II 10, 646). Ob bzw wie diese Korrektur in späteren VZ dann wieder zu neutralisieren ist, ist noch ungeklärt (s hierzu BFH IV R 57/06 BStBl II 10, 646 unter II.4.; *Wendt* FR 10, 280; *Oelmeier* HFR 10, 273).

286 **(3) Ausschüttungsbedingte TW-AfA.** Sie sind zulässig, wenn der innere Wert der Beteiligung durch den mit der Ausschüttung verbundenen Vermögensabfluss unter den Buchwert gesunken ist. Allein die Vornahme einer (hohen) Ausschüttung genügt jedoch noch nicht, da die TW-Vermutung auch in diesen Fällen gilt (BFH I B 158/98 BFH/NV 00, 710 mwN; BFH X B 106/99 BFH/NV 00, 1184). – **Gewerbesteuerl** werden ausschüttungsbedingte TW-AfA nicht berücksichtigt (§ 8 Nr 10 GewStG); eine spätere Wertzuschreibung soll aber gleichwohl der GewSt unterliegen (BFH I R 19/08 BStBl II 10, 301; mE unzutr, da Doppelbelastung; s Rz 373; krit auch *Wendt* FR 09, 543).

287 **(4) Sonstiges.** Bei **Auslandsbeteiligungen** kann eine TW-AfA ggf auf besondere Auslandsrisikengestützt werden, nicht jedoch *allein* auf einen gesunkenen Kurs der ausl Währung ohne Berücksichtigung des Werts der Beteiligung. Zur TW-AfA bei **Einlage wertgeminderter Beteiligungen iSd § 17** s Rz 562. – Zu Besonderheiten bei der Bewertung von **Familienunternehmen** s *Ellesser/Lahme* BB 02, 2201 (Ableitung aus Verkäufen); *Schoberth/Ihlau* BB 08, 2114 (Beeinflussung des bilanziellen Ertrags durch Ges'ter-Darlehen und andere Geschäfte zu nicht fremdübl Konditionen).

288 **(5) Körperschaft als Anteilseigner.** In diesen Fällen wirken sich TW-AfA auf Anteile an KapGes körperschaftsteuerl nicht mehr aus (§ 8b III 3 KStG). Zur An-

wendung des Abzugsverbots auf **Darlehensforderungen** wesentl beteiligter Anteilseigner (§ 8 III 4–8 KStG) s Rz 307. – **TW-AfA auf eigene Anteile:** Ab VZ 2010 sind eigene Anteile wegen § 272 Ia HGB nicht mehr aktivierungsfähig (iErg erfolgsneutrale Behandlung wie eine KapHerabsetzung), so dass TW-AfA schon deshalb ausscheiden. Auch estl ist der Vorgang grds erfolgsneutral (Minderung des kstl Einlagekontos). Ein überhöhter Kaufpreis kann aber (ebenso wie ein späterer Verkauf an einen Ges'ter zu einem zu geringen Preis) eine vGA darstellen (zum Ganzen zutr *BMF* BStBl I 13, 1615; dazu ausführl *Müller/Reinke* DStR 14, 711; *Schiffers* GmbHR 14, 79; *Blumenberg/Lechner* DB 14, 141). Zur Behandlung eigener Anteile bis VZ 2009 s 32. Aufl.

c) Forderungen. Zu den AK s Rz 140 „Forderungen". – Auch hier gilt die TW-Vermutung, die sich auf den Nennbetrag der Forderung bezieht (BFH IV R 35/78 BStBl II 81, 734 unter d). Häufige Fallgruppen für TW-AfA sind Forderungen, die unverzinsl oder niedrig verzinsl sind (s Rz 296) oder bei denen die Zahlungsfähigkeit oder -willigkeit des Schuldners zweifelhaft ist (zu Einzelwertberichtigungen in diesen Fällen s Rz 302; zu Pauschalwertberichtigungen s Rz 305). Auch bei Forderungen setzt die TW-AfA eine voraussichtl dauernde Wertminderung voraus (s Rz 364); zur Wertaufholung s Rz 371. Zu Buchwertminderungen bei **stillen Beteiligungen,** die als Forderungen anzusehen sind, s Rz 330. 291

aa) Unverzinsl oder niedrig verzinsl Forderungen. – (1) Grundsatz: Minderung des Teilwerts. Zu Ausnahmen s Rz 298. Ein gedachter Erwerber würde für solche Forderungen nicht den Nennbetrag bezahlen (BFH I R 157/85, 145/86 BStBl II 90, 639 unter B. II.1.a). Der TW entspricht dem **Barwert,** zu dessen Ermittlung grds vom Marktzins auszugehen ist (BFH VIII R 190/78 BStBl II 81, 160 zu PV). Aus Vereinfachungsgründen wenden Rspr und FinVerw häufig auch den in § 12 III BewG genannten Zins von 5,5% an (BFH IV 143/64 BStBl II 70, 807 unter 4); dies ist aber nicht zwingend, da es für Forderungen an einer gesetzl Regelung (wie sie für Verbindlichkeiten und Rückstellungen besteht) fehlt und der gedachte Erwerber ebenfalls mit dem Marktzins abzinsen würde (glA *Blümich/Ehmcke* § 6 Rz 895). – Nach der Rspr des 1. Senats kann allerdings gleichwohl keine TW-AfA vorgenommen werden, da die Unverzinslichkeit **keine voraussichtl dauernde Wertminderung** bewirkt (BFH I R 43/11 BStBl II 13, 162 Rz 14 ff; auch nicht bei einer Laufzeit von neun Jahren; zust *BMF* BStBl I 14, 1162 Rz 21; *Löbe* NWB 13, 1802; krit *Bareis* FR 13, 170). ME ist dies bei langfristigen Verbindlichkeiten zu streng (zu Einzelheiten und Kritik s ausführl Rz 364 ff). Im Hinblick auf diese Rspr haben aber die früher diskutierten Streitfragen zur TW-AfA auf unverzinsl Forderungen sowie die Ausführung späterer Wertzuschreibungen (s dazu 31. Aufl Rz 296) keine praktische Bedeutung mehr. 296

(2) Ausnahme. Der TW ist nicht gemindert, wenn der fehlenden oder zu geringen Verzinsung **anderweitige Vorteile** gegenüberstehen (Bewertungseinheit; allg s § 5 Rz 70). – **(a) Konkrete Gegenleistung des näml Vertragspartners.** Dies ist der Hauptfall einer Kompensation des Zinsverlusts; die Gegenleistung kann sowohl in einem aktivierbaren WG als auch in sonstigen konkreten Leistungen bestehen (BFH IV R 35/78 BStBl II 81, 734 unter a; *Strobl* in FS Döllerer S 615, 622). *Beispiele:* Der Darlehensnehmer räumt vorteilhafte Anpachtungs- und Ankaufrechte (BFH I 322/60 U BStBl III 61, 405) oder das Recht auf die Nutzung von Forschungsergebnissen ein (BFH I R 38/66 BStBl II 69, 744); Übernahme einer Bierbezugsverpflichtung (BFH I R 72/73 BStBl II 76, 13 unter 1.b); Aufnahme von Zeitschriften in die Lesemappen eines Lesezirkels (BFH IV R 35/78 BStBl II 81, 734), niedrig verzinsl Optionsanleihen mit zusätzl Optionsrecht (s Rz 140 „Optionen"); der StPfl gewährt seinem Vermieter ein unverzinsl Darlehen, hat dafür aber eine niedrigere Miete zu zahlen (FG Ddorf EFG 12, 866, rkr). – **(b) Darlehen des ArbG an ArbN.** Werden solche Darlehen aus sozialen Gründen (und damit zum Zwecke der Betriebsbindung) gewährt, ist keine TW- 298

AfA vorzunehmen, weil auch ein gedachter Erwerber die mit der Darlehenshingabe verfolgten Zwecke zur Grundlage seiner Preisfindung machen würde (BFH I R 114/84 BStBl II 90, 117 unter II.2.a; BFH I R 157/85, 145/86 BStBl II 90, 639 unter B.I.2.a; BFH VIII R 7/86 BFH/NV 91, 451). – **(c) Anstieg des Marktzinsniveaus.** Der damit verbundene Kursverlust festverzinsl Wertpapiere führt bei Banken nicht ohne Weiteres zur TW-AfA auf ausgegebene festverzinsl Darlehen mit geringer Fungibilität. Vielmehr kommt es auf das Verhältnis zum Zinssatz für die Refinanzierungsmittel an. Solange diese Zinsmarge unverändert bleibt, sinkt der TW ausgegebener Darlehen einer Bank nicht. Eine TW-AfA ist jedoch zulässig, wenn das Kreditinstitut in größerem Umfang inkongruente Geldgeschäfte betreibt (zum Ganzen BFH I R 157/85, 145/86 BStBl II 90, 639 unter B.II.1.a; BFH I R 54/97 BStBl II 99, 277 unter II.B.3.; ausführl auch *Oestreicher* BB 93 Beilage 12; krit *Schneider* BB 95, 2155). – **(d) Nicht verkehrsfähige Forderungen.** Trotz Unverzinslichkeit kann von einer TW-AfA abzusehen sein. Dies gilt zB für unverzinsl Forderungen auf Versicherungsentschädigungen, wenn diese nur für Leistungen zum Wiederaufbau verwendet werden dürfen (BFH IV R 57/97 BStBl II 99, 602 unter 2.a), ebenso bei in Raten auszahlbarer Zuschussforderung gegen die öffentl Hand, die erkennbar keinen Zinsanteil enthält (BFH IV R 30/10 BFH/NV 14, 304; mE iErg schon deshalb zutr, weil die Wertminderung nicht dauerhaft war). Zur Unverzinslichkeit von Forderungen in Gesellschaftsverhältnissen s Rz 308.

302 **bb) Einzelwertberichtigung.** Der TW einer Forderung wird beeinflusst durch die Zahlungsfähigkeit und Zahlungswilligkeit des Schuldners. Ist das Ausfallrisiko einer Einzelforderung über das allg Kreditrisiko hinaus (hierfür wird eine Pauschalwertberichtigung gebildet, s Rz 305) erhöht, ist eine Einzelwertberichtigung vorzunehmen. Dabei sind (endgültig) uneinbringl Forderungen vollständig abzuschreiben; zweifelhafte Forderungen sind mit ihrem wahrscheinl Wert anzusetzen (BFH I R 49/02 BStBl II 03, 941 unter II.1.). – **(1) Höhe der TW-AfA.** Das Ausmaß des Wertverlusts kann idR nur geschätzt werden. Dabei kommt dem **Ermessen des Kaufmanns** besondere Bedeutung zu; allerdings muss sich die Schätzung obj auf die am Bilanzstichtag gegebenen und bis zur Bilanzerstellung bekannt gewordenen Umstände stützen lassen, die vollständig und nachvollziehbar ausgewertet werden müssen (BFH I R 49/02 BStBl II 03, 941 unter II.2.; BFH IV R 21/07 BStBl II 14, 481 Rz 44; ausführl FG Nds EFG 05, 1102 mwN, rkr). – **Umstände, die für die Notwendigkeit einer TW-AfA sprechen,** sind zB schleppende Zahlungsweise des Schuldners, dessen fehlende flüssige Mittel, negative Auskünfte seiner Hausbank, nicht eingehaltene Zahlungsankündigungen (BFH I R 49/02 BStBl II 03, 941 unter II.3.a). Allein der Umstand, dass die Geschäftsbeziehung zu dem säumigen Schuldner noch fortgesetzt wird, steht einer TW-AfA auf Altforderungen nicht entgegen (BFH I R 49/02 BStBl II 03, 941 unter II.3.b). Ein erhöhtes **Länderrisiko** kann durch TW-AfA oder pauschal als Rückstellung zu berücksichtigen sein (zur EG-RL EuGH C-306/99 BStBl II 04, 144 Rz 101 ff; einschr zum HGB/EStG jedoch BFH I R 5/04 BStBl II 09, 100 unter II.6.). Erhöhte Risiken können bei Forderungen gegen ausl Schuldner aber aus dort ggf gegebenen besonderen rechtl oder tatsächl Schwierigkeiten der Durchsetzung der Forderung resultieren (BFH I R 49/02 BStBl II 03, 941 unter II.2.). Für eine **bestrittene Forderung** soll gar kein Wert anzusetzen sein (BFH I R 67/06 BStBl II 11, 55 unter B.III.2.a mwN). Zur Forderungsbewertung bei **Insolvenz** des Schuldners s *Heese* DStR 08, 150. Auch für Einzelwertberichtigungen sind die **Nettobeträge** (ohne USt) maßgebend (s Rz 305 zur Pauschalwertberichtigung). – Soweit eine Forderung, die (zT) abgeschrieben worden ist, bis zur Bilanzaufstellung tatsächl erfüllt wird, kommt eine TW-AfA nicht in Betracht (BFH I R 49/02 BStBl II 03, 941 unter II.3.a; allg zur **Wertaufhellung** s § 5 Rz 81). Gehen nach der Bilanzaufstellung Tilgungsleistungen ein, sind diese mit dem (Rest-)Buchwert

der Forderung zu verrechnen; eine Teil-Tilgung kann aber Anlass für eine **Wertaufholung** sein (vgl zur Rechtslage vor 1999 BFH I R 179/94 BStBl II 96, 402).

(2) Sicherungs- oder Rückgriffsrechte des Gläubigers. Die TW-AfA ist grds auf den Wert der Sicherheit begrenzt, sofern diese nicht ihrerseits zweifelhaft ist. Häufige Sicherheiten sind zB Versicherungen gegen Forderungsausfälle (sog Debitoren- oder Delkredereversicherung), Grundpfandrechte, Sicherungseigentum oder -abtretungen, Bürgschaften oder andere Garantien Dritter (hierzu FG Hess EFG 12, 812, rkr). Den Sicherheiten steht eine **Aufrechnungsmöglichkeit** gleich (BFH IV 215/65 U BStBl III 65, 686; FG Mster EFG 14, 1863 unter III.2.a cc, rkr). Ist hingegen auch die Werthaltigkeit der Sicherungs- oder Rückgriffsrechte zweifelhaft, kommt eine weitergehende TW-Minderung in Betracht (BFH I R 10/98 BStBl II 01, 349 unter II.1.b aa). – Notleidende Darlehensforderungen, die vom Schuldner **gar nicht mehr bedient** werden, sind auf den Betrag abzuschreiben, der sich bei der Verwertung der Sicherheiten voraussichtl ergeben wird. Soweit die Rspr es zugelassen hat, diesen (geschätzten) Betrag auf den voraussichtl Zeitpunkt der Verwertung abzuzinsen (BFH I R 2/06 BStBl II 07, 469 unter II.2.), kann dies nur für die Zeit bis VZ 98 gelten, nicht aber ab VZ 99 (insoweit keine voraussichtl dauernde Wertminderung, s Rz 296). Bei notleidenden Darlehen, die noch **mit Teilbeträgen bedient** werden, ist danach zu differenzieren, ob die Teilbeträge auf die Zinsen oder auf das Kapital geleistet werden (näher BFH I R 2/06 BStBl II 07, 469 unter II.3.). 303

cc) Pauschalwertberichtigungen. Ihre Vornahme auf einen größeren Forderungsbestand (Delcredere) stellt eine den GoB entspr Ausnahme vom Grundsatz der Einzelbewertung dar (BFH IV R 89/80 BStBl II 81, 766). Das pauschale Bewertungsverfahren ist geboten, wenn die individuelle Wertermittlung unmögl, schwierig oder unzumutbar erscheint (BFH VIII R 62/85 BStBl II 89, 359 unter II.2.d). Bei einer größeren Anzahl gleichartiger Forderungen besteht in aller Regel eine gewisse Ausfallwahrscheinlichkeit (BFH I 128/60 S BStBl III 61, 336; BFH IV R 24/97 BFH/NV 98, 1471 unter 2.a: ein Ausfall ist selbst bei gesicherten Forderungen nicht stets vollständig ausgeschlossen). – Für die **Höhe** ist ein angemessener Durchschnittssatz zu schätzen; der Unternehmer darf nicht vom ungünstigsten Fall ausgehen. Die betriebl Erfahrungen der Vergangenheit geben hierfür einen wesentl Anhalt (BFH I 60/57 U BStBl III 58, 291). Die Höhe des Erfahrungssatzes wird nicht durch das reine Ausfallrisiko begrenzt; vielmehr sind auch die eigenen und fremden **Kosten für die Bearbeitung und Beitreibung** (Mahnungen, Prozesskosten, Zwangsvollstreckung; allerdings nur, soweit ein Erstattungsanspruch gegen den Schuldner voraussichtl nicht besteht, nicht geltend gemacht wird oder nicht durchsetzbar ist, s *OFD Rhld* DB 08, 2623) und zu erwartende Skontoabzüge einzubeziehen (BFH IV 117/65 BStBl III 67, 336 unter 2.; BFH IV R 24/97 BFH/NV 98, 1471 unter 4.; zur Einbeziehung entgehender Zinsen s unten). Das Risiko, durch verzögerten Eingang der Forderungen selbst einen Kredit aufnehmen zu müssen, beeinflusst die Höhe der Pauschalwertberichtigung hingegen nicht (BFH IV 117/65 BStBl III 67, 336 unter 2.). Gleiches gilt für das Gewährleistungsrisiko, für das allerdings eine besondere Rückstellung zu bilden ist (BFH I 60/57 U BStBl III 58, 291). Zur Pauschalwertberichtigung bei Kreditinstituten s *BMF* BStBl I 94, 98. Atypische Ausfallrisiken können nicht verallgemeinert werden (FG Hbg DStRE 06, 65, rkr). – **Bemessungsgrundlage** für die Anwendung des Erfahrungssatzes zur Ermittlung der Pauschalwertberichtigung ist der Gesamtbestand der Forderungen abzügl derjenigen, für die bereits eine Einzelwertberichtigung vorgenommen wurde. Auszuscheiden ist zudem die USt, weil diese bei tatsächl Uneinbringlichkeit der Forderung nach § 17 UStG berichtigt werden kann (BFH IV R 89/80 BStBl II 81, 766). – Die Beschränkung der TW-AfA auf **voraussichtl dauernde Wertminderungen** und die Einführung des Wertaufholungsgebots ab 1999 hat hier mE nicht zu wesentl Änderungen ge- 305 führt, da Grundlage für die Pauschalwertberichtigung weiterhin eine wahrscheinl, aber im Einzelfall noch nicht bekannte Wertminderung *einzelner* Forderungen ist und bei *diesen* Forderungen die Wertminderung dauerhaft ist. Nur soweit die frühere Rspr (BFH IV 117/65 BStBl III 67, 336 unter 2.; BFH IV R 24/97 BFH/NV 98, 1471 unter 4.) auch Abzüge für die dem StPfl bis zum Forderungseingang kalkulatorisch entgehenden Zinsen zugelassen hat, ist dies durch das Erfordernis der voraussichtl dauernden Wertminderung überholt (glA *OFD Rhld* DB 08, 2623; s auch Rz 296).

307 **dd) Darlehensforderungen in Gesellschaftsverhältnissen. – (1) Darlehen des Ges'ters an die KapGes. – (a) Bewertungsmaßstab.** Hier stellt sich ein Sonderproblem weil einerseits TW-AfA auf Forderungen relativ leicht zu begründen sind (jede Bonitätsminderung reicht), während andererseits bei Beteiligungen gewisse Wertschwankungen übl sind und häufig die Chance auf Werterholungen besteht, was einer TW-AfA entgegen steht. Entscheidend ist also, ob eine Ges'terforderung nach den für Forderungen oder für Beteiligungen geltenden Grundsätzen zu bewerten ist. ME gilt hier ein **einzelfallabhängiger, gleitender Bewertungsmaßstab,** der vom Grad der unternehmerischen Verbindung zw StPfl und KapGes abhängig ist. – **b) Fallgruppen.** Bereits entschieden ist, dass in Fällen der **BetrAufsp** (also einer starken Form der Verbindung zw StPfl und KapGes) achtrangige Darlehen iSd § 39 I Nr 5 InsO (Ges'ter, die mit mehr als 10% beteiligt *oder* geschäftsführend tätig sind; bis 31.10.08 eigenkapitalersetzende Darlehen iSd § 32a GmbHG aF) nach den für die Bewertung von Beteiligungen geltenden Kriterien (s Rz 283) zu bewerten sind, dh auch der Substanzwert und die funktionale Bedeutung der Beteiligung einzubeziehen ist (BFH IV R 10/01 BStBl II 04, 416 unter 2.c; BFH IV R 13/04 BStBl II 06, 618 unter II.2.: auch keine TW-AfA wegen der Unverzinslichkeit eines kapitalersetzenden Darlehens; BFH X R 45/06 BStBl II 10, 274 Rz 74ff). Gleiches kann in **Konzernsachverhalten** (einflussreiche Beteiligungen ohne gleichzeitige BetrAufsp) gelten (BFH IV B 120/06 BFH/NV 2008, 204; FG Hbg EFG 13, 1071 unter I.1.b bb, rkr; *Zimmermann* EFG 13, 1074 mwN; zum sog Konzernrückhalt BFH I R 23/13 BFHE 248, 170 Rz 26; von BFH I R 43/11 BStBl II 13, 162 Rz 13f allerdings offengelassen für eine nicht kapitalersetzende Forderung gegen eine 100%-Tochter-KapGes). Dies bedeutet nicht etwa, dass in all diesen Fällen *gar keine* TW-AfA zulässig ist; nur muss der StPfl hierfür mehr Umstände darlegen als *allein* die Verluste (= die gesunkene Bonität) der KapGes. Auf Darlehen von Ges'tern, die zwar unter § 39 I Nr 5 InsO fallen, aber **keinen unternehmerischen Einfluss auf die KapGes** haben, sind diese Grundsätze mE in abgeschwächter Form anzuwenden. Je näher die Beteiligung an einem bloßen **Streubesitz** liegt, desto stärker setzen sich die (großzügigeren) Grundsätze zur Forderungsbewertung durch. – **(c) KSt und Teileinkünfteverfahren.** Ist der Ges'ter seinerseits ein **KStSubjekt** und übersteigt die Beteiligung 25%, fallen seit 2008 auch TW-AfA auf Forderungen unter das **Abzugsverbot nach § 8 III 4–8 KStG.** Bei Nachweis der Fremdüblichkeit der Darlehensbedingungen bleibt ein Abzug jedoch mögl (s *Rolf/Pankoke* BB 09, 1844, 1845; *Kleinert/Podewils* GmbHR 09, 849). Bis 2007 waren derartige TW-AfA hingegen abziehbar (BFH I R 52/08 BStBl II 09, 674; BFH I R 23/13 BFHE 248, 170 Rz 12). In Bezug auf **natürl Personen** oder PersGes als Ges'ter ist erst ab 2015 eine entspr Regelung in § 3c II 2–6 aufgenommen worden (40% Abzugsverbot, s § 3c Rz 30). Zuvor war auch hier ein voller Abzug mögl (BFH X R 5/10 BStBl II 13, 785; zur Anwendung dieser Rspr durch die *FinVerw* s *BMF* BStBl I 13, 1269). – **(d) Ausland.** Wird das Darlehen einer ausl TochterKapGes gegeben, kann der Betrag der TW-AfA nicht nach § 1 AStG wieder dem Gewinn hinzugerechnet werden (näher BFH I R 23/13 BFHE 248, 170 Rz 16ff).

308 **(2) Darlehen der KapGes an den Ges'ter.** Nimmt die KapGes eine TW-AfA auf eine ganz oder teilweise **uneinbringl Forderung** gegen ihren Ges'ter vor, liegt darin zugleich eine vGA, wenn die KapGes im Zeitpunkt der Darlehensgewährung aufgrund des GesVerhältnisses auf eine hinreichende Besicherung verzichtet hatte (BFH I R 6/89 BStBl II 90, 795 unter II.3.a; BFH I B 112/93 BFH/NV 94, 415; BFH I R 16/03 BStBl II 04, 1010 unter II.2.a; BFH I R 45/06 BFH/NV 07, 1710 unter III.1.b). Bei **unverzinsl oder niedrig verzinsl Forderungen** an Ges'ter ist ebenfalls eine TW-AfA auf den Barwert vorzunehmen; die vGA ggü dem Ges'ter liegt aber nicht in dieser (wegen der nachfolgenden Wertzuschreibungen nur vorübergehenden) Vermögensminderung, sondern in den jährl entgehenden Zinseinnahmen (*Bohne* DStR 08, 2444).

(3) Forderungen des Ges'ters an die PersGes. Sie gehören zum SonderBV 309 und unterliegen daher nicht der TW-AfA. Die Verlustsituation der PersGes wirkt sich beim MUer vielmehr durch Zurechnung der Verlustanteile bzw bei Beendigung der Ges'terstellung aus (BFH IV R 13/04 BStBl II 06, 618 unter II.1.a; BFH IV B 129/08 BFH/NV 10, 640). Dies gilt auch für Verluste durch Wechselkursänderungen (BFH I R 60/92 BStBl II 93, 714 unter II. A. 1.b).

d) Geschäftswert. Allg dazu s § 5 Rz 221 ff. – **aa) Begriff.** Geschäftswert ist 311 der Ausdruck derjenigen Gewinnchancen eines Unternehmens, die nicht in einzelnen WG verkörpert sind (BFH IV R 2–3/79 BStBl II 82, 620 unter 2.a; BFH III R 40/07 BStBl II 10, 609 unter II.2.a: Kundenstamm soll ein EinzelWG sein) und die losgelöst von der Person des Unternehmers aufgrund besonderer, dem Unternehmen eigener Vorteile (zB guter Ruf, günstige Lage, wertvoller Kundenkreis, eingespielte Organisation) besser oder gesicherter erscheinen als bei anderen Unternehmen mit vergleichbaren WG (BFH IV R 40/92 BStBl II 94, 224 unter 4.a). Soweit die Gewinne hingegen von der Person des Unternehmers abhängig sind, besteht kein Geschäftswert, weil ein gedachter Erwerber des Betriebs hierfür kein Entgelt zahlen würde. – Der **Geschäftswert eines Teilbetriebs** ist der diesem Teilorganismus eigene, den Wert der EinzelWG übersteigende Mehrwert (BFH I R 150/82 BStBl II 87, 455 unter B. I.2.: nicht etwa Bruchteil des Geschäftswerts des Gesamtbetriebs). Für Zwecke der TW-AfA kann der Geschäftswert jedes Teilbetriebs gesondert zu betrachten sein (BFH IV R 61/77 BStBl II 80, 690 unter 1.). Liegen hingegen keine Teilbetriebe vor, ist auch dann auf den einheitl Geschäftswert des Gesamtbetriebs abzustellen, wenn dieser durch den Erwerb mehrerer zuvor getrennter Betriebe entstanden ist (BFH IV R 61/77 BStBl II 80, 690 unter 3.; ebenso für die Rechtslage ab 1987 FG BaWü EFG 96, 1205, rkr).

bb) Steuerl Behandlung. Bilanzierungsfähig ist nur der entgeltl erworbene 312 (nicht der selbst geschaffene) Geschäftswert (§ 5 II; zum entgeltl Erwerb s § 5 Rz 190 ff). Es handelt sich um ein abnutzbares WG (nicht nur Bilanzierungshilfe), dessen Nutzungsdauer bei GewBetr gesetzl auf 15 Jahre festgelegt ist (§ 7 I 3; s § 7 Rz 110; zum freiberufl Praxiswert s § 18 Rz 200 ff). Eine TW-AfA ist bei einer Wertminderung des Geschäftswerts aber unabhängig von der festgelegten Nutzungsdauer zulässig. Der Betrieb eines Handelsvertreters hat wegen der Personenbezogenheit idR keinen Geschäftswert (BFH IV R 50/72 BStBl II 77, 201 unter 3.; BFH X R 5/05 BStBl II 07, 959); es kann aber ein immaterielles WG „Vertreterrecht" mit kürzerer Nutzungsdauer erworben werden (s § 7 Rz 30).

Behandlung in der HB. In § 246 I 4 HGB ist der Geschäftswert ebenfalls als abnutzbarer Vermögensgegenstand bezeichnet. Eine feste Nutzungsdauer ist für die HB nicht vorgegeben; ohne verlässl Schätzungsgrundlage gilt seit 2016 ein Zeitraum von 10 Jahren (§ 253 III 3, 4 HGB idF BilRUG). Bis 2015 ergab sich aus § 285 Nr 13 HGB aF ein Regelzeitraum von 5 Jahren. Die unterschiedl Nutzungsdauer in HB und StB rechtfertigt noch keine TW-AfA, da sonst die Regelung des § 7 I 3 unterlaufen würde (aA *Neufang/Otto* DStR 12, 225). Eine Wertaufholung nach TW-AfA ist für die HB ausgeschlossen (§ 253 V 2 HGB). Zur empirischen Bedeutung der Bilanzposition „Geschäftswert" im Verhältnis zum EK bzw zur Bilanzsumme s ausführl *Küting* DStR 09, 1863; zur Situation nach BilMoG *CBP* DB 14, 1. – Zur Behandlung nach **IAS** 22, 36 s *Velte* StuW 08, 282; *Küting* DStR 09, 1863, 1866. Zur Bedeutung des Kundenstamms im Vertriebsrecht s *Thume* BB 09, 1026.

313 **cc) TW bei Verflüchtigung des Geschäftswerts.** Der entgeltl erworbene Geschäftswert verflüchtigt sich im Laufe der Zeit und wird durch einen selbst geschaffenen Geschäftswert ersetzt. Für die Schätzung des TW eines aktivierten Geschäftswerts ist aber der gesamte Geschäftswert als (Bewertungs-)Einheit anzusehen **(Einheitstheorie).** Der TW darf daher nicht nur auf der Grundlage des vorhandenen „Rests" des entgeltl erworbenen Geschäftswerts unter Außerachtlassung des selbst geschaffenen Teils ermittelt werden. Für die bis 1986 geltende Rechtslage (Geschäftswert als nicht abnutzbares WG) war dies ganz hM (ausführl BFH IV R 76/72 BStBl II 77, 73 unter 1.; BFH I R 177/77 BStBl II 82, 758). Nichts anderes gilt aber ab 1987, da allein die AfA-Fähigkeit an dieser Betrachtung nichts ändert (glA *Blümich/Ehmcke* § 6 Rz 766; beiläufig aA BFH IV R 48/97 BStBl II 98, 775 unter 1.b; jeweils offen gelassen von BFH X R 56/99 BStBl II 02, 387 unter II.2.e; BFH III R 45/98 BStBl II 03, 10 unter II.2.c bb; BFH VIII R 47/05 BStBl II 08, 69 unter II.3.a dd). Dies folgt bereits aus der wegen § 6 I Nr 1 S 3 maßgebenden Perspektive des *Erwerbers,* der stets den einheitl Geschäftswert betrachten wird. Ansonsten wäre eine kaum zu bewältigende Abgrenzung zw den noch vom Geschäftsveräußerer herrührenden (zB Alt-Kundenstamm) und den selbst geschaffenen Komponenten sowie die entspr Zuordnung von Erträgen erforderl. – Nach der **Gegenauffassung** ist für die TW-Schätzung nur der entgeltl erworbene Teil des Gesamt-Firmenwerts maßgebl (*Neufang/Otto* DStR 12, 225); aus diesem Grund soll nach TW-AfA auch keine Zuschreibung mögl sein (*Ortmann-Babel/Bolik/Gageur* DStR 09, 934, 936; *Herzig/Briesemeister* DB 09, 926, 928 und DB 09, 976, 979; so ausdrückl § 253 V 2 HGB für die HB, deren Bewertungsregeln für den Geschäftswert allerdings insgesamt nicht deckungsgleich mit denen der StB sind). – Auch hier gilt die **TW-Vermutung,** wonach der TW des erworbenen Geschäftswerts zum Zeitpunkt seiner Anschaffung mindestens den aufgewendeten AK entspricht (BFH IV R 61/77 BStBl II 80, 690 unter 3.). Die Vermutung ist durch den Nachweis einer (schon anfängl gegebenen) Fehlmaßnahme oder eines (nachträgl) Absinkens des Geschäftswerts (ausführl Rz 315) widerlegbar. Eine **Fehlmaßnahme** (die beim Erwerb vorhandene Gewinnerwartung hat sich von Anfang an nicht erfüllt) wird idR nur bis zum Ende des Wj der Zahlung für den erworbenen Geschäftswert als Grundlage einer TW-AfA zugelassen (BFH I R 130/74 BStBl II 77, 412 unter 2. mwN). – Zum **Übergang des Geschäftswerts auf einen Dritten** s § 15 Rz 878 mwN.

315 **dd) Anlässe für eine TW-AfA auf den Geschäftswert.** Eine TW-AfA setzt voraus, dass aus bestimmten Umständen auf ein Absinken der Ertragskraft des Betriebs (und damit des Geschäftswerts) geschlossen werden kann (BFH I R 130/74 BStBl II 77, 412 unter 3.: eindeutige Anhaltspunkte). Von entscheidender Bedeutung ist die **nachhaltige wirtschaftl Entwicklung** des Betriebs (BFH IV R 76/72 BStBl II 77, 73 unter 3.), insb die Stagnation oder der **Rückgang der Umsätze und Gewinne** während eines längeren Zeitraums (BFH IV R 49/78 BStBl II 82, 650 unter 3.a; BFH I R 63/79 BStBl II 83, 667 unter II.1.: 5 Jahre; BFH III R 229/84 BFH/NV 88, 432: 4 Jahre; BFH VIII R 170/85 BFH/NV 91, 226 unter 3.: 3 Jahre). Hingegen genügt weder ein nur kurzzeitiger Gewinnrückgang anlässl der Umstellung des Betriebs nach dem Erwerb (BFH I R 83/89 BStBl II 91, 595 unter II.2.b cc: 2 Jahre; BFH VIII R 170/85 BFH/NV 91, 226 unter 2.) noch der Umstand, dass sich nach bestimmten betriebswirtschaftl Methoden rein rechnerisch ein niedrigerer als der bisher angesetzte Wert ergibt (BFH IV R 76/72 BStBl II 77, 73 unter 3.; BFH IV R 218/72 BStBl II 77, 595 unter II.). Diese Methoden kommen vielmehr erst dann zur Anwendung, wenn sich aus *anderen* Umständen Anhaltspunkte für ein Absinken des Geschäftswerts ergeben.

Einzelfälle TW-AfA. Überangebot an zum Verkauf stehenden Handwerksbetrieben, das zum deutl Sinken der vergüteten Geschäftswerte führt (BFH I R 234/75 BStBl II 77, 607 unter 3.); Lieferrechte iRe Marktordnung, die nach einer Marktliberalisierung auch tatsächl keine Bedeutung mehr haben (BFH IV R 30/77 BStBl II 80, 346 unter 3.).

Einzelfälle keine TW-AfA. Verlegung der Geschäftsräume eines Einzelhandels um 150 m (BFH I R 154/78 unter II.1.); Verlust einiger Aufstellplätze für Zigarettenautomaten (BFH IV R 218/72 BStBl II 77, 595 unter II.). Die **Betriebsaufgabe** bewirkt jedenfalls dann keine TW-AfA auf einen aktivierten Geschäftswert, wenn der aufgegebene Betrieb anschließend im PV verpachtet wird. Der Geschäftswert besteht im RestBV fort; seine spätere Veräußerung führt zu nachträgl gewerbl Einkünften (BFH X R 49/87 BStBl II 89, 606; BFH X R 56/99 BStBl II 02, 387; s auch § 16 Rz 713 mwN).

ee) TW-Schätzung beim Geschäftswert. – (1) Schätzungsmethoden. Bei der **direkten Methode** (Übergewinnmethode) werden vom nachhaltig erzielbaren Gewinn Beträge für Kapitalverzinsung (nach Maßgabe der TW der EinzelWG) und Unternehmerlohn abgezogen; der verbleibende Betrag wird kapitalisiert (BFH IV R 61/77 BStBl II 80, 690 unter 3.a mwN). – Bei der **indirekten Methode** wird zunächst der Ertragswert des Gesamtbetriebs ermittelt (kapitalisierter erwartbarer Ertrag); hiervon wird der Substanzwert der EinzelWG nach Maßgabe von deren TW abgezogen (BFH I R 215/73 BStBl II 77, 409 unter II. A. 2.). – Die **Mittelwertmethode** setzt als Geschäftswert die Hälfte des Unterschiedsbetrags zw Ertrags- und Substanzwert an (BFH I R 215/73 BStBl II 77, 409 unter II. A. 4.c; ähnl BFH I R 7/02 BStBl II 05, 867 unter III.2.f ee; BFH III R 79/07 BFH/NV 10, 610 unter II.2.d bb: Wert des Gesamtunternehmens als arithmetisches Mittel zw Ertrags- und Substanzwert). – **Sonstige Schätzungsmöglichkeiten.** Wird ein Betrieb kurz nach dem Bewertungsstichtag veräußert, kann der Geschäftswert aus dem tatsächl Veräußerungspreis abgeleitet werden (BFH IV R 138/80 BStBl II 84, 233 unter 3.). Ein noch im Aufbau befindl Unternehmen soll idR noch keinen Geschäftswert haben (BFH IV R 40/92 BStBl II 94, 224 unter 4.a; zR krit *Moxter* StuW 95, 378). 316

(2) Komponenten der Schätzung. Wesentl sind der erzielbare Jahresgewinn (Rz 317) und der Kapitalisierungszinssatz (Rz 318). Die mathematische Anmutung dieser Komponenten täuscht eine in der Praxis nicht zu erreichende Scheingenauigkeit vor (zutr *Barthel* DB 10, 2236). – **(a)** Der **künftig nachhaltig erzielbare Jahresgewinn** wird, weil auch die besten M&A-Experten nicht in die Zukunft blicken können, mangels besserer Erkenntnisse idR aus den **Daten der Vergangenheit** abgeleitet, sofern keine Anhaltspunkte für konkret bevorstehende Veränderungen gegeben sind (BFH IV R 61/77 BStBl II 80, 690 unter 3.b; BFH I R 7/02 BStBl II 05, 867 unter III.2.f aa). Sieht die angewendete Schätzungsmethode die Heranziehung der Ergebnisse der letzten drei Jahre vor, ist die Betrachtung eines längeren Vergangenheitszeitraums besonders zu begründen (BFH III R 79/07 BFH/NV 10, 610 unter II.2.a). Der Gewinn ist bei Einzelunternehmen und PersGes um einen angemessenen **Unternehmerlohn** (Maßstab: leitender Angestellter) zu kürzen (für die indirekte Methode BFH I R 215/73 BStBl II 77, 409 unter II. A. 4.; für die direkte Methode BFH IV R 61/77 BStBl II 80, 690 unter 3.c; BFH I R 7/02 BStBl II 05, 867 unter III.2.f bb aaa; BFH X R 19/11 BFH/NV 14, 1736 Rz 41). Bei Betrieben, die Teil einer Firmengruppe sind, ist der Gewinn um **gruppeninterne Verlagerungen** zu bereinigen (BFH IV R 61/77 BStBl II 80, 690 unter 3.b); Gleiches gilt für vGA (BFH I R 7/02 BStBl II 05, 867 unter III.2.f bb). 317

(b) Der **Kapitalisierungszinssatz** setzt sich aus einem **Basiszins** (idR aktuelle Rendite langfristiger festverzinsl Wertpapiere) und einem **Zuschlag** zusammen. Je höher der angesetzte Kapitalisierungszinssatz, desto niedriger fällt der Geschäftswert rechnerisch aus. Der Zuschlag berücksichtigt, dass unternehmerische Investitionen im Vergleich zu anderen Geldanlagen durch geringere Sicherheit und größere Ertragsschwankungen geprägt sind (BFH IV R 61/77 BStBl II 80, 690 unter 3.c). Die Höhe des Zuschlags hängt im Einzelfall von dem Maß ab, in dem die genannten Kriterien (Unsicherheit, Ertragsschwankungen) auf den konkreten Betrieb zutreffen, ferner vom allg Zinsniveau (BFH I R 63/79 BStBl II 83, 667 unter II.2.b: 60% Zuschlag bei 6,7% Umlaufrendite; FG Köln EFG 04, 880 unter IV.2.b, 318 rkr: in einer Hochzinsphase 50% Zuschlag auf die Umlaufrendite von 9%). **§ 203 BewG** setzt pauschal einen Zuschlag von 4,5% an. Äußerungen in der Rspr, wonach ein Zinssatz von 10% im Allgemeinen nicht zu beanstanden sein soll (BFH I R 63/79 BStBl II 83, 667 unter II.2.b), sind mE zu pauschal (ähnl BFH I R 7/02 BStBl II 05, 867 unter III.2.f dd). Zur Berücksichtigung eines **Wachstumsabschlags** s FG Köln EFG 12, 1485, Rev IV R 18/12.

320 **ff) Negativer Geschäftswert.** Er ist nicht bilanzierungsfähig. Ergäbe sich beim Erwerb eines MUeranteils aufgrund von AK, die unter dem Buchwert liegen, rechnerisch ein negativer Geschäftswert, sind vielmehr die Buchwerte nach Maßgabe der tatsächl AK abzustocken. Reicht dies nicht aus, ist ein negativer Ausgleichsposten zu bilden (ausführl § 16 Rz 511 mwN; ferner § 15 Rz 463; § 5 Rz 226). Ggf können die negativen Ertragserwartungen, die sich in einem rechnerisch negativen Geschäftswert dokumentieren, Anlass für eine TW-AfA auf materielle WG sein (s Rz 248).

322 **e) Immaterielle Einzel-WG.** Begriff und Beispiele s § 5 Rz 113, 171 ff; zur Abnutzbarkeit s § 7 Rz 29. – Bei der **Einzelbewertung** dieser WG bleiben die im Geschäftswert verkörperten Ertragsaussichten außer Betracht. So sind Rechte grds mit ihrem **Marktwert** (dh mit Vergleichspreisen, nicht mit dem Einzelertragswert) zu berücksichtigen (BFH III R 40/79 BStBl II 84, 193: Brennrechte; *Ditz* DStR 06, 1625: Übertragung von Geschäftschancen bei Funktionsverlagerung ins Ausland). Zur Milchreferenzmenge als eigenständiges immaterielles WG s ausführl § 13 Rz 252. – Ausnahmsweise kann aber auch der TW eines immateriellen EinzelWG nach Maßgabe seiner **Ertragserwartung** zu ermitteln sein. Dies gilt zB für *konkrete* Kunden- und Lieferbeziehungen sowie Auftragsbestände (BFH VIII R 361/83 BFH/NV 89, 778; für die Rechtslage ab VZ 1987 wurde in dieser Entscheidung allerdings die Frage einer Einbeziehung in den Geschäftswert offen gelassen; hingegen für Behandlung als selbständiges WG auch für die Rechtslage ab 1987 FG Mster EFG 97, 1381, rkr), für Verlagswerte (BFH I R 123/78 BStBl II 83, 113 unter 3.; BFH III R 25/77 BStBl II 84, 187: Gruppenbewertung zulässig) oder Warenzeichen (FG Ddorf EFG 00, 1177, rkr: Ansatz mit den ersparten Lizenzentgelten; ausführl *Stein/Ortmann* BB 96, 787). Der TW einer ungeschützten Erfindung (know-how), die auch Wettbewerbern bekannt ist, beträgt 0 €; im Rahmen einer Einlage ist daher keine Aktivierung mögl (BFH I R 116/91 BFH/NV 93, 595).

330 **5. ABC des Teilwerts**

Altlasten s Rz 272.

Dingl Lasten. Ihre Übernahme oder Begründung iRe Anschaffungsvorgangs führt nicht zu AK (Rz 84). Ihre spätere Begründung kann allerdings eine TW-Minderung bewirken, zB Bestellung eines Erbbaurechts zu sehr niedrigem Erbbauzins. Derartige Belastungen können eine TW-AfA rechtfertigen; ist die Belastung allerdings privat veranlasst, handelt es sich um eine Entnahme (*Mathiak* FS Döllerer S 406). Hingegen ist die Bestellung eines Grundpfandrechts für fremde Schulden nicht durch eine TW-AfA, sondern durch eine Rückstellung bilanziell abzubilden (ebenso die Tendenz in BFH IV B 107/97 BFH/NV 99, 162 unter 1.; BFH IV R 42/08 BStBl II 10, 820 unter II.2.c).

Ergänzungsbilanz. Zu TW-AfA in Ergänzungsbilanzen s § 15 Rz 467.

Fehlmaßnahmen s Rz 246.

Forderungen s Rz 291 ff.

Fremdwährung s Rz 22.

Geschäftswert s Rz 311.

Grundstücke s Rz 271.

Halbfertige Erzeugnisse s Rz 261.

Handelswaren s Rz 260.

Investmentanteile s Rz 263.

KapGes s Rz 278.

Kfz-Handel s *Behrens* NWB 14, 2575.

Kunstgegenstände s Rz 258 und *Müller-Katzenburg/Hofmann* BB 00, 2563, 2566.

Länderrisiko s Rz 302.

Mietereinbauten s § 7 Rz 46 ff.

Optionen s Rz 140 „Optionen" mwN.

PersGes. TW-AfA ist mangels WG-Eigenschaft der Beteiligung nicht mögl (s Rz 231; § 5 Rz 270 „Beteiligung an PersGes" mwN).

Roh-, Hilfs- und Betriebsstoffe s Rz 252 ff.

Rückdeckungsversicherung s Rz 140 „Rückdeckungsversicherung", 263.

Sonderbilanz. Hier ist eine TW-AfA ebenfalls mögl; nicht jedoch bei Forderungen des MUers gegen die PersGes (Rz 309).

Stille Beteiligung. Hält der stille Ges'ter seine Beteiligung im BV, führt die Zuweisung eines Verlustanteils bei einer typisch stillen Beteiligung stets zur Minderung des Buchwerts (phasengleich, dh bereits zum Bilanzstichtag, nicht erst bei einer späteren Verrechnung). Dabei handelt es sich aber nicht um eine TW-AfA (so dass das Erfordernis einer voraussichtl dauernden Wertminderung nicht gilt), sondern schlicht um die Abbildung des geminderten gesellschaftsrechtl Rückzahlungsanspruchs (zum Ganzen BFH I R 62/08 BStBl II 12, 745 Rz 12 ff). Eine TW-AfA kann nur durch *zusätzl* Gesichtspunkte (zB drohende Insolvenz des Inhabers des Handelsgeschäfts) begründet werden.

Überdimensionierung s Rz 246.

Überpreise. Zu Fehlmaßnahmen s Rz 246; zum späteren Sinken der Wiederbeschaffungskosten s Rz 254.

VGA bei TW-AfA auf Darlehen einer KapGes an ihre Ges'ter s Rz 308.

Verlustprodukte s Rz 262.

Werbemittel (zB Werbegeschenke, Muster, Präsentations- und Verkaufshilfen, Kataloge) zählen zu den mit den AK/HK anzusetzenden Roh-, Hilfs- und Betriebsstoffen (*ADS* § 266 Rz 105; *Boorberg* DB 01, 497). Sie gehen in den Werbeaufwand erst ein, wenn sie dafür eingesetzt werden. Zu unverkäufl Ärztemustern s Rz 252.

Wertpapiere s Rz 405.

Wiederbeschaffungskosten s Rz 254.

Zuschüsse und TW-AfA s Rz 241.

V. Abnutzbares Anlagevermögen, § 6 I Nr 1, 1a

1. Bewertungsgrundsätze. WG des AV (zum Begriff des AV s Rz 344), die der Abnutzung unterliegen (zur Abnutzbarkeit s allg § 5 Rz 116, zur Abnutzbarkeit immaterieller WG s § 7 Rz 29), sind mit den AK (s Rz 31 ff) oder HK (s Rz 151 ff), vermindert um AfA, SonderAfA, erhöhte AfA, Abzüge nach § 6b usw anzusetzen (§ 6 I Nr 1 S 1). – **Andere Werte** können in bestimmten Fällen an die Stelle der AK/HK treten, zB der TW nach Einlagen (§ 6 I Nr 5) oder bestimmten Übertragungen (§ 6 V 4–6) oder der gemeine Wert bei unentgeltl Übertragung einzelner WG (§ 6 IV) sowie nach Vorgängen iSd UmwStG. Zur Schätzung der Buchwerte (fortgeführte AK/HK) nach dem Übergang eines LuF von der Gewinnermittlung nach § 13a oder der Richtsatzschätzung zur Bilanzierung s 341 ausführl § 13 Rz 202. – Zum **Ansatz eines niedrigeren TW** s Rz 360, zur Wertaufholung s Rz 371. – **Nichtanwendung der Nr 1.** Bei GWG (§ 6 II) und SammelpostenWG (§ 6 IIa) gelten Modifikationen (Einzelheiten s Rz 592 ff).

343 **2. Begriffe Anlage- und Umlaufvermögen. – a) Bedeutung der Abgrenzung.** Nur für AV gilt das Aktivierungsverbot für immaterielle WG (§ 5 II), die Sonderbewertung von GWG und SammelpostenWG (§ 6 II, IIa), die Möglichkeit zur Übertragung stiller Reserven (§§ 6b, 6c), die Vornahme von AfA und SonderAfA (§§ 7–7i), die Gewährung von InvZul (§ 2 I InvZulG 2010) und die Hinzurechnung von Miet- und Pachtzinsen (§ 8 Nr 1 Buchst d, e GewStG). – **Nur für UV** besteht die Möglichkeit der LiFo-Bewertung (§ 6 I Nr 2a, Vorratsvermögen); bei zum Verkauf bestimmtem UV ist der TW erlösorientiert zu bestimmen (Rz 257).

344 **b) Anlagevermögen. – aa) Begriff.** AV sind WG, die bestimmt sind, dauernd dem Geschäftsbetrieb zu dienen (§ 247 II HGB, s auch die Aufzählung in § 266 II A. HGB; EStR 6.1; Einzelheiten s *ADS* § 247 Rz 105 ff). Diese Begriffsbestimmung ist auch für die StB zu übernehmen (BFH VIII R 51/04 BStBl II 08, 137 unter II.2.b aa). Dabei bedeutet „dauernd" nicht etwa „für alle Zeiten" (BFH IV R 105/84 BStBl II 87, 448 unter II.3.b), so dass die Absicht, das WG nach seinem betriebl Gebrauch zu veräußern, der Zuordnung zum AV nicht entgegen steht (BFH IV R 15/04 BFH/NV 06, 1267 unter II.3.a: Flugzeug, das bereits nach dreijähriger Nutzung verkauft werden soll; BFH VIII R 51/04 BStBl II 08, 137 unter II.2.b aa; BFH IV R 49/04 BStBl II 09, 289 unter II.2.c bb: vermietete WG, bei denen von Anfang an beabsichtigt ist, sie vor Ablauf ihrer betriebsgewöhnl Nutzungsdauer zu verkaufen). Maßgebend ist die **Zweckbestimmung,** die der StPfl dem WG gegeben hat; diese muss jedoch anhand obj Merkmale (Art des WG, Art und Dauer der Verwendung, Art des Betriebs) nachvollziehbar sein (BFH IV R 105/84 BStBl II 87, 448 unter II.3.b; BFH IV R 47, 48/00 BStBl II 02, 289 unter 2.b aa).

345 **bb) Umwidmung.** Eine Umwidmung **vom AV ins UV** findet zB statt, wenn ein WG des AV zum Verkauf bestimmt wird. Der bloße (innere) Veräußerungsentschluss reicht hierfür noch nicht aus, wohl aber das aktive (obj nach außen hervor tretende) Schaffen von Veräußerungsmöglichkeiten (BFH IV R 47, 48/00 BStBl II 02, 289 unter 2.b cc: Aufbereitung von GuB zu Bauland). Es bleibt allerdings auch dann bei der Zuordnung zum AV, wenn *der gesamte Betrieb* kurz nach Erwerb des typischerweise zum AV gehörenden WG verkauft werden soll (BFH VIII R 78/02 BStBl II 06, 58: die Vornahme von AfA zu Lasten des lfd Gewinns unter Erhöhung des begünstigten Veräußerungsgewinns fällt auch nicht unter § 42 AO). – Umgekehrt findet eine **Umwidmung vom UV ins AV** statt bei Produkten, die der Hersteller nicht verkauft, sondern langfristig verleast (BFH IV R 105/84 BStBl II 87, 448 unter II.3.). – **Zeitpunkt:** Die Umwidmung ist vorzunehmen, sobald sich die geänderte Zweckbestimmung konkretisiert (BFH IV R 105/84 BStBl II 87, 448 unter II.3.b).

346 **cc) Einzelfälle des AV.** Die nachfolgende Darstellung orientiert sich an der Reihenfolge des § 266 II A. HGB. – **Immaterielle WG,** zB Schutzrechte (zur Auftragsproduktion s aber Rz 348), Lizenzen, Geschäftswert, Spezialsoftware und Internetauftritte. – **Sachanlagen,** zB **Grundstücke** (GuB, Gebäude und Außenanlagen; anders jedoch bei gewerbl Grundstückshandel, s § 15 Rz 47 ff, 77, zur Abgrenzung bei LuF s § 13 Rz 215); Musterhäuser vor ihrer Umwidmung zum Verkauf (BFH I R 47/07 BStBl II 09, 986 unter II.1.); Bodenschätze (auch in Ausbeutung befindl, weil der Verbrauch nicht „sofort" stattfindet, s BFH IV R 17/73 BStBl II 77, 825); **technische Anlagen und Maschinen; Werkzeuge** sind idR AV, wenn sie der Durchführung *mehrerer* Aufträge dienen sollen; bei Verwendung nur für einen einzigen Auftrag handelt es sich idR um UV (*Köhler* StBP 09, 232, 234; s auch Rz 140 „Kundengebundene Formen", ausführl zur Abgrenzung *ADS* § 266 Rz 51; zu digitalen Druckvorlagen s *BMF* BStBl I 07, 458); **langfristig vermietete oder verleaste WG** (BFH IV R 105/84 BStBl II 87, 448 unter II.3.b; zur Einordnung der Forderungen aus dem Leasingvertrag, wenn

das WG dem Leasingnehmer zuzurechnen ist, s BFH VIII R 51/04 BStBl II 08, 137 unter II.2.b); **Betriebs- und Geschäftsausstattung,** zB Leergut des Abfüllers (s *BMF* BStBl I 05, 715); WG, die Ausstellungszwecken dienen (BFH V R 44/73 BStBl II 77, 684; BFH I R 47/07 BStBl II 09, 986 unter II.1.: Musterhäuser; BFH VIII R 86/78 BStBl II 82, 344; BFH III R 198/90 BFH/NV 97, 148: Vorführwagen; *Westerfelhaus* DStR 97, 1220: Musterküchen; anders jedoch BFH III R 165/85 BStBl II 90, 706: Geräte, die zu Testzwecken für 6 Monate an Kunden vermietet und dann von diesen erworben werden können, sind UV); bei LuF auch stehendes Holz (s § 13 Rz 14 mwN), Dauerkulturen (§ 13 Rz 29 mwN) und Zuchtvieh (§ 13 Rz 45). – **Finanzanlagen,** insb Beteiligungen (s Rz 404) sowie Wertpapiere des AV.

c) Umlaufvermögen. Dieser Begriff umfasst diejenigen WG, die zum Verbrauch oder zur sofortigen Veräußerung bestimmt sind (BFH VIII R 51/04 BStBl II 08, 137 unter II.2.b aa; enger BFH X R 225/93 BStBl II 97, 320 unter 1.c: Veräußerung oder Verbrauch „in einem einmaligen Akt"), und zwar auch dann, wenn sie wegen zeitweilig fehlender Verkaufsmöglichkeit übergangsweise vermietet werden (BFH IV R 49/07 BFH/NV 10, 945 unter II.2.a). **348**

Einzelfälle des UV (in der Reihenfolge des § 266 II B. HGB). **Vorräte,** insb **Roh-, Hilfs- und Betriebsstoffe** (BFH I D 1/59 U BStBl III 61, 31 unter B. II.3.a: Umlaufmetallstock einer Gießerei; zu CO_2-Emissionsrechten s Rz 140 „Emissionsberechtigungen"); dies gilt auch für Standardmaterial, das zum Einbau in WG des AV bestimmt ist (BFH VI R 232/67 BStBl II 68, 568; BFH X R 19/81 BStBl II 88, 502); Chemikalienbäder, die sich allmähl verbrauchen (BFH IV R 31/90 BStBl II 91, 627 unter II.1.; anders BFH III R 128/80 BStBl II 86, 551 für Chemikalien, die zwar im Produktionsprozess eingesetzt werden, sich aber praktisch nicht verbrauchen); **unfertige Erzeugnisse und Leistungen,** bei LuF auch Feldinventar und stehende Ernte (s § 13 Rz 240); Auftragsproduktionen von urheberrechtsfähigen immateriellen WG (BFH X R 225/93 BStBl II 97, 320; *BMF* BStBl I 01, 175 Rz 20: Filme); **Waren und fertige Erzeugnisse,** zB Ärztemuster (BFH I R 112/75 BStBl II 77, 278); Objekte eines gewerbl Grundstückshändlers (BFH IV R 48/07 BStBl II 10, 799 unter II.3.a aa); zur Abgrenzung zw AV und UV bei Viehbeständen s § 13 Rz 45. – **Forderungen,** zB solche aus Lieferungen und Leistungen; Darlehensforderungen einer Bank gehören grds zum UV (§ 340e I 2 HGB; BFH I R 2/06 BStBl II 07, 469 unter II.2.a); sonstige Vermögensgegenstände (zB Bausparvorratsverträge eines Kreditinstituts, s BFH I R 218/82 BStBl II 87, 14). – **Wertpapiere des UV.** – **Flüssige Mittel,** dh Kassenbestand, Bankguthaben und Schecks.

3. Nach § 6 I Nr 1 zu bewertende WG. – a) Gebäude. Zur Aufteilung in verschiedene WG bei unterschiedl Nutzungs- und Funktionszusammenhang, zur Abgrenzung von Betriebsvorrichtungen und zur Einbeziehung unselbständiger Gebäudeteile in den Gebäudebegriff s ausführl § 4 Rz 191 ff. Zu den AK von Gebäuden s ausführl Rz 31 ff, zur Aufteilung von AK auf GuB und Gebäude s Rz 118. Zu den HK von Gebäuden s Rz 151 ff, insb Rz 211 ff; zu anschaffungsnahen HK s Rz 381. Zum TW von Gebäuden s Rz 275. **351**

b) Bewegl Sachanlagen. Beispiele: Maschinen, Betriebs- und Geschäftsausstattung. Zu den AK/HK s Rz 31 ff, zur Bildung von Festwerten s Rz 611, zu GWG und SammelpostenWG s Rz 592 ff. **352**

c) Geschäftswert. S ausführl Rz 311 (Begriff, steuerl Behandlung, Ermittlung des TW, TW-AfA); zum freiberufl Praxiswert s § 18 Rz 200 ff. **353**

d) Immaterielle EinzelWG. Zur Abgrenzung zum Geschäftswert s § 5 Rz 223, zur Ermittlung des TW s Rz 322, zur Frage der Abnutzbarkeit und Nutzungsdauer s § 7 Rz 29. Anzusetzen sind diese WG nur beim entgeltl Erwerb (AK) oder nach Einlagen (TW). Selbst hergestellte immaterielle WG sind hingegen nicht aktivierungsfähig (§ 5 II). **354**

4. Teilwertabschreibung, § 6 I Nr 1 S 2, 3, Nr 2 S 2. Zur Ermittlung des TW s ausführl Rz 231 ff; die Feststellungslast liegt beim StPfl. (s Rz 245 mwN). – **a) Persönl Anwendungsbereich.** Eine TW-AfA ist nur bei Gewinnermittlung nach § 4 I, § 5 zulässig (Eingangssatz des § 6 I), **nicht bei § 4 III** (BFH IV 231/53 U BStBl III 56, 38; BFH XI R 49/05 BStBl II 06, 712 unter II.1.b; zutr, da hier Zahlungsvorgänge, nicht aber Wertveränderungen im Vordergrund stehen). **360**

Das endgültige und vollständige Wertloswerden eines WG ist wegen der Totalgewinngleichheit aber auch bei § 4 III zu berücksichtigen (FG Saarl EFG 00, 920 unter 2.1, rkr). Auch bei **Überschusseinkünften** ist keine TW-AfA mögl, weil Wertänderungen nur im betriebl Bereich uneingeschränkt erfasst werden (BFH GrS 1/77 BStBl II 78, 620 unter D. I.1.b). Diese StPfl sind auf die AfaA (§ 7 I 7; s § 7 Rz 120 ff) verwiesen, die aber engere Voraussetzungen hat.

361 **b) Verhältnis zur Handelsbilanz. – aa) Steuerl Wahlrecht.** § 6 I Nr 1 S 2 (ebenso Nr 2 S 2) enthält ein eigenständiges steuerl Wahlrecht für die Vornahme der TW-AfA. Auch der Ansatz von Zwischenwerten ist zulässig. Demggü ist seit Inkrafttreten des BilMoG (2009/2010) die TW-AfA für AV (abnutzbar oder nicht abnutzbar) bei voraussichtl dauernder Wertminderung **handelsrechtl zwingend** (§ 253 III 5 HGB; bis 2015 § 253 III 3 HGB). Nach Aufhebung des Grundsatzes der umgekehrten Maßgeblichkeit (§ 5 I 2 aF) mit Wirkung **ab 2009** wird das steuerl Wahlrecht jedoch auch für Kaufleute nicht mehr durch die HB überlagert (*BMF* BStBl I 10, 239 Rz 15; zur Rechtslage bis 2008 s 34. Aufl Rz 361). Eine Abweichung von der HB ist allerdings in einem Verzeichnis nachzuweisen (§ 5 I 2; s § 5 Rz 61). Die Entkoppelung von der HB darf wegen des **Stetigkeitsgrundsatzes** (s Rz 12) jedoch nicht zu einem willkürl „Hin und Her" genutzt werden (*BMF* BStBl I 10, 239 Rz 15). Die Gegenauffassung, wonach das Stetigkeitsgebot nur für die HB, nicht aber für eigenständige estl Wahlrechte gelten, die daher jedes Jahr neu ausgeübt werden könnten (so *Zwirner/Künkele* DStR 13, 2077 mit Gestaltungsvorschlägen insb im Hinblick auf § 8c KStG), ist mE abzulehnen (s Rz 14 (5)). Die „Nachholung" einer im Erstjahr nicht vorgenommenen TW-AfA in einem Folgejahr ist aber zulässig (zutr *Dietel* DB 12, 483).

362 **bb) Gestaltungsmöglichkeiten.** Gelegentl kann es günstig sein, **keinen Gebrauch vom Wahlrecht** zur TW-AfA zu machen. Dies gilt etwa beim Ausweis von **Verlusten, die ansonsten vom Untergang bedroht wären** (zB aufgrund von § 8c KStG, § 4h). Auch vermeidet bei KapGes der Verzicht auf eine (wegen § 8b III 3 KStG ohnehin nicht steuerwirksame) TW-AfA auf **Anteile an anderen KapGes** die bei einer späteren Wertaufholung eintretende Besteuerung von 5% des Aufholungsbetrags nach § 8b III 1, II 3 KStG (s Rz 373; *Ortmann-Babel/Bolik/Gageur* DStR 09, 934, 935; *Hoffmann* GmbH-StB 09, 290; *Zwirner* DStR 10, 591; *Künkele/Zwirner* DStR 10, 2263, 2265); einen steuerl Grund für die Vornahme von TW-AfA auf Anteile an KapGes durch KapGes gibt es daher nicht mehr.

363 **cc) Vorrang des § 6.** Soweit § 253 III 6 HGB bei Finanzanlagen (bis 2009: bei sämtl WG des AV) eine TW-AfA auch bei voraussichtl *nicht* dauernder Wertminderung zulässt (Wahlrecht), gilt dies wegen des Bewertungsvorbehalts des § 5 VI nicht für die StB. § 253 IV HGB zwingt bei wertgemindertem UV stets zu einer TW-AfA (unabhängig von der Dauer der Wertminderung); auch dies wird in der StB durch das Erfordernis voraussichtl dauernder Wertminderung überlagert. Ein Vorrang des § 6 besteht auch dann, wenn der steuerl TW sich von der handelsrechtl Wertfindung unterscheiden sollte (BFH I R 157/85, 145/86 BStBl II 90, 639 unter B. I.2.b; BFH I R 54/97 BStBl II 99, 277 unter II. B.1.).

364 **c) Voraussichtl dauernde Wertminderung.** Dies ist seit VZ 1999 für die Vornahme einer TW-AfA erforderl (umfassend hierzu *BMF* BStBl I 14, 1162 mit zahlreichen Beispielen; dazu ausführl *Prinz* DB 14, 1825; *Adrian/Helios* Ubg 14, 489; *Marx* StuB 14, 591; *Meyering/Gröne/Portheine* DStZ 15, 84; *Schoor* NWB 15, 1865; *Grefe* StB 15, 304). Eine Wertminderung ist (in Abgrenzung zu bloßen Wertschwankungen) „dauernd", wenn der aktuelle TW den planmäßigen Restbuchwert (Bewertungsobergrenze) während eines erhebl Teils der Nutzungsdauer im Unternehmen nicht erreichen wird (BFH I R 22/05 BStBl II 06, 680 unter II.1.b) bzw aus der Sicht des Bilanzstichtags aufgrund obj Anzeichen ernstl mit einem langfristigen Anhalten der Wertminderung gerechnet werden muss (BFH IV R 62/06 BStBl II 09, 778 unter II.1.d; BFH I R 53/12 BFH/NV 14, 1016). Wäh-

rend diese allg Definitionen zutr sind, erscheinen die Grundsätze, die der BFH für die bisher entschiedenen Fallgruppen entwickelt hat, als widersprüchl, ohne dass ein inneres System der Rspr erkennbar wird. So ist die Rspr bei Gebäuden extrem streng (Rz 366), bei Kursschwankungen von Aktien hingegen sehr großzügig (Rz 367) und bei Währungsschwankungen wiederum sehr streng (Rz 369). Der BFH begründet dies damit, dass es auf die „Eigenart des betreffenden WG" ankomme.

aa) Nachweisfragen. Den StPfl trifft nicht nur die Feststellungslast für die Dauerhaftigkeit der Wertminderung (*BMF* BStBl I 14, 1162 Rz 4); er muss wegen § 6 I Nr 1 S 4 HS 2 darüber hinaus auch das Fortbestehen der Wertminderung jährl nachweisen, so dass sich entspr Beweisvorsorge empfiehlt (s Rz 371). Bei einem Preiseinbruch, der nicht aufgrund konkreter Anhaltspunkte als vorübergehend erscheint, wird man aber von einer voraussichtl dauerhaften Wertminderung ausgehen können (BFH VIII R 20/85 BFH/NV 87, 442 unter 1.). Ein eher großzügiger Maßstab bei der Prognose der Dauerhaftigkeit ist mE schon deshalb geboten, weil Fehlprognosen später über das Wertaufholungsgebot korrigiert werden (ähnl BFH I R 58/06 BStBl II 09, 294 unter II.1.e). – **Indizien für die Dauerhaftigkeit** ergeben sich vor allem aus den Gründen der Wertminderung (bei Katastrophen oder technischem Fortschritt grds dauerhaft), ggf auch aus ihrem Umfang (je größer die Wertminderung, desto dauerhafter) und der Eigenart des WG (BFH I R 123/73 BStBl II 75, 294 unter 2.: je langlebiger das WG, desto größer die Möglichkeit einer Wertaufholung). Maßgebend ist die Sicht des Bilanzstichtags; die Grundsätze über die Wertaufhellung (s § 5 Rz 81) sind anzuwenden (*BMF* BStBl I 14, 1162 Rz 6, 20; BFH I R 123/73 BStBl II 75, 294 unter 2.). 365

bb) Abnutzbares AV. Hier soll eine dauernde Wertminderung anzunehmen sein, wenn der aktuelle TW **mindestens für die Hälfte der Restnutzungsdauer** den Restbuchwert zum jeweiligen künftigen Bilanzstichtag unterschreitet; für die Restnutzungsdauer sollen die gesetzl AfA-Sätze oder amtl AfA-Tabellen maßgebend sein (*BMF* BStBl I 14, 1162 Rz 8). Rspr und FinVerw typisieren sehr stark und wenden diese Regel **auch bei langlebigen WG** an (BFH I R 22/05 BStBl II 06, 680 unter II.2.: Gebäude; krit *Teschke* DStZ 06, 66; *Hoffmann/Lüdenbach* DB 09, 577). Dies soll selbst dann gelten, wenn der StPfl beabsichtigt, das WG vorzeitig zu veräußern (BFH I R 74/08 BStBl II 09, 899; krit *Paus* FR 09, 945; *Weber-Grellet* BB 10, 43, 45) und sogar dann, wenn das WG bis zur Bilanzaufstellung tatsächl verkauft wird (BFH IV R 38/08 BFH/NV 11, 423 unter II.2.c; *Buciek* DB 10, 1029). 366

Kritik: ME ist ein Zeitraum von der Hälfte der Restnutzungsdauer zu ausgedehnt; eine Begrenzung auf 5 Jahre wäre vorzugswürdig (ebenso *Dietrich* DStR 00, 1629, 1631; *Prinz* DB 14, 1825, 1828). Gerade die von der Rspr bei Aktien an den Tag gelegte Großzügigkeit (s Rz 367) lässt die für Gebäude entwickelten Grundsätze als noch zweifelhafter erscheinen. Die strenge Betrachtung des BFH ist auch deshalb nicht angebracht, weil eine TW-AfA, die sich nachträgl als unberechtigt erweist, im Wege der Wertaufholung ohnehin in einem der Folgejahre rückgängig zu machen ist (s auch Rz 365). Für die Praxis ist die Frage aber durch die BFH-Rspr und VerwAuffassung geklärt.

cc) Nichtabnutzbares AV. Hier kommt es darauf an, ob die Gründe für die Wertminderung voraussichtl anhalten werden (*BMF* BStBl I 14, 1162 Rz 11). Es müssen mehr Gründe für als gegen ein Anhalten der Wertminderung sprechen (BFH IV R 38/08 BFH/NV 11, 423 unter II.2.b). Allein die (stets gegebene) Möglichkeit einer künftigen Wertsteigerung steht der TW-AfA aber noch nicht entgegen (BFH I R 58/06 BStBl II 09, 294 unter II.1.b). – **(1) Grund und Boden.** Bei Übertragung der zu Gebäuden ergangenen Rspr dürfte ein strenger Maßstab gelten (s Rz 366; dort auch zur Kritik). Allgemeingültige Fristen für die erforderl Dauer der Wertminderung gibt es allerdings nicht; vielmehr ist auf den Einzelfall abzustellen (BFH I B 188/13 BFH/NV 14, 1742). Bei Altlasten fehlt es an der Dauerhaftigkeit, wenn und soweit eine Sanierung zu erwarten ist, insb eine 367

Rückstellung für Sanierungskosten zulässig ist (s Rz 272). – **(2) Börsennotierte Aktien.** Von einer voraussichtl dauernden Wertminderung ist auszugehen, wenn der Börsenwert zum Bilanzstichtag unter die AK gesunken ist und zum Zeitpunkt der Bilanzerstellung keine konkreten Anhaltspunkte für eine baldige Wertaufholung vorliegen (BFH I R 58/06 BStBl II 09, 294 unter II.1.d; ausführl hierzu *Patek* FR 08, 689; krit zur These von den informationseffizienten Märkten jedoch *Fey/Mujkanovic* WPg 03, 212, 213; *Scholze/Wielenberg* StuW 09, 372); eine besondere Analyse der Gründe für den Kursverfall ist also nicht erforderl. Eine TW-AfA ist bereits dann zulässig, wenn der Kursverlust eine **Bagatellgrenze von 5%** des Erwerbskurses überschreitet (für Aktien BFH I R 89/10 BStBl II 14, 612; für Aktienfonds BFH I R 7/11 BStBl II 14, 616; dazu *Grieser/Faller* DStR 12, 727; zR abl für strategische börsennotierte Beteiligungen *Starke/Günther* Ubg 13, 93). Die *FinVerw* wendet diese Entscheidungen nunmehr an (*BMF* BStBl I 14, 1162 Rz 15) und hat die bisher von ihr vertretene 40%-Grenze aufgegeben. **Kurserholungen nach dem Bilanzstichtag** haben auf die TW-AfA keinen Einfluss (BFH I R 89/10 BStBl II 14, 612 Rz 19; dazu *Knobbe* BB 12, 2169; so jetzt auch *BMF* BStBl I 14, 1162 Rz 16b; ebenso zu UV FG Hess EFG 14, 982, rkr; krit *Marx* StuB 14, 591, 594). Bei „Informationsineffizienzen" im Prozess der Bildung des Börsenpreises (zB äußerst geringe Umsätze des jeweiligen Wertpapiers und starker Kursanstieg nach dem Stichtag) will der BFH jedoch eine Einzelfallbetrachtung der Gründe für die Kursschwankungen vornehmen (BFH I R 89/10 BStBl II 14, 612 Rz 25). – Diese Grundsätze gelten auch für Anteile an **Investmentfonds,** die überwiegend Aktien halten; maßgebend ist der Ausgabepreis zzgl Nebenkosten (zutr *BMF* BStBl I 14, 1162 Rz 17f; nach *BMF* Rz 38 wird bis VZ 2014 aber eine TW-AfA auf den Rücknahmepreis nicht beanstandet). Angesichts der gebotenen Typisierung ist zu vernachlässigen, dass der Fonds ggf auch festverzinsl Wertpapiere hält, bei denen ein Kursverlust grds nicht als voraussichtl dauerhaft anzusehen ist (BFH I R 7/11 BStBl II 14, 616 Rz 13). Zur dauerhaften Wertminderung bei nicht börsennotierten **Beteiligungen** s ausführl *Küting* DB 05, 1121; die Rspr zu börsennotierten Papieren ist hier jedenfalls nicht anwendbar (BFH IV B 13/11 BFH/NV 12, 963 Rz 4). – **(3) Festverzinsl Wertpapiere des AV.** Wenn sie „über pari" (zu einem Kurs von mehr als 100%) erworben wurden und zu 100% zurückgezahlt werden, kommt eine TW-AfA, die allein auf eine Änderung des Marktzinsniveaus gestützt wird, nur bis auf 100% in Betracht (*BMF* BStBl I 14, 1162 Rz 14; s auch Rz 368 zu UV; noch strenger FG Mchn EFG 11, 697, rkr: ggf gar keine TW-AfA). Beruht ein Kursverfall hingegen auf einer verschlechterten Einschätzung der **Bonität,** wird man von einer voraussichtl dauernden Wertminderung auszugehen haben, wenn bis zur Bilanzerstellung keine konkreten Anhaltspunkte für eine baldige Kurserholung vorliegen (glA *Schmid* BB 11, 2475, 2477; dort sowie *OFD Rhld* DB 12, 1652 auch zu „Griechenland-Anleihen"). Die Bagatellgrenze von 5% gilt hier nicht (*OFD NRW* DB 15, 217). – Bei **Zerobonds** (zur Bewertung s Rz 140 „Zerobonds") wirkt ein verändertes Marktzinsniveau nur teilwertmindernd, wenn sie zum Verkauf bestimmt sind (*Beckmann* BB 91, 938, 941). Zur voraussichtl dauernden Wertminderung bei langfristigen unverzinsl oder niedrig verzinsl **Forderungen** s Rz 296.

368 **dd) Umlaufvermögen.** Insoweit genügt es nach VerwAuffassung, wenn die Wertminderung zum Zeitpunkt der Aufstellung der HB oder der vorangegangenen Verwertung des WG noch anhält (*BMF* BStBl I 14, 1162 Rz 22; ausführl auch *Loitz/Winnacker* DB 00, 2229). Bei **festverzinsl Wertpapieren** wird eine TW-AfA aber auch im UV versagt, wenn der Kurs nur wegen Marktzinsschwankungen unter den Nennwert abgesunken ist, indes keine Anhaltspunkte für eine Gefährdung der Rückzahlung bestehen (BFH I R 98/10 BStBl II 12, 716 unter II.3.; so jetzt auch *BMF* BStBl I 14, 1162 Rz 23; krit *Schmid* BB 11, 2475, 2477 für den Fall, dass die Papiere nicht bis zur Endfälligkeit gehalten werden sollen). Ist der

Kurs hingegen wegen Bonitätsrisiken abgesunken, soll eine TW-AfA auf den tatsächl Kurswert auch dann vorgenommen werden können, wenn dieser Wert zusätzl noch durch einen gestiegenen Marktzins gemindert worden ist (*Birker* FR 12, 975; mE aus Vereinfachungsgründen grds vertretbar, kann im Einzelfall aber anders zu beurteilen sein). Zur späteren **Kurserholung** s Rz 367. – Bei **Finanzinstrumenten des Handelsbestands von Kreditinstituten** ist hingegen in der StB abw von der HB stets der aktuelle Zeitwert am Bilanzstichtag maßgebend (Nr 2b ab VZ 2010); die Wertminderung braucht nicht voraussichtl dauerhaft sein (s Rz 428). – Bei der Ableitung des TW von **Handelswaren** von der Beschaffungsseite (s Rz 252f) erfordert eine voraussichtl dauernde Wertminderung, dass die Einkaufspreise nachhaltig gesunken sind, dh entweder das allgemeine Preisniveau für Waren dieser Art oder zumindest die Preise für einzelne wichtige Bestandteile der Waren (zB Löhne, Rohstoffe) gefallen sind (BFH IV 236/63 S BStBl III 64, 426 unter 1.). – Zur TW-AfA auf LiFo-bewertete Bestände s Rz 419.

ee) Verbindlichkeiten. Hier verneint der IV. Senat des BFH die Übertragbarkeit der zum nicht abnutzbaren AV entwickelten Grundsätze und verweist statt dessen auf die Rspr zum *abnutzbaren* AV (BFH IV R 62/06 BStBl II 09, 778 unter II.1.d cc). Zur Begründung führt er an, Verbindlichkeiten hätten idR eine begrenzte Laufzeit. Dies kann bereits systematisch nicht überzeugen, da die gesetzl Vorschrift des § 6 I Nr 3 auf Nr 2 (nicht abnutzbares AV) verweist, nicht aber auf Nr 1. Außerdem sind bei Verbindlichkeiten keine AfA vorzunehmen. Nach der Rspr sollen sich bei **langfristigen Fremdwährungsverbindlichkeiten** (jedenfalls ab 10 Jahren Laufzeit) Währungsschwankungen grds ausgleichen, sofern keine fundamentalen Veränderungen der wirtschaftl/finanzpolitischen Daten eingetreten sind (BFH IV R 62/06 BStBl II 09, 778 unter II.1.d cc: 10 Jahre; BFH I R 53/12 BFH/NV 14, 1016: 20 Jahre Laufzeit; ebenso *BMF* BStBl I 14, 1162 Rz 31; glA für ein unbefristetes Darlehen des Auslandsges'ters mit jährl Kündigungsmöglichkeit FG Hess EFG 12, 706 unter 1.b, rkr). Wo der entscheidungserhebl Unterschied zu Kursschwankungen bei Aktien liegen soll, die der I. Senat des BFH grds für dauerhaft hält (s Rz 367), bleibt unklar (ebenso *Hoffmann* DB 09, 1441; *Hahne* DStR 09, 1573; *Schlotter* FR 09, 1059; *Buciek* DB 10, 1029, 1030). In beiden Fällen kann niemand prognostizieren, welche Entwicklung der künftige Kurs nehmen wird (zutr *Schimmele* EStB 09, 226; *Zimmermann* EFG 13, 501). Sinnvoller als die vom I. bzw IV. Senat jeweils eingenommenen Extrempositionen wäre für beide Fallgruppen die Heranziehung typisierender Schwankungsgrenzen von zB 10% bzw 20% gewesen (glA *Schlotter* FR 09, 1059). Jedenfalls in der erhebl **Aufwertung des Schweizer Franken im Jahr 2015** wird man aber eine „fundamentale Veränderung" sehen können, die auch nach der Rspr zur TW-AfA berechtigt (ausführl und zutr *Hölscher* DStR 15, 1401). – Die **Überverzinslichkeit** einer langfristigen Verbindlichkeit ist mE mit dem Kursverlust festverzinsl Wertpapiere bei Absinken des Marktzinses vergleichbar, der wegen der sicheren Rückzahlung zum Nennwert grds nicht als dauerhaft anzusehen ist (s Rz 367; offen *Bachem* DStR 99, 773, 779; *Groh* DB 07, 2275, 2276). – Für **kurzfristige Verbindlichkeiten** genügt es (wie beim UV; s Rz 368), wenn die Wertminderung bis zur Bilanzaufstellung oder der vorangegangenen Tilgung anhält (*BMF* BStBl I 14, 1162 Rz 35; *Hahne* DStR 09, 1573, 1575; *Strahl* BeSt 09, 29, 30). 369

5. Wertaufholungsgebot, § 6 I Nr 1 S 4, Nr 2 S 3. – a) Überblick. Sowohl nach TW-AfA als auch nach AfaA (§ 7 I 7 Hs 2) ist eine Wertaufholung bis zur Bewertungsobergrenze (Rz 372) zwingend. Dies betrifft zum einen Fälle, in denen der Grund für eine TW-AfA (ganz oder teilweise) weggefallen ist, oder wenn sich nachträgl herausstellt, dass die Wertminderung nicht dauerhaft war. Zum anderen sind aber auch fehlerhaft vorgenommene TW-AfA erfasst, die dann im ersten verfahrensrechtl offenen Jahr im Wege der Zuschreibung zu korrigieren sind (zutr FG Mchn BB 09, 602, rkr). Der StPfl hat eine **jährl Nachweispflicht** 371 für die Beibehaltung des niedrigeren TW (S 4 HS 2; ebenso BFH I R 1/09 BStBl II 10, 225). Demggü liegt die Feststellungslast für eine Zuschreibung nach vorangegangener *AfaA* beim FA, weil der Wortlaut des § 7 I 7 abw ist (s § 7 Rz 127). Zur **AfA nach Wertaufholung** s § 11c II EStDV und § 7 Rz 83. – Seit 2010 gilt das **Wertaufholungsgebot auch in der HB** (§ 253 V HGB; Ausnahme: Geschäftswert; zu Unterschieden zw HB und StB *Zwirner/Künkele/Mugler* DStR 12, 532). Bis 2009 war die Wertaufholung hingegen nur bei KapGes zwingend (§ 280 HGB aF); iÜ bestand ein Wahlrecht (§ 253 V HGB aF).

Zeitl Anwendungsbereich. Das Wertaufholungsgebot erstreckt sich auch auf **TW-AfA, die bereits vor 1999 vorgenommen wurden** (BFH I R 16/06 BStBl II 07, 707 unter II.3.; BFH IV R 37/07 BStBl II 10, 784; BFH IV R 15/12 BFH/NV 15, 1561 Rz 20ff: zulässige unechte Rückwirkung; zu den Folgen für die StPlanung und Dokumentation s *Starke* FR 01, 528). In diesen Fällen konnte der Übergangsgewinn des Jahres 1999 gem § 52 Abs 16 S 3–6 EStG 1999 durch Rücklagenbildung über 5 Jahre verteilt werden. Sind in einem solchen Fall die AK/HK nicht mehr nachweisbar, sind die ältesten noch greifbaren Bilanzansätze zu berücksichtigen (*BMF* BStBl I 14, 1162 Rz 27).

372 **b) Bewertungsobergrenze für Zuschreibung.** Dies ist der Wert, der sich bei Anwendung des Regelbewertungsmaßstabs ergeben würde (Rz 341: idR fortgeführte AK/HK). – **Einfluss der AfA.** Maßgebend ist der Wert, der sich beim Ansatz der (fiktiven) NormalAfA ergibt, die ohne die TW-AfA (AfaA) vorzunehmen gewesen wäre. Dies berücksichtigt, dass die frühere TW-AfA (AfaA) seither zu einer Minderung der NormalAfA geführt hat (s § 7 Rz 83). – Hat der StPfl **SonderAfA** in Anspruch genommen, folgt aus dem Wortlaut des § 6 I Nr 1 S 4, dass die steuerl Bewertungsobergrenze dadurch auch für die Folgezeit zwingend gemindert wird. Im Umfang der SonderAfA wäre eine Wertzuschreibung in der StB wegen § 5 VI auch dann nicht zulässig, wenn in der HB ein solches Zuschreibungswahlrecht bestehen sollte (zutr BFH I R 84/07 BStBl II 09, 187, Anm *Hoffmann* DStR 08, 1872; zum handelsrechtl Zuschreibungswahlrecht s *M. Fischer* BB 03, 411). Die *FinVerw* wendet diese Grundsätze auch auf die Minderung der AK/HK durch Zuschüsse oder Übertragung stiller Reserven nach § 6b oder EStR 6.6 ungeachtet späterer Zuschreibungen in der HB an, nicht aber auf die Beibehaltung von Rücklagen, die auf der *Passivseite* gebildet worden und in der HB wieder aufgelöst worden sind. Letzteres war bis VZ 2009 zutr (*BMF* BStBl I 09, 397), ist ab VZ 2010 allerdings durch das BilMoG (§ 5 I 1 HS 2) überholt (aA *OFD Ffm* BB 12, 2492). – Allein der Umstand, dass nach der TW-AfA eine **Kapitalherabsetzung** mit anschließender Kapitalerhöhung vorgenommen worden ist, führt nicht zu einer neuen (geringeren) Bewertungsobergrenze, weil sich das maßgebende WG nicht verändert hat (zutr FG Nds EFG 14, 1463, Rev IV R 19/14). – Ist bei einem **Wechsel des Rechtsträgers** eine Bewertung des zuvor einer TW-AfA unterzogenen WG mit dem (aktuellen) TW oder gemeinen Wert vorgenommen worden, gilt dieser als neue Bewertungsobergrenze; die TW-AfA des Rechtsvorgängers löst keine Pflicht zur Wertaufholung aus. Führt der Rechtsnachfolger hingegen die Buchwerte fort (zB nach § 6 III, V oder dem UmwStG), besteht ein Wertaufholungspotenzial. Dies gilt auch in den Fällen des § 13 II UmwStG (Buchwertansatz bei Verschmelzung auf eine andere Körperschaft; glA *BMF* BStBl I 11, 1314 Tz 13.11). Demggü enthielt § 13 I UmwStG in der bis 2006 geltenden Fassung die Fiktion einer Anschaffung der Anteile an der übernehmenden Körperschaft mit dem Buchwert der Anteile an der übertragenden Körperschaft. Die damit eintretende Zäsur setzte sich auch ggü der Pflicht zur Wertaufholung durch (BFH I R 50/11 BFH/NV 13, 40; BFH I R 47/11 BFH/NV 13, 18; aA *BMF* BStBl I 03, 786 Rz 16). Davon zu unterscheiden sind Fälle, in denen zunächst auf Anteile an einer KapGes eine TW-AfA vorgenommen worden war und später in diese KapGes ein Betrieb nach § 20 UmwStG zum Buchwert (mit stillen Reserven) eingebracht wird. Hier würde eine Wertzuschreibung, die auf den einbringungsbedingten Wertzuwachs gestützt wird, der Wertung des § 20

UmwStG widersprechen (zutr FG Mster EFG 15, 1545, Rev I R 49/15). – In den Fällen der **Surrogation** (zB Flurbereinigung) sind für die Wertaufholung die AK/HK des hingegebenen WG maßgebend (ebenso zur Surrogation von Anteilen an KapGes nach den Grundsätzen des früheren Tauschgutachtens BFH I R 16/06 BStBl II 07, 707 unter II.2.b). Zur Bewertungsobergrenze bei LiFo s *Loitz/Winnacker* DB 00, 2229, 2233.

c) Anteile an KapGes. Hier ist die Wertaufholung nur zu 60% stpfl (§ 3 Nr 40 S 1 Buchst a); dies gilt jedoch nicht, soweit die vorangegangene TW-AfA sich in *vollem* Umfang steuermindernd ausgewirkt hatte. Ist der StPfl selbst ein KStSubjekt, ist die Wertaufholung auf Anteile an KapGes stfrei (§ 8b II 3 KStG); allerdings gelten 5% des Aufholungsbetrags als nicht abziehbare BA (§ 8b III 1 KStG), was nicht gerechtfertigt erscheint (zu Gestaltungsmöglichkeiten s Rz 362). Sind in einem solchen Fall sowohl bis 2001 (steuerwirksam) als auch ab 2002 (nicht steuermindernd) TW-AfA vorgenommen worden, ist eine spätere Zuschreibung zunächst auf die nicht steuermindernde TW-AfA zu beziehen und damit steuerfrei (zutr BFH I R 2/09 BStBl II 10, 760; *Zieren/Adrian* DB 06, 299). War eine bis 2001 vorgenommene (dh grds steuermindernde) ausschüttungsbedingte TW-AfA nach § 50c aF außerbilanziell teilweise hinzuzurechnen, steht dies der vollen StPfl einer späteren Wertaufholung nicht entgegen (BFH I R 1/09 BStBl II 10, 225; BFH IV R 15/12 BFH/NV 15, 1561 Rz 23). – **Gewerbesteuerl** soll eine spätere Zuschreibung selbst dann stpfl sein, wenn sich eine frühere ausschüttungsbedingte TW-AfA nicht mindernd auf die GewSt ausgewirkt hat (s Rz 286 mwN; mE unzutr). 373

d) Fälle *teilweiser* Wertaufholung bei AV. *Beispiel:* Aktien des AV (AK 100) haben zum Stichtag 01 die Schwankungs-Bandbreite nach unten verlassen und notieren mit 90, was eine TW-AfA rechtfertigt; zum Stichtag 02 hat sich der Kurs bis auf 96 erholt. Der Gesetzeswortlaut legt eine Wertaufholung auf 100 nahe, da die Schwankungsbandbreite von 5% nicht mehr verlassen wird und daher keine voraussichtl dauernde Wertminderung vorliegt (so wohl *Strahl* KÖSDI 09, 16 642, 16 655). ME ist zur Vermeidung von Überbewertungen aber der Ansatz des tatsächl Wertes von 96 vorzugswürdig (so wohl auch *OFD NRW* DB 15, 217; *FM SchlHol* DStR 15, 945). 374

6. Anschaffungsnahe HK bei Gebäuden, § 6 I Nr 1a. Literatur s vor Rz 151. – **a) Rechtsentwicklung und Anwendungsbereich.** Nachdem die RsprGrundsätze zur Aktivierung sog anschaffungsnaher Aufwendungen aufgegeben worden waren (vgl BFH IX R 39/97 BStBl II 03, 569 unter II.3.b), konnte der zeitl Zusammenhang von Aufwendungen mit der Anschaffung nur noch unter dem Gesichtspunkt der Betriebsbereitschaftskosten zur Aktivierung führen (s Rz 45). Als Reaktion auf diese Rspr sieht Nr 1a in bestimmten Fällen eine Aktivierung als nachträgl HK vor. Die Vorschrift ist grds erstmals auf Aufwendungen anwendbar, für die der Bauantrag ab 2004 gestellt wurde (näher zum zeitl Anwendungsbereich s 32. Aufl). – **Sachl Anwendungsbereich.** Nr 1a gilt unmittelbar für **bilanzierende StPfl** (Einleitungssatz des § 6 I), daneben aber aufgrund von Verweisen auch für die **Überschusseinkünfte** (§ 9 V 2) sowie für **§ 4 III** (§ 6 VII Nr 2), und zwar bereits für die Zeit vor Inkrafttreten dieses Verweises mit Wirkung ab VZ 2013. Dies folgt aus der Erwähnung des HK-Begriffs in § 4 III sowie aus der in Rz 548 (zum Parallelproblem bei Nr 5) zitierten Rspr (aA *Bäuml* FR 10, 924). Die Regelung gilt auch im Bereich der Subventionsvorschriften für Denkmalschutz und Städtebau; die nach den entspr Sondervorschriften (§§ 7i, 7h, 11a, 11b) begünstigten Aufwendungen sind daher in die 15%-Grenze einzubeziehen (zutr *OFD Ffm* DStR 12, 1864; ausführl *Marx/Noack* DStR 13, 173; aA *Götz* DStR 11, 1016). Weil Nr 1a von § 255 II HGB abweicht, kommt es zu einem Auseinanderfallen von HB und StB (s *Kahle/Heinstein* DStZ 07, 93, 99). Wegen der Nichtanwendung auf die HB ist der Anwendungsbereich der **EG-Richtl,** auf der § 255 II HGB beruht, nicht berührt (BFH IX R 20/08 BStBl II 10, 125 unter II.2.b bb (2) (d); aA *Spindler* DB 04, 507, 509). 381

382 **b) Instandsetzungs- und Modernisierungsaufwendungen über 15 % der AK.** Nr 1a zwingt hier zur Aktivierung. Die klassischen **Schönheitsreparaturen** iSd Mietrechts fallen nur dann unter diesen Begriff, wenn sie iRe einheitl Baumaßnahme anfallen, sonst aber nicht (zutr BFH IX R 20/08 BStBl II 10, 125 unter II.2.a; *Trossen* DStR 12, 447). Allein der Umstand, dass die Baumaßnahme gesetzl zwingend ist, schließt die Anwendung der Nr 1a nicht aus (zutr FG Mster EFG 15, 1177, rkr: energetische Sanierung). – **Bedeutung der USt:** Bei den nachträgl Aufwendungen ist nach dem klaren Gesetzeswortlaut unabhängig von der Abziehbarkeit der VorSt stets der Nettobetrag (ohne USt) maßgebl. Der Vergleichswert („AK des Gebäudes") ist hingegen nach Maßgabe des § 9b zu ermitteln (dh nichtabziehbare VorSt erhöht die AK). – **Ermittlung der AK bei gemischt genutzten Gebäuden:** Hier kommt es für die 15%-Grenze mE nach den allg Regeln auf das jeweilige WG an (glA *Blümich/Ehmcke* § 6 Rz 427; ebenso zu HK unter dem Gesichtspunkt der „wesentl Verbesserung" BFH IX R 28/07 BStBl II 08, 218 unter II.1.). Die hM stellt hingegen (im Anschluss an die zur aufgegebenen Rechtsfigur des anschaffungsnahen Aufwands ergangene, zweifelhafte Entscheidung BFH IX R 59/89 BStBl II 92, 940) auf das Gesamtgebäude ab (*BayLfSt* DB 05, 2718; *OFD Ffm* DStR 06, 567; *OFD Nds* DB 10, 1910 Rz 5; *FinSen Bln* FR 13, 237 Tz 5; *Hiller* Inf 04, 663, 665). – **Unentgeltl Erwerb.** Mangels „Anschaffung" (Rz 31) ist Nr 1a nicht anwendbar. Allerdings tritt der Rechtsnachfolger in eine für den Rechtsvorgänger noch lfd Drei-Jahres-Frist ein (*Röhrig/Doege* DStR 06, 161, 165). Bei **teilentgeltl Erwerb** (insb durch vorweggenommene Erbfolge oder Erbauseinandersetzung) können anschaffungsnahe HK nur bezogen auf den entgeltl Teil des Erwerbs gegeben sein; Aufwendungen iHd Unentgeltlichkeitsquote sind hingegen sofort abziehbar (EStR 6.4 I 2; *Deutschländer* NWB 14, 1523, 1528). – **15 %-Grenze.** Für ihre Anwendung sind alle Aufwendungen (mit Ausnahme der in Rz 385 f genannten) zu addieren (BFH IX R 20/08 BStBl II 10, 125; BFH IX B 3/13 BFH/NV 13, 1408; krit *Fahlenbach* DStR 10, 2066), und zwar (entgegen der früheren Rspr zum anschaffungsnahen Aufwand) auch solche zur Beseitigung versteckter Mängel (EStR 6.4 I 1; FG Mster DStRE 11, 205, rkr; *Blümich/Ehmcke* § 6 Rz 415). Aufwendungen zur Beseitigung von Schäden, die eindeutig erst nach dem Erwerb *entstanden* sind, sind mE im Hinblick auf Zweck und Entstehungsgeschichte aber nicht erfasst. Aufwendungen zur Beseitigung von Schäden, für die der Verkäufer ersatzpfl ist, mindern sich um Ersatzzahlungen des Verkäufers (BFH IX R 5/13 BFH/NV 14, 312); nur ein eventueller Restbetrag zählt für die 15%-Grenze. – **Aufwendungen bis 15 % der AK.** Hier bleiben die allg Regeln für die Abgrenzung zw AK/HK einerseits und Erhaltungsaufwendungen andererseits anwendbar (zutr *Spindler* DB 04, 507, 510; *Pezzer* DStR 04, 525, 527; zu AK unter dem Gesichtspunkt der Betriebsbereitschaftskosten Rz 45, zu HK durch wesentl Verbesserung Rz 181 ff). Die *FinVerw* sieht die 15%-Grenze allerdings für Fälle der wesentl Verbesserung idR als Nichtaufgriffsgrenze an (*BMF* BStBl I 03, 386 Rz 38; krit *Spindler* DB 04, 507, 508).

384 **c) Drei-Jahres-Frist.** Nur Maßnahmen, die innerhalb von drei Jahren nach der Anschaffung (Erwerb des wirtschaftl Eigentums; näher zum Zeitpunkt der Anschaffung s Rz 35) durchgeführt werden, fallen unter Nr 1a; auf den Zeitpunkt der Zahlung kommt es nicht an. Ob eine selbständige Maßnahme innerhalb der Frist „durchgeführt" (abgeschlossen) wurde, richtet sich nach den bautechnischen Zusammenhängen; es gelten dieselben Kriterien wie für die Gewinnrealisierung beim Werkunternehmer (s § 5 Rz 608). Davon abw will die *FinVerw* auch solche Maßnahmen, die bis zum Fristablauf nicht abgeschlossen werden, insoweit berücksichtigen, als Leistungen bereits innerhalb der Frist erbracht worden sind (*BayLfSt* DStR 10, 1941; *OFD Nds* DB 10, 1910 Rz 6; mE unzutr). – Weil die Vorschrift typisiert, gilt die Drei-Jahres-Frist strikt. Die daraus resultierenden Gestaltungsmöglichkeiten hat der Gesetzgeber in Kauf genommen (glA *Pezzer* DStR 04, 525, 527

Fn 21). Zu beachten ist allerdings, dass der Zeitraum für die Umqualifizierung in HK nach den (neben Nr 1a anwendbaren) Rspr-Grundsätzen zur wesentl Verbesserung länger als drei Jahre sein kann (Sanierung in Raten; s Rz 183). – Wird die 15%-Grenze erst im zweiten oder dritten Jahr überschritten, können die Bescheide der vorangehenden Jahre nach § 175 I 1 Nr 2 AO korrigiert werden (Ereignis mit steuerl Rückwirkung; zutr AEAO § 175 Nr 2.4).

d) Nicht in die 15%-Grenze einzubeziehende Aufwendungen, § 6 I Nr 1a S 2. – aa) Erweiterungen. Außer Betracht bleiben zum einen die Aufwendungen für (echte) Erweiterungen (hierzu ausführl Rz 171 ff), die stets HK sind. Zu beachten ist allerdings, dass die neuere Rspr den Begriff „Erweiterung" in bestimmten Fällen hinter den der „wesentl Verbesserung" zurücktreten lässt und Erhaltungsaufwand annimmt (s Rz 175); dann bleibt Nr 1a anwendbar. Zweifelhaft ist, ob Instandsetzungsaufwendungen, die bereits nach der Rspr unter dem Gesichtspunkt einer **wesentl Verbesserung** zu HK führen, in die 15%-Grenze einzubeziehen sind und dadurch zusätzl „echte" Erhaltungsaufwendungen in HK umqualifizieren: 385

Beispiel: AK des Gebäudes 200 000 €, Aufwand für wesentl Verbesserung 100 000 €, sonstiger Instandsetzungsaufwand 20 000 €. Wären die bereits durch die Rspr in HK umqualifizierten Aufwendungen für wesentl Verbesserung gleichwohl in die 15%-Grenze der Nr 1a einzubeziehen, würden auch die 20 000 € zu HK. Wären die Aufwendungen für wesentl Verbesserung hingegen auszuscheiden, würden die 20 000 € die 15%-Grenze nicht überschreiten. Der Wortlaut der gesetzl Regelung, die nur „Erweiterungen", nicht aber „wesentl Verbesserungen" erwähnt, obwohl beide Fallgruppen in § 255 HGB genannt sind, spricht für die erstgenannte Lösung (ebenso *OFD Mchn/Nbg* DStR 04, 1338; *OFD Ffm* DB 04, 2191; *OFD Nds* DB 10, 1910 Rz 1; *Blümich/Ehmcke* § 6 Rz 416; für Zusammenrechnung jedenfalls bei einheitl Maßnahme FG Mster EFG 15, 1179, Rev IX R 22/15; aA *Söffing* DB 04, 946; *Neufang/Neufang* StB 11, 392, 393; ausführl *Fahlenbach* DStR 14, 1902). – Dieselbe Problematik besteht bei Aufwendungen, die nach der Rspr auch ohne Nr 1a schon unter dem Gesichtspunkt der **Betriebsbereitschaftskosten** in die AK einzubeziehen wären (gleichwohl für Berücksichtigung bei der 15%-Grenze FG Mchn EFG 15, 1081, Rev IX R 15/15).

bb) Erhaltungsarbeiten, die jährl üblicherweise anfallen. Diese sind ebenfalls auszuscheiden. Der enge Gesetzeswortlaut betrifft wohl nur die lfd Wartung der Heizung (*Pezzer* DStR 04, 525, 528; aA *Hiller* Inf 04, 663), da selbst die gewöhnl Schönheitsreparaturen nicht jährl vorgenommen zu werden pflegen (*Spindler* DB 04, 507, 510). Allerdings fallen die übl Schönheitsreparaturen gleichwohl nicht unter Nr 1a, weil es sich nicht um „Aufwendungen für Instandsetzungs- und Modernisierungsmaßnahmen" handelt (s Rz 382). Alle anderen Aufwendungen sind schon aufgrund des typisierenden Charakters der Regelung einzubeziehen, auch wenn es sich nach den allg Regeln eindeutig um Erhaltungsaufwand handeln würde (BFH IX R 20/08 BStBl II 10, 125 unter II.2.b). 386

VI. Nicht abnutzbares Anlage- und Umlaufvermögen, § 6 I Nr 2–2b

1. Bewertungsgrundsätze. Die nicht abnutzbaren WG des AV und die WG des UV sind mit den AK/HK anzusetzen (§ 6 I Nr 2 S 1). Ggf treten andere Werte (TW, gemeiner Wert, Buchwert) an die Stelle der AK/HK (s Rz 341). Diese Bewertungsobergrenze ist um Abzüge nach § 6b zu mindern. AfA nach § 7 dürfen hingegen nicht vorgenommen werden. Zur TW-AfA bei voraussichtl dauernder Wertminderung (§ 6 I Nr 2 S 2) s Rz 360 ff, zur Wertaufholung (§ 6 I Nr 2 S 3) s Rz 371 ff. Soweit § 256a S 2 HGB bei Fremdwährungsforderungen mit einer Restlaufzeit von höchstens einem Jahr die **Realisierung aufgelaufener Währungsgewinne** anordnet, gilt dies wegen des Vorrangs von § 6 I Nr 2 (Begrenzung auf die AK) nicht für die StB (s Rz 22). 401

2. Nach § 6 I Nr 2 zu bewertende WG. – a) Grund und Boden. Dieser ist getrennt vom WG Gebäude zu bewerten. Zum Umfang der Bewertungseinheit 403

GuB und zu selbständigen WG s Rz 211 (Abgrenzung zu Außenanlagen), § 13 Rz 233 (Besonderheiten der LuF). Selbständige WG sind insb stehendes Holz (s § 13 Rz 14), Pflanzenanlagen bei Dauerkulturen (§ 13 Rz 24, 29 mwN), Feldinventar und stehende Ernte (s § 13 Rz 240), genutzte bzw konkretisierte Bodenschätze (s § 7 Rz 193) und mit dem Grundstück verbundene Rechte (s § 5 Rz 134; zum Jagdrecht s § 13 Rz 57; zum Erbbaurecht s Rz 89). Zu AK durch Erschließungskosten s Rz 59, zur TW-Ermittlung s Rz 272, zum TW bei luf GuB s auch die Erläut zu § 55.

404 **b) Beteiligungen.** Zur Ermittlung des TW s Rz 278 ff. – **Abgrenzung zu Wertpapieren.** Nach § 271 I HGB handelt es sich bei Beteiligungen um solche Anteile an anderen Unternehmen, die bestimmt sind, dem eigenen Geschäftsbetrieb durch Herstellung einer dauernden Verbindung zu dienen; dies ist bei Anteilen von mehr als 20% des Nennkapitals zu vermuten (§ 271 I 3 HGB). Der BFH vertritt eine eher weite Auslegung (BFH I R 293/82 BStBl II 87, 446; BFH IV R 133/86 BStBl II 89, 737). – **Bewertungseinheit.** Handelt es sich bei den Anteilen um eine Beteiligung, dürfen sie nicht mehr mit einem Durchschnittswert (s Rz 625) bewertet werden, da sie nunmehr zusammen ein einheitl WG bilden, das mit den AK (ggf mit dem niedrigeren TW) anzusetzen ist (BFH I R 76/71 BStBl II 73, 397 unter 3.; BFH I R 199/84 BStBl II 86, 794 unter 1.2). Soweit Aktien veräußert oder eingezogen werden sollen, ist die Bewertungseinheit wieder zugunsten einer Einzelbewertung aufzugeben. Die quotengleiche unentgeltl Einziehung führt zum Übergang der anteiligen Buchwerte der eingezogenen Anteile auf die verbleibenden Anteile, der disquotale Einzug zugunsten anderer Aktionäre bewirkt Aufwand (BFH VIII R 26/03 BStBl II 06, 22; s auch Rz 37). – **Beteiligungen an PersGes** sind hier nicht erfasst; insoweit sind in der StB die Anteile an den einzelnen WG der PersGes zu aktivieren (s Rz 140 „Beteiligung an PersGes").

405 **c) Wertpapiere und Forderungen.** Wegen der Abgrenzung zw **Wertpapieren** und Beteiligungen s Rz 404; zur Bewertung von Zerobonds, Wechselforderungen und anderen Aufzinsungspapieren s Rz 140 „Zerobonds"; zu Optionen und Optionsanleihen s Rz 140 „Optionen"; zum Ansatz der Anschaffungsnebenkosten s Rz 254; zur Wertpapierleihe s § 5 Rz 270 „Wertpapierleihe"; zu Wertpapier-Pensionsgeschäften s § 5 Rz 270 „Pensionsgeschäfte". – **Forderungen** können auf Geld- oder Sachleistungen gerichtet sein. Sie sind mit den AK (s Rz 140 „Forderungen"), ggf mit dem niedrigeren TW (s Rz 291 ff), anzusetzen.

407 **d) Umlaufvermögen.** Zum Begriff und zu Einzelfällen s Rz 348. – Auch **Vorratsvermögen** ist grds einzeln zu bewerten; Vereinfachungen sind aber ggf zulässig (zu LiFo s Rz 411 ff; zur Bildung von Fest- oder Durchschnittswerten s Rz 611 ff). Die AK von Waren dürfen auch retrograd durch Abschläge auf die Verkaufspreise ermittelt werden (s Rz 41). Für Zölle und Verbrauchsteuern, die auf das Vorratsvermögen entfallen, ist ein besonderer Aktivposten zu bilden (§ 5 V 2 Nr 1, s § 5 Rz 259). Zum TW bei Ableitung vom Verkaufspreis s Rz 257 ff; zur Bewertung von Vorräten nach **IFRS** (IAS 2) s *Quick* DB 08, 2206. – Zur Bilanzierung von **Optionen** s Rz 140 „Optionen", zu **Finanzinstrumenten** s Nr 2b (Rz 427).

411 **3. LiFo-Verfahren, § 6 I Nr 2a.** Ausführl *BMF* BStBl I 15, 462; *Hüttemann/Meinert* DB 13, 1865; *Herzig* DB 14, 1756; *Drüen/Mundfortz* DB 14, 2245; *Prinz* DB 15, 1196; *Schumann* EStB 15, 247; *Bolik/Burek* NWB 15, 2214. – In persönl Hinsicht setzt die Anwendung **Gewinnermittlung nach § 5** voraus (dh nur bei *Gewerbetreibenden,* die aufgrund gesetzl Vorschrift oder freiwillig Bücher führen; s § 5 Rz 6 ff). StPfl, die unter § 4 I fallen (zB buchführende LuF), sind damit ausgeschlossen. In sachl Hinsicht ist das Verfahren auf gleichartige (s Rz 414) WG des Vorratsvermögens (s Rz 412) beschränkt; ferner muss es im jeweiligen Einzelfall den handelsrechtl GoB entsprechen (s Rz 416). Zu den Rechtsfolgen s Rz 418.

a) WG des Vorratsvermögens. Hierauf beschränkt sich das LiFo-Verfahren nach dem Gesetzeswortlaut. Zum Vorratsvermögen gehören vor allem Roh-, Hilfs- und Betriebsstoffe, unfertige Erzeugnisse sowie fertige Erzeugnisse und Waren (s § 266 II B. I. HGB). Auf sonstiges UV sowie auf AV ist LiFo grds nicht anwendbar. – **Materialbestandteile von fertigen und unfertigen Erzeugnissen.** Die Anwendung des LiFo-Verfahrens ist hier zulässig, sofern diese Kosten gesondert erfasst werden (EStR 6.9 II 4; *BMF* BStBl I 15, 462 Rz 4). Auf weitere Kostenbestandteile der Erzeugnisse (zB Fertigungslöhne) ist dies mE nicht übertragbar (zurückhaltend auch *ADS* § 256 Rz 27; aA wohl *Schüttler/Hunecke* DStR 15, 2300). – **Erweiterungen auf WG des UV, die nicht zum Vorratsvermögen gehören.** Die Anwendung des LiFo-Verfahrens wird hier in Fällen schwieriger Wertermittlung teilweise zugelassen (*ADS* § 256 Rz 25 mwN), beruht dann aber nicht auf Nr 2a, sondern auf einer sachgerechten Wertschätzung. Dies gilt jedoch nicht für Wertpapiere, die im Sammeldepot verwahrt werden, weil diese mit den durchschnittl AK der eingebuchten Wertpapiere gleicher Gattung zu bewerten sind (BFH I 95/63 BStBl III 66, 274). Zu Edelmetall-Sachdarlehen s *Kronenwett* FR 95, 497. Bei CO_2-Emissionsberechtigungen soll LiFo nicht anwendbar sein (*BMF* BStBl I 05, 1047 Rz 13; *BMF* BStBl I 13, 275); mE ist dies zutr, weil die Situation des Bilanzierenden nicht anders als bei Wertpapieren ist. 412

b) Gleichartigkeit. Dieses Merkmal bezieht sich auf die **Warengattung oder Funktion** (zB ähnl Markt-, Umschlags- und Preisentwicklung; vergleichbare Qualität; markt- und verkehrsübl Produktklassen; s EStR 6.9 III). Auf engere gesetzl Handelsvorschriften kommt es nicht immer an (für Weinhandel BT-Drs 11/2536, 47). Sind die WG zu unterschiedl, können sie in mehrere Gruppen eingeteilt werden; auf jede dieser Gruppen kann dann LiFo angewendet werden (ausführl zur Gruppenbildung in der Weinwirtschaft *BMF* BStBl I 90, 148; zu Gruppen in der Sekundärrohstoff- und Entsorgungswirtschaft *OFD Mchn* DB 92, 1602 zu Gruppen für Tabak- und Zigarettenvorräte in der Tabakindustrie s *BMF* DB 92, 1103 und *BayLfS* DStR 09, 2318; zu Gruppen in der Textilindustrie *Jungkunz/Köbrich* DB 89, 2285, 2290; zur Fortschreibung einer einmal gebildeten Gruppenstruktur s *Hörtig/Uhlich* DB 94, 1045). Je größer die Gruppe gewählt wird, desto größer ist der Vereinfachungs- und Unterbewertungseffekt der LiFo-Methode. – **Annähernde Preisgleichheit** ist nicht erforderl; erhebl unterschiedl Preise können jedoch Anzeichen für Gattungsunterschiede (fehlende Gleichartigkeit) sein (enger wohl *ADS* § 256 Rz 22). – Bei der Prüfung der Gleichartigkeit ist nach dem ausdrückl Willen des Gesetzgebers ein **großzügiger Maßstab** anzulegen (BT-Drs 11/2536, 47; krit allerdings BFH VIII R 32/98 BStBl II 01, 636 unter II.2.d cc). Ein zu enger Maßstab ist schon deshalb nicht gerechtfertigt, weil anstelle von LiFo auch Durchschnittswerte gebildet werden könnten (hierzu ausführl Rz 625 ff), dies aber keine Preisgleichheit voraussetzen würde (EStR 6.8 IV). – Zu **Index-Verfahren,** die mE nicht unter Nr 2a fallen, s 30. Aufl mwN. 414

c) Handelsrechtl GoB. Das LiFo-Verfahren muss im jeweiligen Einzelfall den handelsrechtl GoB entsprechen. Allerdings ist seit der Änderung des § 5 I (ab 2009) nicht mehr erforderl, dass in der konkreten HB entspr verfahren wird (EStR 6.9 I 2; eigenständiges steuerl Wahlrecht, zur Parallelproblematik bei Nr 1, 2 s auch Rz 361 mwN). – Die *FinVerw* bejaht die GoB-Entsprechung schon dann, wenn die WG mengenmäßig vollständig erfasst werden und die LiFo-Methode nach den betriebsindividuellen Verhältnissen zu einer **Bewertungsvereinfachung** führt (*BMF* BStBl I 15, 462 Rz 2), zB bei Massenartikeln oder vermengbaren Vorräten. Dass die Einzelbewertung darüber hinaus „typischerweise einen unvertretbaren Aufwand" verursacht (so evtl BFH VIII R 32/98 BStBl II 01, 636 unter II.2.b), ist mE nicht zu fordern. Allein die Nutzung einer **EDV-Lagerhaltung** steht dem LiFo-Verfahren daher grds nicht entgegen (*Hildebrandt* DB 11, 1999; *Hennrichs* Ubg 11, 705, 710; *Hüttemann/Meinert* DB 13, 1865), weil die Abschaffung dieses Ver- 416 fahrens dem Gesetzgeber, nicht aber der elektronischen Entwicklung vorbehalten ist (glA *Meurer* BB 15, 1394). Die *FinVerw* sieht dies nur für den (seltenen) Sonderfall anders, dass bei Handelswaren die Ermittlung der individuellen AK ohne *jegl* weiteren Aufwand mögl ist (*BMF* BStBl I 15, 462 Rz 6); diese Einschränkung dürfte aber kaum praktische Bedeutung erlangen. Allerdings scheidet LiFo bei WG aus, deren AK/HK hoch und dem einzelnen WG leicht zuzuordnen sind (BFH VIII R 32/98 BStBl II 01, 636 unter II.2.c: Pkw). – Auch die **Bewertungsstetigkeit** (§ 252 I Nr 6 HGB; s Rz 12) ist zu beachten (EStR 6.9 V 3). Ein willkürl Übergang zu Durchschnittswerten ist daher nicht mögl. Selbst bei sinkenden Preisen soll eine Abkehr vom LiFo-Verfahren nur bei stichhaltigen Gründen zulässig sein; eine TW-AfA bleibt aber zu prüfen. Steuerl hängt die Beendigung der LiFo-Bewertung ohnehin von der Zustimmung des FA ab (s Rz 423).

418 **d) Rechtsfolge des LiFo-Verfahrens.** Es wird unterstellt, dass die zuletzt angeschafften oder hergestellten WG zuerst verbraucht oder veräußert werden („last in – first out"); dh nur die ältesten WG (die idR die geringeren AK/HK haben werden) verbleiben in der Bilanz. Damit wird der Einzelbewertungsgrundsatz insoweit durchbrochen, als bestimmte WG mit den AK/HK *anderer* (früher angeschaffter) WG bewertet werden (BFH VIII R 32/98 BStBl II 01, 636 unter II.2.a). – **Zweck.** Die Regelung dient in erster Linie der Vereinfachung (Überschrift des § 256 HGB), daneben auch der Vermeidung der Besteuerung von Scheingewinnen (BT-Drs 11/2157, 140; *BMF* BStBl I 15, 462; aA BFH VIII R 32/98 BStBl II 01, 636 unter II.2.d, Anm *Wacker* BB 00, 2355: Scheingewinnvermeidung kein eigenständiger Gesetzeszweck, sondern nur rechnerischer Reflex der Bewertungsvereinfachung; gegen den BFH wiederum *Moxter* DB 01, 157; *Mayer-Wegelin* DB 01, 554; *Kessler/Suchan* DStR 03, 345; *Herzig* DB 14, 1756). – **Ermittlung der für LiFo maßgebl AK/HK.** Es gelten grds keine Besonderheiten. Inventurpflicht besteht auch bei LiFo; eine zeitverschobene Inventur ist nicht zulässig (EStR 5.3 II 10; krit *Brezing* StbJb 90/91, 51, 58). – **Andere Verbrauchsfolgen.** Denkbar wäre zB HiFo (highest in first out) oder FiFo (first in first out). Sie werden in Nr 2a nicht zugelassen (glA EStR 6.9 I). Der Regelungsbereich des § 256 HGB ist weiter; hier ist neben LiFo auch FiFo ausdrückl zugelassen. Bis 2009 (BilMoG) ließ § 256 HGB sogar jegl Verbrauchsfolgeverfahren zu. Entspricht die tatsächl Verbrauchsfolge im Betrieb des StPfl aber einem solchen in Nr 2a nicht genannten Verfahren, kann es (außerhalb des Anwendungsbereichs der Nr 2a) der Bewertung im Schätzungswege zugrunde gelegt werden. Ein in der HB gewähltes FiFo-Verfahren, das *nicht* der tatsächl Verbrauchsfolge entspricht, verpflichtet für die StB zur Durchschnittsbewertung. Bei Wertpapieren des *PV* ist allerdings FiFo gesetzl angeordnet (§ 20 IV 7).

419 **aa) Unterarten des LiFo-Verfahrens. – (1) Permanentes LiFo.** Für jeden einzelnen Zugang werden die tatsächl AK/HK festgehalten und bei jedem einzelnen Abgang die AK/HK des jeweils letzten Zugangs (umgerechnet auf die Mengeneinheit) ausgebucht. – **(2) Periodisches LiFo.** Nur ein zum Ende des Wj im Verhältnis zum Anfangsbestand eingetretener Überbestand wird bewertet, und zwar entweder nach den ersten AK/HK des Wj oder nach den durchschnittl AK/HK der Zugänge des Wj (EStR 6.9 IV 5). ZT wird darüber hinaus auch eine Bewertung des Zugangs mit den AK/HK der *letzten* Bestandserhöhung des Wj zugelassen (*ADS* § 256 Rz 40). – **(3) Layer-Bildung.** Einen sich am Jahresende im Vergleich zum Vorjahr ergebenden Überbestand kann der StPfl dem bisherigen LiFo-Wert zuschlagen; er kann ihn aber auch als eigenen Posten (Ableger/Layer) fortführen (zu den Vorteilen s *Herzig/Gasper* DB 91, 557, 561). Ein Gruppenwechsel infolge einer fortzuschreibenden Gruppenstruktur ist auch bei Layer-Bildung mögl. – Nicht nur die gesamte Gruppe, sondern auch die einzelnen Layer sind einer **TW-AfA** zugängl (zutr EStR 6.9 VI; *ADS* § 256 Rz 53), da sie die Zugänge eines bestimmten Wj und damit gesondert bewertungsfähige WG repräsentieren. Eine Saldierung mit Werterhöhungen bei anderen Layern ist nicht vorzunehmen; *innerhalb* eines Layer ist jedoch eine Saldierung vorzunehmen, wenn der StPfl insoweit die Durchschnittsbewertung gewählt hat (*BMF* BB 92, 68).

420 **bb) Wahlrecht.** Der StPfl kann sein Wahlrecht zur Anwendung des LiFo-Verfahrens für jede Gruppe gesondert ausüben (EStR 6.9 II 3). Das jeweils gewähl-

te Verfahren muss nicht zwingend mit der tatsächl Verbrauchsfolge übereinstimmen, weil sonst keinerlei Notwendigkeit für die gesetzl Vereinfachungsregelung bestanden hätte (*BMF* BStBl I 15, 462 Rz 5; offen gelassen in BFH VIII R 32/98 BStBl II 01, 636 unter II.2.c). Allerdings darf die bei LiFo unterstellte Verbrauchsfolge nicht dem genauen Gegenteil der tatsächl entsprechen (EStR 6.9 II 2; zust *Hennrichs* Ubg 11, 705, 709). Beispiele sind etwa leicht verderbl Lebensmittel, bei denen idR ältere Ware vor jüngerer verkauft wird (*BMF* DB 97, 1251: Fleisch), wobei die *FinVerw* die Grenze bei einer **Haltbarkeit von einem Jahr** zieht (*BMF* BStBl I 15, 462 Rz 9). Es darf auch nicht (wie zB bei Saisonbetrieben) zu einem zwischenzeitl restlosen Verbrauch der Vorräte kommen (*Brezing* StbJb 90/91, 51, 56; aA *Herzig/Gasper* DB 92, 1301, 1302).

e) Übergang zum LiFo-Verfahren. Hier gilt als erster Zugang der Bilanzansatz des Vorratsbestands am Schluss des vorangegangenen Wj (§ 6 I Nr 2a S 2). Dabei kann es sich auch um einen Durchschnittswert handeln. Aufgrund der Maßgeblichkeit des letzten Bilanzansatzes werden steuerl Abschläge auf die tatsächl früheren AK/HK (zB TW-AfA; RfE, die auch bei UV zulässig ist) fortgeführt. Da der Übergang auf LiFo aber keine Anschaffung darstellt, ist bei vorangegangener TW-AfA die (bei Erfüllung der Voraussetzungen zwingende) Wertaufholung zu prüfen (s Rz 371). 422

f) Übergang vom LiFo-Verfahren zur Regelbewertung. Dieses Wahlrecht kann nur mit Zustimmung des FA ausgeübt werden (§ 6 I Nr 2a S 3). Das FA wird hierbei vor allem prüfen, ob der Grundsatz der Bewertungsstetigkeit beachtet ist (s Rz 416), dh der Übergang nicht willkürl erfolgt (BT-Drs 11/2157, 140). Es handelt sich um eine **Ermessensentscheidung** des FA. Die hierfür geltenden Kriterien sind mit denjenigen für die Zustimmung zu einer Umstellung des Wj (§ 4a I Nr 2, s § 4a Rz 15) vergleichbar. 423

4. Finanzinstrumente des Handelsbestands bei Kreditinstituten, § 6 I Nr 2b. S ausführl *Helios/Schlotter* DStR 09, 547; *Ochs/Behnes* Ubg 13, 681; zum Hintergrund der Regelung s 33. Aufl Rz 429. – **a) Anwendungsbereich.** – **(1) Persönl Anwendungsbereich.** Die Regelung beschränkt sich auf **StPfl iSd § 340 HGB,** dh im Wesentl auf Kreditinstitute. Alle anderen StPfl haben Finanzinstrumente mit den AK bzw dem niedrigeren TW zu bewerten (Nr 2). – **(2) Sachl Anwendungsbereich.** Nr 2b erfasst **Finanzinstrumente,** die zu **Handelszwecken** erworben wurden und *nicht* in eine Bewertungseinheit iSd § 5 Ia fallen. Damit sind solche Finanzinstrumente ausgeschlossen, die Sicherungszwecken dienen. Unter den Begriff der „Finanzinstrumente" (Legaldefinition in § 1 XI KWG) fallen neben Aktien und Schuldtiteln ua auch Derivate, zB Optionen, Futures, Swaps, Forwards und Warenkontrakte (*Scharpf/Schaber* DB 08, 2552, 2553). Nach Umgliederung des WG in den Anlagenbestand ist Nr 2b nicht mehr anwendbar (*BMF* FR 15, 816). – **(3) Zeitl Anwendungsbereich und Übergangsgewinn.** S 34. Aufl Rz 427 (grds ab 2010). 427

b) Rechtsfolge. Finanzinstrumente sind mit dem beizulegenden (dh aktuellen) **Zeitwert** abzügl eines Risikoabschlags nach § 340e III HGB anzusetzen **(„Fair-Value-Prinzip").** – Dies bedeutet im Fall von **Wertsteigerungen,** dass der Bilanzansatz (abw von der Regelbewertung nach Nr 2) nicht durch die AK begrenzt ist. Verfrechtl Bedenken gegen diese Rechtsfolge (so *Helios/Schlotter* DStR 09, 547, 552) bestehen mE schon deshalb nicht, weil der Gewinn aus der Fair-Value-Bewertung zum einen tatsächl sofort realisierbar ist und zum anderen auch in der HB auszuweisen und daher regulär ausschüttungsfähig ist. Leistungsfähigkeitsgesichtspunkte werden also nicht berührt. – Umgekehrt setzt der **Ansatz eines gesunkenen Wertes** nicht voraus, dass die Wertminderung voraussichtl von Dauer sein wird (allg hierzu s Rz 368). Insoweit schließt § 6 I Nr 2b S 2 die Anwendung des § 6 I Nr 2 S 2 ausdrückl aus. Auch § 5 IVa (Verbot von Drohverlustrückstellungen) wird verdrängt (zutr *Helios/Schlotter* FR 10, 874). 428

VII. Verbindlichkeiten; Rückstellungen, § 6 I Nr 3, 3a

441 **1. Ansatz von Verbindlichkeiten mit dem Nennwert. – a) Grundsatz.** Gem § 6 I Nr 3 sind Verbindlichkeiten unter sinngemäßer Anwendung der Nr 2 anzusetzen. Sie sind daher grds mit dem Nennwert auszuweisen, ggf mit dem *höheren* TW (BFH VIII R 62/85 BStBl II 89, 359 unter II.2.a). Die „AK" einer Verbindlichkeit liegen in ihrem Erfüllungsbetrag iSd § 253 I 2 HGB; dies ist idR der **Nennwert** (BFH I R 24/96 BStBl II 98, 728 unter II.3.a). Einzelfragen zum TW von Verbindlichkeiten s Rz 451; zur Abzinsung s Rz 454 ff. Für einen Bestand aus zahlreichen gleichartigen Verbindlichkeiten können **Durchschnittswerte** angesetzt werden (§ 240 IV HGB; s Rz 627). – Zu **Fremdwährungsverbindlichkeiten** s ausführl Rz 22. Soweit § 256a S 2 HGB bei einer Restlaufzeit von höchstens einem Jahr die Realisierung aufgelaufener Währungsgewinne anordnet, gilt dies wegen des Vorrangs von § 6 I Nr 3 (Mindestansatz iHd Nennwerts, hier verstanden iSd *ursprüngl* Erfüllungsbetrags) nicht für die StB.

442 **b) Ansatz von Verbindlichkeiten dem Grunde nach.** S ausführl § 5 Rz 310 ff, insb zu Verbindlichkeiten aus **schwebenden Geschäften** (§ 5 Rz 76, 312; zur Passivierung von Erfüllungsrückständen und Drohverlustrückstellungen s § 5 Rz 450 ff), bei **fehlender wirtschaftl Belastung** (§ 5 Rz 312), **aufschiebender Bedingung** (§ 5 Rz 314: noch keine Verbindlichkeit, für das Risiko der Inanspruchnahme kann ggf eine Rückstellung gebildet werden; s aber zu aufschiebend bedingten Hinterbliebenenrenten Rz 443), **Tilgung nur aus künftigen Einnahmen/Gewinnen** (§ 5 IIa; s § 5 Rz 315), **Verbindlichkeiten ggü Ges'tern** (§ 5 Rz 550 „Gesellschafterfinanzierung"; dort insb zu Rangrücktritt und Erlass gegen **Besserungsschein**).

443 **c) Rentenverbindlichkeiten. – aa) Rentenbarwert.** Weil eine Rentenverbindlichkeit keinen Nennwert hat, ist für ihre Bewertung der Betrag maßgebl, der am Bilanzstichtag für die Befreiung von dieser Verbindlichkeit aufzuwenden wäre. Dies ist der Barwert (BFH IV R 126/76 BStBl II 80, 491 unter 2.a; BFH X R 12/01 BStBl II 04, 211 unter II.1.). Seine Höhe ist einerseits von der Laufzeit der Rente, andererseits vom gewählten Zinsfuß abhängig. – **(1) Methodik der Barwertermittlung.** Vorrangig sind die **versicherungsmathematischen Grundsätze;** daher sind (abw von den Vorschriften des BewG) auch aufschiebend bedingte Hinterbliebenenrenten wegen der mit ihnen verbundenen wirtschaftl Belastung einzubeziehen (zutr BFH VIII R 64/93 BFH/NV 02, 10 unter 3.b). Hinsichtl des anzuwendenden *Zinsfußes* orientiert sich die Rspr jedoch idR nicht an versicherungsmathematischen Grundsätzen, sondern an dem in **§§ 13 ff BewG** zugrunde gelegten (dort gem § 13 III 2 BewG sogar zwingenden) Wert von 5,5% (BFH IV R 22/68 BStBl II 70, 309; BFH VIII R 64/93 BFH/NV 02, 10 unter 3.c: ein höherer Zinsfuß komme insb bei vorhandener Wertsicherungsklausel grds nicht in Betracht). In der HB wird ab 2010 hingegen der durchschnittl Marktzins der letzten 7 Jahre angesetzt (§ 253 II 1, 3 HGB). – Für die **Berücksichtigung individueller Besonderheiten** (Lebenserwartung und Gesundheitszustand des Veräußerers) ist grds kein Raum (BFH I R 21/66 BStBl II 69, 334 unter II.1.). Bei nahen Angehörigen wird es aber an der Ausgewogenheit von Leistung und Gegenleistung fehlen, wenn eindeutige Anhaltspunkte für eine kürzere Lebenserwartung vorliegen und die Parteien die Rente gleichwohl nach der allg Sterbetafel bemessen (BFH X R 12/01 BStBl II 04, 211 unter II.2.c dd). – **(2) Betriebl Aufwand.** Zunächst wirken sich sämtl lfd Rentenzahlungen gewinnmindernd aus. Gegenzurechnen ist jedoch die Differenz der Rentenbarwerte zw dem Ende des lfd Wj und dem Ende des letzten Wj (idR Ertrag durch Verringerung des Barwerts). Bei Wegfall der Rentenverpflichtung (idR durch Tod des Berechtigten) führt dies zu einem Ertrag iHd noch passivierten Barwerts (zum Ganzen BFH X R 12/01 BStBl II 04, 211 unter II.1.). – **(3) AK eines gegen Rentenzahlungen erworbenen WG.**

Maßgebend ist der Rentenbarwert im Zeitpunkt der Anschaffung (s Rz 81 mwN); die einmal ermittelten AK des WG werden durch spätere Änderungen des Rentenbarwerts nicht mehr beeinflusst.

bb) Sonderfälle der Barwertermittlung. – (1) Rente gegen Einmalzahlung. Ist die Begründung der Rentenverpflichtung Gegenleistung dafür, dass der StPfl einen bestimmten Geldbetrag erhält, und wird dieses Geschäft unter fremden Dritten abgewickelt, ist als Barwert und TW der Rentenverpflichtung zwingend dieser Geldbetrag anzusetzen, sofern keine Fehlmaßnahme (Fehlkalkulation) vorliegt (BFH IV R 126/76 BStBl II 80, 491 unter 2.d, betr Hochzinsphase mit Zinsfuß 10%). Gleiches gilt, wenn ein bestimmter Kapitalbetrag für die Ablösung der Rentenverpflichtung vereinbart ist (BFH IV R 126/76 BStBl II 80, 491 unter 2.c mwN). Die Systematik ist hier also im Vergleich zur Anschaffung eines WG gegen Leibrente, wo der Rentenbarwert die AK des WG bestimmt (s Rz 81), genau umgekehrt. – **(2) Wertsicherungsklauseln.** Sie erhöhen den Rentenbarwert zunächst nicht. Rentenerhöhungen aufgrund derartiger Klauseln stellen vielmehr Aufwand desjenigen Jahres dar, in dem die Erhöhung eintritt (BFH IV R 126/76 BStBl II 80, 491 unter 2.e). 444

d) Sach- oder Dienstleistungsverpflichtungen. Solche Verbindlichkeiten, die nicht auf Geld gerichtet sind, sind mit dem Betrag anzusetzen, der den zur Erfüllung erforderl Aufwendungen entspricht. Dies sind idR die **Vollkosten** (s aber zu Rückstellungen § 6 I Nr 3a Buchst b, Rz 475). – *Beispiele:* Verbindlichkeiten, die auf Entfernung, Rückgabe, Übergabe von WG (zB Tausch) oder Reparatur gerichtet sind. Zu rückständigem Urlaub s § 5 Rz 550 „Urlaub"; zur korrespondierenden Bilanzierung der Warenrückgabe- und Erneuerungsverpflichtung iRe BetrAufsp s BFH IV R 59/73 BStBl II 75, 700; zu Sachwertdarlehen iRe Verpachtung s § 5 Rz 703. – Vertragl **Rückkaufverpflichtungen** (zB wenn sich der Kfz-Händler beim Verkauf von Kfz an Mietwagen- oder Leasingunternehmen zur Rücknahme der Fahrzeuge zu einem bereits festgelegten Preis verpflichtet) sind mit dem Teil des Entgelts zu bewerten, der iRd Ankaufgeschäfts auf die Rückkaufverpflichtung entfällt (zutr BFH IV R 52/04 BStBl II 09, 705 unter II. D.3.; BFH I R 83/09 BStBl II 11, 812; *BMF* BStBl I 11, 967; *Klein* DStR 11, 1981; aA *Hoffmann* DStR 11, 355: es handle sich von vornherein nicht um ein gewinnrealisierendes Verkaufsgeschäft, sondern um eine Nutzungsüberlassung). 447

e) Verbindlichkeiten, deren Rückzahlungsbetrag höher als der Auszahlungsbetrag ist. Bei **Einbehaltung eines Disagio** ist die Verbindlichkeit gleichwohl mit ihrem vollen Rückzahlungsbetrag zu passivieren; auf der Aktivseite ist iHd Differenz zum Auszahlungsbetrag ein ARAP zu bilden und über den Zeitraum der Zinsfestschreibung aufzulösen (s ausführl § 5 Rz 270 „Disagio"; zur Behandlung des Disagio beim Darlehensgeber s Rz 140 „Forderungen"; allg zu RAP s § 5 Rz 241 ff). 448

Bei Verbindlichkeiten aus **Zerobonds** ist zunächst nur der zugeflossene Betrag zu passivieren; die Verbindlichkeit ist zu den folgenden Bilanzstichtagen um den rechnerischen Zinsanteil zu erhöhen (s ausführl Rz 140 „Zerobonds"). – Zur Bilanzierung von Verbindlichkeiten aus **Optionen** und **Optionsanleihen** s Rz 140 „Optionen". – Beim **Bonussparen** erhält der Gläubiger einen zusätzl Zins, wenn er innerhalb der vereinbarten Laufzeit von vorzeitigen Verfügungen absieht. Die Verpflichtung der Bank zur Leistung dieses Zusatzzinses ist nicht in Form eines erhöhten Rückzahlungsbetrags der Verbindlichkeit, sondern als eigenständige Rückstellung zu passivieren und bewerten (s näher BFH I R 24/96 BStBl II 98, 728). Bei der **Vereinbarung steigender Zinsen** je nach tatsächl Laufzeit einer lfd kündbaren Einlage kann die Differenz zw der Durchschnittsverzinsung und den erhöhten Zinsen hingegen nicht passiviert werden (BFH I R 115/91 BStBl II 93, 373).

2. Ansatz von Verbindlichkeiten mit dem höheren Teilwert. Da für Verbindlichkeiten die Vorschriften des § 6 I Nr 2 *sinngemäß* gelten, ist dem Vorsichtsprinzip hier dadurch Rechnung zu tragen, dass Belastungen aus einem *höheren* TW vorweggenommen werden (§ 6 I Nr 2 S 3; s Rz 360 ff; auch hier gilt steuerl seit 451

2009 ein Wahlrecht). Erforderl ist eine voraussichtl dauernde Erhöhung des TW (ausführl zu Verbindlichkeiten s Rz 369); daran wird es bei Verbindlichkeiten, die den Betrieb wegen besonders hoher Zinssätze wirtschaftl stark belasten, idR fehlen, da der Rückzahlungsbetrag unverändert bleibt (aA wohl *Blümich/Ehmcke* § 6 Rz 959). Bei späterem Sinken des TW einer höher bewerteten Verbindlichkeit ist (entspr der Wertaufholung auf der Aktivseite) eine gewinnerhöhende Minderung des Passivpostens bis maximal zur Höhe des Nennwerts vorzunehmen (§ 6 I Nr 2 S 3 iVm Nr 1 S 4; s Rz 371). – Der Ansatz eines **niedrigeren TW** kommt bei Verbindlichkeiten hingegen nicht in Betracht, weil dies die Ausweisung nicht realisierter Gewinne bedeuten würde.

454 **3. Abzinsung von Verbindlichkeiten, § 6 I Nr 3 S 1 HS 2.** Ausführl *Groh* DB 07, 2275; s auch die Kontroverse zw *Beiser* und *Knoll* DB 01, 296, 779. – **a) Grundsatz.** Verbindlichkeiten sind grds mit einem fest vorgegebenen Zinssatz von 5,5 % abzuzinsen (krit angesichts des in der derzeitigen Niedrigzinsphase recht hoch erscheinenden Zinssatzes *Becker/Sandlos* StB 13, 194). Wegen der in S 2 enthaltenen Ausnahmen sind letztl aber nur unverzinsl Verbindlichkeiten mit einer Restlaufzeit von mindestens 12 Monaten, die nicht auf einer Anzahlung oder Vorausleistung beruhen, abzuzinsen. In der Praxis ist daher die Abzinsung nicht die Regel, sondern die Ausnahme. Das Abzinsungsgebot gilt sowohl für Geld- als auch für Sachleistungsverbindlichkeiten (glA *Blümich/Ehmcke* § 6 Rz 956). Die Regelung bewirkt die Vorwegnahme des aus der Unverzinslichkeit künftig entstehenden Minderaufwands (= Mehrertrags) für die gesamte Laufzeit (*Groh* DB 07, 2275, 2276). Zur Abzinsung (TW-AfA) unverzinsl Forderungen s Rz 296 f. – **Verhältnis zur HB.** Dort sind nur Rückstellungen und Rentenverbindlichkeiten abzuzinsen (§ 253 II HGB), nicht aber andere Verbindlichkeiten. Es kommt also zu Unterschieden zw HB und StB. – Bei **unverzinsl Anschaffungsverbindlichkeiten** (zB langfristigen Kaufpreisraten) sind auch die AK des erworbenen WG nur mit dem abgezinsten Wert anzusetzen (s Rz 81), so dass es im Anschaffungsjahr nicht zu einer Gewinnauswirkung kommt (aA wohl *Stockum/Sälzer* GmbHR 11, 20). Wirtschaftl wird eine solche Verbindlichkeit ohnehin in einen Kapital- und einen (verdeckten) Zinsanteil aufzuteilen sein (*Groh* DB 07, 2275, 2277). – Zur **Rechtslage vor 1999** sowie zu den **Übergangsregelungen** s 32. Aufl Rz 454.

456 **aa) Abzinsungstechnik.** Die Abzinsung ist **taggenau** vorzunehmen (*BMF* BStBl I 05, 699 Rz 3; Abzinsungsfaktoren für Fälligkeitsdarlehen dort in Anlage 2, für Tilgungsdarlehen in Anlage 3). – Die während der weiteren Laufzeit vorzunehmenden **jährl Zuschreibungen bewirken Aufwand.** Wirtschaftl handelt es sich zwar um zinsähnl Aufwand; die speziellen **Hinzurechnungsregelungen** nach § 8 Nr 1 Buchst a GewStG (*BMF* BStBl I 05, 699 Rz 39; *Ländererlasse* BStBl I 12, 654 Rz 12; anders aber wohl BFH VIII R 19/70 BStBl II 75, 647), § 8a KStG in der bis 2007 geltenden Fassung (*BMF* BStBl I 05, 699 Rz 22) und § 4 IVa EStG (*Groh* DB 07, 2275, 2278) sind auf diesen Aufwand aber nicht anwendbar. Anders verhält es sich kraft ausdrückl gesetzl Regelung (§ 4h III 4) bei der **Zinsschranke:** Hier stellen die jährl Aufzinsungsbeträge Zinsaufwand dar; der einmalige Abzinsungsertrag bei Einbuchung der Verbindlichkeit soll sich hingegen nicht zugunsten des StPfl auswirken (*BMF* BStBl I 08, 718 Rz 27; mE inkonsequent; gegen *BMF* auch *Groh* DB 07, 2275, 2278; *Ortmann-Babel/Bolik/Gageur* BB 09, 2414, 2416).

457 **bb) Abzinsung unverzinsl Darlehen in Gesellschaftsverhältnissen und zw Angehörigen.** – **(1) PersGes.** Darlehen des Ges'ters an die PersGes werden durch den korrespondierenden Ansatz einer Forderung im SonderBV iErg wie EK behandelt und sind daher auch bei Unverzinslichkeit nicht abzuzinsen (BFH IV R 66/05 BFH/NV 08, 1301 unter II.3.). Unverzinsl Darlehen der PersGes an den Ges'ter können hingegen steuerl zum notwendigen PV der PersGes gehören und unterliegen dann einem Bilanzierungsverbot (s BFH IV R 64/93 BStBl II 96, 642). – **(2) KapGes.** Unverzinsl Darlehen des Ges'ters sind grds abzuzinsen. Dies

gilt auch zw verbundenen Unternehmen (*BMF* BStBl I 05, 699 Rz 21). Insb kann ein höheres Ausschüttungspotenzial die fehlende Verzinsung nicht ausgleichen (BFH I R 35/09 BStBl II 10, 478 unter II.2.b; *Groh* DB 07, 2275, 2279). Eine Neutralisation des aus der Abzinsung resultierenden Gewinns durch Abzug einer verdeckten Einlage scheidet ebenfalls aus, da der Nutzungsvorteil nicht einlagefähig ist. – Auch bei **unverzinsl kapitalersetzenden Darlehen** nimmt die einhellige Rspr entspr dem Gesetzeswortlaut eine Abzinsung vor (BFH I R 4/08 BStBl II 10, 177 unter II.4.; BFH I R 35/09 BStBl II 10, 478 unter II.2., VerfBeschw 2 BvR 786/10 nicht zur Entscheidung angenommen; BFH I R 102/09 BStBl II 11, 169 unter II.1.a; zust *Groh* DB 07, 2275, 2279; *Ortmann-Babel/Bolik/Gageur* BB 09, 2414, 2416). Dies ist zutr, da Ges'terdarlehen handels- und steuerrechtl Fremdkapital darstellen und unter die hierfür geltenden bilanziellen Regelungen fallen, nimmt aber iErg den während der Laufzeit anfallenden wirtschaftl Ertrag aus der Unverzinslichkeit vorweg (krit daher *Hauber/Kiesel* BB 00, 1511; *Stümper/Entenmann* GmbHR 08, 312). – **Gestaltungsmöglichkeiten.** Ist der Abzinsungsgewinn unerwünscht, kann er durch die Vereinbarung kurzfristiger, aber mehrfach verlängerter Darlehen (s Rz 460) oder (was sicherer ist) sehr niedriger Zinssätze (s Rz 461) vermieden werden. Eine solche Zinsvereinbarung wirkt allerdings nicht wertaufhellend auf den letzten Bilanzstichtag zurück (FG BBg EFG 15, 1820, rkr). Ist der durch die Abzinsung entstehende Gewinn hingegen erwünscht (zB bei drohendem Wegfall eines Verlustvortrags wegen § 8c KStG), kann er (zB innerhalb von Konzernen) gezielt herbeigeführt werden (*Stadler/Bindl* DB 10, 862, 864). – **Bewertung der Forderung beim Ges'ter.** Hierfür gelten die allg Grundsätze: Einer auf die Unverzinslichkeit gestützten TW-AfA wird häufig die erhebl funktionale Bedeutung der Forderung für einen gedachten Erwerber (s Rz 307) oder die fehlende Dauerhaftigkeit der Wertminderung (s Rz 305 aE) entgegenstehen; zwingend ist dies aber mE nicht (für eine Neuorientierung der steuerl Behandlung derartiger Forderungen wohl *Buciek* FR 10, 341 unter 3.; *Stadler/Bindl* DB 10, 862). – **(3) Angehörigendarlehen.** Hier ist die Abzinsung ebenfalls vorzunehmen (zutr FG Mchn EFG 15, 1084, Rev IV R 20/15).

b) Ausnahmen vom Abzinsungsgebot, § 6 I Nr 3 S 2. Aufgrund der gesetzl Formulierung (Abzinsung als Regel, Nichtabzinsung als Ausnahme) liegt die Feststellungslast für ein Absehen von der Abzinsung beim StPfl (glA *BMF* BStBl I 05, 699 Rz 11; *Buciek* FR 10, 523). 459

aa) Restlaufzeit der Verbindlichkeit am Stichtag weniger als 12 Monate. In diesen Fällen ist eine Abzinsung (wegen Geringfügigkeit) entbehrl. Auf die ursprüngl Laufzeit kommt es nicht an. Ein ohne ausdrückliche Fälligkeitsvereinbarung gewährtes Darlehen, das zwar **rechtl kurzfristig kündbar,** tatsächl aber auf eine langfristige Laufzeit angelegt ist, ist abzuzinsen (zutr BFH I R 4/08 BStBl II 10, 177 unter II.3.; BFH I R 35/09 BStBl II 10, 478 unter II.2.c bb; BFH I B 118/10 BFH/NV 11, 986 unter 1.a). Umgekehrt ist aber ein Darlehen, das vertragl nur für weniger als 12 Monate gewährt wird, auch dann nicht abzuzinsen, wenn die Laufzeit später um einen weiteren Zeitraum von weniger als 12 Monaten verlängert wird (**Kettendarlehen;** s FG Köln EFG 09, 969 unter 1., rkr; FG Köln EFG 09, 973, rkr; offen gelassen von *Buciek* FR 10, 341 unter 4. und DB 10, 1029, 1032). – **Darlehen mit unbestimmter Laufzeit** (zB bei Abhängigkeit vom Leben einer Person) sind ebenfalls abzuzinsen, sofern der Mindestzeitraum von 12 Monaten erreicht ist. Die Länge der Laufzeit (die den Abzinsungsfaktor bestimmt) ist dann zu schätzen (*BMF* BStBl I 05, 699 Rz 6f; BFH I B 118/10 BFH/NV 11, 986 unter 1.b). Beim völligen Fehlen von Anhaltspunkten für die Laufzeit ist § 13 II BewG analog anzuwenden, was zu einem Abzinsungsfaktor von 0,502 führt (BFH I B 183/12 BFH/NV 13, 1779 Rz 9; mit ausführl Begründung FG Mster EFG 10, 2007 unter 5.a, rkr; FG BBg DStRE 12, 268, rkr; aA *Paus* FR 05, 1195, 1198). Dieser Faktor ist auch am nächsten Bilanzstichtag beizubehalten, 460 wenn es weiterhin keine Anhaltspunkte für die Laufzeit gibt (zutr FG Köln EFG 15, 668, Rev I R 7/15: nicht etwa jährl anteilige Aufzinsung). Darlehen, die in Raten getilgt werden **(Tilgungsdarlehen),** sind einheitl zu beurteilen; eine Abzinsung des *Gesamtbetrags* ist daher schon dann vorzunehmen, wenn allein die *letzte* Rate erst in mindestens 12 Monaten fällig wird (*BMF* BStBl I 05, 699 Rz 9, 12).

461 **bb) Verzinsl Verbindlichkeiten.** Eine Abzinsung unterbleibt, weil solche Verbindlichkeiten (jedenfalls bei angemessenen Zinsen) von vornherein in Höhe ihres Nennbetrags eine wirtschaftl Belastung darstellen. – **(1) Sehr niedrige Verzinsung.** Schon eine Verzinsung nahe 0% genügt nach dem Gesetzeswortlaut, um der Abzinsungspflicht zu entgehen (*BMF* BStBl I 05, 699 Rz 13; BFH I B 57/09 BFH/NV 09, 1804 unter II.4.; offen gelassen allerdings von BFH I R 4/08 BStBl II 10, 177 unter II.5.). Auch steht der Annahme einer Verzinslichkeit nicht entgegen, wenn die Zinsen tatsächl nicht ausgezahlt, sondern ihrerseits als Darlehen stehen gelassen werden (BFH I B 57/09 BFH/NV 09, 1804 unter II.3.b aa). Gleiches soll gelten, wenn eine **Verzinsung nur für einen kurzen Teil der Gesamtlaufzeit** vorgesehen ist (*BMF* BStBl I 05, 699 Rz 17; mE zweifelhaft; ausdrückl offen gelassen von BFH I B 183/12 BFH/NV 13, 1779 Rz 7); anders jedoch, wenn das Darlehen zunächst unverzinsl ist, aber aufgrund einer *späteren* Vertragsänderung für die Zukunft Zinsen vereinbart werden (FG BBg EFG 09, 564, rkr; *Groh* DB 07, 2275, 2277; nach *kk* KÖSDI 10, 16790, 16792 allerdings in Ausnahmefällen vGA aufgrund der nachteiligen Vertragsänderung mögl). Ist umgekehrt das Darlehen zunächst verzinsl und wird es aufgrund nachträgl Vertragsänderung unverzinsl gestellt, ist es ab diesem Zeitpunkt abzuzinsen (BFH I B 183/12 BFH/NV 13, 1779). Die gesetzl Regelung eröffnet daher leicht zu realisierende Gestaltungsmöglichkeiten, erscheint aber gerade deshalb als ungereimt (ähnl *Paus* FR 05, 1195). In früheren Äußerungen hatte die *FinVerw* hier noch die Anwendung des § 42 AO für mögl gehalten (*BMF* BStBl I 99, 818 Rz 1). – **(2) Andere die Unverzinslichkeit kompensierende Leistungen.** Solche verdeckten Zinsleistungen stehen der Abzinsung ebenfalls entgegen. *Beispiele:* Der StPfl ist verpflichtet, dem Darlehensgeber ein *anderes* WG seines BV unentgeltl zu überlassen (*BMF* BStBl I 05, 699 Rz 14). Gleiches gilt, wenn das Darlehen unter der Auflage gewährt wurde, die Vorteile aus der Unverzinslichkeit an Dritte weiterzugeben (zu Wohnungsbauförderdarlehen und zinslosen Förderdarlehen an Betriebe mit der Auflage zur Schaffung von Arbeitsplätzen s *BMF* BStBl I 05, 699 Rz 15). Zu anderen Fällen verdeckter Verzinslichkeit s Rz 298.

463 **cc) Verbindlichkeiten, die auf einer Anzahlung oder Vorausleistung beruhen.** Das Abzinsungsgebot gilt nicht (§ 6 I Nr 3 S 2 Alt 3). Gemeint sind erhaltene Anzahlungen für eigene Leistungen, die noch zu erbringen sind. Diese Ausnahmeregelung soll verhindern, dass aufgrund der gleichzeitig zum Nennwert zu aktivierenden Anzahlung ein Gewinn aus dem schwebenden Geschäft ausgewiesen wird (BFH IV R 32/07 BStBl II 12, 98 Rz 39; BFH I R 50/10 BStBl II 12, 197 Rz 24).

470 **4. Bewertung von Rückstellungen, § 6 I Nr 3a. – a) Verhältnis von Nr 3a zu anderen Vorschriften.** Die Einzelregelungen in Buchst a–f (s Rz 473–484) sind **nicht abschließend** („insbesondere" im Einleitungssatz der Nr 3a). Vielmehr gelten im Übrigen die Grundsätze für die Bewertung von Verbindlichkeiten (vgl zur Rechtslage vor 1999 BFH I R 28/73 BStBl II 75, 480; BFH I R 24/96 BStBl II 98, 728 unter II.3.a) sowie die allg Grundsätze zur Bewertung von Rückstellungen (s Rz 472). Zum **Ansatz von Rückstellungen dem Grunde nach** s § 5 Rz 350 ff.

471 **b) Allgemeine Grundsätze für die Rückstellungsbewertung. – (1) Schätzung des Risikos.** Der Auffassung des Kfm kommt besondere Bedeutung zu. Seine Schätzung darf allerdings nicht offensichtl unrichtig oder willkürl sein; sie muss obj in den Verhältnissen des Betriebs eine Stütze finden. Die betriebl Erfah-

rungen der Vergangenheit sind dabei zu berücksichtigen (BFH IV 117/65 BStBl III 67, 336 unter 1.). – **(2) Rückgriffsansprüche gegen Dritte.** Sie sind rückstellungsmindernd zu berücksichtigen, wenn sie mit der drohenden Inanspruchnahme in einem unmittelbaren Zusammenhang stehen und werthaltig sind, weil dies der „vernünftigen kfm Beurteilung" (§ 253 I 2 HGB) entspricht und auch ein gedachter Betriebserwerber eine solche Kompensation vornehmen würde (BFH IV 117/65 BStBl III 67, 336 unter 1.; BFH X R 60/89 BStBl II 93, 437 unter 3.; zB Regressmöglichkeiten bei Gewährleistungsinanspruchnahme und Wechselobligo). – **(3) Verhältnis zur HB.** Dort sind Rückstellungen in Höhe des nach vernünftiger kfm Beurteilung notwendigen Erfüllungsbetrags anzusetzen (§ 253 I 2 HGB; s *Weigl/Weber/Costa* BB 09, 1062; Vorschlag zur übersichtl Darstellung/"Rückstellungsspiegel" s *Pollanz* DStR 09, 1824). Zu den Folgen für den Wertansatz s Rz 473, zu den Abweichungen zw HB und StB hinsichtl der Abzinsung s Rz 481, hinsichtl der maßgebl Wertverhältnisse s Rz 484.

(4) Einzelfälle: Zur Bewertung von **Urlaubsrückstellungen** s BFH XI R 50/89 BStBl II 92, 910, zu Rückstellungen für die **Aufbewahrung von Geschäftsunterlagen** s BFH X R 14/09 BStBl II 11, 496 (Multiplikator 5,5 bei 10-jähriger Aufbewahrungsfrist; zur Abzinsung s Rz 482); BFH I R 66/11 BStBl II 13, 676 (Einbeziehung auch allg Finanzierungskosten); ausführl *OFD Nds* DB 15, 2726; *Endert/Sepetauz* DStR 11, 2060; zur **Nachbetreuung von Versicherungsverträgen** s BFH X R 26/10 BStBl II 12, 856 Rz 42 ff; BFH X R 25/11 BStBl II 14, 517 Rz 32 ff; *Schustek* DB 15, 882 (zur Abzinsung s Rz 482); zu **Arbeitszeitkonten/Wertkonten** s *Wellisch/Machill* BB 09, 1351; *Höfer/Greiwe/Hagemann* DB 07, 65 (insb zur Abzinsung bei langfristigen wertpapiergebundenen Konten); zu **Krankheitsbeihilfen** für frühere ArbN *Höfer/Pisters* DB 02, 2288.

c) Sonderregeln nach § 6 I Nr 3a Buchst a–f. Rückstellungen sind höchstens unter Berücksichtigung der Grundsätze nach Buchst a–f anzusetzen (s Rz 473 ff). Zu den **Übergangsregelungen** anlässl der Einfügung der Nr 3a (VZ 1999) s 32. Aufl Rz 473. 472

Ausnahmen vom Anwendungsbereich der Nr 3a. Rückstellungen für erfolgsabhängige **Beitragsrückerstattungen** sind von der Anwendung der Nr 3a insgesamt ausgenommen (§ 21 III KStG). Auf erfolgs*unabhängige* Beitragsrückerstattungen ist diese Ausnahmeregelung nicht übertragbar, so dass Nr 3a (insb abw von § 341e I 3 HGB das Abzinsungsgebot) hier gilt (zutr BFH I R 9/09 BStBl II 10, 304; BFH I R 7/14 BFH/NV 16, 69; ausführl *Boetius* WPg 13, 753). Schwankungsrückstellungen und ähnl Rückstellungen iSd § 341h HGB sind von der Abzinsung ausgenommen (§ 20 I 2 KStG; gem § 34 VIIa 1 KStG Anwendung auch für VZ vor 2016).

aa) Verhältnis zur HB. Aus dem Gesetzeswortlaut („höchstens") und dem ausdrückl Willen des Gesetzgebers (BT-Drs 14/443, 23) folgt, dass **der niedrigere Wert anzusetzen** ist, wenn es in der Rückstellungsbewertung zu **Abweichungen zw HB und StB** kommt (EStR [2012] 6.11 III mit Übergangsregelung für Rückstellungen, die bereits vor dem 1.1.10 vorhanden waren; *OFD Mster* DStR 12, 1606; BFH I R 66/11 BStBl II 13, 676 Rz 14; *Blümich/Ehmcke* § 6 Rz 976a; *Wacker* HFR 13, 489; ausführl *Meurer* BB 12, 2807; *Maus* NWB 12, 3538). Von praktischer Bedeutung ist dies dann, wenn das HGB einen geringeren Wert vorsieht als die StB-Regelungen der Nr 3a (zB längerer Abzinsungszeitraum bei Sachleistungsrückstellungen, mit deren Erfüllung noch nicht begonnen wurde, s Rz 481). Demggü ist die HB-Rückstellung höher (und der Zusatz „höchstens" daher nicht von Bedeutung), wenn die Unterschiede zw HB und StB im konkreten Fall auf der Berücksichtigung künftiger Preissteigerungen (nur in der HB, nicht in der StB, s Rz 484) oder den geringeren handelsrechtl Abzinsungssätzen in der gegenwärtigen Niedrigzinsphase (Rz 481) beruhen. 473

Gegenauffassung. Danach sei Nr 3a eine eigenständige und detaillierte StB-Regelung, die das HB-Recht insgesamt verdrängt (*Zwirner/Endert/Sepetauz* DStR 12, 2094; *Prinz/Hütig* StuB 12, 798; *Hoffmann* StuB 12, 849; *Korn* KÖSDI 13, 18260, 18265; *Ortmann-Babel/Bolik/Schönefeldt* NWB 13, 1380; *Briesemeister/Joisten/Vossel* FR 13, 164; *Velte* StuW 13, 197 und

Stbg 13, 486; *Prinz/Fellinger* Ubg 13, 362). – **Stellungnahme.** ME ist der Verweis der *FinVerw* auf Wortlaut und Gesetzesmaterialien zwar zutr; auch die Rspr teilt diese Auffassung. Allerdings ist die *FinVerw* selbst nicht konsequent, weil sie zum identischen Wortlaut des § 6a III 1 die Auffassung vertritt, der HB-Wert sei keine Bewertungsobergrenze (s *BMF* BStBl I 10, 239 Rz 10). – **Gestaltungsmöglichkeit.** Es bietet sich an, die betroffenen Rückstellungen bereits in der HB höher zu bewerten, was in Teilbereichen mögl ist (s *Heinz/Kemper* NWB 12, 3543, 3546).

474 **bb) Erfahrungswerte bei gleichartigen Verpflichtungen, § 6 I Nr 3a Buchst a.** Gleichartige Verpflichtungen sind typischerweise bei einer Vielzahl jeweils kleinerer Einzelrisiken gegeben. Bei der Bewertung sind dann die **Erfahrungen der Vergangenheit** zu berücksichtigen; auf die *tatsächl* spätere Entwicklung kommt es nicht an (BFH X R 60/89 BStBl II 93, 437 unter 5.: ggf anders, wenn der StPfl die Verhältnisse der Vergangenheit nicht offen legt). – Die gleichartigen Risiken können einzeln, pauschal oder gemischt bewertet werden (BFH X R 60/89 BStBl II 93, 437 unter 2.a); der Ansatz von Durchschnittswerten iSd § 240 IV HGB ist zulässig (s ausführl Rz 627; zur Pauschalbewertung von Altersteilzeitrückstellungen s *BMF* BStBl I 07, 297 Rz 12; zur Nichtabzinsung von Pauschalrückstellungen s Rz 481). – **Gewährleistungs-/Garantierückstellungen.** Einzubeziehen sind zum einen die am Bilanzstichtag bereits erhobenen Mängelrügen, darüber hinaus (pauschal, zB bestimmter Prozentsatz des Umsatzes) aber auch noch nicht gerügte Mängel, wenn nach den Erfahrungen der Vergangenheit mit einer Inanspruchnahme zu rechnen ist (BFH IV R 39/80 BStBl II 83, 104 unter I.2.; BFH X R 60/89 BStBl II 93, 437 unter 2.a; BFH VIII B 163/02 BFH/NV 03, 1313 unter 2.a mwN; Einzelheiten s *Seidel* StBP 09, 281; FG Hess EFG 13, 194, rkr). Branchenübl Werte können einen Anhalt bieten; dies gilt jedoch nicht, wenn die Verhältnisse der Einzelbetriebe und die zivilrechtl Haftungsvereinbarungen zu unterschiedl sind (*BMF* DB 03, 2188). Will der StPfl betriebsindividuelle Werte durchsetzen, die über den branchenübl Werten liegen, sind entspr Aufzeichnungen anzuraten (s FG BaWü EFG 02, 1431, rkr; FG Hbg BB 08, 2680, rkr). – **Versicherungsunternehmen.** § 341g II HGB enthält eine der Nr 3a Buchst a vergleichbare Regelung. Für Schadenrückstellungen knüpft § 20 II KStG an Nr 3a Buchst a an (Einzelheiten s *BMF* BStBl I 00, 487). Zu Versicherungsrückstellungen s auch Rz 473.

475 **cc) Sachleistungsrückstellungen, § 6 I Nr 3a Buchst b. – (1) Begriff.** Buchst b erfasst solche Rückstellungen, die **keine Geldleistungsverpflichtungen** betreffen (zB Durchführung von Instandhaltungs-, Rückbau-, Rekultivierungs-, Gewährleistungs-, Abrechnungs- oder Jahresabschlussarbeiten durch eigene Kräfte). Zur Rückstellung für die Verpflichtung zur Erneuerung oder Substanzerhaltung bei Verpachtung mit Substanzerhaltungspflicht bzw eisernem Inventar s ausführl § 5 Rz 702, § 13 Rz 115. – **(2) Bewertung.** Sachleistungsrückstellungen sind nach dem Gesetzeswortlaut nur mit den Einzelkosten und den angemessenen Teilen der notwendigen Gemeinkosten (zum Begriff s Rz 194 ff) zu bewerten. Der BFH legt die Vorschrift jedoch – ebenso wie bis 1998 (s dazu BFH VIII R 134/80 BStBl II 86, 788 unter II.4.; BFH I R 110/04 BStBl II 07, 251 unter II.4.a) – dahingehend aus, dass die **Vollkosten** anzusetzen sind (BFH I R 66/11 BStBl II 13, 676). ME widerspricht dies dem Wortlaut und den Gesetzesmaterialien; da die *FinVerw* diese Rspr aber akzeptiert hat, sind diese Bedenken für die Praxis ohne Bedeutung. Maßgebend sind die voraussichtl tatsächl (buchmäßigen) Aufwendungen, nicht hingegen kalkulatorische Kostenbestandteile (BFH I R 5/04 BStBl II 09, 100 unter II.5.b). Finanzierungskosten sollen jedoch auch dann in die Rückstellungshöhe einzubeziehen sein, wenn sie den künftigen Aufwendungen nicht direkt, sondern nur im Wege einer Schlüsselung zugeordnet werden können (BFH I R 66/11 BStBl II 13, 676: Poolfinanzierung; mE zweifelhaft, weil es bei Schuldzinsen steuerl stets auf die tatsächl Verwendung der Darlehensvaluta ankommt; von *BayLfSt* DB 14, 270 aber akzeptiert). Zur Bewertung der Rückstellung für den

Erwerb von CO_2-Berechtigungen s *BMF* BStBl I 05, 1047 Rz 16 ff und die Nachweise in Rz 140 „Emissionsberechtigungen".

dd) Kompensation mit künftigen Vorteilen, § 6 I Nr 3a Buchst c. Künftige Vorteile, die mit der Erfüllung der Verpflichtung voraussichtl verbunden sein werden, sind bei der Bewertung der Rückstellung belastungsmindernd zu berücksichtigen (ausführl *Pfeifer/Heggemann* DStR 14, 1070). Die Vorschrift weitet die Bewertungseinheit für die Rückstellung aus. – **(1) Hinreichende Wahrscheinlichkeit des Vorteils.** Es müssen mehr Gründe für als gegen den Eintritt des künftigen Vorteils sprechen (BFH I B 60/12 BFH/NV 14, 28 Rz 11). Daher genügt nicht bereits die bloße *Möglichkeit* eines Vorteils (glA EStR 6.11 I 2). Erforderl ist vielmehr die *begründete Aussicht* auf den Vorteil. Ist der Vorteil allerdings weitergehend zu einer konkreten aktivierungspflichtigen Forderung erstarkt, ist deren Aktivierung vorrangig; zu einer Berücksichtigung des Vorteils bei der Rückstellungsbewertung kommt es dann nicht mehr (*OFD Kobl* DB 12, 2841). – **(2) Sachl Zusammenhang.** Die Rspr verlangt ferner, dass ein „sachl Zusammenhang" zw der Verpflichtung und dem Vorteil besteht (BFH IV R 7/11 BStBl II 14, 302 Rz 30 ff: kein sachl Zusammenhang zw Rückstellung für die technische Nachrüstung von Flugzeugen und den künftigen Einnahmen aus diesen Flugzeugen). Dabei soll ein „loser Zusammenhang" nicht genügen, ein „unmittelbarer Zusammenhang" (wie in der HB) aber nicht erforderl sein. Diese Formel ist mE jedoch zu unpräzise, um daraus vorhersehbare Folgerungen zu ziehen. 476

Beispiele: Hat ein Abbaubetrieb für die Pflicht zur späteren **Auffüllung/Rekultivierung** eine Rückstellung zu bilden, sind Entgelte für die iRd Auffüllung zu erwartende Ablagerung von Abfällen gegenläufig zu berücksichtigen (BFH I B 60/12 BFH/NV 14, 28 Rz 11; BT-Drs 14/23, 172; hierzu *Brank/Hasenclever* DStR 11, 637). Gleiches gilt für die Verwertung von Deponiegas (*BMF* BStBl I 05, 826 Rz 20). Ein Apotheker, der eine Rückstellung für die **verbilligte Vermietung von Praxisräumen** an einen Arzt bilden will, hat bei deren Bewertung die Vorteile einzubeziehen, die die Apotheke aus der räuml Nähe der Arztpraxis erlangt (BFH GrS 2/93 BStBl II 97, 735). Beim **Leergut** von Getränkehändlern sind Lieferanten- und Kundenbeziehungen nicht zu verrechnen (*OFD Hann* FR 01, 1246). Bei **Altersteilzeitrückstellungen** ist die bloße Möglichkeit, durch Wiederbesetzung der Stelle einen Zuschuss zu erhalten, nicht zu berücksichtigen, solange die Wiederbesetzung noch ungewiss ist (BFH I R 110/04 BStBl II 07, 251 unter II.4.c; *BMF* BStBl I 07, 297 Rz 4 ff). Bei **Windkraftanlagen** ist ein künftiger Erlös aus der Verwertung des Altmaterials zu unsicher, um die Rückstellung für die Entfernung der Anlagen zu mindern (zutr *Wischott/Krohn/Nogens* DStR 09, 1737, 1741). Der Ansatz von **Restrukturierungsrückstellungen** wird nicht durch die erwarteten künftigen Vorteile der Restrukturierung ausgeschlossen (zutr *Prinz/Keller* DB 15, 2224; aA *Ziegler/Renner* DStR 15, 1264). – Zur **Rechtslage bis 1998** s 32. Aufl Rz 476.

ee) Ansammlungsrückstellungen. – (1) Grundsatz, § 6 I Nr 3a Buchst d S 1. Danach sind Rückstellungen für Verpflichtungen, für deren Entstehen wirtschaftl der lfd Betrieb ursächl ist, **zeitanteilig in gleichen Raten** anzusammeln (ebenso für die Rechtslage vor Schaffung der ausdrückl gesetzl Regelung BFH I R 28/73 BStBl II 75, 480 unter 1.b). Zugleich sind die Raten früherer Jahre an das aktuelle Preisniveau am Stichtag anzupassen (s zur Behandlung nach EStG, HGB und IFRS *Marx* BB 12, 563); allerdings ist eine Abzinsung vorzunehmen. Buchst d erfasst solche Verpflichtungen, die erst nach einer gewissen Zeit zu erfüllen sind. Die stl Spezialregelung schließt einen für die HB vertretenen sofortigen Ausweis der Verpflichtung in voller Höhe aus (*Wacker* HFR 15, 114). – **Beispiele:** Vertragl Rückbau-, Abbruch- oder Erneuerungspflichten (EStR 6.11 II 2); Verpflichtung, bei Altersteilzeit nach dem Blockmodell die Vergütung in der späteren Freistellungsphase weiter zu bezahlen (BFH I R 110/04 BStBl II 07, 251 unter II.4.a; ausführl § 5 Rz 550 „Arbeitszeit"; *Geilenkothen/Krönung/Lucius* BB 12, 2103). – Wird die **Vertragslaufzeit verlängert,** ist dies nicht nur für den Abzinsungszeitraum von Bedeutung, sondern führt zu einer Neuberechnung der Rückstellung, die nun über einen längeren Zeitraum anzusammeln ist (zutr BFH I R 46/12 477

BStBl II 14, 979; FG Hess DStRE 13, 193, rkr; dazu *Oser* DB 14, 2487; krit *Paus* DStR 15, 94). Umgekehrt ist bei einer *Verkürzung* der Vertragslaufzeit ebenfalls eine Neuberechnung (einmalige Erhöhung des Rückstellungsbetrags) erforderl. – **(2) Ungleichmäßige Ansammlung.** Ist die wirtschaftl Verursachung nicht gleichmäßig über die Zeit verteilt und steht insb der Gesamtumfang der Verpflichtung noch nicht fest **(„unechte Ansammlungsrückstellung“),** ist Buchst. d nicht anzuwenden. Vielmehr richtet sich die Rückstellungsbildung dann nach dem am Bilanzstichtag tatsächl entstandenen Verpflichtungsumfang (EStR 6.11 II 3). So ist für die Ansammlung der **Rekultivierungsverpflichtung** für Deponien der Grad der Verfüllung maßgebl (*BMF* BStBl I 05, 826 Rz 21; BFH IV R 32/07 BStBl II 12, 98 unter II.1.b; zur Vorteilskompensation s Rz 476); Entsprechendes gilt für Abbaubetriebe. – Rückstellungen für die **Rücknahme in Verkehr gebrachter Elektrogeräte** (§ 10 ElektroG, BGBl I 05, 762; s näher FG Mster EFG 15, 1965, Rev I R 70/15; *Krink* DB 05, 1893) und **Altfahrzeuge** (§ 3 AltautoV, BGBl I 02, 2199) sind nach Maßgabe der in Verkehr gebrachten Mengen zu bilden. Es handelt sich nicht um Ansammlungsrückstellungen ieS, sondern um (echte) Verbindlichkeitsrückstellungen (zutr BT-Drs 14/8343, 21; zu Ausnahmen für die Übergangszeit s Rz 478). Rücknahmepflichten sind auch dann rückstellungsfähig, wenn sie auf einer freiwilligen Selbstverpflichtung beruhen, sofern diese tatsächl beachtet wird (BFH I R 53/05 BFH/NV 07, 1102: Altbatterien; heute allerdings gesetzl Verpflichtung).

478 **(3) Übergangsregelung für neu eingeführte Rücknahmepflichten, § 6 I Nr 3a Buchst d S 2.** Wird eine neue gesetzl Verpflichtung zur Rücknahme auch solcher Erzeugnisse eingeführt, die bereits *vor* Inkrafttreten der Rücknahmeverpflichtung in Verkehr gebracht worden waren, ist die Rückstellung ebenfalls zeitanteilig bis zum Beginn der *jeweiligen* Erfüllung anzusammeln. Erfüllungszeitpunkt ist der nach der mutmaßl Lebensdauer des jeweiligen Erzeugnisses zu erwartende Rücknahmezeitpunkt. Angesichts der Vielzahl gleichartiger Verpflichtungen ist eine Gruppenbewertung angebracht (s Rz 627). **In der HB** ist hingegen sofort der *Gesamtbetrag* der Rückstellung für den Altbestand zu passivieren (Art 53 EGHGB zu Altfahrzeugen; *Marx/Köhlmann* BB 05, 2007 zu Elektrogeräten). – Die Regelung des S 2 betrifft zum einen **Altfahrzeuge.** Hier besteht ab 1.1.07 eine Rücknahmeverpflichtung auch für solche Kfz, die vor dem 1.7.02 in Verkehr gebracht worden sind (§ 8 II Nr 2 AltfahrzeugG). Auch die Hersteller von **Elektro- und Elektronikgeräten** haben die Kosten für die Entsorgung solcher Altgeräte privater Haushalte zu tragen, die bereits vor Inkrafttreten des Gesetzes (13.8.05) in Verkehr gebracht worden sind (§§ 10 I, 14 V ElektroG). – Die Übergangsrückstellung ist **nicht abzuzinsen** (S 2 HS 2). Die hierfür gegebene Begründung, es handle sich nicht um Rückstellungen, für die der lfd Betrieb ursächl sei (BT-Drs 14/8343, 21), ist allerdings nicht stichhaltig, weil vergleichbare Rückstellungen ansonsten unter die Abzinsungspflicht fallen (Rz 481). Es dürfte sich wohl eher um eine Billigkeitsregelung handeln. Die Verbindlichkeitsrückstellung für die spätere Rücknahme *neu* in Verkehr gebrachter Erzeugnisse ist hingegen abzuzinsen. – Verpflichten sich Branchenmitglieder schon vor Inkrafttreten einer gesetzl Rücknahmepflicht **freiwillig** zur Rücknahme, steht Buchst d S 2 der Passivierung einer Rückstellung nicht entgegen (BFH I R 53/05 BFH/NV 07, 1102 unter II.2.d). Allein eine noch nicht umgesetzte EG-RL, die Rücknahmepflichten auch für die Vergangenheit vorsieht, reicht aber zur Passivierung nicht aus (FG Nds EFG 07, 621, rkr).

479 **(4) Ansammlung bei Kernkraftwerken, § 6 I Nr 3a Buchst d S 3.** Die (idR erhebl) Rückstellungen für die Erfüllung der Stilllegungspflichten sind in gleichen Raten ab der erstmaligen Nutzung bis zum Beginn der Stilllegung anzusammeln. Ist der Stilllegungszeitpunkt nicht bekannt, gilt ein Ansammlungszeitraum von 25 Jahren; allerdings ist für sämtl dt Kernkraftwerke ein Stilllegungszeitpunkt gesetzl festgelegt.

481 **ff) Abzinsung, § 6 I Nr 3a Buchst e.** Rückstellungen für Verpflichtungen sind mit 5,5 % abzuzinsen. Das Gesetz fingiert damit ein schwebendes Austauschgeschäft; es kommt nicht mehr darauf an, ob die ungewisse Verbindlichkeit tatsächl einen verdeckten Zinsanteil enthält (BFH I R 35/09 BStBl II 10, 478 unter II.3.b). – **(1) Abzinsungstechnik.** Zur Berechnung, den maßgebenden Vervielfältigern und den Folgen für Zinshinzurechnungsvorschriften (Zinsschranke usw) s

Rz 456. Bei **unbekannter Laufzeit** ist diese zu schätzen (s Rz 460; dies ist von Bedeutung sowohl für die Frage, ob überhaupt eine Abzinsung vorzunehmen ist, als auch für den Abzinsungsfaktor). – **(2) Ausnahmen von der Abzinsungspflicht.** Die Rechtslage entspricht der bei Verbindlichkeiten (Nr 3 S 2); nicht abzuzinsen sind insb verzinsl Verpflichtungen und solche mit einer Laufzeit von weniger als 12 Monaten (s näher Rz 459 ff). Eine verdeckte Verzinslichkeit, die die Abzinsung ausschließt, kann sich auch hinter der Bemessung des Erfüllungsbetrags verbergen (zutr *Groh* DB 07, 2275, 2277); sie ist ferner bei Risiken gegeben, über die ein Rechtsstreit schwebt (Prozesszinsen). Die *FinVerw* nimmt aus Vereinfachungsgründen auch **Pauschalrückstellungen** von der Abzinsung aus (*BMF* BStBl I 05, 699 Rz 27; FG Mchn EFG 04, 641, rkr); zwingend ist dies mE nicht, sofern die Laufzeit auf mindestens 12 Monate geschätzt werden kann (ausdrückl offen gelassen auch von BFH I R 35/09 BStBl II 10, 478 unter II.3.b). – **(3) Sachleistungspflichten.** Abzuzinsen sind nicht nur für Geldschulden, sondern auch für Sachleistungspflichten gebildete Rückstellungen (so ausdrückl Buchst e S 2; BFH IV R 32/07 BStBl II 12, 98 unter II.1.c, 2.a: verfgem; zust *Bode* FR 12, 476; krit *Prinz* FR 11, 1015). Der Abzinsungszeitraum läuft hier bis zum *Beginn* der Erfüllung; daher unterbleibt eine Abzinsung, wenn die Erfüllung einer Sachleistungspflicht sofort beginnt, selbst wenn der Erfüllungszeitraum sich noch weit in die Zukunft erstreckt (zB Aufbewahrungs-/Nachbetreuungspflichten; s Rz 482). Zum Abzinsungszeitraum bei Stilllegung von Kernkraftwerten s Buchst e S 3 iVm Buchst d S 3 (Rz 479). Auch bei Sachleistungspflichten bleiben die Preisverhältnisse am Bilanzstichtag maßgebend (Buchst f; s Rz 484). – **(4) Handelsbilanz.** Rückstellungen sind ab 2010 mit dem ihrer Restlaufzeit entspr Marktzinssatz der vergangenen 7 Jahre abzuzinsen, den die Bundesbank monatl bekanntgibt (§ 253 II HGB; s *Stapf/Elgg* BB 09, 2134; *Zwirner/Künkele/Liebscher* BB 11, 2155; *Kropp/Wirtz* DB 11, 541). Für die StB hat dies wegen des Vorrangs des § 6 I Nr 3a Buchst e keine Auswirkung; die Ansätze in HB und StB unterscheiden sich nunmehr. – **(5) Rechtslage bis 1998.** S 32. Aufl Rz 481.

(6) Einzelfälle der Abzinsung. Schadenrückstellungen der Versicherungsunternehmen, wobei ein Pauschalverfahren zulässig ist (näher *BMF* BStBl I 00, 1218; Geltungsdauer bis VZ 2016 verlängert durch *BMF* BStBl I 15, 1027); Rückstellung für **Erfüllungsrückstand** (BFH I R 50/10 BStBl II 12, 197 Rz 23: weder Sachleistungsverpflichtung noch Vorausleistung); **Altersteilzeitrückstellungen** (*BMF* BStBl I 07, 297 Rz 10; mE zutr trotz BFH I R 110/04 BStBl II 07, 251 unter II.4.b, das die Rechtslage bis 1998 betrifft); Rekultivierung von **Deponien** (*BMF* BStBl I 05, 826 Rz 22; dort auch näher zum Zeitpunkt der Erfüllung der Verpflichtung; zur Nachsorge bei Deponien ausführl FG Mster EFG 15, 1283, Rev I R 35/15, dazu ausführl *Behrens/Renner* BB 15, 2411); diff zu Bergbau-/Abbaubetrieben hingegen *BMF* BStBl I 99, 1127 (ua keine Abzinsung für Rekultivierung bei Tagebau und Dauerbergschäden). 482

Nicht abzuzinsen sind hingegen Rückstellungen für die Erfüllung neu eingeführter gesetzl Rücknahmepflichten (s Rz 478); mE auch die Rückstellung für die **Aufbewahrung von Geschäftsunterlagen,** weil es sich um eine Sachleistungsverpflichtung handelt und der Erfüllungszeitraum bereits begonnen hat (iErg glA FG Nds EFG 09, 1004, allerdings unter Berufung auf BFH-Rspr, die zur Rechtslage vor Einführung des Abzinsungsgebots ergangen ist und daher nicht auf die heutige Rechtslage übertragbar ist; die nachgehende Entscheidung BFH X R 14/09 BStBl II 11, 496 hat sich hierzu nicht geäußert). Aus denselben Gründen ist auch die Rückstellung für **Nachbetreuungsleistungen** nur bis zu dem Zeitpunkt abzuzinsen, an dem für die *einzelne* Verpflichtung die lfd Nachbetreuungstätigkeit beginnt (BFH X R 25/11 BStBl II 14, 517 Rz 43; *BMF* BStBl I 12, 1100; aA *Weber-Grellet* FR 14, 606: Abzinsung bis zur Hälfte des Zeitraums zw Beginn und Ende der Erfüllung).

gg) Wertverhältnisse am Bilanzstichtag. Allein die aktuellen Verhältnisse sind maßgebend; künftige Preis- und Kostensteigerungen sind nicht zu berücksichtigen (§ 6 I Nr 3a Buchst f). Diese Regelung gilt grds mit Wirkung ab dem Wj 2010 (Einzelheiten zum zeitl Anwendungsbereich s § 52 Abs 16 S 10 idF BilMoG und Rz 427). Sie entspricht jedoch der zuvor geltenden Rspr (Nominalwertprinzip; s BFH IV R 39/80 BStBl II 83, 104 unter I.3.; BFH XI R 50/89 BStBl II 92, 484

910 unter II.2.) und gilt auch in Kombination mit der Abzinsungspflicht, weil künftige Kostensteigerungen am Bilanzstichtag noch nicht verursacht sind (BFH IV R 32/07 BStBl II 12, 98 unter II.1.a). – **Verhältnis zur HB.** Dort ist der Ansatz ab 2010 unter Berücksichtigung künftiger Preis- und Kostensteigerungen zu ermitteln (BR-Drs 344/08, 112). Buchst f schließt dies für die StB aus, so dass sich seither unterschiedl Wertansätze in HB und StB ergeben. – **Kritik.** Die Kombination aus einerseits Abzinsung und andererseits der Nichtberücksichtigung künftiger Kostensteigerungen ist mE in sich widersprüchl (glA *Scheffler* BB 14, 299) und wirkt doppelt zu Lasten des StPfl.

VIII. Entnahmen und Einlagen, § 6 I Nr 4–7

501 **1. Bewertung von Entnahmen, § 6 I Nr 4 S 1. – a) Entnahmetatbestand.** Nach § 4 I 2–7 sind Entnahmen alle Wertabgaben (WG, Nutzungen und Leistungen) für betriebsfremde Zwecke (s ausführl § 4 Rz 300 ff). Sie dürfen den Gewinn nicht mindern. Entnahme ist auch die Überführung in ein anderes BV desselben StPfl (BFH I R 72/08 BStBl II 10, 471 unter II.4.b; BFH IV R 33/08 BStBl II 12, 10 Rz 16); allerdings ist hier grds der Buchwert anzusetzen (§ 6 V 1; s Rz 681). In bestimmten Fällen wird der Entnahmetatbestand eingeschränkt, sofern die weitere Erfassung der stillen Reserven iRd inl Besteuerung gesichert erscheint (s § 4 Rz 321). Dies gilt insb bei Entnahme solcher Anteile an KapGes, die einbringungsgeboren iSd § 21 UmwStG aF sind, sofern deren Buchwert im Entnahmezeitpunkt nicht unter den AK liegt (BFH I R 33/10 BStBl II 12, 445). Auf Anteile iSd § 20 UmwStG 2006 ist dies wegen der geänderten gesetzl Konzeption mE jedoch nicht übertragbar. – **Selbst geschaffene immaterielle WG** sind trotz ihrer fehlenden Aktivierbarkeit (§ 5 II) ebenso entnahmefähig wie andere nicht aktivierte WG; Entnahmen dieser WG sind ebenfalls mit dem TW zu bewerten (s § 4 Rz 301; § 5 Rz 164). Zur fehlenden Entnahmefähigkeit des **Geschäftswerts** s § 16 Rz 294 aE (Betriebsaufgabe), § 16 Rz 713 (Betriebsverpachtung im Ganzen). – Auch bei **Gewinnermittlung nach § 4 III** sind sowohl der Entnahmetatbestand des § 4 I 2 (s § 4 Rz 340 ff mwN) als auch die Bewertungsregelungen nach § 6 I Nr 4 anzuwenden. Dies galt auch vor der mit Wirkung ab VZ 2013 vorgenommenen ausdrückl gesetzl Regelung in § 6 VII (zur Kfz-Nutzung BFH VIII R 66/06 BFH/NV 09, 1422 unter II.1.a mwN). Hingegen tritt bei **KapGes** an die Stelle der Entnahme idR die vGA (BFH GrS 2/86 BStBl II 88, 348 unter C. I.3.a).

503 **b) Bewertungsgrundsatz.** Entnahmen sind grds mit dem **TW** zu bewerten (zu dessen Ermittlung s ausführl Rz 231 ff; speziell zu Entnahmen s Rz 237, 251). Dies gilt vor allem bei der Entnahme von WG. Dem liegt die Vorstellung einer Veräußerung des WG aus der betriebl in die private Sphäre zugrunde (BFH IX B 169/91 BStBl II 92, 909 unter 1.b: anschaffungsähnl Vorgang). **Bewertungszeitpunkt** ist stets der Zeitpunkt der Entnahme (s Rz 251).

504 **c) Beschränkung des dt Besteuerungsrechts.** Wird eine solche Beschränkung gem § 4 I 3 als Entnahme fingiert (s § 4 Rz 329), ist der **gemeine Wert** anzusetzen (§ 6 I Nr 4 S 1 HS 2); der Entnahmegewinn kann auf fünf Jahre verteilt werden (§ 4g). Diese Regelung ist mit Europarecht vereinbar (EuGH C-657/13 DStR 15, 1166 – Verder LabTec). – Anders als der TW umfasst der gemeine Wert grds auch einen Gewinnaufschlag (näher zum Begriff des gemeinen Werts s Rz 235). Diese spezielle Bewertungsregelung geht § 6 V 1 (Buchwertansatz bei Überführung in einen anderen Betrieb) vor (*Strahl* FR 07, 665, 668; *Blümich/Ehmcke* § 6 Rz 1016). Sie gilt auch für die Bewertung von Nutzungen und geht insoweit den in Rz 506 dargestellten Grundsätzen vor (zB BT-Drs 16/2710, 28: ein WG, das einer inl Betriebsstätte zugeordnet ist, wird vorübergehend in einer ausl Betriebsstätte genutzt). – Bezieht sich der Ausschluss oder die Beschränkung des inl Besteuerungsrechts auf eine strukturierte Einheit **(Betrieb, Teilbetrieb, MUeranteil),** ist der gemeine Wert dieser Einheit unter Einbeziehung eines Ge-

schäftswerts zu ermitteln (BT-Drs 16/2710, 28; mE im Hinblick auf den Zweck dieser Regelung zutr). Die Gegenauffassung (*Förster* DB 07, 72, 74; *Strahl* FR 07, 665, 668) führt an, ein Geschäftswert könne nicht einzeln veräußert werden und habe daher keinen gemeinen Wert. Dies überzeugt nicht, weil es hier um eine *Gesamtbewertung* der betriebl Einheit geht.

d) Bewertung der Entnahme von Nutzungen und Leistungen. – aa) Bewertungsmaßstab. – (1) Selbstkosten. Ein TW kann hier in Ermangelung eines WG nicht angesetzt werden. Zur Ausfüllung dieser Gesetzeslücke ist daher auf die anteilige Wertabgabe des Betriebs (Selbstkosten) zurückzugreifen (BFH GrS 2/86 BStBl II 88, 348 unter C. I.1.b bb). Dies gilt auch bei PersGes (BFH IV R 123/80 BStBl II 83, 598). – **(2) WG, die sowohl betriebl als auch privat genutzt werden.** Die gesamten Selbstkosten für das WG sind nach dem Verhältnis der Nutzungsanteile aufzuteilen (BFH IV R 170/74 BStBl II 80, 176 unter III.2.: Flugzeug); zur Bewertung der Privatnutzung betriebl Pkw s Rz 511. – **(3) WG, die aus privaten Gründen verbilligt überlassen werden.** Anzusetzen ist der Teil der Selbstkosten, der der Unentgeltlichkeitsquote im Verhältnis zur Marktmiete entspricht (BFH IV R 46/00 BFHE 201, 454 unter 2.); die Grenze des § 21 II (66%) ist auf Gewinneinkünfte nicht anzuwenden (BFH IV R 49/97 BStBl II 99, 652 unter 3.b). Bei einer auf Dauer angelegten *voll unentgeltl* Überlassung wird allerdings das WG als solches entnommen (BFH IV R 46/08 BStBl II 11, 692 Rz 29). – **(4) Selbstkosten übersteigen die Marktmiete für ein gleichartiges WG.** Die Rspr ist hier uneinheitl. Zu privat genutzten WG wurde entschieden, auch in einem solchen Fall seien die (höheren) Selbstkosten anzusetzen (BFH IV R 170/74 BStBl II 80, 176 unter III.2.; BFH VIII R 9/87 BFH/NV 92, 590), was dogmatisch mE richtig erscheint, da auch im umgekehrten Fall (es entstehen gar keine Selbstkosten) kein Ansatz einer fiktiven Entnahme in Höhe der Marktmiete erfolgt (BFH IV R 46/08 BStBl II 11, 692 Rz 33 mwN). In späteren Entscheidungen zu Fällen privat veranlasster *verbilligter* Vermietung wurde (ohne Auseinandersetzung mit der früheren Rspr) jedoch eine Begrenzung auf die Marktmiete angenommen, und zwar zunächst nur für den in Rz 507 behandelten Spezialfall der Einbeziehung größeren Erhaltungsaufwands in die Selbstkosten (BFH IV R 46/00 BFHE 201, 454 unter 3.c aa ddd), später dann ohne diese Einschränkung (BFH IV R 46/08 BStBl II 11, 692 Rz 31; BFH IV R 56/11 BFH/NV 15, 317 Rz 28). 506

bb) Höhe der Selbstkosten. – (1) Buchmäßige Gesamtaufwendungen des Wj. Einzubeziehen sind insb AfA, Finanzierungskosten, Material-, Lohn- und Gemeinkosten (BFH IV R 46/00 BFHE 201, 454 unter 2.a). TW-AfA bleibt außer Ansatz. – **(2) Wert der eigenen Arbeitsleistung des StPfl.** Sie ist nicht anzusetzen (BFH IV R 87/85 BStBl II 88, 342 unter 2.a); hat sie jedoch zur Schaffung eines WG geführt, das später entnommen wird, ist es mit dem TW zu bewerten (BFH I 68/59 U BStBl III 59, 421; BFH VIII R 20/85 BFH/NV 87, 442 unter 2.). In diesen Fällen soll der TW nach der Rspr dem Marktpreis entsprechen, was zweifelhaft ist, weil der Gewinnaufschlag außer Ansatz bleiben muss (mE nur Ansatz der Wiederbeschaffungskosten; zur Kritik s auch Rz 251). – **(3) Zerstörung eines zum BV gehörenden Pkw auf einer Privatfahrt.** Auch hier bleibt es beim Ansatz der buchmäßigen Aufwendungen (BFH I R 213/85 BStBl II 90, 8 unter II. A. 4.: Nutzungsentnahme nur iHd Restbuchwerts; die „zerstörten stillen Reserven" gehen nicht in die Bewertung der Nutzungsentnahme ein; Ersatzleistungen und Resterlöse sind BE; ebenso EStR 4.7 I 3; ausführl *Wassermeyer* DB 03, 2616). Der VIII. Senat will die Nutzungsentnahme hingegen mit dem TW ansetzen (Vorlagebeschluss BFH VIII R 48/98 BStBl II 01, 395; *Gschwendtner* DStR 04, 1638); dies ist bisher aber nicht entscheidungserhebl geworden (s BFH VIII R 48/98 BStBl II 04, 725: Aufhebung des Vorlagebeschlusses). Von Bedeutung ist dies auch für die Ermittlung der Gesamtkosten iRd Fahrtenbuchmethode 507

(Rz 535); zur Abgeltung von Unfallkosten bei der 1%-Regelung s Rz 525. – **(4) Behandlung werterhöhender Erhaltungsaufwendungen.** Wenn solche Aufwendungen zur Erhöhung des TW des WG um 10% geführt haben, verteilt sie den Erhaltungsaufwand (ausschließl für Zwecke der Bewertung der Nutzungsentnahme) auf 10 Jahre (ausführl BFH IV R 46/00 BFHE 201, 454 unter 3.c; von der *FinVerw* bisher nicht im BStBl II veröffentlicht; krit *Briese* DStR 04, 249: keine Rechtsgrundlage; mE dient die Entscheidung zwar der Einzelfallgerechtigkeit, führt aber zu erhebl Komplizierung). – **(5) Spätere Veräußerung/Entnahme des WG.** Der hierdurch entstehende Buchgewinn darf nicht etwa wegen der vorangegangenen teilweisen Privatnutzung niedriger angesetzt werden (BFH IV 38/58 U BStBl III 59, 466); auch mindert er nicht die im Veräußerungsjahr anzusetzenden Selbstkosten (BFH X R 1/92 BStBl II 94, 353 unter 3.; mE konsequent, sofern man der unter (3) zitierten hM folgt). – **(6) Geldwerte Vorteile.** Wendet ein Dritter solche Vorteile aus betriebl Gründen zu und werden sie privat genutzt (dh sogleich entnommen), sind sie mit dem übl Marktpreis anzusetzen (§ 8 II analog). Dies gilt zB für zugewendete **Reisen** (BFH VIII R 35/93 BStBl II 96, 273 unter II.4.; *BMF* FR 96, 837 unter 2.c).

509 **e) Steuerfreie Entnahmen.** Sie kommen bei Zuwendung des WG an gemeinnützige Körperschaften in Betracht (§ 6 I Nr 4 S 4; s Rz 541); ferner bei bestimmten luf Entnahmevorgängen (§ 13 IV, V; s § 13 Rz 88, 220).

511 **2. Bewertung der privaten Nutzung eines betriebl Kfz, § 6 I Nr 4 S 2, 3.** S grundlegend *BMF* BStBl I 09, 1326; dazu ausführl *Nolte* NWB 10, 655; krit *Urban* FR 10, 510; *Urban* Besteuerung von Firmen- und Dienstwagen, 2009. – **a) 1%-Regelung.** Nach § 6 I Nr 4 S 2 ist die private Nutzung (s Rz 515) eines Kfz (zum Begriff s Rz 512), das zu mehr als 50% betriebl genutzt wird (s Rz 513) für jeden Kalendermonat mit 1% des inl Listenpreises im Zeitpunkt der Erstzulassung (Rz 518) zzgl der Kosten für Sonderausstattung (Rz 519) einschließl der USt (Rz 521) anzusetzen. Zum Umfang der Abgeltungswirkung s Rz 525; zur Verfassungsmäßigkeit s Rz 527. Die Regelung ist grds **zwingend;** wird bei einem zu mehr als 50% betriebl genutzten Kfz kein Fahrtenbuch geführt, ist eine von S 2 abw Schätzung unzulässig (BFH XI B 128/06 BFH/NV 07, 706).

512 **aa) Begriff des Kraftfahrzeugs.** Hierzu zählen nicht nur Pkw (auch zum Rennwagen umgebaute, s FG Ddorf EFG 09, 168, rkr), sondern auch Motorräder. Auch **geleaste** oder gemietete Kfz fallen wegen des Vereinfachungszwecks unter die Regelung, ohne dass es darauf ankommt, ob der StPfl wirtschaftl Eigentümer ist und das Kfz zu aktivieren hat (BFH X R 23/01 BStBl II 03, 472 unter II.1.c; BFH VIII R 67/06 BFH/NV 08, 1662 unter II.1.a; *BMF* BStBl I 09, 1326 Rz 1; aA *Blümich/Ehmcke* § 6 Rz 1013b sowie zur Rechtslage bis VZ 2005 für Leasingvertrag ohne wirtschaftl Eigentum und betriebl Nutzung unter 50% BFH VIII R 31/09 BFH/NV 13, 527, Anm *Nothnagel* HFR 13, 295). – Hingegen ist die Regelung bei **Lkw** und **Zugmaschinen** nicht anzuwenden, weil hier kein Erfahrungssatz für eine nicht nur gelegentl Privatnutzung spricht (BFH X R 23/01 BStBl II 03, 472 unter II.1.d). Für die **Abgrenzung zum Lkw** ist allerdings nicht die kfz-steuerl Behandlung maßgebend (zB Gewicht, Anteil der Ladefläche), sondern die typischerweise bestehende Eignung für Privatfahrten (BFH X R 23/01 BStBl II 03, 472 unter II.2.b). Diese ist trotz Einstufung als Lkw zB gegeben bei einem schweren Geländewagen (BFH X R 23/01 BStBl II 03, 472), einem viersitzigen geschlossenen Kastenwagen (FG Nds EFG 08, 198, rkr), einem zweisitzigen, von einem RA genutzten PickUp mit offener Ladefläche (FG Mchn EFG 08, 1448, rkr), einem Wohnmobil (BFH VI R 62/96 BStBl II 02, 370 unter II.2.c) und einem Kleinbus VW Caravelle (FG BBg EFG 08, 681, rkr); nicht aber bei einem zweisitzigen als Lkw zugelassenen reinen Werkstattwagen eines Handwerkers (BFH VI R 34/07 BStBl II 09, 381; FG Mchn DStRE 11, 1439, rkr: Ford Transit mit nur einer Sitzreihe). Wird ein (echter) Lkw im Einzelfall gleichwohl privat ge-

nutzt, ist die darin liegende Nutzungsentnahme nach S 1 einzeln (mit den Selbstkosten) zu bewerten (s Rz 506). – Die Regelung gilt gleichermaßen für **neue wie für gebraucht erworbene Kfz** (BFH VIII R 67/06 BFH/NV 08, 1662 unter II.1.a mwN).

bb) Betriebl Nutzung von mehr als 50 %. Für Wj, die nach dem 31.12.05 beginnen (§ 52 Abs 16 S 15 EStG 2006), ist dies Voraussetzung für die Anwendung der 1 %-Regelung (ausführl *Urban* DB 06, 408); zur Rechtslage bis 2005 s 33. Aufl. Die Überlassung von Kfz an ArbN ist für den ArbG stets betriebl Nutzung; KapGes, die ihrem Ges'ter-Geschäftsführer einen Pkw überlassen, sind daher von der 50 %-Grenze nicht betroffen. Auch Fahrten zw Wohnung und Betriebsstätte sowie Familienheimfahrten zählen *hier* (anders bei § 4 V 1 Nr 6) zu den betriebl Fahrten. – Die **Darlegung eines betriebl Nutzungsanteils von mehr als 50 %** erfordert (anders als die Ersetzung der 1 %-Regelung durch die Fahrtenbuchmethode nach S 3) nicht zwingend die Führung eines Fahrtenbuchs (*BMF* BStBl I 09, 1326 Rz 4). Vielmehr gelten die allg Regeln der Beweiswürdigung (zB können auch zeitl beschr Aufzeichnungen ausreichen). Auch aus der Art der Tätigkeit kann auf eine betriebl Nutzung von mehr als 50 % geschlossen werden (zB Taxifahrer, Handelsvertreter; zu Beweiserleichterungen s *BMF* BStBl I 09, 1326 Rz 5). – **Privatnutzungsanteil bei Kfz des BV mit maximal 50 % betriebl Nutzung.** Hier (gewillkürtes BV) ist die Privatnutzung nicht nach S 2, sondern gem S 1 mit den tatsächl Selbstkosten zu bewerten (s Rz 506); ggf sind diese zu schätzen. Dieser Wert ist auch ustl zu übernehmen (*BMF* BStBl I 09, 1326 Tz 35). – **Kfz des PV.** Hier ist die Anwendung der Nr 4 ausgeschlossen. Die in einer betriebl Nutzung liegende Aufwandseinlage kann aber nach den steuerl Pauschbeträgen bemessen werden. 513

cc) Privatnutzung des Kfz. Dies ist stets Voraussetzung für die Anwendung der 1 %-Regelung. – **(1) Beweisfragen.** Zwar muss das FA (ggf das FG) sich die volle Überzeugung über das Stattfinden einer Privatnutzung bilden (BFH VIII R 60/06 BFH/NV 09, 1974 unter II.3.a). Hierfür spricht allerdings ein **Erfahrungssatz,** der von der Rspr (mE unzutr) als **„Anscheinsbeweis"** bezeichnet wird (vgl BFH VIII B 82/11 BFH/NV 12, 573; BFH VIII R 42/09 BStBl II 13, 365 Rz 15). Die Wirkung des Erfahrungssatzes (Anscheinsbeweises) wird erschüttert, wenn der StPfl einen Sachverhalt darlegt und nachweist, der die ernsthafte Möglichkeit eines anderen Geschehens ergibt (zum Ganzen BFH VI R 19/05 BStBl II 07, 116 unter II.2.b; BFH VI B 20/06 BFH/NV 07, 716 unter 1.a; BFH V B 131/08 BFH/NV 09, 1678 unter II.1.a). Dabei ist allerdings zu berücksichtigen, dass es sich um Tatsachen aus der Sphäre des StPfl handelt, so dass strenge Anforderungen zu stellen sind, um den Erfahrungssatz nicht funktionslos werden zu lassen (BFH III R 59/98 BStBl II 00, 273 unter II.2.; BFH VI B 59/04 BFH/NV 05, 1300). Die Tatsachen, die den „Anscheinsbeweis" *erschüttern* sollen, bedürfen des vollen Beweises (BFH VI B 74/08 BFH/NV 10, 197); ein Beweis des *Gegenteils* ist allerdings nicht erforderl (BFH VI B 79/09 BFH/NV 10, 867 unter II.1.b cc; BFH VIII R 42/09 BStBl II 13, 365 Rz 16). Die Rspr des VI. Senats des BFH (zuständig für LSt und damit für die Parallelvorschrift des § 8 II) tendiert zur Großzügigkeit; die Rspr der für betriebl Einkünfte zuständigen Senate ist zurückhaltender. 515

(2) Widerlegung des Erfahrungssatzes. Hierfür reicht die **bloße Behauptung** des StPfl, der Pkw werde nicht für Privatfahrten genutzt, nicht aus (BFH X R 23/01 BStBl II 03, 472 unter II.1.a mwN; ebenso zu § 8 II BFH VI B 123/08 BFH/NV 09, 1434 unter II.2.; BFH VI R 46/08 BStBl II 10, 848 unter II.2.b). – Gleiches gilt, wenn zwar im GesVertrag einer PersGes ein **Nutzungsverbot** enthalten ist, aber ein Interessengegensatz fehlt (BFH VIII R 60/06 BFH/NV 09, 1974 unter II.4.; anders aber trotz fehlenden Interessengegensatzes für Kfz-Überlassung an den als ArbN der PersGes beschäftigten *Ehegatten* des beherrschenden Ges'ters BFH VI R 23/12 BStBl II 13, 920 Rz 24); zum Ausspruch eines Nutzungsverbots bei *ArbN* (einschließl beherrschenden GmbH-Ges'ter-Geschäftsführer) in den 516

Fällen des § 8 II s § 19 Rz 100 „KfzGestellung". Zu § 8 II hat der BFH entschieden, der Anscheinsbeweis erstrecke sich nicht auf die Frage, *ob* eine Privatnutzungsbefugnis besteht (BFH VI R 46/08 BStBl II 10, 848 unter II.2.c; BFH VI R 23/12 BStBl II 13, 920 Rz 20). Dies ist wegen der unbeschr Verfügungsbefugnis des Betriebsinhabers (im Gegensatz zum bloßen ArbN) auf § 6 I Nr 4 nicht übertragbar (glA *Schneider* NWB 10, 3105, 3111), zumal bei § 8 II bereits die bloße Nutzungs*möglichkeit* für die Besteuerung genügt (BFH VI R 31/10 BStBl II 13, 700), während bei § 6 I Nr 4 das Kfz *tatsächlich* privat genutzt werden muss. IÜ sollte in Fällen, die mangels externer Beweismittel nicht aufklärbar sind (zB Privatnutzung durch GmbH-Ges'tergeschäftsführer) die Beweislastverteilung nach Sphären angewendet werden (zutr *Wagner* EFG 13, 346; *Siegers* EFG 13, 924). – Auch das **Vorhandensein eines weiteren Kfz im PV** reicht für sich genommen nicht aus, um den Erfahrungssatz zu widerlegen (BFH VI R 46/08 BStBl II 10, 848 unter II.3.b). Ist das private Kfz aber in Status und Gebrauchswert mit dem betriebl Kfz vergleichbar, ist die Wirkung des Erfahrungssatzes leichter zu erschüttern (BFH VIII R 60/06 BFH/NV 09, 1974 unter II.3.b; BFH VIII R 42/09 BStBl II 13, 365 Rz 20f). Der Erfahrungssatz gilt auch für ein Taxi-Kfz (BFH X B 18/12 BFH/NV 13, 1401). – Für die Darlegung fehlender Privatnutzung ist die **Führung eines Fahrtenbuchs nicht zwingend** (BFH VI R 38/06 BStBl II 08, 768 unter II. vor 1.; *Bergkemper* HFR 08, 917); umgekehrt sind bloße Eintragungen in einer Excel-Tabelle aber auch kein zwingender Beweis fehlender Privatnutzung (FG Hess DStRE 09, 1170, rkr).

517 **dd) Pauschalierte Höhe der Nutzungsentnahme.** Monatl sind 1% des inl Listenpreises im Zeitpunkt der Erstzulassung zzgl Kosten für Sonderausstattungen und einschließl der USt („Bruttolistenpreis") anzusetzen. Die Pauschale entfällt für solche *vollen* Monate, in denen das **Kfz nicht zur Verfügung stand** (zB Reparatur) oder eine private Nutzung aus anderen einfach nachprüfbaren Gründen ausgeschlossen ist (*BMF* BStBl I 09, 1326 Rz 15); dies ist vom StPfl nachzuweisen.

518 **(1) Listenpreis für ein Neufahrzeug.** Dieser Preis ist auch bei Anschaffung eines **Gebrauchtwagens** mit nur geringen tatsächl AK maßgebl, da individuelle Umstände bei der Pauschalbewertung unberücksichtigt bleiben (BFH VI R 51/11 BStBl II 13, 385). Gleiches gilt für Oldtimer (sofern sie im Einzelfall zu mehr als 50% betriebl genutzt werden sollten). Umgekehrt bleibt bei Gebrauchtwagen aber der im **Zeitpunkt der Erstzulassung** des Fahrzeugs (nicht des Fahrzeug*typs*) geltende Listenpreis maßgebend; es ist nicht etwa der im Zeitpunkt der Anschaffung aktuelle Listenpreis anzusetzen (BFH III R 59/98 BStBl II 00, 273 unter II.4.b cc). – **Rabatte** sind bei Neuwagenkäufen zwar übl, mindern den Bruttolistenpreis (anders als den übl Endpreis iSd § 8 III) aber nicht (zutr BFH VI R 51/11 BStBl II 13, 385 Rz 16). Zum einen handelt es sich um eine typisierende Regelung; zum anderen werden die gesamten Kfz-Aufwendungen maßgebl auch durch andere Kostenarten bestimmt (zB Kraftstoff), deren Preissteigerungen durch den Listenpreis gar nicht erfasst werden. – Wird die AfA wegen unangemessen hoher AK nach § 4 V 1 Nr 7 gekürzt, ist für die 1%-Regelung gleichwohl der volle Listenpreis maßgebend (FG Saarl EFG 09, 307 unter I.4., NZB durch BFH VIII B 28/09 BFH/NV 09, 1967 zurückgewiesen). Dieses Ergebnis stimmt zwar mit dem Gesetzeswortlaut überein, ist aber wegen der eintretenden Doppelbelastungen problematisch. – Der **inl Listenpreis** gilt auch für Reimporte. Mehr- und Minderausstattungen der Reimport-Kfz sind aber zu berücksichtigen (*BMF* BStBl I 09, 1326 Rz 10). – Der Listenpreis ist **auf volle 100 € abzurunden** (BMF BStBl I 09, 1326 Rz 10).

519 **(2) Sonderausstattungen.** Sie sind grds in die Bemessungsgrundlage der 1%-Regelung einzubeziehen. Dies gilt zB für Diebstahlsicherungen; für Navigationsgeräte dann, wenn sie schon werkseitig eingebaut sind und daher kein selbständiges WG darstellen (BFH VI R 37/04 BStBl II 05, 563). Vom Kfz trennbare Geräte sind hingegen selbständige WG und daher nicht einzubeziehen. In seiner neueren Rspr stellt der VI. Senat bei Sonderausstattungen allein darauf ab, ob sie **im Zeitpunkt der Erstzulassung bereits vorhanden** waren (dann Einbeziehung in die Bemessungsgrundlage der 1%-Regelung) oder nicht (BFH VI R 12/09 BStBl II 11, 361, Anm *Schwenke* HFR 11, 276: keine Einbeziehung nachträgl Einbauten;

aA zutr *Hartmann* Inf 03, 895, 898; diff *Seifert* Inf 03, 655, 656: nur in den ersten drei Monaten nach Anschaffung). ME lässt sich dies aus dem Wortlaut nicht ableiten, weil sich „Erstzulassung“ allein auf „Listenpreis“, nicht aber auf „Sonderausstattung“ bezieht (glA *Urban* NJW 11, 2465, 2467). Zudem eröffnet diese Gesetzesauslegung Gestaltungsmöglichkeiten (nachträgl Einbau hochwertiger Sonderausstattungen, deren Privatnutzung dadurch unbesteuert bleibt), die unter dem Gesichtspunkt des Leistungsfähigkeitsprinzips unerwünscht sind. Die *FinVerw* wendet die Rspr aber an (Fn in BStBl II 11, 361). – **Nicht einzubeziehen** sind hingegen Autotelefone, ein zusätzl Reifensatz und der Mehrpreis für besondere Leistungsstärke des Kfz, die *nur* wegen einer Sicherheitspanzerung erforderl ist (LStR 8.1 IX Nr 1 S 6, 7).

(3) Elektrofahrzeuge. Reine Elektro-Kfz, durch emissionsfreie Energiewandler (Brennstoffzellen) angetriebene Kfz sowie extern aufladbare Hybridelektro-Kfz („Plug-In Hybrid“; aber nicht solche Hybrid-Kfz, die elektrische Energie ledigl beim Bremsen zurückgewinnen) werden ab VZ 2013 insoweit begünstigt, als die Kosten des Batteriesystems aus dem Listenpreis herausgenommen werden (ausführl *BMF* BStBl I 14, 835; *Becker* NWB 14, 2870). Diese Kosten werden pauschal mit 500 €/kWh, höchstens 10 000 €/Kfz angesetzt; für Kfz, die ab VZ 2014 angeschafft werden, mindern sich diese Beträge jährl um 50 € bzw 500 € (bei einem im VZ 2016 angeschafften Kfz wird die Bemessungsgrundlage für die 1%-Regelung also pauschal um 350 €/kWh, höchstens aber um insgesamt 8500 € gemindert), so dass die Förderung letztmals für im VZ 2022 angeschaffte Elektro-Kfz zu gewähren sein wird (§ 52 Abs 12 S 1). Wird die Batterie getrennt vom Kfz geleast, lässt die *FinVerw* den vollen BA-Abzug dieser Leasingraten (ohne Privatanteil) zu (*BMF* BStBl I 14, 835 Rz 5). – **Kritik:** Gegen das Ziel, die abgasfreie Elektromobilität zu fördern, ist nichts einzuwenden. Die Förderung ist allerdings nicht diskriminierungsfrei (Art 3 I GG) ausgestaltet. So ist nicht nachvollziehbar, weshalb nur die Privatnutzung solcher Kfz begünstigt wird, die zugleich auch betriebl genutzt werden (aA *Balmes* BB 13, 215: dort sei kein Nachteilsausgleich erforderl). Auch ist Elektromobilität nicht nur bei Kfz, sondern auch bei elektrobetriebenen Schienenfahrzeugen und Elektrofahrrädern förderungswürdig; diese sind aber nicht in die Begünstigung einbezogen (krit zum Ausschluss sonstiger Hybrid-Kfz auch *Paintner* DStR 13, 1629). 520

(4) Verhältnis zur USt. Der BFH sieht die 1%-Regelung nicht als geeigneten Schätzungsmaßstab für die USt-Bemessungsgrundlage an (BFH V R 78/98 BFHE 188, 160; BFH XI R 32/08 BStBl II 10, 1079 unter II.2.a). Gleichwohl gewährt die *FinVerw* das **Wahlrecht,** das Ergebnis der 1%-Regelung (nach Abzug von pauschal 20% für nicht mit VorSt belastete Aufwendungen) auch für die USt zu übernehmen, und zwar als *Netto*betrag, obwohl in dessen Bemessung auch die im Listenpreis enthaltene USt eingegangen ist (*BMF* BStBl I 04, 864 Tz 2.1). Macht der StPfl von dieser Vereinfachungsregelung Gebrauch, kann er für die USt nicht einerseits die 1%-Regelung, andererseits aber einen höheren nicht vorsteuerbelasteten Anteil als 20% ansetzen (BFH XI R 32/08 BStBl II 10, 1079). – Umgekehrt darf der StPfl aus der estl Bemessungsgrundlage der 1%-Regelung nicht etwa die USt herausrechnen, da der klare Wortlaut des S 2 den Ansatz *einschließl* der USt verlangt (BFH XI R 12/02 BStBl II 03, 704; BFH X R 70/01 BFH/NV 03, 1580; BFH X R 43/02 BFH/NV 04, 639; VerfBeschw 2 BvR 1931/03, 2 BvR 524/04 nicht zur Entscheidung angenommen). Dieser eindeutige Wortlaut steht auch der mitunter geforderten Differenzierung zw regelversteuernden Unternehmern und solchen mit ustfreien Umsätzen entgegen. Verfrechtl Bedenken bestehen nicht, weil jederzeit die Möglichkeit besteht, auf das Fahrtenbuch auszuweichen. – Die USt auf die Nutzungsentnahme ist gem **§ 12 Nr 3** ihrerseits nicht als BA abziehbar. Schätzt der StPfl für Zwecke der USt die Nutzungsentnahme abw von der 1%-Regelung (was zulässig ist), darf nur die tatsächl entstandene USt nach § 12 Nr 3 hinzugerechnet werden, nicht aber die fiktive, sich nach der 1%-Regelung ergebende USt (zutr BFH VIII R 54/07 BStBl II 11, 451). Gleiches gilt, wenn der StPfl (zB wegen Anwendung der Durchschnittssätze nach § 24 UStG) faktisch keine USt auf die Nutzungsentnahme zahlt (zutr BFH IV R 45/07 BStBl II 10, 689). 521

522 **(5) Mehrere Kfz oder Nutzer.** Wird *ein* Kfz durch *mehrere* Personen genutzt, bleibt es beim Ansatz der 1 % pro Monat, da dieser Betrag fahrzeugbezogen ist (BFH VI R 132/00 BStBl II 03, 311). – Nutzt hingegen *eine* Person (abwechselnd) *mehrere* Kfz des BV auch privat, ist grds für *jedes* dieser Kfz die Pauschalentnahme ansetzen (so für Wj, die nach dem 31.12.09 beginnen, *BMF* BStBl I 09, 1326 Rz 12, 36; ebenso schon die Rspr für VZ bis 2009, s BFH VIII R 24/08 BStBl II 10, 903; BFH VIII B 258/09 BFH/NV 10, 1440; BFH XI R 32/08 BStBl II 10, 1079 unter II.3.a; glA zu § 8 II BFH VI R 17/12 BStBl II 14, 340 Rz 9). Wegen des Wortlauts und der fahrzeugbezogenen Konzeption der Regelung ist dies zutr (glA *Urban* FR 10, 510, 516 und FR 10, 585; aA *Korn/Strahl* KÖSDI 10, 16801, 16803; *Peetz* DStZ 13, 317: kann zu offensichtl unzutr Besteuerung führen). Die Problematik ist von der *FinVerw* durch eine **Vereinfachungsregelung** entschärft worden (*BMF* BStBl I 12, 1099): Wenn der StPfl für die private Nutzung eine Nutzungsentnahme für das Kfz mit dem höchsten Listenpreis ansetzt, sieht die *FinVerw* darin die Erklärung, dass die weiteren Kfz des BV nicht privat genutzt werden, und folgt grds dieser Angabe. Nutzen auch andere Personen, die zur Privatsphäre des StPfl gehören, ein betriebl Kfz, gilt diese Vereinfachungsregelung, wenn der StPfl die Nutzungsentnahme je Person für das Kfz mit dem nächsthöheren Listenpreis ansetzt. ME ist die Regelungstechnik dieser Verwaltungsanweisung zweifelhaft, da sie den StPfl zu bewussten Falschangaben verleitet und so einer weiteren Erosion der Besteuerungsmoral Vorschub leistet. – Demggü wendete die *FinVerw* **bis 2009** die 1 %-Regelung in diesen Fällen nicht für alle Fahrzeuge, sondern nur für dasjenige mit dem höchsten Listenpreis an (*BMF* BStBl I 02, 148 Rz 9); daran hält die *FinVerw* für die Vergangenheit ungeachtet der strengeren BFH-Rspr fest (Fn in BStBl II 10, 903). – Entspr gilt, wenn *mehrere* Kfz durch mehrere Personen privat genutzt werden: Ab 2010 ist für *jedes* auch privat genutzte Kfz die Pauschalentnahme anzusetzen; bis 2009 bezog die *FinVerw* hingegen nur so viele Kfz in die 1 %-Regelung ein, wie Privatnutzer vorhanden waren. – Bei einem **Fahrzeugwechsel** ist der Listenpreis des in dem Monat *überwiegend* genutzten Kfz maßgebend (*BMF* BStBl I 09, 1326 Rz 9).

523 **(6) Kostendeckelung.** Da eine Entnahme eine Wertabgabe des Betriebes darstellt, kann sie nicht höher sein als die für das jeweilige Kfz entstandenen Aufwendungen. Die Summe der Pauschalwerte nach § 6 I Nr 4 S 2 sowie § 4 V 1 Nr 6 ist daher auf die tatsächl Aufwendungen zu begrenzen; die Entfernungspauschale ist erst von diesem „gedeckelten" Betrag abzuziehen (*BMF* BStBl I 09, 1326 Rz 18 ff mit Beispiel). Dabei handelt es sich ledigl um eine **Billigkeitsregelung** (BFH XI R 59/04 BFH/NV 07, 1838 unter II.3.; BFH VIII R 28/10 BStBl II 13, 120 Rz 22). – Vermietet ein Ges'ter das Kfz an die PersGes und überlässt diese es ihm zur Privatnutzung, ist für die Kostendeckelung auf die (Miet-)Aufwendungen der PersGes abzustellen, nicht auf die (geringfügigen) eigenen Aufwendungen des Ges'ters (BFH VIII R 28/10 BStBl II 13, 120). Die Kostenobergrenze wird auch nicht dadurch gemindert, dass Teile der Kfz-Kosten einem Auftraggeber offen weiterberechnet werden (FG Nbg DStRE 07, 137, rkr; *OFD Mchn/Nbg* DB 05, 1305). Dies ist zutr, weil auch verdeckt (kalkulatorisch) überwälzte Kosten die Obergrenze naturgemäß nicht mindern. Besteht jedoch ein unmittelbarer wirtschaftl Zusammenhang zw *bestimmten* Kosten und einer Erstattung, sind die Gesamtkosten um die Erstattung zu mindern (zB Reparaturkosten und Versicherungserstattung; s *Urban* DStZ 04, 741, 752). – Falls der sich nach der 1 %-Regelung ergebende Pauschalansatz die Gesamtkosten überschreitet, sollte der StPfl prüfen, ob die Privatnutzung evtl über 50 % beträgt. Dann ist die 1 %-Regelung von vornherein nicht anwendbar (s Rz 513), so dass als Privatanteil ledigl die (zu schätzenden) *anteiligen* Gesamtkosten, nicht aber die *vollen* Gesamtkosten (so die Kostendeckelungsregelung der *FinVerw*) anzusetzen sind, was günstiger ist (zutr *Urban* FR 13, 232).

ee) Abgeltungswirkung. – **Dem Grunde nach** beschränkt sich die Abgeltungswirkung auf Privatfahrten. Für Fahrten zw Wohnung und Betrieb sowie Familienheimfahrten sind gem § 4 V 1 Nr 6 zusätzl nichtabziehbare BA anzusetzen. – Wird das betriebl Kfz auch zur Erzielung von **Überschusseinkünften** (BFH X R 35/05 BStBl II 07, 445) oder **in weiteren Betrieben**/MUerschaften *des StPfl* (BFH IV R 59/06 BFH/NV 09, 1617) eingesetzt, ist für diese außerbetriebl Nutzung eine zusätzl Entnahme anzusetzen, die gem S 1 mit den Selbstkosten zu bewerten ist. IRd dortigen Einkünfteermittlung können diese Kosten dann wiederum als BA/WK abgezogen werden. Die *FinVerw* lässt eine Pauschalierung der Entnahme mit 0,001 % des Listenpreises je km zu; eine Entnahme braucht nicht angesetzt werden, wenn bei der anderen Einkunftsart kein BA/WK-Abzug erfolgt, obwohl dieser unbeschränkt mögl wäre (*BMF* BStBl I 09, 1326 Rz 17). Die unentgeltl Überlassung des Kfz an einen Betrieb des *anderen* Ehegatten aus privaten Gründen stellt aus Sicht des Überlassenden jedoch eine private Nutzung dar, die mit der 1 %-Regelung abgegolten ist und nicht zum Ansatz einer zusätzl Entnahme führt; korrespondierend kann der andere Ehegatte mangels eigener Aufwendungen keine Aufwandseinlage absetzen (zutr BFH X R 24/12 BStBl II 15, 132 Rz 26). – **Der Höhe nach** sind diejenigen Aufwendungen abgegolten, die mit Nutzung und Betrieb des Kfz verbunden sind (BFH VI R 37/03 BStBl II 06, 72). Allerdings differenziert die Rspr zunehmend und sieht zB Kosten bestimmter **Unfälle auf Privatfahrten** nicht als abgegolten an (BFH VI R 73/05 BStBl II 07, 766: Verzicht des ArbG auf Ersatz bei alkoholbedingtem Unfall des ArbN; s auch § 8 Rz 41 aE; aA *Urban* DStZ 04, 741, 744 und FR 07, 873). Auch sind Maut-, Park- und Schutzbriefkosten für Privatfahrten nicht abgegolten (BFH VI R 37/03 BStBl II 06, 72; aA *Urban* FR 05, 1134; NJW 11, 2465, 2467 mit Hinweis darauf, dass ein Einzelnachweis der tatsächl Veranlassung jedes einzelnen Parkentgelts unpraktikabel sei). ME ist die Rspr zutr, weil es sich hier um abgrenzbare, ausschließl privat veranlasste Einzelkosten handelt, deren gesonderte Behandlung zumutbar ist und bei solchen BA, die nicht Kfz-Kosten betreffen, von allen StPfl selbstverständl erwartet wird; dann kann nicht deshalb etwas anders gelten, weil es sich um Kfz-Kosten handelt. Zwar ist diese Rspr zu § 8 II ergangen; ihre Begründung ist aber zugleich auf § 6 I Nr 4 übertragbar. – Die **Fahrergestellung** ist zusätzl anzusetzen; ihr Wert ist ggf anhand der für den LStAbzug geltenden Regeln (LStR 8.1 X) zu schätzen. 525

ff) Verfassungsmäßigkeit. Die Regelung enthält zwar eine sehr grobe Typisierung, ist aber verfgemäß (ausführl BFH III R 59/98 BStBl II 00, 273; BFH IV R 27/00 BStBl II 01, 403; BFH IV R 59/06 BFH/NV 09, 1617 unter II.4.a; BFH VI R 51/11 BStBl II 13, 385 Rz 14 ff; Einsprüche, die auf das zuletzt genannte Verfahren gestützt waren, gelten kraft Allgemeinverfügung als zurückgewiesen, s *Ländererlasse* BStBl I 13, 1606). Denn Einzelermittlungen sind in diesem Grenzbereich zw betriebl und privater Sphäre kaum mögl; außerdem steht dem StPfl jederzeit die Wahl der Fahrtenbuchmethode frei (was – entgegen *Schneider* HFR 13, 302 – aber keinen Grund dafür darstellt, die Anforderungen an die Ordnungsmäßigkeit von Fahrtenbüchern abzusenken). Umgekehrt entfaltet die Regelung bei hohem privaten Nutzungsanteil verfrechtl problematische Subventionswirkungen; dies ist seit 2006 durch das Erfordernis einer betriebl Nutzung von mehr als 50 % aber abgemildert (s Rz 513). Verfrechtl unbedenkl ist auch der Umstand, dass der Listenpreis idR höher ist als die tatsächl AK (Rz 518). Denn dies betrifft alle Kfz gleichermaßen und ist daher nur eine Frage der Bemessung des pauschalen Prozentsatzes. Gleiches gilt für die Kumulation mit der für Fahrten zw Wohnung und Betriebsstätte sowie Familienheimfahrten geltenden Regelung des § 4 V 1 Nr 6 EStG (FG Mster EFG 02, 312, rkr). Im **internationalen Vergleich** ist die Pauschalierung ohnehin eher großzügig; im Ausland wird vor allem bei Pkw mit hohem Schadstoffausstoß der BA-Abzug stärker eingeschränkt als in Deutschland (s die Zusammenstellung in BT-Drs 16/10 478). 527

531 **b) Fahrtenbuchmethode, § 6 I Nr 4 S 3.** Ausführl *Bilsdorfer* DStR 12, 1477. Der StPfl kann die Nutzungsentnahme abw von der 1%-Regelung mit den tatsächl auf die Privatfahrten entfallenden Aufwendungen ansetzen, wenn er die Gesamtaufwendungen für das Kfz durch Belege nachweist (Rz 535) und ein ordnungsgemäßes Fahrtenbuch (Rz 532 ff) führt, das das Verhältnis der privaten zu den übrigen Fahrten wiedergibt. Damit ist das Verhältnis der jeweiligen Fahrtstrecken (km) gemeint. Der Vorschlag, nur die variablen Kosten nach diesem Maßstab, die fixen Kosten aber nach Zeitanteilen aufzuteilen (so *Wöltge* DStR 13, 1318), steht zum einen nicht mit dem Gesetzeswortlaut im Einklang und würde zum anderen zu einer erhebl Komplizierung führen.

532 **aa) Ordnungsmäßigkeit des Fahrtenbuchs.** Zu unterscheiden ist eine formelle und eine inhaltl Komponente. – **(1) Formelle Ordnungsmäßigkeit** (ausführl *Kiermaier* NWB 13, 2406). Die Anforderungen sind hoch; ihre exakte Erfüllung kostet daher Zeit. Ungeachtet der in Teilen der Literatur geübten Kritik (zB *Bingel/Göttsching* DStR 13, 690; *Schneider* HFR 13, 302) ist jedoch an diesen Anforderungen festzuhalten, da eine Besteuerung, die allein auf freiwilligen, ungenauen und daher nicht mehr überprüfbaren Angaben des StPfl beruhen würde, verfrechtl unzulässig wäre. Der Zweck dieser Aufzeichnungserfordernisse, nachträgl Manipulationen möglichst zu verhindern, wird auch in der neueren Rspr des – ansonsten eher großzügigen – VI. Senats betont (BFH VI R 31/10 BStBl II 13, 700 Rz 25 f). – **(a) Pflichtangaben.** Das Fahrtenbuch muss hinsichtl der **betriebl Fahrten** Angaben über Datum, km-Stand zu Beginn und Ende der betriebl/berufl veranlassten Fahrt, Zielorte, Reisezweck und aufgesuchte Geschäftspartner enthalten (*BMF* BStBl I 09, 1326 Rz 24; BFH VI R 87/04 BStBl II 06, 625; BFH VI R 33/10 BStBl II 12, 505 Rz 14: Name und Anschrift des Geschäftspartners; dazu *Schneider* NWB 12, 1892; BFH VI R 3/12 BFH/NV 13, 526: Vermerk „Außendienst“ ohne Angabe der Zielorte und Geschäftspartner genügt nicht); die verwendete Handschrift muss lesbar sein (BFH VIII B 120/11 BFH/NV 12, 949). Die formale Vollständigkeit der Angaben ist erforderl, um ihre inhaltl Richtigkeit anhand der Tank- und Werkstattbelege, Aufzeichnungen zu Kundenkontakten und anderer Unterlagen überprüfen zu können (Rz 534). – **Erleichterungen.** Bei Handelsvertretern reichen grds **Orts- und Kundenbezeichnungen** ohne Angabe von Zwischenentfernungen aus. Taxifahrer und Fahrlehrer können ihre Tagesfahrten, Lieferanten ihre tägl Lieferfahrten zusammenfassen (*BMF* BStBl I 09, 1326 Rz 25–28). Die Ausdehnung dieser Erleichterungen auf andere Berufsgruppen wird von der *FinVerw* abgelehnt. Bei Freiberuflern, die der Schweigepflicht unterliegen, genügt es nicht, ledigl den Vermerk „Patientenbesuch“ anstelle des Namens anzugeben (FG Hbg EFG 07, 669, rkr; *Bilsdorfer* DStR 12, 1477, 1479; ähnl für RA BFH XI B 128/06 BFH/NV 07, 706; ebenso zum Nachweis von Bewirtungsaufwendungen BFH IV R 50/01 BStBl II 04, 502; diff BFH IX R 31/00 BStBl II 02, 712 unter II.1.e: das FG muss abwägen, ob es die Angaben benötigt). Zulässig ist aber die Verschlüsselung der Patienten-/Mandantennamen über Nummern, wenn eine Zusammenführung mit der Patienten-/Mandantenliste leicht mögl ist (ähnl BFH VI R 87/04 BStBl II 06, 625 unter II.1.b; *BMF* BStBl I 09, 1326 Rz 28). Auch eine dienstl Erklärung von Beamten ersetzt fehlende Eintragungen nicht (BFH VI B 112/06 BFH/NV 07, 1654). – Bei **Privatfahrten** genügt die km-Angabe, für Fahrten zw Wohnung und Betrieb ein kurzer Hinweis (*BMF* BStBl I 09, 1326 Rz 29; LStR 8.1 IX Nr 2 S 4).

533 **(b)** Das Fahrtenbuch muss **zeitnah** und **in einer geschlossenen äußeren Form** („Buch“) lfd geführt werden (BFH VI R 27/05 BStBl II 06, 408; BFH VI B 12/11 BFH/NV 11, 1863; BFH III B 78/12 BFH/NV 13, 39: keine „Lose-Blatt-Sammlung“; BFH X B 258/12 BFH/NV 13, 1412: auch monatsweise geführte Blätter genügen nicht). Eine **Excel-Tabelle** erfüllt diese Anforderungen wegen der Möglichkeit nachträgl undokumentierter Änderungen nicht (BFH VI

R 64/04 BStBl II 06, 410). Ein **elektronisches Fahrtenbuch** ist nur ordnungsgemäß, wenn die verwendete Software nachträgl Änderungen der Eintragungen entweder von vornherein nicht zulässt oder zumindest als solche kenntl macht (*BMF* BStBl I 09, 1326 Rz 23; ausführl *OFD Rhld/Mster* DB 13, 489; FG BBg EFG 12, 402, bestätigt durch BFH VI R 49/11 BFH/NV 13, 1399 Rz 18). Dies gilt auch bei kommerzieller Software (FG Mster EFG 09, 1001, NZB VIII B 26/09 unbegründet; hier stimmten allerdings weder die Anfangs- mit den Endbeständen noch die Belege mit den Fahrtenbucheintragungen überein; FG Mster EFG 10, 947, rkr; zu zahlreichen Einzelfragen FG BaWü EFG 15, 458, rkr). An die Stelle des Fahrtenbuchs kann ein entspr aussagekräftiger **Fahrtenschreiber** treten (LStR 8.1 IX Nr 2 S 6). – Eine **zeitnahe Führung** ist nur gegeben, wenn die Eintragungen *sofort* in der geschlossenen „Buch"-Form vorgenommen werden; es genügt nicht, wenn der StPfl behauptet, er habe zunächst lose Aufzeichnungen geführt und auf deren Grundlage später ein Fahrtenbuch angefertigt (BFH IV R 62/04 BFH/NV 07, 691; BFH VIII R 66/06 BFH/NV 09, 1422; BFH VIII R 33/11 BFH/NV 14, 151 Rz 37). Auch das Nacherstellen anhand der Eintragungen in einem Terminkalender genügt nicht (BFH VI R 27/05 BStBl II 06, 408; BFH VI R 33/10 BStBl II 12, 505 Rz 15). Eine Ergänzung im Einspruchsverfahren genügt ebenso wenig (FG SchlHol EFG 07, 20, rkr) wie Aufzeichnungen, die sich auf einen (wenn auch ggf repräsentativen) Teilzeitraum beschränken (LStR 8.1 IX Nr 2 S 5).

(2) Inhaltl Mängel. Sie können die Ordnungsmäßigkeit ebenfalls ausschließen. 534
In der Praxis greift das FA zumeist Widersprüche zw den angegebenen Fahrtzielen/-routen und den sich aus den vorgelegten Tankbelegen ergebenden Orten auf; ebenso das Fehlen von Eintragungen zu nachweisl durchgeführten Fahrten (zB Werkstatt- und Tankfahrten, Kundenbesuche; vgl BFH VI R 94/04 BFH/NV 07, 1302 unter II.2.b). Derartige Widersprüche sind grds gewichtig, weil dann die Richtigkeit der entspr Fahrtenbucheintragung (oder aber die betriebl Veranlassung des vorgelegten Belegs) denklogisch ausgeschlossen ist (FG Mchn EFG 09, 1449, NZB VIII B 109/09 unzul: 15 Fehler in 3 Jahren; FG Mster EFG 06, 652, rkr: zahlreiche Widersprüche, zusätzl Chi^2-Test [hierzu zust *Zimmermann* EFG 06, 653; mE zutr krit *Gebbers* StBP 08, 290, 292; *Huber/Huber* StBP 09, 121]; BFH VIII R 33/11 BFH/NV 14, 151 Rz 38f: zahlreiche Unstimmigkeiten). – **Kleinere Mängel** zwingen (ähnl wie bei der Buchführung) aber nicht zur Verwerfung des *gesamten* Fahrtenbuchs, wenn die Angaben insgesamt plausibel sind und trotz der Mängel noch eine hinreichende Gewähr für die Vollständigkeit und Richtigkeit der Angaben besteht (zutr BFH VI R 38/06 BStBl II 08, 768: drei kleinere Mängel innerhalb von vier Jahren stehen der Anerkennung nicht entgegen; ähnl FG Ddorf EFG 09, 324, rkr). Bei der vorzunehmenden Wertung des Gewichts der Mängel ist allerdings zu beachten, dass dem FA eine vollständige Überprüfung der aus der Sphäre des StPfl stammenden Angaben nicht mögl ist und daher bereits eine Stichprobe, die mit einer gewissen Zahl an nachweisl inhaltl Mängeln belastet ist, einen Rückschluss auf die *insgesamt* fehlende Ordnungsmäßigkeit zulassen kann (glA *Reuß* EFG 09, 1003 unter 6.). Umwegfahrten müssen jedenfalls dann dokumentiert werden, wenn der Umweg erhebl ist (BFH VIII B 120/11 BFH/NV 12, 949: 24%). – Durchgreifende inhaltl Mängel können nicht durch **Schätzung eines Privatanteils** überwunden werden (FG Mster EFG 05, 854, rkr); vielmehr ist dann zwingend die 1%-Regelung anzuwenden (s Rz 511).

bb) Aufwendungen für die Kfz-Nutzung. – (1) Selbstkosten. Anzusetzen 535
sind sämtl mit dem Betrieb des Kfz zusammenhängenden (fixen und variablen) Selbstkosten (s dazu § 4 Rz 520 „Fahrtkosten"). Zur AfA-Dauer s § 7 Rz 107 „Pkw". Anstelle von **SonderAfA** kann der StPfl die fiktive lineare AfA ansetzen (BFH III R 96/85 BStBl II 88, 655); dies muss dann aber auch gelten, wenn die fiktive lineare AfA nach Ablauf des Begünstigungszeitraums *höher* ist als die tatsächl AfA. Eine **Leasingsonderzahlung** ist auch bei Nichtbilanzierern auf die Laufzeit

des Leasingvertrags zu verteilen (zutr BFH VI R 27/14 DStR 15, 2597). – **(2) Unfallkosten.** Sie sind mE je nach dem Anlass der Fahrt direkt dem betriebl oder privaten Bereich zuzuordnen (s auch § 8 Rz 36; zur Ermittlung s Rz 507); dem hat sich seit 2011 auch die *FinVerw* angeschlossen (LStR 8.1 IX Nr 2 S 11 ff). – **(3) Elektro-Kfz.** Die Gesamtaufwendungen werden um die Aufwendungen für das Batteriesystem gemindert (zB sind Leasingkosten für Batterien zugunsten des StPfl nicht in die Gesamtkosten einzubeziehen). Wurden die Batterien beim Kauf des Elektro-Kfz mit erworben, mindert sich die AfA-Bemessungsgrundlage um die in Satz 2 ausgewiesenen Pauschalbeträge (bei Anschaffung im VZ 2016 also um 350 €/kWh, höchstens 8500 €/Kfz; s Rz 520; Berechnungsbeispiel bei *Hörster* NWB 15, 1052). Für die VZ 2013–2015 galt mE iErg dasselbe; der Gesetzgeber hielt den damaligen Gesetzeswortlaut aber für missverständl (BT-Drs 18/4902, 41: Gefahr, dass der Pauschalbetrag nicht von der AfA-Bemessungsgrundlage, sondern vom Entnahmewert abgezogen werde).

536 **c) Gestaltungsmöglichkeiten.** Die 1%-Regelung stellt Kfz-Nutzer mit relativ hohem Privatanteil besser (zu Formeln s *Hundsdoerfer/Normann* BB 03, 281; *Rüsch/Hoffmann* DStR 06, 399; *Wagenknecht* FR 13, 754). Bei hohem betriebl Anteil (zB Handelsvertreter) empfiehlt sich dagegen das Fahrtenbuch. Auch wenn der StPfl tatsächl ein Fahrtenbuch führt, kann er sich auf die 1%-Regelung berufen, wenn diese günstiger ist (BFH VI R 132/00 BStBl II 03, 311 unter II.3.a). Er kann seine Wahl in jedem Wj erneut treffen, allerdings nicht *innerhalb* eines Wj zw beiden Methoden wechseln (BFH VIII B 190/09 BStBl II 13, 946 unter II.2.d bb; für ArbN BFH VI R 35/12 BStBl II 14, 643); eine Ausnahme gilt beim Fahrzeugwechsel (*BMF* BStBl I 09, 1326 Rz 8). Nutzt der StPfl mehrere Kfz privat, kann er unterschiedl Methoden wählen (BFH III R 2/00 BStBl II 01, 332; BFH VIII B 190/09 BStBl II 13, 946 unter II.2.d cc). Das Wahlrecht wird durch Einreichen der StErklärung beim FA ausgeübt; die Entscheidung kann aber bis zur materiellen Bestandskraft des Bescheids (dh solange hierfür eine Korrekturvorschrift oder Einspruchsmöglichkeit vorhanden ist) noch geändert werden (*BMF* BStBl I 09, 1326 Rz 8; FG RhPf EFG 09, 457, rkr).

537 **d) Anwendung in Gesellschaftsverhältnissen. – aa) PersGes.** Auch hier ist für die 1%-Regelung eine betriebl Nutzung von mehr als 50% erforderl (Rz 513; *Blümich/Ehmcke* § 6 Rz 1013c; zu Unrecht aA *Urban* DB 06, 408, 414). Gehört das Kfz zum GesamthandsBV einer PersGes, ist die Nutzungsentnahme demjenigen Ges'ter zuzurechnen, der das Kfz nutzt (*BMF* BStBl I 09, 1326 Rz 13). Gleiches gilt, wenn ein Kfz aus dem SonderBV eines *anderen* Ges'ters genutzt wird. – Bei einer **Vermietung** des Kfz an einen Ges'ter kommt es nur dann zu einer Nutzungsentnahme (mit der Folge der Anwendung von Nr 4 S 2 oder 3), wenn das Entgelt zu gering ist (s Rz 545 „Teilentgeltlichkeit"). Werden die tatsächl Kosten sogar um mehr als 50% unterschritten, kann das Kfz PV der PersGes sein. Nutzt der Ges'ter das angemietete Kfz für betriebl Zwecke, führt dies wiederum zu einer Nutzungseinlage. – Vermietet umgekehrt der Ges'ter sein Kfz an die PersGes und überlässt diese es ihm zu privaten Zwecken, sind die Mietaufwendungen bei der PersGes BA; die Nutzungsentnahme ist nach der 1%-Regelung zu erfassen (BFH VIII R 28/10 BStBl II 13, 120).

538 **bb) KapGes.** Zur Frage, ob es sich bei einer vertragswidrigen Pkw-Privatnutzung durch GmbH-Ges'ter-Geschäftsführer um vGA oder ArbLohn handelt, s § 19 Rz 100 „KfzGestellung". – Bei der Bewertung von Kfz-Nutzungen, die als **vGA** anzusehen sind, geht die Rspr vom **Fremdvergleichspreis** aus; die 1%-Regelung gilt insoweit nicht (BFH I R 70/04 BStBl II 05, 882 unter II.3.b). Anzusetzen sind die tatsächl auf die Privatfahrten entfallenden anteiligen Kosten (die idR nur grob geschätzt werden können) zzgl eines Gewinnaufschlags (zB 10%; BFH I B 70/09 BFH/NV 10, 247). Die *FinVerw* lässt aus Vereinfachungsgründen aber auch eine Bewertung nach der 1%-Regelung zu (BMF BStBl I 12, 478).

3. Buchwertentnahmen bei Sachspenden, § 6 I Nr 4 S 4, 5. Umfassend *Hüttemann* DB 08, 1590. – WG (auch Anteile an KapGes; gem S 5 nicht jedoch Nutzungen und Leistungen) können wahlweise **zum Buchwert entnommen** werden, wenn sie unmittelbar im Anschluss an die Entnahme einer nach § 5 I Nr 9 KStG von der KSt befreiten Körperschaft, Personenvereinigung oder Vermögensmasse oder einer juristischen Person döR zur Verwendung iSd § 10b I 1 unentgeltl überlassen werden. Eine solche „Verwendung" ist auch dann gegeben, wenn die steuerbegünstigte Körperschaft das WG unmittelbar nach der Übertragung veräußert, um sich flüssige Mittel zu verschaffen (zutr EStR 6.12 III; *Hüttemann* DB 08, 1590; *Seer* GmbHR 08, 785). Das Buchwertprivileg kann auch iRe **Betriebsaufgabe** beansprucht werden (EStR 16 II 8; BFH VIII R 53/99 BStBl II 03, 237 unter II.1.b: Vererbung von SonderBV an eine gemeinnützige Stiftung). – Macht der StPfl von dem Buchwertprivileg Gebrauch, ist auch für Zwecke des Spendenabzugs nur der Buchwert anzusetzen (§ 10b III 2); die *FinVerw* (EStR 10b.1 I 4) behandelt zR zusätzl auch die anfallende USt als steuerbegünstigte Spende. – Der Anwendungsbereich ist bei einer **Entnahme aus einem wirtschaftl Geschäftsbetrieb** der nach § 5 I Nr 9 KStG befreiten Körperschaften nicht eröffnet. Denn beim Übergang in einen anderen Bereich desselben Subjekts mangelt es an der vom Gesetz vorausgesetzten Entreicherung. 541

Zweck. Die Regelung sollte bei ihrer Einführung zum einen dazu dienen, dass die Spendenhöchstbeträge des § 10b bei größeren Zuwendungen aus dem BV „geschont" wurden (*Hüttemann* DB 08, 1590); zum anderen sollte die Versteuerung der stillen Reserven auch bei der GewSt vermieden werden. Beide Zwecke haben heute an Bedeutung verloren: Die Höchstbeträge des § 10b sind ab 2007 stark angehoben worden; bei der GewSt besteht bereits seit 1991 ein umfassender, mit § 10b vergleichbarer Spendenabzug (§ 9 Nr 5 GewStG). – Zur zusätzl Begünstigung für Zuwendungen an Stiftungen (§ 6 I Nr 4 S 6 in der bis 2008 geltenden Fassung) s 29. Aufl Rz 542.

4. ABC der Bewertung von Entnahmen. Ein ABC zum *Tatbestand* der Entnahme ist in § 4 Rz 360 enthalten; zur Ermittlung des TW s ausführl Rz 251 ff. 545

Arbeitsleistung. Beim Einsatz von ArbN für außerbetriebl Zwecke sind die Selbstkosten anzusetzen (Rz 507); für die Arbeitsleistung des Betriebsinhabers ist mangels Selbstkosten nichts anzusetzen.

Grundstück. Werden einzelne Gebäudeteile zu privaten Zwecken verwendet und damit entnommen, erstreckt sich die Entnahme auch auf einen entspr Teil des GuB (BFH I R 51/82 BStBl II 83, 365). Der Entnahmegewinn ist nach dem Verhältnis der Nutzflächen und nicht nach den Ertragswerten auf die einzelnen WG aufzuteilen (BFH III R 20/99 BStBl II 03, 635).

Nießbrauchsvorbehalt bei Schenkung eines betriebl WG steht der Bewertung der Entnahme mit dem vollen TW des WG nicht entgegen (s § 7 Rz 41 mwN).

Nutzungsentnahmen s Rz 506.

Pauschbeträge für unentgeltl Wertabgaben bestimmter Gewerbezweige s *BMF* BStBl I 13, 1608 (Kj 2014); *BMF* BStBl I 14, 1575 (Kj 2015); *BMF* BStBl I 15, 1084 (Kj 2016); Fundstellen für Vorjahre s 33. Aufl. Die für Schank- und Speisewirtschaften geltenden Pauschalen sollen nicht auf Imbissbetriebe anzuwenden sein (FG Ddorf EFG 11, 1177, rkr: AdV-Gewährung; mE zweifelhaft).

PersGes. Zur Zurechnung des Entnahmegewinns an einen oder alle Ges'ter s BFH IV R 39/94 BStBl II 96, 276 unter 2.

Reise s Rz 507.

Teilentgeltlichkeit. Zur teilentgeltl Übertragung von WG s Rz 137; zur teilentgeltl Nutzungsüberlassung s Rz 506.

Umsatzsteuer. Die Entnahme ist einer ustbaren Lfg oder sonstigen Leistung gleichgestellt (§ 3 Ib, IXa UStG). Bemessungsgrundlage sind der Einkaufspreis bzw die Selbstkosten (§ 10 IV UStG). Die danach entstehende USt ist eine nach

§ 12 Nr 3 nichtabzugsfähige BA. Zur USt bei Anwendung der 1%-Regelung s Rz 520.

548 **5. Bewertung von Einlagen, § 6 I Nr 5. – a) Begriff und Anwendungsbereich.** Einlagen sind alle WG, die der StPfl dem Betrieb zuführt (§ 4 I 8; s ausführl § 4 Rz 300 ff). Häufigster Fall ist die **Zuführung aus dem PV.** Erfolgt diese bei Grundstücken innerhalb von 10 Jahren seit der Anschaffung, handelt es sich um ein stpfl privates Veräußerungsgeschäft (§ 23 I 5 Nr 1); der nach § 6 I Nr 5 angesetzte Einlagewert gilt als Veräußerungspreis (§ 23 III 2). Zur **Einlage weiterer steuerverstrickter WG des PV** s Rz 561 (Beteiligungen iSd § 17), Rz 564 (WG iSd § 20 II). Bei Einlage **immaterieller WG** geht Nr 5 dem Aktivierungsverbot des § 5 II vor (BFH GrS 2/86 BStBl II 88, 348 unter C.I.1.b aa mwN). – Nr 5 S 3 zeigt, dass auch eine **Zuführung aus einem anderen BV** als Entnahme und Einlage zu behandeln ist; gem Abs 5 S 1 ist hier aber der Buchwert fortzuführen, sofern die Besteuerung der stillen Reserven gesichert ist (s Rz 681). Ein bisher fehlerhaft nicht bilanziertes WG des notwendigen BV wird nicht eingelegt, sondern mit dem fiktiven Buchwert eingebucht (BFH X R 153/97 BStBl II 02, 75; s § 7 Rz 7). – **Gegenstand von Einlagen** (s ausführl § 4 Rz 301 ff) können sowohl WG (zu denen auch rechtl gesicherte Nutzungsrechte mit Ausnahme der unentgeltl eingeräumten gehören, s § 4 Rz 304) als auch der betriebl veranlasste Aufwand aus der Nutzung eines WG des PV sein (zur Bewertung solcher Aufwandseinlagen s Rz 554). Die eigene Arbeitskraft ist hingegen nicht einlagefähig (BFH IV R 26/98 BStBl II 99, 604). – Auch bei **Gewinnermittlung nach § 4 III** ist sowohl der Einlagetatbestand des § 4 I 8 (s § 4 Rz 340) als auch die Bewertungsvorschrift des § 6 I Nr 5 anzuwenden (§ 6 VII); dies galt auch schon vor der mit Wirkung ab VZ 2013 vorgenommenen ausdrückl Ergänzung des § 6 VII um einen Verweis auf Nr 5 (BFH VIII R 196/77 BStBl II 79, 401 unter 2.b; BFH IV R 45/99 BStBl II 01, 190 unter 1.a). – **Ausland:** Nach § 4 I 8 HS 2 gilt als Einlage auch die Begründung des dt Besteuerungsrechts hinsichtl des WG. Derartige Einlagen sind nicht gem § 6 I Nr 5 mit dem TW, sondern nach Nr 5a mit dem gemeinen Wert zu bewerten (s Rz 571).

549 **b) Grundsatz.** Die **Bewertung mit dem TW** ist deshalb geboten, weil vom StPfl stfrei im PV erzielte oder bei ihm bereits nach einem anderen Tatbestand besteuerte Wertzuwächse nicht durch eine StVerstrickung eingelegter stiller Reserven der Besteuerung iRd Gewinneinkünfte unterworfen werden sollen (BFH GrS 2/86 BStBl II 88, 348 unter C.I.1.b aa). Zur Ermittlung des TW s ausführl Rz 231 ff. Die Einlage wird damit als anschaffungsähnl Vorgang behandelt. **Bewertungszeitpunkt** ist stets der Zeitpunkt der Einlage (s Rz 251).

550 **c) Aufwandseinlagen.** Ausführl hierzu s § 4 Rz 301 ff. Voraussetzung ist die Nutzung eines *eigenen* WG (ansonsten handelt es sich um Drittaufwand, der steuerl grds unbeachtl ist; s dazu und zu den Ausnahmen § 4 Rz 500 ff mwN, § 7 Rz 57). Sie sind nicht mit dem TW, sondern **mit den tatsächl Aufwendungen zu bewerten** (BFH GrS 2/86 BStBl II 88, 348 unter C.I.1.b bb; ebenso zum Parallelproblem der Nutzungs*entnahmen* Rz 506 mwN). Typischer Fall ist der zum PV gehörende Pkw, der gelegentl betriebl genutzt wird. Erleidet ein solcher Pkw auf einer betriebl Fahrt einen Unfallschaden, ist die AfaA Aufwandseinlage und damit BA (BFH IV R 25/94 BStBl II 95, 318). – Zu Aufwandseinlagen bei MUerschaften s Rz 553; zu KapGes s Rz 554; zur Beschränkung von Aufwandseinlagen bei Tonnagebesteuerung (§ 5a) s § 4 V 1 Nr 11 (§ 4 Rz 613).

551 **d) Besonderheiten bei MUerschaften.** Ausführl *Weidmann* FR 12, 205, 344; *Kraft* FR 13, 825 (auch zu Auslandssachverhalten). – **aa) Vorrang des § 6 V 3.** Nach dieser Norm ist bei **Übertragungen von WG aus einem EinzelBV in das BV einer MUerschaft** grds der Buchwert fortzuführen, sofern keine Gegenleistungen oder ausschließl GesRechte gewährt werden (s Rz 690 ff). Ebenfalls

vorrangig ist § 24 UmwStG, sofern ein Betrieb, Teilbetrieb oder MUeranteil eingebracht wird.

bb) Einlagen gegen Gewährung von GesRechten außerhalb des § 6 V. – (1) Entgeltl Vorgang. Wenn § 6 V 3 nicht anwendbar ist (dh vor allem bei Herkunft des WG aus dem PV), handelt es sich um tauschähnl (dh entgeltl) Rechtsgeschäfte (BFH IV R 37/06 BStBl II 11, 617, Anm *Wacker* HFR 08, 692; zur Abgrenzung in Fällen, in denen mehrere Ges'terKonten geführt werden, s *BMF* BStBl I 11, 713 unter I.; krit *Reiß* DB 05, 359; *Ekkenga* Ubg 09, 761, 769). Sie fallen nicht unter Nr 5, sondern führen bei der MUerschaft zu AK und erfüllen beim Einbringenden ggf die Veräußerungstatbestände der §§ 17, 20 II, 23 (BFH VIII R 69/95 BStBl II 00, 230 unter II.1.d; *BMF* BStBl I 00, 462; krit *Daragan* DStR 00, 573). Als AK der PersGes ist der **gemeine Wert** anzusetzen. Dabei handelt es sich um einen obj Wert, der von einem im Einbringungsvertrag genannten Betrag abweichen kann (BFH IV R 7/12 BFH/NV 15, 1091). Mangels Anwendbarkeit der Nr 5 kommt es auch nicht zur der in Nr 5 S 1 HS 2 (s Rz 561) vorgesehenen Begrenzung des Einlagewerts auf die AK. Auf diese Weise kann daher **neues AfA-Volumen** geschaffen werden (s *Paus* EStB 12, 70). – **(2) Wert des eingebrachten WG übersteigt den Wert der GesRechte.** Auch in einem solchen Fall handelt es sich *insgesamt* um eine Veräußerung (und nicht etwa teilweise um eine Einlage), wenn der Differenzbetrag auf einem gesamthänderisch gebundenen Konto gebucht wird und dadurch allen Ges'tern zugute kommt (*BMF* BStBl I 11, 713 unter II.2.a mit Übergangsregelung unter IV. bis 30.6.09; BFH IV R 37/06 BStBl II 11, 617 unter II.2.b bb ccc; ebenso für Einbringungen aus dem BV nach der Rechtslage vor 1999 BFH I R 77/06 BStBl II 09, 464 unter B.I.3.; hierzu *Mutscher* DStR 09, 1625; *Siegmund/Ungemach* NWB 11, 2859). Gleiches gilt, wenn der Wert des WG nur teilweise dem festen KapKto des Ges'ters und zum anderen Teil einem variablen KapKto (BFH IV R 37/06 BStBl II 11, 617 unter II.2.b bb bbb) oder einem Darlehenskonto des Ges'ters gutgeschrieben wird (BFH IV R 66/05 BFH/NV 08, 1301 unter II.2.). – **(3) Teilentgeltl Übertragung.** Ist die Summe der auf der Passivseite der Bilanz der MUerschaft vorgenommenen Buchungen (Kapital- und Darlehenskonten) geringer als der TW des WG, ist das WG auf der Aktivseite mit dem vollen TW anzusetzen und iHd Unterschiedsbetrags ein Ertrag auszuweisen, der außerbilanziell nach Einlagegrundsätzen neutralisiert wird (zutr *BMF* BStBl I 11, 713 unter II.2.d). – **(4) Einbringung quoad sortem.** Sofern das wirtschaftl Eigentum übergeht, gelten als tauschähnl Geschäfte auch solche Einlagen, die nicht dingl (durch Eigentumsübertragung), sondern nur dem Werte nach (quoad sortem) erfolgen (zu PersGes BFH VIII R 5/92 BStBl II 94, 856 unter II.2.b; zu KapGes BFH V R 69/05 BFH/NV 07, 1205 unter II. B.2.a aa). 552

cc) Verbleibender Anwendungsbereich der Nr 5 bei PersGes. Nur **voll unentgeltl Einlagen** (ohne jede Gewährung von GesRechten) **außerhalb des Anwendungsbereichs des § 6 V 3** (dh vor allem aus dem PV) fallen noch unter Nr 5. Dies ist nur bei buchmäßiger Gutschrift des „Gegenwerts" auf einem *gesamthänderisch* gebundenen Rücklagenkonto denkbar (*BMF* BStBl I 11, 713 unter II.2.b; ausführl *Siegmund/Ungemach* DStZ 08, 762), da eine Gutschrift auf einem Darlehenskonto des Einlegenden als Veräußerungsentgelt anzusehen wäre (zur Abgrenzung zw gebundenem und Darlehenskonto s ausführl § 15a Rz 86 ff). – Bürgschaftszahlungen eines MUers auf Verbindlichkeiten seiner PersGes sind Einlagen, die nicht seinen lfd Gewinn, sondern erst einen späteren Veräußerungs- oder Aufgabegewinn mindern (BFH IV R 37/89 BStBl II 91, 64 unter 2.). Verbürgt sich der MUer einer BesitzPersGes hingegen für Verbindlichkeiten der BetriebsKapGes, entsteht rückstellungsfähiger Aufwand (BFH VIII R 27/00 BStBl II 02, 733). – Für **Aufwandseinlagen** gilt dasselbe wie bei Einzelunternehmen (s Rz 554; BFH GrS 2/86 BStBl II 88, 348 unter C.I.2.); die *dauerhafte* Nutzung 553 eines WG des PV des MUers durch die PersGes führt allerdings zur Einlage in das SonderBV.

554 **e) Besonderheiten bei KapGes. – aa) Verdeckte Einlagen in KapGes.** Im Gegensatz zu offenen Einlagen (s Rz 555) fehlt es bei verdeckten Einlagen an einer unmittelbaren Gegenleistung. Allein die reflexartig eintretende Erhöhung des Beteiligungswerts führt (anders als bei offener Gewährung von GesRechten) nicht zur Entgeltlichkeit des Vorgangs. Zwar ist als Einlage grds nur die Überführung vom PV ins BV *desselben* StPfl anzusehen; über § 8 I KStG ist § 6 I Nr 5 EStG aber auch auf KapGes anwendbar (BFH GrS 2/86 BStBl II 88, 348 unter C. I.3.a; GrS 1/94 BStBl II 98, 307 unter C. I.1.; BFH I R 89/97 BStBl II 98, 691 unter II.2.a; BFH I R 40/10 BStBl II 12, 281 Rz 9). Damit ist das WG bei der KapGes mit dem TW anzusetzen; der Ges'ter hat nachträgl AK auf seine Beteiligung (s Rz 57); im BV ist dies gewinnrealisierend (§ 6 VI 2). Auch die **Erbschaft** einer KapGes von ihrem Ges'ter führt zu einer Einlage der Aktiva zum TW (BFH I R 131/90 BStBl II 93, 799 unter II. B.4.: Passivierung der Verbindlichkeiten zum Nennwert, bei Nachlassüberschuldung vGA). Auch die Rückabwicklung von vGA ist verdeckte Einlage (BFH VIII R 7/99 BStBl II 01, 173). Ausführl zur verdeckten Einlage s Rz 741 ff (zu § 6 VI 2). Zur TW-AfA nach verdeckter Einlage s Rz 281. – **Aufwandseinlagen** sind (anders als bei Einzelunternehmern und PersGes) bei KapGes allerdings nicht denkbar. Vielmehr führt die Nutzung von WG des Ges'ters bei diesem zu BA/WK (BFH GrS 2/86 BStBl II 88, 348 unter C. I.3.d).

555 **bb) Offene Einlagen.** Sie sind dadurch gekennzeichnet, dass im Gegenzug neue Anteile gewährt werden, und bei KapGes (ebenso wie bei MUerschaften; s Rz 552) *insgesamt* als entgeltl anzusehen, so dass es sich um einen Tauschvorgang handelt und der KapGes AK entstehen. Nr 5 gilt insoweit nicht (BFH I R 2/10 BStBl II 11, 761 unter II.1.a). Ist Gegenstand der Einlage seinerseits ein Anteil an einer KapGes (Anteilstausch), gilt die Spezialvorschrift des § 21 UmwStG. Ausführl zur offenen Einlage in KapGes s Rz 735 (zu § 6 VI 1).

556 **cc) Betriebe gewerbl Art.** Die dargestellten Grundsätze gelten hier auch für Übertragungen aus dem Hoheitsbereich (*Bauschatz/Strahl* DStR 04, 489).

557 **6. Begrenzung des Einlagewerts.** In den Fällen des § 6 I Nr 5 S 1 HS 2 ist der Einlagewert auf die AK/HK (ggf abzügl AfA; s Rz 559) begrenzt (zahlreiche Beispiele hierzu bei *Grobshäuser* NWB 11, 4168).

558 **a) Anschaffung/Herstellung innerhalb der letzten drei Jahre, § 6 I Nr 5 S 1 Buchst a. – aa) Grundsatz.** Eingelegte WG dürfen höchstens mit den AK/HK bewertet werden, wenn sie innerhalb der letzten drei Jahre vor der Zuführung angeschafft oder hergestellt worden sind (zum Zeitpunkt der Anschaffung oder Herstellung s Rz 35). Ist der TW *niedriger* als die AK/HK, bleibt es beim Ansatz des TW (BFH I R 142/76 BStBl II 79, 729 unter II. vor 1.); anders jedoch bei KapGesAnteilen iSd Buchst b (s Rz 561). – Ein **unentgeltl Erwerb** ist keine Anschaffung und lässt die Drei-Jahres-Frist daher nicht neu beginnen; auch kann dem Einlegenden (Beschenkten) eine Anschaffung durch seinen *Einzel*rechtsvorgänger nicht zugerechnet werden (ausführl BFH X R 74–75/90 BStBl II 94, 15; BFH IV R 83/95 BStBl II 97, 287 unter 2.b); anders jedoch, wenn der Schenker ein anderer Ges'ter derselben PersGes ist und die Schenkung mit der Einlage zusammenfällt (BFH IV R 58/73 BStBl II 77, 823 unter 4.a). Bei Schaffung eines neuen Besteuerungstatbestands für beschr StPfl ist die Regelung ebenfalls nicht anwendbar (BFH I R 6/06 BStBl II 07, 163). – **Zweck:** Dem StPfl soll es erschwert werden, Gewinne aus Wertsteigerungen von WG dadurch ins PV zu verlagern, dass er den Einlagezeitpunkt hinausschiebt oder das WG zeitweilig entnimmt (vgl § 6 I Nr 5 S 3; s BT-Drs II/481, 77; 8/3688, 17; BFH X R 74–75/90 BStBl II 94, 15 unter I.1).

bb) Minderung der AK/HK um AfA, § 6 I Nr 5 S 2. Bei der Einlage abnutzbarer WG innerhalb von drei Jahren seit der Anschaffung/Herstellung sind nicht die historischen AK/HK mit dem TW zu vergleichen, sondern die um zwischenzeitl vorgenommene AfA geminderten AK/HK. Dies gilt auch für erhöhte und SonderAfA sowie für GWG iSd § 6 II (BFH IV R 101/92 BStBl II 94, 638). Ist das WG vor der Einlage nicht zur Einkunftserzielung genutzt worden, sind fiktive AfA abzuziehen (EStR 6.12 I 2). – **Verbrauch der AfA-Bemessungsgrundlage nach § 7 I 5:** Unabhängig davon, ob die Einlage innerhalb oder außerhalb der Drei-Jahres-Frist erfolgt, begrenzt § 7 I 5 bei Einlagen von WG, die zuvor zur Erzielung von Überschusseinkünften verwendet worden sind, die AfA-Bemessungsgrundlage auf den TW abzügl der bisher vorgenommenen AfA (Einzelheiten s § 7 Rz 80 f). 559

b) Einlage von Beteiligungen iSd § 17 (§ 6 I Nr 5 S 1 Buchst b). – aa) Anwendungsbereich. Es genügt, wenn die in § 17 I genannte Beteiligungsgrenze (mindestens 1%) erstmals im Zeitpunkt der Einlage erreicht wird (BFH IV R 73/05 BStBl II 08, 965 unter II.1.b bb: ein Anteil, der bisher die Grenze des § 17 nicht erreichte, überschreitet durch Hinzuerwerb infolge Erbfalls diese Grenze; ebenfalls durch diesen Erbfall wird der Anteil in das SonderBV einer BesitzGes eingelegt). Erfasst sind auch Anteile, die zwar die Beteiligungsgrenze nicht erreichen, aber durch bestimmte Einbringungsvorgänge entstanden sind (§ 17 VI; s § 17 Rz 245 f). Für Anteile an KapGes, die nicht unter § 17 fallen, gilt iErg gem Buchst c dieselbe Rechtsfolge (s Rz 564). – **Nicht anzuwenden** ist Buchst b hingegen auf **(offene) Einlagen in KapGes** oder das GesamthandsBV eines PersGes gegen Gewährung von GesRechten, weil es sich dabei nicht um Einlagen iSd Nr 5, sondern um tauschähnl Vorgänge handelt (BFH IV R 73/05 BStBl II 08, 965 unter II.1.a; zur Abgrenzung s *BMF* BStBl I 11, 713; aA *Reiß* DB 05, 358; s auch Rz 555). Auch **verdeckte Einlagen in KapGes,** die unter § 17 I 2 oder § 23 I 5 Nr 2 fallen und daher auf der Ebene des Anteilseigners zur Besteuerung führen, sind von der Anwendung des Buchst b auszunehmen (BFH I R 89/97 BStBl II 98, 691 unter II.2.b; BFH I R 32/08 BStBl II 12, 341 unter II.2.c); sie sind stets mit dem TW anzusetzen. Gleiches gilt für verdeckte Einlagen aus einem nicht stpfl Bereich (BFH I R 40/10 BStBl II 12, 281 Rz 12: Einlage einer Beteiligung aus dem Hoheitsbereich einer juristischen Person döR in eine von ihr beherrschte KapGes). Verdeckte Einlagen *aus* einem BV fallen nicht unter § 17, sondern unter § 6 VI 2, so dass § 6 I Nr 5 S 1 Buchst b nicht anwendbar ist. – **Zweck.** Die Regelung soll die Besteuerung sämtl Wertsteigerungen zw Anschaffung und späterer Veräußerung sicherstellen, auch soweit diese im PV eingetreten sind, sofern die Voraussetzungen des § 17 erfüllt sind (BFH IV R 73/05 BStBl II 08, 965 unter II.1.b cc). Alternativ hätte der Gesetzgeber in § 17 die Einlage als Veräußerungstatbestand fingieren können; dies ist aber (anders als in § 23 I 5 Nr 1) nicht geschehen. 561

Zeitl Anwendungsbereich. Buchst b ist grds auf Einlagen anzuwenden, die ab dem 1.1.99 getätigt werden (§ 52 I idF StEntlG 99 ff). Aufgrund der neueren BVerfG-Rspr sieht die *FinVerw* jedoch zR von einer Anwendung ab, *soweit* die stillen Reserven vor dem 31.3.99 entstanden sind und seinerzeit stfrei hätten realisiert werden können (*BMF* BStBl I 12, 42, mit zahlreichen Beispielen und Änderung durch *BMF* DStR 16, 67; dazu *Dornheim* DStR 12, 61). Diese Übergangsregelung betrifft auch Veräußerungen, die heute vorgenommen werden, sofern der StPfl die Beteiligung bereits seit mindestens März 1999 hielt.

bb) Rechtsfolgen. – (1) TW übersteigt die AK. Hier begrenzt Buchst b den Einlagewert auf die AK. Nach HS 2 iVm § 17 II 5 sind bei unentgeltl Erwerb des Anteils die AK des Rechtsvorgängers maßgebend. – **(2) TW unterschreitet die AK.** – Die **Rspr** setzt die Einlage abw vom Gesetzeswortlaut mit den höheren AK an, um auch in diesem Fall (nur) die tatsächl Wertsteigerung zw Anschaffung und Veräußerung zu erfassen (BFH VIII R 25/94 BStBl II 96, 684 unter II.2.; BFH IV R 73/05 BStBl II 08, 965 unter II.1.b cc; BFH X R 48/02 BStBl II 10, 562

162 unter II.1.; mE überzeugend; s auch § 17 Rz 108); allerdings keine Anwendung auf eine Einlage, die erst *nach* einer Verlustrealisation iSd § 17 IV erfolgt (BFH XI R 39/99 BFH/NV 01, 302). Eine TW-AfA (iHd Differenz zw Einlagewert/AK und niedrigerem TW) ist allerdings nicht zulässig; die Verlustrealisation ist bis zum Ausscheiden aus dem BV aufgeschoben (ausführl BFH X R 48/02 BStBl II 10, 162 unter II.2.: alternativ auch Ansatz eines Korrekturpostens mögl). Um den § 17-Verlust zu realisieren, kann die Beteiligung entweder *veräußert* (zB an eine nahestehende Person) oder gegen Gewährung von GesRechten (dh *entgeltl*) eingebracht werden (s *Hoffmann* DStR 08, 2214). – **(3) Offene Fragen** (s BFH X R 48/02 BStBl II 10, 162 unter II.1.e, f) stellen sich derzeit hinsichtl der Neutralisation des außerbetriebl eingetretenen Verlusts bei der GewSt (mE im Zeitpunkt der späteren Veräußerung erforderl) und der Anwendung in Fällen, in denen nach § 17 II 6 ein Veräußerungsverlust nicht zu berücksichtigen ist (mE gilt dann der Wortlaut des § 6 I Nr 5 S 1 Buchst b, dh Einlage zum TW; § 17 II 6 würde sonst umgangen; ebenso § 17 Rz 201; *Wendt* FR 09, 339). Ferner ist ungeklärt, ob die für KapGesAnteile geltenden Grundsätze auch auf wertgeminderte kapitalersetzende Darlehen anzuwenden sind (s BFH X B 244/12 BFH/NV 13, 1578 Rz 23). – **(4) Ergebnis.** Als Einlagewert sind daher stets die AK anzusetzen; der TW ist in den Fällen des Buchst b ohne Bedeutung. Bei der **Verschmelzung** einer KapGes auf eine natürl Person oder PersGes gelten Anteile iSd § 17 schon nach der gesetzl Regelung stets als mit den AK eingelegt (§ 5 II UmwStG).

564 **c) Einlage von WG iSd § 20 II, § 6 I Nr 5 S 1 Buchst c.** Die Vorschrift sieht auch bei WG iSd § 20 II die Begrenzung des Einlagewerts auf die AK vor (gem § 52a V aF Anwendung auf Einlagen, die nach dem 31.12.2008 erfolgen). Zu diesen WG gehören zB Anteile an KapGes (soweit sie nicht unter § 17 fallen; s Rz 561), sonstige Wertpapiere und Kapitalforderungen (Einzelheiten s § 20 Rz 126 ff). – **Zweck** ist die Schließung einer Besteuerungslücke, die ohne diese Regelung dadurch einträte, dass die Einlage keine Veräußerung iSd § 20 II ist und die im PV eingetretenen Wertsteigerungen durch den Ansatz zum TW steuerl nicht erfasst würden. Zwar bleibt es dabei, dass die Einlage noch keinen Veräußerungstatbestand darstellt; die Regelung bewirkt aber, dass die im PV eingetretenen Wertsteigerungen im BV steuerverstrickt bleiben. – Buchst c ist auf *verdeckte* Einlagen in KapGes nicht anzuwenden; hier ist in § 20 II 2 ausdrückl ein Veräußerungstatbestand fingiert worden. Für Einlagen aus anderen BV gilt nicht Buchst c, sondern § 6 V, VI.

565 **d) Ansatz eines früheren Entnahmewerts anstelle der AK/HK, § 6 I Nr 5 S 3.** Ist der Einlage eine Entnahme (auch in Form einer Betriebsaufgabe) beim selben StPfl vorausgegangen, sind für Zwecke der Begrenzung des Einlagewerts in den Fällen des § 6 I Nr 5 S 1 Buchst a–c nicht die historischen AK/HK maßgebend; vielmehr ist der Entnahmewert anzusetzen (ggf Entnahmewert ./. AfA, § 6 I Nr 5 S 2). Dies galt auch schon vor der ausdrückl gesetzl Regelung (BFH I R 142/76 BStBl II 79, 729 unter II.2.a). Fallen Entnahme und Einlage jedoch zeitl zusammen, wird für Überführungen zw zwei BV desselben StPfl durch § 6 V 1 grds Buchwertfortführung angeordnet (s Rz 681). – Die Begrenzung ist auch dann anzuwenden, wenn der **Entnahmewert steuerl tatsächl nicht erfasst** wurde; in diesem Fall ist der fiktive Entnahmewert anzusetzen (BFH IV R 83/95 BStBl II 97, 287 unter 2.b). Wird die Entnahme steuerl erfasst, ist der vom FA tatsächl angesetzte Entnahmewert auch dann maßgebl, wenn er fehlerhaft war (zur parallelen Problematik der AfA nach fehlerhaft ermitteltem Entnahmewert s ausführl § 7 Rz 78 mwN). „Erfasst" ist ein Entnahmewert auch dann, wenn er wegen StFreiheit oder eines Freibetrags nicht steuerwirksam wird (BFH X R 53/04 BStBl II 05, 698 unter II.3.: ist eine selbstgenutzte Wohnung nach der Übergangsregelung des § 52 Abs 15 aF steuerfrei ins PV entnommen worden, ist auch bei kurzfristiger Wiedereinlage in ein BV als Einlage- und Entnahmewert der TW

anzusetzen, so dass neues AfA-Volumen geschaffen wird). – Bei **teilentgeltl Vorgängen** (zB Verkauf eines WG des BV an eine nahestehende Person zu einem unübl niedrigen Preis), die teils als Veräußerung und teils als Entnahme zu beurteilen sind (s Rz 137 mwN), käme zwar im Prinzip eine Aufteilung in Betracht. Eine Begrenzung des Einlagewerts ist aber schon deshalb nicht durchzuführen, weil Entnehmender und Einlegender hier nicht identisch sind (s Rz 558).

7. ABC der Bewertung von Einlagen. Ein ABC zum *Tatbestand* der Einlage ist in § 4 Rz 360 enthalten; zur Ermittlung des TW s ausführl Rz 251 ff. 569

Aufwandseinlage s Rz 553.

Ausland s Rz 548.

Bausparvertrag ist bei Einlage mit dem aufgelaufenen Guthaben einschließl Zinsen zu bewerten. Eine Erhöhung des Einlagewerts um einen Vorteil aus dem Anspruch auf ein zinsgünstiges Darlehen kommt nicht in Betracht (BFH IV R 117/92 BStBl II 94, 454; mE zweifelhaft, sofern am Markt für zuteilungsreife Bausparverträge mehr als nur das aufgelaufene Guthaben vergütet wird).

Betriebseröffnung s Rz 572.

Bodenschatz. Zwar wird ein Bodenschatz, der bei seiner Entdeckung üblicherweise zum PV gehört, zum TW ins BV eingelegt. Die Rspr versagt aber die Vornahme von AfS vom TW (s § 7 Rz 194 mwN).

Drittaufwand s Rz 550.

Forderungsverzicht s Rz 756 ff (verdeckte Einlage in KapGes); § 15 Rz 550 (MUerschaft).

Gebäude auf fremdem Grund und Boden s ausführl § 7 Rz 50 ff mwN; dort auch zu den Gewinnauswirkungen bei Beendigung der Nutzung.

KapGes s Rz 556; zu offenen Einlagen s Rz 735; zu verdeckten Einlagen s Rz 741 ff.

Mitunternehmerschaft s Rz 553.

Know-how s Rz 322.

Lizenz s *Schmidt-Troschke* BB 96, 1530.

Nutzungsrecht s Rz 548; zur Behandlung unverzinsl Ges'terdarlehen s Rz 457.

Teilentgelt s Rz 137.

Vorbehaltsnießbrauch. Zur Aufwandseinlage nach Entnahme des unter Nießbrauchsvorbehalt übertragenen WG s § 7 Rz 41 mwN.

8. Wertansatz bei Begründung des dt Besteuerungsrechts, § 6 I Nr 5a. 571
Im Fall des § 4 I 8 HS 2 (s Rz 548; § 4 Rz 331) ist das WG mit dem gemeinen Wert anzusetzen. Dies gilt mE auch für selbstgeschaffene immaterielle WG. Die Regelung soll einen Anreiz zur Überführung produktiv genutzter WG nach Deutschland bieten; sie gilt unabhängig von der steuerl Behandlung im Herkunftsstaat (*Förster* DB 07, 72, 76). Galt das WG zuvor wegen Ausschlusses des dt Besteuerungsrechts als entnommen und wurde ein Ausgleichsposten nach § 4g gebildet, ist dieser nunmehr gewinnneutral aufzulösen (§ 4g III).

9. Wertansatz bei Betriebseröffnung, § 6 I Nr 6. – a) Allgemeines. Die 572
für die Bewertung von Einlagen in bereits bestehende Betriebe geltenden Grundsätze (§ 6 I Nr 5) sind bei der Zuführung von WG anlässl der Eröffnung eines Betriebes entspr anzuwenden (dh grds Ansatz des TW, ggf aber begrenzt auf die AK/HK). Nr 6 gilt daher für die Bewertung in der EB iSd § 6 I EStDV. – Der einen lfd Betrieb voraussetzende **TW-Begriff** muss hier **modifiziert** werden: TW eines WG ist – bezogen auf den Betriebseröffnungszeitpunkt – derjenige Preis, den ein fremder Dritter für die Beschaffung des WG aufgewandt hätte, wenn er an Stelle des StPfl den Betrieb eröffnet und fortgeführt haben würde. Dies ist bei WG

des AV und UV der **gemeine Wert** (BFH VIII R 126/86 BStBl II 91, 840 unter 1.c mwN). IÜ gelten die von der Rspr entwickelten TW-Vermutungen (s Rz 241), jedoch mit der Maßgabe, dass an Stelle der Wiederbeschaffungskosten die Beschaffungskosten treten. Anschaffungsnebenkosten sind auch hier einzubeziehen (BFH IV R 63/97 BStBl II 04, 639; s Rz 254). Für ESt und GewSt können sich unterschiedl Betriebseröffnungszeitpunkte ergeben (s § 15 Rz 130).

573 **b) Einzelfälle Betriebseröffnung.** Grundfall ist die erstmalige Verwirklichung der Tatbestände der §§ 13, 15, 18 EStG durch **natürl Personen** (s § 15 Rz 129) oder **PersGes** (s § 15 Rz 195; zur Anwendung der Nr 6 in diesen Fällen s *Rogall* DStR 04, 1243). Bei **KSt-Subjekten,** die unter § 8 II KStG fallen (KapGes, Genossenschaft, VVaG), genügt die Begründung der persönl KSt-Pflicht. Bei allen anderen KSt-Subjekten ist (wie bei natürl Personen) die Verwirklichung der Tatbestände der §§ 13, 15, 18 EStG erforderl. Beim Eintritt einer bisher steuerbefreiten Körperschaft in die KStPflicht ist ebenfalls eine Anfangsbilanz mit Ansatz der TW aufzustellen; § 13 III KStG enthält insoweit aber Spezialregelungen, die § 6 I Nr 6 vorgehen (s dazu BFH I R 69/98 BStBl II 01, 71). Für Fälle der inl StVerstrickung gilt Nr 5a (s Rz 571).

574 **c) Keine Betriebseröffnung.** Nr 6 ist nicht anwendbar bei betriebl Veränderungen, die die wirtschaftl Identität des Betriebs unberührt lassen und allenfalls als Betriebsunterbrechung zu sehen sind (zur Betriebsverlegung und Verpachtung ohne Aufgabenerklärung s § 16 Rz 181). Gleiches gilt für den bloßen Eintritt in die Buchführungspflicht bei LuF (s § 13 Rz 202), für die unentgeltl Übertragung betriebl Einheiten iSd § 6 III und andere Fälle der Buchwertfortführung (zB Realteilung durch Übertragung von Teilbetrieben nach § 16 III 2, Einbringungsvorgänge nach §§ 20, 24 UmwStG). Wird für einen **bisher nicht erkannten GewBetr** nunmehr für das erste noch offene Jahr erstmals eine Bilanz aufgestellt, handelt es sich weder um eine Betriebseröffnung noch um eine Einlage. Vielmehr sind die WG mit den Werten anzusetzen, mit denen sie bei von Anfang an richtiger Bilanzierung zu Buche stehen würden (BFH X R 23/05 BStBl II 09, 407 unter II.2.b bb).

576 **10. Wertansatz bei entgeltl Erwerb eines Betriebs, § 6 I Nr 7.** Hier müssen die einzelnen WG mit ihrem TW, höchstens jedoch mit den AK/HK angesetzt werden. Entscheidend ist daher die Verteilung des Gesamtkaufpreises auf die einzelnen WG (hierzu ausführl *Meyering* DStR 08, 1008); entfällt ein hoher Betrag auf kurzlebige WG, ist die AfA in der näheren Zukunft entspr hoch.

577 **a) Erwerb eines profitablen Betriebs.** Hier werden die Gesamt-AK idR über der Summe der TW der Einzel-WG liegen. In diesem Fall begrenzt Nr 7 den Wertansatz auf den jeweiligen TW. Der übersteigende Teil des Gesamtkaufpreises ist als **Geschäftswert** zu aktivieren (zu TW-AfA auf den Geschäftswert s Rz 315). Ausnahmsweise kann der Mehrbetrag jedoch aus anderen Rechtsgründen erbracht und dann sofort als BA abziehbar sein (s BFH IV R 129/71 BStBl II 75, 807).

578 **b) Erwerb eines Betriebs mit schlechten Ertragsaussichten.** Ist der Gesamtkaufpreis gering, führt Nr 7 zu einer Begrenzung der Wertansätze der EinzelWG auf die tatsächl anteiligen AK. Das Entgelt kann auch ledigl in der Übernahme von Verbindlichkeiten bestehen (BFH I R 49/69 BStBl II 72, 696). Verbindlichkeiten, für die ein teilweiser Verzicht des Gläubigers absehbar ist, sind allerdings mit dem voraussichtl geminderten Rückzahlungsbetrag anzusetzen (zutr *Paus* FR 06, 170; wohl auch *Groh* DB 07, 2275, 2276).

579 **c) Zuzahlungen des Verkäufers.** Ergeben sich wegen solcher Zuzahlungen rechnerisch „negative AK" des Erwerbers, sind diese mit 0 € anzusetzen; auf der Passivseite ist ein Ausgleichsposten zu bilden (zum Erwerb einzelner WG BFH I R 49, 50/04 BStBl II 06, 656 unter II.7.; mE auch auf den Erwerb von Betrieben

gegen Zuzahlung des Veräußerers übertragbar; zum Ausgleichsposten s auch die Nachweise in Rz 320).

d) Verpflichtungen, die beim Betriebsveräußerer einem Passivierungsverbot unterlagen. Seit 2014 sind die Rechtsfolgen für den bisherigen Betriebsinhaber in § 4f geregelt, die Rechtsfolgen für den Übernehmer in § 5 VII. Wegen der Einzelheiten (auch zur Rechtslage vor der Gesetzesänderung) s die dortigen Erläut sowie hier 32. Aufl. 580

e) Buchwerte des Veräußerers. Sie sind bei entgeltl Erwerb eines Betriebs in keinem Fall maßgebend, weil der Erwerber eine Neubewertung vorzunehmen hat (BFH I R 49/69 BStBl II 72, 696). Liegen hingegen beim **Erwerb eines MUeranteils** die AK unter dem Buchwert, sind diese nach Maßgabe der tatsächl AK abzustocken (näher § 16 Rz 511 mwN). 581

IX. Bewertungsvereinfachung, § 6 II, IIa

1. Überblick. Bereits in der HB werden verschiedene Bewertungsvereinfachungen zugelassen. Dies gilt für **Festwerte** (§ 240 III iVm § 256 S 2 HGB; s Rz 611 ff), **gewogene Durchschnittswerte** (§ 240 IV iVm § 256 S 2 HGB; s Rz 624 ff) und bestimmte **Verbrauchsfolgeverfahren** (§ 256 S 1 HGB; zu LiFo in der StB s § 6 I Nr 2a und Rz 411 ff). Soweit diese Verfahren zugleich den GoB entsprechen, sind sie auch für die StB maßgebl (§ 5 I). – In der StB sind zusätzl die **Sofort-AfA für GWG** (§ 6 II; s Rz 592 ff) und die Bildung von **Sammelposten** (§ 6 IIa; s Rz 604 ff) zu beachten. Diese Regelungen beeinflussen durch ihren Eingang in die Bewertungspraxis zugleich die handelsrechtl GoB. 591

2. Sofortabschreibung geringwertiger WG, § 6 II. – a) Überblick. Abs 2 berechtigt den StPfl dazu (zum persönl Anwendungsbereich s Rz 593), die AK/HK von abnutzbaren bewegl WG des AV (s Rz 596), die einer selbständigen Nutzung fähig sind (s Rz 597 f), im Wj der Zuführung des WG zum BV (s Rz 594: Anschaffung, Herstellung, Einlage oder Betriebseröffnung) in voller Höhe als BA abzusetzen, sofern die Netto-AK/HK einen Höchstbetrag von 410 € nicht übersteigen (s Rz 600) und die WG in ein besonderes Verzeichnis aufgenommen werden (s Rz 601). Es handelt sich um ein **Wahlrecht** (aA *Kanzler* NWB 10, 746 für WG mit AK/HK bis 150 €). Macht der StPfl allerdings von der Möglichkeit der Sammelpostenbildung Gebrauch, gilt für sämtl GWG nicht Abs 2, sondern einheitl Abs 2a S 4, 5 (Betragsgrenze 150 €; s Rz 600). – **Zweck** ist zum einen die Vereinfachung (Verzicht auf die Aufstellung von AfA-Reihen, wenn die finanzielle Auswirkung nur gering wäre), zum anderen die Verbesserung der Selbstfinanzierung der Unternehmen durch die sofortige Absetzung (vgl Begründung zum EStG 1934, RStBl 35, 33, 38; *Wagner/Staats* DB 07, 2395, 2396). Systematisch gehört die Regelung zu § 7. Weil § 2 I 2 InvZulG 2007/10 GWG von der Förderfähigkeit ausschließt (ebenso zahlreiche andere Subventionsnormen), sind viele Entscheidungen zur Auslegung des § 6 II in Streitigkeiten über die InvZul ergangen. – Zur **Rechtslage in den Kj 2008 und 2009** s 33. Aufl Rz 592. 592

b) Persönl Anwendungsbereich. Abs 2 gilt zunächst für die **Gewinneinkünfte** (§§ 13, 15, 18), und zwar auch bei Einnahme-Überschuss-Rechnung (§ 4 III 3). Bei luf Gewinnermittlung nach Durchschnittssätzen ist Abs 2 nicht anwendbar; dies gilt ab dem Wj 2015/16 auch für Sondergewinne (§ 13a III 2 idF ZK-AnpG). Zur Auswirkung des Abs 2 auf den Übergang von Durchschnittssätzen zum Bestandsvergleich s § 13 Rz 202 mwN. – Für die **Überschusseinkünfte** gilt Abs 2 ebenfalls (§ 9 I 3 Nr 7 S 2; s § 9 Rz 247); insoweit lag der Höchstbetrag auch in den Jahren 2008 und 2009 unverändert bei 410 €. 593

c) Zuführung zum BV. – *(1)* Anschaffung oder Herstellung eines WG. Zum Zeitpunkt der Anschaffung/Herstellung s Rz 35. Anschaffungsvorgänge sind auch die gewinnrealisierende Übertragung einzelner WG nach § 6 IV sowie 594

Tauschvorgänge nach § 6 VI 1, ebenso **Einbringungen** in KapGes oder PersGes zu Werten oberhalb des Buchwerts. Auch **Einlagen** und einlageähnl Vorgänge (Begründung des Besteuerungsrechts nach § 4 I 8 iVm § 6 I Nr 5a, Betriebseröffnung nach § 6 I Nr 6) führen zur Anwendung des Abs 2, sofern das WG dabei neu bewertet wird (dh Ansatz mit dem TW bzw gemeinen Wert; zu Sacheinlagen in KapGes s Rz 741 ff). **Überführungen und Übertragungen zu Buchwerten** (§ 6 III, V) fallen nicht in den Anwendungsbereich des Abs 2; der Bilanzansatz ist vielmehr fortzuführen. Gleiches gilt für die Umgliederung eines WG vom UV ins AV (aA *Blümich/Ehmcke* § 6 Rz 1113: Behandlung wie eine Einlage). – ***(2)* Korrekturposten für vergütete Mehrbeträge in einer positiven Ergänzungsbilanz bei PersGes.** Hier ist Abs 2 nur anzuwenden, wenn das WG bei der *PersGes* ein GWG darstellt. Es kommt hingegen nicht darauf an, ob der *Korrekturposten* (der kein WG ist) innerhalb der 410/150 €-Grenze bleibt (s § 15 Rz 468 mwN). – ***(3)* Anwendung nur im Wj der Zuführung des WG zum BV.** WG, die zunächst nach § 7 abgeschrieben worden waren oder für die ein Festwert gebildet worden war, sind bei Unterschreiten der 410/150 €-Grenze nicht etwa sofort abzuschreiben.

596 **d) Abnutzbare bewegl WG des AV.** Zur Abnutzbarkeit s § 5 Rz 116, § 7 Rz 22; zum Begriff des AV s Rz 344; zur Abgrenzung der bewegl WG s § 5 Rz 115, 131 ff, § 7 Rz 26 ff (insb sind Betriebsvorrichtungen steuerl bewegl WG). Es kommt nicht darauf an, ob das WG bei der Anschaffung **neu oder gebraucht** ist. – **Ausgeschlossen von der Anwendung des Abs 2** sind daher UV, nicht abnutzbare, unbewegl sowie immaterielle WG (zur Abgrenzung der immateriellen von den körperl bewegl WG s § 5 Rz 113, 171 ff, 270 „Software").

597 **e) Selbständige Nutzbarkeit des WG.** Daran fehlt es nach der gesetzl Negativabgrenzung des § 6 II 2, wenn das WG nach seiner **betriebl Zweckbestimmung** nur zusammen mit anderen WG des AV genutzt werden kann und die in den Nutzungszusammenhang eingefügten WG **technisch aufeinander abgestimmt** sind. An der selbständigen Nutzbarkeit fehlt es auch dann, wenn das WG aus dem betriebl Nutzungszusammenhang gelöst und in einen anderen betriebl Nutzungszusammenhang (sowohl im Betrieb des StPfl als auch bei einem Dritten, s *Blümich/Ehmcke* § 6 Rz 1134) eingefügt werden kann (§ 6 II 3). – Die **technische Abgestimmtheit** mehrere WG erfordert nicht zwingend eine dauerhafte, körperl oder mit einer gewissen Festigkeit ausgestattete **Verbindung,** auch wenn eine solche Verbindung bzw ihr Fehlen indizielle Bedeutung hat (BFH III R 57/86 BStBl II 91, 682 unter 1.b; EStR 6.13 I). Umgekehrt genügen allein einheitl Designmerkmale sowie Typenbildung und Normung nicht für die Bejahung des Merkmals der Abgestimmtheit (BFH III R 110/95 BStBl II 98, 789: einheitl Büromöbelprogramm). Die Rspr stellt darauf ab, ob das WG zusammen mit anderen WG als **„einheitl Ganzes"** erscheint (BFH I 286/56 S BStBl III 59, 77; BFH I R 144/82 BStBl II 88, 126; BFH III R 57/86 BStBl II 91, 682 unter 1.b). Von einer Abstimmung ist stets auszugehen, wenn das eine WG ohne die Verbindung mit anderen seine Nutzbarkeit im Betrieb verliert (BFH III R 110/95 BStBl II 98, 789 unter 2.), insb nicht mehr standfest ist (BFH III R 43/98 BStBl II 02, 100 unter II.2.b). Ist ein WG **noch nicht einmal selbständig bewertbar,** sondern unselbständiger Teil eines anderen (größeren) WG, ist es erst recht nicht selbständig nutzbar (BFH III R 43/98 BStBl II 02, 100 unter II.2.a). – Maßgebl ist der **konkrete betriebl Nutzungszusammenhang,** auch wenn dieser von der allg verbreiteten Nutzung des jeweiligen WG abweichen mag.

598 **aa) Einzelfälle selbständige Nutzbarkeit.** In diesen Fällen ist eine Sofort-AfA nach § 6 II zulässig; es kann aber keine InvZul gewährt werden. Weitere Beispiele s EStH 6.13 „ABC"; *Blümich/Ehmcke* § 6 Rz 1170; *HHR* § 6 Rz 1040: **Ausstellungsstücke,** auch wenn sie zu einem „Ensemble" zusammengefasst sind (BFH III R 30/00 BStBl II 01, 842); **Autotelefon** (BFH III B 98/96 BStBl II 97, 360); **Bestecke** (EStR 6.13 I 5); die einzelnen **Bücher** (BFH IV 80/63 BStBl II 68, 149) oder Zeitschriftenbände (FG Ddorf EFG 01, 281, rkr) einer Bib-

liothek oder die Videokassetten einer Videothek; **Euro-Flachpaletten** (BFH III R 125/84 BStBl II 90, 82; BFH III B 198/11 BFH/NV 12, 1433: Gitterboxpaletten); **Fernsehgeräte,** die in größerer Zahl an Hotelbetriebe zur Zimmerausstattung vermietet sind (FG Mchn BB 86, 435, rkr); **Frisierstuhl** (FG Bln EFG 90, 285, rkr); **Möbel,** zB Schreibtisch im Verhältnis zu Rollcontainer/Beistelltisch, selbst wenn die Elemente miteinander verschraubt sind (BFH III R 110/95 BStBl II 98, 789; BFH III R 43/98 BStBl II 02, 100 unter II.2.; anders jedoch, wenn ein Teil alleine nicht standfest wäre); selbständig nutzbar sind auch einzeln standfeste Elemente von Regalen oder Einbauschränken (BFH III B 70/06 BFH/NV 07, 2353), anders jedoch genormte Einzelteile, die erst zusammengesetzt ein Regal ergeben (BFH IV R 170/74 BStBl II 80, 176; BFH IV R 183/82 BFH/NV 86, 592); die diversen Inhalte des **Notfallkoffers** eines Arztes (BFH III R 71/97 BStBl II 01, 41); **Straßenleuchten.**

bb) Einzelfälle keine selbständige Nutzbarkeit. Hier ist § 6 II nicht anwendbar, wohl aber kann InvZul gewährt werden: Teile einer **Computeranlage** wie Rechner, Monitor, Scanner, Drucker und Maus (BFH VI R 135/01 BStBl II 04, 958 unter II.3.; BFH III R 70/08 BFH/NV 10, 2253 unter II.6.) sowie Netzwerk-Kabel (BFH III R 77/97 BStBl II 02, 233 unter II.2.d; bei fester Verbindung mit dem Gebäude aber Gebäudebestandteil); anders jedoch mobile Datenspeicher, unabhängig vom PC nutzbare Kombinationsgeräte (Drucker, Fax, Kopierer in einem Gerät; s BFH VI R 135/01 BStBl II 04, 958 unter II.3.d) sowie Computertische (FG RhPf EFG 04, 718 unter 3.b, rkr); dies bedeutet allerdings nicht, dass der Austausch einzelner nicht selbständig nutzbarer Peripheriegeräte stets zu Erhaltungsaufwand auf die Gesamtanlage führen muss, weil es sich weiterhin um einzeln *bewertungsfähige* WG handelt (BFH III R 70/08 BFH/NV 10, 2253 unter II.5.); **digitale Druckvorlagen** (BFH III R 14/07 BStBl II 10, 361 unter II.2.c; *BMF* BStBl I 07, 458 Rz 27); **Gerüst- und Schalungsteile** (BFH I 286/56 S BStBl III 59, 77; BFH VI 302/65 BStBl III 67, 151); **Kühlkanäle,** die nur gemeinsam mit einem Kühlgerät verwendet werden können (BFH I R 144/82 BStBl II 88, 126); **Lithographien,** die nur gemeinsam mit entspr Kopiergeräten nutzbar sind (BFH III R 57/86 BStBl II 91, 682); bei Teilen von **Pflanzenanlagen** fehlt es idR bereits an der selbständigen *Bewertungs*fähigkeit, so dass von vornherein nur ein einheitl WG gegeben ist (s § 13 Rz 24, 29); mobile **Stellwände** (FG Thür EFG 98, 1280, rkr); maschinengebundene **Werkzeuge** (BFH I 195/60 U BStBl III 61, 384; BFH III R 101/93 BStBl II 96, 166). 599

f) Höchstbetrag. Dieser beläuft sich ab 2010 wieder auf 410 € (so bereits bis 2007; für die Jahre 2008 und 2009 war er auf 150 € abgesenkt worden; er ist seit 1964 [800 DM] unverändert geblieben; für Anhebung daher *Wengerofsky* DStR 15, 2744). Maßgebend sind stets die **Netto-AK/HK ohne Einbeziehung der USt,** und zwar unabhängig davon, ob der StPfl die VorSt abziehen kann oder nicht (BFH VIII R 66/71 BStBl II 75, 365; EStR 9b II). Zur Ermittlung der AK s Rz 31 ff, zu HK s Rz 151 ff, zum Einlagewert s Rz 548 ff, zum Wertansatz bei Betriebseröffnung s Rz 572. – **Werden die AK/HK des WG gekürzt,** ist der gekürzte Betrag maßgebend (EStR 6.13 II). Dies gilt für die Übertragung stiller Reserven nach §§ 6b, 6c (§ 6b VI), bei Ersatzbeschaffung (RfE; BFH IV R 87/77 BStBl II 81, 432), für den Abzug von Zuschüssen (BFH III R 4/87 BStBl II 89, 618; allg zu Zuschüssen s Rz 71 ff) und Investitionsabzugsbeträgen (§ 7g II 2); für die Übertragung einer Akkumulationsrücklage nach § 58 II EStG 1990 wurde dies hingegen offen gelassen (BFH III R 53/97 BStBl II 00, 9). – Wird iRd Anschaffung/Herstellung ein **WG aus mehreren Teilen zusammengefügt,** kommt es für die Anwendung des Abs 2 darauf an, ob die Summe der AK/HK der Einzelteile zuzügl der Montagekosten die Wertgrenze von 410/150 € nicht übersteigt (BFH IV R 170/74 BStBl II 80, 176). Werden Mobilfunkgeräte bei gleichzeitigem Abschluss eines langfristigen Vertrags vergünstigt erworben, kommt es auf die Summe aus Barpreis und Preisvorteil an (*BMF* BStBl I 05, 801 Rz 11). – Führen **nachträgl AK/HK** in späteren Wj dazu, dass die 410/150 €-Grenze überstiegen wird, bleibt es gleichwohl beim Sofortabzug; die nachträgl AK/HK stellen dann lfd BA dar (EStR 6.13 IV). – Nach neuerer Rspr ist bei GWG kein **Schrott-/Schlachtwert** zu berücksichtigen, weil dieser bei AK/HK von maximal 410 € nicht wesentl sein kann (BFH IV R 1/10 BStBl II 14, 246 Rz 22 unter Bezugnahme auf die hier schon zuvor vertretene Meinung; aA noch BFH IV R 19/99 BStBl II 01, 549 unter 2.; *BMF* BStBl I 01, 864 Rz 25). 600

601 **g) Besonderes Verzeichnis, § 6 II 4, 5.** Übersteigt der Wert eines ab dem 1.1.2010 dem BV zugeführten GWG 150 €, sind der Tag der Zuführung zum BV und der Zuführungswert (idR AK/HK) in ein besonderes, lfd zu führendes Verzeichnis aufzunehmen. Alternativ können diese Angaben in die Buchführung aufgenommen werden. Wegen der Einzelheiten zu diesem Verzeichnis s § 7a Rz 15. Ob die unterbliebene Aufnahme in das Verzeichnis zur Versagung des § 6 II führt (so *Blümich/Ehmcke* § 6 Rz 1150), ist mE zweifelhaft, da der Wortlaut des S 4 ggü der bis 2007 geltenden Vorgängerfassung abgeschwächt worden ist. Allerdings hat sich der Gesetzgeber die Fortführung der früheren (strengeren) Rechtslage vorgestellt (BT-Drs 17/15, 17). – WG mit einem **Wert bis zu 150 €** brauchen in das Verzeichnis nicht aufgenommen werden. Auch aus § 5 I 2 folgt für diese WG keine Verzeichnispflicht, da die Sofort-AfA dieser WG den GoB entspricht und insoweit ein Gleichklang mit der HB besteht.

604 **3. Sammelposten, § 6 IIa; Poolabschreibung. – a) Voraussetzungen.** Ebenso wie bei § 6 II sind **abnutzbare bewegl WG des AV** (Rz 596) erfasst, die einer **selbständigen Nutzung** fähig sind (hierzu Rz 597 f) und dem Betrieb zugeführt werden (Rz 594). Die in § 6 II 2, 3 enthaltene Definition der fehlenden selbständigen Nutzbarkeit gilt auch iRd § 6 IIa (allg Meinung; vgl *Blümich/Ehmcke* § 6 Rz 1138). Zum persönl Anwendungsbereich s Rz 593 (hier allerdings keine Anwendung bei den Überschusseinkunftsarten). Auch die Ermittlung des maßgebenden Betrages (stets Abzug der USt; Minderung der AK/HK um übertragene Rücklagen und Investitionsabzugsbeträge) entspricht der für § 6 II geltenden Rechtslage (s Rz 600). – Erfasst sind WG mit Netto-AK/HK (bzw Einlagewert) von **mehr als 150 €, aber höchstens 1000 €** (aA *Melchior* DStR 09, 2631, 2632: wahlweise auch WG mit AK/HK unter 150 €). Die Regelung war in den Kj 2008 und 2009 **zwingend;** damals war die Anwendung der Regel-AfA oder eine Gruppenbewertung im Anwendungsbereich des Abs 2a ausgeschlossen. Ab 2010 besteht hingegen ein **Wahlrecht.** Der StPfl kann dies aber nur für alle im Wj dem BV zugeführten WG **einheitl ausüben** (§ 6 IIa 5). Bildet er den Sammelposten, gilt für GWG nicht die 410 €-Grenze des § 6 II, sondern die 150 €-Grenze des § 6 IIa 4. In diesem zusätzl Wahlrecht liegt mE eine unnötige Komplizierung; Abs 2a sollte nunmehr ersatzlos gestrichen werden (glA *Wengerofsky* DStR 15, 2744). – Wird die Wertgrenze in *späteren* Wj durch **nachträgl AK/HK** überschritten, bleibt es gleichwohl bei der Einbeziehung des WG in den Sammelposten; die nachträgl AK/HK sind dann in den Sammelposten des Wj ihrer Entstehung einzubeziehen (EStR 6.13 V 2, 3; *BMF* BStBl I 10, 755 Rz 10; mE aufgrund des Vereinfachungszwecks der Regelung zutr; teilw ähnl *HHR* § 6 Rz 1101: der frühere Sammelposten bleibt unberührt, nachträgl AK/HK sind allerdings lfd BA; aA *Ortmann-Babel/Bolik* BB 08, 1217, 1219). – **Für jedes Wj ein gesonderter Sammelposten** zu bilden (EStR 6.13 V 1). RumpfWj zählen für Zwecke des Abs 2a aus Vereinfachungsgründen als volles Wj (keine ledigl zeitanteilige Auflösung des Sammelpostens). – **Aufzeichnungen** in der Buchführung sind nur noch hinsichtl der Zugänge erforderl; besondere Dokumentationspflichten bestehen nicht. – Zum **zeitl Anwendungsbereich** s 33. Aufl Rz 604.

605 **b) Auflösung des Sammelpostens.** Im Wj der Bildung (unabhängig davon, in welchem Monat das WG angeschafft/hergestellt wurde; § 7 I 4 ist nicht anwendbar) und in den folgenden 4 Wj (§ 6 IIa 2) sind **je 20 % des Sammelpostens aufzulösen.** Auf die tatsächl Nutzungsdauer der WG kommt es nicht an. Bei langlebigen WG führt die Einbeziehung in den Sammelposten daher zu einer früheren „Vollabschreibung" als die reguläre AfA. Bei WG mit kurzer Nutzungsdauer (zB Computer) ist die auf 5 Jahre gestreckte Auflösung ebenfalls zwingend. Hier bietet es sich an, Gestaltungsmöglichkeiten so auszuüben, dass die AK/HK außerhalb der Wertgrenzen des Abs 2a bleiben (zB Abzug nach § 6b oder § 7g II, so dass die GWG-Grenze unterschritten wird; in geeigneten Fällen umgekehrt Absehen

von einem solchen Abzug, so dass die AK/HK oberhalb von 1000 € bleiben; s auch *Pohl* DStR 08, 2302, 2303). – § 6 IIa verdrängt nicht nur die NormalAfA, sondern auch die SonderAfA nach § 7g V (zutr FG Mchn EFG 14, 522, rkr; aA *Pohl* DStR 08, 2302, 2304 mwN). Zwar ist der *Investitionsabzug* (§ 7g *II*) auch bei Sammelposten-WG ausdrückl zugelassen; der Abzug von SonderAfA scheitert aber jedenfalls an der fünfjährigen Dauer des Begünstigungszeitraums für die SonderAfA. Denn nach der Einstellung des Wertes des WG in den Sammelposten fehlt es an einer individualisierbaren Größe, auf die die SonderAfA angewendet werden könnte.

c) Fortführung des Sammelpostens. Dieser ist **unabhängig vom weiteren Schicksal der darin eingestellten WG.** Insb wird er bei einem Ausscheiden von WG aus dem BV (zB Veräußerung, Entnahme, Zerstörung, Überführung einzelner WG nach § 6 V) nicht vermindert (§ 6 IIa 3). Dies gilt ungeachtet dessen, dass der Erwerber ggf für dasselbe WG seinerseits einen Sammelposten zu bilden hat und das WG somit bei zwei StPfl bilanziell erfasst wird. Der Veräußerungserlös bzw Entnahmewert wirkt sich daher mangels Gegenrechnung eines Buchwerts in voller Höhe gewinnerhöhend aus. Auch eine **TW-AfA** ist nicht zulässig, da der Sammelposten als solcher kein WG darstellt (EStR 6.13 VI 1); Gleiches gilt für AfaA. Scheidet das WG allerdings bereits im Jahr seiner Zuführung wieder aus dem BV aus, ist es von vornherein nicht in den zum Ende des Wj zu bildenden Sammelposten einzubeziehen (*BMF* BStBl I 10, 755 Rz 10 S 4; *Ortmann-Babel/Bolik* BB 08, 1217, 1218). – Unklar ist die buchtechnische **Behandlung von WG,** die **auch privat genutzt** werden. Denkbar wäre eine Kürzung der AK um den Privatanteil, so dass nur der Differenzbetrag in den Sammelposten eingestellt wird (Problem: es gibt keine Möglichkeit, auf Veränderungen des privaten Nutzungsanteils in den Folgejahren zu reagieren). Alternativ könnten die vollen AK in den Sammelposten eingestellt und jährl ein Teilbetrag der gewinnmindernden Auflösung des Sammelpostens durch Hinzurechnung eines geschätzten Privatanteils neutralisiert werden (so *BMF* BStBl I 10, 755 Rz 18; Problem: dies erfordert die aufwändige Führung von Nebenrechnungen, die Abs 2a eigentl vermeiden will). 606

d) Sammelposten und Betriebsübertragung. Bei einer **Betriebsveräußerung** ist der Sammelposten in den „Wert des BV" (§ 16 II 1) einzubeziehen, dem Veräußerungserlös gegenzurechnen und dadurch iErg sofort als Aufwand zu berücksichtigen. Der Erwerber kann unter den Voraussetzungen des S 1 seinerseits einen Sammelposten bilden. Bei der unentgeltl Betriebsübertragung (§ 6 III) führt der Erwerber statt des Übertragenden den Sammelposten fort. – Auf **Übertragungsvorgänge bei Teilbetrieben** will die *FinVerw* diese Grundsätze indes nicht anwenden (EStR 6.13 VI 3; *BMF* BStBl I 10, 755 Rz 22 f: entgeltl oder unentgeltl Teilbetriebsübertragung, Einbringung von Teilbetrieben nach §§ 20, 24 UmwStG); der Sammelposten soll hier im HerkunftsBV unverändert fortgeführt werden müssen. ME ist dies zweifelhaft, weil die Übertragung von Teilbetrieben grds ebenso zu behandeln ist wie die Übertragung des gesamten Betriebs. Vorzugswürdig erscheint die Auflösung des Sammelpostens in dem Umfang, wie er auf den übertragenen Teilbetrieb entfällt (ggf Schätzung; glA *Blümich/Ehmcke* § 6 Rz 1167a). – Bei **Übertragung von Anteilen an PersGes** gelten die in Rz 594 dargestellten Grundsätze: Hat die PersGes in ihrer StB einen Sammelposten gebildet, ist auch für die Mehrbeträge in der Ergänzungsbilanz ein Sammelposten zu bilden. Betrugen die AK/HK der PersGes aber mehr als 1000 €, ist in der Ergänzungsbilanz auch dann kein Sammelposten zu bilden, wenn der anteilige Mehrbetrag innerhalb der 1000 €-Grenze bleibt. – **Vorgänge nach dem UmwStG:** Bei Buchwertfortführung (§ 4 II, § 12 III UmwStG) ist auch ein Sammelposten fortzuführen. Bei einer Einbringung in KapGes/PersGes zu Zwischenwerten ist die AfA-Bemessungsgrundlage aufzustocken (§ 23 III, § 24 IV UmwStG); dies gilt dann auch für einen Sammelposten. Gleiches gilt für die Einbringung zum gemeinen Wert, wenn 607 diese sich als Gesamtrechtsnachfolge darstellt (§ 23 IV HS 2 UmwStG); die Einbringung zum gemeinen Wert durch Einzelrechtsnachfolge gilt hingegen als Anschaffungsvorgang (§ 23 IV HS 1 UmwStG), so dass ein neuer Sammelposten zu bilden ist. Zur Konkurrenz dieser Vorschriften mit dem Anschaffungsbegriff s BFH I R 97/02 BStBl II 04, 686. Bei Übertragung oder Verschmelzung (Abspaltung) nur eines **Teilbetriebs** ist der bisherige Sammelposten ebenfalls aufzuspalten (*Ehret/Kraft* in Blumenberg/Benz, UntStRef 2008, 98 f; ähnl *Schlotter* in Schaumburg/Rödder, UntStRef 2008, 593). EStR 6.13 VI 3 schließt dies nicht aus, da dort nur die *Einbringung* von Teilbetrieben nach §§ 20, 24 UmwStG (und die unentgeltl Übertragung nach § 6 III) erfasst ist.

608 **e) Verhältnis zur HB.** Der Sammelposten soll auch in der HB gebildet werden können (BT-Drs 16/5491, 12, 14). ME ist dies zweifelhaft, weil die Gruppenbewertung (§ 240 IV HGB) weder von ihren Voraussetzungen (annähernd gleichwertige WG) noch von ihren Rechtsfolgen (Ansatz des gewogenen Durchschnittswerts) her einschlägig ist (ähnl *Koch/Thies/Gondert* NWB F 17, 2201, 2203; *Wagner/Staats* DB 07, 2395, 2397; *Schlotter* in *Schaumburg/Rödder,* UntStRef 2008, 594). Der Gesetzgeber geht indes weiter davon aus, dass Sammelposten handelsrechtl zulässig sind und sich aufgrund der steuerl Vorgaben sogar zu einem GoB entwickeln werden (BR-Drs 344/08, 80). Zu Abweichungen von den Sammelposten nach IAS s *Kirsch* DStR 07, 1268, 1270.

611 **4. Festwerte, § 240 III HGB. – a) Überblick.** S allg auch *Richter* StBP 09, 249. Für bestimmte WG (näher s Rz 614) können unter weiteren Voraussetzungen (s Rz 615) Festwerte gebildet werden, dh der Bestand kann über mehrere Bewertungsstichtage hinweg in gleichbleibender Menge und mit gleichbleibendem Wert angesetzt werden (s Rz 617). Das Festwertverfahren gilt als allg Bilanzierungsgrundsatz nicht nur für Kaufleute, sondern auch für StPfl, die (nur) unter § 4 I fallen (glA *Blümich/Ehmcke* § 6 Rz 48). – **Zweck** ist die Vereinfachung der Bestandsaufnahme und Bewertung. Dem liegt die Überlegung zugrunde, dass sich bei einem stets in ungefähr gleicher Höhe benötigten Bestand an bestimmten WG Buchabgänge (ggf einschließl AfA) und Buchzugänge (ggf einschließl nachträgl HK) nahezu ausgleichen und deshalb zu den Abschlussstichtagen nur geringe Veränderungen hinsichtl Größe, Wert und Zusammensetzung des Bestands eintreten (BFH V R 139/71 BStBl II 72, 683).

614 **b) Erfasste WG. – *(1)* Sachanlagevermögen.** Immaterielle WG und Beteiligungen sind ausgeschlossen. *Unbewegl* Sachanlagevermögen ist aber (anders als bei Durchschnittswerten) mit erfasst; hier wird es aber meist an der Voraussetzung einer regelmäßigen Ersetzung des Bestands fehlen (*BMF* DStR 92, 542 unter 2.a aa; *Veigel/Lentschig* StBP 94, 81, 82). – *Beispiele:* Bahn- und Gleisanlagen (*RFH* RStBl 35, 675), Baumschulkulturen (s § 13 Rz 29 mwN), Bergbauanlagen (*BMF* BB 93, 1767), Betriebs- und Geschäftsausstattung, Flaschen(kästen), Eisen- und Stahlindustrie (s *Büttner/Wenzel* DB 92, 1893, 1897 mwN), Gerüst- und Schalungsteile (*FM NRW* BStBl II 61, 194; BFH V R 139/71 BStBl II 72, 683), Hotelinventar (Geschirr, Besteck, Wäsche). – ***(2)* Roh-, Hilfs- und Betriebsstoffe.** In Betracht kommen zB Reparaturmaterialien und Ersatzteile (zur Einordnung als AV oder UV s Rz 346f). – Andere WG des UV (insb Handelswaren, halbfertige und fertige Erzeugnisse) sind ausgeschlossen (s BFH X B 5/12 BFH/NV 13, 35 Rz 22). – ***(3)* Keine Festwertbildung.** Unzulässig ist dies bei GWG und Sammelposten-WG (Spezialregelungen in § 6 II, IIa; *BMF* BStBl I 10, 755 Rz 13), bei WG mit einer Nutzungsdauer von nicht mehr als einem Jahr (BFH IV R 127/91 BStBl II 94, 232: sofort BA), und wenn die Ausgangswerte der AK/HK sich durch Zuschüsse (s Rz 71 ff) oder Übertragung stiller Reserven (§ 6b, RfE) gemindert haben (Hintergrund ist die regelmäßige Ersetzung der Festwert-WG). Zur TW-AfA s Rz 618.

c) Sachl Voraussetzungen des § 240 III 1 HGB. – *(1)* **Regelmäßige Ersetzung des Bestands.** Zusätzl zu diesem im Gesetz genannten Merkmal darf der Bestand in Größe, Wert und Zusammensetzung nur **geringen Änderungen** unterliegen. Dies kann bei einem eher kleinen Bestand von WG mit längerer Nutzungsdauer zweifelhaft sein, weil sich hier aufgrund der übl Abnutzungen und ggf nicht ganz regelmäßigen Ersetzungen gewisse Wertschwankungen ergeben können. Gleichwohl ist der Festwert auch bei solchen WG zulässig. – *(2)* **Nachrangige Bedeutung des Gesamtwerts.** Dies ist der Fall, wenn der *einzelne* Festwert (keine Addition sämtl in der Bilanz gebildeter Festwerte) 10% der Bilanzsumme nicht übersteigt (*BMF* BStBl I 93, 276). – *(3)* **Funktionsgleiche oder -verbundene WG.** Dies ist ungeschriebene Voraussetzung, weil die Bestände sich einheitl entwickeln sollen. – *(4)* **Gewinnermittlung durch Bestandsvergleich.** In diesem Zusammenhang ist auch der Grundsatz der Bewertungsstetigkeit (s Rz 12) zu beachten. 615

d) Höhe des Festwerts. – *(1)* **Roh-, Hilfs- und Betriebsstoffe.** Der Festwert entspricht den AK/HK des im Zeitpunkt der erstmaligen Festwertbildung vorhandenen Bestands. – *(2)* **Sachanlagevermögen.** Vor einer erstmaligen Anwendung des Festwertverfahrens sind zunächst AfA (linear oder degressiv, nicht jedoch SonderAfA, s *BMF* BStBl I 93, 276) vorzunehmen, bis im Verhältnis zur lfd Ersatzbeschaffung ein ungefährer Gleichgewichtszustand erreicht ist (*Veigel/Lentschig* StBP 94, 81, 83; *Richter* StBP 09, 249, 251; s auch *Buchner* BB 95, 816; dagegen wiederum *Pooten* BB 96, 839). Der Festwert („Anhaltewert") beläuft sich dann auf etwa 40–50% der AK/HK (*BMF* DStR 92, 542 unter 3.a). Er bildet damit letztl einen durchschnittl Gesamtabnutzungszustand ab. – In beiden Fallgruppen können die AK/HK auch nach Durchschnittswerten (Rz 625), unter Anwendung des LiFo-Verfahrens (Rz 411), retrograd (Rz 41) oder ggf durch ein Reindizierungsverfahren auf der Grundlage des zuletzt festgestellten Preises (hierzu *BMF* BB 93, 1767) bemessen werden. – *(3)* **Folgen für die Gewinnermittlung.** Bei bestehendem Festwert stellen die Kosten der Bestandserhaltung (Ersatz- und Herstellungsaufwand) sofort in vollem Umfang BA dar. Demggü kommen AfA weder für den Bestand noch für Neuzugänge in Betracht (BFH V R 139/71 BStBl II 72, 683). 617

e) Überprüfung des Festwerts. – *(1)* **Körperl Bestandsaufnahme.** Sie ist nach § 240 III 2 HGB idR alle drei Jahre vorzunehmen. Für bewegl Sachanlagevermögen lässt die *FinVerw* auch einen Fünf-Jahres-Turnus ausreichen (EStR 5.4 III 1). Bei wesentl Änderungen der Verhältnisse kann eine Bestandsaufnahme aber auch zu einem früheren Zeitpunkt geboten sein. Starke Wertschwankungen deuten darauf hin, dass die Voraussetzungen für eine Festwertbildung schon dem Grunde nach nicht gegeben sind. – *(2)* **Aktueller Wert übersteigt Festwert.** Bei einer Überschreitung um **mehr als 10%,** ist der aktuelle Wert als neuer Festwert maßgebend. Die Wertaufstockung erfolgt dadurch, dass der bisherige Bilanzansatz solange um die AK/HK der im Festwert erfassten und nach dem Bilanzstichtag des vorangegangenen Wj angeschafften oder hergestellten WG aufgestockt wird, bis der neue Festwert erreicht ist (EStR 5.4 III 2, 3). Bis dahin unterbleibt der BA-Abzug für die Neuzugänge. Eine *sofortige* Wertaufholung ist nicht erforderl, weil die gesetzl Regelung darauf angelegt ist, die Ungenauigkeiten des Festwerts für die Vergangenheit hinzunehmen. – Bei einer Wertsteigerung bis zu 10% kann der bisherige Festwert beibehalten werden. – *(3)* **Aktueller Wert unterschreitet Festwert.** Der niedrigere aktuelle Wert kann sofort als neuer Festwert angesetzt werden. Beruht das Absinken des für den Gesamtbestand ermittelten Wertes auf einer Minderung der *Größe* des Bestands, handelt es sich um einen Abgang. Ist hingegen der *Wert* eines größenmäßig unveränderten Bestands (voraussichtl dauerhaft) gesunken, ist eine **TW-AfA** vorzunehmen. Nach TW-AfA ist allerdings kein Festwert, sondern ein Durchschnittswert anzusetzen (so für UV *BMF* DStR 92, 618

542 unter 3.b). – ***(4)* Beendigung des Festwertverfahrens.** Der Buchwert ist auf die Restnutzungsdauer abzuschreiben (keine Anwendung von § 6 II, IIa nach dem Wj der Anschaffung/Herstellung mehr, s BFH I R 144/78 BStBl II 82, 545), die Neuzugänge sind einzeln zu bewerten.

624 **5. Durchschnittswerte, § 240 IV HGB.** Sie können bei bestimmten gleichartigen oder annähernd gleichwertigen WG angesetzt werden. Die Bewertung erfolgt dann mit dem gewogenen Mittel.

625 **a) Erfasste WG. – aa) Vorratsvermögen.** Zum Begriff s Rz 412. Hier setzt eine Durchschnittsbewertung voraus, dass die WG **gleichartig** sind. Dies ist vor allem (aber nicht ausschließl) bei sog vertretbaren WG iSd § 91 BGB der Fall, die im Verkehr nach Maß, Zahl oder Gewicht bestimmt zu werden pflegen. Typischer Anwendungsfall sind solche WG, bei denen eine Einzelbewertung wegen gemeinsamer Lagerung der zu unterschiedl Einstandskosten angeschafften oder hergestellten WG praktisch nicht mögl ist (EStR 6.8 III 3; zum Umlaufmetallstock des metallverarbeitenden Gewerbes s BFH I D 1/59 U BStBl III 61, 31 unter B.II.3.c). – Fehlt es an der Gleichartigkeit, kann eine Durchschnittsbewertung beim Vorratsvermögen (anders bei den unter bb genannten WG) *nicht* darauf gestützt werden, dass die WG annähernd gleichwertig sind. Umgekehrt können gleichartige WG aber auch dann zusammengefasst bewertet werden, wenn sie nicht gleichwertig sind (zB gleichartige WG mit verschiedenen Größen und damit auch unterschiedl Preisen; EStR 6.8 IV 3; aA *ADS* § 240 Rz 123).

626 **bb) Andere bewegl WG.** Sie fallen zum einen dann unter § 240 IV HGB, wenn sie **gleichartig** sind. *Beispiele:* Pauschale Wertberichtigung von Forderungen (s Rz 305); Emissionsrechte (s *BMF* BStBl I 05, 1047 Rz 13); Viehbestände (s § 13 Rz 48 mwN); Wertpapiere im Girosammeldepot (BFH I 95/63 BStBl III 66, 274). – Anders als beim Vorratsvermögen sind Durchschnittswerte bei anderen bewegl WG aber auch dann zulässig, wenn die WG zwar nicht gleichartig, wohl aber **annähernd gleichwertig** sind. Dies ist der Fall, wenn die Einzelwerte nur geringfügig voneinander abweichen; dabei wird eine 20%-Grenze angenommen (*ADS* § 240 Rz 127 f; *Blümich/Ehmcke* § 6 Rz 66). Auch hier ist aber ein wirtschaftl Zusammenhang zw den EinzelWG erforderl (zB WG, die zum selben Sortiment gehören). Zudem muss ein Durchschnittswert in diesen Fällen auf Branchenerfahrungen gestützt werden können. – Für **unbewegl WG** (zur Abgrenzung s § 4 Rz 191) können nach dem Wortlaut des § 240 IV HGB keine Durchschnittswerte gebildet werden (aA *Trappmann* DB 96, 391; zur Zulässigkeit der sog „Clusterbewertung" sehr großer Immobilienbestände s *Sigloch/Schmidt/Hageböke* DB 05, 2589).

627 **cc) Schulden.** Hier gelten die in Rz 626 dargestellten Grundsätze ebenfalls (dh Gleichartigkeit *oder* annähernde Gleichwertigkeit). So können gleichartige Verbindlichkeiten mit einem Durchschnittswert bewertet werden (BFH VIII R 62/85 BStBl II 89, 359 unter II.2.c, d). Dies gilt auch für Rückstellungen, die wegen zahlreicher gleichartiger Einzelrisiken gebildet werden (BFH I R 16/97 BStBl II 98, 249 unter II.2.; zur EG-RL auch EuGH C-275/97 Slg 99, I-5331).

628 **b) Ermittlung des Durchschnittswerts.** Anders als bei Festwerten (s Rz 618) ersetzt die Gruppenbildung nicht die mengenmäßige Erfassung der dazugehörigen einzelnen WG; die Bestände sind vielmehr bei der Inventur zu ermitteln. Mit der Bildung des Durchschnittswerts verlieren die einzelne WG nicht etwa ihre steuerl Selbständigkeit; es handelt sich weiterhin um eine Vielzahl von EinzelWG (BFH IV R 72/00 BFH/NV 03, 1155 unter 2.d). Anzusetzen ist für die am Bilanzstichtag noch vorhandene Menge der in die Durchschnittsbewertung einbezogenen WG das gewogene Mittel der AK/HK der im Bewertungszeitraum *insgesamt* vorhanden gewesenen Mengen dieser WG, wobei die Ermittlung des Durchschnittspreises auch in kürzeren Zeiträumen (zB monatl oder wöchentl) vorgenommen

werden kann. Die AK/HK für Zwecke der Ermittlung des Durchschnittswerts können auch unter Anwendung des LiFo-Verfahrens ermittelt werden, sofern dies der tatsächl Verbrauchsfolge entspricht (EStR 6.8 IV 6).

c) Teilwert-AfA. Auch auf Durchschnittswerte kann bei voraussichtl dauernder Wertminderung TW-AfA vorgenommen werden (allg zu den Voraussetzungen s Rz 360). Soll die TW-AfA auf der Basis gesunkener Durchschnittswerte ermittelt werden, muss bei der Inventur allerdings die Zusammensetzung des Bestands ausreichend festgestellt sein (*ADS* § 240 Rz 137). Ansonsten ist für die TW-AfA zur Einzelbewertung überzugehen. **629**

X. Wertansatz bei unentgeltlichen Übertragungen, § 6 III, IV

Schrifttum (s auch vor Rz 681 zu Abs 5): *Rogall/Stangl* Die unentgeltl Übertragung von MUeranteilen und Teil-MUeranteilen mit SonderBV, DStR 05, 1073; *Wendt* Unentgeltl Übertragung von MUeranteilen nach § 6 III EStG, FR 05, 468; *Winkeljohann/Stegemann* Verbleibende Zweifel nach dem BMF-Schrb v 3.3.05 zu Zweifelsfragen der ertragsteuerl Buchwertfortführung bei der Unternehmensnachfolge, BB 05, 1416; *Strahl* Unentgeltl Übertragung eines MUeranteils, KÖSDI 13, 18216; *Herlinghaus* Betriebsbegriff und „Gesamtplan" bei Unternehmensveräußerungen und -umstrukturierungen, FR 14, 441. – **Verwaltungsanweisung:** *BMF* BStBl I 05, 458 (geändert durch *BMF* BStBl I 06, 766).

1. Überblick zu § 6 III–VI. – a) Regelungszweck. Abs 3–6 regeln sowohl die **Bewertung** als auch die **Gewinnrealisierung.** Denn bei den hier erfassten Übertragungstatbeständen ist der Wertansatz im ZielBV zugleich mit dem letzten Ansatz im HerkunftsBV (und daher mit der Auflösung stiller Reserven) verknüpft. § 6 III, V sollen **Umstrukturierungen** erleichtern; sie sind neben § 24 UmwStG anwendbar, der demselben Zweck dient. **641**

b) Persönl Anwendungsbereich. Die Vorschriften gelten sowohl für **Gewinnermittlung** nach § 4 I/§ 5 als auch nach § 4 III (s § 6 VII), nicht jedoch für steuerbare Vorgänge des PV. Sie sind grds auch auf **KapGes** anwendbar; Ausnahmen sind jedoch in § 6 III 1 HS 2 (s Rz 660) und § 6 V 5, 6 (s Rz 721) enthalten. **642**

2. Unentgeltl Übertragung betriebl Einheiten, § 6 III. – § 6 III erfasst die unentgeltl Übertragung (zum Begriff s Rz 652 ff) von Betrieben, Teilbetrieben und MUeranteilen (s Rz 646ff) und ordnet zwingend die Buchwertfortführung an (Rz 657). Mit diesem Inhalt gilt § 6 III seit 1.1.99 und ersetzt seitdem die (weitgehend wortgleiche) Vorschrift des § 7 I EStDV. Seit 2001 sind zusätzl auch unentgeltl Aufnahmen von natürl Personen in Einzelunternehmen sowie unentgeltl Übertragungen von *Teilen* eines MUeranteils erfasst (Rz 660 ff). – **a) Zweck.** Die Regelung will den unentgeltl Betriebsübergang (insb in der Generationennachfolge, was aber nicht Voraussetzung ist) von steuerl Belastungen verschonen (s auch Rz 641). Insoweit dient sie zugleich der Verwirklichung des durch Art 14 GG geschützten Erbrechts (*Wendt* FR 05, 468, 472). Sie lässt abw vom Grundsatz der Individualbesteuerung im Interesse der Erhaltung der wirtschaftl Einheit eine interpersonelle Übertragung stiller Reserven auf andere StPfl zu (BFH X R 22/02 BStBl II 06, 457 unter II.3.e bb; BFH GrS 2/04 BStBl II 08, 608 unter D. III.6.a bb). Der unentgeltl Übergang des BV soll (im Gegensatz zur Überführung von WG zw verschiedenen BV desselben StPfl) keine Entnahme bzw Einlage darstellen (so BFH IV R 33/08 BStBl II 12, 10 Rz 17; BFH IV R 17/10 BStBl II 14, 316 Rz 19, allerdings beide bezogen auf den in § 4 IVa verwendeten Entnahmebegriff). **645**

b) Von § 6 III erfasste Wirtschaftseinheiten. – aa) Betrieb. Zwar müssen nicht zwingend *sämtl* betriebl WG auf den Erwerber übergehen, wohl aber **alle wesentl Betriebsgrundlagen** (s § 16 Rz 90 ff). Die Wesentlichkeit bestimmt sich hier allein nach funktionalen Kriterien (*Beispiele* s § 16 Rz 100 ff); auf die Höhe der **646**

stillen Reserven kommt es nicht an (*BMF* BStBl I 05, 458 Rz 3). Die Übertragung muss sich in einem **einheitl Vorgang** abspielen (§ 16 Rz 120f), der Übergeber muss seine bisher in diesem Betrieb entfaltete Tätigkeit im Wesentl beenden (s § 16 Rz 97ff). Behält sich der Übergeber den **Nießbrauch** am übergebenen BV vor, beendet er seine Tätigkeit nicht, sondern führt sie fort; ein solcher Vorgang soll nicht unter § 6 III fallen, sondern als gewinnrealisierende Betriebsaufgabe anzusehen sein (zu § 7 I EStDV aF s BFH XI R 26/91 BFH/NV 93, 161; zu § 6 III s FG Mster EFG 14, 2133, Rev X R 59/14, zust Anm *Knobbe* EFG 14, 2135; *Lederle/Wanner* DStR 15, 2270; allerdings ist mE die Annahme einer Betriebsaufgabe schon deshalb zweifelhaft, weil dies ebenfalls eine Beendigung der Tätigkeit voraussetzen würde). Fehlt es an einer dieser Voraussetzungen, kommt es nicht zu einer Buchwertübertragung, sondern zu einer gewinnrealisierenden Betriebsaufgabe (s Rz 650). – **WG, die nicht zu den wesentl Betriebsgrundlagen gehören,** können (unter Aufdeckung der stillen Reserven) veräußert oder entnommen werden, ohne dass dies der Buchwertfortführung für die übrigen WG entgegen steht. – Begünstigt ist auch die unentgeltl Aufnahme einer natürl Person in einen bestehenden Betrieb (§ 6 III 1 HS 2 Alt 1; s Rz 661). § 6 III ist auch anwendbar, wenn ein **Betrieb auf mehrere Personen übergeht** (zB mehrere Miterben oder Beschenkte), die dann eine MUerschaft bilden (BFH VIII B 54/01 BFH/NV 02, 24 unter II.2.a mwN; BFH IV R 52/08 BStBl II 11, 261 unter II.2.a). ME genügt es auch, wenn die WG des Betriebs teils ins GesamthandsBV und teils ins SonderBV der neuen MUerschaft übergehen, weil das SonderBV mit zum MUeranteil gehört. In Ausnahmefällen ist es auch denkbar, dass ein einheitl Betrieb so aufgeteilt wird, dass jeder der Übernehmer einen eigenständigen Betrieb erhält (FG Mster EFG 15, 1256, Rev IV R 27/15: Aufteilung der verpachteten Flächen eines luf Betriebs auf die Kinder).

647 **bb) Teilbetrieb.** Einzelheiten zum Begriff s § 16 Rz 140ff. Auch hier ist die Übertragung aller funktional wesentl Betriebsgrundlagen des Teilbetriebs erforderl. Eine **100%ige Beteiligung an einer KapGes** gilt zwar im Falle ihrer *Veräußerung* als Teilbetrieb (§ 16 I Nr 1 S 2); diese Fiktion ist jedoch nicht auf § 6 III übertragbar (BFH X R 22/02 BStBl II 06, 457 unter II.3.e cc).

648 **cc) MUeranteil. – (1) Einheit aus dem Anteil am Gesamthandsvermögen und dem SonderBV.** Daher müssen grds die (funktional) wesentl Betriebsgrundlagen *beider* Vermögensgruppen übertragen werden (s zuletzt BFH IV R 52/08 BStBl II 11, 261 unter II.2.; ausführl § 16 Rz 407, 435; zur Trennung von GesAnteil und SonderBV s Rz 651; zu Ausnahmen für die Übertragung von *Teilen* eine MUeranteils s Rz 664). Dabei genügt ein zeitl und wirtschaftl Zusammenhang zw den Übertragungsakten. Maßgebend für die Beurteilung, ob es sich um wesentl Betriebsgrundlagen handelt, sind die Verhältnisse des Übergebers. Zu der Frage, ob Anteile an der Komplementär-GmbH eine wesentl Betriebsgrundlage darstellen, s § 15 Rz 714. – **WG, die nicht zu den wesentl Betriebsgrundlagen gehören,** können (gewinnrealisierend) veräußert oder entnommen oder nach § 6 V zu Buchwerten übertragen werden (im letztgenannten Fall insoweit Auslösung der Sperrfrist). – Begünstigt ist auch die **unentgeltl Übertragung eines *Teils* eines MUeranteils** (§ 6 III 1 HS 2 Alt 2; s Rz 662). Nur in diesem Fall ist die gleichzeitige Mitübertragung der wesentl Betriebsgrundlagen des SonderBV entbehrl; jedoch gilt für den übertragenen MUeranteil eine Sperrfrist (§ 6 III 2; s Rz 666). – **(2) Doppelstöckige MUerschaften.** § 6 III ist getrennt auf den Anteil an der OberGes und deren Anteil an der UnterGes (unter Einschluss des jeweiligen SonderBV) anzuwenden. Hinzu kommt ggf der durch § 15 I 1 Nr 2 S 2 hervorgerufene Sonder-MUeranteil des OberGes'ters wegen Überlassung von WG an die UnterGes (§ 16 Rz 401, 407; *Behrens/Quatmann* DStR 02, 481). – **(3) ZebraGes.** Der im BV gehaltene Anteil an einer vermögensverwaltenden PersGes ist kein MUeranteil (s auch Rz 682 sowie ausführl § 16 Rz 405).

c) Betriebsaufgabe bei Zerschlagung der betriebl Einheit. – aa) Übertragung nicht sämtl wesentl Betriebsgrundlagen. – (1) Bisherige Auffassung. Es handelt sich um eine Zerschlagung des Betriebs/MUeranteils. § 6 III ist dann nicht anwendbar; vielmehr findet eine **gewinnrealisierende Betriebsaufgabe** statt (zu Ausnahmen s Rz 651). Dies gilt zB, wenn ein Einzelunternehmen übertragen, das betriebswesentl Grundstück aber zurückbehalten (also entnommen) wird. Sofern iRd gewinnrealisierenden Vorgangs nicht sämtl stillen Reserven aufgedeckt werden (zB bei Überführung einer wesentl Betriebsgrundlage in ein anderes BV), handelt es sich um eine **nicht tarifbegünstigte Entnahme,** je nach Gestaltung auch um eine teilweise Veräußerung (zu einer derartigen Konstellation BFH IV R 52/08 BStBl II 11, 261 Rz 24 ff). – **(2) Neue Rspr des IV. Senats.** Dieser hat jüngst die **Kombination der Buchwertprivilegien der § 6 III** und **§ 6 V 3** zugelassen (BFH IV R 41/11 BFHE 238, 135; dazu ausführl *Herlinghaus* FR 14, 441; zust *Kanzler* FR 12, 1120; *Schulze zur Wiesche* DStZ 13, 25; *Levedag* GmbHR 14, 337, 342; *Blümich/Ehmcke* § 6 Rz 1122d; *Demuth* EStB 15, 254; krit *Vees* DStR 13, 743). Danach soll es der Anwendung des § 6 III auf die unentgeltl Übertragung eines MUeranteils nicht entgegenstehen, wenn der Übertragende zeitgleich eine wesentl Betriebsgrundlage des SonderBV gem § 6 V 3 Nr 2 zum Buchwert in das GesamthandsBV einer anderen PersGes überträgt, deren wirtschaftl Alleinges'ter er ist. Zur Begründung verweist der IV. Senat auf den Gleichrang beider Privilegierungsvorschriften, die fortbestehende StVerhaftung der stillen Reserven und die der Missbrauchsvermeidung dienenden gesetzl Sperrfristen. § 6 III sei in diesen Fällen nur dann nicht anwendbar, wenn es zu einer wirtschaftl Zerschlagung iSe Berührung der Lebensfähigkeit des Betriebs komme (BFH IV R 41/11 BFHE 238, 135 Rz 39). Gleiches soll für den Verkauf des SonderBV unmittelbar vor der unentgeltl Übertragung des GesAnteils gelten; die Rechtsfigur des „Gesamtplans“ soll hier nicht anwendbar sein (BFH IV R 29/14 BFHE 247, 449). Während die Rspr bisher nur zur „Umgestaltung“ von MUeranteilen entschieden hat, wird in der Literatur vertreten, dass die vorherige Ausgliederung einer wesentl Betriebsgrundlage auch bei **(Teil-)Betrieben** der Anwendung des § 6 III auf das RestBV nicht entgegen steht (*Wendt* FR 15, 459; ebenso FG Nds EFG 13, 1825, rkr: Entnahme des Betriebsgrundstücks vor unentgeltl Übertragung des RestBV). Wenn allerdings zunächst ein Teil-MUeranteil unentgeltl nach § 6 III übertragen wird, ist die kurzfristig folgende Veräußerung des restl MUeranteils nicht nach § 16 tarifbegünstigt (BFH IV R 36/13 BStBl II 15, 529). – **(3) FinVerw.** Sie wendet diese Entscheidungen, soweit sie eine Ausgliederung zulassen, (jedenfalls vorläufig) unter Berufung auf den Willen des historischen Gesetzgebers nicht an (*BMF* BStBl I 13, 1164) und vertritt weiterhin die Auffassung, die Buchwertübertragung einer wesentl Betriebsgrundlage schließe die Anwendung des § 6 III auf das restl BV aus (*BMF* BStBl I 05, 458 Rz 7: Gesamtplan). Dies entspricht auch der Rspr für die **vor 2001 geltende Rechtslage** (zur unentgeltl Betriebsübertragung s BFH IV R 52/08 BStBl II 11, 261 Rz 17; zur Betriebs-/Anteilsveräußerung s BFH VIII R 21/00 BStBl II 03, 194 unter II.1.b; zu weiteren Nachweisen auf den Meinungsstand vor Bekanntwerden der neuen Rspr des IV. Senats s 31. Aufl Rz 650). 650

(4) Stellungnahme und Gestaltungsmöglichkeiten. Die vom IV. Senat gegebene Begründung ist sicherl vertretbar (zu mögl Kritik s 33. Aufl). Auch ist nicht ersichtl, dass ein anderer BFH-Senat die Gegenauffassung vertreten wollte, so dass der Nichtanwendungserlass der *FinVerw* voraussichtl nicht halten wird. Die Folgen der Entscheidung des IV. Senats sind aber äußerst weitreichend. So verbleibt für die bisher allg Auffassung, eine Zerschlagung der betriebl Einheit stehe der Anwendung des § 6 III grds entgegen (dies wird formal auch vom IV. Senat weiterhin vertreten, s BFH IV R 41/11 BFHE 238, 135 Rz 19, 39), in allen relevanten Fallgruppen kein Anwendungsbereich mehr. Denn die (an sich auch nach Auffassung des IV. Senats schädl) *Zurückbehaltung* einer wesentl Betriebsgrundlage kann stets durch deren von § 6 V 3 erfasste Übertragung in das BV einer neu gegründeten MUerschaft (ggf gewerbl geprägte Ein-Mann-GmbH & Co KG) ersetzt werden. Auch die *Überführung in ein anderes BV* *des Übertragenden* nach § 6 V 1, 2 lässt der IV. Senat ausdrückl neben der Anwendung des § 6 III zu. Selbst eine *Veräußerung* der wesentl Betriebsgrundlage steht der Begünstigung der unentgeltl Übertragung des verbleibenden BV jedenfalls dann nicht entgegen, wenn die Veräußerung zeitl kurz vor der Übertragung erfolgt (obiter dictum in BFH IV R 41/11 BFHE 238, 135 Rz 18; *Bode* DB 12, 2375; tragend dann in BFH IV R 29/14 BFHE 247, 449; *Keller/*Sundheimer DB 15, 708). Letztl führt die neue Rspr des IV. Senats dazu, dass die Begriffe „Betrieb" und „MUeranteil" bei § 6 III einerseits und § 16 andererseits nicht mehr einheitl ausgelegt werden können (ähnl *Brandenberg* DB 13, 17, 19).

651 **bb) Zulässige Trennungen von GesAnteil und SonderBV.** Nachstehend sind Gestaltungen benannt, die bereits vor der neuen Rspr des IV. Senats zur Kombinierbarkeit von § 6 III und § 6 V (die von der *FinVerw* noch nicht angewendet wird) anerkannt waren, so dass insoweit ein höheres Maß an Rechtssicherheit besteht (s auch *Korn/Strahl* KÖSDI 15, 19555, 19571). – **(1) Verkleinerung der betriebl Einheit.** Dies lässt deren Identität und die Anwendbarkeit des § 6 III unberührt. Bis zu einer endgültigen Klärung des Anwendungsbereichs der Rechtsfigur des **Gesamtplans** ist diese allerdings vorsorgl in die Planung einzubeziehen. Jedenfalls bei einem zeitl Abstand von **mehr als 18 Monaten** zw Überführung des SonderBV und nachfolgender Übertragung des GesAnteils kann ein Gesamtplan aber idR nicht mehr bejaht werden (ähnl wie bei zeitl gestreckter Betriebsaufgabe iSd § 16 III, s hierzu BFH IV R 44/10 BFH/NV 13, 376 Rz 39). Für einen Einbringungsfall hat der I. Senat (der der GesamtplanRspr allerdings generell krit ggü steht) eine Buchwertfortführung bereits bei einem zeitl Abstand von $1^1/_2$ Monaten zugelassen (BFH I R 72/08 BStBl II 10, 471 unter II.3.d: entscheidendes Kriterium sei, ob die Auslagerung auf Dauer angelegt sei). Der IV. Senat will ohnehin stets auf den Zustand des Betriebs im Zeitpunkt von dessen unentgeltl Übertragung abstellen; alle Vorgänge, die sich zuvor abgespielt haben, sind nach dieser Auffassung ohne Bedeutung (BFH IV R 41/11 BFHE 238, 135 Rz 18). Damit haben sich jedenfalls wesentl Teile der Rspr im Anwendungsbereich des § 6 III deutl von der Anwendung der Rechtsfigur des Gesamtplans abgesetzt. – **(2) WG keine wesentl Betriebsgrundlage mehr.** In diesem Fall ist eine getrennte Übertragung des SonderBV ebenfalls unschädl, sofern Grund für den Verlust der Eigenschaft als wesentl Betriebsgrundlage nicht die Übertragung als solche ist (glA *Wacker* HFR 10, 939). Während dies eine gesicherte Erkenntnis darstellt, sieht der IV. Senat darüber hinaus die Veräußerung von SonderBV *vor* dem Tag der unentgeltl Übertragung stets als unschädl an, auch wenn es sich um eine wesentl Betriebsgrundlage handelt (BFH IV R 29/14 BFHE 247, 449; wird von der *FinVerw* noch nicht angewendet). Setzt sich diese Auffassung durch, kommt es auch nicht mehr auf den früheren Streit an, ob schon die „Entbehrlichkeit" des WG seine Trennung vom GesAnteil ermöglicht (s 34. Aufl Rz 651 (2)). – **(3) Qualifizierte Nachfolgeklausel.** Übernimmt einer von mehreren Miterben den zivilrechl GesAnteil in *vollem* Umfang, das SonderBV aber nur in Höhe seines Erbanteils (dh bezogen auf den GesAnteil unterquotal), wendet die *FinVerw* aus Billigkeitsgründen § 6 III in Bezug auf den MUeranteil an, während hinsichtl des SonderBV ein Entnahmegewinn realisiert wird (*BMF* BStBl I 06, 766 Rz 23 S 2 iVm *BMF* BStBl I 06, 253 Tz 72–74; zu Gestaltungsmöglichkeiten s *Nickel/Klein* FR 03, 954). – **(4) Übertragung des SonderBV unter Nießbrauchsvorbehalt.** In der Literatur wird vertreten, dies ermögliche ebenfalls eine Trennung (so *Strahl* FR 04, 929, 937; glA FG Mster EFG 14, 1951, Rev IV R 38/14; aA zur Übertragung von BV unter Nießbrauchsvorbehalt FG Mster EFG 14, 2133, Rev X R 59/14). Auch wenn Vieles hierfür spricht, kann diese Gestaltung im Hinblick auf die ungeklärte Entnahmeproblematik (s § 7 Rz 41) nicht als sicher angesehen werden. – **(5) Rückbehalt eines Zwerganteils.** Dies ist stets mögl; dem Zwerganteil wird dann das *gesamte* SonderBV zugeordnet (§ 6 III 2).

652 **d) Übertragungsvorgänge, die unter § 6 III fallen.** In erster Linie sollen Vermögensübergänge durch **Erbfall** (ausführl § 16 Rz 25 ff, 590 ff), **Erbauseinan-**

dersetzung (s § 16 Rz 605 ff), **vorweggenommene Erbfolge** (s § 16 Rz 45 ff) oder andere **Schenkungen** (s § 16 Rz 35 ff) erfasst sein.

653 **aa) Besonderheiten bei juristischen Personen.** Auch diese können grds Empfänger einer unentgeltl Übertragung sein (BFH X R 22/02 BStBl II 06, 457 unter II.3.e aa). Abs 3 ist zB anwendbar bei unentgeltl Übertragungen auf eine steuerbefreite (zB gemeinnützige) Körperschaft, an der der Übertragende *nicht* beteiligt ist (*BMF* BStBl I 05, 458 Rz 2; BFH IV R 38/97 BStBl II 98, 509 unter 1.b mwN). Die unentgeltl Übertragung auf eine **KapGes,** an der der Übertragende beteiligt ist, fällt allerdings nicht unter Abs 3, sondern stellt eine **verdeckte Einlage** iSd § 6 VI 2 dar, die zur Betriebsaufgabe führt (s ausführl Rz 745). Ist hier statt der Gewinnrealisierung eine Buchwertfortführung gewünscht, bietet sich eine Einlage gegen Gewährung neuer Anteile an (§ 20 UmwStG; dabei genügt die Gewährung eines Zwerganteils; s *Korn* KÖSDI 05, 14633, 14635). – Überträgt umgekehrt die KapGes einen (werthaltigen) Betrieb, Teilbetrieb oder MUeranteil unentgeltl auf ihren Ges'ter, handelt es sich idR um eine **vGA** (BFH VIII R 2/86 BStBl II 92, 832 unter 3.c; BFH I R 7/02 BStBl II 05, 867 unter III.2.c); § 6 III wird dann verdrängt.

654 **bb) Besonderheiten bei MUerschaft.** Auch eine unentgeltl **Anwachsung** fällt unter § 6 III (BFH VIII R 76/96 BStBl II 99, 269 unter II.2.b aa; einschr *OFD Bln* DB 02, 1966 und *Brandenberg* DStZ 02, 511, 514: nur bei kapitalmäßiger Beteiligung). Wächst das Vermögen allerdings einer KapGes an, gilt mE der Vorrang der verdeckten Einlage (glA *FinSen Brem* FR 03, 48; aA *Rödder/Schumacher* DStR 01, 1634, 1636; ausführl zum Problem *Littmann* § 6 Rz 1007). Gleiches gilt für die unentgeltl Begründung einer **Vereinbarungstreuhand** (*Carlé/Fuhrmann* FR 06, 749, 752). – Hingegen sind die Regelungen über die **Realteilung** (§ 16 III 2) ggü § 6 III vorrangig, weil sie einen Spezialfall der Betriebsaufgabe betreffen (*BMF* BStBl I 06, 228 unter I.; ebenso betr § 6 V *Sauter/Heurung/Oblau* FR 02, 1101, 1103; zum Vorrang der Betriebsaufgabe s auch BFH VIII R 17/85 BStBl II 91, 512 unter 3.; zur Nichtanwendung des § 6 III auf die Realteilung s BFH VIII R 21/77 BStBl II 82, 456 unter I.1.d) und die in diesen Fällen bestehenden Umstrukturierungsbedürfnisse abdecken. – § 6 III soll auch auf das **Ausscheiden von Ges'tern gegen Sachwertabfindung in Form einer betriebl Einheit** (Teilbetrieb, MUeranteil) anwendbar sein (*BMF* BStBl I 06, 228 Tz II). ME ist dies zweifelhaft, weil auch hier der Vorrang der Realteilung gilt (glA § 16 Rz 536 unter (2) (b)). Im Ergebnis hat dieser Streit keine Auswirkung, weil für die Realteilung ebenfalls zwingend die Buchwertfortführung angeordnet ist (§ 16 III 2).

655 **e) Unentgeltlichkeit.** Ausführl s § 16 Rz 47 ff (zur vorweggenommenen Erbfolge), § 16 Rz 590 ff (zum Erbfall). Die **Übernahme von Verbindlichkeiten,** die zu einer betriebl Einheit gehören, ist hier nicht als Entgelt anzusehen (anders aber bei der Übertragung einzelner WG, s Rz 696). Hintergrund ist, dass zu den betriebl Einheiten iSd Abs 3 in aller Regel auch Schulden gehören, was bei Zugrundelegung der Trennungstheorie die Anwendbarkeit des Abs 3 ausschlösse (BFH VIII R 58/98 BStBl II 02, 420 unter B.I.3.b bb aaa: „eng begrenzter Ausnahmefall" von der Trennungstheorie). Aufgrund dieser **Einheitsbetrachtung** berühren auch **Teilentgelte,** die den Buchwert der betriebl Einheit nicht erreichen, die Buchwertfortführung nicht (§ 16 Rz 38 f, 58 ff mwN). Übersteigt das Teilentgelt hingegen den Buchwert, handelt es sich um eine Veräußerung iSd § 16, beim Erwerber um einen Anschaffungsvorgang. Wird bei einem (an sich unschädl) Teilentgelt unterhalb des Buchwerts in den Fällen des § 6 III 2 die Behaltefrist nicht eingehalten und entfällt daher die Buchwertfortführung rückwirkend, ist die „Trennungstheorie" anzuwenden (*Förster/Brinkmann* BB 03, 657, 664; str, s auch Rz 697). – Die Vereinbarung von **Versorgungsleistungen** iRe **Vermögensübergabe** fällt unter das Sonderrecht des § 10 Ia Nr 2, stellt aber kein Entgelt dar (BFH IV R 22/07 BFH/NV 11, 31 Rz 14; BFH IV R 29/14 BFHE 247, 449

Rz 28). – Bewirkt ein Vertragsbündel (insb zw Angehörigen) die **Rückschenkung** des formal vereinbarten Kaufpreises, ist der Vorgang ebenfalls unentgeltl (BFH X R 14/11 BStBl II 14, 158 Rz 51). – Auch der **Eintritt in ein negatives KapKto ohne Ausgleichszahlung** kann unentgeltl sein (BFH IV R 44/93 BFHE 177, 466 unter 5.); dies gilt insb zw Angehörigen auch dann, wenn dem negativen KapKto keine stillen Reserven ggü stehen (BFH VIII R 36/66 BStBl II 73, 111; s auch § 16 Rz 434). – Allerdings ist Unentgeltlichkeit iSd § 6 III nicht stets schon dann gegeben, wenn keine Gegenleistung feststellbar ist. Hinzu kommen muss vielmehr, dass der Übertragende beabsichtigt, den **Empfänger iSd § 516 BGB unentgeltl zu bereichern.** Daran wird es zw fremden Dritten idR fehlen, zB wenn nur deshalb keine Gegenleistung vereinbart wird, um den Betrieb oder Anteil „loszuwerden" (zum Ganzen BFH IV R 3/01 BStBl II 03, 112 unter 4.a). Auch ein „symbolischer Kaufpreis" von zB 1 € kann Entgelt sein (BFH IX R 61/10 BStBl II 12, 8; zu § 17).

657 **f) Rechtsfolge.** Beim bisherigen Betriebsinhaber sind die **Buchwerte** anzusetzen (§ 6 III 1 HS 1), so dass es trotz des Ausscheidens der WG aus „seinem" BV nicht zu einer Gewinnrealisierung kommt. Der Rechtsnachfolger ist an diese Werte gebunden (§ 6 III 3), darf also nicht etwa die höheren TW ansetzen und von diesen AfA vornehmen. Ein Wahlrecht zur Aufdeckung der stillen Reserven besteht nicht (zutr *Wendt* FR 05, 468, 469). Sollte die Gewinnrealisierung im Einzelfall erwünscht sein, kann sie aber durch Vereinbarung eines Kaufpreises ohne Weiteres erreicht werden. – Trotz der Buchwertfortführung geht ein nicht verbrauchter **Zinsvortrag** unter (§ 4h V 1; s § 4h Rz 31). Ein **Investitionsabzugsbetrag** kann hingegen fortgeführt werden (s § 7g Rz 17; str); ebenso eine **Rücklage** nach § 6b (BFH IV R 9/06 BStBl II 10, 664 unter II.1.a). Zur Fortführung eines nachversteuerungspflichtigen Betrags (§ 34a VII) s § 34a Rz 78.

658 **g) Verhältnis zu § 24 UmwStG.** Diese Vorschrift setzt eine **Einlage** des eintretenden Ges'ters voraus, und zwar nach dem Gesetzeswortlaut nur in Form von (Teil-)Betrieben oder MUeranteilen, während Rspr und *FinVerw* iErg auch Geldeinlagen in den Anwendungsbereich des § 24 UmwStG fallen lassen (BFH VIII R 52/05 BStBl II 06, 847 unter II.B.2.a; *BMF* BStBl I 11, 1314 Rn 01.47). Ist ein solcher Sachverhalt gegeben, wird § 6 III verdrängt (einschließl der Sonderregelung des § 6 III 2 für zurückbehaltenes SonderBV). – **Ohne eine derartige Einlage** des Eintretenden ist die Erlangung der MUerstellung als unentgeltl Übertragung von Teilanteilen iSd § 6 III anzusehen; § 24 UmwStG ist dann nicht anwendbar. Die Voraussetzungen des § 24 UmwStG sind zudem nicht erfüllt, wenn der Einbringende keine neuen GesRechte erhält, zB bei unentgeltl Überführung eines Betriebs in das eigene SonderBV (FG Ddorf EFG 03, 1180, rkr).

660 **3. Aufnahme in ein Einzelunternehmen, Übertragung von Teilanteilen, § 6 III 1 HS 2, S 2.** Zur zeitl Anwendung (grds ab VZ 2001) s 32. Aufl Rz 660. – **a) Unentgeltl Aufnahme einer natürl Person in ein Einzelunternehmen, § 6 III 1 HS 2 Alt 1.** S *Groh* DB 01, 2162; *Geissler* FR 01, 1029. Dieser Vorgang, durch den eine zweigliedrige MUerschaft entsteht, ist mit der Übertragung eines *Teils* eines MUeranteils (s Rz 662) vergleichbar. Beide Gestaltungen werden daher gleich behandelt. Es genügt, wenn der Aufgenommene zwar MUer wird, aber nicht am Vermögen beteiligt ist. – Der Übertragende kann **SonderBV** bilden und auf diese Weise Teile seiner betriebl WG zurückbehalten (zu den Folgen s Rz 664). Auch über- und unterquotale Übertragungen solcher WG des (künftigen) SonderBV sind denkbar.

662 **aa) Unentgeltlichkeit.** Zum Begriff s Rz 655; zur *entgeltl* Aufnahme in ein Einzelunternehmen s § 16 Rz 565. Muss der Aufgenommene eine Einlage leisten, ist der Vorgang nicht unentgeltl, allerdings gilt § 24 UmwStG (Rz 658). Ohne eine solche Einlage ist die Buchwertfortführung nach § 6 III *zwingend* (kein Wahlrecht wie in § 24 UmwStG). Bei einer Einlage, die den Buchwert nicht erreicht,

handelt es sich wegen der Gleichstellung mit der Übertragung *ganzer* Betriebe (s Rz 655) mE um einen unentgeltl Vorgang, der zwingend unter § 6 III fällt (aA *Neumann* EStB 05, 140, 144).

bb) Beschränkung auf die Aufnahme natürl Personen. Dies dient vor allem der Vermeidung einer unentgeltl Aufnahme von **KSt-Subjekten** (insb KapGes), weil der Gesetzgeber das Übergehen stiller Reserven auf diese Gebilde vermeiden will (s auch § 6 V 5, 6). Der dem Gesetzgeber vor Augen stehende Fall der Aufnahme einer KapGes wäre allerdings schon nach den Grundsätzen der verdeckten Einlage gewinnrealisierend; umgekehrt besteht bei der Aufnahme steuerbefreiter Körperschaften gar kein Bedürfnis für eine Einschränkung (s auch Rz 653; *Wendt* FR 05, 468, 478). Die **Aufnahme einer MUerschaft** ist nach dem Gesetzeswortlaut wohl ebenfalls nicht begünstigt (*BMF* BStBl I 05, 458 Rz 1; aA *Korn* KÖSDI 05, 14633, 14634). Denkbar ist aber die Übertragung *mehrerer* Teilanteile an **mehrere natürl Personen** (zB die beiden Kinder des bisherigen Betriebsinhabers), die dann eine MUerschaft bilden (*Wacker* ZSteu 05, 358, 364). Auch die Übertragung eines *gesamten* Betriebs auf mehrere natürl Personen als MUer fällt unter § 6 III (Rz 646). 663

b) Unentgeltl Übertragung von *Teilen* eines MUeranteils auf natürl Personen, § 6 III 1 HS 2 Alt 2. Eine Teilanteilsübertragung setzt den Übergang wesentl (nicht unbedingt aller) Vermögens- und Verwaltungsrechte hinsichtl eines Teils des MUeranteils voraus; *allein* die Übertragung von SonderBV genügt nicht (s ausführl § 16 Rz 414; zu atypischen stillen Ges s § 16 Rz 420). Zur **Unentgeltlichkeit** s Rz 655, 662; zur Beschränkung auf **natürl Personen** s Rz 663. – Die Übertragung des *gesamten* MUeranteils ist bereits nach § 6 III 1 HS 1 begünstigt (Rz 648); eine Behaltefrist gilt hier nicht. Auch im Fall einer *Teil*anteilsübertragung wird die Behaltefrist nicht ausgelöst, wenn SonderBV **quotal,** also mit demselben Bruchteil wie der Anteil am Gesamthandsvermögen, übertragen wird. 664

c) Erweiterung auf die Zurückbehaltung von SonderBV, § 6 III 2. – aa) Anwendungsbereich. In Fällen der Übertragung eines *Teils* eines MUeranteils sowie der Aufnahme in ein Einzelunternehmen (§ 6 III 1 HS 2) ermöglicht S 2 die Zurückbehaltung von SonderBV, und zwar gerade dann, wenn es sich um **wesentl Betriebsgrundlagen** handelt (die Zurückbehaltung unwesentl WG hindert die Begünstigung nach S 1 ohnehin nicht, s Rz 646, 648). Auf die Übertragung von Betrieben, Teilbetrieben und *ganzen* MUeranteilen ist S 2 seinem Wortlaut gemäß hingegen nicht anwendbar, weil das zurückbehaltene WG dann nicht mehr „zum BV derselben MUerschaft" gehören kann (zutr *BMF* BStBl I 05, 458 Rz 5). – **(1) Unterquotale Übertragung von SonderBV.** Neben der *vollständigen* Zurückbehaltung des SonderBV ist (erst recht) dessen Übertragung mit einer Quote, die hinter der Beteiligungsquote des Übertragungsempfängers an der MUerschaft zurück bleibt, von S 2 erfasst. Auch in einem solchen Fall gilt die Behaltefrist aber für das *gesamte* SonderBV (*BMF* BStBl I 05, 458 Rz 10; *Wendt* FR 05, 468, 474). Die Gegenauffassung will unterquotal übertragenes SonderBV hingegen zT unter S 1 (ohne Behaltefrist) und nur mit dem restl Teil unter S 2 fallen lassen (*Rogall/Stangl* DStR 05, 1073, 1078 mwN; *Blümich/Ehmcke* § 6 Rz 1245). – **(2) Überquotale Übertragung von SonderBV.** Die **FinVerw** will hinsichtl des überquotal übertragenen Anteils § 6 V 3 Nr 3 anwenden (*BMF* BStBl I 05, 458 Rz 16–18; hierzu ausführl *Stein* DB 12, 1529). Dies hat zur Folge, dass insoweit die Sperrfrist des § 6 V 4 gilt; die Übernahme von Verbindlichkeiten stellt nach der zu § 6 V 3 dargestellten VerwAuffassung (s Rz 696 f) ein (Teil-)Entgelt dar, das zur Aufteilung des Vorgangs in einen entgeltl und einen unentgeltl Teil führt (*BMF* BStBl I 01, 367 unter 5.). Demggü fällt nach der **Rspr** die Übertragung eines WG des funktional wesentl SonderBV mit einer *höheren* Quote als der GesAnteil nicht unter S 2, sondern jedenfalls dann *insgesamt* unter § 6 III 1 HS 2 (ohne Behaltefrist), wenn der *Wert* des übertragenen SonderBV den Gesamtwert des der Quote 665 entspr Teils des SonderBV nicht übersteigt (BFH IV R 41/11 BFHE 238, 135 Rz 29: keine gegenständl, sondern wertmäßige Betrachtung; von Bedeutung ist dies, wenn das SonderBV *mehrere* WG umfasst, von denen einzelne übertragen werden, andere aber nicht; ausführl *Schulze zur Wiesche* DStR 12, 2414; *Förster* DB 13, 2047; *Bohn/Pelters* DStR 13, 281). **Stellungnahme:** Der Gesetzeswortlaut („wenn der MUer WG … nicht überträgt") spricht zwar für die gegenständl Betrachtung der *FinVerw.* Der vom IV. Senat herangezogene Gedanke der Übertragung von Sachgesamtheiten („Einheitstheorie") lässt die wertmäßige Betrachtung aber bei Vorhandensein mehrerer WG des SonderBV als zutr erscheinen. Zu beachten ist jedoch, dass die stets gegebenen Bewertungsunsicherheiten der gewünschten Rechtssicherheit entgegenstehen (zutr *Levedag* GmbHR 13, 673, 680). – **(3) Mitunternehmerische BetrAufsp.** Hierzu kommt es, wenn durch die Übertragung von SonderBV für dieses WG eine BesitzGes entsteht (die nutzende MUerschaft ist die BetriebsGes). Die Übertragung des WG auf den Empfänger (erste Stufe) fällt unter § 6 III 1 (bei unterquotaler Übertragung § 6 III 2). Die anschließende Überführung in das Gesamthandsvermögen der BesitzGes (zweite Stufe) erfolgt nach § 6 V 3 Nr 2; ist die BesitzGes hingegen eine Bruchteilsgemeinschaft, zu deren SonderBV das WG nun gehört, richtet sich die Überführung zweiter Stufe nach § 6 V 2 (s *BMF* BStBl I 06, 766). Für die erste Stufe gilt (nur im Fall unterquotaler Übertragung) die 5-jährige Behaltefrist nach § 6 III 2, für die zweite Stufe (nur bei Überführung ins Gesamthandsvermögen) die dreijährige Sperrfrist des § 6 V 4.

666 **bb) Fünfjährige Behaltefrist für den Rechtsnachfolger, § 6 III 2 HS 2. – (1) Weder Veräußerung noch Aufgabe.** Die Buchwertfortführung bei einer unentgeltl Übertragung von Teilanteilen (bzw Aufnahme in ein Einzelunternehmen) unter Zurückbehaltung von SonderBV setzt voraus, dass der Übernehmer den MUeranteil fünf Jahre lang weder veräußert noch aufgibt. Als Veräußerung gelten auch offene und verdeckte Einlagen in KapGes sowie Einbringungen und Formwechsel gem §§ 20, 24, 25 UmwStG zum gemeinen Wert, TW oder Zwischenwerten (zutr *BMF* BStBl I 05, 458 Rz 13 S 1, 2). Bereits die Veräußerung eines *Teils* des erhaltenen MUeranteils ist schädl (*BMF* BStBl I 05, 458 Rz 11; *Blümich/Ehmcke* § 6 Rz 1247; *Neufang* BB 05, 1595, 1599; mE zutr und vom Wortlaut noch umfasst; aA *Förster* FR 02, 649, 655; *Kempermann* FR 03, 321, 327; *Wendt* FR 05, 468, 477; *Kai* DB 05, 794, 800); war der Übernehmer aber schon zuvor an der MUerschaft beteiligt, gilt dieser Alt-Anteil als zuerst veräußert (*BMF* BStBl I 05, 458 Rz 12). Die Aufgabe der *gesamten MUerschaft* löst mE hingegen keine Nachversteuerung aus. Erwirbt der Übernehmer des Teilanteils in einem zweiten Akt auch des Rest des ursprüngl MUeranteils, soll damit die Behaltefrist enden (BFH IV R 41/11 BFHE 238, 135 Rz 26, obiter dictum). – **(2) Veräußerung oder unentgeltl Übertragung von wesentl Betriebsgrundlagen des übernommenen SonderBV.** Dies ist als Aufgabe des MUeranteils anzusehen und löst daher die Nachversteuerung aus (zutr *BMF* BStBl I 05, 458 Rz 11; aA *Kempermann* FR 03, 321, 327; *Wendt* FR 05, 468, 477). Gleiches gilt für die Einbringung eines solchen WG nach § 6 V 3 gegen Gewährung von GesRechten (*BMF* BStBl I 05, 458 Rz 14). Der Übernehmer kann sich von einem solchen WG nur dann in steuerl unschädl Weise trennen, wenn es bei ihm nicht mehr als wesentl Betriebsgrundlage anzusehen ist (s Rz 651). Dies kann auch bei seiner Ersetzung durch eine neue wesentl Betriebsgrundlage der Fall sein (zutr *Rogall/Stangl* DStR 05, 1073, 1078: zB Erwerb eines neuen und Verkauf des bisherigen Betriebsgrundstücks zur Anpassung an Marktverhältnisse). – **(3) Beginn der Fünfjahresfrist.** Maßgebl ist der Übergang des wirtschaftl Eigentums (Nutzen und Lasten; *BMF* BStBl I 05, 458 Rz 11). – **(4) Unentgeltl Weiterübertragung des *gesamten* übernommenen Teilanteils.** Die Behaltefrist geht auf den neuen Anteilsinhaber über; es beginnt aber (im Gegensatz zur nochmaligen Abspaltung

eines Teilanteils) keine neue Fünfjahresfrist (*BMF* BStBl I 05, 458 Rz 14). Eine solche unschädl unentgeltl Weiterübertragung ist aus Billigkeitsgründen (*OFD Rhld* DStR 08, 775; *Wendt* FR 05, 468, 476) auch in einer **Buchwerteinbringung nach §§ 20, 24 UmwStG** zu sehen; die Fünfjahresfrist läuft nunmehr für den neu gewährten Anteil weiter (*BMF* BStBl I 05, 458 Rz 13 S 4; ausführl *Crezelius* FR 11, 401). – **(5) Zweck der Behaltefrist.** Es geht um die typisierende Abgrenzung zw einer echten Unternehmensnachfolge und solchen Fällen, in den die Buchwertfortführung vorrangig dazu genutzt werden soll, die stillen Reserven durch ein anderes StSubjekt realisieren zu lassen (ähnl die Überlegung von *Wendt* FR 05, 468, 476). Ferner soll vermieden werden, dass die Haltefrist des § 6 V 4 durch entspr Gestaltungen unterlaufen wird.

(6) Folgen der Nichteinhaltung der Behaltefrist. Der Übertragende erzielt 667
einen lfd Gewinn (wegen § 16 I 2 kein begünstigter Veräußerungsgewinn bei Teilanteilsveräußerung) aus den (gesamten!) stillen Reserven des übertragenen BV im Übertragungszeitpunkt, der auch der GewSt unterliegt (BFH IV R 3/05 BStBl II 07, 777 unter II.3.c). Der Bescheid des Übertragungsjahres ist nach § 175 I 1 Nr 2 AO zu ändern (krit wegen der Anknüpfung an das Verhalten eines Dritten *Crezelius* FR 02, 805; *Kanzler* FS Korn [2005] S 287, 302). Dem Empfänger entstehen AK mit der Folge neuen AfA-Volumens. Es ist dringend zu raten, dass der Übertragende sich gegen diese unerwünschten Folgen eines Verhaltens des Empfängers durch entspr **Regelungen im Übertragungsvertrag** absichert (zB Zustimmungsvorbehalt, Ausgleichszahlung). Werden mehrere Teilanteile an verschiedene Empfänger übertragen, ist das Schicksal jedes Teilanteils individuell zu betrachten.

cc) Geltung einer auf das zurückbehaltene SonderBV bezogenen Behaltefrist 668
auch für den übertragenden MUer? Dies ist str. Hierfür spricht die Wendung „weiterhin zum BV derselben MUerschaft gehören". Die *FinVerw* hält Veräußerungen bzw Entnahmen, die in einem **Gesamtplan** mit der unentgeltl Anteilsübertragung stehen, für schädl (*BMF* BStBl I 05, 458 Rz 15; glA *U. Förster* FR 02, 649, 655; *G. Förster/Brinkmann* BB 03, 657, 664; aA *Kanzler* FS Korn [2005] S 287, 293; *Kai* DB 05, 794, 799; *Wendt* FR 05, 468, 473). Die Gesamtplan-Rspr dürfte jedoch allenfalls Vorgänge innerhalb von 18 Monaten seit der Anteilsübertragung erfassen (s Rz 651 (1); vgl auch BFH IV R 18/99 BStBl II 01, 229: „einige Wochen"); die Anwendung der Fünfjahresfrist des S 2 HS 2 auf derartige Fallgestaltungen wird auch von der *FinVerw* nicht vertreten (aA wohl *Neumann* EStB 05, 140, 144). Der BFH hat in einem Fall, in dem der Übertragende sich $2^1/_2$ Monate nach der Übertragung von dem SonderBV getrennt hatte, keinen Anlass für eine Versagung der Begünstigung gesehen (BFH IV R 41/11 BFHE 238, 135 Rz 25, allerdings ohne ausdrückl Auseinandersetzung mit der Gesamtplan-Rspr); dies gilt erst recht bei einer Übertragung nach mehr als 2 Jahren (zutr FG Nds BB 15, 750, Rev IV R 12/15). Die Veräußerung des *gesamten* Restanteils des Übertragenden (GesAnteil einschließl SonderBV) ist jedenfalls unschädl, weil das SonderBV dann weiterhin zum BV derselben MUerschaft gehört.

4. Unentgeltl Übertragung einzelner WG aus betriebl Gründen, § 6 IV. 671
– a) Voraussetzungen. – aa) Übertragung *einzelner* WG. Die Übertragung von Betrieben, Teilbetrieben und MUeranteilen fällt demggü unter § 6 III. Das WG muss **in das BV eines *anderen* StPfl** (Einzelunternehmen, MUerschaft, Körperschaft) übertragen werden. Auf Übertragungen zw einem MUer und seiner MUerschaft sowie zw verschiedenen MUern derselben MUerschaft ist allerdings nicht Abs 4, sondern der vorrangige Abs 5 auch dann anzuwenden, wenn die unentgeltl Übertragung ausnahmsweise betriebl veranlasst ist (s ausführl Rz 710 mwN). – Auf die **Herkunft des WG beim Übertragenden** kommt es mE nicht an, weil nicht ersichtl ist, weshalb die (den alleinigen Regelungsgegenstand des Abs 4 bildende) Bewertung beim *Empfänger* hiervon abhängig sein soll und zudem der Wortlaut des § 6 IV insoweit von dem der Vorläufervorschrift des § 7 II EStDV abweicht (glA *HHR* § 6 Rz 1415; *Blümich/Ehmcke* § 6 Rz 1264). Es ist für die Anwendung des § 6 IV beim *Empfänger* also unerhebl, ob das WG beim Übertragenden zum PV oder zum BV gehörte, und ob der Übertragung aus Sicht des *Übertragenden* ein betriebl oder privater Anlass zugrunde lag. Bei Altmaterialsamm-

lungen von steuerbegünstigten Körperschaften (wirtschaftl Geschäftsbetrieb) wird der Gewinn daher bereits mit der Zuwendung des Materials realisiert (zutr *Kümpel* FR 99, 888).

673 **bb) Unentgeltlichkeit.** Die Übertragung ist unentgeltl, wenn der Empfänger für das WG keine konkrete Gegenleistung gewährt. Die mit der Hingabe von „Geschenken" im geschäftl Verkehr verbundene Erwartung positiver Folgen für die weitere Geschäftsbeziehung genügt für die Annahme einer konkreten Gegenleistung nicht; **Werbegeschenke** sind daher der typische Anwendungsfall des Abs 4. – Bei **teilentgeltl Übertragungen** (sofern sie nicht als Einlagen anzusehen sind, s Rz 674) ist die Trennungstheorie anzuwenden (glA *Blümich/Ehmcke* § 6 Rz 1265; s aber Rz 697): Für den entgeltl Teil bemessen sich die AK des Erwerbers nach Abs 1 Nr 1, 2; für den unentgeltl Teil gilt Abs 4.

674 **cc) Einlagen.** Sie sind von der Anwendung des Abs 4 ausdrückl ausgenommen, gem § 6 I Nr 5 grds mit dem TW anzusetzen, bewirken gem § 4 I aber keine Gewinnrealisierung. Maßgebend ist, ob die Übertragung aus Sicht des *Empfängers* auf einem privaten (Einlage) oder einem **betriebl Anlass** (Abs 4) beruhte.

675 **b) Rechtsfolgen. – aa) Empfänger.** Das WG ist mit dem **gemeinen Wert** anzusetzen (zum Begriff des gemeinen Werts s Rz 235 und § 9 BewG). Es kommt durch die Aufnahme des WG in das BV also zu einer **Gewinnrealisierung** (BFH I R 248/74 BStBl II 78, 191 unter 2.b aa). Dies ist systematisch zutr, da der Empfänger den unentgeltl Wertzugang aus betriebl Gründen erhält (bei Einlagen, dh Wertzugängen aus privaten Gründen, wird die Gewinnrealisierung dadurch vermieden, dass iRd BV-Vergleichs des § 4 I der Wert der Einlagen von dem erhöhten BV abgezogen wird). Der gemeine Wert stellt zugleich die AfA-Bemessungsgrundlage und Bewertungsobergrenze für evtl Zuschreibungen dar; § 6 II, IIa sind anwendbar. Aus Billigkeitsgründen wendet die *FinVerw* Abs 4 nicht an, wenn ein StPfl, der von einer Naturkatastrophe betroffen ist, gespendete WG betriebl verwendet (zB *OFD Mchn* DStR 02, 2171). Bei unter § 6 IV fallendem Erwerb von UV durch einen StPfl mit Gewinnermittlung nach § 4 III ist zudem im Jahr des Erwerbs gegenläufig eine BA anzusetzen, weil der Erwerb von UV zu BA führt (zutr BFH III R 54/12 BFH/NV 13, 1916 Rz 18). – Wird dem Empfänger kein WG, sondern ein nicht aktivierungsfähiger Vorteil zugewendet (zB Reise), sind gleichwohl BE gegeben; dies beruht aber nicht auf Abs 4, sondern auf einer sachgerechten Auslegung des Begriffs der BE (BFH VIII R 35/93 BStBl II 96, 273).

676 **bb) Übertragender.** Hier handelt es sich (sofern das WG **aus dem BV** stammt) je nach Anlass um eine gewinnrealisierende Entnahme oder eine Betriebsausgabe (BFH I R 248/74 BStBl II 78, 191 unter 2.b aa). Im letzteren Fall kann aber das Abzugsverbot des § 4 V 1 Nr 1 eingreifen (Geschenke; s § 4 Rz 536). Die Übertragung **aus dem PV** löst beim Übertragenden keine steuerl Folgen aus (auch nicht bei §§ 17, 20, 23). Dies ist konsequent, weil der *Empfänger* einen Erwerbsgewinn verwirklicht.

XI. Überführungen bei mehreren Betrieben; Übertragungen bei MUerschaften, § 6 V

Schrifttum: Bis 2009 s 33. Aufl. *Goebel/Ungemach/Reifarth* Zweifelsfragen zu den Sperrfristen des § 6 Abs 5 S 4 und 6 EStG, DStZ 11, 561; *Jäschke* Übertragung von WG und MUeranteilen, GmbHR 12, 601; *Heuermann* Einheit, Trennung oder modifiziertes Trennen?, DB 13, 1328; *Levedag* Überführungen und Übertragungen einzelner betriebl WG in betriebl PersGes, GmbHR 13, 673; *Wendt* Verbilligte WG-Übertragung im Anwendungsbereich von § 6 V EStG, DB 13, 834; *Schulze zur Wiesche* Die Einmann-GmbH & Co KG als übernehmender Rechtsträger im Fall einer Übertragung nach § 6 Abs 5 S 3 EStG und einer Einbringung nach § 24 UmwStG, DStZ 14, 108. – **Verwaltungsanweisung:** *BMF* BStBl I 11, 1279.

1. Buchwertüberführung einzelner WG zw verschiedenen BV desselben StPfl, § 6 V 1. – a) Überführung einzelner WG. Hierauf beschränkt sich der Wortlaut des S 1. Für die Überführung von **Teilbetrieben oder MUeranteilen** zw verschiedenen BV desselben StPfl ergeben sich mE aber dieselben Rechtsfolgen, weil nicht ersichtl ist, weshalb es hier zu einer Gewinnrealisierung kommen sollte (glA *BMF* BStBl I 11, 1279 Tz 6; aA *Blümich/Ehmcke* § 6 Rz 1287; zur Rechtslage bei S 3 s Rz 690). – Die ledigl vorübergehende **Nutzung** eines WG des einen Betriebs in einem anderen Betrieb desselben StPfl fällt (mangels dauerhafter Überführung des WG) nicht unter S 1. Es handelt sich vielmehr um eine Nutzungsentnahme beim abgebenden und eine Aufwandseinlage beim aufnehmenden BV (s Rz 506, 553; zu Pkw s Rz 525). 681

b) Derselbe StPfl. Unter § 6 V 1 fällt idR eine **natürl Person,** die **mehrere Betriebe** unterhält. Die Betriebe können **unterschiedl Einkunftsarten** angehören. Eine Buchwertübertragung ist daher auch aus einem GewBetr in LuF mögl; die Verhaftung der stillen Reserven auch für die *GewSt* wird von S 1 nicht verlangt (*BMF* BStBl I 11, 1279 Tz 5). Die umgekehrte Überführung (von § 13 oder § 18 in GewBetr) bewirkt allerdings die erstmalige gewstl Verhaftung schon zuvor gebildeter stiller Reserven (s auch § 13 Rz 40 zum Strukturwandel von LuF zum GewBetr). Ein Wahlrecht zur Aufdeckung der stillen Reserven besteht hier wegen der zwingenden Regelung des S 1 gleichwohl nicht (ähnl BFH VIII R 46/99 BFHE 192, 516 unter II.2.a, Anm *HG* DStR 00, 1907). Der Vorgang kann allerdings ggf so gestaltet werden, dass der luf Betrieb *beendet* wird. Dann findet dort eine begünstigte Betriebsaufgabe und anschließend die Eröffnung eines GewBetr statt; § 6 V 1 gilt nicht (glA für die Rechtslage vor 1999 BFH IV R 31/03 BStBl II 06, 652). – **MUerschaften** haben wegen § 15 III idR nur einen einzigen Betrieb, so dass sich die Problematik interner Überführungen nicht stellt. Ist *ein* StPfl an *mehreren* MUerschaften beteiligt und will er WG zw deren BV überführen, gilt nicht S 1, sondern S 2/3. S 1 ist aber auf Überführungen von WG zw (an sich vermögensverwaltenden) **ZebraGes** und deren betriebl Ges'ter anwendbar; § 6 V 3 ist hier mangels MUerschaft nicht einschlägig. Solche Überführungen erfolgen daher auch dann, wenn ein „Entgelt“ vereinbart wird, im Umfang der Beteiligungsquote zwingend zum Buchwert (BFH IV R 44/09 BStBl II 13, 142, betr Rechtslage vor 1999; hierzu *Bode* NWB 12, 3076; *Sanna* NWB 12, 3156; s auch Rz 648 und § 16 Rz 405; aA *Niehus* DStZ 04, 143, 148). – Auch **KapGes** haben wegen § 8 II KStG nur einen einzigen Betrieb. Ist der StPfl an mehreren KapGes beteiligt, sind Übertragungen von WG zw diesen KapGes gewinnrealisierend (vGA bzw verdeckte Einlage). Gleiches gilt bei Überführungen zw verschiedenen Betrieben gewerbl Art einer Trägerkörperschaft (*Heger* FR 09, 301, 302). 682

c) Rechtsfolge. – aa) Buchwertfortführung. Diese Rechtsfolge ist **zwingend,** wenn die Voraussetzungen des S 1 erfüllt sind. Auch AfA und die Vorbesitzzeiten nach § 6b (s § 6b Rz 70 ff) sind fortzuführen. Zwar stellt die Überführung in einen anderen Betrieb tatbestandl eine Entnahme dar (s Rz 501 mwN auf die Rspr; aA *Scharfenberg* DB 12, 193); eine Gewinnrealisierung ist in Anwendung des **finalen Entnahmebegriffs** (s § 4 Rz 326) aber nicht geboten. Bei vorheriger Inanspruchnahme der Thesaurierungsbegünstigung des § 34a kann die Buchwertüberführung zur Nachversteuerung führen (§ 34a V; s § 34a Rz 66; *Ley/Brandenberg* FR 07, 1085, 1101 ff; *Pohl* BB 08, 1536). Ob mit dem WG auch Verbindlichkeiten überführt werden, ist hier ohne Bedeutung (zutr *BMF* BStBl I 11, 1279 Tz 3). – S 1 gilt auch, wenn iRe **Betriebsaufgabe** einzelne WG nicht ins PV, sondern in ein anderes BV überführt werden. Der ermäßigte StSatz für den mit den restl WG erzielten Aufgabegewinn kann in diesen Fällen nicht beansprucht werden, wenn die überführten WG wesentl Betriebsgrundlagen darstellen (s § 16 Rz 188). Handelt es sich nicht um eine „nahtlose“ Überführung in das andere BV, sondern gehört das WG zwischenzeitl zum PV, findet eine gewinnrealisierende 684

Entnahme statt; der Wertansatz bei der späteren Einlage ist dann auf den Entnahmewert begrenzt (§ 6 I Nr 5 S 3; Rz 565). – Zu **USt** in den Fällen der Buchwertüberführung s *Förster* DStR 12, 381.

685 **bb) Besteuerung der stillen Reserven nicht sichergestellt.** In diesen Fällen gilt S 1 nicht (zu den in Betracht kommenden Fallgruppen s § 4 Rz 328 ff). Es bleibt dann bei dem allg Grundsatz, wonach der Abgang aus dem UrsprungsBV als Entnahme anzusehen ist (s Rz 501; zur Bewertung der Entnahme s Rz 504). Der Ausschluss des dt Besteuerungsrechts ohne gleichzeitige Überführung in einen anderen Betrieb ist zwar nicht von S 1 erfasst, aber durch § 4 I 3, 4 einer Entnahme gleichgestellt.

687 **2. Buchwertüberführung bei MUerschaft *ohne* Rechtsträgerwechsel, § 6 V 2.** Die Rechtsfolgen des S 1 (Buchwertfortführung, sofern die Besteuerung der stillen Reserven gesichert ist; s Rz 684 f) gelten auch für solche Überführungen bei MUerschaften, bei denen es nicht zu einem Rechtsträgerwechsel kommt. Es besteht **kein Wahlrecht zur Gewinnrealisierung.**

688 **a) Überführungen zw einem eigenen BV des StPfl und seinem SonderBV bei einer MUerschaft.** Hierunter fällt zB die Nutzungsüberlassung eines bisher eigenbetriebl genutzten WG an eine PersGes, an der der StPfl beteiligt ist, einschließl der Nutzungsüberlassung eines WG der OberGes an die UnterGes, auch die Überlassung aus dem Gesamtgut einer Gütergemeinschaft an eine personenidentische Ehegatten-MUerschaft (*OFD Mchn* DB 01, 564).

689 **b) Überführungen zw den SonderBV desselben StPfl bei verschiedenen MUerschaften.** Dies ist zB der Fall, wenn der StPfl ein WG nicht mehr an die MUerschaft A, sondern an die MUerschaft B vermietet. Auch vor der ausdrückl gesetzl Regelung war hier zwingend der Buchwert anzusetzen (BFH VIII R 7/02 BStBl II 04, 914 unter II.3.b).

690 **3. Buchwertübertragungen bei MUerschaften *mit* Rechtsträgerwechsel, § 6 V 3. – a) Überblick.** S 3–6 gelten für Übertragungen, die nach dem 31.12.2000 erfolgen (§ 52 Abs 16a aF; zur früheren Rechtslage s 32. Aufl Rz 712). Die Regelung enthält eine **abschließende Aufzählung** (s aber zu Übertragungen zw SchwesterPersGes Rz 702). – Hier sind (anders als bei S 1, s Rz 681) nur Übertragungen **einzelner WG** erfasst (so auch *BMF* BStBl I 11, 1279 Tz 12, wo auf Tz 6 Satz 2 ausdrückl *nicht* verwiesen wird); die Einbringung von Betrieben, Teilbetrieben und MUeranteilen fällt unter § 24 UmwStG (s auch Rz 710 unter (6)). Die „Ausbringung" dieser strukturierten Einheiten ist Realteilung (s § 16 Rz 536; für Anwendung des § 6 V 3 aber *Ley* KÖSDI 10, 16814, 16819; zum Problem auch *Dietel* DStR 09, 1352; 11, 1493). – Trotz des hier (im Gegensatz zu den nicht mit einem Rechtsträgerwechsel verbundenen Überführungen nach S 1, 2) eintretenden **Übergangs von stillen Reserven auf einen anderen StPfl** sind die Buchwerte fortzuführen, sofern die Besteuerung der stillen Reserven beim Übernehmer gesichert ist (Grundsätzliches zu den durch Verweis auf S 1 angeordneten Rechtsfolgen s Rz 684 f; zu den Besonderheiten des S 3 s Rz 705 ff). Dies eröffnet Möglichkeiten steuerneutraler Einbringungen und Ausgliederungen, die weit über diejenigen des (parallel anwendbaren) § 24 UmwStG hinaus gehen (zur Rechtfertigung durch das Bedürfnis nach Umstrukturierung teilw zR krit *v Lishaut* DB 01, 1519, 1525 f). – **Grundgedanke der Regelung** (s *Brandenberg* FR 00, 1182, 1188) ist einerseits, dass Umstrukturierungen keine steuerwürdigen Tatbestände darstellen, weil hierdurch kein Markteinkommen geschaffen wird und das mitunternehmerische Engagement mit demselben WG in anderer Form fortgesetzt wird. Dem widerstreitet allerdings das Subjektsteuerprinzip, wonach stille Reserven grds von demjenigen versteuert werden müssen, der sie geschaffen hat. Die Regelung der S 3–6 gleicht diese widerstreitenden Grundgedanken dadurch aus, dass die genannten Umstrukturierungen zwar grds steuerneutral erfolgen können, es jedoch

zur Gewinnrealisierung kommt, wenn WG innerhalb bestimmter Fristen an Dritte veräußert werden oder stille Reserven auf KSt-Subjekte übergehen. – **Ausnahmen von der Buchwertführung** sind (abgesehen von dem in § 6 V 1 geregelten Fall **fehlender Sicherung der Besteuerung stiller Reserven**) in § 6 V 4–6 enthalten: Nach S 4 führt die **spätere Veräußerung oder Entnahme** des zunächst zum Buchwert übertragenen WG rückwirkend zum TW-Ansatz, wenn sie innerhalb einer Sperrfrist von drei Jahren stattfindet (s Rz 715). Nach S 5 ist der TW anzusetzen, soweit durch die Übertragung der **Anteil einer Körperschaft an dem WG** begründet wird oder sich erhöht (s Rz 721). Dies gilt auch, soweit eine solche Begründung oder Erhöhung des Anteils einer Körperschaft an dem WG *später* (innerhalb von sieben Jahren seit der Übertragung) eintritt (S 6; s Rz 726). – Zur **USt** in den Fällen des § 6 V 3 s *Förster* DStR 12, 381.

b) Persönl Anwendungsbereich. Grds fallen **sämtl MUerschaften** unter S 3. Dies gilt insb für **doppel- und mehrstöckige PersGes,** und zwar sowohl für die OberGes (MUer der UnterGes) als auch für den OberGes'ter (MUer der OberGes und SonderMUer der UnterGes; s § 15 Rz 612, 618). – Auch **ausl MUerschaften** sind erfasst. Werden WG allerdings in ausl Betriebsstätten überführt, ist die Buchwertfortführung idR durch § 4 I 3 ausgeschlossen (s Rz 685). – Über den Wortlaut hinaus wird S 3 auch auf Übertragungen bei **MUerschaften ohne Gesamthandsvermögen** angewendet. Bruchteilsvermögen wird dann wie Gesamthandsvermögen behandelt. Dasselbe gilt, wenn es (zB bei **atypisch stillen Ges** und anderen InnenGes) vollends an gemeinsamem Vermögen fehlt (*BMF* BStBl I 11, 1279 Tz 9). Gerade hier ist aber darauf hinzuweisen, dass die *FinVerw* die gleichzeitige Übernahme von Verbindlichkeiten als Teilentgelt ansieht, das insoweit zur Gewinnrealisierung führen soll (s Rz 696f). Bei der GmbH & atypisch Still ist zudem die Körperschaftsklausel des S 5 zu beachten (*Lipp* NWB 14, 1725; aA *Lieber/Stifter* FR 03, 831, 833). – Auf der anderen Seite des Übertragungsvorgangs kann **jeder Inhaber eines BV** beteiligt sein, dh natürl Personen, andere MUerschaften sowie KapGes. 691

c) Übertragung zw eigenem BV und GesamthandsBV einer MUerschaft, § 6 V 3 Nr 1. In den Fällen der Nr 1 kommt es durch die Übertragung (zumindest teilweise) zu einer **Änderung der dingl Mitberechtigung** an dem WG. Bei wirtschaftl Betrachtung werden also Anteile an dem WG von einem MUer auf die MUerschaft (s Rz 693) oder von der MUerschaft auf einen oder mehrere MUer übertragen (Rz 694). – Nr 1 ist nur bei Berührung des **BV des StPfl** anwendbar; für WG, die aus dem PV in die MUerschaft eingebracht oder aus dem GesamthandsBV in das PV eines Ges'ters übertragen werden, gilt Nr 1 auch dann nicht, wenn der Vorgang unentgeltl oder gegen Gewährung/Minderung von GesRechten erfolgt. Statt dessen handelt es sich bei unentgeltl Übertragung um eine Entnahme bzw Einlage, bei Änderung der GesRechte um einen Tauschvorgang (ausführl hierzu s Rz 555). 692

aa) Übertragung vom MUer auf die MUerschaft. Dies betrifft insb die Einbringung einzelner WG anlässl von **Neugründungen** (*Winkeljohann/Stegemann* DB 03, 203), ebenso aber jederzeit während des Bestehens der MUerschaft. Die Buchwertübertragung bei oder nach Gründung einer **mitunternehmerischen BetrAufsp** (hierzu *Kröller/Fischer/Dürr* BB 01, 1707, 1711; *Hörger/Pauli* GmbHR 01, 1139, 1140) ist hingegen als Übertragung zw SchwesterPersGes anzusehen, bei der die Anwendbarkeit des S 3 sehr str ist (näher s Rz 702). 693

bb) Übertragung von der MUerschaft auf einen MUer. Hier sind spiegelbildl Fälle der „Ausbringung" von WG erfasst. Sind im Buchansatz eines solchen WG **stille Reserven** enthalten, regelt Nr 1 lediglich, dass der MUer den Buchwert fortzuführen hat und die Summe der KapKonten in der Gesamthandsbilanz um diesen Buchwert zu mindern ist. Zur *Verteilung* dieser Minderung der KapKonten auf die einzelnen Ges'ter trifft das Gesetz hingegen keine Aussage. Eine Abbu- 694 chung im Verhältnis der Beteiligungsquoten ist mögl, würde aber zu einer Begünstigung desjenigen Ges'ters führen, der das WG übernimmt. Die wirtschaftl zutr Zuordnung der stillen Reserven setzt hingegen eine rechnerische Aufstockung der KapKonten auf deren TW und die anschließende Neuverteilung der Buchwerte voraus (näher *Neu/Stamm* DStR 05, 141, 142). – Werden auf den ausscheidenden Ges'ter einer (fortbestehenden) PersGes einzelne WG des BV übertragen, die bei diesem wiederum BV/SonderBV werden, ist dies mE nicht Realteilung, sondern **Sachwertabfindung,** für die § 6 V 3 Nr 1/2 gilt (s § 16 Rz 524, 536 mwN; *Ley* KÖSDI 09, 16678, 16689; zu den Gestaltungsmöglichkeiten, die eine Aufgabe der Trennungstheorie in diesen Fällen bei der Übernahme von Verbindlichkeiten eröffnen würde, s *Strahl* KÖSDI 13, 18528, 18534).

695 **cc) Unentgeltl Übertragungen.** Entscheidend ist, dass demjenigen, der das WG überträgt, hierfür **keine Gegenleistung** (auch nicht in Form von GesRechten; s Rz 698) gewährt wird. Es kommt für die Anwendung des S 3 nicht darauf an, ob es sich um eine (echte) Schenkung handelt oder aber um einen WG-Transfer, der über ein gesamthänderisch gebundenes Rücklagenkonto abgewickelt wird (zur Abgrenzung zum KapKto s Rz 698). Die Anwendungsfälle dürften sich weitgehend auf FamilienPersGes, konzerninterne Übertragungen und EinpersonenGes beschränken. Ohne die Regelung des S 3 wären unentgeltl Übertragungen zw EinzelBV und GesamthandsBV als Entnahmen bzw Einlagen zu würdigen (BFH IV R 42/08 BStBl II 10, 820 unter II.2.b; *BMF* BStBl I 11, 1279 Tz 8).

696 **dd) Behandlung entgeltl Geschäfte.** Sie fallen nicht unter S 3 (Ausnahme: das Entgelt besteht in der Gewährung/Minderung von GesRechten; s Rz 698). Vielmehr erzielt der Veräußerer nach den allg Regeln einen Veräußerungserlös; der Erwerber hat das WG mit den AK (§ 6 I Nr 1, 2) anzusetzen (BFH VIII R 46/99 BFHE 192, 516 unter II.2.a; *BMF* BStBl I 01, 367 unter 3.). Dies gilt auch insoweit, als der Veräußerer bei wirtschaftl Betrachtung über seine MUerstellung an dem WG beteiligt bleibt (BFH VIII R 58/98 BStBl II 02, 420 unter B.I.1.). § 6b ist anwendbar (EStR 6b.2 VI, VII; *Strahl* FR 05, 797 [mit Zahlenbeispiel für Teilentgeltlichkeit]; s zu SchwesterPersGes auch Rz 702 aE). Wird das WG jedoch aus dem BV des Veräußerers an eine vermögensverwaltende PersGes verkauft und gehört die Beteiligung ebenfalls zum BV des Veräußerers **(ZebraGes),** ist eine Gewinnrealisierung insoweit ausgeschlossen, als der Veräußerer an der ZebraGes beteiligt ist (s Rz 682 mwN). – Ein Entgelt ist nicht nur in Zahlungsvorgängen zu sehen, sondern auch in der **Einräumung einer Darlehensforderung** durch die MUerschaft (BFH IV R 37/06 BStBl II 11, 617 unter II.2.a; zur Abgrenzung zw Darlehen und KapKto s Rz 698 (2) mwN) sowie in der **Übernahme von Verbindlichkeiten** (*BMF* BStBl I 11, 1279 Tz 15 mit Beispiel; EStH 6.15 „Übertragung von EinzelWG"; BFH IV R 11/12 BFHE 239, 76 Rz 9), und zwar selbst dann, wenn die Verbindlichkeit in wirtschaftl Zusammenhang mit dem eingebrachten WG steht (BFH IV R 28/97 BFH/NV 98, 836 unter II.2.a; BFH VIII R 58/98 BStBl II 02, 420 unter B.I.3.b bb aaa, zust Anm *Kempermann* FR 02, 521; *Brandenberg* DStZ 02, 551, 557; ausführl *Niehus/Wilke* FR 05, 1012; krit *Groh* DB 02, 1904, 1906; *Böhme/Forster* BB 03, 1979; *Schulze zur Wiesche* DStR 02, 740, 705 und DB 04, 1388: S 3 erfasse ebenso die Buchwerteinbringung passiver WG; *Scharfenberg* DB 12, 193; zweifelnd auch *Wendt* FR 02, 53, 63). Zu einer teilweisen Gewinnrealisierung führt dies aber nur dann, wenn man für die Ermittlung der Höhe des Gewinns entweder der strengen Trennungstheorie folgt (sehr str, s Rz 697) oder die Verbindlichkeit höher als der Buchwert des WG ist. In diesen Fällen wäre aber auch eine Zurückbehaltung der Verbindlichkeit keine rechtssichere Gestaltung, da hierfür zT vertreten wird, dass die weitere Abziehbarkeit der Schuldzinsen beim Einbringenden insoweit ausgeschlossen sei, als das WG wirtschaftl auf Dritte übertragen werde (s *Brandenberg/Wacker* JbFfSt 06/07, 330 ff; dort auch zur Gegenauffassung; *Jäschke* GmbHR 12, 601, 602). Andere schlagen eine

kreditfinanzierte Entnahme bei der PersGes vor, mit der der Einbringende seine Verbindlichkeit tilgt (*Bünning* BB 10, 2357, 2359). – **Übersteigt das Entgelt den fremdübl Betrag,** stellt der Mehrbetrag eine Entnahme/Einlage dar, die nicht zur Gewinnrealisierung führt (BFH VIII R 58/98 BStBl II 02, 420 unter B.I.1.).

ee) Höhe der Gewinnrealisierung bei Teilentgelten. S auch die ausführl Darstellung des Streitstands in der BMF-Beitrittsaufforderung BFH X R 28/12 BStBl II 14, 629 Rz 33ff und dem anschließenden Vorlagebeschluss an den GrS (BFH X R 28/12 DStR 15, 2834). – **(1) FinVerw.** Sie vertritt seit jeher die **Trennungstheorie mit Aufteilung des Buchwerts** (auch als „reine" oder „strenge" Trennungstheorie bezeichnet). Danach führen Teilentgelte im Umfang der Entgeltlichkeitsquote (Verhältnis zw Teilentgelt und Verkehrswert des WG) zur Realisierung vorhandener stiller Reserven (*BMF* BStBl I 78, 8 Tz 23, 28, 66; *BMF* BStBl I 01, 367 Tz 4; *BMF* BStBl I 11, 1279 Rz 15; *BMF* BStBl I 13, 1164; zust *Niehus/Wilke* FR 05, 1012; *Heuermann* DB 13, 1328; *Vees* DStR 13, 681; *Dornheim* DStZ 13, 397 und FR 13, 1022; *Mitschke* FR 13, 314; *Weber-Grellet* BB 15, 43, 49; krit *Wendt* FR 02, 53, 62 und FR 05, 468, 474; *Böhme/Forster* BB 03, 1979; *Scharfenberg* DB 12, 193; *Bode* DB 12, 2376; *Strahl* KÖSDI 13, 18528). Die damit teilweise eintretende Gewinnrealisierung kann nicht durch eine Ergänzungsbilanz neutralisiert werden. 697

Beispiel: A bringt ein Grundstück seines EinzelBV (Buchwert 500 000 €, TW 1 Mio €) gegen Übernahme von Verbindlichkeiten (400 000 €) in die A-KG ein, an der er beteiligt ist; ein Differenzbetrag soll der allg Rücklage gutgeschrieben werden. – Der Vorgang ist wegen der Übernahme der Verbindlichkeiten als teilentgeltl zu beurteilen (s Rz 696); die Entgeltlichkeitsquote beträgt 40% (400 000 € Teilentgelt : 1 000 000 € TW). Der Veräußerungsgewinn des A beträgt 200 000 € (400 000 € Teilentgelt ./. 40% des Buchwerts von 500 000 €). Zu den AK der A-KG (neuer Buchansatz des WG) gehört zum einen das Teilentgelt von 400 000 €, zum anderen der gem § 6 V 3 fortgeführte Teil des Buchwerts (60% von 500 000 €), insgesamt 700 000 €. Auf der Passivseite ist die Verbindlichkeit mit 400 000 € einzubuchen; die restl 300 000 € erhöhen die allg Rücklage.

(2) Rspr zum BV. BFH-Entscheidungen, die diese Berechnungsweise der *FinVerw* stützen, existieren bisher nur für die Ermittlung der AK des Übernehmers des WG (so im Ergebnis, aber ohne besondere Problematisierung BFH IV R 96/87 BStBl II 89, 504 unter 4.; ebenso in einem obiter dictum zuvor BFH VIII R 148/78 BStBl II 81, 794), zur Ermittlung des Veräußerungsgewinns des Übertragenden hingegen nur bei vollentgeltl Geschäften in der Spezialform des Mischentgelts (BFH VIII R 58/98 BStBl II 02, 420; s unten (4)) sowie bei einen Buchwertverkauf von WG eines EinzelBV an eine BetriebsKapGes (BFH X R 34/03 BStBl II 05, 378 unter II.7.a). – Der IV. Senat des BFH vertritt demggü für die Ermittlung des Veräußerungsgewinns des Übertragenden verstärkt eine **Trennungstheorie mit vorrangiger Zuordnung des Buchwerts zum entgeltl Teil** (auch „modifizierte Trennungstheorie" genannt). Danach wird kein Gewinn realisiert, wenn das Teilentgelt (wie im obigen Beispiel) den *gesamten* Buchwert nicht übersteigt. Die bisherigen Entscheidungen des IV. Senats betreffen allerdings ausschließl **Sonderkonstellationen:** Zum einen eine Übertragung zw Schwester-PersGes nach der *vor* Schaffung des § 6 V (1999) geltenden Rechtslage (BFH IV R 18/99 BStBl II 01, 229 unter 3.b; von *Wendt* FR 02, 53, 63 sind diese Ausführungen ausdrückl als „nicht tragend" bezeichnet worden); zum anderen einen Übertragungsvorgang, der nach der in den VZ 1999/2000 geltenden Rechtslage zu beurteilen war (BFH IV R 1/08 BFHE 237, 503). Seinerzeit waren Buchwertübertragungen ohnehin nicht zugelassen, sondern sämtl stille Reserven aufzudecken, so dass es auf die Berechnungsweise des IV. Senats für das Ergebnis der Entscheidung nicht ankam (glA *Kempermann* FR 12, 1082; *Vees* DStR 13, 681, 683). Zuletzt hat der IV. Senat seine Rspr für einen Fall einer Übertragung vom SonderBV ins GesamthandsBV derselben MUerschaft nach der ab 2001 geltenden Rechtslage fortgeführt, dabei aber auf die Besonderheit abgestellt, dass nach seiner

Auffassung hier bereits eine Entnahme zu verneinen sei (BFH IV R 11/12 BFHE 239, 76; für Bejahung des Entnahmetatbestands dem Grunde nach auch in diesen Fällen hingegen *Levedag* GmbHR 13, 673, 676 Fn 34; *Vees* DStR 13, 681, 684; *Mitschke* FR 12, 1155). Die *FinVerw* wendet diese Rspr bisher im Hinblick auf das noch anhängige Revisionsverfahren X R 28/12 nicht an (**Nichtanwendungserlass** *BMF* BStBl I 13, 1164). – Noch nicht entschieden sind Fälle, in denen das WG den betriebl Zusammenhang verlässt und daher eine Entnahme unstreitig zu bejahen ist (zB Übertragung zw EinzelBV und MUerschaft oder zw den BV/SonderBV zweier verschiedener MUerschaften; für Aufgabe der „strengen" Trennungstheorie auch in diesen Fällen *Wendt* BFH/PR 12, 387; *Wittwer* DStR 12, 2053; *Prinz/Hütig* DB 12, 2597; wohl auch *Kempermann* FR 12, 1154). Zu den Folgen dieser Auffassung für den Erwerber des WG s *Gossert/Liepert/Sahm* DStZ 13, 242, 245; *Stahl* BeSt 13, 3, 4; *Levedag* GmbHR 13, 673, 680. Der X. Senat des BFH hat in einem solchen Fall zunächst das *BMF* zum Beitritt aufgefordert (mit ausführl Begründung BFH X R 28/12 BStBl II 14, 629; zust *Dornheim* FR 14, 869; *Heuermann* JM 14, 117; krit *Demuth* EStB 14, 373; *Strahl* FR 14, 763; *Graw* FR 15, 260) und die Rechtsfrage nun dem **Großen Senat des BFH** vorgelegt (BFH X R 28/12 DStR 15, 2834). Für die Gestaltungsberatung wird daher in dieser wichtigen Frage voraussichtl in absehbarer Zeit Rechtssicherheit eintreten.

Stellungnahme: Der Streit betrifft nicht etwa die Frage, ob in derartigen Fällen die Einheits- oder Trennungstheorie anzuwenden sei, da auch der IV. Senat das Rechtsgeschäft in einen entgeltl und einen unentgeltl Teil aufteilt (so auch *Wendt* DB 13, 834, 838; *Heuermann* DB 13, 1328). Vielmehr ist allein die **Berechnungsweise** des evtl entstehenden Gewinns str. Für die Auffassung der *FinVerw* spricht der Wortlaut des § 6 V 3 („soweit") sowie der Umstand, dass der Buchwert nur insoweit gegengerechnet werden kann, als er durch einen bestimmten Erwerbsvorgang „veranlasst" (§ 4 IV) ist (*Heuermann* DB 13, 1328). Dem IV. Senat ist allerdings zuzugeben, dass seine Berechnungsweise auch steuerl Laien leichter zu vermitteln ist als die komplexe Formel der *FinVerw*. Auch wird man das *Ergebnis* des Rechenvorgangs (insb bei Übernahme von Verbindlichkeiten oder geringfügigen Teilentgelten Vermeidung jegl Gewinnrealisierung) häufig als sachgerecht empfinden, zumal die damit eröffneten Gestaltungsmöglichkeiten nicht über dasjenige hinausgehen, was § 6 V 3 (allerdings für Fälle echter Unentgeltlichkeit) ohnehin vorsieht (zutr *Wendt* DB 13, 834, 839). Jedoch ist es mE nicht folgerichtig, zwar einerseits eine Aufteilung des Rechtsgeschäfts in einen entgeltl und einen unentgeltl Teil zu bejahen, andererseits aber den Buchwert ausschließl dem entgeltl Teil zuzuordnen. Ein tragfähiges Argument hierfür (mit Ausnahme des hierdurch erreichbaren Ergebnisses, das man als wünschenswert ansehen mag) ist nicht ersichtl (glA *Niehus/Wilke* FR 05, 1012, 1015; *Dornheim* Ubg 12, 618, 622). Zudem ist nicht erkennbar, mit welcher Begründung zw teilentgeltl Veräußerungen im PV (dazu unten (c)) und im BV differenziert werden könnte (so auch *Dötsch* jurisPR SteuerR 49/2012 Anm 2), zumal die Grundsätze zur Beurteilung teilentgeltl Geschäfte auch für die Ermittlung der AK des Erwerbers gelten müssen, der AK-Begriff aber im BV und PV derselbe ist (s Rz 35 mwN). Daher ist mE weiterhin die Berechnungsweise der *FinVerw* vorzuziehen (glA die vorläufige Würdigung in BFH X R 28/12 BStBl II 14, 629 Rz 104 ff und in BFH X R 28/12 DStR 15, 2834; *Blümich/Ehmcke* § 6 Rz 1320a). – **Gestaltungsempfehlung:** Bis zur Klärung der Rechtslage wird in der Literatur empfohlen, einzelne WG gegen Gutschrift auf einem KapKto II (das auch an Verlusten teilnehmen muss) zu übertragen (*Strahl* FR 14, 763, 765; *Demuth* EStB 14, 373, 376).

(3) Rspr zu teilentgeltl Veräußerungen im PV. Hier ist die unter (1) dargestellte Trennungstheorie mit Aufteilung des Buchwerts unbestritten (zum Veräußerungsgewinn nach § 17 mit ausführl Begründung BFH IV R 15/76 BStBl II 81, 11; zur AfA-Bemessungsgrundlage des teilentgeltl Erwerbers BFH IX R 50, 51/97 BStBl II 01, 594 unter II.1.a; zur Bemessungsgrundlage nach dem EigZulG BFH X R 95/97 HFR 01, 677 unter II.1.a; zum Veräußerungsgewinn nach § 23 BFH IX R 63/10 BStBl II 11, 873). Die neueren Entscheidungen des IV. Senats haben daran nichts geändert (glA *Stahl* BeSt 13, 3; aA *Demuth* EStB 12, 457, 459 und BeSt 12, 33; *Strahl* FR 13, 322, 326), da sie allein Sonderkonstellationen im BV betreffen und die für das PV zuständigen Senate ihre Rspr nicht aufgegeben haben.

(4) Mischentgelt. Es handelt sich um die Sonderform eines vollentgeltl Vorgangs. Dabei besteht ein Teil des Entgelts in der Gewährung von GesRechten und ist daher ebenso wie eine unentgeltl Übertragung durch § 6 V privilegiert. Hier hat der BFH die von der *FinVerw* vertretene Berechnungsweise auch für das BV bestätigt (zur Rechtslage vor 1999 BFH VIII R 58/98 BStBl II 02, 420 unter B. I.3.b cc; ähnl zuvor bereits BFH IV R 28/97 BFH/NV 98, 836 unter II.2.b; *Jäschke* GmbHR 12, 601, 603; aA evtl *Wendt* DB 13, 834, 839). Zur Abgrenzung zw Misch- und Teilentgelt in derartigen Fällen s BFH X R 28/12 BStBl II 14, 629 Rz 83 ff.

ff) Übertragungen gegen Gewährung oder Minderung von GesRechten. – (1) Buchwertfortführung. Solche Übertragungen werden im Anwendungsbereich des S 3 den unentgeltl Übertragungen gleichgestellt, obwohl es sich dabei um entgeltl (tauschähnl) Vorgänge handelt (mE ist auch eine Übertragung gegen *Minderung* von GesRechten als entgeltl anzusehen; aA *Brandenberg* FR 00, 1182, 1186). Die darin liegende Einschränkung des Realisationsprinzips ist durch den Gedanken der Fortsetzung des unternehmerischen Engagements in anderer Form gerechtfertigt (BFH VIII R 58/98 BStBl II 02, 420 unter B. I.3.b aa). § 6 VI 4 ordnet ausdrückl den Vorrang des Abs 5 ggü den für Tauschvorgänge geltenden Regeln (Abs 6 S 1) an. Zur Abgrenzung zur Realteilung s § 16 Rz 530 ff. – **(2) Berührung des für die Beteiligung maßgebenden KapKto.** Dies ist Voraussetzung für die Buchwertfortführung (*Wendt* FR 02, 53, 59; weitergehend *Schulze zur Wiesche* DStZ 02, 740, 742: auch bei Erhöhung der Gewinnbeteiligungsquote ohne Berührung des KapKto). Zur Abgrenzung des KapKtos zu Darlehenskonten einerseits und gesamthänderisch gebundenen Rücklagenkonten andererseits s ausführl § 15a Rz 86 ff; *Carlé/Bauschatz* FR 02, 1153; *Crezelius* DB 04, 397, 399; *Röhrig/Doege* DStR 06, 489; *Bingel/Weidenhammer* DStR 06, 675; *Ley* KÖSDI 09, 16678; zur (nicht unter § 6 V fallenden) Einbringung von WG des PV auch *BMF* BStBl I 11, 713). – **(3) Zahlung eines Barentgelts zusätzl zur Gewährung/Minderung der GesRechte (Mischentgelt).** Der Vorgang ist aufzuspalten in eine unter S 3 fallende Ein-/Ausbringung gegen Gewährung/Minderung von GesRechten einerseits und eine entgeltl Veräußerung andererseits (Trennungstheorie; str, s Rz 697 (4), dort auch Zahlenbeispiel): Bei Übertragung des WG *in* die MUerschaft (Einbringung) tritt neben die anteilige Buchwertfortführung ein Gewinn iHd Differenz zw Barentgelt und dem *anteilig* auf den entgeltl Teil des Geschäfts entfallenden Buchwert (ausführl BFH VIII R 58/98 BStBl II 02, 420; *BMF* BStBl I 98, 583 unter 5.a; krit *Ley* KÖSDI 09, 16678, 16686ff). Dies gilt spiegelbildl bei Übertragung des WG *an* den MUer (Ausbringung). 698

d) Übertragungen zw SonderBV und GesamthandsBV, § 6 V 3 Nr 2. Die Buchwertfortführung gilt zum einen für Übertragungen innerhalb derselben MUerschaft (Nr 2 Alt 1), die auch ohne die gesetzl Regelung keine Entnahme darstellen würden (BFH IV R 11/12 BFHE 239, 76 Rz 14; *Bode* NWB 14, 3950, 3952; zu den Auswirkungen bei sonstigen Steuerarten s *Neumayer/Obser* EStB 10, 34). Ferner ist Nr 2 auf Übertragungen zw dem SonderBV bei der einen MUerschaft und dem GesamthandsBV bei einer anderen MUerschaft, an der der StPfl ebenfalls beteiligt ist, anwendbar (Nr 2 Alt 2). Die letztgenannte Variante kann zB dazu dienen, SonderBV, das bei einer geplanten Veräußerung oder unentgeltl Übertragung des MUeranteils zurückbehalten werden soll und daher einer Begünstigung dieses Vorgangs nach § 6 III bzw §§ 16, 34 entgegen stehen würde, rechtzeitig vor der geplanten Übertragung aus dem MUeranteil „herauszunehmen“ (s ausführl Rz 650). – Nr 2 erfasst (wie Nr 1) sowohl **unentgeltl Übertragungen** als auch solche gegen **Gewährung oder Minderung von GesRechten** (s Anm 695 ff). Verzichtet der Ges'ter auf eine zu seinem SonderBV gehörende **Forderung gegen die PersGes,** fällt dies ebenfalls unter Nr 2 (auführl *Erhardt/Zeller* DStR 12, 1636; s auch § 15 Rz 550); unabhängig von der Werthaltigkeit der Forderung ist dieser Vorgang erfolgsneutral. 699

700 **e) Übertragungen zw SonderBV verschiedener MUer derselben MUerschaft, § 6 V 3 Nr 3.** Sie bewirken ebenfalls einen Rechtsträgerwechsel und damit das Überspringen der stillen Reserven, während die Nutzung des WG (zB Überlassung an die PersGes) idR unverändert bleibt. Nach der vom IV. Senat zugrunde gelegten Systematik handelt es sich nicht um eine Entnahme (s Rz 699). Der BFH hatte Buchwertübertragungen in diesen Fällen schon vor 1999 damit gerechtfertigt, dass das WG den betriebl Funktionszusammenhang nicht verlässt und die stillen Reserven dem Gesamtvermögen der MUerschaft verhaftet bleiben (BFH VIII R 21/00 BStBl II 03, 194 unter II.1.e aa). Der Tatbestand der Nr 3 beschränkt sich auf unentgeltl Übertragungen (zum Begriff s Rz 695 ff); zu einer Gewährung/Minderung von GesRechten kann es hier nicht kommen, weil das Gesamthandsvermögen nicht berührt wird. Es genügt, wenn der Empfänger des WG erstmals zeitgleich mit der Übertragung MUer wird, weil auch dann die stillen Reserven im BV verhaftet bleiben (BFH VIII R 21/00 BStBl II 03, 194 unter II.1.e aa; BFH IV R 47/06 BFH/NV 10, 181 unter II.1.a). – Ist der übertragende MUer eine **KapGes** und der empfangende MUer deren Ges'ter oder nahestehende Person, ist die Übertragung idR eine vGA. § 8 III 2 KStG hat insoweit Vorrang ggü § 6 V 3 Nr 3 (BFH I R 7/02 BStBl II 05, 867 unter III.2.c; *Briese* GmbHR 05, 207; *Mayer* GmbHR 05, 1033). Ist der *erwerbende* MUer eine KapGes, kommt es gem § 6 V 5 zum Ansatz des TW (s Rz 721).

702 **f) Übertragungen zw SchwesterPersGes.** Ob S 3 auch hierauf anwendbar ist, ist sehr str (*Beispiel:* ein bestimmtes WG des GesamthandsBV soll von dem beabsichtigten Verkauf der MUeranteile an dritte Erwerber ausgenommen werden; zu diesem Zweck wird es zuvor auf eine personenidentische MUerschaft übertragen, so dass es nicht mehr zum BV der MUerschaft gehört, deren Anteile veräußert werden sollen). Der **I. Senat** des BFH, dessen Rspr generell stark am Gesetzeswortlaut orientiert ist, **verneint** die Anwendbarkeit des S 3 (BFH I R 72/08 BStBl II 10, 471 unter II.4.c: personen- und beteiligungsidentische SchwesterGes; ebenso FG BaWü EFG 14, 332, aus verfahrensrechtl Gründen aufgehoben durch BFH IV R 44/13 BFH/NV 15, 209; *Gosch* DStR 10, 1173, 1175; *Brandenberg* FR 10, 731 und NWB 10, 2699, 2708; *Wißborn* NWB 10, 4275; *Blümich/Ehmcke* § 6 Rz 1347; FG BBg EFG 12, 1235, rkr; für die Übertragung auf SchwesterPersGes iRe Realteilung auch FG Ddorf EFG 12, 1256, Rev IV R 8/12). Gleiches gilt für die **FinVerw** (*OFD Kobl* DStR 04, 314; *OFD Mster* DStR 04, 1041; *BMF* BStBl I 11, 1279 Tz 18), die allerdings **AdV** gewährt (*BMF* BStBl I 10, 1206). Mittlerweile hält der I. Senat dieses Ergebnis aber für **verfwidrig** und hat die Rechtsfrage daher dem BVerfG vorgelegt (BFH I R 80/12 BStBl II 13, 1004, Az BVerfG 2 BvL 8/13; dazu *Oellerich* NWB 13, 3444; krit *Mitschke* FR 13, 1077), wobei wegen der sehr knappen (iErg verneinenden) Ausführungen zur Möglichkeit einer verfassungskonformen Auslegung Zweifel an der Zulässigkeit der Vorlage bestehen (glA *Cropp* DStR 14, 1855 und NWB 14, 1656). Der BFH setzt entspr Verfahren bis zur Entscheidung des BVerfG gem § 74 FGO von der Bearbeitung aus (BFH IV R 28/12 BFH/NV 14, 535). – Der **IV. Senat,** dessen Auslegung idR den Normzweck in den Vordergrund stellt, bejaht hingegen die Buchwertfortführung im Wege verfassungskonformer Auslegung (BFH IV B 105/09 BStBl II 10, 971: ebenfalls Personen- und Beteiligungsidentität; AdV-Gewährung; allerdings nicht etwa Anwendung von S 3, sondern analoge Anwendung von S 1; FG Nds EFG 12, 2106, Rev IV R 28/12; *Wendt* FR 10, 386, 387; *Wacker* NWB 10, 2382, 2388; *Kanzler* FR 10, 761, 762; *Altendorf* GmbH-StB 10, 233, 236; *Leisner-Egensperger* DStZ 10, 900; *Siegel* FR 11, 45; *Bareis* FR 11, 153; *Bernütz/Loll* DB 13, 665; *Weber-Grellet* BB 15, 43, 49; *Kamps/Stenert* FR 15, 1058). In solchen Fällen soll noch nicht einmal die Sperrfrist des S 4 anwendbar sein (*Wendt* FR 15, 231 unter 3.: teleologische Reduktion mangels Überspringen stiller Reserven). Vereinzelt wird sogar die Buchwert-Übertragung auf eine nur teilweise personenidentische PersGes

zugelassen (FG Ddorf EFG 15, 551, Rev IV R 11/15). Allerdings hat der IV. Senat zwischenzeitl klargestellt, dass die Buchwertübertragung wesentl Betriebsgrundlagen auf eines SchwesterGes nicht dazu genutzt werden kann, anschließend die Anteile an der SchwesterGes tarifbegünstigt zu veräußern (BFH IV R 57/11 BStBl II 15, 536, Anm *Wendt* FR 15, 525: lfd Gewinn).

Stellungnahme: Die einfachgesetzl Argumente des I. Senats (Gesetzeswortlaut, Gesetzgebungsverfahren) sind kaum zu widerlegen und sprechen daher gegen die Anwendung des S 3. In dem Spezialfall der Personen- *und* Beteiligungsidentität ist allerdings kein Besteuerungszweck ersichtl; hier ist daher der verfrechtl Argumentation des IV. Senats zu folgen. ME ist dies aber im Wege verfassungskonformer Auslegung mögl; der Vorlage des I. Senats an das BVerfG hätte es nicht bedurft. Ohnehin ist der Vorlagebeschluss im entscheidenden (verfrechtl) Teil nur eher kurz und pauschal (hauptsächl mit einem allg Verweis auf das Leistungsfähigkeitsprinzip) begründet; sein Schwerpunkt liegt vielmehr im einfachrechtl Teil, der für das BVerfG aber weniger erhebl sein wird. – Zum Stand der Diskussion vor den Entscheidungen des I. bzw. IV. Senats s 32. Aufl. – **Alternativgestaltungen.** Bei § 6b-fähigen WG, die zudem die Vorbesitzzeit erfüllen, kann das WG von der abgebenden an die aufnehmende MUerschaft veräußert und für den entstehenden Buchgewinn eine **§ 6b-Rücklage** gebildet werden. Diese kann auf die aufnehmende MUerschaft übertragen und von den dortigen AK abgezogen werden, was zur vollständigen Neutralisierung des Veräußerungsgewinns führt (*OFD Kobl* DStR 04, 314; *OFD Mster* DStR 04, 1041; ausführl *Strahl* FR 01, 1154; ferner *Bogenschütz/Hierl* DStR 03, 1097, 1101; *Niehus* FR 05, 278). Nach Auffassung der *OFD Ffm* (DStR 13, 2570) soll § 6b allerdings bei Übertragung zw SchwesterPersGes gegen Gewährung von GesRechten nicht anwendbar sein, weil es sich nicht um Gewährung neuer, sondern nur um eine Verschiebung bestehender GesRechte handle. ME ist dies unzutr, weil die einzelne PersGes Subjekt der Gewinnermittlung ist und aus Sicht der aufnehmenden PersGes neue GesRechte (Entgelt) gewährt werden. – Ferner ist eine **zweistufige Abwicklung** denkbar: Dabei wird das WG zunächst gem § 6 V 3 Nr 2 Alt 1 vom GesamthandsBV der MUerschaft I in das SonderBV eines der dortigen MUer übertragen, im zweiten Schritt dann gem § 6 V 3 Nr 2 Alt 2 vom SonderBV bei der MUerschaft I in das GesamthandsBV bei der MUerschaft II (*Rödder/Schumacher* DStR 01, 1634, 1636; *Schulze zur Wiesche* DStZ 02, 740, 744; *Siegmund/Ungemach* NWB 10, 2206, 2209). Zur Vermeidung der Annahme eines Gesamtplans sollte jedoch ein hinreichender zeitl Abstand eingehalten werden (*Bogenschütz/Hierl* DStR 03, 1097, 1101; *Strahl* KÖSDI 03, 13918, 13927 und FR 05, 797; *Korn* KÖSDI 07, 15711, 15716). Eine Gestaltung als Realteilung (so *Ostermayer/Riedel* BB 03, 1305) scheidet hingegen mE aus, da das WG nicht „in das jeweilige BV der einzelnen MUer" übertragen wird. Auch entgelt Übertragungen zur beteiligungsidentischen SchwesterPersGes sind nicht zum Buchwert mögl (aA *Kamps/Stenert* FR 15, 1058). – Zu einem Lösungsvorschlag für Übertragungen zw *nicht* beteiligungsidentischen PersGes s *Cropp* DStR 14, 1855.

g) Rechtsfolgen. – aa) Grundsätzl Buchwertfortführung. Dies folgt aus dem Verweis des S 3 auf S 1, setzt aber voraus, dass die Besteuerung der stillen Reserven gesichert ist (iEinz s Rz 684 f). Die AfA des Rechtsvorgängers wird ebenfalls fortgeführt; dies entspricht auch dem Gedanken der Fortsetzung des unternehmerischen Engagements. Ebenso wird die Besitzzeit iSd § 6b nicht unterbrochen (*OFD Kiel* DStR 01, 2025; *Hoffmann* GmbHR 02, 125, 130). Handelt es sich bei dem übertragenen WG um einen Anteil an einer KapGes, der unter § 20 UmwStG fällt, stellt die Buchwertübertragung mE keine Veräußerung iSd § 22 UmwStG dar, die zum rückwirkenden Ansatz eines Einbringungsgewinns führen würde. – Die Rechtsfolge des S 1 ist auch in den Fällen des S 3 **grds zwingend;** ein Wahlrecht zur Gewinnrealisierung besteht nicht (*OFD Kobl* DB 01, 839). Durch Gestaltung des Vorgangs als Veräußerung kann hier aber stets eine Aufdeckung der stillen Reserven erreicht werden, falls dies erwünscht ist (s *Groh* DB 03, 1403). 705

bb) Technische Umsetzung der Buchwertfortführung. – (1) Bilanzansatz des übertragenen WG. Es ist schlicht zum Buchwert ein- und auszubuchen. – **(2) Passivseite.** Bei Vorgängen in einem EinzelBV oder SonderBV ist das KapKto entspr zu erhöhen bzw zu mindern. – **(3) Gesamthandsbilanz.** Die KapKten sind anzupassen, weil diese auch nach der Buchwertübertragung die zutr Beteiligungsquoten widerspiegeln sollen (dazu sehr ausführl und mit Zah- 706 lenbeispielen *Ley* DStR 01, 1997, 2006 ff und [etwas modifiziert] *Ley* StbJb 03/04, 135, 157 ff; *Neu/Stamm* DStR 05, 141; für KapKtoAnpassung auch *BMF* BStBl I 06, 228 unter VII., betr Realteilung).

707 **(4) Ergänzungsbilanzen. – (a) TW-Ansatz.** In der Gesamthandsbilanz kann wahlweise auch der TW des WG ausgewiesen werden. Die steuerl zwingende Buchwertfortführung ist dann durch negative Ergänzungsbilanzen sicherzustellen (ausführl dazu § 15 Rz 460 ff; *Groh* DB 03, 1403), was zugleich die in S 4 vorgesehene rückwirkende Nachversteuerung im Falle einer späteren Veräußerung/Entnahme vermeidet (s Rz 720; allerdings ist im Zeitpunkt des Ausscheidens des WG der zugeordnete Passivposten in der negativen Ergänzungsbilanz auszubuchen, was zu einem entspr Gewinn des MUers führt). Die Ergänzungsbilanzen enthalten Wertkorrekturen zu den Ansätzen der einzelnen WG der Gesamthandsbilanz und sind deshalb korrespondierend zu diesen fortzuentwickeln (zu § 24 UmwStG BFH VIII R 17/95 BFH/NV 00, 34; BFH VIII R 52/04 BStBl II 06, 847 unter II. B.3.b; aA *v Campenhausen* DB 04, 1282: die Zuordnung der *Summe* der stillen Reserven zum StPfl soll genügen).

(b) Zulassung von Ergänzungsbilanzen auch bei Übertragungen *vom* GesamthandsBV in Einzel- oder SonderBV. Dies wird teilweise vertreten (*Hoffmann* GmbHR 02, 125, 132; *Paus* FR 03, 59, 61), wäre mit dem bisherigen Verständnis dieser Hilfsbilanz (Korrekturen zur *Gesamthands*bilanz) aber nicht vereinbar (für Bildung von Ausgleichsposten daher *HHR* § 6 Anm 1586; ähnl *Rödder/Schumacher* DStR 01, 1634, 1637; *Ley* StbJb 03/04, 135, 155). Auch dem Wortlaut des S 4 kann nicht entnommen werden, dass Ergänzungsbilanzen bei *sämtl* in S 3 genannten Übertragungsvorgängen zulässig sein sollen („die stillen Reserven sind durch Erstellung einer Ergänzungsbilanz *dem übertragenden Ges'ter* zugeordnet worden"; bei einer Übertragung aus dem Gesamthands-BV ist Übertragender aber nicht „der Ges'ter"). ME ist eine gezielte Zuordnung der stillen Reserven hier daher nicht mögl (glA *Blümich/Ehmcke* § 6 Rz 1356). Gleiches gilt für unentgeltl Übertragungen zw den SonderBV verschiedener MUer nach § 6 V 3 Nr 3 (für Zulässigkeit von Ergänzungsbilanzen, sofern ein Bruchteil des WG beim Übertragenden bleibt, allerdings *Wendt* FR 02, 53, 63). – **(c) Gewinnermittlung nach § 4 III.** Eine Ergänzungsbilanz kommt hier nicht in Betracht. Die Rspr hat allerdings für die AfA der Mehrwerte beim Erwerb eines MUeranteils eine „Ergänzungsrechnung" zugelassen (BFH VIII R 13/07 BStBl II 09, 993). Auf § 6 V ist dies mE nicht übertragbar (aA *Wendt* FR 02, 53, 61; *Ley* StbJb 03/04, 135, 156), weil hier (anders als beim Erwerb eines MUeranteils) kein zwingendes rechentechnisches Bedürfnis hierfür besteht). Bei Überschussrechnern kommt es daher in den Fällen des S 4 stets zum TW-Ansatz (Alternative: rechtzeitiger Wechsel zur Bilanzierung).

710 **h) Verhältnis von S 3 zu anderen Vorschriften.** – ***(1)* Unentgeltl Betriebsübertragung, § 6 III.** Diese Vorschrift ist in ihrem Anwendungsbereich (Übertragung von Betrieben, Teilbetrieben oder MUeranteilen, nicht hingegen Übertragung einzelner WG wie bei S 3) vorrangig (glA *BMF* BStBl I 11, 1279 Tz 12). Werden einzelne WG des SonderBV iRe MUeranteils übertragen, gilt ebenfalls Abs 3, nicht Abs 5 (zum Vorrang des § 6 III bei überquotaler Übertragung von SonderBV s Rz 665; zur Anwendung des Abs 3 bei vorheriger/gleichzeitiger auf Abs 5 gestützter Buchwertüberführung von wesentl Betriebsgrundlagen des SonderBV s Rz 650). Die Buchwertüberführung wesentl Betriebsgrundlagen schließt jedenfalls die Begünstigung einer iRe Gesamtplans anschließenden Anteilsveräußerung **(§§ 16, 34)** aus (s § 16 Rz 414 (4)). – ***(2)* Unentgeltl betriebsbedingte Übertragung einzelner WG, § 6 IV.** Hier hat Abs 5 Vorrang. Bei unentgeltl Übertragung zw einem MUer und seiner MUerschaft sowie zw verschiedenen MUern derselben MUerschaft ist daher nicht zw privaten und betriebl Motiven zu unterscheiden, denn Abs 5 ist nicht auf außerbetriebl veranlasste Vorgänge beschränkt (glA *Brandenberg* FR 00, 1182, 1187; *Wendt* FR 02, 53, 63 f; aA *van Lishaut* DB 00, 1784, 1785; *Blümich/Ehmcke* § 6 Rz 1261). – ***(3)* Überführung ohne Rechtsträgerwechsel, § 6 V 2.** S 3 kann neben § 6 V 2 anwendbar sein, wenn WG sowohl zw EinzelBV und GesamthandsBV als auch zw EinzelBV und SonderBV übertragen werden. –

(4) **Tausch und verdeckte Einlage, § 6 VI.** Diese Vorschriften sind ggü S 3 ausdrückl nachrangig (§ 6 VI 4; s Rz 724). – ***(5)*** **Anteilsübertragung bei Körperschaften.** § 8b KStG tritt mE hinter S 3 zurück. Bringt eine KapGes daher Anteile an einer anderen KapGes in eine MUerschaft ein, ist ausschließl S 3 anzuwenden. Soweit sich allerdings wirtschaftl die Beteiligung einer anderen Körperschaft an dem eingebrachten WG erhöht und daher gem § 6 V 5 grds der TW anzusetzen wäre, kann der entstehende Gewinn nach § 8b II 1, 6 KStG unter dem Gesichtspunkt einer verdeckten Einlage stfrei sein. – ***(6)*** **Einbringung strukturierter Einheiten in PersGes, § 24 UmwStG.** Diese Norm ist ggü S 3 vorrangig (*BMF* BStBl I 11, 1279 Tz 12; s § 16 Rz 413; *Ley* KÖSDI 10, 16814); sie betrifft allerdings nur die Einbringung von Betrieben, Teilbetrieben und MUeranteilen (dh nicht einzelner WG), wenn der Einbringende MUer wird. Die hM wendet sie aber auch auf Fälle an, in denen ein Dritter der MUerschaft gegen Leistung einer Einlage (bei der es sich auch um ein WG iSd S 3 handeln kann) beitritt, und die AltGes'ter dann ihre MUeranteile in die „neue" MUerschaft gem § 24 UmwStG einbringen (näher § 16 Rz 562ff; *Mayer* DStR 03, 1553, jeweils mwN). In diesen Fällen kommen dann sowohl beim NeuGes'ter als auch bei den AltGes'tern Ergänzungsbilanzen in Betracht. § 24 UmwStG kennt im Gegensatz zu § 6 V 4–6 weder eine Haltefrist noch eine KöKlausel. Stellt sich nachträgl heraus, dass die Voraussetzungen des § 24 UmwStG nicht erfüllt waren (zB weil kein Teilbetrieb vorlag), kann der Vorgang ggf nach § 6 V 3 zum Buchwert abgewickelt werden (*Graf Kerssenbrock/Rundshagen* BB 04, 2490, 2496). Zur Konkurrenz zw § 24 UmwStG und § 6 V bei Einbringung einer 100%-Beteiligung an einer KapGes s *Reiser/Schierle* DStR 13, 113.

4. TW-Ansatz bei Veräußerung oder Entnahme des WG innerhalb einer dreijährigen Sperrfrist, § 6 V 4. – a) Überblick. Wird ein zuvor nach § 6 V 3 zum Buchwert übertragenes WG innerhalb einer Sperrfrist (drei Jahre nach Abgabe der StErklärung; s Rz 716) durch den neuen Rechtsträger veräußert oder entnommen, wird die Buchwertübertragung rückgängig gemacht. Statt dessen ist für die Übertragung rückwirkend der TW anzusetzen (s Rz 717). Fällt die Weiterübertragung des WG erneut unter S 3, stellt dies keine schädl Veräußerung dar. Vielmehr beginnt für diese Übertragung eine neue Sperrfrist zu laufen; nach Auffassung der *FinVerw* wird die alte Sperrfrist hierdurch abgelöst (*BMF* BStBl I 11, 1279 Tz 23; dies ist mE nicht zwingend). Die *FinVerw* will S 4 auch auf Einbringungen und Formwechsel nach §§ 20, 24, 25 UmwStG anwenden, unabhängig davon, ob der Buchwert oder ein höherer Wert angesetzt wird (*BMF* BStBl I 11, 1279 Tz 33). Systematisch ist dies zutr, da Einbringungen entgeltl Vorgänge sind. Im Fall des § 24 UmwStG sollte die *FinVerw* angesichts des Zwecks dieser Norm jedoch eine Billigkeitsregelung erwägen (glA *Goebel/Ungemach/Reifarth* DStZ 11, 561; für teleologische Reduktion *Crezelius* FR 11, 401, 408). – **Zweck der Regelung** ist der Ausschluss der Begünstigung in solchen Fällen, in denen die frühere Übertragung nicht der Umstrukturierung unter Erhaltung der Betriebsstruktur, sondern der Vorbereitung und steuerl günstigen Gestaltung einer Veräußerung oder Entnahme diente (*Brandenberg* DStZ 02, 551, 555). S 4 wirkt insoweit wie eine unwiderlegl Vermutung. – Wird nicht das WG veräußert, sondern **veräußert ein Ges'ter seine Beteiligung an der MUerschaft,** ist gesetzl kein TW-Ansatz in Bezug auf das WG vorgesehen (zutr *Wendt* FR 15, 231; Ausnahme: Übergang von Anteilen auf KSt-Subjekte nach S 5). 715

b) Beginn und Dauer der Sperrfrist. Die Sperrfrist beträgt drei Jahre. Sie beginnt allerdings erst zu laufen, wenn der Übertragende seine **StErklärung für den VZ der Übertragung** abgibt (bei LuF genügt die StErklärung für den *ersten* VZ, in den das Wj der Übertragung fällt; s zutr *Wendt* FR 02, 53, 60). § 16 III 3 enthält für die Realteilung eine vergleichbare Sperrfrist. Gibt der Übertragende 716 keine StErklärung ab, läuft die Sperrfrist nach dem Gesetzeswortlaut niemals ab. Die *FinVerw* begrenzt die Sperrfrist in diesen Fällen jedoch auf sechs Jahre (*BMF* BStBl I 11, 1279 Tz 22; mE nicht zwingend).

717 **c) Rechtsfolge. – aa) HerkunftsBV.** Es kommt zum **rückwirkenden Ansatz des TW.** Die frühere (Buchwert-)Übertragung ist dann als Veräußerung anzusehen, sofern GesRechte gewährt wurden; war die frühere Übertragung hingegen unentgeltl, wird sie als Entnahme behandelt. § 6b wird bei Übertragungen gegen Gewährung von GesRechten rückwirkend anwendbar, nicht aber bei unentgeltl Übertragungen (s § 6b Rz 32 mwN; *OFD Ffm* BB 08, 1784). – Teilweise wird vertreten, der TW-Ansatz beschränke sich auf denjenigen Anteil des WG, der bei der früheren Übertragung nach S 3 wirtschaftl auf einen anderen Rechtsträger übergegangen ist (so *Rödder/Schumacher* DStR 01, 1634, 1637; *Wehrheim/Nickel* BB 06, 1361, 1365). ME wäre dies eine Nachwirkung der aufgegebenen Bilanzbündeltheorie, die sich weder aus dem Wortlaut noch aus dem Zweck des S 4 ableiten lässt (so iErg auch *BMF* BStBl I 11, 1279 Tz 25).

718 **bb) Empfänger.** Hier führt der TW-Ansatz (zur Wertidentität beim Übertragenden und Empfänger *Freikamp* BB 01, 2618, 2620) rückwirkend zu höherer AfA für seine Besitzdauer und zugleich zu einem geringeren Buchgewinn aus der schädl Veräußerung/Entnahme. Weil diese Veräußerung/Entnahme damit für den Empfänger der Übertragung steuerl vorteilhaft, für den Übertragenden aber nachteilig ist, sind vertragl Regelungen zu empfehlen, die bei Vornahme derartiger Verfügungen Ausgleichszahlungen vorsehen (ebenso *Wendt* FR 02, 53, 65).

719 **cc) Verfahrensrecht.** Die Bescheide für den VZ der Übertragung und die Folgejahre sind nach § 175 I 1 Nr 2 AO zu ändern (sowohl beim Übertragenden als auch beim Empfänger).

720 **dd) Ausnahmen vom TW-Ansatz. – (1) Zuordnung der stillen Reserven durch Ergänzungsbilanz.** Sind dem übertragenden MUer im Zeitpunkt der ersten Übertragung die bis dahin entstandenen stillen Reserven durch eine Ergänzungsbilanz zugeordnet worden (s Rz 707), bleibt es auch im Fall einer späteren Veräußerung/Entnahme durch den Übernehmer beim Buchwertansatz. Ob diese Regelung zugleich bedeutet, dass eine solche Zuordnung stiller Reserven in allen Fällen des S 3 mögl ist, ist str (s Rz 707). – **(2) Einmann-GmbH & Co KG.** Nach mittlerweile gefestigter Rspr führt bei einer Einmann-KG die Weiterübertragung des zum Buchwert ein- oder ausgebrachten WG innerhalb der Sperrfrist auch dann nicht zur Anwendung des S 4 (dh kein TW-Ansatz), wenn keine Ergänzungsbilanz aufgestellt wurde, sofern die 100%-Beteiligung an der KG seit der unter § 6 V 3 fallenden Buchwert-Übertragung bis zur Weiterübertragung des WG durchgängig bestanden hat (für Einbringung aus EinzelBV ins GesamthandsBV BFH I R 44/12 BStBl II 15, 450; für Übertragung aus SonderBV ins GesamthandsBV BFH IV R 31/12 BStBl II 15, 463, Anm *Bode* NWB 14, 3950; glA *Blaas/Sombeck* DStR 12, 2569; *Wacker* NWB 13, 3377 und HFR 14, 120; *Schulze zur Wiesche* DStZ 14, 108; *Blümich/Ehmcke* § 6 Rz 1351a; ähnl *Kempermann* FR 13, 1136; für Übertragung von der PersGes auf den Ges'ters *Wendt* FR 15, 231 unter 3.). Die Rspr nimmt eine teleologische Reduktion des S 4 vor, weil stille Reserven nicht auf eine andere Person übergehen. Gerade gegenteilig wollte die *FinVerw* bisher selbst bei Bildung einer Ergänzungsbilanz (was zB erforderl sein kann, wenn für die Zukunft eine Änderung der Beteiligungsverhältnisse geplant ist; zutr *Bode* NWB 14, 3950, 3954; *Wendt* FR 15, 231) stets den TW ansetzen (EStR 6.15; *BMF* BStBl I 11, 1279 Tz 26; zust *Haberland* FR 13, 538; krit *Röhrig/Doege* DStR 06, 161, 165; *Neumayer/Obser* EStB 09, 445, 448; *Scharfenberg* DB 12, 193, 196); die *FinVerw* dürfte diese Auffassung aber durch die kommentarlose Veröffentlichung der BFH-Rspr im BStBl II aufgegeben haben. Zur Kritik s 34. Aufl. – **(3) Anwendung auch bei Übertragungen innerhalb einer MUerschaft.** Zwar hält der IV. Senat § 6 V 3 EStG in seiner neueren Rspr insoweit für deklara-

torisch, als das WG trotz der Übertragung das BV der MUerschaft nicht verlässt (zB Übertragung vom SonderBV ins GesamthandsBV oder umgekehrt), weil es dann an einer Entnahme fehle (BFH IV R 11/12 BFHE 239, 76 Rz 14; krit *Wacker* HFR 14, 120). Gleichwohl ist S 4 wegen des vollzogenen Rechtsträgerwechsels auch in diesen Fällen anzuwenden (BFH IV R 31/12 DB 14, 2565 Rz 31).

5. TW-Ansatz bei Übertragung des WG auf Körperschaften, § 6 V 5, 6. – a) Überblick. Bewirkt der unter S 3 fallende Übertragungsvorgang, dass an dem WG ein Anteil einer Körperschaft, Personenvereinigung oder Vermögensmasse (KSt-Subjekt iSd § 1 KStG) begründet wird oder sich ein bereits vorhandener Anteil erhöht (s Rz 722), ist *insoweit* ebenfalls der TW anzusetzen (§ 6 V 5; zu den Rechtsfolgen s Rz 724). Dies gilt auch, wenn der Anteil einer Körperschaft innerhalb von sieben Jahren nach der Übertragung begründet wird oder sich erhöht (§ 6 V 6; s Rz 726). – **Zweck dieser Regelungen** ist die Verhinderung der Übertragung stiller Reserven auf Körperschaften (insb KapGes), die anschließend von diesen nach § 8b KStG stfrei realisiert und dann nach § 3 Nr 40 teilweise stfrei an die Ges'ter ausgeschüttet werden könnten (*Groh* DB 03, 1403, 1404; *Rogall* DStR 05, 992, 994). 721

b) Begründung oder Erhöhung des Anteils einer Körperschaft. Erfasst sind sowohl unmittelbare Beteiligungen der Körperschaft an der vom Übertragungsvorgang betroffenen MUerschaft (die Körperschaft ist selbst MUerin) als auch **mittelbare Beteiligungen** (die Körperschaft ist über eine weitere MUerschaft an derjenigen MUerschaft beteiligt, die vom Übertragungsvorgang betroffen ist; *v Lishaut* DB 00, 1784, 1787). Eine mittelbare Beteiligung über eine andere *Körperschaft* reicht hingegen nicht aus (zutr *OFD Ffm* DStR 04, 1086 unter 2.2; *OFD Ddorf* DStR 05, 153 unter I.3.). S 5 erfasst auch eine Übertragung vom GesamthandsBV in das Einzel- oder SonderBV einer als MUer beteiligten Körperschaft (*OFD Ddorf* DStR 05, 153 unter II.). – Überträgt eine KapGes ein WG auf eine MUerschaft, an deren Vermögen sie bereits **zu 100 % beteiligt** ist, sind die Voraussetzungen des S 5 nicht erfüllt (*BMF* BStBl I 11, 1279 Tz 29). Gleiches gilt auch in anderen Fällen, soweit die Beteiligungsquoten der Körperschaft am übertragenden und übernehmenden Rechtsträger sich decken (*FM Saarl* DStR 03, 1120; *OFD Ffm* DStR 04, 1086; *OFD Ddorf* DStR 05, 153). Ist umgekehrt eine (Komplementär-)GmbH **nicht am Vermögen der KG beteiligt,** ist S 5 ebenfalls nicht anwendbar (*BMF* BStBl I 11, 1279 Tz 29). Die Regelung ist ihrem Wortlaut nach („Anteil *einer* Körperschaft") aber auch dann anwendbar, wenn **an der MUerschaft ausschließl Körperschaften beteiligt** sind oder wenn der Anteil an dem WG bei wirtschaftl Betrachtung von der einen auf eine andere Körperschaft übergeht, auch wenn es hier nur zu einer Verschiebung von stillen Reserven *zw* Körperschaften, nicht aber *auf* Körperschaften kommen kann (zutr *BMF* BStBl I 11, 1279 Tz 31; aA *Rödder/Schumacher* DStR 01, 1634, 1637, die insoweit die Rechtfertigung der Regelung verneinen). – Es kommt nicht darauf an, ob der Einbringende zugleich an der Körperschaft beteiligt ist, die durch das Übergehen stiller Reserven begünstigt wird. Daher ist S 5 nicht wegen der Existenz der Regelungen über die verdeckte Einlage entbehrl (so aber *Reiß* BB 00, 1965, 1970 und BB 01, 1225, 1229), da diese nur bei einer Beteiligung derselben Person sowohl an dem WG als auch an der begünstigten Körperschaft anwendbar wären. 722

c) Rechtsfolgen. Sowohl im HerkunftsBV als auch bei der Körperschaft ist der TW des WG anzusetzen, so dass es zur Gewinnrealisierung und zum Entstehen von AK kommt (näher s Rz 717). Im Gegensatz zu S 4 ordnet S 5 aber den **TW-Ansatz nur anteilig** an, soweit der Anteil der Körperschaft begründet wird oder sich erhöht (*Brandenberg* FR 00, 1182, 1187 und DStR 02, 551, 559; *Hoffmann* GmbHR 02, 125, 133). Soweit also natürl Personen an dem WG beteiligt sind oder schon zuvor eine Beteiligung der Körperschaft bestand, bleibt es daher gem 724

S 3 bei der Buchwertübertragung. – S 5 hat **Vorrang ggü den Regelungen über die verdeckte Einlage** (so ausdrückl § 6 VI 4). Um einen zutr Beteiligungsansatz zu gewährleisten, erhöhen sich in Fällen, in denen der einbringende MUer zugleich an der KapGes beteiligt ist, die durch das Übergehen stiller Reserven begünstigt ist, mE aber gleichwohl die AK der KapGesBeteiligung (dh Rechtsfolge des § 6 VI 2). – Die Zuordnung stiller Reserven durch **Ergänzungsbilanzen** schließt die Rechtsfolge des S 5 nicht aus, da S 5 diese Möglichkeit im Gegensatz zu S 4 nicht erwähnt (zutr *BMF* BStBl I 11, 1279 Tz 28; *Wendt* FR 02, 53, 565; aA *Kloster/Kloster* GmbHR 02, 717, 730; *Groh* DB 03, 1403, 1407; zweifelnd auch *v Lishaut* DB 00, 1784, 1787).

726 **d) Nachträgl Begründung oder Erhöhung des Anteils einer Körperschaft, § 6 V 6.** Der TW ist rückwirkend auf den Zeitpunkt der Übertragung des WG anzusetzen, *soweit* der Anteil einer Körperschaft an dem WG innerhalb von sieben Jahren nach der Übertragung begründet wird oder sich erhöht. Typische Anwendungsfälle sind der spätere Beitritt einer Körperschaft zu der MUerschaft oder die spätere Erhöhung der Beteiligungsquote einer Körperschaft. Gleiches gilt für den Formwechsel eines anderen MUers in eine Körperschaft (*Brandenberg* FR 00, 1182, 1188; *Blaas/Sombeck* DStR 12, 2569, 2573), die Einbringung eines MUeranteils oder der ganzen MUerschaft in eine KapGes nach § 20 UmwStG oder der Formwechsel der MUerschaft in eine KapGes (zutr *BMF* BStBl I 11, 1279). – Die Regelung des S 6 zwingt StPfl und *FinVerw* zur langfristigen Überwachung aller Fälle, in denen in der Vergangenheit S 3 angewendet wurde.

XII. Bewertung bei Tausch und verdeckter Einlage, § 6 VI

731 **1. Tausch, § 6 VI 1. – a) Überblick.** Die AK eines WG, das im Tausch gegen die Hingabe eines anderen WG erworben wird, bemessen sich gem § 6 VI 1 nach dem gemeinen Wert des hingegebenen WG. Der Tausch ist daher **estl gewinnrealisierend** (zu Ausnahmen s Rz 734); maßgebender Zeitpunkt ist die Lieferung des bisher eigenen WG (BFH VIII R 53/81 BStBl II 83, 303 unter 1.a aa). **Handelsrechtl** besteht hingegen ein Wahlrecht, das eingetauschte WG mit dem Buchwert des hingegebenen anzusetzen (*BeBiKo* § 255 Rz 40; teilweise krit und diff *Lüdenbach/Freiberg* DB 12, 2701). Zum Begriff des **gemeinen Werts** s Rz 235 (Einzelveräußerungspreis). – Erhält der StPfl neben dem erworbenen WG noch eine **Zuzahlung,** sind als AK des erworbenen WG der gemeine Wert des hingegebenen WG abzügl der erhaltenen Zuzahlung anzusetzen (BFH VIII R 28/04 BStBl II 07, 699 unter II.2.d). Leistet umgekehrt der StPfl eine Zuzahlung, sind AK des erworbenen WG die Summe aus dem gemeinen Wert des hingegebenen WG und der Zuzahlung (zu den Problemen, die sich bei Wertungleichheit von Leistung und Gegenleistung stellen, s *Lüdenbach/Freiberg* DB 12, 2701, 2704).

733 **b) Anwendungsbereich.** § 6 VI 1 gilt seit 1999 (zur früheren Rechtslage s 32. Aufl Rz 737). Er ist auf **Vorgänge des BV** beschränkt. Wird eine wesentl Beteiligung des *PV* (§ 17) im Tausch gegen ein anderes WG hingegeben, kommt es allerdings ebenfalls zur Gewinnrealisierung. Maßgebend ist jedoch nicht (wie in § 6 VI 1) der gemeine Wert des hingegebenen WG, sondern der des erhaltenen WG (s § 17 Rz 138 mwN; BFH IX B 204/08 BFH/NV 09, 1262 unter II.2.b aa, wo dieses Ergebnis allerdings – insoweit mE unzutr – aus § 6 VI „als Gewinnermittlungsvorschrift eigener Art“ abgeleitet wird; zutr abw Begründung bei *Heuermann* HFR 09, 125: keine Regelungslücke bei § 17, da § 9 BewG zum selben Ergebnis führt). Gleiches gilt für WG iSd § 23 (BFH IX R 36/09 BStBl II 10, 792 unter II.1.b). – **Ggü Abs 6 speziellere Regelungen** sind zum einen in Abs 5 enthalten (Übertragungen bei MUerschaften; ausdrückl Vorrang gem § 6 VI 4; s Rz 710). Vorrangig sind auch die Vorschriften des **UmwStG.** Diese erfassen tatbestandl ebenfalls zahlreiche Tauschvorgänge, ermöglichen aber idR eine Buchwertfortführung (insb § 21 UmwStG für den Tauschvorgang der Einbringung von

Anteilen an einer KapGes in eine andere KapGes gegen Gewährung neuer Anteile).

c) Ausnahmen von der Gewinnrealisierung. Bei den in **§ 6b** genannten WG (hauptsächl GuB, Gebäude, Anteile an KapGes) können die stillen Reserven auf das eingetauschte WG übertragen werden. Der Gewinn aus der Hingabe eines **Anteils an einer KapGes** im Wege des Tausches durch eine Körperschaft ist gem § 8b II KStG stfrei gestellt. – Im **Umlegungsverfahren** nach §§ 45 ff BauGB oder dem FlurbereinigungsG unterbleibt eine Gewinnrealisierung, soweit das hingegebene Grundstück mit dem erhaltenen wertgleich und wirtschaftl identisch ist (s § 5 Rz 635 mwN; glA *HHR* § 6 Rz 1716). – Zu **Sachwertdarlehen** (insb **Wertpapierleihe**) s § 5 Rz 270 „Wertpapierleihe", 703. 734

d) Offene Sacheinlage in KapGes als Spezialfall des Tausches. Eine Sacheinlage anlässl der Gründung oder formellen Kapitalerhöhung einer KapGes, deren Anteile sich im BV befinden, fällt als Tauschvorgang unter S 1; § 6 I Nr 5 ist nicht anwendbar (BFH I R 6/01 BFH/NV 03, 88; aA *Schmidt/Hageböke* DStR 03, 1813; *Boorberg/Boorberg* DB 07, 1777, 1783). Dies gilt auch insoweit, als derjenige Teil des Wertes der Sacheinlage, der den Nennwert der neuen Anteile übersteigt, bilanziell der Kapitalrücklage zugeführt wird (BFH I R 35/05 BStBl II 08, 253). Stammt das Einlagegut aus dem PV und gehört die Beteiligung zum BV, kann das Einlagegut als kurzfristig in das BV eingelegt gelten (s auch Rz 743); gleichwohl sind die Begrenzungen des Einlagewerts nach § 6 I Nr 5 S 1 HS 2 (s Rz 558 ff) nicht zu beachten (zutr *Groh* FR 90, 528, 529). Gegenstand einer offenen Einlage können materielle und immaterielle WG sein, nicht aber Nutzungen. Für Nutzungsrechte mit fester Mindestlaufzeit wird zivilrechtl die Einlagefähigkeit bejaht (BGH II ZR 121/02 DStR 04, 1662; *Thiel* DStJG 14, 161, 179; steuerl s § 5 Rz 203). – *Verdeckte* Einlagen fallen hingegen unter S 2, der aber ebenfalls die Gewinnrealisierung anordnet (s Rz 741 ff). – Die Einlage in eine MUerschaft gegen Gewährung von GesRechten stellt ebenfalls einen Tauschvorgang dar und fällt nicht unter § 6 I Nr 5 (s Rz 552). 735

2. Verdeckte Einlage in KapGes, § 6 VI 2. Auch die verdeckte Einlage eines einzelnen WG des BV in eine KapGes ist gewinnrealisierend. – **a) Begriff der verdeckten Einlage.** Es handelt sich um die Zuwendung eines einlagefähigen Vermögensvorteils an eine KapGes durch deren Ges'ter (oder eine dem Ges'ter nahestehende Person), für die der Ges'ter keine neuen Anteile erhält und die ihre Ursache im GesVerhältnis hat, dh die ein NichtGes'ter nicht vorgenommen hätte (BFH X R 22/02 BStBl II 06, 457 unter II.2.a). Die Voraussetzungen entsprechen weitgehend spiegelbildl denen der vGA. Es genügt, wenn der Zuwendende erst kurzfristig nach der Vorteilszuwendung aufgrund einer bereits eingeleiteten Planung Ges'ter wird (FG BBg DStRE 09, 1380, rkr). – Die Nähe der gesetzl Regelung zu derjenigen des Tausches (offene Einlage) ist nur vordergründig (glA *Tiedtke/Wälzholz* DStR 01, 1501, 1505). Denn während der Tausch ein betriebl veranlasster und nach den allg Grundsätzen gewinnrealisierender Geschäftsvorfall ist, ist die verdeckte Einlage ihrem Wesen nach **außerbetriebl veranlasst** (durch die Ges'terstellung in der KapGes) und als **unentgeltl Vorgang** anzusehen. Die mit der verdeckten Einlage verbundene Wertsteigerung der Anteile des Einlegenden ist nur Reflexwirkung, nicht aber Gegenleistung (BFH X R 22/02 BStBl II 06, 457 unter II.2.b; BFH I R 32/08 BStBl II 12, 341 unter II.2.a). – Der **gesellschaftsrechtl Begriff der verdeckten *Sach*einlage** bezieht sich demggü auf die Gewährung neuer Anteile gegen verschleierte Sacheinlage, dh auf einen *entgeltl* Vorgang (s ausführl *Fuhrmann/Demuth* KÖSDI 09, 16562). 741

b) Gegenstand der verdeckten Einlage. Es muss sich um ein das Vermögen der KapGes mehrendes **WG** handeln. Das WG braucht zuvor aber nicht aktiviert gewesen zu sein (BFH I R 150/82 BStBl II 87, 455 unter B. I.3.: Geschäftswert). Es genügt, wenn die verdeckte Einlage zur Wertsteigerung der Beteiligung des 742

Ges'ters *geeignet* ist; ob *tatsächl* eine Wertsteigerung eintritt, ist unerhebl (BFH I R 20/03 BFH/NV 05, 19 unter B.I.2. mwN: Zuschuss zur Verlustdeckung). Gegenstand der verdeckten Einlage können mE auch **eigene Anteile** an der KapGes sein, da auch diese WG darstellen und einen Wert verkörpern (s § 5 Rz 270 „Eigene Anteile"; aA *Wassermeyer* in FS L. Schmidt S 621, 626 unter Bezugnahme auf das zur KVSt ergangene Urt BFH I R 53/85 BStBl II 90, 222); sie sind aber ab VZ 2010 wegen § 272 Ia HGB nicht mehr aktivierungsfähig. – **Nutzungen und Nutzungsrechte** sind hingegen nicht einlagefähig (BFH GrS 2/86 BStBl II 88, 348 unter C.I.3.b; BFH X R 32/05 BStBl II 09, 634 unter II.4.d: unentgeltl Nutzungsüberlassung des Geschäftswerts; s ausführl § 5 Rz 206 f); Gleiches gilt für die Übernahme einer Bürgschaft (BFH IX R 78/06 BStBl II 08, 575 unter II.2.c). Ein Forderungsverzicht (auch in Form des Verzichts auf Ansprüche aus einer Pensionszusage) ist aber einlagefähig (s ausführl Rz 756).

743 **c) Anwendungsbereich des § 6 VI 2.** Zum zeitl Anwendungsbereich s 31. Aufl Rz 748. – **aa) Beschränkung auf WG des BV.** Die Regelung erfasst nur die verdeckte Einlage eines WG des BV, wobei es sich um das BV von natürl Personen, PersGes oder KapGes handeln kann. – Die **verdeckte Einlage eines WG des PV** in eine KapGes, deren Anteile zum BV des Einlegenden gehören, bewirkt aber (wie in den Fällen des § 6 VI 2) ebenfalls eine Erhöhung des Buchwerts der Anteile um den TW des WG; zugleich ist der entstehende Buchgewinn durch eine Einlage des WG ins BV zum TW (§ 6 I Nr 5) zu neutralisieren (glA *HHR* § 6 Rz 1725). Gleiches gilt für WG, die eine dem Ges'ter **nahestehende Person verdeckt in die KapGes einlegt** (mittelbare verdeckte Einlage; s ausführl § 17 Rz 177 mwN, dort auch zur Abgrenzung zum Drittaufwand). – Auch die **verdeckte Einlage von WG des PV in eine zum PV gehörende KapGes** wird vom Gesetz idR einem Veräußerungsvorgang gleichgestellt (§ 17 I 2, § 20 II 2, § 23 I 5 Nr 2), so dass iErg die in § 6 VI 2 genannten Rechtsfolgen eintreten.

744 **bb) Beteiligung an der aufnehmenden KapGes.** Diese muss ebenfalls zum BV gehören. Es ist allerdings nicht erforderl, dass sie zum *selben* BV gehört wie das eingelegte WG, weil die Überführung von WG zw mehreren Betrieben desselben StPfl zum Buchwert erfolgt (§ 6 V 1). Es genügt zudem, wenn die Beteiligung (erst) durch die verdeckte Einlage des WG die Eigenschaft als BV erwirbt (BFH X R 22/02 BStBl II 06, 457 unter II.3.d). Gehört die Beteiligung hingegen zum PV, wird das verdeckt eingelegte WG zuvor dem BV entnommen und ist schon deshalb mit dem Teilwert zu bewerten (§ 6 I Nr 4).

745 **cc) Ziel-BV.** Die verdeckte Einlage gelangt stets in das BV einer **KapGes.** Einlagen in das BV von Einzelunternehmern fallen hingegen unter § 6 I Nr 5; für Einlagen in PersGes enthält § 6 V 3 speziellere Regelungen.

746 **dd) Anwendung auf die verdeckte Einlage betriebl Einheiten iSd § 6 III.** Dies ist str. Seinem Wortlaut nach erfasst § 6 VI 2 iVm S 1 nur die verdeckte Einlage *einzelner WG.* Darunter fallen hier jedenfalls auch **100 %-Beteiligungen an KapGes,** auch wenn diese in § 16 I 1 Nr 1 S 2 einem Teilbetrieb gleichgestellt werden (BFH X R 22/02 BStBl II 06, 457 unter II.3.e). Eine Gewinnrealisierung ist zudem zwingend, wenn die **Anteile an der aufnehmenden KapGes zum PV** gehören (BFH X R 22/02 BStBl II 06, 457 unter II.3.c mwN). – Auch die verdeckte Einlage von **(Teil)Betrieben und MUeranteilen** ist nicht etwa als unentgeltl Vorgang iSd § 6 III anzusehen, der zum Buchwert erfolgt, sondern stellt eine gewinnrealisierende (wenn auch begünstigte) Betriebs- bzw Anteilsaufgabe dar (BFH VIII R 17/85 BStBl II 91, 512; BFH X R 56/06 BFH/NV 09, 1411 unter II.2.b bb ccc; hingegen offen gelassen von BFH IV R 51/98 BStBl II 05, 173 unter 2.b aa; BFH X R 22/02 BStBl II 06, 457 unter II.3.d). ME ist dies zutr, auch wenn der Wortlaut des § 6 VI (Beschränkung auf *einzelne* WG) und die systematische Einordnung der verdeckten Einlage als unentgeltl Vorgang (s Rz 741) die Anwendung des § 6 III nicht zwingend ausschlössen. Denn § 6 III ist auf gesellschaftsrechtl Vorgänge nicht anwendbar (so – zu gesellschaftsrechtl Ausgleichsansprüchen wie zB bei der Realteilung – BFH VIII R 21/77 BStBl II 82, 456 unter I.1.d; glA § 16 Rz 201; *Blümich/Ehmcke* § 6 Rz 1417; aA *Tiedtke/Wälzholz* DB 99, 2026). IÜ würde bei Zulassung einer unentgeltl Übertragung auf KapGes das System der §§ 20ff UmwStG, § 8b KStG durchbrochen. Für die Gestaltungspraxis ist der Streit nicht allzu bedeutsam, da eine *offene* Einlage (KapErhöhung gegen Sacheinlage durch Einbringung des Teilbetriebs oder MUeranteils) nach § 20 UmwStG idR zum Buchwert mögl ist und so die bei verdeckter Einlage eintretende Gewinnrealisierung vermieden werden kann. Auf die *verdeckte* Einlage sind die §§ 20, 21 UmwStG hingegen weder unmittelbar noch analog anwendbar, weil Voraussetzung dafür die Gewährung neuer Anteile wäre, an der es hier gerade fehlt (BFH X R 22/02 BStBl II 06, 457 unter II.3.f). – Die **Begründung einer BetrAufsp** durch Übertragung solcher WG, die nicht zumindest einen Teilbetrieb bilden, stellt eine verdeckte Einlage dar, die zur Gewinnrealisierung zwingt (BT-Drs 14/23, 173; BFH X R 34/03 BStBl II 05, 378 unter II.2.d; ausführl § 15 Rz 877; dort auch zu den Möglichkeiten zur Vermeidung dieses Ergebnisses).

d) Rechtsfolgen. – aa) Beim Einlegenden. – (1) Nachträgl AK. Gem § 6 VI 2 erhöhen sich die AK der Beteiligung an der aufnehmenden KapGes um den TW des eingelegten WG (zur Ermittlung des TW s Rz 231ff; zu weiteren Einzelfragen hinsichtl der AK von KapGesAnteilen s Rz 140 „Beteiligung an KapGes"). Diese Aufstockung des Wertansatzes führt zugleich zur **Gewinnrealisierung** iHd Differenz zw dem Buchwert des eingelegten WG und dessen TW (ebenso schon vor Schaffung der ausdrückl gesetzl Regelung mWv VZ 1999; Nachweise s 31. Aufl Rz 748). Bei einer späteren Veräußerung der Beteiligung mindern die nachträgl AK den entstehenden Veräußerungsgewinn (BFH I R 96/88 BStBl II 90, 797 unter II.2.). Eine aufgrund der verdeckten Einlage eintretende Erhöhung des Buchansatzes der Beteiligung über deren TW hinaus kann Anlass für eine **TW-AfA** geben (ausführl s Rz 281 mwN). 748

(2) Verdeckte Einlage von Anteilen an KapGes. Der entstehende Buchgewinn ist stfrei, wenn Einlegender eine **Körperschaft** ist (§ 8b II 6 KStG). Dies gilt auch, wenn eine PersGes zwischengeschaltet ist (§ 8b VI KStG). – Stammen die eingelegten Anteile aus dem **BV eines Einzelunternehmers oder einer PersGes,** sind 40% des Gewinns stfrei (Teileinkünfteverfahren, § 3 Nr 40 S 1 Buchst a). – Legt eine natürl Person **Anteile iSd § 17 (PV)** verdeckt in eine andere KapGes ein, wird der Ersatz-Veräußerungstatbestand des § 17 I 2 ausgelöst (Anwendung ab VZ 1992; zur früheren Rechtslage s 31. Aufl Rz 749 mwN). Gehört in einem solchen Fall die Beteiligung an der aufnehmenden KapGes zum BV des Einlegenden, erhöht sich der Buchwert dieser Beteiligung um den TW der eingelegten Anteile; zugleich ist im BV eine Einlage zum TW vorzunehmen. Auf diese Einlage ist § 6 I Nr 5 S 1 Buchst b (Begrenzung des Einlagewerts auf die AK) wegen der durch § 17 I 2 bereits eingetretenen Gewinnrealisierung ebensowenig anwendbar wie auf den TW-Ansatz bei der aufnehmenden KapGes (BFH I R 32/08 BStBl II 12, 341 unter II.2.c; *BMF* BStBl I 98, 1227). Zur **Einlage von WG iSd § 20 II** (Verhältnis zw § 6 VI 2 und § 6 I Nr 5 S 1 Buchst c) s Rz 564. 749

(3) Teilentgelt. Leistet die aufnehmende KapGes ein Entgelt, das allerdings hinter dem TW des WG zurückbleibt (ansonsten handelt es sich nicht um eine verdeckte Einlage, sondern um einen voll entgeltl Vorgang), sind die AK der Beteiligung nur um die Differenz zw dem TW des WG und dem Teilentgelt aufzustocken. Die Gewinnrealisierung ergibt sich in Anwendung der „Trennungstheorie" (zu deren umstrittener Anwendung bei teilentgeltl Übertragungsvorgängen iSd Abs 5 s Rz 697) wie folgt (näher BFH X R 34/03 BStBl II 05, 378 unter II.7.; BFH X R 17/05 BStBl II 08, 579 unter II.4.): Zunächst ist die Entgeltlichkeitsquote zu bestimmen (Verhältnis zw tatsächl Entgelt und TW). Der entgeltl Teil des 751

Geschäfts führt zu einem „normalen“ Veräußerungsgewinn (gesamtes tatsächl Entgelt ./. Entgeltlichkeitsquote × Buchwert). Hinzu kommt der Gewinn aus dem unentgeltl Teil (TW × Unentgeltlichkeitsquote ./. Buchwert × Unentgeltlichkeitsquote). IErg entspricht die Gewinnrealisierung der Differenz zw TW und Buchwert des eingelegten WG (Faustformel; ebenso *Groh* DB 03, 1403, 1404).

Beispiel: Ein WG (Buchwert 80, TW 100) wird gegen Zahlung von 80 an eine KapGes (Beteiligungsbuchwert 100) verkauft (Entgeltlichkeitsquote 80%). Der Beteiligungsansatz ist im Umfang des verdeckt eingelegten Betrages (20) aufzustocken. Der Gewinn aus dem entgeltl Teil beläuft sich auf 80 (Entgelt) ./. 80% von 80 (Buchwert) = 16; nur dieser ist § 6b-fähig. Der Gewinn aus der verdeckten Einlage beläuft sich auf 20% × 100 ./. 20% × 80 = 4; der Gesamtgewinn beträgt 20 (wie nach der obigen Faustformel).

752 **(4) Dreijahresfrist, § 6 VI 3.** Nach dieser Regelung ist in den Fällen des § 6 I Nr 5 S 1 (Einlage eines WG innerhalb von drei Jahren nach seiner Anschaffung/Herstellung) für die Bewertung der verdeckten Einlage nicht der aktuelle TW, sondern der „Einlagewert“ maßgebend. Dieser Verweis ist gesetzestechnisch misslungen, da § 6 VI verdeckte Einlagen *aus dem BV in eine KapGes* betrifft, während § 6 I Nr 5 grds Einlagen *aus dem PV in ein BV* erfasst. Der eigentl Anwendungsbereich des § 6 VI 3 ist daher unklar. – **(a)** Vorzugswürdig ist mE die Auslegung, wonach § 6 VI 3 Fälle erfassen will, in denen das **WG innerhalb der letzten drei Jahre vor der verdeckten Einlage angeschafft oder hergestellt** worden ist (sei es im BV oder im PV des Einlegenden; glA *HHR* § 6 Rz 1735; *Blümich/Ehmcke* § 6 Rz 1423). Denn nur in diesem Fall ist der Wertansatz bei der aufnehmenden KapGes auf die fortgeführten AK begrenzt. Auch der Gesetzgeber hatte diesen Anwendungsfall im Blick (s BT-Drs 14/23, 173). Diese Auslegung steht zudem nicht in Widerspruch zur Systematik des § 6 I Nr 5, da diese Norm über § 8 I KStG auch auf verdeckte Einlagen anwendbar ist. **Rechtsfolge** ist dann die Begrenzung des Wertansatzes bei der aufnehmenden KapGes auf die (ggf fortgeführten) AK/HK des WG (s Rz 558 f). Wegen § 6 VI 3 ist für die Gewinnrealisierung beim Einlegenden nicht der TW, sondern der bei der KapGes anzusetzende Einlagewert des WG maßgebl. Die stillen Reserven gehen dadurch ohne Realisierung auf die KapGes über. – **(b)** Mit guten Gründen wird aber auch vertreten, dass § 6 VI 3 wegen des Verweises auf § 6 I Nr 5 nur Fälle erfasst, in denen das WG zunächst im PV angeschafft oder hergestellt worden ist und dann innerhalb von drei Jahren ins BV eingelegt wurde, von dem aus später (ohne Fristbindung) die verdeckte Einlage in die KapGes erfolgt (so *Füger/Rieger* DStR 03, 628 mwN). Eine Abwandlung dieser Auffassung will § 6 VI 3 nur auf Fälle anwenden, in denen die Einlage aus dem PV mit der verdeckten Einlage in die KapGes zusammenfällt.

754 **bb) Bei der aufnehmenden KapGes.** Hier ist das WG **mit dem TW anzusetzen** (§ 6 I Nr 5). In den Fällen des § 6 I Nr 5 S 1 Buchst a (Anschaffung/Herstellung des WG innerhalb von drei Jahren vor der Einlage) ist der Einlagewert allerdings auf die fortgeführten AK/HK begrenzt (s auch Rz 752). – Auf der Passivseite ist jedenfalls dann (gewinnneutral) die **Kapitalrücklage** zu erhöhen, wenn der Wille zur Leistung in das Eigenkapital erkennbar wird; andernfalls ist **handelsrechtl** ein ao oder sonstiger betriebl Ertrag auszuweisen (s *Kußmaul/Klein* DStR 01, 189, 191 mwN). Hingegen bleibt der Vorgang unabhängig von der handelsrechtl Beurteilung **steuerl gewinnneutral** (§ 8 III 3 KStG). Beim Einlagekonto (§ 27 KStG) ist ein Zugang vorzunehmen. Ist allerdings die verdeckte Einlage beim einlegenden Ges'ter nicht als solche erkannt worden und daher die Gewinnrealisierung unterblieben, ist das Einkommen der KapGes zu erhöhen (§ 8 III 4 KStG, anwendbar ab 18.12.06). Diese Regelung sichert die **korrespondierende Besteuerung** zw Einlegendem und KapGes.

756 **e) Forderungsverzicht.** Ausführl *Ott* DStZ 10, 623, 627 ff; *Braun/Geist* BB 13, 351. – **aa) Werthaltige Forderung.** Verzichtet der Ges'ter auf eine werthaltige

Forderung gegen die KapGes (bzw den werthaltigen Teil einer Forderung, dh den TW iSd § 6 I Nr 5), stellt dies eine verdeckte Einlage dar, die zu nachträgl AK auf die Beteiligung führt (BFH X R 2/03 BStBl II 05, 694 unter II.2.a). Ermittelt der Ges'ter seinen Gewinn nach § 4 III oder liegt der Forderung eine Leistungsbeziehung iRd Überschusseinkünfte zu Grunde (zB Pensionszusage), kommt es im Zeitpunkt der Einlage (wie bei einer Novation) zum Zufluss (§ 11) iHd werthaltigen Teils der Forderung (BFH GrS 1/94 BStBl II 98, 307 unter C. II.), der sich bei Pensionsanwartschaften aber nicht auf den sog „future service" erstreckt (zutr *BMF* BStBl I 12, 874). Bei der **KapGes** wird der aus dem Wegfall der Verbindlichkeit entstehende Buchgewinn steuerl durch Abzug einer verdeckten Einlage neutralisiert, soweit die korrespondierende Forderung noch werthaltig war (BFH GrS 1/94 BStBl II 98, 307 unter C. I.3.; BFH VIII R 57/94 BStBl II 98, 652 unter B. I.1.a). Die bloße *Gewährung* eines (wenn auch unsicheren) Darlehens oder die Erklärung eines Rangrücktritts bewirken demggü weder nachträgl AK noch eine verdeckte Einlage, sondern lassen den Charakter des Darlehens als Fremdkapital unberührt (BFH IV R 10/01 BStBl II 04, 416 unter 1.a).

bb) Verzicht auf den nicht mehr werthaltigen Teil einer Forderung. Dies kann mangels Wertetransfer keine verdeckte Einlage darstellen. Dem Ges'ter entstehen keine nachträgl AK auf die Beteiligung, sondern (sofern die Forderung nicht bereits abgeschrieben war) lfd BA (BFH VIII R 57/94 BStBl II 98, 652 unter B. II.1.b; BFH X R 36/02 BStBl II 05, 707 unter II.4.b), die allerdings unter den Voraussetzungen des § 8b III 4 KStG ab 2008 ggf nicht abziehbar sind (s Rz 307). Der zu § 17 entwickelte normspezifische AK-Begriff kann auf das BV nicht übertragen werden, so dass es nicht darauf ankommt, ob die Forderung kapitalersetzenden Charakter hatte oder (ab 1.11.08) insolvenzrechtl nachrangig war (zutr BFH I B 143/00 BStBl II 02, 436 unter II.3.b; BFH VIII R 27/00 BStBl II 02, 733 unter II.3.). Bei der **KapGes** wird durch die Ausbuchung der Verbindlichkeit Gewinn realisiert, der bei fehlender Werthaltigkeit der korrespondierenden Forderung nicht durch Abzug einer Einlage neutralisiert werden kann (BFH I R 58/93 BStBl II 98, 305 unter II.3.; BFH I B 143/00 BStBl II 02, 436 unter II.2.; BFH I R 35/04 BStBl II 06, 132 unter II.1.). Ggf kann aber unter dem Gesichtspunkt des Sanierungsgewinns (s § 3 „Sanierungsgewinn") oder einer aus der früheren Passivierung der Verbindlichkeit verwirklichten vGA (s *BMF* BStBl I 02, 603 Rz 23) auf die Besteuerung verzichtet werden. – Diese Grundsätze gelten auch für die **Übernahme einer Verbindlichkeit der KapGes ggü einem Dritten** mit befreiender Wirkung durch den Ges'ter (BFH X R 36/02 BStBl II 05, 707 unter II.4.b; anders – mE unzutr – BFH I B 74/01 BFH/NV 02, 678; zu Gestaltungsmöglichkeiten, die sich aus dieser Entscheidung des I. Senats ergeben würden, s *Schmidt/Hageböke* DStR 02, 2150). – Liegt bei der KapGes der Buchwert der Verbindlichkeit ausnahmsweise *unter* dem TW der Verpflichtung, ist eine verdeckte Einlage iHd (höheren) TW vom Einkommen abzuziehen (zutr FG Mster EFG 11, 2194, rkr). 757

cc) Ermittlung des TW der Forderung. Maßgebend ist der Betrag, den der Betriebsinhaber für den Erwerb der Forderung hätte aufwenden müssen (BFH GrS 1/94 BStBl II 98, 307 unter C. I.3.). Die Forderung eines Ges'ters gegen eine überschuldete KapGes ist idR wertlos (TW 0 €; BFH I R 35/04 BStBl II 06, 132 unter II.2.b bb, dort auch zu den Ausnahmen; *Helm/Krinninger* DB 05, 1989, 1993). Im Konzern muss auch die funktionale Bedeutung des Darlehens berücksichtigt werden (*Urbahns* DStZ 05, 148; allg zur funktionalen Bedeutung s Rz 283). Zum **Forderungsverzicht gegen Besserungsschein** s *BMF* BStBl I 03, 648 und § 5 Rz 550 „Ges'terfinanzierung". 758

dd) Abgrenzung zu betriebl veranlassten Forderungsverzichten. Dies ist insb erforderl, wenn Inhaber der Forderung nicht der Ges'ter, sondern eine diesem nahe stehende Person ist (s näher BFH GrS 1/94 BStBl II 98, 307 unter C. III.). Will dieser Gläubiger durch den Verzicht zur Sanierung der KapGes beitragen, um 759 die Geschäftsbeziehung fortzuführen, ist der Vorgang betriebl veranlasst (Aufwand beim Gläubiger, Ertrag bei der KapGes). Will der Gläubiger hingegen dem nahestehenden Ges'ter etwas zuwenden, handelt es sich um eine verdeckte Einlage (s zum nicht abziehbaren Drittaufwand allerdings BFH X R 36/02 BStBl II 05, 707 unter II.4.c). Maßgebend ist, ob der Gläubiger auch ohne Gesellschafts- bzw Näheverhältnis auf die Forderung verzichtet hätte (BFH VIII R 57/94 BStBl II 98, 652 unter B.I.1.b bb); Indiz hierfür ist die Beteiligung auch mehrerer Fremdgläubiger am Verzicht (*Helm/Krinninger* DB 05, 1989, 1991).

761 **f) Weitere Einzelfälle verdeckte Einlagen.** S auch § 17 Rz 164. **Verlustübernahmen** außerhalb einer Organschaft (BFH I R 96/88 BStBl II 90, 797 unter II.2.: verunglückte Organschaft); **Sanierungszuschüsse** (BFH I R 20/03 BFH/NV 05, 19 unter B.I.1.). Zur verdeckten Einlage durch Ausscheiden aller K'tisten aus einer GmbH & Co KG mit Anwachsung der MUeranteile bei der Komplementär-GmbH s § 16 Rz 513 **(Anwachsungsmodell). – Zuwendungen zw SchwesterKapGes** bewirken zum einen eine vGA an den gemeinsamen Ges'ter, zum anderen aber auch eine **mittelbare verdeckte Einlage** des Ges'ters in die begünstigte KapGes (BFH I R 150/82 BStBl II 87, 455 unter B.I.2.; GrS 2/86 BStBl II 88, 348 unter C.II.2.). Dies ist auch mögl, wenn die Anteile an beiden KapGes nicht von einer einzigen Person, sondern jeweils getrennt von den Eheleuten gehalten werden (BFH VIII R 62/93 BStBl II 01, 234; zu § 17).

XIII. Anwendung des § 6 bei Einnahmen-Überschuss-Rechnung, § 6 VII

765 Bei **Gewinnermittlung nach § 4 III** gelten gem § 6 VII ab VZ 2013 (zur früheren Rechtslage s 31. Aufl Rz 2) die Vorschriften über anschaffungsnahe HK (Abs 1 Nr 1a, s näher Rz 381), Entnahmen und Einlagen (Abs 1 Nr 4–7, Näheres s Rz 501, 548) sowie Übertragungen und Überführungen (Abs 3–6) entspr. Außerdem sind gem § 4 III 3 die Regelungen über GWG und Sammelposten (§ 6 II, IIa) anwendbar. Hingegen sind TW-AfA bei § 4 III ausgeschlossen (s Rz 360).

§ 6a Pensionsrückstellung

(1) **Für eine Pensionsverpflichtung darf eine Rückstellung (Pensionsrückstellung) nur gebildet werden, wenn und soweit**

1. der Pensionsberechtigte einen Rechtsanspruch auf einmalige oder laufende Pensionsleistungen hat,

2. die Pensionszusage keine Pensionsleistungen in Abhängigkeit von künftigen gewinnabhängigen Bezügen vorsieht und keinen Vorbehalt enthält, dass die Pensionsanwartschaft oder die Pensionsleistung gemindert oder entzogen werden kann, oder ein solcher Vorbehalt sich nur auf Tatbestände erstreckt, bei deren Vorliegen nach allgemeinen Rechtsgrundsätzen unter Beachtung billigen Ermessens eine Minderung oder ein Entzug der Pensionsanwartschaft oder der Pensionsleistung zulässig ist, und

3. die Pensionszusage schriftlich erteilt ist; die Pensionszusage muss eindeutige Angaben zu Art, Form, Voraussetzungen und Höhe der in Aussicht gestellten künftigen Leistungen enthalten.

(2) **Eine Pensionsrückstellung darf erstmals gebildet werden**

1. *[Fassung bis VZ 2017:]* vor Eintritt des Versorgungsfalls für das Wirtschaftsjahr, in dem die Pensionszusage erteilt wird, frühestens jedoch für das Wirtschaftsjahr, bis zu dessen Mitte der Pensionsberechtigte das 27. Lebensjahr vollendet, oder für das Wirtschaftsjahr, in dessen Verlauf die Pensionsanwartschaft gemäß den Vorschriften des Betriebsrentengesetzes unverfallbar wird,

1. *[Fassung ab VZ 2018:** vor Eintritt des Versorgungsfalls für das Wirtschaftsjahr, in dem die Pensionszusage erteilt wird, frühestens jedoch für das Wirtschaftsjahr, bis zu dessen Mitte der Pensionsberechtigte bei**
a) erstmals nach dem 31. Dezember 2017 zugesagten Pensionsleistungen das 23. Lebensjahr vollendet,
b) erstmals nach dem 31. Dezember 2008 und vor dem 1. Januar 2008 zugesagten Pensionsleistungen das 27. Lebensjahr vollendet,
c) erstmals nach dem 31. Dezember 2000 und vor dem 1. Januar 2009 zugesagten Pensionsleistungen das 28. Lebensjahr vollendet,
d) erstmals vor dem 1. Januar 2001 zugesagten Pensionsleistungen das 30. Lebensjahr vollendet
oder bei nach dem 31. Dezember 2000 vereinbarten Entgeltumwandlungen im Sinne von § 1 Absatz 2 des Betriebsrentengesetzes für das Wirtschaftsjahr, in desen Verlauf die Pensionsanwartschaft gemäß den Vorschriften des Betriebsrentengesetzes unverfallbar wird,*]*

2. nach Eintritt des Versorgungsfalls für das Wirtschaftsjahr, in dem der Versorgungsfall eintritt.

(3) **1 Eine Pensionsrückstellung darf höchstens mit dem Teilwert der Pensionsverpflichtung angesetzt werden. 2 Als Teilwert einer Pensionsverpflichtung gilt**

1. vor Beendigung des Dienstverhältnisses des Pensionsberechtigten der Barwert der künftigen Pensionsleistungen am Schluss des Wirtschaftsjahres abzüglich des sich auf denselben Zeitpunkt ergebenden Barwerts betragsmäßig gleich bleibender Jahresbeträge, bei einer Entgeltumwandlung im Sinne von § 1 Absatz 2 des Betriebsrentengesetzes mindestens jedoch der Barwert der gemäß den Vorschriften des Betriebsrentengesetzes unverfallbaren künftigen Pensionsleistungen am Schluss des Wirtschaftsjahres. 2 Die Jahresbeträge sind so zu bemessen, dass am Beginn des Wirtschaftsjahres, in dem das Dienstverhältnis begonnen hat, ihr Barwert gleich dem Barwert der künftigen Pensionsleistungen ist; die künftigen Pensionsleistungen sind dabei mit dem Betrag anzusetzen, der sich nach den Verhältnissen am Bilanzstichtag ergibt. 3 Es sind die Jahresbeträge zugrunde zu legen, die vom Beginn des Wirtschaftsjahres, in dem das Dienstverhältnis begonnen hat, bis zu dem in der Pensionszusage vorgesehenen Zeitpunkt des Eintritts des Versorgungsfalls rechnungsmäßig aufzubringen sind. 4 Erhöhungen oder Verminderungen der Pensionsleistungen nach dem Schluss des Wirtschaftsjahres, die hinsichtlich des Zeitpunktes ihres Wirksamwerdens oder ihres Umfangs ungewiss sind, sind bei der Berechnung des Barwerts der künftigen Pensionsleistungen und der Jahresbeträge erst zu berücksichtigen, wenn sie eingetreten sind. 5 Wird die Pensionszusage erst nach dem Beginn des Dienstverhältnisses erteilt, so ist die Zwischenzeit für die Berechnung der Jahresbeträge nur insoweit als Wartezeit zu behandeln, als sie in der Pensionszusage als solche bestimmt ist. 6 Hat das Dienstverhältnis schon vor der Vollendung des 27. Lebensjahres des Pensionsberechtigten bestanden, so gilt es als zu Beginn des Wirtschaftsjahres begonnen, bis zu dessen Mitte der Pensionsberechtigte das 27. Lebensjahr vollendet; in diesem Fall gilt für davor liegende Wirtschaftsjahre als Teilwert der Barwert der gemäß den Vorschriften des Betriebsrentengesetzes unverfallbaren künftigen Pensionsleistungen am Schluss des Wirtschaftsjahres; *[ab VZ 2018:*** **6 Hat das Dienstverhältnis schon vor der Vollendung des nach Absatz 2 Nummer 1 maßgebenden Lebensjahres des Pensionsberechtigten bestanden, gilt es als zu Beginn des Wirtschaftsjahres begonnen, bis zu dessen Mitte der Pen-**

* § 6a II Nr 1 neu gefasst durch Gesetz v 21.12.15 (BGBl I 15, 2553).
** § 6a III 2 Nr 1 S 6 neu gefasst durch Gesetz v 21.12.15 (BGBl I 15, 2553).

sionsberechtigte das nach Absatz 2 Nummer 1 maßgebende Lebensjahr vollendet; bei nach dem 31. Dezember 2000 vereinbarten Entgeltumwandlungen im Sinne von § 1 Absatz 2 des Betriebsrentengesetzes gilt für davor liegende Wirtschaftsjahre als Teilwert der Barwert der gemäß den Vorschriften des Betriebsrentengesetzes unverfallbaren künftigen Pensionsleistungen am Schluss des Wirtschaftsjahres;]

2. nach Beendigung des Dienstverhältnisses des Pensionsberechtigten unter Aufrechterhaltung seiner Pensionsanwartschaft oder nach Eintritt des Versorgungsfalls der Barwert der künftigen Pensionsleistungen am Schluss des Wirtschaftsjahres; Nummer 1 Satz 4 gilt sinngemäß.

[3] **Bei der Berechnung des Teilwerts der Pensionsverpflichtung sind ein Rechnungszinsfuß von 6 Prozent und die anerkannten Regeln der Versicherungsmathematik anzuwenden.**

(4) [1] **Eine Pensionsrückstellung darf in einem Wirtschaftsjahr höchstens um den Unterschied zwischen dem Teilwert der Pensionsverpflichtung am Schluss des Wirtschaftsjahres und am Schluss des vorangegangenen Wirtschaftsjahres erhöht werden.** [2] **Soweit der Unterschiedsbetrag auf der erstmaligen Anwendung neuer oder geänderter biometrischer Rechnungsgrundlagen beruht, kann er nur auf mindestens drei Wirtschaftsjahre gleichmäßig verteilt der Pensionsrückstellung zugeführt werden; Entsprechendes gilt beim Wechsel auf andere biometrische Rechnungsgrundlagen.** [3] **In dem Wirtschaftsjahr, in dem mit der Bildung einer Pensionsrückstellung frühestens begonnen werden darf (Erstjahr), darf die Rückstellung bis zur Höhe des Teilwerts der Pensionsverpflichtung am Schluss des Wirtschaftsjahres gebildet werden; diese Rückstellung kann auf das Erstjahr und die beiden folgenden Wirtschaftsjahre gleichmäßig verteilt werden.** [4] **Erhöht sich in einem Wirtschaftsjahr gegenüber dem vorangegangenen Wirtschaftsjahr der Barwert der künftigen Pensionsleistungen um mehr als 25 Prozent, so kann die für dieses Wirtschaftsjahr zulässige Erhöhung der Pensionsrückstellung auf dieses Wirtschaftsjahr und die beiden folgenden Wirtschaftsjahre gleichmäßig verteilt werden.** [5] **Am Schluss des Wirtschaftsjahres, in dem das Dienstverhältnis des Pensionsberechtigten unter Aufrechterhaltung seiner Pensionsanwartschaft endet oder der Versorgungsfall eintritt, darf die Pensionsrückstellung stets bis zur Höhe des Teilwerts der Pensionsverpflichtung gebildet werden; die für dieses Wirtschaftsjahr zulässige Erhöhung der Pensionsrückstellung kann auf dieses Wirtschaftsjahr und die beiden folgenden Wirtschaftsjahre gleichmäßig verteilt werden.** [6] **Satz 2 gilt in den Fällen der Sätze 3 bis 5 entsprechend.**

(5) **Die Absätze 3 und 4 gelten entsprechend, wenn der Pensionsberechtigte zu dem Pensionsverpflichteten in einem anderen Rechtsverhältnis als einem Dienstverhältnis steht.**

Einkommensteuer-Richtlinien/Verwaltungsanweisungen: EStR 6a/EStH 6a – *BMF* 14.8.12, EStB 12, 330 (Verzicht); *BMF* 13.12.12 EStB 13, 9 (Nur-Pensionszusage); *BMF* 14.12.12, EStB 13, 19 (Probezeit); *BMF* 7.2.13, StEK EStG § 6a Nr 245 (Nur-Pension)

Übersicht Rz

Schrifttum (Aufsätze vor 2012 s Vorauflagen): *Blomeyer/Rolfs/Otto,* BetriebsrentenG – Gesetz zur Verbesserung der betriebl Altersversorgung, 6. Aufl 2015 (zit *Blomeyer*); *Höfer/Veit/Verhuven* (zit *Höfer*), Gesetz zur Verbesserung der betriebl Altersversorgung, 13. Aufl 2015, Band II, Steuerrecht (Loseblatt). – *Erle,* Pensionsrückstellungen in der dt Rechnungslegung, FS Hommelhoff, 2012, 205; *Schwinger/Stöckler,* Betriebl Altersversorgung …, DStR 13, 2306; *Veit/Hainz,* Ansatz und Bewertung von Pensionsverpflichtungen, DStZ 14, 600.

I. Grundaussage

1 **1. Allgemeines; Rechtsentwicklung.** § 6a regelt den Ausweis von Pensionsrückstellungen und normiert *zusätzl* Voraussetzungen (dem Grunde und der Höhe nach; § 5 Rz 351 ff), um den Ausweis nicht ernst gemeinter und überhöhter Rückstellungen zu verhindern; die allg Rückstellungsvoraussetzungen müssen natürl gegeben sein. § 6a geht §§ 5 und 6 vor. – Abs 1 normiert die Voraussetzungen, Abs 2 regelt den Zeitpunkt der erstmaligen Bildung (unterschiedl für Fälle vor und nach Eintritt des Versorgungsfalls), Abs 3 beschränkt die Höhe (unterschiedl für Fälle vor und nach Beendigung des DienstVerh); Ausgangswert ist der Barwert der künftigen Pensionsleistungen; Abs 4 beschränkt die jährl Zuführungen.

Betriebl Altersversorgung wird nach wie vor insb über Rückstellungen finanziert (Direktzusage; für 2013 geschätzt über 500 Mrd €; bilanzinterne Innenfinanzierung; Steuerstundungseffekt; zu den Vorteilen *Stoll* BetrAV 15, 623). Der Trend geht aber zu einer planmäßigen **Ausfinanzierung** (durch vollständige Rückdeckung) bzw **Auslagerung** der Altersversorgung (zB Past Service – LSt-frei – auf Fonds [Einmalzahlung betr erdiente Ansprüche], Future Service auf Unterstützungskasse [lfd Zahlungen betr zu erdienende Anwartschaften]; *Alt/Stadelbauer* DStR 12, 1820; krit *Dworzack* Stbg 10, 550). – Kombiniert wird die Versorgungszusage durch das sog CTA (zumeist doppelseitige Treuhandkonstruktion) – Modell (über die Hälfte der DAX 30-Unternehmen), das sich dem Pensionsfonds nähert (BAG 6 AZR 47/12, BetrAV 14, 77; *Ditz/Tcherveniachki* DB 10, 632; wN 29. Aufl).

Die RFH-Rspr zur Bildung von Pensionsrückstellungen wurde 1954 als § 6a in das EStG übernommen (Gesetz v 16.12.1954, BStBl I, 575; vgl BT-Drs 481/54, S 78 f); zur weiteren Entwicklung s 29. Aufl. Zum Einfluss von **EU-Recht** auf die Altersversorgung (zB bei Betriebsübergang oder bei Wohnsitzverlegung; Gleichbehandlung) vgl *Scholz* Betriebl Altersversorgung in Europa, 2006; EuGH C-262/88 DB 90, 1824 *(Barber);* EuGH C-110/91 DB 94, 228 *(Moroni);* z Riesterrente EuGH 10.9.09 C–269/07: Anknüpfung an unbeschr StPfl unzul).

2 **2. Passivierungspflicht. – a) Grundsatz.** Unter den Voraussetzungen des § 6a I Nr 1–3, II „darf" eine Rückstellung gebildet werden. Nach der Rspr richtet sich die Passivierung indes einer Pensionsverpflichtung im Prinzip nach den allg Grundsätzen zur Bildung von Rückstellungen; der vom Großen Senat des BFH aufgestellte Grundsatz, wonach ein handelsrechtl Passivierungswahlrecht steuerl zum Passivierungsverbot führt (BFH GrS 2/68 BStBl II 1969, 291), gilt im Anwendungsbereich des § 6a nicht (BFH I R 92/95 BStBl II 99, 387; BFH IV R 62/00 BFH/NV 02, 976; *KSM* § 5 Rz B 133; *Heger* DStR 08, 585/7; *Groh* DB 08, 2391; aA *Otto* DStR 07, 268/71. – ME besteht auch nach BilMoG Passivierungspflicht (str; wN 32. Aufl), und zwar deshalb, weil § 6a I kein Wahlrecht konstituiert, sondern die Bildung der Rückstellung von einschränkenden Voraussetzungen abhängig macht (darf … nur; ähnl *Hennrichs* Ubg 09, 533/41; Arbeitskreis Bilanzrecht DB 09, 2570; so auch *BMF* BStBl I 10, 239 Rz 9, 10: ohne Deckelung durch HB; dazu *Höfer* DB 11, 140). Für Verbindlichkeitsrückstellungen besteht generell ein Ausweiszwang (§ 5 Rz 351 ff; auch zu den weiteren Voraussetzungen). Nach EStR 6a I 2 soll die HB (die handelsrechtl Passivierungspflicht) für die StBil dem Grund, nicht aber der Höhe nach maßgebl sein.

Eine Verpflichtung besteht ggf auch ggü Beamten (*IDW* DStZ 08, 194), auch bei Einschaltung anderer Versorgungseinrichtungen; zu Rückstellungen bei BGA für Beamte BFH I R 46/04 BStBl II 06, 688. Keine Rückstellung (sondern ggf Sofortabzug), wenn ArbG Mitglied einer (externen) (Zusatz-) Versorgungskasse (Umlageverfahren) ist (BFH I R 3/06 BStBl II 10, 186; *BMF* BStBl I 10, 138; *BayLfSt* DStR 10, 872; *Dreier* DStR 15, 1881/3).

b) Neuzusagen. *Handelsrechtl* bestand für bis Ende 1986 begründete Pensionsverpflichtungen und ihre danach (ab 1987) eintretenden Erhöhungen **(Altzusagen)** ein **Passivierungswahlrecht** (Art 28 I 1 EGHGB; BFH VIII R 14/01, BStBl II 03, 347; *Höfer/Rhiel/Veit* DB 09, 1605); Wahlrecht auch nach **Übergangsregelung** des Art 28 I 1 EGHGB (so auch BFH IV R 56/92 BStBl II 94, 740/1). Zu Veranlagungszeiträumen bis 1986/Altzusagen in der Zeit ab 1987 s 19. Auflage. Für ab 1987 begründete Pensionsverpflichtungen **(Neuzusagen)** besteht (handels- und strechtl) **Passivierungspflicht** (§ 249 I 1 HGB, Art 23 I 1 EGHGB; e contrario Art 28 I 1 EGHGB; BFH I R 44/07 DStR 08, 1226, BStBl II 08, 673; *Heger/Weppler* HdJ III/7 Rz 31, 139). 3

c) Verteilungswahlrechte, § 6a IV 2–4. Diese waren bisher in gleicher Weise in StB und HB auszuüben; nach Streichung des § 5 I 2 sind sie **autonom;** zur alten Rechtslage s 28. Aufl. 4

d) Mittelbare Verpflichtungen. Für mittelbare Verpflichtungen aus Zusagen auf lfd oder künftige Pensionen (insb bei Zwischenschaltung einer Unterstützungskasse) und für ähnl unmittelbare oder mittelbare Verpflichtungen braucht nach Art 28 I 2 EGHGB (mE wegen fehlender Belastung) keine Rückstellung gebildet zu werden, so dass steuerl ein **Passivierungsverbot** gilt (BFH I R 46/04 BStBl II 06, 688). Eine **„mittelbare Verpflichtung aus einer Zusage"** ist eine solche, die sich für den ArbG bei Einschaltung eines sog externen Trägers der Altersversorgung (§§ 4b–4e) ggü dem Versorgungsträger oder dem zusagebegünstigten ArbN (Einstandspflicht, Durchgriffshaftung) ergeben können (*Heger/Weppler* HdJ III/7 Rz 54f). – Zur str Frage, ob für **künftige Beiträge an den PSVaG** (§ 10 Abs. 2 BetrAVG nF und § 30i BetrAVG nF) steuerl Rückstellungen zu bilden sind, s 32. Aufl und „heubeck.de". 5

e) Ähnl Verpflichtungen. Für eine „ähnl unmittelbare oder mittelbare Verpflichtung" besteht – entgegen Art 28 I 2 Alt 2 EGHGB – Passivierungspflicht. – Erfasst werden zB *(1)* einmalige Verpflichtungen, *(2)* die Verpflichtung zur Anpassung (§ 16 BetrAVG); *(3)* Verpflichtungen aus Versorgungszusagen im Falle schwerer Erkrankung, *(4)* Verpflichtung zur Zahlung von **Vorruhestandsleistungen** und Übergangs- bzw Überbrückungsgeldern. – **Keine** ähnl Verpflichtungen sind **Jubiläumszuwendungen** und **Treueprämien** (kein Pensionscharakter; BFH IV R 81/84 BStBl II 87, 845) und Verpflichtungen für Jahreszusatzleistungen im Jahr des Eintritts des Versorgungsfalls (EStH 6a I); wN s 32. Aufl. – Auch für **Übergangsgelder** besteht mE steuerl Passivierungszwang (ähnl *Blümich/Heger* Rz 55). 6

II. Rückstellungsvoraussetzungen, § 6a I

1. Pensionsanspruch; Pensionsverpflichtung, § 6a I Nr 1. – a) Pensionsverpflichtung. Das ist die iRe ArbVerh oder anderen Rechtsverhältnisses (vgl § 6a V) begründete ungewisse oder **aufschiebend bedingte Verbindlichkeit** des StPfl, einem ArbN bzw anderweitig für das Unternehmen Tätigen oder deren Hinterbliebenen einmalige oder lfd Versorgungsleistungen (Rente oder Kapital) zu gewähren (*Schwinger/Stöckler* DStR 13, 2306/8). Sind **Entstehung** und **Höhe des künftigen Anspruchs betragsmäßig festgelegt** (zB Zusage der Auszahlung eines betragsmäßig festgelegten Ruhegeldes bei Tod oder Ausscheiden aus Altersgründen), ist eine Pensionsverpflichtung gegeben (BFH I R 75/04 BStBl II 05, 702). Die Pensionszusage entsteht durch Vertrag (ggf Ergänzung); sie begründet eine passivierungspflichtige ungewisse Verbindlichkeit. – Eine Versorgungszusage kann Altersruhegeld, Invalidenrente und Hinterbliebenenversorgung (Witwen- und Waisenrente) umfassen (zur „Teilfinanzierung" s Rz 26), Waisenrente aber nur zeitl begrenzt. Der Begriff der Pensionsverpflichtung ist weit auszulegen; dazu gehören zB auch Tantieme- und sonstige Gewinnbeteiligungszusagen, wenn die (Fälligkeits-)Bedingungen denen von Pensionszusagen entsprechen (*Blümich/Heger* Rz 43); auch Umwandlung von Tantiemeansprüchen mögl (BFH I R 78/08 7

BStBl II 13, 41). Die Bildung einer Pensionsrückstellung setzt eine darauf gerichtete Pensionsverpflichtung voraus, der eine Pensionsanwartschaft oder ein Pensionszahlungsanspruch gegenüberstehen (BFH I R 16/94 BStBl II 96, 420).

Der Berechtigte muss im Versorgungsfall einen (von Rechts wegen mittels Klage und Zwangsvollstreckung durchsetzbaren) **Anspruch auf die Leistung** haben (§ 194 BGB). Die Pensionsverpflichtung setzt ein ArbVerh oder ein sonstiges Rechtsverhältnis voraus, das den Pensionsempfänger zur Tätigkeit zugunsten des Unternehmens verpflichtet (hat); s Rz 16. Eine zur Rückstellungsbildung berechtigende Pensionsverpflichtung ist nach BFH I R 92/95 BStBl II 99, 387 auch gegeben, wenn der ArbG berechtigt ist, diese bei Eintritt des Versorgungsfalls auf eine **Unterstützungskasse** zu übertragen (aA *BMF* DB 99, 1352). Die Einstandspflicht des ArbG für Versorgungsleistungen seitens einer anderen Versorgungseinrichtung (§ 1 I 3 BetrAVG) begründet keine zur Rückstellungsbildung berechtigende Pensionsverpflichtung (BFH VIII R 14/01, BStBl II 2003, 347; Rz 55).

8 **b) Entstehungsgrund.** Die **Pensionszusage** entsteht als Einzel- oder Gesamtzusage (Einzelvertrag; Pensionsordnung), in Form einer Betriebsvereinbarung, eines Tarifvertrags oder einer Besoldungsordnung (*Blümich/Heger* Rz 66; EStR 6a II), iR durch den ArbG (BFH I R 24/07 BFH/NV 07, 2278). Zuständig für die Erteilung der Zusage sind die nach Gesellschaftsrecht zuständigen Organe; bei der GmbH ist dies die **Gesellschafterversammlung** (BGH DB 91, 1065; dazu Übergangsregelungen *BMF* BStBl I 94, 868 und BStBl I 96, 50); bei sog **Ein-Mann-GmbH** ist Dokumentation und Befreiung vom Verbot des Selbstkontrahierens erforderl (*Otto* DStR 96, 770/2 mwN). Das die Leistungspflicht auslösende Ereignis ist der Eintritt des in der Pensionszusage genannten Versorgungsfalles (zB Erreichen eines bestimmten Lebensalters, Eintritt der Berufsunfähigkeit oder Arbeitsunfähigkeit). Pensionsverpflichtungen gehören zu den **ungewissen Verbindlichkeiten.** Die Ungewissheit kann sich darauf beziehen, ob der Versorgungsfall eintritt oder darauf, in welcher Höhe Leistungen zu erbringen sein werden, oder auf beides. Fest vereinbarte Erhöhungen lfd Renten **(Rentendynamik)** und/oder Rentenanwartschaften **(Anwartschaftsdynamik)** nach Maßgabe prozentualer Erhöhungen (zu Grenzen s Rz 57) sind keine ungewissen Erhöhungen iSd § 6a III 2 Nr 1 S 4 (BFH I R 79/03 BStBl II 04, 940; BFH III B 55/12 BFH/NV 14, 575).

9 **c) Teilrente.** Der Anspruch auf Teilrente (§ 42 SGB VI), der iÜ unter den allg Voraussetzungen zur Rückstellungsbildung berechtigt, setzt **(1)** eine ausdrückl darauf gerichtete Zusage und **(2)** Zusage eines Teilzeitarbeitsplatzes seitens des ArbG voraus (*BMF* DStR 95, 686).

10 **2. Keine Abhängigkeit von künftigen Bezügen, § 6a I Nr 2.** Die Rückstellung darf nicht von gewinnabhängigen Tantiemen abhängig sein (§ 6a I Nr 2 seit JStG 97: Verhinderung jährl schwankender Zuführungen; BFH I R 31/09 BStBl II 13, 781; *Buciek* FR 10, 659; *Höfer* DB 10, 925; krit *May/Jura* DStR 10, 1509; vgl Rz 57); der Wortlaut deckt diese Auslegung, der Zweck nicht unbedingt. BFH stellt auf den Zeitpunkt der Zusage ab, das BMF bezieht hingegen am Bilanzstichtag bereits feststehende gewinnabhängige Pensionsleistungen ein, sofern § 6a I Nr 3 (Schriftform) beachtet ist (*BMF* BStBl I 13, 1268; *Lieb* BB 13, 2930).

11 **3. Keine Widerrufsvorbehalte, § 6a I Nr 2.** Die Pensionsanwartschaft darf nicht (trotz bestehenden Anspruchs des Berechtigten) auf Grund eines in der Zusage enthaltenen Vorbehalts nach dem freien Belieben des Verpflichteten gemindert oder entzogen werden (*Blomeyer* § 1 Anh Rz 486 ff mwN; *Schwinger/Stöckler* DStR 13, 2306/8; *Blümich/Heger* Rz 124). Ein **schädl Vorbehalt** liegt auch vor, wenn die Zusage durch Auszahlung des TW der Versorgungsverpflichtung vom ArbG abgefunden werden darf (**Abfindungsklausel;** BFH I R 49/97 BFH/NV 99, 707; BFH I R 78/08 BStBl II 13, 41). Unschädl dagegen ist die Möglichkeit der Übertragung auf eine Unterstützungskasse (BFH I R 92/95 BStBl II 99, 387; dazu *Buciek* Stbg 02, 1/3). Trotz Vorbehalts ist die Rückstellung bei Eintritt in den Ruhestand zu bilden (EStR 6a III 6). Unschädl ist Vorbehalt, der die Erbringung

der Pensionsleistungen nach §§ 315, 242 BGB vom Ausbleiben sich verschlechternder Umstände und von gleichbleibenden Verhältnissen abhängig macht.

Vorbehalte: EStR 6a III–V enthalten eine Aufstellung schädl und unschädl Vorbehalte. Die in EStR 6a IV enthaltenen **unschädl Mustervorbehalte** gestatten den Widerruf nur nach billigem Ermessen und schließen die Bildung von Pensionsrückstellungen nicht aus. Die „schädl Vorbehalte" in EStR 6a III, die den Widerruf nach freiem Belieben des Verpflichteten erlauben, stehen der Bildung einer Pensionsrückstellung dann nicht mehr entgegen, wenn der Versorgungsfall eingetreten und der Anspruch nunmehr unwiderrufl entstanden ist. Enthält die Pensionszusage andere als die in EStR 6a III, IV genannten Vorbehalte, kommt es für die Rückstellungsbildung darauf an, ob der Leistungs- oder Widerrufsvorbehalt vom Verpflichteten nach freiem Belieben oder in den engeren Grenzen des billigen Ermessens ausgeübt werden kann (vgl BFH VI 61/64 BStBl II 68, 90). Die Rückstellungsbildung wird ausgeschlossen durch sog **Inhaberklauseln** (EStR 6a VI), die ein Erlöschen des Pensionsanspruchs bei Betriebsveräußerung oder anderweitigem Unternehmerwechsel vorsehen. Die Möglichkeit der **Pensionsabfindung** durch den ArbG (oder des Geschäftsführers) mit dem (letzten) TW ist schädl, unschädl ist die („wertgleiche") Abfindung mit dem Barwert (BFH I R 49/97 BFH/NV 99, 707; *BMF* BStBl I 05, 619; *Beck* DStR 05, 2062; krit *Prost* DB 05, 2321/3 wegen des vielfach niedrigeren Barwerts).

Eine **Rückdeckungsversicherung** schließt die Bildung der Pensionsrückstellung nicht aus (BFH I R 54/02 BStBl II 04, 654; *OFD Rhl* DB 11, 737; *Höfer* BetrAVG Kap 48 Rz 128; *Rhiel/Hirsch/Veit* StuB 07, 333/5). Den (anfangs niedrigen) Anspruch aus der Rückdeckungsversicherung hat der ArbG zu aktivieren (BFH I R 67/08 DStR 09, 2040; § 5 Rz 270 mwN). Die **Prämien** für die Rückdeckungsversicherung sind BA (*BMF* StEK EStG § 6a Nr 123; *Thierer* BetrAV 09, 115/7); dafür kommt es nicht darauf an, ob der Versicherungsanspruch dem ArbG zusteht und ob die Pensionszusage an die Versicherung gebunden ist (vgl auch *BMF* StEK EStG § 19 Nr 110). **12**

4. Schriftform, § 6a I Nr 3. Abw vom Zivilrecht setzt § 6a I Nr 3 für die Rückstellungsbildung voraus, dass die Pensionszusage schriftl erteilt wird (EStR 6a VII; krit *Heger* DStR 08, 585/7); die Annahme kann mündl erfolgen (BFH I R 75/04 BStBl II 05, 702; EStH 6a VII). Die Zusage muss Angaben über **Art, Form, Voraussetzungen und Höhe** der in Aussicht gestellten Leistungen enthalten und am Bilanzstichtag vorliegen (BFH I R 75/04 BStBl II 05, 702; FG Ddorf EFG 14, 523, rkr, BB 14, 754 (m Kritik von *Heger*); *Fuhrmann* KÖSDI 02, 13548); ausreichende Klarheit kann ggf durch Auslegung ermittelt werden (BFH I B 125/04 BFH/NV 05, 1036). – Sieht die Versorgungszusage eine einschränkungslose Koppelung der Versorgungshöhe an die Vergütungshöhe vor, ist dies auch bei einer bloß vorübergehenden Gehaltsabsenkung zu berücksichtigen (BFH I R 17, 18/10 BFH/NV 11, 452). **15**

Die gesetzl Klarstellung richtet sich gegen BFH I R 20/98 BStBl II 00, 612 (Beweiserhebung über die Höhe des Rechnungszinsfusses; vgl *BMF* BStBl I 01, 594; *Riemer* BetrAV 00, 425/6; *Mahlow* BetrAV 00, 101). § 6a I Nr 3 soll Zweifel über den Zeitpunkt der Zusage und über Art und Höhe der vereinbarten Leistungen vermeiden. Auslegung und ggf Beweiserhebung zwecks Ermittlung des Vertrags- bzw Zusageinhalts ist aber – unter Beachtung der Einschränkungen durch § 6a I Nr 3 2. HS – zul. Dem Erfordernis der Schriftform genügen daher schriftl Einzelverträge, Pensions- und Besoldungsordnungen, Betriebsvereinbarungen und Tarifverträge, Urteile sowie schriftl Bestätigungen nach § 2 VI BetrAVG über das Vorliegen eines unverfallbaren Anspruchs auf betriebl Altersversorgung, auch Beschlüsse der Ges'terversammlung, wenn sie dem Begünstigten bekannt sind (BFH I R 37/02 BStBl II 04, 121; Anm *Gosch* StBP 04, 83). – Auch eine Abfindung (Rz 11) muss schriftl vereinbart sein (*BMF* BStBl I 05, 619; krit *Heger* BB 05, 1378), ebenso bei Austausch des Pensionsverpflichteten (FG Nds EFG 07, 1424; offen gelassen in nachfolgendem BFH I R 24/07 BFH/NV 07, 2278). Bei Ausgeschiedenen genügt die betriebsöffentl Erklärung (*BMF* BStBl I 05, 860).

Pensionsverpflichtungen, die lediglich auf **betriebl Übung unter Berücksichtigung des Gleichbehandlungsgrundsatzes** beruhen, berechtigen nicht zur Bildung einer Rückstellung, jedenfalls solange nicht, bis eine schriftl Bestätigung voriegt. Nicht ausreichend ist ein protokollierter Ges'terbeschluss, wenn die Niederschrift dem Begünstigten nicht (schriftl) mitgeteilt wird (BFH I R 129/84 BFH/NV 88, 807 unter B 1b). Nach *BMF* 13.12.90 (BetrAV 91, 17) ist der Schriftform genügt, wenn der aktiven Belegschaft ggü die Zusage (für Witwerversorgung) schriftl vorliegt und sich inhaltl auch auf die Witwerversorgung der Ruheständlerinnen erstreckt. Der Schriftform ist auch ohne Festlegung eines früheren Endalters als 65 Jahre wegen § 6 BetrAVG genügt (FG Ddorf DB 88, 2386). Wird dem Schriftformerfordernis nachträgl genügt, kann die Rückstellung in vollem Umfang zum folgenden Bilanzstichtag gebildet werden, als wäre die Pensionszusage im Zeitpunkt der schriftl Fixierung erteilt worden (so auch *Littmann/Rau* § 6a Rz 131; *Höfer* BetrAVG Kap 2 Rz 181).

16 **5. Pensionsberechtigter; betriebl Veranlassung; Versorgungsausgleich.** Die Pensionsverpflichtung muss iRe ArbVerh oder anderen Rechtsverhältnisses (s Rz 75) begründet sein; der Kreis ist nicht auf ArbN beschränkt (BFH I R 78/08 BStBl II 13, 41; *Blümich/Heger* Rz 201). Wird die Pensionszusage durch Minderung künftiger Bezüge des ArbN finanziert **(Entgeltumwandlung),** liegt keine Lohnverwendungsabrede, sondern eine Änderung der Vergütungsabrede vor, sodass die Rückstellung auch in diesen Fällen gebildet werden kann; dies ergibt sich auch aus §§ 1a, 1b BetrAVG idF des AVmG (vgl § 4b Rz 1); zum früheren Recht s *FinMin NRW* DB 95, 1949. – Auch die Pensionsrückstellung muss durch den Betrieb veranlasst sein (§ 5 Rz 311, 361). Die betriebl Veranlassung fehlt, wenn das Unternehmen erkennbar wirtschaftl nicht in der Lage sein wird, die zugesagte Pension zu zahlen; sog Finanzierbarkeit (s Rz 26). Zur Feststellung der betriebl Veranlassung bei Zusagen an Angehörige bzw dem Ges'ter einer PersGes oder KapGes nahe stehenden Person s § 4b Rz 11f, § 6a Rz 34ff. – Bei **Doppelfinanzierung** ist die Bildung einer Rückstellung unzul (EStR 6a XV; *Blümich/Heger* Rz 495); der **Handelsvertreter** muss sich die Rückstellung auf seinen Ausgleichsanspruch anrechnen lassen (EStR 6a XVI). – Beim **Versorgungsausgleich** erhält nach *BMF* BStBl I 10, 1303 die ausgleichsberechtigte Person eine unmittelbare Pensionszusage (interne Teilung) oder deren Versorgungsträger einen Kapitalbeitrag (externe Teilung); iEinz s *Budinger/Krazeisen* BetrAV 10, 612.

6. Gesellschaftergeschäftsführer einer KapGes als Pensionsberechtigter

Schrifttum (vor 2013 s Vorauflagen): *Briese,* Aktuelle BFH-Rspr zu Pensionszusagen an Ges'tergeschäftsführer, DB 14, 801; *Demuth/Fuhrmann,* Pensionszusagen an ..., kösdi 15, 19213; *Wellisch/Kutzner,* Mittelbare Pensionserhöhungen ..., BB 15, 2731; *Ott,* Pensionszusage als steuerl Minenfeld, Stbg 15, 395. – **Verwaltung:** EStR 6a VIII; *BMF* BStBl I 02, 1393; *OFD Nds* DStR 14, 2078.

17 **a) Fremdvergleich; vGA; Beweislast; Buchungsfehler; Änderungsmöglichkeiten.** Für Versorgungszusagen an Ges'tergeschäftsführer von KapGes können Rückstellungen nach § 6a gebildet werden, auch wenn die Ges'tergeschäftsführer eine beherrschende Stellung haben; wegen der Rspr- und Verw-Vorgaben handelt sich um eine strechtl Problemzone (Überversorgung, Gehaltssprünge, Weiterarbeit; *Korn/Strahl* kösdi 15/19568 mwN). Nach dem sog **Trennungsprinzip** (*Tipke/Lang* LB, § 11 A) sind Anteilseigner und Körperschaft (KapGes) selbstständige Rechtssubjekte; eine Altersversorgungszusage wird deshalb unter den Voraussetzungen des § 6a grds auch strechtl als **betriebl veranlasst** angesehen, sofern für Gewährung und Höhe der Versorgungszusage keine gesellschaftl (Mit-)Veranlassung erweisl ist (BFH I R 48/01 BFH/NV 03, 347; BFH I R 70/03 BStBl II 04, 937); zweistufige Prüfung (*Ott* Stbg 15, 395; *Wellisch/Kutzner* BB 15, 2731). Den rechtl Maßstab dafür gewinnt die Rspr aus einem (normativen) **Fremdvergleich** (Rz 21; BFH I R 43/01 BStBl II 03, 416). Verstöße gegen § 6a sind zu korrigieren, fehlende betriebl Veranlassung führt zu vGA (BFH I R 39/12 BStBl II 14, 174; *Weber-Grellet* FR 14, 119). Bei Zweifeln am Vorliegen der Rückstellungsvoraussetzungen trifft die **Feststellungslast** den StPfl (KapGes), sofern nicht im Einzelfall zugunsten des StPfl Erfahrungssätze oder andere Beweiserleichterungen

eingreifen. Hat die KapGes, ohne dass die Voraussetzungen des § 6a erfüllt sind, eine Pensionsrückstellung gebildet, liegt insoweit eine **vGA** iSd § 8 III 2 KStG vor. Ist die Rückstellungsbildung dem Grunde nach gerechtfertigt, aber überhöht, dh höher als mit dem TW angesetzt (§ 6a III 1), ist sie auf den zulässigen Betrag zu reduzieren; der **Kürzungsbetrag** ist vGA (BFH I R 21/03 BStBl II 05, 841). Hält die Pensionszusage dem Grunde und der Höhe nach dem Fremdvergleich stand, liegt keine vGA vor, wenn fälschl Vordienstzeiten in die Berechnung des TW einbezogen worden sind, sondern ledigl ein **Buchungsfehler** (BFH III R 43/00 BFH/NV 02, 1264). – Zum **Verzicht** vgl Rz 67. – Die Einbeziehung von Vordienstzeiten kann zur vGA führen (BFH I R 39/12 BStBl II 14, 174).

Zur Zusage einer sofort unverfallbaren Altersrente und zum Recht auf Kapitalabfindung vgl BFH I R 12/07 BStBl II 15, 409 (weitere Einzelheiten s 27. Aufl); Weiterbeschäftigung kann vGA auslösen (krit *Schothöfer/Killat* DB 11, 896).

Nach der (korrekturbedürftigen) Rspr des I. Senats des BFH führt eine vGA (§ 8 III 2 KStG) zu einer Einkommenserhöhung (Gewinnerhöhung) außerhalb der Bilanz; Folge: Keine Anwendung der Regeln zum Bilanzenzusammenhang (BFH I R 21/03 BStBl II 05, 841; BFH I R 78/08 BStBl II 13, 41). Deshalb ergeben sich Änderungsmöglichkeiten für bestandskräftig veranlagte Jahre grds allein aus §§ 172 ff AO. Das soll aber nicht für Bilanzierungsfehler gelten, die zB auf einer unrichtigen Anwendung des § 6a beruhen (BFH I R 37/02 BStBl II 04, 121; Anm *Gosch* StBP 04, 83; BFH I R 70/03 BStBl II 04, 937; BFH I R 21/03 BStBl II 05, 841; krit *Pradl* GStB 14, 156; *Weber-Grellet* FR 04, 216; BB 14, 2263; Rz 67; § 20 Rz 58).

Beispiel: Zusage vor Ablauf der Probezeit: keine BA bei Ges, beim Ges'ter vGA (BFH I R 78/08 BStBl II 13, 41; *BMF* BStBl I 13, 58); *Abwandlung:* Zusage mit Überversorgung: teilweise BA, insoweit vGA; zu unterscheiden ist zw der einfachen (einseitigen) „Falschanwendung des § 6a" (zB zivilrechtl Unwirksamkeit; fehlende Schriftform; Rz 15) und einer vGA.

b) Pensionierungsalter. Vgl zur allg Altersgrenze Rz 58. Seit BFH I R 51/76 BStBl II 82, 612 kann für Pensionsverpflichtungen ggü Ges'tergeschäftsführern eine Rückstellung bezogen auf ein Pensionierungsalter von 65 Jahren (früher 75 Jahre) gebildet werden; nunmehr für Geburtsjahrgänge bis 1952: 65, zw 1953 und 1961: 66, ab 1962: 67 (EStR 6a VIII; weitere Nachweise 29. Aufl); Pensionszusage auf das 60. Lebensjahr ist grds vGA (offen in BFH I R 89/12 BStBl II 14, 729). 18

Liegen besondere Umstände wie zB *Krankheit* vor, kann auch ein niedrigeres Pensionsalter als 65 Jahre gerechtfertigt sein (BFH I 199/61 U BStBl III 63, 339; BFH I 195/65 BStBl II 68, 810; *BMF* BStBl I 82, 988). Für **Schwerbeschädigte** ist es zul, auf das 60. Lebensjahr als Pensionierungsalter Versorgungszusagen zu erteilen und dafür Rückstellungen zu bilden (*BMF* BStBl I 82, 988; EStR 6a VIII 5). Aufgrund der **EuGH-Rspr** (zB EuGH C-207/04 HFR 05, 1030) können für Männer aber die Altersgrenzen, die für Frauen gelten, in Anspruch genommen bzw vereinbart werden, soweit die Versorgungsansprüche nach dem 17.5.1990 verdient wurden (s Rz 1; *Höfer* BB 94, Beilage 15; *Borchardt* BetrAV 94, 137 jeweils mwN). Das **Pensionierungshöchstalter** für Zwecke der betriebl Altersversorgung von beherrschenden Ges'tergeschäftsführern nimmt der BFH nunmehr mit **70 Jahren** an (BFH I R 98/93 BStBl II 95, 419/421; vgl *Mahlow* DB 99, 2590/3).

c) Beherrschender Ges'ter. Vgl § 20 Rz 49. In diesem Fall sind wegen der Gefahr von Scheingestaltungen **erhöhte Anforderungen** hinsichtl Ernsthaftigkeit, Erdienbarkeit, Angemessenheit und Finanzierbarkeit geboten (s Rz 20–26). Eine beherrschende Stellung liegt vor bei einer Mehrheitsbeteiligung; auch bei geringerer Beteiligung des einzelnen Geschäftsführers, wenn er zusammen mit anderen Ges'tern über eine Stimmenmehrheit verfügt und zw ihnen – für die Beschlussfassung – **gleichgerichtete Interessen** bestehen (vgl BFH I R 113/88 BStBl II 91, 379; *Otto* DStR 96, 770/772 mwN). Allein wegen **Ehe** bzw Verwandtschaft kann dies jedoch nicht angenommen werden (vgl BVerfG, BStBl II 85, 475; *BMF* BStBl I 86, 537), steht aber der Annahme gleichgerichteter Interessen auch nicht entgegen (BFH I R 103/86 BStBl II 88, 786). Das (ArbN schützende) BetrAVG gilt nicht für beherrschende Ges'ter (BFH I R 78/08 BStBl II 13, 41). 19

Gleichgerichtete Interessen sind zB gegeben, wenn Ehegatten zum selben Zeitpunkt inhaltsgleiche, wenn auch der Höhe nach unterschiedl Zusagen erhalten (BFH I B 48/98 BFH/NV 99, 671). Wird eine beherrschende Stellung nach Erteilung der Pensionszusage erlangt, ist ab dem folgenden Bilanzstichtag die Angemessenheit zu prüfen. Ist die Rückstellung im Falle der (nachträgl) Erlangung der beherrschenden Stellung höher als sie für einen beherrschenden Ges'tergeschäftsführer sein darf (zB wegen eines niedrigeren Pensionierungsalters), ist die Rückstellung nicht teilweise aufzulösen, sondern unverändert fortzuführen („einfrieren"), bis weitere Zuführungen zul werden (BFH I R 72/12 DStR 14, 633).

20 **d) Weitere Voraussetzungen der betriebl Veranlassung.** Eine Pensionsverpflichtung ist betriebl veranlasst, wenn zusätzl zu einem wirksamen Anstellungsvertrag die Zusage schriftl erteilt und *ernsthaft* gemeint ist (kein Scheingeschäft) und die versprochene Pension *angemessen, erdienbar* und *finanzierbar* ist (KStR 32 I 3; *BMF* BStBl I 04, 1045). Ist die betriebl Veranlassung nicht oder nicht vollumfängl gegeben und wird die Pensionsrückstellung gleichwohl gebildet, liegt, soweit die betriebl Veranlassung fehlt, eine vGA vor (§ 8 III 2 KStG; BFH I R 21/03 BStBl II 05, 841). – Die partielle Fortführung des ArbVerh nach Erreichen der Altersgrenze darf nicht zu einer Gehaltserhöhung führen (BFH I R 60/12 BStBl II 15, 413; krit kösdi 14, 18798); wohl unschädl, wenn Fortsetzung in anderer Funktion (*Demuth/Fuhrmann* kösdi 15, 19213/9). – **aa) Ernsthaftigkeit.** Die Zusage muss ernstl sein; andernfalls gewinnerhöhende Auflösung. Indiz hierfür ist neben der tatsächl Durchführung des ArbVerh auch der Abschluss einer **Rückdeckungsversicherung** (zu Grenzen der Indizwirkung *Fromm* BB 96, 952).

21 **bb) Angemessenheit** (dem Grunde wie der Höhe nach); zu den Rechtsfolgen s Rz 17. Die Angemessenheit kann durch **betriebsexternen Fremdvergleich** (Üblichkeit bei anderen Betrieben; BFH I B 91/98 BFH/NV 99, 1645 mwN) oder **betriebsinternen Fremdvergleich** (mit anderen nicht am Unternehmen beteiligten Geschäftsführern) festgestellt werden (s § 4b Rz 15 f; *Bilsdorfer* BB 96, 2381 mwN). Maßstab der Angemessenheit ist auch die vom BFH aus dem Zweck der betriebl Altersversorgung abgeleitete **Überversorgungsgrenze** (75 vH; iEinz § 20 Rz 52), die bezweckt, Umgehungen des § 6a III 2 Nr 1 S 4 zu verhindern (BFH I R 70/03 BStBl II 04, 937; BFH I R 79/03 BStBl II 04, 940; FG Sachs DStRE 12, 1497, rkr; FG Sachs DStRE 13, 196, rkr); so auch *Höfer* BB 96, 42; krit *Seeger* FS *Wassermeyer* 2005, 81; *Briese* BB 05, 2492; iEinz 27. Aufl. – Auch Abfindung darf nicht zur Überversorgung führen (BFH I R 78/08 BStBl II 13, 41; dazu *Heger* DB 10, 1617). Bei dauerhaft abgesenkten Aktivbezügen kann die Beibehaltung der Versorgungszusage zur Überversorgung führen (BFH I R 56/11 BStBl II 12, 665; *Adrian* StuB 12, 538); die Rückstellung ist daher anzupassen (FG Köln EFG 15, 1563, rkr). Eine Überversorgung auch mögl, wenn Kürzung nach arbeitsrechtl Maßstäben ausgeschlossen ist; StRecht geht vor (BFH III B 55/12 BFH/NV 14, 575); zur Korrektur *Briese* GmbHR 15, 463, 635. – Die Überversorgungsgrundsätze sind nach Eintritt der Versorgungsfalls unerhebl (*Demuth/Fuhrmann* KÖSDI 11, 17618/21).

Fragl, ob die Überversorgungsgrenze nach BFH VIII R 68/06 BStBl II 08, 973 weiter herangezogen werden kann (§ 4b Rz 19). – Die sog **Nur-Pension** führt regelmäßig zur Überversorgung (BFH I R 78/08 BStBl II 13, 41; *BMF* BStBl I 13, 35 – unter Aufhebung von *BMF* v. 16.6.08 BStBl I 08, 681; EStH 6a I; *Killat* DB 13, 195). IRd 75%-Grenze ist der Leistungsplan frei gestaltbar (*Höfer* BB 96, 43). – Nach *BMF* 3.11.04 BStBl I 04, 1045 ist Überschreiten der 75%-Grenze nur Indiz (gg BFH auch FG BBg EFG 15, 321, Rev I R 4/15); problematisch Festbetragszusagen und Zusagen mit garantierter Dynamik; grds problemlos insoweit hingegen endgehaltsabhängige Pläne und beitragsorientierte Zusagen (*Förster/Weppler* BetrAV 06, 10/2; *Wellisch/Kutzner* BB 15, 2731; s Rz 22); zur Berechnung s *BMF* BStBl I 04, 1045 Rz 8 ff mit Beispielen; ferner *BMF* BStBl I 05, 387 (Übergangsregelung). – Bei BetrAufsp getrennte Betrachtung (BFH I R 78/08 BStBl II 13, 41).

Nach Fremdvergleichsgrundsätzen ist auch zu beurteilen, ob Versorgungsversprechen durch Abfindungsvereinbarung oder Zuschreibungen auf dem **Arbeitszeitkonto** „repariert" werden können (*Wellisch/Quast* DB 06, 2139).

cc) Zeitgrenzen. – (1) Mindestdauer. Erdienbarkeit setzt vom Zeitpunkt der Zusage an eine gewisse Mindestdauer des ArbVerh voraus; sie muss grds nur im Zeitpunkt der Zusageerteilung gegeben sein (BFH I R 76/13 BStBl II 15, 665). Nach BFH I R 52/97 BStBl II 99, 318, kann Erdienbarkeit grds nur angenommen werden, wenn bei Anwendung der Sorgfalt eines ordentl und gewissenhaften Geschäftsleiters dieser auch einem Nicht-Ges'ter in vergleichbarer Stellung die Zusage gewährt hätte (vgl BFH I R 43/01 BStBl II 03, 416; krit *Hoffmann* DStR 95, 1750; *Cramer* BB 95, 2054; s Rz 21, 39). Die Erdienbarkeit kann durch nachträgl Hinausschieben der vertragl Pensionierungsalters herbeigeführt werden (BFH I R 36/97 BStBl II 98, 689). Wird das Festgehalt wegen vermindertem Tätigkeitsumfang abgesenkt, ist die **Herabsetzung der Versorgungszusage** nur geboten, wenn sich andernfalls eine Überversorgung oder eine zu hohe Gesamtausstattung ergäbe (BFH I R 14/04 BFH/NV 05, 245). Umgekehrt kann eine Erhöhung des lfd Gehalts (auch bei einem endgehaltabhängigen Pensionsversprechen) mittelbar zu einer Pensionserhöhung führen und eine vGA auslösen (BFH I R 17/14 BStBl II 15, 1022). – **(2) Höchstalter.** Nach stRspr kann ein Pensionsanspruch nicht mehr erdient werden, wenn der Ges'tergeschäftsführer im Zeitpunkt der Pensionszusage das 60. Lebensjahr überschritten hat. Das Höchstzusagealter von 60 Jahren ist auch bei nicht beherrschenden Ges'tern zu beachten (BFH I R 26/12 BFH/NV 14, 728; BFH I B 193/13, DStZ 14, 400). 22

(3) Konkrete Zeitvorgaben. – (a) Zusagen an nichtbeherrschende Ges'tergeschäftsführer. Erforderl ist, dass diese mindestens 12 Jahre vor dem vorgesehenen Zeitpunkt der Pensionierung im Betrieb tätig gewesen sind und die Pensionszusage mindestens 3 Jahre vor diesem Zeitpunkt erteilt worden ist (BFH I R 40/99 BStBl II 00, 504; BFH I R 14/04 BFH/NV 05, 245; *OFD Nds* DStR 14, 2078). ME müssten auch hier die allg Fremdvergleichsvoraussetzungen gelten (§ 20 Rz 42). – **(b) Zusagen an beherrschende Ges'tergeschäftsführer.** Hier gelten strengere (kumulative und geradezu „normähnl" gehandhabte) Anforderungen (*Blümich/Heger* Rz 526; § 20 Rz 49 f), deren (gesetzl) Legitimation mE durchaus fragl ist. Nach der BFH-Rspr (BFH I R 80/02 BFH/NV 03, 1670; BFH I R 14/04 BFH/NV 05, 245) sind **vier Zeitgrenzen** zu beachten: – **(aa) Probezeit.** Vor Erteilung der Zusage muss das ArbVerh grds 2–3 Jahre bestanden haben. Die Länge der sog (personenbezogenen) Probezeit (Erprobung) hängt vom Einzelfall ab (BFH I R 70/04 BStBl II 05, 882); hat der Geschäftsführer sich bereits in vergleichbarer Stellung im Unternehmen bewährt, kann sie kurz bemessen werden (BFH I R 18/01 BStBl II 02, 670: 1 Jahr) oder wegfallen (zB nach Umwandlung oder BetrAufsp: BFH I R 99/02 BFH/NV 04, 373; FG BBg EFG 14, 482, rkr [zust *Heger* BB 14, 1393]; FG BBg EFG 14, 1713, rkr; *BMF* BStBl I 13, 58: 2–3 Jahre; *OFD Ffm* GmbHR 05, 1641; *Killat* DB 13, 195). – Zur Heilung zu kurzer Probezeiten *Otto* DStR 11, 106. – **(bb) Wartezeit.** Daneben besteht eine (unternehmensbezogene) Wartezeit, nach der eine Pensionszusage idR erst 5 Jahre nach Gründung der KapGes erteilt werden kann (§ 20 Rz 52); kein „Hineinwachsen" (BFH I R 78/08 BStBl II 13, 41; BFH I R 39/12 BStBl II 14, 174; krit *Janssen* NWB 10, 3455). – **(cc) Erdienenszeitraum.** Für beherrschende Ges'tergeschäftsführer muss die Pensionszusage grds mindestens 10 Jahre vor dem (vertragl vorgesehenen) Pensionsalter erteilt worden sein (BFH I B 108/08 BFH/NV 09, 608; BFH I R 62/07 BStBl II 13, 39; BFH I R 17/14 BStBl II 15, 1022 [für Erstzusage und nachträgl Erhöhung; krit *Weber-Grellet* StuB 09, 186]; BFH I R 14/04 BFH/NV 05, 245: Unterschreitung bei Besonderheiten im Einzelfall zul; zB $8^3/_4$ Jahren ausreichend bei Betrieb in den neuen Bundesländern, BFH I R 43/01 BStBl II 03, 416; BFH I R 26/12 BFH/NV 14, 728; zust *BMF* DStR 03, 886; Abgrenzung: 6 Jahre zu kurz, BFH I R 80/02 BFH/NV 03, 1670). Das gilt unabhängig davon, wie lange dieser zuvor bei dem Unternehmen tätig war (BFH I B 3/99 BFH/NV 00, 892); für 2. Ehefrau neu zu berechnen (BFH I R 17/13 BFH/NV 14, 731). Dieser Zeitraum ist nach *BMF* BStBl I 96, 1138 für Zusagen 23 maßgebend, die ab dem 9.7.1995 erteilt worden sind; für sog **Altzusagen** ist die bisherige Verwaltungspraxis der Länder (regelmäßig 7 Jahre) weiterhin beachtl. Nach *BMF* BStBl I 09, 712: **10 Jahre** erstmals für Wj, die nach dem 30.12.09 enden. – Vorzeitiges Ausscheiden führt zur vGA (BFH I R 76/13 BStBl II 15, 665). – Der Erdienenszeitraum gilt auch bei Entgeltumwandlungen (*OFD Nds* DStR 14, 2078). – **(dd) Altersgrenze.** Die vierte Zeitgrenze verlangt, dass die Jahresbeiträge vom Alter 28 (ab 1.1.09: 27; Rz 42) bis (mindestens) zum Alter 65 aufzubringen sind (EStR 6a VIII; Rz 58; zum Übergang *BMF* BStBl I 09, 712) und dass das **Pensionsalter** nicht später als **70 Jahre** (Rz 18; BFH I R 98/93 BStBl II 95, 419/421) vereinbart werden kann. – Für beherrschende Ges'tergeschäftsführer gilt nach EStR 6a VIII 1: Für Geburtsjahrgänge bis 1952 ist ein Pensionsalter von 65, für Jahrgänge ab 1953 bis 1961 ein Pensionsalter von 66 und ab Jahrgang 1962 ein Mindest-Pensionsalter von 67 Jahren maßgebl (aA BFH I R 72/12 DStR 14, 633; BFH I R 2/14 BFH/NV 15, 500; *Gosch* BFH/PR 14, 198: Verstoß gegen § 6a III 2 Nr 1 S 3); bei Schwerbehinderten verringert sich das Pensionsalter um jeweils 5 Jahre. Die neuen Grenzen gelten für Wj, die nach dem 30.12.09 enden (*BMF* BStBl I 09, 712). Daraus folgt: die Pensionszusage muss – grds – bei Mindestpensionsalter 65 vor Vollendung des 55. und bei Pensionsalter 70 vor Vollendung des 60. Lebensjahres erteilt worden sein (BFH I R 25/04 BFH/NV 05, 2252); entscheidend sind aber die Umstände des Einzelfalls (vgl BFH I R 43/01 BB 02, 2319). – Für vor Änderung der EStR 2008 getroffene Zusagen ist als Eintrittsalter auf das vollendete 65. Lebensjahr abzustellen (FG Hess EFG 13, 1508, rkr).

24 **dd) Versorgungslücke.** Offen gelassen hat BFH I R 98/93 BStBl II 95, 419, ob auf die Angemessenheit der Gesamtausstattung abzustellen ist, wenn die Pensionszusage ledigl dazu dient, eine Versorgungslücke im Hinblick auf einen während früherer nichtselbstständiger Tätigkeit erworbenen Pensionsanspruch zu schließen. In dem Sonderfall, dass der Ges'ter eines Betriebs in den neuen Bundesländern dessen Geschäftsführung übernimmt, ist nach BFH I R 80/02 BStBl II 03, 926 aber die Altersgrenze einzuhalten; vgl ferner Rz 22.

25 **ee) Sonstige Versorgung.** Neben einer der Altersversorgung dienenden Pensionszusage kann „zugleich" angemessene **Invaliditäts-** und/oder **Hinterbliebenenversorgung** (an Ehegatten und Kinder iSd § 32 III, IV, auch an Lebensgefährten, *BMF* BStBl I 02, 706; *Blümich/Heger* Rz 207), zugesagt werden. Eine solche Zusage unterliegt nach BFH I R 98/93 BStBl II 95, 419/421 nicht auch der 10-Jahres-Frist (Rz 22). Dies ist gerechtfertigt, weil der Fremdvergleich zeigt, dass ein gesellschaftsfremder Geschäftsführer, der aus einem anderweitig bestehenden DienstVerh übernommen werden soll, auf seine diesbezügl Sicherung nicht wird verzichten wollen (so auch *Höfer/Eichholz* DB 95, 1246/7). Nach BFH I R 23/03 BFH/NV 04, 667 ist die dienstzeitunabhängige Zusage von Invaliditätsversorgung iHv 75% des Bruttogehalts unübl; anzuerkennen sei ledigl eine Zusage, die – bei dienstzeitunabhängiger Zusage – den „ersparten" gesetzl ArbG-Beiträgen entspricht; krit *Schimmele/Wardemann* FR 04, 707.

Der Maßstab der ersparten ArbG-Beiträge ist problematisch, weil Geschäftsführer wegen ihrer arbeitgeberähnl Stellung nicht der gesetzl Versicherungspflicht unterliegen, also auch von der gesetzl RV als nicht vergleichbar behandelt werden. Geeigneter Fremdvergleichsmaßstab kann mE allein ein anhand tatsächl Erhebungen gewonnener Durchschnittswert der Versorgungszusagen für Fremdgeschäftsführer sein (s dazu *Seeger* FS *Wassermeyer,* 2005, 81; ähnl *Briese* GmbHR 04, 1132/4); vgl *Tänzer* BB 04, 2757 zur Üblichkeit von Geschäftsführerbezügen und -versorgung, aber ohne die mE erforderl Differenzierung zw Ges'tergeschäftsführern und Fremdgeschäftsführern.

26 **ff) Finanzierbarkeit.** Betriebl Veranlassung (Rz 20) einer Pensionszusage verlangt weiterhin, dass die zugesagten Leistungen auch nach der Ertragslage des Unternehmens bei **Zusageerteilung** voraussichtl aufgebracht, dh bezahlt werden können (BFH I R 7/01 BStBl II 05, 662; *Buciek* Stbg 02, 1/5; *Neu* EFG 05, 1962;

Blümich/Heger Rz 548; *BMF* BStBl I 05, 875: Übernahme der BFH-Rspr; *OFD Ffm* GmbHR 05, 1641). Entscheidend ist dabei, ob der StPfl (die KapGes) – von der Situation der Zusageerteilung aus gesehen – im Falle der Inanspruchnahme aus einem der von der Zusage umfassten Risiken überschuldet wäre; ergeben die HB-Werte eine Überschuldung, wird eine (prognostische) Überschuldungsprüfung im insolvenzrechtl Sinne erforderl (BFH I R 65/03 BStBl II 05, 664; *Greinert* DB 04, 211; § 19 II InsO), bei der auf der Aktivseite auch alle WG mit ihren Zeitwerten und auch selbstgeschaffene immaterielle WG mit ihren (kapitalisierten) Ertragswerten (*Greinert* DB 04, 2113) zu berücksichtigen sind. Die Finanzierbarkeit ist zu verneinen, wenn im Zeitpunkt der Zusageerteilung der Ansatz des Barwertes der künftigen Pensionsleistungen zu einer **Überschuldung** auch dann führt, wenn die Ansprüche aus einer Rückdeckungsversicherung als Aktiva (zum Aktivierungsumfang s BFH I R 11/06 BStBl II 06, 762: Deckungskapital) und die (übrigen) entgeltl erworbenen WG des Unternehmens mit den – über den Zeitwerten (s oben) liegenden – **TW** angesetzt werden (s iEinz *BMF* BStBl I 99, 512; zT überholt).

Wird auch **Invalidität** von der Zusage umfasst, liegt insoweit nach Auffassung des BFH eine rechtl gesonderte Zusage vor, für die grds derselbe Prüfungsmaßstab gilt (BFH I R 65/03 BStBl II 05, 664; *Gosch* DStR 01, 883/7). Abzustellen ist auf den auf das Invaliditätsrisiko entfallenden **Anwartschaftsbarwert** (zusammenfassend: BFH I R 7/01 BStBl II 05, 662 mwN; *Buciek* Stbg 02, 1/5; *Gosch* BetrAVG 02, 754/5); nach BFH I R 7/01 BStBl II 05, 662 kann auch der niedrigere handelsrechtl TW angesetzt werden. Der Rückgriff auf die gedachte Insolvenzsituation ist ledigl Hilfserwägung iRd indiziellen Fremdvergleichsprüfung (BFH I R 14/04 BFH/NV 05, 245).

Allein aus dem Fehlen einer **Rückdeckungsversicherung** kann nicht auf mangelnde Finanzierbarkeit geschlossen werden (BFH I R 65/03 BStBl II 05, 664). Eine **Verschlechterung der wirtschaftl Lage des Unternehmens** hat nur insofern Bedeutung für die strechtl Beurteilung, als sich dadurch zivil- oder arbeitsrechtl die Möglichkeit einer Herabsetzung der Zusage eröffnet und wenn von der Möglichkeit der Herabsetzung kein Gebrauch gemacht wird (BFH I R 15/00 BStBl II 05, 657; *Janssen* DStZ 99, 741/2; *Gosch* DStR 01, 882/3/4); vgl zu Widerrufsmöglichkeiten Rz 10, 11. – Der BFH hat auch die Möglichkeit der **Teilfinanzierbarkeit** anerkannt (BFH I R 79/00 BStBl II 05, 659, sub 6: getrennte Betrachtung der einzelnen Risiken; *BMF* BStBl I 05, 875 unter Aufhebung von BStBl I 99, 512 Tz 2.3).

gg) Nachzahlung und Ertragsaussichten. Steuerl nicht anerkannt wird eine Pensionszusage für einen beherrschenden Ges'tergeschäftsführer, wenn und soweit sie als nachträgl Vergütung bereits erbrachter Arbeitsleistungen gewährt wird (**Nachzahlungsverbot;** BFH I R 98/93 BStBl II 95, 419/421; *Briese* DB 15, 2408). – Eine Pensionszusage ist durch das GesVerhältnis veranlasst, wenn im Zeitpunkt der Zusageerteilung die Ertragsausichten der GmbH noch nicht abgeschätzt werden können (BFH I R 75/04 BStBl II 05, 702). 27

hh) Neue Rechtsprechung (s *Briese* DB 14, 801; *Pradl* GStB 14, 156): – ***(1)*** BFH I R 72/12 DStR 14, 633: Ein **Mindestpensionsalter** wird für die Zusage ggü dem beherrschenden Ges'tergeschäftsführer nicht vorausgesetzt (gegen R 6a VIII EStR 2012). – ***(2)*** BFH I R 60/12 BStBl II 15, 413: **Doppelzahlung** von Gehalt und Pension führt zur vGA. – ***(3)*** BFH I R 89/12 BStBl II 14, 729, BFH I R 28/13 BStBl II 14, 726: Vorzeitige **Kapitalabfindung** einer Pensionszusage führt zur vGA (Rz 69). – ***(4)*** BFH I R 26/12 BFH/NV 14, 728: Ein Pensionsanspruch kann nicht mehr **erdient** werden, wenn der Ges'tergeschäftsführer im Zeitpunkt der Pensionszusage das 60. Lebensjahr überschritten hat. – ***(5)*** BFH I R 17/13 BFH/NV 14, 731: Hinterbliebenenversorgung für den neuen Lebenspartner als **nicht erdienbare Neuzusage** (bei weniger als 10 verbleibenden Dienstjahren). 28

e) GmbH & Co KG; KGaA. Ist die KapGes Komplementärin einer KG hat sie die Verpflichtung aus einer Pensionszusage zu passivieren und den evtl Aufwendungsersatzanspruch gegen die KG zu aktivieren. Entsprechendes gilt für den persönl haftenden Ges'ter einer KGaA. Die KG hat analog § 6a die Verpflichtung zum 29

Aufwendungsersatz zu passivieren (BFH IV R 62/00 BFH/NV 02, 976); für die Rückstellungsbildung der KG gelten die Beschränkungen des § 6a entspr.

30 **7. Umwandlung** (*Fuhrmann* DStZ 15, 425; *Feldgen* StuB 15, 864). – **a) Umwandlung einer KapGes in PersGes.** Wird eine KapGes in eine PersGes umgewandelt, ist eine für den Ges'tergeschäftsführer zulässigerweise gebildete Pensionsrückstellung nicht gewinnerhöhend aufzulösen (BFH I R 8/75 BStBl II 77, 798); nach *Bay LfSt* (DB 09, 2404) soll unter Hinweis auf BFH VIII R 15/96 BStBl II 08, 174, in der Sonderbilanz eine Korrektur vorzunehmen sein. Zur Fortentwicklung der Pensionsrückstellung bei der PersGes s *Neumann* GmbHR 02, 996/7; *Ott* StuB 07, 331. Im Umwandlungszeitpunkt ergibt sich, wenn der Versorgungsanspruch noch nicht voll verdient ist, ein **Übernahmefolgegewinn** aus der Differenz des bei der PersGes gem § 4 I UmwStG anzusetzenden Wertes für die Pensionsverpflichtung und des nach § 6a III 2 Nr 2 höchstens zulässigen – erdienten – Anwartschaftsbarwertes (ausführl *Neumann* GmbHR 02, 996; *Fuhrmann/Demuth* KÖSDI 06, 15082/4, auch zur Fortentwicklung der Rückstellung); § 15 Rz 586 f. Verzicht oder Abfindung des Pensionsanspruchs führt zum Zufluss beim Begünstigten (*Fuhrmann/Demuth* KÖSDI 06, 15082/8; Rz 17). – Kein Abzug der RückdeckungsVers nach Umwandlung (*Fuhrmann/Demuth* KÖSDI 06, 15082/6).

31 **b) Umwandlung einer PersGes in KapGes.** In diesem Fall oder bei Begründung einer **BetrAufsp** müsste korrekterweise die nach der Rspr vorgenommene Gewinnverteilung (§ 15 Rz 586 f) rückgängig gemacht und der Pensionsaufwand nach den Regeln des § 6a gewinnmindernd eingebucht werden (sehr str; *Fuhrmann/Demuth* KÖSDI 06, 15082/9 f). – Es muss grds keine (erneute) **Probezeit** (vgl Rz 22) eingehalten werden. Es bestehen grds keine Bedenken, dem Ges'tergeschäftsführer sogleich eine Pensionszusage zu erteilen, und zwar weder unter dem Gesichtspunkt des „Rechtsformwechsels", weil die Ertragslage idR bekannt ist, noch im Hinblick auf die Eignung und Befähigung des Geschäftsführers, weil aus der früheren Tätigkeit idR hinreichend Erkenntnisse dazu vorliegen, so dass auch bei Beschäftigung eines Fremdgeschäftsführers eine Pensionszusage wirtschaftl gerechtfertigt sein könnte (BFH I R 99/02 BFH/NV 04, 373; *BMF* I 99, 512 Tz 1.1); s Rz 54.

32 **c) Unternehmensverkauf.** In Betracht kommen bei einem share deal die Fortführung der Verpflichtung, deren Übertragung auf Dritte, eine Abfindung des Pensionsanspruchs oder ein Verzicht (*Fuhrmann/Demuth* KÖSDI 06, 15 082/92f; *Förster* DStR 06, 2149); z betriebl Altersversorgung bei Unternehmenskauf *Kleffmann/Reich* BB 09, 214.

33 **d) Übertragung der Verpflichtung auf einen anderen Versorgungsträger** (*Fuhrmann* StbJb 09/10, 291, 323 f). Wird die Verpflichtung aus einer Direktzusage auf eine LV oder eine Pensionskasse übertragen, fällt keine **LSt** an (§ 4c Rz 9). Obwohl Pensionsfonds auf zugesagte Leistungen einen Rechtsanspruch gewähren (§ 236 I Nr 3 VAG), nach dem Kapitaldeckungsverfahren wirtschaften (§ 4e Rz 5), der Versicherungsaufsicht und der Beitragspflicht zum Pensionssicherungsverein unterliegen, brauchen bei Übertragung einer Versorgungsverpflichtung auf einen Pensionsfonds, die grds zulässig ist (§ 4d III, § 4e III), gem § 3 Nr 66 LSt ebenfalls nicht entrichtet zu werden (§ 4e Rz 10). Diese Möglichkeit besteht auch für (beherrschende) **Ges'tergeschäftsführer** von KapGes (*BMF* BStBl I 02, 767 Rz 157). Dies ermöglicht bei Veräußerung der GmbH-Anteile die Entlastung der GmbH von der Versorgungsverpflichtung bzw erhöhte Sicherung der Altersversorgung des Begünstigten (*Höfer* DStR 03, 274/6; *Friedrich/Weigel* DB 03, 2564). – Bei Übergang von Pensionsverpflichtungen durch Umwandlung und Schaffung von PensionsGes treffen den früheren ArbGeb Sorgfaltspflichten (*Arnold* DB 08, 986).

8. ArbN-Ehegatte; andere Angehörige als Pensionsberechtigte; MUer

Schrifttum (vor 2010 s Vorauflagen): *Benzel,* Pensionszusage an ArbN-Ehegatten, NWB 10, 2147. – **Verwaltung:** *BMF* BStBl I 84, 495 (Pensionszusagen an ArbN-Ehegatten);

BStBl I 04, 1045 (überdurchschnittl hohe Versorgungszusagen), *BMF* BStBl I 08, 317 (Pensionszusagen an PersGes'ter).

a) Einzelunternehmen. Eine Pensionszusage setzt voraus, dass sie **betriebl veranlasst** ist (s Rz 16). Ebenso wie zw Angehörigen steuerl anzuerkennende ArbVerh begründet werden können (§ 4 Rz 520 „Angehörige"), können zugunsten des ArbN-Ehegatten (auch des **Lebenspartners;** BFH I R 90/99 BStBl II 01, 204), iRe ArbVerh auch mit steuerl Wirkung **Pensionszusagen** erteilt werden (BVerfG BStBl II 70, 652; BFH X B 12/93 BFH/NV 94, 703; *HHR* § 6a Rz 25), allerdings nur **für Alters-, Invaliden- und Waisenversorgung,** nicht aber für die Versorgung des ArbG-Witwers, da hier bei Eintritt des Versorgungsfalls Anspruch und Verpflichtung in einer Person zusammenfallen (EStH 6a IX; vgl BFH XI R 32/93 BFHE 174, 146; *Gosch* BetrAV 94, 270); der ArbN-Ehegatte muss eine Bewährungszeit (idR 2–3 Jahre) und eine Wartezeit zur Unverfallbarkeit (§ 1b BetrAVG; 5 Jahre) erfüllen; auch muss die Erdienbarkeit gewährleistet sein (*Benzel* NWB 10, 2147/8). 34

b) MUerschaft. Für MUer einer PersGes als Pensionsberechtigte werden seit Aufgabe der Bilanzbündeltheorie Pensionsrückstellungen gebildet (BFH VIII R 40/03 DStR 06, 741; BFH IV R 25/04 BStBl II 08, 171; *Korn* BeSt 3/06, 18; krit Anm *ego* StuB 06, 670; auch *Groh* DB 08, 2391). „Zuführungen" aus der Pensionszusage sollen bei der MUerschaft als Aufwand und bei dem begünstigten MUer korrespondierend als Ertrag erfasst werden (BFH VIII R 40/03 BStBl II 08, 182; *BMF* BStBl I 08, 317 mit Übergangsregelung [*Heger* BB 08, 775: unattraktiv wegen voller Besteuerung]; *Blümich/Heger* Rz 502; *Weber-Grellet* BB 15, 43/4); abw Zuordnung mögl (BFH IV R 82/06 BFH/NV 09, 581). Diese Grundsätze gelten auch für ausgeschiedene Ges'ter (BFH IV R 14/11 BStBl II 14, 624), aber nicht bei Altzusagen (FG Mster EFG 14, 1074, rkr) und Formwechsel (FG Mster EFG 15, 471, Rev IV R 48/14). – Rückstellbar sind Versorgungszusagen an ArbN, die Ehegatten oder (sonstige) Angehörige von MUern sind; anerkannt wird auch Witwen-/Witwerversorgung ggü einem ArbN, dessen Ehegatte der Ges'ter einer sog **Ein-Mann-GmbH & Co KG** ist (BFH IV R 80/86 BStBl II 88, 883; *OFD Mster* DStR 86, 757). Zur Rückdeckungsversicherung s Rz 12. 35

c) Kapitalgesellschaft. Wurde einem beherrschenden Ges'tergeschäftsführer **Witwenrente** zugesagt, ist eine dafür gebildete Pensionsrückstellung strechtl anzuerkennen (BFH I R 80/81 BStBl II 85, 420). Ob die Witwenrente der Ehefrau nur bei Fortbestand der Ehe oder auch nach Scheidung zustehen soll und ob die Rente neben der Ehefrau auch an eine frühere Ehefrau zu zahlen ist, hängt vom durch Auslegung zu ermittelnden Inhalt der Versorgungszusage ab (BFH I R 80/81 BStBl II 85, 420). Der Rückstellungsbildung ist das für den Ges'tergeschäftsführer maßgebende Pensionierungsalter zugrundezulegen (*Stuhrmann* BB 83, 48). 36

d) Nachweis; Fremdvergleich. Im Hinblick auf das Nahestehen von ArbG und ArbN-Ehegatte werden an Ernsthaftigkeit, Angemessenheit und Durchführung besondere Anforderungen gestellt (BFH VIII R 50/80 BStBl II 83, 209; BFH III R 97/86 BStBl II 80, 969; *BMF* BStBl I 84, 495, BStBl I 86, 7; *Benzel* NWB 10, 2147/9; *Blümich/Heger* Rz 595 f; § 2 Rz 23). Bei der Beurteilung der gesellschaftl Veranlassung ist der sog **doppelte Fremdvergleich** heranzuziehen (BFH I R 147/93 BStBl II 96, 204; BFH I R 87/02 BFH/NV 04, 736; BFH I R 28/13 BStBl II 14, 726). Eine vGA kann auch dann vorliegen, wenn eine KapGes mit ihrem Ges'ter eine an sich für sie günstige Vereinbarung trifft, ein gedachter fremder Dritter einer solchen Vereinbarung aber nicht zugestimmt hätte. 37

aa) Schriftform; Eindeutigkeit. Die Pensionszusage muss schriftl erteilt sein (§ 6a I Nr 3; s auch Rz 15); die Zusage muss ernstl gewollt sein und inhaltl klare und eindeutige Verpflichtungen enthalten (vgl BFH X R 63–65/87 BFH/NV 91, 80; *BMF* BStBl I 84, 495 unter I. Abs 2; *Höfer* BetrAVG Kap 2 Rz 147, 168). Inhaltl Unklarheiten gehen zu Lasten des StPfl (BFH I R 37/02 BStBl II 04, 121; vgl 38

Rz 17). Ist die Änderung einer schriftl Abrede nicht formwirksam, ist sie steuerl gleichwohl beachtl, wenn sie tatsächl ihrem Inhalt gemäß vollzogen worden ist (vgl BFH I R 29/98 BFH/NV 99, 972, BFH VIII R 81/94, BFH/NV 99, 1457); wohl auch bei Nichtbeachtung einer gesetzl vorgeschriebene Form (§ 41 AO).

39 **bb) Angemessenheit; Fremdvergleich** (Rz 17, 21). Die Zusage ist dem Grunde und der Höhe nach angemessen, wenn familienfremde ArbN im selben Betrieb bei gleichwertiger oder geringerwertiger Tätigkeit ebenfalls Pensionszusagen in demselben Umfange wie der ArbN-Ehegatte erhalten oder ihnen ernsthaft angeboten worden sind (BFH IV R 118/90 BStBl II 94, 381/3; BFH VIII R 49/12 juris – zu Ehegatten-Pensionszusage) oder – wenn der ArbN-Ehegatte allein beschäftigt wird – bei betriebsinterner Betrachtung eine hohe Wahrscheinlichkeit dafür spricht, dass der ArbG auch fremden ArbN eine solche Versorgung eingeräumt haben würde (BFH VIII R 69/98 BStBl II 02, 353); Entsprechendes gilt für Zusagen an ArbN, die Partner einer **nichtehel Lebensgemeinschaft** sind (s *BMF* BStBl I 02, 706). An der betriebl Veranlassung fehlt es, wenn einem fremden ArbN wegen hohen Alters (68 Jahre) im Zeitpunkt der Zusage eine Pension nicht versprochen wäre (BFH I R 2/91 BFH/NV 93, 52: **Altersgrenze 59** für Erteilung der Zusage auf Pensionierungsalter 70). Verzichtet ein ArbN-Ehegatte, dessen Ehefrau und dessen Sohn Ges'ter einer (GmbH & Co) KG sind, auf sein Gehalt zugunsten einer Pensionszusage, hält die Beschränkung auf die **Nur-Pension** dem Fremdvergleich nicht stand (BFH VIII R 38/93 BStBl II 96, 153; BFH I R 89/04 BStBl II 08, 523; vgl Rz 19, 21, 22 mwN). Bei Zuschlägen für **Sonn- und Feiertagsarbeit** ist auf den Einzelfall abzustellen (BFH I R 7/05 BFH/NV 06, 131). – Der Fremdvergleich ist **verfrechtl** zul (BFH III R 97/86 BStBl II 89, 969; BFH III R 60/87 BFH/NV 90, 418/9; vgl § 1 AStG; Rz 21). Die betriebl Veranlassung kann auch gegeben sein, wenn der ArbN-Ehegatte von der **SV** freigestellt ist (BFH IV R 118/90 BStBl II 94, 381/4; s auch § 4b Rz 15). Bei Ersatz für eine SV-Rente können bei der Bemessung der Rückstellungen die ArbG-Anteile, die bei Bestehen der SV-Pflicht zu entrichten wären, einbezogen werden (BFH IV R 143–144/86 BFH/NV 90, 21). Die Pensionsaltersgrenze darf nicht niedriger als 63 Jahre für Männer und 60 Jahre für Frauen vereinbart sein (*BMF* BStBl I 86, 7); für Schwerbehinderte gilt *BMF* BStBl I 82, 667 entspr. Ferner darf sich – zusammen mit einer zu erwartenden SV-Rente – keine **Überversorgung** ergeben (Rz 20, 21, 56). Zum Erfordernis der Üblichkeit vgl Rz 21; BFH VIII R 38/93 BStBl II 96, 153; krit *Bilsdorfer* BB 96, 2381; § 4b Rz 19; zum **Gleichbehandlungsgebot** BFH I R 162/80 BStBl II 83, 500; *BMF* BStBl I 84, 495.

40 **cc) Sicherstellung.** Die späteren Pensionszahlungen müssen für den Fall der Einstellung oder Veräußerung des Unternehmens sichergestellt sein (zB durch eine Rückdeckungsversicherung). Ist der versorgungsberechtigte Ehegatte wesentl jünger als der ArbG-Ehegatte, muss nach den Umständen des Falles ausgeschlossen sein, dass der Versorgungsberechtigte das Unternehmen übernehmen wird (Vereinigung von Forderung und Schuld in seiner Person; BFH VIII R 177/78 BStBl II 84, 661). Entspr gilt bei Pensionszusage der (erhebl) älteren ArbG-Mutter an ArbN-Sohn (BFH XI R 2/93 BStBl II 94, 111).

41 **e) Nachzahlungsverbot.** Eine Pensionszusage an ArbN-Ehegatten wird steuerl nicht anerkannt, wenn sie als Ausgleich für frühere unentgeltl Mitarbeit oder einen in der Vergangenheit unangemessen niedrigen ArbLohn vereinbart ist (BFH IV R 118/90 BStBl II 94, 381/4 mwN; BFH I R 39/12 BStBl II 14, 174) oder außer der Pension kein ArbLohn zu zahlen ist (s Rz 21, 22, 39).

III. Erstmalige Bildung, § 6a II

42 **1. Zeitpunkt der Rückstellungsbildung. – a) Altersgrenze.** § 6a II Nr 1 bestimmt, **ab welchem Wj** die Pensionsrückstellung erstmals (frühestens) gebildet werden darf. Das ist das Wj, in dem die Pensionszusage wirksam erteilt worden ist;

entscheidend ist nicht, ob die Zusage schon für dieses Jahr einen Versorgungsanspruch gewährt. Unterlässt der Verpflichtete die Rückstellungsbildung (ganz oder teilweise), kann er dies in späteren Jahren, solange der Versorgungsfall noch nicht eingetreten ist, grds nicht nachholen (sog **Nachholverbot;** Rz 61, 62).

b) Mindestalter. Die Bildung der Rückstellung ist von einem Mindestalter des Berechtigten abhängig (§ 6a II Nr 1 S 1), um die Wirkung der Fluktuation der ArbN bei der Berechnung der Pensionsrückstellung wegen ihres starken Rückganges bis zu diesem Alter außer Ansatz lassen zu können (vgl BT-Drs 7/1281 S 38; BReg BT-Drs 16/6539, 9; BReg BT-Drs 18/6283), vor 2001: 30 Jahre, ab 2001: 28 Jahre, ab 2009: 27 Jahre, ab 2018: 23 Jahre. – Für **Altzusagen** (Erteilung bis Ende 2000) s 29. Aufl. – Das jeweilige Lebensjahr wird an dem Tag vollendet, der dem entspr Geburtstag vorangeht (§ 187 II 2, § 188 II BGB), so dass zB alle bis zum 1.7.1950 Geborenen bis zum 30.6.1980 (wenigstens) ihr 30. Lebensjahr vollendet haben. Diese Regelung dient der Erleichterung der TW-Ermittlung bezogen auf die gesetzl Altersgrenze (BT-Drs 7/1281 S 40). 43

c) Unverfallbarkeit (§ 6a II Nr 1). Die Rückstellung darf nach § 6a II Nr 1 nF (idF des AVmG) – unabhängig vom Mindestalter – auch gebildet werden, wenn die Pensionsanwartschaft unverfallbar wird (*Höfer* BetrAVG Kap 2 Rz 189, 200: Begünstigung der Entgeltumwandlung: Verzicht auf Lohnteile gegen wertgleiche Altersversorgung). Unverfallbarkeit tritt ein, wenn nach wenigstens fünfjähriger Dauer der Versorgungszusage das ArbVerh nach Vollendung des 30. Lebensjahres endet, ohne dass der Versorgungsfall eingetreten ist (§ 1b I 1 BetrAVG nF; vgl *Beye/Bode/Stein* DB 01, Beil 5, S 9); bei **Entgeltumwandlung** tritt die Unverfallbarkeit sofort ein (§ 1b V 1 BetrAVG idFd AVmG; EStR 6a XII). Daran knüpft § 6a II Nr 1 2. Alt an (zur Anwendung § 52 Abs 13; *BMF* BStBl I 01, 612). 44

Für **beherrschende Ges'tergeschäftsführer** einer KapGes kann nach der Probezeit (Rz 22) eine Zusage mit sofortiger ratierl Unverfallbarkeit erteilt werden. Die Ratierlichkeit bemisst sich anders als nach § 2 I BetrAVG (Quotierung der bis zur Altersgrenze erreichbaren Versorgungsleistung mit der gesamten tatsächl Dienstzeit) statt nach der tatsächl Dienstzeit nach der Zeit ab Erteilung der Zusage, also (wenigstens) vermindert um die Probezeit (*BMF* BStBl I 02, 1393; BFH I R 99/02 BFH/NV 04, 373); zur Darstellung des betragsmäßigen Unterschieds s *Höfer* DStR 03, 274.

d) Eintritt des Versorgungsfalls, § 6a II Nr 2. In diesem Fall (zB bei Invalidität oder Tod) kann die Rückstellung sofort gebildet werden. Dasselbe ergibt sich aus § 6a IV 4. § 6a II Nr 2 ist daher entbehrl. Bei vorzeitigem Eintritt des Versorgungsfalles kommt es auf das Mindestalter nicht an. Macht der Pensionsverpflichtete bei **Eintritt des Versorgungsfalles** von der Möglichkeit der Rückstellungsbildung keinen Gebrauch, so greift für spätere Wj wiederum das Nachholverbot ein, sodass er dann nur die lfd Zahlungen als BA abziehen kann; aA evtl BFH IV R 56/92 BStBl II 94, 740/2. 45

IV. Bewertung, § 6a III

Schrifttum (vor 2005 s Vorauflagen): *Schmidt/Kloß* .... Auswirkungen der neuen Rechnungsgrundlagen, DB 05, 2365; *Heger,* Stl Bewertung von Pensionsverpflichtungen, DStR 08, 585; *Pradl,* Übertragung von Pensionszusagen ..., GStB 14, 64. – **Verwaltung:** *BMF* BStBl I 05, 1054 zu Richttafeln 2005 G; *BMF* BStBl I 10, 1303 (Bewertung von verbleibenden Versorgungsanrechten); *BMF* BStBl I 11, 1247 (Berücksichtigung unternehmensspezifischer und biometrischer Grundlagen).

1. Höchstgrenze, § 6a III 1. § 6a III begrenzt die Rückstellungshöhe auf den in § 6a III 2 fiktiv definierten **TW** („gilt"); Ausgangswert ist der **Barwert der künftigen Pensionsleistungen.** Der maximale Rückstellungswert bemisst sich **vor Beendigung** des DienstVerh nach dem Barwert künftiger Pensionsleistungen abzügl des Barwerts der noch zu erdienenden TW-Prämien (§ 6a III 2 Nr 1), **nach Beendigung** (nur noch) nach dem Barwert künftiger Pensionsleistungen (§ 6a III 2 Nr 2; *Höfer* BetrAVG Kap 2 Rz 474 ff; *Heger/Weppler* HdJ III/7 Rz 146); dabei wird die im Versorgungsfall erreichbare, nicht (wie beim Barwert) die bereits er- 51 diente Verpflichtung zugrunde gelegt (*Heger* DStR 08, 585/7). Bei der Ermittlung des TW (Abzinsung) sind ein **Rechenzinsfuß** von 6 vH (krit im Hinblick auf zur Zeit erhebl niedrigeren HGB-Zins *Gebert* DB 15, S 19: die § 6a-Rückstellung ist damit zu niedrig) und die (gesetzl nicht festgelegten) anerkannten Regeln der Versicherungsmathematik anzuwenden (§ 6a III 3; Richttafeln 2005 G; zur Umstellung s *BMF* BStBl I 05, 1054; *Schwinger/Stöckler* DStR 13, 2306/9). Da sich die Pension aus Kapital und Zins zusammensetzt, bewirkt ein höherer Zinsfuß (Verzinsung; höhere Innenfinanzierung) niedrigere Zuführungen.

Wird eine Zusage vom Wert von bestimmten WG (zB **Wertpapieren**) bei Eintritt des Versorgungsfalles abhängig gemacht, liegt keine dem Wert nach zu den einzelnen vorangehenden Bilanzstichtagen bestimmbare Zusage vor; der TW lässt sich nicht berechnen (vgl *BMF* BStBl I 02, 1397; aA *Wellisch/Schwinger/Mühlberger* DB 03, 628).

53 **2. TW-Ermittlung.** Nach § 6a III 2 Nr 1 ist bei der Berechnung des TW auf den **Beginn des Wj** (bei RumpfWj auf Beginn des Kj; BFH I R 22/07 BStBl II 08, 513) abzustellen, **in dem das DienstVerh begonnen** hat, jedoch nicht auf den Beginn eines früheren Wj als desjenigen, in dem der Berechtigte das Mindestalter erreicht hat (s Rz 43). Der Zeitraum zw dem Beginn des Dienstverhältnisses und dem Zeitpunkt der Erteilung der späteren Pensionszusage wird nicht als sog **Wartezeit** behandelt, sofern dies in der Zusage nicht ausdrückl bestimmt ist (§ 6a III 2 Nr 1 S 5; s dazu BT-Drs 7/1281, 39; *Blümich/Heger* Rz 373). Dadurch wird erreicht, dass sich für Zusageempfänger mit gleichem Alter und gleichem Versorgungsumfang unabhängig vom Zeitpunkt der Zusage gleich hohe TW für die Pensionsrückstellungen ergeben. Durch die Rückbeziehung der Berechnung auf den Beginn des DienstVerh ergibt sich wegen des kürzeren Abzinsungszeitraumes bei der Errechnung des Anwartschaftsbarwertes dafür ein höherer Betrag und für den Barwert der künftigen Jahresbeiträge wegen ihrer Verminderung um die Zahl der seit dem Dienstbeginn verstrichenen Jahre ein geringerer Betrag, sodass sich ein positiver Betrag als TW ergibt, der zurückgestellt werden kann (TW-Sprung). Dieser sog **Einmalbetrag** für die Bildung der Pensionsrückstellung ist eine Besonderheit des TW-Verfahrens (BFH I R 39/12 BStBl II 14, 174; vgl *Höfer* BetrAVG Kap 2 Rz 215/23). Wegen der Verteilung des Einmalbetrages auf mehrere Jahre s Rz 65. – **Bemessungsgrundlage** der zu bildenden Rückstellung ist der Anspruch auf Altersversorgung (Rz 7) einschließl **freiwillig gezahlter Aktivbezüge,** wenn sich auf diese der Versorgungsanspruch bezieht, da der Freiwilligkeitsvorbehalt in Bezug auf die Aktivbezüge kein schädl Vorbehalt (vgl Rz 10, 11) hinsichtl der Pensionszusage ist (BFH IV R 2/93 BStBl II 96, 589). – Der HB-Ansatz ist mE für den StB-Ansatz ohne Bedeutung (aA *BMF* BStBl I 05, 1054, Rz 13; EStR 2011 6a XX 2; gestrichen in EStÄR 2012); also: der StB-Ansatz kann höher sein als der HB-Ansatz (Rz 2). – Nach dem Eintritt des Versorgungsfalls ist der Barwert der künftigen Pensionsleistungen anzusetzen, ggf Barwertauffüllung (*Höfer* BetrAVG Kap 2 Rz 229); künftige Pensionssteigerungen dürfen nicht berücksichtigt werden (BFH I R 78/08 BStBl II 13, 41). Nach Versorgungsausgleich ist das verbleibende Versorgungsanrecht zum TW zu passivieren (*BMF* BStBl I 10, 1303).

54 **3. Anrechnung von Vordienstzeiten; Beginn des DienstVerh** (s Rz 53) ist der Zeitpunkt der tatsächl Aufnahme der Tätigkeit; ein früheres ArbVerh bei demselben ArbG wird grds nicht berücksichtigt (BFH I R 25/98 BFH/NV 01, 154), wohl aber ein zunächst unentgeltl ArbVerh (BFH I R 39/12 BStBl II 14, 174). Bei anderen ArbG abgeleistete Dienstzeiten werden nur hinzugerechnet, wenn dies gesetzl vorgeschrieben ist (vgl § 613a BGB; BFH I R 10/84 BStBl II 88, 720 und BFH I R 9/84 BFH/NV 89, 216: keine Anrechnung von Konzernvordienstzeiten; *Stuhrmann* BB 88, 2348. Wird eine gewerbl tätige **PersGes in eine KapGes umgewandelt,** darf die KapGes Vordienstzeiten eines ArbN bei der Bildung einer Pensionsrückstellung für eine von ihr gegebene Pensionszusage anrechnen (BFH I R 47/93 BStBl II 95, 250). War der ArbN auch MUer der umgewandelten Pers-

Ges, bestimmen sich die Voraussetzungen der Rückstellungsbildung grds nach dem Zeitpunkt der Aufnahme der Tätigkeit bei der KapGes (BFH III R 43/00 BStBl II 03, 149; *Pinkos* BetrAV 97, 301/2); mE steht BFH I R 124/95 BStBl II 97, 799 in Widerspruch zur Anrechenbarkeit von sog **Probezeit** in Umwandlungsfällen (vgl Rz 31). Eine Anrechnung ist allerdings mögl, wenn bei ArbG-Wechsel die der Rückstellung entspr Vermögenswerte übertragen werden (EStR 6a XIII); zahlt das alte Unternehmen die Deckungsmittel, ist die Pensionsverpflichtung beim neuen Unternehmen rechnerisch aufzuspalten: Die übernommene (gedeckte) Pensionsverpflichtung ist mit dem Barwert (Anwartschaftsbarwert; past service; § 6a III 2 Nr 2) anzusetzen, für den restl Teil der Verpflichtung (future service; § 6a III 2 Nr 1) ist die Rückstellung regulär mit Beginn des neuen DienstVerh zu bilden. Die übernommene Pensionsrückstellung ergibt sich dann als Summe beider Teile (*Pradl* GStB 14, 64/9). – Erwerben ArbN einer GmbH deren Anteile und werden sie zu Geschäftsführern der GmbH bestellt, sind die Vordienstzeiten, die die Ges'tergeschäftsführer als ArbN abgeleistet haben, bei der Bildung der Pensionsrückstellung anzurechnen (BFH I R 47/93 BStBl II 95, 250).

4. Übernahme von Pensionsverpflichtungen; Schuldbeitritt. Der Gesetzgeber hat durch § 4f und § 5 VII (idF AIFM-StAnpG; 12/2013) die Möglichkeit einer erfolgsneutralen Behandlung der AK für übernommene Passivposten beseitigt. § 4f I 1, 2 sieht vor, dass (etwa im Zuge von Ausgliederungen) Entgelte für Verpflichtungen, die beim ursprüngl Verpflichteten (also dem Übertragenden) Ansatzverboten/-beschränkungen oder Bewertungsvorbehalten unterlegen haben, im Jahr der Übertragung und in den 14 Folgejahren nur insoweit zu je $^1/_{15}$ als BA geltend gemacht werden können, als das Entgelt den für die Verpflichtung bislang (eingeschränkt) passivierten Betrag übersteigt (§ 4f Rz 2). – Beim Erwerber ist die übernommene Verpflichtung gem § 5 VII so zu bilanzieren, wie sie beim ursprüngl Verpflichteten ohne Übernahme zu bilanzieren gewesen wäre (§ 5 Rz 503; *Höfer* BetrAVG Kap 2 Rz 54f). – Ein Übernahmegewinn kann im Jahr der Übernahme voll versteuert oder auch auf 15 Jahre verteilt werden (§ 5 VII 5). – Bei Übernahme einzelner Pensionsverpflichtungen hat der neue ArbG die Versorgungsverpflichtung mit dem empfangenen Entgelt als Barwert iSd § 6a III 2 Nr 2 insoweit zu bewerten, wie er den Gesamtwert der bis zur Pensionierung erdienbaren Versorgungsverpflichtung nicht übersteigt (EStR 6a XIII; Rz 54). Übersteigt das Entgelt den Barwert iSd § 6a, so entsteht beim Übernehmer des Arbeitsverhältnisses iHd überschießenden Betrags ein Übernahmegewinn, der sofort voll zu versteuern ist, da § 5 VII 5 nicht auf S 4 verweist (*Höfer* BetrAV 14, 134; *Hartmann* BetrAV 14, 444/8). – Für den Schuldbeitritt gelten die Regelungen entspr (§ 4f II, § 5 VII 2). – Zur bisherigen Rechtslage s iEinz 33. Aufl. 55

5. Anrechnung von Sozialversicherungsrenten. Pensionsrückstellungen dürfen nicht gebildet werden, soweit auf die Betriebspension ein Anspruch wegen Anrechnung anderweitig gewährter Versorgung (insb SV-Renten) nicht besteht, zB bei einer Versorgungszusage auf 75 vH des letzten Gehalts unter Anrechnung der künftigen Angestelltenversicherungsrente (Rz 21 mwN). Die Höhe der künftigen SV-Renten lässt sich praktisch nur in einem **Näherungsverfahren** schätzen. 56

Die Höhe anzurechnender Renten ist durch ein Näherungsverfahren („Korrekturfaktoren") zu errechnen (*BMF* BStBl I 01, 661, 04, 849; *BMF* BStBl I 05, 1056; *BMF* BStBl I 07, 290; *BMF* I 08, 570; *Schmidt/Carolin* BB 06, 296). **Nach Eintritt des Versorgungsfalles** ist die Anrechnung iHd dem Berechtigten tatsächl gewährten SV-Rente vorzunehmen; ein im Näherungsverfahren ermittelter Abzugsbetrag wird von der FinVerw nicht anerkannt (*BMF* BStBl I 07, 290, Rz 26).

6. Anpassungsverpflichtung, § 6a III 2 Nr 1 S 4. Künftige Ermäßigungen und Erhöhungen des Pensionsanspruches dürfen erst berücksichtigt werden, sobald sie wirksam geworden, also bis zum jeweiligen Stichtag entstanden sind (BFH I R 105/91 BStBl II 93, 792/5). Erhöhen sich anrechnungspflichtige SV-Renten, so 57 ist die Erhöhung für die Ermittlung des Rückstellungsbetrages zu berücksichtigen, sobald sie der Höhe nach feststeht und bekannt ist, wann sie eingetreten ist. Ebenso führen künftige Erhöhungen des Pensionsanspruchs vor ihrem Eintritt nicht zu einer erhöhten Rückstellungsbildung. Wird ein ArbN auf eine höher bezahlte Position versetzt und ist damit eine Anhebung seiner Pensionsansprüche verbunden, kann dies bei der Bildung der Rückstellung erst ab der Wirksamkeit der Veränderung berücksichtigt werden. Auch sog säkulare **Gehaltstrends** und künftige, wenn auch als sicher vorausgeschätzte Entwicklungen, haben auf die Höhe des Pensionsanspruchs und damit auch auf die Rückstellungsbildung keinen Einfluss (BFH I R 79/03 BStBl II 04, 940; *Erle* FS Hommelhoff 2012, 205/11); zur Abhängigkeit von der Wertentwicklung von Wertpapieren *BMF* DStR 03, 77. Zu erwartende künftige Anpassungen bereits lfd Versorgungsleistungen gestatten keine Rückstellung (FG Hbg EFG 88, 407, rkr). Anpassungsverpflichtungen in Bezug auf die zugesagte Pension sind bei der Rückstellungsbildung zu berücksichtigen, wenn sie Teil der rechtl Verpflichtung des ArbG geworden sind (Rz 7). Eine Pensionsrückstellung ist bei **dauerhafter Gehaltsabsenkung** anzupassen (BFH I R 56/11 BStBl II 12, 665; EStH 6a (17); str, ob Überversorgung von § 6a III 2 Nr 1 S 4 erfasst wird (*Briese* GmbHR 15, 635). Ein Einfrieren auf den Past-Service ist unzul (*OFD Han* DB 09, 2461; krit *Uckermann* BB 10, 405).

In angemessenem Rahmen **fest vereinbarte prozentuale Erhöhungen** führen nicht zur Überversorgung (BFH I R 105/94 BStBl II 96, 423: 2%; BFH I R 79/03 BStBl II 04, 940: 3%). Grenzen fester Erhöhungssätze ergeben sich aus der langfristigen Einkommensentwicklung (vgl *Höfer* BB 96, 41/3; *Cramer* DStR 97, 190). **Mehrfacherhöhungen,** auch wenn sie fest vereinbart sind, dürften nicht anzuerkennen sein (vgl BFH I R 16/94 BStBl II 96, 420). **Pensionserhöhungen,** die eine KapGes mit ihrem beherrschenden Ges'ter **nach Eintritt in den Ruhestand** vereinbart, sind keine vGA, soweit sie eine Anpassung an erhebl Steigerungen der Lebenshaltungskosten darstellen (BFH I R 39/76 BStBl II 79, 687) und auf die Erhöhung ein zivilrechtl (durchsetzbarer) Anspruch besteht (BFH I R 68/84 BStBl II 89, 57).

58 **7. Zeitraum der Rückstellung, § 6a III 2 Nr 1 S 3.** Bei der Bemessung der Rückstellungen ist grds von dem vertragl festgelegten Zeitpunkt für den Eintritt des Versorgungsfalles auszugehen.

EStR 6a XI konkretisiert die allg Regelung (Satz 1 Grundsatz; Sätze 2, 3 Wahlrechte). EStR 6a VIII enthält eine Sonderregelung für beherrschende Ges'tergeschäftsführer (Rz 18); danach ist grds ebenfalls die vertragl vereinbarte Grenze maßgebl, allerdings beträgt das Pensionsalter mindestens 65 Jahre (für Jahrgänge ab 1953 66 Jahre, ab 1962 67 Jahre; aA FG Mchn EFG 12, 1171: vereinbarte 65 Jahre maßgebl); mE ggf Anpassung an Regelaltersgrenze der gesetzl RV (BAG 3 AZR 11/10 BB 12, 2630; *Mayer/Dietrich* DStR 15, 136; *BMF*-Entwurf IV C 6 – S 2176/07/10004:03).

(1) Erstes Wahlrecht. Ist bei einem ArbN damit zu rechnen, dass er über diesen Zeitpunkt hinaus tätig sein wird, kann der ArbG die Rückstellungen auf den längeren Zeitraum verteilen. Dieses erste Wahlrecht (EStR 6a XI 2; *Höfer* BetrAVG Kap 2 Rz 309) ist in der Bilanz des Wj auszuüben, in dem mit der Rückstellungsbildung begonnen wird. Hat ein ArbN das Pensionsalter erreicht, arbeitete er aber weiter, ohne dass ihm Pension gezahlt wird, muss mit der Auflösung der Pensionsrückstellung begonnen werden, wenn die Pensionsrückstellung bis zum vorgesehenen Pensionsalter in vollem Umfang gebildet worden und nicht von der vorgenannten Möglichkeit der Streckung des Rückstellungszeitraumes Gebrauch gemacht worden ist **(technischer Rentner);** das beruht darauf, dass der Umfang der Pensionsverpflichtung durch den Zeitablauf (Absinken der Lebenserwartung des Berechtigten) sinkt (s Rz 66). ArbN, die von der Möglichkeit Gebrauch machen, **vor Vollendung des 65. Lebensjahres Altersruhegeld** aus der gesetzl RV zu beziehen, können nach § 6 BetrAVG auf Verlangen auch Leistungen der betriebl Altersversorgung erhalten, wenn die Höhe der vorgezogenen Versorgungsleistungen in der Zusage festgelegt ist (s dazu *BMF* v 11.6.92 DStR 92, 1019). – **(2) Zweites Wahlrecht.** An Stelle des vertragl Pensionsalters kann die Rückstellung auf den frühestmögl Zeitpunkt für vorzeitige Altersrente nach dem Wachstums- und BeschäftigungsförderungsGv 25.9.96 (BGBl I, 1461) gebildet werden (zweites Wahlrecht; EStR 6a XI 3; *BMF* BStBl I 96, 1194; *Höfer* BetrAVG Kap 2 Rz 313). Altersgrenze ist für Männer das **63. Lebensjahr,** für Frauen, Schwerbehinderte und männl ArbN, deren ArbVerh nach dem 55. Lebensjahr geendet hat und die die Voraussetzungen für den Bezug vorzeitiger Altersrente erfüllen, das **60. Lebensjahr.** Zur Anhebung der Altersgrenzen der gesetzl RV (ab Jahrgang 53 auf 66, ab Jahrgang 62 auf 67) EStR 6a VIII; *BMF* BStBl I 08, 569 (ab Wj 1.5.07).

8. Stichtagsprinzip; Nachweis des Pensionsanspruchs. Die Voraussetzung für die Bildung von Pensionsrückstellungen sind auf Grund „körperl Bestandsaufnahme" nach Maßgabe der Verhältnisse am Bilanzstichtag vorzunehmen (§ 6a III 2 Nr 1 S 2 HS 2; *Höfer* BetrAVG Kap 2 Rz 363; *K/Gosch* § 6a Rz 18). Dazu sind Feststellungen über die pensionsberechtigte Person und die Höhe und den Beginn ihres Anspruchs erforderl (zur zugelassenen Vereinfachung EStR 6a XVIII 3). Soweit ArbN, denen unverfallbare Versorgungsansprüche gegen das Unternehmen zustanden, ausgeschieden sind, genügt für den Nachweis eine dem ausgeschiedenen ArbN nach § 2 VI BetrAVG erteilte Bescheinigung bzw deren Abschrift. Wegen künftiger am Bilanzstichtag noch nicht eingetretener Änderungen des Versorgungsanspruchs s Rz 57. 60

V. Erhöhungen, § 6a IV

1. Begrenzung auf TW-Differenz; Nachholverbot. – a) Erhöhung der Pensionsrückstellung. Nach **§ 6a IV 1** darf eine Pensionsrückstellung in einem Wj höchstens um den Unterschied zw dem TW der Pensionsverpflichtung am Schluss des Wj und am Schluss des vorangegangenen Wj erhöht werden (TW-Differenz; *K/Gosch* § 6a Rz 21); krit *Heger* DStR 08, 585/9: fossiles Relikt; Missbrauchsvermeidung wegen Passivierungspflicht obsolet; krit auch *Schwinger/Stöckler* DStR 13, 2306/9; Verstoß gegen obj Fehlerbegriff (*Lieb* BB 15, 2866). – ***(1)* Begrenzung des Erhöhungsbetrags.** Aus der Begrenzung des Zuführungsbetrages auf die TW-Differenz ergibt sich (zur Vermeidung willkürl Zuführungen) das sog **Nachholverbot,** da sich wegen der nach § 6a IV 1 gebotenen Anknüpfung an die TW (und nicht an die Bilanzansätze) als Differenz in einem späteren Wj kein eine unterlassene Zuführung umfassender Zuführungsbetrag ergeben kann (*Höfer* BetrAVG Kap 2 Rz 584 f). – ***(2)* Änderung der Zusage.** Das Nachholverbot, das dem formellen Bilanzzusammenhang vorgeht (BFH I R 44/07 BStBl II 08, 673), greift nur bei einer inhaltl unverändert gebliebenen Versorgungsverpflichtung, nicht bei deren Erhöhung (BFH I R 58/05 DStR 06, 1406; *Demuth/Fuhrmann* KÖSDI 11, 17618/21); die Erhöhung (zB wegen Gehaltssteigerung, Dynamisierung) ist mögl (unter Beachtung der allg Voraussetzungen). – ***(3)* Spätere Erfassung.** Aufgrund des Nachholverbots dürfen nicht passivierte Beträge erst im Wj der Beendigung des DienstVerh, wenn die Pensionsanwartschaft aufrechterhalten wird, oder des Eintritts des Versorgungsfalls passiviert werden (EStR 6a XX). Bei einem späteren Übergang zu einem niedrigeren Zinsfuß können in Vorjahren in zu geringem Umfang gebildete Rückstellungen nicht nachgeholt werden (vgl BFH I R 88/01 BStBl II 03, 936); das gilt auch bei **Rechtsirrtum** (BFH I R 44/07 BStBl II 08, 673; FG Mster EFG 13, 1642, rkr; *BMF* BStBl I 03, 746; krit *Höfer* DB 11, 140: Beschränkung auf Altzusagen). Wird eine (anzuerkennende) Zusage erteilt, kann die Rückstellung aber nicht bis zur Höhe des TW gebildet werden, darf die Rückstellung in dem tatsächl gebildeten Umfang beibehalten werden, wenn die Zusage in späteren Jahren herabgesetzt wird, sofern der nach der geänderten Zusage sich ergebende TW nicht unterschritten wird und sofern die Zusage zunächst nicht höher vereinbart war, um das Nachholverbot zu unterlaufen. – ***(4)* Berechnungsfehler.** Das Nachholverbot kommt auch zum Zuge, wenn die 61

Rückstellung aufgrund falscher Berechnung zu niedrig gebildet worden ist (BFH I R 5/08 BStBl II 09, 457 – „Sphärengedanke"); soweit es nicht eingreift (zB weil der Fehler im Jahr der Rückstellungsbildung bzw Zuführung korrigiert werden kann), gelten die allg bilanzrechtl Grundsätze (BFH III R 43/00 BStBl II 03, 149). – ***(5)*** **Neuzusage.** Wird eine Pensionsverpflichtung in einem Wj neu begründet, gibt es für sie am Ende des vorangegangenen Wj keinen TW. Daher schreibt **§ 6a IV 3** vor, dass bei Begründung einer Pensionsverpflichtung am Ende des ersten Wj die Rückstellung bis zur Höhe des TW auf den Bilanzstichtag angesetzt werden darf. – ***(6)*** **RumpfWj.** Es ergibt sich für die Pensionsrückstellung grds nichts anderes; sofern das versicherungstechnische Alter des Pensionsberechtigten im RumpfWj unverändert bleibt, kann nach dem Wortlaut des Gesetzes keine Zuführung zur Pensionsrückstellung vorgenommen werden, weil sich keine Erhöhung des TW ergibt (vgl dazu *Heubeck* § 6a Rz 558, 556).

62 **b) Ausnahmen vom Nachholverbot.** Die Nachholung ist zul (s dazu BT-Drs 7/1281 S 40), wenn die zu geringe Rückstellung durch staatl Stellen veranlasst ist (*Buciek* FR 09, 907); iEinz kein Nachholverbot: – ***(1)*** wenn ein pensionsberechtigter ArbN aus dem Unternehmen ausscheidet und er ein nach dem Arbeitsrecht unverfallbares Pensionsanwartschaftsrecht besitzt oder wenn der Fortbestand der Anwartschaft mit dem ArbG beim Ausscheiden vereinbart wird; – ***(2)*** wenn der Versorgungsfall eintritt (s Rz 51). In diesen Fällen darf aE des Wj die Pensionsrückstellung mit dem Barwert der Pensionsverpflichtung angesetzt werden (§ 6a IV 5; § 6a II Nr 2). – ***(3)*** § 6a IV 2 gebietet bei Einführung neuer biometrischer Rechnungsgrundlagen die Verteilung der sich aus der verlängerten Lebenserwartung ergebende Erhöhung der Rückstellungen auf wenigstens drei Jahre und begründet insoweit eine Ausnahme vom Nachholverbot. § 6a IV 2 gilt für Wj, die nach dem 30.9.98 enden, jedoch sind die 1998 veröffentlichten biometrischen Rechnungsgrundlagen erst für Wj anwendbar, die nach dem 31.12.98 enden (*Prinz* FR 99, 420); vgl Rz 65; – ***(4)*** wenn die Rückstellungsbildung infolge einer entgegenstehenden Rspr nicht zugelassen wurde, diese Rspr aber inzwischen geändert ist (BFH IV R 56/92 BStBl II 94, 740/2); – ***(5)*** bei formwandelnder **Umwandlung** einer Anstalt des öffentl Rechts in GmbH (BFH I R 3/06 BStBl II 10, 186, gegen Vorinstanz FG Nds EFG 06, 717).

63 **c) Anpassung der Zusage an Kaufkraftentwicklung.** In diesem Fall (§ 16 BetrAVG) wird in der HB eine darauf beruhende Erhöhung der Rückstellung vorgenommen, ist diese in der StB auch zul, wenn es sich um eine sog **Altzusage** (Rz 2) und eine **sog nachholende Anpassung** handelt (*BMF* v 17.8.93 DStR 93, 1369). Macht der StPfl von dem für Altzusagen geltenden Wahlrecht Gebrauch und unterlässt er die Erhöhung des Rückstellungsbetrags, darf er in späteren Jahren die Erhöhung wegen des Nachholverbots in der StB nicht mehr vornehmen, obwohl diese handelsrechtl mögl bleibt. Betrifft die Anpassung eine **Neuzusage** (Rz 3), ist eine Erhöhung der Rückstellung handels- wie strechtl zwingend.

64 **d) Keine Anpassung.** Wird von der Möglichkeit, die Pensionsrückstellung auf den Barwert der Pensionsverpflichtung aufzufüllen, im Jahr des Ausscheidens des ArbN bzw des Eintritts des Versorgungsfalles kein Gebrauch gemacht (auch nicht in Gestalt der Verteilung auf drei Wj; s Rz 65), greift für die folgenden Wj wiederum das Nachholverbot ein. Ist eine Zusage an die Höhe des Gehalts gekoppelt, können Tariferhöhungen, die in einem Tarifvertrag für mehrere Jahre vereinbart werden, dazu führen, dass wegen des **Stichtagsprinzips** (§ 6a III 2 Nr 2 S 3; EStR 6a XVII) sehr hohe Zuführungen vorgenommen werden müssten, um dem Nachholverbot auszuweichen. Diese können aber zu einer Überschuldung führen, so dass der ArbG gehindert sein kann, die Rückstellung in der gebotenen Höhe zu bilden. Aus § 6a IV 2, 3 ergibt sich indes die Möglichkeit der **Verteilung** starker Erhöhungen **auf mehrere Jahre.** *BMF* v 28.10.87 (BetrAV 87, 259) hat die Verteilungsmöglichkeit unter Hinweis auf § 6a III 2 Nr 2 S 3 abgelehnt.

2. Verteilung von Einmalbeträgen. Rückstellbare Einmalbeträge ergeben sich *(1)* bei der Erteilung von Pensionszusagen nach Beginn des DienstVerh und nach Erreichen des Mindestalters oder *(2)* bei späteren Erhöhungen der Pensionszusage und *(3)* bei Auffüllung von Pensionsrückstellungen auf den Barwert der Pensionsverpflichtung bei Eintritt des Versorgungsfalles oder *(4)* bei der Auffüllung der Pensionsrückstellung anlässl des Ausscheidens des ArbN unter Aufrechterhaltung des Pensionsanspruchs (s Rz 51, 62) und *(5)* Erhöhungen auf Grund erstmaliger oder geänderter biometrischer Berechnungsgrundlagen (§ 6a IV 2; s auch Rz 62). 65

Die Einmalbeträge können in den Fällen zu (1) und (2) nach § 6a IV S 3, HS 2, S 4 und in den Fällen zu (3) und (4) nach § 6a IV 5 HS 2 auf drei Jahre ab dem Jahr der Entstehung des Einmalbetrages gleichmäßig verteilt werden, so dass die Pensionsrückstellung in diesen drei Jahren um je $^1/_3$ des Einmalbetrages erhöht wird. Im Fall (2) – also bei Erhöhung des Pensionsanspruchs – besteht die Verteilungsmöglichkeit nur, wenn die Erhöhung des Barwertes der Pensionsleistungen mehr als 25 vH beträgt (§ 6a IV 4); diese Einschränkung dient der Vereinfachung. Zu (5): Die Erhöhungsbeträge sind in den Fällen des § 6a IV $^2/_6$ auf drei Jahre gleichmäßig zu verteilen (*Prinz* FR 99, 420), nicht bei erstmaliger Bildung (FG Bbg EFG 06, 1746, rkr). Wird von der Möglichkeit der Zuführung des Einmalbetrages im Jahr der Entstehung ggf unter Einbeziehung der beiden Folgejahre kein Gebrauch gemacht, greift das **Nachholverbot** für die folgenden Jahre wieder ein.

VI. Auflösung, Abfindung und Verzicht

1. Auflösung. – a) Regelfall. Rückstellungen sind prinzipiell erfolgsneutral (per Rückstellung an Geld) auszubuchen. Bei der Pensionsrückstellung ist (wegen der nach § 6a III begrenzten Höhe) der Unterschiedsbetrag zw den versicherungsmathematischen Barwerten gewinnerhöhend (= Minderung der Verbindlichkeit) zu erfassen; zugleich sind die lfd Pensionsleistungen (voll) als BA abzusetzen (EStR 6a XXII; *Blümich/Heger* Rz 465f). Da die Auflösungsbeträge der Pensionsrückstellung idR niedriger sind als die Summe der geleisteten Pensionszahlungen, ergibt sich per Saldo eine lfd Gewinnminderung. Zu einer (ggf anteilig) gewinnerhöhenden Auflösung kann es auch kommen, wenn *(a)* die Pensionsverpflichtung (zB infolge Verzichts oder Abfindung; dazu *Fuhrmann* StbJb 09/10, 291, 304/14; *Perwein* GmbHR 10, 523) wegfällt, *(b)* sie herabgesetzt wird oder *(c)* sie sich aus einem sonstigen Grund mindert. Zur Unterscheidung nach der Art des Fehlers vgl BFH I R 74/06 BStBl II 08, 277, mit krit Anm *Weber-Grellet* StuB 08, 105; *Briese* StuB 08, 857/9. – Auch bei fehlender Erdienbarkeit (zB wegen vorzeitigen Ausscheidens) ist die Rückstellung nicht aufzulösen, aber vGA (BFH I R 76/13 BStBl II 15, 665). – Bei **sog technischen Rentnern** (Weiterarbeit, ohne Pension zu beziehen; EStR 6a XXII 2) ist die Pensionsrückstellung wiederum iHd Unterschiedsbetrags aufzulösen; erst wenn mit den Pensionszahlungen begonnen wird, sind diese als BA abziehbar. 66

b) Ausnahmefälle. Eine einmal (zwingend) gebildete Pensionsrückstellung (Rz 2) kann – von den vorgenannten Möglichkeiten abgesehen – nicht wieder ohne weiteres **gewinnerhöhend aufgelöst** werden (BFH I R 8/75 BStBl II 77, 798). Die Pensionsrückstellung ist aber aufzulösen, wenn der StPfl eine **DirektVers** zugunsten des ArbN abschließt und durch diese der Anspruch aus der Pensionszusage abgedeckt wird. Dasselbe gilt, wenn der StPfl zunächst eine **Rückdeckungsversicherung** abschließt und dem ArbN nach Abschluss der Versicherung den Anspruch auf die Versicherungsleistung abtritt (vgl EStR 6a XXIII). Eine Verpflichtung zur Auflösung ergibt sich auch, wenn die gesetzl Voraussetzung der Rückstellungsbildung zunächst zu Unrecht bejaht wurden (vgl BFH I R 37/02 BStBl II 04, 121: Auflösung wegen mangelnder Einhaltung der Schriftform; Anm *Gosch* StBP 04, 83; *Weber-Grellet* FR 04, 216); zur Absicherung durch Verpfändung *Demuth/Rosner* KÖSDI 06, 14950. 67

c) Veräußerung eines Einzelunternehmens; PersGes. Die Rückstellung geht auf den Erwerber über (Rz 55); bei Veräußerung von GmbH-Anteilen ändert 68 sich prinzipiell nichts; Auslagerung auf eigens gegründete „Rentner"-GmbH führt zu ArbLohn (BFH VI R 6/02 DStR 07, 894; *Herg/Schramm* DStR 07, 1706; aA *BMF* BStBl I 09, 273 Rz 227: Zufluss erst bei Auszahlung der Versorgungsleistungen; *Geilert ua* DStR 10, 87 mwN; diff *Demuth/Fuhrmann* KÖSDI 11, 17618/25); zur Ablösung/Auslagerung von Pensionszusagen auf Dritte *Kolvenbach/Satoris* Bilanzielle Auslagerung von Pensionsverpflichtungen, 2. Aufl 09; *Huth/Kutzner* GmbHR 15, 290. Bei Betriebsaufgabe mindert die Rückstellung den Aufgabegewinn, die Verpflichtung bleibt. Dies gilt entspr bei Liquidation einer GmbH (allg zur Ablösung von Verbindlichkeiten bei Liquidation *Passarge* GmbHR 07, 701; *Pradl* GStB 13, 136; s auch § 4 BetrAVG). Bei Insolvenz tritt der PSV ein (§ 7 I BetrAVG). Zur Umwandlung s Rz 30/1. – Übertragung (Ausgliederung; Auslagerung; Ausfinanzierung; Outsourcing) der Verpflichtung auf sog RentnerGes mögl (BAG 3 AZR 298/13 BetrAV 14, 667; *Reinecke* BetrAV 15, 18/30). – Durch Hingabe von Deckungsmitteln iHd gemeinen Werts/Buchwerts entsteht bei der übertragenden Ges ein Verlust (§ 123 UmwG) von 30; bei aufnehmender Ges: per Deckungsmittel 100 an RSt 70 an Kapitalrücklage 30; zur Ausgliederung *Küting ua* BB 97, 565; s auch Rz 33. – **Übernahme** durch K'tist kann bei Tod des Berechtigten zu nachträgl gewerbl Einkünften führen (BFH III R 22/05 BFH/NV 09, 1409). LStFreiheit ist bei Übertragung der Versorgungsverpflichtung auf einen **Pensionsfonds** mögl (§ 4e Rz 8; *Höfer* DB 03, 413 mit *Beispielen*).

2. Abfindung

Schrifttum: *Huth,* Arbeits-/strechtl Aspekte zur Abfindung von Pensionszusagen, BetrAV 14, 110, *Ott,* Verzicht und Abfindung von Pensionsanwartschaften …, DStR 15, 2262.

69 Um sich von den (ggf negativen) Auswirkungen einer gewährten Pensionszusage zu befreien, besteht die Möglichkeit, die Pensionszusage abzufinden. Damit verliert der ArbN zwar seinen Anspruch auf die betriebl Altersversorgung; im Gegenzug wird er jedoch iHd Rechtsverlustes wertgleich entschädigt und bezieht § 19-Einkünfte (*Huth* BetrAV 14, 110, auch zu Besonderheiten beim Ges'tergeschäftsführer). Auf Seiten der Ges bewirkt die Abfindung eine Auflösung der Rückstellung (Rz 66). – Eine Kapitalabfindung der Pensionszusage an den beherrschenden Ges'tergeschäftsführer einer GmbH kann zu einer vGA führen (BFH I R 28/13 BStBl II 14, 726; zR krit *Janssen* GStB 14, 402; Rz 28); entscheidend ist mE, ob die Rückstellung als solche betriebl veranlasst war; die Auszahlung (Rente oder Abfindung) ist vGA-rechtl irrelevant; die betriebl Veranlassung einer Pension wird nicht durch die vorzeitige Abfindung beseitigt.

3. Verzicht

Schrifttum: *Moorkamp,* Steuerl Folgen bei Verzicht auf future service, StuB 11, 741; *Altendorf,* „Einfrieren" einer Pensionszusage durch Verzicht auf den „future-service", GmbHR 11, 1186; *Egner/Sartoris,* Verzicht auf Pensionszusage …, DB 11, 2804; *Killat,* Verzicht auf future service, DStZ 11, 892; *Ott,* Verzicht/Abfindung von Pensionsanwartschaften …, DStR 15, 2262. – **Verwaltung:** *BMF* BStBl I 12, 874; *OFD Ffm* DB 11, 501; *OFD Nds* DB 11, 1778.

70 **a) Veranlassung.** Zur betriebl oder gesellschaftl Veranlassung des Verzichts *Heeg* DStR 09, 567, *Fuhrmann* StbJb 09/10, 291/304; *Demuth/Fuhrmann* KÖSDI 11, 17618/24. Der Verzicht soll betriebl veranlasst sein, wenn die Zusage im Zeitpunkt des Verzichts nichts finanzierbar war und wenn auch ein Fremdgeschäftsführer verzichtet hätte (*OFD Ffm* DB 10, 2584, DB 11, 501).

71 **b) Wirkungen.** Der **Verzicht des Ges'tergeschäftsführers** verlangt eine Korrektur des bisherigen Ausweises und bewirkt (*FinMin NRW* 17.12.09 DB 10, 587; *OFD Ffm* DB 11, 501; *Harle* BB 10, 1963; krit *Risthaus* DStZ 10, 212; wN s 31. Aufl): – ***(1)* Gesellschaftl veranlasster Verzicht.** Beim schlichten Ges'ter-Pensionsverzicht verfügt der Ges'ter aus gesellschaftl Veranlassung über seinen Pensionsanspruch: *(a)* Bei der Ges: per Verbindlichkeit an Einlage (= neutrale Auflösung der Verbindlichkeit; *Huth* BetrAV 14, 110/7); – *(b)* Beim Ges'ter: per Beteiligung an (§ 20-)Ertrag (Verfügung über den Pensionsanspruch; Zufluss; krit *Briese* BB 14, 1567/9). – ***(2)* Betriebl veranlasster Verzicht.** *(a)* Bei der Ges: per Verbindlichkeit an Ertrag (Aufwandsstornierung); – *(b)* Beim Ges'ter: kein Lohnzufluss, keine Anschaffungskosten. – Die Einlage bei der Ges und der Zufluss beim Ges'ter können unterschiedl hoch sein (*Schothöfer* DStR 12, 548).

c) Verzicht auf „Future Service". Der (bloße) Verzicht auf den „Future Service" (Rz 1) verbietet weitere Zuführungen zur Rückstellung bei der GmbH; für den Ges'tergeschäftsführer ist der Verzicht iR steuerl folgenlos, sofern der Verzicht nicht bereits erdiente Anteile erfasst (*BMF* BStBl I 12, 874 mit Beispiel; *OFD Nds* DB 11, 1778; *Pradl* GStB 13, 60/5; aA – wohl überholt – *OFD Ka* DB 10, 2251; *OFD Ffm* DB 10, 2584/5; aA auch *Märtens* jurisPR-StR 20/14 Anm 5). 72

d) Verzicht mit Gegenleistung. Dieser Fall (zB gegen Abtretung des Rückkaufwertes einer bestehenden Rückdeckungsversicherung) führt bei der Ges zur Gewinnerhöhung wegen Rückstellungswegfall und zur Gewinnminderung durch Wegfall des Versicherungsanspruchs. Zu Gestaltungsmöglichkeiten aus Sicht des Verzichtenden durch Vereinbarung eines Rentenrechts oder Kapitalwahlrechts s *Daragan* DStR 03, 1870 oder durch Übertragung auf einen Pensionsfonds s *Höfer* DB 03, 413. – Zum Verzicht (und Alternativen) wegen Vermeidung einer Überschuldung (infolge Höherbewertung nach BilMoG) *Harle* NWB 10, 1675. 73

e) Verzicht auf verfallbare Anwartschaft. Das ist keine Einlage; die entspr Rückstellung ist gewinnerhöhend aufzulösen (BFH I R 62/10 BB 11, 2673). 74

VII. Pensionsrückstellung bei anderem Rechtsverhältnis, § 6a V

Die Pensionsverpflichtung muss iRe ArbVerh oder eines anderen Rechtsverhältnisses (§ 6a V), vermöge dessen der Zusageempfänger für das Unternehmen tätig wird oder geworden ist (zB Dienst-/Werk-/Geschäftsbesorgungsvertrag, Geschäftsführung ohne Auftrag), begründet worden sein (so auch *Höfer* BetrAVG Kap 2 Rz 693, 41 f; *Blümich/Heger* Rz 449; aA *Littmann/Rau* § 6a Rz 85 ff). Der abw Auffassung ist nicht zu folgen, weil § 6a keine Ausnahme vom Grundsatz enthält, dass BA und Verbindlichkeiten, die in Höhe ihres Wertes den Gewinn mindern, betriebl veranlasst sein müssen (§ 4 IV; BFH I R 124/95 BStBl II 97, 799). 75

§ 6b Übertragung stiller Reserven bei der Veräußerung bestimmter Anlagegüter

(1) [1] **Steuerpflichtige, die**
Grund und Boden,
Aufwuchs auf Grund und Boden mit dem dazugehörigen Grund und Boden, wenn der Aufwuchs zu einem land- und forstwirtschaftlichen Betriebsvermögen gehört,
Gebäude oder Binnenschiffe
veräußern, können im Wirtschaftsjahr der Veräußerung von den Anschaffungs- oder Herstellungskosten der in Satz 2 bezeichneten Wirtschaftsgüter, die im Wirtschaftsjahr der Veräußerung oder im vorangegangenen Wirtschaftsjahr angeschafft oder hergestellt worden sind, einen Betrag bis zur Höhe des bei der Veräußerung entstandenen Gewinns abziehen.
[2] **Der Abzug ist zulässig bei den Anschaffungs- oder Herstellungskosten von**

1. **Grund und Boden,**
   soweit der Gewinn bei der Veräußerung von Grund und Boden entstanden ist,

2. Aufwuchs auf Grund und Boden mit dem dazugehörigen Grund und Boden, wenn der Aufwuchs zu einem land- und forstwirtschaftlichen Betriebsvermögen gehört,
soweit der Gewinn bei der Veräußerung von Grund und Boden oder der Veräußerung von Aufwuchs auf Grund und Boden mit dem dazugehörigen Grund und Boden entstanden ist,

3. Gebäuden,
soweit der Gewinn bei der Veräußerung von Grund und Boden, von Aufwuchs auf Grund und Boden mit dem dazugehörigen Grund und Boden oder Gebäuden entstanden ist, oder

4. Binnenschiffen,
soweit der Gewinn bei der Veräußerung von Binnenschiffen entstanden ist.

[3]Der Anschaffung oder Herstellung von Gebäuden steht ihre Erweiterung, ihr Ausbau oder ihr Umbau gleich. [4]Der Abzug ist in diesem Fall nur von dem Aufwand für die Erweiterung, den Ausbau oder den Umbau der Gebäude zulässig.

(2) **[1]Gewinn im Sinne des Absatzes 1 Satz 1 ist der Betrag, um den der Veräußerungspreis nach Abzug der Veräußerungskosten den Buchwert übersteigt, mit dem das veräußerte Wirtschaftsgut im Zeitpunkt der Veräußerung anzusetzen gewesen wäre. [2]Buchwert ist der Wert, mit dem ein Wirtschaftsgut nach § 6 anzusetzen ist.**

(2a) **[1]Werden im Wirtschaftsjahr der Veräußerung der in Absatz 1 Satz 1 bezeichneten Wirtschaftsgüter oder in den folgenden vier Wirtschaftsjahren in Absatz 1 Satz 2 bezeichnete Wirtschaftsgüter angeschafft oder hergestellt oder sind sie in dem der Veräußerung vorangegangenen Wirtschaftsjahr angeschafft oder hergestellt worden, die einem Betriebsvermögen des Steuerpflichtigen in einem anderen Mitgliedstaat der Europäischen Union oder des Europäischen Wirtschaftsraums zuzuordnen sind, kann auf Antrag des Steuerpflichtigen die festgesetzte Steuer, die auf den Gewinn im Sinne des Absatzes 2 entfällt, in fünf gleichen Jahresraten entrichtet werden; die Frist von vier Jahren verlängert sich bei neu hergestellten Gebäuden auf sechs Jahre, wenn mit ihrer Herstellung vor dem Schluss des vierten auf die Veräußerung folgenden Wirtschaftsjahres begonnen worden ist. [2]Der Antrag kann nur im Wirtschaftsjahr der Veräußerung der in Absatz 1 Satz 1 bezeichneten Wirtschaftsgüter gestellt werden. [3]§ 36 Absatz 5 Satz 2 bis 5 ist sinngemäß anzuwenden.**

(3) **[1]Soweit Steuerpflichtige den Abzug nach Absatz 1 nicht vorgenommen haben, können sie im Wirtschaftsjahr der Veräußerung eine den steuerlichen Gewinn mindernde Rücklage bilden. [2]Bis zur Höhe dieser Rücklage können sie von den Anschaffungs- oder Herstellungskosten der in Absatz 1 Satz 2 bezeichneten Wirtschaftsgüter, die in den folgenden vier Wirtschaftsjahren angeschafft oder hergestellt worden sind, im Wirtschaftsjahr ihrer Anschaffung oder Herstellung einen Betrag unter Berücksichtigung der Einschränkungen des Absatzes 1 Satz 2 bis 4 abziehen. [3]Die Frist von vier Jahren verlängert sich bei neu hergestellten Gebäuden auf sechs Jahre, wenn mit ihrer Herstellung vor dem Schluss des vierten auf die Bildung der Rücklage folgenden Wirtschaftsjahres begonnen worden ist. [4]Die Rücklage ist in Höhe des abgezogenen Betrags gewinnerhöhend aufzulösen. [5]Ist eine Rücklage am Schluss des vierten auf ihre Bildung folgenden Wirtschaftsjahres noch vorhanden, so ist sie in diesem Zeitpunkt gewinnerhöhend aufzulösen, soweit nicht ein Abzug von den Herstellungskosten von Gebäuden in Betracht kommt, mit deren Herstellung bis zu diesem Zeitpunkt begonnen worden ist; ist die Rücklage am Schluss des sechsten auf ihre Bildung folgenden Wirtschaftsjahres noch vorhanden, so ist sie in diesem Zeitpunkt gewinnerhöhend aufzulösen.**

(4) [1]**Voraussetzung für die Anwendung der Absätze 1 und 3 ist, dass**

1. **der Steuerpflichtige den Gewinn nach § 4 Absatz 1 oder § 5 ermittelt,**
2. **die veräußerten Wirtschaftsgüter im Zeitpunkt der Veräußerung mindestens sechs Jahre ununterbrochen zum Anlagevermögen einer inländischen Betriebsstätte gehört haben,**
3. **die angeschafften oder hergestellten Wirtschaftsgüter zum Anlagevermögen einer inländischen Betriebsstätte gehören,**
4. **der bei der Veräußerung entstandene Gewinn bei der Ermittlung des im Inland steuerpflichtigen Gewinns nicht außer Ansatz bleibt und**
5. **der Abzug nach Absatz 1 und die Bildung und Auflösung der Rücklage nach Absatz 3 in der Buchführung verfolgt werden können.**

[2]**Der Abzug nach den Absätzen 1 und 3 ist bei Wirtschaftsgütern, die zu einem land- und forstwirtschaftlichen Betrieb gehören oder der selbständigen Arbeit dienen, nicht zulässig, wenn der Gewinn bei der Veräußerung von Wirtschaftsgütern eines Gewerbebetriebs entstanden ist.**

(5) **An die Stelle der Anschaffungs- oder Herstellungskosten im Sinne des Absatzes 1 tritt in den Fällen, in denen das Wirtschaftsgut im Wirtschaftsjahr vor der Veräußerung angeschafft oder hergestellt worden ist, der Buchwert am Schluss des Wirtschaftsjahres der Anschaffung oder Herstellung.**

(6) [1]**Ist ein Betrag nach Absatz 1 oder 3 abgezogen worden, so tritt für die Absetzungen für Abnutzung oder Substanzverringerung oder in den Fällen des § 6 Absatz 2 und Absatz 2a im Wirtschaftsjahr des Abzugs der verbleibende Betrag an die Stelle der Anschaffungs- oder Herstellungskosten.** [2]**In den Fällen des § 7 Absatz 4 Satz 1 und Absatz 5 sind die um den Abzugsbetrag nach Absatz 1 oder 3 geminderten Anschaffungs- oder Herstellungskosten maßgebend.**

(7) **Soweit eine nach Absatz 3 Satz 1 gebildete Rücklage gewinnerhöhend aufgelöst wird, ohne dass ein entsprechender Betrag nach Absatz 3 abgezogen wird, ist der Gewinn des Wirtschaftsjahres, in dem die Rücklage aufgelöst wird, für jedes volle Wirtschaftsjahr, in dem die Rücklage bestanden hat, um 6 Prozent des aufgelösten Rücklagenbetrags zu erhöhen.**

(8) [1]**Werden Wirtschaftsgüter im Sinne des Absatzes 1 zum Zweck der Vorbereitung oder Durchführung von städtebaulichen Sanierungs- oder Entwicklungsmaßnahmen an einen der in Satz 2 bezeichneten Erwerber übertragen, sind die Absätze 1 bis 7 mit der Maßgabe anzuwenden, dass**

1. **die Fristen des Absatzes 3 Satz 2, 3 und 5 sich jeweils um drei Jahre verlängern und**
2. **an die Stelle der in Absatz 4 Nummer 2 bezeichneten Frist von sechs Jahren eine Frist von zwei Jahren tritt.**

[2]**Erwerber im Sinne des Satzes 1 sind Gebietskörperschaften, Gemeindeverbände, Verbände im Sinne des § 166 Absatz 4 des Baugesetzbuchs, Planungsverbände nach § 205 des Baugesetzbuchs, Sanierungsträger nach § 157 des Baugesetzbuchs, Entwicklungsträger nach § 167 des Baugesetzbuchs sowie Erwerber, die städtebauliche Sanierungsmaßnahmen als Eigentümer selbst durchführen (§ 147 Absatz 2 und § 148 Absatz 1 Baugesetzbuch).**

(9) **Absatz 8 ist nur anzuwenden, wenn die nach Landesrecht zuständige Behörde bescheinigt, dass die Übertragung der Wirtschaftsgüter zum Zweck der Vorbereitung oder Durchführung von städtebaulichen Sanierungs- oder Entwicklungsmaßnahmen an einen der in Absatz 8 Satz 2 bezeichneten Erwerber erfolgt ist.**

(10) [1]**Steuerpflichtige, die keine Körperschaften, Personenvereinigungen oder Vermögensmassen sind, können Gewinne aus der Veräußerung von An-**

teilen an Kapitalgesellschaften bis zu einem Betrag von 500 000 Euro auf die im Wirtschaftsjahr der Veräußerung oder in den folgenden zwei Wirtschaftsjahren angeschafften Anteile an Kapitalgesellschaften oder angeschafften oder hergestellten abnutzbaren beweglichen Wirtschaftsgüter oder auf die im Wirtschaftsjahr der Veräußerung oder in den folgenden vier Wirtschaftsjahren angeschafften oder hergestellten Gebäude nach Maßgabe der Sätze 2 bis 10 übertragen. [2]Wird der Gewinn im Jahr der Veräußerung auf Gebäude oder abnutzbare bewegliche Wirtschaftsgüter übertragen, so kann ein Betrag bis zur Höhe des bei der Veräußerung entstandenen und nicht nach § 3 Nummer 40 Satz 1 Buchstabe a und b in Verbindung mit § 3c Absatz 2 steuerbefreiten Betrags von den Anschaffungs- oder Herstellungskosten für Gebäude oder abnutzbare bewegliche Wirtschaftsgüter abgezogen werden. [3]Wird der Gewinn im Jahr der Veräußerung auf Anteile an Kapitalgesellschaften übertragen, mindern sich die Anschaffungskosten der Anteile an Kapitalgesellschaften in Höhe des Veräußerungsgewinns einschließlich des nach § 3 Nummer 40 Satz 1 Buchstabe a und b in Verbindung mit § 3c Absatz 2 steuerbefreiten Betrags. [4]Absatz 2, Absatz 4 Satz 1 Nummer 1, 2, 3, 5 und Satz 2 sowie Absatz 5 sind sinngemäß anzuwenden. [5]Soweit Steuerpflichtige den Abzug nach den Sätzen 1 bis 4 nicht vorgenommen haben, können sie eine Rücklage nach Maßgabe des Satzes 1 einschließlich des nach § 3 Nummer 40 Satz 1 Buchstabe a und b in Verbindung mit § 3c Absatz 2 steuerbefreiten Betrags bilden. [6]Bei der Auflösung der Rücklage gelten die Sätze 2 und 3 sinngemäß. [7]Im Fall des Satzes 2 ist die Rücklage in gleicher Höhe um den nach § 3 Nummer 40 Satz 1 Buchstabe a und b in Verbindung mit § 3c Absatz 2 steuerbefreiten Betrag aufzulösen. [8]Ist eine Rücklage am Schluss des vierten auf ihre Bildung folgenden Wirtschaftsjahres noch vorhanden, so ist sie in diesem Zeitpunkt gewinnerhöhend aufzulösen. [9]Soweit der Abzug nach Satz 6 nicht vorgenommen wurde, ist der Gewinn des Wirtschaftsjahres, in dem die Rücklage aufgelöst wird, für jedes volle Wirtschaftsjahr, in dem die Rücklage bestanden hat, um 6 Prozent des nicht nach § 3 Nummer 40 Satz 1 Buchstabe a und b in Verbindung mit § 3c Absatz 2 steuerbefreiten aufgelösten Rücklagenbetrags zu erhöhen. [10]Für die zum Gesamthandsvermögen von Personengesellschaften oder Gemeinschaften gehörenden Anteile an Kapitalgesellschaften gelten die Sätze 1 bis 9 nur, soweit an den Personengesellschaften und Gemeinschaften keine Körperschaften, Personenvereinigungen oder Vermögensmassen beteiligt sind.

Einkommensteuer-Richtlinien/Verwaltungsanweisungen: EStR 6b.1–6b.3/EStH 6b.1–6b.3 – *BMF* BStBl I 08, 495 (bis VZ 2008); BStBl I 94, 854 (bis VZ 2012); BStBl I 79, 223.

Übersicht Rz

Schrifttum (Auswahl – weitere Hinweise im Text): *J. Thiel,* Aufschub der Gewinnrealisierung durch §§ 6b, 6c, DStJG 4 (1981), 183; *Schön,* Gewinnübertragungen bei PersGes nach § 6b EStG (Diss 1986); *Kanzler,* Landwirte, FS Beisse S 251 (1997); *ders,* Reinvestitionsvergünstigung, FR 02, 117; *Jachmann,* § 6b, DStZ 02, 203; *Hoffmann,* Zwischenbetriebl Übertragung, PiR 08, 103; *Schulz,* Übertragung einer Rücklage, NWB F 17, 2227; *Freikamp,* umgekehrte Maßgeblichkeit, DB 08, 781; *Hoffmann,* Übertragung, GmbH-StB 09, 87; *Paus,* Veräußerung von Grundbesitz, EStB 12, 227.

I. Allgemeines

1. Bedeutung; Aufbau. Gem § 6b (und § 6c) darf der StPfl **stille Reserven,** 1
die bei der (entgelt) Veräußerung *bestimmter* Anlagegüter aufgedeckt worden sind, bei der Anschaffung oder Herstellung anderer *bestimmter* Anlagegüter **stfrei übertragen** (Beschränkung des Realisationsprinzips, s § 5 Rz 78). Zweck der Regelung ist es, einem Unternehmen ökonomisch sinnvolle Anpassungen von Produktion, Vertrieb und Standort (zB durch Verlagerung) etc an strukturelle Veränderungen zu erleichtern und eine Substanzbesteuerung von AV zu vermeiden (BT-Drs IV/2400, 62; BFH IV R 4/09 BStBl II 14, 443, Rz 18). Die Begünstigung der Veräußerung von Binnenschiffen gem § 6b I 2 Nr 4 soll die Konkurrenzfähigkeit der dt Binnenschifffahrt fördern (BT-Drs 16/643, 9). Zu § 6b X s Rz 93. – Die Übertragung stiller Reserven kann **auf zweierlei Art** erfolgen: Zum einen kann der StPfl den Veräußerungsgewinn bei Anschaffung/Herstellung anderer WG im Wj der Veräußerung **von den AK/HK abziehen (§ 6b I);** die Ermittlung des Veräußerungsgewinns regelt **§ 6b II.** Zum andern kann der StPfl eine gewinnmindernde **Rücklage bilden** und auf WG übertragen, die er in den folgenden vier bzw sechs Wj anschafft **(§ 6b III).** Beide Möglichkeiten sind an weitere Voraussetzungen geknüpft, ua Gewinnermittlung nach § 4 I/§ 5 und Zugehörigkeit zu einem inl

BV **(§ 6b IV).** Ergänzende Regelungen zur Übertragung aufgedeckter stiller Reserven auf WG, die in dem der Veräußerung *vorangegangenen* Wj angeschafft worden sind, enthält **§ 6b V.** Die Übertragung stiller Reserven auf die AK/HK eines neu angeschafften WG mindert die Bemessungsgrundlage für AfA und SonderAfA **(§ 6b VI).** Werden in die Rücklage eingestellte stille Reserven letztl nicht für Reinvestitionen verwendet, fällt mit der Auflösung ein Gewinnzuschlag an **(§ 6b VII).** Für Investitionen iZm städtebaul Sanierungs-/Entwicklungsmaßnahmen gelten verlängerte Fristen **(§ 6b VIII, IX).** Natürl Personen können Gewinne aus der Veräußerung von KapGes-Anteilen iHv 500 000 € auf bestimmte andere WG übertragen, ohne die Gewinne nach dem Teileinkünfteverfahren versteuern zu müssen **(§ 6b X).** Für Reinvestitionen im EU/EWR-Raum sieht der neu geschaffene **§ 6b IIa** ein Wahlrecht zur Verteilung der anfallenden Steuer auf fünf Jahre vor.

Stundungseffekt: Die Versteuerung aufgedeckter stillen Reserven wird nur hinausgeschoben, nicht beseitigt. Sie wird bei Übertragung auf *nicht abnutzbare* WG des AV im Zeitpunkt einer späteren Veräußerung oder Entnahme nachgeholt; bei Übertragung auf *abnutzbare* WG des AV erfolgt sie über die nach § 6b VI geminderte AfA-Bemessungsgrundlage. Werden die aufgedeckten stillen Reserven nicht auf ein anderes WG übertragen, kommt es zur Versteuerung (mit Gewinnzuschlag), wenn der StPfl eine nach § 6b III gebildete Rücklage auflöst.

2 **2. Persönl Anwendungsbereich.** § 6b gilt für alle **natürl Personen,** die im Inl unbeschr oder beschr stpfl sind und ihren Gewinn nach § 4 I oder § 5 ermitteln (s Rz 66). Die Regelung gilt ferner, mit Ausnahme von § 6b X (s Rz 94), auch für **juristische Personen** (§ 8 I KStG). Zu **PersGes** s Rz 4.

3 **a) Personenbezogene Steuervergünstigung.** Veräußernder und reinvestierender StPfl müssen **identisch** sein. Die Überführung des WG zw verschiedenen Betriebstätten desselben StPfl ist grds zulässig (Rz 78; s aber Rz 81), eine Übertragung zw Ehegatten hingegen nicht. Geht ein (Teil-)Betrieb unentgeltl zB durch **Schenkung** oder **Erbgang** auf einen anderen StPfl über, tritt der Rechtsnachfolger auch in die Rechte und Pflichten nach § 6b ein (§ 6 III). Die nach § 6b gebildete Rücklage ist ausschließl beim Rechtsnachfolger zu erfassen (BFH IV R 9/06 BStBl II 10, 664). Die Besitzzeiten des Rechtsvorgängers werden angerechnet (BFH IV R 61/93 BStBl II 95, 367; s Rz 74). Dagegen schließen **entgeltl Veräußerungsgeschäfte** den Übergang der Rechte nach § 6b, insb auch die Besitzzeitanrechnung, aus (BFH IV R 136/77 BStBl II 81, 84).

Bei **Verpachtung** eines Betriebs kann der Verpächter, der keine Betriebsaufgabe erklärt hat, nach Veräußerung von (mitverpachteten) WG § 6b in Anspruch nehmen (Konsequenz aus BFH GrS 1/63 S BStBl III 64, 124; s auch § 6c Rz 2 und § 16 Rz 709); zur Reinvestition durch den Verpächter s BFH IV R 10/09, BStBl II 12, 93 (beabsichtigte Eigenbewirtschaftung und Entfernung zur Hofstelle). Bei **BetrAufsp** (Rz 75) und **Organschaft** sind die verbundenen Unternehmen je für sich § 6b-berechtigt. Zu **Einbringung** und **Umwandlung** s Rz 28 und 77. Die **Realgemeinde** wird wie eine PersGes angesehen (BFH IV R 331/84 BStBl II 87, 169); zu Reinvestitionen im Betrieb ihrer Mitglieder s BFH IV R 298/83 BStBl II 88, 885.

4 **b) Personengesellschaft; Gemeinschaft.** Für Veräußerungen nach dem 31.12.01 gilt wieder die sog **gesellschafterbezogene Betrachtungsweise:** Nicht die Ges/Gemeinschaft, sondern die daran beteiligten Personen (die auch den Veräußerungsgewinn zu versteuern hätten) können die Vergünstigung des § 6b in Anspruch nehmen. *Folgen:* Die einzelnen Voraussetzungen des § 6b sind für jeden Ges'ter gesondert zu prüfen. Veräußerungsgeschäfte zw Ges und Ges'ter können zu begünstigten Gewinnen iSd § 6b führen (s Rz 32). Die aufgedeckten stillen Reserven können zw den verschiedenen BV von Ges und Ges'tern übertragen werden (Rz 43 ff).

Zu der vom 1.1.99 bis 31.12.01 geltenden „rechtsträger-" bzw **„gesellschaftsbezogenen" Betrachtungsweise** s 28. Aufl § 15 Rz 417 f und BFH IV R 23/04 BStBl II 06, 538. Zu den mögl Folgen des Systemwechsels s BFH IV R 22/07 BFH/NV 11, 31. – Zur **Klagebefugnis** von PersGes und Ges'tern s BFH IV R 41/09 BStBl II 13, 313.

3. Neuere Rechtsentwicklung. Wegen der EU/EWR-Rechtswidrigkeit von § 6b IV 1 Nr 2 ist mit dem StÄndG 2015 in § 6b IIa ein an § 36 V angelehntes Wahlrecht geschaffen worden (s Rz 6 und 54; *Loschelder* DStR 16, 9). – S iÜ 34. Aufl und ausführl *Blümich* § 6b Rz 21 ff. 5

4. Verfassungsrecht; Europarecht. Der Umstand, dass § 6b nur für bestimmte WG gilt, begründet keinen Verstoß gegen **Art 3 I GG** (BVerfG 1 BvR 74/75 HFR 75, 462). Unbedenkl ist auch die (nur) dreijährige Geltung der gesellschaftsbezogenen Betrachtungsweise von 1999–2001 (BFH IV R 23/04 BStBl II 06, 538; FG Köln EFG 12, 790, rkr; s Rz 4). – § 6b entspricht **EU-Recht,** soweit unterschiedslos, dh ohne Rücksicht auf Ansässigkeit, allen Wirtschaftsteilnehmern die Übertragung stiller Reserven gestattet wird (EuGH C-156/98 BStBl II 02, 47, Tz 22: keine Beihilfe). Dagegen ist die Beschränkung auf Inlandsfälle in **§ 6b IV 1 Nr 3 EU/EWR-rechtswidrig** (so jetzt auch EuGH C-591/13 DStR 15, 870; Anm *Kanzler* FR 15, 465, und *Hruschka* IStR 15, 368; ferner FG Mchn EFG 14, 1775, Rev IV R 35/14: gemeinschaftsrechtskonforme Auslegung; ebenso FG Nds EFG 12, 1031, rkr); der Gesetzgeber hat hierauf reagiert und zur Abhilfe ein Wahlrecht in **§ 6b II a** geschaffen (Rz 54). Im Hinblick auf **§ 6b IV 1 Nr 2** besteht die rechtswidrige Ungleichbehandlung mE allerdings fort (s auch *Prinz* GmbHR 15, R257: „unionrechtl Baustelle"). 6

Zu Bedenken gegen die Beschränkung auf Inlandsfälle in § 6b IV 1 Nr 2 und 3 s bereits *Knobbe-Keuk,* S 266 (weitere Nachweise: 34. Aufl Rz 6). Dem Einwand, die Beschränkung sei nur die Kehrseite des Verzichts auf die (reguläre) Besteuerung des Veräußerungsgewinns (Kohärenzgedanke; so *Mitschke* DStR 10, 2110; vgl auch *BMF* BStBl I 11, 530, Tz 11), ist der EuGH nicht gefolgt (s EuGH aaO, Rz 74 f).

5. Verhältnis zu anderen Vorschriften. – a) Rücklage für Ersatzbeschaffung (RfE). § 6b und **EStR 6.6** stehen selbstständig nebeneinander. Die RfE ist nicht auf bestimmte WG beschränkt und erfasst auch UV, setzt aber eine (Zwangs-) Realisierung der stillen Reserven infolge höherer Gewalt oder behördl Eingriffs voraus (s § 6 Rz 101 ff). Für Strukturanpassungen und dadurch bedingte Verkäufe gilt ausschließl § 6b (zur Abgrenzung: BFH VIII R 24/91 BFH/NV 93, 461; BFH X R 85/87 BStBl II 91, 222). Sind die Voraussetzungen für beide Rechtsinstitute erfüllt, kann der StPfl wählen, von welcher Möglichkeit er Gebrauch machen will. Zur ergänzenden Inanspruchnahme s (mE zutr) *Hoffmann* GmbH-StB 09, 87. 7

b) Tarifermäßigung, § 34. Bei **Veräußerungsgewinnen** (§§ 14, 16, 18 III) kann der StPfl zw § 6b (Abzug/Rücklage) und Tarifermäßigung nach § 34 I (oder ggf III) wählen, wenn zu dem veräußerten BV nach § 6b begünstigte WG gehören (s auch § 16 Rz 108). Hat er jedoch auch nur auf einen Teil des Veräußerungsgewinns § 6b (oder § 6c) angewandt, schließt das die Tarifermäßigung nach § 34 insgesamt aus (§ 34 I 4; vgl BFH XI R 16/05 BFH/NV 07, 1293: keine Bilanzänderung; aA für Veräußerungsgewinn aus KapGes-Beteiligung in Bezug auf § 6b X FG Mster EFG 16, 20; Rev IV R 48/15). Das gilt auch bei späterer Auflösung einer Rücklage, die für einen Gewinn aus einer (Teil-)Betriebsveräußerung gebildet worden ist (BFH IV R 150/78 BStBl II 82, 348). Zur Auswirkung von § 6b auf § 16 IV (ggf iVm § 14 S 2 und § 18 III 2) s § 16 Rz 586. – Wird eine in einem früheren Wj gebildete Rücklage iRe Betriebsaufgabe/-veräußerung aufgelöst, erhöht dies den ermäßigt zu versteuernden Gewinn (§ 16 Rz 318; EStR 6b.2 X 5). Zur Fortführung der Rücklage nach Betriebsveräußerung/-aufgabe s Rz 62 und § 16 Rz 108 und 373 sowie EStR 6b.2 X 3. 8

c) Billigkeitsmaßnahmen. Da §§ 6b, 6c selbst Billigkeitscharakter haben, kommen bei deren Anwendung Billigkeitsmaßnahmen (zB § 163 AO) grds nicht in Betracht. Daher kann die Reinvestitionsfrist nicht aus Billigkeitsgründen verlängert werden, wenn der StPfl aus betriebl/persönl Gründen keine rechtzeitige Reinvestition vornehmen konnte (zB Liquiditätsschwierigkeiten bei langfristiger Stundung der Kaufpreisforderung). 9

Billigkeitsmaßnahmen kommen dagegen in Betracht, wenn der StPfl zB auf Grund eines rechtswidrigen behördl Eingriffs gehindert ist, ein neues WG rechtzeitig anzuschaffen oder herzustellen (Folgenbeseitigung) oder wenn es darum geht, die nachteiligen Folgen einer **mittelbaren Grundstücksschenkung** zu beseitigen (BFH IV R 9/06 BStBl II 10, 664; s aber auch FG Nds EFG 16, 3, rkr: keine Ermessensreduzierung auf Null).

10 **d) Sonstige Vorschriften.** Verhältnis zu **§ 6c** s Rz 66. Abzug und Rücklagenbildung nach § 6b schließen Tarifermäßigung nach **§ 34b** für verbleibenden Gewinn nicht aus. – Ist ein Gewinn aus der Veräußerung eines (Teil-)Betriebs (teilweise) Veräußerungsgewinn iSd § 6b, kann diese Begünstigung nur für den Teil in Anspruch genommen werden, der über die **Freibeträge** der **§§ 13 III, 14 S 2, 16 IV, 18 III** (früher auch § 14a) hinausgeht (s Rz 79); umgekehrt schließt die Rücklagenbildung die Inanspruchnahme eines Freibetrags aus (BFH IV R 6/07 BFH/NV 09, 1989). Zu § 14a V s BFH IV R 48/05 BFH/NV 07, 1864. Zur Kürzung des Veräußerungsgewinns nach **§ 9 Nr 1 S 2 GewStG** bei Auflösung einer § 6b-Rücklage s BFH I R 17/99 BStBl II 01, 251.

II. Steuerfreie Übertragung, § 6b I–IX

14 **1. Abzug von den AK/HK im Wj der Veräußerung, § 6b I. – a) Überblick.** § 6b I setzt voraus, dass der StPfl ein begünstigtes WG mit Gewinn veräußert und ein anderes begünstigtes WG (Reinvestitions-WG) anschafft oder herstellt. Anschaffung oder Herstellung müssen im Wj der Veräußerung oder im vorangegangenen Wj erfolgen bzw erfolgt sein (ansonsten: § 6b III; s auch *Paus* EStB 12, 227). – Die in § 6b I 1 und 2 enthaltenen **Aufzählungen** der begünstigten WG sind **abschließend;** eine analoge Anwendung auf andere WG ist ausgeschlossen (BFH IV R 38/88 BStBl II 89, 1016 mwN). Ebenso ist die Übertragung des Veräußerungsgewinns auf die in § 6b I 2 (und X) genannten WG nicht beliebig, sondern nur iRd dort vorgegebenen Möglichkeiten freigestellt. Weitere **Einschränkungen** ergeben sich aus § 6b IV (Gewinnermittlung nach § 4 I/§ 5, AV eines inl Betriebs etc, s Rz 65 ff). – § 6b I 1 begründet ein **Wahlrecht** des StPfl („können"; s Rz 56). FA und FG müssen den StPfl *nicht* auf § 6b hinweisen (BFH IV B 113/06 BFH/NV 07, 2257 aE). Zur **Haftung** des StB s BGH IX ZR 6/06 NJW 09, 1591, und OLG Kobl DStR 15, 1991.

15 **b) Begünstigte Wirtschaftsgüter.** Begünstigt ist die Übertragung stiller Reserven auf **Grund und Boden,** soweit der Gewinn aus der Veräußerung von GuB stammt, auf **Aufwuchs** auf GuB (mit dem zugehörigen GuB), wenn der Aufwuchs zu einem luf BV gehört und soweit der Gewinn aus der Veräußerung von GuB *oder* von Aufwuchs auf GuB (mit dem zugehörigen GuB) stammt, auf **Gebäude,** soweit der Gewinn aus der Veräußerung von GuB, Aufwuchs im vorgenannten Sinne *oder* Gebäuden stammt, und schließl auf **Binnenschiffe,** soweit der Gewinn aus der Veräußerung von Binnenschiffen stammt.

Zu Rz 15: **Übersicht über die Übertragungsmöglichkeiten nach § 6b I**

Übertragung (nur) von/auf	Grund und Boden	Aufwuchs	Gebäude	Binnenschiffe
Grund und Boden	ja	ja	ja	–
Aufwuchs	–	ja	ja	–
Gebäude	–	–	ja	–
Binnenschiffe	–	–	–	ja

16 **aa) Grund und Boden.** GuB iSd § 6b ist nur der „nackte" GuB (BFH IV R 27/01 BStBl II 03, 878). Der Begriff ist enger als der des Grundstücks nach § 94 BGB; er schließt insb Gebäude nicht mit ein (Aufteilung s Rz 20), ebenso wenig Rechte zur Nutzung von GuB, unabhängig davon, ob sie dingl oder schuldrechtl Natur sind (BFH IV R 38/88 BStBl 89, 1016). Grasnarbe, Ackerkrume, Bodenschichten, Luftraum gehören dagegen zum GuB (einheitl WG, vgl § 13 Rz 156),

ebenso nicht in den Verkehr gebrachte Bodenschätze (BFH IV R 19/79 BStBl II 83, 203) und Auffüllrechte (BFH IV R 27/01 BStBl II 03, 878). **Miteigentum** an GuB genügt (BFH VIII R 61–62/73 BStBl II 75, 352).

***Kein* GuB:** Gebäude; in den Verkehr gebrachter Bodenschatz (BFH IV R 17/73 BStBl 77, 825; vgl auch BFH IV R 27/01 BStBl II 03, 878); Windkraftanlage (BFH IV R 41/10 BFH/NV 14, 847); Nutzungsrecht zur Errichtung eines Windparks (Nds FG EFG 14, 126, Rev IV R 41/13); Milchreferenzmenge (BFH IV B 20/93 BFH/NV 94, 172); Wasserbezugsrecht bei Thermalwasser (BFH IV R 38/88 BStBl II 89, 1016); Eigenjagdrecht (vgl *BMF* BStBl I 99, 592); grundstücksgleiche Rechte (zB Erbbaurecht) und Grundstücksnutzungsrechte (zB Pachtrechte und Nießbrauch); Mineralgewinnungsrechte; Be-/Entwässerungsanlagen, stehendes Holz, Obst- und Baumschulanlagen, Korbweidenkulturen, Rebanlagen, Spargelanlagen sowie Feldinventar. – Zur Umwandlung luf Flächen in **Bauland** durch einen Landwirt s Rz 68.

bb) Aufwuchs eines luf Betriebs. – (1) Begriff. Aufwuchs bedeutet „lebende“, dh auf dem GuB gewachsene und darin verwurzelte Pflanzen, insb Bäume (Wälder), Obst-, Reb-, Hopfenanlagen und die stehende Ernte, soweit es sich um Dauerkulturen handelt (§ 13 Rz 29); denn die Pflanzen müssen die notwendige sechsjährige Zugehörigkeit zum AV aufweisen (§ 6b IV 1 Nr 2, s Rz 68). Sie dürfen nicht von vornherein (wie zB bei Baumschulen) zum UV gehören. – Der Aufwuchs muss ***mit* dem GuB** veräußert werden, aber nicht notwendig an ein und denselben Erwerber. Es genügt, dass beide Veräußerungen auf einen einheitl Veräußerungsentschluss zurückgehen und in engem zeitl und sachl Zusammenhang stehen (BFH IV R 150/84 BStBl II 87, 670). Wald darf ggf nur zur Fällung vom Stamm veräußert werden; holzt der StPfl vor der Veräußerung selbst ab, wird das Holz zu UV (BFH aaO). – Anlagen im GuB sind seit VZ 99 nicht mehr begünstigt. **17**

(2) Land- und Forstwirtschaft. Der Aufwuchs muss zu einem luf Betrieb gehören (zum Begriff s § 13). Die Vergünstigung kann auch von Körperschaften, Personenvereinigungen und Vermögensmassen in Anspruch genommen werden, wenn diese ausschließl LuF betreiben (vgl BFH VI R 183/77 BStBl II 81, 76), nicht dagegen von ehem luf Betrieben, die zB wegen steuerschädl Zukaufs oder Überschreiten der Tierbestandsgrenzen gewerbl Einkünfte beziehen. **18**

cc) Gebäude. Ein Gebäude ist ein Bauwerk, das Menschen oder Sachen durch räuml Umschließung Schutz gegen Witterungseinflüsse gewährt, den Aufenthalt von Menschen gestattet, fest mit dem GuB verbunden, von einiger Beständigkeit und ausreichend standfest ist (s BFH I R 109/04 BFH/NV 06, 1812 mwN; EStR 7.1 V 2). Auf die Nutzungsart kommt es nicht an (s BFH IV R 85/81 BStBl II 82, 63: Tiefgarage). Zu Anteilen an geschlossenen Immobilienfonds s Rz 47. **19**

(1) Abgrenzung. Abzugrenzen sind Gebäude **von GuB** (BFH GrS 7/67 BStBl II 69, 108). Zwar ist es für die Anwendung des § 6b unerhebl, ob ein Gebäude mit oder ohne den zugehörigen GuB veräußert wird. Werden aber Gebäude und GuB gegen ein **einheitl Entgelt** veräußert, muss dieses bei der Ermittlung des (jeweils) übertragbaren Veräußerungsgewinns aufgeteilt werden (s Rz 51; § 6 Rz 119). – Zu Gebäuden auf **fremdem GuB** s BFH IV R 29/09 BStBl II 13, 387 (anders noch BFH IV R 12/96 BStBl II 97, 718; s auch § 5 Rz 270 „Bauten …“). **20**

(2) Andere unbewegl WG. Unbewegl WG *ohne* einheitl Nutzungs- und Funktionszusammenhang mit dem Gebäude (zB Ladeneinbauten, Schaufensteranlagen) sind eigenständige WG (vgl § 4 Rz 192) und werden iRd § 6b als Gebäude behandelt. Dagegen sind **Betriebsvorrichtungen** *bewegl* WG (§ 4 Rz 192; EStR 7.1 III, vgl auch BFH IV R 41/10 BFH/NV 14, 847 zu § 6b I aF), die nicht mehr (Rz 24) unter § 6b fallen. – Zu **Mieter- und Pächtereinbauten** s § 5 Rz 270 „Mietereinbauten“. Die dort aufgezeigten Grundsätze gelten auch für § 6b (ähnl GrS BFH GrS 4/92 BStBl II 95, 281 zu § 7). Handelt es sich um ein unbewegl WG, das im wirtschaftl Eigentum des Mieters steht, ist § 6b anwendbar. **21**

22 **(3) Wohnungseigentum; Teileigentum (§ 1 WEG).** Beides fällt unter den Gebäudebegriff des § 6b (Sondereigentum und Miteigentumsanteil); das damit verbundene gemeinschaftl Eigentum am Grundstück ist GuB iSd § 6b (vgl BFH VIII R 61–62/73 BStBl II 75, 352).

23 **dd) Binnenschiffe.** Nach der Legaldefinition in § 3 III SchiffRegO sind Binnenschiffe zur Schifffahrt auf Flüssen und sonstigen Binnengewässern bestimmte Schiffe. Das umfasst neben Schiffen, die zur Beförderung von Gütern und Personen bestimmt sind, auch Schlepper, Tankschiffe und Schubboote, Eisbrecher, Hebeschiffe, Kabelschiffe, Bagger-/Schwimmkräne, schwimmende Getreideheber uÄ. Dass das Schiff in das Binnenschifffahrtsregister eingetragen ist, ist mE nicht erforderl (ähnl EStR (1990) 41a V betr Ausflaggen von Seeschiffen). – Zum Schiff rechnet auch das typische, insb technische **Zubehör,** nicht dagegen andere Ausrüstungsgegenstände wie zB bei einem Passagierschiff das Geschirr (str, aA *Blümich* § 6b Rz 98). Wird ein Schiff abgewrackt, gehört es nicht mehr zum AV (BFH VIII R 187/75 BStBl II 79, 409).

24 **ee) Abnutzbare bewegl WG.** Seit VZ 1999 sind abnutzbare bewegl WG mit einer betriebsgewöhnl Nutzungsdauer von mindestens 25 Jahren nicht mehr begünstigt; Ausnahme: § 6b X, s Rz 96.

26 **c) Veräußerung, § 6b I 1 HS 1. – aa) Begriff.** Veräußerung ist die entgeltl Übertragung eines begünstigten WG auf einen Dritten (wirtschaftl Leistungsaustausch, vgl BFH IV R 61/05 BFH/NV 08, 1460). Das setzt zweierlei voraus: einen **Rechtsträgerwechsel** und eine **Gegenleistung.** Ersteres liegt vor, wenn das zivilrechtl oder zumindest das wirtschaftl Eigentum (§ 39 AO) auf einen anderen übergeht (Übergang von Besitz, Gefahr, Nutzung und Lasten, vgl § 6 Rz 35). Danach bestimmt sich auch (ohne Rücksicht auf das zugrunde liegende Verpflichtungsgeschäft) der maßgebl **Zeitpunkt** der Veräußerung (BFH VIII R 24/91 BFH/NV 93, 461). Ob der StPfl eine Gegenleistung erhält, richtet sich nach dem wirtschaftl Gehalt sämtl vertragl Absprachen (BFH IV R 61/05 BFH/NV 08, 1460: Gesamtbetrachtung). Auch die Gewährung von GesRechten (Rz 32) oder die Übernahme von Verbindlichkeiten kann Gegenleistung idS sein (Rz 31). Geht man vom Sinn und Zweck der Regelung (Rz 1) aus, so ist letztl entscheidend, ob durch die Veräußerung ein **Gewinn realisiert** wird.

27 **bb) Betriebl Geschäftsvorfall.** Die Veräußerung muss ein betriebl Geschäftsvorfall sein. Ob der StPfl freiwillig oder unter Zwang handelt, ist dagegen unerhebl (vgl BFH VIII R 2/94 BStBl II 96, 60: Abwehr einer Enteignung; EStR 6b.1 I 1). Dass der StPfl die **Entnahme der Gegenleistung** beabsichtigt, schließt die Anwendung des § 6b nicht zwingend aus (BFH aaO). Zwar kann eine Veräußerung zur Erlangung privater Vorteile (zB: Gegenleistung wird ins PV erworben, Erfüllung familienrechtl Ansprüche) zur Entnahme des veräußerten WG führen (so BFH VIII R 41/79 BStBl II 82, 18: § 6b unanwendbar). Häufig wird man jedoch den Vorgang auch so deuten können, dass erst die Gegenleistung bzw der Anspruch auf sie entnommen wird (vgl BFH VIII R 53/81 BStBl II 83, 303), sofern das erworbene WG nicht notwendiges PV ist (BFH IV B 196/04 BFH/NV 06, 977). – Dass ein Veräußerungsvorgang (erst) im Wege der **Bilanzberichtigung** ausgewiesen wird, ist grds unschädl (BFH VIII R 53/81 BStBl II 83, 303).

28 **cc) Abgrenzung. – (1) Veräußerung.** Unter § 6b fallen: Übereignung aufgrund Kaufvertrag und Tausch (§ 6 VI 1; s iEinz § 6 Rz 731 ff und EStR 6b.1 I 3); Zwangsversteigerung; unfreiwilliger Entzug durch unerlaubte Handlung und Enteignung, wenn der StPfl eine Entschädigung als Gegenwert enthält (BFH I R 140/71 BStBl II 73, 840); Übertragung einzelner WG bei BetrAufsp (s § 15 Rz 877; bzgl Fristberechnung s Rz 75); Veräußerung eines (Teil-)Betriebs oder MUeranteils, soweit begünstigte WG mitveräußert werden; Einbringung eines (Teil-)Betriebs etc in eine KapGes gem §§ 20 ff UmwStG oder in eine PersGes gem § 24 UmwStG (*Orth* DStR 11, 1541; UmwSt-Erlass Rz 20.26; abl allerdings für Ein-

bringungsgewinn I und II UmwSt-Erlass Rz 22.07 und 22.13; dagegen: *Benz/ Rosenberg* DB 12, Beil Nr 1, S 38, unter II.5 und IV.2; zu Besitzzeitanrechnung s Rz 77). – Eine Veräußerung in Form wirtschaftl übertragenen Eigentums an einem Gebäude kann in einem entgeltl eingeräumten **Abbruchrecht** gesehen werden (BFH VIII R 24/91 BFH/NV 93, 461). Wird hingegen das Gebäude auf eigene Rechnung und eigenes Risiko noch vom bisherigen Eigentümer abgebrochen, liegen mE nachträgl AK auf das zur Veräußerung vorgesehene unbebaute Grundstück vor (s iEinz § 6 Rz 213 ff).

(2) Keine Veräußerung. Nicht erfasst werden: (voll unentgeltl) Schenkung; Erbfall; Zerstörung oder Verlust eines WG; Entnahme (weder Rechtsträgerwechsel noch Leistungsaustausch; vgl BFH I R 182/70 BStBl II 73, 291; BFH IV R 61/05 BFH/NV 08, 1460: „Veräußerung" an Ehefrau, ohne dass diese durch die Kaufpreiszahlung wirtschaftl belastet wäre); Überführung ins PV bei Betriebsaufgabe; Übertragung von WG zw verschiedenen (Sonder-)BV desselben StPfl zu Buchwerten (§ 6 V 1 und 2, s § 6 Rz 688; anders bei Verletzung der Sperrfrist, s EStR 6b.1 I 5). – Kein Tausch und damit keine Veräußerung liegt idR auch bei **Umlegungs- und Flurbereinigungsverfahren** vor, wenn eingebrachter und zugeteilter Grundbesitz als wertgleich und wirtschaftl identisch zu betrachten sind (Surrogationsprinzip, s BFH IV R 7/08 BFH/NV 10, 2250, mit Ausnahmen, zB Geldabfindung; BFH IV R 1/84 BStBl II 86, 711; s auch § 5 Rz 635 und § 6 Rz 734; zu Besitzzeit s Rz 73). 29

(3) Teilentgeltl Übertragung von EinzelWG. Zwar handelt es sich grds um eine Veräußerung iSd § 6b. Sie wird aber bei privater/gesellschaftsrechtl Veranlassung aufgespalten in eine entgeltl Veräußerung und in eine (unentgeltl) Entnahme/ Einlage (str, s *BMF* BStBl I 11, 1279 Rz 15; aA BFH IV R 1/08 DStR 12, 1500, mit Anm *Kempermann* FR 12, 1082; s ausführl § 6 Rz 697 f); (nur) für den entgeltl Teil gilt § 6b, für den unentgeltl hingegen § 6 V 3 (vgl *Bordewin* in FS L. Schmidt S 421/7; *Strahl* FR 05, 797 mwN zu § 15a). Bei betriebl Veranlassung liegt ein (einheitl) Veräußerungsgeschäft vor; § 6b ist anwendbar, wenn iErg ein Gewinn realisiert wird. S auch *Blümich* § 6b Rz 48. 30

(4) Übertragung eines (Teil-)Betriebs oder MUeranteils. Die Übertragung im Wege der **vorweggenommenen Erbfolge** ist grds ein unentgeltl Geschäft (keine Veräußerung); insb sind wiederkehrende Versorgungsleistungen idR kein Entgelt (s § 16 Rz 47 f). Erfolgt die Übertragung **teilentgeltl** (Abstandszahlung, Übernahme priv Schulden des Veräußerers, Gleichstellungsgelder an Dritte), gilt die **Einheitstheorie:** Übersteigt der Veräußerungspreis den gesamten (Netto-) Buchwert (Kapitalkonto) des übertragenen BV, liegt ein (einheitl) Veräußerungsgeschäft vor, so dass § 6b anwendbar ist (vgl BFH VIII R 27/98 BFH/NV 01, 262 mwN; § 16 Rz 57 f). 31

Die Übertragung eines einzelnen WG auf einen künftigen Erben, der nicht MUer des Betriebs ist, fällt als Entnahme nicht unter § 6b (BFH IV R 89/90 BStBl II 93, 225). Ebenfalls Entnahmen sind Sachwertabfindungen an andere Erben, Vermächtnisnehmer und Pflichtteilsberechtigte (BFH IV R 89/90 BStBl II 93, 225 betr HöfeO). Zur Bestellung eines Nießbrauchs oder dingl Wohnrechts s § 6 Rz 135 aE (keine Gegenleistung).

(5) Drittübl Leistungsaustausch zw MUerschaft und MUer. Der Austausch ist Veräußerung iSd § 6b (BFH IV R 136/77 BStBl II 81, 84; s auch § 6 Rz 696). – **Überführung einzelner WG** aus einem BV (oder Sonder-BV) **in eine PersGes** gegen Gewährung von GesRechten (ohne Ausgleichszahlung/ Schuldübernahme) ist zwar ein tauschähnl Geschäft und damit Veräußerung iSd § 6b (vgl § 5 Rz 637); aber es werden gem § 6 V 3 grds keine stillen Reserven aufgedeckt (keine Gewinnrealisierung, also kein § 6b; anders uU, wenn zusätzl ein Barentgelt gezahlt wird, s § 6 Rz 697; zu Überpari-Emission vgl BFH I R 35/05 BStBl II 08, 253). Nur in den Ausnahmefällen des § 6 V 4 ff (Sperrfrist, Körperschaftsbeteiligung) kommt es zu einer Gewinnrealisierung, so dass § 6b anwendbar ist (s auch § 6 Rz 717; EStR 6b.1 I 5; *HHR* § 6b Anm 32; aA *Freikamp* BB 01, 32

2618). Demgegenüber ist die Einbringung ohne Gewährung von GesRechten schon keine Veräußerung (verdeckte Einlage, keine Gegenleistung, vgl BFH X R 22/02 BStBl II 06, 457), auch wenn sie teilweise als Veräußerung behandelt wird (§ 17 I 2 EStG; § 8b II 6 KStG). Die Einbringung aus dem PV fällt ohnehin nicht unter § 6b (s Rz 67 ff). – Die **Sachwertabfindung in das PV** gegen Aufgabe von GesRechten ist als Tausch und damit als Veräußerung zu beurteilen (s § 16 Rz 521). Für Sachwertabfindungen **in das BV** ist nach § 6 V 3 Buchwertfortführung und Besitzzeitanrechnung anzunehmen (keine Gewinnrealisierung; s § 16 Rz 522 ff).

Zur entgeltl Veräußerung in Fällen, in denen eine **Übertragung mit Buchwertfortführung nach § 6 V 3** nicht zulässig oder str ist (zB Übernahme von Verbindlichkeiten; SchwesterPersGes, vgl § 6 Rz 702) s *FinVerw* DStR 04, 314 (§ 6b anwendbar; so auch *Plewka* NJW 11, 579); *Strunk/Kamphaus* BB 02, 2153/6; krit *Brandenberg* DStZ 02, 551/5. Zur **Teilentgeltlichkeit** s *Strahl* FR 05, 797.

33 **(6) Vermögensauseinandersetzungen über BV. Realteilung** (§ 16 Rz 535) von MUerschaften und **Erbauseinandersetzung** (§ 16 Rz 610 ff) *ohne* Wertausgleich sind keine Veräußerung (§ 16 III 2: Buchwertfortführung, keine Gewinnrealisierung). Auseinandersetzungen *mit* Wertausgleich führen dagegen zu einem gewinnrealisierende Rechtsträgerwechsel und sind somit Veräußerungen iSd § 6b. S auch *BMF* BStBl I 06, 228 (unter VI.) und BStBl I 06, 253 (Rz 14 ff).

35 **d) Reinvestition, § 6b I 1 HS 2, I 2.** Der StPfl muss iRd vorgegebenen Wahlmöglichkeiten (Rz 14) ein begünstigtes **Reinvestitions-WG** (Rz 15 ff) – oder mehrere – anschaffen oder herstellen. Das Reinvestitions-WG muss nicht die gleiche Funktion haben wie das veräußerte WG oder in einem bestimmten Zusammenhang mit diesem stehen. Es muss auch nicht notwendig demselben Betrieb des StPfl dienen (EStR 6b.2 VI Nr 1). Zu den zusätzl Voraussetzungen des § 6b IV 1 Nr 3 s Rz 78.

36 **aa) Zeitpunkt.** Die Reinvestition kann im **Wj der Veräußerung** erfolgen (vor oder nach der Veräußerung) oder bereits im **vorangegangenen Wj** erfolgt sein (frühester Reinvestitionszeitpunkt). Letzteres erleichtert die technische Abwicklung und sichert ein Jahr länger die ungekürzte AfA (*Neufang* DB 89, 453; Rz 83). Soll die Reinvestition in einem späteren Wj erfolgen, muss der StPfl im Wj der Veräußerung eine Rücklage bilden (Rz 55 ff).

37 **bb) Anschaffen.** Das Tatbestandsmerkmal „anschaffen" setzt den entgeltl Erwerb von (zumindest wirtschaftl) Eigentum an einem bestehenden WG voraus (BFH IV R 9/06 BStBl II 10, 664: das Erfordernis der Entgeltlichkeit folgt aus dem Begriff der AK; s auch § 6 Rz 31). Begriffl handelt es sich um die **Kehrseite der Veräußerung,** so dass auf Rz 28 ff verwiesen wird. – Angeschafft ist ein WG, wenn der Erwerber die wirtschaftl Verfügungsmacht erlangt (§ 9a EStDV; s auch § 6 Rz 35). Wirtschaftl Erwerb auf den 1. Tag des neuen Wj ist Erwerb im neuen Wj (BFH IV R 43/90 BStBl II 92, 398). Es kann sich um ein neues oder gebrauchtes WG handeln (BFH I R 164/74 BStBl II 77, 60).

Die **Einlage** eines im selben Wj privat angeschafften WG kann mE ausnahmsweise als Anschaffung gelten (zurückbezogene Umwidmung innerhalb eines VZ; wie hier: *HHR* § 6b Anm 54; aA *Blümich* § 6b Rz 187). Ansonsten ist die Einlage aus dem PV *keine* Anschaffung (BFH IX R 27/82 BStBl II 85, 250). – Ebenfalls **keine Anschaffung:** unentgeltl Erwerb, zB **bei mittelbarer Grundstücksschenkung** (BFH IV R 9/06 BStBl II 10, 664, Anm *Wendt* BFH/PR 10, 364); verdeckte Einlage in eine KapGes; Überführung von WG des UV in das AV; An-/Vorauszahlung (BFH IV R 43/90 BStBl II 92, 398). – Zur Anschaffung eines **teilfertigen Gebäudes** s *Klein* DStR 11, 400 und FR 11, 506 (s aber Rz 60).

38 **cc) Herstellen.** Es ist das Schaffen eines noch nicht vorhandenen WG. Hergestellt (fertiggestellt) ist ein WG, wenn es einen Zustand erreicht hat, der seine bestimmungsgemäße Nutzung ermöglicht (BFH X R 85/87 BStBl II 91, 222); eine Teil-Herstellung genügt nicht (§ 9a EStDV). S iEinz § 6 Rz 34 und 151 ff.

39 **e) Rechtsfolge. – aa) Bilanzielle Behandlung.** Der **Abzug** des übertragungsfähigen Veräußerungsgewinns **von den AK/HK** kann nur für das Wj der Veräußerung vorgenommen werden (bei § 6b III: Wj der Anschaffung/Herstellung, Rz 59). Der Abzug erfolgt in der Weise, dass der StPfl das Reinvestitions-WG **in der StB** zunächst mit den tatsächl AK/HK ansetzt. Von diesen wird sodann wie bei einer Abschreibung der Betrag des übertragungsfähigen Gewinns (oder nur ein Teil davon, s Rz 56) gewinnmindernd abgezogen. Für im vorangegangenen Wj angeschaffte oder hergestellte WG s Rz 83. Zur **Verfolgbarkeit** des Abzugs in der Buchführung s Rz 80; zur Auswirkung auf die AfA und § 6 II, IIa s Rz 84.

In der HB war ursprüngl entspr zu verfahren (formelle Maßgeblichkeit, § 5 I 2 aF). Nach Streichung der §§ 247 III, 273 HGB und Aufgabe der formellen Maßgeblichkeit in § 5 I nF (BilMoG) ist ein Abzug dort nicht mehr zulässig. Das Wahlrecht des StPfl (Rz 56) wird **ab VZ 2009** *nur noch in der StB* ausgeübt (s § 5 Rz 26).

40 **bb) Anschaffungs-/Herstellungskosten.** Zum Begriff s § 6 Rz 31 ff und 151 ff. Die VorSt gehört nicht zu den AK (s BFH IV R 47/08 DStRE 11, 272: auch bei Versteuerung nach Durchschnittssätzen). Nur im Wj der Veräußerung noch angefallene **nachträgl AK/HK** erhöhen den Buchwert des im vorangegangenen Wj angeschafften oder hergestellten WG, von dem der Abzug nach § 6b I vorgenommen werden kann. Ist das WG im Jahr der Veräußerung (vor oder nach dieser) angeschafft oder hergestellt worden, sind die gesamten AK/HK dieses Jahres anzusetzen.

42 **f) Erweiterung, Ausbau oder Umbau von Gebäuden, § 6b I 3, 4.** Aufwendungen hierfür sind **eigenständige Reinvestitionen.** Der Abzug eines übertragungsfähigen Veräußerungsgewinns erfolgt nach den vorgenannten Regeln. Die jeweilige Maßnahme muss im Wj der Veräußerung oder im vorangegangen Wj durchgeführt worden sein. Begünstigt sind nur Gebäude (zum Begriff s Rz 19); auf andere WG ist die Regelung nicht übertragbar. – Durch eine Erweiterung werden vor allem zusätzl Räume geschaffen (Aufstockung, Anbau; s auch § 6 Rz 171: Vergrößerung der Nutzfläche). Ausbauten sind Baumaßnahmen, durch die Teile des Gebäudes oder einzelne Räume umgestaltet werden. Umbau ist die wesentl Umgestaltung eines bereits bestehenden Gebäudes (vgl § 6 Rz 166).

43 **g) MUerschaft.** Zur Wiedereinführung der ges'terbezogenen Betrachtungsweise s Rz 4. Aufgedeckte stille Reserven können zw den BV von MUern und MUerschaft übertragen werden. Über den Umfang der Übertragungsmöglichkeit wird im Gewinnfeststellungsverfahren entschieden (vgl BFH IV R 44/89 BFH/NV 91, 599; BFH I R 175/76 BStBl II 80, 43). – Zu Veräußerungsgeschäften zw MUer und MUerschaft s Rz 32.

44 **aa) MUer als Veräußerer.** Veräußert der MUer einer PersGes (Einzelunternehmer, KapGes) ein begünstigtes WG des eigenen BV, kann er den Veräußerungsgewinn auch auf Reinvestitionen sowohl in seinem **SonderBV** als auch im **Gesamthandsvermögen** der PersGes übertragen, letzteres allerdings (nur) entspr seinem Anteil (vgl BFH IV R 83/83 BStBl II 86, 350: Ergänzungsbilanz; s auch *Schoor* StBp 06, 255/7; EStR 6b.2 VI 1 Nr 2). Gleiches gilt für den Gewinn aus der Veräußerung von SonderBV (s BFH IV R 14/04 BStBl II 06, 418; *Ley* Wpg 06, 904; § 15 Rz 475). Eine Übertragung auf Reinvestitionen im SonderBV *anderer* Ges'ter ist unzulässig.

Zum Verhältnis **StB/HB** bis zur Aufhebung des § 5 I 2 aF (umgekehrte Maßgeblichkeit) durch das **BilMoG** (vgl Rz 39) s 28. Aufl Rz 8, insb auch zu dem Fall, dass der übertragende Ges'ter eine **KapGes** ist; die diesbezügl (problematischen) Ausführungen des *BMF* (BStBl I 08, 495) sind für die neue Rechtslage nicht mehr maßgebl. – S iÜ auch die zutr Kritik von *Freikamp* DB 08, 781, und *Günkel* StbJb 2008/2009, 263/5; ferner: *Ley* KÖSDI 08, 16204/12; *Ortmann-Babel* DB 08, 202; *Schulz* NWB F 17, 2227; *Plewka ua* NJW 08, 1859/60 (Anpassung der gesellschaftsvertragl Gewinnverteilung).

45 **bb) PersGes als Veräußerer.** Veräußert die PersGes ein begünstigtes WG des Gesamthandsvermögens, kann der Veräußerungsgewinn wie folgt übertragen werden: *(1.)* In voller Höhe auf **Reinvestitionen der Ges,** ggf auch in einer anderen Ges, an der eine Beteiligung besteht (mehrstöckige Ges). Nach hM war dazu bislang die einheitl Wahlrechtsausübung aller berechtigten Ges'ter erforderl (s 28. Aufl Rz 4; offengelassen in BFH IV R 81/87 BStBl II 89, 558; s allg § 15 Rz 410). Mit Aufhebung des § 5 I 2 aF durch das **BilMoG** (s Rz 39) besteht hierfür mE wegen der ges'terbezogenen Betrachtungsweise (Rz 4) kein Anlass mehr, so dass die Ges'ter (mittels Ergänzungsbilanzen) § 6b auch uneinheitl/individuell in Anspruch nehmen können (str, vgl auch BFH IV R 1/11 DStR 15, 283. Rz 19; aA: *HHR* § 6b Anm 50). – *(2.)* Anteilig entspr der Beteiligungsquote auf **Reinvestitionen im SonderBV** oder einem **anderen BV der Ges'ter,** und zwar einschließl Gesamthandsvermögen oder eigenem SonderBV bei einer anderen PersGes (zur dann neutralen Auflösung der Rücklage bei der PersGes s BFH IV R 298/83 BStBl II 88, 885; zur anteiligen Rücklage der PersGes neben Reinvestition eines Teils der Ges'ter s BFH IV R 81/87 BStBl II 89, 558). Negative Ergänzungsbilanzen sind hier ebenso zulässig wie in anderen Fällen, in denen nicht alle Ges'ter die § 6b-Voraussetzungen erfüllen (§ 15 Rz 474; *Strahl* FR 01, 1154/6). Das Wahlrecht (Rz 56) *muss* in der **Bilanz des veräußernden Betriebs** ausgeübt werden (BFH IV R 41/09 BStBl II 13, 313 Rz 34f: auch bei unterschiedl Bilanzstichtagen; Anm *Kanzler* FR 13, 513; *Schulze-Osterloh* BB 13, 498; *Rätke* StuB 13, 287; zu Betriebsveräußerung etc s EStR 6b.2 X; vgl auch § 16 Rz 108). Zur Übertragung auf eine (teil-)identische **Schwester-PersGes** s auch *BMF* BStBl I 11, 1279, Rz 20, und § 6 Rz 702.

46 **cc) Veräußerung eines MUeranteils.** Ebenso kann der StPfl bei der Veräußerung eines MUeranteils oder eines Teils hiervon für die (anteilig) aufgedeckten stillen Reserven aus begünstigten WG § 6b in Anspruch nehmen (BFH IV R 83/83 BStBl II 86, 350; s auch *FinMin* SchlHol DStR 14, 2180), ferner für den auf ihn entfallenden Anteil am Gewinn aus der **Veräußerung des ganzen GewBetr** oder eines Teilbetriebs der PersGes (BFH IV R 81/87 BStBl II 89, 558 zu 1). Zur Bildung einer Rücklage bei **Aufgabe des Betriebs** einer PersGes s BFH VIII R 10/99 BStBl II 01, 282 (zur Reinvestitionsabsicht: Rz 56), s EStR 6b.2 X 6 und § 16 Rz 108, 373 und 452.

47 **dd) Sonderfälle.** Bei **ZebraGes** gilt für den betriebl beteiligten StPfl in Bezug auf sein (anteiliges) BV § 6b (vgl § 15 Rz 201, 206). Bei der **atypisch stillen Ges** umfasst das BV das dem Gesamthandsvermögen gleichgestellte BV des tätigen Teilhabers (an dem der Stille beteiligt ist) und das SonderBV des atypisch stillen Ges'ters (vgl § 15 Rz 348); beide können daher § 6b als personenbezogene StVergünstigung nach den dargelegten Grundsätzen in Anspruch nehmen (vgl BFH VIII R 85/91 BStBl II 94, 243 zu § 7d). – Der Erwerb eines Anteils an einem **geschlossenen Immobilienfonds** mit Einkünften nach § 21 fällt als begünstigte Anschaffung unter § 6b, wenn der Anteil im BV gehalten wird. Fehlt es an einer betriebl Beteiligung, scheidet eine Reinvestition wegen PV aus. Ist der Immobilienfonds eine MUerschaft, zB in Form einer gewerbl geprägten PersGes, gelten für die Reinvestition des MUers ebenfalls die dargelegten allg Grundsätze.

50 **2. Ermittlung des entstandenen Gewinns, § 6b II. – a) Veräußerungsgewinn, § 6b II 1.** Ausgangsgröße für die Ermittlung des Veräußerungsgewinns ist der Veräußerungspreis. Von diesem werden der Buchwert des veräußerten WG im Zeitpunkt der Veräußerung und die Veräußerungskosten abgezogen.

Auch wenn § 6b II eine eigenständige Definition des Begriffs „Gewinn" enthält, muss sich die Auslegung am **Sinn und Zweck** der Regelung (Rz 1) orientieren. Gewinn ist daher im Zweifel immer das, was der StPfl ohne § 6b versteuern müsste. So gelten im Anwendungsbereich des § 5 I die GoB; werden diese jedoch bei der steuerl Gewinnermittlung durch § 6 überlagert (vgl etwa § 13 Rz 201), muss das mE auch für § 6b gelten.

aa) Veräußerungspreis. Er wird durch den **Wert der Gegenleistung** bestimmt, also *alles,* was der StPfl (Veräußerer) in Geld oder Geldeswert für das WG erhält. Das umfasst neben dem vertragl Entgelt auch sonstige Leistungen, die der Erwerber an den StPfl oder an einen Dritten für Rechnung des StPfl zu erbringen hat (BFH IV R 32/03 BFH/NV 04, 1092). Beim Tausch bemisst sich der Veräußerungspreis nach dem gemeinen Wert der empfangenen Gegenleistung, im Falle der Sacheinlage nach dem Wert der übertragenen GesAnteile (§ 6 VI 1, s iEinz § 17 Rz 135 ff). Zur **Aufteilung** eines Gesamtpreises s § 6 Rz 118 (vgl auch FG BaWü EFG 96, 533, rkr). – Die **nachträgl Erhöhung** der Gegenleistung ist ein rückwirkendes Ereignis iSd § 175 I 1 Nr 2 AO (BFH X R 148/97 BStBl II 01, 641); sie wird also grds ebenso behandelt wie iZm §§ 16, 17 (s § 16 Rz 350 ff), obwohl dies nicht den GoB entspricht (§ 6 Rz 57, 65). Für die **nachträgl Minderung** der Gegenleistung muss dies mE auch gelten (vgl § 17 Rz 137); eine (nur) drohende Minderung ist hingegen unerhebl (vgl *Strahl* FR 00, 803). 51

Kein Teil der Gegenleistung ist eine **Entschädigung,** die der StPfl nicht für das hingegebene WG, sondern als Ausgleich für anderweitige Nachteile, zB eine Ertragsminderung, erhält (BFH IV R 32/03 BFH/NV 04, 1092 mwN). Eine **Rückstellung** zB wegen Altlasten ist nicht gegenzurechnen (FG Nbg EFG 00, 209, rkr). Zur Auflösung eines **RAP** s FG Hbg EFG 11, 2052, rkr. – Eine **vGA** soll gem *Freikamp* DB 07, 2220, zur Gegenleistung gehören; mE unzutr (vgl § 17 Rz 141 mwN).

bb) Veräußerungskosten. Hierzu gehören alle Aufwendungen, die durch die Veräußerung veranlasst sind. Ein *unmittelbarer* sachl Zusammenhang (vgl etwa BFH XI R 14/87 BStBl II 91, 628) ist mE nicht (mehr) zwingend erforderl; die Ausführungen des BFH in VIII R 55/97 BStBl II 00, 458 zu § 16 II 1 lassen sich auch auf § 6b übertragen (str, s § 16 Rz 300 ff; ferner BFH IV R 22/08 BStBl II 10, 736; aA *HHR* § 6b Anm 82; *Blümich* § 6b Rz 168). 52

Beispiele: Notar-, Beratungs-, Gutachter-, Inserats- und Reisekosten sowie Maklerprovision, Grundbuchgebühren und Verkehrsteuern (unmittelbarer sachl Zusammenhang). Darüber hinaus können mE aber auch Abfindungen zur Beendigung von Schuldverhältnissen und Aufwendungen für den Abbruch eines Gebäudes Veräußerungskosten iSd § 6b II 1 sein (aA, aber mE überholt: BFH XI R 14/87 BStBl II 91, 628 – vgl auch § 16 Rz 301 aE).

b) Buchwert, § 6b II 2. Buchwert ist der Wert, der sich für das WG im Zeitpunkt seiner Veräußerung (s Rz 26) nach § 6 ergeben würde, wenn auf diesen Zeitpunkt eine Bilanz aufzustellen wäre (ähnl: § 1 V Nr 4 UmwStG). Bei abnutzbaren Anlagegütern können für den Zeitraum vom letzten Bilanzstichtag bis zum Veräußerungszeitpunkt auch noch AfA nach § 7 sowie etwaige SonderAfA und TW-Berichtigungen vorgenommen werden; ggf sind aber auch Wertaufholungen nach § 6 I Nr 1 S 4 oder § 7 I 6 zu berücksichtigen (EStR 6b.1 II; s § 6 Rz 372). 53

3. Stundung bei EU/EWR-Betriebsvermögen, § 6b IIa. Reinvestiert der StPfl in ein WG, das nicht zu einer inl Betriebsstätte gehört, sind gem § 6b IV 1 Nr 3 weder ein Abzug nach § 6b I noch eine Rücklagenbildung nach § 6b III zulässig (s Rz 78). Dies verstößt gegen EU/EWR-Recht (s Rz 6). Darum hat der Gesetzgeber mit § 6b IIa ein Wahlrecht zur Verteilung der anfallenden Steuer auf fünf Jahre geschaffen (krit *Prinz* GmbHR 15, R257: mind 10 Jahre), das auch **rückwirkend** in allen noch offenen Fällen gilt (§ 52 Abs 14 S 1). – Die Regelung knüpft wie § 6b III an die **tatbestandl Voraussetzungen** des § 6b I an (Veräußerung eines gem § 6b I 1 begünstigten WG, Entstehung eines Gewinns und Anschaffung/Herstellung eines der in § 6b I 2 bezeichneten WG). Alle unter § 6b I und III EStG fallenden zeitl Varianten werden erfasst, also Anschaffung oder Herstellung des Reinvestitions-WG im Wj der Veräußerung, im vorangegangenen Wj oder in einem der folgenden vier bzw sechs Wj. Der Begriff „zuzuordnen" ist wie im Abkommensrecht iSe tatsächl-funktionalen Zuordnung zu verstehen (s *Loschelder* DStR 16, 9, 10 f). Gewinne aus der Veräußerung von Anteilen an KapGes gem § 6b X EStG müssen wegen des Anwendungsvorrangs des EU-Rechts auch einbe- 54 zogen werden (*Loschelder* aaO, 11). – Der **Antrag** auf Steuerstundung kann gem § 6b IIa 2 **nur im Wj der Veräußerung** gestellt werden (eindeutiger Wortlaut, aA wohl BT-Drs 18/6094, 82; ebenso *Adrian/Tigges* StuB 15, 858: nicht praktikabel); Ausnahme: bei rückwirkender Anwendung iRd § 52 Abs 14 S 1 (die Regelung liefe sonst leer). Auf eine Reinvestitionsabsicht des StPfl stellt § 6b IIa nicht ab (vgl auch Rz 56); es genügt, wenn eine spätere Reinvestition in das BV einer EU/EWR-Betriebsstätte zum Zeitpunkt der Antragstellung obj mögl ist (so wohl auch *Schiefer/Schenck* FR 16, 11, 16f). Der Antrag kann daher grds auch von StPfl gestellt werden, die tatsächl über kein BV in einem anderen EU/EWR-Mitgliedstaat verfügen (s iEinz *Loschelder* DStR 16, 9, 12). – Die **Rechtsfolge** der StStundung tritt kraft Gesetzes ein; dem FA kommt kein Ermessen zu. Die Berücksichtigung erfolgt iRd Leistungsgebots (§ 254 I 1 AO). Es müssen keine Zinsen gezahlt werden (§ 6b IIa 3 iVm § 36 V 3). Zur Fälligkeit der Raten s § 6b IIa 3 iVm § 36 V 2. Kommt es innerhalb der vorgesehen Frist *nicht* zu einer Reinvestition, fällt **kein Gewinnzuschlag** an, da § 6b VII nicht auf § 6b IIa verweist und § 36 V 3 EStG die Stundung ausdrückl und ohne Einschränkung zinslos stellt (so iErg auch *Marcziniak/Gebhardt/Buchholz* Ubg 15, 685, 687; *Adrian/Tigges* StuB 15, 858).

Rechtsschutz: Das Leistungsgebot ist VA und kann mit Einspruch und Anfechtungsklage angegriffen werden. Die Beschwer (§ 350 AO/§ 40 II FGO) ergibt sich aus dem Vorbringen, dass § 6b IIa EStG nicht bzw. nicht zutr berücksichtigt worden ist. AdV des Leistungsgebots ist nach § 361 AO und § 69 FGO mögl. – Zu weiterem Korrekturbedarf in Bezug auf die **GewSt** s *Marcziniak/Gebhardt/Buchholz* Ubg 15, 685. 689; *Prinz* GmbHR 15, R257.

55 **4. Gewinnmindernde Rücklage, § 6b III.** Die gewinnmindernde Rücklage neutralisiert als Passivposten den durch die Aufdeckung stiller Reserven entstandenen Veräußerungsgewinn (vgl § 5 Rz 496f). Die Regelung knüpft dem Grunde nach an die tatbestandl Voraussetzungen des § 6b I 1 an (Veräußerung eines begünstigten WG, Entstehung eines Gewinns); sie beschränkt die Rücklage der Höhe nach auf den nicht bereits nach § 6b I abgezogenen Betrag.

56 **a) Rücklagenbildung, § 6b III 1. – aa) Wahlrecht.** Hat der StPfl keinen Abzug nach § 6b I vorgenommen, kann er eine Rücklage iHd vollen entstandenen Gewinns bilden oder diesen sofort versteuern. Er kann die Rücklage auch auf einen Teilbetrag beschränken und den Restbetrag sofort versteuern. Schließl kann er einen Teilbetrag im Wj der Veräußerung auf Reinvestitions-WG übertragen und den Restbetrag einer Rücklage zuführen oder (ganz oder teilweise) sofort versteuern. – **Reinvestitionsabsicht** wird für die Ausübung des Wahlrechts nicht verlangt; es genügt, dass die spätere Übertragung der Rücklage auf ein begünstigtes Reinvestitions-WG am Bilanzstichtag obj mögl ist (BFH VIII R 10/99 BStBl II 01, 282 mwN). Das gilt auch für die Rücklagenbildung im Falle einer Betriebsaufgabe/-veräußerung (BFH aaO, mwN; glA EStR 6b. 2 X). Eine Rücklage ohne (konkrete) Reinvestitionsabsicht kann aber nur für die Dauer der in § 6b III 2 bezeichneten Frist, nicht für die der Frist des § 6b III 3 gebildet werden (s BFH IV R 83/88 BStBl II 90, 290).

57 **bb) Form.** Die Rücklage wird ab VZ 2009 durch Ausweis eines entspr Postens **in der StB** gebildet (ohne Bindung an die GoB; vgl *BMF* BStBl I 10, 239 Tz 13f), ggf in einer steuerl Ergänzungs- oder Sonderbilanz (vgl BFH IV R 83/83 BStBl II 86, 350; BFH IV R 41/09 BStBl II 13, 313 mwN). Zur Übertragung in einen anderen Betrieb s Rz 45). Buchung: *Aufwand an Rücklage* (s auch *Theile/Hartmann* DStR 08, 2031/2). Zum Buchnachweis s Rz 80. – Fehlt es in **Schätzungsfällen** an einer Bilanz, kann das Wahlrecht nicht wirksam ausgeübt werden (BFH I R 152–153/85 BStBl II 90, 426; BFH X B 42/08 BFH/NV 08, 2055). Ein Ausweis (nur) in den Buchführungskonten oder sonstigen Unterlagen genügt nicht (BFH I R 152–153/85 BStBl II 90, 426).

Ein **Ansatz in der HB** (als Sonderposten mit Rücklageanteil) ist nach Streichung der §§ 247 III, 273 HGB und Aufgabe der formellen Maßgeblichkeit mit § 5 I nF durch das

BilMoG nicht mehr zulässig (vgl Rz 39; zur früheren Rechtslage s 28. Aufl Rz 85). Nach bisherigem Recht gebildete Sonderposten können beibehalten oder aufgelöst werden (s *Hennrichs* Ubg 09, 533; *Dettmeier* DB 09, 2124; *Briese/Suermann* BB 10, 121).

cc) Zeitpunkt; Bindung. Die Rücklagenbildung erfolgt für das Wj der Veräußerung. Bis zur Einreichung der Bilanz beim FA kann der StPfl den Ansatz beliebig ändern, danach nur noch iRd **§ 4 II 2** (s § 4 Rz 751; BFH IV R 41/09 BStBl II 13, 313, Rz 38; BFH XI R 16/05 BFH/NV 07, 1293, auch zum Übergangsrecht). Zur Abgrenzung zw Berichtigung und Änderung s BFH IV B 68/04 BFH/NV 06, 732 (Irrtum) und BFH IV R 37/04 BStBl II 06, 165 (erstmalige Aufstellung einer MUer-Bilanz; s auch § 4 Rz 718). Eine Bilanzänderung iSd § 4 II 2 liegt grds nicht vor, wenn die Wahlrechtsausübung erst *nach* Einreichung der Bilanz, etwa aufgrund einer BP, mögl wird (BFH IV R 7/06 BStBl II 08, 600). Wird erst im Klageverfahren entschieden, dass ein WG zum BV gehört, kann das Wahlrecht in Form eines Hilfsantrags oder nach Ergehen des Urteils bis zum Ablauf der Rechtsmittelfrist ausgeübt werden (BFH VIII B 32/03 BFH/NV 05, 1261). Hinsichtl Vorbesitzzeit und Reinvestitionszeitraum ist auf das Jahr der Entstehung des Veräußerungsgewinns abzustellen (BFH VIII R 53/81 BStBl II 83, 303). 58

Die estl Wahlrechtsausübung bindet auch für die **GewSt** (BFH VIII R 72/87 BStBl II 92, 958; zum Zeitpunkt s *Weber-Grellet* DStR 92, 1417; *Glanegger* FR 90, 469). Bei einer **Betriebsüberlassung** iSd § 6 III ist noch der Rechtsvorgänger, nicht der Übernehmer für die Wahlrechtsausübung zuständig (BFH IV R 34/95 BStBl II 96, 568). In der **Sonderbilanz** ist das Wahlrecht vom MUer persönl auszuüben, auch bei Ausscheiden bis zum Bilanzstichtag (BFH IV R 14/04 BStBl II 06, 418). Zur **Veräußerung eines MUeranteils** s *Neu/Hamacher* GmbHR 16, 1: Rücklagenbildung bei der Ges, Fortführung und Auflösung beim Ges'ter (mE zutr, ggf nach § 6c). Zur **Rückwärtsberichtigung** nach § 174 AO s BFH IV R 65/91 BStBl II 94, 76.

b) Übertragung und Frist, § 6b III 2, 3. – aa) Abzug von den AK/HK. Schafft der StPfl begünstigte WG in einem der folgenden vier Wj an oder stellt er solche her, kann er im Wj der Anschaffung/Herstellung die gesamten AK/HK **bis zur Höhe des Rücklagenbetrags** kürzen (EStR 6b. 2 I). Dazu wird wie bei § 6b I (s Rz 39) das WG zunächst mit seinen tatsächl AK/HK angesetzt; von diesen wird sodann wie bei einer Abschreibung der jeweilige Betrag (gewinnmindernd) abgezogen. Die Rücklage ist entspr aufzulösen (s Rz 61). Zu Sammelpositionen s FG Nds EFG 02, 186 (bestätigt durch BFH IV R 45/01 BFH/NV 02, 1021). Zu den Auswirkungen auf AfA und § 6 II, IIa s Rz 84. – Die **4-Jahresfrist** gilt grds für alle nach § 6b begünstigten WG (Ausnahmen: s Rz 60 und 90). Sie bestimmt sich nach Wj (§ 8b S 1 EStDV), nicht nach Kj, und beginnt mit Ablauf des Wj, für das die Rücklage gebildet wurde. RumpfWj (§ 8b S 2 EStDV) verkürzen den Übertragungszeitraum, verlängerte Wj (§ 8c II 2 EStDV) erweitern ihn (BFH IV R 9/06 BStBl II 10, 664). Bei unentgeltl Betriebsübernahme sind die beiden entstehenden RumpfWj als ein Wj zu werten (BFH aaO). 59

bb) Neu hergestellte Gebäude. Die Frist beträgt gem § 6b III 3 **sechs Jahre,** wenn mit der Herstellung vor Schluss des vierten auf die Rücklagenbildung folgenden Wj begonnen worden ist (Berücksichtigung längerer Planungszeiten, vgl BT-Drs IV/2617). Es genügt nicht, dass der StPfl behauptet, er beabsichtige, die Rücklage auf ein noch zu errichtendes Gebäudes zu übertragen; die Absicht muss vielmehr durch den Beginn der Herstellung nach außen dokumentiert werden (BFH IV R 6/09 BFH/NV 12, 1122). 60

Beispiele: Die **Bauantraganstellung** kann nur dann Beginn der Herstellung eines Gebäudes sein, wenn sich der Antrag auf das später tatsächl errichtete Gebäude bezieht und dieses dem Bauantrag entspr innerhalb der 6-Jahresfrist hergestellt wird (BFH I B 154/05 BFH/NV 06, 1277 mwN). Wird ein anderes Gebäude errichtet oder aber das ursprüngl geplante Gebäude an einem anderen Standort realisiert, genügt dies nicht (vgl BFH IV R 6/09 BFH/NV 12, 1122: **Bauvoranfrage** für anderes Grundstück; ob iÜ eine Bauvoranfrage genügen würde, hat der BFH offen gelassen). Zum **Abbruch** eines Gebäudes s *BMF* BStBl I 79, 223.

Die verlängerte Frist gilt nicht für **Erweiterung, Ausbau oder Umbau** von Gebäuden. – Unklar war, ob der StPfl das Gebäude *selbst* herzustellen hat; die Unterscheidung zw Herstellung und Anschaffung scheint dies nahe zu legen. ME ist ein Gebäude auch dann (begriffl) iSd § 6b III 3 „neu hergestellt", wenn ein **Dritter** mit der Herstellung beginnt und der StPfl das teilfertige Gebäude innerhalb der 4-Jahresfrist erwirbt und den Bau fortsetzt; auf die Person des Herstellenden kommt es nach dem Wortlaut der Regelung nicht an (str; s auch *HHR* § 6b Rz 102; *Blümich* § 6b Rz 253; *Klein* DStR 11, 400; aA wohl *KSM* § 6b Rn D 5). Der BFH hat dies jetzt allerdings anders entschieden (BFH IV B 103/14 BFH/NV 16, 198). – **Der Höhe nach** darf die Rücklage bei rechtzeitig begonnener Gebäudeherstellung während der verlängerten Reinvestitionsfrist nur insoweit fortgeführt werden, als nach den Verhältnissen des Bilanzstichtags und unter Berücksichtigung der dazu bis zum ordnungsmäßigen Bilanzaufstellungstag gewonnenen Erkenntnisse tatsächl noch mit weiteren HK zu rechnen ist (BFH IV R 83/88 BStBl II 90, 290).

61 **c) Auflösung, § 6b III 4, 5. – aa) Rücklagenübertragung.** In der Höhe, in der der StPfl die **AK/HK gekürzt** hat, muss er die Rücklage gem **§ 6b III 4** auflösen (s BFH IV R 41/09 BStBl II 13, 313: im veräußernden Betrieb; anders aber bei Betriebsveräußerung etc, s EStR 6b.2 X). Die Kürzung der AH/HK wirkt gewinnmindernd (Rz 39 und 59), die gleichzeitige Auflösung der Rücklage gewinnerhöhend. Folgl ergibt sich im Jahr der Übertragung der Rücklage auf das Reinvestitions-WG keine Gewinnauswirkung. Bevorzugt wird idR die vereinfachende Buchung *Rücklage an WG* (Nettomethode). Näher am Gesetzestext sind die Buchungen *(1) Abschreibung an WG* und *(2) Rücklage an Ertrag* (Bruttomethode). Beides ist zulässig. – Zur Auflösung nach **Veräußerung eins MUeranteils** s Rz 58 aE. Zur Behandlung in der HB bis zum Inkrafttreten des BilMoG (vgl Rz 39) s 28. Aufl Rz 97.

62 **bb) Auflösung in sonstigen Fällen.** Auch **ohne Abzug von den AK/HK** eines neu angeschafften oder hergestellten WG nach § 6b III 2 kann der StPfl die Rücklage jederzeit ganz oder teilweise auflösen (BFH I R 77/09 BFH/NV 11, 10; BFH IV R 8/86 BStBl II 88, 55). Spätestens mit **Ablauf der Reinvestitionsfrist** (Rz 59 f) *muss* er die Rücklage vollständig auflösen **(§ 6b III 5).** Ist im Fall des § 6b III 3 (Rz 60) eine Rücklage am Schluss des sechsten auf ihre Bildung folgenden Wj noch vorhanden, weil es nicht zur Fertigstellung (Herstellung) des Gebäudes innerhalb der 6-Jahresfrist gekommen ist, muss ebenfalls die gesamte Rücklage in diesem Zeitpunkt aufgelöst werden (vgl etwa BFH IV R 6/09 BFH/NV 12, 1122, Rz 23); TeilHK sind nicht begünstigt (vgl Rz 38). In allen Fällen wirkt sich die Auflösung auf den Gewinn aus und es fällt ein Gewinnzuschlag an (§ 6b VII, Rz 87 f). – Gem EStR 6b.2 IV soll eine nach § 6b III 1 im Wj der Veräußerung gebildete Rücklage auch dann (zwangsweise) aufgelöst werden, wenn der Gewinn eines Folgejahres mangels Bilanz **geschätzt** werden muss. Dies ist mE unzutr; denn die bestehende Rücklage ist nach den Grundsätzen des Bilanzenzusammenhangs (vgl BFH I R 152–153/85 BStBl II 90, 426, unter II.1.a) auch im Schätzungsjahr zu berücksichtigen. Demgemäß bezieht sich § 6b IV 1 Nr 5 nur auf Bildung und Auflösung der Rücklage, nicht auf die Fortführung (Umkehrschluss; aA *Blümich* § 6b Rz 260). – Im Jahr der Auflösung kann der StPfl einwenden, dass das FA eine Reinvestition nicht gesehen und die Rücklage überhöht angesetzt hat (BFH IV R 298/83 BStBl II 88, 885). Kommt es nach **Betriebsveräußerung** und Rücklagenbildung nicht zur Reinvestition, ist die Rücklagenauflösung iRd § 24 Nr 2 zu erfassen (BFH IV R 150/78 BStBl II 82, 348; zu § 34 s Rz 5). Dies gilt mE auch für die nachträgl eintretende StBefreiung einer reinvestierenden Körperschaft (überholt: BFH I R 253/78 BStBl II 80, 577; evtl aA *Bernhard* DB 95, 1681).

65 **5. Weitere Voraussetzungen, Übertragungsverbot, § 6b IV.** Die Anforderungen des § 6b IV gelten sowohl für die Übertragung stiller Reserven im Wj der

Veräußerung gem § 6b I als auch für die Rücklagenbildung und die Übertragung der Rücklage in einem der folgenden Wj gem § 6b III.

a) Gewinnermittlung nach § 4 I/§ 5, § 6b IV 1 Nr 1. Der StPfl muss den Gewinn nach § 4 I oder nach § 5 ermitteln, um § 6b in Anspruch nehmen zu können. Bei Gewinnermittlung nach § 4 III oder nach § 13a greift allerdings § 6c ein. Da sich § 6c in Bezug auf die begünstigten WG nicht mehr von § 6b unterscheidet (seit dem StEntlG 99 ff), führt ein **Wechsel der Gewinnermittlungsart** von § 4 I/§ 5 zu § 4 III/§ 13a weder zu einer Einschränkung der Übertragungsmöglichkeit stiller Reserven noch dazu, dass bereits gebildete Rücklagen gewinnerhöhend aufzulösen sind. Im umgekehrten Fall (von § 4 III/§ 13a zu § 4 I/§ 5) sind Rücklagen in der Übergangsbilanz auszuweisen (s § 6c Rz 10; EStR 6b.2 XI). Für den **MUer** genügt, dass die PersGes den Gewinn nach § 4 I oder § 5 ermittelt. Ordnungsgemäße Buchführung wird seit 1975 nicht mehr verlangt. – Bei einem Wechsel zur **Tonnagebesteuerung** sind Rücklagen aufzulösen (§ 5a V 3); eine Übertragung der Rücklage auf einen Betrieb, der den Gewinn nach § 5a ermittelt, ist unzulässig (FG Hbg EFG 07, 1754, rkr). – Auch im Falle einer **Schätzung** erfolgt die Gewinnermittlung ggf nach § 4 I/§ 5 (vgl § 4 Rz 6), so dass § 6b IV 1 Nr 1 der Übertragung stiller Reserven nicht entgegensteht; s aber Rz 57 und 62. 66

b) Veräußertes WG, § 6b IV 1 Nr 2. Die Regelung stellt in Bezug auf das veräußerte WG *drei* Voraussetzungen auf: Es muss sich *(aa)* um **AV** handeln, das *(bb)* zu einer **inl Betriebsstätte** des StPfl gehört, wobei die Zugehörigkeit *(cc)* im Zeitpunkt der Veräußerung ununterbrochen für einen Zeitraum von **wenigstens 6 Jahren** bestanden haben muss. Zur **EU-rechtl Problematik** s Rz 6. 67

aa) Anlagevermögen. Zum **AV** gehören WG, die bestimmt sind, dem Betrieb dauernd zu dienen (§ 247 II HGB; s § 6 Rz 344). Die Veräußerung von **UV** ist nicht begünstigt. Bei WG, die sechs Jahre zum BV gehört haben, wird idR AV vorliegen (EStR 6b.3 I). Teilweise **private Nutzung** des WG ist unschädl, solange es dadurch nicht zu PV wird. – **Grundstücke,** die in Veräußerungsabsicht parzelliert, und **Gebäude,** die in Eigentumswohnungen aufgeteilt werden, werden allein dadurch nicht zu UV, sondern erst durch Maßnahmen, die auf die Erschließung als Bauland abzielen oder den Beginn eines gewerbl Grundstückshandels markieren (BFH IV R 22/07 BFH/NV 11, 31; BFH IV R 47, 48/00 BStBl II 02, 289; s auch *Kirschbaum* FS Walter Maier [2012], S 140). 68

Zur Abgrenzung bei **luf Hilfsgeschäften** s BFH IV R 35/06 BStBl II 08, 359 einerseits und BFH IV R 34/05 BStBl II 08, 231 andererseits (Anm *Kanzler* FR 08, 472 und 633; vgl auch § 15 Rz 61). Zur **Einbringung** eines luf Betriebes in eine gewerbl geprägte PersGes s BFH IV R 22/07 BFH/NV 11, 31. – Mit **Beendigung der gewerbl Tätigkeit** verlieren die vormals zum AV gehörenden WG die Eigenschaft als BV; daher kann bei (privater) Veräußerung § 6b nicht in Anspruch genommen werden, auch wenn der Veräußerungsgewinn nach § 22 Nr 2 iVm § 23 stpfl ist (BFH IV R 167/80 BStBl II 81, 527). Zur **Zerstörung** oder Zerlegung eines WG in unbrauchbare Teile s BFH VIII R 187/75 BStBl II 79, 409.

bb) Zugehörigkeit zu einer inl Betriebsstätte des StPfl. Eine inl Betriebsstätte ist eine im Inl *belegene* Betriebsstätte („Inland" s § 1 Rz 30; „Betriebsstätte" s § 12 AO und § 49 Rz 21 ff). Zugehörigkeit bedeutet nicht körperl Anwesenheit, sondern **wirtschaftl Zuordnung.** Die Regelung verlangt Zugehörigkeit zu *einer* inl Betriebsstätte des StPfl; das muss nicht notwendig während der gesamten sechs Jahre dieselbe Betriebsstätte gewesen sein (s Rz 3). Bei **Betriebsverpachtung** wird das WG der Betriebsstätte des Verpächters zugerechnet. Zugehörigkeit zu einer **im Ausl belegenen** Betriebsstätte soll auch dann nicht genügen, wenn der Gewinn aus dieser der dt Besteuerung unterliegt. Im Falle einer EU/EWR-Betriebsstätte ist diese Beschränkung im Zweifel rechtswidrig (s Rz 6). Für den Fall, dass trotz Zugehörigkeit zu einer inl Betriebsstätte der Veräußerungsgewinn auf Grund eines DBA einem ausl Staat zugewiesen ist, s Rz 79. 69

70 **cc) Dauer.** Das Gesetz verlangt eine **ununterbrochene 6-jährige Zugehörigkeit,** um Spekulationen zu erschweren (BT-Drs 4/2400, 64). Ausnahmen sind auch im Billigkeitsweg nicht mögl, auch nicht bei nur geringfügiger Unterschreitung der Frist (s aber Rz 9 aE); zu LPGs der ehem DDR s aber *BMF* BStBl I 94, 854 (bis VZ 2012). Zur Verkürzung bei städtebaul Sanierung/Entwicklung s Rz 90.

71 **(1) Fristbeginn.** Die Frist beginnt mit Anschaffung (Erlangung wirtschaftl Verfügungsmacht) oder Herstellung des WG (Möglichkeit bestimmungsgemäßer Nutzung, s § 6 Rz 35). Die **Fristberechnung** erfolgt *taggenau* nach § 108 AO iVm §§ 187 I, 188 II BGB. Die Frist **endet** mit der Veräußerung des WG (s Rz 26).

72 **(2) Unentgeltl Erwerb.** Auch bei unentgeltl Erwerb eines WG beginnt eine neue Frist zu laufen; der Erwerber kann sich die Vorbesitzzeit des Übertragenden nicht anrechnen lassen (keine Buchwertfortführung). Bei wirtschaftl **Neuherstellung** von WG wie zB Gebäuden oder selbstständigen Gebäudeteilen beginnt der Fristlauf mit der Fertigstellung (s EStR 6b.3 II). **Nachträgl HK** eines zum BV gehörenden WG berühren den Fristlauf nicht, sofern nicht wirtschaftl gesehen ein neues WG geschaffen wird (vgl § 6 Rz 166 ff; s auch EStR 6b.3 III). Wird ein WG in das BV eingelegt, kommt es darauf an, wann die **Einlage** wirksam geworden ist (vgl § 4 Rz 336; zu Betriebseröffnung s § 6 Rz 572).

73 **(3) Veräußerung; Ersetzung etc.** Wird ein WG veräußert und durch ein anderes WG ersetzt, das die Funktion der ausgeschiedenen WG übernimmt, beginnt die Frist neu zu laufen; ebenso bei einem **Tausch** (Gewinnrealisierung, § 6 VI 1). Im Falle einer Ersatzbeschaffung nach **EStR 6.6** genügt es hingegen, wenn das ausgeschiedene und das Ersatz-WG *zusammen* sechs Jahre zum AV gehört haben (EStR 6b.3 IV); Zeiten zw Ausscheiden und Ersatzbeschaffung werden nicht mitgerechnet. Werden durch **betriebl Abspaltung** gewonnene WG (§ 6 Rz 37) veräußert, ist mE die Besitzzeit des alten WG mitzurechnen (personenbezogene Betrachtung, Rz 3). Bei **Buchwerteinbringung** von EinzelWG nach § 6 V (§ 6 Rz 684) werden (Vor-)Besitzzeiten ebenfalls angerechnet. **Enteignung** und Rückübertragung unterbrechen den Fristlauf nicht. Das Gleiche muss ggf für **Umlegungsverfahren** nach §§ 45 ff BauGB oder nach FlurbereinigungsG gelten (Zwangsverfahren, vgl § 6 Rz 734; zur Veräußerung des Surrogats s BFH XI R 31/91 BStBl II 93, 151). Zu Vorbesitzzeiten bei Wohnungsbauunternehmen s *BMF* BStBl I 94, 917 (bis VZ 2009).

74 **(4) (Teil-)Betrieb.** Bei der **entgeltl Übertragung** eines (Teil-)Betriebs beginnt die Sechsjahresfrist neu zu laufen (BFH IV R 136/77 BStBl II 81, 84 und IV R 12/80 BStBl II 81, 90). Bei der **unentgeltl Übertragung** werden dem Erwerber die Vorbesitzzeiten des Rechtsvorgängers angerechnet (BFH IV R 61/93 BStBl II 95, 367, und BFH VIII R 48/90 BStBl II 93, 93; EStR 6b.3 V). Als unentgeltl ist auch die **Übertragung zu Buchwerten** anzusehen (BFH IV R 77/92 BFH/NV 95, 214). Erbauseinandersetzung und vorweggenommene **Erbfolge** können bei bestimmten Ausgleichszahlungen als entgeltl Erwerbe anzusehen sein und die Besitzzeit des Rechtsvorgängers unterbrechen (Rz 31, 33). Die Übertragung gegen **Versorgungsleistungen** steht einer unentgeltl Übertragung gleich (BFH IV R 22/07 BFH/NV 11, 31: keine Fristunterbrechung).

75 **(5) Betriebsaufspaltung.** Bei der BetrAufsp beginnt die 6-Jahresfrist für WG, die auf das **Betriebsunternehmen** übertragen werden, mit der Übertragung neu zu laufen (str, aA *Blümich* § 6b Rz 146, mwN: Einheitsbetrachtung). Buchwertübertragung ist grds nicht mehr mögl (§ 15 Rz 877; Ausnahme: mitunternehmerische BetrAufsp, s § 6 Rz 664). Dagegen ist beim **Besitzunternehmen** die Besitzzeit des vorher einheitl Unternehmens anzurechnen.

76 **(6) MUerschaft.** Nach der ges'terbezogenen Betrachtungsweise (s Rz 4) kommt es für die Besitzzeit nicht mehr auf die PersGes an; es muss vielmehr geprüft werden, ob der einzelne Ges'ter die Voraussetzung des § 6b IV 1 Nr 2 erfüllt.

Wird ein WG des Gesamthandsvermögens veräußert, ist demgemäß die 6-Jahresfrist anteilig insoweit nicht gewahrt, als innerhalb der Frist eine **(voll)entgeltl Änderung** der Beteiligungsverhältnisse stattgefunden hat. Ebenso ist dies bei **teilentgeltl Änderung,** sofern das Entgelt den Buchwert des veräußerten MUeranteils übersteigt (BFH VIII R 27/98 DStRE 01, 230: Einheitstheorie; str, für Trennungstheorie zB *Röhner* StB 03, 202; *Böhme/Forster* BB 03, 1079; krit *Hartmann/Meyer* INF 03, 870; s ausführl § 6 Rz 697, auch zur Vorlage an den GrS). Hingegen ist bei **voll unentgeltl Übertragung** (oder gegen ein Teilentgelt bis zur Höhe des Buchwerts) dem Erwerber des MUeranteils die Besitzzeit des Übertragenden (Zugehörigkeit zur PersGes) anzurechnen (BFH aaO mwN). Begünstigt ist deshalb bei Veräußerung eines WG des Gesamthandsvermögens letztl nur der Teil des Veräußerungsgewinns, der auf Ges'ter entfällt, die der Ges unverändert mindestens seit 6 Jahren angehören oder denen eine entspr Besitzzeit angerechnet wird.

Ist der Veräußerung eines WG aus dem Gesamthandsvermögen innerhalb der 6-Jahresfrist eine entgeltl Anteilsübertragung von **ausgeschiedenen Ges'tern** auf (einige) verbleibende Ges'ter vorausgegangen, so ist nach BFH VIII B 179/86 BStBl II 87, 782 für die zutreffende Ermittlung des nach § 6b begünstigten Gewinns von der Quote der Altanteile vor dem Ausscheiden und einem quotalen Veräußerungsgewinn auszugehen, der nicht durch die Werte in den **Ergänzungsbilanzen** der Anteilserwerber gemindert worden ist (s iEinz BFH aaO). Für den NeuGes'ter, der die Frist nicht erfüllt, ist eine gewählte Rücklage in einer Ergänzungsbilanz anteilig zu neutralisieren (*HHR* § 6b Anm 24). Bei **doppelstöckigen PersGes** ist das Ausscheiden eines Ges'ters der OberGes hinsichtl der Besitzzeit für die Gesamthand der OberGes, nicht aber für die der UnterGes schädl. Hinsichtl der Gesamthand der UnterGes schadet das Ausscheiden der OberGes (str: glA *Blümich* § 6b Rz 148 mwN; aA *Littmann* § 6b Rz 77).

(7) Umwandlung; Verschmelzung. Besitzzeitanrechnungen und Rücklagen- 77
fortführung für § 6b EStG sind vorgesehen: gem **§ 4 II UmwStG** bei Verschmelzung einer Körperschaft iSd § 1 II UmwStG auf eine PersGes oder natürl Person (§ 4 II UmwStG; s *Schmitt/Hörtnagel/Stratz* § 4 UmwStG Rz 68); gem **§§ 9, 4 II UmwStG** für den Formwechsel einer KapGes oder Genossenschaft in eine PersGes; gem **§ 12 III UmwStG** für die Verschmelzung/Vollvermögensübertragung einer Körperschaft auf eine andere; gem **§§ 15, 16 UmwStG** bei Aufspaltung, Abspaltung, Teilvermögensübertragung auf andere Körperschaften/PersGes (vgl BFH I R 77/09 BFH/NV 11, 10); gem **§ 23 I und III UmwStG** bei Einbringung in eine KapGes im Falle des Buch- oder Zwischenwertansatzes (Einbringende sind bei PersGes deren Ges'ter, s BFH I R 183/94 BStBl II 96, 342) sowie gem **§ 23 IV UmwStG** bei Einbringung zum gemeinen Wert in eine KapGes oder PersGes im Wege der Gesamtrechtsnachfolge nach dem UmwStG; gem **§ 24 IV, § 22 I UmwStG** bei Einbringung in eine PersGes im Falle des Buch- und Zwischenwertansatzes, und zwar sowohl hinsichtl des künftigen Gesamthandsvermögens als auch hinsichtl des als SonderBV fortgeführten BV (vgl BFH IV R 22/07 BFH/NV 11, 31); gem **§ 25 iVm § 22 I UmwStG** für den Formwechsel einer PersGes in eine KapGes/Genossenschaft; ferner bei **Formwechsel** von BGB-Ges in Personenhandels- bzw PartnerschaftsGes und zw diesen.

Keine Besitzzeitanrechnung: bei Einbringungen mit dem gemeinen Wert (§ 23 IV, § 24 IV UmwStG); beim Anteilstausch gem § 21 UmwStG (§ 21 II 3 UmwStG spricht selbst bei Buchwertansatz von Anschaffung). S auch *Pitzal* DStR 11, 2373; ferner *BMF* BStBl I 11, 1314 Tz 22.07/22.13 und *Benz/Rosenberg* DB 12 Beil 1 zu Heft 2 S 38/48. Zur **Realteilung** und Sachwertabfindung s Rz 33.

c) Reinvestitions-WG, § 6b IV 1 Nr 3. Das angeschaffte oder hergestellte 78
WG muss ebenfalls zum AV einer **inl Betriebsstätte** des StPfl gehören, wobei **„gehören"** auch hier im Sinne wirtschaftl Zuordnung zu verstehen ist (s Rz 69). Es muss sich nicht notwendig um das BV handeln, dem das veräußerte WG entstammt; dh, veräußertes WG und Reinvestitions-WG können **verschiedenen BV** des StPfl angehören (EStR 6b.2 VI und VII, buchmäßige Behandlung: EStR 6b.2 VIII). Eine Mindest-Besitzzeit ist hier anders als nach § 6b IV 1 Nr 2 nicht vorge-

sehen. Der StPfl darf das Reinvestitions-WG alsbald nach Anschaffung/Herstellung wieder veräußern, auch schon vor dem ersten Bilanzstichtag nach der Reinvestition. Die Anwendung des § 6b wird hiervon nicht berührt (vgl auch FG Köln EFG 11, 1492, rkr). Im Falle eines Erwerbs nach **Betriebsaufgabe** fehlt es an einem BV, zu dem das angeschaffte WG gehören könnte (BFH III B 54/07 BFH/NV 09, 1620: Abgrenzung zur Betriebsunterbrechung). Zum Erwerb nach **Verpachtung** des Betriebs s BFH IV R 10/09 BStBl II 12, 93 (zeitl und örtl Begrenzung; Anm *Kanzler* FR 12, 130). – **Reinvestitions-WG im Ausland.** Die zumindest zeitweise von der *FinVerw* vertretene Auffassung, das Reinvestitions-WG (zB Grundstück) müsse im Inl belegen sein (*BMF* BB 90, 1028; allg aufgehoben durch *BMF* BStBl I 07, 369), ist vom Wortlaut des § 6b IV 1 Nr 3 nicht gedeckt und daher abzulehnen (*Knobbe-Keuk,* S 266; *Thiel* BB 90, 1235). Aus dem Gedanken der StStundung (s Rz 1 aE) lässt sich kein anderes Ergebnis herleiten; denn der dt Fiskus kann mE auch im Falle einer späteren Veräußerung des Reinvestitions-WG auf die *im Inl entstandenen* (übertragenen) stillen Reserven zugreifen (s *Knobbe-Keuk* aaO; vgl auch BFH I R 77/06 BStBl II 09, 464, Rz 45 mwN: selbst bei Überführung des WG in eine ausl Betriebsstätte). Die tatsächl Erfassung des Veräußerungsgewinns wird durch die Zugehörigkeit zur inl Betriebsstätte und durch die Anforderungen des § 6b IV 1 Nr 5 gewährleistet. – Der Ausschluss von **EU-/EWR-Betriebsstätten** war bislang **rechtswidrig** (s Rz 6 und 54).

79 **d) Stpfl Veräußerungsgewinn, § 6b IV 1 Nr 4.** Da es Sinn und Zweck des § 6b ist, eine Substanzbesteuerung von AV zu vermeiden, setzt die Regelung voraus, dass überhaupt ein **im Inl stpfl Gewinn** vorliegt. Demgemäß sind Veräußerungsgewinne, die nach § 13 III, § 14 S 2, § 16 IV oder § 18 III 2 stfrei bleiben, nicht übertragungs- oder rücklagefähig. Dasselbe gilt für Veräußerungsgewinne, die zwar in einer inl Betriebstätte erzielt worden sind, für die aber das Besteuerungsrecht auf Grund eines **DBA** einem ausl Staat zugewiesen ist. Würde sich hingegen bei Nichtanwendung des § 6b eine steuerl Auswirkung im Inl ergeben, zB durch Verlustausgleich oder -abzug, so ist der Gewinn insoweit auch nach § 6b I und III übertragungs- und rücklagefähig.

80 **e) Buchnachweis, § 6b IV 1 Nr 5.** Abzug und Rücklagenbildung nach § 6b sind nur dann zul, wenn folgende Angaben aus der Buchführung ersichtl sind: ***(1)*** Buchwert des veräußerten WG, ***(2)*** Veräußerungskosten, ***(3)*** Wert der Gegenleistung und ***(4)*** AK/HK des Reinvestitions-WG; im Falle der Rücklagenbildung nach § 6b III: die Werte ***(1)*** bis ***(3).*** Ordnungsmäßigkeit der Buchführung wird nicht (mehr) verlangt. Eine zeitnahe Bilanzerstellung ist ebenfalls nicht erforderl (FG Nds EFG 95, 797, rkr; ähnl BFH IV R 151/81 BStBl II 85, 47). Zur Schätzung s Rz 57. – Weitere Voraussetzung für die Übertragung stiller Reserven nach § 6b ist gem **§ 5 I 2 idF des BilMoG,** dass der StPfl **lfd Verzeichnisse** führt (s iEinz § 5 Rz 60f; EStR 6 b.2). Die Regelung gilt **ab VZ 2009** (vgl § 52 I idF des JStG 2009, Art 15 BilMoG; ebenso: *Strahl* KÖSDI 09, 16642/4), also für alle Wj, die nach dem 31.12.08 enden. Rücklagen (bestehende oder neu zu bildende) werden hiervon mE nicht erfasst, da sich § 5 I 2 nur auf WG bezieht und Rücklagen keine WG sind (ebenso *Strahl* KÖSDI 09, 16642/6); insoweit bleibt es bei den Vorgaben des § 6b IV 1 Nr 5.

81 **f) Übertragungsverbot; gewerbl Betriebe, § 6b IV 2.** Veräußerungsgewinne aus GewBetr dürfen grds nicht auf Reinvestitionen eines freiberufl oder luf Betriebs übertragen werden (BT-Drs 4/2400, 64: Sicherung des GewStAufkommens). Die Regelung ist im Hinblick auf den Regelungszweck einschränkend auszulegen: Veräußerungsgewinne, die nicht der GewSt unterliegen, werden von dem Übertragungsverbot nicht erfasst (**teleologische Reduktion;** s *Kanzler* FS Beisse S 57). Das gilt zB für Gewinne aus der Veräußerung eines (Teil-)Betriebs oder eines MUer-Anteils (s auch BFH IV R 28/09 BStBl II 12, 877; Anm *Wendt* und *Kanzler* FR 13, 229). – Entwickelt sich ein GewBetr infolge eines **Struktur-**

wandels zu einem LuF-Betrieb (zB Gärtnerei, vgl BFH GrS 1/73 BStBl II 75, 168), kann eine § 6b-Rücklage fortgeführt werden; der Vorgang fällt tatbestandl nicht unter § 6b IV 2.

6. Vorgezogene (Re-)Investition, § 6b V. Will der StPfl die durch Veräuße- 83
rung aufgedeckten stillen Reserven auf ein WG übertragen, das er bereits im vorangegangenen Wj angeschafft oder hergestellt hat, ist bei Vornahme des Abzugs nach § 6b I 1 (Rz 39) von den Buchwerten am Schluss des vorangegangenen Wj auszugehen. Der StPfl kann für das Wj der Anschaffung/Herstellung noch die reguläre AfA abziehen und sonstige Abschreibungen vornehmen. Die Korrekturen des § 6b VI wirken sich erst im Folgejahr aus, also im Wj der Veräußerung (s Rz 84; vgl auch *Neufang* DB 89, 453: größtmögl Vorteil).

7. Korrektur der AK/HK, § 6b VI. – a) Geminderte Beträge. Hat der 84
StPfl von den AK/HK des Reinvestitions-WG einen Abzug nach § 6b I oder III vorgenommen, verringern sich dadurch im Wj des Abzugs gem **§ 6b VI 1** auch die AfA/AfS-Bemessungsgrundlage und die Wertgrenzen des § 6 II, IIa. An die Stelle der historischen AK/HK treten jeweils die nach § 6b I (Rz 39) bzw III (Rz 59) geminderten Beträge. Dies wirkt sich in Form eines geringeren Abschreibungsvolumens auch auf die folgenden Wj aus (s auch Rz 1 aE: Steueraufschub). Gleichermaßen werden die Bewertungsobergrenzen der betreffenden WG für die Folgezeit zwingend gemindert (zutr BFH I R 84/07 BStBl II 09, 187, Anm *Hoffmann* DStR 08, 1872; s auch *BMF* BStBl I 09, 397 [bis VZ 2012]; § 6 Rz 372). – Ist das Reinvestitions-WG bereits im Wj vor der Veräußerung angeschafft oder hergestellt worden, gelten für dieses Wj noch die regulären (historischen) AK/HK (s Rz 83).

WG, die im Wj der Veräußerung angeschafft/hergestellt worden sind, können demzufolge durch die nach § 6b VI vorzunehmende Korrektur zu **GWG iSd § 6 II, IIa** werden. Für WG, die bereits im vorangegangen Wj angeschafft/hergestellt worden sind, gilt dies mE nicht; denn die Korrektur des § 6b VI ist im Wj des Abzugs vorzunehmen, während § 6 II, IIa auf das Wj der Anschaffung/Herstellung abstellt (vgl auch BT-Drs 11/5970, 37 aE).

b) Gebäude. Ist das Reinvestitions-WG ein Gebäude, sind bei der Ermittlung 85
der (neuen) AfA-Bemessungsgrundlage nach § 7 IV 1, V gem **§ 6b VI 2** die tatsächl AK/HK (nur) um den Abzugsbetrag nach § 6b I, III zu kürzen. Das bedeutet, dass im Falle einer vorgezogenen (Re-)Investition (Rz 83) die AfA des vorangegangenen Wj zwar das AfA-Volumen mindert, nicht aber die AfA-Bemessungsgrundlage (Beispiel bei *Schoor* FR 1997, 251/5). Begründet wird dies damit, dass die in § 7 IV 1, V vorgesehenen AfA-Sätze eine verkürzte Restnutzungsdauer nicht zulassen (BT-Drs 11/5970, 37, mE zweifelhaft).

8. Gewinnzuschlag, § 6b VII. – a) Keine Reinvestition. Der Gewinnzu- 87
schlag fällt an, wenn der StPfl eine gem § 6b III 1 gebildete Rücklage in einem späteren Wj ganz oder teilweise ohne Reinvestition auflöst. Ob die Auflösung freiwillig/vorzeitig erfolgt oder zwangsweise nach Fristablauf gem § 6b III 5 ist unerhebl. In beiden Fällen wird der Gewinn für das Wj der Auflösung erhöht: für jedes volle Wj, in dem die Rücklage bestanden hat, um **6 % des aufgelösten Rücklagebetrags** (vgl BFH IV R 6/09 BFH/NV 12, 1122, Rz 24). Erfolgt die Auflösung der Rücklage dagegen nach § 6b III 4 (nach Reinvestition und Abzug gem § 6b III 2), fällt *kein* Gewinnzuschlag an. – Der Gewinnzuschlag wird nicht von **§ 9 Nr 1 S 2 GewStG** erfasst (BFH I R 17/99 BStBl II 01, 251).

b) Berechnung. Die vollen Wj des § 6b VII rechnen **von Schlussbilanz zu** 88
Schlussbilanz. Daher kann der Zuschlag durch eine unterjährige (buchhalterische) Auflösung der Rücklage nicht vermieden werden; auch in diesem Fall hat die Rücklage während des gesamten Wj bestanden (BFH IV R 83/88 BStBl II 90, 290; vgl auch BFH VIII R 82/05 BStBl II 08, 481). Das Wj der Veräußerung und Rücklagenbildung kann hingegen niemals ein volles Wj iSd § 6b VII sein, auch dann nicht, wenn die Rücklage zu Beginn dieses Wj gebildet wurde (FG BaWü

EFG 92, 178, rkr). – **RumpfWj** sind grds volle Wj (vgl § 8b S 2 EStDV); sie sind ausgehend vom Sinn und Zweck des Zuschlags (s unten) gleichwohl nur mit 0,5% je Monat zu berücksichtigen (zutr *Siegel* DB 83, 53; str, aA FG Mster EFG 01, 350, rkr: voller Zuschlag iHv 6%; ebenso *HHR* § 6b Anm 151).

Der Gewinnzuschlag soll einer missbräuchl Inanspruchnahme entgegenwirken und den Zinsvorteil einer Rücklagenbildung ohne Reinvestition abschöpfen (Abgeltung der Steuerstundung, vgl BFH I R 17/99 BStBl II 01, 251). Die Regelung greift mE auch dann ein, wenn der StPfl die Rücklage nach Fristablauf (vorschriftswidrig) bestehen lässt.

90 **9. Städtebaul Sanierung; Entwicklung. – a) Fristverlängerung, § 6b VIII.** Für Veräußerungsgewinne, die anlässl der Durchführung oder Vorbereitung städtebaul Sanierungs- und Entwicklungsmaßnahmen entstehen, werden die Fristen des **§ 6b III** um **drei Jahre verlängert:** die reguläre 4-Jahresfrist des § 6b III 2 auf sieben, die 6-Jahresfrist des § 6b III 3 auf neun und die Frist des § 6b III 5 für die Rücklagenauflösung auf sieben bzw neun Jahre. Dagegen wird die Frist des **§ 6b IV 1 Nr 2** (erforderl Vorbesitzzeit) **auf zwei Jahre verkürzt.** Voraussetzung ist in allen Fällen, dass die Veräußerung an einen der in § 6b VIII 2 genannten Erwerber erfolgt. Die Fristverlängerung trägt den Besonderheiten von Maßnahmen Rechnung, deren Durchführung der StPfl nicht beeinflussen kann.

91 **b) Bescheinigung, § 6b IX.** Der StPfl muss sich den Zweck der Veräußerung und den Erwerber von der nach Landesrecht zuständigen Behörde bescheinigen lassen; idR ist das die Gemeinde (*OFD Kiel* DStR 00, 777). Die Bescheinigung bindet das FA als **Grundlagenbescheid** (nur) bezügl der Anwendung der Fristen des § 6b VIII (FG SachsAnh EFG 01, 1358, rkr). Da die Bescheinigung unter § 175 I Nr 1 fällt, hindert § 175 II 2 AO nF eine Rückwirkung nicht.

Streitigkeiten zw StPfl und FA über die Anwendung der Fristen des § 6b VIII sind **abgabenrechtl Streitigkeiten,** die ggf im Finanzrechtsweg zu klären sind. Entsteht jedoch ein Streit zw dem StPfl und der nach § 6b IX zuständigen Behörde darüber, ob bzw mit welchem Inhalt eine Bescheinigung zu erteilen ist, handelt es sich um **keine Abgabenangelegenheit,** der StPfl muss ggf den Verwaltungsrechtsweg beschreiten.

III. Veräußerung von Anteilen an KapGes, § 6b X

93 **1. Überblick; zeitl Anwendungsbereich.** Die Regelung setzt voraus, dass der StPfl KapGes-Anteile mit Gewinn veräußert. Die dadurch aufgedeckten stillen Reserven können innerhalb bestimmter Fristen bis zu einem Höchstbetrag von **500 000 €** auf andere WG übertragen werden: innerhalb von zwei Wj auf **KapGes-Anteile** und **abnutzbare bewegl WG,** innerhalb von vier Wj auf **Gebäude.** Die Aufzählung der begünstigten WG ist (wie in § 6b I) abschließend. Gleichermaßen ist die Übertragung der stillen Reserven auf die in § 6b X 1 genannten WG nicht beliebig, sondern nur im Rahmen der dort vorgegebenen Möglichkeiten freigestellt. Die Regelung soll einen Ausgleich für Einzelunternehmer und PersGes im Hinblick auf die für KapGes geltende StBefreiung des § 8b II KStG schaffen (vgl BT-Drs 14/6882, 33; *Kanzler* FR 02, 117/121). – § 6b X gilt für Veräußerungen, die **nach dem 31.12.01** vorgenommen worden sind. Zur Übertragbarkeit eines Gewinns aus einer Veräußerung nach dem 31.12.01 auf ein vor diesem Zeitpunkt angeschafftes WG s (zutr) *Kanzler* FR 02, 117/126.

94 **2. Persönl Anwendungsbereich.** Die Regelung gilt nur für (unbeschr oder beschr stpfl) **natürl Personen.** Gem § 6b X 1 sind Körperschaften, Personenvereinigungen und Vermögensmassen ausdrückl ausgeschlossen; der Ausschluss entspricht dem persönl Anwendungsbereich des § 1 I HS 1 KStG (Abstimmung mit dem Teileinkünfteverfahren und § 8b II KStG; *Paus* EStB 12, 266: „Selbstverständlichkeit"). Für StPfl, die ihren Gewinn nach § 4 III oder § 13a ermitteln, gilt § 6b X über § 6c (s § 6c Rz 1). – Für **PersGes** gilt auch hier die gesellschafterbezogene Betrachtungsweise (vgl Rz 4), wie § 6b X 10 deutl macht. Zur Vervielfachung des

Höchstbetrags s Rz 98; zum Ausschluss bestimmter PersGes bei Beteiligung einer KapGes s Rz 110f. – S iÜ *Strahl* KÖSDI 02, 13148; *Cordes* StBp 03, 113.

95 **3. Abzug von den AK/HK im Wj der Veräußerung, § 6b X 1. – a) Veräußertes WG.** Begünstigt ist die Veräußerung von KapGes-Anteilen, soweit diese zum betriebl **AV** (Rz 68) des StPfl gehören (auch SonderBV). Zum Begriff der **Veräußerung** s Rz 26–33. Die Liquidation einer KapGes ist keine Veräußerung (BFH I R 182/70 BStBl II 73, 291). – Der Begriff des **KapGes-Anteils** entspricht dem des § 17 I 3 (vgl BFH IV R 209/74 BStBl II 76, 288). Er umfasst Aktien, GmbH-Anteile, Genussscheine, „ähnl Beteiligungen" (zB Anteile an VorGes) und Anwartschaften auf solche Beteiligungen (konkrete Bezugsrechte, schuldrechtl Ansprüche, Wandlungs- und Optionsrechte) sowie Anteile an (europäischen) Genossenschaften (s iEinz § 17 Rz 20ff). Anteile an **ausl KapGes** sind begünstigt, wenn die ausl KapGes in ihren wesentl Merkmalen einer KapGes nach inl Recht entspricht („Typenvergleich", s § 17 Rz 24). Nicht erfasst werden festverzinsl Wertpapiere, Anteile an Erwerbs- und Wirtschaftsgenossenschaften, Versicherungsvereinen auf Gegenseitigkeit, Stiftungen und sonstigen juristischen Personen des Privatrechts (§ 1 I Nr 2–6 KStG) sowie typische/atypische stille Beteiligungen. Zu einbringungsgeborenen Anteilen iSd **§ 21 UmwStG** s § 52 Abs 14 S 2.

96 **b) Reinvestitions-WG.** Der StPfl muss in KapGes-Anteile, Gebäude oder abnutzbare bewegl WG reinvestieren. KapGes-Anteile muss der StPfl angeschafft, Gebäude und bewegl WG angeschafft oder hergestellt haben. Zum Begriff des **KapGes-Anteils** s Rz 95. Der Begriff des **Gebäudes** entspricht dem des § 6b I 1 (s Rz 19ff). Erweiterungen, Ausbauten und Umbauten sind nicht begünstigt, da § 6b X 4 nicht auf § 6b I 3 verweist. Ebenfalls nicht begünstigt sind Reinvestitionen in GuB und Binnenschiffe. **Abnutzbare bewegl WG** sind alle bewegl Sachen (§ 90 BGB; § 7 Rz 26) und Betriebsvorrichtungen (Rz 21), nicht jedoch immaterielle WG (BFH III R 129/74 BStBl II 79, 634). – Zu den Begriffen „anschaffen/herstellen" s Rz 37f. An einer Anschaffung fehlt es, wenn wegen des Surrogationsprinzips Besitzzeiten angerechnet werden (vgl Rz 103).

97 **c) Zeitpunkt.** Begünstigt sind Reinvestitionen im **Wj der Veräußerung** oder im **vorangegangenen Wj** als vorgezogene (Re-)Investitionen. Letzteres ergibt sich aus § 6b X 4, der ausdrückl auch auf § 6b V verweist (glA FG Mchn EFG 11, 426, rkr, mit Anm *Kühnen; Förster* DStR 01, 1913/5; *Korn/Strahl* Stbg 02, 300/8; aA EStR 6b.2 XIII). Darüber hinaus kann der StPfl auch hier eine **Rücklage** bilden; in diesem Fall muss eine Reinvestition in KapGes-Anteile oder abnutzbare bewegl WG in den folgenden zwei Wj oder eine Reinvestition in Gebäude in den folgenden vier Wj erfolgen.

98 **d) Rechtsfolge.** Der Veräußerungsgewinn kann bis zu einem **Höchstbetrag von 500 000 €** von den AK/HK (Rz 40) des begünstigten WG abgezogen werden (vgl Rz 39). Auch § 6b X 1 ist als **Wahlrecht** des StPfl ausgestaltet, so dass der StPfl zw sofortiger Versteuerung, Gewinnübertragung und Rücklagenbildung frei wählen kann (vgl Rz 56). Die Ermittlung des Veräußerungsgewinns richtet sich gem § 6b X 4 nach § 6b II (vgl Rz 50ff). Es handelt sich um einen **Jahreshöchstbetrag,** der **ohne USt** ermittelt wird und für den im Wj aus der Veräußerung von KapGes-Anteilen erzielten Gesamtgewinn **vor Anwendung des Teileinkünfteverfahrens** gilt (s aber Rz 99f). Über den Höchstbetrag hinausgehende Gewinne werden normal versteuert. Bei abw Wj sind Gewinn und Höchstbetrag dem jeweiligen VZ nach den Regeln des § 4a zuzuordnen (vgl EStH 6b.2 „zeitl Zuordnung"; zu den Folgen eines bestandskräftigen Bescheids s FG Mchn EFG 02, 1510, rkr). – Aus der **ges'terbezogenen Betrachtungsweise** (Rz 3) folgt, dass bei Veräußerungen aus dem Gesamthandsvermögen der Höchstbetrag nach der Anzahl der Ges'ter **vervielfacht** wird (EStR 6b.2 XII; *Brandenberg* DStZ 02, 594/7; krit *Strunk/Kamphaus* BB 02, 2153/6; *OFD Ffm* DStR 03, 2072).

99 **4. Übertragung auf Gebäude und bewegl WG, § 6b X 2.** Reinvestiert der StPfl in angeschaffte/hergestellte Gebäude oder abnutzbare bewegl WG, kann er nur den stpfl Veräußerungsgewinn übertragen. Der (ohnehin) gem § 3 Nr 40 S 1 Buchst a und b iVm § 3c II steuerbefreite Teil des Gewinns bleibt unberücksichtigt. Von den AK/HK des Reinvestitions-WG können also **maximal 300 000 €** abgezogen werden (60% von 500 000 €; bis VZ 2008: 250 000 €). – Die Beschränkung gilt nur für den Fall der Reinvestition, nicht für die Rücklagenbildung (s Rz 106).

100 **5. Übertragung auf Anteile an KapGes, § 6b X 3.** Reinvestiert der StPfl dagegen in KapGes-Anteile, gehört auch der gem § 3 Nr 40 S 1 Buchst a und b iVm § 3c II stfreie Betrag zu dem von den AK abziehbaren Veräußerungsgewinn. Die stillen Reserven werden also in voller Höhe, einschließl des nach dem Teileinkünfteverfahren stfreien Teils, auf die angeschafften Anteile übertragen. Die neuen Anteile sind das **Surrogat** der alten. Das Teileinkünfteverfahren greift erst im Falle einer späteren Veräußerung der neuen Anteile.

101 **6. Gewinnermittlung, Beschränkungen, § 6b X 4.** Die Regeln zur Ermittlung des Veräußerungsgewinns in § 6b II (s Rz 98), die Beschränkungen des IV 1 Nr 1, 2, 3, 5 und des IV 2 sowie V (s Rz 97) sind **sinngemäß anwendbar.** Auf die inl StPfl des Veräußerungsgewinns (§ 6b IV 1 Nr 4) verweist § 6b X 4 nicht.

102 **a) Gewinnermittlung nach § 4 I/§ 5.** Der veräußernde StPfl bzw die MUerschaft müssen den Gewinn nach § 4 I oder § 5 ermitteln (§ 6b IV 1 Nr 1, s Rz 66).

103 **b) Eigenschaften des veräußerten WG.** Die **veräußerten KapGes-Anteile** müssen im Zeitpunkt der Veräußerung für einen Zeitraum von **wenigstens 6 Jahren** ununterbrochen zum **AV** einer **inl Betriebsstätte** des StPfl bzw der MUerschaft gehört haben (§ 6b IV 1 Nr 2; s Rz 67 ff). Bei 6-jähriger Zugehörigkeit ist idR AV anzunehmen. Eigene Anteile einer KapGes zählten bis zum Inkrafttreten des BilMoG zum UV (§ 266 II B III Nr 2 HGB aF). Zur **EU-rechtl Problematik** s Rz 6.

Bei einer **Abspaltung** ist die Zugehörigkeit der Altaktie auf das Bezugsrecht anzurechnen; gleiches gilt für die Dauer der Zugehörigkeit eines Bezugsrecht im Hinblick auf die daraus erworbenen Anteile (BFH IV R 209/74 BStBl II 76, 288: wirtschaftl Identität). Bei Abspaltungsvorgängen im Falle der Kapitalerhöhungen gegen Einlagen gehen zwar auch AK der Altanteile auf die Bezugsrechte und von diesen auf die Neuanteile über (BFH IV R 27/97 BStBl II 99, 638). Gleichwohl besteht zw den Bezugsrechten und den hieraus durch Einlagen zu erwerbenden Anteilen keine wirtschaftl Identität, insb keine Buchwertfortführung und deshalb keine Besitzzeitanrechnung (glA EStR 6b.3 VI). Dasselbe gilt für Kapitalerhöhungen im Wege des Schütt-aus-Hol-zurück-Verfahrens (FG Ddorf EFG 01, 1490, rkr). Bei der **Wertpapierleihe** (s § 5 Rz 270) kommt es darauf an, ob bzw seit wann der Veräußerer wirtschaftl Eigentümer der Anteile ist.

104 **c) Eigenschaften des Reinvestitions-WG.** Die **angeschafften WG** müssen ebenfalls zum AV einer inl Betriebsstätte gehören (§ 6b IV 1 Nr 3; s Rz 78). Zur Reinvestition in eine **EU/EWR-Betriebsstätte** s Rz 54. Zum **Buchnachweis** (§ 6b IV 1 Nr 5) s Rz 80. Zum **Übertragungsverbot** (§ 6b IV 2) s Rz 81.

106 **7. Bildung einer Rücklage, § 6b X 5.** Der StPfl kann im Wj der Veräußerung eine gewinnmindernde Rücklage iHd Veräußerungsgewinns einschließl des gem § 3 Nr 40 S 1 Buchst a und b iVm § 3c II steuerbefreiten Betrags bilden (s Rz 56 f). Eine Reinvestition in KapGesAnteile oder bewegl WG muss innerhalb von zwei Wj erfolgen, eine Reinvestition in Gebäude innerhalb von vier Wj; zur Fristberechnung s Rz 59. – Rücklagefähig ist der **volle Veräußerungsgewinn** (soweit kein Abzug nach § 6b X 1 vorgenommen worden ist), weil die Rücklage auch für Reinvestitionen in KapGesAnteile zur Verfügung steht und dann der volle Betrag übertragen werden kann (Rz 107).

8. Übertragung und Auflösung, § 6b X 6, 7. Für die Übertragung der Rücklage gelten gem **§ 6b X 6** die Grundsätze des § 6b X 2 und 3 sinngemäß (Rz 99 f): Bei Reinvestition in Gebäude und/oder abnutzbaren bewegl WG kann nur der nicht bereits nach § 3 Nr 40 S 1 Buchst a und b steuerbefreite Teil des Veräußerungsgewinns gewinnmindernd auf das Reinvestions-WG übertragen werden. Gem **§ 6b X 7** ist in diesem Fall die Rücklage auch hinsichtl des zugehörigen nach § 3 Nr 40 S 1 Buchst a und b steuerbefreiten Betrags (und damit insoweit ebenfalls stfrei) aufzulösen, allerdings ohne Zinszuschlag (s Rz 109). 107

9. Zwangsauflösung, § 6b X 8. Ist die Rücklage am Schluss des vierten auf ihre Bildung folgenden Wj noch vorhanden, muss sie gewinnwirksam aufgelöst werden (zB: Wj der Rücklagenbildung endet am 30.6.10, Auflösung am 30.6.14). Die 4-Jahresfrist gilt (anders als § 6b III 5) einheitl für alle Fälle einer nach § 6b X 5 gebildeten Rücklage. **Rechtsfolge** der Auflösung ist die Versteuerung des Auflösungsgewinns samt Gewinnzuschlag (s Rz 109) nach Maßgabe des Teileinkünfteverfahrens (§ 3 Nr 40 S 1 Buchst a und b iVm § 3c II). Dies sieht § 6b X 8 zwar nicht ausdrückl vor; die Versteuerung der nicht übertragenen Rücklage kann aber nicht anders ausfallen als die des Veräußerungsgewinns. Zur Auflösung der Rücklage iZm einer Betriebsaufgabe/-veräußerung s § 34 Rz 27. 108

10. Gewinnzuschlag, § 6b X 9. Soweit die Rücklage nicht nach § 6b X 6 übertragen (und nach § 6b X 7 aufgelöst) worden ist, fällt am Schluss des Wj der Zwangsauflösung ein Gewinnzuschlag an. Dieser beträgt für jedes volle Wj, in dem die Rücklage bestanden hat, 6 vH des nicht nach gem § 3 Nr 40 S 1 Buchst a und b iVm § 3c II steuerbefreiten (aufgelösten) Rücklagenbetrags. Es wird also nicht wie bei § 6b VII der Rücklagebetrag als solcher dem Gewinnzuschlag unterworfen, sondern nur der stpfl Anteil. S iÜ Rz 87 f. 109

11. Anwendungsausschluss, § 6b X 10. Vom Anwendungsbereich des § 6b X ausgeschlossen sind **Körperschaften, Personenvereinigungen und Vermögensmassen** (s Rz 94; insoweit gilt § 8b VI KStG). Die Möglichkeit der Gewinnübertragung besteht daher im Falle von **PersGes oder Gemeinschaften** nur insoweit, als *keine* Körperschaft, Personenvereinigung oder Vermögensmasse an den sachl begünstigten KapGesAnteilen des Gesamthandsvermögens beteiligt ist. Die übrigen Ges'ter oder Gemeinschafter werden hiervon nicht berührt (Wortlaut: „soweit", nicht „wenn"); die zur Verfügung stehenden Höchstbeträge werden dadurch nicht gemindert (s Rz 98 aE). – Betroffen sind hiervon GmbH & Co. KG, Stiftung & Co sowie andere PersGes und mitunternehmerische Erbengemeinschaften. Für die GmbH & atypisch Still ist die Vorschrift einschlägig, weil das Vermögen der GmbH einem Gesamthandsvermögen gleichgesetzt wird (s § 15 Rz 348); dabei fällt der atypisch Stille als natürl Person nicht unter die Beschränkung des § 6b X 10. Ähnl verhält es sich mit dem SonderBV des persönl haftenden Ges'ters einer KGaA (§ 15 I Nr 3). Keine Einschränkungen nach § 6b X 10 ergeben sich mE auch für den betriebl Beteiligten einer ZebraGes (vgl Rz 47). 110

Daraus folgt mE auch, dass eine KapGes im Falle der Einbringung einer PersGes zu Buch- oder Zwischenwerten eine von der PersGes nach § 6b X 5 gebildete Rücklage nicht fortführen kann, so dass es (ähnl wie bei § 6b IV 2) zur Zwangsauflösung mit Gewinnzuschlag kommt (ebenso: *Kanzler* FR 02, 117/24; einschr *Blümich* § 23 UmwStG Rz 45 mwN: Fortführung, aber keine Übertragung).

§ 6c Übertragung stiller Reserven bei der Veräußerung bestimmter Anlagegüter bei der Ermittlung des Gewinns nach § 4 Absatz 3 oder nach Durchschnittssätzen

(1) [1]**§ 6b mit Ausnahme des § 6b Absatz 4 Nummer 1 ist entsprechend anzuwenden, wenn der Gewinn nach § 4 Absatz 3 oder die Einkünfte aus Land- und Forstwirtschaft nach Durchschnittssätzen ermittelt werden.** [2]**Soweit nach**

§ 6b Absatz 3 eine Rücklage gebildet werden kann, ist ihre Bildung als Betriebsausgabe (Abzug) und ihre Auflösung als Betriebseinnahme (Zuschlag) zu behandeln; der Zeitraum zwischen Abzug und Zuschlag gilt als Zeitraum, in dem die Rücklage bestanden hat.

(2) [1]**Voraussetzung für die Anwendung des Absatzes 1 ist, dass die Wirtschaftsgüter, bei denen ein Abzug von den Anschaffungs- oder Herstellungskosten oder von dem Wert nach § 6b Absatz 5 vorgenommen worden ist, in besondere, laufend zu führende Verzeichnisse aufgenommen werden.** [2]**In den Verzeichnissen sind der Tag der Anschaffung oder Herstellung, die Anschaffungs- oder Herstellungskosten, der Abzug nach § 6b Absatz 1 und 3 in Verbindung mit Absatz 1, die Absetzungen für Abnutzung, die Abschreibungen sowie die Beträge nachzuweisen, die nach § 6b Absatz 3 in Verbindung mit Absatz 1 als Betriebsausgaben (Abzug) oder Betriebseinnahmen (Zuschlag) behandelt worden sind.**

Einkommensteuer-Richtlinien EStR 6c/EStH 6c – *Schrifttum* s § 6b

Übersicht

1 **1. Bedeutung; Aufbau.** Gem § 6c können StPfl, die ihren Gewinn nach § 4 III oder § 13a ermitteln, in **entspr Anwendung von § 6b** stille Reserven aus der Veräußerung bestimmter WG auf neu angeschaffte oder hergestellte WG übertragen (zur Bedeutung s § 6b Rz 1). Nur der persönl Anwendungsbereich des § 6b wird durch § 6c erweitert, nicht der sachl; auch § 6c gilt nur für die in § 6b I *und* X genannten WG und nur iRd dort vorgegebenen Möglichkeiten (s Rz 4). Zur Anwendbarkeit von § 6b X iVm § 6c s auch *Kanzler* FR 02, 117/23; EStR 6c III. – **§ 6c I 1** enthält eine beschr Rechtsgrundverweisung auf § 6b: StPfl, die dem persönl Anwendungsbereich des § 6c unterfallen und stille Reserven übertragen wollen, müssen grds auch die tatbestandl Voraussetzungen des § 6b erfüllen, mit Ausnahme von § 6b IV 1 Nr 1. **§ 6c I 2** modifiziert die Bestimmungen über die Bildung und Auflösung einer Rücklage in § 6b III, so dass stille Reserven über die gesetzl Fiktion von BA und BE auch ohne Bilanz in spätere Wj übertragen werden können. **§ 6c II** legt dem nicht bilanzierenden StPfl besondere Dokumentationspflichten auf. – Zur neueren Rechtsentwicklung sowie zu verfassungs- und europarechtl Bezügen des § 6b s dort Rz 5 und 6.

2 **2. Persönl Anwendungsbereich.** § 6b gilt für alle **natürl Personen,** die im Inl unbeschr oder beschr stpfl sind und ihren Gewinn entweder als nichtbuchführende Land- und Forstwirte, Gewerbetreibende oder Selbständige nach **§ 4 III** oder aber als Land- und Forstwirte gem **§ 13a** nach Durchschnittssätzen ermitteln. § 6c knüpft an die tatsächl Gewinnermittlung an und ist daher auch anwendbar, wenn ein an sich buchführungspflichtiger StPfl den Gewinn nach § 4 III ermittelt hat und das FA diese Gewinnermittlung übernimmt (BFH IV R 92/91 BStBl II 93, 366). Zu **Schätzungsfällen** s § 6b Rz 57.

Der **Verpächter** eines Betriebs kann § 6c in Anspruch zu nehmen (vgl BFH IV R 1/98, BStBl II 99, 55 mwN; s auch § 6b Rz 3). Zur Reinvestition in einen mehr als 200 km entfernt liegenden Standort s BFH IV R 23/00 BStBl II 03, 124. Zur Bindung an ein vom Erblasser ausgeübtes Wahlrecht nach Treu und Glauben s FG Hess 13 K 2635/12, Rev IV R 24/14. – Der bei einer Teilbetriebs- oder **Betriebsveräußerung** entstandene Gewinn ist, auch wenn der StPfl den Gewinn bisher nach § 4 III/§ 13a ermittelt hat, nicht nach § 6c, sondern nach § 6b begünstigt, weil der Veräußerungsgewinn stets nach § 4 I zu ermitteln ist.

3 **3. Verhältnis zu anderen Vorschriften.** Bei Gewinnermittlung nach **§ 13a** gilt § 6c nur für solche Veräußerungsgewinne, die dem Durchschnittssatzgewinn als **Sondergewinn** gem § 13a VII 1 Nr 1 Buchst a hinzugerechnet werden (bis Wj 2014/2015: § 13a VI 1 Nr 2 aF; s *Kanzler* DStZ 15, 375, 385 f; § 13a Rz 38). Die bei Rücklagenauflösung angenommene fiktive BE zählt zu den Gewinnen nach § 13a VII 1 Nr 1 Buchst d (§ 13a VI Nr 4 aF, s § 13a Rz 42); der Freibetrag ist auch für die Auflösung der Rücklage anzusetzen. – S iÜ § 6b Rz 7 ff.

4 **4. Abzug von den Anschaffungs-/Herstellungskosten, § 6c I. – a) Überblick.** § 6c I setzt wie § 6b I voraus, dass der StPfl ein begünstigtes WG mit Gewinn veräußert und ein anderes begünstigtes WG (Reinvestitions-WG) anschafft/herstellt. Ist das Reinvestitions-WG im Wj der Veräußerung oder im vorangegangenen Wj angeschafft/hergestellt worden, richtet sich die Übertragung der stillen Reserven nach § 6c I 1 iVm § 6b I und II. Sollen Anschaffung/Herstellung in einem der folgenden Wj erfolgen, gelten die speziellen Regelungen des § 6c I 2: Die Wirkung einer Rücklage nach § 6b III (zeitweilige Gewinnminderung) wird durch die **Fiktion von BA und BE** erreicht (s iEinz Rz 8 f; Berechnungsbeispiel: EStH 6c). – Reinvestitionsabsicht wird wie bei § 6b nicht verlangt. Der StPfl kann § 6c auch nur für einen Teil der aufgedeckten stillen Reserven in Anspruch nehmen **(Wahlrecht).** Zu beidem s § 6b Rz 56. – Zu Gestaltungsmöglichkeiten bei LuF s *Kanzler* FS Beisse S 58.

Der StPfl kann sein **Wahlrecht** entspr § 171 I 1 Nr 2 AO auch noch nachträgl ausüben (positiv wie negativ), solange die StFestsetzung nicht formell bestandskräftig ist (BFH IV R 30/99 BStBl II 02, 49: auch nach Ergehen eines Urteils des FG bis zum Ablauf der Rechtsmittelfrist; BFH III R 72/11 BStBl II 13, 1321: auch noch im 2. Rechtsgang). Er muss hierzu eine geänderte EÜR vorlegen (BFH IV B 46/13 BFH/NV 14, 1369; mE zu weitgehend FG RhPf EFG 15, 1685, Rev IV R 40/15: „unterstellte" Übertragung stiller Reserven ohne Wahlrechtsausübung). Das Bilanzänderungsverbot des § 4 II 2 gilt nicht für § 6c (BFH aaO). Zu erhöhten **Mitwirkungspflichten** des StPfl und zur **Amtsermittlungspflicht** des FA s BFH IV R 47/96 BFH/NV 97, 757. Zur Korrektur eines zu Unrecht vorgenommenen Abzugs nach **§ 174 III AO** s BFH IV R 65/91 BStBl II 94, 76.

5 **b) Entspr Anwendung von § 6b, § 6c I 1.** Welche WG begünstigt sind und in welcher Kombination, ergibt sich aus § 6b I 1 und 2 (s § 6b Rz 15 ff: **GuB, Aufwuchs, Gebäude** und **Binnenschiffe**) sowie aus § 6b X 1 (s § 6b Rz 95 f: **KapGes-Anteile, Gebäude** und **abnutzbare bewegl WG**). Zum Begriff Veräußerung s § 6b Rz 26 ff. Die Voraussetzungen des § 6b IV 1 Nr 2 bis 4 müssen ebenfalls erfüllt sein (insb 6-jährige Zugehörigkeit zum AV einer inl Betriebsstätte, s § 6b Rz 67 ff; zur Veräußerung von GuB eines luf Betriebs s § 6b Rz 68 aE). Auch iRd § 6c kann ggf ein Antrag auf zinslose Steuerstundung nach § 6b IIa (§ 6b Rz 54) gestellt werden.

6 **aa) Ermittlung des Veräußerungsgewinns.** Diese richtet sich nach § 6b II: Von dem Veräußerungspreis des begünstigten WG werden der „Buchwert" und die Veräußerungskosten abgezogen (s § 6b Rz 50 ff). Maßgebl ist der **Zeitpunkt der Veräußerung** (s § 6b Rz 26). Auf den Zeitpunkt des Zuflusses des Veräußerungserlöses kommt es nicht an. Die Anwendung des § 6b II führt damit zu einer Abweichung vom Zuflussprinzip des § 11; ein früher oder später zufließender Veräußerungserlös ist dementspr *keine* BE (s EStR 6c I 2–4). Für die Veräußerungskosten muss das ebenso gelten. – Als **„Buchwert"** iSd § 6b II 1 sind die noch nicht als BA abgesetzten AK/HK des veräußerten WG anzusetzen bzw (soweit vorhanden) die Werte, die sich aus dem nach § 4 III 5 (bzw § 13a VI 2) zu führenden Anlageverzeichnis ergeben.

7 **bb) Übertragung der aufgedeckten stillen Reserven.** Die Übertragung erfolgt in der Weise, dass die AK/HK des Reinvestitions-WG in dem Anlagenverzeichnis (§ 6c II 1) um den Veräußerungsgewinn gekürzt werden (Minderung der AfA-Bemessungsgrundlage). Der Kürzungsbetrag ist im Wj der Veräußerung **wie**

eine BA zu behandeln. Ist das Reinvestitions-WG bereits in dem Wj angeschafft/hergestellt worden, das der Veräußerung vorangeht, ist der am Schluss des vorangehenden Wj maßgebl „Buchwert" (s Rz 6) zu kürzen; dies geschieht ebenfalls im Wj der Veräußerung. – Zur Behandlung der VorSt s § 6b Rz 40.

8 **c) Reinvestition in einem späteren Wj, § 6c I 2 HS 1. – aa) Abzug als BA im Wj der Veräußerung („Rücklagenbildung").** Wenn bzw soweit die aufgedeckten stillen Reserven nicht bereits im Wj der Veräußerung auf ein anderes WG übertragen worden sind (Rz 7), kann der StPfl in diesem Wj einen Betrag bis zur Höhe des noch nicht abgezogenen begünstigten Veräußerungsgewinns als **fiktive BA** ansetzen. Das Wahlrecht wird mit der Abgabe der Gewinnermittlungsunterlagen für das Wj der Veräußerung beim FA ausgeübt (*Glanegger* FR 90, 469). Zur nachträgl Ausübung s Rz 4 (aE).

9 **bb) Zuschlag als BE in einem späteren Wj („Rücklagenauflösung").** Wird innerhalb der Fristen des § 6b III 2 und 3 ein Reinvestitions-WG angeschafft oder hergestellt, kann der StPfl die AK/HK in dem Anlagenverzeichnis (§ 6c II 1) bis zur Höhe des im Wj der Veräußerung abgezogenen Betrags kürzen. Der Kürzungsbetrag ist im Wj der Anschaffung/Herstellung wie eine BA zu behandeln. Zugleich ist gem § 6c I 2 in gleicher Höhe ein Zuschlag in Form einer **fiktiven BE** anzusetzen (gewinnneutrale Übertragung, s BFH IV R 298/83 BStBl II 88, 885; EStR 6c. I). – Ist bei Ablauf der Reinvestitionsfrist der Gewinn nicht oder nicht in vollem Umfange von den AK/HK eines Reinvestitions-WG abgezogen worden, muss der verbleibende Betrag dem Gewinn als Zuschlag hinzugerechnet werden. Auch vor Ablauf der Übertragungsfrist kann der neutralisierte Gewinn jederzeit ganz oder teilweise durch Ansatz einer fiktiven BE gem § 6c I 2 versteuert werden (BFH IV R 8/86 BStBl II 88, 55). Zum „Verzicht auf Reinvestition" als neue Tatsache iSd § 173 AO s BFH IV R 47/96 BFH/NV 97, 757. – Zwar steht eine **Schätzung** der Inanspruchnahme des § 6c entgegen (EStR 6c. II 1). Ist jedoch während der Reinvestitionsfrist zu schätzen, löst dies mE entgegen EStR 6c. II 2 keinen zwangsweisen Zuschlag iHd ursprüngl Abzugsbetrags aus (vgl § 6b Rz 62).

10 **cc) Wechsel der Gewinnermittlungsart nach § 4 I oder § 5.** In diesem Fall sind die WG in der EB mit den AK/HK abzügl des nach § 6c abgezogenen Betrags anzusetzen (ggf weiter vermindert um AfA und SonderAfA). Hat der StPfl Beträge als fiktive BA abgezogen, aber noch nicht als fiktive BE wieder hinzugerechnet, ist in der jeweiligen Höhe eine Rücklage zu bilden, die für die verbleibende Übertragungszeit fortgeführt werden darf, sofern die Fristen des § 6b III noch nicht abgelaufen sind. Vgl iEinz EStR 6b.2 XI.

11 **d) Gewinnzuschlag, § 6c I 2 HS 2.** Auch iRd § 6c fällt gem § 6b VII ein Gewinnzuschlag an, wenn der StPfl **ohne Reinvestition** in einem späteren Wj den Zuschlag als fiktive BE ansetzt (vgl § 6b Rz 87 f). Unerhebl ist, ob die fiktive BE zwangsweise nach Ablauf der Reinvestitionsfrist oder freiwillig zu einem früheren Zeitpunkt angesetzt wird (so auch BFH VIII R 82/05 BStBl II 08, 481, zu § 7g III). – Der Gewinnzuschlag beträgt für jedes volle Wj 6% der (ohne Reinvestition) angesetzten fiktiven BE. Maßgebl ist der Zeitraum zw dem Abzug als fiktive BA und dem Zuschlag als fiktive BE; gerechnet wird jeweils vom Ende eines Wj bis zum Ende des nächsten, auch im Falle eines unterjährigen Zuschlags (vgl *OFD Kobl* DStR 03, 880). Der Gewinnzuschlag fällt auch dann an, wenn der StPfl kein Verzeichnis iSd § 6c II geführt hat (BFH IV R 90/88 BStBl II 90, 689).

12 **5. Dokumentation, § 6c II. – a) Besondere Verzeichnisse, § 6c II 1.** Der StPfl muss jedes einzelne WG, bei dem ein Abzug von den AK/HK vorgenommen worden ist, in besondere, laufend zu führende Verzeichnisse aufnehmen (s auch FG Mster EFG 1992, 119). Die Regelung ersetzt § 6b IV 1 Nr 5. – **„Laufend"** bedeutet der Rspr zufolge nicht „zeitnah", sondern verlangt nur Aufzeichnungen in

entspr zeitl Reihenfolge; es genügt, wenn das Verzeichnis im Zeitpunkt der Wahlrechtsausübung angelegt wird (so BFH IV R 151/81 BStBl II 85, 47 zu § 7a; vgl auch FG BaWü EFG 98, 544, rkr).

b) Notwendige Angaben, § 6c II 2. Die Verzeichnisse müssen enthalten: (1) Tag der Anschaffung oder Herstellung des jeweiligen Reinvestitions-WG, von dem ein Abzug von den AK/HK vorgenommen wird, (2) AK/HK des Reinvestitions-WG, (3) Abzug nach § 6b I, III oder X iVm § 6c I, (4) die fiktiven BA und BE (Abzüge und Zuschläge) gem § 6b III iVm § 6c I 2 und (5) AfA und Sonder-AfA. 13

§ 6d *Euroumrechnungsrücklage*

Anmerkung: § 6d hat sich durch Zeitablauf erledigt (vgl § 6d I 4). Hinsichtl der Kommentierung wird auf die 23. Aufl verwiesen. 1

§ 7 Absetzung für Abnutzung oder Substanzverringerung

(1) [1] **Bei Wirtschaftsgütern, deren Verwendung oder Nutzung durch den Steuerpflichtigen zur Erzielung von Einkünften sich erfahrungsgemäß auf einen Zeitraum von mehr als einem Jahr erstreckt, ist jeweils für ein Jahr der Teil der Anschaffungs- oder Herstellungskosten abzusetzen, der bei gleichmäßiger Verteilung dieser Kosten auf die Gesamtdauer der Verwendung oder Nutzung auf ein Jahr entfällt (Absetzung für Abnutzung in gleichen Jahresbeträgen).** [2] **Die Absetzung bemisst sich hierbei nach der betriebsgewöhnlichen Nutzungsdauer des Wirtschaftsguts.** [3] **Als betriebsgewöhnliche Nutzungsdauer des Geschäfts- oder Firmenwerts eines Gewerbebetriebs oder eines Betriebs der Land- und Forstwirtschaft gilt ein Zeitraum von 15 Jahren.** [4] **Im Jahr der Anschaffung oder Herstellung des Wirtschaftsguts vermindert sich für dieses Jahr der Absetzungsbetrag nach Satz 1 um jeweils ein Zwölftel für jeden vollen Monat, der dem Monat der Anschaffung oder Herstellung vorangeht.** [5] **Bei Wirtschaftsgütern, die nach einer Verwendung zur Erzielung von Einkünften im Sinne des § 2 Absatz 1 Satz 1 Nummer 4 bis 7 in ein Betriebsvermögen eingelegt worden sind, mindert sich der Einlagewert um die Absetzungen für Abnutzung oder Substanzverringerung, Sonderabschreibungen oder erhöhte Absetzungen, die bis zum Zeitpunkt der Einlage vorgenommen worden sind, höchstens jedoch bis zu den fortgeführten Anschaffungs- oder Herstellungskosten; ist der Einlagewert niedriger als dieser Wert, bemisst sich die weitere Absetzung für Abnutzung vom Einlagewert.** [6] **Bei beweglichen Wirtschaftsgütern des Anlagevermögens, bei denen es wirtschaftlich begründet ist, die Absetzung für Abnutzung nach Maßgabe der Leistung des Wirtschaftsguts vorzunehmen, kann der Steuerpflichtige dieses Verfahren statt der Absetzung für Abnutzung in gleichen Jahresbeträgen anwenden, wenn er den auf das einzelne Jahr entfallenden Umfang der Leistung nachweist.** [7] **Absetzungen für außergewöhnliche technische oder wirtschaftliche Abnutzung sind zulässig; soweit der Grund hierfür in späteren Wirtschaftsjahren entfällt, ist in den Fällen der Gewinnermittlung nach § 4 Absatz 1 oder nach § 5 eine entsprechende Zuschreibung vorzunehmen.**

(2) [1] **Bei beweglichen Wirtschaftsgütern des Anlagevermögens, die nach dem 31. Dezember 2008 und vor dem 1. Januar 2011 angeschafft oder hergestellt worden sind, kann der Steuerpflichtige statt der Absetzung für Abnutzung in gleichen Jahresbeträgen die Absetzung für Abnutzung in fallenden Jahresbeträgen bemessen.** [2] **Die Absetzung für Abnutzung in fallenden Jahresbeträgen kann nach einem unveränderlichen Prozentsatz vom jeweiligen Buchwert (Restwert) vorgenommen werden; der dabei anzuwendende Prozentsatz darf**

höchstens das Zweieinhalbfache des bei der Absetzung für Abnutzung in gleichen Jahresbeträgen in Betracht kommenden Prozentsatzes betragen und 25 Prozent nicht übersteigen. [3]Absatz 1 Satz 4 und § 7a Absatz 8 gelten entsprechend. [4]Bei Wirtschaftsgütern, bei denen die Absetzung für Abnutzung in fallenden Jahresbeträgen bemessen wird, sind Absetzungen für außergewöhnliche technische oder wirtschaftliche Abnutzung nicht zulässig.

(3) [1]**Der Übergang von der Absetzung für Abnutzung in fallenden Jahresbeträgen zur Absetzung für Abnutzung in gleichen Jahresbeträgen ist zulässig. [2]In diesem Fall bemisst sich die Absetzung für Abnutzung vom Zeitpunkt des Übergangs an nach dem dann noch vorhandenen Restwert und der Restnutzungsdauer des einzelnen Wirtschaftsguts. [3]Der Übergang von der Absetzung für Abnutzung in gleichen Jahresbeträgen zur Absetzung für Abnutzung in fallenden Jahresbeträgen ist nicht zulässig.**

(4) [1]**Bei Gebäuden sind abweichend von Absatz 1 als Absetzung für Abnutzung die folgenden Beträge bis zur vollen Absetzung abzuziehen:**

1. bei Gebäuden, soweit sie zu einem Betriebsvermögen gehören und nicht Wohnzwecken dienen und für die der Bauantrag nach dem 31. März 1985 gestellt worden ist, jährlich 3 Prozent,

2. bei Gebäuden, soweit sie die Voraussetzungen der Nummer 1 nicht erfüllen und die

a) nach dem 31. Dezember 1924 fertiggestellt worden sind, jährlich 2 Prozent,

b) vor dem 1. Januar 1925 fertiggestellt worden sind, jährlich 2,5 Prozent

der Anschaffungs- oder Herstellungskosten; Absatz 1 Satz 5 gilt entsprechend. [2]Beträgt die tatsächliche Nutzungsdauer eines Gebäudes in den Fällen des Satzes 1 Nummer 1 weniger als 33 Jahre, in den Fällen des Satzes 1 Nummer 2 Buchstabe a weniger als 50 Jahre, in den Fällen des Satzes 1 Nummer 2 Buchstabe b weniger als 40 Jahre, so können anstelle der Absetzungen nach Satz 1 die der tatsächlichen Nutzungsdauer entsprechenden Absetzungen für Abnutzung vorgenommen werden. [3]Absatz 1 letzter Satz bleibt unberührt. [4]Bei Gebäuden im Sinne der Nummer 2 rechtfertigt die für Gebäude im Sinne der Nummer 1 geltende Regelung weder die Anwendung des Absatzes 1 letzter Satz noch den Ansatz des niedrigeren Teilwerts (§ 6 Absatz 1 Nummer 1 Satz 2).

(5) [1]**Bei Gebäuden, die in einem Mitgliedstaat der Europäischen Union oder einem anderen Staat belegen sind, auf den das Abkommen über den Europäischen Wirtschaftsraum (EWR-Abkommen) angewendet wird, und die vom Steuerpflichtigen hergestellt oder bis zum Ende des Jahres der Fertigstellung angeschafft worden sind, können abweichend von Absatz 4 als Absetzung für Abnutzung die folgenden Beträge abgezogen werden:**

1. bei Gebäuden im Sinne des Absatzes 4 Satz 1 Nummer 1, die vom Steuerpflichtigen auf Grund eines vor dem 1. Januar 1994 gestellten Bauantrags hergestellt oder auf Grund eines vor diesem Zeitpunkt rechtswirksam abgeschlossenen obligatorischen Vertrags angeschafft worden sind,

– im Jahr der Fertigstellung und in den folgenden 3 Jahren	**jeweils 10 Prozent,**
– in den darauf folgenden 3 Jahren	**jeweils 5 Prozent,**
– in den darauf folgenden 18 Jahren	**jeweils 2,5 Prozent,**

2. bei Gebäuden im Sinne des Absatzes 4 Satz 1 Nummer 2, die vom Steuerpflichtigen auf Grund eines vor dem 1. Januar 1995 gestellten Bauantrags hergestellt oder auf Grund eines vor diesem Zeitpunkt rechtswirksam abgeschlossenen obligatorischen Vertrags angeschafft worden sind,

– im Jahr der Fertigstellung und
in den folgenden 7 Jahren jeweils 5 Prozent,
– in den darauf folgenden 6 Jahren jeweils 2,5 Prozent,
– in den darauf folgenden 36 Jahren jeweils 1,25 Prozent,

3. bei Gebäuden im Sinne des Absatzes 4 Satz 1 Nummer 2, soweit sie Wohnzwecken dienen, die vom Steuerpflichtigen

a) auf Grund eines nach dem 28. Februar 1989 und vor dem 1. Januar 1996 gestellten Bauantrags hergestellt oder nach dem 28. Februar 1989 auf Grund eines nach dem 28. Februar 1989 und vor dem 1. Januar 1996 rechtswirksam abgeschlossenen obligatorischen Vertrags angeschafft worden sind,
– im Jahr der Fertigstellung und
in den folgenden 3 Jahren jeweils 7 Prozent,
– in den darauf folgenden 6 Jahren jeweils 5 Prozent,
– in den darauf folgenden 6 Jahren jeweils 2 Prozent,
– in den darauf folgenden 24 Jahren jeweils 1,25 Prozent,

b) auf Grund eines nach dem 31. Dezember 1995 und vor dem 1. Januar 2004 gestellten Bauantrags hergestellt oder auf Grund eines nach dem 31. Dezember 1995 und vor dem 1. Januar 2004 rechtswirksam abgeschlossenen obligatorischen Vertrags angeschafft worden sind,
– im Jahr der Fertigstellung und
in den folgenden 7 Jahren jeweils 5 Prozent,
– in den darauf folgenden 6 Jahren jeweils 2,5 Prozent,
– in den darauf folgenden 36 Jahren jeweils 1,25 Prozent,

c) auf Grund eines nach dem 31. Dezember 2003 und vor dem 1. Januar 2006 gestellten Bauantrags hergestellt oder auf Grund eines nach dem 31. Dezember 2003 und vor dem 1. Januar 2006 rechtswirksam abgeschlossenen obligatorischen Vertrags angeschafft worden sind,
– im Jahr der Fertigstellung und
in den folgenden 9 Jahren jeweils 4 Prozent,
– in den darauf folgenden 8 Jahren jeweils 2,5 Prozent,
– in den darauf folgenden 32 Jahren jeweils 1,25 Prozent,

der Anschaffungs- oder Herstellungskosten. [2]Im Fall der Anschaffung kann Satz 1 nur angewendet werden, wenn der Hersteller für das veräußerte Gebäude weder Absetzungen für Abnutzung nach Satz 1 vorgenommen noch erhöhte Absetzungen oder Sonderabschreibungen in Anspruch genommen hat. [3]Absatz 1 Satz 4 gilt nicht.

(5a) **Die Absätze 4 und 5 sind auf Gebäudeteile, die selbständige unbewegliche Wirtschaftsgüter sind, sowie auf Eigentumswohnungen und auf im Teileigentum stehende Räume entsprechend anzuwenden.**

(6) **Bei Bergbauunternehmen, Steinbrüchen und anderen Betrieben, die einen Verbrauch der Substanz mit sich bringen, ist Absatz 1 entsprechend anzuwenden; dabei sind Absetzungen nach Maßgabe des Substanzverzehrs zulässig (Absetzung für Substanzverringerung).**

Einkommensteuer-Durchführungsverordnung:

§ 9a *Anschaffung, Herstellung*

Jahr der Anschaffung ist das Jahr der Lieferung, Jahr der Herstellung ist das Jahr der Fertigstellung.

§ 10 *Absetzung für Abnutzung im Fall des § 4 Abs. 3 des Gesetzes*

(1) **[1]Bei nicht in dem in Artikel 3 des Einigungsvertrages genannten Gebiet belegenen Gebäuden, die bereits am 21. Juni 1948 zum Betriebsvermögen**

gehört haben, sind im Fall des § 4 Abs. 3 des Gesetzes für die Bemessung der Absetzung für Abnutzung als Anschaffungs- oder Herstellungskosten höchstens die Werte zugrunde zu legen, die sich bei sinngemäßer Anwendung des § 16 Abs. 1 des D-Markbilanzgesetzes in der im Bundesgesetzblatt Teil III, Gliederungsnummer 4140-1, veröffentlichten bereinigten Fassung ergeben würden. [2]In dem Teil des Landes Berlin, in dem das Grundgesetz bereits vor dem 3. Oktober 1990 galt, tritt an die Stelle des 21. Juni 1948 der 1. April 1949.

(2) Für Gebäude, die zum Betriebsvermögen eines Betriebs oder einer Betriebsstätte im Saarland gehören, gilt Absatz 1 mit der Maßgabe, dass an die Stelle des 21. Juni 1948 der 6. Juli 1959 sowie an die Stelle des § 16 Abs. 1 des D-Markbilanzgesetzes der § 8 Abs. 1 und der § 11 des D-Markbilanzgesetzes für das Saarland in der im Bundesgesetzblatt Teil III, Gliederungsnummer 4140-2, veröffentlichten bereinigten Fassung treten.

§§ 10a–11b *(weggefallen)*

§ 11c *Absetzung für Abnutzung bei Gebäuden*

(1) [1]Nutzungsdauer eines Gebäudes im Sinne des § 7 Abs. 4 Satz 2 des Gesetzes ist der Zeitraum, in dem ein Gebäude voraussichtlich seiner Zweckbestimmung entsprechend genutzt werden kann. [2]Der Zeitraum der Nutzungsdauer beginnt

1. bei Gebäuden, die der Steuerpflichtige vor dem 21. Juni 1948 angeschafft oder hergestellt hat, mit dem 21. Juni 1948;
2. bei Gebäuden, die der Steuerpflichtige nach dem 20. Juni 1948 hergestellt hat, mit dem Zeitpunkt der Fertigstellung;
3. bei Gebäuden, die der Steuerpflichtige nach dem 20. Juni 1948 angeschafft hat, mit dem Zeitpunkt der Anschaffung.

[3]Für im Land Berlin belegene Gebäude treten an die Stelle des 20. Juni 1948 jeweils der 31. März 1949 und an die Stelle des 21. Juni 1948 jeweils der 1. April 1949. [4]Für im Saarland belegene Gebäude treten an die Stelle des 20. Juni 1948 jeweils der 19. November 1947 und an die Stelle des 21. Juni 1948 jeweils der 20. November 1947; soweit im Saarland belegene Gebäude zu einem Betriebsvermögen gehören, treten an die Stelle des 20. Juni 1948 jeweils der 5. Juli 1959 und an die Stelle des 21. Juni 1948 jeweils der 6. Juli 1959.

(2) [1]Hat der Steuerpflichtige nach § 7 Abs. 4 Satz 3 des Gesetzes bei einem Gebäude eine Absetzung für außergewöhnliche technische oder wirtschaftliche Abnutzung vorgenommen, so bemessen sich die Absetzungen für Abnutzung von dem folgenden Wirtschaftsjahr oder Kalenderjahr an nach den Anschaffungs- oder Herstellungskosten des Gebäudes abzüglich des Betrags der Absetzung für außergewöhnliche technische oder wirtschaftliche Abnutzung. [2]Entsprechendes gilt, wenn der Steuerpflichtige ein zu einem Betriebsvermögen gehörendes Gebäude nach § 6 Abs. 1 Nr. 1 Satz 2 des Gesetzes mit dem niedrigeren Teilwert angesetzt hat. [3]Im Fall der Zuschreibung nach § 7 Abs. 4 Satz 3 des Gesetzes oder der Wertaufholung nach § 6 Abs. 1 Nr. 1 Satz 4 des Gesetzes erhöht sich die Bemessungsgrundlage für die Absetzungen für Abnutzung von dem folgenden Wirtschaftsjahr oder Kalenderjahr an um den Betrag der Zuschreibung oder Wertaufholung.

§ 11d *Absetzung für Abnutzung oder Substanzverringerung bei nicht zu einem Betriebsvermögen gehörenden Wirtschaftsgütern, die der Steuerpflichtige unentgeltlich erworben hat*

(1) [1]Bei den nicht zu einem Betriebsvermögen gehörenden Wirtschaftsgütern, die der Steuerpflichtige unentgeltlich erworben hat, bemessen sich die

Absetzungen für Abnutzung nach den Anschaffungs- oder Herstellungskosten des Rechtsvorgängers oder dem Wert, der beim Rechtsvorgänger an deren Stelle getreten ist oder treten würde, wenn dieser noch Eigentümer wäre, zuzüglich der vom Rechtsnachfolger aufgewendeten Herstellungskosten und nach dem Prozentsatz, der für den Rechtsvorgänger maßgebend sein würde, wenn er noch Eigentümer des Wirtschaftsguts wäre. [2]Absetzungen für Abnutzung durch den Rechtsnachfolger sind nur zulässig, soweit die vom Rechtsvorgänger und vom Rechtsnachfolger zusammen vorgenommenen Absetzungen für Abnutzung, erhöhten Absetzungen und Abschreibungen bei dem Wirtschaftsgut noch nicht zur vollen Absetzung geführt haben. [3]Die Sätze 1 und 2 gelten für die Absetzung für Substanzverringerung und für erhöhte Absetzungen entsprechend.

(2) **Bei Bodenschätzen, die der Steuerpflichtige auf einem ihm gehörenden Grundstück entdeckt hat, sind Absetzungen für Substanzverringerung nicht zulässig.**

Einkommensteuer-Richtlinien: EStR 7.1–7.5/EStH 7.1–7.5

Übersicht Rz

I. Gemeinsame Erläuterungen für alle Arten der AfA

1 **1. Allgemeine Grundsätze. – a) Zweck der AfA.** Nach der **Aufwandsverteilungsthese** bezwecken die AfA-Vorschriften, die Aufwendungen des StPfl für die Anschaffung oder Herstellung eines WG über einen bestimmten Zeitraum zu verteilen (BFH IV R 112/85 BFH/NV 86, 402 unter 2.a; Nachweise zu AfS s Rz 190). Verausgabte AK/HK sind begriffl bereits BA/WK, sie können ledigl noch nicht sofort in voller Höhe abgezogen werden (*Söhn* StuW 91, 270, 277). Soweit sie auf abnutzbare WG entfallen, werden sie bei den Gewinneinkünften periodengerecht verteilt; bei den Überschusseinkünften sind sie wegen § 9 I 3 Nr 7 vom Sofortabzug des § 11 II 1 ausgeschlossen. Daher kann eine AfA wegen *technischer* Abnutzung auch dann in Anspruch genommen werden, wenn ein Wertverzehr wirtschaftl nicht eintritt, sondern sogar mit einer Werterhöhung zu rechnen ist (zB AfA auf *genutzte* alte Möbel oder Musikinstrumente; nicht hingegen, wenn Antiquitäten nur als historische Schaustücke gehalten und *nicht* genutzt werden; s Rz 107 „Kunstgegenstände“). – Ausführl zum Zweck der AfA s 32. Aufl und *KSM* § 7 Rz A 18 ff.

3 **b) Geltungsbereich; Konkurrenz zu anderen Vorschriften. – aa) Anwendung bei den einzelnen Einkunftsarten.** § 7 I, IV–VI gelten bei allen Einkunftsarten (§ 4 I 9, III 3, § 5 VI, § 9 I 3 Nr 7), ferner auch bei § 10 I Nr 7 (BFH VI R 113/92 BStBl II 93, 676), nicht aber bei § 33, falls dort ausnahmsweise die AK eines WG mit mehrjähriger Nutzungsdauer begünstigt sein sollten (BFH VI R 7/09 BStBl II 10, 280). Hingegen sind LeistungsAfA und degressive AfA auf bewegl WG (§ 7 I 6, II) bei den Überschusseinkünften nicht zulässig, da es dort kein AV gibt (s Rz 115, 131). § 7 ist grds für alle Einkunftsarten einheitl anzuwenden (BFH GrS 5/71 BStBl II 74, 132; GrS 1/97 BStBl II 99, 778 unter C. I.1.). Eine unterschiedl Auslegung für die Bereiche des BV einerseits und des PV andererseits bedürfte der Rechtfertigung durch unabweisbare Gründe, die sich aus der besonderen Systematik und dem Zweck des Gesetzes ergeben müssten (BFH GrS 1/89 BStBl II 90, 830 unter C. III.1.c dd); solche sind aber in aller Regel nicht gegeben (BFH IX R 2/12 BStBl II 12, 674 Rz 13: Bauzeitzinsen können auch im PV als AK behandelt werden).

4 **bb) Verhältnis zur TW-AfA.** AfA und TW-AfA haben eine unterschiedl Zielrichtung: Die AfA nach § 7 soll ledigl der Verteilung des aktivierten Aufwandes dienen, TW-AfA bezweckt hingegen die zutr *Bewertung* des WG. Zur Bemes-

sungsgrundlage und weiteren Abschreibung nach einer TW-AfA s Rz 83. Zum Verhältnis des § 7 zu Sonder- und erhöhten AfA s die Anm zu § 7a.

cc) Nutzung des WG „zur Erzielung von Einkünften". Soweit das WG nicht zur Einkunftserzielung genutzt wird, scheidet die anteilig auf eine private Nutzung entfallende AfA vom WK-/BA-Abzug aus. Wird *ein* Gebäude – das aus mehreren selbständigen WG bestehen kann (s Rz 27) – für *verschiedene* Einkunftsarten genutzt, sind AfA und sonstige Kosten den jeweiligen Einkunftsarten (ggf durch Schätzung) zuzuordnen (§ 9 I 2). 5

c) Nachholung unterlassener/Korrektur überhöhter AfA. S auch § 4 Rz 735 ff; *Ritzrow* EStB 11, 331; EStB 12, 294. – **aa) Pflicht zur Absetzung.** Gem § 7 I 1 und IV „ist" (bzw „sind") die AfA vorzunehmen. Daher besteht eine *Pflicht* zur Vornahme der NormalAfA (BFH VIII R 64/06 BFH/NV 08, 1660 unter II.1.; BFH VIII R 3/08 BStBl II 10, 1035 unter II.1.a; allg Meinung), nicht jedoch zur AfaA nach Abs 1 S 7 (str, s Rz 126). Mit dieser AfA-Pflicht hängt die Problematik der Nachholung unterlassener AfA zusammen. Die Frage der Zulässigkeit der Nachholung unterlassener AfA in späteren Jahren stellt sich dann, wenn der StPfl versehentl oder bewusst AfA nicht vorgenommen hat, die sich nach der *von ihm selbst angenommenen Nutzungsdauer* des WG ergibt, und die StBescheide der vergangenen Jahre nicht mehr geändert werden können. – Hiervon abzugrenzen ist der Fall, in dem eine *fehlerhafte Einschätzung der Nutzungsdauer* zu einer zu niedrigen AfA führt; hier ist die unterbliebene AfA (sofern eine TW-AfA ausscheidet und sich aus dem Grundsatz von Treu und Glauben nichts Gegenteiliges ergibt) in den Folgejahren durch Verteilung des überhöhten Restbuchwertes auf die Restnutzungsdauer des WG auszugleichen (ausführl Rz 104). 6

bb) Nachholung grds zulässig. Unterlassene AfA kann grds nachgeholt werden (BFH VI R 145/66 BStBl III 67, 460 betr AfS); dies gilt auch dann, wenn in früheren Jahren *bewusst* eine zu niedrige AfA abgezogen und damit der Restbuchwert zu hoch ausgewiesen worden ist (BFH IV R 31/77 BStBl II 81, 255 unter 2.). Die Nachholung der AfA beruht zwar auf dem Grundsatz des Bilanzenzusammenhangs, ist aber auch bei Gewinnermittlung nach § 4 III (BFH IV R 181/66 BStBl II 72, 271; BFH VIII R 3/08 BStBl II 10, 1035 unter II.1.a) und den Überschusseinkünften zulässig (Gleichbehandlungsgrundsatz, s Rz 3). – **Ausnahmen:** Eine Nachholung ist ausgeschlossen (Treu und Glauben), wenn der StPfl durch das Unterlassen der AfA willkürl versucht hat, steuerl Vorteile zu erlangen (BFH IV R 31/77 BStBl II 81, 255 unter 3.; BFH VIII R 64/06 BFH/NV 08, 1660 unter II.3: durch die unterlassene AfA ergab sich eine geringere Bemessungsgrundlage für die private Pkw-Nutzung). Gleiches gilt, wenn ein WG des notwendigen BV bisher *gar nicht* bilanziert wurde und nun mit den fortgeführten AK eingebucht wird (BFH X R 153/97 BStBl II 02, 75; BFH X B 100/09 BFH/NV 10, 205 unter 2.b: weil es hier keinen Bilanzansatz gab, gebietet der Grundsatz des Bilanzenzusammenhangs keine Nachholung; zust mit weiterführender Begründung *Weber-Grellet* FR 02, 210; *Gosch* StBP 02, 87: Abschnittsbesteuerung); dies gilt auch bei § 4 III (BFH VIII R 3/08 BStBl II 10, 1035 unter II.1.b). – Die **Gegenauffassung** stellt den Grundsatz der Abschnittsbesteuerung in den Vordergrund, will die AfA ebenso wie die übrigen BA/WK behandeln und lehnt die Nachholung unterlassener AfA grds ab (*v Groll* HFR 02, 211; zweifelnd auch *HHR* § 7 Anm 97). Anderes soll nur gelten, wenn nach den Grundsätzen von Treu und Glauben die Nachholung der AfA ausnahmsweise zu gestatten ist (zB die zu niedrige AfA ist wie im Fall BFH IV R 31/77 BStBl II 81, 255 ursprüngl vom FA ausgelöst worden). Auf BFH IV R 20/04 BStBl II 05, 758 (keine Nachholung eines unterbliebenen BA-Abzugs für WG des UV bei § 4 III) kann sich diese Auffassung nicht berufen, da für UV bei § 4 III das Abflussprinzip des § 11 II gilt, das für AV durch die AfA-Vorschriften aber gerade verdrängt wird. 7

8 **cc) Technik der Nachholung.** Die Summe der unterlassenen Absetzungen ist nicht etwa *sofort* als BA oder WK abzusetzen. Vielmehr ist in den Fällen der § 7 I, II und IV 2 der Restbuchwert auf die Restnutzungsdauer, die neu zu schätzen ist, nach der bisherigen Absetzungsmethode (also degressiv oder linear) zu verteilen (BFH IV R 31/77 BStBl II 81, 255 unter 2.; BFH IV R 1/06 BStBl II 10, 28 unter II.5.a). In den gesetzl typisierten Fällen der § 7 IV 1 und V sind hingegen weiterhin die dort vorgeschriebenen AfA-Sätze anzusetzen, so dass sich die AfA-Dauer verlängert (zu § 7 IV 1 BFH IX R 45/84 BStBl II 84, 709 unter 1.; zu nachträgl HK bei § 7 V BFH IX R 103/83 BStBl II 87, 491 unter 2.).

10 **dd) Rechtsfolge bei ausnahmsweise unzulässiger Nachholung.** In diesen Fällen (zur Abgrenzung s Rz 7) ist die unterlassene AfA steuerl endgültig verloren. Sie ist unter Durchbrechung des Bilanzenzusammenhangs erfolgsneutral vom Buchwert abzusetzen; von diesem niedrigen Buchwert ist in der Folgezeit abzuschreiben. Auch eine TW-AfA kann erst von diesem niedrigen Buchwert vorgenommen werden, so dass das Nachholungsverbot nicht durch eine TW-AfA umgangen werden kann (*HHR* § 7 Anm 96; *KSM* § 7 Anm A 103; in diese Richtung geht auch BFH IV R 31/77 BStBl II 81, 255 unter 2.).

11 **ee) Korrektur überhöhter AfA.** Die Beurteilung ist spiegelbildl zur Nachholung unterlassener AfA (BFH VIII R 14/90 BStBl II 93, 661). – **(1) Neuverteilung der Rest-AfA.** Sofern die früheren fehlerhaften StBescheide nicht mehr korrigiert werden können, ist nicht etwa eine gewinnerhöhende Rückgängigmachung im ersten offenen Jahr zulässig. Vielmehr ist in den Fällen der § 7 I, II, IV 2 der Restbuchwert auf die Restnutzungsdauer zu verteilen. In den Fällen der § 7 IV 1, V sind die dort vorgeschriebenen AfA-Sätze auf die bisherige Bemessungsgrundlage bis zur vollen Absetzung des Restbuchwerts anzuwenden, so dass es iErg zu einer Verkürzung der AfA-Dauer kommt (BFH VIII R 14/90 BStBl II 93, 661; BFH X R 40/06 BStBl II 10, 961 unter II.4.; BFH IX R 12/13 BStBl II 14, 563 Rz 24; ausführl *Trossen* NWB 14, 1786; teilweise abw noch BFH III R 266/83 BStBl II 88, 335); dies gilt allerdings nicht für die RestwertAfA nach § 4 III FördG (FG Mster EFG 06, 903, rkr). Hat die überhöhte AfA dazu geführt, dass das AfA-Volumen bereits vor Ablauf des AfA-Zeitraums vollständig aufgezehrt worden ist, ist eine weitere AfA in keinem Fall mehr mögl (zutr FG Mster EFG 08, 1949, rkr). – **(2) Zu hohe AfA-Bemessungsgrundlage.** Wird nachträgl erkannt, dass die ursprüngl AfA-Bemessungsgrundlage zu hoch war, weil darin sofort abziehbare BA/WK (zB Erhaltungsaufwand, abziehbare VorSt) einbezogen worden waren, soll bei Bilanzierenden eine gewinnmindernde Sofort-AfA auf die zutr Bemessungsgrundlage vorgenommen werden können (BFH IV R 59/91 BStBl II 93, 392). Bei § 4 III soll zwar ab dem Jahr der Fehleraufdeckung ebenfalls die zutr (niedrigere) AfA-Bemessungsgrundlage maßgebend sein; die im Erstjahr angefallenen BA/WK sollen aber steuerl verloren sein (BFH XI R 49/05 BStBl II 06, 712; mE zweifelhaft). Wird nachträgl erkannt, dass die ursprüngl Bemessungsgrundlage **wegen eines überhöhten Einlagewerts zu hoch** war (Rz 78), und will das FA anlässl einer späteren Entnahme den „richtigen" Entnahmegewinn ermitteln, indem es in die Anfangsbilanz des ersten offenen Jahres den zutr Buchwert einstellt, sind bei dessen Ermittlung die tatsächl abgezogenen (höheren) AfA, nicht aber fiktive (niedrigere) AfA vom nachträgl geänderten Einlagewert anzusetzen (BFH XI R 37/06 BFH/NV 08, 365: hier hat der Grundsatz des richtigen Totalgewinns Vorrang vor dem der Abschnittsbesteuerung). – **(3) Zu geringe AfA-Bemessungsgrundlage.** Sind umgekehrt Teile der AK/HK irrtüml zum Sofortabzug als BA/WK zugelassen worden, soll bei BV im ersten offenen VZ eine erfolgswirksame Nachaktivierung zur Erreichung der zutr AfA-Bemessungsgrundlage vorzunehmen sein (BFH X R 38/10 BStBl II 12, 725 Rz 21 ff). Auch im PV soll für die noch offenen Jahre die zutr Bemessungsgrundlage anzusetzen sein; der fehlerhaft berücksichtigte Aufwand wirkt sich damit doppelt aus (FG BaWü EFG 90, 626,

rkr). – **(4) Stellungnahme.** ME ist die zu (2) und (3) angeführte Rspr insgesamt unzutr. Richtigerweise würden es die Grundsätze des formellen Bilanzenzusammenhangs (ebenso wie bei der überhöhten oder zu niedrigen AfA) ermöglichen und gebieten, von einer gewinnwirksamen Nachaktivierung oder Einmal-AfA abzusehen. Es handelt sich um Fehler, die dem StPfl in einem bestandskräftigen VZ unterlaufen sind und die daher grds nicht korrigiert werden können.

d) AfA und Handelsrecht. – aa) Maßgeblichkeitsgrundsatz. Auch für die AfA gilt die Maßgeblichkeit der GoB (§ 5 I 1; eingeschränkt durch § 5 VI). Alle in § 7 genannten Formen der linearen, degressiven und LeistungsAfA fallen unter den Begriff der „planmäßigen Abschreibung" iSd § 253 III 1 HGB und sind handelsrechtl daher zulässig. Enthält das StRecht hingegen eigene AfA-Regelungen, gehen diese vor (zB § 7 I 3 für den Firmenwert). Hat der StPfl in der HB eine zu kurze Nutzungsdauer zugrunde gelegt, ist diese für die StB nicht maßgebl (*HHR* § 7 Anm 21 mwN auf RFH-Rspr.; zutr, da § 7 I 1 die Vielzahl der denkbaren „planmäßigen Abschreibungen" auf eine Abschreibung über die gesamte „betriebsgewöhnl Nutzungsdauer" einschränkt und insoweit eine eigenständige Regelung enthält). – **Steuerl AfA-Wahlrechte** dürfen auch **unabhängig von der HB** ausgeübt werden (§ 5 I 1 HS 2 seit VZ 2009); allerdings müssen diese WG in besondere Verzeichnisse aufgenommen werden (§ 5 I 2, 3). Zum Ansatz unterschiedl Nutzungsdauern in HB und StB s *Meinel* DStR 11, 1724; *Hennrichs* Ubg 11, 788; *Zwirner* DStR 13, 322 (mE zweifelhaft, da die Grundsätze zur Bestimmung der Nutzungsdauer in HB und StB dieselben sind). Bis 2008 bestand hingegen bezügl der Absetzungs*methode* eine Bindung an die HB (Einzelheiten s 30. Aufl mwN). 15

bb) Grundsatz der Einzelbewertung. Aus § 252 I Nr 3 HGB (s § 5 Rz 69) folgt, dass die AfA für jedes einzelne WG des AV gesondert zu ermitteln ist (Grundsatz der Einzelabschreibung). Ob es (außerhalb des Anwendungsbereichs des § 6 IIa) zulässig ist, gleichartige WG mit annähernd gleicher Nutzungsdauer für die Bewertung zusammenzufassen und die AfA im Wege der **Poolabschreibung** in einem Gesamtbetrag vorzunehmen (bej *HHR* § 7 Anm 98), erscheint zweifelhaft. Dies dürfte allenfalls dann in Betracht kommen, wenn die gleichartigen WG mit gleicher Nutzungsdauer auch zur gleichen Zeit angeschafft oder hergestellt worden sind (s auch EStR 5.4 II 3). Hiervon zu unterscheiden ist die steuerl Behandlung von **Festwerten** (ausführl § 6 Rz 611). – Umgekehrt folgt aus dem Grundsatz der Einzelbewertung, dass ein einheitl WG für Zwecke der AfA nicht in mehrere unselbständige Teile zerlegt werden darf (Rz 21). 16

cc) Grundsatz der Bewertungsstetigkeit. § 252 I Nr 6 HGB (s § 6 Rz 12 ff) gilt auch für die Wahl der AfA-Methode, die bei gleich bleibendem Sachverhalt beizubehalten ist. Ein Wechsel der AfA-Methode ist aber nicht willkürl und daher zulässig, wenn er der Ausnutzung einer zum Zwecke der steuerl Subvention vorgesehenen StVergünstigung dient; der Übergang von der AfA nach § 7 II zu § 7 I ist kraft ausdrückl gesetzl Anordnung zulässig (§ 7 III; s Rz 134). Zum Wechsel der AfA-Methode bei *Gebäuden* s 27. Aufl Rz 176. 17

2. Abschreibungsfähige WG. Der AfA unterliegen nur WG (Rz 21), die abnutzbar sind (Rz 22), vom StPfl aber mehr als ein Jahr lang verwendet werden (Rz 23) und nicht zum UV gehören (Rz 24). – **a) Das einzelne WG als einheitl Gegenstand der AfA.** Zum Begriff des WG s § 5 Rz 93 ff; zur Zuordnung der jeweiligen Arten von WG zu den einzelnen Abs des § 7 s Rz 25 ff. Ebenso wie aus dem Grundsatz der Einzelbewertung folgt, dass die AfA für jedes einzelne WG gesondert zu ermitteln ist (s Rz 16), dürfen umgekehrt **Teile eines WG** nicht getrennt voneinander abgeschrieben werden (BFH GrS 5/71 BStBl II 74, 132). Daher kommt der Frage, ob Gegenstände (insb Gebäudeteile) ledigl unselbständige Teile eines WG oder eigene selbständige WG sind, erhebl Bedeutung zu (s auch Rz 27; ausführl § 5 Rz 131 ff sowie BFH IV R 46/09 BStBl II 11, 696 Rz 17 ff). 21

Maßgebend ist der Zeitpunkt der bestimmungsgemäßen Verwendung (Verbindung, Vermischung, Einbau); hingegen kommt es nicht darauf an, ob der Gegenstand bei seiner *Anschaffung* noch als selbständig zu beurteilen war (BFH III R 48/79 BStBl II 82, 176, zur InvZul). § 7 IV Nr 1, V, Va (Wirtschafts-/Mietwohngebäudeteile) enthalten keine Ausnahme von diesem Grundsatz, weil ein vermieteter (eigenwirtschaftl genutzter) Gebäudeteil ggü den für andere Zwecke genutzten Gebäudeteilen steuerl ohnehin bereits ein selbständiges WG darstellt. – Zum **Komponentenansatz** nach IRFS und IDW s *Hommel/Rößler* BB 09, 2526; *Husemann* WPg 10, 507; *Herzig/Briesemeister/Joisten/Vossel* WPg 10, 561; dieser ist estl nicht von Bedeutung (zutr BFH IV R 46/09 BStBl II 11, 696 Rz 24).

22 **b) Abnutzbare WG.** § 7 erfasst solche WG, deren Nutzbarkeit durch den StPfl *zeitl begrenzt* ist (BFH I R 43/91 BStBl II 92, 529, II.1.a; vgl § 7 I 2). Für nicht abnutzbare WG (Beispiele s § 5 Rz 116) kommt AfA nicht in Betracht; Wertminderungen können dort aber durch TW-AfA berücksichtigt werden. Zur **AfaA** auf nicht abnutzbare WG s Rz 120.

23 **c) Verwendung/Nutzung durch den StPfl über mehr als ein Jahr, § 7 I 2.** Hiermit ist nicht gemeint, dass das WG *ununterbrochen* genutzt wird. Daher steht eine vorübergehende Stilllegung (zB wegen Instandsetzungsarbeiten oder für Zeiten der Nichtvermietung) der Vornahme der AfA nicht entgegen. Anders ist dies aber, wenn das nicht mehr genutzte und zum Verkauf bestimmte WG UV geworden ist (s Rz 24), oder bei einem zum Verkauf bestimmten leer stehenden Gebäude (FG Nds EFG 81, 446, rkr). – Beträgt die betriebsgewöhnl Nutzungsdauer des WG nicht mehr als 12 Monate (kurzlebige WG), sind die AK/HK auch dann sofort als BA/WK abzusetzen, wenn die Nutzungsdauer des WG von einem Wj/Kj in das folgende hinein reicht (BFH IV R 127/91 BStBl II 94, 232). Zur Ermittlung der betriebsgewöhnl Nutzungsdauer s Rz 101 ff.

24 **d) Keine AfA auf Umlaufvermögen.** § 253 III HGB lässt planmäßige AfA nur für AV (Begriff s § 6 Rz 344 ff) zu; wegen des Maßgeblichkeitsgrundsatzes gilt der Ausschluss des UV von der Vornahme von AfA auch für das StRecht. Wertminderungen des UV können aber durch TW-AfA erfasst werden. Auch bei *Vermietung* von UV kommt eine AfA idR nicht in Betracht (BFH IV R 34/67 BStBl II 69, 375; BFH III R 27/98 BStBl II 02, 537 unter II. A. 2.d, 4.c; alle zum gewerbl Grundstückshandel); ausnahmsweise kann aber auch beim **gewerbl Grundstückshandel** AV und damit AfA in Betracht kommen (BFH IV R 2/92 BStBl II 96, 369 unter I.4.; FG Nds EFG 00, 615, rkr). § 4 FördG gewährte allerdings AfA auch auf UV (BFH IV R 48/07 BStBl II 10, 799 unter II.4.b). – Im Rahmen der **Überschusseinkunftsarten** eingesetzte WG müssen der einkunftserzielenden Betätigung hingegen nicht auf Dauer dienen (BFH VIII R 116/79 BStBl II 82, 385: Zwischennutzung eines auf Abbruch angeschafften Gebäudes; ebenso bei Zwischennutzung eines zu Spekulationszwecken angeschafften WG; BFH VI R 44/86 BStBl II 90, 692: kurzfristige berufl Verwertung des Meisterstücks eines Goldschmieds; krit *Paus* DStZ 91, 149). Zur Nutzungsdauer in diesen Fällen s Rz 101 ff.

25 **3. Zuordnung der WG zu den einzelnen Absätzen des § 7.** Bedeutsam für die Vornahme der AfA ist die Unterscheidung zw abnutzbaren *bewegl* und *unbewegl WG.* Nur bewegl WG (Rz 26) können nach § 7 I 6 (LeistungsAfA) oder nach § 7 II (degressive AfA; nur bis 2010) abgeschrieben werden. Die unbewegl WG sind für die Anwendung des § 7 aufzuteilen in unbewegl WG, die *Gebäude oder selbständige Gebäudeteile* sind (Rz 27; AfA nach § 7 IV, V, Va), und *unbewegl WG, die keine Gebäude sind* (Rz 28; lineare AfA nach § 7 I 1). Neben die bewegl und unbewegl WG treten noch die *abnutzbaren immateriellen WG* (Rz 29 und § 5 Rz 188, 233), die nur nach § 7 I 1 abgeschrieben werden können.

26 **a) Bewegl WG.** S auch § 5 Rz 115, 131 ff; ausführl *HHR* § 7 Anm 313 ff. Erfasst sind Sachen iSd § 90 BGB, Tiere (§ 90a BGB), Betriebsvorrichtungen und

Scheinbestandteile iSd § 95 II BGB, nicht hingegen immaterielle WG iSd Rz 29. Sind transportable Sachen nicht fest mit einem unbewegl WG verbunden, wirft die rechtl Qualifizierung als bewegl WG idR keine Probleme auf (zB Büroeinrichtung, Werkzeug, Maschinen, Kfz). Sind Sachen hingegen mit unbewegl WG *körperl verbunden,* erfolgt nach ständiger Rspr die Abgrenzung zw unbewegl und bewegl WG im EStRecht nach den gleichen Grundsätzen wie im Bewertungsrecht (ohne dass allerdings eine zum Bewertungsrecht ergangene Entscheidung eine Bindung für das EStRecht erzeugt): Entscheidend ist der Nutzungs- und Funktionszusammenhang (BFH GrS 5/71 BStBl II 74, 132 unter C.II.2.b). – Die Rspr geht vom Gebäudebegriff des BGB (§ 94 II BGB) aus, wonach **Scheinbestandteile** iSd § 95 BGB schon bürgerl-rechtl (und auch estl) zu den bewegl Sachen gehören (s EStR 7.1 IV/EStH 7.1 „Scheinbestandteile" mwN). Aus dem Gebäudebegriff sondert die Rspr für estl Zwecke diejenigen Gebäudebestandteile aus, die nicht in einem einheitl Nutzungs- und Funktionszusammenhang mit dem Gebäude selbst stehen, sondern einem davon getrennten anderen Zweck dienen. Dies ist bei den sog **Betriebsvorrichtungen** der Fall (§ 68 II 1 Nr 2 BewG; ausführl *Ländererlasse* BStBl I 13, 734; BFH II R 67/04 BStBl II 05, 688; dazu *Eisele* Inf 05, 944). Ob Betriebsvorrichtungen nur bei Nutzung des WG in einem *Gewerbebetrieb* des StPfl mögl sind (also nicht zB bei VuV), hat BFH III R 179/81 BStBl II 86, 493 unter 2. (in Abgrenzung zur Vorinstanz FG Bln EFG 82, 396) ausdrückl offen gelassen. Erstreckt man die Differenzierung zw Gebäude und Betriebsvorrichtungen auch auf VuV (zB privater Vermieter, der ein Gebäude mit einem Lastenaufzug vermietet), könnte dieser zwei AfA-Reihen bilden und den Lastenaufzug (was auch den wirtschaftl Realitäten entspricht) schneller als das Gebäude abschreiben. ME ist diese Behandlung zutr, weil eine Differenzierung nach Einkunftsarten stets einer besonderen Rechtfertigung bedarf (s auch Rz 3), die Abgrenzung des Gebäudebegriffs aber nicht von der Einkunftsart abhängig ist. Der Wortlaut des § 68 II 1 Nr 2 BewG ist in dieser Frage nicht eindeutig. – **Zubehör** gehört, obwohl zivilrechtl eine bewegl Sache (§§ 97, 98 BGB), bewertungsrechtl und auch estrechtl zum Grundvermögen (§ 68 I Nr 1 BewG), es sei denn, das Zubehör ist eine Betriebsvorrichtung. Zur Qualifizierung von **Mietereinbauten/-umbauten** als materielle WG s Rz 46, 50, § 5 Rz 114, 270 „Mietereinbauten/-umbauten".

Beispiele für bewegl WG (insb Betriebsvorrichtungen) s § 5 Rz 115; Verwaltungsanweisungen: EStR 7.1 II–VI/EStH 7.1; *Ländererlasse* BStBl I 13, 734; *FM SchlHol* DB 04, 1585 (Windkraftanlage). **Schiffe** und **Flugzeuge** sollen nach EStR 7.1 II 2 stets bewegl WG sein (dh degressive AfA mögl; s *Schulz* DB 06, 526; *Lüdicke* DB 06, 808); dies steht zum Wortlaut des § 21 I 1 Nr 1 und zu BFH IX R 71/96 BStBl II 00, 467 in klarem Widerspruch.

b) Gebäude und selbständige Gebäudeteile. S auch § 4 Rz 191 ff. Nach stRspr des BFH ist ein Bauwerk auf eigenem oder fremdem Grund als **Gebäude** anzusehen, wenn es Menschen oder Sachen durch räuml Umschließung Schutz gegen Witterungseinflüsse gewährt, den nicht nur vorübergehenden Aufenthalt von Menschen gestattet, fest mit dem Boden verbunden, von einiger Beständigkeit und ausreichender Standfestigkeit ist (BFH III R 26/99 BStBl II 01, 137 mwN: Tankstellenüberdachung als Gebäude; ausführl *Ländererlasse* BStBl I 13, 734). Bei **Doppelfunktion** (eine Betriebsvorrichtung dient auch der Verstärkung der baul Umschließung) gebührt der Gebäudefunktion der Vorrang, weil ein Bauwerk, das die Voraussetzungen des Gebäudebegriffs erfüllt, nicht Betriebsvorrichtung sein kann (BFH II R 41/01 BStBl II 03, 693: Hochregallager). Bestehen Zweifel, ob ein bestimmtes Merkmal des Gebäudebegriffs erfüllt ist, ist nach der Verkehrsauffassung zu entscheiden (BFH III R 26/99 BStBl II 01, 137). – Gebäude sind mit ihren **unselbständigen Gebäudeteilen** (zB FG BaWü EFG 00, 991, rkr: Panoramaaufzug in einer Verkaufshalle) für Zwecke der AfA grds als Einheit zu behandeln; derartige Teile gehören zum Gebäude und unterliegen auch dann keiner eigenen AfA, wenn ihre individuelle Nutzungsdauer kürzer ist als die des Gesamtgebäudes (BFH GrS 5/71 BStBl II 74, 132; BFH VIII R 71/96 BFH/NV 98, 575: 27

Gips- und Röntgenraum eines Krankenhauses). Davon abzugrenzen sind **selbständige Gebäudeteile** (kein einheitl Nutzungs- und Funktionszusammenhang mit dem Gebäude): Sie sind entweder als bewegl WG (s Rz 26), sonstige unbewegl WG (s Rz 28) oder wiederum selbst als Gebäude zu qualifizieren (s auch Rz 180; ausführl § 5 Rz 131 ff; EStR 4.2 III–VI, EStR 7.1 V, VI). Dies gilt zB für **Photovoltaikanlagen** und **Blockheizkraftwerke,** die sowohl zur Versorgung eines Gebäudes als auch zum Verkauf des erzeugten Stroms (§ 15) verwendet werden (*OFD Rhld* FR 11, 491; unzutr aA FG Nds DStRE 08, 1437, rkr). Das Dach eines Gebäudes, auf dem eine Photovoltaikanlage errichtet wird, ist allerdings vollständig der Gebäudenutzung zuzuordnen, nicht auch anteilig dieser Anlage (BFH III R 27/12 BStBl II 14, 372 Rz 16). – Wird ein Gebäude teils eigenbetriebl, teils fremdbetriebl, teils zu eigenen und teils zu fremden Wohnzwecken genutzt, stellt jeder der vier unterschiedl genutzten Gebäudeteile ein besonderes WG dar (s § 4 Rz 193); Gebäudeteile, die für mehrere selbständige eigene Betriebe genutzt werden, bilden allerdings eine Einheit (BFH III R 80/92 BStBl II 95, 72). Zur Behandlung nachträgl HK s Rz 84 ff, zur Errichtung in **Bauabschnitten** s Rz 90. Eine **Eigentumswohnung** ist stets ein selbständiges WG „Gebäude" (Abs 5a). **Garagen** sind bei Ein- und Zweifamilienhäusern Teil des WG Gebäude (BFH VIII R 179/79 BStBl II 84, 196; BFH X R 16/01 BFH/NV 04, 485 unter II.3.); ebenso eine „Mehrfachparkanlage" in einem gemischt genutzten Gebäude, das in Wohn- und Teileigentumseinheiten aufgeteilt ist (FG Hess EFG 06, 1656, rkr). Gleiches gilt für baul mit dem Gebäude verschachtelte Tiefgaragen (BFH IX R 72/00 BStBl II 03, 916 unter II.2.). *Freistehende* zu einem Mehrfamilienhaus gehörende Garagen sind aber eigenständige unbewegl WG und unterliegen damit einer eigenen AfA (BFH IX R 26/04 BStBl II 06, 169). Aufwendungen für **Baumaßnahmen des Nutzungsberechtigten auf fremdem Grund und Boden** werden „wie ein materielles WG" mit den HK aktiviert (s Rz 50 ff).

28 **c) Andere unbewegl WG.** Beispiele s § 5 Rz 115. Im Bewertungsrecht versteht man unter **Außenanlagen** die mit dem Grundstück körperl verbundenen Sachen, die bürgerl-rechtl wesentl Bestandteile des Grundstücks sind (§ 94 BGB) und auch bewertungsrechtl zum Grundstück gehören (*Ländererlasse* BStBl I 13, 734 Tz 4), aber weder als Gebäude noch als Gebäudeteile qualifiziert werden (s § 89 BewG: Umzäunung, Wege- und Platzbefestigungen). Im EStRecht werden Außenanlagen als *unselbständige Gebäudeteile* behandelt, wenn sie mit dem Gebäude in einem einheitl Nutzungs- und Funktionszusammenhang stehen (Beispiele s § 6 Rz 211). Fehlt ein solcher Zusammenhang, sind die Außenanlagen als *selbständige unbewegl WG* einzustufen (AfA nach § 7 I; zB BFH III R 9/76 BStBl II 78, 163: Regenwasser-Auffanganlage; weitere Beispiele s EStH 7.1 „Unbewegl WG"), es sei denn, es handelt sich um Betriebsvorrichtungen (bewegl WG, zB Bodenbefestigung bei Tankstelle; weitere Beispiele s *Ländererlasse* BStBl I 13, 734 Nr 4.2–4.5) oder (bewegl) Scheinbestandteile. Auch **Mietereinbauten oder sonstige Gebäude auf fremdem GuB** sind sonstige unbewegl WG (wegen § 7 Va Gebäude-AfA, s EStR 7.1 VI), selbst wenn der Einbauende weder zivilrechtl noch wirtschaftl Eigentümer geworden ist (§ 5 Rz 114, 270 „Mietereinbauten").

29 **d) Immaterielle WG.** Zum Begriff und zur rechtl Qualifikation der immateriellen WG sowie zu Beispielen s § 5 Rz 113, 171 ff. Auch immaterielle WG des BV und des sonstigen Einkunftserzielungsvermögens können (unabhängig davon, ob es sich um dingl oder obligatorische Rechte handelt) der Abnutzung infolge wirtschaftl Wertverzehrs unterliegen, insb wenn sie für ihren Inhaber unter rechtl oder wirtschaftl Gesichtspunkten **nur zeitl begrenzt verwertbar** sind. Hingegen ist ein immaterielles WG nicht abnutzbar, wenn seine Nutzung weder unter wirtschaftl noch unter rechtl Gesichtspunkten zeitl begrenzt ist. Ist ein Recht zeitl begrenzt, kann es gleichwohl als nicht abnutzbar zu werten sein, wenn unter normalen Umständen mit einer **fortwährenden Verlängerung** zu rechnen ist; nach

dem Vorsichtsprinzip ist im Zweifel aber eine Abnutzbarkeit anzunehmen (grundlegend zum Ganzen BFH IV R 1/06 BStBl II 10, 28 unter II.3.a; BFH IX R 33/08 BStBl II 10, 958 unter II.1.a). – Erworbene immaterielle WG sind darauf zu untersuchen, ob sie tatsächl aus mehreren EinzelWG (zB Geschäftswert, Kundenstamm, Wettbewerbsverbot) bestehen; jedes dieser WG ist gesondert auf seine Abschreibungsfähigkeit hin zu untersuchen (BFH IV R 48/97 BStBl II 98, 775).

aa) Einzelfälle abnutzbarer immaterieller WG. Geschäfts- oder Firmenwert wegen § 7 I 3 (allg s § 5 Rz 221 ff, zum TW s § 6 Rz 311, zur AfA s § 7 Rz 110); zum (bedeutungslos gewordenen) Begriff des „geschäftswertähnl WG" s 33. Aufl Rz 29. – Entgeltl erworbene **Marken** und **Arzneimittelzulassungen** (zutr *BMF* BStBl I 99, 686; aA zum EWBV BFH II B 135/95 BStBl II 96, 586); die betriebsgewöhnl Nutzungsdauer beträgt idR 15 Jahre (*BMF* BStBl I 99, 686), bei Marken in schnelllebigen Marktsegmenten 3–5 Jahre (FG Ddorf EFG 00, 1177, rkr). – **Verlagswert** (BFH IV R 48/97 BStBl II 98, 775 unter 1.b). – Rechte aus **Gebietsschutzvereinbarungen** sind abnutzbar, wenn sie durch Vertrag mit einem einzelnen Konkurrenten begründet wurden; nicht hingegen, wenn die *Lieferanten* den Gebietsschutz faktisch auf Dauer garantieren (BFH IV R 48/97 BStBl II 98, 775 unter 2.). Auch die Ablösezahlung eines Handelsvertreters an seinen Vorgänger im selben Bezirk begründet ein abnutzbares immaterielles WG **„Vertreterrecht"** (BFH X R 5/05 BStBl II 07, 959; BFH X R 2/04 BStBl II 08, 109 unter II.4.a); zur Schätzung der Nutzungsdauer eines solchen Rechts s BFH X R 10/86 BStBl II 89, 549 (5 Jahre nicht beanstandet; keine Anwendung von § 7 I 3). Gleiches gilt für den entgeltl Eintritt in bestehende **Beförderungsverträge** mit Schulverbänden (BFH X R 102/92 BFH/NV 94, 543). Entgeltl übertragene **Kunden- und Lieferantenbeziehungen** sind ebenfalls abnutzbar (BFH I R 196/67 BStBl II 71, 175 unter 3.); beim Erwerb eines Betriebs sind sie aber ggf im Geschäftswert enthalten und treten nicht als selbständiges WG in Erscheinung (BFH I R 54/77 BStBl II 82, 189 unter I.2.; ausführl *Bauer* DB 89, 1051 mwN). Ein übernommener fester **Auftragsbestand** (Rechte aus schwebenden Geschäften) ist auch bei gleichzeitigem Betriebserwerb nicht Teil des Geschäftswerts (BFH I 207/57 U BStBl III 58, 416; BFH VIII R 361/83 BFH/NV 89, 778); hingegen gehen unverbindl Lieferaussichten im Geschäftswert auf (FG Mster EFG 08, 1449 unter II.2.b, rkr). – Dingl oder schuldrechtl **Nutzungsrechte** (**Nießbrauchsrecht,** dingl Wohnrecht, befristetes Dauerwohnrecht gem §§ 31 ff WEG, Erbbaurecht, obligatorisches Nutzungsrecht) sind ebenfalls abnutzbar und damit abschreibungsfähig (s Rz 44). Beim Eintritt in einen bestehenden Mietvertrag durch den Erwerb eines Grundstücks wird allerdings nicht etwa ein neben dem GuB bestehendes, abnutzbares WG „Vermietungsrecht" erworben (BFH IX R 29/98 BFH/NV 03, 21). – Zahlungen des StPfl dafür, dass ein Lieferant speziell für ihn Werkzeuge vorhält (**kundengebundene Formen/Werkzeuge;** BFH IV R 64/88 BStBl II 89, 830). Zu **Software** s § 5 Rz 270 „Software". – Zahlreiche **Konzessionen und Lieferrechte,** die früher wegen ihrer übl Verlängerung als nicht abnutzbar angesehen wurden, sind mittlerweile wegen der Änderungen im (EU-)Wettbewerbsrecht als abnutzbar zu werten (es handelt sich nicht etwa um unselbständige Teile des Geschäftswerts). Dies gilt für **Personenbeförderungskonzessionen** (*OFD NRW* DStR 14, 268; anders zur früheren Rechtslage noch BFH X R 102/92 BFH/NV 94, 543), **Güterfernverkehrskonzessionen** (*BMF* BStBl I 96, 372), **Milchquoten** (s § 13 Rz 252 mwN), **Zuckerrübenlieferrechte** (s § 13 Rz 259 mwN) und **Tabaklieferrechte** (FG RhPf EFG 07, 21, rkr). Zu den flächenabhängigen **Betriebsprämien** nach der Gemeinsamen Agrarpolitik s § 13 Rz 262. Hingegen sind zeitl unbegrenzt geltende **Brennrechte** auch weiterhin als nicht abnutzbar anzusehen (*BMF* DB 89, 702; zu TW-AfA aufgrund gesetzl Änderungen aber FG Nds EFG 10, 699, rkr). 30

bb) Einzelfälle nicht abnutzbare immaterielle WG. Internet-Domain-Adressen sind jedenfalls dann nicht abnutzbar, wenn der Name einen allg bekannten Begriff bezeichnet, der unabhängig von dem Namen des Unternehmens ist, das die Rechte an dem Domain-Namen hält (generische Domains, zB Name eines Flusses oder einer Region; BFH III R 6/05 BStBl II 07, 301 unter II.2.e). Ist der Domain-Name hingegen mit dem Unternehmens- oder Markennamen identisch (qualifizierte Domains), ist er mE wie der Markenname oder Geschäftswert selbst abnutzbar (glA *KSM* § 7 Anm B 162; *Wübbelsmann* DStR 05, 1659; vom BFH offen gelassen). – **(Kassen-)Vertragsarztzulassungen** sind zwar auch unter heutigen Wettbewerbsbedingungen weiterhin als nicht abnutzbare immaterielle WG anzusehen. Beim Erwerb einer ganzen Praxis geht die miterworbene Zulassung aber im Praxiswert auf, wenn das Entgelt sich nach der Gesamtertragskraft der Praxis bemisst (BFH VIII R 13/08 BStBl II 11, 875; s auch FG Köln EFG 12, 1128, rkr; krit *Staschewski* FR 11, 1097). Für den Erwerber ist dies steuerl erhebl günstiger, weil der Praxiswert abschreibbar ist (hierzu auch *Hoffmann* EFG 08, 1109). Wird die Vertragsarztzulassung hingegen isoliert erworben, stellt sie ein selb- 31 ständiges WG dar (BFH VIII R 13/08 BStBl II 11, 875 unter II.2.c; FG Nbg EFG 14, 1179, Rev VIII R 7/14; zu derartigen Fällen s *OFD Rhld* DB 12, 20), auf das dann keine AfA mögl sind (zutr FG Nds EFG 05, 420, rkr; FG Nbg EFG 15, 361, Rev VIII R 56/14, Anm *Wüllenkemper* EFG 15, 365; *OFD Kobl* DStR 06, 610; *OFD Ffm* BB 08, 1896; ausführl, auch zur Bewertung, *OFD Mster* DStR 09, 798; aA *Michels/Ketteler-Eising* DStR 08, 314; DStR 09, 814; zur Abgrenzung zw Praxiserwerb und Zulassungskauf in Fällen der Verlegung eines Praxissitzes s FG Ddorf EFG 15, 1428, rkr). TW-AfA können im Einzelfall mögl sein, insb bei Zahnärzten wegen des Wegfalls der Zulassungsbeschränkungen zum 1.4.07 (*OFD Rhld* DB 12, 20; *OFD NRW* DB 15, 2603).

32 **4. Persönl AfA-Berechtigung. – a) Allgemeine Grundsätze.** Die AfA-Befugnis ist von zwei Grundvoraussetzungen abhängig: Der StPfl muss den Tatbestand der Einkunftserzielung erfüllen („zur Erzielung von Einkünften“, s Rz 33) und die AK/HK müssen von ihm getragen worden oder ihm zumindest steuerl zuzurechnen sein (Rz 35).

33 **aa) Erfüllung des Tatbestands der Einkunftserzielung.** Gem § 2 I unterliegen der ESt die Einkünfte, „die der StPfl … erzielt“. § 7 I führt diesen Gedanken fort, indem angeordnet wird, dass bei WG, die „durch den StPfl zur Erzielung von Einkünften“ genutzt werden, AfA auf die AK oder HK des WG vorzunehmen sind. AfA-befugt ist also derjenige, der mit Hilfe des WG den Tatbestand der Einkunftserzielung erfüllt. Das wird idR der rechtl oder wirtschaftl Eigentümer (s dazu Rz 50, § 5 Rz 150 ff) sein. Obwohl § 7 I die AfA mit dem Begriff des WG verknüpft, lässt es die Rspr für die AfA-Befugnis bereits genügen, wenn dem StPfl *Aufwand* entstanden ist, ohne dass dieser Aufwand zu einer Eigentumsposition geführt hat (ausführl Rz 51 ff, dort auch zu Ehegatten-Fällen; zB BFH IX R 59/94 BStBl II 98, 431: Vorbehaltsnießbrauch). Die AfA-Befugnis des Einkunftserzielers schließt die AfA-Befugnis anderer Personen bezügl der AK/HK dieses WG aus.

34 **Keine AfA bei unentgeltl Nutzungsüberlassung.** Erfüllt der Eigentümer des WG nicht den Tatbestand der Einkunftserzielung, insb weil er das WG einem Dritten unentgeltl zur Nutzung überlässt, stehen ihm keine AfA zu (zur AfA-Befugnis des das WG unentgeltl Nutzenden/Drittaufwand s Rz 57 f). Der Eigentümer kann die AfA auch nicht als vorab entstandene WK – im Hinblick darauf, dass er nach dem Ende der unentgeltl Überlassung Einkünfte aus dem WG erzielen will – geltend machen (BFH VIII R 166/80 BStBl II 83, 660; BFH VIII R 71/81 BStBl II 86, 327 unter 4.: auch dann nicht, wenn der Nutzungsberechtigte sich bereits in fortgeschrittenem Alter befindet). – Erfüllt der Eigentümer mit einem **Teil des WG** nicht den Tatbestand der Einkunftserzielung (zB unentgeltl Überlassung *einer* Wohnung in einem Mehrfamilienhaus), steht ihm die AfA bezügl dieses *Teils* nicht zu (BFH VIII R 71/81 BStBl II 86, 327 unter 4.b; ebenso zum Bruchteils- und Quotennießbrauch *BMF* BStBl I 13, 1184 Rz 25). Bei **teilentgeltl Überlassung** kann der Eigentümer hingegen in den Grenzen des § 21 II grds die *gesamten* Aufwendungen abziehen, soweit es sich um eine Wohnung handelt (s § 21 Rz 158). Ansonsten wird nur ein *anteiliger* Abzug gewährt (zB *BMF* BStBl I 13, 1184 Rz 31 für den Fall des teilweise entgeltl bestellten Nießbrauchs).

35 **bb) Tragung der AK/HK.** Zur Einkunftserzielung hinzukommen muss, dass der Einkunftserzieler die AK/HK getragen hat oder sie ihm zumindest steuerl zuzurechnen sind (BFH IX R 59/94 BStBl II 98, 431). Eine Regelung über die steuerl Zurechnung von AK/HK im Fall der unentgeltl Rechtsnachfolge enthält § 11d EStDV (s Rz 67). Werden dem Ges'ter einer KapGes die von der KapGes getragenen AK/HK für ein Gebäude als **vGA** zugerechnet, kann er AfA abziehen (FG Köln EFG 98, 546, rkr; Fiktionstheorie).

36 **b) Besonderheiten bei Miteigentum. – aa) Grds anteilige AfA.** Setzen Miteigentümer das WG zur **gemeinsamen Einkunftserzielung** ein (zB Vermietung), kann jeder von ihnen die seinem Anteil entspr AfA geltend machen. Das Gebäude ist zunächst in seine in verschiedenen Nutzungs- und Funktionszusammenhängen stehenden Teile (s Rz 27) und darüber hinaus in so viele WG auf-

zuteilen, wie Miteigentümer vorhanden sind (BFH GrS 5/97 BStBl II 99, 774 unter C.1.). Zu den Wahlmöglichkeiten für die Verteilung der JahresAfA bei Neueintritt eines Ges'ters in eine PersGes während des lfd Wj s *OFD Hann* DStR 00, 730; AfA nach § 7 II kann aber nur entspr der allg Gewinnverteilung angesetzt werden (*OFD Mster* DStR 08, 98). – Nutzen Miteigentümer das WG innerhalb ihres jeweiligen Miteigentumsanteils zur **getrennten Einkunftserzielung** (zB A vermietet „seine" Gebäudehälfte, B nutzt die andere Hälfte in seinem Betrieb, oder beide Miteigentümer-Ehegatten nutzen je ein häusl Arbeitszimmer, s BFH GrS 5/97 BStBl II 99, 774), bedarf es zur Vermeidung estl Nachteile nicht eines gegenseitigen Mietvertrages. Vielmehr steht auch hier jedem Miteigentümer die seinem Anteil entspr AfA zu: Zwar gewährt das Miteigentumsrecht nur *anteiliges* Eigentum an allen Teilen des WG; gleichwohl nutzt der Miteigentümer den ihm überlassenen Gebäudeteil *insgesamt* in Ausübung seines eigenen Rechts als Miteigentümer, sofern der Nutzungsanteil nicht größer als sein Miteigentumsanteil ist (BFH GrS aaO unter C.2.). – Zu Vermutungen für die Kostentragung bei Miteigentümer-Ehegatten sowie zur Nutzung über den eigenen Miteigentumsanteil hinaus s Rz 53 ff.

bb) AfA-Wahlrechte. Miteigentümer brauchen AfA-Wahlrechte grds nicht einheitl ausüben. Jedem Miteigentümer steht auch bei einheitl und gesonderte Feststellung der Einkünfte ein eigenes Wahlrecht zu, ob er die AfA bezügl seines Anteils linear (§ 7 I/IV) oder degressiv (§ 7 II/V) vornehmen will (BFH VIII R 114/69 BStBl II 74, 704; FG SchlHol EFG 05, 1026, rkr). AfA nach der Leistung (§ 7 I 6), AfaA (§ 7 I 7, IV 3) oder Gebäude-AfA nach einer kürzeren Nutzugsdauer (§ 7 IV 2) können allerdings nur einheitl vorgenommen werden (glA *KSM* § 7 Anm A 135 ff; *Frotscher/Schnitter* § 7 Anm 80). Gleiches gilt wegen § 7a VII für erhöhte und SonderAfA (s § 7a Rz 14). 37

c) AfA bei Vorbehaltsnießbrauch. – aa) Überschusseinkünfte. Hat sich der frühere Eigentümer bei der unentgeltl Übertragung des Eigentums auf einen Dritten den Nießbrauch an dem WG vorbehalten, steht ihm die AfA weiterhin zu. Denn er hat die AK/HK für das WG getragen; bei wirtschaftl Betrachtungsweise ist der Zusammenhang zw diesen auf die Nutzungsdauer des WG zu verteilenden Kosten einerseits und der Nutzung des WG zur Erzielung stpfl Einnahmen andererseits durch die Übertragung des Eigentums an dem WG nicht unterbrochen (BFH IX R 59/94 BStBl II 98, 431). Es kommt nicht darauf an, ob der Nießbraucher – was idR zu verneinen sein wird – noch wirtschaftl Eigentümer des WG ist (BFH VIII R 35/79 BStBl II 82, 380). Bemessungsgrundlage für die AfA sind die AK/HK, die der Nießbrauchsberechtigte als früherer Eigentümer hatte (*BMF* BStBl I 13, 1184 Rz 42) oder die ihm nach § 11d EStDV von seinem Rechtsvorgänger zuzurechnen waren (BFH VIII R 53/82 BStBl II 83, 710 unter 3.); die Bemessungsgrundlage erhöht sich um nachträgl HK, die der Nießbraucher während der Zeit des Nießbrauchs aufwendet. – Behält sich der Grundstücksübergeber den **Nießbrauch für sich und seinen Ehegatten** (entweder als Gesamtberechtigte oder aufschiebend bedingt) vor, kann der überlebende Ehegatte mE auch nach dem Tod des Übergebers die AfA in der bisherigen Höhe in Anspruch nehmen (analoge Anwendung des § 11d EStDV, um den sachl nicht gerechtfertigten Wegfall des AfA-Potentials aus der ursprüngl Tragung der AK/HK zu vermeiden). Anders als beim (nicht begünstigten) Zuwendungsnießbrauch, wo derjenige, der die AK/HK getragen hat, ausschließl das AfA-Volumen ohne das eigentl WG auf einen Dritten übertragen will, geht bei der Beteiligung des Ehegatten am Vorbehaltsnießbrauch das verbleibende (immaterielle) WG, das die frühere Kostentragung repräsentiert, wirtschaftl *selbst* auf den überlebenden Ehegatten über, was die analoge Anwendung des § 11d EStDV rechtfertigt. Gegen die hier vertretene Auffassung könnte allerdings BFH IX R 1/14 BStBl II 15, 493 sprechen, wonach eine Versicherungsentschädigung, die dem Ausgleich einer AfaA dient, nur vom Vorbe- 40 haltsnießbraucher selbst, nicht aber vom gesamtberechtigten überlebenden Ehegatten versteuert werden muss (mE unzutr). – **Sonderfälle.** Verzichtet ein Vorbehaltsnießbraucher auf den Nießbrauch, um dem Eigentümer den Verkauf des Grundstücks zu ermöglichen, und wird ihm an einem vom Eigentümer neu erworbenen Grundstück ein Quotennießbrauch eingeräumt, hat der frühere Vorbehaltsnießbraucher *entgeltl* ein Nießbrauchsrecht erlangt, auf das er AfA nach § 7 I vornehmen kann (BFH IX R 40/92 BFH/NV 95, 770 unter 2.). Vorbehaltsnießbraucher ist nicht, wer einem anderen einen Geldbetrag zum Erwerb (irgend-)eines Grundstücks unter der Bedingung schenkt, dass ihm daran ein Nießbrauchsrecht eingeräumt wird; im Fall der mittelbaren Grundstücksschenkung (das Grundstück wird vom Schenker im Vorhinein genau bestimmt) ist der Geldgeber aber wie ein Vorbehaltsnießbraucher zur AfA befugt (BFH IX R 21/86 BStBl II 92, 67; Anm *von Bornhaupt* BB 91, 394). – **Dem Vorbehaltsnießbrauch stehen gleich** die Erbausschlagung gegen Einräumung eines Nießbrauchs (BFH IX R 59/94 BStBl II 98, 431: AfA analog § 11d EStDV) und alle vorbehaltenen *obligatorischen* Nutzungsrechte (BFH IX R 126/89 BStBl II 97, 121; *BMF* BStBl I 13, 1184 Rz 51–54). – Der **neue Eigentümer** ist zunächst mangels Einkunftserzielung nicht AfA-befugt, wächst aber nach **Erlöschen des Vorbehaltsnießbrauchs** in die AfA-Befugnis hinein (näher *BMF* BStBl I 13, 1184 Rz 45–48; *Neufang/Merz* DStR 12, 939; zur AfA-Bemessungsgrundlage nach entgeltl Ablösung des Nießbrauchs s *BayLfS* BB 11, 1010; krit hierzu *Meyer/Ball* DStR 11, 1211).

41 **bb) Vorbehaltsnießbrauch im BV. – (1) Weiterhin AfA-Befugnis.** Auch wenn WG des BV aus privaten Gründen auf einen anderen übertragen werden, der Schenker sich aber einen dingl oder obligatorischen Nießbrauch vorbehält, kann er iErg weiterhin AfA vornehmen: Bei Übertragung *einzelner* WG (nicht hingegen bei Übertragung eines ganzen Betriebs; hier gilt § 6 III) kommt es zu einer gewinnrealisierenden **Entnahme des WG als Ganzes** (BFH III R 113/85 BStBl II 89, 763 unter II.1.; BFH X R 140/87 BStBl II 90, 368 unter 2.a); ein Abzug der Nießbrauchsbelastung bei der Ermittlung des TW ist nicht zulässig (zumal diese Belastung künftig zu BA führt). Eine Einlage des im PV entstandenen Nutzungsrechts zum TW ist wegen BFH GrS 2/86 BStBl II 88, 348 (teleologische Reduktion des Einlagetatbestands bei Nutzungen) nicht mögl. Gleichwohl kann der Nießbraucher weiterhin AfA auf das Gebäude (nicht hingegen auf den GuB, s BFH IV R 76/88 BFH/NV 91, 457 unter 1.) vornehmen, die als jährl Einlage gewinnmindernd zu berücksichtigen ist (BFH III R 113/85 BStBl II 89, 763 unter II.2.b bb). – **(2) Höhe der Bemessungsgrundlage für die AfA-Einlage.** Diese Frage ist noch nicht geklärt; die Rspr hat sich mit ihr bisher nur in obiter dicta befasst (für Maßgeblichkeit der eigenen AK/HK BFH IV R 57/82 BStBl II 86, 322 unter 3.; BFH GrS 4/92 BStBl II 95, 281 unter C.III.2.; *Korn/Bartone* § 7 Anm 32; *Littmann* § 7 Anm 157; *Frotscher/Schnitter* § 7 Anm 120; für AfA vom Entnahmewert BFH X R 140/87 BStBl II 90, 368 unter 3.c [krit Anm *Schmidt* FR 90, 15]; *Lademann/Claßen* § 7 Anm 71; *HHR* § 7 Anm 87; *Leingärtner* Kap 41 Anm 41; unklar BFH III R 113/85 BStBl II 89, 763, wo unter II.2.b bb auf die selbst getragenen AK/HK des Nießbrauchers, unter II.3. hingegen auf den Entnahmewert abgestellt wird). – **Stellungnahme:** ME bleiben die ursprüngl AK/HK des Schenkers maßgebl, weil die weitere Verteilung seines eigenen Aufwands im Vordergrund steht. Der Gedanke, dass nach einer Entnahme zum TW vom Entnahmewert abgeschrieben werden muss, ist nur auf den ersten Blick bestechend, beruht aber auf einer unzulässigen Gleichsetzung des WG selbst (das zum TW entnommen wurde) mit dem Recht zur *Nutzung* dieses WG (das niemals entnommen wurde, sondern unverändert beim Betriebsinhaber geblieben ist, so dass sich dessen AK/HK fortsetzen). Die Gegenauffassung müsste konsequenterweise auch eine AfA vom Entnahmewert des *GuB* bejahen; dies wird von der oben zitierten Rspr aber einhellig abgelehnt. Bei Übertragung eines *ganzen* Betriebs

unter Nießbrauchsvorbehalt, bei der es bereits an der Aufdeckung der stillen Reserven fehlt, kommt ohnehin nur eine AfA von den ursprüngl AK/HK in Betracht. – **(3) Tod des Vorbehaltsnießbrauchers.** Abgesehen vom Ende der lfd AfA-Einlage kommt es nicht zu steuerl Folgen, weil in der Bilanz ohnehin kein Nutzungsrecht aktiviert werden durfte, das mit dem Tod wegfallen könnte (inkonsequent BFH III R 113/85 BStBl II 89, 763, wo unter II.2.b aa zutr die Einlage des Nutzungsrechts abgelehnt wird, unter II.4. aber von der erfolgsneutralen Ausbuchung des Restbuchwerts des Nutzungsrechts die Rede ist).

d) AfA bei Bestellung eines Nießbrauchs gegen Entgelt. Zur Abgrenzung 42
zw entgeltl und unentgeltl eingeräumten Nutzungsrechten s *BMF* BStBl I 13, 1184 Rz 10–13. Beim Vorbehaltsnießbrauch ist der Wert des Nießbrauchsrechts kein Entgelt für die Eigentumsübertragung (s § 6 Rz 135 mwN). Zum **Zuwendungsnießbrauch** s Rz 58.

aa) AfA-Befugnis des Eigentümers. Der Eigentümer eines WG erfüllt durch 43
die entgeltl Bestellung eines zeitl begrenzten dingl oder obligatorischen Rechts (nachstehend ist aus Vereinfachungsgründen nur noch von „Nießbrauch" die Rede) an diesem WG den Tatbestand der Einkunftserzielung (BFH VIII R 54/74 BStBl II 79, 332 unter 1. c). Das Entgelt für die Nießbrauchsbestellung ist im Jahr des Zuflusses Einnahme bei den VuV-Einkünften (bei Vorauszahlung für mehr als 5 Jahre Verteilung auf den Vorauszahlungszeitraum mögl, § 11 I 3), sofern es nicht einer anderen Einkunftsart zuzurechnen ist. Aufgrund der Einnahmeerzielung ist der Eigentümer bezügl des WG AfA-berechtigt (*BMF* BStBl I 13, 1184 Rz 30).

bb) AfA-Befugnis des Nießbrauchers. – (1) Keine AfA-Befugnis. Der 44
Nießbraucher hat in keinem Fall die AfA-Berechtigung an dem belasteten WG. Er ist idR nicht wirtschaftl Eigentümer, auch nicht bei einem auf Lebenszeit bestellten Nießbrauchsrecht (BFH III R 50/01 BStBl II 05, 80 unter II.2.a mwN). Abweichendes kann nur gelten, wenn sich die „Nießbrauchsbestellung" wirtschaftl als *Verkauf* des WG darstellt (zB das WG wird spätestens bei Beendigung des Nießbrauchs verbraucht sein, so dass der Rückgabeanspruch des Eigentümers keine wirtschaftl Bedeutung mehr hat, s *KSM* § 7 Anm B 36). Ein dafür geleistetes Entgelt wäre bei den Überschusseinkünften ohnehin keine Einnahme aus VuV, sondern ein nicht steuerbarer Veräußerungspreis (Ausnahme § 23). Die AfA-Berechtigung des Eigentümers schließt eine AfA-Berechtigung des Nießbrauchers aus (s Rz 33). Vereinbarungen zw Nießbrauchsbesteller und Nießbraucher über eine andere als die vorbezeichnete AfA-Berechtigung sind steuerl unbeachtl (str, s *HHR* § 7 Anm 71 mwN). – **(2) AfA auf das Nießbrauchsrecht oder Abzug lfd Zahlungen.** – **(a)** Nach der **Rspr** stellt das für die Bestellung des Nießbrauchs gezahlte Entgelt beim Nießbraucher AK eines immateriellen WG dar (für Nießbrauch BFH IX R 33/94 BFH/NV 97, 643 unter 3.a; für Baukostenzuschuss BFH I R 109/04 BFH/NV 06, 1812; zust § 5 Rz 176 mwN). Erfüllt der Nießbraucher seinerseits mit dem immateriellen WG (dem Nießbrauchsrecht) den Tatbestand der Einkunftserzielung, steht ihm bei sämtl Einkunftsarten die AfA auf die AK des immateriellen WG zu (BFH IX R 33/94 BFH/NV 97, 643 unter 3.a). Die AfA bemisst sich auch bei Nießbrauchsrechten an Gebäuden nach § 7 I (maßgebl ist die Laufzeit des erworbenen Nießbrauchsrechts); die in Rz 51 dargestellte Rspr ist hier nicht anwendbar, weil es sich dort dem Wesen nach um Gebäude-HK handelt, während hier ein Recht angeschafft wird. Aus diesem Grund kann hier (anders als in den Fällen der Rz 51) auch das an einem *unbebauten* Grundstück entgeltl erworbene Nießbrauchsrecht abgeschrieben werden (nicht aber das beim Eigentümer verbleibende Grundstück selbst): Der Nießbraucher hat entgeltl ein immaterielles WG erworben, das sich bei ihm durch Zeitablauf abnutzt (glA *Blümich/Brandis* § 7 Anm 180; *HHR* § 7 Anm 73; *KSM* § 7 Anm B 45). – **(b)** Die **FinVerw** ist zunächst der Rspr gefolgt (so noch *BMF* BStBl I 98, 914 Rz 26), will seit Inkrafttreten des § 11 II 3 aber einen sofortigen WK-Abzug im Zeitpunkt des

Abflusses des Entgelts für das Nießbrauchsrecht zulassen. Sofern eine Vorauszahlung für mehr als 5 Jahre geleistet wird, ist die Zahlung gem § 11 II 3 auf die Laufzeit zu verteilen (*BMF* BStBl I 13, 1184 Rz 26; zust *Günther* EStB 13, 427). – **Stellungnahme:** § 11 II 3 gilt nur für *Nutzungsüberlassungen*. Nach der (mE zutr) Auffassung der Rspr wird aber ein *Wirtschaftsgut* erworben, so dass § 11 II 3 von vornherein nicht anwendbar ist. Sofern der Nießbraucher ein Einmalentgelt für mehr als 5 Jahre im Voraus leistet, führen aber beide Auffassungen (mit unterschiedl Begründung) zum selben steuerl Ergebnis. – **(3) AfA auf WG, die der Nießbraucher in Ausübung des Nießbrauchsrechts angeschafft/hergestellt hat.** Diese stehen dem Nießbraucher zu. Entweder ist er bereits zivilrechtl oder wirtschaftl Eigentümer oder es gelten die zur steuerl Behandlung von Mietereinbauten/-umbauten entwickelten Grundsätze (s Rz 46; § 5 Rz 270 „Mietereinbauten …“; *HHR* § 7 Anm 73).

46 **e) Miete; Pacht.** An dem vermieteten/verpachteten WG hat der Mieter/Pächter **keine AfA-Befugnis.** Diese steht dem Eigentümer des WG zu, dessen Befugnis die AfA-Befugnis anderer Personen an demselben WG ausschließt (Rz 33). – Zahlt ein Mieter/Pächter ein *Einstandsgeld,* um einen Miet-/Pachtvertrag abschließen oder in einen lfd Miet-/Pachtvertrag eintreten zu können, handelt es sich um AK eines immateriellen WG, die nach § 7 I auf die Laufzeit des Vertrages abzuschreiben sind (*Blümich/Brandis* § 7 Rz 151). Hingegen sind *Pachtvorauszahlungen* außerhalb des Betriebsvermögensvergleichs sofort BA/WK (zur Abgrenzung BFH VIII R 61/81 BStBl II 84, 267 unter 3.; bei Vorauszahlungen für mehr als 5 Jahre aber nach § 11 II 3 Verteilung über den Vorauszahlungszeitraum). Der *Vermieter* hat Vorteile aus einem ihm günstigen Mietvertrag grds nicht als Nutzungsrecht zu aktivieren. – Aufwendungen für **Mietereinbauten/-umbauten** sind zu aktivieren, ohne dass es darauf ankommt, ob der Mieter wirtschaftl Eigentümer geworden ist (s auch Rz 50 ff; ausführl *Engelberth* NWB 11, 3220; *Köhler/Pönicke* StBP 15, 39). Sofern es sich nicht um Scheinbestandteile oder Betriebsvorrichtungen handelt (dann bewegl WG iSd § 7 I, II), ist die AfA nach § 7 IV, V vorzunehmen (BFH VIII R 44/94 BStBl II 97, 533, Anm HFR 97, 660; BFH I R 65/96 BStBl II 98, 402 unter II.3.c; BFH XI R 43/01 BFH/NV 04, 1397 unter II.2.). Eine kürzere Dauer des Mietvertrags kann aber über § 7 IV 2 berücksichtigt werden (zutr *Niehues* DB 06, 1234); allerdings ist dabei nicht ausschließl auf die feste Grundmietzeit, sondern auch auf mögl Verlängerungsoptionen abzustellen. Auch eine kürzere technische Nutzungsdauer kann berücksichtigt werden (FG Sachs DStRE 12, 529, rkr: 20 Jahre für Elektro- und Heizungsinstallationen sowie Fenster). – **Besonderheiten bei LuF:** Zur Rechtslage bei **„eiserner Verpachtung“** s § 13 Rz 114 ff; zum **Wirtschaftsüberlassungsvertrag** s § 13 Rz 141 ff (in beiden Fällen AfA-Befugnis grds beim Verpächter).

47 **f) Leasing.** Die AfA-Befugnis am Leasinggegenstand richtet sich danach, wem dieser Gegenstand zuzurechnen ist (s § 5 Rz 721 ff). Ist er weiterhin dem Leasinggeber zuzurechnen, erzielt dieser mit dem Leasinggegenstand stpfl Einnahmen, so dass seine AfA-Befugnis an den AK oder HK eine AfA-Befugnis des Leasingnehmers ausschließt (s Rz 33). Zur Auswirkung von Änderungen der amtl AfA-Tabellen auf die Zurechnung des Leasinggegenstandes s *BMF* DStR 98, 893.

50 **g) AfA-Befugnis bei eigenen Aufwendungen auf ein fremdes WG.** – **aa) Aktivierung eines WG beim Nutzenden.** In diesen Fällen ist die AfA-Befugnis des Nutzenden unproblematisch, zB bei der Herstellung von **Betriebsvorrichtungen** oder **Scheinbestandteilen** (Verbindung zu einem vorübergehenden Zweck; zu beiden Fallgruppen näher Rz 26: AfA nach den Vorschriften für bewegl WG), bei echten **Bauten auf fremdem Grund und Boden** (s § 5 Rz 270 „Bauten …“) und bei **wirtschaftl Eigentum** des Nutzenden (näher § 5 Rz 270 „Mietereinbauten“). Letzteres ist insb dann gegeben, wenn die Nutzungsdauer der Bauten kürzer ist als die Laufzeit des Nutzungsrechts, wenn der Nutzen-

de am Ende der Laufzeit das Recht oder die Pflicht zur Entfernung der Bauten hat, wenn ihm bei Beendigung der Nutzung ein Entschädigungsanspruch iHd vollen Verkehrswerts zu jenem Zeitpunkt zusteht (BFH XI R 43/01 BFH/NV 04, 1397 mwN), oder wenn ein WG in Erwartung des zivilrechtl Eigentumserwerbs im Eigenbesitz gehalten wird (BFH VIII R 157/72 BStBl II 73, 595: Kaufanwärtervertrag). In all diesen Fällen sind die nachfolgenden Ausführungen nicht von Bedeutung, weil dem Nutzenden steuerl ein echtes materielles WG zuzurechnen ist, das nach den allg Regeln zu behandeln ist.

bb) Behandlung sonstiger Aufwendungen auf fremde WG. – (1) Aktivierung. Das *obj Nettoprinzip* gebietet den Abzug *eigener* Aufwendungen für die Einkunftserzielung auch insoweit, als sie auf ein *fremdes* WG getätigt werden (BFH GrS 4/92 BStBl II 95, 281 unter C. III.). Im Vordergrund steht in diesen Fällen nicht die Nutzung fremden Vermögens (dh keine Drittaufwandsproblematik; dazu ausführl Rz 57 ff), sondern die estl Beurteilung *eigenen* Aufwands. Grds machen solche Aufwendungen den Nutzer nicht zum wirtschaftl Eigentümer des WG (BFH GrS 4/92 BStBl II 95, 281 unter C. III.1.). Daher müssten sie eigentl *sofort* abgezogen werden können. Um aber keinen Anreiz zu entspr steuersparenden Gestaltungen zu bieten, geht der GrS von einer Pflicht zur *Aktivierung* der HK aus. Daraus folgt die AfA-Befugnis desjenigen, der die Aufwendungen getätigt hat. – **(2) GebäudeAfA.** Die AfA ist nicht etwa nach Maßgabe der Dauer des Nutzungsrechts gem § 7 I vorzunehmen, sondern nach den grds typisierten Sätzen für die GebäudeAfA (§ 7 IV/V; BFH GrS 4/92 BStBl II 95, 281 unter C. V.; ausführl nochmals BFH IV R 2/07 BStBl II 10, 670). Eine kürzere Nutzungsdauer ist nicht etwa deshalb anzusetzen, weil der StPfl plant, den Betrieb bei Erreichen einer bestimmten Altersgrenze einzustellen (BFH X R 82/90 BFH/NV 94, 169) oder das Nutzungsrecht nur eine kurze Laufzeit hat, sofern an deren Ende der Zeitwert erstattet wird (BFH III B 2/14 BFH/NV 15, 1385). – **(3) Anwendbarkeit von Subventionsvorschriften.** Auch die für Gebäude geltenden Vorschriften über erhöhte Absetzungen (so ausdrückl BFH GrS 4/92 BStBl II 95, 281) und SonderAfA sollen anwendbar sein; InvZul wird gewährt (BFH III R 19/05 BStBl II 07, 131) Bisher wurde auch die Übertragung stiller Reserven nach § 6b zugelassen (BFH IV R 12/96 BStBl II 97, 718); diese Rspr ist aber jüngst aufgegeben worden (BFH IV R 29/09 BStBl II 13, 387 Rz 29; allerdings nur obiter dictum). – **Kritik.** Da nach der vorstehend genannten Entscheidung in dem Bilanzposten keine stillen Reserven verhaftet sind (s auch Rz 55), ist es mE ausgeschlossen, solche Subventionsvorschriften anzuwenden, die der Gesetzgeber auf BV beschränkt hat (zB SonderAfA, § 6b). Diese Vorschriften setzen StVerhaftung zwingend voraus und würden sonst umgangen. In diesem Punkt deutet sich eine RsprÄnderung an (eingeleitet durch BFH IV R 29/09 BStBl II 13, 387). – **(4) Aufwendungen auf den GuB Dritter.** Hier ist die Inanspruchnahme von AfA ausgeschlossen. Allerdings ist der für die Anschaffung/Herstellung eines *Gebäudes* entstehende Aufwand grds nicht anteilig auf den (fremden) GuB zu verteilen (*Wassermeyer* DB 99, 2486 unter V.2.). Diese Rechtsfolgen unterscheiden sich von denjenigen beim entgeltl Erwerb eines *Nießbrauchsrechts* (dazu Rz 44). – **(5) WG, die keine Gebäude sind.** Die vorstehenden Ausführungen gelten entspr (glA *Blümich/Brandis* § 7 Anm 123). 51

cc) Rechtscharakter des aktivierten Aufwands. Der Aufwand wird „bilanztechnisch wie ein materielles WG" behandelt (BFH GrS 4/92 BStBl II 95, 281 unter C. III.1., 2. d), ist aber selbst kein WG (BFH GrS 1/97 BStBl II 99, 778 unter C. I.2.b). Die Literatur interpretiert diese Bilanzposition als „steuerrechtl Merkposten für gespeicherten Aufwand" (*Küffner/Haberstock* DStR 00, 1672, 1677; dagegen ausdrückl BFH XI R 22/98 BStBl II 99, 523; diese Entscheidung ist aber wiederum von BFH GrS 1/97 BStBl II 99, 778 unter C. I.2.b abgelehnt worden), „bilanztechnischen Rechnungsposten" (*Fischer* FR 99, 1171 unter 6.) oder „Bilan- 52 zierungshilfe" (*Söffing* BB 00, 381, 385; *Gröpl* DStZ 01, 65, 70). Auf die genaue Bezeichnung sowie die Frage, ob der Posten auch in die HB einzustellen ist (abl wohl BGH II ZR 164/94 NJW 96, 458; *Wassermeyer* DB 99, 2486 unter V.4.), kommt es letztl nicht an, solange die estl *Rechtsfolgen* (dazu Rz 51, 55) möglichst widerspruchsfrei aufeinander abgestimmt sind. Genau daran fehlt es in der Rspr trotz mittlerweile zahlreicher Entscheidungen des GrS aber nach wie vor.

53 **dd) Typische Fallgruppen.** – Der StPfl ist ledigl **Miteigentümer,** nutzt aber das *gesamte* Gebäude auf eigene Rechnung und Gefahr und hat auch die gesamten AK/HK getragen (BFH GrS 4/92 BStBl II 95, 281). BFH VIII R 30/98 BStBl II 02, 741 (Anm *Kanzler* FR 02, 1124; krit *Dötsch* Inf 02, 634) hat hier sogar wirtschaftl Eigentum infolge eines unterstellten Aufwendungsersatzanspruchs nach §§ 951, 812 BGB angenommen (mE zwar nicht im Ergebnis, wohl aber in der Begründung Abweichung vom GrS; zutr hingegen BFH X R 72/98 BStBl II 04, 403, Anm *Kulosa* HFR 03, 1040). – Nutzen Miteigentümer eines Gebäudes, die die AK/HK *gemeinsam* getragen haben, getrennt voneinander jeweils einen Gebäudeteil (zB Arbeitszimmer) für ihre *eigenen* betriebl/berufl Zwecke (dh nicht etwa gemeinsame Einkünfteerzielung als GbR usw), kann der einzelne Miteigentümer die *gesamten* auf diesen Gebäudeteil entfallenden AK/HK im Wege der AfA als BA/WK geltend machen (BFH GrS 5/97 BStBl II 99, 774: iHd eigenen Miteigentumsanteils materielles WG, iÜ „wie ein materielles WG"). – Auch dem **Nicht-eigentümer,** der einen *Teil* des im Eigentum eines anderen stehenden Gebäudes zur Einkunftserzielung nutzt, stehen AfA zu, soweit seine Beteiligung an den Gesamtkosten des Gebäudes mindestens dem Anteil der von ihm genutzten Räume an der Gesamtfläche entspricht (BFH GrS 1/97 BStBl II 99, 778). – Ebenso sind Aufwendungen des **Mieters** für Ein- und Umbauten zu behandeln (s Rz 46). Wird der Mieter (oder ein anderer Nutzungsberechtigter) vom Eigentümer beerbt, soll es nicht stets zur „Verschmelzung" des aktivierten Aufwands mit dem WG „Gebäude" kommen. Vielmehr soll der Erbe über den aktivierten Aufwand durch Übertragung auf einen Dritten (zB Betriebsnachfolger) auch mit estl Wirkung verfügen können (BFH XI R 18/06 BStBl II 09, 957; mE nicht zwingend).

54 **ee) Ermittlung der Kostenbeteiligung des Nutzenden. – (1) Darlehen.** Beteiligung an den AK/HK eines *fremden* WG ist auch dann gegeben, wenn der StPfl zur Finanzierung dieser Kosten *selbst* Darlehen aufnimmt (auch die Eigenschaft als *Mit*schuldner genügt; BFH GrS 1/97 BStBl II 99, 778 unter C. II.2. a) und deren lfd Verpflichtungen trägt (BFH GrS 1/97 BStBl II 99, 778 unter C. I.3.). ME kommt es hingegen ausschließl auf die tatsächl Tragung der Zins- und Tilgungsleistungen, nicht aber auf die schuldrechtl Verpflichtung dazu an (obj Nettoprinzip; ebenso *Wassermeyer* DB 99, 2486 unter V.3.; wohl auch FG Ddorf DStRE 15, 131, Rev VIII R 10/14). Bleiben die Tilgungsbeiträge hinter den anteiligen AK/HK des genutzten WG zurück, kann die AfA nur auf der Grundlage des geringeren Tilgungsanteils berechnet werden. – **(2) Besonderheiten bei Eheleuten.** Sind die Eheleute Miteigentümer und nutzen *beide* das Gebäude zur Einkunftserzielung, ist (unabhängig von der tatsächl Aufteilung der Finanzierung) davon auszugehen, dass **jeder von ihnen AK/HK entspr seinem Miteigentumsanteil getragen** hat; jedem steht also die anteilige AfA zu. Abw Finanzierungsspitzen gelten als dem anderen Ehegatten zugewendet, berühren aber die Verteilung der AfA nicht (BFH GrS 2/97 BStBl II 99, 782 unter C. I.1.; s auch *Paus* Inf 99, 705; *Söffing* BB 00, 381). Bei Alleineigentum eines Ehegatten, der auch die Einkünfte aus dem WG erzielt, ist die Besteuerung unabhängig von etwaigen Kostenbeteiligungen des anderen Ehegatten so vorzunehmen, als habe der Eigentümer-Ehegatte sämtl Kosten getragen (BFH GrS 1/97 BStBl II 99, 778 unter C. I.4.a). Dies gilt allerdings (zugunsten des Nichteigentümer-Ehegatten) nicht, wenn dieser einen Teil des Gebäudes für Zwecke seiner Einkunftserzielung

nutzt und insoweit tatsächl AK/HK getragen hat; seine Aufwendungen sind vorrangig dem von ihm genutzten Gebäudeteil zuzuordnen (GrS aaO unter C. I.4.b, C. II.2.). Endet die Nutzung des WG durch den Nichteigentümer-Ehegatten, soll der noch nicht verbrauchte Teil seines Aufwands wieder dem Eigentümer-Ehegatten zuzurechnen sein (auf Überschusseinkünfte zugeschnittenes obiter dictum in GrS aaO unter C. II.2.c; ob dies auf BV übertragen werden kann, ist mE sehr zweifelhaft). – **Abgelehnt** hat die Rspr hingegen eine **weitergehende Vermutung** des Inhalts, dass der nutzende Nichteigentümer-Ehegatte *immer* (dh unabhängig von einer tatsächl Kostentragung) als Träger der AK/HK gilt (BFH GrS 1/97 BStBl II 99, 778 unter C. II.1.; GrS 3/97 BStBl II 99, 787 unter C. I.1.; zur Kritik s Rz 57). Setzt die betriebl/berufl Nutzung durch den Nichteigentümer-Ehegatten erst später ein, kann der Nachweis seiner Kostentragung schwierig sein. Die Rspr bleibt hier eher strikt (BFH X R 24/12 BStBl II 15, 132 Rz 16); die *FinVerw* sollte hier im Interesse des Nettoprinzips zumindest Beweiserleichterungen gewähren (*Wassermeyer* DB 99, 2486 unter V. 3.; zu Nachweisfragen auch *Hamacher/Balmes* FR 00, 600, 604; *Gosch* StBP 99, 302, 304; *Gröpl* DStZ 01, 65, 71).

(3) Sonderfälle zur Arbeitszimmernutzung bei Ehegatten. Wird ein *einziges* Arbeitszimmer in der allein *einem* Ehegatten gehörenden Wohnung von *beiden* Ehegatten für ihre jeweils eigenen berufl Zwecke genutzt, lässt BFH GrS 3/97 BStBl II 99, 787 unter C. I.2. „im Interesse einer praktikablen Lösung" den Abzug der *vollen* AfA bei den WK des Eigentümer-Ehegatten zu, sofern der Nichteigentümer-Ehegatte keine Kosten getragen hat. Hat sich der Nichteigentümer-Ehegatte hingegen an den AK/HK beteiligt, sind die AfA des gemeinsam genutzten Zimmers beiden Ehegatten anteilig zuzurechnen (als Maßstab will *Wolff-Diepenbrock* DStR 99, 1642 unter 3.1 den zeitl Nutzungsanteil ansetzen; mE kommt es eher auf den Finanzierungsanteil an; bei Zusammenveranlagung allerdings keine steuerl Auswirkung, s BFH VI R 23/95 BFH/NV 01, 21; offen gelassen auch von BFH IV R 21/08 BStBl II 10, 337). Wenn Ehegatten als *Miteigentümer* einen Raum gemeinsam für berufl Zwecke nutzen, ist Aufteilungsmaßstab das Verhältnis der Miteigentumsanteile (*Söffing* BB 00, 381, 387). – In einem weiteren, ungewöhnl gelagerten Sonderfall (gleichzeitige Anschaffung zweier identischer Eigentumswohnungen jeweils zu Alleineigentum der Ehegatten mit gemeinsamer Finanzierung; die Wohnung der F wird von ihr fremdvermietet, die Wohnung des M von den Eheleuten selbstgenutzt, wobei F darin ein Arbeitszimmer nutzt) hat BFH GrS 2/97 BStBl II 99, 782 unter C. I.1. es abgelehnt, auch hier grds von einer Kostentragung der F für das Arbeitszimmer auszugehen, unter C. I.2. aber genügend Möglichkeiten aufgezeigt, dieses Ergebnis letztl doch zu erreichen.

(4) Erweiterung dieser Vereinfachungen auf fremde Miteigentümer? Dies ist mE zweifelhaft (aA *Söffing* BB 00, 381, 392), weil die BGH-Rspr, auf die BFH GrS 1/97 BStBl II 99, 778 unter C. I.4.b verweist, die Zuwendungskonstruktion mit der ehel Lebensgemeinschaft begründet hat. In der Praxis stehen die Ehegattenfälle zahlenmäßig aber weit im Vordergrund. – Die Rspr ist erkennbar von dem (begrüßenswerten) Bemühen getragen, den **Pro-forma-Abschluss von Mietverträgen entbehrl** zu machen. Der Mietvertragsabschluss mit steuerl Wirkung bleibt aber mögl (*Paus* Inf 99, 705, 707).

ff) Rechtsfolgen bei Beendigung der Nutzungsbefugnis. Diese sind äu- 55
ßerst umstritten. – **(1) Gewinnrealisierung.** Der III. und XI. Senat hat für den Fall der Beendigung der Nutzungsbefugnis durch *Entnahme* oder *Einbringung in eine PersGes* zum TW eine Gewinnrealisierung iHd Differenz zw TW und Buchwert angenommen. Als TW sei der Ausgleichsanspruch nach §§ 951, 812 BGB anzusetzen, der sich wiederum auf den Verkehrswert des Gebäudeteils belaufe (BFH III R 58/87 BStBl II 90, 6 unter II.3.; BFH XI R 22/98 BStBl II 99, 523; ähnl *Fischer* FR 99, 1182). – **(2) Steuerneutraler Vorgang.** Gerade gegenteilig hat der VIII. Senat für den Fall der *Veräußerung* und der IV. Senat für den Fall der *Betriebsaufgabe* entschieden (BFH VIII R 98/04 BStBl II 08, 749; BFH IV R 29/09 BStBl II 13, 387 Rz 26 ff; anders noch im ersten Rechtsgang desselben Falles BFH IV R 79/05 BStBl II 09, 15 unter II.3.b cc): Da kein WG vorhanden sei, falle das „rechtstech-

nische Instrument" steuerneutral weg (ebenso *Söffing* BB 00, 381, 391; *Hartmann* BB 08, 1716; wohl auch *Gröpl* DStZ 01, 65, 71). – **(3) Stellungnahme:** Die Rspr zu diesem Problemkreis ist insgesamt inkonsequent. Die Zulassung der Inanspruchnahme von StSubventionen, die auf BV zugeschnitten sind (s Rz 51), erzwingt eigentl die StVerhaftung der stillen Reserven (*Kulosa* HFR 03, 1040 unter 3.b; vgl auch BFH GrS 1/73 BStBl II 75, 168 unter C.II.1.b). Dies ist aber konstruktiv schwierig, weil der Aufwandverteilungsposten kein WG ist und daher nicht Sitz stiller Reserven sein kann. Ein schlüssiges Konzept kann nur darin liegen, die Schaffung stiller Reserven durch Inanspruchnahme von StSubventionen nicht mehr zuzulassen (ebenso *Kanzler* FR 08, 1167). Dies wird im Verfahren X R 46/14 vom BFH zu klären sein. – **(4) Bewertung der Nutzungsbefugnis für Zwecke einer etwaigen Gewinnrealisierung.** Hier kann dem XI. Senat, der den Verkehrswertansatz auf §§ 951, 812 BGB stützt (BFH XI R 22/98 BStBl II 99, 523), nicht gefolgt werden. Denn der zivilrechtl Anspruch desjenigen, der Baukosten auf fremdem GuB trägt, gegen den Grundstückseigentümer nach §§ 951, 812 BGB ist idR gerade *nicht* auf den aktuellen Verkehrswert, sondern ledigl auf die historischen Baukosten gerichtet (vgl die Nachweise bei *Kulosa* HFR 03, 1040 unter 3.a). Zw Ehegatten im gesetzl Güterstand wird ein solcher Anspruch ohnehin durch die Regeln über den Zugewinnausgleich überlagert (vgl die Nachweise in BFH X R 72/98 BStBl II 04, 403 unter II.2.b ee (2); damit ist BFH X R 101/95 BFH/NV 98, 1481 überholt; s auch *Küffner/Haberstock* DStZ 00, 1672, 1678). ME konnte hier der zwischenzeitl (mittlerweile schon wieder aufgegebene) Ansatz des IV. Senats (BFH IV R 79/05 BStBl II 09, 15: Rückgriff auf §§ 13ff BewG unter gleichzeitiger Begrenzung auf die tatsächl stillen Reserven) dogmatisch und vom Ergebnis her überzeugen. Zu diesem Fragenkomplex ist ein weiteres RevVerf anhängig (X R 46/14).

57 **h) AfA-Befugnis bei Nutzung eines fremden WG ohne eigene Aufwendungen (Drittaufwand). – aa) Grds keine AfA-Befugnis.** Wer ein fremdes WG zur Einkunftserzielung nutzt, ohne dass ihm eigene Aufwendungen entstehen, kann keine AfA abziehen (BFH GrS 2/97 BStBl II 99, 782 unter C.IV.; ausführl *Schnorr* StuW 03, 222). AfA-befugt ist nur, wer die AK/HK eines WG im eigenen berufl/betriebl Interesse selbst getragen hat (s auch Rz 35). Zur Begründung beruft sich der GrS auf die Subjektbezogenheit der Einkünfteermittlung und den Grundsatz der persönl Leistungsfähigkeit; er hat sowohl den von den Befürwortern des Abzugs von Drittaufwand angeführten sog Zuwendungsgedanken als auch die analoge Anwendung des § 11d EStDV abgelehnt. Hintergrund dieser Rspr ist die (in bestimmten Konstellationen durchaus berechtigte) Sorge vor praktischen Schwierigkeiten sowie doppelter Geltendmachung desselben Aufwands. – Soweit der GrS hingegen auch bei **Ehegatten** sowohl den Abzug von Drittaufwand als auch eine Vermutung des Inhalts, dass der nutzende Nichteigentümer-Ehegatte immer tatsächl die Kosten getragen habe, ablehnt (BFH GrS 1/97 BStBl II 99, 778 unter C.II.1.; s Rz 54), lässt sich dies zwar formal durch § 26b rechtfertigen. Die erwähnten praktischen Schwierigkeiten können hier aber nicht eintreten, so dass die Rspr insoweit den (hier mE berechtigten) Bedürfnissen der Praxis nach Steuervereinfachung nicht entspricht. Eheleute werden dadurch gezwungen, formal Mietverträge abzuschließen, was der GrS an sich vermeiden wollte. Der BFH sieht dieses Problem durchaus, lehnt eine Änderung seiner Rspr aber ab (BFH X R 24/12 BStBl II 15, 132 Rz 16). – **Allg zum Drittaufwand** (insb zum Abzug *lfd* Aufwendungen) § 4 Rz 500ff, § 9 Rz 21ff; zur mittelbaren Grundstücksschenkung s § 6 Rz 134.

58 **bb) Typische Drittaufwandskonstellationen.** Eigene AK/HK fehlen zB beim **Zuwendungsnießbrauch** (BFH VIII R 176/80 BStBl II 83, 6 unter 2.b; BFH IX B 95/03 BFH/NV 04, 44), **Vermächtnisnießbrauch** (zum PV s BFH IX R 156/88 BStBl II 94, 319; zum BV BFH IV R 7/94 BStBl II 96, 440) und

allen anderen zugewendeten dingl oder schuldrechtl Nutzungsrechten. Hier hat der Eigentümer die AK/HK des WG getragen; mit der Zuwendung des Nießbrauchs und der weiteren steuerrelevanten Nutzung des WG allein durch den Zuwendungsnießbraucher geht das noch nicht verbrauchte AfA-Volumen verloren. Drittaufwand ist auch bei der **kurzfristigen Überlassung von WG** (zB PKW) des Eigentümer-Ehegatten an den Unternehmer-Ehegatten gegeben. Gleiches gilt, soweit ein **Miteigentümer** das gemeinsame WG unentgeltl über den eigenen Miteigentumsanteil hinaus nutzen darf. – In all diesen Fällen empfiehlt sich der **Abschluss von Mietverträgen:** Dann bleibt der Eigentümer AfA-befugt; der Mieter kann zwar keine AfA, wohl aber die Miete als BA/WK absetzen. Statt des Zuwendungsnießbrauchs sollte die Vollrechtsübertragung gewählt werden; dem Sicherheitsbedürfnis des Zuwendenden kann durch entspr Rückübertragungspflichten Rechnung getragen werden.

5. Bemessungsgrundlage. – a) Anschaffungs- oder Herstellungskosten. 60
Bemessungsgrundlage für die AfA sind kraft ausdrückl Regelung in § 7 I 1, IV, V die AK/HK des WG (nicht etwa ein Zeitwert, BFH VI R 165/98 BFH/NV 01, 897); sie kann insgesamt nur einmal steuerl berücksichtigt werden. Zum **Begriff AK** ausführl § 6 Rz 31 ff (mit ABC in Rz 140), zu HK § 6 Rz 151 ff (mit ABC in Rz 220), zur Abgrenzung zw HK und **Erhaltungsaufwand** § 6 Rz 161–189. Zur **Aufteilung der AK auf Gebäude sowie Grund und Boden** ausführl § 6 Rz 118 f. Zur Behandlung nachträgl HK s Rz 84 ff, zur späteren Ermäßigung der AK/HK s Rz 87, zur Behandlung **unangemessen hoher AK/HK** iSd § 4 V 1 Nr 7 s § 4 Rz 601 ff. Zur Korrektur von AfA, wenn im Erstjahr eine unzutr Zuordnung zw AK/HK einerseits und sofort abziehbaren BA/WK andererseits vorgenommen wurde, s Rz 11.

aa) Bedingter, befristeter oder gestundeter Kaufpreis. Bei **aufschiebender Bedingung** (Eintritt des Ereignisses ist ungewiss) einer Leistungsverpflichtung des Übernehmers eines WG führt erst der Eintritt des Ereignisses zu AK (§ 4 BewG; BFH XI R 7, 8/84 BStBl II 91, 791; BFH XI R 2/90 BFH/NV 92, 297; § 6 Rz 81 aE; s aber zur Abgrenzung der aufschiebenden Bedingung von anderen Gestaltungen BFH X R 2/04 BStBl II 08, 109 unter II.3.b). Da bis zum Eintritt des Ereignisses noch keine AK vorliegen, handelt es sich *bis dahin* um ein in vollem Umfang unentgeltl Geschäft; der Rechtsnachfolger setzt damit zunächst die AfA des Rechtsvorgängers fort (dazu Rz 67). Erst mit dem Eintritt des Ereignisses liegt ein entgeltl Geschäft vor; die AfA richtet sich dann nach den entspr Grundsätzen (Beispiel für teilentgeltl Geschäft mit verschiedenen AfA-Reihen s *BMF* BStBl I 93, 80 Tz 19–21). – Bei **aufschiebender Befristung** der Kaufpreiszahlung (Eintritt des Ereignisses ist sicher, der Zeitpunkt aber ungewiss, zB Tod) gilt dasselbe (§ 8 BewG; *BMF* BStBl I 93, 80 Tz 21; aA *OFD Mchn* FR 96, 258: sofort AK und AfA, aber Abzinsung; offen gelassen von BFH X R 165/90 BStBl II 92, 1020 unter 3.a). – Bei **zinsloser langfristiger Stundung** (mehr als ein Jahr) ist die Kaufpreisverbindlichkeit abzuzinsen (für bilanzierende StPfl § 6 I Nr 3; ansonsten § 12 III BewG). AK sind dann nicht das vereinbarte Entgelt, sondern der auf den Zeitpunkt des Erwerbs abgezinste Barwert (BFH XI R 5/83 BStBl II 91, 793; BFH X R 4/00 BFH/NV 02, 1140 unter II.2.b aa; § 6 Rz 81); der Zinsanteil stellt zusätzl BA/WK dar (*BMF* BStBl I 93, 80 Tz 11). 61

bb) Zuschüsse. Zur Auswirkung von Zuschüssen aus öffentl oder privaten 63
Mitteln auf die AK/HK s ausführl § 6 Rz 71–79. Ersatzleistungen von Versicherungen oder Schädigern sind hingegen keine Zuschüsse und mindern nicht die HK des neuen WG (zur AfaA bei Entschädigungen s Rz 126). – Im Fall der **Übertragung von Rücklagen** tritt der verbleibende Buchwert an die Stelle der AK/HK (§ 6b VI mit Sonderregelung für Gebäude-AfA, dazu § 6b Rz 84; ebenso zur RfE § 6 Rz 101–115; s auch § 7a I 3; für den Investitionsabzugsbetrag § 7g II 2).

65 **b) AK und AfA bei Erbfall, Erbauseinandersetzung, Schenkung, vorweggenommener Erbfolge und teilentgeltl Erwerb.** Zum Umfang der AK wird verwiesen auf den systematischen Überblick bei § 6 Rz 131–137 und die umfassende Darstellung (mit zahlreichen Nachweisen auf Rspr und Literatur) bei § 16 Rz 25–77, 590–649. Zu Nebenkosten des unentgeltl Erwerbs s § 6 Rz 53.

66 **aa) Unentgeltl Erwerb von BV.** Bei unentgeltl Erwerb eines **Betriebs, Teilbetriebs oder MUeranteils** sind die Buchwerte und damit die AfA des Rechtsvorgängers fortzuführen (§ 6 III; Erläut s dort). Bei unentgeltl Erwerb **einzelner WG** im BV gilt der gemeine Wert als AK und AfA-Bemessungsgrundlage, sofern ein betriebl Anlass besteht (§ 6 IV). Bei privatem Anlass handelt es sich hingegen um eine Einlage (Ansatz grds mit dem Teilwert, § 6 I Nr 5). Bei den Buchwert-Übertragungen und -Überführungen nach § 6 V wird auch die AfA fortgeführt (s § 6 Rz 705).

67 **bb) Unentgeltl Erwerb in das PV.** Fortführung der AfA des Rechtsvorgängers (§ 11d I EStDV; die Rechtsgültigkeit bej BFH VIII R 118/70 BStBl II 73, 702), unabhängig davon, ob es sich um eine Einzel- oder Gesamtrechtsnachfolge handelt. Grundgedanke ist, dass der im PV unentgeltl erwerbende StPfl für die AfA dieselben Rechte haben soll wie der Rechtsvorgänger, wenn dieser das WG weiterhin selbst zur Einkunftserzielung nutzen würde. Die Vorschrift ist daher auch anwendbar, wenn der Rechtsvorgänger das WG zuvor aus einem BV entnommen hat; AfA-Bemessungsgrundlage beim Übernehmer ist dann der Entnahmewert (*BMF* BStBl I 93, 80 Rz 33). **Nebenkosten** des unentgeltl Erwerbs erhöhen die AfA-Bemessungsgrundlage (s ausführl § 6 Rz 53). Hingegen ist § 11d EStDV nicht anwendbar, wenn die unentgeltl Zuwendung aus Sicht des Rechtsvorgängers aus betriebl Anlass erfolgte, für ihn eine BA darstellte und das WG als steuerl bereits voll abgeschrieben zum Rechtsnachfolger gelangt (BFH IX R 24/04 BStBl II 06, 754: keine AfA auf bei Verlosung gewonnenes und anschließend zur Einkunftserzielung eingesetztes WG). Ansonsten würde gegen den Grundsatz verstoßen, dass die Bemessungsgrundlage nur einmal abgeschrieben werden kann (Rz 60).

68 **cc) Teilentgeltl Erwerb von PV.** Hier tritt der Rechtsnachfolger bezügl des unentgeltl Teils in die Rechtsstellung des Vorgängers ein; bezügl des entgeltl Teils hat er eigene AK. Der Übernehmer hat für den unentgeltl erworbenen Teil des WG die vom Rechtsvorgänger begonnene AfA *anteilig* fortzuführen (§ 11d EStDV); für den entgeltl erworbenen Teil bemessen sich die AfA bei Gebäuden nach § 7 IV und bei anderen WG nach der voraussichtl Restnutzungsdauer im Zeitpunkt des Übergangs (Rechenbeispiele s *BMF* BStBl I 93, 80 Rz 16–18; § 16 Rz 626). Diese Restnutzungsdauer soll idR mit der verbleibenden Nutzungsdauer des unentgeltl erworbenen Teils nach Maßgabe der vom Rechtsvorgänger begonnenen AfA-Reihe übereinstimmen. Bei *Gebäuden* hat diese Methodik indes zur Folge, dass für den unentgeltl und den entgeltl erworbenen Teil des WG *unterschiedl Abschreibungszeiträume* laufen. Dies kollidiert mit dem Grundsatz, dass es für dasselbe WG nur eine einheitl Nutzungsdauer gibt (s Rz 103). ME wäre es auch vertretbar, das Teilentgelt wie nachträgl AK (zur AfA in diesen Fällen Rz 84 ff) zu behandeln, was iErg zu einer höheren AfA-Bemessungsgrundlage führen würde.

72 **c) Voraussichtl Verkaufserlös; Schrott-/Erinnerungswert.** Verbleibt ein WG erfahrungsgemäß nicht für die gesamte betriebsgewöhnl Nutzungsdauer im Betrieb des StPfl, sondern wird es schon vorher veräußert oder steht eine Enteignung bevor, ist die Bemessungsgrundlage nicht etwa um den zu erwartenden **Veräußerungs- oder Entschädigungserlös** zu kürzen. Vielmehr ist die ungekürzte Bemessungsgrundlage auf die Zeit zu verteilen, die das WG ohne die voraussichtl Veräußerung bis zum Ablauf der normalen betriebsgewöhnl Nutzungsdauer vom StPfl genutzt werden könnte (*Littmann* § 7 Anm 146; *HHR* § 7 Anm 156 mwN; iErg auch BFH IV R 15/04 BFH/NV 06, 1267 unter II.3.c; s auch Rz 101). – Ein **Schrottwert** soll zu berücksichtigen sein, wenn der Gegenstand schwer oder

aus wertvollem Material ist (BFH GrS 1/67 BStBl II 68, 268: Schiff; abschwächend BFH IV R 74/66 BStBl II 71, 800: nicht bei einem Schrottwert von ledigl 3600 DM; nochmals FG Hbg DStRE 00, 787, rkr). Gleiches gilt für einen **Schlachtwert** bei Tieren, wenn dieser im Verhältnis zu den AK/HK erhebl ist (ausführl § 13 Rz 46 mwN). Die AfA sind dann nur auf die um den geschätzten Schrott-/Schlachtwert zu kürzende Bemessungsgrundlage vorzunehmen. ME steht dies mit dem Wortlaut des § 7 I 1 nicht in Einklang (gegen eine Berücksichtigung des Schrottwertes auch *Littmann* § 7 Anm 144; *HHR* § 7 Anm 155; *Scharfenberg/Müller* DB 14, 921); die neuere Rspr ist ebenfalls zurückhaltender (BFH IV R 26/05 BStBl II 06, 910 unter II.2.b: kein Schlachtwert bei § 7g; BFH IV R 1/10 BStBl II 14, 246 Rz 22: kein Schlachtwert bei GWG). In der Praxis wird – abgesehen vom Schlachtwert – ein Schrottwert von der *FinVerw* nur bei Schiffen angesetzt (s *OFD Hbg* DStR 02, 1220: ab 40 000 €). Bei Pkw (BFH VIII R 64/06 BFH/NV 08, 1660 unter II.1.) und Gebäuden kommt ein Schrottwert nicht zum Ansatz. – Die Bemessungsgrundlage kann bis auf 0 € abgeschrieben werden. Es entspricht jedoch der kfm Übung, einen **Erinnerungswert** (1 €) beizubehalten; dies kann auch auf einem Sammelkonto geschehen.

d) AfA nach Entnahmen; Einlagen und anderen Nutzungsänderungen. 78
– **aa) Entnahme.** Die künftigen AfA bemessen sich nach dem Entnahmewert, dh dem TW iSd § 6 I Nr 4 (BFH VIII R 177/80 BStBl II 83, 759; BFH IX B 169/91 BStBl II 92, 909 unter 1.b); nach einer **Betriebsaufgabe** („Totalentnahme") ist der gemeine Wert (§ 16 III 7) maßgebend (BFH XI R 5/90 BStBl II 92, 969 unter 2. a). Die Überführung des WG vom BV ins PV wird für Zwecke der AfA als anschaffungsähnl Vorgang angesehen. Die Fortführung einer AfA nach § 7 V ist nicht mögl (EStR 7.4 X 1 Nr 1; krit *Paus* BB 93, 1920; s auch 27. Aufl Rz 176 f). Zur Ermittlung des Entnahmewerts s § 6 Rz 501 ff. – **AfA nach stfreiem Entnahme-/Aufgabegewinn:** Ist der Entnahmegewinn aufgrund einer *Sondervorschrift* stfrei, sind die künftigen AfA nicht vom TW, sondern von den ursprüngl AK/HK vorzunehmen (BFH IX R 59/92 BStBl II 94, 749; BFH IX B 233/07 BFH/NV 08, 952: stfreie Entnahme der selbstgenutzten Wohnung nach § 52 Abs 15 aF). Hingegen hindert der *allg Freibetrag* für den Aufgabegewinn (§ 16 IV) die Vornahme der AfA vom gemeinen Wert nicht (BFH IX R 62/96 BStBl II 00, 656 unter 3.). – Die Höhe der **AfA nach steuerl irrtüml nicht erfasstem Entnahme-/Aufgabegewinn** ist str: Für den Fall, dass eine Betriebsaufgabe als solche zwar erfasst worden ist, der dabei angesetzte gemeine Wert sich später jedoch (ohne Korrekturmöglichkeit) als zu gering herausstellt, hat es der XI. Senat zugelassen, dass die spätere AfA vom tatsächl (höheren) gemeinen Wert bemessen wird (BFH XI R 5/90 BStBl II 92, 969 unter 2.; *Thiel* FR 93, 321). Nach der zutr Gegenauffassung ist der *steuerl erfasste* Wert maßgebl (Nichtanwendungserlass *BMF* BStBl I 92, 651; EStR [2012] 7.3 VI 1; FG Hbg EFG 94, 1038, ohne Begründung bestätigt durch BFH IX R 53/94 nv; in einem obiter dictum auch BFH IX R 1/08 BFH/NV 09, 370 unter II.2.b aa; *Schmidt-Liebig* DStR 92, 1745). Ist eine Betriebsaufgabe hingegen steuerl *gar nicht* erfasst worden, kommen AfA vom fiktiven Aufgabegewinn nicht in Betracht (BFH X R 158/90 BFH/NV 94, 476; BFH IX R 54/91 BFH/NV 95, 1055; BFH IX R 68/93 BFH/NV 95, 1056; ebenso zu § 17 BFH IX R 22/09 BStBl II 10, 790 unter II.2.b bb). Diese Differenzierung ist mE nicht überzeugend und nur mit dem Interesse der verschiedenen BFH-Senate an der Vermeidung einer formellen Divergenz zu erklären; die Rspr des XI. Senats sollte aufgegeben werden (zur parallelen Problematik der Ermittlung eines Einlagewerts nach vorangegangener nicht erfasster Entnahme s § 6 Rz 565). – Die gleichen Fragen stellen sich, wenn ein ArbN ein WG von seinem ArbG verbilligt erhält, ohne dass der geldwerte Vorteil versteuert wird, und der ArbN das WG anschließend zur Einkunftserzielung nutzt (vgl BFH IV R 45/99 BStBl II 01, 190).

79 **bb) AfA nach einer Einlage in das BV.** Einlagewert und damit AfA-Bemessungsgrundlage für die künftige betriebl Nutzung ist grds der TW im Zeitpunkt der Einlage. Wenn das WG jedoch innerhalb der letzten drei Jahre vor der Einlage angeschafft oder hergestellt worden ist, ist der Einlagewert auf die fortgeführten AK/HK begrenzt (§ 6 I Nr 5). Ist das WG innerhalb der letzten drei Jahre aus einem BV des StPfl entnommen worden, ist der Einlagewert auf den Wert (abzügl zwischenzeitl AfA) begrenzt, mit dem die Entnahme angesetzt worden ist (§ 6 I Nr 5 S 3). Der Entnahmewert ist in diesem Fall aber auch dann maßgebend, wenn der Entnahmegewinn stfrei geblieben ist (BFH X R 53/04 BStBl II 05, 698; Anm *Kanzler* FR 05, 1179; die Beurteilung ist hier anders als in den in Rz 78 erläuterten Fällen). Zur AfA-Korrektur, wenn nachträgl erkannt wird, dass der Einlagewert fehlerhaft war, s Rz 11. Nach der Einlage ist die betriebsgewöhnl Nutzungsdauer neu zu ermitteln (BFH I B 194/09 BFH/NV 10, 1823). – Bei der **(verdeckten) Einlage** eines WG in eine KapGes ist der TW (§ 6 VI 2) auch dann die AfA-Bemessungsgrundlage, wenn beim Einlegenden eine Besteuerung der stillen Reserven unterblieben ist (BFH I R 104/94 BFHE 179, 265); eine „Besteuerungsverknüpfung" zw dem Einlegenden und dem Übernehmenden ist hier zR verneint worden. Diese Beurteilung gilt auch nach Anfügung des § 8 III 4 KStG fort.

80 **cc) Einlage nach Verwendung bei den Überschusseinkünften (§ 7 I 5).** – **(1) Regelungsinhalt für Einlagen ab 1.1.2011** (ausführl *Apitz* StBP 11, 332; zur zeitl Anwendung s § 52 Abs 21 S 4 EStG 2011). Werden WG, die zuvor der Erzielung von Überschusseinkünften gedient haben, in ein BV eingelegt, mindert sich der Einlagewert (nur für Zwecke der AfA-Bemessungsgrundlage) um die bisher vorgenommenen AfA, SonderAfA und erhöhten AfA (bei GWG mE auch um Beträge nach § 6 II). Die Vorschrift gilt auch für Gebäude (§ 7 IV 1 HS 2). Sie soll eine doppelte AfA verhindern, wenn für das WG nur ein Mal AK/HK angefallen sind. Die Regelung über den Einlagewert (nach § 6 I Nr 5 grds der TW) bleibt allerdings unberührt, so dass die im PV gebildeten stillen Reserven auch weiterhin nicht besteuert werden (BFH IV R 37/06 BStBl II 11, 617 unter II.1.b; BFH IV R 66/05 BFH/NV 08, 1301 unter II.1.b mwN). Allerdings verbleibt nach vollständiger Abschreibung im BV ein Restwert iHd zuvor im PV in Anspruch genommenen AfA. – **Sonderfälle bei niedrigem Einlagewert.** Die Minderung der AfA-Bemessungsgrundlage kann grds nicht zu einem geringeren Betrag als den fortgeführten AK/HK führen (zB AK 1000, im PV verbrauchte AfA 200, TW 900: *Einlagewert* ist der TW = 900; *AfA-Bemessungsgrundlage* wäre hier grds 700 [TW ./. AfA], jedoch angehoben auf die fortgeführten AK = 800; nach voller Absetzung bleibt ein Restwert von 100). Ist der Einlagewert allerdings niedriger (dh der TW liegt unter den fortgeführten AK/HK), ist AfA-Bemessungsgrundlage dieser Einlagewert. – **(2) Regelungsinhalt für Einlagen der VZ 1999 bis 2010** (gilt für die weitere AfA also auch über den VZ 2010 hinaus). S 33. Aufl; zur VerfMäßigkeit des rückwirkenden Inkrafttretens zum 1.1.99 s 32. Aufl.

81 **(3) Anwendungsbereich.** Die Regelung gilt auch für WG, die der Einlegende zuvor im Wege der **unentgeltl Einzel- oder Gesamtrechtsnachfolge** (AfA nach § 11d EStDV) erworben hat (BFH X R 34/09 BFH/NV 10, 1625 unter II.3.). Sie gilt nicht bei **Übertragung auf PersGes gegen Gewährung neuer Anteile,** selbst wenn der Nominalwert des Anteils im Verhältnis zum Wert des übertragenen WG sehr gering ist (BFH IV R 37/06 BStBl II 11, 617 unter II.2.; BFH IV R 66/05 BFH/NV 08, 1301 unter II.2.; keine Einlage, sondern tauschähnl Vorgang); dadurch kann die Anwendung des § 7 I 5 bei „Einlagen" ins GesamthandsBV idR vermieden werden (zB Einbringung geerbter Grundstücke mit nur noch geringem restl AfA-Volumen in eine gewerbl geprägte PersGes, um die volle AfA vom TW geltend machen zu können). Soweit innerhalb der Drei-Jahres-Frist des § 6 I Nr 5 S 1 Buchst a als Einlagewert ohnehin die fortgeführten

AK/HK gelten, hat § 7 I 5 nicht zu einer Rechtsänderung geführt (s *Stuhrmann* FR 00, 511). Zu weiteren Gestaltungen zur Vermeidung des § 7 I 5 s *Tiedtke/Wälzholz* DStR 01, 1501; *Korn/Bartone* § 7 Anm 100.2.

dd) Wechsel zw Nutzung außerhalb der Einkunftserzielung und Nutzung bei Überschusseinkünften. Zur Umwidmung von WG, die zuvor außerhalb der Einkunftserzielung genutzt worden sind, für die Erzielung von Überschusseinkünften und zur „Entwidmung" solcher WG s § 9 Rz 249. Die AK/HK sind auf die Gesamtnutzungsdauer einschließl der Zeit vor der Umwidmung zu verteilen; als WK (AfA) ist iErg nur der Teil der AK/HK abziehbar, der auf die Zeit nach der Umwidmung entfällt (BFH VI R 44/86 BStBl II 90, 692 unter 2.b aa). Zur Nutzungsdauer von Einrichtungsgegenständen in einer Ferienwohnung, die zunächst selbstgenutzt und dann vermietet wurde, s FG BaWü EFG 97, 1430, rkr. Allein die Überführung eines vermieteten Grundstücks, das bisher zwei *Bruchteilseigentümern* zuzurechnen war, in eine *GbR,* deren Gesellschafter die vormaligen Bruchteilseigentümer sind, führt nicht zur Schaffung neuen AfA-Volumens (BFH IX R 68/01 BStBl II 05, 324). 82

e) AfA nach Änderung der Bemessungsgrundlage. – aa) TW-AfA und AfaA. Für **Gebäude** ordnet § 11c II EStDV an, dass nach AfaA oder TW-AfA als neue Bemessungsgrundlage die AK/HK abzügl des Betrags der AfaA oder TW-AfA gelten. Der AfA-Satz bleibt unverändert (auch in den Fällen des § 7 V; zur Zulässigkeit der AfaA bei § 7 V s Rz 120; zu den Auswirkungen s *HHR* § 7 Anm 474 mwN). – Bei **anderen WG** sind die AfA nach einer TW-AfA oder AfaA vom verbleibenden Buchwert (Restwert) nach Maßgabe der (ggf neu zu schätzenden) Restnutzungsdauer vorzunehmen. Bei degressiver AfA (§ 7 II) sind AfaA unzulässig (§ 7 II 4, s Rz 133); TW-AfA ist hingegen mögl. 83

bb) Umbau-/Erweiterungsmaßnahmen an bestehenden WG. Hier gilt die folgende vierfache Abstufung: 84

- Zunächst ist zu prüfen, ob es sich (ganz oder teilweise) um **Erhaltungsaufwand** handelt (zur Abgrenzung ausführl § 6 Rz 164 ff). Dieser ist sofort als BA/WK abziehbar.
- Andernfalls kommen **nachträgl HK** in Betracht. In diesem Fall ist die *ursprüngl* Bemessungsgrundlage (dh nicht der Restwert) um die nachträgl HK zu erhöhen; der bisherige AfA-Satz ist weiterhin anzuwenden. Damit tritt eine Verlängerung der Abschreibungsdauer über die typisierten Zeiträume des § 7 IV 1, V hinaus ein (näher Rz 85 f).
- Ist durch die HK **ein neues WG entstanden,** beginnt eine neue AfA-Reihe (bei Gebäuden grds nach § 7 IV). Als neue AfA-Bemessungsgrundlage dient hier (anders als bei nachträgl HK) die Summe aus dem *Restwert* der verwendeten Altsubstanz und den neu angefallenen HK. Zu den Fallgruppen, in denen HK zur Entstehung eines neuen WG führen, s § 6 Rz 166 f.
- Ist ein solches (zunächst nur im steuerrechtl Sinne „neues") WG **auch bautechnisch als Neubau anzusehen** (zu den Kriterien ausführl 27. Aufl Rz 162 ff; *Paus* DStR 94, 1633), konnte im zeitl Anwendungsbereich des § 7 V (dazu 27. Aufl Rz 167–170) die neue AfA nach § 7 V bemessen werden. Umgekehrt sind die erhöhten AfA nach §§ 7h, 7i ausgeschlossen (s § 7h Rz 4, § 7i Rz 5).

(1) Nachträgl AK/HK bei Gebäude-AfA mit typisierten Sätzen (dh § 7 IV 1, V). Bei **AfA nach § 7 IV 1** ist die ursprüngl *Bemessungsgrundlage* (dh nicht der Restwert) um die nachträgl AK/HK zu erhöhen; der bisherige AfA-Satz ist weiterhin anzuwenden (BFH IV R 241/69 BStBl II 75, 412 unter 2.b; BFH IX R 103/83 BStBl II 87, 491 unter 1.; BFH IV R 73/02 BStBl II 08, 407 unter II.2.c aa (1); EStH 7.4 „AfA nach nachträgl AK/HK" Beispiel 2). Hierdurch tritt allerdings eine Verlängerung der gesamten Abschreibungsdauer über die typisierten Zeiträume des § 7 IV 1 hinaus ein; ist die tatsächl Nutzungsdauer kürzer, kann der 85

StPfl zur AfA nach § 7 IV 2 übergehen (Verteilung des um die nachträgl HK erhöhten Restwerts auf die tatsächl Restnutzungsdauer; BFH VIII R 105/73 BStBl II 77, 606). – Nichts anderes gilt, wenn nachträgl AK/HK erst anfallen, nachdem das **ursprüngl AfA-Volumen schon vollständig abgeschrieben** worden ist. Dann stehen zwar als neues *AfA-Volumen* nur noch die nachträgl AK/HK zur Verfügung; die *Bemessungsgrundlage* ergibt sich aber als Summe aus der früheren AfA-Bemessungsgrundlage und den nachträgl AK/HK. Dies führt zu dem wirtschaftl sinnvollen Ergebnis, dass in solchen Fällen nachträgl AK/HK über einen kürzeren Zeitraum als die typisierten 50 (40/33) Jahre abgeschrieben werden. Würde die bisherige Bemessungsgrundlage nicht mehr herangezogen, ergäben sich gravierende Ungleichbehandlungen zw dem Fall des Entstehens nachträgl AK/HK im 49. Jahr des ursprüngl AfA-Zeitraums und dem Entstehen im 51. Jahr („Rechtsfolgensprung"). – Bei **AfA nach § 7 V** gilt dasselbe (Erhöhung der ursprüngl Bemessungsgrundlage um die nachträgl AK/HK, Beibehaltung des AfA-Satzes). Hierdurch verbleibt nach Ablauf der in § 7 V genannten Zeit ein Restwert, auf den dann § 7 IV 1 (2% der ursprüngl Bemessungsgrundlage; BFH IX R 103/83 BStBl II 87, 491 unter 2.) oder § 7 IV 2 (Schätzung der Restnutzungsdauer) anzuwenden ist (EStH 7.4 „AfA nach nachträgl AK/HK" Beispiel 3).

86 **(2) Nachträgl AK/HK bei nicht nach typisierten Sätzen bemessener AfA** (dh § 7 I, II, IV 2). Die nachträgl AK/HK sind dem letzten *Buchwert* (nicht der ursprüngl Bemessungsgrundlage) hinzuzurechnen. Dieser sich ergebende Restwert wird auf die Restnutzungsdauer, die neu zu schätzen ist, verteilt (EStR 7.4 IX; BFH I R 165/67 BStBl II 71, 142; BFH IV R 73/02 BStBl II 08, 407 unter II.2.c aa (1)). In den Fällen des § 7 IV 2 kann der StPfl aber von einer neuen Schätzung der Restnutzungsdauer absehen und weiter den bisherigen AfA-Satz anwenden (EStR 7.4 IX 2). Dies ist für den StPfl günstig, wenn die tatsächl Nutzungsdauer sich durch die nachträgl HK deutl erhöht hat. – Diese Grundsätze (insb Neuschätzung der Restnutzungsdauer) gelten ungeachtet der Gesamtrechtsnachfolge auch dann, wenn nach einer **Umwandlung** die Wertansätze aufgestockt werden (§ 4 III UmwStG; für Aufstockungen aufgrund eines Übernahmeverlusts BFH IV R 73/02 BStBl II 08, 407; für Aufstockungen auch in allen anderen Fällen des § 4 III UmwStG zR *Kempermann* FR 08, 774).

87 **cc) Spätere Ermäßigung der AK/HK.** Zu den hiervon erfassten Fallgruppen s ausführl § 6 Rz 65f (in Abgrenzung zu Wertänderungen der Kaufpreisverbindlichkeit, s § 6 Rz 41). Bei der Gebäude-AfA mit typisierten AfA-Sätzen ist die Bemessungsgrundlage um den Ermäßigungsbetrag zu mindern; der typisierte AfA-Satz ist weiter anzuwenden. Bei allen anderen AfA-Methoden ist der Ermäßigungsbetrag vom letzten Buchwert abzusetzen und der Restwert auf die Restnutzungsdauer zu verteilen (*HHR* § 7 Anm 132 mwN). Ermäßigungen der AK/HK sind damit spiegelbildl zu nachträgl AK/HK (dazu Rz 85f) zu behandeln. – Die AK/HK sind bei Minderung oder Schadensersatz wegen Schlechterfüllung **grds nicht rückwirkend,** sondern nur ab dem VZ, in dem dieses Ereignis eintritt, zu mindern (ebenso *Söffing* BB 95, 2558; aA *HHR* § 7 Anm 132). Dies gilt auch dann, wenn der Erwerb des WG bei seinem *Veräußerer* in den Rahmen einer Betriebsveräußerung/-aufgabe fiel und sich *bei ihm* der Veräußerungsgewinn nach den zu § 16 Rz 384 dargestellten Grundsätzen mit steuerl Rückwirkung auf den Veräußerungs-/Aufgabezeitpunkt mindert (zutr FG Ddorf EFG 03, 1296, rkr). Denn die Sonderregelungen der §§ 16, 34 betreffen allein den Veräußerer, nicht aber den Erwerber (BFH VIII R 66/03 BStBl II 06, 307 unter II.2.c cc bbb). Hingegen kommt es zu einer *rückwirkenden* Änderung der (heute nicht mehr mögl) **Sonder-AfA auf *Anzahlungen*,** wenn die späteren AK/HK geringer ausfallen als die Anzahlung (BFH IX R 51/04 BFH/NV 07, 1456, betr FördG; BFH IX R 9/07 BStBl II 09, 471: nach Anzahlung Rücktritt vom Kauf-/Bauvertrag, BFH IX R

13/07 BFH/NV 09, 1801; zu Unrecht aA FG Mchn EFG 09, 305, rkr); auf die SonderAfA auf AK/HK *als solche* ist dies wegen des klaren Wortlauts des § 7a I 3 jedoch nicht übertragbar. Außerhalb des Anwendungsbereichs der SonderAfA auf Anzahlungen führt die **Rückgängigmachung der Anschaffung** zu einem Wegfall der AfA-Befugnis ab dem Jahr, in dem das Ereignis eintritt (BFH IX R 50/06 BStBl II 08, 480; BFH IX R 34/13 BFH/NV 14, 1732).

dd) Restwert-AfA. Zum Übergang von der degressiven zur linearen AfA s Rz 137, zur Restwert-AfA nach SonderAfA s § 7a IX und § 7a Rz 16. 88

6. Beginn und Ende der AfA. – a) Beginn der AfA mit Anschaffung/Herstellung des WG. Nach § 9a EStDV ist die Anschaffung mit der Lieferung, die Herstellung mit der Fertigstellung bewirkt. Lieferung ist die Verschaffung der Verfügungsmacht (s näher § 6 Rz 35; zur Betriebsbereitschaft von Softwaresystemen *BMF* BStBl I 05, 1025; Anschaffung des Firmenwerts erst bei Übergang des Geschäftsbetriebs, nicht bereits mit Abschluss des Unternehmenskaufvertrags, s FG Mchn EFG 00, 349, rkr); die Fertigstellung ist mit der Einsatzbereitschaft für Zwecke der Einnahmeerzielung gegeben. Auf den Zeitpunkt der Inbetriebnahme kommt es nicht an (BFH I R 57/10 BStBl II 12, 407 Rz 18), ebensowenig auf den der Zahlung (BFH IX R 50/06 BStBl II 08, 480: auch nicht bei den Überschusseinkünften). Ein **Gebäude ist fertig gestellt,** wenn es nach Abschluss der wesentl Bauarbeiten für den vorgesehenen Zweck nutzbar ist (BFH I B 48/99 BFH/NV 00, 947 unter II.1.b mwN). Entscheidend ist die Bezugsfertigkeit (zu den Kriterien BFH X B 213/96 BFH/NV 98, 698 mwN). Dies gilt auch bei Eigentumswohnungen; die noch fehlende Teilungserklärung hindert die Annahme der Fertigstellung nicht (BFH IX R 53/96 BStBl II 99, 589; zu Unrecht krit *Fischer* FR 99, 764). Nicht erforderl sind Bezahlung des WG (BFH IX R 53/98 BFH/NV 02, 1152 unter II.4.: selbst bei Unfähigkeit zur Kaufpreiszahlung), zivilrechtl Wirksamkeit des Anschaffungsgeschäfts (§ 41 I AO, BFH IX R 60/94 BFH/NV 96, 600) oder tatsächl Inbetriebnahme des WG (BFH IX R 15/03 BStBl II 05, 477: Vermietung des Gebäudes erst ab dem Folgejahr; auch nicht bei auf Vorrat angeschafften oder hergestellten WG, s *Blümich/Brandis* § 7 Anm 303). Kommt es nicht zur Anschaffung/Herstellung (zB Rücktritt vom Vertrag), kann auch keine AfA vorgenommen werden. Dann stellt sich allerdings die Frage des *sofortigen* Abzugs der vergebl aufgewendeten Kosten (ausführl § 6 Rz 208, § 9 Rz 102). Wird ein noch nicht fertiggestelltes Gebäude bereits vermietet, kann der Vermieter AfA vornehmen, weil seine Einkunftserzielung begonnen hat (zutr FG Saarl EFG 12, 1630, rkr: Vermietung eines gewerbl Gebäudes an einen Mieter, der es ausbauen will). – Bei der **Errichtung in Bauabschnitten** beginnt die AfA mit der Fertigstellung des *ersten* Bauabschnitts (BFH IV R 241/69 BStBl II 75, 412 unter 1.a) nach Maßgabe der bis dahin angefallenen HK. Die Aufwendungen für die späteren Bauabschnitte stellen nachträgl HK des bereits vorhandenen WG dar, wenn diese Abschnitte mit dem bereits fertig gestellten Gebäudeteil in einem *einheitl* Nutzungs- und Funktionszusammenhang stehen (dazu Rz 27; zur AfA nach § 7 V in diesen Fällen s 27. Aufl Rz 163 f). Stehen die Bauabschnitte hingegen in *unterschiedl* Nutzungs- und Funktionszusammenhängen (zB erster Bauabschnitt eigengewerbl, zweiter Bauabschnitt fremdvermietete Wohnungen), sollen die bereits angefallenen HK für die noch nicht fertig gestellten Gebäudeteile zunächst dem bereits fertig gestellten Gebäudeteil zuzurechnen und mit diesem abzuschreiben sein (BFH X R 77/87 BStBl II 91, 132). Damit verkennt der BFH mE die Selbständigkeit der einzelnen WG (krit auch *Schellenberger* DStZ 90, 101; *Paus* BB 94, 1122; zutr FG Köln EFG 94, 974, rkr). Die *FinVerw* gewährt dem StPfl in diesen Fällen ein Wahlrecht (EStR 7.3 II; ausführl *OFD Ffm* FR 00, 528). 90

b) AfA im Jahr der Anschaffung/Herstellung, § 7 I 4. Die AfA ist zeitanteilig nach angefangenen Monaten (pro rata temporis) vorzunehmen (§ 7 I 4). Dies gilt auch für die degressive AfA bei bewegl WG (§ 7 II 3), jedoch nicht für die 91 degressive Gebäude-AfA (so ausdrückl § 7 V 3). Für Sammelposten-WG iSd § 6 IIa gilt S 4 nicht. Zur Rechtslage bis VZ 2003 s 31. Aufl.

92 **c) Ende der AfA.** Die AfA endet spätestens mit dem Verbrauch der Bemessungsgrundlage (AfA-Volumen). Sie kann schon vorher enden, wenn das WG auf Dauer nicht mehr zur Erzielung von stpfl Einnahmen eingesetzt wird (zB Veräußerung, Entnahme, Nutzungsänderung; s auch *Blümich/Brandis* § 7 Anm 306). Dann ist die AfA im letzten Jahr der Nutzung nur noch zeitanteilig nach angefangenen Monaten zu ermitteln (EStR 7.4 VIII). Dies gilt auch in den Fällen des § 7 V (s 27. Aufl Rz 175).

II. AfA bei anderen WG als Gebäuden, § 7 I–III

100 **1. Lineare AfA, § 7 I 1–3. – a) Anwendungsbereich und Rechtsfolge.** Die lineare AfA ist anzuwenden bei bewegl, immateriellen und solchen unbewegl WG, die keine Gebäude sind (s Rz 25 ff), nicht hingegen bei Gebäuden (für diese gelten Abs 4–5a, s Rz 150 ff). Die Bemessungsgrundlage wird in gleich hohen Beträgen zeitanteilig auf die Wj oder Kj des Abschreibungszeitraums verteilt.

101 **b) Betriebsgewöhnl Nutzungsdauer als Abschreibungszeitraum; AfA-Tabellen. – aa) Begriff.** Der Abschreibungszeitraum (Zeitraum, auf den die Bemessungsgrundlage zu verteilen ist) bemisst sich bei WG des **BV** nach der betriebsgewöhnl Nutzungsdauer (§ 7 I 2; s auch Rz 23). Bei **Überschusseinkünften** ist die Nutzungsdauer maßgebend, für die das WG nach seiner voraussichtl technischen und wirtschaftl Lebensdauer von dem StPfl zur Erzielung der Überschusseinkünfte eingesetzt werden könnte, wobei auch die Zeit mitzählt, in der das WG nicht zum Zwecke der Einkunftserzielung verwendet wird (BFH VI R 82/89 BStBl II 92, 1000 unter 1. mwN). Die betriebsgewöhnl oder voraussichtl Nutzungsdauer ist der Zeitraum, in dem das WG unter Berücksichtigung der Verhältnisse seines konkreten Einsatzes seiner Zweckbestimmung entspr genutzt werden kann (zu Gebäuden § 11c I EStDV). Maßgebend ist daher nicht die tatsächl Dauer der betriebl Nutzung durch den einzelnen StPfl, sondern die obj Nutzbarkeit des WG unter Berücksichtigung der besonderen betriebstypischen Beanspruchung (BFH III R 74/97 BStBl II 01, 311 unter II.1. c; BFH IV R 8/10 BStBl II 11, 709 unter II.2.b). Die betriebsgewöhnl Nutzungsdauer wird nicht dadurch beeinflusst, dass das WG voraussichtl vor seiner technischen oder wirtschaftl Abnutzung veräußert oder beseitigt wird (BFH X R 78/94 BStBl II 98, 59: Mietwagen, die typischerweise nach nur kurzer Nutzungsdauer weiterveräußert werden; ebenso zu Flugzeugen BFH IV R 15/04 BFH/NV 06, 1267 unter II.3.c; FG BaWü EFG 94, 1040, rkr: drohende Enteignung; zu abrissreifen Gebäuden s Rz 102; zum Veräußerungserlös/Schrottwert s Rz 72). – Bei **gebraucht angeschafften WG** ist die **Restnutzungsdauer** maßgebend, während der das WG vom StPfl noch verwendet werden kann; diese ist unter Berücksichtigung des Alters und des Einsatzes des WG zu schätzen (BFH I R 164/74 BStBl II 77, 60 unter 2.a; BFH VI B 306/00 BFH/NV 01, 1255). Für die typisierte AfA bei **Sammelposten-WG** nach § 6 IIa kommt es auf die betriebsgewöhnl Nutzungsdauer nicht an. – **Positive Ergänzungsbilanz.** Beim Erwerb eines PersGes-Anteils gegen Aufgeld ist für die AfA auf den Mehrbetrag in der Ergänzungsbilanz die Restnutzungsdauer eigenständig und ohne Bindung an die Gesamthandsbilanz zu schätzen (BFH IV R 1/11 BFHE 248, 28).

102 **bb) Technische, wirtschaftl und rechtl Nutzungsdauer.** Es können sich unterschiedl Zeiträume ergeben; dabei können sich die StPfl auf die für sie günstigere Alternative berufen (BFH IV R 8/10 BStBl II 11, 709 unter II.2.c mwN; BFH IV R 15/04 BFH/NV 06, 1267 unter II.3.c aa: AfA auch dann mögl, wenn der StPfl trotz technischer Abnutzung keine Wertminderung erwartet; BFH IX R 16/07 BFH/NV 08, 1310: wirtschaftl Nutzungsdauer kürzer als technische),

müssen eine kürzere wirtschaftl Nutzugsdauer aber anhand konkreter Umstände glaubhaft machen (*BMF* BStBl I 01, 860 unter 2.; BFH VIII R 73/68 BStBl II 72, 176). – **(1) Technische Nutzungsdauer.** Sie umfasst den Zeitraum bis zum körperl Verschleiß des WG. – **(2) Wirtschaftl Nutzungsdauer.** Sie ist auf den Zeitraum begrenzt, in dem das WG rentabel genutzt werden kann (s auch Rz 123 zu AfaA). Die Verkürzung ggü der technischen Nutzungsdauer kann zB beruhen auf einem Wandel im modischen Geschmack (BFH VI R 44/86 BStBl II 90, 692 unter 2. b cc: auch bei einem aus Gold bestehenden Meisterstück, das keiner technischen Abnutzung unterliegt), der Erfindung modernerer Maschinen oder der bevorstehenden Einstellung des Betriebs oder einer bestimmten Produktion, sofern das WG nicht verkauft oder an anderer Stelle im Betrieb eingesetzt werden kann. Allein die *Wertminderung* des WG berührt die wirtschaftl Nutzungsdauer hingegen nicht; hier kann die Korrektur nur über eine TW-AfA erfolgen. Bei Gebäuden rechtfertigt ein nicht mehr zeitgemäßer Wohnungsstandard oder die drohende Unwirtschaftlichkeit für sich allein die Annahme einer kürzeren wirtschaftl Nutzungsdauer noch nicht (FG Hess EFG 92, 438, rkr; FG BaWü EFG 00, 732, rkr); ebenso nicht die geplante Aufgabe einer bestimmten Nutzung des Gebäudes (FG BaWü EFG 94, 95, rkr: „Ärzteschwemme"). Trotz vorhandener wirtschaftl Abnutzung wird eine Verkürzung der AfA-Dauer versagt, wenn der StPfl beim vorzeitigen Verkauf regelmäßig einen Erlös erzielen kann, der selbst den bei Zugrundelegung der längeren technischen Nutzungsdauer verbleibenden Buchwert noch übersteigt (BFH X R 78/94 BStBl II 98, 59, betr Mietwagen; ausführl dazu *Hahn* DStZ 99, 845; ebenso BFH I R 47/07 BStBl II 09, 986 unter II.3: bei Musterhäusern der Fertighaushersteller idR kein verkürzter AfA-Zeitraum). – **(3) Gebäude, die abgerissen werden sollen.** Hier ist zu unterscheiden (s auch Rz 122; § 6 Rz 213): Wird das Gebäude in Abbruchabsicht erworben, ist es wirtschaftl verbraucht (dh keine AfA mehr), wenn die Möglichkeit einer wirtschaftl sinnvollen Verwendung sowohl für den Veräußerer als auch für den Erwerber endgültig entfallen ist (BFH X R 97/87 BStBl II 89, 604 unter 2.a). Wird ein zwar in Abbruchabsicht erworbenes, aber noch nutzbares Gebäude durch Zwischenvermietung genutzt, ist von den typisierten AfA-Sätzen auszugehen; welcher Teil der Gesamt-AK in derartigen Fällen auf die abzureißenden Gebäude bzw den GuB entfällt, ist eine Frage des Einzelfalls (BFH VIII R 116/79 BStBl II 82, 385). Soll hingegen ein bereits langjährig vom StPfl genutztes Gebäude abgerissen werden, rechtfertigt dies eine Verkürzung der Nutzungsdauer (s auch *HHR* § 7 Anm 175). – **(4) Kürzere rechtl Nutzungsdauer.** Auch der Zeitraum, in dem das WG genutzt werden *darf* (zB bei zeitl begrenzten Nutzungsrechten), kann den AfA-Zeitraum begrenzen (BFH X R 78/94 BStBl II 98, 59 unter 3.). Allerdings ist ein Nutzungsrecht an einem *Gebäude* „wie ein materielles WG" zu behandeln und nach den typisierten AfA-Sätzen der § 7 IV, V abzuschreiben (ausführl Rz 51 mwN). Auch bei einer kürzeren Vertragslaufzeit gilt dies jedenfalls dann, wenn dem Nutzer am Ende der Laufzeit der volle Zeitwert erstattet wird (BFH III B 2/14 BFH/NV 15, 1385).

cc) Nutzungsdauer und Einheitlichkeit des WG. Für dasselbe WG gibt es nur eine einheitl Nutzungsdauer (BFH III R 96/85 BStBl II 88, 655 unter 1.c; s auch Rz 21); etwas anderes (parallele AfA-Reihen) gilt aber im Fall des *teilentgeltl Erwerbs* (s Rz 68). Auch wenn **unselbständige Teile** eines WG eine unterschiedl Nutzungsdauer haben, ist die Nutzungsdauer desjenigen Teils maßgebend, der dem WG das Gepräge gibt (BFH IV R 46/09 BStBl II 11, 696 unter II.2.a); es ist also nicht eine durchschnittl Nutzungsdauer aller Einzelteile zugrunde zu legen. Wohl aber kann die stärkere Beanspruchung eines *Teils* des WG die Nutzungsdauer des *gesamten* WG beeinflussen (offengelassen in BFH GrS 5/71 BStBl II 74, 132 unter C. II.2.c mwN). Bei einem Gebäudekomplex, der ursprüngl in einem einheitl Nutzungs- und Funktionszusammenhang gestanden hat, in dem aber einzelne 103

Gebäude eine deutl kürzere Nutzungsdauer aufweisen als die anderen, ist § 7 IV 2 nur auf diese Gebäude anzuwenden, sodass sich zwei unterschiedl AfA-Reihen ergeben (BFH IX R 16/07 BFH/NV 08, 1310). – Die **selbständigen Gebäudeteile** bei gemischt genutzten Gebäuden iSd EStR 4.2 IV müssen hingegen *keine* einheitl Nutzungsdauer haben (§ 4 Rz 198). Bei Gebäuden, die mit einer Betriebsvorrichtung (= selbständiges bewegl WG) *untrennbar* verbunden sind, ist die Nutzungsdauer der Betriebsvorrichtung auch für die des Gebäudes bestimmend, wenn die Beseitigung der Betriebsvorrichtung zugleich zur Zerstörung des Gebäudes führt (*OFD Ffm* FR 95, 287).

104 **dd) Schätzung der Nutzungsdauer.** Die Nutzungsdauer ist unter Berücksichtigung der besonderen betriebl Verhältnisse zu schätzen (BFH VI R 82/89 BStBl II 92, 1000 unter 3.). Gewisse schätzungsimmanente Ungenauigkeiten müssen in Kauf genommen werden. Da der StPfl die betriebl Verhältnisse am besten kennt, kommt seiner Auffassung besondere Bedeutung zu, es sei denn, seine Schätzung liegt eindeutig außerhalb des angemessenen Rahmens (FG Köln EFG 01, 675, rkr). Ausgangspunkt für die Schätzung ist die *technische* Nutzungsdauer; zur Berücksichtigung einer kürzeren *wirtschaftl* Nutzungsdauer s Rz 102.

Berichtigung von Schätzungsfehlern (s auch *HHR* § 7 Anm 187; *KSM* § 7 Anm B 277 ff): Da jede Schätzung mit Fehlern behaftet ist, rechtfertigt eine zwar obj unrichtige, aber subj richtige Schätzung der Nutzungsdauer keine rückwirkende Änderung der AfA. Eine Änderung der AfA für die *Zukunft* ist nur vorzunehmen, wenn die Schätzung erhebl von der zutr Nutzungsdauer abweicht; dann ist der Restbuchwert auf die Restnutzungsdauer zu verteilen (BFH IV R 31/77 BStBl II 81, 255 unter 2.). Eine Bindung an die Behandlung in der Vergangenheit besteht grds nicht (BFH VIII R 193/71 BStBl II 75, 858). Zur Korrektur überhöhter AfA s auch Rz 11. Einigen sich FA und StPfl über eine von den AfA-Tabellen abw Nutzungsdauer, sind sie daran für die Zukunft nicht mehr gebunden, wenn sich herausstellt, dass die damalige Schätzung zu den tatsächl Gegebenheiten in krassem Widerspruch stand (BFH VI R 133/72 BStBl II 75, 478 unter III.3., 4.; s aber zur tatsächl Verständigung FG BaWü EFG 92, 706, rkr). – **Änderung der Nutzungsdauer** (durch Änderung der Verhältnisse): Die Nutzungsdauer kann sich zB durch nachträgl HK verlängern; umgekehrt kann sie sich durch mangelhafte Pflege, Wartungsfehler oder sonstige Beschädigungen des WG verkürzen. Vorübergehende Konjunkturschwankungen haben keinen Einfluss auf die Nutzungsdauer; *dauerhafte* Strukturveränderungen in einem Wirtschaftszweig können aber zu einer beschleunigten *wirtschaftl* Abnutzung führen. Zur AfaA s Rz 120 ff.

105 **ee) AfA-Tabellen als Hilfsmittel der Schätzung.** Sie werden vom *BMF* unter Beteiligung der Fachverbände der Wirtschaft für allg verwendbare Anlagegüter (für nach dem 31.12.2000 angeschaffte/hergestellte WG zuletzt BStBl I 00, 1532; Beispiele s unten; deutl entschärfte Neufassung der „Vorbemerkungen" in BStBl I 01, 860) und für besondere Wirtschaftszweige herausgegeben (zB BStBl I 01, 837: Zahntechniker, Baugewerbe, Maschinenbau, Hafenbetriebe; weitere Tabellen unter „www.steuernetz.de – Steuern – AfA-Tabellen"). Der lineare AfA-Satz kann bei WG, die in Doppel- oder Dreifachschichten genutzt werden, um 25% bzw 50% erhöht werden (*BMF* BStBl I 01, 860 unter 4.). Die AfA-Tabellen sind trotz der Verwendung des Begriffs „Anlagegüter" grds auch bei den **Überschusseinkünften** anwendbar (BFH VI R 133/72 BStBl II 75, 478 unter III.3.; BFH IX R 16/08 BFH/NV 09, 899 unter II.1.d; FG Saarl EFG 07, 1000, rkr); auf **gebraucht erworbene WG** können sie hingegen mE nicht uneingeschränkt übertragen werden (so auch LStH 38 „Einzelnachweis", betr Pkw; s auch Rz 101 aE). – **Bedeutung:** Die AfA-Tabellen haben zunächst die Vermutung der Richtigkeit für sich, sind aber für die Gerichte nicht bindend (BFH III R 74/97 BStBl II 01, 311 unter II.1.c). Gleichwohl muss das FG eine *generelle* (dh nicht nur auf Besonderheiten des Einzelfalls gestützte) Abweichung in Auseinandersetzung mit den Erkenntnissen der FinVerw besonders begründen (BFH VI R 29/96 BFH/NV 97, 288). Die Tabellen sind unbeachtl, sofern sie erkennbar nicht auf Erfahrungswissen beruhen, also bereits für den *Regelfall* zu einer offensichtl unzutreffenden Besteuerung führen (BFH VI R 82/89 BStBl II 92, 1000 unter 8.: 4 Jahre bei Pkw; BFH IV R 8/10

BStBl II 11, 709 unter II.2.f: Tankschiff, wobei bereits das tatsächl *Durchschnittsalter* der Welt-Tankschiffflotte 50% über der *Gesamt*nutzungsdauer lt AfA-Tabelle lag). In allen anderen Fällen muss das FA eine zu Lasten des StPfl vorgenommene Abweichung von der AfA-Tabelle substantiiert begründen (zutr FG Nds EFG 14, 1780, rkr). Der StPfl kann sich ggü dem FA auf eine ihm günstige AfA-Tabelle berufen; eine ihm ungünstige Nutzungsdauer aus einer AfA-Tabelle kann er hingegen gerichtl prüfen lassen (zutr *Brill* BeSt 15, 1).

Nutzungsdauer wichtiger WG nach den ab 2001 geltenden AfA-Tabellen: Unbewegl Anlagevermögen: Tennishallen uä 20; Traglufthallen 10; Baubuden 8. – **Grundstückseinrichtungen:** Fahrbahnen, Parkplätze, Hofbefestigungen mit Packlage 19, in Kies uä 9; Umzäunungen aus Holz 5, sonstige 17; Grünanlagen 15; Golfplätze 20. – **Betriebsanlagen:** Windkraftanlagen (s auch Rz 107) 16; Photovoltaikanlagen (s auch *OFD Bln* DB 04, 1290; *OFD Rhld* FR 11, 491) 20; Solarwärmeanlagen 10; Transport-/Baucontainer 10; Laden- und Gaststätteneinbauten, Schaufensteranlagen 8; Lichtreklame 9; Schaukästen/Vitrinen 9; Alarmanlagen 11. – **Fahrzeuge:** Pkw/Kombi (s auch Rz 107) 6; Motorräder/Roller 7; Lkw 9; Wohnwagen 8; Bauwagen 12. – **Betriebs-/Geschäftsausstattung:** Fernsprechnebenstellen 10; Mobilfunkgeräte 5; Faxgeräte 6; Adressiermaschinen uä 8; Großrechner 7; Personalcomputer, Notebooks und deren Peripheriegeräte (Drucker, Scanner) 3 (zust für Notebooks BFH VI R 99/10 BStBl II 14, 393 Rz 18); Foto-/Filmgeräte uä 7; Kopiergeräte 7; Büromöbel 13; Verkaufstheken 10; normale Teppiche 8; hochwertige Teppiche 15; Kunstwerke (ohne anerkannte Künstler) 15.

ff) Weitere Beispiele: Ablösesummen für Fußballspieler sind AK für ein immateriel- 107
les abnutzbares WG und damit auf die Laufzeit des Vertrages unter Beachtung von Optionsmöglichkeiten zu verteilen (BFH I R 24/91 BStBl II 92, 977 unter II.B.9.; dazu *Hüttemann* DStR 94, 490; krit *Jansen* DStR 92, 1785 und 94, 1217).

Blockheizkraftwerk 10 Jahre (*OFD Rhld* FR 11, 491).

Deponien. Bei WG, die in Deponien eingesetzt werden, kommt ggf ein verkürzter AfA-Zeitraum in Betracht (*BMF* BStBl I 05, 826 Rz 16).

Einzelhandelsgebäude 33 Jahre, sofern Bauantrag bzw Anschaffung vor dem 1.9.07 (*OFD Hann* DStR 08, 2318).

Filmrechte. Der Medienerlass (*BMF* BStBl I 01, 175 Tz 17) knüpft an die gesetzl Schutzfrist von 50 Jahren an; bei Zugrundelegung der Rspr zu Patenten (s unten) kommt es mE aber nicht auf die Dauer der *rechtl,* sondern der *tatsächl* Vermarktbarkeit des Films an. Krit auch *Radau* DStR 03, 1278, der die LeistungsAfA nach S 6 anwenden will (Abschreibung nach einem der Vereinnahmung der Erlöse entspr Verbrauch), die aber auf *bewegl* WG beschränkt und hier daher nicht anwendbar ist. Zu weiteren immateriellen WG s Rz 29.

Geschlossene Fonds s Windkraftanlagen.

Internetauftritt. IdR 3 Jahre (*Eberlein* DStZ 03, 677, 681: Anknüpfung an die als übl anerkannte Nutzungsdauer von Software).

Kunstgegenstände, historische Musikinstrumente (s auch *Müller-Katzenburg/Hofmann* BB 00, 2563). Zunächst ist zu prüfen, ob dem Abzug § 12 Nr 1 entgegensteht (zur Ausschmückung des Arbeits- oder Dienstzimmers s § 9 Rz 245 „Bilder" mwN) oder ob die Aufwendungen unangemessen iSv § 4 V 1 Nr 7 sind (s § 4 Rz 603). Weiter ist zu prüfen, ob es sich um abnutzbare WG handelt; dies wird verneint bei Kunstwerken anerkannter Meister (BFH III R 58/75 BStBl II 78, 164; FG BBg EFG 08, 530, rkr; krit *Ebling* DStR 08, 1522; TW-AfA bleibt allerdings mögl) oder bei WG, die als Sammlungs- oder Ausstellungsstücke gehalten werden (BFH X R 131–133/87 BStBl II 90, 50), hingegen bejaht bei WG, die in ihrer *Gebrauchsfunktion* verwendet werden. Diese unterliegen zwar keiner wirtschaftl, wohl aber einer technischen Abnutzung (BFH VI R 78/82 BStBl II 86, 355: antiker Schreibtisch im Arbeitszimmer; BFH VI R 26/98 BStBl II 01, 194 unter 1., Anm *Hollatz* HFR 01, 435: Meistergeige). Die Nutzungsdauer ist bei einer mehrere Jahrhunderte alten Meistergeige typisierend auf 100 Jahre, bei einer neueren Meistergeige auf 50 Jahre zu schätzen (BFH VI R 26/98 BStBl II 01, 194 unter 2.).

Patente; Erfindungen. Die betriebsgewöhnl Nutzungsdauer ist hier häufig kürzer als die *rechtl* Schutzfrist. BFH III R 82/67 BStBl II 70, 594 unter 2.b hat 8 Jahre angenommen; wegen des seither beschleunigten technischen Fortschritts kann auch ein kürzerer Zeitraum in Betracht kommen; dies ist aber sehr von der im Einzelfall gegebenen Marktsituation abhängig (*HHR* § 7 Anm 600 „Patente": 3 bis 5 Jahre). Wird ein Überlassungsvertrag über einen längeren Zeitraum geschlossen, ist dieser maßgebl (BFH II R 5/09 BFH/NV 11, 1147 unter III.2.c cc).

PKW (s auch § 4 Rz 520 „Fahrtkosten"). Die *FinVerw* nimmt mittlerweile 6 Jahre an (BMF BStBl I 01, 1532; zuvor nur 4 bzw 5 Jahre; dazu *Osterloh* StuW 93, 342), die mE zutr Rspr hingegen für den Regelfall 8 Jahre (BFH VI R 82/89 BStBl II 92, 1000 unter 9.; BFH III R 74/97 BStBl II 01, 311 unter II.1. c; BFH IX B 174/03 BStBl II 06, 368; BFH VIII R 64/06 BFH/NV 08, 1660 unter II.2.); dies ist verfassungsrechtl nicht zu beanstanden (BVerfG 2 BvR 2172/01 DStZ 02, 686). Macht der StPfl eine kürzere Nutzungsdauer geltend, hat er dies in Abhängigkeit vom Kfz-Typ und der jährl Fahrleistung glaubhaft zu machen. – In Österreich ist die 8-jährige Nutzungsdauer mittlerweile gesetzl festgeschrieben (§ 8 VI öEStG); zudem können Pkw-AK dort nur bis zu 40 000 € abgeschrieben werden (§ 20 I Nr 2 Buchst b öEStG iVm VO).

Software. Bei betriebswirtschaftl ERP-Software 5 Jahre (*BMF* BStBl I 05, 1025 Rz 22).

Tierbestände s *BMF* BStBl I 01, 864 Rz 26.

Windkraftanlagen. Für die **Nutzungsdauer** ist auch dann die AfA-Tabelle (16 Jahre) maßgebl, wenn ein geschlossener Fonds eine längere Laufzeit (zB 20 Jahre) prognostiziert (ausführl 32. Aufl mwN). – Die **Gesamtkosten eines Windparks sind** nicht allein den Windkraftanlagen zuzuordnen, sondern auf die folgenden WG zu verteilen: Die einzelne Windkraftanlage (einschließl Fundament, Transformator und interner Niederspannungs-Verkabelung), Übergabestation (einschließl Netzanschluss und externer Mittelspannungs-Verkabelung) und Zuwegung (BFH IV R 46/09 BStBl II 11, 696 unter II.1.); Aufwendungen für die „Konzeption" sind nicht als eigenes WG zu aktivieren, sondern anteilig den drei vorgenannten WG zuzuordnen (BFH IV R 52/09 BStBl II 11, 929 unter II.1.d). Die betriebsgewöhnl Nutzungsdauer der beiden anderen WG ist hier allerdings identisch mit derjenigen der Windkraftanlage, da sie nach deren Entfernung zwar nicht technisch, wohl aber wirtschaftl verbraucht sein werden (BFH IV R 46/09 BStBl II 11, 696 unter II.3.d). – Der **Beginn der AfA** ist bei Windkraftanlagen vor allem iZm einem **Probebetrieb** str: Zwar ist hier nach den maßgebl Lieferverträgen zivilrechtl die Gefahr häufig noch nicht übergegangen, was gegen einen AfA-Beginn spräche (so BFH I R 57/10 BStBl II 12, 407 Rz 21; BFH IV R 41/10 BFH/NV 14, 847 Rz 38; FG Nds EFG 14, 824, Rev IV R 1/14; *Peetz* DStZ 13, 144). Allerdings steht der während des Probebetriebs erzeugte Strom bereits dem Anlagenbetreiber zu; er erwirtschaftet also schon Erlöse mit der Windkraftanlage. Dies spricht mE dafür, hier nicht auf den Gefahrübergang, sondern auf den Nutzenübergang abzustellen und den AfA-Beginn auf den Zeitpunkt vorzuverlagern, zu dem die Windkraftanlage dem Betreiber erstmals Nutzen bringt (so evtl auch BFH IV R 52/09 BStBl II 11, 929 unter II.2.b; *Meinert* EFG 14, 825, 826). Eine weitere Vorverlagerung auf den Zeitpunkt der bloßen Aufstellung der Anlage noch vor Herstellung des Netzanschlusses und Gefahrübergang ist hingegen nicht vorzunehmen (BFH I R 57/10 BStBl II 12, 407).

110 **c) Betriebsgewöhnl Nutzungsdauer des Geschäfts- oder Firmenwerts. – (1) GewBetr und LuF-Betriebe.** Die Nutzungsdauer des Geschäftswerts (allg dazu s § 5 Rz 221 ff) ist hier stets mit 15 Jahren anzusetzen (§ 7 I 3; ausführl *Schoor* DStZ 00, 667). Dies gilt auch für Alt-Firmenwerte, die bereits vor Einfügung des S 3 (1987) aktiviert waren, und für verdeckt eingelegte Firmenwerte (BFH I R 104/94 BFHE 179, 265). Eine kürzere Frist kommt auch bei einem personenbezogenen GewBetr grds nicht in Betracht (BFH IV B 24/97 BFH/NV 98, 1467); nur bei offensichtl unzutr Besteuerung hält der BFH Ausnahmen für denkbar (BFH VIII R 67/92 BStBl II 94, 449). Eine TW-AfA bleibt aber mögl (ausführl § 6 Rz 311 ff). IÜ kann man beim Betriebsverkauf darauf achten, unfertige und fertige Leistungen und Erzeugnisse einschließl ihrer stillen Reserven zutr zu bewerten, so dass der auf den Geschäftswert entfallende Teil des Gesamtkaufpreises entspr geringer ausfällt (*Kleinmanns* BB 14, 2293). – **(2) Freiberufl Praxiswert.** Hier ist § 7 I 3 kraft seines Wortlauts nicht anwendbar. Dies gilt auch, wenn der Praxiswert auf eine Gesellschaft übertragen wird, die kraft Rechtsform oder wegen § 15 III *gewerbl* Einkünfte erzielt (BFH IV R 33/95 BFH/NV 97, 751 unter 2.). Für den erworbenen Wert einer Einzelpraxis sind idR 3–5 Jahre anzusetzen, für den Sozietätspraxiswert 6–10 Jahre (ausführl § 18 Rz 200–215 mwN; § 5 Rz 228). Ist ein von Ärzten betriebenes Labor aber als GewBetr anzusehen, gilt die gesetzl AfA-Dauer von 15 Jahren (FG Mster EFG 15, 15).

115 **2. AfA nach Maßgabe der Leistung, § 7 I 6. – Voraussetzungen.** Die (in der Praxis seltene) LeistungsAfA findet nur bei den **Gewinneinkunftsarten** An-

wendung, nicht hingegen bei den Überschusseinkunftsarten, weil diese kein „Anlagevermögen" kennen (ebenso *Blümich/Brandis* § 7 Anm 372; aA *Lademann/Claßen* § 7 Anm 172; *Frotscher/Schnitter* § 7 Anm 320; *HHR* § 7 Anm 232 [der gleichlautende Begriff in § 7 II wird von *HHR* § 7 Anm 276 aber iSd hier vertretenen Beschränkung auf Gewinneinkünfte ausgelegt]). Ferner ist der Anwendungsbereich auf **bewegl WG** beschränkt (dh nicht bei Gebäuden oder immateriellen WG). „Wirtschaftl begründet" ist die LeistungsAfA vor allem bei WG, deren Nutzung in den einzelnen Jahren der Nutzungsdauer erhebl schwankt (EStR 7.4 V). – **Bemessung.** Die AfA bemisst sich nach im Voraus zu schätzenden *Leistungseinheiten* (zB km-Leistung eines LKW in den einzelnen Jahren der Nutzungsdauer) oder *Zeiteinheiten* (zB voraussichtl Arbeitsstunden einer Maschine in den einzelnen Jahren der Nutzungsdauer; zu Gestaltungsmöglichkeiten bei Anschaffung eines nur saisonweise eingesetzten WG zum Jahresende s FG Mchn EFG 85, 67, rkr). Der Nachweis ist durch Zählwerke oä zu erbringen (EStR 7.4 V). – **Beibehaltung und Wechsel.** War die Wahl der LeistungsAfA wirtschaftl begründet, kann sie auch nach Wegfall der wirtschaftl Gründe beibehalten werden. Ein Wechsel zw LeistungsAfA und linearer AfA ist (sofern nicht willkürl) zulässig (Umkehrschluss aus § 7 III; HHR § 7 Anm 234; s auch Rz 137), zumal die LeistungsAfA nur eine Unterform der linearen AfA ist (BFH IV 102/53 U BStBl III 55, 165 unter 8.).

3. AfA für außergewöhnl technische oder wirtschaftl Abnutzung, 120
AfaA, § 7 I 7. – a) Anwendungsbereich. Abs 1 S 7 gilt für sämtl Einkunftsarten (Einkunftserzielungsabsicht erforderl; BFH IX R 132/88 BFH/NV 93, 646) und für **sämtl WG** (für Gebäude ausdrückl § 7 IV 3; nach EStR 7.4 XI 2 auch bei degressiver Gebäude-AfA). Nur bei degressiver AfA für *bewegl* WG ist eine AfaA ausgeschlossen (§ 7 II 4); hier kann aber ein Übergang zur linearen AfA erfolgen und danach die AfaA vorgenommen werden (s auch Rz 133). Auch der unentgeltl Rechtsnachfolger kann AfaA vornehmen. – **AfaA auf nicht abnutzbare WG?** Dies ist mE zulässig, weil der Wortlaut des S 7 nicht voraussetzt, dass das WG auch *gewöhnl* der Abnutzung unterliegt und das obj Nettoprinzip die Berücksichtigung derartiger durch die Einkunftserzielung bedingter Substanzverluste gebietet (str; ebenso *Grube* DB 06, 63; *Grube* FR 11, 633, 637; *Frotscher/Schnitter* § 7 Anm 325; aA *KSM* § 7 Rz B 364). **AfaA auf den GuB** sind daher mE mögl bei irreparablen Umweltschäden (*Grube* DB 06, 63; zu AfaA auf den GuB beim bodenzerstörenden Abbau eines Bodenschatzes s Rz 192) sowie nach zwischenzeitl Verwendung eines an Landwirte verpachteten Grundstücks für Deponiezwecke, was zu einer dauerhaften Minderung der Bodenqualität geführt hat (FG Köln EFG 14, 1868, rkr, zust Anm *Wüllenkemper* EFG 14, 1871 mwN; der WK-Abzug wurde hier allerdings nicht auf S 7, sondern auf die allg Norm des § 9 I 1 gestützt; vern für einen Fall des nachhaltig gesunkenen Vermietungserlöses FG Nds EFG 15, 463, Rev IX R 33/14, Anm *Neu* EFG 15, 465). Der BFH hat auch die Möglichkeit von SonderAfA auf UV bejaht, das ebenfalls nicht abnutzbar ist (s BFH IV R 48/07 BStBl II 10, 799 unter II.4.b; zu AfaA auf **UV** s auch *Glade* DB 00, 844). Demggü hat der BFH AfaA für vergebl Aufwendungen iZm der geplanten Anschaffung von GuB (BFH IX R 37/09 BFH/NV 11, 36) oder einer Beteiligung iSd § 17 (BFH VIII R 4/02 BStBl II 04, 597) nicht zugelassen.

b) Voraussetzungen. – aa) Außergewöhnl Abnutzung. Auch die AfaA 121
dient der Verteilung der AK/HK und soll berücksichtigen, dass die bisherige Verteilung als nicht mehr vertretbar erscheint, weil sich ein Teil der ursprüngl AK/HK als verbraucht oder fehlgeschlagen erweist. Die Abnutzung muss „außergewöhnl" sein, dh aufgrund besonderer Umstände über den gewöhnl Wertverzehr hinausgehen (BFH VI R 185/97 BStBl II 04, 491 unter II.1.2.). Wer sich auf eine AfaA beruft, muss die Umstände glaubhaft machen. – **Abgrenzung AfaA/TW-AfA** (s auch *Glade* DB 00, 844; *Grube* DB 06, 63): Für die TW-AfA genügt eine bloße *Wertänderung;* die AfaA setzt hingegen eine Beeinträchtigung der *Substanz* oder

zumindest der *Nutzungsmöglichkeiten* des WG voraus. Ein von außen kommendes Ereignis muss unmittelbar *körperl* auf das WG einwirken (BFH IV R 45/05 BStBl II 09, 449 unter II.3.). Im Gegenzug kann die AfaA aber zu einem unter dem TW liegenden Buchansatz führen.

122 **bb) Außergewöhnl technische Abnutzung.** Dies setzt eine Beeinträchtigung der *Substanz* des WG voraus. Typischerweise handelt es sich um Fälle der **Zerstörung** (BFH IX R 189/95 BStBl II 94, 11: Brand; zu Katastrophenschäden an Gebäuden umfassend *Grube* DStZ 00, 469), **Beschädigung** (zu Kfz-Unfällen s § 19 Rz 110 „Unfallkosten"; zu Schäden infolge mangelhafter Unterhaltung des WG *HHR* § 7 Anm 252 mwN) oder des **Verlusts** des WG (BFH VI R 185/97 BStBl II 04, 491: Unterschlagung eines Arbeitsmittels durch den Ehegatten). Erwirbt ein Erbbauberechtigter auch das belastete Grundstück, rechtfertigt dies keine AfaA auf die AK des Erbbaurechts (FG Köln EFG 92, 659, rkr; s auch § 6 Rz 89); Gleiches gilt für den umgekehrten Fall (BFH IX R 24/03 BStBl II 06, 461: Eigentümer des belasteten Grundstücks erwirbt das Erbbaurecht und bricht das Gebäude ab). Wird ein Flachdach durch ein Satteldach ersetzt und werden in dem zusätzl entstehenden Raumvolumen mehrere neue Wohnungen geschaffen, können die dafür zu aktivierenden HK auch dann nicht durch AfaA gemindert werden, wenn das Flachdach schadhaft war (FG Ddorf EFG 95, 64, rkr). – **Abbruch von Gebäuden:** Wird ein bebautes Grundstück in der Absicht erworben, das Gebäude abzureißen (wichtiges Beweisanzeichen: Abriss innerhalb von drei Jahren nach dem Erwerb), gehört der Restbuchwert des Altgebäudes zu den HK eines Neubaus (wenn das Grundstück wieder bebaut wird) bzw den AK des GuB (wenn das Grundstück nicht wieder bebaut wird). Fehlte hingegen beim Erwerb noch die Abbruchabsicht, ist iHd Restbuchwerts eine AfaA vorzunehmen (Nachweise und weitere Einzelheiten s § 6 Rz 213). Unter den genannten Voraussetzungen sind AfaA auch dann zulässig, wenn ein Neubau, der an die Stelle des zuvor vermieteten, abgerissenen Gebäudes getreten ist, nicht mehr für Zwecke der Einkunftserzielung genutzt wird, sofern die Abnutzung durch die vorangegangene Vermietung veranlasst ist (BFH IX R 26/96 BFH/NV 98, 1212; BFH IX R 51/05 BFH/NV 08, 933: neben der AfaA auch WK-Abzug der Abrisskosten), und selbst dann, wenn das abgerissene Gebäude bis zu drei Jahren leer gestanden hatte (FG RhPf EFG 99, 1275, rkr). Gleiches gilt, wenn das bisher vermietete Gebäude aufgrund wirtschaftl Umstände nicht mehr vermietbar ist und zum Ende des letzten Mietverhältnisses an einen Dritten veräußert wird, der es dann abbricht (zutr BFH IX R 64/07 BStBl II 09, 370). – Diese Grundsätze gelten auch für **Teilabrisse** (Umbau unter Entfernung von Teilen der Substanz; s BFH IX R 26/89 BStBl II 94, 902). Wird statt eines geplanten Teilabrisses ein Totalabriss erforderl, kann nur iHd Differenzbetrags eine AfaA vorgenommen werden (BFH IX R 2/93 BStBl II 97, 325).

123 **cc) Außergewöhnl wirtschaftl Abnutzung.** Darunter ist die Beeinträchtigung der wirtschaftl *Nutzungsfähigkeit* zu verstehen. – **(1) Einzelfälle wirtschaftl Abnutzung.** S auch Rz 102f. Das WG oder die mit ihm hergestellten Produkte sind durch neue Erfindungen oder einen Modewechsel überholt (FG Ddorf EFG 92, 660, rkr: Computer; jedoch anders zum Erscheinen aktueller Software-Versionen FG Mster EFG 05, 854, Rev XI R 13/05 unbegr: nur TW-AfA; ebenso *Eberlein* DStZ 03, 677, 682, betr unrentable Internetauftritte); ein Mietvertrag endet vorzeitig, so dass Mietereinbauten verloren sind. – **(2) Einzelfälle keine wirtschaftl Abnutzung.** Die bloße Minderung der *Rentabilität* des WG aufgrund eines Rückgangs der erzielbaren Mieten (BFH IX R 7/13 BFH/NV 14, 1202: das Gebäude erfüllt die aktuellen Branchenanforderungen nicht) oder eines Überangebots (FG SchlHol EFG 09, 1453, rkr; für lediglich vorübergehende Rentabilitätsminderung auch FG Mchn EFG 98, 178, rkr; hingegen offen gelassen von BFH IX R 146/90 BStBl II 93, 702 unter 2.b cc; großzügiger *Grube* FR 11, 987), weil es

hier an der Voraussetzung eines von außen kommenden, körperl auf das WG einwirkenden Ereignisses (s Rz 121) fehlt. Wegen behördl Auflagen kann ein Gebäude nur in einer wirtschaftl nicht optimalen Weise errichtet werden, so dass weniger Mieteinnahmen erzielt werden (BFH VIII R 176/78 BStBl II 80, 743); Geldspielautomaten können vom Automatenaufsteller zwar nicht mehr an den Hersteller zurückgegeben, wohl aber zu ihrem eigentl Zweck genutzt werden (FG Ddorf EFG 82, 406, rkr); Wertminderung nach einem Wasserrohrbruch, wenn das Gebäude durchgängig bewohnbar bleibt (FG Brem EFG 88, 466, rkr). Einer Verkürzung der Restnutzungsdauer, die nicht auf äußeren Einflüssen, sondern ledigl auf einer neuen Schätzung beruht, ist durch Anwendung eines erhöhten Satzes für die Normal-AfA nach § 7 IV 2 (s Rz 104), nicht aber durch eine AfaA Rechnung zu tragen. – **(3) Beendigung der Erzielung von Überschusseinkünften.** Dies allein führt nicht zu einer AfaA (BFH VIII R 27/91 BFH/NV 93, 599 unter 3.c). Etwas anderes gilt jedoch, wenn sich bei Beendigung eines Mietverhältnisses herausstellt, dass ein speziell auf die Wünsche des bisherigen Mieters zugeschnittenes (Gewerbe-)Gebäude nur noch eingeschränkt vermietbar ist (BFH VIII R 34/76 BStBl II 81, 161 unter I.2.b; BFH IX R 64/07 BStBl II 09, 370: hier war das Gebäude völlig unvermietbar). In den letztgenannten Fällen setzt eine AfaA jedoch voraus, dass der obj Zusammenhang der Wertminderung mit der früheren Vermietungstätigkeit nicht durch eine Verknüpfung mit einer Grundstücksveräußerung überlagert wird. An einer solchen sachl Verknüpfung fehlt es trotz zeitl Nähe zur Grundstücksveräußerung jedenfalls dann, wenn der Verkaufserlös allein auf den GuB entfällt und der Verkaufsentschluss erst nach der Erkenntnis der Unvermietbarkeit gefasst wird (BFH IX R 64/07 BStBl II 09, 370, Anm *Heuermann* HFR 09, 233). – **(4) Baumängel.** Sie rechtfertigen keine AfaA, weil sie ledigl das wertmäßige Gleichgewicht der beiderseitigen Leistungen berühren, nicht aber zu einem Verlust an Substanz oder Nutzungsfähigkeit führen (BFH IX R 164/87 BStBl II 92, 805; ebenso zu einem mit Mängeln behafteten *Kauf*objekt BFH IX R 30/02 BStBl II 04, 592; Anm *Heuermann* HFR 04, 612). Selbst wenn wegen der Mängel einzelne unselbständige Teile des Gebäudes wieder entfernt werden müssen und daher ein Substanzverlust vorliegt, verneint die Rspr AfaA mit der Begründung, vor der Fertigstellung des Gebäudes fehle es noch an einem abnutzbaren WG (BFH IX R 23/92 BStBl II 95, 306 unter III.2.c aa; ebenso BFH IX R 39/86 BFH/NV 87, 763: Subunternehmer entfernt unter seinem Eigentumsvorbehalt stehende Baumaterialien nach Insolvenz des Generalunternehmers; ähnl zur TW-AfA § 6 Rz 208, 275 mwN); etwas anderes kann aber im Fall der Beseitigung von Gebäudeteilen gelten, die *selbständige* WG sind. AfaA kommen auch dann nicht in Betracht, wenn die Mängel erst nach der Fertigstellung des Gebäudes entdeckt werden (BFH IX R 146/90 BStBl II 93, 702: Erstellung einer zu kleinen Wohnfläche). Aufwendungen zur Mängelbeseitigung sind nicht sofort abziehbar, sondern führen zu HK, wenn sie in engem Zusammenhang mit der Fertigstellung vorgenommen werden (BFH IX R 17/84 BStBl II 87, 694; BFH IX R 23/95 BFH/NV 99, 785). Bei Zerstörung eines Rohbaus durch *äußere* Einflüsse muss eine AfaA aber mögl sein (*Grube* DStZ 00, 469, 472). Krit zur dargestellten Rspr *Grube* DStZ 89, 495; zust hingegen *Flies* BB 96, 2169. Zur Problematik vergebl/erfolgloser Aufwendungen s auch § 6 Rz 208 und § 9 Rz 102.

c) Höhe der AfaA. Bei außergewöhnl *technischer* Abnutzung ist der Teil des Buchwerts abzusetzen, der den Substanzverlust repräsentiert, bei außergewöhnl *wirtschaftl* Abnutzung ist das Verhältnis der Verminderung der Nutzbarkeit des WG zur normalen Nutzbarkeit maßgebend (ähnl *HHR* § 7 Anm 259). AfaA kann neben Reparaturkosten nur dann geltend gemacht werden, wenn nach der Reparatur eine *auf technischen Mängeln beruhende* erhebl Wertminderung verbleibt; ein bloßer *merkantiler Minderwert* reicht nicht aus, weil dieser die Nutzbarkeit nicht einschränkt (BFH VI R 7/92 BStBl II 94, 235; aA *Krämer* FR 94, 485). Erleidet ein *privates* Kfz 125 auf einer berufl oder betriebl Fahrt einen Totalschaden, bemisst sich die AfaA nach der Differenz zw dem „fiktiven Buchwert" des WG (= AK ./. fiktive AfA, die bei durchgängiger Nutzung zur Einkunftserzielung abgezogen worden wäre) und dem tatsächl Wert des WG nach dem Schadensereignis (Zeitwert). Nicht maßgebl ist hingegen die Differenz zw den Zeitwerten vor und nach dem Schadensereignis (BFH IV R 25/94 BStBl II 95, 318; BFH VIII R 33/09 BStBl II 13, 171). Nach Ablauf der gewöhnl Nutzungsdauer ist eine AfaA daher nicht mehr mögl (BFH VIII R 33/09 BStBl II 13, 171). – Die AfaA ergänzt die normale AfA, so dass in dem betreffenden Jahr zunächst die normale AfA, sodann die AfaA vorzunehmen ist (anschaul FG Hess EFG 00, 1377, rkr). Zur Bemessung der Regel-AfA nach Vornahme einer AfaA s Rz 83.

126 **d) Vornahme und Zeitpunkt der AfaA.** Nach dem Wortlaut des § 7 I 7 besteht ein **Wahlrecht, ob AfaA vorgenommen werden** (ebenso *Blümich/Brandis* § 7 Anm 395; *HHR* § 7 Anm 257; *Littmann* § 7 Anm 273, jeweils mwN); bei *vollständiger* Nutzlosigkeit des WG zur Einkunftserzielung sind AfaA aber zwingend (allg Meinung). **Maßgebender Zeitpunkt für die AfaA** ist der Eintritt des beeinträchtigenden Umstands (BFH VI R 27/97 BStBl II 98, 443: PKW-Unfall); war dieser zunächst verborgen, ist der Zeitpunkt der Entdeckung maßgebend (BFH IX R 17/84 BStBl II 87, 694 unter 3.; hier kein Wahlrecht). Wird dieser Zeitpunkt „verpasst", ist eine Nachholung mE aber mögl, sofern die Gründe für die AfaA fortbestehen (aA FG Mster EFG 13, 605, Rev IX R 7/13). Die AfaA bleibt auch dann unberührt, wenn ein Versicherer oder Schädiger den Schaden später erstattet (BFH IX R 189/95 BStBl II 94, 11; BFH IX R 333/87 BStBl II 94, 12); ein Wahlrecht zur Verrechnung mit der späteren Ersatzleistung besteht nicht. Eine Versicherungsleistung ist nur insoweit stpfl Einnahme, als die den Betrag der AfaA ausgleicht; darüber hinaus nicht (BFH IX R 1/14 BStBl II 15, 493). – Schadensbeseitigungskosten, die nicht zu HK führen (zB Kosten für Abbruch- und Aufräumarbeiten), sind neben den AfaA als BA/WK abziehbar (BFH IX R 333/87 BStBl II 94, 12 unter 2.).

127 **e) Zuschreibung; Wertaufholung.** Bei Gewinnermittlung nach § 4 I oder § 5 (dh nicht bei Überschusseinkünften oder Gewinnermittlung nach § 4 III, wo eine TW-AfA ausgeschlossen ist, s dazu § 6 Rz 360) ist eine gewinnerhöhende Zuschreibung (und damit eine Erhöhung der weiteren AfA-Bemessungsgrundlage) vorzunehmen, wenn der Grund für die AfaA entfallen ist (§ 7 I 7 HS 2). Dabei genügt nicht eine bloße *Werterhöhung;* vielmehr muss die technische oder wirtschaftl *Abnutzung* beseitigt sein. Das FA trägt die Feststellungslast (anders bei der TW-Zuschreibung nach § 6 I Nr 1 S 4 wegen des abw Wortlauts). Diese Regelung soll das Wertaufholungsgebot des § 6 I Nr 1 S 4 und Nr 2 S 3 ergänzen. Zum zeitl Anwendungsbereich (grds ab VZ 1999) s 31. Aufl.

Beispiel: Kommt es im Jahr 01 durch einen Verkehrsunfall zu einer AfaA am betriebl Kfz (dh Gewinnminderung) und wird der Schaden im Jahr 02 durch eine Reparatur beseitigt, ist eine Zuschreibung vorzunehmen (Gewinnerhöhung); die Reparaturkosten bleiben aber als BA abziehbar (iErg ist der Vorgang für das Jahr 02 also weitgehend gewinnneutral). Für die Folgejahre bewirkt die Zuschreibung eine höhere Bemessungsgrundlage für die NormalAfA. Letztl gilt nichts anderes, wenn alle Vorgänge in *einem* Wj liegen (iErg Gewinnminderung iHd Reparaturkosten).

130 **4. Degressive AfA bei bewegl WG (§ 7 II).** Die degressive AfA wird für WG, die ab dem 1.1.2011 angeschafft hergestellt worden sind, nicht mehr gewährt. Es ist allerdings damit zu rechnen, dass der Gesetzgeber dieses wirksame Lenkungsinstrument zur Investitionsförderung bereits in der nächsten konjunkturellen Schwächephase wieder einführen wird. Einzelheiten zum früheren Recht s 34 Aufl Rz 130 ff.

III. Gebäudeabschreibung, § 7 IV–Va

150 **1. Lineare AfA bei Gebäuden, § 7 IV. – a) Gemeinsame Voraussetzungen.** Zum **Gebäudebegriff** s Rz 27; als Gebäude gelten auch selbständige Ge-

bäudeteile iSd § 7 Va (s Rz 180). Unbewegl WG, die keine Gebäude sind, fallen nicht unter Abs 4, sondern unter Abs 1 (s Rz 28). – Alle übrigen Voraussetzungen des Abs 1 müssen erfüllt sein, so dass insoweit auf die entspr Erläuterungen verwiesen wird (zur persönl AfA-Berechtigung s Rz 32–58; zur Bemessungsgrundlage, auch zur Behandlung nachträgl HK, s Rz 60–88). Die Regelung über die AfA bei **Einlage nach Verwendung bei den Überschusseinkünften** (Abs 1 S 5; s Rz 80) ist anwendbar (Abs 4 S 1 letzter Satzteil); gleichermaßen verweist Abs 4 S 3 auf die Regelungen über die **AfaA** (Abs 1 S 7; Einzelheiten s Rz 120–127; zu den weiteren Absetzungen nach einer AfaA s Rz 83). Zur linearen Gebäude-AfA nach SonderAfA s § 7a IX und § 7a Rz 16.

b) Lineare Gebäude-AfA nach typisierten Sätzen, § 7 IV 1. Die typisierten AfA-Sätze von 3 bzw 2/2,5% entsprechen einer unterstellten Nutzungsdauer von 33 bzw 50/40 Jahren. Auch wenn die tatsächl Nutzungsdauer in der Praxis idR länger sind wird (so zutr BFH IX R 51/07 BFH/NV 09, 157 unter II.2.b aa), dürfen die AfA-Sätze nicht *unterschritten* werden (zur Nachholung unterlassener AfA s Rz 6 ff; zum Begriff und Beginn der Nutzungsdauer s § 11c I EStDV). Eine *Überschreitung* der AfA-Sätze ist zulässig, wenn die tatsächl Nutzungsdauer kürzer als die typisierte Nutzungsdauer ist (Abs 4 S 2; s Rz 156); dies gilt auch, wenn die Neuschätzung der Nutzungsdauer erst nachträgl erfolgt (s Rz 104). Im **Jahr der Anschaffung/Herstellung** bzw Veräußerung ist die AfA nur zeitanteilig vorzunehmen (s Rz 90–92). – Bei jedem **Eigentumswechsel** ist grds erneut der AfA-Satz von 3 bzw 2/2,5% anzuwenden (BFH VIII R 73/68 BStBl II 72, 176; FG Hess EFG 92, 438, rkr), sofern nicht eine kürzere Nutzungsdauer glaubhaft gemacht wird (dann Anwendung von Abs 4 S 2). Dadurch ergibt sich bei dem einzelnen Gebäude ein über der typisierten Nutzungsdauer liegender Gesamtabsetzungszeitraum. 152

aa) Wirtschaftsgebäude, § 7 IV 1 Nr 1. Hier gilt ein erhöhter AfA-Satz von 3%. Voraussetzung ist, dass das Gebäude (bzw der selbständige Gebäudeteil) zu einem **BV** gehört (notwendiges oder gewillkürtes BV). Ferner darf es **nicht Wohnzwecken dienen** (weder fremden noch eigenen; näher 27. Aufl Rz 171 und EStR 7.2 I–III). Werkswohnungen, die zum BV gehören, sind daher nicht begünstigt; umgekehrt gilt ab dem Zeitpunkt einer Umwandlung von Wohn- in Gewerbeflächen der erhöhte AfA-Satz (zur Behandlung von Nutzungsänderungen s auch *HHR* § 7 Anm 389, 495). Wenn eine Aufteilung erforderl ist, sind die Gesamtbaukosten den einzelnen WG nach dem Verhältnis der Nutzflächen zuzuordnen. Zum **zeitl Anwendungsbereich** (Bauantrag nach dem 31.3.1985, auch wenn der konkrete StPfl das Gebäude erst später erwirbt) s 33. Aufl. 153

bb) Andere Gebäude als Wirtschaftsgebäude. Sie sind idR mit 2% abzuschreiben (Nr 2 Buchst a). Sofern das Gebäude vor dem 1.1.1925 fertig gestellt worden ist, beträgt der AfA-Satz 2,5% (Nr 2 Buchst b). IErg gilt Nr 2 damit für **sämtl Gebäude des PV** (unabhängig von der Nutzung; auch zB bei Vermietung an einen fremden *Betrieb*) und für **solche Gebäude des BV, die nicht unter Nr 1 fallen** (zB zu Wohnzwecken genutzte Betriebsgebäude oder solche, für die der Bauantrag vor dem 1.4.1985 gestellt worden ist). Ein Wahlrecht besteht nicht. Wenn *ein* Gebäude Teile (= Nutzflächen) enthält, die in unterschiedl Nutzungs- und Funktionszusammenhängen stehen, sind unterschiedl AfA-Sätze anzuwenden (s Rz 27 mwN). – **Abs 4 Satz 4** stellt klar, dass eine TW-AfA oder AfaA nicht allein deshalb vorgenommen werden kann, weil ein Gebäude nur die Voraussetzungen der Nr 2, nicht aber die der Nr 1 erfüllt (s auch *HHR* § 7 Anm 452). Auch eine höhere AfA auf der Grundlage einer kürzeren Nutzungsdauer (Abs 4 S 2) kann nicht schon deshalb gewährt werden, weil das unter Nr 2 fallende Gebäude wie ein Gebäude iSd Nr 1 betriebl genutzt wird; vielmehr sind stets Feststellungen zum konkreten Einzelfall erforderl (BFH IX R 16/08 BFH/NV 09, 899). 154

156 **c) Gebäude-AfA nach tatsächl Nutzungsdauer, § 7 IV 2.** Zum Begriff und zum Beginn der Nutzungsdauer s § 11c I EStDV; ausführl zur Ermittlung der Nutzungsdauer mit Einzelfällen s Rz 101 ff; umfassend zur Schätzung der Nutzungsdauer für außersteuerl Zwecke *Blum/Weiss* BB 07, 2093. Mit der Verlängerung der AfA-Dauer für Wirtschaftsgebäude (Abs 4 S 1 Nr 1), dem Auslaufen der degressiven GebäudeAfA und dem immer schnelleren Wandel der Bedürfnisse und technischen Anforderungen ist die Bedeutung des S 2 deutl gestiegen. Der StPfl trägt allerdings die **Feststellungslast** für eine kürzere Nutzungsdauer (BFH IX B 181/12 BFH/NV 13, 1267). Nach grundlegender Sanierung und Modernisierung eines Altbaus kommt die erstmalige Geltendmachung einer verkürzten Nutzungsdauer grds nicht mehr in Betracht (mE zutr FG BBg EFG 14, 746, best durch BFH IX B 27/14 BFH/NV 14, 1772). Zu den Anforderungen an die Geltendmachung einer verkürzten Nutzungsdauer bei Anschaffung eines nicht mehr heutigen Standards entsprechenden Gebäudes s FG Nds EFG 07, 1756 unter 2., rkr. – **Verlängert** sich die Nutzungsdauer (zB ausnahmsweise bei wesentl Herstellungsaufwand), ist derjenige AfA-Satz anzuwenden, der sich bei Verteilung des Restbuchwertes auf die neue Restnutzungsdauer ergibt; die AfA-Sätze des Abs 4 S 1 (3 bzw 2/2,5%) dürfen aber auch in einem solchen Fall nicht unterschritten werden (s auch *HHR* § 7 Anm 440). Ein Wechsel zur AfA nach Abs 4 S 1 ist zulässig, sofern dies nicht willkürl geschieht.

160 **2. Degressive AfA bei Gebäuden, § 7 V.** Die degressive AfA ist **auslaufendes Recht;** für Neubauten (Bauantrag/obligatorischer Vertrag ab 1.1.2006) wird sie nicht mehr gewährt. Letzte ausführl Kommentierung s 27. Aufl; letzte Nachträge s 33. Aufl.

180 **3. AfA auf selbständige Gebäudeteile, Eigentumswohnungen und Teileigentum, § 7 Va.** Die Regelung ordnet an, dass Gebäudeteile, die in einem **unterschiedl Nutzungs- und Funktionszusammenhang stehen** (s Rz 27), für die Anwendung der Gebäude-AfA als jeweils selbständige WG gelten; sie soll der Klarstellung dienen (*Söffing* FR 77, 533, 536). Zur Abgrenzung der Gebäudeteile, die selbständige unbewegl WG sind, von den *bewegl* WG s Rz 26–28 mwN. Zur Stufenfolge bei der estrechtl Beurteilung von Umbau- und Erweiterungsmaßnahmen an bestehenden Gebäuden (Erhaltungsaufwand – nachträgl HK – Entstehung eines neuen WG – Neubau iSd § 7 V aF) ausführl Rz 84: zur Anwendbarkeit von § 7 V auf *nachträgl errichtete* selbständige Gebäudeteile s 27. Aufl Rz 162 ff (nur bei Neubau). – **Eigentumswohnungen** und im **Teileigentum** stehende Räume sind hingegen stets selbständige WG, die eigenen AfA-Regeln unterliegen; Nutzungs- und Funktionszusammenhänge haben hier keine Auswirkung.

IV. Absetzung für Substanzverringerung, AfS, § 7 VI

190 **1. Allgemeines.** Zur Rechtsentwicklung s *HHR* § 7 Anm 510. Auch durch die AfS soll nicht ein beim Abbau entstehender Wertverlust ausgeglichen, sondern der Aufwand für den Erwerb eines WG auf den Zeitraum der Nutzung verteilt werden (BFH VIII R 236/81 BStBl II 89, 37 unter 1.; krit *Littmann* § 7 Anm 31; s auch Rz 1). Zum **Absetzungsberechtigten,** insb auch bei unentgeltl erworbenen Nutzungsrechten, s Rz 32 ff. Die Absetzung **beginnt** mit den Beginn des Bodenschatzabbaus. Zur **Nachholung** unterlassener AfS s Rz 6 ff. Zur **Einkunftsart** bei Ausbeutung, Verpachtung oder Verkauf eines Bodenschatzes und zur Behandlung von Entschädigungen s § 21 Rz 16 ff.

191 **2. Methoden der Absetzung bei Bodenschätzen.** Es handelt sich um ein abnutzbares unbewegl WG (BFH I R 101/10 BStBl II 13, 165 Rz 21). Daher besteht ein Wahlrecht, die Absetzungen entweder nach Abs 1 (Abs 6 HS 1: lineare AfA) oder nach dem Grad des Substanzverzehrs (Abs 6 HS 2: AfS ieS) vorzunehmen. Die letztere Form ähnelt der LeistungsAfA des Abs 1 S 6. Abs 6 gilt bei allen

Einkunftsarten; die Rspr verneint bei Bodenschätzen im PV aber die Möglichkeit, das Wahlrecht zur Anwendung des Abs 1 auszuüben, weil sonst die Möglichkeit bestünde, eine geringere Menge als die sich bei linearer AfA ergebende abzubauen und den verbleibenden Bestand stfrei zu verkaufen (dh nur AfS nach Abs 6 HS 2 zulässig; BFH VI R 145/66 BStBl II 67, 460; BFH VIII R 12/72 BStBl II 79, 38 unter 2.c; krit *HHR* § 7 Anm 557). Die **Höhe der AfS** (ieS) ermittelt sich nach dem Verhältnis der im Wj geförderten Menge zur gesamten geschätzten Abbaumenge (EStR 7.5 S 3) bzw (bei Erforderlichkeit einer Neuschätzung) zur neu ermittelten Restmenge (*Blümich/Brandis* § 7 Rz 609).

192 **3. Absetzbares WG.** Zu den **Bodenschätzen** gehören zB Kohle-, Mineral-, Lehm-, Sand-, Kies-, Stein-, Erdöl-, Erdgasvorkommen, nicht hingegen Wasserquellen, die sich lfd ergänzen (BFH VI 331/64 BStBl II 68, 30; wohl anders, wenn ein begrenzter Wasservorrat sich durch die Wasserentnahme verbraucht). Zur bergrechtl Einteilung der Bodenschätze s *BMF* BStBl I 98, 1221. Die Möglichkeit, ein Grundstück als Deponie nutzen und auffüllen zu können, ist kein der AfS unterliegendes WG, sondern ledigl ein wertbildender Faktor des Grundstücks (FG Mster EFG 04, 1044, rkr). – Auch ein **Nutzungsrecht zum Abbau** von Bodenschätzen ohne Eigentum am GuB fällt unter Abs 6 (BFH VIII R 12/72 BStBl II 79, 38). Ist ein Ausbeuteunternehmen nicht zivilrechtl Eigentümer des GuB, sondern nur Inhaberin des Bergwerkseigentums als Gewinnungsrecht (immaterielles WG), steht ihm gleichwohl das wirtschaftl Eigentum an dem *materiellen* WG „Bodenschatz" zu (BFH I R 101/10 BStBl II 13, 165). – **Die zum Abbau der Bodenschätze eingesetzten WG** unterliegen der AfA nach Abs 1–5a, nicht nach Abs 6. – Der **Grund und Boden** als vom Bodenschatz zu trennendes WG kann durch den Abbau in seinem Wert und in Teilen seiner Substanz beeinträchtigt werden (zB Abtragung der Erdschicht und des Deckgebirges; bei Erdölförderung Verseuchung durch auslaufendes Öl; unklar *HHR* § 7 Anm 563 ff, wo neben GuB und Bodenschatz wohl ein drittes WG „Erdschicht" angenommen wird). Str ist, ob eine **Absetzung auf den GuB** (nach hM wohl nur TW-AfA; mE hingegen auch AfaA; s Rz 120 und *Grube* DB 06, 63) hierfür schon während des Abbaus erfolgen kann oder ob erst am Ende des Abbaus die Wertminderung des GuB als BA oder WK abzusetzen ist. ME kann eine TW-AfA bereits frühzeitig vorgenommen werden, zB wenn absehbar ist, dass für die Zeit nach Ende des Abbaus Nutzungsbeschränkungen aus Naturschutzgründen angeordnet werden (*OFD Mstr* DB 87, 2015). Demgegenüber hat die ältere Rspr einen „WK-Abzug bei VuV" wegen der Ungewissheit über den Umfang der nach Abschluss der Rekultivierung letztendl noch verbleibenden Beeinträchtigung der Ackerkrume erst nach Beendigung des Abbaus zugelassen, und zwar auch dann, wenn zu diesem Zeitpunkt gar keine VuV-Einnahmen mehr zufließen (BFH VI 169/59 S BStBl III 61, 45; BFH IV 365/59 U BStBl III 64, 116; *Felsmann* A 1212). Ein solcher scheidet aber jedenfalls in dem Umfang aus, in dem bei vor dem 1.7.1970 erworbenen luf Flächen wegen § 55 VI im BV keine TW-AfA zulässig gewesen wäre (BFH IV R 5/97 BStBl II 98, 185 unter II.3., krit Anm HFR 98, 450; klarstellend BFH IX R 33/08 BStBl II 10, 958 unter II.2.b). Im BV würde es wohl an der voraussichtl dauernden Wertminderung fehlen (*BMF* BStBl I 14, 1162 Rz 13).

193 **4. Entstehung des Bodenschatzes als WG.** Ein Bodenschatz ist grds ein unselbständiger Bestandteil des Grund und Bodens. Als eigenes WG entsteht er nicht bereits mit seiner Entdeckung, sondern erst, wenn er zur nachhaltigen Nutzung in den Verkehr gebracht wird, dh mit Beginn der Aufschließung, sofern die dafür erforderl behördl Genehmigungen vorliegen, oder bei Veräußerung an einen Abbauunternehmer, der für den Bodenschatz einen Mehrpreis bezahlt, sofern mit der Erteilung der Genehmigungen zu rechnen ist (BFH IV R 88/96 BStBl II 98, 657; BFH X R 38/06 BStBl II 11, 622 unter II.2.b; *BMF* BStBl I 98, 1221; ausführl *Sydow* DB 98, 2237); weitere Nachweise s § 5 Rz 140, 270 „Bodenschätze". Dies

gilt auch dann, wenn sich später zeigt, dass der Bodenschatz nicht für einen Abbau geeignet ist (BFH IV R 45/05 BStBl II 09, 449: keine Vornahme von AfaA!). Der bloße Erwerb eines bodenschatzführenden Grundstücks durch einen StPfl, der nicht Abbauunternehmer ist, genügt nicht, wenn der Bodenschatz weder im Kaufvertrag erwähnt wird noch ein Mehrpreis gezahlt wird (BFH I R 66/76 BStBl II 79, 624; FG BBg EFG 08, 1544, rkr). Selbst wenn der Kaufpreis auch unter Einbeziehung des Bodenschatzes ermittelt wird, stellt dieser kein selbständiges WG dar, wenn feststeht, dass der Bodenschatz nicht abgebaut werden wird und das gesamte Grundstück weiterhin als solches genutzt wird; das Entgelt ist dann für eine **entgehende Nutzungsmöglichkeit** gezahlt worden (BFH IV R 1/88 BStBl II 90, 317 unter 2.: Verkauf des bodenschatzführenden Grundstücks für einen Kraftwerksbau; BFH III R 36/93 BFH/NV 94, 473: Verkauf des Grundstücks zur Nutzung als Friedhof unter Vergütung des Bodenschatzes; BFH IV B 53/00 BFH/NV 01, 1256: Verkauf des Grundstücks zur Errichtung eines Umspannwerks; BFH IV B 139/03 BFH/NV 05, 1991: Verkauf zur Errichtung einer Bahnstrecke; BFH IV R 51/05 BFH/NV 06, 2064: Erwerb zum Zweck der Renaturierung eines Flusses). Gleiches soll trotz Ausweises eines gesonderten Preises gelten, wenn der Käufer das Grundstück nur erwirbt, um es als Tauschgrundstück für eine beabsichtigte spätere Veräußerung an einen weiteren Abbauunternehmer zur Verfügung zu haben, was zur Folge hat, dass der Bodenschatz noch nicht als WG des PV entstanden ist und der gesamte Veräußerungspreis zu den Einkünften aus LuF gehört (FG BaWü EFG 12, 2088, rkr; mE zweifelhaft, weil der Bodenschatz hier durchaus konkretisiert ist). Ist der StPfl hingegen Abbauunternehmer, besteht eine Vermutung, dass der Bodenschatz sich zum WG verselbständigt hat (BFH IV R 17/73 BStBl II 77, 825 unter 1.b). – Ist der Bodenschatz nach den vorstehenden Grundsätzen als selbständiges WG entstanden, ist der **Verkaufserlös aufzuteilen.** Ist in einem solchen Fall der Verkäufer ein LuF, gehört nur der auf den GuB entfallende Teil zu den BE; der auf den Bodenschatz entfallende Teil ist hingegen nicht steuerbar, da dieses WG im PV entsteht (BFH IV R 88/96 BStBl II 98, 657). Wenn jedoch der Bodenschatz nicht als selbständiges WG anzusehen ist, entfällt der gesamte Kaufpreis auf den GuB und ist stpfl.

194 **5. Bemessungsgrundlage für die AfS.** Maßgebl sind die AK des Bodenschatzes oder des Nutzungsrechts. – ***(1)* Entgeltl Erwerb eines Grundstücks mit einem Bodenschatz.** Hat die Existenz des Bodenschatzes die Gesamt-AK beeinflusst, ist der Kaufpreis auf den GuB und den Bodenschatz aufzuteilen, sofern dieser nach den in Rz 193 dargestellten Grundsätzen als selbständiges WG entstanden ist. – ***(2)* Keine Beeinflussung des Kaufpreises durch den Bodenschatz.** War die Existenz des Bodenschatzes zunächst nicht bekannt (oder wurde er für wertlos gehalten), gilt Folgendes (hier nur Überblick; Einzelheiten und zahlreiche Nachweise s § 5 Rz 140, 270 „Bodenschätze"): Da der Bodenschatz als steuerrechtl WG erst mit seiner Aufschließung entsteht (Rz 193), sind für ihn zuvor keine AK aufgewandt worden. Auch eine nachträgl Aufteilung der (ggf von einem Rechtsvorgänger) für das Grundstück gezahlten AK kommt nicht in Betracht. Grds entstehen neu entdeckte Bodenschätze als WG im PV (selbst dann, wenn das Grundstück als solches zu einem luf BV gehört). In einem solchen Fall sind gemäß § 11d II EStDV im PV keine AfS zulässig. – ***(3)* Einlage in ein gewerbl BV.** Wird der StPfl zum Abbauunternehmer iSd § 15 I 1 Nr 1 S 2, ist der Bodenschatz zwar mit dem Teilwert anzusetzen; AfS sind aber gleichwohl nicht zulässig (BFH GrS 1/05 BStBl II 07, 508; dazu *Weber-Grellet* FR 07, 515; *Kanzler* DStR 07, 1101; *Fischer* NWB F 3, 14601; *Prinz* StuB 07, 428; krit *Hoffmann* DStR 07, 854; DStR 07, 1783 mit Erwiderung *Weber-Grellet* DStR 07, 1788; *Paus* DStZ 07, 523). Das Absetzungsverbot hat erhebl Bedeutung, weil bei Zulassung der AfS vom TW der gesamte Gewinn aus dem Abbau neutralisiert würde. Die Besteuerung des Wertes des Bodenschatzes kann aber durch den (nicht stbaren) **Verkauf des**

Grundstücks samt Bodenschatz an einen (ggf nahestehenden) Dritten, der mit dem Kaufpreis den vollen Wert des Bodenschatzes abgilt, iErg gleichwohl vermieden werden. ME gilt Gleiches für den Verkauf an eine gewerbl PersGes, auch wenn der Verkäufer deren MUer ist (aA *BayLfS* DStR 09, 324 und FG Mchn EFG 13, 421, Rev IV R 46/12; mE beruht die dort vertretene Auffassung auf der längst überholten Bilanzbündeltheorie). Konsequenterweise muss dies auch für die Einbringung des Bodenschatzes gegen Gewährung von GesRechten gelten (aA FG Nds EFG 14, 900, Rev IV R 15/14), weil es sich dabei um einen entgeltl Vorgang handelt (s § 6 Rz 552 mwN). Die damit verbundenen Gestaltungsmöglichkeiten mag man unter dem Gesichtspunkt der Gleichmäßigkeit der Besteuerung für unerwünscht halten; mangels einer entgegenstehenden gesetzl Regelung sind sie mE aber eröffnet.

§ 7a Gemeinsame Vorschriften für erhöhte Absetzungen und Sonderabschreibungen

(1) [1] **Werden in dem Zeitraum, in dem bei einem Wirtschaftsgut erhöhte Absetzungen oder Sonderabschreibungen in Anspruch genommen werden können (Begünstigungszeitraum), nachträgliche Herstellungskosten aufgewendet, so bemessen sich vom Jahr der Entstehung der nachträglichen Herstellungskosten an bis zum Ende des Begünstigungszeitraums die Absetzungen für Abnutzung, erhöhten Absetzungen und Sonderabschreibungen nach den um die nachträglichen Herstellungskosten erhöhten Anschaffungs- oder Herstellungskosten.** [2] **Entsprechendes gilt für nachträgliche Anschaffungskosten.** [3] **Werden im Begünstigungszeitraum die Anschaffungs- oder Herstellungskosten eines Wirtschaftsguts nachträglich gemindert, so bemessen sich vom Jahr der Minderung an bis zum Ende des Begünstigungszeitraums die Absetzungen für Abnutzung, erhöhten Absetzungen und Sonderabschreibungen nach den geminderten Anschaffungs- oder Herstellungskosten.**

(2) [1] **Können bei einem Wirtschaftsgut erhöhte Absetzungen oder Sonderabschreibungen bereits für Anzahlungen auf Anschaffungskosten oder für Teilherstellungskosten in Anspruch genommen werden, so sind die Vorschriften über erhöhte Absetzungen und Sonderabschreibungen mit der Maßgabe anzuwenden, dass an die Stelle der Anschaffungs- oder Herstellungskosten die Anzahlungen auf Anschaffungskosten oder die Teilherstellungskosten und an die Stelle des Jahres der Anschaffung oder Herstellung das Jahr der Anzahlung oder Teilherstellung treten.** [2] **Nach Anschaffung oder Herstellung des Wirtschaftsguts sind erhöhte Absetzungen oder Sonderabschreibungen nur zulässig, soweit sie nicht bereits für Anzahlungen auf Anschaffungskosten oder für Teilherstellungskosten in Anspruch genommen worden sind.** [3] **Anzahlungen auf Anschaffungskosten sind im Zeitpunkt der tatsächlichen Zahlung aufgewendet.** [4] **Werden Anzahlungen auf Anschaffungskosten durch Hingabe eines Wechsels geleistet, so sind sie in dem Zeitpunkt aufgewendet, in dem dem Lieferanten durch Diskontierung oder Einlösung des Wechsels das Geld tatsächlich zufließt.** [5] **Entsprechendes gilt, wenn anstelle von Geld ein Scheck hingegeben wird.**

(3) **Bei Wirtschaftsgütern, bei denen erhöhte Absetzungen in Anspruch genommen werden, müssen in jedem Jahr des Begünstigungszeitraums mindestens Absetzungen in Höhe der Absetzungen für Abnutzung nach § 7 Absatz 1 oder 4 berücksichtigt werden.**

(4) **Bei Wirtschaftsgütern, bei denen Sonderabschreibungen in Anspruch genommen werden, sind die Absetzungen für Abnutzung nach § 7 Absatz 1 oder 4 vorzunehmen.**

(5) **Liegen bei einem Wirtschaftsgut die Voraussetzungen für die Inanspruchnahme von erhöhten Absetzungen oder Sonderabschreibungen auf Grund mehrerer Vorschriften vor, so dürfen erhöhte Absetzungen oder Sonderabschreibungen nur auf Grund einer dieser Vorschriften in Anspruch genommen werden.**

(6) **Erhöhte Absetzungen oder Sonderabschreibungen sind bei der Prüfung, ob die in § 141 Absatz 1 Nummer 4 und 5 der Abgabenordnung bezeichneten Buchführungsgrenzen überschritten sind, nicht zu berücksichtigen.**

(7) [1] **Ist ein Wirtschaftsgut mehreren Beteiligten zuzurechnen und sind die Voraussetzungen für erhöhte Absetzungen oder Sonderabschreibungen nur bei einzelnen Beteiligten erfüllt, so dürfen die erhöhten Absetzungen und Sonderabschreibungen nur anteilig für diese Beteiligten vorgenommen werden.** [2] **Die erhöhten Absetzungen oder Sonderabschreibungen dürfen von den Beteiligten, bei denen die Voraussetzungen dafür erfüllt sind, nur einheitlich vorgenommen werden.**

(8) [1] **Erhöhte Absetzungen oder Sonderabschreibungen sind bei Wirtschaftsgütern, die zu einem Betriebsvermögen gehören, nur zulässig, wenn sie in ein besonderes, laufend zu führendes Verzeichnis aufgenommen werden, das den Tag der Anschaffung oder Herstellung, die Anschaffungs- oder Herstellungskosten, die betriebsgewöhnliche Nutzungsdauer und die Höhe der jährlichen Absetzungen für Abnutzung, erhöhten Absetzungen und Sonderabschreibungen enthält.** [2] **Das Verzeichnis braucht nicht geführt zu werden, wenn diese Angaben aus der Buchführung ersichtlich sind.**

(9) **Sind für ein Wirtschaftsgut Sonderabschreibungen vorgenommen worden, so bemessen sich nach Ablauf des maßgebenden Begünstigungszeitraums die Absetzungen für Abnutzung bei Gebäuden und bei Wirtschaftsgütern im Sinne des § 7 Absatz 5a nach dem Restwert und dem nach § 7 Absatz 4 unter Berücksichtigung der Restnutzungsdauer maßgebenden Prozentsatz, bei anderen Wirtschaftsgütern nach dem Restwert und der Restnutzungsdauer.**

Einkommensteuer-Richtlinien: EStR 7a/EStH 7a

Übersicht

1 **1. Anwendungsbereich.** § 7a gewährt selbst keine erhöhten oder SonderAfA (BFH VIII R 71/96 BFH/NV 98, 575 unter 2.), sondern setzt entspr gesetzl Regelungen voraus (innerhalb oder außerhalb des EStG, zB EStDV, FördG, BerlinFG, ZRFG, SchutzbauG). Sachl gilt die Vorschrift für die ertragsteuerl Behandlung aller **erhöhten Absetzungen** (= Absetzungen, die *an die Stelle* der normalen AfA treten, Abs 3; im heute geltenden EStG nur noch §§ 7h, 7i) und **Sonderabschreibungen** (= Abschreibungen, die *neben* der normalen AfA vorgenommen werden können, Abs 4; im heute geltenden EStG nur noch § 7g V). Zu früher geltenden Vorschriften über erhöhte oder SonderAfA s *HHR* § 7a Anm 6. Einige dieser Sondervorschriften schließen jedoch die Anwendung von Teilen des § 7a

ausdrückl oder stillschweigend aus. Die degressive AfA nach § 7 V ist keine erhöhte Absetzung, so dass § 7a nicht anzuwenden ist. Gleiches gilt für Bewertungsfreiheiten (§ 6 II), Bewertungsabschläge (zB § 80 EStDV aF), stfreie Rücklagen und Gewinnabzüge (§§ 77, 78 EStDV aF), es sei denn, die Anwendung ist ausdrückl angeordnet. § 7a gilt bei **sämtl Einkunftsarten,** also auch bei den Überschusseinkünften (§ 9 I 3 Nr 7). – Die nachträgl Geltendmachung von SonderAfA bei Betriebsprüfungen ist (in den Grenzen des § 4 II 2) mögl, setzte aber für VZ bis 2008 die entspr Änderung der HB voraus (s 32. Aufl; § 7 Rz 15).

2. Nachträgliche AK oder HK, § 7a I. Die Vorschrift ist nur anwendbar auf nachträgl AK/HK, die **innerhalb des Begünstigungszeitraums** anfallen (= der Zeitraum, in dem bei einem WG erhöhte Absetzungen oder SonderAfA in Anspruch genommen werden *können*), auch wenn die SonderAfA bereits vor Anfall der nachträgl AK/HK vollständig ausgeschöpft worden ist (Ausnahme § 4 III FördG) oder letztl gar keine SonderAfA in Anspruch genommen wird (*Blümich/Brandis* § 7a Anm 32). Es handelt sich um Kosten, die im Hinblick auf ein bestimmtes bereits fertig gestelltes oder geliefertes WG neu getätigt werden oder die Folge einer Änderung der ursprüngl AK/HK (zB durch Nachkalkulation) sind. *Außerhalb* des Begünstigungszeitraums entstandene nachträgl AK/HK sind nach den allg Grundsätzen zu behandeln (s § 7 Rz 84). § 7a I findet keine Anwendung, wenn durch nachträgl Arbeiten ein neues WG entsteht (dazu § 7 Rz 84). Hier richtet sich die AfA nach den Vorschriften, von denen dieses neue WG erfasst wird; das Gleiche gilt, wenn nachträgl HK *selbständig* begünstigt sind (zB durch §§ 7h, 7i). – **Nachträgl AK entstehen** im Zeitpunkt der Entstehung der Zahlungsverpflichtung; *nachträgl HK* entstehen, soweit die Aufwendungen in das hergestellte WG eingegangen sind (dies ist von Bedeutung, wenn die Arbeiten sich über mehrere Jahre erstrecken; vgl *HHR* § 7a Anm 26). Die nachträgl AK/HK sind so zu behandeln, als seien sie zu Beginn des Entstehungsjahres angefallen (EStR 7a III 1). Dies folgt bereits aus dem Wortlaut des § 7a I 1; ein Wahlrecht zum ledigl zeitanteiligen Ansatz besteht nicht. Neue Bemessungsgrundlage für die NormalAfA, die erhöhten und SonderAfA sind die um die nachträgl AK/HK erhöhten ursprüngl AK/HK des WG. – Für die **nachträgl Minderung der AK/HK** innerhalb des Begünstigungszeitraums enthält Abs 1 S 3 eine spiegelbildl Regelung (vgl EStH 7a „Anzahlungen auf AK" Beispiel 2). Die Minderung kann zB durch Gewährleistungsansprüche (s auch § 6 Rz 65 f), Zuschüsse oder Abzüge nach § 6b eintreten. 2

3. Begünstigung von Teil-HK oder AK auf Anzahlungen, § 7a II. Eine solche Begünstigung muss in *anderen* Vorschriften ausdrückl vorgesehen sein. Dies ist im geltenden Recht nicht mehr der Fall (zuletzt § 4 II FördG; außerdem § 5 S 2 InvZulG 2010, auf den § 7a aber nicht anwendbar ist). Wegen der Einzelheiten wird daher auf die 30. Aufl. verwiesen. 3

4. Mindest-AfA bei erhöhten Absetzungen, § 7a III. In jedem Jahr des Begünstigungszeitraums ist zwingend mindestens die AfA anzusetzen, die sich nach § 7 I oder IV ergeben würde (im Jahr der Herstellung oder Anschaffung ggf zeitanteilig). Für *SonderAfA* gilt Abs 4. 8

5. Neben Sonder-AfA keine degressive AfA, § 7a IV. Die Vorschrift hat mit dem Auslaufen des § 7 V ab VZ 2006 und des § 7 II ab VZ 2011 keine praktische Bedeutung mehr; zudem enthält die einzig verbliebene SonderAfA (§ 7g V) eine ausdrückl Ausnahme von § 7a IV. Letzte Erläut s 31. Aufl. 9

6. Kumulationsverbot, § 7a V. Es gilt nur für erhöhte AfA und SonderAfA, nicht dagegen für andere Vergünstigungen (zB nach dem InvZulG oder EigZulG, s FG MeVo EFG 02, 419, rkr; zum Verhältnis zw InvZul und §§ 7h, 7i *Kaligin* DStR 07, 1112) in Kombination mit *einer* erhöhten AfA oder SonderAfA. Allerdings sah § 3 I 2 InvZulG 1999 (nicht hingegen das aktuell geltende InvZulG 2010) ein eigenes Kumulationsverbot vor (s dazu BFH III R 72/10 BStBl II 13, 10

670). Die **degressive AfA** nach § 7 V ist keine erhöhte AfA; hier kann also kumuliert werden. Nach dem Wortlaut des Abs 5 ist auf das einzelne WG abzustellen; das Kumulationsverbot greift daher auch dann, wenn der eine Begünstigungstatbestand auf einen bestimmten **Höchstbetrag** begrenzt ist (zB § 7c aF) und der andere Tatbestand nur für die *übrigen* AK/HK in Anspruch genommen werden soll (BFH IX R 42/99 BStBl II 02, 472). Sind allerdings **nachträgl AK/HK** Gegenstand einer eigenen AfA-Vergünstigung, können sowohl für das ursprüngl WG als auch für die nachträgl AK/HK Vergünstigungen aufgrund verschiedener Vorschriften in Betracht kommen (EStR 7a VII). Damit dürften Fälle gemeint sein, in denen die eine SonderAfA gerade die *nachträgl* AK/HK, nicht aber die *ursprüngl* AK/HK begünstigen soll (zB bei Dachausbauten § 7c aF). Dies ist zutr, da die Förderung der nachträgl AK/HK hier nichts mit der Förderung der ursprüngl AK/HK zu tun hat. Eine derartige Konstellation liegt aber nicht vor, wenn die AK/HK für eine *einheitl* Maßnahme ledigl in verschiedenen Jahren anfallen und die eine SonderAfA-Vorschrift nur noch im ersten Jahr anwendbar ist; hier können die später anfallenden AK/HK nicht nach anderen Vorschriften begünstigt werden (BFH IX R 53/06 BStBl II 09, 310: bei einem denkmalgeschützten Sanierungsobjekt, das grds unter das FördG fällt, sind nachgezahlte AK, die erst 1999 entstanden sind und daher nicht mehr in den zeitl Anwendungsbereich des FördG fallen, wegen Abs 5 nicht nach § 7i begünstigt).

11 **7. Überschreiten der Buchführungsgrenzen des § 141 I Nr 4, 5 AO, § 7a VI.** Bei der Prüfung sind erhöhte und SonderAfA nicht zu berücksichtigen. Damit soll verhindert werden, dass Betriebe allein wegen der Inanspruchnahme von erhöhter AfA oder SonderAfA die Grenzen der Buchführungspflicht unterschreiten. Ist der Gewinn unter Berücksichtigung von erhöhter AfA oder SonderAfA ermittelt worden, sind diese für die Ermittlung der Buchführungsgrenzen dem Gewinn wieder hinzuzurechnen; die NormalAfA nach § 7 I oder IV ist allerdings gegenzurechnen (zutr *HHR* § 7a Anm 109). Eine Erweiterung über den Wortlaut hinaus ist nicht vorzunehmen; Rücklagen nach § 6b, AnsparAfA nach § 7g aF (FG BBg EFG 08, 514, rkr) sowie Investitionsabzugsbeträge nach § 7g nF sind daher bei der Prüfung der Buchführungsgrenzen zu berücksichtigen.

14 **8. Anwendung bei mehreren Beteiligten, § 7a VII.** Nach § 7a VII 1 dürfen Beteiligte, die **personenbezogene Voraussetzungen** einer AfA-Vergünstigung *nicht* erfüllen, die Abschreibungen auf das allen Beteiligten zuzurechnende WG nur nach § 7 vornehmen (BFH IX R 102/85 BStBl II 90, 953: bei einzelnen Beteiligten Objektverbrauch nach § 7b). Besonders problematisch ist dies nach dem Ausscheiden eines Ges'ters aus einer PersGes, wenn die AfA-Vorschrift nur HK begünstigt (s BFH VIII R 85/91 BStBl II 94, 243: § 7d; BFH IX R 50/98 BStBl II 01, 760: § 7h; BFH VIII R 13/04 BStBl II 08, 545: § 82f EStDV) und nicht (wie zB in § 7g oder nach § 1 FördG; dazu BFH IX R 5/07 BFH/NV 07, 2097) ausdrückl auch die PersGes als solche begünstigt ist. Maßgebend für die „anteilige“ Vornahme ist grds die vermögensrechtl Beteiligung; sind die AK/HK aber tatsächl in einem abw Verhältnis getragen worden, ist dieses maßgebend (*Blümich/Brandis* § 7a Anm 59; *HHR* § 7a Anm 116). – Die Pflicht zur **einheitl Vornahme der erhöhten AfA/SonderAfA (Abs 7 S 2)** gilt nicht nur in den Fällen des Abs 7 S 1, sondern auch dann, wenn *alle* Beteiligten die Begünstigungsvoraussetzungen erfüllen (*HHR* § 7a Anm 118). Die in dieser Vorschrift angeordnete Rechtsfolge war vor ihrem Inkrafttreten aus allg Bilanzierungsgrundsätzen abzuleiten (BFH IV R 137/83 BStBl II 86, 910 unter 3.). – Der Wortlaut des Abs 7 S 2 lässt eine Auslegung dahingehend zu, dass die Begünstigungsvoraussetzungen nicht bei allen Beteiligten erfüllt sind, wenn einzelne einen nach der jeweiligen AfA-Vorschrift erforderl **Antrag** nicht stellen; die Regelung könnte daher durch teilweisen Verzicht auf die Antragstellung umgangen werden (FG Hbg EFG 83, 404, rkr; *HHR* § 7a Anm 118 lässt dies zu). ME gehört ein Antrag bei sachgerechter

Auslegung des § 7a VII nicht zu den dort in Bezug genommenen „Voraussetzungen", so dass S 2 trotz teilweisen Verzichts auf die Antragstellung zu beachten bleibt (ähnl *Blümich/Brandis* § 7a Anm 60: nur als Billigkeitsmaßnahme denkbar). – Die Regelung gilt auch bei Bruchteilsgemeinschaften (aA *Kronthaler* DB 88, 676; hiergegen zutr *Blümich/Brandis* § 7a Anm 56; *HHR* § 7a Anm 112). Auf die degressive GebäudeAfA nach § 7 V ist Abs 7 S 2 nicht anwendbar (s § 7 Rz 37).

9. Aufzeichnungspflichten, § 7a VIII. Abs 8 ordnet bei Inanspruchnahme 15 von erhöhter AfA oder SonderAfA im *BV* Aufzeichnungspflichten an (gilt gem § 7 II 3 auch für degressive AfA). Die gesetzl geforderten Angaben können entweder in einem besonderen Verzeichnis oder in der Buchführung gemacht werden. Die „laufende" Führung des Verzeichnisses bedeutet nicht unbedingt „zeitnah"; vielmehr ist nur die Aufzeichnung entspr der zeitl Reihenfolge zwingend. Daher genügt es, wenn das Verzeichnis erst im Zeitpunkt der Ausübung des Wahlrechts zur Inanspruchnahme der SonderAfA (dh ggf lange nach Ablauf des maßgebenden Wj) angelegt wird (BFH IV R 151/81 BStBl II 85, 47; EStH 7a „Verzeichnis"). Sind die Aufzeichnungspflichten zwar im Jahr der erstmaligen Inanspruchnahme der AfA-Vergünstigungen erfüllt, nicht aber in einem späteren Jahr, führt dies nicht zu einer rückwirkenden Versagung der damals ordnungsgemäß in Anspruch genommenen Vergünstigungen.

10. Restwert-AfA, § 7a IX. – (1) Anwendungsbereich. Die Vorschrift gilt 16 nur nach Inanspruchnahme von **SonderAfA** (dh nicht bei erhöhter AfA; hier finden sich zur RestwertAfA Regelungen in den jeweiligen Einzelvorschriften). Sie kommt **erst nach Ablauf des Begünstigungszeitraums** zum Tragen (dh nicht unbedingt schon im Jahr der Vornahme der SonderAfA; in den Fällen des § 7g also erst nach 5 Jahren). Es genügt, wenn **SonderAfA auf Anzahlungen** in Anspruch genommen wurden (BFH IX R 12/13 BStBl II 14, 563 Rz 19). Entspricht in diesem Fall die Anzahlung dem vollen Kaufpreis, ist damit allerdings der Begünstigungszeitraum beendet; die RestwertAfA beginnt bereits im darauffolgenden Jahr (BFH IX R 49/03 BStBl II 04, 600; mE zweifelhaft). – **(2) Gebäude.** Hier (und bei den in § 7 Va genannten WG) ist nach Ablauf des Begünstigungszeitraums der *Restwert* (dh nicht die ursprüngl Bemessungsgrundlage) maßgebend. Nach der (kaum verständl) Regelung ergibt sich der weitere *AfA-Satz,* wenn die typisierte Nutzungsdauer des § 7 IV (§ 7 V ist ausgeschlossen; s BFH IX R 12/13 BStBl II 14, 563 Rz 18) um den Begünstigungszeitraum vermindert wird (BFH I R 155/87 BStBl II 92, 622; BFH IX R 12/13 BStBl II 14, 563 Rz 18). *Beispiel:* Bei einer Nutzungsdauer nach § 7 IV von 50 Jahren und einem Begünstigungszeitraum von 5 Jahren verbleibt eine Restnutzungsdauer von 45 Jahren und ein AfA-Satz von (100 : 45 =) 2,22%. – **(3) Andere WG.** Bei WG, die unter § 7 I fallen, ist der Restwert auf die nach Ablauf des Begünstigungszeitraums verbleibende voraussichtl Restnutzungsdauer zu verteilen; dabei kann aus Vereinfachungsgründen auch die um die Dauer des Begünstigungszeitraums geminderte ursprüngl Nutzungsdauer zugrunde gelegt werden (EStR 7a X). Ist (entgegen § 7a IV) neben einer SonderAfA ausnahmsweise **degressive AfA** zulässig (zB bei § 7g V), enthält Abs 9 für bewegl WG (anders als bei Gebäuden) keine Rechtsgrundlage dafür, den StPfl mit Ablauf des Begünstigungszeitraums zum Übergang zur linearen AfA zu zwingen (so seit 2012 ausdrückl auch EStR 7a X 3). Da die degressive AfA bei bewegl WG gem § 7 II aber bereits eine Restwert-AfA ist, bewirkt § 7a IX hier keine Änderung der AfA-Reihe; zudem bleibt es beim bisherigen AfA-Satz, weil dieser nach § 7 II „unveränderlich" ist. Erst beim Übergang zur linearen AfA nach § 7 III kommt es zur Verteilung des Restwerts auf die Restnutzungsdauer.

§ 7b *Sonderabschreibung für den Mietwohnungsneubau**

***(1)** [1] Für begünstigte Investitionen im Sinne des Absatzes 2 können nach Maßgabe der nachfolgenden Absätze im Jahr der Anschaffung oder der Herstellung und in dem darauf folgenden Jahr bis zu jeweils 10 Prozent und im darauf folgenden dritten Jahr bis zu 9 Prozent der Bemessungsgrundlage als Sonderabschreibung neben den Absetzungen für Abnutzung nach § 7 Absatz 4 in Anspruch genommen werden. [2] Im Fall einer Anschaffung bis zum Ende des Jahres der Fertigstellung kann die Sonderabschreibung nach Satz 1 nur vom Anschaffenden in Anspruch genommen werden.*

***(2)** Als begünstigte Investitionen in einem Fördergebiet nach Absatz 4 gelten*

1. die Anschaffung neuer Gebäude,
2. die Anschaffung neuer Eigentumswohnungen,
3. die Anschaffung im Teileigentum stehender Räume oder anderer Gebäudeteile, die selbständige unbewegliche Wirtschaftsgüter sind (Gebäude), bis zum Ende des Jahres der Fertigstellung sowie
4. die Herstellung neuer Gebäude,

soweit die Gebäude mindestens zehn Jahre nach der Anschaffung oder der Herstellung der entgeltlichen Überlassung zu Wohnzwecken dienen.

***(3)** Sonderabschreibungen kommen nur für begünstigte Investitionen in Betracht, die auf Grund eines nach dem 31. Dezember 2015 und vor dem 1. Januar 2019 gestellten Bauantrags oder, sofern ein Bauantrag nicht erforderlich ist, einer nach dem 31. Dezember 2015 und vor dem 1. Januar 2019 getätigten Bauanzeige hergestellt worden sind, wenn die Anschaffungs- oder die Herstellungskosten der nach Absatz 2 begünstigten Investition 3000 Euro je Quadratmeter Wohnfläche nicht übersteigen.*

***(4)** Fördergebiet sind die Gebiete, die zum Zeitpunkt der Beantragung der Baugenehmigung oder, sofern ein Bauantrag nicht erforderlich ist, der Bauanzeige*

1. durch die Anlage zu § 1 Absatz 3 der Wohngeldverordnung den Mietenstufen IV bis VI zugewiesen sind oder
2. von der jeweiligen Landesregierung durch Rechtsverordnung auf Grund des § 556d Absatz 2 des Bürgerlichen Gesetzbuchs als Gebiet mit angespannten Wohnungsmärkten festgelegt worden sind oder
3. von der jeweiligen Landesregierung durch Rechtsverordnung auf Grund des § 558 Absatz 3 Satz 2 und 3 des Bürgerlichen Gesetzbuchs als Gebiet mit abgesenkter Kappungsgrenze bestimmt worden sind.

***(5)** Bemessungsgrundlage für die Sonderabschreibung nach Absatz 1 sind die Anschaffungs- oder die Herstellungskosten der nach Absatz 2 begünstigten Investition, jedoch maximal 2000 Euro je Quadratmeter Wohnfläche.*

1 **1. Benutzerhinweis.** Die Kommentierung des Entwurfs des § 7b beruht auf dem **Gesetzentwurf der BReg zum MietwohnNeubFöG** v 3. 2. 16 (BR-Drs 67/16 v 5.2.16). Bei Redaktionsschluss dieser Kommentierung war geplant, das Gesetzgebungsverfahren bis Sommer 2016 abzuschließen. – **Geplantes Inkrafttreten.** Begünstigt sollen Vorhaben sein, deren Bauantrag/Bauanzeige nach dem 31.12.15 eingereicht wird (§ 7b III; s Rz 5); das Gesetz hätte also Rückwirkung auf den **Beginn des VZ 2016.** Allerdings sieht Art 2 MietwohnNeubFöG vor, dass das Gesetz formal erst mit Erteilung der beihilferechtl **Genehmigung der EU-Kommission** (dann allerdings rückwirkend) in Kraft tritt. Ob eine solche Genehmigung europarechtl tatsächl erforderl ist, ist mE allerdings zweifelhaft, da es der mit § 7b beabsichtigten Förderung an der von Art 107 AEUV vorausgesetzten „Selektivität" fehlen dürfte.

---

* In der Fassung des Gesetzentwurfs der BReg v 3.2.16 (BR-Drs 67/16 v 5.2.16).

2. Voraussetzungen. – a) Überblick. Begünstigt ist die Anschaffung/Herstellung neuer Gebäude (s Rz 3), soweit sie mindestens 10 Jahre entgeltl zu Wohnzwecken überlassen werden (Rz 4) und in einem Gebiet mit angespannten Wohnungsmärkten („Fördergebiet") liegen (Rz 7). Die AK/HK des Gebäudes (ohne GuB) dürfen maximal 3000 € je m² Wohnfläche betragen (Rz 6). In zeitl Hinsicht gilt § 7b nur für Objekte, deren Bauantrag/Bauanzeige in den Jahren 2016–2018 eingereicht wird (Rz 5). Zu den Rechtsfolgen s Rz 8. 2

b) Begünstigte Investitionen, § 7b II HS 1. Erfasst ist vor allem die Anschaffung oder Herstellung neuer **Gebäude** sowie die Anschaffung neuer **Eigentumswohnungen** (§ 7b II Nr 1, 2, 4). Zum Begriff des Gebäudes s § 7 Rz 27; zur Eigentumswohnung s § 1 II WEG. Sowohl **Objekte des PV als auch des BV** sind begünstigt. – **Neubau.** Zwar muss der StPfl nicht Bauherr sein (neben der Herstellung ist auch die Anschaffung begünstigt); das Objekt muss aber „neu" sein. Wann dies der Fall ist, wird in § 7b nicht definiert. Allerdings kann auf die Auslegung früherer vergleichbarer Normen des EStG zurückgegriffen werden. So war diese Voraussetzung bereits in § 7g in der bis 2007 geltenden Fassung enthalten (Einzelheiten s 29. Aufl § 7g Rz 51). Auch die für Investitionen bis 2005 anwendbare degressive AfA nach § 7 V begünstigte nur Neubauten (zur dortigen Auslegung s ausführl 27. Aufl Rz 162 ff). Danach darf das Gebäude vorher nicht vorhanden gewesen sein; insb genügt nicht die bloß rechtl Umwandlung eines vorhandenen Gebäudes in Eigentumswohnungen (BFH IX R 62/88 BStBl II 93, 188). Die grundlegende Umgestaltung eines Altbaus, die zu einem in bautechnischer Hinsicht als neu anzusehenden Gebäude führt, ist aber auch im estl Sinne als Neubau anzusehen (zB BFH IX R 175/87 BStBl II 92, 808). Die bloße Aufstockung/Erweiterung eines vorhandenen Mietshauses ist kein Neubau, weil das WG „Gebäude" bereits existierte. Nach den Gesetzesmaterialien ist ein Gebäude auch dann noch „neu", wenn es **bis zum Ende des Jahres der Fertigstellung angeschafft** wird (so BR-Drs 67/16 S 5). Nach dem allg Sprachgebrauch ist ein solches Gebäude allerdings dann nicht mehr „neu", wenn der Veräußerer es bereits genutzt hat. Das gegenteilige Ergebnis folgt auch nicht aus der Existenz des § 7b I 2, da diese Vorschrift in § 7b II Nr 3 einen eigenen Anwendungsbereich hat und daher nicht zwingend auch auf § 7b II Nr 1, 2 übertragen werden muss. – **Anschaffung im Teileigentum stehender Räume usw, § 7b II Nr 3.** Der Tatbestand der Nr 3 ist in der Entwurfsfassung gesetzestechnisch misslungen; es ist zu erwarten, dass er im Verlauf der Parlamentsberatungen noch verändert wird. Ungereimt ist zum einen, dass „Teileigentum" in § 1 III WEG als Sondereigentum an *nicht* zu Wohnzwecken dienenden Räumen definiert ist, § 7b II HS 2 aber eine Überlassung zu Wohnzwecken voraussetzt (s Rz 4). Dies schließt die Förderung von Teileigentum eigentl aus. Auch bei anderen Gebäudeteilen, die selbständige unbewegl WG sind (s dazu § 7 Rz 27), ist eine Wohnnutzung in der Praxis kaum denkbar. Sprachl missglückt ist ferner, dass in Nr 3 selbständige unbewegl WG als „Gebäude" definiert werden und damit der Gebäudebegriff in Nr 3 einen anderen Inhalt bekommt als in Nr 1 derselben Vorschrift. Die Anschaffung von WG iSd Nr 3 ist nur begünstigt, wenn sie **bis zum Ende des Jahres der Fertigstellung** stattfindet (Einzelheiten s 27. Aufl § 7 Rz 165), zB bei einem Erwerb vom Bauträger. Die SonderAfA darf dann aber nur vom Erwerber, nicht vom Veräußerer in Anspruch genommen werden (§ 7b I 2). 3

c) Entgeltl Überlassung zu Wohnzwecken, § 7b II HS 2. Ein Gebäude dient **Wohnzwecken**, wenn es dazu bestimmt und geeignet ist, Menschen auf Dauer Aufenthalt und Unterkunft zu ermöglichen (BFH IX R 9/03 BStBl II 04, 225 unter II.1.a). Dies ist auch bei Garagen zu Ein- und Zweifamilienhäusern (nicht aber bei freistehenden Garagen zu Mehrfamilienhäusern, s § 7 Rz 27 mwN), Nebenräumen, dem häusl Arbeitszimmer eines Mieters und beim betreuten Wohnen der Fall (Einzelheiten und Nachweise s 27. Aufl § 7 Rz 171; s auch 4 die Beispiele in BR-Drs 67/16 S 6). – **Entgeltl Überlassung.** Nur die unentgeltl Überlassung ist von der Begünstigung ausgeschlossen. Eine entgeltl Überlassung (idR Vermietung nach § 535 BGB) ist hingegen auch dann anzunehmen, wenn das Entgelt unter der Marktmiete liegt (teilentgeltl Überlassung); allerdings sind dann die WK (und damit auch die SonderAfA nach § 7b) ggf nur anteilig abziehbar (§ 21 II). Eine Überlassung an Angehörige, die einem Fremdvergleich nicht standhält (zu den hierfür geltenden Kriterien s § 21 Rz 81 ff), ist nicht als entgeltl anzusehen. – **Zehn-Jahres-Frist.** Die entgeltl Überlassung zu Wohnzwecken muss mindestens 10 Jahre nach der Anschaffung/Herstellung beibehalten werden. Ein vorübergehender Leerstand schadet mE nicht (s § 13 Rz 91 mwN). Wird die entgeltl Wohnnutzung vorzeitig beendet, ist die SonderAfA rückwirkend zu versagen (§ 175 I 1 Nr 2 AO); der Zinslauf für die Nachzahlungszinsen beginnt aber erst 15 Monate nach Ablauf des Kj, in dem das rückwirkende Ereignis eingetreten ist (§ 233a IIa AO). Ein Verkauf des Objekts innerhalb der Zehn-Jahres-Frist führt nicht zur Rückgängigmachung; allerdings muss der StPfl dann die fortbestehende Wohnnutzung nachweisen (zutr BR-Drs 67/16 S 6). – **Aufteilung mögl.** Der Gesetzeswortlaut „soweit" ermöglicht eine anteilige Begünstigung, wenn das Gebäude nur teilweise zu Wohnzwecken vermietet wird oder ein Teil des Gebäudes unentgeltl überlassen wird.

5 **d) Bauantrag/Bauanzeige in den Kj 2016–2018, § 7b III HS 1.** Die Subvention ist insofern befristet, als der Bauantrag in den Kj 2016–2018 gestellt bzw die Bauanzeige in diesem Zeitraum eingereicht werden muss. Zu den Begriffen „Bauantrag" und „Bauanzeige" s 27. Aufl § 7 Rz 172. Auf den Zeitpunkt des Baubeginns, der Fertigstellung oder der Anschaffung kommt es für den zeitl Anwendungsbereich nicht an (andere AfA-Regelungen haben in Anschaffungsfällen idR auf den schuldrechtl Vertrag abgestellt, der für § 7b aber keine Bedeutung hat). – Sollte ein **Bauantrag bereits vor 2016 gestellt** worden sein (was die Begünstigung ausschlösse), kann es sich anbieten, den Bauantrag zurückzunehmen und ab dem 1. 1. 16 einen neuen Bauantrag zu stellen. Zur Erlangung der früheren degressiven AfA nach § 7 V sind derartige Gestaltungen anerkannt worden (FG BaWü EFG 70, 216, rkr: erhebl zeitl Abstand zw Rücknahme und Neuantrag; FG Mster EFG 83, 36, rkr: wesentl Änderung der Pläne). – Unabhängig davon kann die **SonderAfA letztmals für den VZ 2022** geltend gemacht werden (§ 52 Abs 15a). Dies gilt ausdrückl auch dann, wenn der dreijährige Abschreibungszeitraum im VZ 2022 noch nicht abgelaufen sein sollte (zB Bauantrag 2018, Fertigstellung 2021: SonderAfA kann nur für 2021 und 2022 in Anspruch genommen werden; danach gilt die NormalAfA).

6 **e) Begrenzung der AK/HK auf 3000 €/m², § 7b III HS 2.** Die Begünstigung ist insgesamt ausgeschlossen, wenn die AK/HK 3000 € je m² Wohnfläche übersteigen. Dies soll die Förderung auf das untere und mittlere Marktsegment konzentrieren (BR-Drs 67/16 S 6). Dabei ist nur auf die AK/HK des *Gebäudes* abzustellen; die **AK des GuB bleiben außer Betracht**. Unabhängig von dieser 3000 €-Grenze ist die Bemessungsgrundlage für die SonderAfA aber auf maximal 2000 €/m² begrenzt (§ 7b I 1; s Rz 8). – Der **Begriff der Wohnfläche** ist in § 7b nicht definiert. Aus Gründen der Rechtseinheit können mE die Regelungen in der WohnflächenVO (BGBl I 03, 2346) herangezogen werden. Diese gilt zwar unmittelbar nur für geförderten Wohnraum; sie hat sich aber durch zahlreiche Bezugnahmen zum Standard entwickelt.

Stellungnahme: Die Schaffung einer Höchstgrenze stellt eine **kluge Regelung** dar, weil Wohnungsbausubventionen wegen der damit verbundenen Anheizung des Marktes ansonsten eher zu weiteren Preissteigerungen führen, im Fall des § 7b hochpreisige Objekte aber von vornherein aus der Förderung ausscheiden. Die Höhe dieser Betragsgrenze dürfte im weiteren Gesetzgebungsverfahren umstritten bleiben. Bereits vor Verabschiedung des RegEntw ist sie in der politischen

Diskussion von ursprüngl 2000 € über 2200 € auf dann 3000 € angehoben worden. In einigen überhitzten Wohnungsmärkten (auf die § 7b zugeschnitten ist) werden derzeit allerdings schon im mittleren Marktsegment allein für das Gebäude anteilige AK von mehr als 3000 €/m² gezahlt.

f) Belegenheit in einem Fördergebiet, § 7b IV. Begünstigt sind nur Objekte, die in einem der in Abs 4 bezeichneten Gebiete liegen. Diese weisen ein besonders hohes Mietpreisniveau auf. Für die Einordnung sind die **Verhältnisse im Zeitpunkt des Bauantrags/der Bauanzeige** maßgebl; ab diesem Zeitpunkt hat der StPfl also Rechtssicherheit. Die Bezeichnung als „Fördergebiet" ist missverständl, weil dieser Begriff üblicherweise für die neuen Bundesländer verwendet wird, in § 7b aber mit einem anderen Inhalt gefüllt wird. – **Wohngeld-Mietenstufen IV–VI, § 7b IV Nr 1.** In der Anlage zur WohngeldVO ist jeder dt Gemeinde eine Mietenstufe auf einer sechsteiligen Skala zugewiesen. Beträgt die Mietenstufe mindestens IV (was gem § 12 V WohngeldG ein Überschreiten des bundesdurchschnittl Mietenniveaus um mindestens 5% voraussetzt), sind in dieser Gemeinde belegene Objekte nach § 7b begünstigt. – **Gebiete mit „Mietpreisbremse", § 7b IV Nr 2.** Ist in einer Gemeinde bzw einem Gemeindeteil aufgrund einer VO der Landesregierung die „Mietpreisbremse" nach § 556d BGB eingeführt worden (offizielle Bezeichnung: „Gebiet mit einem angespannten Wohnungsmarkt"), kann die Förderung nach § 7b gewährt werden. Dies gilt unabhängig davon, ob die vom StPfl angeschaffte oder hergestellte Wohnung tatsächl unter die „Mietpreisbremse" fällt (was wegen der für Neubauten geltenden Ausnahme des § 556f BGB idR nicht der Fall sein wird). – **Gebiete mit abgesenkter Kappungsgrenze, § 7b IV Nr 3.** Zum Fördergebiet des § 7b gehören zudem Gemeinden bzw Gemeindeteile, für die die Landesregierung die für Mieterhöhungen geltende Kappungsgrenze gem § 558 III 2, 3 BGB wegen einer besonderen Gefährdung der Versorgung der Bevölkerung mit Mietwohnungen zu angemessenen Bedingungen von den übl 20% auf 15% abgesenkt hat. 7

Vereinbarkeit mit Europarecht. Aufgrund der in § 7b IV genannten Voraussetzungen gilt die SonderAfA faktisch nur im Inl. Dies hat der EuGH bei § 7 V beanstandet (EuGH C-35/08 Slg 09, I-9807 – *Busley*). Der EuGH hat in Rz 32 seiner Entscheidung allerdings angedeutet, dass dies anders zu beurteilen sein dürfte, wenn die nationale Regelung auf Orte mit besonderem Mietwohnungsmangel sowie auf preisgünstige Wohnungen beschränkt ist. Diese Voraussetzungen sind bei § 7b erfüllt, so dass die Regelung mE europarechtl zulässig ist.

3. Rechtsfolgen, § 7b I. Zusätzl zur linearen Gebäude-AfA nach § 7 IV wird eine **SonderAfA** von jeweils bis zu 10% in den ersten beiden Jahren ab der Anschaffung/Herstellung und bis zu 9% im dritten Jahr gewährt (**insgesamt bis zu 29%** *zzgl* der linearen AfA von 6% in den ersten drei Jahren). Die SonderAfA gilt nur für das Gebäude, nicht für andere WG (zB Außenanlagen). Der Begriff der „SonderAfA" wird im EStG ansonsten nur für WG des BV verwendet, gilt hier aber auch für PV. Der StPfl kann geringere Beträge geltend machen („bis zu"); eine Nachholungsmöglichkeit in späteren Jahren besteht jedoch nicht. – Die Bemessungsgrundlage für die SonderAfA ist allerdings **auf 2000 € je m² der Wohnfläche begrenzt** (§ 7b V). Übersteigt der m²-Preis 3000 €, ist die Anwendung des § 7b sogar *insgesamt* ausgeschlossen (§ 7b III; s Rz 6). – Die **Restwert-AfA** nach Ablauf des dreijährigen Begünstigungszeitraums richtet sich nach § 7a IX. Danach ist der verbleibende Restwert auf eine Restnutzungsdauer von 47 Jahren (linearer AfA-Satz: 2,13% vom Restwert) zu verteilen (s § 7a Rz 16). 8

§ 7c–§ 7f *(weggefallen)*

§ 7g *[Fassung ab VZ 2016]* **Investitionsabzugsbeträge und Sonderabschreibungen zur Förderung kleiner und mittlerer Betriebe**

(1) [1] **Steuerpflichtige können für die künftige Anschaffung oder Herstellung von abnutzbaren beweglichen Wirtschaftsgütern des Anlagevermögens, die mindestens bis zum Ende des dem Wirtschaftsjahr der Anschaffung oder Herstellung folgenden Wirtschaftsjahres in einer inländischen Betriebsstätte des Betriebes ausschließlich oder fast ausschließlich betrieblich genutzt werden, bis zu 40 Prozent der voraussichtlichen Anschaffungs- oder Herstellungskosten gewinnmindernd abziehen (Investitionsabzugsbeträge).** [2] **Investitionsabzugsbeträge können nur in Anspruch genommen werden, wenn**

1. **der Betrieb am Schluss des Wirtschaftsjahres, in dem die Abzüge vorgenommen werden, die folgenden Größenmerkmale nicht überschreitet:**
   a) **bei Gewerbebetrieben oder der selbständigen Arbeit dienenden Betrieben, die ihren Gewinn nach § 4 Absatz 1 oder § 5 ermitteln, ein Betriebsvermögen von 235 000 Euro;**
   b) **bei Betrieben der Land- und Forstwirtschaft einen Wirtschaftswert oder einen Ersatzwirtschaftswert von 125 000 Euro oder**
   c) **bei Betrieben im Sinne der Buchstaben a und b, die ihren Gewinn nach § 4 Absatz 3 ermitteln, ohne Berücksichtigung der Investitionsabzugsbeträge einen Gewinn von 100 000 Euro;**
2. **der Steuerpflichtige die Summen der Abzugsbeträge und der nach den Absätzen 2 bis 4 hinzuzurechnenden oder rückgängig zu machenden Beträge nach amtlich vorgeschriebenen Datensätzen durch Datenfernübertragung übermittelt.** [2] **Auf Antrag kann die Finanzbehörde zur Vermeidung unbilliger Härten auf eine elektronische Übermittlung verzichten; § 150 Absatz 8 der Abgabenordnung gilt entsprechend.** [3] **In den Fällen des Satzes 2 müssen sich die Summen der Abzugsbeträge und der nach den Absätzen 2 bis 4 hinzuzurechnenden oder rückgängig zu machenden Beträge aus den beim Finanzamt einzureichenden Unterlagen ergeben.**

[3] **Abzugsbeträge können auch dann in Anspruch genommen werden, wenn dadurch ein Verlust entsteht oder sich erhöht.** [4] **Die Summe der Beträge, die im Wirtschaftsjahr des Abzugs und in den drei vorangegangenen Wirtschaftsjahren nach Satz 1 insgesamt abgezogen und nicht nach Absatz 2 hinzugerechnet oder nach den Absätzen 3 oder 4 rückgängig gemacht wurden, darf je Betrieb 200 000 Euro nicht übersteigen.**

(2) [1] **Im Wirtschaftsjahr der Anschaffung oder Herstellung eines begünstigten Wirtschaftsguts können bis zu 40 Prozent der Anschaffungs- oder Herstellungskosten gewinnerhöhend hinzugerechnet werden; die Hinzurechnung darf die Summe der nach Absatz 1 abgezogenen und noch nicht nach den Absätzen 2 bis 4 hinzugerechneten oder rückgängig gemachten Abzugsbeträge nicht übersteigen.** [2] **Die Anschaffungs- oder Herstellungskosten des Wirtschaftsguts können in dem in Satz 1 genannten Wirtschaftsjahr um bis zu 40 Prozent, höchstens jedoch um die Hinzurechnung nach Satz 1, gewinnmindernd herabgesetzt werden; die Bemessungsgrundlage für die Absetzungen für Abnutzung, erhöhten Absetzungen und Sonderabschreibungen sowie die Anschaffungs- oder Herstellungskosten im Sinne von § 6 Absatz 2 und 2a verringern sich entsprechend.**

(3) [1] **Soweit in Anspruch genommene Investitionsabzugsbeträge nicht bis zum Ende des dritten auf das Wirtschaftsjahr des Abzugs folgenden Wirtschaftsjahres nach Absatz 2 Satz 1 hinzugerechnet wurden, sind die Abzüge nach Absatz 1 rückgängig zu machen; die vorzeitige Rückgängigmachung von Investitionsabzugsbeträgen vor Ablauf der Investitionsfrist ist zulässig.** [2] **Wurde der Gewinn des maßgebenden Wirtschaftsjahres bereits einer Steuer-**

festsetzung oder einer gesonderten Feststellung zugrunde gelegt, ist der entsprechende Steuer- oder Feststellungsbescheid insoweit zu ändern. [3]Das gilt auch dann, wenn der Steuer- oder Feststellungsbescheid bestandskräftig geworden ist; die Festsetzungsfrist endet insoweit nicht, bevor die Festsetzungsfrist für den Veranlagungszeitraum abgelaufen ist, in dem das dritte auf das Wirtschaftsjahr des Abzugs folgende Wirtschaftsjahr endet. [4]§ 233a Absatz 2a der Abgabenordnung ist nicht anzuwenden.

(4) [1]**Wird in den Fällen des Absatzes 2 ein begünstigtes Wirtschaftsgut nicht bis zum Ende des dem Wirtschaftsjahr der Anschaffung oder Herstellung folgenden Wirtschaftsjahres in einer inländischen Betriebsstätte des Betriebs ausschließlich oder fast ausschließlich betrieblich genutzt, sind die Herabsetzung der Anschaffungs- oder Herstellungskosten, die Verringerung der Bemessungsgrundlage und die Hinzurechnung nach Absatz 2 rückgängig zu machen. [2]Wurden die Gewinne der maßgebenden Wirtschaftsjahre bereits Steuerfestsetzungen oder gesonderten Feststellungen zugrunde gelegt, sind die entsprechenden Steuer- oder Feststellungsbescheide insoweit zu ändern. [3]Das gilt auch dann, wenn die Steuer- oder Feststellungsbescheide bestandskräftig geworden sind; die Festsetzungsfristen enden insoweit nicht, bevor die Festsetzungsfrist für den Veranlagungszeitraum abgelaufen ist, in dem die Voraussetzungen des Absatzes 1 Satz 1 erstmals nicht mehr vorliegen. [4]§ 233a Absatz 2a der Abgabenordnung ist nicht anzuwenden.**

(5) **Bei abnutzbaren beweglichen Wirtschaftsgütern des Anlagevermögens können unter den Voraussetzungen des Absatzes 6 im Jahr der Anschaffung oder Herstellung und in den vier folgenden Jahren neben den Absetzungen für Abnutzung nach § 7 Absatz 1 oder Absatz 2 Sonderabschreibungen bis zu insgesamt 20 Prozent der Anschaffungs- oder Herstellungskosten in Anspruch genommen werden.**

(6) **Die Sonderabschreibungen nach Absatz 5 können nur in Anspruch genommen werden, wenn**

1. **der Betrieb zum Schluss des Wirtschaftsjahres, das der Anschaffung oder Herstellung vorangeht, die Größenmerkmale des Absatzes 1 Satz 2 Nummer 1 nicht überschreitet, und**
2. **das Wirtschaftsgut im Jahr der Anschaffung oder Herstellung und im darauf folgenden Wirtschaftsjahr in einer inländischen Betriebsstätte des Betriebs des Steuerpflichtigen ausschließlich oder fast ausschließlich betrieblich genutzt wird; Absatz 4 gilt entsprechend.**

(7) **Bei Personengesellschaften und Gemeinschaften sind die Absätze 1 bis 6 mit der Maßgabe anzuwenden, dass an die Stelle des Steuerpflichtigen die Gesellschaft oder die Gemeinschaft tritt.**

§ 7g *[Fassung bis VZ 2015]* Investitionsabzugsbeträge und Sonderabschreibungen zur Förderung kleiner und mittlerer Betriebe

(1) [1]**Steuerpflichtige können für die künftige Anschaffung oder Herstellung eines abnutzbaren beweglichen Wirtschaftsguts des Anlagevermögens bis zu 40 Prozent der voraussichtlichen Anschaffungs- oder Herstellungskosten gewinnmindernd abziehen (Investitionsabzugsbetrag). [2]Der Investitionsabzugsbetrag kann nur in Anspruch genommen werden, wenn**

1. **der Betrieb am Schluss des Wirtschaftsjahres, in dem der Abzug vorgenommen wird, die folgenden Größenmerkmale nicht überschreitet:**
   a) **bei Gewerbebetrieben oder der selbständigen Arbeit dienenden Betrieben, die ihren Gewinn nach § 4 Absatz 1 oder § 5 ermitteln, ein Betriebsvermögen von 235 000 Euro;**

b) bei Betrieben der Land- und Forstwirtschaft einen Wirtschaftswert oder einen Ersatzwirtschaftswert von 125 000 Euro oder
c) bei Betrieben im Sinne der Buchstaben a und b, die ihren Gewinn nach § 4 Absatz 3 ermitteln, ohne Berücksichtigung des Investitionsabzugsbetrags einen Gewinn von 100 000 Euro;

2. der Steuerpflichtige beabsichtigt, das begünstigte Wirtschaftsgut voraussichtlich
a) in den dem Wirtschaftsjahr des Abzugs folgenden drei Wirtschaftsjahren anzuschaffen oder herzustellen;
b) mindestens bis zum Ende des dem Wirtschaftsjahr der Anschaffung oder Herstellung folgenden Wirtschaftsjahres in einer inländischen Betriebsstätte des Betriebs ausschließlich oder fast ausschließlich betrieblich zu nutzen und

3. der Steuerpflichtige das begünstigte Wirtschaftsgut in den beim Finanzamt einzureichenden Unterlagen seiner Funktion nach benennt und die Höhe der voraussichtlichen Anschaffungs- oder Herstellungskosten angibt.

[3] Abzugsbeträge können auch dann in Anspruch genommen werden, wenn dadurch ein Verlust entsteht oder sich erhöht. [4] Die Summe der Beträge, die im Wirtschaftsjahr des Abzugs und in den drei vorangegangenen Wirtschaftsjahren nach Satz 1 insgesamt abgezogen und nicht nach Absatz 2 hinzugerechnet oder nach Absatz 3 oder 4 rückgängig gemacht wurden, darf je Betrieb 200 000 Euro nicht übersteigen.

(2) [1] **Im Wirtschaftsjahr der Anschaffung oder Herstellung des begünstigten Wirtschaftsguts ist der für dieses Wirtschaftsgut in Anspruch genommene Investitionsabzugsbetrag in Höhe von 40 Prozent der Anschaffungs- oder Herstellungskosten gewinnerhöhend hinzuzurechnen; die Hinzurechnung darf den nach Absatz 1 abgezogenen Betrag nicht übersteigen. [2] Die Anschaffungs- oder Herstellungskosten des Wirtschaftsguts können in dem in Satz 1 genannten Wirtschaftsjahr um bis zu 40 Prozent, höchstens jedoch um die Hinzurechnung nach Satz 1, gewinnmindernd herabgesetzt werden; die Bemessungsgrundlage für die Absetzungen für Abnutzung, erhöhten Absetzungen und Sonderabschreibungen sowie die Anschaffungs- oder Herstellungskosten im Sinne von § 6 Absatz 2 und 2a verringern sich entsprechend.**

(3) [1] **Soweit der Investitionsabzugsbetrag nicht bis zum Ende des dritten auf das Wirtschaftsjahr des jeweiligen Abzugs folgenden Wirtschaftsjahres nach Absatz 2 hinzugerechnet wurde, ist der Abzug nach Absatz 1 rückgängig zu machen. [2] Wurde der Gewinn des maßgebenden Wirtschaftsjahres bereits einer Steuerfestsetzung oder einer gesonderten Feststellung zugrunde gelegt, ist der entsprechende Steuer- oder Feststellungsbescheid insoweit zu ändern. [3] Das gilt auch dann, wenn der Steuer- oder Feststellungsbescheid bestandskräftig geworden ist; die Festsetzungsfrist endet insoweit nicht, bevor die Festsetzungsfrist für den Veranlagungszeitraum abgelaufen ist, in dem das dritte auf das Wirtschaftsjahr des Abzugs folgende Wirtschaftsjahr endet. [4] § 233a Absatz 2a der Abgabenordnung ist nicht anzuwenden.**

(4) [1] **Wird in den Fällen des Absatzes 2 das Wirtschaftsgut nicht bis zum Ende des dem Wirtschaftsjahr der Anschaffung oder Herstellung folgenden Wirtschaftsjahres in einer inländischen Betriebsstätte des Betriebes ausschließlich oder fast ausschließlich betrieblich genutzt, sind der Abzug nach Absatz 1 sowie die Herabsetzung der Anschaffungs- oder Herstellungskosten, die Verringerung der Bemessungsgrundlage und die Hinzurechnung nach Absatz 2 rückgängig zu machen. [2] Wurden die Gewinne der maßgebenden Wirtschaftsjahre bereits Steuerfestsetzungen oder gesonderten Feststellungen zugrunde gelegt, sind die entsprechenden Steuer- oder Feststellungsbescheide insoweit zu ändern. [3] Das gilt auch dann, wenn die Steuer- oder Feststel-**

lungsbescheide bestandskräftig geworden sind; die Festsetzungsfristen enden insoweit nicht, bevor die Festsetzungsfrist für den Veranlagungszeitraum abgelaufen ist, in dem die Voraussetzungen des Absatzes 1 Satz 2 Nummer 2 Buchstabe b erstmals nicht mehr vorliegen. [4] **§ 233a Absatz 2a der Abgabenordnung ist nicht anzuwenden.**

(5)–(7) *(wortgleich mit der Fassung ab VZ 2016)*

Einkommensteuer-Richtlinien: EStH 7g

Übersicht Rz

I. Allgemeines

Zweck. § 7g dient der Verbesserung der Liquidität, Eigenkapitalausstattung, Investitions- und Innovationskraft kleinerer und mittlerer Betriebe (BT-Drs 11/257, 8; 12/4487, 33; 16/4841, 51; 18/4902, 42). – **Anwendungsbereich.** § 7g gilt bei allen Gewinneinkunftsarten unabhängig von der Gewinnermittlungsart (s § 7g I 2 Nr 1 Buchst c); ab dem Wj 2015/16 allerdings nicht mehr bei § 13a (s Rz 7 aE). Für die SonderAfA gelten ergänzend die allg Vorschriften des § 7a. – **Rechtsentwicklung.** Durch das **UntStRefG 2008** wurde die Ansparabschreibung mit Wirkung für Wj, die nach dem 17.8.07 enden (§ 52 Abs 23 S 1 EStG 2008), unter Vornahme zahlreicher Detailänderungen zu einem Investitionsabzugsbetrag umgestaltet (Abs 1–4). Die Regelungen zur SonderAfA wurden in Abs 5, 6 übernommen und gelten für Anschaffungen/Herstellungen ab 1.1.08 (Einzelheiten s 29. Aufl Rz 2; Erläut zu § 7g aF s Rz 51). Das **StÄndG 2015** hat die Vorschrift mit Wirkung für Wj, die nach dem 31.12.15 enden (§ 52 Abs 16 S 1), erhebl vereinfacht. Insb ist nun weder eine Investitionsabsicht erforderl, noch braucht der StPfl das begünstigte WG vorab seiner Funktion nach zu benennen. Für Investitionsabzugsbeträge, die bis VZ 2015 vorgenommen wurden, gilt das bisherige (strengere) Recht aber noch bis zu ihrer Auflösung (dh spätestens VZ 2018) fort (§ 52 Abs 16 S 2). Daher kann es sinnvoll sein, einen Investitionsabzugsbetrag nicht bereits 2015, sondern erst 2016 geltend zu machen (so auch *Korn/Strahl* KÖSDI 15, 19555, 19560). – **Benutzerhinweis:** Nachfolgend ist zunächst § 7g in seiner 1 ab VZ 2016 geltenden aktuellen Fassung kommentiert. Erläut zu den nur bis VZ 2015 zusätzl zu erfüllenden Voraussetzungen finden sich in Rz 55 ff. – **Europarecht.** Mit dem Beihilfeverbot des Art 87 EG-Vertrag ist § 7g noch vereinbar (BFH I R 57/98 BStBl II 01, 127 unter B. I.3.c; *Pinkos* DB 93, 1688, 1693; zur Genehmigung durch die EU-Kommission s *BMF* DStR 98, 976). Zur fehlenden Vereinbarkeit der Beschränkung auf *inl* Betriebe (Abs 1 S 1) mit Europarecht s Rz 9. – **Verwaltungsanweisung** *BMF* BStBl I 13, 1493.

II. Investitionsabzugsbetrag ab VZ 2016, § 7g I–IV, VII

3 **1. Überblick.** § 7g I erlaubt „mittelständischen" Betrieben (§§ 13, 15, 18) im Vorgriff auf künftige Investitionen die Minderung ihres Gewinns um einen Investitionsabzugsbetrag. Dessen Wirkung liegt im zeitl Vorziehen eines großen Teils der späteren AfA (Erhöhung der Liquidität durch StStundung). Anders als die frühere Ansparabschreibung (§ 7g III bis VZ 2006) wird der Investitionsabzug **außerbilanziell** vorgenommen (*BMF* BStBl I 13, 1493 Rz 62; BT-Drs 16/4841, 51). Dies ergibt sich zwar nicht ausdrückl aus dem Gesetz, wohl aber aus dem Gesamtzusammenhang. Die Nachvollziehbarkeit des weiteren Schicksals des Investitionsabzugs in den Folgejahren wird dadurch deutl erschwert. Zudem wird das bilanzielle Eigenkapital bis zur tatsächl Vornahme der Investition nicht gemindert, so dass handelsrechtl keine Ausschüttungssperre besteht. Der Bilanzierungsaufwand steigt, weil für die HB die tatsächl AK maßgebl bleiben, daher eine eigene HB aufzustellen und ggf ein Posten für passive latente Steuern zu bilden ist (*Hirschberger* DStR 07, 2272). Die Neutralisierung von Gewinnen nach BP-Mehrergebnissen wird hingegen erleichtert, weil die für Bilanzänderungen geltenden Einschränkungen (§ 4 II 2) mangels Bilanzwirksamkeit des Abzugs nicht anwendbar sind (eine solche Neutralisierung wird im Anwendungsbereich der bis VZ 2015 geltenden Fassung aber häufig an der fehlenden Investitionsabsicht scheitern, s Rz 62). Der außerbilanzielle Abzug beeinflusst das KapKto iSd § 15a nicht (zutr FG BaWü EFG 15, 636, rkr; s auch *Schmelter/Suck* DStR 11, 1637). – Die **Gestaltungsmöglichkeiten** sind im Vergleich zur früheren Ansparabschreibung gering. Insb ist es zwecklos, einen Investitionsabzug vorzunehmen, wenn tatsächl keine Investition erfolgen soll und wird, denn der Abzug würde nach Ablauf der Drei-Jahres-Frist rückwirkend (unter Anfall von hohen 6% Zinsen) versagt werden. Gestaltungsmöglichkeiten bestehen nur noch, wenn tatsächl eine Investition vorgenommen wird. Hier kann der StPfl wählen, ob er lieber das Einkommen eines früheren Jahres (dann Vornahme des Investitionsabzugs) oder das Einkommen des Investitionsjahres und der Folgejahre (dann keine Vornahme eines Investitionsabzugs, sondern Erlangung höherer AfA) in höchstmögl Maße mindern will. Allerdings bleibt faktisch eine dauerhafte StStundung (wenn auch gegen 6% Zinsen) mögl, wenn zB im VZ 01 ein Investitionsabzug vorgenommen wird, dieser im VZ 04 mangels Investition rückwirkend (StNachzahlung) rückgängig gemacht wird, zugleich aber für den VZ 04 ein neuer Investitionsabzug vorgenommen wird (StErstattung).

4 **2. Begünstigte WG, § 7g I 1. – a) Abnutzbare bewegl WG des AV.** Zum Begriff des bewegl WG s § 5 Rz 115, 131 ff, § 7 Rz 26; zum Begriff des AV s § 6 Rz 344 ff, zur Abnutzbarkeit s § 7 Rz 22. Erfasst sind auch GWG iSd § 6 II (*Brandis* FR 94, 214, 215) und SammelpostenWG iSd § 6 IIa (*BMF* BStBl I 13, 1493 Rz 4). – **Nicht begünstigt** sind **immaterielle WG** (zu Datensammlungen auf CD s BFH III B 7/14 BFH/NV 14, 1590; „Trivialsoftware" soll aber als bewegl WG anzusehen und daher begünstigt sein, s *BMF* BStBl I 13, 1493 Rz 3, krit BFH X R 26/09 BStBl II 11, 865 Rz 21) und **unbewegl WG** (zB FG RhPf EFG 07, 1068, rkr: Dach-Photovoltaikanlage, die die vorhandene Dacheindeckung ersetzt [großzügiger EStR [2012] 4.2 III 4: auch dachintegrierte Photovoltaikanlagen sollen „wie eine Betriebsvorrichtung" begünstigt werden]; eine auf dem geschlossenen Dach angebrachte Photovoltaikanlage ist hingegen ein bewegl WG; FG BBg

EFG 08, 204, rkr: mobile Leichtbauhalle, die mit 1,20 m tiefen Erdankern verankert wird; FG BBg EFG 10, 36, rkr: Mietereinbauten), Vorgänge bei den **Überschusseinkünften** (s § 7g I 2 Nr 1) sowie die Anschaffung oder Herstellung von **UV.** Es genügt aber, wenn das WG noch im Wj der Anschaffung/Herstellung vom UV ins AV überführt wird (so zum BerlinhilfeG BFH VI R 262/68 BStBl II 71, 198; mE zweifelhaft). – **Gebraucht erworbene WG** sind seit 2007 ebenfalls begünstigt. Der Zweck der Regelung (zu dem zumindest als Nebenzweck auch die Förderung der Erneuerung des Kapitalstocks der Volkswirtschaft durch Investitionen gehört) hätte eher für die Beibehaltung der zuvor geltenden Beschränkung auf neue WG gesprochen. Die Begünstigung auch gebrauchter WG ermöglicht Gestaltungen zur Gewinnverlagerung zw mehreren StPfl/Ges (Beispiel: Verkaufen A und B einander im Jahr 03 wechselseitig gebrauchte WG, können sie bereits im Jahr 00 den Investitionsabzug und im Jahr 03 die SonderAfA vornehmen; einen Buchgewinn erzielen sie – wenn überhaupt – erst im Jahr 03; s auch *Wendt* FR 08, 598, 599).

b) Fast ausschließl betriebl Nutzung in einer inl Betriebsstätte. Das „Behaltendürfen" der Begünstigung setzt voraus, dass das WG mind bis zum Ende des dem Wj der Anschaffung/Herstellung folgenden Wj (s Rz 7) in einer inl Betriebsstätte (s Rz 9) des Betriebs ausschließl oder fast ausschließ betriebl genutzt wird (s Rz 10). Fehlt es hieran, wird die Begünstigung nach Abs 4 rückgängig gemacht, soweit sie auf dieses WG bezogen war. Für Investitionsabzugsbeträge, die ab 2016 neu gebildet werden, ist es in einem solchen Fall aber mögl, sie nachträgl auf ein anderes WG zu beziehen (*iEinz* s Rz 34). – **Inanspruchnahme vor Betriebseröffnung.** Obwohl § 7g den Begriff „Betrieb" verwendet, kann die Förderung nach einhelliger Auffassung grds bereits in VZ vor der Betriebseröffnung in Anspruch genommen werden (BFH IV R 30/00 BStBl II 04, 182 unter 1.; BFH X R 42/11 BStBl II 13, 719 Rz 19 ff; so ausdrückl für die ab VZ 2016 geltende Neuregelung auch BT-Drs 18/4902, 42). 6

aa) Dauerhafte räuml Beziehung zum Betrieb während der Verbleibensfrist. Daran fehlt es bei WG, die weniger als ein Jahr im Betrieb verbleiben sollen (FG Nds EFG 12, 2191, rkr: Legehennen). Die Rspr zur InvZul kann übertragen werden (so zu § 7g aF BFH X R 4/99 BStBl II 02, 136 unter II.3.). Eine solche räuml Beziehung setzt über eine ledigl funktionelle Bindung an den Betrieb hinaus die *tatsächl Einflussmöglichkeit* des Betriebsinhabers auf das WG voraus. Unter dieser Voraussetzung sind aber auch WG begünstigt, die **außerhalb des Betriebsgeländes** zum Einsatz kommen (zB Baugeräte, Fahrzeuge zur Personen- oder Güterbeförderung, an ArbN überlassene Fahrzeuge). – Der Gesetzgeber wollte Betriebe, deren Geschäftszweck in der **Vermietung von WG** besteht, von der Begünstigung ausschließen (BT-Drs 10/336 S 26). Ein WG, das in einer verpachteten Betriebsstätte eingesetzt wird, ist daher nicht begünstigt (BFH I R 84/05 BStBl II 07, 94, zum FördG). Bei einer **kurzfristigen Vermietung von bis zu drei Monaten** ist die Verbleibensvoraussetzung aber noch erfüllt (*BMF* BStBl I 13, 1493 Rz 37; BFH III R 66/85 BStBl II 86, 916: Autovermietung, zur InvZul; BFH III R 38/91 BFH/NV 98, 744: Computeranlage, zum BerlinFG; FG Mster EFG 91, 183: nicht bei mehrfacher Vermietung von Gerüsten an einen einzigen Auftraggeber). Eine längerfristige Vermietung ist hingegen schädl (BFH III R 6/12 BFH/NV 13, 1268, zur InvZul). Die Automaten eines Automatenaufstellers verbleiben in dessen Betrieb, wenn der Aufsteller trotz des Verbringens in eine Gaststätte die tatsächl Gewalt über die Automaten behält. Wird der Mandantenstamm eines Freiberuflers veräußert und werden die (zuvor nach § 7g begünstigten) bewegl WG unentgeltl an den Erwerber überlassen, ist die Nutzungsvoraussetzung weiterhin erfüllt, wenn der Veräußerer diese WG iRd Resttätigkeit ebenfalls noch nutzt (BFH XI S 32/06 BFH/NV 07, 2101 unter II.3.a, zum FördG). Eine **Betriebsverpachtung im Ganzen** steht der Erfüllung der qualifizierten Nutzungs- 7 voraussetzung nicht entgegen, sofern das WG schon vor Beginn der Betriebsverpachtung zum BV gehörte (EStR [2005] 7g VII 4); anders jedoch, wenn es erst nach Verpachtungsbeginn angeschafft wurde, weil es dann an einem **werbenden Betrieb** fehlt (BFH X R 4/99 BStBl II 02, 136). Auch eine Überlassung im Wege der **BetrAufsp** ist unschädl, sofern Besitz- und BetrGes BV-mäßig verflochten sind (BFH IV R 82/05 BStBl II 08, 471 unter II.2.; zum ZRFG auch BFH IV R 27/06 BStBl II 09, 881; EStR [2005] 7g VII 3). ME ist dies im Hinblick darauf, dass Besitz- und Betriebsunternehmen für Zwecke des § 7g getrennt zu behandeln sind (s Rz 12), nicht zwingend. Zur Behandlung bei Schiffen/Luftfahrzeugen s *OFD Mbg* BB 97, 625. **SonderBV,** das an die PersGes vermietet wird, wird im Betrieb der PersGes genutzt, so dass die Nutzungsvoraussetzung erfüllt ist. – Wegen der Betriebsbezogenheit der Vergünstigung bleibt die räuml Zuordnung zur ursprüngl Betriebsstätte auch bei einer **Betriebsveräußerung** oder unentgeltl Betriebsübertragung bestehen, sofern der Erwerber die Betriebsstätte fortführt (EStR [2005] 7g VII 4; anders, wenn wesentl Betriebsgrundlagen zurückbehalten werden, s FG Mster EFG 93, 372, rkr). Hat der Betrieb **mehrere Betriebsstätten,** ist ein Wechsel von der einen zur anderen Betriebsstätte unschädl; eine Überführung in einen anderen *Betrieb* des StPfl ist wegen der Betriebsbezogenheit hingegen schädl (zutr BFH VIII R 28/08 BStBl II 14, 299 unter II.1.d).

8 **bb) Ausscheiden des WG vor Ablauf der Mindestnutzungsdauer.** Dies ist schädl insb bei Veräußerung des WG (BFH III R 111/75 BStBl II 78, 204: auch für Veräußerung bei Konkurs/Insolvenz, zur InvZul; BFH III R 12/79 BStBl II 80, 758: auch bei Veräußerung infolge einer brandschadensbedingten Betriebsumstellung, zur InvZul), Überführung in eine *ausl* Betriebsstätte (s Rz 9, ggf europarechtl bedenkl) oder in das PV (BFH IV 37/67 BStBl III 67, 750, zum BerlinFG), ferner bei Stilllegung der Betriebsstätte (BFH III R 32/98 BStBl II 99, 615; BFH III R 44/96 BStBl II 01, 37, beide zur InvZul); auch bei Veräußerung/Aufgabe des gesamten Betriebs (*BMF* BStBl I 13, 1493 Rz 37). *Gegen* eine Übertragung dieser zur InvZul ergangenen Rspr auf § 7g aber *Blümich/Brandis* § 7g aF Anm 39 (mE kann das hierfür herangezogene Argument, § 7g habe geringere steuerl Auswirkungen als die InvZul, jedoch nicht überzeugen). – **Unschädl** ist ein vorzeitiges Ausscheiden hingegen, wenn es auf Umständen beruht, die in dem WG *selbst,* nicht aber im Betrieb als solchem, liegen (*BMF* BStBl I 13, 1493 Rz 38; BFH III R 32/98 BStBl II 99, 615, zur InvZul). Dies ist bejaht worden bei einem Ausscheiden infolge Totalschadens (BFH III R 74/76 BStBl II 77, 793, zum BerlinFG: Verkehrsunfall; ebenso bei Brand oder Diebstahl) oder eines Umtausches wegen Mängeln (BFH VI R 29/67 BStBl II 68, 430). Auch das vorzeitige Ausscheiden wegen wirtschaftl Verbrauchs des WG ist unschädl (BFH III R 139/74 BStBl II 77, 59, zum BerlinFG), sofern der erzielte Erlös 10% der AK/HK nicht übersteigt (BFH III R 49/97 BStBl II 00, 434, zur InvZul). Auch die Überführung ins UV ist unschädl, weil Abs 4 nur die betriebl Nutzung, nicht aber die Nutzung im AV voraussetzt.

9 **cc) Beschränkung auf inl Betriebsstätten.** Dies wirft **europarechtl Bedenken** auf, da StPfl im Bereich der Einkunftserzielung in Abhängigkeit vom Ort der Investition ungleich behandelt werden (ebenso *Gosch* DStR 07, 1895, 1896 und BFH/PR 12, 39; *Blümich/Brandis* § 7g Rz 24; *Littmann* § 7g nF Anm 38; *Weßling/Romswinkel* Stbg 07, 177, 181; *Broemel/Endert* Ubg 11, 720; aA *Frotscher/Kratsch* § 7g Anm 6a, 53; FG Mster EFG 06, 255 [nachgehend offen gelassen von BFH I R 104/05 BStBl II 07, 957, allerdings betr Nicht-EU-Staat]; FG SchlHol EFG 09, 98, rkr). Zu vergleichbaren Fördernormen des österr bzw luxemburgischen Rechts hat der EuGH mittlerweile entschieden, dass eine Regelung, die die Gewährung einer Investitionsprämie davon abhängig macht, dass die WG in einer inl Betriebsstätte eingesetzt werden, jedenfalls dann gegen die Dienstleistungsfreiheit verstößt, wenn die Einkünfte, die aus einem Einsatz der WG im Ausl erzielt

werden, im Inl besteuert werden können (EuGH C-330/07 Slg 08, I-9099 – *Jobra;* C-287/10 HFR 11, 359 – *Tankreederei I*). Umgekehrt hat der EuGH zu § 6b entschieden, dass Deutschland es nicht hinnehmen muss, wenn stille Reserven sich durch Übertragung ins Ausl stfrei verflüchtigen (EuGH C-591/13 DStR 15, 870). Im Ergebnis ist die Einschränkung auf inl Betriebsstätten also in den Fällen europarechtswidrig, in denen Deutschland das Besteuerungsrecht für eine ausl Betriebsstätte hat. Dieses Besteuerungsrecht ist zwar in der Praxis durch die DBA dem Betriebsstättenstaat zugewiesen; iRd **Progressionsvorbehalts** wird § 7g aber zur Vermeidung eines Europarechtsverstoßes zu gewähren sein. Hinzu kommen Fälle, in denen das WG von einer inl in eine ausl Betriebsstätte übergeht. Bei Anwendung der zu § 6b ergangenen EuGH-Rspr wird hier zumindest eine StStundung zu gewähren sein (hierzu ausführl auch *Vogel/Cortez* FR 15, 437, 443 ff). – Bei modellhaften angebl Auslandsinvestitionen, die von StSparvertrieben vermittelt werden, wird es aber häufig an der (bis VZ 2015 erforderl) Investitionsabsicht fehlen (zutr FG Nds EFG 10, 1487, NZB X B 174/10 unzul). – In der bis 2006 geltenden Fassung war noch keine Beschränkung auf inl Betriebsstätten vorgesehen (s BFH I R 45/10 BStBl II 12, 118 und 29. Aufl Rz 63).

dd) Fast ausschließl betriebl Nutzung. Erforderl ist eine betriebl Nutzung von **mind 90 %;** schädl ist daher eine außerbetriebl Nutzung von mehr als 10 % (*BMF* BStBl I 13, 1493 Rz 39; BT-Drs 16/4841, 52; BFH X R 46/11 BFHE 245, 36 Rz 16; ebenso zum BerlinFG BFH III R 42/79 BStBl II 81, 772 und zur InvZul BFH III R 2/87 BStBl II 90, 752 unter 2.c). Für **Kfz** verlangt die *FinVerw* grds ein Fahrtenbuch; bei Anwendung der 1 %-Regelung wird eine mehr als nur geringfügige Privatnutzung unterstellt (*BMF* BStBl I 13, 1493 Rz 40; BFH XI B 106/05 BFH/NV 06, 1264). IRd *Prognose* der künftigen Nutzung eines erst noch zu erwerbenden Kfz steht die Anwendung der 1 %-Regelung auf das *gegenwärtig* genutzte Kfz der Annahme, das künftige Kfz werde fast ausschließl betriebl genutzt, was durch ein Fahrtenbuch nachgewiesen werde, aber nicht entgegen (zutr BFH VIII B 190/09 BStBl II 13, 946; *BMF* BStBl I 13, 1493 Rz 42). Bei **Photovoltaikanlagen** sieht die *FinVerw* den (vom EEG zw 2009 und 2012 zwingend vorgeschriebenen, seither jedenfalls erwünschten) Eigenverbrauch von mehr als 10 % des erzeugten Stroms als unschädl an (EStR 4.3 IV 2: es handele sich nicht um eine private Verwendung der Anlage, sondern um eine Sachentnahme des erzeugten Stroms; mE eher großzügig; aA *Moorkamp* StuB 12, 396; anders für den teilweise privaten Verbrauch der durch ein **Blockheizkraftwerk** erzeugten Wärme aber *BMF* BStBl I 13, 1493 Rz 41; mE inkonsequent). – **Außerbetriebl Nutzung** ist zum einen die Privatnutzung des WG durch den Unternehmer (insb bei Pkw). Die **Privatnutzung betriebl Pkw** durch *ArbN* des StPfl (auch durch den Ges'tergeschäftsführer einer KapGes) gehört als Lohnbestandteil aus Sicht des Betriebs hingegen zur betriebl Nutzung, so dass für entspr Investitionen ein Abzug vorgenommen werden kann (*Bruschke* DStZ 08, 204, 207; *Happe* BBK 08, 621; *Hottmann* DStR 09, 1236, 1237). Auch das Merkmal der „Nutzung in einer inl Betriebsstätte" soll in diesen Fällen jedenfalls dann erfüllt sein, wenn der ArbN den Pkw „in aller Regel" für die Fahrten zw Wohnung und Arbeitsstätte einsetzt (so zu einer vergleichbaren Regelung des InvZulG BFH III R 144/85 BStBl II 86, 919; daran anknüpfend *BMF* BStBl I 08, 590 Rz 66, 78; jedoch einschr für Ges'tergeschäftsführer ohne klare Vereinbarung über den Umfang der Privatnutzung BFH III R 2/87 BStBl II 90, 752). – Der **Einsatz des WG in einem anderen Betrieb des StPfl** ist ebenfalls außerbetriebl Nutzung. Ausnahmen werden allerdings bei der BetrAufsp (s Rz 7) sowie der Aufteilung eines Betriebs über mehrere Einkunftsarten zugelassen (BFH X R 46/11 BFHE 245, 36, Anm *Abele* BB 14, 1714: Maschine, die sowohl im selbstbewirtschafteten luf Betrieb als auch im gewerbl Lohnunternehmen des StPfl genutzt wird; hier allerdings Addition der Betriebsgrößen zur Prüfung des Größenmerkmals; teilweise krit *Rätke* StuB 14, 511). Der „sichere Weg" liegt in diesen Fällen in der Überführung des investieren- 10 den Betriebs in eine KG und der nur kurzfristigen Überlassung des WG an den anderen Betrieb.

12 **3. Betriebsbezogene Voraussetzungen, § 7g I 2 Nr 1, VII. – a) Allgemeines.** Der Investitionsabzug kann von unbeschr und beschr StPfl bei ihren Gewinneinkünften geltend gemacht werden. Er ist betriebs-, nicht personenbezogen (BFH X R 46/11 BFHE 245, 36 Rz 19). Daher kann ein StPfl mit mehreren Betrieben den Abzug in jedem Betrieb geltend machen, der die betriebsbezogenen Voraussetzungen erfüllt, selbst wenn das addierte BV aller Betriebe die Grenzen überschreitet (*BMF* BStBl I 13, 1493 Rz 15; ein StB mit Praxen in mehreren Orten unterhält allerdings nur einen Betrieb, zutr FG Hess EFG 13, 672, aus verfahrensrechtl Gründen aufgehoben durch BFH VIII R 16/13, nv; für das Revisionsverfahren hatte BFH VIII S 13/13 (nv) allerdings AdV gewährt). Bei **BetrAufsp** können sowohl Besitz- als auch Betriebsunternehmen Investitionsabzüge vornehmen; es kommt auf die Größe des *jeweiligen* Betriebs an (*BMF* BStBl I 13, 1493 Rz 1, 15; BFH I R 98/88 BStBl II 92, 246); Gleiches gilt bei Organschaft. Bei **unentgeltl Betriebsübergabe** tritt der Erwerber in die Rechtsposition des Rechtsvorgängers ein (§ 6 III); die Pflichten aus dem gebildeten Investitionsabzug werden daher fortgeführt (aA *Meyer/Ball* FR 09, 641, 644 mit dem bedenkenswerten Argument, dass § 6 III nur für innerbilanzielle Buchwerte gilt). Gleiches gilt für *Buchwert*einbringungen nach dem UmwStG (zu § 7g aF BFH I R 70/09 BFH/NV 10, 2072; zur Frage, ob der Übergeber/Einbringende den Investitionsabzug trotz Kenntnis der bevorstehenden Übergabe/Einbringung vornehmen darf, s aber Rz 20 (Rechtslage ab VZ 2016) bzw Rz 60 (Rechtslage bis VZ 2015)). – Der Betrieb muss eine **werbende Tätigkeit** ausüben; in einem unterbrochenen Betrieb kann kein Investitionsabzug vorgenommen werden (für Betriebsverpachtung im Ganzen *BMF* BStBl I 13, 1493 Rz 1; BFH X R 4/99 BStBl II 02, 136; BFH X S 10/11 BFH/NV 12, 50 Rz 13; ausführl FG Köln EFG 09, 102, rkr; für Betriebsunterbrechung ieS BFH VIII B 70/07 BFH/NV 08, 380 unter 2.b). – Maßgebend sind jeweils die Größenverhältnisse am **Schluss des Wj, in dem der Abzug vorgenommen** wird. Für die SonderAfA nach Abs 5 kommt es hingegen auf die Verhältnisse des *Vorjahrs* an; daher ist das Größenmerkmal bei neugegründeten Betrieben immer erfüllt (s Rz 42). Wird durch eine spätere Bp das BV für das Abzugsjahr über den Grenzbetrag hinaus erhöht (zB durch Nachaktivierung von Aufwendungen), entfällt nachträgl auch der Investitionsabzug, was die Auswirkungen der Bp erhebl verstärken kann (*Bruschke* DStZ 08, 204, 206). – **Großunternehmen** können die Größenbeschränkung durch Gründung von Investitions-GmbH & Co KG, die jeweils für sich genommen das Größenmerkmal erfüllen, umgehen. Die Bedeutung derartiger Gestaltungen ist jedoch nicht allzu groß, weil das WG nicht durch Vermietung an eine andere Konzerngesellschaft genutzt werden darf (fehlende Erfüllung der qualifizierten Nutzungsvoraussetzung; s Rz 7; *Korn* KÖSDI 07, 15758, 15767). Eine Anregung des BRats, solche Konzernunternehmen von der Begünstigung auszunehmen (BT-Drs 16/5377, 12), ist im Gesetzgebungsverfahren abgelehnt worden. Ein Gestaltungsmissbrauch kann darin mE nicht gesehen werden; anders jedoch, wenn die Investitions-KG (entspr der Empfehlung von *Weßling* BB 94, 1823) unmittelbar nach der Investition aufgelöst wird und ihr Vermögen der MutterGes anwächst (für § 42 AO auch *Blümich/Brandis* § 7g Anm 58 und § 7g aF Anm 76). – **Gewinnermittlungsart:** Wie Nr 1 Buchst c zeigt, sind neben Betrieben mit Bestandsvergleich auch Betriebe mit Gewinnermittlung nach **§ 4 III** begünstigt. Bei Gewinnermittlung nach § 13a ist § 7g ab dem Wj 2015/16 nicht mehr anwendbar (§ 13a III 2 idF AO-ZKAnpG). Bis zum Wj 2014/15 war § 7g nur anwendbar, soweit Gewinne nach § 13a VI gesondert zu ermitteln sind, nicht aber iRd Durchschnittssätze des § 13a III–V (zu § 7g aF *BMF* BStBl I 04, 337 Rz 32; FG Mchn EFG 06, 957, rkr; nichts anderes kann mit *BMF* BStBl I 13, 1493 Rz 1, 47 gemeint sein).

13 **b) Personengesellschaft.** Hier kommt es gem § 7g VII auf den Gesamtwert des steuerl BV der MUerschaft (einschließl des SonderBV, s BFH IV R 41/11 BFHE 238, 135 Rz 49) an; dies gilt auch dann, wenn der Investitionsabzug im SonderBV vorgenommen werden soll (*BMF* BStBl I 13, 1493 Rz 15; ausführl zum Investitionsabzug bei PersGes s *Meyer/Ball* FR 09, 641, 642; *Grützner* StuB 08, 332). Der Abzug wird von der PersGes geltend gemacht. Bei einer im Gesamthandsvermögen geplanten Investition erfolgt der Abzug beim Gesamthandsgewinn, bei **Investitionen im SonderBV** ist das Ergebnis aus der Sonderbilanz des Ges'ters zu mindern. Auch wenn der Abzug im Gesamthandsbereich erfolgt, ist ein dadurch entstehender Verlust nach § 15a in jedem Fall ausgleichsfähig, da der außerbilanzielle Abzug das KapKto nicht berührt. – **Anteilsveräußerung.** Dem Ausscheidenden bleibt der Vorteil aus einem im Gesamthandsbereich vorgenommenen Investitionsabzug endgültig erhalten, sofern die PersGes die Investition später tatsächl vornimmt; der Erwerber hat die Mehrsteuer aus dem Hinzurechnungsbetrag nach § 7g II 1 zu tragen. Der Veräußerungsgewinn des Ausscheidenden (Anteilskaufpreis ./. steuerl KapKto) erhöht sich (anders als bei der Ansparabschreibung nach § 7g aF) wegen der außerbilanziellen Vornahme des Abzugs nicht. Daher sollten die Auswirkungen des § 7g bei der Bemessung des Anteilskaufpreises bedacht werden. Wurde der Investitionsabzug im SonderBV des Ausscheidenden vorgenommen, ist er rückwirkend aufzulösen. – Nimmt der StPfl den Abzug für ein bestimmtes WG in einem EinzelBV vor, erwirbt er später aber nicht das WG, sondern einen Anteil an einer PersGes, die ihrerseits das WG erwirbt, ist die Begünstigung rückwirkend zu versagen (zutr *Hottmann* DStR 09, 1236, 1237; aA *Weßling* DStR 12, 687). Denn die PersGes ist ein anderer „Betrieb" als das EinzelBV des StPfl.

15 **c) Gewerbl oder der selbständigen Arbeit dienende Betriebe mit BV-Vergleich, § 7g I 2 Nr 1 Buchst a.** Maßgebl ist die Höhe des BV. Darunter ist nicht das (Brutto-)Aktivvermögen, sondern der Saldo aus Aktiva und Passiva (das in der StB ausgewiesene KapKto) zu verstehen. Das BV darf zum Schluss des Abzugsjahres nicht mehr als 235 000 € betragen haben; für Wj, die zw dem 31.12.08 und dem 1.1.11 endeten, war diese Grenze befristet auf 335 000 € angehoben worden (§ 52 Abs 16 S 4), so dass in diesem Zeitraum eine größere Zahl von Betrieben die Möglichkeiten des § 7g nutzen konnte. Durch rechtzeitige Entnahmen/Ausschüttungen kann die Höhe des BV in gewissen Grenzen gemindert werden, nicht jedoch durch einen erst nach Ablauf des Wj gefassten Ausschüttungsbeschluss (BFH I B 133/13 BFH/NV 14, 860). Auch wenn die GewSt seit 2008 nicht mehr als BA abziehbar ist, mindert die GewSt-Rückstellung weiterhin das maßgebl BV (EStR 5.7 I 2). Spiegelbildl muss der Anspruch auf InvZul, auch wenn diese estfrei ist, das bilanzielle BV erhöhen (aA FG Thür EFG 14, 524, Rev IV R 12/14). Die *FinVerw* lässt zu, dass StRückstellungen (KSt, GewSt) iRd Prüfung der BV-Grenze mit den (höheren) Werten angesetzt werden, die sich *ohne* Berücksichtigung der Investitionsabzugsbeträge ergeben würden (*BMF* BStBl I 13, 1493 Rz 9; mE ohne erkennbare Rechtsgrundlage). – Bei ausländ Betrieben mit inl Betriebsstätte kommt es auf das BV des Gesamtbetriebs an, nicht allein auf das BV der inl Betriebsstätte (BFH I B 124/11 BFH/NV 12, 986: Wettbewerbsgleichheit). – Das in § 7g genannte Größenmerkmal ist seit 2013 auch für die Anwendung des § 4f von Bedeutung (s § 4f I 3). – Die Auffassung, dass es nicht auf das in der konkreten StB ausgewiesene BV, sondern auf das wahre (ggf außerbilanziell zu korrigierende) BV ankomme (so FG Nbg EFG 15, 1204, rkr), ist mE abzulehnen.

16 **d) Betriebe der LuF, § 7g I 2 Nr 1 Buchst b.** Hier darf der Wirtschaftswert zum Schluss des Abzugsjahres nicht mehr als 125 000 € betragen; für Wj, die zw dem 31.12.08 und dem 1.1.11 endeten, war diese Grenze auf 175 000 € angehoben worden (§ 52 Abs 16 S 4). Für LuF-Betriebe mit § 4-III-Rechnung gilt allerdings die 100 000 €-Gewinngrenze nach Rz 17 (Buchst c geht nach seinem Wortlaut der

Regelung des Buchst b vor; *BMF* BStBl I 13, 1493 Rz 12 gewährt aber ein Wahlrecht zw beiden Grenzen). **Wirtschaftswert** ist der EW abzügl des Wohnungswerts (§§ 46–48 BewG). Bis 2006 war nach dem Gesetzeswortlaut zwar der (höhere) EW maßgebend; die Rspr hat aber schon für die damalige Fassung den Wohnungswert außer Ansatz gelassen (BFH IV R 30/09 BFH/NV 11, 2054), so dass sich die Zahl der in die Begünstigung einbezogenen luf Betriebe erhöhte. Da der Wirtschaftswert (anders als der Einheitswert) nicht gesondert festgestellt wird, stellt er **keinen Grundlagenbescheid** für den ESt-Bescheid dar. – Für **neugegründete luf Betriebe** wird ein EW (und damit die Grundlage für den Wirtschaftswert) erst auf den nächsten 1.1. festgestellt; diese sind daher stets begünstigt (BFH I R 57/98 BStBl II 01, 127 unter B. I.; unzutr deshalb EStR [2005] 7g III 2 [zu § 7g aF], wonach der *nachfolgend* festgestellte EW maßgebend sein soll). Geldschulden mindern nach § 33 III Nr 2 BewG den EW nicht; die darin liegende Ungleichbehandlung zu GewBetr hat FG Ddorf EFG 05, 28 gebilligt (Rev IV R 27/04 vom BFH zugelassen, aber unzul). Ist der luf Betrieb steuerl als Gewerbe zu beurteilen, gelten die Größenmerkmale des Buchst a (*OFD Ffm* FR 01, 50). Für Betriebe im **Beitrittsgebiet** gilt statt des Wirtschaftswerts der Ersatzwirtschaftswert nach § 125 BewG (§ 57 III). Da dieser (anders als der in den alten Bundesländern geltende Wirtschaftswert) auch die zugepachteten Flächen enthält, ist er zur Herstellung einer möglichst vergleichbaren Bemessungsgrundlage anteilig im Verhältnis der zugepachteten zu den Gesamtflächen zu ermäßigen (BFH IV R 11/11 BFHE 244, 426; krit zur Ermittlung des Ersatzwirtschaftswerts auch FG SachsAnh EFG 14, 430, Rev IV R 49/13).

17 **e) Gewinnermittlung nach § 4 III.** Hier ist ab 2007 eine Gewinngrenze von 100 000 € eingeführt worden (Abs 1 S 2 Nr 1 Buchst c); für Wj, die zw dem 31.12.08 und dem 1.1.11 endeten, war diese Grenze auf 200 000 € angehoben worden (§ 52 Abs 16 S 4). Dies betrifft Kleingewerbetreibende, Selbständige und LuF. Besonders bei Freiberufler-PersGes wird die Grenze (maßgebend ist der Gesamtgewinn der MUerschaft, nicht der Gewinnanteil des einzelnen StPfl) regelmäßig überschritten sein, so dass sie aus dem Anwendungsbereich des § 7g herausfallen. – Beim Vergleich mit der Gewinngrenze wird ein **Investitionsabzugsbetrag nicht berücksichtigt;** der Investitionsabzug kann also nicht dazu genutzt werden, überhaupt die gewinnabhängige Voraussetzung für seine Vornahme zu erfüllen (anders bei der BV-Grenze der früheren, innerbilanziell vorzunehmenden Ansparabschreibung). Korrespondierend muss mE im Wj der Investition auch der **Hinzurechnungsbetrag** nach Abs 2 S 1 unberücksichtigt bleiben, wenn in diesem Wj erneut ein Investitionsabzug in Anspruch genommen werden soll; der Wortlaut lässt dies zu (glA *Wendt* FR 15, 1031). Demggü ging die gewinnerhöhende Auflösung einer **Ansparabschreibung** in die Gewinngrenze ein, zumal der Wortlaut dies (anders als beim Investitionsabzugsbetrag) nicht ausschloss (BFH VIII R 29/13 BStBl II 15, 832).

Gestaltungsüberlegungen: Wenn der § 4 III-Betrieb einen Gewinn über der Grenze des Buchst c, aber ein BV unterhalb der Grenze der Buchst a, b aufweist, kann es sich empfehlen, zur freiwilligen Bilanzierung überzugehen. Im Einzelfall ist aber zw den Vorteilen aus der Inanspruchnahme des § 7g und den Nachteilen aus dem idR entstehenden Übergangsgewinn (dazu § 4 Rz 663) abzuwägen. – Bei Betriebsveräußerung kurz vor dem Jahresende kann ggf auch ein Erwerber, dessen Gewinn in einem vollen Wj die Grenze übersteigen würde, die Begünstigung in Anspruch nehmen, weil die Gewinngrenze nicht auf ein volles Wj hochgerechnet wird (*Paus* EStB 12, 339, 342; zB Jahresgewinn 600 000 €; beim Betriebserwerb zum 1.12. beträgt der anteilige Gewinn des Erwerbers für den gesamten VZ aber nur 50 000 €). Nach FG Nds (EFG 15, 1793, rkr) sollen allerdings bei Buchwerteinbringung von MUeranteilen an einer Freiberufler-PersGes in eine neue PersGes für die Gewinngrenze die in der alten und der neuen PersGes erzielten Gewinne zusammenzurechnen sein. ME ist dies unzutr, weil es hierfür an einer Rechtsgrundlage fehlt und BFH GrS 2/12 BStBl II 15, 1007 betont hat, dass auch die Buchwerteinbringung eine Veräußerung darstellt, also – gerade im Hinblick auf § 7g – einen „Schnitt" bewirkt.

4. Wegfall des Merkmals der Investitionsabsicht ab VZ 2016. – a) Grundsatz. Das in den VZ 2007 bis 2015 zu erfüllende Merkmal der Investitionsabsicht ist aufgrund der durch das StÄndG 2015 vorgenommenen Neufassung des § 7g ab 2016 entfallen (Einzelfragen zu diesem Merkmal nach der Rechtslage bis 2015 s ausführl Rz 55 ff). Dies entspricht auch dem Willen des Gesetzgebers, der in Fällen fehlender Investitionsabsicht die vorgesehenen gesetzl Rechtsfolgen (rückwirkende Rückgängigmachung des Investitionsabzugs zzgl einer mit 6 % hohen Verzinsung) für ausreichend hielt, und gilt ausdrückl auch für noch in Gründung befindl Betriebe (zum Ganzen BT-Drs 18/4902, 42). Die damit (und mit dem Wegfall des Erfordernisses der Benennung eines konkreten WG) in Bezug auf § 7g eintretende **erhebl Vereinfachung** ist zu begrüßen. Zwar kann die StStundung nunmehr nahezu voraussetzungslos in Anspruch genommen werden; wegen der hohen Verzinsung dürfte dies aber in aller Regel unattraktiv sein (so auch *Hörster* NWB 15, 1052, 1054). Fälle, in denen das FA die nachgeholte StFestsetzung wegen Insolvenz oä nicht wird realisieren können, werden aber zunehmen; dies hat der Gesetzgeber mE bewusst in Kauf genommen. 19

b) Investitionsabsicht in Ausnahmefällen weiterhin erforderl? Trotz der klaren Aussage in der Gesetzesbegründung ist die Rechtslage nicht völlig eindeutig, da im Gesetzeswortlaut weiterhin von einem Abzug *„für die künftige Anschaffung oder Herstellung* von … Wirtschaftsgütern" die Rede ist. Dies könnte als Einfallstor dienen, auch weiterhin eine Art „kleine Investitionsabsicht" zu fordern. ME wäre eine solche Norminterpretation aber angesichts des mit der Gesetzesänderung verfolgten Vereinfachungszwecks abzulehnen. Auch zur „Missbrauchsbekämpfung" benötigt man (anders als in der vor 2007 geltenden Fassung des § 7g) keine einschränkende Auslegung mehr, da die rückwirkende Rückgängigmachung und die hohe Verzinsung abschreckend genug wirken dürften. – Dies gilt mE **für sämtl Fallgruppen** und daher auch für Fälle, in denen zum Zeitpunkt der Geltendmachung des Abzugs bereits feststeht, dass der Betrieb veräußert, aufgegeben, unentgeltl übertragen oder zum Buchwert in eine KapGes oder PersGes eingebracht wird (zur Behandlung dieser Fälle nach der bis 2015 geltenden Rechtslage s Rz 60). Bei Betriebsveräußerung oder -aufgabe kommt es nicht zur Investition, so dass der Abzug rückwirkend (zum regulären StTarif) rückgängig zu machen ist (zutr FG Hbg EFG 15, 1517, NZB X B 104/15); die Anwendung besonderer Rechtsfolgen ist daher in diesen Fällen nicht erforderl. Bei Buchwerteinbringungen konnte ein in zulässiger Weise gebildeter Investitionsabzugsbetrag schon nach der bis 2015 geltenden Rechtslage auf den neuen Rechtsträger übertragen werden (BFH I R 70/09 BFH/NV 10, 2072); daran ist festzuhalten. Mit dem Wegfall der Voraussetzung der Investitionsabsicht ist mE auch für diese Fallgruppe die Grundlage für eine Einschränkung der Vornahme des Investitionsabzugs entfallen. – **Keine Einschränkungen bei der nachträgl Geltendmachung mehr.** In den Gesetzesmaterialien wird allerdings vertreten, die zur Rechtslage bis 2015 von der Rspr entwickelten Einschränkungen für Fälle, in denen der Investitionsabzug nicht bereits in der erstmaligen Gewinnermittlung, sondern im Zuge eines Änderungsantrags geltend gemacht wird (s dazu ausführl Rz 61 f), seien auch auf die ab 2016 geltende Neufassung übertragbar (BT-Drs 18/4902, 42). Die frühere Rspr hatte hierzu drei Fallgruppen entwickelt, deren Zweck mE aber mit der Neuregelung entfallen ist: – ***(1)*** Zum einen wurde die Begünstigung versagt, wenn sie **erst nach Ablauf der Investitionsfrist geltend gemacht** wurde und tatsächl keine Investition durchgeführt worden war. Einer solchen Einschränkung bedarf es schon deshalb nicht mehr, weil in diesen Fällen der Investitionsabzug sofort rückwirkend rückgängig zu machen wäre (dies wird in den Gesetzesmaterialien offensichtl übersehen). – ***(2)*** Eine nachträgl Geltendmachung wurde zudem versagt, wenn die tatsächl Investition im Zeitpunkt der nachträgl Geltendmachung bereits **mehr als drei Jahre zurück** lag. Für eine solche Einschränkung lässt sich mE dem Geset- 20 zeswortlaut nichts entnehmen; auch Gründe der „Missbrauchsvermeidung" rechtfertigen eine solche Auslegung gegen den Wortlaut nicht (mehr). Nach allg Grundsätzen können Wahlrechte bis zum Eintritt der Bestandskraft noch ausgeübt werden; dies gilt auch in Fällen des § 7g. – *(3)* Schließl wurde eine Nachholung versagt, wenn sie dem **Ausgleich einer durch das FA vorgenommenen Einkommensänderung** dienen sollte. Hierfür ließe sich zwar ggf ein Anhaltspunkt im Wortlaut finden („für die künftige Anschaffung oder Herstellung"); mE sollte der vom Gesetzgeber gewollte Wegfall der Investitionsabsicht aber für sämtl Fallgruppen gleichermaßen gelten (glA *Strahl* KÖSDI 15, 19430, 19443; *Reddig* NWB 15, 3574, 3580). Dass § 7g auf diese Weise in seltenen Fällen für Gestaltungen genutzt werden kann, ist mE hinnehmbar.

21 **5. Geltendmachung durch Datenfernübertragung, § 7g I 2 Nr 2.** Ab VZ 2016 muss der StPfl sowohl die Summen der Abzugsbeträge als auch die hinzuzurechnenden oder rückgängig zu machenden Beträge nach amtl vorgeschriebenem Datensatz durch Datenfernübertragung übermitteln. Dieses elektronische Verfahren soll Fehler vermeiden, die der *FinVerw* bisher bei der Überwachung der (außerbilanziellen und daher „flüchtigen") Investitionsabzugsbeträge in nennenswerter Zahl unterlaufen sind (BT-Drs 18/4902, 42). Im Hinblick auf diesen Zweck ist das neue Formerfordernis daher gerechtfertigt. – **Befreiungsmöglichkeit.** Zur Vermeidung unbilliger Härten kann das FA auf die elektronische Übermittlung verzichten (§ 7g I 2 Nr 2 S 2 iVm § 150 VIII AO). In diesem Fall müssen sich die Summen der Abzugsbeträge sowie der Beträge nach Abs 2–4 aus den beim FA einzureichenden (Papier-)Unterlagen ergeben (§ 7g I 2 Nr 2 S 3). – **Einzelheiten** zur elektronischen Übermittlung und den Befreiungsmöglichkeiten s § 25 Rz 4f.

Formelle Voraussetzungen nach der bis VZ 2015 geltenden Rechtslage. Seinerzeit war ua die *Benennung des WG seiner Funktion nach* erforderl; ein Investitionsabzugsbetrag war immer auf ein konkretes WG bezogen. Diese Verknüpfung mit einem konkreten WG ist ab VZ 2016 entfallen; Einzelheiten zum früheren Recht s Rz 65.

23 **6. Höhe des Abzugsbetrags, § 7g I 1, 3, 4. – a) Relativer Höchstbetrag.** Der Abzug darf bis zu 40% der voraussichtl AK/HK der WG betragen, die angeschafft/hergestellt werden sollen. Der StPfl kann einen geringeren Betrag wählen und diesen ggf **in einem Folgejahr des Drei-Jahres-Zeitraums aufstocken.** Für die ab VZ 2016 geltende Rechtslage ist die unproblematisch, weil der Investitionsabzugsbetrag nicht mehr auf ein bestimmtes WG bezogen ist (zutr *Reddig* NWB 15, 3574, 3576). Für die Rechtslage bis 2015 hat der BFH dies ausdrückl zugelassen (BFH X R 4/13 BFHE 247, 570 mwN auf die ganz herrschende Literaturauffassung und die bereits bei § 7g aF allg vertretene Handhabung), zB wenn die voraussichtl AK/HK des WG sich erhöht haben. Die *FinVerw* wendet diese Rspr nunmehr an (*BMF* DStR 16, 128 mit Einzelregelungen). – Der allein an die AK/HK anknüpfende Höchstsatz kann auch dann in Anspruch genommen werden, wenn die künftigen *AfA* wegen der Berücksichtigung eines Schrott-/Schlachtwerts (s § 7 Rz 72) nicht von den vollen AK/HK vorgenommen werden dürfen (*BMF* BStBl I 13, 1493 Rz 5; BFH IV R 26/05 BStBl II 06, 910). Dies ist zutr, da § 7g in erster Linie die Finanzierung erleichtern, nicht aber eine bestimmte AfA vorwegnehmen soll. Hingegen kann ein Investitionsabzug, der im Vorgriff auf unangemessen hohe AK/HK iSd § 4 V 1 Nr 7 vorgenommen wird, gekürzt werden, weil es keiner Erleichterungen für die Finanzierung unangemessener AK/HK bedarf (aA FG Ddorf EFG 04, 1671, rkr, krit Anm *Herlinghaus; Blümich/Brandis* § 7g aF Anm 82).

24 **b) Absoluter Höchstbetrag.** Nach § 7g I 4 darf die Summe aller nach § 7g I im lfd und den drei vorangegangenen Wj vorgenommenen Abzugsbeträge je Betrieb des StPfl 200 000 € nicht übersteigen. Hat ein StPfl mehrere Betriebe, steht ihm der Höchstbetrag für jeden Betrieb gesondert zu (BFH I R 45/10 BStBl II 12,

118 Rz 27). Bei PersGes darf die Summe aller Abzugsbeträge aus dem Gesamthands- und SonderBV den Höchstbetrag nicht übersteigen (Abs 7). Ein besonderer Höchstbetrag für Existenzgründer ist ab 2007 nicht mehr vorgesehen. Das höchstmögl begünstigte Investitionsvolumen beträgt damit 500 000 €, was zeigt, dass § 7g I auf Klein- und Mittelbetriebe zugeschnitten ist. Wenn ein früherer Abzugsbetrag zwischenzeitl wieder hinzugerechnet (Abs 2) oder rückgängig gemacht wurde (Abs 3, 4), steht dieses Volumen für neue Abzüge zur Verfügung. Der Höchstbetrag von 200 000 € mindert sich um die noch in der Bilanz vorhandenen Ansparrücklagen nach § 7g in der bis VZ 2006 geltenden Fassung (§ 52 Abs 23 S 4 EStG 2008) sowie um Investitionsabzugsbeträge, die nach dem bis VZ 2015 geltenden Recht gebildet wurden und noch nicht aufgebraucht sind++- (§ 52 Abs 16 S 3). – Demggü ist bei der **SonderAfA nach Abs 5** kein absoluter Höchstbetrag vorgesehen (s Rz 45). Sofern die Voraussetzungen für die Inanspruchnahme der SonderAfA erfüllt sind, kann diese daher bis zur Höhe von 20% der AK/HK vorgenommen werden, unabhängig davon, wie hoch die AK/HK sind.

c) Verlust. Das Gesetz lässt ausdrückl zu, dass durch den Abzug ein Verlust entsteht oder sich erhöht (Abs 1 S 3). Dies würde seit der Aufhebung der Verlustklausel des § 7a VI aF (s § 52 Abs 22 iVm Abs 33 EStG 2013) auch ohne die (nunmehr entbehrl) Regelung in § 7g I 3 gelten. Der Abzug erhöht in diesen Fällen das Verlustausgleichs- oder -rücktragspotenzial. 25

7. Hinzurechnung; Abzug im Jahr der begünstigten Investition, § 7g II. – a) Hinzurechnung des früheren Abzugs, § 7g II 1. – aa) Rechtslage für ab VZ 2016 gebildete Investitionsabzugsbeträge. Im Wj der Vornahme einer begünstigten Investition (Beginn der AfA-Befugnis, dh Anschaffung/Herstellung, s § 7 Rz 90) *kann* der StPfl **(Wahlrecht)** einen Betrag iHv 40% der tatsächl AK/HK (höchstens jedoch die Summe der noch vorhandenen Investitionsabzugsbeträge) dem Gewinn hinzuzurechnen (Abs 2 S 1). Da der Investitionsabzugsbetrag nicht mehr auf ein konkretes WG bezogen ist (s Rz 21 aE), kann er aber auch fortgeführt und für eine spätere Investition verwendet werden. – Ebenso wie der vorangegangene Investitionsabzug ist auch die **Hinzurechnung außerhalb der Bilanz** vorzunehmen. Bei **PersGes** ist Abs 2 (wegen Abs 7) auch dann anzuwenden, wenn der Abzug im SonderBV vorgenommen wurde, die Investition aber im Gesamthandsvermögen erfolgt (oder umgekehrt; glA *Meyer/Ball* FR 09, 641, 643; zu § 7g aF auch *Blümich/Brandis* § 7g aF Rz 95). – War der Abzug noch vor Betriebseröffnung vorgenommen worden und hat er daher den **Gewerbeertrag** (der grds einen werbenden Betrieb voraussetzt) nicht gemindert, verzichtet die *FinVerw* aus Billigkeitsgründen auf eine Erfassung des Gewinns aus der Hinzurechnung bei der GewSt (*Ländererlasse* BStBl I 11, 152). 26

bb) Rechtslage für bis VZ 2015 gebildete Investitionsabzugsbeträge. Diese Grundsätze sind auch nach 2015 (längstens bis VZ 2018) weiter anzuwenden, wenn ein bis VZ 2015 gebildeter Investitionsabzugsbetrag aufgelöst wird (§ 52 Abs 16 S 2). – Das Vorgehen nach Abs 2 setzte nach dieser Gesetzesfassung voraus, dass die tatsächl Investition **funktionsgleich** mit derjenigen war, für die der Abzug vorgenommen worden war; ansonsten war der Abzug nach Abs 3 rückgängig zu machen (s Rz 30). Wurde zwar zunächst tatsächl eine funktionsgleiche Investition vorgenommen, aber anschließend die qualifizierte Nutzungsvoraussetzung nicht erfüllt, waren sowohl die Rechtsfolgen des Abs 2 als auch die Inanspruchnahme des ursprüngl Abzugsbetrags rückwirkend rückgängig zu machen (Abs 4, s Rz 34). – Waren die **tatsächl AK/HK geringer** als die bei Vornahme des Abzugs prognostizierten AK/HK, konnte die Hinzurechnung den früheren Abzugsbetrag nicht in vollem Umfang kompensieren; in Höhe des Differenzbetrags war der frühere Abzug nach Abs 3 rückgängig zu machen. Die teilweise Rückgängigmachung konnte aber bis zum Ende der Investitionsfrist aufgeschoben werden, um sich die 27

Möglichkeit der Begünstigung nachträgl AK/HK offen zu halten (*BMF* BStBl I 13, 1493 Rz 46; ebenso BT-Drs 16/4841, 53; krit *Blümich/Brandis* § 7g aF Anm 92). ME bestand nur dann ein Beibehaltungswahlrecht, wenn eine Prognose die Wahrscheinlichkeit nachträgl AK/HK in entspr Höhe ergab.

28 **b) 40%-Abzug, § 7g II 2.** Im Wj der begünstigten Investition *kann* der StPfl (Wahlrecht) die AK/HK des WG um bis zu 40% mindern, höchstens jedoch um den Hinzurechnungsbetrag nach Abs 2 S 1 (die Vornahme eines Mini-Investitionsabzugs von 1 € ermöglicht später also keinen 40%-Abzug von den tatsächl AK/HK). Weil hier die AK/HK berührt werden, ist die **Minderung innerhalb der Bilanz** vorzunehmen; insoweit galt dann auch bis 2008 der Maßgeblichkeitsgrundsatz (*Korn* KÖSDI 07, 15758, 15765; *Wendt* FR 08, 598, 601). IErg wird damit eine zusätzl SonderAfA gewährt, die jedoch zur Voraussetzung hat, dass zuvor ein Investitionsabzug vorgenommen wurde. Die Möglichkeit des 40%-Abzugs entfällt daher bei Investitionen, die „spontan" oder im Jahr der Betriebseröffnung vorgenommen werden (BFH X R 19/13 BFH/NV 15, 328). Mit den Zielen des § 7g (Investitionsförderung) steht dies nicht in Einklang. Der **Abzug vermindert die AfA-Bemessungsgrundlage** (auch die Bemessungsgrundlage für die SonderAfA nach Abs 5) sowie die AK/HK bei GWG und Sammelposten-WG iSd § 6 II, IIa. Bei WG mit einer kürzeren Nutzungsdauer als 5 Jahren (zB Computer) kann es sich empfehlen, die Abzugsmöglichkeit nach S 2 nur insoweit in Anspruch zu nehmen, dass die Bemessungsgrundlage oberhalb der Sammelposten-Grenze des § 6 IIa bleibt, weil dann eine geringere Gesamt-AfA-Dauer erreicht wird (s auch § 6 Rz 605). Per Saldo ermöglicht die Kombination aus Abs 2 und der SonderAfA nach Abs 5 auch bei langlebigen WG mit zB 10-jähriger Nutzungsdauer **Gesamt-AfA-Beträge im Investitionsjahr von bis zu 58%** (40% nach Abs 2, auf die verbleibenden 60% noch 20% SonderAfA nach Abs 5 sowie 10% lineare AfA pro rata temporis).

30 **8. Rückgängigmachung des Abzugs bei unterbliebener Investition, § 7g III. – a) Anwendungsbereich.** Soweit der frühere Abzugsbetrag nicht infolge einer Investition nach Abs 2 hinzugerechnet wird, ist der ursprüngl Abzug rückgängig zu machen. Diese Regelung war das Kernstück der Umgestaltung des § 7g durch das UntStRefG 2008, da sie die Bildung von Abzugsbeträgen bei fehlender Investitionsabsicht uninteressant macht. Auch die zuvor sehr streitanfällige Frage, ob eine Auflösung im Rahmen einer Betriebsveräußerung/-aufgabe zu lfd oder begünstigtem Gewinn führt (s 29. Aufl Rz 73), ist wegen der rückwirkenden Auflösung nicht mehr von Bedeutung. Die *FinVerw* sieht vor, dass der StPfl das zur Rückgängigmachung führende Ereignis (idR den Ablauf des Drei-Jahres-Zeitraums) spätestens mit Abgabe der StErklärung für das Wj, in dem das Ereignis eingetreten ist, anzeigen muss (*BMF* BStBl I 13, 1493 Rz 64). ME wäre hier zur Erhöhung der Rechtssicherheit (gerade im Hinblick auf § 370 AO) eine ausdrückl gesetzl Anzeigepflicht vorzugswürdig. Zwar wird in den meisten Fällen § 153 II AO als Grundlage der Anzeigepflicht dienen können; diese Regelung dürfte aber nicht sämtl denkbaren Fälle erfassen (glA *Meyer/Ball* FR 09, 641, 647). – Denkbar sind insb die folgenden **Gründe für die Rückgängigmachung:** – ***(1)* Unterbliebene Investition.** Ist es bis zum Ende des dritten auf das Wj des Abzugs folgenden Wj nicht zur Investition gekommen, ist der Abzug zwingend in vollem Umfang gewinnerhöhend rückgängig zu machen. Hat das FA den ursprüngl begehrten Abzug nicht gewährt und hat der StPfl hiergegen Klage erhoben, steht fest, dass diese unbegründet ist; die Umstellung in eine Fortsetzungsfeststellungsklage ist nicht zulässig (FG Mster EFG 14, 1129, rkr). **RumpfWj** zählen dabei grds wie volle Wj (FG Nds EFG 09, 1478 unter I.1.b, rkr; FG Ddorf EFG 12, 1484, aus anderen Gründen aufgehoben durch BFH I R 36/12 BFH/NV 14, 74). Dies gilt jedoch nicht, wenn anlässl einer unentgeltl Betriebsübertragung sowohl der Übergeber als auch der Erwerber RumpfWj einlegen müssen, deren Summe

12 Monate nicht übersteigt (BFH IV R 9/06 BStBl II 10, 664 unter II.2.; *OFD Mster* DStR 11, 2001). – ***(2)* Überhöhter Abzug.** Sind die tatsächl AK/HK niedriger als diejenigen, die dem Abzugsbetrag zugrunde gelegt worden waren, verbleibt nach der auf Abs 2 S 1 gestützten Hinzurechnung (begrenzt auf 40% der *tatsächl* AK/HK) ein Restbetrag. Dieser kann zwar ab VZ 2016 für andere Investitionen genutzt werden. Ist dies aber nicht mögl, ist der frühere Investitionsabzug mit Ablauf der Drei-Jahres-Frist rückgängig zu machen. – ***(3)* Vorzeitige freiwillige Rückgängigmachung des Abzugs.** Dies wird seit VZ 2016 durch § 7g III 1 HS 2 ausdrückl zugelassen. Auch zuvor war eine freiwillige Rückgängigmachung aber zulässig (zutr *BMF* BStBl I 13, 1493 Rz 55). Ein solcher Antrag kann im Interesse der Vermeidung unnötig hoher Nachzahlungszinsen liegen (ähnl *Korn* KÖSDI 07, 15758, 15765; *Schoor* StuB 07, 453, 457). Die Rückgängigmachung kann entweder iRd lfd StErklärung für ein Folgejahr oder durch einen Änderungsantrag für einen früheren VZ vorgenommen werden. Voraussetzung für die letztgenannte Variante ist aber die Existenz einer Korrekturvorschrift, wobei nur § 164 II AO in Betracht kommt (§ 172 I 1 Nr 2 Buchst a AO ermöglicht nach Bestandskraft auch bei einer Änderung zuungunsten des StPfl nicht die erneute Ausübung von Wahlrechten, s zutr *Meyer/Ball* FR 09, 641, 646). – ***(4)* Anschaffung eines nicht funktionsgleichen WG.** Diese Fallgruppe ist nur für Investitionsabzugsbeträge, die **bis VZ 2015 gebildet** worden waren, von Bedeutung (§ 52 Abs. 16 S 2) und bewirkt ebenfalls die Rückgängigmachung des früheren Abzugs (*BMF* BStBl I 13, 1493 Rz 53; BFH XI R 52/04 BStBl II 06, 462 mwN; BFH IV B 86/13 BFH/NV 14, 336; Einzelfragen zur Funktionsgleichheit s Rz 65). Auch wenn die Rspr mittlerweile eine nachträgl Geltendmachung von Investitionsabzugsbeträgen zulässt, kann die erforderl konkrete Bezeichnung des WG nicht nachträgl ausgetauscht werden (str, s Rz 61). Ab VZ 2016 ist der Investitionsabzugsbetrag nicht mehr mit einem konkreten WG verknüpft, so dass der Begriff der „Funktionsgleichheit" keine Bedeutung mehr hat.

b) Verfahren der Rückabwicklung. – aa) Spezielle Korrekturvorschrift. 31
§ 7g III 2 enthält für die Fälle der Rückgängigmachung des Abzugs eine Korrekturvorschrift für die Veranlagung des Abzugsjahrs. Eines Rückgriffs auf § 173 AO (s Rz 51 zur früheren Rechtslage) bedarf es daher nicht mehr (*Graw* EFG 15, 1453). Abs 3 S 3 ergänzt dies noch um eine **Ablaufhemmung für die Festsetzungsfrist** des Abzugsjahres, die an die Festsetzungsfrist für das dritte auf das Abzugsjahr folgende Jahr anknüpft.

bb) Verzinsung. Die sich durch die Rückgängigmachung des Abzugs ergeben- 32
de StNachzahlung ist nach § 233a AO mit 6% jährl zu verzinsen. – **(1) Beginn des Zinslaufs/Rechtslage ab VZ 2013.** Nunmehr ist auch in § 7g III 4 ausdrückl bestimmt, dass § 233a IIa AO *nicht* anzuwenden ist. Der Zinslauf beginnt daher 15 Monate nach Ablauf des Kj, dessen StFestsetzung geändert worden ist (unzutr aA *Lühn* NWB 13, 2608: nur für den Fall der Nichtinvestition, nicht aber für die anderen von Abs 3 erfassten Fallgruppen). Der **zeitl Anwendungsbereich** dieser Neuregelung ist allerdings str: Die *FinVerw* ist recht großzügig und will § 7g III 4 nur auf Investitionsabzugsbeträge anwenden, die für nach dem 31.12.12 endende Wj *erstmals in Anspruch genommen* wurden (*BMF* BStBl I 14, 1174). Danach würde eine Verzinsung selbst dann noch unterbleiben, wenn ein im VZ 2012 geltend gemachter Abzugsbetrag im VZ 2015 aufgelöst wird. ME ist die Neuregelung hingegen auf alle Investitionsabzugsbeträge anzuwenden, die ab VZ 2013 *rückgängig gemacht werden* (glA *Pitzke* NWB 14, 18, 24). Noch strenger nimmt das FG BBg EFG 14, 1375, rkr, eine Rückwirkung für alle offenen Fälle an (mE unzutr). – **(2) Rechtslage bis VZ 2012.** § 233a IIa AO war mangels ausdrückl gegenteiliger Regelung anwendbar, weil die „Nichtinvestition" ein rückwirkendes Ereignis darstellt. Damit begann der Zinslauf erst 15 Monate nach Ablauf des Kj, in dem das rückwirkende Ereignis eingetreten war. Im Ergebnis kam es daher (entspr der hier

von Beginn an vertretenen Auffassung) nicht zu der (von der *FinVerw* damals für zutr gehaltenen) rückwirkenden Verzinsung (BFH IV R 9/12 BStBl II 14, 609 Rz 18ff). Ist bei einem in den VZ 2010 oder 2011 vorgenommenen Investitionsabzug die Investitionsabsicht weggefallen, empfiehlt es sich daher, die Rückgängigmachung bereits „freiwillig" im VZ 2012 vorzunehmen, weil dann keine Verzinsung droht (*Schröder/Jedicke* DStZ 13, 793).

34 **9. Nichterfüllung der Nutzungsvoraussetzungen, § 7g IV. – a) Materiellrechtl Rechtsfolgen.** Das „Behaltendürfen" der Vergünstigungen setzt voraus, dass das WG bis zum Ende des der Anschaffung/Herstellung folgenden Wj in einer inl Betriebsstätte des Betriebs ausschließl oder fast ausschließl betriebl genutzt wird (zu diesen Merkmalen s Rz 6ff). Fehlt es an dieser qualifizierten Nutzungsvoraussetzung, sind für **Investitionsabzugsbeträge,** die **ab VZ 2016** gebildet werden, die in Abs 2 angeordneten Rechtsfolgen (Hinzurechnung des Abzugsbetrags im Investitionsjahr, Wahlrecht für den 40%-Abzug im Investitionsjahr) rückwirkend rückgängig zu machen. Der Investitionsabzugsbetrag als solcher ist nicht zwingend rückgängig zu machen, sondern kann von den AK/HK anderer geeigneter WG abgezogen werden, sofern solche vorhanden sind und dies verfahrensrechtl noch mögl ist (zutr *Hörster* NWB 15, 1052, 1055). – Für Investitionsabzugsbeträge, die **bis VZ 2015 gebildet** worden sind (§ 52 Abs. 16 S 2), ist bei Nichterfüllung der Verbleibensvoraussetzungen sogleich zwingend auch der Investitionsabzugsbetrag rückgängig zu machen. – Die *FinVerw* sieht bei WG iSd § 6 II, IIa, für die keine Aufzeichnungspflichten bestehen, aus Vereinfachungsgründen von der Prüfung der Verbleibens- und Nutzungsvoraussetzungen ab (*BMF* BStBl I 13, 1493 Rz 57). Bei allen anderen WG legt sie dem StPfl eine entspr Anzeigepflicht auf (*BMF* BStBl I 13, 1493 Rz 64; zur Kritik wegen der unklaren Rechtsgrundlage s Rz 30).

37 **b) Verfahren der Rückabwicklung.** § 7g IV 2 enthält (parallel zu Abs 3 S 2) Korrekturvorschriften sowohl für das Jahr der Vornahme des ursprüngl Investitionsabzugs als auch für das Jahr, in dem die Rechtsfolgen des Abs 2 eingetreten sind. Abs 4 S 3 koppelt die Feststellungsfrist für die VZ der Rückabwicklung an die Feststellungsfrist für den VZ, in dem die qualifizierte Nutzungsvoraussetzung erstmals nicht mehr vorlag. – **Verzinsung.** Die sich durch die Rückgängigmachung des Abzugs ergebende StNachzahlung ist nach § 233a AO mit 6% jährl zu verzinsen. In Abs 4 S 4 ist ausdrückl geregelt, dass nicht der hinausgeschobene Zinslauf für rückwirkende Ereignisse (§ 233a IIa AO) anzuwenden ist, sondern der allg Zinslauf (Beginn 15 Monate nach Ablauf des jeweiligen VZ).

III. Sonderabschreibung, § 7g V, VI

41 **1. Voraussetzungen der SonderAfA.** Zum zeitl Anwendungsbereich des § 7g V, VI s Rz 1 und ausführl 29. Aufl Rz 3. – **a) Begünstigte WG.** Erfasst sind abnutzbare bewegl WG des AV (Abs 5); Einzelheiten hierzu s Rz 4. Ebenso wie beim Investitionsabzug sind ab 2008 auch gebrauchte WG begünstigt. SammelpostenWG iSd § 6 IIa sind hingegen nicht einbezogen (s § 6 Rz 605; aA *Wendt* FR 08, 598, 603, der sogar davon ausgeht, dass dann 120% der AK/HK abgeschrieben werden können). – Die vorherige Inanspruchnahme eines Investitionsabzugsbetrags ist *nicht* Voraussetzung für die SonderAfA. Die (wenig sinnvolle) Koppelung der SonderAfA nach § 7g I aF an die Inanspruchnahme einer Ansparabschreibung (s 29. Aufl Rz 55) ist ab 2008 ersatzlos entfallen.

42 **b) Betriebsgrößenabhängige Voraussetzungen.** Nach § 7g VI Nr 1 kann die SonderAfA nur in Anspruch genommen werden, wenn der Betrieb zum Schluss des Wj, das der Anschaffung/Herstellung *vorangeht,* die Größenmerkmale des Abs 1 S 2 Nr 1 (Einzelheiten s Rz 12ff) nicht überschreitet. Anders als beim Investitionsabzugsbetrag (s Rz 12) kommt es also nicht auf die Betriebsgröße zum

Schluss des *lfd* Wj an. Bei **Neugründung** eines Betriebes fehlt es an einem BV oder Gewinn zum Schluss des vorangehenden Wj; daher sind die größenabhängigen Grenzen nicht überschritten. Ein neugegründeter Betrieb ist also *immer* begünstigt (BFH I R 57/98 BStBl II 01, 127 unter B. I.).

c) Nutzungsvoraussetzungen. Das WG muss im Jahr der Anschaffung/Herstellung *und* im darauf folgenden Wj in einer inl Betriebsstätte des Betriebs des StPfl (fast) ausschließl betriebl genutzt werden (Abs 6 Nr 2; näher zu diesen Voraussetzungen s Rz 6 ff). Bis 2007 kam es hingegen nur auf die Nutzung im Wj der Anschaffung/Herstellung an. Durch die Verlängerung der Nutzungsfrist ist die zuvor beliebte Gestaltung, zB einen Pkw am 30.12. anzuschaffen, an den beiden verbleibenden Tagen des Jahres ausschließl betriebl zu nutzen, hierfür die SonderAfA in Anspruch zu nehmen, den Pkw ab dem 1.1. des Folgejahres aber in nennenswertem Umfang auch privat zu benutzen, nicht mehr mögl. Umgekehrt kann die SonderAfA aber auch dann vorgenommen werden, wenn das WG im Jahr der *Inanspruchnahme* der SonderAfA nicht mehr fast ausschließl betriebl genutzt wird (zB der Pkw wird die erforderl zwei Wj lang fast ausschließl betriebl genutzt; im dritten Jahr gehört er zwar noch zum BV, wird aber größtenteils privat genutzt). Denn Abs 6 Nr 2 knüpft nicht an das Wj der Inanspruchnahme der SonderAfA, sondern an das Jahr der Anschaffung/Herstellung und das folgende Wj an. – Bei **Nichterfüllung der Nutzungsvoraussetzungen** ist die SonderAfA rückwirkend zu versagen; hierfür gilt Abs 4 sinngemäß (Korrekturvorschrift, Ablaufhemmung, Verzinsung; s Rz 37). 43

2. Vornahme der Sonderabschreibung, § 7g V. Der **Begünstigungszeitraum** beträgt fünf Jahre. Das Erstjahr ist das Jahr der Anschaffung/Herstellung (zum Begriff der Anschaffung/Herstellung s § 9a EStDV, § 7 Rz 90 und die dortigen Verweise). – Die **Höhe der SonderAfA** beläuft sich in den fünf Jahren des Begünstigungszeitraums auf *insgesamt* 20% der AK/HK (die zuvor um den Abzugsbetrag nach Abs 2 S 2 zu mindern sind; s Rz 26). Die Verteilung dieses Höchstbetrags steht dem StPfl frei; er kann ihn bereits im Anschaffungs-/Herstellungsjahr in voller Höhe in Anspruch nehmen, und zwar unabhängig von der Lage des Anschaffungs-/Herstellungszeitpunkts in diesem Jahr. Eine *absolute* Beschränkung der Höhe des SonderAfA existiert (anders als für den Investitionsabzugsbetrag, s Abs 1 S 4) nicht. Neben der SonderAfA ist die NormalAfA nach § 7 I oder – insoweit abw von § 7a IV – nach § 7 II abzusetzen. – Die **RestwertAfA** richtet sich nach § 7a IX (s § 7a Rz 16). Maßgebend ist der Buchwert am Ende des fünfjährigen Begünstigungszeitraums, auch wenn die SonderAfA bereits in einem früheren Jahr vollständig in Anspruch genommen wurde (s aber § 7a Rz 16). 45

IV. Sonder- und Ansparabschreibung bis 2006/2007, § 7g aF

Benutzerhinweis: Soweit sich Rechtsprobleme des § 7g aF auch bei § 7g nF stellen, sind sie in Rz 1–45, 55–66 kommentiert. Eine umfassende Kommentierung derjenigen Fragen, die sich ausschließl zu § 7g aF stellten, findet sich letztmals in der 29. Aufl Rz 51–85. Nachfolgend sind nur noch **Nachträge** aufgenommen. – So war der Abzug nach dem damaligen Gesetzeswortlaut auch zulässig für WG, die in einer **ausl Betriebsstätte** genutzt werden sollten (BFH I R 45/10 BStBl II 12, 118; s bereits 29. Aufl Rz 63 mwN). – Die **Betriebsverpachtung im Ganzen** war wegen des Fehlens eines „werbenden Betriebs" (s Rz 12) stets von der Begünstigung ausgeschlossen (FG Mchn EFG 10, 2073, allerdings Erledigung der Hauptsache im Revisionsverfahrens IV R 27/10); die in 29. Aufl Rz 63 geäußerte abw Auffassung wird aufgegeben. – Der **Gewinnzuschlag** nach § 7g V aF (s 29. Aufl. Rz 75) war *immer* vorzunehmen, wenn die Rücklage tatsächl in einem späteren Wj als dem ihrer Bildung aufgelöst wurde, ohne dass die geplante Investition getätigt wurde; es kam nicht darauf an, ob die Rücklage ursprüngl zu Recht oder zu Unrecht gebildet worden war (BFH IV R 16/09 BStBl II 12, 766 Rz 21 ff; BFH VIII B 83/11 BFH/NV 12, 726 Rz 7). – **Änderungsbefugnis bei zunächst unterbliebener Rücklagenauflösung trotz Nichtinvestition.** Wenn der StPfl den Auflösungsbetrag nicht erklärt und das FA dies zunächst nicht bemerkt, darf das 51

FA später nach § 173 I Nr 1 AO ändern (FG Mster EFG 12, 1271, rkr; FG Nbg EFG 15, 1897, Rev III R 22/15). Dies gilt auch dann, wenn das FA erst nachträgl erfährt, dass ein Betrieb, der eine Rücklage gebildet hatte, in einem späteren Jahr, für das bereits ein Schätzungsbescheid ergangen ist, tatsächl keine Investition vorgenommen hat; es kann dann die Rücklage im Schätzungsjahr auflösen und den Bescheid nach § 173 AO ändern (FG Nbg EFG 12, 1220, rkr). Ob in derartigen Fällen eine Änderung nach Treu und Glauben ausgeschlossen sein kann (so FG BBg EFG 15, 1451, Rev X R 21/15), ist mE zweifelhaft. – Erkannte das FA nachträgl, dass der StPfl kein **Existenzgründer** (§ 7g VII aF) war, konnte es gebildete Existenzgründerrücklagen zum Ende der Zweijahresfrist (mit Gewinnzuschlag) auflösen und diese Korrektur verfahrensrechtl auf § 174 III AO stützen (BFH VIII R 38/09 BStBl II 12, 23). Auch eine GmbH & Co KG konnte die Existenzgründer-Förderung in Anspruch nehmen, wenn alle ihre MUer ihrerseits als Existenzgründer anzusehen waren, insb an der Komplementär-GmbH (trotz deren ggf fehlender Beteiligung am Gewinn und Vermögen der KG) ausschließl Existenzgründer beteiligt waren (BFH IV R 16/09 BStBl II 12, 766 Rz 12 ff; ebenso bereits 29. Aufl Rz 83). – **Übergangsrecht:** Obwohl seit dem 18.8.07 nur noch § 7g nF anwendbar ist (§ 52 Abs 23 S 1 EStG 2008), soll eine im VZ 2006 nach § 7g aF gebildete Rücklage auch noch im VZ 2007 aufgestockt werden können (*BMF* BStBl I 13, 1493 Rz 67; FG Ddorf EFG 12, 1335, rkr; FG Köln EFG 12, 2001, rkr). Es ist verfrechtl nicht zu beanstanden, wenn sich die Voraussetzungen für eine im Jahr 2008 geltend gemachte SonderAfA nach § 7g nF beurteilen, auch wenn für dasselbe WG bereits 2006 eine AnsparAfA vorgenommen wurde (FG Ddorf EFG 13, 918, rkr). – Der BFH lässt zu § 7g aF **Revisionen wegen grundsätzl Bedeutung** nur noch zu, wenn sich die Rechtsfrage auch für § 7g nF stellt (BFH X B 182/08 BFH/NV 10, 675; BFH X B 124/09 BFH/NV 10, 1278; BFH I B 8/11 BFH/NV 11, 1867 unter II.1.; BFH I B 151/12 BFH/NV 13, 1572).

V. Bis VZ 2015 geltende zusätzliche Voraussetzungen für den Investitionsabzugsbetrag

55 **1. Investitionsabsicht, § 7g I 2 Nr 2 aF. – a) Überblick.** In seinen von 2007 bis 2015 geltenden Fassungen forderte § 7g ausdrückl, dass der StPfl, „beabsichtigt", das begünstigte WG voraussichtl anzuschaffen oder herzustellen. Bei der früheren Ansparabschreibung war eine Glaubhaftmachung der Investition hingegen grds nicht erforderl (s 29. Aufl Rz 64). Die Rspr hatte allerdings schon zur Ansparabschreibung für einige in der Praxis wichtige Fallgruppen bestimmte Konkretisierungen der Investitionsentscheidung gefordert. Über diese Fallgruppen hinaus konnte die Investitionsabsicht in Frage zu stellen sein, wenn die Investition nicht plausibel erscheint, zB weil sie nicht in das gegenwärtige oder künftig zu erwartende **Betriebskonzept** passte (BFH I B 8/11 BFH/NV 11, 1867: zu geringe Betriebsgröße für die angebl Investitionen) oder weil sie **nicht finanzierbar** war (weder hinreichende Liquidität noch Kreditwürdigkeit; s auch BFH X R 51/00 BStBl II 04, 184 unter II.5.b). Die Vorlage eines Investitionsplans oder eine feste Bestellung war aber nicht erforderl (BT-Drs 16/4841, 52). Letztl hat das Merkmal der Investitionsabsicht jedoch bei weitem nicht die Bedeutung erlangt wie der zur früheren Ansparabschreibung ausgetragene Streit um die Glaubhaftmachung der Investition, weil der Investitionsabzugsbetrag für Gestaltungen zur bloßen Einkünfteverlagerung kaum noch Raum lässt (s Rz 3). – Die Investitionsabsicht muss sich auf die **fristgerechte Investition** (innerhalb der folgenden drei Wj) und auf die **qualifizierte Nutzung des WG** (fast ausschließl betriebl Nutzung in einer inl Betriebsstätte mindestens bis zum Ende des der Investition folgenden Wj) beziehen (näher zu diesen Voraussetzungen s Rz 6 ff).

56 **b) Betriebe, deren Eröffnung im Jahr des Investitionsabzugs noch nicht beendet ist.** Obwohl § 7g den Begriff „Betrieb" verwendet, kann die Förderung nach einhelliger Auffassung grds bereits in VZ vor Betriebseröffnung in Anspruch genommen werden (BFH IV R 30/00 BStBl II 04, 182 unter 1.; BFH X R 42/11 BStBl II 13, 719 Rz 19 ff). Hinsichtl der in diesen Fällen geltenden Nachweisanforderungen ist zw § 7g aF/nF zu differenzieren. – **aa) Rechtslage für den Investitionsabzugsbetrag.** Die Investitionsabsicht kann bei in Gründung befindl

Betrieben nicht unterstellt werden, sondern ist besonders zu prüfen, weil keine Plausibilitätskontrolle am Maßstab des bisherigen Betriebskonzepts mögl ist. Es muss absehbar sein, dass mit einem Abschluss des Prozesses der Betriebseröffnung zu rechnen ist (BFH X R 42/11 BStBl II 13, 719 Rz 23 ff). Während bei der Ansparabschreibung als Nachweis der Investitionsabsicht ausschließl eine verbindl Bestellung der wesentl Betriebsgrundlagen anerkannt wurde (s Rz 57), stehen dem StPfl seit VZ 2007 grds auch alle anderen Beweismittel zur Verfügung (BFH X R 42/11 BStBl II 13, 719 Rz 39 ff, Anm *Kulosa* HFR 12, 1061; *BMF* BStBl I 13, 1493 Rz 29). Der Nachweis ist typischerweise geführt, wenn der StPfl iRd lfd Betriebseröffnung bereits selbst und endgültig mit Aufwendungen belastet ist (zB Standortgutachten, Anmietung von Geschäftsräumen), oder wenn die im „alten" VZ durchgeführten Schritte sich als sinnvolle, zeitl zusammenhängende Abfolge mit dem absehbaren Ziel des endgültigen Abschlusses der Betriebseröffnung darstellen, auch wenn die letzten Teilakte bis zur rechtsverbindl Investitionsentscheidung erst nach dem Stichtag liegen; bei der Prüfung darf „ergänzend und begrenzt" auch die künftige Entwicklung (dh die tatsächl durchgeführte Investition) berücksichtigt werden. Legt der StPfl jedoch ausschließl Kostenvoranschläge und Darlehensangebote (die ihn nichts kosten und schnell zu erlangen sind) vor, ohne dass weitere obj Indizien für die beabsichtigte Betriebseröffnung sprechen, lässt der BFH dies idR nicht genügen (BFH X R 20/11 BFH/NV 12, 1778 Rz 33 f: ausschließl die Zeugenaussage einer nahestehenden Person ohne obj Indizien reicht grds nicht aus; BFH IV R 30/12 BFH/NV 15, 971). In Einzelfällen genügt selbst ein konkreter Vertragsschluss über die zu errichtende Anlage nicht, wenn die Realisierung der Investition noch von dem (zweifelhaften) Eintritt zahlreicher Bedingungen abhängig ist (eher streng, für den dortigen Fall aber zutr BFH IV R 38/12 BFH/NV 15, 984). – In der Praxis bleibt es für Betriebsgründer aber schwierig, die 3-jährige gesetzl Investitionsfrist auszuschöpfen (zB FG Mster EFG 12, 825, rkr: kein Abzug bei tatsächl Investition ca 17 Monate nach Ablauf des VZ; BFH III R 37/11 BFH/NV 13, 351: kein Abzug bei tatsächl Investition 20 Monate nach Ablauf des VZ ohne konkrete Aktivitäten in der Zwischenzeit; FG Mster EFG 13, 1646, rkr: Vorlage eines undatierten Kaufvertrags für eine tatsächl Investition 15 Monate nach Ablauf des VZ genügt nicht). Aus Beweisgründen sollte die tatsächl Investition daher relativ kurzfristig nach Ablauf des VZ erfolgen, für den der Abzugsbetrag geltend gemacht wird.

bb) Rechtslage bei der früheren Ansparabschreibung. Hier verlangten Rspr und *FinVerw* im Fall der **Anschaffung wesentl Betriebsgrundlagen** *zwingend* deren **verbindl Bestellung** bis zum Ende des Wj der Ansparabschreibung (BFH IV R 30/00 BStBl II 04, 182; BFH XI B 210/03 BFH/NV 05, 204; BFH VIII B 159/05 BFH/NV 07, 421; nochmals unter ausführl Auseinandersetzung mit der hier vertretenen Gegenauffassung BFH X R 16/08 BFH/NV 11, 33; aus jüngerer Zeit ferner BFH IV R 22/11 BFH/NV 12, 1425 Rz 18; BFH X R 42/11 BStBl II 13, 719 Rz 28; mit einer RsprÄnderung zu § 7g aF ist nicht mehr zu rechnen; zur Kritik s 31. Aufl Rz 14 f; zur evtl VerfWidrigkeit s allerdings *Kulosa* HFR 12, 1062 unter 3.). Dies ist so zu verstehen, dass dann, wenn die wesentl Betriebsgrundlagen *nicht* verbindl bestellt sind, auch für andere (unwesentl) WG keine Ansparabschreibung vorgenommen werden kann; sind hingegen die wesentl Betriebsgrundlagen bestellt, kann die Begünstigung für unwesentl WG auch ohne Bestellung in Anspruch genommen werden. Zu streng mE BFH III B 65/03 BFH/NV 04, 632 und BFH III B 159/06 BFH/NV 07, 2284 unter II.2.b (verbindl Bestellung im Folgejahr und noch vor Abgabe der EStErklärung genügt nicht); BFH III R 40/05 BFH/NV 06, 2058 (Kreditantrag genügt nicht); BFH XI R 24/06 BFH/NV 07, 1110 (verbindl Bewerbung um die Anpachtung eines Betriebs genügt nicht); BFH X R 16/08 BFH/NV 11, 33 (langfristiger Mietvertrag über die Geschäftsräume sowie Ingenieurvertrag genügt nicht). – Für noch **herzustellende wesentl Betriebsgrundlagen** sollte der tatsächl **Beginn der Herstellung** oder ein verbindl Genehmigungsantrag im Wj des Investitionsabzugs erforderl sein (BFH IV 28/05 BStBl II 07, 704). – Der **Begriff der wesentl Betriebsgrundlage** ist hier funktional zu bestimmen und hängt von der Art des Betriebes ab: Erfasst sind solche WG, ohne die der Betrieb nicht geführt werden könnte (BFH VIII B 134/04 BFH/NV 05, 2186; BFH IV B 114/08 BFH/NV 09, 1420 unter 2.b; 57

BFH IV R 22/11 BFH/NV 12, 1425 Rz 19; dazu *Jörißen* EStB 06, 422) bzw die nach dem Betriebskonzept des Gründers für die Führung des Betriebs erforderl sind (BFH X B 69/12 BFH/NV 13, 185 Rz 13). Sehr weitgehend mE BFH XI R 24/06 BFH/NV 07, 1110 (Fernsehgeräte, Betten, Telefone als wesentl Betriebsgrundlage eines Ferienbetriebs) und FG RhPf BB 09, 1916 (Büromöbel und -technik als wesentl Betriebsgrundlage eines Unternehmensberaters).

58 **cc) Wesentl Erweiterung eines bereits bestehenden Betriebes. – (1) Investitionsabzugsbetrag.** Auch die *FinVerw* stellt in dieser Fallgruppe keine besonderen Anforderungen mehr (*BMF* BStBl I 13, 1493 Rz 32; ebenso zuvor bereits *Wendt* FR 08, 598, 600; *Kulosa* HFR 12, 1061 unter 2.; aA noch *BMF* BStBl I 09, 633 Rz 35).

(2) Ansparabschreibung. Rspr und *FinVerw* verlangten hier auch in Fällen wesentl Betriebserweiterung (wie § 269 HGB aF) für die Begünstigung generell die verbindl Bestellung der wesentl Betriebsgrundlagen oder deren Herstellungsbeginn (BFH X R 51/00 BStBl II 04, 184 unter II.5.; BFH X R 38/02 BFH/NV 05, 846; BFH X B 51/07 BFH/NV 07, 2284; BFH VIII B 224/06 BFH/NV 08, 945; BFH X R 16/05 BFH/NV 08, 559: beabsichtigte Errichtung einer Windenergieanlage durch einen bereits als Baustoffhändler gewerbl tätigen StPfl; wesentl Erweiterung hingegen zutr verneint für die Ergänzung eines Elektroinstallationsbetriebs um eine Photovoltaikanlage BFH X R 21/08 BFH/NV 11, 235). In neueren Entscheidungen sind die Formulierungen etwas gelockert worden; der BFH hat klargestellt, dass nur Fälle einer **„wesentl und außerordentl Kapazitätserweiterung"** (BFH X R 21/08 BFH/NV 11, 235 unter II.2.b; BFH X B 156/10 BFH/NV 11, 745 unter 1.a; BFH III R 15/10 BFH/NV 13, 1071: mit Tendenz zur Verneinung offen gelassen bei Vervierfachung der Kapazität einer vorhandenen Photovoltatikanlage; bej FG Mchn EFG 12, 315, rkr: unplausible Investition in einem Ein-Mann-Betrieb, die eine Umsatzverdreifachung und die erstmalige Einstellung mehrerer Mitarbeiter erfordern würde) sowie der **Aufnahme eines neuen Geschäftszweigs** (BFH III B 240/11 BFH/NV 12, 1601 Rz 12; dort auch zu den entspr Abgrenzungskriterien) gemeint seien. Zur Kritik s 31. Aufl Rz 15 mwN.

59 **c) Obj Möglichkeit der Investition.** Das bis VZ 2015 in Abs 1 S 2 Nr 2 aF enthaltene Merkmal „voraussichtlich" erforderte, dass die Investition im Zeitpunkt der Vornahme des Investitionsabzugs noch durchführbar und *objektiv* mögl war (zur Rechtslage bis 2006 BFH XI R 13/00 BStBl II 02, 385 unter II.1.a). Dazu bedarf es nach der zur Ansparabschreibung entwickelten Rspr und der auch zum Investitionsabzugsbetrag vertretenen Verwaltungsauffassung eines **Finanzierungszusammenhangs** zw Investition und Investitionsabzug (BFH XI R 18/01 BStBl II 04, 181; abl *Meyer/Ball* FR 04, 984, 987 f; *Weßling/Romswinkel* DStR 06, 782). Der BFH lässt allerdings ausdrückl offen, ob dieses (zur Vermeidung gesetzeszweckwidriger Gestaltungen bei der missglückten Ansparabschreibung „erfundene") Merkmal überhaupt fortgelten soll (so zB BFH VIII R 48/10 BStBl II 13, 952 Rz 11 f). ME kann dieses **Merkmal aufgegeben** werden, da eine Analyse der nachfolgend (Rz 60–62) dargestellten Fallgruppen zeigt, dass es nur für eine am Gesetzeszweck orientierte einschr Auslegung der Ansparabschreibung, nicht aber für die geänderte und verbesserte ab VZ 2007 geltende Gesetzessystematik benötigt wird (glA *Wendt* FR 12, 642).

60 **aa) Betriebsveräußerung oder -aufgabe. – (1) Investition nicht mehr durchführbar.** Der Finanzierungszusammenhang fehlt, wenn im Zeitpunkt der Geltendmachung des Abzugs eine Investition nicht mehr durchführbar ist, weil der Betrieb bereits aufgegeben oder veräußert worden ist (BFH IV R 11/02 BFH/NV 04, 1400; BFH X R 41/03 BFH/NV 05, 848: Betriebsaufgabe; FG Mchn EFG 06, 644 unter II.1., rkr; FG Mchn EFG 07, 1430, rkr: Betriebsveräußerung). Es genügt bereits, wenn der StPfl bei Geltendmachung des Abzugs (zum maßgebl Zeitpunkt s Rz 61) den *Entschluss* zur Betriebsveräußerung/-aufgabe gefasst hat (BFH X R 31/03 BStBl II 07, 862 unter II.4.d; BFH X R 43/06 BFH/NV 08, 554 unter II.4., 5.). Gleiches gilt auch beim Übergang zu einer Betriebsverpachtung im Ganzen, bei der es sich nicht mehr um einen „werbenden Betrieb" mit der Möglichkeit zur Rücklagenbildung handelt (s Rz 12). ME gilt dies für das Ausscheiden des vorletzten Ges'ters aus einer GbR und Anwachsung beim verblei-

benden Ges'ter jedenfalls dann, wenn für das Ausscheiden im konkreten Fall ein Entgelt gezahlt wird (aA FG Köln EFG 14, 1371, Rev VIII R 23/14). – Hat der StPfl bei der Betriebsveräußerung unwesentl WG zurückbehalten und führt er damit einen **„Restbetrieb"** fort, schließt dies den Investitionsabzug nicht zwingend aus (BFH XI R 47/06 BStBl II 08, 106); der Restbetrieb muss aber lebensfähig sein (FG Mchn EFG 10, 1401, rkr). – **(2) Realteilung einer PersGes.** Dieser Spezialfall einer Betriebsaufgabe ist jedenfalls dann unschädl, wenn der Investitionsabzugsbetrag im SonderBV eines MUers gebildet worden war und die Investition nach der Realteilung in dessen neuem EinzelBV erfolgt (BFH VIII R 28/08 BStBl II 14, 299; der VIII. Senat hat hier auf die wirtschaftl Kontinuität und den Förderungszweck abgestellt; krit *Wendt* FR 11, 995). – **(3) Einbringung in PersGes oder KapGes zu Buchwerten.** Steht die Einbringung (Spezialfall einer Betriebsveräußerung) im Zeitpunkt der Geltendmachung einer Ansparabschreibung bereits fest, ist nach einer Entscheidung des GrS die Begünstigung zu versagen (BFH GrS 2/12 BStBl II 15, 1007: der Förderzweck könne nicht mehr erreicht werden; krit *Weber-Grellet* FR 15, 1085; zur hier zuvor vertretenen gegenteiligen Auffassung s 34. Aufl Rz 17 und Vorlagebeschluss BFH X R 21/09 BStBl II 14, 447 sowie *BMF* BStBl I 13, 1493 Rz 37). Diese rechtl Beurteilung ist auch auf den Investitionsabzugsbetrag in der bis VZ 2015 geltenden Fassung übertragbar (glA *Scholz* BB 15, 2802; *Schimmele* EStB 15, 390, 392). – **(4) Unentgeltl Betriebsübertragung nach § 6 III.** Dies schließt die Vornahme und Fortführung eines Investitionsabzugs mE nicht aus, weil es sich nicht um eine Veräußerung handelt (so iErg wohl auch *BMF* BStBl I 13, 1493 Rz 37; BFH VIII B 54/01 BFH/NV 02, 24; *Scholz* BB 15, 2802). Nach der Gegenauffassung ist die Begünstigung ausgeschlossen, weil der Übergeber bei Vornahme des Abzugs keine Entscheidungsbefugnis über die Realisierung der Investitionen mehr habe (FG RhPf EFG 10, 948, rkr; FG Nds EFG 12, 1537, Rev IV R 14/12).

bb) Erstmalige Geltendmachung im Wege der Änderung der ursprüngl Gewinnermittlung. – (1) Nachholung grds mögl. Hatte der StPfl in seiner zunächst eingereichten Gewinnermittlung noch keinen Investitionsabzug vorgenommen, sondern holt er dies erst später nach, steht dies dem Abzug grds nicht entgegen. Ist keine der in Rz 62 dargestellten Ausnahmefallgruppen gegeben, lässt die Rspr eine nachträgl Geltendmachung des Abzugsbetrags bis zum Eintritt der Bestandskraft der EStFestsetzung zu (BFH VIII R 48/10 BStBl II 13, 952 Rz 13 ff: Geltendmachung erst im Einspruchsverfahren kurz nach tatsächl Durchführung der Investition; BFH X R 42/11 BStBl II 13, 719 Rz 53 ff: Geltendmachung nach Abgabe der EStErklärung, aber vor Ergehen des Erstbescheids; BFH VIII R 23/09 BFH/NV 12, 933: keine Rechtsgrundlage für eine zeitl Begrenzung bis zur Einspruchsfrist oder für eine Differenzierung zw bereits durchgeführter oder noch ausstehender Investition; BFH I R 13/12 BFH/NV 13, 520: Geltendmachung im Wege der Bilanzänderung erst mit Einreichung der Bilanz für das Folgejahr; zur neuen Rspr s auch *Strahl* NWB 12, 1814). Die *FinVerw* hat sich dieser Rspr mittlerweile angeschlossen (*BMF* BStBl I 13, 1493 Rz 24 ff; ausführl *Görke* FR 14, 158). – Noch nicht entschieden ist bisher, ob der StPfl (was *BMF* BStBl I 13, 1493 Rz 24 fordert) eine **plausible Begründung für die nachträgl Geltendmachung** abgeben muss. Einerseits hat der I. Senat die entscheidende Bedeutung der Kundgabe der Investitionsabsicht in der (ursprüngl) EStErklärung betont (BFH I R 90/10 BStBl II 13, 949 Rz 13), andererseits hat der VIII. Senat die bloße Behauptung des StPfl ausreichen lassen, das Unterbleiben der Geltendmachung in der ursprüngl Gewinnermittlung habe auf einem Versehen beruht (BFH VIII R 23/09 BFH/NV 12, 933); der X. Senat hat sogar gänzl von einer „Motivforschung" abgesehen (BFH X R 42/11 BStBl II 13, 719 Rz 53 ff; mE zutr). – **„Geltend gemacht"** ist die Begünstigung erst mit Einreichung des Jahresabschlusses beim FA (BFH GrS 2/12 BStBl II 15, 1007 Rz 57); der Investitionszeitraum endet bei abw 61

Wj bereits mit dem Wj, nicht erst am 31.12. (BFH X B 239/07 BFH/NV 08, 1153). – Diese Grundsätze gelten nicht nur für die *erstmalige* nachträgl Vornahme von Investitionsabzügen, sondern auch für die Änderung der Gewinnermittlung durch **nachträgl Aufstockung von Investitionsabzugsbeträgen,** die für *denselben* VZ bereits gebildet worden waren (zutr *Wendt* FR 09, 88); zur Zulässigkeit einer Aufstockung in *späteren* VZ s Rz 23. – **Keine Einschränkungen** gelten hingegen, wenn der **Investitionsabzug in der erstmaligen Gewinnermittlung geltend gemacht** wird, und zwar unabhängig davon, ob diese erst im Einspruchsverfahren gegen einen vorangegangenen Schätzungsbescheid eingereicht wird oder ob die Investition bereits durchgeführt worden ist (zutr BFH I R 90/10 BStBl II 13, 949). – Von der (erstmaligen) nachträgl Geltendmachung eines Investitionsabzugsbetrags zu unterscheiden ist mE aber der **nachträgl Austausch des anzuschaffenden WG,** wenn die Anschaffung des ursprüngl geplanten WG später scheitert. Ein solcher Austausch ist nicht mögl, weil damit die strenge Bindung des Investitionsabzugsbetrags an ein *bestimmtes WG* unterlaufen würde (aA FG Sachs BB 14, 2355, rkr).

62 **(2) Nachträgl Geltendmachung ausnahmsweise unzulässig.** Die Rspr versagt die Begünstigung bei nachträgl Geltendmachung unter Berufung auf das Fehlen des (im Gesetzeswortlaut ohnehin nicht zu findenden) Finanzierungszusammenhangs nur in den folgenden Fallgruppen: – **(a) Bei Geltendmachung war die Investitionsfrist ohne tatsächl Investition bereits abgelaufen.** Hier fehlt es unter Geltung der **Ansparabschreibung** am Finanzierungszusammenhang (BFH IV R 23/01 BStBl II 04, 187; BFH X R 32/03 BStBl II 06, 66 unter II.2.; BFH XI R 44/05 BStBl II 06, 903 unter II.3.; iErg auch FG Mchn EFG 08, 1781 unter II.1.a, rkr; zu Unrecht aA *Vogelgesang* BB 04, 640, 642). Gleiches galt, wenn der Abzug so kurz vor Ablauf des Investitionszeitraums geltend gemacht wurde, dass auch der StPfl nicht damit rechnete, die Investition rechtzeitig durchführen zu können (BFH IV R 82/05 BStBl II 08, 471 unter II.1.b; BFH IV R 83/05 BFH/NV 08, 1130 unter II.1.b; mE zutr). – Seit der Umgestaltung des § 7g zu einem **Investitionsabzugsbetrag** hat diese Fallgruppe keine Bedeutung mehr, weil der Abzug hier sogleich wegen Ablaufs der Investitionsfrist rückgängig zu machen wäre (§ 7g III). Dies verkennen die Gesetzesmaterialien zu der ab VZ 2016 geltenden Neuregelung, wo diese Fallgruppe nochmals erwähnt wird (BT-Drs 18/4902, 42). – **(b) Tatsächl Investition lag bei Geltendmachung mehr als drei Jahre zurück.** Bei der früheren Ansparabschreibung galt eine Zweijahresfrist (BFH XI R 18/01 BStBl II 04, 181; BFH I R 89/05 BFH/NV 07, 671; BFH III R 43/06 BStBl II 13, 8). Beim Investitionsabzugsbetrag ist dies wegen der verlängerten Investitionsfrist auf drei Jahre zu erweitern (zutr FG Nds EFG 14, 1285, Rev X R 28/14, zust Anm *Graw* EFG 14, 1288). – **(c) Nachholung dient dem Ausgleich einer durch das FA vorgenommenen Einkommensänderung.** Hier dient die Inanspruchnahme der Begünstigung nicht einem investitionsbezogenen Ziel. *Beispiele:* Bildung 5 Jahre nach Ablauf des VZ zum Ausgleich einer Einkommenserhöhung nach Bp (BFH XI B 136/05 BFH/NV 07, 40 unter 2.b); Bildung zum Ausgleich höherer Beteiligungseinkünfte, die zum Übersteigen der Einkommensgrenze nach § 10e führten (BFH VIII R 62/06 BStBl II 08, 747 unter II.2.a); s auch FG BBg EFG 08, 1279, rkr; FG Ddorf BB 14, 1010, Rev X R 15/14; aA FG Nds EFG 14, 826, Rev IV R 9/14; *Meyer/Ball* StBP 14, 257, 259; *Korn* KÖSDI 15, 19510, 19517.

63 **d) Sonstige Fallgruppen Glaubhaftmachung.** Erhöhte Anforderungen an die Plausibilität der Investitionsabsicht sind zu stellen, wenn der StPfl zum wiederholten Male einen Investitionsabzug für dasselbe, bisher nach Ablauf der Investitionsfrist aber nie angeschaffte WG vornehmen will (*BMF* BStBl I 13, 1493 Rz 21; ebenso zur Ansparabschreibung zutr BFH XI R 28/05 BStBl II 07, 860 unter II.1.: einleuchtende Begründung erforderl; BFH X R 1/06 BStBl II 08, 119 unter

II.1.d, 3.: auch dann, wenn bei der wiederholten Geltendmachung eine höhere Anzahl derselben WG angesetzt wird; zu derartigen „einleuchtenden Gründen" FG Köln EFG 08, 440, rkr; krit *Kanzler* FR 07, 354; *Blümich/Brandis* § 7g aF Anm 85 aE). – Eine besondere Glaubhaftmachung ist zudem erforderl, wenn der Abzug sich in *mehreren* vom StPfl beherrschten Betrieben oder Ges auf jeweils *dieselben* WG bezieht (aA noch BFH XI R 13/00 BStBl II 02, 385 unter II.3.; zR krit *Paus* DStZ 02, 486; nunmehr anders aber wohl BFH XI R 28/05 BStBl II 07, 860 unter II.1.).

2. Formelle Voraussetzungen, § 7g I 2 Nr 3 aF. – a) Benennung des WG seiner Funktion nach, Angabe der AK/HK. Von VZ 2007 bis 2015 war gesetzl geregelt, was bereits die zur Ansparabschreibung ergangene Rspr gefordert hatte (vgl BFH XI R 13/00 BStBl II 02, 385 unter II.1.a; BFH X R 1/06 BStBl II 08, 119 unter II.1.a). **Nicht ausreichend** sind „Sammelbuchungen" für mehrere verschiedenartige WG (zu § 7g aF BFH VIII B 3/10 BFH/NV 11, 432) sowie die Beschränkung auf **Oberbegriffe und Sammelbezeichnungen** (zur Ansparabschreibung s BFH X B 237/10 BFH/NV 12, 218 Rz 7; zur Rechtslage bis VZ 2015 s BFH X R 25/10 BFH/NV 12, 718 Rz 20). Allerdings genügt die Angabe eines Stichworts, aus dem sich die Funktion ergibt (*BMF* BStBl I 13, 1493 Rz 34); die *FinVerw* ist hier großzügiger als zu § 7g aF (dort zu Sammelbezeichnungen und Oberbegriffen ausführl *Meyer/Ball* FR 04, 984, 986; *Vogelgesang* BB 04, 640). Zur Frage, ob für die Konkretisierung von GWG geringere Anforderungen gelten, s *Pohl* DB 03, 960, 962 (offen gelassen von BFH IV B 55/02 BFH/NV 03, 159). Die Individualisierung des WG ist erforderl, weil bei späterer Anschaffung/Herstellung eines **nicht funktionsgleichen WG** der Investitionsabzug rückgängig gemacht wird (s Rz 30). Die Angabe des voraussichtl Zeitpunkts der Investition ist nicht erforderl (ebenso die Rspr zu § 7g aF, s 29. Aufl Rz 65). – **Einzelfälle:** Nicht ausreichend sind Sammelbezeichnungen wie „Empfang/Besprechungsraum" (BFH IV R 82/05 BStBl II 08, 471 unter II.3.), „EDV-Anlage/Büroausstattung" (BFH IV B 55/02 BFH/NV 03, 159), „Büromöbel" (FG RhPf BB 09, 1916), „Büroeinrichtung" (FG BBg EFG 12, 1632, rkr), „Studiobedarf" (BFH X R 25/10 BFH/NV 12, 718 Rz 19 ff). „Bagger" genügt, „Baumaschine" nicht (FG Bbg EFG 04, 1442, rkr); „Geschäftspersonenfahrzeug" genügt (FG Ddorf EFG 03, 440, rkr), „Firmenwagen" nicht (FG BBg EFG 12, 1632, rkr; mE nicht zwingend); „Ford Transit" genügt, ohne dass weitere Merkmale wie „Pritsche", „Kombi" oder „Bus" anzugeben sind (BFH X R 1/06 BStBl II 08, 119 unter II.1.b); „Inventar" soll auch dann nicht ausreichen, wenn im Einspruchsverfahren eine Konkretisierung vorgenommen wird (FG BaWü EFG 12, 2275, NZB X B 95/12 unzul). – Die in den **Gesetzesmaterialien** enthaltenen Erläut zu diesem Merkmal stiften eher Verwirrung: Dort wird einerseits daran festgehalten, dass Sammelbezeichnungen („Maschinen", „Fuhrpark") nicht ausreichen (BT-Drs 16/4841, 52); andererseits soll es aber genügen, wenn statt eines Traktors ein Mähdrescher angeschafft wird („landwirtschaftl Nutzfahrzeug") oder statt eines Gabelstaplers ein Lkw („Transportfahrzeug") erworben wird (BT-Drs 16/5491, 17; präziser *BMF* BStBl I 13, 1493 Rz 35: der Austausch des WG ist nur dann unschädl, wenn von vornherein der weiter gefasste Begriff verwendet worden ist; hierzu rät *Rosarius* DStZ 09, 463, 467). ME sollte man sich nicht darauf verlassen, dass die Gerichte der in den Gesetzesmaterialien vertretenen Auffassung zuneigen werden (ebenso *Wendt* FR 08, 598, 589 f; krit zu dieser Rechtsunsicherheit *Luft* DStR 12, 57, 59). – Wenn die Summe von 40% aller begünstigungsfähigen AK/HK den gesetzl Höchstbetrag von 200 000 € übersteigt, muss der StPfl auch angeben, in welchen Teilbeträgen er den Höchstbetrag auf die einzelnen WG verteilen will (zutr BFH I R 45/10 BStBl II 12, 118 unter II.2.d aa). 65

b) Beim FA einzureichende Unterlagen. Nach § 60 EStDV sind Bilanz und GuV-Rechnung, ggf auch Anhang, Lagebericht und Prüfungsbericht, der EStEr- 66 klärung beizufügen. Da der Investitionsabzugsbetrag aber *außerhalb* der Bilanz vorgenommen wird (s Rz 3), kann er in den genannten Unterlagen weder enthalten sein noch erläutert werden. Der Gesetzgeber hat sich möglicherweise vorgestellt, dass der StPfl bei Geltendmachung eines Investitionsabzugs das FA von sich aus über die Funktion und die AK/HK der WG informieren muss (bis 2006 genügte es, wenn diese Angaben in der – nicht beim FA einzureichenden – *Buchführung* enthalten waren, s 29. Aufl Rz 65). Jedoch ist diese Vorstellung im Gesetzestext nicht umgesetzt worden. In der Praxis wird das FA den Investitionsabzug nur gewähren, wenn der StPfl in einer „Anlage zum Jahresabschluss" Angaben zur Funktion des WG und zu den voraussichtl AK/HK macht (*BMF* BStBl I 13, 1493 Rz 62); eine Rechtsgrundlage dafür besteht mE aber nicht (ebenso *Wendt* FR 08, 598, 599; *Leingärtner/Wendt* Kap 30 Rz 157; ähnl *Meyer/Ball* FR 09, 641, 642). Eine Zusammenschau verschiedener Unterlagen reicht aus; auch ist eine Nachreichung vorhandener Unterlagen zu einem bereits geltend gemachten Abzugsbetrag (nicht aber eine nachträgl *Erstellung* von Unterlagen) während eines FG-Verfahrens mögl (BFH I R 90/10 BStBl II 13, 949 Rz 19ff).

§ 7h Erhöhte Absetzungen bei Gebäuden in Sanierungsgebieten und städtebaulichen Entwicklungsbereichen

(1) [1]**Bei einem im Inland belegenen Gebäude in einem förmlich festgelegten Sanierungsgebiet oder städtebaulichen Entwicklungsbereich kann der Steuerpflichtige abweichend von § 7 Absatz 4 und 5 im Jahr der Herstellung und in den folgenden sieben Jahren jeweils bis zu 9 Prozent und in den folgenden vier Jahren jeweils bis zu 7 Prozent der Herstellungskosten für Modernisierungs- und Instandsetzungsmaßnahmen im Sinne des § 177 des Baugesetzbuchs absetzen.** [2]**Satz 1 ist entsprechend anzuwenden auf Herstellungskosten für Maßnahmen, die der Erhaltung, Erneuerung und funktionsgerechten Verwendung eines Gebäudes im Sinne des Satzes 1 dienen, das wegen seiner geschichtlichen, künstlerischen oder städtebaulichen Bedeutung erhalten bleiben soll, und zu deren Durchführung sich der Eigentümer neben bestimmten Modernisierungsmaßnahmen gegenüber der Gemeinde verpflichtet hat.** [3]**Der Steuerpflichtige kann die erhöhten Absetzungen im Jahr des Abschlusses der Maßnahme und in den folgenden elf Jahren auch für Anschaffungskosten in Anspruch nehmen, die auf Maßnahmen im Sinne der Sätze 1 und 2 entfallen, soweit diese nach dem rechtswirksamen Abschluss eines obligatorischen Erwerbsvertrags oder eines gleichstehenden Rechtsakts durchgeführt worden sind.** [4]**Die erhöhten Absetzungen können nur in Anspruch genommen werden, soweit die Herstellungs- oder Anschaffungskosten durch Zuschüsse aus Sanierungs- oder Entwicklungsförderungsmitteln nicht gedeckt sind.** [5]**Nach Ablauf des Begünstigungszeitraums ist ein Restwert den Herstellungs- oder Anschaffungskosten des Gebäudes oder dem an deren Stelle tretenden Wert hinzuzurechnen; die weiteren Absetzungen für Abnutzung sind einheitlich für das gesamte Gebäude nach dem sich hiernach ergebenden Betrag und dem für das Gebäude maßgebenden Prozentsatz zu bemessen.**

(2) [1]**Der Steuerpflichtige kann die erhöhten Absetzungen nur in Anspruch nehmen, wenn er durch eine Bescheinigung der zuständigen Gemeindebehörde die Voraussetzungen des Absatzes 1 für das Gebäude und die Maßnahmen nachweist.** [2]**Sind ihm Zuschüsse aus Sanierungs- oder Entwicklungsförderungsmitteln gewährt worden, so hat die Bescheinigung auch deren Höhe zu enthalten; werden ihm solche Zuschüsse nach Ausstellung der Bescheinigung gewährt, so ist diese entsprechend zu ändern.**

(3) **Die Absätze 1 und 2 sind auf Gebäudeteile, die selbständige unbewegliche Wirtschaftsgüter sind, sowie auf Eigentumswohnungen und auf im Teileigentum stehende Räume entsprechend anzuwenden.**

Einkommensteuer-Richtlinien: EStR 7h/EStH 7h

1 **1. Anwendungsbereich.** Als AfA-Vorschrift setzt § 7h den Einsatz des Gebäudes zur **Einkunftserzielung** voraus; für selbst bewohnte oder unentgeltl überlassene Gebäude gilt § 10f (mit ansonsten identischen Voraussetzungen). § 7h ist **seit 1991 anwendbar;** zuvor galt § 82g EStDV. Die für sämtl erhöhten AfA geltenden allg Vorschriften des § 7a sind zu beachten; insb gilt **bei mehreren Beteiligten** (zB PersGes) § 7a VII (s § 7a Rz 14; zu Fonds- und Erwerbermodellen s Rz 5).

2 **2. Begünstigte WG.** § 7h erfasst im **Inland** (zur Vereinbarkeit mit Europarecht s *Cloer/Vogel* DB 10, 1901) belegene **Gebäude** (des BV oder PV). Selbständige Gebäudeteile, Eigentumswohnungen usw sind den Gebäuden gleichgestellt (Abs 3; dazu § 7 Rz 180). Begünstigtes Objekt ist in einem solchen Fall die einzelne **Eigentumswohnung;** eine Bescheinigung, die ledigl für das Gesamtgebäude ausgestellt ist, ist als Nachweis ungeeignet (BFH IX R 15/13 BStBl II 15, 581). In diesen Fällen sollte bei der Sanierungsbehörde rechtzeitig eine präzisere Bescheinigung beantragt werden; nur ein solcher Antrag hemmt nach § 171 X 2 AO die Festsetzungsfrist für die ESt (*Nöcker* HFR 15, 218). – Die begünstigten Objekte müssen in einem förml festgelegten **Sanierungsgebiet** (dazu §§ 136–164b BauGB; förml Festlegung durch Satzung nach § 142 BauGB) oder städtebaul **Entwicklungsbereich** (§§ 165–171 BauGB; förml Festlegung durch Satzung nach § 165 VI BauGB) liegen. Eine Anpassung des § 7h an später eingeführte vergleichbare städtebaul Maßnahmen (zB Stadtumbau nach §§ 171a–171d BauGB, Maßnahmen der sozialen Stadt nach § 171e BauGB) ist unterblieben (s *BayLfS* DB 06, 128). Die Sanierungs- und Entwicklungssatzung muss aber während der Durchführung der Baumaßnahmen noch in Kraft sein (BFH X R 4/12 BFH/NV 14, 1512: keine Begünstigung von Maßnahmen, die erst nach Aufhebung der Sanierungssatzung durchgeführt werden).

3 **3. Begünstigte Bemessungsgrundlage.** – **a) HK für Modernisierungs- und Instandsetzungsmaßnahmen.** § 7h I 1 nimmt insoweit Bezug auf § 177 BauGB. Dabei handelt es sich ausschließl um Maßnahmen zur Beseitigung von Missständen und Mängeln, zu deren Durchführung die Gemeinde den Eigentümer *zwingen* kann. Die Vereinbarung durch öffentl-rechtl Vertrag ist zulässig (EStR 7h VI), wobei die Einhaltung der Formvorschriften erforderl ist (BFH IX B 109/02 BFH/NV 03, 469). Maßnahmen, die weder durch VA angeordnet noch durch förml Vertrag vereinbart werden, sind nicht begünstigt (*FM Bay* FR 94, 206: auch dann nicht, wenn das Modernisierungsgebot nachträgl angeordnet wird). Begünstigt sind ferner HK für Maßnahmen, die der **Erhaltung, Erneuerung und funktionsgerechten Verwendung** eines Gebäudes dienen sollen (§ 7h I 2), sofern sich der Eigentümer zur Durchführung dieser Maßnahmen gegenüber der Gemeinde verpflichtet hat (ein Gebot nach § 177 BauGB kann hier nicht ergehen). **TeilHK** (s 30. Aufl § 7a Rz 4) berechtigen noch nicht zur Inanspruchnahme der erhöhten AfA (s § 7i Rz 3). – **Erhaltungsaufwand** kann unter den Voraussetzungen des § 7h auf bis zu 5 Jahre verteilt werden (§ 11a), wenn dies für den StPfl günstiger als der sofortige Abzug ist.

4 **b) HK eines Neubaus.** Diese sind (ggf nach Abriss eines vorhandenen Gebäudes) nicht begünstigt (BFH X R 183/96 BStBl II 03, 238 unter II.2.a; BFH X R 7/07 BStBl II 09, 596 unter II.2.). Maßgebend für das Verständnis der Begriffe „Modernisierung“ und „Instandsetzung“ ist hier allerdings das Baurecht, das in Teilbereichen vom strechtl Verständnis abweichen kann (BFH IX R 13/04 BStBl II 07, 373; *FM Nds* DB 99, 308; wohl aA FG BBg EFG 11, 955, Rev X R

2/11 unzul; s hierzu ausführl § 7i Rz 5). Besonders problematisch sind Fälle, in denen das Gebäude als solches zwar schon vorhanden war, aber an der Stelle eines bisher ungenutzten Dachbodens (unter Schaffung zusätzl umbauten Raums) eine neue hochwertige **Eigentumswohnung** entsteht. Da für Zwecke des § 7h allein die Eigentumswohnung (nicht das Gesamtgebäude) das maßgebende Objekt ist (§ 7h III; s Rz 2) und es sich in Bezug auf dieses Objekt um einen Neubau handelt, wäre die Begünstigung der Wohnung bei zutr Handhabung der Norm ausgeschlossen (aA *Beck* DStR 15, 158; anders zu § 7; nunmehr auch die *FinVerw,* s § 7; Rz 5). – **Unzutreffende Bescheinigung in Neubaufällen.** Bescheinigt die Gemeinde aber für eine Maßnahme, die im steuerrechtl Sinne als „Neubau" zu beurteilen wäre, das Vorliegen der Voraussetzungen des § 7h I 1, 2, ist das FA auch daran gebunden (BFH XI R 38/01 BStBl II 05, 171 unter II.1.b, zust Anm *v. Eichborn* HFR 05, 240: „Planungssicherheit für Investoren", krit Anm *Fischer* FR 05, 30: „uU Subventionsbetrug"). Dem hat sich nun auch der X. Senat angeschlossen (BFH X R 15/13 BStBl II 15, 367 Rz 18; zur zuvor gegenteiligen Rspr des X. Senats s 34. Aufl Rz 4 mwN). Dem offenkundigen Missstand, dass Gemeinde in erhebl Zahl zugunsten der StPfl zu großzügige Bescheinigungen erteilen, kann nicht durch Verneinung der Bindungswirkung, sondern nur durch Tätigwerden des Gesetzgebers begegnet werden (s § 7i Rz 9).

5 **c) Begünstigung von AK.** AK werden **grds nicht von § 7h erfasst.** Sie sind nur insoweit begünstigt, als sie auf HK iSd § 7h I 1, 2 entfallen *und* die Maßnahmen *nach* Abschluss des obligatorischen Erwerbsvertrags (s dazu 27. Aufl § 7 Rz 173) oder gleichstehenden Rechtsakts durchgeführt worden sind (§ 7h I 3: „erst kaufen, dann sanieren"; zu Gestaltungen, in denen sich die finanzierenden Banken zunächst Prüfungsrechte vorbehalten und das Vertragsangebot des Anlegers erst nach Abschluss der Prüfung annehmen, *Kaligin* DStR 08, 1763, 1766 f). Der **„gleichstehende Rechtsakt"** muss in seiner Bindung und Eindeutigkeit einem obligatorischen Erwerbsvertrag (zB notariell beurkundeter Kaufvertrag) vergleichbar sein, was zB bei Erbfall, Vermächtnis, Zwangsversteigerung der Fall ist, nicht aber bei einem bloßen Kauf*angebot* (BFH IX R 32/12 BStBl II 13, 482). – Dem Wesen nach handelt es sich um anschaffungsnahen Aufwand; der Kaufpreis, der auf das im Zeitpunkt der Anschaffung bereits vorhandene Gebäude entfällt, ist nicht begünstigt (zum Zusammenwirken der Regelungen über erhöhte AfA einerseits und anschaffungsnahe Aufwendungen andererseits s *Götz* DStR 12, 1217 mit zahlreichen Beispielen). Erfasst sind damit Sanierungen im Rahmen von **Erwerbermodellen** (dazu *Fleischmann/Meyer-Scharenberg* DStR 99, 748); hier ist eine gesonderte und einheitl Feststellung nach der VO zu § 180 II AO durchzuführen (FG Mchn EFG 06, 1748 unter II.2.a, rkr; *OFD Kiel* DB 03, 2147). Weil „StPfl" iSd § 7h nicht die PersGes ist, sondern der Ges'ter (BFH IX R 50/98 BStBl II 01, 760), erhalten die einzelnen Anleger bei Fondsmodellen die erhöhten AfA nur auf solche Kostenpositionen, die zeitl nach ihrem Beitritt anfallen (*BMF* BStBl I 03, 546 Rz 10; FG BaWü EFG 15, 267, NZB I B 147/14). Die Sanierung darf daher erst nach dem Beitritt des letzten Anlegers beginnen. Der Erwerb eines bereits sanierten Gebäudes ist nicht begünstigt (zutr FG BaWü EFG 10, 1409, rkr). – Umgekehrt steht es mE der weiteren Begünstigung nicht entgegen, wenn eine **vermögensverwaltende GbR** sich nach der Sanierung in der Weise **auseinandersetzt,** dass jeder Ges'ter ohne Ausgleichszahlung eine der sanierten Wohnungen erhält (Personenbezogenheit des § 7h). Soweit ein entgeltl Erwerb vorliegt, ist ein weiterer Abzug der erhöhten AfA hingegen ausgeschlossen.

6 **d) Zuschüsse.** Die begünstigten HK/AK mindern sich um Zuschüsse aus Sanierungs- oder Entwicklungsförderungsmitteln (Abs 1 S 4). Bei nachträgl Gewährung gilt § 7a I 3. *Andere* Zuschüsse sind hier (anders als bei § 7i I 7) zwar nicht erwähnt, aber nach allg Grundsätzen ebenfalls abzuziehen (s § 7 Rz 63 mwN).

4. Bescheinigung der Gemeinde, § 7h II. Sie ist zugleich materielle Voraussetzung für die erhöhten AfA und **Grundlagenbescheid** für das FA (BFH IX R 91/94 BStBl II 97, 398). Übersicht über die länderspezifischen Bescheinigungsrichtlinien s *BMF* BStBl I 00, 1513; zwischenzeitl Änderungen s *BMF* BStBl I 04, 1049. Zur Prüfungskompetenz von Gemeinde einerseits und FA andererseits s ausführl EStR 7h IV, V und § 7i Rz 7 ff (dort auch zur Kritik). Die Bindungswirkung der Bescheinigung der Gemeinde erstreckt sich nicht nur auf die Frage, ob sich das Gebäude in einem Sanierungsgebiet befindet (aA FG BaWü EFG 10, 1490, Erledigung im Revisionsverfahren IX R 19/10), sondern auch auf die Merkmale „Gebäude" und „Maßnahmen", daher auch auf die baurechtl Verhältnisse („Modernisierung" oder „Instandsetzung", BFH IX R 20/99 BStBl II 03, 910 unter 1.a), nicht hingegen auf die Frage, ob die bescheinigten Aufwendungen steuerl HK oder (idR nicht begünstigte) AK darstellen (BFH IX R 20/99 BStBl II 03, 910 unter 2.). Bescheinigungen, die keine eindeutige Aussage zu den Voraussetzungen des § 7h I enthalten, haben keine Bindungswirkung (BFH X R 183/96 BStBl II 03, 238 unter II.2.b). – Angaben zur **Höhe der begünstigten Aufwendungen** sind allerdings (anders als bei § 7i) nicht erforderl. Ihr Fehlen lässt die Bindungswirkung daher nicht entfallen (BFH XI R 38/01 BStBl II 05, 171 unter II.1.c); umgekehrt haben vorhandene Angaben zur Höhe der Aufwendungen keine Bindungswirkung für das FA (BFH X R 15/13 BStBl II 15, 367 Rz 21). Die Bescheinigung muss sich aber zur Höhe der gewährten **Zuschüsse** äußern (Abs 2 S 2). – Sie ist **objektbezogen,** im Fall der Begünstigung einer Eigentumswohnung also konkret auf diese Wohnung (und nicht nur auf das Gesamtgebäude) auszustellen (s Rz 2). – Als „ressortfremder Grundlagenbescheid" löst eine nach Ablauf der regulären Festsetzungsfrist ergehende Bescheinigung die **Ablaufhemmung** des § 171 X AO nicht aus (ab 2015 § 171 X 2 AO; ebenso für die Zeit davor BFH V R 27/11 BStBl II 13, 529, VerfBeschw 1 BvR 1787/13 nicht zur Entscheidung angenommen). – Wegen des Bescheinigungsverfahrens sind die in Rz 2, 3 erläuterten Voraussetzungen für die Beteiligten am Besteuerungsverfahren nur von geringem Interesse. 7

5. Rechtsfolgen. – a) Höhe der AfA. Für Maßnahmen, die nach dem 31.12.2003 begonnen wurden (§ 52 Abs 23a EStG 2004; zur Auslegung der in dieser Übergangsregelung verwendeten Begriffe s 27. Aufl § 7 Rz 172) beträgt die AfA 8 × 9% und 4 × 7%. Für zuvor begonnene Maßnahmen beträgt die AfA (auch weiterhin) 10 × 10%. Die Absenkung der AfA-Sätze ab 2004 durch das HBeglG 2004 war wegen Überschreitung der Befugnisse des Vermittlungsausschusses zwar formell verfwidrig (so BVerfG 2 BvR 758/07 BVerfGE 125, 104 zu der durch dasselbe Gesetz geänderten Norm des § 45a PBefG); das BVerfG hat aber eine Weitergeltung bis zum 30.6.11 angeordnet. Rechtzeitig vor Ablauf dieser Frist hat der Gesetzgeber den Mangel am 5.4.11 durch Erlass eines bestätigenden, allerdings nicht rückwirkenden Gesetzes (BGBl I 11, 554) geheilt. Die Praxis muss daher die Absenkung ab 2004 beachten (bis VZ 2010 wegen der Weitergeltungsanordnung, ab VZ 2011 wegen der Gesetzesänderung). Gleichwohl sind zum HBeglG 2004 noch Verfahren beim BVerfG anhängig (zum BierStG BFH VII R 44/09 BFHE 232, 384, Az BVerfG 1 BvL 11/11; zu § 4 V 1 Nr 2 FG BaWü 10 K 2983/11, Az BVerfG 2 BvL 4/13). – Die Inanspruchnahme geringerer Beträge ist mögl; es besteht aber **keine Nachholungsmöglichkeit** während des Begünstigungszeitraums. Die nicht geltend gemachten Beträge erhöhen dann den Restwert (s Rz 9). Es handelt sich grds um eine **GanzjahresAfA;** auch im Jahr der Veräußerung soll die volle JahresAfA geltend gemacht werden können (so zu § 7i BFH IX R 40/95 BStBl II 96, 645), mE unzutr; die ausdrückl Abweichung von der anderslautenden Rspr zur insoweit wortgleichen Regelung des § 7 V (BFH VIII R 93/74 BStBl II 77, 835; BFH IX R 107/91 BFH/NV 94, 780) ist vom BFH nicht begründet worden. 8

9 **b) RestwertAfA, § 7i I 5.** Da die AfA-Sätze des § 7h grds zur vollständigen Absetzung während des Begünstigungszeitraums führen, verbleibt nur dann ein Restwert, wenn der Höchstsatz in einem Jahr nicht ausgeschöpft wurde oder nachträgl HK angefallen sind. In diesen Fällen erhöht der Restwert die Bemessungsgrundlage für die normale GebäudeAfA und ist iErg wie nachträgl HK zu behandeln (s § 7 Rz 85). Besteht das Gebäude aus mehreren WG, ist der Restwert anteilig den einzelnen WG zuzuordnen. § 7a IX ist nicht anwendbar, weil § 7h keine SonderAfA, sondern erhöhte Absetzungen gewährt.

§ 7i Erhöhte Absetzungen bei Baudenkmalen

(1) [1] **Bei einem im Inland belegenen Gebäude, das nach den jeweiligen landesrechtlichen Vorschriften ein Baudenkmal ist, kann der Steuerpflichtige abweichend von § 7 Absatz 4 und 5 im Jahr der Herstellung und in den folgenden sieben Jahren jeweils bis zu 9 Prozent und in den folgenden vier Jahren jeweils bis zu 7 Prozent der Herstellungskosten für Baumaßnahmen, die nach Art und Umfang zur Erhaltung des Gebäudes als Baudenkmal oder zu seiner sinnvollen Nutzung erforderlich sind, absetzen.** [2] **Eine sinnvolle Nutzung ist nur anzunehmen, wenn das Gebäude in der Weise genutzt wird, dass die Erhaltung der schützenswerten Substanz des Gebäudes auf die Dauer gewährleistet ist.** [3] **Bei einem im Inland belegenen Gebäudeteil, das nach den jeweiligen landesrechtlichen Vorschriften ein Baudenkmal ist, sind die Sätze 1 und 2 entsprechend anzuwenden.** [4] **Bei einem im Inland belegenen Gebäude oder Gebäudeteil, das für sich allein nicht die Voraussetzungen für ein Baudenkmal erfüllt, aber Teil einer Gebäudegruppe oder Gesamtanlage ist, die nach den jeweiligen landesrechtlichen Vorschriften als Einheit geschützt ist, kann der Steuerpflichtige die erhöhten Absetzungen von den Herstellungskosten für Baumaßnahmen vornehmen, die nach Art und Umfang zur Erhaltung des schützenswerten äußeren Erscheinungsbildes der Gebäudegruppe oder Gesamtanlage erforderlich sind.** [5] **Der Steuerpflichtige kann die erhöhten Absetzungen im Jahr des Abschlusses der Baumaßnahme und in den folgenden elf Jahren auch für Anschaffungskosten in Anspruch nehmen, die auf Baumaßnahmen im Sinne der Sätze 1 bis 4 entfallen, soweit diese nach dem rechtswirksamen Abschluss eines obligatorischen Erwerbsvertrags oder eines gleichstehenden Rechtsakts durchgeführt worden sind.** [6] **Die Baumaßnahmen müssen in Abstimmung mit der in Absatz 2 bezeichneten Stelle durchgeführt worden sein.** [7] **Die erhöhten Absetzungen können nur in Anspruch genommen werden, soweit die Herstellungs- oder Anschaffungskosten nicht durch Zuschüsse aus öffentlichen Kassen gedeckt sind.** [8] **§ 7h Absatz 1 Satz 5 ist entsprechend anzuwenden.**

(2) [1] **Der Steuerpflichtige kann die erhöhten Absetzungen nur in Anspruch nehmen, wenn er durch eine Bescheinigung der nach Landesrecht zuständigen oder von der Landesregierung bestimmten Stelle die Voraussetzungen des Absatzes 1 für das Gebäude oder Gebäudeteil und für die Erforderlichkeit der Aufwendungen nachweist.** [2] **Hat eine der für Denkmalschutz oder Denkmalpflege zuständigen Behörden ihm Zuschüsse gewährt, so hat die Bescheinigung auch deren Höhe zu enthalten; werden ihm solche Zuschüsse nach Ausstellung der Bescheinigung gewährt, so ist diese entsprechend zu ändern.**

(3) **§ 7h Absatz 3 ist entsprechend anzuwenden.**

Einkommensteuer-Richtlinien: EStR 7i/EStH 7i

1 **1. Anwendungsbereich.** Als AfA-Vorschrift setzt § 7i den Einsatz des Gebäudes zur **Einkunftserzielung** voraus; für selbst bewohnte oder unentgeltl überlassene Gebäude gilt § 10f (mit ansonsten identischen Voraussetzungen), für weder zur

Einkunftserzielung (zB bei Liebhaberei) noch zu eigenen Wohnzwecken genutzte Gebäude gilt § 10g. § 7i ist **seit 1991 anwendbar;** zuvor galt § 82i EStDV. Die für sämtl erhöhten AfA geltenden allg Vorschriften des § 7a sind zu beachten; insb gilt **bei mehreren Beteiligten** (zB PersGes) § 7a VII (s § 7a Rz 14). Zu Fonds- und Erwerbermodellen s § 7h Rz 5. – *Literatur:* Überblick über die steuerrechtl Förderung denkmalgeschützten Eigentums s *Büchner/Fritzsch* DStR 04, 2169; umfassend *Basty/Beck/Haaß* Rechtshandbuch Denkmalschutz und Sanierung, 2004; ausführl auch *OFD Mster* FR 93, 203; *Kaligin* DStR 08, 1763. Zur Kumulation von § 7i und InvZul s *Fleischmann/Meyer-Scharenberg* DStR 99, 748; *Beck* DStR 04, 1553. Zur Arbeitsweise der *FinVerw* und den Beanstandungen des Bundesrechnungshofs ausführl *OFD Kiel* BB 01, 918.

2. Begünstigte WG. § 7i erfasst im **Inland** (Vereinbarkeit mit Europarecht zu einer Parallelvorschrift des niederländischen Rechts bejaht durch EuGH C-87/13 HFR 15, 205) belegene **Gebäude** (des BV oder PV). Selbständige Gebäudeteile, Eigentumswohnungen usw sind den Gebäuden gleichgestellt (§ 7i III iVm § 7h III; dazu § 7 Rz 180). In diesen Fällen muss sich die Bescheinigung aber (ebenso wie bei § 7h, s dazu § 7h Rz 2) auf die einzelne **Eigentumswohnung** beziehen; eine für das Gesamtgebäude ausgestellte Bescheinigung genügt nicht (BFH X R 29/12 BFH/NV 15, 194). – Das begünstigte Objekt muss nach den jeweiligen landesrechtl Vorschriften ein **Baudenkmal** sein (Abs 1 S 1); es genügt, wenn die Denkmaleigenschaft auf einen (unselbständigen) Gebäude*teil* beschränkt ist (Abs 1 S 3; zB BFH IV R 30/02 BStBl II 04, 945 unter 4.: Wandmalerei) oder ledigl ein **Ensembleschutz** besteht (Abs 1 S 4; ausführl BFH VIII R 6/01 BStBl II 04, 783 unter II.2.a). 2

3. Bemessungsgrundlage. – a) Bestimmte HK. Begünstigt sind die HK, die **zur Erhaltung des Gebäudes als Baudenkmal** *oder* (nicht *„und"* wie noch bei § 82i EStDV; zur Bedeutung s *Hahn* DB 90, 65, 66) **zu seiner sinnvollen Nutzung erforderl sind** (Abs 1 S 1, 2); erfasst ist auch die Anpassung an zeitgemäße oder vertretbare wirtschaftl Nutzungsverhältnisse (*Heinen* Inf 93, 149, 150). Die Begünstigung erstreckt sich jedoch nicht auf baul selbständige Anlagen, die nicht Teil des Denkmals sind (BVerwG 4 B 45.01 HFR 02, 342). Die Umgestaltung des Innenhofs oder einer Außenanlage sowie die Neuerrichtung einer vom Denkmal getrennten (Tief-)Garage ist daher grds nicht begünstigt (BFH IX R 47/92 BStBl II 97, 176; BVerwG 4 B 45.01 HFR 02, 342). Etwas anderes gilt aber, wenn zw solchen Baulichkeiten und dem Denkmal ein einheitl Nutzungs- und Funktionszusammenhang besteht (BFH IX R 72/00 BStBl II 03, 916, Anm *Fischer* FR 03, 557: mit dem Denkmal baul verbundene Tiefgarage). Ob ein derartiger Zusammenhang besteht, entscheidet das FA nach steuerl Grundsätzen; die Bescheinigung der Denkmalbehörde hat insoweit keine Bindungswirkung (BFH IX R 47/92 BStBl II 97, 176; BFH IX R 72/00 BStBl II 03, 916 unter II.1.d). – Stehen nur **Teile eines Gebäudes unter Denkmalschutz** (zB Decken, Fenster), sind nur die auf diese Teile entfallenden HK begünstigt (Einzelheiten s *Heinen* Inf 93, 149, 150). Bei **Ensembleschutz** beschränkt sich die Begünstigung auf Maßnahmen zur Erhaltung des *äußeren Erscheinungsbildes* (Abs 1 S 4); Baumaßnahmen im *Innern* des Gebäudes sind daher hier nicht erfasst (BVerwG 4 B 45.01 HFR 02, 342). – Für **TeilHK** können die erhöhten AfA noch nicht in Anspruch genommen werden (BFH IX R 130/90 BStBl II 96, 215 unter 3.a). Abgrenzbare Einzel-Baumaßnahmen sind aber bereits mit ihrem Abschluss (nicht erst ab Beendigung der Gesamtsanierung) begünstigt (BFH IX R 40/97 BStBl II 03, 582 unter II.1.b; insoweit anders bei § 10f, s § 10f Rz 7). – **AK** sind nur unter denselben engen Voraussetzungen wie bei § 7h erfasst (§ 7i I 5, s § 7h Rz 5). 3

b) Neubaumaßnahmen. Sie sind ebenso wie bei § 7h (s § 7h Rz 4) nicht begünstigt, weil die Subvention gerade die *Erhaltung* des *bestehenden* Denkmals fördern soll (BFH IX R 72/00 BStBl II 03, 916 unter II.1.a; BFH X R 8/08 BStBl II 5

09, 960 unter II.4.b). Auch der Wiederaufbau oder die völlige Neuerrichtung eines (zuvor bereits vorhanden gewesenen) Gebäudes ist als Neubau anzusehen. Gleiches gilt für die Schaffung neuen Wohnraums durch Aufstockung eines denkmalgeschützten Gebäudes (*Beck* DStR 09, 1412, 1413). Für die (in der Praxis sehr wichtige) Fallgruppe der **Schaffung einer Eigentumswohnung in einem bisher ungenutzten Dachboden** unter Vermehrung des umbauten Raums ist die Förderung eigentl ausgeschlossen, weil wegen § 7i III die einzelne Eigentumswohnung maßgebl ist (s ausführl § 7h Rz 4). Davon abw stellt die *FinVerw* aber neuerdings auf das Gebäude als Ganzes ab und gewährt die Begünstigung (*OFD NW* DStR 15, 2850). Anders als bei der Frage, ob zw mehreren Bauteilen ein Nutzungs- und Funktionszusammenhang besteht (s oben), setzt sich hier aber die Sichtweise des Denkmalschutzes ggü der steuerrechtl Sicht durch. „HK, die zur Erhaltung des Gebäudes als Baudenkmal erforderl sind" können daher auch dann noch vorliegen, wenn nach allg steuerrechtl Grundsätzen (s 27. Aufl § 7 Rz 162 ff, zB bei Erneuerung tragender Teile) von einem Neubau auszugehen wäre. Gleiches gilt, wenn eine bloße Nutzungsänderung (zB Fabrik zu Wohnhaus) steuerl als Neubau gewertet wird (*OFD NW* DStR 15, 2850). Denn die weite Ausdehnung des allg steuerrechtl Begriffs des „Neubaus" hat den Zweck, den StPfl durch Eröffnung des Anwendungsbereichs des § 7 V zu *begünstigen;* iRd § 7i hätte eine solche Ausdehnung aber gerade den gegenteiligen Effekt (Versagung der Begünstigung, obwohl die gewünschte Erhaltung eines Denkmals eintritt), so dass der Begriff des „Neubaus" hier tatbestandsspezifisch einschränkend auszulegen ist (BFH X R 8/08 BStBl II 09, 960 unter II.4.b). – **Unzutreffende Bescheinigung.** Bescheinigt die Denkmalbehörde (obj unzutr) die Voraussetzungen des § 7i für einen Neubau, ist dies für das FA gleichwohl bindend (BFH IX R 13/99 BFH/NV 03, 744; ausführl BFH VIII R 6/01 BStBl II 04, 783 unter II.2.a; *Beck* DStR 04, 1951; zu § 7h nunmehr auch BFH X R 15/13 BStBl II 15, 367; die früher gegenteilige Rspr des X. Senats ist aufgegeben). Wenn in den Bescheinigungen (entspr den überarbeiteten Bescheinigungsrichtlinien) auch auf die Prüfungskompetenz des FA hingewiesen wird, ändert dies an der gesetzl Bindungswirkung auch einer falschen Bescheinigung nichts (näher § 7h Rz 4; aA *BMF* BStBl I 07, 475; *OFD Mster* DStR 06, 847; *BayLfS* DB 06, 1402).

6 **c) Abstimmung mit der Denkmalbehörde, § 7i I 6.** Die Begünstigung setzt die Abstimmung aller Baumaßnahmen mit der Denkmalbehörde voraus (s BFH X B 51/04 BFH/NV 05, 53; zum Umfang der Abstimmung s *Hahn* DB 90, 65, 66); dies kann erhebl Verzögerungen bei der Bauausführung bedeuten (*Heinen* Inf 93, 149, 150; *Kaligin* DStR 08, 1763, 1766). Diese Voraussetzung wird der StPfl im Regelfall dadurch nachweisen können, dass die Denkmalbehörde einen entspr Vermerk in ihre Bescheinigung aufnimmt. Fehlt ein solcher Vermerk, lässt der BFH aber auch einen anderweitigen Nachweis zu (BFH X R 8/08 BStBl II 09, 960 unter II.5.). Eine (in der Praxis offenbar vorkommende) *generelle* Erklärung der Denkmalbehörde, sämtl *künftige* Maßnahmen erfüllten die Voraussetzungen des Abs 1, genügt den Anforderungen nicht (zutr VGH Mchn NVwZ 09, 1053, rkr). – Die begünstigten HK/AK mindern sich um alle **Zuschüsse** aus öffentl Kassen (Abs 1 S 7); darüber hinaus sind nach den allg Grundsätzen (fehlende wirtschaftl Belastung) auch Zuschüsse aus *privaten* Mitteln gegenzurechnen (BFH X R 13/06 BStBl II 07, 879: private Denkmalstiftung).

7 **4. Bescheinigung der Denkmalbehörde.** Es handelt sich um einen **Grundlagenbescheid** (BFH IX R 42/94 BStBl II 97, 244; BFH IX R 62/98 BStBl II 03, 912; BFH X R 8/08 BStBl II 09, 960 unter II.3.a; s auch § 7h Rz 7), der grds bindend für das FA ist. – **a) Umfang der Bindungswirkung.** Erfasst sind die Voraussetzungen des Abs 1 für das begünstigte Objekt, dh die Eigenschaft als Baudenkmal, aber auch die vorherige Abstimmung mit der Denkmalbehörde iSd Abs 1 S 6 (ausführl zum Umfang der Bindungswirkung mit Beispielen *Beck* DStR 09,

1412). Die Bescheinigung der Erforderlichkeit der Aufwendungen muss (anders als bei § 7h) auch die *Höhe* der Aufwendungen beinhalten (BFH IX R 23/97 BFH/NV 01, 1397; BFH IX R 79/97 BStBl II 03, 578 unter II.1.c; zu Fällen, in denen der Leistungsempfänger die USt schuldet, s *Beck* DStR 11, 1702). Übersicht über die länderspezifischen Bescheinigungsrichtlinien s *BMF* BStBl I 00, 1513; zwischenzeitl Änderungen s *BMF* BStBl I 04, 1049; zuständige Denkmalbehörden s *BMF* BStBl I 15, 506. Die denkmalschutzrechtl Beurteilung ist auch dann bindend, soweit sich die Bescheinigung auf Tatbestandsmerkmale erstreckt, die zugleich denkmalschutzrechtl *und* steuerrechtl Bedeutung haben (BFH IX R 62/98 BStBl II 03, 912; BFH IX R 13/99 BFH/NV 03, 744). Die Rspr, wonach bei der Auslegung einer unklaren Bescheinigung im Zweifel das den StPfl weniger belastende Auslegungsergebnis vorzuziehen sei (BFH IX R 62/98 BStBl II 03, 912 unter II.1.b bb), ist mE so nicht zutr; vielmehr kommt es auch hier auf den obj Empfängerhorizont an (ähnl BFH X R 19/02 BStBl II 04, 711 unter II.3.c). Hat der StPfl (als Empfänger der Bescheinigung) die fehlerhaften Angaben selbst ins Verfahren eingebracht, bedarf er keines Schutzes durch großzügige Auslegung. – Hält das FA Angaben im bindenden Teil der Bescheinigung für fehlerhaft, verweist die Rspr auf den (in der Praxis schon wegen der Jahresfrist des § 48 IV VwVfG aussichtslosen, s VGH BaWü DStRE 07, 1430, rkr) Weg der Remonstration und der unverbindl Anregung, ein Rücknahmeverfahren einzuleiten (BFH IX R 62/98 BStBl II 03, 912 unter II.1.b cc), ersatzweise auf ein **verwaltungsgerichtl Klageverfahren gegen die Bescheinigungsbehörde** (BFH IX R 20/99 BStBl II 03, 910 unter 1.a). Führt der *StPfl* ein solches Klageverfahren, ist das FA nicht notwendig beizuladen (BVerwG 10 B 11, 31.05 HFR 06, 404). – **Ansatz im ESt-Bescheid vor Erteilung der Bescheinigung.** Bei langer Bearbeitungsdauer kann die Denkmalschutzbehörde eine **vorläufige Bescheinigung** erteilen, die das FA einer vorläufigen Veranlagung zugrunde legen wird (*OFD Ffm* EStB 09, 63). Liegt eine sog „qualifizierte Eingangsbestätigung" der Denkmalbehörde vor, muss das FA eine erkennbare und überprüfbare Ermessensentscheidung treffen, ob bzw in welcher Höhe es im ESt-Bescheid einen Abzugsbetrag im Wege der Schätzung (§ 155 II, § 162 V AO) noch vor Ergehen des Grundlagenbescheids ansetzt. Das FA kann eine Schätzung des Abzugsbetrags aber in ermessensgerechter Weise ablehnen, wenn die Aufstellung der angefallenen Kosten nicht erkennen lässt, auf welche Baumaßnahmen sie sich beziehen, so dass unklar bleibt, ob es sich um begünstigte Aufwendungen handelt (ausführl zum Ganzen BFH X R 7/12 BStBl II 15, 21; *OFD NRW* DB 15, 463).

b) Keine Bindungswirkung. Das FA entscheidet in eigener Kompetenz, ob es 8
sich um HK handelt (BFH IX R 23/97 BFH/NV 01, 1397 unter II.2.a), wer die Aufwendungen getragen hat, wem sie als Berechtigtem zuzurechnen sind (BFH IX R 64/97 BStBl II 01, 796 unter II.2.) und ob Baumaßnahmen nach rechtswirksamem Abschluss des Erwerbsvertrags durchgeführt worden sind (§ 7i I 5, s FG Mchn EFG 06, 1748, rkr); mE auch über die Aufteilung der Gesamtaufwendungen auf GuB und Gebäude (aA FG Hbg EFG 08, 1800, rkr); zur Prüfungskompetenz der beteiligten Behörden ausführl auch EStR 7i II, III. Da für Denkmalbehörden auch der Wert der eigenen Arbeitsleistung des StPfl zu den „Aufwendungen" gehört (s *Kaligin* DStR 08, 1763, 1765), kann dies steuerl ebenfalls nicht binden. Hat das FA die erhöhte AfA ohne bindende Bescheinigung gewährt, ist es für *künftige* Veranlagungen nicht hieran gebunden (BFH IX R 79/97 BStBl II 03, 578 unter II.2.). Lehnt die Denkmalbehörde die Erteilung der bisher fehlenden Bescheinigung auf einen nachträgl Antrag hin förml ab, handelt es sich um einen negativen Grundlagenbescheid, der zur Änderung bestandskräftiger EStBescheide berechtigt (aA FG RhPf EFG 06, 675, rkr; zutr hingegen Pfützenreuter EFG 06, 676). Ebenso ist das FA bei nachträgl Erteilung eines positiven Grundlagenbescheids zur Änderung bestandskräftiger Bescheide verpflichtet, wenn auch die übrigen Vor-

aussetzungen des § 7i vorliegen (aA FG BBg DStRE 11, 250, rkr, weil der Grundlagenbescheid die Voraussetzungen des § 7i nicht umfassend regele).

9 **c) Kritik am Bescheinigungsverfahren.** Der Grundgedanke, die Kompetenz von Fachbehörden für die Beurteilung steuerrechtl Vorfragen zu nutzen, mag zutr sein. Abzulehnen ist aber die Trennung zw bescheinigender und finanzierender Behörde: Die Denkmalbehörden und deren allein auf den Denkmalschutz ausgerichteten Fachkräfte haben großes Interesse an der Sanierung der Gebäude, verfügen aber idR nicht über finanzielle Mittel zur Gewährung von Zuschüssen. Hier lockt die Möglichkeit, durch Erteilung großzügiger Bescheinigungen das gemeinsame Ziel von Denkmalbehörde und StPfl zu erreichen, die Finanzierung aber zu Lasten der (für die Denkmalbehörde fremden) Haushalte des Bundes und der Länder zu organisieren (vgl den Sachverhalt zu FG BaWü EFG 11, 457, rkr, wo ein Bürgermeister nahezu vorsätzl eine grob fehlerhafte Bescheinigung ausgestellt hatte). ME gehören daher die Verantwortlichkeiten für die *Prüfung* der Maßnahmen einerseits und deren *Finanzierung* andererseits in *eine* Hand. Zumindest eine Haftungsregelung für die grob fahrlässige Ausstellung falscher Bescheinigungen (wie im Entwurf des § 7e I 3 vorgesehen, s BT-Drs 17/6358) wäre dringend erforderl.

10 **5. Höhe der Denkmal-AfA.** Es gelten die gleichen AfA-Sätze wie bei § 7h (s § 7h Rz 8; zum zeitl Anwendungsbereich der ab 2004 abgesenkten AfA-Sätze s OFD *Kobl* DStR 04, 1561). Für die **RestwertAfA** verweist § 7i I 8 auf § 7h I 5 (s § 7h Rz 9).

4. Überschuss der Einnahmen über die Werbungskosten

§ 8 Einnahmen

(1) **Einnahmen sind alle Güter, die in Geld oder Geldeswert bestehen und dem Steuerpflichtigen im Rahmen einer der Einkunftsarten des § 2 Absatz 1 Satz 1 Nummer 4 bis 7 zufließen.**

(2) [1]**Einnahmen, die nicht in Geld bestehen (Wohnung, Kost, Waren, Dienstleistungen und sonstige Sachbezüge), sind mit den um übliche Preisnachlässe geminderten üblichen Endpreisen am Abgabeort anzusetzen.** [2]**Für die private Nutzung eines betrieblichen Kraftfahrzeugs zu privaten Fahrten gilt § 6 Absatz 1 Nummer 4 Satz 2 entsprechend.** [3]**Kann das Kraftfahrzeug auch für Fahrten zwischen Wohnung und erster Tätigkeitsstätte sowie Fahrten nach § 9 Absatz 1 Satz 3 Nummer 4a Satz 3 genutzt werden, erhöht sich der Wert in Satz 2 für jeden Kalendermonat um 0,03 Prozent des Listenpreises im Sinne des § 6 Absatz 1 Nummer 4 Satz 2 für jeden Kilometer der Entfernung zwischen Wohnung und erster Tätigkeitsstätte sowie der Fahrten nach § 9 Absatz 1 Satz 3 Nummer 4a Satz 3** [4]**Der Wert nach den Sätzen 2 und 3 kann mit dem auf die private Nutzung und die Nutzung zu Fahrten zwischen Wohnung und erster Tätigkeitsstätte sowie Fahrten nach § 9 Absatz 1 Satz 3 Nummer 4a Satz 3 entfallenden Teil der gesamten Kraftfahrzeugaufwendungen angesetzt werden, wenn die durch das Kraftfahrzeug insgesamt entstehenden Aufwendungen durch Belege und das Verhältnis der privaten Fahrten und der Fahrten zwischen Wohnung und erster Tätigkeitsstätte sowie Fahrten nach § 9 Absatz 1 Satz 3 Nummer 4a Satz 3 zu den übrigen Fahrten durch ein ordnungsgemäßes Fahrtenbuch nachgewiesen werden; § 6 Absatz 1 Nummer 4 Satz 3 zweiter Halbsatz gilt entsprechend.** [5]**Die Nutzung des Kraftfahrzeugs zu einer Familienheimfahrt im Rahmen einer doppelten Haushaltsführung ist mit 0,002 Prozent des Listenpreises im Sinne des § 6 Absatz 1 Nummer 4 Satz 2 für jeden Kilometer der Entfernung zwischen dem Ort des eigenen Hausstands und dem Beschäftigungsort anzusetzen; dies gilt nicht, wenn für diese Fahrt ein Abzug von Werbungskosten nach § 9 Absatz 1 Satz 3 Nummer 5 Satz 5 und 6 in Betracht käme; Satz 4 ist singgemäß anzuwenden.** [6]**Bei Arbeitnehmern, für deren Sachbezüge durch Rechtsverord-**

nung nach § 17 Absatz 1 Satz 1 Nummer 4 des Vierten Buches Sozialgesetzbuch Werte bestimmt worden sind, sind diese Werte maßgebend. [7] Die Werte nach Satz 6 sind auch bei Steuerpflichtigen anzusetzen, die nicht der gesetzlichen Rentenversicherungspflicht unterliegen. [8] Wird dem Arbeitnehmer während einer beruflichen Tätigkeit außerhalb seiner Wohnung und ersten Tätigkeitsstätte oder im Rahmen einer beruflich veranlassten doppelten Haushaltsführung vom Arbeitgeber oder auf dessen Veranlassung von einem Dritten eine Mahlzeit zur Verfügung gestellt, ist diese Mahlzeit mit dem Wert nach Satz 6 (maßgebender amtlicher Sachbezugswert nach der Sozialversicherungsentgeltverordnung) anzusetzen, wenn der Preis für die Mahlzeit 60 Euro nicht übersteigt. [9] Der Ansatz einer nach Satz 8 bewerteten Mahlzeit unterbleibt, wenn beim Arbeitnehmer für ihm entstehende Mehraufwendungen für Verpflegung ein Werbungskostenabzug nach § 9 Absatz 4a Satz 1 bis 7 in Betracht käme. [10] Die oberste Finanzbehörde eines Landes kann mit Zustimmung des Bundesministeriums der Finanzen für weitere Sachbezüge der Arbeitnehmer Durchschnittswerte festsetzen. [11] Sachbezüge, die nach Satz 1 zu bewerten sind, bleiben außer Ansatz, wenn die sich nach Anrechnung der vom Steuerpflichtigen gezahlten Entgelte ergebenden Vorteile insgesamt 44 Euro im Kalendermonat nicht übersteigen.

(3) [1] **Erhält ein Arbeitnehmer auf Grund seines Dienstverhältnisses Waren oder Dienstleistungen, die vom Arbeitgeber nicht überwiegend für den Bedarf seiner Arbeitnehmer hergestellt, vertrieben oder erbracht werden und deren Bezug nicht nach § 40 pauschal versteuert wird, so gelten als deren Werte abweichend von Absatz 2 die um 4 Prozent geminderten Endpreise, zu denen der Arbeitgeber oder der dem Abgabeort nächstansässige Abnehmer die Waren oder Dienstleistungen fremden Letztverbrauchern im allgemeinen Geschäftsverkehr anbietet. [2] Die sich nach Abzug der vom Arbeitnehmer gezahlten Entgelte ergebenden Vorteile sind steuerfrei, soweit sie aus dem Dienstverhältnis insgesamt 1080 Euro im Kalenderjahr nicht übersteigen.**

Lohnsteuer-Richtlinien: LStH R 8.1, 8.2

Übersicht Rz

I. Regelungsinhalt und Bedeutung

§ 8 I definiert den Einnahmebegriff für den Bereich der **Überschusseinkünfte** iSv § 2 I Nr 4–7, II Nr 2. Zum Begriff der BE iSv **§ 4 III** s § 4 Rz 420. § 8 I bestimmt, was Gegenstand einer Einnahme sein kann (s Rz 2 ff). Außerdem wird 1 die sach-, personen- und zeitbezogene Zurechnung von Einnahmen angesprochen, ohne dass § 8 I diesbezügl nähere Regelungen trifft. Die *sachl Zurechnung* von Einnahmen zu einer der Überschusseinkunftsarten bestimmt sich vielmehr nach §§ 19–23 (s Rz 6 ff), die *persönl Zurechnung* nach §§ 1, 2 I 1, 19 ff (s Rz 10 ff) und die *zeitl Zurechnung* nach § 11 I (s Rz 13). Die **eigentl Bedeutung von § 8** liegt in der **Bewertung von Sachzuwendungen** in § 8 II (s Rz 15 ff) und bestimmten **Sachbezügen von ArbN** in § 8 III (s Rz 70 ff). § 8 II 11 enthält darüber hinaus eine **Steuerbefreiung** (s Rz 68).

II. Einnahmebegriff, § 8 I

2 **1. Güter in Geld oder Geldeswert. – a) Geld.** Dies sind die im Inl gültigen Zahlungsmittel (Bargeld, Buchgeld) sowie Zahlungsmittel in einer gängigen, frei konvertiblen und im Inl handelbaren ausl Währung (BFH VI R 21/09 BStBl II 11, 383). Geld ist mit dem Nennwert anzusetzen (BFH VI R 6/05 BStBl II 05, 530). Geldforderungen sind mit dem gemeinen Wert im Zuflusszeitpunkt zu bewerten; dies gilt auch für Schecks (BFH IX R 97/97 BStBl II 01, 482). Umrechnungsmaßstab bei ausl Währung ist der auf den Umrechnungszeitpunkt bezogene Euro-Referenzkurs der EZB, wobei die Umrechnung anhand der monatl Durchschnittsreferenzkurse erfolgt, es sei denn, es wird erhebl Abweichung zum Tagesreferenzkurs geltend gemacht (BFH VI R 4/08 BStBl II 10, 698). Einnahmen in Geld liegen auch vor, wenn der Zuwendende zur **Abkürzung des Zahlungswegs** an einen Gläubiger des Zuwendungsempfängers leistet (BFH VI R 161/01 BStBl II 03, 331; BFH VI R 26/04 BStBl II 08, 204; *Bergkemper* FR 08, 282; BFH VI R 51/03 BStBl II 05, 137, Zuschüsse zu Sportaktivitäten der ArbN).

3 **b) Güter in Geldeswert.** Dies sind alle nicht in Geld bestehenden wirtschaftl Vorteile (BFH VI R 27/09 BStBl II 11, 386). Alles, was als Gegenstand eines wirtschaftl Leistungsaustauschs in Betracht kommt, kann ein geldwertes Gut darstellen. Maßgebl ist, ob ein obj Betrachter aus der Sicht des Empfängers bei diesem einen vermögenswerten Vorteil bejahen würde (BFH VI R 123/00 BStBl II 02, 230; BFH X R 43/08 BFH/NV 10, 1436). Die Höhe der beim Zahlenden anfallenden Aufwendungen ist für die Höhe der Einnahmen ohne Bedeutung, ebenso die Höhe der vom Empfänger ersparten Aufwendungen. Auch **geringwertige Vorteile** sind grds Einnahmen iSv § 8 I (BFH VI R 26/74 BStBl II 77, 99; BFH VI R 161/01 BStBl II 03, 331). Der Begriff ist nicht auf den des WG beschränkt. Geldwerte Güter sind insb auch Dienstleistungen, Nutzungsvorteile und sonstige Vorteile aller Art (zB Preisnachlässe, s BFH VI R 124/99 BStBl II 05, 766), denen ein wirtschaftl Wert zukommt (Beispiele bei *Littmann/Pust* § 8 Rz 34). Gleichgültig ist, ob ein Rechtsanspruch auf das Gut besteht und unter welcher Bezeichnung und Form es gewährt wird. Auch **Forderungen und Ansprüche** können geldwerte Güter iSv § 8 I sein (zB Rechtsanspruch des ArbN gegen einen Dritten, s BFH VI R 9/05 BStBl II 09, 385; § 19 Rz 60). Der Zufluss erfolgt iRd Überschusseinkünfte allerdings grds erst mit der Erfüllung, nicht bereits mit Einräumung des Anspruchs (BFH VI R 25/05 BStBl II 09, 382 zu ArbLohn).

4 **c) Abgrenzungen.** – ***(1)*** **Ideelle Vorteile.** Sie sind keine geldwerten Güter iSv § 8 I (BFH X R 36/03 BFH/NV 05, 682). – ***(2)*** **Ersparte Aufwendungen.** Keine geldwerten Güter sind ferner durch eigene Leistungen ersparte Aufwendungen (zB eigenhändige Reparatur, Selbstbehandlung durch Arzt, *K/Kirchhof* § 8 Rz 7). – ***(3)*** **Wertsteigerungen.** Erfolgen sie im bereits vorhandenen Vermögen des StPfl, handelt es sich nicht um geldwerte Güter gem § 8 I. Auch die Möglichkeit zur Erlangung eines geldwerten Vorteils ist selbst noch kein geldwerter Vorteil (*Littmann/Pust* § 8 Rz 123). – ***(4)*** **Verzicht.** Ebenso ist der Verzicht auf eine Einnahme kein Gut in Geldeswert, sofern er nicht selbst Gegenstand eines wirtschaftl Leistungsaustausches ist (BFH VI R 115/92 BStBl II 94, 424, Lohnverwendungsabrede).

2. Sachl Einnahmenzurechnung. – a) Stbarer Einkünftebereich. Einnahmen iSv § 8 I sind nur solche iRe Einkunftsart des § 2 I 1 Nr 4–7. Maßgebl ist, ob die Einnahme unter §§ 19–23 subsumiert werden kann. Das ist idR der Fall, wenn sie durch eine unter die Vorschriften der §§ 2 I, 19 ff einzuordnende Leistung des StPfl veranlasst ist (s § 19 Rz 45 ff zu ArbLohn; § 20 Rz 3 ff, § 21 Rz 2, Rz 31 zu Kapital- und Mieterträgen). 6

b) Keine Korrespondenz von Einnahmen und Aufwendungen. Es gibt keinen allg Grundsatz, wonach die Besteuerung beim Empfänger nach Art, Höhe oder Zeitpunkt mit der Abzugsmöglichkeit beim Zahlenden übereinstimmen müsste (s auch § 11 Rz 9). Die (unvollständige) Korrespondenzregelung zu den **wiederkehrenden Bezügen** in § 22 Nr 1 S 2/§ 12 Nr 2 lässt keine allg Rückschlüsse zu. *Beispiele:* **ArbLohn.** Er setzt keine Aufwendungen des ArbG voraus, die als BA abziehbar sind (§ 19 Rz 43). Umgekehrt gehört auch stfreier ArbLohn zu den beim ArbG als BA abziehbaren Lohnaufwendungen. – **Miete.** Beim Mieter nicht abziehbare Mieten (§ 12 Nr 1) sind Einnahmen des Vermieters iSv § 21 I. – **Sachbezug.** Die beim ArbG abziehbaren BA sind nicht nach den beim ArbN als Sachbezug anzusetzenden amtl Sachbezugswerten zu bewerten (§ 4 Rz 520 „Arbeitslohn"). – **VGA.** Sie können bei der KapGes und dem Ges'ter zeitmäßig und wertmäßig auseinanderfallen (s § 20 Rz 56, 58). 7

c) Abgrenzungen. – ***(1)*** **Vorteile aus der Veräußerung von PV.** Diese und sonstige im privaten Vermögensbereich erzielten Vorteile werden nur in den gesetzl besonders bestimmten Fällen von der ESt erfasst (§§ 17, 20–23). Die Abgrenzung vom grds stbaren Nutzungsentgelt ist indes nicht immer eindeutig. So zählt zu den Einkünften aus VuV nach § 21 I 1 Nr 4 auch die Veräußerung von Mietzinsforderungen (s § 21 Rz 58), zu den Einkünften aus KapVerm gehören nach § 20 II ebenfalls zahlreiche Veräußerungsgewinne (§ 20 Rz 126 ff). – ***(2)*** **Schadensersatzleistungen.** Sie können im privaten Vermögensbereich liegen und damit bei den Überschusseinkünften nicht stbar sein. *Beispiele:* Ersatz eines Vermögensschadens am Gebäude (kein Nutzungsentgelt, s § 21 Rz 65 „Schadenersatz"); Schmerzensgeldzahlungen sind auch bei Zahlung durch den ArbG kein ArbLohn (s § 19 Rz 100 „Schmerzensgeld"). Sie können aber auch in den Einkünftebereich fallen. *Beispiel:* Schadensersatzleistungen des ArbG an ArbN, wenn sie ihre Grundlage im ArbVerh haben (§ 19 Rz 100 „Schadensersatz"). – ***(3)*** **Echte durchlaufende Posten** und **Auslagenersatz.** Sie gehören nicht zu den Einnahmen (s § 4 III 2 und § 19 Rz 65; *HHR* § 8 Rz 35). – ***(4)*** **Darlehenszuflüsse/-abflüsse; Kapital(rück)zahlungen.** Sie liegen grds auf der nicht stbaren Vermögensebene (wie bei § 4 III, s dort Rz 383), vgl auch § 11 Rz 50 „Darlehen" b, § 11 Rz 50 „Verzicht" b sowie § 22 Rz 14 zu Ratenzahlungen im Vermögensbereich. – ***(5)*** **Annehmlichkeiten; Aufmerksamkeiten.** Hierbei handelt es sich um Zuwendungen des ArbG an seine ArbN, die der ArbG entweder ganz überwiegend in betriebl Interesse tätigt, die im gesellschaftl Verkehr üblicherweise ausgetauscht werden und zu keiner ins Gewicht fallenden Bereicherung führen oder die sich nur auf die Art und Weise der Arbeitsleistung beziehen, die der ArbG also in Erfüllung der Fürsorgepflicht an die Belegschaft erbringt (LStH 16 R 19.6, § 19 Rz 49, 55). – ***(6)*** **Aufgedrängte Bereicherung.** Die Veranlassung durch das DienstVerh kann fehlen, wenn sich der ArbN, ohne Nachteile in Kauf zu nehmen, der Zuwendung nicht entziehen kann (s § 19 Rz 42, 56; BFH VI R 75/79 BStBl II 83, 39; BFH VI R 19/86 juris). 8

d) Rückzahlung von Einnahmen und WK. Die Rückzahlung von Einnahmen kann zu negativen Einnahmen oder zu WK führen. Der BFH hat die Streitfrage in der neueren Rspr offen gelassen (zB BFH VI R 33/03 BStBl II 06, 911; BFH VI R 17/08 BStBl II 10, 299). Zurückgezahlte Einnahmen sind mE als negative Einnahmen zu behandeln (ebenso BFH VIII R 36/98 BStBl II 99, 769; FG Nbg III 237/2005 juris, rkr; FG Mchn EFG 97, 59, rkr; *Blümich/Glenk* § 8 Rz 56; 9

aA *HHR* § 8 Rz 33). Angesichts der immer zahlreicheren WK-Abzugsverbote gewährleistet nur der Ansatz als negative Einnahmen eine der wirtschaftl Leistungsfähigkeit gerecht werdende Besteuerung. Eine Rückzahlung von Einnahmen idS liegt aber nur vor, wenn der StPfl Leistungen zurückzahlt, die bei ihm vorher als Einkünfte zu qualifizieren waren (actus contrarius, zur Rückzahlung von ArbLohn s BFH VI R 1/08 BStBl II 10, 1074). Ist dies nicht der Fall, kann es sich bei den Zahlungen um WK oder nicht stbare Leistungen handeln. Zurückgeflossene WK sind demggü keine negativen WK, sondern Einnahmen iSv § 8 (§ 9 Rz 112).

10 **3. Persönl Zurechnung. – a) Allgemeines.** Einnahmen sind demjenigen zuzurechnen, der den Tatbestand verwirklicht, an den das Gesetz die Entstehung der Steuer knüpft (§ 2 Rz 19). Die persönl Zurechnung richtet sich mithin wie die sachl Zurechnung nach den einzelnen Einkunftsarten (s § 19 Rz 20 ff zur ArbN-Eigenschaft; § 20 Rz 165 ff zu Einkünften aus KapVerm; § 21 Rz 31 ff zu VuV).

11 **b) Drittzuwendungen zu Lebzeiten. – *(1)* Grundsatz der Tatbestandsverwirklichung.** Der StPfl, der den Tatbestand einer Einkunftsart persönl erfüllt, kann sich der Besteuerung durch Übertragung des Einkünfteanspruchs nicht entziehen (s § 12 Rz 27). Die Einnahmen sind dem *StPfl* bei Zufluss an den Dritten zuzurechnen (§ 11 Rz 50 „Abtretung", „Rechtsnachfolger"). *Beispiel:* Lohnzahlung an Angehörige des ArbN. – ***(2)* Übertragung der Einkunftsquelle.** Diese setzt den Übergang der auf Einkünfteerzielung gerichteten Tätigkeit voraus. *Beispiele:* Einkünfte aus VuV erzielt, wer im Außenverhältnis Träger der Rechte und Pflichten eines Vermieters ist (§ 21 Rz 31); der Eigentümerwechsel hinsichtl des Mietobjekts ist für die Einkünftezurechnung folgl ohne Bedeutung, sofern nicht auch das Mietverhältnis auf den neuen Eigentümer als Vermieter übergeht (zB gem § 566 I BGB). Die Arbeit des ArbN kann nicht in der Weise als für einen Dritten geleistet angesehen werden, dass diesem das Ergebnis strechtl zugerechnet wird (§ 19 Rz 7). Zur Rechtsnachfolge iSv § 24 Nr 2, s § 24 Rz 66. – ***(3)* Kein allg Surrogationsprinzip.** Aus den Regelungen in §§ 20 II, 21 I Nr 4 lässt sich ein solches Prinzip nicht ableiten (str, vgl auch BFH VI R 10/03 BStBl II 05, 770, zur Übertragung eines Wandeldarlehens; BFH VI R 4/11 BStBl II 12, 596, zur Vorfinanzierung von Insolvenzgeld). – ***(4)* Gesetzl Forderungsübergang auf Dritte.** Er stellt die Zurechnung an den StPfl nicht in Frage. *Beispiel:* Lohnnachzahlung an Arbeitsamt, § 115 I SGB X (BFH XI R 52/88 BStBl II 93, 507; BFH VI R 66/03, BStBl II 08, 375; vgl auch § 11 Rz 50 „Forderungen").

12 **c) Drittzuwendungen im Todesfall** (*BMF* BStBl I 93, 80 und *BMF* BStBl I 07, 269 zur vorweggenommenen Erbfolge; *BMF* BStBl I 06, 253 zur Erbengemeinschaft; zur Rechtsnachfolge nach § 24 Nr 2 s § 24 Rz 66 ff). – ***(1)* Gesamtrechtsnachfolge.** Ist die Einnahme noch dem Erblasser vor dessen Tod zugeflossen, ist sie diesem zuzurechnen (*Littmann/Pust* § 8 Rz 180). Demggü hat der Erbe als StPfl noch nicht bezogene Einkünfte des Erblassers zu versteuern (s § 1 Rz 15). Die vom Erblasser verwirklichte Einkunftsart ändert sich hierdurch nicht. *Beispiel:* Fließt der Witwe eines ArbN ArbLohn nach dem Tod des ArbN zu, bezieht sie Einkünfte aus § 19, auch wenn sie selbst nie ArbN war. – ***(2)* Einzelrechtsnachfolge.** Der StPfl kann für den Fall seines Todes nicht nur einzelne Miterben (§ 19 I Nr 2, §§ 1 I 2, 2 II Nr 2 S 1 LStDV), sondern jede andere Person an Stelle des Erben zum Rechtsnachfolger iSv § 24 Nr 2 bestimmen (vgl BFH VIII R 160/81 BStBl II 82, 540; ausführl *Heinicke* DStJG 10, 113). Diesem sind die vom Erblasser erwirtschafteten, aber noch nicht bezogenen Einnahmen bei Zufluss zuzurechnen (str).

13 **4. Zufluss von außen.** Einnahmen setzen voraus, dass Güter in Geld oder Geldeswert dem StPfl von dritter Seite „zufließen". Einnahmen erfordern mithin eine Zunahme der wirtschaftl Leistungsfähigkeit des StPfl (*K/Kirchhof* § 8 Rz 5). Die Person des Zuwendenden muss dabei nicht der unmittelbare Vertragspartner des Empfängers sein. So können zB auch **Vorteilszuwendungen durch Dritte,**

die durch das DienstVerh veranlasst sind, ArbLohn darstellen (§ 19 Rz 70). Ersparte Aufwendungen sind mangels Zufluss von außen keine Einnahmen. Das in § 8 I enthaltene Tatbestandsmerkmal des Zufließens betrifft den Erfolgstatbestand der Einnahme, nicht die zeitl Zurechnung von Einnahmen. Diese bestimmt sich nach § 11 1 (s § 11 Rz 15 ff).

III. Bewertung von Sachzuwendungen, § 8 II

1. Regelungsinhalt; Anwendungsbereich. § 8 II regelt die Bewertung von Sachzuwendungen. Die Vorschrift setzt das Vorliegen einer Einnahme dem Grunde nach voraus. Sie gilt unmittelbar nur für die Überschusseinkünfte. IRd Gewinneinkünfte sind die Bewertungsmaßstäbe des § 8 II bei Sachzuwendungen indes entspr anzuwenden (BFH VIII R 35/93 BStBl II 96, 273; FG Hess DStRE 12, 1369; *Blümich/Glenk* § 8 Rz 78; aA *HHR* § 8 Rz 5). § 8 II 1 enthält den allg Bewertungsmaßstab. Die speziellen Regelungen in § 8 II 2–11 gehen in ihrem Anwendungsbereich der allg Regelung in § 8 II 1 vor. Bei nach § 8 III zu bewertenden Sachbezügen von ArbN besteht allerdings ein Wahlrecht des StPfl, die Bewertung auch nach § 8 II 1 vorzunehmen, sofern dies für ihn günstiger ist (s Rz 70). Bei Vorliegen der jeweiligen Voraussetzungen kann bei jedem Sachbezug zw der Pauschalversteuerung nach § 40, der Bewertung nach § 8 II und der Anwendung der Rabattregelung in § 8 III gewählt werden (s LStH 16 R 8.2 (1) Nr 4). 15

2. Allg Bewertungsregelung, § 8 II 1. Sachbezüge sind mit den um übl Preisnachlässe geminderten übl Endpreisen am Abgabeort zu bewerten. Es gilt der **Grundsatz der Einzelbewertung** (*Littmann/Pust* § 8 Rz 323). Jeder Sachbezug ist einzeln zu bewerten, die Gegenleistung des StPfl ist außer Betracht zu lassen. 16

a) Abgrenzung Bar-/Sachzuwendungen. § 8 II 1 gilt nicht nur für die dort beispielhaft aufgezählten Sachzuwendungen, sondern für *alle Einnahmen, die nicht in Geld bestehen*. Ob ein Bar- oder ein Sachbezug gegeben ist, bestimmt sich danach, was der StPfl beanspruchen kann (BFH VI R 27/09 BStBl II 11, 386; BFH VI R 41/10 BStBl II 11, 389; LStH 16 H 8.1 (1–4) „Geldleistung oder Sachbezug"; *BMF* BStBl I 13, 729). Unerheblich ist, auf welche Art und Weise der Anspruch erfüllt und der zugesagte Vorteil verschafft wird. Kann der StPfl Geld (Buch- oder Bargeld) verlangen, liegt ein Barbezug vor, auf den § 8 II nicht anwendbar ist (zur Bewertung von Barbezügen s Rz 2). Kann der StPfl **eine Sache beanspruchen,** liegt ein **Sachbezug** vor. Dies gilt auch dann, wenn dem StPfl ein Geldbetrag mit der Maßgabe überlassen wird, diesen in bestimmter Weise **zum Kauf einer Sache** zu verwenden oder wenn dem StPfl nachträgl der Betrag erstattet wird, den er vorher zum Erwerb des zugesagten Sachbezugs aufgewendet hat (BFH VI R 40/10 BFH/NV 11, 590). Unerhebl ist, ob der StPfl die Sache unmittelbar von seinem Vertragspartner bezieht oder ob er die Sache zB mittels Warengutschein von einem Dritten auf Kosten seines Vertragspartners erhält (Abkürzung des Überlassungsweges). 17

Beispiele zum Sachbezug: – **Gutscheine** (zB Tankgutschein, BFH VI R 26/08 BFH/NV 11, 589; Buchgutschein BFH VI R 21/09 BStBl II 11, 383, Restaurantscheck, aA FG Ddorf EFG 10, 2078, rkr, unzutr; s auch BFH IX R 55/10 BFH/NV 13, 354, zu Hotelgutschein; *Schneider* NWB 11, 508; *Koller/Renn* DStR 11, 555; *Campen* BB 11, 806; *Albert* FR 11, 388). Lässt sich der StPfl den Warengutschein aber abspracheweidrig in bar vergüten, ist mE von Barlohn auszugehen. – **Versicherungsübernahme** (BFH VI R 24/10 BStBl II 11, 767); Versicherungsschutz bei Zusatzversorgungskasse (FG Bbg EFG 00, 855, rkr); vergünstigter Versicherungstarif (BFH VI R 123/00 BStBl II 02, 230). – **Nutzungsüberlassungsvorteile; Mietnachlässe** (LStH 16 R 8.1 (3) 5 zu Monatskarte; LStH 16 H 8.1 (1–4) und *FinVerw* DStR 15, 2287 „Job-Ticket"; BFH VI R 81/93 BStBl II 95, 338). – **Kreditkarte** (*FinVerw* DB 97, 73; s auch *Albert* DStZ 98, 124). – **Ge-** 18

schenklose (*FinVerw* DStR 04, 865); **Mitarbeitergenussrechte** (BFH VI R 36/08 BFH/NV 10, 1432). – **Vermögensbeteiligungen** iSv § 19a (BFH VI R 35/10 BFH/NV 11, 1683); – **Zinsermäßigungen;** provisionsfreie **Wertpapiergeschäfte** (FG Mchn EFG 02, 406, rkr); **Verzicht auf Bauspar-Abschlussgebühr** (*BMF* BStBl I 94, 233); **verbilligten Fondsanteile** im Bankkonzern (s *FinVerw* DStR 08, 2367 und *Passow-Utech* DStR 08, 2353).

19 **b) Barlohnumwandlung.** Die Umwandlung von Bar- in Sachlohn ist zulässig, um zB die Vorteile aus § 8 II 11, III in Anspruch zu nehmen. Der BFH erkennt sie aber nur an, wenn *vor Entstehen* (nicht etwa vor Fälligkeit) des Barlohnanspruchs im Wege der Vertragsänderung der neue Sachlohnanspruch begründet wird. Ein Wahlrecht, anstelle des Barlohns Sachlohn zu wählen, soll nicht ausreichen (BFH VI R 6/05 BStBl II 08, 530; BFH VI B 113/07 BFH/NV 08, 1482; Wahlrechte zw Urlaubs-/Weihnachtsgeld und Warengutscheinen oder Deputaten; FG Nds EFG 15, 1257, rkr). Diese Rspr überzeugt nicht: Wird vor Fälligkeit des Barlohnanspruchs auch die Wahl zum Sachlohn eingeräumt, handelt es sich mangels Zufluss *nicht um eine Lohnverwendung.* In der Vereinbarung über die Lohnumwandlung selbst liegt keine zum Zufluss führende Verfügung über den Anspruch. Denn durch diese Vereinbarung wird ledigl die geschuldete Leistung konkretisiert, ohne dass der Leistungserfolg hierdurch bereits herbeigeführt wird. Die Vereinbarung ist nicht mit einer Abkürzung des Zahlungswegs vergleichbar (s auch § 19 Rz 73; BFH IX R 55/10 BFH/NV 13, 354). Es kann ArbG und ArbN vor Fälligkeit des Lohnanspruchs nicht verwehrt sein, sich einvernehml für die Zuwendung von Sachlohn zu entscheiden (vgl auch BFH IX R 1/09 BStBl II 10, 746). Bietet der ArbG dem ArbN alternativ Geld oder eine Sachzuwendung an, handelt es sich bei der Wahl des ArbN für die Sachleistung um Sachlohn (aA BFH VI R 27/09 BStBl II 11, 386).

20 **c) Übl Endpreis.** Endpreis ist der Preis, der im allg Geschäftsverkehr von Letztverbrauchern für identische bzw gleichartige Dienstleistungen oder Waren tatsächlich gezahlt wird (BFH VI R 84/04 BStBl II 05, 795; *Littmann/Pust* § 8 Rz 329). Dies schließt USt und sonstige Preisbestandteile ein. Abzustellen ist auf die konkreten Dienstleistungen oder Waren des Dienstleisters oder Herstellers, die Gegenstand der fragl Sachzuwendung sind (BFH VI R 123/00 BStBl II 02, 230; BFH X R 43/08 BFH/NV 10, 1436; FG Brem DStRE 12, 144, rkr; abl *Meyer-Scharenberg* DStR 05, 1211). Ein geldwerter Vorteil kann mithin auch vorliegen, wenn der Endpreis für funktionsgleiche und qualitativ gleichwertige Waren oder Dienstleistungen anderer Hersteller oder Dienstleister geringer ist als der der konkreten Ware oder Dienstleistung, die verbilligt überlassen wird (BFH VI R 45/02 BFH/NV 07, 1871). Denn zu bewerten ist die vom StPfl tatsächl bezogene Sachzuwendung; dies ist kein Verstoß gegen das Bewertungskonzept des § 8 II 1 (aA *Blümich/Glenk* § 8 Rz 85). Erst wenn sich für die tatsächl zugewandte Ware oder Dienstleistung kein Marktpreis feststellen lässt, sind für die Bewertung gleichartige Waren bzw Dienstleistungen heranzuziehen. LStH 16 R 8.1 (2) 2 sieht bei erschwerter Wertermittlung durch ein umfangreiches Warenangebot, dass fremden Letztverbrauchern nicht angeboten wird, eine Bewertung aufgrund repräsentativer Erhebungen über die relative Preisdifferenz für die gängigsten Einzelstücke jeder Warengruppe vor.

21 Die **Üblichkeit** des Endpreises wird durch den **Markt** (s dazu Rz 22) bestimmt. Der Marktpreis ist nach **obj Gesichtspunkten** zu ermitteln; die subj Meinung der Vertragspartner ist unerhebl (vgl BFH VI R 132/78 BStBl II 81, 577; BFH III R 175/85 BStBl II 88, 995 unter II 3b; *HHR* § 8 Rz 60). Lässt sich der übl Preis nicht feststellen, ist er zu schätzen (§ 162 AO). Eine solche Schätzung wird in Ermangelung zeitnaher Sachverständigengutachten und aussagekräftiger Preiserhebungen idR erforderl sein (s BFH VI R 84/04 BStBl II 05, 795). Als Schätzungsgrundlagen können insb Preislisten (zB Schwacke-Liste), Mietspiegel, Börsenkurse,

Bundesbank/EZB-Statistik und Preisbindungen dienen. Fehlen entspr Schätzungsgrundlagen, insb weil die zu bewertenden Leistungen am Markt nicht angeboten werden, können ausnahmsweise auch die **eigenen Kosten** (einschließl Fremdkosten) zur Bewertung des Sachbezugs herangezogen werden (zB bei Betriebsveranstaltungen, s BFH VI R 79/10 BFH/NV 13, 637; bei Reisen, die nur für ArbN veranstaltet werden, BFH VI R 32/03 BStBl II 06, 30).

Maßgebl Handelsstufe ist idR der Einzelhandel (BFH VI R 84/04 BStBl II 05, 795; *Blümich/Glenk* § 8 Rz 81), einschließl *Internethandel* (*Seifert* DStZ 15, 246). Erfolgt ein Verkauf an Letztverbraucher auch im Großhandel oder im Fabrikverkauf, ist diese Handelsstufe ebenfalls zu berücksichtigen. Bei gebrauchten Gegenständen, insb Kfz, besteht ferner ein Markt unter Privatleuten. Nach BFH-Auffassung soll sich der Endpreis danach bestimmen, ob die zu bewertende Ware in der Mehrzahl der Fälle von gewerbl oder privaten Anbietern angekauft wird (BFH VI R 84/04 BStBl II 05, 795). Diese Rspr überzeugt nicht. Der StPfl wird idR gar nicht wissen, auf welcher Handelsstufe bzw welchem Markt eine Ware oder Dienstleistung am häufigsten gehandelt wird; Marktforschung ist vom StPfl nicht zu verlangen. Übl ist daher jeder Markt, auf dem die Ware oder Dienstleistung Letztverbrauchern gewöhnl und nicht nur ausnahmsweise angeboten wird (s auch FG Hbg V 273/01 juris, rkr). 22

d) Minderung um übl Preisnachlässe. Der Marktpreis ist um übl Preisnachlässe zu mindern. Der so geminderte Markpreis ist der **niedrigste Preis,** den der StPfl und fremde Letztverbraucher im allg Geschäftsverkehr hätten aufwenden müssen (BFH VI R 36/04 BFH/NV 07, 1851; BFH VI R 28/05 BStBl II 06, 781; BFH IX R 10/05 BStBl II 06, 71; *BMF* BStBl 13, 729; *K/Kirchhof* § 8 Rz 34; aA *Littmann/Pust* § 8 Rz 333; *KSM* § 8 Rz C 15). Denn üblicherweise wird das günstigste Angebot angenommen. Dies entspricht auch Sinn und Zweck des § 8 II 1. Die Vorschrift wäre nicht handhabbar, wenn vom StPfl verlangt würde, zur Bewertung einer Sachzuwendung zur ermitteln, zu welchem Preis die größte Anzahl der Umsätze am Markt getätigt wird oder welcher Preis für die zu bewertende Ware oder Dienstleistung am häufigsten verlangt wird. **Wertmindernde Umstände** sind grds zu berücksichtigen (zB Abschläge bei Frei- und Standby-Flügen oder bei betriebl Verköstigung). 23

e) Abgabeort. Dies ist der Ort, an dem dem StPfl der zu bewertende Sachbezug verschafft wird (BT-Drs 11/2157, 141). Nach dem Gesetzeszweck, der darin besteht, eine einheitl Bewertung der Sachbezüge sicherzustellen, ist auf den Ort abzustellen, an dem der Sachbezug dem StPfl angeboten wird (ebenso bisher LStH 14 R 8.1 (2) 6; FG Köln EFG 07, 249, rkr; aA *Blümich/Glenk* § 8 Rz 86; *HHR* § 8 Rz 65, Übergang der Verfügungsmacht). Dies kann zB der Sitz des ArbG sein, an dem der ArbG über die Vorteilsgewährung entscheidet. Dadurch ist gewährleistet, dass der ArbG die Sachzuwendungen an seine ArbN nach dem gleichen Maßstab bewerten kann, unabhängig davon, an welchem Ort die ArbN die Sachbezüge tatsächl erhalten. **Ort** iSv § 8 II 1 ist wie in § 4 V Nr 3 (s § 4 Rz 561) idR die politische Gemeinde mit den räuml und verkehrstechnisch dazugehörigen Vorortgemeinden (s FG Nds EFG 05, 1261, Rz 65 „Mietwert"). 25

f) Bewertungszeitpunkt. Maßgebend für die Bewertung nach § 8 II 1 ist der Endpreis im Zuflusszeitpunkt der Einnahme (BFH VI R 124/99 BStBl II 05, 766; BFH VI R 25/05 BStBl II 09, 382; BFH VI B 160/10 BFH/NV 11, 1869; *Wendt* EFG 14, 1889; aA BFH VI R 73/12 BFH/NV 14, 1291, Tag der schuldrechtl Veräußerung; s auch *Portner* BB 14, 2523). Dieser Zeitpunkt bestimmt sich nach § 11 (s Rz 5). 26

g) Einzelfälle zur Bewertung nach § 8 II 1. Gemischt veranlasste **Incentive-Reise** (BFH VI R 32/03 BStBl II 06, 30); – **Betriebsveranstaltung** (BFH VI R 79/10 BFH/NV 13, 637); – **Verbilligter Versicherungsschutz** (BFH VI R 45/02 BFH/NV 07, 1871); – **Verbilligte Leasingkonditionen** (FG Köln EFG 27

07, 249, rkr); – **Arbeitgeberdarlehn** (*BMF* BStBl I 15, 484; *FinVerw* DStR 15, 2020); – **Gebrauchtwagen** (BFH VI R 84/04 BStBl II 05, 795, Schätzung unter Beachtung der sog Schwacke-Liste; FG Hbg V 273/01 juris, rkr); – **Jahreswagen** (BFH VI R 27/11 BStBl II 13, 402); – **Gemälde** (FG Köln EFG 00, 1247, rkr); – **Jobticket** (BFH VI R 56/11 BStBl II 13, 382); – **Optionsrecht** (BFH VI R 25/05 BStBl II 09, 382, Börsenkurs); – **Wohnung** (BFH IX R 10/05 BStBl II 06, 71, Mietspiegel); – **Fitnessstudio-Mitgliedschaft** (FG Brem DStRE 12, 144, rkr); – **Freiflüge** (BFH VI 54/64 U BStBl III 66, 101; *FinVerw* BStBl I 15, 735) – **Kreuzfahrten** (FG SchlHol DStRE 14, 262, rkr).

30 **3. Einnahmen aus Kfz-Gestellung, § 8 II 2–5.** Die Vorschriften regeln die Bewertung der Einnahmen aus der (teil)unentgeltl Überlassung betriebl Kfz iRd Überschusseinkünfte. Die (teil)unentgeltl Kfz-Gestellung stellt dem Grunde nach ArbLohn dar (BFH VI R 56/10 BStBl II 12, 362; umfassend *Urban* Besteuerung von Firmen- und Dienstwagen, Köln 2009; LStH 16 R 8.1 (9), H 8.1 (9–10)), der nach § 8 II 2 (1%-Regelung) oder § 8 II 4 (Fahrtenbuchmethode) zu bewerten ist. Eine andere Möglichkeit der Vorteilsberechnung besteht nicht. § 8 II 3 soll einen Ausgleich für den WK-Abzug bei Fahrten zw Wohnung und Arbeitsstätte/erster Tätigkeitsstätte schaffen. § 8 II 5 enthält eine Spezialregelung für Familienheimfahrten bei doppelter Haushaltsführung.

31 **a) Bewertung der Privatfahrten, § 8 II 2.** Das Gesetz verweist zur Bewertung des Vorteils aus der privaten Nutzung eines betriebl Kfz bei den Überschusseinkünften auf § 6 I Nr 4 S 2. § 8 II 2 ist eine reine Bewertungsvorschrift, deren Regelegungsgehalt sich in der Anordnung der entspr Anwendung von § 6 I Nr 4 S 2 auf die Überschusseinkünfte erschöpft (BFH VI R 31/10 BStBl II 13, 700, mit Anm *ge* DStR 13, 1424). Für die Überlassung eines Kfz zu Privatfahrten muss der StPfl hiernach monatl pauschal 1% des inl, auf volle 100 € abgerundeten **Listenpreises bei Erstzulassung** zuzügl USt und Sonderausstattung iSv § 6 I Nr 4 versteuern. Die 1% sind ein pauschaler Monatswert, der auch anzusetzen ist, wenn das Kfz nicht den ganzen Kalendermonat zur Privatnutzung überlassen wird (FG BaWü EFG 15, 896, rkr). Die Vorschrift ist **verfgemäß** (BFH III R 59/98 BStBl II 00, 273; BFH IV R 59/06 BFH/NV 09, 1617; BFH VI R 51/11 BStBl II 13, 385). Die Bewertung nach der 1%-Regelung ist **zwingend,** sofern der StPfl für das betroffene Fahrzeug kein Fahrtenbuch mit Belegen iSv § 8 II 4 (BFH VI R 95/04 BStBl II 07, 269) führt.

32 **aa) Betriebl Kfz.** Kfz ist jedes Fahrzeug, das nach der Lebenserfahrung auch für Privatfahrten eingesetzt wird (s § 6 Rz 512). Für Lkw, Zugmaschinen und reine Werkstattwagen, bei denen eine Privatnutzung ausgeschlossen werden kann, gilt die 1%-Regelung nicht (s aber BFH X B 119/12 BFH/NV 13, 923). Der Vorteil aus der vom ArbG erlaubten Privatnutzung solcher Fahrzeuge ist nach § 8 II 1 zu bewerten (BFH VI R 34/07 BStBl II 09, 381). Es muss sich bei wirtschaftl Betrachtung um ein *betriebl* Kfz handeln (zivilrechtl/wirtschaftl Eigentum des ArbG; vom ArbG geleastes Kfz). Auch Behördenfahrzeuge öffentl-rechtl Körperschaften sind betriebl Kfz iSv § 8 II 2 (FG BaWü DStRE 12, 1501, rkr). Selbst wenn der ArbN zivilrechtl Eigentümer oder Leasingnehmer des Kfz ist, kann es sich wirtschaftl um ein betriebl Kfz handeln (BFH VI R 122/98 BStBl II 01, 844, Kfz-Überlassung nach den Grundsätzen „beamteneigener" Kfz; *Pust* HFR 02, 10; BFH VI R 62/96 BStBl II 02, 370, ArbG als wirtschaftl Leasingnehmer; *Pust* HFR 02, 510). Kein betriebl Kfz liegt hingegen vor, wenn das Kfz wirtschaftl dem ArbN zuzurechnen ist, wenn er also wirtschaftl Eigentümer oder wirtschaftl Leasingnehmer ist (BFH VI R 75/13 DStR 15, 941). Die Vollkostenerstattung durch den ArbG für ein Kfz des ArbN macht dieses Kfz noch nicht zu einem betriebl (BFH VI R 54/00 BStBl II 02, 164). Die Einräumung verbilligter Leasingkonditionen auf Veranlassung des ArbG reicht dazu ebenfalls nicht aus; die Bewertung des Vorteils erfolgt dann nach § 8 II 1 (FG Köln EFG 07, 249, rkr). Barlohnmin-

derung gegen Kfz-Gestellung führt nicht iHd Minderung zum WK-Abzug (*Fin-Verw* DB 10, 2025, zutr).

bb) Private Nutzungsmöglichkeit. Die **1%-Regelung** setzt eine Kfz-Überlassung zur Privatnutzung voraus. Ob die Privatnutzung tatsächl erfolgt, ist nach der geänderten BFH-Rspr ohne Bedeutung (BFH VI R 31/10 BStBl II 13, 700, mit Anm *ge* DStR 13, 1424; BFH VI R 42/12 BStBl II 13, 918; *Eismann* DStR 13, 2740). Dies gilt jedenfalls iRd Einkünfte aus § 19. Bei den Gewinneinkünften ist die private Nutzung demggü weiterhin Voraussetzung für die Anwendung der 1%-Regelung (BFH VIII R 42/09 BStBl II 13, 365; *Moritz* NWB 13, 918). 33

Stellungnahme: Die geänderte BFH-Rspr begegnet Bedenken. § 8 II 2 bewertet die „private Nutzung" eines Kfz. Daran ändert auch der pauschalierende Charakter der Vorschrift nichts. Die Bewertungsregel in § 6 I Nr 4 S 2, auf die § 8 II 2 verweist, setzt ebenfalls die „private Nutzung" voraus. Es verwundert daher, dass die „private Nutzung" lstrechtl bedeutungslos sein soll. Zudem führt die geänderte Rspr zu Ungereimtheiten im Hinblick auf die Fahrtenbuchmethode, die ledigl einen ggü der 1%-Regelung anderen Weg zur Bewertung des Nutzungsvorteils darstellt (BFH VI R 37/03 BStBl II 06, 72). Wenn es zuträfe, dass der lstrechtl erhebl und nach § 8 II 2 zu bewertende Vorteil unabhängig davon, ob eine Privatnutzung des Kfz tatsächl stattfindet, allein in der Überlassung des Dienstwagens zur Privatnutzung liegt, dürfte dieser Vorteil auch bei Anwendung der Fahrtenbuchmethode niemals mit null anzusetzen sein. Dies ist aber der Fall, wenn der ArbN, dem ein Kfz auch zur Privatnutzung überlassen wird, Fahrtenbuch führt und keine Privatfahrten unternimmt. Das Argument, der ArbN erspare zumindest die nutzungsunabhängigen Kosten, überzeugt ebenfalls nicht, da diese Ersparnis für den ArbN keinen Vorteil darstellt, wenn er das Kfz nicht privat, sondern nur berufl nutzt (*Seifert* StuB 13, 608).

Privatnutzung ist jede Nutzung außer der betriebl Nutzung für den ArbG (weitergehend FG Nds EFG 12, 1919, mE unzutr, aber bestätigt durch BFH VI R 23/12 BStBl II 13, 920). *Betriebsfunktionale Einsätze* sind keine Privatnutzung, zB wenn ein Werksdienstwagen zur Heimfahrt als notwendige Nebenfolge sofortiger Einsatzbereitschaft überlassen wird (BFH VI R 195/98 BStBl II 00, 690, vorübergehende Rufbereitschaft; *Pust* HFR 00, 880; FG Nds EFG 07, 1938, rkr, Rettungsdienst; anders bei ständiger Überlassung, FG BaWü EFG 98, 811, rkr) oder bei Außendienstmonteuren zur Erhöhung der Nettoarbeitszeit (FG BBg DStRE 08, 346, rkr). Keine Privatnutzung ist auch die Nutzung für Fahrten zw Wohnung und Arbeitsstätte/erster Tätigkeitsstätte, da diese Fahrten der Erwerbssphäre zuzuordnen sind, wie der WK-Abzug für solche Fahrten zeigt (BFH VI R 56/10 BStBl II 12, 362; aA *Bilsdorfer* DStR 12, 1477). Eine Privatnutzung liegt aber vor bei (mittägl) Zwischenheimfahrten zw Wohnung und Arbeitsstätte/erster Tätigkeitsstätte (FG BaWü EFG 12, 604, rkr). Wird das Kfz auch iRe anderen Einkunftsart des ArbN (zB VuV oder weiteres ArbVerh) eingesetzt, führt dies nicht neben dem 1%-Wert zu zusätzl Lohn (LStH 16 R 8.1 (9) Nr 1 S 8). Die zu Gewinneinkünften ergangene anders lautende Rspr (BFH X R 35/05 BStBl II 07, 445; BFH IV R 59/06 BFH/NV 09, 1617, Entnahmetatbestand) findet zutr keine Anwendung.

cc) Privatnutzungsverbot. Bereits die Überlassung eines Kfz zur Privatnutzung führt nach der neueren Rspr des BFH zu einem grds nach § 8 II 2 zu bewertenden geldwerten Vorteil, ohne dass es darauf ankommt, ob der StPfl das Kfz tatsächl privat genutzt hat (s Rz 33). Es ist nur noch zu prüfen, ob der ArbG dem ArbN die private Nutzung eines betriebl Kfz **ausdrückl** (zB im Arbeitsvertrag) **oder konkludent** (zB stete Duldung einer vertragswidrigen Privatnutzung) **gestattet** hat. Dafür gibt es keine Vermutung und keinen Anscheinsbeweis (BFH VI R 46/08 BStBl II 10, 848; BFH VI R 46/11 DStR 13, 1425; aA FG BBg EFG 14, 525, rkr). Allein aus der fehlenden Überwachung eines Nutzungsverbots kann noch nicht auf dessen Steuerunerheblichkeit geschlossen werden (BFH VI R 56/10 BStBl II 12, 362); dies gilt auch für einen angestellten Geschäftsführer und andere familienangehörige ArbN eines Familienunternehmens (BFH VI R 23/12 34

BStBl II 13, 920; BFH VI R 25/13 BFH/NV 14, 678). FA und FG haben die Frage, ob eine private Nutzungsüberlassung vorliegt, unter Berücksichtigung aller Umstände des Einzelfalls zu prüfen (BFH VI R 46/11 BStBl II 13, 1044; BFH VI R 39/13 BFH/NV 14, 778; *Strohner* DB 13, 1986; *Geserich* HFR 14, 409). Kann eine Nutzungserlaubnis nicht festgestellt werden, kommt eine Besteuerung nach § 8 II 2 nicht in Betracht. – Hat der ArbG dem ArbN die Privatnutzung gestattet, ist es nach der geänderten BFH-Rspr bedeutungslos, ob der StPfl den **Anscheinsbeweis,** der für die Privatnutzung spricht, entkräften kann, da es für § 8 II 2 iRd Einkünfte aus § 19 unerhebl ist, ob eine Privatnutzung tatsächl erfolgt (BFH VI R 31/10 BStBl II 13, 700, mit Anm *ge* DStR 13, 1424). Bei den Gewinneinkünften ist der Anscheinsbeweis demggü weiterhin von Bedeutung, da eine Nutzungsentnahme eine tatsächl private Nutzung voraussetzt (s § 6 Rz 515; BFH VIII R 42/09 BStBl II 13, 365).

35 **dd) Listenpreis.** Inl Listenpreis im Zeitpunkt der Erstzulassung ist die an diesem Stichtag maßgebl Preisempfehlung des Herstellers, die für den Endverkauf des tatsächl genutzten Fahrzeugs auf dem inl Neuwagenmarkt gilt. Diese Bemessungsgrundlage gilt auch für *geleaste und gebrauchte Kfz* (BFH VI R 51/11 BStBl II 13, 385). Überführungs- und Zulassungskosten bleiben außer Betracht (*Habert/Neyer* DStR 95, 795). Die Aufpreise für werkseitig eingebaute Sonderausstattung sind ebenfalls mit den Werten anzusetzen, die sich aus der Preisliste des Herstellers ergeben (BFH VI R 37/04 BStBl II 2005, 563). Der Begriff der Sonderausstattung erfasst nur werkseitig zusätzl eingebaute Ausstattungen, nicht aber nachträgl eingebaute Kfz-Teile. Nicht zur Sonderausstattung gehören zB ein zusätzl Satz Reifen oder eine nachgerüstete Flüssiggasanlage (BFH VI R 12/09 BStBl II 11, 361). Soweit nach LStH 16 R 8.1 (9) Nr 1 S 6 auch ein werkseitig eingebautes Autotelefon außer Ansatz bleiben soll, widerspricht dies der Rspr. Zur Förderung der Elektromobilität ist der Listenpreis bei ElektroKfz um die Kosten des Batteriesystems zu mindern, die der Gesetzgeber anhand der Batteriekapazität pauschaliert hat. Zu weiteren Einzelheiten s § 6 Rz 518 ff; *BMF* BStBl I 14, 835; *Paintner* DStR 13, 1629, 1630.

36 **ee) Abgeltungswirkung.** Mit der **1 %-Regelung** sind die durch die Kfz-Nutzung anfallenden Kosten abgegolten (dazu *Urban* FR 05, 1134), die unmittelbar dem Halten und dem Betrieb des Kfz zu dienen bestimmt sind und zwangsläufig/gewöhnl bei der Nutzung anfallen (BFH VI R 37/03 BStBl II, 06, 72, Treib-/Schmierstoffe, Haftpflichtversicherung, Kfz-Steuern, AfA, Parkgebühren dazu *Spaniol/Becker* INF 06, 424). – *Mautgebühren* oder *Schutzbriefkosten,* die der ArbG zahlt, stellen demggü einen zusätzl geldwerten Vorteil dar (s auch *Thomas* INF 05, 887; aA *Urban* FR 05, 1140, 1141 f). – **Unfallkosten** werden bei Verzicht des ArbG auf einen ihm zustehenden Ersatzanspruch durch die 1 %-Regelung ebenfalls nicht abgegolten (BFH VI R 73/05 BStBl II 07, 766; LStH 16 R 8.1 (9) Nr 2 S 11; *Bergkemper* FR 07, 892; dagegen *Urban* FR 07, 873). Nach LStH 16 R 8.1 (9) Nr 2 S 12 ff müssen Unfallkosten bei Erstattung durch Dritte (Kaskoversicherung) bis zu 1000 € (zuzügl USt) nicht neben dem Nutzungswert angesetzt werden, sondern können als Reparaturkosten in die Gesamtkosten einbezogen werden (zum Hintergrund dieser Regelung mit Beispielen *Niermann/Plenker* DB 10, 2128; *Hartmann* DStR 10, 2550, 7.1). Besteht kein Ersatzanspruch des ArbG gegen den ArbN oder ereignet sich der Unfall auf einer berufl veranlassten Fahrt, liegt von vornherein kein geldwerter Vorteil vor (LStH 16 R 8.1 (9) Nr 2 S 16), so dass auch Beträge bis zu 1000 € dann nicht als Reparaturkosten anzusetzen sind. – Wird das Kfz in einer vom ArbN angemieteten **Garage** untergestellt, ist die vom ArbG erstattete Garagenmiete kein ArbLohn, sondern stfreier Auslagenersatz (BFH VI R 145/99 BStBl II 02, 829; *Pust* HFR 02, 983; zweifelnd *MIT* DStR 02, 1944) und zwar auch dann, wenn der ArbG nur eine Zuzahlung leistet (BFH VI R 1/00 BFH/NV 03, 16; *FinVerw* DStR 03, 1207). Kein ArbLohn sondern Einnahme aus

VuV ist auch ein vom ArbG an den ArbN gezahltes Nutzungsentgelt für die Anmietung einer ArbN-eigenen Garage zur Unterstellung des betriebl Kfz (BFH VI R 145/99 BStBl II 02, 829).

ff) ArbN-Zuschüsse. Die 1%-Regelung und die Fahrtenbuchmethode sind ledigl unterschiedl Wege zur Bewertung des Nutzungsvorteils (BFH VI R 37/03 BStBl II 06, 72). Daher sind vom ArbN an den ArbG oder im abgekürzten Zahlungsweg an Dritte gezahlte **Nutzungsvergütungen** abzusetzen (LStH 16 8.1 (9) Nr 4). Sie mindern die Lohnzuwendung des ArbG, weil es insoweit an einer Bereicherung des ArbN fehlt (BFH VI R 95/04 BStBl II 07, 269; *Thomas* DB 06 Beil 6 zu Heft 39 S 58, 63). Das Nutzungsentgelt ist bereits beim LSt-Abzug von dem 1%-Betrag abzuziehen. Ist dies unterblieben, kann das Nutzungsentgelt bei der Veranlagung abgezogen werden. Ebenso sind **Zuzahlungen des ArbN zu den AK** des Kfz bei der Berechnung des Nutzungsvorteils nach der 1%-Regelung als WK zu berücksichtigen (BFH VI R 59/06 BStBl II 09, 260). Eine individuelle Zurechnung zu den einzelnen Nutzungsarten (Betriebsfahrten, Fahrten Wohnung-Arbeitsstätte/erste Tätigkeitsstätte, Privatfahrten) ist nicht erforderl, da entweder WK bei berufl Fahrten oder bei den stpfl Vorteilen für die Privatnutzung vorliegen. Dies soll selbst dann gelten, wenn die Zuzahlungen des ArbN den stpfl Nutzungsvorteil übersteigen (FG BaWü EFG 14, 896, Rev VI R 24/14, str). Diese Ansicht erscheint indes unzutr. Ein negativer geldwerter Vorteil oder ein WK-Überschuss kann aus der Kfz-Überlassung mE nicht entstehen. LStH 16 R 8.1 (9) Nr 4 S 3, 4 bietet eine ggü der Rspr (AfA auf das Nutzungsrecht) günstigere Berechnung: 1%-Nutzungswert ./. Zuzahlung bis auf 0 €; Rest aus höherer Zuzahlung wird im Folgejahr vom Nutzungswert abgezogen (vertretbare vereinfachende Handhabung; Beispiele bei *Niermann/Plenker* DB 10, 2130; *Becker* NWB 13, 62). Ist die Zuzahlung im Zeitpunkt des Ausscheidens des ArbN noch nicht verbraucht und erhält der ArbN keinen Ersatz, ist der Restbetrag als vergebl WK abziehbar. – **Einzelne vom ArbN selbst getragene Kfz-Kosten** (Tanken, Wagenwäsche) sollen iRd 1%-Regelung hingegen nicht mindernd abgesetzt werden können (BFH VI R 57/06 BStBl II 09, 199; BFH VI R 96/04 BStBl II 08, 198; *BMF* BStBl I 13, 513). Dies überzeugt nicht (ebenso FG Ddorf EFG 15, 466, Rev VI R 2/15; *Littmann/Pust* § 8 Rz 389; *HHR* § 8 Rz 84; *Niermann* DB 09, 366; zu Gestaltungsmöglichkeiten: *Hilbert* NWB 13, 1457). Eine Lohnzuwendung an den ArbN kann nur vorliegen, soweit der ArbN *aus dem Vermögensbereich des ArbG bereichert ist.* IHd Eigenleistung des ArbN fehlt es an dessen Bereicherung. Dem ArbN wird iHd von ihm selbst getragenen Kosten kein Vorteil zugewandt. Dies zeigt auch ein Vergleich zur **Fahrtenbuchmethode.** Bei dieser sind die *„gesamten Kfz-Aufwendungen"* anzusetzen (§ 8 II 4). Hierbei kann es sich nur um die *vom ArbG getragenen Kfz-Aufwendungen* handeln (ebenso LStH 16 R 8.1 (9) Nr 2 S 8). Die vom ArbN selbst getragenen Kosten gehören hingegen nicht zu den *„gesamten Kfz-Kosten"* (*BMF* DStR 09, 376; aA BFH VI R 57/06 BStBl II 09, 199; FG Mster EFG 12, 1245, rkr). Denn dann würden eigene Aufwendungen des ArbN die Km-Kosten erhöhen und damit zu einem höheren Lohn aus der Kfz-Nutzung führen; ein offensichtl gegen den Lohnbegriff des § 19 verstoßendes Ergebnis. § 8 II 2, 4 ist ledigl eine Bewertungsvorschrift, der Lohnbegriff wird weiterhin durch § 19 bestimmt (s Rz 6; BFH VI R 31/10 BStBl II 13, 700). 37

gg) Kostendeckelung. Sie ist mögl bei Nachweis, dass die tatsächl Gesamtkosten für das Kfz die Gesamtwerte nach § 8 II 2, 3, 5 unterschreiten (LStH 16 H 8.1 (9–10) „Begrenzung des pauschalen Nutzungswerts"; *BMF* BStBl I 09, 1326; zur Berechnung s auch FG BBg DStRE 11, 926, BFH VIII R 28/10 BStBl II 13, 120). 38

hh) Pool-Kfz; Überlassung mehrerer Kfz. Steht ein betriebl Kfz **mehreren ArbN** zur privaten Nutzung zur Verfügung, ist der sich nach der 1%-Regelung ergebende Monatsbetrag unabhängig vom Umfang der tatsächl Nutzung durch die 39 einzelnen ArbN nach Kopfteilen auf die ArbN zu verteilen (Kfz-bezogene Berechnung: BFH VI R 132/00 BStBl II 03, 311; *Romani/Bechtold* BB 12, 543, 548). Dies gilt auch, wenn die ArbN das Kfz im Laufe des Monats *nacheinander* nutzen (*Pust* HFR 02, 787). Wird ein betriebl Kfz vom Betriebsinhaber *und* von dem als ArbN bei ihm tätigen Ehegatten auch für Privatfahrten/Fahrten zw Wohnung und Arbeitsstätte/erster Tätigkeitsstätte genutzt, ist ebenfalls eine Aufteilung nach Kopfteilen entspr BFH VI R 132/00 BStBl II 03, 311 vorzunehmen (ebenso *BMF* BStBl I 12, 1099; aA *Seifert* INF 03, 655, Nr 6). Befinden sich in einem **Kfz-Pool** unterschiedl Kfz, sind der sich für jedes Kfz nach der 1%-Regelung ergebende Monatsbetrag zu berechnen, die Monatsbeträge sämtl Kfz zu addieren und sodann der „Gesamtvorteil" durch die Anzahl der zugriffsberechtigten ArbN zu dividieren (BFH VI R 132/00 BStBl II 03, 311; *Balmes* BB 11, 2263). Stehen **dem ArbN** auf Grund des DienstVerh im Laufe eines Monats nebeneinander (nicht nacheinander) **mehrere Kfz** privat zur Verfügung, ist wegen der Kfz-bezogenen Berechnung für jedes Kfz der sich nach der 1% -Regelung ergebende Monatsbetrag anzusetzen und zu addieren (BFH VI R 17/12 BFH/NV 13, 1965; *ge* DStR 13, 2269; BFH VIII R 24/08 BStBl II 10, 903, zu Gewinneinkünften; s auch § 6 Rz 521). Die *FinVerw* lässt es demggü zu, den Listenpreis des überwiegend genutzten Kfz zugrunde zu legen (LStH 16 H 8.1 (9–10) „Überlassung mehrerer Kfz").

45 **b) Zuschlag für Fahrten zw Wohnung und Arbeitsstätte/erster Tätigkeitsstätte, § 8 II 3.** Die Vorschrift ist verfgemäß (BFH VI R 55/09 BStBl II 11, 358). Nach § 8 II 3 erhöht sich der Betrag nach § 8 II 2 bei unentgeltl Kfz-Gestellung für Fahrten zw Wohnung und regelmäßiger Arbeitsstätte/erster Tätigkeitsstätte für jeden Kalendermonat um einen weiteren Pauschbetrag iHv **0,03 % des Listenpreises** iSv § 6 I Nr 4 pro Entfernungs-km, wenn das Kfz auch für diese Fahrten genutzt werden kann. § 8 II 3 dient nicht der Erfassung eines zusätzl Nutzungsvorteils; die Vorschrift soll ledigl einen **Ausgleich für abziehbare, tatsächl aber nicht entstandene WK** schaffen (BFH VI R 57/09 BStBl II 11, 359; aA FG Ddorf DStRE 14, 1286, rkr). Der Zuschlag ist aber nicht durch die Höhe der WK für die Fahrten zw Wohnung und erster Tätigkeitsstätte begrenzt (FG Köln EFG 15, 1532, NZB VI B 28/15). § 8 II 3 kommt auch zur Anwendung, wenn das Kfz nur für Fahrten nach § 8 II 3, nicht aber für sonstige Privatfahrten genutzt werden kann (BFH VI R 54/09 BStBl II 11, 354). Der Pauschalierung liegt eine geschätzte Nutzung des Kfz an 180 Arbeitstagen jährl oder (durchschnittl) 15 Tagen monatl zugrunde. Zur Fahrergestellung s § 19 Rz 100 „Kfz-gestellung".

46 **aa) Fahrten zur regelmäßigen Arbeitsstätte/ersten Tätigkeitsstätte.** Zum Begriff der regelmäßigen Arbeitsstätte s § 9 Rz 186 ff; zur ersten Tätigkeitsstätte s § 9 Rz 254. § 8 II 3 erfasst ab VZ 2014 auch Fahrten gem § 9 I 3 Nr 4a S 3. Hierbei handelt es sich um Fahrten zu einem Ort (zB Sammelpunkt) oder weiträumigen Tätigkeitsgebiet, das ein ArbN ohne erste Tätigkeitsstätte typischerweise arbeitstägl aufzusuchen hat (s § 9 Rz 204). § 8 II 3 greift auch ein, wenn dem ArbN das Kfz mit der Auflage überlassen wird, andere ArbN mit zur Arbeitsstätte/ersten Tätigkeitsstätte zu transportieren (BFH VI R 56/07 BStBl II 10, 1067). Fahrten von der Wohnung zum Kunden und danach vom Kunden zur Arbeitsstätte sind indes keine Fahrten iSv § 8 II 3. Mittagsheimfahrten sind stets mit dem Pauschbetrag nach § 8 II 2 abgegolten. Steht ein Kfz mehreren ArbN zur Verfügung, gilt BFH VI R 132/00 BStBl II 03, 311 (s Rz 39) entspr (LStH 16 H 8.1 (9–10) „Nutzung durch mehrere ArbN"; Rechenbeispiel bei *Hartmann* INF 03, 16, 19). Zur Nutzung mehrerer Kfz s *BMF* BStBl I 11, 301 Rz 9).

47 **bb) Listenpreis und maßgebl Entfernung.** Zum Listenpreis s Rz 35. Der Zuschlag bemisst sich grds nach der kürzesten Straßenverbindung zw Wohnung und Arbeitsstätte/erster Tätigkeitsstätte (FG Köln EFG 03, 1229, rkr; s auch § 9 Rz 181); dies gilt selbst dann, wenn diese mautpflichtig ist (BFH VI R 20/13

BFH/NV 14, 395). Benutzt der StPfl eine andere, offensichtl verkehrsgünstigere Verbindung (s dazu BFH VI R 19/11 BStBl II 12, 520; BFH VI R 46/10 BStBl II 12, 470; FG RhPf EFG 13, 1100, rkr), ist diese anzusetzen. Die für den WK-Abzug für Fahrten zw Wohnung und Arbeitsstätte/erster Tätigkeitsstätte maßgebl Grundsätze gelten insoweit entspr (BFH VI B 15/08 BFH/NV 08, 1674).

cc) Tatsächl Kfz-Nutzung. Anders als bei § 8 II 2 reicht für den Zuschlag nach § 8 II 3 die bloße Nutzungsmöglichkeit nicht aus. § 8 II 3 kommt nur insoweit zur Anwendung, als der ArbN den Dienstwagen tatsächlich für Fahrten zw Wohnung und Arbeitsstätte/erster Tätigkeitsstätte nutzt. Hierfür spricht ein **Anscheinsbeweis,** wenn das Kfz tatsächl für solche Fahrten überlassen worden ist (BFH VI R 85/04 BStBl II 08, 887). Der Anscheinsbeweis kann ohne Beschränkung auf bestimmte Argumente entkräftet werden (BFH VI R 52/07 BStBl II 09, 280; *Paetsch* HFR 08, 924). Ist der Anscheinsbeweis erschüttert, hat das FA die tatsächl Nutzung des Kfz umfassend aufzuklären (BFH VI R 52/07 BStBl II 09, 280). Der Zuschlag gem § 8 II 3 rechtfertigt sich allein daraus, dass für Fahrten zw Wohnung und Arbeitsstätte/erster Tätigkeitsstätte ein WK-Abzug nach § 9 I 3 Nr 4/§ 9 II erfolgt, ohne dass dem ArbN eigene Aufwendungen dafür entstanden sind. Diesen Abzug ohne eigene Aufwendungen soll § 8 II 3 durch den Ansatz eines Nutzungswertes korrigieren (BFH VI R 57/09 BStBl II 11, 359; *BMF* BStBl I 11, 301, mit Beispielen; *Schneider* NWB 11, 112; aA *Thomas* DStR 11, 1341; *Paus* FR 11, 655; *HHR* § 8 Rz 92). Wird das Kfz für Fahrten zw Wohnung und Arbeitsstätte/erster Tätigkeitsstätte nur an **weniger als an 15 Tagen je Monat** (BFH VI R 85/04 BStBl II 08, 887) oder nur auf **Teilstrecken** (BFH VI R 68/05 BStBl II 08, 890, park and ride) eingesetzt, ist für den Zuschlag auf die tatsächl Nutzung abzustellen (aA FG Ddorf DStRE 14, 1286, rkr). Der Nutzungswert ist mit dem %-Satz des § 8 II 5 (0,002% des Listenpreises × Wegstrecke × Anzahl der Fahrten) zu bewerten. Dies gilt auch im LStAbzugsverfahren (*Ehehalt* BFH/PR 08, 376; nach *BMF* BStBl I 11, 301, Rz 5 besteht beim LStAbzug aber keine Verpflichtung des ArbG zur Einzelbewertung). Bei Fahrten auf Teilstrecken (zB park and ride) ergibt sich der Nutzungswert aus 0,002% des Listenpreises × tatsächl gefahrener Teilstrecke × Anzahl der Fahrten. Die Rspr einzelner FG, nach der die 0,03%-Regelung auch dann anzuwenden sein soll, wenn die tatsächl Nutzung des Kfz für Fahrten zw Wohnung/Arbeitsstätte nicht wesentl (weniger als 25%) von der bei der Pauschalierung zugrunde gelegten Nutzung von 15 Tagen monatl abweicht (zB FG BaWü EFG 11, 38 mwN, Anm *Wagner* EFG 11, 40; Hauptsacheerledigung VI R 76/10), ist überholt. 48

c) Fahrtenbuchmethode („Escape-Klausel"), § 8 II 4. Der StPfl kann die pauschalierte Bewertung nach § 8 II 2, 3 vermeiden, wenn er für die gesamte Nutzungsdauer des Kfz im jeweiligen VZ ein ordnungsgemäßes Fahrtenbuch führt und die gesamten Kfz-Aufwendungen belegmäßig nachweist. Ein unterjähriger Wechsel zur Fahrtenbuchmethode ist unzulässig (BFH VI R 35/12 BStBl II 14, 643; *Schneider* NWB 14, 2078). Die Fahrtenbuchmethode ist idR günstig bei hohen Listenpreisen, geringer Privatnutzung des Kfz oder wenigen Fahrten zur Arbeitsstätte/ersten Tätigkeitsstätte (s *Urban* FR 96, 741; *Wolf/Lahme* DB 03, 578; *Bilsdorfer* DStR 12, 1477). Aus dem beim LStAbzug gewählten Verfahren ergibt sich **keine Bindung** für die EStVeranlagung (s LStH 16 R 8.1 (9) Nr 3 S 4). Hat der ArbN von der Möglichkeit, ein Fahrtenbuch zu führen, keinen Gebrauch gemacht, kommt die 1%-Regelung nur dann nicht zur Anwendung, wenn das Kfz nicht zur Privatnutzung überlassen wurde (BFH VI R 31/10 BStBl II 13, 700, mit Anm *ge* DStR 13, 1424). 50

aa) Ordnungsmäßiges Fahrtenbuch. Die Anforderungen an die Ordnungsmäßigkeit des Fahrtenbuchs sind dieselben wie bei § 6 I Nr 4 S 3 (s dazu § 6 Rz 532–534). 51

52 **bb) Kfz-Aufwendungen.** Die Gesamtkosten sind die Summe der Nettoaufwendungen zuzügl Sonderausstattung, USt und AfA, die unmittelbar dem Halten und dem Betrieb des Kfz zu dienen bestimmt sind und die typischerweise bei der Kfz-Nutzung anfallen (s Rz 36 und § 6 Rz 535). Vom ArbN selbst getragene Kfz-Aufwendungen bleiben außer Ansatz (LStH 16 R 8.1 (9) Nr 2 S 8), da sie schon dem Grunde nach kein ArbLohn sind (s auch Rz 37; *BMF* BStBl I 09, 412). Auch USt, die als VorSt abgezogen werden kann, gehört nicht zu den Gesamtkosten (*Littmann/Pust* § 8 Rz 435). Bei der AfA legt die *FinVerw* eine ggü der Rspr günstigere Nutzungsdauer von höchstens 6 Jahren zugrunde; nach der Rspr sind idR 8 Jahre anzusetzen (BFH IX B 174/03 BStBl II 06, 368; s auch *Plenker* DB 06, 1915, IV. 2.). Eine Leasingsonderzahlung ist auf die Laufzeit des Leasingvertrags zu verteilen, wenn der ArbG dies in seiner Gewinnermittlung dementsprechend erfassen muss (BFH VI R 27/14 BFH/NV 16, 111; s auch § 19 Rz 110 „Kraftfahrzeugkosten" unter (4)). Bei ElektroKfz sind ab VZ 2013 die Aufwendungen für das Batteriesystem typisierend aus den Gesamtkosten herauszurechnen, wie sich aus dem Verweis auf § 6 I Nr 4 S 3 Hs 2 ergibt (s dazu auch *Paintner* DStR 13, 1629, 1630; *BMF* BStBl I 14, 835, mit zahlreichen Beispielen). Die Gesamtaufwendungen geteilt durch die Gesamt-Km ergeben die Kosten pro gefahrenen Km (aA *Wöltge* DStR 13, 1318, der nur die variablen Kosten nach dem Verhältnis der Fahrtstrecken aufteilen will, die Fixkosten aber nach Zeitanteilen).

53 **cc) Belegnachweis.** Die Aufwendungen muss der StPfl durch Belege nachweisen. Ist er hierzu nicht in der Lage, sind die 1%-Regelung und die 0,03%-Regelung anzuwenden (*Blümich/Glenk* § 8 Rz 125). Der stpfl ArbN wird für den Belegnachweis idR auf Auskünfte des ArbG angewiesen sein. Der ArbG ist arbeitsrechtl zur Auskunftserteilung verpflichtet (BAG HFR 06, 87). § 8 II 4 verlangt keine getrennte Aufzeichnung der Kfz-Kosten (BFH VI R 38/06 BStBl II 08, 768).

54 **dd) Ausübung des Wahlrechts.** Da § 8 II 4 ein ordnungsmäßiges Fahrtenbuch voraussetzt, das nur vorliegt, wenn es während der gesamten Nutzungsdauer des Kfz im VZ geführt wird, kann der StPfl nicht monatl zw der 1%-Regelung und der Fahrtenbuchmethode wechseln (BFH VI R 35/12 BStBl II 14, 643). Er muss sich für ein Kj oder bis zu einem Wechsel des Kfz festlegen (*HHR* § 8 Rz 107; *Schneider* NWB 14, 2078; LStH 16 R 8.1 (9) Nr 3). Bei Nutzung mehrerer Kfz muss der geldwerte Vorteil nicht für sämtl Kfz nach gleichen Regeln ermittelt werden (freie Methodenwahl bei fahrzeugbezogener Betrachtung, BFH III R 2/00 BStBl II 01, 332; Anm *Kanzler* FR 00, 1348).

55 **d) Familienheimfahrten, § 8 II 5.** Für jede Fahrt, für die der WK-Abzug nach § 9 I Nr 5 S 3 und 4 ausgeschlossen ist (zB mehr als eine Familienheimfahrt je Woche), muss ein Pauschbetrag von 0,002% des Listenpreises pro Entfernungs-Km zugerechnet werden (sonst stfreier WK-Ersatz, s § 3 Nr 13, 16), sofern nicht die Fahrtenbuchmethode gewählt wird (§ 8 II 5 Hs 3). Für Familienheimfahrten, für die ein WK-Abzug in Betracht kommt, gilt § 8 II 5 demggü nicht (BFH VI R 33/11 BFH/NV 13, 1162). Das bedeutet, dass bei Fahrzeugüberlassung an ArbN für wöchentl Familienheimfahrten zwar der WK-Abzug ausgeschlossen ist (§ 9 I Nr 5 S 8), aber auch kein geldwerter für diese Fahrten anzusetzen ist. Dies ist verfgemäß (BFH VIII R 24/09 BFH/NV 13, 1703). Ab VZ 2014 müsste § 8 II 5 auf § 9 I Nr 5 S 5 und 6 idF StVerg 2013 verweisen. Der Gesetzgeber hat diese notwendige Folgeänderung in § 8 II 5 offenbar übersehen.

60 **4. Amtl Sachbezugswerte/Bewertung nach festgesetzten Durchschnittwerten, § 8 II 6–10.** Abw von § 8 II 1 sind bestimmte, häufig anzutreffende Sachbezüge (s Rz 17) aus Vereinfachungsgründen mit festgesetzten pauschalen Beträgen zu bewerten.

61 **a) SozialversicherungsentgeltVO, § 8 II 6.** Die auf § 17 III SGB IV beruhende **SvEV** enthält Sonderregelungen zur Bewertung von Verpflegung (§ 2 I, II

SvEV), Unterkunft (§ 2 III SvEV) und Wohnung (§ 2 IV SvEV). Zur Aufteilung der Monatswerte auf kürzere Zeiträume s § 2 VI SvEV. Die SvEV gilt für rentenversicherungspflichtige ArbN (andere StPfl s Rz 62). Bei anderen Einkunftsarten gibt sie Anhaltspunkte für eine Schätzung. Die in der SvEV festgesetzten Sachbezugswerte sind für alle Fälle, für die sie bestimmt sind, zwingend, sofern nicht zulässigerweise § 8 III angewandt wird (LStH 15 R 8.1 (4) 2, 3; BFH VI B 108/02 BFH/NV 04, 1087; BFH VI R 74/04 BStBl II 07, 948). Die amtl Werte für Verpflegung werden **jährl angepasst und veröffentlicht** (für 2016 BStBl I 15, 1057; für 2015 BStBl I 15, 33; für 2014 BStBl I 13, 1473; für 2013 BStBl I 13, 86; Vorjahre s 34. Aufl Rz 61). **Verpflegung** ist nur dann nach § 8 II 6 zu bewerten, wenn sie auf *gewisse Dauer* gewährt wird (BFH VI R 11/10 BStBl II 11, 829; zu arbeitstägl Kantinenmahlzeiten und Essensmarken s LStH 16 R/H 8.1 (7); *Liess* NWB 13, 543, jeweils mit zahlreichen Beispielen). Einmalige Bewirtungen (zB bei Betriebsveranstaltungen, BFH VI R 24/84 BStBl II 87, 355, oder Auswärtstätigkeit, zB Fortbildungsveranstaltung, s BFH VI R 80/06 BStBl II 09, 547) sind nach § 8 II 1 zu bewerten (FG Mchn EFG 13, 1407 zur Verpflegung von Profisportlern). Ab VZ 2014 ist für die Bewirtung bei Auswärtstätigkeit § 8 II 8, 9 zu beachten (s Rz 63). Durch den herabgesetzten USt-Satz für Hotelübernachtungen ergeben sich auch bei Auswärtstätigkeit zahlreiche Abgrenzungsprobleme (Frühstück, Sonderleistungen, Minibar). Diese hat die *FinVerw* für die ArbGBewirtung durch vereinfachte Anforderungen beseitigt (*BMF* BStBl I 10, 259 unter II.; *Niermann/Plenker* DB 10, 2132; *Hartmann* DStR 10, 2551). Zur Bewertung der freien Beköstigung in der Seeschifffahrt ab VZ 2014 s *FinVerw* BStBl I 15, 512; ab VZ 2013 s *FinVerw* BStBl I 13, 298; Vorjahre s 32. Aufl Rz 58. **Unterkünfte,** die keine Wohnungen darstellen, sind abw vom pauschalen Sachbezugswert mit dem ortsübl Mietpreis zu bewerten, wenn der Ansatz des amtl Sachbezugswerts unbillig wäre (§ 2 III 3 SvEV). Dies gilt ab 2004 (*Bode* HFR 07, 1191). In der Zeit vorher sind die amtl Sachbezugswerte anzusetzen (BFH VI R 74/04 BStBl II 07, 948). **Wohnungen** (zum Wohnungsbegriff s LStH 16 R 8.1 (6)) sind mit dem ortsübl Mietpreis unter Berücksichtigung der sich aus der Lage der Wohnung ergebenden Beeinträchtigungen anzusetzen. Ist diese Bewertung außergewöhnl schwierig, kommen Pauschbeträge zur Anwendung (§ 2 IV 2 SvEV). Mietpreisbeschränkungen sind zu beachten.

b) Nicht rentenversicherungspflichtige ArbN, § 8 II 7. Für sie (zB Beam- 62
te, Richter, Soldaten, Geschäftsführer und Vorstände) übernimmt § 8 II 7 die Werte aus § 8 II 6 in das EStG. Zur Bewertung der Unterkunft bei Bundeswehr und Polizei s *FinVerw* DB 13, 148).

c) Bewertung der Mahlzeitengestellung, § 8 II 8, 9. Mahlzeiten bis zu ei- 63
nem Preis von 60 €, die der ArbG oder ein Dritter auf Kosten des ArbG den ArbN anlässl einer Auswärtstätigkeit zur Verfügung stellt, sind ab VZ 2014 nach § 8 II 8 idF StVerg 2013 mit dem Sachbezugswert anzusetzen (*BMF* BStBl I 14, 1412 Rz 61). Dies gilt auch für an diese ArbN ausgegebene Essensmarken (*BMF* BStBl I 15, 119). Bis VZ 2013 ist die Bewertung nach § 8 II 1 vorzunehmen (BFH VI R 80/06 BStBl II 09, 547). Die Besteuerung kann gem § 8 II 9 idF StVerG 2013 ganz unterbleiben, wenn der ArbN für die Auswärtstätigkeit eine Verpflegungspauschale in Anspruch nehmen könnte. Hierdurch soll bei gleichzeitigem Wegfall des WK-Abzugs (s § 9 IVa idF StVerG 2013) die Besteuerung vereinfacht werden. Ob dies erreicht wurde, darf indes bezweifelt werden (s *Hermes* NWB 15, 1532 zur Kürzung der Verpflegungspauschalen bei Geschäftsessen). Bei Mahlzeiten, deren Preis die Grenze von 60 € übersteigt, ist weiterhin eine Bewertung nach § 8 II 1 vorzunehmen; die Besteuerung erfolgt nach den allg Regeln (*BMF* BStBl I 14, 1412 Rz 62).

d) Sonstige Durchschnittswerte, § 8 II 10. Die Oberste Finanzbehörde ei- 64
nes Landes kann mit Zustimmung des BMF für Sachbezüge Durchschnittswerte als

Verwaltungsanweisung festsetzen (s *Blümich/Glenk* § 8 Rz 142). Diese Erfahrungswerte binden die Gerichte nicht unmittelbar, werden jedoch – soweit nicht offensichtl unzutr – iRd Schätzung aus Gründen gleichmäßiger Besteuerung idR zu beachten sein (s auch *Bergkemper* FR 06, 1040; FG Hbg EFG 95, 155, rkr). Die LStR sind keine Regelungen iSv § 8 II 10 (BFH VI R 28/05, BStBl II 06, 781).

65 **e) Einzelfälle.** – ***(1)*** **Mietwert.** Aufwendungen, die ein ArbG (oder mit diesem verbundene Unternehmen, BFH VI R 178/82 BFH/NV 86, 494) für das dem ArbN gehörende Wohnhaus (Eigentumswohnung) tätigt, und die unentgeltl oder verbilligte Überlassung eines Wohnhauses sind mit dem Wert anzusetzen, den der ArbN bei Erwerb oder Anmietung von Dritten hätte aufwenden müssen (BFH VI R 135/84 BStBl II 88, 525, ortsübl Miete; s § 2 IV 1 SvEV). Die ortsübl Miete ist vom FG als Tatsacheninstanz im Schätzungswege nach obj Gesichtspunkten zu ermitteln (BFH VI B 7/08 BFH/NV 08, 1838). Eine Bindung an die von öffentl Stellen für Besoldungszwecke ermittelten örtl Mietwerte (BFH VI R 36/77 BStBl II 79, 629) besteht nicht. Mietpreisbindungen sind zu beachten (s § 2 IV 3 SvEV; s auch LStH 16 R 8.1 (6) 8). Wertmindernde Merkmale sind durch Abschlag von der ortsübl Miete zu berücksichtigen (BFH VI R 79/72 BStBl II 75, 81; BFH VI R 46/03 BStBl II 05, 529). Entspricht die Miete dem örtl Mietspiegel, hat der ArbN keinen geldwerten Vorteil (BFH IX R 10/05 BStBl II 06, 71). Überlässt ein ArbG seinem ArbN eine Wohnung und werden Nebenkosten (zT) nicht erhoben, liegt ein Sachbezug nur vor, soweit die tatsächl erhobene Miete zusammen mit den tatsächl abgerechneten Nebenkosten die ortsübl Miete (Kaltmiete plus umlagefähige Nebenkosten) unterschreitet (BFH VI R 65/09 BFH/NV 11, 1938). Bei einer vom ArbG angemieteten und dem ArbN verbilligt überlassenen Wohnung ist der Differenzbetrag idR stpfl ArbLohn, denn die vom ArbG gezahlte Miete entspricht idR (widerlegbare Vermutung) der ortsübl Miete (BFH VI R 188/79 BFH/NV 85, 54 – großzügiger LStH 16 R 8.1 (6) 7, Ansatz der ortsübl Vergleichsmiete). Kann eine ortsübl Miete nicht ermittelt werden, weil eine realistische Marktmiete für teure Objekte nicht erzielbar ist, tendiert die Rspr zum Ansatz einer höheren Kostenmiete (zB bei aufwändigen Einfamilienhäusern für leitende Angestellte). Der Kostenaufwand kann ein Anhaltspunkt dafür sein, dass der aus der Marktmiete abgeleitete Nutzungswert nicht übl ist und dass ein besonderer Markt bereit wäre, für ein solches Objekt eine so hohe Miete zu zahlen (str). **Stfreie Mietvorteile** s § 3 Nr 59, § 3 „Wohnung". – ***(2)*** **Zinsvorteile bei ArbG-Darlehn.** S *BMF* BStBl I 15, 484. – ***(3)*** **Sonstige.** Überlassung von ***Radio-/Fernsehgeräten*** s *FinVerw* DStR 2001, 2116. – ***Flugverbilligung*** s *FinVerw* BStBl I 12, 940 für 2013–2015; *FinVerw* BStBl I 15, 735 für 2016–2018; *FinVerw* BStBl I 09, 1314 für 2010–2012; vorher s *FinVerw* BStBl I 06, 776 – ***Fahrvergünstigungen*** an ArbN der Bahn s *FinVerw* DStR 02, 454. – ***Überlassung von (Elektro-)Fahrrädern*** s *FinVerw* BStBl I 12, 1224.

68 **5. Freigrenze für Sachbezüge, § 8 II 11.** Sachbezüge iSv § 8 II 1 (s Rz 17) sind bis insgesamt 44 € monatl stfrei. Sachbezüge nach § 8 II 2–10, III und Geldzuwendungen fallen nicht unter § 8 II 11. Gleiches gilt für Zukunftssicherungsleistungen des ArbG iSv § 40b (BFH VI R 68/01 BStBl II 03, 492); die FinVerw hält § 8 II 11 bei Zukunftssicherungsleistungen allg nicht für anwendbar (*BMF* BStBl I 13, 1301; *FinVerw* DB 14, 272). Bei § 8 II 11 handelt es sich um eine Freigrenze. Wird diese auch nur um einen Euro überschritten, entfällt die StFreiheit insgesamt. Durch Zuzahlung des ArbN kann die Einhaltung der Freigrenze gesteuert werden. Entgeltumwandlung von Bar- in Sachlohn ist mit Wirkung für die Zukunft zulässig (*Niermann* DB 03, 2244, 2246; *FinVerw* DB 15, 2179; s Rz 19). Übertragung der Freigrenze in den Folgemonat ist nicht mögl; ebenso nicht Hochrechnung auf einen Jahresbetrag (LStH 16 R 8.1 (3)). Für die Berechnung, ob die monatl Freigrenze eingehalten ist, ist der Zuflusszeitpunkt des Sachbezugs maßgebl (s auch BFH VI R 56/11 BStBl II 13, 382, Jahresnetzkarte; *Hilbert/Paul* NWB 13, 1739).

§ 19a II schränkt den Anwendungsbereich von § 8 II 11 nicht ein (BFH VI R 35/10 BFH/NV 11, 1683; BFH VI R 16/12 BFH/NV 15, 672). – Stfrei bleibende Bezüge sind nicht in die Freigrenze einzubeziehen (BFH VI R 80/06 BStBl II 09, 547). – Die nach § 8 II 11 stfreien Zuwendungen scheiden bei der Pauschalierung nach §§ 37b, 40 aus, wie umgekehrt die nach §§ 37b, 40 pauschalierten Zuwendungen bei der 44 €-Freigrenze nicht angesetzt werden (LStH 16 R 8.1 (3); *Seifert* DStZ 08, 186).

IV. Personalrabatte, § 8 III

1. Anwendungsbereich. Er ist auf ArbN beschränkt (zum ArbN-Begriff s § 19 Rz 20 ff). Dies ist **verfgemäß** (BFH X R 43/08 BFH/NV 10, 1436; *HHR* § 8 Rz 147). Auch der Umstand, dass nur bestimmte ArbN, deren ArbG die in § 8 III genannten Sachbezüge anbieten, von der Vorschrift profitieren können, begründet keine Verfassungswidrigkeit, da es an der Vergleichbarkeit der Sachverhalte fehlt und die Bewertung nach § 8 III auch unter dem Gesichtspunkt der Verwaltungsvereinfachung gerechtfertigt ist (BFH VI R 164/01 BStBl II 03, 373; *Littmann/Pust* § 8 Rz 561; *K/Kirchhof* § 8 Rz 50; aA *HHR* § 8 Rz 147). – § 8 III begründet als bloße **Bewertungsvorschrift** keine StPfl (BFH VI R 27/11 BStBl II 13, 402; BFH VI R 126/87 BStBl II 91, 720; *Birk* FR 90, 237). § 8 III setzt voraus, dass es sich bei der Zuwendung des ArbG um **stpfl ArbLohn** handelt. Dies entscheidet sich nach § 19 (s dort Rz 40 ff) und § 3. Auch ein Sachbezug aus einem früheren ArbVerh kann nach § 8 III begünstigt sein, wenn das frühere ArbVerh eine ausreichende Bedingung für die Vorteilsgewährung darstellt (BFH VI R 100/95 BStBl II 97, 330). – **Verhältnis zu § 8 II.** § 8 II ist Grundnorm, § 8 III Spezialnorm mit tendenziell begünstigendem Charakter (BFH VI R 27/11 BStBl II 13, 402). Ist die Bewertung eines Sachbezugs nach § 8 III für den ArbN ungünstiger als die Bewertung nach § 8 II, hat der ArbN ein **Wahlrecht,** die Bewertung nach § 8 II vorzunehmen (BFH VI R 41/02 BStBl II 07, 309; BFH VI R 27/11 BStBl II 13, 402; *BMF* BStBl I 13, 729), dann indes ohne Bewertungsabschlag und Rabattfreibetrag. Die Bewertung nach § 8 II kann günstiger sein, wenn hohe Rabatte zwar nicht beim ArbG, wohl aber am allg Markt ausgehandelt werden können. Der ArbG ist beim LStAbzug indes nicht zur Bewertung nach § 8 II verpflichtet. Nimmt der ArbG die Bewertung des Sachbezugs beim LStAbzug nach § 8 III vor, muss der ArbN den niedrigeren Endpreis iSv § 8 II im Veranlagungsverfahren nachweisen (*BMF* BStBl I 13, 729). 70

2. Waren und Dienstleistungen des ArbG. § 8 III regelt die Bewertung von Sachlohn (s Rz 17 ff), nicht von Barlohn (BFH VI R 44/05 BStBl II 08, 52). Die in § 8 III verwendete Begriffe der Waren und Dienstleistungen sind deshalb wirtschaftl zu verstehen und mit dem allg Sachlohnbegriff gleich zu setzen (BFH VI R 81/93 BStBl II 95, 338; *Blümich/Glenk* § 8 Rz 187). Waren sind insb bewegl und unbewegl (wohl auch immaterielle) WG. Hierzu gehören auch Rohstoffe, Zutaten und Halbfertigprodukte (LStH 16 R 8.2 (1) 1 Nr 3; zu Energielieferungen s BFH VI R 32/92 BStBl II 93, 356; *FinVerw* DStR 02, 1302; *FinVerw* DB 03, 2625). Dienstleistungen sind alle anderen Leistungen, die Sachlohn darstellen (Beispiele s Rz 18). 71

a) Liefer- und Leistungspalette des ArbG. Die Waren und Dienstleistungen müssen zur Liefer- und Leistungspalette des ArbG gehören (BFH VI R 81/93 BStBl II 95, 338; BFH VI R 46/03 BStBl II 05, 529). Der ArbG muss mit den Waren und Dienstleistungen **im eigenen Namen** selbst **Marktteilnehmer** sein (BFH VI R 81/02 BFH/NV 07, 426; BFH VI R 63/97 BStBl II 02, 881; *FinVerw* DB 03, 18; BFH VI R 51/08 BStBl II 10, 700, kostenlose Verpflegung aus Bordküche auch für Besatzungsmitglieder; BFH VI R 164/01 BStBl II 03, 373, Darlehensgewährung durch LZB; s auch *BMF* BStBl I 15, 484 und *FinVerw* DStR 15, 2020 zur steuerl Behandlung von ArbG-Darlehen). Nicht erforderl ist, dass die 72

Waren und Dienstleistungen zum übl Geschäftsgegenstand des ArbG gehören (BFH VI R 65/09 BStBl II 11, 946; BFH VI R 46/03 BStBl II 05, 529, jeweils Wohnungsüberlassung). Daher kann auch der verbilligte Verkauf von nicht mehr benötigten Altwagen an ArbN durch einen nicht zur Kfz-Branche gehörenden ArbG begünstigt sein (*Thomas* INF 05, 448; *Fissenewert* HFR 05, 981). **Hersteller** einer Ware ist der ArbG, wenn er sie selbst produziert, sie auf eigene Kosten nach seinen Vorgaben und Plänen von einem Dritten produzieren lässt oder vergleichbar gewichtige Beiträge zur Herstellung erbringt (BFH VI R 22/07 BStBl II 10, 204). Der Herstellungsprozess muss dem ArbG so zugerechnet werden können, dass er bei wertender Betrachtung als Hersteller erscheint (BFH VI R 88/99 BStBl II 03, 154). Für das **Vertreiben** reicht die bloße Vermittlung der Ware oder Dienstleistung nicht aus. Auch insoweit ist erforderl, dass der ArbG die Leistung, die Gegenstand der Zuwendung ist, *als eigene* erbringt (BFH VI R 17/94 BStBl II 97, 363). Das **Erbringen** der Dienstleistung erfordert, dass der ArbG mit der fragl Leistung selbst am Marktgeschehen teilnimmt (BFH VI R 164/01 BStBl II 03, 373). Nicht ausreichend ist, dass andere ArbG solche Leistungen anbieten. Das Unterhalten eines Festgeldkontos führt folgl noch nicht dazu, dass der ArbG mit Darlehnsgewährungen am Markt auftritt (BFH VI R 54/01 BFH/NV 03, 305). Es ist stets sorgfältig zu prüfen, welche eigene Leistung der ArbG ggü seinem ArbN erbringt (zB BFH VI R 17/94 BStBl II 97, 363, Gestellung einer Reise oder nur Reisevermittlung; dazu auch FG Mchn DStRE 03, 80, rkr; BFH VI R 123/00 BStBl II 02, 230, Versicherungsschutz oder dessen Vermittlung).

73 **b) Konzernleistungen.** § 8 III betrifft nur Leistungen, die zur Produktpalette des ArbG gehören (zum ArbG-Begriff s § 19 Rz 32). Der ArbG selbst muss die Waren/Dienstleistungen herstellen, vertreiben oder erbringen. Dabei kann er sich aber autorisierter Personen bedienen, wenn diese für seine Rechnung tätig sind (BFH VI R 95/92 BStBl II 93, 687). ArbN von Konzerngesellschaften sollen durch § 8 III demggü ebenso wenig wie der außerbetriebl Belegschaftshandel begünstigt sein (BT-Drs 11/2157, 142; BFH VI R 134/99 BStBl II 03, 371). Dies gilt auch im Fall der Unternehmensspaltung (BFH VI R 100/95 BStBl II 97, 330; BFH VI R 101/95 BFH/NV 97, 471, Anm *MIT* DStR 97, 574, abl *Gast-de Haan* DStR 97, 1114; zweifelnd *Birk* FR 90, 239). Für Vorteile von Dritten greift die StBegünstigung nach stRspr selbst dann nicht, wenn die Dritten wie konzernzugehörige Unternehmen dem ArbG nahe stehen (BFH VI R 22/07 BStBl II 10, 204; BFH VI R 100/95 BStBl II 97, 330; FG Nds EFG 09, 1638). Dies entspricht auch dem historischen Willen des Gesetzgebers, der die bereits im Gesetzgebungsverfahren geforderte Konzernklausel (s BT-Drs 11/2536, 16) nicht verwirklicht hat. Die Rspr sollte sich neuen Überlegungen zum ArbG-Begriff iSd § 8 III indes dennoch nicht verschließen. Zumindest bei verbundenen Unternehmen kann die Gewährung des Freibetrags innerhalb des Konzerns erwogen werden (s auch *Schneider* HFR 10, 117). Da Preisnachlässe von Konzernunternehmen ebenso ArbLohn sind wie Preisnachlässe des ArbG selbst, spricht viel dafür, sie bei der Bewertung nach § 8 III gleich zu behandeln. Dadurch könnte zudem verhindert werden, dass ArbN eine Vergünstigung infolge Umstrukturierung innerhalb eines Konzerns verlieren (*Lucas/Janssen-Heid/Hilbert* NWB 14, 3108; weitergehend zu arbeitsrechtl Gemeinschaftsbetrieben *Birk/Specher* DB 09, 2742; *Birk* FS Raupach S 423, 429 ff; dagegen *Schneider* HFR 10, 117). Für der DB AG zugewiesene (Ruhestands-) Beamte gilt § 8 III nach § 12 VIII DBGrG auch für nicht vom ArbG gewährte Fahrvergünstigungen (BFH VI R 41/13 BFH/NV 14, 1935; FG Mchn EFG 14, 1303, rkr).

74 **c) Vertrieb nicht überwiegend für den ArbN-Bedarf.** Die Waren und Dienstleistungen müssen *mindestens* in gleichem Umfang an den Markt wie an die ArbN abgegeben werden (BFH VI R 158/98 BStBl II 03, 95, Bezug aus einer Krankenhausapotheke mit Bestellrecht der ArbN; BFH VI R 46/03 BStBl II 05,

529, verbilligte Überlassung einer Hausmeisterwohnung). Für den ArbN-Bedarf hergestellte Waren und Dienstleistungen außerhalb der übl Liefer- und Leistungspalette des ArbG sind folgl nicht nach § 8 III zu bewerten. *Beispiele: Stand-by-Flüge,* die nur Mitarbeiter der Fluggesellschaft erhalten (FG Hess EFG 97, 229, rkr; FG Ddorf DStRE 00, 897, rkr; *Metzner/Schönfeld* DStR 06, 2012; aA *Weber* DStR 06, 1024); *Kantinenmahlzeiten* im Metallbetrieb – nicht im Krankenhaus, ArbG-Gaststätte, Hotel (s auch *Richter* FR 90, 107), *Betriebskindergärten* (sofern Lohn, § 3 Nr 33, LStH 16 R 3.33).

d) Keine Pauschalierung nach § 40. Bei Pauschalversteuerung nach § 40 ist § 8 III nicht anwendbar. 794 75

3. Wertermittlung. – a) Angebotener Endpreis, § 8 III. Nach der zutr neueren BFH-Rspr, der sich die *FinVerw* angeschlossen hat, ist dies der am Ende von Verkaufsverhandlungen als letztes Angebot stehende Preis (BFH VI R 30/09 BStBl II 13, 400; *BMF* BStBl I 13, 729). Der angebotene Endpreis umfasst daher auch Rabatte. Entscheidend ist der Preis, den der ArbG nach Abzug von Rabatten und sonstigen Vergünstigungen von Fremden im allg Geschäftsverkehr verlangt (BFH VI R 27/11 BStBl II 13, 402; *Schneider* HFR 09, 1069; *ders* FR 11, 1060, 1065; *Breinersdorfer* DStR 09, 2289). Sonderrabatte, die der ArbG nur bestimmten Gruppen von Abnehmern einräumt (zB Behörden, gewerbl Vermietern, Taxiunternehmern), sind nicht anzusetzen, wenn die besonderen Voraussetzungen dieser Rabatte beim ArbN nicht vorliegen (BFH VI R 27/11 BStBl II 13, 402). Der von der *FinVerw* bisher ab 1.1.2009 gewährte Bewertungsabschlag von 80% des Preisnachlasses (*BFM* BStBl I 10, 20) ist nicht mehr anzuwenden (*BMF* BStBl I 13, 729). Üblicherweise berechnete *Überführungskosten* gehören zum Endpreis (aA *Albert* FR 06, 722; *Balmes* DStR 07, 2048). Bietet der ArbG nicht an fremde Letztverbraucher an, ist der im allg Geschäftsverkehr übl Endpreis des räuml „nächstansässigen" Abnehmers dieser Waren/Dienstleistungen maßgebl, der die Waren/Dienstleistungen fremden Letztverbrauchern im allg Geschäftsverkehr anbietet. Abgabeort idS ist grds der Sitz des ArbG, an dem zentral über die Rabattgewährung entschieden wird (BFH VI R 41/02 BStBl II 07, 309; s auch Rz 25; aA *Blümich/Glenk* § 8 Rz 206). – Vom Endpreis ist ein **Preisabschlag von 4 %** vorzunehmen. Hierdurch sollen nach der Gesetzesbegründung (BT-Drs 11/2157 S 142) Bewertungsungenauigkeiten ausgeglichen werden. 76

b) Rabattfreibetrag, § 8 III 2. Pro Kj ist *für jedes einzelne* DienstVerh jedes ArbN (LStH 16 R 8.2 (1) Nr 1) ein Betrag bis 1080 € stfrei. Nur der *übersteigende* geldwerte Vorteil ist zu versteuern. 77

c) ArbG-Aufzeichnungen. Der ArbG hat auf dem Lohnkonto jeden Sachbezug lfd einzeln zu erfassen und solche nach § 8 III gesondert kenntl zu machen (§ 4 II Nr 3 LStDV, s bei § 41). Vereinfachungen und Ausnahmen s § 4 III LStDV, LStH 16 R 41.1). 78

§ 9 Werbungskosten

(1) [1] **Werbungskosten sind Aufwendungen zur Erwerbung, Sicherung und Erhaltung der Einnahmen.** [2] **Sie sind bei der Einkunftsart abzuziehen, bei der sie erwachsen sind.** [3] **Werbungskosten sind auch**

1. **Schuldzinsen und auf besonderen Verpflichtungsgründen beruhende Renten und dauernde Lasten, soweit sie mit einer Einkunftsart in wirtschaftlichem Zusammenhang stehen.** [2] **Bei Leibrenten kann nur der Anteil abgezogen werden, der sich nach § 22 Nummer 1 Satz 3 Buchstabe a Doppelbuchstabe bb ergibt;**
2. **Steuern vom Grundbesitz, sonstige öffentliche Abgaben und Versicherungsbeiträge, soweit solche Ausgaben sich auf Gebäude oder auf Gegen-**

stände beziehen, die dem Steuerpflichtigen zur Einnahmeerzielung dienen;

3. Beiträge zu Berufsständen und sonstigen Berufsverbänden, deren Zweck nicht auf einen wirtschaftlichen Geschäftsbetrieb gerichtet ist;

4. Aufwendungen des Arbeitnehmers für die Wege zwischen Wohnung und erster Tätigkeitsstätte im Sinne des Absatzes 4. [2] Zur Abgeltung dieser Aufwendungen ist für jeden Arbeitstag, an dem der Arbeitnehmer die erste Tätigkeitsstätte aufsucht, eine Entfernungspauschale für jeden vollen Kilometer der Entfernung zwischen Wohnung und erster Tätigkeitsstätte von 0,30 Euro anzusetzen, höchstens jedoch 4500 Euro im Kalenderjahr; ein höherer Betrag als 4500 Euro ist anzusetzen, soweit der Arbeitnehmer einen eigenen oder ihm zur Nutzung überlassenen Kraftwagen benutzt. [3] Die Entfernungspauschale gilt nicht für Flugstrecken und Strecken mit steuerfreier Sammelbeförderung nach § 3 Nummer 32. [4] Für die Bestimmung der Entfernung ist die kürzeste Straßenverbindung zwischen Wohnung und erster Tätigkeitsstätte maßgebend; eine andere als die kürzeste Straßenverbindung kann zugrunde gelegt werden, wenn diese offensichtlich verkehrsgünstiger ist und vom Arbeitnehmer regelmäßig für die Wege zwischen Wohnung und erster Tätigkeitsstätte benutzt wird. [5] Nach § 8 Absatz 2 Satz 11 oder Absatz 3 steuerfreie Sachbezüge für Fahrten zwischen Wohnung und erster Tätigkeitsstätte mindern den nach Satz 2 abziehbaren Betrag; ist der Arbeitgeber selbst der Verkehrsträger, ist der Preis anzusetzen, den ein dritter Arbeitgeber an den Verkehrsträger zu entrichten hätte. [6] Hat ein Arbeitnehmer mehrere Wohnungen, so sind die Wege von einer Wohnung, die nicht der ersten Tätigkeitsstätte am nächsten liegt, nur zu berücksichtigen, wenn sie den Mittelpunkt der Lebensinteressen des Arbeitnehmers bildet und nicht nur gelegentlich aufgesucht wird.

4a. Aufwendungen des Arbeitnehmers für beruflich veranlasste Fahrten, die nicht Fahrten zwischen Wohnung und erster Tätigkeitsstätte im Sinne des Absatzes 4 sowie keine Familienheimfahrten sind. [2] Anstelle der tatsächlichen Aufwendungen, die dem Arbeitnehmer durch die persönliche Benutzung eines Beförderungsmittels entstehen, können die Fahrtkosten mit den pauschalen Kilometersätzen angesetzt werden, die für das jeweils benutzte Beförderungsmittel (Fahrzeug) als höchste Wegstreckenentschädigung nach dem Bundesreisekostengesetz festgesetzt sind. [3] Hat ein Arbeitnehmer keine erste Tätigkeitsstätte (§ 9 Absatz 4) und hat er nach den dienst- oder arbeitsrechtlichen Festlegungen sowie den diese ausfüllenden Absprachen und Weisungen zur Aufnahme seiner beruflichen Tätigkeit dauerhaft denselben Ort oder dasselbe weiträumige Tätigkeitsgebiet typischerweise arbeitstäglich aufzusuchen, gilt Absatz 1 Satz 3 Nummer 4 und Absatz 2 für die Fahrten von der Wohnung zu diesem Ort oder dem zur Wohnung nächstgelegenen Zugang zum Tätigkeitsgebiet entsprechend. [4] Für die Fahrten innerhalb des weiträumigen Tätigkeitsgebietes gelten die Sätze 1 und 2 entsprechend.

5. notwendige Mehraufwendungen, die einem Arbeitnehmer wegen einer beruflich veranlassten doppelten Haushaltsführung entstehen. [2] Eine doppelte Haushaltsführung liegt nur vor, wenn der Arbeitnehmer außerhalb des Ortes seiner ersten Tätigkeitsstätte einen eigenen Hausstand unterhält und auch am Ort der ersten Tätigkeitsstätte wohnt. [3] Das Vorliegen eines eigenen Hausstandes setzt das Innehaben einer Wohnung sowie eine finanzielle Beteiligung an den Kosten der Lebensführung voraus. [4] Als Unterkunftskosten für eine doppelte Haushaltsführung können im Inland die tatsächlichen Aufwendungen für die Nutzung der Unterkunft angesetzt werden, höchstens 1000 Euro im Monat. [5] Aufwendungen für die Wege vom Ort der ersten Tätigkeitsstätte zum Ort des eigenen Hausstandes und zu-

rück (Familienheimfahrt) können jeweils nur für eine Familienheimfahrt wöchentlich abgezogen werden. [6] Zur Abgeltung der Aufwendungen für eine Familienheimfahrt ist eine Entfernungspauschale von 0,30 Euro für jeden vollen Kilometer der Entfernung zwischen dem Ort des eigenen Hausstandes und dem Ort der ersten Tätigkeitsstätte anzusetzen. [7] Nummer 4 Satz 3 bis 5 ist entsprechend anzuwenden. [8] Aufwendungen für Familienheimfahrten mit einem dem Steuerpflichtigen im Rahmen einer Einkunftsart überlassenen Kraftfahrzeug werden nicht berücksichtigt.

5a. notwendige Mehraufwendungen eines Arbeitnehmers für beruflich veranlasste Übernachtungen an einer Tätigkeitsstätte, die nicht erste Tätigkeitsstätte ist. [2] Übernachtungskosten sind die tatsächlichen Aufwendungen für die persönliche Inanspruchnahme einer Unterkunft zur Übernachtung. [3] Soweit höhere Übernachtungskosten anfallen, weil der Arbeitnehmer eine Unterkunft gemeinsam mit Personen nutzt, die in keinem Dienstverhältnis zum selben Arbeitgeber stehen, sind nur diejenigen Aufwendungen anzusetzen, die bei alleiniger Nutzung durch den Arbeitnehmer angefallen wären. [4] Nach Ablauf von 48 Monaten einer längerfristigen beruflichen Tätigkeit an derselben Tätigkeitsstätte, die nicht erste Tätigkeitsstätte ist, können Unterkunftskosten nur noch bis zur Höhe des Betrags nach Nummer 5 angesetzt werden. [5] Eine Unterbrechung dieser beruflichen Tätigkeit an derselben Tätigkeitsstätte führt zu einem Neubeginn, wenn die Unterbrechung mindestens sechs Monate dauert.

6. Aufwendungen für Arbeitsmittel, zum Beispiel für Werkzeuge und typische Berufskleidung. [2] Nummer 7 bleibt unberührt;

7. Absetzungen für Abnutzung und für Substanzverringerung und erhöhte Absetzungen. [2] § 6 Absatz 2 Satz 1 bis 3 ist in Fällen der Anschaffung oder Herstellung von Wirtschaftsgütern entsprechend anzuwenden.

(2) **[1] Durch die Entfernungspauschalen sind sämtliche Aufwendungen abgegolten, die durch die Wege zwischen Wohnung und erster Tätigkeitsstätte im Sinne des Absatzes 4 und durch die Familienheimfahrten veranlasst sind. [2] Aufwendungen für die Benutzung öffentlicher Verkehrsmittel können angesetzt werden, soweit sie den im Kalenderjahr insgesamt als Entfernungspauschale abziehbaren Betrag übersteigen. [3] Behinderte Menschen,**

1. deren Grad der Behinderung mindestens 70 beträgt,

2. deren Grad der Behinderung weniger als 70, aber mindestens 50 beträgt und die in ihrer Bewegungsfähigkeit im Straßenverkehr erheblich beeinträchtigt sind,

können anstelle der Entfernungspauschalen die tatsächlichen Aufwendungen für die Wege zwischen Wohnung und erster Tätigkeitsstätte und für Familienheimfahrten ansetzen. [4] Die Voraussetzungen der Nummern 1 und 2 sind durch amtliche Unterlagen nachzuweisen.

(3) **Absatz 1 Satz 3 Nummer 4 bis 5a sowie die Absätze 2 und 4a gelten bei den Einkunftsarten im Sinne des § 2 Absatz 1 Satz 1 Nummer 5 bis 7 entsprechend.**

(4) **[1] Erste Tätigkeitsstätte ist die ortsfeste betriebliche Einrichtung des Arbeitgebers, eines verbundenen Unternehmens (§ 15 des Aktiengesetzes) oder eines vom Arbeitgeber bestimmten Dritten, der der Arbeitnehmer dauerhaft zugeordnet ist. [2] Die Zuordnung im Sinne des Satzes 1 wird durch die dienst- oder arbeitsrechtlichen Festlegungen sowie die diese ausfüllenden Absprachen und Weisungen bestimmt. [3] Von einer dauerhaften Zuordnung ist insbesondere auszugehen, wenn der Arbeitnehmer unbefristet, für die Dauer des Dienstverhältnisses oder über einen Zeitraum von 48 Monaten hinaus an einer solchen Tätigkeitsstätte tätig werden soll. [4] Fehlt eine solche dienst- oder ar-**

beitsrechtliche Festlegung auf eine Tätigkeitsstätte oder ist sie nicht eindeutig, ist erste Tätigkeitsstätte die betriebliche Einrichtung, an der der Arbeitnehmer dauerhaft

1. **typischerweise arbeitstäglich tätig werden soll oder**
2. **je Arbeitswoche zwei volle Arbeitstage oder mindestens ein Drittel seiner vereinbarten regelmäßigen Arbeitszeit tätig werden soll.**

[5]**Je Dienstverhältnis hat der Arbeitnehmer höchstens eine erste Tätigkeitsstätte.** [6]**Liegen die Voraussetzungen der Sätze 1 bis 4 für mehrere Tätigkeitsstätten vor, ist diejenige Tätigkeitsstätte erste Tätigkeitsstätte, die der Arbeitgeber bestimmt.** [7]**Fehlt es an dieser Bestimmung oder ist sie nicht eindeutig, ist die der Wohnung örtlich am nächsten liegende Tätigkeitsstätte die erste Tätigkeitsstätte.** [8]**Als erste Tätigkeitsstätte gilt auch eine Bildungseinrichtung, die außerhalb eines Dienstverhältnisses zum Zwecke eines Vollzeitstudiums oder einer vollzeitigen Bildungsmaßnahme aufgesucht wird; die Regelungen für Arbeitnehmer nach Absatz 1 Satz 3 Nummer 4 und 5 sowie Absatz 4a sind entsprechend anzuwenden.**

(4a) [1]**Mehraufwendungen des Arbeitnehmers für die Verpflegung sind nur nach Maßgabe der folgenden Sätze als Werbungskosten abziehbar.** [2]**Wird der Arbeitnehmer außerhalb seiner Wohnung und ersten Tätigkeitsstätte beruflich tätig (auswärtige berufliche Tätigkeit), ist zur Abgeltung der ihm tatsächlich entstandenen, beruflich veranlassten Mehraufwendungen eine Verpflegungspauschale anzusetzen.** [3]**Diese beträgt**

1. **24 Euro für jeden Kalendertag, an dem der Arbeitnehmer 24 Stunden von seiner Wohnung und ersten Tätigkeitsstätte abwesend ist,**
2. **jeweils 12 Euro für den An- und Abreisetag, wenn der Arbeitnehmer an diesem, einem anschließenden oder vorhergehenden Tag außerhalb seiner Wohnung übernachtet,**
3. **12 Euro für den Kalendertag, an dem der Arbeitnehmer ohne Übernachtung außerhalb seiner Wohnung mehr als 8 Stunden von seiner Wohnung und der ersten Tätigkeitsstätte abwesend ist; beginnt die auswärtige berufliche Tätigkeit an einem Kalendertag und endet am nachfolgenden Kalendertag ohne Übernachtung, werden 12 Euro für den Kalendertag gewährt, an dem der Arbeitnehmer den überwiegenden Teil der insgesamt mehr als 8 Stunden von seiner Wohnung und der ersten Tätigkeitsstätte abwesend ist.**

[4]**Hat der Arbeitnehmer keine erste Tätigkeitsstätte, gelten die Sätze 2 und 3 entsprechend; Wohnung im Sinne der Sätze 2 und 3 ist der Hausstand, der den Mittelpunkt der Lebensinteressen des Arbeitnehmers bildet sowie eine Unterkunft am Ort der ersten Tätigkeitsstätte im Rahmen der doppelten Haushaltsführung.** [5]**Bei einer Tätigkeit im Ausland treten an die Stelle der Pauschbeträge nach Satz 3 länderweise unterschiedliche Pauschbeträge, die für die Fälle der Nummer 1 mit 120 sowie der Nummern 2 und 3 mit 80 Prozent der Auslandstagegelder nach dem Bundesreisekostengesetz vom Bundesministerium der Finanzen im Einvernehmen mit den obersten Finanzbehörden der Länder aufgerundet auf volle Euro festgesetzt werden; dabei bestimmt sich der Pauschbetrag nach dem Ort, den der Arbeitnehmer vor 24 Uhr Ortszeit zuletzt erreicht, oder, wenn dieser Ort im Inland liegt, nach dem letzten Tätigkeitsort im Ausland.** [6]**Der Abzug der Verpflegungspauschalen ist auf die ersten drei Monate einer längerfristigen beruflichen Tätigkeit an derselben Tätigkeitsstätte beschränkt.** [7]**Eine Unterbrechung der beruflichen Tätigkeit an derselben Tätigkeitsstätte führt zu einem Neubeginn, wenn sie mindestens vier Wochen dauert.** [8]**Wird dem Arbeitnehmer anlässlich oder während einer Tätigkeit außerhalb seiner ersten Tätigkeitsstätte vom**

Arbeitgeber oder auf dessen Veranlassung von einem Dritten eine Mahlzeit zur Verfügung gestellt, sind die nach den Sätzen 3 und 5 ermittelten Verpflegungspauschalen zu kürzen:

1. für Frühstück um 20 Prozent,
2. für Mittag- und Abendessen um jeweils 40 Prozent,

der nach Satz 3 Nummer 1 gegebenenfalls in Verbindung mit Satz 5 maßgebenden Verpflegungspauschale für einen vollen Kalendertag; die Kürzung darf die ermittelte Verpflegungspauschale nicht übersteigen. [9] Satz 8 gilt auch, wenn Reisekostenvergütungen wegen der zur Verfügung gestellten Mahlzeiten einbehalten oder gekürzt werden oder die Mahlzeiten nach § 40 Absatz 2 Satz 1 Nummer 1a pauschal besteuert werden. [10] Hat der Arbeitnehmer für die Mahlzeit ein Entgelt gezahlt, mindert dieser Betrag den Kürzungsbetrag nach Satz 8. [11] Erhält der Arbeitnehmer steuerfreie Erstattungen für Verpflegung, ist ein Werbungskostenabzug insoweit ausgeschlossen. [12] Die Verpflegungspauschalen nach den Sätzen 3 und 5, die Dreimonatsfrist nach den Sätzen 6 und 7 sowie die Kürzungsregelungen nach den Sätzen 8 bis 10 gelten entsprechend auch für den Abzug von Mehraufwendungen für Verpflegung, die bei einer beruflich veranlassten doppelten Haushaltsführung entstehen, soweit der Arbeitnehmer vom eigenen Hausstand im Sinne des § 9 Absatz 1 Satz 3 Nummer 5 abwesend ist; dabei ist für jeden Kalendertag innerhalb der Dreimonatsfrist, an dem gleichzeitig eine Tätigkeit im Sinne des Satzes 2 oder des Satzes 4 ausgeübt wird, nur der jeweils höchste in Betracht kommende Pauschbetrag abziehbar. [13] Die Dauer einer Tätigkeit im Sinne des Satzes 2 an dem Tätigkeitsort, an dem die doppelte Haushaltsführung begründet wurde, ist auf die Dreimonatsfrist anzurechnen, wenn sie ihr unmittelbar vorausgegangen ist.

(5) [1] **§ 4 Absatz 5 Satz 1 Nummer 1 bis 4, 6b bis 8a, 10, 12 und Absatz 6 gilt sinngemäß. [2] § 6 Absatz 1 Nummer 1a gilt entsprechend.**

(6) [1] **Aufwendungen des Steuerpflichtigen für seine Berufsausbildung oder für sein Studium sind nur dann Werbungskosten, wenn der Steuerpflichtige zuvor bereits eine Erstausbildung (Berufsausbildung oder Studium) abgeschlossen hat oder wenn die Berufsausbildung oder das Studium im Rahmen eines Dienstverhältnisses stattfindet. [2] Eine Berufsausbildung als Erstausbildung nach Satz 1 liegt vor, wenn eine geordnete Ausbildung mit einer Mindestdauer von 12 Monaten bei vollzeitiger Ausbildung und mit einer Abschlussprüfung durchgeführt wird. [3] Eine geordnete Ausbildung liegt vor, wenn sie auf der Grundlage von Rechts- oder Verwaltungsvorschriften oder internen Vorschriften eines Bildungsträgers durchgeführt wird. [4] Ist eine Abschlussprüfung nach dem Ausbildungsplan nicht vorgesehen, gilt die Ausbildung mit der tatsächlichen planmäßigen Beendigung als abgeschlossen. [5] Eine Berufsausbildung als Erstausbildung hat auch abgeschlossen, wer die Abschlussprüfung einer durch Rechts- oder Verwaltungsvorschriften geregelten Berufsausbildung mit einer Mindestdauer von 12 Monaten bestanden hat, ohne dass er zuvor die entsprechende Berufsausbildung durchlaufen hat.**

Übersicht Rz

Rz

Verwaltung: *LStR 9.1–9.13/LStH 9.1–9.14.*

Neueres Schrifttum zum Inhalt des WK-Begriffs: (bis 2010 s Vorauflagen) – *Wagner,* Warum haben Ökonomen das obj Nettoprinzip erfunden, aber nicht erforscht?, StuW 10, 24; *Frye,* Die Freiheit des GG als Gebot des obj Nettoprinzips, FR 10, 603; *Breinersdorfer,* Abzugsverbot und obj Nettoprinzip (verfgerichtl Kontrolle des Gesetzgebers), DStR 10, 2492; *Droege,* Wie viel Verfassung braucht der Steuerstaat?, StuW 11, 105.

I. Allgemeines

1 **1. Bedeutung; Aufbau.** § 9 dient der **Abgrenzung** der estl relevanten Erwerbssphäre von der estl irrelevanten Privatsphäre des StPfl. Die Regelung knüpft systematisch an § 2 II 1 Nr 2 an und definiert mit dem Begriff der WK diejenigen Aufwendungen, die bei den sog Überschusseinkünften (§ 2 I 1 Nr 4–7) zur Ermittlung der Einkünfte von den Einnahmen (§ 8) abgezogen werden. Dieser Abzug ist Ausdruck des **Leistungsfähigkeitsprinzips** und dient der Verwirklichung des **obj Nettoprinzips,** nach dem nur die Netto-Einkünfte (Einnahmen abzügl WK oder BA) zu besteuern sind: Was der StPfl iZm der Erwerbstätigkeit ausgibt, ist nicht disponibel und unterliegt daher grds nicht dem StZugriff des Staates (s Rz 4 und § 2 Rz 10). – Die Regelung ist insgesamt recht unübersichtl: **§ 9 I** enthält neben der allg Definition des WK-Begriffs (S 1) und einer sachl Zuordnungsregelung (S 2) eine Reihe gesondert geregelter WK-Tatbestände (S 3 Nr 1–7). **§ 9 II** ergänzt die Bestimmungen zur Entfernungspauschale in § 9 I 3 Nr 4. **§ 9 III** stellt Nicht-ArbN iRd übrigen Überschusseinkünfte hinsichtl einiger Sonderregelungen in § 9 I 3 den ArbN gleich. **§ 9 IV** definiert das Tatbestandsmerkmal „erste Tätigkeitsstätte" iSd § 9 I 3 Nr 4–5a. **§ 9 IVa** behandelt die Berücksichtigung von Verpflegungsmehraufwendungen. **§ 9 V** sieht die entspr Anwendung einiger Bestimmungen zur Gewinnermittlung vor (Abzugsverbote etc). **§ 9 VI** schließl enthält ein Abzugsverbot für Berufsausbildungskosten (entspr § 4 IX).

2 **2. Persönl Anwendungsbereich.** § 9 gilt grds für alle StPfl mit Überschusseinkünften. Für **beschr StPfl** verlangt § 50 I 1 zusätzl einen wirtschaftl Zusammenhang mit *inl Einkünften;* ob die Aufwendungen im Inl oder Ausl anfallen, ist unerhebl (s § 50 Rz 7). Unterliegen beschr stpfl Einkünfte gem § 50 II 1 dem **StAbzug,** bleiben WK insgesamt unberücksichtigt (Abgeltungswirkung, s § 50 Rz 27). – Zum **Wechsel** zw unbeschr und beschr StPfl während eines Kj (§ 2 VII 3) s § 2 Rz 69; zu vorab entstandenen WK bei Wegzug s Rz 98.

3 **3. Neuere Rechtsentwicklung; zeitl Anwendungsbereich.** Mit dem StVerG 2013 (BGBl I 13, 285) ist das estl Reisekostenrecht einschließl der Regelungen zur doppelten Haushaltsführung mit Wirkung ab **VZ 2014** grundlegend geändert worden (BT Drs 17/10774: „vereinfacht und vereinheitlicht"); die Änderungen betreffen § 9 I 3 Nr 4, 4a, 5, 5a sowie II, III, IV, IVa. Der Gesetzgeber hat damit (ua) in mehrfacher Hinsicht die neuere BFH-Rspr zum Begriff der „regelmäßigen Arbeitsstätte" in § 9 I 3 Nr 4 korrigiert. Mit dem **Kroat-AnpG** (BGBl I 14, 1266) sind bereits wieder Änderungen an den neuen Regelungen vorgenommen worden. Weitere Rspr-Korrekturen zur estl Berücksichtigung von Berufsausbildungskosten mit Wirkung ab **VZ 2015** ergeben sich aus der Neufassung des § 9 VI durch das **ZK-AnpG** (BGBl I 14, 2417). – S iÜ zur Rechtsentwicklung ausführl *Blümich* § 9 Rz 12 ff und *HHR* § 9 Anm 2 ff.

4 **4. Verfassungsrecht; Gemeinschaftsrecht.** Das **obj Nettoprinzip** (Rz 1) ist eine Grundentscheidung des EStRechts und steht nicht zur Disposition des Gesetzgebers (s *Isensee:* „identitätskonstituierendes Merkmal", 57. DJT, Bd II Sitzungsberichte, S 46, 214; s auch BFH VI R 8/12 DStR 14, 2216, unter B. III.2; *Tipke* StRO II, 2. Aufl, S 763). Es darf nicht gänzl abgeschafft, wohl aber bei Beachtung hinreichender Folgerichtigkeit eingeschränkt werden; jedoch erfordert jede Einschränkung einen besonderen, **sachl rechtfertigenden Grund** (BVerfG BStBl II 03, 534, C. I.1.b; dazu *Birk* DStR 09, 881; *Drüen* FS Spindler, S 29 ff). Die rein fiskalisch motivierte Durchbrechung ist unzulässig (BVerfG DStR 08, 2460, C. I.2.b.cc; *Tipke/Lang* LB § 8 Rz 55). Soweit dem Gesetzgeber insb im Grenzbereich zw privater und berufl Veranlassung wegen der dort bestehenden Abgrenzungsschwierigkeiten und Missbrauchsgefahren eine besondere **Typisierungsbefugnis** zusteht (BVerfG aaO, C. II.4.a; BFH III R 18/13 BStBl II 14, 383: Kinderbetreuungskosten; BFH VI R 10/08, BStBl II 11, 32: Verpflegungsmehr-

aufwand), muss hiervon **realitätsgerecht** Gebrauch gemacht werden; dh der Gesetzgeber muss tatsächl auch den typischen Fall zum Maßstab nehmen (s BFH VI R 8/12 DStR 14, 2216, unter B. III.3.c, zu den Kosten der erstmaligen Berufsausbildung). Ungeachtet dessen kommt es nicht nur auf die Unterscheidung zw berufl oder privatem Veranlassungsgrund für die Aufwendungen an, sondern auch auf die Unterscheidung zw freier und beliebiger Einkommensverwendung und **zwangsläufigem, pflichtbestimmtem Aufwand** (BVerfG BStBl II 03, 534, C. I. 1.c, bb aE; erneut BVerfG DStR 08, 2460, C. I.3.c, zur Pendlerpauschale, und BVerfG DStR 10, 1563, zum häusl Arbeitszimmer; ebenso BFH VI R 8/12 DStR 14, 2216, unter B. III.2.b und 4. zu den Kosten der erstmaligen Berufsausbildung). Das bedeutet aber, dass es dem Gesetzgeber, wenn sich der StPfl Aufwendungen zur Erzielung stpfl Einnahmen nicht entziehen kann, untersagt ist, diese Aufwendungen zur Gänze vom WK-Abzug auszuschließen; allenfalls der Höhe nach besteht hier ein begrenzter Spielraum für Einschränkungen (zB zur Missbrauchsabwehr). – Zu Fragen des **Gemeinschaftsrechts** s § 50 Rz 3 und § 50a Rz 3.

Zur Verfassungswidrigkeit der Abzugsbeschränkung für **Berufsausbildungskosten** s § 12 Rz 57. Problematisch ist ferner der Ausschluss des Abzugs von „privaten" **StB-Kosten** (*Tipke* BB 09, 636; *Drenseck/Bergkemper* DB 09, Beil zu Heft 13 S 3; aA BFH X R 10/08 BStBl II 10, 617, und BFH X R 10/10 DB 11, 1138; FG Hbg EFG 11, 1421: nach Deutschland entsandter Ausländer); denn das Gesetz verweigert den Bürgern die rechtsstaatl gebotene „Waffengleichheit" in der Auseinandersetzung mit dem Fiskus.

5. Verhältnis zu anderen Vorschriften. Zu **§ 3c** s dort Rz 2; zu **§ 9a** s dort, Rz 1. – Gem **§ 10 I 1** geht der WK-Abzug dem SA-Abzug vor; Aufwendungen, die gleichzeitig und ununterscheidbar der Einkünfteerzielung und den SA zugeordnet werden können, sind daher grds als WK zu berücksichtigen (BFH VI R 54/95 BFH/NV 96, 740: folgt schon aus der Reihenfolge von § 2 II und IV). Allerdings gibt es dem X. Senat zufolge trotz § 10 I 1 Aufwendungen, die den Begriff von WK oder BA erfüllen, aber dennoch konstitutiv und endgültig dem SA-Bereich zugeordnet sind (so BFH X R 28/07 BStBl II 10, 348 zu RV-Beiträgen, s iEinz § 22 Rz 124, mwN). Auch **§ 10b II** ist lex specialis (§ 9 V iVm § 4 VI; s auch Rz 275). – Für die Einkünfte aus KapVerm wird § 9 gem § 2 II 2 ab VZ 09 durch **§ 20 IX** verdrängt (§ 20 Rz 211). – Gem **§ 33 II 2** geht der WK-Abzug einer Berücksichtigung als agB vor (s § 33 Rz 4); das gilt auch für **§§ 33a, 33b** (s auch § 33a Rz 4). 5

II. Allgemeiner Werbungskostenbegriff, § 9 I 1

1. Überblick. Die Legaldefinition des § 9 I 1 setzt dreierlei voraus: Aufwendungen (Rz 12 ff), Einnahmen (zumindest konkret beabsichtigte, Rz 36) und einen Veranlassungszusammenhang zw beiden („zur …", Rz 40 ff). Rechengrößen sind danach die Einnahmen und die Aufwendungen; das Ergebnis dieser Berechnung sind die Einkünfte. – Nicht ausdrückl geregelt sind die persönl Zuordnung (Zurechnung von Aufwendungen, Rz 14 ff) und die zeitl Zuordnung (zB vorab entstandene/nachträgl WK, Rz 94 ff); beides bestimmt sich nach allg Grundsätzen. Eine sachl Zuordnung der WK zu der jeweiligen Einkunftsart nimmt § 9 I 2 vor (Rz 120 f). Zur Beweislast s Rz 122. 10

2. Einheitl WK-Begriff. Der WK-Begriff ist für alle Überschusseinkunftsarten gleich auszulegen (inzwischen hM; vgl BFH VIII R 154/76 BStBl II 82, 37; *von Bornhaupt* FR 82, 313, Fn 8–16 und DStR 83, 11). Allerdings gilt für Einkünfte aus KapVerm seit VZ 09 der **WK-Ausschluss** des § 20 IX (s § 20 Rz 211 ff). 11

3. Aufwendungen. – a) Begriff. Aufwendungen sind **Ausgaben,** die in Geld oder Geldeswert bestehen und aus dem Vermögen des StPfl abfließen (vgl BFH GrS 1/89 BStBl II 90, 830; grundlegend *Söhn* StuW 91, 271 f; *HHR* § 9 Anm 65). Die Einbeziehung des Abflusses von **geldwerten Gütern** wird spiegelbildl aus der Definition des Einnahmenbegriffs in § 8 I gefolgert (vgl BFH VI R 75/06 BStBl II 12

10, 48; zur Bewertung s § 8 Rz 3 und 15 ff). Nur ausnahmsweise, bei entspr gesetzl Regelung, können WK auch *ohne* Aufwendungen anfallen (s zB Rz 179: Entfernungspauschale und Rz 225: doppelte Haushaltsführung, BFH VI R 29/12 BStBl II 13, 735). – Zu unfreiwilligen Aufwendungen s Rz 79 ff. Zu **AK/HK** als Aufwendungen s Rz 246.

Beispiele – Abfluss von geldwerten Gütern: wirtschaftl Verlust einer Darlehensforderung (BFH VI R 75/06 BStBl II 10, 48) oder einer Kaution (BFH VI R 51/85 BStBl II 89, 382) durch ArbN; WK aufgrund eines zinslosen Darlehens (BFH IX R 47/89 BFH/NV 95, 294); Verlust der wirtschaftl Verfügungsmacht über ein Gebäude (BFH VIII R 102/78 BStBl II 82, 523).

13 **b) Zeitpunkt.** Aus § 11 II 1 folgt, dass die Aufwendungen für das Kj abzusetzen sind, in dem sie geleistet wurden, also abgeflossen sind (s iEinz § 11 Rz 35 ff). Dass im selben Kj (bereits oder noch) Einnahmen zufließen, ist nicht zwingend erforderl; s zu vorab entstandenen und nachträgl WK Rz 94 ff sowie zu vergebl WK Rz 102. Zu Rückforderungs- und Ersatzansprüchen s Rz 32; zu den Folgen einer späteren Erstattung s Rz 112.

14 **c) Kostentragungsprinzip.** Da die ESt an die persönl Leistungsfähigkeit anknüpft und StSubjekt immer der einzelne StPfl ist, kann WK grds nur derjenige abziehen, der die Aufwendungen selbst wirtschaftl getragen hat (Kostentragungsprinzip als Ausdruck des Leistungsfähigkeitsprinzips, s *Tipke/Lang* LB § 8 Rz 223 mwN; vgl BFH IX R 29/11 BFH/NV 12, 1952; BFH X R 36/05 DStR 08, 2204: auch bei Ehegatten, s aber Rz 18 ff).

15 **aa) Belastung.** Das setzt voraus, dass der StPfl überhaupt mit Aufwendungen wirtschaftl belastet ist (vgl BFH VI R 25/10 BStBl II 13, 699), wenn auch nicht notwendig endgültig (s Rz 112). Daher sind nicht realisierte Wertverluste (s Rz 75) oder **ersparte Aufwendungen** ebenso wenig WK wie entgangene Einnahmen oder fiktive Ausgaben (BFH aaO; BFH VI R 24/09 BStBl II 11, 288). – Führen allerdings ersparte Aufwendungen zu stpfl Einnahmen, liegen iHd Ersparnis **fiktive WK** vor, wenn eine Zahlung durch den StPfl an sich zu WK geführt hätte (vgl BFH VI R 9/10 BFH/NV 11, 976, zu Gemeinschaftsunterkunft/-verpflegung; s auch § 19 Rz 100 „Dienstwohnung"). Dasselbe gilt für Vorteile (zB zinsloses ArbG-Darlehen), die sich iRe anderen Einkunftsart auswirken (Darlehen dient der Anschaffung eines Mietshauses, s BFH IX R 70/94 BFH/NV 97, 20 mwN), und ebenso für Schadensersatz, den der ArbG für den ArbN übernimmt (einerseits Lohn, andererseits fiktiver WK-Abzug; vgl auch BFH VI R 37/06 BStBl II 10, 111: ArbG übernimmt Geldauflage für ArbN).

Beispiele – WK nicht anerkannt mangels Aufwendungen: Verzicht auf Abfindung und Altersversorgung (BFH IX R 26/14 DStR 15, 2321); fiktive Mietentschädigung entspr § 8 III BUKG (BFH VI R 25/10 BStBl II 13, 699); vom ArbG erstattete Übernachtungskosten (BFH VI R 24/09 BStBl II 11, 288: auch keine Übernachtungspauschale nach LStR); Umwandlung eines Bonusanspruchs in Freizeit zur Prüfungsvorbereitung (FG Mchn EFG 09, 1012, rkr; *FinVerw* DB 05, 1250); Verzicht auf Urlaubsanspruch (FG Bbg EFG 01, 886, rkr); Einsatz der eigenen Arbeitskraft (BFH IX R 58/81 BStBl II 86, 142: Hausverwaltung, VuV); Verzicht auf Zinsen bei Erhalt des abgezinsten Kaufpreises vor Fälligkeit (BFH VIII R 190/78 BStBl II 81, 160); entgangener ArbLohn (BFH VI R 102/75 BStBl II 78, 216; s auch FG BaWü EFG 83, 113, rkr: Verlust eines Gehaltsanspruchs).

16 **bb) Herkunft der Mittel.** Unerhebl ist, woher die Mittel stammen, mit denen der StPfl seine Ausgaben bestreitet (hM; BFH IX R 45/07 BStBl II 08, 572 mwN; BFH IX R 27/08 BFH/NV 09, 901; s auch *Schnorr* StuW 03, 222, 229). Hat der StPfl das Geld **geschenkt** erhalten oder **geerbt,** steht dies seinem WK-Abzug nicht entgegen; denn es handelt sich gleichwohl um einen Vermögensabfluss beim StPfl und damit um eigenen Aufwand.

17 **cc) Zuwendung von Arbeitskraft.** Wendet der Dritte unentgeltl die eigene Arbeitskraft zu, führt dies nicht zu abzugsfähigem Aufwand (dies folgt aus BFH GrS 2/86 BStBl II 88, 348; s *L. S.* DStR 88, 216; vgl auch § 4 Rz 309 f).

d) Abkürzung des Zahlungswegs. Um eigenen Aufwand des StPfl handelt es sich auch dann, wenn ein Dritter die Aufwendungen übernommen hat, also unmittelbar an den Gläubiger des StPfl *für diesen* zahlt. Es macht wirtschaftl keinen Unterschied, ob der Dritte dem StPfl Geld zuwendet, damit dieser seine Schuld tilgt (s Rz 16), oder aber ob er selbst die Schuld des StPfl tilgt, solange er dies nur **„für Rechnung des StPfl"** tut (§ 267 I BGB; s BFH GrS 2/97 BStBl II 99, 782, unter C. IV. 1.c. aa, mwN). 18

Beispiele – WK anerkannt: Eltern zahlen für Pilotenlizenz des Sohnes (FG Köln EFG 10, 1999, bestätigt durch BFH IX R 5/11 BStBl II 14, 143); Ehegatte zahlt für Ausbildung der Ehefrau (BFH VI R 41/05 BFH/NV 08, 1136); Kosten des LL.M-Auslandsstudiums werden mit Kreditkarte des Vaters bezahlt (BFH VI R 4/02 BFH/NV 04, 32).

e) Abkürzung des Vertragswegs. – aa) Zuwendungswille. Als Unterfall der Abkürzung des Zahlungswegs wertet die Rspr grds auch den Fall, dass der Dritte zwar im eigenen Namen, aber *für den StPfl* einen Vertrag abschließt und zahlt (BFH IX R 45/07 BStBl II 08, 572; s auch *Heuermann* HFR 08, 43); denn die Direktzahlung des Dritten ist, wenn sie *mit Zuwendungswillen* erfolgt, ihrem wirtschaftl Gehalt nach dem Zahlungsumweg über den StPfl iRv zwei zweiseitigen Rechtsbeziehungen gleichzustellen (BFH IX R 25/03 BStBl II 06, 623 mwN; noch offen gelassen in BFH GrS 2/97 BStBl II 99, 782, unter C. IV. 1.c.bb). Allerdings ist die Reichweite dieser Rspr **noch nicht abschließend geklärt** (s Rz 20; § 4 Rz 504). – Die Zuwendung an den StPfl kann auch in einer vGA bestehen (BFH IX R 42/09 BStBl II 11, 271; *Heuermann* StBp 11, 30; anders FG Köln EFG 10, 705, Rev unzul). – Mangels Zuwendungswillen kann ein **gescheitertes Treuhandverhältnis** nicht in einen abgekürzten Vertragsweg umgedeutet werden (BFH IX R 25/10 BFH/NV 11, 1677). 19

Beispiele – WK anerkannt: Beauftragung und Bezahlung von Handwerkern durch Eltern des StPfl (BFH IX R 45/07 BStBl II 08, 572; BFH IX R 25/03 BStBl II 06, 623); Zahlung von Ausbildungskosten durch Eltern (vgl BFH VIII R 49/10 BStBl II 13, 309, aE). – Dagegen ist BFH VI R 103/95 BStBl II 96, 375 (kein WK-Abzug bei Abschluss des Mietvertrags durch Vater des StPfl) durch die neuere Rspr überholt (so zutr FG Köln EFG 10, 1999, bestätigt durch BFH IX R 5/11 BStBl II 14, 143).

bb) Dauerschuldverhältnisse. Nimmt der Dritte für den StPfl ein **Darlehen** auf und zahlt die Schuldzinsen, kann dies beim StPfl ebenfalls zu WK führen (häufig bei Ehegatten, vgl BFH X R 36/05 DStR 08, 2204). Allerdings verlangt der BFH, dass sich der StPfl im Innenverhältnis verpflichtet, den Dritten von Zins- und Tilgungszahlungen freizustellen (vgl BFH IX R 25/03 BStBl II 06, 623 mwN: kein abgekürzter Vertragsweg bei Dauerschuldverhältnissen und Kreditverbindlichkeiten; BFH IV R 75/98 BStBl II 00, 314: nur Bargeschäfte des tägl Lebens; s iEinz *HHR* § 9 Anm 43 mwN; *Levedag* NWB 08, 4405). 20

Kritik: Diese Unterscheidung ist nicht nachvollziehbar. Denn auch hier gilt der Grundsatz, dass es für den WK-Abzug unerhebl ist, ob der StPfl die Mittel geschenkt bekommen hat (*Heuermann* StBp 08, 121); und auch hier sollte mE gelten, dass die Direktzahlung wirtschaftl dem Zahlungsumweg gleichzustellen ist (zumal bei Ehegatten, s auch Rz 26). *BMF* BStBl I 08, 717 sollte seine abw Auffassung aufgeben. – Ungeachtet dessen sollten Eheleute jedenfalls darauf achten, dass der Einkunftserzieler den Zinsaufwand erstattet (s auch BFH IX B 61/10 BFH/NV 11, 40); oder, noch besser, die Eheleute sollten das Darlehen **als Gesamtschuldner** aufnehmen (s BFH IX R 29/11 BFH/NV 12, 1952: gilt auch nachträgl; *Levedag* HFR 09, 36; *ders* NWB 08, 4405/16).

f) Drittaufwand. Die Abziehbarkeit von Drittaufwand hat der GrS des BFH abgelehnt (BFH GrS 2/97 BStBl II 99, 782, ausführl unter C. IV–V). Es handelt sich dabei um Fallgestaltungen, in denen der Dritte auf eine aus *eigenem* Interesse eingegangene *eigene* Schuld zahlt. Selbst wenn der Aufwand des Dritten günstig für die Einkunftserzielung des StPfl ist, hat der StPfl keinen WK-Abzug. Dies gilt sowohl für **laufende Kosten** als auch für die Nichtabziehbarkeit von **Dritt-AfA** (s § 7 Rz 57f). Die von der Rspr vorgenommenen Abgrenzungen sind zum Teil 21 recht filigran (s Rz 22 ff). – Zum Abzug von Drittaufwand als **nachträgl AK** s auch **§ 17** Rz 163 (aE).

22 **aa) Einkünfte aus VuV.** Ist ein verheirateter StPfl **Alleineigentümer** einer vermieteten Immobilie, so gilt bei Finanzierung über gemeinsame Darlehen oder Einzeldarlehen Folgendes:

23 **(1) Gemeinsamer Aufwand.** Zahlen die Ehegatten **„aus einem Topf"** oder haben sie ein **gesamtschuldnerisches Darlehen** aufgenommen, sind die Zinsen in vollem Umfang als WK des Einkunftserzieler-Ehegatten aus VuV abziehbar; denn es handelt sich stets (auch) um dessen *eigenen Aufwand* (BFH IX R 45/95 BStBl II 00, 310; auch bei nachträgl Schuldzinsen s BFH IX R 40/14 DStR 16, 41). Unerhebl ist, ob eine gesamtschuldnerische Mithaftung von vornherein bestand oder nachträgl übernommen wurde (BFH IX R 29/11 BFH/NV 12, 1952; s auch BFH IX R 14/00 BFH/NV 03, 468: Schuldbeitritt; FG Hess DStRE 03, 1387, rkr) oder ob sich die Zahlung des Nichteigentümer-Ehegatten auf das gemeinsame Darlehen als Mietzahlung erweist (BFH IX R 78/07 BStBl II 09, 299, Nichteigentümer-Ehegatte ist zugleich Mieter des Objekts des Eigentümer-Ehegatten; *Heuermann* BFH/PR 09, 47).

24 **(2) Fremder Aufwand.** Ist der andere Ehegatte hingegen **Alleinschuldner** des Darlehens und zahlt er auch die Zinsen, kann der Einkünfte erzielende Ehegatte die Zinsen nicht als WK absetzen (BFH IX R 45/95 BStBl II 00, 310). Das soll auch dann gelten, wenn der Einkunftserzieler-Ehegatte eine *selbstschuldnerische Bürgschaft* übernommen und auf dem vermieteten Objekt Grundpfandrechte als Sicherheit für das Darlehen hat eintragen lassen (BFH IX R 21/96 BStBl II 00, 312; mE unzutr).

25 **(3) Verwendung eigener Mittel.** Scheidet nach den vorstehenden Fallgestaltungen eigentl ein WK-Abzug aus, sind Aufwendungen dennoch zu berücksichtigen, wenn der Einkunftserzieler-Ehegatte die vom anderen Ehegatten geschuldeten Zinsen aus *eigenen* Mitteln zahlt (BFH IX R 45/95 BStBl II 00, 312; BFH IX R 21/96 BStBl II 00, 312). Dies muss mE auch in einem späteren Jahr noch mögl sein, wenn der andere Ehegatte von dem Alleineigentümer-Ehegatten die Erstattung der Kosten verlangt (vgl auch *Heuermann* StBp 08, 122 aE; s aber BFH X B 73/06 BFH/NV 07, 1653: nur bei Ersatzanspruch, nicht bei Zuwendung). Nicht zu folgen ist BFH VIII R 50/97 BStBl II 00, 393, wonach bei einem **nicht anzuerkennenden partiarischen Darlehen** zw nahen Angehörigen der vom StPfl tatsächl getragene Aufwand iHd Refinanzierungskosten des das Darlehen hingebenden Angehörigen als Drittaufwand nicht zum Abzug zugelassen wird (überzeugend dagegen *Paus* FR 00, 1029, und *Kempermann* FR 00, 767).

26 **(4) Kritik.** Zu bedauern ist, dass der GrS die Eheleute nicht als Erwerbsgemeinschaft mit der Folge anerkannt hat, dass es bei ihnen nicht darauf ankommt, wer die Kosten getragen hat (Anerkennung des **ehebedingten Drittaufwands**); dies hätte die nunmehr bestehenden Nachweisprobleme für Eheleute vermieden. Im SA-Bereich (§ 26b, s § 10 Rz 16 aE) werden Eheleute auch als Einheit betrachtet. Wird das Arbeitszimmer vom Nichteigentümer-Ehegatten für Ausbildungszwecke (§ 10 I Nr 7) genutzt, kommt es unabhängig von der Kostentragung zum SA-Abzug; im WK-Bereich hingegen kommt es auf die Kostentragung an; dies versteht der normale StPfl nicht mehr (s auch *Fischer* FR 99, 1177 und FR 00, 662 f unter 4.).

27 **(5) Weitere Besonderheiten.** Zum Sonderfall, dass bei gemeinschaftl Darlehen der gesamte Zahlungsverkehr für die Immobilie über ein **Konto des Nichteigentümer-Ehegatten** abgewickelt wird, s BFH IX 22/97 BStBl II 01, 785 (s auch *Fischer* FR 01, 141). – Sind die Ehegatten **Miteigentümer,** werden jedem die auf seinen Miteigentumsanteil entfallenden BA/WK zugerechnet, wenn sich die einkunftsbezogenen Nutzungen innerhalb der Miteigentumsanteile halten; insoweit gilt das Gleiche wie für den Abzug der AfA (s dazu § 7 Rz 54). Soweit die Nutzung über den eigenen Miteigentumsanteil hinausgeht, gelten die vorstehenden Grundsätze.

bb) Arbeitszimmer. Nutzt der StPfl in dem Haus oder der Wohnung, das/die im Alleineigentum seines Ehegatten steht, unentgeltl ein Arbeitszimmer und macht er den Abzug der anteilig auf dieses Zimmer entfallenden Kosten geltend, unterscheidet der GrS wie folgt: 28

(1) Kosten des Grundstücks. Die lfd grundstücksbezogenen Kosten (GrundSt, Schuldzinsen, Versicherungsbeiträge usw) sind, wenn sie vom *gemeinsamen Konto* der Eheleute bestritten werden, ausschließl dem Alleineigentümer-Ehegatten zuzurechnen, der (vorrangig) eigene Schulden tilgt. Auch soweit sie anteilig auf das Arbeitszimmer entfallen, hat der StPfl (Nichteigentümer) keinen WK-Abzug, da es sich um Drittaufwand handelt. – Etwas anderes kann gelten, wenn die Ehegatten anderweitige *besondere Vereinbarungen* über die Kostentragung getroffen haben (BFH GrS 2/97 BStBl II 99, 782, unter C. V). Ebenso kommt ein WK-Abzug in Betracht, wenn der StPfl (Nichteigentümer) vom *eigenen* Konto die grundstücksbezogenen Kosten zumindest in der Höhe selbst zahlt, in der sie anteilig auf das Arbeitszimmer entfallen (vgl BFH X R 66/00 BFH/NV 04, 19: auch ohne ausdrückl Vereinbarung; BFH VI R 77/95 BFH/NV 00, 1202). 29

(2) Kosten des Arbeitszimmers. Bei ausschließl arbeitszimmerbezogenen Kosten (anteilige Betriebskosten sowie Aufwendungen, die allein das Arbeitszimmer betreffen, zB für Reparatur) können auch bei Zahlung vom *gemeinsamen* Konto die anteiligen Aufwendungen vom StPfl (Nichteigentümer) als BA/WK abgezogen werden. Besteht zw den Ehegatten eine Absprache dahingehend, dass der StPfl (Nichteigentümer) die Kosten des Arbeitszimmers übernehmen soll, kommt ebenfalls für ihn ein WK-Abzug in Betracht. 30

(3) Kritik; Gestaltung. Die Unterscheidung zw grundstücks- und arbeitszimmerbezogenen Kosten leuchtet wirtschaftl nicht ein (vgl auch Rz 26; s aber *Küffner/Haberstock* DStR 00, 1675). Ungeachtet dessen vermeiden Ehegatten **Nachweisprobleme,** wenn sie einen Mietvertrag über das Arbeitszimmer abschließen und den Vertrag auch durchführen (Zahlung der Miete; s auch § 7 Rz 57 und § 19 Rz 60 „Arbeitszimmer" 11.). – IÜ können **Mietzahlungen** für die gemeinsam angemietete Wohnung zu WK des die Einkünfte erzielenden Ehegatten führen, auch wenn die Zahlungen vom Konto des anderen Ehegatten erfolgen (BFH VI R 52/02 BFH/NV 06, 1650). – Zu gemeinsamer Nutzung eines Arbeitszimmers durch beide Ehegatten s FG Köln EFG 09, 1196. 31

g) Rückforderungs- und Ersatzansprüche. Aufwendungen liegen begriffl auch dann vor, wenn mit der Zahlung ein Rückforderungsanspruch entsteht (*HHR* § 9 Anm 78; *von Bornhaupt* DStJG 3, 157 und *KSM* § 9 B 59 ff; s auch § 11 Rz 38) oder dem Stpfl ein Ersatzanspruch zusteht (vgl BFH VI R 16/02, BFH/NV 03, 164; *Offerhaus* BB 79, 618; *von Bornhaupt* aaO S 158), auch wenn die zu erwartenden Erstattungen stfrei sind (aA *FinVerw* DB 06, 252) oder der StPfl einen Gegenwert erhält (*Söhn* StuW 91, 273 ff). Etwas anderes kann uU gelten bei eindeutig versehentl als WK geleisteten Zahlungen, die im gleichen oder folgenden VZ zurückerstattet werden (*HHR* § 9 Anm 78; s aber *Grube* FR 89, 31 f). – Zu den Auswirkungen einer späteren Erstattung s Rz 112; zum Verzicht auf Ersatzleistungen s Rz 116. 32

4. Einnahmen. WK knüpfen begriffl (§ 9 I 1) und systematisch (§ 2 II Nr 2) an Einnahmen iSd § 8 I an. Daher kann nur derjenige WK geltend machen, der den Tatbestand einer Überschuss-Einkunftsart verwirklicht (keine WK bei sog Liebhaberei, vgl BFH VI R 50/06 BStBl II 09, 243; s auch § 2 Rz 23 f, § 12 Rz 21 und § 21 Rz 25 ff). Ob Einnahmen tatsächl fließen (vergebl Aufwendungen, s Rz 102) und ob es sich um stpfl oder stfreie Einnahmen handelt, ist grds unerhebl. Allerdings schließt § 3c den Ausgabenabzug bei stfreien Einnahmen aus (§ 3c Rz 1 ff, 5 ff; bei teilweise stfreien Einnahmen: Aufteilung, s § 3c Rz 10). 36

5. Veranlassungszusammenhang. – a) Definition. WK sind nach stRspr alle Aufwendungen, die durch den Beruf bzw durch die Erzielung stpfl Einnahmen veranlasst sind. Eine solche Veranlassung liegt vor, wenn **obj** ein Zusammenhang mit der auf die Einnahmeerzielung gerichteten Tätigkeit besteht und **subj** die 40

Aufwendungen zur Förderung dieser Tätigkeit gemacht werden (vgl BFH IX R 45/13 BStBl II 15, 635: nachträgl Schuldzinsen; BFH VI R 37/12 BStBl II 13, 815: Fortbildungsmaßnahmen, Berufskrankheit; BFH VI R 45/09 BStBl II 11, 45: Diensthund als Arbeitsmittel).

41 **b) Kausalität.** Die Formulierung des § 9 I 1 „zur Erwerbung … der Einnahmen" legt zwar nahe, dass zw Aufwendungen und Einnahmen ein *finaler* Zusammenhang bestehen muss; daraus wird zum Teil geschlossen, dass Aufwendungen die Erzielung der Einnahmen *bezwecken* müssen (*Kruse* FR 81, 473; *ders* FS W. Ritter, 1997, S 416 ff; *Stapperfend,* FS Kruse, 533/5). Die Rspr hat jedoch den WK-Begriff an die **kausale Formel des § 4 IV** angeglichen (für Einkünfte aus nichtselbstständiger Arbeit: BFH VI R 193/77 BStBl II 81, 368; BFH VI R 25/78 BStBl II 80, 75; BFH GrS 8/77 BStBl II 79, 213; BFH GrS 2–3/77 BStBl II 78, 105; für Einkünfte aus VuV: BFH VIII R 194/78 BStBl II 81, 510; für Einkünfte aus KapVerm: BFH VIII R 154/76 BStBl II 82, 37). Denn eine unterschiedl Handhabung des Nettoprinzips würde den **Gleichheitssatz** verletzen (so zutr *Tipke* StRO II, 2. Aufl, S 765; s auch *von Bornhaupt* DStJG 3, 179 ff; *ders* BB 81, 773; *ders* DStR 83, 11 und *KSM* § 9 B 152–182; *HHR* § 9 Anm 115–154, sämtl mwN). Die Vertreter beider Ansätze kommen in der Praxis im Wesentl zu gleichen Ergebnissen (grundlegend zum Theorienstreit *Rauch* Nachträgl WK, 1996, S 32 ff). – Zur Anwendung der Äquivalenztheorie und der im Sozialrecht entwickelten Kausalitätstheorie von der wesentl Bedeutung s *Söhn* und *Ruppe* DStJG 3, 19 ff, 129 ff.

Die in § 9 I 1 verwendete Formulierung **„Erwerbung, Sicherung und Erhaltung"** der Einnahmen umschreibt den Bereich der Einkünfteerzielung, ohne dass sich die einzelnen Begriffe scharf voneinander abgrenzen ließen; trotz des „und" genügt es, wenn eine der genannten Alternativen vorliegt (s auch *HHR* § 9 Anm 121 mwN). – Eine **Einschränkung des WK-Begriffs** ggü dem BA-Begriff ergibt sich aus der unterschiedl Ermittlung der Einkünfte bei den Gewinn- und Überschusseinkunftsarten (§ 2 Rz 9), insb in Bezug auf Wertminderungen und Wertverluste (s iEinz Rz 75 ff).

42 **c) Maßgeblichkeit des obj Zusammenhangs.** Ein obj Zusammenhang muss nach der Rspr stets vorliegen, während die subj Absicht kein zwingend notwendiges Merkmal des WK-Begriffs ist (BFH VI R 52/03 BStBl II 07, 317). Daher können etwa auch unfreiwillige Aufwendungen WK sein (vgl BFH VI R 57/13 BStBl II 14, 850: Verlust einer Darlehensforderung gegen ArbG; BFH VI R 23/10 BStBl II 12, 829: arbeitsgerichtl Vergleich; BFH VIII R 3/09 BStBl II 12, 254, Rz 16 ff: erzwungene Kapitalüberlassung; s iEinz Rz 79 ff; ebenso *Ruppe* DStJG 3, 127; *von Bornhaupt* DStJG 3, 176 ff; *Söhn* DStJG 3, 28; *ders* StuW 83, 193; krit *Tiedtke* LB S 461).

Die Vertreter des **subj Veranlassungsprinzips** stellen dagegen vorrangig darauf ab, ob die Aufwendungen nach der Vorstellung des StPfl der Erwerbstätigkeit dienen, während die Bedeutung des obj Zusammenhangs vor allem im verfahrensrechtl Bereich (Nachweis) liegt; vgl *Tipke* StuW 79, 193; *Wassermeyer* StuW 81, 250 ff, und StuW 82, 352; *Prinz* FR 86, 397, und StuW 96, 267; s auch *Tipke/Lang* LB § 8 Rz 217.

43 **aa) Mittelbarer Zusammenhang.** Eine „direkte" oder unmittelbare Veranlassung wird nicht verlangt; ein mittelbarer Zusammenhang ist grds ausreichend (s BFH IX R 45/13 BStBl II 15, 635: Refinanzierungs-Darlehen; BFH IX R 2/05 BStBl II 07, 941: Schadstoffgutachten bei VuV). Es genügt, wenn die Aufwendungen den Beruf des StPfl *im weitesten Sinne* fördern (BFH VI R 120/01 BStBl II 03, 403: Umschulung; s auch BFH VI R 5/10 BStBl II 12, 553). Ob sich der streitige Aufwand konkret auf die Höhe der Einkünfte auswirkt, ist hingegen ohne Belang (BFH VI R 25/09 BStBl II 10, 851 mwN). Ein Verschulden des StPfl ist grds unerhebl (s Rz 92).

44 **bb) Wirtschaftl Zusammenhang.** Allerdings kann ein rein abstrakter Kausalzusammenhang iSe *conditio sine qua non* allein noch keinen WK-Abzug begründen

(BFH VI R 24/08 BStBl II 10, 198: Verlust aus der Veräußerung einer Beteiligung am ArbG keine WK, s Rz 85). Die Aufwendungen sind nur dann als durch eine Einkunftsart veranlasst anzusehen, wenn sie hierzu in einem steuerrechtl anzuerkennenden wirtschaftl Zusammenhang stehen (s BFH VI R 23/10 BStBl II 12, 829: arbeitsgerichtl Vergleich). Kommen mehrere Einkunftsarten in Betracht, entscheidet nach stRspr der engere und **wirtschaftl vorrangige** Veranlassungszusammenhang (BFH VI R 97/10 BStBl II 12, 343: Tilgung einer Bürgschaftsverpflichtung); s iEinz Rz 120.

(1) „Auslösendes Moment". Ob ein solcher Zusammenhang besteht, muss im Wege einer **wertenden Betrachtung** aller Umstände des konkreten Einzelfalls festgestellt werden. Maßgebl ist das die betr Aufwendungen „auslösende Moment"; dieses muss der estl relevanten Erwerbssphäre des StPfl zuzuordnen sein (vgl BFH GrS 1/06 BStBl II 10, 672, unter III. 1. A; s auch BFH IX R 42/13 BStBl II 15, 633). So ist etwa für die Berücksichtigung von Schuldzinsen allein die *tatsächl Verwendung* der Darlehensmittel entscheidend (BFH GrS 2–3/88 BStBl II 90, 817, unter C. II. 2. b. bb); dies gilt nach neuerer Rspr auch für **nachträgl Schuldzinsen** (BFH IX R 67/10 BStBl II 13, 275, für Einkünfte aus VuV; BFH VIII R 20/08 BStBl II 10, 787, für Veräußerung einer wesentl Beteiligung iSd § 17 – s iEinz Rz 151 ff). 45

Weitere Beispiele – WK anerkannt: Mehraufwendungen eines Marinesoldaten im Einsatz für Telefongespräche (BFH VI R 50/10 BStBl II 13, 282); Aufwendungen für einen arbeitsgerichtl Vergleich (BFH VI R 23/10 BStBl II 12, 829); Aufwendungen zur Klärung des sozialversicherungsrechtl Status eines ArbN (BFH VI R 25/09 BStBl II 10, 851). – **WK nicht anerkannt:** Vorfälligkeitsentschädigung bei VuV im Falle einer Grundstücksveräußerung (BFH IX R 42/13 BStBl II 15, 633; str, s Rz 137); Teilungsversteigerung nach Auflösung einer VuV-Einkünfte erzielenden Grundstückgemeinschaft aus persönl Gründen (BFH IX R 41/12 BStBl II 13, 536: Scheidung); gescheiterte Grundstücksveräußerung (BFH IX R 8/12 BStBl II 12, 781).

(2) Dispositionsbefugnis des StPfl. Es kommt nicht darauf an, ob die Aufwendungen **notwendig, übl oder zweckmäßig** sind (wie bei BA; vgl auch BFH IX R 43/11 BStBl II 14, 878, unter II.1.b.; Ausnahmen: § 9 I 3 Nr 5 und § 9 V). Der wirtschaftl Zusammenhang zw Aufwendungen und der auf Einnahmeerzielung gerichteten Tätigkeit wird nicht dadurch beseitigt, dass das Handeln des Stpfl unwirtschaftl ist (vgl BFH IV R 35/76 BStBl II 77, 238; *Offerhaus* BB 79, 621; s aber auch *Tipke/Lang* LB § 8 Rz 231: uU Indiz für private Mitveranlassung). Der Stpfl kann frei entscheiden, welche Aufwendungen er zur Erzielung von Einnahmen machen will. 46

(3) Rechtl Zusammenhang. Das Bestehen eines nur rechtl Zusammenhangs **genügt nicht** (ganz hM; BFH IX R 44/95 BStBl II 99, 676 mwN). So begründet die dingl Belastung eines Grundstücks mit einer Hypothek für sich allein noch keinen wirtschaftl Zusammenhang mit den Einnahmen aus diesem Grundstück (BFH X R 81/91 BFH/NV 94, 620; FG Nbg EFG 92, 731, rkr, mwN). 47

cc) Konkurrenz; Überlagerungsgedanke. In der Rspr findet sich immer wieder die Formulierung, dass ein Veranlassungszusammenhang durch einen anderen „überlagert" wird (zB BFH IX R 22/13 BFH/NV 14, 1195: Maklerkosten bei Veräußerung eines Grundstücks als WK iZm der Finanzierung eines vermieteten Objekts). Damit ist gemeint, dass das Konkurrenzverhältnis eines estl erhebl Veranlassungszusammenhangs zu einem unerhebl Zusammenhang dadurch aufgelöst wird, dass einer der beiden Veranlassungszusammenhänge, näml der gewichtigere, den anderen verdrängt (ausführl *Heuermann* StBp 09, 86, 209 mit Beispielen; s auch Rz 61). Hier muss in jedem Einzelfall das Gewicht der konkurrierenden Veranlassungszusammenhänge geprüft werden, mit oft unterschiedl Tendenzen. Zur berufl Überlagerung einer an sich privaten Veranlassung s § 12 Rz 19. 48

Weitere Beispiele: Vorfälligkeitsentschädigung *keine* WK bei VuV (BFH IX R 42/13 BStBl II 15, 633; str, s Rz 137); „Aufgabeaufwendungen" als vergebl WK (BFH IX R 12/12

BFH/NV 14, 834); AfaA als WK bei VuV trotz Veräußerung (BFH IX R 64/07 BStBl II 09, 301); Abbruchkosten trotz späterer Eigennutzungsabsicht als WK (BFH IX R 51/05 BFH/NV 08, 933); Schadensersatz nach gescheiterter Investition als WK (BFH IX R 45/05 BStBl II 06, 803); Erhaltungsaufwand wegen Verkauf als Veräußerungskosten (BFH IX R 34/03 BStBl II 05, 343); Verzugszinsen nach ungerechtfertigter Inanspruchnahme aus einer Bürgschaft (BFH VIII R 3/09 BStBl II 12, 254).

52 **6. Abgrenzung zur Privatsphäre.** Aufwendungen, die ausschließl die private Lebensführung des Stpfl betreffen, sind keine WK. Es fehlt hier an dem erforderl wirtschaftl Zusammenhang mit der Einkünfteerzielung. § 12 Nr 1 hat insoweit nur klarstellende Bedeutung (s § 12 Rz 1). Dabei kommt es immer auf den konkret zu entscheidenden Einzelfall an; einem StPfl kann der WK-Abzug für berufl veranlasste Aufwendungen nicht mit der Begründung versagt werden, die Aufwendungen stellten für *andere* StPfl Privataufwendungen dar (vgl BFH VI R 53/09 BStBl II 11, 723: Bücher als Arbeitsmittel; BFH VI R 5/07 BStBl II 10, 687: Reisekosten). – **Unverzichtbare Aufwendungen der Lebensführung** werden durch die Vorschriften zur Berücksichtigung des steuerl Existenzminimums (§ 32a, § 32 VI) pauschal abgegolten oder sind als SA (insb § 10) oder agB (§§ 33 ff) abziehbar. Sie sind dem Anwendungsbereich des § 9 (und § 4 IV) von vornherein entzogen, um eine doppelte Berücksichtigung zu vermeiden (BFH GrS 1/06, BStBl II 2010, 672, C. III.4.a, mwN; s auch BFH IX R 24/13, DStR 14, 1331: Kosten des privaten Wohnens; BFH VI B 40/13 BFH/NV 14, 335: bürgerl Kleidung; *Tipke/Lang* LB § 8 Rz 81 ff). Ob ein **berufl Mehraufwand** trotzdem estl zur berücksichtigen ist, muss in erster Linie der Gesetzgeber entscheiden (zB für typische Berufskleidung, § 9 1 3 Nr 6, oder Verpflegung, § 9 IVa; s BFH GrS 1/06 aaO; *Pezzer* DStR 10, 93/5; *Söhn* FS Spindler, S 795/803; ausführl auch *Steck* DStZ 11, 191 und 320 unter Rückgriff auf den Existenzminimumbericht der BReg; ebenso *Schwenke* FR 11, 1051). – Wird eine an sich private Veranlassung **durch berufl Gründe überlagert,** kann ein WK-Abzug gegeben sein (BFH VI R 50/10 BStBl II 13, 282 mwN: Telefonkosten während Auswärtstätigkeit); s auch § 12 Rz 19.

7. Gemischt veranlasste Aufwendungen

Schrifttum: *Weber* StuW 09, 184 (Abgrenzung zw Erwerbs- und Privatsphäre, Veranlassungsprinzip); *Spindler* FS Lang, S 589 (BFH verabschiedet Aufteilungs- und Abzugsverbot); *Pezzer* DStR 10, 93 (Aufteilungsverbot aufgegeben; wie geht es weiter?); *Fischer* NWB 10, 412 (BFH verabschiedet Aufteilungs- und Abzugsverbot); *Albert* FR 10, 220 (Auswirkungen des GrS-Beschlusses); *Leisner-Egensperger* DStZ 10, 185 (Teilbarkeit von Reisekosten); *dies* DStZ 10, 673 (anteilsmäßige Abzugsfähigkeit berufsfördernder Bewirtungskosten); *Jochum* DStZ 10, 665 (gemischt veranlasste Aufwendungen); *Drüen* StbJb 2010/2011, 65 (Rechtsprechungswechsel des GrS); *Kanzler* StbJb 2010/2011, 43 (GrS des BFH zur Abzugsfähigkeit gemischter Aufwendungen); *Schwenke* FR 11, 1051 (Neuausrichtung der Rspr); *Söhn* FS Spindler, S 795 (Aufteilbarkeit gemischt veranlasster Aufwendungen); *Steck* DStZ 11, 191 (Das „neue" Aufteilungs- und Abzugsverbot).

Verwaltung: *BMF* v 6.7.10 zum Urt des GrS, BStBl I 10, 614.

54 **a) Grundsatz: Aufteilungsgebot.** Aufwendungen, die nicht unwesentl sowohl berufl als auch privat veranlasst sind, müssen aufgeteilt werden, soweit dies mögl ist (s auch LStR 9.1 II 3). Das von der Rspr jahrzehntelang aus § 12 Nr 1 hergeleitete umstrittene Aufteilungs- und Abzugsverbot ist mit BFH GrS 1/06 BStBl II 10, 672 zutr aufgegeben worden (s § 12 Rz 12; *Pezzer* DStR 10, 93, 96). Die steuerl Anerkennung des berufl veranlassten Teils der Aufwendungen als WK ist ein **Erfordernis des obj Nettoprinzips;** die Höhe ist ggf zu schätzen (BFH aaO, C. III.2.c; s Rz 58). Auch hier muss gefragt werden, aus welchen Gründen der StPfl die Aufwendungen oder Teile davon getätigt hat (auslösendes Moment, s Rz 45).

55 **b) Geringfügiger Veranlassungsbeiträge.** Allerdings sind, wie auch früher schon, geringfügige Veranlassungsbeiträge **unbeachtl** (BFH GrS 1/06, BStBl II 2010, 672, C. III.2.b): Bei einer geringfügigen *privaten* Mitveranlassung sind die

wesentl berufl veranlassten Aufwendungen in voller Höhe als WK abzuziehen. Bei einer nur geringfügigen *berufl* Mitveranlassung bleibt es insgesamt beim Abzugsverbot für private Lebensführungskosten (GrS aaO, C. III.2.b; s auch BFH VI R 35/11 BFH/NV 14, 500: Priesterjubiläum). – Ist eine prozentuale Aufteilung mögl, bietet sich die **10 vH-Grenze** an (*BMF* BStBl I 10, 614, Rz 11; krit *Söhn* FS Spindler, S 795, 799). Andernfalls muss iRe wertenden Gesamtwürdigung festgestellt werden, ob es sich um einen unwesentl privaten Veranlassungsbeitrag handelt. Dass sich dieser nicht beziffern lässt, hindert die Berücksichtigung von wesentl berufl veranlassten Aufwendungen nicht. Der Grundsatz, dass eine Berücksichtigung von Aufwendungen ausgeschlossen ist, wenn es an obj Aufteilungskriterien fehlt (s Rz 54), gilt in diesem Fall nicht (s BFH aaO, C. III.4.b/c).

c) Untrennbare Veranlassungsbeiträge. Greifen jeweils nicht unwesentl private und berufl Veranlassungsbeiträge so ineinander, dass eine Trennung nach obj Kriterien nicht mögl ist, auch nicht im Wege einer Schätzung, scheidet eine Abzug insgesamt aus (BFH GrS 1/06, BStBl II 2010, 672, C. III.4.c; *Söhn* FS Offerhaus, S 477/485; krit *Steck* DStZ 11, 191/202). Häufig wird es sich um private Lebensführungskosten handeln, die ledigl allg auch dem Beruf förderl sind. 56

Beispiele – WK nicht anerkannt: Reise eines **Religionslehrers** durch das Heilige Land (BFH VI R 36/02 BFH/NV 07, 681; *Pezzer* DStR 10, 93/95); USA-Rundreise einer **Englischlehrerin** (FG Mster EFG 10, 2094, rkr); Auslandsreise eines nebenberufl **Lehrbuchautors** (BFH VIII R 51/10 BStBl II 13, 808, VerfBeschw nicht angenommen); Konzertbesuche von **Musiklehrern** und Theaterbesuche von **Deutschlehrern,** soweit nicht ein konkreter Bezug zum Unterricht besteht (vgl auch BFH VI R 53/09 BStBl II 11, 723 zu Büchern); **Karnevalsprinz** oder **Schützenkönig** (*Kanzler* StbJb 2010/2011, 43/49); Beitritt zu einem **Golfclub** (BFH VI R 31/10 BStBl II 13, 700; *Ortmann-Babel* BB 10, 296); Nutzung eines **Privatflugzeugs** für Geschäftsreisen (FG Hess EFG 15, 542, Rev VI R 37/15). – S auch BMF BStBl I 10, 614, Rz 19: Aufwendungen für Sicherheitsmaßnahmen, für das Erlernen der dt Sprache, Einbürgerungskosten; zur Berücksichtigung als agB s aber EStR 33.4 VI.

d) Aufteilung nach Veranlassungsbeiträgen. Sind die Veranlassungsbeiträge für sich genommen jeweils nicht geringfügig und lassen sich berufl und private Veranlassungsbeiträge nach obj Kriterien voneinander abgrenzen, ist der berufl veranlasste Teil der Aufwendungen als WK zu berücksichtigen. 57

aa) Aufteilungsmaßstab. Einen für alle Aufwendungen einheitl Aufteilungsmaßstab gibt es nicht. Es wird so aufgeteilt, wie es im jeweiligen Fall sachgerecht erscheint. Bei Arbeitsmitteln (s Rz 62) und Reisekosten (s Rz 65) kann eine Aufteilung im Verhältnis der jeweiligen berufl und privaten **Zeitanteile** angebracht sein, ebenso bei einem *auch* als Arbeitszimmer genutzten Raum, wobei hier je nach Fallgestaltung auch die **Flächenverhältnisse** herangezogen werden können (s Rz 63). Bei Feiern bietet sich eine Aufteilung **nach Köpfen** an (*BMF* BStBl I 10, 614 Rz 15; s Rz 64), ebenso bei einer sozialpädagogischen Lebensgemeinschaft (s BFH IX R 49/08 BStBl II 10, 122; *Heuermann* BFH/PR 10, 5). – Bereitet die genaue Ermittlung des berufl veranlassten Anteils der Aufwendungen Schwierigkeiten, ist dieser zu **schätzen** (BFH GrS 1/06 BStBl II 10, 672, C. III.3.e). 58

bb) Abgrenzbare Kostenbestandteile. Lassen sich einzelne, abgrenzbare Kostenbestandteile eindeutig der berufl oder der privaten Sphäre zuordnen, sind sie entspr zu behandeln (zB Tagungsbeitrag als WK bei einer gemischt veranlassten Auslandsreise, s BFH GrS 1/06 BStBl II 10, 672, C. III.3.f; zu privat veranlassten Schadensersatzleistungen bei einer an sich betriebl/berufl Fahrt vgl BFH IV R 26/04 BStBl II 06, 182). Verursacht eine während einer Urlaubsfahrt wahrgenommene dienstl Unternehmung zusätzl Kosten (zB Übernachtung, Umwegfahrt etc), sind diese als WK abziehbar (*Pezzer* DStR 10, 93, 94). Lassen sich einzelne Kostenbestandteile weder eindeutig zuordnen noch aufteilen, scheidet ein Abzug *nur insoweit* aus. 59

cc) Unterschiedl Gewichtung der Veranlassungsbeiträge. – (1) Rspr des GrS. Dem GrS zufolge kann es uU gerechtfertigt sein, die jeweiligen berufl und 60 privaten Veranlassungsbeiträge unterschiedl zu gewichten oder von einer Aufteilung ganz abzusehen (BFH GrS 1/06 BStBl II 10, 672, C. III.4.e). Als Beispiel nennt der GrS die **Wahrnehmung eines berufl Termins auf Weisung des ArbG.** In einem solchen Fall können die Kosten der Hin- und Rückreise auch dann in vollem Umfang berufl veranlasst sein, wenn der ArbN den *berufl Pflichttermin* mit einem vorangehenden oder nachfolgenden *Privataufenthalt* verbindet; es soll nicht notwendig darauf ankommen, ob der private Teil der Reise kürzer oder länger ist als der berufl Teil (s auch *Geserich* NWB 11, 2452/2453; unklar, ob die *FinVerw* so weit geht, *BMF* I 10, 614 Rz 12).

Der GrS verweist dabei auf frühere Urteile, die allerdings seine Aussage kaum belegen: – *(1)* BFH IV R 36/64 U BStBl III 65, 279: von einer Fachzeitschrift veranstaltete Amerika-Studienreise für die dt Möbelwirtschaft, der ein Privatbesuch in den USA vorgeschaltet war – heute würden die Kosten der Hin- und Rückfahrt aufgeteilt. – *(2)* BFH VI R 186/66 BStBl III 67, 773: zum umgekehrten Fall einer als insgesamt privat eingestuften Studienreise eines Lehrers in die USA zur Völkerverständigung durch Erweiterung der Kenntnisse des besuchten Landes und der Besichtigung kulturell wertvoller Stätten und wirtschaftl, politischer, sozialer und erzieherischer Einrichtungen – ein WK-Abzug wäre heute ebenfalls ausgeschlossen. – *(3)* BFH IV R 269/64 U BStBl III 65, 644: fünftägiger Ärztekongress in Athen mit anschließender elftägiger privater Betätigung, bis auf die Kongressgebühren nicht anerkannt – heute würden für die Kongresstage der voller BA-Abzug anerkannt und die Kosten der Hin- und Rückreise aufgeteilt.

61 **(2) Abgrenzungsschwierigkeiten.** Die Aussage des GrS ist aber aus folgenden Gründen und mit folgender Einschränkung grds richtig: Aufgrund der dienstl Weisung ist der berufl Termin (zB Kundenbesuch, Vertragsabschluss, Einkaufstermin) für den ArbN ein zwingender **Pflichttermin;** die Kosten der Hin- und Rückreise fallen in jedem Fall an und erhöhen sich durch den Privataufenthalt nicht (die auf diesen entfallenden Kosten sind selbstverständl Lebensführungskosten). Hier ist aber sorgfältig zu prüfen, ob der ArbN aus privaten Gründen ein besonderes **Eigeninteresse** an der Wahrnehmung des berufl Termins hatte; in einem solchen Fall sind die Kosten aufzuteilen, weil hier die ursprüngl berufl Veranlassung (teilweise) durch private Motive überlagert wird. Umgekehrt gilt dies genauso, wenn auf einer Urlaubsfahrt ein Geschäftstermin wahrgenommen wird, der zu einer nicht nur geringfügigen (s Rz 55) Mitveranlassung führt. Ferner bedeutet die Aussage des GrS, wonach es nicht notwendig darauf ankommen soll, ob der private Teil der Reise kürzer oder länger als der berufl Teil ist, mE nicht, dass der ArbN beliebig überziehen kann; Urlaubstage müssen in einem angemessenen Verhältnis zu den Dienstreisetagen stehen. – Die Abgrenzung kann im Einzelfall sehr schwierig sein. Im Zweifel sollten daher die Kosten für Hin- und Rückfahrt auch in solchen Fällen **regelmäßig aufgeteilt** werden (ebenso *Söhn* FS Spindler, S 795/802; *Fischer* NWB 10, 412, unter IV.5; s aber auch *Kanzler* StbJb 2010/2011, 43/52: berufl/betriebl Motivation als „auslösendes Moment"); dies dient dem **Rechtsfrieden.** Andernfalls würden zahlreiche Streitigkeiten provoziert, wenn geklärt werden müsste, welches der eigentl Grund für die Reise war, näml ob der dienstl Reiseteil nur *anlässl* einer Privatreise unternommen wurde oder ob umgekehrt der Privatreiseteil nur *anlässl* der Dienstreise eingeplant wurde.

62 **dd) Nachweise; Beweislast.** Der StPfl muss die berufl Veranlassung der Aufwendungen iEinz umfassend darlegen und nachweisen (BFH GrS 1/06 BStBl II 10, 101, C. III.4.d; BFH VIII B 18/10 BFH/NV 11, 1346). Wegen der im Grenzbereich zur privaten Lebensführung bestehenden Missbrauchsgefahr ist der Sachverhalt **umfassend aufzuklären;** FA und FG dürfen sich idR nicht allein auf die Darstellung des StPfl stützen (BFH GrS 1/06 aaO). Bleiben gewichtige Zweifel, ob den als WK geltend gemachten Aufwendungen eine berufl Veranlassung zu Grunde liegt, scheidet ein Abzug aus (BFH GrS aaO, C. III.3.e), insb auch bei widersprüchl Angaben des StPfl (vgl BFH VI R 12/10 BStBl II 11, 796, Sprachkurs in Südafrika). Ist dagegen weder die berufl Veranlassung noch die Abgrenz-

barkeit zweifelhaft, bereitet aber die Quantifizierung Schwierigkeiten, muss geschätzt werden (s Rz 58).

e) Typische Aufteilungsfälle. – aa) Arbeitsmittel. Werden Arbeitsmittel wie Schreibtisch, Aktenschrank, Schreibtischlampe, PC, Laptop uÄ auch privat genutzt, sind die Aufwendungen idR im Verhältnis der zeitl Nutzungsanteile aufzuteilen (s BFH VI R 135/01 BStBl II 04, 958: PC; BFH III R 70/08 BFH/NV 10, 2253: Drucker); bei nur unwesentl privater Mitbenutzung liegen in voller Höhe WK vor (BFH VI R 109/87 BStBl II 93, 106: Schreibtisch etc, Ansatz der AfA). S iÜ auch § 9 Rz 245. 63

bb) Arbeitszimmer. Ebenso wie die Kosten bei einem häusl Arbeitszimmer, das von beiden Ehegatten für deren Beruf genutzt wird, dem jeweiligen Ehegatten zugeordnet werden können (s § 19 Rz 110 „Arbeitszimmer" 11.), kommt grds auch dann eine Aufteilung in Betracht, wenn der StPfl (oder ein Ehegatte) das häusl Arbeitszimmer teilweise auch privat nutzt. Als Aufteilungsmaßstab bieten sich je nach Fallgestaltung die Zeitanteile oder Flächenverhältnisse an (s *Steck* DStZ 11, 191, 205; *Söhn* FS Spindler, S 795, 807). Allerdings hat jetzt der **Große Senat** eine Aufteilung abgelehnt: Ein häusl Arbeitszimmer setze begriffl voraus, dass der jeweilige Raum ausschließl für betriebl/berufl Zwecke genutzt werde; bei einer mehr als nur untergeordneten Mitbenutzung für private Zwecke seien die Aufwendungen insgesamt nicht abziehbar (BFH GrS 1/14, DStR 16, 210). S auch § 4 Rz 520 „Arbeitszimmer"; zur bislang uneinheitl Rspr der FGe s 34. Aufl Rz 64. 64

cc) Feiern. Ob Aufwendungen für eine Feier berufl oder privat veranlasst sind, bestimmt sich in erster Linie nach dem **Anlass** der Feier (vgl BFH VI R 25/03 BStBl II 2007, 459 mwN); allerdings ist dieser ledigl ein erhebl Indiz und nicht das allein entscheidende Kriterium (BFH VI R 46/14 BStBl II 15, 1013). Daneben sind immer auch die **konkreten Umstände** der jeweiligen Veranstaltung zu berücksichtigen: wer als Gastgeber auftritt, wer die Gästeliste bestimmt, wer daran teilnimmt, der Ort, der finanzielle Rahmen etc (BFH aaO; s auch BFH VI R 35/11 BFH/NV 14, 500 mwN: tatrichterl Würdigung). Werden vor allem Kollegen, Geschäftsfreunde, Mitarbeiter des StPfl oder des ArbG, Vertreter des öffentl Lebens, Presse und Verbandsvertreter etc eingeladen, spricht dies für einen berufl Anlass; nehmen vor allem Angehörige, Freunde und Bekannte des StPfl an der Feier teil, handelt es sich im Zweifel um eine private Veranstaltung. Bei einem (nicht unwesentl, s Rz 55) **gemischten Teilnehmerkreis** ist aufzuteilen, zB nach Köpfen. Die Teilnahme des Ehegatten an einer ansonsten berufl Feier ist mE unbeachtl (unwesentl private Mitveranlassung, s Rz 55). Ein umsatz- oder **erfolgsabhängiges Gehalt** kann ein gewichtiges Indiz sein (BFH VI R 33/07 BStBl II 09, 11), ist aber schon deshalb keine zwingende Voraussetzung für die Annahme eines berufl Anlasses, weil eine konkrete Auswirkung auf die Höhe der Einnahmen keine Voraussetzung für die Anerkennung von WK ist (s Rz 43; vgl auch BFH VI R 78/04 BStBl II 07, 721). S iÜ auch § 19 Rz 110 „Bewirtung" und *Kruse* FS Offerhaus, S 491. 65

Beispiele – WK anerkannt: runder Geburtstag und **Steuerberaterprüfung** (BFH VI R 46/14 BStBl II 15, 1013: nicht nur ausgesuchte Arbeitskollegen; s auch *Krüger* DStR 15, 2820); Gartenfest zum 25. **Dienstjubiläum** mit rund 300 Betriebsangehörigen (BFH VI R 25/03 BStBl II 07, 459; zust *Bergkemper* FR 07, 438; *Heuermann* StBp 07, 156; s aber FG Nds 4 K 28/14, Rev VI R 24/15: WK bei 40jährigem Dienstjubiläum eines Finanzbeamten verneint); Skifreizeit zur **Mitarbeitermotivation** als WK eines angestellten Chefarztes (FG Thür EFG 14, 1290, rkr, zust Anm *Wagner*); Aufwendungen eines Behördenleiters für Feier anlässl eines **Behördenjubiläums** (BFH VI R 68/06 BFH/NV 08, 1316; s auch *Bergkemper* HFR 08, 929); Verabschiedung in den **Ruhestand** als letzter Akt der berufl Tätigkeit (BFH VI R 52/03 BStBl II 07, 317: Offizier; s auch FG Hess EFG 13, 1583, rkr: Ausstand eines Finanzbeamten); Empfang anlässl einer **Antrittsvorlesung** und **Betriebsfest** (BFH VI R 26/07 BFH/NV 08, 1831: Einladung durch Chefarzt). – **WK nicht anerkannt: Priesterju-**

biläum (BFH VI R 35/11 BFH/NV 14, 500); **FS-Übergabe** an emeritierten Professor (FG Köln EFG 12, 590, rkr, mit Anm *Pfützenreuter:* keine WK, trotz Gutachtertätigkeit). – Zu **Geburtstagsfeiern** s § 19 Rz 100 „Geburtstag" und *Offerhaus* DStR 05, 448; nach den Grundsätzen dieser Rspr können auch entspr Aufwendungen des StPfl (ggf anteilig) zu WK führen (s auch *Leisner-Egensperger* DStZ 10, 673).

66 **dd) Reisekosten.** Im Fall einer Reise, die sowohl berufl als auch privaten Belangen dient (zB einer berufl veranlassten Reise wird ein Urlaub hinzugefügt), sind die auf die berufl genutzte Zeit entfallenden Kosten für Übernachtung, Verpflegungsmehraufwand etc als WK abziehbar; die auf die Urlaubstage entfallenden Kosten sind nicht abziehbare Lebensführungskosten. Die **Kosten der Hin- und Rückreise** dienen obj sowohl dem berufl als auch dem privaten Reiseteil; sie sind daher regelmäßig im Verhältnis der berufl und privat veranlassten **Zeitanteile der Reise** aufzuteilen (BFH GrS 1/06 BStBl II 10, 672, C.III.2./4.; *BMF* BStBl I 10, 614 Rz 15). Anreise- und Abreisetage sind bei der Bemessung der Zeitanteile grds neutral zu behandeln (BFH VI R 5/07 BStBl II 10, 687). Zu einer anderweitigen Gewichtung der jeweiligen Veranlassungsbeiträge s Rz 60. Zu **Auslandsgruppenreisen** s iÜ § 19 Rz 110 „Studienreisen" und § 4 Rz 520 „Informationsreisen"; ausführl auch *Geserich* NWB 11, 2452/2454. – Wird der ArbN bei einer **Auswärtstätigkeit** von seiner Familie begleitet, sind die Übernachtungskosten aufzuteilen (BFH VI R 11/13 BStBl II 14, 804: wiederholte befristete Entsendung nach Brasilien; s aber jetzt *BMF* BStBl I 14, 1412 Rz 21), mE durch Ermittlung des privat veranlassten Mehraufwands; so jetzt auch ab VZ 2014 § 9 I 3 Nr 5a S 3 (s Rz 237).

67 **ee) Sprachkurse. – (1) Berufl Veranlassung.** Aufwendungen für das Erlernen einer Fremdsprache oder das Vertiefen bestehender Kenntnissen sind WK, wenn ein obj Zusammenhang mit der Berufstätigkeit und eine subj Förderungsabsicht bestehen (vgl Rz 42); beides muss anhand sämtl Umstände des Einzelfalls durch das FA bzw das FG iRe Gesamtwürdigung festgestellt werden (vgl BFH VI R 12/10 BStBl II 11, 796). Zu bewerten ist einerseits, ob die gegenwärtige berufl Tätigkeit oder eine konkret angestrebte anderweitige Tätigkeit die betr Fremdsprachenkenntnisse erfordern, und andererseits, ob der gewählte Sprachkurs die erforderl Kenntnisse vermittelt (BFH VI R 46/01 BStBl II 02, 579). Dies können auch **Grundkenntnisse** sein (auch in einer gängigen Sprache), wenn diese ausreichen oder die Vorstufe zum Erlernen qualifizierterer Kenntnisse sind (BFH VI R 12/10 BStBl II 11, 796 mwN). Das Erlernen der jeweiligen *Fachsprache* ist nicht zwingende Voraussetzung für die Annahme eines konkreten Zusammenhangs. Es genügt allerdings nicht, dass Fremdsprachenkenntnisse nur allg förderl sind. Je konkreter ein Zusammenhang erkennbar ist, umso geringer sind die Darlegungsanforderungen an den StPfl (BFH VI R 46/01 BStBl II 02, 579; *Pust* HFR 02, 789). Geht es um eine berufl Tätigkeit im Ausl, kann **§ 3c I** eine Berücksichtigung der Aufwendungen ausschließen (s einerseits BFH VI R 141/89 BStBl II 92, 666 mwN; andererseits BFH VI R 46/01 BStBl II 02, 579: nächste Stufe des berufl Fortkommens maßgebl). – Zu **Deutschkursen** s § 12 Rz 25 „Sprachkurs".

68 **(2) Auswärtige Sprachkurse. – (a) Zusätzl Aufwendungen.** Diese Grundsätze gelten im Prinzip auch für Sprachkurse, die nicht am Wohnort des StPfl oder in dessen Nähe besucht werden. Bei entspr berufl Veranlassung sind daher jedenfalls die Kursgebühren als WK zu berücksichtigen. Hinsichtl der zusätzl entstehenden Aufwendungen für Anreise, Übernachtungen etc muss in solchen Fällen allerdings iRd vorzunehmenden Gesamtwürdigung (s Rz 69) geprüft werden, ob nicht hinsichtl der Wahl des Ortes eine **private Mitveranlassung** vorliegt und die Kosten daher aufzuteilen sind (vgl BFH VI R 12/10 BStBl II 11, 796; BFH VI B 133/12 BFH/NV 13, 552).

In BFH VI R 12/10 heißt es im 2. Leitsatz, ein auswärtiger Sprachkurs sei „regelmäßig privat mitveranlasst". In den Entscheidungsgründen wird eine solche Regelvermutung allerdings nicht aufgestellt, mE mit Recht; denn es liegt auf der Hand, dass man Englisch am besten in England und Chinesisch am besten in China lernt. Einer besonderen Rechtfertigung bedarf es in solchen Fällen nicht. Nur dann, wenn wie in den vom BFH entschiedenen Fällen (BFH VI R 12/10 BStBl II 11, 796: Englisch-Kurs in Südafrika; BFH VI B 133/12 BFH/NV 13, 552: Spanisch-Kurs in Südamerika) ein solcher offensichtl Zusammenhang zw Sprache und Lernort nicht erkennbar ist, gilt im Zweifel: „je exotischer, desto privater" (so *Kanzler* FR 11, 680; s auch Anm *Geserich* NWB 11, 1761 und *ders* NWB 11, 2452/60; krit: *Bergkemper* DB 11, 1144).

(b) Maßgebl Gesichtspunkte; Nachweis. Wie bisher (Grundsatzentscheidung: BFH IV R 153/79 BStBl II 80, 746) sind also iRd vorzunehmenden Gesamtwürdigung der **Veranstaltungsort** (typisches Feriengebiet?), die **Jahreszeit** (typische Ferienzeit?), die Anzahl und Gestaltung **unterrichtsfreier Tage** (Samstage und Sonntage sind grds nicht einzubeziehen, s aber BFH VI R 12/10 BStBl II 11, 796, mit Anm *Kanzler* FR 11, 680) und die **Gestaltung des Jahresurlaubs** auch in früheren Jahre zu beachten (BFH VI R 168/00 BStBl II 03, 765, mit ausführl Anm *Pust* HFR 02, 1080; BFH VI B 101/02 DStRE 04, 933; BFH VI R 122/01 BFH/NV 05, 1544, Spanischkurs für Flugbegleiterin; FG Hbg EFG 07, 755, rkr, Sprachkurs in Spanien mit Wochenendfreizeit, zutr anerkannt; FG Nds DStRE 06, 135, NZB unbegründet, Sprachkurs in der Karibik zu Recht nicht anerkannt; zu Sprachkursen in Südafrika und Südamerika s Rz 68). Zu berücksichtigen sind ferner die **Gesamtkosten** im Verhältnis zu den Kosten eines gleichwertigen näher gelegenen Kurses (zB Englischkurs in London anstatt in Südafrika). – Der StPfl hat seine **Teilnahme** am Sprachkurs sowie den **Unterrichtsinhalt** nachzuweisen (BFH VI R 61/04 BFH/NV 07, 1132). 69

Ebenfalls von Bedeutung kann sein, ob es sich um eine Pflichtveranstaltung iRe **Fortbildungsmaßnahme** handelt (entspr BFH VI R 93/00 BFH/NV 02, 1444; s ferner FG Thür EFG 02, 1217, rkr) oder der Kurs der **Examensvorbereitung** dient (BFH VI R 65/04 BFH/NV 06, 1075). **Abendveranstaltungen** oder begleitende **Exkursionen** müssen nicht steuerschädl sein. Ebenso kann es nicht schädl sein, wenn iRd Sprachkurses auch **landeskundl Informationen** in der Fremdsprache vermittelt werden (zutr *Greite* HFR 06, 568); das anderslautende Urt BFH VI R 90/94 BFH/NV 97, 470 (sog Granada-Fall) ist durch die neue Rspr überholt. Unschädl ist ferner, wenn Sprachkurse an **wirtschaftswissenschaftl Themen** orientiert sind (BFH VI R 13/07 BFH/NV 08, 1356).

(3) EuGH-Rspr. Im Hinblick auf das EuGH-Urt *Vestergaard* (EuGH Rs C-55/98 DStRE 02, 114) hat der BFH entschieden, bei einem Sprachkurs in einem anderen Mitgliedstaat der EU dürfe nicht mehr typischerweise unterstellt werden, dass dieser wegen der jeder Auslandsreise innewohnenden touristischen Elemente eher Berührungspunkte zur privaten Lebensführung des StPfl aufweise als ein Inlandssprachkurs (BFH VI R 168/00 BStBl II 03, 765; s auch *BMF* BStBl I 03, 447, auch zu EWR und Schweiz). Das bedeutet allerdings nur, dass in solchen Fällen nicht *per se* eine private Mitveranlassung angenommen werden darf (s auch § 4 Rz 520 „Sprachkurse"). Ungeachtet dessen kann und muss iRd Gesamtwürdigung auch berücksichtigt werden, wenn der Sprachkurs an einem beliebten Urlaubsort stattfindet. 70

f) Fortgeltung der bisherigen Aufteilungs-Rspr. Soweit bisher schon die Aufteilung gemischter Aufwendungen zugelassen worden ist, gilt dies auch weiterhin. 71

Beispiele: Kfz-Kosten (BFH GrS 2/70 BStBl II 71, 17, unter II.7 der Entscheidungsgründe); **Telefongrundgebühren** (BFH VI R 202/79 BStBl II 81, 131); Kosten für eine **Waschmaschine** (BFH VI R 53/92 BStBl II 93, 838; BFH VI R 77/91 BStBl II 93, 837; zur Schätzung der Waschkosten s auch FG Köln EFG 13, 771); Prämien für eine **Reisegepäckversicherung** (BFH VI R 42/92 BStBl II 93, 519, unter 5); **Kontoführungsgebühren** (BFH VI R 63/80 BStBl II 84, 560); Zinsen bei **gemischtem Kontokorrent** (BFH GrS 2–3/88 BStBl II 90, 817); **Leerstandzeiten einer Ferienwohnung** (BFH IX R 97/00 BStBl II 02, 726; s auch § 21 Rz 20); **Computerkosten** (BFH VI R 135/01 BStBl II 04, 958).

75 **8. Aufwendungen auf das Vermögen. – a) Systematik der Einkünfteermittlung.** Setzt der StPfl Vermögensgegenstände zur Erzielung von Einnahmen ein (zB Hausgrundstück wird vermietet), stellt sich die Frage, ob nicht nach der Definition des WK-Begriffs (s Rz 40) alle damit wirtschaftl zusammenhängenden Aufwendungen estl berücksichtigt werden müssten, also zB auch die Kosten des Erwerbs. Allerdings bleiben iRd Überschussrechnung nach §§ 8 ff (anders als bei den Gewinneinkünften) sowohl positive als auch negative Wertveränderungen – Vermögenszugang, Vermögensabgang (einschließl Veräußerungskosten) und bloße Wertminderung (Teilwertabschreibung) – grds außer Betracht (Ausnahmen: § 9 I 3 Nr 6 und 7, §§ 17 und 23; vgl BFH GrS 1/89 BStBl II 90, 830/6; BFH VI B 7/13 BFH/NV 13, 1922 mwN; *Kruse* FR 81, 478; *HHR* § 9 Anm 187 ff; s aber auch *Krüger* FR 95, 633, 634 f). Wenn aber einerseits Erlöse aus dem Verkauf eines Vermögensgegenstands regelmäßig nicht als Einnahmen erfasst werden, können andererseits Aufwendungen zu dessen Erwerb oder Herstellung nicht als WK behandelt werden (vgl BFH VIII R 46/09 BStBl II 11, 920 mwN).

In diesem Problemkreis wird das **Veranlassungsprinzip** durch den Grundsatz der **Nichtberücksichtigung der Vermögenssphäre** überlagert (ausführl *Jakob/Wittmann* FR 88, 547 ff). Soweit daraus allerdings die allg Regel abgeleitet wird, dass Aufwendungen, die die Vermögenssphäre betreffen, *a priori* unbeachtl sind (vgl etwa BFH VIII R 46/09 BStBl II 11, 920, unter II. 2.a. aa, mwN; s auch 32. Aufl Rz 24), ist dies zumindest missverständl (so zutr *HHR* § 9 Anm 186 mwN; krit auch *Knobbe/Keuk* DStZ 84 335, 340); s Rz 78 ff. – Zum Streit, ob der sog **Dualismus der Einkunftserzielung** gegen Art 3 GG verstößt, s zB *Tipke/Lang* LB § 8 Rz 185 (bejaht) und *Crezelius* LB § 2 Rz 24 (verneint), jeweils mwN; grundlegend: *Durchlaub* Zur StPfl der Gewinne aus der Veräußerung von PV, 1993; *Uhländer* Vermögensverluste im PV, 1996, S 71–92; ferner *Rauch* Nachträgl WK, 1996, S 76 ff.

76 **b) Anschaffung/Herstellung. – aa) Nichtabnutzbares Vermögen.** Dementspr sind AK/HK für nichtabnutzbares Vermögen (zB Grundstücke) keine WK; denn die wirtschaftl Leistungsfähigkeit des StPfl wird durch die Anschaffung im Ergebnis nicht gemindert (Vermögensumschichtung). Etwas anderes gilt für Aufwendungen, die keine (auch keine nachträgl) AK sind und zu keiner wesentl Veränderung des Vermögensgegenstands führen (s BFH IX R 2/05 BStBl II 07, 941: Aufwendungen für Schadstoff-Gutachten als WK bei VuV). Ebenfalls zu berücksichtigen sind wegen der Sonderregelung des § 9 I 3 Nr 1 Zinsen auf Anschaffungskredite (s Rz 140 ff) und ggf Substanzverluste (Rz 78).

Beispiele – WK nicht anerkannt: Notar- und Gerichtskosten bei **gescheiterter Veräußerung** eines vermieteten Grundstücks (BFH IX R 8/12 BStBl II 12, 781: auch nicht iRd § 23); Erwerb einer **„gebrauchten" LV** (BFH VIII R 46/09 BStBl II 11, 920); vergebl Aufwendungen für Anschaffung von unbebautem **Grund und Boden** (BFH IX R 37/09 BFH/NV 11, 36); **Gutachten zur Ertragslage** vor dem Kauf (BFH VIII R 62/05 BStBl II 10, 159; Anm *Kanzler* FR 07, 1184; abl *Adolf* BB 07, 1537); Abwehr von **Rückübertragungsansprüchen** (BFH IX R 50/08 BFH/NV 10, 622) und von **Zwangsvollstreckung** nach dem AnfG (BFH IX R 56/06 BStBl II 07, 956). Zu Zahlung des ArbN für Übertragung einer erworbenen Pensionsanwartschaft bei ArbG-Wechsel s FG Sachs 6 K 1543/13, Rev VI R 22/15 (keine WK durch „erkaufen von Dienstzeiten"). Weitere Beispiele s 32. Aufl Rz 27 f.

77 **bb) Abnutzbares Vermögen.** AK/HK für ein abnutzbares Vermögen, das zur Einkünfteerzielung eingesetzt wird, werden iRd § 9 I 3 Nr 6 (Arbeitsmittel, Rz 240 ff) und Nr 7 (AfA, Rz 246 ff) sowie im Falle von Erhaltungsaufwendungen (zB Reparaturkosten) und uU Substanzverlusten (s Rz 78) als WK berücksichtigt. Begründet wird dies damit, dass der StPfl zum Zwecke der Einnahmeerzielung ein Vermögensopfer erbringt, welches in einem wirtschaftl Zusammenhang mit der Einnahmeerzielung steht (*Meyer* DStR 81, 131; *von Bornhaupt* FR 81, 500; zT andere Begründung zu § 9 I 3 Nr 7: *Kruse* FR 81, 477 f; *Jakob* LB S 124, 131 f). Zur Berücksichtigung von nachträgl WK bei Aufgabe der Vermietungsabsicht s BFH IX R 51/05 BFH/NV 08, 933 (Abbruchkosten als WK) und Rz 99.

c) Substanzverluste; Vermögensopfer. Darüber hinaus müssen aber auch andere Verluste in der privaten Vermögenssphäre als WK anerkannt werden, wenn die Gründe für einen völligen oder teilweisen Verlust oder sonstige Einbußen in der Erwerbssphäre liegen. Das ist vor allem dann der Fall, wenn ein WG des StPfl dem **spezifischen Risiko der Einkünfteerzielung** ausgesetzt ist und aus diesem Grund die wirtschaftl Leistungsfähigkeit des StPfl gemindert wird (vgl *Tipke/Lang* LB § 8 Rz 281; s auch BFH VI R 24/08 BStBl II 10, 198, unter II.1.c, mwN). **78**

Es stellt sich die Frage, ob nicht grds **jede Vermögenseinbuße,** die mit der Einkünfteerzielung in wirtschaftl Zusammenhang steht (mit Ausnahme bloßer Wertminderungen, s Rz 79), als WK berücksichtigt werden sollte; das ist mE wohl zu bejahen, zB bei Totalverlust eines nicht-abnutzbaren WG. Dazu ausführl *Flies* Vermögensverluste, 1995, S 43 ff, 80 ff; *ders* FR 96, 702; zust auch *HHR* § 9 Anm 187; aA grundlegend *Kruse* FS Ritter, S 413, 419 ff; *Uhländer* Vermögensverluste im PV, 1996, S 110 ff; *Blümich* § 9 Rz 140; *KSM* § 9 B 704 ff; *Jakob/Wittmann* FR 88, 552; s auch *Crezelius* LB § 9 Rz 13, aE; vertiefend *Grube* in FS F. Klein, 1994, S 913 ff; *Heuermann* DB 09, 2173.

aa) Unfreiwillige Aufwendungen. Zur Risikosphäre der Erwerbstätigkeit gehören unfreiwillige Aufwendungen in Form von **Beschädigung, Verlust** oder **Zerstörung** privater WG, wenn solche Ereignisse bei der berufl Verwendung eintreten oder auf andere Weise durch die Einkünfteerzielung bedingt sind (vgl BFH VI R 75/06 BStBl II 10, 48). Reine **Wertschwankungen** sind dagegen unbeachtl (BFH VIII R 58/07 BStBl II 11, 491: Fremdwährungsdarlehen). **79**

(1) Pkw, Arbeitsmittel etc. Als WK grds zu berücksichtigen sind zB die Kosten eines **Verkehrsunfalls,** der sich auf einer berufl veranlassten Fahrt ereignet (BFH VIII R 33/09 BStBl II 13, 171 mwN; s iEinz § 19 Rz 110 „Unfallkosten" und § 7 Rz 120 ff; s aber BFH VI R 29/13 BStBl II 14, 849, s Rz 196: Abgeltungswirkung der Entfernungspauschale). Ebenso führen **Diebstahl** und **Unterschlagung** von Arbeitsmitteln durch Dritte (BFH VI R 185/97 BStBl II 04, 491: Violine einer Orchestermusikerin) oder des notwendigen persönl Gepäcks auf einer berufl veranlassten Reise zu WK (BFH VI R 26/95 BStBl II 95, 744 mwN: gilt nur für StPfl, nicht für Ehegatten; LStH 9.8 „Diebstahl"), allerdings nur bei Konkretisierung einer typischen Reisegefahr (vgl BFH VI R 21/92 BStBl II 94, 256). – Der erforderl wirtschaftl Zusammenhang kann auch durch subj Erwägungen Dritter hergestellt werden, etwa im Fall der mutwilligen **Zerstörung** des PKW eines Polizeibeamten (BFH VI R 25/80 BStBl II 82, 442: Täter konnte nicht ermittelt werden; s auch *Glanegger* DStZ 84, 583; FG Saarl EFG 00, 1249, rkr); allerdings muss, wie auch sonst, die berufl Veranlassung feststehen (vgl BFH VI R 25/93 BStBl II 94, 355; Anm HFR 94, 318). – Der Höhe nach kann nur ein **fiktiver Restwert** als WK angesetzt werden (vgl BFH VI R 26/95 BStBl II 95, 744; s auch BFH VIII R 33/09 BStBl II 13, 171: keine AfaA für rechnerisch abgeschriebenes Kfz). **80**

Weitere Beispiele – WK anerkannt: Diebstahl des privaten PKW auf einer Dienstreise (BFH VI R 171/88 BStBl II 93, 44, mit Anm *von Bornhaupt* DStZ 92, 777 zu der Frage, ob WK-Abzug nach § 9 I 1 oder § 9 I 3 Nr 7 erfolgt); Beschädigung von Kleidung bei Berufskraftfahrer (FG Thür EFG 2000, 211). – **WK nicht anerkannt:** Diebstahl auf privater Umwegfahrt (vgl BFH XI R 60/04 BStBl II 07, 762).

(2) Geld. WK fallen auch dann an, wenn dem StPfl auf einer Dienstreise Geld **gestohlen** wird, das er für die Dienstreise selbst oder aber für die mit dieser Reise verfolgten Zwecke mitführt (einschr BFH VI R 227/83 BStBl II 86, 771: nicht bei Verlust „gelegentl" einer Dienstreise); denn auch hier konkretisiert sich eine „typische Reisegefahr", unabhängig davon, ob sich das Geld im Koffer oder in der Hosentasche des StPfl befindet (s Rz 79; aA *KSM* § 9 B 700 „Diebstahl von Geld"; zu Nachweisschwierigkeiten s *HHR* § 9 Anm 195: ggf „großzügige" Betrachtung bei atypischen Fällen). – Auch die **Veruntreuung** von bereits überwiesenen Mieteinnahmen durch den Miteigentümer führt mE bei dem anderen Miteigentümer zu WK (aA BFH IX R 122/92 BStBl II 95, 534; Anm HFR 95, 504; zu Recht ge- **81**

gen den BFH *KSM* § 21 B 210f; *Groh* FR 95, 544; ebenso *Flies* DStR 96, 90ff; s auch *Paus* Inf 98, 36; dieses Urt verstößt gegen die gefestigte BFH-Rspr: vgl BFH X R 99/95 BFH/NV 00, 1188 mwN; BFH IV R 16/00 BStBl II 01, 238, unter 3b; s auch *Gosch* StBp 01, 52). Gleiches gilt bei Veruntreuung durch einen Verwalter (FG Brem EFG 98, 1052, rkr) oder durch ein Inkassobüro, sofern es mit der Vereinnahmung und anschließenden Unterschlagung überhaupt zu einem Zufluss gekommen ist.

82 **bb) Vermögensopfer.** WK entstehen auch dann, wenn der StPfl ein Wertopfer oder das Risiko eines Wertopfers aus Gründen der Einkünfteerzielung bewusst in Kauf nimmt und sich dieses Risiko der Erwerbshandlung später realisiert.

83 **(1) Darlehen; Bürgschaft.** Das ist etwa der Fall beim wirtschaftl Verlust eines Darlehens, das ein ArbN seinem insolvenzbedrohten ArbG gewährt hat, um seinen Arbeitsplatz zu retten (BFH VI R 75/06 BStBl II 10, 48 mwN). Dasselbe gilt, wenn ein ArbN später aus berufl Gründen auf Rückzahlungsansprüche verzichtet (BFH VI R 34/08 BStBl II 12, 24: trotz *Gewährung* des Darlehens aus im Gesellschaftsverhältnis liegenden Gründen), und ebenso im Falle der Tilgung einer aus berufl Gründen übernommenen Bürgschaftsverpflichtung oder anderer Sicherheiten (vgl BFH VI R 97/10 BStBl II 12, 343; BFH VI R 77/14 DStR 15, 2533; zur Abgrenzung s auch BFH VI R 55/14 BFH/NV 15, 1556). – Dagegen hat die Rspr bei den **Einkünften aus KapVerm** Darlehensverluste bis VZ 2008 (also unabhängig von § 20 IX) nicht als WK anerkannt (s zB BFH VIII R 100/87 BStBl II 92, 234); zur Kritik insb auch im Hinblick auf die Rspr zu „Schneeballsystemen" s 33. Aufl § 9 Rz 25 (Berücksichtigung nach den Grundsätzen der AfaA), mwN.

S iÜ auch § 19 Rz 110 „Bürgschaft", „Darlehen", „Kaution" und „Stammkapital". Zur Frage nach der Zuordnung zur richtigen Einkunftsart s Rz 120 und *Gast* Steuerl Berücksichtigung von Darlehensverlusten …, 2012, S 92f. Ferner *Knobbe-Keuk* DStZ 84, 335; *Grube* FS F. Klein, 1994, S 913ff; *Wolff-Diepenbrock* DB 94, 1539; grundlegend *Flies* Vermögensverluste, 1995, S 121ff; abl BFH I R 42/93 BStBl II 94, 799, II.3.b.; aA auch FG BaWü EFG 11, 513, rkr, mit Anm *Korte; Uhländer* Vermögensverluste im PV, 1996, S 115f; ferner *Rauch* Nachträgl WK, 1996, S 82ff, 80ff.

84 **(2) Abwehraufwendungen.** In gleicher Weise können Aufwendungen, die dem Erhalt einer Einkunftsquelle oder dem Erhalt von Einnahmen dienen, als WK zu berücksichtigen sein (s BFH IX R 72/90 BStBl II 93, 486: Zahlungen zur Verhinderung der Eintragung eines Nießbrauchs als WK bei VuV, einschließl Prozesskosten als Folgekosten; BFH VI R 104/66 BStBl III 67, 655: Prozesskosten, um die Rückzahlung bereits vereinnahmter Mieten zu verhindern, und Umschuldungskosten zur Verringerung der Zinsbelastung). Keine WK liegen allerdings vor, wenn es dem StPfl vorrangig darum geht, Beeinträchtigungen seines Vermögens zu verhindern oder zu beseitigen (vgl BFH IX R 50/08 BFH/NV 10, 622 mwN: Abwehr von Rückübertragungsansprüchen nach dem Vermögensgesetz; s auch BFH IX R 7/14 BFH/NV 15, 327).

Weitere Beispiele – WK nicht anerkannt: Aufwendungen zur Vermeidung einer drohenden **Zwangsversteigerung** eines Grundstücks (BFH IX R 89/94 BStBl II 97, 772, zur Ablösung von aus privaten Gründen gewährten Grundschulden: weder nachträgl AK, noch sofort abziehbare WK); ebenso bei **Gesamtrechtsnachfolge** (BFH IX R 11/08 BFH/NV 09, 1100). – Zu **Abfindungen** an Mieter etc s § 6 Rz 140 „Abfindungen".

85 **(3) Veräußerungsverluste.** Keine WK liegen dagegen nach stRspr vor, wenn der StPfl eine Kapitalbeteiligung an seinem ArbG wegen Beendigung des ArbVerh unter Wert veräußern muss und dadurch einen Verlust erleidet (BFH VI R 24/08 BStBl II 10, 198: erzwungene Veräußerung zum Konsortialkurs durch das Gesellschaftsverhältnis bedingt; Anm *Schneider* BFH/PR 10, 48). Das gilt auch dann, wenn ein ArbN (hier: Wirtschaftsprüfer) Aktien und Fondsanteile auf Weisung seines ArbG veräußert, um gesetzl Unabhängigkeitsregeln zu wahren (BFH VI B 17/08 BFH/NV 09, 13).

9. Aufwendungen auf ein geschenktes WG. Erhält der StPfl ein WG geschenkt und setzt er dieses WG für die Einkünfteerzielung ein (zB Arbeitsmittel, Hausgrundstück etc), so kann er iRd § 9 I 3 Nr 6 und 7 dem Grunde nach WK geltend machen (vgl BFH VI R 85/87 BStBl II 90, 883). Der Ausgangsbetrag für die AfA (§ 9 I 3 Nr 7) ist entspr § 11d I EStDV zu berechnen. Nach dem in dieser Vorschrift enthaltenen Rechtsgedanken kann der StPfl zB dann keine WK nach § 9 I 3 Nr 6 und 7 geltend machen, wenn der Dritte Aufwendungen für das Arbeitsmittel bereits bei sich steuermindernd geltend gemacht hatte; dasselbe gilt, wenn ein privat genutztes WG bei dem Dritten abgeschrieben gewesen wäre, falls dieser es zur Einkünfteerzielung eingesetzt hätte (glA *Littmann* § 9 Rz 59; s auch *Drenseck* FR 81, 150). 88

10. Aufwendungen auf ein fremdes WG. Tätigt der StPfl im Interesse seiner Einkünfteerzielung laufende Aufwendungen auf ein fremdes WG (zB Instandhaltungskosten) oder auf eine fremde Verpflichtung (zB Gebäudeversicherung, öffentl Abgaben), so sind diese Kosten als WK abziehbar (BFH GrS 4/92 BStBl II 95, 281, unter C. III.; s auch § 7 Rz 50 ff zur AfA-Befugnis). Es geht hier nicht um Drittaufwand (Rz 21 ff), sondern um **eigenen Aufwand** des StPfl. Dies gilt auch dann, wenn ein Mietvertrag, der der Nutzungsüberlassung an den StPfl zugrunde liegt, nicht anzuerkennen ist (vgl BFH X R 99/92 BFH/NV 96, 891; s auch *Gosch* DStZ 97, 8). 90

11. Schuldhaft veranlasste Aufwendungen. Verstößt ein StPfl grob fahrlässig oder vorsätzl gegen Rechtsvorschriften, so handelt er allein deshalb nicht privat. Daher werden auch die Kosten eines durch den StPfl schuldhaft herbeigeführten Kfz-Unfalls während einer berufl veranlassten Fahrt nicht zu privaten Aufwendungen (BFH GrS 2–3/77 BStBl II 78, 105; s aber Rz 196). Denn Verschulden, Strafbarkeit oder moralisches Verhalten des StPfl berühren wegen der **Wertungsfreiheit der Besteuerung** (s auch § 40 AO) die Einordnung von Aufwendungen nicht (vgl BFH VI R 35/96 BStBl II 04, 641: Zahlung aufgrund Haftung wegen Beihilfe zur StHinterziehung als WK; BFH IX R 5/12 BStBl II 13, 806 zu Kosten der **Strafverteidigung**). Es kommt nur darauf an, ob das Fehlverhalten iRd berufl Aufgabenerfüllung liegt (BFH VI R 75/10 BFH/NV 11, 40: Beihilfe zur Untreue, Anwaltskosen) und nicht auf privaten Umständen beruht, die den berufl Zusammenhang aufheben (BFH VI R 94/95 BStBl II 96, 375: Kfz-Unfall auf kurzem Umweg zum Kindergarten; BFH VI R 73/05 BStBl II 07, 766: alkoholbedingte Fahruntüchtigkeit; ferner *Offerhaus* BB 79, 671 mit zahlreichen Beispielen; zu Alkoholgenuss s *von Bornhaupt* BB 84, 1146; Anm HFR 84, 326; *Müller* DStZ 99, 334, auch zur Rspr des BAG). – S iEinz § 19 Rz 110 „Haftung", „Prozesskosten", „Schadensersatz" und „Unfallkosten"; ferner § 4 Rz 520 „Schadensersatzleistungen", „Strafen" und „Verlust" sowie § 12 Rz 50. 92

Weitere Beispiele: Nachträgl WK bei **Haftung** des angestellten Ges'ter-Geschäftsführers für StSchulden der Ges (FG SachsAnh EFG 13, 1651, rkr; einschr FG Mster EFG 00, 481, rkr); zu **Strafverteidigerkosten** s auch differenzierend BFH VI R 42/04 BStBl II 08, 223 und FG Hbg DStRE 12, 271 (keine WK bei StHinterziehung eines angestellten Piloten); Verfahren wegen **uneidl Falschaussage** eines pensionierten Schulleiters (FG Mster EFG 11, 2059, rkr: keine WK – mE zweifelhaft, da nach dem Tatbestand die Beschwerden, um die es ging, an den StPfl als Schulleiter herangetragen worden waren und dieser als ehemaliger Schulleiter vernommen worden war); zu Schadensersatzpflicht wegen Erstellung einer **falschen Bilanz** s FG Köln EFG 15, 1524, Rev VI R 27/15 (Wk verneint wegen persönl Bereicherung).

12. Vorab entstandene und nachträgl WK. – a) Zeitl gestreckter Veranlassungszusammenhang. Berufl veranlasste Aufwendungen sind grds in dem VZ als WK zu berücksichtigen, in dem sie geleistet wurden (s Rz 13). Das muss nicht notwendig der VZ sein, in dem die zugehörigen Einnahmen erzielt worden sind bzw erzielt werden sollen. Der erforderl wirtschaftl Zusammenhang (s Rz 44) zw Aufwendungen und Einnahmen kann auch über mehrere VZ hinweg bestehen 94 (vgl BFH GrS 1/89 BStBl II 90, 830 mwN). Entscheidend ist, dass durch die Teilnahme am Marktgeschehen im weitesten Sinne stpfl Einnahmen erworben werden sollen bzw worden sind (vgl *Kruse* FR 81, 476; ähnl zu BA *Ruppe* DStJG 1, 39).

95 **b) Vorab entstandene WK. – aa) Entschluss des StPfl.** WK können schon zu einem Zeitpunkt anfallen, zu dem noch keine Einnahmen erzielt worden sind. Voraussetzung ist auch hier, dass ein hinreichend bestimmter wirtschaftl Zusammenhang (Rz 44 ff) zw den Aufwendungen und der Einkunftsart besteht, bei der der Abzug begehrt wird (stRspr, vgl BFH IX R 14/12 BStBl II 13, 279 mwN). Das ist der Fall, wenn der StPfl im Zeitpunkt des Entstehens der Aufwendungen einen **endgültigen Entschluss zur Einkünfteerzielung** gefasst und diesen zwischenzeitl nicht wieder aufgegeben hat (BFH aaO; BFH IX R 21/12 BFH/NV 13, 1778). Dass tatsächl Einnahmen erzielt worden sind, ist nicht zwingend erforderl (vergebl Aufwendungen, s Rz 102). Diese Grundsätze gelten für alle Überschusseinkunftsarten (s unten, Beispiele; BFH VI R 8/12 DStR 14, 2216, unter B. III.3.b.bb, mwN; zu BA s § 4 Rz 484). – Zum Begriff („vorweggenommene WK", „vorab veranlasst WK") s *HHR* § 9 Anm 162; zur Unterbrechung der Einkünfteerzielung s Rz 104.

Beispiele für WK: Kosten der **Stellensuche** eines ArbN (zB Bewerbungsfoto und -unterlagen, Anreise zum Vorstellungsgespräch, Übernachtungskosten etc), Kosten der **Weiterbildung im Erziehungsurlaub** (BFH VI R 137/99 BStBl II 04, 888) und **Unterkunftskosten** iRe Studiums als Zweitausbildung (BFH VI R 78/10 BStBl II 13, 284) als vorab entstandene WK bei den Einkünften aus nichtselbständiger Arbeit; zu **Berufsausbildungskosten** s Rz 280, ferner § 19 Rz 110 **„Doktortitel", „Habilitationskosten", „Umzugskosten".** – Zu Zinsen iZm dem Erwerb **gebrauchter LV** s BFH VIII R 46/09 BStBl II 11, 920; zu AK und Anschaffungsnebenkosten für **Wertpapiere** s BFH VIII B 81/98 BFH/NV 99, 1328 mwN. – Aufwendungen auf **leerstehende Wohnung** als vorab entstandene WK bei VuV (BFH IX R 14/12 BStBl II 13, 279); s dazu iEinz § 21 Rz 128 ff und Rz 148 „Bausparvertrag", ferner 33. Aufl § 9 Rz 35. – Zu Aufwendungen zum **Erwerb von Rentenrechten** s BFH X B 51/11 BFH/NV 12, 1442 mwN (keine WK), ferner 33. Aufl Rz 38 mwN und § 22 Rz 124; zu Schuldzinsen bei **privaten Veräußerungsgeschäften** s § 23 Rz 82. – **Keine vorab entstandenen WK sind iÜ:** Aufwendungen nach Aufgabe der Einkünfteerzielungsabsicht durch Entschluss, ein nicht vermietbares Grundstück stfrei zu veräußern (BFH IX R 30/07 BFH/NV 08, 1300); Finanzierungskosten für Erwerb einer Anwartschaft auf Nacherbschaft (BFH IX B 56/06, BFH/NV 07, 666); Aufwendungen für verfallene Termingeschäfte (BFH IX B 154/10 BStBl II 12, 454).

96 **bb) Nachweis; Konkretisierung.** Der StPfl muss nachweisen, dass er im Zeitpunkt der Aufwendungen bereits den Entschluss gefasst hatte, stpfl Einnahmen zu erzielen. Der Entschluss ist nur dann steuerl relevant, wenn er sich anhand **äußerer obj Umstände** belegen lässt (s allg § 2 Rz 23). – Ein unmittelbarer oder ein bestimmter, ggf enger **zeitl Zusammenhang** wird nicht verlangt (BFH IX R 13/05 BFH/NV 07, 406 mwN: kein gesetzl Tatbestandsmerkmal, nur indizielle Bedeutung). Allerdings sind, wenn Aufwendungen auch der privaten Lebensführung dienen können, entspr höhere Anforderungen an die Darlegung eines konkreten Bezugs zu stellen (s einerseits BFH VI R 75/95 BStBl II 96, 529: Aufwendungen eines Gesellen für Meisterlehrgang; und andererseits BFH VI R 67/91 BStBl II 94, 248: Erwerb von Grundkenntnissen in einer gängigen Fremdsprache). – Es genügt nicht, wenn der StPfl Aufwendungen „ins Blaue hinein" tätigt (vgl BFH VI R 24/95 BStBl II 96, 452 mwN), ebenso wenig, dass sich Aufwendungen später iRe Einkunftsart als nützl erweisen (BFH VIII R 12/68 BStBl II 72, 930; FG Bbg EFG 96, 693, rkr, Besichtigungsreisen). Anderseits ist mE nicht erforderl, dass sich die Kosten bereits im Zeitpunkt ihrer Entstehung einer **bestimmten Einkunftsart** zuordnen lassen (zB: StPfl bewirbt sich auf die Anzeige eines Anwalts, der je nach Eignung des Bewerbers einen Angestellten oder Sozius sucht, s *Kruse* FR 81, 477 mit Beispielen; s auch BFH VI R 8/12 DStR 14, 2216, unter B. III.3.b.bb). Es genügt, wenn feststeht, dass Einkünfte erzielt werden sollen (vgl BFH VI R 71/03 BStBl II 05, 349: tatrichterl Würdigung; glA *HHR* § 9 Anm 162; *Blümich* § 9

Rz 162; aA *KSM* § 9 B 125–128; *K/Beckerath* § 9 Rz 23). Das **spätere Verhalten** des StPfl kann als Indiz für eine frühere Absicht herangezogen werden (vgl BFH IX R 46/06 BFH/NV 08, 1479 mwN; mE zu eng: FG Mchn 15 K 2527/12, Rev IX R 9/15 – hier wäre im Zweifel eine Aufteilung geboten gewesen). – Zum **nachträgl Bekanntwerden** vorab entstandener WK s BFH IX R 219/84 BStBl II 89, 131, und BFH IX R 11/91 BStBl II 95, 192.

cc) Private Nutzung; Aufteilung. Wird ein WG, das auch im privaten Bereich verwendet wird, für einen in der Zukunft liegenden berufl Einsatz angeschafft, muss ein konkreter Bezug zw Kaufentscheidung und dem künftigen berufl Einsatz glaubhaft gemacht werden (BFH VI R 132/87 BFH/NV 88, 708). Soll ein bestimmtes WG nur teilweise zur Einkunftserzielung eingesetzt werden, sind die für das WG vorabentstanden Aufwendungen nur anteilig als vorabentstandene WK abzugsfähig (s hierzu *Drenseck* FR 87, 120; *Günther* FR 87, 499). **97**

dd) Auslandsbezug. Vorbereitende Aufwendungen zur Erzielung stfreier ausl Einkünfte können zwar nicht das Einkommen (§ 3c), wohl aber das StSatzeinkommen (Progressionsvorbehalt) mindern (BFH I R 59/05 BStBl II 07, 756; *Pust* HFR 01, 433). Zu vorab entstandenen WK eines nicht im Inl stpfl ArbN bei geplanter Inlandstätigkeit s FG Mchn DStRE 08, 601, rkr (zutr anerkannt). **98**

c) Nachträgl WK. Auch Ausgaben, die erst nach Aufgabe der Erwerbstätigkeit anfallen, sind WK, wenn sie noch in **wirtschaftl Zusammenhang mit der früheren Einkünfteerzielung** stehen (zB Tilgung einer Bürgschaftsverpflichtung durch ArbN, BFH VI R 97/10 BStBl II 12, 343; Abbruchkosten als „letzter Akt der Vermietungstätigkeit", BFH IX B 126/07 BFH/NV 08, 1332; grundlegend *Rauch* Nachträgl WK, 1996; s auch *Schell* FR 04, 506, *von Bornhaupt* DStJG 3, 177). Voraussetzung ist, dass bereits zu dem Zeitpunkt, in dem der Grund für die Aufwendungen gelegt wurde, der erforderl Zusammenhang mit der Erwerbstätigkeit bestand (s BFH VI R 97/10 BStBl II 12, 343 mwN). Ein unmittelbarer oder enger zeitl Zusammenhang ist auch hier nicht erforderl (vgl Rz 82). – Ein entspr Zusammenhang fehlt, wenn **Ruhestandsbeamte,** entpflichtete Professoren etc freiwillig und ohne gesonderte Bezahlung ihre Tätigkeit oder Teile davon weiterhin ausüben (s BFH VI R 24/93 BStBl II 94, 238: keine auf Einnahmenerzielung gerichtete Tätigkeit, aber ggf Berücksichtigung nach §§ 163, 227 AO; krit *Tipke* LB § 8 Rz 234, Fn 63). Sind allerdings noch Verpflichtungen aus der aktiven Zeit zu erfüllen (zB Betreuung früher angenommener Doktoranden), können nachträgl WK anfallen (s *Vogel* StuW 94, 176; gegen BFH *Rauch* Nachträgl WK, aaO, S 50 ff, 60 ff). – Zu **nachträgl Schuldzinsen** s Rz 151 ff; s iÜ auch § 20 Rz 214 und § 21 Rz 141 ff. **99**

Weitere Beispiele – WK anerkannt: Haftungsinanspruchnahme des **ehemaligen Ges'ter-Geschäftsführers** (FG SachsAnh EFG 13, 1651); **Vertragsstrafe** aus Ausbildungsdienstverhältnis (BFH VI R 5/03 BStBl II 07, 4); zur Tilgung einer **Bürgschaftsverpflichtung** durch ArbN s auch BFH VI R 77/14 DStR 15, 2533; FG Köln EFG 14, 256, Rev VI R 58/13. – **WK nicht anerkannt: Vorfälligkeitsentschädigung** zur Ablösung einer Darlehensschuld bei VuV (BFH IX R 42/13 BStBl II 15, 633, str, s Rz 137); **Priester/Pastor** im Ruhestand bei Aufwendungen für nicht gesondert vergütete seelsorgerische Tätigkeit (FG Sachs 8 K 2495/07 BeckRS 2012, 95928; FG RhPf DStRE 07, 1147); freiwillige Forschung eines emeritierten **Professors** (FG Hbg 3 K 33/11 BeckRS 2012, 96250, rkr).

13. Vergebl Aufwendungen. WK können auch dann vorliegen, wenn es letztl zum Zufluss von Einnahmen nicht gekommen ist oder dem getätigten Aufwand kein Gegenwert gegenübersteht. Auch hier wird der erforderl wirtschaftl Zusammenhang (Rz 44 ff) zw den Aufwendungen und der (angestrebten) Einkunftsart durch den **endgültigen Entschluss** des StPfl **zur Einkünfteerzielung** hergestellt (BFH GrS 1/89 BStBl II 90, 830, unter C. III.2.a; s auch BFH IX R 45/05 BStBl II 06, 803 mwN: StPfl leistet nach Vertragsaufhebung Schadensersatz, um sich von einer gescheiterten Investition zu lösen; s aber BFH IX R 8/12 BStBl II 12, 781: **102**

gilt nicht für private Veräußerungsgeschäfte wegen Typisierung der Einkünfteerzielungsabsicht durch Spekulationsfristen). Dieser Zusammenhang wirkt fort, solange er nicht durch einen neuen, estl relevanten oder irrelevanten Veranlassungszusammenhang überlagert wird (BFH IX R 45/05 BStBl II 06, 803; s auch *Heuermann* INF 06, 809). S iÜ § 6 Rz 208 und § 21 Rz 129.

Beispiele – WK anerkannt: Zahlung zur **Entlassung aus der Haftung** ggü Darlehensgläubiger nach gescheiterter Immobilieninvestition (BFH IX R 12/12 BFH/NV 14, 834: Aufwendung zur Kostenbegrenzung), ebenso **Vergleichszahlungen** (BFH IX R 3/04 BStBl II 06, 258); Kosten eines nicht ausgeübten **Optionsrechts** (BFH VI R 36/05 BStBl II 07, 647); **Bereitstellungszinsen** und **Nichtbezugsentschädigung** nach Scheitern eines Bauvorhabens (BFH IX B 92/01 BStBl II 02, 144); Fahrtkosten bei **Konkurs des ArbG** und Zahlung von Konkursausfallgeld (BFH VI R 93/98 BStBl II 01, 199). – **WK nicht anerkannt:** Aufwendungen für **verfallene Termingeschäfte** (BFH IX B 154/10 BStBl II 12, 454); vergebl Aufwendungen für Anschaffung von unbebautem **Grund und Boden** (BFH IX R 37/09 BFH/NV 11, 36); ebenso für ein in **Abbruchabsicht** erworbenes Gebäude: FG Köln EFG 14, 527, rkr.

104 **14. Unterbrechung der Einnahmeerzielung.** Aufwendungen, die durch die Einkünfteerzielung veranlasst sind, verlieren ihren Charakter als WK nicht dadurch, dass vorübergehend keine Einnahmen erzielt werden, zB bei Arbeitslosigkeit (s *Apitz* DStZ 97, 145) oder Wohnungsleerstand (BFH IX R 14/12 BStBl II 13, 279; s iEinz § 21 Rz 134 ff). Entscheidend ist, dass der StPfl seine Einkünfteerzielungsabsicht nicht endgültig aufgegeben hat (s BFH aaO, unter II.2.b.). Nimmt er die Erwerbstätigkeit später wieder auf, sind die zwischenzeitl angefallenen Aufwendungen als **vorab entstandene WK** (Rz 95 ff) zu berücksichtigen. Gibt er seine Einkünfteerzielungsabsicht zu einem späteren Zeitpunkt auf, handelt es sich bei den bis dahin angefallenen Aufwendungen um **vergebl Aufwendungen** (Rz 102), die ebenfalls zu berücksichtigen sind.

Beispiele – WK anerkannt: häusl Arbeitszimmer während des **Erziehungsurlaubs** (BFH VI R 103/01 BFH/NV 05, 48; s auch *Schmidt* NWB 13, 1294); bei vorübergehender **Ertragslosigkeit** von Wertpapieren oder Beteiligungen (BFH VIII R 98/90 BFH/NV 93, 468, unter II.1.d.; s jetzt aber § 20 IX). – **WK nicht anerkannt:** langjähriger, strukturell bedingter **Wohnungsleerstand** (BFH IX R 48/12 BStBl II 13, 693); häusl Arbeitszimmer einer vorzeitig in den **Ruhestand** versetzten Beamtin, die bei Wiederaufnahme der berufl Tätigkeit wegen § 4 V 1 Nr 6b keine Aufwendungen würde geltend machen können (BFH VI R 63/03 BStBl II 06, 329).

106 **15. Beendigung der Erwerbstätigkeit; Liebhaberei.** Stellt der StPfl die Erwerbstätigkeit endgültig ein, endet grds auch der WK-Abzug. Dasselbe gilt im Falle des Übergangs zur Liebhaberei (§ 2 Rz 23; *Weber-Grellet* FR 02, 1228; s aber auch § 19 Rz 110 „Liebhaberei": Einkünfte-übergreifende Betrachtung, und § 21 Rz 25: starke Typisierung). Wirkt der wirtschaftl Zusammenhang mit der Erwerbstätigkeit noch fort, fallen nachträgl WK an (s Rz 99; zu nachträgl Schuldzinsen s Rz 151). Unabhängig davon muss unterschieden werden zw Aufwendungen, die tatsächl auf die Beendigung der Erwerbstätigkeit gerichtet bzw noch durch diese bedingt waren und daher WK sind (s BFH IX R 2/05 BStBl II 07, 941: Kosten eines Schadstoff-Gutachtens als WK bei VuV), und Aufwendungen, die der nichtsteuerbaren Vermögenssphäre (Rz 75) zuzurechnen sind (s BFH IX R 34/03 BStBl II 05, 343: Kosten der Instandsetzung noch während der Vermietungszeit als Veräußerungskosten; *Fischer* FR 05, 641; krit *Paus* DStZ 05, 454, mit Gestaltungsüberlegungen). Die Abgrenzung kann im Einzelfall schwierig sein (s auch BFH IX R 51/05 BFH/NV 08, 933: WK bei Abbruch eines technisch verbrauchten Gebäudes); s auch Rz 137.

Das zeigt auch die Rspr zu Aufwendungen für die **Löschung einer Grundschuld** oÄ (BFH IX R 114/92 BFH/NV 95, 966; BFH IX R 48/92 BStBl II 96, 198): Da die Eintragung der Sicherheiten zur Erlangung des Anschaffungs-/Herstellungskredits und damit zur Einkünfteerzielung erforderl war, spricht mE einiges dafür, die Rückgängigmachung dieses Zustands noch der Einkünfteerzielung zuzurechnen. – S iÜ zu **Umzugskosten** eines ArbN

§ 19 Rz 110 „Umzugskosten", unter a), aE; zu **Abrisskosten** und **AfaA** bei fehlender Vermietbarkeit eines Gebäudes s § 7 Rz 123 (3); zu **Veräußerungs-, Räumungs-, Abriss- und Renovierungskosten** etc s § 21 Rz 141 ff und zu **Prozesskosten** § 21 Rz 148.

108 **16. Rückabwicklung und Ersatz. – a) Rückzahlung von Einnahmen.** Zahlt der StPfl Einnahmen, die ihm zugeflossen sind, später wieder zurück, so sind die zurückgezahlten Beträge **im VZ der Rückzahlung** als **WK** zur berücksichtigen (s BFH VI R 33/03 BStBl II 06, 911: Rückzahlung einer Abfindung). Die Rückzahlung ist kein rückwirkendes Ereignis iSd § 175 I 1 Nr 2 AO; eine Korrektur der bereits erfassten Einnahmen *im VZ des Zuflusses* findet nicht statt (BFH VI R 2/05 BStBl II 07, 315: zu viel gezahlter ArbLohn), auch nicht im Wege von Billigkeitsmaßnahmen (BFH aaO Rz 18).

Die Rspr ging früher von **negativen Einnahmen** aus (zB BFH VI 22/61 S BStBl III 64, 184), lässt die Zuordnung jetzt aber zumeist offen (vgl BFH VI R 17/08 BStBl II 10, 299; anders jetzt BFH IX R 26/14 BStBl II 15, 1019 zu § 22 Nr 3 S 3: bei Rückerstattung an den zuvor Zahlenden sollen negative Einnahmen vorliegen, bei Rückzahlung an einen Dritten WK; es handelt sich mE aber nur um ein *obiter dictum*). Tatsächl erfüllen zurückgezahlte Einnahmen nach zutr Auffassung den WK-Begriff (*Schneider* HFR 06, 1118; ferner *Wüllenkemper* Rückfluss von Aufwendungen im ESt-Recht, Diss 1987, S 23–32; *Jakob* LB § 3 Rz 23; *HHR* § 9 Anm 80); das hat zur Folge, dass der **Pauschbetrag des § 9a** ggf verbraucht wird (aA BFH VI 22/61 S aaO).

109 **aa) Veranlassungszusammenhang; Abfluss.** Voraussetzung für die steuermindernde Berücksichtigung ist wiederum, dass ein wirtschaftl Zusammenhang mit der Einkünfteerzielung besteht; die Rückzahlung darf **nicht aus privaten Motiven** erfolgen. Ob der StPfl aufgrund einer rechtl oder tatsächl Verpflichtung oder aber freiwillig zahlt, ist dagegen unerhebl (so zutr *HHR* § 9 Anm 81; aA für Einkünfte aus KapVerm: BFH VIII R 26/78 BStBl II 79, 510). Diese Grundsätze gelten mE ganz allg auch dann, wenn ein StPfl als Bereicherungsschuldner Erträge herausgeben muss, die bei ihm zu stpfl Einnahmen geführt haben (s *Schön* ZHR 155 [1991], 247, 260; vgl auch BFH IX R 50/03 BStBl II 05, 456: Rückzahlung von Mieteinnahmen bei Restitution nach dem VermG; *Heuermann* DB 05, 847; s iÜ § 21 Rz 62). – Die Rspr verlangt zudem, dass die zugeflossenen Einnahmen **beim StPfl wieder abfließen** und sich dabei der Rückfluss als **„*actus contrarius*"** zu dem vorangegangenen Zufluss darstellt (BFH VI R 20/07 BStBl II 10, 845: Fortsetzung des durch die Zahlung von ArbLohn begründeten Veranlassungszusammenhangs in der Rückzahlung; s auch BFH VI R 1/08 BStBl II 10, 1074; BFH VI R 5/08 BStBl II 10, 133; BFH VI R 37/08 BStBl II 10, 135; zur Kritik an dieser Rspr s 33. Aufl Rz 64).

Weitere Beispiele – WK anerkannt: überbezahlte **Krankenbezüge** (BFH VI R 19/03 BStBl II 06, 832; Anm *Bergkemper* FR 06, 782); **versehentl Überweisung** des ArbG (BFH VI R 17/03 BStBl II 06, 830); fehlgeschlagenes **Mitarbeiterbeteiligungsprogramm** (BFH VI R 17/08 BStBl II 10, 299: WK nur iHd ursprüngl gewährten geldwerten Vorteils); Rückzahlung von **Bestechungsgeldern** (BFH IX R 87/95 BStBl 00, 396). Zahlt der Erbe **Einnahmen des Erblassers** zurück, so wirken sich die negativen Einnahmen beim Erben aus (BFH VI R 157/72 BStBl II 76, 322). Zu **Vertragsstrafen** und zur Rückzahlung von **Studienkosten** s § 19 Rz 110 „Vertragsstrafen"; zur Rückzahlung von **Kapitaleinnahmen** als WK s § 20 Rz 24. – **WK nicht anerkannt:** Gewinnausschüttung einer **Versorgungskasse** an ArbG als Träger (BFH VI R 20/07 BStBl II 10, 845); **Zwangsversteigerung** einer durch Verrechnung mit Gehaltsforderungen erworbenen Eigentumswohnung (BFH VI R 1/08 BStBl II 10, 1074); Rückzahlung einer **vGA** oder **offenen Gewinnausschüttung** (BFH VIII R 7/99 BStBl II 01, 173; zur Verzinsung der vGA: BFH VIII R 59/97 BStBl II 01, 226), s auch § 20 Rz 25; Verlust durch Veräußerung einer **Kapitalbeteiligung am ArbG** des StPfl (BFH VI R 24/08 BStBl II 10, 198; s auch Rz 85). – **Offen gelassen:** Verlust des Bezugsrechts aus einer **Direktversicherung** (BFH VI R 58/05 BStBl II 07, 774 mwN).

110 **bb) Steuerl Behandlung der Einnahmen.** Weiter ist erforderl, dass die früher empfangenen Einnahmen **nicht stfrei** waren (§ 3c; FG Bbg EFG 96, 702, rkr; s auch *FinVerw* DStR 97, 580; ausführl *Wüllenkemper* Rückfluss von Aufwendungen im ESt-Recht, 1987, S 73 ff) und auch nicht pauschal (zB § 40b), sondern

individuell lohnversteuert worden sind. Ob die stpfl Einnahmen dagegen zu einer Steuer geführt haben, ist unbeachtl (BFH VI 244/63 U BStBl III 65, 11); ebenso, ob eine zurückgezahlte Abfindung ermäßigt besteuert worden ist (vgl BFH VI R 33/03 BStBl II 06, 911; krit *Paus* DStZ 07, 185). – Sind Einnahmen **zu Unrecht als stfrei** behandelt worden und hätte sich bei richtiger Behandlung eine Steuer ergeben, kann die Rückzahlung der Einnahmen nicht als Aufwand berücksichtigt werden (*HHR* § 9 Anm 81; *FinVerw* FR 97, 240). Hat das FA stfreie Einnahmen rechtsfehlerhaft der Besteuerung unterworfen, so muss es nach Treu und Glauben auch bei der Frage der negativen Einnahmen bei dieser Auffassung bleiben (glA *HHR* § 9 Anm 81; *KSM* § 9 B 237).

111 **cc) Zeitl Zuordnung; Höhe.** Die Aufwendungen sind im VZ der Rückzahlung bei den Einkünften zu berücksichtigen, zu denen die Einnahmen gehörten. Ist die auf Einkünfteerzielung gerichtete Tätigkeit zwischenzeitl aufgegeben worden, fallen nachträgl WK an (vgl Rz 99; s auch *HHR* § 9 Anm 81). Gibt der Stpfl einen Gegenstand zurück, dessen Sachwert als stpfl Einnahme behandelt worden ist, bemisst sich die Höhe des Aufwands nach dem ursprüngl gewährten geldwerten Vorteil (BFH VI R 17/08 BStBl II 10, 299; *Geserich* HFR 10, 125; *Blümich* § 9 Rz 182; aA *HHR* § 9 Anm 81: Aufwand iHd aktuellen Werts). Zwischenzeitl eingetretene Veränderungen sind zivilrechtl auszugleichen.

112 **b) Rückfluss von WK; Ersatzleistungen Dritter. – aa) Stpfl Einnahmen.** Umgekehrt führen der Rückfluss von WK und ebenso der Ersatz von dritter Seite **im Zeitpunkt des Zuflusses** beim StPfl zu stpfl Einnahmen bei der Einkunftsart, bei der die Aufwendungen vorher als WK abgezogen worden sind (BFH VI B 184/99 BFH/NV 00, 1470 mwN: Versicherungsleistung nach Autounfall auf berufl veranlasster Fahrt; BFH VIII R 44/12 BStBl II 15, 649; ausführl und grds *Wüllenkemper,* Rückfluss von Aufwendungen im EStRecht, Diss, Köln 1987; *HHR* § 9 Anm 85; aA *Flies* DB 97, 802, und *Crezelius* LB § 9 Rz 9: negative WK mit der Folge, dass im Jahr des Rückflusses ledigl die tatsächl WK aus derselben Einkunftsart gemindert werden). – Die **Berücksichtigung der WK** *im VZ des Abflusses* (Rz 13) bleibt davon unberührt. Erfolgt der Rückfluss bereits in dem VZ, in dem die Aufwendungen angefallen sind, kann beides aus Vereinfachungsgründen miteinander verrechnet werden (zB BFH VI R 40/69 BStBl II 70, 764). – Zur nachträgl **Minderung von AK/HK** s § 6 Rz 65 ff und 71 ff; zur Erstattung von **AfaA** s § 7 Rz 126; s iÜ auch § 19 Rz 100 „Reisekostenerstattung" und „Unfallversicherung", Rz 110 „Unfallkosten" sowie § 21 Rz 62 (Restitution nach dem VermG).

Weitere Beispiele – Einnahmen bejaht: Erstattung von **Finanzierungskosten** iRd Kaufpreiszahlung (BFH IX R 13/93 BStBl II 95, 118; diff Anm *Drenseck* FR 95, 109); **Schadensersatzleistungen** als Einnahmen aus VuV (BFH IX R 67/88 BStBl II 93, 748); Erstattung von **Grundsteuer** (BFH VI 346/61 U BStBl III 65, 67). – **Einnahmen verneint:** Übernahme von Verbindlichkeiten iRe Kaufvertrages macht ein gezahltes **Disagio** nicht zu Einnahmen aus VuV (BFH IX R 44/01 BFH/NV 05, 188). – Zu **Nutzungsausfallentschädigung** s FG Hbg EFG 92, 735.

113 **bb) Veranlassungszusammenhang.** Voraussetzung ist auch hier, dass ein wirtschaftl Zusammenhang mit der Einkünfteerzielung besteht; die Rückzahlung darf **nicht aus privaten Motiven** erfolgen. Unerhebl ist, ob dem StPfl von Anfang an ein Rückforderungs- oder Ersatzanspruch zugestanden hat (s Rz 32). Es kommt auch nicht darauf an, ob die Erwerbstätigkeit zum Zeitpunkt des Rückflusses noch ausgeübt wird (BFH IX R 41/93 BStBl II 95, 704: Rückerstattung eines Disagios nach Wegfall der Nutzungswertbesteuerung) oder ob sich die Aufwendungen früher steuerl ausgewirkt haben (*HHR* § 9 Anm 87; *KSM* § 9 B 65 ff). Dagegen kann ein Rückfluss von **nicht abziehbaren Aufwendungen** aus Gründen der StSystematik nicht zu Einnahmen führen (so zutr *HHR* § 9 Anm 87, auch zur str Rückzahlung von Schmiergeldern; ausführl *Wüllenkemper* aaO S 33 ff). –

Versicherungs- oder Schadensersatzleistungen zählen nur insoweit zu den stpfl Einnahmen, als sie ausgefallene Einnahmen oder WK ersetzen sollen (BFH IX R 333/87 BStBl II 94, 12, mit Anm HFR 93, 377; FG Mchn EFG 98, 1083, rkr; FG Mchn EFG 98, 1312, rkr; s auch § 21 Rz 65 „Schadensersatz").

17. Verzicht auf Ersatzleistungen. Verzichtet der StPfl auf die Geltendmachung eines Anspruchs auf Ersatz von Aufwendungen, die ihm iZm der Einkünfteerzielung entstanden sind, steht dies dem Abzug der WK nicht entgegen (BFH VI R 172/66 BStBl III 67, 570: Anspruch auf Fahrtkostenersatz gegen ArbG; BFH VI R 151/67 BStBl II 68, 375). Gleiches gilt, wenn kostenfreie Leistungen nicht wahrgenommen werden und die Selbsttragung der Kosten nicht Ausdruck der Lebensführung ist (FG Saarl EFG 94, 238, rkr: Übernachtungskosten eines Busfahrers trotz angebotener Freiübernachtung). – Nach BFH VI R 70/69 BStBl II 70, 765 soll ein WK-Abzug ausscheiden, wenn der StPfl aus **„rein persönl Gründen"** von der Geltendmachung eines Schadensersatzanspruchs absieht. Da gilt aber mE nur, wenn der Verzicht eine freiwillige Zuwendung iSd § 12 Nr 2 darstellt (so zutr *Blümich* § 9 Rz 188; s auch *HHR* § 9 Anm 92; iErg wie BFH, aber an § 12 Nr 1 anknüpfend *von Bornhaupt* DStJG 3, 159 Fn 38 und *KSM* § 9 B 76ff; zur Übernahme von Unfallkosten, um den Schadensfreiheitsrabatt nicht zu verlieren, s FG Köln EFG 81, 623, rkr: WK anerkannt). 116

III. Abzug von Werbungskosten, § 9 I 2

1. Zuordnung zur zugehörigen Einkunftsart. WK sind gem § 9 I 2 bei der Einkunftsart abzuziehen, bei der sie „erwachsen" sind. Die gesetzl Regelung knüpft damit (sprachl verunglückt, s *HHR* § 9 Anm 235) systematisch an § 2 II Nr 2 an (Rz 1). Entscheidend ist auch hier der **wirtschaftl Zusammenhang** zw Aufwendungen und Einnahmen. – Stehen Aufwendungen mit **mehreren Einkunftsarten** in wirtschaftl Zusammenhang, sind sie, soweit mögl, auf die einzelnen Einkunftsarten **aufzuteilen,** ggf im Wege der Schätzung (BFH VIII R 76/05 BStBl II 08, 937: nach obj Gesichtspunkten, nicht nach dem Verhältnis der Einnahmen; s auch § 4 Rz 489). Ist eine Schätzung nicht mögl, entscheidet nach stRspr der engere und **wirtschaftl vorrangige** Veranlassungszusammenhang. Die Aufwendungen sind der Einkunftsart zuzuordnen, die im Vordergrund steht und die Beziehungen zu den anderen Einkünften verdrängt (BFH VI R 57/13, BStBl II 14, 850 mwN). – Die gleichen Grundsätze gelten zw einer gegenwärtig ausgeübten und einer **angestrebten Erwerbstätigkeit** (BFH VI R 77/14 DStR 15, 2533: hinreichende Konkretisierung erforderl) und ebenso, wenn Aufwendungen zwar nur innerhalb einer Einkunftsart angefallen sind, dort aber mit verschiedenen einkünfteerzielenden Tätigkeiten in Zusammenhang stehen (zB mit mehreren ArbVerh oder mit mehreren vermieteten Häusern). – Zu den Anforderungen an die vom FG vorzunehmende **Tatsachenwürdigung** s BFH VI R 77/14 DStR 15, 2533: zum Nebeneinander von berufl und privater Veranlassung s Rz 54. 120

Beispiele: Zahlung einer **Vertragsstrafe aus Ausbildungsverhältnis** (BFH VI R 5/03 BStBl II 07, 4); **Verlust einer Darlehensforderung** als WK bei den Einkünften aus nichtselbständiger Arbeit (BFH VI R 57/13, BStBl II 14, 850); ebenso **Verzicht auf Darlehensforderung** (BFH VI R 34/08 BStBl II 12, 24; s auch BFH IV R 4/11 BFH/NV 13, 1081: Verzicht auf Pachtforderung) oder **Tilgung einer Bürgschaftsverpflichtung** durch Ges'ter/ArbN (BFH VI R 77/14 DStR 14, 2533 mwN: Höhe der Beteiligung als Indiz; s auch FG Köln EFG 14, 256, Rev VI R 58/13; krit *Eisgruber* FS P. Kirchhof, S 1848); ArbN nimmt Darlehen auf und erwirbt **Anteile an KapGes** (BFH IX R 111/00 BStBl II 06, 654; BFH IX R 80/01 BFH/NV 06, 1817: Zinsen als WK auf KapVerm – wichtig wegen § 20 IX). – S auch § 19 Rz 110 „Arbeitsplatzsicherung", „Bürgschaft", „Darlehen", „Kaution" und „Stammkapital".

2. Kein Verzicht auf WK. Der StPfl kann auf den Ansatz von WK verzichten, wenn Aufwendungen nur auf Antrag zu berücksichtigen sind (BFH I R 120/91 BStBl II 93, 738 – zB um ein Überschreiten von Veranlagungsgrenzen zu vermei- 121 den). Ansonsten „sind" WK bei der betreffenden Einkunftsart abzuziehen (Wortlaut des § 9 I 2; s auch *HHR* § 9 Anm 57).

122 **3. Beweislast beim WK-Abzug.** Begehrt ein Stpfl den Abzug von WK, so trägt er die obj Beweislast **(Feststellungslast)** für die Tatsachen, die den Abzug der WK dem Grunde und der Höhe nach begründen (stRspr, zB BFH VIII R 27/08 BFH/NV 10, 2038, unter II.2.a). Er hat alle Zahlungsempfänger zu benennen (BFH I R 66/86 BStBl II 89, 995); ebenso aufgesuchte Kunden (FG Saarl EFG 97, 1435, rkr). Zu den gesteigerten Anforderungen der Rspr im **Grenzbereich zur privaten Lebensführung** s Rz 62.

Zur Zulässigkeit und zu den Rechtswirkungen einer **tatsächl Verständigung** zw FA und StPfl s BFH I R 13/86 BStBl II 91, 673 mwN; BFH XI R 78/95 BStBl II 96, 625; BFH XI R 27/98 BFH/NV 00, 537; *FinVerw* FR 97, 878; umfassend *Seer* Verständigung im StVerfahren, 1996; *ders* BB 98, 85.

IV. Gesondert geregelte WK-Tatbestände, § 9 I 3, II

130 **1. Bedeutung der gesonderten Regelungen.** Die Regelungen sind teilweise deklaratorischer Art (zB § 9 I 3 Nr 2 und 6), teilweise schränken sie den WK-Abzug ein (zB § 9 I 3 Nr 7), teilweise betreffen sie Aufwendungen, bei denen der WK-Charakter zweifelhaft sein könnte (zB § 9 I 3 Nr 4 und 5). – Die Aufzählung ist **nicht abschließend** (s Wortlaut: „auch"). Aufwendungen, die nach der allg Definition zu den WK gehören und nicht unter die Sonderregelungen fallen, sind nach § 9 I 1 zu berücksichtigen (BFH VI R 17/07 BStBl II 08, 234, unter B. VI.1.d. bb.(1)).

Beispiele – nach § 9 I 1 als WK zu berücksichtigen: Aufwendungen für Fahrten zu Vorstellungsgesprächen, Fortbildungsveranstaltungen oder Kongressen (BFH aaO); Fahrt- und Unterkunftskosten bei wiederholt befristeter Entsendung ins Ausland (BFH VI R 11/13 BStBl II 14, 804: Brasilien; s auch Rz 186 und 212; ab VZ 2014 s aber *BMF* BStBl I 14, 1412 Rz 21); durch Wechsel im Ges'terbestand ausgelöste GrESt (BFH IX R 50/13, BStBl II 15, 260: keine AK); s ferner § 19 Rz 110 und § 21 Rz 148 (ABC der WK) sowie für Einkünfte aus KapVerm (bis VZ 2008) 29. Aufl § 20 Rz 253.

131 **2. Schuldzinsen; Renten; dauernde Lasten, § 9 I 3 Nr 1. – a) Überblick.** Sämtl in Nr 1 genannten Aufwendungen sind nur insoweit abzugsfähig, als sie mit einer Einkunftsart (genauer: mit einer auf die Erzielung stpfl Einnahmen gerichteten Tätigkeit) im **wirtschaftl Zusammenhang** stehen. Die Regelung deckt sich mit dem allg WK-Begriff (s auch BFH IX R 110/90 BStBl II 95, 47: beispielhafte Anwendungsfälle der allg WK-Definition). Renten und dauernde Lasten müssen darüber hinaus auf besonderen Verpflichtungsgründen beruhen. Für Leibrenten wird der WK-Abzug gem Nr 1 Satz 2 auf den Ertragsanteil beschränkt.

132 **b) Schuldzinsen. – aa) Begriff.** Er wird von der Rspr weit ausgelegt (BFH IX R 44/03 BFH/NV 06, 279 mwN) und umfasst **alle Aufwendungen zur Erlangung und Sicherung eines Kredits** (BFH IX R 56/82 BStBl II 86, 143 mwN). Schuldzinsen sind danach alle einmaligen oder laufenden Leistungen in Geld oder Geldeswert, die der StPfl als Vergütung für die Überlassung (dh Nutzung) von Kapital an den Gläubiger zu entrichten hat und die nicht zur Tilgung des Kapitals erbracht werden (BFH IX R 110/90 BStBl II 95, 47).

133 **(1) Wirtschaftl Gehalt.** Entscheidend ist nicht die Bezeichnung der jeweiligen Leistung, sondern ihr wirtschaftl Gehalt (BFH IX R 32/01 BStBl II 04, 1002: Abgrenzung zu AK). Bei einer einheitl Leistung von Zins und Tilgung muss der nicht abziehbare Tilgungsanteil ausgesondert werden (BFH IX R 110/90 BStBl II 95, 47); denn Tilgungsleistungen sind keine Schuldzinsen. – Dadurch, dass Zinsen nicht an den Gläubiger gezahlt werden, sondern stehen bleiben, verlieren sie nicht ihren Zinscharakter; werden sie später gezahlt, sind sie im VZ der Nachzahlung als WK abzugsfähig (s § 11 Rz 50 „Schuldzinsen"). – Zu Steuer-, Stundungs- und AdV-Zinsen sowie anderen steuerl Nebenleistungen (§ 3 III AO) s § 12 Rz 49.

Beispiele – WK anerkannt: Nennwertabschlag infolge Factorings einer Forderung (FG BaWü EFG 09, 1289, rkr); **Verwaltungskostenbeiträge** der Wohnungsbauförderungsanstalt (FG Mster EFG 03, 523, rkr, und EFG 03, 610, rkr); **Bauzeitzinsen** (BFH IX R 190/85 BStBl II 90, 460; dagegen mit guten Gründen *Wichmann* BB 91, 1835; offen gelassen in BFH IX R 2/12 BStBl II 12, 674; s auch § 6 Rz 206); **Bargebotszinsen** nach Zwangsversteigerung (BFH XI R 3/85 BStBl II 92, 727); Zahlungen auf Grund einer **Wertsicherungsklausel** (BFH VIII R 38/76 BStBl II 79, 334; FG Bln EFG 93, 229, rkr); **Verzugszinsen** (BFH VIII R 119/75 BStBl II 77, 601); Wert eines **Forderungsverzichts** als Gegenleistung für ein zinsloses Darlehen (FG Nds EFG 83, 555, rkr). – **WK nicht anerkannt:** Prämien für **Risikolebensversicherung** iZm Finanzierung eines Zweifamilienhauses (BFH IX R 56/82 BStBl II 86, 143: dient der Tilgung der Schuld); **Währungsverluste** (BFH VIII R 58/07 BStBl II 11, 491; s auch BFH IX R 44/03 BFH/NV 06, 279: durch Kursverluste bedingte Sondertilgungen; zust *Uhländer* Vermögensverluste im PV, aaO, S 63 ff, ausführl; ebenso *Heuermann* DStZ 94, 229; abl *Maly* FR 94, 457). – Zu **Zinsswapkosten** s FG BaWü 4 K 2859/09, Rev VIII R 32/13.

(2) Nebenkosten; sonstige Kreditkosten. Zu den Schuldzinsen gehören auch die Nebenkosten der Darlehensaufnahme und sonstige Kreditkosten einschließl Geldbeschaffungs- und Umschuldungskosten (vgl BFH IX R 72/99 BStBl II 02, 399). 134

Beispiele – WK anerkannt: Maklerprovisionen, Hypothekenbestellungskosten und **Notariatskosten** (BFH IX R 72/99 BStBl II 03, 399); Abschlussgebühren eines **Bausparvertrags** (BFH IX R 12/00 BStBl II 03, 398); **Nichtbezugsentschädigung** (BFH IX B 92/01 BStBl II 02, 144; s auch Rz 102); **Reisekosten** zur Kreditbesorgung (BFH VI 258/65 BStBl III 66, 451); **Rechtsverfolgungskosten** zur Lösung von einem Darlehen (BFH IX R 47/08 BFH/NV 10, 396).

(3) Bereitstellungszinsen; Damnum/Disagio. Beides gehört zu den Kosten der Darlehensaufnahme und ist im Zeitpunkt der Zahlung (BFH IX R 190/85 BStBl II 90, 460; BFH VIII R 173/83 BStBl II 84, 428) oder Verrechnung (BFH VIII R 78/71 BStBl II 75, 880) als WK zu berücksichtigen (s auch BFH VIII R 59/78 BStBl II 80, 353; BFH VI R 104/66 BStBl III 67, 655). Zur Frage der Marktüblichkeit s § 11 Rz 50 „Damnum". 135

Weitere Beispiele: Teilabrechnung eines Damnums (BFH IX R 143/84 BFH/NV 89, 345); Leistung aus einem **Zwischenkredit** (BFH IX R 96/84 BFH/NV 89, 496); Abgrenzung zu einer **Zinsabrede** (FG Thür EFG 00, 1318, rkr). Zur **Rückerstattung** eines Disagios s Rz 112.

(4) Tilgungsstreckungsdarlehen. Wird iHd Damnums/Disagios ein zusätzl Darlehen gewährt, können die hierfür gezahlten Zinsen und auch die zur Tilgung des Zusatzdarlehens geleisteten Beträge gleich einem Damnum abgesetzt werden (BFH VIII R 105/70 BStBl II 75, 330). Ein sofortiger WK-Abzug iHd Zusatzdarlehens kommt nicht in Betracht, wenn Darlehen und Tilgungsstreckungsdarlehen eine **rechtl und wirtschaftl Einheit** bilden (s BFH IX R 11/92 BFH/NV 95, 66); dies wird idR bejaht, wenn es sich um denselben Gläubiger handelt (vgl BFH IX R 20/90 BFH/NV 95, 2939; FG Bln EFG 02, 1377, rkr; FG Köln EFG 01, 676, rkr), und verneint, wenn das zusätzl Darlehen von einem anderen Gläubiger stammt (s BFH IX R 96/84 BFH/NV 89, 496: Mutter- und Tochtergesellschaft als rechtl selbständige Darlehensgeber). Zur Frage, ob ein Damnum im Wege der Verrechnung oder durch Tilgungsstreckung zu zahlen ist, s BFH IX R 177/85 BFH/NV 89, 298. 136

(5) Vorfälligkeitsentschädigung. Zwar fällt diese begriffl unter § 9 I 3 Nr 1 (BFH IX R 42/13 BStBl II 15, 633 mwN: Nutzungsentgelt für das auf die verkürzte Laufzeit in Anspruch genommene Fremdkapital). Allerdings lehnt die Rspr den WK-Abzug idR ab, wenn die Zahlung iZm der **Veräußerung eines WG** erfolgt (zB Immobilie); denn der wirtschaftl Zusammenhang mit der Veräußerung soll einen ggf bestehenden wirtschaftl Zusammenhang mit der bisherigen Einkünfteerzielung überlagern (BFH IX R 42/13 BStBl II 15, 633, unter II.2. mwN; s auch BFH VIII R 34/04 BStBl II 06, 265; BFH IX R 20/02 BStBl II 04, 57; § 21 137

Rz 85; ebenso: *BMF* BStBl I 15, 581). – **Kritik:** ME wird zu wenig berücksichtigt, dass die Ablösung des Kredits unabhängig davon, wie das damit angeschaffte WG weiter verwendet wird, der **Rückgängigmachung** eines durch die bisherige Einkünfteerzielung verursachten Zustandes dient (s allg Rz 106, Beendigung der Erwerbstätigkeit); damit sind aber Vorfälligkeitsentschädigungen im Zweifel stets WK (glA *Sauren* DStR 02, 1254, 1256; *HHR* § 9 Anm 385; s auch *Meyer/Ball* DStR 12, 2260, 2265).

Dagegen hat die Rspr **WK anerkannt,** wenn die Vorfälligkeitsentschädigung nicht wegen der Veräußerung eines WG, sondern wegen einer **Umfinanzierung** anfällt (vgl BFH VIII R 34/04 BStBl II 06, 265, unter II.2.a; s auch *Schell* FR 04, 506, 513 ff). – Soweit der IX. BFH-Senat bislang den WK-Abzug im Falle einer Veräußerung zugelassen hat, wenn mit dem Veräußerungserlös ein **neues VuV-Objekt** für die Einkünfteerzielung erworben wird (BFH IX R 34/01 BFH/NV 04, 1091; BFH IX R 5/94 BStBl II 96, 595; s auch *Grube* Inf 97, 294; *Kempermann* FR 06, 417), hat er bedauerlicherweise diese **Rspr wieder aufgeben** unter Hinweis auf BFH VIII R 34/04 BStBl II 06, 265 (s BFH IX R 42/13 BStBl II 15, 633, unter II.2.b); die *FinVerw* erkennt hier gleichwohl WK an bei Veräußerungen vor dem 27.7.15 (*BMF* BStBl I 15, 581, Tz 2). – Zur rechnerischen Reduzierung einer Vorfälligkeitsentschädigung durch ein **anteiliges Disagio** s BFH IX R 36/98 BStBl II 03, 126. Zur Berücksichtigung als **Veräußerungskosten** bei einer stpfl Veräußerung s BFH IX R 42/13 BStBl II 15, 633.

140 **bb) Wirtschaftl Zusammenhang.** Ob Schuldzinsen mit einer Einkunftsart in wirtschaftl Zusammenhang stehen, richtet sich *allein* nach der **tatsächl Verwendung der Darlehensmittel** als dem maßgebl „auslösenden Moment“ (BFH GrS 1–2/95 BStBl II 98, 193; s auch Rz 45). Die Aufwendungen müssen – objektbezogen – einem bestimmten Wirtschaftsgut zugeordnet werden können; die entspr Feststellungen obliegen dem FG als Tatsacheninstanz (BFH IX R 22/10 BFH/NV 12, 14). – Das Bestehen eines nur rechtl Zusammenhangs (s Rz 47) genügt ebenso wenig wie eine bloße gedankl Zuordnung durch den StPfl (BFH IX R 36/00 BStBl II 03, 706 mwN; s auch Rz 148). Hypothetische, zwar realisierbare, aber tatsächlich nicht verwirklichte Sachverhalte und Gestaltungen sind unbeachtl (s BFH VIII R 37/12 BFH/NV 14, 1883 mwN: „geplante“ Wertpapiergeschäfte). – Sind Einkünfte **einheitl und gesondert festzustellen,** müssen die Schuldzinsen in wirtschaftl Zusammenhang zu der Einkunftsquelle stehen, die Gegenstand dieser Feststellung ist (BFH IX R 22/10 BFH/NV 12, 14).

141 **(1) Finanzierungsfreiheit.** Der StPfl ist in der Gestaltung seiner finanziellen Verhältnisse frei (vgl BFH IX R 62/07 BStBl II 09, 459; s auch Rz 46). Er kann insb frei entscheiden, ob er zur Einkünfteerzielung **Eigen- oder Fremdkapital** einsetzt (BFH IX R 19/96 BStBl II 99, 678 mwN). Er darf sämtl iRe Einkunftsart eingehenden Barmittel (zB Mieten) auf einem besonderen Konto ansammeln und für private Zwecke verwenden und anfallende WK (zB Instandhaltungsaufwendungen) nach dem sog **Zweikontenmodell** über ein getrenntes Schuldkonto finanzieren; die Kreditkosten sind in diesem Fall WK (vgl BFH GrS 2–3/88 BStBl II 90, 817, unter C. II.3.e). Das gilt auch bei einer PersGes oder Grundstücksgemeinschaft (vgl BFH XI R 64/95 BStBl II 98, 511). – Verwendet der StPfl umgekehrt Eigenmittel für die Bezahlung von WK und müssen daher **Privataufwendungen mit Kredit** bezahlt werden, sind die Zinsen privat veranlasst (vgl BFH IX B 130/14 BFH/NV 15, 977). Die richtige **Gestaltung** ist entscheidend (s Rz 144).

Beispiele – WK anerkannt: Teils mit Fremd- und teils mit Eigenmitteln finanzierte Festgeldanlage (BFH VIII R 60/13 BStBl II 15, 255: keine Aufteilung bei einheitl Vertrag); Finanzierung von LV-Beiträgen iZm dem Erwerb von Mietgrundstücken (BFH IX R 62/07 BStBl II 09, 459, gilt aber nicht für Prämien für Risiko-LV; s auch FG BBg EFG 15, 277, Rev IX R 35/14); ein für eine Festgeldanlage geplanter Darlehensbetrag wird durch ein gemischtes Kontokorrentkonto **durchgeleitet** (BFH IX R 27/97 BStBl II 01, 573, unter II.2.b.aa: Ausnahme bei Gutschrift und Lastschrift am selben Tag); Vereinbarung einer **Zinskompensation** zw beiden Konten (vgl BFH IV R 110/94 BStBl II 98, 513). – **WK nicht anerkannt:** ein zum Erwerb einer Fonds-Beteiligung in Anspruch genommener Überziehungskredit wird **durch Eigenmittel zurückgeführt** und anschließend wird ein Darlehen aufgenommen (BFH IX R 22/10 BFH/NV 12, 14; s auch BFH XI R 74/00 BFH/NV 02, 188); StPfl nimmt Darlehen auf, um Belastungen eines im Wege der **Gesamtrechtsnachfolge** erworbenen Vermietungsobjekts abzulösen und eine bestehende Zwangsverwaltung zu beseitigen (BFH IX R 11/08 BFH/NV 09, 1100); StPfl setzt zur **Sicherung einer privaten Schuld** eine Einkunftsquelle (Sparbrief, Hausgrundstück) ein und verwertet bei Fälligkeit der privaten Schuld nicht die Sicherheit, sondern nimmt zu deren Erhaltung einen Kredit auf (BFH VIII R 30/02 BFH/NV 03, 1560). – Zu Zinsen aus einem Darlehen, das der StPfl in einen **Cash-Pool** eingebracht hat, s BFH IX R 10/06 BStBl II 07, 645; Anm *Heuermann* HFR 07, 852. – Der Kontentrennungsbeschluss gilt bei den Überschusseinkünften ohne jede Einschränkung fort; **§ 4 IVa** gilt **nur für Gewinneinkünfte** (s auch *BMF* BStBl I 05, 1019, Tz 1), da § 9 V nicht auf § 4 IVa verweist. S iÜ zum Kontentrennungsbeschluss des GrS auch *Seer* FR 98, 152; *Drenseck* DStZ 98, 182; *Bader* FR 98, 449; Anm HFR 98, 352; zur Finanzierungsfreiheit s *Prinz* FR 09, 593.

(2) Gemischtes Konto. Sind die Konten nicht getrennt und werden zB von einem Mietkonto WK *und* Privatausgaben bestritten, sind die **anteiligen Schuldzinsen** entspr dem Verhältnis der privaten Aufwendungen und der durch die Einkünfteerzielung veranlassten Aufwendungen **als WK zu berücksichtigen** (vgl BFH GrS 1–2/95 BStBl II 98, 193, unter B. I.3.: Zinszahlenstaffelmethode, rechnerische Aufteilung in zwei Unterkonten). Mit eingehenden Einnahmen kann zunächst der private Schuldteil getilgt werden (s BFH aaO; ferner BFH XI R 19/01 BFH/NV 04, 1277; einschr BFH IX R 21/91 BFH/NV 95, 203). 142

(3) Gemischt genutzte WG. Nutzt der StPfl ein WG, zB ein Gebäude, nicht nur zur Einkünfteerzielung, sondern auch privat, sind Darlehensmittel, die der Finanzierung des gesamten WG dienen, **nur anteilig als WK abziehbar** (BFH IX R 44/95 BStBl II 99, 676; s auch *BMF* BStBl I 04, 464; allg Rz 57 ff). Der StPfl kann allerdings ein Darlehen mit estl Wirkung gezielt dem der Einkünfteerzielung dienenden Gebäudeteil dadurch zuordnen, dass er das Darlehen tatsächl zur Finanzierung gerade dieses Gebäudeteils verwendet (vgl BFH IX R 35/08 BStBl II 09, 663; s auch *Heuermann* DB 09, 1558; *ders* HFR 09, 766; *Schallmoser* DStR 09, 1685). Eine **nachträgl Zuordnung** ist **nicht mögl** (BFH IX B 56/09 BFH/NV 09, 1813). 143

Beispiele: Doppelhaushälfte, geschätzte Aufteilung der Zinsen nach dem **Verhältnis der Baukosten** (BFH IX R 44/95 BStBl II 99, 676); Mehrfamilienhaus, Aufteilung anhand der **vertragl vorgesehen Kaufpreiszuordnung** (BFH IX R 35/08 BStBl II 09, 663); Eigentumswohnungen, bei einheitl Abrechnung und Finanzierung Aufteilung nach dem Verhältnis der jeweiligen **Wohn-/Nutzflächen** (BFH VI R 29/96 BStBl II 99, 676; s auch BFH VI R 19/96 BStBl II 99, 678: obj Beweislast trägt der StPfl; BFH IX R 22/01 BStBl II 04, 348: Zuordnung von Aufwendungen durch StPfl; BFH IX R 59/95 BFH/NV 99, 764: Erbbaurecht; BFH IX R 39/96 BFH/NV 99, 765: „Motivation" des StPfl kein hinreichendes Zuordnungskriterium); ggf Aufteilung im **Ertragswertverfahren** (BFH IX R 46/04 BFH/NV 06, 261). – Diese Rspr gilt auch in **Anschaffungsfällen** (BFH IX R 65/00 BStBl II 03, 389), auch bei sukzessivem Erwerb im Wege der **Zwangsversteigerung** (BFH IX B 184/06 BFH/NV 07, 1647), und für **Reparaturen** (BFH IX R 43/06 BFH/NV 08, 208); ebenso für ein **häusl Arbeitszimmer** (s *BMF* BStBl I 04, 464, unter 3.: als selbständiger Gebäudeteil zu behandeln).

(4) Gestaltung. Wegen der mitunter erhebl praktischen Schwierigkeiten, die im Zweifel zu Lasten des StPfl gehen (Rz 150), ist die Abwicklung über **getrennte Konten** ratsam (s auch § 4 Rz 241 aE und 244). Bei gemischt genutzter Gebäude sollten vorhandene Eigenmittel vorrangig zur Finanzierung des selbst bewohnten Gebäudeteils und Fremdmittel zur Finanzierung des vermieteten Gebäudeteils verwendet werden. Wird der selbst bewohnte Gebäudeteil auch durch ein eigenständiges und nur dafür verwendetes Darlehen finanziert, sollte später vorrangig dieses Darlehen getilgt werden (auch durch Mieteinnahmen, s Rz 141) und erst danach das zur Finanzierung des vermieteten Gebäudeteils verwendete Darlehen. – S iÜ auch *Strahl* NWB 14, 3701, 3728; *Neufang/Neufang* BB 11, 1761; *Risthaus* DB 00, 293 mit Rechenbeispiel. 144

Zum nur anteiligen Schuldzinsenabzug bei Zuführung verschiedener Darlehensmittel auf ein **einheitl Baukonto** s BFH IX R 38/00 BFH/NV 03, 1049 (dazu auch *Pezzer* FR 00,

654 f). Ebenfalls (teil-)schädl ist die Verwendung eines **gemischten Zwischenfinanzierungskontos** (BFH IX R 65/98 BFH/NV 02, 1154; BFH IX R 2/04 BFH/NV 05, 694), eines **einheitl Zwischenkredits** (BFH IX B 167/02 BFH/NV 03, 478) oder eines **Girokontos** (BFH IX R 20/04 BFH/NV 06, 264).

145 **(5) Fremdvergleich.** Die jeweiligen Aufwendungen müssen auf Grund eines ernsthaft vereinbarten und durchgeführten Schuldverhältnisses geleistet werden. Dies ist insb bei vertragl Beziehungen zw **nahen Angehörigen** zu prüfen (zB BFH IX R 46/08 BStBl II 11, 24 mwN; vgl auch § 4 Rz 520 „Angehörige" und § 12 Rz 23). Darlehensverträge mit Dritten sind hingegen, auch wenn das zu besichernde Grundgeschäft zw Angehörigen geschlossen wurde, in einen Fremdvergleich nicht mit einzubeziehen (BFH IX R 46/01 BStBl II 03, 243: Kaufvertrag zw Ehegatten, Darlehensvertrag mit Bank).

146 **(6) Steuerfreie Einnahmen.** Zinsen für Fremdmittel zur Finanzierung stfreier Einnahmen sind gem **§ 3c** nicht als WK abziehbar. Das gilt zB für Zinsen aus der Refinanzierung einer Kapital-LV auch dann, wenn die LV ihrerseits dazu dient, einen durch die Einkünfteerzielung veranlassten Kredit zu tilgen (BFH VIII R 3/11 BStBl II 14, 560: Immobilienkredit einer vom StPfl beherrschten GmbH; s auch BFH I R 15/94 BStBl II 97, 57; weitere Beispiele: § 3c Rz 11 ff).

147 **cc) Änderung des wirtschaftl Zusammenhangs. – (1) Umwidmung.** Wird ein kreditfinanziertes WG (zB Grundstück), das bislang zur Einkünfteerzielung eingesetzt wurde, veräußert und wird der **Veräußerungserlös** wiederum für die Einkünfteerzielung eingesetzt (zB Anschaffung eines anderen Grundstücks, das vermietet wird), sind die für das fortbestehende Darlehen gezahlten Zinsen nach der sog **Surrogations-Rspr** bei den nunmehr erzielten Einkünften als WK zu berücksichtigen (ausführl BFH VIII R 68/94 BStBl II 97, 454; BFH VIII R 53/95 BStBl II 97, 682). Wird der Veräußerungserlös **teilweise privat** verwendet, sind die Schuldzinsen aufzuteilen (s BFH VIII R 28/04 BStBl II 07, 699, unter II.2.c: gesplittete Umwidmung). – Entspr gilt für die **geänderte Verwendung** eines kreditfinanzierten WG (BFH GrS 2–3/88 BStBl II 90, 817, unter C. II.3.b.); daher sind zB nach Entnahme eines Grundstücks aus dem BV und anschließender Vermietung die Zinsen, die mit Anschaffungskrediten des Grundstücks zusammenhängen, als WK bei den Einkünften aus VuV abziehbar. – Ändert sich der Darlehenszweck noch **vor Verwendung der Darlehensmittel,** ist auf den neuen Zweck abzustellen (vgl BFH X R 140/95 BStBl II 99, 93, mwN).

Weitere Beispiele – WK anerkannt: fremdfinanziertes **Betriebsgrundstück** wird nach Betriebsaufgabe vermögensverwaltend vermietet (BFH X R 96/95 BStBl II 99, 353; s auch BFH X R 63/95 BFH/NV 00, 40); **Einbringung eines Einzelunternehmens** in eine GmbH gegen Gewährung von Ges-Anteilen unter Zurückbehaltung betriebl begründeter Verbindlichkeiten (BFH VIII R 5/96 BStBl II 99, 209); nach Betriebseinstellung werden bislang betriebl genutzte Büroräume als **häusl Arbeitszimmer** iRe nichtselbständigen Tätigkeit genutzt (BFH X R 15/04 BStBl II 07, 642; s auch BFH X R 60/99 BFH/NV 03, 900; *Paus* FR 84, 140; *Günther* DStZ 87, 228); bei fremdfinanzierter Sofortrente, wenn die **Rentenbeträge zur Anschaffung einer anderen Einkunftsquelle** (zB Zweitrente) oder zur Begleichung von WK eingesetzt werden (BFH IX R 23/03 BStBl II 06, 248); selbstbewohntes kreditfinanziertes Objekt wird veräußert und der Verkaufserlös (teilweise) zur Anschaffung einer **zur Vermietung bestimmten Immobilie** verwendet (BFH IX R 36/00 BStBl II 03, 706: nur teilweiser Abzug der Zinsen); Hauskredit steht nach Veräußerung des Hauses iZm Einkünften aus KapVerm, weil der Veräußerungserlös **als Festgeld angelegt** worden ist (BFH VIII R 67/86 BStBl II 91, 14) bzw der auf dem **Notaranderkonto** eingezahlte Kaufpreis Zinsen erbringt (BFH IX R 44/97 BFH/NV 01, 310); selbstbewohntes Einfamilienhaus wird gegen **Leibrente** veräußert (BFH X R 37/86 BStBl II 91, 398); Übernahme eines Darlehens mit der Folge eines **Schuldnerwechsels** im Zuge der Einbringung einer privaten Verbindlichkeit in eine vermögensverwaltende PersGes (BFH IX R 15/11 BStBl II 12, 205: kein Rechtsmissbrauch).

148 **(2) Keine willkürl Umwidmung.** Die Umwidmung eines Darlehens setzt voraus, dass die auf der erstmaligen Verwendung des Darlehens beruhende Zu-

ordnung zu einer bestimmten Einkunftsart oder zur privaten Vermögenssphäre eindeutig beendet und der bisherige wirtschaftl Zusammenhang **durch obj Umstände gelöst** ist (BFH VIII B 124/00 BFH/NV 01, 907 mwN). Eine willkürl Umwidmung durch den StPfl, zB durch bilanziellen Ausweis eines privat veranlassten Darlehens, ist nicht mögl (BFH X R 49/08 BFH/NV 10, 2225; s auch BFH GrS 1–2/95 BStBl II 98, 193, unter B. II.1.: keine Umschuldung durch gedankl Verrechnung). Die Rechtsfigur einer Abkürzung des Zahlungswegs (Rz 18) findet hier keine Anwendung (BFH VIII R 57/96 BFH/NV 99, 594; BFH VIII R 48/95 BFH/NV 98, 20).

Weitere Beispiele – WK nicht anerkannt: StPfl tilgt privates Darlehen und lässt es anschließend durch **Rücküberweisung** des Geldes seitens der Bank wieder „aufleben", um die Mittel nun zur Einkünfteerzielung zu verwenden (BFH VIII R 12/95 BFH/NV 98, 290); StPfl hat ein privates WG fremdfinanziert, kommt zu Geld und setzt dieses unter **Verzicht auf eine Tilgung** der privaten Schuld zur Einkunftserzielung ein (BFH XI R 22/88 BFH/NV 92, 25; BFH VIII R 57/96 BFH/NV 99, 594).

(3) Umschuldung. Wird der frühere Kredit durch ein neues Darlehen ersetzt, 149
so ändert dies am WK-Abzug nichts (BFH IX R 45/13 BStBl II 15, 635, unter II.4.c; BFH IX R 27/97 BStBl II 01, 573; BFH X R 104/98 BFH/NV 02, 163). Zu dieser Rspr steht BFH XI R 98/96 BStBl II 98, 144 in Widerspruch (s *Drenseck* DStR 98, 1328; *Paus* FR 98, 520; *Wendt* FR 98, 194).

dd) Nachweis. Es muss eindeutig feststehen, dass Darlehensmittel tatsächl zur 150
Einkunftserzielung eingesetzt worden sind (BFH IX B 238/02 BFH/NV 05, 1051). Im Falle der **Umwidmung** muss der StPfl den geänderten Verwendungszweck eindeutig und nachvollziehbar belegen (BFH VIII R 28/04 BStBl II 07, 699). Unsicherheiten gehen zu Lasten des Stpfl (s BFH IX R 27/97 BStBl II 01, 573, unter II.2.c.cc: Eingang einer Darlehensvaluta auf einem gemischten Kontokorrentkonto). Ggf müssen entspr Aufzeichnungen geführt werden (BFH XI B 8/03 BFH/NV 03, 1223: gemischtes Bankkonto; BFH IV R 87/95 BFH/NV 97, 339). – Eine **Zustimmung** des Darlehensgebers ist im Falle der Umwidmung nicht zwingend erforderl; sie stellt aber, wenn Zweifel an der Umwidmung bestehen, ein gewichtiges Indiz dar (BFH VIII R 28/04 BStBl II 07, 699; BFH VIII R 68/94 BStBl II 97, 454).

ee) Nachträgl Schuldzinsen. Schuldzinsen, die erst nach Aufgabe der Er- 151
werbstätigkeit anfallen, können, ebenso wie andere Aufwendungen (s Rz 99), zu nachträgl WK führen. Auch hier wirkt ein mit der früheren Einkünfteerzielung begründeter **wirtschaftl Zusammenhang** grds fort. Das gilt nach inzwischen geänderter BFH-Rspr auch dann, wenn ein mit Darlehensmitteln angeschafftes WG, das der Einkünfteerzielung gedient hat, veräußert worden ist (BFH VIII R 20/08 BStBl II 10, 787; BFH IX R 67/10 BStBl II 13, 275; zu Hintergrund und Entwicklung s 33. Aufl Rz 40); denn der ursprüngl Veranlassungszusammenhang setzt sich am **Veräußerungserlös** fort, unabhängig davon, ob die Veräußerung stpfl ist oder nicht (BFH IX R 45/13 BStBl II 15, 635; s auch *BMF* BStBl I 15, 581: ab 1.1.99; aA noch *BMF* BStBl I 13, 508).

(1) Verwendung des Veräußerungserlöses. Entscheidend ist, was mit dem 152
Veräußerungserlös geschieht: *(a)* Wird damit ein **anderes WG angeschafft,** das der Einkünfteerzielung dient, sind die für das fortbestehende Darlehen gezahlten Zinsen nach der sog Surrogations-Rspr bei den nunmehr erzielten Einkünften als WK zu berücksichtigen (Umwidmung des Kredits, s Rz 147). – *(b)* Wird mit dem Erlös das **Darlehen getilgt,** fallen keine weiteren Zinsen an (zur str Behandlung einer Vorfälligkeitsentschädigung s Rz 137). Zinsen, die bis zur Beseitigung eines Auszahlungshindernisses anfallen, sind WK (zutr *BMF* BStBl I 15, 581, Tz 1.1). Kann das Darlehen **nur teilweise getilgt** werden, weil der Veräußerungserlös nicht ausreicht, sind die auf das Rest-Darlehen entfallenden Zinsen nachträgl WK. Das gilt auch für Schuldzinsen, die auf ein Refinanzierungs- oder Umschuldungs-

darlehen gezahlt werden (BFH IX R 45/13 BStBl II 15, 635). Unwirtschaftl Verhalten wird vom StPfl nicht verlangt (BFH IX R 40/14 DStR 16, 41). Voraussetzung ist allerdings, dass die **Einkünfteerzielungsabsicht** des StPfl nicht bereits vor Veräußerung aus anderen Gründen weggefallen ist (BFH IX R 37/12 BStBl II 15, 635). – *(c)* Verwendet der StPfl den Veräußerungserlös ganz oder teilweise **für andere (private) Zwecke,** wird der Zusammenhang mit der Einkünfteerzielung ganz oder teilweise gelöst; die Zinsen sind (insoweit) keine WK mehr (**Vorrang der Schuldentilgung,** s BFH IX R 67/10 BStBl II 13, 275, unter II.4.; *Heuermann* BFH/PR 12, 366; einschr *Paus* DStZ 14, 580; aA *Dötsch* jurisPR-SteuerR 26/2014 Anm 3). – Zur Behandlung mehrerer Darlehen und zu Darlehen für Erhaltungsaufwendungen s *BMF* BStBl I 15, 581, Tz. 1.1. und 4. – Im Fall einer vermögensverwaltenden PersGes richtet sich die Höhe des Schuldzinsenabzugs nach der **Bruchteilsbetrachtung** (BFH IX R 45/13 BStBl II 15, 635, unter II.5. mwN). Zu **§ 3c** s BFH VIII R 13/11 BStBl II 14, 251.

Beispiele – WK (grds) anerkannt: Schuldzinsen nach Veräußerung einer **fremdfinanzierten Immobilie** innerhalb (BFH IX R 67/10 BStBl II 13, 275) oder außerhalb der Veräußerungsfrist des § 23 I 1 Nr 1 EStG (BFH IX R 45/13 BStBl II 15, 635); Kosten für einen gleichzeitig mit einem Darlehensvertrag abgeschlossenen **Zinssatz-Swap** (FG BaWü 4 K 2859/09, Rev VIII R 32/13); Umschuldung unter Beibehaltung einer das Rest-Darlehen abw **Kapital-LV** (BFH IX R 40/14 DStR 16, 41: Keine Pflicht zur vorzeitigen Verwendung des Rückkaufwerts). – Für Schuldzinsen nach Veräußerung einer **im PV gehaltenen wesentl Beteiligung** bzw Auflösung der Ges gilt Folgendes: Bei *Auflösung bis VZ 2008* sind die Schuldzinsen als WK zu berücksichtigen (BFH VIII R 20/08 BStBl II 10, 787), auch bei *Auflösung vor VZ 1999* (BFH VIII R 13/11 BStBl II 14, 251; BFH X R 5/11 BFH/NV 14, 218); **ab VZ 2009** ist wegen **§ 20 IX** der WK-Abzug ausgeschlossen (BFH VIII R 53/12 BStBl II 14, 975); s auch § 20 Rz 214. – Ferner: *Pezzer* BFH/PR 10, 367; *Fuhrmann* NWB 10, 2942; *Haase* BB 10, 2871; *Jachmann/Schallmoser* DStZ 11, 1245; *Schmitz-Herscheidt* FR 14, 625.

153 **(2) Sonstige Fälle.** Diese Grundsätze gelten für alle Einkünfte und sollen dem BFH zufolge künftig auch in Fällen angewendet werden, in denen bislang aus anderen Gründen nachträgl Schuldzinsen als WK anerkannt worden sind (BFH IX R 45/13 BStBl II 15, 635, unter II.2.c und II.3; ausdrückl genannt werden BFH IX R 42/97 BStBl II 01, 528 und BFH IX R 28/04 BStBl II 06, 407; s auch Anm *OS* DStR 14, 996, 1001; ebenso *BMF* BStBl I 14, 108, und BStBl I 15, 581, allerdings nur für Veräußerungen ab 1.1.14; bis dahin bleibt *BMF* BStBl I 06, 363 anwendbar). – Nachträgl Schuldzinsen können mE darüber hinaus auch dann als WK zu berücksichtigen sein, wenn das zur Einkünfteerzielung eingesetzte WG zB durch Brand untergeht (so zutr *Paus* FR 84, 136f; s auch Rz 78ff).

154 **ff) Sekundärfolgen-Rspr.** Beginnend mit BFH IV R 138/79 BStBl II 83, 380 (Zinsen nach Erbauseinandersetzung, die früher nicht als Anschaffungsvorgang gewertet wurde) hatte die Rspr die sog Sekundärfolgen-Rspr entwickelt, der der allg Rechtsgrundsatz zu entnehmen war, dass ein wirtschaftl Zusammenhang zw einer Darlehensaufnahme bzw -übernahme und einer bestimmten Einkunftsart dann gegeben ist, wenn die Darlehensvaluta dazu benutzt wird, um Verbindlichkeiten zu erfüllen, die auf den Wert von **Vermögen** zurückzuführen sind, **das der Einkunftserzielung dient** (Anm HFR 89, 363; hiervon ging auch *BMF* BStBl I 93, 62, Tz 37 aus). Nicht Voraussetzung war nach dieser Rspr, dass die durch Darlehen finanzierten Aufwendungen zu AK/HK oder sofort abzugsfähigen WK führen. Daher konnten die Zinsen aus der Finanzierung von **Pflichtteils- und Erbersatzansprüchen** ebenso als BA/WK abzugsfähig sein (*BMF* BStBl I 93, 62, Tz 37) wie zB Zinsen im Zusammenhang mit der Finanzierung des **Zugewinnausgleichs.** Diese vernünftige Rspr (s die Nachweise in der 12. Aufl und *L. Schmidt* FR 93, 683) hat der BFH (VIII. Senat) wieder aufgegeben; sämtl früher beteiligten Senate haben zugestimmt.

155 Da die Belastung eines Nachlasses mit Vermächtnis-, Pflichtteils- und Erbersatzverbindlichkeiten nicht zu AK des oder der Verpflichteten für die WG des Nachlasses führt (s dazu BFH

IX R 29/09–30/09 BFH/NV 10, 2257, 2259), ein wirtschaftl Zusammenhang von Schuldzinsen mit einer Einkunftsart aber „insbesondere" (BFH VIII R 6/87 BStBl II 93, 275) bzw „jedenfalls" (BFH VIII R 47/90 BStBl II 94, 619) die Finanzierung von AK/HK voraussetzt, führt ein Darlehen des Erben zur Begleichung der vorgenannten Verbindlichkeiten nicht mehr zum Schuldzinsenabzug (BFH VIII R 6/87 BStBl II 93, 275, Verzugszinsen aus einer **Pflichtteilsverbindlichkeit;** BFH VIII R 47/90 BStBl II 94, 619; s Anm HFR 93, 500, Zinsen aus Pflichtteilsverbindlichkeit; gegen diese Rspr *Grube* FR 07, 533, 536), auch dann nicht, wenn die Zahlungen vereinbarungsgemäß aus lfd BE erfolgen sollen (BFH IV R 62/93 BStBl II 95, 413). – Zu Zinsen aus der Finanzierung einer **Barvermächtnisschuld** sowie von **Zugewinnausgleichs-/Abfindungsansprüchen** etc s 34. Aufl Rz 155.

WK-Abzug ist aber gegeben, wenn ein Versteigerungserlös iRd Zugewinnausgleichs auf Grund eines gerichtl Zwischenvergleichs zunächst ausgezahlt und zur Einkunftserzielung verwendet worden, später aber wegen des Urteils verzinst zurückzuzahlen ist (iErg zutr BFH VIII R 41/92 BStBl II 94, 228; Anm HFR 94, 261). – Zahlungen zur Ablösung von auf Grund eines Vermächtnisses ausgesetzten obligatorischen Nutzungsrechten führen zu AK des entlasteten WG (FG Hbg EFG 00, 1312, rkr); im Zusammenhang damit stehende Schuldzinsen sind als WK abziehbar. – Die *FinVerw* hat ihre frühere Anerkennung der Sekundärfolgen-Rspr aufgegeben und wendet die geänderte Rspr mit der Maßgabe an, dass seit VZ 1995 (für WK) bzw für nach dem 31.12.1994 beginnende Wj (für BA) ein Schuldzinsenabzug aus den vorgenannten Vorgängen ausscheidet (BStBl I 94, 603; zu Billigkeitsmaßnahmen s *FinVerw* FR 95, 626). – Im strechtl Schrifttum ist diese Rspr auf einhellige und überzeugende Ablehnung gestoßen (s die Nachweise in der 24. Aufl § 9 Rz 11). 156

Nach zutr Rspr des X. Senats (BFH X R 128/90 BStBl II 93, 867) können hingegen Schuldzinsen und andere Kreditkosten zur Finanzierung des anlässl einer Ehescheidung nach § 1587o BGB vereinbarten **Versorgungsausgleichs** (zur ungeschmälerten Erhaltung der späteren Rentenbezüge) als vorab entstandene WK bei den Einkünften iSd § 22 Nr 1 abziehbar sein; denn die Schuldaufnahme dient dazu, solche Renteneinkünfte zu ermöglichen (ebenso zu § 1408 II BGB: BFH VI R 59/10 DStR 11, 1123; zur Abgrenzung s § 19 Rz 110 „Versorgungsausgleich"). Auch wenn es der X. Senat verneint, so kollidiert dieses Urteil doch mit der Rspr des VIII. und IX. Senats (*L. Schmidt* FR 93, 807; ausführl auch *Drenseck* DStBTg 94, 201, 207 ff; *Valentin* EFG 01, 1594). 157

gg) Erzwungene Kapitalüberlassung. Überlässt der StPfl unfreiwillig einem Dritten Kapital gegen Zinsen (zB Verzugszinsen nach ungerechtfertigter Inanspruchnahme aus Bürgschaft auf erste Anforderung), genügt es für die Begründung des erforderl wirtschaftl Zusammenhangs zw einer Darlehensaufnahme (zur Bedienung der Bürgschaft) und späteren Zinseinnahmen (Verzugszinsen), wenn das Darlehen zu dem Zweck aufgenommen worden ist, um die letztl nicht gerechtfertigte Forderung zu erfüllen (BFH VIII R 3/09 BStBl II 12, 254 mwN: keine besondere subj Bestimmung der Schuldzinsen für Zwecke der Erzielung von Verzugszinsen erforderl). 158

hh) Lösung des Veranlassungszusammenhangs. Verschenkt der StPfl ein kreditfinanziertes WG, das der Einkünfteerzielung dient, unter Zurückbehaltung der Verbindlichkeiten, wird der Zusammenhang zw Zinsen und Einkünften gelöst (BFH IX B 127/07 BFH/NV 08, 941). Das gilt auch dann, wenn der Beschenkte im Erbwege später Schuldner der Verbindlichkeit wird (BFH IX R 182/84 BFH/NV 90, 560). 159

c) Renten. Zum Begriff (Leibrenten, Zeitrenten) s § 22 Rz 20 ff; ferner § 4 Rz 76 ff. Die Rente muss mit einer Überschusseinkunftsart im Zusammenhang stehen. Der Barwert der Rente (zur Ermittlung s *BMF* BStBl I 04, 922, Tz 51; § 6 Rz 443) ist AK, auf die (zB beim Kauf eines Miethauses) die AfA vorzunehmen ist; der **Ertragsanteil** der Rente ist als WK abzugsfähig und beim Veräußerer als Einnahme iSd § 22 Nr 1 S 3 Buchst a zu erfassen (*BMF* aaO, Tz 53; verfgemäß BFH 160

VIII R 38/94 BStBl II 98, 339). BFH X R 32–33/01 BStBl II 11, 675, Rz 38, wonach sich der Zinsanteil aus dem Unterschiedsbetrag zw Rentenzahlungen einerseits und dem jährl Rückgang des Werts der Leibrentenverpflichtung ergibt, gilt nur bei den Gewinneinkünften. Zur unterschiedl Besteuerung bei Leibrente und abgekürzter Zeitrente s BFH IX R 56/07 BStBl II 10, 24 (*Heuermann* BFH/PR 09, 46). Auch die Ablösung eines Nutzungsrechts gegen Leibrente kann zu AK führen (BFH X R 81/91 BFH/NV 94, 620). Eine spätere Erhöhung der Veräußerungsrente bleibt ohne Einfluss auf die AK (FG Nds EFG 94, 653, rkr, mwN).

Zur Ermittlung des Ertragsanteils bei Erwerb eines Hauses gegen Rentenverpflichtung ggü mehreren Personen verschiedenen Alters s FG Ddorf EFG 86, 598, rkr: das Alter der jüngeren Person entscheidet, zutr. Zur Vermögensübertragung gegen wiederkehrende Leistungen auf bestimmte Zeit (abgekürzte Leibrente/abgekürzte dauernde Last; Mindestzeitrenten oder verlängerte Leibrenten/dauernde Lasten) s *BMF* BStBl I 04, 922, Tz 58 ff und BStBl I 10, 227, Tz 77 ff. – Im Fall der **Vermögensübergabe gegen Versorgungsleistungen** im Generationenverbund kommt kein WK-Abzug, sondern ein *SA-Abzug idR als dauernde Last* in Betracht (s § 12 Rz 36 ff; § 10 Rz 139 ff; § 22 Rz 105 ff); anders ist die Rechtslage, wenn die beiderseitigen Leistungen wie unter Fremden ausgehandelt worden sind.

161 **d) Dauernde Last.** Zum Begriff s § 22 Rz 47. Im Unterschied zur Rente werden die Leistungen bei der dauernden Last nicht gleichbleibend erbracht. Zum WK-Abzug kann es nur kommen, wenn die dauernde Last mit einer Überschusseinkunftsart im Zusammenhang steht. Zu **Vermögensübergabe gegen Versorgungsleistungen** s Rz 160 aE.

162 Handelt es sich um ein **entgeltl Geschäft** (beiderseitige Leistungen sind wie unter fremden Dritten ausgehandelt; s § 12 Rz 38, mwN), so soll nur der in den als dauernde Last zu qualifizierenden Versorgungsleistungen enthaltene *Zinsanteil* als WK abziehbar sein (BFH X R 136/88 BStBl II 92, 609, unter 5; ebenso BFH IX R 110/90 BStBl II 95, 47; ähnl FG Mster EFG 94, 829, rkr, Ablösung eines Wohnrechts und einer Leibrente gegen dauernde Last); dieser Zinsanteil soll beim Veräußerer als Einnahme iSd § 20 I Nr 7 erfasst werden (*obiter dictum* in BFH IX R 110/90 unter 5f, cc der Gründe; *Martin* BB 92, 1619; mE unzutr, s *Drenseck* FR 94, 788, unter 2c). IHd des Barwertes der dauernden Last (§ 14 BewG iVm Anlage 9) sollen AK vorliegen, auf die die AfA vorzunehmen sind (BFH IX R 110/90 BStBl II 95, 47; BFH IX R 46/88 BStBl II 95, 169; Berechnungsbeispiele *Matteikat* DStR 95, 1091). Dies ist zweifelhaft und bedeutet eine unnötige Komplizierung des EStRechts; die FinVerw wendet die Rspr aber an (vgl BStBl I 04, 922, Tz 65 ff und BStBl I 10, 227, Tz 72 und 76). ME gehört ein etwaiger Barwert der dauernden Last nicht zu den AK; vielmehr sind die als dauernde Last zu zahlenden wiederkehrenden Leistungen jeweils in voller Höhe als WK abziehbar (ausführl *Drenseck* FR 94, 787; gegen BFH auch *Jansen* DStR 95, 203; *Paus* FR 95, 363). Trotz gegenteiliger Beteuerung (s auch *Ebling* DStR 95, 13) wird durch diese Rspr die Unterscheidung zw Leibrente und dauernder Last iErg im Wesentlichen gegenstandslos (*Drenseck* FR 94, 788, unter 3; s auch *Fischer* DStR 92, Beilage zu Heft 17, unter 6. ff). – IÜ ist beim *entgeltl Geschäft* eher von einer Leibrente auszugehen; auch bei einem *Hinweis auf § 323 ZPO* muss sich unter Berücksichtigung aller Umstände eindeutig und unmissverständl ergeben, dass abänderbare Leistungen vereinbart worden sind (BFH VIII R 80/97 FR 92, 623 Anm *Fischer; Martin* BB 92, 1619).

170 **3. Öffentl Abgaben; Versicherungen, § 9 I 3 Nr 2.** Gebäude und Gegenstände, auf die sich die öffentl Abgaben und Versicherungen beziehen, müssen dem Stpfl zur Einnahmeerzielung dienen. Dies ist nicht der Fall zB bei leer stehenden Häusern und unvermieteten Grundstücken, sofern sich nicht aus dem Gesichtspunkt vorabentstandener Aufwendungen (Rz 95 ff) etwas anderes ergibt, was bei Grundstücken aber nicht der Fall ist, wenn sie ledigl der Vermögensanlage dienen. Nach BFH VI 230/58 U BStBl III 60, 67 sollen bei **Zwischennutzung** derartiger Objekte WK iHd dabei erzielten Einnahmen abzugsfähig sein (aA *HHR* § 9

Rz 421); etwaige Überschüsse sollen versteuert werden (s auch BFH VIII R 132/80 BStBl II 82, 463; Rz 14).

171 **a) Steuern von Grundbesitz.** Darunter fallen neben Grundsteuern und Ortskirchensteuern (offen gelassen: BFH IV 378/62 HFR 64, 376) auch ausl Steuern (s Bedenken in BFH I 308/61 U BStBl 64, 5). Nach der Abzugsfähigkeit der zugrunde liegenden Steuer richtet sich auch die Abzugsfähigkeit steuerl Nebenleistungen (§ 12 Rz 49).

172 **b) Sonstige öffentl Abgaben.** Das sind zB Straßenreinigungs-, Müllabfuhr- und Kanalisationsgebühren, nicht dagegen eine Ablösezahlung für Stellplatzverpflichtung (BFH IX R 51/00 BStBl II 03, 710; BFH IX R 45/80 BStBl II 84, 702, HK; aA *Tiedtke* DStR 72, 530, 533; s auch § 6 Rz 211 „Ablösezahlungen"); ferner nicht Kanalbaubeiträge (BFH VI R 302/66 BStBl II 68, 178, Grund und Boden), ferner nicht Anliegerbeiträge (BFH VIII R 65/72 BStBl II 74, 337, Grund und Boden; s demgegenüber aber BFH VIII R 80/77 BStBl II 80, 687, Wegebaukosten als sofort abzugsfähige BA; ferner BFH I R 130/78 BStBl II 83, 38, Sonderbeiträge zur städtischen Kläranlage als BA, weil originäres immaterielles WG; BFH III R 30/79 BStBl II 84, 616 – s aber § 6 Rz 59).

173 **c) Versicherungsbeiträge.** Dazu gehören Feuer-, Wasser-, Sturm-, Haftpflicht-, Ölhaftpflicht-, Mietausfall- und Bauwesenversicherung (BFH VIII B 81/74 BStBl II 80, 294), ferner Versicherung gegen Diebstahl oder Beschädigung von Arbeitsmitteln. Tritt der Versicherungsfall ein, sind außergewöhnl Absetzungen und Kosten der Schadensbeseitigung WK (s Rz 79 f); die Versicherungsleistungen sind Einnahmen (s Rz 112). Nicht unter Nr 2 fallen die Hausrat- und Privathaftpflichtversicherung (§ 12 Nr 1). Zur berufl Unfallversicherung s § 19 Rz 110 „Versicherungsbeiträge".

174 **4. Beiträge zu Berufsständen/-verbänden, § 9 I 3 Nr 3.** WK sind auch Mitgliedsbeiträge, Aufnahmegelder und Umlagen an Gewerkschaften, Beamtenbund, Anwaltskammern, Haus- und Grundbesitzerverein usw. Nicht zu den Beiträgen iSd § 9 I 3 Nr 3 zählen Aufwendungen für ehrenamtl Tätigkeit in den genannten Verbänden oder Aufwendungen für die Teilnahme an Tagungen und Sitzungen. Diese Aufwendungen sind aber nach dem allg WK-Begriff (§ 9 I 1) als WK abzugsfähig (BFH VI R 193/77 BStBl II 81, 368; *Söffing* FR 81, 284). – Nicht als WK abzugsfähig sind Beiträge an Berufsverbände, soweit sie mittelbar privaten Zwecken dienen (Sterbegeldumlage; FG RhPf EFG 82, 70, rkr). Verfolgt der Verband wesentl allg politische Zwecke, können die Beiträge nicht der Erwerbssphäre zugeordnet werden (Umgehung des § 4 VI; *Tipke/Lang* LB § 8 Rz 254). Entscheidend ist, ob Mittel des Verbandes in erhebl Maß zur Unterstützung politischer Parteien verwendet werden (BFH VI R 51/92 BStBl II 94, 33; FG RhPf EFG 95, 799, rkr). Gleiches gilt, wenn der ArbN einem auch der allgemeinpolitischen Willensbildung tätigen Verband angehört, der berufs- oder betriebsspezifische Belange von Gruppen verfolgt, denen der ArbN selbst nicht angehört (BFH VI R 11/90 BStBl II 93, 53; Anm HFR 93, 70; BFH VI R 50/93 BFH/NV 95, 22; abl *von Bornhaupt* BB 93, 50).

Zu Gewerkschaftsbeiträgen von **Rentnern** s *FinVerw* DStR 92, 822 und DStR 96, 827; nach Aufgabe der ArbN-Eigenschaft durch Übernahme eines politischen Mandats bzw Aufnahme einer selbstständigen/gewerbl Tätigkeit s *FinVerw* DStR 96, 1606. Mitgliedsbeiträge an **Marketing-Club** s *FinVerw* FR 84, 201.

5. Entfernungspauschale, § 9 I 3 Nr 4

Verwaltung: *BMF* v 24.10.14 BStBl I 14, 1412 (Reisekosten); *BMF* v 31.10.13 BStBl I 13, 1376 (Entfernungspauschale); *BMF* v 15.12.11 BStBl I 12, 57 (geänderte BFH-Rspr zur regelmäßigen Arbeitsstätte); *BMF* v 31.8.09 BStBl I 09, 891 (rückwirkende Fortführung der Gesetzeslage von 2006). – **Schrifttum:** *Niermann* DB 14, 2793 (Reisekostenrecht, BMF); *Neufang* DStR 11, 1986 (Rspr-Änderung); *Hilbert* NWB 11, 2722 (allg Überblick); *Schmidt* NWB 11, 1000 (Anzahl der Arbeitstage).

179 **a) Allgemeines; Verfassungsfragen.** Seit dem 1.1.2001 gilt für Fahrten zw Wohnung und **erster Tätigkeitsstätte** (ab VZ 2014; bis VZ 2013: „Arbeitsstätte", s Rz 186 und 254) eine *verkehrsmittelunabhängige* Entfernungspauschale; dh die Pauschale ist unabhängig davon anzusetzen, ob die Wege zu Fuß, mit dem eigenen Kfz oder mit öffentl Verkehrsmitteln zurückgelegt werden und ob dem ArbN überhaupt Kosten für diese Wege entstanden sind. Zwar setzt die Regelung **„Aufwendungen"** des ArbN für die Wege zw Wohnung und erster Tätigkeitsstätte voraus, doch wird das Entstehen von Aufwendungen mit der Formulierung „Zur Abgeltung dieser Aufwendungen" **gesetzl unterstellt** (Vereinfachungsgründe; BFH VI R 29/12 BStBl II 13, 735: durch umwelt- und verkehrspolitische Ziele gerechtfertigt; krit *Söhn* FR 01, 950; *Pasch ua* DStZ 01, 307 f; *Höck* DB 02, 1020). Hierdurch werden Fahrgemeinschaften gefördert; denn jedem Mitglied der Fahrgemeinschaft steht die Entfernungspauschale zu (Einzelheiten Rz 201). Insb Ehegatten mit gemeinsamer erster Tätigkeitsstätte oder mit nahe beieinander liegenden ersten Tätigkeitsstätten erhalten *beide* für gemeinsame Fahrten *jeweils* die Entfernungspauschale, obwohl Kosten nur einmal anfallen. – Das **obj Nettoprinzip** verbietet, die Entfernungspauschale auch auf andere Fahrten auszudehnen (s Rz 186); bei diesen sind grds die **tatsächl Kosten** als WK zu berücksichtigen (s auch *Bergkemper* FR 05, 1113). Allerdings gilt hier ab VZ 2014 für sonstige **berufl veranlasste Fahrten** § 9 I 3 Nr 4a (Rz 203) und für Fahrten während der **Berufsausbildung** § 9 IV 8 (Rz 257).

Nur dann, wenn sich der ArbN auf immer gleiche Wege einstellen kann, kann er auf eine Minderung der Wegekosten hinwirken; nur in diesem Fall ist eine Beschränkung des WK-Abzugs durch § 9 I 3 Nr 4 sachl gerechtfertigt (s auch BFH VI R 36/10 BStBl II 12, 36 Rz, 14). Daher greifen die Beschränkungen der Entfernungspauschale nach **geänderter BFH-Rspr** bis einschließl VZ 2013 auch dann *nicht* ein, wenn der ArbN seinen Beruf an *mehreren* betriebl Einrichtungen des ArbG ausübt (BFH I R 55/10 BStBl II 12, 38; s Rz 188). Darüber hinaus gilt § 9 I 3 Nr 4 nach ebenfalls geänderter BFH-Rspr bis VZ 2013 nicht für Fahrten iRe **Vollzeitausbildung** (BFH VI R 44/10 BStBl II 13, 234, s Rz 186 aE).

180 **b) Entscheidung des BVerfG zur Pendlerpauschale.** Überzeugend hat das BVerfG (DStR 08, 2460) die **Fahrtaufwendungen als WK** (und nicht etwa „wie" WK) eingeordnet, da die Überwindung der Distanz zw Wohnung und Arbeitsstätte bzw jetzt erster Tätigkeitsstätte regelmäßig notwendige Bedingung jeder berufl Betätigung ist, es sich also um eine berufl veranlasste Fahrt handelt (s auch *Ge* DStR 10, 2627). Der Gesetzgeber hat durch Gesetz zur Fortführung der Gesetzeslage 2006 bei der Entfernungspauschale (BStBl I 09, 536) den früheren Rechtszustand verfgemäß rückwirkend zum 1.1.07 wieder aufleben lassen.

181 **c) Wegstrecke; Wohnung; erste Tätigkeitsstätte; Arbeitstag. – aa) Maßgebl Wegstrecke.** Die Entfernungspauschale wird für das **Zurücklegen des Weges** zw Wohnung und erster Tätigkeitsstätte (bzw bis VZ 2013: regelmäßiger Arbeitsstätte) gewährt. Maßgebend ist dabei die **kürzeste Straßenverbindung** (Nr 4 S 4 1. HS; BFH VI R 20/13 BStBl II 14, 259: Straße iSv § 2 StVG); und zwar auch dann, wenn die benutzte S-Bahn-Strecke weiter ist (FG BaWü EFG 09, 926, rkr). Auf das benutzte Verkehrsmittel kommt es nicht an, auch nicht auf eine bestehende Mautpflicht oÄ (BFH VI R 20/13 BStBl II 14, 259). Eine Ausnahme gilt, wenn eine andere Straßenverbindung offensichtl **verkehrsgünstiger** ist und vom ArbN regelmäßig benutzt wird. Eine bestimmte „Mindest-Zeitersparnis" wird nicht (mehr) verlangt; zudem können auch andere Kriterien (zB Streckenführung, Ampelschaltung) die Nutzung einer anderen Straßenverbindung als „offensichtl verkehrsgünstiger" rechtfertigen (BFH VI R 19/11 BStBl II 12, 520, mwN: Zeitersparnis ledigl als Indiz, konkrete Umstände des Einzelfalls entscheidend; BFH VI R 53/11 BStBl II 12, 802: Unzuverlässigkeit einer **Fährverbindung,** Ansatz der Beförderungskosten nur bei tatsächl Nutzung; Anm *Ge* DStR 12, 278: obj Kosten-Nutzen-Analyse; zur Einbeziehung von Fährverbindungen s iÜ *BMF* BStBl I 13, 1376, Tz 1.4). Zu vergleichen sind die kürzeste und die von dem

ArbN regelmäßig genutzte längere Straßenverbindung; weitere mögl, aber vom ArbN tatsächl nicht genutzte Fahrtstrecken bleiben unberücksichtigt (BFH VI R 46/10 BStBl II 12, 470). – Auch wenn der StPfl die Wege im **„Park-and-ride-System"** zurücklegt, sind nicht etwa die Entfernungen zw Wohnung/Abfahrtsbahnhof, zw Abfahrts-/Ankunftsbahnhof sowie zw Ankunftsbahnhof/erster Tätigkeitsstätte zusammenzurechnen. Maßgebend ist für die Entfernungspauschale stets die kürzeste **Straßenverbindung** zw Wohnung und erster Tätigkeitsstätte.

Die mit dem Kfz zurückgelegte Teilstrecke ist in voller Höhe zu berücksichtigen (allerdings kürzeste Strecke Wohnung–Bahnhof, s FG RhPf EFG 09, 1541, rkr, Anm *Wagner*); der verbleibende Teil der maßgebenden Entfernung entfällt auf die öffentl Verkehrsmittel; die maßgebende Entfernung ist also nicht in Teilstrecken im Verhältnis der benutzten Verkehrsmittel aufzuteilen. Sodann ist wie folgt zu rechnen: Entfernungspauschale für die Teilstrecke, auf der öffentl Verkehrsmittel benutzt werden oder (falls höher) die tatsächl Aufwendungen für die öffentl Verkehrsmitteln (§ 9 II 2; die Wegekosten können teilstreckenbezogen unterschiedl in Ansatz gebracht werden, s BFH VI R 25/08 BFH/NV 09, 1619; s auch FG Mster EFG 14, 1183, rkr, zur Nutzung unterschiedl öffentl Verkehrsmittel); Entfernungspauschale für die mit dem Kfz zurückgelegte Teilstrecke. – Entsprechendes gilt, wenn der ArbN die Wege für einen Teil des Jahres mit öffentl Verkehrsmitteln und für einen anderen Teil des Jahres mit dem eigenen Kfz zurücklegt. Die Kostendeckelung (s Rz 130) gilt bei Kfz-Nutzung und bei Ansatz der tatsächl Kosten für öffentl Verkehrsmittel nicht (weitere Einzelheiten bei Fällen wie *park & ride* s *BMF* BStBl I 13, 1376, Tz 1.6 mit Beispielen; *Harder-Buschner* NWB 10, 3020, Beispiele).

Umwegstrecken. Hat der ArbN auf dem Weg zur ersten Tätigkeitsstätte noch andere dienstl Obliegenheiten zu erledigen, ist für die Entfernungspauschale gleichwohl die kürzeste Straßenverbindung zw Wohnung und erster Tätigkeitsstätte maßgebend; zu etwaigen *berufl veranlassten* Umwegstrecken s Rz 198. 182

bb) Wohnung. – (1) Begriff. Wohnung iSd § 9 I 3 Nr 4 ist ein Heim, von dem aus der ArbN sich zur ersten Tätigkeitsstätte begibt. Die Wohnung muss nicht voll eingerichtet sein. Es genügen auch ein möbliertes Zimmer, eine Holzbaracke oder ein Campingwagen (BFH VI R 64/81 BStBl II 83, 306, unter 2.b.aa). Zur Nutzung eines **„Home-Office"** s BFH VI R 55/10 BStBl II 12, 38 und Rz 188; zu Arbeitszimmer in einer fremden, entfernt gelegenen Wohnung s FG BaWü EFG 88, 410, rkr; *Albert* FR 09, 276. 183

(2) Mehrere Wohnungen. Nr 4 S 6 regelt den Fall, dass der ArbN mehrere Wohnungen hat. Ist die weiter von der ersten Tätigkeitsstätte entfernt liegende Wohnung der **Mittelpunkt der Lebensinteressen** des ArbN und wird sie nicht nur gelegentl aufgesucht, so ist die Entfernungspauschale auch für die kürzeste Straßenverbindung zw dieser Wohnung und der ersten Tätigkeitsstätte zu gewähren. 184

(3) Örtl Lebensmittelpunkt. Dieser ist bei einem *verheirateten ArbN* regelmäßig der Aufenthalts- und Wohnort der Familie. Bei einem *Ledigen* wird sich der Lebensmittelpunkt im Allgemeinen in der Wohnung befinden, von der aus er sich überwiegend zur ersten Tätigkeitsstätte begibt, es sei denn, er lebt in seiner Freizeit an den Wochenenden, in den Ferien oder bei Erkrankungen in einer auswärtigen Wohnung an einem Ort, zu dem er besondere persönl Bindungen hat (Eltern, Verlobte, Freundes- und Bekanntenkreis, Vereinszugehörigkeit; ausführl BFH VI R 7/83 BStBl II 86, 221; s auch BFH VI B 152/10 BFH/NV 11, 1347: nur *ein* Lebensmittelpunkt). Unerhebl ist, ob der ledige ArbN Eigentümer der Wohnung an seinem Lebensmittelpunkt ist, ob er die Wohnung gemietet hat oder ein Zimmer unentgeltl im Haus der Eltern nutzt. Ein nur gelegentl Aufsuchen der auswärtigen Wohnung macht diese aber noch nicht zum Lebensmittelpunkt des ledigen ArbN (BFH VI R 118/74 BStBl II 79, 226). Gerade das **nachhaltige Aufsuchen einer Wohnung** (nahezu immer, wenn mögl; *FinVerw* begnügt sich mit durchschnittl zweimaligem Aufsuchen je Monat, LStR 9.10 (1) 8; mE idR zu wenig) zeigt, dass diese vom ArbN als Lebensmittelpunkt angesehen wird (BFH VI R 7/83 BStBl II 86, 221); die Entscheidung ist das Ergebnis tatrichterl Würdigung aller Umstände 185 des Einzelfalles (zu den Pflichten des FG s BFH VI B 118/04 BStBl II 07, 538). Auf die Motive für die Wohnsitznahme an dem entfernteren Ort kommt es nicht an (BFH VI R 190/85 BFH/NV 89, 576). – Ist die weitere Wohnung nicht der Mittelpunkt der Lebensinteressen des ArbN (Zweitwohnung), ist entspr BFH VI R 168/84 BStBl II 86, 95 die Entfernungspauschale insoweit zu gewähren, als sie für Wege von der Erstwohnung zur ersten Tätigkeitsstätte anzusetzen gewesen wäre. Der örtl Mittelpunkt der Lebensführung kann iÜ auch zeitl begrenzt sein (Sommerwohnung/Winterwohnung, BFH VI R 127/76 BStBl II 79, 335).

186 **cc) Regelmäßige Arbeitsstätte (bis VZ 2013).** Mit Wirkung **ab VZ 2014** hat der Gesetzgeber diesen Begriff durch das neue Tatbestandsmerkmal **„erste Tätigkeitsstätte"** ersetzt (Legaldefinition in **§ 9 IV**); zu den sich daraus ergebenden Änderungen s Rz 254.

(1) Begriff. Nach bisheriger Rspr ist „regelmäßige Arbeitsstätte" iSd § 9 I 3 Nr 4 eine **ortsfeste dauerhafte betriebl Einrichtung des ArbG,** der der ArbN zugeordnet ist und die er nicht nur gelegentl, sondern mit einer gewissen Nachhaltigkeit, also fortdauernd und immer wieder, aufsucht (BFH VI R 58/09 BStBl II 12, 34; vgl BFH VIII R 33/10 BStBl II 14, 777; *Hilbert* NWB 11, 2722). Dies ist regelmäßig der Betrieb, ein Zweigbetrieb oder eine Betriebsstätte des ArbG (vgl BFH VI R 18/12 BStBl II 13, 838, mwN). Daher kann eine auswärtige vorübergehende Baustelle keine regelmäßige Arbeitsstätte sein (BFH VI R 70/03 BStBl II 05, 785, Maurer auf Baustellen), auch nicht nach Ablauf von drei Monaten (BFH VI R 66/05 BStBl II 08, 825, vorübergehend aufgesuchte Fortbildungsstätte; *Bergkemper* FR 08, 1074; *FinVerw* DStR 08, 2218). Eine Dreimonatsfrist gibt es allein beim Verpflegungsmehraufwand, sonst nicht (vgl BFH VI R 66/10 BStBl II 12, 27, zu Fahrtätigkeit); somit sind auch lang dauernde **Großbaustellen** für die ArbN keine regelmäßigen Arbeitsstätten (BFH VI R 74/13 BStBl II 14, 854; *Popp* DStR 06, 2112); ebenso wenig ein LKW (keine ortsfeste Einrichtung) oder ein LKW-Wechselplatz (keine Einrichtung des ArbG, s BFH VI R 48/11 BStBl II 12, 926; ebenso BFH VI R 23/11 BStBl II 12, 472 für Fahrer eines Noteinsatzfahrzeugs). An einer Einrichtung des ArbG fehlt es auch, wenn ein ArbN langfristig in der betriebl Einrichtung eines Kunden des ArbG oder als **Leih-ArbN** eingesetzt ist (BFH VI R 18/12 BStBl II 13, 838, mwN; BFH VI R 47/11 BStBl II 13, 169, mwN: Ausnahme bei eigener Betriebsstätte; BFH VI R 34/13 BFH/NV 14, 691; s aber BFH X R 13/13 BStBl II 15, 273: auf Gewinneinkünfte nicht übertragbar). ME gilt dies (bei typisierender Betrachtung) entspr auch in Fällen der **Ausgliederung von Firmenteilen** in selbstständige Unternehmen (**Outsourcing;** so auch BFH VI R 22/10 BStBl II 12, 827, der allerdings im konkreten Fall ein „Outsourcing" verneint hat; aA *Niermann/Plenker* DB 07, 1886). Entgegen FinVerw (*BMF* BStBl I 10, 21, Beispiele 3 und 5; ebenso *Plenker/Schaffhausen* DB 08, 1822) gibt es bis VZ 2013 (s Rz 184) *keine außerbetriebl regelmäßige Arbeitsstätte;* daher ist auch ein von einer Zeitarbeitsfirma für ein bestimmtes Projekt eingestellter und beim Kunden eingesetzter ArbN nicht an einer regelmäßigen Arbeitsstätte tätig (s auch BFH VI R 42/11 BStBl II 13, 236: Ausbildungsstätte eines Zeitsoldaten iRe Berufsförderungsmaßnahme; ebenso *Schneider* HFR 10, 1033; offen gelassen in BFH VI R 35/08 BStBl II 10, 852). Zu **Ausbildungsbetrieb** s BFH III R 60/13 BStBl II 15, 27 (trotz zeitl Befristung regelmäßige Arbeitsstätte für Dauer der Ausbildung); zu Berufsfachschule auf dem Gelände des ArbG s BFH III R 35/13 BStBl II 14, 1011. – **Kontrollüberlegung** ist stets, ob bei typisierender Betrachtung dem ArbN ein Familienumzug an den Tätigkeitsort zuzumuten ist oder nicht. LStR 9.4 (3) 3 aF ging von einer regelmäßigen Arbeitsstätte aus, wenn die Einrichtung des ArbG vom ArbN durchschnittl im Kj an einem Arbeitstag je Arbeitswoche aufgesucht wird (ebenso bislang BFH VI R 85/04 BStBl II 08, 887); dies kann allenfalls ein Anhalt sein (s auch *Niermann/Plenker* DB 07, 1886; *Albert* FR 09, 274 f); letztl kommt es auf den **Mittelpunkt der berufl Tätigkeit** an, s Rz 188.

(2) Abgrenzung. Bei **befristeter Abordnung** oder **Entsendung** an eine andere betriebl Einrichtung des ArbG wird diese nicht zur regelmäßigen Arbeitsstätte (BFH VI R 72/12 BStBl II 14, 68; s auch LStR 9.4 (3) 4 aF, zutr; Beispiele bei *Plenker/Schaffhausen* DB 08, 1823); auch dann nicht, wenn das Haupt-ArbVerh während dieser Zeit ruht (s auch Rz 236; BFH VI R 72/12 BStBl II 14, 68: auch nicht bei Abordnung für 3 Jahre; ebenso BFH VI R 27/12, BFH/NV 2014, 308: Abordnung eines Soldaten für „voraussichtlich" 2 Jahre *ohne* Umzugskostenvergütung) und auch nicht im Falle wiederholter befristeter Entsendung (BFH VI R 11/13 BStBl II 14, 804; ab VZ 2014 s aber *BMF* BStBl I 14, 1412 Rz 21). Für ein **Probe-ArbVerh** gilt dies nicht (BFH VI R 21/14 BStBl II 15, 338; BFH VI R 54/14 BFH/NV 15, 1555; FG SachsAnh EFG 15, 805, Rev VI R 7/15; FG SachsAnh EFG 15,

802, Rev VI R 6/15; aA: Voraufl). – Bei **dauerhafter Versetzung** des ArbN wird die neue Arbeitsstätte vom ersten Tag an zur regelmäßigen (BFH VI R 59/12 BStBl II 14, 66 für unbefristete Versetzung und absehbare Verweildauer von 4 Jahren; s auch *Niermann/Plenker* DB 07, 1886); nicht hingegen bei vorübergehender Abordnung iRd **Ausbildung an einer Fachhochschule** (BFH III R 101/07 BFH/NV 10, 200; BFH VI R 14/12 BStBl II 13, 449; s auch FG BaWü EFG 11, 1906, rkr, zu dualem Ausbildungsgang; BFH III R 64/11 BStBl II 13, 914). Als Arbeitseinsatz gilt auch eine freiwillig außerhalb der Arbeitszeit erbrachte Fortbildung (BFH VI R 30/02 BStBl II 03, 495; s auch FG Mchn EFG 10, 1779, rkr, Berufsschule am Sitz des ArbG); entscheidend sind die Umstände des Einzelfalles. – Die Auffassung, dass es auf die **Dauer und Intensität** der tägl an der regelmäßigen Arbeitsstätte erbrachten Arbeitsleistungen nicht ankommt (vgl etwa BFH VI R 109/89 BStBl II 94, 422; s iEinz 30. Aufl Rz 116 mwN), ist zutr aufgegeben worden. In Fällen, in denen keine der Tätigkeitsstätten des ArbN eine hinreichend zentrale Bedeutung ggü den anderen Tätigkeitsorten hat, insb bei ArbN, die im Außendienst beschäftigt sind (Reisende, Monteure, Kraftfahrer, Schaffner etc), ist regelmäßig von einer **Auswärtstätigkeit** auszugehen (vgl BFH VI R 36/10 BStBl II 12, 36; s Rz 188). – Da eine Arbeitsstätte schon begriffl ein ArbVerh voraussetzt, gelten die Beschränkungen des § 9 I 3 Nr 4 nach neuerer BFH-Rspr auch nicht für **Fahrten zu einer Bildungseinrichtung** iRe *vollzeitigen* Aus- und Fortbildung (BFH VI R 44/10 BStBl II 13, 234: Berücksichtigung der Fahrtkosten in tatsächl Höhe als WK; eine weitergehende Beschränkung des obj Nettoprinzips ist nicht gerechtfertigt); s aber **ab VZ 2014** § 9 IV 8 (Rz 257).

(3) Großräumige Arbeitsstätten. Das können sein: Werksgelände (zB auch unter Tage im Bergwerk, BFH VI R 61/06 BStBl II 10, 564) oder Waldgebiet, wenn es sich um ein **zusammenhängendes Gelände** des ArbG handelt und sich dort eine ortsfeste Einrichtung vergleichbar einem Betriebssitz befindet (BFH VI R 20/09 BStBl II 12, 32; ausführl *Schneider* NWB 10, 3868). – **Ab VZ 2014** gilt § 9 I 3 Nr 4a S 3 und 4 (Rz 204). 187

Weitere Beispiele: firmeneigenes **Schienennetz** für Lokomotiv-Rangierführer (BFH VI R 87/13 BFH/NV 15, 1084); Lotsrevier eines **Seelotsen** (BFH VIII R 33/10 BStBl II 14, 777); **Klinikgelände** mit Berufsfachschule (BFH III R 35/13 BStBl II 14, 1011). – **Keine großräumige Arbeitsstätte:** 400 qkm großes **Forstgebiet ohne** ortsfeste oder dauerhafte **betriebl Einrichtung** (BFH VI R 20/09 BStBl II 12, 32); **Stadtgebiet** oder Gebiet wie der **Hamburger Hafen** (BFH VI R 61/96 BStBl II 97, 333); Kehrbezirk eines **Kaminkehrers** (BFH VI R 22/04 BFH/NV 06, 507; aber wohl überholt, vgl BFH X R 19/12 BFH/NV 15, 482) oder ein **Zeitungszustellbezirk** (*Fissenewert* HFR 06, 252, mwN; *ders* DB 06, Beilage 6 zu Heft 39 S 32 IV 2., 1a); die hier tätigen ArbN befinden sich auf einer Auswärtstätigkeit (zT aA LStH 9.4 „weiträumiges Arbeitsgebiet"; s aber *BMF* BStBl I 12, 57). Wird eine Tätigkeit an tägl mehrmals wechselnden Orten ausgeübt, sind diese Tätigkeitsstätten unabhängig davon, ob daneben noch eine regelmäßige Arbeitsstätte besteht, keine Arbeitsstätten iSv § 9 I 3 Nr 4 (zB Reisevertreter, Kundendiensttechniker, reine Reisetätigkeit); hier sind die tatsächl Fahrtkosten als WK abziehbar (BFH VI R 109/89 BStBl II 94, 422).

(4) Rspr-Änderung. Ein ArbN kann bei einem ArbG **nur *eine* regelmäßige Arbeitsstätte** iSd § 9 I 3 Nr 4 haben (BFH VI R 58/09, BStBl II 12, 34; VI R 36/10 BStBl II 12, 36; und BFH VI R 55/10 BStBl II 12, 38). Die frühere gegenteilige Auffassung (vgl BFH VI R 53/01 BStBl II 02, 878; BFH VI R 15/04 BStBl II 05, 788) hat der BFH ausdrückl aufgegeben (zur Kritik s 30. Aufl; *Hilbert* NWB 11, 2722; *Gödtel/Wünnemann* DStR 10, 2273). Die geänderte Rspr ist grds **durch § 9 IV 5 bestätigt** worden (s Rz 256). 188

(a) **Rechtslage bis VZ 2013.** Ist der ArbN in *mehreren* betriebl Einrichtungen des ArbG tätig, muss der **ortsgebundene Mittelpunkt der berufl Tätigkeit** nach den konkreten Umständen des jeweiligen Einzelfalles bestimmt werden (s BFH VI R 51/12 BStBl II 14, 342: *„ex ante"*-Beurteilung der der Auswärtstätigkeit zugrunde liegenden Vereinbarung, bis VZ 2013 keine zeitl Obergrenze; vgl auch *Geserich* NWB 11, 3531/4). Dabei kommt es insb darauf an, welcher Arbeitsstätte der ArbN zugeordnet ist (und welche er *nicht nur gelegentl* aufsucht, s Rz 186), welche Tätigkeiten er an den verschiedenen Arbeitsstätten ausübt und welches Gewicht diesen in Bezug auf die Gesamttätigkeit zukommt (s iEinz *Strohner/Bode* DB 11, 2566: qualitative und quantitative Prüfung; *Geserich,* NWB 11, 3531: typischer Schwerpunkt der Arbeit; *Neufang* DStR 11, 1986: ggf Anrufungsauskunft einholen). Hierbei handelt es sich um Indizien, deren Würdigung und Gewichtung Aufgabe der Finanzgerichte als Tatsa-

cheninstanz ist. Fahrten zu den übrigen Arbeitsstätten sind mit den tatsächl Fahrtkosten als WK zu berücksichtigen. Gibt es **keinen ortsgebundenen Mittelpunkt** der berufl Tätigkeit, ist insgesamt von einer Auswärtstätigkeit auszugehen (BFH VI R 36/10 BStBl II 12, 36, Rz 16; weitere mögl Folgen: Verpflegungsmehraufwand nach § 4 V 1 Nr 5 S 3, Minderung des Bruttoarbeitslohns im Hinblick auf § 8 II 3, s BFH aaO; *Neufang* DStR 11, 1986). Dem *BMF* zufolge ist die geänderte Rspr **in allen offenen Fällen** anzuwenden (s *BMF* BStBl II 12, 57). – Es bleibt dabei, dass sich die gesamte Problematik entschärfen würde, wenn sich der Gesetzgeber zu einem *einheitl Km-Pauschbetrag* – bemessen nach den Kosten eines Mittelklassewagens – für *sämtl berufl bedingten Fahrten* durchringen könnte.

(b) **Beispiele. Polizist** im Streifendienst (BFH VI R 8/15 BFH/NV 16, 196: Kommissariat ist keine regelmäßige Arbeitsstätte; aA FG SachsAnh EFG 15, 1796, Rev VI R 32/15; FG BBg EFG 15, 285, rkr); Auswärtstätigkeit bei **Pilot** (BFH VI R 68/12 BFH/NV 14, 1029) und **Stewardess** (BFH VI R 54/13 BFH/NV 14, 1199); **Außendienstmitarbeiter,** der den Betriebssitz des ArbG *nur zu Kontrollzwecken* aufsucht (BFH VI R 58/09 BStBl II 12, 34: keine regelmäßige Arbeitsstätte); wechselnde Tätigkeit einer Distriktmanagerin in **verschiedenen Filialen** des ArbG (BFH VI R 36/10 BStBl II 12, 36: aufgehoben und zurückverwiesen, ggf Auswärtstätigkeit; ebenso BFH VI R 32/11 BFH/NV 12, 936 für Bezirksleiter); Fahrer eines **Notarztwagens** (BFH VI R 36/11 BStBl II 12, 503); **„Home-Office“** eines Geschäftsführers (BFH VI R 55/10 BStBl II 12, 38: Firmensitz nicht notwendig regelmäßige Arbeitsstätte); **vorübergehend aufgesuchte Ausbildungseinrichtung** ist *keine* zweite regelmäßige Arbeitsstätte (BFH III B 106/10 BFH/NV 11, 793; BFH VI R 65/11 BFH/NV 13, 517). – Die FG-Rspr ist uneinheitl: vorübergehende **Personalreserve** für 14 Filialen (FG Nds EFG 11, 1774, rkr: keine regelmäßige Arbeitsstätte, zutr); **Feuerwache** eines Berufsfeuerwehrmanns (FG SchlHol EFG 13, 1657, rkr: regelmäßige Arbeitsstätte bejaht); Dienststelle eines **Wasserschutzpolizisten** im Außendienst (FG Nds EFG 15, 1687, Rev VI R 39/15: keine regelmäßige Arbeitsstätte); aA für Diensthundeführer: FG Nds EFG 14, 1474.

189 **(5) Mehrere ArbG; mehrere Arbeitsstätten.** Steht der ArbN in mehreren ArbVerh zu verschiedenen ArbG, fallen die jeweiligen tägl Fahrten von der Wohnung zu den unterschiedl Arbeitsstätten unter die Entfernungspauschale (s Rz 193). Dies gilt auch für **VZ ab 2014.** Fährt der ArbN die Arbeitsstätten tägl *nacheinander* an, gilt folgendes: Halbe Entfernungspauschale für den Weg von der Wohnung zur Arbeitsstätte 1, tatsächl Kosten für den Weg von der Arbeitsstätte 1 zur Arbeitsstätte 2 und halbe Entfernungspauschale für den Weg von der Arbeitsstätte 2 zur Wohnung zurück usw (vgl auch BFH VI R 53/01 BStBl II 02, 878; *Pust* HFR 03, 53; aA *BMF* BStBl I 13, 1376, Tz 1.8 mit Beispiel 1: Fahrt zur Arbeitsstätte 1 als Umwegfahrt zur Arbeitsstätte 2, kein Abzug der tatsächl Kosten für die Fahrt zw den beiden Arbeitsstätten).

190 **(6) Wechselnde Einsatzstelle.** Für Wege zw Wohnung und wechselnden Einsatzstellen gilt die Entfernungspauschale nicht; hier sind die tatsächl Kosten als WK abziehbar; die frühere Rspr zum Einzugsbereich und die Entfernungsgrenze von 30 km (s dazu 23. Aufl § 9 Rz 124) sind mit der neueren Rspr des BFH nicht vereinbar (BFH VI R 39/07 BStBl II 09, 475; BFH VI R 47/07 BFH/NV 09, 751; *Bergkemper* FR 09, 725). **Ab VZ 2014** richtet sich der WK-Abzug nach § 9 I 3 Nr 4a (s Rz 203).

(a) **Rechtslage bis VZ 2013.** Auch dann, wenn der ArbN **regelmäßig den Betriebssitz anfährt,** um von dort zu ständig wechselnden Einsatzstellen transportiert zu werden, kann mE nach der geänderten Rspr (Rz 188) für die Wege zw Wohnung und Betriebssitz nicht mehr (nur) die Entfernungspauschale angesetzt werden (vgl BFH VI R 58/09 BStBl II 12, 34); es sind vielmehr (ebenso wie für die Weiterfahrt) die tatsächl Aufwendungen als WK abziehbar. Erfolgt der Transport auf Kosten des ArbG (Sammeltransport), scheidet ein WK-Abzug aus (BFH VI R 25/04 BStBl II 05, 791). Gleiches gilt, wenn der ArbN zu Hause abgeholt wird (BFH VI R 70/03 BStBl II 05, 785). – Die frühere Rspr, wonach die Fahrt des ArbN von der Wohnung zu einem **Treffpunkt** (nicht Betriebssitz), von dem aus er weiter zu den Einsatzwechselstellen befördert wird, als Fahrten iSd § 9 I Nr 4 angesehen wurden (BFH VI R 119/77 BStBl II 80, 653), ist ebenfalls überholt (Treffpunkt ist keine ortsfeste Einrichtung des ArbG; s auch BFH VI R 15/04 BStBl II 05, 788, Übernahme eines Busses auf freier Strecke).

191 *(b)* **Zur Klarstellung.** Werden Fahrten im Wesentl durch den **tägl mehrfachen Ortswechsel** geprägt (Reisetätigkeit wie bei Handelsvertretern oder Kundendienstmonteuren;

Fahrten innerhalb einer großräumigen Arbeitsstätte), so fallen diese Fahrten von vornherein nicht unter den Regelungsbereich der Entfernungspauschale, so dass hier bis VZ 2013 stets die tatsächl Fahrtkosten als WK abziehbar sind (BFH VI R 109/89 BStBl II 94, 422).

dd) Arbeitstag. Die Entfernungspauschale gilt für jeden Arbeitstag, an dem der ArbN die erste Tätigkeitsstätte aufsucht. Der Gesetzgeber geht dabei von einem arbeitstägl Hin- und Rückweg aus. Legt der ArbN an einem Arbeitstag nur den Hinweg zurück, übernachtet er an der ersten Tätigkeitsstätte und fährt erst am nächsten Tag zurück, steht ihm insgesamt nur eine volle Entfernungspauschale zu (oder eine halbe Pauschale je Arbeitstag); denn „aufgesucht" hat er die erste Tätigkeitsstätte an den zwei Tagen nur einmal. 192

Die Entfernungspauschale ist für jeden Arbeitstag **nur einmal** anzusetzen. **Zusätzl Wege** an einem Arbeitstag wegen einer Arbeitszeitunterbrechung von mindestens vier Stunden oder wegen eines zusätzl Arbeitseinsatzes außerhalb der zusätzl Arbeitszeit werden (anders als früher, s 23. Aufl § 9 Rz 112) nicht mehr berücksichtigt (BFH VI B 101/03 BStBl II 03, 893, VerfBeschw nicht angenommen; s auch BFH VI B 43/12 DStR 12, 2318; FG SachsAnh EFG 04, 717, rkr; FG Mster EFG 06, 333, rkr; aA *Balmes/von Collenberg* BB 04, 1251). Diese Einschränkung gilt aber nur bezogen auf *eine* erste Tätigkeitsstätte; hat der ArbN mehrere DienstVerh und demzufolge auch *mehrere* erste Tätigkeitsstätten (s auch § 9 IV 5: „je DienstVerh", Rz 256) und kehrt er von der einen ersten Tätigkeitsstätte zunächst zur Wohnung zurück, so gilt für den Weg zur nächsten ersten Tätigkeitsstätte die Entfernungspauschale ohne Einschränkungen (s auch *Geserich* NWB 11, 3531/7; *BMF* BStBl I 13, 1376, Tz 1.8 mit Beispiel 2). 193

d) Pauschalierung. Die Entfernungspauschale beträgt gem § 9 I 3 Nr 4 S 2 für jeden vollen km der kürzesten Straßenverbindung zw Wohnung und erster Tätigkeitsstätte seit VZ 2004 einheitl 0,30 €. Angefangene km zählen nicht (also *Abrundung*). 194

aa) Flugstrecke. Ausgenommen ist gem 9 I 3 Nr 4 S 3 eine Flugstrecke; dagegen können Wege zum und vom Flugplatz über die Entfernungspauschale berücksichtigt werden (*BMF* BStBl I 13, 1376, Tz 1.2), sofern diese Strecken innerhalb der kürzesten Straßenverbindung bleiben. Der Flug ist mit den tatsächl Kosten anzusetzen; die Kosten für ein Flugticket sind näml idR niedriger, als es die Entfernungspauschale wäre; die Regelung dient also der Verhinderung erhebl Mitnahmeeffekte (BFH VI R 42/07 BStBl II 09, 724; *Geserich* HFR 09, 770). 195

Unklar ist die Rechtslage, wenn der ArbN ein **eigenes Flugzeug** benutzt. Da hier die tatsächl Kosten regelmäßig erhebl höher sind als eine anzusetzende Entfernungspauschale, würde die Anwendung von § 9 I 3 Nr 4 S 3 zu einer erhebl Begünstigung des Flugverkehrs führen, was zu den Zielsetzungen des Gesetzes konträr wäre. Hier könnte eine teleologische Reduktion des § 9 I 3 Nr 4 S 3 geboten sein (*Kempermann* HFR 01, 958). Letztl wird diese Frage aber wohl wegen der Kostendeckelung (Rz 130) kaum an Bedeutung gewinnen (wohl aber bei Familienheimfahrten im Rahmen einer doppelten Haushaltsführung). Zu nicht unwesentl privater Mitveranlassung s FG Hess EFG 15, 542, Rev VI R 37/15 (keine Aufteilung).

bb) Abgeltungswirkung, § 9 II 1, 2. – (1) Grundsatz. Durch die Entfernungspauschale sind „sämtl Aufwendungen" abgegolten, die durch die Wege zw Wohnung und erster Tätigkeitsstätte und durch Familienheimfahrten veranlasst sind (§ 9 II 1). Dies umfasst dem BFH zufolge nach der **ab VZ 2001** geltenden gesetzl Regelung ohne Einschränkung **alle Aufwendungen,** unabhängig von ihrer Höhe (BFH VI R 29/13 BStBl II 14, 849). Die frühere Unterscheidung zw normalen, voraussehbaren Kosten und außergewöhnl Aufwendungen (s BFH VI R 54/09 BStBl II 11, 354, unter II.2.b.aa, mwN) gilt demnach nicht mehr. Abgegolten sind mit der Pauschale somit nicht nur Kosten für Kraftstoff, Kfz-Steuern, Haftpflichtversicherung, übl Reparaturen, Parkgebühren und AfA, sondern auch Aufwendungen, die durch **Unfälle und außergewöhnl Reparaturen** entstehen (vgl BFH VI R 29/13 BStBl II 14, 849: keine zusätzl WK durch Reparatur nach Falschbetankung; aA 33. Aufl Rz 126 mwN; ebenfalls aA für Unfallkosten *BMF* 196

BStBl I 13, 1376, Tz 4, unter Berufung auf die Gesetzesmaterialien; s auch FG BaWü 4 K 3997/11, Rev VI R 76/14; *Balmes/Hussain* BB 15, 2909); ob das auch für **Fährkosten** uÄ gilt, ist offen (aA bislang *BMF* aaO, Tz 1.4 und 1.6; s auch BFH VI R 53/11 BStBl II 12, 802, unter II.1.b.). – Dem könnte man entgegenhalten, dass sich bestimmte, auf außergewöhnl Ereignissen beruhende Kosten naturgemäß jeder Pauschalierung entziehen bzw die Grenzen einer zulässigen gesetzl Pauschalierung überschreiten. Ungeachtet dessen wird man mE bei außergewöhnl Ereignissen wie **Diebstahl, mutwilliger Beschädigung oder Zerstörung** immer auch prüfen müssen, ob die damit zusammenhängenden Kosten tatsächl *„durch"* die Wege zw Wohnung und erster Tätigkeitsstätte bzw *„durch"* Familienheimfahrten veranlasst sind oder ob hier nicht der von § 9 I 3 Nr 4 iVm II geregelte Veranlassungszusammenhang durch einen anderen berufl Zusammenhang überlagert wird (vgl Rz 48) mit der Folge, dass die Aufwendungen nach § 9 I 1 als WK zu berücksichtigen sind (s auch Rz 80). Zu **Umwegfahrten** s Rz 198.

197 **(2) Ausnahme: öffentl Verkehrsmittel.** Eine Ausnahme lässt **§ 9 II 2** zu: Sind die Aufwendungen für die Benutzung öffentl Verkehrsmittel höher als die Entfernungspauschale, so können die höheren Kosten angesetzt werden (s auch FG Nbg EFG 15, 1184, Rev. VI R 4/15: verfgemäß). Der für den Abzug ermittelte Betrag ist **ab VZ 2011 jahresbezogen** zu berechnen (s *BMF* BStBl I 13, 1376 Tz 1.1 mit Beispiel; zu verfrechtl Bedenken und Problemen bei nur zeitweiliger Nutzung öffentl Verkehrsmittel s *Nacke* DB 11, 132). Zur Rechtslage bis VZ 2010 s 33. Aufl Rz 127.

198 **(3) Umwegfahrten.** Nicht abgegolten sind mE nach wie vor die Kosten für Umwegfahrten, die aus **sonstigen berufl Gründen** auf dem Weg zu oder von der ersten Tätigkeitsstätte oder auf Familienheimfahrten durchgeführt werden. Für diese Umwege sind die tatsächl oder pauschalierten Kosten nach **§ 9 I 3 Nr 4a** abziehbar (vgl auch BFH VIII R 12/13 BeckRS 2015, 95887); das gilt auch für Unfallkosten bei einem Unfall auf der Umwegstrecke. Soweit der BFH meint, dass auch Umwegfahrten mit der Pauschale abgegolten sind (BFH VI R 29/13 BStBl II 14, 849), kann sich dies mE nur auf Fahrten zur Tankstelle, Abholfahrten bei Fahrgemeinschaften uÄ beziehen (so auch *HHR* § 9 Anm 459); denn nur insoweit handelt es sich um Aufwendungen, die *„durch"* die Wege zwischen Wohnung und erster Tätigkeitsstätte und *„durch"* Familienheimfahrten veranlasst sind. – Keine Umwegfahrt liegt vor, wenn der ArbN von der Wohnung aus zu **Kundenbesuchen** aufbricht und später auch noch den Betriebssitz anfährt (insgesamt keine Fahrt zw Wohnung und erster Tätigkeitsstätte, sondern Auswärtstätigkeit; glA *Niermann/Plenker* DB 07, 1889).

199 **e) ArbG-Leistungen.** Bei ArbG-Leistungen in Form **stfreier Sammelbeförderung** (§ 3 Nr 32) kann die Entfernungspauschale nicht geltend gemacht werden (*BMF* BStBl I 13, 1376, Tz 1.9; seit VZ 2004). Zur Überlassung eines Kfz mit der Auflage, andere ArbN zur ersten Tätigkeitsstätte mitzunehmen s § 8 Rz 46 und § 19 Rz 100 „Sammelbeförderung". – Nach § 8 III stfreie Sachbezüge (hier muss die Beförderungsleistung zur Liefer- und Leistungspalette des ArbG gehören) werden mindernd auf die Entfernungspauschale angerechnet (s FG BBg EFG 13, 1576, rkr: vollumfängl, mit Anm *Pfützenreuter*). **Zuzahlungen des ArbN** sind als WK abziehbar (*Niermann* DB 07, 17, II.1). Da Job-Tickets und gleichgestellte Sachbezüge des ArbG stpfl Lohn sind, kann der ArbN die Entfernungspauschale in vollem Umfang als WK abziehen (weitere Einzelheiten bei verbilligter Überlassung des Job-Tickets s *BMF* BStBl I 04, 173, Tz II. 1). Macht der ArbN von einer Freifahrtberechtigung keinen Gebrauch, sondern fährt er mit dem Kfz zur ersten Tätigkeitsstätte, so ist die Entfernungspauschale nicht um den Wert der Freifahrtberechtigung zu kürzen (FG Bbg EFG 07, 1314, rkr). – Stellt der ArbG dem ArbN ein **Kfz für Fahrten zw Wohnung und erster Tätigkeitsstätte** zur Verfügung, so ergeben sich keine Besonderheiten: Der geldwerte Vorteil (ArbLohn) errechnet

sich nach § 8 II 2 (stets Ansatz der kürzesten Entfernung), der ArbN kann die ungekürzte Entfernungspauschale abziehen (verkehrsmittelunabhängige Pauschale; hier ggf Ansatz der verkehrsgünstigsten Entfernung; s *FinVerw* DStR 06, 1701). Einzelne, vom ArbN selbst getragene Kfz-Kosten sind dem BFH zufolge WK (BFH VI R 57/06 BStBl II 09, 199; Kritik: § 8 Rz 37). Wird von der Pauschalierung nach § 40 II 2 Gebrauch gemacht, so ist die Entfernungspauschale um den pauschal versteuerten Ersatz der Aufwendungen zu mindern (s *BMF* BStBl I 13, 1376, Tz 1.9; s auch § 40 Rz 18). Nicht auf die Entfernungspauschale angerechnet wird **bis VZ 2013** der Wert von Benzingutscheinen des ArbG, die unter § 8 II 9 fallen (s iEinz *Niermann* DB 07, 17, II. 6 aE; ebenso *HHR* § 9 Rz 460; aA *BMF* BStBl I 13, 215, Tz 1.9 bezogen auf Fahrten Wohnung-Arbeitsstätte). **Ab VZ 2014** wird das wegen der ausdrückl Bezugnahme in § 9 I 3 Nr 4 S 5 auf § 8 II 11 anders sein (str, aA *Seifert* DStZ 15, 246/252).

f) Kostendeckelung (Jahresgrenze 4500 €). Aufwendungen für Wege zw Wohnung und erster Tätigkeitsstätte werden im Grundsatz nur iHv höchstens 4500 € jährl zum WK-Abzug zugelassen. Eine **Ausnahme** gilt für Fernpendler, die ein eigenes oder zur Nutzung überlassenes *Kfz* (nicht etwa Motorrad) benutzen (Nr 4 S 2 HS 2; zu Mischfällen s Rz 181). – *Nicht nachweisen* muss der ArbN seine **tatsächl Kfz-Kosten,** denn es gilt stets die Pauschale (*BMF* BStBl I 13, 1376, Tz 1.3). Die Kostendeckelung gilt ferner nicht bei Nutzung öffentl Verkehrsmittel (§ 9 II 2; Rz 197). 200

g) Fahrgemeinschaften. Durch die Entfernungspauschale sollen Fahrgemeinschaften begünstigt werden. Jedes Mitglied der Fahrgemeinschaft erhält für den arbeitstägl Weg zur ersten Tätigkeitsstätte die Entfernungspauschale nach der kürzesten Straßenverbindung zw seiner Wohnung und der ersten Tätigkeitsstätte. Umwege zum gemeinsamen Treffpunkt oder Umwege für das Abholen der Mitglieder der Fahrgemeinschaft werden nicht in die Entfernungsermittlung einbezogen (*BMF* BStBl I 13, 1376, Tz 1.5; zu Unfällen s Rz 196 und *Niermann* DB 07, 17, II.5). Zur Rechtslage bei Vereinbarung von Kostenvergütungen s 23. Aufl § 9 Rz 123. – **Zur Kostendeckelung:** Bei *einseitiger* Fahrgemeinschaft erhält jedes *mitfahrende* Mitglied die Entfernungspauschale auf den Höchstbetrag von 4500 € begrenzt; der Fahrer kann die Entfernungspauschale ohne Kostenbegrenzung als WK absetzen (Nr 4 S 2 HS 2). – Bei wechselseitiger Fahrgemeinschaft ist zunächst die Entfernungspauschale für die Tage zu ermitteln, an denen der ArbN mitgefahren ist (insoweit gilt die Kostendeckelung); anschließend ist die Entfernungspauschale für die Tage zu berechnen, an denen der ArbN sein eigenes Kfz eingesetzt hat; mit diesem zweiten Betrag kann der Höchstbetrag überschritten werden (s *BMF* BStBl I 13, 1376, Tz 1.5 mit Beispiel). 201

h) Wegekostenabzug bei behinderten Menschen, § 9 II 3, 4. Behinderte Menschen mit dem im Gesetz genannten Behinderungsgrad können gem § 9 II 3 und 4 für Wege zw Wohnung und erster Tätigkeitsstätte und für Familienheimfahrten iRe doppelten Haushaltsführung *anstelle* der Entfernungspauschale die tatsächl Aufwendungen ansetzen. Werden die Wege an einem Tag mit verschiedenen Verkehrsmitteln zurückgelegt (Kfz und öffentl Verkehrsmittel), so kann das Wahlrecht (Entfernungspauschale oder tatsächl Kosten) nur einheitl ausgeübt werden (BFH VI R 77/06 BStBl II 09, 729; *Geserich* HFR 09, 768; *BMF* BStBl I 13, 1376, Tz 3 mit Beispielen). Bei der **Ermittlung der tatsächl Wegkosten** anhand von individuellen Km-Sätzen sind die gesamten Fahrzeugkosten zu berücksichtigen, einschließl AfA (BFH VI R 89/10 BStBl II 12, 835: Minderung der AK durch sozialrechtl Zuschüsse). – **Bei Ansatz der tatsächl Kosten gilt:** Durch § 9 II wird weder der Begriff der Fahrten zw Wohnung und erster Tätigkeitsstätte noch der der Familienheimfahrten iSd § 9 I 3 Nr 5 erweitert. Daher kann der StPfl nur die tatsächl Kosten für arbeitstägl eine Hin- und Rückfahrt und die tatsächl Kosten für wöchentl eine Familienheimfahrt als WK abziehen. Die Aufwendungen 202 für Leerfahrten, die dadurch entstehen, dass der StPfl zur ersten Tätigkeitsstätte gebracht und von dort wieder abgeholt wird, sind aber als WK ebenfalls abzugsfähig (BFH VI R 8/75 BStBl II 78, 260). Voraussetzung ist, dass diese Art der Beförderung notwendig, dh eine Folge der Behinderung ist. Bei Benutzung eines Kfz können die Fahrtkosten ohne Einzelnachweis mit den pauschalen km-Sätzen iHv 0,30 € je gefahrenem km angesetzt werden. Unfallkosten sind neben diesen pauschalen km-Sätzen abziehbar (s auch *BMF* BStBl I 13, 1376, Tz 3). – Zum Nachweis der Behinderung und der erhebl Beeinträchtigung der Bewegungsfähigkeit im Straßenverkehr (Anpassung an Begriffe des SchwbG) s § 33 Rz 35 „Fahrtkosten Behinderter" und § 33b Rz 9. Zu Fahrtkosten bei Sehbehinderung s FG RhPf DStRE 05, 929, rkr. Zur Änderung und nachträgl Festsetzung des Grades der Behinderung s BFH VI B 95/13 BStBl II 14, 525 (Herabsetzung, Zeitpunkt der Berücksichtigung) und § 33b Rz 20.

203 **6. Sonstige Fahrtkosten, § 9 I 3 Nr 4a. – a) Auswärtige Tätigkeit, § 9 I 3 Nr 4a S 1, 2.** Mit Wirkung **ab VZ 2014** ist gesetzl festgelegt, dass StPfl, die auswärts tätig sind, für berufl veranlasste Fahrten die **tatsächl Kosten** als WK geltend machen können; der persönl Km-Satz ist (wie bisher, s LStR 9.5 I) anhand der Gesamtkosten des genutzten Fahrzeugs für einen Zeitraum von 12 Monaten zu ermitteln und kann so lange angesetzt werden, bis sich die Verhältnisse wesentl ändern (s BT-Drs 17/10774 S 12f). – Wahlweise können **pauschale Km-Sätze** für das jeweilige Fahrzeug nach dem BRKG angesetzt werden (s *BMF* BStBl I 14, 1412 Rz 36: für Pkw 0,30 € pro gefahrenen km, für Motorroller 0,13 €, für Moped/Mofa 0,08 € und für Fahrrad 0,05 €). Aufgrund der ausdrückl gesetzl Regelung gibt es keine „offensichtl unzutr Besteuerung" mehr (s *BMF* aaO: keine Anwendung von BFH VI R 15/81 BStBl II 86, 200, und BFH VI R 114/88 BStBl II 92, 105).

204 **b) „Sammelpunkte"; weiträumige Tätigkeitsgebiete, § 9 I 3 Nr 4a S 3, 4.** Dagegen können ArbN, die keine „erste Tätigkeitsstätte" iSd § 9 IV haben, bei „typischerweise arbeitstägl" Fahrten zu einem vom ArbG „dauerhaft" vorgegebenen Ort („Sammelpunkte") oder einem weiträumigen Tätigkeitsgebiet **ab VZ 2014** nur noch die **Entfernungspauschale** geltend machen (§ 9 I 3 Nr 4a S 3). Es kommt also entgegen der unter Rz 186f dargestellten BFH-Rspr insb nicht mehr darauf an, ob eine ortsfeste Einrichtung des ArbG angefahren wird; die betroffenen StPfl werden damit **deutl schlechter gestellt** (zutr die Kritik von *Bergkemper* FR 13, 1017: Widerspruch zu § 9 IV 1; ebenso *Blümich* § 9 Rz 315: Verstoß gegen das obj Nettoprinzip). – „Dauerhaft vorgegeben" sein können zB ein Ort zur Fahrzeugübernahme für Berufskraftfahrer (Busdepot, LKW-Wechselplatz oÄ), ein Flug- oder Fährhafen oder ein Schiffsanleger (vgl *BMF* BStBl I 14, 1412 Rz 37). Privat vereinbarte Sammelpunkte werden nicht erfasst, da sie nicht vom ArbG vorgegeben sind. – Ein „weiträumiges Tätigkeitsgebiet" haben typischerweise Hafenarbeiter, Forstarbeiter oder Briefzusteller, nicht hingegen ArbN, die wie Bezirksleiter, Vertriebsmitarbeiter, Schornsteinfeger und Pflegekräfte verschiedene Niederlassungen bzw Häuser anfahren (s *BMF* aaO Rz 41). Werden unterschiedl Zugänge angefahren, gilt die Entfernungspauschale nur für die Fahrt zu dem der Wohnung des ArbN nächstgelegenen Zugang. Fahrten *innerhalb* eines weiträumigen Tätigkeitsgebiets werden dagegen weiterhin mit den **tatsächl Kosten** nach S 1 und 2 berücksichtigt (§ 9 I 3 Nr 4a S 4), ebenso die zusätzl km bei Fahrten zu einem weiter entfernten Zugang. – Die Berücksichtigung von Verpflegungsmehraufwand oder Übernachtungskosten wird von der Neuregelung nicht berührt (so ausdrückl auch *BMF* aaO Rz 39 und 44).

205 **7. Doppelte Haushaltsführung, § 9 I 3 Nr 5. – a) Allgemeines; Verfassungsfragen.** Zur Rechtsentwicklung s *HHR* § 9 Rz 475. Die Vorschrift ist ggü § 12 Nr 1 S 2 vorrangig (ausführl *Söhn* FS Offerhaus, S 477, mwN; *Offerhaus* BB 79, 668). Aufwendungen für doppelte Haushaltsführung sind dem Grunde

nach keine gemischten Aufwendungen iSv § 12 Nr 1 (glA *Bergkemper* FR 08, 43; unzutr BFH IV R 78/99 BStBl II 01, 70); denn es handelt sich um Kosten als **notwendige Voraussetzung der Erwerbstätigkeit** (s auch BVerfG 2 BvL 1/07 ua DStR 08, 2460, unter C. II.4.a). ME hat § 9 I 3 Nr 5 nur insoweit konstitutive Bedeutung, als der WK-Abzug eingeschränkt wird (*Drenseck* DB 87, 2485; *HHR* § 9 Rz 490; *Blümich* § 9 Rz 326; aA BFH VI R 90/84 BStBl II 88, 988). Dem Gesetzgeber wäre es untersagt, den Abzug der Kosten für eine doppelte Haushaltsführung ausnahmslos abzuschaffen; denn besonders in Zeiten wirtschaftl Krisen und drohender Arbeitslosigkeit sind diese Kosten zwangsläufig iSv BVerfG 2 BvR 400/98 und 2 BvR 1735/00 BStBl II 03, 534 (*Odenthal/Seifert* DStR 03, 1282; aA wohl *Kempermann* FR 03, 574).

Kosten einer doppelten Haushaltsführung können auch während der Zeit der **Arbeitslosigkeit** WK sein (vorab entstandene/nachträgl WK). Kosten der **Auflösung** des berufl veranlassten zweiten Haushalts sind WK (BFH VI R 146/89 BStBl II 92, 667; FG Mchn EFG 92, 187, rkr). Zum **Verhältnis zu § 9 I 1** s BFH VI R 2/11 BStBl II 12, 104 (keine Anwendung von § 9 I 3 Nr 5 bei umzugsbedingt geleisteten – anteiligen – doppelten Mietzahlungen). Zu **§ 10 I Nr 7** s BFH VI R 78/10 BStBl II 13, 284.

b) Begriff der doppelten Haushaltsführung. Eine doppelte Haushaltsführung besteht dann, wenn der StPfl am Beschäftigungsort wohnt und *außerhalb* dieses Beschäftigungsortes einen *eigenen* Hausstand unterhält, der der Mittelpunkt seiner Lebensinteressen ist (also Halten einer zweiten Wohnung am Beschäftigungsort; stRspr, zB BFH VI R 58/06 BStBl II 09, 1012). – **Geänderte Rechtslage ab VZ 2014:** Auch in § 9 I 3 Nr 5 ist das Tatbestandsmerkmal „Beschäftigungsort" durch das neue Tatbestandsmerkmal **„erste Tätigkeitsstätte"** (§ 9 IV) ersetzt worden; zu den Folgen s Rz 254. Zudem werden nunmehr ein **„Innehaben"** des eigenen (Haupt-)Hausstands und eine **finanzielle Beteiligung** an den Kosten der Lebensführung verlangt. Beides wird man bei verheirateten ArbN und eingetragenen Lebenspartnern (wie bisher) idR unterstellen können (s auch *BMF* BStBl I 14, 1412 Rz 100 aE); Änderungen ergeben sich aber in Bezug auf ledige ArbN (s Rz 215 f). 206

aa) Beschäftigungsort (bis VZ 2013). Beschäftigungsort ist der Ort der *regelmäßigen,* dauerhaften Arbeitsstätte iSd § 9 I 3 Nr 4; an ihm darf sich nicht der Lebensmittelpunkt befinden (BFH VI R 78/10 BStBl II 13, 284, mwN; BFH VI B 162/08 BFH/NV 09, 1435, tatrichterl Gesamtwürdigung). Nur durch die regelmäßige Arbeitsstätte ist der eingeschränkte Abzug bei Familienheimfahrten gerechtfertigt; wenn der ArbN nicht an den Ort der regelmäßigen Arbeitsstätte umziehen will, wird dies auch durch private Beweggründe veranlasst sein, was den begrenzten Abzug bei den Heimfahrten als folgerichtig erscheinen lässt (sachl gerechtfertigte Einschränkung des obj Nettoprinzips, s auch *Drenseck* FR 06, 1). Dies bedeutet, dass *Unterkunftnahme am Ort der Auswärtstätigkeit,* also zB am Ort einer wechselnden Einsatzstelle keine doppelte Haushaltsführung begründen kann (BFH VI R 47/11 BStBl II 13, 169; s Rz 235). – Erforderl ist eine Aufsplittung der normalerweise einheitl Haushaltsführung auf zwei verschiedene Haushalte. Diese ist auch gegeben, wenn der StPfl am Ort seiner zweiten Arbeitsstätte für die dortigen Arbeitseinsätze eine zweite Wohnung unterhält; denn die zweite Wohnung ist zwangsläufig (BFH VI R 47/03 BStBl II 07, 609). Bei **mehreren auswärtigen Arbeitsstätten** sind daher mehrere doppelte Haushaltsführungen mögl. Die Fahrten zw mehreren doppelten Haushaltsführungen sind allg betriebl/berufl Fahrten (also allg WK-Abzug) und keine Familienfahrten; dies auch dann nicht, wenn sich auch an der Lebensmittelpunktwohnung eine regelmäßige Arbeitsstätte befindet (s auch *Peetz* DStZ 08, 148, zugleich zur Problematik bei mehreren Beschäftigungsorten). – ArbG-fremde Bildungseinrichtungen wie zB eine **Universität/Hochschule** sind bis einschließl **VZ 2013** keine regelmäßige Arbeitsstätte iSd § 9 I 3 Nr 4 (s Rz 116 aE), so dass der Ort der Ausbildung auch kein „Beschäftigungsort" ist; § 9 I 3 Nr 5 ist nicht anwendbar. Der Abzug der Aufwendungen richtet sich, 207 soweit es sich nicht um eine Erstausbildung handelt (§ 9 VI), allein nach § 9 I 1 (BFH VI R 78/10 BStBl II 13, 284; Anm *ge* DStR 12, 2377); zur Berücksichtigung der Aufwendungen als vorweggenommenen WK s auch Rz 95. Zur **Rechtslage ab VZ 2014** s Rz 257.

208 **bb) Eigener Hausstand.** Aus dem Vergleich von Nr 4 und Nr 5 des § 9 I 3 wird deutl, dass der eigene Hausstand mehr erfordert als der Mittelpunkt der Lebensinteressen. Einen eigenen Hausstand unterhält der ArbN, wenn er eine Wohnung besitzt, deren Einrichtung seinen Lebensbedürfnissen entspricht und in der hauswirtschaftl Leben herrscht, an dem sich der ArbN maßgebend persönl beteiligt. Die Voraussetzungen des bewertungsrechtl Wohnungsbegriffs müssen nicht erfüllt sein (BFH VI R 82/02 BStBl II 05, 98; *Fissenewert* HFR 05, 119).

209 **(1) Verheiratete ArbN; eingetragene Lebenspartner.** Hier ist, abgesehen vom Fall des dauernd Getrenntlebens, offenkundig, dass der ArbN gemeinsam mit dem Ehegatten/Partner am Mittelpunkt der Lebensinteressen einen eigenen Hausstand unterhält – und iSd ab VZ 2014 geltenden Regelung auch „innehat" –, wenn die nachfolgenden Umstände gegeben sind; dies gilt auch, wenn zu einem anderen Ort enge verwandtschaftl Bindungen bestehen (FG BaWü DStRE 09, 1308, rkr; zu nicht verheirateten Partnern s FG Mster EFG 12, 504, rkr). Bei **ledigen ArbN** ist die Prüfung schwieriger (s dazu Rz 214). – Die persönl Beteiligung am Familienhaushalt hat eine **Indizfunktion** dafür, ob der StPfl überhaupt noch dort seinen Lebensmittelpunkt hat. Der ArbN muss in Bezug auf die Wohnung einen über den reinen Besitz hinausgehenden, auch das Leben in der Wohnung umfassenden Einfluss ausüben; er darf sich nicht darauf beschränken, ledigl die materiellen Grundlagen des durch den Ehegatten allein betriebenen Haushalts zu verbessern (BFH VI R 285/70 BStBl II 72, 148). Erforderl ist, dass die Familie in der Wohnung gemeinsam wohnt und sich hier der Mittelpunkt der gemeinsamen Lebensinteressen befindet (zB BFH VI R 77/73 BStBl II 75, 459); dies kann auch gegeben sein, wenn Frau und Kinder innerhalb einer Großfamilie leben (BFH VI R 5/88 BStBl II 90, 985). Die Anwesenheit der Kinder ist nicht Voraussetzung (FG Ddorf EFG 84, 609, rkr). – Ein gemeinsamer Hausstand liegt *nicht* vor, wenn zwei Ehegatten mit jeweils eigenem Hausstand heiraten und jeder Ehegatte nach der Eheschließung in seiner Wohnung weiterlebt (BFH VI 59/64 U BStBl III 65, 29; BFH VI R 195/65 BStBl III 66, 503; s aber Rz 218 aE) oder die Ehegatten aus anderen Gründen jeweils einen eigenen Haushalt unterhalten und den anderen nur „besuchen" (FG Saarl EFG 11, 2063, rkr). Er kann aber bejaht werden, wenn berufstätige jung verheiratete Ehegatten vorübergehend nur einen behelfsmäßigen Haushalt führen (FG RhPf EFG 85, 171, rkr, mwN).

210 **(2) Persönl Beteiligung am Haushalt.** Das zu verlangende Ausmaß der maßgebl persönl Mitwirkung des ArbN am Familienhaushalt hängt unter anderem von der Entfernung zum Beschäftigungsort ab (s dazu FG BaWü EFG 94, 202, rkr). So reicht es in der Regel bei **ausl ArbN** im Hinblick auf die hohen Reisekosten und die langen Fahrtzeiten aus, wenn der ArbN die Familie einmal im Jahr besucht und in der Zwischenzeit briefl oder telefonisch Kontakt hält (BFH VI R 114/76 BStBl II 78, 26: Türkei; kein starres Festhalten an jährl Heimfahrt, FG Ddorf EFG 85, 446, rkr; FG Hess EFG 87, 172, rkr, Urlaub über den Jahreswechsel; krit *Stolz* FR 78, 545, 550); bei ArbN mit eigenem Hausstand in noch weiter entfernt liegenden Ländern kann auch eine Heimfahrt innerhalb einer Zweijahresfrist ausreichen (LStR 9.11 III 6) oder statt einer Heimfahrt ein gemeinsamer Urlaub auf halber Strecke (FG Ddorf EFG 88, 412, rkr). Für eine maßgebende **finanzielle Beteiligung** des ArbN am hauswirtschaftl Leben besteht bei ausl ArbN regelmäßig eine Vermutung. Die finanzielle Beteiligung ist nur zu verneinen, wenn die Beträge erkennbar unzureichend sind. Unschädl ist, wenn die finanziellen Mittel aus KiGeld-Zahlungen stammen (BFH VI R 16/83 BStBl II: zu handhaben wie iRd § 33a). Die Beträge müssen nicht zu Anfang des Jahres erbracht

werden; auch Zahlungen in Vor- und Nachjahren sind zu berücksichtigen (BFH VI R 3/81 BStBl II 84, 521; BFH VI R 124/82 BFH/NV 87, 25). Ist die persönl Beteiligung am Haushalt nachgewiesen, so ist die finanzielle Beteiligung **zu unterstellen;** dies gilt mE auch für die ab VZ 2014 geänderte Gesetzesfassung (s auch *BMF* BStBl I 14, 1412 Rz 100 aE). Die finanzielle Beteiligung kann in einer Ansparung zum Zweck der Möbel- und Hausratbeschaffung bestehen (BFH VI R 93/77 BStBl II 79, 146; FG RhPf EFG 82, 126, rkr, Hausbau).

cc) Verhältnis Haupthausstand/Wohnung am Beschäftigungsort. – 211
(1) Lebensmittelpunkt. Der ArbN muss regelmäßig allein am Beschäftigungsort wohnen; er darf dort jedenfalls nicht mit seiner Familie oder seiner Ehefrau einen Hausstand unterhalten (zB BFH VI R 77/73 BStBl II 75, 459). Besuche des nicht berufstätigen Ehegatten sind nicht schädl (*FinVerw* DB 95, 705); wohl aber, wenn sich der Partner ständig oder überwiegend in der Wohnung am Beschäftigungsort aufhält (Regelvermutung, s BFH VI R 16/14, BStBl II 15, 511; zur Abgrenzung s BFH VI R 71/14 BFH/NV 15, 1240). Diese Rspr ist durch BFH VI R 136/89 BStBl II 95, 184 (s auch BFH VI R 55/93 BFH/NV 95, 585; BFH VI R 34/93 BFH/NV 95, 586; FG Ddorf EFG 99, 889, rkr) dahin fortentwickelt worden, dass *beiderseits auswärts beschäftigte* und auch *an ihrem Beschäftigungsort wohnende* Ehegatten eine doppelte Haushaltsführung geltend machen können, wenn sie am Mittelpunkt ihrer Lebensführung den Haupthausstand beibehalten und sich dort regelmäßig – wenn auch jeweils wegen der Berufstätigkeit am auswärtigen Beschäftigungsort mit Unterbrechungen – aufhalten; der Hausstand am Mittelpunkt der Lebensinteressen muss als der **Haupthausstand** gelten und darf nicht nur eine für Besuchszwecke vorbehaltene Wohnung sein (FG Hbg EFG 08, 442, rkr; FG Ddorf EFG 07, 399, rkr, Anm *Hoffmann;* s auch Rz 144); dies gilt auch bei Verlobten (FG Hbg EFG 02, 1029, rkr). – Der Beschäftigungsort darf nicht zum **(neuen) Lebensmittelpunkt** des ArbN geworden sein (BFH VI R 25/11 BStBl II 12, 831).

Beispiele: Zuzug des Ehepartners, auch bei Beibehaltung der früheren Familienwohnung (BFH VI B 58/11 BFH/NV 12, 233); dauerndes Zusammenleben mit *anderer* Frau und gemeinsamen Kind (BFH VI R 32/85 BStBl II 88, 582); beiderseits berufstätige Eheleute leben mit Kind am Beschäftigungsort (FG Hbg EFG 08, 113, rkr; s auch FG BBg EFG 11, 435, rkr: Darlegungspflicht des StPfl, ggf eingeschränkte Sachaufklärungspflicht des FG). – Keine doppelte Haushaltsführung bei **Doppelehen,** wenn eine der Frauen im Ausl verblieben ist (BFH VI R 142/87 BStBl II 88, 584; zu Rechtsfolgen bei Scheidung einer der Ehen s FG Hess EFG 96, 315, rkr, zutr).

(2) Wohnen am Ort der ersten Tätigkeitsstätte. Der Ort des eigenen 212
Hausstandes und der Ort der ersten Tätigkeitsstätte (s Rz 254; bis VZ 2013: Beschäftigungsort) müssen auseinanderfallen (BFH VI R 95/71 BStBl II 72, 262), können aber gleichwohl in derselben politischen Gemeinde liegen (FG Bln EFG 86, 286, bestätigt, Großraum Berlin bei einer Entfernung von 15 bis 20 km; einschr FG Hbg EFG 14, 1185); in derartigen Fällen ist aber die berufl Veranlassung ganz besonders zu prüfen. – Zum Ort der ersten Tätigkeitsstätte zählt auch das gesamte Einzugsgebiet dieses Ortes (BFH VI R 96/70 BStBl II 72, 134; FG Saarl EFG 94, 201, rkr, 20 km); vorausgesetzt wird nur, dass der ArbN in zumutbarer Weise tägl von der Zweitwohnung aus seine Arbeitsstätte aufsuchen kann (sehr weitgehend: BFH VI R 59/11 BStBl II 12, 833: „Einzugsgebiet“ von 141 km, einstündige Anfahrt mit ICE – nicht verallgemeinerbar, so auch *Geserich* DStR 12, 1737, 1741; s aber auch BFH VI R 59/13 BFH/NV 15, 10: Entfernung zum Arbeitsort mit 83 km größer als Entfernung zum Familienwohnsitz; dagegen BFH VI B 33/08 ZSteu 08, R1178: Entfernung von 62 km zu weit). Nach *BMF* BStBl I 14, 1412101, genügt eine **Halbierung der arbeitstägl Wegstrecke** durch die Zweitunterkunft/-wohnung. – Die Anforderungen an die **Wohnung am Beschäftigungsort** sind die gleichen wie an die Wohnung iSd § 9 I 3 Nr 4 (s Rz 183). Die Wohnung muss dem ArbN ständig (längerfristig) zur Verfügung

stehen; dies ist bei gelegentl Hotelübernachtung nicht der Fall (FG Mster EFG 98, 444, rkr), was aber entgegen BFH XI R 59/97 BFH/NV 98, 1216 nicht bedeutet, dass die Hotelkosten nicht abziehbar sind (dazu Rz 234). Der ArbN muss nicht an der Mehrzahl der Wochentage in dieser Wohnung anwesend sein (BFH VI R 85/85 BStBl II 88, 990); ein mitgeführtes Wohnmobil reicht nicht aus (FG Hess EFG 88, 517, rkr). – Da eine doppelte Haushaltsführung nur bei Wohnen am Ort der regelmäßigen Arbeitsstätte und **nicht** etwa bei Unterkunftnahme **am Ort der Auswärtstätigkeit** gegeben ist (s BFH VI R 47/11 BStBl II 13, 169; und erneut: BFH VI R 11/13 BStBl II 14, 804: wiederholt befristete Entsendung nach Brasilien), ist die Rspr BFH VI R 129/83 BStBl II 86, 369 (Übernachten im Gleisbauzug) und BFH VI R 227/80 BStBl II 82, 302 (Wohnen auf einem Schiff) überholt (s auch BFH VI R 22/14 DStRE 16, 77). Zur Rechtslage **ab VZ 2014** s Rz 237f und *BMF* BStBl I 14, 1412 Rz 21.

213 **c) Ledige ArbN mit eigenem Hausstand.** Seit BFH VI R 62/90 BStBl II 95, 180 sind nicht verheiratete bzw ledige ArbN mit eigenem Hausstand verheirateten ArbN grds gleichgestellt (stRspr, vgl BFH VI R 87/10 BStBl II 12, 800). Danach kann eine doppelte Haushaltsführung eines ledigen ArbN anerkannt werden, wenn er in seinem Haupthausstand an seinem Lebensmittelpunkt allein (zB nach dem Tod des Ehegatten) oder mit einem Partner wohnt. Folgende Grundsätze sind zu beachten:

214 **aa) Eigener Hausstand.** Ein *eigener* Hausstand erfordert, dass er aus eigenem Recht (zB Eigentum, eigener Mietvertrag, sonstige Nutzungsgestattung) genutzt wird, wobei nicht nur ein alleiniges, sondern auch ein gemeinsames bzw abgeleitetes Recht ausreichen kann. Es kommt nicht darauf an, ob die Wohnung entgeltl oder unentgeltl zur Verfügung steht (vgl BFH VI R 87/10 BStBl II 12, 800, und BFH VI B 120/10 BFH/NV 11, 1185: keine *conditio sine qua non,* sondern ledigl gewichtiges Indiz; BFH VI R 60/05 BStBl II 07, 890, abgeschlossene Wohnung im Haus der Eltern; *Bergkemper* FR 07, 1121; anders aber BFH VI R 44–45/06 BFH/NV 07, 1878, Zimmer im elterl Haushalt). Ein eigenes Recht zur Nutzung der Wohnung steht dem Eigentümer auch zu, wenn an dem gesamten Haus ein Vorbehaltsnießbrauch für die Eltern besteht (BFH VI R 170/99 BStBl II 04, 16; *v Twickel* HFR 04, 108).

215 **bb) „Unterhalten".** Der eigene Hausstand muss von dem ledigen ArbN unterhalten werden, dh: er muss sich dort im Wesentlichen nur unterbrochen durch die arbeitsbedingte Abwesenheit und ggf Urlaubsfahrten aufhalten; denn allein das Vorhalten einer Wohnung für gelegentl Besuche oder für Ferienaufenthalte ist noch nicht als Unterhalten eines Hausstandes zu bewerten (stRspr, s BFH VI R 10/12 BStBl II 13, 208; und BFH VI R 87/10 BStBl II 12, 800 mwN). Die Heimfahrten sind ein wesentl, aber nicht das allein entscheidende Indiz (BFH VI R 60/98 BFH/NV 00, 949, Gastarbeiter mit nur wenigen Heimfahrten; s auch Rz 210). Ebenfalls wird kein eigener Hausstand unterhalten, wenn der nicht verheiratete ArbN als nicht die Hausstandsführung wesentl **bestimmender bzw mitbestimmender Teil** in einen anderen Hausstand eingegliedert ist (BFH VI R 87/10 BStBl II 12, 800 mwN; BFH VI R 44–45/06 BFH/NV 07, 1878, Zimmer im elterl Haushalt), wie es regelmäßig bei **jungen ArbN** der Fall ist, die nach Beendigung der Ausbildung weiterhin – wenn auch gegen Kostenbeteiligung – im elterl Haushalt ihr Zimmer bewohnen (s auch FG Ddorf EFG 09, 176, rkr); allein das Fehlen einer eigenen Küche in den überlassenen Räumen steht der Annahme eines eigenen Hausstandes aber nicht entgegen (BFH VI R 13/08 BFH/NV 09, 1986; BFH VIII R 13/09 BFH/NV 10, 411). Die elterl Wohnung kann in einem dieser häufigen Fälle zwar, auch wenn das Kind am Beschäftigungsort eine Unterkunft bezogen hat, wie bisher der Mittelpunkt von dessen Lebensinteressen sein; sie ist aber idR nicht ein von dem Kind unterhaltener eigener Hausstand (FG Saarl EFG 97, 1305, rkr, ein Zimmer im Haus der Mutter). – **Mehrgenerationen-**

haushalt: Dagegen ist bei älteren, wirtschaftl selbständigen, berufstätigen ArbN, die mit ihren Eltern oder einem Elternteil in einem gemeinsamen Haushalt leben, regelmäßig davon auszugehen, dass sie die Führung des Haushalts maßgebl mitbestimmen; der Haushalt ist ihnen also idR als *eigener* zuzurechnen, so dass Eltern und Kind eine vollwertige Wohngemeinschaft bilden (BFH VI R 46/12 BStBl II 13, 627: Regelvermutung; BFH VI R 10/12 BStBl II 13, 208: Wandel eines „kleinfamilientypischen" Haushalts der Eltern, jeweils tatrichtl Einzelfallwürdigung; s auch BFH VI R 76/13 BFH/NV 14, 1884; BFH VI R 10/13 BFH/NV 14, 507). ME gilt diese Regelvermutung auch für die mit Wirkung **ab VZ 2014** geänderte Rechtslage, wenn die in § 9 I 3 Nr 5 S 3 geforderte finanzielle Beteiligung (s Rz 216 aE) gegeben ist.

cc) Haupthausstand. Das Gesetz unterscheidet in § 9 I 3 Nr 5 Satz 2 EStG zw dem *Wohnen am Beschäftigungsort* und dem *Unterhalten eines eigenen Hausstandes* außerhalb dieses Ortes. Hausstand in diesem Sinne ist der Haushalt, den der ArbN dort führt, wo er seinen **Lebensmittelpunkt** hat. Das Vorhalten einer Wohnung zu Besuchszwecken genügt nicht. Der eigene Hausstand muss vielmehr ggü der Wohnung am Beschäftigungsort als der Haupthausstand anzusehen sein (vgl BFH VI R 46/12 BStBl II 13, 627; s auch FG Mchn EFG 12, 2200 mit Anm *Wagner:* verneint bei gemeinsamer Wohnung am Arbeitsort mit Lebensgefährten). Diesem Umstand kommt bei der Beurteilung der doppelten Haushaltsführung nicht verheirateter ArbN besondere Bedeutung zu. Bei diesen spricht mit zunehmender **Dauer der Auswärtstätigkeit** immer mehr dafür, dass die eigentliche Haushaltsführung und auch der Mittelpunkt der Lebensinteressen an den Beschäftigungsort verlegt worden sind und die Heimatwohnung ledigl für Besuchszwecke vorgehalten wird (BFH VI R 26/09 BStBl II 12, 618). Ein weiteres wesentl Indiz kann die **Beschaffenheit** der jeweiligen Unterkunft sein (Lage, Größe, Einrichtung, Ausstattung etc; vgl BFH VI R 87/10 BStBl II 12, 800); eine *abgeschlossene* Wohnung wird nicht verlangt (BFH VI R 46/12 BStBl II 13, 627, mwN: auch bei einfachen, vergleichsweise beengten Wohnverhältnissen oder gemeinsam genutzten Räumlichkeiten; für die Rechtslage ab VZ 2014 s auch *BMF* BStBl I 14, 1412 Rz 100: der Status eines „Mitbewohners" genügt; zur erforderl finanziellen Beteiligung s unten). Sollte die Wohnung am Beschäftigungsort derjenigen am Heimatort in Größe und Ausstattung etc entsprechen oder diese gar übertreffen, so kann dies ebenfalls dafür sprechen, dass der Mittelpunkt der Lebensführung an den Beschäftigungsort verlegt worden ist und dort der Haupthausstand geführt wird (idS FG Mster EFG 96, 1155, rkr; FG BaWü EFG 97, 867, rkr; FG Mchn EFG 97, 1305, rkr; FG BaWü EFG 98, 186, rkr). Insgesamt wird die Abwägung und Bewertung der Umstände des Einzelfalls den Ausschlag geben (BFH VI R 10/06 BStBl II 07, 820; s auch BFH VI B 124/08 BFH/NV 10, 638 und BFH VI B 117/09 BFH/NV 10, 879 zur erforderl Beweisaufnahme und Sachaufklärungspflicht). Dabei ist der Umstand, ob der StPfl für die **Kosten des Haushalts** aufkommt, bis einschließl **VZ 2013** zwar ebenfalls ein gewichtiges Indiz, aber keine zwingende Voraussetzung iRd Gesamtwürdigung (BFH VI R 46/12 BStBl II 13, 627; BFH VI R 87/10 BStBl II 12, 800: auch persönl Umstände wie zB Alter und Personenstand; BFH VI R 26/09 BStBl II 12, 618; *Schneider* HFR 10, 1031), wie überhaupt gilt, dass einzelne Indizien allein nicht wie Tatbestandsmerkmale gewertet werden dürfen (BFH VI B 156/09 BFH/NV 10, 1443). – **Ab VZ 2014** setzt § 9 I 3 Nr 5 S 3 zwingend eine **finanzielle Beteiligung** an den Kosten der Lebensführung voraus. Anders als bei verheirateten ArbN und Lebenspartnern (s Rz 210) kann diese bei (erwachsenen) ledigen StPfl nicht unterstellt werden. Zwei Dinge muss der StPfl im Streitfall nachweisen: die durchschnittl monatl Höhe der Kosten der Lebensführung des (Haupt-)Hausstands und seine nicht unwesentl Beteiligung an diesen Kosten (s auch *BMF* BStBl I 14, 1412 Rz 100: bei Barleistungen genügt Beteiligung von mehr als 10%). 216

217 **d) Berufl Veranlassung.** Die doppelte Haushaltsführung (dh, die Nutzung einer zweiten Wohnung am Beschäftigungsort) muss berufl begründet sein. Das ist der Fall, wenn die zweite Wohnung am Beschäftigungsort aus berufl Gründen genutzt wird, zB weil der StPfl von dort seinen Arbeitsplatz erreichen will (auch bei Bereitschaftsdienst). Dies hat der BFH unter Aufgabe jahrzehntealter Rspr in den Wegverlegungsfällen klarstellend entschieden (Rz 218). Der mit dem **StVerG 2013** geänderte Wortlaut der gesetzl Regelung ändert daran mE nichts (Rz 221).

Dass **bei der konkreten Auswahl** der zweiten Wohnung am Beschäftigungsort weitere, **private Motive** eine Rolle spielen, schließt mE die berufl Begründung der doppelten Haushaltsführung und damit eine Anerkennung der Kosten nicht zwingend aus. Mehrkosten, die aufgrund zusätzl privater Motive entstehen, müssen über die Beschränkung auf „notwendige" Mehraufwendungen (s Rz 157) ausgeschieden werden. Sie stellen aber den Erwerbsbezug der doppelten Haushaltsführung nicht in Frage, solange sie nicht zu einer Verlagerung des Lebensmittelpunkts (Haupthausstand) führen (vgl BFH VI R 32/85 BStBl II 88, 582, und Rz 141 aE; s auch BFH VI R 25/11 BStBl II 12, 831: Unterstützung einer „nur" befreundeten Arbeitskollegin durch gemeinsamen Haushalt; ob man die tatsächl Feststellungen des FG zum Lebensmittelpunkt des StPfl insoweit für tragfähig hält, ist eine andere Frage; zur ganzjährigen Nutzung der Wohnung durch ein Kind des StPfl s FG Mster EFG 14, 257: doppelte Haushaltsführung verneint).

218 Die **Wegverlegung des Lebensmittelpunktes (Haupthausstand)** an einen anderen Ort als dem Beschäftigungsort unter Beibehaltung eines Haushalts am Beschäftigungsort erfüllte nach früherer Rspr (s 28. Aufl Rz 147–151) nicht die Voraussetzungen der Nr 5, obwohl die *Beibehaltung* einer Zweitwohnung am Beschäftigungsort berufl veranlasst war. Der BFH hatte die doppelte Haushaltsführung verneint, weil die Aufteilung des ursprüngl einheitl Hausstandes auf zwei Haushalte durch die private Wegverlegung des Lebensmittelpunktes (also privat) veranlasst war. – **Geänderte Rspr:** Die Begründung einer doppelten Haushaltsführung bedeutet, dass zum *vorhandenen* Haupthausstand (Lebensmittelpunkt) ein *zweiter* Haushalt hinzukommt. Weder die *Motive für die Verdoppelung* der Haushaltsführung, noch die *Wahl des Ortes des Haupthausstandes* sind für die Frage der berufl Veranlassung der doppelten Haushaltsführung maßgebend. **Allein entscheidend** ist, ob die Einrichtung des zweiten Haushalts am Beschäftigungsort konkreten berufl Zwecken dient, was dann der Fall ist, wenn der StPfl den zweiten Haushalt führt, um von dort seine Arbeitsstätte aufzusuchen. Auf die private Wahl des Haupthausstandes, die selbstverständl nicht zum WK-Abzug führt (*BMF* BStBl I 09, 1599), kommt es nicht an (*Bergkemper* FR 09, 913). Unerhebl ist, ob der zweite Haushalt nach der Wegverlegung des Lebensmittelpunktes in einer neuen Wohnung oder in der bisherigen, bis zur Wegverlegung des Lebensmittelpunktes bewohnten Wohnung begründet wird. Ebenso unerhebl ist, ob der StPfl **verheiratet** oder **ledig** ist (BFH VI R 58/06 BStBl II 09, 1012, verheirateter StPfl; BFH VI R 23/07 BStBl II 09, 1016 und BFH VI R 47/09 BFH/NV 10, 1269, lediger StPfl).

219 **Folgen der geänderten Rspr.** Da es für die doppelte Haushaltsführung nur darauf ankommt, ob neben dem Haupthausstand am Lebensmittelpunkt vom StPfl eine Zweitwohnung am auswärtigen Beschäftigungsort *aus berufl Gründen unterhalten* wird, führt die Einrichtung eines zweiten Haushalts am Beschäftigungsort **nach der Heirat** in allen Fällen zu einer anzuerkennenden doppelten Haushaltsführung (zur früher anders lautenden Rspr s 28. Auflage Rz 148). Anders als nach der früheren Rspr ist auch die zeitl Abfolge der privaten Wegverlegung des Lebensmittelpunktes vom Beschäftigungsort und der Begründung einer Zweitwohnung am Beschäftigungsort nicht mehr entscheidend (*Schneider* HFR 09, 660; zur bisherigen Rspr s 28. Auflage Rz 150). Ebenso ist eine doppelte Haushaltsführung anzuerkennen, wenn die Familie eines ArbN nach der Begründung des Wohnsitzes am Beschäftigungsort an den früheren Wohnsitz (in die frühere Wohnung) zurückgekehrt und der erwerbstätige StPfl wieder eine Zweitwohnung am Beschäftigungs-

ort bewohnt; es kommt nicht mehr darauf an, ob die Familienzusammenführung nur besuchsweise erfolgt war (28. Auflage Rz 153).

Eine doppelte Haushaltsführung entfällt nicht dadurch, dass die **gemeinsame, außerhalb des Beschäftigungsortes liegende Familienwohnung** am gleichen Ort gewechselt wird (BFH VI R 11/02 BStBl II 06, 714, Wechsel der Familienwohnung wg Trennung der Ehegatten). – Diese Rspr hat zu einer **Ausweitung der steuerl Anerkennung** der doppelten Haushaltsführung geführt; daher ändert sich iErg nichts in den Fallgestaltungen, in denen nach bisheriger Rspr bereits eine doppelte Haushaltsführung anerkannt worden war, wenn zB der Wohnsitz an den Beschäftigungsort des anderen Ehegatten unter Beibehaltung der ursprüngl Familienwohnung als Erwerbswohnung verlegt wird (BFH VI R 10/07 BStBl II 09, 153 ist durch die neue Rspr bereits überholt; s auch 28. Auflage Rz 152) oder wenn der StPfl unter Beibehaltung der Lebensmittelpunktwohnung den Beschäftigungsort wechselt und die Zweitwohnung an den neuen Beschäftigungsort verlegt (28. Auflage Rz 152). 220

Zur Klarstellung: Wie bisher ist die Angemessenheit der Zweitwohnung weiterhin zu prüfen (Rz 227), ebenso insb bei ledigen StPfl die Frage, wo sich deren Lebensmittelpunkt befindet (Rz 216). Verlegung des Lebensmittelpunktes in den Sommermonaten in ein Ferienhaus und anschließende Rückkehr in die Wohnung am Beschäftigungsort führt nicht zu einer berufl begründeten doppelten Haushaltsführung (LStR 9.11 (2) 6). Zu Verpflegungsmehraufwand und Umzugskosten s Rz 226 und Rz 228.

Mit dem **StVerG 2013** ist in § 9 I 3 Nr 5 S 1 das Tatbestandsmerkmal „aus berufl Anlass begründet" durch das Tatbestandsmerkmal **„berufl veranlasst"** ersetzt worden und die Regelung in S 1 HS 2 aF, derzufolge es auf die Gründe für die Beibehaltung der doppelten Haushaltsführung nicht ankommt, ist gestrichen worden. Der Wortwahl nach mag man sich an die frühere BFH-Rspr erinnert fühlen, derzufolge es in den sog **Wegverlegungsfällen** an einer „berufl Veranlassung" fehlte (vgl BFH VI R 167/79 BStBl II 82, 297; idS wohl *Bergkemper* FR 13, 1017/21). In den Gesetzesmaterialien findet sich allerdings zu einer solchen, nicht unwesentl Verschärfung der gesetzl Regelung nichts; auch *BMF* BStBl I 14, 1412 schweigt dazu. Hinzu kommt, dass nach der neueren BFH-Rspr (s Rz 218 f) auch in den sog Wegverlegungsfällen die Mehraufwendungen einer doppelten Haushaltsführung „berufl veranlasst" sind (s BFH VI R 23/07 BStBl II 09, 1016). Da sich aber somit zum einen die Wegverlegungsfälle auch unter die geänderte Regelung subsumieren lassen (und nach wie vor von der Legaldefinition in S 2 erfasst werden) und zum anderen ein Änderungswille des Gesetzgebers nicht erkennbar ist, spricht mE – auch im Hinblick auf das gesetzgeberische Ziel, die Regelungen zur doppelten Haushaltsführung (nur) zu vereinfachen (s BT-Drs 17/10774) – mehr dafür, entspr der bislang geltenden Rechtslage den WK-Abzug auch in den sog Wegverlegungsfällen weiterhin zu bejahen (glA *HHR* § 9 Anm 491). 221

e) Beibehaltung des doppelten Haushalts. Wie früher (bis 1995) stellt das Gesetz (durch StÄndG 2003) klar, dass eine berufl begründete zweite Haushaltsführung *durch bloßen Zeitablauf* ihre berufl Veranlassung nicht verliert; auf die Gründe der Beibehaltung der doppelten Haushaltsführung kommt es nicht an (Reaktion auf die Rspr des BVerfG; s 27. Aufl Rz 154). – Das gilt mE auch nach Neufassung der Regelung durch das StVerG 2013. 224

f) Notwendige Mehraufwendungen. – aa) Fahrtkosten. Für die erste Fahrt zum und die letzte Fahrt vom Beschäftigungsort bzw ab VZ 2014 Ort der ersten Tätigkeitsstätte (s § 9 IV) sind die tatsächl Fahrtkosten als WK abziehbar, weil insoweit keine Familienheimfahrt vorliegt (LStR 9.11 (6); 0,30 € je gefahrener km für Pkw, LStH 9.5 „Pauschale km-Sätze"). – Ist die doppelte Haushaltsführung berufl veranlasst, führen die Kosten zum WK-Abzug (§ 9 I 3 Nr 5 S 1 und 2). Fahrtkosten können für jeweils nur eine tatsächl durchgeführte **Familienheimfahrt** wöchentl als WK abgezogen werden; dies gilt auch dann, wenn der ArbN 225 zB von Verwandten abgeholt wird (anders lautendes Urt BFH VI R 59/07 BFH/NV 10, 631 betr altes Recht vor Einführung der Entfernungspauschale). Die **Entfernungspauschale** beträgt vom ersten km an 0,30 €; für Flugstrecken (im Linienverkehr, s Rz 195) und bei teilentgeltl Sammelbeförderung sind die tatsächl Kosten anzusetzen. Die Kostendeckelung (Rz 200) gilt bei den Familienheimfahrten nicht (*BMF* BStBl I 13, 1376, Tz 2). Davon profitieren auch Mitfahrer einer Fahrgemeinschaft (*Niermann* DB 07, 17, II.7.): sämtl Mitfahrer erhalten die Entfernungspauschale ohne jegl Kürzung, obwohl ihnen *keine Kosten* erwachsen sind (s auch BFH VI R 29/12 BStBl II 13, 735: systemwidrige gesetzl Begünstigung). Für **Wege zw Wohnung am Beschäftigungsort und Arbeitsstätte** gilt in vollem Umfang die Regelung zur Entfernungspauschale (s auch *Plenker* DB 13, 24). Stfreie ArbG-Leistungen (§ 3 Nr 13, 16) sind auf die Entfernungspauschale anzurechnen (§ 3c; *BMF* aaO; Rechtslage bei Kfz-Gestellung s Rz 230).

Ist der ArbN aus *dienstl* Gründen oder wegen einer Erkrankung an einer Heimfahrt gehindert, konnten die Kosten für eine Besuchsfahrt des Ehegatten/Partners geltend gemacht werden (**umgekehrte Familienheimfahrten;** BFH VI R 136/79 BStBl II 83, 313; noch offen gelassen in BFH VI R 15/10 BStBl II 11, 456; s auch *Geserich* DStR 12, 1737; ferner § 12 Rz 19); Mehraufwand für Unterkunft/Verpflegung konnte aber nicht abgesetzt werden (BFH VI R 201/72 BStBl II 75, 64). Bei einer Verhinderung aus *privaten* Gründen soll ein Abzug ausscheiden (BFH VI R 15/10 BStBl II 11, 456, mit Anm *Schneider* in BFH/PR 11, 215). Das ist mE misslich: Familienheimfahrten dienen der wöchentl Familienzusammenführung; daher sollte es gleichgültig sein, ob der ArbN einmal in der Woche nach Hause fährt oder vom Ehegatten/Partner einmal wöchentl am Beschäftigungsort besucht wird (s auch *Kammeter* HFR 11, 541; *HHR* § 9 Rz 499). Allerdings hat der BFH jetzt auch bei einer Verhinderung des ArbN aus **berufl Gründen** den WK-Abzug versagt (BFH VI R 22/14 DStRE 16, 77).

226 **bb) Mehraufwand für Verpflegung.** Verpflegungsmehraufwand wird (seit VZ 1996) nur für **die ersten drei Monate** nach Begründung der doppelten Haushaltsführung (= Bezug der Zweitwohnung) iHv 24 € je Tag gewährt (§ 9 V iVm § 4 V Nr 5 S 6; verfgemäß BFH VI R 10/08 BStBl II 11, 32). Bei Unterbrechung der doppelten Haushaltsführung – zB durch Mutterschafts-/Erziehungsurlaub – und Neubegründung beginnt die Dreimonatsfrist neu zu laufen (FG Hess EFG 05, 1597, rkr); dies gilt bei typisierender Betrachtung auch bei Rückkehr an den bisherigen Beschäftigungsort in die gleiche Wohnung nach längerer (10 Monate) Abordnung (BFH VI R 15/09 BStBl II 11, 47, erneute Begründung; Anm *Bergkemper* FR 11, 34; *Paus* FR 11, 519). Für die An- und Rückreisetage zu und von der Wohnung am Lebensmittelpunkt (Familienwohnung) berechnet sich der abziehbare Verpflegungsmehraufwand nach der Abwesenheitsdauer von der Familienwohnung (LStR 9.11 (7) 1), also 12 € bei einer Abwesenheit von mindestens 14 Stunden und 6 € bei einer Abwesenheit von mindestens 8 Stunden von der Familienwohnung. Ein **Einzelnachweis** tatsächl (höhere) Verpflegungsmehraufwendungen ist nicht mehr mögl. Aufgrund der vorgenommenen Typisierung ist Verpflegungsmehraufwand auch nach **Wegverlegung des Hauptwohnsitzes** vom Beschäftigungsort (s Rz 218f) zu berücksichtigen und ebenso in Fällen, in denen der doppelten Haushaltsführung eine Auswärtstätigkeit unmittelbar vorausgegangen ist (BFH VI R 7/13 BStBl II 15, 336; LStR 9.11 (7) S 2 und 5 aF sind für VZ 2013 insoweit überholt). Zur **Rechtslage ab VZ 2014** s § 9 IVa 12 (Rz 262).

227 **cc) Notwendige Kosten der Unterkunft.** Es können nur die **tatsächl nachgewiesenen Unterkunftskosten** am Beschäftigungsort (Miete, Heizung, Wasser, Strom, Wohnungsreinigung) geltend gemacht werden (BFH VI R 72/97 BStBl II 01, 775; anders bei Auslandsarbeitsstätte, LStR 9.11 (10) 7 Nr 3). – **Notwendig** sind bis einschließl **VZ 2013** nur die Kosten für eine 60 qm große Wohnung bei Ansatz eines ortsübl Durchschnittsmietzinses (s Mietspiegel der Gemeinden); dabei kommt es auf individuelle Umstände wie Mangel an kleineren oder preiswerteren Wohnungen, Eilbedürftigkeit der Wohnungswahl, einzelne Stadtgebiete usw nicht

an (BFH VI R 10/06 BStBl II 07, 820; BFH VIII R 48/07 BFH/NV 10, 1433). Bei einer Wohnung am Beschäftigungsort mit einem anzuerkennenden häusl Arbeitszimmer sind vorab die auf das **Arbeitszimmer** entfallenden Kosten auszugrenzen; die verbleibende Miete ist der vorstehenden Überprüfung zu unterziehen (BFH VI R 23/05 BStBl II 09, 722). Die Anmietung einer am Beschäftigungsort gelegenen und dem Ehegatten gehörenden Eigentumswohnung zu fremdübl Bedingungen wird zu Recht anerkannt (BFH IX R 55/01 BStBl II 03, 627). Aufwendungen für die Hauptwohnung gehören hingegen zu den nicht abziehbaren Kosten der allg Lebensführung (BFH VI R 2/11 BStBl II 12, 104). – Ab **VZ 2014** gilt eine **Kostendeckelung** von maximal 1000 € pro Monat, § 9 I 3 Nr 5 S 4; die Notwendigkeit der Aufwendungen wird insoweit unterstellt (s *BMF* BStBl I 14, 1412 Rz 102). Die Beschränkung auf den ortsübl Durchschnittsmietzins einer 60 qm großen Wohnung entfällt. Das gilt allerdings nur für eine im Inl gelegene (Zweit-)Wohnung; bei einer (Zweit-)Wohnung im Ausl werden die tatsächl Kosten berücksichtigt, soweit diese notwendig und angemessen sind. Der Höchstbetrag gilt für jede doppelte Haushaltsführung und für jeden StPfl gesondert, auch wenn sich mehrere StPfl eine Zweitwohnung teilen; Erstattungen sind anzurechnen (s *BMF* aaO, Rz 105 f). – Unterliegt eine am Beschäftigungsort bewohnte **eigene Wohnung** nicht der Nutzungswertbesteuerung (ab 1.1.1999), so können die Kosten (zB AfA, Schuldzinsen, Reparatur- und Nebenkosten, s *BMF* aaO, Rz 103) nur in der Höhe als WK abgesetzt werden, die im Falle der Anmietung einer Wohnung im jeweiligen VZ notwendigerweise entstanden wären (BFH VI R 32/95 BStBl II 95, 841; BFH VI R 28/97 BStBl II 00, 474); zu der Frage, wie man diese Kosten ermittelt, sind mehrere Revisionsverfahren anhängig (s FG Nds 12 K 79/13, Rev VI R 10/15, mit Anm *Kreft* DB 15, 1931; FG BBg 5 K 5362/12, Rev VI R 42/15). Zweitwohnungssteuer s § 19 Rz 110. Ab VZ 2014 gilt auch hier für die tatsächl angefallenen Kosten ein Höchstbetrag von 1000 € im Monat. – Konkurrenzverhältnis zw § 9 I 3 Nr 5 und **§ 2 EigZulG** s 26. Aufl.

dd) Sonstige Kosten. Darüber hinaus können **bis VZ 2013** auch die Kosten für die Anschaffung der erforderl (Zweit-)**Wohnungseinrichtung** abzugsfähig sein (vgl BFH VI R 50/11 BStBl II 13, 286; s auch FG Köln EFG 93, 144, rkr; abl für Fernseh-/Radioapparat und Rundfunkgebühren FG Saarl EFG 92, 596, rkr: stets privat veranlasst; aA *Blümich* § 9 Rz 405). Restwert kann bei Beendigung der doppelten Haushaltsführung nicht als WK abgesetzt werden (FG Ddorf EFG 01, 424, rkr, Vermögenssphäre). Kosten für den **Umzug** bei Begründung und Beendigung der doppelten Haushaltsführung sind abziehbar; dies gilt aber nicht für die Umzugskostenpauschale nach § 10 BUKG (FG Köln EFG 02, 967, rkr; LStR 9.11 (9) 2); ebenso bei Wechsel der Wohnung am Beschäftigungsort (LStR 9.11 (9) 5); zur Verlegung des Familienwohnsitzes s hingegen BFH VI R 73/13, HFR 15, 1025. Aufwendungen für ein **Telefongespräch,** das anstelle einer Familienheimfahrt geführt wird, können als WK abzugsfähig sein (BFH VI R 90/84 BStBl II 88, 988; nach BFH VI R 48/96 BFH/NV 97, 472 ein ca 15minütiges Gespräch nach günstigstem Tarif; zur Glaubhaftmachung s BFH VI R 44/89 BFH/NV 94, 19), ebenso Kosten für **Stellplatz** oder **Garage** (BFH VI R 50/11 BStBl II 13, 286: ohne Prüfung der berufl Erforderlichkeit des Kfz). – **Ab VZ 2014** soll sich der Höchstbetrag von 1000 € auf sämtl Aufwendungen wie Miete (ohne Arbeitszimmer), Betriebskosten, Wohnungsreinigung, AfA für notwendige Einrichtungsgegenstände (ohne Arbeitsmittel), Zweitwohnsteuer, Rundfunkgebühren, Kosten für Kfz-Stellplatz und Sondernutzungen (zB Garten) beziehen (*BMF* BStBl 14, 1412 Rz 104, Ausnahme: Maklerkosten). Aus der gesetzl Formulierung „Aufwendungen für die *Nutzung* der Unterkunft" geht dies mE nicht zwingend hervor. 228

ee) Doppelte Haushaltsführung im Ausland. S BMF BStBl I 13, 60 (Pauschbeträge), LStR 9.11 (10) 7 Nr 3 (Erstattung durch ArbG); hier sind anders 229 als im Inland auch Pauschbeträge zulässig; aber nicht, wenn der ArbG Unterkunft kostenlos stellt (FG BBg EFG 10, 470, rkr). Ab VZ 2014 s *BMF* BStBl I 14, 1412 Rz 107 und BStBl I 15, 34.

230 **g) Kostenerstattung durch ArbG; Kfz-Gestellung.** S § 3 Nr 13 und 16 und LStR 9.11 (10); ab VZ 2014: *BMF* BStBl I 14, 1412 Rz 108. Bei **unentgeltl Kfz-Gestellung durch den ArbG** scheidet ein WK-Abzug für wöchentl Familienheimfahrten aus (§ 9 I 3 Nr 5 S 6 – ab VZ 2014: S 8); dafür wird *kein* geldwerter Vorteil aus der Kfz-Gestellung als Lohn angesetzt (vgl BFH VI R 33/11 BStBl II 13, 629). Dies gilt auch, wenn der ArbG für die Familienheimfahrten einen Sammeltransporter zur Verfügung gestellt hat (FG Sachs EFG 03, 1529, rkr). Ein Lohnzufluss wird nur angesetzt, wenn der ArbN mehr als eine Familienheimfahrt je Woche durchführt (§ 8 II 5) und zwar bei pauschaler Berechnung mit 0,002 vH des Listenpreises des Kfz für jeden Entfernung-km zw Familienhausstand und Beschäftigungsort. Bei einer Wahl für die Anwendung der Regelung für Fahrten zw Wohnung und Arbeitsstätte (s Rz 234) unterliegen sämtl Fahrten der Regelung der Kfz-Gestellung bei Fahrten zw Wohnung und Arbeitsstätte.

Verpflegungsmehraufwand darf nur iHd Pauschbeträge ohne LStAbzug erstattet werden (also kein Einzelnachweis mit höheren Beträgen zulässig; LStR 9.11 (10) 7 Nr 2). Es ist die Dreimonatsfrist zu beachten (s Rz 226). – **Unterkunftskosten** können in der Übergangszeit von drei Monaten mit einem Tagespauschbetrag von 20 €, danach mit einem Pauschalsatz von 5 € ohne LStAbzug erstattet werden (LStR 9.11 (10) 7 Nr 3). Bei Zweitwohnung im Ausland s LStR 9.11 (10) 7 Nr 3 S 2.

231 **h) ArbN ohne eigenen Hausstand.** Zum Rechtsinstitut der sog quasi doppelten Haushaltsführung s 34. Aufl Rz 231; zur Fortgeltung aus Gründen des Vertrauensschutzes bis 2003 s BFH VI R 20/04 BFH/NV 06, 2068; *Bergkemper* HFR 07, 19; krit *Thomas* DStR 06, 2289. – ArbN, die am Lebensmittelpunkt (zB im Haushalt der Eltern) keinen eigenen Hausstand unterhalten und am Ort ihrer regelmäßigen Arbeitsstätte eine Wohnung bewohnen, können seit 2004 keinen WK-Abzug (Verpflegungsmehraufwand, Unterkunftskosten) für das Wohnen am Beschäftigungsort geltend machen; für Wege zum Lebensmittelpunkt ist die **Entfernungspauschale** anzusetzen (§ 9 I 3 Nr 4; zur Schätzung der Fahrten s FG Saarl EFG 11, 1243, rkr). – Bei ArbN ohne eigenen Hausstand mit **Einsatzwechseltätigkeit,** die am Tätigkeitsort übernachten, gelten die gleichen Grundsätze wie zu Rz 235.

234 **i) Abgrenzung Fahrten Wohnung/Arbeitsstätte; Dienstreisen; Einsatzwechseltätigkeit.** Dem Gesetz ist nicht zu entnehmen, dass zw Nr 4 und Nr 5 ein Vorrangverhältnis besteht. Sind die Voraussetzungen beider Vorschriften erfüllt, kann der ArbN für einen VZ zw der Besteuerung nach Nr 4 oder Nr 5 wählen (glA BFH VI R 85/85 BStBl II 88, 990; Anm *Kretzschmar* DStZ 89, 103). Das Wahlrecht kann für jede selbstständige doppelte Haushaltsführung innerhalb eines Kj nur einmal ausgeübt werden (LStR 9.11. (5) 3). Ist die Wahl zugunsten einer der Vorschriften ausgeübt, findet die andere Vorschrift keine Anwendung. Dieser Fall kann aktuell werden, wenn die Kosten der doppelten Haushaltsführung gering sind, dem ArbN aber wegen häufiger Familienheimfahrten im Verlaufe der Woche höhere Fahrtkosten erwachsen (*Offerhaus* Inf 79, 169, 172). Wählt der ArbN in diesem Fall die Besteuerung nach Nr 4, kann er zum einen die ihm bezügl der doppelten Haushaltsführung entstandenen Mehraufwendungen nicht absetzen; die Fahrtkosten sind um den Wert der vom ArbG gestellten Kosten und Unterkunft zu kürzen (LStR 9.11 (5) 4); denn sonst hätte der ArbN bezügl der Fahrtkosten die Vorteile der Besteuerung nach der Nr 4 und behielte teilweise die Vorteile der Nr 5. – Unterkunftskosten für **gelegentl berufl bedingtes Übernachten** am Arbeitsort (zB im Hotel) sind neben den Kosten für Fahrten zw Wohnung und Arbeitsstätte als WK abzugsfähig (BFH VI R 40/03 BStBl II 04, 1074, gelegentl Hotelübernachtung begründet keine doppelte Haushaltsführung; Anm *Bergkemper* FR 05, 103).

Das Gleiche gilt, wenn der ArbN für **Rufbereitschaft, Schichtdienst** oder gelegentl aus sonstigen berufl Gründen erforderl Übernachtungen eine *ständige* Unterkunft gemietet hat, sofern die **ständige Unterkunft** preiswerter ist als jeweilige Hotelübernachtungen (enger FG Köln EFG 10, 1397, rkr; aA aber noch BFH VI R 11/91 BStBl II 93, 113; Anm *MIT* DStR 93, 91; BFH VI R 54/91 BFH/NV 95, 386; BFH VI R 58/95 BStBl II 96, 315; Anm *MIT* DStR 96, 866; krit *Rößler* DStZ 96, 439).

Da die doppelte Haushaltsführung nur den Fall des Wohnens am Ort der regelmäßigen Arbeitsstätte erfasst (s BFH VI R 51/12 BStBl II 14, 342), ist im Fall der sog **Einsatzwechseltätigkeit** mit jeweiliger Wohnsitznahme nicht § 9 I 3 Nr 5 einschlägig; vielmehr richtet sich der WK-Abzug **bis einschließl VZ 2013** grds nach § 9 I 1: Abziehbar sind **Unterkunftskosten** und sämtl **Heimfahrtkosten** in tatsächl Höhe. Eine Beschränkung der Fahrten auf eine Fahrt je Woche iHd Entfernungspauschale ist nicht gerechtfertigt, weil hier anders als im Normalfall der doppelten Haushaltsführung die ArbN mit ihren Familien nicht jeweils an die wechselnden Einsatzorte umziehen könnten. Für Fahrten zw der Wohnung am wechselnden Einsatzort und der jeweiligen Tätigkeitsstelle sind die tatsächl Kosten abziehbar. Für den Ansatz von **Verpflegungsmehraufwendungen** gilt § 9 V iVm § 4 V 1 Nr 5 (einschließl der Dreimonatsfrist); maßgebl ist die jeweilige Abwesenheit von der Heimatwohnung (BFH VI R 95/13 BStBl II 15, 231). Dabei kommt es weder auf die konkrete Verpflegungssituation noch darauf an, ob dem ArbN überhaupt ein Mehraufwand für Verpflegung entstanden ist (BFH aaO, mwN). Nach Ablauf der Dreimonatsfrist ist ein Verpflegungsmehraufwand nur noch abziehbar bei einem Einsatz an einer neuen Tätigkeitsstätte (auch hier nur längstens für drei Monate; zur Klarstellung: eine Dreimonatsfrist gibt es ausschließl beim Verpflegungsmehraufwand!). Die Einsatzwechseltätigkeit wird damit wie eine länger dauernde Dienstreise (Auswärtstätigkeit) behandelt; dies ist wegen der engen Verwandtschaft beider Reisetätigkeiten geboten (ausführl BFH VI R 7/02 BStBl II 05, 782; BFH VI R 34/04 BStBl II 05, 793). – **Ab VZ 2014** gelten **§ 9 I 3 Nr 4a und 5a.** 235

j) Zeitl befristet entsandte ArbN; ruhendes ArbVerh. Wird ein ArbN zeitl befristet an eine Konzerntochter oder an ein Fremdunternehmen entsandt, so ist die neue Einsatzstelle **bis einschließl VZ 2013** keine regelmäßige Arbeitsstätte; der ArbN befindet sich auf Auswärtstätigkeit. Nimmt der ArbN *unter Beibehaltung der bisherigen Familienwohnung* seine Familie mit an den neuen vorübergehenden Beschäftigungsort, so sind die Aufwendungen für die Wohnung am Beschäftigungsort in einen berufl und einen privat veranlassten Anteil aufzuteilen; die *durch die Familienmitglieder veranlassten Mehrkosten* sind Kosten der privaten Lebensführung. Wird die bisherige Familienwohnung hingegen aufgegeben, so ist die Wohnung am Beschäftigungsort der Lebensmittelpunkt der Familie, so dass sämtl Kosten (auch die für die neue vorübergehende Wohnung) Kosten der privaten Lebensführung sind. – Das Gleiche gilt auch, wenn in einem derartigen Entsendungsfall der **ursprüngl ArbVertrag vorübergehend ruht** und mit dem aufnehmenden Unternehmen ein neuer befristeter ArbVertrag abgeschlossen wird, wie es häufig bei internationaler ArbN-Entsendung vorkommt; denn ein Umzug an den befristeten Einsatzort ist nicht zumutbar (aA OFD Mster DStR 11, 221, die von einer neuen regelmäßigen Arbeitsstätte ausgeht und den Fall nach den Grundsätzen der doppelten Haushaltsführung behandelt). Stellt der ArbG in diesen Fällen die Wohnung am Beschäftigungsort, so kommt es zur Lohnzuwendung. – Zur Behandlung **ab VZ 2014** s § 9 IV (Rz 256). 236

8. Übernachtungskosten, § 9 I 3 Nr 5a. – a) Auswärtstätigkeit, § 9 I 3 Nr 5a S 1–3. Für eine berufl veranlasste Übernachtung außerhalb der ersten Tätigkeitsstätte (§ 9 IV, s Rz 254) werden **notwendige Mehraufwendungen** iHd *tatsächl* Kosten als WK berücksichtigt (S 1 und 2); bislang ergab sich dies aus § 9 I 1 (vgl Rz 235; s auch BFH VI R 7/02 BStBl II 05, 782). Erfasst werden nur Aufwendungen, die für eine *zusätzl* Wohnung oder Unterkunft anfallen; die Kos- 237 ten der Hauptwohnung/-unterkunft werden durch den Grundfreibetrag gedeckt und sind keinesfalls „Mehr"-Aufwendungen. Pauschalen sind nicht vorgesehen. Zu Verpflegungsmehraufwand s § 9 IVa (Rz 258); zu Aufteilung bei einheitl Zahlungsbeleg s *BMF* BStBl I 14, 1412 Rz 113; zu stfreien Erstattungen durch den ArbG s § 3 Rz 54 ff und 66 ff. – Wird eine Unterkunft zusammen mit weiteren, **ArbG-fremden Personen** genutzt, dürfen nur die Kosten angesetzt werden, die bei einer Allein-Übernachtung angefallen wären (S 3); es erfolgt also keine Aufteilung der tatsächl Aufwendungen nach Köpfen (offen gelassen zur bisherigen Rechtslage: BFH VI R 11/13 BStBl II 14, 804, unter II.2.b.). Bei Wohnungskosten bis zu 1000 € monatl geht die FinVerw von einer alleinigen berufl Veranlassung aus (*BMF* aaO Rz 117: Vereinfachung). – Liegt eine berufl Veranlassung vor, unterstellt die Verwaltung die Notwendigkeit der tatsächl Aufwendungen; es wird **keine Angemessenheitsprüfung** in Bezug auf die Kostenhöhe vorgenommen (vgl *BMF* BStBl I 14, 1412 Rz 114).

238 **b) Längerfristige Auswärtstätigkeit, § 9 I 3 Nr 5a S 4–5.** Änderungen ergeben sich gem S 4 und 5 bei längerfristiger Auswärtstätigkeit: Wird über einen Zeitraum von **mehr als 48 Monaten** dieselbe auswärtige Tätigkeitsstätte (nicht notwendig arbeitstägl, aber dem BMF zufolge wenigstens an drei Tagen die Woche, s *BMF* BStBl I 14, 1412 Rz 120; anders BT-Drs 17/10774, S 14: einmal wöchentl soll genügen; s auch *Bergkemper* FR 13, 1017, 1020) aufgesucht, können die Aufwendungen nach Ablauf dieser Frist **von VZ 2014 an** nur noch bis zum **Höchstbetrag von 1000 €** gem § 9 I 3 Nr 5 S 4 angesetzt werden (s *Niermann* DB 13, 1015, 1023: *ex post*-Betrachtung); diese Beschränkung bezieht sich aber auch hier nur auf Übernachtungen **im Inl.** Auf die übrigen Regelungen des § 9 I 3 Nr 5 wird *nicht* Bezug genommen; es wird also insb weder ein „Innehaben" einer Wohnung noch eine Beteiligung an den Lebensführungskosten iSd § 9 I 3 Nr 5 S 3 vorausgesetzt (s auch *BMF* BStBl I 14, 1412 Rz 114: Zimmer im Haushalt der Eltern genügt). Eine **Unterbrechung** von mindestens 6 Monaten setzt eine neue 48-Monats-Frist in Gang (§ 9 I 3 Nr 5a S 5). Maßgebl ist auch hier die *tatsächl* Dauer der Unterbrechung (vgl Rz 260); auf den Grund kommt es dem Gesetz zufolge nicht an (*BMF* aaO Rz 120: zB Urlaub, Krankheit oder Tätigkeit an einer anderen Arbeitsstätte). Zu einer vor dem 1.1.2014 begonnenen Auswärtstätigkeit s *BMF* aaO Rz 122.

240 **9. Aufwendungen für Arbeitsmittel, § 9 I 3 Nr 6. – a) Allgemeines.** Arbeitsmittel sind Gegenstände, die unmittelbar der Erledigung der dienstl Aufgaben dienen (vgl BFH VI R 53/09 BStBl II 11, 723: Bücher eines Lehrers). Grds kann jedes WG ein Arbeitsmittel sein (s *Geserich* NWB 11, 1247). Entscheidend ist immer die **tatsächl** bzw bei Fehlmaßnahmen die **beabsichtigte Verwendung;** diese muss feststehen. Sind die Gegenstände schon ihrer Art nach dazu bestimmt, einer Berufstätigkeit zu dienen, ist ihre Zuordnung zu den Arbeitsmitteln unproblematisch. Dies wird bei den beispielhaft erwähnten **Werkzeugen** (zB Maschinen und Handwerksgeräte), die der StPfl zu seiner Tätigkeit benötigt, regelmäßig der Fall sein; Nr 6 hat insoweit ledigl klarstellende Bedeutung. Bei Gegenständen, die auch iRd **allg Lebensführung** benutzbar sind, ist die berufl Zuordnung oft schwierig. Nur dann, wenn der Gegenstand nach seiner tatsächl Zweckbestimmung im Einzelfall *ausschließl oder zumindest ganz überwiegend* der Ausübung der berufl Tätigkeit dient, kann er als Arbeitsmittel anerkannt werden (vgl BFH VI R 45/09 BStBl II 11, 45: Diensthund eines Polizei-Hundeführers); bei gemischter Nutzung kann Aufteilung in Betracht kommen (BFH VI R 53/09 BStBl II 11, 723). Zur Arbeitsmitteleigenschaft von Gegenständen in einem **häusl Arbeitszimmer** s Rz 245 „Schreibtisch", § 4 Rz 591 (2) und BFH VI R 91/10 BStBl II 12, 127 (Vorrang von § 9 I 3 Nr 6).

241 **b) Bekleidung. – aa) Typische Berufskleidung.** Soweit (ebenfalls beispielhaft) Aufwendungen von Berufskleidung zum Abzug zugelassen sind, hat Nr 6

zum Teil rechtsbegründenden Charakter (BFH VI R 143/77 BStBl II 80, 73, Trachtenanzug). Denn auch die Berufskleidung wird oftmals in erster Linie getragen, um bekleidet zu sein; es wird damit ein allg menschliches Bedürfnis befriedigt; eine nach obj Maßstäben zutreffende **Abgrenzung zw Berufs- und Privatsphäre** wird daher regelmäßig nicht mögl sein (s auch Rz 52). Grds muss es sich um typische, wegen der Eigenart des Berufs *nötige* Kleidung handeln (BFH VI R 77/91 BStBl II 93, 837: Polizeiuniform). Allein der Umstand, dass eine bestimmte (bürgerl) Kleidung auf Grund dienstl Weisung getragen werden muss oder mit einem Dienstabzeichen versehen ist, macht die Kleidung noch nicht zur typischen Berufskleidung. Gegen typische Berufskleidung spricht, wenn die Kleidung auch mit aufgenähtem Dienstabzeichen allg im privaten Bereich verwendbar ist und auch verwendet wird (BFH VI R 73/94 BStBl II 96, 202, Lodenmantel; LStR 3.31 I 3). – Bei der **typischen Berufskleidung** geht der Charakter als Berufskleidung nicht dadurch verloren, dass die Kleidung auch privat genutzt wird (BFH VI R 143/77 BStBl II 80, 73; BFH VI R 171/77 BStBl II 79, 519, Oberkellner). – Kosten für die **Reinigung** typischer Berufskleidung in der eigenen Waschmaschine sind als Folgekosten abziehbar (BFH VI R 77/91 BStBl II 93, 837; BFH VI R 53/92 BStBl II 93, 838; BFH VI R 64/92 BFH/NV 94, 97; s auch FG RhPf NWB 10, 4155; gegen BFH: FG Nds EFG 10, 706, rkr, Anm *Wagner*). Zur Schätzung s FG BaWü EFG 06, 811, rkr, und FG Köln EFG 13, 771.

Beispiele: Bergarbeiterkleidung, typische Schutzkleidung wie **Helme** und **Bürokittel;** Dienstkleidung des Personals einer **Luftverkehrsgesellschaft** (FG Hess EFG 93, 648, rkr); Sportkleidung mit **„Offiziersbalken"** (FG Brem EFG 92, 735, rkr); **Gesellschaftsuniform** (FG Nds EFG 91, 471, rkr, zweifelhaft); mit **Posthorn** versehene Kleidung (FG Nds EFG 91, 118, rkr); **Arztkittel** (BFH IV R 65/90 BStBl II 91, 348, ausführl zur Kleidung des Arztes).

bb) Bürgerliche Kleidung. Im Gegensatz zur typischen Berufskleidung sind Aufwendungen für sog bürgerl Kleidung, wie man sie auch außerhalb der Berufssphäre zu tragen pflegt, wenn also die Benutzung als normale bürgerl Kleidung im Rahmen des Möglichen und Üblichen liegt, grds nicht abzugsfähig (BFH VI R 94/89 BFH/NV 93, 12, Tropenkleidung). Diese „normale" Kleidung betrifft auch dann stets die Privatsphäre und wird nicht zur typischen Berufskleidung, wenn sie ausschließl während der Arbeitszeit getragen wird (BFH VI R 25/78 BStBl II 80, 75, bürgerl Kleidung eines Dekorateurs), auch wenn sie dabei einer besonders hohen Abnutzung unterliegt (BFH VI R 61/83 BFH/NV 87, 33). Ausnahmsweise kann aber auch bürgerl Kleidung zur **typischen Berufskleidung** zählen, wenn eine Verwendung dieser Kleidungsstücke zum Zwecke der privaten Lebensführung auf Grund der berufsspezifischen Eigenschaften so gut wie ausgeschlossen ist. **242**

Weitere Beispiele – WK verneint: „Business-Kleidung" eines **Rechtsanwalts** oder **Betriebswirts** etc (BFH VI B 40/13 BFH/NV 14, 335; ebenso FG Hbg EFG 14, 1377, rkr); Sportsachen eines **Sportlehrers** (BFH VI B 28/07 BFH/NV 07, 1869); weiße Kleidung des **Masseurs** (BFH I B 5/94 BFH/NV 95, 207); Kleidung einer **Instrumentalsolistin** (BFH IV R 13/90 BStBl II 91, 751); **Schuhe des Briefträgers** (FG Saarl EFG 94, 237, rkr); Dienstkleidung eines **Revierförsters** (FG Hess EFG 87, 552, rkr); schwarzer Rock und weiße Bluse einer **Hotel-Empfangssekretärin** (FG Saarl EFG 89, 110, rkr); schwarzer Anzug eines **Croupiers** (FG BaWü EFG 06, 809, rkr). – **WK anerkannt:** schwarzer Anzug eines **Kellners** (BFH VI R 171/77 BStBl II 79, 519; BFH VI R 20/85 BFH/NV 88, 703), eines **Geistlichen** (BFH VI R 159/86 BFH/NV 90, 288) oder eines **Leichenbestatters** (BFH I R 33/69 BStBl II 71, 50). – Die Unterscheidungen, die hier getroffen werden, leuchten nicht immer unmittelbar ein.

cc) Besonders hoher Verschleiß. Die Rspr, wonach ein besonders hoher Verschleiß an bürgerl Kleidung ausnahmsweise zum WK-Abzug führen kann, ist durch BFH VI R 171/78 BStBl II 81, 781 wesentl eingeschränkt worden; der Verschleiß muss von dem normalen Kleidungsverschleiß nach obj Maßstäben zutr und in leicht nachprüfbarer Weise abgrenzbar und nicht von untergeordneter Bedeutung sein (anders aber bei **Beschädigung,** s FG Thür EFG 00, 211, rkr). Mit *Söhn* (FR 80, 306 ff; s auch *HHR* § 9 Rz 552 aE) wird man in extremen Ausnah- **243**

mesituationen auch eine Lösung über das sog Übermaßverbot suchen müssen. Denn wenn die Nichtberücksichtigung eines besonders hohen berufsbedingten Kleiderverschleißes zu einer offensichtl ungerechten und gleichheitswidrigen Besteuerung führen würde, muss der in dem Verschleiß zum Ausdruck kommende übermäßige Aufwand (ggf durch Schätzung) berücksichtigt werden.

244 **c) Abschreibung; Verlust.** Aufwendungen für Arbeitsmittel (AK oder HK), deren Verwendung oder Nutzung sich auf **mehr als ein Jahr** erstreckt, sind auf die voraussichtl Nutzungsdauer (s Rz 246) zu verteilen (stRspr). Zur Behandlung geringwertiger Arbeitsmittel (auch umgewidmeter und geschenkter) s Rz 247. – **Verlust, Beschädigung oder Zerstörung** eines Arbeitsmittels kann sich auch dann als WK auswirken, wenn das schadensbegründende Ereignis ein neutrales ist (zB Diebstahl, Blitzschlag; BFH VI R 185/97 BStBl II 04, 491, Unterschlagung durch früheres Familienmitglied; aA *Thomas* DStR 04, 1273; s auch Rz 178). Führt der Verlust zum WK-Abzug, dann muss der Ersatz durch eine Versicherung zur Einnahme aus nichtselbständiger Arbeit führen (vgl entspr BFH IV R 31/02 BStBl II 06, 7; s auch Rz 112).

245 **d) ABC der Arbeitsmittel** *(vgl auch § 12 Rz 25)*

Aktentasche kann Arbeitsmittel sein (FG Hbg EFG 11, 2057, rkr, mwN: „Pilotentrolley"; s auch FG Bln EFG 79, 225, rkr: Betriebsprüfer).

Aktenschrank s „Schreibtisch".

Bilder im häusl Arbeitszimmer sind *keine* Arbeitsmittel; einem steuerl Abzug steht § 12 entgegen (FG RhPf EFG 92, 65, rkr). Gleiches gilt allg für eigene Gegenstände zur Ausschmückung eines Dienstzimmers im öffentl wie im privaten Bereich (BFH VI R 119/88 BStBl II 91, 837; BFH VI R 92/92 BStBl II 93, 506; s auch § 12 Rz 11 aE, § 19 Rz 110 „Arbeitszimmer").

Blindenhund. Zutr anerkannt FG Mchn EFG 85, 390, rkr; s auch „Diensthund".

Brille für Arbeitsplatz. Abgelehnt: BFH VI R 31/92 BStBl II 93, 193 und FG Nds EFG 93, 375, rkr. S aber *FinVerw* DStR 00, 777, Bildschirmarbeitsbrille; dazu auch ausführl BFH VI R 50/03 BFH/NV 05, 2185 (abgelehnt).

Bücher. Literatur eines Lehrers s BFH VI R 53/09 BStBl II 11, 723: Abzustellen ist auf die Funktion *jedes einzelnen Buches* (Zeitschrift), wobei der beabsichtigte tatsächl Verwendungszweck entscheidend ist; dabei wird auf die Unterscheidung zw Fachliteratur und schöngeistiger Literatur verzichtet. Der StPfl muss nachweisen, dass er das Buch nur für den Unterricht oder die Unterrichtsvorbereitung angeschafft hat. Ein persönl Interesse an der Thematik des Buches muss der berufl Veranlassung nicht entgegenstehen. Bei (allerdings schwer feststellbarer) gemischter Nutzung kann Aufteilung in Betracht kommen. – Für Bücher eines Publizisten gelten gleiche Grundsätze (BFH VI R 70/91 BStBl II 92, 1015, ausführl). **Fachbücher** sind stets Arbeitsmittel; ihr Inhalt beschränkt sich auf das berufl Fachgebiet des StPfl (anerkannt: Enzyklopädie des Tierreichs für Biologielehrer, FG Bln EFG 72, 179, rkr; steuerl Sammelwerk für Steueramtsrat, FG Nbg EFG 80, 233, rkr; Encyclopaedia Britannica für Englischlehrer, BFH VI R 180/79 BStBl II 82, 67). Auch iRd VuV-Einkünfte können zB Bücher über Mietrecht oder Grundsteuerrecht und Fachzeitschriften für Hausbesitzer Arbeitsmittel sein. Siehe auch „Lexikon", „Tageszeitung", „Zeitschriften". Vgl auch § 4 Rz 520 „Fachliteratur".

Bücherregal und Bücherschrank s „Schreibtisch".

Computer. Nach BFH VI R 135/01 BStBl II 04, 958 (zust *Bergkemper* FR 04, 645) ist ein privat angeschaffter, in der Wohnung aufgestellter Computer ein Arbeitsmittel, wenn er nahezu ausschließl der Erledigung dienstl Aufgaben dient und die private Mitbenutzung 10 vH nicht übersteigt. Dann sind die Kosten in vollem Umfang als WK abziehbar. – Beträgt der private Nutzungsanteil mehr als 10 vH, können die Kosten aufgeteilt werden. Wird der Computer in einem nicht unwesentl Umfang berufl genutzt, ist im Wege einer vereinfachenden Handhabung von einer hälftigen Aufteilung auszugehen, es sei denn, ein anderer Aufteilungsmaßstab wird nachgewiesen. – **Peripherie-Geräte** (Monitor, Drucker, Scanner) sind keine GWG; etwas anderes gilt bei Kombi-Geräten und Computertisch (FG RhPf EFG 04, 718, rkr). Austausch einzelner Komponenten führt zu Erhaltungsaufwand (s aber BFH III R 70/08 BFH/NV 10, 2253: gilt nicht für Drucker). – Zur Nutzungsdauer s § 7 Rz 105.

Diensthund eines Polizei-Hundeführers ist (zutr) Arbeitsmittel (ausführl BFH VI R 45/09 BStBl II 11, 45); ebenso der Jagdhund eines Forstbeamten (BFH VI 9/59 U BStBl III 60, 163) und uU auch der Wachhund eines Hausmeisters (FG Hbg EFG 89, 228, rkr). S aber auch BFH IV R 103/75 BStBl II 79, 512: Hund einer Landärztin, BA-Abzug abgelehnt; ebenso beim *privaten* Wachhund eines Hausmeisters (BFH VI R 101/86 BFH/NV 91, 234).

Dienstzimmer s „Bilder" und § 12 Rz 11.

Diktiergerät ist als Arbeitsmittel anzuerkennen.

Fachzeitschriften sind Arbeitsmittel (s auch „Bücher"); aber keine WK ohne Beleg (FG BaWü EFG 14, 1958, rkr; ebenso FG Mster BB 14, 2457, rkr, auch zu PC-Magazinen eines Netzwerkadministrators). S auch „Zeitschriften".

Fahrrad ist ebenso wie ein Kfz regelmäßig kein Arbeitsmittel; Kosten bei Dienstreisen können in tatsächl Höhe abgezogen werden.

Fernsprecher s § 19 Rz 110 „Telefonkosten".

Klavier s Musikinstrumente.

Kraftfahrzeug, das für Fahrten zw Wohnung und Arbeitsstätte benutzt wird, ist kein Arbeitsmittel (BFH VI 201/62 S BStBl III 64, 251; ebenso FG Bln EFG 88, 557, rkr, bei 95 vH berufl Nutzung), wohl aber bei einem gehbehinderten StPfl, der ohne Kfz seinen Beruf nicht ausüben könnte (BFH VI 66/65 U BStBl III 66, 291). Zur Kritik an dieser Rspr s *von Bornhaupt* FR 00, 971. S auch „Fahrrad" und § 19 Rz 110 „Kraftfahrzeugkosten".

Lexikon. Abgelehnt: Großer Brockhaus für eine Lehrerin (BFH VI 39/56 U BStBl III 57, 328); Großer Herder (BFH VI 183/57 U BStBl III 59, 292); Konversationslexikon für einen Rechtsanwalt (BFH VI 127/60 U BStBl III 62, 368); für Deutschlehrer (BFH VI R 208/75 BStBl II 77, 716).

Meisterstück s BFH VI R 44/86 BStBl II 90, 692; krit *Paus* DStZ 91, 149.

Musikanlage. Tonbandgerät für einen hauptberufl tätigen Musiker als Arbeitsmittel anerkannt (BFH VI R 6/68 BStBl II 71, 459); zu Stereoanlage eines Musiklehrers s FG Ddorf EFG 82, 563, rkr (abgelehnt); zu Musik-CD s FG Mchn EFG 99, 891, rkr (abgelehnt).

Musikinstrumente. Cembalo eines hauptamtl Kirchenmusikers anerkannt (FG Mster EFG 76, 178, rkr); abgelehnt: Flügel einer an einer Schule angestellten Musiklehrerin (BFH VI R 111/76 BStBl II 78, 459, da die Lebensführung in nicht nur untergeordnetem Maße berührt war; zur weiteren Begründung dieses Urt s Rz 271; anerkannt bei vollzeitl tätiger Musiklehrerin am Gymnasium, FG Mchn EFG 09, 1447, rkr, und bei Dozentin am Konservatorium, BFH VI R 18/86 BStBl II 89, 356; abgelehnt bei Grundschullehrerin mit Fach Musik, FG BaWü EFG 98, 643, rkr: Reparaturkosten). Anerkannt bei einem Pfarrer, der einen Gemeindechor leitet, s FG Hbg EFG 84, 399, rkr. Im Einzelfall kann auch eine andere Beurteilung geboten sein, zB bei einem hauptberufl Musiklehrer. Zu den erforderl Feststellungen bei der Frage, ob Musikinstrumente als Arbeitsmittel anerkannt werden können, s BFH VI R 193/83 BFH/NV 87, 88. Zu Nachweisfragen s auch § 12 Rz 18.

Papierkorb. Bejaht BFH VI R 182/75 BStBl II 77, 464; s auch „Schreibtisch".

Pistole eines Richters in Strafsachen ist kein Arbeitsmittel (FG BaWü EFG 79, 546, rkr; aA FG Nbg v 20.6.84 V 408/83).

Reisekoffer als Arbeitsmittel s FG Hess EFG 89, 173, rkr, anerkannt.

Reitpferd eines Reitlehrers s BFH VI B 40/07 BFH/NV 08, 955. Entscheidend sind die Umstände des Einzelfalles.

Schreibtisch im anerkannten häusl Arbeitszimmer (s § 4 Rz 591 (2)) ist stets Arbeitsmittel, auch wenn es sich um ein altes Möbelstück mit Wertsteigerungserwartungen handelt (BFH VI R 78/82 BStBl II 86, 355; anders evtl bei echten Antiquitäten, s Anm HFR 86, 291). Dies gilt auch für einen Schreibtisch in einem nicht als häusl Arbeitszimmer anerkannten Raum, wenn eindeutig feststeht, dass der Schreibtisch überwiegend zu berufl Zwecken genutzt wird (BFH VI R 109/87 BStBl II 93, 106) und nicht der Repräsentation dient. Gleiches gilt für Schreibtischlampe und Schreibtischgarnitur, sowie für Akten- und Bücherschränke, Regale und Sitzgelegenheiten (BFH VI R 22/96 BFH/NV 97, 341, zur Abgrenzung Arbeitsmittel, Einrichtungsgegenstand und Ausschmückung des Arbeitszimmers; s auch BFH III R 92/10 BFH/NV 12, 412).

Sportkleidung und Sportgeräte. Abzug der Aufwendungen (auch für Reinigung) ist mögl, wenn die private Nutzung der Kleidung und der Sportgeräte von ganz untergeordneter Bedeutung ist (BFH VI R 137/83 BStBl II 87, 262). Zur tatrichterl Beweiswürdigung s BFH VI B 28/07 BFH/NV 07, 1869. Ggf kommt Aufteilung in Betracht. S auch Rz 241.

Surfbrett und **Surflehrgang.** WK abgelehnt, wenn der private Nutzungsanteil bei rund 15 vH liegt (s BFH VI R 137/83 BStBl II 87, 262); wohl überholt, s Rz 57 ff.

Tageszeitung ist kein Arbeitsmittel; Kosten sind grds nicht abziehbar (BFH VI B 168/04 BFH/NV 05, 1300, mwN; FG Hess DStRE 09, 1099 rkr, FAZ bei StBerater). Das „Handelsblatt" ist dann anzuerkennen, wenn wegen besonderer Umstände der Bezug nahezu ausschließl berufl veranlasst ist (BFH VI R 64/95 BFH/NV 96, 402), ansonsten nicht (FG Bbg EFG 02, 1085, rkr; FG Hess EFG 02, 1289, Rev unbegründet, § 126a FGO). Anzuerkennen auch bei einem Zeitungsredakteur (aA FG Mster EFG 11, 228, rkr, Anm *Wagner:* Fehlentscheidung; s auch „Bücher"). Vgl iÜ „Zeitschriften" und § 4 Rz 520 „Fachliteratur".

Teleskop eines Lehrers für Astronomie s FG Bln EFG 04, 1362, rkr: anerkannt.

Teppich in einem nicht als häusl Arbeitszimmer anerkannten Wohnraum ist kein Arbeitsmittel (BFH VI R 182/75 BStBl II 77, 464).

Videokamera eines Projektmanagers ist idR kein Arbeitsmittel (BFH VI R 16/94 BFH/NV 95, 216).

Videorecorder eines Lehrers s BFH VI R 1/90 BStBl II 92, 195. S auch FG Saarl EFG 97, 603, rkr, abl auch bei Zweitgerät.

Wachhund s „Diensthund".

Zeitschriften allgemeinbildenden Inhalts sind keine Arbeitsmittel; anders Fachzeitschriften. Abgelehnt: „Neue Züricher Zeitung" (FG Ddorf DStRE 01, 903, rkr); „Capital" und „Wirtschaftswoche" (FG Saarl EFG 92, 518, aus verfahrensrechtl Gründen zurückverwiesen; FG Hess EFG 92, 517, rkr, weitere Wirtschaftszeitungen); „GEO" (FG Mster EFG 86, 491, rkr); „Effecten-Spiegel" (FG Saarl EFG 91, 468, rkr). „Wirtschaftsbild" (FG BaWü EFG 88, 461, rkr, verdeckte Parteizeitung). „Der Spiegel", „Die Zeit" abgelehnt bei Kulturkritiker BFH IV R 128/88 BStBl II 90, 19; ebenso „Test" BFH VI R 35/86 BFH/NV 90, 701; „Flight" FG Nds EFG 93, 375, rkr; „International Herald Tribune" FG BaWü EFG 93, 384, rkr, abl für Englischlehrer. S auch „Tageszeitung".

10. AfA und Substanzverringerung, § 9 I 3 Nr 7. – a) Allgemeines. Es gelten die Ausführungen zu den einzelnen Vorschriften über die AfA, die AfS und die erhöhten Absetzungen entspr. Die degressive AfA des § 7 II gilt nicht, da diese AV voraussetzt, das es bei den Überschusseinkünften nicht gibt. Nach der Rspr des BFH enthält § 9 I 3 Nr 7 eine rechtsbegründende Ausnahme von dem bei den Überschusseinkunftsarten geltenden Verbot des Abzugs von Aufwendungen, die auf das Vermögen getätigt werden (BFH VIII R 215/78 BStBl II 83, 410; BFH VIII R 9/76 BStBl II 78, 455; *Tipke/Lang* LB § 8 Rz 365; *KSM* § 9 B 97 ff; *Meyer* DStR 81, 132; *Knobbe-Keuk* DB 85, 146). Demgegenüber wird im Schrifttum überwiegend zutr die Auffassung vertreten, die AK/HK stellten selbst **WK dem Grunde nach** dar; dass im Zeitpunkt der Anschaffung/Herstellung eine bloße Vermögensumschichtung gegeben ist, schließt nur die sofortige Erfolgswirksamkeit aus; dies gilt bei Überschusseinkünften ebenso wie bei Gewinneinkünften (vgl *Flies* Vermögensverluste (1995), S 49 ff; *Söhn* StuW 91, 270, 277; s auch *Crezelius* LB § 9 Rz 19; ferner *HHR* § 9 Rz 521 f; ähnl wohl *Kruse* FR 81, 478 f; *Jakob/Jüptner* FR 88, 150; *Jakob/Wittmann* FR 88, 547, die auf BFH-Rspr verweisen, welche § 7 ebenfalls als Abzugshindernis versteht – offen gelassen in BFH IX R 109/84 BStBl II 89, 922). Die Abschreibungen sind grds auch schon von der Anschaffung bzw Fertigstellung (§ 7 Rz 90) und nicht erst vom Jahr der Verausgabung an vorzunehmen (s BFH VIII R 9/76 BStBl II 78, 455, wo die AfA an die Nutzung gekoppelt wird). Für im ersten Halbjahr angeschaffte/hergestellte bewegl WG konnte bis VZ 2003 die volle Jahres-AfA, sonst die halbe Jahres-AfA angesetzt werden; ab 1.1.2004 gilt diese Vereinfachungsregel nicht mehr (§ 7 I 4). Zur Anwendung der **AfA-Tabellen** auf WG der Überschusseinkünfte s § 7 Rz 105. Teilwertabschreibungen sind bei den Überschusseinkunftsarten nicht zulässig; wohl aber kann auch eine außergewöhnl technische oder wirtschaftl Abnutzung (**AfaA,** § 7 I 7) als WK geltend gemacht werden (s auch BFH VIII R 33/09 BStBl II 13, 171, Rz 22; BFH IX R 7/13 BFH/NV 14, 1202). Reine Wertveränderungen können dagegen nicht als WK berücksichtigt werden. Da Nr 7 keine Beschränkung auf körperl Gegenstände enthält, unterliegen auch **zeitl begrenzte Rechte** einem durch AfA zu berücksichtigenden Wertverzehr (BFH VIII R 12/72 BStBl II 79, 38; zur Bewertung unentgeltl erlangter Nutzungsrechte vgl BFH IV R 117/79 BStBl II 81, 68). 246

b) Geringwertige WG. Nach § 9 I 3 Nr 7 können aus Vereinfachungsgründen Aufwendungen für abnutzbare bewegl WG (auch Arbeitsmittel) im Jahr der *Anschaffung/Herstellung* in voller Höhe als WK abgesetzt werden, wenn die AK/HK ohne USt für das einzelne Wirtschaftsgut 410 € nicht übersteigen (vgl BFH VI R 99/10 BStBl II 14, 393); Sofortabzug ist mögl bei AK/HK einschließl USt bis zu 487,90 €. Durch die Verweisung auf § 6 II 1–3 finden nicht etwa TW-Gedanken bei Überschusseinkünften Anwendung. Für den Vollabzug kommt es nicht auf den Zahlungszeitpunkt an. Das Gesetz (ab 2010) spricht nur von den Fällen der *Anschaffung* oder *Herstellung.* Damit gilt der Sofortabzug eigentl nicht, wenn WG des privaten Gebrauchs *umgewidmet* und zur Einkunftserzielung genutzt werden; LStH 9.12 „Absetzung für Abnutzung" lässt aber einen Sofortabzug zu, wenn im Zeitpunkt der Umwidmung die AK/HK abzügl bisheriger fiktiver AfA den Betrag von 410 € nicht übersteigt. Die vorstehende Problematik gilt ebenso, wenn der StPfl ein **WG geschenkt** erhält und zur Einkunftserzielung einsetzt (s auch Rz 88 und 249). 247

c) Einkünfteerzielungsvermögen. ME zu bejahen, aber dennoch ungeklärt ist, ob bei den Überschusseinkünften analog den Gewinneinkünften auch die Existenz von Einkünfteerzielungsvermögen (zB Berufs- oder Arbeitsvermögen; offen gelassen: BFH IX R 42/05 BStBl II 08, 26; wie hier *Littmann* § 7 Rz 65; *Lang* DStJG 9, 45, 53 ff; *Tipke/Lang* LB § 8 Rz 253; *Jakob* LB § 3 Rz 11; *Crezelius* LB § 9 Rz 20; grundlegend auch *Alt* StuW 94, 138; *Krüger* FR 95, 633 und *Flies* 248

Vermögensverluste (1995), S 34ff; s auch *HHR* § 9 Rz 523f; abl *Uhländer* Vermögensverluste im PV, aaO, S 101ff; *Rauch* Nachträgl WK, aaO, S 82f; *Blümich* § 9 Rz 501) und von einlage- und entnahmeähnlichen Tatbeständen anzuerkennen ist (allerdings ohne die den Überschusseinkünften fremden Gewinn- oder Verlustrealisierungen; s *Krüger* FR 95, 633, 639f). Hiervon hängt ua ab, ob PKW-Unfallkosten unter § 9 I 1 oder unter § 9 I 3 Nr 7 fallen (Abzugszeitpunkt) und ob bei Zerstörung eines berufl genutzten Gegenstandes durch neutrale Ereignisse (zB Blitzeinschlag; s Rz 244) ein WK-Abzug entspr dem berufl Nutzungsanteil anzuerkennen ist (FG Köln EFG 81, 128, rkr und FG Hbg EFG 83, 344, rkr, Diebstahl von Geld; hierzu auch Rz 57).

249 **d) Umwidmung.** Die Umwidmung (mE ein einlageähnl Tatbestand) von **WG des zunächst privaten Gebrauchs** für Zwecke der Einkunftserzielung (zB ausschließl Verwendung eines bisherigen Wohnzimmerschranks im häusl Arbeitszimmer als Aktenschrank) oder die Umwidmung eines aus privaten Gründen **geschenkt erhaltenen WG** zur Einkunftserzielung ist seit BFH IX R 109/84 BStBl II 89, 922 geklärt: Der StPfl kann AfA auf die AK/HK vornehmen, die er oder sein Rechtsvorgänger (Schenker) aufgewendet haben (Bemessungsgrundlage); das AfA-Volumen ist aber um die AfA zu kürzen, die der StPfl bis zur Umwidmung hätte in Anspruch nehmen können, wenn er das WG von vornherein für Zwecke der Einkunftserzielung verwendet hätte (fiktive AfA). Hierdurch wird entspr dem Grundgedanken des § 11d EStDV (s dazu auch *Alt* StuW 94, 150f) erreicht, dass nur der Teil der AK/HK sich als WK auswirkt, der zeitanteilig auf die Zeit der Nutzung zur Einkunftserzielung entfällt (*Tipke/Lang* LB § 8 Rz 253 Fn 3 stellen auf den gemeinen Wert im Zeitpunkt der Umwidmung ab). Dementsprechend ist im Umwidmungsjahr eine zeitanteilige AfA anzusetzen. Ist im Zeitpunkt der Umwidmung das AfA-Volumen durch fiktive AfA oder im Rahmen einer anderen Einkunftsart angesetzte AfA verbraucht, kommt eine weitere AfA nicht mehr in Betracht (ebenso BFH VI R 22/86 BStBl II 90, 684). Den vorstehenden Grundsätzen hat sich auch BFH VI R 85/87 BStBl II 90, 883 für den Fall geschenkt erhaltener WG angeschlossen; zu Anschaffungsnebenkosten durch Erbauseinandersetzung s BFH IX R 43/11 BStBl II 14, 878. Für den umgekehrten Fall der Entwidmung von WG gelten entspr Grundsätze (BFH VI R 44/86 BStBl II 90, 692, Verwendung eines Meisterstücks nach der Prüfung für den privaten Gebrauch). – Zur Berücksichtigung von **Bauzeitzinsen** als HK für ein Gebäude, das ursprüngl verkauft werden sollte, dann aber doch vermietet wurde s BFH IX R 2/12 BStBl II 12, 674, und Rz 133.

250 Wird **Einkünfteerzielungsvermögen entwidmet,** so endet die AfA-Befugnis; die Jahres-AfA ist zeitanteilig aufzuteilen; es handelt sich nicht um einen Fall von AfaA (BFH VIII R 27/91 BFH/NV 93, 599). – Zur **Umwidmung von geringwertigen WG** s Rz 247.

251 **e) Unentgeltl Nutzung.** Auf unentgeltl genutzte WG kann, sofern kein eigener Aufwand vorliegt, keine AfA geltend gemacht werden (s § 7 Rz 57).

V. Ergänzende Regelungen, § 9 III–V

253 **1. Andere Überschusseinkünfte, § 9 III.** Die Regelung ist zur **Gleichstellung von Nicht-ArbN mit ArbN** eingeführt worden (BT-Drs V/1187 S 3). Mit *HHR* ist davon auszugehen, dass der Nicht-ArbN eine Art *erste Tätigkeitsstätte* (entspr § 9 IV) aufsuchen muss (*HHR* § 9 Rz 544: nur in Ausnahmefällen). Dies ist nicht das gelegentl oder für einen Umbau häufiger aufgesuchte vermietete Haus des woanders wohnenden Eigentümers; es sind also idR gem § 9 I 3 Nr 4a die Fahrtkosten in tatsächl Höhe (S 1) oder pauschaliert (S 2) abzugsfähig (EStR 21.2 IV 4; aA FG BBg EFG 15, 1087, Rev IX R 18/15; FG Mster EFG 90, 303; *Blümich* § 9 Rz 542 mwN). Die Vorschrift wird keine allzu große Bedeutung haben. Gem BFH IX R 73/91 BStBl II 95, 713 gilt § 9 III von vornherein nicht bei

Fahrten, deren Kosten zu den GebäudeHK zählen, so dass also die Fahrtkosten in tatsächl Höhe in die HK eingehen.

2. Erste Tätigkeitsstätte, § 9 IV. – a) Ortsfeste betriebl Einrichtung, § 9 IV 1. Mit Wirkung **ab VZ 2014** knüpfen § 9 I 3 Nr 4 und 5 und ebenso die Neuregelungen in Nr 4a und Nr 5a an das neue Tatbestandsmerkmal „erste Tätigkeitsstätte" an. Entgegen der bisherigen BFH-Rspr (Rz 186) zum Begriff „regelmäßige Arbeitsstätte" muss es sich dabei nicht zwingend um eine betriebl Einrichtung des ArbG handeln. Es kann sich auch um betriebl Einrichtungen eines **verbundenen Unternehmens** iSv § 15 AktG oder eines vom ArbG bestimmten **Dritten** handeln; arbeitstägl Fahrtkosten zu diesen Stätten können *nur noch iHd Entfernungspauschale* als WK geltend gemacht werden. Erfasst werden damit auch Fälle, in denen ArbN langfristig in betriebl Einrichtungen von Kunden oder als Leih-ArbN eingesetzt werden, sowie das sog „Outsourcing". Der ArbN selbst ist nicht „Dritter" iSd Regelung, so dass ein häusl Arbeitszimmer keine erste Tätigkeitsstätte sein kann. – Nach wie vor muss es sich um eine **„ortsfeste" Einrichtung** handeln. Fahrzeuge, Flugzeuge oder Schiffe erfüllen diese Voraussetzung nicht (ebenso *BMF* BStBl I 14, 1412 Rz 3), dauerhaft und fest installierte **Baucontainer** schon (s *BMF* aaO; krit *Seifert* NWB 14, 3448). Allerdings greift in den bisher von der Rspr nicht anerkannten Fällen (s Rz 187) vielfach die ergänzende Regelung des § 9 I 3 Nr 4a S 3 (s Rz 204). 254

b) Dauerhafte Zuordnung, § 9 IV 2–4. Der ArbN muss der Tätigkeitsstätte „dauerhaft" zugeordnet sein (so iErg auch schon *BMF* BStBl I 10, 21, Beispiele 3 und 5). In erster Linie kommt es dabei auf die **Entscheidung des ArbG** an, die entweder ausdrückl vorliegen kann (S 2) oder bei unbefristeter Zuordnung, bei einer Zuordnung für die Dauer des ArbVerh oder für einen Zeitraum von **mehr als 48 Monaten** gesetzl unterstellt wird (Prognoseentscheidung, s S 3: „tätig werden *soll*"; s iEinz *BMF* BStBl I 14, 1412 Rz 13 ff, mit Beispielen, auch zu Abordnung und Versetzung; zu Gestaltungsmöglichkeiten mit **Kettenabordnungen** s *Niermann* DB 14, 2793, 2794). Fehlt es an einer solchen Zuordnung, wird hilfsweise darauf abgestellt, wo der ArbN überwiegend tätig werden soll (quantitative Zuordnung, S 4; s auch *BMF* aaO, Rz 25 ff, mit Beispielen); dh eine fehlende Zuordnung bedeutet nicht notwendig, dass keine erste Tätigkeitsstätte vorliegt. Die **qualitative Bedeutung** der Tätigkeitsstätte bzw der dort verrichteten Tätigkeiten (s Rz 188) ist aber **kein maßgebl Kriterium** mehr (s auch *BMF* aaO, Rz 8, mit Beispielen, und Rz 10 zur Dokumentation; krit *Bergkemper* FR 13, 1017/18: uU Verstoß gegen das obj Nettoprinzip; s auch *Geserich* HFR 14, 782 im Hinblick auf BFH VI R 11/13 BStBl II 14, 804). – Die Entscheidung des ArbG ist an keine weiteren Voraussetzungen geknüpft. Allerdings muss es sich um eine „Tätigkeitsstätte" des ArbN handeln, was begriffl ein tatsächl Tätigwerden voraussetzt, so dass eine rein gedankl Zuordnung nicht genügt. Entspr verlangt auch die Verw ein gewisses Mindestmaß an persönl Tätigwerden (*BMF* BStBl I 14, 1412 Rz 6 und 9: Missbrauchskontrolle; ebenso *Niermann* DB 13, 1015, 1017). – Zu **grenzüberschreitender ArbN-Entsendung** s *BMF* aaO, Rz 21 und *Niermann* DB 14, 2793, 2794. 255

c) Mehrere Tätigkeitsstätten, § 9 IV 5–7. Es bleibt dabei, dass ein ArbN je DienstVerh **höchstens eine erste Tätigkeitsstätte** haben kann (S 5; s auch Rz 189). Bei mehreren Arbeitsstätten ist wiederum vorrangig auf die Entscheidung des ArbG abzustellen (S 6) und subsidiär auf die der Wohnung des ArbN räuml am nächsten liegende Arbeitsstätte zurückzugreifen (S 7). Fahrten zu weiteren Tätigkeitsstätten sind gem § 9 I 3 Nr 4a S 1 und 2 mit den tatsächl Fahrtkosten bzw pauschalen Kilometersätzen als WK zu berücksichtigen (Rz 203). 256

d) Bildungseinrichtungen, § 9 IV 8. Entgegen BFH VI R 44/10 BStBl II 13, 234 und BFH VI R 42/11 BStBl II 13, 236 kann auch eine Bildungseinrichtung (Universität, Fachhochschule etc) „erste Tätigkeitsstätte" sein. Es muss sich 257 um Einrichtungen handeln, die **außerhalb eines Dienstverhältnisses** iRe Vollzeitstudiums bzw einer vollzeitigen Bildungsmaßnahme aufgesucht werden. Für Teilzeitstudium oder -ausbildung gelten die Beschränkungen nicht; eine Nebenerwerbstätigkeit ist unschädl (s *BMF* BStBl I 14, 1412 Rz 33). – Mit dem **Kroat-AnpG** ist § 9 IV 8 um einen 2. HS ergänzt worden, demzufolge die Regelungen über Entfernungspauschale, doppelte Haushaltsführung und Verpflegungsmehraufwand entspr anzuwenden sind (ebenfalls ab VZ 2014). Den Gesetzesmaterialien zufolge handelt es sich um eine Klarstellung (s BT-Drs 18/1529, 51). Tatsächl beziehen sich § 9 I 3 Nr 4 und 5 sowie IV a ausdrückl nur auf ArbN (§ 1 LStDV), so dass zutr rechtssystematische und verfrechtl Bedenken gegen eine Ausdehnung des Regelungsbereichs vorgebracht werden (s *HHR* § 9 Anm 562; *Bergkemper* FR 13, 1017, 1018).

258 **3. Mehraufwendungen für Verpflegung, § 9 IVa. – a) Auswärtstätigkeit, § 9 IVa 1, 2 und 4.** Der Abzug von Verpflegungsmehraufwendungen ist für ArbN **mit Wirkung ab VZ 2014** neu geregelt worden, systematisch zutr in § 9 (mit Verweisung in § 4 V 1 Nr 5; s auch BT-Drs 17/10 774, S 16: weniger Aufzeichnungen für ArbG und ArbN, weniger Prüfungsaufwand für FA; zur Rechtslage bis VZ 2013 s § 4 Rz 570 ff und § 19 Rz 110 „Reisekosten" (2)). Die Regelung ist dem Grunde und der Höhe nach abschließend (§ 9 IVa 1: „nur nach Maßgabe der folgenden Sätze …"): Nur in den genannten Fällen kann Verpflegungsmehraufwand geltend gemacht werden und nur mit den vorgegebenen Pauschbeträgen; tatsächl angefallene höhere Kosten bleiben unberücksichtigt. Sachl gilt § 9 IVa für **alle Formen der Auswärtstätigkeit** (§ 9 IVa 2 und 4), auch für Einsatzwechseltätigkeit und LeihArbN (vgl BFH VI R 41/12 BStBl II 13, 704, mwN; s auch *Niermann* DB 13, 1015, 1020: Bauarbeiter, Kundendienstmonteure und andere Handwerker, Außendienstmitarbeiter, Handelsvertreter, Fahrer eines Speditionsunternehmens oder Kurierdienstes). Der StPfl hat einen Rechtsanspruch auf die Berücksichtigung der gesetzl Pauschalen (s § 9 IVa 2: „ist … anzusetzen"; vgl auch BFH VI R 44/03 BStBl II 06, 567). – Zum Begriff **„Mittelpunkt der Lebensinteressen"** in § 9 IVa 4 s Rz 216.

259 **b) Zweistufige Pauschalierung, § 9 IVa 3 und 5.** Die bisherige dreistufige Staffelung der Pauschalen wird auf zwei Stufen reduziert (§ 9 IVa 3 Nr 1–3): Bei Abwesenheit des ArbN vom Haupthausstand (oder der Zweitunterkunft iRd doppelten Haushaltsführung) von 24 Std werden **24 €** angesetzt (Nr 1), bei Abwesenheit von mehr als 8 Std **12 €** (Nr 3 Hs 1); Letzteres gilt auch bei einer entspr Abwesenheit über Nacht (S 3 Nr 3 Hs 2: Verteilung der Abwesenheitsdauer auf zwei Kalendertage; *Beispiele* bei *Niermann* DB 13, 1015/20; *Harder-Buschner/Schramm* NWB 14, 175; s auch *BMF* BStBl I 14, 1412 Rz 48). Zur Zusammenrechnung von Abwesenheitszeiten s *BMF* aaO Rz 45. – **Haupthausstand** kann bei einem Auszubildenden auch die elterl Wohnung sein (s *BMF* aaO Rz 49). An- und Abreisetag werden bei mehrtägiger Auswärtstätigkeit ebenfalls mit 12 € berücksichtigt (S 3 Nr 2: ohne Prüfung von Abwesenheitszeiten; auswärtige Übernachtung an diesem, einem folgenden oder vorangegangen Tag genügt). – Bei **Auslandsreisen** gelten modifizierte Beträge, die sich am BRKG orientieren (s § 9 IVa 5: 80/120% der Auslandstagegelder). Zum maßgebl Ort s § 9 IVa 5 HS 2; zur Höhe und Berechnung s Anlage zu *BMF* BStBl I 14, 1412 Rz 51 und *BMF* BStBl I 15, 34. LStR 9.6 III gilt gem *BMF* BStBl I 14, 1412 Rz 50 weiter.

ME unterstellt die gesetzl Regelung in § 9 IVa 2 mit der Formulierung „zur Abgeltung der ihm **tatsächl entstandenen … Mehraufwendungen**" (nicht anders als § 9 I 3 Nr 4, s Rz 179) typisierend, dass im Falle einer länger andauernden auswärtigen berufl Tätigkeit Verpflegungsmehraufwand entstanden ist (str, glA: *BMF* BStBl I 14, 1412 Rz 73: keine Prüfungspflicht; aA *HHR* § 9 Anm 565; *Paintner* DStR 13, 217). Lediglich bei Mahlzeitengestellungen kommt es zu einer Kürzung der Beträge, s Rz 261.

260 **c) Dreimonatsgrenze, § 9 IV a 6 und 7.** Die Dreimonatsgrenze gilt nur für längerfristige Tätigkeiten **„an derselben Tätigkeitsstätte"** (BFH VI R 10/08

BStBl II 11, 32: verfgemäß). Sie gilt daher nicht, wenn es an einer ortsfesten betriebl Einrichtung fehlt (zB Tätigkeit auf Fahrzeug, Flugzeug, Schiff oder in weiträumigem Gebiet) oder eine Tätigkeitsstätte an nicht mehr als 2 Tagen wöchentl aufgesucht wird (s auch *BMF* BStBl I 14, 1412 Rz 54f; bislang: LStR 9.6 IV S 1 aF). Für jede längerfristige Tätigkeit wird eine *eigene* Dreimonatsfrist in Gang gesetzt (Beispiele: *BMF* aaO), auch bei unmittelbarer räuml Nähe der einzelnen Tätigkeitsstätten (s *BMF aaO,* Rz 52; s auch *Niermann* DB 14, 2793, 2795). – Eine **Unterbrechung** der Auswärtstätigkeit von mind vier Wochen setzt eine neue Dreimonatsfrist in Gang (§ 9 IVa 7; *BMF* BStBl I 14, 1412 Rz 53: auch bei Beginn der Unterbrechung vor dem 1.1.14). Auf den Grund der Unterbrechung kommt es nicht an (s *Niermann* DB 13, 1015, 1020: zB Krankheit, Urlaub, Tätigkeit an anderer Tätigkeitsstätte). Maßgebl sind immer die tatsächl Verhältnisse, nicht die geplanten (s BMF aaO Rz 54: *ex post*-Betrachtung).

d) Gestellung von Mahlzeiten, § 9 IVa 8–11. Werden dem ArbN Mahlzeiten vom ArbG oder einem Dritten zur Verfügung gestellt oder erhält er eine Aufwandserstattung, werden die **Pauschalen gekürzt;** das gilt auch dann, wenn Reisekostenvergütungen wegen dieser Mahlzeiten einbehalten oder gekürzt oder vom ArbG pauschal besteuert werden (s § 9 IVa 8 bis 11; ausführl Beispiele: *BMF* BStBl I 14, 1412 Tz 61ff; s auch *Niermann* DB 14, 2793, 2795f; *ders* 13, 1015, 1020f; *Harder-Buschner/Schramm* NWB 14, 175, 182). Getränke sind allerdings keine Mahlzeit (so zutr *Seifert* NWB 14, 3448). Zum Besteuerungsverzicht nach § 8 II 9 s § 8 Rz 63; zur Pauschalbesteuerung s § 40 II 1 Nr 1a (auch bei kürzerer Abwesenheit oder nach Ablauf der Dreimonatsfrist) und Nr 4 sowie *BMF* aaO Tz 58ff und 93ff. 261

e) Doppelte Haushaltsführung, § 9 IVa 12 und 13. Im Falle der Begründung einer doppelten Haushaltsführung gelten die Regelungen zu den Verpflegungspauschalen für eine Übergangszeit von drei Monaten entspr. Eine unmittelbar vorangegangene Auswärtstätigkeit ist auf die Dreimonatsfrist anzurechnen. – Eine Verweisung auf die Regelung zur Gestellung von Mahlzeiten fehlt (so zutr *Weber* NWB 13, Beil zu Heft 9, S 28; s auch *Niermann* DB 13, 1015/21: möglicherweise ein Redaktionsversehen); die Verw geht gleichwohl davon aus, dass auch § 9 IVa 8–11 anzuwenden sind (s *BMF* BStBl I 14, 1412 Tz 89). 262

4. Nichtabziehbare WK, § 9 V. Nichtabziehbare WK sind Aufwendungen, die zwar durch die Einkunftserzielung veranlasst sind, die aber kraft Gesetzes für nicht abziehbar erklärt werden; solche Aufwendungen sind auch nicht als SA oder agB abziehbar (*Tipke/Lang* LB § 8 Rz 286; s auch *Crezelius* LB § 9 Rz 21ff zu den vier Arten nichtabziehbarer Aufwendungen). Zwar kann der StPfl grds frei entscheiden, welche Aufwendungen er für angemessen hält, solange diese Aufwendungen seine Lebensführung nicht berühren (BFH VI R 66/78 BStBl II 81, 735); dies gilt auch für AK von Arbeitsmitteln (FG RhPf EFG 90, 296, rkr). Doch hat der Gesetzgeber für eine **Angleichung der §§ 4 und 9** gesorgt, indem § 9 V (soweit für Überschusseinkünfte von Bedeutung) auf § 4 V und VI verweist. Durch die entspr Anwendung wird ua verhindert, dass § 4 V dadurch umgangen wird, dass der ArbG dem ArbN einen höheren Lohn zahlt (BA) und der ArbN davon Ausgaben tätigt, die beim ArbG unter § 4 V fielen. – Zu beachten ist, dass § 9 V **nicht** auf **§ 4 V 1 Nr 6, 6a und 9** und inzwischen auch nicht mehr auf **Nr 5** verweist. Für den WK-Bereich sind Fahrten zw Wohnung und Arbeitsstätte bzw erster Tätigkeitsstätte und doppelte Haushaltsführung weiterhin in § 9 I 3 Nr 4 und 5 geregelt; hinzugekommen sind die Regelungen zu sonstigen berufl veranlassten Fahrten in Nr 4a und zu Verpflegungsmehraufwand in IVa. Ebenfalls nicht verwiesen wird auf **§ 4 VII.** Damit gilt bei den Überschusseinkunftsarten nicht die Verpflichtung zur getrennten Aufzeichnung der Aufwendungen des § 4 V. Nutzt allerdings ein ArbN auch ein häusl Arbeitszimmer zB als Freiberufler (Schriftsteller), gilt iRd Einkünfte aus selbstständiger Arbeit die Pflicht zur getrennten Aufzeich- 265 nung für die auf die freiberufl Nutzung des Arbeitszimmers entfallenden Kosten (s *BMF* BStBl I 98, 129, Rz 21). – **Kinderbetreuungskosten** sind ab VZ 2012 nur noch als SA abziehbar (§ 10 I Nr 5; BFH III R 80/09 BStBl II 12, 817: verfrechtl „noch hinnehmbar"; s auch BFH III R 18/13 BStBl II 14, 383).

266 **a) Geschenke, § 4 V 1 Nr 1.** Empfänger der Geschenke müssen Kunden des ArbG oder des ArbN sein (AK/HK einschließl USt: 35 €; s § 4 Rz 538); nicht betroffen sind Geschenke des ArbN an seine Mitarbeiter, soweit die Aufwendungen dafür überhaupt abziehbar sind (bej FG Thür EFG 14, 1290, rkr, zust Anm *Wagner,* s auch § 19 Rz 110 „Geschenke").

267 **b) Bewirtungskosten, § 4 V 1 Nr 2.** Der ArbN muss selbst die bewirtende Person sein (BFH VI R 48/07 BStBl II 08, 870). Es werden alle Personen erfasst, nicht aber Arbeitskollegen des ArbN; denn bei diesen fehlt der „geschäftl" Anlass (BFH VI R 33/07 BStBl II 09, 11; BFH VI R 12/07 BFH/NV 08, 1997; *Bergkemper* FR 09, 237); bei gemischter Gruppe ist aufzuteilen. Nachweispflicht trifft auch ArbN (BFH IV R 81/96 BStBl II 98, 263, Journalist; BFH VI R 77/04 BFH/NV 07, 1643 zur tatrichterl Überzeugungsbildung; zur Teilnahme von ArbN und anderen Personen an Schulungsveranstaltung s BFH I R 75/06 BStBl II 08, 116). – Auf § 4 VII wird nicht verwiesen; es genügt einfache Belegablage.

268 **c) Gästehäuser, Jagd, usw, § 4 V 1 Nr 3 und 4.** Diese Regelungen haben für ArbN keine große Bedeutung.

269 **d) Verpflegungsmehraufwendungen, § 4 V 1 Nr 5 (bislang zentrale Regelung des Reisekostenrechts).** In dieser Vorschrift sind auch die Einsatzwechseltätigkeit und die Fahrtätigkeit angesprochen, obwohl diese Tätigkeiten bei Selbstständigen seltener vorkommen. **Ab 2014** wird das Reisekostenrecht systemgerecht in § 9 IV und IVa geregelt. Einzelheiten s Rz 254 ff; zum maßgebl Recht bis einschließl VZ 2013 s § 4 Rz 570 ff und § 19 Rz 110 „Einsatzwechseltätigkeit", „Fahrtätigkeit", „Reisekosten". Der Abzug von WK ist aber nur insoweit ausgeschlossen, als Reisekostenvergütung und Trennungsgelder tatsächl ausgezahlt worden sind (BFH VI R 11/10 BStBl II 11, 829, und BFH VI R 48/10 BFH/NV 11, 1321; s auch *Schneider* BFH/PR 11, 299; *Kammeter* HFR 11, 754). Zum Ernährungsmehrbedarf eines Sportlers s BFH X R 40/11 BFH/NV 14, 1359.

270 **e) Häusl Arbeitszimmer, § 4 V 1 Nr 6b.** Ab 1996 zentrale Vorschrift zur Abziehbarkeit der Kosten eines häusl Arbeitszimmers. S iEinz § 4 Rz 590 ff; für § 20 bis VZ 2008 s BFH VIII B 184/08 BStBl II 09, 850. Zu **Poolarbeitsplatz** s jetzt BFH VI R 37/13 BStBl II 14, 570; zu **Telearbeitsplatz** s BFH VI R 40/12 BStBl II 14, 568.

271 **f) Unangemessene Aufwendungen, § 4 V 1 Nr 7.** Diese Regelung ist der „Schlüssel zum Verständnis des § 4 V und damit auch des § 9 V; s iEinz § 4 Rz 601 ff. Soweit WK der Höhe nach unangemessen sind, scheidet ein WK-Abzug aus (zB Flügel der Musiklehrerin, s dazu Rz 245 „Musikinstrumente"; Einrichtung eines Arbeitszimmers; s auch *Leu* DStZ 92, 564).

272 **g) Geldbußen; Hinterziehungszinsen, § 4 V 1 Nr 7.** Diese Regelung bringt im ArbN-Bereich keine Besonderheiten.

273 **h) Bestechungsgelder, § 4 V 1 Nr 10.** Diese sind unter den dort genannten Voraussetzungen auch bei Zahlung durch einen ArbN oder den Bauherren bei VuV nicht als WK abziehbar. Einzelheiten § 4 Rz 607 ff.

274 **i) Sanktionszuschläge, § 4 V 1 Nr 12.** Zuschläge nach § 162 IV AO wegen nicht rechtzeitiger Dokumentation ausl Geschäftsbeziehungen sind ab 2007 nicht abziehbar (s § 4 Rz 614).

275 **j) Parteispenden, § 4 VI.** § 4 VI bestimmt § 10b II zur *lex specialis;* also kein WK-Abzug bei Aufwendungen zur Förderung staatspolitischer Zwecke (s Rz 174).

V. Berufsausbildungskosten, § 9 VI

1. Allgemeines. Bildungsaufwendungen sind, wenn sie berufl veranlasst sind, nach der Definition des § 9 I 1 WK (stRspr, vgl zB BFH VI R 137/01 BStBl II 03, 407: berufsbegleitendes Erststudium; BFH VI R 12/10 BStBl II 11, 796: Sprachkurs; s auch BVerfG DStR 08, 2460, unter C. II.1). Diesen Grundsatz schränkt das **Abzugsverbot** in § 9 VI **idF des BeitrRL-UmsG** (wie § 4 VIII) für die Kosten einer erstmaligen Berufsausbildung und eines Erststudiums als Erstausbildung ein, soweit diese nicht iRe DienstVerh stattfinden (vgl zB BFH VI R 14/12 BStBl II 13, 449). – Die gesetzl Regelung ist eine Reaktion des Gesetzgebers auf die Rspr des VI. Senats des BFH, der entspr Aufwendungen trotz der an sich klaren, entgegenstehenden Regelung in § 12 Nr 5 als WK anerkannt hat (BFH VI R 7/10 BStBl II 12, 557, und BFH VI R 38/10 BStBl II 12, 561). Nicht unter das Abzugsverbot fallen insb Aufwendungen für ein Studium oder eine weitere Ausbildung nach abgeschlossener Berufsausbildung und für ein Zweitstudium nach abgeschlossenem Erststudium (keine „Erstausbildung"; s auch BFH VI R 78/10 BStBl II 13, 284). Das Abzugsverbot soll rückwirkend **ab VZ 2004** gelten (§ 52 XII 11; s auch BT-Drs 17/7524, 20: nachträgl Klarstellung der gesetzgeberischen Absicht zu § 12 Nr 5; dagegen: *Neugebauer* FR 15, 307: unzulässige Pauschalierung und Typisierung). – Der VI. Senat hat jetzt zur Frage der **VerfMäßigkeit** dieses Abzugsverbots in mehreren Verfahren das **BVerfG** angerufen (BFH VI R 2/12 DStR 14, 2216, ua); s auch § 12 Rz 57. Die FinVerw veranlagt vorläufig und gewährt ggf **AdV** (*BMF* BStBl I 15, 174). 280

2. Neuregelung ab VZ 2015. Ungeachtet der beim BVerfG anhängigen Normenkontrollverfahren ist § 9 VI durch das ZK-AnpG mit Wirkung ab VZ 2015 neu und vor allem **enger gefasst** worden (unter Aufhebung von § 12 Nr 5; s § 12 Rz 3). Die Änderungen richten sich erneut gegen die Rspr des VI. Senats und gegen die für den StPfl günstige Auslegung des Begriffs der **erstmaligen Berufsausbildung.** Bislang waren hierfür weder ein geordneter Ausbildungsgang noch eine bestimmte Ausbildungsdauer oder ein formaler Abschluss erforderl (vgl BFH VI R 52/10 BStBl II 12, 825, BFH VI R 6/12 BStBl II 15, 180: Flugbegleiterin; entgegen *BMF* BStBl I 10, 721 Rz 4 ff); s iEinz § 12 Rz 58. – Nach den gegen die bisherige Regelung vorgebrachten **verfrechtl Einwänden** des VI. Senats wäre allerdings auch die Neuregelung verfwidrig. Auch insoweit veranlagt die FinVerw vorläufig und gewährt ggf **AdV** (*BMF* BStBl I 15, 174). 281

a) Abzugsbeschränkung, § 9 VI 1. Wie nach der bisherigen Regelung sollen Aufwendungen für eine erstmalige Berufsausbildung oder ein Erststudium ohne vorangegangene Ausbildung vom WK-Abzug ausgeschlossen werden. Der Begriff der Erstausbildung wird in § 9 VI 2 nun erstmals gesetzl definiert (Rz 283). Aufwendungen für eine **weitere Ausbildung,** auch in Form eines Studiums im Anschluss an eine erstmalige Berufsausbildung, sind wie bisher als WK zu berücksichtigen, wenn ein Veranlassungszusammenhang mit einer späteren Einkünfteerzielung besteht; dasselbe gilt für eine Erstausbildung iRe **Dienstverhältnisses** (s § 12 Rz 60) und ebenso für **Fortbildungskosten** in einem bereits ausgeübten Beruf. 282

Den Gesetzesmaterialien zufolge sollen mit der Neuregelung Gestaltungen ausgeschlossen werden, bei denen vor Beginn des Studiums eine „Ausbildung" zum Taxifahrer oder Skilehrer oÄ gemacht wird (s BR-Drs 18/3017, 43). Ob damit auch **Umschulungskosten** eines StPfl erfasst werden, der bereits eine Erwerbstätigkeit ausübt, ohne eine Berufsausbildung iSd § 9 VI abgeschlossen zu haben, ist nicht ganz klar. Den Gesetzesmaterialien (aaO) zufolge orientiert sich die Regelung am Berufsbildungsgesetz. Nach **§ 1 BBiG** wird aber unterschieden zw Berufsausbildung, berufl Fortbildung und berufl Umschulung; die Umschulung wird demnach vom Begriff der Berufsausbildung nicht erfasst. Es böte sich mE an, in Anlehnung an die Mindestdauer des § 9 VI 2 Aufwendungen für eine Umschulung jedenfalls dann als WK anerkennen, wenn der StPfl mindestens 12 Monate lang bereits eine vollzeitige berufl Tätigkeit ausgeübt hat.

283 **b) Erstausbildung, § 9 VI 2–5.** Der Begriff der Erstausbildung wird nun an eine **Mindestdauer** geknüpft. Ursprüngl vorgesehen waren 18 Monate. Doch ist diese zeitl Grenze im Gesetzgebungsverfahren auf **12 Monate bei vollzeitiger Ausbildung** abgesenkt worden. Als Erstausbildung anerkannt werden damit auch einjährige Ausbildungen zB als Helferinnen und Helfer im Gesundheits- und Sozialwesen uÄ (Krankenpfleger/-in oder Altenpflegehelfer/-in, s BT-Drs 18/3441, 58). „Vollzeitig" soll **mindestens 20 Stunden wöchentl** bedeuten (so BT-Drs 18/3441, 58; vgl auch § 32 IV 3). – Es muss sich um eine **geordnete Ausbildung** handeln; dh es müssen Ausbildungsziele definiert sein und es muss ein Lehrplan vorliegen, wobei nach § 9 VI 3 auch interne Vorschriften eines Bildungsträgers anerkannt werden. Die Regelung ist damit weiter gefasst als *BMF* BStBl I 10, 721 Rz 4, der einen öffentl-rechtl geordneten Ausbildungsgang verlangt. – Schließl muss die Ausbildung grds mit einer **Abschlussprüfung** beendet werden; doch genügt nach § 9 IV 4 auch eine tatsächl planmäßige Beendigung der Ausbildung, wenn nach dem betr Ausbildungsplan keine Abschlussprüfung vorgesehen ist. Umgekehrt wird auch eine gleichwertige Abschlussprüfung ohne vorangegangene Ausbildung nach § 9 VI 5 als Erstausbildung anerkannt (zB nach § 45 II BBiG und § 37 II HwO).

Mehrstufige Ausbildungswege wie Abitur-Lehre-Studium oder Realschule-Lehre-Fachoberschule-Fachhochschule sind mE anders als im Zivilrecht auch im Falle eines engen und sachl Zusammenhangs der einzelnen Ausbildungsschritte wegen der unterschiedl Zielsetzung des § 9 VI und der mit S 3–5 vorgenommenen typisierenden Differenzierung **keine einheitl Erstausbildung.** Dh mit Abschluss der Lehre liegt eine Erstausbildung vor; weitere Ausbildungsabschnitte (Studium, Fachoberschule etc) fallen nicht unter das Abzugsverbot. – Wird die Erstausbildung **unterbrochen** oder abgebrochen, liegt keine abgeschlossene Erstausbildung vor. Beginnt der StPfl mit einer neuen Ausbildung, ist diese (immer noch) eine Erstausbildung. – **Keine Erstausbildung** sollen sein: Kurse zur Berufsorientierung oder -vorbereitung, Kurse zur Erlangung der Fahrerlaubnis für Nutzfahrzeuge, Betriebspraktikum, Grundausbildung bei der Bundeswehr (BT-Drs 18/3017, 43).

§ 9a Pauschbeträge für Werbungskosten

[1] Für Werbungskosten sind bei der Ermittlung der Einkünfte die folgenden Pauschbeträge abzuziehen, wenn nicht höhere Werbungskosten nachgewiesen werden:

1. a) von den Einnahmen aus nichtselbständiger Arbeit vorbehaltlich Buchstabe b:
ein Arbeitnehmer-Pauschbetrag von 1000 Euro;
b) von den Einnahmen aus nichtselbständiger Arbeit, soweit es sich um Versorgungsbezüge im Sinne des § 19 Absatz 2 handelt:
ein Pauschbetrag von 102 Euro;

2. *(weggefallen)*

3. von den Einnahmen im Sinne des § 22 Nummer 1, 1a und 5:
ein Pauschbetrag von insgesamt 102 Euro.

[2] Der Pauschbetrag nach Satz 1 Nummer 1 Buchstabe b darf nur bis zur Höhe der um den Versorgungsfreibetrag einschließlich des Zuschlags zum Versorgungsfreibetrag (§ 19 Absatz 2) geminderten Einnahmen, die Pauschbeträge nach Satz 1 Nummer 1 Buchstabe a und Nummer 3 dürfen nur bis zur Höhe der Einnahmen abgezogen werden.

Verwaltung: *EStR 9a/EStH 9a; LStH 9a.*

1 **1. Bedeutung.** Die Vorschrift dient der Arbeitsvereinfachung. Sie unterstellt, dass geringe WK in der bezeichneten Höhe anfallen; sie gilt daher auch, wenn feststeht, dass WK gar nicht oder nur in geringerer Höhe angefallen sind. Höhere WK dürfen nicht neben, sondern nur anstelle der Pauschbeträge abgezogen wer-

den. Der StPfl hat einen Rechtsanspruch auf den Ansatz der Pauschbeträge; es darf sich aber daraus kein Verlust ergeben (S 2). Nur der Ansatz der nachgewiesenen, tatsächl angefallenen WK kann zu einem Verlust führen (FG Thür EFG 95, 1012, rkr). – Der StPfl kann auf den Ansatz der Pauschbeträge nicht verzichten (*HHR* § 9a Rz 15; s aber hier § 9 Rz 78).

2. Persönl Anwendungsbereich. Die Pauschbeträge können bei jeder der genannten Einkunftsarten nur einmal abgezogen werden (zB bei Einnahmen aus verschiedenen ArbVerh). Da sie dem einzelnen StPfl zustehen, sind sie auch bei der Zusammenveranlagung jedem **Ehegatten** zu gewähren, der entspr Einnahmen hat. Seit VZ 2009 gelten sie auch für **beschr StPfl** (s § 50 Rz 14). Bei Wegzug des StPfl keine Kürzung (EStR 9a). 2

3. Pauschbetrag bei Einnahmen aus nichtselbstständiger Arbeit, § 9a S 1 Nr 1 Buchst a. Er beläuft sich ab VZ 2011 auf 1000 € (von VZ 2004 bis 2010: 920 €; erstmalige Auswirkung bei LStAbrechnungszeitraum für 12/2011) und wird auch iRd LSt berücksichtigt (§ 39a I 1 Nr 1; zu mehreren ArbVerh s § 39a Rz 7). Stand der ArbN nicht das ganze Jahr über in einem ArbVerh, so kann der Anspruch auf den vollen Pauschbetrag bei der Veranlagung geltend gemacht werden. Nach § 40a I 1 ist die pauschale LSt bei **Teilzeitbeschäftigten** vom ungekürzten Arbeitslohn zu erheben; also kein Ansatz des Pauschbetrages (glA *HHR* § 9a Anm 17). Bis VZ 2010 konnten *neben* dem Pauschbetrag die Kinderbetreuungskosten nach § 4f/§ 9c abgezogen werden; s jetzt § 10 Rz 85. Betreffen Aufwendungen gleichzeitig zB Einnahmen aus nichtselbstständiger Arbeit und Gewinneinnahmen, so sind die Aufwendungen durch Schätzung zu trennen. Schätzungsmaßstab ist die wahrscheinl Veranlassung der Aufwendungen, nicht das Verhältnis der Einnahmen zueinander. Absetzbar sind in jedem Fall der volle Pauschbetrag (ggf höhere WK) einerseits und daneben bei der anderen Einkunftsart die auf sie entfallenden Aufwendungen (BFH VIII R 76/05 BStBl II 08, 937). Zur Berücksichtigung des Pauschbetrages beim Kinderleistungsausgleich s 32. Aufl § 32 Rz 51 bzw beim Ausbildungsfreibetrag s BFH III R 79/97 BStBl II 01, 702. Zur Berücksichtigung beim Progressionsvorbehalt s BFH III R 61/12 BStBl II 15, 182 (VerfBeschw 2 BvR 3057/14) und § 32b Rz 25. – Der ArbN-Pauschbetrag ist bei Zusammentreffen von normal besteuerten und begünstigt besteuerten (§ 34) Lohneinkünften vorrangig bei den normal besteuerten Einkünften abzuziehen (BFH XI R 63/97 BStBl II 99, 588; Anm HFR 99, 712); die Grundsätze dieses Urteils gelten auch für Versorgungsfreibetrag (bis VZ 2004; ab VZ 2005 eigene Regelung in Satz 1 Nr 1 Buchst b) und (bis 2008) für Sparerfreibetrag (*FinVerw* DStR 00, 27). – Der Gesetzgeber ist verfassungsrechtl nicht verpflichtet, einen dem Sparerfreibetrag vergleichbaren Freibetrag zu schaffen (BFH IX B 57/00 BFH/NV 00, 1471; vgl auch BFH X R 32–33/01, BStBl II 11, 675: kein Sparerfreibetrag bei sonstigen Einkünften). – **Satz 1 Nr 1 Buchst b:** Der **ArbN-Pauschbetrag für Versorgungsbezüge** ist ab VZ 2005 in der Höhe an den Pauschbetrag des Satzes 1 Nr 3 angepasst. In der Übergangszeit bis zur nachgelagerten Besteuerung der Renten in voller Höhe (2040) wird ein abschmelzender Zuschlag zum Versorgungsfreibetrag (§ 19 II) gewährt. S *BMF* BStBl I 08, 390, Rz 68–87, und *BMF* BStBl I 13, 1087, Rz 169. Zu Beihilfezahlungen an Versorgungsempfänger s BFH VI R 28/11 BStBl II 13, 572. Zur Frage, ob Sachbezüge als Versorgungsbezüge gelten, s § 19 Rz 91; zu Fahrvergünstigungen s FG Mchn EFG 14, 1303 (Versorgungsbezüge bejaht) und BFH VI R 41/13 BStBl II 15, 39 (offen gelassen). 3

4. Pauschbetrag bei KapVerm-Einnahmen aus KapVerm. Dieser Pauschbetrag ist ab VZ 2009 weggefallen, da ab 1.1.2009 der Sparerfreibetrag und der WK-Pauschbetrag zu einem einheitl Sparer-Pauschbetrag vereinigt werden (s § 20 Rz 206 ff). Zur Rechtslage bis VZ 2008 s 27. Aufl. 4

5 **5. Pauschbetrag bei wiederkehrenden Bezügen.** Dieser wird nur bei Einnahmen iSv § 22 Nr 1, Nr 1a, Nr 1b und Nr 1c (VZ 2010–2014) und Nr 5 gewährt, und zwar nur einmal, also nicht jeweils bei den genannten Nr. Bei der **Zusammenveranlagung** steht der Pauschbetrag jedem Ehegatten mit entspr Bezügen zu. Das gilt auch dann, wenn ein Ehegatte ein ihm gehörendes Grundstück gegen Leibrente veräußert und der Erwerber zur Rentenzahlung an beide Ehegatten verpflichtet ist (BFH X R 48/92 BStBl II 94, 107).

6 **6. Negative Einnahmen.** Durch die Rückzahlung der in einem früheren VZ empfangenen und versteuerten Beträge wird der Pauschbetrag nach bisheriger Rspr nicht berührt, da die zurückgezahlten Beträge keine WK sein sollen (s aber § 9 Rz 108).

7 **7. Pauschbeträge/Pauschsätze aufgrund der FinVerw.** Pauschbeträge (= auf einen festen Betrag lautend) und Pauschsätze (= nach einem vH-Satz der Einnahmen bemessen, oft der Höhe nach begrenzt) auf Grund von Verwaltungsanordnungen (in LStR und Erlassen der obersten FinBeh, nicht der OFDen) werden iRd Einkünfte aus nichtselbstständiger Arbeit teils für alle Berufsgruppen, teils für bestimmte Berufsgruppen gewährt. Norminterpretierende Verwaltungsvorschriften und Typisierungsvorschriften binden, anders als Ermessensrichtlinien, die FG grds nicht (s Ausnahme BFH VIII R 33/03 BStBl II 04, 927). Zur Gesetzmäßigkeit von VerwVorschriften und Grenzen der Typisierung *Leisner* StuW 07, 241.

8 **a) Grundsätzliches.** Zum Abzug von Verpflegungsmehraufwand bis VZ 2013 s § 19 Rz 110 „Reisekosten" (2); ab VZ 2014 s § 9 Rz 258.

9 **b) Pauschbeträge für alle Berufsgruppen.** *Beispiele:* Reisekosten LStR 9.4; Übernachtungskosten s LStR 9.7 (s auch BFH VI R 48/11 BStBl II 12, 926: keine Pauschale bei Übernachtung in Schlafkabine; zur Schätzung der tatsächl Aufwendungen s *BMF* BStBl I 12, 1249; zu Auslandsreisen s *BMF* BStBl I 13, 60 und BStBl I 15, 34); Umzugskosten LStR 9.9 (*BMF* BStBl I 12, 262 und 942); doppelte Haushaltsführung LStR 9.11. Diese Pauschbeträge können *nicht neben* dem Pauschbetrag des § 9a S 1 Nr 1 geltend gemacht werden. Sie stehen oft unter dem Vorbehalt, dass ihr Ansatz nicht zu einer offensichtl unzutr Besteuerung führt (*Ehehalt* HFR 08, 769; FG BaWü EFG 06, 880, rkr).

10 **c) Pauschbeträge/Pauschsätze für bestimmte Berufsgruppen.** Durch Streichung des früheren R 47 LStR 99 ab 1.1.2000 sind diese weggefallen; auch außerhalb der LStR gibt es keine Pauschbeträge für bestimmte Berufsgruppen mehr (Rechtslage früher s 18. Aufl). Einzig für **Abgeordnete** ist ein stfreier Pauschbetrag vorgesehen; dagegen werden zu Recht verfrechtl Bedenken geltend gemacht.

S 27. Aufl; ferner *Drysch* DStR 08, 1217; auch von Richtern des VI. Senats des BFH: *RE* DB 08, 2228; *Ehehalt* BFH/PR 08, 508; zurückhaltend *Bode* DStR 08, 2014 und FR 08, 1174. Enttäuschend ist, dass BFH VI R 13/06 BStBl II 08, 928 die Sache „mangels Entscheidungserheblichkeit" nicht dem BVerfG vorgelegt hat und dabei (kaum erklärl) nicht den Gedanken aus dem Beitrittsbeschluss zB BFH VI R 81/04 BStBl II 07, 114 erwähnt hat, ob sich nicht aus dem *Demokratiegebot* eine verfassungsrechtl Überprüfungsmöglichkeit ableiten lässt; StPfl werden die BFH-Rspr als Rechtsschutzverweigerung auffassen (überzeugend gegen BFH *Birk* DStR 09, 877, 881 f; *Desens* DStR 09, 727; s aber auch BFH X R 43/05 BFH/NV 11, 772). BVerfG 2 BvR 2227–2228/08 DStRE 10, 1058 hat die VerfBeschwerden (ebenfalls enttäuschend) nicht zur Entscheidung angenommen.

4a. Umsatzsteuerrechtlicher Vorsteuerabzug

§ 9b Umsatzsteuerrechtlicher Vorsteuerabzug

(1) **Der Vorsteuerbetrag nach § 15 des Umsatzsteuergesetzes gehört, soweit er bei der Umsatzsteuer abgezogen werden kann, nicht zu den Anschaffungs-**

oder Herstellungskosten des Wirtschaftsguts, auf dessen Anschaffung oder Herstellung er entfällt.

(2) [1]**Wird der Vorsteuerabzug nach § 15a des Umsatzsteuergesetzes berichtigt, so sind die Mehrbeträge als Betriebseinnahmen oder Einnahmen zu behandeln, wenn sie im Rahmen einer der Einkunftsarten des § 2 Absatz 1 Satz 1 bezogen werden; die Minderbeträge sind als Betriebsausgaben oder Werbungskosten zu behandeln, wenn sie durch den Betrieb veranlasst sind oder der Erwerbung, Sicherung und Erhaltung von Einnahmen dienen.** [2]**Die Anschaffungs- oder Herstellungskosten bleiben in den Fällen des Satzes 1 unberührt.**

Einkommensteuer-Richtlinien: EStR 9b/EStH 9b

Übersicht

Schrifttum (Aufsätze vor 2014 s Vorauflagen): *Meyer,* Neues zum WK-Abzug gem § 9b II, FR 14, 876.

1 **1. Allgemeines.** § 9b regelt das Verhältnis der ESt zur USt und verhindert deren doppelten Abzug; **abziehbare** VorSt gehört nicht zu den AK/HK, sondern ist (wirtschaftl) wie ein „durchlaufender Posten" zu behandeln (BFH IX R 55/90 BStBl II 93, 17). Die USt wird idR als Teil des Rechnungsbetrags gesondert in Rechnung gestellt (§ 14 UStG; Ausnahme: Kleinunternehmer, § 19 I 4 UStG). Die offen ausgewiesene USt kann der Rechnungsempfänger, sofern er selbst Unternehmer iSv § 2 UStG ist, unter weiteren Voraussetzungen (s Rz 4–9) ggü dem FA als Vorsteuer geltend machen. – Die gezahlte VorSt ist (unabhängig davon, ob sie nach UStRecht abgezogen werden kann oder nicht) bei der **Überschussrechnung (§ 4 III)** und den **Überschusseinkünften** im Zeitpunkt der Zahlung BA oder WK (BFH IX B 74/95 BFH/NV 96, 41; *HHR* § 9b Rz 44), sofern sie nicht den AK (HK) eines WG (§ 5 Rz 93; *KSM* § 9b Rz B 152) zuzurechnen ist. Wird die VorSt nach UStRecht vom FA erstattet (VorStAbzug), ist sie im Zeitpunkt der Verrechnung ggü dem FA oder der Auszahlung durch das FA als BE oder Einnahme zB aus VuV zu erfassen (BFH VIII R 6/79 BStBl II 82, 755; BFH IX B 74/95 BFH/NV 96, 41). – Bei der **Gewinnermittlung durch Bilanzierung** ist die (geschuldete oder bereits gezahlte) *nicht abziehbare* VorSt (zB beim bilanzierenden Kleinunternehmer iSd § 19 I UStG), sofern sie nicht zu den AK (HK) gehört (s Rz 2), BA (BFH IV R 121/90 BStBl II 92, 1038; EStH 86). Die *abziehbare* VorSt wirkt hingegen erfolgsneutral, da sie als Vergütungsanspruch gegen das FA zu aktivieren ist (zum Zeitpunkt BFH XI R 1/93 BStBl II 93, 786).

Beispiel: *Kauft* ein Unternehmer ein WG für 119 (100 + 19 USt), hat er zu buchen: „per WG an Geld 100" und „per USt-Erstattungsanspruch an Geld 19". Erhält er vom FA das Geld, so lautet die Gegenbuchung „per Geld an USt-Erstattungsanspruch 19". Damit ist der Fall abgewickelt. – Bei *Verkauf* für 238 (200 + 38 USt) ist zu buchen: „per Geld 200 an WG 100 und an Ertrag 100" und „per Geld 38 an FA-Verbindlichkeit 38".

2 **2. Abziehbare VorSt keine AK/HK.** Die **abziehbare VorSt** gehört estrechtl (bei allen Einkunftsarten) **nicht** zu den **AK (HK)** des WG (auch keine Aufstockung bei Einbringung, BFH IV R 7/93 BStBl II 95, 708); dies ordnet **§ 9b I 1** ausdrückl an. Umgekehrt ist die **nicht abziehbare VorSt** Teil der AK (HK) (Umkehrschluss aus § 9b I 1; BFH IX B 268/89 BFH/NV 91, 297; *Levedag/HHR* Anm 3). Die Zurechnung gilt sowohl für WG des AV als auch des UV

sowie für die als Teil der HK zu behandelnden Gemeinkosten (BFH V R 6/08 DStR 10, 223; EStR 9b I 2–3).

3 **a) Abziehbare VorStBeträge.** Ob ein VorStBetrag abgezogen (verrechnet) werden *kann* und daher nicht zu den AK (HK) gehört (§ 9b I 1), richtet sich allein nach UStRecht (BFH IX R 97, 98/90 BStBl II 94, 738; FG BaWü EFG 98, 1052; *KSM* § 9b Rz A 14). Entscheidend für § 9b I 1 ist die VorStAbzugsberechtigung, nicht die Geltendmachung der VorSt ggü dem FA; umgekehrt ist die VorSt Teil der AK (HK), wenn der StPfl sie zu Unrecht erhält (zB BFH IX R 97, 98/90 BStBl II 94, 738). Ein nachträgl Eintritt der Abzugsberechtigung wirkt auf den Zeitpunkt der Zahlung zurück (BFH IX B 74/95 BFH/NV 96, 41).

4 **aa) Voraussetzungen.** Abziehbar ist die VorSt (§ 15 UStG; Abschn 15 UStAE), – *(1)* wenn der Rechnungsempfänger **Unternehmer** ist (§ 2 UStG; *Bunjes* § 2 UStG Rz 5 f; zum Kleinunternehmer vgl § 19 I UStG; Rz 6), – *(2)* wenn er eine Lieferung oder sonstige Leistung **von einem anderen Unternehmer für sein Unternehmen** erhalten hat (EuGH C-204/13 DStR 14, 592; *BMF* BStBl I 96, 702; *Bunjes* § 15 UStG Rz 33 f; *Levedag/HHR* Anm 26); – *(3)* die USt muss in einer Rechnung iSd § 14 UStG **gesondert ausgewiesen** sein. – Abziehbar ist ustrechtl grds bereits die in Rechnung gestellte VorSt, auch wenn diese noch nicht bezahlt ist (vgl BFH X R 135/87 BStBl II 90, 742). Zum Zuordnungswahlrecht bei gemischter Nutzung BFH XI R 64/06 BFH/NV 09, 798. – Zum Abzug der entrichteten **EinfuhrUSt,** der Steuer für den innergemeinschaftl Erwerb, der Steuer als Leistungsempfänger und als Auslagerer s § 15 I 1 Nr 2–5 UStG; *KSM* § 9b Rz B 76 f.

5 **bb) Ausschluss des VorStAbzugs.** Vom Abzug ausgeschlossen ist zB *(1)* die USt auf privat mitveranlasste Leistungen (§ 15 Ia UStG; § 12 Nr 3; EStR 9b III) oder *(2)* die USt für die Leistungen, die der StPfl (Rechnungsempfänger) zur Ausführung stfreier Umsätze verwendet (§ 15 II Nr 1 UStG; zu den übrigen Fällen und den Ausnahmen s § 15 II Nr 2, III UStG; *Levedag/HHR* Anm 24). Ist der VorStAbzug missbräuchl, scheidet WK-Abzug aus (FG Mster EFG 15, 373, Rev IX R 39/14). Anders ist dies, wenn zB ein Vermieter (§ 4 Nr 12 UStG) zulässigerweise nach § 9 UStG optiert hat; in diesem Fall wird die VorSt ustrechtl abziehbar, estrechtl scheidet sie aus den AK (HK) aus und wird bei Einkünften aus VuV zu WK (BFH IV R 211/83 BStBl II 87, 374).

6 **cc) Fehlende VorStAbzugsberechtigung.** Nicht zum VorStAbzug berechtigt ist der **Kleinunternehmer,** der nicht von § 19 II UStG Gebrauch gemacht hat (§ 19 I 4 UStG). – Ohne Bedeutung ist für § 9b, ob die **VorSt pauschaliert** oder nach **Durchschnittsätzen** berechnet wird (§ 23 UStG iVm §§ 69, 70 UStDV und Anlage; § 23a UStG für Körperschaften iSv § 5 I Nr 9 KStG; § 24 UStG für LuF); VorSt gehört bei Durchschnittssatzermittlern nicht zu den AK/HK (BFH IV R 47/08 BFH/NV 11, 426). – Erweist sich eine **Option** nach § 9 UStG zB für die UStPflicht von Einnahmen aus VuV als (von Anfang an) **unwirksam** (zB das an einen Unternehmer vermietete Gebäude wird von diesem privat genutzt), bleibt es dabei, dass die nichtabziehbaren **VorSt Teil der AK/HK** sind (BFH IV R 211/83 BStBl II 87, 374); wird die VorSt gleichwohl vom FA irrtüml erstattet und später vom StPfl wieder zurückgezahlt, führt dies weder zu WK bzw BA noch zu Einnahmen aus VuV bzw BE (vgl BFH IX R 12/89 BStBl II 91, 759; *Unvericht* FR 89, 614; aA *Maisenbacher* FR 88, 182).

7 **b) Teilweise Abziehbarkeit, § 15 IV UStG.** Bei gemischten Umsätzen (VorStAusschluss und -berechtigung) ist der Teil der VorStBeträge nicht abziehbar, der den Umsätzen wirtschaftl zuzurechnen ist, die zum Ausschluss des VorStAbzugs führen (§ 15 IV 1, 4 UStG; *Levedag/HHR* Anm 36). Aufzuteilen ist *nur* nach der wirtschaftl Zuordnung der VorSt zu den jeweiligen Umsatzgruppen, ggf Schätzung (§ 15 IV 2 UStG). – Die nach dem UStRecht vorzunehmende Aufteilung ist auch

für § 9b maßgebend; dh die auf die Anschaffung oder Herstellung eines WG entfallende VorSt gehört mit ihrem nicht abziehbaren Teil zu den AK (HK) dieses WG. Werden die VorSt pauschaliert oder nach Durchschnittsätzen berechnet (Rz 6), ist die tatsächl in Rechnung gestellte VorSt aufzuteilen. – Diese Grundsätze galten auch für den 50%-igen VorStAbzug nach § 15 Ib UStG aF; iEinz 33. Aufl).

3. Berichtigung des VorStAbzugs bei Änderung der Verhältnisse, § 9b II. – a) Nichtkorrektur der AK/HK. § 9b II dient der **Vereinfachung** (BFH IV R 121/90 BStBl II 92, 1038) durch sofortige (erfolgswirksame) Korrektur des VorStAbzugs ohne Veränderung der ursprüngl AK/HK (BT-Drs V/2185) bei Berichtigung des VorStAbzugs nach **§ 15a UStG,** zB wenn eine Maschine in späteren Jahren nicht mehr zur Ausführung stpfl, sondern nur noch zur Ausführung stfreier Umsätze benutzt wird, oder umgekehrt. Im Jahr der Verwendungsänderung ist die VorSt zuungunsten oder zugunsten des StPfl entspr zu berichtigen (iEinz Abschn 15 UStAE; BFH V R 36/95 BStBl II 97, 589; *Bunjes* § 15a UStG Rz 7f). Diese ustl Berichtigung hat Auswirkungen auf die Höhe der AK (HK) des WG. Zur Vermeidung des mit der Änderung der Bilanzansätze und der AfA verbundenen Aufwands bleiben aber nach Abs 2 die AK (HK) unberührt. Bei zusätzl VorSt Anspruch ist der Mehrbetrag als BE oder Einnahme zB aus VuV zu erfassen oder ggf zu aktivieren; Kürzungen des VorStAbzugs sind als BA oder WK zu behandeln (*HHR* § 9b Rz 51) oder zu passivieren (*KSM* § 9b Rz C 63). Dadurch wird die zu hohe bzw zu niedrige AfA (wegen der unveränderten AK/HK), wenn auch zeitversetzt, iErg korrigiert (*KSM* § 9b Rz C 2); ein WK-Pauschbetrag (§ 9a) bleibt unberührt (BFH IX R 32/00 BFH/NV 04, 766). 8

b) Einschränkung. Die Neufassung des § 9b II idF AIFM-StAnpG ist eine Folgeänderung zu § 15a VIa UStG (BT-Drs 18/68 [neu], 74); nunmehr sind aufgrund einer VorSt-Berichtigung nach § 15a UStG entstandene Mehr- oder Minderbeträge nur dann als BE/Einnahmen BA/Ausgaben zu erfassen, wenn sie iZm einer Einkunftsart bezogen werden (krit *Meyer* FR 14, 876); zur erstmaligen Anwendung s § 52 Abs 17). Die Nicht-Korrektur der AK/HK ist nur noch bei estrechtl Relevanz der Korrekturbeträge zul; sie sind zB nicht als BA oder WK abziehbar, wenn die VorSt-Berichtigungsbeträge auf für eigene Wohnzwecke genutzte Grundstücksteile entfallen(*Levedag/HHR* Anm 86). 9

c) Vorgehen bei von Anfang an unzutr Behandlung der VorSt. Bei von Anfang an unzutr Behandlung der VorSt sind die ursprüngl AK (HK) zu ändern (*KSM* § 9b Rz C 76). – In Abs 2 auch nicht geregelt ist der Fall der **Änderung der Bemessungsgrundlage** (§ 17 UStG). Hier (zB bei Minderung des Kaufpreises) werden die AK (HK) des WG nicht durch eine Veränderung ledigl des VorStAbzugs, sondern durch Veränderung des Entgelts berührt. Die AK (HK) sind nach estrechtl Grundsätzen zu berichtigen; § 9b II ist nicht anwendbar (*KSM* § 9b Rz C 79; *Levedag/HHR* Anm 75). 10

4. Weitere Auswirkungen der USt auf die ESt. – ***(1)*** Nach **§ 12 Nr 3** darf die USt für Umsätze, die Entnahmen sind (§ 3 I b UStG), nicht steuermindernd berücksichtigt werden (Gleichstellung des Selbstversorgers mit dem Endverbraucher; dazu zB BFH X R 135/87 BStBl II 90, 742). – ***(2)*** Gem **§ 6 II 1** ist bei der Berechnung der (wieder eingeführten; s BT-Drs 17/15, 4/5) **410 €-Grenze** die VorSt stets außer Betracht zu lassen, unabhängig davon, ob sie abziehbar ist oder nicht. Die AK (HK) von **GWG** sind daher bei einem Nettopreis von 410 € sofort abziehbar; bei Nettopreisen (§ 6 IIa 1) zw 150 € und 1000 € ist (ab 1.1.08) ein Sammelposten zu bilden (§ 6 IIa 1–3); **bis 150 €** netto ist ein **Sofortabzug** mögl (iEinz § 6 Rz 600, 604; zur bisherigen Rechtslage s 28. Aufl). – ***(3)*** Für die Bemessung der Freigrenze für **Geschenke** nach **§ 4 V 1 Nr 1 (35 €)** sind demggü die AK (HK) einschließl nicht abziehbarer VorStBeträge maßgebend (EStR 9b II 3). – ***(4)*** Bei Anzahlungen auf AK ist (bei Option zur USt) die VorSt herauszurechnen 11

(*Rosarius* D-Spezial 16/98, 2; *HHR* § 9b Rz 43). – ***(5)*** Da ein Erwerber des Betriebs hinsichtl der Abziehbarkeit der VorSt in der gleichen Lage ist wie der StPfl, ist bei der Bemessung des **Teilwerts** eines WG die nicht abziehbare und daher aktivierte VorSt zu berücksichtigen (*KSM* § 9b Rz A 34). Dies gilt auch dann, wenn die AK (HK) infolge der Aktivierung der nicht abziehbaren VorSt über dem Marktpreis des WG liegen. Ist infolge Berichtigung des VorStAbzugs nach § 15a UStG (§ 9b II) der Mehrbetrag als BE erfasst worden, kann dies uU durch eine TW-AfA (auf die ungekürzten nur um die AfA verminderten AK bzw HK) ausgeglichen werden (*Blümich/Erhard* § 9b Rz 79; mE nur, wenn der TW nicht aus anderen Gründen gestiegen ist).

5. Sonderausgaben

§ 10 Sonderausgaben

(1) **Sonderausgaben sind die folgenden Aufwendungen, wenn sie weder Betriebsausgaben noch Werbungskosten sind oder wie Betriebsausgaben oder Werbungskosten behandelt werden:**

*1. bis 1 b.(weggefallen)**

2. a) Beiträge zu den gesetzlichen Rentenversicherungen oder zur landwirtschaftlichen Alterskasse sowie zu berufsständischen Versorgungseinrichtungen, die den gesetzlichen Rentenversicherungen vergleichbare Leistungen erbringen;

b) Beiträge des Steuerpflichtigen

aa) zum Aufbau einer eigenen kapitalgedeckten Altersversorgung, wenn der Vertrag nur die Zahlung einer monatlichen, auf das Leben des Steuerpflichtigen bezogenen lebenslangen Leibrente nicht vor Vollendung des 62. Lebensjahres oder zusätzlich die ergänzende Absicherung des Eintritts der Berufsunfähigkeit (Berufsunfähigkeitsrente), der verminderten Erwerbsfähigkeit (Erwerbsminderungsrente) oder von Hinterbliebenen (Hinterbliebenenrente) vorsieht. [2] Hinterbliebene in diesem Sinne sind der Ehegatte des Steuerpflichtigen und die Kinder, für die er Anspruch auf Kindergeld oder auf einen Freibetrag nach § 32 Absatz 6 hat. [3] Der Anspruch auf Waisenrente darf längstens für den Zeitraum bestehen, in dem der Rentenberechtigte die Voraussetzungen für die Berücksichtigung als Kind im Sinne des § 32 erfüllt;

bb) für seine Absicherung gegen den Eintritt der Berufsunfähigkeit oder der verminderten Erwerbsfähigkeit (Versicherungsfall), wenn der Vertrag nur die Zahlung einer monatlichen, auf das Leben des Steuerpflichtigen bezogenen lebenslangen Leibrente für einen Versicherungsfall vorsieht, der bis zur Vollendung des 67. Lebensjahres eingetreten ist. [2] Der Vertrag kann die Beendigung der Rentenzahlung wegen eines medizinisch begründeten Wegfalls der Berufsunfähigkeit oder der verminderten Erwerbsfähigkeit vorsehen. [3] Die Höhe der zugesagten Rente kann vom Alter des Steuerpflichtigen bei Eintritt des Versicherungsfalls abhängig gemacht werden, wenn der Steuerpflichtige das 55. Lebensjahr vollendet hat.

[2] Die Ansprüche nach Buchstabe b dürfen nicht vererblich, nicht übertragbar, nicht beleihbar, nicht veräußerbar und nicht kapitalisierbar sein. [3] Anbieter und Steuerpflichtiger können vereinbaren, dass bis zu zwölf Mo-

---

* Abs 1 Nr 1, 1a, 1b aufgehoben durch ZK-AnpG v 22.12.2014 (BGBl I, 2417) und ab 2015 ersetzt durch neuen Abs 1a.

natsleistungen in einer Auszahlung zusammengefasst werden oder eine Kleinbetragsrente im Sinne von § 93 Absatz 3 Satz 2 abgefunden wird. [4]Bei der Berechnung der Kleinbetragsrente sind alle bei einem Anbieter bestehenden Verträge des Steuerpflichtigen jeweils nach Buchstabe b Doppelbuchstabe aa oder Doppelbuchstabe bb zusammenzurechnen. [5]Neben den genannten Auszahlungsformen darf kein weiterer Anspruch auf Auszahlungen bestehen. [6]Zu den Beiträgen nach den Buchstaben a und b ist der nach § 3 Nummer 62 steuerfreie Arbeitgeberanteil zur gesetzlichen Rentenversicherung und ein diesem gleichgestellter steuerfreier Zuschuss des Arbeitgebers hinzuzurechnen. [7]Beiträge nach § 168 Absatz 1 Nummer 1b oder 1c oder nach § 172 Absatz 3 oder 3a des Sechsten Buches Sozialgesetzbuch werden abweichend von Satz 2 nur auf Antrag des Steuerpflichtigen hinzugerechnet;

3. Beiträge zu
   a) Krankenversicherungen, soweit diese zur Erlangung eines durch das Zwölfte Buch Sozialgesetzbuch bestimmten sozialhilfegleichen Versorgungsniveaus erforderlich sind und sofern auf die Leistungen ein Anspruch besteht. [2]Für Beiträge zur gesetzlichen Krankenversicherung sind dies die nach dem Dritten Titel des Ersten Abschnitts des Achten Kapitels des Fünften Buches Sozialgesetzbuch oder die nach dem Sechsten Abschnitt des Zweiten Gesetzes über die Krankenversicherung der Landwirte festgesetzten Beiträge. [3]Für Beiträge zu einer privaten Krankenversicherung sind dies die Beitragsanteile, die auf Vertragsleistungen entfallen, die, mit Ausnahme der auf das Krankengeld entfallenden Beitragsanteile, in Art, Umfang und Höhe den Leistungen nach dem Dritten Kapitel des Fünften Buches Sozialgesetzbuch vergleichbar sind; § 158 Absatz 2 des Versicherungsaufsichtsgesetzes gilt entsprechend. [4]Wenn sich aus den Krankenversicherungsbeiträgen nach Satz 2 ein Anspruch auf Krankengeld oder ein Anspruch auf eine Leistung, die anstelle von Krankengeld gewährt wird, ergeben kann, ist der jeweilige Beitrag um 4 Prozent zu vermindern;
   b) gesetzlichen Pflegeversicherungen (soziale Pflegeversicherung und private Pflege-Pflichtversicherung).

   [2]Als eigene Beiträge des Steuerpflichtigen werden auch die vom Steuerpflichtigen im Rahmen der Unterhaltsverpflichtung getragenen eigenen Beiträge im Sinne des Buchstaben a oder des Buchstaben b eines Kindes behandelt, für das ein Anspruch auf einen Freibetrag nach § 32 Absatz 6 oder auf Kindergeld besteht. [3]Hat der Steuerpflichtige in den Fällen des Absatzes 1a Nummer 1 eigene Beiträge im Sinne des Buchstaben a oder des Buchstaben b zum Erwerb einer Krankenversicherung oder gesetzlichen Pflegeversicherung für einen geschiedenen oder dauernd getrennt lebenden unbeschränkt einkommensteuerpflichtigen Ehegatten geleistet, dann werden diese abweichend von Satz 1 als eigene Beiträge des geschiedenen oder dauernd getrennt lebenden unbeschränkt einkommensteuerpflichtigen Ehegatten behandelt. [4]Beiträge, die für nach Ablauf des Veranlagungszeitraums beginnende Beitragsjahre geleistet werden und in der Summe das Zweieinhalbfache der auf den Veranlagungszeitraum entfallenden Beiträge überschreiten, sind in dem Veranlagungszeitraum anzusetzen, für den sie geleistet wurden; dies gilt nicht für Beiträge, soweit sie der unbefristeten Beitragsminderung nach Vollendung des 62. Lebensjahrs dienen;

3a. Beiträge zu Kranken- und Pflegeversicherungen, soweit diese nicht nach Nummer 3 zu berücksichtigen sind; Beiträge zu Versicherungen gegen Arbeitslosigkeit, zu Erwerbs- und Berufsunfähigkeitsversicherungen, die nicht unter Nummer 2 Satz 1 Buchstabe b fallen, zu Unfall- und Haftpflichtver-

sicherungen sowie zu Risikoversicherungen, die nur für den Todesfall eine Leistung vorsehen; Beiträge zu Versicherungen im Sinne des § 10 Absatz 1 Nummer 2 Buchstabe b Doppelbuchstabe bb bis dd in der am 31. Dezember 2004 geltenden Fassung, wenn die Laufzeit dieser Versicherungen vor dem 1. Januar 2005 begonnen hat und ein Versicherungsbeitrag bis zum 31. Dezember 2004 entrichtet wurde; § 10 Absatz 1 Nummer 2 Satz 2 bis 6 und Absatz 2 Satz 2 in der am 31. Dezember 2004 geltenden Fassung ist in diesen Fällen weiter anzuwenden;

4. **gezahlte Kirchensteuer; dies gilt nicht, soweit die Kirchensteuer als Zuschlag zur Kapitalertragsteuer oder als Zuschlag auf die nach dem gesonderten Tarif des § 32d Absatz 1 ermittelte Einkommensteuer gezahlt wurde;**
5. **zwei Drittel der Aufwendungen, höchstens 4000 Euro je Kind, für Dienstleistungen zur Betreuung eines zum Haushalt des Steuerpflichtigen gehörenden Kindes im Sinne des § 32 Absatz 1, welches das 14. Lebensjahr noch nicht vollendet hat oder wegen einer vor Vollendung des 25. Lebensjahres eingetretenen körperlichen, geistigen oder seelischen Behinderung außerstande ist, sich selbst zu unterhalten. [2]Dies gilt nicht für Aufwendungen für Unterricht, die Vermittlung besonderer Fähigkeiten sowie für sportliche und andere Freizeitbetätigungen. [3]Ist das zu betreuende Kind nicht nach § 1 Absatz 1 oder Absatz 2 unbeschränkt einkommensteuerpflichtig, ist der in Satz 1 genannte Betrag zu kürzen, soweit es nach den Verhältnissen im Wohnsitzstaat des Kindes notwendig und angemessen ist. [4]Voraussetzung für den Abzug der Aufwendungen nach Satz 1 ist, dass der Steuerpflichtige für die Aufwendungen eine Rechnung erhalten hat und die Zahlung auf das Konto des Erbringers der Leistung erfolgt ist;**
6. *(weggefallen)*
7. **Aufwendungen für die eigene Berufsausbildung bis zu 6000 Euro im Kalenderjahr. [2]Bei Ehegatten, die die Voraussetzungen des § 26 Absatz 1 Satz 1 erfüllen, gilt Satz 1 für jeden Ehegatten. [3]Zu den Aufwendungen im Sinne des Satzes 1 gehören auch Aufwendungen für eine auswärtige Unterbringung. [4]§ 4 Absatz 5 Satz 1 Nummer 6b sowie § 9 Absatz 1 Satz 3 Nummer 4 und 5, Absatz 2, 4 Satz 8 und Absatz 4a sind bei der Ermittlung der Aufwendungen anzuwenden;**
8. *(weggefallen)*
9. **30 Prozent des Entgelts, höchstens 5000 Euro, das der Steuerpflichtige für ein Kind, für das er Anspruch auf einen Freibetrag nach § 32 Absatz 6 oder auf Kindergeld hat, für dessen Besuch einer Schule in freier Trägerschaft oder einer überwiegend privat finanzierten Schule entrichtet, mit Ausnahme des Entgelts für Beherbergung, Betreuung und Verpflegung. [2]Voraussetzung ist, dass die Schule in einem Mitgliedstaat der Europäischen Union oder in einem Staat belegen ist, auf den das Abkommen über den Europäischen Wirtschaftsraum Anwendung findet, und die Schule zu einem von dem zuständigen inländischen Ministerium eines Landes, von der Kultusministerkonferenz der Länder oder von einer inländischen Zeugnisanerkennungsstelle anerkannten oder einem inländischen Abschluss an einer öffentlichen Schule als gleichwertig anerkannten allgemein bildenden oder berufsbildenden Schul-, Jahrgangs- oder Berufsabschluss führt. [3]Der Besuch einer anderen Einrichtung, die auf einen Schul-, Jahrgangs- oder Berufsabschluss im Sinne des Satzes 2 ordnungsgemäß vorbereitet, steht einem Schulbesuch im Sinne des Satzes 1 gleich. [4]Der Besuch einer Deutschen Schule im Ausland steht dem Besuch einer solchen Schule gleich, unabhängig von ihrer Belegenheit. [5]Der Höchstbetrag nach Satz 1 wird für jedes Kind, bei dem die Voraussetzungen vorliegen, je Elternpaar nur einmal gewährt.**

(1a)* **Sonderausgaben sind auch die folgenden Aufwendungen:**

1. Unterhaltsleistungen an den geschiedenen oder dauernd getrennt lebenden unbeschränkt einkommensteuerpflichtigen Ehegatten, wenn der Geber dies mit Zustimmung des Empfängers beantragt, bis zu 13 805 Euro im Kalenderjahr. [2]Der Höchstbetrag nach Satz 1 erhöht sich um den Betrag der im jeweiligen Veranlagungszeitraum nach Absatz 1 Nummer 3 für die Absicherung des geschiedenen oder dauernd getrennt lebenden unbeschränkt einkommensteuerpflichtigen Ehegatten aufgewandten Beiträge. [3]Der Antrag kann jeweils nur für ein Kalenderjahr gestellt und nicht zurückgenommen werden. [4]Die Zustimmung ist mit Ausnahme der nach § 894 der Zivilprozessordnung als erteilt geltenden bis auf Widerruf wirksam. [5]Der Widerruf ist vor Beginn des Kalenderjahres, für das die Zustimmung erstmals nicht gelten soll, gegenüber dem Finanzamt zu erklären. [6]Die Sätze 1 bis 5 gelten für Fälle der Nichtigkeit oder der Aufhebung der Ehe entsprechend. [7]Voraussetzung für den Abzug der Aufwendungen ist die Angabe der erteilten Identifikationsnummer (§ 139b der Abgabenordnung) der unterhaltenen Person in der Steuererklärung des Unterhaltsleistenden, wenn die unterhaltene Person der unbeschränkten oder beschränkten Steuerpflicht unterliegt. [8]Die unterhaltene Person ist für diese Zwecke verpflichtet, dem Unterhaltsleistenden ihre erteilte Identifikationsnummer (§ 139b der Abgabenordnung) mitzuteilen. [9]Kommt die unterhaltene Person dieser Verpflichtung nicht nach, ist der Unterhaltsleistende berechtigt, bei der für ihn zuständigen Finanzbehörde die Identifikationsnummer der unterhaltenen Person zu erfragen;

2. auf besonderen Verpflichtungsgründen beruhende, lebenslange und wiederkehrende Versorgungsleistungen, die nicht mit Einkünften in wirtschaftlichem Zusammenhang stehen, die bei der Veranlagung außer Betracht bleiben, wenn der Empfänger unbeschränkt einkommensteuerpflichtig ist. [2]Dies gilt nur für

a) Versorgungsleistungen im Zusammenhang mit der Übertragung eines Mitunternehmeranteils an einer Personengesellschaft, die eine Tätigkeit im Sinne der §§ 13, 15 Absatz 1 Satz 1 Nummer 1 oder des § 18 Absatz 1 ausübt,

b) Versorgungsleistungen im Zusammenhang mit der Übertragung eines Betriebs oder Teilbetriebs, sowie

c) Versorgungsleistungen im Zusammenhang mit der Übertragung eines mindestens 50 Prozent betragenden Anteils an einer Gesellschaft mit beschränkter Haftung, wenn der Übergeber als Geschäftsführer tätig war und der Übernehmer diese Tätigkeit nach der Übertragung übernimmt.

[3]Satz 2 gilt auch für den Teil der Versorgungsleistungen, der auf den Wohnteil eines Betriebs der Land- und Forstwirtschaft entfällt;

3. Ausgleichsleistungen zur Vermeidung eines Versorgungsausgleichs nach § 6 Absatz 1 Satz 2 Nummer 2 und § 23 des Versorgungsausgleichsgesetzes sowie § 1408 Absatz 2 und § 1587 des Bürgerlichen Gesetzbuchs, soweit der Verpflichtete dies mit Zustimmung des Berechtigten beantragt. [2]Nummer 1 Satz 3 bis 5 gilt entsprechend;

4. Ausgleichszahlungen im Rahmen des Versorgungsausgleichs nach den §§ 20 bis 22 und 26 des Versorgungsausgleichsgesetzes und nach den §§ 1587f, 1587g und 1587i des Bürgerlichen Gesetzbuchs in der bis 31. August 2009 geltenden Fassung sowie nach § 3a des Gesetzes zur Regelung von Härten im Versorgungsausgleich, soweit die ihnen zu Grunde lie-

---

* Abs 1a eingefügt durch ZK-AnpG v 22.12.2014 (BGBl I, 2417); Nr 1, 2, 4 ersetzen ab 2015 die aufgehobenen Abs 1 Nr 1, 1a, 1b.

genden Einnahmen bei der ausgleichspflichtigen Person der Besteuerung unterliegen, wenn die ausgleichsberechtigte Person unbeschränkt einkommensteuerpflichtig ist.

(2) [1]**Voraussetzung für den Abzug der in Absatz 1 Nummer 2, 3 und 3a bezeichneten Beträge (Vorsorgeaufwendungen) ist, dass sie**

1. nicht in unmittelbarem wirtschaftlichen Zusammenhang mit steuerfreien Einnahmen stehen; steuerfreie Zuschüsse zu einer Kranken- oder Pflegeversicherung stehen insgesamt in unmittelbarem wirtschaftlichen Zusammenhang mit den Vorsorgeaufwendungen im Sinne des Absatzes 1 Nummer 3,

2. geleistet werden an

a) Versicherungsunternehmen,

aa) die ihren Sitz oder ihre Geschäftsleitung in einem Mitgliedstaat der Europäischen Union oder einem Vertragsstaat des Abkommens über den Europäischen Wirtschaftsraum haben und das Versicherungsgeschäft im Inland betreiben dürfen, oder

bb) denen die Erlaubnis zum Geschäftsbetrieb im Inland erteilt ist.

[2]**Darüber hinaus werden Beiträge nur berücksichtigt, wenn es sich um Beträge im Sinne des Absatzes 1 Nummer 3 Satz 1 Buchstabe a an eine Einrichtung handelt, die eine anderweitige Absicherung im Krankheitsfall im Sinne des § 5 Absatz 1 Nummer 13 des Fünften Buches Sozialgesetzbuch oder eine der Beihilfe oder freien Heilfürsorge vergleichbare Absicherung im Sinne des § 193 Absatz 3 Satz 2 Nummer 2 des Versicherungsvertragsgesetzes gewährt.** [3]**Dies gilt entsprechend, wenn ein Steuerpflichtiger, der weder seinen Wohnsitz noch seinen gewöhnlichen Aufenthalt im Inland hat, mit den Beiträgen einen Versicherungsschutz im Sinne des Absatzes 1 Nummer 3 Satz 1 erwirbt,**

b) berufsständische Versorgungseinrichtungen,

c) einen Sozialversicherungsträger oder

d) einen Anbieter im Sinne des § 80.

[2]**Vorsorgeaufwendungen nach Absatz 1 Nummer 2 Buchstabe b werden nur berücksichtigt, wenn**

1. die Beiträge zugunsten eines Vertrags geleistet wurden, der nach § 5a des Altersvorsorgeverträge-Zertifizierungsgesetzes zertifiziert ist, wobei die Zertifizierung Grundlagenbescheid im Sinne des § 171 Absatz 10 der Abgabenordnung ist, und

2. der Steuerpflichtige gegenüber dem Anbieter in die Datenübermittlung nach Absatz 2a eingewilligt hat.

[3]**Vorsorgeaufwendungen nach Absatz 1 Nummer 3 werden nur berücksichtigt, wenn der Steuerpflichtige gegenüber dem Versicherungsunternehmen, dem Träger der gesetzlichen Kranken- und Pflegeversicherung, der Künstlersozialkasse oder einer Einrichtung im Sinne des Satz 1 Nummer 2 Buchstabe a Satz 2 in die Datenübermittlung nach Absatz 2a eingewilligt hat; die Einwilligung gilt für alle sich aus dem Versicherungsverhältnis ergebenden Zahlungsverpflichtungen als erteilt, wenn die Beiträge mit der elektronischen Lohnsteuerbescheinigung (§ 41b Absatz 1 Satz 2) oder der Rentenbezugsmitteilung (§ 22a Absatz 1 Satz 1 Nummer 5) übermittelt werden.**

(2a)* [1]**Der Steuerpflichtige hat in die Datenübermittlung nach Absatz 2 gegenüber der übermittelnden Stelle schriftlich einzuwilligen, spätestens bis zum Ablauf des zweiten Kalenderjahres, das auf das Beitragsjahr (Kalender-**

---

* § 10 IIa soll an die geplante Datenübermittlung durch Dritte in § 93c AO angepasst werden (Gesetzesentwurf zur Modernisierung des Besteuerungsverfahrens).

jahr, in dem die Beiträge geleistet worden sind) folgt; übermittelnde Stelle ist bei Vorsorgeaufwendungen nach Absatz 1 Nummer 2 Buchstabe b der Anbieter, bei Vorsorgeaufwendungen nach Absatz 1 Nummer 3 das Versicherungsunternehmen, der Träger der gesetzlichen Kranken- und Pflegeversicherung, die Künstlersozialkasse oder eine Einrichtung im Sinne des Absatzes 2 Satz 1 Nummer 2 Buchstabe a Satz 2. [2]Die Einwilligung gilt auch für die folgenden Beitragsjahre, es sei denn, der Steuerpflichtige widerruft diese schriftlich gegenüber der übermittelnden Stelle. [3]Der Widerruf muss vor Beginn des Beitragsjahres, für das die Einwilligung erstmals nicht mehr gelten soll, der übermittelnden Stelle vorliegen. [4]Die übermittelnde Stelle hat bei Vorliegen einer Einwilligung

1. nach Absatz 2 Satz 2 Nummer 2 die Höhe der im jeweiligen Beitragsjahr geleisteten Beiträge nach Absatz 1 Nummer 2 Buchstabe b und die Zertifizierungsnummer,
2. nach Absatz 2 Satz 3 die Höhe der im jeweiligen Beitragsjahr geleisteten und erstatteten Beiträge nach Absatz 1 Nummer 3, soweit diese nicht mit der elektronischen Lohnsteuerbescheinigung oder der Rentenbezugsmitteilung zu übermitteln sind,

unter Angabe der Vertrags- oder Versicherungsdaten, des Datums der Einwilligung und der Identifikationsnummer (§ 139b der Abgabenordnung) nach amtlich vorgeschriebenem Datensatz durch Datenfernübertragung an die zentrale Stelle (§ 81) bis zum 28. Februar des dem Beitragsjahr folgenden Kalenderjahres zu übermitteln; sind Versicherungsnehmer und versicherte Person nicht identisch, sind zusätzlich die Identifikationsnummer und das Geburtsdatum des Versicherungsnehmers anzugeben. [5]§ 22a Absatz 2 gilt entsprechend. [6]Wird die Einwilligung nach Ablauf des Beitragsjahres, jedoch innerhalb der in Satz 1 genannten Frist abgegeben, sind die Daten bis zum Ende des folgenden Kalendervierteljahres zu übermitteln. [7]Stellt die übermittelnde Stelle fest, dass

1. die an die zentrale Stelle übermittelten Daten unzutreffend sind oder
2. der zentralen Stelle ein Datensatz übermittelt wurde, obwohl die Voraussetzungen hierfür nicht vorlagen,

ist dies unverzüglich durch Übermittlung eines Datensatzes an die zentrale Stelle zu korrigieren oder zu stornieren. [8]Ein Steuerbescheid ist zu ändern, soweit

1. Daten nach den Sätzen 4, 6 oder Satz 7 vorliegen oder
2. eine Einwilligung in die Datenübermittlung nach Absatz 2 Satz 2 Nummer 2 oder nach Absatz 2 Satz 3 nicht vorliegt

und sich hierdurch eine Änderung der festgesetzten Steuer ergibt. [9]Die übermittelnde Stelle hat den Steuerpflichtigen über die Höhe der nach den Sätzen 4, 6 oder Satz 7 übermittelten Beiträge für das Beitragsjahr zu unterrichten. [10]§ 150 Absatz 6 der Abgabenordnung gilt entsprechend. [11]Das Bundeszentralamt für Steuern kann die bei Vorliegen der Einwilligung nach Absatz 2 Satz 3 zu übermittelnden Daten prüfen; die §§ 193 bis 203 der Abgabenordnung sind sinngemäß anzuwenden. [12]Wer vorsätzlich oder grob fahrlässig eine unzutreffende Höhe der Beiträge im Sinne des Absatzes 1 Nummer 3 übermittelt, haftet für die entgangene Steuer. [13]Diese ist mit 30 Prozent des zu hoch ausgewiesenen Betrags anzusetzen.

(3) [1]Vorsorgeaufwendungen nach Absatz 1 Nummer 2 sind bis zu dem Höchstbeitrag zur knappschaftlichen Rentenversicherung, aufgerundet auf einen vollen Betrag in Euro, zu berücksichtigen. [2]Bei zusammenveranlagten Ehegatten verdoppelt sich der Höchstbetrag. [3]Der Höchstbetrag nach Satz 1 oder 2 ist bei Steuerpflichtigen, die

1. Arbeitnehmer sind und die während des ganzen oder eines Teils des Kalenderjahres
a) in der gesetzlichen Rentenversicherung versicherungsfrei oder auf Antrag des Arbeitgebers von der Versicherungspflicht befreit waren und denen für den Fall ihres Ausscheidens aus der Beschäftigung auf Grund des Beschäftigungsverhältnisses eine lebenslängliche Versorgung oder an deren Stelle eine Abfindung zusteht oder die in der gesetzlichen Rentenversicherung nachzuversichern sind oder
b) nicht der gesetzlichen Rentenversicherungspflicht unterliegen, eine Berufstätigkeit ausgeübt und im Zusammenhang damit auf Grund vertraglicher Vereinbarungen Anwartschaftsrechte auf eine Altersversorgung erworben haben, oder
2. Einkünfte im Sinne des § 22 Nummer 4 erzielen und die ganz oder teilweise ohne eigene Beitragsleistung einen Anspruch auf Altersversorgung erwerben,

um den Betrag zu kürzen, der, bezogen auf die Einnahmen aus der Tätigkeit, die die Zugehörigkeit zum genannten Personenkreis begründen, dem Gesamtbeitrag (Arbeitgeber- und Arbeitnehmeranteil) zur allgemeinen Rentenversicherung entspricht. [4]Im Kalenderjahr 2013 sind 76 Prozent der nach den Sätzen 1 bis 3 ermittelten Vorsorgeaufwendungen anzusetzen. [5]Der sich danach ergebende Betrag, vermindert um den nach § 3 Nummer 62 steuerfreien Arbeitgeberanteil zur gesetzlichen Rentenversicherung und einen diesem gleichgestellten steuerfreien Zuschuss des Arbeitgebers, ist als Sonderausgabe abziehbar. [6]Der Prozentsatz in Satz 4 erhöht sich in den folgenden Kalenderjahren bis zum Kalenderjahr 2025 um je 2 Prozentpunkte je Kalenderjahr. [7]Beiträge nach § 168 Absatz 1 Nummer 1b oder 1c oder nach § 172 Absatz 3 oder 3a des Sechsten Buches Sozialgesetzbuch vermindern den abziehbaren Betrag nach Satz 5 nur, wenn der Steuerpflichtige die Hinzurechnung dieser Beiträge zu den Vorsorgeaufwendungen nach Absatz 1 Nummer 2 Satz 7 beantragt hat.

(4) **[1]Vorsorgeaufwendungen im Sinne des Absatzes 1 Nummer 3 und 3a können je Kalenderjahr insgesamt bis 2800 Euro abgezogen werden. [2]Der Höchstbetrag beträgt 1900 Euro bei Steuerpflichtigen, die ganz oder teilweise ohne eigene Aufwendungen einen Anspruch auf vollständige oder teilweise Erstattung oder Übernahme von Krankheitskosten haben oder für deren Krankenversicherung Leistungen im Sinne des § 3 Nummer 9, 14, 57 oder 62 erbracht werden. [3]Bei zusammen veranlagten Ehegatten bestimmt sich der gemeinsame Höchstbetrag aus der Summe der jedem Ehegatten unter den Voraussetzungen von Satz 1 und 2 zustehenden Höchstbeträge. [4]Übersteigen die Vorsorgeaufwendungen im Sinne des Absatzes 1 Nummer 3 die nach den Sätzen 1 bis 3 zu berücksichtigenden Vorsorgeaufwendungen, sind diese abzuziehen und ein Abzug von Vorsorgeaufwendungen im Sinne des Absatzes 1 Nummer 3a scheidet aus.**

(4a) **[1]Ist in den Kalenderjahren 2013 bis 2019 der Abzug der Vorsorgeaufwendungen nach Absatz 1 Nummer 2 Buchstabe a, Absatz 1 Nummer 3 und Nummer 3a in der für das Kalenderjahr 2004 geltenden Fassung des § 10 Absatz 3 mit folgenden Höchstbeträgen für den Vorwegabzug**

Kalenderjahr	**Vorwegabzug für den Steuerpflichtigen**	**Vorwegabzug im Fall der Zusammenveranlagung von Ehegatten**
2013	**2100**	**4200**
2014	**1800**	**3600**
2015	**1500**	**3000**

Kalenderjahr	Vorwegabzug für den Steuerpflichtigen	Vorwegabzug im Fall der Zusammenveranlagung von Ehegatten
2016	1200	2400
2017	900	1800
2018	600	1200
2019	300	600

zuzüglich des Erhöhungsbetrags nach Satz 3 günstiger, ist der sich danach ergebende Betrag anstelle des Abzugs nach Absatz 3 und 4 anzusetzen. [2]Mindestens ist bei Anwendung des Satzes 1 der Betrag anzusetzen, der sich ergeben würde, wenn zusätzlich noch die Vorsorgeaufwendungen nach Absatz 1 Nummer 2 Buchstabe b in die Günstigerprüfung einbezogen werden würden; der Erhöhungsbetrag nach Satz 3 ist nicht hinzuzurechnen. [3]Erhöhungsbetrag sind die Beiträge nach Absatz 1 Nummer 2 Buchstabe b, soweit sie nicht den um die Beiträge nach Absatz 1 Nummer 2 Buchstabe a und den nach § 3 Nummer 62 steuerfreien Arbeitgeberanteil zur gesetzlichen Rentenversicherung und einen diesem gleichgestellten steuerfreien Zuschuss verminderten Höchstbetrag nach Absatz 3 Satz 1 bis 3 überschreiten; Absatz 3 Satz 4 und 6 gilt entsprechend.

(4b) [1]**Erhält der Steuerpflichtige für die von ihm für einen anderen Veranlagungszeitraum geleisteten Aufwendungen im Sinne des Satzes 2 einen steuerfreien Zuschuss, ist dieser den erstatteten Aufwendungen gleichzustellen. [2]Übersteigen bei den Sonderausgaben nach Absatz 1 Nummer 2 bis 3a die im Veranlagungszeitraum erstatteten Aufwendungen die geleisteten Aufwendungen (Erstattungsüberhang), ist der Erstattungsüberhang mit anderen im Rahmen der jeweiligen Nummer anzusetzenden Aufwendungen zu verrechnen. [3]Ein verbleibender Betrag des sich bei den Aufwendungen nach Absatz 1 Nummer 3 und 4 ergebenden Erstattungsüberhangs ist dem Gesamtbetrag der Einkünfte hinzuzurechnen. *[ab VZ 2016:** [4]Behörden im Sinne des § 6 Absatz 1 der Abgabenordnung und andere öffentliche Stellen, die einem Steuerpflichtigen für die von ihm geleisteten Beiträge im Sinne des Absatz 1 Nummer 2, 3 und 3a steuerfreie Zuschüsse gewähren oder Vorsorgeaufwendungen im Sinne dieser Vorschrift erstatten (übermittelnde Stelle), haben der zentralen Stelle jährlich die zur Gewährung und Prüfung des Sonderausgabenabzugs nach § 10 erforderlichen Daten nach amtlich vorgeschriebenem Datensatz durch Datenfernübertragung zu übermitteln. [5]Ein Steuerbescheid ist zu ändern, soweit Daten nach Satz 4 vorliegen und sich hierdurch oder durch eine Korrektur oder Stornierung der entsprechenden Daten eine Änderung der festgesetzten Steuer ergibt. [6]§ 22a Absatz 2 sowie § 150 Absatz 6 der Abgabenordnung gelten entsprechend.]**

(5) **Durch Rechtsverordnung** wird bezogen auf den Versicherungstarif bestimmt, wie der nicht abziehbare Teil der Beiträge zum Erwerb eines Krankenversicherungsschutzes im Sinne des Absatzes 1 Nummer 3 Buchstabe a Satz 3 durch einheitliche prozentuale Abschläge auf die zugunsten des jeweiligen Tarifs gezahlte Prämie zu ermitteln ist, soweit der nicht abziehbare Beitragsteil nicht bereits als gesonderter Tarif oder Tarifbaustein ausgewiesen wird.**

---

* Abs 4b Sätze 4 bis 6 angefügt durch Amtshilferichtlinien-Umsetzungsgesetz v 26.6.2013 (BGBl I, 1809). S 4–6 sollen an die geplante Datenübermittlung durch Dritte in § 93c AO angepasst werden (Gesetzesentwurf zur Modernisierung des Besteuerungsverfahrens).

** KVBEVO v 11.8.09 BGBl I 2730, BStBl I 1530, s Rz 198.

(6) [1]Absatz 1 Nummer 2 Buchstabe b Doppelbuchstabe aa ist für Vertragsabschlüsse vor dem 1. Januar 2012 mit der Maßgabe anzuwenden, dass der Vertrag die Zahlung der Leibrente nicht vor der Vollendung des 60. Lebensjahres vorsehen darf. [2]Für Verträge im Sinne des Absatzes 1 Nummer 2 Buchstabe b, die vor dem 1. Januar 2011 abgeschlossen wurden, und bei Kranken- und Pflegeversicherungen im Sinne des Absatzes 1 Nummer 3, bei denen das Versicherungsverhältnis vor dem 1. Januar 2011 bestanden hat, ist Absatz 2 Satz 2 Nummer 2 und Satz 3 mit der Maßgabe anzuwenden, dass die erforderliche Einwilligung zur Datenübermittlung als erteilt gilt, wenn

1. die übermittelnde Stelle den Steuerpflichtigen schriftlich darüber informiert, dass sie
   a) von einer Einwilligung ausgeht und
   b) die Daten an die zentrale Stelle übermittelt und
2. der Steuerpflichtige dem nicht innerhalb einer Frist von vier Wochen nach Erhalt der Information nach Nummer 1 schriftlich widerspricht.

Einkommensteuer-Durchführungsverordnung:

§ 29 *Anzeigepflichten bei Versicherungsverträgen*

[1]Bei Versicherungen, deren Laufzeit vor dem 1. Januar 2005 begonnen hat, hat der Sicherungsnehmer nach amtlich vorgeschriebenem Muster dem für die Veranlagung des Versicherungsnehmers nach dem Einkommen zuständigen Finanzamt, bei einem Versicherungsnehmer, der im Inland weder einen Wohnsitz noch seinen gewöhnlichen Aufenthalt hat, dem für die Veranlagung des Sicherungsnehmers zuständigen Finanzamt (§§ 19, 20 der Abgabenordnung) unverzüglich die Fälle anzuzeigen, in denen Ansprüche aus Versicherungsverträgen zur Tilgung oder Sicherung von Darlehen eingesetzt werden. [2]Satz 1 gilt entsprechend für das Versicherungsunternehmen, wenn der Sicherungsnehmer Wohnsitz, Sitz oder Geschäftsleitung im Ausland hat. [3]Werden Ansprüche aus Versicherungsverträgen von Personen, die im Inland einen Wohnsitz oder ihren gewöhnlichen Aufenthalt haben (§ 1 Abs. 1 des Gesetzes), zur Tilgung oder Sicherung von Darlehen eingesetzt, sind die Sätze 1 und 2 nur anzuwenden, wenn die Darlehen den Betrag von 25 565 Euro übersteigen. [4]Der Steuerpflichtige hat dem für seine Veranlagung zuständigen Finanzamt (§ 19 der Abgabenordnung) die Abtretung und die Beleihung unverzüglich anzuzeigen.

§ 30 *Nachversteuerung bei Versicherungsverträgen*

[1]Eine Nachversteuerung ist durchzuführen, wenn der Sonderausgabenabzug von Beiträgen nach § 10 Abs. 1 Nr. 3 Buchstabe b des Gesetzes zu versagen ist. [2]Zu diesem Zweck ist die Steuer zu berechnen, die festzusetzen gewesen wäre, wenn der Steuerpflichtige die Beiträge nicht geleistet hätte. [3]Der Unterschied zwischen dieser und der festgesetzten Steuer ist als Nachsteuer zu erheben.

Einkommensteuer-Richtlinien: EStR 10.1.–10.10/EStH 10.1–10.11/LStH 11

Übersicht

I. Allgemeine Grundsätze

1. Begriff Sonderausgaben. SA sind private Ausgaben, die nicht in wirtschaftl Zusammenhang mit einer der sieben Einkunftsarten stehen und daher weder BA noch WK darstellen dürfen (§ 10 I S 1 unter Ausdehnung auf fiktive BA/WK zB nach § 9c aF). Solche Privatausgaben sind nur dann abziehbar, wenn das Gesetz dies wegen der unvermeidbaren bzw förderungswürdigen Minderung der wirtschaftl Leistungsfähigkeit ausdrückl vorsieht (vgl § 12, §§ 10ff, §§ 33ff). §§ 10ff enthalten eine **abschließende Aufzählung** der SA. § 12 S 1 stellt nur das **Verhältnis von § 10 zu § 12** klar (s § 12 Rz 5). §§ 10 I, 10a und 10b haben – soweit sie sich nicht ohnehin ausschließen – als Ausnahmevorschriften Vorrang vor § 12. Aufwendungen iSv §§ 10d–i werden *wie* SA vom Gesamtbetrag der Einkünfte abgesetzt (§ 2 IV). § 12 Nr 1 schränkt den Abzug eines SA-Anteils bei gemischten, teils als WK/BA, teils nicht abziehbarer Aufwendungen nicht ein **(Aufteilungsmöglichkeit),** s § 12 Rz 12. 1

2. Einteilung der Sonderausgaben, §§ 10 ff. SA sind je nach Einzeltatbestand der Höhe nach unbegrenzt oder begrenzt abziehbar. – **Unbegrenzter Abzug:** § 10 I Nr 3, Basisbeiträge zur KV und PflV; § 10 I Nr 4, KiSt; § 10 1a Nr 2–4, Ausgleichsversorgungsleistungen. **– Begrenzter Abzug:** § 10 I Nr 2, Alters- 2 vorsorgeaufwendungen (Bruchteil der Aufwendungen mit jährl steigender Höchstgrenze, § 10 III); § 10 I Nr 3a, sonstige Vorsorgeaufwendungen (Höchstbetrag § 10 IV, abhängig von SA iSv § 10 I Nr 3); § 10 I Nr 5, Aufwand für Kinderbetreuung (Bruchteil der Aufwendungen mit Höchstgrenze, § 10 I Nr 5); § 10 I Nr 7, Aufwand für Berufsausbildung (Höchstbetrag § 10 I Nr 7); § 10 I Nr 9, Schulgeld (Bruchteil der Kosten mit Höchstgrenze, § 10 I Nr 9); § 10 Ia Nr 1, Unterhaltsleistungen (Höchstgrenze, § 10 Ia Nr 1). – **Sonstige SA:** § 10a, zusätzl Altersvorsorge; § 10b, Spenden; §§ 10f, g, Aufwendungen für Baudenkmale/Kulturgüter („wie SA"); §§ 10e, h, i laufen aus (§ 52 Abs 19–21). – **Pauschbeträge.** § 10c ist für die ESt-Veranlageung wegen des niedrigen Betrages und die Einbeziehung von Altersvorsorgeaufwendungen praktisch bedeutungslos geworden (die Vorsorgepauschale wird seit VZ 2010 nur noch beim LSt-Abzug berücksichtigt, § 39b II 5 Nr 3).

3 **3. Aufwendungsbegriff.** – **a) Begriff.** Aufwendungen werden überwiegend als Ausgabe verstanden mit der Folge, dass auf die tatsächl Zahlung abgestellt wird (§ 11 II, so ausdrückl § 10 I Nr 4 zur KiSt, BFH VI R 252/71 BStBl II 74, 513; Rz 4, 7, 12, 92). **Nebenkosten** s Rz 5.

4 **b) Wirtschaftl Belastung.** Die Rspr verlangt zutr eine wirtschaftl Belastung des StPfl (Rz 15) durch Zahlung *von SA* iSv §§ 10ff. Daher **kein Abzug** bei Doppelzahlung, Beitragsminderung wegen Selbstbeteiligung (s BFH X B 110/13 BFH/NV 14, 154 zu KV), willkürl Zahlung von KiSt nach Kirchenaustritt (BFH X R 73/94 BStBl II 96, 646) oder willkürl Vorauszahlung von KV-Beiträgen für Folgejahre (s aber Rz 12), Spendenvereinbarung von TV-Quizgewinn (FG Köln EFG 07, 758, rkr), Einzahlung von Bausparbeiträgen auf Depositenkonto (BFH VI R 178/75 BStBl II 77, 758); zu sonstigen **Gegenleistungen** s auch BFH X R 43/89 BStBl II 91, 175 mwN; Rz 147 „ErbSt"; zu Zuschüssen BFH X R 13/06 BStBl II 07, 879. **Erbschaftsverrentung/Vermächtnisbelastung** des Erben aus dem Erbvermögen: *Grds* Wertverrechnung ohne Belastung und ohne Abzug; s BFH X R 139/88 BStBl II 92, 612; zu Zahlungen an Geschwister BFH X R 3/95 BFH/NV 00, 414, Rz 139, abl zu Zinsanteil BFH VIII R 57/10 BStBl II 14, 56 mit Anm *Brandt* StBP 13, 121 (Pflichtteil); BFH X R 11/01 BStBl II 04, 820 (Vermächtnis); Rz 139; zu Grabpflegekosten BFH X R 14/85 BStBl II 89, 779, Rz 147; **aA** zu StB-Kosten bzgl ErbSt beim Erben nach § 10 I Nr 6 aF BFH X R 29/08 BFH//NV 10, 848. – *Ausnahme* nur bei Versorgungsleistungen im Generationen-Verbund iZm Vermögensübergabe (§ 10 Ia Nr 2, Rz 140). Aus eigenen Mitteln gezahlte **Krankheitskosten** sind nicht wie Versicherungsbeiträge als SA iSv § 10 I Nr 3, 3a absetzbar (vgl BFH HFR 61, 600, Rz 5, Rz 57 „Beiträge"; zu Praxisgebühr und Zuzahlungen/Selbstbeteiligung Rz 70), vom Sozialamt vorgeleisteter **Unterhalt** nicht als SA iSv § 10 Ia Nr 1 (FG Saarl EFG 97, 657, rkr). Die Einzahlung auf einen später aufgehobenen oder nicht zustande gekommenen Versicherungsvertrag führt nicht zum SA-Abzug (vgl *BMF* BStBl I 02, 827 Rdn 15, Rz 8); dass der Vertrag erst später wirksam wird, ist jedoch ohne Bedeutung (s Rz 12, § 11 Rz 50 „Bausparbeiträge", „Vorauszahlungen"; zu später festgesetzten Nachzahlungszinsen – § 10 I Nr 5 aF – s BFH XI R 24/01 BStBl II 02, 351). Mittelüberlassung und Zahlung durch Dritte s Rz 6, 7, 16, 17.

5 **c) Fremdfinanzierung der SA; Nebenkosten.** § 10 enthält – gewollt oder ungewollt – unterschiedl SA-Definitionen mit der Folge uneinheitl Rspr zu den Rechtsfolgen (zweifelnd *Tiedtke/Wälzholz* DStR 99, 1794). – **(1) Gesetzl Begrenzung.** Teilweise ist der Abzug begriffl nach Art und Zahlungsempfänger begrenzt (zB § 10 Ia „Unterhaltsleistungen", „Versorgungsleistungen", § 10 I Nr 2–3a „Beiträge zu …"). Dann schließt die Rspr unabhängig von der Veranlassung den Abzug von Nebenkosten ohne unmittelbaren Zusammenhang aus (zB Prozesskosten zu § 10 I Nr 1 aF BFH XI R 86/95 BStBl II 99, 522; Finanzierungskosten zu § 10 I Nr 1a aF BFH X R 120/98 BStBl II 02, 413; Krankheitskostenzuzahlungen und Praxisgebühr

zur KV § 10 I Nr 2, s Rz 70). – **(2) Ausnahmen.** Auch in diesen Fällen ist die Rspr aber zT großzügiger (vgl zu Nr 6 aF Steuerberatungskosten Rz 119; 26. Aufl Rz 111, auch zu Grenzen; wohl auch zu Nr 4 KiSt – einschließl Nebenleistungen iSv § 3 III AO). Bei allg Begriffsbestimmung (vor allem Nr 7 „Aufwendungen ... für Berufsausbildung") lässt die Rspr wie bei BA/WK alle hierdurch veranlassten Kosten zum Abzug zu (s Rz 110). – **(3) Fremdfinanzierungskosten.** Sie sind nach diesen Grundsätzen uU als Nebenkosten abziehbar (nicht die Darlehenstilgungsbeträge, sondern allenfalls die Zinsen bzw die damit gezahlten Ausgaben).

d) Ersatzanspruch gegen Dritte; Zuschüsse. Besteht bereits im *Zeitpunkt der Zahlung* ein nicht zu versteuernder Ersatzanspruch, ist die Zahlung nach wohl hM nicht als SA absetzbar (vgl BFH X R 13/06 BStBl II 07, 879, zur Belastung des Bürgen bei Rückgriffsanspruch BFH VI R 131/74 BB 76, 680, zu Belastung mit nicht geschuldeter KiSt BFH X R 73/94 BStBl II 96, 646, verfmäßig, BVerfG StEd 96, 714). Der SA-Abzug kann versagt werden, wenn feststeht, dass es die geltend gemachten Aufwendungen sind, die ersetzt werden (vgl zu BAföG für Ausbildungskosten § 10 I Nr 7 Rz 109, zu WK § 3c Rz 2ff). Eine § 3c entspr Vorschrift zum Zusammenhang mit stfreien Einnahmen enthält das Gesetz zu SA nur für Einzelfälle (§ 10 II 1 Nr 1, s Rz 160; § 10 Ia Nr 2 S 1, s Rz 141; § 10 I Nr 8 aF). Schenkung der Geldmittel ist unschädl, Drittaufwand uU schädl (s Rz 23ff). Stfreie **Zuschüsse** zu Vorsorgeaufwendungen mindern den SA-Abzug bereits nach § 10 II 1 Nr 1 (kein Aufwand). Die Gleichstellung mit Erstattungen in § 10 IVb 1 ab 2012 hat daher nur deklaratorischen Charakter. 6

e) Erstattung (Verrechnung) von SA-Aufwendungen; Grundsatz. SA-Rückzahlungen an den StPfl in späteren VZ auf Grund nachträgl eintretender, den ursprüngl Abzug nicht berührender Umstände sind anders als bei agB (s unter § 11 Rz 50) grds nicht als nachträgl Minderung der Ausgabe im Zahlungsjahr, sondern als Minderung *gleichartiger* Aufwendungen im Erstattungsjahr zu berücksichtigen (also KiSt/KiSt; KV/KV), auch wenn die spätere Erstattung im *Zeitpunkt der Veranlagung* des Zahlungsjahres (nicht im Zeitpunkt der Zahlung, Rz 4, 6) bereits feststeht und die rückwirkende Verrechnung günstiger wäre. S *Beispiele* 33. Aufl (KiSt, Versicherungsboni, KV-Beitragserstattung uä Schadensfreiheitsrabatte). Bei der Bestimmung der **Gleichartigkeit** ist auf die Ähnlichkeit des Sinn und Zwecks sowie die wirtschaftl Bedeutung der SA für den StPfl abzustellen (BFH X R 32/07 BStBl II 10, 38; s auch zu Selbstbehalt Rz 70). Str ist, ob **Bonuszahlungen der KV** gem § 65a SGB V den SA-Abzug der KV-Beiträge kürzen (zutr abl FG RhPf EFG 15, 1357, Rev X R 17/15, Anm *Gerauer* NWB 15, 2132; aA *BMF* BStBl I 15, 786 – vorläufige Festsetzung). Str ist auch, ob trotz Gesetzesänderung die KV-Erstattung 2009 als gleichartig auf den KV-Beitrag 2010 anzurechnen ist (so FG Ddorf EFG 14, 260, rkr; FG RhPf BeckRS 2016, 94069, Rev X R 35/15 – mE bei sachl Gleichartigkeit zutr –; aA FG Nds EFG 14, 832, Rev X R 6/14; FG Köln EFG 14, 906, Rev X R 22/14; *Neumann-Tomm* DStRE 15, 336). Der nachträgl rückwirkende Wegfall der Abzugsvoraussetzungen kann gleichwohl iRe Berichtigung der Zahlungsveranlagung korrigiert werden (zB nach §§ 173, 175 AO, jedenfalls bis 2011 sogar logisch vorrangig vor Verrechnung im Erstattungsjahr, vgl zu KiSt BFH X R 46/07 BStBl II 09, 229, Rz 6, 33. Aufl Rz 8 mwN; § 10 IVb 2, 3 gilt erst ab 2012, s Rz 8). 7

f) Erstattungsüberhänge; Zuschüsse. – aa) § 10 IVb, gesetzl Teilregelung ab 2012. *Schrifttum: Meyering/Gerhard* DStR 12, 272. – ***(1)* § 10 IVb 1, 2; zusätzl Verrechnungsmöglichkeit.** Ab 2012 sind nach der weiter geltenden Verrechnung im engeren SA-Bereich verbleibende Erstattungsüberhänge (S 2) und gleichgestellte stfreie Zuschüsse (S 1, s dazu Rz 6) *betr einzelne SA* iSv § 10 I Nr 2, 3 und 3a zunächst primär mit *anderen* im Erstattungsjahr anfallenden SA *der jeweiligen Nummer* zu verrechnen. *Beispiele:* KV-Erstattungen nach Nr 3 Buchst a mit PflV-Beiträgen iSv Nr 3 Buchst b (nicht aber mit KV-Beiträgen iSv Nr 3a, um 8 deren Abzug nach § 10 IV nicht zu kürzen); gesetzl RV-Erstattungen Nr 2 Buchst a mit „Rürup“-Beiträgen Nr 2 Buchst b sowie – als wesentl Neuerung – zB UV-Zahlungen mit Haftpflichtversicherungserstattungen, da beide unter Nr 3a fallen. Eine entspr Regelung zur KiSt (§ 10 I Nr 4) hielt der Gesetzgeber nicht für erforderl (s aber S 3). – ***(2)* § 10 IVb 3; verbleibende KV- und KiSt-Erstattungsüberhänge.** Um die Aufrollung früherer Veranlagungen zu vermeiden, ist die Behandlung (nur) *dieser beiden* wichtigsten Erstattungsfälle § 10 I Nr 3 und 4 *ab 2012* neu geregelt (nicht für Nr 2, 3a!). Obwohl es sich nicht um Einkünfte iSv § 2 I handelt, werden solche nach allg Verrechnung (KiSt) oder nach § 10 IVb 2 verbleibende Erstattungsüberhänge quasi als negative SA gem § 2 IV dem Gesamtbetrag der Einkünfte hinzugerechnet (und mindern dadurch die sonstigen SA-Abzüge und agB, § 2 IV, auch einen Verlustvortrag/-rücktrag, und erhöhen uU einen Spendenabzug; s auch BFH X B 179/11 BFH/NV 13, 926; *BMF* BStBl I 13, 1087 Rn 158; *Grün* NWB 13, 2914/6; *Wolter* DB 13, 2646). In diesen Fällen ersetzt die Zurechnung im Erstattungsjahr eine rückwirkende Berichtigung des Zahlungsjahres (s dazu Rz 7, § 10 IVb 5). – **(3) Meldepflicht für Erstattungen durch öffentl Stellen ab 2016, § 10 IVb 4–6 idF AmtshilfeRLUmsG.** Auch Behörden ua öffentl Stellen, die einem StPfl Vorsorgeaufwendungen iSv § 10 I Nr 2, 3, 3a erstatten oder stfreie Zuschüsse dazu leisten („übermittelnde Stellen“, zB nach §§ 12 ff SGB I), müssen ab 2016 der zentralen Stelle (§ 81) die entspr Daten per Datenfernübertragung übermitteln, um die gebotene Kürzung des SA-Abzugs sicherzustellen (**S 4,** § 52 Abs 18 S 4). Dies entspricht der Meldepflicht privater Versicherer gem § 10 IIa (s Rz 170). Bestandskräftige Bescheide sind ggf zu ändern **(S 5).** § 22a II und § 150 VI AO gelten entspr **(S 6).** S 4–6 sollen an die geplante Datenübermittlung durch Dritte in § 93c AO angepasst werden (Gesetzesentwurf zur Modernisierung des Besteuerungsverfahrens).

9 **bb) Sonstige Erstattungsüberhänge.** Andere Überhänge, die nicht unter § 10 IVb fallen, sind wie bisher zu behandeln (s Rz 7). Das bedeutet: Verrechnung nur mit SA desselben Typs (vgl BFH X R 32/07 BStBl II 10, 38; Rz 7; weitere Verrechnung nur bei § 10 I Nr 2, 3, 3a, nicht zB § 10 Ia Nr 2 mit Nr 4). – Verbleibende Überhänge sind nicht als Einkommen zuzurechnen (nur bei § 10 I Nr 3, 4). – Die spätere Erstattung kann zu einer *rückwirkenden* Veranlagungsberichtigung des SA-Zahlungsjahres führen (vgl Rz 7), nicht aber zu einem Kürzungsvortrag. – Ist auch dies nicht mögl, wird der Überhang steuerl nicht erfasst.

10 **g) AfA.** Die Verteilung eines Wertverlusts über AfA entspr § 9 I Nr 7 sieht § 10 nicht vor (BFH IX R 2/84 BStBl II 85, 610, unter 4). Gleichwohl ist nach BFH VI R 113/92 BStBl II 93, 676 eine Verteilung abziehbarer SA bei Anschaffung abnutzbarer WG entspr § 9 I Nr 6, 7 geboten (s zu dauernder Last als WK BFH IX R 46/88 BStBl II 95, 169, Anm 23. Aufl, Rz 110).

12 **4. Zeitpunkt des SA-Abzugs. Grundsatz:** Zeitpunkt der Zahlung (§ 11 II, Rz 3), und zwar für – echte – Voraus- und Nachzahlungen wie für lfd Zahlungen (s Rz 4, § 11 Rz 50 „Depotzahlungen“, „Vorauszahlungen“, BFH I R 55/90 BStBl II 92, 550; zu Nachzahlungszinsen § 10 I Nr 5 aF vor StFestsetzung BFH XI R 24/01 BStBl II 02, 351). **Ausnahmen:** – Regelmäßig wiederkehrende Zahlungen (§ 11 II 2, *BMF* BStBl I 13, 1087 Rn 137 ff, 152 ff); – Sonderregelung zu KV/PflV in § 10 I Nr 3 S 4 (s Rz 76); – Rz 4 zu *willkürl* Vorauszahlungen ohne wirtschaftl Belastung; – zu „Rechtsmissbrauch“ s § 11 Rz 50. Nicht ausgenutzte *SA* sind nicht vor- oder rücktragsfähig (keine negativen Einkünfte iSv § 10d, s dort Rz 17; Spenden s § 10b I 9, 10 mit Rz 62).

15 **5. Persönl Abzugsberechtigung. – a) Grundsatz.** Nach dem Begriff der Aufwendungen (Rz 3) ist der durch eine Ausgabe wirtschaftl belastete StPfl abzugsberechtigt. Das ist idR derjenige, der Zahlungen aufgrund eigener Verpflichtung selbst oder durch Bevollmächtigte oder Geschäftsführer ohne Auftrag erbringt. S auch Drittaufwand Rz 16f, 23f. *Beispiele:* Der ArbN kann grds (s aber

Rz 17 ff) nur den auf ihn entfallenden ArbN-Anteil der vom ArbG abgeführten SV-Beiträge als SA absetzen (Rz 57). **Erbe** s Rz 26.

b) Zahlungen zugunsten dritter Personen. Sie sind nach BFH nur dann *SA des Zahlenden,* wenn unmittelbare Rechtsbeziehungen zw diesem und dem Zahlungsempfänger bestehen (str; zum Abzug beim Begünstigten s Rz 17). *Beispiele:* Versicherungsaufwendungen kann nur der Versicherungsnehmer absetzen (vgl zur KV BFH VI R 147/71 BStBl II 74, 545 und § 10 I Nr 3 S 3 mit Ausnahme § 10 I Nr 3 S 2 – Abzug für *eigene* KV/PflV eines *Kindes,* s Rz 73 –, zur LV BFH VI R 137/72 BStBl II 74, 633, zur RV BFH VI R 233/71 BStBl II 74, 546, zur SV für behindertes Kind FG RhPf EFG 82, 30, rkr, zum Versorgungsausgleich s Rz 150 ff, zur Kfz-Haftpflichtversicherung BFH X R 2/84 und X R 28/86 BStBl II 89, 683 und 862, fragl, s Rz 24). **Drittaufwand** ist grds nicht abziehbar (s Rz 25). Bei **Geldschenkung** Abzug nur beim Beschenkten, s Rz 23. – Das schließt nicht aus, dass ein StPfl als Versicherungsnehmer *aufgrund eigener vertragl Verpflichtung* eigene SA auf **Vertrag zugunsten Dritter** einzahlt (§§ 328 ff BGB, BFH VI R 6/72 BStBl II 74, 265). Darunter fallen Beiträge, die der StPfl für **unterhaltsberechtigte Personen** leistet, Ehegatten, auch getrennt veranlagte (§ 1361 BGB) oder geschiedene (§ 1578 II BGB), eingetragene LPart (§ 1 I LPartG, § 2 VIII), Kinder oa Verwandte in gerader Linie (§ 1601 BGB). Ausnahme zu KV-Beiträgen für geschiedene/getrennt lebende Ehegatten s § 10 I Nr 3 S 3 (Rz 73); vgl zu Übernahme von Altenheimkosten für Familienangehörige FG Nbg, EFG 77, 371, rkr. – Bei zusammenveranlagten **Ehegatten/LPart** iSv § 26 I ist ohnehin unerhebl, welcher von ihnen die SA geleistet hat (§ 26b). Bei getrennter bzw ab 2013 Einzelveranlagung nach § 26a II gesonderte Prüfung und Abzug wie oben nur beim Zahlenden. 16

c) Zahlungen einer dritten Person. Diese kann *der Begünstigte* (Rz 15) nur dann als eigene SA absetzen, wenn ihm die Zahlung als eigene Belastung zugerechnet wird (Zahlung aus bei ihm stpfl oder ihm unentgeltl zugewandten Mitteln). Zu **Korrespondenz** von Einnahmen nach § 22/SA-Abzug s § 10 Ia iVm § 22 Nr 1a, § 22 Rz 103 ff und Sonderregelung § 1a I Nr 1. **Beispiele:** 17

– Zahlungen durch **Bevollmächtigte** s Rz 15. 18
– Leistungen des **ArbG** für die **Zukunftssicherung des ArbN** kann dieser als SA absetzen, wenn er sie – auch pauschal, § 40b – als ArbLohn versteuert (§ 10 II 1 Nr 1, s auch Rz 6); der ArbG darf jedoch die Steuer nicht übernehmen (s zur Rückerstattung BFH VI R 35/89 BStBl II 92, 663). Vgl § 3 Nr 62, § 11 Rz 50 „Zukunftssicherungsleistungen". Beispiele s 23. Aufl. Ebenso zu **Selbständigen** *FinVerw* FR 95, 287. 19
– SV-Beiträge oä SA-Leistungen, die eine **PersGes** für Ges'ter übernimmt und die diesem als Gewinn zugerechnet werden (§ 15 I Nr 2), kann der Ges'ter als SA absetzen (BFH GrS 1/70 BStBl II 71, 177; BFH XI R 37/88 BStBl II 92, 812). 20
– **Verdeckte Gewinnausschüttung** in Form der Zahlung von SA eines Ges'ters durch die KapGes sind beim Ges'ter Einnahmen und SA. 21
– Vom Auftraggeber übernommene ArbG-Anteile zur SV für **„Hausgewerbetreibenden"** kann dieser als eigene SA absetzen (s Rz 75). 22
– **Schenkung des Geldbetrages** (Vater gibt Geld für Haftpflichtversicherung des Sohnes): Nach § 12 Nr 2 keine SA des Schenkers, aber idR des Beschenkten, s Rz 16, 25. 23
– **Abkürzung des Zahlungsweges/Drittaufwand.** Bei Zahlung von SA für Dritte gelten die Grundsätze zu BA und WK (§ 4 Rz 500 ff, § 7 Rz 57; großzügig zu USA-Studienkosten BFH VI R 4/02 BFH/NV 04, 32, zu Ausbildungskosten BFH IX R 5/11 BStBl II 14, 143). Vor allem bei Versicherungsbeiträgen iSv § 10 I Nr 2, 3, 3a ist bei der oft von anderen Gründen bestimmten Gestaltung der Versicherungs- und Zahlungsverhältnisse Vorsicht geboten (Beispiel Rz 25 zu § 10 I Nr 2). Vgl zu Ausbildungskosten des Ehegatten BFH VI R 41/05 BFH/NV 08, 1136, zu Schulkosten BFH X R 24/09 BStBl II 12, 321. 24
– Treten Eltern wegen des günstigeren Schadensfreiheitsrabatts als Versicherungsnehmer für den **Pkw der Kinder** auf, sollten die Eltern den Beitrag zur **Haftpflichtversicherung** selbst zahlen, um die Abziehbarkeit (bei sich) sicherzustellen. Nach BFH X R 28/86 und X R 80/91 BStBl II 89, 862 und II 95, 637 entfällt bei Zahlung durch das Kind der Abzug beim Kind (und wohl auch beim Vater, der nicht durch SA wirtschaftl belastet ist, s Rz 4, 25

16; das Kind zahlt auch nicht in Zuwendungsabsicht Prämien des Vaters, sondern „eigene" Prämien, vgl § 4 Rz 502 ff), fragl. Noch lebensfremder mutet BFH X R 2/84 BStBl II 89, 683 an: Übernehmen Eltern Prämienzahlungen für Pkw der Kinder, die selbst Versicherungsnehmer sind, sollen die Kinder die Prämien nur geltend machen können, wenn ihnen die Eltern das Geld für die Zahlung zuleiten, nicht aber, wenn die Eltern die Überweisung zugunsten der Kinder unmittelbar vornehmen, um den Zahlungsweg abzukürzen; da auch die Eltern nicht eigene Beiträge als Versicherungsnehmer leisten, entfällt so die Abzugsmöglichkeit endgültig. Das ist nicht nur gefühlsmäßig unbefriedigend; das entspricht nicht den Intentionen des Gesetzgebers, ergibt sich nicht zwingend aus § 10 und sollte nochmals überdacht werden (mE zT überholt durch Drittaufwand-Rspr, s § 4 Rz 504; glA *Wolff-Diepenbrock* DStR 99, 1642; s auch zu WK-Abzug bei Hinterbliebenenversicherung BFH X R15/05 BStBl II 07, 390, zu abgekürztem Vertragsweg bei WK BFH IX R 25/03 BStBl II 06, 623; BFH IX R 45/07 BStBl II 08, 572 – abl zu SA *BMF* BStBl I 08, 717, fragl –; zu Abzug bei Rückgriffsanspruch BFH X R 36/05 DStR 08, 2204; 21. Aufl mwN). Für andere SA kann nichts anderes gelten (s auch Rz 131 zu § 10 Ia Nr 1; zu Schulgeldzahlung BFH X R 24/09 BStBl II 12, 321). Vgl auch Gleichstellungshinweis in BFH GrS 4–6/89 BStBl II 90, 847 unter C II 3b. Für KV/PflV von Kindern gilt ab 2010 eine Sonderabzugsvorschrift (§ 10 I Nr 3 S 2; s Rz 73, auch zu Nachweis von Unterhaltszahlungen).

26 **d) Erbe.** Er tritt nach hM voll in die Rechte und Pflichten des Erblassers ein und führt dessen Verträge, Einnahmen und Ausgaben fort, soweit sie nicht personenbezogen sind, wie zB bei § 10 Ia Nr 1 (§ 1922 BGB, BFH I R 76/99 BStBl II 02, 487, str). **Verlustabzüge** nach **§ 10d** gehen nicht auf Erben über (s dort Rz 14 zu RsprÄnderung). S aber zu KiSt-Zahlungen des Erben auf von ihm gezahlte ESt für Einkünfte des Erblassers als *seine* SA zutr FG Hess EFG 14, 128, Rev X R 43/13.

31 **6. Persönl StPfl, § 50 I 3.** Grds sind nur **unbeschr StPfl** berechtigt, SA abzusetzen (s zu KV-Beiträgen FG Ddorf EFG 09, 1911, rkr; zu Einschränkung bei ArbN s § 50 I 4). Das ist EG-rechtl str (s § 50 Rz 16; zutr abl zu Aufwand iZm inl Einkünften, zB nach § 10 I Nr 2, 4 *Kulosa* in HHR § 10 Anm 14, auch zu Wechsel der StPfl; zu § 10 I Nr 6 aF – inzwischen durch Streichung überholt – EuGH Rs C-346/04, Fall *Conijn,* BStBl II 07, 350, Folgeurteil BFH I R 113/03 BFH/NV 07, 220; glA *BMF* BStBl I 07, 451; zu § 10 I Nr 1a vor 2008 – jetzt § 10 Ia Nr 1 – EuGH Rs C-450/09 DStR 11, 664 und – unabhängig von einer korrespondierenden inl Besteuerung – EuGH Rs C-559/13 BStBl II 15, 1071, BFH Rev I R 49/12 erledigt; glA im Vorgriff auf die geplante Änderung von § 50 I 3 *BMF* BStBl I 15, 1088, auch zu Drittstaaten; s auch 34. Aufl und § 50 Rz 16 mwN). Ausl Gastarbeiter sind in der BRD meist unbeschr stpfl (vgl § 1 Rz 23, 27); ebenso – fiktiv – Grenzpendler mit EU/EWR-Ehegatten (§§ 1 III, 1a, s § 1 Rz 40 ff). Empfänger der SA s Rz 34.

33 **7. Ausländische Sonderausgaben. – a) Sachl Abzugsmöglichkeit.** Entscheidung nach dt Recht, soweit keine vorrangigen DBA-Regelungen bestehen. Danach können aus dem Ausl geleistete Ausgaben als SA abgesetzt werden, wenn die persönl Voraussetzungen gegeben sind (Rz 15 ff, 31). Ggf anteiliger Abzug (vgl zu **Aufteilung von SV-Einheitsbeträgen** *FinVerw* BStBl I 14, 1606; I 15, 632).

34 **b) Empfänger im Ausland.** An sie können SA geleistet werden, wenn das Gesetz keine Einschränkungen vorsieht. **Beispiele:**

- **§ 10 Ia Nr 1:** Der Empfänger muss grds unbeschr stpfl sein oder es müssen die Voraussetzungen des § 1a I Nr 1 vorliegen (s Rz 31, 52); sonst uU Abzug nach DBA (zB USA; Schweiz s BStBl I 98, 1392; s auch EStH 10.2 mwN) bzw nach EG-Recht (s Rz 133);
- **§ 10 Ia Nr 2–4:** Der Empfänger muss grds unbeschr estpfl sein – s aber zu EU-Angehörigen Ausnahmeregelung **§ 1a I Nr 1a, b,** § 1a Rz 17, § 10 Rz 31, 133;
- **§ 10 I Nr 2, 3:** Vorsorgeaufwendungen sind grds unabhängig davon abziehbar, ob es sich um inl oder ausl Anbieter handelt (BFH X R 57/06 BStBl II 09, 1000; vgl auch BFH VIII R 39/10 DStRE 15, 908; BFH VIII R 40/11 DStRE 15, 897; Anm *Levedag* IWB 15, 710, *Miessl* IStR 15, 683, *Werth* IStR 15, 900, *Portner* BB 15, 1952), soweit die Voraussetzungen § 10 II erfüllt sind (s Rz 160 ff). Versicherungsbeiträge mussten früher grds an inl oder im Inl zugelassene Unternehmen geleistet werden. Darin lag ein **Verstoß gegen EG-Recht**

(s 23. Aufl; zu Polen EuGH Rs C-544/07 Fall *Rüffler* DStRE 09, 1189 und Rz 160). Ab 1993 Erweiterung § 10 II 1 Nr 2 auf EG-Staaten, ab 2005 auf EWR-Staaten (s § 1a Rz 5); ab 2013 Erweiterung auf sonstige Versorgungseinrichtungen (Einzelheiten zu begünstigten Unternehmen s Rz 161). Der Ausschluss sonstiger Versicherungen ist nicht unbedenkl (s *Griemla* FR 11, 1147). Zum Zusammenhang mit im Inl stfreien ausl Einnahmen s § 10 II 1 Nr 1 (Rz 160).

- **§ 10 I Nr 4:** Früher waren nur Zahlungen an *inl* Religionsgemeinschaften abziehbar (BFH I R 250/73 BStBl II 75, 708). Das war im EU-Bereich nicht mehr haltbar. Nach EStH 10.7, *BMF* BStBl I 10, 1311 sind KiStZahlungen an ausl Religionsgemeinschaften in EU-/EWR-Staaten als SA iSv § 10 I Nr 4 abziehbar;
- **§ 10 I Nr 9** war früher grds beschränkt auf Schulgeld an Inlandsschulen; Ausdehnung auf gleichartige Auslandsschulen ab 2008 (JStG 2009) s Rz 120;
- **§ 10b:** Spenden an ausl Empfänger sind uU mögl, s § 10b I 2–6 mit Rz 27, 28.

8. Antrag. Der SA-Abzug ist nicht antragsabhängig. Ausnahmen: Realsplitting § 10 Ia Nr 1 (Rz 134). In Zweifelsfällen trifft den StPfl jedoch die obj **Beweislast (Feststellungslast)** für die Zahlung über § 10c hinausgehender SA (vgl BFH IX R 35/87 BFH/NV 90, 98; Empfängerbenennung; Ausnahmen s Rz 55). 38

II. Sonderausgaben iSv § 10 I

Vorbemerkung: § 10 I Nr 1, 1a, 1b aF sind ab 2015 ersetzt durch § 10 Ia Nr 1, 2, 4 (s Rz 130 ff). Die folgenden Ziffern 2–9 von § 10 I bleiben unverändert.

1. Vorsorgeaufwendungen, § 10 I Nr 2, 3, 3a, II 1. *Schrifttum: Minn* DB Beil 7 zu Heft 50/15; *Eilts* NWB 15, 183; *Richter* DStR 15, 2856. – **a) Begriff.** § 10 II 1 enthält die einem ständigen Wandel unterliegende Begriffsdefinition. Während ursprüngl nur bestimmte Versicherungsbeiträge als SA iSv § 10 I Nr 2 aF (und bis 31.12.95 Bausparbeiträge als SA iSv § 10 I Nr 3 aF) abziehbar waren, enthält § 10 **ab 2005 eine Zweiteilung** in Altersvorsorgebeiträge und sonstige abziehbare Versicherungsbeiträge (§ 10 I Nr 2 und 3) und **ab 2010 eine Dreiteilung** mit einer weiteren Sonderregelung für eine Basiskranken- und Pflichtpflegeversorgung (§ 10 I Nr 3, 3a), jeweils mit unterschiedl Abzugshöchstbeträgen (§ 10 III, IV, IVa). Sonstige nicht in § 10 I Nr 3a aufgeführte Versicherungen (s Rz 75) sowie Altersvorsorgeaufwendungen iSv § 10a fallen nicht unter § 10 II Nr 1. 50

b) Begünstigte Ausgaben. § 10 I Nr 2, 3 und ab 2010 Nr 3a enthalten eine abschließende Aufzählung der begünstigten Aufwendungen. Die ihrer Art nach bezeichneten Versicherungen können auch unter anderer Bezeichnung begünstigt sein (s Rz 75 „Ausbildungs-", „Aussteuer-", „Haftpflicht-", „Sterbegeldkassen"). Die Versicherungsart muss allerdings ausdrückl in § 10 I Nr 2, 3, 3a aufgeführt sein. Umfang der abziehbaren „Beiträge" s Rz 52, 57. Andere Versicherungen werden nicht erfasst (s Rz 57 „Entführung", „Rechtsschutzversicherung", „Sachversicherungen"), auch nicht als Personenversicherung. Der Abzug von Bausparbeiträgen als Vorsorgeaufwendungen und deren Nachversteuerung sind entfallen (s 15. Aufl Rz 80 ff). 51

c) Beiträge. SA sind alle Leistungen auf einen wirksam geschlossenen Versicherungsvertrag iSv § 10 I Nr 2, 3, 3a zur Erlangung des Versicherungsschutzes. Dazu gehören Prämien einschließl Voraus- und Sonderzahlungen (s auch „Lebensversicherungen", „Freiwillige Beiträge"), Abschluss- und Ausfertigungsgebühren, VersSt, grds auch Gutschriften einschließl nicht nach § 20 I Nr 6 besteuerter Zinsen (dazu Rz 7, auch zu Erstattung). Nicht dazu gehören sonstige, nur mittelbar damit zusammenhängende Nebenkosten (s Rz 5, 70). 52

d) Begriff Aufwendungen. S Rz 3, zur Belastung des StPfl s Rz 15, zum Zeitpunkt des Abzugs s Rz 12. 53

e) Einschränkungen der Abziehbarkeit. – *(1)* **Dem Grunde nach** darf es sich nicht um BA oder WK handeln (§ 10 I S 1, *Beispiele* § 4 Rz 266 ff); – nur die in § 10 I Nr 2, 3, 3a aufgeführten Beiträge sind als Vorsorge-SA abziehbar; – Kre- 54 ditaufnahmeverbot ist ab 1988 entfallen, das Kumulierungsverbot mit ArbN-Sparzulage (§ 10 II 1 Nr 3 aF) und die Einhaltung von Laufzeiten bzw Sperrfristen für LV (§ 10 I Nr 2b, V aF) ab 2005; – sonstige Einschränkungen dem Grunde nach enthält § 10 II, IIa (s Rz 160 ff). – ***(2)* Der Höhe nach:** § 10 III enthält Höchstbetragsgrenzen für Altersvorsorgeaufwendungen (Rz 180 ff), § 10 IV für sonstige Vorsorgeaufwendungen (Rz 191 ff), jeweils mit Günstigerprüfung im Vergleich zur Rechtslage bis 2004 (s § 10 IVa; Rz 194 ff).

55 **f) Nachweis.** Der Nachweis durch den StPfl (s Rz 38) wird erleichtert durch elektronische Datenmitteilungen, § 10 II S 2, 3, IIa, Rz 160 ff). Diese Daten werden den StPfl in einer „vorausgefüllten StErklärung" zur Verfügung gestellt (*BMF* BStBl I 13, 1258; zB unter „Elster").

57 **2. ABC der abziehbaren Vorsorgeversicherungsbeiträge**

Alterssicherung. Der Beitragsabzug als SA ist ab 2005 gesondert in § 10 I Nr 2 geregelt. Einzelheiten s Stichworte unten und Rz 60 ff. Soweit **§ 10a** alternativ die Zahlung einer Zulage oder den – ggf günstigeren – SA-Abzug für Beitragsleistungen zu eigenen kapitalgedeckten Altersvorsorgeverträgen vorsieht, handelt es sich nicht um Vorsorgeaufwendungen iSv § 10 (s Rz 60).

Arbeitgeberbeiträge/Arbeitnehmerbeiträge s „Sozialversicherung", „Freiwillige Beiträge", „Hausgewerbetreibende" sowie Rz 17 ff.

Arbeitslosenversicherung s „Sozialversicherung" (gesetzl Beiträge: § 10 I Nr 2a, freiwillige Beiträge: § 10 I Nr 3a).

Aufteilungsverbot nach § 12 Nr 1 gilt zwar grds für Versicherungsbeiträge zur Abdeckung privater und berufl Risiken (vgl § 4 Rz 266 ff), nicht aber bei Abzug zT als BA/WK, zT als SA (s Rz 1, § 4 Rz 278). S auch „Versorgungskassen".

Ausbildungsversicherung. SA bei Ausgestaltung als Lebens- oder Todesfallversicherung bei Vertragsschluss bis 2004 (s „Lebensversicherungen").

Ausfertigungsgebühr s „Beiträge".

Ausländische Versicherungen s Rz 34 und 161.

Aussteuerversicherung. SA bei Ausgestaltung als Lebens- oder Todesfallversicherung bei Vertragsschluss bis 2004, s „Lebensversicherungen".

Beamte zahlen keine Sozialversicherungsbeiträge und können auch für Nachversicherung nach Ausscheiden keine SA absetzen (FG Bln EFG 67, 9, rkr). Ausnahme: Fiktive Nachversicherung bei Versorgungsausgleich (Quasi-Splitting, s Rz 155). Ab 1995 unterliegen Beamte (anteilig über die Beihilfe des ArbG hinaus) der „Pflegeversicherungspflicht" (§§ 23, 61 II, 57 IV SGB XI), s Stichwort unten. Höchstbetragskürzung s § 10 III, Rz 186.

Beitragsrückgewährpolicen s *FinVerw* DStR 09, 1262.

Berufsunfähigkeitsversicherung und **Erwerbsminderungsversicherung:** SA iSv § 10 I Nr 2 Buchst b oder 3a (s „Loss-of-Licence-Versicherung" und Rz 63).

Betriebliche Versicherungen führen zu BA, nicht SA, s § 4 Rz 266.

Brandversicherung. Die Beiträge sind allenfalls BA oder WK, nicht aber SA.

Bundesagentur für Arbeit/Arbeitslosenbeiträge s „Sozialversicherung".

Diebstahlsversicherung. Die Beiträge sind allenfalls BA oder WK, keine SA (s „Hausratversicherung", „Sachversicherungen", Rz 51, § 4 Rz 268 ff).

Entführung. Versicherung gegen dieses Risiko ist privat mitveranlasst, so dass Beiträge weder als BA noch als WK abziehbar sind (s § 4 Rz 266 und 520 „Sicherheit"). Es handelt sich auch nicht um SA, da nur das finanzielle Risiko der Lösegeldzahlung abgedeckt wird.

Erstattung von Beiträgen s Rz 7 ff.

Freiwillige Beiträge zu *gesetzl vorgesehener* „Versorgungseinrichtung" sind wie Pflichtbeiträge zu behandeln (§ 10 I Nr 2 Buchst a; s auch „Rentenversicherung"). Das gilt auch für freiwillige Beiträge von Selbständigen zur ***gesetzl* RV,** die nicht als BA und nur iRd Höchstbeträge als SA absetzbar sind (BFH IV B 185/02 BFH/NV 04, 1254, Rz 180 ff; „Unfallversicherung"; „Pflegeversicherung"). Diese Personen sind zwar durch die Kürzung der Höchstbeträge nach § 10 III 3 nicht betroffen (keine fiktive Aufteilung in einen – stfreien – ArbG-Anteil und einen ArbN-Anteil; s auch „Alterssicherung"), wohl aber durch die Höchstbegrenzung als solche (§ 10 III 1). Beiträge an ***nicht gesetzl* RV** fallen nicht unter § 10 I Nr 2 Buchst a, sondern unter Nr 2 Buchst b (und unter § 10a; Riester-Rente s Rz 60), sonst uU eingeschränkt unter § 10 I Nr 3a. Erweiterung ab 2014s Rz 64. Mögl negative Auswirkungen auf § 10 III durch stfreie ArbG-Beiträge oder pauschal versteuerte Direktversicherung ab 2008s *Heinicke* DStR 08, 2000 sowie Rz 186. **KV- und PflV-Beiträge** fallen im Basisbereich unter § 10 I Nr 3 (und sind voll abziehbar, § 10 IV), darüber hinaus eingeschränkt unter § 10 I Nr 3a.

Haftpflichtversicherungen. Die Beiträge sind SA (§ 10 I Nr 3a), soweit es sich nicht um WK oder BA handelt (§ 4 Rz 266). Der StPfl muss gegen Schäden versichert sein, für die er Dritten ggü einzustehen hat. Sachversicherungen (zB Hausrats- oder Kaskoversicherung) sind ggf auszuscheiden. *Beispiele für SA:* Privat-, Familien-, Kfz-, Jagd-, Tierhaftpflichtversicherung. Bei betriebl und privater Kfz-Nutzung ist die Haftpflichtversicherung grds aufzuteilen (BFH VI R 96/74 BStBl II 77, 693). Nur bei Fahrten Wohnung/Arbeit (nicht bei Dienstfahrten) lässt die Verwaltung aus Vereinfachungsgründen den vollen SA-Abzug zu, auch wenn die Entfernungspauschale nach § 9 I Nr 4, II in Anspruch genommen wird (EStR 10.5).

Hausgewerbetreibende (Begriff s EStR 15.1 II, § 15 Rz 150). Durch den Auftraggeber abgeführte „ArbG-Anteile" zur SV sind bei diesem BA, beim Hausgewerbetreibenden BE und SA (s Rz 22). Bei eigener Abführung keine SA, sondern BA (BFH VIII R 143/77 BStBl II 83, 196, BFH I R 101/77 BStBl II 83, 200; BMF BStBl I 83, 266, *Huxol* FR 84, 526).

Hausratversicherung ist „Sachversicherung" des Hausrats gegen Verlust durch Brand-, Einbruch- oder Wasserschäden. Die Beiträge sind keine SA (und idR keine BA/WK).

Hinterbliebenenrente. Ergänzende Beiträge sind SA (§ 10 I Nr 2 Buchst b, Rz 63).

Höhe der abziehbaren SA s Rz 54, 191 ff.

Kammerbeiträge sind BA, soweit sie berufl Zwecken dienen, als Beiträge zu „Versorgungskassen" SA (vgl dort zur Aufteilung und „freiwillige Beiträge").

Kaskoversicherungen sind Sachversicherungen. *Beispiel:* Teil- oder Vollkaskoversicherung eines Pkw. Die Beiträge sind keine SA, allenfalls BA/WK.

Knappschaftsversicherung. Sie beruht auf dem Reichsknappschaftsgesetz und dem Knappschaftsrentenversicherungs-Neuregelungsgesetz und zählt zu den gesetzl „Rentenversicherungen" (Bergbau), s dort, „Sozialversicherung" und § 3.

Kraftfahrzeugversicherung s unter „Haftpflichtversicherung", „Kaskoversicherung", „Unfallversicherung", Rz 16, 23, § 4 Rz 266.

Krankenversicherungen (§ 10 I Nr 3, 3a). Der SA-Abzug der gesetzl und freiwilligen Beiträge ist ab VZ 2010 neu geregelt. Einzelheiten s Rz 80 ff. Höhe s „Sozialversicherung".

Künstlersozialversicherung. Selbständige Künstler und Publizisten sind nach KSVG grds als Pflichtversicherte in den Schutz der gesetzl KV, RV und PflV einbezogen (vgl allg *Mittelmann* DStR 14, 2301; *Michow/Ulbricht* NWB 14, 2826; *Holthaus* NWB 14, 1310). Finanzierung wie bei ArbN: Selbstzahlung der hälftigen

Beitragssätze in der gesetzl SV mit Abzug als SA iRv § 10 IV 2. Die zweite Hälfte wird durch die Künstlersozialabgabe durch die Verwerter der Werke und einen Bundeszuschuss aufgebracht. Diese Abgabe beträgt 2016 wie 2014/15 5,2% (BGBl I 15, 1570). Der Kassenanteil ist stfrei (§ 3 Nr 57), ebenso wie Leistungen des SV-Trägers zur KV (§ 3 Nr 1a), zur PflV (§ 3 Nr 1a, 36) und Sachleistungen/Kinderzuschüsse zur RV (§ 3 Nr 1b). Mitteilungspflichten des FA s *FinVerw* DStR 09, 2153; Prüfung s *Fahrig* DB 09, 2268.

Lebensversicherungen. Beiträge zu Versicherungen auf den Erlebens- oder Todesfall sind bei Vertragsabschluss **bis 2004** SA iRd § 10 I Nr 2 Buchst b aF iVm Nr 3 Buchst a idF ab 2005. Bei Vertragsabschluss **ab 2005** gilt § 10 I Nr 3a idF ab 2010 (SA nur noch bei Risiko-LV für den Todesfall). Daher wird wegen Einzelheiten zur – für vor 2005 geschlossene Altverträge nach § 10 I Nr 3 Buchst b aF iZm Nr 3a nF fortgeltenden – Rechtslage vor 2005 (Schrifttum, Arten der LV mit Besteuerung/SA-Abzug, zeitl Änderungen) auf die 27. Aufl sowie auf *BMF* BStBl I 02, 827/I 09, 1188 und I 09, 1172 verwiesen. Der SA-Abzug bei Kapitalversicherungen zur Finanzierung von BA/WK war für vor 2005 geschlossene Verträge seit 1992 durch § 10 II S 2 aF eingeschränkt - für ab 2005 geschlossene Verträge durch das AltEntlG entfallen (s „Nachversteuerung", Rz 80, 175).

Lösegeld s „Entführung".

Loss-of-Licence-Versicherung. Beiträge zu Versicherung gegen Berufsunfähigkeit durch Krankheit uä sind keine WK, idR aber SA iSv § 10 I Nr 3a.

Nachversteuerung sieht das Gesetz nur bei folgenden **LV** vor: – ***(1)* § 10 V Nr 1 aF** bei steuerschädl Einsatz von zw 1992–2004 geschlossenen LV-Verträgen zur Sicherung/Tilgung von Policendarlehen (§ 10 II S 2, § 30 II EStDV, jeweils aF vor 2005, s Rz 175), grds für die ganze Vertragsdauer und auch bei beschr StPfl. *Diese* Nachversteuerung führt § 10 V aF iVm § 30 EStDV für Altverträge iSv § 10 I Nr 2b/3b ab 2005 fort. *IÜ* ist § 10 V aF ab 2010 aufgehoben (§ 10 V nF betrifft KV). – ***(2)* § 10 V Nr 2 aF,** § 30 I EStDV aF bei Rückzahlung von Einmalbeiträgen zu freiwilligen Rentenversicherungen ohne Kapitalwahlrecht vor Ablauf der gesamten Vertragsdauer, auch bei Teilrückzahlung insgesamt. Ab 2005 ist § 10 V Nr 2 aF aufgehoben; RV gegen Einmalbeitrag sind ab 2005 nicht mehr begünstigt; aus Vereinfachungsgründen wurde die Nachversteuerungsregelung *insoweit* auch für fortgeltende Altverträge aufgehoben. Der scheinbar umfassendere Wortlaut von **§ 30 EStDV nF** kann nicht über die Ermächtigung des § 10 V aF hinausgehen. Daher Nachversteuerung nur noch für Policenversicherungen iSv § 10 II S 2 aF. – ***(3)* Verfahren (§ 30 S 2, 3 EStDV).** Besteuerung im Nachversteuerungsereignisjahr auf Grund korrigierender StBerechnungen in den Abzugsjahren. Bei Unterschreiten der Mindestanlagefrist bei Altverträgen bis 2004 *volle* Nachversteuerung (BFH IX R 1/83 BStBl II 88, 132). **Anzeigepflichten** s § 29 EStDV.

Pauschbetrag s bis 2009 § 10c II, III aF mit Erläuterungen bei § 10c; ab 2010 § 39b II 5 Nr 3 im LSt-Abzugsverfahren.

Pflegeversicherung. Vgl „Neuausrichtung" BGBl I 12, 2246, BGBl I 14, 2222. Nach der gesetzl Neuregelung im SGB XI ist die gesetzl Pflicht-Pflegeversicherung seit 1995 Teil der „Sozialversicherung" (s dort, auch zu Höhe). Die vom ArbN (auch Beamten) getragenen Beiträge sind *seine* SA. Der ArbG-Zuschuss ist stfrei nach § 3 Nr 62, sonstige Zuschüsse uU nach § 3 Nr 14, 17 oder 11. Die Versicherungspflicht ist umfassend (Einschränkung ab 2002 durch Änderung von § 20 II SGB XI). Pflichtbeiträge fallen unter § 10 I Nr 3 Buchst b, freiwillige Beiträge unter § 10 I Nr 3a. Vgl Rz 72, 74.

Rechtsschutzversicherung ist keine Haftpflichtversicherung iSv § 10; daher keine SA (vgl BVerfG HFR 87, 34); uU BA/WK (*FinVerw* DStR 86, 563 und 88, 115; § 4 Rz 281).

Rentenversicherung. SA iSv § 10 I Nr 2 sind sowohl die vom StPfl getragenen anteiligen Pflichtbeiträge zur gesetzl RV der Arbeiter und Angestellten (s „Sozialversicherung“, „Knappschaftsversicherung“) als auch die gesetzl vorgesehenen „Freiwilligen Beiträge“ zu diesen Versicherungen (s Rz 64 zu Erweiterung ab 2014 in § 10 I Nr 2 Buchst b/bb). Andere RV sind ab 2005 grds nicht mehr abziehbar (s „Lebensversicherung“ und Rz 80).

Risikolebensversicherung s „Lebensversicherungen“ und Rz 80.

Sachversicherungen. Beiträge zur Versicherung gegen Sachschäden durch Brand, Wasser, Einbruch, Hagel usw sind keine SA, allenfalls BA oder WK.

Selbständige s unter „Freiwillige Beiträge“ und „Versorgungskassen“.

Sozialversicherung (*Schrifttum* s *Minn* DB Beil 7 zu Heft 50/15; *Eilts* NWB 15, 183; *Richter* DStR 15, 2856; Rz 50) und Voraufl. – ***(1)* Begriff.** Gesetzl SV umfasst die gesetzl RV (SGB VI), die gesetzl KV einschließl der Ersatzkassen (SGB V), die gesetzl Arbeitslosenversicherung als Beiträge an die Bundesagentur für Arbeit (§§ 341 ff SGB III), ab 1995 die PflV (SGB XI, s StW oben) – bei diesen Versicherungen werden die Beiträge idR voll vom ArbG abgeführt, jedoch anteilig vom ArbG und ArbN getragen) – sowie die gesetzl Unfallversicherung (die durch eine Umlage zur Berufsgenossenschaft von den Unternehmen getragen wird und keine Bedeutung als SA des ArbN hat). ArbG-Zuschüsse sind nach § 3 Nr 62 stfrei (s unten). Vgl auch „Beamte“. SV für Künstler und Publizisten s „Künstlersozialversicherung“. – ***(2)* Höhe der gesetzl Beiträge.** – **Rentenversicherung** 2015 und 2016 18,7 vH, 2013 und 2014 18,9 vH des ArbLohns; Knappschaft 2015 und 2016 24,8 vH, 2013 und 2014 25,1 vH (Aufteilung s unten); – **Bundesagentur für Arbeit** 2011–2016 3,0 vH, § 341 II SGB III. – **Pflegeversicherung:** Grundbeitrag ab 2013 2,05 vH; ab 2015 2,35 vH, ab 2017 2,55 vH; dazu seit 2005 (nur) ArbN-Beitragszuschlag von 0,25 vH für Kinderlose ab 24 Jahren (§ 55 SGB XI). – **Gesetzl KV:** seit 2009 Festsatz von 15,5 vH (Gesundheitsreform), ab 1.7.09 gekürzt um 0,6 vH auf 14,9 vH, ab 2011 erhöht auf 15,5 vH (mit unterschiedl Verteilung, s unten *(3),* ab 2015 gekürzt auf 14,6 %, aber mögl Zusatzbeiträge der KV (§§ 241, 242 SGB V, BGBl I 14, 1137, vgl *Eilts* NWB 14, 2382). – ***(3)* Aufteilung. Grds** je zur Hälfte auf ArbG und ArbN. *Ausnahmen:* Bei der **Knappschaftsversicherung** entspricht der ArbN-Anteil stets dem der allg RV (2015/2016: 9, 35 vH; 2013/2014 9,45 vH; der ArbG trägt den Rest); uU trägt der ArbG den vollen Beitrag (zB §§ 8, 8a, 20 III SGB IV; §§ 8, 8a SGB IV, §§ 5 II, 168 SGB VI). **PflV:** Hälftige Aufteilung nur bei Grundbeitrag (s oben), auch bei Beamten; nur bei Streichung eines gesetzl Feiertags in Sachsen ist der ArbN-Beitrag 1 % höher, § 58 SGB XI. **KV:** Deckelung der *paritätischen Aufteilung* bei 14,6 vH (ArbG und ArbN je 7,3 vH); weitere 0,9 vH bzw ab 2015 Zusatzbeiträge der KV treffen den ArbN allein (*seine* SA). Zur Unfallversicherung s Anm *(1)* und Stichwort. – ***(4)* Besteuerung.** Der **ArbN** kann *seine* Anteile als SA absetzen (§ 10 I Nr 2, 3, s Rz 60, 80). Es handelt sich auch bei RV-Beiträgen nicht um WK (str, s Rz 182). Ggf Kürzung gem § 10 IV 4 (s Rz 192). Der **ArbG-Anteil** ist bei diesem BA, wird beim ArbN idR nicht als ArbLohn besteuert (§ 3 Nr 62) und ist damit nicht als SA absetzbar, soweit der ArbG nicht freiwillig stpfl Ausgaben des ArbN übernimmt (s auch Ausnahmen Rz 17 ff). Gleichwohl ab 2005 grds Hinzurechnung zu den SA (§ 10 I Nr 2 S 6, 7) und Kürzung nach § 10 III 5, 7, IVa 3 (s Rz 64).

Sterbekassen. Die Beiträge sind SA bei Ausgestaltung als Todesfallversicherung (§ 10 I Nr 3a). Sterbegeldumlagen s „Versorgungskassen“.

Todesfall(risiko)versicherung s „Lebensversicherungen“, Rz 80.

Unfallversicherung. Beiträge, die nicht BA/WK sind (s § 4 Rz 278), werden gem § 10 I Nr 3a iRv § 10 IV als SA berücksichtigt (s EStH 10.5, *BMF* BStBl I 09, 1275). Das gilt auch für Fluggast-Unfallversicherungen. Vgl „Berufsunfähigkeitsversicherung", „Loss-of-Licence-Versicherung", „Sozialversicherung" sowie § 3 „Unfallversicherung".

Versicherungsteuer s „Beiträge".

Versorgungsausgleich §§ 1587 ff BGB s Rz 150.

Versorgungskassen. Pflichtbeiträge eines Selbständigen zu berufl Versorgungseinrichtung sind keine BA, sondern SA iSv § 10 I Nr 2 Buchst a (s auch BFH IV B 185/02 BFH/NV 04, 1254, „Freiwillige Beiträge", Rz 62). Bei zT berufl veranlassten „Kammerbeiträgen" lässt die *FinVerw* pauschale **Aufteilung** in BA/SA zu.

Vertragsbeitritt, Vertragseintritt, Vertragsübernahme: Grds Fortführung des Altvertrags. **Vertragsänderungen** s *BMF* BStBl I 09, 1188 und 1172.

Vorauszahlungen sind grds SA bei Zahlung (s Rz 12, auch zu Ausnahmen).

Vorsorge-Pauschbetrag, Vorsorgepauschale s § 10c, § 39 II 5 Nr 3.

Zukunftssicherung des ArbN s „Sozialversicherung", Rz 15, 18, § 3 Nr 62.

60 **3. Altersvorsorgebeiträge, § 10 I Nr 2.** *BMF* BStBl I 13, 1087 mit Änderungen BStBl I 14, 70/ I 15, 256; *Killat* DStZ 13, 616; *Wolter* DB 13, 2646. Vorangegangene *BMF*-Schrb und Schrifttum s 30./32. Aufl.

a) Hintergrund. Während alle Vorsorgeaufwendungen bis 2004 einheitl behandelt wurden (§ 10 I Nr 2 aF), erfahren seit 2005 Altersvorsorgeaufwendungen in § 10 I Nr 2 eine Sonderbehandlung neben sonstigen Vorsorgeaufwendungen iSv § 10 I Nr 3 aF – von denen wiederum ab 2010 wegen des Vollabzugs KV- und PflV-Beiträge abgetrennt wurden, § 10 I Nr 3 (damit seit 2010 **Dreiteilung der Vorsorgeaufwendungen,** § 10 I Nr 2, 3, 3a, s Rz 50). Im Anschluss an BVerfG 2 BvL 17/99 (BStBl II 02, 618) musste der Gesetzgeber die unterschiedl verfwidrige Besteuerung von Renten und Pensionen angleichen. Er hat sich ab 2005 für die sog **nachgelagerte Besteuerung** entschieden: Schrittweise wird bis 2040 die volle Besteuerung aller Altersvorsorgeerträge und im Gegenzug iRd Höchstbeträge § 10 III ab 2025 der volle SA-Abzug der dafür aufgewandten Altersvorsorgebeiträge aus versteuertem Einkommen eingeführt (nach wie vor nicht als – vorab entstandene – WK, str, s Rz 182). Endziel ist, dass alle StPfl in gleichem Umfang aus steuerl unbelastetem Einkommen für das Alter Vorsorge treffen können. Aus fiskalischen Gründen und um einen generationenadäquaten Wechsel zu einer vollständigen Besteuerung und einen vollständigen SA-Abzug zu erreichen ist dabei nur ein **schrittweiser Übergang** mögl: Vgl § 10 III 4, 6, IVa zur jährl Erhöhung des SA-Abzugs bis 2025; § 22 Nr 1 S 3a zur jährl Erhöhung der Besteuerung bis 2040; § 19 II 3, § 24a zur Abschmelzung des Versorgungsfreibetrags und des Altersentlastungsbetrags. Dabei werden nach dem sog **Kohortenprinzip** die Prozentsätze nach §§ 19 II 3, 22 Nr 1 S 3a und 24a im Jahr des Rentenbeginns bzw im Folgejahr auf die Gesamtdauer der Besteuerung festgeschrieben (dh bei Rentenbeginn 2009 bleibt der Besteuerungsanteil von 58% auch für die Folgejahre – nur der SA-Abzug steigt jährl, § 10 III 6). **EG-Problematik** durch unterschiedl spätere Rentenbesteuerung bei Frankreichgrenzgängern (begrenzter SA-Abzug im Inl trotz voller Besteuerung in Frankreich) s BFH X R 57/06 BStBl II 09, 1000; s auch BFH I R 61/13, nv, BeckRS 2016, 94061, BFH I R 62/13 DStR 16, 113 mit EuGH-Vorlage, BFH I R 62/13 DStR 16, 113 (EuGH-Anfrage) und – Vorjahr – BFH I R 61/13, nv (arg: Höchstbeträge ausgeschöpft); BFH VI R 27/06 BStBl II 09, 857 zu § 3 Nr 62; zu USA *Portner* BB 14, 1175; zu § 32b BFH X R 37/08 BStBl II 11, 628; s aber zu Grenzgänger Österreich *Wurmsdobler* IStR 09, 758. **Stfreie Zuschüsse Dritter** (zB des ArbG, § 3 Nr 62) sind nicht nach § 10 begünstigt (werden aber gleichwohl zunächst nach § 10 I Nr 2 S 6, 7 hinzugerechnet, dafür von den abziehbaren SA wieder gekürzt, s Rz 64); die StFreiheit führt bereits zur nachgelagerten Besteuerung, ebenso wie Altersvorsorgebeiträge iSv §§ 10a, 82 (**Riester-Rente;** s § 82 IV Nr 3, § 22 Nr 5) und neue **LV.** Die Altersvorsorge nach **§ 10a** kann neben dem SA-Abzug nach § 10 I Nr 2 geltend gemacht werden, aber nicht kumulativ für dieselben Aufwendungen (s auch § 82 IV zur Vermeidung der Doppelentlastung). Stfreie ArbG-Zuschüsse (§ 3 Nr 63) und pauschal versteuerte Direktversicherungen können ab 2008 uU zu einer allg Kürzung des Höchstbetrages nach § 10 III führen (s *Heinicke* DStR 08, 2000, *Dommermuth/Linden* DB 09, 1745; Rz 186).

61 **b) Zeitl Anwendung.** Die Neuregelung zur Altersrentenbesteuerung gilt ab 2005 nicht nur für ab 2005 geschlossene Verträge, sondern auch für alle Bestandsrenten (allerdings mit Günstigerprüfung § 10 IVa, s Rz 194). Nur für vor 2005

geschlossene, ab 2005 nicht mehr begünstigte **LV-Verträge** gelten die alten Vorschriften weiter (§ 10 I Nr 3 Buchst b aF bzw Nr 3a nF, s Rz 81).

c) Einteilung der Altersvorsorgeaufwendungen, § 10 I Nr 2. – aa) Gesetzl Basisversorgung, § 10 I Nr 2 S 1 Buchst a. Buchst a erfasst primär gesetzl RV-Beiträge (SGB VI; *BMF* BStBl I 13, 1087 Rn 1 ff) und dehnt diesen SA-Abzug aus auf **landwirtschaftl Alterskassen** (Gesetz über die Alterssicherung der Landwirte, ALG) sowie auf vergleichbare **berufsständische Pflichtversorgungseinrichtungen** (vor allem für Selbständige; s Aufstellung *BMF* BStBl I 14, 1098; **nicht** öffentl-rechtl Versorgungssysteme, vgl zu VBL-Beiträgen FG Nds EFG 13, 1494, rkr, zu Seelotsenkasse FG Nds EFG 10, 1600, rkr, zu Versorgungsanstalt Schornsteinfeger BFH X R 18/10 BStBl II 14, 25 – keine „Basisversorgung“ durch kapitalgedeckte Altersversorgung; s aber ab 2014 Rz 64 zu § 10 II Nr 2 Buchst b/bb zu Umlagedeckungsverfahren). 62

bb) Eigene Basisrentenverträge-Alter, § 10 I Nr 2 S 1 Buchst b/aa. Die Vorschrift erstreckt den SA-Abzug auf Beiträge des StPfl zu einer *eigenen* kapitalgedeckten Altersversorgung (s *BMF* BStBl I 13, 1087 Rn 8 ff; *Wolter* DB 13, 2646; *Schrehardt* DStR 13, 2541). Dieser Abzug ist von besonderen Voraussetzungen abhängig, um sicher zu stellen, dass nur Beiträge zu solchen Vorsorgeprodukten gefördert werden, die zu Ansprüchen vergleichbar mit der gesetzl RV führen und nicht die sonstige Leistungsfähigkeit und das Konsumpotenzial erhöhen (ohne Aufteilungsmöglichkeit – „wenn … nur“). Öffentlichrechtl Versorgungssysteme fallen nicht darunter (s Rz 62). Auch RV-Beiträge an *ausl* Versicherungsanstalten sind iRv § 10 I Nr 2, 3, II Nr 2 als SA abziehbar (vgl *BMF* BStBl I 13, 1087 Rn 4). **Besonderheiten:** – ***(1)*** **Alter.** Anspruch auf eine lebenslange Leibrente frühestens ab Vollendung des 62. Lebensjahres (bei Vertragsabschluss vor 2012 Vollendung des 60. Lebensjahres, § 10 VI 1 nF). – ***(2) Ergänzende*** **Absicherung** – unter 50% der Beitragsanteile – durch eine Berufsunfähigkeits-, Erwerbsminderungsrente oder eine Hinterbliebenenrente (dazu *FinVerw* DStR 09, 1850), letztere begrenzt auf Ehegatten/LPart § 2 VIII, *BMF* BStBl I 13, 1087 Rn 24) und Kinder mit Anspruch auf Familienleistungsausgleich (§ 31) bzw – befristet – auf Waisenkinder iSv § 32. Dies war schon vor 2014 unschädl – ab 2014s Rz 64. – *(3)* Weitere Voraussetzungen s Rz 66. 63

cc) Isolierte Basisrentenverträge-Erwerbsminderung, § 10 I Nr 2 Buchst b/bb ab 2014 (*BMF* BStBl I 14, 70, Rz 34–44). Während bis 2013 das Risiko der eigenen Berufsunfähigkeit/Erwerbsminderung nur „zusätzlich“ zur Altersversicherung abgesichert werden konnte (Klarstellung in § 10 I Nr 2 Buchst b/aa), sieht das AltvVerbG den Abschluss einer solchen *selbständigen* RV vor. Tritt die Berufsunfähigkeit vor Vollendung des 67. Lebensjahres ein, muss der Vertrag die monatl Zahlung einer lebenslangen Leibrente vorsehen **(S 1).** Der ersatzlose Anspruchswegfall bei vorherigem Ableben klingt bedenkl, ist jedoch Ausfluss der Beschränkung auf die Alterssicherung und sollte sich in der Prämienhöhe niederschlagen. Der Vertrag kann eine Beendigung der Rentenzahlung für den Fall vorsehen, dass der Wegfall der Berufsunfähigkeit/Erwerbsminderung medizinisch festgestellt wird **(S 2).** Die Versicherungsleistung kann vom Lebensalter des Versicherten bei Vertragsabschluss abhängig gemacht werden, wenn der StPfl das 55. Lebensjahr vollendet hat **(S 3).** Die Voraussetzungen für eine Berufsunfähigkeit/Erwerbsminderung ergeben sich aus § 2 AltZertG in Anlehnung an das SGB VI (s *BMF* Rn 35: Ausfall voll oder teilweise für mindestens 1 Jahr). Anders als Buchst b/aa verlangt Buchst b/bb keine Kapitaldeckung (idR Mischung mit Umlagedeckung). 64

dd) Gemeinsame Besonderheiten zu § 10 I Nr 2 S 1 Buchst b, § 10 I Nr 2 S 2–5. – (1) Anspruchsvoraussetzungen, Satz 2. Wie vor 2014 dürfen die Ansprüche nicht vererbl, übertragbar, beleihbar, veräußerbar oder kapitalisierbar sein. Unschädl ist die Übertragung auf einen anderen für den StPfl nach § 5a 65

AltZertG zertifizierten Basisrentenvertrag und die Übertragung von Versorgungsansprüchen bei Scheidung nach VersAusglG (*BMF* BStBl I 14, 70 Rz 17). – **(2) Auszahlungsmodalitäten ab 2015, Sätze 3, 4, 5.** Renten sind grds monatl zu zahlen (Buchst b/aa und b/bb S 1). Daneben darf nach S 5 (S 3 aF) schon vor 2015 grds kein anderer Auszahlungsanspruch bestehen. S 3, 4 nF sehen ab 2015 Ausnahmen vor. Danach können die Vertragsparteien jährl Auszahlung vereinbaren (S 3); außerdem können Kleinbetragsrenten iSv § 93 III 2 in einem Betrag abgefunden werden (S 4). – **(3) Vertragszertifizierung.** Ab 2011 s § 10 II 2, IIa, Rz 165 ff, mit Vereinfachungsregelung für Altverträge, § 10 VI 2, Rz 199.

66 **ee) Besonderheiten zu § 10 I Nr 2 S 1 Buchst a und b, § 10 I Nr 2 S 6, 7.** – ***(1)* Beiträge/ArbG-Anteil, § 10 I Nr 2 S 6.** Abziehbare Beiträge zur gesetzl RV umfassen grds nur den ArbN-Anteil. Der nach § 3 Nr 62 freigestellte ArbG-Anteil sowie „gleichgestellte Zuschüsse" mit Auswirkung auf die Zukunftssicherung der ArbN werden zwar grds zunächst hinzugerechnet (§ 10 I Nr 2 **S 6**), dann aber beim SA-Abzug wieder gekürzt (§ 10 III 5, 7). *Grund:* Gleiche Förderungsmöglichkeiten für alle StPfl (verfmäßig, s BFH X R 45/07 BFH/NV 10, 421). Die Zurechnung erfolgt grds ohne Antrag. – ***(2)* Ausnahmen. § 10 I Nr 2 S 7 nF.** Die Zurechnung von ArbG-RV-Beiträgen für **geringfügig Beschäftigte** erfolgt nur auf **Antrag** (mit entspr Folgeänderung § 10 III 7 bei der Höchstbetragskürzung (s Rz 188; *BMF* BStBl I 13, 1087 Rn 67). Grund: Die Hinzurechnung der – bei Pauschalversteuerung oft gar nicht bekannten – ArbG-Beiträge kann sich hier nachteilig für den StPfl auswirken. – ***(3)* Grenzen.** Zuschüsse der Künstlersozialkasse oder der luf Alterskasse werden weder zugerechnet noch gekürzt (keine ArbG); selbstständige Künstler und Publizisten setzen nur ihren eigenen Beitrag ab (s Rz 57 „Künstlersozialversicherung"). – ***(4)* Allg Höchstabzugsgrenze.** Nach § 10 III für alle Altersvorsorgebeiträge iSv § 10 I Nr 2(!) s Rz 183. UU Günstigerabzug nach § 10 IVa (s Rz 194 ff).

67 **d) Sonstige Altersvorsorgeaufwendungen.** Sie sind ggf nach anderen Vorschriften begünstigt: *(1)* Zusatzversicherungen nach dem AVmG nach § 10a I, II (s dort); – *(2)* Lebensrisikoversicherungen, die nur für den Todesfall Leistungen vorsehen, fallen unter § 10 I Nr 3a (s Rz 80); – *(3)* Sonstige Alt-LV, § 10 I Nr 3a, s Rz 81. – *(4)* Darüber hinaus sind Beiträge zu neuen LV ab 2005 nicht mehr als SA abziehbar. Vgl StW Rz 57.

70 **4. Kranken-/Pflegeversicherungsbeiträge, § 10 I Nr 3.** *Schrifttum: Risthaus* DStZ 09, 669; *Grün* DStR 09, 1457; *Myßen/Wolter* NWB 09, 2313 und 11, 280; *Harder-Buschner/Jungblut* NWB 09, 2636; *Dommernuth/Hauer* DB 09, 2512; *Wernsmann* NJW 09, 3681; *Killat-Risthaus* DB 10, 2304; *Wolter* DB 13, 2646. *BMF* BStBl I 13, 1087 Rn 68 ff.

a) Allgemeines. Ab 2010 tritt eine grundlegende Änderung des Abzugs *sonstiger* Vorsorgeaufwendungen in Kraft mit Sonderbehandlung der KV- und PflV-Beiträge (§ 10 I Nr 3, 3a) – ohne Änderung zur Altervorsorge; damit besteht nunmehr eine Dreiteilung der Vorsorgeaufwendungen (s Rz 50). **Kernpunkt der Neuregelung:** Im Anschluss an BVerfG 2 BvL 1/06 DStR 08, 604 sind eigene (s Rz 73) Beiträge zu KV und PflV iRd sozialhilfegleichen Versorgungsniveaus **(Basisversicherungen)** über die Grenzen des § 10 IV 1–3 hinaus ***voll* abziehbar (§ 10 IV 4);** ihr Umfang ist in § 10 I Nr 3 gesondert geregelt. Die übrigen Vorsorgeaufwendungen iSv § 10 I Nr 3a (auch nach § 10 I Nr 3 nicht abziehbare KV- und PflV-Beiträge) sind abziehbar, *soweit* die KV- und PflV-Beiträge nach § 10 I Nr 3 die Höchstgrenzen des § 10 IV 1–3 nicht erreichen, sonst allenfalls über eine Günstigerprüfung nach § 10 IVa (s Rz 196). Vgl auch Einschränkungen § 10 II 1 Nr 1 (Rz 160) und Nr 2 (Rz 34, 161). Die Abzugsbegrenzung ist mE verfmäßig und nicht durch § 33 II in Frage gestellt (BFH VI R 32/13 DStR 16, 43 mit abl Anm *Karrenbrock/Petrak,* s auch *Schneider* NWB 16, 96; BFH VI R 45/13 BStBl II 15, 928). **Praxisgebühren** (bis 2012) und **Kostenzuzahlungen/Selbstbehalt**

sind keine SA (BFH X R 41/11 BStBl II 12, 821; BFH X B 110/13 BFH/NV 14, 154; FG Köln EFG 14, 1477, Rev X R 43/14; zu Erstattung von Praxisgebühr – keine Beitragserstattung – *FinVerw* DStR 13, 1785, Rz 4, zu Gleichartigkeit der KV 2009/2010 und **Bonuszahlungen** gem § 65a SGB V s Rz 7); ebensowenig Verzicht auf zustehende Beitragserstattungen (FG Ddorf EFG 14, 1789, rkr; aA *Neumann* DStR 13, 388). Die **Vorsorgepauschale** nach § 10c II–V aF entfällt im ESt-Veranlagungsverfahren ab 2010 (s § 10c Rz 2).

b) Basis-KV-Beiträge, § 10 I Nr 3 S 1 Buchst a. – ***(1)*** **Grundsatz.** Begünstigt ist der Abzug von – auch bei vereinbartem Selbstbehalt tatsächl gezahlten und nicht erstatteten – Beiträgen zu einer gesetzl oder privaten KV, die das Risiko einer Krankheit, Vorsorgeuntersuchung oder Geburt abdeckt, einschließl Auslands-KV, Heilkosten-, Beihilfe- oder Kurkostenversicherungen, auch von KV-Zusatzprämien hierfür nach § 242 SGB V (abl zu aufsichtsfreier Unterstützungseinrichtung BFH X B 142/13 BFH/NV 14, 830). – ***(2)*** **Einschränkungen nach § 10 I Nr 3 S 1 Buchst a.** – **Satz 1** begrenzt den vollen Beitragsabzug für die notwendige Basisversorgung nach § 10 I Nr 3, IV auf das in §§ 47–52 SGB XII bestimmte existenznotwendige Sozialhilfeniveau, auf das – auch bei Privatversicherungen – ein Leistungsanspruch besteht (s zu KV §§ 11–66 SGB V, § 10 V iVm KVBEVO) und das der KV-Träger im Einzelfall ermitteln und gem § 10 IIa 4 der FinVerw melden muss (amtl Datensatz s *BMF* BStBl I 10, 759). **Nicht abziehbar** nach Nr 3 (uU Nr 3a, § 33 – dazu *Karrenbrock/Petrak* DStR 11, 552) sind damit Beiträge zu nicht sozialhilfefähigen Wahltarifen für Zusatz- oder Komfortleistungen (zB Chefarztbehandlung, Ein-Bett-Zimmer), außerdem Beiträge für Leistungen, auf die der StPfl keinen Anspruch hat. Praxisgebühren s Rz 70. – **Satz 2** verweist für Beiträge zur **gesetzl KV** auf die Festlegung der gesetzl Beitragssätze in §§ 241 ff SGB V sowie in §§ 37 ff des Gesetzes über die KV der Landwirte. Mit Ausnahme des Krankengeldanteils (S 4) sind diese gesetzl Beiträge voll abziehbar, auch erhöhte Beiträge mangels Anspruchs auf Lohnfortzahlung bei Arbeitsunfähigkeit (§ 242 SGB V). – **Satz 3** überträgt diese Grenzen entspr für **private KV** auf Beitragsanteile für nach §§ 11 ff SGB V versicherte Grundleistungen (nicht Krankengeldansprüche). Der Leistungskatalog des sog Basistarifs wird nach Art, Umfang und Höhe durch den Verband der privaten KV unter Fachaufsicht des BMF festgelegt (§ 12 VAG). Ohne gesonderten Ausweis kann der nicht abziehbare Beitragsteil durch prozentuale **Prämienabschläge** ermittelt werden (s dazu **§ 10 V** nF, KVBEVO, Rz 198). Neben einer gesetzl KV gezahlte Beiträge zu einer privaten KV sind wegen der identischen Leistungsbegrenzung grds nicht abziehbar (vgl *BMF* BStBl I 13, 1987 Rz 69); Ausnahmen ergänzender privater Basisversorgung sind nicht ausgeschlossen. – **Satz 4. Krankengeldansprüche** (uä Ansprüche) gehören nicht zur Basisversorgung (vgl S 3). Besteht tatsächl ein solcher Anspruch gegen die gesetzl KV (zB nicht bei Rentnern), wird der für den Basistarif gezahlte Beitrag pauschal um 4% vermindert. - ***(3)*** **§ 10 I Nr 3a, Restabzug als sonstige Vorsorgeaufwendungen.** § 10 I Nr 3 S 1 Buchst a stellt den Abzug weiterer danach nicht (voll) abziehbarer KV/PflV-Kosten (oben *2)* nach § 10 I Nr 3a dem Grunde nach nicht in Frage (s Rz 80). S *BMF* BStBl I 13, 1087 Rn 95 ff. Zur Begrenzung der Höhe nach s § 10 IV 4, Rz 192.

c) Pflegepflichtversicherung, § 10 I Nr 3 S 1 Buchst b. Die gesetzl Pflegepflichtversorgung durch Abschluss einer gesetzl (sozialen oder privaten) PflV steht der Basiskrankenversorgung gleich. Die soziale PflV für gesetzl Krankenversicherte ist in SGB XI geregelt (Beiträge in §§ 54 ff, s Rz 57); privat Krankenversicherte müssen eine entspr private PflV abschließen (§ 1 II SGB XI). 72

d) Persönl Abzugsberechtigung, § 10 I Nr 3 S 2, 3. – aa) Grundsatz. 73
Ein StPfl kann grds nur *eigene* SA für sich und unterhaltsberechtigte Personen (s § 10 SGB V) abziehen, keine Drittaufwendungen (s Rz 16). Er muss wirtschaftl belastet sein (s Rz 4), so dass spätere **Beitragserstattungen** mangels Geltendma-

chung von Versicherungsansprüchen den SA-Abzug mindern (s Rz 7–9 – eine Belastung liegt allerdings vor, soweit die zum Abzug verbleibenden KV-/PflV-Beiträge die Höchstgrenzen der sonstigen Vorsorgeaufwendungen iSv § 10 IV 1–3 unterschreiten, s *Myßen/Wolter* NWB 11, 280/287, *Dommermuth/Hauer* DB 09, 1512). Das wird wegen des vollen Abzugs ab 2010 gem § 10 IV 4 verstärkt in die vertragl Überlegungen einzubeziehen sein (vgl Rz 7, 71); Erstattungsbeträge hat die KV der FinVerw zu übermitteln (§ 10 IIa 4 Nr 2).

74 **bb) Ausnahme; Kindesaufwand. § 10 I Nr 3 S 2** erweitert den Abzug auf die Übernahme von Beiträgen (iSv § 10 I Nr 3 Buchst a und b, nicht Nr 3a), die unterhaltsberechtigte **Kinder** iSv §§ 32/63 aus *ihren eigenen* KV/PflV-Verträgen zu tragen hätten (Sonderfall des Drittaufwandsabzugs – der Abzug beim Kind entfällt, zB bei studentischer KV oder gesetzl KV eines behinderten Kindes). Unterhaltszahlungen reichen als Nachweis der Aufwandstragung (*FinVerw* DB 11, 2575). Kindeseinkünfte sind ohne Bedeutung (EStR 10.4). S auch zu KV-Anrechnung FG Köln EFG 15, 1916, Rev X R 25/15; Rz 75*(5)*.

75 **cc) Ausnahme; Realsplitting. § 10 I Nr 3 S 3** enthält eine Sonderregelung für *eigene Beiträge des StPfl* zum Erwerb einer KV oder PflV für **geschiedene oder dauernd getrennt lebende Ehegatten/LPart** (§ 2 VIII, § 15 LPartG). § 10 I Nr 3 S 3 gilt nur für Fälle des **Realsplitting (§ 10 Ia Nr 1).** Daher ist **zu unterscheiden:** – ***(1)*** Liegt kein solcher Fall vor (StPfl zahlt ohne Zustimmung des Ehegatten/LPart nach § 10 Ia Nr 1), kann der StPfl die Ehegatten/LPart-Beiträge nach dem Grundsatz Rz 73 als eigene SA abziehen, nicht aber der Ehegatten/LPart. – ***(2)*** Nur in Fällen des Realsplitting überträgt § 10 I Nr 3 S 3 auch den SA-Abzug auf den begünstigten Ehegatten/LPart, der die Unterhaltsleistung des StPfl nach § 22 Nr 1a versteuert; der SA-Abzug des StPfl entfällt bei gleichzeitiger Erhöhung des Höchstbetrages nach § 10 Ia Nr 1 S 2. – ***(3)*** Die Übernahme von Beiträgen für *eigene* KV des geschiedenen Ehegatten/LPart fällt ohne derartige Erhöhung unter § 10 Ia Nr 1. – ***(4)*** Auch Beiträge des geschiedenen Ehegatten für die KV eines Kindes kann der zahlende StPfl trotz § 10 I Nr 3 S 2 nach dem Gesetzeswortlaut mE nicht als eigene KV-Beiträge absetzen (uU kann die Einschränkung für Schulgeld- und sonstige Unterhaltszahlungen für Kinder in BFH X R 24/09 BStBl II 12, 321 Tz 33 auf diese Fälle übertragen werden). Sie fallen unter § § 10 Ia Nr 1. – ***(5)*** **§ 33a I 2** erhöht – subsidiär – die Höchstbeträge für Unterhaltsaufwand (s § 33a Rz 19).

76 **e) Vorauszahlungsbeschränkung, § 10 I Nr 3 S 4.** S *BMF* BStBl I 13, 1087 Rn 126 ff; *Grün* NWB 13, 2914; *Wolter* DB 13, 2646. § 10 I Nr 3 S 4 enthält eine Ausnahme vom Abflussprinzip des § 11 II und begrenzt den Abzug vertragl geschuldeter Beitragsleistungen für nach Ablauf des VZ beginnende Beitragsjahre auf das Zweieinhalbfache der auf den VZ entfallenden Beiträge. Übersteigende Beiträge sind entgegen § 11 II nur abziehbar in VZ, *für die* sie geleistet werden. Eine Ausnahme gilt für Beiträge, die der unbefristeten Beitragsminderung nach Vollendung des 62. Lebensjahres dienen.

80 **5. Sonstige Vorsorgeleistungen, § 10 I Nr 3a. – a) Vorsorgeversicherungen.** Wie bis 2004 sind Beiträge zu **folgenden Versicherungen** als SA abziehbar: Erwerbs- und Berufsunfähigkeitsversicherungen, die nicht unter § 10 I Nr 2 fallen, KV und PflV, die nicht unter § 10 I Nr 3 fallen (s Rz 71/*3*), Arbeitslosen-, Unfall- und Haftpflichtversicherungen, ab 2005 auch private Versicherungen gegen Arbeitslosigkeit, außerdem ab 2005 (nur noch) Risiko-LV (s Rz 67, 81). **Beitragsrückgewährpolicen** zu Basisrentenverträgen s *FinVerw* DStR 09, 1262.

81 **b) Sonstige Alt-LV-Verträge, § 10 I Nr 3 Buchst b aF bis 2009, § 10 I Nr 3a nF.** S *BMF* BStBl I 08, 390 Rz 51; Stichwort Rz 57. Andere als RisikoLV sind wie bisher begünstigt, wenn der Vertrag vor dem 1.1.2005 zustande kam (Datum des Versicherungsscheins; laut *BMF* BStBl I 09, 1172 Rn 89 und 91 Zugang

der Annahmeerklärung des Versicherers beim Versicherten bzw Datum der Annahmeerklärung und Versicherungsbeginn bis 31.3.05; s Rz 80 mwN; zu Änderung BFH VIII R 71/04 BStBl II 06, 53; dazu iEinz *Klein-Blenkers* StuW 07, 38; *FinVerw* DStR 07, 1768) und mindestens *ein* Beitrag bis zum 31.12.04 entrichtet wurde. Insoweit gelten die Abzugsmöglichkeiten des § 10 I Nr 2 aF vor 2005 (S 1b/bb–dd und S 2–6 sowie § 10 II S 2 aF zu Policendarlehen) und bei Auszahlung die StFreiheit nach § 20 I Nr 6 aF (s § 52 Abs 28).

c) Änderungen ab 2010. Sie betreffen die sonstigen Vorsorgeaufwendungen nur in Bezug auf die Höchstbeträge nach Einführung des vollen Abzugs der Basis-KV/PflV-Beiträge und Einbeziehung sonstiger Beiträge (s § 10 IV, Rz 191). 82

6. Kirchensteuer, § 10 I Nr 4. – Begriff: Geldleistungen, die eine gem Art 140 GG iVm 137 VI Weimarer Verfassung als Körperschaft döR anerkannte inl Religionsgemeinschaft von ihren Mitgliedern auf Grund gesetzl Bestimmungen erhebt (vgl BFH I R 250/73 BStBl II 75, 708, unter 5). **Welche Religionsgemeinschaften** dieses StErhebungsrecht besitzen, ergibt sich aus Aufstellungen in den Länder-EStKarteien. **Höhe** (s EStR/H 10.7): Nach den KiSt-Gesetzen und im BStBl I veröffentl KiSt-Beschlüssen bzw LandesVO 8 oder 9 vH der ESt/LSt. Veränderungen der Bemessungsgrundlage s § 51a II, IIb–IIe (s unten). Grds ist die gezahlte KiSt abziehbar (ggf abzügl Erstattung, s Rz 7–9). **Ausnahme § 10 I Nr 4 HS 2:** KapEinkünfte unterliegen ab 2009 grds der AbgeltungSt iHv 25%, bei deren Erhebung bereits die KiSt gekürzt wird (s zur Veranlagung § 32d I, V, § 51a IId; zum KapEStAbzug § 43a S 2, § 51a IIb, IIc, IIe, ab 2013 idF BeitrRLUmsG, s § 52 Abs 49). Damit entfällt insoweit der SA-Abzug (Vermeidung einer Doppelentlastung). § 10 I Nr 4 idF JStG 2010 soll ab 2011 klarstellen, dass grds auch KiSt auf *veranlagte* ESt mit Kürzung nach § 32d I iVm § 51a I, II nicht als SA abziehbar ist (Problematik s *Arps-Aubert* DStR 11, 1548; *Rüd* DStR 13, 1220). Dagegen SA-Abzug bei „Normalveranlagung" ohne § 32d I, zB bei gewerbl KapEinkünften, nach Günstigerprüfung oder bei Veranlagung ohne KiStAntrag und ohne Kürzung nach § 32d I (sonst Doppelbelastung durch Wegfall des SA-Abzugs trotz voller Besteuerung). Übersteigende freiwillige Zahlungen und Zahlungen an andere Religionsgemeinschaften, die nicht nach EStR 10.7 I wie KiSt abziehbar sind (dazu FG Mster EFG 00, 1116, wegen Berechnung aufgehoben, BFH XI R 52/00 BStBl II 02, 201: Billigkeitsregelung § 163 AO; s auch BFH XI R 96/97 BStBl II 03, 281 zur Berechnung von abziehbaren Kirchenbeiträgen) sind idR Spenden iSv § 10b (EStR 10.7 II). **Kirchgeld** mit Rechtsgrundlage in den KiStGesetzen fällt unter § 10 I Nr 4 (zB *FinVerw* DB 95, 801), sonst unter § 10b. Zur Vorauszahlung und Rückerstattung der KiSt s Rz 7–9, 12, zu *ausl* Religionsgemeinschaften s Rz 34, *BMF* BStBl I 10, 1311, zu willkürl Zahlungen s Rz 4. 84

7. Kinderbetreuungskosten, § 10 I Nr 5. Vgl *BMF* BStBl I 12, 307; *FinVerw* DStR 12, 2081; *Schrifttum: Nolte* NWB 12, 1508. – **a) Rechtsentwicklung.** – ***(1)* Bis 2005** waren Kinderbetreuungskosten allenfalls als agB nach § 33c aF abziehbar (s bis 26. Aufl). – ***(2)* Ab 2006 bis 2011** waren Kinderbetreuungskosten unter besonderen Voraussetzungen (Erwerbstätigkeit der Eltern) „wie" BA/WK abziehbar, **bis 2008** gem § 4f, § 9 V aF, **2009–2011** ohne wesentl Änderung zusammengefasst in § 9c I. Lagen diese Elternvoraussetzungen nicht vor, waren die Kosten – je nach Kindesalter unterschiedl – bis 2008 nach § 10 I Nr 5 oder Nr 8 aF, ab 2009 nach § 9c II als SA abziehbar. Vgl iEinz Erläuterungen 31. Aufl zu § 9c und *BMF* BStBl I 07, 184. – ***(3)* Ab 2012** richtet sich der Abzug auch bei erwerbsbedingter Betreuung ausschließl nach § 10 I Nr 5 nF. – ***(4)* Übergang 2011/12:** Bei **abw Wj** gelten für die Zeit 2011 die Voraussetzungen nach § 9c, für die Zeit 2012 nach § 10 I Nr 5 (*BMF* aaO Rn 31). 85

b) Sachl Änderungen ab VZ 2012. – *(1)* Wegfall des Abzugs *wie* BA/WK. Mögl Auswirkungen: – ***(a)*** UU steuerl Nachteile, da eine Verlustabzugsmöglichkeit durch den Abzug vom Gesamtbetrag der Einkünfte entfällt (§ 2 IV, 86 s § 10d Rz 17). – *(b)* Praktisch ohne Auswirkungen (Höhe) ist der SA-Pauschbetrag nach § 10c I betroffen; nicht der ArbN-Pauschbetrag, da Kinderbetreuungskosten schon bisher zusätzl abziehbar waren (§ 9a I Nr 1a aF). – **(c)** Ob durch § 10 I Nr 5 und die Einleitungssätze § 12 und § 10 I der BA/WK-Abzug bei berufl Veranlassung tatsächl ausgeschlossen wird, könnte zweifelhaft geworden sein durch BFH VI R 7/10 BStBl II 12, 557 zu Erststudienkosten und „Nachbesserung" in § 4 IX, § 9 VI; auch berufl erforderl Kinderbetreuungskosten sind allerdings keine „echten" BA/WK (Abzug „wie" BA/WK, s §§ 4f, 9c aF). Zu VerfMäßigkeit s Rz 87. – **(d)** Etwaige nachteilige *außersteuerl* Rechtsfolgen beseitigt **§ 2 Va S 2** (zB Anknüpfung von Kindergartengebühren an die positiven Einkünfte). – ***(2)* Wegfall aller persönl Anspruchsvoraussetzungen *der Eltern.*** Bisher war der Abzug „wie" WK/BA nur mögl bei Erwerbstätigkeit (§ 9c I), Ausbildung, Krankheit oder Behinderung der Eltern (§ 9c II). Mit Wegfall dieser Voraussetzungen entfällt auch die nach § 9c erforderl **Kausalitätsprüfung** („wegen") – Ausnahme s Rz 90. Durch diese wesentl Erleichterung sind zwei Drittel der Kinderbetreuungskosten von Geburt an bis zur Vollendung des 14. Lebensjahres, bei Behinderung darüber hinaus bis zur Vollendung des 25., uU des 27. Lebensjahres (s § 52 Abs 18 S 3) *ohne Prüfung weiterer Voraussetzungen* bis zu einem Höchstbetrag von 4000 € als SA abziehbar. Dadurch wird auch die Sonderbehandlung von **Vorschulkindern** gem § 9c II 4 aF obsolet.

87 **c) Verfassungsmäßigkeit.** Höchstbetrag und Altersgrenze des § 10 I Nr 5 sind wie die persönl Voraussetzungen des § 9c I aF sind als typisierende Beschränkungen verfgemäß (BFH III R 67/09 BStBl II 12, 567, BFH III R 80/09 BStBl II 12, 816, BVerfG 2 BvR 2454/12 nicht zur Entscheidung angenommen). Vgl auch BFH III R 18/13 BStBl II 14, 383, *BMF* BStBl I 14, 1403, I 14, 1571.

88 **d) Persönl Anwendung.** Nur **unbeschr StPfl** (§ 1 I–III, § 1a I Nr 2) können Aufwendungen nach § 10 I Nr 5 geltend machen (s § 50 I 3, 4). Unbeschr StPfl des Kindes ist nicht erforderl (aber uU Kürzung, s Rz 97). Eltern s Rz 98.

89 **e) Kindesvoraussetzungen. – aa) Kinder** iSv § 32 I sind sowohl leibl (ehel und unehel) Kinder als auch Pflege- und Adoptivkinder (§ 32 Rz 8). Es kommt nicht darauf an, ob ein Anspruch auf KiGeld oder Kinderfreibeträge besteht. Kinder, die bei Stief- oder Großeltern leben, bleiben unberücksichtigt, auch nach Übertragung der Freibeträge gem § 32 VI 7. – **Auslandskinder.** Im Ausl (Heim, Internat etc) lebende Kinder von Inlandseltern oder nach § 1 III unbeschr stpfl Auslandseltern werden bei Haushaltszugehörigkeit (Rz 91) ebenfalls berücksichtigt; uU Kürzung nach § 10 I Nr 5 S 3, s Rz 97. S auch zu Kind eines LPart § 2 VIII, zu KiGeld BFH VI R 76/12 BStBl II 14, 36.

90 **bb) Altersgrenze.** Kinder werden ab Geburt bis zum 14. Geburtstag berücksichtigt (obwohl die Altersanknüpfung gem § 9c II 4 aF bis 2011 nicht zu beanstanden war, s Rz 87). Die Sonderbehandlung von Vorschulkindern ist damit obsolet geworden. Vollendet das Kind im VZ das 14. Lebensjahr, sind alle Aufwendungen zu berücksichtigen, die bis zu diesem Tag angefallen sind, und zwar bis zum Höchstbetrag (der nicht zeitanteilig gekürzt wird, s Rz 97). Über das 14. Lebensjahr hinaus werden Kinder berücksichtigt, wenn sie wegen einer körperl, geistigen oder seelischen **Behinderung,** die vor Vollendung des 25. Lebensjahrs *eingetreten* ist (s BFH III R 61/08 BStBl II 12, 141, § 32 Rz 3), außerstande sind, sich selbst zu unterhalten – bei Behinderungseintritt vor 1.1.07 Verlängerung auf 27. Lebensjahr, § 52 Abs 18 S 3. Das ist (wie bei § 32) anzunehmen, wenn die eigenen Einkünfte des Kindes geringer sind als der sog Lebensbedarf (Grundbedarf und behinderungsbedingter Mehrbedarf, s § 32 Rz 40 ff). Begriff und Nachweis der Behinderung s § 32 Rz 39. Der Grad der Behinderung nach § 33b ist nicht maßgebl. In Ausnahmefällen wird eine Behinderung unter 50% reichen (vgl § 69 SGB IX: ab 20%). Entscheidend ist die Kausalität („wegen").

cc) Haushaltszugehörigkeit. Sie liegt vor, wenn das Kind dauerhaft in der Wohnung des StPfl lebt oder sich mit dessen Einwilligung vorübergehend außerhalb der Wohnung aufhält (zB wegen Krankheit oder zu Ausbildungszwecken). Zu den unterschiedl Definitionen s BFH VIII R 91/98 BFH/NV 04, 324. Der Haushaltsbegriff ist mE weit zu fassen (*BMF* Rn 12, 13, § 32 Rz 15). Die Zugehörigkeit erfordert Verantwortung für das materielle und immaterielle Kindeswohl; sie wird nicht dadurch aufgehoben, dass sich das Kind in einem Heim oder Internat aufhält, ggf auch im Ausl (BFH X R 24/99 BStBl II 02, 244, zu § 34f); inl Wohnsitz oder gewöhnl Aufenthalt werden nicht vorausgesetzt. Übl Ferienbesuche bis zu 6 Wochen begründen jedoch allein keine Haushaltszugehörigkeit (vgl BFH III R 40/03 BStBl I 05, 326; s auch § 63 Rz 5). Bei nicht zusammenlebenden Eltern sind die Meldung des Kindes und der Erhalt von KiGeld als Indiz zu werten; letztl kommt es auf die *tatsächl Verhältnisse* an. Haushaltszugehörigkeit ist auch gegeben, wenn der Alleinstehende *mit* dem Kind im Haushalt einer anderen Person lebt (zB Großeltern, Wohngemeinschaft). Ausnahmsweise ist Zugehörigkeit zu zwei Haushalten mögl (vgl BFH X R 11/97 BStBl II 99, 594, zu § 34f). 91

f) Betreuer. Dies kann jede nicht zum Haushalt gehörende Person sein. Betreut ein **Angehöriger** des StPfl das Kind, muss die zw den Beteiligten getroffene Abrede dem entsprechen, was zw fremden Dritten übl ist, und tatsächl umgesetzt werden; bei unentgeltl Geschäftsbesorgung muss Aufwendungsersatz übl sein. Leistungen eines Angehörigen, Lebenspartners etc, die in einer **Familie** typischerweise unentgeltl erbracht werden, bleiben unberücksichtigt (Abgrenzung s BFH III R 184/90 BStBl II 92, 814; FG BaWü EFG 12, 1439, rkr). Ebenfalls nicht erfasst werden Leistungen einer Person, zu der das Kind in einem Kindschaftsverhältnis steht (BFH III R 27/91 BStBl II 98, 187, zu § 53a aF), sowie eigene Leistungen des StPfl selbst (zB eigene Fahrtkosten der Eltern, FG Nds EFG 06, 1844, rkr); solche Aufwendungen sind über § 32 VI abgegolten. Beispiele s Rz 96. 92

g) Aufwendungen für Betreuungsdienstleistungen. – aa) Aufwendungen. SA sind vereinbarte und gezahlte Ausgaben in Geld oder Geldeswert, auch SV-Beiträge als ArbLohn und sonstige Nebenkosten (zB Lohnabrechnungskosten, StB-Kosten). Für Sachleistungen gilt § 8 II entspr (zB Wohnen/Kost bei Au-pair; *BMF* Rn 5). Verringertes Einkommen wegen Reduzierung der Arbeitszeit ist keine Aufwendung (s *BMF* aaO Rn 5); ebensowenig stfrei gezahlte Zuschüsse des ArbG gem § 3 Nr 33, 34a (§ 3c). Zur (Teil-)Abtretung eines Anspruchs auf Landeserziehungsgeld an Kindergartenträger s FG Thür EFG 10, 1407, rkr; zu Anrechnung von Betreuungsgeld nach §§ 4a ff BEEG s *FinVerw* DStR 15, 2181. 93

bb) Ausgeschlossene Aufwendungen, § 10 I Nr 5 S 2. Aufwendungen für Unterricht und Freizeitbetätigung etc (zB Jugend- und Sportvereine) sind bereits durch die Freibeträge des § 32 VI abgegolten und fallen ebenso wie Aufwendungen für Nachhilfeunterricht, spezielle Hausaufgabenbetreuung (zB „Paukstudio") und Klassenfahrten dem Grunde nach nicht unter § 10 I Nr 5. Unschädl ist es dagegen, wenn eine Betreuungsperson *auch* bei den regulären Schulaufgaben hilft („übl Arbeiten", vgl BFH VI R 116/78 BStBl II 79, 142), solange die Betreuung Hauptgegenstand der Dienstleistung ist. – **Gemischte Aufwendungen** sind aufzuteilen, ggf im Schätzungswege, es sei denn, der Betreuungsleistung kommt nur untergeordnete Bedeutung zu (s *BMF* Rn 6, 7). 94

Weitere Beispiele (kein Betreuungsaufwand): Schulgeld, Aufwendungen für Fremdsprachenunterricht (Abgrenzung zu Kindergartenunterricht s BFH III R 29/11 BStBl II 12, 862), Musikunterricht, Computerkurse, Tennis- und Reitunterricht. Umfasst die **schulische Nachmittagsbetreuung** *auch* ausgeschlossene Aktivitäten, soll eine Aufteilung der Aufwendungen nur zulässig sein, wenn die entspr Beträge in der Rechnung (etc) aufgeschlüsselt sind (keine Aufteilung im Schätzungswege, s *BMF* aaO Rn 6, 9, fragl).

cc) Dienstleistung. Darunter fällt jede Tätigkeit eines Dritten (s Rz 92), die aufgrund zivil- oder öffentlichrechtl Verpflichtungen, nicht jedoch auf familien- 95 rechtl Grundlage erbracht wird (BFH III R 94/96 BFH/NV 99, 163). Ein ArbVerh muss nicht vorliegen; ernst gemeinte unentgeltl Geschäftsbesorgung (§ 662 BGB) mit der Möglichkeit eines Aufwendungsersatzes genügt (BFH aaO: Taxikosten). Die Dienstleistungen können im Haushalt oder außerhalb erbracht werden. Die steuerl Behandlung beim Leistenden ist unerhebl.

96 **dd) Betreuung.** Gegenstand der Dienstleistung müssen Aufgaben der Personensorge (§ 1631 BGB) wie Pflege, Beaufsichtigung, Unterbringung und Erziehung des Kindes sein. Der Begriff ist weit auszulegen. Er umfasst nicht nur die behütende und beaufsichtigende Betreuung, sondern auch die nicht schulische Unterbringung in pädagogisch ausgestalteten Kindergärten uä Einrichtungen (zur Abgrenzung von nicht abziehbaren Unterrichtsaufwendungen BFH III R 29/11 BStBl II 12, 862). Aufwendungen für **Verpflegung des Kindes** werden grds nicht erfasst (keine Betreuung, sondern Unterhalt, vgl BFH III R 1/86 BStBl II 87, 490, zu § 33a; Ausnahme: geringfügige Tagesstätten-Verpflegungskosten, vgl *BMF* aaO Rn 6). Zu ausgeschlossenen/gemischten Aufwendungen s iÜ Rz 94.

Beispiele zu Betreuungsleistungen: Babysitter, Au-pair, Tages-/Wochenmutter, Erzieher, Kinderpfleger/-schwester, Kindergarten/-tagesstätte, Haushaltshilfe, soweit sie das Kind betreut; ggf auch Ferienbetreuung. Fahrtkostenersatz für unentgeltl Geschäftsbesorgung s FG BaWü EFG 12, 1439 mit Anm *Claßen,* rkr. – Verrichtet ein **Au-pair** auch häusl Arbeiten und wird der Umfang der Kinderbetreuung nicht anhand vertragl Vereinbarungen (uÄ) nachgewiesen, können 50% der Gesamtaufwendungen angesetzt werden (vgl *BMF* aaO Rn 7).

97 **h) Abzugshöhe, § 10 I Nr 5 S 1, 3.** – ***(1)*** **Höchstgrenze. Satz 1** enthält eine relative Beschränkung auf zwei Drittel der Aufwendungen und eine absolute Höchstgrenze von **4000 € je Kind.** IdR sind Aufwendungen ab dem ersten Euro abziehbar. Die Höchstgrenze wird also bei Betreuungskosten iHv 6000 € erreicht. Es handelt sich um einen Jahreshöchstbetrag, der nicht zu kürzen ist, wenn die Abzugsvoraussetzungen nur in einem Teil des Jahres vorliegen (Betreuung nur 6 Monate; Altersgrenze im Juli erreicht; vgl *BMF* Rn 17; gleichwohl aber taggenaue Prüfung der Voraussetzungen, s Rz 90). Kürzung um stfreie Zuschüsse s Rz 93. – ***(2)*** **Verfahren.** Abzug vom Gesamtbetrag der Einkünfte (§ 2 IV) im Jahr der Zahlung (§ 11 II, *BMF* aaO Rn 10). Das Jahr der Leistung spielt nur für den Übergang § 9c/§ 10 I Nr 5 (2011/12) eine Rolle, s Rz 85. – ***(3)*** **Kürzung bei Auslandskindern, Satz 3.** Die Kürzung des Höchstbetrags von 4000 € richtet sich nach der Ländergruppeneinteilung des *BMF* BStBl I 13, 1462.

98 **i) Abzugsdetails.** – ***(1)*** **Persönl Abzugsberechtigung.** IdR zusammen lebende Eltern bzw sonst der Elternteil, zu dessen Haushalt das Kind gehört. Die Zahlung durch Dritte für den Abzugsberechtigten ist unschädl (**Drittaufwand, abgekürzter Zahlungsweg,** *BMF* aaO Rn 24). Bei nicht verheirateten, zusammen lebenden Eltern soll jedoch nur der abzugsberechtigt sein, der den Vertrag abschließt und die Betreuungsaufwendungen trägt (so vor § 2 VIII *BMF* Rn 14, BFH III R 79/09 BStBl II 11, 450, Anm *Görke* BFH/NV 11, 214 – die Ablehnung von Drittaufwand ist mE nicht zwingend, s auch BFH X R 24/09 BStBl II 12, 321 zu Schulkosten). – **Aufteilung** (s Beispiele bei *Nolte* NWB 12, 1508/15): Liegen die Voraussetzungen bei beiden Elternteilen vor, kann jeder seine Aufwendungen grds bis zu 2000 € absetzen (nur bei Zusammenveranlagung keine Aufteilung, § 26b). Die Eltern können jedoch einvernehml eine andere Aufteilung beantragen (zu Einzelveranlagung ab 2013s § 26a II 2, 3, *BMF* Rn 27; zu nicht verheirateten, dauernd getrennt lebenden oder geschiedenen Eltern s *BMF* Rn 28). – ***(2)*** **Verhältnis zu anderen Vorschriften.** Der Abzug nach § 10 I Nr 5 erfolgt zusätzl zum Entlastungsbetrag des **§ 24b** und zu den Freibeträgen nach **§ 32 VI;** das gleiche gilt (bei behinderten Kindern – sonst greift die Altersgrenze) für den Ausbildungsfreibetrag des **§ 33a II** und (bei Übertragung) für den Behindertenpauschbetrag des **§ 33b V.** Dagegen ist ein Abzug als agB gem **§ 33 II 2** ausgeschlossen (s § 33 Rz 4); auch **§ 35a** wird grds verdrängt, aber nur, soweit die

Abzugsvoraussetzungen nach § 10 I Nr 5 vorliegen (s § 35a Rz 25, *BMF* aaO Rn 30, zu Aufteilung bei Au-pair Rn 7). Eintragung in die LStKarte s § 39a I Nr 2.

j) Nachweise, § 10 I Nr 5 S 4. Vgl *BMF* aaO Rn 20ff. – ***(1)* Rechnung.** Die Rechnung muss vorliegen, ist aber nur auf Verlangen des FA (§ 88 I AO) vorzulegen. Es muss sich nicht um eine Rechnung iSd UStG handeln; Vertrag (zB Au-pair-Vertrag), Gebührenbescheid (zB für den Kindergarten) oder Quittung über Nebenleistungen genügen (*BMF* aaO Rz 20ff). Gesamtrechnungen sind sachl und persönl aufzuschlüsseln und aufzuteilen, ggf im Schätzungswege; Au-pair s *BMF* aaO Rn 7. – ***(2)* Zahlung.** Nur **unbar** entgoltene Betreuungsleistungen (per Einzelüberweisung, Dauerauftrag, Einzugsermächtigung) können angesetzt werden, nicht Bar- oder Barscheckzahlungen, auch nicht bei sonstigem Zahlungsnachweis, Buchungsnachweis oder späterer Ersetzung durch Überweisung (*BMF* aaO Rn 23; BFH III B 126/11 BFH/NV 12, 1126; FG Köln EFG 14, 1085, rkr). Diese Beschränkung bezieht sich nur auf Geld-, nicht auf Sachleistungen – für diese gilt § 8 II (*BMF* aaO Rn 5). Bei Zahlung per Online-Überweisung, Verrechnungsscheck uÄ kann der Nachweis durch Vorlage eines Kontoauszugs erbracht werden; s *BMF* aaO Rn 22. Auch bei Minijobs ist keine Barzahlung mögl (so zu gleicher Rechtslage 2009 BFH III R 63/13 BStBl II 15, 583; s aber zu Nachweis eines Arbeitsvertrages *BMF* aaO Rz 2). 99

k) Verfahren. Auf der LStKarte können Kinderbetreuungskosten als Freibetrag eingetragen werden (§ 39a I Nr 2). 100

8. Steuerberatungskosten, § 10 I Nr 6 aF. Steuerberatungskosten sind bei der ESt im Einkünftebereich als BA/WK absetzbar (vgl § 4 Rz 520 „Rechtsverfolgungskosten" und „Steuern"). Als **SA nach § 10 I Nr 6 aF** waren bis 2005 sonstige private steuerl Beratungskosten abziehbar, zB für das Ausfüllen der ESt-Erklärungsmantelbogens, für ag Belastungen, nicht für StraBEG-Erklärung (BFH VIII R 29/10 BStBl II 13, 344). Dieser SA-Abzug ist **ab 2006 aufgehoben** (fragl, aber verfgemäß, BFH X R 10/08 BStBl II 10, 617, daher endgültige Zurückweisung ruhender Einsprüche, *BMF* BStBl I 13, 348, 459). Einzelheiten, auch zur Aufteilung, s 32. Aufl mwN. 101

9. Aufwendungen für eigene Berufsausbildung, § 10 I Nr 7. Vgl *BMF* BStBl I 10, 721. – **a) Berufsausbildung.** Hierunter fällt das Erlernen einer ersten oder weiteren, später gegen Entgelt auszuübenden Tätigkeit. Darunter versteht das Gesetz alle Maßnahmen, durch die „erst das für den Beruf typische Können und schließlich eine selbstständige, gesicherte Lebensstellung erworben werden sollen" (BT-Drs V/3430 S. 8), also den Erwerb von Grundlagenkenntnissen für künftigen Beruf (BFH VI R 163/88 BStBl II 92, 661, *BMF* BStBl I 05, 955, I 11, 1243; zu Rettungssanitäter BFH VI R 52/10 BStBl II 12, 825; abl zu Ski-Übungsleiterausbildung BFH VI R 13/93 BStBl II 96, 8). Es müssen obj Umstände die Absicht erkennen lassen, auf Grund der Ausbildung später eine Erwerbstätigkeit auszuüben (Tatfrage, s BFH VI B 92/07 BFH/NV 09, 148), unabhängig von einem geordneten Ausbildungsgang (FG Mster EFG 97, 602, rkr – s aber § 9 VI nF). „Studium" als Ausbildung s Rz 115. Die Rspr zu § 32 gilt nur teilweise (s BFH VIII B 151/03 BFH/NV 04, 929). 102

b) Abgrenzungsfragen. – aa) Weiterbildung. *Private* Weiterbildung in einem nicht ausgeübten Beruf ohne Berufsabschluss hatte §§ 10 I Nr 7 bis 2004 den SA zugeordnet, dieses Tatbestandsmerkmal jedoch nach Ausdehnung des Begriffs der Fortbildungskosten durch die BFH-Rspr ersatzlos gestrichen. 103

bb) Fortbildungskosten. *Berufl* veranlasste Weiterbildungskosten sind keine SA (§ 10 I S 1), sondern BA oder WK, nicht nur bei Ausbildungsdienstverhältnissen mit stpfl Einkünften und Weiterbildung in einem erlernten und ausgeübten Beruf, sondern auch bei **Zweitstudien** und **Umschulungskosten von Arbeitslosen** oder **Vorbereitungskosten** der Wiederaufnahme einer früher ausgeübten Berufstätigkeit (zB zeitl begrenzter Mutterschaftsurlaub, Erziehungsurlaub, BFH VI 104

R 137/99 BStBl II 04, 888; BFH VI R 103/01 BFH/NV 05, 48). Es muss nur ein konkreter wirtschaftl Zusammenhang mit einer Einnahmenerzielungabsicht im Inl bestehen, wenn auch nicht mit einem bestimmten Beruf – nicht zB bei fehlender Berufsausübungserlaubnis, FG Ddorf EFG 99, 888, rkr, oder bei fehlender Wiederaufnahmeabsicht. Vgl zu Gesetzesänderung 2015 § 4 IX mit Rz 625, § 9 VI mit Rz 280 ff.

105 **cc) Kosten der Allgemeinbildung.** Allgemeinbildung, die sich ein StPfl aus persönl Gründen aneignet, ohne dass dies notwendige Voraussetzung für eine geplante Berufsausübung wäre, ist keine Ausbildung iSv § 10 I Nr 7 (s Rz 102). Das sollte jedoch auf Fälle beschränkt werden, in denen nach Art der Ausbildung eine private, außerberufl Veranlassung naheliegt (sonst idR WK). Abl zu Deutsch-Vorstudienkurs FG Nbg EFG 15, 2052, rkr. Auf **„Umschulung" ohne konkrete Pläne** lassen sich die Grundsätze nicht übertragen (s Rz 115). Beispiele s Rz 115 „Erziehung", „Führerschein", „Kindergarten", „Liebhaberei", „Sprachkurse".

106 **dd) Weitere Beschränkungen** lässt das Gesetz nicht erkennen; BFH VI R 149/81 BStBl II 88, 494 schließt nur verbotene und verfwidrige Tätigkeitsziele aus.

107 **ee) Aufteilung bei gemischter Veranlassung. § 12 Nr 1** steht dem Abzug eines abgrenzbaren SA-Anteils nicht entgegen (Rz 1), egal ob der andere Teil berufl oder privat veranlasst ist (vgl auch § 33 II 2); *Steck* DStZ 08, 365. Fragl kann bei privater Mitveranlassung nur sein, ob durch Schätzung trennbare Aufwendungen vorliegen (abl zu Zimmer zum Schlafen und zur Berufsausbildung FG Nds EFG 87, 403, rkr; zu StErklärung im Fortbildungsarbeitszimmer BFH VI B 35/04 BFH/NV 05, 1549; str, s § 4 Rz 520 „Arbeitszimmer").

108 **c) Steuerl Auswirkung von Ausbildungskosten iwS. –** ***(1)*** **Auszubildende.** Sie können *eigene* Ausbildungskosten zT als BA/WK (Zweitausbildung), sonst nach § 10 I Nr 7 bei *ihrer* Veranlagung begrenzt als SA absetzen (Erstausbildung), den übersteigenden Betrag uU (Zwangsläufigkeit!) als agB (§ 33 II 2). Ohne eigene Einkünfte – anders als bei Fortbildungs-WK – kein Verlustabzug; der Abzug geht verloren (§ 10d Rz 17). VerfMäßigkeit ist str (s § 4 Rz 625, § 9 Rz 280 ff). – ***(2)*** **Eltern.** Sie können für Kinder in Berufsausbildung außer Kindergeld ESt-Vergünstigungen erhalten (vgl § 32 VI, § 33 III, § 33a II, III, § 33b V), uU SA iRv § 10 I Nr 9 abziehen (Schulgeld, s Rz 120).

109 **d) Aufwendungen und Höhe. – aa) Wirtschaftl Belastung.** Der StPfl muss durch tatsächl Ausgaben wirtschaftl belastet sein (Rz 4, 15); das ist er auch bei Fremdfinanzierung (s Rz 5; kein Abzug von Darlehenstilgungszahlungen, wohl dagegen der Zinsen; Rückzahlung als WK oder SA s BFH VI R 41/05 BFH/NV 08, 1136). Zu SA-Abzug nachlaufender Studienkosten nach Stundung s EStR 10.9 II. An der Belastung fehlt es bei stfreier Erstattung *dieser* Ausgaben durch dritte Personen (s Rz 6, zB § 45 AFG, §§ 67 ff, 81 ff SGB III oder § 4 der HärteVO zu § 14a BAföG). Die private Schenkung der Geldmittel ist unschädl, vgl Rz 23. Sonstige Ausbildungszuschüsse stellen die eigene Belastung auch dann nicht in Frage, wenn sie stfrei gezahlt werden (Erstattung der Lebenshaltungskosten, BFH VI R 26/76 BStBl II 79, 212 zu gekürzten Förderungsbeträgen nach § 13 I, II BAföG, BFH VI R 71/02 BStBl II 04, 890 zu Unterhaltsgeld nach § 44 AFG – §§ 65, 66, 84, 153 ff SGB III). Betrifft die Förderung beide Aufwendungsbereiche, wäre nach dem Gesetz **aufzuteilen** (s Rz 107). Vgl aber EStR 10.9 I: Aus Vereinfachungsgründen wird auf die Aufteilung und die Kürzung der SA verzichtet, wenn *auch* Kosten der Lebenshaltung ersetzt werden. Diese Vereinfachungsregelung gilt für die meisten Stipendien und Ausbildungsförderungen (*Beispiele:* §§ 40, 44 AFG, §§ 12, 13 BAföG, § 59 Nr 3 SGB III). **Ehegatten-/LPart-Aufwendungen** sind gesondert zu prüfen und abziehbar, auch wenn die Voraussetzungen des § 26 I 1 erfüllt sind (§ 10 I Nr 7 S 2; keine automatische Verdoppelung; Person des Zahlenden ist aber unerhebl, s Rz 16).

bb) Einzelne SA (soweit keine WK/BA, s § 4 IX mit Rz 625, § 9 VI mit Rz 280 ff). Vgl auch *Klein* DStR 14, 776; *Geserich* NWB 14, 681; *Broemel* DStR 12, 2461. – ***(1)* Tatsächl Aufwendungen.** Kosten für Schul-, Studien-, Kurs-, Lehrgangs-, Tagungs- und sonstige Veranstaltungsgebühren, für Lernmaterial, PC mit Zubehör (uU AfA, s Rz 9), Fachbücher, Druckkosten privater Dissertation, Vorbereitungs-, Zulassungs- und Abschlussprüfungskosten für ein Studium (einschließl hierdurch veranlasster Nebenkosten – s Rz 5 – wie Finanzierungskosten, Rz 109, Prozess- und Anwaltskosten, FG Bln EFG 79, 177, rkr), alle, soweit nicht WK oder BA vorliegen. – ***(2)* Fahrtkosten, § 10 I Nr 7 S 4.** Bei Fahrten von der Wohnung zu *regelmäßigen* Ausbildungsstellen und bei doppelter Haushaltsführung unabhängig von Aufwandstragung Entfernungspauschale nach § 9 I 3 Nr 4 und 5, II, grds nur einmal tägl (s § 10 I Nr 7 S 4, LStR 9.2), sonst nach Dienstreisegrundsätzen bei eigener Aufwandstragung in tatsächl Höhe oder pauschal für eigenen Pkw 0,30 €, Motorrad und Mofa ab 2014 0,20 € (§ 9 I 3 Nr 4a; *BMF* BStBl I 14, 1412 Rz 36; *bis 2013* Motorrad 0,13 €, Mofa 0,08 €, Fahrrad *nur bis 2013* 0,05 € pro gefahrenen km, s LStH 9.5). Die rechtl Beurteilung der **Uni** als regelmäßige Ausbildungsstätte/erste Tätigkeitsstätte hat sich mehrfach geändert. BFH VI R 44/10 BStBl II 13, 234 lehnte die früher abl VerwAuffassung ab (daher bis 2013 Vollabzug der Fahrtkosten, s 32. Aufl mwN). Ab 2014 rückführende Gesetzesänderung durch § 9 IV 8/§ 10 I Nr 7 S 4 nF: Uni gilt bei Vollzeitstudium als erste Tätigkeitsstätte (also wieder Abzugsbeschränkung auf Entfernungspauschale). – ***(3)* Kosten der Unterbringung, § 10 I Nr 7 S 3, 4.** Sie sind nur bei auswärtiger Unterbringung außerhalb des Ortes abziehbar, in dem der StPfl einen eigenen Hausstand unterhält. Die frühere Rechtslage zur doppelten Haushaltsführung (s 33. Aufl; s auch BFH VI R 78/10 BStBl II 13, 284) hat sich durch § 9 IV 8 mit Hinweis auf § 9 I 3 Nr 5 geändert, s oben *(2)*. Übernachtungskosten sind nachzuweisen. – ***(4)* Mehraufwendungen für Verpflegung, § 10 I Nr 7 S 4.** Es greifen die pauschalen Abzugsbeschränkungen der § 9 IV 8, § 9 IVa, s oben *(2)*. – ***(5)* AK sonstiger Arbeitsmittel.** ME iHd Nutzungsaufwands **(AfA)** durch die Ausbildung veranlasste SA (glA BFH, s Rz 9; zB Arbeitszimmereinrichtung); wohl auch bei Schenkung (ähnl Rz 23, § 9 Rz 88, § 4 Rz 500) und bei Einsatz eigener privater WG (ähnl § 9 Rz 249). Die Nutzung muss eindeutig der Ausbildung zuzuordnen sein, ggf anteilig, soweit von der privaten Lebensführung abgrenzbar (sonst kein Abzug). Arbeitsmittel im Arbeitszimmer s § 4 Rz 591 und unten. – ***(6)* Häusl Arbeitszimmer, § 10 I Nr 7 S 4.** Die entspr § 4 V Nr 6b gekürzten Kosten können SA sein (so schon BFH VI R 2/87 BStBl II 90, 901 zu Arbeits- und Studienraum; s auch Rz 104, 107 zu Aufteilung). Vgl § 4 Rz 590 ff (zwingende, aber unklare Änderung durch § 10 I Nr 7 S 4 – Zusammenhang mit § 4/§ 9? – Mittelpunkt der gesamten (Studien-?)Tätigkeit?; str, Probleme s *Urban* DStZ 97, 368/373, *Richter* DStR 97, 605, ausführl *Steck* DStZ 08, 365. 110

cc) Höhe, § 10 I Nr 7 S 1, 2. Der SA-Abzug ist begrenzt, wohl auch für Arbeitszimmer, vor allem für Erststudienkosten einschließl auswärtiger Unterbringung und Studienzimmer, ab 1.1.2012 auf 6000 € im Kj (ohne Verlustabzug, s Rz 108), bei Ehegatten/LPart in Berufsausbildung der Höhe nach personenbezogen (ggf Verdoppelung). 111

15. ABC der Aus- und Weiterbildungskosten 115

Allgemeinbildung s „Liebhaberei" und Rz 105.

Aufbaustudium ist idR Fortbildung (s „Studium").

Ausbildungsarbeitsverhältnis (Dienst gegen stpfl Lohn) führt zum WK-Abzug (s „Staatsprüfung", „Studium", § 9 VI).

Beamtenanwärter. Ausbildungsbedingte Aufwendungen iZm dem DienstVerh sind WK und keine SA (s „Staatsprüfung", „Studium").

Berufsschule s „Schule" (WK, keine SA).

Erstausbildung; Erststudium. Nach §§ 9 VI, 4 IX keine zum Abzug von WK/BA führende Fortbildung; daher nur SA-Abzug bis 6000 € (§ 10 Nr 7). Die VerfMäßigkeit ist str (s § 4 Rz 625, § 9 Rz 280; vorläufige Veranlagung und AdV nach *BMF* BStBl I 15, 174 und 786).

Fachhochschule s „Schule", „Studium".

Flugschein. Die Kosten können vorab entstandene WK sein, soweit nur ein „hinreichend konkreter" bzw „klar erkennbarer" Zusammenhang mit künftigen stbaren Einnahmen aus der angestrebten Tätigkeit besteht (Abgrenzung nach Art der Fluglizenz, BFH VI R 4/07 BStBl II 09, 110; BFH IX R49/09 BStBl II 10, 1038; BFH IX R 5/11 BStBl II 14, 143). S auch „Führerschein", „Liebhaberei" (keine SA). Ab 2015 ist § 9 VI, § 4 IX zu beachten (entgegen BFH VI R 5/10 BStBl II 12, 553 kein WK-Abzug bei erster Berufsausbildung; str, s § 4 Rz 625, § 9 Rz 280 ff).

Führerscheinkosten sind grds Kosten der privaten Lebensführung (keine SA, s 23. Aufl), ausnahmsweise WK/BA, wenn der Erwerb des Führerscheins unmittelbare Voraussetzung für weiterführende Berufsausübung ist (Bus-, LKW- oder Taxifahrer, vgl FG Mster EFG 98, 941, rkr; s auch „Flugschein").

Habilitation. Aufwendungen für die Qualifikation als Hochschullehrer sind keine SA, sondern WK (s § 19 Rz 110). S auch „Promotion".

Handwerkskurse von Privatpersonen, die keine Fortbildung darstellen, werden idR unter „Liebhaberei" fallen (s auch „Hauswirtschaft").

Hauswirtschaftl Aus- oder Weiterbildung. Die Kosten sind nur noch bei echter Berufsausbildung iSv § 10 I Nr 7 S 1 abziehbar als SA, bei Fortbildung als WK.

Liebhaberei (s auch Rz 105). Die Aufwendung von Bildungskosten ohne erkennbare, obj nachvollziehbare Absicht, später eine Erwerbstätigkeit in dieser Richtung auszuüben, führt idR nicht zu SA. *Beispiele:* Fotokurs eines Apothekers (BFH VI R 139/76 BStBl II 79, 180); Musikausbildung eines Richters (FG Bln EFG 76, 602, rkr, zust BFH VI R 139/76 BStBl II 79, 180); Jagdprüfung eines Angestellten (FG Bln EFG 79, 438, rkr; Bindung an FG s BFH VI B 92/11 BFH/NV 12, 783); Ärztin als Jagdaufseherin (FG Brem EFG 75, 10, zust BFH VI R 139/76 BStBl II 79, 180). Das Erlernen einer Sportart ist nur dann Berufsausbildung, wenn konkrete Pläne der Ausübung gegen Entgelt bzw Weitervermittlung der Fähigkeiten als Lehrer, Übungsleiter oÄ bestehen; das Gleiche gilt für Mal-, Töpfer-, Schreibmaschinengrundkurse (FG RhPf EFG 94, 787, rkr) uÄ sowie für Kurse zur privaten „Persönlichkeitsbildung". **Meisterkurse** sind Fortbildung (BA/WK. § 4 IX, § 9 VI).

Persönlichkeitsbildung. Berufl Kursgebühren können BA/WK sein (s BFH VI R 44/04 BStBl II 09, 106, BFH VI R 35/05 BStBl II 09, 108), nicht SA.

Promotion. Kosten zur Erlangung der Doktorwürde sind keine SA, sondern WK (BFH VI R 96/01 BStBl II 04, 891; 33. Aufl).

Referendare s „Staatsprüfung".

Schule. Die Kosten für den Besuch **allgemeinbildender Schulen** jeder Art sind ausnahmslos nicht als WK/SA (allenfalls als Eltern-SA nach § 10 I Nr 9) abziehbare Ausbildungskosten, da der Schulbesuch, angefangen von der Volksschule bis zum Abitur, die notwendige Grundlage für das Leben und die Ausübung der verschiedensten Berufe schafft. Soviel ist unstr. Das gilt auch für **Fachoberschulkosten** außerhalb der berufl Tätigkeit (s BFH VI R 5/04 BStBl II 06, 717; ab 2015 § 9 VI). Vgl „Ausbildungsarbeitsverhältnis", „Studium", „Volkshochschule". Die Vorbereitung auf das **Steuerberaterexamen** ist bei Steuergehilfen, Bilanzbuchhaltern, Finanzbeamten stets „Fortbildung" (s Rz 104, § 19 Rz 110, Rspr

19./23. Aufl). Das gilt wohl ebenso für ähnl Prüfungen (WP, Buchprüfer, s 33. Aufl). – **Berufsschulkosten** sind WK des Lehrdienstverhältnisses.

Sport s „Liebhaberei".

Sprachkurse führen bei berufl Veranlassung zu WK/BA (§ 12 Rz 25, § 4 Rz 520 mwN). IÜ handelt es sich häufig um nichtabziehbare Aufwendungen der Allgemeinbildung, wenn Berufsbezogenheit fehlt (s FG Köln EFG 12, 2196, rkr, „Liebhaberei" sowie Rz 105). Bei berufl Erstausbildung SA-Abzug.

Staatsprüfung. Vorbereitung eines **Studenten** auf die erste Staatsprüfung ist grds Ausbildung iSv § 10 I Nr 7 (s „Studium"). Ebenso bei einstufiger Ausbildung (BFH IX R 96/92 BStBl II 86, 184 mwN) und Bachelor. Vorbereitung eines **Referendars** auf die zweite Staatsprüfung und Masterstudium sind Fortbildung (WK, § 9 VI, vgl schon BFH VI R 112/70 BStBl II 72, 251). **Steuerberaterprüfung** s „Schule" (idR WK/BA, keine SA).

Studium. Die Rechtslage hat sich mehrfach geändert (s 30./32. Aufl) und ist daher rückwirkend ab 2004 gesetzl geregelt (§ 4 IX, § 9 VI, § 12 Nr 5 aF). Danach sind Kosten für erstmalige Berufsausbildung und Erststudium (Bachelor) außerhalb eines DienstVerh nach wie vor nur als SA abziehbar, ab 2012 bis zu 6000 € (Folge: Kein Verlustvortrag, s § 10d Rz 17). Masterstudium ist als Aufbaustudium Fortbildung. Deutsch-Vorstudienkurs ist keine Ausbildung (FG Nbg EFG 15, 2052, rkr). Die VerfMäßigkeit der Neuregelung ist str (Vorlagen an BVerfG BFH VI R 8/12 DStR 14, 2216 ua, § 4 Rz 625, § 9 Rz 280 ff; vorläufige Veranlagung und AdV s *BMF* BStBl I 15, 174 und 786).

Umschulung. BFH VI R 120/01 BStBl II 03, 403 hatte bereits iZm Rspr-Änderung zur berufl Veranlassung eines „Studiums" Umschulungskosten als Fortbildungskosten (WK) anerkannt (s 27. Aufl mwN). Die Beschränkung auf den Regelfall der Umschulung nach abgeschlossener Berufsausbildung in § 12 Nr 5 aF/§ 9 VI ist str (s „Studium").

Volkshochschulkurse werden häufig weder der Fort- noch der Ausbildung dienen, sondern der Erweiterung des Allgemeinwissens (s „Liebhaberei", Rz 105).

Zweitausbildung; Zweitstudium s „Studium", „Umschulung", § 9 VI.

11. Schulgeld, § 10 I Nr 9. *Schrifttum* – ausführl – *Ebner* DStZ 09, 645. – 120
a) Rechtsentwicklung. Während die *FinVerw* früher Schulgeldzahlungen anteilig zum Spendenabzug zuließ, hat der BFH eine solche Aufteilung abgelehnt (s § 10b Rz 17 mwN). § 10 I Nr 9 ist wohl die – unsystematische – Reaktion des Gesetzgebers (ohne verfrechtl Anspruch, BFH X B 252/07 BFH/NV 09, 23 mwN). Danach können Eltern ua Personen für Kinder iSv § 32/§ 63, für die sie Anspruch auf Kinderfreibetrag oder Kindergeld haben, einen Teil des für den Schulbesuch aufgewandten Geldes als SA absetzen. Vertragspartner kann auch das Kind sein (EStR 10.10 I; BFH X R 24/09 BStBl II 12, 321). § 10 I Nr 9 idF JStG 2009 enthält eine Förderungsänderung rückwirkend ab 2008 mit Ausnahmen *nur* für EU/EWR-Schulen (s 34. Aufl mwN). Bei Bestandskraft auch kein Billigkeitserlass (BFH X R 40/12 DStRE 15, 617).

b) Begünstigte Schulen. – ***(1)* Rechtslage bis 2007** s 32. Aufl. – ***(2)* Neuregelung ab 2008** (s § 52 Abs 24a aF mit Sonderregelung für EU-Auslandsschulen; 121
BMF BStBl I 09, 487; *BayLfSt* v 21.5.14 DB 663918; *Schaffhausen/Plenker* DStR 09, 1123; *Ebner* DStZ 09, 645): – **S 1, 2** begünstigen Schulen in freier Trägerschaft und überwiegend privat finanzierte Schulen im Inl und im **EU/EWR-Ausland** (dazu § 1a Rz 4, 5). Abl zu Schweiz BFH X R 3/11 BStBl II 12, 585. – **S 4** stellt den Besuch (nur) *deutscher* Schulen in Drittstaaten gleich. **Hochschulen** einschließl Fachhochschulen und gleichstehende EU/EWR-Auslandseinrichtungen sind keine Schulen iSv § 10 I Nr 9 (glA *BMF* aaO Rdn 4, BFH X R 30/08 BFH/NV 09, 1623; FG Mster EFG 15, 1797, Rev X R 32/15; 32. Aufl mwN),

soweit sie nicht als Ersatzschulen anerkannt sind (BFH X R 24/09 BStBl II 12, 321). ME betrifft § 10 I Nr 9 nur anerkannte Schulen iSv Art 7 IV GG im Gegensatz zu (privaten und öffentl) Universitäten/wissenschaftl Hochschulen, deren Zulassung keiner schulrechtl Genehmigung bedarf und deren Kosten als BA/WK oder SA gem § 10 I Nr 7 abziehbar sind (s Rz 115 „Studium" – nicht als agB der Eltern, s BFH VI R 63/08 BStBl II 10, 341), und zu außerschulischen Kinderbetreuungskosten, die unter § 10 I Nr 5 fallen. Universitäten führen auch nicht zu einem „Schul-, Jahrgangs- oder Berufsabschluss" iSv § 10 I Nr 9 S 2. – **Voraussetzung (S 2)** ist die (bindende) inl Anerkennung durch das zuständige Landesministerium, die Kultusministerkonferenz oder eine inl Zeugnisanerkennungsstelle, dass die Schule zu einem allg bildenden oder berufsbildenden Schul-, Jahrgangs- oder Berufsabschluss gleichwertig einem Abschluss einer öffentl Schule führt (s Rz 122); abl zu internationalen Abkommen BFH X R 12/10 BFH/NV 12, 566. Begünstigt sind auch berufsbildende Ergänzungsschulen im EU/EWR-Ausl (zB private Wirtschaftsgymnasien, Berufsfachschulen, Handels- und Sprachschulen) sowie **(S 3)** bestimmte Ersatzschuleinrichtungen, die nicht selbst zu einem Schulabschluss führen, aber ordnungsgemäß, dh nach einem staatl vorgegebenen, genehmigten oder beaufsichtigten Lehrplan darauf vorbereiten, (zB Wochenend- und Abendkurse; **nicht** Nachhilfeinstitute, Musikschulen, Sportvereine, Feriensprachkurse). Str ist, ob für sonstige Einrichtungen iSv S 3 ein Anerkennungsbescheid nötig ist (abl FG Mchn EFG 15, 1057, Rev X R 26/15).

122 **c) Nachweis.** Ohne Sonderregelung gelten allg Beweislastgrundsätze, bei Auslandsschulen iVm § 90 AO. Der StPfl hat eine Schulbescheinigung in dt Sprache und einen von der zuständigen inl Stelle bestätigten Nachweis vorzulegen, dass die Voraussetzungen der Schulbegünstigung vorliegen (EStR 10.10 II). Die Bescheinigung ist bindende Abzugsvoraussetzung (vgl zur Nachholung BFH X R 17/13 BFH/NV 15, 320).

123 **d) Höhe § 10 I Nr 9 S 1, 5.** Aus dem geschuldeten Schulgeldbetrag ist das Entgelt für Beherbergung, Betreuung und Verpflegung herauszurechnen (abgegolten durch § 10 I Nr 5, 33a II). 30% des Restbetrages sind als SA abziehbar, auch Zahlungen über Fördervereine (*FinVerw* DStR 04, 180), ab 2008 höchstens 5000 € (bis 30% von 16667 €). Der Höchstbetrag ist kindbezogen und wird den Eltern (dem Elternteil, der die Kosten getragen hat) nur einmal gewährt (S 5). Wie bei Kinderbetreuungskosten ist eine Zwölftelung des Höchstbetrages nicht vorgesehen; das gezahlte Schulgeld ist jedoch nur für die Monate abziehbar, in denen die Abzugsvoraussetzungen vorliegen (zB bei Schulwechsel auf eine nicht begünstigte Schule Mitte des Jahres Abzug nur zur Hälfte). Unter § 10b fallen nur freiwillige Mehrzahlungen über die vertragl Schulgeldkosten hinaus (§ 10b Rz 17).

III. Sonderausgaben iSv § 10 Ia

130 **1. Vorbemerkung zu § 10 Ia (Einkünftebesteuerungstransfer; Korrespondenzbesteuerung).** § 10 Ia enthält neben auf den SA-Abzug beschränkten Fällen (Nr 2–9) Fälle des Einkünftebesteuerungstransfers, bei denen ein SA-Abzug nach dem Grundsatz der Korrespondenzbesteuerung davon abhängig ist, dass die StKürzung beim stpfl Leistenden durch entspr Besteuerung beim Empfänger ausgeglichen wird. Aus Gründen der Übersichtlichkeit und Rechtsklarheit hielt es der Gesetzgeber für sinnvoll, im ZK-AnpG ab 2015 diese Korrespondenzfälle (§ 10 I Nr 1, 1a, 1b aF; § 22 Nr 1a, 1b, 1c aF) zT wortgleich (Nr 1, 1a), zT mit formalen Ergänzungen (Nr 1d) in einem neuen § 10 Ia zusammen zu fassen (und gleichzeitig um einen weiteren Fall von Ausgleichsleistungen zu ergänzen, den der BFH anders beurteilt hatte, § 10 Ia Nr 3 nF). Hierunter fallen echte Unterhaltsleistungen (Nr 1), Versorgungsleistungen iRe Vermögensübertragung (Nr 2) sowie Ausgleichsleistungen iZm Versorgungsausgleich (Nr 3, 4). Korrespondenzbesteuerung

s § 22 Nr 1a; s auch § 1a I Nr 1b. Darüber hinaus besteht kein allg Korrespondenzprinzip (vgl BFH X B 47/15 BFH/NV 15, 1356).

2. Realsplitting, § 10 Ia Nr 1, § 10 I Nr 1 aF. Vgl *Stiller* DStZ 11, 154; 131
Myßen/Wolter NWB 09, 3900. – **a) Unterhaltsleistungen.** Von dem Grundsatz, dass Unterhaltsleistungen nicht als BA/WK/SA abziehbar sind (§ 12 Nr 1, 2; allenfalls Abzug als agB), macht § 10 Ia Nr 1 eine Ausnahme beim Realsplitting zw geschiedenen oder getrennt lebenden Eheleuten/LPart (§ 2 VIII, § 12 LPartG). Nach § 10 Ia Nr 1 abziehbar (und beim Empfänger zu versteuern, § 22 Nr 1a) sind unter gewissen Voraussetzungen für Zwecke des Unterhalts bestimmte Aufwendungen, unabhängig von der tatsächl Verwendung durch den Empfänger (s BFH X B 203/88 BFH/NV 89, 779). Das gilt auch für *dessen* Kinderunterhaltsleistungen, mE auch bei Abkürzung des Zahlungsweges, aber nur über Zahlung des eigenen Kindesunterhalts hinaus (s Rz 75, BFH XI B 35/99 BFH/NV 00, 841). Begriff Unterhalt wie § 33a Rz 9; str. Abl zu Ehegatten-Beerdigungskosten BFH X R 26/12 BFH/NV 15, 14 (keine Leistung „an den Ehegatten"). Zu berücksichtigen sind lfd und einmalige freiwillige Leistungen, Pflichtleistungen, Geld- und Sachleistungen, letztere idR mit dem Verkehrswert. – **S 2** stellt zum einen klar, dass darunter auch die Übernahme von SA aus Verträgen des geschiedenen Ehegatten fallen (die dessen SA bleiben, s Rz 16, wohl unabhängig davon, wer sie tatsächl bezahlt – kein Doppelabzug nach § 10 I Nr 3 S 3, § 33a I 2), und erhöht zum anderen ab VZ 2010 den Höchstbetrag, allerdings nur, um tatsächl angefallene und übernommene KV- und PflV-Beiträge iSv § 10 I Nr 3, und nur bei Zustimmung und Versteuerung durch den Ehegatten. Bei Gesamtunterhaltsleistungen unter dem normalen Höchstbetrag wird dieser nicht erhöht. § 10 Ia Nr 1 erfasst nur Leistungen des Ehegatten/LPart, nicht der Erben (BFH X R 83/94 BStBl II 98, 148 = BVerfG StEd 02, 302). Vorleistungen des Sozialamts sind (noch) keine SA (FG Saarl EFG 97, 657, rkr). Andere damit zusammenhängende **Nebenkosten** sind nicht abziehbar (s Rz 5, 93). Zu **Renteneinkauf** des Ehegatten/LPart s Rz 150. **Mehrzahlungen zum Nachteilsausgleich** des zustimmenden Ehegatten/LPart (zB StErstattungen) sind jedenfalls dann zu berücksichtigen, wenn sie von Anfang an vereinbart und im Antrag und in der Zustimmung aufgenommen werden (BFH XI R 68/07 BFH/NV 08, 372) – fragl bei nachträgl Ausgleich. **Wohnungsüberlassung** als Unterhaltsgewährung ist mögl. Nach BFH XI R 127/96 BStBl II 02, 130 sind nicht nur übernommene nutzungsabhängige Kosten, sondern auch davon unabhängige Kosten wie Schuldzinsen iRv § 10 Ia Nr 1 als SA abziehbar, aber nicht bei Vermögensübertragung (BFH XI B 55/02 BFH/NV 03, 167). Zu Abgrenzung Auseinandersetzungs-/Unterhaltskosten s BFH XI R 42/04 BFH/NV 07, 1283 (zu Übernahme von Darlehenszins- und Tilgungsleistungen).

b) Begünstigte Empfänger, § 10 Ia Nr 1 S 1, 5. Das sind geschiedene 132
(§ 1564 BGB) oder dauernd getrennt lebende (§ 1567 BGB) Ehegatten (S 1) und solche, deren Ehe für nichtig erklärt oder aufgehoben wurde (S 5); gem § 2 VIII, § 15 LPartG auch **nichtehel LPart** (s auch 32. Aufl), nicht sonstige Lebenspartner (FG Hess EFG 15, 112, rkr), nicht Kinder (BFH XI B 35–36/99 BFH/NV 00, 841, offen zu Zahlung über Ehegatten, s Rz 131) – allerdings SA-Abzug bei *eigener* Vertragsverpflichtung des StPfl zu Gunsten dieser Personen (s Rz 16), sonst nur Abzug über § 33a I.

c) Regelungsinhalt; StPfl; Höchstbetrag, § 10 Ia Nr 1 S 1, 2. Diese Un- 133
terhaltsleistungen sind in begrenztem Umfang (für jeden unterhaltenen Ehegatten/LPart und unabhängig von weiteren Unterhaltszahlungen Dritter) als SA abziehbar und nach § 22 Nr 1a vom Empfänger als Einnahmen zu versteuern. Dafür müssen grds beide Ehegatten/LPart **unbeschr stpfl** sein und beide für diesen VZ diese Art der Besteuerung wählen. Der SA-Abzug ist darüber hinaus bei Nachweis der Besteuerung auch für Zahlungen ***an* beschr StPfl im EG-Bereich** (§ 1a I

Nr 1) sowie außerhalb dieses Bereichs bei **DBA-Zuweisung** des Besteuerungsrechts und Besteuerungsbestätigung mögl (EStH 10.2; Rz 31). Die SA-Abzugsbeschränkung *ohne* Besteuerung beim Empfänger ist nicht EG-widrig (zu Österreich EuGH-Rs C-403/03 DStR 05, 1265; BFH XI R 5/02 BFH/NV 06, 1069 – s aber EuGH-Fall *Meindl* zu § 1 III/§ 1a I Nr 2, § 1a Rz 16, 21). **Zahlungen *durch* beschr StPfl** sind nicht abziehbar (§ 50 I 3 soll aber geändert werden, s Rz 31) – und daher auch beim unbeschr stpfl Empfänger nicht stbar (§ 22 Nr 1a, BFH X R 18/03 BStBl II 04, 1047). – **Höchstgrenzen** (verfmäßig, BFH X B 4/11 BFH/NV 12, 214): Seit 2002 13 805 €, ab 2010 ggf zuzügl übernommene KV-/PflV-Beiträge iSv § 10 I Nr 3 (s **§ 10 Ia Nr 1 S 2;** Rz 131). Besteuerungsnachweis durch StPfl s BFH IX B 35/87 BFH/NV 90, 98 und § 1a I Nr 1 Buchst b.

134 **d) Antrag, § 10 I/Ia Nr 1 S 3.** – ***(1)* Frist.** Der Antrag kann unbefristet selbst nach Bestandskraft der eigenen und der StFestsetzung gegen den Empfänger noch gestellt werden (Änderung gem § 175 I 1 Nr 2 AO, s BFH XI R 32/05 BStBl II 07, 5; s aber BFH X R 33/12 BStBl II 15, 138 – nicht bei fortgeltender Zustimmung nach Bestandskraft, 24. Aufl mwN). – ***(2)* Form.** Keine Form, aber zum Nachweis idR schriftl (Muster s BStBl I 78, 542) oder zur Niederschrift beim FA. – ***(3)* Wirkung.** Der Antrag ist verfahrens- und materiellrechtl Abzugsvoraussetzung (ohne Antrag verbleibt es beim Abzug als agB, s aber Rz 136); als rechtsgestaltende Erklärung ist er bedingungsfeindl, kann der Höhe nach begrenzt, nachträgl erweitert (BFH XI R 32/05 BStBl II 07, 5), aber nicht später ermäßigt oder zurückgenommen werden (BFH XI R 121/96 BStBl II 00, 218) und bindet dem Grunde (SA, Einnahmen) und der Höhe nach (s auch Rz 135 zu Zustimmungsänderung) für 1 Jahr, muss also jährl neu gestellt werden. Die steuerl Auswirkung soll keine Rolle spielen (str, s Rz 136).

135 **e) Zustimmung, § 10 Ia Nr 1 S 4, 5.** Der Abzug hängt nach wie vor von der Zustimmung des Empfängers ab (S 1). – ***(1)* Frist.** Die Zustimmung kann wie der Antrag über die Bestandskraft beider Bescheide hinaus unbefristet nachgeholt werden (s Rz 134 – Änderung nach § 175 I 1 Nr 2 AO mit nachträgl SA-Abzug; ebenso umgekehrt SA-Streichung bei nachträgl Unwirksamkeit, s Rz 8). – ***(2)* Form.** Keine gesetzl Form erforderl, aber zum Nachweis idR schriftl oder zur Niederschrift beim FA, auch blanko (BFH XI R 36/05 BFH/NV 08, 792), ersetzt aber dann mE nicht die Zahlung (s Rz 136). Vgl auch Anlage U zur ESt-Erklärung. – ***(3)* Verweigerung.** Die Zustimmung ist Abzugsvoraussetzung, selbst bei rechtsmissbräuchl Verweigerung (BFH X R 137/88 BStBl II 90, 1022). Der Empfänger ist jedoch uU zivilrechtl verpflichtet zuzustimmen, soweit er keinen finanziellen Nachteil hat (§ 242 BGB, vgl BGH XII R 173/06 DStR 10, 266, *Hagemeier/Joost* NWB 15, 984; 26. Aufl mwN); das Zivilurteil bzw der Prozessvergleich ersetzen die Zustimmung (BFH IX R 53/84 BStBl II 89, 192) mit Wirkung nach § 894 I ZPO (§ 10 Ia Nr 1 S 3). Rechtsfolge s Anm *(1)*. – ***(4)* Wirkung.** Die Zustimmung ist bedingungsfeindl und kann der Höhe nach beschränkt, aber im VZ nicht später ermäßigt oder zurückgenommen werden (wie Rz 134). Anders als der Antrag **bindet** sie *dem Grunde nach* auf Dauer, grds auch für Erhöhung nach S 2 (EStR 10 II 2 S 2, 3), ist jedoch (nur) vor Beginn des Kj, für das sie nicht mehr gelten soll, widerrufl (**S 4** mit Ausnahme **S 3;** BFH XI B 124/06 BFH/NV 07, 903; BFH XI R 36/05 BFH/NV 08, 792; Rechtsfolge für dadurch unzutr SA-Abzug – § 173 AO – s BFH XI R 48/06 BFH/NV 08, 367; *FinVerw* DStR 07, 1820). Änderungen *der Höhe nach* sind *jährl* auch ohne Widerruf mögl (BFH XI R 33/03 BStBl II 05, 825). **Adressat** ist nicht der StPfl, sondern das Veranlagungs-FA des StPfl oder des Unterhaltenen (BFH XI R 8/03 BStBl II 03, 803; EStH 10.2).

136 **f) Rechtsfolgen der Antragstellung mit Zustimmung.** Es ändert sich der Rechtscharakter der Zahlungen: *Tatsächl erbrachte* Unterhaltsleistungen werden

begriffl SA (so dass nach hM ein Abzug als agB auch insoweit entfällt, als der Antrag auf einen unter 13 805 € liegenden Betrag beschränkt wird oder die Zuwendungen diesen Betrag übersteigen, EStH 10.2, auch bei Zahlung für verschiedene Jahre, BFH III R 23/98 BStBl II 01, 338). Das soll nach BFH X R 49/07 BFH/NV 10, 1790 entgegen FG Köln EFG 08, 444 auch ohne steuerl Auswirkung beim Geber zur vollen StPfl beim Empfänger nach § 22 Nr 1a führen (fragl, s auch *Stiller* DStZ 11, 154) – die Beteiligten sollten dies vorher klären. Die Zustimmung in der Anl U ersetzt jedoch mE – vor allem nach Zulassung der Blankounterschrift – nicht die **tatsächl Zahlung** des Unterhalts (Abzug nur bei wirtschaftl Belastung, s Rz 4; Abflussprinzip § 11 II; s etwa *K/S* § 10 Rdn C 108; ggf Beweislast des Zahlenden). Bei Zustimmung blanko oder iHv 10 000 € und Zahlung von nur 2000 € sind mE nur 2000 € abziehbar und zu versteuern; ggf ist ein überhöhter Abzug nach § 173 I Nr 1 AO zu ändern, um die Korrespondenz mit § 22 herzustellen (s § 22 Rz 103).

g) Nachweise § 10 Ia Nr 1 7–9. Während der SA-Abzug beim Zahlenden idR funktioniert, war die korrespondierende Besteuerung beim Empfänger bislang nicht umfassend gesichert. Das sollen die durch StÄndG 2015 eingefügten Sätze 7–9 ändern für Empfänger, die im Inl unbeschr oder (vgl § 1a I Nr 1 S 2) beschr stpfl sind und daher eine Identifikations-Nr nach §§ 139a II/139b AO erhalten. Für andere beschr EU/EWR-StPfl gilt die Nachweispflicht gem § 1a I Nr 1 S 2 Buchst b (Bescheinigung der ausl StBehörde). Für beschr StPfl außerhalb des EU/EWR-Bereichs kein SA-Abzug, soweit keine abw DBA-Vereinbarungen bestehen (s Rz 31, 34, EStG 10.2). – **S 7:** Die Angabe der Identifikations-Nr ist materielle Abzugsvoraussetzung, dh ohne Angabe kein Abzug. – **S 8** enthält die Verpflichtung des Empfängers, dem Zahlenden seine Nummer mitzuteilen. – **S 9** regelt andernfalls die Ersatzbeschaffung durch das FA des Zahlenden, das allein Zugriff auf die Daten des BZSt hat (§ 139b IV Nr 5 AO). 137

3. Versorgungsleistungen iZm Vermögensübergaben, § 10 Ia Nr 2/ § 10 I Nr 1a aF.

Schrifttum und Verwaltung: Die ***BMF-Rentenerlasse* II** und **III** BStBl I 2002, 893 und I 04, 922 gelten für **Altverträge** bis 2007 auch ab 2008 fort, sind aber für **Neuverträge** ab 2008 nur noch iRd gesetzl Einschränkungen anwendbar. Einzelheiten s ***BMF* BStBl I 10, 227 – „Rentenerlass IV".** Schrifttumbis 2007s 34 Aufl, ab 2008: *Risthaus* DB 10, 744 und 803; *Wälzholz* DStR 10, 850; *Wißborn* FR 10, 322; *Seitz* DStR 10, 629; *Grün* NWB 10, 1042; *Kratzsch* NWB 10, 1964; *Reddig* DStZ 10, 445; *Geck* DStR 11, 1303 und ZEV 10, 161 (Mitübertragung von SonderBV); *Götzenberger* BB 10, 1890; *Neufang* StB 10, 234 und 275; *Spiegelberger* DStR 10, 1822 und 1880 (Ausweichgestaltungen bei Übertragung von Unternehmen/GesAnteilen und Immobilien); *Fürwentsches/Schulz* NWB 10, 3563; *Schoor* StBp 11, 76 und 111 (Restriktionen und Gestaltungen); *Liess* NWB 11, 1978 und 2106 (Musterfall); *Reich* DStR 11, 2030 (Erbschaftsausschlagung); *Djanani ua* DStZ 12, 389 (Möglichkeiten zur Ausgestaltung der Unternehmensnachfolge); *Reich* DStR 13, 1272 (Nießbrauch); *Deutschländer* NWB 13, 3636 (Grundstücke und KapGesAnteile).

a) Allgemeines. – ***(1)* Rechtsentwicklung.** Nach § 10 I Nr 1a aF bis 2007 waren SA „auf besonderen Verpflichtungsgründen beruhende *Renten und dauernde Lasten,* die nicht mit Einkünften in wirtschaftl Zusammenhang stehen, die bei der Veranlagung außer Betracht bleiben". Die BFH-Rspr hatte diese Vorschrift bereits auf Versorgungsleistungen iZm existenzsichernden Vermögensübertragungen zurückgeführt. Dem folgend hat das JStG 2008 die „Renten und dauernden Lasten" (und „Leibrenten") ersetzt durch „lebenslange, wiederkehrende Versorgungsleistungen" und sie gleichzeitig begrenzt auf Leistungen iZm *bestimmten* Vermögensübertragungen. **Grund:** Die BFH-Rspr hatte die ursprüngl auf Altenteilsleistungen uä Betriebsübergaben abzielende Vorschrift ohne Zwang nach und nach ausgedehnt auf existenzsichernde Versorgungsleistungen aus Erträgen iZm nahezu allen Vermögensübertragungen bis hin zu Grundstücks-, Wertpapier- und sogar Geldübertragungen und hatte selbst Nutzungsvorteile (eigengenutztes Grundstück) 139 ua ersparte Aufwendungen als ausreichende Erträge angesehen (BFH GrS 1/00 BStBl II 04, 95). S allg zum **„Typus Versorgungsvertrag“** Rz 140. *BMF* BStBl I 04, 922 hatte sich dem zunächst weitgehend angeschlossen, gleichzeitig jedoch auf Beanstandung des Bundesrechnungshofes die Gesetzesänderung mit Reduzierung der Vorschrift auf den betriebl Kernbereich initiiert (s *Ritzrow* DB 07, 240). Seitdem entfallen vor allem Grundstücks-, Wertpapier- und Geldübergaben gegen Versorgungsleistungen (s Rz 147 „Gegenleistung“; *Paus* NWB 14, 992). – ***(2)* Zeitl Anwendung, § 52 Abs 18 S 1, 2.** Die Neuregelung gilt für alle Versorgungsleistungen iZm ab 2008 *vereinbarten* Vermögensübertragungen iSv § 10 I Nr 1a aF/§ 10 Ia Nr 2, wohl über Wortlaut hinaus auch für Übertragungen im **Todesfall** (s Rz 147 „Erbschaft“), nicht für gesetzl Gesamtrechtsnachfolge (s Rz 142). Dann ist auf den Zeitpunkt des Eintritts des Erbfalls bzw der schuldrechtl Entstehung eines Vermächtnisanspruchs oder einer Auflagenbegünstigung abzustellen, *BMF* BStBl I 10, 227 Rz 2, 83. Dafür genügt die verbindl Verpflichtung (s Rz 142), die tatsächl Übertragung kann mE nachfolgen. Für **Altverträge bis Ende 2007** gilt altes Recht fort mit einer Einschränkung: Die Neuregelung gilt auch für Altverträge, bei denen das übertragene Vermögen nur deshalb ausreichenden Ertrag bringt, weil Aufwendungen erspart werden – *Ausnahme:* für Übertragung eines eigengenutzten Grundstücks gilt altes Recht weiter (§ 52 Abs 18 S 2; *BMF* BStBl I 10, 227 Rz 82). – ***(3)* Personelle Voraussetzungen.** Es ist zu unterscheiden: – ***(a)* Versorgungsleistungsempfänger.** Dies ist idR der Übergeber bis zu seinem Tod („lebenslang“; vgl Rz 140), sonst uU dessen Ehegatte bzw eingetragener LPart (§ 10 LPartG, § 2 VIII, ohne Eintragung abl BFH IX R 30/09 BFH/NV 10, 2259), gesetzl erb- und pflichtteilsberechtigte Abkömmlinge oder *uU* erstübergebende Eltern (**Generationen-Nachfolgeverbund** mit Erb-, Zugewinn- oä Ansprüchen), nicht familienfremde Dritte oder ursprüngl Anspruchsberechtigte nach Erbausschlagung (BFH X R 160/94 BStBl II 97, 32) oder Pflichtteilsverzicht (BFH X R 12/05 BStBl II 06, 797 und BFH VIII R 35/07 BFH/NV 10, 1793; zu Erb-/Nießbrauch-/Vermächtnisumwandlung BFH X R 34/11 BStBl II 14, 665). Vgl allg zu **Erbausschlagung** *Reich* DStR 11, 2030 mwN (Tatfrage; bei Abfindung uU entgeltl, bei Versorgungsleistungen unentgeltl). Ob der *Begünstigte* daneben selbst vom Erblasser existenzsicherndes Vermögen erhält, ist unerhebl (RsprÄnderung BFH X R 14/06 BStBl II 08, 123). Bei Leistung an Angehörige wird idR – widerlegbar – **Versorgungsabsicht** vermutet, unter Geschwistern **Gleichstellungsabsicht** (vgl FG Mchn EFG 12, 833, rkr; FG Mchn EFG 14, 534, Rev X R 10/14 zu Ausnahmen), unter Fremden **Gegenleistungsabsicht** (s *BMF* BStBl I 10, 227 Rz 4–6, 50 mwN); bei nicht begünstigten WG kann entgeltl Übertragung vorteilhafter sein (s *Spiegelberger* DStR 10, 1880 zu Immobilien). Die **Beschränkung auf unbeschr stpfl Empfänger** in 10 I Nr 1a aF/§ 10 Ia Nr 2 S 1 stellt ab 2008 das **Korrespondenzprinzip** zw Abzug und Besteuerung nach § 22 Nr 1a sicher (*BMF* Rz 51–55). *Ausnahme:* Leistungen an beschr stpfl Empfänger im **EU-/EWR-Bereich** (und Drittstaaten, s Rz 31 mwN) sind nach § 1a I Nr 1 abziehbar, wenn diese die Besteuerung im Ausl nachweisen. – ***(b)* Vermögensübernehmer.** Für sie gilt die Beschränkung auf den Generationenverbund nicht. So können selbst familienfremde Dritte aus übertragenem Vermögen die Versorgung des Übergebers sicher stellen und als SA absetzen (s *BMF* BStBl I 10, 227 Rz 4–6).

140 **b) Versorgungsleistungen, § 10 Ia Nr 2 S 1/§ 10 I Nr 1a S 1 aF.** – ***(1)* Begriff:** Ganz oder teilweise existenzsichernde Zahlungen iZm *unentgeltl* Vermögensübertragungen. **Typus Versorgungsvertrag:** Der Begriff wurde von der Rspr entwickelt (s BFH GrS 1/00 BStBl II 04, 95 mwN). Es müssen wiederkehrende Leistungen iZm einer Vermögensübergabe vereinbart werden, meist zur Regelung der (vorweggenommenen) Erbfolge. Wie bei der luf Hofübergabe gegen Altenteilsleistungen muss ertragbringendes Vermögen gegen Versorgungsverpflich-

tung übergeben werden. Aus den nun vom Übernehmer erzielten Erträgen sind wiederkehrende Leistungen als Beitrag zur Existenzsicherung des Übergebers zu erbringen, der sich diese Erträge quasi vorbehält. Solche Übertragungen werden unabhängig von der Gegenleistung als **unentgeltl** gewertet; sie führen zum Abzug der Versorgungsleistungen als SA und zur Besteuerung der Erträge nach § 22 Nr 1a. Ab 2008 sind nur Gegenleistungen für die Übertragung in § 10 Ia aufgeführter Vermögenswerte *unentgeltl* Versorgungsleistungen *idS* (im Gegensatz zu wiederkehrenden Zahlungen als echte „Gegenleistung" mit AK für sonstige entgeltl Vermögensübertragungen oder unentgeltl Übertragungen und nicht abziehbare Unterhaltsleistungen – insoweit wohl zu weit *BMF* BStBl I 10, 227 Tz 57, s *Spiegelberger* DStR 10, 1822, Rz 141, 143, StW Rz 147; *Risthaus* DB 10, 744/9). Entscheidend ist dabei die unentgeltl Versorgung des Übergebers (uU dessen Angehöriger, s Rz 139) außerhalb des Unterhaltsbereichs. Problematisch ist das Verhältnis ESt/ErbSt (s *Röder* DB 08, 146; die Doppelbelastung ist verfgemäß, BVerfG 1 BvR 1432/10 DStR 15, 1029; s aber *Friz* DStR 15, 2409; *Birnbaum* BB 15, 2141). – ***(2)* Wiederkehrende Leistungen.** Sie müssen weder zeitl regelmäßig noch der Höhe nach gleichmäßig, aber vereinbarungsgemäß lfd erbracht werden (s Rz 142,144). Die Neuregelung erfasst sie allerdings abw von § 10 I Nr 1a aF ab 2008 nur bei **lebenslanger Laufzeit** (also wohl ab Vermögensübergabe bis zum Tod; FG Nds EFG 13, 1486, rkr; FG Köln EFG 14, 1381, rkr). Str ist, ob nach dem undeutl Wortlaut („und") auch sonstige wiederkehrende Leistungen erfasst werden (so gegen *BMF* BStBl I 10, 227 Rz 56 *Wälzholz* DStR 08, 273/7, fragl; für gesetzl Nachbesserung *Risthaus* DB 10, 803/6). Als Teil lebenslanger Leistungen können auch einmalige Leistungen abziehbar sein (s Rz 147 „Beerdigung"). – ***(3)* Ablösezahlungen wiederkehrender Bezüge.** Sie sind nicht abziehbar (BFH X R 66/98 BStBl II 04, 830, BFH X R 2/06 BStBl II 08, 99; zu Nießbrauchsablösung Rz 142). Die Unterscheidung zw Renten/Leibrenten und dauernden Lasten entfällt – anders als bei § 9 I Nr 1 und § 22 – aus Vereinfachungsgründen; zeitl begrenzte Verpflichtungen sind keine Versorgungsleistungen mehr; sie sind unabhängig von Wertsicherungsklauseln und Abänderbarkeit auch als Leibrenten voll abziehbar, nach § 22 Nr 1a voll zu versteuern (s Rz 146).

c) Allgemeine Abzugsvoraussetzungen. – ***(1)* Zahlungsverpflichtung iZm Vermögensübertragungen.** Voraussetzung für den Abzug als SA ist das Vorliegen einer privaten Zahlungsverpflichtung, die sich aus dem Gesetz, einem darauf beruhenden VA, einem formgerechten Vertrag oder einer letztwilligen Anordnung ergeben kann, nicht aber bei gesetzl Erbfolge. Es darf sich nicht um ein Nutzungsentgelt handeln (s Rz 142, 144). Barzahlung oder Verrechnung schließt das Gesetz nicht aus, kann jedoch uU die Durchführung von Angehörigenverträgen in Frage stellen (dazu § 4/520). – ***(2)* Keine Abzugsbeschränkung nach § 12 Nr 2.** Nach § 12 Nr 2 sind gesetzl Unterhaltszahlungen und Zuwendungen auf Grund freiwilliger vertragl Verpflichtung idR nicht absetzbar (und nicht stbar, § 22 Nr 1 S 1). Gleichwohl schränkte bereits BFH GrS 4–6/89 BStBl II 90, 857 den Versorgungsleistungsabzug nach § 10 I Nr 1a aF nicht ein, weil es sich um vorbehaltene Vermögenserträge und nicht um Unterhaltsleistungen iSv § 12 handele. Davon geht der Gesetzgeber auch ab 2008 stillschweigend aus, allerdings unter Beschränkung auf nach der Neuregelung begünstigte Vermögensübertragungen (str, s Rz 140; *BMF* BStBl I 10, 227 Rz 66; Grenze zu Unterhaltsleistungen s Rz 145*(3)*, Stichwort Rz 147). – ***(3)* Wirtschaftl Belastung des Zahlenden.** S Rz 4, 144. – ***(4)* Bedeutung des wirtschaftl Zusammenhangs, § 10 Ia Nr 2 S 1.** Die Ausgaben dürfen bereits nach § 10 I HS 1 nicht mit eigenen Einkünften in wirtschaftl Zusammenhang stehen; dann liegen begriffl BA oder WK vor, auch iZm stfreien Einkünften, die bei der Veranlagung außer Betracht bleiben. Die entspr klarstellende Einschränkung des § 10 Ia Nr 2 S 1 erfasst nur „Einkünfte" iSv § 2 I, keine nicht stbaren Vorgänge (zB BFH VI 26/62 S BStBl III 65, 141

164). Die Teil-StFreiheit nach **§§ 3 Nr 40, 40a,** der Freibetrag nach **§ 13 III** sowie die AbgeltungSt nach **§ 32d** stehen dem SA-Abzug jedoch nicht entgegen (*BMF* BStBl I 10, 227 Tz 49, BFH VI R 34/75 BStBl II 76, 539 unter 1a).

142 **d) Vermögensübertragung, § 10 Ia Nr 2 S 2, 3/§ 10 I Nr 1a S 2, 3 aF. – aa) Vertragl Vereinbarung.** Abzugsvoraussetzung ist der Übergang des Eigentums, der Betriebsinhaberschaft, idR durch Vertrag/Verfügung von Todes wegen oÄ, s Rz 139 *(2);* bei *gesetzl* Gesamtrechtsnachfolge fehlt eine vereinbarte Versorgungsverpflichtung. Die bloße **Nutzungsüberlassung** genügt ebensowenig wie die Eigentumsübertragung unter Nutzungsvorbehalt (BFH IV R 52/08 BStBl II 11, 261 mwN; s aber unten zu nachträgl Ablösung eines Vorbehaltsnießbrauchs; zu „Wirtschaftsüberlassung" s Rz 147, BFH X R 16/13 BStBl II 14, 889, Anm *Kanzler* NWB 14, 2926, FR 14, 1090). Nach § 52 Abs 18 S 1, 2 ist auf die – bindende – vertragl Vereinbarung und die sachl Verhältnisse bei Übertragung abzustellen (s Rz 144 zu nachträgl Änderungen, zu Erbfall Rz 139). **Mindestvertragsinhalt** sind Art und Umfang des übertragenen Vermögens sowie Höhe, Fälligkeit und Zahlungsart der Versorgungsleistungen (vgl BFH X R 165/90 BStBl II 92, 1020; *BMF* BStBl I 10, 227 Rz 59; FG Mster EFG 09, 461, rkr). Str ist, ob die zivilrechtl **Form** einzuhalten ist (zB Schriftform nach § 761 BGB für Leibrenten, so BFH VI 12/62 U BStBl III 63, 563; aA – § 41 I AO – § 22 Rz 20; *Fischer* in KSM § 22 B 27; s auch *Wälzholz* DStR 08, 273/8; zu Schriftform von *Änderungen* BFH X R 13/09 BStBl II 11, 641, anzuwenden ab 29.7.11, s *FinVerw* DStR 11, 2099; *Schuster* NWB 11, 1533; abl *Kesseler* DStR 11, 799). Vereinbarung und Durchführung von Angehörigenverträgen s Rz 147 „Gegenleistung" *(6);* s auch Rz 144. – **Gleitende Vermögensübergaben** sind weiterhin mögl: Behält sich der Übergeber den **Nießbrauch** an dem übergebenen Vermögen vor (wegen eigener Einkünfte zunächst ohne Auswirkung nach § 10, *BMF* BStBl I 10, 227 Rz 21 mit Ausnahme Rz 24; anders *BMF* BStBl I 04, 922 Rz 10 zu Wirtschaftsüberlassungsverträgen bis 2007), wird der ursprüngl sachl Zusammenhang mit der Vermögensübertragung nicht unterbrochen, so dass auch gegen spätere **Nießbrauchsablösung** im Übergabevertrag oder bei Ablösung vereinbarte Versorgungsleistungen *ab diesem Zeitpunkt* nach § 10 Ia abziehbar sein können (wie BFH X R 34/11 BStBl II 14, 665; *BMF* BStBl I 10, 227 Rz 25, zu Altverträgen Rz 85; *Risthaus* DB 10, 803). Entscheidend ist der *sachl,* nicht der zeitl Zusammenhang; sonstige Ablösezahlungen sind nicht abziehbar (BFH X R 2/05 BFH/NV 06, 1824). Das gilt für Versorgungsleistungen iZm Nießbrauchsablösung begünstigter Vermögensübertragungen ab 2008, sollte aber auch bei Ablösung sonstiger, jetzt nicht mehr begünstigter Vermögensübertragungen vor 2008 fortgelten (§ 52 Abs 18 S 2; glA *v Oertzen/Stein* BB 09, 2227, str; *BMF* BStBl I 10, 227 Rz 85/86 beschränkt deren Begünstigung auf Fälle *vorheriger* Ablöseverpflichtung – zutr abl BFH IX R 32/14 DStR 15, 1908). S auch FG Köln EFG 16, 24, rkr; *Reich/Stein* DStR 13, 1272 zu *BMF* BStBl I 12, 1101.

143 **bb) Begrenzung der begünstigten Wirtschaftseinheiten. § 10 Ia Nr 2 S 2, 3** führt die nach früherer Rspr übertragbaren Vermögenswerte auf den betriebl Kernbereich zurück (Stichwort „Altenteil"), um missbräuchl Verlagerung von Unterhaltszahlungen in vermögenden Familien zu verhindern, andererseits aber die Übertragung und Fortführung von kleineren und mittleren Betrieben mit Erhaltung von Arbeitsplätzen und Altersversorgung des Übergebers nach dessen Rückzug zu fördern. Nutzungsentgelt ist nicht begünstigt (s Rz 147 „Nießbrauch", „Wirtschaftsüberlassung"). Nach der abschließenden Aufzählung in § 10 Ia sind nur Versorgungsleistungen iZm folgenden Vermögensübertragungen als SA abziehbar: – ***(1)* § 10 Ia Nr 2 S 2 Buchst a; MUeranteile an PersGes** (landwirtschaftl, gewerbl oder freiberufl Tätigkeit, *BMF* BStBl I 10, 227 Rz 8 ff). Die Gewinnermittlung spielt keine Rolle (zB auch § 5a, § 13a). Der Bezug auf § 15 I 1 Nr 1 schließt *gewerbl geprägte* PersGes ohne gewerbl Tätigkeit iSv § 15 III Nr 2

aus (s BFH X B 118/14 BFH/NV 15, 676; Gestaltungsüberlegungen *Geck* DStR 11, 962) – nicht aber PersGes, die wegen Abfärbung gewerbl tätig sind, sonstige MUerschaften iSv § 15 I 1 Nr 2 (zB atypisch stille Ges), vergleichbare MUergemeinschaften (Erben-, Güter-) oder gewerbl fortbestehende BesitzGes iRe **BetrAufsp** (deren Begründung begünstigte Übertragungen einer vermögensverwaltenden PersGes mit den GmbH-Anteilen im BV ermöglicht, s *BMF* Rz 9). Nach *BMF* Rz 8 begünstigt § 10 Ia Nr 2 selbst ohne vollständigen Rückzug des Übergebers über den Wortlaut hinaus wie § 6 III auch die Übertragung von **MUer-Anteilsteilen** (glA *Oertzen/Stein* DStR 09, 1117; *Wälzholz* DStR 08, 273/5, FR 08, 641) oder die zusätzl **Ges'teraufnahme** in Einzelunternehmen (s aber BFH X R 48/98 BFH/NV 01, 592). Offen ist, ob die Mitübertragung von **SonderBV** Voraussetzung für eine begünstigte Anteilsübertragung ist (§ 10 Ia Nr 2 auch bei Übernahme ins PV? Nach *BMF* muss wie bei § 6 III 1 jedenfalls funktional wesentl SonderBV im selben Verhältnis übergehen, BStBl I 10, 227 Rz 8, str, s 32. Aufl mwN, zu § 6 III § 6 Rz 651). Keine begünstigte Übertragung von EinzelWG des BV/SonderBV (§ 6 V). – ***(2)* § 10 Ia Nr 2 S 2 Buchst b; Betriebe/Teilbetriebe.** Die Vorschrift betrifft die Übertragung von **Einzelunternehmen** (*BMF* BStBl I 10, 227 Rz 12 ff). Es muss sich um selbständige Betriebe oder bereits existierende Teilbetriebe iSv § 6 III, § 16 I 1 Nr 1 handeln, die vollständig übergeben werden müssen (zB Filialen, Zweigniederlassungen, nicht nur einzelne WG als unselbstständige Teile, nicht fiktive Teilbetriebe iSv § 16 I 1 Nr 1 S 2/§ 17 – Sonderregelung in Buchst c, *BMF* Rz 14), auch bei Betriebsverpachtung (*BMF* Rz 11, 12), wohl auch bei ruhendem Betrieb ohne Aufgabe (glA *Wißborn* FR 10, 322/4; *Kratzsch* NWB 10, 1964/8). Jeder Betrieb ist gesondert übertragbar, aber nur einheitl entgeltl oder unentgeltl (Einheitstheorie, s § 16 Rz 58f); der Übergeber kann in anderen Betrieben/Teilbetrieben tätig bleiben. – ***(3)* § 10 Ia Nr 2 S 2 Buchst c; GmbH-Anteile.** Vgl *BMF* BStBl I 10, 227 Rz 15 ff. Die Ergänzung erfolgte erst auf Anregung des Bundesrates, um mittelständische Familien-GmbH nicht zu benachteiligen. Sie gilt auch für große GmbH, für „UnternehmerGes" (Mini-GmbH iSv §§ 2 Ia, 5a GmbHG) und (nur) für GmbH vergleichbare EU/EWR-AuslGes (*BMF* Rz 15, Rechtsformliste *BMF* BStBl I 99, 1076). Diese Ergänzung ist nicht unbedenkl (s *Risthaus* DB 10, 803/10, *Spiegelberger* DStR 10, 1822). Begrenzung auf personengeprägte GmbH mit Übertragung mindestens eines Hälfte-GesAnteils (dagegen nach § 13a IV 5 ErbStG mehr als 25%) mit Geschäftsführertätigkeit, da nur insoweit von Aufgabe einer betriebl Tätigkeit gesprochen werden kann (für Gleichstellung schon BFH GrS 1/00 BStBl II 04, 95 unter II 6d/bb). Das Gesetz enthält keine Definition der „Geschäftsführung" (wohl Organstellung *und* tatsächl Führung der Geschäfte) und keine gesetzl Mindestdauer der übernommenen Geschäftsführung (vgl zur Problematik *Schmidt/Schwind* NWB F 3, 14887; *BMF* Rz 18 begrenzt den Abzug auf die Dauer der Geschäftsführungsübernahme, str). Der Übergeber muss bereits mit mindestens 50% an der GmbH beteiligt sein; der 50%-Anteil bezieht sich wohl auf das Stammkapital, nicht das Stimmrecht. Die Bestellung eines weiteren Geschäftsführers – nicht des Übergebers – ist unschädl. Jede Anteilsübertragung soll alle diese Voraussetzungen erfüllen (keine Heilung durch nachträgl „Aufstockung" auf 50%, *BMF* Rz 16 ff unter fragl Einschränkung stufenweiser Übertragung und der Übertragung auf mehrere Kinder; zur Problematik s *Seitz* DStR 10, 629/31). Nach *BMF* Rz 18 ff reicht auch die Übergabe an bisherige Geschäftsführer, wenn der Übertragende nicht Geschäftsführer war oder seine Geschäftsführung aufgibt – sonstige Tätigkeiten für die GmbH sind unschädl, ebenso wie eine fortbestehende Mitbeteiligung als Ges'ter. Die Vorschrift ist nicht auf GesAnteile im BV beschränkt; sie umfasst auch Anteile an vermögensverwaltender GmbH ohne gewerbl Tätigkeit iSv § 15 I 1 Nr 1 sowie Beteiligungen iSv **§ 17,** s oben *(2)*. Bei Übertragung von Betrieben mit vorher eingelegtem GmbH-Anteil gilt grds Buchst a/b, nicht c; bei zeitl Zusammenhang kann jedoch ein Umgehungstatbestand von Buchst c vorliegen (widerlegbare Gesamtplanvermutung, *BMF* Rz 23 mit Jahresfrist – fragl, s *Jebens* BB 10, 2025 mit Hinweis auf abw BFH-Rspr –; bei Umgehung wohl Aufteilung). Das müsste auch nach Einlage nicht begünstigter WG in GmbH vor deren Übertragung gelten. **Sonstige KapGesAnteile** (zB AG-Aktien) können nicht gleichgestellt werden; hier wird ledigl eine Kapitaleinkunftsquelle übertragen. Zur Problematik s *Wälzholz* DStR 08, 273/6, *Oertzen/Stein* DStR 09, 1117; *Reddig* DStZ 10, 445/9. IÜ besteht bei KapGes anders als bei Einzelunternehmen und PersGes vielfach die Möglichkeit einer betriebl Altersversorgung (zB über Pensionszusage oder Abschluss einer Direkt-Vers). – ***(4)*** **§ 10 Ia Nr 2 S 3; Wohnteil einer LuF.** Vgl *BMF* BStBl I 10, 227 Rz 48; *Risthaus* DB 10, 744/8. Satz 3 erfasst zwar keine isolierte Immobilienübertragung („Teil der"), begünstigt aber iZm einer LuF-Übergabe *auch* den Teil der Versorgungsleistungen, der auf den – nach § 160 I Nr 3 BewG BV, nach § 13 IV PV darstellenden – Wohnteil entfällt (auch gewillkürtes BV, s *FinVerw* DStR 12, 240). Instandhaltungskosten als dauernde Last s Rz 146, FG Nbg EFG 15, 1600, rkr. – ***(5)*** **Mitübertragung nicht begünstigten Vermögens.** Sie kann bei entspr Abfassung des Übergabevertrages für den begünstigten Teil unschädl sein; dann sind die Leistungen primär dem begünstigten Vermögen zuzurechnen. Nach *BMF* Rz 30 entfällt allerdings die Ertragsbeweiserleichterung nach Rz 29 – fragl bei vorheriger Zuordnung nach *BMF* Rz 47. Bei geringfügigen Vermögenserträgen und ohne Vereinbarung ist aufzuteilen (*BMF* BStBl II 10, 227 Tz 47 – fragl, ob nicht auch ohne Vereinbarung, wenn das begünstigte Vermögen die Voraussetzungen des § 10 Ia erfüllt). Nachträgl **Umschichtung** s Rz 144.

144 **e) Folgen nachträgl Veränderungen.** – ***(1)*** **Grundsatz.** Alle Abzugsvoraussetzungen müssen im Übergabevertrag vereinbart sein und bei Zahlung vorliegen (s Rz 142). Abweichungen von der vertragsgemäßen Durchführung sind idR schädl (BFH X R 16/09 BFH/NV 11, 428); zu Ausnahme BFH X R 31/09 BFH/NV 11, 583. – ***(2)*** **Vertragsänderungen.** Sie sind grds nur für die Zukunft und nur bei veränderten Verhältnissen zu berücksichtigen, zB bei langfristig verändertem Versorgungsbedürfnis des Berechtigten oder veränderter wirtschaftl Leistungsfähigkeit des Verpflichteten (s *BMF* BStBl I 10, 227 Rz 59 ff; BFH X R 61/01 BStBl II 08, 16). Form s Rz 142. – ***(3)*** **Sonstige Veränderungen.** Sie können den Abzug nachträgl begründen oder ausschließen. *Beispiele:* Der Empfänger wechselt seinen Wohnsitz (s Rz 140, *BMF* Rz 54); gleitende Vermögensübertragung ab Nießbrauchsablösung oder ab Übernahme nach LuF-Wirtschaftsüberlassung (s Rz 142; *BMF* Rz 22, 85); Betriebsaufgabe des Übernehmers (*BMF* Rz 37, s Rz 143); Beendigung der Geschäftsführung durch Übernehmer bei Buchst c (s aber oben Rz 143/*3*); Zahlungsunterbrechungen können auf Dauer schädl sein (*BMF* Rz 63; BFH X R 13/09 BStBl II 11, 641, Anm *Kanzler* FR 11, 380; zu Schriftform s Rz 142). Bei **Umschichtung des übertragenen Vermögens** ist Vorsicht geboten. Das Behalten und die Fortführung des Unternehmens durch den Übernehmer ist zwar nicht stets Abzugsvoraussetzung nach Buchst a, b (zweifelhaft bei Buchst c). Entscheidend für den Fortbestand bei Weiterübertragung ist aber jedenfalls, dass in ertragbringende WG umgeschichtet wird (s BFH X R 55/09 BStBl II 11, 633) und Versorgungsleistungen für die Übergabe von WG iSv § 10 Ia Nr 2 vereinbart waren und weiterlaufen, sei es durch den Erstversorger bei Erwerb eines entspr Ersatz-WG iSv S 2, sei es bei Übernahme der Verpflichtung durch den Letzterwerber; einmalige Ablösungszahlungen sind nicht abziehbar (BFH X R 35/10 BFH/NV 11, 782; s auch *BMF* BStBl I 10, 37 ff mit Ausnahmen). Dabei sind Vermögensumschichtungen *iRv § 10 Ia Nr 2* unschädl (*BMF* BStBl I 10, 227 Rz 41 und Rz 38 zu unschädl Weitergabe iRd vorweggenommenen Erfolge, Rz 42, 43 zu Einbringungsvorgängen iSv §§ 20, 24 UmwStG und Realteilung; s auch *von Oertzen/Stein* BB 09, 2227; *Wälzholz* DStR 10, 850; *Schmidt* NWB 10, 3346). Die *Umschichtung früher begünstigten Vermögens in nach 2007 nicht mehr begüns-*

tigtes Vermögen soll bei Altverträgen auch ab 2008 mögl sein (s *BMF* Rz 87, 88, nicht zwingend, offen BFH X R 38/06 BStBl II 11, 622 mit Anm *Schuster* HFR 10, 1039; abl zu Einsparung einer Schuldaufnahme BFH X R 39/12 BFH/NV 15, 174). Unklar bzw missverständl ist, ob und weshalb *BMF* Rz 36 *anfängl vertragl vereinbarte* Umschichtungen auch innerhalb begünstigten Vermögens generell ausnimmt (oder ob sich diese Rz nur auf Umschichtungen von sonstigem Vermögen beziehen soll). Umschichtungen iRv S 2 sollten unabhängig von einer solchen „Verpflichtung" wie nach *BMF* Rz 41 unschädl sein (str, s 32. Aufl mwN; BFH X R 38/06 BStBl II 11, 622 hält bei Altverträgen vorherige Abreden für unerhebl). Zum Ersatz von Naturallasten durch Barleistungen nach Verpachtung der übergebenen LuF s FG Nds EFG 13, 284, rkr.

f) Sonstige einschr Voraussetzungen. Weitere, früher von der Rspr gefor- 145
derte Voraussetzungen enthält § 10 Ia Nr 2 nicht, jedenfalls nicht ausdrückl; insb nicht ein Existenzbedürfnis des Übergebers oder die Begründung einer wesentl Existenzgrundlage für den Übernehmer (beide können auch andere Einkünfte und Vermögen haben). Die Ertragslage des übergebenen Betriebes und das Verhältnis zu den Versorgungsleistungen haben nur noch eingeschränkte Bedeutung (s unten *3/b*). Nach der Gesetzessystematik sind Versorgungsleistungen jedoch nach wie vor von **folgenden Fallkonstellationen abzugrenzen:** – ***(1)* Entgeltl Übertragungen.** Kaufverträge oder kaufähnl Verträge, s Rz 147 „Gegenleistung"; *BMF* BStBl I 04, 922 Rz 4, 50 ff; BStBl I 10, 227 Rz 5, 6, 65 ff; s auch Rz 140 zur „unentgeltl" Übertragung nicht nach § 10 Ia Nr 2 begünstigter WG). – ***(2)* Unentgeltl *betriebl* Versorgungsrenten.** Ausnahmsweise Entgelt für frühere betriebl Arbeitsleistung bei Ausscheiden und BA, s § 4 Rz 88. – ***(3)* Reine Unterhaltsleistungen, § 12 Nr 2.** – ***(a)* Grundsatz/Ertragsprognose.** Die Erbringung von „Versorgungsleistungen" iZm der Übertragung von Vermögen bedingt wie nach der bisherigen Rspr begriffl eine gewisse Abhängigkeit von daraus erzielbaren Einnahmen iSv § 2 I, aus denen die Versorgung des Übergebers ganz oder zT gesichert wird. Ohne wesentl ertragsbringende Vermögensübertragung liegen Unterhaltszahlungen vor, deren Abzug § 12 Nr 2 ausschließt (s Rz 141). Nicht jeder Zusammenhang lfd Zahlungen mit einer Vermögensübertragung von WG iSv § 10a I Nr 2 führt zwingend zu Versorgungsbezügen (s Rspr zu Erbverzicht Rz 140; Rz 147 „Erbschaft"). Die wiederkehrenden Leistungen müssen nach den Verhältnissen im Übertragungszeitpunkt durch den durchschnittl Jahresertrag im Übertragungsjahr und in den zwei Folgejahren bzw zwei vorangegangenen Jahren gedeckt sein und sollen nicht höher sein als der langfristig erzielbare Vermögensertrag (*BMF* BStBl I 10, 227 Rz 26, 27, 34, 35). Dem Verhältnis Vermögenswert und Wert der wiederkehrenden Leistungen misst *BMF* iZm unentgeltl Übertragungen keine Bedeutung zu (offen BFH, s aber zu teil-entgeltl Übertragungen *BMF* Rz 30, 47, 66 – das *BMF* scheint dabei weiterhin ohne Aufteilungsmöglichkeit das „Alles-oder-Nichts-Prinzip" anzuwenden, s BStBl I 04, 922 Rz 50, BStBl I 10, 227 Rz 66). – ***(b)* Ersatz der Ertragsprognose durch Beweiserleichterung.** Nach § 10 I Nr 1a aF war grds die Ertragskraft/Ertragsprognose der übertragenen Wirtschaftseinheit und die Deckung der Versorgungsleistungen zu prüfen (s BFH-Rspr Rz 147 „Gegenleistung" *(3), BMF* BStBl I 04, 922 Rz 9 ff, 19 ff). Die wesentl Beschränkung des übertragbaren Vermögens auf den betriebl Bereich macht diese schwierige Prüfung ab 2008 idR entbehrl. Das Gesetz unterstellt – jedenfalls bei Fortführung des Unternehmens und ohne dessen Verpachtung – bei unentgelt Betriebsübergaben gegen nicht wesentl überhöhte wiederkehrende lebenslange Leistungen idR „Versorgungsleistungen". Von einer derartigen – **widerlegbaren – Vermutung** waren bei Übergabe von nunmehr ausschließl begünstigten Wirtschaftseinheiten bereits BFH GrS 1/00 BStBl II 04, 95 unter II 6d/bb (Betriebsübergaben) und BFH X R 44/01 BStBl II 05, 133 (Übertragung einer GmbH-Beteiligung) ausgegangen; ebenso *BMF* BStBl I 10, 227 Rz 29, 30.

Bedeutung von Verlustphasen s BFH X R 47/14 BFH/NV 16, 184. Auch Versorgungserträge für die Übergabe von **Unternehmen ohne Substanz- oder Ertragswert** können abziehbar sein (so entgegen BFH GrS 2/00 BStBl II 04, 100 *BMF* BStBl I 04, 922 Rz 8, BStBl I 10, 227 Rz 31). Die Vermutung soll nach *BMF* Rz 30 bei gleichzeitiger Übertragung nicht begünstigter WG nicht gelten; das ist jedenfalls dann fragl, wenn die wiederkehrenden Leistungen vertragl dem begünstigten Vermögen zugerechnet werden (*BMF* Rz 47). Erbschaft s Rz 140, 147. – ***(c)* Ertragsermittlung ohne Beweiserleichterung.** Sie ist in Ausnahmefällen geboten (s iEinz *BMF* BStBl I 10, 227 Rz 32 ff). Grundlage ist die Gewinnermittlung, bei LuF nach §§ 4, 5 oder 13a; kein Abzug von Unternehmerlohn oder eigenem Geschäftsführergehalt; Erhöhung um AfA und sonstige ao Aufwendungen. Ersparte Aufwendungen sind bei Neuverträgen nicht mehr den Vermögenserträgen zuzurechnen; bei Altverträgen gilt dies auch, aber mit Ausnahme von ersparten Nettomieten, die weiterhin zu berücksichtigen sind (§ 52 Abs 18 S 2; *BMF* BStBl I 10, 227 Rz 83).

146 **g) Höhe der absetzbaren SA.** – ***(1)* Versorgungsleistungen iSv 10 Ia Nr 2.** Sie sind als Geld- und Sachleistungen unabhängig von der Abänderbarkeit stets *voll* abziehbar (und nach § 22 Nr 1a voll zu versteuern, auch als Leibrenten), s *BMF* BStBl I 10, 227 Rz 52. Die Höhe hängt nicht mehr von der Anpassungsmöglichkeit nach § 323a ZPO (vor 1.9.09 § 323) ab; gleichwohl sind Wertanpassungsvereinbarungen im Übertragungsvertrag zu beachten (*BMF* Rz 59 ff, auch zu Änderungsvoraussetzungen; *Wälzholz* DStR 10, 850/2, *Neufang* StB 10, 234/8; zu Grenzen s auch BFH X R 61/01 BStBl II 08, 16). Vermögensertragsermittlung als Voraussetzung für die Annahme von Versorgungsleistungen s Rz 145. – ***(2)* Vor 2008 vereinbarte Versorgungsleistungen.** Diese sind weiterhin nach altem Recht abziehbar und zu versteuern (§ 52 Abs 18 S 2, Rz 139), echte Leibrenten nur mit dem Ertragsanteil gem § 22 Nr 1 S 3a/bb, übrige Renten und dauernde Lasten voll (s Stichworte Rz 147). Die Aufteilung einer einheitl Verpflichtung in eine Leibrente und eine dauernde Last war uU mögl (§ 22 Rz 30; *BMF* BStBl I 04, 922 Rz 27). – ***(3)* Bewertung von Naturallasten.** Sie richtet sich idR nach § 8 II (*BMF* BStBl I 10, 227 Rz 44). Schätzung von **Altenteils-Naturallasten** nach SachBezV bzw SvEV (s BFH IX R 86/93 BStBl II 97, 47; einschr FG Nds EFG 10, 1610, rkr); Nichtbeanstandungsgrenzen der *FinVerw* (s OFD-Karteien) für 2014 = 2015: 3360/6720 €. Übertragene **Wohnrechte** konnten bis 2007 unter § 10 I Nr 1a aF fallen, soweit sie zur Einkünftebesteuerung beim Übernehmer führten (s Rspr 29. Aufl Rz 147 „Wohnrecht"), nicht vorbehaltene Wohnrechte. SA-Abzug bei **Wohnungsüberlassung** s *BMF* BStBl I 10, 227 Rz 46; BFH X B 135/12 BFH/NV 14, 156. Abzug von Heizungserneuerung s BFH X B 76/11 BFH/NV 12, 1594; FG Nds EFG 13, 2204, rkr, zu Gebäudeschäden s FG Nbg EFG 15, 1600, rkr. **Seit 2008** ist nur noch der Wohnteil eines übergebenen LuF-Betriebs bei den Versorgungsleistungen zu berücksichtigen s Rz 143 *(4)*.

4. ABC Versorgungsleistungen

147 **Vorbemerkung:** Nach § 10 Ia Nr 2 spielt die Unterscheidung Renten/dauernde Lasten – abw von § 9 I 1, 3 Nr 1 – für Verträge ab 2008 keine Rolle mehr, wohl aber für vor 2008 geschlossene Versorgungsverträge (§ 52 Abs 18 S 2, s Rz 139, 146). Insoweit wird daher auf die 33. Aufl verwiesen.

Abänderungsmöglichkeit von Verträgen ab 2008s Rz 146.

Abfindungen zur **Ablösung** einer wiederkehrenden SA-Leistungspflicht sind grds nicht als SA abziehbar (s Rz 140; Besteuerung s § 22 Rz 60). Wiederkehrende **Nießbrauchs-Ablösungszahlungen** können unter § 10 Ia Nr 2, § 22 Nr 1a fallen (Rz 142 mwN).

Altenteilslasten als SA/Einkünfte s Rz 64, § 13 Rz 125, unten „Wohnrecht".

Arbeitsleistung. Eigene Arbeit führt auch bei wiederkehrender Aufwendung nicht zum Abzug von SA, wohl Aufwand für fremde Arbeit (s *BMF* BStBl I 10, 227 Rz 45).

Beerdigungskosten. Abzug bis 2007s 32. Aufl mwN. Ob Beerdigung **ab 2008** noch zur „lebenslangen Versorgung" iSv § 10 Ia Nr 2 gehört, ist fragl (abl FG Nds EFG 13, 1486, rkr, mE zutr; aA zB *Kulosa* in HHR § 10 Anm 79 – Fortführung der Rspr vor 2008, SA-Abzug, wenn Vermögensübernehmer nicht Erbe ist, wie schon BFH X R 32/09 BStBl II 11, 162). Es handelt sich auch nicht um Unterhaltskosten iSv § 10 Ia Nr 1 (BFH X R 26/12 BFH/NV 15, 14).

Bewertung von „Naturallasten" s Stichwort und Rz 146.

Dauernde Lasten s „Vorbemerkung", Rz 146 und 33. Aufl.

Empfänger. Ab 2008 sind nur noch „lebenslange" Versorgungsleistungen abziehbar (§ 10 Ia Nr 2) und vom Empfänger zu versteuern (§ 22 Nr 1a) – damit ohne Zufluss beim Empfänger kein SA-Abzug mehr (s auch „Beerdigung").

Erbschaft. Zahlungen des Erben aus einer empfangenen Erbschaft können – ***(1)*** als Gleichstellungsgelder in den Einkünftebereich fallen (BA/WK bzw AK für ein übertragenes WG), – ***(2)*** als Unterhaltszahlungen nach § 12 Nr 2 nicht abziehbar sein, – ***(3)*** mangels wirtschaftl Belastung nicht abziehbar sein (s Rz 4) oder aber – ***(4)*** als – angemessene – **Versorgungsleistungen** zB durch Vermächtnisanordnung iZm testamentarischer oder erbvertragl Übertragung von luf, gewerbl oder freiberufl Betrieben nach § 10 Ia Nr 2 abziehbar sein, wenn sie bei Vermögensübergabe im Wege vorweggenommener Erbfolge abziehbar wären (*BMF* BStBl I 04, 922 Rz 40, BStBl I 10, 227 Rz 2 mwN). Das gilt auch nach Schenkungsversprechen von Todes wegen (§ 2301 I 1 BGB; BFH X R 2/06 BStBl II 08, 99). **Voraussetzungen:** – ***(a)*** Der **Erbe** muss wirtschaftl belastet sein (s Rz 4) und Versorgungsleistungen aus den Erträgen des geerbten Vermögens erbringen können. – ***(b)*** Der **Begünstigte** muss zum gesetzl erbberechtigten Generationennachfolge-Verbund gehören (s Rz 139). Erbverzichtsleistungen s Rz 140. Abl zu Zinsanteil BFH VIII R 57/10 BStBl II 14, 56, Anm *Brandt* StBP 13, 121.

Erbschaftsteuer ist als Privatsteuer grds nicht abziehbar (§ 12 Nr 3; BFH X R 63/08 BStBl II 11, 680, ohne Aussage zu Rechtslage ab 2009; FG BaWü EFG 14, 751, rkr). Die Doppelbelastung mit ESt/ErbSt ab 1999 ist verfgemäß (BFH II R 23/09 BStBl II 10, 641; BVerfG 1 BvR 1432/10 DStR 15, 1029, *Friz* DStR 15, 2409, *Birnbaum* BB 15, 2141). § 35b aF ist ab 2015 aufgehoben.

Form. Die Beachtung von Formvorschriften ist Voraussetzung für den SA-Abzug (str, s Rz 142, § 22 Rz 20).

Freiwillige Zuwendungen ohne „Gegenleistung" sind keine SA (§ 12 Nr 2, Rz 141).

Gegenleistung (vgl § 22 Rz 105). Wiederkehrende Leistungen iZm einer Vermögensübertragung können je nach Art und Umfang der Gegenleistung kaufpreisähnl Leistungen, Versorgungsleistungen oder Unterhaltsleistungen sein. – ***(1)*** **Kaufpreisraten.** Grds bei Neu- wie Altverträgen AK ohne SA-Abzug, auch nicht bei **kauf- und darlehensähnl Vorgängen,** bei denen wiederkehrende Leistungen *entgeltl* im Austausch mit einer gleichwertigen Gegenleistung übernommen werden (s BFH GrS 1/90 BStBl II 92, 78 unter C I 4d; BFH X R 32–33/01 BStBl II 11, 675; *BMF* BStBl I 10, 227 Rz 69ff, auch zu Rechtsfolgen). – ***(2)*** **In anderen Austauschfällen grds Veräußerungsrente,** ohne SA-Abzug, nicht nur bei Gleichwertigkeit der Gegenleistung *(1),* sondern auch darüber hinaus bei feststehender Bemessung (Zeitrente = Raten, soweit nicht eine Versorgungsleistung iSv *(3)* vorliegt (vgl *BMF* BStBl I 10, 227 Rz 56; 29. Aufl mwN). – ***(3)*** **Versorgungsvertrag als Sonderfall** (§ 10 I Nr 1a idF vor 2008, *BMF* BStBl I 04, 922 für Altverträge; § 10 I Nr 1a idF ab 2008 bis 2014, ab 2015 § 10 Ia

Nr 2, *BMF* BStBl I 10, 227 für Neuverträge, s Rz 139 mit *Schrifttum*). – ***(a)*** **Typus Versorgungsvertrag.** Begriff (wiederkehrende Leistungen iZm einer Vermögensübergabe) und persönl Voraussetzungen s Rz 140. Sachl Voraussetzungen bis 2007s hier 32. Aufl, ab 2008 Rz 139 ff. – ***(b)*** **Rechtsfolge.** Bei Verträgen bis 2007 grds voller Abzug von dauernden Lasten als SA nach § 10 I Nr 1a aF, bei Leibrente Ertragsanteil (S 2 aF); bei Neuverträgen ab 2008 voller Abzug unter Einschränkung der Vermögensgegenstände (§ 10 Ia Nr 2, s Rz 139 ff, § 52 Abs 18 S 1). Keine Anwendung von § 12 Nr 2; kein Veräußerungsgewinn; korrespondierende Besteuerung gem § 22 Nr 1a. – ***(4)*** **Unterhaltsrente** s unten Stichwort und Rz 145. – ***(5)*** **Bei Nutzungsvorbehalt des Übergebers** grds keine Vermögensübertragung zur Versorgung, keine Gegenleistung, kein Abzug beim Eigentümer (s *BMF* BStBl I 04, 922 Rz 12, 18, BStBl I 10, 227 Rz 21/24; unten „Wohnrecht" und Rz 4). Ebenso bei Vermögensübertragung gegen dauernde Lasten auf Kinder und gleichzeitiger Nießbrauchsübertragung auf Enkel (s FG Mchn EFG 03, 991, rkr). Nießbrauchsablösung s Rz 142. – ***(6)*** **Angehörigenverträge** werden auf vorherige Vereinbarung und Durchführung und ggf Formeinhaltung geprüft (s unter § 4 Rz 520; hier 32. Aufl mwN).

Grabpflegekosten aus Altverträgen sind iZm anderen Versorgungsleistungen SA, soweit sie den Nachlasswert übersteigen (BFH X R 17/09 BStBl II 10, 544). Ausnahmen: Eigene „Arbeitsleistung"; Grabkosten für andere Personen (FG Thür EFG 10, 1332, rkr). Neuverträge ab 2008 s oben „Beerdigung", „Empfänger".

Kapitalablösungen s „Abfindung", Rz 140, 142.

Kaufpreisraten sind keine wiederkehrenden Lasten (s „Gegenleistung").

Leibrenten. S „Vorbemerkung", Rz 146; 33. Aufl.

Mindestdauer. Bis 2007 musste für Renten und dauernde Lasten eine Mindestlaufzeit von 10 Jahren gegeben sein. § 10 I Nr 1a idF ab 2008/§ 10 Ia Nr 2 verlangt für Neuverträge lebenslange Zahlung (s Rz 140).

Naturallasten gehören zu den Versorgungsleistungen. Zur Bewertung s Rz 146; s auch „Altenteilslasten", „Wohnrecht".

Nutzungsüberlassung bei Altverträgen als dauernde Last s „Wirtschaftsüberlassung", „Wohnrecht". Kein Abzug bei Neuverträgen ab 2008 und bei **Nutzungsvorbehalt** (s Rz 141). **Nießbrauchsablösung** s Rz 142.

Pflegekosten gehören bei rechtl und wirtschaftl Aufwandsbelastung zu den Versorgungsleistungen (vgl BFH XI R 9/84 BStBl II 91, 794; *BMF* BStBl I 10, 227 Rz 61). Ausnahme: Eigene „Arbeitsleistung" (s § 22 Rz 12).

Steuerschulden. Die Übernahme von Steuern des Vermögensübergebers kann zum gesonderten Abzug nach § 10 Ia Nr 2 führen (BFH III R 190/82 BStBl II 86, 714, oben „ErbSt"), nicht die Zahlung der den Eigentümer treffenden Steuern (zB GrSt) und Abgaben (zB BFH X R 196/87 BStBl II 92, 1012).

Unterhaltsrenten bei geringerer oder ohne Vermögensgegenleistung sind wie vor 2008 grds nicht als SA abziehbar (§ 12 Nr 2). Ausnahmen: Realsplitting (Rz 138); Versorgungsleistungen (Rz 139), Versorgungsausgleich (Rz 150). Ab 2008 besteht in den Fällen des § 10 Ia Nr 2 idR eine Vermutung, dass sich Vermögenserträge und Versorgungsleistungen entsprechen, bei Widerlegung aber nicht abziehbare Unterhaltsrentenzahlungen vorliegen (s Rz 145).

Veräußerungsrente s „Gegenleistung", *BMF* BStBl I 10, 227 Rz 65.

Vermächtnisrenten können SA sein (s oben „Erbschaft", Rz 140, 145).

Versorgung. Versorgungsausgleich s Rz 150. Versorgungsleistungen s „Gegenleistung", Rz 139 ff (SA iSv § 10 Ia Nr 2/I Nr 1a aF).

Wirtschaftsüberlassungsverträge (LuF-Betriebsübergabe zur Nutzung, nicht zu Eigentum): Der Nutzungsberechtigte kann bei **Altverträgen** – neben seinen eigenen BA – grds nicht nur echte Altenteilsleistungen, sondern auch Zins- und Tilgungsleistungen als SA – idR als dauernde Last – absetzen (*BMF* BStBl I 04, 922 Rz 10; der Überlassende versteuert sie entspr nach § 22 Nr 1). Das ist bei **Neuverträgen** ab 2008 gem § 10 Ia Nr 2 S 2 nicht mehr mögl (*BMF* BStBl II 10, 227 Rz 22; BFH X R 16/13 BStBl II 14, 889; *Kanzler* NWB 14, 2926). Vgl § 13 Rz 93, 94 mwN. Vgl auch „Wohnrecht".

Wohnrecht. SA-Abzug bei Altverträgen s 29. Aufl. **Ab 2008** Beschränkung auf den Wohnteil übergebener LuF-Betriebe (§ 10 Ia Nr 2 S 2, 3, Rz 143).

Zeitrenten. Entgeltl Zeitrenten führen nicht zu SA (s „Kaufpreisraten", „Erbschaft", „Gegenleistung"), unentgeltl Zeitrenten allenfalls aus Altverträgen vor 2008 (nicht „lebenslang" nach § 10 Ia Nr 2, Rz 140).

5. Versorgungsausgleichsleistungen, § 10 Ia Nr 3, 4/§ 10 I Nr 1b aF. – a) Allgemeines. S § 22 Rz 115; *BMF* BStBl I 13, 1087 Rn 270 ff; *Schrifttum* 32. Aufl; *Pelke* NWB 14, 1967. Die *zivilrechtl Neuregelung des Versorgungsausgleichs* ab 1.9.09 durch das VAStrRefG hat die bisherigen Regelungen im BGB, VAHRG, VAÜG und sonstigen Versorgungsgesetzen ersetzt durch zentrale Regelungen im **VersAusglG.** Nach §§ 1587 ff BGB aF und VAHRG bzw §§ 1 ff VersAusglG sind während der Ehe erworbene Anwartschaften oder Versorgungsaussichten wegen Alters bzw Berufs- oder Erwerbsunfähigkeit bei Scheidung aufzuteilen; für LPart gilt § 20 LPartG. Versorgungsausgleich kann auf unterschiedl Weise geleistet werden. Das Gesetz unterscheidet zw öffentl-rechtl Ausgleich durch das Familiengericht (steuerl Transfer zukünftiger Einkünfte auf den anderen Ehegatten/LPart, §§ 9 ff VersAusglG) und schuldrechtl Ausgleich der Betroffenen (§§ 20 ff VersAusglG). – **Öffentl-rechtl Rentensplitting** fällt nicht unter § 10 (Einkünftetransfer im Vermögensbereich ohne steuerl Auswirkung, § 3 Nr 55a, b, s 32. Aufl mwN). – **Schuldrechtl Versorgungsausgleich:** Ein Ehegatte/LPart verpflichtet sich, dem anderen *selbst* einen Wertausgleich zu leisten, sei es durch Zahlung einer schuldrechtl Ausgleichrente ab Fälligkeit des eigenen Versorgungsanspruchs, sei es durch Abtretung eines entspr Teilanspruchs gegen den Versorgungsträger (§§ 20 ff VersAusglG). Diese Leistungen fallen unter § 10 Ia Nr 4 (Rz 155). Darüber hinaus besteht die Möglichkeit, den Ausgleichsanspruch durch Leistung einer Abfindung abzugelten (§ 23 VersAusglG). Diese Leistung fällt (neu) ab 2015 unter den SA-Abzug § 10 Ia Nr 3 (Rz 151). 150

b) Ausgleichsleistungen *zur Vermeidung* eines Versorgungsausgleichs, § 10 Ia Nr 3 neu ab 2015. – aa) Hintergrund. Die Abgrenzung des Versorgungsausgleichs von sonstigen Vereinbarungen war nicht eindeutig durch die Rspr geklärt. Auffüllungszahlungen zur Erhaltung der *eigenen* Altersversorgung nach Durchführung eines Versorgungsausgleichs sind unstr SA gem § 10 I Nr 2a/III. Auf Fälle einer **Anrechtsabfindung** gegen Verzicht auf Versorgungsausgleich war § 10 I Nr 1b aF nach hM nicht anwendbar (*BMF* BStBl I 10, 323 Tz 4; BFH X R 23/08 BFH/NV 10, 1807 – und umgekehrt abl zu Einkünften FG Hess EFG 14, 1678, Rev X R 48/14; FG Nbg EFG 15, 1186, Rev X R 60/14) mit fragl Abgrenzung zu Teilungsvereinbarung im Ehevertrag in BFH X R 36/09 BStBl II 14, 109 (Fall des § 10 I Nr 1b aF, aber noch immer abl zu § 23 VersAusglG). BFH IX R 107/00 BStBl II 06, 446 und BFH VI R 59/10 BFH/NV 11, 1130 hatten eine für den Verzicht auf Versorgungsausgleich vereinbarte Abfindungszahlung eines Beamten entgegen der Systematik des § 10 zu Rentenzahlungen (s Rz 182) als vorweggenommene WK berücksichtigt (vgl Abgrenzung in BFH X B 5/05 BFH/NV 06, 1091, BFH X R 36/09 BStBl II 14, 109 und BFH X B 223/13 BFH/NV 15, 202, FG Mster EFG 16, 114, rkr). 151

bb) Neuregelung § 10 Ia Nr 3 ab 2015. Um diesen Streitpunkt zu klären und einen einheitl SA-Abzug aller Ausgleichszahlungen zu beamtenrechtl, 152 öffentl-rechtl, privaten, geförderten oder betriebl Altersversorgungen zu erreichen (und den WK-Abzug auszuschließen, so BT-Drs 18/3441 – s aber § 10 S 1), dehnt das Gesetz den SA-Abzug auf alle Abfindungszahlungen als Gegenleistung für den Verzicht auf Versorgungsausgleich gem §§ 6 I Nr 2, 23 VersAusglG sowie §§ 1408 II und 1587 BGB aus. Voraussetzung ist auch hier die – volle oder anteilige – Zustimmung des Empfängers zum Antrag des Verpflichteten entspr § 10 Ia Nr 1 S 3–5 (s Rz 134–136) mit Besteuerung gem § 22 Nr 1a. Damit ist die ältere Rspr zum WK-Abzug bei Beamten und zur Ablehnung des WK- und SA-Abzugs im Übrigen (zB FG Köln EFG 14, 1470, Rev X R 41/14) ab 2015 überholt.

153 **cc) Rechtsfolgen:** Abzug des vollen Abfindungsbetrages und Besteuerung nach § 22 Nr 1a im Jahr der Zahlung (§ 11). Unbeschr **StPfl des Empfängers** ist entgegen Nr 1, 2, 4 in Nr 3 nicht ausdrückl vorgeschrieben. Die Ausnahmeregelung für beschr StPfl in § 1a I Nr 1 bezieht sich zwar auch auf § 10 Ia Nr 3, betrifft aber nur EU/EWR-Angehörige. Ein SA-Abzug bei Zustimmung anderer beschr StPfl würde jedoch dem für § 10 Ia maßgebl Korrespondenzprinzip mit Einkünftetransfer widersprechen (glA zu § 10 I Nr 1b aF vor Ergänzung um „unbeschr StPfl" – s Rz 155 – BFH X B 135/13 BFH/NV 14, 1542 mwN). Ohne Besteuerung kein SA-Abzug.

155 **c) Ausgleichszahlungen *im Rahmen des* Versorgungsausgleichs, § 10 Ia Nr 4/§ 10 I Nr 1b aF.** Vgl *BMF* mit *Schrifttum* 32. Aufl Rz 66. – **aa) Regelungsinhalt.** Die Neuregelung in § 10 Ia Nr 4 idF ZK-AnpG übernimmt § 10 I Nr 1b aF ohne sachl Änderung (nur Hinweis auf BGB idF bis 31.8.2009). Ab VZ 2008 enthält § 10 I Nr 1b eine Sonderregelung (nur) zum *schuldrechtl* Versorgungsausgleich. § 10 I Nr 1b und die Korrespondenzvorschrift des § 22 Nr 1c aF entsprachen dem BFH-Urt X R 152/97 BStBl II 07, 749: Die Zahlung der Ausgleichsleistung ist als SA abziehbar, *soweit* die zu Grunde liegenden, dem *Ausgleichverpflichteten* zustehenden Versorgungsbezüge *bei diesem* der Besteuerung unterliegen (also zB die zu teilende, von ihm nach § 22 voll oder mit dem Ertragsanteil zu versteuernde Rente). Durch die hälftige Weiterleitung und den SA-Abzug wird die unverändert volle Besteuerung der gesamten Versorgungsbezüge des Zahlungsverpflichteten iHd – vom Empfänger nochmals in gleicher Weise nach § 22 Nr 1a zu versteuernden – übertragenen Bezüge wieder ausgeglichen (gesetzl Einkünftebesteuerungstransfer ähnl § 10 Ia Nr 1; kein Vermögenstransfer). Durch das JStG 2010 wurde § 10 I Nr 1b aF terminologisch an das VersAusglG und die sonstigen Ausgleichsleistungsvorschriften angepasst. Außerdem wurde wegen der Korrespondenz von § 10 I Nr 1b und § 22 Nr 1c aF klargestellt, dass der Empfänger wie bei § 10 I Nr 1a aF als unbeschr Stpfl die Einnahmen im Inl oder als EU-/EWR-Ausländer dort besteuern muss (s vor Gesetzesergänzung BFH X B 135/13 BFH/NV 14, 1542 zu sonstigen Ausländern) jetzt § 1a I Nr 1, § 22 Nr 1a). Ohne Besteuerung kein SA-Abzug.

156 **bb) Besteuerung.** Die **Höhe des SA-Abzugs** (und der Steuer nach § 22 Nr 1a) wird durch die eigene Besteuerung beim Verpflichteten begrenzt (die sich durch den Versorgungsausgleich nicht ändert, sondern nur durch den SA-Abzug verringert zur Vermeidung der Doppelbesteuerung, und die nur anteilig auf den Empfänger übertragen wird). Bei Versorgungsbezügen nach § 19 und § 22 Nr 5 volle Besteuerung und voller SA-Abzug der (anteiligen) Ausgleichsrente beim Verpflichteten (mit gleicher Anteilsbesteuerung beim Empfänger), bei sonstigen Versorgungsbezügen Besteuerung mit dem Ertragsanteil nach § 22 Nr 1 S 3 Buchst a und entspr SA-Abzug beim Verpflichteten sowie entspr (anteilige) Besteuerung beim Empfänger. Bei stfreien Versorgungsbezügen kein Abzug (§ 10 II Nr 1) – ggf mit **Aufteilung** („soweit", BFH X R 7/14 BFH/NV 15, 824). Der **Zeitpunkt** des Abzugs und der Besteuerung richten sich nach der Besteuerung beim Verpflichteten nach Versorgungseintritt (§ 11).

IV. Abzugsbeschränkungen dem Grunde nach, § 10 II

1. Allgemeine Abzugsvoraussetzungen, § 10 II 1. § 10 II 1 enthält Abzugsbeschränkungen dem Grunde nach für *alle* Vorsorgeaufwendungen iSv § 10 I Nr 2, 3, 3a. S *BMF* BStBl I 13, 1087 Rn 156. – **a) Zusammenhang mit stfreien Einnahmen, § 10 II 1 Nr 1.** – ***(1)* Grundsatz, § 10 II 1 Nr 1 HS 1.** Es darf kein unmittelbarer wirtschftl Zusammenhang mit stfreien Einnahmen bestehen. Zweck dieser Vorschrift ist es, einen doppelten steuerl Vorteil auszuschließen (SA-Abzug ohne Einnahmenbesteuerung, ähnl § 3c zu BA/WK; § 10 Ia Nr 2 zu Versorgungsleistungen). Ein solcher Zusammenhang von Vorsorgeaufwendungen mit stfreien Einnahmen mit Vorrang der StFreiheit vor der SA-Belastung und der späteren Besteuerung besteht nach BFH-Rspr nicht nur, wenn stfreie Einnahmen nach ihrer Zweckbestimmung der Leistung von Vorsorgeaufwendungen dienen (zB Zukunftssicherungsleistungen des ArbG iSv § 3 Nr 62), sondern bereits dann, wenn sich eine klar abgrenzbare, unlösbare Beziehung der Vorsorgeaufwendungen zu stfreien Einnahmen feststellen lässt, wenn Einnahmen und Aufwendungen durch dasselbe Ereignis veranlasst sind, zB wenn Pflichtbeiträge durch im Inl stfreie ausl Einnahmen ausgelöst werden, unabhängig von späterer Rentenbesteuerung im Inl, jedenfalls dann, wenn die Beiträge (im Ausl) abziehbar sind (vgl BFH X R 62/09 BStBl II 12, 721, Rz 34 mwN; zu schweizer Pensionskassen BFH VIII R 40/11 DStRE 15, 897, Anm *Levedag* IWB 15, 710, *Miessl* IStR 15, 683, *Werth* IStR 15, 900; s auch zu USA *Portner* BB 15, 1952). Eine *rechtl* Bindung braucht nicht zu bestehen. Es genügt eine wirtschaftl Bindung dem Grunde und der Höhe nach, etwa durch Berechnung nach stfreien Einnahmen. – ***Beispiele:*** SV-Beiträge für nach § 3 Nr 39 aF stfreie geringfügige Beschäftigung (s *FinVerw* DStR 01, 1434); RV-Beiträge aus stfreiem Verletztengeld nach §§ 45 ff SGB VII (FG RhPf EFG 15, 1196, rkr); Altersvorsorgeaufwendungen bei Beschäftigten des Europäischen Patentamts (FG Mchn DStRE 15, 1483 = BFH VI B 144/14, nv; ausl KV-Beiträge bei stfreier AuslBeschäftigung (BFH I R 73/09 BFH/NV 11, 773) oder stfreie Renten (FG Ddorf EFG 15, 1355, rkr); StBefreiung nach Montage- oder Auslandstätigkeitserlass (s § 3 und BFH VI R 97/77 BStBl II 81, 16), DBA bzw früher bei DDR-Einkünften (§ 3 Nr 63 aF; BFH VI R 157/89 BStBl II 91, 86); nach § 3 Nr 14 stfreie RV-Zuschüsse zur KV, FG Bln EFG 92, 661, rkr; wohl auch Eigenanteile der Rentner zur KV iHd anteiligen StFreiheit der Rente nach § 22 I 3 Buchst a/aa S 4; § 10 I Nr 5 und § 3 Nr 33, 34a s Rz 93. Pauschal versteuerte Einnahmen sind nicht stfrei iSv § 10 II (str, glA *Kulosa* in *HHR* § 10 Anm 305). Bei nachträgl Wegfall der StPfl der Einkünfte (zB Übertragung von „Versorgungsansprüchen" nach § 3 Nr 55e ins stfreie Ausl) mE nicht nur kein SA-Abzug für die Übertragungswerte, sondern auch rückwirkende Streichung vorgenommener SA-Abzüge. – **Mittelbarer Zusammenhang** reicht nicht, so dass aus stfreien Einnahmen finanzierte freiwillige Vorsorgeaufwendungen zB für KV nicht unter das Abzugsverbot des § 10 II Nr 1 fallen (BFH VI R 97/77 BStBl II 81, 16, FG Köln EFG 14, 1572, rkr). Ausl SA s Rz 33 ff, stfreier SA-Ersatz s Rz 6, 109. – ***(2)* Sonderregelung für KV/PflV. § 10 II 1 Nr 1 HS 2** stellt ab 2010 stfreie Zuschüsse zu einer (privaten) KV/PflV *insgesamt* in einen unmittelbaren wirtschaftl Zusammenhang mit den Vorsorgeaufwendungen iSv § 10 I Nr 3. Daher kein anteiliger Abzug von Beiträgen zur Absicherung nicht unter Nr 3 fallender Mehrleistungen und stfreier Zuschüsse (zB § 3 Nr 14, 57, 62; s BFH IX R 43/13 BStBl II 15, 257; *BMF* BStBl I 15, 440 sowie 34. Aufl mwN). Als ArbLohn stpfl Zuschüsse stehen jedoch dem Abzug nach § 10 I Nr 3a nicht entgegen. 160

b) Bestimmte Zahlungsempfänger, § 10 II 1 Nr 2. Begünstigt sind nur Vorsorgeaufwendungen an bestimmte Zahlungsempfänger (s Rz 34). Dazu zählen - *(1)* inl bzw seit 1993/2005 EU/EWR-Versicherungsunternehmen mit Inlandszulassung **(§ 10 II 1 Nr 2a S 1),** - *(2)* seit 2013 sonstige Einrichtungen, die entspr 161

Anspruch auf Absicherung im Krankheits- oder Pflegefall gewähren, auch außerhalb des EU-Bereichs, auch für StPfl ohne Wohnsitz oder gewöhnl Aufenthaltsort im Inl **(§ 10 II Nr 2a S 2),** - *(3)* seit 2005 alle berufsständischen Versorgungseinrichtungen iSv § 10 I Nr 2a **(§ 10 II Nr 2b),** - *(4)* alle (auch ausl) SV-Träger **(§ 10 I Nr 2c;** Verzeichnis *FinVerw* IStR 13, 512), - *(5)* seit 2006 wie bei § 10a alle anderen Anbieter von Altersvorsorgeverträgen gem § 80 **(§ 10 II Nr 2d).**

165 **2. Besondere Abzugsvoraussetzungen, § 10 II 2, 3, IIa.** *Schrifttum: Risthaus* DStZ 09, 669; *Myßen/Wolter* NWB 09, 2313 und 11, 280; *Harder-Buschner/Jungblut* NWB 09, 2636; *Grün* DStR 09, 1457; *Wißborn* NWB 10, 2531. – **a) Rechtsentwicklung** (s auch 32. Aufl). Seit **2010** gilt ein bundeseinheitl Zertifizierungsverfahren mit dem Ziel, dass der Anbieter der zentralen Stelle (§ 81) die für den SA-Abzug erforderl Daten mit Einwilligung des StPfl per Datensatz übermitteln kann, was dem StPfl die Abgabe einer elektronischen StErklärung erleichtert. Diese zunächst nur für **Basisrentenverträge** geltende Regelung wurde ausgedehnt auf Beiträge zu **KV** und **PflV** iSv § 10 I Nr 3 (Abs 2 S 3), aufgesplittet in eine Vorschrift über Abzugsvoraussetzungen (Abs 2) und eine Verfahrensvorschrift (Abs 2a). – *Hinweis:* § 10 II a soll an die geplante zentrierte Datenübermittlung durch Dritte in § 93c AO angepasst werden (Gesetzesentwurf zur Modernisierung des Besteuerungsverfahrens).

166 **b) Sachl Abzugsvoraussetzungen, § 10 II 2, 3.** Sie betreffen die Zertifizierung und die Einwilligung in die Datenübermittlung. S *BMF* BStBl I 13, 1087 Rn 142 ff. – **aa) Basisrentenverträge. – § 10 II 2 Nr 1; Zertifizierung.** Die Zertifizierung von Basisrentenverträgen zur Altersvorsorge iSv § 10 I Nr 2 Buchst b nach dem AltZertG durch das **BZSt** als Zertifizierungsstelle nach § 3 AltZertG ist (anfechtbarer) **Grundlagenbescheid** iSv § 171 X AO für die Veranlagung und materielle Voraussetzung für den SA-Abzug der Beiträge (s **Aufstellungen zertifizierter Basisrentenverträge gem § 10 AltZertG** im BStBl, 32. Aufl mit lfd Ergänzungen). – **§ 10 II 2 Nr 2; Einwilligung.** Der StPfl muss ggü dem Anbieter grds schriftl der Übermittlung der Einwilligung mit Vertragsdaten und Identifikationsnummer des StPfl nach § 139b AO an die „zentrale Stelle" **(Dt RV Bund, § 81)** zustimmen. Die Einwilligung gilt für alle Zahlungsverpflichtungen aus dem Versicherungsverhältnis unbegrenzt, kann aber vor Beginn des jeweiligen VZ ggü dem Anbieter schriftl widerrufen werden. Die Zertifizierungsstelle informiert die obersten LandesFinBeh ggf über einen Wegfall der Voraussetzungen (§ 8 IV 2 AltZertG). Die Datenverwendung ist verfgemäß (BFH II R 49/10 BStBl II 12, 168).

167 **bb) KV- und PflV-Verträge. § 10 II 3** dehnt (nur) die **Einwilligungsvoraussetzung** auf den Abzug von KV- und PflV-Beiträgen nach § 10 I Nr 3 (nicht Nr 3a) aus und fingiert die Einwilligung bei Übermittlung durch elektronische LStBescheinigung für gesetzl versicherte ArbN (§ 41b I 2) oder Bezugsmitteilung für gesetzl krankenversicherte Rentner (§ 22a I 1 Nr 5); ebenso zu ausl KV-Bescheinigung *BMF* BStBl I 13, 1087 Rz 149. Grds setzt das FA SA nur iHd übermittelten Daten ab. Zertifizierung ist nicht erforderl (Schutz der Versicherungsnehmer durch § 10 II 1 Nr 2a). Werden die erforderl Daten trotz der vorliegenden Einwilligung aus Gründen, die die stpfl Person nicht zu vertreten hat, vom Versicherungsunternehmen nicht übermittelt (zB bei Weigerung einer ausl KV), kann die stpfl Person den Nachweis über die geleisteten Beiträge iSd § 10 Absatz 1 Nr 3 EStG in anderer Weise erbringen (vgl BR-Drs 168/09, 28, *Kulosa* in *HHR* § 10 Anm 316).

168 **cc) Sonderregelungen für Altverträge, § 10 VI** (vor 2014 § 52 Abs 24 S 2 aF) s Rz 199.

170 **c) Verfahren, § 10 IIa.** *– *(1)* **Einwilligungsverfahren, § 10 IIa S 1–3.** – **Satz 1** regelt **Form, Frist und Adressat der Einwilligung:** Schriftl bis Ende des 2. Kj nach Beitragsleistung an den Anbieter (Basisrente), das Versicherungsun-

* § 10 IIa soll an die geplante Datenübermittlung durch Dritte in § 93c AO angepasst werden (Gesetzesentwurf zur Modernisierung des Besteuerungsverfahrens).

ternehmen (private KV/PflV), den Träger der gesetzl KV/PflV oder die Künstlersozialkasse oä Einrichtung iSv § 10 II 1 Nr 2 Buchst a S 2. – **Sätze 2, 3:** Die Einwilligung gilt **unbefristet** bis zum schriftl **Widerruf** vor Beginn des folgenden Beitragsjahres. – *(2)* **Datenübermittlungsverfahren, § 10 IIa S 4–13** (s *BMF* BStBl I 13, 1087 Rn 142ff). – **Sätze 4–7** regeln Einzelheiten zur Datenübermittlung und Korrektur, **S 4 Nr 1** für geleistete Altervorsorgebeiträge iSv § 10 I Nr 2 Buchst b (Beiträge mit Zertifizierungsnummer – Erstattungen sind bei Rentenverträgen iSv § 10 II Nr 2 nach den gesetzl Produktregelungen ausgeschlossen, daher Streichung in Satz 4 Nr 1), **S 4 Nr 2** für geleistete und erstattete KV-Beiträge (eigenartigerweise nur solche iSv § 10 I Nr 3, so dass die StPfl für Zusatzbeiträge iSv § 10 I Nr 3a eine gesonderte Bescheinigung des KV-Unternehmens vorlegen müssen – s § 10 IIa 9 –, soweit nicht bereits durch elektronische LSt- oder Renten-Bescheinigung übermittelt). Zur persönl Zuordnung sind die Vertragsdaten, das Datum der Einwilligung und die steuerl IdentifikationsNr anzugeben (s 32. Aufl). Entspr Verpflichtung für Leistungen und Erstattungen *durch* **öffentl Leistungsträger** *ab 2016* s **§ 10 IVb 4–6,** Rz 9. Gesetzl Änderungspläne s Fn *. – *(3)* **Bescheidänderung; Haftung.** – **Satz 8** enthält eine **Änderungsvorschrift** für bestandskräftige StBescheide vor allem aufgrund neuer oder geänderter Datenübermittlungen und fehlender Einwilligungserklärungen, falls sich die Korrektur steuerl auswirkt. – **Sätze 9, 10:** Die übermittelnde Stelle hat den StPfl für jedes Beitragsjahr über die gemeldeten Daten zu **informieren,** ggf auch durch Datenfernübertragung. – **Satz 10** ermöglicht für gemeldete KV-/PflV-Beiträge eine **Datenprüfung** durch das BZSt. – **Sätze 12, 13** enthalten eine **Haftungsvorschrift des Übermittlers** für entgangene Steuern durch vorsätzl oder grob fahrlässige Falschmeldung (für den Fall, dass die Steuer vom StPfl nicht nacherhoben werden kann). „Übermittler" idS sollte idR die übermittelnde Stelle sein und nicht der Sachbearbeiter (auf dessen Verschulden es jedoch ankommt); vgl auch ausdrückl § 10b IV 4 zu falscher Spendenbescheinigung. Der Haftungsbetrag beträgt wie bei § 10b IV 3 pauschal **30 vH** des zu hoch ausgewiesenen Betrages, wohl unabhängig von der tatsächl steuerl Auswirkung.

3. Lebensversicherungs-Policenfinanzierung. § 10 II 2 aF betraf die Einschränkung des SA-Abzugs für den Finanzierungseinsatz von LV mit Kapitalwahlrecht iSv § 10 I Nr 2b/bb–dd aF vor 2005. Da die Vorschrift seit 2005 aufgehoben ist und nur noch für vor 2005 abgeschlossene Versicherungsverträge fortgilt, wird insoweit auf die Kommentierung der 28. Aufl Rz 186–199 und *BMF* BStBl I 00, 1118 verwiesen. S auch 32. Aufl; zu Umschuldung BFH VIII R 30/09 BStBl II 14, 153; zu Zinscab-Gebühr BFH VIII R 49/09 BStBl II 14, 156. 175

V. Höchstbetragsgrenzen für Vorsorgeaufwendungen, § 10 III–V

1. Rechtsentwicklung. – a) Grundzüge. Die Höchstbetragsbegrenzungen auf feste Jahreshöchstbeträge gelten – unterschiedl – für nach § 10 I Nr 2, 3, 3a abziehbare **Vorsorgeaufwendungen** iSv **§ 10 II 1** (s Rz 50; zu Nachzahlungen BFH VI R 167/74 BStBl II 77, 154; zu § 22 BFH X R 8/10 BStBl II 11, 579). 180

b) Verfassungsmäßigkeit. – *(1)* **Rechtslage bis 2004.** Die Verfassungsmäßigkeit von § 10 III aF scheint geklärt (s 32. Aufl mwN). – *(2)* **Rechtslage 2005–2009.** Durch das **AltEinkG** wurde der Abzug von Vorsorgeaufwendungen im Zuge der Neuregelung der Rentenbesteuerung grundlegend geändert (s Rz 60ff, 183ff). Die Rentenbesteuerung ab 2005 ist verfgemäß (BVerfG 2 BvR 2683/11 ua DStR 15, 2757, *Weber-Grellet* DStR 12, 1253, *ders* FR 16, 85; 30./34. Aufl mwN). Damit entfällt *insoweit* die vorläufige Veranlagung (*BMF* BStBl I 14, 831 Tz 5 und wohl Tz 3a, BStBl I 15, 786). – *(3)* **Rechtslage ab 2010.** § 10 III, IVa setzt den vom BVerfG geforderten Vollabzug von Basis-Kranken- und Pflegeversicherungskosten um (s Rz 70ff). Die neue Rechtslage ist verfgemäß (vgl FG Hbg EFG 13, 26, rkr – s aber Vorläufigkeitsvermerke *BMF* BStBl I 15, 577 Tz 3b, 3c. 181

182 **c) Kein Abzug als WK.** § 10 I Nr 2 ordnet die Altersvorsorgeaufwendungen den SA zu. Der BFH sieht darin trotz des Einleitungssatzes von § 10 I S 1 einen WK-Ausschluss und hält die SA-Zuweisung auch nach Einführung der nachgelagerten Rentenbesteuerung für verfmäßig (s auch Rz 181): Prüfung einer Übermaßbesteuerung nicht beim SA-Abzug, allenfalls später bei Rentenbesteuerung (dazu § 22 Rz 89/90 mwN; *Levedag* NWB 09, 491 und 1330, *Förster* DStR 09, 141 und 10, 137; abl *Stützel* DStR 10, 1545; s auch *Kulosa* in HHR Anm 337 ff). Das ist str, aber bestätigt auch für VZ **ab 2005** (zB BFH X R 34/07 BStBl II 10, 414, VerfBeschwerden 2 BvR 288/10, s 32. Aufl, auch zu Schrifttum und Abzug vor 2005;Vorläufigkeit und Ruhen der Einspruchsverfahren betr WK-Abzug wegen der VerfBeschw für VZ ab 2005–2009s *BMF* BStBl I 14, 831 Tz 4.

183 **2. Höchstabzugsgrenze für Altersvorsorgebeiträge, § 10 III.** Vgl *BMF* BStBl I 13, 1087 Rn 46 ff. § 10 III betrifft nur den Abzug von Altersvorsorgeaufwendungen iSv § 10 I *Nr 2*. – **a) Jahreshöchstbetrag, § 10 III 1.** Der absolute Höchstbetrag für abziehbare RV- und gleichgestellte Beiträge iSv § 10 I Nr 2 Buchst a und b iHdes aufgerundeten Höchstbeitrags zur knappschaftl RV bzw vor 2015 20 000 € kann von Selbständigen ua Personen geltend gemacht werden, die Beiträge für eine adäquate Altersversorgung in dieser Höhe bereits jetzt aus eigenem versteuerten Einkommen erbringen. Der Höchstbetrag **2015** beläuft sich auf 22 172 € (Beitragsbemessungsgrenze RV 89 400 € × Beitragssatz RV 24,80 %), **2016** auf 22 766 € (nur die Bemessungsgrenze steigt auf 91 800 €). Auch ArbN, die den Höchstbeitrag zur gesetzl RV entrichten, können ein zusätzl Vorsorgevolumen aus eigenen Mitteln bis zu dieser Höhe voll absetzen. Bei ArbN sind stfreie *ArbG*-Zuschüsse grds zunächst in diese Höchstbetragsbegrenzung einzubeziehen (§ 10 I Nr 2 S 6 und – auf Antrag – S 7 mit späterer Kürzung nach § 10 III 5, 7; also Deckelung bei Höchstbetrag inkl ArbG-Anteil). Bedenken gegen VerfMäßigkeit der Höchstbeträge s *Kulosa* in *HHR* Anm 350 ff; s auch zu Vorläufigkeit Rz 181. Zur **EG-Problematik** durch spätere (volle) Rentenbesteuerung bei Frankreichgrenzgängern s Rz 60.

184 **b) Ehegatten/LPart, § 10 III 2, § 2 VIII.** – Bei **Zusammenveranlagung** verdoppelt sich der Höchstbetrag. Keine Ausdehnung auf sonstige Personen, die nach Splittingtarif besteuert werden (§ 32a VI, BFH IX R 1/81 BStBl II 86, 464; s aber § 10c IV 3 aF bis 2009). Das frühere Problem der Aufzehrung des Höchstbetrages eines Ehegatten durch geringfügige Kürzungseinkünfte des anderen kann ab 2005 nicht mehr auftauchen (s 32. Aufl). – Bei **getrennter** bzw **Einzelveranlagung** erfolgt gesonderte Prüfung für jeden Ehegatten/LPart.

185 **c) Kürzung, § 10 III 3. – aa) Hintergrund.** Bei bestimmten Personen, die iZm ihrer Berufstätigkeit ohne eigene Aufwendungen und ohne Anspruch auf stfreie ArbG-Beiträge ganz oder teilweise Anspruch auf Altersversorgung erhalten, ist ein fiktiver Gesamtrentenversicherungsbeitrag (ArbG und ArbN) in Abzug zu bringen, da nur so für eine ergänzende Absicherung eine Gleichbehandlung zw Pflichtversicherten ua StPfl, die eine Altersversorgung ganz oder zT ohne eigene Aufwendungen erlangen, gewährleistet ist.

186 **bb) Personenkreis, § 10 III 3; Kürzung bei drei Personengruppen.** – ***(1)*** **§ 10 III 3 Nr 2: Mandatsträger** iSv § 22 Nr 4, die ganz oder teilweise ohne eigene Beitragsleistung einen Anspruch auf Altersversorgung erwerben (Bundes-, Landes- und Europaabgeordnete). – ***(2)*** **§ 10 III 3 Nr 1 Buchst a. RV-befreite ArbN,** die auf Grund ihrer Tätigkeit *gesetzl* Anwartschaftsrechte auf Altersversorgung erwerben. Das sind vor allem: Beamte, Richter, Soldaten, Geistliche. – ***(3)*** **§ 10 III 3 Nr 1 Buchst b. Sonstige nicht RV-pflichtige ArbN** mit *vertragl* Anwartschaften aus der Berufstätigkeit. Das sind zB AG-Vorstände (s Gesetzesänderung §§ 1 S 4, 229 Ia SGB VI), GmbH-Ges'tergeschäftsführer mit Vertragsanwartschaften auf Altersversorgung. Nach § 3 *Nr 62* stfreie Zukunftssicherungsleistungen des ArbG werden den Beiträgen des StPfl zugerechnet und kürzen ggf den

Höchstbetrag (§ 10 I Nr 2 S 6, 7, § 10 III 5, 7, Rz 188). Anwartschaften aus gem *§ 3 Nr 63* stfreien ArbG-Beiträgen oder pauschaliert versteuerter DirektVers führen seit 2008 trotz dadurch uU entstehender Nachteile zur Kürzung (fragl, vgl 34. Aufl mwN; aber gebilligt durch BFH X R 35/12 BStBl II 15, 213).– Bei dem **Versorgungsanspruch** muss es sich um eine verbindl Zusage handeln, nicht nur um eine nach Art und Höhe erst zu fixierende Anwartschaft (BFH XI R 57/99 BStBl 01, 28). Die **Aufhebung der Pensionszusage** führt uU zur Rückgängigmachung der Kürzung, dies aber nur, wenn der StPfl nicht ein – verfallbares oder unverfallbares – Anwartschaftsrecht erworben hatte (BFH XI R 67/03 BStBl II 05, 94 zu Widerruf; BFH XI B 134/03 BFH/NV 05, 1755 zu Verzicht). Die Kürzungsvoraussetzungen müssen **nicht** mehr während des **ganzen Kj** vorliegen – Kürzung auch im **Übergangsjahr** Arbeit/Rente bzw Pension. – ***(4)* Keine Kürzung** bei allen StPfl, die ihre Pflichtbeiträge voll selbst tragen oder versteuern, auch bei beantragter Pflichtversicherung neben ArbG-Versorgungszusage (BFH XI R 64/98 BStBl II 01, 64), bei nicht erfüllter Zukunftssicherungsverpflichtung des ArbG (s oben), bei ArbN mit nur nichtsozialversicherungspflichtigen Einkünften (s aber unten) sowie bei Nur-Rentnern (keine ArbN) und ArbN-Rentnern und Pensionären. Dagegen ist unerhebl, ob – früher gegebene – Kürzungsvoraussetzungen noch im Jahr einer **ArbLohnNachzahlung** vorliegen (so zu Beamten BFH X R 19/05 BFH/NV 06, 2049; zu sozialversicherungsfreier Abfindung im späteren Jahr der Arbeitslosigkeit BFH X R 7/05 BFH/NV 07, 34; s auch BFH X R 38/05 BStBl II 07, 823; FG BaWü DStRE 13, 336, rkr). Keine Kürzung bei Absicherung nur der Berufs-/Erwerbsunfähigkeit (*BMF* BStBl I 07, 493 Rz 1). – ***(5)* § 10c III Nr 2 aF bis 2007, Sonderfall Ges'ter-Geschäftsführer einer KapGes:** Nach BFH erfolgte keine Kürzung wegen „eigener Beitragsleistung durch Gewinnminderung" (s dazu Rspr 29. Aufl mwN, BFH X R 41/10 BFH/NV 14, 31; BFH X B 197/12 BFH/NV 13, 1780; *BMF* BStBl I 07, 493). Die (zweifelhafte) Grundlage für diese Rspr entfällt ab 2008 (s 32. Aufl; verfgemäße Kürzung, s BFH X R 35/12 BStBl II 15, 213). Die Rspr wirkt sich aber noch iRd Günstigerprüfung aus (§ 10 IVa).

cc) Höhe der Kürzung, § 10 III 3. An Stelle der früheren Kürzung um einen festen Prozentsatz von 16 vH der Einnahmen erfolgt seit 2005 eine Kürzung um den der gesetzl RV der Arbeiter und Angestellten entspr fiktiven Gesamtbeitrag bis zur Beitragsbemessungsgrenze (ArbG- und ArbN-Anteil), aus Vereinfachungsgründen zu Gunsten der StPfl bis zur Beitragsbemessungsgrenze (Ost), *BMF* BStBl I 13, 1087 Rn 51, 59 – das sind 2016 18,7% aus 64 800 € = 12 117 €, 2015 18,7% aus 62 400 = 11 668 €, 2014 18,9% aus 60 000 = 11 340 € (Vorjahre s Voraufl). **Einnahmenbeschränkung:** Der Berechnung ist nur der Einnahmenbetrag aus der zur Kürzung führenden Tätigkeit zu Grunde zu legen. 187

d) Anpassungsregelung, § 10 III 4–7. Im Einklang mit der schrittweisen Rentenvollbesteuerung waren nach **S 4** zunächst im Jahr 2005 60 vH der nach S 1 bis 3 ermittelten Vorsorgeaufwendungen bis zum Höchstbetrag inkl ArbG-Anteil anzusetzen. Dieser %-Satz erhöht sich nach **S 6** in den folgenden Jahren bis 2025 um je 2%-Punkte (also 2006: 62 vH; 2008: 66 vH; 2013: 76 vH – s Aktualisierung § 10 III 4 im AltvVerbG ohne sachl Änderung –; 2025: 100 vH). Der so prozentual gekürzte Gesamtbetrag ist um den zunächst nach § 10 I Nr 2 S 6 ohne eigenen Aufwand zugerechneten stfreien ArbG-Anteil zur gesetzl RV nach § 3 Nr 62 und gleichgestellte ArbG-Zuschüsse zu kürzen (**S 5,** verfgemäß, BFH X R 45/07 BFH/NV 10, 421). Ausnahme: Bei geringfügig Beschäftigten erfolgen Zurechnung und Kürzung seit 2008 nur auf Antrag (**S 7;** vgl § 10 I Nr 2 S 7, Rz 66). 188

Beispiele (s auch *BMF* BStBl I 13, 1087 Rn 62 ff): 189

1. Selbstständiger zahlt 2005/2013/2015/2016/2025 je 25 000 € für seine Alterssicherung. Er kann von dem früheren Höchstbetrag von 20 000 € **2005** 60 vH = 12 000 €, **2013** 76 vH = 15 200 €, (ab) **2015** 80 vH *aus neuem Höchstbetrag* (s Rz 183) von 22 172 € = 17 738 €, **2016** 82 vH von 22766 = 18 668 €, **2025** 100 vH bis zum dann geltenden Höchstbetrag absetzen.

2. ArbN zahlt Anteil zur gesetzl RV 2005/2008/2025 3500 €. Keine weitere Basisversorgung. Abziehbar sind: Anteil ArbN + ArbG = 7000 (unter Höchstbetrag). Davon abziehbar **2005** 60 vH = 4200 € (**2016** 82 vH = 5740 €, **2025** 100 vH = 7000 €), jeweils ./. stfreier ArbG-Anteil 3500; damit SA **2005** 700 €, **2015** 2100 €, **2025** 3500 € (= 100 vH *seiner* Aufwendungen).
3. Wie Beispiel 2., aber mit privater Beitragszahlung nach § 10 I Nr 2b von 12 000 €. Abziehbar sind: Anteil ArbN + ArbG = 7000 + Privatrente 12 000 = 19 000 € (unter Höchstbetrag); **2005:** 60 vH von 19 000 = 11 400 ./. stfreier ArbG-Anteil 3500 = 7900 €, **2015:** 80 vH = 15 200 € ./. 3500 = 11 700 €, **2016:** 82 vH = 15 580 ./. 3500 = 12080 €, **2025:** 100 vH = 19 000 ./. 3500 =15 500 € (= 100 vH *seiner* Aufwendungen).
4. Beamter mit gleichen Einkünften zahlt 12 000 € in Basis-Zusatzversicherung (unter Höchstbetrag). Er kann von den eigenen 12 000 € Beitragszahlungen **2005** 60 vH = 7200 € absetzen, **2015** 80 vH = 9600 €, **2016** 82 vH = 9840 €, **2025** 100 vH = 12 000 €.

191 **3. Höchstbetragsgrenze sonstiger Vorsorgeaufwendungen, § 10 IV.** – **a) Grundsatz. § 10 IV 1–3** betr alle abziehbaren Beiträge zu KV, PflV ua Versicherungen iSv § 10 I Nr 3a (Beiträge zur Basis-KV/PflV iSv § 10 I Nr 3 sind jedoch nach § 10 IV 4 voll abziehbar, s Rz 192). – ***(1)* Höchstbetrag, § 10 IV 1.** Selbstversicherer können Beiträge iSv § 10 I Nr 3, 3a einschließl KV- und PflV-Beiträgen unabhängig von § 10 III bis zu 2800 € bzw vor 2010 2400 € jährl abziehen. Die Beiträge sind iRd Höchstbeträge grds *voll* abzusetzen, nur bei LV-Altverträgen iSv § 10 I Nr 3b iVm § 10 I Nr 2b/cc, dd aF nur zu 88 vH. – ***(2)* Ermäßigung, § 10 IV 2.** Der Höchstbetrag ermäßigt sich pauschal auf 1900 bzw vor 2010 1500 €, wenn der StPfl ohne eigene Aufwendungen Anspruch auf vollständige oder teilweise Erstattung oder Übernahme von Krankheitskosten hat (zB Beamtenbeihilfe § 3 Nr 11, Rentenzuzahlung § 3 Nr 14; auch mitversicherte Ehegatten, s BFH X R 43/09 BStBl II 13, 608, *Grün* NWB 13, 2914/21) oder für dessen KV Leistungen iSv § 3 Nr 62, § 3 Nr 14 oder § 3 Nr 57 (s „Künstlersozialversicherung") oder für Erstattungen nach § 3 Nr 9 iZm Kinderpflege erbracht werden, auch bei nach DBA stfreiem ArbLohn, *FinVerw* IStR 07, 224. Eine Teilbegünstigung ist insgesamt schädl für das ganze Jahr (Wortlaut § 10 IV). – ***(3)* Ehegatten/LPart, § 10 IV 3.** Bei Zusammenveranlagung sind die Höchstbeträge nach S 1 und 2 getrennt zu ermitteln und zusammen zu rechnen. Kürzung nur bei Ehegatten/LPart, die selbst oder über den Ehegatten/LPart Zuschüsse erhalten oder über diesen mitversichert sind.

192 **b) Sonderregelung für KV/PflV-Beiträge, § 10 IV 4.** Vgl *BMF* I 13, 1087 Rn 99 ff. Die Höchstbeträge nach § 10 IV 1–3 gelten nicht für Basis-KV- und PflV-Beiträge iSv § 10 I Nr 3, die ab 2010 voll abziehbar sind (Folge der BVerfG-Rspr, s Rz 70). § 10 IV 4 wird zwar häufig den Abzug sonstiger Vorsorgeaufwendungen iSv § 10 I Nr 3a ausschließen, lässt aber einen Spielraum für einen zusätzl Abzug, soweit die abziehbaren KV- und PflV-Beiträge den Höchstbetrag nach S 1, 2 nicht erreichen. Die Begrenzung ist **verfgem** (BFH X R 5/13 BStBl II 15, 1043). Sie beschränkt auch den Abzug von **Arbeitslosenbeiträgen** (s BFH X R 15/09 BStBl II 12, 325; VerfBeschw 2 BvR 598/12; vorläufige Veranlagung zu § 32b, s § 32b Rz 24 mwN).

Beispiel: Alleinstehender mit KV-Beiträgen nach § 10 I Nr 3 iHv 2000 €: Zusatzbeiträge iSv § 10 I Nr 3a sind iHv 800 € abziehbar. Bei KV-Beiträgen iHv 3000 € kein *zusätzl* Abzug.

194 **4. Günstigerprüfung der Höchstbeträge, § 10 IV a.** Vgl *BMF* BStBl I 05, 429 Rz 50 ff. – **a) Ausgangsregelung, § 10 IVa S 1.** Vor allem für StPfl mit kleinen Einkommen (Bruttolöhne bis ca 12 000/24 000 €) oder Selbständige mit geringen Altersvorsorgeaufwendungen, aber hohen LV-Beiträgen kann sich durch die Neuregelung ein – ungewollter – Nachteil ergeben, da sie bis 2004 alle Beiträge voll absetzen konnten. Daher sieht § 10 IVa für die Jahre ab 2005 bis 2019 zwingend eine von Amts wegen vorzunehmende – jährl – Günstigerprüfung der Höchstbeträge nach § 10 III aF bis 2004 ggü Abs III, IVa nF vor. **Geltungsbereich:** 2005 Vorsorgeaufwendungen iSv § 10 I Nr 2, ab 2006 nur Nr 2 Buchst a

(dafür Erhöhungsbetrag Rz 195) und Nr 3 aF bzw ab 2010 Nr 2 Buchst a, Nr 3 und 3a. **Dem Grunde nach** sind die zu vergleichenden Vorsorgeaufwendungen auch für die Anwendung des bisherigen Rechts nach Abs 1 Nr 2, 3, 3a **nF** zu bestimmen. **Der Höhe nach** werden die ab 2010 gem der Tabelle § 10 IVa schrittweise abzuschmelzenden Höchstbeträge nach § 10 III idF 2004 den sich nach neuem Recht ergebenden Höchstbeträgen (§ 10 III, IV nF) gegenübergestellt (Vergleich ab 2010 mit 2004, nicht mit 2009); das gilt auch für § 10c aF (FG Mster EFG 14, 833, rkr). Vgl Beispiele bei *Myßen/Wolter* NWB 09, 2313/30. Ein höherer Abzugsbetrag nach § 10 III aF/§ 10 IVa ist danach auch ab 2005 und 2010 zu berücksichtigen. Allerdings wird dabei ab 2011 der Vorwegabzug nach § 10 III Nr 2 aF nach der Tabelle § 10 IVa schrittweise abgeschmolzen. Vgl entspr Regelung in § 10c V aF bis 2009.

b) Erhöhungsbetrag, § 10 IVa S 2, 3. Grund für die Änderung ab 2006: Beseitigung fortbestehender Nachteile bei § 10 Ia Nr 4 (fragl ist, ob damit auch Schlechterstellung zu § 10 I Nr 3a beseitigt ist, zB für Zuzahlungen in berufsständische Versorgungswerke). S *BMF* BStBl I 13, 1087 Rn 164 ff; *Dommermuth/Hauer* FR 07, 57, 297; *Risthaus* DB 06, 2773 (mit zutr Hinweis auf die Unlesbarkeit der Gesetzesänderung und Beispielen). Zusätzl Beiträge für eine private Basisrente (§ 10 I Nr 2 Buchst b) können bei bestimmten Personengruppen (zB ledige Selbständige ohne Pflichtversicherung in einer berufsständischen Versorgungseinrichtung) ab VZ 2006 uU die als SA abziehbaren Beträge erhöhen. Als Anreiz für diese zusätzl Altersabsicherung sollen diese Beiträge auch iRd Günstigerprüfung (rückwirkend) immer mit mindestens dem sich nach § 10 III 4 und 6 ergebenden Prozentsatz als Vorsorgeaufwendungen berücksichtigt werden. Dies erfolgt entweder durch Ansatz der entspr Beträge iRd sich nach altem Recht ergebenden Abzugsvolumens oder durch den sog Erhöhungsbetrag. Der Erhöhungsbetrag nach S 3 und 1 kommt insb zur Anwendung, wenn das Abzugsvolumen nach altem Recht für die Vorsorgeaufwendungen nach § 10 I Nr 2 Buchst a und Nr 3 höher ist als das Abzugsvolumen nach neuem Recht für die Vorsorgeaufwendungen nach § 10 I Nr 2 Buchst a und b und Nr 3. Bemessungsgrundlage für den Erhöhungsbetrag nach S 3 sind die Beiträge nach § 10 I Nr 2 Buchst b nur, soweit sie iRd Höchstbetrages nach § 10 III angesetzt worden wären. § 10 IVa wurde nicht an § 10 III 3 Nr 1/§ 10c III Nr 2 idF JStG 2008 angepasst (s *Risthaus* DStZ 07, 802). Vgl auch BFH X R 35/12 BStBl II 15, 213. 195

5. Erstattungsberücksichtigung, § 10 IVb. S Erläuterungen Rz 9. 197

6. Prozentuale KV-Beitragsabschläge, § 10 V. § 10 V ist die Rechtsgrundlage für die „Krankenversicherungsbeitragsanteil-Ermittlungsverordnung – KVBEVO". Private KV-Beiträge sind SA nur iRd Basisabsicherung in der gesetzl KV (s Rz 71). Bei gesonderter Tarifabsicherung sind nur die begünstigten Beiträge absetzbar. Bei einheitl Tarifen ist aufzuteilen, entweder nach tatsächl Anteilen oder – vereinfachend – typisierend. Wie der nicht abziehbare Teil tarifbezogen zu ermitteln ist, regelt gem § 10 V die KVBEVO. Die Aufteilung beruht auf einem Proportionalverfahren, bei dem für bestimmte Leistungen Punkte vergeben und prozentual ins Verhältnis gesetzt werden zu Punkten, die auf Komfortleistungen entfallen. Vgl iEinz KVBEVO BGBl I 09, 2730, BStBl I 09, 1530; *Myßen/Wolter* NWB 09, 2313/22; *Risthaus* DStZ 09, 669/73. 198

VI. Übergangsregelungen, § 10 VI

§ 10 VI übernimmt inhaltl unverändert die vor 2014 in § 52 Abs 24 S 1 und 2 aF getroffenen Übergangsregelungen für Altverträge. **S 1** betrifft die **Altersbegrenzung** für den Aufbau einer kapitalgedeckten Altersversorgung für bis Ende 2011 geschlossene Verträge (Rentenzahlung ab 60 statt jetzt nach § 10 I Nr 2 Buchst b/aa 62 Jahre, s Rz 63). – **S 2** bringt verfahrensrechtl Erleichterungen zur 199

Zertifizierung von Alters- und KV-/PflV-Verträgen sowie zur Unterstellung einer **Einwilligung** des StPfl (s Rz 170) bei vor 2011 geschlossenen Altverträgen. Beide Regelungen haben wegen Zeitablaufs kaum noch Bedeutung. S auch FG RhPf EFG 14, 1478, Rev X R 36/14.

§ 10a Zusätzliche Altersvorsorge

(1) [1] **In der inländischen gesetzlichen Rentenversicherung Pflichtversicherte können Altersvorsorgebeiträge (§ 82) zuzüglich der dafür nach Abschnitt XI zustehenden Zulage jährlich bis zu 2100 Euro als Sonderausgaben abziehen; das Gleiche gilt für**

1. **Empfänger von inländischer Besoldung nach dem Bundesbesoldungsgesetz oder einem Landesbesoldungsgesetz,**
2. **Empfänger von Amtsbezügen aus einem inländischen Amtsverhältnis, deren Versorgungsrecht die entsprechende Anwendung des § 69e Absatz 3 und 4 des Beamtenversorgungsgesetzes vorsieht,**
3. **die nach § 5 Absatz 1 Satz 1 Nummer 2 und 3 des Sechsten Buches Sozialgesetzbuch versicherungsfrei Beschäftigten, die nach § 6 Absatz 1 Satz 1 Nummer 2 oder nach § 230 Absatz 2 Satz 2 des Sechsten Buches Sozialgesetzbuch von der Versicherungspflicht befreiten Beschäftigten, deren Versorgungsrecht die entsprechende Anwendung des § 69e Absatz 3 und 4 des Beamtenversorgungsgesetzes vorsieht,**
4. **Beamte, Richter, Berufssoldaten und Soldaten auf Zeit, die ohne Besoldung beurlaubt sind, für die Zeit einer Beschäftigung, wenn während der Beurlaubung die Gewährleistung einer Versorgungsanwartschaft unter den Voraussetzungen des § 5 Absatz 1 Satz 1 des Sechsten Buches Sozialgesetzbuch auf diese Beschäftigung erstreckt wird, und**
5. **Steuerpflichtige im Sinne der Nummern 1 bis 4, die beurlaubt sind und deshalb keine Besoldung, Amtsbezüge oder Entgelt erhalten, sofern sie eine Anrechnung von Kindererziehungszeiten nach § 56 des Sechsten Buches Sozialgesetzbuch in Anspruch nehmen könnten, wenn die Versicherungsfreiheit in der inländischen gesetzlichen Rentenversicherung nicht bestehen würde,**

wenn sie spätestens bis zum Ablauf des zweiten Kalenderjahres, das auf das Beitragsjahr (§ 88) folgt, gegenüber der zuständigen Stelle (§ 81a) schriftlich eingewilligt haben, dass diese der zentralen Stelle (§ 81) jährlich mitteilt, dass der Steuerpflichtige zum begünstigten Personenkreis gehört, dass die zuständige Stelle der zentralen Stelle die für die Ermittlung des Mindesteigenbeitrags (§ 86) und die Gewährung der Kinderzulage (§ 85) erforderlichen Daten übermittelt und die zentrale Stelle diese Daten für das Zulageverfahren verwenden darf. [2] **Bei der Erteilung der Einwilligung ist der Steuerpflichtige darauf hinzuweisen, dass er die Einwilligung vor Beginn des Kalenderjahres, für das sie erstmals nicht mehr gelten soll, gegenüber der zuständigen Stelle widerrufen kann.** [3] **Versicherungspflichtige nach dem Gesetz über die Alterssicherung der Landwirte stehen Pflichtversicherten gleich; dies gilt auch für Personen, die**

1. **eine Anrechnungszeit nach § 58 Absatz 1 Nummer 3 oder Nummer 6 des Sechsten Buches Sozialgesetzbuch in der gesetzlichen Rentenversicherung erhalten und**
2. **unmittelbar vor einer Anrechnungszeit nach § 58 Absatz 1 Nummer 3 oder Nummer 6 des Sechsten Buches Sozialgesetzbuch einer der im ersten Halbsatz, in Satz 1 oder in Satz 4 genannten begünstigten Personengruppen angehörten.**

[4]Die Sätze 1 und 2 gelten entsprechend für Steuerpflichtige, die nicht zum begünstigten Personenkreis nach Satz 1 oder 3 gehören und eine Rente wegen voller Erwerbsminderung oder Erwerbsunfähigkeit oder eine Versorgung wegen Dienstunfähigkeit aus einem der in Satz 1 oder 3 genannten Alterssicherungssysteme beziehen, wenn unmittelbar vor dem Bezug der entsprechenden Leistungen der Leistungsbezieher einer der in Satz 1 oder 3 genannten begünstigten Personengruppen angehörte; dies gilt nicht, wenn der Steuerpflichtige das 67. Lebensjahr vollendet hat. [5]Bei der Ermittlung der dem Steuerpflichtigen zustehenden Zulage nach Satz 1 bleibt die Erhöhung der Grundzulage nach § 84 Satz 2 außer Betracht.

(1a) **[1]Sofern eine Zulagenummer (§ 90 Absatz 1 Satz 2) durch die zentrale Stelle oder eine Versicherungsnummer nach § 147 des Sechsten Buches Sozialgesetzbuch noch nicht vergeben ist, haben die in Absatz 1 Satz 1 Nummer 1 bis 5 genannten Steuerpflichtigen über die zuständige Stelle eine Zulagenummer bei der zentralen Stelle zu beantragen. [2]Für Empfänger einer Versorgung im Sinne des Absatzes 1 Satz 4 gilt Satz 1 entsprechend.**

(2) **[1]Ist der Sonderausgabenabzug nach Absatz 1 für den Steuerpflichtigen günstiger als der Anspruch auf die Zulage nach Abschnitt XI, erhöht sich die unter Berücksichtigung des Sonderausgabenabzugs ermittelte tarifliche Einkommensteuer um den Anspruch auf Zulage. [2]In den anderen Fällen scheidet der Sonderausgabenabzug aus. [3]Die Günstigerprüfung wird von Amts wegen vorgenommen.**

(2a) **[1]Der Sonderausgabenabzug setzt voraus, dass der Steuerpflichtige gegenüber dem Anbieter (übermittelnde Stelle) in die Datenübermittlung nach Absatz 5 Satz 1 eingewilligt hat. [2]§ 10 Absatz 2a Satz 1 bis Satz 3 gilt entsprechend. [3]In den Fällen des Absatzes 3 Satz 2 und 5 ist die Einwilligung nach Satz 1 von beiden Ehegatten abzugeben. [4]Hat der Zulageberechtigte den Anbieter nach § 89 Absatz 1a bevollmächtigt oder liegt dem Anbieter ein Zulageantrag nach § 89 Absatz 1 vor, gilt die Einwilligung nach Satz 1 für das jeweilige Beitragsjahr als erteilt.**

(3) **[1]Der Abzugsbetrag nach Absatz 1 steht im Fall der Veranlagung von Ehegatten nach § 26 Absatz 1 jedem Ehegatten unter den Voraussetzungen des Absatzes 1 gesondert zu. [2]Gehört nur ein Ehegatte zu dem nach Absatz 1 begünstigten Personenkreis und ist der andere Ehegatte nach § 79 Satz 2 zulageberechtigt, sind bei dem nach Absatz 1 abzugsberechtigten Ehegatten die von beiden Ehegatten geleisteten Altersvorsorgebeiträge und die dafür zustehenden Zulagen bei der Anwendung der Absätze 1 und 2 zu berücksichtigen. [3]Der Höchstbetrag nach Absatz 1 Satz 1 erhöht sich in den Fällen des Satzes 2 um 60 Euro. [4]Dabei sind die von dem Ehegatten, der zu dem nach Absatz 1 begünstigten Personenkreis gehört, geleisteten Altersvorsorgebeiträge vorrangig zu berücksichtigen, jedoch mindestens 60 Euro der von dem anderen Ehegatten geleisteten Altersvorsorgebeiträge. [5]Gehören beide Ehegatten zu dem nach Absatz 1 begünstigten Personenkreis und liegt ein Fall der Veranlagung nach § 26 Absatz 1 vor, ist bei der Günstigerprüfung nach Absatz 2 der Anspruch auf Zulage beider Ehegatten anzusetzen.**

(4) **[1]Im Fall des Absatzes 2 Satz 1 stellt das Finanzamt die über den Zulageanspruch nach Abschnitt XI hinausgehende Steuerermäßigung gesondert fest und teilt diese der zentralen Stelle (§ 81) mit; § 10d Absatz 4 Satz 3 bis 5 gilt entsprechend. [2]Sind Altersvorsorgebeiträge zugunsten von mehreren Verträgen geleistet worden, erfolgt die Zurechnung im Verhältnis der nach Absatz 1 berücksichtigten Altersvorsorgebeiträge. [3]Ehegatten ist der nach Satz 1 festzustellende Betrag auch im Fall der Zusammenveranlagung jeweils getrennt zuzurechnen; die Zurechnung erfolgt im Verhältnis der nach Absatz 1 berücksichtigten Altersvorsorgebeiträge. [4]Werden Altersvorsorgebeiträge nach**

Absatz 3 Satz 2 berücksichtigt, die der nach § 79 Satz 2 zulageberechtigte Ehegatte zugunsten eines auf seinen Namen lautenden Vertrages geleistet hat, ist die hierauf entfallende Steuerermäßigung dem Vertrag zuzurechnen, zu dessen Gunsten die Altersvorsorgebeiträge geleistet wurden. [5]Die Übermittlung an die zentrale Stelle erfolgt unter Angabe der Vertragsnummer und der Identifikationsnummer (§ 139b der Abgabenordnung) sowie der Zulage- oder Versicherungsnummer nach § 147 des Sechsten Buches Sozialgesetzbuch.

(5) [1]**Die übermittelnde Stelle hat bei Vorliegen einer Einwilligung nach Absatz 2a die Höhe der im jeweiligen Beitragsjahr zu berücksichtigenden Altersvorsorgebeiträge unter Angabe der Vertragsdaten, des Datums der Einwilligung nach Absatz 2a, der Identifikationsnummer (§ 139b der Abgabenordnung) sowie der Zulage- oder der Versicherungsnummer nach § 147 des Sechsten Buches Sozialgesetzbuch nach amtlich vorgeschriebenem Datensatz durch Datenfernübertragung an die zentrale Stelle bis zum 28. Februar des dem Beitragsjahr folgenden Kalenderjahres zu übermitteln. [2]§ 10 Absatz 2a Satz 6 bis 8 und § 22a Absatz 2 gelten entsprechend. [3]Die Übermittlung erfolgt auch dann, wenn im Fall der mittelbaren Zulageberechtigung keine Altersvorsorgebeiträge geleistet worden sind. [4]Die übrigen Voraussetzungen für den Sonderausgabenabzug nach den Absätzen 1 bis 3 werden im Wege der Datenerhebung und des automatisierten Datenabgleichs nach § 91 überprüft. [5]Erfolgt eine Datenübermittlung nach Satz 1 und wurde noch keine Zulagenummer (§ 90 Absatz 1 Satz 2) durch die zentrale Stelle oder keine Versicherungsnummer nach § 147 des Sechsten Buches Sozialgesetzbuch vergeben, gilt § 90 Absatz 1 Satz 2 und 3 entsprechend.**

(6) [1]**Für die Anwendung der Absätze 1 bis 5 stehen den in der inländischen gesetzlichen Rentenversicherung Pflichtversicherten nach Absatz 1 Satz 1 die Pflichtmitglieder in einem ausländischen gesetzlichen Alterssicherungssystem gleich, wenn diese Pflichtmitgliedschaft**

1. **mit einer Pflichtmitgliedschaft in einem inländischen Alterssicherungssystem nach Absatz 1 Satz 1 oder 3 vergleichbar ist und**
2. **vor dem 1. Januar 2010 begründet wurde.**

[2]**Für die Anwendung der Absätze 1 bis 5 stehen den Steuerpflichtigen nach Absatz 1 Satz 4 die Personen gleich,**

1. **die aus einem ausländischen gesetzlichen Alterssicherungssystem eine Leistung erhalten, die den in Absatz 1 Satz 4 genannten Leistungen vergleichbar ist,**
2. **die unmittelbar vor dem Bezug der entsprechenden Leistung nach Satz 1 oder Absatz 1 Satz 1 oder 3 begünstigt waren und**
3. **die noch nicht das 67. Lebensjahr vollendet haben.**

[3]**Als Altersvorsorgebeiträge (§ 82) sind bei den in Satz 1 oder 2 genannten Personen nur diejenigen Beiträge zu berücksichtigen, die vom Abzugsberechtigten zugunsten seines vor dem 1. Januar 2010 abgeschlossenen Vertrags geleistet wurden. [4]Endet die unbeschränkte Steuerpflicht eines Zulageberechtigten im Sinne des Satzes 1 oder 2 durch Aufgabe des inländischen Wohnsitzes oder gewöhnlichen Aufenthalts und wird die Person nicht nach § 1 Absatz 3 als unbeschränkt einkommensteuerpflichtig behandelt, so gelten die §§ 93 und 94 entsprechend; § 95 Absatz 2 und 3 und § 99 Absatz 1 in der am 31. Dezember 2008 geltenden Fassung sind anzuwenden.**

Einkommensteuer-Richtlinien/Verwaltungsanweisungen: EStH 10a – *BMF* BStBl I 13, 1022 (Schreiben zur steuerl Förderung der privaten Altersvorsorge und betriebl Altersversorgung); *BMF* 13.1.14 BStBl I 14, 97 (einzelne Änderungen); zuvor *BMF* BStBl I 10, 270; *BMF* BStBl I 11, 788 (elektronische Datenübermittlung).

Übersicht

I. Grundaussage

Schrifttum (Auswahl; Aufsätze vor 2014 s Vorauflagen): *Rürup/Myßen,* Die steuerl geförderte private Altersvorsorge, in: Ruland/Rürup (Hrsg), Alterssicherung und Besteuerung 2008, § 8. – *Herrmann,* Riester-Rente und SA-Abzug, NWB 14, 748; *Myßen/Fischer,* Stl Förderung der privaten Altersvorsorge, DB 14, 617; *Schrehardt,* Änderungsschreiben des BMF zur estl Behandlung von Vorsorgeaufwendungen, DStR 14, 624.

1. Inhalt. § 10a erlaubt (alternativ zu §§ 79 ff, nicht kumulativ) einen begrenzten SA-Abzug (von bis zu 2100 €) für (inl) Altersvorsorgebeiträge (nebst fiktiver Zulage) zum Aufbau einer sog **RiesterRente;** im Jahr 2015 bestanden ca 16 Mio RiesterVerträge; das geförderte Kapital kann auch für die Anschaffung einer selbst genutzten Wohnung (§ 92a; s dort) verwendet werden („Wohn-Riester"; dazu *Dommermuth* DStR 10, 1816). Der mit dem AVmG eingeführte § 10a bezweckt, den mit Eigenbeiträgen finanzierten freiwilligen Aufbau einer ergänzenden **kapitalgedeckten Vorsorge** (betriebl Altersvorsorge, dazu § 3 Nr 63, und private Altersvorsorge – „2. und 3. Säule") **steuerl** zu **flankieren** (zum Drei-Schichten-Modell s *Rürup/Myßen* vor Rz 1 Rz 20f); die teilweise Abkehr vom bisherigen Umlageverfahren wird zT (als Subvention der Finanzwirtschaft) heftig kritisiert. – Reichen die Zulagen nicht aus, um die Eigenbeträge stfrei zu stellen, entsteht ein zusätzl Anspruch auf einen SA-Abzug (in der StErklärung mittels Anlage AV); zur Rechentechnik Rz 36. Im Unterschied zu § 10 steht der Abzugsbetrag nach § 10a nur den StPfl offen, die *(1)* von der Absenkung des Renten-/Versorgungsniveaus betroffen sind und *(2)* die dem jeweiligen Versorgungssystem (gesetzl RV, luf Altersicherung, Amtsbezüge-Empfänger) „aktiv" angehören (*Rürup/Myßen* vor Rz 1 Rz 104f). Dies geschieht durch die progressionsunabhängige Altersvorsorgezulage (§§ 79 ff) *oder* durch den ggf günstigeren (Rz 25) SA-Abzug nach § 10a mit bis VZ 2008 ansteigenden Höchstbeträgen (sog „Kombimodell"). Die Zulage wird auf den Altersvorsorgevertrag überwiesen, die Steuerermäßigung infolge SA-Abzug mindert hingegen die ESt und ist damit frei verfügbar (Rz 27). - Zur erstmaligen Anwendung und zu Änderungen seit 2001 s 34. Aufl. 1

2. Funktion und Systematik. Der SA-Abzug stellt sicher, dass die Altersvorsorgebeiträge (zum Begriff BFH X R 41/13 DStRE 15, 1365) auch bei höheren Progressionsstufen nicht aus versteuerten Einkommen finanziert werden; er soll deshalb auch die **nachgelagerte Besteuerung** nach der Sonderregelung des **§ 22 Nr 5 nF** rechtfertigen (s dort Rz 125; *Braun/HHR* Anm 5); zur Rechentechnik 2

Rz 36. – Trotz der systematisch-komplementären Verklammerung von Zulage und SA-Abzug stellt § 10a nicht auf die – nur ausnahmsweise (§ 90 IV) – festgesetzte Zulage, sondern auf den Zulagen*anspruch* ab (zur eigenständigen Ermittlungspflicht des FA s Rz 18).

3 **3. Verfahren.** § 10a kann nur bei der **ESt-Veranlagung,** nicht hingegen im Vorauszahlungsverfahren geltend gemacht werden (§ 37 III 6; zum Entstehen des Zulagenanspruchs s § 88). Die Bemessungsgrundlage für **KiSt** (§ 51a II) und **SolZ** (§ 3 II SolZG) mindert sich abw vom KiGeld nur um den *tatsächl* SA-Abzug (anders noch BT-Drs 14/5150, 38/54). – Die zusätzl Steuerermäßigung auf Grund des SA-Abzugs ist **gesondert festzustellen** (§ 10a IV; s Rz 30); bei „schädl Verwendung" (§ 93), zB Wegfall der unbeschr StPfl, ist das besondere Zurückzahlungs/Festsetzungsverfahren des § 94 zu beachten (keine Änderung des ESt-Bescheids; *BMF* BStBl I 13, 1022 Rz 208). – Zur Anspruchsberechtigung von **Ehegatten** s Rz 35.

II. Tatbestandsvoraussetzungen

8 **1. Personenkreis, § 10a I, Ia, VI.** S dazu iEinz *BMF* BStBl I 13, 1022 Rz 1–25, nebst Anlage 1 und 2). – **a) Begünstigte.** Begünstigt sind grds nur diejenigen **unbeschr** ESt-StPflichtigen (§ 50 I 4; vgl auch § 79; zu § 1 III s *BMF* BStBl I 13, 1022 Rz 15; *Pedack/Myßen* INF 02, 609), die entweder ***(a)*** von der Absenkung des Leistungsniveaus der inl gesetzl RV betroffen, dh – zumindest für einen Teil des *jeweiligen VZ* – in der inl **gesetzl RV pflichtversichert** sind (BT-Drs 14/5150, 35; *BMF* BStBl I 13, 1022 Rz 2–13 u Anlage 1) oder ***(b)*** der wirkungsgleichen Absenkung des Niveaus der **öffentl Altersversorgung** unterfallen (Abs 1 S 1 HS 2, S 2; *Risthaus* DB Beil Nr 2/05, 32). Diese Begrenzungen sind **verfgemäß** (BVerfG 2 BvR 367/02 HFR 03, 409; NVwZ-RR 03, 671 zu RA/Arzt). – Ausreichend ist, wenn die Voraussetzungen zu einem Zeitpunkt innerhalb des VZ vorliegen (keine Mindestfrist). – Fließen Altersvorsorgeleistungen oder werden Beiträge nach Beginn der Auszahlungsphase geleistet, kommt § 10a nicht mehr in Betracht (*BMF* BStBl I 13, 1022 Rz 36).

9 **Übersicht nach *BMF* BStBl I 13, 1022.** – ***(1)*** **Unmittelbar begünstigte Personen:** – ***(a)*** Pflichtversicherte (Rz 10; *BMF* BStBl I 13, 1022 Rz 2), einschließl Alterssicherung der Landwirte (I 3; *BMF* BStBl I 13, 1022, Rz 3 und Anlage 1 B); – ***(b)*** Empfänger von Besoldung und gleichgestellte Personen (Rz 11, 12; *BMF* BStBl I 13, 1022 Rz 4); – ***(c)*** Pflichtversicherten gleichgestellte Personen (*BMF* BStBl I 13, 1022 Rz 6); insb Arbeitslose (§ 10a I 3 HS 2; Klarstellung durch AltvVerbG; BT-Drs 17/10818, 16), die als Arbeitssuchende gemeldet sind und wegen hohen Vermögens/Einkommens keine Leistung nach dem SGB III (ab 1.1.2005 SGB II) erhalten (vgl §§ 11, 12 SGB II nF), werden Pflichtversicherten gleichgestellt *BMF* BStBl I 13, 1022 Rz 6); – ***(d)*** nicht mehr Pflichtversicherte in einer ausl gesetzl RV; durch EU-UmsG BGBl I 10, 386 wurde Förderung auf inl Vorsorge geschränkt (*BMF* BStBl I 13, 1022 Rz 14f; ggf Bestandsschutz für Altfälle); – ***(e)*** nicht mehr Beschäftigte internationaler Organisationen (*BMF* BStBl I 13, 1022 Rz 18), wohl aber EU-Bedienstete (*BMF* BStBl I 13, 1022 Rz 19); – ***(f)*** entsendete Personen (*BMF* BStBl I 13, 1022 Rz 7, 8); ***(g)*** Bezieher einer Rente wegen Erwerbsunfähigkeit usw (*BMF* BStBl I 13, 1022 Rz 9); – ***(2)*** **nicht (unmittelbar) begünstigte Personen** (Rz 11; iEinz *BMF BMF* BStBl I 13, 1022 Rz 20 und Anlage 1 C), zB freiwillig RV-Versicherte, von der RV befreite oder versicherungsfreie Personen; – ***(3)*** **mittelbar berechtigte Personen:** der Ehegatte eines unmittelbar Berechtigten mit eigenem Vertrag (*BMF* BStBl I 14, 97 Rz 21, 95; Rz 38).

10 **b) Pflichtversicherte, § 10a I 1 HS 1.** Diese sind nach der inl gesetzl RV bzw nach dem Gesetz über die Alterssicherung der Landwirte (ALG) versichert. Hierzu gehören ua (zu Einzelheiten *BMF* BStBl I 13, 1022 Rz 2ff und Anlage 1 A; *KSM* § 10a Rz B 20f): – ***(1)*** **Nichtselbstständig** Beschäftigte gegen Arbeitsentgelt (einschließl Kurzarbeiter- und Winterausfallgeld) und Berufsauszubildende (§ 1 S 1 Nr 1 SGB VI), geringfügig Beschäftigte bei Verzicht auf Versicherungsfreiheit (§ 8 I Nr 1 SGB IV iVm § 5 II S 1 Nr 1, S 2 SGB VI). –

(2) **Bestimmte Selbstständige** nach Maßgabe von § 2 SGB VI, zB Lehrer, Erzieher, Hebammen, Seelotsen, Künstler, Handwerker (beachte aber Befreiung nach § 6 I 1 Nr 4 SGB VI), ArbN-ähnl Selbstständige. – *(3)* **Sonstige Versicherte** gem § 3 SGB VI, zB Kindererziehende ohne Arbeitseinkommen in der dreijährigen Anrechnungszeit, nicht erwerbsmäßig tätige Pflegepersonen, gesetzl Wehr- und Zivildienst von mehr als 3 Tagen, bestimmte Bezieher von Entgeltersatzleistungen wie Kranken-, Verletzten-, Vorruhestands-, Arbeitslosengeld oder Arbeitslosenhilfe (vgl auch Rz 12). – *(4)* **Versicherungspflichtige** gem **Übergangsrecht** (§§ 229 ff SGB VI; s *BMF* BStBl I 13, 1022/82 Anlage 1 A Nr 30 ff). – *(5)* **Pflichtversicherte auf Antrag** (§ 4 SGB VI; zB Entwicklungshelfer, bestimmte Selbstständige). – *(6)* **Pflichtversicherte gem ALG** (vgl § 10a I 3 HS 1; *BMF* BStBl I 13, 1022/84 Anlage 1 B; *Risthaus* aaO: auch bei gesetzl RV-Pflicht nur einfache Anspruchsberechtigung). – *(7)* **Nachversicherte** (Beamte, Richter, Berufssoldaten; vgl Rz 13) mit anschließender versicherungspfl Tätigkeit; Rückwirkung für den Zeitraum der Nachversicherung (FG BBg EFG 15, 712, Rev X R 3/15; aA *Myßen* NWB F 3, 11 645/8: keine Rückwirkung).

c) Nichtpflichtversicherte. Nicht nach § 10a I begünstigt sind hingegen ua Nichtpflichtversicherte, das heißt – *(1)* **versicherungsfreie** Personen: geringfügig Beschäftigte (§ 8 I SGB IV) ohne Verzicht auf Versicherungsfreiheit (s Rz 10), geringfügig selbstständig tätige Studenten mit geringfügigem Praktikaentgelt und Altersvollrentner/Pensionäre (§ 5 II, IV SGB VI; iEinz *BMF* BStBl I 13, 1022/84 Anlage 1 C); zu beamtähnl ArbN und Beamten etc s Rz 11, 13; – *(2)* **von der Versicherungspflicht Befreite** (§ 6 SGB VI); zB StB, RA als Mitglied einer berufsständischen (Pflicht-) Versorgungseinrichtung (frühere Mitgliedschaft in Pflichtversicherung reicht nicht; BFH X R 11/13 BStBl II 16, 18; FG BBg DStRE 15, 193, Rev X R 42/14; *Myßen* DB 15, 2967); Ehefrau eines Landwirts (FG BBg DStRE 15, 265, rkr); – *(3)* **freiwillig Versicherte** (§ 7 SGB VI; zu den Motiven *KSM* Rz B 284/6: auch Umgehungsschutz); iEinz *BMF* BStBl I 10, 319 Anlage 1 C. Zur **VerfMäßigkeit** s Rz 8 aE; – *(4)* Personen in ausl Alterssicherungssystem (*BMF* BStBl I 13, 1022 Rz 14f). 11

d) Gleichgestellte, § 10a I 1 HS 2. – aa) Betroffene Personengruppen. Als Folge der Absenkung des Niveaus der öffentl Versorgungssysteme (dazu Rz 1) werden die hiervon Betroffenen nach **§ 10a I 1 (HS 2)** begünstigt (*BMF* BStBl I 13, 1022 Rz 4 iVm Anlage 2; *Braun/HHR* Anm 12). – **(1) Nr 1: Besoldungsempfänger:** Beamte, Richter, Soldaten, vgl §§ 14, 69e BeamtVG, auch Landes- und Kommunalbeamte (Ergänzung durch JStG 2008; BR-Drs 544/07, 68), §§ 26, 97 SoldatenVG, zum gesetzl Wehrdienst s Rz 9; zum Ausschluss der Versorgungsempfänger *KSM* Rz B 154 f. – **(2) Nr 2:** Empfänger von **Amtsbezügen** (zB Regierungsmitglieder des Bundes, parlamentarische Staatssekretäre, Bundesbeauftragter für Datenschutz/Stasi-UnterlagenG, Wehrbeauftragter, vgl ua §§ 15 III, 21a V BMinG, §§ 6, 7 ParlStG); nicht Abgeordnete (*OFD Mster* DB 07, 2744). – **(3) Nr 3: Beamtenähnl ArbN** (§ 5 I 1 Nr 2, 3; § 6 I 1 Nr 2 SGB VI: zB Dienstordnungsangestellte bei Krankenkassen/Berufsgenossenschaften, Geistliche, Kirchenbeamte; Lehrer/Erzieher an nicht öffentl Schulen/Anstalten; vgl *Pelikan* RV SGB VI, 9. Aufl, 26; *KSM* Rz B 193f; § 230 II 2 SGB VI: Angehörige geistl Gemeinschaften; BT-Drs 15/3004, 18) sind zwar – auf Grund ihrer grds beamtenähnl Versorgungsansprüche – versicherungsfrei oder können von der RV befreit werden. Gleichwohl sind sie – ebenso wie Beamte etc – dann nach **§ 10a I 1, HS 2 Nr 3** begünstigt, wenn ihr Versorgungsrecht die entspr Anwendung von § 69e III, IV BeamtVG (Abflachung der Versorgungserhöhungen) vorsieht (BT-Drs 14/7681, 75; *BMF* BStBl I 13, 1022 Rz 4); auch Bedienstete der EG (*LfSt Bay* v 20.9.06). – **(4) Nr 4** (idF des Gesetzes v 15.1.03, BGBl I 03, 58; s Rz 1; *KSM* Rz B 223f): ohne Besoldung **beurlaubte Beamte** (Richter, Berufs-/Zeitsoldaten) mit auf Grund einer weiteren (privaten) Beschäftigung **ruhegehaltsfähi-** 12

gen Dienstzeiten (zB als Angestellte der Dt Post/Telekom; vgl § 4 III 4 PostPersRG, § 6 I 2 Nr 5 BeamtVG; BT-Drs 15/97; 15/214; *BMF* BStBl I 13, 1022 Rz 4). – **(5) Nr 5:** Beurlaubte Personen iSv Nr 1–4 bleiben förderberechtigt (idF AltEinkG, BGBl I 04, 1427; Klarstellung, BT-Drs 15/2150, 35/6; *BMF* BStBl I 13, 1022 Rz 4); begünstigt werden auch altersversicherte Landwirte (Nr 5 S 3 idF JStG 10) und bestimmte Rentenempfänger bei Erwerbsminderung/-unfähigkeit (Nr 5 S 4). – **(6) Mitglieder ausl Systeme.** § 10a VI 1–3 (idF KroatAnpG) übernimmt inhaltlich unverändert die bislang in § 52 Abs 24c S 2–4 getroffenen Regelungen für Personen, die Pflichtmitglieder in einem **ausl gesetzl Alterssicherungssystem** sind bzw. Leistungen aus einem ausl Alterssicherungssystem beziehen. § 10a VI 4 hat die zuvor in § 52 Abs 66 getroffenen Regelungen übernommen (BT-Drs 18/1529, 52).

13 **bb) Besondere Anforderungen.** Gleichgestellte müssen *(a)* über die zuständige Stelle (§ 81a) eine **Zulagenummer** beantragen (§ 10a Ia; *HHR* Rz J 08–8; *KSM* Rz C 45f) und *(b)* fristgerecht, dh innerhalb von 2 Jahren nach Ablauf des Beitragsjahrs (§ 88) die **Einwilligung** in das Verfahren gem § 10a I 1 HS 2 erklären (Fristverlängerung für VZ 2002 bis 2004; *BMF* BStBl I 13, 1022 Rz 5; zur Altregelung FG Nds EFG 12, 1636, rkr); ohne Einwilligung („verfahrensrechtl Erklärung") besteht keine Förderberechtigung (BFH X R 18/14 BStBl II 15, 371; BFH X R 14/14 BStBl II 15, 931 mit Anm *Kulosa* HFR 15, 123; BFH X R 40/14 BFH/NV 15, 1392; ggf mittelbare Zulageberechtigung über Ehegatten (BFH X R 20/14 BStBl II 15, 709; BFH X R 38/14 BFH/NV 15, 1376).

Beispiel: Beitragszahlung 2010; bestandskräftige Veranlagung 2011; Einwilligung 2012. – Nach BFH X R 18/14 BStBl II 15, 371 ist wohl kein Änderung mögl, kein rückwirkendes Ereignis nach § 175 I 1 Nr 2 AO.

Die Einwilligung muss ggf vor Beginn des jeweiligen Kj, für das sie nicht mehr gelten soll, **widerrufen** werden (§ 10a I 2).

14 **2. Begünstigte Aufwendungen, § 10a I 1.** Der SA-Abzug wird für Altersvorsorgebeiträge gem § 82 nF zuzügl der hierfür zustehenden Zulagen bis zu den gestaffelten jährl Höchstgrenzen des § 10a I 1 gewährt (*Risthaus* DB Beil Nr 2/05, 35). Leistungen zur Bildung der *Versorgungsrücklage* (für Beamte etc, vgl § 14a BBesG) sind nicht gefördert (BT-Drs 14/7064, 52).

15 **a) Altersvorsorgebeiträge nach § 82.** In Betracht kommen *(1)* private Altersvorsorgebeiträge (§ 82 I; *BMF* BStBl I 14, 97 Rz 26); *(2)* Beiträge iRd betriebl Altersversorgung, *(3)* Beiträge, die über den Mindesteigenbetrag hinausgehen (zur Abgrenzung geförderter und nicht geförderter Beiträge *BMF* BStBl I 13, 1022 Rz 126f). – **aa) Kapitalgedeckte private Altersversorgung, § 82 I** (Rz 1; *KSM* Rz B295 f). Altersvorsorgebeiträge sind zum einen Beiträge, die der Zulagenberechtigte (§ 79; zu Ehegatten s Rz 35) – bis zum Beginn der sog Auszahlungsphase (*Pedack/Myßen* aaO, 611) – zu Gunsten eines auf seinen Namen lautenden und nach § 5 AltZertG (Art 7 AVmG) frühestens zum 1.1.02 **zertifizierten Altersvorsorgevertrags** (zB RV, Bankguthaben mit Zinsansammlung, Investmentfonds) leistet (vgl *BMF* BStBl I 14, 97 Rz 26f). Der Zertifizierungsbescheid ist Grundlagenbescheid iSv § 171 X AO (§ 82 I 2). – Zu vor dem 1.8.01 abgeschlossenen und ggf umgestellten Altverträgen vgl § 1 I 3 AltZertG, Art 35 V AVmG, BT-Drs 14/5150, 36.

16 **bb) Betriebl Altersversorgung, § 82 II, III** (zum Begriff s § 1 BetrAVG; *BMF* BStBl I 13, 1022 Rz 284 ff, 326 ff; *KSM* B 455f). Altersvorsorgebeiträge, auch Zahlungen in eine **DirektVers,** einen **Pensionsfonds** (vgl § 112 VAG nF) oder eine **Pensionskasse** (Einzelheiten, zB Arbeitszeitkonten, Nichtberücksichtigung von Umlagen *BMF* BStBl I 13, 1022 Rz 330 ff) liegen vor, *wenn* ***(1)*** die Einrichtung eine **lebenslange** Altersvorsorge gewährleistet (§ 1 I Nr 4 und 5 AltZertG: Rente oder Auszahlungsplan mit Teilkapitalverrentung; einschließl Anteile

für verminderte Erwerbsfähigkeit und Hinterbliebenenversorgung, § 82 III; vgl *Pedack* INF 01, 422/-4; *BMF* BStBl I 13, 1022 Rz 332; *FinVerw* NWB EilN 03 F1, 225; DStR 03, 1620: keine Prüfung durch FA, fragl), *(2)* die Beitragszahlungen aus **individuell versteuertem** ArbLohn (zu Ausnahmen, zB Eigenleistungen nach Beendigung des Arbeitsvertrags gem § 1b V BetrAVG, s *BMF* BStBl I 13, 1022 Rz 336/8; *Pedack/Myßen* aaO, 611) geleistet (dh grds: Verzicht auf Steuerfreiheit nach § 3 Nr 63 S 2 nF iVm §§ 1a III, 17 I 3 BetrAVG; Einzelheiten auch zum Personenkreis *BMF* BStBl I 13, 1022 Rz 301f) *und (3)* die Beiträge zum Aufbau einer betriebl Altersversorgung im **Kapitaldeckungsverfahren** erhoben werden (*BMF* BStBl I 13, 1022 Rz 338); daher keine Förderung von § 40b-Zuwendungen (*BMF* BStBl I 13, 1022 Rz 347).

cc) Ausschluss einer Doppelbegünstigung, § 82 IV (idF StÄndG 2001; BT-Drs 14/7341, 33; *Myßen* NWB F 3, 11654). Ebenso wie bei der Zulage ist auch der SA-Abzug für die Aufwendungen ausgeschlossen, für die entweder die ArbN-Sparzulage, Wohnungsbau-Prämie oder der SA-Abzug nach § 10 gewährt wird. Gleiches gilt bei Rückzahlung des Eigenheimbetrags nach § 92a II. **17**

b) Aufwendungen. (Spar-)Leistungen iSv § 10a I 1 sind die Zahlungen aus (grds) individuell versteuertem ArbLohn gem § 82 II (Rz 16; zur zeitl Zuordnung s *BMF* BStBl I 13, 1022 Rz 337; § 11 II) sowie die Altersvorsorgebeiträge, die der StPfl zugunsten eines auf seinem Namen lautenden Vertrags nach § 82 I leistet (Eigenbeiträge; Rz 15); für Letzteres ist die vorherige Schenkung der erforderl Geldmittel mE unschädl (vgl auch § 10 Rz 22; *Lindberg* DStR 01, 2054ff; glA *FinMin SchlHol* DStR 03, 2020). Zur Versorgungsrücklage s Rz 14. **18**

c) Einbeziehung des Zulagenanspruchs. Begünstigt ist aber auch die dem StPfl für die Eigenbeiträge „zustehende Zulage" (*KSM* Rz B 291, B 510f); der Zulagenanspruch gilt als eigener Aufwand. Maßgebl ist demnach der mit dem Ende des *jeweiligen Kj* (= Beitragsjahr) entstehende Zulagen*anspruch* (§ 88), nicht dessen Auszahlung an den Anbieter oder die Gutschrift auf dem Vertragskonto (s dazu – einschl Begrenzung auf zwei Verträge – §§ 87ff; *BMF* BStBl I 13, 1022 Rz 87, 114, 119; zu den Gründen s *Myßen* NWB F 3, 11660; krit *Risthaus* DB 01, 1274f) mit der Folge, dass uU auch das FA den Zulagenbetrag bei der EStVeranlagung zu errechnen hat (zum Verfahren *BMF* BStBl I 13, 1022 Rz 88f). Auch dürfte es für den SA-Abzug unerhebl – wenngleich mit Rücksicht auf die Rechtsfolge (Abs 2 Satz 1; Rz 25) häufig wirtschaftl sinnlos – sein, ob der Antrag auf Zulage überhaupt gestellt wird (glA *BMF* BStBl I 13, 1022 Rz 99; *Pedack* INF 03, 422/6; vgl zu mehreren Verträgen Rz 31). **19**

3. Höchstbeträge; überschießende Eigenbeiträge. Die *tatsächl* Sparleistungen (Eigenbeiträge und Zulagenanspruch) sind nur bis zu den zwar nach Kj gestaffelten, jedoch nicht dynamisierten (*Risthaus* DB 01, 1275) Beträgen als SA abziehbar (§ 10a I 1 HS 1; VZ 2002/03: 525 €; 2004/05: 1050 €; 2006/07: 1575 €; ab 2008: 2100 €). Es handelt sich mithin nicht um Freibeträge, sondern um jährl Höchstbeträge (*KSM* Rz B 289). Der – nach Abzug der Zulage – überschießende Teil der tatsächl Eigenbeiträge ist begriffl nicht mehr Altersvorsorgebeitrag gem § 82 I 1 (zT aA *BMF* BStBl I 13, 1022 Rz 37, 129) und somit auch nicht iSv § 10a I 1 (uU aber SA-Abzug nach § 10 I Nr 2b, III; vgl zu dieser Aufwandsspaltung auch § 82 IV; weitere Folge: insoweit keine Nachversteuerung nach § 22 Nr 5; s dort Rz 127; BT-Drs 14/4595, 66, 67). – Keine Einbeziehung des Berufseinsteiger-Bonus (§ 84 S 2) in die Günstigerprüfung (ab 08 für unter 25-Jährige; einmalig) (I 5). **20**

4. Wahlrecht, § 10a I. Trotz der Günstigerprüfung von Amts wegen (Rz 25) besteht für den SA-Abzug nach § 10a I 1 („können") ein gegenüber der Zulage eigenständiges Wahlrecht (glA *BMF* BStBl I 13, 1022 Rz 96), so dass die Versteuerung nach § 22 Nr 5 vermieden werden *kann* (vgl zu mehreren Verträgen auch § 10a IV 2, Rz 31; zu Ehegatten s Rz 35). **22**

23 **5. Verfahren, § 10a IIa, V. – a) Bescheinigung.** Der StPfl hat die Altersvorsorgebeiträge (= Eigenbeiträge, Rz 20) durch die Bescheinigung des Anbieters (§ 80) nach amtl Vordruck nachzuweisen (§ 10a V 1, § 92; *BMF* BStBl I 13, 1022 Rz 89; zu § 175 AO s *FinVerw* DStZ 03, 741); V 2 dient der Berücksichtigung des Zulageanspruchs des nach § 79 S 2 mittelbar Berechtigten (BT-Drs 15/2150, 36; *BMF* BStBl I 14, 97 Rz 95). Ist die Bescheinigung unzutr und wird sie daher nach Bekanntgabe der Steuerfestsetzung vom Anbieter aufgehoben oder korrigiert, ist die Steuerfestsetzung insoweit nach § 10a V 3 idF JStG 2008 zu ändern (*BMF* BStBl I 13, 1022 Rz 98); ggfs auch für VZ vor 2007 (FinA BT-Drs 16/7036, 25; BR-Drs 544/07, 68). IÜ sind ein automatischer Datenabgleich und Mitteilungspflichten der BfA (§ 81) vorgesehen (§ 10a V 4, § 91; vgl auch AltvDV BStBl I 05, 453; *Myßen* NWB F 3, 12 473; zur Zertifizierungsnummer s *FinVerw* DStR 03, 1526; s auch Rz 1 aE).

24 **b) Einwilligung in Datenübermittlung.** Ab VZ 2010 ist nach § 10a IIa **keine Papierbescheinigung** mehr **erforderl** (*HHR* J 08–9), sondern die Einwilligung in die Datenübermittlung (*BMF* BStBl I 13, 1022 Rz 89). Stattdessen hat der StPfl, der den SA-Abzug nach § 10a EStG nutzen will, seinen Anbieter zu beauftragen, die erforderl Daten der zentralen Stelle (§ 81) nach amtl vorgeschriebenen Datensatz zu senden (BT-Drs 16/10188, 24). Die **Einwilligung** ist eine materielle Voraussetzung für die Berücksichtigung des SA-Abzugs nach § 10a. **Abs 2a** regelt (durch Bezugnahme auf § 10 IIa 1–3; Vereinfachung durch AltvVerbG; BT-Drs 17/10818, 16) die Einwilligung zur Übermittlung der Daten, **Abs 5** die Übermittlung selbst (zur Datenübermittlung bei Riester-Verträgen *BMF* BStBl I 11, 788). – Damit die FinVerw den Datensatz zuordnen kann, benötigt sie die IdentifikationsNr nach § 139b AO, die die bisher gültige SteuerNr ersetzen wird (*BMF* BStBl I 13, 1022 Rz 89). Die Erhebung der IdentifikationsNr verläuft wie die Erhebung der IdentifikationsNr im Rentenbezugsmitteilungsverfahren; entspr Geltung des § 90 I 2, 3 (BR-Drs 318/10, 75).

III. Rechtsfolgen

25 **1. Günstigerprüfung, § 10a II.** Das FA hat von Amts wegen die Zulage (einschließl Kinderzulage, vgl §§ 84, 85) mit der Steuerentlastung auf Grund des SA-Abzug nach § 10a (zu den Höchstgrenzen s Rz 20) zu vergleichen (*BMF* BStBl I 13, 1022 Rz 96f); Kinderfreibeträge (§ 32 VI) sind nicht (mehr) zu berücksichtigen (BT-Drs 15/2150, 36; *BMF* BStBl I 13, 1022 Rz 55). Umgekehrt sind bei der Günstigerprüfung nach § 31 S 1, 4 die Beträge nach § 10a immer als SA abzuziehen (mE jedoch nicht, wenn weder Zulage noch SA nach § 10a beantragt werden; unklar *Risthaus* DB 01, 1275; BT-Drs 14/5150, 38). S aber Rz 1. – Zuschlagsteuern bleiben außen vor (*KSM* Rz D 30).

27 **2. Rechtsfolgen.** Überschreitet die Steuerentlastung die Zulage nicht, verbleibt es bei dieser (§ 10a II 2). Andernfalls ist der SA-Abzug vorzunehmen; gleichzeitig ist zur Vermeidung doppelter Begünstigung die tarifl ESt um den Zulagen*anspruch* (s Rz 18) zu erhöhen (§ 10a II 1, § 2 VI 2; ähnl wie § 31 S 4; *KSM* Rz B 510). Hierdurch bleibt die Zulage iSv § 90 II (idF StÄndG 2001) gebunden, die (darüber hinausgehende) Steuerermäßigung ist „frei verfügbar" (*BMF* BStBl I 13, 1022 Rz 99; *Horlemann* StuW 01, 101/6). Zu KiSt/SolZ und EStVorauszahlung vgl Rz 3. – Zu Ehegatten s Rz 35, 36.

30 **3. Gesonderte Feststellung, § 10a IV.** Diese ist zum Zwecke später ggf erforderl Rückforderung bei schädl Verwendung (*KSM* Rz F 34) erforderl. Abw von der ursprüngl Konzeption (BT-Drs 14/4595, 66; 14/5150, 37) wird nur die über die Zulage hinausgehende StErmäßigung (mE nur betr ESt, nicht KiSt/Solidaritätszuschlag; Rz 25) gesondert festgestellt und der zentralen Stelle (§ 81: BfA) mitgeteilt (**IV 1, 5;** BFH I R 79/13 DStR 15, 2222; *BMF* BStBl I 13, 1022 Rz 107f; *Risthaus* DB Beil Nr 2/05, 40). Nach dem Wortlaut des § 10a IV 1 HS 1 ist die zusätzl StErmäßigung für jedes Kj (VZ) eigenständig, dh ohne Fortschreibung in

einem Gesamtbetrag festzustellen. Demgemäß entfaltet der Feststellungsbescheid des Vorjahrs auch keine Bindungswirkung. Der Verweis (§ 10a IV 1 HS 2) auf § 10d IV 3–5 regelt ledigl die Zuständigkeit des FA (S 3) sowie die Änderung/Aufhebung des Feststellungsbescheids in Abhängigkeit von der Änderung der für den *SA-Abzug* maßgebl Besteuerungsgrundlagen (S 4f). Dies kann zB die Änderung der Einkunftsverhältnisse (bei Günstigerprüfung) oder Änderungen bei der Zulage auf Grund des Datenabgleichs nach § 91 betreffen; mE jedoch nicht die Rückzahlung (§ 94) von Zulage und festgestellter StErmäßigung aufgrund „schädl Verwendung" iSv § 93.

4. Mehrere Verträge, § 10a IV 2, 5. Leistet der StPfl Altersvorsorgebeiträge zugunsten mehrerer Verträge (zB DirektVers, LV, Fondsanteile), wird gem § 87 die *Zulage* nur für zwei dieser Verträge gewährt; die hierfür geleisteten Beiträge müssen zudem den Mindesteigenbeitrag (§ 86; *BMF* BStBl I 13, 1022 Rz 57f) erreichen und bestimmen zugleich das Aufteilungsverhältnis betr die Zulage (vgl *BMF* BStBl I 13, 1022 Rz 114 ff mit Beispielen; *KSM* Rz B 520). Diese Beschränkungen kennt § 10a nicht: der StPfl kann den SA-Abzug (bis zur jährl Höchstgrenze) auf beliebig viele Altersvorsorgeverträge verteilen (Wahlrecht) mit der Folge, dass die zusätzl ESt-Ermäßigung auf Grund des § 10a im Verhältnis der „berücksichtigten Altersvorsorgebeiträge" den einzelnen Verträgen zugerechnet und als solche (dh bezogen auf den Einzelvertrag) festgestellt wird (*BMF* BStBl I 13, 1022 Rz 119 mit Beispielen). Hiernach bestimmt sich ua auch das Ob und der Umfang einer „schädl Verwendung" (§ 93) sowie der nachgelagerten Besteuerung nach § 22 Nr 5 (BT-Drs 14/5150, 37; *Risthaus* DB 01, 1269/76; *Pedack/Myßen* aaO, 614). 31

IV. Besonderheiten bei Ehegatten, § 10a III

1. Grundsatz. Bei Ehegatten ist nach **§ 10a III 1** die persönl Anspruchsberechtigung (§ 10a I) unabhängig von der Veranlagungsart *individuell* zu prüfen (BT-Drs 14/5150, 35; *BMF* BStBl I 13, 1022 Rz 94f). 35

2. SA-Abzugsberechtigung beider Ehegatten, § 10a III 5. Bei zusammenveranlagten Ehegatten, die beide nach Abs 1 begünstigt sind (s Rz 8 ff), sind bei der Günstigerprüfung und bei der Hinzurechnung beider Ansprüche auf Zulage anzusetzen (§ 10a III 3 idF JStG 2007; BT-Drs 16/2712, 43; *BMF BMF* BStBl I 13, 1022 Rz 105; *Myßen/Bering* NWB F 3, 14303). Zu mehreren Verträgen s Rz 31. 36

Beispiel (nach *BMF* BStBl I 13, 1022 Rz 112): Ehegatten, die beide unmittelbar begünstigt sind, haben im Jahr **2013** ein zu versteuerndes Einkommen iHv 150 000 (ohne SA-Abzug nach § 10a). Darin sind Einkünfte aus unterschiedl Einkunftsarten enthalten. Sie haben mit den Beiträgen iHv **2300** (Ehemann)/**900** (Ehefrau) zugunsten ihrer Verträge mehr als die erforderl Mindesteigenbeiträge gezahlt und daher für das Beitragsjahr **2013** jeweils einen Zulageanspruch von **154 €.**

	Ehemann	Ehefrau	
Eigenbeitrag	2300	900	
davon gefördert			
höchstens (2100 – 154)	1946	1 946	
gefördert somit	1946	900	
abziehbare SA (1946 + 154 =)	2100	1 054	(900 + 154)
zu versteuerndes Einkommen (bisher)		150 000	
abzügl SA Ehemann		2 100	
abzügl SA Ehefrau		1 054	
		3 154	
zu versteuerndes Einkommen (neu)		146 846	
ESt auf 150 000		49 171	
ESt auf **146 846**		47 773	
Differenz		1 398	
abzügl Zulageansprüche insgesamt (2 × 154)		308	
zusätzl Steuerermäßigung insgesamt		**1 090**	

Der SA-Abzug nach § 10a ergibt für die Ehegatten eine zusätzl Steuerermäßigung iHv **1090;** zur Zurechnung der auf den einzelnen Ehegatten entfallenden Ermäßigung vgl *BMF* BStBl I 10, 270 Rz 105/*BMF* BStBl I 13, 1022 Rz 112.

37 **3. SA-Abzugsberechtigung nur eines Ehegatten, § 10a III 2, 3. – a) Unmittelbare Berechtigung.** Werden Altersvorsorgeverträge nur vom zum SA-Abzug berechtigten Ehegatten abgeschlossen, sind seine Altersvorsorgebeiträge und Zulagenansprüche ungeachtet der Art der Veranlagung der Günstigerprüfung (Rz 25) sowie dem einfachen SA-Höchstbetrag (Rz 20) zugrunde zu legen und die gesondert festzustellende Steuerermäßigung (Rz 27, 30) ihm zuzurechnen (*BMF* BStBl I 13, 1022 Rz 102f).

38 **b) Mittelbare Berechtigung.** Hat hingegen der andere Ehegatte – obgleich dieser **nicht** zum Personenkreis nach **§ 10a I** gehört (zB Selbstständiger, s Rz 9) – einen Altersvorsorgevertrag abgeschlossen, begründet **§ 79 S 2** bei Vorliegen des § 26 I eine sog mittelbare Zulageberechtigung dieses Ehegatten (*BMF* BStBl I 13, 1022 Rz 106; dazu BT-Drs 14/5150, 36; beachte §§ 85, 86; FG BBg DStRE 15, 784, Rev X R 49/14; zR krit *Pedack/Myßen* INF 02, 609f), *nicht* aber ein eigenständiges Recht zum SA-Abzug. In diesem Fall sind gem § 10a III 2 beide Beiträge (nebst Zulagen) bei der Günstigerprüfung (einheitl) zu berücksichtigen und ggf als SA (getrennt) abziehbar (*BMF* BStBl I 13, 1022 Rz 94f mit Beispielen); die Steuerermäßigung ist dem begünstigten Vertrag zuzurechnen (IV 4; BT-Drs 15/2150, 36; zur aF s 23. Aufl; FG Nbg III 208/2005, nv).

39 **c) Mindestbeitrag von 60 €.** Die Möglichkeit reiner Zulagenverträge ohne Eigenbeiträge entfällt ab 1.1.12 (vgl BT-Drs 17/7524 zu BeitrRLUmsG); **mittelbar** Zulageberechtigte müssen einen Eigenbeitrag von mindestens 60 € im Jahr auf ihren Vertrag einzahlen, um die volle Zulage zu erhalten (§ 10a III 3 idF BeitrRLUmsG; *BMF* BStBl I 13, 1022 Rz 84). Die Zulagenhöhe des mittelbar Zulagenberechtigten bleibt davon abhängig, wie hoch der Eigenbeitrag des **unmittelbar** Zulagenberechtigten ist, dh die volle Zulage erhält der mittelbar Zulageberechtigte nur, wenn der unmittelbar Zulageberechtigte seinen Mindesteigenbeitrag (§ 86) leistet. Der höchstmögl SA-Abzug nach § 10a steigt durch den Mindestbeitrag des mittelbar Zulageberechtigten iHv 60 € auf 2160 €. Falls (im ersten Beitragsjahr) weniger als 60 € gezahlt werden, geht die Zulage vollständig verloren.

Beispiel: Alleinverdiener (55 T€ Bruttoeinkommen 2011) und Frau, 1 Kind (6 Jahre alt).

Mindesteigenbeitrag Mann ↓	**Mann (unmittelbar zulageberechtigt) ↓**	**Frau (mittelbar zulageberechtigt) ↓**
55 000 € × 4% = max 2100 €	Mindesteigenbeitrag 1607 €	Mindestbeitrag 60 €
./. Grundzulage (m) = 154 €	+ Grundzulage 154 €	+ Grundzulage 154 €
./. Grundzulage (w) = 154 €		+ Kinderzulage 185 €
./. Kinderzulage = 185 €		
Mindesteigenbeitrag = 1607 €	Vertragsgutschrift 1761 €	Vertragsgutschrift 399 €

Als SA sind Beiträge und Zulagen iHv 2160 € (1761 + 399) abzusetzen.

§ 10b Steuerbegünstigte Zwecke

(1) [1] **Zuwendungen (Spenden und Mitgliedsbeiträge) zur Förderung steuerbegünstigter Zwecke im Sinne der §§ 52 bis 54 der Abgabenordnung können insgesamt bis zu**

1. 20 Prozent des Gesamtbetrags der Einkünfte oder

2. 4 Promille der Summe der gesamten Umsätze und der im Kalenderjahr aufgewendeten Löhne und Gehälter

als Sonderausgaben abgezogen werden. [2]Voraussetzung für den Abzug ist, dass diese Zuwendungen

1. **an eine juristische Person des öffentlichen Rechts oder an eine öffentliche Dienststelle, die in einem Mitgliedstaat der Europäischen Union oder in einem Staat belegen ist, auf den das Abkommen über den Europäischen Wirtschaftsraum (EWR-Abkommen) Anwendung findet, oder**
2. **an eine nach § 5 Absatz 1 Nummer 9 des Körperschaftsteuergesetzes steuerbefreite Körperschaft, Personenvereinigung oder Vermögensmasse oder**
3. **an eine Körperschaft, Personenvereinigung oder Vermögensmasse, die in einem Mitgliedstaat der Europäischen Union oder in einem Staat belegen ist, auf den das Abkommen über den Europäischen Wirtschaftsraum (EWR-Abkommen) Anwendung findet, und die nach § 5 Absatz 1 Nummer 9 des Körperschaftsteuergesetzes in Verbindung mit § 5 Absatz 2 Nummer 2 zweiter Halbsatz des Körperschaftsteuergesetzes steuerbefreit wäre, wenn sie inländische Einkünfte erzielen würde,**

geleistet werden. [3]Für nicht im Inland ansässige Zuwendungsempfänger nach Satz 2 ist weitere Voraussetzung, dass durch diese Staaten Amtshilfe und Unterstützung bei der Beitreibung geleistet werden. [4]Amtshilfe ist der Auskunftsaustausch im Sinne oder entsprechend der Amtshilferichtlinie gemäß § 2 Absatz 2 des EU-Amtshilfegesetzes. [5]Beitreibung ist die gegenseitige Unterstützung bei der Beitreibung von Forderungen im Sinne oder entsprechend der Beitreibungsrichtlinie einschließlich der in diesem Zusammenhang anzuwendenden Durchführungsbestimmungen in den für den jeweiligen Veranlagungszeitraum geltenden Fassungen oder eines entsprechenden Nachfolgerechtsaktes. [6]Werden die steuerbegünstigten Zwecke des Zuwendungsempfängers im Sinne von Satz 2 Nummer 1 nur im Ausland verwirklicht, ist für den Sonderausgabenabzug Voraussetzung, dass natürliche Personen, die ihren Wohnsitz oder ihren gewöhnlichen Aufenthalt im Geltungsbereich dieses Gesetzes haben, gefördert werden oder dass die Tätigkeit dieses Zuwendungsempfängers neben der Verwirklichung der steuerbegünstigten Zwecke auch zum Ansehen der Bundesrepublik Deutschland beitragen kann. [7]Abziehbar sind auch Mitgliedsbeiträge an Körperschaften, die Kunst und Kultur gemäß § 52 Absatz 2 Satz 1 Nummer 5 der Abgabenordnung fördern, soweit es sich nicht um Mitgliedsbeiträge nach Satz 8 Nummer 2 handelt, auch wenn den Mitgliedern Vergünstigungen gewährt werden. [8]Nicht abziehbar sind Mitgliedsbeiträge an Körperschaften, die

1. **den Sport (§ 52 Absatz 2 Satz 1 Nummer 21 der Abgabenordnung),**
2. **kulturelle Betätigungen, die in erster Linie der Freizeitgestaltung dienen,**
3. **die Heimatpflege und Heimatkunde (§ 52 Absatz 2 Satz 1 Nummer 22 der Abgabenordnung) oder**
4. **Zwecke im Sinne des § 52 Absatz 2 Satz 1 Nummer 23 der Abgabenordnung**

fördern. [9]Abziehbare Zuwendungen, die die Höchstbeträge nach Satz 1 überschreiten oder die den um die Beträge nach § 10 Absatz 3 und 4, § 10c und § 10d verminderten Gesamtbetrag der Einkünfte übersteigen, sind im Rahmen der Höchstbeträge in den folgenden Veranlagungszeiträumen als Sonderausgaben abzuziehen. [10]§ 10d Absatz 4 gilt entsprechend.

(1a) [1]**Spenden zur Förderung steuerbegünstigter Zwecke im Sinne der §§ 52 bis 54 der Abgabenordnung in das zu erhaltende Vermögen (Vermögensstock) einer Stiftung, welche die Voraussetzungen des Absatzes 1 Satz 2 bis 6 erfüllt, können auf Antrag des Steuerpflichtigen im Veranlagungszeitraum der Zuwendung und in den folgenden neun Veranlagungszeiträumen bis zu einem Gesamtbetrag von 1 Million Euro, bei Ehegatten, die nach den §§ 26, 26b**

zusammen veranlagt werden, bis zu einem Gesamtbetrag von 2 Millionen Euro, zusätzlich zu den Höchstbeträgen nach Absatz 1 Satz 1 abgezogen werden. [2]Nicht abzugsfähig nach Satz 1 sind Spenden in das verbrauchbare Vermögen einer Stiftung [3]Der besondere Abzugsbetrag nach Satz 1 bezieht sich auf den gesamten Zehnjahreszeitraum und kann der Höhe nach innerhalb dieses Zeitraums nur einmal in Anspruch genommen werden. [4]§ 10d Absatz 4 gilt entsprechend.

(2) [1]**Zuwendungen an politische Parteien im Sinne des § 2 des Parteiengesetzes sind bis zur Höhe von insgesamt 1650 Euro und im Fall der Zusammenveranlagung von Ehegatten bis zur Höhe von insgesamt 3300 Euro im Kalenderjahr abzugsfähig. [2]Sie können nur insoweit als Sonderausgaben abgezogen werden, als für sie nicht eine Steuerermäßigung nach § 34g gewährt worden ist.**

(3) [1]**Als Zuwendung im Sinne dieser Vorschrift gilt auch die Zuwendung von Wirtschaftsgütern mit Ausnahme von Nutzungen und Leistungen. [2]Ist das Wirtschaftsgut unmittelbar vor seiner Zuwendung einem Betriebsvermögen entnommen worden, so bemisst sich die Zuwendungshöhe nach dem Wert, der bei der Entnahme angesetzt wurde und nach der Umsatzsteuer, die auf die Entnahme entfällt. [3]Ansonsten bestimmt sich die Höhe der Zuwendung nach dem gemeinen Wert des zugewendeten Wirtschaftsguts, wenn dessen Veräußerung im Zeitpunkt der Zuwendung keinen Besteuerungstatbestand erfüllen würde. [4]In allen übrigen Fällen dürfen bei der Ermittlung der Zuwendungshöhe die fortgeführten Anschaffungs- oder Herstellungskosten nur überschritten werden, soweit eine Gewinnrealisierung stattgefunden hat. [5]Aufwendungen zugunsten einer Körperschaft, die zum Empfang steuerlich abziehbarer Zuwendungen berechtigt ist, können nur abgezogen werden, wenn ein Anspruch auf die Erstattung der Aufwendungen durch Vertrag oder Satzung eingeräumt und auf die Erstattung verzichtet worden ist. [6]Der Anspruch darf nicht unter der Bedingung des Verzichts eingeräumt worden sein.**

(4) [1]**Der Steuerpflichtige darf auf die Richtigkeit der Bestätigung über Spenden und Mitgliedsbeiträge vertrauen, es sei denn, dass er die Bestätigung durch unlautere Mittel oder falsche Angaben erwirkt hat oder dass ihm die Unrichtigkeit der Bestätigung bekannt oder infolge grober Fahrlässigkeit nicht bekannt war. [2]Wer vorsätzlich oder grob fahrlässig eine unrichtige Bestätigung ausstellt oder veranlasst, dass Zuwendungen nicht zu den in der Bestätigung angegebenen steuerbegünstigten Zwecken verwendet werden, haftet für die entgangene Steuer. [3]Diese ist mit 30 Prozent des zugewendeten Betrags anzusetzen. [4]In den Fällen des Satzes 2 zweite Alternative (Veranlasserhaftung) ist vorrangig der Zuwendungsempfänger in Anspruch zu nehmen; die in diesen Fällen für den Zuwendungsempfänger handelnden natürlichen Personen sind nur in Anspruch zu nehmen, wenn die entgangene Steuer nicht nach § 47 der Abgabenordnung erloschen ist und Vollstreckungsmaßnahmen gegen den Zuwendungsempfänger nicht erfolgreich sind. [5]Die Festsetzungsfrist für Haftungsansprüche nach Satz 2 läuft nicht ab, solange die Festsetzungsfrist für von dem Empfänger der Zuwendung geschuldete Körperschaftsteuer für den Veranlagungszeitraum nicht abgelaufen ist, in dem die unrichtige Bestätigung ausgestellt worden ist oder veranlasst wurde, dass die Zuwendung nicht zu den in der Bestätigung angegebenen steuerbegünstigten Zwecken verwendet worden ist; § 191 Absatz 5 der Abgabenordnung ist nicht anzuwenden.**

Einkommensteuer-Durchführungsverordnung:

***§§ 48, 49** (weggefallen)*

§ 50 ***Zuwendungsnachweis****

(1) [1]**Zuwendungen im Sinne der §§ 10b und 34g des Gesetzes dürfen nur abgezogen werden, wenn sie durch eine Zuwendungsbestätigung nachgewiesen werden, die der Empfänger unter Berücksichtigung des § 63 Absatz 5 der Abgabenordnung nach amtlich vorgeschriebenem Vordruck ausgestellt hat.** [2]**Dies gilt nicht für Zuwendungen an nicht im Inland ansässige Zuwendungsempfänger nach § 10b Absatz 1 Satz 2 Nummer 1 und 3 des Gesetzes.**

(1a) [1]**Der Zuwendende kann den Zuwendungsempfänger bevollmächtigen, die Zuwendungsbestätigung der Finanzbehörde nach amtlich vorgeschriebenem Datensatz durch Datenfernübertragung nach Maßgabe der Steuerdaten-Übermittlungsverordnung zu übermitteln.** [2]**Der Zuwendende hat dem Zuwendungsempfänger zu diesem Zweck seine Identifikationsnummer (§ 139b der Abgabenordnung) mitzuteilen.** [3]**Die Vollmacht kann nur mit Wirkung für die Zukunft widerrufen werden.** [4]**Der Datensatz ist bis zum 28. Februar des Jahres, das auf das Jahr folgt, in dem die Zuwendung geleistet worden ist, an die Finanzbehörde zu übermitteln.** [5]**Der Zuwendungsempfänger hat dem Zuwendenden die nach Satz 1 übermittelten Daten elektronisch oder auf dessen Wunsch als Ausdruck zur Verfügung zu stellen; in beiden Fällen ist darauf hinzuweisen, dass die Daten der Finanzbehörde übermittelt worden sind.**

(2) [1]**Als Nachweis genügt der Bareinzahlungsbeleg oder die Buchungsbestätigung eines Kreditinstituts, wenn**

1. die Zuwendung zur Hilfe in Katastrophenfällen:
   a) innerhalb eines Zeitraums, den die obersten Finanzbehörden der Länder im Benehmen mit dem Bundesministerium der Finanzen bestimmen, auf ein für den Katastrophenfall eingerichtetes Sonderkonto einer inländischen juristischen Person des öffentlichen Rechts, einer inländischen öffentlichen Dienststelle oder eines inländischen amtlich anerkannten Verbandes der freien Wohlfahrtspflege einschließlich seiner Mitgliedsorganisationen eingezahlt worden ist oder
   b) bis zur Einrichtung des Sonderkontos auf ein anderes Konto der genannten Zuwendungsempfänger geleistet wird. [2]**Wird die Zuwendung über ein als Treuhandkonto geführtes Konto eines Dritten auf eines der genannten Sonderkonten geleistet, genügt als Nachweis der Bareinzahlungsbeleg oder die Buchungsbestätigung des Kreditinstituts des Zuwendenden zusammen mit einer Kopie des Barzahlungsbelegs oder der Buchungsbestätigung des Kreditinstituts des Dritten;**

2. die Zuwendung 200 Euro nicht übersteigt und
   a) der Empfänger eine inländische juristische Person des öffentlichen Rechts oder eine inländische öffentliche Dienststelle ist oder
   b) der Empfänger eine Körperschaft, Personenvereinigung oder Vermögensmasse im Sinne des § 5 Abs. 1 Nr. 9 des Körperschaftsteuergesetzes ist, wenn der steuerbegünstigte Zweck, für den die Zuwendung verwendet wird, und die Angaben über die Freistellung des Empfängers von der Körperschaftsteuer auf einem von ihm hergestellten Beleg aufgedruckt sind und darauf angegeben ist, ob es sich bei der Zuwendung um eine Spende oder einen Mitgliedsbeitrag handelt oder
   c) der Empfänger eine politische Partei im Sinne des § 2 des Parteiengesetzes ist und bei Spenden der Verwendungszweck auf dem vom Empfänger hergestellten Beleg aufgedruckt ist.

---

* § 50 EStDV soll geändert werden zur Vereinfachung des Spendennachweises unter Anpassung an die geplante zentrale Datenübermittlungsregelung in § 93c AO (Gesetzesentwurf zur Modernisierung des Besteuerungsverfahrens).

[2]Aus der Buchungsbestätigung müssen Name und Kontonummer oder ein sonstiges Identifizierungsmerkmal des Auftraggebers und des Empfängers, der Betrag, der Buchungstag sowie die tatsächliche Durchführung der Zahlung ersichtlich sein. [3]In den Fällen des Satzes 1 Nummer 2 Buchstabe b hat der Zuwendende zusätzlich den vom Zuwendungsempfänger hergestellten Beleg vorzulegen.

(2a) **Bei Zuwendungen zur Hilfe in Katastrophenfällen innerhalb eines Zeitraums, den die obersten Finanzbehörden der Länder im Benehmen mit dem Bundesministerium der Finanzen bestimmen, die über ein Konto eines Dritten an eine inländische juristische Person des öffentlichen Rechts, eine inländische öffentliche Dienststelle oder eine nach § 5 Absatz 1 Nummer 9 des Körperschaftsteuergesetzes steuerbefreite Körperschaft, Personenvereinigung oder Vermögensmasse geleistet werden, genügt als Nachweis die auf den jeweiligen Spender ausgestellte Zuwendungsbestätigung des Zuwendungsempfängers, wenn das Konto des Dritten als Treuhandkonto geführt wurde, die Spenden von dort an den Zuwendungsempfänger weitergeleitet wurden und diesem eine Liste mit den einzelnen Spendern und ihrem jeweiligen Anteil an der Spendensumme übergeben wurde.**

(3) **Als Nachweis für die Zahlung von Mitgliedsbeiträgen an politische Parteien im Sinne des § 2 des Parteiengesetzes genügt die Vorlage von Bareinzahlungsbelegen, Buchungsbestätigungen oder Beitragsquittungen.**

(4) **[1]Eine in § 5 Abs. 1 Nr. 9 des Körperschaftsteuergesetzes bezeichnete Körperschaft, Personenvereinigung oder Vermögensmasse hat die Vereinnahmung der Zuwendung und ihre zweckentsprechende Verwendung ordnungsgemäß aufzuzeichnen und ein Doppel der Zuwendungsbestätigung aufzubewahren. [2]Bei Sachzuwendungen und beim Verzicht auf die Erstattung von Aufwand müssen sich aus den Aufzeichnungen auch die Grundlagen für den vom Empfänger bestätigten Wert der Zuwendung ergeben.**

Einkommensteuer-Richtlinien: EStR 10b.1–10b.3/EStH 10b.1–10b.3

Übersicht

I. Gesetzesentwicklung

1 **(1) Änderungen vor 2009.** *Bis 1999* s 18. Aufl. Neuregelung *ab VZ 2000* s 27. Aufl. Änderungen *ab 2007* s 31. Aufl. Änderungen *ab 2009* (JStG 2009) s 32. Aufl. Änderungen

durch EURL-UmsG *ab 2010* s 32. Aufl. Änderungen durch StVerG 2011 s 34. Aufl. – **(2) Änderungen durch ESG ab 2013** (uU ab 2012, s 34. Aufl). Vgl *BMF* I 13, 1333, I 14, 791 und 1584; *Hüttemann* DB 12, 2592; *ders* DB 13, 774; ders DB 14, 442; *Fings* NWB 13, 693 (Haftung); *Emser* NWB 13, 908; *Schauhoff/Kirchhain* FR 13, 301; *Schütz/Runte* DStR 13, 1261; *Krebbers* BB 13, 2071.

II. Abziehbare Zuwendungen

1. Spenden; Zuwendungen, § 10b I 1, III. – a) Allgemeines. – *(1)* Begriffe. Spenden sind freiwillige unentgeltl Ausgaben zur Förderung mildtätiger, kirchl, religiöser, wissenschaftl oder als besonders förderungswürdig anerkannter gemeinnütziger Zwecke. Teilweise ist der Abzug sonstiger Zuwendungen begünstigt (**Zuwendung** als Oberbegriff für Spenden und **Mitgliedsbeiträge,** § 10b I 1, §§ 52ff AO, Rz 15). Den Zuwendungen muss eine **Ausgabe** des StPfl iSv § 11 II zugrunde liegen (s auch § 10 Rz 3, zur endgültigen wirtschaftl Belastung BFH X R 191/87 BStBl II 91, 690, zur Rückzahlung von Spenden Rz 46, zu wirtschaftl Belastung von Erben/Erblassern Rz 20 und 72; zu „gespendeten" TV-Show-Gewinnen abl *BMF* BStBl I 06, 342; FG Köln EFG 07, 758, rkr; FG Hbg EFG 08, 842, rkr – kein Abzug ohne Vereinnahmung). Es kann sich um Geld- oder Sachzuwendungen von WG handeln (§ 10b III 1; zum Begriff WG s § 5 Rz 93ff; s auch Rz 38). – ***(2)* Bewertung von Sachspenden, § 10b III 2–4.** Grundsatz für PV: Gemeiner Wert = Einzelveräußerungspreis (§ 9 II BewG) mit Beschränkung für Zuwendungen ab 2009 in § 10b III 3, 4 auf WG, deren Veräußerung nicht der Besteuerung unterliegt, sonst nur bei vorheriger Gewinnrealisierung; iU zur Sicherung etwaiger stiller Reserven höchstens AK/HK (*Beispiel:* Spende einer Beteiligung iSv § 17; zu Wertpapierspenden *Müller/Tolksdorf* DStR 15, 2116; *Wallenhorst* DStR 16, 111). Bei **Entnahme von BV** Wertansatz nach § 6 I Nr 4 S 1 mit dem Teilwert (mit USt, s EStR 10b.1 I; *Hüttemann* DB 08, 1590; Bilanzierungsfragen s *Lehmann* DB 06, 1281 und 07, 641), bei bestimmten Empfängern (zB Stiftungsspenden) wahlweise nach § 6 I Nr 4 S 4 mit dem Buchwert. Leasingspende s BFH X R 149/88 BStBl II 91, 70. Spenden durch **Forderungserlass** sind mit dem aktuellen Wert anzusetzen (§ 12 BewG, Rz 5). – ***(3)* Wertnachweis.** In Zweifelsfällen verlangt die *FinVerw* Nachweis der spendenbescheinigten Werte durch den Spender, vgl 50 IV 2 EStDV, DStR 04, 180 zu Altkleidern, Büchern uä WG, abl zu Originalbeleg *Queich* StBP 99, 215 (s Rz 3). **Verwendungsnachweis** s Rz 38. – ***(4)* Nutzungen und Leistungen, § 10b III 1, § 6 I Nr 4 S 5.** Ausdrückl Abzugsausnahme, soweit nicht mit einer Wertabgabe aus dem geldwerten Vermögen des Zuwendenden verbunden (zB Pkw-AfA, Rz 5, 6, Arbeitsleistung, Rz 8, Zinserlass). 2

b) Beispiele für Zuwendungsausgaben

– **Kleiderspenden** aus **Privatvermögen** sind Sachspenden, die gem § 10b III 3 mit dem gemeinen Wert abzusetzen sind (§ 9 II BewG, BFH X R 17/85 BStBl II 89, 879 mit Abgrenzung Markt- und Nutzungswert und Hinweis auf begrenzte Schätzungsmöglichkeit und Beweislast des StPfl). Nachweis s Rz 2*(3)*. Unmittelbare Verwendung s Rz 38. 3

– Spenden aus **Betriebsvermögen** (zB Skispende des Sportgeschäfts für Sportverein) sind nach § 10b III 2 höchstens mit dem **Entnahmewert** anzusetzen (s Rz 2; zu **Katastrophenspenden** *BMF* BStBl I 14, 889; I 15, 466; zu Flüchtlingsspenden BFH BStBl I 15, 745; 29./32. Aufl mwN; ab 2011 § 50 II Nr 1, IIa DV). Preisnachlass s Rz 11. Bescheinigung s Rz 35ff. 4

– **Aufwandsspenden; Rückspenden, § 10b III 5, 6, § 9 II 4, 5 KStG** (s *BMF* BStBl I 14, 1584, Anm *Emser* DStR 15, 1960; zu Auslagenersatz *Fischer* NWB 15, 2602). Zuwendungen können durch freiwilligen Verzicht auf Geldansprüche erfolgen. Im Vereinsleben führte das zu einer Vielzahl von Spenden durch Verzicht auf Erstattung von Mitgliederaufwendungen. **Ab 1990** gesetzl Regelung in § 10b III 5, 6, vor 2009 III 4, 5. Abzugsvoraussetzungen sind danach: – ***(1)* Aufwendungen,** die nicht in Nutzungen (AfA; s unten und BFH X R 119/90 BFH/NV 94, 154) und Leistungen (unentgeltl Arbeit, s aber Rz 8 „Arbeitsleistung", Rz 12, 20) bestehen, zugunsten einer aufwandszahlungsfähigen, zum 5

Empfang berechtigten Körperschaft (insb Fahrtkosten – Pauschalansatz s Rz 6; Verpflegung/Unterkunft uU pauschal nach SvEV). – *(2)* **Vertragl oder satzungsmäßiger Ersatzanspruch** ohne Verzichtsbedingungen. Das *BMF* verlangt grds *vorherige* schriftl Anspruchsfixierung, uU durch rechtsgültigen Vorstandsbeschluss (abl FG BBg EFG 14, 989, rkr; ab 2015 – ohne Nachholungspflicht – aufgrund einer Satzungsermächtigung) oder Vereinsordnung; stillschweigender Verzichtsvorbehalt des Spenders ist unschädl; auch die Leistungsfähigkeit des Empfängers ist grds anzunehmen, s *BMF* aaO Tz 3; zu Auftrag einer Partei BFH XI R 23/06 BFH/NV 07, 2251; 2. Rechtszug FG Mchn EFG 09, 1823, rkr). Das gilt ab 2015 auch für Vorstandsvergütungen (§ 27 III 2 BGB, *Fischer* NWB 15, 439). – *(3)* **Wirksamer Anspruchsverzicht** des Spenders (zeitnah bis 3 Monate, uU vorheriger Verzicht, str, s Rz 8, 20). Auch bei Sportverein wird Auslagenersatz und **Rückspende** anerkannt (s Rz 20).

6 – **Fahrtkosten** für gemeinnützigen Verein s Rz 5. Als Nutzungszuwendung kein Abzug für **Pkw-AfA** ua Fixkosten, nur sachl Aufwendungen wie Benzinkosten. Jedoch kann eine (ohne AfA und Fixkosten) geschätzte Kilometerpauschale vereinbart und gem § 10b III 5, 6 als Geldspende abgesetzt werden (vgl BFH X R 154/88 BStBl II 90, 570 unter 4; *FinVerw* DStR 99, 1441 hielt einen Km-Satz von 0,52 *DM* für vertretbar). Nachweis s BFH X R 119/90 BFH/NV 94, 154.

7 – **Blutspende.** Fragl ist, ob es sich um eine geldwerte Sachleistung oder aber eine Nutzung oder Leistung iSv § 10b III 1 handelt (vgl *Drasdo* DStR 87, 330, Spende abl *FinVerw* FR 95, 287, zutr). Entgeltspende ist jedoch abziehbar. Ähnl ist es bei unentgeltl Zuwendung eines Körperteiles (Haut, Auge, Niere); glA FG Saarl EFG 09, 743, rkr; hier kann es zudem an einem begünstigten Empfänger fehlen – str.

8 – **Arbeitsleistung; ehrenamtl Vereinstätigkeit.** Keine Spende bei unentgeltl Leistung. Es genügt nicht, dass der „Spender" seine Zeit und Arbeitskraft zur Verfügung stellt (§ 10b III 1). Er kann jedoch entgeltl tätig werden und den Vergütungsanspruch spenden (**Verzicht auf Geldanspruch,** s Rz 5); die **StFreiheit** des Entgelts (zB **§ 3 Nr 12, 26, 26a, b**) steht dann mE dem Spendenabzug nicht entgegen (s aber Rz 12).

9 – **Nutzungsüberlassung eines WG** ohne Wertabgabe ist keine Spende (§ 10b III 1, zu Arbeitszimmer BFH X R 119/90 BFH/NV 94, 154, zu Pkw-AfA s „Fahrtkosten" Rz 5, 6).

10 – **Selbst hergestellte WG** können Gegenstand einer Spende sein (s FG Bln EFG 78, 376, rkr, zu einem Kunstwerk, *Oswald* DStZ/A 77, 453; s auch Rz 38).

11 – **Verbilligte Überlassung von Waren** rechtfertigt mE keinen Spendenabzug iHd Wertnachlasses (wohl aber Verkauf zu Normalpreis und späterer Verzicht); bei Unterschreiten der Selbstkosten geldwerte Zuwendung.

12 – **ArbLohnverzichtsspenden** können uU nach § 10b abziehbar sein, jedoch nur, wenn der ArbLohn nicht stfrei bleibt (vgl *BMF* Rz 4 zu Katastrophenspenden). S aber Rz 8.

15 **2. Unentgeltlichkeit; „Fremdnützigkeit"; Mitgliedsbeiträge. – a) Gegenleistung. – *(1)* Grundsatz.** Das Gesetz verlangt, dass mit den Ausgaben bestimmte Zwecke verfolgt werden. Daraus schließt die Rspr zutr, dass es zwar nicht auf die Beweggründe der Zahlung ankommt, dass es jedoch an einer Ausgabe zur Förderung begünstigter Zwecke fehlt, wenn der „Spende" eine vertragl oä Gegenleistung des Empfängers gegenübersteht (kein Abzug eigennütziger Aufwendungen, FG BBg DStRE 14, 840, rkr). Dies ist nicht im bürgerl-rechtl Sinne zu verstehen (BFH XI R 6/03 BStBl II 07, 8 – abl zu „Beitrittsspende" an Golfclub – ; s auch Rz 20). Die Gegenleistung muss nicht wirtschaftl Art sein; auch mittelbarer Zusammenhang kann reichen (vgl BFH X R 4/11 BFH/NV 15, 853). Jedoch genügt nicht jede Vorteilserlangung. So stellt zB die geforderte öffentl Benennung des Spenders (die im betriebl Bereich zum BA-Abzug von Werbekosten führen würde) eine unentgeltl Zuwendungsabsicht iSv § 10b idR nicht in Frage. Die Bestimmung einer *bestimmten* Zweckverwendung (iSv § 10b) ist als solche noch nicht spendenschädl (s Rz 32, *Tiedke* BB 85, 985; Beurteilung nach überwiegender Spendenmotivation, s BFH I R 65/86 BStBl II 91, 258; zu vGA s Rz 20; s auch § 4 Rz 520 „Spenden", „Sponsoring" – *BMF* BStBl I 98, 212). – *(2)* **Mitgliedsbeiträge, § 10b I 1, 7, 8.** Zuwendungen umfassen außer Spenden auch Mitgliedsbeiträge, Umlagen und Aufnahmegebühren (§ 10b I 1). Der Erwerb einer Mitgliedschaft in einem Verein kann, muss aber keine schädl Gegenleistung sein. Mitgliedsbeiträge sind nur abziehbar, soweit kein eigener Vorteil „erkauft" wird

(wie bei Sportvereinsbeitrag; zu übl Eintrittsspenden/Investitionsumlagen in Golfclub BFH XI R 6/03 BStBl II 07, 8 – als Beitrittsgegenleistung nicht „fremdnützig"; s Rz 20). Der **Empfänger** muss förderungswürdig iSv § 10b II (politische Parteien) oder iSv §§ 52–54 AO sein und darf nicht unter **§ 10b I 8** fallen. **Ausgeschlossen** sind danach Mitgliedsbeiträge (nicht sonstige Spenden) an Empfänger, die bei typisierender Betrachtung überwiegend Leistungen ggü Mitgliedern erbringen, vor allem auf dem Gebiet der Freizeitgestaltung (Förderung des Sports, der kulturellen Freizeitgestaltung – zB Laienchor –, der Heimatpflege, Tier- und Pflanzenzucht, Brauchtumspflege uä gemeinnütziger Zwecke iSv § 52 II Nr 22, 23 AO). Abziehbar sind dagegen Mitgliedsbeiträge an **kulturelle Fördervereine,** auch bei materiellen Vorteilen (so § 10b I 7 mit Rückwirkung ab 2007; glA schon früher *BMF* BStBl I 07, 75). Grund: Ab 2007 Förderung von Kunst und Kultur, § 52 II Nr 5 AO, mit Ausnahme von § 10b I 8 Nr 2, ausnahmsweise auch bei **persönl Vorteilen** iRd Mittelverwendungsgebots nach § 55 AO (Rz 45), wie verbilligten Eintrittskarten, Jahresgaben, Veranstaltungen für Mitglieder (so BT-Drs 16/11108 S. 17). Die unmittelbare Empfangsberechtigung (s Rz 30) muss weiterhin gegeben sein (**Nachweis:** § 50 II Nr 2b EStDV). Vgl zu „freiwilligen Eintrittsspenden" Rz 20.

b) Beispiele für schädliche Gegenleistungen

– **Kaufverträge:** Ein gemeinnütziger Blindenverein verkauft Bürsten uÄ; s auch Rz 15; 16
– Erwerb von **Wohlfahrtslosen** (BFH VI R 159/68 BStBl II 71, 799); Leistung und Gegenleistung brauchen sich nicht zu entsprechen;
– Erwerb von **Wohlfahrtsbriefmarken** (BFH VI R 12/67 BStBl II 69, 701; str; vgl auch zu Wohlfahrtsverbänden *FinVerw* DB 91, 2059); die frühere Aufteilungsmöglichkeit bei **Eintrittskarten zu Wohltätigkeitsveranstaltungen** und bei **UNICEF-Grußkarten** ist grds entfallen (vgl *FinVerw* DStR 91, 119, EStH 10b.1 „Gegenleistung").
– **Schulgeldzahlung** an gemeinnütziges Internat, auch als Vereinsbeitrag (Verein „Freie Waldorf-Schule", „Rudolf-Steiner-Schulvereine" uÄ; keine Aufteilung einheitl Leistungen). Nur *zusätzl* freiwillige Leistungen, Elternspenden ohne Schulgeldpflicht oder über Schulgeld hinaus sowie zweckgebundene Einzelspenden sind als Spenden abziehbar, sonst uU 30 vH des Schulgelds ieS nach § 10 I Nr 9 als SA. Entscheidend ist, ob die Zahlung normale Schulbetriebskosten abdeckt (vgl BFH XI B 51/05 BFH/NV 06, 2070). 17
– Wirtschaftl Vorteil durch **Einstellung eines Straf- oder Bußgeldverfahrens** gegen Zahlungen an gemeinnützige Körperschaft (BFH X R 40/86 BStBl II 91, 234, einschr *Kreppel* DStR 91, 836), da es an wirtschaftl Belastung fehlt, soweit die sog Spende eine Bußgeldzahlung ersetzt, s § 10 Rz 4. Auch ist zweifelhaft, ob eine solche Spende anders als Bewährungsauflagen nach § 56b StGB bzw die Bußgeldzahlung oder Strafe selbst die ESt mindern dürfte (s § 4 Rz 520 „Strafe", BFH VI 83/63 U BStBl III 64, 333). 18
– **Verwaltungshandeln** als Gegenleistung s BFH I R 5/93 BStBl II 95, 134; FG Ddorf DStRE 00, 630, rkr. – **Krankenpflege** s BFH VI R 43/76 BStBl II 79, 646. 19

3. Freiwilligkeit. Spenden sind freiwillige Leistungen. **Nicht begünstigt** sind zB: Pflicht-Feuerwehrabgabe (FG BaWü EFG 71, 129, bestätigt in BFH VI R 23/71 BStBl II 74, 300), Satzungsspenden einer Stiftung (BFH I R 102/10 BStBl II 14, 484), gesellschaftsrechtl Zuwendungen einer KapGes als **vGA** (FG SchlHol EFG 00, 193, rkr; *Janssen* DStZ 10, 170; zu Spendenmotivation FG Mster EFG 07, 1470, rkr), Pflichtspenden der Sparkassen an Gewährträger (BFH I R 126/90 BStBl II 92, 849), auferlegte **Erben-Vermächtniszahlungen** an gemeinnützige Einrichtung (BFH X R 107/91 BStBl II 93, 874; auch kein Abzug beim Erblasser, BFH X R 75/94 BStBl II 97, 239; s auch zu testamentarischen Stiftungsspenden sowie zum Verfall von Großspendenrestbeträgen im Erbfall BFH Rz 72), Zwangsspenden oder Geldzahlungen nach § 153a StPO (Rz 18). Eine ausgabenbezogene, **freiwillig eingegangene Rechtspflicht** steht der Spende nicht entgegen (s BFH I R 63/91 BStBl II 92, 748). *Beispiele:* Leistung auf Grund einer jährl Spendenzusage (zB an Rotes Kreuz, Malteser), eines Ordensgelübdes (BFH IV 388/58 U BStBl III 52, 49) oder einer Beitrittsverpflichtung (Mitgliedsbeiträge s Rz 15; Eintrittsspenden s unten); Spende bei Schenkung unter Auflage (FG Ddorf 20

EFG 09, 1931, rkr); nicht als SA abziehbare Pflichtbeiträge an Religionsgemeinschaften (s EStR 10.7 II); Firmensponsoring s Rz 15; Pflichtparteispenden (§ 4 VI, s § 4 Rz 520 „Spenden" und „Wahlkampfkosten"); Studenten-Patenschafts-Abo für Tageszeitung über Studentenwerk s *FinVerw* DB 10, 2533; s aber Verzicht § 10b III 6, Rz 5. – Übl **Eintrittsspenden/Investitionsumlagen** (zB Golfclub) wertet die *FinVerw* idR zutr nicht als freiwillig (s *BMF* BStBl I 98, 1424 – Vermutung bei Zahlung durch 75 vH der Neumitglieder, Anm 25. Aufl). Noch strenger BFH XI R 6/03 BStBl II 07, 8 (nicht „fremdnützig" als Beitrittsgegenleistung, Rz 20). Freiwilligkeit mE auch bei – freiwillig – **vorher zugesagter Rückzahlung** von Übungsleiterzuschüssen an Sportverein als Spende (s Rz 5, 8, str); aA zur von ArbG (= stbegünstigte Körperschaft) „vorgeschlagenen" Rückzahlung von Weihnachts-/Urlaubsgeld als Spende *FinVerw* DStR 03, 1299 (wohl Druck des ArbG im Einzelfall entscheidend). Widerrufl Abbuchungsauftrag stellt den Spendenabzug nicht in Frage, wohl aber zeitl Begrenzung der Freiwilligkeit („Spendenbescheinigung bei Zahlung bis ...").

III. Persönliche Voraussetzungen

22 **1. Person des Zahlenden.** Spender kann beschr stpfl sein; § 50 I schränkt § 10b nicht ein. Person des Empfängers s Rz 29. Spenden über **Treuhänder:** Die Zurechnung beim Treugeber sollte mögl sein, wenn das Treuhandverhältnis und der Zahlungsfluss im Spendenabzugsverfahren nachgewiesen sind. **Körperschaften** können andere als politische Spenden als BA absetzen (§ 9 I Nr 2 KStG), soweit sie nicht stbefreit sind und es sich nicht um vGA handelt (BFH I R 83/06 BFH/NV 08, 988; zu Stiftung s BFH I R 102/10 BStBl II 14, 484). Zeitl Beschränkung für Zuwendungsbestätigung s Rz 35. Zusammenveranlagte **Ehegatten** als Spendereinheit s BFH X R 191/87 BStBl II 91, 690 – aber mit Höchstbetragsverdoppelung, s Rz 60. Ebenso bei **LPart** (§ 2 VIII).

24 **2. Begünstigte Empfänger; Zwecke, § 10b I 1, II, §§ 51 I, 52–54 AO.** – **a) Gesetzl begünstigte Zweckbereiche.** Bestimmte Empfänger sind nach § 10b I 1 durch Zweckbestimmung als gemeinnützig anerkannt; persönl Beschränkung s § 10b I 2, Rz 28. Solche (auch im Ausl, s Rz 27) begünstigten Zwecke sind vor allem: – ***(1)* Gemeinnützige Förderung der Allgemeinheit,** § 52 II 1 AO Nr 1–25 mit Beispielen; Rspr *Weidmann/Kohlhepp* DStR 15, 1273. Die fragl Erweiterung auf Freizeitzwecke, zB Heimatpflege, Sport, Karneval, § 52 II Nr 21–23 AO, ist (nur) für den Spendenabzug von *Mitgliedsbeiträgen* ausgenommen (§ 10b I 8). – **Wissenschaftl Zwecke** (§ 52 II Nr 1 AO): Forschung und Lehre auf dem Gebiet der Geistes- und Naturwissenschaften, der theoretischen und angewandten Wissenschaften; auch Fachhochschulen ohne eigene Forschungsberechtigung; iÜ gelten die Ausführungen zu religiösen Zwecken. – **Religiöse Zwecke** (§ 52 II 1 Nr 2 AO) sind im Gesetz nicht definiert; es wird jede Beziehung zu Gott oder einer nichtchristl Gottheit erfasst; der Empfänger (Rz 29) braucht insoweit nicht gemeinnützig zu sein (vgl BFH VI R 35/70 BStBl II 73, 850). Ausdehnung durch BFH XI R 66/98 BStBl II 00, 533 auf weltanschaul Fragen nach Deutung von Welt, Lebenssinn, Lebenswert und Normen des sittl Handelns (Anm *Fischer* FR 00, 569). – **Staatspolitische Zwecke** fördern nach § 10b II nur Mitgliedsbeiträge (auch Sonderbeiträge, BB 84, 1025) und Spenden *an politische Parteien* (dazu Rz 29). Spenden an sonstige politische Organisationen sind nur bei Gemeinnützigkeit abziehbar (Rz 25, § 52 II Nr 24 AO; s auch *Hüttemann* DB 15, 821; § 34g). Kein Abzug bei **Verstoß** des Empfängers **gegen die Rechtsordnung** (BFH I R 215/81 BStBl II 85, 106; Rz 26). – ***(2)* Mildtätige Zwecke.** S § 53 AO idF ab 2014; zu Katastrophenhilfe Rz 4. – ***(3)* Kirchl Zwecke.** S § 54 AO.

25 **b) Sonstige Zuwendungen, § 52 I 1, II 2, 3 AO.** Bei Empfängern, die nicht unter § 52 II 1 fallen (und nur diese), müssen gemeinnützige Zwecke iSv § 52 I als **besonders förderungswürdig** anerkannt werden. Das gilt auch für

Stiftungen (s Rz 1 und 70ff; FG BBg DStRE 14, 840, rkr). Die Bedeutung dieser Anerkennung durch das FA (DB 10, 756) ist str und fragl (s Rz 35, 37).

c) Ausschluss extremistischer Körperschaften, § 51 III AO. *Schrifttum: Jäschke* DStR 09, 1669. § 51 III AO kodifiziert die frühere VerwPraxis. Körperschaften iSv §§ 51 I AO (nicht politische Parteien) dürfen nach Satzung und tatsächl Geschäftsführung *(1)* keine Bestrebungen iSv § 4 BVerfSchutzG fördern (widerlegbare Vermutung bei Aufnahme im Verfassungsschutzbericht als extremistische Organisation) und *(2)* nicht dem Gedanken der Völkerverständigung zuwiderhandeln (zB ausländerextremistische Spendensammelvereine). Voraussetzungen s BFH I R 11/11 BStBl II 13, 146 – abl zu Einschränkung der Beweisregel § 51 III 2 AO *von Lersner* DStR 12, 1685. 26

d) Auslandsspenden. S *FinVerw* DStR 14, 102. Der Abzug ist abhängig von einem doppelten Inlandsbezug: – ***(1)* Sachl Inlandsbezug, § 51 II AO.** Aufgrund EuGH-Urt *Stauffer* Rs C-386/04 DStR 06, 675 (s 32. Aufl) regelt § 51 II AO ab 2009 den Inlandsbezug unabhängig von §§ 52ff AO, schließt die Verwirklichung nach §§ 52ff begünstigter Tätigkeiten (Rz 24, 25) im Ausl (auch in Drittstaaten) grds in die inl StVergünstigung ein, jedoch mit der *zusätzl* Einschränkung, dass „natürl inl Personen gefördert werden" oder die Tätigkeit „auch zum Ansehen der BRD im Ausl beitragen kann" (32. Aufl mwN). Grds können *inl* Körperschaften steuerbegünstigte Zwecke iSv §§ 52ff AO auch im Ausl verfolgen. Das ist idR der Fall, wenn sie sich personell, finanziell, planend, schöpferisch oder anderweitig an der Förderung gemeinnütziger, mildtätiger oder kirchl Zwecke im Ausl beteiligen (zB Entwicklungshilfespenden). Zur Gleichbehandlung hinsichtl der inl Voraussetzungen bei inl Empfängern s BFH I R 16/12 BStBl II 14, 440; *Kirchhain* NWB 14, 421. – ***(2)* Persönl Inlandsbezug des Spendenempfängers, § 10b I 2–6.** Der frühere generelle Ausschluss unmittelbarer ausl Spendenempfänger verstieß gegen EG-Recht (EuGH Fall *Persche* Rs C-318/07 DStR 09, 207; s 31. Aufl; Schlussurteil FG Mster EFG 12, 1539, rkr). § 10b I S 2 Nr 3, S 3–6 setzen die Anforderungen des EuGH um unter – vager – Festlegung der Voraussetzungen für den Abzug von Spenden an im Inl weder unbeschr noch beschr stpfl Körperschaften mit Sitz in anderen **EU-/EWR-Staaten** (nicht zB Schweiz trotz Erstreckung der Kapitalverkehrsfreiheit auf Drittstaatensachverhalte; nicht Vatikan/Papst, s FG Köln EFG 14, 667, rkr, mit Anm *Neu*; abl *Deumeland* IStR 14, 405). Diese müssen bei Erzielung inl Einkünfte gem § 5 I Nr 9 iVm § 5 II Nr 2 KStG von der KSt befreit sein (§ 10b I 2) und – unabhängig von der Gemeinnützigkeit im Ansässigkeitsstaat – nach Satzung, Stiftungsgeschäft oder sonstiger Verfassung und nach tatsächl Geschäftsführung ausschließl und unmittelbar gemeinnützigen, mildtätigen oder kirchl Zwecken nach Maßgabe der §§ 51–68 AO dienen. **Einschränkungen:** – ***(a)* § 10b I 6, Inlandsbezug.** Bei Verwirklichung der begünstigten Zwecke im Ausl wird der Spendenabzug entspr § 51 II AO wie bei inl Empfängern von einem Inlandsbezug abhängig gemacht (Förderung von natürl inl Personen oder Beitrag zum Ansehen der BRD). – ***(b)* § 10b I 3–5, Amtshilfe und Beitreibungsunterstützung** des Ansässigkeitsstaats sind weitere Voraussetzungen für den Spendenabzug, denn wenn es dem StPfl nicht gelingt, die Abzugsvoraussetzungen nachzuweisen, muss das FA von Amts wegen ermitteln, auch im Hinblick auf mögl Haftungsinanspruchnahme des Empfängers nach § 10b IV 4. – ***(3)* Verfahrensrechtl Vorschriften zur Nachweiserbringung.** S *BMF* BStBl I 11, 559; *FinVerw* IStR 12, 817. Die Regelung ist EG-rechtmäßig und verfmäßig. Zu Bedenken s *Förster* DStR 13, 1516; 33. Aufl mwN. § 50 I EStDV verzichtet bei Auslandsspenden auf Zuwendungsbestätigung nach im Inl amtl vorgeschriebenem Vordruck. Voraussetzung ist jedoch, dass die vom StPfl vorzulegende ausl Zuwendungsbestätigung nicht nur den Spendenerhalt, sondern die Gemeinnützigkeit sowie die ausschließl satzungsgemäße Verwendung für gemeinnützige Zwecke bescheinigt (BFH X R 7/13 BStBl II 15, 588, Anm *Fischer* FR 15, 716; vgl auch 27

FG Mster EFG 12, 1539, rkr). – ***(4)* Zeitl Anwendung.** § 52 Abs 24e S 5, 6 aF betrifft grds alle nicht bestandskräftigen Fälle, allerdings bis 2006 nur iRd *damals* geltenden Höchstbetragsgrenzen § 10b I, Ia aF. Da § 51 II AO jedoch erst ab 2009 gilt, sind die besonderen Voraussetzungen nach § 10b I 2 Nr 3 nF erst ab 2009 zu prüfen (vorher Beurteilung nach Rechtslage im VZ der Zuwendung). Ein fehlender Inlandsbezug nach § 10b I 6 aF ist erst für Zuwendungen ab 2010 schädl.

28 **3. Person des Spendenempfängers, § 10b I 2. – a) Allgemeines.** Nur Leistungen an Empfänger iSv § 10b I 2 sind begünstigt, vgl BFH I R 65/86 BStBl II 91, 258, nicht Direktzuwendungen an natürl Personen (s aber zur Aufnahme von Kriegsflüchtlingen *BMF* BStBl I 15, 745). Juristische Personen döR, öffentl Dienststellen, private Körperschaften, Personenvereinigungen oder Vermögensmassen iSv § 5 I Nr 9 KStG einschließl Parteien fallen unter diesen Empfängerkreis, auch Stiftungen. Zur Erweiterung auf ausl Empfänger s Rz 27. – **Einzelne Empfänger: Juristische Personen döR** sind selbstständige, rechtsfähige Verwaltungsträger, die in den Staatsorganismus eingegliedert sind und bestimmte öffentl Aufgaben mit hoheitl Befugnis erfüllen. Dazu gehören Gebiets- und Personenkörperschaften (Bund, Länder, Gemeinden, Gemeindeverbände, ReligionsGes, Hochschulen) sowie Anstalten und Stiftungen döR (die keine Mitglieder haben). **Öffentl Dienststellen** sind andere innerstaatl Einrichtungen, die staatl oder staatswichtige Aufgaben erfüllen, idR unselbständige, nachgeordnete Dienststellen von juristischen Personen döR (zB Forschungsanstalten, Museen, Bibliotheken). **Private Körperschaften,** Personenvereinigungen und Vermögensmassen iSv § 10b I 2 können nur die in § 1 I KStG aufgeführten sein. Dazu gehören auch nichtrechtsfähige Vereine und **Stiftungen** des privaten Rechts (§§ 80 ff BGB, s *Hüttemann* DB 00, 1584/7). **Förder- und Spendensammelvereine** s § 58 AO; Rz 15, 29. Aufl mwN. Stiftungen müssen nach Satzung, Stiftungsgeschäft oder sonstiger Verfassung und nach der tatsächl Geschäftsführung ausschließl und unmittelbar gemeinnützigen Zwecken iSv §§ 51–68 AO dienen (§ 10b I 2, § 5 I Nr 9 KStG, dazu Rz 24 ff, 37, 38 auch zum Verfahren). Sie können auch für Katastrophenspenden sammeln (*BMF* oben Rz 4).

29 **b) Politische Parteien.** Das sind nur solche iSv § 2 PartG und deren Gebietsverbände und Teilorganisationen. **Kommunalparteien** (freie Wählergemeinschaften) sind zwar steuerl durch § 5 I Nr 7 KStG rückwirkend politischen Parteien gleichgestellt (s 18./32. Aufl), aber nicht als Spendenempfangsberechtigte iSv § 10b (nur iSv § 34g S 1 Nr 2); die Ungleichbehandlung ist verfgem (FG Ddorf EFG 15, 468, Rev X R 55/14). § 51 III AO ist nicht anwendbar (s Rz 26). Sonstige staatspolitische Empfänger s Rz 24. Höhe s Rz 60 ff.

30 **4. Unmittelbare Zahlung.** Spendenabzug im Jahr der Zahlung (§ 11 II, BFH X R 46/09 BStBl II 11, 685 mwN, § 10 Rz 12). Grds muss die Spende unmittelbar für begünstigte Empfänger bestimmt sein (vgl FG Mster EFG 97, 659, rkr) – s aber § 58 AO, Rz 28, 38. Die Spende kann eine **Hilfsperson** entgegennehmen (EStR 10b.1 III 2; zB Schulspende über Kassier des Elternbeirats, *FinVerw* DB 97, 1689, Gemeinde als „Durchlaufstelle" bei Weiterleitung an Sportverein, s Rz 32, 38; Beförderung von hilfsbedürftigen Personen als Spende an das DRK oÄ, s Rspr Rz 5; kirchl Spende durch Übernahme der Kosten für Kirchenrestaurateur, FG Nbg EFG 61, 204; zu Mittelbeschaffung für andere steuerbegünstigte Körperschaft s § 58 AO). Zuwendungen an begünstigten Verein für nicht begünstigte Mitglieder sind nicht abziehbar (s FG Nds DStRE 10, 592, rkr). **Parteispenden** über Dritte entfallen nach § 25 I ParteiG (verschleierte Geschäfte s Rz 15, 40, 45 ff).

32 **5. Durchlaufspenden.** Die Begünstigung bestimmter Spenden war bis 1999 davon abhängig, dass die Leistung nicht an den gemeinnützigen Letztempfänger (Sportverein) selbst erfolgte, sondern an (über) eine juristische Person (Gemeinde). Ab VZ 2000 ist das *zwingende Durchlaufspendenverfahren als Voraussetzung des Abzuges* abgeschafft. Die **Weiterleitung** durch öffentl Stellen ist dadurch nicht eingeschränkt (s EStR 10b.1 II; zu Haftungsrisiko Rz 52).

IV. Verfahren; Nachweise; Haftung

1. Zuwendungsbestätigung, § 50 EStDV*. – a) Bedeutung der Bestätigung. Es handelt sich um eine Spendenbescheinigung über Empfang und Verwendung, ggf Wert bei Sachspenden (§ 50 IV EStDV). Die Verwendungs- (und Wert-)bestätigung hat keine rechtsbegründende, konstitutive Wirkung. BFH X R 17/85 BStBl II 89, 879 spricht von Beweiserleichterung ohne Bindungswirkung (= EStH 10b.1 „Zuwendungsbestätigung", s auch Rz 45). Entscheidend sind die tatsächl Empfangsberechtigung (§ 5 I Nr 9 KStG; BFH X R 32/10 BFH/NV 12, 179, krit *Hüttemann* FR 12, 241) und die tatsächl Verwendung (s FG Thür EFG 98, 1640, rkr; Rz 38, 45). § 50 EStDV ersetzt nur – bedingt – den endgültigen Verwendungsnachweis; der Vorschrift kommt also sachl Bedeutung insoweit zu, als das FA ohne den vorläufigen Verwendungsnachweis idR den Spendenabzug ablehnen kann. **Frist:** Der Nachweis sollte bis zur Veranlagung vorliegen, kann jedoch bis zur Entscheidung des FG nachgereicht werden und mE als neues Beweismittel uU die Änderung eines bestandskräftigen Bescheides nach § 173 AO tragen (§ 175 II 2 AO verhindert ab 2004 die Änderung nach § 175 AO, BFH XI R 32/10 BFH/NV 12, 179; s aber FG Mster EFG 13, 1720, Rev X R 34/13; Rz 46). – **Verfahrensvoraussetzungen für Körperschaften iSv § 10b I 2 Nr 2** (§ 5 I Nr 9 KStG, § 50 I EStDV, § 63 V AO). Die Zuwendungsbestätigung darf nur erteilt werden, wenn die grds Empfangsberechtigung nachgewiesen ist, sei es durch KSt-Freistellungsbescheid bzw Freistellung in der Anlage zum KSt-Bescheid, sei es durch bindende Feststellung der Satzungsmäßigkeit nach § 60a I AO (s *BMF* BStBl I 14, 791, Rz 37). Die Freistellung darf nicht länger als 5 Jahre, die Satzungsbescheinigung nicht länger als 3 Jahre zurückliegen (§ 50 I EStDV iVm § 63 V AO nF). 35

b) Inhalt der Bestätigung. S auch Vordrucke Rz 42. – **aa) Zahlungsnachweis.** Höhe und Zeitpunkt, s § 50 II 2 EStDV. Bei Geldspenden genügt uU Sammelbestätigung; bei Sachspenden Bestätigung der einzelnen Sachwerte (s Rz 2, 3, BFH X R 154/88 BStBl II 90, 570; *BMF* BStBl I 13, 1333/I 14, 791), bei Aufwandsspenden (s Rz 5) der Einzelaufwendungen (s BFH X R 119/90 BFH/NV 94, 154). Ausnahmen s Rz 41. 36

bb) Empfangsberechtigungsnachweis. Begünstigter Personenkreis, siehe § 10b I 2. Bei **Direktspenden an Körperschaften iSv § 5 I Nr 9 KStG** ist ein bindender Nachweis der Empfangsberechtigung erforderl (§ 50 I EStDV, § 63 V AO, s Rz 35, auch zu Frist). Die Bindung erstreckt sich auf die tatsächl Freistellung von der KSt wegen Gemeinnützigkeit, dh darauf, dass nach Satzung und tatsächl Geschäftsführung ausschließl und unmittelbar gemeinnützige Zwecke verfolgt werden und ein wirtschaftl Geschäftsbetrieb nicht vorliegt (§ 5 I Nr 9 KStG, §§ 51–68 AO, Rz 35, 45). Zu **Feststellungsklage** s BFH XI R 66/98 BStBl II 00, 533; zu Antrag auf einstweilige Anordnung s BFH I B 82/98 BStBl II 00, 320 (RsprÄnderung). Amtl Vordrucke mit Unterschrift s Rz 42. 37

cc) Verwendungsbestätigung. Bei gemeinnützigen Spenden muss der Empfänger der Zuwendungen iSv § 5 I Nr 9 KStG bestätigen, dass er diese nur für *seine satzungsmäßigen Zwecke* verwendet (§ 50 I, IV EStDV mit amtl Vordrucken; Rz 45; zu Ausnahmen s EStR 10b.1 V; zur Bestätigung durch Beauftragte s EStR 10b.1 III; zu Durchlaufspenden Rz 32). Bei **Sachspenden** reicht nach zutr hM die **mittelbare Verwendung** des zu bestätigenden Verkaufserlöses (aA FG Ddorf EFG 97, 473, rkr – „Münzspende nicht abziehbar", fragl). Diese Bestätigung ersetzt nicht die tatsächl Verwendung (s Rz 35, 45). Steuerl unschädl **Weiterleitung** an andere – gleichartig begünstigte – Körperschaften s § 58 AO. 38

---

* S Fn zu § 50 EStDV.

40 **dd) Politische Spenden.** Zuwendungsnachweis s **§ 50 II Nr 2c EStDV** (Geldspenden; nach § 27 ParteiG für alle über Mitgliedsbeiträge hinausgehenden Zuwendungen einschließl Mandatsträgerbeiträgen) und § 50 III EStDV (nur Mitgliedsbeiträge). Spenden über 10 000 € hinaus müssen zwar im Rechenschaftsbericht der Partei verzeichnet sein; diese Aufzeichnung *als Spendenabzugsvoraussetzung* ist jedoch entfallen. Auch die Einhaltung der Melde- und Abführungspflicht nach § 25 ParteiG stellt den Abzug nach § 10b/§ 34g nicht in Frage.

41 **c) Verzicht auf Zuwendungsnachweis, § 50 II, IIa EStDV.** Ausnahmsweise genügen Zahlungsbeleg oder Buchungsbestätigung der Bank (s dazu § 50 II S 2 EStDV) in folgenden Fällen: Generell in **Katastrophenfällen** ohne Rücksicht auf die Höhe (§ 50 II 1 Nr 1, IIa EStDV; s Rz 4); – sonst nur bei Zuwendungen **bis 200 €** (§ 50 II S 1 Nr 2, S 2 EStDV), bei Empfänger iSv § 5 I Nr 9 KStG nur auf dessen Beleg mit Angaben zur Freistellung und zur Art der Zuwendung und bei besonderer Aufzeichnung (§ 50 II S 1 Nr 2b, S 2, 3, IV EStDV), ähnl bei politischen Parteien (§ 50 II Nr 2c, III EStDV, Rz 40). **Sammelbestätigungen** für Geldspenden sind mögl (Rz 36; *BMF* BStBl I 13, 1333/I 14, 791), auch **Online-Banking** (*FinVerw* DB 06, 530). Kontoauszug genügt, nicht aber Überweisungsdurchschlag (*FinVerw* DStR 03, 371).

42 **d) Amtl Vordrucke, § 50 I EStDV.** S *BMF* BStBl I 13, 1333/I 14, 791. Nur zutr Rubriken sind auszufüllen. **Unterschrift** des Empfängers ist grds erforderl. Besonderheiten zu **maschineller Bestätigung** gelten fort (§§ 145, 148 AO; s EStR 10b.1 IV: ab 2005 nur Anzeige statt FA-Genehmigung). Beschränkung auf inl Empfänger iSv § 10 I 2 Nr 2 (s § 50 I EStDV). **Aufzeichnungspflichten** von Empfängern iSv § 5 I Nr 9 KStG s § 50 IV EStDV.

43 **e) Datenfernübertragung, § 50 Ia EStDV.** Zuwendungsbestätigungen können auch elektronisch übermittelt werden (§ 50 Ia EStDV). Danach kann der Spender den Zuwendungsempfänger unter Mitteilung seiner Identifikations-Nr bevollmächtigen, die Zuwendungsbestätigung per Datenfernübertragung bis zum 28.2. des Folgejahres unmittelbar an das FA zu übermitteln. Die Vollmacht ist (nur) für die Zukunft widerrufbar. Der Zuwendungsempfänger hat dem Spender die Übermittlung zu bestätigen und die übermittelten Daten elektronisch oder auf Antrag als Ausdruck zur Verfügung zu stellen.

45 **2. Rechtsfolgen der Zuwendungsbestätigung, § 10b IV 1. – a) Verhältnis Nachweis/Verwendung.** Grds müssen die sachl und persönl Spendenabzugsvoraussetzungen (Rz 24, 29) tatsächl gegeben sein. Rechtsbegründende Wirkung hat weniger der Zuwendungsnachweis als die – ausschließl – tatsächl Verwendung für begünstigte Zwecke eines begünstigten Empfängers (s Rz 35). *Erforderl* **Nebenkostenfinanzierung** ist unschädl (nach BFH I B 82/98 BStBl II 00, 320 und I R 60/01 BFH/NV 03, 1025 ohne absolute oder prozentuale Obergrenze, in 4-jähriger Gründungsphase uU bis 50 vH für **Mitgliederwerbung, Verwaltung** uä; *BMF* BStBl I 00, 814 sieht die BFH-Rspr als Sonderfälle und prüft im Einzelfall; die **10 %-Grenze** für Mitgliederwerbung ist gefallen; s 32. Aufl mwN).

46 **b) Formelle Änderungsvoraussetzungen.** Diese können sich aus §§ 164, 165, 173 I Nr 1 und 175 I Nr 2 AO ergeben. Die tatsächl zweckwidrige Verwendung und die Rückzahlung nach bestandskräftiger Veranlagung sind nach hM rückwirkende Ereignisse iSv **§ 175 I Nr 2 AO** (vgl BFH VI R 167/77 BStBl II 81, 52 zu § 4 StAnpG; zur nachträgl Erteilung der Spendenbescheinigung Rz 35). Stellt sich später heraus, dass die Voraussetzungen von Anfang an nicht vorlagen (zB § 5 I Nr 9 KStG), ist die Veranlagung idR nach **§ 173 I Nr 1 AO** auf Grund neuer Tatsachen zu ändern (vgl BFH I R 58/86 BStBl II 88, 215 zu § 173 II AO).

47 **c) Vertrauensschutz nach Treu und Glauben, § 10b IV 1 HS 1.** Der Spender darf sich grds auf die Richtigkeit der Spendenbestätigung berufen, für Spenden jeder Art (auch an politische Parteien und Durchlaufspenden, s Rz 32).

Der **Schutz umfasst** grds (s Rz 49) den Fortbestand der persönl Voraussetzungen (zB bei Widerruf der Empfängerbefreiung), die Verwendung der Spende (zB Veruntreuung durch Empfänger, Ausgaben für nichtbegünstigte Zwecke, zB FG Köln EFG 96, 1091, rkr), die rechtl Qualifizierung als Spende (BFH XI R 30/01 BFH/NV 02, 1029), aber nicht die Spendenrückzahlung (vgl BFH VI R 72/73 BStBl II 76, 338). Der Zeitpunkt der Aufdeckung spielt nur iRv Rz 46 und Rz 49/50 eine Rolle.

d) Ausnahmen, § 10b IV 1 HS 2 (*FinVerw* DStR 14, 1445). Kein Vertrau- 49
ensschutz besteht in folgenden Fällen: – **aa) Erwirkung der Bestätigung durch unlautere Mittel** oder **falsche Angaben.** Die Erwirkung durch den StPfl muss ursächl für die Erteilung gewesen sein. Handlungen bzw Unterlassungen dritter Personen (zB Vertreter) können dem StPfl zuzurechnen sein, uU ohne Kenntnis (vgl BFH X R 143/88 BStBl II 91, 325). **Unlautere Mittel** sind wie in § 130 II Nr 2 AO insb arglistige Täuschung, Drohung oder Bestechung. **„Falsche Angaben"** müssen in wesentl Teilen (ursächl) obj unrichtig oder unvollständig sein; wie in § 130 II Nr 3 AO ist unmaßgebl, ob der StPfl die Unrichtigkeit kannte und die Erteilung auf diese Weise erreichen wollte (zB BFH I R 252/82 BStBl II 83, 699). Verschulden des StPfl oder des FA beeinflusst die Entscheidung nicht.

bb) Kenntnis der Unrichtigkeit. Schädl ist positive Kenntnis sowie grob fahr- 50
lässige Unkenntnis. Wie in § 130 II Nr 4 AO erfolgt die Prüfung nach individuellen Maßstäben. Grob fahrlässig handelt, wer die nach seinen persönl Kenntnissen und Fähigkeiten gebotene und zuzumutende Sorgfalt in ungewöhnl Maße und in nicht entschuldbarer Weise verletzt (vgl – auch zu Vertreterverschulden – Rz 52, BFH VIII R 174/85 BStBl II 89, 789 mwN zu § 173 I Nr 2 AO sowie Rspr zu § 110 I AO; einfache Fahrlässigkeit). Bei Golfspende (Rz 20) idR grobe Fahrlässigkeit (BFH XI R 6/03 BStBl II 07, 8; abl *Tiedtke/Szczesny* FR 07, 765); s auch BFH X R 4/11 BFH/NV 15, 853. Maßgebl Zeitpunkt nach *FinVerw* (DStR 04, 772): Einreichung der StErklärung (wegen § 150 II AO nicht Ausstellen der Bescheinigung; bei Anwendung von § 153 I 1 Nr 1, II AO würde § 10b IV 1 leerlaufen).

3. Haftung, § 10b IV 2–5. – a) Personen. – *(1)* **Spendenempfänger.** Dies 52
kann ein für die Spendenverwendung zuständiger **gesetzl Vertreter** sein (zB Vereinsvorstand, vgl allg BFH VII R 4/98 BStBl II 98, 761, BFH VII R 46/02 BStBl II 03, 556 zu Verhältnis Hauptvorstand/Abteilungsleiter; § 34 AO, § 26 BGB, *Schießl/Küpperfahrenberg* DStR 2006, 445; ggf mehrere Vertreter als Gesamtschuldner; zu StB FG BBg EFG 14, 989, rkr). **Auswahlermessen** s BFH XI B 130/98 BFH/NV 99, 1089 – weiter Ermessensspielraum –; Rz 57, 58, uU **nicht Berechtigte** (zB bei Veruntreuung), **Anweisende** als Veranlasser (s HS 2, Rz 54). – *(2)* **Aussteller der Spendenbestätigung.** IdR ist dies die bestätigende Körperschaft für Durchlaufspenden, deren Vertreter durch grob fahrlässiges Ausstellen unrichtiger Bestätigungen den Haftungstatbestand des HS 1 erfüllen (s Rz 37, 50; Haftung der Anstellungskörperschaft, Art 34 GG, vgl BFH XI R 123/96 BStBl II 03, 128). Die Haftung entfällt, wenn der Haftungsschuldner fehlenden Vertrauensschutz des StPfl nachweist (Rz 49, *FinVerw* DStR 04, 772).

**b) Einzeltatbestände, § 10b IV 2. – aa) Ausstellerhaftung, § 10b IV 2 53
HS 1.** Die Vorschrift entspricht anderen Haftungsfällen bei Ausstellung unrichtiger Bestätigungen mit steuerl Auswirkung bei Dritten (zB § 45a VII, dort allerdings ohne Verschulden). Die erforderl obj Unrichtigkeit (s Rz 50) kann sich auf die Zahlung als solche und auf die persönl Freistellung des Empfängers beziehen (Beispiel: Empfänger bestätigt Freistellung zu Unrecht, trotz zwischenzeitl Satzungs- oder Geschäftsführungsänderung, vgl auch Rz 37, 38 zu Durchlaufspenden). Haftung aber nur bei Vorsatz oder grober Fahrlässigkeit (s Rz 55) in den Grenzen der Vertrauensschutzregelung § 10b IV 1 (dazu BFH XI R 65/98 BStBl II 2000, 65). Gemeinnützigkeitsentzug s Rz 54.

54 **bb) Veranlasserhaftung, § 10b IV 2 HS 2.** Typische Fälle der Veranlassung zweckfremder Verwendung der Spendenmittel (vgl Rz 38) sind: – Verwendung zu anderen als den begünstigten (auch anderen gemeinnützigen) Zwecken (zB FG Hess EFG 98, 757, rkr; s aber zu Katastrophensammelspenden Rz 4); – nachträgl Änderung der Satzung (§§ 59, 60 AO) oder der tatsächl Geschäftsführung (§ 64 AO); – Beginn eines wirtschaftl Geschäftsbetriebes; – Unterschlagung für Privatzwecke. **„Veranlasst"** wird zweckfremde Verwendung idR durch die entscheidungsbefugten und anordnenden Vorstände (s auch Rz 52). Verschulden s Rz 55. Wirtschaftl erforderl Verwaltungs- und Mitgliederwerbeausgaben sind idR unschädl (s Rz 45). Subsidiäre Haftung s § 10b IV 4, Rz 58. Die **Rückwirkende Aberkennung der Gemeinnützigkeit** (dazu BFH I R 59/09 BStBl II 12, 226) fällt nicht unter HS 2 (BFH XI R 58/01 BStBl II 04, 352), uU HS 1.

55 **c) Verschulden.** Während § 10b IV 2 HS 1 stets vorsätzl oder grob fahrlässiges Handeln voraussetzte, enthielt Halbsatz 2 aF einen Fall der Gefährdungshaftung ohne Verschulden. Das ist ab 2013 geändert (Angleichung durch Streichung des Wortes „wer" in HS 2, s *Frings* NWB 13, 693). Die Inanspruchnahme kann ermessensfehlerhaft sein, s Rz 52, 57.

56 **d) Tatsächl Steuerausfall.** Der ist zwar nicht ausdrückl Tatbestandsmerkmal und wird daher grds vom FA nicht geprüft (Fiktion § 10b IV 3). Vertrauenstatbestand in Satz 1 und Haftung Satz 2 hängen jedoch zusammen; Steuer- und Haftungsschuld schließen einander aus, so dass sich Haftungsschuldner durch Darlegung der Bösgläubigkeit des StSchuldners (Folge aus Rz 57) oder der fehlenden steuerl Auswirkung im Einzelfall exkulpieren können (zB durch Einwand „keine StFestsetzung gegen den Spender"; str, s 29. Aufl).

57 **e) Rechtsfolgen, § 10b IV 2–5. – aa) Haftung, § 10b IV 2, 3.** § 10b IV enthält einen Haftungstatbestand für nach Rz 47 entgangene Steuer, die in Satz 3 unwiderlegbar mit **30 vH** des Spendenbetrages fingiert wird. Nach § 10b IV 3 grds Ermessensentscheidung bei mehreren Gesamtschuldnern (s Rz 52, 55, 56). UU Ermessensreduzierung auf Null (zB FG Hess EFG 98, 757, rkr; § 10b IV 4).

58 **bb) Veranlasserhaftungsbeschränkung, § 10b IV 4.** Da sich durch die gesamtschuldnerische Haftung immer weniger für die „Veranlassung" nach § 10b IV 2 HS 2 verantwortl Personen (zB ehrenamtl Vereinsvorstände) zur Verfügung stellen, ist primär der Spendenempfänger (zB der Verein) als Haftungsschuldner in Anspruch zu nehmen; die veranlassenden Personen haften nur noch subsidiär. Darüber hinaus wurde die zivilrechtl Haftung ehrenamtl Vereinsvorstände beschränkt (§§ 31a, b BGB idF des ESG; s *Frings* NWB 13, 693, *Bruschke* StB 13, 278; Risiko bei entgeltl Tätigkeit s *Wickert* NWB 13, 3239; 32. Aufl mwN). Die Haftung nach § 10b IV ist im Anschluss an § 10b I 2 Nr 3 auf **ausl Empfänger** im EU-/EWR-Bereich erweitert. Verschulden s Rz 55.

59 **cc) Verjährung, § 10b IV 5.** Die **Ablaufhemmung der Festsetzungsfrist** (§ 191 III AO) soll verhindern, dass die Dauer eines (schließl erfolglosen) Primärhaftungsverfahrens gegen den Zuwendungsempfänger (§ 10b IV 4) zur Haftungsverjährung bei der veranlassenden Person und damit zum Haftungsausfall nach § 10b IV 2 führen kann. § 191 V AO ist nicht anwendbar auf Doppelhaftung.

V. Höhe des Zuwendungsabzugs

60 **1. Höhe der abziehbaren Zuwendungen, § 10b I.** Der Abzug ist der Höhe nach begrenzt. – **a) Grundsatz, § 10b I 1.** – ***(1)*** **Sachl Voraussetzungen.** Zuwendungen (Spenden und Mitgliedsbeiträge) zur Förderung steuerbegünstigter Zwecke iSv §§ 52–54 AO (außer Rz 61) sind *insgesamt* bis zu 20 vH des Gesamtbetrages der Einkünfte iSv § 2 III *oder* – wenn dies günstiger ist wohl von Amts wegen – 4 vT der gesamten (stbaren und nicht stbaren) Umsätze iSv § 1 I UStG

(dazu BFH I R 151/93 BStBl II 97, 327) zuzügl der gezahlten Löhne abziehbar (ohne Billigkeitserhöhung wegen Alters, BFH X B 12/11 BFH/NV 12, 215). **Parteispenden** s Rz 75. **Abgeltende Kapitalerträge nach § 32d I** sind gemäß § 2 Vb nicht in die Einkünfteberechnung einzubeziehen – die vorübergehende Einbeziehungsmöglichkeit entfällt ab 2012 (Streichung von § 2 Vb S 2 durch StVerG 2011). Problematik und mögl Nachteile s Schrifttum 32. Aufl. Die Einbeziehung bei Normalversteuerung gem § 32d II–VI schließt § 2 Vb nicht aus. – ***(2)* Persönl Voraussetzungen.** Bei **Organschaft** gesonderte Berechnung für Organträger und OrganGes (BFH XI R 95/97 BStBl II 03, 9; BFH I R 55/12 BFH/NV 14, 903; EStH 10 b.3). Bei **PersGes** ist auf den Gesamtbetrag der Einkünfte des Spender-Ges'ters oder den anteiligen GesUmsatz abzustellen (EStR 10b.3 I), ggf zuzügl sonstiger Ges'terumsätze. **Ehegatten/LPart** § 26b: Keine *gesetzl* Betragsverdoppelung wie in Abs 1a, 2, aber bei gemeinsamen Spenden faktische Verdoppelung durch Ansatz der Einkünfte/Umsätze von beiden ohne Rücksicht auf den Zahlenden (so auch zu § 10b I 3 aF BFH XI R 76/03 BStBl II 06, 121; 32. Aufl mwN). **Erben** s Rz 72; BFH X R 44/05 BFH/NV 09, 375; s auch § 10d Rz 14.

b) Sachl Abzugsbeschränkung, § 10b I 8. *Mitgliedsbeiträge* (nicht Spenden) an bestimmte gemeinnützige Körperschaften sind wegen des eigenen persönl Interesses dem Grunde nach nicht abziehbar. S Rz 15, auch zu abziehbaren Kulturförderzuwendungen, § 10b I 7. **61**

c) Spendenvortrag, § 10b I 9, 10, § 10d IV. Übersteigende Zuwendungen gehen nicht verloren. Sie sind iRd Höchstbeträge (also zusammen mit später anfallenden Zuwendungen, aber zeitl unbegrenzt) in folgenden VZ als SA abziehbar. Hierfür sind die am Jahresende verbleibenden Beträge entspr § 10d IV gesondert **festzustellen.** Rücktrag ist nicht mehr mögl. **Abzugsreihenfolge** für den Vortrag: Der Gesamtbetrag der Einkünfte ist vorweg um Vorsorgeaufwendungen nach § 10 III, IV, § 10c und Verlustabzüge nach § 10d sowie um die im VZ abziehbaren Spenden zu kürzen. **62**

2. Stiftungsspenden, § 10b I, Ia. S *BMF* BStBl I 09, 16; allg zu Stiftungen *Graewe/Bott* BB 15, 919. – **a) Rechtsentwicklung.** Stiftungsspenden *bis 1999/2006* s 32. Aufl. *Seit 2007* entfallen die Sonderregelungen für den Stiftungsspendenabzug in § 10b I 3 aF, die Großspendenverteilung nach § 10b I 4 aF und für Neugründungsspenden in § 10b Ia aF. **Normale Stiftungsspenden** sind iRv § 10b I abziehbar bzw unbefristet verteilbar. **Vermögensstockspenden** können darüber hinaus bis zu einem Betrag von 1 Mio € abgezogen oder auf das Zahlungsjahr bzw die folgenden 9 Jahre verteilt werden (§ 10b Ia, Rz 71). Kein Abzug *eigennütziger* Stiftungszuwendungen (s FG BBg DStRE 14, 840, rkr). **70**

b) Vermögensstockspenden, § 10b Ia S 1, 2. Vgl *BMF* BStBl I 09, 16, I 14, 1278. Grundvoraussetzung ist das Bestehen oder die Gründung einer – eigenen oder fremden, selbständigen oder unselbständigen (str), inl oder ausl – Stiftung, die unter § 10b I 2–6 fällt. Vor Gründung kein Abzug (zu Vorstiftung BFH X R 36/11 BStBl II 15, 545, Anm *Schiffer/Pruns* BB 15, 1756, *Fiand* NWB 15, 2061). Stiftungsspenden im Erbfall s Rz 72. Befristete projektbezogene (Hochschul-)Stiftungen s *Wallenhorst* DStR 02, 984. **§ 10b Ia 1** verweist nur auf § 10b I 2–6, nicht auf § 10b I 8, so dass wohl auch freizeitfördernde Stiftungen iSv § 52 II Nr 23 AO und § 10b I 8 erfasst werden (so schon *Hüttemann* DB 00, 1584/90 zu § 10b Ia aF). Begünstigt sind nicht nur eigeninitiative Gründungs- und Zustiftungen, sondern auch Zuspenden an **Fremdstiftungen,** seit 2007 ohne zeitl Bindung an die Gründung. Der Begriff **„Vermögensstock"** ist neu. Gemeint ist wohl das Grundstockvermögen der Stiftung, dem der Spender Vermögen zur Erfüllung des Stiftungszwecks zuwenden muss, einschließl Zuspenden (s auch *BMF* BStBl I 14, 1278; *Hüttemann* DB 00, 1584, DB 07, 2053; BFH I B 36/11 BFH/NV 11, 2013). **§ 10b Ia S 2** spricht von „zu erhaltendem Vermögen" und schließt ausdrückl Verbrauchsstiftungen aus. **71**

72 **c) Höhe, persönl Begünstigung, § 10b Ia S 1, 3.** Vgl *BMF* BStBl I 09, 16. – ***(1)* Höhe, § 10b Ia 1.** Stiftungsspenden können über die nach Abs 1 abziehbaren und abgezogenen Beträge hinaus und losgelöst von den Voraussetzungen des Abs 1 bis zu einem auf 10 Jahre bezogenen Höchstbetrag (Geld oder Sachwert) von 1 Mio € auf Antrag *wahlweise* im Jahr der Zuwendung oder beliebig gleichmäßig oder unterschiedl verteilt auf dieses und die nachfolgenden neun Jahre abgezogen werden. Ein Verlust*rücktrag* ist nicht mögl (wie § 10b I 9). – ***(2)* Antrag.** Es gelten die Grundsätze § 10d Rz 27, 28. Ohne Antrag § 10b Ia gilt § 10b I, ebenso bei Spenden über 1 Mio € hinaus und bei nach Ablauf des 10-Jahreszeitraums verbleibenden Spendenresten (insoweit nach § 10b I ohne zeitl Begrenzung, s *BMF* Tz 3, 4a). IÜ wird der sonstige Spendenabzug nach § 10b I durch einen Antrag nach § 10b Ia nicht berührt. – ***(3)* Verteilung; Frist; Wiederholung, § 10b Ia 1, 3, 4.** Die *jährl* Abzugshöhe kann der StPfl für jeden VZ unterschiedl bestimmen, um die Abzugsvorteile voll auszunutzen. Maßgebend für die 10-Jahresfrist ist der VZ der Zuwendung, selbst wenn diese vor 2007 lag und unter § 10b Ia aF fiel (*BMF* mit Beispiel). Für jede spätere Stiftungsspende beginnt ein neuer 10-Jahreszeitraum (*BMF*, str); der Höchstbetrag von 1 Mio € darf jedoch unabhängig von der – mögl – Einbeziehung der Folgespenden und von der Ausnutzung der 10 Jahresfrist nach der Erstspende nicht überschritten werden (sogar bei Vollabzug im Zahlungsjahr). Verbleibende Folgespenden sind in den danach verbleibenden VZ innerhalb *deren* 10-Jahresfrist gem § 10b Ia abziehbar, anschließend ggf gem § 10b I (*BMF* Tz 4a). Dagegen verfallen nach Ablauf von 5 Jahren nicht ausgenutzte Teile von Großspenden vor 2007, deren Laufzeit unabhängig von der Gesetzesänderung weiter läuft (Wortlaut § 10b I 4 aF, *BMF* Tz 4b, nicht zwingende Unterscheidung). Der Höchstbetrag kann nach Ablauf von zehn Jahren erneut in Anspruch genommen werden (S 3 „innerhalb dieses Zeitraums"), allerdings nur aufgrund neuer Stiftungsspenden. – ***(4)* Personenbezogene Prüfung.** Stiftungsspenden sind bei der Veranlagung natürl Personen abziehbar. Spenden der **PersGes'ter:** für jeden Ges'ter bis zu dieser Höhe, mE unter anteiliger Berücksichtigung von durch die Ges geleisteten Spenden und mit unterschiedl Wahlrecht (dagegen bei **GewSt** nur einmalige Kürzung des GesGewinns, § 9 Nr 5 S 3, 4 GewStG; das **KStG** enthält zur Vermeidung von Doppelbegünstigungen Ges/Ges'ter keine entspr Vergünstigung für KapGes, nur allg Spendenabzug nach § 9 I Nr 2 KStG; vgl zu vGA BFH I B 167/13 BFH/NV 14, 1092; *Wassermeyer* DB 11, 1828, Rz 22). Zusammen veranlagte **Ehegatten/LPart:** Seit 2013 gesetzl Verdoppelung ohne Rücksicht auf die Zahlungsperson (s Rz 60; insoweit abw von BFH XI R76/03 BStBl II 06, 121; bei späterer Einzelveranlagung Aufteilung, s *BMF* BStBl I 14, 1278). **Erben:** Fragl ist, ob Zuwendungen an eine **Stiftung von Todes wegen** bei der Veranlagung des Verstorbenen im Todesjahr auf Grund der zivilrechtl Rückwirkung nach § 84 BGB abziehbar sind (vgl *KSM* § 10b Anm Ba 95) – sicher nicht bei Verpflichtung des Erben zur Stiftungserrichtung (BFH X R 75/94 BStBl II 97, 239); abl zu testamentarischer Stiftungserrichtung BFH X R 46/09 BStBl II 11, 685; s auch Rz 20; abl zu Restabzug einer Großspende beim Erben BFH X R 44/05 BFH/NV 09, 375.

73 **d) Feststellung verbleibender Abzugsbeträge, § 10b Ia S 4. § 10d IV** gilt entspr. Das bedeutet: Nach S 1 nicht ausgenutzte Stiftungsspenden bis zu insgesamt 1 Mio € sind während der restl Laufzeit gesondert als verbleibend festzustellen, dh bis zu 9 Jahre jeweils zum 31.12. Ein nach Ablauf von zehn Jahren nicht ausgenutzter Spendenbetrag kann zwar nicht nach Abs 1a fortgeschrieben werden; er geht jedoch nach hM trotz der 10-jährigen Befristung entgegen der Vortragsfrist für Großspenden nicht steuerl verloren (s Rz 72), sondern wird im allg unbefristeten Spendenvortrag nach § 10b I 9, 10 fortgeführt. Ggf sind 3 Feststellungen nebeneinander durchzuführen (§ 10b I 10 für normale Spenden, § 10b I 5 aF für verbleibende Großspenden nach altem Recht (*BMF* BStBl I 09, 16 Tz 1, str, s

Kulosa in HHR § 10b Anm 67), § 10b Ia 4 für Vermögensstock-Stiftungsspenden, wohl unter Einbeziehung alter Neugründungsspenden).

e) Erweiterung des Empfängerkreises, § 10b Ia 1. Im Anschluss an die Erweiterung des Spendenabzugs an ausl Empfänger nach § 10b I 2 Nr 3 wird der Stiftungsspendenabzug nach § 10b Ia unter denselben Voraussetzungen auf im EU-/EWR-Ausl ansässige Stiftungen döR (§ 10b I 2 Nr 2) und des privaten Rechts ausgedehnt (§ 10b I S 2 Nr 3, S 3–6, s Rz 27, auch zur zeitl Anwendung). 74

3. Politische Spenden, § 10b II. Die gesetzl Begrenzung des Abzugs von Mitgliedsbeiträgen und Spenden an **politische Parteien** hatte das BVerfG trotz verschiedener Nachbesserungen mehrfach als zu hoch und **verfwidrig** verworfen (vgl Rz 29, BVerfG BStBl II 86, 684 und 92, 766, hier 18. Aufl). Senkung der Jahreshöchstbeträge nach § 10b II auf 1650/3300 € unter gleichzeitiger Anhebung der – vorrangigen, nach § 10b II 2 anzurechnenden – Höchstermäßigung nach **§ 34g** auf 825/1650 € bei Zahlung von 1650/3300 € (nach hM SA nur iHd nicht nach § 34g verbrauchten Zahlungen, nicht eindeutig, s § 34g Anm 5). Bei zusammen veranlagten Ehegatten/LPart stets gesetzl Verdoppelung. **KStPfl:** Ab 1994 keine unmittelbaren politischen GesSpenden (Streichung § 9 Nr 3 KStG durch ParteiG, Abzug sonstiger Spenden nach § 9 I Nr 2) und Abzugsbegrenzung für mittelbare Spenden (§ 5 I Nr 5 KStG). Die Einbeziehung der Förderung des demokratischen Staatswesens über die Gemeinnützigkeitsliste des § 52 II (Nr 24) AO in die stbegünstigten Zwecke nach § 10b I 2 sollte keine weiteren Auswirkungen haben (Sonderregelung in § 10b II). 75

§ 10c Sonderausgaben-Pauschbetrag

[1] Für Sonderausgaben nach § 10 Absatz 1 Nummer 2 bis 5, 7 und 9 sowie Absatz 1a Nummer 1 und nach § 10b wird ein Pauschbetrag von 36 Euro abgezogen (Sonderausgaben-Pauschbetrag), wenn der Steuerpflichtige nicht höhere Aufwendungen nachweist. [2] Im Fall der Zusammenveranlagung von Ehegatten verdoppelt sich der Sonderausgaben-Pauschbetrag.

1. Wesen des Pauschbetrags. Der StPfl hat zwei Möglichkeiten. Er kann höhere Mehraufwendungen nachweisen (Ausnahme: Beschr StPflicht, § 50 I 3, 4). Ohne Nachweis wird der Pauschbetrag von Amts wegen gewährt, grds auch dann ohne Kürzung, wenn die Voraussetzungen nur für einen **Teil des Jahres** vorliegen (Ausnahme: Kürzung nach § 50 I 5). 1

2. Aufbau und Rechtsentwicklung des § 10c. Die Pauschbesteuerungsregelung enthielt **bis VZ 2009** mehrere Bestandteile, die zT nebeneinander galten (Abs 1 neben Abs 2 bzw 3 aF) und sich zT ausschlossen (Abs 2 und Abs 3 aF). **Ab 2010** ist die **Vorsorgepauschale nach § 10c II–V aF aufgehoben.** Im Veranlagungsverfahren können nur noch die durch elektronische LStBescheinigung nach § 41b I 2/§ 52b und Datenfernübermittlung nach § 10 II, IIa feststehenden tatsächl gezahlten Vorsorgebeiträge abgesetzt werden. Pauschalierte Vorsorgeaufwendungen werden nur noch im **LStAbzugsverfahren** berücksichtigt, ohne Antrag des ArbN als Mindestvorsorgepauschale (§ 39b II 5 Nr 3, § 39 IV Nr 4; s dort sowie *BMF* BStBl I 10, 1254 und I 13, 1532; 32. Aufl mwN). Dadurch entfallen die komplizierte Berechnung in sog Mischfällen § 10c IV aF und die Günstigerprüfung entspr § 10c V aF. 2

3. SA-Pauschbetrag, § 10c S 1. § 10c S 1 **entspricht § 10c I aF.** Der SA-Pauschbetrag umfasst mit Ausnahme der Vorsorgebeträge iSv § 10 I Nr 2, 3, 3a alle Aufwendungen iSv § 10 und § 10b und gilt für alle StPfl einschließl beschr stpfl ArbN (§ 50 I 4 mit auf § 10b beschränktem Nachweis höherer SA). **Höhe:** Der Pauschbetrag ist mit 36 € so niedrig gehalten, dass er sich – überflüssig - praktisch nie auswirkt, weil sich stets höhere SA ergeben, wenn einer der Abzugstatbestände vorliegt (s Rz 1). Der Pauschbetrag ist in die LSt-Tabellen eingearbeitet; ein Vorwegabzug höherer SA vor Veranlagung ist nur mit Einschränkungen mögl (über 600 €, § 37 III 4 zu EStVorauszahlungen, § 39a I Nr 2, II 4 zu LStErmäßigung). 3

4 **4. Ehegattenverdoppelung.** **§ 10c S 2** übernimmt **ab 2010** die Verdoppelung des Freibetrags für zusammenveranlagte **Ehegatten** aus § 10c IV 1 aF. Das gilt auch für LPart (§ 2 VIII).

§ 10d Verlustabzug

(1) [1]**Negative Einkünfte, die bei der Ermittlung des Gesamtbetrags der Einkünfte nicht ausgeglichen werden, sind bis zu einem Betrag von 1 000 000 Euro, bei Ehegatten, die nach den §§ 26, 26b zusammenveranlagt werden, bis zu einem Betrag von 2 000 000 Euro vom Gesamtbetrag der Einkünfte des unmittelbar vorangegangenen Veranlagungszeitraums vorrangig vor Sonderausgaben, außergewöhnlichen Belastungen und sonstigen Abzugsbeträgen abzuziehen (Verlustrücktrag).** [2]**Dabei wird der Gesamtbetrag der Einkünfte des unmittelbar vorangegangenen Veranlagungszeitraums um die Begünstigungsbeträge nach § 34a Absatz 3 Satz 1 gemindert.** [3]**Ist für den unmittelbar vorangegangenen Veranlagungszeitraum bereits ein Steuerbescheid erlassen worden, so ist er insoweit zu ändern, als der Verlustrücktrag zu gewähren oder zu berichtigen ist.** [4]**Das gilt auch dann, wenn der Steuerbescheid unanfechtbar geworden ist; die Festsetzungsfrist endet insoweit nicht, bevor die Festsetzungsfrist für den Veranlagungszeitraum abgelaufen ist, in dem die negativen Einkünfte nicht ausgeglichen werden.** [5]**Auf Antrag des Steuerpflichtigen ist ganz oder teilweise von der Anwendung des Satzes 1 abzusehen.** [6]**Im Antrag ist die Höhe des Verlustrücktrags anzugeben.**

(2) [1]**Nicht ausgeglichene negative Einkünfte, die nicht nach Absatz 1 abgezogen worden sind, sind in den folgenden Veranlagungszeiträumen bis zu einem Gesamtbetrag der Einkünfte von 1 Million Euro unbeschränkt, darüber hinaus bis zu 60 Prozent des 1 Million Euro übersteigenden Gesamtbetrags der Einkünfte vorrangig vor Sonderausgaben, außergewöhnlichen Belastungen und sonstigen Abzugsbeträgen abzuziehen (Verlustvortrag).** [2]**Bei Ehegatten, die nach den §§ 26, 26b zusammenveranlagt werden, tritt an die Stelle des Betrags von 1 Million Euro ein Betrag von 2 Millionen Euro.** [3]**Der Abzug ist nur insoweit zulässig, als die Verluste nicht nach Absatz 1 abgezogen worden sind und in den vorangegangenen Veranlagungszeiträumen nicht nach Satz 1 und 2 abgezogen werden konnten.**

(3) *(weggefallen)*

(4) [1]**Der am Schluss eines Veranlagungszeitraums verbleibende Verlustvortrag ist gesondert festzustellen.** [2]**Verbleibender Verlustvortrag sind die bei der Ermittlung des Gesamtbetrags der Einkünfte nicht ausgeglichenen negativen Einkünfte, vermindert um die nach Absatz 1 abgezogenen und die nach Absatz 2 abziehbaren Beträge und vermehrt um den auf den Schluss des vorangegangenen Veranlagungszeitraums festgestellten verbleibenden Verlustvortrag.** [3]**Zuständig für die Feststellung ist das für die Besteuerung zuständige Finanzamt.** [4]**Bei der Feststellung des verbleibenden Verlustvortrags sind die Besteuerungsgrundlagen so zu berücksichtigen, wie sie den Steuerfestsetzungen des Veranlagungszeitraums, auf dessen Schluss der verbleibende Verlustvortrag festgestellt wird, und des Veranlagungszeitraums, in dem ein Verlustrücktrag vorgenommen werden kann, zu Grunde gelegt worden sind; § 171 Absatz 10, § 175 Absatz 1 Satz 1 Nummer 1 und § 351 Absatz 2 der Abgabenordnung sowie § 42 der Finanzgerichtsordnung gelten entsprechend.** [5]**Die Besteuerungsgrundlagen dürfen bei der Feststellung nur insoweit abweichend von Satz 4 berücksichtigt werden, wie die Aufhebung, Änderung oder Berichtigung der Steuerbescheide ausschließlich mangels Auswirkung auf die Höhe der festzusetzenden Steuer unterbleibt.** [6]**Die Feststellungsfrist endet nicht, bevor die Festsetzungsfrist für den Veranlagungszeitraum abgelaufen**

ist, auf dessen Schluss der verbleibende Verlustvortrag gesondert festzustellen ist; § 181 Absatz 5 der Abgabenordnung ist nur anzuwenden, wenn die zuständige Finanzbehörde die Feststellung des Verlustvortrags pflichtwidrig unterlassen hat.

Einkommensteuer-Durchführungsverordnung:

§ 62d *Anwendung des § 10d des Gesetzes bei der Veranlagung von Ehegatten*

(1) [1] **Im Fall der Einzelveranlagung von Ehegatten (§ 26a des Gesetzes) kann der Steuerpflichtige den Verlustabzug nach § 10d des Gesetzes auch für Verluste derjenigen Veranlagungszeiträume geltend machen, in denen die Ehegatten nach § 26b des Gesetzes zusammen veranlagt worden sind.** [2] **Der Verlustabzug kann in diesem Fall nur für Verluste geltend gemacht werden, die der einzeln veranlagte Ehegatte erlitten hat.**

(2) [1] **Im Fall der Zusammenveranlagung von Ehegatten (§ 26b des Gesetzes) kann der Steuerpflichtige den Verlustabzug nach § 10d des Gesetzes auch für Verluste derjenigen Veranlagungszeiträume geltend machen, in denen die Ehegatten nach § 26a des Gesetzes einzeln veranlagt worden sind.** [2] **Im Fall der Zusammenveranlagung von Ehegatten (§ 26b des Gesetzes) in einem Veranlagungszeitraum, in den negative Einkünfte nach § 10d Abs. 1 des Gesetzes zurückgetragen werden, sind nach Anwendung des § 10d Abs. 1 des Gesetzes verbleibende negative Einkünfte für den Verlustvortrag nach § 10d Abs. 2 des Gesetzes in Veranlagungszeiträume, in denen eine Zusammenveranlagung nicht stattfindet, auf die Ehegatten nach dem Verhältnis aufzuteilen, in dem die auf den einzelnen Ehegatten entfallenden Verluste im Veranlagungszeitraum der Verlustentstehung zueinander stehen.**

Einkommensteuer-Richtlinien: EStR 10d/EStH 10d

Übersicht

I. Allgemeines

1 **1. Bedeutung des Verlustabzugs.** Verluste iSv § 2 I sind primär im VZ des Entstehens mit positiven Einkünften zu verrechnen (§ 2 III), soweit dies nicht gesetzl ausgeschlossen ist (s Rz 11). **§ 10d** ermöglicht bei fehlender Ausgleichsmöglichkeit im VZ aus Gründen der StGerechtigkeit seit jeher auf unterschiedlichste Art eine Erweiterung dieser Abschnittsbesteuerung (vgl allg *Eisgruber* DStZ 07, 630; 32. Aufl mwN). Einerseits soll bei schwankenden Einkünften nicht auf das zufällige Jahresergebnis abgestellt werden mit der Folge, dass zB gewerbl Anlaufverluste endgültig ohne steuerl Auswirkung bleiben. Andererseits soll dies nicht unbegrenzt gelten und die vielfach durch künstl Verlustproduktion ausgenutzte Verrechnungsmöglichkeit positiver und negativer Einkünfte eingeschränkt werden. VerfMäßigkeit s Rz 10.

2 **2. Rechtsentwicklung. – a) Altverluste. – Verluste aus Jahren vor 1999** waren nach § 2 III aF grds ausgleichbar bzw nach § 10d aF zuletzt bis 10 Mio DM wahlweise 1 oder 2 Jahre rücktragbar oder ohne zeitl oder betragsmäßige Begrenzung in Folgejahre vortragbar.– **Verluste aus den Jahren 1999–2003** waren entspr § 2 III aF nach Art und Höhe nur beschr abziehbar (Einzelheiten s hier 30. Aufl, 24. Aufl Rz 17 ff). **Ab VZ 2004** gilt auch für die Fortschreibung dieser Altverluste neues Recht (einheitl Verlustfortschreibung, s Rz 5).

4 **b) Verlustabzug ab 2004** (*Schrifttum* s 30. Aufl sowie Rz 1, 10, 14). – **aa) Gesetzesänderung.** Nach Streichung von § 2 III 2–8 aF ist auch § 10d angepasst worden. Die unpraktikablen Sonderregelungen mit Trennung und unterschiedl steuerl Behandlung nach Einkunftsarten in § 10d I 2–4, II 2–3, III und IV 1 aF (horizontaler und vertikaler Verlustabzug) mit komplizierten Berechnungen entfallen (s dazu 24. Aufl Rz 17 ff). Der **Verlustausgleich** *im VZ* ist nunmehr grds (s Rz 11) auch einkünfteübergreifend unbegrenzt mögl (§ 2 III). Der **Verlustrücktrag** *ins Vorjahr* ist wie früher zeitl und betragsmäßig beschränkt, aber nicht mehr nach Einkunftsarten (s Rz 20 ff). Der **Verlustvortrag** *in spätere VZ* ist zeitl nicht und betragsmäßig nicht mehr nach Einkunftsarten, aber – **neu ab 2004** – auf hohe Sockelbeträge begrenzt (**neue Mindestbesteuerung** durch Einbau einer Mittelstandskomponente, Beispiel EStH 10d): Die neuen Sockelbeträge nach § 10d II 1, 2 schränken den Verlustvortrag für übersteigende Verluste ein, vor allem für Verluste von Großunternehmen, aber auch für sonstige StPfl mit hohen Einkünften aus nur einer Einkunftsart (insoweit Schlechterstellung ggü 2003). Soweit Verluste die Sockelbeträge übersteigen, ist zwar ein Ausgleich mit sonstigen Gewinnen im VZ der Verlustentstehung ohne Einschränkung mögl. Der Verlustabzug in späteren VZ wird jedoch durch betragsmäßige Begrenzung zeitl gestreckt (ohne dass Verluste endgültig verloren gehen). Solche Verluste sind im Folgejahr nur noch bis zu 60 vH des 1 Mio € (Ehegatten/LPart 2 Mio €; ab 2013 nur Rücktragserhöhung) übersteigenden Gesamtbetrages der Einkünfte abziehbar (Aufteilung bei Ehegatten s EStR 10d VI). Vor der Gesamtprüfung nach § 10d I, II sind **sonstige Verlustabzugsbeschränkungen** in **„besonderen Verrechnungskreisen"** vorweg auszuscheiden (vgl Rz 11).

5 **bb) Zeitl Anwendung, § 52 Abs 25 aF.** Die Regelung des Verlustabzugs war seit 1985 ständigen Änderungen unterworfen (s Rz 1 und Vorauflagen). § 10d idF vor und ab 1999 ist letztmals für VZ 2003 auf zum 31.12.1998 festgestellte und ab 1999 entstandene Verluste anzuwenden. **Ab VZ 2004 gilt** unabhängig vom Verlustentstehungsjahr **nur noch § 10d IV,** auch für zum 31.12.1998 und bis 31.12.2003 festgestellte verbleibende Verlustvorträge, unabhängig von der vorübergehenden Trennung nach Einkunftsarten. Für ab 2004 entstandene Verluste gilt dies auch bei Rücktrag in 2003 (vgl § 52 Abs 25 S 2–4 aF). **Ab 2013** ändert sich nur die Höhe des Verlustrücktrags (StVerG 2013, Rz 21).

3. Verfassungsfragen. – ***(1)*** **VerfMäßigkeit VZ 1999–2003.** S 32. Aufl. – ***(2)*** **VerfMäßigkeit ab VZ 2004.** Grds hat die Rspr keine verfmäßigen Bedenken gegen die Mindestbesteuerung ab 2004 (BFH I R 9/11 BStBl II 13, 512 zu § 10d; BFH IV R 36/10 BStBl II 13, 498 zu § 10a GewStG). Auf den Verlustabzug besteht weder ein Grundrechtsanspruch noch ein Vertrauensschutzanspruch auf Fortbestand (vgl *Wassermeyer* FR 11, 752; *Heuermann* FR 12, 435). Zweifel bestehen jedoch bei definitiv feststehendem Ausschluss späterer Verlustverrechnung nach § 10d/§ 8c KStG aus tatsächl oder rechtl Gründen, zB bei Erbfall oder Beendigung einer KapGes im Folgejahr (s BFH I B 49/10 BStBl II 11, 826 mit Anm *Buciek* und *Dorenkamp* FR 11, 75). Dabei kann der Ausschluss nach BFH auf Entscheidungen des StPfl zurückzuführen sein, soweit kein Missbrauch vorliegt. Zur Frage der Finalität (s dazu auch § 2a Rz 13) FG BBg DStRE 13, 413, Rev I R 59/12 mit Vorlage an BVerfG 2 BvL 19/14 (BStBl II 14, 1016; Anm *Gosch* BFH/PR 14, 390). Teilweise **AdV** s *BMF* BStBl I 11, 974, *FinVerw* DB 13, 1697; 34. Aufl mwN, auch zu str Ende der persönl StPfl außer im Erbfall (s auch Rz 23). Vorläufige Veranlagung abgelehnt durch BFH I R 32/13 BStBl II 15, 575. – ***(3)*** **Gesetzesänderungspläne.** S BReg BT-Drs 17/4653 und 34. Aufl mwN. Bis 2016 keine Änderung. 10

4. Sachl Geltungsbereich. – ***(1)*** **Anwendungsbereich. § 10d** erfasst alle nicht im Veranlagungsverfahren ausgeglichenen Verluste (also auch – ausgleichbare – Veräußerungsverluste, s Rz 18) aus sämtl Einkunftsarten. § 10d gilt für die **ESt** und gem § 8 I KStG – mit Besonderheiten § 8c KStG, s Rz 13 – auch für die **KSt.** § 10a GewStG lässt für die **GewSt** nur den Verlust*vor*trag zu und schreibt seit 2004 eine Mindestbesteuerung ähnl § 10d vor, s Rz 10 (2). – ***(2)*** **Sonderregelungen zur Verlustabzugsbeschränkung in Einzelfällen.** Sie sind vorrangig, soweit diese Vorschriften im Verlustentstehungsjahr schon galten. Das gilt für EStG §§ 2a, 2b aF, 15 IV/15a, b/§ 20 I Nr 4, § 20 VI, § 21 I 2, § 22 Nr 3 S 3–5, § 23 III 8 ff/§ 52a Abs 11 S 11 aF, § 34a VIII, AStG § 10 III 5 und 6 (dazu BFH I R 115/00 BFH/NV 02, 1549), REITG § 19 IV. S auch Rz 19. Es handelt sich dabei um **„besondere Verrechnungskreise“,** für die die Abzugsbeschränkung vorweg gesondert zu prüfen ist – dann erst Gesamtabzugsbeschränkung nach § 10d II für alle danach *abziehbaren* Verluste (s *BMF* BStBl I 04, 1097, Rz 14). – ***(3)*** **Besonderheiten.** Nach **§ 10b I 9, 10** sind verbleibende **Spenden** über die Höchstbeträge hinaus ebenso wie nach **§ 2a I S 3–5** verbleibende **Auslandsverluste** *nur vortragbar* und entspr § 10d IV festzustellen. Vergünstigung nach **StraBEG** gilt auch bei Verlustvortrag (vgl BFH VIII R 26/10 BFH/NV 14, 290). 11

5. Persönl Geltungsbereich; Zurechnungsfragen. – **a) Allgemeines/PersGes-Verluste.** § 10d gilt für unbeschr und beschr EStPfl und KStPfl. Ohne persönl StPfl s Rz 40 (5), 47, zu Wechsel der StPfl Rz 23. Der Verlustabzug ist **personenbezogen** und steht dem StPfl zu, der den Verlust erlitten hat (grds zivilrechtl Personenidentität mit dem StPfl, der den Verlustabzug geltend macht). **Ehegatten/LPart** s Rz 15; **Erben** s Rz 14. **Wahlrechtsanträge** s Rz 28. Bei **PersGes** werden Ges-Verlust und Ges'ter-Verlustanteile einheitl und gesondert festgestellt; inwieweit der Verlust nach § 10d abziehbar ist, entscheidet sich jedoch bei der EStVeranlagung der Ges'ter iRd jedem von ihnen zustehenden Höchstbeträge. Umgekehrt steht der Höchstbetrag einem StPfl auch bei Beteiligung an mehreren Ges'ten insgesamt nur einmal zu. 12

b) Personenidentität bei KapGes. – ***(1)*** **Grundsatz.** Für KapGes gilt § 10d (§ 8 I KStG). – ***(2)*** **Einschränkungen bei Rechtsträgerwechsel.** Bei „schädl Beteiligungserwerb“ Verlustabzugsbeschränkung durch **§ 8c KStG** als Ersatz für Mantelkaufsregelung (bis 2013 neben § 8 IV KStG aF, vgl BFH I R 95/04 BStBl II 15, 613, BVerfG 1 BvR 741/14 DStR 15, 2237; rückwirkend ab 2010 § 8c KStG idF StÄndG 2015, s *Ruhlmann* NWB 15, 3450). Vgl 32./34. Aufl mwN. – ***(3)*** **Umwandlungen.** Bei *formwechselnder* Umwandlung grds keine Einschränkung 13 der Verlustübernahme (kein Rechträgerwechsel). Anders bei *übertragender* Umwandlung und Verschmelzung (§§ 4 II, 12 III UmwStG), bei Spaltungen (§ 15 III UmwStG); s auch Beschränkungen § 2 IV 3–6 UmwStG ab 7.6.2013, 34. Aufl mwN. – ***(4)* Organschaftsverluste.** S §§ 14 I Nr 5, 17 KStG; 34. Aufl mwN. – ***(5)* Ausl Zwischengesellschaft.** Verluste sind iRd Hinzurechnungsbesteuerung gem § 10 III 5 AStG nach § 10d abziehbar (dazu *Schönfeld/Süß* IStR 14, 847).

14 **c) Sonstige Übertragungen; Erbfälle.** – ***(1)* Rechtsgeschäfte unter Lebenden** (zB entgeltl oder unentgeltl Betriebsübertragung, vorweggenommene Erbfolge und sonstige Rechtsträgerwechsel). Der Verlustabzug kann grds nicht übertragen werden (BFH I R 74–75/90 BStBl II 91, 899). – ***(2)* Erbfälle.** Einen in der Person des **Erblassers** vor seinem Tod entstandenen Verlust konnte der Erbe *nach früher hM* abziehen, soweit der Erblasser den Verlust noch nach § 10d hätte geltend machen können. **BFH GrS 2/04** BStBl II 08, 608 hat die Vererblichkeit des Verlustabzugs endgültig gekippt, allerdings mit – für ein Gericht fragl – typisierender Beschränkung auf Todesfälle ab 13.3.08 (durch *BMF* BStBl I 08, 809 verlängert bis 18.8.08). Vgl Anm 31. Aufl; zu älteren Todesfällen FG Mchn EFG 15, 1799 mit Anm *Hoffsümmer,* Rev IX R 30/15 vom BFH zugelassen. Der Erbe kann nur Verluste abziehen, die er selbst wirtschaftl trägt, durch die er wirtschaftl in seiner Einkommens- oder Vermögenssphäre belastet ist – unabhängig davon, ob er rechtl in Anspruch genommen werden kann. Es genügt nicht, dass ihm aufgrund des Erblasserverlusts ein geringeres Vermögen zufällt (vgl BFH XI R 1/97 BStBl II 99, 653, BFH IX B 185/12 BFH/NV 13, 1233; s aber zu KiSt-Zahlungen des Erben auf von ihm gezahlte ESt für Einkünfte des Erblassers zutr FG Hess EFG 14, 128, Rev X R 43/13; zu sonstigen Problemfällen *Fischer/Lackus* DStR 14, 302). Bedeutung für **andere Verlustabzugsmöglichkeiten/-beschränkungen** (s Rz 11, EStR 10d IX 9 ff): Einkunftsquellenbezogene Verluste sind bei Übergang der Einkunftsquelle weiterhin vererbl (§ 15 IV 1, 2, § 15a, b, s BFH VIII R 76/96 BStBl II 99, 369, § 15a Rz 234), nicht dagegen nur einkunftsartbezogene Erblasserverluste (§ 20 VI, § 22 Nr 3 S 4, § 23 III 7–10 bei Erbfall nach Veräußerung; str, s 32. Aufl). Nachversteuerung von Erblasserverlusten nach § 2a III aF s § 2a Rz 63.

Stellungnahme: Die Begründung der Änderung der 46-jährigen Rspr wirkt eher konstruiert als zwingend. Der BFH stellt rein formal auf die personenbezogene, nicht übertragbare Leistungsfähigkeit mit Ausschluss des Drittaufwandsabzugs bei der ESt ab und grenzt den Verlustabzug wegen der SA-Zuordnung von sonstigen gesetzl geregelten – einkunftsquellenbezogenen – Ausnahmefällen der „gespaltenen Tatbestandsverwirklichung" ab (zB § 24 Nr 2 HS 2 bei Überschusseinkünften, § 6 III; s auch § 24 Rz 52). Der Verlustübertragungsausschluss wird dem immer stärker in den Vordergrund tretenden obj Nettoprinzip kaum gerecht, vor allem bei im Hinblick auf zukünftige positive Einkünfte gezielt in Kauf genommenen Anlauf-BA/WK („echte Verluste", s Rz 10). Letztl wird wohl auch hierüber das BVerfG zu befinden haben (s auch Rz 10).

15 **d) Ehegatten/LPart, § 2 VIII.** Der Ehegatte/LPart des Erblassers ist allenfalls iRe Zusammenveranlagung im Todesjahr berechtigt, Verluste des Erblassers mit bis zum Jahresende erzielten eigenen positiven Einkünften auszugleichen (keine Einschränkung durch EStR 10d VI). Nur dann trägt er nach der bisherigen BFH-Rspr tatsächl die Verluste. Ob das auch den Abzug von Verlustvorträgen aus dem – zusammen veranlagten – Vorjahr ermöglicht, ist fragl (so *Moog* DStR 10, 1122); ein weiterer Vortrag zum Jahresende scheidet jedenfalls aus. Zu einer Zusammenveranlagung im Todesjahr ist ggf die Zustimmung des/der Erben erforderl (BFH III R 59/06 BStBl II 07, 770 –, str). Stimmt der Erbe (Miterbe) nicht zu, ist für das Todesjahr eine getrennte bzw ab 2013 eine einzelne Veranlagung durchzuführen und der nicht ausgeglichene Verlust entspr § 62d I EStDV anteilig abzuziehen und auszugleichen (EStR 10d IX). IÜ ist auch bei Ehegatten/LPart der Verlustabzug **personenbezogen** (s Rz 12; so bei Heirat in 2016 kein Verlustabzug in 2016 von Gewinnen des anderen Ehegatten/LPart aus 2015). Ein gemeinsamer Verlustabzug

kann zivilrechtl zur Zustimmung zur Zusammenveranlagung verpflichten (BGH XII ZR 173/06 DStR 10, 266). Wahlrecht im Insolvenzverfahren s Rz 16. Bei **getrennter Veranlagung/ab 2013 Einzelveranlagung** getrennte Ermittlung und Zurechnung der Verluste (§ 26a), bei **Zusammenveranlagung** getrennte Ermittlung und Zusammenrechnung der Einkünfte und gemeinschaftl Verlustausgleich vor Verlustabzug (§ 26b); zusammenveranlagte Ehegatten/LPart erhalten die doppelten Sockelbeträge für den Verlustabzug (§ 10d I 1, II 2; zu Aufteilung bei § 23 III 8 FG Köln EFG 12, 1741, rkr (RevRücknahme des FA), entgegen EStR 10d VI 5). Eine Verlustaufteilung erfolgt nur bei **Wechsel der Veranlagungsart.** Diese Fälle regelt **§ 62d EStDV/§ 26a III** (s auch EStR 10d VI); zu verfgemäßer Auslegung – entspr § 26 III ohne Wahlrecht Offizialprinzip gegen Wortlaut § 26d EStDV – s BFH VIII R 89/00 BStBl II 05, 624. Im Einzelfall kann sich im Hinblick auf den Verlustrücktrag die getrennte bzw Einzelveranlagung empfehlen.

e) Insolvenzverfahrens. Durch Eröffnung gehen Verluste nicht verloren (vgl zu Verlustabzug im Liquidationsverfahren Rz 10). Auch wenn die Schuldbegleichung noch offen ist, können sie nach hM gem § 10d abgezogen werden (vgl BFH VIII R 23/67 BStBl II 72, 946; *Dreiss/Eitel-Dreiss* DB 80, 1861; s aber zum Verfahren BFH I R 33/01 BStBl II 03, 630). **Grenze:** Wenn der Schuldner gem §§ 286 ff InsO endgültig von seinen Verbindlichkeiten befreit wird, entfällt die wirtschaftl Belastung (s § 10 Rz 4) und damit der Verlustabzug (so wohl auch BFH IV R 288/66 BStBl II 69, 726). Beispiele zur Verrechnung von **Sanierungsgewinnen** s *FinVerw* FR 12, 698; *Gragert* NWB 11, 1438. **Veranlagungswahlrecht** im Insolvenzverfahren eines Ehegatten s § 26 Rz 17, *Schöler* DStR 14, 2349. 16

II. Verlustberechnung

1. Gesetzesaufbau; Rechtsfolgen. Vor 1999 entstandene Verluste waren „wie Sonderausgaben" vom Gesamtbetrag der Einkünfte (§ 2 III) abzuziehen, in diesem Bereich (BFH VIII R 7/87 BFH/NV 91, 520) *an der für den StPfl günstigsten Stelle,* also nach Abzug der echten SA und der ag Belastungen. Dieser allg Begünstigungsgrundsatz wurde für ab 1999 entstandene Verluste gesetzl eingeschränkt: Die Berechnung der abziehbaren Verluste erfolgt nach § 10d I 1 und II 1 nunmehr iRd Ermittlung des Gesamtbetrages der Einkünfte, vorrangig vor SA, agB und sonstigen Abzugsbeträgen (die daher nicht mehr vortragbar sind und – zB Erststudienkosten – bei fehlender Ausgleichsmöglichkeit mangels eigener Einkünfte in diesem Jahr endgültig verloren gehen, verfgemäß, BFH IX B 191/09 BFH/NV 10, 1270, VerfBeschw 2 BvR 1175/10 nicht zur Entscheidung angenommen, *FinVerw* DStR 12, 907, Rz 10; s aber zu Unterbrechung der persönl StPfl Rz 40/5). Ausnahme: vortragbare **Spenden** (§ 10b I 9, 10). Das sollte bei Ausübung des Wahlrechts der Höhe nach beachtet werden. Nachteile ergeben sich zB durch Transfer der Kinderbetreuungskosten ab 2012 von WK/BA in SA (s § 10 I Nr 5 mit Rz 103). Der Gesamtbetrag der Einkünfte des Vorjahres ist für den Verlustrücktrag gem § 10d I 2 ab 2008 um Begünstigungsbeträge nach **§ 34a** zu kürzen, um Doppelentlastungen zu vermeiden (s Rz 19, 32). IÜ hat sich an dem Grundprinzip nichts geändert, dass rückgetragene Verluste soweit abzuziehen sind, bis sich ein **Einkommen von 0** ergibt (Wortlaut des § 10d I 1, II 1 „vom Gesamtbetrag der Einkünfte abzuziehen", § 2 IV, selbst bei zu versteuerndem Einkommen **unter Grundfreibetrag,** s Rz 18; iÜ *grds* keine Beschwer durch EStBescheid mit ESt 0, nur Antrag auf Verlustfeststellung; s Rz 36). Im Hinblick auf einen sicher zu erwartenden Verlustrücktrag kann für das Rücktragsjahr eine **Anpassung der Vorauszahlungen** gem § 37 III bzw Stundung fälliger Steuern (§ 227 AO) geboten sein. **Zinsen** s 34. Aufl mwN; zu Folgewirkung einer Änderung auf § 233a AO s FG Köln EFG 15, 1159, rkr. 17

2. Ermittlung des abziehbaren Verlusts. – ***(1)*** **Berechnung der Einzeleinkünfte, § 2 I, II.** Nach allg Grundsätzen scheiden sämtl bei Ermittlung der 18

Einkünfte *nicht zu berücksichtigenden* Einnahmen oder Gewinne von vornherein aus und verkürzen den Verlust nicht. Dies sind stfreie Einnahmen einschließl stfreie Veräußerungsgewinne iSd §§ 14 S 2, 14a, 16 IV, 17 III, 18 III und begrenzt abziehbare Verluste (s Rz 11); nicht aber *zT* stfreie Einnahmen (zu § 3 Nr 40 s Rz 20) oder gem **§ 34** tarifbegünstigte Einkünfte (s 23./32. Aufl mwN). Hinzurechnungsbeträge nach § 2a III 3 mindern den Verlust. Stpfl **Kapitaleinkünfte** mit AbgeltungSt nach § 32d sind nicht anzusetzen **(§ 2 Vb);** Probleme s *Kleinmanns* DStR 09, 2359; s auch § 10b Rz 60. Besonderheiten bei **KiSt** s § 51a II, BFH I R 76/08 BStBl II 10, 1061. Stpfl Veräußerungsverluste sind bei der Ermittlung der Einkünfte zu erfassen und erhöhen den Verlustabzug; ebenso WK-Pauschbeträge (§ 9a) und Freibeträge, die schon iRd Einkünfteermittlung zu berücksichtigen sind (§ 19 II, § 20 IX). – *(2)* **Berechnung der Summe der Einkünfte, § 2 III.** Der Freibetrag für LuF (§ 13 III) mindert wie der Altersentlastungsbetrag (§ 24a) und der Entlastungsbetrag für Alleinerziehende (§ 24b) die Summe der Einkünfte und damit den Gesamtbetrag der Einkünfte und den nach § 10d I 1, II 1 abziehbaren Verlust (BFH III R 83/04 BFH/NV 06, 999), selbst bei Einkommen unter Grundfreibetrag § 32a (BFH IX B 207/08 BFH/NV 09, 920 mwN). S auch zu § 23 III 8, 9 BFH III R 66/11 BFH/NV 13, 529. – *(3)* **Berechnung des Gesamtbetrags der Einkünfte, § 2 IV, V.** Freibeträge, die vom Gesamtbetrag der Einkünfte oder vom Einkommen abzuziehen sind, berühren den Verlust nicht. Aus dem gleichen Grunde können auch **SA** (und damit auch aus Vorjahren stammende Verlustvorträge und wohl Abzugsbeträge „wie SA“ zB nach §§ 10e–i) die Berechnung des Verlustes nicht beeinflussen (Reihenfolge des Abzugs s Rz 17). Sonderregelung für Spenden s § 10b I 9, 10. – *(4)* **Sonstiges.** Kein Verlustabzug bei der Einkünfteermittlung nach § 32 IV 2 für den **Kinderfreibetrag** (BFH VI R 169/00 BStBl II 02, 250) und **agB** nach § 33a I 4 (BFH III B 90/06 BFH/NV 08, 1318). Auswirkungen auf die pauschalierte GewStAnrechnung nach **§ 35** s BFH X R 32/06 BStBl II 09, 7; bis 2007s 32. Aufl.

19 **3. Sonderfälle des Verlustabzugs.** – *(1)* **Nicht entnommene Gewinne, § 34a.** Sie sind gem **§ 10d I 2/§ 34a VIII** (ausdrückl, wenn auch missverständl) aus der für den Verlustausgleich/Verlustabzug/Verlustrücktrag maßgebl Einkünfteberechnung ausgenommen (anders als zB tarifbegünstigte Veräußerungsgewinne, s Rz 18), soweit sie tatsächl antragsgemäß ermäßigt besteuert wurden, wohl auch im Hinblick auf eine mögl Nachversteuerung (vgl *BMF* BStBl I 08, 838 Tz 1; str, s § 34a Rz 36/37; *Wacker* FR 08, 605). Der Ermäßigungsantrag kann jedoch nach § 34a I 4 ganz oder zT zurückgenommen werden, um so doch den Verlustrücktrag zu ermöglichen.– *(2)* **Verluste aus KapVermögen.** Sie dürfen ab 2009 nicht mit Einkünften aus anderen Einkunftsarten ausgeglichen oder nach § 10d abgezogen werden **(§ 20 VI 2);** sie mindern jedoch KapEinkünfte in den Folgejahren (**§ 20 VI 3, 6** – auch in diesem „Verrechnungstopf“ nur Verlustvortrag, allerdings ohne Sockelbetrag nach § 10d II 1, 2, kein Verlustrücktrag). Sonderregelung für **Aktien** s unten *(3)*. Verrechnung iRd AbgeltungSt **§ 32 d** s FG RhPf DStRE 15, 921, Rev VIII R 11/14; *BMF* BStBl I 12, 953 Tz 212ff; *Ronig* DB 10, 128; *Seitz* StB 09, 426. – *(3)* **Private Veräußerungsverluste (§ 23).** Sie waren bis 2008 mit allen anderen privaten Veräußerungsgewinnen ausgleichbar und von solchen Gewinnen des Vorjahres und späterer Jahre abziehbar (§ 23 III 8, 9 aF). Das gilt *iRv § 23 I* auch für Neuverluste (WG-Anschaffung ab 2009, § 23 III 7, 8). **Neu ab 2009 ist** (§ 52a Abs 10 S 1, Abs 11 S 3 aF): Die Veräußerung von *nach dem 31.12.2008 erworbenem* ***KapVerm*** fällt nicht mehr unter § 23, sondern unter § 20 II, VI; gegen Depotbeschränkung FG Ddorf EFG 15, 1445, Rev VIII R 23/15 entgegen *BMF* BStBl I 10, 94 Rz 118. Folge: Grds kein Rücktrag, aber Ausgleich und Vortrag *(nur)* im Topf Kapitaleinkünfte (s oben und *Dinkelbach* DB 09, 870). **Besonderheit: Aktienveräußerungsverluste iSv § 20 II** Nr 1 mindern in diesem Topf nur noch *Aktien*veräußerungsgewinne iSv § 20 II Nr 1 (§ 20 VI 5; *Loos* DStZ 10,

78). Nach § 3 Nr 40 S 1 Buchst j aF zur Hälfte festgestellte Verlustvorträge mindern spätere Gewinne unabhängig von deren voller Besteuerung nur anteilig. – ***(4)* Übergangsregelung bis 2013 für Altverluste.** Verluste aus der Veräußerung von WG des privaten KapVerm, die seit 2009 nicht mehr unter § 23, sondern unter § 20 II fallen, konnten bei Anschaffung vor 2009 übergangsweise nicht nur mit Gewinnen iSv § 23, sondern auch mit bis 2013 erzielten Gewinnen iSv § 20 II verrechnet werden bzw im Kapitaltopf gem § 20 II zurückgetragen werden (§ 23 III 9, 10; s auch zu Stillhalterprämien nach § 20 I Nr 11, § 22 Nr 3 S 5, 6). Die zeitl Begrenzung nach § 52a Abs 11 aF ist str. S auch 33. Aufl, § 23 Rz 97. – ***(5)* Auslandsverluste; verbleibende Spenden.** Sie sind nur vortragbar **(§ 2a I 3–5, § 10b I 9, 10).**

III. Verlustrücktrag, § 10d I

20 **1. Rechtsentwicklung.** Seit 1999 besteht ein **Wahlrecht** zwischen Verlustrücktrag und Verlustvortrag **(§ 10d I 5, 6).** Ohne Vortragsantrag wird Verlustrücktrag **von Amts wegen** vorgenommen. **ArbN,** die nicht aus anderen Gründen veranlagt werden, müssen die Veranlagung zur Vornahme des Verlustrücktrages beantragen (§ 46 II Nr 8) oder auf den Rücktrag verzichten, um den Vortrag nicht zu verlieren (EStR 10d IV). **Seit 1999** ist der Rücktrag auf 1 Jahr begrenzt, besteht aber dem Grunde nach fort (Höhe s Rz 21). VerfMäßigkeit s Rz 10. Insoweit ergeben sich auch **ab 2004** keine sachl Änderungen.

21 **2. Höchstbetrag, § 10d I 1, 2. – a) Rücktragsfähiger Betrag.** Er beträgt seit VZ 2013 1 Mio € (§ 10d I), vorher 511 500 €.

22 **b) Personenbezogenheit.** Der Höchstbetrag bezieht sich auf den einzelnen StPfl, der den Verlust erlitten hat (s Rz 12ff – PersG'ter, Eheleute, Erben).

23 **c) Abzugszeitraum, § 10d I.** Vorangegangener VZ ist das Kj vor dem Verlustentstehungsjahr (§ 25 I). Ob dies auch gilt für nach § 50 II begrenzt abziehbare Verluste bei **Wechsel zw unbeschr und beschr StPfl** (s Rz 12), ist str (s 19. Aufl; Lückenausfüllung durch Analogie aus Elementen des Verlustabzugs und des Verlustausgleichs). Bej vor § 2 VII 3 zum Wechsel beschr/unbeschr StPfl zu Verlust aus VuV FG Köln EFG 90, 630, rkr; zum Wechsel unbeschr/beschr StPfl zu negativen Einnahmen iSv § 19 bej FG Ddorf EFG 01, 429, rkr; ausführl zu Nettolohnvereinbarung *FinVerw* DStZ 06, 84; abl zu nachträgl WK und Einnahmen iSv § 20 und zum umgekehrten Wechsel (obiter dictum) BFH I R 78/95 BStBl II 96, 571 unter Berufung auf § 11 und auf § 50 V 1 (mE fragl; vgl auch § 2a Rz 65, § 50 Rz 9). Ab 1996 durch **§ 2 VII 3** Problementschärfung nur für lfd Jahr der Veranlagung als unbeschr StPfl. Die BFH-Rspr wird für andere VZ dadurch noch zweifelhafter. **Bedenken aus EUrechtl Sicht** hat der BFH durch die Zuflucht auf fehlende Antragstellung für eine Veranlagung als unbeschr StPfl nicht ausgeräumt. **Ohne persönl StPfl** im Abzugsjahr bestehen vorab entstandene Verluste ohne Feststellung fort, s Rz 40 (5). ArbN s Rz 20.

25 **d) Verweisungen. – § 10d I 2** (§ 34a) s Rz 17. – **Verlustberechnung** s Rz 17 ff. –**Verfahrensfragen; Bescheidänderung (§ 10d I 3, 4)** s Rz 34–36.

26 **3. Wahlrecht Verlustvortrag, § 10d I 5, 6. – a) Allgemeines.** Für ab 1994 entstandene Verluste besteht ein Wahlrecht: Rücktrag in das letzte Vorjahr (vor 1999 2 Jahre) oder Vortrag (nur) in das *nächste* Folgejahr (s Rz 30).

27 **b) Wahlrechtsausübung, § 10d I 5, 6.** Erforderl ist ein **Antrag,** der auch innerhalb einer Einkunftsart beliebig *betragsmäßig beschränkt* werden kann („ganz oder teilweise"). Optimale Anträge setzen daher ein Rechenexempel und gute Kenntnis der Besteuerungsgrundlagen aller in Frage kommenden Jahre voraus (Berechnungsformeln s 25. Aufl mwN). Zu beachten sind zB der Abzug in hohen Gewinnjahren (Tarifprogression), die persönl Abzugsberechtigung (s Ehegatten Rz 15) sowie die Ausnutzung der Freibeträge und Tarifermäßigungen (jedenfalls Be-

schränkung bis zum Grundfreibetrag zuzügl SA, agB und sonstigen Abzugsbeträgen, s Rz 17). **Ohne Antrag** Regelabzug (Rücktrag) nach § 10d I 1 (s Rz 20). Bei **Ehegatten/LPart** gilt primär der Antrag desjenigen, der den Verlust erzielt hat, bei **PersGes** Antrag jedes Ges'ters (BFH IX R 72/06 BStBl II 09, 639; s auch Rz 12), bei **Miterben** (soweit Abzug übertragbar, s Rz 14) einheitl Antrag aller Erben, soweit das Wahlrecht des Erblassers noch abänderbar oder offen ist. Zum notwendigen **Inhalt** (Betrag und Abzugsjahr) s § 10d I 6. Der Antrag ist formlos (idR StErklärung), nicht gesetzl befristet (s aber Rz 28 und 47) und widerrufl.

28 **c) Zeitl Grenze.** Grds Bestandskraft der Abzugsveranlagung mit Verlustverbrauch bzw Bestandskraft eines Feststellungsbescheides nach § 10d IV (BFH IX R 72/06 BStBl II 09, 639) oder der Ablauf der Festsetzungs- bzw Feststellungsfrist (s auch Rz 35, 40, 47, 48). Bei Berichtigung bestandskräftiger Veranlagung mit Auswirkung auf den Verlustabzug (zB nach BP oder nach Vorläufigkeit) ist neuer Antrag mögl mit entspr Änderung des Feststellungsbescheides nach § 10d IV 4 (s Rz 47) und sonstiger Folgebescheide (zB nach § 10d I 3), nach wohl hM auch bei Korrektur anderer betroffener Veranlagungen mit Verschiebung der Berechnungsgrundlagen ohne unmittelbare Auswirkung auf den Abzugs- oder den Feststellungsbescheid (zB bei Gewinnänderung des Vorjahres, durch die der Rücktrag günstiger würde als der vorgenommene Vortrag). Das ist nicht zwingend und nicht gesichert (s auch § 10d IV 5) und gilt allenfalls im **Korrekturrahmen von § 351 I AO** (glA EStR 10d III 2), anders als bei der Rspr zum Ehegattenwahlrecht, s unten. Bis zur Klärung dieser Rechtsfrage und bis zur Kenntnis der Einkünfte der Folgejahre sollte die Abzugsveranlagung mögl lange offen gehalten werden (zB §§ 164, 165 AO, uU Einspruch). Bei **Änderung der Verlusthöhe im Entstehungsjahr** zwingende Änderung eines Rücktragsbescheides nach § 10d I 3, 4 bzw des Feststellungsbescheides nach § 10d IV 4, 5 mit neuer Antragsausübung und Folgeänderung der Abzugsveranlagung (s Rz 41). Die Bestandskraft oder die Festsetzungsverjährung im Verlustverrechnungsjahr steht dem Rücktrag auch bei nachträgl Änderung des Entstehungsjahres im Rechtsbehelfsverfahren nicht entgegen (BFH IX R 59/08 BStBl II 10, 1009). **Sonstige** bei Veranlagung des Abzugsjahres bereits ausgeübte unbefristete **Wahlrechte** und **Anträge** (Zusammenveranlagung, SonderAfA; wohl auch Anträge § 32d IV, VI, s § 32d Rz 22, *BMF* BStBl I 12, 953 Rdnr 149f) können erneuert werden, und zwar nicht nur innerhalb eines „Korrekturrahmens" (s BFH XI R 97/94 BStBl II 99, 762; 32. Aufl mwN). Somit kann durch abw Wahl der Veranlagungsart nach §§ 26, 26a der Verlustrücktrag bei einem **Ehegatten** zu entspr Erhöhung beim anderen führen, auch ohne steuerl Auswirkung im Rücktragsjahr.

IV. Verlustvortrag, § 10d II

30 **1. Rechtsentwicklung. – a) Altverluste.** Verluste *vor 1999* und Verluste von *1999–2003* s 32. Aufl. Ab 2004 gilt § 10d nF auch für verbleibende Altverlustvorträge aus diesen Jahren (s Rz 5, 44).

31 **b) Verluste ab 2004. – *(1)* Grundsatz; neue Mindestbesteuerung.** Verluste sind – soweit nicht zurückgetragen – einkunftsartübergreifend (also vertikal und horizontal), ebenfalls ohne zeitl Begrenzung, iRd Sockelbeträge von – auch ab 2013 unverändert – 1 Mio € bzw bei Zusammenveranlagung 2 Mio € voll vortragbar, darüber hinaus aber nur noch beschränkt bis zu 60 vH des diese Beträge übersteigenden Gesamtbetrages der Einkünfte (§ 10d II 1, 2). Neu ab 2004 ist, dass diese betragsmäßige *Beschränkung auch innerhalb derselben Einkunftsart* gilt. Diese Neuregelung ersetzt – insoweit verschärfend – die alte Mindestbesteuerung auch für zum 31.12.2003 **verbliebene Altverluste** bei Vortrag in VZ ab 2004 (s Rz 5, 44). Der Sockelbetrag steht auch bei mehrjähriger Insolvenzabwicklung (§ 11 I 1 KStG) nur einmal zu (BFH I R 35/12 BStBl II 13, 508). – ***(2)* Sonderregelungen, §§ 10b, 20, 22, 23, 34a** s Rz 19.

V. Verfahrensfragen; Verlustfeststellung, § 10d I 3, 4, IV

1. Verfahrensfragen zum Verlustabzug, § 10d I 3, 4. – a) Änderungsvorschrift, § 10d I 3. – *(1)* Punktänderung. Ist für den dem Verlustentstehungsjahr vorgehenden VZ ein EStBescheid bereits ergangen, ist der Abzug rücktragbarer Verluste des Folge-VZ gem § 10d I 3, 4 auch bei Bestandskraft im Wege der Änderung des Bescheides vorzunehmen (Punktänderung). – ***(2)* Korrekturumfang.** In diesem Änderungsrahmen können nach § 177 AO **Rechtsfehler** berichtigt werden (BFH VIII R 432/83 BStBl II 89, 225 und unten). Begrenzung von Wahlrechten (zeitl und betragsmäßig) s Rz 28. Nach § 10d I 3, 4 kann auch ein bereits durchgeführter Verlustabzug berichtigt werden (s BFH VIII R 209/85 BStBl II 90, 620, 32. Aufl), auch bei Änderung im Entstehungsjahr im Rechtsbehelfsverfahren (s Rz 28). Problemreduzierung ab 1994 durch neues Abzugswahlrecht (Rz 26, 28) und durch Verlustfeststellung § 10d IV (Rz 40). § 10d I 3 enthält eine eigenständige verfahrensrechtl Änderungsvorschrift, die nicht nur eingreift, wenn sich zB auf Grund neuer Tatsachen für das Verlustentstehungsjahr herausstellt, dass der Verlust in anderer Höhe angefallen ist (BFH VIII R 109/86 BFH/NV 90, 624), sondern nach BFH VIII R 4/97 BFH/NV 99, 599 auch die Korrektur von (Rechts-)Fehlern beim Verlustabzug in Vor- und Rücktragsjahren trägt (auch nach BP, s BFH I B 59/94 BFH/NV 95, 589, uU auch nach Feststellung § 10d IV, s Rz 46, 47, auch im Verlustentstehungsjahr, s BFH XI R 12/93 BFH/NV 94, 710). Ggf gegenläufige Saldierung mit anderen Fehlern (s oben und Rz 28). Folgen einer versehentl *doppelten Verlustberücksichtigung* s BFH XI R 31/06 BFH/NV 08, 378. 34

b) Zeitl Grenzen, § 10d I 4. HS 1 stellt klar, dass auch bestandskräftige Bescheide änderbar sind. **HS 2** betrifft nur die **Festsetzungsverjährung** (punktuelle Ablaufhemmung, BFH XI R 31/06 BFH/NV 08, 378) und gilt auch für Verlustvorträge (BFH VIII R 36/88 BStBl II 90, 618). Entscheidend ist allein, dass die Festsetzungsfrist *für den VZ der Verlustentstehung* nach §§ 169 ff AO nicht abgelaufen ist (BFH XI R 59/00 BStBl II 01, 564; s auch BFH IX R 72/06 BStBl II 09, 639 und Rz 46 ff zu Wahländerung bis Bestandskraft des Feststellungsbescheides). Danach ist auch kein Rücktrag durch das FA mögl (s Rz 28 zum Rücktrag in bestandskräftigen EStBescheid). Das Rücktragsjahr darf nicht verjährt sein (BFH IX R 59/08 BStBl II 10, 1009). 35

c) Anfechtung von ESt-0-Bescheiden. Grundsatz: Keine Beschwer ohne StBelastung (§ 350 AO), daher Anfechtung *grds* unzulässig (zB BFH I R 174/86 BStBl II 90, 91). **Ausnahme:** Beschwer, falls sich durch einen unzutr Verlustansatz bindend eine nachteilige Wirkung bei der ESt in anderen VZ (zB Verlustverbrauch durch überhöhten Gewinnansatz), bei der Verlustfeststellung oder bei anderen Vergünstigungen ergibt (zB BFH IX R 124/92 BStBl II 96, 654; zu Erstattung von AbgeltungSt BFH VIII R 58/92 BStBl II 95, 362, BFH VIII R 17/09 BFH/NV 13, 1581; zu Verlustrücktrag BFH I R 51/13 BFH/NV 15, 305); nicht nur für abw Veranlagungswahlrecht, FG BBg EFG 12, 1869, rkr. Das war vor Einführung des Feststellungsverfahrens von geringer Bedeutung (s Rz 40). Seit 1990 muss eine Verlustfeststellung erfolgen für Verlustvorträge (s Rz 40). Dabei spielte die Bestandskraft von ESt-0-Bescheiden nach Änderung der BFH-Rspr bis 2010 keine Rolle mehr (s Rz 47/2). Die Bedeutung ist jedoch gewachsen durch § 10d IV 4, 5 idF JStG 2010 (s Rz 47/3): Nachträgl Verlustfeststellungen sind wieder abhängig von bestandskräftigen EStFestsetzungen im Feststellungsjahr und im Vorjahr. Daher müssen für spätere Verlustberücksichtigung uU auch ESt-0-Bescheide angefochten werden (oder Antrag auf Verlustfeststellung im Verlustjahr und Anfechtung eines abl Feststellungsbescheides). **AdV** eines ESt-0-Bescheids ist nicht mögl (*BMF* BStBl I 15, 174). 36

2. Verlustfeststellungsverfahren, § 10d IV 1–3. – *Schrifttum: Ettlich* DB 08, 18; *Pohl* Diss Europäische Hochschulschriften 2004; 23. Aufl mwN. – **a) Allge-** 40

meines. – ***(1)*** **Rechtsentwicklung, § 10d IV 1.** Um die früheren Schwierigkeiten der späteren Verlustermittlung auszuschalten (über Verluste wurde nicht im Entstehungsjahr, sondern erst in dem Abzugsjahr entschieden, in dem der Verlustrücktrag oder -vortrag nicht mehr zur Steuer von 0 führte), wurde 1990 die bindende jährl Feststellung verbleibender Verlustvorträge eingeführt. Ausgangspunkt ist der bei der Ermittlung des Gesamtbetrages der Einkünfte nicht ausgeglichene Verlust des Entstehungsjahres, vermindert um nach § 10d I tatsächl abgezogene Verlustrücktragsbeträge und nach § 10d II abziehbare Verlustvortragsbeträge (§ 10d II 3) und vermehrt um nicht verbrauchten Verlustvortrag aus Vorjahren. Die gesonderte Feststellung nach den Regeln der §§ 179 ff AO war nur für Verluste ab 1999 bis 2003 aufgeteilt nach Einkunftsarten (§ 10d IV 1 aF) und erfolgt – soweit Verluste bekannt sind – von Amts wegen (s Rz 49), bei mehreren Beteiligten auch einheitl (PersGes; nicht bei Eheleuten). – ***(2)*** **Zeitl Anwendung.** Wie in § 10d I 4 ist grds der Ablauf der Feststellungsfrist für das Feststellungsjahr maßgebl (§§ 169 ff, 181 I AO). Dabei war bis 2006 § 181 V AO mit späterer Einschränkung durch § 10d IV 6 zu beachten (s Rz 48), außerdem die Bindung an ESt-Festsetzungen ab 14.11.2010 (§ 10d IV 4, Rz 47, 36). Feststellung nur für das **Jahr der Verlustentstehung** (kein Wahlrecht, keine Nachholung im Folgejahr, vgl BFH XI R 39/99 BFH/NV 01, 302). Zu Folgen einer versehentl *doppelten Verlustberücksichtigung* s BFH XI R 31/06 BFH/NV 08, 378. – ***(3)*** **Verlustfortschreibung, § 10d IV 2.** In den nachfolgenden Jahren wird der nicht ausgeglichene Verlust in gleicher Weise fortgeschrieben und in dieser Höhe zum Schluss des jeweiligen VZ festgestellt, ggf um neue Verluste erhöht. Der Vorjahresfeststellungsbescheid wird dadurch gegenstandslos. Nach Verlustverbrauch oder bei Ablehnung erfolgt **negative Feststellung** mit Bindungswirkung (verbleibender Verlust 0), EStR 10d VII. Eine unvollständige, fehlerhafte Feststellung kann nicht nach Bestandskraft ergänzt werden (BFH IX R 94/07 BStBl II 09, 444). Ein **Verlustrücktrag** ist als Bezugsgröße des verbleibenden Verlustvortrages grds nicht tangiert (s Wortlaut § 10d IV 1, 2). Über die Höhe eines Rücktrags ist wie bisher ohne Feststellung bei der EStVeranlagung für das Abzugsjahr zu entscheiden (glA BFH VIII R 2/02 BStBl II 04, 551; BFH I R 51/13, BFH/NV 15, 305 und hier 19./23. Aufl mwN). Auch im *Rücktragsjahr* verbleibende Verluste aus späteren Jahren sind daher zum Ende des Rücktragsjahres nicht (erstmalig) festzustellen, gehen aber in spätere Verlustvortragsfeststellungen ein (§ 10d IV 2). – ***(4)*** **Entspr Verlustfeststellungsfälle.** S § 2a I 5, III 5, 6 (BFH IX R 57/09 BStBl II 11, 405), § 4h IV 3; § 10b I 10, Ia 3; § 20 VI 4; s auch § 22 Nr 3 S 4 HS 2, § 23 III 8 HS 2 (*FinVerw* DStR 08, 1042). – ***(5)*** **Persönl und sachl Grenzen.** Nach dem Wortlaut von § 10d IV muss für eine Verlustfeststellung die *persönl* StPfl als Voraussetzung für eine EStVeranlagung gegeben sein (vgl FG Mchn EFG 07, 1677, rkr, unter zutr Hinweis darauf, dass entstandene Verluste ggf ohne Feststellung später zu berücksichtigen sind; s auch *FinVerw* DB 12, 2493, EStR 10d VIII zu vorübergehender **Unterbrechung** der persönl StPfl). Eine fehlende *sachl* StPfl (keine Veranlagung oder EStFestsetzung von 0 €) steht einer Verlustvortragsfeststellung grds nicht entgegen, so dass zB vorab entstandene BA/WK in VZ ohne Einkünfte festzustellen sind (zB BFH IX R 81/07 BFH/NV 09, 386 zu Rechtslage vor § 10d IV 6 – dazu Rz 48). § 10d IV 4 schränkt Verlustfeststellungsanträge ab 14.11.2010 ein, wenn die ESt des FeststellungsVZ und des RücktragsVZ nicht mehr änderbar sind (s Rz 47, 36).

41 **b) Verfahrensrecht.** Der Feststellungsbescheid ist ein selbständiger VA. Feststellungsfrist s § 10d IV 4–6, Rz 47, 48. Bei Feststellungsfehlern, die nicht auf sonstigen Bescheidänderungen beruhen, ist der **Feststellungsbescheid anzufechten** (großzügige Antragsauslegung, s BFH VIII R 47/98 BFH/NV 01, 589). Er ist bindender **Grundlagenbescheid** für den nächsten EStBescheid und den nächsten Verlustfeststellungsbescheid (kein Vortrag ohne Feststellung, ggf Ver-

fahrensaussetzung § 74 FGO; Bindung auch bei Fehlerhaftigkeit, vgl BFH VIII R 2/02 BStBl II 04, 551, FG Thür EFG 14, 1459, rkr; bei Bestandskraft keine nachträgl Änderung über § 10d, allenfalls über AO; keine nachträgl Umwandlung in Rücktrag, EStR 10d VII). Er ist aber auch eine Art **Folgebescheid** der ihm zugrunde liegenden Veranlagung (BFH XI R 4/96 BFH/NV 97, 180; s auch Rz 47 zu § 10d IV 4): Bei Änderung des EStBescheides 2015 mit Verlustauswirkung erfolgt eine Folgeänderung des Feststellungsbescheides nach § 10d zum 31.12.2015; dann ggf Änderung des EStBescheides 2016 (§§ 182 I, 175 I 1 Nr 1 AO) bzw – bei rechtzeitiger Nachholung des Vor-/Rücktragswahlrechts – des EStBescheides 2014 und/oder eines Verlustfeststellungsbescheides 31.12.2014 (vgl BFH XI B 110/03 BFH/NV 04, 905). Bei verbleibendem **Rücktrag** keine gesonderte Feststellung im Rücktragsjahr (s Rz 40). Rechtswirkung negativer Feststellungsbescheide (und deren Aufhebungsbescheide) s BFH I R 23/08 BFH/NV 09, 1961.

c) Besonderheiten – *(1)* **Feststellungen ab 2004.** Alle Verluste sind nach neuem Recht festzustellen, nach § 52 Abs 25 aF auch solche Verluste, die auf den Schluss des VZ 1998 festgestellt und damit auch ab 1999 ohne jegl Beschränkung vortragbar waren, s Rz 43, nicht unbedenkl wegen neuer Mindestbesteuerung § 10d II 1 und wegen Abzugsystemänderung, Rz 17). Somit ist zum 31.12.2003 eine neue Gesamtverlustfeststellung nach § 10d IV unter Zusammenfassung aller verbliebener Verluste unter Wegfall der Trennung nach Einkunftsarten zu erstellen (Ausnahme: bei anderweitigen Verlustabzugsbegrenzungen auf die Einkunftsart/Einkunftsquelle – s Rz 11 – auch ab 2004 Feststellung nach Einkunftsarten, s EStR 10d VII). – *(2)* **Feststellungs-FA** ist auch bei PersGes'ter das für die EStVeranlagung zuständige FA **(§ 10d IV 3).** 42

3. Erlass, Änderung von Feststellungsbescheiden, § 10d IV 4, 5. – a) Abhängigkeit von ESt-Veranlagungen, § 10d IV 4. Da EStBescheide geändert werden und sich damit auch die Grundlagen für den Feststellungsbescheid verändern können (zB niedrigerer oder höherer nicht ausgeglichener Verlust infolge Änderung der Gewinne oder Überschüsse), ist in **§ 10d IV 4** eine spezielle **Erlass- und Änderungsmöglichkeit** ähnl § 175 I Nr 1 AO geschaffen worden. Grundlage für die Feststellung ist die Festsetzung der ESt. Voraussetzung für den nachträgl Erlass oder eine Änderung des Feststellungsbescheides ist idR die Aufhebung/Änderung eines EStBescheides, in dem die Bezugsgrößen enthalten sind (auch nach BP, s BFH I B 126/94 BStBl II 95, 496). Die Neufassung von § 10d IV 4, 5 im JStG 2010 sollte das Problem der nachträgl Geltendmachung von Verlusten ohne Änderung eines EStBescheides lösen (zB wegen ESt 0 oder Bestandskraft, vgl *Meyer/Ball* DStR 11, 345; FG Mchn EFG 15, 1688, Rev IX R 31/15). 46

b) Verlustverbrauch durch bestandskräftige ESt- Festsetzungen. – *(1)* **Frühere Rspr.** EStBescheide sollten unabhängig von ihrer Bestandskraft bei der Veranlagung nicht berücksichtigte Verluste nicht nur iHd Einkommens bzw ab 1999 des positiven Gesamtbetrages der Einkünfte dieses VZ, sondern *voll* verbrauchen (so sogar zu ESt-Nullbescheid mit positivem Gesamtbetrag der Einkünfte BFH XI R 25/99 BStBl II 02, 817). Nachträgl Verlustvortragsfeststellungen waren ausgeschlossen. – *(2)* **Änderung dieser Rspr.** Nach BFH IX R 70/06 BStBl II 09, 897 waren erstmalig geltend gemachte Verluste auch insoweit – von Amts wegen – gesondert festzustellen, als der ESt-Bescheid zwar bestandskräftig war, darin aber keine nicht ausgeglichenen negativen Einkünfte berücksichtigt waren. Nachträgl nicht verbrauchte Verluste konnten daher bis zum Ablauf der Feststellungsfrist (s Rz 48) nicht nur – ohne Feststellung – noch zurückgetragen, sondern auch noch als Verlustvortrag festgestellt werden, zB Verluste aufgrund nachträgl RsprÄnderung, Fortbildungsverluste. Vgl iEinz 29./32. Aufl mwN. – *(3)* **Gesetzesänderung. § 10d IV 4, 5 idF JStG 2010** soll diese neue Rspr betr nachträgl Erlass/Änderung von Feststellungsbescheiden aushebeln und die ursprüngl Rechts- 47 lage (oben *1*) wieder herstellen, da „die vom Gesetzgeber seit 1990 vorgesehene Abstimmung der materiellen und formellen Änderungserfordernisse von Veranlagung und Verlustfeststellung nicht mehr gewahrt" sei (s *FinVerw* DStR 11, 1522). Der Wortlaut von § 10d IV 4, 5 überzeugt ebensowenig wie der von § 10d IV 4, 5 aF (glA *Sikorski* NWB 11, 2191; Problemfälle s *Butler* NWB 13, 1636). **Zeitl Anwendung:** § 52 Abs 25 S 5 aF soll sicherstellen, dass nach Verkündung des JStG 2010 am **13.12.2010** erklärte Verluste unter die Neuregelung fallen (s *FinVerw* DStR 14, 1114; zu VerfMäßigkeit BFH IX R 6/14 BFH/NV 15, 812; zur Antragsauslegung BFH IX B 137/13 BFH/NV 14, 1042). – **§ 10d IV 4** soll eine nachträgl Verlustfeststellung oder die Änderung eines solchen Bescheides aufgrund neuer Tatsachen oder Beweismittel auf „rechtserhebl Fälle" beschränken, in denen „das FA bei rechtzeitiger Kenntnis schon bei der ursprüngl Veranlagung mit an Sicherheit grenzender Wahrscheinlichkeit zur entspr Verlustfeststellung gelangt wäre" (BR-Drs 318/10 S. 76). Die Verlustfeststellung wird enger mit der EStVeranlagung verknüpft; sie entfällt, wenn die ESt dieses VZ und des Rücktrags-VZ nicht mehr änderbar sind. Damit entfällt die nachträgl Geltendmachung von Verlusten aufgrund späterer RsprÄnderung. Alle mögl Verluste sind zum Ende des Veranlagungsjahres zur Feststellung anzumelden; der Verlustfeststellungsbescheid ist ggf anzufechten. Das gilt wohl auch bei ESt-Nullbescheid (vgl BFH IX R 6/14 BFH/NV 15, 812; s aber § 10d IV 5), jedoch nicht ohne EStVeranlagung (str, s unten *4*). Der Rechtsbehelfsbelehrung kommt daher besondere Bedeutung zu (vgl § 126 III AO). Der Feststellungsbescheid ist Grundlagenbescheid für die EStFestsetzung des Folgejahres und folgende Feststellungsbescheide. Umgekehrt ist der EStBescheid zwar kein Grundlagenbescheid für die Feststellung (§ 157 II AO). Er soll jedoch eine *inhaltl Bindungswirkung* entfalten. Daher sollen nach **§ 10d IV 4 HS 2** auch insoweit § 171 X AO (Ablaufhemmung der Festsetzungsfrist des Folgebescheides), § 175 I 1 Nr 1 AO (Anpassung von Folgebescheiden an Grundlagenbescheid) und § 351 II AO/§ 42 FGO (Anfechtungsbeschränkung des Folgebescheides – hier des Feststellungsbescheides) entspr gelten. – **§ 10d IV 5** enthält eine Ausnahme von dieser „inhaltl Bindungswirkung" des EStBescheides. Während grds der (nachträgl) Erlass/die Korrektur des Feststellungsbescheides von einer Änderung des EStBescheides abhängt, gilt eine Ausnahme für den Fall, dass zwar die verfahrensrechtl Änderungsvoraussetzungen vorliegen, eine Änderung jedoch mangels steuerl Auswirkung unterbleibt (zB bei EStNullbescheid, s Rz 36). Liegen die verfahrensrechtl Änderungsvoraussetzungen für die ESt nicht vor (zB – nach Bestandskraft, s oben zu § 351 II AO – bei grob schuldhaft verspätetem Vorbringen neuer Tatsachen, § 173 AO oder Ablauf der EStFestsetzungsfrist), ist § 10d IV 5 nicht anwendbar (so schon BFH XI R 62/97 BStBl II 00, 3). Offen ist, ob auch vor der Gesetzesänderung die Grenzen von § 351 I AO zu beachten sind (so BFH IX R 11/12 BFH/NV 13, 1069). – ***(4)* Ohne EStVeranlagung.** Bislang (Anfang 2016) keine nachträgl Feststellungsbeschränkung durch § 10d IV 4, 5. Die *FinVerw* war aA und ging davon aus, dass auch ohne sonstige Einkünfte stets eine ESt-0-Veranlagung vorangehen müsse, dass eine Verlustfeststellung nach Ablauf der ESt-Festsetzungsfrist ausscheide und dass sogar isolierte erstmalige Anträge auf Verlustfeststellung als Anträge auf EStVeranlagung (mit ESt 0) zu behandeln seien (s 34. Aufl Rz 49). Das ist trotz der bezweckten inhaltl Bindungswirkung einer ESt-Festsetzung nicht aus § 10d IV 4, 5 herzuleiten (so geklärt durch BFH IX R 22/14 DStR 15, 939 mwN; Anm *Yilmaz/Nunnenkamp* NWB 15, 1832). Vgl auch zu AdV *BMF* BStBl I 15, 174 und 786. Eine vom BRat angeregte Gesetzesänderung (BR-Drs 121/15 S. 12) ist im JStG 2015 (noch) nicht umgesetzt. – ***(5)* Rücktrag.** Nicht verbrauchte, erstmals nachträgl ermittelte Verluste sind grds ohne Verlustfeststellung wie früher unabhängig von der EStVeranlagung dieses Jahres ohne Antragsfrist in das Vorjahr rücktragbar (§ 10d I, III 2, s Rz 40). § 10d IV 4, 5 betr nur die Feststellung von Verlust*vorträgen*. *Beispiel:* EStVeranlagung 01 bestandskräftig ohne Verluste; Verlust 02 ist rücktragbar. – ***(6)* Bestandskräftige Verlustfeststel-**

lungsbescheide. Sie sind ohne Folgeänderung gem § 10d IV 4 (Rz 46) nur nach allg Vorschriften änderbar (zB §§ 173 I Nr 2, 175 I Nr 1, Nr 2 AO), sonst bindend hinsichtl Verlustausgleich und verbleibendem Verlust. Sie stehen auch einem nachträgl Verlustrücktragsantrag ins Vorjahr entgegen.

4. Zeitl Begrenzung ohne ESt-Veranlagung, § 10d IV 6. Vgl *BMF* BStBl I 09, 1189. – **a) Rechtslage bis Ende 2006, § 181 V AO.** Die erstmalige Feststellung war nach früherer Rspr so lange mögl, wie der Verlust auf eine offene EStVeranlagung übertragbar war (§ 181 V AO), so dass wegen der unbegrenzten Vortragsmöglichkeit praktisch keine Feststellungsverjährung eintrat. Diese Rspr galt fort für alle Fälle, in denen die Feststellungsfrist am 18.12.06 (Verkündung des JStG 2007 mit § 10d IV 6) bereits abgelaufen war (§ 52 Abs 25 S 6 aF). Insoweit wird auf die Rspr 32. Aufl verwiesen. S auch BFH IX R 5/11 BStBl II 14, 143; *Heuermann* DStR 11, 1489. 48

b) Einschränkung ab Ende 2006, § 10d IV 6. § 181 V AO mit der Möglichkeit der Verlustfeststellung nach Ablauf der Feststellungsfrist ist nur noch anwendbar, wenn das FA ihm zB aus einer StErklärung bekannte Verluste pflichtwidrig nicht (ggf von Amts wegen) festgestellt hat – solche Feststellungen können unbefristet nachgeholt werden **(§ 10d IV 6 HS 2).** IÜ gilt: Eine nachträgl Verlustfeststellung ohne EStVeranlagung ist grds bis zum Ablauf der 4-jährigen Feststellungsfrist mögl (§§ 181 I 1 iVm 169 I 1, II Nr 2 AO), auch für vorher entstandene Verluste (BFH IX R 32/13 BFH/NV 14, 1206; s auch BFH IX R 17/14 BFH/NV 15, 1089; zu GewSt BFH I R 5/13 DStR 15, 1620, Anm *Nöcker* FR 15, 858). **§ 10d IV 6 HS 1** knüpft die Frist an den Ablauf der Festsetzungsfrist für die *ESt dieses (Verlustfeststellungs-)VZ.* Anders als bei Antragsveranlagungen (für die keine Anlaufhemmung gilt, s § 46 Rz 34) liegt der Verlustfeststellung eine Pflichterklärung zu Grunde mit der Folge einer längstens 3-jährigen Anlaufhemmung (§ 181 I 2 iVm § 170 II Nr 1 AO); die Verpflichtung kann sich auch aus § 56 EStDV ergeben (so zutr FG Nds EFG 15, 701, rkr). Damit sind Verlustfeststellungsanträge *ohne zwischenzeitl ESt-Veranlagungen* (zB bei Studenten ohne Einkünfte) anders als „freiwillige" ESt-Veranlagungsanträge **7 Jahre** nachholbar (BFH IX R 90/07 BStBl II 09, 816; FG Mchn EFG 15, 200 mit Anm *Wendt,* Rev IX R 34/14; *BMF* BStBl I 07, 825; ausführl *Heuermann* DStR 11, 1489; zu StHinterziehung/Teilverjährung BFH IV R 30/12 BStBl II 13, 995). Dem steht auch § 10d IV 4, 5 nicht entgegen (BFH IX R 22/14 DStR 15, 939, Rz 47). Der Antrag ist jedoch so rechtzeitig einzureichen, dass das FA bis zum Fristablauf darüber entscheiden kann (BFH IX R 36/10 BStBl II 11, 807). 49

§ 10e Steuerbegünstigung der zu eigenen Wohnzwecken genutzten Wohnung im eigenen Haus

Benutzerhinweis: § 10e hat keine aktuelle Bedeutung mehr, weil die Vorschrift nur anzuwenden war, wenn die Anschaffung bzw der Herstellungsbeginn vor dem 1.1.1996 lag (§ 52 Abs 26 S 6). Letzte umfassende Kommentierung s 21. Aufl; letzte Nachträge s 27. Aufl.

§ 10f Steuerbegünstigung für zu eigenen Wohnzwecken genutzte Baudenkmale und Gebäude in Sanierungsgebieten und städtebaulichen Entwicklungsbereichen

(1) [1] **Der Steuerpflichtige kann Aufwendungen an einem eigenen Gebäude im Kalenderjahr des Abschlusses der Baumaßnahme und in den neun folgenden Kalenderjahren jeweils bis zu 9 Prozent wie Sonderausgaben abziehen, wenn die Voraussetzungen des § 7h oder des § 7i vorliegen.** [2] **Dies gilt nur, soweit er das Gebäude in dem jeweiligen Kalenderjahr zu eigenen Wohnzwecken nutzt und die Aufwendungen nicht in die Bemessungsgrundlage nach**

§ 10e oder dem Eigenheimzulagengesetz einbezogen hat. [3] Für Zeiträume, für die der Steuerpflichtige erhöhte Absetzungen von Aufwendungen nach § 7h oder § 7i abgezogen hat, kann er für diese Aufwendungen keine Abzugsbeträge nach Satz 1 in Anspruch nehmen. [4] Eine Nutzung zu eigenen Wohnzwecken liegt auch vor, wenn Teile einer zu eigenen Wohnzwecken genutzten Wohnung unentgeltlich zu Wohnzwecken überlassen werden.

(2) **[1] Der Steuerpflichtige kann Erhaltungsaufwand, der an einem eigenen Gebäude entsteht und nicht zu den Betriebsausgaben oder Werbungskosten gehört, im Kalenderjahr des Abschlusses der Maßnahme und in den neun folgenden Kalenderjahren jeweils bis zu 9 Prozent wie Sonderausgaben abziehen, wenn die Voraussetzungen des § 11a Absatz 1 in Verbindung mit § 7h Absatz 2 oder des § 11b Satz 1 oder 2 in Verbindung mit § 7i Absatz 1 Satz 2 und Absatz 2 vorliegen. [2] Dies gilt nur, soweit der Steuerpflichtige das Gebäude in dem jeweiligen Kalenderjahr zu eigenen Wohnzwecken nutzt und diese Aufwendungen nicht nach § 10e Absatz 6 oder § 10i abgezogen hat. [3] Soweit der Steuerpflichtige das Gebäude während des Verteilungszeitraums zur Einkunftserzielung nutzt, ist der noch nicht berücksichtigte Teil des Erhaltungsaufwands im Jahr des Übergangs zur Einkunftserzielung wie Sonderausgaben abzuziehen. [4] Absatz 1 Satz 4 ist entsprechend anzuwenden.**

(3) **[1] Die Abzugsbeträge nach den Absätzen 1 und 2 kann der Steuerpflichtige nur bei einem Gebäude in Anspruch nehmen. [2] Ehegatten, bei denen die Voraussetzungen des § 26 Absatz 1 vorliegen, können die Abzugsbeträge nach den Absätzen 1 und 2 bei insgesamt zwei Gebäuden abziehen. [3] Gebäuden im Sinne der Absätze 1 und 2 stehen Gebäude gleich, für die Abzugsbeträge nach § 52 Absatz 21 Satz 6 in Verbindung mit § 51 Absatz 1 Nummer 2 Buchstabe x oder Buchstabe y des Einkommensteuergesetzes 1987 in der Fassung der Bekanntmachung vom 27. Februar 1987 (BGBl. I S. 657) in Anspruch genommen worden sind; Entsprechendes gilt für Abzugsbeträge nach § 52 Absatz 21 Satz 7.**

(4) **[1] Sind mehrere Steuerpflichtige Eigentümer eines Gebäudes, so ist Absatz 3 mit der Maßgabe anzuwenden, dass der Anteil des Steuerpflichtigen an einem solchen Gebäude dem Gebäude gleichsteht. [2] Erwirbt ein Miteigentümer, der für seinen Anteil bereits Abzugsbeträge nach Absatz 1 oder Absatz 2 abgezogen hat, einen Anteil an demselben Gebäude hinzu, kann er für danach von ihm durchgeführte Maßnahmen im Sinne der Absätze 1 oder 2 auch die Abzugsbeträge nach den Absätzen 1 und 2 in Anspruch nehmen, die auf den hinzuerworbenen Anteil entfallen. [3] § 10e Absatz 5 Satz 2 und 3 sowie Absatz 7 ist sinngemäß anzuwenden.**

(5) **Die Absätze 1 bis 4 sind auf Gebäudeteile, die selbständige unbewegliche Wirtschaftsgüter sind, und auf Eigentumswohnungen entsprechend anzuwenden.**

Einkommensteuer-Richtlinien: EStR 10f/EStH 10f

Übersicht

1 **1. Anwendungsbereich, Abgrenzung zu anderen Vorschriften.** § 10f gilt für **selbstgenutzte Gebäude,** knüpft iÜ aber an die Voraussetzungen der § 7h (Modernisierungs- und Instandsetzungsmaßnahmen in Sanierungsgebieten) bzw

§ 7i (Maßnahmen zur Erhaltung oder sinnvollen Nutzung eines Baudenkmals) an. Die in Bezug genommenen Vorschriften der §§ 7h, 7i gelten unmittelbar nur für Gebäude, die der Einkunftserzielung dienen. Aufwendungen für selbstgenutzte Baudenkmale, die sich aufgrund der Übergangsregelung des § 13 II Nr 2, IV noch im luf BV befinden, mindern die Einkünfte aus LuF (s § 13 Rz 81 ff). Für Baudenkmale, die weder der Einkunftserzielung dienen (zB Liebhaberei) noch selbstgenutzt werden, gilt § 10g.

2. Kritik. Die Vorschrift sollte ersatzlos entfallen, so wie es mit § 10e und dem EigZulG zR geschehen ist. Sie bewirkt sowohl eine überflüssige Verkomplizierung des SteuerR als auch unnötige Baupreissteigerungen, weil die Projektanbieter die Subventionswirkung von vornherein in ihre Preise einkalkulieren. Der Umfang der Subvention ist dem Gesetzgeber unbekannt und für ihn unkontrollierbar, weil die Verantwortlichkeiten für die Ausstellung der Bescheinigung einerseits (Gemeinde, Denkmalbehörde) und die Finanzierung durch öffentl Mittel andererseits (FA) nicht in einer Hand liegen. Dies lädt zu Missbräuchen geradezu ein (s auch § 7i Rz 9; aA *KSM/Kleeberg* § 10f Rz A 67: ausgewogene steuerl Förderung im Interesse der Allgemeinheit). 2

3. Begünstigung bestimmter HK/AK, § 10f I. – a) Aufwendungen an einem eigenen Gebäude. Weil § 10f ausdrückl (wirtschaftl) Eigentum des StPfl fordert, ist der Kreis der Begünstigten kleiner als bei §§ 7h, 7i. Bei den dortigen AfA-Vorschriften genügt aufgrund des obj Nettoprinzips bereits die Tragung der AK/HK und die Nutzung zur Einkunftserzielung (s § 7 Rz 32 ff); Eigentum ist nicht erforderl. Demggü ist bei der Subventionsvorschrift des § 10f, bei der das Nettoprinzip nicht gilt, insb der Vorbehaltsnießbraucher nach Verlust seines Eigentums nicht mehr zum Abzug berechtigt (so zutr zur wortgleichen Vorschrift des § 10e BFH X R 38/98 BStBl II 00, 653). Auch ein langfristiger Mietvertrag (35 Jahre) mit Vorkaufsrecht genügt nicht (FG Hbg EFG 10, 149, rkr). – Gebäudeteile, die selbständige unbewegl WG sind, sind jeweils gesondert zu betrachten (Abs 5; s auch § 7 Rz 180 mwN). 3

b) Nutzung zu eigenen Wohnzwecken. Der StPfl muss das Gebäude in jedem Kj, in dem er die Begünstigung in Anspruch nimmt, zu eigenen Wohnzwecken nutzen (Abs 1 S 2); es muss aber nicht Lebensmittelpunkt sein. Ein freistehendes Nebengebäude auf dem Wohngrundstück ist auch dann begünstigt, wenn es zu Hobbyzwecken genutzt wird (FG Nds EFG 06, 1051, rkr). Das eigene häusl Arbeitszimmer dient hingegen nicht Wohnzwecken. Wird das Gebäude iRe doppelten Haushaltsführung genutzt und sind die Aufwendungen daher WK (wenn auch nur in notwendigem Umfang abziehbar), verdrängt der WK-Tatbestand den SA-Tatbestand des § 10f; ein zusätzl Abzug über die Kosten der doppelten Haushaltsführung hinaus ist daher nicht mögl. Verzichtet der StPfl allerdings auf den WK-Abzug, soll ein Abzug nach § 10f mögl sein (FG Köln EFG 14, 1086, rkr; mE zweifelhaft, weil kein Wahlrecht besteht). Näher zum Begriff der Wohnzwecke s 27. Aufl § 7 Rz 171. – Eine Nutzung zu eigenen Wohnzwecken ist auch dann gegeben, wenn **Teile einer selbstgenutzten Wohnung** *unentgeltl* zu Wohnzwecken überlassen werden (Abs 1 S 4); zB bei Überlassung einzelner Räume an Angehörige. Eine Überlassung der *gesamten* Wohnung an einen Dritten ist hingegen (anders als nach § 4 EigZulG) keine Nutzung zu *eigenen* Wohnzwecken (zutr BFH X R 13/10 BFH/NV 11, 974; anders aber bei Überlassung an ein unterhaltsberechtigtes Kind). – Ist ein **Gebäude teilweise vermietet und teilweise selbstgenutzt,** ist die Bemessungsgrundlage für die erhöhten AfA nach §§ 7h, 7i einerseits und den SA-Abzug nach § 10f andererseits nach dem Verhältnis der Nutzflächen aufzuteilen (*Stuhrmann* DStZ 90, 107, 111). – Findet während des Kj ein **Wechsel zw Selbstnutzung und anderen Nutzungszwecken** (zB Vermietung oder Leerstand) statt, ist der SA-Abzug zeitanteilig zu gewähren (glA *Blümich/Erhard* § 10f Rz 29; aA FG Nds EFG 13, 1321, rkr: Ganzjahresbetrag; *Littmann/Schindler* § 10f Rz 17: Wahlrecht zw §§ 7h/7i und § 10f). Hierfür spricht 4 sowohl der Wortlaut des Abs 1 S 2 („soweit") als auch die ausdrückl Konkurrenzregelung zum WK-Abzug nach §§ 7h, 7i für denselben Zeitraum (Abs 1 S 3).

5 **c) Vorliegen der Voraussetzungen des § 7h oder § 7i.** – **§ 7h** erfasst **HK für Modernisierungs- und Instandsetzungsmaßnahmen** (nicht für Neubauten) an einem im *Inland* belegenen Gebäude in einem förml festgelegten **Sanierungsgebiet** oder städtebaul Entwicklungsbereich. AK sind nur begünstigt, wenn die Maßnahmen nach Abschluss des Erwerbsvertrags durchgeführt werden (§ 7h I 3). Die Voraussetzungen müssen durch eine **Bescheinigung** der Gemeinde nachgewiesen werden (Grundlagenbescheid). Zuschüsse aus öffentl und privaten Mitteln mindern die Bemessungsgrundlage. Wegen der Einzelheiten s ausführl § 7h Rz 2–7. – **§ 7i** gilt für HK (und bestimmte AK) an einem **Baudenkmal,** die zur Erhaltung des Gebäudes oder zu seiner sinnvollen Nutzung erforderl sind. Auch hier ist eine Bescheinigung der Denkmalbehörde notwendig. Wegen der Einzelheiten s § 7i Rz 1–9.

6 **d) Vermeidung von Doppelförderungen.** Eine Förderung nach § 10f I kommt nicht in Betracht, wenn der StPfl die Aufwendungen in die Bemessungsgrundlage nach **§ 10e** oder dem **EigZulG** einbezogen hat (Abs 1 S 2). Aufwendungen, die die höchstmögl Bemessungsgrundlagen nach § 10e/EigZulG übersteigen, können aber für dasselbe Objekt nach § 10f abgezogen werden (BFH X R 19/02 BStBl II 04, 711 unter II.1.). § 10e gilt allerdings nur noch bei Anschaffung/Herstellungsbeginn vor dem 1.1.1996; das EigZulG gilt nur noch bei Anschaffung/Herstellungsbeginn vor dem 1.1.2006. Demggü ist § 10f unbefristet gültig. – Außerdem scheidet ein Abzug nach § 10f I aus, wenn der StPfl für denselben Zeitraum und dieselben Aufwendungen **erhöhte AfA nach §§ 7h, 7i** abzieht (Abs 1 S 3). – Der Gesetzeswortlaut schließt es mE aber nicht aus, das Gebäude zunächst 10 Jahre selbst zu nutzen und dabei 10x 9% der HK nach § 10f abzuziehen, und anschließend das Gebäude zu vermieten und dafür die **Gebäude-AfA gem § 7 IV** nach Maßgabe der ursprüngl HK in Anspruch zu nehmen (aA *Blümich/Erhard* § 10f Rz 30). Da § 10f keine AfA-Vorschrift ist, ist das AfA-Volumen nicht um die nach § 10f abgezogenen SA zu kürzen; allerdings gilt die auf die verstrichene Zeit entfallende AfA als verbraucht (s § 7 Rz 82).

7 **e) Höhe des Abzugs.** Im Jahr des Abschlusses der Baumaßnahme (Ganzjahresbetrag unabhängig vom Monat der Fertigstellung) und in den neun folgenden Kj kann der StPfl jeweils bis zu 9% wie SA abziehen (insgesamt also 90% der HK). Ein Höchstbetrag ist (anders als bei § 10e) nicht vorgesehen. Ein Verlustvor- oder -rücktrag ist nicht mögl; auch eine „RestwertAfA" nicht ausgeschöpfter Beträge (so in § 7h I 5 und § 7i I 8 vorgesehen) kommt nicht in Betracht. Zur formellen Verfassungsmäßigkeit der Absenkung der Förderbeträge (von zuvor 10% auf nunmehr 9% jährl), die für Baumaßnahmen gilt, die nach dem 31.12.2003 begonnen wurden (§ 52 Abs 27 EStG 2004), s § 7h Rz 8. – **Abschluss der Baumaßnahme** (dh Beginn des SA-Abzugs) ist bei einer sog „Gesamtmaßnahme" (Gesamtsanierung, die aus mehreren Einzelmaßnahmen besteht) erst der Abschluss der Gesamtmaßnahme (zutr FG Bln EFG 06, 1892, rkr). Die anderslautende Rspr zu § 7i (BFH IX R 40/97 BStBl II 03, 582 unter II.1.b aa) ist auf den dort abw Wortlaut gestützt (§ 7i: „HK für Baumaßnahmen"/§ 10f: „Aufwendungen *an* einem Gebäude") und nicht auf § 10f übertragbar. – Bei **Gesamtrechtsnachfolge** ist ein weiterer Abzug beim Rechtsnachfolger nicht mögl (entspr BFH GrS 2/04 BStBl II 08, 608; glA *Biergans* FR 90, 133, 137; *Koller* DStR 90, 128, 130; aA *Blümich/Erhard* § 10f Rz 11). Da § 10f keine AfA-Vorschrift ist, ist § 11d EStDV nicht anwendbar.

9 **4. Begünstigung von Erhaltungsaufwand, § 10f II. – a) Anforderungen an das begünstigte Objekt.** Auch hier muss es sich um ein **eigenes Gebäude**

handeln (Einzelheiten s Rz 3), das im jeweiligen Kj **zu eigenen Wohnzwecken genutzt** wird (s Rz 4).

b) Vorliegen der Voraussetzungen der § 11a, § 11b. Diese Tatbestände erfassen Erhaltungsaufwendungen für Maßnahmen, die, wenn es sich um HK handeln würde, nach §§ 7h, 7i begünstigt wären (Gebäude in Sanierungsgebieten oder Entwicklungsbereichen, Baudenkmale). Auch hier sind **Bescheinigungen** der Gemeinde- bzw Denkmalbehörden erforderl. Wegen der Einzelheiten s Rz 5 sowie die Erläut zu §§ 7h, 7i. – Zum Begriff des **Erhaltungsaufwands** (Abgrenzung zu HK) s § 6 Rz 151 ff, insb Rz 188. Hohe Heizkosten für ein denkmalgeschütztes Schloss sind kein Erhaltungsaufwand im steuerl Sinne, auch wenn sie zur Erhaltung des Gebäudes notwendig sind (FG Mster EFG 10, 703, rkr). 10

c) Vermeidung von Doppelförderungen. Handelt es sich bei den Erhaltungsaufwendungen um BA/WK, ist der Abzug nach den dortigen Vorschriften vorrangig (Abs 2 S 1). Auch ein Abzug nach § 10e VI oder § 10i ist vorrangig und schließt die Anwendung des § 10f II aus (Abs 2 S 2); die genannten Vorschriften sind allerdings in den Jahren 1995 bzw 1998 ausgelaufen. 11

d) Höhe des Abzugs. Obwohl es sich um Erhaltungsaufwand handelt, ist kein voller Abzug im Jahr des Abflusses mögl. Vielmehr sind die Aufwendungen (unabhängig vom Zahlungszeitpunkt) im Jahr des Abschlusses der Maßnahme und den 9 Folgejahren jeweils bis zu 9% wie SA abziehbar (Gesamtabzug maximal 90% der Aufwendungen). Da die Rechtsfolge dieselbe ist wie bei den HK iSd Abs 1, kommt es für Zwecke des § 10f auf die Abgrenzung zw HK und Erhaltungsaufwand nicht an (*Hahn* DB 90, 65, 67). – Im Fall des **Übergangs zur Einkunftserzielung** ist der noch nicht berücksichtigte Teil des Erhaltungsaufwands im Jahr des Übergangs in einer Summe wie SA (nicht als BA/WK) abzuziehen (Abs 2 S 3). Auch in diesen Fällen darf der Gesamtabzug aber höchstens 90% der Aufwendungen betragen, weil ein höherer Betrag nicht „berücksichtigt" werden kann. Eine Nachholung nicht ausgenutzter Beträge wird auch durch einen Übergang zur Einkunftserzielung nicht ermöglicht (glA *HHR* § 10f Rz 30 mwN). Im umgekehrten Fall (Übergang zur Selbstnutzung nach vorheriger Nutzung zur Einkunftserzielung) kann der nach §§ 11a, 11b verteilungsfähige Erhaltungsaufwand in *einer* Summe als BA/WK abgesetzt werden (§ 11a II). Während § 11a II eine entspr Regelung auch für die zwischenzeitl Veräußerung enthält, ist noch nicht berücksichtigter Erhaltungsaufwand in den Fällen des § 10f bei einer Veräußerung verloren; der Gesetzgeber geht davon aus, dass dies durch einen entspr höheren stfreien Veräußerungserlös ausgeglichen wird (*Hahn* DB 90, 65, 67). Ggf bietet sich hier eine zwischenzeitl Vermietung an den späteren Erwerber an (so *Biergans* FR 90, 133, 137), wobei allerdings die Einkunftserzielungsabsicht bei zeitl begrenzter Vermietung häufig fehlen wird (s § 21 Rz 31 mwN). Bei Eintritt von Gesamtrechtsnachfolge endet der Abzug (s Rz 7). 12

5. Objektbeschränkung, § 10f III, IV. Die Abzugsbeträge nach Abs 1, 2 kann der StPfl nur bei *einem* Gebäude in Anspruch nehmen (Abs 3 S 1; aA *KSM/Kleeberg* § 10f Rz D 3: in späteren VZ könne ein Abzug bei einem anderen Gebäude vorgenommen werden). Ehegatten (§ 26 I) stehen die Abzüge für insgesamt zwei Gebäude zu (Abs 3 S 2), und zwar unabhängig davon, welcher Ehegatte Eigentümer der Gebäude ist. Objektverbrauch tritt auch dann ein, wenn der StPfl Abzugsbeträge nach den Vorläufervorschriften (§§ 82g, 82i EStDV 1987) in Anspruch genommen hatte (Abs 3 S 3). – Da das Gebäude, nicht aber die einzelne Wohnung maßgebend ist, steht es der Begünstigung nicht entgegen, wenn die Maßnahmen mehrere Wohnungen im selben Gebäude betreffen. Wenn am selben Gebäude später weitere begünstigte Maßnahmen vorgenommen werden, schließt die Objektbeschränkung den Abzug nicht aus (*Blümich/Erhard* § 10f Rz 51; *Koller* DStR 90, 128, 130; *Biergans* FR 90, 133, 137; *Stuhrmann* DStZ 90, 107, 111); die Rechtslage ist insoweit anders als bei § 10e. Die Abzüge nach Abs 1 und Abs 2 können zwar nebeneinander gewährt werden, müssen nach dem Gesetzeswortlaut 14 aber auf dasselbe Gebäude bezogen sein (glA *HHR* § 10f Rz 35; *Littmann/Schindler* § 10f Rz 29). – Bei **Miteigentum** schließt grds bereits die Begünstigung der auf den Miteigentumsanteil entfallenden anteiligen HK oder Erhaltungsaufwendungen eine Inanspruchnahme des SA-Abzugs für ein weiteres Objekt aus (Abs 4 S 1). Dies gilt jedoch nicht, wenn Miteigentümer des Gebäudes ausschließl der StPfl und sein Ehegatte sind (§ 10f IV 3 iVm § 10e V 2; s hierzu ausführl 21. Aufl § 10e Rz 65–69). Nach Hinzuerwerb eines Miteigentumsanteils am selben Gebäude kann der StPfl Aufwand für künftige Maßnahmen in Bezug auf beide Miteigentumsanteile abziehen (Abs. 4 S 2). In Miteigentumsfällen kann eine gesonderte und einheitl Feststellung der Abzugsbeträge vorgenommen werden (§ 10f IV 3 iVm § 10e VII).

§ 10g Steuerbegünstigung für schutzwürdige Kulturgüter, die weder zur Einkunftserzielung noch zu eigenen Wohnzwecken genutzt werden

(1) [1] **Der Steuerpflichtige kann Aufwendungen für Herstellungs- und Erhaltungsmaßnahmen an eigenen schutzwürdigen Kulturgütern im Inland, soweit sie öffentliche oder private Zuwendungen oder etwaige aus diesen Kulturgütern erzielte Einnahmen übersteigen, im Kalenderjahr des Abschlusses der Maßnahme und in den neun folgenden Kalenderjahren jeweils bis zu 9 Prozent wie Sonderausgaben abziehen.** [2] **Kulturgüter im Sinne des Satzes 1 sind**

1. **Gebäude oder Gebäudeteile, die nach den jeweiligen landesrechtlichen Vorschriften ein Baudenkmal sind,**
2. **Gebäude oder Gebäudeteile, die für sich allein nicht die Voraussetzungen für ein Baudenkmal erfüllen, aber Teil einer nach den jeweiligen landesrechtlichen Vorschriften als Einheit geschützten Gebäudegruppe oder Gesamtanlage sind,**
3. **gärtnerische, bauliche und sonstige Anlagen, die keine Gebäude oder Gebäudeteile und nach den jeweiligen landesrechtlichen Vorschriften unter Schutz gestellt sind,**
4. **Mobiliar, Kunstgegenstände, Kunstsammlungen, wissenschaftliche Sammlungen, Bibliotheken oder Archive, die sich seit mindestens 20 Jahren im Besitz der Familie des Steuerpflichtigen befinden oder in das Verzeichnis national wertvollen Kulturgutes oder das Verzeichnis national wertvoller Archive eingetragen sind und deren Erhaltung wegen ihrer Bedeutung für Kunst, Geschichte oder Wissenschaft im öffentlichen Interesse liegt,**

wenn sie in einem den Verhältnissen entsprechenden Umfang der wissenschaftlichen Forschung oder der Öffentlichkeit zugänglich gemacht werden, es sei denn, dem Zugang stehen zwingende Gründe des Denkmal- oder Archivschutzes entgegen. [3] **Die Maßnahmen müssen nach Maßgabe der geltenden Bestimmungen der Denkmal- und Archivpflege erforderlich und in Abstimmung mit der in Absatz 3 genannten Stelle durchgeführt worden sein; bei Aufwendungen für Herstellungs- und Erhaltungsmaßnahmen an Kulturgütern im Sinne des Satzes 2 Nummer 1 und 2 ist § 7i Absatz 1 Satz 1 bis 4 sinngemäß anzuwenden.**

(2) [1] **Die Abzugsbeträge nach Absatz 1 Satz 1 kann der Steuerpflichtige nur in Anspruch nehmen, soweit er die schutzwürdigen Kulturgüter im jeweiligen Kalenderjahr weder zur Erzielung von Einkünften im Sinne des § 2 noch Gebäude oder Gebäudeteile zu eigenen Wohnzwecken nutzt und die Aufwendungen nicht nach § 10e Absatz 6, § 10h Satz 3 oder § 10i abgezogen hat.** [2] **Für Zeiträume, für die der Steuerpflichtige von Aufwendungen Absetzungen für Abnutzung, erhöhte Absetzungen, Sonderabschreibungen oder Beträge nach § 10e Absatz 1 bis 5, den §§ 10f, 10h, 15b des Berlinförderungsgesetzes oder § 7 des Fördergebietsgesetzes abgezogen hat, kann er für diese Aufwendungen keine Abzugsbeträge nach Absatz 1 Satz 1 in Anspruch nehmen;**

Entsprechendes gilt, wenn der Steuerpflichtige für Aufwendungen die Eigenheimzulage nach dem Eigenheimzulagengesetz in Anspruch genommen hat. [3]Soweit die Kulturgüter während des Zeitraums nach Absatz 1 Satz 1 zur Einkunftserzielung genutzt werden, ist der noch nicht berücksichtigte Teil der Aufwendungen, die auf Erhaltungsarbeiten entfallen, im Jahr des Übergangs zur Einkunftserzielung wie Sonderausgaben abzuziehen.

(3) [1]**Der Steuerpflichtige kann den Abzug vornehmen, wenn er durch eine Bescheinigung der nach Landesrecht zuständigen oder von der Landesregierung bestimmten Stelle die Voraussetzungen des Absatzes 1 für das Kulturgut und für die Erforderlichkeit der Aufwendungen nachweist. [2]Hat eine der für Denkmal- oder Archivpflege zuständige Behörde ihm Zuschüsse gewährt, so hat die Bescheinigung auch deren Höhe zu enthalten; werden ihm solche Zuschüsse nach Ausstellung der Bescheinigung gewährt, so ist diese entsprechend zu ändern.**

(4) [1]**Die Absätze 1 bis 3 sind auf Gebäudeteile, die selbständige unbewegliche Wirtschaftsgüter sind, sowie auf Eigentumswohnungen und im Teileigentum stehende Räume entsprechend anzuwenden. [2]§ 10e Absatz 7 gilt sinngemäß.**

Einkommensteuer-Richtlinien: EStR 10g/EStH 10g

1. Anwendungsbereich. § 10g gilt für Kulturgüter, die weder zur Einkunftserzielung (dann Abzug als BA/WK, ggf im Wege der AfA) noch zu eigenen Wohnzwecken (bei Baudenkmalen dann Abzug nach § 10f) eingesetzt werden. **Typische Anwendungsfälle** sind die Nutzung für eine Tätigkeit, die estl als Liebhaberei zu beurteilen ist, der Leerstand, die unentgelt Überlassung an Dritte oder (nur bei Gartenanlagen oder Sammlungen, nicht bei Gebäuden) die Selbstnutzung. Zur **Kritik** s § 10f Rz 2. 1

2. Voraussetzungen, § 10g I. – a) Aufwendungen für Herstellungs- und Erhaltungsmaßnahmen. Da beide Aufwendungsgruppen begünstigt sind, kommt es hier auf die Abgrenzung zw HK und Erhaltungsaufwand nicht an. AK fallen allerdings nicht unter § 10g. Weil nur Maßnahmen *an* dem Kulturgut begünstigt sind, sind *lfd Aufwendungen* (zB Versicherungen, Heizung, Beleuchtung, Reinigung, Bewachung) nicht von § 10g erfasst (*FM MeVo* DStR 93, 1330; *Wewers* DB 92, 753, 754; *HHR* § 10g Rz 14; s auch § 10f Rz 10). 2

b) Vornahme an eigenen schutzwürdigen Kulturgütern im Inl. Zur erforderl Nutzung dieser Kulturgüter s Rz 1 (weder Einkunftserzielung noch eigene Wohnzwecke). Der StPfl muss wirtschaftl Eigentümer sein; allein die Tragung der HK ohne Erlangung des wirtschaftl Eigentums genügt nicht (s § 10f Rz 3). Zu den europarechtl Bedenken gegen die Beschränkung auf *inl* Kulturgüter s § 7h Rz 2. Abs 1 S 2 enthält einen **Katalog** der schutzwürdigen Kulturgüter: Erfasst sind **Baudenkmäler** (Nr 1; hier sind gem Abs 1 S 3 HS 2 zusätzl die Voraussetzungen des § 7i I 1–4 zu beachten, s dazu § 7i Rz 3), **geschützte Gebäudegruppen** (Nr 2), **geschützte Gartenanlagen** oä (auch Bodendenkmäler; Nr 3) sowie bestimmte **Sammlungen,** die sich entweder seit mindestens 20 Jahren im Besitz der Familie des StPfl befinden (Angehörige iSd § 15 AO; aA *KSM/Kleeberg* § 10g Rz B 15: auch entfernte Verwandte oder Familienstiftung) oder in das Verzeichnis national wertvoller Kulturgüter oder Archive eingetragen sind und deren Erhaltung im öffentl Interesse liegt (Nr 4). – Gebäudeteile, die selbständige unbewegl WG sind, sind jeweils gesondert zu betrachten (Abs 4 S 1). 3

c) Öffentl Bindung. Dabei handelt es sich um die „Gegenleistung" des StPfl für die Subvention. Die Kulturgüter müssen (in einem den Verhältnissen entspr Umfang) entweder der wissenschaftl Forschung oder der Öffentlichkeit zugängl gemacht werden (Abs 1 S 2 HS 2). Dies gilt nicht, wenn dem Zugang zwingende 4

Gründe des Denkmal- oder Archivschutzes entgegen stehen (was allenfalls beim öffentl Zugang, kaum aber beim Forschungszugang der Fall sein kann). Der Zugang muss nicht unentgeltl gewährt werden; die Erhebung von **Eintrittsgeldern** schadet daher nicht (s auch Abs 1 S 1: „etwaige aus diesen Kulturgütern erzielte Einnahmen"; beim Überschreiten der Schwelle zur Gewinnerzielungsabsicht sind die Aufwendungen aber BA/WK und fallen nicht mehr unter § 10g). Allerdings sind erzielte Einnahmen auf die Aufwendungen anzurechnen (Abs 1 S 1; s Rz 8).

5 **d) Erforderlichkeit der Maßnahmen.** Dies richtet sich nach den Bestimmungen der Denkmal- und Archivpflege;; zudem müssen sie in Abstimmung mit der zuständigen Behörde durchgeführt werden (Abs 1 S 3). Über die Erfüllung der Voraussetzungen des Abs 1 stellt die zuständige Behörde (s dazu *BMF* BStBl I 15, 506) eine **Bescheinigung** aus (Abs 3), die als Grundlagenbescheid wirkt (s § 7i Rz 7–9; dort auch zur Kritik am Bescheinigungsverfahren).

6 **e) Vermeidung von Doppelförderungen.** Öffentl und private **Zuwendungen** mindern den begünstigten Betrag. Dies würde auch ohne ausdrückl gesetzl Regelung aus den allg Grundsätzen folgen (s § 7i Rz 6). Bei nachträgl Gewährung von Zuschüssen sind vorrangig die künftigen Abzugsbeträge zu mindern; reicht dies nicht aus, ist nach den zu § 10 entwickelten Grundsätzen (s § 10 Rz 7 ff) rückwirkend der Abzug in früheren VZ zu versagen. – Ferner darf der StPfl die Aufwendungen nicht nach § 10e VI, § 10h S 3 oder § 10i abgezogen haben (Aufwendungen vor Bezug; Abs 2 S 1 HS 2). – Auch für Zeiträume, für die der StPfl von den unter § 10g fallenden Aufwendungen AfA, erhöhte AfA, SonderAfA oder Abzugsbeträge nach §§ 10e, 10f, 10h oder dem EigZulG vorgenommen hat, ist kein Abzug nach § 10g mögl (Abs 2 S 2).

8 **3. Höhe des Abzugs.** Im Kj des Abschlusses der Maßnahme sowie in den 9 Folgejahren sind jeweils bis zu 9% der begünstigten Aufwendungen wie SA abziehbar (Einzelheiten hierzu s § 10f Rz 7, insb zur fehlenden Nachholungsmöglichkeit und zum Wegfall des Abzugs bei Gesamtrechtsnachfolge). Ein Höchstbetrag ist nicht vorgesehen. Für jede selbständige Maßnahme gilt ein eigener Abzugszeitraum. Eine Objektbeschränkung kennt § 10g (im Gegensatz zu § 10f) nicht. – Die begünstigten Aufwendungen mindern sich vorab um erzielte Einnahmen und erhaltene Zuwendungen (Abs 1 S 1). Soweit allerdings die Einnahmen zur Deckung solcher Aufwendungen bestimmt sind, die nicht nach § 10g begünstigt sind (s Rz 2: zB Heizung, Beleuchtung, Reinigung, Bewachung), sind sie diesen Aufwendungen zuzurechnen und mindern nicht die begünstigten HK/Erhaltungsaufwendungen. –**Übergang zur Einkunftserzielung.** Der noch nicht als *Erhaltungsaufwand* berücksichtigte Teil der Aufwendungen ist im Jahr des Übergangs in einer Summe wie SA abzuziehen (Einzelheiten s § 10f Rz 12). Soweit es sich um *HK* handelte, können hierfür nunmehr AfA (ggf erhöhte AfA nach § 7i) vorgenommen werden. – **Miteigentum.** Die Abzugsbeträge können gesondert und einheitl festgestellt werden (Abs 4 S 1 iVm § 10e VII).

§ 10h *Steuerbegünstigung der unentgeltlich zu Wohnzwecken überlassenen Wohnung im eigenen Haus*

Benutzerhinweis: § 10h hat keine aktuelle Bedeutung mehr, weil die Vorschrift nur anzuwenden war, wenn der Herstellungsbeginn vor dem 1.1.1996 lag (§ 52 Abs 28). Letzte umfassende Kommentierung s 21. Aufl; letzte Nachträge s 26. Aufl.

§ 10i *Vorkostenabzug bei einer nach dem Eigenheimzulagengesetz begünstigten Wohnung*

Benutzerhinweis: § 10i hat keine aktuelle Bedeutung mehr, weil die Vorschrift nur anzuwenden war, wenn die Anschaffung bzw der Herstellungsbeginn vor dem 1.1.1999 lag (§ 52 Abs 29). Letzte umfassende Kommentierung s 18. Aufl; letzte Nachträge s 23. Aufl.

6. Vereinnahmung und Verausgabung

§ 11 Vereinnahmung und Verausgabung

(1) [1]**Einnahmen sind innerhalb des Kalenderjahres bezogen, in dem sie dem Steuerpflichtigen zugeflossen sind.** [2]**Regelmäßig wiederkehrende Einnahmen, die dem Steuerpflichtigen kurze Zeit vor Beginn oder kurze Zeit nach Beendigung des Kalenderjahres, zu dem sie wirtschaftlich gehören, zugeflossen sind, gelten als in diesem Kalenderjahr bezogen.** [3]**Der Steuerpflichtige kann Einnahmen, die auf einer Nutzungsüberlassung im Sinne des Absatzes 2 Satz 3 beruhen, insgesamt auf den Zeitraum gleichmäßig verteilen, für den die Vorauszahlung geleistet wird.** [4]**Für Einnahmen aus nichtselbständiger Arbeit gilt § 38a Absatz 1 Satz 2 und 3 und § 40 Absatz 3 Satz 2.** [5]**Die Vorschriften über die Gewinnermittlung (§ 4 Absatz 1, § 5) bleiben unberührt.**

(2) [1]**Ausgaben sind für das Kalenderjahr abzusetzen, in dem sie geleistet worden sind.** [2]**Für regelmäßig wiederkehrende Ausgaben gilt Absatz 1 Satz 2 entsprechend.** [3]**Werden Ausgaben für eine Nutzungsüberlassung von mehr als fünf Jahren im Voraus geleistet, sind sie insgesamt auf den Zeitraum gleichmäßig zu verteilen, für den die Vorauszahlung geleistet wird.** [4]**Satz 3 ist auf ein Damnum oder Disagio nicht anzuwenden, soweit dieses marktüblich ist.** [5]**§ 42 der Abgabenordnung bleibt unberührt.** [6]**Die Vorschriften über die Gewinnermittlung (§ 4 Absatz 1, § 5) bleiben unberührt.**

Einkommensteuer-/Lohnsteuer-Richtlinien: EStR 11/EStH 11/LStH 11

Übersicht

I. Regelungsinhalt

1 § 11 betrifft nur die *zeitl* Zuordnung von Einnahmen und Aufwendungen (BFH I R 59/05 BStBl II 07, 756; BFH IX R 70/07 BStBl II 11, 346). Die Vorschrift regelt nicht, ob und in welcher Höhe stpfl Einnahmen bzw abziehbare Aufwendungen vorliegen (s BFH X R 65/93, BStBl II 96, 566) und im Rahmen welcher Einkunftsart sie zu berücksichtigen sind (sachl Zurechung). Auch die persönl Zurechnung ist nicht Regelungsinhalt von § 11.

II. Anwendungsbereich und Ausnahmen

2 **1. Persönl Anwendungsbereich.** § 11 gilt bei unbeschr und beschr StPfl sowie beim Wechsel von unbeschr zu beschr StPfl und umgekehrt (BFH I R 78/95 BStBl II 96, 571; zum Wechsel der StPfl s § 49 Rz 14).

3 **2. Sachl Anwendungsbereich.** § 11 ist auf stpfl inl und ausl Einkünfte anwendbar. Auch iRv § 32b findet § 11 grds Anwendung (BFH I R 59/05 BStBl II 07, 756). *Ausnahmen* können sich nur ergeben aus einer abw gesetzl Regelung, der Definition des Besteuerungsgegenstandes (zB bei Gewinn- und Verlustanteilen einschl Sondervergütungen iSv § 15 I 1 Nr 2; bei Einkünften aus privaten Veräußerungsgeschäften s § 23 Rz 92, 95; BFH X R 6/91 BStBl II 91, 916; BFH IX B 207/07 BFH/NV 08, 2022) oder aus der Art einmaliger Leistungen iSd § 22 Nr 3 (s § 22 Rz 143; BFH IX R 87/95 BStBl II 00, 396). § 11 findet auch auf die KSt Anwendung, soweit eine Körperschaft Überschusseinkünfte erzielt (§ 8 I KStG). Dies kommt insb bei beschr stpfl Körperschaften in Betracht.

4 **3. Überblick über § 11 I.** Die Vorschrift regelt den **Zufluss von Einnahmen** (§ 8) bei den **Überschusseinkünften.** IRd Gewinneinkünfte gilt § 11 I nur für BE bei der **Gewinnermittlung nach § 4 III** (BFH IV R 1/99 BStBl II 00, 121), nicht aber für den BV-Vergleich nach §§ 4 I, 5 (§ 11 I 5). *Vorab entstandene* und *nachträgl Einnahmen* fallen ebenfalls unter § 11 (vgl zu BE § 4 Rz 446). Bei der Berechnung der Einkünfte und Bezüge nach § 32 IV 2 (bis VZ 2011) richtet sich die zeitliche Zuordnung nach § 11 I (BFH III R 22/09 BFH/NV 10, 2256, s § 32 Rz 55; zu § 32 IV 1 Nr 3 s BFH III B 144/09 BFH/NV 11, 1144). Demggü beantwortet sich die Frage, auf welche Monate Einkünfte und Bezüge iSv § 32 IV 8 (bis VZ 2011) „entfallen", grds nicht nach § 11 I, sondern nach der wirtschaftl Zurechnung (BFH III R 68/07 BFH/NV 09, 1615, s § 32 Rz 61). **Gesetzl Sonderregelungen** enthalten **§ 11 I 2** für regelmäßig wiederkehrende Einnahmen (s Rz 25), **§ 11 I 3** für die Verteilung von Vorauszahlungen bei langfristigen Nutzungsüberlassungen (s Rz 30), **§ 11 I 4** für lfd ArbLohn und für die auf den ArbN abgewälzte pauschale LSt (s Rz 32 und Rz 50 „ArbLohn") sowie **§ 11 I 5** für den BV-Vergleich. Bei der Ermittlung der Veräußerungs-, Aufgabe- und Auflösungsgewinne nach **§§ 16, 17** ist § 11 I ebenfalls nicht anwendbar (s § 16 Rz 214, 220, § 17 Rz 131). Die Zuflusszeitpunktfiktionen in **§ 44 II, III** betreffen nur die Entrichtung der KapESt (s § 44 Rz 5). Vergütungen iSv **§ 50a I** fließen in den durch **§ 73c EStDV** bestimmten Zeitpunkten zu.

5 **4. Überblick über § 11 II.** Die Norm gilt für den **Abzug von Aufwendungen** als WK (§ 9) bei den **Überschusseinkunftsarten** und als BA (§ 4 IV) bei der **Gewinnermittlung nach § 4 III** (s § 11 II 6). Dies schließt vorab entstandene und nachträgl BA/WK sowie AfaA nach § 7 I 7, § 9 I 3 Nr 7 ein. AfaA ist im VZ des Schadenseintritts abzuziehen (BFH VI R 27/97, BStBl II 98, 443). Auch auf den Abzugszeitpunkt von **SA** (§§ 10–10b) findet grds § 11 II Anwendung (s § 10 Rz 12, BFH XI R 24/01 BStBl II 02, 351), nicht aber auf die Erstattung von SA (BFH XI R 68/03, BFH/NV 05, 1304), da diese nicht zu steuerbaren Einnahmen führen (BFH X R 32/07, BStBl II 10, 38). Bei **agB** (§§ 33, 33a) richtet sich der Abzugszeitpunkt ebenfalls grds nach § 11 II (s § 33 Rz 5, BFH III R 8/95 BStBl

II 99, 766). Hier kann es wegen § 33 III vorteilhaft sein, mehrere Zahlungen in einem Jahr zu leisten, zB durch Vorauszahlung, Stundung oÄ. Für die Inanspruchnahme der **Steuerermäßigungen** nach **§ 34g** und **§ 35a** gilt § 11 II (*BMF* BStBl I 10, 140 Rz 40 zu § 35a).

5. Vorrangige gesetzl Ausnahmevorschriften zu § 11 II 1. Dies sind **§ 11** 6
II 2 (regelmäßig wiederkehrende Ausgaben, s Rz 40), **§ 11 II 3** (Verteilung von Ausgaben bei langfristigen Nutzungsüberlassungen, s Rz 42), **§ 11 II 6** (keine Anwendung des Abflussprinzips auf den BV-Vergleich), **§ 4 III 4** (späterer Abzug für nicht abnutzbare WG des AV und – ab 2006 – bestimmte WG des UV, s § 4 Rz 398), **§§ 4 VIII, 10f II, 11a, 11b, § 82b EStDV** (Verteilung von Gebäudeerhaltungsaufwand, s § 4 Rz 499, § 10f Rz 9), **§ 6 II/§ 9 I 3 Nr 7 S 2** (für GWG: Abzug der AK/HK im Jahr der Anschaffung, Herstellung, Einlage oder Betriebseröffnung, s § 4 Rz 396, § 6 Rz 592, § 9 Rz 247), **§ 6 IIa** (Sammelposten-AfA für bewegl WG, s § 6 Rz 604), **§ 7** (iVm § 4 III 3 für die AfA bei abnutzbaren WG des AV, s § 4 Rz 392; iVm § 9 I 3 Nr 7 für die AfA bei den Überschusseinkünften, s § 9 Rz 246), **§ 7g** (Investitionsabzugsbeträge und SonderAfA), **§ 7h, § 7i, § 10b Ia** (Stiftungsspendenverteilung, s § 10b Rz 72), **§ 10d, § 10g** (Verteilung von HK/Erhaltungsaufwand für schutzwürdige Kulturgüter; für Zuschüsse und Einnahmen gilt aber auch hier § 11), **§§ 16, 17** (s § 16 Rz 214, 220, § 17 Rz 131).

6. Ausnahmen aus Billigkeit im Einzelfall. Die *FinVerw* lässt aus Billigkeits- 7
gründen die **Verteilung von Gewinn oder Aufwand** ausnahmsweise zu, zB EStH 14 R 16 (11) (Wahlrecht bei Betriebsveräußerung gegen wiederkehrende Bezüge, s § 4 Rz 78). Billigkeitsmaßnahmen nach **§ 163 AO** kommen iÜ grds nicht in Betracht, wenn es durch § 11 in einem VZ zu Ergebnissen kommt, die zu steuerl Be- oder Entlastungen führen (BFH VI R 2/05 BStBl II 07, 315). Denn eine zeitabschnittsbezogene Steuerermittlung bewirkt typischerweise Unterschiede der Steuerbelastung zw verschiedenen VZ.

7. Vor- und Nachteile des Zu-/Abflussprinzips. § 11 gilt zugunsten und 8
zuungunsten des StPfl. So können im Jahr 11 bezogene und nicht versteuerte Einnahmen grds nicht im Jahr 12 nachversteuert, im Jahr 11 angefallene und nicht berücksichtigte Aufwendungen idR nicht im Jahr 12 abgesetzt werden (BFH IV R 20/04 BStBl II 05, 758). Versehentl unterlassene Aufwendungen sind aber nicht endgültig verloren, da sie einen später anfallenden Gewinn aus der Veräußerung oder der Entnahme des WG mindern (s BFH IV R 20/04 BStBl II 05, 758; zu unterlassener AfA s § 4 Rz 735 ff, § 7 Rz 6 ff).

8. Kein Korrespondenzprinzip. Zw Einnahmen und Ausgaben gibt es kein 9
allg Korrespondenzprinzip. Eine von Zu-/Abfluss losgelöste Gesamtbetrachtung ist nicht mögl. Das Prinzip der Abschnittsbesteuerung erfordert eine Jahresbetrachtung (BFH VI R 63/09 BFH/NV 11, 743; BFH IX R 46/09 BFH/NV 11, 797).

9. Gestaltung des Zu-/Abflusses durch den StPfl. § 42 AO spielt im Be- 10
reich von § 11 grds keine Rolle. Gläubiger und Schuldner können iRd zivilrechtl Möglichkeiten den Erfüllungszeitpunkt und damit auch die steuerrechtl Zuordnung des Zu- und Abflusses zu einem VZ so gestalten, wie es ihnen am günstigsten erscheint. Eine einmal getroffene Vereinbarung können sie jedenfalls vor der ursprüngl vereinbarten Fälligkeit einvernehml auch wieder ändern. § 42 AO kommt in derartigen Fällen grds nicht in Betracht (BFH IX R 1/09 BStBl II 10, 746; s auch BFH IX R 14/09 BFH/NV 10, 1089; Anm *Heuermann* StBP 10, 89 und *Heuermann* BFH/PR 10, 127). Die ältere Rspr, nach der im Voraus entrichtete Leistungen nicht im Jahr der Zahlung abziehbar waren, wenn sie ohne wirtschaftl vernünftigen Grund vorausgezahlt worden sind (zB BFH IX R 163/83 BStBl II 89, 702), ist bedenkl. Der Gesetzgeber hat durch die Bestimmung des Besteue-

rungszeitpunkts nach dem Zu- und Abfluss selbst Gestaltungsmöglichkeiten eröffnet. Von krassen Ausnahmefällen abgesehen lässt sich deshalb nicht feststellen, dass das Gesetz eine Gestaltung, die aufgrund der zeitabschnittsbezogenen Steuerermittlung zu Unterschieden bei der Steuerbelastung führt, missbilligt (s auch BFH IX R 87/95 BStBl II 00, 396).

III. Zufluss von Einnahmen, § 11 I 1–5

15 **1. Wirtschaftl Verfügungsmacht.** Nur zugeflossene Einnahmen unterliegen der ESt. Maßgebl für die Besteuerung von Einnahmen ist die Rechtslage im Zuflusszeitpunkt (BFH IX R 4/14 BFH/NV 15, 733). Einnahmen sind zugeflossen (bezogen), wenn der StPfl wirtschaftl über sie verfügen kann (BFH VIII R 40/08 BFH/NV 11, 592, stRspr, s *Offerhaus* StuW 06, 317, 320; *Thomas* DStR 2015, 263). Das ist dann der Fall, wenn die Einnahme in das Vermögen des StPfl übergegangen ist **(Eintritt des Leistungserfolges).** Erforderl ist der wirtschaftl Übergang des geschuldeten Gutes oder das Erlangen der wirtschaftl Dispositionsbefugnis darüber (BFH IX R 1/09 BStBl II 10, 746). Für welchen Zeitraum Einnahmen geleistet werden, ist bei § 11 I 1 bedeutungslos. Maßgebl ist allein der Zeitpunkt des Übergangs der wirtschaftl Verfügungsmacht. Da sich dieser nach den tatsächl Verhältnissen richtet, kann der Zufluss grds nicht fingiert werden (BFH VI R 24/12 BStBl II 14, 495). Die Rspr, nach der bereits die Möglichkeit ausreichen soll, den Leistungserfolg herbeizuführen (zB BFH IX R 170/85 BStBl II 90, 310; BFH VIII R 15/83 BStBl II 86, 342), hat sich zu weit vom Gesetz gelöst. Vor Eintritt des Leistungserfolges kann ein Zufluss nur angenommen werden, wenn die Verwirklichung des Leistungserfolges in so greifbare Nähe gerückt und so gesichert ist, dass dies wirtschaftl dem Eintritt des Leistungserfolges gleichzustellen ist (s amtl Begr zu § 11 EStG 1934 RStBl 35, 40).

16 Der **Übergangszeitpunkt der wirtschaftl Verfügungsmacht** richtet sich nach der Art des zugewandten Vorteils und den Umständen des jeweiligen Einzelfalls. Geldbeträge fließen idR durch **Barzahlung, Kontogutschrift** oder **Entgegennahme** eines **gedeckten Schecks** zu (BFH IX R 97/97 BStBl II 01, 482; BFH VIII R 40/08 BFH/NV 11, 592). Der **Anspruch auf die Leistung** begründet dagegen grds noch keinen gegenwärtigen Zufluss (BFH VI R 124/99 BStBl II 05, 766). Der Zufluss kann aber in der **Zuwendung eines Anspruchs gegen einen Dritten** liegen, wenn gerade diese Leistung geschuldet ist (s BFH VI R 30/04 BFH/NV 08, 550; BFH VI R 25/05 BStBl II 09, 382). Mit der Zuwendung des Anspruchs ist dann der Leistungserfolg eingetreten. Eine **Gutschrift in den Büchern des Verpflichteten** kann den Zufluss bewirken, wenn die Gutschrift nicht nur das buchmäßige Festhalten einer Schuldverpflichtung darstellt, sondern zum Ausdruck bringt, dass der Betrag dem Berechtigten von nun an zur Verfügung steht (Rz 50 „Gutschrift"; BFH VIII R 57/95 BStBl II 97, 755). Eine wirtschaftl Verfügung des StPfl, die den Zufluss herbeiführt, kann auch in der Vereinbarung mit dem Schuldner liegen, dass der Betrag nunmehr aus einem anderen Rechtsgrund geschuldet wird **(Schuldumwandlung, Novation).** Die Novationsvereinbarung verkürzt den Zahlungsweg, indem auf Aus- und Rückzahlung verzichtet wird (BFH VIII R 36/04 BStBl II 09, 190). Auch die **Aufrechnung** ist Ausdruck wirtschaftl Verfügungsmacht und führt im Zeitpunkt der Aufrechnungserklärung zum Zufluss (BFH VI B 139/06 BFH/NV 07, 1315).

17 **2. Zahlung an Dritte.** Dem StPfl fließt eine Einnahme auch dann zu, wenn der Geld- oder Sachwert an einen Dritten für Rechnung des StPfl geleistet wird (BFH III R 32/92 BStBl II 94, 179; BFH IX B 152/04, BFH/NV 06, 93). Es kann ausreichen, dass der StPfl dem Schuldner ggü die Zahlung an einen Dritten duldet (FG Mchn EFG 06, 1887, rkr). Bei **gesetzl Forderungsübergang** fließt ebenso wie bei **Abtretung** oder **Pfändung** der Betrag der übergegangenen Forderung dem StPfl in dem Zeitpunkt zu, in dem die Zahlung beim Zessionar ein-

geht (BFH VI R 66/03 BStBl II 08, 375). Der Zufluss an einen von mehreren **Gesamtgläubigern** wirkt idR für alle (BFH VIII R 15/83 BStBl II 86, 342; s auch FG Ddorf EFG 94, 104, rkr). Bei **Gesamtrechtsnachfolge** sind Einnahmen, die nach dem Tod des Erblassers an den Erben gezahlt werden, dem Erben im Zahlungszeitpunkt auch dann zugeflossen, wenn sie wirtschaftl für einen Zeitraum vor dem Tod des Erblassers geleistet werden (FG BaWü EFG 04, 406, rkr; ebenso bei unentgeltl Erwerb durch gerichtl Vergleich in einer Nachlasssache, FG Nds DStRE 02, 871, rkr).

3. Späterer Verlust der Verfügungsbefugnis. Er macht den Zufluss nicht rückgängig (BFH X B 204/07 BFH/NV 08, 1679). Der Zufluss wird auch nicht dadurch in Frage gestellt, dass das zugeflossene Gut später wertlos wird (BFH VIII R 40/97 BFH/NV 98, 958; BFH VI B 160/10 BFH/NV 11, 1869). Zufluss setzt ein Behaltendürfen nicht voraus. Er liegt daher auch dann vor, wenn der Empfänger den Betrag später wieder zurückzahlen muss (BFH VIII R 74/99 BFH/NV 02, 1430; BFH VI R 17/03 BStBl II 06, 830; aA *Trzaskalik* StuW 85, 222). Die Rückzahlung ist erst im Zeitpunkt des tatsächl Abflusses einkünftemindernd zu berücksichtigen (BFH VI R 2/05 BStBl II 07, 315; s auch BFH VI R 12/06 BFH/NV 09, 1105 zum Verstoß gegen Treu und Glauben bei doppelter Berücksichtigung einer Gehaltsrückzahlung). Beträge, die **BA/WK ersetzen,** sind im Jahre des Zuflusses stpfl Einnahmen bei der Einkunftsart, bei der die Aufwendungen vorher abgezogen wurden (Rz 38). 18

4. Umfang der Verfügungsmacht. Verfügungs- und Nutzungsbeschränkungen stehen dem Zufluss nicht entgegen (BFH VI R 94/13 BFH/NV 14, 1649 mit Anm *ge* DStR 14, 1716; BFH VI R 67/05 BStBl II 09, 282; BFH VI R 47/08 BFH/NV 10, 1094; s aber BFH VI R 37/09 BStBl II 11, 923, restricted shares; s dazu auch *Heurung ua* DStR 11, 2436; *Käshammer/Ramirez* DStR 14, 1419). Deshalb hindern weder die Zahlung auf ein gepfändetes Konto noch auf ein Sperrkonto den Zufluss (BFH IV R 87/85 BStBl II 88, 342; BFH VIII R 156/75 BStBl II 80, 643; BFH VI R 47/02 BFH/NV 07, 1876). Beruht eine Verfügungsbeschränkung auf einer freien Vereinbarung, kann bereits in der Vereinbarung eine Verfügung zu sehen sein (BFH III R 32/92 BStBl II 94, 179). Soll der Übergang der Verfügungsmacht dagegen nur durch Gutschrift in den Büchern des Schuldners erfolgen, kommt es bei Vorliegen von Verfügungsbeschränkungen darauf an, ob der StPfl das ihm zumindest wirtschaftl gehörende Kapital dem Schuldner überlässt. Hierfür können Interessenlage, Fälligkeit und Verzinsung Indizien sein (BFH X R 55/91 BStBl II 93, 499; BFH XI R 30/97 BStBl II 98, 252; BFH IX R 74/98 BFH/NV 02, 643). 19

5. Regelmäßig wiederkehrende Einnahmen, § 11 I 2. – a) Gesetzliche Sonderregelung. Für regelmäßig wiederkehrende Einnahmen enthält § 11 I 2 eine Sonderregelung. Sie soll in engen Grenzen sicherstellen, dass Einnahmen in dem Zeitabschnitt erfasst werden, zu dem sie wirtschaftl gehören (BFH IV R 63/94 BStBl II 96, 266; BFH X B 30/02 BFH/NV 03, 169; FG Mster EFG 10, 2080, rkr). § 11 I 2 gilt entspr für die kindergeldrechtl Erfassung monatl wiederkehrender Einkünfte iRd Vergleichsrechnung nach § 32 IV 1 Nr 3 (BFH III R 35/11 DStRE 13, 1362). 25

aa) Wiederkehr; Regelmäßigkeit. Einnahmen sind wiederkehrend, wenn auf Grund eines bestimmten Rechtsverhältnisses die Wiederholung in gewissen Zeitabständen von Anfang an feststeht (BFH VIII R 15/83 BStBl II 86, 342; BFH IV R 309/84 BStBl II 87, 16; zB Mietzinsen, lfd Pachtzahlungen – zu LuF § 4 III mit abw Wj s BFH IV R 1/99 BStBl II 00, 121 –, Renten, Zinsen –, Quartalszahlungen der kassenärztl Vereinigung s BFH IV R 63/94 BStBl II 96, 266, nicht aber Gewinnausschüttungen aus Beteiligung an einer KapGes). Die Regelmäßigkeit der Einnahmen ist zu bejahen, wenn diese nicht nur einmal oder rein zufällig mehrmals angefallen sind (BFH XI R 48/05 BStBl II 08, 282 zu USt-Vorauszahlungen). 26

Zweimal ist bereits wiederkehrend (str). Unter diesen Voraussetzungen ist schon die erste Einnahme regelmäßig wiederkehrend, auch wenn spätere Einnahmen ausbleiben (*Blümich/Glenk* § 11 Rz 90). Unerhebl ist, ob die Einnahmen ihrer Höhe nach schwanken (BFH IV R 63/94 BStBl II 96, 266).

27 **bb) Kurze Zeit.** Dies ist nach stRspr idR ein Zeitraum bis zu 10 Tagen vor Beginn oder nach Ende des Jahres (BFH IV R 309/84 BStBl II 87, 16; BFH X B 30/02 BFH/NV 03, 169), also der Zeitraum vom 22.12. bis zum 10.1. Dieser Zeitraum verändert sich nicht, wenn sein Anfang oder Ende auf einen Sonnabend, Sonntag oder Feiertag fällt (BFH VIII R 34/12 BStBl II 15, 285). Die Zahlungen müssen **zum Jahreswechsel** bzw kurz vorher oder nachher fällig sein, egal ob (viertel-)jährl, monatl oder wöchentl (str; *FinVerw* DB 15, 1630). *Beispiel:* Am 10.1.11 zum 31.12.10 geleistete Miete fällt unter § 11 II 1, nicht aber am 10.1.11 zum 30.11.10 gezahlte Miete (vgl BFH VI R 161/72 BStBl II 74, 547). Nicht erforderl ist, dass die Zahlung noch in dem Kj fällig wird, für das sie geleistet wurde. Es kommt neben der wirtschaftl Zugehörigkeit zu dem jeweiligen Wj nur darauf an, dass die Einnahme kurze Zeit vor Beginn oder kurze Zeit nach Beendigung des Kj zugeflossen ist (BFH IV R 63/94 BStBl II 96, 266). Die **wirtschaftl Zugehörigkeit** richtet sich danach, für welchen Zeitraum die Einnahme erzielt wird (*Littmann/Pust* § 11 Rz 62). Auf die Fälligkeit kommt es entgegen *BMF* BStBl I 02, 1346 Tz 1 insoweit nicht an. *Beispiel:* Fälligkeit des Mietzinses für Jahr 11 zw 1. und 10.1.12; Zahlung am 8.1.12; Zurechnung als Einnahme für Jahr 11.

28 **b) Rechtsfolgen.** Die zeitl Zurechnung erfolgt nach der wirtschaftl Zugehörigkeit zu dem Zeitraum, *für den* die Leistung erbracht wird (BFH IV R 309/84 BStBl II 87, 16; BFH IV R 1/99 BStBl II 00, 121; *HHR* § 11 Anm 85).

30 **6. Einnahmenverteilung für Nutzungsüberlassungen, § 11 I 3.** Die Regelung gestattet die Verteilung von Einnahmen, die für eine Nutzungsüberlassung für mehr als 5 Jahre im Voraus bezogen werden (s auch Rz 50 „Vorauszahlungen"). Der Zahlungsempfänger hat ein **Wahlrecht,** das Entgelt im Zuflusszeitpunkt sofort zu versteuern oder auf den Vorauszahlungszeitraum gleichmäßig zu verteilen. Das Wahlrecht kann bis zur Bestandskraft der Veranlagung des Zuflussjahres ausgeübt oder geändert werden (*Blümich/Glenk* § 11 Rz 105). An die Wahl ist der StPfl für den restl Vorauszahlungszeitraum gebunden (*Frotscher/Dürr* § 11 Rz 51). Der Zeitraum von mehr als 5 Jahren bezieht sich nach dem Gesetzeszweck auf den Vorauszahlungszeitraum und nicht auf die Dauer des Nutzungsrechts (*Littmann/Pust* § 11 Rz 71; *Frotscher/Dürr* § 11 Rz 53; str).

32 **7. Einnahmen aus nichtselbständiger Arbeit, § 11 I 4.** Die Vorschrift verweist für solche Einnahmen auf §§ 38a I 2 und 3, 40 III 2 (s auch Rz 50 „Arbeitslohn"). Nach § 38a I 2 gilt lfd ArbLohn in dem Kj als bezogen, in dem der Lohnzahlungszeitraum oder in den Fällen des § 39b V 1 der Lohnabrechnungszeitraum endet (s § 38a Rz 2, 3). ArbLohn, der nicht als lfd ArbLohn gezahlt wird (sonstige Bezüge), wird im Jahr des Zuflusses bezogen (§ 38a I 3, s § 38a Rz 2, BFH VI R 25/05 BStBl II 09, 382). Der Verweis auf § 40 III 2 stellt klar, dass die auf den ArbN abgewälzte pauschale LSt beim ArbN als Zufluss erfasst wird (s § 40 Rz 25).

33 **8. Kein Zuflussprinzip beim BV-Vergleich, § 11 I 5.** Die Regelung schließt die Geltung des Zuflussprinzips für den **BV-Vergleich** nach §§ 4 I, 5 aus.

IV. Abfluss von Aufwendungen, § 11 II 1–6

35 **1. Abflusszeitpunkt.** Ausgaben sind für das Kj abzusetzen, in dem sie geleistet, dh abgeflossen, sind. Für den Abfluss kommt es darauf an, wann der StPfl seine Leistungshandlung vornimmt und die wirtschaftl Verfügungsmacht über den Gegenstand der Leistung verliert (BFH IV R 47/95 BStBl II 97, 509; BFH IX R 28/02 BFH/NV 05, 49; BFH X R 46/09 BFH/NV 11, 1059). Die Leistungs-

handlung ist abgeschlossen, wenn der StPfl alles Erforderliche getan hat, um den Leistungserfolg herbeizuführen (BFH VIII R 8/98 BFH/NV 00, 825). Wann der Leistungserfolg eintritt, ist für den Abfluss unerhebl. Auf den Verlust der rechtl Verfügungsmacht kommt es ebenfalls nicht an.

Eine **Barzahlung** fließt mit Hingabe der Zahlungsmittel ab. Bei einer **Überweisung** ist der Abfluss erfolgt, wenn der Überweisungsauftrag der Bank zugegangen ist und der StPfl alles getan hat, um eine unverzügl bankübl Ausführung zu gewährleisten (BFH IX R 51/80 BStBl II 86, 453), spätestens aber im Zeitpunkt der Lastschrift (BFH IV R 47/95 BStBl II 97, 526). Bei **Scheckzahlung** tritt Abfluss mit Hingabe des (gedeckten) Schecks ein (zB Übergabe des Schecks an die Post zur Übermittlung an den Zahlungsempfänger oder Einwurf in den Briefkasten des Empfängers, BFH IX R 2/80 BStBl II 86, 284). Bei Zahlung mittels **Kreditkarte** erfolgt der Abfluss mit Unterschrift auf dem Belastungsbeleg (FG RhPf EFG 13, 1029, rkr). Bei einer Aufrechnung fließt die Ausgabe im Zeitpunkt der durch die **Aufrechnung** bewirkten Leistung ab (BFH VI B 139/06 BFH/NV 07, 1315). Auch die **Novation** kann den Abfluss bewirken (BFH IV B 139/06 BFH/NV 08, 57). Das buchmäßige Festhalten einer Forderung beim Gläubiger führt aber anders als die einer Lastschrift ähnl Buchung auf einem bei einer Geschäftsbank geführten Kontokorrentkonto noch nicht zum Abfluss beim Schuldner (FG BaWü EFG 15, 116, rkr). 36

2. Einschaltung Dritter. Die Zahlung an einen anderen als den Gläubiger führt den Abfluss unter den allg Voraussetzungen herbei (zB Zahlung auf ein Treuhandkonto, über das der StPfl wirtschaftl nicht verfügen kann, FG Nds EFG 84, 393, rkr). Soweit Aufwendungen iRd abgekürzten Zahlungs- oder Vertragswegs abziehbar sind (s § 4 Rz 503, 504, § 9 Rz 19), erfolgt der Abfluss beim StPfl in dem Zeitpunkt, in dem der Dritte die Aufwendungen zugunsten des Stpfl tätigt, ohne sie vom StPfl zurückzufordern (BFH IX R 25/03 BStBl II 06, 623). 37

3. Rückzahlung und Erstattung von Aufwendungen. Sie lassen den vorherigen Abfluss grds unberührt. Beträge, die BA/WK ersetzen, sind im Jahr des Zuflusses stpfl Einnahmen bei derjenigen Einkunftsart, bei der die BA/WK zuvor abgezogen worden waren (BFH IX R 36/98 BStBl II 03, 126; BFH IX R 41/93, BStBl II 95, 704; BFH IX R 13/93 BStBl II 95, 118). Das gilt auch für Schadensersatzleistungen, mit denen BA/WK ersetzt werden (BFH IX R 67/88 BStBl II 93, 748). Da die Erstattung von SA nicht zu steuerbaren Einnahmen führt, sind erstattete SA im Erstattungsjahr mit gleichartigen SA zu verrechnen; ein Erstattungsüberhang ist in das Zahlungsjahr zurückzutragen (BFH X R 24/08 BFH/NV 09, 568). Bei agB ist wegen des dort geltenden Belastungsprinzips eine erst in einem späteren VZ zugeflossene Erstattung bereits im Jahr des Abflusses der agB in vollem Umfang auf die Aufwendungen anzurechnen (BFH III R 8/95 BStBl II 99, 766; s § 33 Rz 13). 38

4. Regelmäßig wiederkehrende Ausgaben, § 11 II 2. Für sie gilt § 11 I 2 entspr (s Rz 25 ff). Regelmäßig wiederkehrende Ausgaben sind zB USt-Vorauszahlungen (BFH XI R 48/05 BStBl II 08, 282; zum Zeitpunkt des Abflusses einer USt-Vorauszahlung bei erteilter Einzugsermächtigung s FG Ddorf EFG 15, 1264, NZB VIII B 58/15), Sollzinsen eines Kontokorrentkontos (BFH IV R 47/95 BStBl II 97, 509), Lohn-, Mietzinszahlungen; zu Unterhaltszahlungen s BFH III R 63/89 BFH/NV 92, 101; BFH VI R 140/80 BStBl II 81, 713. 40

5. Vorausgezahlte Ausgaben für Nutzungsüberlassungen, § 11 II 3. Die Regelung sieht für mehr als 5 Jahre vorausgezahlte Ausgaben für eine Nutzungsüberlassung (zB Erbbauzinsen, s auch Rz 50 „Erbbaurecht", „Vorauszahlungen") zwingend eine **gleichmäßige Verteilung der Vorauszahlung** auf den Vorauszahlungszeitraum vor. Die 5 Jahre beziehen sich auf den Vorauszahlungszeitraum und nicht auf das Nutzungsrecht (s Rz 30). Anders als § 11 I 3 enthält § 11 II 3 kein Wahlrecht. § 11 II 3 gilt für Vorauszahlungen für eine Grundstücksnutzung, 42 die nach dem 31.12.03 geleistet wurden. Eine verfwidrige Rückwirkung liegt vor, wenn vor Einbringung der Neuregelung in den BTag (27.10.04) die Vorauszahlung verbindl vereinbart und gezahlt wurde (BFH IX R 70/07 BStBl II 11, 346; Az BVerfG: 2 BvL 1/11). IÜ ist die Einbeziehung im Voraus geleisteter Erbbauzinsen in die Neuregelung verfassungsrechtl zulässig (BFH IX R 48/07 BStBl II 11, 345).

44 **6. Keine Ausgabenverteilung bei marktübl Damnum, § 11 II 4.** Die Vorschrift schließt Damnum und Disagio (zum Begriff s BFH X R 69/96 BStBl II 00, 259), soweit es marktübl ist, von der Verteilung nach § 11 II 3 aus. Es bleibt daher beim sofortigen Abzug des martkübl (Teils des) Damnums im Zeitpunkt des Abflusses (s auch Rz 50 „Damnum"). Marktübl ist ein Damnum, wenn es nicht mehr als 5% des Darlehensnennbetrags beträgt (*BMF* BStBl I 03, 546; FG RhPf EFG 15, 115, Rev IX R 38/14; *Littmann/Pust* § 11 Rz 136). Beträgt das Damnum mehr als 5%, ist nur der übersteigende Teilbetrag nach § 11 II 3 zu verteilen („soweit").

46 **7. Verhältnis zu § 42 AO, § 11 II 5.** Die Regelung, nach der § 42 AO unberührt bleibt, betrifft nur Vorauszahlungen für Nutzungsüberlassungen, soweit nicht § 11 II 3 eingreift (BT-Drs 15/4050, 56; zu § 42 AO s iÜ Rz 10).

48 **8. Kein Abflussprinzip beim BV-Vergleich, § 11 II 6.** Das Gesetz stellt klar, dass das Abflussprinzip beim BV-Vergleich nach §§ 4 I, 5 keine Anwendung findet.

V. ABC des Zu- und Abflusses

50 **Abtretung** §§ 398 ff BGB. Abtretung und **gesetzl Forderungsübergang** haben grds keinen Einfluss auf den Zu- oder Abfluss (BFH VI R 66/03 BStBl II 08, 375; BFH XI R 52/88 BStBl II 93, 507; s § 8 Rz 7, auch zur – str – entgeltl Abtretung; zur Abgrenzung der unbeachtl Verfügung über noch nicht zugeflossene Einnahmen von der den Zufluss auslösenden Verfügung über geldwerte Vorteile s BFH VI R 10/03 BStBl II 05, 770). Einnahmen aus der abgetretenen Forderung sind beim alten Gläubiger (Zedenten) mit Zufluss beim neuen Gläubiger (Zessionar); Einnahmen aus einer Gegenforderung gegen den Zedenten sind beim Zessionar im selben Zeitpunkt zu erfassen. Auch nach Abtretung der Forderung führt Geldeingang beim ursprüngl Gläubiger zum Zufluss bei diesem (FG Nds EFG 10, 1021, rkr). Die Auffassung, dass die Abtretung einer fälligen, unbestrittenen und einziehbaren Forderung bereits zum Zufluss führen soll, steht mit § 11 I 1 nicht in Einklang. Hinzukommen muss die Ausübung wirtschaftl Verfügungsmacht, so dass die Abtretung wirtschaftl der Zahlung gleichkommt (zB durch willkürl Ausschlagen der angebotenen Zahlung). Erfolgt die **Abtretung** ausnahmsweise **an Erfüllungs statt,** ist bereits mit der Abtretung der Zufluss erfolgt (BFH VI 137/65 BStBl III 66, 394), und zwar iHd wirtschaftl Werts der Forderung im Abtretungszeitpunkt (BFH IV R 97/78 BStBl II 81, 305, unter 1c). Die Verfügung über eine **wertlose Forderung** kann nicht als Zufluss gewertet werden, gleichgültig, ob sie erfüllungshalber oder an Erfüllungs Statt erfolgt (BFH VIII R 211/82 BFH/NV 88, 224). Ein *späterer* Forderungsausfall oder Wertverlust der Forderung stellt den Zufluss nicht in Frage (s Rz 18).

Arbeitslohn. Nur zugeflossene Löhne unterliegen der ESt (§§ 8 I, 11 I 1; § 2 I 1 LStDV) und dem LStAbzug (§ 38 I, II 2, III 1); vgl auch BFH VI R 57/05 BStBl II 09, 147 und Rz 15, 32. **ArbN-Anteile zur Sozialversicherung** und Beiträge an eine Pensionskasse fließen dem ArbN als Lohn mit Abführung durch den ArbG zu (BFH IX R 69/04 BStBl II 07, 579; BFH VI R 47/02 BFH/NV 07, 1876), **Pensionszahlungen** mit Auszahlung (auch an Dritte, BFH VI R 6/02 BStBl II 07, 581; FG Köln EFG 13, 1498, Rev VI R 46/13; FG Ddorf DStRE 14, 597, Rev VI R 18/13), ArbG-Beiträge zur GruppenUV mit **Zufluss der Leistung für Privatunfall** (BFH VI R 9/05 BStBl II 09, 385; ausführl § 19 Rz 100

„Unfallversicherung"), **privat nutzbare Jahreskarten** mit Kartenaushändigung (BFH VI R 89/04 BStBl II 07, 719; BFH VI R 56/11 BStBl II 13, 382; s § 8 Rz 68). **§§ 11 I 4 und 38a/39b** zum LSt-Abzug betreffen nur die zeitl Zuordnung (lfd) zugeflossenen Lohns (s auch Rz 32, *Reinhart* DB 86, 2203, str; zum Regelungsumfang s BFH VI R 104/92 BStBl II 93, 79). Zur Zuordnung von lfd ArbLohn zu anderem Jahr bei Zahlung bis 3 Wochen vor oder nach Jahresende s LStH 16 R 39b.2 (1) Nr 7. Zu verspäteter Gehaltszahlung s FG Mster EFG 91, 567, rkr; zu Nachzahlungen s FG BaWü EFG 95, 169, rkr; zu Investivlohn s „Option".

Arzthonorar. Beim Einzug durch **privatärztl Verrechnungsstelle** erfolgt Zufluss im Zeitpunkt des Eingangs bei dieser Stelle; **Vorschüsse** sind im Zahlungszeitpunkt zugeflossen (FG Nds DStRE 09, 1289, rkr). Bei **Direkteinzug** durch den Arzt erfolgt die Besteuerung im Zeitpunkt des Zuflusses bei diesem. Honorar für kassenärztl Tätigkeit fließt mit Eingang des durch die **kassenärztl Vereinigung** überwiesenen Betrags zu (BFH IV 4/61 U BStBl III 64, 329). § 11 I 2 ist bei Zahlungen der kassenärztl Vereinigung grds anwendbar (BFH IV R 309/84 BStBl II 87, 16; BFH IV R 72/94 BFH/NV 96, 209).

Aufrechnung §§ 387 ff BGB. Zufluss erfolgt im Zeitpunkt der durch die Aufrechnungserklärung bewirkten Leistung. Entsprechendes gilt für den Abfluss (BFH VI B 139/06 BFH/NV 07, 1315).

Ausschüttungen einer KapGes und **unbestrittene Forderung** fließen dem **beherrschenden Ges'ter** nach der Rspr bereits mit der Beschlussfassung über die Ausschüttung bzw der Fälligkeit der sonstigen Forderung zu, da er es grds in der Hand hat, sich geschuldete Beträge auszahlen zu lassen (BFH VIII R 13/06 BFH/NV 2007, 2249; BFH VIII B 46/11 BFH/NV 12, 597). Dies gilt nur für Beträge, die die KapGes dem beherrschenden Ges'ter schuldet und die sich bei zutr Ermittlung des Einkommens der KapGes auswirken (BFH VI R 66/09 BStBl II 14, 491; *BMF* BStBl I 14, 860). Die KapGes darf außerdem nicht zahlungsunfähig sein (BFH VI B 220/00 BFH/NV 04, 1419). Diese Grundsätze gelten auch für Vorabgewinnausschüttungen, die zum Zeitpunkt der Beschlussfassung über die Gewinnverwendung zufließen, selbst wenn eine spätere Fälligkeit des Auszahlungsanspruchs vorgesehen ist (BFH VIII R 2/12 BFH/NV 15, 567). Verzichtet ein Ges'ter ggü der KapGes auf bestehende oder künftige Ansprüche, fließen ihm keine Einnahmen zu, soweit er dadurch eine tatsächl Vermögenseinbuße erleidet (BFH VI R 4/10 BStBl II 14, 493; BFH VI R 24/12 BStBl II 14, 495; *BMF* BStBl I 14, 860). Die Annahme des Zuflusses bei Fälligkeit ist str und nur ausnahmsweise gerechtfertigt (s Rz 15). Eine Ausdehnung zB auf nicht beherrschende Ges'ter (BFH VI R 4/10 BStBl II 14, 493; BFH VI R 24/12 BStBl II 14, 495), MinderheitsGes'ter (BFH VIII R 24/03 BFH/NV 05, 1266), auf Nur-Geschäftsführer (FG BaWü EFG 98, 1011, rkr), „Angehörige" (zu Eheleuten FG Köln EFG 95, 419, rkr) und Lebensarbeitszeitkonten (§ 19 Rz 100 „Arbeitszeitkonten") scheidet aus; s Einzelfälle § 20 Rz 21.

Außergewöhnliche Belastungen. Grds gilt § 11 II (s Rz 5). Zu Besonderheiten aufgrund des **Belastungsprinzips** vgl § 33 Rz 5.

Barzahlungen sind mit Geldübergabe zu- und abgeflossen, ohne dass es auf eine rechtl Zahlungsverpflichtung oder auf die Fälligkeit ankommt (s Rz 16, 36). Dadurch entsteht ein Gestaltungsspielraum, der idR auch steuerl zu beachten ist (s Rz 10 und „Rechtsmissbrauch"). Die Grenze liegt dort, wo eine andere als die als Einnahme/Ausgabe anzusetzende Leistung erbracht wird, *Beispiel:* darlehensweise Vorauszahlung von ArbLohn (s „Darlehen").

Baukostenzuschüsse fließen erst mit der Entscheidung der auszahlenden Stelle zu, dass die Fördermittel nicht zurückzuzahlen sind (BFH IX R 46/09 BFH/NV

11, 797). S auch EStH 14 R 6.5, EStH 14 H 6.5, EStH 14 R 21.5, EStH 14 H 21.5; *Betzweiser* DStR 2004, 617.

Beherrschender Gesellschafter einer KapGes s „Ausschüttungen einer KapGes", „Verzicht", § 20 Rz 21.

Belegschaftsaktien. Der stpfl Vorteil (s § 3 „Vermögensbeteiligungen", § 19 Rz 100 „Aktien", BFH VI R 19/96 BFH/NV 97, 179) fließt dem ArbN sofort und nicht erst nach Ablauf einer Veräußerungssperrfrist zu (BFH VI R 39/80 BStBl II 85, 136; BFH VI R 67/05 BStBl II 09, 282). Eine Verfügungsbeschränkung mindert auch nicht die Höhe der Vorteilszuwendung (BFH VI R 73/86 BStBl II 89, 927; BFH VI R 73/04 BFH/NV 07, 896; FG Mster EFG 95, 320, rkr; s aber BFH VI R 37/09 BStBl II 11, 923, restricted shares; zu vinkulierten GmbH-Anteilen s *Heurung/Hilbert/Engel* GmbHR 13, 184 und zutr *ge* DStR 14, 1716).

Bonusaktien fließen im Zeitpunkt der Depoteinbuchung zu (BFH VIII R 70/02 BStBl II 05, 468).

Bruchteilsgemeinschaft. Der Zufluss bei der Gemeinschaft ist den Teilhabern anteilig zuzurechnen; zur Erbengemeinschaft s FG Hbg EFG 10, 425, rkr, Anm *Kühnen.* Zum Abfluss s FG BaWü EFG 82, 464, rkr.

Damnum hat Zinscharakter (s § 4 Rz 520, BFH I R 46/05 BStBl II 09, 955). **Zufluss beim Darlehensgeber** grds im Jahr der Zahlung oder Einbehaltung (BFH VIII R 1/91 BStBl II 94, 93; bei Schuldverschreibung erst mit Rückgabe, s BFH VIII R 156/84 BStBl II 88, 252). **Abfluss beim Darlehensnehmer** im Jahr der Verausgabung (Einbehalt) bzw Einzahlung vor Darlehensauszahlung (BFH IX R 85/85 BStBl II 87, 492; BFH IX R 96/84 BFH/NV 89, 496 – missverständl). Der marktübl **Höchstbetrag** ist ab 2004 von 10 auf 5% gekürzt (*BMF* BStBl I 03, 546; *FinVerw* DStR 04, 356). **§ 11 II 3** ist nicht auf marktübl Damnum anwendbar (s Rz 44, vor JStG 2007 *BMF* BStBl I 05, 617, 1052). Bei **Tilgungsstreckung** (100%-Darlehensauszahlung gegen Gewährung eines weiteren Darlehens iHd Damnums) sind Tilgungszahlungen als Damnum iSv § 11 II geleistet (s § 9 Rz 135 mwN). Zur Vertragsauslegung s FG Thür EFG 00, 1318, rkr.

Darlehen. – ***(1)* ArbN-Darlehen an ArbG.** Wird ArbLohn nicht ausbezahlt, sondern nur gutgeschrieben (s „Gutschrift"), ist die Frage des Zuflusses nach den Gesamtumständen des Einzelfalles zu entscheiden (BFH VI R 124/77 BStBl II 82, 469; BFH VI R 47/08 BFH/NV 10, 1094), wie Interessenlage, Verzinsung, Liquidität des ArbG, Dauer der Überlassung, Art des ArbLohns. – ***(a)* Grundsatz:** ArbN kann über zugeflossenen Lohn durch **darlehensweise Überlassung** verfügen (BFH VIII R 97/79 BStBl II 83, 295). Das kann auch im Wege der Umbuchung als Schuldumwandlung geschehen. Die Gutschrift liegt häufig im überwiegenden **Interesse des ArbN,** sich eine Kapitalanlage zu verschaffen oder seinen Arbeitsplatz zu sichern (s aber „Verzicht"; zu Darlehensforderungsverzicht BFH VI R 35/94 BFH/NV 95, 208). Das Einverständnis braucht nicht aus freien Stücken erteilt zu sein. Es muss aber ein Verfügungs-, nicht nur ein Absicherungsinteresse des ArbN vorliegen (vgl auch BFH X R 55/91 BStBl II 93, 499 und unten cc). *Beispiele:* für 15 Jahre überlassene Gratifikation (BFH VIII R 210/83 BStBl II 90, 532), für 5 Jahre überlassene Jubiläumszuwendungen (FG Hbg EFG 81, 85, rkr); für 3 Jahre überlassene ArbN-Tantieme oder als Sicherheit überlassene Vertreterprovision (BFH X R 55/91 BStBl II 93, 499). – ***(b)* Ehegatten-ArbVerh** s § 4 Rz 520 „Angehörige". – ***(c)* Kein Zufluss,** wenn sofortige Leistung beabsichtigt war und im Interesse des ArbN lag, jedoch an der **Liquiditätslage des ArbG** scheiterte, oder wenn der ArbG dem ArbN nur **zukünftige Leistungen** ohne Wahlrecht der sofortigen Auszahlung verspricht. *Beispiele:* Gewinngutschriften für den Versorgungsfall (BFH I R 139/71 BStBl II 74, 454); langfristige gewinnabhängige Erfolgsprämien (BFH I R 72/76 BStBl II 80, 741, unter 2c), auch bei endgültiger Zusage und Verzinsung (BFH VI R 124/77 BStBl II 82, 469). Die zum Gewinnzufluss an den beherrschenden Ges'ter entwickelten Grundsätze (s „Ausschüttungen einer KapGes", § 20 Rz 21) können nur auf beherrschende Ges'ter als ArbN übertragen werden (s BFH VI R 4/10 BFH/NV 11, 904). – ***(d)* Bei „Stundung"** grds kein Zu- oder Abfluss des ArbLohnes (vgl Stichwort). – ***(2)* Darlehen des ArbG an ArbN.** Bei Zahlungen über den lfd ArbLohn hinaus ist nach den Vereinbarungen über Höhe, Rückzahlung und Verzinsung zu prüfen, ob im Zeitpunkt der Zahlung Lohn zufließt oder eine nicht steuerbare Vermögensleistung „Darlehen" vorliegt. ArbLohn wird vor allem bei übl, nicht zu langfristigen Vorschüssen anzunehmen sein, oder wenn die Mittel nach der wirtschaftl Leistungsfähigkeit des ArbN nicht zurückgezahlt, sondern nur mit späteren Lohnzahlungen verrechnet werden. – ***(3)* Zeitpunkt des Abzugs bei Fremdfinanzierung.** Bei BA, WK, SA und agB kommt es auf den Zeitpunkt der Zahlung der finanzierten Aufwendungen an (zB BFH VI R 41/05 BFH/NV 08, 1136 zu WK; BFH VI R 252/71 BStBl II 74, 513 zu SA, s auch § 10 Rz 5; BFH III R 248/83 BStBl II 88, 814; BFH III R 60/88 BStBl II 90, 958; FG Mchn EFG 08, 455, rkr, zu agB). – ***(4)*** Bei **anderen Einnahmen** als ArbLohn hängt es vom Einzelfall ab (Vertragsgestaltung, Interessenlage etc), ob die Zahlung zunächst nur ein nicht steuerbares Darlehen oder eine den Zufluss herbeiführende (Vorschuss-)Leistung darstellt (s BFH III R 30–31/85 BStBl II 90, 287; FG Ddorf EFG 11, 313, rkr; FG Hess DStRE 09, 1102, rkr, Umwandlung Miete in Darlehen). **Darlehens(kurs)verluste** (§ 4 III) s BFH IV R 103/89 BStBl II 91, 228.

Depotzahlungen sind ohne Abfluss nicht als WK/BA/SA abziehbar. Auf Depotkonto gutgeschriebene Zinsen sind zugeflossen (BFH X R 55/91 BStBl II 93, 499; zur Abgrenzung bei Stornoreservekonto s BFH XI R 30/97 BStBl II 98, 252). Zum Zufluss von Erträgen aus englischer LV iRe *Wealthmaster-Vertrags* s BFH VIII R 40/08 BFH/NV 11, 592.

Durchlaufende Posten (§ 4 III 2, s § 4 Rz 388, § 8 Rz 3) sind weder Einnahmen noch BA/WK. Fremdgelder verschaffen keine eigene Verfügungsmacht. Zur Abgrenzung von der Weiterleitung zugeflossener Einnahmen s BFH IV R 190/71 BStBl II 75, 776.

Erbbaurecht als **ArbLohn** im Zeitpunkt der Bestellung s BFH VI R 15/80 BStBl II 83, 642 mit Bestätigung und Abgrenzung zum Wohnrecht in BFH VI R 33/97 BStBl II 04, 1076, 16 und 23. Aufl mwN, § 19 Rz 100 „Erbbaurecht". Zu **Erbbauzinsen** s Rz 42 und „Vorauszahlungen". **Erschließungskostenzahlungen** des Erbbauberechtigten sind erst nach Wertzuwachsrealisierung bei Vertragsende Einkünfte aus VuV (BFH IX R 86/89 BStBl II 91, 712).

Erbe s unter „Rechtsnachfolger" und § 8 Rz 8.

Erlass s unter „Verzicht".

Erstattung von Einnahmen und Ausgaben s Rz 18, 38.

Fälligkeit ist bei § 11 grds ohne Bedeutung, s „Forderungen", „Stundung", „Vorauszahlung". Ausnahmen s „Ausschüttungen einer KapGes", „Rechtsmissbrauch". Zur Fälligkeit als Indiz für Verfügungsmöglichkeit s BFH I R 230/78 BStBl II 82, 139, str. Zur Fälligkeit und § 11 I 2, II 2s Rz 26.

Finanzierung von Aufwendungen s unter „Darlehen" c, „Damnum".

Forderungen. Entscheidend ist idR der Zeitpunkt der Einziehung, nicht der „Fälligkeit" bzw Einzugsmöglichkeit. Ausnahmen s „Ausschüttungen einer KapGes" und § 20 Rz 21 (zum Zufluss bei „Verzicht" s BFH VI R 4/10 BFH/NV 11, 904). Verfügungsmöglichkeit muss hinsichtl der Zahlung, nicht der Forderung bestehen (zu gesetzl Forderungsübergang BFH XI R 52/88 BStBl II 93, 507; BFH VI R 66/03 BStBl II 08, 375).

Gehaltsumwandlung s „Verzicht“, „Zukunftssicherung“, „Option“.

Geldwerte Vorteile (s § 8 II 1). Maßgebl ist der tatsächl Zufluss, bei Überlassung von WG zur Nutzung die tatsächl (Möglichkeit der) Nutzung (BFH VI R 33/97 BStBl II 04, 1076 und 23. Aufl mwN; BFH I R 32/92 BStBl II 93, 399; BFH I R 44/92 BFH/NV 94, 318; FG Mster EFG 13, 1659, rkr, zur Ferienwohnungsnutzung als Kapitaleinkünfte – **Hapimag/Timesharing** –; zu Zinsvorteil BFH IX R 47/89 BFH/NV 95, 294; zu Sachgutscheinen s § 8 Rz 30; zur Grundstückschenkung als BE s FG BaWü EFG 03, 1223, rkr; zum verbilligten Grundstückserwerb s FG Hess EFG 98, 463, rkr). Die Bereicherung bei verbilligter Abgabe von Sachwerten erfolgt nicht durch den Sachwert selbst, sondern durch den Zufluss des bewertbaren geldwerten Vorteils (zB des Preisnachlasses, s BFH VI R 124/99 BStBl II 05, 766). S auch „Arbeitslohn“, „Belegschaftsaktien“, „Erbbaurecht“, „Option“, „Sachleistungen“.

Gewinnanteile aus Beteiligung an **KapGes** oder Genossenschaft (s auch „verdeckte Gewinnausschüttung“, § 20 Rz 21) sind keine regelmäßig wiederkehrenden Einnahmen (Rz 25). Bei Buchung auf Verrechnungskonten s „Gutschrift“. Auf Gewinnanteile aus Beteiligung an **PersGes** findet § 11 keine Anwendung (Rz 3; § 4 Rz 257, § 15 Rz 441); s aber „stille Gesellschaft“. Gewinnanteile von **ArbN** s „ArbLohn“, „Belegschaftsaktien“, „Darlehen“ a, „Option“.

Gutscheine s „Sachleistungen“

Gutschrift. – *(1)* Die **Gutschrift in den Büchern des Verpflichteten** ist häufig nur ein buchmäßiges Festhalten einer Schuldverpflichtung. Sie kann aber mit dem Wechsel der wirtschaftl Verfügungsbefugnis verbunden sein (**Zufluss** § 11 I), wenn der Verpflichtete durch die Buchung (idR auf Verrechnungskonto) zum Ausdruck bringt, dass dem Berechtigten der Betrag von nun an zur Verwendung zur Verfügung steht. Der Verpflichtete muss außerdem leistungsbereit und leistungsfähig sein (BFH VIII R 57/95 BStBl II 97, 755; BFH IX R 74/98 BFH/NV 02, 643; zu Versicherungsprovisionen BFH X R 55/91 BStBl II 93, 499 mit Abgrenzung in BFH XI R 30/97 BStBl II 98, 252; zum umgekehrten Fall der Lastschrift beim KapGes'ter BFH VIII R 284/83 BStBl II 86, 481, unter 2b; BFH I B 165/07 BFH/NV 08, 2049). Zufluss ist daher nicht anzunehmen, solange der Schuldner (auch nur vorübergehend) **zahlungsunfähig** ist (vgl BFH VIII R 97/70 BStBl II 73, 815; BFH VIII R 36/04 BStBl II 09, 209; s auch „Schneeballsysteme“). Die Gutschrift muss der Verpflichtete dem Berechtigten **mitteilen,** soweit sie nicht ausdrückl vorher vereinbart war (BFH III R 32/92 BStBl II 94, 179). Die Mitteilung hat hier materielle Wirkung. *Beispiele:* Steuergutschrift bei der Finanzkasse (FG Saarl EFG 89, 454, rkr), Gutschrift von ArbLohn (s „Darlehen“ a, BFH VI R 35/94 BFH/NV 95, 208), Gutschrift bei partiarischem Darlehen (BFH VIII R 70/95 BFH/NV 00, 18). Freiwillige **Verfügungsbeschränkungen** des Empfängers stehen dem Zufluss nicht entgegen (s Rz 19). Mit dem Zufluss beim Gläubiger ist der **Abfluss** beim Schuldner verbunden, wenn der Gläubiger später tatsächl über die Leistung verfügt oder sich der Schuldner seiner Verfügungsmacht begibt. *Beispiel:* Gutschrift von ArbLohn beim ArbG bei § 4 III als BA in diesem Zeitpunkt. – ***(2)* Gutschrift auf Empfängerkonto** führt stets zum Zu- und Abfluss, unabhängig von der Wertstellung (BFH VI R 63/80 BStBl II 84, 560; FG Hess EFG 02, 245, rkr). Die Benachrichtigung hat hier keine materielle Bedeutung, anders als im Falle der Gutschrift beim Schuldner (s Anm a sowie BFH IV 210/65 BStBl II 71, 97). Gutschrift auf Beteiligungskonto des ArbN s BFH VI R 47/08 BFH/NV 10, 1094, Anm *ge* DStR 10, 792. Gutschrift auf Einlagenkonto des stillen Ges'ters s § 20 Rz 21. Gutschrift auf Ges'terVerrechnungskonten s FG Mchn EFG 02, 1297, rkr. Gutschrift auf Genussrechtskonto s FG Köln EFG 13, 1652, Rev VI R 57/13. Häufig kann der Empfänger bereits *vor* der Gutschrift wirtschaftl über die Mittel verfügen (s Anm a, „Abtretung“, „Scheck“, zu Sparzinsen BFH VIII R 47/70 BStBl II 75, 696). Die Bank des Gläubigers muss im

Zeitpunkt der Gutschrift zahlungsfähig sein (FG Köln EFG 81, 505, rkr). – *(3)* **Gutschrift bei Dritten** als Zufluss s Rz 17 und *FinVerw* DStR 96, 1567 (für Amateursportler angelegte Werbehonorare).

Hinterlegung führt als Erfüllungssurrogat (§ 372 BGB) – anders als Sicherheitshinterlegung – idR auch bei Rücknahmerecht (§ 376 BGB) zum Zu- und Abfluss (s Rz 19), spätestens mit Klärung der Anspruchsberechtigung (§ 372 S 2 BGB; s auch FG Mchn EFG 04, 1295, rkr, Zufluss beim zunächst unbekannten Gläubiger erst bei Auszahlung). Zur Bedeutung der Hinterlegungvereinbarung s BFH IV R 125/83 BStBl II 86, 404, „Sperrkonto", „Notaranderkonto". Verzinsl Mietkaution s § 20 Rz 21 „Zinsen".

Insolvenzgeld, das von einer Bank vorfinanziert wird, fließt den ArbN bereits in dem Zeitpunkt zu, in dem er das Entgelt von der Bank erhält (BFH VI R 4/11 BStBl II 12, 596).

Instandhaltungskosten. Abzug als BA/WK nach § 11 II erst bei Zahlung. **Rücklagen** sind nicht vorab absetzbar (zu VuV BFH IX R 119/83 BStBl II 88, 577; BFH IX B 124/08 BFH/NV 09, 571, str, s § 21 Rz 100; zum WK-Abzug bei Veruntreuung durch den Hausverwalter s FG RhPf DStRE 14, 268, rkr).

Investmentanteile s § 3 II InvStG, § 20 Rz 21, 217 ff.

Kapitaleinkünfte (Einnahmen, WK) s „Ausschüttungen einer KapGes", „geldwerte Vorteile", „Gutschrift", „Sparzinsen", § 20 Rz 21.

Kapitalertragsteuer (s „Sparzinsen", § 20 Rz 21). Zufluss mit Einbehalt durch Vergütungsgläubiger bei Auszahlung (§ 44 I 2), auch ohne Abführung an FA (BFH VIII R 30/93 BFH/NV 96, 364). Zum Dividendenzufluss (KapESt, Freistellung) s BFH I R 13/06 BStBl II 07, 616.

Kaution. Zahlung der Kaution ist idR kein Abfluss (BFH X R 55/91 BStBl II 93, 499). Zinszurechnung bei Kautionsgeber, § 20 Rz 21 „Zinsen".

Kindergeld. § 11 gilt für Einkünfte- und Bezügeberechnung, nicht aber für Steuerzuschlag nach § 31 S 4 (s Rz 4, § 31 Rz 11). Zu § 32 IV 1 Nr 3s BFH III B 144/09 BFH/NV 11, 1144.

Kreditkarte. Zufluss beim Empfänger erfolgt erst mit Zahlung durch den Kartenausgeber (unstr), beim Karteninhaber grds wie beim „Scheck" Abfluss schon mit Unterschriftsleistung (s Rz 36; glA FG RhPf DStRE 14, 652, rkr; *HHR* § 11 Anm 120, *Wüllenkemper* EFG 13, 1031, str).

Lastschrift s „Überweisung", „Gutschrift" und FG Mster EFG 95, 1099, rkr. Abfluss bei § 11 II 2s FG Mster EFG 10, 2080, rkr.

Miete. Es gelten die allg Regeln (s Rz 15, 25, 35, 40), s „Sachleistungen", „Kaution", „Instandhaltungskosten", § 20 Rz 21 „Zinsen" (auch zu Mietkaution).

Nießbrauch. Lfd Nutzungswertzufluss; Billigkeitsregelungen *BMF* BStBl I 98, 914; *BMF* BStBl I 01, 171; s Rz 7.

Notaranderkonto. Zu- und Abfluss hängen bei Zahlung auf ein Notaranderkonto davon ab, wem die Verfügungsmacht wirtschaftl zusteht. Von Bedeutung ist insb die dem Verwahrungsverhältnis zugrunde liegende Hinterlegungsvereinbarung (BFH IV R 125/83 BStBl II 86, 404; FG Hbg EFG 09, 1642, rkr, Zu- und Abflusszeitpunkt können auseinanderfallen). S auch EStH 14 R 7a V 9.

Novation s „Schuldumwandlung".

Option. Die Einräumung eines **nicht handelbaren oder handelbaren** Optionsrechts führt idR noch nicht zum Zufluss iSv § 11. Maßgebend ist der Zeitpunkt der Aktienüberlassung (Einbuchung in das Depot, BFH VI B 87/13 BFH/NV 14, 334) bzw vor 2002 der Rechtsausübung (Billigkeitsregelung *BMF* BStBl I 03, 234; BFH VI R 4/05 BStBl II 08, 825). Der Zufluss kann auch durch anderweitige Verwertung des Optionsrechts erfolgen. Zuflusszeitpunkt ist dann der Übertragungszeitpunkt des Rechts (BFH VI R 90/10 BFH/NV 13, 440). Zur Rechtslage, wenn ArbG die überlassenen Optionen am Markt erworben hatte s *Schneider* BFH/PR 09, 127; *Bergkemper* FR 09, 628; *Schmidt* DStR 09, 1989; – zu DBA *BMF* BStBl I 06, 532 Tz 131. Vgl auch 28. Aufl mwN und § 19 Rz 100 „Ankaufsrecht". Sperr-, Halte- und Verfallsklauseln hindern Zufluss des geldwerten Vorteils nicht (BFH VI R 67/05 BStBl II 09, 282; *Bergkemper* FR 09, 487). Verfügungsbeschränkungen können dem Zufluss aber entgegenstehen, wenn sie die Annahme rechtfertigen, dass der Begünstigte über die Aktien noch keine Verfügungsmacht erlangt hat (BFH VI R 37/09 BStBl II 11, 923, restricted shares, s dazu auch *Käshammer/Ramirez* DStR 14, 1419). Können Aktien, deren Wert nach Ausübung der Option unter den Ausgabepreis gesunken ist, an den ArbG zum Ausgabepreis zurückgegeben werden, fließt ein darin liegender geldwerter Vorteil im Zeitpunkt der Rückübertragung der Aktien zu (BFH VIII R 19/11 BStBl II 13, 689). (Echte) **Wandelschuldverschreibungen** sind wie Optionen zu behandeln (Endbesteuerung, s BFH VI R 124/99 BStBl II 05, 766; zu **§ 34** s BFH VI R 136/01 BStBl II 07, 456; BFH VI R 62/05 BStBl II 08, 294; zu sog Virtual Stock Options s *Schiemzik* NWB 11, 798). Auch **„Wandeldarlehen"** führen zum Zufluss erst bei Ausübung bzw Veräußerung des Wandlungsrechts (BFH VI R 10/03 BStBl II 05, 770; BFH VI R 18/03 BFH/NV 06, 13; BFH VI R 12/08 BStBl II 10, 1069). S auch „geldwerte Vorteile", zur Grundstückserwerbsoption BFH VI R 200/81 BFH/NV 86, 306. Zeitpunkt eines **Verlustabzugs** s BFH VI R 35/05 BStBl II 07, 647; BFH VI B 137/06 BFH/NV 08, 66. S auch *Portner* DStR 10, 577, zu neuen Vergütungsregelungen für Manager; zusammenfassend *Marquart* FR 13, 980; *Geserich* DStR Beil 14/23, 53.

Pfändung/Verpfändung bewirken weder Zu- noch Abfluss (BFH IV R 190/71 BStBl II 75, 776). Sie stehen ihm auch nicht entgegen (BFH IV R 87/85 BStBl II 88, 342). Besteuerung beim Pfändungsschuldner im Zeitpunkt des Forderungseinzugs durch Pfändungsgläubiger bzw des Zahlungseingangs (BFH IX R 163/83 BStBl II 89, 702; s auch „Forderung").

Rechtsmissbrauch (§ 11 II 5). Die Rspr ist großzügig bei nach Art, Grund und Höhe feststehenden Ausgaben (grds keine Folgen aus zeitl Verlagerung, vgl zB BFH IX R 2/80 BStBl II 86, 284; BFH IX R 1/09 BStBl II 10, 746; FG Ddorf EFG 99, 964, rkr). S auch Rz 10, 46, „Barzahlung", „Vorauszahlungen", „Damnum"; zu Scheindarlehen zur Spendenzahlungsstreckung FG Hess EFG 99, 769, rkr; *Fischer* FR 04, 168. Einschränkend zu ungewöhnl Gestaltungen bei Bauherrnmodellen: BFH IX R 197/84 BStBl II 90, 299.

Rechtsnachfolger. Bei steuerl beachtl Rechtsnachfolge ist der Rechtsnachfolger nach allg Grundsätzen stpfl, sonst Einkommensverwendung mit Besteuerung beim Rechtsvorgänger im Zeitpunkt des Zuflusses (s § 8 Rz 7, 8 – Surrogationsprinzip). Vgl *BMF* BStBl I 93, 80; *BMF* BStBl I 07, 269; *BMF* BStBl I 06, 253 mit Übergangsregelungen zur Erbauseinandersetzung und vorweggenommenen Erbfolge; umfassend *Schulze-Osterloh* – Hrsg – DStJG Bd 10.

Renten sind im Zuflusszeitpunkt nach den dann geltenden Vorschriften zu versteuern (BFH X R 1/10 BStBl II 11, 915; BFH X R 17/10 BFH/NV 11, 1501).

Rückzahlung fließt erst im Jahr des Rückflusses ab (BFH VI R 12/06 BFH/NV 09, 1105, mwN und zum Verstoß gegen Treu und Glauben bei doppelter Berücksichtigung einer Gehaltsrückzahlung). S auch „Erstattung" und § 20 Rz 23.

Sachleistungen s „Geldwerte Vorteile", „Option", § 8 Rz 18, 26 auch zu Warengutscheinen, zu Hotelgutscheinen BFH IX R 55/10 BFH/NV 13, 354 (Zufluss erst bei Verwertung des Rechts). Zu Grundstücks(ein)bauten durch Mieter BFH IX R 54/99 BFH/NV 04, 1088; s auch „Erbbaurecht" und 23. Aufl mwN.

Scheck s Rz 16, 36. Maßgebl Zeitpunkt der Leistung ist idR die Hingabe (Abfluss)/Entgegennahme (Zufluss) eines (gedeckten) Bar- oder Verrechnungsschecks (BGH in HFR 88, 476), sofern die sofortige Einlösung nicht durch zivilrechtl Vereinbarung eingeschränkt ist. Es liegt auch dann Zufluss vor, wenn auf die Zahlung kein Anspruch besteht (BFH IX R 97/97 BStBl II 01, 482). Sonderregelung bei Steuerzahlung s **§ 224 II Nr 1 AO** (ab 2007: 3 Tage nach Eingang).

Schneeballsysteme. Gutschriften aus betrügerischen Anlagesystemen (Scheinrenditen) führen nach ständiger BFH-Rspr zum Zufluss von KapEinnahmen und damit zur Besteuerung auch dann, wenn vereinbart wird, dass der gutgeschriebene Betrag das Anlagekapital erhöhen soll (s § 20 Rz 173, „Novation"). Die Anleger verlieren nicht nur ihr Kapital, ohne dass dies steuerl berücksichtigt wird (s § 9 Rz 75), sie haben auf die wertlosen Scheinrenditen auch Steuern zu zahlen. Diese BFH-Rspr ist von Kritik begleitet (FG Saarl EFG 12, 1642; *Schmidt-Liebig* FR 09, 409; *Marx* FR 09, 515; *Wolff-Diepenbrock* FS Spindler, 897; *Otte* DStR 14, 245), die aber durch BFH VIII R 4/07 BStBl II 14, 147, BFH VIII R 25/12 BStBl II 14, 461 und BFH VIII R 38/13 BStBl II 14, 698 erneut zurückgewiesen wurde (dazu *Pezzer* BFH/PR 10, 372; *Moritz* NWB 10, 2858; *Levedag* NWB 15, 914). Es kann nach der BFH-Rspr nur dann am Zufluss fehlen, wenn der Betreiber des Schneeballsystems bei entspr Verlangen des Anlegers nicht zur Auszahlung der gutgeschriebenen Beträge leistungsbereit und -fähig gewesen wäre. So kann es sich verhalten, wenn der Betreiber eine vom StPfl verlangte Auszahlung ablehnt und stattdessen über anderweitige Zahlungsmodalitäten verhandelt; ein Rat zur Wiederanlage genügt aber noch nicht. Der BFH sieht sich estl wegen § 20 I Nr 7 S 2 auch daran gehindert, die Scheinrenditen entspr den zutr Ausführungen in BFH II R 62/08 BFH/NV 11, 7 zur VermögenSt als bloße Kapitalrückzahlungen zu behandeln, was mE auch bei der ESt mögl gewesen wäre. Die *FinVerw* gewährt einen gewissen Rechtsschutz, indem sie anerkennt, dass den nicht ausgezahlten Scheinrenditen im Jahr der Insolvenz gleichhohe Verluste gegenüberstehen (*OFD Rhl* DStR 11, 176). Fordert der Insolvenzverwalter ausgezahlte und damit zu Recht versteuerte Scheingewinne zurück (BGH in BGHZ 179, 137; *Schmittmann* StuB 14, 381), führt die Rückzahlung zu negativen Einnahmen.

Schuldumwandlung (Novation) ist Zahlungsersatz bei freiem Entschluss des Gläubigers in seinem Interesse, s „Darlehen", „Gutschrift", „Schneeballsysteme", BFH GrS 1–2/95 BStBl II 98, 193 unter B II; BFH VIII R 221/80 BStBl II 84, 480; BFH VIII R 13/91 BStBl II 93, 602; BFH XI R 52/88 BStBl II 93, 507; BFH IV B 139/06 BFH/NV 08, 57, auch zur Grenze der Zahlungsunfähigkeit BFH VIII 36/04 BStBl II 09, 190. Das Unterlassen der Durchsetzung einer Forderung führt nicht zum Zufluss durch Novation (FG BaWü EFG 11, 1156, rkr). Zum **Abfluss bei Novation** BFH IV R 56/99 BFH/NV 00, 1191; zu Bauspar-Zinsboni FG Nds EFG 03, 1772, rkr. Zu sonstigen Anlagen s BFH VIII R 63/03 BFH/NV 08, 194. Zu **Verrechnungsvereinbarungen** s BFH IX B 227/02 BFH/NV 03, 1327; BFH VIII R 40/08 BFH/NV 11, 592, zur Novation als Verkürzung des Leistungsweges, zur Vorausverfügung und zur modifizierten Stundungsvereinbarung.

Schuldübernahme s FG Nds EFG 92, 73, rkr (Zufluss bei Genehmigung).

Schuldzinsen sind im Jahr der Zahlung abgeflossen (also grds nicht bei Zuschlag zum Darlehen ohne Zahlung, vgl BFH IV R 56/99 BFH/NV 00, 1191; s aber „Damnum" zur Tilgungsstreckung). Sie sind im Jahr des Zuflusses zu versteuern (s § 20 Rz 21 „Zinsen"). Hierfür kann es uU genügen, wenn sie vereinbarungsgemäß im Interesse des Gläubigers dem Kapital zugeschlagen werden (Abgrenzung zur „Stundung", die grds noch nicht zum Zufluss führt s BFH VIII R 221/80 BStBl II 84, 480 unter 2c, 3; BFH VIII B 55/05 BFH/NV 06, 1467; str).

Sonderausgaben fallen grds unter § 11 II (s Rz 5). Vgl auch „Spenden", „Vorauszahlungen". Die Rückerstattung in späteren Jahren mindert uU (nur) gleichartige SA des Erstattungsjahres, s § 10 Rz 7, 8. Fremdfinanzierung s „Darlehen" c.

Sparzinsen fließen mit Bankgutschrift unabhängig vom Zeitpunkt der Eintragung im Sparbuch zu (BFH VIII R 47/70 BStBl II 75, 696). Für die Bankgutschrift gilt § 11 I 2 (s Rz 25), nach *BMF* BStBl I 02, 1346 auch für KapEStAbzug.

Spekulationsgewinne s „Veräußerungsgeschäfte".

Spenden können uU auf mehrere Jahre verteilt werden (§ 10b Ia).

Sperrkonto. Einvernehml Überweisung auf Sperrkonto steht § 11 I nicht entgegen (Rz 19; BFH IX R 163/83 BStBl II 89, 702; BFH VIII R 10/08 BStBl II 12, 315; str, s aber EStH 14 R 7a V 10.

Stille Gesellschaft. Der Zuflusszeitpunkt richtet sich nach § 11 I, nicht nach § 44 III (BFH VIII R 53/03 BFH/NV 05, 2183; § 20 Rz 21 und 81, § 44 Rz 5). Zum Zeitpunkt des Abzuges von Verlusten s § 20 Rz 82.

Stückzinsen. Einnahmen fließen dem Veräußerer mit Kaufpreiszahlung zu (§ 20 II 1 Nr 7). Abfluss beim Erwerber als negative Einnahme mit Zahlung. S auch § 20 Rz 145, § 43a Rz 3; *BMF* BStBl I 10, 94 Rz 49–51; *BMF* BStBl I 11, 78; *OFD Mster* DStZ 11, 225. Zu negativen Stückzinsen FG Mster EFG 08, 1882.

Stundung schiebt grds Zu- und Abfluss hinaus (BFH VIII R 221/80 BStBl II 84, 480 unter 2c); s auch „Darlehen", „Fälligkeit".

Time-sharing (Hapimag) s „geldwerte Vorteile".

Treuhandkonto. Zahlungseingänge fließen idR dem Treugeber zu (§ 39 II Nr 1 S 2 AO; BFH IV R 125/83 BStBl II 86, 404; BFH VIII R 80/99 BFH/NV 06, 57). S auch EStH 14 R 7a V 9.

Überweisungen (s auch „Depotzahlungen", „Sperrkonto") fließen spätestens mit Gutschrift/Lastschrift bei dem einnehmenden/ausgebenden StPfl zu/ab. Weist das Konto die nötige Deckung auf (ausreichendes Guthaben oder Kreditrahmen), genügt für den Abfluss die Erteilung des Überweisungsauftrags (Rz 36; BFH IV R 47/95 BStBl II 97, 509; BFH IX R 28/02 BFH/NV 05, 49; s auch BGH in DStR 99, 170), auch bei **Online-Banking.** Ebenso zu ArbG-Überweisung für DirektVers BFH IX R 7/05 BStBl II 05, 726. Dagegen vor Gutschrift mangels Verfügungsmöglichkeit noch kein Zufluss beim Empfänger (vgl FG Hess EFG 02, 245, rkr; zu Ges'ter-Einlageleistung BFH VIII R 8/87 BStBl 92, 232).

Umbuchung kann sowohl zum Zufluss (BFH IV R 28/98 BFH/NV 00, 1455 – KiSt, BFH VIII R 181/78 und BFH VIII R 6/79 BStBl II 82, 753 und 755 – USt) als auch zum Abfluss (vgl BFH VI 204/59 U BStBl III 60, 140; FG Saarl EFG 89, 454, rkr) im Zeitpunkt der Umbuchung führen. Zur Umbuchung als Aufrechnung s BFH VII R 72/04 BStBl II 06, 350; BFH VII R 70/04 BFH/NV 06, 7; zu Grenzen nach Insolvenz FG Bbg EFG 06, 1480, rkr; s auch BFH VII R 18/05 BStBl II 07, 914. Umbuchung von ArbLohn s „Darlehen" a; s auch „Aufrechnung", „Gutschrift", „Schuldumwandlung", „Verrechnung".

Umsatzsteuer/Vorsteuer. Bei estl Auswirkung Ausgabe/Einnahme bei Zahlung, kein „durchlaufender Posten" (s § 4 Rz 388). Das gilt auch bei nachträgl Eintritt der VSt-Abzugsvoraussetzungen (BFH IX R 97, 98/90 BStBl II 94, 738). USt-Vorauszahlungen und -erstattungen sind grds regelmäßig wiederkehrende Ausgaben/Einnahmen gem § 11 II 1, I 2 (BFH XI R 48/05 BStBl II 08, 252; *BMF* BStBl I 08, 958; zu den Auswirkungen der verschiedenen Zahlungswege s *FinVerw* DStR 13, 653), bei Dauerfristverlängerung nur die zum 10.1. fälligen Zahlungen und auch iÜ nicht bei Verschiebung der Fälligkeit auf nach dem 10.1. liegenden Werktag (*OFD Rhl* DStR 09, 2197; BFH VIII R 34/12 BStBl II 15, 285).

Unterschlagung von BE im betriebl Bereich (s § 4 Rz 382): Abfluss mit Vollendung der Unterschlagungshandlung (BFH IV R 79/73 BStBl II 76, 560).

Veräußerungsgeschäfte. Gewinne (und Verluste) aus privaten Veräußerungsgeschäften sind grds bei Zufluss steuerl zu erfassen (s auch zu Ausnahmen § 23 Rz 92, 95; FG Hess EFG 11, 52, rkr; *BMF* BStBl I 04, 1034).

Verdeckte Gewinnausschüttung an nahestehende Personen fließen dem Ges'ter bei Zufluss an diese zu (BFH VIII R 19/07 BFH/NV 11, 449; s auch § 20 Rz 21, 42, 56, „Ausschüttungen einer KapGes", „Gewinnanteile", „Verzicht").

Verlust. Als **BA/WK** abziehbare Wertverluste sind grds im Zeitpunkt des Verlusteintritts abgeflossen. Bei Beschädigung und Wiederherstellung sind Reparaturkosten im Zeitpunkt der Zahlung abzusetzen. Bei Verlusten, die zu **„ag Belastungen"** führen, ist der Aufwandszeitpunkt für die Wiederbeschaffung maßgebend (BFH III R 8/95 BStBl II 99, 766; BFH III B 135/03 BFH/NV 04, 339).

Verrechnung s „Schuldumwandlung", „Umbuchung". Von der Verrechnung ist die (einseitige) Anspruchskürzung abzugrenzen, die als Einbehalt der Leistung keinen Zufluss bewirkt (s BFH VI R 48/10 BFH/NV 11, 1321).

Verteilung von Einnahmen/Ausgaben entgegen § 11 ist nur in Ausnahmefällen zulässig (s Rz 3, 4, 6, 7).

Verzicht. – ***(1)* Grundsatz: Kein Zufluss.** Im Falle des Verzichts auf eine Leistung fehlt es idR am Zu- und Abfluss (s § 4 Rz 434, zum freiwilligen Gehaltsverzicht BFH VI R 87/92 BStBl II 93, 884; BFH VI R 115/92 BStBl II 94, 424; zu Ges'ter-Geschäftsführer BFH VI R 4/10 BStBl II 14, 493; BFH VI R 24/12 BStBl II 14, 495; zu Verzicht auf Darlehensforderung BFH VI R 35/94 BFH/NV 95, 208; unzutr zu „Verzicht" trotz Zahlung und Rückzahlung BFH I R 5/88 BStBl II 91, 308; s auch FG Saarl EFG 92, 601, rkr; § 10b Rz 8). Der Tendenz der Rspr, beim Verzicht auf die Einlösung einer fälligen Forderung Zufluss anzunehmen (fragl, s Rz 15), ist BFH VI R 4/10 BFH/NV 11, 904 zu Recht entgegengetreten (s aber *Paus* DStZ 11, 458). Verzicht zugunsten Dritter mit konkreter **Verwendungsbestimmung** stellt Zufluss nicht in Frage (s FG Bbg EFG 01, 970, rkr – auch zu gesetzl Forderungsübergang; BFH VI B 155/98 BFH/NV 99, 457). **Abgrenzung:** Kein Zufluss von „gespendeten" TV-Gewinnen (s § 4 Rz 424, § 10b Rz 2). Ohne Verwendungsbestimmung liegt kein Zufluss vor (zu ArbG-Spende an beliebige Dritte s BFH XI R 18/98 BStBl II 99, 98; s zu ArbLohnverzicht für Hochwasser-/Flutopferspenden *BMF* BStBl I 14, 889; *Koss* DB 05, 414). Verzicht führt aber zum Zufluss, wenn er zur Erlangung einer Gegenleistung erfolgt (BFH VI R 4/05 BStBl II 08, 826), auch in Form offener oder verdeckter Werterhöhung einer KapGesBeteiligung, auch durch NichtGes'ter bei Verzicht zugunsten nahe stehender Ges'ter (BFH GrS 1/94 BStBl II 98, 307; zum Verzicht eines beherrschenden Ges'tergeschäftsführers BFH VIII R 58/92 BStBl II 95, 362). – ***(2)* Ausnahmen (Zufluss):** – **Entnahmen** (Gewinnerhöhung durch Verzicht auf betriebl Forderung aus *privaten* Gründen bei § 4 III, s § 4 Rz 350); zum Verzicht auf Privatforderung bei § 23 aus privaten Gründen FG Hbg EFG 85, 125, rkr; – **verdeckte Einlagen:** Verzicht des Ges'ters auf Forderung aufgrund des Gesellschaftsverhältnisses führt zum Zufluss des werthaltigen Teils der Forderung (BFH GrS 1/94 BStBl II 98, 307; zur Kritik an dieser Rspr *Bleschick* NWB 13, 3372, nwN; s auch *ge* DStR 13, 1724); – **ArbLohn:** Mit dem Verzicht des ArbG auf eine Forderung gegen ArbN (zB Darlehensrückzahlung, Zinsverzicht, Schadensersatz) kann diesem Lohn zufließen (BFH VI R 73/05 BStBl II 07, 766; RsprÄnderung BFH VI R 54/03 BStBl II 08, 58 zum Zeitpunkt bei Verzicht auf S V-Nachforderung nach Schwarzlohnzahlungen; FG RhPf EFG 96, 1103, rkr und *FinVerw* DStR 98, 1633 zum Tantiemeverzicht gegen Pensionszusage); gleichzeitig können beim ArbG BA abfließen. **Gehaltsumwandlung** führt zu Besteuerung in anderer Form (s § 3 „Zukunftssicherung", *Wolf* DB 99, 16); – **vGA:** In dem Verzicht einer KapGes auf Forderung gegen beherrschenden Ges'ter kann Zufluss einer vGA liegen (§ 20 Rz 21).

Vorauszahlungen sind grds bei Eingang zugeflossen (BFH III R 30–31/85 BStBl II 90, 287; zu Lohnvorschuss s „Darlehen" b), und mit Zahlung abgeflossen (mögl Vorteile: Pauschbeträge, Progression, § 33 III; zu SA BFH IX R 2/80 BStBl II 86, 284; BFH III R 23/98 BStBl II 01, 338; s auch „Damnum"; zu BA § 4 Rz 472; zu WK s BFH VIII R 61/81 BStBl II 84, 267). Ab 2004 sind länger als 5 Jahre vorausbezahlte Ausgaben für die Grundstücksnutzung (zB Erbbauzinsen) gem **§ 11 II 3/§ 52 Abs 30 S 1** auf die Laufzeit zu verteilen (s Rz 42), sonstige Nutzungsentgeltvorauszahlungen erst ab 2005 (*FinVerw* DB 04, 2660). Für Einnahmen sieht **§ 11 I 3** (s Rz 30) ein entspr Wahlrecht vor; s *Beck* FR 04, 1226; *Fleischmann* DStR 04, 1822; *Söffing* BB 05, 78. § 11 II 3 gilt nicht für Depotkostenvorauszahlungen (s *Loritz* FR 07, 901: kein Entgelt für Nutzungsüberlassung, sondern für Dienstleistung). **Grenze: Rechtsmissbrauch** bei fehlendem wirtschaftl Grund (BFH IX R 197/84 BStBl II 90, 299 unter V 2d, fragl, s Rz 10); aA BFH XI R 24/01 BStBl II 02, 351; BFH XI R 51/01 BFH/NV 03, 597; s auch Bauherrnerlass *BMF* BStBl I 03, 546. Verlorene Vorauszahlungen auf HK sind keine HK (BFH GrS 1/89 BStBl II 90, 830), sondern WK im Jahr des Ausfalls (BFH IX R 164/87 BStBl II 92, 805; FG BaWü EFG 96, 17, rkr).

Vorsteuer s „Umsatzsteuer".

Wechsel. Maßgebend ist der Zeitpunkt der Diskontierung oder der Einlösung (BFH I R 166/69 BStBl II 71, 624, unter 3, vgl auch BFH IV R 97/78 BStBl II 81, 305 unter 1b). Ausnahmen s FG Köln EFG 83, 141 (rkr).

Zahlungsanweisung s „Scheck" und „Überweisung".

Zahlungsunfähigkeit s „Darlehen", „Gutschrift" a, b, „Schneeballsysteme".

Zeitwertkonten. Buchung auf **Arbeitszeitkonten** führt grds noch nicht zum Zufluss von ArbLohn (s BMF BStBl I 09, 1286; § 19 Rz 100 „Arbeitszeitkonten").

Zukunftssicherungsleistungen des ArbG für ArbN (s § 3 „Altersvorsorge", „Zukunftssicherung"). – ***(1)* Allgemeines.** Entscheidend ist, ob Einnahmen als (gegenwärtig oder später verfügbarer) ArbLohn oder als (später verfügbare, nachgelagert zu versteuernde) wiederkehrende Bezüge zu qualifizieren sind. Der Zeitpunkt des BA-Abzugs beim ArbG ist hierfür ohne Bedeutung. – ***(2)* Gegenwärtig zufließender ArbLohn** in Form von Beitragszahlungen des ArbG an Dritte ist anzunehmen, wenn sich der Vorgang wirtschaftl betrachtet so darstellt, als ob der ArbG dem ArbN Mittel zur Verfügung gestellt und der ArbN sie zum Erwerb seiner Zukunftssicherung verwendet hätte (BFH X R 36/86 BStBl II 90, 1062). ArbG-SV-Beiträge sind kein gegenwärtig zufließender ArbLohn (BFH VI R 178/97 BStBl II 03, 34; BFH VI R 52/08 BStBl II 10, 703 – s aber zu § 15 I 1 Nr 2 BFH IV R 14/06 BStBl II 07, 942 und § 19 I 1 Nr 3 idF JStG 2007 gegen BFH, § 19 Rz 86–88). Der ArbN muss selbst einen Rechtsanspruch gegen die dritte Person erwerben und der Zukunftssicherung ausdrückl oder stillschweigend zustimmen (BFH VI R 19/92 BStBl II 94, 246; BFH VI R 75/97, BFH/NV 99, 1590). BFH VI R 66/97 BStBl II 00, 408 bejaht einen solchen Anspruch bei GruppenKV und verneint ihn bei GruppenUV wegen Ausübung der materiellen ArbN-Ansprüche durch ArbG (s auch BFH VI R 9/05 BStBl II 09, 385; BFH VI R 60/96 BStBl II 00, 406, und oben „Arbeitslohn"; zu Rückzahlung BFH VI R 115/01 BFH/NV 05, 1804; BFH VI R 20/07 BStBl II 10, 845; § 40b Rz 6; zu Renten-Beitrag der Kirche BFH VI R 38/04 BStBl II 07, 181). Die späteren Zahlungen auf Grund des Rechtsanspruchs können an Bedingungen geknüpft sein; dem ArbG darf jedoch kein Heimfallsrecht zustehen (BFH VI R 173/71 BStBl II 75, 275; BFH VI R 8/07 BStBl II 10, 194; s aber FG BaWü EFG 04, 1827, rkr).

Im Fall des gegenwärtigen Zufließens als *stpfl* ArbLohn (vgl § 3 Nr 62, 63, 66, § 3 „Altersvorsorge", „Zukunftssicherung") gelten im gleichen Zeitpunkt die Beitragsleistungen des ArbG als SA des ArbN abgeflossen. *Beispiele:* Einzahlungen des ArbG über die stfreien Beträge des § 3 Nr 63, 66 hinaus in eine *Pensionskasse* (§ 4c), einen *Pensionsfonds* (§ 4e) oder eine *DirektVers* (§ 4b – Rechtsanspruch des ArbN, dazu BFH VI R 66/97 BStBl II 00, 408; zum Rechtsanspruch nach Gehaltsumwandlung BAG BB 94, 73; s auch BFH VI B 155/98 BFH/NV 99, 457; BFH VI R 57/08 BFH/NV 11, 890; abl zu gesetzl Gehaltskürzung gegen Versorgungsrückstellung ohne Rechtsanspruch des ArbN BFH VI R 165/01 BStBl II 05, 890) oder eine AnlageVersorgungsGes für selbständige Vertreter (BFH III R 32/92 BStBl II 94, 179; FG Köln EFG 96, 427, rkr; zu Rundfunkermittlern BFH X R 9/04 BFH/NV 06, 1645), auch bei Einmalprämie (vgl BFH VI R 173/71 BStBl II 75, 275 zu GruppenLV, *BMF* BStBl I 93, 248); zu Aushilfskräften FG Hess EFG 94, 394, rkr. – ***(3)* Späterer Zufluss von Einnahmen.** – ***(a)* Versorgungszusage** (§ 19). ArbG verspricht dem ArbN Versorgung aus eigenen Mitteln (**Beispiele:** Beamtenpension, Pensionszusage, auch bei Einkauf in Rentenversicherung, FG Mster EFG 92, 461, rkr; zu Bahn-Versicherungszuschüssen BFH VI R 178/99 BFH/NV 01, 1258). – ***(b)* Rückdeckungsversicherung:** ArbG spart Leistungen als Versicherungsnehmer an (s § 5 Rz 270 Stichwort), vgl FG Hbg EFG 03, 1000, rkr. Abgrenzung zu DirektVers s BFH VI R 66/97 BStBl II 00, 408; BFH IV R 41/00 BStBl II 02, 724 (§ 2 II Nr 3 S 4 LStDV). Achtung: Bei Abtretung der Versicherungsansprüche durch ArbG an ArbN fließt diesem das bis dahin angesparte Deckungskapital einschließl Zinsen zu (insoweit später nicht nochmals nach § 22 Nr 1 zu versteuern). – ***(c)* Leistungen aus Unterstützungskassen** (§ 4d) fließen erst bei Zahlung durch die Kasse als ArbLohn zu (FG Köln EFG 98, 875, rkr: ArbN-Anspruch nur gegen ArbG, nicht gegen Kasse). – ***(d)* Andere Versicherungsleistungen ohne Rechtsanspruch** des ArbN können bei Auszahlung als ArbLohn zufließen (BFH VI R 216/72 BStBl II 76, 694 zu Tagegeldern aus Unfallversicherung). – ***(e)* Wiederkehrende Zahlungen aus Pensionskasse, Pensionsfonds** oder **DirektVers** sind bei Zufluss gem § 22 zu versteuern (s § 22 Rz 125 ff). Kein Wechsel der Einkunftsart durch Mitnahme/Rückübertragung von Anwartschaften (§ 3 Nr 55, 65). – ***(f)* Gewinnabhängige Lohngutschrift** in den Büchern des ArbG, s „Darlehen" a/aa.

Zuflussfiktion. Der Zufluss darf grds nicht fingiert werden (BFH VI R 4/10 BFH/NV 11, 904). Zur Ausnahme bei beherrschenden KapGes'tern s „Ausschüttungen einer KapGes".

§ 11a Sonderbehandlung von Erhaltungsaufwand bei Gebäuden in Sanierungsgebieten und städtebaulichen Entwicklungsbereichen

(1) [1]**Der Steuerpflichtige kann durch Zuschüsse aus Sanierungs- oder Entwicklungsförderungsmitteln nicht gedeckten Erhaltungsaufwand für Maßnahmen im Sinne des § 177 des Baugesetzbuchs an einem im Inland belegenen Gebäude in einem förmlich festgelegten Sanierungsgebiet oder städtebaulichen Entwicklungsbereich auf zwei bis fünf Jahre gleichmäßig verteilen.** [2]**Satz 1 ist entsprechend anzuwenden auf durch Zuschüsse aus Sanierungs- oder Entwicklungsförderungsmitteln nicht gedeckten Erhaltungsaufwand für Maßnahmen, die der Erhaltung, Erneuerung und funktionsgerechten Verwendung eines Gebäudes im Sinne des Satzes 1 dienen, das wegen seiner geschichtlichen, künstlerischen oder städtebaulichen Bedeutung erhalten bleiben soll, und zu deren Durchführung sich der Eigentümer neben bestimmten Modernisierungsmaßnahmen gegenüber der Gemeinde verpflichtet hat.**

(2) [1] **Wird das Gebäude während des Verteilungszeitraums veräußert, ist der noch nicht berücksichtigte Teil des Erhaltungsaufwands im Jahr der Veräußerung als Betriebsausgaben oder Werbungskosten abzusetzen.** [2] **Das Gleiche gilt, wenn ein nicht zu einem Betriebsvermögen gehörendes Gebäude in ein Betriebsvermögen eingebracht oder wenn ein Gebäude aus dem Betriebsvermögen entnommen oder wenn ein Gebäude nicht mehr zur Einkunftserzielung genutzt wird.**

(3) **Steht das Gebäude im Eigentum mehrerer Personen, ist der in Absatz 1 bezeichnete Erhaltungsaufwand von allen Eigentümern auf den gleichen Zeitraum zu verteilen.**

(4) **§ 7h Absatz 2 und 3 ist entsprechend anzuwenden.**

Einkommensteuer-Richtlinien: EStR 11a/EStH 11a

§ 11b Sonderbehandlung von Erhaltungsaufwand bei Baudenkmalen

[1] **Der Steuerpflichtige kann durch Zuschüsse aus öffentlichen Kassen nicht gedeckten Erhaltungsaufwand für ein im Inland belegenes Gebäude oder Gebäudeteil, das nach den jeweiligen landesrechtlichen Vorschriften ein Baudenkmal ist, auf zwei bis fünf Jahre gleichmäßig verteilen, soweit die Aufwendungen nach Art und Umfang zur Erhaltung des Gebäudes oder Gebäudeteils als Baudenkmal oder zu seiner sinnvollen Nutzung erforderlich und die Maßnahmen in Abstimmung mit der in § 7i Absatz 2 bezeichneten Stelle vorgenommen worden sind.** [2] **Durch Zuschüsse aus öffentlichen Kassen nicht gedeckten Erhaltungsaufwand für ein im Inland belegenes Gebäude oder Gebäudeteil, das für sich allein nicht die Voraussetzungen für ein Baudenkmal erfüllt, aber Teil einer Gebäudegruppe oder Gesamtanlage ist, die nach den jeweiligen landesrechtlichen Vorschriften als Einheit geschützt ist, kann der Steuerpflichtige auf zwei bis fünf Jahre gleichmäßig verteilen, soweit die Aufwendungen nach Art und Umfang zur Erhaltung des schützenswerten äußeren Erscheinungsbildes der Gebäudegruppe oder Gesamtanlage erforderlich und die Maßnahmen in Abstimmung mit der in § 7i Absatz 2 bezeichneten Stelle vorgenommen worden sind.** [3] **§ 7h Absatz 3 und § 7i Absatz 1 Satz 2 und Absatz 2 sowie § 11a Absatz 2 und 3 sind entsprechend anzuwenden.**

Einkommensteuer-Richtlinien: EStR 11b/EStH 11b

1 **Anmerkungen zu §§ 11a, 11b.** – ***(1)*** Zur Rechtsentwicklung s *HHR* §§ 11a Rz 1 und 11b Rz 1. – Führen Baumaßnahmen an Objekten der §§ 7h und 7i nicht zu HK oder AK, sondern zu Erhaltungsaufwand, ist nach Wahl des StPfl **eine gleichmäßige Verteilung dieses Erhaltungsaufwandes** auf zwei bis fünf Jahre möglich. Die Vorschriften gelten unmittelbar bei WG des PV und gem § 4 VIII entspr bei WG des BV. Verteilt werden kann nur der Erhaltungsaufwand (dazu *Götz* DStR 11, 1016), der durch die im Gesetz genannten Zuschüsse nicht gedeckt ist. IÜ müssen die Voraussetzungen der §§ 7h und 7i vorliegen (s die Erläut dort).

(2) § 11a II, der auch für § 11b gilt (s § 11b S 3), regelt den **Sofortabzug des restl Erhaltungsaufwandes,** wenn das Objekt veräußert (s die andere Rechtslage bei § 10f Rz 9), aus dem BV entnommen, in das BV eingelegt oder nicht mehr zur Einkunftserzielung genutzt wird. Miteigentümer müssen den Erhaltungsaufwand auf den gleichen Zeitraum verteilen (§ 11a III, § 11b S 3).

7. Nicht abzugsfähige Ausgaben

§ 12 Nicht abzugsfähige Ausgaben

Soweit in § 10 Absatz 1 Nummer 2 bis 5, 7 und 9 sowie Absatz 1a Nummer 1, den §§ 10a, 10b und den §§ 33 bis 33b nichts anderes bestimmt ist, dürfen weder bei den einzelnen Einkunftsarten noch vom Gesamtbetrag der Einkünfte abgezogen werden

1. die für den Haushalt des Steuerpflichtigen und für den Unterhalt seiner Familienangehörigen aufgewendeten Beträge. [2]Dazu gehören auch die Aufwendungen für die Lebensführung, die die wirtschaftliche oder gesellschaftliche Stellung des Steuerpflichtigen mit sich bringt, auch wenn sie zur Förderung des Berufs oder der Tätigkeit des Steuerpflichtigen erfolgen;

2. freiwillige Zuwendungen, Zuwendungen auf Grund einer freiwillig begründeten Rechtspflicht und Zuwendungen an eine gegenüber dem Steuerpflichtigen oder seinem Ehegatten gesetzlich unterhaltsberechtigte Person oder deren Ehegatten, auch wenn diese Zuwendungen auf einer besonderen Vereinbarung beruhen;

3. die Steuern vom Einkommen und sonstige Personensteuern sowie die Umsatzsteuer für Umsätze, die Entnahmen sind, und die Vorsteuerbeträge auf Aufwendungen, für die das Abzugsverbot der Nummer 1 oder des § 4 Absatz 5 Satz 1 Nummer 1 bis 5, 7 oder Absatz 7 gilt; das gilt auch für die auf diese Steuern entfallenden Nebenleistungen;

4. in einem Strafverfahren festgesetzte Geldstrafen, sonstige Rechtsfolgen vermögensrechtlicher Art, bei denen der Strafcharakter überwiegt, und Leistungen zur Erfüllung von Auflagen oder Weisungen, soweit die Auflagen oder Weisungen nicht lediglich der Wiedergutmachung des durch die Tat verursachten Schadens dienen.

Einkommensteuer-Richtlinien: EStR 12.3, 5/EStH 12.1–4, 6

Übersicht

I. Allgemeines

1 **1. Bedeutung; Aufbau.** § 12 spricht mehrere Abzugsverbote aus. Die Regelung dient spiegelbildl zu § 4 IV und § 9 der Trennung der estl relevanten **Erwerbssphäre** von der estl irrelevanten **Privatsphäre.** Die Erwerbssphäre wird durch die einzelnen Einkunftsarten bestimmt; die Privatsphäre betrifft die Einkommensverwendung. Diese Trennung ist von zentraler Bedeutung für das ESt-Recht (s auch *Mellinghoff* Privataufwendungen, in FS P. Kirchhof, 2013, S 1889). Auf ihrer Grundlage erfolgt die Unterscheidung zw den als BA/WK abziehbaren Erwerbsaufwendungen (**obj Nettoprinzip,** s § 2 Rz 10 und § 9 Rz 1 und 4) und den Privataufwendungen des StPfl. Privataufwendungen können sich jenseits der Berücksichtigung des steuerl Existenzminimums (§§ 32a, 32 VI) nach dem Einleitungssatz des § 12 nur dann steuermindernd auswirken, wenn ihr Abzug ausdrückl zugelassen ist (**subj Nettoprinzip,** s § 2 Rz 11), entweder als SA (§§ 10, 10a, 10b) oder als agB (§§ 33, 33a, 33b). – § 12 weist folgende Aufwendungen der estl irrelevanten Privatsphäre zu: Kosten der Lebensführung des StPfl und seiner Familie einschließl Repräsentationsaufwendungen **(Nr 1),** sonstige Zuwendungen an unterhaltsberechtigte Personen **(Nr 2),** Personensteuern **(Nr 3),** Geldstrafen und andere Sanktionen mit Strafcharakter **(Nr 4)** und bis VZ 2014 Aufwendungen für die erstmalige Berufsausbildung **(Nr 5).**

2 **2. Persönl Anwendungsbereich.** § 12 gilt für alle unbeschr und beschr stpfl **natürl Personen,** auch dann, wenn sich diese zu einer PersGes zusammengeschlossen haben (s § 15 Rz 425 mwN).

Für **Körperschaften** gilt § 10 KStG, allerdings ohne eine § 12 Nr 1 entspr Regelung, da Körperschaften der Rspr zufolge idR über keine Privatsphäre verfügen (s BFH I R 32/06 BStBl II 07, 961: ggf vGA bei Geschäften im privaten Interesse eines Ges'ters; str, s § 4 Rz 171 mwN); zur außersteuerl Sphäre eines **eingetragenen Vereins** s BFH I R 48/13 BStBl II 15, 713.

3 **3. Neuere Rechtsentwicklung.** § 12 Nr 5 ist mit Wirkung ab VZ 2015 und unter Neufassung von § 4 IX und § 9 VI aufgehoben worden (Rz 56). – S iÜ *Blümich* § 12 Rz 5 ff und *HHR* § 12 Rz 2.

4 **4. Verfassungsrecht.** Der VI. Senats des BFH ist der Auffassung, dass das Abzugsverbot für die Kosten einer erstmaligen Berufsausbildung verfwidrig ist, und hat im Wege der Normenkontrolle das BVerfG angerufen (BFH VI R 8/12 DStR 14, 2216, BVerfG 2 BvL 23/14 ua); s Rz 57.

5. Verhältnis zu anderen Vorschriften. Nach dem Einleitungssatz des § 12 gehen § 10 I Nr 2–5, 7, 9 und Ia Nr 1, §§ 10a und 10b sowie §§ 33–33b als speziellere Regelungen vor; fallen Aufwendungen unter eine dieser Bestimmungen, gelten die Abzugsverbote des § 12 nicht. Nicht genannt wurden bislang § 10 Nr 1a und 1b (beide mit Wirkung ab 2015 aufgehoben); insoweit war § 12 anzuwenden. Ebenfalls nicht genannt wird § 10f, der aber bei Berücksichtigung des § 12 leerliefe, so dass letzterer nicht anzuwenden ist (so zutr *HHR* § 12 Anm 6). – Zur **Vorsteuer** s § 15 Ia UStG. 5

II. Nicht abzugsfähige Lebensführungskosten, § 12 Nr 1

Neueres Schrifttum zu § 12 Nr 1: *Kulosa* Verträge zw nahen Angehörigen (DB 14, 972); *Levedag* Finanzierung von PersUnternehmen, GmbHR 15, 57; *Mellinghoff* Privataufwendungen (in: FS P. Kirchhof, 2013, S 1889 ff). – Bis 2012 s Vorauflagen; s ferner Schrifttum zu § 9 vor Rz 1 und 54.

Verwaltung: EStR 12.1–12.2/EStH 12.1–12.2; *BMF* v 6.7.10 BStBl I 10, 614 (zur Aufgabe des Aufteilungs- und Abzugsverbots); *BMF* v. 23.12.10 BStBl I 11, 37 (zu Darlehensverträgen zw Angehörigen); *FinVerw* v 1.11.10 DStR 11, 314 (zu vGA).

1. Sachl Anwendungsbereich. – a) Haushalt und Unterhalt, § 12 Nr 1 S 1. Das Abzugsverbot des § 12 Nr 1 S 1 gilt für alle Beträge, die der StPfl für seinen Haushalt und für den Unterhalt seiner Familienangehörigen aufwendet. An sich ergibt sich diese Rechtsfolge bereits aus der jeweiligen Definition des BA-/WK-Begriffs (§§ 4 IV, 9 I 1; s auch § 9 Rz 52). Die Regelung ist daher ledigl eine „Interpretationshilfe zur näheren Bestimmung des obj Nettoprinzips" (so *Tipke* LB § 8 Rz 240). – Die Nennung von Haushalt und Unterhalt ist beispielhaft. Betroffen sind grds *alle* Aufwendungen (zum Begriff s § 4 Rz 471 ff, § 9 Rz 12 ff), die die **private Lebensführung,** also die gesamte Gestaltung des privaten Lebens des StPfl betreffen, soweit sie nicht ausdrückl iRd steuerl Existenzminimums (§§ 32a, 32 VI) oder als SA und agB berücksichtigt werden (Rz 1 und § 9 Rz 52). 10

Beispiele: Aufwendungen für **Nahrung, Wohnung** und zur **Förderung der Gesundheit, bürgerliche Kleidung, Brille** und **Armbanduhr** (vgl BFH GrS 1/06 BStBl II 10, 672, unter C. III.4.a.); **Unterhaltsleistungen** an Eltern, die keine wiederkehrenden Versorgungsleistungen iSd § 10 I Nr 1a aF sind (BFH X R 35/10 BFH/NV 11, 782); Aufwendungen des Ehepartners für **Besuchsfahrt** zur auswärtigen Tätigkeitsstätte des StPfl (so BFH VI R 22/14 BeckRS 2015, 96113 – s aber Rz 19 und § 9 Rz 225). S iÜ Rz 25 „ABC".

b) Repräsentationskosten, § 12 Nr 1 S 2. Unter das Abzugsverbot fallen auch sog private Repräsentationskosten. Das sind Aufwendungen, die die wirtschaftl oder gesellschaftl Stellung des StPfl mit sich bringt (s BFH GrS 1/06 BStBl II 10, 672). Sie mögen zwar dem Beruf oder der einkünfterelevanten Tätigkeit des StPfl dienl sein; doch greifen hier berufl und private Veranlassungsstränge so ineinander, dass eine Trennung unmögl wäre oder nur willkürl erfolgen könnte (*Pezzer* DStR 10, 93, 95). Es handelt sich ihrer Natur nach um private Aufwendungen, die nicht dadurch zu abziehbaren BA/WK werden, dass sie (auch) der Förderung des Berufs dienen. 11

Beispiele: Hochzeitsfeier eines Kommunalpolitikers (FG Nbg EFG 15, 1188, Anm *Hennigfeld;* ähnl FG Köln EFG 15, 635); Aufwendungen eines Vorstandsmitglieds für Kunst im Dienst- und Vorzimmer (BFH VI R 92/92 BStBl II 93, 506); Gobelinbild im häusl Arbeitszimmer (BFH VIII R 42/87 BStBl II 91, 340). – **Repräsentationskosten verneint:** Orientteppich für 3900 DM als Gebrauchsgegenstand im häusl Arbeitszimmer (BFH VI R 22/96 BFH/NV 97, 341).

c) Kein allg Aufteilungs- und Abzugsverbot. Die stets umstrittene Rspr, derzufolge § 12 Nr 1 S 2 ein allg Aufteilungs- und Abzugsverbot für Aufwendungen enthalten sollte, die sowohl betriebl/berufl als auch durch die Lebensführung des StPfl veranlasst sind, hat der Große Senat des BFH zutr aufgegeben (BFH GrS 1/06 BStBl II 10, 672; s auch *Söhn* FS Spindler, S 795, 796f; *Spindler* FS Lang, 12

S 589). Ein Abzugsverbot besteht nur dann, wenn private und berufl Gründe so zusammenwirken, dass eine Trennung nicht mögl ist, weil sie schlichtweg willkürl wäre. Zu den Einzelheiten der estl Behandlung sog **gemischt veranlasster Aufwendungen** s § 4 Rz 206 ff, 489 und § 9 Rz 54 ff. Zur früheren Rspr s 28. Aufl, Rz 11–16.

15 **2. Abgrenzung zw Erwerbssphäre und Privatsphäre. – a) Veranlassungsprinzip.** Ob Aufwendungen der Erwerbssphäre oder der Privatsphäre des StPfl zuzuordnen sind, bestimmt sich nach dem jeweiligen Veranlassungszusammenhang (zum Begriff der Veranlassung s § 4 Rz 27 ff, 480 ff; § 9 Rz 40 ff; s auch *Weber* StuW 09, 184). Es handelt sich idR um Einzelfallentscheidungen, die auf einer tatrichtl Gesamtwürdigung beruhen (instruktiv: BFH VI R 43/04 BFH/NV 08, 357, Aufnahme ausl Gastlehrerin, und BFH VI R 62/04 BFH/NV 09, 358, Tanzlehrerausbildung).

16 **aa) Nachweispflicht, Sachverhaltsaufklärung.** Allerdings darf man die Augen nicht davor verschließen, dass immer wieder versucht wird, Privataufwendungen als berufl veranlasst darzustellen, um so den estl Abzug dieser Aufwendungen zu erreichen. Dies müssen FinVerw und FG bei Sachverhaltsaufklärung und Rechtsanwendung berücksichtigen. Sie dürfen sich bei der Einordnung von Aufwendungen idR nicht allein auf die Darstellung des StPfl stützen, wenn es an entspr Nachweisen fehlt; vielmehr hat der StPfl die berufl Veranlassung iEinz umfassend darzulegen und nachzuweisen (BFH GrS 1/06 BStBl II 2010, 672 mwN).

17 **bb) Tatsächl Verwendung.** Entscheidend für die Feststellung, welcher Sphäre Aufwendungen zuzuordnen sind, ist bei **Nutzung von WG** deren tatsächl Verwendung (BFH VI B 80/11 BFH/NV 12, 782: Pferdehaltung; s auch BFH GrS 2/70 BStBl II 71, 17, unter II.2). Dabei kann eine berufl oder betriebl Verwendung idR dann ohne weiteres angenommen werden, wenn es sich um ein WG handelt, das nach seiner Art nur der berufl Tätigkeit des StPfl zu dienen bestimmt ist (BFH VI R 182/75 BStBl II 77, 464, Schreibtisch; Flügel des Konzertpianisten). – Die tatsächl Verwendung ist auch entscheidend, wenn Aufwendungen zu untersuchen sind, die **Gegenleistung für eine Dienstleistung** sind (zB Hausgehilfin, die im betriebl und privaten Bereich eingesetzt ist, BFH IV R 66/77 BStBl II 80, 117). IÜ kommt es auf den **Verwendungszweck** der Aufwendungen an (zB Sprachkurs, Kongressreise). – Verwendung und Verwendungszweck sind anhand **obj Merkmale** festzustellen. Einer berufl Veranlassung steht iÜ nicht entgegen, dass die im berufl Interesse gewonnenen Erkenntnisse auch im privaten Bereich genutzt werden können (BFH VI R 5/07 BStBl II 10, 687, unter II.2.a.: Reise einer Englischlehrerin nach Irland).

18 **cc) Vermutete Verwendung.** In Zweifelsfällen darf und muss auf die **allg Lebenserfahrung** zurückgegriffen werden. Eine darauf gegründete (allg nachvollziehbare) Vermutung einer privaten Nutzung kann der StPfl nicht durch bloße Gegenbehauptungen widerlegen (BFH VI R 1/90 BStBl II 92, 195: Unterhaltungselektronik). Geht es um WG, die ihrer Art nach typischerweise privaten Zwecken dienen, wird die Widerlegung schwierig sein. **Zeugenvernehmung** darf nicht abgelehnt werden (BFH VI R 32/96 BFH/NV 97, 349). – Lässt sich eine zumindest anteilige und nicht unwesentl Nutzung für die Einkünfteerzielung tatsächl feststellen, sind die Kosten nach geänderter BFH-Rspr **aufzuteilen** (s § 9 Rz 54 ff).

Beispiele – nach allg Lebenserfahrung Privataufwendungen: Pay-TV-Abonnement eines Profi-Fußballers (FG RhPf DStRE 15, 1100, rkr); **Laptop** eines Piloten (FG BaWü DStRE 11, 1443, rkr); **Privatpilotenlizenz** (BFH IX R 49/09 BStBl II 10, 1038; BFH VI B 17/01 BFH/NV 04, 338); **Spiele-PC** (BFH VI R 98/88 BStBl II 93, 348; zust *von Bornhaupt* DStZ 93, 376); **Stereoanlage** und **Videorekorder** (BFH VI R 54/90 BFH/NV 94, 18); **Flügel** oder **Cembalo** von Musiklehrern (BFH VI R 99/89 BFH/NV 93, 722, und BFH VI R 111/76 BStBl II 78, 459; kann aber auch Arbeitsmittel sein, s § 9 Rz 245 „Musikinstrumente“); **Videokamera** (FG Nds EFG 93, 575, rkr); **Brockhaus** (BFH VI R 208/75 BStBl II 77, 716). – **Kein Rückgriff auf die allg Lebenserfahrung: psychologisches Seminar** (BFH VI R 40/94 BFH/NV 02, 182: konkrete Feststellungen zu den Lehrinhalten erforderl).

b) Umqualifizierung an sich privater Aufwendungen. Aufwendungen, die 19
an sich privat veranlasst sind und zu den Lebensführungskosten zählen, können im Einzelfall zu abziehbaren **Erwerbsaufwendungen** werden, wenn die private Veranlassung durch einen einkünftebezogenen Veranlassungszusammenhang überlagert wird (zB BFH VI R 50/10 BStBl II 13, 282 mwN: Telefonkosten während Auswärtstätigkeit).

Weitere Beispiele: Aufwendungen für **Doppelfeier:** Geburtstag und Bestellung zum StBer (BFH VI R 46/14 BStBl II 15, 1013); sog **umgekehrte Familienheimfahrten** (BFH VI R 136/79 BStBl II 83, 313; jetzt allerdings abgelehnt durch BFH VI R 22/14 BeckRS 2015, 96133); Rückfahrt zur Fortsetzung eines **aus betriebl Gründen unterbrochenen Urlaubs** (BFH VI R 29/86 BStBl II 90, 423:); **Beendigung einer doppelten Haushaltsführung** (BFH VI R 146/89 BStBl II 92, 667, mwN); **Erstausbildung iRe Dienstverhältnisses** (*Drenseck* DB 87, 2485; s jetzt § 12 Nr 5 aF bzw § 9 VI 1 nF).

3. Liebhaberei. Tätigkeiten, die bei obj Betrachtung nicht geeignet sind, einen 21
Totalgewinn bzw -überschuss zu erzielen, sind auch dann nicht der estl Erwerbssphäre zuzurechnen, wenn sie ansonsten den Tatbestand einer Einkunftsart erfüllen (s § 2 Rz 23 mwN; zur zweistufigen Prüfung der Gewinnerzielungsabsicht s § 15 Rz 28 ff). Damit zusammenhängende Aufwendungen sind weder BA noch WK. Das gilt vor allem für Tätigkeiten, mit denen typischerweise **persönl Neigungen** befriedigt werden (BFH IV B 81/01 BStBl II 03, 804: nicht notwendig in Form von Erholung und Freizeitgestaltung). Sie dienen idR nicht der Einkünfteerzielung, sondern sind der Sphäre der privaten Lebensführung zuzurechnen (*Tipke* LB § 8 Rz 133, mwN: insb Ausgleichbeschäftigungen wie Sport, Musizieren, Pferde züchten, Wein anbauen etc). Davon ist grds auch dann noch auszugehen, wenn die Einnahmen die mit der Tätigkeit zusammenhängenden Aufwendungen nur unwesentl übersteigen (BFH VI R 59/91 BStBl II 93, 303: Amateurfußballspieler). – Die Rspr ist zwangsläufig **einzelfallbezogen.** Zu den **Feststellungen,** die FA und FG zu treffen haben, s BFH X R 40/11 BFH/NV 14, 1359 (nebenberufl Kraftsportler). – S iÜ § 13 Rz 61 ff (LuF), § 15 Rz 24 ff (Gewerbebetrieb), § 18 Rz 75 f (künstlerische Tätigkeit) und Rz 99 (RA), § 20 Rz 12 (KapVerm) und § 21 Rz 11 ff (VuV).

Beispiele – Liebhaberei bejaht: freier **Grafiker und Maler** ohne künstlerische Ausbildung (FG Thür EFG 14, 264, rkr); Vermietung einer **Segelyacht** (BFH IX B 170/04 BFH/NV 05, 1066); Bewirtschaftung eines **Weinguts** durch Kaufmann (BFH IV B 81/01 BStBl II 03, 804); „kleine“ **Pferdezucht** eines hauptberufl Chirurgen (BFH IV R 33/99 BStBl II 00, 227).

4. Angehörigenverträge. Bei Verträgen zw nahen Angehörigen muss festge- 23
stellt werden, ob die Vertragsbeziehung der Erwerbstätigkeit (§ 4 IV, § 9 I) zuzurechnen ist oder ob es sich um private Zuwendungen und Unterhaltsleistungen iSv § 12 Nr 1 und 2 handelt (weitere Rechtsgrundlagen bei Scheingeschäften und Gestaltungsmissbrauch: §§ 41, 42 AO, vgl BFH X R 26/11 BStBl II 14, 374, unter II.2.b. cc.). Wegen des hier idR fehlenden natürl wirtschaftl Interessengegensatzes (vgl BFH IX R 2/13 BStBl II 14, 527) werden entspr Vereinbarungen einer besonderen Prüfung unterzogen. Wesentl Kriterien dieser Prüfung sind: **Klarheit** und **Eindeutigkeit** der getroffenen Vereinbarung, **Ernsthaftigkeit** und **Fremdüblichkeit** sowie ihre **tatsächl Durchführung** (ausführl *Kulosa* DB 14, 972 mwN). Dabei schließt nach der neueren Rspr nicht mehr jede geringfügige Abweichung einzelner Sachverhaltsmerkmale vom Üblichen die estl Anerkennung aus; die einzelnen Kriterien fließen vielmehr in eine wertende Gesamtbetrachtung ein (BFH X R 31/12 BStBl II 13, 1015; Anm *Kanzler* FR 14, 128). Die Intensität der Prüfung hängt auch vom **Anlass** des jeweiligen Vertragsverhältnisses ab (BFH

X R 31/12 BStBl II 13, 1015, unter III.1.b.; BFH X R 26/11 BStBl II 14, 374, unter II.2.b., mit Ausführungen zu *BMF* BStBl I 11, 37; s auch Anm *Kanzler* FR 14, 187; *Levedag* GmbHR 15, 57). Typische Fallgestaltungen betreffen neben Arbeits-, Darlehens- und Kaufverträgen (s *Kulosa* DB 14, 972, 976 ff) auch Ges-Verträge. – S ausführl § 4 Rz 520 „Angehörige", § 15 Rz 740 (Familien PersGes), § 19 Rz 35 „Angehörige" und § 21 Rz 45f (VuV).

Beispiele: Eltern als **Bürohilfskräfte** eines Einzelunternehmers (BFH X R 31/12 BStBl II 13, 1015: überobligationsmäßige Arbeitsleistung unschädl; s auch *Kanzler* FR 14, 128: Orientierung an der Geringfügigkeitsgrenze von 10%); **Darlehensvertrag** über Bäckerei-Inventar zw Vater und Sohn mit Schenkung an (Enkel-)Kinder (BFH X R 26/11 BStBl II 14, 374: rein betriebl Anlass und daher kein strikter Fremdvergleich).

25 **5. ABC der nicht abzugsfähigen Aufwendungen, § 12 Nr 1**

Vgl ferner § 4 Rz 520 (ABC der BA) und § 19 Rz 110 (ABC der WK); ferner § 9 Rz 63 (gemischte Nutzung) und Rz 245 (Arbeitsmittel).

Abwehrkosten (Rufschädigung) s § 4 Rz 520 „Abwehrkosten" und FG Ddorf EFG 80, 400, rkr (Aufwendungen eines Angestellten zur Wiederherstellung des guten Rufs als Einkäufer, anerkannt).

Alarmanlage s „Persönliche Sicherheit".

Angehörige s Rz 23.

Arbeitsmittel s § 9 Rz 63 (gemischte Nutzung) und 245.

Arbeitszimmer s § 9 Rz 64 und § 4 Rz 520 „Arbeitszimmer".

Ausbildungskosten s § 9 Rz 280 ff, § 10 Rz 102 ff und hier Rz 56 ff. Aufwendungen des StPfl für die Aus- oder Fortbildung der Kinder sind nur ausnahmsweise als BA abzugsfähig (BFH III R 92/88 BStBl II 91, 305; s auch BFH VIII R 49/10 BStBl II 13, 309: verneint für die Ausbildung des Sohnes zum Facharzt für Kieferorthopädie zwecks Praxisfortführung).

Auslandsreisen s § 4 Rz 520 „Informationsreisen", § 9 Rz 67 ff „Sprachkurse" und § 19 Rz 110 „Studienreisen"; ferner hier „Fachkongress".

Beerdigungskosten sind stets privat veranlasst (s auch § 33 Rz 35 „Beerdigungskosten").

Bewirtungskosten s § 4 Rz 520 „Bewirtungskosten" und Rz 540 ff; § 19 Rz 110 „Bewirtung"; *Leisner-Egensperger* FR 06, 705.

Brille. Aufwendungen sind privat, auch bei Bildschirm-Arbeitsbrille; Ausnahme: Sehbeschwerden können auf berufl Tätigkeit am Bildschirm zurückgeführt werden (BFH VI R 50/03 BFH/NV 05, 2185).

Ehescheidung. Folgekosten der Scheidung sind auch dann privat veranlasst, wenn der StPfl im Hinblick auf eine mögl Beeinträchtigung seiner berufl Sphäre infolge der Ehescheidung einer raschen und großzügigen Regelung zustimmt (BFH IV R 87/74 BStBl II 77, 462). Zur Berücksichtigung als agB s § 33 Rz 35.

Einbürgerungskosten sind keine BA oder WK (BFH VI R 130/80 BStBl II 84, 588; Anm HFR 84, 466). Hierzu zählen auch die Kosten der Spätaussiedler zum Erlernen der dt Sprache; etwas anderes kann aber bei ausl ArbN gelten (FG Nds EFG 91, 724, rkr; vgl aber FG Brem EFG 95, 19, rkr). S auch „Sprachkurs".

Ehrenamt s § 19 Rz 110 „Ehrenamt" und „Arbeitnehmervertreter". Aufwendung zur Erlangung des Amtes eines Honorarkonsuls sind nicht abziehbar (FG Hbg EFG 94, 99, rkr).

Essen s Verpflegungskosten.

Fachkongress im Ausland s § 4 Rz 520 „Informationsreisen", § 9 Rz 66 und § 19 Rz 110 „Studienreisen". Kongress auf einem Schiff s BFH IV R 57/87 BStBl II 89, 19 (abl); Kreuzfahrt s BFH IV B 135/97 BFH/NV 99, 611 (abl). Ausschließl berufl Veranlassung ist gegeben, wenn der StPfl auf dem Kongress einen Vortrag hält und die Teilnahme zu seinen Vertragspflichten gehört (FG Hbg EFG 01, 1423, rkr).

Feiern s § 9 Rz 65.

Flugzeug; Fluglizenz. Hubschrauberanmietung kann berufl veranlasst sein (BFH I R 20/82 BStBl II 85, 458). Zur privaten Nutzung eines betriebl Flugzeugs s BFH I R 47/10 BFH/NV 11, 1019 (vGA); zur berufl Nutzung eines Privatflugzeugs s FG Hess EFG 15, 542, Rev VI R 37/15 (erschwerte Reisebedingungen, untrennbare private Mitveranlassung). Die Kosten für den Erwerb der **Lizenz zum Verkehrspiloten** sind als WK abziehbar; und zwar auch dann, wenn der Erwerb des Privatflugzeugführerscheins als Vorstufe in der Gesamtausbildung enthalten ist (BFH VI R 4/07 BStBl II 09, 111). Ansonsten sind aber Aufwendungen für den **privaten Pilotenschein** und für dessen Verlängerung regelmäßig nicht als BA/WK abzugsfähig (stRspr, BFH VI R 85/02 BStBl II 05, 202 und BFH VI B 17/01 BFH/NV 04, 338, mwN).

Allein der Umstand, dass die Fluglizenz dem Beruf dienl ist, reicht zum BA-/WK-Abzug nicht aus (BFH VI R 38/96 BFH/NV 97, 107); die eigene Flugerfahrung muss für die Berufsausübung unerlässl sein (BFH IX R 49/09 BStBl II 10, 1038 Rz 25–27). Abgelehnt für Fluglotsen, s BFH VI R 7/89 BFH/NV 92, 725; abgelehnt bei Hubschrauberpiloten für Lizenzerweiterung, FG Brem EFG 95, 5, rkr; anerkannt für Arzt für Flugmedizin, s FG Nbg EFG 92, 508, rkr, nicht zweifelsfrei; anerkannt für technischen Redakteur FG Mchn EFG 95, 163, rkr, zweifelhaft. Aufwendungen für Flugsicherheitstraining eines Berufs- *und* Hobbypiloten teilweise anerkannt durch FG RhPf EFG 13, 113, Rev unbegründet (Aufteilung anhand der berufl/privat absolvierten Flugstunden).

Geburtstag s § 9 Rz 65 (Feiern).

Gesellschaftl Veranstaltungen zB eines Berufsverbandes s BFH IV R 232/67 BStBl II 68, 713; Aufwendungen sind idR privat veranlasst, insb die Kosten der Teilnahme der Ehefrau (s aber § 9 Rz 65); aA für Teilnahme eines Soldaten am Regimentsball, FG Mchn EFG 84, 451, rkr; s aber FG RhPf EFG 88, 115, rkr, zutr. Zum „Herrenabend" einer RA-Kanzlei s FG Ddorf BeckRS 2013, 96774, Rev VIII R 26/14.

Gesundheit. Aufwendungen zur Förderung der Gesundheit sind privat veranlasst (BFH GrS 1/06 BStBl II 10, 672, unter C.III.4.a., mwN); Ausnahme: Berufskrankheit (s § 19 Rz 110).

Gruppenreisen s § 4 Rz 520 „Informationsreisen" und § 19 Rz 110 „Studienreisen", ferner hier und „Fachkongress" sowie § 9 Rz 67 (Sprachkurs).

Haushaltshilfe. Ist eine Haushaltshilfe sowohl im Betrieb als auch im Haushalt des StPfl tätig, ist ein Abzug der Kosten insoweit zulässig, als diese auf die Arbeiten im Betrieb des StPfl entfallen (stundenweise Aufteilung, s FG Mchn EFG 98, 937, rkr). Entspr gilt für die auf die Reinigung eines häusl Arbeitszimmers entfallenden Kosten (s auch § 19 Rz 110 „Arbeitszimmer"). S ferner § 35a.

Hörgerät. Die Kosten der Anschaffung sind Privataufwendungen (BFH VI B 275/00 BFH/NV 03, 1052); Kosten für Batterien können anteilig BA/WK sein (BFH IV 345/53 U BStBl III 54, 174). Zum Abzug als agB s BFH VI R 14/11 BFH/NV 12, 39, und § 33 Rz 35 „Krankheitskosten".

Jagd. Verwaltungsjagd (FG RhPf EFG 82, 180, rkr, abl; FG Nds EFG 92, 188, rkr, abl). Unternehmensjagd (BFH IV R 131/79 BStBl II 83, 668, abl wegen privater Mitbenutzung durch Ges'ter). Aufwendungen für die **Jägerprüfung** sind idR Kosten der Lebensführung (BFH VI B 92/11 BFH/NV 12, 783). Ausnahme, wenn die Jagd zur Berufsausübung gehört (BFH VI 9/59 U BStBl III 60, 163, Forstbediensteter; anders aber bei Forstwart einer Landwirtschaftskammer FG Nds EFG 73, 204, rkr).

Karneval. S FG Ddorf EFG 67, 391, rkr (BA anerkannt; s aber auch § 9 Rz 56). Einladung von Kunden zur Karnevalsveranstaltung s BFH VIII R 7/92 BStBl II 94, 843 (abl; vertiefend Anm HFR 94, 706).

Kinderbetreuung. Aufwendungen sind nicht deshalb BA oder WK, weil der StPfl sie wegen seiner berufl Tätigkeit und der damit verbundenen Vernachlässigung des Haushalts oder der Kinder tragen muss (zuletzt BFH VI R 60/06 BStBl II 10, 267); dies ist nicht zweifelsfrei (*Jachmann* FR 10, 125). – Gleiches gilt für Aufwendungen für ein Kindertagesheim (FG BaWü EFG 93, 235, rkr); Betreuungskosten für ein Enkelkind (BFH III R 73/09 BStBl II 12, 463). – Ab 2009 s **§ 9c;** ab 2012 s **§ 10 I Nr 5.**

Teilnahme eines **Jugendseelsorgers** an einer Jugendfreizeit kann zu WK führen (FG Mster EFG 95, 6, rkr; s aber BFH VI R 24/97 BFH/NV 98, 449, Ferienreisen einer Einzelbetreuerin mit verhaltensgestörtem Kind, unzutr abgelehnt; Sonderfall). Zahlungen an **fremdsprachl Schulen** im Inland sind auch dann nicht als WK abziehbar, wenn ausl Eltern vorübergehend im Inland berufstätig sind (BFH VI R 38/97 BStBl II 01, 132; *Fröschl* HFR 01, 431).

Kleidung. Aufwendungen für bürgerl Kleidung sind weder BA noch WK (BFH GrS 1/06 BStBl II 10, 672, unter C. III.4.a., mwN; s auch BFH VI B 40/13 BFH/NV 14, 335, mwN). Zu typischer Berufskleidung und zu Grenzfällen s § 9 Rz 241 f.

Kosmetik. Aufwendungen sind privat, auch Mehraufwendungen von Künstlern uÄ (BFH IV R 91–92/87 BStBl II 90, 49: Schauspielerin und Fernsehansagerin).

Persönliche Sicherheit. Aufwendungen hierfür sind regelmäßig Kosten der Lebensführung (*FinVerw* FR 92, 529; FG Hess EFG 88, 230, rkr; *BMF* BStBl I 97, 696, Tz 4; FG BaWü EFG 93, 72, rkr; s auch § 9 Rz 245 „Pistole"). Die Kosten für eine Alarmanlage gehören zu den HK des Gebäudes und unterliegen ggf der AfA (BFH IX R 85/88 BStBl II 93, 544; ferner FG Saarl EFG 00, 1249, rkr). S auch § 19 Rz 100 „Sicherheitsmaßnahmen".

Persönlichkeitsentfaltung. Aufwendungen für die Teilnahme an Seminaren oder Kursen für eigene Persönlichkeitsentfaltung oder für Gruppendynamik, die nicht primär auf die spezifischen berufl Bedürfnisse des StPfl zugeschnitten sind, sind grds Lebensführungskosten (BFH VI B 145/05 BFH/NV 06, 1474). Als BA/WK abziehbar sind Aufwendungen für Kurse zur Verbesserung der Kommunikationsfähigkeit (NLP-Kurse) oder für Supervisionskurse, wenn sie primär auf die spezifischen Bedürfnisse des vom StPfl ausgeübten Berufs ausgerichtet sind. Indizien für die berufl Veranlassung sind: Berufsmäßiger Veranstalter, Lehrinhalte und deren konkrete Anwendung in der Berufstätigkeit, homogener Teilnehmerkreis (gleichgerichtete berufsübergreifende fachl Interessen der Teilnehmer, zB für Führungspositionen in verschiedenen Berufsgruppen). Unschädl ist die Auswirkung der vermittelten Fähigkeiten auch im privaten Bereich (= zwangsläufiger/untrennbarer Reflex); wobei auch die Vermittlung von Grundwissen dann unschädl ist, wenn dies die Vorstufe zum Erwerb des berufsbezogenen Spezialwissens ist (ausführl und zutr BFH VI R 35/05 BStBl II 09, 108; BFH VI R 44/04 BStBl II 09, 106; s auch *Ehehalt* BFH/PR 09, 12 ff).

Beispiele – **BA/WK bejaht:** „Neuro-Linguistischen Programmieren" (NLP-Kurse – BFH VI R 44/04 BStBl II 09, 106). – **BA/WK verneint:** Shaolin-Kurs einer Zahnärztin (FG Köln EFG 14, 519, rkr); Coaching-Ausbildung (FG Mster DStRE 10, 1483, rkr).

Pferdehaltung/Pferdezucht s § 13 Rz 34 und § 15 Rz 40.

Pilotenschein s „Flugzeug".

Prozesskosten s § 4 Rz 520 „Prozess-/Rechtsverfolgungskosten", § 19 Rz 110 „Prozesskosten" und § 21 Rz 100 „Prozesskosten". Erbrechtl Streitigkeiten betreffen stets die Privatsphäre (BFH X R 16/98 BFH/NV 01, 1262; s auch § 9 Rz 154). Zur Berücksichtigung als **agB** s § 33 Rz 35 „Prozesskosten".

Renovierungskosten s Wohnungskosten.

Rufschädigung s Abwehrkosten.

Schadensersatz s § 19 Rz 110 „Schadensersatz"; *Loritz* DStR 12, 2205 (2208).

Schwimmhalle. Aufwendungen bei betriebl und privater Nutzung sind nach BFH IV R 8/78 BStBl II 81, 201 nicht abzugsfähig (s auch BFH X B 229/08, nv). Nunmehr wird es hier zur Aufteilung kommen können (so auch *Fischer* NWB 10, 412/20; krit: *Söhn* FS Spindler, 795/806).

Skisport. Skikurs eines Lehrers s BFH VI R 175/85 BStBl II 89, 91 (Anerkennung unter engen Voraussetzungen nur bei Erwerb einer Skilehrerlizenz; krit *Paus* DStZ 89, 230; BFH VI R 93/87 BFH/NV 91, 815 und BFH VI R 61/91 BFH/NV 93, 416, mwN; FG Ddorf DStRE 02, 922, rkr; *FinVerw* DB 90, 1538, Prüfungskatalog). Gilt aber nicht für die Skiausrüstung (FG Mchn EFG 04, 1206, rkr). Anerkannt bei Lehrerfortbildung „Snowboardfahren" (BFH VI R 61/02 BStBl II 06, 782), weil ein konkreter Zusammenhang mit der Berufstätigkeit bestand (Einzelfall, Gesamtwürdigung aller Indizien; s auch *Bergkemper* FR 06, 938; *Rößler* INF 07, 145).

Sport. Angeordneter Dienstsport kann zum WK-Abzug führen (FG BBg DStRE 08, 676, rkr; FG RhPf EFG 09, 16, rkr); ebenso bei vom ArbG erwarteter Wettkampfteilnahme (FG RhPf DStRE 09, 336, rkr); Windsurfing-Kurs führt nicht zu WK (FG Köln EFG 93, 71, rkr; FG RhPf EFG 95, 513, rkr); ebenso nicht Besuch eines Fitnessstudios (FG SachsAnh EFG 07, 29, rkr), Tennissport eines Polizeibeamten (FG Mster EFG 94, 238, rkr) oder Mitgliedschaft in einem Golfclub (FG Mchn EFG 97, 1105, rkr). S auch § 9 Rz 245 „Sportkleidung und Sportgeräte".

Sportmedizin. Ausbildungskurs zum „Sportmediziner" am Gardasee kann zu WK führen (BFH VI R 66/04 BStBl II 10, 685; auch der sportpraktische Teil wäre im Zweifel anzuerkennen gewesen, hätte der Kläger ebenfalls Revision eingelegt; s auch *Kanzler* StbJb 2010/2011, 43/56).

Sprachkurs. Zum Erlernen von **Fremdsprachen** s § 9 Rz 67 ff. Aufwendungen eines in Deutschland lebenden Ausländers für das Erlernen der **deutschen Sprache** werden der privaten Lebensführung zugeordnet und sind auch dann nicht als Erwerbsaufwand abziehbar, wenn die Sprachkenntnisse für eine Berufsausübung oder für ein den Beruf ergänzendes Studium förderl sind (BFH VI R 14/04 BStBl II 07, 814; BFH VI R 72/06 BFH/NV 07, 2096; FG Nbg EFG 15, 2052; aA mit guten Gründen *Beiser* DB 07, 1720).

Studienreisen s § 4 Rz 520 „Informationsreisen", § 9 Rz 67 ff „Sprachkurse" und § 19 Rz 110 „Studienreisen".

Tageszeitung s § 9 Rz 245 „Tageszeitung".

Tanzkurs einer Musiklehrerin kann zu WK führen (s BFH VI R 62/04 BFH/NV 08, 358).

Telefonkosten s Rz 19 sowie § 19 Rz 110 „Telekommunikationsaufwendungen".

Testamentsvollstrecker. Die Kosten sind ggf im Schätzwege aufzuteilen, soweit sie zum Vermögens- (kein Abzug; FG Köln EFG 98, 752, rkr) oder zum Verwaltungsbereich gehören (Abzug, soweit Einkünfteerzielungsvermögen betroffen ist; zusammenfassend *Noll/Schuck* DStR 93, 1437).

Versicherungsbeiträge s § 4 Rz 266 ff; § 9 Rz 173; § 19 Rz 110 „Versicherungsbeiträge".

Verpflegungskosten. Aufwendungen für die Ernährung sind grds **unverzichtbare Aufwendungen der Lebensführung** (s allg § 9 Rz 52). Eine Berücksichtigung von Ernährungskosten als BA oder WK ist auch dann nicht mögl (auch nicht teilweise), wenn der StPfl wegen der Eigenart seines Berufs allg einen erhöhten Bedarf an Nahrungsmitteln hat (zB als Sportler oder Schwerarbeiter; FG Hess

EFG 89, 172, rkr; s auch BFH X R 40/11 BFH/NV 14, 1359); idR wird es an einem objektivierbaren Aufteilungsmaßstab fehlen (so zutr *Söhn* FS Spindler, S 795/805). Zu berufsbedingten Verpflegungsmehraufwendungen s § 4 Rz 520 „Geschäftsreise" und Rz 570; § 9 Rz 226 (doppelte Haushaltsführung) und Rz 258 (Verpflegungsmehraufwand); § 19 Rz 110 „Fahrtätigkeit" und „Reisekosten".

Wehrdienst. Aufwendungen zur gänzl oder teilweisen Freistellung vom Wehrdienst können nicht als WK abgezogen werden (BFH VI R 45/84 BStBl II 86, 459; s auch FG Mster 5 K 2545/13 E BeckRS 2014, 95062: türkischer Wehrdienst); ebenso sind auch Fahrtkosten für Diensteinsätze beim Technischen Hilfswerk keine WK (FG BaWü EFG 94, 699, rkr).

Wohnungskosten. Aufwendungen für die eigene Wohnungen gehören grds zu den unverzichtbaren Aufwendungen der Lebensführung (§ 9 Rz 52; s auch BFH IV R 2/11 BStBl II 12, 104, Rz 13). Sie sind nur dort zu berücksichtigen, wo der Gesetzgeber den Abzug eines betriebl oder berufl Mehraufwands zulässt (BFH IX R 24/13 DStR 14, 1331). S iEinz § 4 Rz 520 „Geschäftsreise" und „Umzugskosten", § 9 Rz 227, 235 und 237 (doppelte Haushaltsführung, Übernachtungskosten) und § 19 Rz 110 „Reisekosten" und „Umzugskosten". Zur Berücksichtigung zwangsläufiger Aufwendungen s auch *Bergkemper* FR 05, 103; aA *Söhn* FS Spindler, S 795, 804.

Beispiele – kein Abzug: Anmietung einer Wohnung wegen **Vermietung der eigenen Wohnung** (BFH IX R 24/13 DStR 14, 1331: keine „negative Eigenmiete"); Erhaltungsaufwand für **Wohnhaus des Pächters** iRe Domänenverpachtung (FG Nds 13 K 139/12, Rev IV R 22/14); **Verzögerung eines berufsbedingten Umzugs** (BFH VI B 13/03 BFH/NV 03, 1182); Renovierung der neuen Wohnung (Privaträume) nach berufl veranlasstem Umzug (BFH X B 153/11 BFH/NV 12, 1956: auch nicht teilweise, da keine Aufteilung mögl); vollständig eingerichtete **Zweitwohnung eines Gewerbetreibenden,** die dieser über weite Zeiträume des Jahres mit seiner Ehefrau bewohnt (BFH IV R 100/72 BStBl II 76, 776; zutr, da sich der Lebensmittelpunkt zeitweise in der Zweitwohnung befindet). – Im Hinblick auf BFH IV R 100/72 BStBl II 76, 776 (s oben) sind auch die Entscheidungen BFH I R 129/73 BStBl II 75, 172 und BFH IV R 159/74 BStBl II 75, 769, nach denen der **Wohnwagen eines Schaustellers** zum BV gehört, nicht frei von Zweifeln. Man könnte den Wohnwagen des Schaustellers, in dem die Familie über weite Teile des Jahres lebt, als Lebensmittelpunkt ansehen und den Wohnwagen und die damit zusammenhängenden Kosten dem privaten Lebensbereich zuzuordnen (KSM § 12 B 150 „Wohnung"); andererseits ähnelt die Fallgestaltung derjenigen des Wohnens an wechselnden Einsatzstellen, so dass die Kosten des Wohnwagens und Heimfahrten (nicht aber Verpflegungskosten) über diesen Gesichtspunkt zum Abzug kommen könnten (§ 9 Rz 235; s auch FG Mster EFG 00, 987, rkr). Das Gleiche gilt für die **Wohnung eines Frachtschiffers** (und zwar nicht nur – wie in BFH I 212/60 U BStBl III 61, 37 – für die Einrichtungsgegenstände; s aber auch FG Mster EFG 63, 197, rkr). – Zu den Kosten einer **Dachsanierung** vor Installation einer Photovoltaikanlage s BFH X R 32/12, nv (untrennbare Veranlassungsbeiträge). – Zu **wechselseitiger Vermietung** s BFH IX R 18/12 BFH/NV 13, 1094: rechtsmissbräuchl.

Zeitung, Zeitschriften s § 9 Rz 245 „Zeitschriften".

Zinsen s § 4 Rz 241 ff und § 9 Rz 141 ff; ferner § 21 Rz 100 „Erbauseinandersetzung".

III. Nicht abzugsfähige Zuwendungen, § 12 Nr 2

Schrifttum: (zum Rechtsinstitut der **Vermögensübertragung gegen Versorgungsleistungen** s § 22 Rz 105) *Risthaus* Ist das Rechtsinstitut der unentgeltl Vermögensübergabe gegen Versorgungsleistungen noch praktikabel?, DB 07, 240; *Spiegelberger* Das Ende der privaten Versorgungsrente?, DStR 07, 1277; *Risthaus* Begünstigte Vermögensübergaben gegen Versorgungsleistungen, DB 10, 744, 803; *Reddig* Der 4. Rentenerlass bei Vermögensübertragungen gegen Versorgungsleistungen, DStZ 10, 445; *Geck* Nachträgl Umschichtung von Vermögen bei vorweggenommener Erbfolge in sog Altfällen, DStR 11, 1215.

Verwaltung: EStR 12.5; *BMF* BStBl I 10, 227.

1. Rechtsentwicklung; Zusammenhang. Durch JStG 2008 ist in § 10 I Nr 1a aF – jetzt: § 10 Ia Nr 2 – die **unentgeltl Vermögensübergabe** gegen Versorgungsleistungen abschließend geregelt worden (s Rz 40 und § 10 Rz 139 ff, auch zu den Hintergründen; ferner 31. Aufl § 9 Rz 99); mit dem ZK-AnpG ist die Verweisung im Einleitungssatz des § 12 an die Änderungen des § 10 angepasst worden. Zu **Wirtschaftsüberlassungsverträgen** s § 13 Rz 91 ff. 26

2. Bedeutung. – a) Keine Einkünftezurechnung. Für die Frage, wem Einkünfte zuzurechnen sind, gibt § 12 Nr 2 nichts her (keine Einkünftezurechnungsvorschrift; s auch *HHR* § 12 Rz 76). Dies muss außerhalb von § 12 Nr 2 entschieden werden (zur Abschreibung unentgeltl erworbener Nutzungsrechte und zur steuerl Behandlung bei unentgeltl Nießbrauchseinräumung s zB § 21 Rz 61 ff). Einkünfte sind demjenigen zuzurechnen, der den Tatbestand der Einkunftserzielung erfüllt (s § 2 Rz 18 ff; § 21 Rz 61). Welche Aufwendungen der Einkunftserzieler von den stpfl Einnahmen steuermindernd abziehen kann, richtet sich vor allem nach § 4 IV (BA) und § 9 I (WK). Aufwendungen, die außerhalb der Einkünfteermittlung von der Summe der Einkünfte (§ 2 III), vom Gesamtbetrag der Einkünfte (§ 2 IV) oder vom Einkommen (§ 2 V) abgezogen werden dürfen, müssen vom Gesetz ausdrückl zum Abzug zugelassen werden (s Rz 1). Fehlt eine positive Abzugsregelung, sind die Aufwendungen von vornherein nicht abzugsfähig. Zu dieser Erkenntnis bedarf es keiner besonderen Regelung, als die § 12 Nr 2 in der Rspr aber gelegentl angesehen und zitiert wird (s zB BFH VIII R 134/81 BStBl II 84, 705 und BFH IV R 60/98 BStBl II 99, 524, Zinsen auf Grund eines Schenkungsversprechens; glA *KSM* § 12 A 8). 27

Auch die Problematik der Anerkennung von sog **Familienarbeitsverhältnissen** (BFH X R 31/12 BStBl II 13, 1015) von FamilienPersGes, von unentgeltl am Grundbesitz oder KapVerm eingeräumten **Nutzungsrechten** (Nießbrauch, Wohnrecht, sonstige dingl oder obligatorische Nutzungsrechte) und von Familiendarlehensverträgen (BFH X R 26/11 BStBl II 14, 374) ist unabhängig von § 12 Nr 2 zu entscheiden; s 32. Aufl Rz 27 aE. S auch § 4 Rz 520 „Angehörige" und zur steuerl Behandlung sog FamilienPersGes § 15 Rz 740 ff.

b) Korrespondenzprinzip. § 22 Nr 1 S 2, § 10 Ia Nr 2 und § 12 Nr 2 korrespondieren dergestalt miteinander, dass Zuwendungen aus freiwillig begründeten Rentenversprechen und dauernden Lasten oder aus an Unterhaltsberechtigte gewährten Renten oder dauernden Lasten einerseits beim Zuwendenden nicht abzugsfähig sind, also aus seinem versteuerten Einkommen gezahlt werden müssen, und dass sie andererseits deshalb dem Empfänger nicht als stpfl Einnahmen zuzurechnen sind (§ 22 Rz 66; s auch BFH X B 209/11 BFH/NV 13, 722, mwN, zu § 10 I Nr 1a aF; ferner *Gramlich/Treisch* DB 97, 2349; zu teil-/überentgeltl Rechtgeschäften s *Deutschländer* NWB 13, 3636). 28

§ 22 Nr 1 S 2 ist nicht etwa Ausdruck eines allg Prinzips, wonach der Zuwendungsempfänger eine Zuwendung nicht zu versteuern hätte, wenn der Zuwendende sie nicht absetzen kann, und umgekehrt der Zuwendende das Geleistete steuermindernd absetzen könnte, wenn der Zurechnungsempfänger es zu versteuern hat (*Tipke* StuW 80, 8; *KSM* § 12 A 17; *HHR* § 12 Rz 76). Ohne § 22 Nr 1 S 2 hätte der Zuwendungsempfänger die Zuwendung zu versteuern. Aus § 12 Nr 2 könnte die von § 22 Nr 1 S 2 angeordnete Rechtsfolge nicht abgeleitet werden.

c) Keine Aufwandszurechnung. § 12 Nr 2 regelt auch nicht etwa die Frage, wem Aufwendungen zuzurechnen sind. 29

Schenkt zB A dem Vermieter B Geld, damit dieser an dem vermieteten Objekt Reparaturen vornehmen lassen kann, so steht B der WK-Abzug zu (s § 9 Rz 16). Das Gleiche gilt, wenn A die Reparaturrechnungen freiwillig für B übernimmt (s § 9 Rz 18). Zwar kann A, da weder die Geldhingabe noch die Übernahme der Reparaturrechnung durch eigene Einkunftserzielung veranlasst war, den Geldabfluss selbst nicht steuermindernd geltend machen. Keinesfalls könnte aber dem WK-Abzug des B der Tatbestand des § 12 Nr 2 entgegenstehen. Denn diese Vorschrift kann allenfalls einen steuermindernden Abzug bei dem Zuwendenden (A) ausschließen. Sie besagt nichts über das steuerl Schicksal der Zuwendung in der Person des Zuwendungsempfängers. Da es nicht darauf ankommt, bei wem Aufwendungen tatsächl abfließen (hier bei A), sondern entscheidend ist, innerhalb wessen Einkunftsart die Aufwendungen getätigt werden, steht dem Abzug der durch A für B getätigten Aufwendungen als WK bei B nichts entgegen (so auch BFH VI R 91/85 BStBl II 87, 623). Die Zuwendung des A an B löst ggf SchenkungSt aus.

35 **3. Tatbestand des § 12 Nr 2. – a) Zuwendungsbegriff.** Zuwendungen sind geldwerte Leistungen. Zu unterscheiden ist zunächst, ob es sich um einmalige Leistungen oder um regelmäßig wiederkehrende, auf einem einheitl Rechtsgrund beruhende Leistungen handelt. Die Frage der **Abzugsfähigkeit einmaliger Leistungen** wird außerhalb des § 12 Nr 2 entschieden; sie sind nur abzugsfähig, wenn es sich um BA, WK, agB oder um sonst vom Gesetz ausdrückl zum Abzug zugelassene Aufwendungen handelt (s Rz 27 ff).

36 **aa) Differenzierung.** Erst bei der Abzugsfähigkeit von wiederkehrenden Leistungen (**Renten und dauernden Lasten,** idF des JStG 2008 **wiederkehrende Versorgungsleistungen,** § 10 I Nr 1a aF bzw § 10 Ia Nr 2 nF) stellt sich die Frage nach der Anwendung des in § 12 Nr 2 enthaltenen Abzugsverbots. Die Beantwortung dieser Frage hängt davon ab, ob es sich bei den wiederkehrenden Leistungen um *(1) Unterhaltsleistungen,* um *(2) Leistungen im Austausch mit einer Gegenleistung* oder um *(3) Versorgungsleistungen* handelt. – Die wiederkehrenden Leistungen sind nicht abziehbar, wenn es sich um eine Zuwendung iSd § 12 Nr 2 handelt. Unter einer **Zuwendung** versteht die hM eine *unentgeltl Leistung,* also eine Leistung, der keine Gegenleistung gegenübersteht (BFH X R 139/88 BStBl II 92, 612, unter 4; *KSM* § 12 C 10).

37 **(1) Keine Gegenleistung.** Unproblematisch sind die Fallgestaltungen, in denen der wiederkehrenden Leistung des Zuwendenden keine irgendwie geartete Gegenleistung gegenübersteht; es handelt sich um eine „Zuwendung", die vom Zuwendenden nicht steuermindernd geltend gemacht werden darf (nichtabziehbare Unterhaltsleistung). Beim Empfänger unterliegen die wiederkehrenden Leistungen nicht der ESt.

38 **(2) Entgeltl Vermögensübertragung.** Unproblematisch sind auch die Fälle, in denen es sich um eine entgeltl Vermögensübertragung gegen wiederkehrende Leistungen handelt. Davon ist auszugehen, wenn die Vertragspartner Leistung und Gegenleistung wie unter Fremden nach kaufmännischen Gesichtspunkten gegeneinander abgewogen haben und davon ausgegangen sind, dass die Leistungen im maßgebl Zeitpunkt des Vertragsschlusses in etwa gleichwertig sind (vgl BFH X R 12/01 BStBl II 04, 211). Hier greift § 12 Nr 2 nicht ein.

40 **bb) Wiederkehrende Versorgungsleistungen.** Zur Rechtslage bis VZ 2007 s 32. Aufl Rz 39 und *BMF* BStBl I 10, 227. – Wiederkehrende Versorgungsleistungen sind nur noch dann in das Rechtsinstitut der Vermögensübergabe gegen Versorgungsleistungen einzubeziehen, wenn es sich um übergebenes Vermögen iSd § 10 Ia Nr 2 nF bzw § 10 I Nr 1a aF (Vermögen der Gewinneinkunftsarten) handelt. Wird hingegen **Privatvermögen** gegen Versorgungsleistungen übergeben, so handelt es sich um ein *voll- oder teilentgeltl Geschäft* (so nun auch *BMF* BStBl I 10, 227, Rz 21, 57, 69; glA *Risthaus* DB 10, 744, 749; *Reddig* DStZ 10, 445, 450). – Wird dieses Vermögen zur Einkunftserzielung eingesetzt, ist eine Verpflichtung zu wiederkehrenden gleichbleibenden oder abänderbaren (also keine Unterscheidung mehr zw Rente und dauernder Last) Leistungen mit dem Barwert des Vermögens als AK zu bewerten; die in den einzelnen Zahlungen liegenden Zinsanteile sind als BA/WK abzusetzen. Geht beim teilentgeltl Geschäft der Barwert der wiederkehrenden Leistungen über einen **angemessenen Kaufpreis** hinaus, ist der übersteigende Anteil eine nicht abziehbare Zuwendung iSd § 12 Nr 2 (*Risthaus* DB 10, 750). Handelt es sich nicht um Einkünfteerzielungsvermögen, scheidet ab VZ 2008 jegl Abzug aus. Um ein *vollunentgeltl Geschäft* mit der Folge nicht abziehbarer Unterhaltsleistungen handelt es sich nach Auffassung der *FinVerw* dann, wenn der

Barwert der wiederkehrenden Leistungen mehr als doppelt so hoch ist wie der Wert des übertragenen Vermögens (*BMF* BStBl I 10, 227, Rz 66).

b) Freiwillig begründete Rechtspflichten. § 12 Nr 2 Alt 2 verbietet den steuermindernden Abzug von Renten und dauernden Lasten, wenn der Zuwendende die Verpflichtung zur Rentenzahlung oder Zahlung der dauernden Last freiwillig eingegangen ist; das gilt auch dann, wenn der Empfänger auf einen künftigen Pflichtteilsanspruch verzichtet (FG Mster EFG 99, 1219, rkr, nicht zweifelsfrei). Auch die Erfüllung einer sittl Verpflichtung geschieht freiwillig iSd § 12 Nr 2 (BFH X R 139/88 BStBl II 92, 612, unter 4). Die Freiwilligkeit wird ausgeschlossen, wenn die Rente oder dauernde Last auf einer gesetzl Verpflichtung (zB Schadensersatzrente, § 843 BGB) beruht; bei einer Vermächtnisrente/dauernden Last erkennt die Rspr nur dann einen SA-Abzug an, wenn der Versorgungsempfänger zum Verbund der Generationennachfolge gehört (grds nur die ggü dem Erblasser pflichtteilsberechtigten Personen; vgl BFH X R 11/01 BStBl II 04, 820) oder auf der Anordnung eines Dritten beruht (zB Testament; s auch *KSM* § 12 C 46). Ob auch wirtschaftl Druck der Eingehung der Rentenverpflichtung oder dauernden Last die Freiwilligkeit nimmt, ist wohl eine Frage des Einzelfalles; häufig wird hier der Zuwendungsempfänger oder eine dritte Person für das Rentenversprechen eine irgendwie geartete Gegenleistung erbringen, so dass die Anwendung des § 12 Nr 2 schon am Merkmal der „Zuwendung" scheitert. Zur Nichtabziehbarkeit von **Vermächtnisleistungen** an einen familienfremden Dritten s BFH IX R 29/09 BFH/NV 10, 2257. 41

c) Unterhaltspflichten. § 12 Nr 2 Alt 3 erfasst familienrechtl Unterhaltspflichten nach §§ 1360ff BGB (während der Ehe), §§ 1569ff BGB (nach der Scheidung), §§ 1601 ff, 1589 BGB (zw in gerader Linie verwandten Personen, Eltern–Kinder–Enkel etc). In der Seitenlinie verwandte Personen (Geschwister) sind einander nicht unterhaltsverpflichtet. Das Gleiche gilt für verschwägerte Personen. Zu beachten ist aber, dass sich das Abzugsverbot auch auf Zuwendungen an ggü dem Ehegatten des StPfl unterhaltsberechtigte Personen oder deren Ehegatten erstreckt. Nach stRspr ist das Bestehen eines konkreten Unterhaltsanspruchs nicht Voraussetzung für die Anwendung des § 12 Nr 2; es genügt, wenn der Empfänger der Zuwendung gegenüber dem Zuwendenden **potentiell unterhaltsberechtigt** ist (zB BFH VI R 175/72 BStBl II 75, 502, mwN; *KSM* § 12 C 51; *HHR* § 12 Rz 115). § 12 Nr 2 Alt 3 greift auch ein, wenn die Rente oder dauernde Last nicht aus Unterhaltsgründen, sondern aus anderen Gründen gewährt wird. Noch nicht höchstrichterl entschieden ist, ob § 12 Nr 2 Alt 3 eingreift, wenn wiederkehrende Zuwendungen an einen Unterhaltsberechtigten außerhalb der bürgerl-rechtl Unterhaltspflicht (zB in Erfüllung einer **Schadensersatzpflicht,** § 843 BGB) geleistet werden, oder ob in diesem Fall die wiederkehrenden Zuwendungen abgezogen werden können. Letzteres dürfte grds zu bejahen sein (s *Blümich* § 12 Rz 189; *HHR* § 12 Rz 117; hierzu auch *KSM* § 12 C 52). Voraussetzung ist aber, dass die Schadensersatzleistung klar und eindeutig von der Unterhaltsgewährung abgegrenzt werden kann (BFH IV R 207/75 BStBl II 80, 639). – Sind beim **Erblasser** an gesetzl unterhaltsberechtigte Personen gezahlte Renten oder dauernde Lasten gem § 12 Nr 2 nicht abzugsfähig, so gilt dies auch für den Erben (FG Köln EFG 99, 606, rkr; FG Köln EFG 85, 494, rkr; *KSM* § 12 C 55). Zur Rechtslage, wenn der Erbe auf Grund **testamentarischer Anordnung** zur Zahlung einer (aus der Sicht des Erblassers freiwilligen) Rente oder dauernden Last verpflichtet ist, s BFH X R 139/88 BStBl II 92, 612 (s auch Anm HFR 92, 614; *Fischer* FR 92, 765; *L. Schmidt* FR 92, 548; FG Ddorf EFG 00, 117, rkr). Zu beachten ist, dass das Rechtsinstitut der Vermögensabgabe gg Versorgungsleistungen vorrangig ist (Rz 39; ferner BFH X R 14/06 BStBl II 08, 123). – Hat der Erbe auf Grund einer Auflage des Erblassers aus den Erträgen eines geerbten Kapitals Zahlungen an Dritte (hier: verdiente Mitarbeiter) zu leisten, sind die Zahlungen als WK zu behandeln (aA FG Hbg EFG 96, 94, NZB unzulässig). 42

IV. Nicht abzugsfähige Steuern, § 12 Nr 3

Verwaltung: EStR 12.4/EStH 12.4.

45 **1. Anwendungsbereich des § 12 Nr 3.** Steuern können nur steuermindernd berücksichtigt werden, wenn sie die Voraussetzungen als BA oder WK erfüllen (s § 4 Rz 520 „Steuern" und § 9 Rz 170) oder wenn ihre steuermindernde Berücksichtigung sonst ausdrückl zugelassen worden ist (für KiSt: § 10 I Nr 4). § 12 Nr 3 hat weitgehend klarstellende Bedeutung, da die **Personensteuern** (ESt, LSt, *Annexsteuern* wie Ergänzungsabgaben, Stabilitätszuschläge, Investitionshilfeabgabe) nicht die tatbestandl Voraussetzungen von BA, WK oder agB erfüllen (BFH III R 33/14 DStR 15, 2594: Teil der Privatsphäre); daher können auch **Zinsen** für ein zur Begleichung der ESt aufgenommenes Darlehn keine BA/WK sein (BFH IV R 122/90 BStBl II 92, 342; FG Nds EFG 07, 1147, rkr); ebenso nicht **Nachzahlungszinsen** gem § 233a AO (BFH IV R 6/08 BFH/NV 11, 430; BFH VIII R 33/07 BStBl II 11, 503, wonach – mE zutr – auch **Erstattungszinsen** nicht stbar sind, soweit sie auf gem § 12 Nr 3 nicht abziehbare Steuern entfallen; § 20 I Nr 7 S 3 führt zu einer unterschiedl Behandlung von Nachzahlungs- und Erstattungszinsen und ist mE verfwidrig; der BFH hat allerdings die **VerfMäßigkeit bejaht,** BFH VIII R 36/10 BStBl II 14, 168, mit Anm *Nothnagel* HFR 14, 316, und BFH VIII R 29/12 BStBl II 14, 998; dagegen ist **VerfBeschw** eingelegt worden, Az 2 BvR 2674/14; ebenso gegen BFH VIII R 1/11 BFH/NV 14, 830, Aktz 2 BvR 482/14; aA auch *Heuel/Felten* BB 11, 1126; *Geserich* NWB 10, 30090; *Kanzler* FR 10, 1045; *Rublack* FR 11, 173; *Paus* EStB 12, 31; *Baillet* DStZ 12, 436).

Rechtsverfolgungskosten betr ESt sind insoweit als BA/WK abziehbar, als sie mit dem Einkünftebereich zusammenhängen (BFH VIII R 27/08 BFH/NV 10, 2038). Entsprechendes muss gelten bei **Gebühren für verbindl Auskünfte.** Für Beratungskosten bei **Erstellung strafbefreiender Erklärungen** hat der BFH dies verneint (s BFH VIII R 29/10 BStBl II 13, 344). Zum Abzug einer KSt-Haftungsschuld als WK des Ges'tergeschäftsführers s FG Mster EFG 00, 481, rkr (verneint, soweit Haftung die KSt der eigenen Kapitaleinkünfte betr). Zur „internen Steuer" des **Europäischen Patentamts** s FG Mchn EFG 15, 131 rkr.

47 **2. Erbschaft-/Schenkungsteuer.** Sie ist Personensteuer iSd § 12 Nr 3; daher kann sie nicht stmindernd geltend gemacht werden (BFH X R 63/08 BStBl II 11, 680 mwN; s aber ab 2009 § 35b; krit *Keß* FR 11, 575). Eine sich daraus ergebende Doppelbelastung einschließl der damit verbundenen Härten hat der Gesetzgeber in Kauf genommen (BFH II R 23/09 BStBl II 2010, 641 – VerfBeschw nicht angenommen, s BVerfG 1 BvR 1432/10 HFR 15, 695). Auch Zinsen für ein zu ihrer Begleichung aufgenommenes Darlehen sind nicht als BA oder WK (vgl BFH IV R 122/90 BStBl II 92, 342; FG Nds EFG 03, 297, rkr) oder Vorkosten nach § 10e VI abziehbar (BFH X R 42/97 BFH/NV 01, 307). Ebenso kann eine bei einem teilentgeltl Erwerb angefallene SchenkungSt nicht im Wege der AfA steuermindernd berücksichtigt werden (FG Mster EFG 94, 1037, rkr). – Zu **ErbStZahlungen nach § 23 ErbStG** (§ 35 EStG aF) s 33. Aufl Rz 47 und § 35b Rz 2 aE.

48 **3. Umsatzsteuer.** Seit 1.4.1999 (für die Zeit davor s 18. Aufl) behandeln **§ 3 Ib Nr 1, IXa UStG** (früher: Eigenverbrauchstatbestände) unentgeltl Wertabgaben als Umsätze; die darauf entfallende USt darf estrechtl nicht abgezogen werden, denn es handelt sich um „die USt für Umsätze, die Entnahmen sind". Dieser Entnahmebegriff ist estrechtl zu verstehen; er umfasst also Gegenstands- und Nutzungsentnahmen (*Lohse/Zeiler* StB 00, 203). Zur Behandlung der USt bei der privaten Kfz-Nutzung iZm der 1 vH-Regelung s BFH IV R 45/07 BStBl II 10, 689 (Entnahme durch Landwirt) und BFH VIII R 54/07 BStBl II 11, 451: Die nichtabziehbare USt ist auf den Zeitpunkt der Entnahme nach ustrechtl Maßstäben ohne Bindung an einen UStBescheid zu ermitteln (s auch *Pezzer* BFH/PR 11, 129; *Moritz* NWB 11, 592 und HFR 11, 407; *Brandt* StBp 11, 117; EStH 12.4). –

Ferner dürfen **VorSt** auf privat veranlasste Aufwendungen (§ 12 Nr 1) und auf die genannten unter das Abzugsverbot des § 4 V fallenden Aufwendungen (s auch das ustrechtl Abzugsverbot des § 15 Ia Nr 1 UStG) nicht abgezogen werden (vgl EStR 4.10 V 8). Dieser Aufwand wird als privater Endverbrauch somit weder bei der USt noch bei der ESt entlastet. – Durch StÄndG 2003 wurde der **VorStAbzug aus Reise- und Fahrtkosten der ArbN** wieder zugelassen, soweit der Unternehmer Leistungsempfänger ist. – Der in **Verpflegungsmehraufwendungen** enthaltene UStBetrag ist als VorSt abziehbar, soweit der Verpflegungsmehraufwand in den Grenzen des § 4 V 1 Nr 5 liegt; die darin enthaltene USt kann als BA/WK abgezogen werden (*Birkenfeld/Wäger* USt-Handbuch, § 16 Rz 56); die Verpflegungspauschbeträge sind also ungekürzt als BA/WK abziehbar.

4. Steuerl Nebenleistungen. Die Abzugsfähigkeit steuerl Nebenleistungen 49
(§ 3 III AO) richtet sich nach der Abzugsfähigkeit der Steuer, zu der die Nebenleistungen gehören. Daher können Säumniszuschläge (§ 240 AO), Verspätungszuschläge (§ 152 AO), Zwangsgelder (§ 329 AO) und Kosten (§§ 337 ff AO) zur ESt und den sonstigen zu § 12 Nr 3 genannten Steuern nicht als WK oder BA abgezogen werden. Ab VZ 1999 gilt dies auch für Steuer-, Stundungs- und AdV-**Zinsen** (§§ 4, 233a, 234, 237 AO; s aber Rz 45; EStH 12.4). Zum **Strafzuschlag nach § 398a AO** s *Roth* DStR 11, 1410.

V. Nicht abzugsfähige Geldstrafen, § 12 Nr 4

Verwaltung: EStR 12.3/EStH 12.3.

1. Bedeutung. Geldstrafen wegen einer Straftat sind grds der persönl Sphäre 50
des StPfl zuzurechnen und daher (anders als Geldbußen etc, s § 4 V 1 Nr 8) bereits ihrem Anlass nach nicht als BA/WK abziehbar (ausführl BFH IV R 260/84 BStBl II 86, 518; BFH VIII R 93/85 BStBl II 86, 845, zu Auflagen gem § 153a I Nr 2 StPO). Nr 4 hat somit weitgehend nur klarstellende Bedeutung.

Zur gesamten Problematik s *Lang* StuW 85, 11; vgl auch § 4 Rz 520 „Strafen; Geldbußen" und § 19 Rz 100 „Geldbuße/-strafe/-auflage".

2. Geldstrafen etc. Anders als in § 4 V 1 Nr 8 ist nicht bestimmt, dass die 51
Geldstrafe (sonstige Nebenfolge) von einem inl Gericht verhängt worden sein muss; daher sind auch die von einem ausl Gericht verhängten Geldstrafen nicht abziehbar. Das Abzugsverbot gilt aber insoweit nicht, als die ausl Geldstrafe wesentl Grundsätze der dt Rechtsordnung verletzt (BFH VIII R 89/86 BStBl II 92, 85) oder aber mit der ausl Geldstrafe nach dt Recht ein persönl Unwerturteil nicht verbunden ist (str, s *HHR* § 12 Rz 150). – Zu den **sonstigen Rechtsfolgen vermögensrechtl Art** mit *Strafcharakter* EStH 12.3 (s auch *Seer/Krumm* StuW 06, 346). **Geldauflagen** iSd § 153a I Nr 2 StPO unterliegen ebenfalls dem Abzugsverbot (BFH VI R 47/06 BStBl II 09, 151). Die Auflage an den in einem Steuerstrafverfahren Verurteilten, die hinterzogene Betriebssteuer zu zahlen, hat hingegen *Wiedergutmachungscharakter* (die Betriebssteuer bleibt als BA abzugsfähig, s *Bordewin* FR 84, 411). Das Gleiche gilt für Geldauflagen nach § 56b II 1 Nr 1 StGB; hier überwiegt nicht der Strafcharakter der Sanktion (BFH VI R 37/06 BStBl II 10, 111; *Bergkemper* FR 09, 820); ebenso bei einer Verfallsanordnung gem § 73 StGB (BFH X R 23/12 BStBl II 14, 684).

Kosten eines **Strafverfahrens** (Gerichts- und Anwaltsgebühren) sind nicht vom Abzug ausgeschlossen (BFH VI R 75/10 DStR 11, 2235 mwN; *Bordewin* FR 84, 411; *HHR* § 12 Rz 142 mwN). – Zur Übernahme durch den **ArbG** s § 19 Rz 100 „Geldbuße". Zur **Zahlung durch die Ges** s BFH VIII R 21/11 BFH/NV 15, 191.

VI. Nicht abzugsfähige Berufsausbildungskosten, § 12 Nr 5

Schrifttum: *Bergkemper* DB 11, 1947 (Berufl Erstausbildung und Erststudium); *Greil* DStZ 11, 796 (Kosten des Erststudiums); *Holthaus* Berücksichtigung von Bildungskosten im EStR

(Diss 2010); *Ismer* FR 11, 846 (Wieder eine Revolution bei den Bildungsaufwendungen?); *Paus* EStB 11, 373 (Erstmalige Berufsausbildung und Erststudium); *Weitemeyer/Süß* NJW 11, 2844 (nachgelagerte Zahlung von Studiengebühren).

Verwaltung: *BMF* BStBl I 10, 721 (Neuregelung, ab VZ 2004).

56 **1. Hintergrund; Bedeutung (bis VZ 2014).** § 12 Nr 5 ist ein *partielles NichtanwendungsG* im Hinblick auf die Ende 2002 geänderte Rspr des BFH zur steuerl Berücksichtigung von Kosten der Berufsausbildung gewesen (s § 19 Rz 110 „Ausbildungskosten"). Trotz dieses Abzugsverbots hatte der VI. Senat des BFH im Jahr 2011 in einer Reihe weiterer Entscheidungen auch die Kosten einer Erstausbildung (BFH VI R 38/10 BStBl II 12, 561, und BFH VI R 5/10 BStBl II 12, 553) und eines Erststudiums (BFH VI R 7/10 BStBl II 12, 557) als WK anerkannt. Der Gesetzgeber reagierte daraufhin erneut; er fasste § 12 Nr 5 mit dem BeitrRLUmsG (verkündet am 13.12.2011) neu und legte zusätzl in **§ 4 IX** und **§ 9 VI** explizit fest, dass **Erstausbildungskosten keine BA/WK** sind (s § 4 Rz 625 und § 9 Rz 280); die Regelungen gelten rückwirkend ab VZ 2004 (§ 52 XII 11; BT-Drs 17/7524, 20: nachträgl Klarstellung der gesetzgeberischen Absicht zu § 12 Nr 5, s aber Rz 57). Der VI. Senat des BFH hat jetzt das **BVerfG angerufen** (s Rz 57). Parallel dazu hat der Gesetzgeber mit dem ZK-AnpG § 9 VI neu gefasst (s § 9 Rz 281) und **§ 12 Nr 5 aufgehoben,** beides mit Wirkung ab VZ 2015. – Zur Berücksichtigung der Kosten einer **Zweitausbildung** s BFH VI R 78/10 BStBl II 13, 284.

Als „begleitende Maßnahme" ist der Höchstbetrag für Berufsausbildungskosten iRd **SA-Abzugs** gem § 10 I Nr 7 von 4000 € **auf 6000 € erhöht** worden, allerdings erst mit Wirkung ab VZ 2012 (§ 52 Abs 24a S 3). Darüber hinaus ist mit dem StVerG 2011 die **Einkünfte- und Bezügegrenze in § 32 IV** bei Kinderfreibeträgen und KiGeld für volljährige Kinder während einer erstmaligen Berufsausbildung mit Wirkung ebenfalls ab VZ 2012 entfallen (s § 32 Rz 48 ff). – Der Fiskus befürchtet durch die BFH-Rspr zu den Kosten der Erstausbildung **Steuerausfälle und zusätzl Verwaltungsaufwand iHv 1 Mrd €** (BT-Drs 17/7524, 7). Mit den Abzugsverboten soll (erneut) verhindert werden, dass sich die Kosten einer Erstausbildung bei Auszubildenden und Studierenden ohne eigene Einkünfte in Form von Verlustvorträgen bis zur Aufnahme der Berufstätigkeit aufsummieren. Da es keinen Vortrag für nicht ausgenutzter SA gibt, geht der SA-Abzug bei Auszubildenden ohne eigene Einkünfte verloren (zu statistischen Daten s *Greil* DStZ 11, 796, 800). Ledigl vermögende Eltern können ihren Kindern Einkunftsquellen übertragen und damit ein Verrechnungspotential für den SA-Abzug schaffen (s *Drenseck* DStR 04, 1766, 1770 ff).

57 **2. Verfkonforme Auslegung; verfrechtl Bedenken.** Ob bzw inwieweit die bisherige Regelung verfwidrig war, ist umstr (s ausführl 30. Aufl Rz 57). Überraschend hatte der VI. Senat des BFH diese Frage in den genannten Urt zunächst *nicht* dem BVerfG vorgelegt (Art 100 I GG), sondern selbst, trotz § 12 Nr 5, die Kosten der erstmaligen Berufsausbildung und des Erststudiums als vorab entstandene WK anerkannt und dies (verkürzt) wie folgt begründet: § 12 Nr 5 stehe nach seinem Einleitungssatz unter dem Vorbehalt des § 10 I Nr 7, der wiederum seinem Einleitungssatz zufolge ggü dem WK-Abzug nachrangig sei; also schließe § 12 Nr 5 den Abzug von Berufsausbildungskosten als WK nicht aus (zust: *Kanzler* FR 11, 862; *Bergkemper* DB 11, 1947; *Schneider* NWB 11, 2840; aA hingegen *Ismer* FR 11, 846; *Reiß* FR 11, 863; krit auch *Paus* EStB 11, 373). Dabei unterstellte der BFH, dass § 12 Nr 5 ein Abzugsverbot für „allgemeine Bildungsaufwendungen" enthält (s BFH VI R 7/10 BStBl II 12, 557, Rz 19, und BFH VI R 38/10 BStBl II 12, 557, Rz 18; *Schneider* NWB 11, 2840/1), welches aus systematischen Gründen berufl veranlasste Bildungsaufwendungen nicht erfasse (tatsächl bezieht sich die Regelung in der ersten Tatbestandsalternative ganz konkret und im Grunde unmissverständl *nur* auf Aufwendungen der erstmaligen „*Berufs*-Ausbildung", was man gesetzessystematisch ohne weiteres auch auf den Begriff des „Erststudiums" als Unterfall der erstmaligen Berufsausbildung beziehen könnte, s auch Rz 59). S iÜ die Kritik von *Ismer* in: Festgabe List (2015), S 108.

Vorab entstandene WK hat der BFH in folgenden Fällen bejaht: **Pilotenausbildung** (BFH VI R 38/10 BStBl II 12, 561, und BFH VI R 8/09 BFH/NV 11, 2038; s auch BFH VI R 5/10 BStBl II 12, 553: kein Ausschluss nach § 3c I bei „Möglichkeit" einer späteren Berufsausübung im Ausl; BFH VI R 52/10 BStBl II 12, 825: vorangegangene Ausbildung zum Rettungssanitäter, s auch Rz 58); **Medizinstudium** (BFH VI R 7/10 BStBl II 12, 557); **betriebswirtschaftl Fachhochschulstudium** (BFH VI R 15/11 BFH/NV 12, 27); **Studium der Informationswissenschaften** (BFH VI R 29/11 BFH/NV 12, 216: hinreichend konkreter Veranlassungszusammenhang zw Studium und einer nachfolgenden Berufstätigkeit lässt sich „nicht ausschließen").

Nunmehr hat der VI. Senat des BFH in mehreren Verfahren das **BVerfG angerufen** (BFH VI R 8/12 DStR 14, 2216; BFH VI R 2/12 HFR 14, 1049 ua) und ihm die Frage vorgelegt, ob § 9 VI mit dem GG vereinbar ist: Aufwendungen für die Ausbildung seien geradezu **prototypisch „beruflich" veranlasst** und gründeten regelmäßig nicht auf estl unbeachtl privaten Motiven; eine zulässige, realitätsgerechte Typisierung sei nicht vorgenommen worden, so dass die Zuordnung der Aufwendungen für eine erstmaligen Berufsausbildung zur Privatsphäre willkürl sei und gegen Art. 3 I GG verstoße (BFH aaO, unter B. III.3.). Zuvor hatte der VIII. Senat des BFH die Verfassungsmäßigkeit der Regelung bejaht (BFH VIII R 22/12 BStBl II 14, 165), ebenso die mit dieser Frage befassten FG (Nachweise s 32. Aufl). – Die vom VI. Senat des BFH gegen die bisherigen Regelungen vorgebrachten Gründe treffen in gleicher Weise auch auf die **Neuregelung durch das ZK-AnpG** (s § 9 Rz 281) mit Wirkung ab VZ 2015 zu. Sollte das BVerfG die Bedenken des VI. BFH-Senats teilen und die bisherige Regelung in § 9 VI aF für verfwidrig erklären, wäre davon im Zweifel auch § 9 VI nF betroffen. Den StPfl ist grds zu empfehlen, entspr Verfahren offen zu halten (s *Geserich* NWB 14, 681); allerdings veranlagen die FÄ insoweit ohnehin vorläufig (*BMF* BStBl I 15, 786: für VZ 2004–2014). – **Berufsbildungsmaßnahmen bis zum 31.12.2003** sind nach wie vor von dem Abzugsverbot nicht betroffen; entspr Aufwendungen sind wie bisher als WK/BA zu berücksichtigen (zu den anzusetzenden Aufwendungen s 32. Aufl § 19 Rz 110 „Ausbildungskosten"; ferner Paus EStB 11, 373/375).

3. Erstmalige Berufsausbildung. Jede ernstl betriebene Vorbereitung auf einen künftigen Beruf ist **Berufsausbildung** iSd § 12 Nr 5 (stRspr, vgl BFH VI R 52/10 BStBl II 12, 825 mwN; zur abw Auslegung der Begrifflichkeiten iRd § 32 IV 2 s § 32 Rz 49). Der Vorbereitung dienen alle Maßnahmen zum Erwerb von Kenntnissen, Fähigkeiten und Erfahrungen, die als Grundlage für die Ausübung des angestrebten Berufs geeignet sind; Gegenbegriff ist die Allgemeinbildung, die keine notwendige Voraussetzung für eine geplante Berufsausübung darstellt (BFH aaO). – Nur die **erstmalige** Berufsausbildung fällt unter das Abzugsverbot. Eine solche liegt nicht nur dann vor, wenn der StPfl entweder im dualen System (Betrieb und Berufsschule, s aber Rz 60) oder nur innerbetriebl Berufsbildungsmaßnahmen durchläuft und einen Abschluss erlangt, der es ihm erlaubt, als für einen Beruf Ausgebildeter im Wirtschaftsleben aufzutreten. Entscheidend ist allein, ob eine Ausbildung *berufsbezogen* ist und eine Voraussetzung für eine *geplante Berufsausübung* darstellt. Diese Grundsätze gelten auch in Bezug auf § 4 IX, § 9 VI und § 12 Nr 5 idF des BeitrRLUmsG (BFH VI R 42/11 BStBl II 13, 236: dreijährige militärische Ausbildung eines Zeitsoldaten zum Oberfeldwebel). Daher ist der Abschluss des Berufskollegs „staatl geprüfter Wirtschaftsassistent" eine abgeschlossene Berufsausbildung; unschädl ist, wenn damit zugleich oder nach einer weiteren Prüfung auch die Fachhochschulreife erlangt wird; ein anschließendes Fachhochschulstudium ist damit kein Erststudium iSd § 12 Nr 5 (BFH VI R 79/06 DStRE 12, 272). Das *BMF* (aaO Rz 4 ff) verlangt, dass der Beruf durch eine Ausbildung iRe *öffentl-rechtl geordneten Ausbildungsgangs* erlernt und durch eine Prüfung abgeschlossen wird; dies ergibt sich nicht aus dem Gesetz, ist zu eng und willkürl (vgl BFH VI R 52/10 BStBl II 12, 825: Ausbildung zum Rettungssanitäter ist Erstausbildung, **keine Mindestausbildungsdauer** von 2 Jahren; FG RhPf EFG 10, 58

1781, rkr). Gleiches gilt, wenn ein StPfl schon – ohne bisher eine herkömml Lehre durchlaufen zu haben – im Berufsleben eine Tätigkeit als Angelernter ausübt (aA *BMF* aaO Rz 8). Hat der StPfl eine diesen Berufsstadien vergleichbare Position erreicht, ist *jede* weitere Berufsbildungsmaßnahme, auch wenn sie durch **Umschulung** ein anderes Betätigungsfeld eröffnet, *keine* erstmalige Berufsausbildung mehr (vgl zB BFH VI R 42/00 BFH/NV 03, 474, Verkäuferin zur Arzthelferin) und damit vom Abzugsverbot nicht betroffen (*Drenseck* DStR 04, 1766/70; s BFH VI R 6/12 BStBl II 15, 180: Ausbildung einer Stewardess zur Pilotin als Zweitausbildung; FG Nds EFG 12, 305, Rev VIII R 49/11: Studium der Kunstpädagogik nach Ausbildung im Ausl ohne Abschlussprüfung).

59 **4. Erststudium.** Von dem Abzugsverbot betroffen ist ein Erststudium, nach zutr BFH-Rspr also ein Studium, das *zugleich eine erstmalige Berufsausbildung* vermittelt (verfassungskonforme Auslegung des § 12 Nr 5 aF; BFH VI R 14/07 BStBl II 10, 816). Mit der **Neufassung** des § 12 Nr 5 durch das BeitrRLUmsG ist dies jetzt auch gesetzl klargestellt worden. Das bedeutet: Ist einem Studium eine andere Berufsausbildung vorausgegangen (vorstehend Rz 58; ggf auch in Form eines anderen Studiums, s BFH VI R 44/10 BStBl II 13, 234), ist es nicht mehr vom Abzugsverbot des § 12 Nr 5 betroffen. – **Studium** ist jedes Universitäts- oder Fachhochschulstudium auf einer staatl oder privaten Bildungseinrichtung. Ein Studium verlässt das Stadium des Erststudiums, wenn ein examiniertes und anerkanntes Ausbildungsstadium erreicht ist, das es erlaubt, unter Hinweis auf diese im Berufsleben anerkannte Qualifikation erwerbstätig zu werden (zB Magisterstudium). Jede weitere Höherqualifizierung ist kein Erststudium (anders die BFH-Rspr zu „mehraktiger Ausbildung“ iRd § 32 IV 2, s § 32 Rz 50f). Auch ein im Anschluss an ein Fachhochschulstudium durchgeführtes Universitätsstudium ist kein Erststudium mehr; daher sind die Grundsätze von BFH VI R 50/02 BStBl II 04, 889 durch das Abzugsverbot nicht tangiert (ebenso *BMF* aaO Rz 12).

Weitere Beispiele – kein Erststudium: Aufbau-/Weiterbildungsstudiengänge (BFH VI R 6/07 BFH/NV 09, 1796, und BFH VI R 31/07 BFH/NV 09, 1797); berufsbegleitendes Erststudium (BFH VI R 49/07 BFH/NV 09, 1799); Fachhochschulstudium nach Ausbildung zum Steuerfachangestellter (BFH III R 64/11 BStBl II 13, 914). – Zu Studien- und Prüfungsleistungen an **ausl Hochschulen** s BMF BStBl I 10, 721, Rz 17. – Ebenso sind Aufwendungen für die **Promotion** im Anschluss an das Studium durch das Abzugsverbot nicht betroffen (*BMF* aaO Rz 26; *Jochum* DStZ 05, 264; *Niermann/Plenker* DB 04, 2118, unter 4.). – Zu der Frage, ob ein **studienbegleitendes Praktikum** wie im Fall BFH VI R 62/03 BFH/NV 07, 1291 unter § 12 Nr 5 fällt, s *MIT* DStRE 07, 1008. Zu einem Studium (Kunstpädagogik) nach **Ausbildung im Ausl ohne Abschlussprüfung** s FG Nds EFG 12, 305, Rev VIII R 49/11.

60 **5. Dienstverhältnis.** Das Abzugsverbot greift nicht ein, wenn eine erstmalige Berufsausbildung oder ein Erststudium iRe DienstVerh (§ 1 II LStDV) stattfinden. Das ist der Fall, wenn die Verpflichtung, sich ausbilden zu lassen, zum Gegenstand eines entgeltl DienstVerh gemacht wird. Die vom StPfl zur Erfüllung seiner Pflichten aufgewendeten Kosten dienen hier der Erzielung *gegenwärtiger* stpfl Einnahmen; also handelt es sich um WK/BA. Damit erlangt die frühere Rspr zum AusbildungsArbVerh wieder Bedeutung (BFH VI R 50/79 BStBl II 81, 216, Hochschulstudium eines Offiziers der Bundeswehr; BFH VI R 127/80 BStBl II 85, 87, Studium der Zahnmedizin eines Bundeswehrangehörigen; BFH VI R 144/83 BStBl II 85, 89, mittlere Reife auf der Bundeswehrfachschule). Diese Rspr stammt aus einer Zeit, als man das Studium noch der Lebensführung zuordnete. An dem früheren Erfordernis, dass das Studium *wesentl Gegenstand des DienstVerh* sein musste, kann bei verfkonformer Betrachtung nicht festgehalten werden. Daher sind Aufwendungen des ArbN für das Studium zB an einer Bankakademie, zu der auch der ArbG Zuschüsse leistet, iRe DienstVerh geleistet und fallen damit nicht unter das Abzugsverbot des § 12 Nr 5 (aA *FinVerw* DStZ 06, 312); Zuzahlungen des ArbG an die Bildungseinrichtung sind schon kein Lohn (§ 19 Rz 100 „Betriebl Weiterbil-

dung"). – Das Gesetzesmerkmal **„iRe Dienstverhältnisses"** erfordert aber nicht, dass dem StPfl gegenwärtiger Lohn zufließt. Es reicht aus, wenn das Ausbildungsverhältnis für den Auszubildenden Pflichten enthält, die arbeitsrechtl Pflichten wie die Teilnahme an allen Ausbildungsmaßnahmen gleichkommen, dass die Ausbildung berufsbezogen ist und dass sie Voraussetzungen für die geplante Berufsausübung darstellt. Daher sind die Kosten, die ein StPfl für die **Ausbildung zum Berufspiloten** zu zahlen hat, im Zweifel regelmäßig iRe ArbVerh aufgewandt und vom Abzugsverbot des § 12 Nr 5 nicht betroffen (s jetzt auch Vorlagebeschluss BFH VI R 2/13 nv und BFH VI R 72/13 nv; ebenso FG Mster EFG 14, 1786, Rev VI R 50/14; abl zB FG Mchn EFG 15, 200, Rev IX R 34/14, mwN). – **Stipendien** sollen nicht als Ausbildungsdienstverhältnis zu qualifizieren sein (BMF aaO Rz 28); das ist in dieser Allgemeinheit zweifelhaft (s auch *Ernst/Schill* DStR 08, 1461). – Zu zahlreichen Ausbildungsverhältnissen und der damit verbundenen Rechtskomplizierung durch § 12 Nr 5s *Steck* DStZ 09, 384.

8. Die einzelnen Einkunftsarten

a) Land- und Forstwirtschaft (§ 2 Absatz 1 Satz 1 Nummer 1)

§ 13 Einkünfte aus Land- und Forstwirtschaft

(1) **Einkünfte aus Land- und Forstwirtschaft sind**

1. Einkünfte aus dem Betrieb von Landwirtschaft, Forstwirtschaft, Weinbau, Gartenbau und aus allen Betrieben, die Pflanzen und Pflanzenteile mit Hilfe der Naturkräfte gewinnen. [2] Zu diesen Einkünften gehören auch die Einkünfte aus der Tierzucht und Tierhaltung, wenn im Wirtschaftsjahr

für die ersten 20 Hektar	**nicht mehr als 10 Vieheinheiten,**
für die nächsten 10 Hektar	**nicht mehr als 7 Vieheinheiten,**
für die nächsten 20 Hektar	**nicht mehr als 6 Vieheinheiten,**
für die nächsten 50 Hektar	**nicht mehr als 3 Vieheinheiten**
und für die weitere Fläche	**nicht mehr als 1,5 Vieheinheiten**

je Hektar der vom Inhaber des Betriebs regelmäßig landwirtschaftlich genutzten Fläche erzeugt oder gehalten werden. [3] Die Tierbestände sind nach dem Futterbedarf in Vieheinheiten umzurechnen. [4] § 51 Absatz 2 bis 5 des Bewertungsgesetzes ist anzuwenden. [5] Die Einkünfte aus Tierzucht und Tierhaltung einer Gesellschaft, bei der die Gesellschafter als Unternehmer (Mitunternehmer) anzusehen sind, gehören zu den Einkünften im Sinne des Satzes 1, wenn die Voraussetzungen des § 51a des Bewertungsgesetzes erfüllt sind und andere Einkünfte der Gesellschafter aus dieser Gesellschaft zu den Einkünften aus Land- und Forstwirtschaft gehören;

2. Einkünfte aus sonstiger land- und forstwirtschaftlicher Nutzung (§ 62 Bewertungsgesetz);

3. Einkünfte aus Jagd, wenn diese mit dem Betrieb einer Landwirtschaft oder einer Forstwirtschaft im Zusammenhang steht;

4. Einkünfte von Hauberg-, Wald-, Forst- und Laubgenossenschaften und ähnlichen Realgemeinden im Sinne des § 3 Absatz 2 des Körperschaftsteuergesetzes.

(2) [1] **Zu den Einkünften im Sinne des Absatzes 1 gehören auch**

1. Einkünfte aus einem land- und forstwirtschaftlichen Nebenbetrieb. [2] Als Nebenbetrieb gilt ein Betrieb, der dem land- und forstwirtschaftlichen Hauptbetrieb zu dienen bestimmt ist;

2. der Nutzungswert der Wohnung des Steuerpflichtigen, wenn die Wohnung die bei Betrieben gleicher Art übliche Größe nicht überschreitet und das

Gebäude oder der Gebäudeteil nach den jeweiligen landesrechtlichen Vorschriften ein Baudenkmal ist;

3. die Produktionsaufgaberente nach dem Gesetz zur Förderung der Einstellung der landwirtschaftlichen Erwerbstätigkeit.

(3) [1] **Die Einkünfte aus Land- und Forstwirtschaft werden bei der Ermittlung des Gesamtbetrags der Einkünfte nur berücksichtigt, soweit sie den Betrag von 900 Euro übersteigen.** [2] **Satz 1 ist nur anzuwenden, wenn die Summe der Einkünfte 30 700 Euro nicht übersteigt.** [3] **Im Fall der Zusammenveranlagung von Ehegatten verdoppeln sich die Beträge der Sätze 1 und 2.**

(4) [1] **Absatz 2 Nummer 2 findet nur Anwendung, sofern im Veranlagungszeitraum 1986 bei einem Steuerpflichtigen für die von ihm zu eigenen Wohnzwecken oder zu Wohnzwecken des Altenteilers genutzte Wohnung die Voraussetzungen für die Anwendung des § 13 Absatz 2 Nummer 2 des Einkommensteuergesetzes in der Fassung der Bekanntmachung vom 16. April 1997 (BGBl. I S. 821) vorlagen.** [2] **Der Steuerpflichtige kann für einen Veranlagungszeitraum nach dem Veranlagungszeitraum 1998 unwiderruflich beantragen, dass Absatz 2 Nummer 2 ab diesem Veranlagungszeitraum nicht mehr angewendet wird.** [3] **§ 52 Absatz 21 Satz 4 und 6 des Einkommensteuergesetzes in der Fassung der Bekanntmachung vom 16. April 1997 (BGBl. I S. 821) ist entsprechend anzuwenden.** [4] **Im Fall des Satzes 2 gelten die Wohnung des Steuerpflichtigen und die Altenteilerwohnung sowie der dazugehörende Grund und Boden zu dem Zeitpunkt als entnommen, bis zu dem Absatz 2 Nummer 2 letztmals angewendet wird.** [5] **Der Entnahmegewinn bleibt außer Ansatz.** [6] **Werden**

1. die Wohnung und der dazugehörende Grund und Boden entnommen oder veräußert, bevor sie nach Satz 4 als entnommen gelten, oder

2. eine vor dem 1. Januar 1987 einem Dritten entgeltlich zur Nutzung überlassene Wohnung und der dazugehörende Grund und Boden für eigene Wohnzwecke oder für Wohnzwecke eines Altenteilers entnommen,

bleibt der Entnahme- oder Veräußerungsgewinn ebenfalls außer Ansatz; Nummer 2 ist nur anzuwenden, soweit nicht Wohnungen vorhanden sind, die Wohnzwecken des Eigentümers des Betriebs oder Wohnzwecken eines Altenteilers dienen und die unter Satz 4 oder unter Nummer 1 fallen.

(5) **Wird Grund und Boden dadurch entnommen, dass auf diesem Grund und Boden die Wohnung des Steuerpflichtigen oder eine Altenteilerwohnung errichtet wird, bleibt der Entnahmegewinn außer Ansatz; der Steuerpflichtige kann die Regelung nur für eine zu eigenen Wohnzwecken genutzte Wohnung und für eine Altenteilerwohnung in Anspruch nehmen.**

(6) [1] **Werden einzelne Wirtschaftsgüter eines land- und forstwirtschaftlichen Betriebs auf einen der gemeinschaftlichen Tierhaltung dienenden Betrieb im Sinne des § 34 Absatz 6a des Bewertungsgesetzes einer Erwerbs- und Wirtschaftsgenossenschaft oder eines Vereins gegen Gewährung von Mitgliedsrechten übertragen, so ist die auf den dabei entstehenden Gewinn entfallende Einkommensteuer auf Antrag in jährlichen Teilbeträgen zu entrichten.** [2] **Der einzelne Teilbetrag muss mindestens ein Fünftel dieser Steuer betragen.**

(7) **§ 15 Absatz 1 Satz 1 Nummer 2, Absatz 1a, Absatz 2 Satz 2 und 3, §§ 15a und 15b sind entsprechend anzuwenden.**

Einkommensteuer-Durchführungsverordnung:

§ 8c ***Wirtschaftsjahr bei Land- und Forstwirten*** *(abgedruckt bei § 4a)*

§ 51 ***Pauschale Ermittlung der Gewinne aus Holznutzungen***

(1) **Steuerpflichtige, die für ihren Betrieb nicht zur Buchführung verpflichtet sind, den Gewinn nicht nach § 4 Absatz 1 des Einkommensteuergesetzes ermitteln und deren forstwirtschaftlich genutzte Fläche 50 Hektar nicht übersteigt, können auf Antrag für ein Wirtschaftsjahr bei der Ermittlung der Gewinne aus Holznutzungen pauschale Betriebsausgaben abziehen.**

(2) **Die pauschalen Betriebsausgaben betragen 55 Prozent der Einnahmen aus der Verwertung des eingeschlagenen Holzes.**

(3) **Soweit Holz auf dem Stamm verkauft wird, betragen die pauschalen Betriebsausgaben 20 Prozent der Einnahmen aus der Verwertung des stehenden Holzes.**

(4) **Mit den pauschalen Betriebsausgaben nach den Absätzen 2 und 3 sind sämtliche Betriebsausgaben mit Ausnahme der Wiederaufforstungskosten und der Minderung des Buchwerts für ein Wirtschaftsgut Baumbestand abgegolten.**

(5) **Diese Regelung gilt nicht für die Ermittlung des Gewinns aus Waldverkäufen sowie für die übrigen Einnahmen und die damit in unmittelbarem Zusammenhang stehenden Betriebsausgaben.**

Einkommensteuer-Richtlinien/Verwaltungsanweisungen: EStR 13.1–13.6/EStH 13.1–13.5 – *BMF* BStBl I 72, 102 *(Einführung der Bodengewinnbesteuerung); BMF* BStBl I 81, 878 *(Buchführung in luf Betrieben); BMF* BStBl I 01, 864 *(Bewertung der Tierbestände); BMF* BStBl I 02, 262 *(eiserne Verpachtung); BMF* BStBl I 08, 682 mit Änderung in BStBl I 08, 939 *(Zahlungsansprüche nach der GAP-Reform); Ländererlasse* BStBl I 11, 1213 *(Abgrenzung zum GewBetr); BMF* BStBl I 12, 595 *(Forstwirtschaft); BMF* BStBl I 14, 1094 *(Baumschulen); BMF* BStBl I 14, 1503 *(Milchlieferrechte).*

Übersicht

I. Begriff des luf Betriebs; Umfang der Einkünfte

1 **1. Überblick. – a) Bedeutung.** § 13 (ergänzt durch §§ 14, 24) regelt abschließend den Umfang der Einkünfte aus LuF und grenzt diese zu anderen Einkunftsarten ab. Von besonderer Bedeutung ist die Abgrenzung zu den Einkünften aus GewBetr, insb wegen der Besonderheiten der Gewinnermittlung (§ 13a gilt nur für LuF) und der fehlenden GewStPfl (diese Differenzierung ist verfgem, s BVerfG 1 BvL 2/04 BVerfGE 120, 1 unter C.I.2.b bb). – **Persönl Anwendungsbereich.** § 13 gilt für natürl Personen und PersGes, über § 8 I KStG auch für Körperschaften (soweit diese nicht gem § 8 II KStG ausschließl gewerbl Einkünfte haben).

2 **b) Norminhalt.** § 13 I, II, IV legen den Rahmen der Einkünfte aus LuF fest (s Rz 6–94). Abs 5 enthält eine StBefreiung für GuB, auf dem die selbstgenutzte Wohnung errichtet wird (Rz 220), Abs 3 einen Freibetrag für Einkünfte aus kleineren und mittleren luf Betrieben (Rz 265) und Abs 6 eine Stundungsregelung für die ESt aus bestimmten Übertragungsvorgängen (Rz 43). § 13a ermöglicht kleineren Betrieben eine vorteilhafte Gewinnermittlung nach Durchschnittssätzen, § 14 bezieht Veräußerungs- und Aufgabegewinne in die Einkünfte ein. – **Sonderregelungen für luf Einkünfte außerhalb des § 13.** Solche sind enthalten in § 4a (Wj, zeitl Zuordnung des Gewinns; s Rz 208), § 34b (StErmäßigung bei außerordentl Einkünften aus Forstwirtschaft), § 40 III (günstiger LStPauschsatz für luf Aushilfskräfte), § 55 (Ausgangswert für den am 30.6.1970 vorhandenen GuB), § 149 II 2 AO (verlängerte StErklärungsfrist) und § 233a II 2 AO (verlängerte Karenzfrist für die Vollverzinsung).

3 **c) Ausland.** Eine **im Inl betriebene LuF** führt bei Personen, die im Inl weder einen Wohnsitz noch ihren gewöhnl Aufenthalt haben, zur beschr StPfl (§ 49 I Nr 1). – Für eine **im Ausl betriebene LuF** gilt DBA-rechtl nicht der Betriebsstättenartikel (Folge wäre idR die Anwendung der Freistellungsmethode), sondern der Artikel über unbewegl Vermögen, so dass idR ledigl Steueranrechnung gewährt wird (BFH I R 26/11 BStBl II 12, 457). Nach dt Recht ist die ausl LuF (auch ein einzelnes luf Grundstück im grenznahen Ausl, sog „Traktatländerei") aber eine Betriebsstätte, so dass Einkünfte aus anderen EU-Staaten gem § 32b I 2 nicht dem Progressionsvorbehalt unterliegen (BFH I R 68/12 BStBl II 14, 875;

ausführl *Riegler/Riegler* IStR 15, 185). Zum Abzugsverbot für negative Einkünfte aus einer in einem Nicht-EU/EWR-Staat belegenen LuF s § 2a I 1 Nr 1; zur Besteuerung dt-niederländischer Betriebe s *Hutmacher* Inf 07, 460; *OFD Mster* DStZ 09, 180.

d) Verweisung auf § 15 (§ 13 VII). Wesentl Teile der für gewerbl Einkünfte geltenden Normen sind auch iRd § 13 anzuwenden. Dies folgt zum einen aus der gesetzl Verweisung in § 13 VII, die sich ausdrückl auf die Vorschriften über die MUerschaft (§ 15 I 1 Nr 2; zu Besonderheiten der LuF s Rz 161 ff), über die Besteuerung des Gewinns aus Anteilen an Europäischen Gesellschaften nach Sitzverlegung (§ 15 Ia), über Besonderheiten der Gewinnerzielungsabsicht (§ 15 II 2, 3) sowie Verluste bei beschr Haftung (§ 15a) und im Zusammenhang mit StSparmodellen (§ 15b) erstreckt. – Diese Verweisung ist aber **nicht abschließend.** Insb gelten (obwohl von der Verweisung in § 13 VII nicht ausdrückl erfasst) die in § 15 II 1 genannten **allg Merkmale betriebl Einkünfte** wie Selbständigkeit, Nachhaltigkeit, Gewinnerzielungsabsicht und Beteiligung am allg wirtschaftl Verkehr auch für die Einkünfte aus LuF (BFH IV R 86/99 BStBl II 02, 80 unter 1.b). Einzelheiten zu diesen Merkmalen s § 15 Rz 8 ff; zu Besonderheiten der Gewinnerzielungsabsicht bei LuF s Rz 96 ff. Auch die allg Gewinnermittlungsvorschriften (§§ 4–7i) sind anwendbar. 4

2. Landwirtschaft ieS, § 13 I Nr 1 S 1 Alt 1. – a) Überblick. Erfasst ist nicht nur die klassische Feldwirtschaft, sondern auch die Pflanzenproduktion mit Hilfe von Substraten oder Wasser (EStR 15.5 I 2; zB Keimlingsproduktion, Pilzzucht). Weitere Beispiele: Erzeugung von Humus oder Kompost aus pflanzl Abfällen des Betriebs, Erzeugung nachwachsender Rohstoffe für die Verwendung in einer Biogasanlage zum Eigenverbrauch (ausführl Rz 69; dort auch zur Erzeugung sonstiger erneuerbarer Energien). Der Obst- und Gemüsebau fällt unter den Begriff des „Gartenbaus" (s Rz 27). – **Gemeinsamer Oberbegriff** der in § 13 I Nr 1 umschriebenen Einkünfte **(Landwirtschaft iwS)** ist die planmäßige Nutzung der natürl Kräfte des Bodens zur Erzeugung und Verwertung von lebenden Pflanzen und Tieren (BFH IV R 191/74 BStBl II 79, 246 unter 2.a; EStR 15.5 I 1). Die Verwertung kann durch Verbrauch im Betrieb selbst (zB Verfütterung selbst erzeugten Tierfutters) oder durch Verkauf geschehen (unbearbeitet oder nach einer ersten Bearbeitungsstufe). Die in § 13 I, II enthaltenen Begriffsbestimmungen dienen vor allem der Abgrenzung zu § 15. 6

b) Erfassung auch von Pacht- und Kleinbetrieben. Auf das Eigentum an den genutzten Flächen kommt es nicht an, so dass auch ein reiner **Pachtbetrieb** LuF sein kann. – **Kleinbetriebe.** Ein luf Betrieb setzt **keine Mindestgröße** voraus. Weder ist ein voller landwirtschaftl Besatz (Betriebsgebäude, Inventar) erforderl (BFH IV R 41/91 BStBl II 93, 430) noch eine eigene Hofstelle (BFH IV R 52/02 BFH/NV 05, 674 unter I.1.: Verkauf von auf Kanalwiesen stehendem „Gras auf dem Halm" zur Aberntung durch andere Landwirte). Auch die Bewirtschaftung von **Stückländereien** (Begriff: § 34 VII BewG) fällt daher unter § 13, sofern die allg steuerl Voraussetzungen für die Erzielung von Gewinneinkünften (insb Beteiligung am allg wirtschaftl Verkehr, Gewinnerzielungsabsicht; s Rz 4) gegeben sind. *FinVerw* und Rspr gehen typisierend vom Bestehen eines Betriebs aus, wenn die selbstbewirtschaftete Fläche größer als 3000 qm ist, weil der erzielbare Gewinn dann den eines Gartenbesitzers übersteigt (BFH IV R 117/91 BFH/NV 94, 533 unter 3.; BFH IV R 48/08 BStBl II 11, 792; vgl auch die Nachweise in BFH IV R 41/91 BStBl II 93, 430 unter 2.a). Wird der Flächeneigentümer aber nicht luf tätig, führt allein die Bewertung als Stückländerei nicht zur Annahme eines Betriebs im estl Sinne (BFH IV R 16/10 BFH/NV 14, 324 Rz 25). – **Allmähl Verkleinerung des Betriebs.** Dies bewirkt jedenfalls dann keine Zwangsentnahme, wenn die verbleibenden Restflächen weiterhin bewirtschaftet (BFH IV R 41/91 BStBl II 93, 430) oder verpachtet (BFH IV B 57/04 BFH/NV 05, 1042 unter 2.b; 7

FG BaWü EFG 95, 253, rkr) werden. Von Bedeutung ist dies, wenn eine Restfläche später verkauft wird; der Erlös ist den luf Betriebseinnahmen zuzuordnen (ausführl zur Zuordnung von GuB zum BV s Rz 213 ff). Die Rechtslage entspricht insoweit derjenigen bei Betriebsverpachtung und fehlender ausdrückl Aufgabeerklärung (s Rz 123 ff).

8 **c) Mehrere Betriebe eines StPfl.** Der StPfl kann Inhaber mehrerer luf Betriebe sein. Das Unterhalten mehrerer kleinerer Betriebe kann im Vergleich zu einem einzigen (Groß-)Betrieb vorteilhaft sein (Unterschreitung der Buchführungsgrenze des § 141 AO, der Durchschnittssatzgrenze nach § 13a, bessere Ausnutzung der degressiv gestalteten Vieheinheitengrenze nach § 13 I Nr 1 S 2), so dass die Abgrenzung zw einem einheitl und mehreren getrennten Betrieben hier von größerer Bedeutung ist als bei § 15. Die Annahme mehrerer getrennter Betriebe setzt voraus, dass es sich jeweils um die organisatorische Zusammenfassung personeller, sachl und anderer Arbeitsmittel zu einer selbständigen Einheit handelt, sofern nicht ledigl Teilbetriebe vorliegen. Bei der Bewirtschaftung nach einem einheitl Konzept scheidet dies idR aus (BFH IV R 136/85 BStBl II 89, 7). – **Teilung eines bisher einheitl Betriebs.** Die steuerl Anerkennung setzt neben der Aufteilung der WG insb eine organisatorische Trennung voraus (Zuordnung der Arbeitskräfte, getrennte Buchführung, getrennter Einkauf, Verrechnung der Maschinenverwendung, keine einheitl Fütterungsanlagen, Regelungen zur Gülleentsorgung, keine gemeinschaftl Tierhaltung; zu einer Betriebsteilung zw Ehegatten s FG SchlHol Inf 86, 501, rkr; ausführl *OFD Hann* ESt-Kartei Nds § 13 Nr 1.28). Bleiben beide Betriebe in der Hand desselben StPfl, führt die Betriebsteilung nicht zur Aufdeckung der stillen Reserven (§ 6 V 1). Bei der (unentgeltl) Übertragung eines Betriebsteils auf einen *Dritten* gilt dies nur, wenn die organisatorische Verselbständigung bereits zuvor die Stufe des Teilbetriebs erreicht hatte (§ 6 III).

11 **3. Forstwirtschaft, § 13 I Nr 1 S 1 Alt 2.** S auch *Koss* DStZ 15, 326. – **a) Begriff.** Erfasst ist die planmäßige Nutzung der natürl Kräfte des Waldbodens zur Gewinnung von Nutzhölzern und ihre Verwertung im Wege der Holzernte (BFH IV R 30/87 BStBl II 89, 718). Der Begriff des „Waldes" iSd BundeswaldG, das ua die besondere Sozialbindung von Wäldern (Art 14 GG) konkretisiert, ist wegen der unterschiedl Zweckrichtung nicht mit dem steuerl Begriff des Forstbetriebs deckungsgleich.

12 **b) Allg Merkmale jeder betriebl Betätigung.** Diese Voraussetzungen (Selbständigkeit, Nachhaltigkeit, Gewinnerzielungsabsicht, Beteiligung am allg wirtschaftl Verkehr; s Rz 4) müssen auch bei Forstbetrieben erfüllt sein. – **Kleinere Privatwälder ohne Zusammenhang mit einem vorhandenen luf Betrieb.** Hier ist die Gewinnerzielungsabsicht (ebenso wie die Nachhaltigkeit und die Beteiligung am allg wirtschaftl Verkehr) mangels lfd Bewirtschaftung und regelmäßiger Einnahmen nicht ohne Weiteres feststellbar. Die Rspr lässt es wegen der Besonderheiten der Forstwirtschaft genügen, wenn die Voraussetzungen nicht in jedem Jahr erfüllt sind, sondern nur **innerhalb der Gesamtumtriebszeit des Baumbestands** (BFH IV R 30/87 BStBl II 89, 718). Vor allem eine planmäßige Aufforstung – auch durch frühere Generationen – lässt auf einen Forst„betrieb" schließen. Dasselbe gilt ab einer gewissen Größe aber auch für Wald, der durch Samenanflug oder Stockausschlag entstanden ist. Denn auch der Eigentümer, der keine lfd Einnahmen durch Holzverkäufe erzielt, nimmt am jährl Wertzuwachs des Holzes teil (BFH IV R 30/87 BStBl II 89, 718: 2,5 ha mit 120-jährigen, planmäßig aufgeforsteten Eichen und 0,3 ha mit durch Samenanflug entstandenen Buchen; BFH IV R 27/98 BStBl II 00, 524: 2 ha planmäßig aufgeforstete und 8 ha durch Samenanflug entstandene Kiefern; BFH IV R 28/98 BFH/NV 00, 1455: 0,7 ha aufgeforstet, 1,3 ha durch Samenanflug entstanden; anders jedoch BFH IV R 149/83 BStBl II 85, 549 unter B. II.: nicht bei einer zuvor zum PV gehörenden Fläche von 0,7 ha, auf der Fichten gepflanzt werden, um Unkrautflug zu vermei-

den). Dies gilt mE auch dann, wenn der Wald während der gesamten Besitzdauer der StPfl nicht bewirtschaftet wird (BFH IV R 52/72 BStBl II 76, 482: 10 ha; aA – mE unzutr – FG Mchn EFG 15, 379, Rev IV R 47/14: Erwerb und baldiger Verkauf von 7,4 ha „aus Freude an der Natur"; ausführl *Forchhammer* DStR 15, 977). Die *FinVerw* behandelt „isolierte" Waldflächen ab 2 ha stets als BV; wenn ohnehin ein landwirtschaftl Betrieb unterhalten wird, ist *jede* Waldfläche BV (*BayLfSt* v 14.10.14 BeckVerw 290647). – **Nachhaltsbetriebe.** Hier ermöglicht die Struktur der vorhandenen Baumbestände (Art, Altersklasse) eine planmäßige jährl Nutzung. Im Gegensatz dazu enthalten **aussetzende Betriebe** (insb Bauernwaldungen) nur Bestände aus einer einzigen Altersklasse; sie setzen weder eine nachhaltige Bestandspflege voraus noch ermöglichen sie die Vornahme lfd Holzeinschläge (BFH IV R 27/98 BStBl II 00, 524 unter 1.c). – **Besonderheiten der Gewinnerzielungsabsicht** bei Forstbetrieben s Rz 96 ff; zur **Teilbetriebseigenschaft** bei Forstbetrieben s § 14 Rz 7; zu Besonderheiten bei der **Betriebsaufgabe** s § 14 Rz 12.

c) Besonderheiten der Gewinnermittlung bei Forstbetrieben. – 14
aa) Aktivierung. – (1) „Bestand" als maßgebendes WG. Es ist weder auf den einzelnen Baum noch den gesamten betriebl Waldbestand abzustellen, sondern auf jeden (nach Holzart, Altersklasse, räuml Lage) abgrenzbaren Teil des stehenden Holzes (Bestand bzw Bestockung). Dabei kann an die kleinste im Betriebswerk ausgewiesene Einheit angeknüpft werden, sofern diese idR eine Größe von mindestens 1 ha aufweist (BFH IV R 67/05 BStBl II 08, 960 unter II.1.c; BFH IV R 35/11 BStBl II 15, 763 Rz 18; ausführl *zu Ortenburg/zu Ortenburg* DStZ 05, 782; *Wittwer* FR 08, 617; krit zu einigen praktischen Konsequenzen dieser Rspr *zu Ortenburg/zu Ortenburg* NWB 09, 3344; krit zur Grenze von 1 ha *zu Ortenburg/zu Ortenburg* NWB 15, 1993). Dieses WG gehört zum nichtabnutzbaren AV (ausführl BFH IV R 50/07 BStBl II 08, 968). – **(2) Anschaffung oder erstmalige Aufforstung eines Waldes.** Diese Aufwendungen sind bei Gewinnermittlung nach § 4 I grds als AK des WG „Bestand" zu aktivieren. Kosten der **Urbarmachung des Bodens** gehören hingegen zu den AK des GuB, während Kosten der Bodenverbesserung (s Rz 234) sofort abzugsfähig sind. Schutzzäune stellen ein eigenständiges abnutzbares WG (ggf § 6 II) dar (zum Ganzen BFH IV 268/59 S BStBl III 63, 357 unter III.2.) – **(3) Jährl Wertzuwachs.** Er muss nicht aktiviert werden, da sich die Bestandsaufnahme nicht auf das stehende Holz erstrecken braucht (§ 141 I 4 AO). Dasselbe Ergebnis folgt auch aus § 6 I Nr 2 (Verbot des Ansatzes eines höheren TW), da trotz des Holzzuwachses weiterhin dasselbe WG („Bestockung") bewertet wird (BFH IV R 50/07 BStBl II 08, 968 unter II.3.c). – **(4) Besondere Aufzeichnungspflichten für Forstbetriebe.** S *BMF* BStBl I 81, 878 Tz 3.4.

bb) Einschlag und Buchwertminderungen. – (1) Endnutzung. Bei einem 15
Kahlschlag von Teilflächen ist auch der Buchwert anteilig zu mindern (BFH IV R 68/93 BStBl II 95, 779; *BMF* BStBl I 12, 595 unter B. I.1.: zusammenfassende Betrachtung aller Einschläge innerhalb von 5 Wj). Bei einer Endnutzung im Wege naturnaher Waldbewirtschaftung (allmähl Holzernte durch Schirm-, Saum- oder Femelschlag unter gleichzeitiger Verjüngung) gilt dies hingegen nur, wenn dies zu einer Minderung der Substanz und des Wertes des jeweiligen Bestands führt; die Buchwertminderung entspricht dann der Differenz zw dem Buchwert des bisherigen Bestands und dem TW des verbleibenden Bestands (BFH IV R 35/11 BStBl II 15, 763 Rz 24: Überschreiten einer Wesentlichkeitsschwelle nicht erforderl; evtl einschr *BMF* BStBl I 12, 595 unter B. II.2.: „weitgehende Minderung der Substanz" erforderl). Der Holzeinschlag zur Anlegung befestigter Wirtschaftswege oder Lagerplätze (nicht jedoch bei unbefestigten Rückewegen) führt ebenfalls zur Buchwertabspaltung (BFH IV R 35/11 BStBl II 15, 763 Rz 27 ff; dazu auch *zu Ortenburg/zu Ortenburg* NWB 15, 1993) – **(2) Regelmäßige Durchforstungsmaßnahmen.** Sie rechtfertigen keine Buchwertminderung, weil nicht der einzel-

ne Baum, sondern der abgrenzbare Bestand des stehenden Holzes das maßgebende WG ist, dieser aber durch die Durchforstung keine Wertminderung erleidet (BFH IV R 67/05 BStBl II 08, 960 unter II.1.c; BFH IV R 50/07 BStBl II 08, 968; ausführl *v Twickel* FR 08, 612). Dies gilt auch für die Nachholung zuvor mehrjährig unterbliebener Durchforstungen (BFH IV R 35/11 BStBl II 15, 763 Rz 26). – **(3) Keine pauschale Waldwertminderung.** Der von der *FinVerw* früher zugelassene Pauschalabschlag von jährl 3% des Restbuchwerts (letztmals R 212 I EStR 1996) ist für Wj, die ab dem 1.1.1999 beginnen, nicht mehr anzuwenden. Er stand mit dem Gesetz ohnehin nicht in Einklang, weil er wie eine AfA wirkte, obwohl Holzbestände nichtabnutzbare WG sind (so in der Tendenz auch wohl BFH IV R 67/05 BStBl II 08, 960 unter II.4.). Die Möglichkeit einer TW-AfA (§ 6 I Nr 2 S 2) steht buchführenden Forstwirten zwar offen, setzt aber eine voraussichtl dauernde Wertminderung voraus. – **(4) Zeitpunkt der Gewinnrealisierung.** Mit der Trennung des stehenden Holzes vom GuB geht es ins UV über. Zu einer Gewinnrealisierung kann dies aber noch nicht führen, da das UV nach § 6 I Nr 2 ledigl mit den (anteiligen) historischen AK/HK (Ansatz der Buchwertminderung zzgl der Kosten der Ernte) zu bewerten ist (BFH IV R 35/11 BStBl II 15, 763 Rz 22; glA *HHR/Stalbold* § 34b Anm 18; aA *Blümich/Nacke* § 13 Anm 287; *HHR/Paul* § 13 Anm 63: Gewinnrealisierung bereits mit Einschlag). Nach den allg Grundsätzen bewirkt erst die *Veräußerung* des Holzes die Gewinnrealisierung. In den Fällen des § 4a FSchAusglG kann von der Aktivierung des eingeschlagenen, aber noch unverkauften Kalamitätsholzes abgesehen werden (s Rz 21), so dass sich ein Buchverlust im Umfang der Buchwertminderung ergibt. Für **ao Holznutzungen** sieht § 34b ermäßigte StSätze vor (s dort). – **(5) Wiederaufforstungskosten.** Sie sind zu aktivieren, wenn die Endnutzung des alten Bestands zu einer Buchwertminderung geführt hat (*BMF* BStBl I 12, 595 unter B.I.4., II.3.: alle Aufwendungen der ersten 5 Wj seit Beginn der Wiederaufforstung; *v Twickel* FR 08, 612, 614). Ohne eine solche Buchwertminderung sind Wiederaufforstungskosten hingegen lfd Aufwand (*BMF* BStBl I 12, 595 unter B.II.3.; s auch BFH IV 268/59 S BStBl III 63, 357 unter III.2.). Soweit die *FinVerw* bisher weitergehend den sofortigen BA-Abzug zugelassen hatte (EStR [2008] 34b.2 I 4; s auch *Hiller* Inf 03, 104, 106), gilt dies nur noch bis zum 30.6.10 (*BMF* BStBl I 12, 595 unter I.). Wiederaufforstungskosten nach einer Kalamitätsnutzung, die als Kahlschlag anzusehen ist, können hingegen sofort abgezogen werden, wenn der StPfl auf die Buchwertminderung verzichtet (*BMF* BStBl I 12, 595 unter E.). Nachaufforstungskosten zur Wiederherstellung zerstörter Jungpflanzen (BFH IV 257/60 S BStBl III 63, 361) sowie Aufwendungen für Bestandsverjüngung und -pflege (*BMF* BStBl I 12, 595 unter B.I.5.) sind stets lfd BA. – **(6) Gewinnermittlung nach § 4 III.** Die im Fall der Bilanzierung aktivierungspflichtigen AK, Erst- und Wiederaufforstungskosten für das nichtabnutzbare WG „Bestand" können nicht bereits im Jahr ihrer Entstehung als BA abgezogen werden (§ 4 III 4). Allerdings führt eine einschlagsbedingte Buchwertminderung wegen der fehlenden Möglichkeit zur Aktivierung des unverkauften Holzes im UV sofort zu BA (*BMF* BStBl I 12, 595 unter C.).

16 **cc) Verkauf eines Waldgrundstücks.** Für die Aufteilung des Kaufpreises auf die WG stehendes Holz (insoweit ggf Begünstigung nach § 34b) sowie GuB kann grds einer Vereinbarung im Kaufvertrag gefolgt werden (BFH IV R 332/84 BFH/NV 87, 763 mwN). Fehlt eine solche oder ist sie offensichtl durch die Erlangung von StVorteilen beeinflusst, ist der Kaufpreis nach dem Verhältnis der Verkehrswerte der beiden WG aufzuteilen (BFH IV R 84/70 BStBl II 72, 451; BFH IV B 160/01 BFH/NV 02, 1563; FG BaWü EFG 97, 1364, rkr; s auch § 6 Rz 118). Dabei schlagen sich die standortbedingten Chancen und Risiken im Preis des GuB und der Wert des konkret vorhandenen Baumbestands im Kaufpreis für das stehende Holz nieder (*v Twickel* FR 08, 612). Der pauschale Bodenwert nach

§ 55 ist jedenfalls nicht maßgebl (FG Hess EFG 89, 99, rkr). – Sowohl der Gewinn aus GuB als auch aus stehendem Holz ist nach § 6b I 1 übertragungsfähig.

dd) Betriebsausgaben-Pauschsatz, § 51 EStDV. – (1) Persönl Anwendungsbereich. StPfl, die weder zur Buchführung verpflichtet sind noch den Gewinn tatsächl nach § 4 I ermitteln, können bei der Ermittlung der Gewinne aus Holznutzungen pauschale BA abziehen. Seit dem ersten nach dem 31.12.2011 beginnenden Wj (§ 84 IIIa EStDV) sind nicht nur Forstbetriebe begünstigt, sondern alle StPfl mit Holznutzungen (auch zB GewBetr). Im Gegenzug ist aber für die forstwirtschaftl genutzte Fläche eine Höchstgrenze von 50 ha eingeführt worden. – **(2) Höhe der pauschalen BA.** Abziehbar sind grds 55% der Einnahmen aus der Holzverwertung (§ 51 II EStDV; bis 30.9.2012: 65%). Wird das Holz auf dem Stamm verkauft, ermäßigt sich der Pauschsatz auf 20% (§ 51 III EStDV; bis 30.9.2012: 40%). In den Fällen des § 4 FSchAusglG gelten erhöhte Pauschsätze (s Rz 20). Wird der Wald als solcher (dh mit dem GuB) verkauft, gelten die Pauschsätze nicht (§ 51 V EStDV); in diesem Fall sind die BA nach den allg Regeln zu ermitteln. – **(3) Bemessungsgrundlage für die Berechnung der pauschalen BA.** Ab dem Wj 2012/13 sind nur noch die „Einnahmen aus der Verwertung des eingeschlagenen Holzes" maßgebl; Zuschüsse sind hiervon nicht mehr erfasst. Zuvor waren hingegen alle „Einnahmen aus der Holznutzung" maßgebl. Dazu zählten nicht nur Verkaufserlöse, sondern auch **öffentl Zuschüsse** iZm der Holznutzung (FG BaWü EFG 99, 1068, rkr), nicht allerdings Zuschüsse für die Wiederaufforstung nach einem Schadensereignis (*OFD Mster* DB 08, 2723; zur Kritik s 30. Aufl Rz 11). – **(4) Abgeltungswirkung der Pauschsätze.** Abgegolten sind sämtl BA des lfd Wj mit Ausnahme der Wiederaufforstungskosten und der Minderung des Buchwerts des WG Baumbestand (§ 51 IV EStDV). Der Abzug von BA in anderen Wj ist unbeschränkt mögl. **Bis zum Wj 2011/12** umfasste die Abgeltungswirkung hingegen sämtl BA einschließl der Wiederaufforstungskosten unabhängig vom Wj ihrer Entstehung abgegolten (s auch *BMF* BStBl I 12, 595 unter F.). 18

ee) Weitere BA. Kosten für die Erstellung eines Betriebswerks oder -gutachtens, sofern sie nicht im Zusammenhang mit dem Kauf eines Forst(teil)betriebs stehen (*FM Nds* DB 86, 834). Besteht (wie im Regelfall) eine *gesetzl Verpflichtung* zur Wiederaufforstung, kann eine Rückstellung für die zu erwartenden Kosten gebildet werden, soweit es sich nicht um HK des neuen Holzbestands handelt (*Felsmann* B 822a; *Schindler* BB 85, 239; *Hiller* Inf 03, 104, 106; *zu Ortenburg/zu Ortenburg* DStZ 05, 782, 799). 19

ff) Forstschädenausgleichsgesetz. § 1 FSchAusglG ermöglicht es, durch VO Einschlagsbeschränkungen für den Fall einer Marktstörung durch Kalamitätsnutzungen anzuordnen (zB BGBl I 00, 101 und 1573 nach dem Orkan „Lothar"; dazu *Hiller* Inf 00, 330). Im Gegenzug gewähren §§ 3–7 FSchAusglG diverse steuerl Erleichterungen. – **(1) Gewinnmindernde Rücklage (§ 3 FSchAusglG).** Bilanzierende Betriebe können vorsorgl eine Rücklage iHv bis zu 100% der jahresdurchschnittl nutzungssatzmäßigen Einnahmen bilden. Voraussetzung ist, dass die Mittel in einem betriebl Ausgleichsfonds (Bankkonto, festverzinsl Staats- oder Bankpapiere) angespart werden, der nur für bestimmte Zwecke in Anspruch genommen werden darf (§ 3 III FSchAusglG, zB Ergänzung der durch eine Einschlagsbeschränkung geminderten Erlöse, Forstschutzmaßnahmen, Wiederaufforstung von Schadensflächen). – **(2) Erhöhte BA-Pauschsätze (§ 4 FSchAusglG).** Die Pauschsätze für BA nicht buchführender StPfl (§ 51 EStDV; s Rz 18) erhöhen sich im Wj einer Einschlagsbeschränkung auf 90%, beim Verkauf von Holz auf dem Stamm auf 65% der Einnahmen aus den Holznutzungen (s *Voß* StBP 98, 74; sehr krit im Hinblick auf die Überschreitung der Grenzen zulässiger Typisierung *Reimer* FR 11, 929, 935). Seit 1.1.2012 (anderer Inkrafttretenszeitpunkt als § 51 EStDV nF) sind nicht nur Forstwirte, sondern alle StPfl erfasst. Der erhöhte 20

Pauschsatz gilt einheitl für alle Einnahmen im Wj der Einschlagsbeschränkung; es kommt nicht darauf an, ob die konkrete Einnahme mit der Einschlagsbeschränkung in Zusammenhang steht oder auf Kalamitätsnutzungen beruht (BFH IV R 193/80 BStBl II 83, 757). Im Gegenzug kann die Begünstigung trotz eines Zusammenhangs der Kalamitätsnutzung mit der Einschlagsbeschränkung nicht gewährt werden, wenn die Einnahmen erst nach Ablauf des letzten Wj der Einschlagsbeschränkung anfallen (BFH IV R 27/07 BStBl II 10, 546: keine analoge Anwendung des § 5 II FSchAusglG).

21 **(3) Nichtaktivierung eingeschlagenen, aber unverkauften Kalamitätsholzes (§ 4a FSchAusglG).** Das entspr Wahlrecht gilt für buchführende Betriebe (die anderen Gewinnermittlungsarten kennen ohnehin keine Aktivierung). – **(4) Ermäßigter StSatz.** Im Wj der Einschlagsbeschränkung gilt für alle Kalamitätsnutzungen einheitl der ermäßigte StSatz von $^1/_4$ des durchschnittl StSatzes (§ 5 I FSchAusglG iVm § 34b III Nr 2 EStG), der ansonsten nur anzuwenden ist, soweit außerordentl Holznutzungen den Nutzungssatz übersteigen (nach der ab VZ 2012 geltenden Rechtslage; zur früheren Rechtslage s 30. Aufl Rz 13). Die Ermittlung eines Nutzungssatzes durch ein Betriebswerk/-gutachten ist in diesem Fall nicht erforderl. Kalamitätsnutzungen, die erst in Folgejahren anfallen, aber mit Kalamitätsnutzungen aus dem Wj der Einschlagsbeschränkung in Zusammenhang stehen, können auf das Wj der Einschlagsbeschränkung zurückbezogen und damit ebenfalls in den ermäßigten StSatz einbezogen werden (§ 5 II FSchAusglG). Auf Kalamitätsnutzungen aus *früheren* Wj (ohne Einschlagsbeschränkung), die sich gewinnmäßig erst im Wj der Einschlagsbeschränkung auswirken, ist die Vorschrift nicht anzuwenden (*Felsmann* A 1131d). Zur Begünstigung sog Kalamitätsfolgehiebe s § 34b Rz 6. – **(5) Bewertungsabschlag auf den Mehrbestand an Holzvorräten, § 7 FSchAusglG.** Holzerzeuger, -händler und -verarbeiter dürfen einen Abschlag von 50% auf den Mehrbestand vornehmen, der im Vergleich zum Durchschnittsbestand der letzten drei Jahre vorhanden ist.

24 **4. Weinbau. – a) Abgrenzung zum GewBetr.** Weinbau ist die Gewinnung von Weintrauben durch Bodenbewirtschaftung einschließl der Verarbeitung der Trauben zu Wein als erster luf Verarbeitungsstufe (BFH V R 78/93 BStBl II 98, 359; BFH IV R 91/99 BStBl II 02, 221 unter 1.). Der Verarbeitungsprozess *allein* (ohne Eigenerzeugung von Weinreben) ist jedoch keine landwirtschaftl Betätigung, weil § 13 **Urproduktion** voraussetzt. Erstreckt sich die Verarbeitung in erhebl Umfang auch auf **zugekaufte Trauben,** fällt sie unter § 15 (zum Ganzen BFH VIII R 419/83 BStBl II 89, 284 unter 2.; BFH V R 78/93 BStBl II 98, 359); anders jedoch, wenn die hinzugelieferten Trauben Naturalentgelt für die Verpachtung von Weinberg-Teilflächen sind (BFH III R 270/83 BFH/NV 88, 85). Im Einzelfall kann dann sogar der Weinanbau als solcher nur noch als (gewerbl) Nebenbetrieb eines Weinhandels anzusehen sein (RFH RStBl 39, 231: Größenverhältnis 1:20). Die Herstellung von Winzer-Sekt aus Grundweinen gehört nur dann zur LuF, wenn die Grundweine *ausschließl* aus selbsterzeugten Trauben des Betriebs gewonnen werden (*BMF* BStBl I 96, 1434); mE ist ein Zukauf im Bagatellbereich aber unschädl (glA *Schild* Inf 97, 421). Die Bewirtschaftung eines Weingutes für Rechnung eines Dritten ist gewerbl (BFH IV R 91/99 BStBl II 02, 221). Zur Abgrenzung vom GewBetr beim Verkauf selbsterzeugter Getränke in einem **Ausschankbetrieb** (sog Besen- oder Straußwirtschaften), insb beim ergänzenden Verkauf von Speisen oder zugekauften Getränken, s EStR 15.5 VIII und Rz 75; zu Betriebspacht- und Bewirtschaftungsverträgen im Weinbau s *Schild* Inf 97, 549.

25 **b) Besonderheiten der Gewinnermittlung.** Maßgebendes WG ist nicht der einzelne Rebstock, sondern die jeweilige Weinberganlage (Reben, Stützen, Umzäunungen, Terrassen) als solche (BFH IV R 43/78 BStBl II 79, 281: vom GuB zu trennendes, abnutzbares WG). Wiederbepflanzungsrechte sind zwar eigenständige WG, aber idR nicht abnutzbar (FG RhPf EFG 15, 1349, Rev IV R 32/15). Zu

den von der *FinVerw* der Weinbau-Bundesländer festgelegten **BA-Pauschalen** s *Felsmann* A 21m, 21o; *Schild* Inf 07, 382.

5. Gartenbau. – a) Begriff. Diese Nutzung ist auf die Erzeugung hochwertiger Pflanzen durch Bodenbewirtschaftung gerichtet. Nach § 40 II BewG gehören hierzu (im Unterschied zur landwirtschaftl Nutzung ieS; s Rz 6) der Obst- und Gemüsebau, der Blumen- und Zierpflanzenbau (auch die Rollrasenproduktion, FG Bbg EFG 98, 16, rkr) sowie Baumschulen. Dies gilt auch, soweit bestimmte Gemüsesorten iRd landwirtschaftl Fruchtfolge angebaut werden (BFH II R 54/06 BStBl II 09, 896: Gemüsemais). Die *FinVerw* ordnet allerdings gleichwohl einige Sorten der landwirtschaftl Nutzung ieS zu (A 6.07 BewRL: Weiß-, Rot- und Wirsingkohl, Pflückerbsen und -bohnen; aA FG Nds EFG 89, 558, rkr; von BFH II R 54/06 BStBl II 09, 896 offen gelassen). Diese Unterscheidung ist wegen der Zuschläge für Sondernutzungen (§ 13a VI) auch estl von Bedeutung. 27

b) Abgrenzung zum GewBetr. Dies ist bei Gartenbaubetrieben wegen des zur Vervollständigung des Warenangebots typischerweise vorgenommenen Zukaufs und der ergänzenden Erbringung von Dienstleistungen von besonderer Bedeutung. Zu Einzelheiten s Rz 61 ff. 28

c) Besonderheiten der Gewinnermittlung bei Gartenbaubetrieben. – ***(1)* Aktivierung.** Die Kosten der Erstanlage von **mehrjährigen Kulturen** (Pflanzungen, die nach einer mehrjährigen Kulturzeit einen *einmaligen* Ertrag liefern; zB Baumschulen; s auch BFH IV R 25/97 BFH/NV 98, 1470 unter 1.b) und **Dauerkulturen** (Pflanzungen, die während mehrerer Jahre *lfd* Erträge durch Blüten, Früchte usw erbringen; zB Spargel, Hopfen, Obst, Korbweiden; s BFH IV R 43/78 BStBl II 79, 281 unter 1.) sind zu aktivieren; das Aktivierungswahlrecht nach EStR 14 III beschränkt sich auf einjährige Kulturen (s Rz 239) und gilt insoweit nicht. Pflege- und Gemeinkosten von geringer Bedeutung brauchen nicht aktiviert werden (zum Ganzen *BMF* BStBl I 81, 878 Tz 3.2). – ***(2)* Mehrjährige Baumschulkulturen.** Hier können anstelle der Bewertung mit den individuellen HK die Richtsätze (Festwerte) der *FinVerw* angesetzt werden (für Wj 1997/98 bis 2007/08s *BMF* BStBl I 06, 493; für Vj 2008/09 bis 2012/13s *BMF* BStBl I 09, 927; für Wj 2013/14 bis 2017/18 s *BMF* BStBl I 14, 1094), die auch von der Rspr gebilligt worden sind (zu einer Vorläuferregelung BFH IV R 25/97 BFH/NV 98, 1470 unter 2.b mwN). Zur Bewertung von **Obstbaumbeständen** ausführl *Rübke* Inf 91, 337. – ***(3)* Zugekaufte Handelswaren.** Sie sind grds UV; Dekorationspflanzen gehören zum abnutzbaren AV. – ***(4)* Einzelnes WG.** Die Pflanzen sind vom GuB zu unterscheiden (BFH IV R 43/78 BStBl II 79, 281 unter 1.). Maßgebend ist idR ein Gesamtbestand an Pflanzen gleichen Alters, gleicher Art, Lage und Güte, so dass ein Austausch einzelner Pflanzen zu sofort abziehbaren BA führt (s auch Rz 15 zu Forstbetrieben). Topfpflanzen, deren Standort sich ständig ändert und die auch einzeln genutzt werden können, sind aber jeweils selbständige WG (zutr FG Ddorf Inf 90, 333, rkr). – ***(5)* AfA.** Mehrjährige Kulturen gehören zum UV, so dass AfA nicht zulässig sind. Dauerkulturen gehören hingegen zum AV; insoweit sind AfA (ggf SonderAfA) vorzunehmen, sofern keine Festwerte angesetzt werden. Zum Zeitpunkt der Fertigstellung (und damit des AfA-Beginns) bei Obstbauanlagen und anderen Dauerkulturen s *BMF* BStBl I 90, 420 (grds Jahr des ersten Vollertrags). 29

6. Tierzucht und Tierhaltung, § 13 I Nr 1 S 2–5. – a) Überblick. Diese Betätigungen fallen unter § 13, wenn zwei Hauptvoraussetzungen erfüllt sind: Zum einen müssen die Tiere für die LuF typisch sein (s Rz 32 f). Zum anderen muss der Betrieb eine ausreichende Ernährungsgrundlage für die Tiere bieten, was typisierend nach dem Verhältnis zw Flächen- und Tierbestand beurteilt wird (s Rz 36–41). Ist die erstgenannte Voraussetzung nicht erfüllt, handelt es sich um einen GewBetr, für den die allg Grundsätze gelten. Ist hingegen keine ausreichende Futtergrundlage gegeben, handelt es sich um gewerbl Tierzucht, die neben der 31

GewStPflicht auch mit einem Verlustausgleichsverbot belegt ist (§ 15 IV 1, 2; zum Ganzen s § 15 Rz 895f). Die Regelung gilt unabhängig davon, ob die Tiere als Arbeits-, Melk- oder Schlachtvieh gezüchtet oder gehalten werden. Ist *Hauptzweck* des Betriebs die entgeltl Zurschaustellung von Tieren (zB Wildpark, Zoo), liegt ebenfalls Gewerbe vor.

32 **b) Differenzierung nach Tierarten. – aa) Für LuF nach der Verkehrsauffassung typische Tiere.** Hierunter fallen insb die in Anlage 1 zu § 51 BewG genannten Arten. Diese Anlage umfasst nicht nur die klassischen luf Tierarten (Pferde, Rindvieh, Schafe, Ziegen, Schweine, Geflügel), sondern ab VZ 2012 auch zB Alpakas, Damtiere, Mast-, Zucht- und Angorakaninchen, Lamas und Strauße. Diese weite Auslegung wurde jedoch schon vor der gesetzl Erweiterung von der *FinVerw* vertreten (EStR 13.2 I 5; iEinz s 31. Aufl Rz 20).

33 **bb) Für die LuF untypische Tiere.** Nicht unter § 13 fallen Tierarten, deren **Ernährungsgrundlage nicht pflanzl** ist, weil es dann an der erforderl Veredelung pflanzl Produkte fehlt (BFH IV R 47/01 BStBl II 03, 507: Nerze; zu sonstigen Pelztieren s § 51 V BewG; ähnl BFH VIII R 22/79 BStBl II 81, 210 für die Züchtung von Hunden und Katzen, die zum **Verkauf für Zwecke außerhalb der LuF** vorgesehen sind, dh zB als Haus-, Polizei- oder Versuchstiere genutzt werden sollen). Gleiches gilt für Kleintiere, die nicht der menschl Ernährung dienen (BFH IV R 4/04 BStBl II 05, 347: Zwergkaninchen, Meerschweinchen, Hamster, Mäuse, Ratten; BFH VII R 45/92 BStBl II 93, 200: Brieftauben).

34 **cc) Besonderheiten bei Pferdezucht/-haltung.** S auch *Leingärtner/Stalbold* Kap 6 Anm 21ff. – **(1) Pensionspferdehaltung.** Die Versorgung mit Futter und Unterstellplätzen ohne weitere Leistungen, die Pferdezucht mit gelegentl Verkäufen und die Vermietung eigener Pferde gehört zur LuF (BFH VIII R 91/83 BStBl II 89, 416 unter II.3.; FG Nds EFG 08, 1203 unter 1., rkr). Dies gilt auch dann noch, wenn der StPfl neben der Versorgung der Pensionspferde eine einfache Reithalle zur Verfügung stellt, sofern alle aufwändigeren Reitanlagen durch Dritte betrieben werden und der Reitunterricht durch Dritte erteilt wird (BFH III R 182/84 BStBl II 89, 111). Bietet der StPfl hingegen in einem **„Reiterhof"** den Eigentümern der Pensionspferde einheitl die Nutzung der vorhandenen Reitanlagen an und erteilt ihnen Reitunterricht, handelt es sich im Ganzen um einen GewBetr (BFH V R 22/78 BStBl II 88, 83 unter 1.b). Zur Beurteilung der Pensionspferdehaltung im Rahmen des § 13a s § 13a Rz 45. – **(2) Teilnahme an Pferderennen.** Ist dies Hauptzweck der Pferdehaltung, ist sie insgesamt gewerbl (BFH IV R 82/89 BStBl II 91, 333 unter 4.). Nimmt der StPfl hingegen nicht *selbst* an den Rennen teil, sondern betätigt er sich in der **Ausbildung** der von ihm gehaltenen Pferde für Turniere und veräußert sie dann an die Reitsportler, soll es sich selbst dann noch um LuF handeln, wenn die Pferde zugekauft werden, sofern die Haltedauer im Betrieb länger als ein Jahr ist (BFH I R 71/03 BStBl II 04, 742 unter II.9.; ausführl BFH IV R 34/06 BStBl II 09, 453; EStH 13.2; *Lüschen/Willenborg* Inf 99, 577; mE zR aA FG Mster EFG 15, 907, Rev IV R 19/15). Auch die **Deckhengsthaltung** ist noch LuF, sofern keine betriebseigene Besamungsstation unterhalten wird; dies gilt auch dann, wenn die Tiere zugleich zu Sportzwecken eingesetzt werden (zum BewG BFH II R 9/13 BStBl II 15, 888). – **(3) USt.** Die Pensionspferdehaltung in Bezug auf Freizeitpferde ist hier aufgrund der Vorgaben des EU-Rechts (trotz des nahezu identischen Wortlauts des § 24 UStG) nicht begünstigt (s BFH V R 41/02 BStBl II 04, 757; BFH V R 65/09 BStBl II 11, 465; BFH XI R 33/13 BStBl II 15, 720; *BMF* BStBl I 04, 851).

36 **c) Verhältnis zw Tierbestand und Nutzfläche.** Einkünfte aus landwirtschaftl Tierzucht und Tierhaltung sind gegeben, wenn der in **Vieheinheiten** (VE) umgerechnete Tierbestand (s Rz 39) die von der Größe der landwirtschaftl Nutzfläche (s Rz 37) abhängigen, degressiv ausgestalteten (dh Kleinbetriebe be-

günstigenden) Grenzen des § 13 I Nr 1 S 2 nicht nachhaltig (s Rz 40) übersteigt; ansonsten ist eine Aufteilung vorzunehmen (Rz 41). Es ist nicht erforderl, dass die Tiere auch tatsächl mit Erzeugnissen des Betriebs gefüttert werden (BFH I R 71/03 BStBl II 04, 742 unter II.9.d); eine Ausnahme gilt nur für Pelztiere (§ 51 V BewG). Bei der Umrechnung ist der letzte angefangene ha nicht auf einen vollen ha aufzurunden (BFH V R 110–112/84 BStBl II 89, 1036 unter II.3.a bb).

aa) Vom Betriebsinhaber regelmäßig landwirtschaftl genutzte Fläche. 37
Diese bildet nach dem Gesetzeswortlaut die Grundlage für die Beurteilung. Maßgebend sind (aufgrund der Anbindung an das BewR) die Flächenverhältnisse zu Beginn des Wj, wobei im Jahresverlauf hinzutretende Flächen zugunsten des StPfl auf den Beginn des Wj zurückbezogen werden können (glA *HHR/Paul* § 13 Anm 77; aA *Blümich/Nacke* § 13 Anm 94: dies würde zu Doppelbegünstigung führen). Bei beschr StPfl sind nur die im Inl belegenen Flächen zu berücksichtigen (BFH I R 95/96 BStBl II 98, 260). – Eine **Nutzung durch den Betriebsinhaber** ist sowohl bei Eigentums- als auch bei angepachteten Flächen gegeben. Flächen, die nicht selbst genutzt werden (verpachtete Flächen), sind auszuscheiden; dies gilt jedoch nicht für Stilllegungsflächen aufgrund öffentl Förderprogramme (EStR 13.2 III 1; § 1 Gesetz vom 10.7.95, BGBl I 95, 910) und auch nicht für Kurzpachtverträge (zB Anbau einer Zwischenfrucht durch einen Dritten), weil dann die nachhaltige Nutzung beim StPfl verbleibt (glA *Wendt* FR 96, 265, 275). – Nur Flächen mit **landwirtschaftl Nutzung** (ieS; Rz 6) sind einzubeziehen. Daran fehlt es bei Flächen, die durch Forstwirtschaft, Weinbau oder Gartenbau genutzt werden (insoweit zutr EStR 13.2 III 2). Für Obstbauflächen mit regelmäßiger landwirtschaftl Unternutzung sieht EStR 13.2 III 3 einen Ansatz zur Hälfte vor; eine solche Unternutzung dürfte heute aber selten sein. Die *FinVerw* will auch **Hof- und Gebäudeflächen** nicht einbeziehen (EStR 13.2 III 2); dies steht indes in Widerspruch zu § 40 III 1 BewG (glA *Blümich/Nacke* § 13 Rz 95). – Liegen die **landwirtschaftl Flächen in großer Entfernung von der Tierhaltung** und sind deshalb zwei getrennte Betriebe gegeben, sind die Flächen des als selbständig geltenden Betriebs nicht in die Berechnung einzubeziehen (BFH IV R 48/96 BFH/NV 97, 749: bei einer Entfernung von 82 km handelt es sich um zwei Betriebe, selbst wenn der Ertrag der landwirtschaftl Fläche im Wesentl als Futter im eigenen Mastbetrieb und der Tiermist zur Düngung der eigenen Ackerflächen verwendet wird; bei Heranziehung der zu Rz 8 dargestellten Grundsätze ist dies mE unzutr).

bb) Umrechnung der Tierbestände in VE. Hierfür ist der Futterbedarf 39
maßgebend (§ 13 I Nr 1 S 3). Der Umrechnungsschlüssel ist in Anlage 1 zum BewG gesetzl geregelt (BFH II R 35/90 BStBl II 94, 152 unter II.2.: kein Verstoß gegen den Gleichheitssatz; VerfBeschw 1 BvR 607/94 nicht zur Entscheidung angenommen) und gilt gem § 13 I Nr 1 S 4 EStG iVm § 51 IV 1 BewG auch für das EStRecht. Zur außergesetzl Erweiterung durch die *FinVerw* bis VZ 2011s 33. Aufl Rz 24. – Bei Tieren, die typischerweise für eine kürzere Zeit als ein Jahr im Betrieb gehalten werden, beziehen sich die Umrechnungsfaktoren auf das einzelne erzeugte Tier. Dies gilt insb für **Masttiere,** jedoch nicht für die in EStR 13.2 I 4 genannten Tiere (Mastrinder mit einer Mastdauer von weniger als einem Jahr; Kälber und Jungvieh; Schafe und Damtiere unter einem Jahr). Diese sind – ebenso wie alle Tiere, die länger als ein Jahr gehalten werden – mit ihrem **Jahresdurchschnittsbestand** zu erfassen, was für den StPfl günstiger ist (Beispiel: wenn eine Kuh in den ersten 4 Monaten des Wj und eine andere Kuh in den letzten 4 Monaten des Wj gehalten wird, sind nicht etwa 2 × 1,0 VE anzusetzen, sondern 2 × 1,0 VE × $^{4}/_{12}$; vgl BFH V R 110–112/84 BStBl II 89, 1036 unter II.3.a cc). – Zwar sieht der gesetzl Umrechnungsschlüssel für „Jungvieh unter 1 Jahr" einen Wert von 0,3 VE vor; handelt es sich jedoch um Mastbullen ab einem Alter von 7 Monaten, ist der für Masttiere geltende höhere Wert von 1,0 VE anzuwenden

(BFH IV R 134/89 BStBl II 92, 378). – Die **Erzeugung von Tieren ohne jegl Futterbedarf** ist stets gewerbl (BFH IV R 88/88 BStBl II 90, 152; BFH IV B 64/07 BFH/NV 08, 1474 unter II.1.: Ankauf von Bruteiern, maschinelle Ausbrütung, sofortiger Verkauf der Eintagsküken). – In die VE-Grenze sind nicht nur *eigene* Tiere einzubeziehen, sondern auch solche, die zwar im Betrieb aufgezogen werden, aber im Eigentum Dritter stehen (**Pensions-/Lohntierhaltung;** BFH IV R 191/74, BStBl II 1979, 246 unter 2.a bb; BFH IV R 40/86 BStBl II 88, 774 unter I.1.). Dies gilt jedoch nicht, wenn der Pensionsbetrieb vom Hauptbetrieb getrennt ist; in diesem Fall handelt es sich um einen selbständigen GewBetr (FG SchlHol EFG 87, 117, rkr: Entfernung 90 km; keine wirtschaftl und organisatorische Verflechtung).

40 **cc) Nachhaltige Überschreitung.** Die Überschreitung der VE-Grenzen (durch Vermehrung der Tierbestände oder Verringerung der Flächen) führt nur dann zu gewerbl Einkünften, wenn sie nachhaltig ist (§ 13 I Nr 1 S 4 EStG iVm § 51 II 1 BewG; s auch Rz 64). – **(1) Allmähl Strukturwandel.** Nachhaltigkeit ist erst bei einem Überschreiten der VE-Grenze in drei aufeinander folgenden Jahren gegeben; der GewBetr beginnt mit dem vierten Jahr (BFH IV R 10/05 BStBl II 07, 516 unter II.1.c; BFH IV R 18/06 BStBl II 09, 654 unter II. A. 2.a; EStR 13.2 II 7 iVm 15.5 II 4). Bei Übertragung des Betriebs beginnt die Drei-Jahres-Frist nicht erneut (EStR 15.5 II 5). Der Strukturwandel stellt keine Betriebsaufgabe dar, so dass etwaige stille Reserven auch gewstl verhaftet werden (s § 6 Rz 682; § 14 Rz 12). – **(2) Eindeutige und erhebl Umstrukturierungsmaßnahmen.** Der Übergang zum GewBetr vollzieht sich bereits mit dem erstmaligen Überschreiten der Grenze (BFH I R 113/74 BStBl II 76, 423 unter 2.b cc: langfristige Investition mit hohem Kostenaufwand, die erhebl über den Rahmen des bisherigen Betriebs hinaus geht). Typisierend ist von einem sofortigen Übergang zum GewBetr auszugehen, wenn die VE-Grenze um mehr als 10% überschritten und dadurch ein zusätzl Flächenbedarf von mehr als 10% ausgelöst wird (BFH IV R 18/06 BStBl II 09, 654 unter II. A. 2.b). Der GewBetr beginnt mit den ersten auf die Kapazitätserweiterung gerichteten Vorbereitungshandlungen; bisher vorhandene (luf) Tierbestände sind jedoch erst mit der Aufstallung der zusätzl Bestände in den GewBetr zu überführen (BFH IV R 18/06 BStBl II 09, 654 unter II. A. 2.c, d). Der Zuordnung zu § 15 steht nicht entgegen, dass der StPfl für die Zukunft eine Flächenvergrößerung oder Betriebsteilung plant, sofern diese Pläne noch zu unkonkret sind (zutr FG SachsAnh EFG 13, 1118, rkr). – **(3) Neugründung eines Betriebs.** Wird die Tierbestandsgrenze von Anfang an erhebl überschritten, ist sofort ein GewBetr gegeben. Bei nur geringfügiger Überschreitung gilt hingegen der Dreijahreszeitraum (zutr FG Nds EFG 03, 454, rkr).

41 **dd) Aufteilung der Tierbestände bei Überschreitung der VE-Grenze.** Wird die VE-Grenze überschritten, ist die Tierhaltung nicht etwa im Ganzen GewBetr. Vielmehr gelten die folgenden Aufteilungsgrundsätze (§ 13 I Nr 1 S 4 EStG iVm § 51 II, III BewG): Zur landwirtschaftl Nutzung gehören diejenigen Zweige des Tierbestands, deren VE zusammen die Grenze nicht übersteigen (§ 51 II 1 BewG). In einem **ersten Schritt** ist der gesamte Tierbestand nach Tierarten aufzuteilen; innerhalb einer Tierart ist weiter nach den Bestandszweigen Zug-, Zucht-, Mast- und übriges Nutzvieh zu differenzieren (§ 51 III BewG). Innerhalb des einzelnen Tierbestandszweigs ist keine weitere Aufteilung zulässig (§ 51 II 4 BewG). In einem **zweiten Schritt** sind die nach Tierarten und -zweigen gebildeten Einzelgruppen so lange zu addieren, wie die für den Betrieb insgesamt geltende VE-Grenze noch nicht überschritten ist. Dabei gilt die folgende Reihenfolge: Zunächst sind die mehr flächenabhängigen Zweige (lt Anlage 2 BewG) zur luf Nutzung zu rechnen, erst danach die weniger flächenabhängigen Zweige (§ 51 II 2 BewG). Innerhalb der mehr bzw weniger flächenabhängigen Gruppen ist die Addition beginnend mit der Tierart (Zweig) mit der geringsten Anzahl an VE, und

sodann aufsteigend vorzunehmen (§ 51 II 3 BewG), was die dem StPfl günstigste Methode ist.

d) Gemeinschaftl Tierhaltung. – aa) Verweis auf § 51a BewG. Eine MUerschaft, die Tierzucht oder -haltung betreibt, hat gem § 13 I Nr 1 S 5 luf Einkünfte, wenn die detaillierten Voraussetzungen des § 51a BewG erfüllt sind (dazu iEinz *Leingärtner/Stalbold* Kap 7; *HHR/Paul* § 13 Anm 80; *Ländererlasse* BStBl I 11, 939) und die MUerschaft auch iÜ luf Einkünfte erzielt. § 51a BewG ermöglicht insb, die bei den MUern nicht ausgeschöpfte Möglichkeit zur luf Tierhaltung auf die MUerschaft zu übertragen, auch wenn die erforderl Flächen weiterhin bei den einzelnen MUern verbleiben. Aus § 51a I 1 Nr 1 BewG folgt, dass an der MUerschaft ausschließl natürl Personen beteiligt sein dürfen (zutr BFH IV R 13/07 BFH/NV 10, 652). – Verfügt die MUerschaft zwar über hinreichend große Flächen, ist sie aber wegen anderweitiger originär gewerbl Einkünfte als im Ganzen gewerbl anzusehen, gilt das Verlustausgleichsverbot des § 15 IV nicht (BFH IV R 195/83 BStBl II 85, 133). Zur Behandlung einer Beteiligung an einer Tierhaltungskooperation in Erbfällen s *Felsmann* A 97–97b. 42

bb) Ratenzahlung der ESt bei Übertragung von WG auf Gemeinschaftsbetrieb, § 13 VI. Werden einzelne WG eines luf Betriebs auf einen der gemeinschaftl Tierhaltung dienenden Betrieb einer Genossenschaft oder eines Vereins übertragen, kann die auf den Veräußerungsgewinn entfallende ESt in fünf jährl Raten entrichtet werden. 43

e) Bewertung von Tierbeständen. Ausführl *BMF* BStBl I 01, 864. – **aa) Allg Grundsätze.** Tiere, die von vornherein zur Veräußerung bestimmt sind (Mast- und Schlachttiere; BFH IV R 19/99 BStBl II 01, 549 unter 2.b), sind dem UV zuzurechnen, die übrigen Tiere dem AV (zB Zucht- und Milchvieh, Legehennen; BFH IV R 97/91 BStBl II 93, 284 unter 2.). Selbständig nutzbares WG ist grds das einzelne Tier (BFH IV R 19/99 BStBl II 01, 549 unter 1.a). – Die hier dargestellten Bewertungsgrundsätze gelten bei Gewinnermittlung nach § 4 I und § 4 III. 45

bb) Bewertungsmethoden. – (1) Einzelbewertung. Hier sind die individuellen AK/HK zu ermitteln (ausführl *BMF* BStBl I 01, 864 Rz 1–6). Für Tiere, die am Bilanzstichtag noch nicht geboren waren, ist kein Bilanzposten zu bilden; nach der Geburt ist allerdings ein Teil der auf die Mutter getätigten Aufwendungen den HK des Jungtieres zuzurechnen (so *BMF* BStBl I 01, 864 Rz 7; offen gelassen von BFH III R 143/93 BStBl II 97, 575 unter II.1.g; allg zur Abspaltung von AK s § 6 Rz 37). – **Schätzungen der HK** sind ggf zulässig, wobei auch die Verhältnisse vergleichbarer Musterbetriebe herangezogen werden dürfen (BFH IV R 97/91 BStBl II 93, 284 unter 3.; BFH IV B 47/96 BFH/NV 97, 835), sofern dort HK im strechtl Sinne ermittelt werden (BFH IV B 80/03 BFH/NV 05, 1532). – **Richtwerte der FinVerw.** Diese dienen der Erleichterung der Bewertung (*BMF* BStBl I 01, 864, Spalten 2, 3 der Anlage; keine Anwendung auf besonders wertvolle Tiere). Sie werden auch von der Rspr beachtet (BFH IV R 5/99 BStBl II 01, 548 unter 2.). – **Beginn der AfA** ist grds die erste Nutzung nach Ende der Aufzuchtphase (BFH IV R 97/91 BStBl II 93, 284 unter 2.; *BMF* BStBl 01, 864 Rz 8), dh bei Vatertieren der Beginn der ersten Deckperiode und bei Muttertieren die erste Geburt. Eine Sau ist „fertiggestellt", wenn sie nicht mehr Jungsau ist (BFH IV R 1/10 BStBl II 14, 246 Rz 14). – **Höhe der AfA.** Zur betriebsgewöhnl Nutzungsdauer gängiger Tierarten s *BMF* BStBl I 01, 864 Rz 26. Die AfA kann nur auf die Differenz zw AK/HK und dem **Schlachtwert** vorgenommen werden (BFH IV R 101/90 BStBl II 93, 276 unter 3.; BFH IV R 97/91 BStBl II 93, 284 unter 4.; BFH IV R 67/97 BStBl II 99, 14 unter 2.f; anders zu § 7g demggü BFH IV R 26/05 BStBl II 06, 910 unter II.2.b; zu Richtwerten für die Schlachtwerte s *BMF* BStBl 01, 864, Spalten 4, 5 der Anlage; s auch § 7 Rz 72). – **GWG/Sammelposten.** Es handelt sich um ein Wahlrecht des StPfl. Ein 46

Schlachtwert ist in diesen Fällen wegen Geringfügigkeit nicht zu berücksichtigen (BFH IV R 1/10 BStBl II 14, 246 Rz 22 unter Verweis auf die hier schon zuvor vertretene Auffassung; aA noch BFH IV R 19/99 BStBl II 01, 549 unter 2.; *BMF* BStBl I 01, 864 Rz 25). Zur Rechtslage in den VZ 2008/09 s 31. Aufl Rz 32.

48 **(2) Gruppenbewertung, § 240 IV HGB.** Auch sie ist zulässig (BFH IV R 97/91 BStBl II 93, 284 unter 2.). Die WG werden dann mit dem gewogenen Durchschnittswert bewertet (allg zur Durchschnittsbewertung s § 6 Rz 624). Hierfür können wiederum anerkannte statistische Grundlagen herangezogen werden (Richtwerte der *FinVerw:* Spalten 6, 7 der Anlage zu *BMF* BStBl I 01, 864; gebilligt durch BFH IV R 67/97 BStBl II 99, 14 unter 2.d). Diese sind auch bei solchen KapGes anwendbar, die der Sache nach ausschließl LuF betreiben (*FM MeVo* FR 93, 590). Die Gruppenbewertung setzt jedoch voraus, dass *alle* gleichartigen WG zusammengefasst werden. Daher kann zw den Bewertungsmethoden nur jeweils für eine nach Art und Alter (Aufzuchtstadium) selbständige Tiergruppe *insgesamt,* nicht aber für einzelne Tiere gewählt werden (BFH IV R 5/99 BStBl II 01, 548 unter 2.). Nach Auffassung der Rspr besteht für die Gruppenbewertung angesichts der auch bei der Einzelbewertung von der *FinVerw* zugelassenen Vereinfachungsmöglichkeiten (Richtwerte) allerdings kaum noch ein Bedürfnis (BFH IV R 19/99 BStBl II 01, 549 unter 1.c). – Wenn in bestandskräftigen Veranlagungen zu niedrige Gruppenwerte (insb die früheren nicht realitätsgerechten Durchschnittswerte der *FinVerw*) angesetzt worden sind, ist eine Berichtigung für die Vergangenheit nicht mögl (BFH IV R 72/00 BFH/NV 03, 1155; ab 2007 ausdrückl § 4 II 1).

49 **(3) Wechsel der Bewertungsmethode.** Dies wird durch den Grundsatz der Bewertungsstetigkeit (§ 252 I Nr 6 HGB; ausführl § 6 Rz 12 ff) eingeschränkt. Jedenfalls ein willkürl Wechsel der Viehbewertungsmethode ist ausgeschlossen (*Felsmann* B 605a). Der vorhandene Tierbestand ist daher grds auch zum nächsten Bilanzstichtag nach der bisher angewandten Methode zu bewerten. Hingegen kann der StPfl für die *Neuzugänge* des lfd Wj – insoweit aber nur einheitl – von der Gruppen- zur Einzelbewertung übergehen (BFH IV R 19/99 BStBl II 01, 549 unter 1.c). Ein Übergang von der Einzel- zur (ungenaueren) Gruppenbewertung ist nur bei einer wesentl Änderung der betriebl Verhältnisse zulässig (*BMF* BStBl I 01, 864 Rz 20).

51 **7. Einkünfte aus sonstiger luf Nutzung, § 13 I Nr 2.** Die Regelung verweist weiterhin auf § 62 BewG, obwohl die Vorschrift des § 175 BewG jünger und umfassender ist. – **a) Binnenfischerei, Teichwirtschaft, Fischzucht, § 62 I Nr 1–3 BewG.** Nur die Fischerei in Binnengewässern führt zu Einkünften aus LuF; Küsten- und Hochseefischerei sind hingegen gewerbl Tätigkeiten. Fischzucht ist die Erzeugung von Fischen unter Ausnutzung der Naturkräfte; sie ist nur LuF, wenn sie sich auf die Binnenfischerei und Teichwirtschaft beschränkt. Erfasst ist die Erzeugung von Speisefischen, Futterfischen, Besatzfischen (Setzlingen), soweit sie der Erzeugung von Speisefischen dienen, sowie von Köderfischen für Angler, sofern sie Speisefische angeln wollen (zum Ganzen BFH V R 55/77 BStBl II 87, 467 unter II.2.-5.). Dagegen ist die Zucht von Zierfischen in Teichen keine Teichwirtschaft (BFH V R 55/77 BStBl II 87, 467 unter II.1., zur gleichlautenden Regelung des § 24 II Nr 1 UStG und in Abgrenzung zur gegenteiligen älteren Rspr zu § 13, die noch auf der Grundlage eines weiter gefassten Gesetzeswortlauts ergangen war). – **Abgrenzung zum GewBetr:** Weil § 13 I Nr 2 iVm § 62 BewG für die Fischerei und Fischzucht (anders als § 13 I Nr 1 S 2 für die Tierhaltung und -zucht) keine Verknüpfung zw der Größe des Fischbestands und den vorhandenen Flächen vorsieht, zählen auch **Großanlagen** zur LuF (FG Brem EFG 86, 601, rkr). Eine ausreichende Futtergrundlage im Betrieb selbst ist nicht erforderl, der Zukauf von Futter oder Jungfischen ist unschädl. Allerdings ist der Begriff der „Teichwirtschaft" nicht mehr erfüllt, wenn die Fische in überdachten Stahlbehäl-

tern gehalten werden (FG Nds EFG 95, 232). Zur Gewerblichkeit durch Zukauf s Rz 68, zur Abgrenzung zw luf Nebenbetrieb (zB Räuchern und Filetieren selbsterzeugter Fische) und eigenständigem GewBetr s Rz 61 ff.

b) Imkerei; Wanderschäferei. Sie gehört nach § 62 I Nr 4, 5 BewG zur LuF (näher *HHR/Paul* § 13 Anm 87). 52

c) Saatzucht, § 62 I Nr 6 BewG. Umfasst ist auch die Züchtung neuer Pflanzensorten, sofern die Inanspruchnahme des GuB hierfür nicht ledigl von untergeordneter Bedeutung ist (BFH IV 221/53 U BStBl III 54, 197), und die Vermehrung von eigenem (nicht jedoch fremdem) Saatgut durch andere Landwirte (RFH RStBl 34, 148 mwN; FG BaWü EFG 98, 1003, rkr). 53

d) Weitere luf Nutzung. Die Aufzählung in § 62 I BewG ist nicht abschließend („insb"). Als LuF gelten gem § 175 BewG zB die Pilzzucht, die Produktion von Nützlingen (zu Schlupfwespen und Raubmilben zur Schädlingsbekämpfung s BT-Drs 12/1108, 58; *OFD Ffm* DB 96, 1059) und Weihnachtsbaumkulturen (*Blümich/Nacke* § 13 Anm 124). 54

8. Einkünfte aus Jagd, § 13 I Nr 3. Sie fallen unter § 13, wenn die Jagd mit dem Betrieb einer LuF im Zusammenhang steht. Dies ist der Fall, wenn sie den luf Flächen des Betriebs dient, der StPfl also entweder in einem Eigenjagdbezirk (§ 7 BJagdG) oder als Mitglied einer Jagdgenossenschaft in einem sog Jagdbogen (§ 11 II BJagdG) **auf überwiegend eigenen Flächen** der Jagd nachgeht, wobei wirtschaftl Eigentum genügt (BFH IV R 19/00 BStBl II 02, 692 unter II.1.b); nicht jedoch, wenn die Jagd überwiegend auf fremden Flächen erfolgt (BFH IV R 35/77 BStBl II 79, 100 unter a). Die **Zupachtung** eines Jagdbezirks auf fremdem Boden begründet nur dann eine luf Betätigung, wenn sie aus zwingenden öffentlrechtl Gründen erfolgt, der ordnungsgem Bewirtschaftung des luf Betriebs dient oder die zugepachteten Jagdflächen überwiegend eigenbetriebl genutzt werden (BFH IV R 19/00 BStBl II 02, 692 unter II.2.c). Besteht nach diesen Grundsätzen ein Zusammenhang der Jagd mit dem luf Betrieb, stellt die Jagd auch dann **keine Liebhaberei** dar, wenn mit ihr bei isolierter Betrachtung Verluste erzielt werden (BFH IV R 35/77 BStBl II 79, 100 unter a). Die Abzugsbeschränkung nach § 4 V 1 Nr 4 (dazu § 4 Rz 567) gilt nicht, wenn die Jagd Gegenstand einer mit Gewinnerzielungsabsicht ausgeübten Betätigung ist (§ 4 V 2). – Sind die Voraussetzungen der Nr 3 nicht erfüllt, kann die Jagd einen GewBetr begründen, wird idR aber als Liebhaberei anzusehen sein. Einnahmen, die ein nicht jagender LuF von dem Jagdpächter erhält, fallen hingegen nicht unter Nr 3 (so aber FG Nbg EFG 10, 637 unter 4.b, rkr), sondern unter Nr 1. – Das Eigenjagdrecht ist im Verhältnis zum GuB ein **selbständiges nicht abnutzbares immaterielles WG** (*BMF* BStBl I 99, 593 mit Übergangsregelung für Altfälle; *Felsmann* B 576c; zur Bewertung *Schindler* StBP 86, 61). Die vom BFH für Milchlieferrechte entwickelte Abspaltungsthese (s Rz 253) gilt nicht für das Eigenjagdrecht, weil es schon vor der Einführung der Bodenwertbesteuerung als selbständiges WG in Erscheinung getreten ist. 57

9. Realgemeinden, § 13 I Nr 4. Einkünfte aus Hauberg-, Wald-, Forst- und Laubgenossenschaften und ähnl Realgemeinden gehören ebenfalls zur LuF (§ 13 I Nr 4). Obwohl es sich um Körperschaften handelt, sind die Einkünfte nach § 180 I Nr 2 Buchst a AO einheitl und gesondert festzustellen; die Genossen sind mit allen Konsequenzen wie MUer zu behandeln; und zwar auch dann, wenn sie im Übrigen keine Einkünfte aus LuF beziehen (BFH IV R 331/84 BStBl II 87, 169). Dies folgt aus § 3 II KStG, wonach die Gewinne nur insoweit kstpfl sind, als die Realgemeinde einen GewBetr unterhält oder verpachtet, der über den Rahmen eines luf Nebenbetriebs hinausgeht. Bei KSt-Pflicht fallen Ausschüttungen unter § 20 I Nr 9, sind aber nach § 20 VIII ggf den Einkünften aus LuF zuzurechnen. Realgemeinden, die nicht (mehr) unmittelbar oder als Verpächter luf tätig sind, 58 sondern nur noch das vorhandene Vermögen verwalten, fallen nicht unter § 13 I Nr 4, weil sie keine für die dort genannten Körperschaften typische Tätigkeit mehr ausüben (vgl FG Brem EFG 04, 1551, rkr).

61 **10. Abgrenzung zum GewBetr, insb Nebenbetriebe, § 13 II Nr 1.** Die Abgrenzungsproblematik ist von erhebl Bedeutung, weil die Besteuerung bei GewBetr weit schärfer ist als bei LuF. Die Praxis lehnt sich eng an die entspr Verwaltungsanweisungen an (EStR 15.5; *Ländererlasse* BStBl I 11, 1213; dazu ausführl *Wiegand* NWB 12, 460), die von der Rspr gebilligt worden sind. Zur Abgrenzung zum **gewerbl Grundstückshandel** s Rz 215 mwN. – **Grundsystematik der Typisierung.** Die *FinVerw* bildet zwei Gruppen (EStR 15.5 XI): Zum einen Tätigkeiten iZm dem **Absatz eigener Erzeugnisse** (zB Hofladen mit Zukauf, Vermarktung von Produkten der zweiten Verarbeitungsstufe, gaststättenmäßiges Anbieten von Speisen und Getränken; s Rz 68 ff), zum anderen **Dienstleistungen** (einschließl der Überlassung von WG) an Dritte (s Rz 73 ff). Für jede Gruppe gesondert werden „gewerbenahe" Tätigkeiten dann noch als LuF behandelt, wenn sie 51 500 € im Wj sowie $^1/_3$ des Gesamtumsatzes nicht überschreiten. Zusätzl müssen *sämtl* gewerbenahen Tätigkeiten (dh beide Gruppen zusammengenommen) auf 50% des Gesamtumsatzes begrenzt sein. Diese Typisierung ist als sehr großzügig zu bewerten (krit im Hinblick auf die Wettbewerbsgleichheit zu GewBetr *HHR/Paul* § 13 Anm 20).

62 **a) Getrennte oder einheitl Betrachtung.** Grds sind gewerbl und luf Tätigkeiten getrennt voneinander zu beurteilen (anders bei MUerschaft wegen § 15 III Nr 1). Besteht jedoch zw den Betätigungen eine planmäßig gewollte wirtschaftl Beziehung, kann ein einheitl Betrieb vorliegen. Ein solcher ist *insgesamt* nach § 13 oder aber § 15 zu beurteilen; maßgebend ist, welche Teil-Tätigkeit dem Gesamtbetrieb das Gepräge verleiht (zum Ganzen EStR 15.5 I 4–7; BFH IV B 109/94 BFH/NV 95, 772 mwN). Droht der gewerbl Teil die LuF zu „infizieren", sollte er daher rechtl verselbständigt werden. **Werden nahezu die gesamten Erzeugnisse des luf Betriebs im GewBetr verwendet,** stellen sie dort aber nur einen geringfügigen Bruchteil der Eingangsleistungen dar, hat der BFH zunächst einen einheitl GewBetr angenommen (BFH IV 299/61 U BStBl III 66, 193: Tierhaltungsbetrieb, dessen Erzeugnisse weitgehend in einer eigenen Metzgerei und Gastwirtschaft abgesetzt werden und der wiederum die Metzgereiabfälle als Tierfutter verwendet; BFH IV 285/62 U BStBl III 65, 90: Obstbaubetrieb, dessen Erzeugnisse zu 100% im eigenen Großhandel abgesetzt werden, dort aber nur 1% des Verkaufs ausmachen). Mittlerweile stellt der BFH (ohne die dargestellte Rspr ausdrückl aufzugeben) vor allem darauf ab, ob der *Hauptbetrieb* (hier: der GewBetr) durch eine Auflösung der Lieferbeziehungen betroffen wäre; ist dies zu verneinen, handelt es sich um getrennte Betriebe (BFH IV R 156, 157/67 BStBl II 72, 8: über 50% der erzeugten Tiere werden in der eigenen Schlachterei verwertet, machen dort aber nur 2,5% der Tiereingänge aus; BFH III R 193/81 BFH/NV 86, 278: alle erzeugten Tiere werden in der eigenen Metzgerei verwertet, machen dort aber nur 3% der Eingänge aus). Der Betrieb einer Baumschule (§ 13) ist von der Erbringung landschaftspflegerischer Dienstleistungen (§ 15) grds trennbar (BFH V R 129/84 BStBl II 89, 432). Zu Besonderheiten bei Handelsgeschäften s Rz 68.

64 **b) Strukturwandel.** Änderungen in der Betriebsstruktur führen entweder sofort oder aber erst nach Ablauf eines gewissen Beobachtungszeitraums zur Einordnung in eine andere Einkunftsart. Ein *sofortiger* Übergang von der LuF zum GewBetr liegt vor, wenn klar erkennbare Umstrukturierungen mit dauerhafter Wirkung vorgenommen werden (zB Investitionen, Vertragsschlüsse). Werden die in Rz 68 ff genannten Umsatzgrenzen hingegen nur *allmähl* überschritten, ist ein Übergang zum GewBetr erst nach Ablauf von drei Jahren anzunehmen (zum Ganzen EStR 15.5 II; *Ländererlasse* BStBl I 11, 1213 Tz II.2.; BFH IV R 10/05 BStBl II 07, 516 unter II.1.c; zum Parallelproblem des Strukturwandels bei gewerbl Tierhaltung s

Rz 40). Die Überführung von WG zw luf und gewerbl BV (anlässl oder außerhalb eines Strukturwandels) führt nicht zur Aufdeckung stiller Reserven (§ 6 V 1; zuvor bereits BFH GrS 1/73 BStBl II 75, 168).

65 **c) Allg Voraussetzungen des Nebenbetriebs ieS.** Erforderl ist zum einen das Bestehen eines luf Hauptbetriebs (so ausdrückl § 13 II Nr 1) und zum anderen die Be- oder Verarbeitung von luf Rohstoffen. – **aa) Vorhandensein eines Hauptbetriebs.** Dies bedingt zugleich eine gewisse Selbständigkeit des Nebenbetriebs. Inhaber beider Betriebe muss derselbe StPfl sein (BFH IV R 88/88 BStBl II 90, 152: eine selbständige Kükenbrüterei oder Schlachterei ohne eigene Tiererzeugung ist gewerbl; das Brüten oder Schlachten *eigener* Tiere ist hingegen LuF). Ein *gemeinschaftl* Nebenbetrieb (MUerschaft) ist zulässig, wenn darin nur Erzeugnisse aus den luf Betrieben der MUer verwendet werden (EStR 15.5 III 8).

66 **bb) Be-/Verarbeitung von luf Rohstoffen. – (1) Erste Verarbeitungsstufe.** Diese gehört ebenso wie der Verkauf der daraus erzeugten Produkte nach der Konzeption der *FinVerw* noch zur LuF, wenn überwiegend (mehr als 50%) selbsterzeugte Rohstoffe (zB gezogene Pflanzen oder Tiere) eingesetzt werden (EStR 15.5 III 4; zB Brot, Butter, Obstsäfte, Wein; BFH II R 38/96 BFH/NV 98, 1338: Kükenbrüterei, in der die im Betrieb erzeugten Eier verwendet werden; BFH VI R 76/04 BStBl II 09, 40 unter II.2.a: Schälen von selbst erzeugtem Spargel; FG Nds EFG 14, 912, rkr: Kornbrennerei; zahlreiche Einzelfälle bei *Blümich/Nacke* § 13 Anm 174 und *Engel* Inf 91, 412). – **(2) Zweite Verarbeitungsstufe.** Diese ist an sich gewerbl. Ihre Produkte (zB Wurst) fallen nach der *FinVerw* aber dann unter § 13, wenn sie iRd Direktvermarktung abgesetzt werden und der Nettoumsatz hieraus (gemeinsam mit anderen „gewerbenahen" Verkäufen) 51 500 € im Wj sowie 1/3 des Gesamtumsatzes nicht übersteigt (EStR 15.5 III 7, XI; bis 2011 galt eine Grenze von 10 300 €). – **(3) Konzeption der Rspr.** Danach ist nicht zw erster und zweiter Verarbeitungsstufe zu differenzieren, sondern danach, ob die Verarbeitung in einer für GewBetr übl Produktionsweise erfolgt und daher mit diesen in Konkurrenz tritt. Bagatellbetriebe sollen gleichwohl unter § 13 fallen; insoweit stellt der BFH typisierend auf die Kleinunternehmergrenze des § 19 UStG (17 500 €) als absoluten Höchstbetrag und einen Umsatzanteil von 10% als relativen Höchstbetrag ab (BFH IV R 78/95 BStBl II 97, 427: Herstellung von Wurst und Schinken aus selbsterzeugten Schweinen zum Verkauf auf einem Bauernmarkt). Diese abw Konzeption hat sich wegen ihrer Nichtanwendung durch die FinVerw (*BMF* BStBl I 97, 629) in der Praxis nicht durchgesetzt; sie ist im Vergleich zur VerwAuffassung zudem nicht mit einem Gewinn an Rechtssicherheit verbunden (zR krit auch *Felsmann* A 302b ff; *Blümich/Nacke* § 13 Anm 173; zust hingegen *HHR/Paul* § 13 Anm 107; *Zugmaier* Inf 97, 579).

68 **d) In der Praxis häufige Nebenbetriebe. – aa) Handelsgeschäft und Zukauf.** Die Rspr und VerwAuffassung typisiert stark und sieht das Handelsgeschäft (zB Hofladen, Marktstand) nur dann als GewBetr an, wenn der **Nettoumsatz** aus zugekauften Produkten **ein Drittel des Gesamtumsatzes** *oder* **51 500 € im Wj** nachhaltig übersteigt. Unklar ist dabei allerdings, ob der Vergleichsmaßstab „Gesamtumsatz" sich ledigl auf den Umsatz der betrachteten Verkaufsstelle (so BFH IV R 21/06 BStBl II 10, 113; *HHR/Paul* § 13 Anm 17; diese Auffassung wäre enger) oder aber auf den Umsatz des Gesamtbetriebs bezieht (so ausdrückl *BMF* BStBl I 10, 46; wohl auch *Ländererlasse* BStBl I 11, 1213 Tz II.6., 11.; EStR [2012] 15.5 VI iVm XI; dies würde den Rahmen weiter stecken). Auf die Art der zugekauften Produkte (betriebstypisch, abrundend oder untypisch) oder den Standort des Handelsgeschäfts (innerhalb oder außerhalb des Betriebsgeländes) kommt es nicht an. Die etwaige Gewerblichkeit des (trennbaren) Handelsgeschäfts berührt die Zuordnung der originär luf Tätigkeiten zu den Einkünften aus § 13 nicht, und zwar grds unabhängig davon, in welchem Umfang die selbsterzeugten luf Produkte über das Handelsgeschäft vermarktet werden. – Zur **früheren VerwAuffassung** s 30. Aufl

Rz 43. Sofern diese sich zugunsten des StPfl auswirkte, ist sie bis zum Ende des Wj, in dem die EStR 2012 veröffentlicht wurden, weiter anzuwenden (*BMF* BStBl I 10, 598, modifiziert durch *BMF* BStBl I 11, 1249), dh bis zum Ende des Wj 2012/13.

69 **bb) Erzeugung erneuerbarer Energien durch einen LuF.** Dies ist nur dann Nebenbetrieb, wenn selbsterzeugte Produkte verwendet werden. Eine **Biogasanlage** muss überwiegend mit eigenen Rohstoffen beschickt werden (näher *BMF* BStBl I 06, 248, mit Übergangsregelung *BMF* BStBl I 06, 417; hierzu ausführl *Wiegand* Inf 06, 497). Setzt der StPfl allerdings die gesamte Ernte seines Betriebs zur Stromerzeugung in einer Biogasanlage ein, handelt es sich um einen einheitl GewBetr (BFH II R 55/11 BStBl II 13, 518). Die Energieerzeugung durch **Wind-, Solar-** oder **Wasserkraft** ist mangels Verwendung selbsterzeugter Rohstoffe stets gewerbl (EStR 15.5 XII; *Ländererlasse* BStBl I 11, 1213 Tz II.12; *Hiller/Horn* Inf 05, 221).

70 **cc) Substanz-/Abbaubetriebe; Bodenschätze.** Es handelt sich nur dann um Nebenbetriebe, wenn die gewonnene Substanz überwiegend im eigenen luf Betrieb verwendet wird (EStR 15.5 III 9; Nachweise zur Rspr s Rz 245). Da dies in der Praxis selten ist, liegt idR ein GewBetr vor. Zum Zeitpunkt des Entstehens eines Bodenschatzes als selbständiges WG s § 5 Rz 140, 270 „Bodenschätze"; zur Höhe der AK bei nachträgl entdeckten oder in ein gewerbl BV eingelegten Bodenschätzen sowie zur Zulässigkeit von AfS und zur Behandlung des RestWG „Ackerkrume" s § 7 Rz 190 ff; zur Abgrenzung zw Verkauf und Verpachtung bei entgeltl Ausbeutung des Bodenschatzes durch *Dritte* sowie zur Behandlung von Entschädigungen für entgehende luf Einnahmen s § 21 Rz 18.

73 **e) Dienstleistungen.** Zu Dienstleistungen iZm **Pferdehaltung** s Rz 34. – **aa) Entgeltl Übernahme organischer Abfälle.** Dies stellt einen luf Nebenbetrieb dar, wenn die Abfälle zunächst be- oder verarbeitet (zB kompostiert) und die dabei gewonnenen Erzeugnisse nahezu ausschließl im eigenen luf Betrieb verwendet werden (EStR 15.5 III 4 Nr 2). Handelt es sich mangels Be-/Verarbeitung der Abfälle nicht um einen Nebenbetrieb, fallen die Einnahmen gleichwohl unter § 13, wenn die Abfälle auf selbstbewirtschaftete Flächen ausgebracht (zB Klärschlamm) oder an eigene Tierbestände verfüttert werden (zB Küchen-/Grünabfälle, Schlempe; EStR 15.5 IV; *Ländererlasse* BStBl I 11, 1213 Tz II.4.; anders zur USt allerdings BFH V R 34/11 BStBl II 13, 460). Unterhält der LuF aufgrund von Klärschlamm*transporten* und der Ausbringung auf Flächen *Dritter* ohnehin bereits einen GewBetr, gehören hierzu auch die Entgelte für Transport und Ausbringung auf *eigene* Flächen (BFH IV R 24/05 BStBl II 08, 356).

74 **bb) Dienstleistungen iZm dem Absatz eigener luf Produkte.** Diese Tätigkeiten (zB Grabpflege- oder Gartengestaltung mit gleichzeitiger Lieferung selbsterzeugter Pflanzen) sind LuF, wenn bei der einzelnen Tätigkeit der Dienstleistungsanteil maximal 50% des Umsatzes beträgt. Tätigkeiten, bei denen der Dienstleistungsanteil höher ist, gehören noch zur LuF, wenn diese Umsätze $^1/_3$ des Gesamtumsatzes und 51 500 € im Wj nicht übersteigen (*Ländererlasse* BStBl I 11, 1213 Tz II.7., 11.; zur früheren, bis zum Wj 11/12 geltenden Verwaltungsauffassung s EStR [2008] 15.5 VII; ähnl bereits BFH I R 24/66 BStBl III 66, 678: Landschaftsgärtner; BFH VIII R 15/73 BStBl II 76, 492: Friedhofsgärtnerei). Danach fallen Friedhofs- und Landschaftsgärtnereien mit überwiegendem Dienstleistungsanteil unter § 15.

75 **cc) Ausschank selbsterzeugter Getränke.** Ohne Hinzutreten weiterer Leistungen handelt es sich um bloße Produktvermarktung, die zur LuF gehört. Der Zukauf von Getränken oder das Anbieten von Speisen ist unschädl, wenn der entspr Umsatz $^1/_3$ des Gesamtumsatzes des Betriebs und 51 500 € netto im Wj nicht übersteigt. Ansonsten liegt GewBetr vor, *soweit* Speisen und zugekaufte Ge-

tränke verkauft werden (*Ländererlasse* BStBl I 11, 1213 Tz II.8., 11.; zur bis zum Wj 11/12 geltenden Verwaltungsauffassung s EStR [2008] 15.5 VIII).

dd) Verwendung betriebl WG außerhalb des Betriebs; Lohnarbeiten. Dies ist grds gewerbl (zB Vermietung von Landmaschinen, Erbringung von Maschinenarbeiten für Dritte, Einsatz des Traktors im Winterdienst für Dritte, Landschaftspflege). Wird das WG aber zu mindestens 10% im eigenen luf Betrieb genutzt (s hierzu BFH IV R 45/02 BStBl II 04, 512 unter 2.a), gehören auch die Dienstleistungen für Dritte zu § 13, wenn sie nicht mehr als 1/3 des Gesamtumsatzes und höchstens 51 500 € im Wj betragen (*Ländererlasse* BStBl I 11, 1213 Tz II.9., 11.). Unterhalb dieser Grenze gibt noch die LuF dem Gesamtbetrieb das Gepräge (BFH IV R 45/02 BStBl II 04, 512 unter 2.b; BFH IV R 10/05 BStBl II 07, 516 unter II.1.b; BFH IV R 32/06 BFH/NV 08, 569). Anders als nach der bis zum Wj 11/12 geltenden VerwAuffassung (EStR [2008] 15.5 IX) ist nicht mehr danach zu differenzieren, ob die Leistungen an andere LuF oder an Dritte erbracht werden; bei Erbringung an andere LuF waren die Einnahmen aber bei Gewinnermittlung nach § 13a bis Wj 2014/15 mit dem Grundbetrag abgegolten (s § 13a Rz 46). Zur Beurteilung von **Maschinengemeinschaften und Maschinenringen** s *Engel* NWB F 3d, 577, 592f; *Wendt* FR 96, 265, 280. 76

ee) Vermietung von Zimmern und Ferienwohnungen. Hier gelten dieselben Kriterien wie bei der Abgrenzung zw GewBetr und privater Vermögensverwaltung (näher § 15 Rz 83). Die *FinVerw* nimmt jedenfalls dann noch LuF an, wenn weniger als 4 Zimmer und weniger als 6 Betten bereitgehalten werden und keine Hauptmahlzeit gewährt wird (EStR 15.5 XIII). Die Vermietung von Kurzzeitparkplätzen und Sportanlagen (BFH X R 21/00 BStBl II 03, 520), der Betrieb von Campingplätzen und Liften sowie die Durchführung von Schlossbesichtigungen ist idR gewerbl. 77

11. Nutzungswert der Wohnung in einem Baudenkmal in Altfällen, § 13 II Nr 2, IV. Umfassend zur Nutzungswertbesteuerung samt Übergangsregelung s *BMF* BStBl I 86, 528 sowie 24. Aufl Rz 175–190. – **a) Überblick.** Der Nutzungswert der vom StPfl oder einem Altenteiler selbst genutzten Wohnung (zum Wohnungsbegriff s Rz 82) und die damit in Zusammenhang stehenden Aufwendungen fließen nur dann in die Einkünfte aus LuF ein, wenn es sich um ein Baudenkmal handelt (Rz 83), die Wohnung die bei gleichartigen Betrieben übl Größe nicht überschreitet (Rz 82) und für die jeweilige Wohnung die Voraussetzungen für die Nutzungswertbesteuerung bereits im VZ 1986 vorgelegen haben (Rz 84). Zur Ermittlung der lfd Einkünfte s Rz 87; zur StFreiheit von Entnahme- und Veräußerungsgewinnen s Rz 88 ff. – Sind die genannten Voraussetzungen erfüllt, sind die Wohnung und der dazugehörige GuB Teil des notwendigen BV. Bei einem **Nebenerwerbsbetrieb** gilt dies aber nur, wenn der Inhaber an den Betrieb gebunden ist, insb bei Tierhaltung (BFH IV R 33/76 BStBl II 80, 323 unter 4.). Sind die Voraussetzungen für eine Fortführung der Nutzungswertbesteuerung nicht erfüllt, werden aber einzelne Räume der iÜ selbstgenutzten Wohnung betriebl genutzt (zB Büro, Vorratsraum), handelt es sich *insoweit* um BV, wobei die allg Grundsätze gelten (BA-Abzug der anteiligen Aufwendungen; weder Nutzungswertbesteuerung noch StFreiheit eines etwaigen Entnahmegewinns). – **Kritisch** zur Beibehaltung der Nutzungswertbesteuerung für Baudenkmale *Hiller* Inf 99, 487, 492 („Adelsprivileg"). Der BFH rechtfertigt den Ausschluss der in Baudenkmalen wohnenden *Nicht-Landwirte* von dieser Privilegierung dadurch, dass die zum luf BV gehörende selbstgenutzte Wohnung mit dem Betrieb eine wirtschaftl Einheit bilden müsse und infolge der Lage im Betrieb idR nicht ohne Weiteres vermietet oder verkauft werden könne (BFH IX R 73/07 BFH/NV 09, 1802 unter II.2.; aA *Blümich/Nacke* § 13 Anm 190a; *HHR/Paul* § 13 Anm 3: verfwidrige Ungleichbehandlung). ME sollte der Gesetzgeber diese Privilegierung auslaufen lassen. 81

b) Wohnung. Dieses Merkmal setzt voraus, dass in den entspr Räumen die Führung eines selbständigen Haushalts mögl ist; eine Abgeschlossenheit im bewertungsrechtl Sinne ist allerdings nicht erforderl (BFH IV R 24/02 BFH/NV 03, 1552 unter 2.c mwN). Die **Identität der Wohnung** bleibt auch dann gewahrt, wenn sie nach 1986 umgestaltet, verkleinert, vergrößert oder mit einer anderen Wohnung zusammengelegt wird. Bei Vergrößerung und Zusammenlegung muss allerdings die übl Größe gewahrt bleiben. Ein Austausch der ursprüngl selbstgenutzten Wohnung gegen eine andere (auch im selben Haus gelegene) führt hingegen 82 zum Wegfall der Nutzungswertbesteuerung (zum Ganzen BFH IV R 24/02 BFH/NV 03, 1552 unter 2.a; BFH IV R 7/02 BStBl II 04, 277 unter 1.e). – Hinsicht der **übl Größe der Wohnung** ist die Rspr großzügig. So können 376 m² bei einem Betrieb mit 131 ha noch übl sein (BFH IV R 30/02 BStBl II 04, 945 unter 1.).

83 **c) Baudenkmal.** Dieser Begriff bestimmt sich nach landesrechtl Grundsätzen (näher s § 7i Rz 2 mwN). Die förml Einstufung als Baudenkmal ist wegen der damit verbundenen Auflagen relativ selten. Sie darf nicht verwechselt werden mit der Einordnung als **„die Kulturlandschaft prägendes Gebäude"** iSd § 35 IV 1 Nr 4 BauGB, die bei luf Gebäuden wesentl häufiger ist, den Anwendungsbereich der Nutzungswertbesteuerung aber nicht eröffnet. – Beschränkt sich die Denkmaleigenschaft auf einen Gebäude*teil*, begrenzt dies auch den Umfang der Nutzungswertbesteuerung.

84 **d) Beschränkung auf Altobjekte. – aa) Nutzungswertbesteuerung im VZ 1986.** Für die zu eigenen Wohnzwecken oder zu Wohnzwecken des Altenteilers genutzte Wohnung (unentgeltl Überlassung an Angehörige genügt nicht; BFH IV R 24/95 BStBl II 96, 308) müssen im VZ 1986 bei einem StPfl die Voraussetzungen für die Anwendung der früheren Nutzungswertbesteuerung vorgelegen haben (§ 13 IV 1), nicht aber notwendig bereits die Denkmaleigenschaft (zutr *HHR/Paul* § 13 Anm 111). Ist dies der Fall, wurde die Wohnung aber zwischenzeitl an Dritte vermietet, lebt die Nutzungswertbesteuerung wieder auf, wenn es später erneut zur Selbstnutzung kommt (BFH IV R 16/06 BFH/NV 09, 783 unter II.2.b); dann ist auch eine stfreie Entnahme (Rz 88) wieder mögl.

85 **bb) Ausgeschlossene Objekte. – (1) Luf Betriebe in den neuen Bundesländern.** Eine Nutzungswertbesteuerung ist hier wegen der Anknüpfung an die steuerl Verhältnisse des VZ 1986 auch bei Denkmaleigenschaft generell ausgeschlossen (EStR 13.5 III). – **(2) Nach 1986 errichtete Wohnungen.** Solche Neubauten sind ebenso ausgeschlossen wie Räume, die bisher nicht Wohnzwecken dienten und nach 1986 erstmals als Wohnung genutzt werden. Wird eine durch den StPfl oder einen Altenteiler selbst genutzte Wohnung nach 1986 (neu) errichtet und dadurch GuB des luf BV zwangsweise entnommen, ist der Entnahmegewinn aber stfrei (§ 13 V; s Rz 220 ff). – **(3) Nach 1986 entgeltl erworbene Wohnungen.** Sie sind nicht begünstigt (zutr FG Nds EFG 01, 1053, rkr). Der Wortlaut des § 13 IV 1 („sofern im VZ 1986 bei *einem* StPfl" die Voraussetzungen der Nutzungswertbesteuerung vorlagen) würde zwar evtl eine Einbeziehung zulassen. Hier gibt es aber keinerlei Grundlage für den durch die Übergangsregelung bezweckten Vertrauensschutz. – **(4) Unentgeltl Erwerb nach 1986.** Hier kann die **Nutzungswertbesteuerung** hingegen **fortgesetzt** werden, wenn diese Möglichkeit beim Rechtsvorgänger eröffnet war und auch beim Rechtsnachfolger alle Voraussetzungen (insb Selbstnutzung) vorliegen.

87 **e) Ermittlung der Einkünfte aus der Wohnung. – Nutzungswert.** Weil eine Marktmiete bei luf Betriebsleiterwohnungen idR nicht zu ermitteln sein wird, setzt die Rspr die Kostenmiete (Grundlage ist der Kapitaleinsatz) unter Vornahme eines Abschlags für die luf Besonderheiten von mindestens 20% an (BFH IV R 105/72 BStBl II 74, 608; ausführl *Felsmann* A 166 ff; aA *OFD Hann* FR 99, 274). – **Betriebsausgaben.** Die Einbeziehung der Wohnung in das BV hat zur Folge, dass sämtl Aufwendungen als BA abgezogen werden können. Dies führt idR zu erhebl StVorteilen. Auch die Kosten der Renovierung einer Wandmalerei in einem Baudenkmal sind als BA abziehbar, allerdings in die Ermittlung der Kostenmiete einzubeziehen (BFH IV R 30/02 BStBl II 04, 945).

88 **f) Steuerfreiheit des Entnahmegewinns, § 13 IV 2–6. – aa) Antrag auf Beendigung der Nutzungswertbesteuerung.** Ein solcher Antrag ist jederzeit mögl, dann allerdings unwiderrufl (§ 13 IV 2). Anders als eine Entnahme (s Rz 225) oder Betriebsaufgabe (s Rz 136) kann der Wegfall der Nutzungswertbesteuerung auch mit rückwirkender Kraft erklärt werden (BFH IV R 35/09 BFH/NV 11, 2045); Grenze ist die materielle Bestandskraft derjenigen Folgeveranlagungen, in denen bereits ein Nutzungswert berücksichtigt worden ist (BFH IV R 24/02 BFH/NV 03, 1552 unter 1.). Soll die Selbstnutzung unverändert fortgesetzt werden, wird der Antrag wegen des Wegfalls des BA-Abzugs idR nicht empfehlenswert sein; anderes gilt jedoch, wenn beim Verbleib der Wohnung im BV künftig eine stpfl Entnahme zu erwarten wäre (zB geplante unentgeltl Überlassung an einen Dritten). – Mit Beendigung der Nutzungswertbesteuerung gelten die Wohnung und der dazugehörige GuB als entnommen; der **Entnahmegewinn bleibt stfrei** (§ 13 IV 4, 5). Ein Entnahmeverlust soll hingegen verrechnet werden können (obiter dictum in BFH X R 53/04 BStBl II 05, 698 unter II.3.c; mE zweifelhaft).

89 **bb) Umfang des dazugehörigen Grund und Bodens bei Hausgärten.** Die *FinVerw* hatte zunächst eine Beschränkung auf 1000 m² vorgesehen (*BMF* BStBl I 97, 630). Die Rspr rechnet hingegen auch wesentl größere Flächen noch zur Wohnung (BFH IV R 22/00

BStBl II 01, 762: selbst 2200 m^2 können noch übl sein; BFH IV R 7/02 BStBl II 04, 277 unter 2.; BFH IV R 21/03 BStBl II 04, 272 unter 1.b: 1640 m^2; ausführl auch *Felsmann* A 171f–y). Maßgebend sind die **tatsächl örtl Verhältnisse** (insb die tatsächl Nutzung des GuB und die ortsübl Größe landwirtschaftl Hausgärten) zum Entnahmezeitpunkt. Hingegen bleiben *zukünftig* andere Zweckbestimmungen (zB Parzellierung und Bebauung in späteren Jahren) außer Betracht, soweit hierfür nicht bereits eine Kausalkette unwiderrufl in Gang gesetzt worden ist (BFH IV R 30/05 BStBl II 08, 707 unter II.2.d; anders die frühere Rspr). Eine gewisse räuml Trennung zw Wohnung und Hausgarten ist unschädl (BFH IV R 41/02 BStBl II 04, 419 unter 1.b). Hat der StPfl eine nicht zur Wohnung gehörige Fläche in die Abwahl der Nutzungswertbesteuerung einbezogen, liegt insoweit keine (dann zwingend stpfl) Entnahme vor; vielmehr bleibt diese Fläche weiterhin BV (BFH IV R 21/03 BStBl II 04, 272 unter 2.b; BFH IV R 30/05 BStBl II 08, 707 unter II.5.). Teilweise wird vertreten, dass ein StPfl, der sich zunächst auf die Entnahme von 1000 m^2 beschränkt habe, den Umfang der stfreien Entnahme durch Berichtigung seines Anlageverzeichnisses jederzeit erweitern könne (*Wittwer* DStR 09, 414, 416).

cc) Sonstige Entnahme oder Veräußerung der Wohnung. Dieser Gewinn ist eben- 90
falls stfrei, sofern die Wohnung noch unter die Nutzungswertbesteuerung fällt (§ 13 IV 6 Nr 1). Wird die zuvor selbstgenutzte Wohnung im VZ der Entnahme oder Veräußerung vermietet, ist die Begünstigung ausgeschlossen (BFH IV R 6/98 BFH/NV 99, 175; BFH VIII R 2/99 BStBl II 01, 275). In solchen Fällen sollte – soweit verfahrensrechtl noch mögl – die Nutzungswertbesteuerung rückwirkend für den VZ der letzten Selbstnutzung abgewählt werden (BFH IV B 121/05 BFH/NV 07, 23).

dd) Selbstnutzung einer zuvor vermieteten Wohnung. Stfrei ist ferner der Gewinn, 91
der dadurch entsteht, dass eine zum luf BV gehörende und **vor 1987 einem Dritten entgeltl zur Nutzung überlassene Wohnung** später für eigene Wohnzwecke oder Wohnzwecke eines Altenteilers genutzt und somit **zwangsweise entnommen wird** (§ 13 IV 6 Nr 2; s auch *Felsmann* A 173 ff). Auch diese Begünstigung ist auf Baudenkmale beschränkt. Dies folgt zwar nicht unmittelbar aus dem (offenen) Gesetzeswortlaut, wohl aber aus dem systematischen Zusammenhang mit Nr 1 und der Entstehungsgeschichte (zutr FG BaWü EFG 12, 1545, Rev IV R 21/12; *HHR/Paul* § 13 Anm 129; aA *Felsmann* A 173). Für eine entgeltl Überlassung reichen sowohl Teilentgeltlichkeit als auch die Berücksichtigung ledigl im Rahmen der Gewinnverteilung bei einer MUerschaft aus (BFH IV R 82/99 BStBl II 01, 232 unter 1.). Hat die Wohnung im VZ 1986 leer gestanden, lässt der Wortlaut eine Anwendung der Begünstigung mE noch zu, wenn der Leerstand nach vorheriger Vermietung *vorübergehend* war (für analoge Anwendung FG Nds EFG 03, 1476, rkr; offen gelassen von BFH IV R 49/06 BFH/NV 08, 1467 unter II.3.); hingegen gilt die StFreiheit bei einem *jahrelangen* Leerstand in der Zeit vor 1987 mE nicht. – **Objektbeschränkung.** Die Begünstigung nach § 13 IV 6 Nr 2 gilt nur, wenn keine *weitere* Eigentümer- oder Altenteilerwohnung vorhanden ist, für die die StFreiheit in Betracht kommt (§ 13 IV 6 HS 2; hierzu BFH IV R 49/06 BFH/NV 08, 1467). Altenteiler ist derjenige, der den Betrieb im Wege vorweggenommener Erbfolge übertragen hat und dafür Nutzungen, Sach-, Dienst- und Geldleistungen erhält (BFH IV R 82/99 BStBl II 01, 232 unter 3.). Die Entnahme ist auch dann *im Ganzen* stfrei, wenn zunächst *mehrere* vermietete Wohnungen vorhanden waren, diese aber als *eine* Wohnung selbstgenutzt werden (BFH IV R 7/02 BStBl II 04, 277 unter 1.).

12. Produktionsaufgaberente nach FELEG, § 13 II Nr 3. Sie wird den Einkünften 94
aus LuF zugeordnet. Dies gilt selbst dann, wenn der Betrieb bereits aufgegeben sein sollte. Bis zu einem Betrag von 18 407 € ist der Grundbetrag der Produktionsaufgaberente (nicht jedoch der Flächenzuschlag) und das Ausgleichsgeld stfrei (§ 3 Nr 27). Seit 1997 können gem § 20 FELEG keine neuen Rentenansprüche mehr erworben werden; Bestandsrenten laufen aber weiter. Zu Einzelheiten s 25. Aufl Rz 168.

**13. Besonderheiten der Einkunftserzielungsabsicht bei LuF. – a) Über- 96
blick.** Ausführl zur Einkunftserzielungsabsicht s § 2 Rz 23 f; für die Gewinneinkunftsarten § 15 Rz 24–42. Danach ist der Liebhabereitatbestand zweigliedrig: Auf der ersten (obj) Stufe ist eine negative Totalgewinnprognose erforderl (Einzelheiten s Rz 99–102 sowie ausführl § 15 Rz 30, 31). Die Einkunftserzielungsabsicht kann aber nur dann verneint werden, wenn auf der zweiten (subj) Stufe persönl Motive für die Hinnahme der Verluste maßgebend sind (Einzelheiten s Rz 104 sowie ausführl § 15 Rz 32–41). – **Rechtsfolge** der Annahme eines Liebhabereibetriebs ist **keine Betriebsaufgabe,** sondern ein erfolgsneutraler Strukturwandel (keine Aufdeckung, sondern Festschreibung der stillen Reserven; BFH IV R 138/78 BStBl II

82, 381 unter 2.; BFH IV B 82/04 BFH/NV 06, 1291 unter 1.c), der einem weiteren Schuldzinsenabzug nicht entgegen steht (ausführl § 15 Rz 42). Wie bei der Betriebsverpachtung im Ganzen (s Rz 123 ff) besteht aber ein Wahlrecht, die Betriebsaufgabe zu erklären. – Diese allg Grundsätze gelten auch für LuF; nachfolgend sind nur die hier zu beachtenden **Besonderheiten** dargestellt (vgl auch *Felsmann* A 186 ff). – Die bei gewerbl Tätigkeit geltende **Vermutung der Gewinnerzielungsabsicht** wird von der Rspr jedenfalls dann nicht auf LuF übertragen, wenn fachfremde StPfl einen Betrieb übernehmen und dabei vor allem auf fremde Arbeitskräfte angewiesen sind oder das angestrebte Leben auf dem Lande ein wesentl Motiv ist (BFH IV B 82/95 BFH/NV 97, 21 unter 2.b mwN; BFH IV B 74/96 BFH/NV 97, 668 unter 1.a).

97 **b) Mehrere Betätigungen eines StPfl.** Sie sind für die Liebhabereiprüfung grds getrennt zu beurteilen (näher s § 15 Rz 29). Dies gilt bei LuF zB für Betriebe, die aus mehreren (jeweils für sich lebensfähigen) land- bzw forstwirtschaftl Teilbetrieben bestehen (BFH IV R 1/89 BStBl II 91, 452 unter 3.; BFH IV R 20/05 BFH/NV 08, 532 unter II.2.d). Auch Ackerbau einerseits und Pferdezucht andererseits können getrennt zu beurteilen sein (BFH IV R 178/83 BStBl II 86, 293 unter 3.), nicht hingegen ein nur noch aus Weideflächen bestehender Betrieb und die darauf betriebene Pferdezucht (BFH IV R 45/81 BFH/NV 86, 213 unter 1.) Pferdezucht und Pensionspferdehaltung sind einheitl zu betrachten, wenn die Zucht den Pensionsbetrieb in besonderem Maße fördert und stärkt (zutr FG Köln EFG 12, 1621, rkr). Werden mit einem Betriebsteil Versuche zur Züchtung neuer Arten oder Sorten vorgenommen und damit zunächst Verluste erzielt, dienen diese Versuche aber der Steigerung der Gewinne des Gesamtbetriebs, handelt es sich um einen einheitl, mit Gewinnerzielungsabsicht geführten Betrieb (BFH IV R 45/89 BStBl II 91, 625).

99 **c) Totalgewinnprognose.** Ausführl § 15 Rz 30, 31. Der Betrieb muss bei obj Betrachtung nach seiner Art, der Gestaltung der Betriebsführung und den gegebenen Ertragsaussichten einen Totalgewinn erwarten lassen (BFH IV R 33/99 BStBl II 00, 227 unter 1.; BFH IV B 168/01 BFH/NV 03, 896 unter 1.a). – Bei **Gewinnermittlung nach § 13a** treten Verluste grds nicht in Erscheinung (Ausnahme: Sondergewinne nach § 13a VII; s § 13a Rz 23). Eine negative Totalgewinnprognose ist daher (bis zu einem etwaigen Übergang zu § 4 I/III) auch dann ausgeschlossen, wenn im Fall der Bilanzierung Verluste auszuweisen wären (BFH IV R 137/84 BStBl II 86, 808 unter 2.; BFH IV B 41/06 BFH/NV 07, 2049; BFH IV R 60/07 BFH/NV 10, 1446 unter II.2.c; anders jedoch BFH IV R 26/01 BStBl II 03, 702 unter 2.c, d, für eine frühere Fassung des § 13a, bei der sich ein Verlust ergeben konnte). Gleiches gilt, wenn es an jegl Gewinnermittlung fehlt (BFH IV R 27/98 BStBl II 00, 524 unter 1.e).

100 **aa) Länge des Prognosezeitraums.** Sie ist von der Art des Betriebs abhängig und darf nicht verwechselt werden mit der Dauer der Phase, in der Anlaufverluste hinzunehmen sind. Bei **forstwirtschaftl Betrieben** ist die gesamte Umtriebszeit (ggf mehr als 100 Jahre) zu berücksichtigen (BFH IV R 149/83 BStBl II 85, 549 unter B. I.). Ansonsten wird auf die Dauer der Betriebsinhaberschaft des StPfl (BFH IV R 178/83 BStBl II 86, 293 unter 3.) bzw in Ermangelung besserer Erkenntnisse idR auf einen **30-Jahres-Zeitraum** (typische Dauer der Betriebsführung durch eine Generation) abzustellen sein. Bei **angepachteten Betrieben** muss der Totalgewinn innerhalb der vereinbarten Pachtzeit erzielbar sein (BFH IV R 25/82 BStBl II 85, 399; BFH IV R 15/05 BStBl II 08, 465 unter II.2.c: auch wenn der Pachtvertrag eine spätere Hofübergabe vorbereiten soll; mE anders, wenn die beabsichtigte Hofübergabe bereits rechtl gesichert ist). Allein die Tatsache, dass luf Betriebe üblicherweise ohne Veräußerung oder Aufgabe auf die folgende Generation übergehen (Generationenbetriebe), führt nicht zu Besonderheiten (BFH IV R 46/99 BStBl II 00, 674 unter 3.: ggf. Wegfall oder späteres

Wiederaufleben der Gewinnerzielungsabsicht). Bei **Nebenerwerbsbetrieben** wird man zwar idR nicht von einer unveränderten Übergabe an die nächste Generation ausgehen können; umgekehrt endet der Prognosezeitraum gerade bei einem sehr kleinen Betrieb, der nur einen geringen Tätigkeitsumfang erfordert, aber nicht notwendig mit der Pensionierung des StPfl (BFH IV R 12/05 BFH/NV 08, 759 unter II.2.b).

bb) Vorhersehbare Verlustursachen. An der obj Möglichkeit zur Erzielung 101 eines Totalgewinns wird es bei Forstbetrieben (wegen der geringen lfd Einnahmen) häufig fehlen, wenn mit **hohem Personalbestand und erhebl Fremdfinanzierung** gearbeitet wird (BFH IV R 6/03 BFH/NV 05, 1511 unter II.2.: ein Betrieb mit nur 90 ha ist für Fremdpersonal und Fremdfinanzierung zu klein; BFH IV R 1/89 BStBl II 91, 452 unter 2.b: selbst bei einem Betrieb mit 157 ha kann die Führung durch Fremdpersonal Dauerverluste mit sich bringen, die nicht mehr aufholbar sind). Gleiches gilt für ein fremdfinanziertes Weingut, das durch Angestellte bewirtschaftet wird und dessen Rebflächen nur zu $^2/_3$ bestockt sind (BFH IV B 74/96 BFH/NV 97, 668). Der Anbau von Sorten, die (zB wegen fehlender Frostresistenz) **für hiesige klimatische Bedingungen ungeeignet** sind, führt idR zu einer negativen Prognose (BFH IV R 62/88 BFH/NV 89, 775: Kiwi-Zucht von geringem Umfang). Gleiches gilt für den Erwerb eines heruntergewirtschafteten Gutes in einem parasitenverseuchten Überschwemmungsgebiet durch einen Nicht-Landwirt, wenn kein Landwirt das Gut kaufen wollte (BFH IV R 27/97 BStBl II 99, 638 unter B. III.) sowie für eine Rinderfarm in Paraguay, die dt Anlegern iRe Verlustzuweisungsmodells vermittelt wird (BFH IV R 86/95 BFH/NV 98, 950). Bei **Pferdezucht** sind strenge Anforderungen an die obj Eignung zur Gewinnerzielung zu stellen (BFH IV R 33/99 BStBl II 00, 227; BFH IV B 168/01 BFH/NV 03, 896; ausführl *Ritzrow* EStB 09, 205).

cc) Entstehen von Anlaufverlusten. Dies allein spricht nicht gegen eine posi- 102 tive Totalgewinnprognose, wenn vorhersehbare Verlustursachen der in Rz 101 genannten Art nicht vorliegen, der Betrieb also nicht schon *von vornherein* ungeeignet zur Erzielung eines Totalgewinns ist (zu einem solchen Fall von vornherein fehlender Eignung BFH IV B 97/03 BFH/NV 05, 2176). Bei GewBetr beträgt die Anlaufphase grds nicht weniger als 5 Jahre (BFH X R 33/04 BStBl II 07, 874 unter II.2.b. cc); bei LuF kann durchaus auch ein längerer Zeitraum anzunehmen sein (BFH IV R 74/79 BStBl II 83, 2 unter 3.: bei hohem Investitionsbedarf 10 Jahre; FG Saarl EFG 98, 92, rkr: Tiere mit spät einsetzender Zuchtreife; *von Schönberg* FR 92, 246: Wiedereinrichter in den neuen Bundesländern). Allerdings beruht die frühere Rspr, wonach grds von einer Anlaufphase von 8 Jahren auszugehen sei (so BFH IV R 182/78 BStBl II 80, 718 unter 1.), noch auf dem obj Liebhabereibegriff und ist daher überholt. Stellt der StPfl den (zur Gewinnerzielung nicht von vornherein ungeeigneten) Betrieb während der Anlaufverlustphase ein, bleiben die bis dahin erzielten Verluste steuerl relevant (s auch Rz 105).

d) Persönl Motive für die Hinnahme der Verluste. Ausführl § 15 Rz 32. – 104 **aa) Klassische persönl Motive.** Dies sind zB private Erholungsinteressen und die persönl Begeisterung für den eigenen Betrieb (BFH IV R 6/03 BFH/NV 05, 1511 unter II.3.: Forstbetrieb), wenn es dem StPfl vor allem um die Schaffung eines gehobenen Wohnsitzes auf dem Lande geht (BFH IV R 175/84 BStBl II 87, 89 unter 2.b) oder er die Weinbautradition der Familie fortführen möchte (BFH IV R 46/99 BStBl II 00, 674 unter 4.; BFH IV B 81/01 BStBl II 03, 804 unter 1.b bb). Gleiches gilt, wenn der Betreiber eines Gestüts zugleich ein persönl Freund des Reitsports und der Pferdezucht ist (BFH IV R 25/82 BStBl II 85, 399; FG Ddorf EFG 14, 991, rkr) oder die Pferdezucht bereits vor Gründung des „Betriebs" als Hobby ausgeübt hat (BFH IV R 33/99 BStBl II 00, 227 unter 4.; s auch BFH IV B 96/08 BFH/NV 10, 207), oder wenn ein erfolgreicher Industrieller, der ursprüngl Landwirt werden wollte, sich mit dem Erwerb eines Gutes seinen Jugendtraum erfüllen will (BFH IV R 27/97 BStBl II 99, 638 unter B. III.4.). Liebhaberei ist auch dann anzunehmen, wenn ein kleiner, aus einem Hobby heraus entstandener Pflanzenzuchtbetrieb innerhalb von 20 Jahren Verluste von 470 000 € erwirtschaftet (FG Köln EFG 14, 2120, rkr).

105 **bb) Indizien gegen das Vorliegen persönl Motive.** Eine obj negativer Totalgewinnprognose schadet nicht, wenn der StPfl auf die Verluste zeitnah durch nachvollziehbare Bemühungen zur Umstrukturierung, zum Verkauf oder zur Aufgabe des Betriebs reagiert (BFH X R 33/03 BStBl II 04, 1063 unter II.3b; BFH IV R 15/05 BStBl II 08, 465 unter II.4.a). Dies kann selbst bei Pferdehaltung gelten (BFH IV R 139/81 BStBl II 85, 205; BFH IV R 109/87 BFH/NV 89, 692 unter 1.b). Gleiches gilt, wenn die negative Prognose auf Ereignissen beruht, die bei Betriebsgründung nicht vorhersehbar waren (BFH IV B 130/01, BFH/NV 03, 1303: schwere Erkrankung des Betriebsinhabers).

II. Besonderheiten der Zurechnung bei Einkünften aus LuF

111 **1. Allgemeines zur Zurechnung.** Umfassend zur Zurechnung betriebl Einkünfte s § 15 Rz 135–148; zu den nachstehend dargestellten Besonderheiten der LuF grundlegend BFH IV R 119/74 BStBl II 75, 770 unter 1.; BFH IV R 31/74 BStBl II 76, 335 unter II.1. – Auch die Einkünfte aus LuF sind demjenigen zuzurechnen, **auf dessen Rechnung und Gefahr der Betrieb geführt wird.** Dies ist derjenige, dem die Nutzungen des luf Vermögens, insb des GuB, zustehen, idR also der Eigentümer der Grundstücke und sonstigen Betriebsmittel. Dies gilt selbst dann, wenn der Eigentümer den Betrieb nicht selbst führt, sondern durch einen Dritten (zB Verwalter) bewirtschaften lässt. Muss der Eigentümer die Nutzungen des luf Vermögens aufgrund steuerrechtl anzuerkennender Rechtsbeziehungen – zB Pacht (Rz 112–120), Betriebsverpachtung im Ganzen (Rz 123–136), Wirtschaftsüberlassungsvertrag (Rz 141–145), Nießbrauch (Rz 155–156), sonstige Überlassungsverträge – einem Dritten überlassen, sind diesem die lfd Einkünfte zuzurechnen. Beim Eigentümer verbleiben die Einkünfte aus dem Nutzungsentgelt sowie aus Veräußerungen seiner betriebl WG. – Ferner können luf Einkünfte durch MUerschaften (insb solche zw Ehegatten oder mit Kindern, Rz 161–176) erzielt werden.

112 **2. Pacht.** Ist der StPfl zwar nicht Eigentümer der Flächen oder Betriebsmittel, stehen ihm deren Nutzungen aber aufgrund eines steuerl anzuerkennenden Pachtvertrags zu, erzielt er in seiner Person Einkünfte aus LuF. – **Pachtverträge zw Angehörigen** sind in der LuF häufig. Sie sind nach den allg hierfür geltenden Grundsätzen zu berücksichtigen, wenn sie nach Inhalt und tatsächl Durchführung einem Fremdvergleich standhalten (allg zu Angehörigenverträgen s § 4 Rz 520 „Angehörige“; speziell zu Miet- und Pachtverträgen zw Angehörigen s § 21 Rz 81 ff). Nach dem **LandpachtverkehrsG** (v 8.11.85, BGBl I 85, 2075) sind Landpachtverträge grds der zuständigen Behörde anzuzeigen; diese kann den Vertrag ua dann beanstanden, wenn die Pacht nicht in einem angemessenen Verhältnis zu dem erzielbaren Ertrag steht. Landpachtverträge zw Angehörigen sind von der Anzeigepflicht allerdings ausgenommen (§ 3 I Nr 2 LandpachtverkehrsG). Damit entfällt aber nicht die nach den allg steuerl Grundsätzen vorzunehmende Angemessenheitsprüfung; insb sind **überhöhte Pachtzahlungen** an Angehörige keine BA. Bei einem **unübl niedrigen Pachtzins** liegt ein teilentgeltl Geschäft vor; der Pächter kann aber gleichwohl den *Gesamtbetrag* seiner Zahlungen als BA abziehen (zutr FG Nds EFG 04, 1681, unter 2., rkr), sofern es sich nicht ledigl um Versorgungs-/Altenteilsleistungen handelt, die zu einer Beurteilung als (unentgeltl) Wirtschaftsüberlassungsvertrag führen (BFH IV R 31/74 BStBl II 76, 335 unter I.; s Rz 141 ff). Die Rspr, wonach die Nutzungsentnahme bei der verbilligten Vermietung von *Wohnungen* an Angehörige mit den anteiligen Kosten zu bewerten ist (s Rz 229 aE), kann auf die Verpachtung von GuB mE nicht übertragen werden.

Hier ist idR ein Vergleichspreis feststellbar, so dass die Entnahme mit dem entspr Differenzbetrag zu bewerten ist. – Übernimmt der Pächter bei Pachtverträgen zw Angehörigen **Reparaturkosten,** die nach dem Vertrag dem Verpächter obliegen, ist zu differenzieren: Trägt der Pächter die Kosten im eigenen betriebl Interesse (insb in der rechtl abgesicherten Erwartung des späteren Eigentumsübergangs), handelt es sich um BA (BFH IV R 1/02 BStBl II 04, 780; ebenso zu Aufwendungen eines Pächters zur Bodenverbesserung FG Nds EFG 94, 512, rkr). Andernfalls liegt eine steuerl unbeachtl Zuwendung an den Angehörigen vor (BFH IV R 89/93 BFH/NV 95, 379; BFH IV B 22/94 BFH/NV 95, 591; vgl auch *Felsmann* B 579 ff).

3. Verpachtung mit eisernem Inventar. – a) Zivilrecht. Nach § 582a BGB wird bei der Verpachtung von landwirtschaftl Betrieben häufig vereinbart, dass der Pächter das Inventar zum Schätzwert übernimmt und bei Pachtende zum Schätzwert zurückzugeben hat; bei Wertdifferenzen ist ein Geldausgleich zu zahlen. Damit geht die Gefahr (anders als im Normalfall des Miet- oder Pachtvertrags) auf den Pächter über. Der Begriff des Inventars ist zivilrechtl auf **bewegl Sachen** beschränkt (s § 97, § 98 Nr 2 BGB; insb Geräte, Vieh, Vorräte). Grundstücksbestandteile fallen auch dann nicht darunter, wenn sie steuerl (abw vom Zivilrecht) als bewegl WG angesehen werden (BFH IV R 31/97 BStBl II 00, 286 unter 4.); Gleiches gilt für immaterielle WG (zB Lieferrechte). Der Pächter kann innerhalb der Grenzen einer ordnungsmäßigen Wirtschaft über die zum Inventar gehörenden WG verfügen; er muss das Inventar erhalten und lfd ersetzen. Eigentümer der vorhandenen und vom Pächter neu angeschafften WG wird der Verpächter (§ 582a II 2 BGB). – Diese Grundsätze gelten auch beim Nießbrauch mit eisernem Inventar (§ 1048 II BGB). 114

b) Ermittlung des lfd Gewinns. Umfassend *BMF* BStBl I 02, 262 (hierzu *Ostmeyer* Inf 02, 357; ausführl und mit Beispielen *Felsmann* A 617 ff; s auch § 5 Rz 702; allerdings hat BFH IV R 31/97 BStBl II 00, 286 unter 2. offen gelassen, ob an dieser schwer praktikablen Handhabung festgehalten werden soll; zur Vereinfachungsregelung der *FinVerw* s Rz 120). 115

aa) Bilanzierung. – (1) Anlagevermögen. Diese WG bleiben auch wirtschaftl im Eigentum des Verpächters, so dass er das Inventar weiterhin zu aktivieren hat und AfA vornehmen kann (BFH I 51/61 S BStBl III 66, 61); zum wirtschaftl Eigentum bei Einbauten des Pächters s § 7 Rz 50 ff. Dies vermeidet die Gewinnrealisierung, die bei einer Übertragung des (wirtschaftl) Eigentums an den Pächter eintreten würde, und ist einer der Hauptgründe für die Wahl der eisernen Verpachtung. – **(a) Verpflichtung zur Substanzerhaltung.** Hierfür hat der **Pächter** eine Rückstellung zu bilden, deren Höhe sich an der AfA (allerdings unter Berücksichtigung der ggf veränderten aktuellen Wiederbeschaffungskosten) orientiert (BFH I 51/61 S BStBl III 66, 61; BFH VIII R 88/87 BStBl II 93, 89). Ob der **Verpächter** korrespondierend einen **Substanzerhaltungsanspruch** zu aktivieren hat, ist in der jüngeren Rspr str geworden: Die bisherige Rspr hat eine Aktivierung nach Maßgabe der Wiederbeschaffungskosten (dh am TW orientiert) bejaht (BFH IV 75/64 BStBl III 66, 589; BFH VIII R 28/95 BStBl II 98, 505); die Grundsätze hierfür entsprechen denen für die Bildung der Pachterneuerungsrückstellung beim Pächter. Damit tritt beim Verpächter eine Gewinnauswirkung ledigl in Höhe der Differenz zw der AfA und der jährl Hinzuaktivierung ein. Demggü hat der IV. Senat jüngst eine Aktivierung abgelehnt, sich aber nicht mit der bisher gegenteiligen Rspr auseinandergesetzt (BFH IV R 29/12 BFHE 249, 177; krit *Weber-Grellet* FR 15, 557). ME ist an der bisherigen Rspr festzuhalten; der Erneuerungsanspruch ist ein WG. – **(b) Erhaltungsaufwendungen und Ersatzbeschaffungen.** Sie führen beim Pächter zu BA, zugleich aber auch zur teilweisen Auflösung der Pachterneuerungsrückstellung. Der Verpächter hat die in sein Eigentum übergehenden Ersatzbeschaffungen zu aktivieren und zugleich seine 116

Forderung auf Substanzerhaltung zu mindern (diff FG Ddorf EFG 97, 630, rkr: Ersatzbeschaffungen, die sich innerhalb der Pachtzeit verbrauchen, hat allein der Pächter zu aktivieren; mE zutr). Übersteigen die Ersatzbeschaffungen die zivilrechtl Rückgabeverpflichtung des Pächters, hat dieser den nach § 582a III 3 BGB entstehenden Wertausgleichsanspruch und der Verpächter die Wertausgleichsverpflichtung zu bilanzieren; die Bilanzposten sind in den Folgejahren entspr aufzulösen.

117 **(2) Umlaufvermögen.** Mit überlassenes UV (zB Feldinventar, stehende Ernte) geht ins wirtschaftl Eigentum des Pächters über und wird als Sachdarlehen behandelt (BFH IV R 160/74 BStBl II 79, 138). Der Pächter hat die WG des UV zu aktivieren und in gleicher Höhe eine Rückgabeverpflichtung zu passivieren. Der Verpächter aktiviert eine Rückgabeforderung in Höhe des Werts des überlassenen WG. Hat der Verpächter jedoch nach EStR 14 III von der Aktivierung seines Vorratsvermögens abgesehen (hierzu Rz 239), braucht er auch keine Rückgabeforderung zu aktivieren (BFH IV R 212/82 BStBl II 85, 391; BFH IV R 130/84 BStBl II 86, 399; EStR 14 III 6).

118 **bb) Gewinnermittlung nach § 4 III.** Hier sind weder Forderungen noch Verbindlichkeiten anzusetzen. Ersatzbeschaffungen sind beim Pächter BA, beim Verpächter (der gewinnmindernd AfA vornehmen kann) BE.

119 **c) Unentgeltl Betriebsübertragung auf den Pächter.** Hier fällt sowohl der Substanzerhaltungsanspruch des Verpächters als auch die Pachterneuerungsverpflichtung des Pächters aus privaten Gründen weg. Bei bilanzierenden StPfl ergeben sich daher keine Gewinnauswirkungen. Bei § 4 III bewirkt der aus privaten Gründen eintretende Wegfall der Forderung beim Verpächter eine Gewinnrealisierung (BFH IV R 73/97 BStBl II 00, 309 unter 2.; Anm *Kanzler* FR 00, 54; *Ostmeyer* Inf 00, 7); der Wegfall der Verbindlichkeit beim Pächter kann als BA behandelt werden (*BMF* BStBl I 02, 262 unter III.).

120 **d) Vereinfachungsregelung.** Aus Billigkeits- und Vereinfachungsgründen lässt die *FinVerw* zR wahlweise die **Buchwertmethode** zu (*BMF* BStBl I 02, 262 unter IV.; krit *HHR/Paul* § 13 Anm 48 aE: keine Rechtsgrundlage). Danach übernimmt der Pächter bei Beginn der eisernen Verpachtung die Buchwerte des Verpächters (mE muss Gleiches für den Sammelposten nach § 6 IIa und den Investitionsabzugsbetrag nach § 7g gelten) und setzt in gleicher Höhe eine unveränderl Rückgabeverpflichtung an. In der Folgezeit nimmt er die AfA vor und aktiviert auch Neuanschaffungen. Der Verpächter „friert" die Buchwerte des überlassenen Inventars ein; AfA darf er nicht mehr vornehmen. Bei einer späteren unentgeltl Übertragung ergibt sich dann keine Gewinnauswirkung. – **Voraussetzung** ist, dass die eiserne Verpachtung im Vorgriff auf eine spätere Hofübertragung vorgenommen wurde, zumindest eine der Vertragsparteien *nicht* bilanziert (diese Voraussetzung lässt sich jedenfalls beim Verpächter idR gestalten), und beide Parteien die Anwendung der Vereinfachungsregelung gemeinsam beantragen. – Zur **Übergangsregelung für vor dem 1.4.02 abgeschlossene Altverträge** s 34. Aufl Rz 78.

123 **4. Betriebsverpachtung im Ganzen.** Ausführl § 16 Rz 690 ff; *HHR/Kulosa* § 16 Anm 650 ff; nachstehend sind nur die *Besonderheiten* der LuF dargestellt. – **a) Überblick.** Verpachtet der StPfl den bisher von ihm selbst geführten Betrieb (oder einen Teilbetrieb), steht ihm ein **Wahlrecht** zu (grundlegend BFH GrS 1/63 S BStBl III 64, 124; seit 5.11.11 modifiziert durch § 16 IIIb): Er kann entweder eine *ausdrückl* Erklärung ggü dem FA abgeben, dass mit der Verpachtung die Betriebsaufgabe eingetreten sein soll (s Rz 136 und § 16 Rz 711). Dann werden die verpachteten WG in das PV überführt, der Aufgabegewinn ist (unter Gewährung der Begünstigungen nach §§ 14, 34) zu versteuern. Ohne eine solche Aufgabeerklärung wird der Betrieb als fortbestehend behandelt, so dass die stillen Reserven weiterhin steuerverhaftet bleiben, ihre Realisierung aber aufgeschoben wird. Der

StPfl kann auch in diesem Fall später jederzeit eine Betriebsaufgabe durch Abgabe einer eindeutigen Aufgabeerklärung herbeiführen. Ebenso gilt eine Betriebsaufgabe als bewirkt, wenn dem FA Tatsachen für eine Zwangsaufgabe bekannt werden. – Während der StPfl bei Begründung der Betriebsverpachtung idR dazu neigen wird, die Gewinnrealisierung zu vermeiden, wandelt sich seine **Interessenlage** in der Folgezeit, so dass er später mitunter eher nach Gründen dafür suchen wird, die für ein Entfallen der Voraussetzungen für die Fortführung des BV bereits in früherer (verjährter) Zeit sprechen könnten (*Wendt* FR 06, 828). Hierfür trägt er die obj Beweislast (BFH IV B 31/97 BFH/NV 98, 1345; BFH IV B 3/05 BFH/NV 06, 1652 unter 1.a; BFH IV B 25/09 BFH/NV 10, 1116). Durch § 16 IIIb ist für diese Fälle mehr Rechtsklarheit geschaffen worden (s § 16 Rz 711). – **Voraussetzung** einer (die Gewinnrealisierung zunächst vermeidenden) Betriebsverpachtung im Ganzen ist die Verpachtung aller (funktional) wesentl Betriebsgrundlagen (s Rz 126 und § 16 Rz 697 f). Ferner muss dem Verpächter obj die Möglichkeit verbleiben, den Betrieb wieder selbst fortzuführen. Daran fehlt es bei wesentl Umgestaltungen des BV, die daher auch ohne Aufgabeerklärung (theoretisch) zu einer Zwangsbetriebsaufgabe führen (s Rz 134 und § 16 Rz 700). Diese Grundsätze gelten einheitl sowohl für Haupt- als auch für Nebenerwerbsbetriebe (BFH IV B 162/95 BFH/NV 97, 558).

b) Verpachtung aller wesentl Betriebsgrundlagen. – aa) Einheitl oder parzellenweise Verpachtung. Zwar setzt eine Betriebsverpachtung im Ganzen grds eine einheitl Verpachtung an **einen einzigen Pächter** voraus. Bei LuF kann aber auch eine **parzellenweise Verpachtung** an verschiedene Pächter genügen (BFH IV R 66/86 BStBl II 88, 260 unter 1.; BFH IV R 57/00 BStBl II 03, 16 unter 1.a; BFH IV R 52/02 BFH/NV 05, 674 unter I.3.a; BFH IV R 57/04 BFH/NV 07, 1640 unter II.1.a; BFH IV R 58/07 BFH/NV 10, 1785 unter II.3.a aa), und zwar selbst dann, wenn die Pachtverträge stark unterschiedl Laufzeiten haben (BFH IV R 58/91 BStBl II 92, 521 unter 3.). Die *FinVerw* geht aber aus Billigkeitsgründen von einer (Zwangs-)Betriebsaufgabe in der Vergangenheit aus, wenn die parzellenweise Verpachtung bereits vor der Veröffentlichung des erstgenannten BFH-Urteils (15.4.88) erfolgte (*OFD Mster* DB 91, 523; vgl zu dieser Billigkeitsregelung auch die Nachweise in BFH IV R 57/04 BFH/NV 07, 1640 unter II.1.c; umfassend *Bolin* Inf 01, 39; *Meyne-Schmidt* StBP 04, 235). Auf die Anwendung dieser Billigkeitsregelung hat der StPfl einen Rechtsanspruch aus § 163 AO (FG Nds EFG 08, 49 unter 2., rkr). Dies gilt auch dann, wenn nur der frühere landwirtschaftl Teilbetrieb parzellenweise verpachtet wurde und daneben noch ein forstwirtschaftl Teilbetrieb fortbesteht (FG Mster EFG 12, 1467, rkr). 124

bb) Wesentl Betriebsgrundlagen. – (1) Begriff. Bei der Betriebsverpachtung wird ausschließl eine **funktionale Betrachtung** vorgenommen (Bedeutung des WG für den Betrieb); auf das Vorhandensein stiller Reserven kommt es hier (anders als bei der Betriebsaufgabe) nicht an (s § 16 Rz 697 mwN). Werden WG, die *nicht* zu den wesentl Betriebsgrundlagen gehören, anlässl der Verpachtung zurückbehalten, veräußert oder unentgeltl übertragen, kann der StPfl das Verpächterwahlrecht gleichwohl in Anspruch nehmen. Der Umstand, dass die neuere Rspr zur Betriebsverpachtung mit der Annahme wesentl Betriebsgrundlagen sehr zurückhaltend ist, hängt vor allem damit zusammen, dass ansonsten im Fall der späteren Umgestaltung/Veräußerung dieser WG auch der Anwendungsbereich der Zwangsbetriebsaufgabe (Rz 134) auszuweiten wäre, was die Rspr tendenziell zu vermeiden versucht. – **(2) Eigentumsbetriebe.** Erfasst sind hauptsächl die selbst bewirtschafteten **Nutzflächen** (BFH IV R 65/98 BStBl II 99, 398 unter 3.; BFH IV R 57/04 BFH/NV 07, 1640 unter II.1.a). Hinsichtl der **Hofstelle** (Wirtschaftsgebäude und sonstige Anlagen) ist die Rspr nicht ganz konsequent: Einerseits wird die Hofstelle durchaus den wesentl Betriebsgrundlagen zugeordnet; gleichwohl soll ihre Zurückbehaltung unschädl sein, weil es zahlreiche luf Betriebe 126 ganz ohne Hofstelle gebe und daher auch das weitere Schicksal der Hofstelle keine Bedeutung für die Fortführung des BV haben könne (BFH IV B 107/99 BFH/NV 00, 1339; BFH IV B 204/02 BFH/NV 04, 1647; BFH IV R 57/04 BFH/NV 07, 1640 unter II.3.). Mit derselben Begründung könnten allerdings auch die Eigentumsflächen aus dem Begriff der wesentl Betriebsgrundlage herausgenommen werden, da es zahlreiche luf Betriebe gibt, die auf gepachteten Flächen wirtschaften. Diese Rspr kann daher mE jedenfalls dann nicht überzeugen, wenn die Hofstelle für den konkreten Betrieb tatsächl die Bedeutung einer funktional wesentl Betriebsgrundlage hat. – Das **lebende und tote Inventar** gehört bei Eigentumsbetrieben wegen seiner im Vergleich zu den Nutzflächen untergeordneten Bedeutung und der Möglichkeit kurzfristiger Wiederbeschaffung idR nicht zu den wesentl Betriebsgrundlagen (BFH IV R 7/89 BStBl II 91, 833 unter 1.; BFH IV R 58/91 BStBl II 92, 521 unter 2.c; BFH IV R 52/94 BFH/NV 96, 110 unter 1.a), so dass dessen unterbliebene Mitverpachtung nicht zur Zwangsaufgabe führt (bei unentgeltl Übertragung allerdings Entnahme und lfd Gewinn). Im Einzelfall können aber **immaterielle WG** (zB Lieferrechte) zu den wesentl Betriebsgrundlagen gehören. Bei einer Gärtnerei gehören neben dem GuB auch die Gewächshäuser zu den wesentl Betriebsgrundlagen (FG BaWü EFG 95, 526, rkr). – **(3) Pachtbetriebe.** Hier ist hingegen auch das (eigene) lebende und tote Inventar eine wesentl Betriebsgrundlage (BFH IV R 25/88 BStBl II 90, 373 unter I.1.d; BFH IV R 7/89 BStBl II 91, 833 unter 1.; BFH IV R 65/98 BStBl II 99, 398 unter 3.b).

128 **cc) Einheitl Beurteilung für den gesamten Betrieb.** Die verpachteten Grundstücke gehören einheitl zu dem Verpachtungsbetrieb; der Verpächter hat nicht die Möglichkeit, *einzelne* wesentl Betriebsgrundlagen seinem PV zuzuordnen (BFH IV R 97/96 BFH/NV 98, 311 unter 1.). Erwirbt der Verpächter, der noch keine Aufgabeerklärung abgegeben hat, später weitere Flächen hinzu und verpachtet diese ebenfalls an denselben Pächter, werden sie zwingend BV (BFH IV R 1/98 BStBl II 99, 55). Ist die hinzuerworbene Fläche hingegen langfristig an einen *Dritten* verpachtet, gehört sie nicht zum notwendigen BV, kann aber dem gewillkürten BV zugeordnet werden, sofern sie in einer gewissen räuml Nähe (bis 100 km) zu dem vorhandenen Betrieb liegt (BFH IV R 10/09 BStBl II 12, 93; krit zu der Entfernungsgrenze *Kanzler* FR 12, 130).

129 **dd) Verpachtung von Restflächen nach unentgeltl Betriebsübertragung.** Das Verpächterwahlrecht gilt auch dann, wenn eine Restfläche (die noch die Mindestgröße für die Annahme eines luf Betriebs erreicht; s Rz 7) von einer unentgeltl Betriebsübertragung ausgenommen und statt dessen an den Erwerber verpachtet wird (BFH IV R 28/00 BFH/NV 05, 1062 unter II.2.d). Bewirtschaftet der Verpächter die zurückbehaltene Restfläche hingegen *selbst,* besteht kein Wahlrecht zur Erklärung der Betriebsaufgabe; vielmehr findet dann auch die Verpachtung zwingend im Rahmen des fortgeführten luf Betriebs statt (BFH IV B 129/90 BFH/NV 91, 591; BFH IV B 31/97 BFH/NV 98, 1345 mwN).

130 **ee) Verpachtung unmittelbar nach Betriebserwerb.** Verpachtet der StPfl (Nichtlandwirt) einen gerade entgeltl erworbenen Betrieb, ohne ihn jemals selbst geführt zu haben, steht ihm **kein Wahlrecht** zu. Die Flächen gehören zum PV, so dass er Einkünfte aus VuV erzielt (BFH IV R 95/87 BStBl II 89, 863; ebenso für ein an einen Landwirt verpachtetes Grundstück, das neben einem Forstbetrieb erworben wird, FG Nds EFG 13, 774). – Hat der StPfl beim Erwerb hingegen die (obj erkennbare) Absicht, alsbald die Eigenbewirtschaftung aufzunehmen, erfolgt der Erwerb zwingend zum BV (BFH IV R 14/89 BStBl II 92, 134; BFH IV R 110/91 BStBl II 93, 752; BFH IV R 23/00 BStBl II 03, 124: ein *gesamter* Betrieb wird BV, auch wenn der StPfl von Anfang an nur einen kleinen Teil der Flächen selbst bewirtschaftet und den überwiegenden Teil sofort verpachtet).

c) Obj Möglichkeit der Fortführung durch den Verpächter. Ausführl § 16 Rz 696, 700, 706. – **aa) Keine wesentl Umgestaltung.** Gedankl Hintergrund der Einräumung des Rechts zum Aufschub der Versteuerung der stillen Reserven ist die Möglichkeit, dass der Verpächter (oder sein Rechtsnachfolger; s Rz 134) den „unterbrochenen" Betrieb wieder aufnehmen könnte. Daran fehlt es, wenn der Betrieb so wesentl umgestaltet wird, dass eine Wiederaufnahme obj unmögl ist; zu diesem Zeitpunkt tritt auch ohne Aufgabeerklärung eine **Zwangsbetriebsaufgabe** ein. In der Praxis ist die Rspr mit der Annahme einer Zwangsbetriebsaufgabe aber äußerst zurückhaltend; sie soll nur noch angenommen werden, wenn *keine* wesentl Betriebsgrundlagen mehr vorhanden sind (BFH IV B 99/98 BFH/NV 99, 1073 unter 1.b). Hierfür reicht es nicht aus, wenn die Nutzflächen parzellenweise verpachtet werden, die Hofgebäude zurückbehalten oder an verschiedene Nutzer vermietet werden und das lebende Inventar verkauft wird (BFH IV R 66/86 BStBl II 88, 260 unter 5.a; BFH IV R 86/96 BFH/NV 98, 834; BFH IV B 25/02 BFH/NV 03, 1554). Auch der Umstand, dass nach einer Veräußerung von Teilflächen auf den verbleibenden Restflächen **keine ertragreiche Bewirtschaftung mehr mögl** ist, reicht allein nicht aus (BFH IV R 41/91 BStBl II 93, 430 unter 2.b; BFH IV B 135/95 BFH/NV 97, 218 mwN); ebensowenig der Wegfall der Gewinnerzielungsabsicht (BFH IV R 36/94 BFH/NV 96, 398; s auch Rz 96), eine starke Reduzierung der Beteiligung am allg wirtschaftl Verkehr (BFH IV R 86/99 BStBl II 02, 80), die Beantragung einer Altersrente und Löschung des Höfevermerks (BFH IV R 86/96 BFH/NV 98, 834 unter 1.b) oder eine lange Laufzeit des Pachtvertrags. Daher ist mE auch die Aufteilung der Flächen des verpachteten Betriebs auf die Miterben iRe Erbauseinandersetzung keine Zwangsaufgabe, sofern die jedem einzelnen Miterben zukommenden Flächen noch einen gewissen Umfang aufweisen und daher BV bleiben können. Die Gegenauffassung (FG Nds EFG 09, 1026, Rev IV R 12/09 zurückgenommen; FG RhPf EFG 15, 2058, Rev IV R 47/15 vom BFH zugelassen: Auseinandersetzung nach vorweggenommener Erbfolge; *Blümich/Nacke* § 14 Rz 18) beruft sich darauf, dass § 6 III grds nicht anwendbar sei, wenn der Betrieb auf mehrere Personen übergehe, die *keine* MUerschaft bilden (s dazu § 6 Rz 646). 132

bb) Zerstörung der Wirtschaftsgebäude. Weder dies noch die Veräußerung der zunächst mitverpachteten Hofstelle führt zur Zwangsaufgabe, weil die Hofstelle nicht zwingend für die Annahme eines luf Betriebs ist (BFH IV R 61/01 BStBl II 03, 755 unter 3.; BFH IV B 82/04 BFH/NV 06, 1291 unter 1.b; dazu *Hiller* Inf 03, 815; s bereits Rz 126, dort auch zur Kritik). Für den Umbau von Stallgebäuden durch den Verpächter für gewerbl Zwecke eines Mieters gilt dies jedenfalls dann, wenn die Viehhaltung schon mit Beginn der Verpachtung aufgegeben worden war und die Stallgebäude daher nicht zu den wesentl Betriebsgrundlagen gehören (BFH IV R 35/03 BFH/NV 05, 1046 unter 2.b). Auch eine Änderung der Bewirtschaftungsweise durch den Pächter beeinflusst die steuerl Qualifizierung des Verpächterbetriebs nicht (*Felsmann* A 596); dies gilt selbst dann, wenn der Pächter (zB durch vermehrten Zukauf) die Grenze zur Gewerblichkeit überschreitet (zum Branchenwechsel s auch § 16 Rz 700). – Im Hinblick auf diese Rspr sieht die *FinVerw* für die Annahme einer Zwangsbetriebsaufgabe im Rahmen einer luf Betriebsverpachtung im Ganzen auch bei umfangreichen Flächenveräußerungen und Veränderungen an den Wirtschaftsgebäuden regelmäßig keinen Raum mehr (*BMF* BStBl I 00, 1556). 133

cc) Zwangsbetriebsaufgabe. Dies hat die Rspr nur in sehr wenigen Ausnahmefällen bejaht, zB wenn der StPfl ein 6 ha großes Grundstück, auf dem durch Samenanflug (niemals bewirtschafteter) Buschwald entstanden war, wenige Jahre nach dem Erwerb an 12 verschiedene Pächter auf bis zu 50 Jahre zur Errichtung von Wochenendhäusern verpachtet (BFH IV R 91/85 BStBl II 88, 257: wenn hier überhaupt jemals ein Forstbetrieb bestanden hat, ist er jedenfalls aufgegeben wor- 134 den). Zu einer Zwangsaufgabe hat der BFH auch in dem Sonderfall tendiert, in dem die Flächen eines nicht mehr aktiv bewirtschafteten Kleinstbetriebs (2,4 ha) verpachtet und zugleich unter Nießbrauchsvorbehalt auf einen Dritten übertragen worden waren (BFH IV R 53/99 BFH/NV 00, 1078). – **Rechtsnachfolge.** Der Tod des Inhabers des Verpachtungsbetriebs stellt keine Betriebsaufgabe dar. Vielmehr geht der Betrieb (und die Möglichkeit, durch jederzeitige Aufgabeerklärung die Betriebsaufgabe herbeizuführen) auf die Erben über (BFH IV R 28/00 BFH/NV 05, 1062 unter II.2.f). Diese Rechtsfolge beruht auf § 6 III, so dass die zu § 10d ergangene Rspr, wonach ein Verlustabzug nicht auf den Erben übergeht (BFH GrS 2/04 BStBl II 08, 608), daran nichts ändert. Werden die verpachteten Flächen iRd **Erbauseinandersetzung** auf die Miterben aufgeteilt, führt dies nicht zur Zwangsbetriebsaufgabe, wenn die Einzelflächen jeweils noch eine Mindestgröße von 3000 m^2 aufweisen (FG Nds EFG 13, 1747, rkr). – Überträgt der Verpächter den Betrieb im Laufe der Pachtzeit *unentgeltl* auf den Pächter, führt dieser ihn ohne Aufdeckung der stillen Reserven (nunmehr als Eigentumsbetrieb) fort (§ 6 III). Zur Abgrenzung zw entgeltl und unentgeltl Erwerb s § 16 Rz 25–77.

136 **d) Aufgabeerklärung.** – ***(1)*** **Rechtslage seit 5.11.2011.** Die Aufgabeerklärung muss *ausdrückl* ggü dem FA abgegeben werden (§ 16 IIIb). Nach der (in der Praxis erfahrungsgemäß nicht allzu bekannten) Vorschrift des § 138 I 4 AO besteht ohnehin eine gesetzl Pflicht, Betriebsaufgaben dem FA mitzuteilen. – ***(2)*** **Rechtslage bis 4.11.2011.** Einzelfragen s § 16 Rz 711, insb zur Form (allein die Erklärung von Einkünften aus VuV genügte nicht) und zur zeitl Wirkung (mit Eingang der Erklärung beim FA; grds keine Rückwirkung). Sind die Pachteinnahmen in der Veranlagung für 1969 (dh vor Einführung der Bodengewinnbesteuerung) bestandskräftig als Einkünfte aus VuV erfasst worden, sieht die *FinVerw* den Verpächterbetrieb aus Vertrauensschutzgründen auch ohne Nachweis einer ausdrückl Aufgabeerklärung als bereits aufgegeben an (*BMF* BStBl I 72, 102 Tz 6).

141 **5. Wirtschaftsüberlassungsverträge.** Sie stellen eine Besonderheit der LuF ggü anderen Einkunftsarten dar. Strukturell ähneln sie der Betriebsverpachtung im Ganzen; die Überlassung wird jedoch im steuerrechtl Sinne als *unentgeltl* angesehen, weil es sich um ein „minus" zur Vermögensübergabe gegen Versorgungsleistungen (Übertragung des *gesamten* Betriebs; s Rz 181 ff) handelt. Für Verträge, die ab VZ 2008 *neu* abgeschlossen werden, kann an dieser Beurteilung jedoch nicht festgehalten werden (s Rz 145); die Erläut in den Rz 142–144 beziehen sich daher nur auf **Altverträge.** Für diese wendet auch die *FinVerw* die bisherige Handhabung weiterhin an (*BMF* BStBl I 10, 227 Rz 81).

142 **a) Voraussetzungen** (grundlegend BFH IV R 99/72 BStBl II 75, 772 unter 3.; BFH IV R 31/74 BStBl II 76, 335 unter II.; ausführl ferner *Felsmann* A 692 ff; *HHR/Paul* § 13 Anm 49; *Wätzig* Inf 82, 437; *Kanzler* FR 92, 239). – ***(1)*** **Alleiniges Nutzungsrecht des Berechtigten.** Dies muss ihm bis zum Eintritt des Erbfalls, zumindest aber für einen nicht nur vorübergehenden Zeitraum (BFH IV R 99/72 BStBl II 75, 772 unter 4.a: 9 Jahre) nach außen hin erkennbar eingeräumt werden. Entscheidend ist die *persönl* Bewirtschaftung durch den Übernehmer (originäres Fruchtziehungsrecht); eine Nutzung im Wege der Verpachtung an Dritte genügt nicht (BFH IV B 32/93 BFH/NV 94, 539). – ***(2)*** **Eigentum am lebenden und toten Inventar.** Dies wird (entgeltl oder unentgeltl) auf den Berechtigten übertragen; zumindest aber muss er die volle Verfügungsmacht über das Inventar nach Maßgabe der für die eiserne Verpachtung geltenden Grundsätze (s Rz 114 ff) erlangen. Die letztgenannte Variante vermeidet die bei entgeltl oder unentgeltl Übertragung eintretende Realisierung der stillen Reserven des Inventars (vgl BFH IV R 31/74 BStBl II 76, 335 unter II.2.b). – ***(3)*** **Alleinige Entscheidungsbefugnis des Nutzungsberechtigten.** Sie bezieht sich auf sämtl zur Betriebsführung erforderl Maßnahmen. – ***(4)*** **Eingeschränkte Gegenleistung.** Der Nutzungsberechtigte ist ledigl zu **„Altenteilsleistungen"** (wesentl Teile des

Pachtzinses bestehen aus altenteilsähnl Leistungen wie Kost und Logis, Hege und Pflege) oder zu einem **unübl niedrigen Entgelt** (vgl BFH IV R 1/98 BStBl II 99, 55 unter 3.b) verpflichtet. – ***(5)* Person des Berechtigten.** Typischerweise ist der Nutzungsberechtigte zugleich der künftige **Hoferbe;** zwingend ist dies jedoch nicht (BFH IV R 84/87 BFH/NV 90, 623: ein minderjähriges Kind als Hofeigentümer überlässt den Hof seinen Eltern zur Bewirtschaftung; BFH IV R 53/92 BStBl II 93, 395 unter 3.: Überlassung des Hofs an den anderen Ehegatten gegen Versorgungsleistungen zugunsten der Schwiegereltern). – ***(6)* Eingeschränkter Fremdvergleich.** Auf die Fremdüblichkeit der einzelnen Vertragsbedingungen kommt es nicht an, weil es sich im steuerl Sinne ohnehin nicht um einen (entgeltl) Pachtvertrag, sondern um einen unentgeltl Vorgang handelt (BFH IV R 99/72 BStBl II 75, 772 unter 4.a). Die **tatsächl Durchführung** muss aber dem Vereinbarten entsprechen; insb muss der Nutzungsberechtigte auch ggü dem FA als Betriebsinhaber auftreten (BFH IV R 205/84 BFH/NV 86, 460).

b) Rechtsfolgen. – aa) Zurechnung der Einkünfte. Der Nutzungsberechtigte erzielt aus der aktiven Bewirtschaftung des Betriebs **Einkünfte aus LuF.** Er kann seine lfd Aufwendungen sowie die AfA für die ihm zuzurechnenden WG (nicht jedoch die AfA für WG des Eigentümers) abziehen. Der Eigentümer hat wegen der Ähnlichkeit zw Wirtschaftsüberlassung und Betriebsverpachtung im Ganzen ein Wahlrecht, die Betriebsaufgabe zu erklären; gibt er keine eindeutige Aufgabeerklärung ab, besteht sein BV fort (BFH IV R 179/72 BStBl II 76, 415 unter 2.c; BFH IV R 31/74 BStBl II 76, 335 unter III.; ausführl s Rz 123 ff). Zu den Einnahmen aus diesem BV gehören Erlöse aus der Veräußerung von WG des (ihm weiter zuzurechnenden) unbewegl AV, Einkünfte aus betriebl Beteiligungen sowie aus einer etwaigen Betriebsveräußerung. Als BA sind abzusetzen die AfA für die abnutzbaren unbewegl WG (BFH IV R 104/90 BStBl II 93, 327), Versicherungsprämien, öffentl Abgaben (zB GrundSt), Schuldzinsen, soweit sie nicht vom Nutzungsberechtigten getragen werden. – Mit der Übernahme der Bewirtschaftung des Betriebs geht eine bestehende **Buchführungspflicht** auf den Nutzungsberechtigten über (§ 141 III AO); die Buchführungspflicht des Hofeigentümers erlischt. Aus der Gewinnermittlung nach § 13a scheidet der Hofeigentümer aber erst auf Grund einer Mitteilung gem § 13a I S 4 aus. 143

bb) Behandlung der lfd Versorgungsleistungen. – (1) Vertragsschluss bis zum 31.12.07. Hier sind die Leistungen an den Hofeigentümer keine BA, sondern SA iSd § 10 Ia Nr 1 [bis VZ 2014 § 10 I Nr 1a] (BFH IV R 50/92 BStBl II 93, 548 unter 1.); der Eigentümer hat sie als sonstige Einkünfte zu versteuern. Der Wirtschaftsüberlassungsvertrag unterliegt insoweit den Grundsätzen des Rechtsinstituts der **Vermögensübergabe gegen Versorgungsleistungen** (BFH IV R 20/00 BStBl II 03, 644 unter 2.a; ausführl hierzu s Rz 181 mwN). – Dies gilt auch für Leistungen, die *vertragsgemäß* im Interesse des Hofeigentümers **an Dritte** erbracht werden, zB Versicherungsprämien, GrundSt, Zins- und Tilgungszahlungen nach einem Schuldbeitritt zur Verbindlichkeit des Eigentümers (BFH IV R 106/92 BStBl II 93, 546 unter 2.b mit krit Anm *Fischer* FR 93, 575; BFH IV R 50/92 BStBl II 93, 548 unter 2.a). Der Hofeigentümer hat diese Leistungen (einschließl der Zahlungen an Dritte) als sonstige Einkünfte zu versteuern; Zahlungen an Dritte, die dem Wesen nach BA darstellen (zB GrundSt, Schuldzinsen), kann er als BA bei seinen Einkünften aus LuF abziehen (BFH IV R 50/92 BStBl II 93, 548 unter 3.). **Größere Erhaltungsaufwendungen,** die der Nutzungsberechtigte *entgegen* dem Vertrag selbst trägt, sind zwar keine SA (zutr *BMF* BStBl I 03, 405), können aber im Hinblick auf die beabsichtigte spätere Übereignung des Betriebs vorweggenommene BA sein (BFH IV R 20/00 BStBl II 03, 644 unter 2b; BFH IV R 6/02 BFH/NV 03, 1546 unter 2.); für den Eigentümer ist dies günstig, da er keine sonstigen Einkünfte zu versteuern hat. – Fehlt es hingegen an einer der Voraussetzungen für die Annahme eines Wirtschaftsüberlassungsvertrags (s Rz 141), handelt 144 es sich nicht um SA, sondern um „normale" Pachtzahlungen (FG Nds EFG 04, 1681, unter 1., rkr).

145 **(2) Vertragsschluss nach dem 31.12.07.** Hier kann an dieser Beurteilung nicht mehr festgehalten werden (zutr *BMF* BStBl I 10, 227 Rz 22; BFH X R 16/13 BStBl II 14, 889; *Blümich/Nacke* § 13 Anm 27; *Kanzler* NWB 14, 2926; aA *Felsmann* A 546a, 693a; zu dem genannten Stichtag s § 52 Abs 18). Auch wenn der Gesetzgeber sich möglicherweise vorgestellt hat, an der bestehenden Rechtslage bei luf Übergabeverträgen und ihren Vorstufen nichts zu ändern, fällt die mit dem Wirtschaftsüberlassungsvertrag ledigl bewirkte Nutzungsüberlassung ohne Substanzübertragung nicht unter die gesetzl Voraussetzung „Übertragung eines Betriebs" (§ 10 Ia Nr 2; VZ 2008–2014 § 10 I Nr 1a). Zahlungen aufgrund eines neu abgeschlossenen Wirtschaftsüberlassungsvertrags sind daher nunmehr als BA beim Nutzungsberechtigten und als BE beim Eigentümer zu behandeln, sofern das Vertragsverhältnis einem Fremdvergleich standhält (*Kanzler* NWB 14, 2926; so von BFH IV R 1/98 BStBl II 99, 55 unter 3.b und *Kempermann* DStR 03, 1736, 1741 bereits für die bis 2007 geltende Rechtslage erwogen), wobei jedoch allein ein unübl geringes Entgelt noch nicht zur Verneinung der Fremdüblichkeit führt (BFH X R 16/13 BStBl II 14, 889 Rz 19; *Kanzler* FR 14, 1090). Andernfalls handelt es sich um unbeachtl Unterhaltsleistungen. Kann angesichts der geringen Höhe des Entgelts (auch unter Berücksichtigung ggf zuwachsender stiller Reserven) auf Dauer kein Überschuss mehr erzielt werden, wandelt sich der Eigentümerbetrieb in einen Liebhabereibetrieb.

151 **6. Nießbrauch.** Es handelt sich um ein dingl Recht, kraft dessen der Nießbraucher berechtigt ist, die Nutzungen der belasteten Sache zu ziehen (§§ 1030 ff BGB). Zu unterscheiden ist zw **Unternehmens-** und **Ertragsnießbrauch.** Nur der Unternehmensnießbrauch (zu den zivilrechtl Voraussetzungen s *Palandt* § 1085 BGB Anm 3 ff) begründet die Unternehmereigenschaft des Nießbrauchers und damit die Zurechnung der lfd Einkünfte an ihn. Ist der Nießbrauch hingegen auf den Ertrag beschränkt, werden die Einkünfte weiterhin vom Eigentümer erzielt (s § 15 Rz 144 f mwN).

152 **a) Entgeltl Nießbrauchsbestellung.** Sie führt wirtschaftl weitgehend dieselben Wirkungen wie eine Verpachtung des Betriebs herbei. Auch die steuerl Behandlung ist grds dieselbe: Das Entgelt führt beim **Nießbrauchsbesteller** zu Einkünften aus der Nutzungsüberlassung, die bis zu einer Aufgabeerklärung (Rz 136) unter § 13, danach unter § 21 fallen. Der Nießbrauchsbesteller bleibt zivilrechtl und wirtschaftl Eigentümer der WG; ihm steht weiterhin die AfA zu (s § 7 Rz 43). – Der **Nießbraucher** bewirtschaftet den Hof kraft des Nießbrauchsrechts selbst und hat daher ebenfalls Einkünfte aus LuF. Das lfd Nießbrauchsentgelt ist BA; *vorausgezahltes* Entgelt ist zu aktivieren und auf den Vorauszahlungszeitraum abzuschreiben (s § 5 Rz 176 mwN). – Für die entgeltl **Nießbrauchsbestellung zugunsten naher Angehöriger** gelten die bei Angehörigenverträgen übl steuerl Kriterien (ausführl § 4 Rz 520 „Angehörige"). Bleibt das Entgelt für die Bestellung des Nießbrauchs deutl hinter dem Angemessenen zurück, wird das Vertragsverhältnis bei bis VZ 2007 abgeschlossenen Altverträgen steuerl nach den Grundsätzen über den Wirtschaftsüberlassungsvertrag behandelt (s Rz 141); bei Neuverträgen handelt es sich um BA, sofern das Vertragsverhältnis noch anzuerkennen ist, ansonsten um unbeachtl Unterhalt (s Rz 145).

153 **b) Unentgeltl Nießbrauchsbestellung.** Die Vorwegnahme einer Erbregelung kann zeitl gestreckt werden. Hierfür ist der Nießbrauch gut geeignet. So kann der Hofeigentümer zB das Eigentum an dem Betrieb dem künftigen Hoferben übertragen und sich den Nießbrauch vorbehalten (Vorbehaltsnießbrauch, Rz 154) oder er kann Eigentümer bleiben, aber dem künftigen Hoferben unentgeltl einen Nießbrauch bestellen (Zuwendungsnießbrauch, Rz 156).

aa) Vorbehaltsnießbrauch. Behält sich der luf Unternehmer bei der Übertragung des Eigentums auf den künftigen Hoferben den Nießbrauch vor und setzt er auf dieser rechtl Grundlage die Bewirtschaftung (einstweilen) fort, entstehen dadurch zwei luf Betriebe (BFH IV R 66/86 BStBl II 88, 260 unter 2.). – **(1) Behandlung beim Nießbraucher.** Er erzielt aus seiner aktiven Bewirtschaftung (nunmehr allerdings auf fremden Flächen) weiterhin die lfd Einkünfte. Zu einer Gewinnrealisierung kommt es durch die Nießbrauchsbestellung (anders als bei der Übertragung *einzelner* WG unter Vorbehaltsnießbrauch, s § 7 Rz 41) wegen § 6 III nicht. Die AfA stehen – trotz idR fehlenden wirtschaftl Eigentums – weiterhin dem früheren Eigentümer (Nießbraucher) zu, der die lfd Einkünfte erzielt, und zwar auf der Basis der von ihm selbst getragenen tatsächl AK/HK (ausführl § 7 Rz 41 mwN). – **(2) Behandlung beim neuen Eigentümer.** Der übertragene Betrieb ruht fortan, weil er unentgeltl überlassen wird. Die Einkünfte aus der Substanz der überlassenen WG (zB Veräußerung oder Entnahme von Grundstücken, Gewinn aus einer Betriebsveräußerung oder -aufgabe) sind dem neuen Eigentümer zuzurechnen. Dieser kann entspr den Grundsätzen über die Betriebsverpachtung im Ganzen (s Rz 123 ff) wählen, ob er die Betriebsaufgabe erklärt (BFH IV R 325/84 BStBl II 87, 772 unter 2.). Solange er keine Aufgabeerklärung abgibt, handelt es sich um Einkünfte aus LuF. Lfd Einkünfte bezieht er wegen der Unentgeltlichkeit der Nießbrauchsbestellung idR nicht. – **(3) „Rheinische Hofübergabe".** Übernimmt der neue Eigentümer vom Vorbehaltsnießbraucher auch die aktive Bewirtschaftung (zB der Nießbraucher überlässt den Betrieb im Rahmen eines „nachgeschalteten" Pacht- oder Wirtschaftsüberlassungsvertrags an den Eigentümer), kommt es für die AfA-Befugnis darauf an, ob das Überlassungsverhältnis entgeltl ist: Bei entgeltl Pachtvertrag erzielt der Nießbraucher weiterhin lfd Einkünfte und kann die AfA abziehen (BFH IV R 28/00 BFH/NV 05, 1062 unter II.1. hat allerdings angedeutet, dass hier das Verpächterwahlrecht ausgeschlossen sein könnte, so dass der Übergeber nach einer zwingenden Betriebsaufgabe Einkünfte aus VuV erzielt); bei (unentgeltl) Wirtschaftsüberlassung geht die AfA-Befugnis auf den Eigentümer über. 154

bb) Zuwendungs-/Vermächtnisnießbrauch. Wendet der Hofeigentümer dem künftigen Hoferben unentgeltl ein Nießbrauchsrecht zu, um ihm die Bewirtschaftung zu überlassen (Zuwendungsnießbrauch), oder wird ein Nießbrauchsrecht durch Vermächtnis zugewandt (Vermächtnisnießbrauch) erzielt der Nießbraucher die lfd Einkünfte aus LuF. Ihm stehen jedoch weder AfA nach den AK/HK des Eigentümers zu (s § 7 Rz 58 mwN) noch kann er (mangels eigener Aufwendungen) ein Nießbrauchsrecht aktivieren und abschreiben. Wegen dieser steuerl Nachteile ist der Zuwendungsnießbrauch nicht empfehlenswert und in der Praxis selten geworden. – Einkünfte aus der Veräußerung des luf *Vermögens* erzielt weiterhin der Eigentümer, der zudem ein Wahlrecht zur Erklärung der Betriebsaufgabe hat (BFH IV R 7/94 BStBl II 96, 440 unter 2.a). Die Einräumung eines Vermächtnisnießbrauchs führt nicht zur Zwangsbetriebsaufgabe (BFH IV R 19/94 BFH/NV 96, 600 unter 1.b). – Vertragsgemäße Versorgungs-(Altenteils-)leistungen, die der Nießbraucher an den Eigentümer erbringt, sind nach den hierfür geltenden Grundsätzen (s Rz 181 ff) zu beurteilen. 156

7. Nutzungsberechtigung nach § 14 HöfeO. Rechtsgrundlagen: In den Ländern Nds, NRW, SchlHol und Hbg (frühere britische Besatzungszone) gilt die HöfeO; ähnl § 23 HöfeO RhPf; s ausführl *Felsmann* A 272 ff. – Das Recht des überlebenden Ehegatten eines verstorbenen Hofeigentümers auf Verwaltung und Nutznießung am Hof bis Vollendung des 25. Lebensjahres des Hoferben nach § 14 HöfeO ähnelt der Rechtsstellung eines **Vermächtnisnießbrauchers** (s Rz 156). Die lfd Erträge sind daher dem Nutzungsberechtigten zuzurechnen; der Erbe als Hofeigentümer erzielt die Einkünfte aus der Vermögenssubstanz. Der nutzungsberechtigte überlebende Ehegatte ist weder wirtschaftl Eigentümer noch in einer 158

MUerschaft mit dem Hoferben verbunden (BFH IV R 20/84 BStBl II 87, 561; BFH IV R 29/05 BFH/NV 08, 1131).

161 **8. Besonderheiten bei MUerschaften der LuF.** Allg zur MUerschaft s § 15 Rz 160 ff; zu FamilienPersGes s § 15 Rz 740 ff. – **a) Anwendung der allg Vorschriften.** Über § 13 VII (s Rz 4) gelten zahlreiche Sonderregelungen der §§ 15–15b auch für luf PersGes. Auch die allg Regeln über die steuerl Anerkennung von Gesellschaftsverträgen zw nahen Angehörigen sind anwendbar (BFH IV R 44/02 BStBl II 04, 500 unter 1.a). – Die **Abfärberegelung des § 15 III Nr 1** (ausführl § 15 Rz 185 ff) ist gerade bei (auch) luf tätigen PersGes von Bedeutung. Gewerbl Nebentätigkeiten, die bei einem Einzelunternehmen einen gesonderten GewBetr begründen und die LuF im Übrigen unberührt lassen würden, führen hier zur Umqualifizierung der *Gesamteinkünfte*. Die **gewerbl Prägung nach § 15 III Nr 2** erfasst (rein) luf tätige PersGes, bei denen eine KapGes persönl haftend und geschäftsführend ist (näher § 15 Rz 211 ff). Zum Halten einer Beteiligung an einer luf PersGes in einem gewerbl BV s § 15 Rz 200 ff. – **Verfahren.** Die **verbindl Entscheidung über das Bestehen einer MUerschaft** kann (auch zw Ehegatten) nur im Gewinnfeststellungsverfahren (§ 180 I Nr 2 Buchst a AO) getroffen werden. In Fällen von geringerer Bedeutung ist ein formelles Feststellungsverfahren allerdings entbehrl (§ 180 III 1 Nr 2 AO). Feststellungszeitraum ist auch bei abw Wj immer das Kj (BFH IV R 87/82 BStBl II 85, 148). – **SonderBV** ist insb bei Ehegatten-MUerschaften von erhebl Bedeutung, weil die Flächen trotz gemeinsamer Bewirtschaftung häufig zumindest teilweise im Alleineigentum eines Ehegatten stehen. Wird eine bisher im gemeinschaftl Eigentum stehende Teilfläche in das Alleineigentum der Ehegatten übertragen, aber weiterhin faktisch durch den gemeinsamen Betrieb bewirtschaftet (wofür nach der Rspr eine Vermutung spricht), entsteht kein eigener Betrieb des Eigentümer-Ehegatten; vielmehr stellt die Fläche ledigl SonderBV in der fortbestehenden MUerschaft dar (BFH IV R 62/94 BStBl II 95, 592).

163 **b) Zivilrechtl Gesellschafts-/Gemeinschaftsverhältnis.** S ausführl § 15 Rz 320 ff. Zum Einfluss der ehel Güterstände s § 15 Rz 375 ff. Danach ist bei **Gütergemeinschaft** auch ohne zusätzl Vereinbarungen grds MUerschaft gegeben (BFH IV R 37/04 BStBl II 06, 165 unter II.2.; BFH IV B 101/05 BFH/NV 07, 202 unter II.1.c; BFH IV R 44/05 BFH/NV 08, 1156 unter II.1.b), bei Zugewinngemeinschaft und Gütertrennung (ohne bes Vereinbarung) hingegen nicht. Eine fortgesetzte Gütergemeinschaft ist trotz der Einkünftezurechnung an den überlebenden Ehegatten (§ 28) als MUerschaft anzusehen (*Kanzler* FR 93, 761, 769). Auch bei Trennung oder Scheidung der Eheleute endet die MUerschaft nicht schon mit diesem Ereignis, sondern erst mit der tatsächl Auflösung und Abwicklung der Gütergemeinschaft (BFH IV B 66/10 BFH/NV 12, 411). Eine **Bruchteilsgemeinschaft** reicht ebenfalls aus; dies gilt jedoch nicht, wenn Eheleute eine solche Gemeinschaft nur für ganz kurze Zeit begründen (FG BaWü EFG 95, 524, rkr: 14 Tage). – Eine **ausdrückl als solche vereinbarte InnenGes** ist auch dann MUerschaft, wenn der allein tätige und nach außen allein auftretende Betriebsinhaber nur über angepachtete Flächen verfügt und ledigl einen geringen festen Vorabgewinn erhält, der andere Ges'ter aber sämtl weitere Betriebsmittel einbringt und zu 100% am Gewinn und den stillen Reserven beteiligt ist (BFH IV R 2/05 BStBl II 07, 927 unter II. B.3.: die starke MUerinitiative kompensiert das geringe MUerrisiko). **Stille Ges** sind bei LuF allerdings ausgeschlossen, da es an dem dafür erforderl Grundhandelsgewerbe fehlt; statt dessen ist eine InnenGbR anzunehmen (BFH IV R 2/05 BStBl II 07, 927 unter II. B.2.).

164 **c) Stillschweigende (faktische/verdeckte) MUerschaften.** Allg hierzu s § 15 Rz 280 ff; zu Besonderheiten der LuF s *Ritzrow* StBP 07, 17 mwN; *v Twickel* DStR 09, 411. Sie sind bei LuF häufiger als bei anderen Einkunftsarten. Zwar ist für die Annahme einer MUerschaft *immer* ein Ges- oder Gemeinschaftsverhältnis

erforderl. IdR wird es sich um einen ausdrückl Vertrag (schriftl oder mündl) handeln, worunter auch die Gütergemeinschaft fällt (Ehevertrag). Auch beim Fehlen einer solchen ausdrückl Vereinbarung kann jedoch ein stillschweigendes (faktisches, verdecktes) GesVerhältnis vorliegen, wenn die Beteiligten unter Übernahme von Unternehmerrisiko und -initiative gemeinschaftl einen luf Betrieb führen. Aus diesem tatsächl Verhalten wird dann auf die stillschweigende Vereinbarung einer InnenGes geschlossen (*v Twickel* DStR 09, 411/2). Für die Feststellung einer verdeckten MUerschaft gelten die allg Regeln für die Anerkennung von Verträgen zw nahen Angehörigen – anders als bei *ausdrückl* GesVerträgen – naturgemäß nicht (BFH XI R 14/95 BStBl II 96, 133). – IErg kann die Annahme einer verdeckten MUerschaft bei LuF wegen der besonderen Bedeutung sowohl der betriebl WG (insb des GuB, s Rz 213 ff) als auch der tatsächl Mitarbeit unter **großzügigeren Voraussetzungen als bei § 15** erfolgen (so bereits BFH I 140/61 U BStBl III 62, 214), wo entscheidend auch auf das Auftreten nach außen abgestellt wird. Bei Betrieben, die zwar landwirtschaftsnah, jedoch steuerl als GewBetr einzustufen sind (zB gewerbl Gärtnereien, gewerbl Tierzucht), gelten nicht die für LuF, sondern die für GewBetr entwickelten Grundsätze (FG Nds Inf 87, 329, rkr).

d) Stillschweigende Ehegatten-MUerschaft. Dies setzt grds die Verteilung des luf GuB auf *beide* Ehegatten (dazu sogleich) und darüber hinaus MUerinitiative (beiderseitige Mitarbeit im Betrieb, s Rz 171) sowie MUerrisiko (s Rz 172) voraus; zu den Rechtsfolgen s Rz 173; zur Anwendung dieser Grundsätze über die Ehegatten-Fälle hinaus s Rz 175. 166

aa) Verteilung des luf GuB auf beide Ehegatten. Dies ist nach der Rspr das entscheidende Kriterium. Die Flächen müssen also entweder den Eheleuten *gemeinsam* (BFH I 14/60 U BStBl III 60, 326; BFH IV R 206/80 BStBl II 83, 636) oder ein erhebl Teil jedem Ehegatten zu Allein- oder Miteigentum gehören (BFH I 140/61 U BStBl III 62, 214; BFH IV R 248/84 BStBl II 87, 17; insoweit aA *Wendt* FR 96, 265, 270). Beruht die Überlassung des dem anderen Ehegatten gehörenden Teils der Flächen hingegen nicht ledigl auf einer stillschweigenden Übereinkunft, sondern auf einem förml Pachtvertrag, erzielt nur der bewirtschaftende Ehegatte (Pächter) Einkünfte aus LuF; der Annahme einer MUerschaft bedarf es hier nicht (BFH IV R 35/09 BFH/NV 11, 2057 unter II.6.). Der Abschluss derartiger ausdrückl Verträge kann sich empfehlen, wenn die Flächen des einen Ehegatten im PV gehalten werden sollen. Zur stillschweigenden Überlassung solcher Flächen an den anderen Ehegatten, die der Überlassende seinerseits angepachtet hat, s Rz 168. Hintergrund dieser Rspr ist, dass die einheitl Nutzung des auf beide Ehegatten verteilten GuB stets Einvernehmen der Ehegatten voraussetzt, so dass die Annahme eines konkludent begründeten Gesellschaftsverhältnisses nahe liegt. 167

(1) Nur geringfügiger Flächenanteil eines Ehegatten. Dies reicht zur Begründung einer verdeckten MUerschaft nicht aus. Als geringfügig sieht der BFH Flächen im Umfang von weniger als 10% der insgesamt genutzten Eigentumsflächen an (BFH IV R 16/07 BStBl II 09, 989 unter II.2.b ee). Die frühere Geringfügigkeitsgrenze (20% des gemeinen Werts des Hofes; s BFH IV R 206/80 BStBl II 83, 636) ist aufgegeben (*BMF* BStBl I 09, 1593 lässt die weitere Anwendung bis Wj 09/10 zu). Liegt der Flächenanteil eines Ehegatten unter dieser Geringfügigkeitsgrenze, unterhält jeder Ehegatte auf seinen Eigentumsflächen selbst dann einen *eigenen* Betrieb, wenn die Bewirtschaftung einheitl durch *einen* der Ehegatten erfolgt, weil dann der Grundsatz gilt, dass Einkünfte aus luf genutztem GuB dem Eigentümer zuzurechnen sind (BFH IV R 96/87 BStBl II 89, 504). – **(2) Ausschließl *ein* Ehegatte ist Eigentümer des GuB.** In diesen Fällen lehnt die Rspr eine stillschweigende MUerschaft grds ab und rechnet die Einkünfte auch dann in vollem Umfang dem Eigentümer-Ehegatten zu, wenn der andere Ehegatte seine gesamte Arbeitskraft in den Betrieb einbringt, ohne dass dies auf besonderen Rechtsbeziehungen beruht (BFH IV R 119/74 BStBl II 75, 770; BFH IV R 168

186/79 BStBl II 83, 73; BFH IV R 16/07 BStBl II 09, 989 unter II.2.b ff). Bei Überlassung von Flächen, die der Nichteigentümer-Ehegatte von Dritten im eigenen Namen **angepachtet** hat, hat der BFH indes seine Rspr zR geändert und lässt hier eine stillschweigende MUerschaft zu, weil auch der Pächter gem § 956 BGB originär Eigentümer der Früchte wird (zutr BFH IV R 16/07 BStBl II 09, 989 unter II.2.b cc). – **(3) Ausnahmsweise keine verdeckte MUerschaft trotz Verteilung des GuB auf beide Ehegatten.** Dies gilt für solche Betriebe, bei denen die Erzeugnisse weder wesentl Bestandteile noch Früchte des zu ihrer Hervorbringung genutzten Grundstücks darstellen, weil der GuB dann nicht von prägender Bedeutung ist (BFH IV R 341/84 BStBl II 87, 23: Baumschule, Blumengärtnerei; mE ebenso für Pilzzuchtbetriebe).

170 **(4) Kritik.** Die ausschließl Fixierung auf den eigenen GuB erscheint gleichwohl als zu eng. Denn mit zunehmender Technisierung und Bürokratisierung der Landwirtschaft haben zB **Lieferrechte, Geräte und Know-how** an Bedeutung gewonnen; dementspr ist der GuB als Produktionsmittel nicht mehr allein entscheidend (ebenso *Felsmann* A 470; *Blümich/Nacke* § 13 Anm 45). Bringt einer der Ehegatten derartige „Beiträge" (vgl § 705 BGB) und der andere die Eigentumsflächen ein, reicht dies mE für eine MUerschaft aus, wenn der Betrieb *tatsächl* gemeinsam geführt wird (beiderseitige Mitarbeit, gemeinsame Entscheidungsfindung). Zutr weist die Rspr allerdings darauf hin, dass für die Ausdehnung der Grundsätze über die stillschweigende Ehegatten-MUerschaft **kein besonderes Bedürfnis** besteht, weil den Ehegatten, die eine MUerschaft wünschen, jederzeit der Abschluss eines ausdrückl Gesellschaftsvertrages mögl ist (BFH IV R 44/02 BStBl II 04, 500 unter 1.c). IÜ kann die Annahme einer MUerschaft durchaus auch negative Rechtsfolgen mit sich bringen (zB Abfärbung gewerbl Anteile, s Rz 161, 173).

171 **bb) MUerinitiative.** Sie ist gegeben, wenn beide Ehegatten **im Betrieb mitarbeiten,** wobei der Beitrag des einen durchaus auch „weit geringer" sein kann als der des anderen (BFH IV R 248/84 BStBl II 87, 17: Mitarbeit im Umfang von 20% einer Vollzeitkraft; BFH IV B 104/94 BFH/NV 96, 27 unter 1.; BFH IV R 44/02 BStBl II 04, 500 unter 2.: der Ehemann bewirtschaftet, die Ehefrau erledigt Schriftverkehr und Bankgeschäfte). Sind diese Voraussetzungen erfüllt, kommt es für die Bejahung einer MUerschaft nicht darauf an, ob die Ehegatten auch nach außen hin gemeinsam auftreten (woran es bei einer reinen InnenGes typischerweise fehlt); daher sind auch gemeinsame Bankkonten nicht zwingend.

172 **cc) MUerrisiko.** Daran fehlt es (dh keine MUerschaft), wenn zw den Ehegatten ein **steuerl beachtl Nutzungsüberlassungsverhältnis** (zB Pacht, Nießbrauch, unentgeltl Überlassung aufgrund besonderer Vereinbarung) über die Flächen besteht. Denn aufgrund der festen (oder ganz fehlenden) Vergütung hat der Eigentümer-Ehegatte keinen Anspruch auf Beteiligung am Gewinn des luf Betriebs (BFH IV R 44/02 BStBl II 04, 500 unter 1.b, 3.b). Die überlassenen Flächen können dann zum PV des Eigentümer-Ehegatten gehören, sofern dieser niemals selbst einen luf Betrieb geführt hat (BFH IV R 264/84 BStBl II 87, 20). Bei einer unentgeltl Überlassung „zur Bewirtschaftung" kann die Abgrenzung zw schuldrechtl Überlassung einerseits und Gesellschafterbeitrag andererseits schwierig sein; im Zweifel nimmt die Rspr Gesellschafterbeitrag an (BFH IV R 264/84 BStBl II 87, 20 unter 2.; BFH IV R 44/02 BStBl II 04, 500 unter 3.b). – ME gilt dieser **Vorrang ausdrückl schuldrechtl Abreden** vor der Annahme einer stillschweigenden MUerschaft auch dann, wenn die Ehegatten (die je für sich Eigentümer von Teilflächen sind) einen den steuerl Anforderungen genügenden **Arbeitsvertrag** geschlossen haben, wonach der eine Ehegatte in dem luf Betrieb des anderen tätig wird.

173 **dd) Rechtsfolgen.** Der Gewinn ist grds beiden Ehegatten **zu je 50% zuzurechnen** (BFH I 14/60 U BStBl III 60, 326; BFH IV R 264/84 BStBl II 87, 20

unter 1.; krit *HHR/Paul* § 13 Anm 27: bei erhebl abw Beiträgen wäre dies nicht fremdübl). – Wie bei jeder MUerschaft droht auch der stillschweigenden Ehegatten-MUerschaft Gefahr durch die **Abfärberegelung** des § 15 III Nr 1 (s Rz 161), so dass bei einer *teilweise* gewerbl Tätigkeit die *gesamten* Einkünfte unter § 15 fallen. Auch Sondervergütungen sind nicht als BA abziehbar (§ 15 I 1 Nr 2). Die Annahme einer MUerschaft kann jedoch auch positive Auswirkungen haben. So kommt es bei **Übertragung einzelner WG** auf den MUer nicht zu einer gewinnrealisierenden Entnahme, sondern zur Buchwertfortführung (§ 6 V). – Die **Beendigung** einer stillschweigend begründeten MUerschaft ist nur durch eindeutige vertragl Vereinbarungen oder eindeutige Handlungen mögl (vgl BFH IV R 81/93 BFH/NV 95, 202 unter 2.b). Nach dem **Tod eines Ehegatten** treten, wenn abw vertragl Vereinbarungen nicht getroffen werden, dessen Erben in die MUerstellung ein (FG BaWü EFG 96, 649, rkr).

e) Weitere Anwendungsfälle stillschweigender MUerschaften. Diese 175
Grundsätze gelten auch im Verhältnis zw **Hofeigentümer und Nießbrauchsberechtigtem** (oder einem Nutzungsberechtigten nach § 14 HöfeO), so dass ohne gemeinschaftl Eigentum am GuB trotz gemeinsamer Bewirtschaftung ohne ausdrückl Abrede keine verdeckte MUerschaft unterstellt werden kann. – Im Verhältnis zw **Eltern und Kindern** können diese Grundsätze ebenfalls anwendbar sein; in der LuF beschränkt sich die zur Annahme stillschweigender MUerschaften führende besondere Interessenlage nicht auf Ehegatten. Eine Mitarbeit des Kindes im Betrieb (besondere Ausprägung der MUerinitiative, s Rz 171) ist jedoch abw von den Ehegattenfällen jedenfalls dann nicht erforderl, wenn ein Bruchteil der luf Flächen des Betriebs von den Eltern auf das Kind übertragen wird, die Flächen weiterhin luf genutzt werden und der betriebl Gewinn tatsächl nach dem Flächenanteil verteilt wird (BFH IV R 47/06 BFH/NV 10, 181 unter II.2., obiter dictum). Hat das Kind hingegen keinen Anteil am betriebl GuB, kommt eine stillschweigende MUerschaft nicht in Betracht (ebenso iErg BFH VI R 50/05 BStBl II 08, 868 unter II.1.c).

f) Ernteteilungs-/Bewirtschaftungsverträge. Sie werden zw Landeigentü- 176
mern und erfahrenen Landwirten abgeschlossen, die die erforderl Bestellungs- und Erntearbeiten gegen Entgelt durchführen. Hierdurch wird eine **MUerschaft** begründet, wenn die Flächen gemeinschaftl und auf beiderseitiges Risiko bewirtschaftet werden. Wesentl Indiz dafür ist eine erfolgsabhängige Beteiligung am Ertrag (zB quotale Beteiligung an der Ernte oder am erzielten Gewinn), auch wenn die vertragl Regelung als Entgeltvereinbarung bezeichnet wird (*Felsmann* A 290p ff; *Wendt* FR 96, 265, 279; für zwei Einzelbetriebe von Flächeneigentümer und Bewirtschaftendem jedoch FG SachsAnh EFG 99, 1183; aus verfahrens-rechtl Gründen aufgehoben durch BFH IV R 66/99 BFH/NV 02, 524). Andernfalls wird durch die Vereinbarung ein partiarisches Rechtsverhältnis begründet: Der passive Flächeneigentümer unterhält einen luf Einzelbetrieb; der überbetriebl Maschineneinsatz des aktiv tätigen LuF fällt nach den zu Rz 76 dargestellten Grundsätzen entweder unter § 13 oder § 15. Zu Bewirtschaftungsverträgen im Weinbau s *Schild* Inf 97, 549. – Verpachtet der Eigentümer die Flächen, erbringt er aber aufgrund eines Bewirtschaftungsvertrags gleichwohl die landwirtschaftl Dienstleistungen für den Pächter, ist er gewerbl tätig (BFH IV R 91/99 BStBl II 02, 221).

9. Hofübergabe gegen Versorgungsleistungen (Altenteil). Ausführl § 10 181
Rz 139 ff; *BMF* BStBl I 10, 227. – **a) Systematik.** Wie bei jeder anderen Vermögensübergabe sind auch bei einer Übergabe luf Betriebe gegen wiederkehrende Leistungen steuerl die folgenden Konstellationen zu unterscheiden: Sind die wiederkehrenden Leistungen als echte *Gegenleistung* anzusehen, handelt es sich um eine (unter § 14 fallende) gewinnrealisierende Betriebsveräußerung; die wiederkehrenden Leistungen stellen **Veräußerungsentgelt** dar. – Handelt es sich bei den wiederkehrenden Leistungen hingegen um **Unterhaltszahlungen,** ist die Be-

triebsübergabe unentgeltl (Buchwertfortführung nach § 6 III); der Übernehmer kann die Unterhaltszahlungen weder als BA noch nach § 10 Ia Nr 2 abziehen, sondern allenfalls unter den besonderen Voraussetzungen und in den engen Grenzen des § 33a. – Die häufigste Gestaltung bei der Übergabe luf Betriebe an Angehörige ist die Vermögensübergabe gegen **Versorgungsleistungen.** Auch hier wird die Vermögensübergabe als unentgeltl angesehen, so dass es nicht zur Gewinnrealisierung kommt (§ 6 III; ausführl zur Abgrenzung zw entgeltl und unentgelt Übertragungen § 16 Rz 35–77). Der Übernehmer kann die wiederkehrenden Leistungen aber in vollem Umfang nach § 10 Ia Nr 2 (bis VZ 2014 § 10 I Nr 1a) abziehen (dieser Tatbestand geht den Regelungen über Unterhaltsleistungen vor); der Übergeber hat sie als sonstige Einkünfte zu versteuern. Die nachfolgenden Erläuterungen beziehen sich ausschließl auf diese Sonderform der (unentgeltl) Vermögensübergabe.

182 **b) Abzug von Versorgungsleistungen für ab 2008 geschlossene Neuverträge.** Nachstehend werden zunächst Vermögensübertragungen erläutert, die nach dem 31.12.07 vereinbart worden sind (§ 52 Abs 18 S 1; die Einschränkung in § 52 Abs 18 S 2 ist für Hofübergaben nicht von Bedeutung). Versorgungsleistungen, die auf zuvor abgeschlossenen Verträgen beruhen, werden auch in Zukunft (zeitl unbegrenzt) nach den bis VZ 2007 geltenden Grundsätzen (dazu Rz 187) behandelt. – **aa) Übertragung eines Betriebs, Teilbetriebs oder MUeranteils.** Nach § 10 Ia Nr 2 (VZ 2008–2014 § 10 I Nr 1a nF) sind Versorgungsleistungen nur noch abziehbar, wenn sie iZm der Übertragung eines Betriebs, Teilbetriebs oder MUeranteils stehen. Die Abziehbarkeit von Versorgungsleistungen iZm Grund-, Wertpapier- oder Geldvermögen ist nunmehr ausgeschlossen. Für den Bereich der LuF hat die Neufassung kaum Änderungen gebracht, weil die klassische Hofübergabe weiterhin begünstigt ist. Die Art der Gewinnermittlung (auch § 13a, Schätzung) spielt keine Rolle. Auch Nebenerwerbsbetriebe sind erfasst (BFH X R 7/05 BFH/NV 05, 201), ferner verpachtete (sofern noch nicht aufgegebene) und erhebl verkleinerte Betriebe. – Bei der Übertragung von (Teil-)Betrieben ist erforderl, aber auch ausreichend, dass **alle wesentl Betriebsgrundlagen** auf den Erwerber übergehen (ausführl § 16 Rz 90 ff mwN; zum Begriff der wesentl Betriebsgrundlage bei LuF s Rz 126). Daran fehlt es bei typisierender Betrachtung, wenn der Übergeber mehr als 10 % der Eigentums-Nutzflächen zurückbehält und weiterhin selbst bewirtschaftet (BFH IV B 101/04 BFH/NV 06, 53 mwN); anders nur dann, wenn schon *vor* der Übergabe die Voraussetzungen eines luf **Teilbetriebs** (s § 14 Rz 6) vorlagen. Zur Behandlung zurückbehaltener Restflächen, die unter der 10 %-Grenze bleiben, s Rz 129. – Wird ein *ganzer* **MUeranteil** übertragen, muss auch das SonderBV übergehen, weil sonst schon die Voraussetzungen des § 6 III nicht erfüllt sind; zu Übertragungen von *Teilanteilen* s § 6 III 2 und § 6 Rz 664. – Begünstigt sind gem § 10 Ia Nr 2 S 3 (bis VZ 2014 § 10 I Nr 1a S 3) ausdrückl auch Versorgungsleistungen, die auf den **Wohnteil** entfallen (der nun nicht mehr BV, sondern privates Grundvermögen darstellt und an sich nicht begünstigt wäre). Dies gilt aber nur für eine einheitl Übergabe von Betrieb und Wohnteil; die *isolierte* Übergabe des Wohnteils ist nicht erfasst (zu Gestaltungsmöglichkeiten *Neufang* Stbg 07, 592). – ME fällt auch die **„gleitende Vermögensübergabe"** weiterhin unter den Tatbestand (zum früheren Recht BFH X R 147/88 BStBl II 93, 98): In dieser Konstellation behält sich der Übergeber zunächst den Nießbrauch am übergebenen Betrieb vor (erzielt also weiterhin die lfd Einkünfte); erst in einem zweiten Schritt verzichtet er auf den Nießbrauch, und zwar gegen Einräumung von Versorgungsleistungen. Denn sowohl der im ersten Schritt übertragene Eigentumsbetrieb als auch der Nießbrauchsbetrieb ist jeweils als luf Betrieb anzusehen (s Rz 154). – Wird der Betrieb nicht zum Ende des Wj übergeben, ist für den Übergeber wie für den Erwerber je ein RumpfWj zu bilden (BFH IV R 95/75 BStBl II 80, 8).

bb) Begriff der Versorgungsleistungen. Dieser hat sich durch die gesetzl Regelung mE nicht geändert, weil weiterhin eine Abgrenzung zu Unterhaltsleistungen erforderl ist. Die Leistungen müssen daher aus den Nettoerträgen des übergebenen Vermögens erbracht werden können, wofür allerdings eine Vermutung spricht (s Rz 187). Zum Umfang und zur Bewertung der abziehbaren (und korrespondierend vom Empfänger zu versteuernden) Leistungen (bei Altenteilsverträgen iSd Art 96 EGBGB typischerweise Wohnung mit Heiz-, Strom- und Nebenkosten, Verpflegung, Geldbedarf; ggf Pflege, soweit dafür Aufwendungen anfallen) s 33. Aufl § 22 Rz 7–10; zur Bewertung unbarer Altenteilsleistungen in der LuF s auch *BayLfS* DB 09, 583. 184

cc) Empfänger der Versorgungsleistungen. Dieser Personenkreis ist nach dem Wortlaut der seit 2008 geltenden Regelung nicht mehr eingeschränkt; mE sind daher nun auch Leistungen an Geschwister oder Lebensgefährten des Übergebers abziehbar (aA *BMF* BStBl I 10, 227 Rz 50; zu der nach früherer Rechtslage geltenden Beschränkung auf den „Generationennachfolge-Verbund" s Rz 187). Der Empfänger hat die Leistungen nach § 22 Nr 1a (VZ 2008–2014: § 22 Nr 1b) zu versteuern. 185

dd) Nachträgl Umschichtung des übergebenen Vermögens. Hier kann der Abzug mE nur dann fortgeführt werden, wenn auch das neue Vermögen Gegenstand einer begünstigten Vermögensübergabe sein könnte (dh Betrieb, Teilbetrieb, MUeranteil; nicht bei Umschichtungen in nichtbetriebl Grund-, Wertpapier- oder Geldvermögen). 186

c) Abzug von Versorgungsleistungen für bis 2007 geschlossene Altverträge. Umfassend *BMF* BStBl I 04, 922. Nach den von der Rspr entwickelten Grundsätzen waren Versorgungsleistungen gegeben, wenn sich der Vermögensübergeber typischerweise Erträge seines Vermögens vorbehielt, die nunmehr vom Übernehmer erwirtschaftet werden mussten (BFH GrS 1/00 BStBl II 04, 95 unter C. II.2.). Das übergebene Vermögen musste ertragbringend sein; **Versorgungsleistungen** waren (in Abgrenzung zu Unterhaltsleistungen) zu bejahen, wenn sie aus den langfristig erzielbaren Nettoerträgen des übergebenen Vermögens erbracht werden konnten (BFH GrS 1/00 BStBl II 04, 95 unter C. II.6.a). Bei der Übergabe von (Teil)Betrieben und MUeranteilen war dies zu vermuten (GrS aaO unter C. II.6.d bb); für verpachtete oder überwiegend verpachtete Betriebe sollte diese Beweiserleichterung aber nicht anwendbar sein (*BMF* BStBl I 04, 922 Rz 23 S 3). – **Empfänger** der Versorgungsleistungen konnte nur der Vermögensübergeber selbst oder eine Person aus dem „Generationennachfolge-Verbund" sein (alle Personen, die im Verhältnis zum Übergeber pflichtteilsberechtigt sind). Als **Übernehmer des Vermögens** kamen hingegen neben den Angehörigen des Übergebers auch Dritte in Betracht, wenngleich dies in der Praxis selten war. Der Übernehmer hat die Leistungen (auch nach 2007) gem § 22 Nr 1 zu versteuern. – Eine **nachträgl Umschichtung** des übergebenen Vermögens stand dem weiteren Abzug nicht entgegen, wenn das neue Vermögen ebenfalls ausreichend ertragbringend war (BMF BStBl I 04, 922 Tz 31–33). 187

III. Besonderheiten der Gewinnermittlung bei den Einkünften aus LuF

1. Gewinnermittlungsarten. Für die Prüfung, welche Gewinnermittlungsart im Einzelfall anzuwenden ist, gilt die folgende Systematik: Besteht eine Buchführungspflicht nach § 140 oder § 141 AO (s Rz 193f), gilt zwingend der **Betriebsvermögensvergleich** (§ 4 I). Fehlt es an einer gesetzl Buchführungspflicht *und* liegen die sonstigen Voraussetzungen des § 13a I vor, ist der Gewinn nach **Durchschnittssätzen** zu ermitteln (Einzelheiten s zu § 13a). Sind die sonstigen Voraussetzungen des § 13a I nicht gegeben *oder* stellt der StPfl den Antrag nach § 13a II, hat er die Wahl, den Gewinn entweder durch freiwilligen BV-Vergleich oder durch **Einnahme-Überschuss-Rechnung** (§ 4 III) ermitteln (BFH VII R 90/91 BFH/NV 93, 346 unter 3.). Der Antrag nach § 13a II bindet den StPfl für vier 191

Jahre. Bei freiwilligem Übergang von der Überschussrechnung zur Bilanzierung gilt eine Mindestfrist von drei Jahren (BFH IV R 18/00 BStBl II 01, 102 unter 2.c bb). Kommt der StPfl einer bestehenden Buchführungspflicht nicht nach, wird der Gewinn durch **Schätzung** ermittelt (s Rz 206), was bei § 13 recht häufig ist und von der *FinVerw* – anders als bei anderen Einkunftsarten – hingenommen wird.

193 **a) Betriebsvermögensvergleich; Buchführungspflicht.** Umfassend und nach wie vor aktuell *BMF* BStBl I 81, 878. – **aa) § 140 AO.** Diese Vorschrift setzt eine **außersteuerl Buchführungspflicht** voraus. In erster Linie kommen die Buchführungspflichten nach §§ 238 ff HGB in Betracht. Diese gelten im Rahmen des § 13 nur für nach § 3 HGB freiwillig ins HR eingetragene LuF (in der Praxis selten) sowie für luf tätige OHG oder KG. – Zu weiteren außersteuerl Gesetzen, aus denen sich zumindest eine **Aufzeichnungspflicht** ergibt, die dann nach § 140 AO auch steuerl zu beachten ist, s *T/K* § 140 AO Tz 14 mwN (im Bereich der LuF zB bei Besamungsstationen, Eiproduktenvorbehandlern, Forstsamenbetrieben, Umgang mit frischem Geflügelfleisch, Getreide- und Futtermittelverarbeitern, Hopfenerzeugern, Inanspruchnahme von EG-Beihilfen, Mischfuttermittelherstellung, Saatguterzeugern, Schlachtviehverkäufern, Weinherstellern, Wildhändlern). Eine sog Auflagenbuchführung oder eine freiwillige Buchführung als Testbetrieb nach § 2 LandwirtschaftsG (BGBl I 55, 565, zuletzt geändert durch Gesetz v 13.12.07, BGBl I 07, 2936) begründet keine Buchführungspflicht nach § 140 AO (*BMF* BStBl I 81, 878 Tz 1.2).

194 **bb) § 141 AO.** Diese Regelung ordnet eine Buchführungspflicht bei **Überschreiten einer der nachstehenden Grenzen** an (nachfolgend nur Überblick; Einzelheiten s Kommentare zu § 141 AO). Die Grenzen sind für jeden Betrieb gesondert zu beurteilen, falls der StPfl mehrere Betriebe inne hat (BFH IV R 136/85 BStBl II 89, 7 unter 1.a); eine Betriebsteilung (dazu Rz 8) kann daher den Eintritt der Buchführungspflicht vermeiden.

195 **(1) Buchführungspflichtgrenzen.** – **(a) Umsätze mehr als 600 000 € im Kj** (§ 141 I 1 Nr 1 AO; bis 2015: 500 000 €). Das Wj ist nicht maßgebl. Auch stfreie Umsätze sind einzubeziehen, nicht jedoch solche nach § 4 Nr 8–10 UStG. Zu den Umsätzen gehören auch Pachteinnahmen. – **(b) Selbstbewirtschaftete luf Flächen mit einen Wirtschaftswert von mehr als 25 000 €** (§ 141 I 1 Nr 3 AO). Einzubeziehen sind sowohl Eigentums- als auch angepachtete Flächen (§ 141 I 3 AO; zur Berechnung s *BMF* BStBl I 81, 878 Tz 1.3.6); nicht hingegen verpachtete Flächen. Stilllegungsflächen gelten als selbstbewirtschaftet (§ 1 Gesetz vom 10.7.95, BGBl I 95, 910). Wirtschaftswert (§ 46 BewG) ist der EW ohne den Wohnungswert; allerdings ist der Einzelertragswert von Nebenbetrieben (§ 42 BewG) auszuscheiden (BFH IV R 97/87 BStBl II 90, 606). Im Ausland belegene Flächen sind in den Wirtschaftswert einzubeziehen, wenn sie vom inl luf Betrieb aus bewirtschaftet werden (FG Ddorf EFG 86, 534, rkr; *Hutmacher* Inf 07, 460; mE aufgrund des Zwecks der Buchführungspflicht zutr). In den neuen Bundesländern gilt der Ersatzwirtschaftswert nach §§ 125 ff BewG. Zu berücksichtigen sind auch Änderungen, die nicht zu einer Fortschreibung des EW führen. – **(c) Gewinn aus LuF von mehr als 60 000 €** (§ 141 I 1 Nr 5 AO; bis 2015: 50 000 €). Bei der Prüfung dieser Grenze sind erhöhte und SonderAfA nicht gewinnmindernd zu berücksichtigen (§ 7a VI); Gleiches gilt gem § 3 V FSchAusglG auch für die dort genannte Rücklage (s Rz 20). Investitionsabzugsbeträge nach § 7g I wirken sich hingegen auf die Buchführungspflichtgrenze aus. Maßgebend ist auch hier das Kj, nicht das Wj.

197 **(2) Beginn der Buchführungspflicht.** In allen genannten Fallgruppen entsteht die Buchführungspflicht (aus Gründen der Rechtsklarheit) erst mit Beginn des Wj, das auf die **Bekanntgabe der Mitteilung des FA** folgt, mit der auf den Beginn der Buchführungspflicht hingewiesen wird (§ 141 II 1 AO). Dies gilt auch

dann, wenn der StPfl falsche Angaben über seinen Gewinn gemacht hat und das FA daher keine Kenntnis vom Überschreiten der Grenzen hatte (BFH IV R 159/76 BStBl II 77, 549 unter b); anders ist dies allerdings bei Wegfall der Voraussetzungen des § 13a (s § 13a Rz 14 mwN). Die *FinVerw* ist gehalten, die Mitteilung wenigstens einen Monat vor Beginn des Wj bekanntzugeben, von dem an die Buchführungspflicht zu erfüllen ist (AEAO zu § 141 AO Nr 4). Ein Unterschreiten dieser Frist macht die Aufforderung jedoch nicht rechtswidrig (BFH IV R 3/82 BStBl II 83, 768 unter 2.; ebenso BFH IV R 14/05 BStBl II 07, 816 unter II.1.c zu der entspr Mitteilung nach § 13a I 4). Tritt ein StPfl als Alleinunternehmer auf, soll die an ihn gerichtete Mitteilung selbst dann wirksam sein, wenn tatsächl eine MUerschaft besteht (BFH IV R 108/85 BStBl II 86, 539; BFH IV R 22/86 BStBl II 88, 238; mE zweifelhaft, weil verfahrensrechtl Regelungen nur ganz ausnahmsweise durch Treu und Glauben verdrängt werden können).

(3) Ende der Buchführungspflicht. Auch wenn der StPfl die Buchführungs- 198
pflichtgrenzen unterschreitet, ist eine „Feststellung" des FA erforderl, um – mit Wirkung für das Ende des *folgenden* Wj – aus der Buchführungspflicht herauszufallen (§ 141 II 2 AO). Dies gilt sowohl bei einer Unterschreitung durch Verkleinerung des Betriebs als auch durch eine – in der jüngeren Vergangenheit häufige – Anhebung der gesetzl Grenzen (BFH IV R 8/82 BStBl II 83, 254 unter II.2.). Anders als bei der „Mitteilung" über den Beginn der Buchführungspflicht ist eine *förml* Feststellung nicht erforderl; es genügt, wenn die Feststellung für den StPfl erkennbar ist (*BMF* BStBl I 81, 282 Tz 5.1.2); der Erlass einer NV-Bescheinigung soll aber nicht genügen (FG Köln EFG 93, 65, rkr).

(4) Buchführungspflicht und Betriebsübergang. Die Buchführungspflicht 199
geht auf denjenigen über, der den Betrieb im Ganzen als Eigentümer oder Nutzungsberechtigter übernimmt (§ 141 III AO; zB Erbfall, vorweggenommene Erbfolge, Kauf, Einbringung, Nießbrauch, Pacht, Wirtschaftsüberlassung; zur Übernahme im Ganzen als Nutzungsberechtigter s Rz 123ff; zur Übernahme als Eigentümer s § 14 Rz 2f). Der Übernehmer hat eine dem früheren Inhaber mitgeteilte Buchführungspflicht daher auch dann zu erfüllen, wenn an ihn selbst keine erneute Mitteilung ergangen ist. Dies gilt auch bei einer Rückverpachtung eines Teilbetriebs oder sonstigen Betriebsteils, nicht aber bei einer Rückverpachtung des *gesamten* Betriebs an den Übergeber; im diesem Fall geht die Buchführungspflicht zurück auf den ursprüngl Betriebsinhaber (BFH IV R 27/02 BFH/NV 04, 753 unter 4.). Geht hingegen nur ein Teilbetrieb über, wird der Übernehmer nicht ohne ausdrückl Mitteilung des FA buchführungspflichtig (BFH IV R 4/93 BStBl II 94, 677); dies gilt auch bei der Realteilung einer PersGes in mehrere Teilbetriebe (BFH IV R 170/80 BFHE 138, 137, zu § 161 RAO). – **Ende der Buchführungspflicht des Übergebers.** Dies tritt bei einer Betriebsübertragung/-überlassung *im Ganzen* ein (nicht bei Zurückbehaltung eines Teilbetriebs; s BFH IV R 27/02 BFH/NV 04, 753 unter 1.), was aus dem Wortlaut („geht über") und der Systematik (Betriebsbezogenheit) der Regelung folgt (*T/K* § 141 AO Tz 56; *Felsmann* StBP 83, 184). Es kommt nicht darauf an, ob der Übergeber (im Fall der Nutzungsüberlassung) die Betriebsaufgabe erklärt. Gibt ein Pächter den Betrieb nach Ablauf der Pachtzeit an den Eigentümer zurück und pachtet anschließend einen anderen luf Betrieb, geht die Buchführungspflicht nicht auf den anderen Betrieb über (BFH IV R 258/82 BStBl II 86, 431). – **Hinzuerwerb eines Betriebs.** Erwirbt ein StPfl, der bereits Unternehmer eines nicht buchführungspflichtigen Betriebes ist, einen weiteren Betrieb, für den Buchführungspflicht besteht, und werden beide Betriebe getrennt geführt, erfasst die auf ihn übergehende Buchführungspflicht den bereits vorhandenen Betrieb nicht (BFH IV B 206/03 BFH/NV 05, 1966). Anders ist dies jedoch, wenn der ursprüngl Betrieb auf angepachteten Teilflächen des elterl Betriebs geführt wurde und nach Übergabe des Gesamtbetriebs der Eltern als einheitl Eigentumsbetrieb fortgeführt wird (BFH IV R 27/02 BFH/NV 04, 753 unter 5.).

201 **cc) Anforderungen an die Buchführung.** In den Fällen des § 141 AO sind grds die §§ 238, 240, 241, 242 I, 243–256 HGB sinngemäß anzuwenden (§ 141 I 2 AO). Es gilt jedoch nicht die Maßgeblichkeit des Handelsrechts (§ 5 I erfasst nur GewBetr); vielmehr werden die HGB-Vorschriften (auch schon vor 2009) durch § 6 überlagert (zB keine *zwingende* TeilwertAfA, sondern Wahlrecht; s § 6 Rz 361 ff). Zu Besonderheiten der Forstwirtschaft s Rz 14 ff, zum Gartenbau s Rz 29. – **Formale Anforderungen.** Nach § 142 AO ist ein **Anbauverzeichnis** über die Fruchtarten zu führen (ausführl *BMF* BStBl I 81, 878 Tz 3.3), das der Mengenkontrolle der Geldrechnung dient. Nach § 144 V AO ist für Lieferungen an GewBetr ein **Warenausgangsbuch** zu führen (s *BMF* BStBl I 81, 878 unter Nr 4). – **Erleichterungen.** Die Bestandsaufnahme braucht sich nicht auf das stehende Holz zu erstrecken (§ 141 I 4 AO). Weitere Erleichterungen werden durch § 148 AO ermöglicht (s auch *BMF* BStBl I 81, 878 Tz 3). Zum Verzicht auf die Aktivierung des Feldinventars und der stehenden Ernte s Rz 239. Zudem kann das FA auf der Grundlage des § 148 AO auf die Mitteilung der Buchführungspflicht nach § 141 AO verzichten, wenn das Überschreiten voraussichtl nur einmalig ist (zB bei schwankenden Ernteerträgen oder einem einmaligen Veräußerungsgewinn; AEAO zu § 141 AO Nr 4; BFH IV R 31/87 BStBl II 88, 20). Erklärt sich das FA damit einverstanden, dass die Eröffnungsbilanz erst auf einen Stichtag ein Jahr nach Beginn der Buchführungspflicht erstellt wird, hat dies nicht etwa zur Folge, dass auch die wegen Wechsels der Gewinnermittlungsart erforderl Gewinnkorrektur nach EStR 4.6 erst zu diesem späteren Zeitpunkt erfolgt (BFH IV R 191/84 BFH/NV 87, 216).

202 **dd) Übergang zum BV-Vergleich. – (1) Übergangsbilanz.** Sie ist nach vorangegangener Gewinnermittlung nach § 13a oder § 4 III zu erstellen. Ferner sind Zu- und Abrechnungen vorzunehmen, durch die sich idR ein Übergangsgewinn ergibt (ausführl § 4 Rz 650 ff). Darin sind die WG mit den Werten anzusetzen, mit denen sie zu Buche stünden, wenn der Gewinn von Anfang an durch BV-Vergleich ermittelt worden wäre (BFH IV R 56/01 BStBl II 03, 801 unter 1.; sehr ausführl zur LuF s *OFD Mster* FR 92, 454). Die abnutzbaren WG des AV sind mit den **AK/HK abzügl der auf ihre bisherige Nutzung entfallenden AfA** auszuweisen, wobei die Nutzungsdauer den amtl AfA-Tabellen zu entnehmen ist (BFH IV R 225/83 BStBl II 86, 392; BFH IV R 17/92 BStBl II 93, 344). Während der Zeit der Gewinnermittlung nach § 13a empfangene Investitionszuschüsse mindern die AK/HK der entspr WG (BFH IV R 56/01 BStBl II 03, 801). – **(2) Ausübung von Bewertungswahlrechten.** Dies findet erstmals in der Übergangsbilanz statt (BFH IV R 96/86 BStBl II 88, 672). Es darf nicht unterstellt werden, dass der StPfl bei seiner bisherigen Gewinnermittlung Wahlrechte ausgeübt hat, die zu einem niedrigeren Bilanzansatz führen würden, selbst wenn die Inanspruchnahme derartiger Wahlrechte übl ist (BFH IV R 96/86 BStBl II 88, 672: selbsterzeugte Futtervorräte; BFH IV R 82/87 BStBl II 88, 770: Aktivierung von GWG; BFH IV R 97/91 BStBl II 93, 284: Ansatz der tatsächl HK statt der Richtwerte für Vieh). Ab Wj 2015/16 ist für die Gewinnermittlung nach § 13a ohnehin ausdrückl angeordnet, dass bestimmte Wahlrechte (§ 6 II, IIa, § 7g, § 7 I 6, 7, II) ausgeschlossen sind (§ 13a III 2, s § 13a Rz 22). – **(3) Erstmalige Bilanzaufstellung nach vorangegangener Schätzung.** Die Rspr wendet die vorstehenden Grundsätze ebenfalls an. Daran ist zutr, dass auch in diesem Fall die WG in der ersten Bilanz mit den AK/HK abzügl AfA zu bewerten sind (BFH IV R 112/85 BStBl II 86, 390). ME nicht überzeugen kann hingegen, dass der StPfl auch hier die Wahl haben soll, in der ersten Bilanz hohe Aktiva anzusetzen, selbst wenn die Inanspruchnahme einschlägiger Bewertungsvergünstigungen übl ist (so BFH IV R 56/90 BStBl II 93, 272; BFH IV R 101/90 BStBl II 93, 276, jeweils zu Richtwerten für Tierbestände). Denn auch die Schätzung war nach den Grundsätzen des BV-Vergleichs durchzuführen, so dass kein Wechsel der Gewinnermitt-

lungsart gegeben ist; bei derartigen Schätzungen ist lebensnah zu unterstellen, dass übl Wahlrechte tatsächl in Anspruch genommen werden (wie hier *Felsmann* B 868c).

b) Gewinnermittlung nach § 4 III. Einzelheiten s § 4 Rz 370ff; zur zeitl Erfassung von BE und BA s § 11 und die dortigen Erläut. – Zu **Aufzeichnungspflichten** s § 4 Rz 374. Selbst bei fehlender Aufzeichnungspflicht obliegt dem StPfl jedenfalls der Nachweis der *Richtigkeit* seiner Gewinnermittlung (BFH IV R 68/98 BStBl II 99, 481 unter II.3.). Hingegen ist die Vornahme der für eine Überschussrechnung erforderl Aufzeichnungen nicht isoliert erzwingbar (BFH VII R 90/91 BFH/NV 93, 346 unter 3.). **205**

c) Schätzung. Kommt der LuF einer bestehenden Buchführungspflicht nicht nach, ist der Gewinn durch Schätzung zu ermitteln (§ 162 AO). Hierbei gelten die Grundsätze des BV-Vergleichs. Wegen der bei LuF bestehenden besonderen Schwierigkeiten der Bewertung (Aussaaten, Ernte auf dem Halm, Wertveränderungen bei Tier- und Waldbeständen, Abgrenzung von AV und UV insb bei der Tierzucht) nimmt die *FinVerw* die Nichterfüllung der Buchführungspflicht bei dieser Einkunftsart in großem Umfang hin; die Pflichtverletzung des StPfl kann auf diese Weise zu erhebl StVorteilen führen (BFH IV R 67/99 BStBl II 01, 484 unter II.1.c). – **Schätzungsmethoden.** Übl ist die Schätzung nach **Richtsätzen für Hektarerträge,** die bei buchführenden Vergleichsbetrieben ermittelt werden (zust zu den Richtsätzen der *FinVerw* BFH IV R 33/82 BStBl II 85, 352; BFH IV R 67/99 BStBl II 01, 484; die Berücksichtigung betriebsindividueller Besonderheiten ist damit grds ausgeschlossen). Anerkannt ist auch die Schätzung nach **Standarddeckungsbeiträgen;** dies setzt aber ein Mindestmaß an Aufzeichnungen des StPfl voraus (BFH IV R 67/99 BStBl II 01, 484 unter II.2.). – **Schätzung bei § 4 III.** Besteht keine Buchführungspflicht und hat der StPfl ansatzweise eine Gewinnermittlung nach § 4 III erstellt, die aber wegen ihrer Mängel der Besteuerung nicht zugrunde gelegt werden kann, ist der Gewinn nach den Grundsätzen der Überschussrechnung zu schätzen (BFH VIII R 225/80 BStBl II 84, 504 unter I.1.d; BFH IV R 68/98 BStBl II 99, 481 unter II.1.). Die (eigentl für § 4 I ermittelten) Richtsätze können aber auch hier zugrunde gelegt werden, da beide Gewinnermittlungsarten zum selben Totalgewinn führen müssen (BFH IV R 68/98 BStBl II 99, 481 unter II.4.). **206**

2. Gewinnermittlungszeitraum nach § 4a. – a) Wirtschaftsjahr. RegelWj bei LuF ist der Zeitraum vom 1.7. bis 30.6. (§ 4a I 2 Nr 1). Für bestimmte spezialisierte Betriebe bestehen **Wahlrechte,** anstelle des RegelWj andere Wj zu bestimmen (§ 8c I EStDV; hierzu *Hiller* Inf 94, 297): Betriebe mit einem **Futterbauanteil** von 80% und mehr der Fläche der *landwirtschaftl* Nutzung können den 1.5. bis 30.4., reine **Forstbetriebe** den 1.10. bis 30.9. und reine **Weinbaubetriebe** den 1.9. bis 31.8. wählen. Diese Wahlrechte gelten auch, wenn neben den genannten Nutzungen in geringem Umfang (BFH IV R 4/87 BStBl II 88, 269 unter 1.b: höchstens rund 10%, wobei die bewertungsrechtl Vergleichswerte maßgebl sind) noch eine andere luf Nutzung vorhanden ist (§ 8c I 2 EStDV). Daraus ergibt sich für Futterbaubetriebe die folgende Prüfungsreihenfolge: Zunächst ist zu prüfen, ob der Futterbauanteil mindestens 80% der *landwirtschaftl* Nutzung (hier ohne Berücksichtigung der anderen Nutzungen) beträgt. Danach ist zu prüfen, ob die *anderen* luf Nutzungen (zB Forstwirtschaft, Wein-, Garten-, Obstbau) nur in geringem Umfang vorhanden sind. – Da es sich um abw Wj handelt, ist das **Einvernehmen mit dem FA** erforderl (§ 8b S 2 Nr 2 S 2 EStDV); dies gilt auch für nicht buchführende LuF (BFH IV R 4/98 BStBl II 00, 5). – Ein weiteres Wahlrecht sieht § 8c II EStDV für **Gartenbaubetriebe** und reine **Forstbetriebe** vor; diese können das Kj als Wj bestimmen (was bei LuF ansonsten ausgeschlossen ist). Das Einvernehmen mit dem FA ist hier nicht erforderl. Fallen durch eine Änderung der Betriebsstruktur die Voraussetzungen für eines der in § 8c EStDV ge- **208**

nannten WahlWj weg, muss der StPfl zwingend zum RegelWj zurückkehren. – Bei **Umstellung des Wj** (ausführl § 4a Rz 10 ff) ist grds ein **RumpfWj** (kürzer als 12 Monate) zu bilden (§ 8b S 2 Nr 2 EStDV; krit zur gesetzl Regelung *Felsmann* A 429). Davon abw ist bei Umstellungen auf das Kj nach § 8c II EStDV sowie bei Umstellung auf das WeinbauWj nach § 8c I 1 Nr 3 EStDV ein **verlängertes Wj** zu bilden (§ 8c II 2, 3 EStDV). – Bei MUerschaften ist Gewinnfeststellungszeitraum auch bei abw Wj immer das Kj (s Rz 161).

209 **b) Zeitl Berücksichtigung des Gewinns.** Bei Luf ist der Gewinn des Wj auf die Kj (VZ), in denen das Wj liegt, entspr dem zeitl Anteil **aufzuteilen** (§ 4a II Nr 1; Beispiele s § 4a Rz 21 ff). **Veräußerungsgewinne** iSd § 14 (auch Veräußerungsverluste) sind allerdings immer ausschließl dem Kj zuzuordnen, in dem sie entstanden sind (§ 4a II Nr 1 S 2). – Gesetzl **Bewertungswahlrechte** können daher sinnvollerweise nicht bereits am Ende des Kj ausgeübt werden, sondern erst am Ende des letzten Wj, das im jeweiligen Kj zu berücksichtigen ist. Aus diesem Grund sind auch die StErklärungsfristen entspr verlängert (§ 149 II 2 AO). – War eine **fehlerhafte Bilanz** für das Wj 01/02 bereits der bestandskräftigen und nicht mehr änderbaren Veranlagung für den VZ 01 zugrunde gelegt worden, darf der StPfl die Bilanz nicht mehr ändern und muss sie auch der Veranlagung für den VZ 02 zugrunde legen (§ 4 II 1 HS 2, anwendbar ab VZ 2007, zu Einzelheiten s § 4 Rz 684; zur früheren Rechtslage s 31. Aufl Rz 146).

213 **3. Grund und Boden in der Gewinnermittlung. – a) Zugehörigkeit zum BV.** Der im luf Betrieb genutzte GuB gehörte schon immer zum BV (BFH IV R 27/98 BStBl II 00, 527 unter 1.b); seine Wertänderungen werden aber erst seit 1970 steuerl erfasst (zur Ermittlung der fiktiven AK zum 1.7.70 s die Erläuterungen zu § 55). – **aa) GuB, der tatsächl luf genutzt wird.** Es handelt sich zwingend um BV, auch wenn die Nutzung nur extensiv ist (BFH IV B 72/00 BFH/NV 01, 1238 unter 1.: Wildwiese), wegen der relativ geringen Größe der Flächen eine ertragbringende Bewirtschaftung nicht mögl ist (BFH IV R 41/91 BStBl II 93, 430 unter 2.; BFH IV R 57/96 BFH/NV 97, 649 unter 2.a), die Fläche als Bauland ausgewiesen wird (BFH IV R 159/79 BStBl II 83, 448 unter II.1.; BFH IV R 188/83 BFH/NV 87, 84 unter 2.a), es sich um eine Stilllegungsfläche (Fiktion der Bewirtschaftung durch § 1 Gesetz vom 10.7.95, BGBl I 95, 910) oder um ein Grundstück handelt, das bei einer Betriebsübertragung zurückbehalten wurde und weiterhin bewirtschaftet wird (BFH IV R 117/91 BFH/NV 94, 533 unter 3.; BFH IV B 50/98 BFH/NV 99, 1076), oder die Fläche zum Preis für Bauland und möglicherweise in Spekulationsabsicht erworben wurde (FG Mchn EFG 07, 1579, rkr). Zur BV-Eigenschaft der Flächen eines im Ganzen **verpachteten Betriebs** s Rz 128 mwN (vor Abgabe einer Betriebsaufgabeerklärung ist eine auf einzelne mitverpachtete Grundstücke beschränkte Entnahme nicht mögl; auch hinzuerworbene Flächen werden BV). Flächen, die in der obj erkennbaren **Absicht späterer Selbstbewirtschaftung** erworben werden, sind ebenfalls notwendiges BV (BFH IV R 110/91 BStBl II 93, 752).

214 **bb) Flurbereinigung und Umlegung.** Die BV-Eigenschaft eines in ein solches Verfahren eingebrachten Grundstücks setzt sich ohne Gewinnrealisierung (weder Tausch noch Entnahme) an den erlangten Ersatzgrundstücken unverändert fort (BFH IV R 1/84 BStBl II 86, 711 unter 1.; BFH IV R 69/95 BStBl II 97, 245 unter 1.). Soweit jedoch eine Mehrflächen gegen Ausgleichszahlung zugeteilt werden, gilt dies nur, wenn die Mehrflächen aufgrund ihrer luf Nutzung zum notwendigen BV gehören oder in das BV eingelegt werden (BFH IV R 70/06 BStBl II 10, 270 unter II.2.d).

215 **cc) Abgrenzung zum gewerbl Grundstückshandel bei Veräußerung von GuB.** Ausführl § 15 Rz 61 mwN sowie *Kanzler* DStZ 13, 822. Werden Flächen veräußert, die zuvor langjährig tatsächl luf genutzt worden sind, handelt es sich grds um ein luf Hilfsgeschäft (dh kein GewBetr). Dies gilt auch dann, wenn eine

Vielzahl von Parzellen gebildet und an verschiedene Erwerber veräußert werden. Der GuB bleibt bis zu seiner Veräußerung im AV; dies ermöglicht die Übertragung aufgedeckter stiller Reserven nach §§ 6b, 6c (BFH IV R 73/00 BStBl II 01, 673; Anm *Kanzler* FR 01, 1016; BFH IV R 22/07 BFH/NV 11, 31). Ergreift der StPfl hingegen besondere Verwertungsmaßnahmen, die den GuB zu einem Objekt anderer Marktgängigkeit machen sollen (in der Praxis vor allem die über die Wahrnehmung übl Mitwirkungsrechte hinausgehende Einflussnahme auf die Bauleitplanung und die Mitwirkung bei der Erschließung), begründet er einen gewerbl Grundstückshandel (BFH IV R 34/05 BStBl II 08, 231 mwN). Die Flächen werden dann zum Buchwert aus dem luf Betrieb in das UV des GewBetr überführt. Die Anwendung der §§ 6b, 6c ist nicht mögl; es fällt GewSt an.

b) Entnahmen von GuB. Allg zu Entnahmen s § 4 Rz 300. Tritt bei Flächen, 217
die einmal zum notwendigen BV gehört haben (s Rz 213), eine (auf Dauer angelegte) **Nutzungsänderung** ein, ist zu differenzieren: Gehört die Fläche nun zum notwendigen PV, hat zwingend eine Entnahme stattgefunden (s Rz 218); wurde die Entnahme des GuB durch Errichtung einer selbstgenutzten Wohnung verwirklicht, kann der Entnahmegewinn aber gem § 13 V stfrei sein (s Rz 220). Gehört der GuB nach der Nutzungsänderung hingegen weder zum notwendigen PV noch zum notwendigen BV, bleibt er BV (keine Zwangsentnahme); der StPfl kann eine Entnahme aber durch eine eindeutige Erklärung herbeiführen (s Rz 225 f).

**aa) Die Fläche gehört nach der Nutzungsänderung zum notwendigen 218
PV.** Dann hat (auch ohne ausdrückl Erklärung) eine Entnahme stattgefunden (BFH IV R 47/06 BFH/NV 10, 181 unter II.1.b). Der Entnahmegewinn ist im Wj der Nutzungsänderung zu versteuern; eine Nachholung der Versteuerung in späteren Wj ist nicht mögl. – **(1) Hauptanwendungsfälle.** Errichtung der selbstgenutzten Wohnung auf einer Teilfläche, sofern die Selbstnutzung auf Dauer angelegt ist (BFH IV R 10/03 BStBl II 04, 947 unter 2.a); unentgeltl Bestellung eines Erbbaurechts aus privaten Gründen (*OFD Ddorf* DB 95, 900); unentgeltl auf Dauer angelegte Überlassung von *Gebäuden* an betriebsfremde Angehörige (BFH IV R 44/05 BFH/NV 08, 1156 unter II.3.a); nicht aber die unentgeltl Überlassung eines Teils des *GuB* an nahe Angehörige zur Errichtung einer Garage ohne gesicherte Rechtsposition (BFH IV R 39/93 BFH/NV 95, 873) oder die unentgeltl Überlassung eines Gartens (BFH IV R 70/06 BStBl II 10, 270 unter II.3.b). Eine ursprüngl zum PV gehörende Fläche, die unentgeltl an Dritte überlassen ist, aber zwischenzeitl dem BV einer luf Ehegatten-MUerschaft zugeordnet wird (ohne jedoch tatsächl von dieser genutzt zu werden), wird nach der Wegverlegung des Betriebs der MUerschaft an einen anderen Ort wieder zu notwendigem PV (BFH IV R 16/10 BFH/NV 14, 324 Rz 27; mE ungewöhnl gelagerter Sonderfall). – **(2) Entnahmezeitpunkt.** Maßgebl ist der Zeitpunkt, zu dem feststeht, dass das Gebäude auf Dauer außerbetriebl genutzt werden soll. Dies kann frühestens der Baubeginn sein (vgl BFH IV R 44/05 BFH/NV 08, 1156 unter II.3.b bb, cc; BFH IV R 47/06 BFH/NV 10, 181 unter II.1.c); uU jedoch erst die Fertigstellung, wenn bei Baubeginn noch nicht sicher feststeht, dass eine entgeltl Vermietung ausgeschlossen ist (zutr FG Mchn EFG 02, 1081, rkr).

bb) Steuerfreiheit des Entnahmegewinns bei Wohnbebauung, § 13 V. 220
Wird GuB durch Errichtung der Wohnung des StPfl (Betriebsinhabers) oder eines Altenteilers entnommen, bleibt der Entnahmegewinn außer Ansatz. Der Umfang des zur Wohnung gehörenden GuB ist wie in den Fällen des Abs 4 (s Rz 89) zu ermitteln (so auch *BMF* BStBl I 97, 630 Tz 6). Altenteiler ist, wer den Betrieb in vorweggenommener Erbfolge übertragen hat und dafür Nutzungen, Natural- oder Geldleistungen erhält (BFH IV R 33/04 BFH/NV 06, 188 unter 1.b). – **Dauerrecht.** Die Anwendung des § 13 V ist zeitl nicht begrenzt; sie setzt (anders als § 13 IV) auch nicht voraus, dass der betr GuB schon 1986 zum BV gehört hatte. Daher ist auch eine Anwendung im Beitrittsgebiet mögl.

221 **(1) MUerschaften.** Auch hier muss eine *Entnahme* des GuB vorliegen; der Gewinn aus einer *Veräußerung* an den MUer ist nicht begünstigt (BFH VIII R 23/95 BStBl II 99, 53 unter II.3.; allerdings kann dann eine Rücklage nach §§ 6b, 6c gebildet werden). Zudem genügt es nicht, wenn der wohnende StPfl zwar MUer des luf Betriebs ist, der GuB aber zum SonderBV *anderer* MUer gehört (BFH IV B 211/01 BFH/NV 03, 1407; noch weiter einschränkend *Hiller* Inf 88, 516); in derartigen Fällen soll aber selbst eine kurz vor Baubeginn und mit bestehender Bebauungsabsicht erfolgende Übertragung des GuB auf den bauwilligen Dritten, der erst dadurch MUer wird, genügen, um die Begünstigung zu erlangen (obiter dictum in BFH IV R 47/06 BFH/NV 10, 181 unter II.2.; mE nicht zwingend). Gehört der GuB zum Gesamthandsvermögen, ist der Entnahmegewinn nur insoweit stfrei, als er dem entnehmenden und selbstnutzenden MUer zuzurechnen ist (*HHR/Paul* § 13 Anm 135); ggf ist der GuB rechtzeitig vorher ins SonderBV zu überführen (§ 6 V 3 mit dreijähriger Sperrfrist).

222 **(2) Errichtung einer Wohnung durch einen Nutzungsberechtigten des Betriebs.** Eine durch eine solche Person (Nichteigentümer; zB Nießbraucher, Pächter) vollzogene Entnahme des bebauten GuB ist selbst dann nicht begünstigt, wenn es sich um den ausersehenen Hofnachfolger handeln sollte (*BMF* DStZ 91, 477); dies gilt erst recht, wenn der ausersehene Hofnachfolger zum Zeitpunkt der Entnahme noch nicht einmal ein Nutzungsrecht am Betrieb innehat (BFH IV R 44/05 BFH/NV 08, 1156 unter II.3.c). Erforderl ist die tatsächl Nutzung der Wohnung durch den StPfl oder Altenteiler; die Errichtung einer an Dritte vermieteten Wohnung führt auch dann nicht zur StFreiheit, wenn die Wohnung später selbst genutzt werden soll (BFH IV R 33/04 BFH/NV 06, 188 unter 1.a). Wird eine Wohnung nicht (neu) *errichtet,* sondern eine bestehende Wohnung des BV für eigene Wohnzwecke genutzt, ist die Entnahme stpfl. StFreiheit kommt in einem solchen Fall nur insoweit in Betracht, als anlässl der Nutzungsänderung *zusätzl* GuB überbaut wird.

223 **(3) Objektbeschränkung.** Der StPfl kann die StBefreiung nur für jeweils eine selbstgenutzte und eine Altenteilerwohnung in Anspruch nehmen (die StFreiheit nach § 13 IV zählt hier allerdings nicht mit). Da die Regelung auf den jeweiligen Betriebsinhaber bezogen ist, kann der Erbe bzw Hofübernehmer sie erneut in Anspruch nehmen (*Felsmann* A 178d). Ob die Regelung bei **MUerschaften** von jedem MUer gesondert, insgesamt nur ein Mal oder aber gar nicht in Anspruch genommen werden kann, hat die Rspr bisher nicht entschieden (vgl die Nachweise in BFH VIII R 23/95 BStBl II 99, 53 unter II.1.). ME ist die Objektbeschränkung dann auf den einzelnen MUer („StPfl") bezogen (glA *HHR/Paul* § 13 Anm 135), so dass die Begünstigungswirkung nicht durch Gründung neuer MUerschaften vervielfacht werden kann.

225 **cc) Die Fläche ist nach der Nutzungsänderung weder notwendiges BV noch notwendiges PV,** In diesen Fällen findet keine Zwangsentnahme statt. – **(1) Eindeutige Erklärung der Entnahme.** Dies bewirkt die Entnahme. Allein die Nichterwähnung des GuB in der Anlage L genügt hierfür nicht, wenn nicht zugleich ein Entnahmegewinn erklärt wird (BFH IV B 142/96 BFH/NV 98, 705); Gleiches gilt für die Nichterwähnung in der beim Übergang von § 13a zur Bilanzierung aufzustellenden Eröffnungsbilanz (BFH IV R 70/06 BStBl II 10, 270 unter II.1.b bb). Auch die Erklärung von Einkünften aus VuV aus dem Grundstück ohne gleichzeitige Erklärung eines Entnahmegewinns genügt nicht (BFH IV R 32/01 BFH/NV 02, 1135 unter 3.a; BFH IV B 57/03 BFH/NV 05, 1265). Als ausreichende Entnahmehandlung sind im Fall der Errichtung von Mietwohnungen auf betriebl GuB jedoch die Ausbuchung der HK oder die Zuordnung von Verkaufserlösen zum PV angesehen worden (BFH IV R 44/06 BStBl II 09, 811 unter II.3.). Ermittelt der StPfl seinen Gewinn nicht durch Bilanzierung, ist die Entnahme erst mit dem Eingang der entspr Erklärung beim FA bewirkt (BFH IV R 49/88

BFH/NV 91, 363 unter 2.; BFH IV R 35/09 BFH/NV 11, 2057 unter II.3.); sie kann also nicht rückwirkend erklärt werden, was insb bei zwischenzeitl Wertsteigerungen durch Bauleitplanung von Bedeutung ist. – Wird ein erschlossenes Baugrundstück in das PV überführt, orientiert sich der **Entnahmewert** an dem ortsübl Preis für baureifes Land (FG Hess EFG 96, 183, rkr; zu Einheimischen-Modellen s *OFD Mchn* FR 96, 683; zur Bewertung des GuB der Hofstellen s *Bolin/Müller* Inf 02, 449).

(2) Fehlende Entnahmeerklärung. Die Fläche verbleibt im (gewillkürten 226
bzw geduldeten) BV (ausführl *Jachmann* DStR 95, 40 mwN). Es kommt nicht zur Versteuerung eines Entnahmegewinns, die Aufwendungen auf den GuB sind weiterhin als BA abziehbar; im Gegenzug bleiben die stillen Reserven aber steuerverstrickt. Diese Grundsätze gelten auch, wenn die Nutzungsänderung bereits vor Einführung der Bodengewinnbesteuerung zum 1.7.1970 eingetreten ist (BFH IV R 44/06 BStBl II 09, 811 unter II.2.), sowie bei **Gewinnermittlung nach § 13a** (BFH IV B 173/03 BFH/NV 05, 334 unter 1.; BFH IV B 91/05 BFH/NV 06, 2245 unter 1.a). – Diese Rspr wird mit der besonderen Bedeutung des GuB bei luf Betrieben begründet (BFH IV R 47/06 BFH/NV 10, 181 unter II.1.c). Sie ist erkennbar von dem Gedanken getragen, **Zwangsentnahmen zu vermeiden.** Dies ist in doppelter Hinsicht sinnvoll: Zum einen fehlt es dem StPfl im Zeitpunkt der Nutzungsänderung idR an Liquidität, um die Steuer auf einen Entnahmegewinn zu bezahlen. Zum anderen werden Nutzungsänderungen dem FA häufig nicht bekannt. Der StPfl wird einen solchen Tatbestand nicht immer von selbst mitteilen, sondern sich mitunter erst dann auf eine angebl Zwangsentnahme berufen, wenn er (wesentl später, insb nach Verjährung des VZ der Nutzungsänderung) die mittlerweile zu Bauland gewordene Fläche verkaufen möchte.

dd) Beispiele für fortbestehendes BV trotz Nutzungsänderung. – 228
(1) Entgeltl Bestellung von Erbbaurechten. Eine Entnahme wird hierdurch nicht verwirklicht (BFH IV R 171/85 BStBl II 88, 490 unter 1.: auch wenn sich der StPfl verpflichtet, das belastete Grundstück innerhalb von 6 Jahren an seine erbbauberechtigte Tochter zu übertragen). Dies gilt auch dann, wenn eine Vielzahl von Grundstücken betroffen ist, solange der Charakter als luf Betrieb nicht durch die Vermögensverwaltung verdrängt wird. Jedenfalls bei erbbaubelasteten Flächen **bis zu 10 % der gesamten Eigentumsflächen** des Betriebs ist dies noch nicht der Fall (BFH IV R 115/91 BStBl II 93, 342 unter 3.; BFH IV R 52/02 BFH/NV 05, 674 unter II.2.). Sofern diese Grenze überschritten wird, liegt eine Entnahme vor (*Kanzler* FR 93, 761, 766). Allerdings soll der Umstand, dass in Vorjahren Erbbaurechte an mehr als 10% der Betriebsfläche bestellt und diese daher zwangsweise entnommen worden sind, die Bildung gewillkürten BV bei Bestellung von Erbbaurechten an *weiteren* Betriebsflächen (nunmehr weniger als 10% der Restfläche) nicht hindern (BFH IV R 46/08 BStBl II 11, 692 unter B.1.e; mE zutr, weil die zuvor bestellten Erbbaurechte aus dem BV ausgeschieden sind; anders jedoch, wenn diese im BV verblieben wären). Eine Entnahme kann zwar durch Einbringung in eine gewerbl geprägte PersGes vermieden werden; die vorläufige EStErsparnis ist aber gegen die zusätzl gewerbesteuerl Verstrickung der stillen Reserven (die nur im Idealfall durch § 35 neutralisiert wird) abzuwägen.

(2) Errichtung von Mietwohnungen auf zuvor luf genutztem GuB. Die 229
unters (1) dargestellten Grundsätze gelten entspr; es handelt sich grds nicht um eine Entnahme (EStR 4.2 IX 4; BFH IV R 41/91 BStBl II 93, 430 unter 1.a: auch bei gleichzeitigem Abriss eines Betriebsgebäudes; BFH IV R 32/01 BFH/NV 02, 1135 unter 2.; BFH IV R 33/04 BFH/NV 06, 188 unter 1.b; BFH IV R 30/05 BStBl II 08, 707 unter II.5.: auch bei Vermietung des GuB zur Errichtung von Gebäuden durch einen Dritten; BFH IV R 49/97 BStBl II 99, 652 unter 1.a: auch bei Vermietung eines zuvor eigenbetriebl genutzten Gebäudes an Dritte), sofern die hierfür *insgesamt* benötigte Fläche nicht 10% der Gesamtflächen des Betriebs

übersteigt (BFH IV R 57/00 BStBl II 03, 16; BFH IV R 51/03 BFH/NV 05, 547; zust *Hiller* Inf 03, 575). Auf das Verhältnis der Mieteinnahmen zu den originär luf Einnahmen kommt es nicht an (aA *Spiegels/Bruners* Inf 03, 61: auch dann Entnahme, wenn die Einnahmen aus der Vermietung die luf Einnahmen übersteigen). Diese Rspr hat auch zur Folge, dass der StPfl Gewinne aus dem Verkauf von luf GuB gem § 6b auf die HK der Gebäude übertragen kann. Zur Errichtung von Mietwohnungen auf *zugekauftem* GuB s Rz 244. – **Verbilligte Vermietung von Wohnungen des luf BV an Angehörige.** Dies führt nicht zu einer Entnahme des GuB und der Gebäude, sondern ledigl zu lfd Nutzungsentnahmen (BFH IV R 49/97 BStBl II 99, 652 unter 3.: keine Anwendung von § 21 II). Diese sind nicht etwa mit der Differenz zur Marktmiete, sondern mit dem verursachten Aufwand (den „tatsächl Selbstkosten") zu bewerten (BFH IV R 46/00 BFHE 201, 454: Neutralisationsprinzip). Die vorstehenden Grundsätze gelten auch für die verbilligte Bestellung von Erbbaurechten (BFH IV R 46/08 BStBl II 11, 692 unter B.2.: das Grundstück bleibt BV, sofern sich das Entgelt auf mindestens 10% des marktübl Betrags beläuft).

230 **(3) Weitere Beispiele für fortbestehendes BV.** Eine Teilfläche des iÜ fortbestehenden Betriebs wird nur noch als Futtergrundlage für Hobbypferde genutzt (BFH IV R 270/84 BStBl II 86, 516); **Verpachtung von Teilflächen** (BFH IV R 41/91 BStBl II 93, 430 unter 1.a; BFH IV R 74/99 BStBl II 02, 356; BFH IV B 79/06 BFH/NV 07, 2084: auch bei langfristiger Verpachtung an Golfclub; die für Erbbaurechte und Mietwohngrundstücke geltende 10%-Grenze ist hier nicht anwendbar, weil eine spätere luf Nutzung mögl bleibt); früher luf genutzter, gegenwärtig aber **brach liegender GuB** (für LuF BFH IV R 159/79 BStBl II 83, 448; BFH IV R 1/84 BStBl II 86, 711 unter 2.; BFH IV B 122/11 BFH/NV 12, 1577 Rz 7; FG Mster EFG 14, 1668, rkr; für GewBetr BFH XI R 27/90 BStBl II 93, 391; darüber hinaus hat BFH IV R 69/95 BStBl II 97, 245 unter 3. – nicht entscheidungserhebl und mE zweifelhaft – angedeutet, dass es sogar an der Möglichkeit zur Abgabe einer *ausdrückl* Entnahmeerklärung fehlen soll; zutr hält aber BFH IV R 74/99 BStBl II 02, 356 bei Brachlage nach vorheriger Verpachtung nur noch gewillkürtes BV für gegeben und eine Entnahmeerklärung für mögl); Obstanbau, der nur noch für den **Eigenbedarf** betrieben wird (BFH IV R 53/94 BFH/NV 95, 592); **Überführung von GuB aus einem GewBetr in einen luf Betrieb** (BFH VIII R 387/83 BStBl II 89, 187).

233 **c) WG, die vom Grund und Boden zu unterscheiden sind.** Das einheitl WG „GuB" (Bewertungseinheit) besteht aus dem Mutterboden (Ackerkrume; auch die Grasnarbe bei Weideland, s BFH IV R 229/81 BStBl II 84, 424; wegen des Verlustes der Ackerkrume bei der Substanzausbeute s § 7 Rz 192) und dem darunter befindl Erdreich (BFH IV R 96/78 BStBl II 82, 643: Entgelte für eine in 1–2 m Tiefe verlegte Rohrleitung gehören zu den luf BE). Nutzungsmöglichkeiten des GuB, die ledigl wertbildende Faktoren sind, bleiben unselbständiger Bestandteil des GuB (BFH IV R 27/01 BStBl II 03, 878: Recht, Klärschlamm auf dem Grundstück zu lagern). – Vom GuB zu unterscheidende **selbständige WG des luf BV** sind der Aufwuchs (s Rz 238), Eigenjagdrechte (s auch Rz 57), Milchlieferrechte (BFH IV R 23/96 BStBl II 03, 56 unter 1.; *BMF* BStBl I 14, 1503 Rz 7; s ausführl Rz 252 ff), Zuckerrübenlieferrechte, sofern sie einen eigenen Marktwert haben (BFH IV R 33/98 BStBl II 03, 58 unter 2.a; BFH IV R 53/02 BFH/NV 04, 258; BFH IV R 25/02 BFH/NV 04, 617; s Rz 259), Zahlungsansprüche nach dem GAP-RefG (s Rz 262 f) sowie besondere Anlagen im Boden (BFH II R 61/88 BStBl II 91, 531: Rohrdrainagen, zur GrESt). – Vom GuB zu unterscheidende **selbständige WG, die nicht zum luf BV gehören** (und deren Überlassung daher zu Einkünften aus VuV führt), sind zB tief im Erdreich liegende Kavernen zur Speicherung von Öl oder Gas (BFH IV R 19/79 BStBl II 83, 203) und entdeckte Bodenschätze (s Rz 70 mwN).

d) Aufwendungen auf den Grund und Boden. Sie stellen lfd BA dar, wenn sie der Steigerung der Ertragsfähigkeit der Ackerkrume durch **Bodenverbesserung** dienen (zB Düngung); auch wenn durch die Maßnahmen eine bisherige luf Nutzung durch eine **höherwertige luf Nutzung** ersetzt werden kann (BFH IV 324/60 U BStBl III 63, 207: Planierung einer früheren Schafweide; BFH IV R 66/72 BStBl II 76, 8: Entfernen der Baumwurzeln beim Übergang von Forstwirtschaft zum Ackerbau; FG Nds EFG 95, 878, rkr: Tiefumbruch einer bereits zuvor luf genutzten Moorfläche). Betreffen die Aufwendungen hingegen die **Urbarmachung** bisher landwirtschaftl nicht nutzbarer Flächen, handelt es sich um HK des GuB. Zur Behandlung von **Erschließungskosten** s ausführl § 6 Rz 59 ff. 234

e) Teilwert-AfA auf Grund und Boden, § 6 I Nr 2 S 2. Ausführl § 6 Rz 231 ff; nachstehend nur Besonderheiten der LuF. Sie sind bei einer voraussichtl dauernden Wertminderung (zB wegen Inanspruchnahme für Naturschutzzwecke, nach einer Substanzausbeute, bei Aufforstung einer Ackerfläche) zulässig, wenn der Gewinn nach § 4 I ermittelt wird (bei § 4 III keine TW-AfA, s § 6 Rz 360). Das (handelsrechtl) strenge Niederstwertprinzip (§ 253 III 3 HGB) gilt trotz der Verweisung in § 141 I 2 AO nicht, weil § 6 I Nr 2 S 2 als lex specialis ein Abwertungs*wahlrecht* vorsieht. – **Einzelfragen** (s auch § 6 Rz 272). Ein bei der Anschaffung aus betriebl Gründen gezahlter Überpreis rechtfertigt nur insoweit eine TW-AfA, als auch der Vergleichspreis gesunken ist (BFH IV R 87/99 BStBl II 02, 294; krit *Paus* DStZ 02, 567). Der Abschluss eines Pachtvertrags führt jedenfalls dann nicht zum Absinken des TW eines zuvor selbstbewirtschafteten Grundstücks, wenn der Pachtzins marktübl ist (BFH IV R 53/90 BStBl II 92, 462). Auch ein erkennbar langfristiges Absinken des Marktpreises eines Grundstücks kann den Ansatz des niedrigeren TW rechtfertigen (*Felsmann* B 737a; *Hiller* Inf 02, 103). – Die obj **Beweislast** trägt der StPfl. Der bloße Hinweis auf einen zu beobachtenden allg Preisverfall für landwirtschaftl Grundstücke wird zumeist nicht ausreichen. Der niedrigere TW muss vielmehr durch aussagekräftige Unterlagen (zB Gutachten, Bodenrichtwertkarte für vergleichbare Grundstücke, Vergleichskäufe) für die jeweilige Fläche nachgewiesen oder zumindest glaubhaft gemacht werden. – Ab VZ 1999 ist nach vorangegangener TW-AfA und zwischenzeitl Wertsteigerung (zB Planung als Bau- oder Industrieland) eine **TW-Zuschreibung** vorzunehmen (§ 6 I Nr 2 S 3; Einzelheiten s § 6 Rz 371 ff). 235

4. Bewertung des Aufwuchses. – a) Grundsatz. Abw vom ZivilR ist der Aufwuchs steuerl ein eigenes WG des UV (BFH IV R 67/05 BStBl II 08, 960 unter II.1b) und daher grds getrennt zu bewerten. Maßgebend sind die für die Bestellung entstandenen Aufwendungen (BFH IV R 23/07 BStBl II 11, 654 unter II.2.a). Diese können sowohl nach betriebsspezifischen Daten als auch nach den vom Landwirtschaftsministerium veröffentlichten StandardHK ermittelt werden (vgl EStR 14 II 8; FG Thür EFG 12, 1429, rkr). 238

b) Verzicht auf Aktivierung. – Anwendungsbereich. Bei Grundstücken mit jährl Fruchtfolge brauchen das **Feldinventar** (dh die auf den Feldern vorhandenen Pflanzenbestände einschließl Saat und Dünger; s BFH IV R 23/07 BStBl II 11, 654 unter II.2.a), die **stehende Ernte** (EStR 14 III) sowie **selbsterzeugte Futtervorräte** (*BMF* BStBl I 81, 878 Tz 3.1.3) aus Vereinfachungsgründen nicht bewertet zu werden (ausführl hierzu *Wiegand* NWB 13, 2330). Eine ähnl Regelung enthält § 141 I 4 AO für das stehende Holz bei Forstbetrieben (s Rz 14). Wird der Aufwuchs vom GuB getrennt (Ernte, geschlagenes Holz), ist er (als Vorratsvermögen) gesondert zu bewerten. Für **mehrjährige und Dauerkulturen** gilt der Aktivierungsverzicht nicht (zur Aktivierung dieser Kulturen bei Gartenbaubetrieben s Rz 29). – **Rechtsgrundlage** für diesen Aktivierungsverzicht ist nach der Rspr nicht etwa § 148 AO, sondern § 163 AO (BFH IV R 38/99 BStBl II 00, 422; BFH IV R 23/07 BStBl II 11, 654 unter II.3.c; mE zutr). Er dient der Vermeidung der oft schwierigen Bewertung dieser WG. – **Anwendung bei § 15.** 239

Das Wahlrecht gilt auch für luf tätige Körperschaften (zu einem solchen Fall BFH I R 32/11 BStBl II 15, 175) und gewerbl geprägte PersGes (FG MeVo EFG 02, 1368, rkr); mE auch für PersGes, die kraft Abfärbung gewerbl Einkünfte erzielen (aA FG SachsAnh EFG 12, 1645, rkr; FG MeVo EFG 15, 421, Rev IV R 45/14). – **Weitere Rechtsfolgen.** Trotz des Aktivierungsverzichts ist eine Einlage von Feldinventar aus dem PV gewinnmindernd zu berücksichtigen (zutr FG MeVo EFG 98, 1630, rkr; betr Wiedereinrichter in den neuen Bundesländern). Zur Auswirkung bei eiserner Verpachtung s Rz 116.

240 **c) Wechsel in der Wahlrechtsausübung.** Der LuF kann jederzeit zur Aktivierung dieser WG (für den Gesamtbestand, nicht ledigl für Einzelparzellen) übergehen (BFH IV R 38/99 BStBl II 00, 422), ist daran dann aber nach dem Grundsatz der Bilanzstetigkeit (s ausführl § 6 Rz 12) auch für die Zukunft gebunden (EStR 14 III 2; BFH IV R 23/07 BStBl II 11, 654 unter II.5; anders für Betriebsumstellungen *Kanzler* FR 10, 711). Unzutr daher FG Bbg EFG 05, 1005 (erfolglose NZB I B 212/03, nv), das einen späteren erneuten Verzicht auf die Aktivierung aus dem Grundsatz der Selbstbindung der Verwaltung hergeleitet hat, obwohl die *FinVerw* einen erneuten Verzicht gerade *nicht* zulässt. Wenn der StPfl von der Gewinnermittlung nach § 13a zu § 4 III und später zu § 4 I wechselt, kann er das Wahlrecht beim letztgenannten Wechsel ausüben (BFH IV R 31/10 BFH/NV 14, 514 Rz 16 ff). Ein Betriebserwerber kann das Wahlrecht neu ausüben, nicht aber bei unentgeltl Betriebsübertragung (EStR 14 III 3). Bei einer Umwandlung von Körperschaften kommt es für die Zulässigkeit einer erneuten Wahlrechtsausübung darauf an, ob die neue Ges mit der früheren rechtl identisch ist (näher FG MeVo EFG 02, 1368, rkr). – Hingegen ist ein StPfl, der diese WG bisher stets bilanziert hat (das Wahlrecht also noch nie ausgeübt hat), mE frei, zu einem beliebigen Zeitpunkt zur Nichtaktivierung überzugehen, da der Stetigkeitsgrundsatz nur ein willkürl „Hin und Her" verbietet, nicht aber eine erstmalige Wahlrechtsausübung verhindern will (offen gelassen von BFH I R 32/11 BStBl II 15, 175 Rz 19 und EStR [2008] 14 II 4; aA nunmehr aber EStR [2012] 14 III 2; BFH IV R 31/10 BFH/NV 14, 514 Rz 15: Verzicht auf Aktivierung setzt voraus, dass diese WG im Betrieb noch nie aktiviert wurden).

243 **5. Gewillkürtes Betriebsvermögen.** Ausführl § 4 Rz 105, 150–169; nachfolgend sind nur die Besonderheiten der LuF dargestellt. – **a) Zulässigkeit der Bildung von gewillkürtem BV.** Zur Abhängigkeit von der Gewinnermittlungsart s § 4 Rz 162–169. Danach ist die Bildung von gewillkürtem BV auch bei § 4 III zulässig. Bei **Gewinnermittlung nach § 13a** lässt die *FinVerw* seit Wj 2015/16 die Bildung von gewillkürtem BV für den Bereich der Sondergewinne, bei denen die Gewinnermittlung ohnehin nach § 4 III erfolgt (s § 13a Rz 37), ausdrückl zu (*BMF* BStBl I 15, 877 Rz 44), was mE zutr ist (zur restriktiven VerwAuffassung für die frühere Zeit s 34. Aufl Rz 162. Außerdem zwingt bei § 13a weder der Übergang zu dieser Gewinnermittlungsart noch eine Nutzungsänderung, die bei § 4 I keine Entnahme wäre (s Rz 225 ff), zu einer Entnahme (§ 4 I 6, 7; sog **geduldetes BV**).

244 **b) Einlagen in das gewillkürte BV.** Sie sind bei LuF nur eingeschränkt zulässig. Ausgeschlossen sind WG, die der LuF wesensfremd sind und denen eine eindeutige sachl Beziehung zum Betrieb fehlt (BFH IV R 80/92 BFH/NV 95, 288 unter 1.d mwN; BFH IV R 44/06 BStBl II 09, 811 unter II.1.a dd). Dies gilt insb für auf *zugekauftem* GuB sofort errichtete Mietshäuser (BFH IV R 80/92 BFH/NV 95, 288 unter 1.e). Eine Behandlung als gewillkürtes BV ist hingegen zulässig, wenn aufgrund der erhebl Größe des Betriebs auch eine Nutzung als Landarbeiterwohnung in Betracht kommt (BFH IV R 12/98 BFH/NV 00, 317).

245 **c) Einzelfälle gewillkürtes BV.** Zum Übergang von **Grund und Boden** in das gewillkürte BV nach einer Nutzungsänderung, die die Eigenschaft als notwendiges BV entfallen lässt, s ausführl Rz 225 (mit zahlreichen Beispielen). – **Bodenschätze** (s Rz 70 mwN), die

nicht für Zwecke der LuF gewonnen und verwertet werden, gehören weder zum notwendigen noch zum gewillkürten BV (BFH VIII B 57/80 BStBl II 82, 526; BFH IV R 73/81 BStBl II 83, 106; BFH IV R 45/05 BStBl II 09, 449 unter II.2.; BFH IV R 2/09 BFH/NV 12, 1309 Rz 19; *BMF* BStBl I 93, 678 Tz 3). – **Anteile** an Zucht-, Forst- oder Weidegenossenschaften gehören bereits zum notwendigen BV, wenn die Mitgliedschaftsrechte betriebl genutzt werden (BFH IV R 147/79 BStBl II 82, 250). Dies gilt für Aktien einer Zuckerfabrik, mit denen Lieferrechte verbunden sind, auch dann, wenn die Lieferungen in der Praxis bereits langjährig aufgrund gesonderter schuldrechtl Vereinbarungen erfolgen (BFH IV R 15/03 BStBl II 04, 280). Anteile an einer Genossenschaft, die das den luf Betrieb versorgende Elektrizitätswerk betreibt und grds Dividenden ausschüttet, können (ebenso wie ertragbringende Wertpapiere) auch dann dem gewillkürten BV zugeordnet werden, wenn dem Betrieb keine Sonderkonditionen gewährt werden (BFH IV R 14/07 BStBl II 10, 227).

6. Entschädigungen; Zuschüsse; Milch- und Zuckermarktordnung; GAP-Prämien. – a) Entschädigungen für Wirtschaftserschwernisse. Derartige Zahlungen (zB weil nach dem Bau einer Verkehrs- oder Versorgungstrasse durch das Betriebsgelände künftig Umwege erforderl sind), sind grds sofort zu versteuernde BE (für § 4 III und § 13a BFH IV R 69/90 BStBl II 92, 598; für § 4 I BFH IV R 131/89 BStBl II 92, 715 unter 3.: weder passiver RAP noch Rückstellung für künftige Lasten); eine Verteilung auf mehrere Jahre kann nur im Billigkeitswege vorgenommen werden. Handelt es sich hingegen um ein Entgelt für Nutzungsüberlassung, können buchführende LuF einen passiven RAP auch dann bilden, wenn keine feste zeitl Begrenzung, wohl aber ein Mindestzeitraum vorgesehen ist (BFH IV R 130/91 BStBl II 95, 202: Hochspannungsleitung; *BMF* BStBl I 95, 183; ausführl *Felsmann* A 740 ff). Nichtbuchführende LuF müssen das Entgelt in voller Höhe bei Zufluss versteuern; hier bleibt nur der Billigkeitsweg oder der rechtzeitige Übergang zur Bilanzierung (*Fischer-Tobies/Risthaus* Inf 96, 489, 493). Dasselbe gilt für Entschädigungen, die der Landwirt für die Zurverfügungstellung von naturschutzrechtl Ausgleichsflächen erhält, auf denen idR Nutzungsbeschränkungen bestehen (*BMF* BStBl I 04, 716). Zur ertragsteuerl Behandlung der Zinsverbilligungszuschüsse nach dem Agrarkreditprogramm vgl *BMF* DStZ/E 85, 114. 251

b) Milchmarktordnung. Sie basiert auf der MilchquotenVO v 4.3.08 (BGBl I 08, 359), die zum 1.4.08 die MilchabgabenVO (BGBl I 00, 27) abgelöst hat, die ihrerseits ab dem 1.4.00 an die Stelle der Milch-GarantiemengenVO v 25.5.84 (BGBl I 84, 720) getreten ist (ausführl zur Vereinbarkeit dieser Regelungen mit Verfassungs- und Europarecht BFH VII B 86/12 BFH/NV 14, 585). Danach steht jedem Milcherzeuger eine **Anlieferungs-Referenzmenge** zu, die zunächst an den betriebl genutzten GuB gebunden und grds nicht selbständig übertragbar war. Seit 1993 ist eine regulierte Übertragung mögl (§§ 8 ff MilchquotenVO). Überschreitet der Betrieb seine Quote, ist eine Überschussabgabe zu zahlen (§ 39 MilchquotenVO), die lfd BA darstellt. 252

aa) Entstehung des WG – (1) Abspaltung vom GuB. Das Milchlieferrecht ist am 2.4.84 ohne Zahlung eines Entgelts als immaterielles WG (s § 140 I 2 BewG) entstanden (BFH IV R 23/96 BStBl II 03, 56 unter 1.). Nach § 5 II war eine Aktivierung daher (mit Ausnahme späterer entgeltl Erwerbe) ausgeschlossen. Dies führte in Veräußerungsfällen zu unzuträgl Ergebnissen: Da mit dem GuB auch die Milchreferenzmenge veräußert wurde, war der Kaufpreis auf beide WG zu verteilen. Der auf die Milchquote entfallende Kaufpreisanteil war in voller Höhe stpfl, weil kein Buchwert gegengerechnet werden konnte; für den auf den GuB entfallenden Anteil ergab sich häufig ein Buchverlust, der aber wegen § 55 VI außer Ansatz blieb. Um dies zu vermeiden, hat die Rspr eine Buchwertabspaltung vom GuB zugelassen: Weil im ursprüngl Wertansatz des GuB auch die Möglichkeit der Milcherzeugung mitbewertet war, war der für den GuB (ggf nach § 55 ermittelte) vorhandene Buchwert zum 2.4.84 im Verhältnis der TW der EinzelWG auf GuB einerseits und Milchquote andererseits aufzuteilen und seither fortzufüh- 253 ren (BFH IV R 23/96 BStBl II 03, 56; BFH IV R 64/98 BStBl II 03, 61; BFH IV R 11/00 BStBl 03, 64; in Auseinandersetzung mit der in der Literatur geäußerten Kritik [*Felsmann* A 1477a ff; *v Twickel* HFR 11, 23] nochmals BFH IV R 32/08 BStBl II 12, 551 unter II.2.; ausführl zu dieser Rspr *HHR/Kanzler* § 55 Anm 43, 116f; *v Schönberg* FR 98, 253 und DStR 01, 145). Dies mindert die Gefahr, dass sich in Veräußerungsfällen für den GuB rechnerisch ein nach § 55 VI nicht abziehbarer Buchverlust ergibt. Die *FinVerw* hat daraufhin umfangreiche Einzelregelungen für die sich ergebenden Praxisfragen und zur Wertermittlung getroffen (aktuell *BMF* BStBl I 14, 1503; hierzu zust BFH IV R 30/08 BStBl II 11, 210 unter II.1.).

254 **(2) Verlustausgleichsverbot des § 55 VI.** Dies ist folgerichtig auch auf den Buchwertansatz für die Milchreferenzmenge anzuwenden (BFH IV R 8/95 BStBl II 03, 54 unter 3.; BFH IV R 11/00 BStBl 03, 64 unter 4.; *BMF* BStBl I 14, 1503 Rz 29), wobei auf das einzelne Flurstück abzustellen ist (BFH IV R 30/08 BStBl II 11, 210 unter II.3.). Dies gilt auch dann, wenn bei Beendigung eines Pachtverhältnisses 33% der Milchquote entschädigungslos eingezogen werden, so dass in diesen Fällen der Buchverlust (0 € Entschädigung ./. abgespaltener Buchwert) vollständig nicht abziehbar ist (zutr FG SchlHol EFG 08, 1715, aus anderen Gründen aufgehoben durch BFH IV R 31/08 BFH/NV 11, 413).

255 **(3) Altfälle.** Ist bei einer Veräußerung der Milchquote vor Ergehen dieser Rspr kein Buchwert berücksichtigt und daher ein zu hoher Veräußerungsgewinn ausgewiesen worden, kann dies bei **Gewinnermittlung nach § 4 III** in späteren VZ nicht dadurch korrigiert werden, dass auf den Buchwert des noch vorhandenen GuB ein gewinnmindernder Abschlag vorgenommen wird (BFH IV R 58/10 BStBl II 14, 966 Rz 19). Der damit „zu hohe" Buchwert des GuB wirkt sich erst bei einer späteren Veräußerung gewinnmindernd aus. Bei **Gewinnermittlung nach § 4 I** ist zu differenzieren: Handelt es sich um nach § 55 pauschal bewerteten GuB, ist eine Bilanzberichtigung nicht mögl (BFH IV R 19/07 BFH/NV 11, 209). Bei GuB, der nach dem 30.6.70 erworben wurde und daher nicht unter § 55 fällt, ist hingegen eine gewinnmindernde Ausbuchung im Wege erfolgswirksamer Bilanzberichtigung zulässig (BFH IV R 32/08 BStBl II 12, 551 unter II.3., Anm *Wendt* BFH/PR 11, 1).

256 **bb) Folgerungen aus dem Auslaufen der Milchmarktordnung. – (1) AfA auf das Milchlieferrecht.** Es handelt sich um ein abnutzbares WG (allg zur AfA auf immaterielle WG s § 7 Rz 29f). Zwar sind die Regelungen über die Milchreferenzmenge früher mehrmals verlängert worden; zum 31.3.15 sind sie aber endgültig ausgelaufen (s auch *Graf Nesselrode* BB 10, 2690). Solange der Endtermin noch ungewiss war, konnte die Nutzungsdauer auf 10 Jahre geschätzt werden (BFH IV R 58/10 BStBl II 14, 966 Rz 14); danach gilt der 31.3.15 als Endtermin der AfA (*BMF* BStBl I 14, 1503 Rz 28). Im BV kommt eine AfA allerdings **nur bei entgeltl erworbenen Milchlieferrechten** in Betracht, nicht aber bei vom Buchwert abgespaltenen Wertansätzen, weil ansonsten das Verbot der Verlustberücksichtigung (§ 55 VI) unterlaufen würde und der Ursprung des Lieferrechts im nichtabnutzbaren GuB fortwirkt (BFH IV R 58/10 BStBl II 14, 966 Rz 14; *BMF* BStBl I 14, 1503 Rz 28; zur Begründung s BFH IV R 2/10 BStBl II 11, 171 unter II.2.c dd, betr Zuckerrübenlieferrechte, s auch *v Twickel* HFR 11, 28 unter 10.). – Ist das Milchlieferrecht hingegen ins PV entnommen worden und wird dort verpachtet, kommt es für die AfA vom Entnahmewert nicht darauf an, ob die Milchquoten vor der Entnahme im BV entgeltl erworben oder zugeteilt bzw vom GuB abgespalten worden waren (BFH IX R 33/08 BStBl II 10, 958 unter II.2.). – **(2) Wiedervereinigung mit dem GuB.** Im Zeitpunkt des Wegfalls der Lieferrechte (endgültiges Auslaufen der Marktordnung zum 31.3.15) vereinigt sich deren Buchwert gewinnneutral wieder mit dem des GuB (*BMF* BStBl I 14, 1503 Rz 9a; ebenso wohl bereits BFH IV R 2/10 BStBl II 11, 171 Rz 46). Dies ist zutr, da eine gewinnmindernde Ausbuchung dem Zweck der Abspaltungs-Rspr zuwider laufen würde.

257 **cc) Gewinn aus einer Veräußerung der Referenzmenge.** Er kann nicht nach § 6b übertragen werden, weil es sich um ein immaterielles WG handelt (BFH

IV B 20/93 BFH/NV 94, 172). Auch ein passiver RAP darf nicht gebildet werden (*BMF* BStBl I 95, 148; *Hiller* Inf 94, 395). Eine isolierte Veräußerung der Referenzmenge ist weder unter dem Gesichtspunkt der Veräußerung eines Teilbetriebs noch als Entschädigung für die Aufgabe einer Tätigkeit tarifbegünstigt (BFH IV B 91/06 BFH/NV 07, 1853).

c) Zuckermarktordnung. – ***(1)*** **Abspaltung vom GuB.** Um in Veräuße- 259
rungsfällen nicht abziehbare Buchverluste zu vermeiden, hat der BFH seine in Rz 253 dargestellte Rspr auch auf Zuckerrübenlieferrechte übertragen, obwohl die Rübenquote bereits im Jahr 1968 (und damit vor dem für § 55 geltenden Stichtag 1.7.70) eingeführt worden ist (für nicht an Aktien gebundene Lieferrechte ausführl BFH IV R 2/10 BStBl II 11, 171, krit *v Twickel* HFR 11, 28; offen hingegen noch BFH IV R 33/98 BStBl II 03, 58 unter 3.; BFH IV R 53/02 BStBl II 10, 184; alle drei Entscheidungen sind im selben Verfahren ergangen). Bei einem an Aktien gebundenen Lieferrecht ist eine Abspaltung vom GuB hingegen unwahrscheinl (BFH IV R 25/02 BFH/NV 04, 617). Zur Wiedervereinigung der Buchwerte nach Auslaufen der Marktordnung s Rz 168. – ***(2)*** **AfA.** Auch wenn die ZuckermarktO schon mehrfach verlängert worden ist (sie gilt vorerst bis zum 30.9.2017 fort), stellen die Lieferrechte wegen der Ungewissheit über die weitere Verlängerung und der bereits jetzt vorgenommenen Absenkung der Mindestpreise **abnutzbare WG** dar (allg zu AfA auf immaterielle WG s § 7 Rz 29). Planmäßige AfA sind daher zulässig, allerdings (entspr den in Rz 256 dargestellten Grundsätzen) **nur bei entgeltl erworbenen Lieferrechten** (BFH IV R 1/06 BStBl II 10, 28 unter II.4.), nicht aber bei vom Buchwert des GuB abgespaltenen Rechten (BFH IV R 2/10 BStBl II 11, 171 unter II.2.c dd; BFH IV R 43/08 BFH/NV 11, 227 unter II.2.c dd). Die Nutzungsdauer beträgt 10 Jahre (BFH IV R 3/08 BStBl II 14, 512). Die *FinVerw* wollte hingegen vor Veröffentlichung dieser Rspr niemals planmäßige AfA, sondern nur im Einzelfall TW-AfA zulassen (*BMF* BStBl I 08, 682 Rz 23). – ***(3)*** **Verkauf der Lieferrechte.** Der Erlös stellt keine steuerbegünstigte Entschädigung für die Aufgabe der Tätigkeit dar (BFH IV R 64/00 BStBl II 02, 658).

d) Weitere Prämien. Zu den bis 2004 gewährten **Flächenstilllegungsprä-** 260
mien sowie **Mutterkuh- und -schafprämien** s. 26. Aufl Rz 169f; zur **Produktionsaufgaberente** s Rz 94 mwN. Bei den **Flächenprämien** nach der Kulturpflanzen-AusgleichszahlungsVO (BGBl I 92, 1996; ab 2000 FlächenzahlungsVO [BGBl I 00, 15]; ab 2005 aufgegangen in der GAP-Prämie [s Rz 262]), handelte es sich jedenfalls solange nicht um gesonderte immaterielle WG neben dem GuB, wie von den faktisch bestehenden Übertragungsmöglichkeiten dieser Berechtigungen kein Gebrauch gemacht wurde (BFH IV R 28/08 BStBl II 11, 406; keine Buchwertabspaltung). Dies soll auch bei entgeltl Erwerb einer Fläche, mit der eine Prämienberechtigung verbunden war, gelten (so FG SchlHol EFG 15, 245, Rev I R 67/14; mE angesichts der in Rz 263 dargestellten Behandlung der nachfolgenden GAP-Prämien nicht ganz zweifelsfrei). Zu weiteren Prämien s *Felsmann* A 1467 ff.

e) Flächenabhängige Prämienzahlung. – aa) Subventionsrechtl Grund- 262
lagen. Durch die Reform der gemeinsamen Agrarpolitik (GAP-ReformG v 21.7.04, BGBl I 04, 1763) ist das System der Prämien und Zuschüsse in der LuF ab 2005 neu gestaltet worden (zu den Rechtsgrundlagen und zahlreichen steuerl Einzelfragen s *BMF* BStBl I 08, 682; *Felsmann* A 1516 ff; *Wiegand* NWB F 17, 2325; Verfmäßigkeit bej durch BVerfG 1 BvF 4/05 BVerfGE 122, 1). Die Prämien sind nicht mehr vom Umfang der Produktion, sondern von der vorhandenen Fläche und der Einhaltung bestimmter Anforderungen an die Betriebsführung (sog Cross Compliance: Tierschutz, Tiergesundheit, Umweltschutz, Lebensmittel- und Futtermittelsicherheit) abhängig. Sie setzen sich im Wesentl aus drei Komponenten zusammen, näml der einheitl Betriebsprämie (die wiederum aus einem betriebsindividuellen Betrag und einem flächenbezogenen Betrag besteht), den Zahlungs-

ansprüchen für Stilllegung und sog besonderen Zahlungsansprüchen (zB bei sehr geringer beihilfefähiger Fläche des Betriebs). Die Zahlungsansprüche können selbständig (dh ohne Bezug auf den GuB, von dem sie abgeleitet sind) verkauft und verpachtet werden.

263 **bb) Steuerl Behandlung.** Anders als bei den Milchquoten (s Rz 253) findet **keine Abspaltung vom Buchwert des GuB** statt, weil die neuen Prämien im Wesentl die schon bisher gezahlten produktionsabhängigen Prämien zusammenfassen und daher keine Wertminderung des GuB eintritt (zutr *BMF* BStBl I 08, 682 Rz 21; *Kanzler* FR 11, 285). Die künftigen Zahlungsansprüche können übertragen werden, und zwar auch ohne die Flächen, die für ihre Ermittlung maßgebl waren (in diesem Fall unterliegt das Veräußerungsentgelt der USt, s BFH XI R 19/10 BStBl II 11, 772). Bei entgeltl Erwerb sind sie zu aktivieren. Die *FinVerw* hält die Prämienansprüche trotz der Tatsache, dass die EU-Regelung zunächst nur bis 2013 reichte, dann erhebl Umstellungen vorgenommen wurden und das Nachfolgemodell eine veränderte Konzeption verfolgt (s *Felsmann* A 1524b), für nichtabnutzbare WG und lässt **keine reguläre AfA** zu (*BMF* BStBl I 08, 682 Rz 19; zust FG Sachs EFG 12, 1039, rkr). ME ist dies unzutr und im Vergleich zur Behandlung der Milchquoten (s Rz 256) widersprüchl (glA mit ausführl Begründung FG Mster EFG 12, 1035, Rev IV R 6/12: Nutzungsdauer 10 Jahre; *HHR/Paul* § 13 Anm 31). Da ab 2009 der betriebsindividuelle Betrag abgeschmolzen wurde und die gleichzeitige Anhebung der flächenbezogenen Beträge dies nicht immer ausgleichen konnte, ist insoweit im Einzelfall eine TW-AfA zulässig (*BMF* BStBl I 08, 682 Rz 20). Zur Behandlung der Prämien bei Gewinnermittlung nach Durchschnittssätzen s § 13a Rz 28. – Für Flächen, auf denen **Obst, Gemüse** oder **Stärkekartoffeln** angebaut werden, erhält der Betriebsinhaber sog OGS-Genehmigungen, denen ein gesonderter Marktwert zukommt.

265 **7. Freibetrag für LuF, § 13 III.** Einkünfte aus LuF (ggf nach Abzug des Freibetrags nach §§ 14, 16 IV; auch nachträgl Einkünfte) werden bei der Ermittlung des Gesamtbetrags der Einkünfte nur berücksichtigt, soweit sie den Freibetrag von 900 € (bis VZ 2014: 670 €) übersteigen. Abs 3 gilt für alle Gewinnermittlungsarten, auch für § 13a (*HHR/Paul* § 13 Anm 120). Bei zusammenveranlagten **Ehegatten** (gem § 2 VIII auch bei eingetragenen LPart) verdoppelt sich der Freibetrag auf 1800 € (bis VZ 2014: 1340 €), und zwar auch dann, wenn nur *ein* Ehegatte/LPart LuF-Einkünfte bezieht. Erzielt einer der Ehegatten/LPart positive und der andere negative LuF-Einkünfte, sind diese vor Anwendung des Freibetrags zunächst zu saldieren (BFH IV R 32/86 BStBl II 88, 827). Der Freibetrag ist nicht bereits bei der Ermittlung der Einkünfte, sondern erst von der **Summe der Einkünfte** abzuziehen. Bei der Ermittlung der Einkünfte für Zwecke der Veranlagungsgrenze des § 46 II Nr 1 ist er jedoch in einer Hilfsrechnung abzuziehen. Er kann nicht bereits bei der Gewinnfeststellung einer MUerschaft, sondern erst bei der EStVeranlagung der MUer berücksichtigt werden (BFH IV R 90/88 BStBl II 90, 689 unter I.5.). – **Einkünftegrenze.** Der Freibetrag wird nur gewährt, wenn die Summe der Einkünfte 30 700 € (bei zusammenveranlagten Ehegatten/LPart: 61 400 €) nicht übersteigt. Die Begünstigung der LuF durch den Freibetrag ist verfgemäß (*HHR/Paul* § 13 Anm 3) und nicht auf andere Einkunftsarten übertragbar (FG Hess EFG 96, 812, rkr).

§ 13a *[Fassung ab Wj 2015/16]* Ermittlung des Gewinns aus Land- und Forstwirtschaft nach Durchschnittssätzen

(1) [1]**Der Gewinn eines Betriebs der Land- und Forstwirtschaft ist nach den Absätzen 3 bis 7 zu ermitteln, wenn**

1. der Steuerpflichtige nicht auf Grund gesetzlicher Vorschriften verpflichtet ist, für den Betrieb Bücher zu führen und regelmäßig Abschlüsse zu machen und

2. in diesem Betrieb am 15. Mai innerhalb des Wirtschaftsjahres Flächen der landwirtschaftlichen Nutzung (§ 160 Absatz 2 Satz 1 Nummer 1 Buchstabe a des Bewertungsgesetzes) selbst bewirtschaftet werden und diese Flächen 20 Hektar ohne Sondernutzungen nicht überschreiten und
3. die Tierbestände insgesamt 50 Vieheinheiten (§ 13 Absatz 1 Nummer 1) nicht übersteigen und
4. die selbst bewirtschafteten Flächen der forstwirtschaftlichen Nutzung (§ 160 Absatz 2 Satz 1 Nummer 1 Buchstabe b des Bewertungsgesetzes) 50 Hektar nicht überschreiten und
5. die selbst bewirtschafteten Flächen der Sondernutzungen (Absatz 6) die in Anlage 1a Nummer 2 Spalte 2 genannten Grenzen nicht überschreiten.

[2] Satz 1 ist auch anzuwenden, wenn nur Sondernutzungen bewirtschaftet werden und die in Anlage 1a Nummer 2 Spalte 2 genannten Grenzen nicht überschritten werden. [3] Die Sätze 1 und 2 gelten nicht, wenn der Betrieb im laufenden Wirtschaftsjahr im Ganzen zur Bewirtschaftung als Eigentümer, Miteigentümer, Nutzungsberechtigter oder durch Umwandlung übergegangen ist und der Gewinn bisher nach § 4 Absatz 1 oder 3 ermittelt wurde. [4] Der Gewinn ist letztmalig für das Wirtschaftsjahr nach Durchschnittssätzen zu ermitteln, das nach Bekanntgabe der Mitteilung endet, durch die die Finanzbehörde auf den Beginn der Buchführungspflicht (§ 141 Absatz 2 der Abgabenordnung) oder auf den Wegfall einer anderen Voraussetzung des Satzes 1 hingewiesen hat. [5] Der Gewinn ist erneut nach Durchschnittssätzen zu ermitteln, wenn die Voraussetzungen des Satzes 1 wieder vorliegen und ein Antrag nach Absatz 2 nicht gestellt wird.

(2) **[1] Auf Antrag des Steuerpflichtigen ist für einen Betrieb im Sinne des Absatzes 1 der Gewinn für vier aufeinander folgende Wirtschaftsjahre nicht nach den Absätzen 3 bis 7 zu ermitteln. [2] Wird der Gewinn eines dieser Wirtschaftsjahre durch den Steuerpflichtigen nicht nach § 4 Absatz 1 oder 3 ermittelt, ist der Gewinn für den gesamten Zeitraum von vier Wirtschaftsjahren nach den Absätzen 3 bis 7 zu ermitteln. [3] Der Antrag ist bis zur Abgabe der Steuererklärung, jedoch spätestens zwölf Monate nach Ablauf des ersten Wirtschaftsjahres, auf das er sich bezieht, schriftlich zu stellen. [4] Er kann innerhalb dieser Frist zurückgenommen werden.**

(3) **[1] Durchschnittssatzgewinn ist die Summe aus**
1. dem Gewinn der landwirtschaftlichen Nutzung,
2. dem Gewinn der forstwirtschaftlichen Nutzung,
3. dem Gewinn der Sondernutzungen,
4. den Sondergewinnen,
5. den Einnahmen aus Vermietung und Verpachtung von Wirtschaftsgütern des land- und forstwirtschaftlichen Betriebsvermögens,
6. den Einnahmen aus Kapitalvermögen, soweit sie zu den Einkünften aus Land- und Forstwirtschaft gehören (§ 20 Absatz 8).

[2] Die Vorschriften von § 4 Absatz 4a, § 6 Absatz 2 und 2a sowie zum Investitionsabzugsbetrag und zu Sonderabschreibungen finden keine Anwendung. [3] Bei abnutzbaren Wirtschaftsgütern des Anlagevermögens gilt die Absetzung für Abnutzung in gleichen Jahresbeträgen nach § 7 Absatz 1 Satz 1 bis 5 als in Anspruch genommen. [4] Die Gewinnermittlung ist nach amtlich vorgeschriebenem Datensatz durch Datenfernübertragung spätestens mit der Steuererklärung zu übermitteln. [5] Auf Antrag kann die Finanzbehörde zur Vermeidung unbilliger Härten auf eine elektronische Übermittlung verzichten; in diesem Fall ist der Steuererklärung eine Gewinnermittlung nach amtlich vorgeschriebenem Vordruck beizufügen. [6] § 150 Absatz 7 und 8 der Abgabenordnung gilt entsprechend.

(4) [1] Der Gewinn aus der landwirtschaftlichen Nutzung ist die nach den Grundsätzen des § 4 Absatz 1 ermittelte Summe aus dem Grundbetrag für die selbst bewirtschafteten Flächen und den Zuschlägen für Tierzucht und Tierhaltung. [2] Als Grundbetrag je Hektar der landwirtschaftlichen Nutzung (§ 160 Absatz 2 Satz 1 Nummer 1 Buchstabe a des Bewertungsgesetzes) ist der sich aus Anlage 1a ergebende Betrag vervielfältigt mit der selbst bewirtschafteten Fläche anzusetzen. [3] Als Zuschlag für Tierzucht und Tierhaltung ist im Wirtschaftsjahr je Vieheinheit der sich aus Anlage 1a jeweils ergebende Betrag vervielfältigt mit den Vieheinheiten anzusetzen.

(5) Der Gewinn aus der forstwirtschaftlichen Nutzung (§ 160 Absatz 2 Satz 1 Nummer 1 Buchstabe b des Bewertungsgesetzes) ist nach § 51 der Einkommensteuer-Durchführungsverordnung zu ermitteln.

(6) [1] Als Sondernutzungen gelten die in § 160 Absatz 2 Satz 1 Nummer 1 Buchstabe c bis e des Bewertungsgesetzes in Verbindung mit Anlage 1a Nummer 2 genannten Nutzungen. [2] Bei Sondernutzungen, die die in Anlage 1a Nummer 2 Spalte 3 genannten Grenzen überschreiten, ist ein Gewinn von 1000 Euro je Sondernutzung anzusetzen. [3] Für die in Anlage 1a Nummer 2 nicht genannten Sondernutzungen ist der Gewinn nach § 4 Absatz 3 zu ermitteln.

(7) [1] Nach § 4 Absatz 3 zu ermittelnde Sondergewinne sind

1. Gewinne
   a) aus der Veräußerung oder Entnahme von Grund und Boden und dem dazugehörigen Aufwuchs, den Gebäuden, den immateriellen Wirtschaftsgütern und den Beteiligungen; § 55 ist anzuwenden;
   b) aus der Veräußerung oder Entnahme der übrigen Wirtschaftsgüter des Anlagevermögens und von Tieren, wenn der Veräußerungspreis oder der an dessen Stelle tretende Wert für das jeweilige Wirtschaftsgut mehr als 15 000 Euro betragen hat;
   c) aus Entschädigungen, die gewährt worden sind für den Verlust, den Untergang oder die Wertminderung der in den Buchstaben a und b genannten Wirtschaftsgüter;
   d) aus der Auflösung von Rücklagen;

2. Betriebseinnahmen oder Betriebsausgaben nach § 9b Absatz 2;

3. Einnahmen aus dem Grunde nach gewerblichen Tätigkeiten, die dem Bereich der Land- und Forstwirtschaft zugerechnet werden, abzüglich der pauschalen Betriebsausgaben nach Anlage 1a Nummer 3;

4. Rückvergütungen nach § 22 des Körperschaftsteuergesetzes aus Hilfs- und Nebengeschäften.

[2] Die Anschaffungs- oder Herstellungskosten bei Wirtschaftsgütern des abnutzbaren Anlagevermögens mindern sich für die Dauer der Durchschnittssatzgewinnermittlung mit dem Ansatz der Gewinne nach den Absätzen 4 bis 6 um die Absetzung für Abnutzung in gleichen Jahresbeträgen. [3] Die Wirtschaftsgüter im Sinne des Satzes 1 Nummer 1 Buchstabe a sind unter Angabe des Tages der Anschaffung oder Herstellung und der Anschaffungs- oder Herstellungskosten oder des an deren Stelle getretenen Werts in besondere, laufend zu führende Verzeichnisse aufzunehmen. [4] Absatz 3 Satz 4 bis 6 gilt entsprechend.

(8) Das Bundesministerium der Finanzen wird ermächtigt, durch Rechtsverordnung mit Zustimmung des Bundesrates die Anlage 1a dadurch zu ändern, dass es die darin aufgeführten Werte turnusmäßig an die Ergebnisse der Erhebungen nach § 2 des Landwirtschaftsgesetzes und im Übrigen an Erhebungen der Finanzverwaltung anpassen kann.

Anlage 1a zu § 13a:

Ermittlung des Gewinns aus Land- und Forstwirtschaft nach Durchschnittssätzen

Für ein Wirtschaftsjahr betragen

1. der Grundbetrag und die Zuschläge für Tierzucht und Tierhaltung der landwirtschaftlichen Nutzung (§ 13a Absatz 4):

Gewinn pro Hektar selbst bewirtschafteter Fläche	**350 EUR**
bei Tierbeständen für die ersten 25 Vieheinheiten	**0 EUR/Vieheinheit**
bei Tierbeständen für alle weiteren Vieheinheiten	**300 EUR/Vieheinheit**

Angefangene Hektar und Vieheinheiten sind anteilig zu berücksichtigen.

2. die Grenzen und Gewinne der Sondernutzungen (§ 13a Absatz 6):

Nutzung	**Grenze**	**Grenze**
1	**2**	**3**
Weinbauliche Nutzung	**0,66 ha**	**0,16 ha**
Nutzungsteil Obstbau	**1,37 ha**	**0,34 ha**
Nutzungsteil Gemüsebau **Feilandgemüse** **Unterglas Gemüse**	 **0,67 ha** **0,06 ha**	 **0,17 ha** **0,015 ha**
Nutzungsteil Blumen/Zierpflanzenbau **Freiland Zierpflanzen** **Unterglas Zierpflanzen**	 **0,23 ha** **0,04 ha**	 **0,05 ha** **0,01 ha**
Nutzungsteil Baumschulen	**0,15h**	**0,04 ha**
Sondernutzung **Spargel**	 **0,42 ha**	 **0,1 ha**
Sondernutzung **Hopfen**	 **0,78 ha**	 **0,19 ha**
Binnenfischerei	**2000 kg Jahresfang**	**500 kg Jahresfang**
Teichwirtschaft	**1,6 ha**	**0,4 ha**
Fischzucht	**0,2 ha**	**0,05 ha**
Imkerei	**700 Völker**	**30 Völker**
Wanderschäfereien	**120 Mutterschafe**	**30 Mutterschafe**
Weihnachtsbaumkulturen	**0,4 ha**	**0,1 ha**

3. in den Fällen des § 13a Absatz 7 Satz 1 Nummer 3 die Betriebsausgaben 60 Prozent der Betriebseinnahmen.

§ 13a *[Fassung bis Wj 2014/15]* Ermittlung des Gewinns aus Land- und Forstwirtschaft nach Durchschnittssätzen

(1) [1]**Der Gewinn ist für einen Betrieb der Land- und Forstwirtschaft nach den Absätzen 3 bis 6 zu ermitteln, wenn**

1. der Steuerpflichtige nicht auf Grund gesetzlicher Vorschriften verpflichtet ist, Bücher zu führen und regelmäßig Abschlüsse zu machen, und

2. die selbstbewirtschaftete Fläche der landwirtschaftlichen Nutzung (§ 34 Absatz 2 Nummer 1 Buchstabe a des Bewertungsgesetzes) ohne Sonderkulturen (§ 52 des Bewertungsgesetzes) nicht 20 Hektar überschreitet und
3. die Tierbestände insgesamt 50 Vieheinheiten (Anlage 1 zum Bewertungsgesetz) nicht übersteigen und
4. der Wert der selbstbewirtschafteten Sondernutzungen nach Absatz 5 nicht mehr als 2000 Deutsche Mark je Sondernutzung beträgt.

[2] Der Gewinn ist letztmalig für das Wirtschaftsjahr nach Durchschnittssätzen zu ermitteln, das nach Bekanntgabe der Mitteilung endet, durch die die Finanzbehörde auf den Beginn der Buchführungspflicht (§ 141 Absatz 2 der Abgabenordnung) oder den Wegfall einer anderen Voraussetzung des Satzes 1 hingewiesen hat.

(2) [1] Auf Antrag des Steuerpflichtigen ist für einen Betrieb im Sinne des Absatzes 1 der Gewinn für vier aufeinander folgende Wirtschaftsjahre nicht nach den Absätzen 3 bis 6 zu ermitteln. [2] Wird der Gewinn eines dieser Wirtschaftsjahre durch den Steuerpflichtigen nicht durch Betriebsvermögensvergleich oder durch Vergleich der Betriebseinnahmen mit den Betriebsausgaben ermittelt, ist der Gewinn für den gesamten Zeitraum von vier Wirtschaftsjahren nach den Absätzen 3 bis 6 zu ermitteln. [3] Der Antrag ist bis zur Abgabe der Steuererklärung, jedoch spätestens zwölf Monate nach Ablauf des ersten Wirtschaftsjahres, auf das er sich bezieht, schriftlich zu stellen. [4] Er kann innerhalb dieser Frist zurückgenommen werden.

(3) [1] Durchschnittssatzgewinn ist die Summe aus

1. dem Grundbetrag (Absatz 4),
2. den Zuschlägen für Sondernutzungen (Absatz 5),
3. den nach Absatz 6 gesondert zu ermittelnden Gewinnen,
4. den vereinnahmten Miet- und Pachtzinsen,
5. den vereinnahmten Kapitalerträgen, die sich aus Kapitalanlagen von Veräußerungserlösen im Sinne des Absatzes 6 Satz 1 Nummer 2 ergeben.

[2] Abzusetzen sind verausgabte Pachtzinsen und diejenigen Schuldzinsen und dauernden Lasten, die Betriebsausgaben sind. [3] Die abzusetzenden Beträge dürfen insgesamt nicht zu einem Verlust führen.

(4) [1] Die Höhe des Grundbetrags richtet sich bei der landwirtschaftlichen Nutzung ohne Sonderkulturen nach dem Hektarwert (§ 40 Absatz 1 Satz 3 des Bewertungsgesetzes) der selbst bewirtschafteten Fläche. [2] Je Hektar der landwirtschaftlichen Nutzung sind anzusetzen

1. bei einem Hektarwert bis 300 Deutsche Mark	205 Euro,
2. bei einem Hektarwert über 300 Deutsche Mark bis 500 Deutsche Mark	307 Euro,
3. bei einem Hektarwert über 500 Deutsche Mark bis 1000 Deutsche Mark	358 Euro,
4. bei einem Hektarwert über 1000 Deutsche Mark bis 1500 Deutsche Mark	410 Euro,
5. bei einem Hektarwert über 1500 Deutsche Mark bis 2000 Deutsche Mark	461 Euro,
6. bei einem Hektarwert über 2000 Deutsche Mark	512 Euro.

(5) [1] Als Sondernutzungen gelten die in § 34 Absatz 2 Nummer 1 Buchstabe b bis e des Bewertungsgesetzes genannten Nutzungen, die in § 34 Absatz 2 Nummer 2 des Bewertungsgesetzes genannten Wirtschaftsgüter, die Nebenbetriebe (§ 34 Absatz 2 Nummer 3 Bewertungsgesetz) und die Sonderkulturen (§ 52 Bewertungsgesetz). [2] Die Werte der Sondernutzungen sind aus den jeweils zuletzt festgestellten Einheitswerten oder den nach § 125 des Bewertungsgesetzes ermittelten Ersatzwirtschaftswerten abzuleiten. [3] Bei Sondernutzungen, deren Werte jeweils 500 Deutsche Mark übersteigen, ist für jede Sondernutzung ein Zuschlag von 512 Euro zu machen. [4] Satz 3 ist bei der forstwirtschaftlichen Nutzung nicht anzuwenden.

(6) [1] In den Durchschnittssatzgewinn sind über die nach den Absätzen 4 und 5 zu ermittelnden Beträge hinaus auch Gewinne, soweit sie insgesamt 1534 Euro übersteigen, einzubeziehen aus

1. der forstwirtschaftlichen Nutzung,
2. der Veräußerung oder Entnahme von Grund und Boden und Gebäuden sowie der im Zusammenhang mit einer Betriebsumstellung stehenden Veräußerung oder Entnahme von Wirtschaftsgütern des übrigen Anlagevermögens,
3. Dienstleistungen und vergleichbaren Tätigkeiten, sofern diese dem Bereich der Land- und Forstwirtschaft zugerechnet und nicht für andere Betriebe der Land- und Forstwirtschaft erbracht werden,
4. der Auflösung von Rücklagen nach § 6c und von Rücklagen für Ersatzbeschaffung.

[2] Bei der Ermittlung der Gewinne nach Satz 1 Nummer 1 und 2 ist § 4 Absatz 3 entsprechend anzuwenden. [3] Der Gewinn aus den in Nummer 3 genannten Tätigkeiten beträgt 35 Prozent der Einnahmen.

Einkommensteuer-Richtlinien / Verwaltungsanweisungen: EStR 13a.1, 13a.2, EStH 13a.1, 13a.2 – *BMF* BStBl I 15, 877

Übersicht

I. Rechtsentwicklung und Bedeutung

1 **1. Rechtsentwicklung.** Der Gewinn nicht buchführungspfl LuF wird bereits seit 1936 nach pauschalen Verfahren ermittelt (VOL v 1936/1949, ab 1965 abgelöst durch das GDL). § 13a wurde 1974 eingefügt und zum einen durch das StEntlG 99ff mit Wirkung für Wj, die nach dem 30.12.99 enden (zu diesen Änderungen ausführl und krit *Kanzler* DStZ 99, 682; *Hiller* Inf 99, 449, 487), und zum anderen durch das ZK-AnpG mit Wirkung für Wj, die nach dem 30.12.15 enden (§ 52 Abs 22a S 2) umfassend geändert (dazu ausführl *BMF* BStBl I 15, 877; *Kanzler* DStZ 15, 375; *Wiegand* NWB 15, 250; *Wiegand* NWB 16, 103).

Benutzerhinweis: Nachfolgend ist in erster Linie die ab dem Wj 2015/16 geltende Neufassung des § 13a durch das ZK-AnpG kommentiert. Soweit sich sachl Änderungen im Vergleich zur Vorläuferfassung ergeben haben, ist deren Inhalt anschließend ebenfalls noch dargestellt.

2 **2. Bedeutung.** Etwa 25% der StPfl mit luf Einkünften ermitteln ihren Gewinn nach § 13a, darunter auch zahlreiche Vollerwerbsbetriebe (s BT-Drs 17/8428, 4). Bei Anwendung der Durchschnittssätze wird idR nur ein *Teil* des tatsächl Gewinns steuerl erfasst (BFH IV R 28/02, BStBl II 03, 345 unter 3.c mwN; BFH VI R 40/09 BStBl II 11, 164 unter II.3.c: „Verschonungsregelung"); die Gewinnerfassungsquote lag für die bis Wj 2014/15 geltende Rechtslage nach Berechnungen des Bundesrechnungshofs nur bei ca. 50%, wobei erhebl Schwankungen nach unten und oben auftraten (BT-Drs 17/8428, 9ff). Da eine Rechtfertigung dieser Begünstigung schwer fällt (insb kann der Vereinfachungszweck die faktische StFreistellung der Hälfte des Gewinns nicht rechtfertigen, weil eine Gewinnermittlung nach § 4 III für jeden Unternehmer praktikabel sein dürfte) und die Begünstigungswirkung zudem nach eher zufälligen Kriterien sehr unterschiedl ausfällt (zum Willkürcharakter derartiger Zufälligkeiten s BVerfG 1 BvL 10/02 BStBl II 07, 192 unter C.I.2.b, C.II.1.d), spricht vieles für die **Verfassungswidrigkeit** des § 13a (näher für die bis Wj 2014/15 geltende Fassung *HHR/Kanzler* § 13a Anm 5 mwN; sehr kritisch auch Bericht des Bundesrechnungshofs, BT-Drs 17/8428; zurückhaltender für die Neufassung *HHR/Kanzler* § 13a nF Anm 5). Auch die Grundtendenz des zuständigen IV. Senats des BFH ist „§ 13a-kritisch", was sich in den Entscheidungen zu zahlreichen Auslegungsfragen widerspiegelt (vgl auch *Wittwer* DStRE 09, 1054). Die gesetzl Änderungen der Jahre 1999 und 2014 haben die Problematik in Teilbereichen etwas abgemildert, nicht aber beseitigt.

II. Voraussetzungen für die Gewinnermittlung nach Durchschnittssätzen, § 13a I, II

4 **1. Überblick.** § 13a ist (grds zwingend, wenn das Wahlrecht nach Abs 2 nicht ausgeübt wird) anzuwenden, falls der StPfl für den Betrieb nicht buchführungspflichtig ist (§ 13a I 1 Nr 1, s Rz 5) und der Betrieb bestimmte Größenmerkmale nicht überschreitet (§ 13a I 1 Nr 2–5, s Rz 7–10). Aus Gründen der Rechtssicherheit ist § 13a aber auch bei einem obj Wegfall seiner Voraussetzungen so lange anzuwenden, bis das FA auf den Wegfall hinweist (§ 13a I 4, s Rz 14). Umgekehrt hat der StPfl auch bei Vorliegen der Voraussetzungen des § 13a ein Wahlrecht, den Gewinn nach § 4 I/III zu ermitteln (§ 13a II, s Rz 18). Wegen der **Betriebsbezogenheit der Regelung** ist die Betriebsteilung (s § 13 Rz 8) ein beliebtes Gestaltungsmittel (treffend *HHR/Kanzler* § 13a nF Anm 16). – **Flächen im Ausl.** Die ab Wj 2015/16 geltende Fassung ist neutral formuliert und daher auch auf ausl Flächen anwendbar (zutr *BMF* BStBl I 15, 877 Rz 1; glA *Wiegand* NWB 15, 250, 255; *Kanzler* DStZ 15, 375, 378). Hingegen war die bis Wj 2014/15 geltende Fassung auf ausl Flächen nicht anwendbar, weil hierfür kein Hektarwert ermittelt werden konnte. Dies war wegen des Ausschlusses von der begünstigenden Wirkung der Vorschrift mE europarechtl bedenkl (glA *HHR/Kanzler* § 13a Rz 5).

2. Keine gesetzl Buchführungspflicht, § 13a I 1 Nr 1. Eine gesetzl Buchführungspflicht (s dazu § 13 Rz 193 ff) für den jeweiligen Betrieb schließt die Anwendung des § 13a aus. Eine freiwillige Buchführung führt hingegen nur bei Stellung des Antrags nach Abs 2 zum Ausschluss des § 13a (*BMF* BStBl I 15, 877 Rz 2). 5

3. Größenmerkmale, § 13a I S 1 Nr 2–5, S 2. – a) Maximalfläche der landwirtschaftl Nutzung, § 13a I 1 Nr 2. – (1) Selbstbewirtschaftung. Grundvoraussetzung für die Anwendung des § 13a ist, dass der StPfl Flächen der landwirtschaftl Nutzung ieS (§ 160 II 1 Nr 1 Buchst a BewG) selbst bewirtschaftet. Es genügt allerdings, wenn ausschließl Sondernutzungen bewirtschaftet werden und deren Fläche innerhalb der in Anlage 1a Nr 2 Spalte 2 genannten Grenzen (s dazu Rz 10) bleibt (§ 13a I 2). Ein reiner Forstbetrieb kann § 13a nicht anwenden, da die Forstwirtschaft keine Sondernutzung mehr darstellt (zutr *Wiegand* NWB 15, 250, 252). – **Bis zum Wj 2014/15** war das Erfordernis der Selbstbewirtschaftung im Gesetzeswortlaut zwar nicht ausdrücklich enthalten, wurde von Rspr und *FinVerw* aber zutr im Wege der Auslegung angenommen (BFH IV R 1/09 BFH/NV 11, 1336: keine Anwendung von § 13a, wenn landwirtschaftl Flächen verpachtet werden und nur die Sondernutzung Forstwirtschaft selbst bewirtschaftet wird; BFH IV B 57/10 BFH/NV 11, 1331: Imkerei ohne landwirtschaftl Flächen; EStR 13a.1 I 1). Wurden ausschließl Sondernutzungen bewirtschaftet, war die Anwendung des § 13a nicht mögl (BFH IV R 5/10 BStBl II 13, 857); allerdings konnte durch Zupachtung einer Fläche der Anwendungsbereich des § 13a eröffnet werden (*Wiegand* NWB 15, 250, 252). Ob bei einem reinen Sondernutzungsbetrieb, der bisher (obj zu Unrecht) nach § 13a besteuert wurde, auch für StErklärungen, die erst nach Bekanntwerden des vorstehenden BFH-Urt eingereicht werden, Vertrauensschutz besteht (so FG RhPf EFG 15, 2061, Rev IV R 44/15: Mitteilung des FA analog § 13a I 4 erforderl), ist mE sehr zweifelhaft. – **(2) Höchstgrenze 20 ha.** Die selbst bewirtschaftete Fläche der landwirtschaftl Nutzung darf ohne Sondernutzungen maximal 20 ha betragen. Zur Ermittlung dieser Fläche und zur Einbeziehung von Unternutzungen s § 13 Rz 37 mwN. Eigentum des StPfl ist nicht erforderl; maßgebend ist allein die Selbstbewirtschaftung. Durch die Beschränkung auf die landwirtschaftl Nutzung sind alle anderen Nutzungen für das Größenmerkmal unbeachtl (zB Forstwirtschaft, Weinbau, Gartenbau), ebenso die Sondernutzungen iSd § 175 I Nr 1 BewG (zB Hopfen, Spargel, Tabak). Einzubeziehen sind aber die auf Grund eines Flächenstilllegungsprogramms nicht bewirtschafteten Flächen (EStR 13.2 III 1; § 1 Gesetz vom 10.7.95, BGBl I 95, 910; *Kanzler* DStZ 99, 682, 695; krit *Hiller* Inf 89, 457, 459 und Inf 99, 449, 450 Fn 33), was mE (ebenso wie die Einbeziehung in die Ermittlung des Grundbetrags) zutr ist, da auch die Einnahmen aus der Stilllegungsprämie mit dem Grundbetrag abgegolten und nicht gesondert erfasst werden. – **(3) Stichtag 15.5.** Maßgebl für die Flächenermittlung ist jeweils der 15.5. eines Wj. Dies ist zugleich das für den Betriebsprämienantrag maßgebl Datum, so dass sich eine Vereinfachung ergibt (BT-Drs 18/3017, 46). Bis zum Wj 2014/15 fehlte es insoweit an einer gesetzl Regelung; mE waren die Verhältnisse zu Beginn des Wj maßgebend (ebenso EStR 13a.2 I 3 für die Flächenermittlung iRd Ansatzes des Grundbetrags; *Wiegand* NWB 15, 250, 251). 7

b) Tierbestände, § 13a I 1 Nr 3. Sie dürfen insgesamt 50 VE nicht übersteigen. Zur Ermittlung der VE ausführl § 13 Rz 39. Maßgebend ist der Stand zu Beginn des Wj. Allerdings führt nur ein *nachhaltiges* Überschreiten der VE-Grenze zum Wegfall der Voraussetzungen des § 13a, nicht aber ein einmaliges Überschreiten aufgrund besonderer Umstände (EStR 13a.1 I; *Kanzler* DStZ 15, 375, 379). Ab einem Bestand von 25 VE wird für den Tierbestand ein Zuschlag zum Grundbetrag vorgenommen (s Rz 27). 8

c) Forstwirtschaftl Nutzung, § 13a I 1 Nr 4. Die selbst bewirtschaftete Fläche darf insoweit nicht größer als 50 ha sein. Stichtag ist hier der Beginn des Wj (glA *HHR/Kanzler* § 13a nF Anm 20). Diese Regelung gilt erstmals ab Wj 9

2015/16; zuvor war die forstwirtschaftl Nutzung ebenso wie die anderen Sondernutzungen zu behandeln.

10 **d) Weitere Sondernutzungen, § 13a I 1 Nr 5.** Deren Flächen dürfen ab Wj 2015/16 die in Anlage 1a Nr 2 Spalte 2 differenziert festgelegten Höchstgrenzen nicht überschreiten. Da die Maximalgrößen relativ klein sind, werden nur Betriebe mit geringen Sondernutzungen von § 13a erfasst. Welche Sondernutzungen unter Nr 5 fallen, ist in § 13a VI 1 definiert (Einzelheiten s Rz 33). Sondernutzungen innerhalb der Höchstgrenze werden beim § 13a-Gewinn nur dann erfasst, wenn ihre Fläche die in Anlage 1a Nr 2 *Spalte 3* genannte Grenze (die sich idR auf $^1/_4$ der Höchstgrenze nach Spalte 2 beläuft) übersteigt (dann pauschaler Gewinnzuschlag von 1000 € je Sondernutzung; s Rz 33). – **Bis Wj 2014/15** durfte der „Wert" der einzelnen Sondernutzung nicht mehr als 2000 DM betragen. Die Werte waren nach dem BewG zu ermitteln und aus dem letzten EW (im Beitrittsgebiet: Ersatzwirtschaftswert) abzuleiten (§ 13a V 2 aF). Betrug der Wert *einer* dieser Nutzungen zu Beginn des Wj mehr als 2000 DM, entfiel für den *gesamten* Betrieb die Berechtigung zur Gewinnermittlung nach § 13a. Die Werte *mehrerer unterschiedl* Sondernutzungen des Betriebs (zB Gartenbau und ein Nebenbetrieb) waren nicht zusammenzurechnen. Hingegen waren verschiedene Teile *einer* Sondernutzung (zB gärtnerische Nutzung, die aus Blumenanbau und einer Baumschule besteht) zusammenzurechnen. Sondernutzungen mit einem Wert von mehr als 500 DM lösten einen pauschalen Gewinnzuschlag nach § 13a V aF aus (s Rz 34).

12 **4. Kein § 13a nach Übergang eines Nicht-13a-Betriebs, § 13a I 3.** Trotz Erfüllung aller Voraussetzungen des § 13a ist dessen Anwendung durch den Übernehmer im Übergangs-RumpfWj ausgeschlossen, wenn ein Betrieb, dessen Gewinn bisher nach § 4 I/III ermittelt wurde, während des lfd Wj im Ganzen zur Bewirtschaftung als Eigentümer, Miteigentümer, Nutzungsberechtigter oder durch Umwandlung übergeht. Ab dem folgenden Wj gelten dann aber die allg Voraussetzungen des § 13a. Die Vorschrift gilt ab Wj 2015/16 und soll vermeiden, dass im Übergangsjahr ein Wechsel der Gewinnermittlungsart vorgenommen werden muss (*Wiegand* NWB 15, 250, 253; *Blümich/Nacke* § 13a Rz 36).

14 **5. Wegfall der Voraussetzungen des § 13a. – a) Notwendige Mitteilung des FA, § 13a I 4.** Auch bei obj Wegfall der in § 13a I 1 Nr 1–5 genannten Voraussetzungen (entweder Eintritt in die Buchführungspflicht oder Überschreiten eines der Größenmerkmale) bleibt es so lange bei der Gewinnermittlung nach § 13a, bis das FA den StPfl hierauf hinweist. Bei dem Hinweis handelt es sich um einen rechtsgestaltenden VA (BFH IV R 14/05 BStBl II 07, 816 unter II.1.b). § 13a ist letztmalig für den Gewinn desjenigen Wj anzuwenden, das nach Bekanntgabe der Mitteilung des FA endet. Die Rechtslage entspricht insoweit derjenigen bei § 141 II AO (s § 13 Rz 197). Das FA soll die Mitteilung wenigstens einen Monat vor Beginn des Wj bekannt geben, für das § 13a nicht mehr anzuwenden ist (EStR 13a.1 II; *BMF* BStBl I 15, 877 Rz 23); ein Unterschreiten dieser Frist macht die Mitteilung aber nicht rechtswidrig (BFH IV R 14/05 BStBl II 07, 816 unter II.1.c: ggf Bewilligung vorübergehender Buchführungserleichterungen nach § 148 AO). Der BRat hatte im Gesetzgebungsverfahren zum ZK-AnpG (mE zutr, aber letztl erfolglos) vorgeschlagen, auf das Mitteilungserfordernis zu verzichten, weil dies die erstmalige Anwendung der Regel-Gewinnermittlung stets um mindestens 1–2 Jahre hinauszögert (BT-Drs 18/3158, 21). – **Ausnahmen vom Mitteilungserfordernis.** Hat der StPfl das FA durch wissentl falsche Angaben (zB Angabe, die selbstbewirtschaftete Fläche liege unter 20 ha, obwohl sie darüber liegt) daran gehindert, die Mitteilung zu erlassen, entfällt die Befugnis zur Anwendung des § 13a nach Ablauf des Wj, in dem das FA bei zutr Angaben des StPfl die Mitteilung erlassen hätte (BFH IV R 13/00 BStBl II 02, 147); die Rechtslage ist insoweit anders als bei der Mitteilung über die Buchführungspflicht nach § 141 II AO (s § 13 Rz 197). Gleiches gilt, wenn der StPfl rechtswidrig keine StErklärung

abgibt (zutr BFH IV R 61/11 BStBl II 15, 478; FG Nds EFG 14, 1490, Rev IV R 25/14). – **Neugründung eines Betriebs.** Liegen die Voraussetzungen des § 13a von Anfang an nicht vor, bedarf es für dessen Nichtanwendung keiner Mitteilung des FA (EStH 13a.1 „Neugründung"; BFH IV R 151/84 BStBl II 86, 741: Anpachtung des Betriebs, selbst wenn der Verpächter seinen Gewinn zuvor nach § 13a ermittelte; BFH IV R 34/92 BStBl II 94, 891: Einbringung eines § 13a-Betriebs in PersGes; BFH IV B 35/96 BFH/NV 97, 856: Übernahme des Betriebs einer MUerschaft nach Ausscheiden des vorletzten Ges'ters). Zum Betriebsübergang s auch Rz 12.

b) Gewinnermittlung nach Wirksamwerden der Mitteilung. Der Gewinn 15 ist nach § 4 I zu ermitteln, wenn der StPfl in die Buchführungspflicht eingetreten ist. Beruht der Wegfall der Voraussetzungen des § 13a hingegen auf einem Überschreiten der Größenmerkmale des § 13a I 1 Nr 2–4, hat der StPfl die Wahl zw § 4 I und § 4 III. Zur Übergangsbilanz s EStR 13.5 II und § 13 Rz 202; beim Wechsel von § 13a zu § 4 III ist keine Übergangsbilanz aufzustellen (BFH IV R 31/10 BFH/NV 14, 514 Rz 19). Reicht der StPfl keine Gewinnermittlung ein, ist der Gewinn zu schätzen (BFH VII R 90/91 BFH/NV 93, 346).

c) Erneute Erfüllung der Voraussetzungen des § 13a nach Bekanntgabe der Mitteilung, § 13a I 5. 16 In einem solchen Fall ist grds auch ohne erneute Mitteilung des FA die Gewinnermittlung wieder nach § 13a vorzunehmen (ab Wj 2015/16 ausdrückl Regelung in § 13a I 5; zuvor galt aber nichts anderes). Dies gilt auch, wenn die Änderung bereits zw der Bekanntgabe der Mitteilung und dem Beginn des Wj eintritt, ab dem § 13a erstmals nicht mehr anwendbar sein sollte, so dass § 13a dann ohne Unterbrechung anzuwenden ist. Beruht die Wiedererfüllung der Voraussetzungen des § 13a allerdings auf einem Unterschreiten der Buchführungspflichtgrenzen des § 141 AO, ist zunächst eine „Feststellung" des FA erforderl (§ 141 II 2 AO; s § 13 Rz 198; zum Ganzen EStR 13a.1 III); diese Vorschrift wird mE auch durch § 13a I 5 nF nicht verdrängt.

6. Wahlrecht des StPfl, § 13a II. LuF, die unter § 13a fallen, können auf An- 18 trag zur Gewinnermittlung nach § 4 I oder § 4 III übergehen. Der Antrag ist für vier Wj bindend. Die vierjährige Bindefrist, die durch einen Antrag nach § 13a II aF ausgelöst worden ist, wird durch die Neufassung der Vorschrift durch das ZK-AnpG nicht verkürzt (so ausdrückl § 52 Abs 22a S 3). Während der Laufzeit kann das FA den StPfl nach § 141 AO auffordern, zur Buchführung überzugehen (EStR 13a.1 IV Nr 1). Der Antrag ist **schriftlich** zu stellen (§ 13a II 3); hierfür genügt aber die Abgabe einer unterschriebenen StErklärung unter Beifügung entspr Gewinnermittlungsunterlagen; ein *ausdrückl* Antrag nach § 13a II ist nicht erforderl (BFH IV R 12/86 BStBl II 88, 530; BFH IV R 62/88 BFH/NV 89, 775 unter 2.b). Dies gilt selbst dann, wenn der StErklärung keine Anlage L beigefügt wird (BFH IV R 123–124/91 BStBl II 93, 125); nicht jedoch, wenn sowohl die Anlage L fehlt als auch der StPfl die Gewinnermittlung nicht für das Wj, sondern für das Kj vorgenommen hat und ihm das Wahlrecht gar nicht bewusst war (BFH IV R 61/86 BStBl II 88, 532). – Die **Antragsfrist** läuft grds bis zur Abgabe der StErklärung für das erste Wj, auf das der Antrag sich bezieht. Sie endet jedoch (auch ohne Abgabe einer StErklärung) spätestens 12 Monate nach Ablauf des Wj (§ 13a II 3). Hierbei handelt es sich um eine Ausschlussfrist, bei deren schuldlosen Versäumung allerdings Wiedereinsetzung gewährt werden kann (BFH IV R 72/87 BStBl II 89, 234 unter 1.c; BFH IV R 61/86 BStBl II 88, 532). Ein Antrag, der für das Wj, auf das er sich bezieht, verspätet ist, kann aber für das nächstfolgende Jahr wirksam sein (BFH IV R 55/93 BFH/NV 94, 863 unter 2.). Innerhalb der genannten Frist kann ein bereits gestellter Antrag noch zurückgenommen werden (§ 13a II 4). – Wird der Gewinn nur für *eines* der vier Wj nicht nach § 4 I/III ermittelt (zB bei Schätzung wegen fehlender Gewinnermittlung), ist für alle vier Wj (ggf rückwirkend) § 13a anzuwenden (§ 13a II 2). – **Nach Ablauf der vier Wj** ist der Gewinn wieder nach § 13a zu ermitteln, wenn weder der StPfl einen erneuten Antrag stellt noch ihm vorher eine Mitteilung nach § 141 II AO oder § 13a I 2 bekanntgegeben wird.

III. Ermittlung des Durchschnittssatzgewinns, § 13a III–VIII

21 **1. Grundsätze der pauschalen Gewinnermittlung, § 13a III. – a) Gewinnermittlungsschema, § 13a III 1.** Nach § 13a III 1 Nr 1–6 ist Durchschnittssatzgewinn die Summe aus – *(Nr 1)* dem Gewinn der landwirtschaftl Nutzung (Einzelregelungen in § 13a IV: pauschaler Grundbetrag und ggf Zuschlag für Tierhaltung; s Rz 27), – *(Nr 2)* der forstwirtschaftl Nutzung (Einzelregelungen in § 13a V: Pauschalierung der BA nach § 51 EStDV; s Rz 31), – *(Nr 3)* den Sondernutzungen (Einzelregelungen in § 13a VI: für größere Sondernutzungen pauschale Zuschläge von je 1000 €; s Rz 33), – *(Nr 4)* den Sondergewinnen (Einzelregelungen in § 13a VII; s Rz 37 ff), – *(Nr 5)* den Einnahmen aus VuV von WG des luf BV (s Rz 49) und – *(Nr 6)* den Einnahmen aus KapVerm, soweit sie zur LuF gehören (s Rz 50). Schließl ist noch der Freibetrag nach § 13 III abzuziehen (s § 13 Rz 265). – **Zuflussprinzip.** Die erforderl Zuschläge zum Grundbetrag sind, soweit es sich nicht ihrerseits um Pauschalbeträge unabhängig von den tatsächl Einnahmen handelt, nach dem Zuflussprinzip (§ 11) vorzunehmen (zu vorausgezahlten Nutzungsentgelten s § 11 Rz 30). Nur hinsichtl des Grundbetrags und der Zuschläge für Tierhaltung gelten die Grundsätze des § 4 I. Dies ist seit Wj 2015/16 ausdrückl in § 13a IV 1 geregelt, wurde von der Rspr aber bereits zuvor so gesehen (BFH IV R 82/87 BStBl II 88, 770; BFH IV R 31/10 BFH/NV 14, 514 Rz 18).

22 **b) Nichtanwendung von Vorschriften, § 13a III 2, 3.** Bei Gewinnermittlung nach § 13a sind ab Wj 2015/16 die Vorschriften der § 4 IVa (Beschränkung des Schuldzinsenabzugs bei Überentnahmen; dies galt nach EStR 13a.2 VI 1 und *BMF* BStBl I 05, 1019 Rz 35 auch schon zuvor), § 6 II, IIa (Sofortabzug bei GWG, Sammelposten) sowie zum Investitionsabzugsbetrag und zu SonderAfA (insoweit anders die bis Wj 2014/15 geltende Rechtslage, s § 7g Rz 12 aE; zu Übergangsproblemen s *BMF* BStBl I 15, 877 Rz 85 mit Billigkeitsregelung) nicht anzuwenden. Von den AfA-Regelungen sind nur § 7 I 1–5 anwendbar (lineare Normal-AfA; weder Leistungs-AfA noch AfaA oder degressive AfA); ergänzend lässt § 13a VII 2 noch die lineare Gebäude-AfA (§ 7 IV) zu. – Diese Regelungen haben eine **doppelte Bedeutung:** Zum einen sind sie für die **Ermittlung von Sondergewinnen** (Abs 7) unmittelbar maßgebend (bei den Pauschalgewinnen nach Abs 4–6 sind die allg Gewinnermittlungsvorschriften ohnehin nicht anwendbar). Zum anderen bestimmen sie die Buchwerte, die iRv **Übergangsrechnungen beim Wechsel zu § 4 I/III** anzusetzen sind (dazu ausführl § 13 Rz 202).

23 **c) Grds kein Abzug von BA. – aa) Rechtslage ab Wj 2015/16.** Ein Abzug von BA ist grds ausgeschlossen. Ausnahmen gelten nur für die forstwirtschaftl Nutzung (Abs 6: pauschale BA nach § 51 EStDV) und die Ermittlung der Sondergewinne (Abs 7). Auch die (bis Wj 2014/15 noch mögl) Abzüge von Pacht- und Schuldzinsen sind nicht mehr zugelassen (krit hierzu die Stellungnahme des BRats, BT-Drs 18/3158, 21). Die damit teilweise eintretende Bruttobesteuerung ist mE angesichts der vielfachen anderweitigen Begünstigungen des § 13a noch **verfgemäß** (aA *Kanzler* DStZ 15, 375, 382; *HHR/Kanzler* § 13a nF Anm 39), zumal der StPfl jederzeit die Möglichkeit hat, zu einer anderen Gewinnermittlungsart zu wechseln (§ 13a II). – **Verluste** können sich bei § 13a, soweit die Gewinnermittlung auf Pauschalbeträgen (Abs 4–6 nF) oder dem Bruttoansatz von Einnahmen (Abs 3 S 1 Nr 5, 6 nF) beruht, nicht ergeben. Dies ist verfgem (BFH IV R 52/93 BStBl II 96, 415 unter 2.; VerfBeschw 2 BvR 1277/96 nicht zur Entscheidung angenommen). Daher ist auch die Annahme einer **Liebhaberei** grds ausgeschlossen (näher § 13 Rz 99). Nur bei den Sondergewinnen nach § 13a VII ist auch ein Verlustausweis mögl.

bb) Rechtslage bis Wj 2014/15. Grds war auch hier ein BA-Abzug ausgeschlossen. Eine Ausnahme galt gem § 13a III 2 aF aber zum einen für **verausgabte Pachtzinsen** (zB für die Anpachtung von Flächen oder GAP-Zahlungsansprüchen). Eine Erweiterung auf Mietzinsen (so *Kanzler* DStZ 99, 682, 490; *Hiller* Inf 99, 487, 488) ist mE abzulehnen, weil dies zu dem ungereimten Ergebnis führen würde, dass Aufwendungen für *angemietete* Maschinen sich in voller Höhe auswirken würden, obwohl die AfA auf *eigene* Maschinen mit dem Grundbetrag abgegolten ist. – Ferner waren **Schuldzinsen** (zB zur Finanzierung betriebl Investitionen) abziehbar, sofern es sich um BA handelte; dies war nach den allg Regeln zu beurteilen (betriebl Veranlassung iSd § 4 IV, dh das finanzierte WG muss zum BV gehören). Zum Abzug von Pacht- und Schuldzinsen neben dem 65%-Pauschalabschlag des Abs 6 S 3 aF s Rz 46. – **Dauernde Lasten** waren ebenfalls abziehbar. Fielen sie jedoch aufgrund einer Vermögensübergabe an (§ 10 Ia Nr 2), handelte es sich nicht um BA, sondern um SA. – **Verlustklausel.** Der Abzug der in § 13a III 2 aF genannten Aufwendungen durfte insgesamt nicht zu einem negativen § 13a-Ergebnis führen (§ 13a III 3 aF). Soweit diese Aufwendungen allerdings den in § 13a VI aF genannten Sondergewinnen (insb Forstwirtschaft) zuzurechnen waren, waren sie vorrangig dort abzuziehen; insoweit war der Abzug eines sich ergebenden Verlusts nicht beschränkt. 24

d) Elektronische Übermittlung, § 13a III 4–6. Die Gewinnermittlung ist ab Wj 2015/16 spätestens mit der ESt-Erklärung elektronisch an das FA zu übermitteln. Zur Vermeidung unbilliger Härten sind Ausnahmen mögl (s auch Erläut zu §§ 5b, 25 IV). – **Bis Wj 2014/15** galt die Pflicht zur elektronischen Übermittlung nur für Gewinnermittlungen nach § 4 I/III, nicht aber bei § 13a. 26

2. Gewinn aus der landwirtschaftl Nutzung, § 13a III 1 Nr 1, IV, VIII, Anlage 1a. – a) Rechtslage ab Wj 2015/16. Die Grundbeträge sind in Anlage 1a Nr 1 zum EStG festgelegt (derzeit 350 € je ha selbstbewirtschafteter Fläche der landwirtschaftl Nutzung). Angefangene ha sind anteilig zu berücksichtigen. Eine Staffelung der Gewinne je ha in Abhängigkeit vom bewertungsrechtl Hektarwert ist nicht mehr vorgesehen; die durch § 13a ohnehin schon bewirkte Pauschalierung wird dadurch in bedenkl Weise noch gröber (krit auch *HHR/Kanzler* § 13a nF Anm 46). – **Zuschlag für Tierhaltung und Tierzucht.** Dieser ist ebenfalls in Anlage 1a Nr. 1 festgelegt und beträgt ab der 26. VE 300 €/VE. Auch hier sind angefangene VE anteilig zu berücksichtigen. Für die ersten 25 VE wird kein Zuschlag vorgenommen. – **Stichtag für den Bestand an Flächen und VE.** ME kann hier der 15.5. herangezogen werden (analoge Anwendung von § 13a I 1 Nr 2). – **Rumpf- oder verlängertes Wj.** Grundbetrag, Tierhaltungszuschlag und die pauschalen Zuschläge für Sondernutzungen sollen nicht zeitanteilig, sondern mit den für ein volles Wj geltenden Werten anzusetzen sein (*BMF* BStBl I 15, 877 Rz 29; *Wiegand* NWB 15, 250, 255; *Blümich/Nacke* § 13a Rz 102). ME ist dies unzutr (glA *HHR/Kanzler* § 13a nF Anm 10), zumal bis Wj 2014/15 die zeitanteilige Betrachtung galt (s Rz 29) und sich die Systematik des § 13a insoweit nicht geändert hat. Die hM bewirkt eine Über- bzw. Unterbesteuerung. – **Änderung der Werte durch VO (§ 13a VIII).** Das BMF kann die Werte der Anlage 1a durch VO an die Ergebnisse von Erhebungen nach § 2 LandwG oder Erhebungen der FinVerw anpassen. Diese Ermächtigung ist mE **verfrechtl kritisch** zu sehen, da die Pauschalbeträge unmittelbar die Höhe des § 13a-Gewinns (und damit der ESt) festlegen, die grundlegenden Entscheidungen über die Höhe der Steuer aber durch das Parlament getroffen werden müssen und nicht an die Exekutive delegiert werden dürfen (glA *Blümich/Nacke* § 13a Rz 6). 27

b) Abgeltungswirkung. Diese umfasst sämtl luf Einkünfte, die in § 13a III–VII nicht ausdrückl gesondert erwähnt sind (BFH IV R 57/10 BFH/NV 14, 316 Rz 34). Dies gilt insb für Veräußerungserlöse (Ausnahme: § 13a VII 1 Nr 1 Buchst a, b, s Rz 38f), Stilllegungsprämien, Entschädigungen (Ausnahme: § 13a 28

VII 1 Nr 1 Buchst c), Produktionsaufgaberenten und den Nutzungswert der Wohnung, sofern diese als Baudenkmal (§ 13 IV) noch zum luf BV gehört (EStR 13a.2 VI 3). – **Zahlungen nach dem GAP-ReformG** (dazu § 13 Rz 262) sind ebenfalls mit dem Grundbetrag abgegolten. Die Veräußerung der Zahlungsansprüche fällt allerdings unter § 13a VII 1 Nr 1 Buchst a, da es sich um ein immaterielles WG handelt. Die Verpachtung von Zahlungsansprüchen führt zu Pachteinnahmen iSd § 13a III 1 Nr 5; Aufwendungen für die Anpachtung können nicht mehr abgezogen werden.

29 **c) Rechtslage bis Wj 2014/15.** Maßgebend war der Hektarwert (§ 40 BewG) für die landwirtschaftl Nutzung der selbst bewirtschafteten Fläche ohne Sonderkulturen (zur Ermittlung dieser Fläche, insb zur Einbeziehung von Stilllegungsflächen, s Rz 7 mwN; für die nur anteilige Berücksichtigung angefangener ha *Hiller* Inf 99, 449, 454). Der Grundbetrag je ha war in Abhängigkeit vom Hektarwert gestaffelt (Tabelle in § 13a IV 2 aF). Für den Flächenbestand war der Beginn des Wj maßgebend (EStR 13a.2 I 3; *Hiller* Inf 99, 449, 454). Zur Ableitung des Hektarwerts aus dem EW s EStR 13a.2 I 5–9; eine förml Bindung an den EW-Bescheid bestand nicht. Die Tierhaltung wurde nicht zusätzl berücksichtigt. Zur Abgeltungswirkung in Bezug auf GAP-Zahlungsansprüche s zutr *BMF* BStBl I 08, 682 Rz 37 ff. In **Rumpf- oder verlängerten Wj** waren die Grundbeträge und Zuschäge zeitanteilig zu verringern oder zu erhöhen (EStR 13a.2 VII).

31 **3. Gewinn aus der forstwirtschaftl Nutzung, § 13a III 1 Nr 2, V.** Zu Umfang und Ermittlung der Einkünfte aus Forstwirtschaft s § 13 Rz 11 ff. IRd § 13a ist der Gewinn nach § 51 EStDV zu ermitteln. Die Größenmerkmale für die Anwendung des § 13a und des § 51 EStDV (höchstens 50 ha forstwirtschaftl Fläche) sind identisch. – Anzusetzen sind die **tatsächl Einnahmen.** Die Tarifermäßigungen für ao Holznutzungen und Kalamitätsnutzungen (§ 34b/§ 5 FSchAusglG) sind mE auch in Fällen des § 13a anzuwenden, weil der Gewinn aus forstwirtschaftl Nutzung ohnehin nach Maßgabe der tatsächl Einnahmen ermittelt wird. Einnahmen aus einer naturschutzrechtl Ausgleichszahlung, die für die Umwandlung einer zuvor landwirtschaftl Fläche in eine Forstfläche gezahlt wird und die Wertminderung des GuB abgelten soll, sind allerdings mit dem Grundbetrag abgegolten; soweit in der Ausgleichszahlung auch ein Zuschuss für die Kosten der Aufforstung enthalten ist, mindert dieser die HK des WG „Baumbestand" (BFH IV R 57/10 BFH/NV 14, 316). Einnahmen aus Jagdpacht fallen nicht unter Nr 2, sondern unter Nr 5 (s Rz 49; zutr *BMF* BStBl I 15, 877 Rz 37). – **BA** sind mit grds 55% der Einnahmen aus der Verwertung des eingeschlagenen Holzes zu pauschalieren. Nur Wiederaufforstungskosten und die Minderung des Buchwerts eines WG Baumbestand können zusätzl zum Pauschbetrag als BA abgezogen werden (näher zu § 51 EStDV s § 13 Rz 18). ME gelten im Wj einer Einschlagsbeschränkung die höheren BA-Pauschalen nach § 4 FSchAusglG (dazu § 13 Rz 20). – Die Anwendung des § 51 EStDV ist hier **zwingend,** während sie ansonsten ein Wahlrecht des StPfl darstellt (der BRat hatte sich im Gesetzgebungsverfahren auch hier für ein Wahlrecht ausgesprochen, s BT-Drs 18/3158, 21). – **Rechtslage bis Wj 2014/15.** Die forstwirtschaftl Nutzung war als Sondergewinn anzusetzen (§ 13a VI 1 Nr 1 aF). Der Gewinn war nach § 4 III zu ermitteln; die Anwendung des § 51 EStDV stand im Belieben des StPfl.

33 **4. Sondernutzungen, § 13a III 1 Nr 3, VI. – a) Rechtslage ab Wj 2015/16. – (1) Begriff.** Als Sondernutzungen gelten die in § 160 II 1 Nr 1 Buchst c–e BewG genannten Nutzungen (§ 13a VI 1). Erfasst sind daher die weinbaul Nutzung, die gärtnerische Nutzung (dh Obst, Gemüse, Blumen, Zierpflanzen, Baumschulen) und die übrigen luf Nutzungen iSd § 175 BewG (zu den Begriffen s § 13 Rz 24, 27, 51). Zu den „übrigen Nutzungen" gehören wiederum die Sonderkulturen (Hopfen, Spargel, Tabak ua), die abw von § 160 II 2 BewG für Zwecke des § 13a *immer* zu den Sondernutzungen zählen (dh nicht nur dann, wenn keine

landwirtschaftl Nutzung ieS vorhanden ist; s BT-Drs 18/3017, 46) sowie insb (keine abschließende Aufzählung) Binnenfischerei, Teichwirtschaft und die hierauf bezogene Fischzucht; Imkerei, Wanderschäferei, Saatzucht, Pilzanbau, Nützlingsproduktion und Weihnachtsbaumkulturen. **Nebenbetriebe** sind ab Wj 2015/16 nicht mehr als Sondernutzung erfasst, sondern fallen unter § 13a VII 1 Nr 3 (s Rz 45). – **(2) Höhe des Gewinns.** Wenn die jeweilige Sondernutzung in der Anlage 1a Nr 2 zum EStG genannt ist und ihr Umfang den in Anlage 1a Nr 2 Spalte 3 genannten Wert nicht übersteigt, ist der Gewinn mit dem Grundbetrag abgegolten. Wird der genannte Wert überschritten, ist „je Sondernutzung" ein pauschaler Gewinn von 1000 € anzusetzen (§ 13a VI 2), was als zu starr und gering erscheint (glA *HHR/Kanzler* § 13a nF Anm 52). Für die **gärtnerische Nutzung** ist dieser Gesetzeswortlaut nicht mit dem der Anlage 1a abgestimmt, weil dort innerhalb dieser Nutzung nach zahlreichen Nutzungsteilen differenziert wird. Der Wortlaut der Anlage 1a spricht dafür, den Pauschalgewinn auf jeden dort genannten Nutzungsteil gesondert anzuwenden, was mE angesichts der sonst eintretenden Nichterfassung erhebl Teile des Gewinns auch dem Gesetzeszweck entspricht. – **Sondernutzungen über den Höchstgrenzen der Anlage 1a.** Es entfällt dann zwar materiell-rechtl die Berechtigung zur Gewinnermittlung nach Durchschnittssätzen (§ 13a I 1 Nr 5); bis zum Wirksamwerden des Hinweises nach § 13a I 4 bleibt es aber beim Ansatz des Pauschalgewinns von 1000 € (zu § 13a aF auch EStR 13a.2 II 4), was zu einer uU jahrelangen Verzerrung der Gewinnermittlung führen kann (krit bereits *Kanzler* DStZ 99, 682, 690). Der BRat hatte zR, aber erfolglos vorgeschlagen, in diesen Fällen die tatsächl Einnahmen und eine BA-Pauschale anzusetzen (BT-Drs 18/3158, 23). – Ist die **Sondernutzung nicht in Anlage 1a Nr 2 genannt,** ist der tatsächl, nach § 4 III zu ermittelnde Gewinn anzusetzen (§ 13a VI 3). Hiervon betroffen sind ausweisl des Katalogs des § 175 BewG aber nur Tabakanbau, Saatzucht, Pilzanbau und Nützlingsproduktion.

b) Rechtslage bis Wj 2014/15. Zuschläge waren vorzunehmen für Nutzungen iSd § 34 II Nr 1 Buchst b–e BewG (weinbaul, gärtnerische und sonstige luf Nutzung; zu diesen Begriffen s § 13 Rz 24 ff, 51 ff), für Abbau-, Geringst- und Unland (§ 34 II Nr 2 iVm §§ 43–45 BewG), soweit diese Flächen nicht zu einer der anderen Nutzungen gehören, für Nebenbetriebe (§ 34 II Nr 3, § 42 BewG; Einzelheiten s § 13 Rz 61 ff) und für Sonderkulturen iSd § 52 BewG (vor allem Hopfen und Spargel). Die forstwirtschaftl Nutzung war von der Anwendung des Abs 5 ausgenommen (§ 13a V 4); insoweit waren gem § 13a VI 1 Nr 1 aF die tatsächl Gewinne anzusetzen (s Rz 31). – Die **Höhe des Gewinnzuschlags** betrug pauschal 512 € für jede einzelne Sondernutzung, deren Wert (abgeleitet aus dem EW oder dem Ersatzwirtschaftswert) 500 DM überstieg (EStR 13a.2 II). Das „Ableiten" sollte eine förml Bindung an den EW vermeiden, so dass Veränderungen der Sondernutzung auch ohne Fortschreibung des EW zu berücksichtigen waren (*Kanzler* DStZ 99, 682, 689) Verschiedene Teile *einer* Sondernutzung waren zusammenzurechnen. Für Sondernutzungen mit einem Wert bis 500 DM war kein Zuschlag anzusetzen; insoweit waren die Einkünfte mit dem Grundbetrag (Abs 4 aF) abgegolten. – **Beispiel:** Der LuF betrieb Obstbau (bewertungsrechtl Wert 300 DM), Spargelanbau (Wert 1200 DM) und Weinbau (Wert 1800 DM). Für den Obstbau wurde kein Zuschlag angesetzt, für Spargel- und Weinanbau ergaben sich je 512 € Gewinnzuschlag. 34

5. Sondergewinne, § 13a III 1 Nr 4, VII. Diese sind nicht typisierbar und daher nicht pauschaliert, sondern grds in ihrer tatsächl Höhe anzusetzen und nach § 4 III zu ermitteln (Einleitungssatz des § 13a VII 1). Insoweit kann sich dann auch ein Verlust ergeben (der ansonsten im Anwendungsbereich des § 13a ausgeschlossen ist, s Rz 23). Auch gewillkürtes BV darf mE gebildet werden (allg hierzu s § 13 Rz 243 ff). Allerdings ist nur die lineare AfA anwendbar (§ 13a VII 2; s auch § 13a III 3 und Rz 22). Die Vorschriften der §§ 4 IVa, 6 II, IIa, 7g sind nicht an- 37 zuwenden (§ 13a III 2). – **Anlageverzeichnis.** Nach dem Wortlaut des § 13a VII 3 sind (nur) die in § 13a VII 1 Buchst a genannten WG in besondere, lfd zu führende Verzeichnisse aufzunehmen. ME ergibt sich jedoch aus dem Verweis (auch) auf § 4 III 5 eine Verzeichnispflicht für sämtl WG des AV, die zur Erzielung von Sondergewinnen iSd Abs 7 dienen. – Die Gewinnermittlung für die Sondergewinne ist **elektronisch an das FA zu übermitteln** (§ 13a VII 4). Auch dies hätte sich ohne ausdrückl Regelung bereits aus § 60 IV EStDV ergeben. – Bis zum Wj 2014/15 wurde für die in Abs 6 aF genannten Gewinne *insgesamt* ein **Freibetrag** von 1534 € gewährt. Dieser ist ab Wj 2015/16 entfallen; allerdings wurde ab VZ 2015 der allg Freibetrag nach § 13 VII erhöht.

38 **a) Veräußerung oder Entnahme bestimmter WG, § 13a VII 1 Nr 1 Buchst a.** Ab Wj 2015/16 sind Gewinne aus der Veräußerung oder Entnahme von **GuB,** dazugehörigem **Aufwuchs, Gebäuden, immateriellen WG** (auch zB GAP-Zahlungsansprüche, Kontingente, Lieferrechte) und **Beteiligungen** (zB Aktien, Genossenschaftsanteile) stets neben dem Grundbetrag als Sondergewinn hinzuzurechnen (unabhängig von der Höhe des Erlöses). Zur Zugehörigkeit von GuB zum luf BV s § 13 Rz 213 ff, zur Entnahme von GuB s § 13 Rz 217 ff, zur Zulässigkeit der Bildung von gewillkürtem BV s § 13 Rz 243. Zur Ermittlung des Buchwerts des GuB s § 55 und die dortigen Erläuterungen; insb die Verlustklausel des § 55 VI ist zu beachten. Es kommt hier nicht darauf an, ob das WG zum AV oder UV gehört; eine Freigrenze (wie in Buchst b) gibt es nicht. Im Fall der Veräußerung (nicht aber bei Entnahme) kann der Gewinn unter den Voraussetzungen des § 6c steuerneutral übertragen werden. Der Begriff des „Gewinns" umfasst hier (ebenso bei Buchst b) mE auch einen Verlust, der sich daher neben dem Grundbetrag auswirkt. Zur Ermittlung der Höhe des Gewinns ist von den AK/HK nur die lineare AfA abzuziehen (§ 13a VII 2). – **Rechtslage bis Wj 2014/15.** Die Erfassung beschränkte sich auf Gewinne aus der Veräußerung oder Entnahme von GuB oder Gebäuden (§ 13a VI 1 Nr 2 Alt 1 aF).

39 **b) Veräußerung oder Entnahme sonstiger WG, § 13a VII 1 Nr 1 Buchst b.** Unter den Tatbestand fallen ab dem Wj 2015/16 zum einen alle nicht bereits in Buchst a genannten WG, sofern sie zum AV gehören (zB Betriebsvorrichtungen, Maschinen), ferner Tiere (hier sowohl des AV als auch des UV). Voraussetzung ist allerdings, dass der Veräußerungs*preis* (dh nicht der Gewinn, sondern der Erlös aus der Veräußerung) oder der an dessen Stelle tretende Wert (zB Entnahmewert nach § 6 I Nr 4) *für das jeweilige WG* **mehr als 15 000 €** beträgt. Diese **Betragsgrenze** dürfte allenfalls bei wertvollen Maschinen überschritten werden, sonst aber wohl kaum. – **Rechtslage bis Wj 2014/15.** Die Veräußerung von WG des AV (ohne GuB und Gebäude) war nur erfasst, wenn sie iZm einer **Betriebsumstellung** stand (§ 13a VI 1 Nr 2 Alt 2 aF). Eine solche lag vor, wenn ein Teilbereich eines luf Betriebs insgesamt oder in erhebl Umfang nicht mehr fortgeführt wird, zB bei (Teil-)Betriebsverpachtung, vollständiger Veräußerung eines Tierzweiges oder des gesamten Tierbestands, Veräußerung von Lieferrechten im Zusammenhang mit der Einstellung oder erhebl Reduzierung der entspr Produktion (s auch EStR 13a.2 III 3–5, EStH 13a.2 „Betriebsumstellung"; *Hiller* Inf 99, 487, 490). Hingegen ist die Veräußerung einzelner WG des AV *ohne* zeitl oder sachl Zusammenhang mit einer Betriebsumstellung mit dem Grundbetrag abgegolten.

40 **c) Entschädigungen, § 13a VII 1 Nr 1 Buchst c.** Sie sind seit dem Wj 2015/16 neben dem Grundbetrag anzusetzen, wenn sie für den Verlust, den Untergang oder die Wertminderung der in Buchst a, b genannten WG gewährt werden. Der StPfl hat ggf die Möglichkeit, eine RfE zu bilden (so auch BT-Drs 18/3017, 47); die spätere Auflösung dieser Rücklage fällt dann unter Buchst d. Entschädigungen für WG iSd Buchst b sind mE nur erfasst, wenn der Entschädigungsbetrag für das einzelne WG mehr als 15 000 € beträgt (so auch *BMF* BStBl I 15, 877 Rz 53). – **Rechtslage bis Wj 2014/15.** Eine ausdrückl Regelung für

Entschädigungen existierte nicht. Nach der zutr Rspr fielen sie aber unter den für die Auflösung von Rücklagen geltenden Tatbestand (§ 13a VI 1 Nr 4 aF), weil ansonsten kein LuF mehr eine RfE bilden und die StPflicht der Gewinne aus der Auflösung einer solchen Rücklage unterlaufen würde (BFH IV R 44/11 BStBl II 15, 470).

d) Gewinne aus der Auflösung von Rücklagen, § 13a VII 1 Nr 1 Buchst d. Diese sind ebenfalls gesondert anzusetzen. Dies gilt zum einen für Rücklagen nach § 6c (Gewinne aus der Veräußerung von GuB, Aufwuchs und Gebäuden), zum anderen für Rücklagen für Ersatzbeschaffung (ausführl hierzu § 6 Rz 101 ff). Daraus folgt zugleich, dass die Bildung einer RfE auch bei Gewinnermittlung nach § 13a zulässig ist (dazu EStR 6.6 VI). – Eine § 6c-Rücklage kann innerhalb der Frist für ihre Beibehaltung auch *teilweise* aufgelöst werden; dadurch konnte der bis Wj 2014/15 geltende Freibetrag nach § 13a VI 1 aF mehrfach in Anspruch genommen werden (BFH IV R 8/86 BStBl II 88, 55). Wird die Rücklage allerdings *im Ganzen* aufgelöst, war der Freibetrag nur ein Mal zu gewähren, auch wenn sie mehrere Jahre bestanden hatte (BFH IV R 90/88 BStBl II 90, 689 unter I.5.). 42

e) Berichtigung des VorSt-Abzugs, § 13a VII 1 Nr 2. Ab Wj 2015/16 sind BE oder BA nach § 9b II (Beträge aufgrund der Berichtigung des VorSt-Abzugs nach § 15a UStG (s § 9b Rz 8 f) gesondert zu erfassen. Zuvor war dies mit dem Grundbetrag abgegolten. 43

f) Dem Grunde nach gewerbl Tätigkeiten, § 13a VII 1 Nr 3. – aa) Rechtslage ab Wj 2015/16. Tätigkeiten, die dem Grunde nach gewerbl sind, aber der LuF zugerechnet werden (hierzu ausführl § 13 Rz 61 ff mwN sowie in Bezug auf § 13a *BMF* BStBl I 15, 877 Rz 57 ff), sind nicht mit dem Grundbetrag abgegolten. Anders als nach der bis zum Wj 2014/15 geltenden Rechtslage sind nicht nur „Dienstleistungen" erfasst, sondern alle „Tätigkeiten", dh auch die Ergebnisse aus Handelstätigkeiten und Nebenbetrieben (Letztere lösten bis Wj 2014/15 als Sondernutzung ledigl einen pauschalen Gewinnzuschlag von 512 € aus). Es kommt nicht mehr darauf an, ob die Tätigkeiten für andere LuF oder ggü Dritten erbracht werden. – Anzusetzen sind die tatsächl Einnahmen aus diesen Tätigkeiten (einschließl USt). Als BA sind (zwingend) pauschal 60% der Einnahmen abzuziehen (Nr 3 der Anlage 1a zum EStG). – **Abgrenzung zu Miet- und Pachteinnahmen.** Diese fallen unter § 13a III 1 Nr 5 (s Rz 49) und sind daher in *voller* Höhe (ohne Abzug pauschaler BA) zu erfassen. Bei der Beherbergung von Feriengästen ist danach zu differenzieren, ob der Vermietungscharakter überwiegt (dann Abs 3) oder der Dienstleistungscharakter, zB bei Beköstigung (dann Abs 7). Die **Pensionspferdehaltung** ist einheitl als „Tätigkeit" anzusehen, wenn die Tiere neben der Überlassung des Stallplatzes vom StPfl auch mit Futter und Medikamenten versorgt werden. Wird hingegen im Wesentlichen nur der Stallplatz überlassen, werden Mieteinnahmen iSd Abs 3 erzielt. Wird ausschließl Futter überlassen (zB bei Weidenutzung ohne Stallplatz), sind die Einnahmen mit dem Grundbetrag abgegolten (zum Ganzen BFH IV R 49/05 BStBl II 08, 425). Werden WG vermietet und im Zusammenhang damit Dienstleistungen erbracht, die von untergeordneter Bedeutung sind, ist einheitl § 13a III 1 Nr 5 anzuwenden (EStR 13a.2 IV 4). 45

bb) Rechtslage bis Wj 2014/15. Erfasst waren nach § 13a VI 1 Nr 3 aF nur „Dienstleistungen". Ausdrückl ausgenommen (dh mit dem Grundbetrag abgegolten) waren jedoch Dienstleistungen für andere Betriebe der LuF. Darin lag eine erhebl Begünstigung der § 13a-StPfl, weil Dienstleistungsentgelte bis zu 51 500 € als luf Einkünfte zu behandeln sind (s § 13 Rz 76; zR krit daher *Hiller* Inf 99, 487, 490; *Kanzler* DStZ 99, 682, 692). Damit waren Dienstleistungsentgelte nur dann gem Nr 3 gesondert zu erfassen, wenn die Leistung *nicht* an andere LuF erbracht wurde (ansonsten war sie mit dem Grundbetrag abgegolten) *und* das Entgelt 51 500 € 46 nicht überstieg (andernfalls handelte es sich insgesamt um Einkünfte aus GewBetr). – Die **Höhe des Gewinns aus den Dienstleistungen** wurde pauschal mit 35% der Einnahmen angesetzt (§ 13a VI 3 aF), wobei zu den Einnahmen auch die vereinnahmte USt gehörte (EStR 13a.2 III 8; FG Nds EFG 13, 610, rkr). Zusätzl zu dem pauschalen BA-Abschlag von 65% sollten gezahlte Pacht- und Schuldzinsen nach § 13a III 2 abziehbar sein (FG Nds EFG 08, 1203 unter 3.b, rkr). ME war dies wegen der abschließenden Wirkung des § 13a VI 3 aF unzutr, zumal auch Schuldzinsen für die forstwirtschaftl Nutzung, die in dem nach § 4 III ermittelten Sondergewinn iSd § 13a VI 1 Nr 1 aF ihren Niederschlag gefunden hatten, nicht *nochmals* nach Abs 3 abzuziehen waren.

48 **g) Rückvergütungen nach § 22 KStG, § 13a VII 1 Nr 4.** Dieser (mit Wirkung ab dem Wj 2015/16 neu geschaffene) Tatbestand der Sondergewinne erfasst genossenschaftl Rückvergütungen (unabhängig davon, ob sie angemessen oder als vGA anzusehen sind). Er soll der Schließung einer Besteuerungslücke dienen (BT-Drs 18/3017, 47).

49 **6. Einnahmen aus VuV von WG des luf BV, § 13a III 1 Nr 5.** Sie sind stets gesondert anzusetzen (näher EStR 13a.2 IV). Auf die Bezeichnung der vertragl Vereinbarungen kommt es nicht an (BFH IV R 49/05 BStBl II 08, 425 unter II.1b). Beispiele: Verpachtung von Flächen (zB auch für Windkraftanlagen), entgeltl Nießbrauch- oder Erbbaurechtsbestellung, Vermietung von Gebäuden oder Maschinen, Jagdpacht, Überlassung von immateriellen WG (zB Lieferrechte). Zu den Mieteinnahmen gehören auch vereinnahmte Umlagen für Nebenkosten (BFH IV R 47/07 BStBl II 09, 900, Anm *Wittwer* DStRE 09, 1054; ebenso die Handhabung bei VuV, s BFH IX R 6/97 BFH/NV 01, 305 unter II.3a); dies führt wegen der fehlenden Möglichkeit zum Abzug der den Umlagen ggü stehenden Aufwendungen zu einer Bruttobesteuerung. Nicht zu den unter Nr 5 fallenden Einnahmen gehören Stilllegungsprämien (EStR 13a.2 IV 5) sowie Zahlungsansprüche nach dem GAP-RefG (s § 13 Rz 262); diese sind daher mit dem Grundbetrag abgegolten. – Ein **Abzug von Aufwendungen** ist bei Nr 5 nicht vorgesehen (BFH IV R 28/02 BStBl II 03, 345: verfgem, weil der StPfl die Möglichkeit hat, eine andere Gewinnermittlungsart zu wählen). Schuldzinsen sowie verausgabte Pachtzinsen waren nur bis zum Wj 2014/15 nach § 13a III 2 aF abzuziehen; ab dem Wj 2015/16 wirken sie sich nicht mehr aus (s Rz 23). Bei hohen nicht abziehbaren Aufwendungen bietet sich ein Antrag nach § 13a II an. – Zur **Abgrenzung zu Dienstleistungsentgelten** (§ 13a VII 1 Nr 3) s Rz 45; die zutr Zuordnung ist wegen des Ansatzes der Dienstleistungsgewinne mit nur 40% der Einnahmen (Vermietung von WG: 100% der Einnahmen) und bis zum Wj 2014/15 auch wegen des damaligen Nichtansatzes von Dienstleistungen, die an andere LuF erbracht werden, von erhebl Bedeutung.

50 **7. Einnahmen aus Kapitalvermögen, § 13a III 1 Nr 6.** Ab Wj 2015/16 sind sämtl Einnahmen aus KapVerm anzusetzen, die zu den Einkünften aus LuF gehören. Zu den Kapitalerträgen zählen sowohl Zinsen als auch Gewinnanteile (zB genossenschaftl Dividenden; zu Beteiligungen des luf BV s § 13 Rz 245); es gilt das Zuflussprinzip. Aufwendungen dürfen nicht abgezogen werden (EStR 13a.2 V); § 3 Nr 40 ist aber anwendbar (*BMF* BStBl I 15, 877 Rz 79; aA *HHR/Kanzler* § 13a nF Anm 39). – **Bis Wj 2014/15** waren solche Einnahmen hingegen nur für den Sonderfall anzusetzen, dass sie aus der **Anlage von Veräußerungserlösen** iSd § 13a VI 1 Nr 2 aF (GuB, Gebäude; bei Betriebsumstellung auch sonstiges AV; hierzu Rz 39) erzielt wurden. Gehörten die aus dem Veräußerungserlös gespeisten Kapitalanlagen eindeutig nicht mehr zum BV, galt nicht § 13a III, sondern § 20 (AbgeltungSt). Alle anderen Kapitalerträge des luf BV waren mit dem Grundbetrag abgegolten (Beispiele bei *Hiller* Inf 02, 321).

§ 14 Veräußerung des Betriebs

[1] Zu den Einkünften aus Land- und Forstwirtschaft gehören auch Gewinne, die bei der Veräußerung eines land- oder forstwirtschaftlichen Betriebs oder Teilbetriebs oder eines Anteils an einem land- und forstwirtschaftlichen Betriebsvermögen erzielt werden. [2] § 16 gilt entsprechend mit der Maßgabe, dass der Freibetrag nach § 16 Absatz 4 nicht zu gewähren ist, wenn der Freibetrag nach § 14a Absatz 1 gewährt wird.

Einkommensteuer-Richtlinien: EStR 14/EStH 14

Übersicht

I. Anwendung des § 16 und Besonderheiten der LuF

1 **1. Verweis auf § 16.** § 14 entspricht sowohl hinsichtl der erfassten Veräußerungs- und Aufgabegewinne als auch hinsichtl der Rechtsfolgen dem für gewerbl Veräußerungs-/Aufgabegewinne geltenden § 16, so dass auf die dortigen Erläuterungen verwiesen wird. Nachfolgend werden nur die **Besonderheiten der LuF** dargestellt. Veräußerungs- und Aufgabegewinne sind auch bei Gewinnermittlung nach § 13a gesondert zu versteuern. – **Strategien zur Vermeidung einer Gewinnrealisierung** können in der Bildung von Rücklagen nach §§ 6b, 6c liegen; dies setzt allerdings die Gestaltung als Veräußerung voraus, weil die genannten Vorschriften auf Entnahmegewinne nicht anwendbar sind. Bei unentgeltl Übertragung kann ein Entnahmegewinn vermieden werden, wenn rechtzeitig ein Teilbetrieb gebildet wird und dieser (nicht aber das einzelne WG) übertragen wird (Buchwertübertragung nach § 6 III).

2 **2. Besonderheiten der LuF bei der Betriebsveräußerung. – a) Begriff der Veräußerung.** Es muss sich um die *entgeltl* (ggf teilentgeltl) Übertragung zumindest des wirtschaftl Eigentums an den wesentl Betriebsgrundlagen in einem einheitl Übertragungsakt handeln (allg hierzu s § 16 Rz 20–42, insb Abgrenzung zu unentgeltl Übertragung, Erbfall, Einlage). Die unentgeltl Übertragung fällt unter § 6 III; zur vorweggenommenen Erbfolge (als Sonderfall der unentgeltl Übertragung) s Rz 23.

3 **b) Betrieb.** Ausführl zur Übertragung eines ganzen Betriebs s § 16 Rz 90–131 (dort insb zur Übertragung der wesentl Betriebsgrundlagen, der Beendigung der

bisherigen Tätigkeit und zur Zurückbehaltung von WG). Zu den **Mindestanforderungen** an die Annahme eines landwirtschaftl Betriebs s § 13 Rz 7, zu den Mindestanforderungen an einen forstwirtschaftl Betrieb s § 13 Rz 12. – **Luf BV.** Dazu gehört insb der GuB (ausführl § 13 Rz 213 ff), das lebende Inventar (Tierbestände), das tote Inventar (Maschinen, Betriebsanlagen), das Feldinventar, die stehende Ernte, das aufstehende Holz und die immateriellen WG (zB Lieferrechte, Zahlungsansprüche nach GAP-RefG). Zum gewillkürten BV s § 13 Rz 243, zur Abgrenzung zw BV und PV bei der Veräußerung eines bereits beim Erwerb *verpachteten* Betriebs s § 13 Rz 128. –**Wesentl Betriebsgrundlagen.** Zu den verschiedenen Arten luf Betriebe s § 13 Rz 126. IRd §§ 14, 16 liegt eine wesentl Betriebsgrundlage allerdings nicht nur bei funktioneller Wesentlichkeit vor, sondern schon dann, wenn erhebl stille Reserven in dem WG gebunden sind (§ 16 Rz 101 mwN); in einem solchen Fall kann ausnahmsweise auch Inventar als wesentl Betriebsgrundlage anzusehen sein (BFH IV 351/64 U BStBl III 65, 576). – **Zurückbehaltung von Teilflächen.** Geringfügige Teilflächen (bis zu 10%) stellen keine wesentl Betriebsgrundlage dar, so dass ihre Zurückbehaltung der Begünstigung der Betriebsübertragung nicht entgegen steht (zur unentgeltl Betriebsübertragung BFH IV R 117/91 BFH/NV 94, 533: die zurückbehaltene Fläche kann weiterhin BV bleiben, wenn sie bewirtschaftet wird; BFH IV R 28/00 BFH/NV 05, 1062 unter II.2.c). Werden hingegen mehr als (idR) 10% des GuB zurückbehalten, sind nicht sämtl wesentl Betriebsgrundlagen veräußert worden (BFH IV R 101/77 BStBl II 82, 20 unter a: 40%; BFH IV R 137/84 BStBl II 86, 808: 20%; BFH IV R 8/89 BStBl II 90, 428: 18%, auch wenn die Fläche absolut gesehen eher klein ist); Ausnahmen sind aber mögl (BFH IV R 88/81 BStBl II 85, 508 unter b: hier wurde das Zurückbehalten von 12% noch als unschädl beurteilt, weil die Hälfte davon Hutungen waren). – **Rückpacht.** Die Annahme einer steuerbegünstigten Betriebsveräußerung wird nicht dadurch ausgeschlossen, dass der Veräußerer den Betrieb sogleich zurückpachtet und weiterhin aktiv bewirtschaftet (BFH IV R 88/81 BStBl II 85, 508 unter c; EStH 14 „Rückverpachtung"; *HHR/Paul* § 14 Anm 26; krit im Hinblick auf die Abweichung zu GewBetr *Kanzler* FR 96, 678; *Wendt* FR 09, 429). – **Zurechnung.** Wurde das Eigentum an den betriebl WG bereits an den Hofnachfolger unter Nießbrauchsvorbehalt zugunsten des bisherigen Inhabers übertragen, ist ein späterer Veräußerungsgewinn dem neuen Eigentümer (Nießbrauchsverpflichteten) zuzurechnen (BFH IV R 325/84 BStBl II 87, 772 unter 2.; BFH IV R 53/99 BFH/NV 00, 1078 unter 1.c).

6 **c) Teilbetrieb.** Es muss sich um einen mit einer gewissen Selbständigkeit ausgestatteten, organisch geschlossenen Teil des Gesamtbetriebs handeln, der für sich allein lebensfähig ist (Einzelheiten und Nachweise s ausführl § 16 Rz 140–169). – **aa) Landwirtschaftl Teilbetrieb.** Bei der erforderl Beurteilung nach dem Gesamtbild der Verhältnisse sind vor allem die Trennung der Hofstellen und des Anlagevermögens wichtige, aber nicht zwingende Indizien (BFH IV R 62/99 BFH/NV 01, 1248 unter 1.b, 2.b). Sind bereits die Kriterien für eine Betriebsteilung (§ 13 Rz 8) erfüllt, gilt dies erst recht für das Vorliegen von Teilbetrieben. Bei einem **Eigentumsbetrieb** ist das lebende und tote Inventar *allein* kein Teilbetrieb, so dass dessen isolierte Veräußerung nicht begünstigt ist (BFH IV R 179/72 BStBl II 76, 415 unter 1.); Gleiches gilt für die Veräußerung des Milchlieferrechts ohne gleichzeitige Veräußerung des Tierbestands (BFH IV B 91/06 BFH/NV 07, 1853). Ein räuml getrennt liegender **Pachtbetrieb** (der naturgemäß nur aus Inventar bestehen kann) kann im Verhältnis zu einem Eigentumsbetrieb aber auch dann Teilbetrieb sein, wenn der Gewinn einheitl ermittelt wird (BFH IV R 25/88 BStBl II 90, 373 unter I.1.a). Auch **Nebenbetriebe** und organisatorisch selbständig geführte, aber noch zur LuF gehörige **Handelsbetriebe** (s § 13 Rz 61 ff) können als Teilbetriebe anzusehen sein.

bb) Besonderheiten des forstwirtschaftl Teilbetriebs. Hier gilt ein von GewBetr und Landwirtschaft abw Teilbetriebsbegriff, weil die lfd Bewirtschaftung von geringerer Bedeutung ist (BFH IV R 180/77 BStBl II 82, 158 unter 3.; BFH IV R 96/93 BFH/NV 96, 316 unter 2.). Im Verhältnis zur landwirtschaftl Nutzung ist eine vom selben StPfl betriebene Forstwirtschaft stets Teilbetrieb (BFH IV R 96/93 BFH/NV 96, 316 unter 2.). Aber auch *innerhalb* eines Forstbetriebs können Teilbetriebe bestehen. So ist ein **Nachhaltsbetrieb** (zum Begriff s § 13 Rz 12) in Verhältnis zu weiteren forstwirtschaftl Flächen als Teilbetrieb anzusehen, wenn er entweder getrennt verwaltet wird (eigener Betriebsplan, Führung in gesonderter Rechnung) oder wenn der verkaufte Teil beim *Erwerber* als selbständiger Nachhaltsbetrieb mit idR jährl Holzernten weitergeführt werden kann (BFH IV R 180/77 BStBl II 82, 158 unter 3.a: bei 131 ha bejaht). Wird eine *Teilfläche* aus einem Nachhaltsbetrieb veräußert, muss beim Erwerber nicht ebenfalls ein Nachhaltsbetrieb vorliegen; vielmehr kommt es nur darauf an, ob die Teilfläche beim Erwerber eine selbständige Erwerbsgrundlage als möglichst lebensfähiges Forstrevier mit idR jährl Holzernten bildet (BFH IV R 12/89 BStBl II 91, 566 unter I.2.: für 88 ha bejaht). Bei **aussetzenden Betrieben** genügt sogar bereits die räuml zusammenhängende Lage einer Forstfläche für die Annahme eines Teilbetriebs (BFH IV 67/58 U BStBl III 61, 124: 5,5 ha; BFH IV R 180/77 BStBl II 82, 158 unter 3.b; offen gelassen für 6,7 ha von BFH IV R 27/98 BStBl II 00, 524 unter 1.a, und für 2 ha von BFH IV R 28/98 BFH/NV 00, 1455 unter 2.a). Für diese Absenkung der bei aussetzenden Betrieben geltenden Anforderungen spricht, dass hier schon an das Vorhandensein eines Forstbetriebs überhaupt nur sehr geringe Anforderungen gestellt werden (s § 13 Rz 12). Eine Untergrenze gilt gleichwohl auch hier (FG Mchn EFG 15, 376, rkr: kein Teilbetrieb bei 0,5 ha). 7

d) Mitunternehmeranteile. Zur Veräußerung s § 16 Rz 400–526 (insb zur Behandlung des SonderBV); zur luf MUerschaft s § 13 Rz 161 ff. Die Veräußerung eines *Teils* eines MUeranteils ist ab 2002 nicht mehr begünstigt (§ 16 I 2). 8

3. Besonderheiten der LuF bei der Betriebsaufgabe. Allg zur Betriebsaufgabe s § 16 Rz 170 ff; zu den Besonderheiten der LuF s *Hiller* Inf 94, 106. Danach muss die bisher in dem Betrieb entfaltete luf Tätigkeit endgültig eingestellt werden (Rz 12); alle wesentl Betriebsgrundlagen müssen in einem einheitl Vorgang (dazu Rz 15) in das PV überführt oder an verschiedene Erwerber veräußert werden (Rz 14). Zur **Realteilung** einer MUerschaft anstelle einer Betriebsaufgabe s § 16 Rz 530–556; diese Grundsätze gelten auch im Bereich der LuF (BFH IV B 113/06 BFH/NV 07, 2257 unter II.2.c bb; *Stephany* Inf 02, 718; ausführl *Felsmann* D 61 ff). 11

a) Einstellung der Tätigkeit. S § 16 Rz 180–187 (insb Abgrenzung zur bloßen Betriebsunterbrechung). Allein der Verkauf des Gesamtbestands an Großvieh bedeutet keine Betriebsaufgabe, wenn die Flächen weiterhin bewirtschaftet werden (BFH IV R 41/91 BStBl II 93, 430). Auch die Flucht eines Landwirts, der sich in wirtschaftl Schwierigkeiten befindet, stellt noch keine Betriebsaufgabe dar, wenn der Betrieb zunächst weiterbewirtschaftet und erst später abgewickelt wird (BFH IV R 5/06 BStBl II 08, 113). Ein **Forstbetrieb** (auch ein aussetzender) kann nicht aufgegeben werden, weil dem Eigentümer stetig Holz zuwächst (BFH IV R 27/98 BStBl II 00, 524 unter 1.d). – Der Übergang zur **Liebhaberei** stellt keine zwingende Betriebsaufgabe dar (s § 13 Rz 96; § 15 Rz 42). Gleiches gilt, wenn nach einer Betriebsverkleinerung eine ertragbringende luf Betätigung nicht mehr mögl ist (s § 13 Rz 7, 213 mwN). Auch der Strukturwandel (von LuF zum GewBetr) ist keine Betriebsaufgabe (*BMF* DStR 99, 1615), so dass die vorhandenen stillen Reserven auch gewstl verstrickt werden. – Die **Betriebsunterbrechung** ist noch keine (endgültige) Einstellung. Eine Form der Betriebsunterbrechung ist die **Betriebsverpachtung im Ganzen** (ausführl § 13 Rz 123 ff; dort auch zum Wahlrecht der Erklärung der Betriebsaufgabe und zur – ausnahmsweisen – Zwangs- 12 betriebsaufgabe); Gleiches gilt für die Einräumung eines Nießbrauchs am Betrieb (s § 13 Rz 151 ff) und die Begründung eines Wirtschaftsüberlassungsvertrags (s § 13 Rz 141 ff).

14 **b) Überführung der wesentl Betriebsgrundlagen in das PV oder Veräußerung.** S ausführl § 16 Rz 188–191. Werden einzelne wesentl Betriebsgrundlagen zum Buchwert in einen anderen (Teil-)Betrieb des StPfl überführt, ist die Veräußerung oder Aufgabe des RestBV nicht begünstigt (BFH IV R 25/88 BStBl II 90, 373 unter I.1.d: Überführung von Teilen des eigenen Inventars eines im Übrigen angepachteten Teilbetriebs; FG Nds EFG 14, 912, rkr: Aufgabe einer Nebenbetriebs-Kornbrennerei unter Weiterverwendung des zugehörigen GuB im fortbestehenden luf Hauptbetrieb). Allerdings wird eine begünstigte Aufgabe des luf Betriebs nicht dadurch ausgeschlossen, dass Teile des bisherigen BV anschließend an eine GmbH vermietet werden und dadurch eine gewerbl Betriebsaufspaltung begründet wird (BFH IV R 31/03 BStBl II 06, 652 unter II.1.c). Die Übertragung sämtl Eigentumsflächen an die Kinder des StPfl, die fortan getrennt voneinander wirtschaften, stellt auch ohne Aufgabeerklärung eine (Zwangs-)Betriebsaufgabe dar, wenn das einzig zurückbehaltene (Wohn-)Grundstück zu klein ist, um darauf LuF zu betreiben (BFH IV R 7/07 BStBl II 10, 431). Der StPfl, der sich darauf beruft, den Betrieb bereits in der entfernten Vergangenheit aufgegeben zu haben, trägt hierfür die Beweislast (s § 13 Rz 123); ab 5.11.11 ist in Fällen der Betriebsunterbrechung/-verpachtung zudem grds eine ausdrückl Aufgabeerklärung erforderl (§ 16 IIIb; s § 16 Rz 711).

15 **c) Einheitl Vorgang.** S ausführl § 16 Rz 192–196. Die Zerschlagung des Betriebs muss innerhalb kurzer Zeit geschehen. Die Beschränkung auf ein einziges Wj ist aber nicht erforderl; idR wird eine Zeitspanne bis zu 18 Monaten der Annahme einer begünstigten Betriebsaufgabe nicht entgegen stehen (BFH VI 118, 119/65 BStBl III 67, 70: 14 Monate für den Verkauf der Einzelflächen eines Weinbaubetriebs; BFH IV R 11/06 BFH/NV 09, 937 unter III.4.: 15 Monate für den Verkauf der landwirtschaftl Flächen und des Viehbestands). In einem solchen Fall ist der Aufgabegewinn zwar einheitl zu ermitteln; die Gewinne aus den einzelnen Verkaufs- bzw Entnahme-Teilakten sind aber jeweils zum Zeitpunkt ihrer Realisierung (dh ggf in verschiedenen VZ) zu versteuern (BFH IV R 17/02 BStBl II 05, 637 unter 1.c; zu den Begünstigungen nach §§ 16 IV, 34 in diesen Fällen s *BMF* BStBl I 06, 7; *Felsmann* D 180 ff). Hingegen ist eine **allmähl Abwicklung** mangels Zusammenballung stiller Reserven nicht begünstigt (BFH IV R 217/81 BStBl II 84, 364: Veräußerung des luf GuB über einen Zeitraum von 4 Jahren). Wird zunächst ein forstwirtschaftl Teilbetrieb unentgeltl übertragen (§ 6 III) und in zeitl Zusammenhang damit der landwirtschaftl Teilbetrieb (nunmehr als *ganzer* Betrieb) aufgegeben, handelt es sich nicht etwa um eine einheitl Betriebsaufgabe; vielmehr bezieht sich die gewinnrealisierende Betriebsaufgabe allein auf den landwirtschaftl (Teil-)Betrieb (BFH IV R 60/99 BStBl II 01, 101).

21 **4. Besonderheiten der LuF bei Erbfall, Erbauseinandersetzung und vorweggenommener Erbfolge. – a) Erbfall; HöfeO.** Ausführl zum Erbfall bei Einzelunternehmern s § 16 Rz 590–604 (dort insb zur Behandlung der Erfüllung von Vermächtnis- oder Pflichtteilsansprüchen); zum Tod von MUern s § 16 Rz 660–683 (dort insb zu den verschiedenen Fortsetzungs- und Nachfolgeklauseln); zu den Besonderheiten der LuF ausführl *Hiller* Inf 93, 361, 391. – **Erbfolge nach Höferecht.** § 4 HöfeO (und vergleichbare landesrechtl Vorschriften, zB Württembergisches Anerbenrecht; ausführl zu den länderweise unterschiedl höferechtl Regelungen *BMF* BStBl I 06, 253 Rz 75 ff; *Felix* FR 91, 613 und 656) vermeidet die Aufteilung des Hofes unter mehrere Miterben und weist ihn einem einzigen Erben zu (Sonderrechtsnachfolge). Auch steuerl entsteht dann keine MUerschaft der Miterben hinsichtl des Hofes; vielmehr wird der Hoferbe Einzelunternehmer (BFH IV R 20/84 BStBl II 87, 561 unter 1.a aa; *Kempermann* FR 91,

585; krit *Felsmann* D 117 ff). Allerdings gehört der *Wert* des Hofes zum Nachlass (§ 4 S 2 HöfeO), so dass den Miterben Abfindungsansprüche zustehen (§ 12 HöfeO), die wegen der Orientierung am EW aber idR weit unter dem tatsächl Wert liegen. Diese Ansprüche sind erbrechtl Art (auf Gesetz beruhende Vermächtnisse) und begründen daher keine AK (*Felix* FR 91, 613, 617); die Rechtslage entspricht derjenigen bei qualifizierter Nachfolge in einen PersGesAnteil (hierzu ausführl § 16 Rz 672). – Das **hoffreie Vermögen** unterliegt (vergleichbar dem SonderBV bei einem PersGesAnteil) nicht der Sonderrechtsnachfolge. Daher werden die auf die anderen Miterben übergehenden Anteile am hoffreien Vermögen am Todestag entnommen. Die **Zurechnung dieses Entnahmegewinns** ist str: Nach Verwaltungsauffassung ist er dem Erblasser zuzurechnen (*BMF* BStBl I 06, 253 Rz 78; *Felsmann* D 117c); die Gegenauffassung rechnet ihn dem jeweiligen Miterben zu (*Kempermann* FR 91, 585; *Blümich/Nacke* § 14 Rz 28; *HHR/Paul* § 14 Anm 19; obiter dictum in FG Ddorf EFG 06, 1499 unter 4., aus anderen Gründen bestätigt durch BFH IV R 44/06 BStBl II 09, 811). Letzteres ist mE zutr, weil der Erblasser keinen Entnahmetatbestand verwirklicht hat. Erst in der Person des jeweiligen Erben entscheidet sich, ob die übergegangenen WG BV bleiben oder nicht. – Soweit hingegen landesgesetzl Regelungen den nach § 1922 BGB grds eintretenden Rechtsübergang auf die Erbengemeinschaft nicht ausschließen, werden die Miterben geborene MUer, so dass Abfindungen an weichende Erben durch den Hofübernehmer Entgelte sind (s *Felix* FR 91, 613).

b) Erbauseinandersetzung. Die steuerl Behandlung entspricht derjenigen bei einer MUerschaft (ausführl s § 16 Rz 605–649; dort insb zur Behandlung von Abfindungszahlungen als AK des Übernehmers, zum Entstehen von Veräußerungsgewinnen bei den weichenden Miterben und zur Behandlung von Mischnachlässen, die auch PV beinhalten; *BMF* BStBl I 06, 253). Zu den Besonderheiten der LuF s *Feldhaus* Inf 93, 414; *Hiller* Inf 93, 361, 391. Zur Zwangsbetriebsaufgabe durch Erbauseinandersetzung bei Betriebsverpachtung im Ganzen s § 13 Rz 134. Werden die Flächen nach dem Tod des Betriebsinhabers auf dessen Erben verteilt, wird der Betrieb in diesem Zeitpunkt aufgegeben (BFH IV R 16/10 BFH/NV 14, 324 Rz 22; FG RhPf EFG 15, 1690, Rev IV R 35/15). 22

c) Vorweggenommene Erbfolge. Ausführl s § 16 Rz 45–77 (dort insb zur Frage, wann „Gegenleistungen" anzunehmen sind, die zur Entgeltlichkeit führen); *BMF* BStBl I 93, 80. Danach ist die Zusage von Versorgungsleistungen, die Einräumung von Nutzungsrechten und die Übernahme von Betriebsschulden kein Entgelt, so dass in diesen Fällen die Buchwerte fortzuführen sind (§ 6 III). Dies gilt auch für die nach § 55 ermittelten Werte für den GuB. Zu AK (bzw Veräußerungsentgelt) führen hingegen die Leistung von Abstandszahlungen oder Gleichstellungsgeldern und die Übernahme betriebsfremder Schulden (zu teilentgeltl Übergaben ausführl *Hiller* Inf 93, 217, 245). – Zu den zivilrechtl Gestaltungen bei Hofübergabe *Hiller/Weber* Inf 97, 680. Die vorweggenommene Erbfolge ist auch im Anwendungsbereich des Höferechts zulässig (§ 17 HöfeO; dazu *Felix* FR 91, 656, 657). – Da steuerl idR die Unentgeltlichkeit gewünscht wird, ist darauf zu achten, dass **sämtl wesentl Betriebsgrundlagen** entweder einheitl auf den Nachfolger übertragen werden oder aber einheitl beim Übergeber bleiben und dem Nachfolger nur die Nutzung überlassen wird (zB durch Nießbrauch, Verpachtung, Wirtschaftsüberlassung). Wird hingegen ein Teil der wesentl Betriebsgrundlagen zurückbehalten und ein anderer Teil übereignet, führt dies zur Gewinnrealisierung, und zwar entweder als Betriebsaufgabe (BFH IV R 101/77 BStBl II 82, 20; BFH IV R 8/89 BStBl II 90, 428) oder aber (bei Fortbestand des Betriebs des Übergebers) als Entnahme (zB BFH IV R 43/73 BStBl II 77, 719). – Wird der wesentl Teil des Betriebs dem als Nachfolger vorgesehenen Sohn übergeben und ein kleinerer Teil der Flächen dessen Bruder, bei dem sie mangels luf Nutzung PV werden, handelt es sich in Bezug auf die erstgenannten WG um eine 23 unentgeltl Betriebsübergabe, in Bezug auf die dem Bruder übertragenen Flächen aber um eine Entnahme (FG Mchn EFG 14, 1953, rkr, krit Anm *Hennigfeld* EFG 14, 1954).

II. Veräußerungs- und Aufgabegewinn

26 **1. Ermittlung des Veräußerungs-/Aufgabegewinns.** Ausführl s § 16 Rz 210–345 (dort insb zur Veräußerung gegen wiederkehrende Bezüge, zur Abgrenzung vom lfd Gewinn und zu nachträgl Änderungen des Veräußerungspreises). **Veräußerungsgewinn** ist der Betrag, um den der Veräußerungspreis (Rz 27) nach Abzug der Veräußerungskosten den nach § 4 I ermittelten Wert des BV (Rz 28) übersteigt (§ 16 II). **Aufgabegewinn** ist der Betrag, um den die Summe der Einzelveräußerungserlöse und des gemeinen Wertes der nicht veräußerten WG (§ 16 III 6, 7) nach Abzug der Aufgabekosten den nach § 4 I ermittelten Wert des BV übersteigt (ausführl § 16 Rz 290 ff; dort auch zur Aufgabebilanz).

27 **a) Einzelfragen zum Veräußerungspreis.** Zur Aufteilung eines Gesamtkaufpreises auf GuB einerseits und Aufwuchs (zB stehendes Holz) andererseits s § 13 Rz 16 mwN; eine solche Aufteilung kann erforderl sein, um die für GuB geltende Verlustausschlussklausel des § 55 VI zutr anzuwenden (s *Felsmann* B 295; *Schindler* StBP 87, 248; aA *Obermeier* DStR 93, 77, 86). Eine Aufteilung ist ferner erforderl, wenn sich der Gesamtkaufpreis nicht nur auf BV, sondern auch auf WG des PV bezieht (zB Verkauf des Betriebs einschließl eines Gebäudes, das nur *teilweise* dem BV zugeordnet wurde). Ist der Verkäufer berechtigt, die Ernte auch nach dem Zeitpunkt der Übergabe noch einzubringen, erzielt er hieraus nachträgl luf Einkünfte iSd § 24; es handelt sich nicht um einen Teil des nach §§ 14, 16, 34 begünstigten Veräußerungsgewinns. – **Nachträgl Änderungen des Veräußerungspreises** können auf den Zeitpunkt der Gewinnrealisierung zurückwirken (ausführl § 16 Rz 350 ff). Dies gilt insb, wenn bei der Veräußerung von GuB im Rahmen einer Betriebsaufgabe eine Kaufpreisnachzahlung für den Fall vereinbart wird, dass die Flächen zu Bauland werden (BFH IV R 53/04 BStBl II 06, 906 unter B. II.2.).

28 **b) Nach § 4 I ermittelter (Buch-)Wert des BV.** Das Gesetz geht davon aus, dass sich zugleich mit der Betriebsveräußerung/-aufgabe ein **Übergang zur Gewinnermittlung nach § 4 I** vollzieht. Die wegen dieses Überganges erforderl Zu- und Abrechnungen sind Teil des lfd Gewinns und können nicht auf drei Jahre verteilt werden (ausführl § 4 Rz 650 ff, insb Rz 668). – Zur Ermittlung des Buchwerts des **Grund und Bodens,** der am 30.6.1970 bereits zum BV gehört hat, s § 55. Zur Ermittlung des Buchwerts (AK) für **stehendes Holz** s § 13 Rz 14 und EStR 14 V; war das stehende Holz bereits am 21.6.1948 vorhanden, ist insoweit der anteilige EW zu diesem Tag anzusetzen (BFH I 35/57 S BStBl III 60, 306; BFH IV 344/64 BStBl II 70, 747). Ist von der Möglichkeit Gebrauch gemacht worden, **Feldinventar und stehende Ernte** nicht zu aktivieren (s 13 Rz 239), gehört der dadurch bei der Betriebsveräußerung entstehende Buchgewinn zum begünstigten Veräußerungsgewinn; der Erwerber kann den entspr Teil seiner Kaufpreiszahlung sofort als BA abziehen (so ausdrückl noch EStR [2008] 14 II 5, 6; in den EStR 2012 fehlt eine Äußerung hierzu). Zur Ermittlung des Buchwerts **sonstiger WG,** insb bei Gewinnermittlung nach § 13a, s § 13 Rz 202 mwN (danach ist davon auszugehen, dass der StPfl von Bewertungs- und AfA-Wahlrechten, die zu niedrigen Wertansätzen führen, keinen Gebrauch gemacht hat, so dass sich ein höherer Buchwert und damit ein geringerer Veräußerungsgewinn ergibt). – Soweit die Buchwerte nicht der Buchführung oder dem nach § 4 III 5, § 13a VI 2 zu führenden Verzeichnis und anderen Aufzeichnungen des StPfl entnommen werden können, sind sie auf den Zeitpunkt der Betriebsveräußerung bzw -aufgabe zu schätzen.

2. Steuerbegünstigungen. Der **Freibetrag nach § 13 III** wird auch für Veräußerungsgewinne gewährt. Die besonderen **Freibeträge nach § 14a** sind mit dem VZ 2005 ausgelaufen. Der **Freibetrag nach § 16 IV** (45 000 €) wird nur einmal im Leben und zudem nur gewährt, wenn der StPfl das 55. Lebensjahr überschritten hat oder dauernd berufsunfähig ist (s näher § 16 Rz 575 ff). Der **ermäßigte Steuersatz** des § 34 I (Fünftelungs-Regelung) ist bei Veräußerungs- und Aufgabegewinnen in jedem Fall zu gewähren; der auf 56% des durchschnittl StSatzes ermäßigte StSatz des § 34 III hingegen ebenfalls nur einmal im Leben und nur nach Vollendung des 55. Lebensjahrs oder bei dauernder Berufsunfähigkeit (s die Erläuterungen zu § 34). 31

3. Zeitl Erfassung. Gewinne aus der Veräußerung oder Aufgabe eines luf Betriebes sind nicht (wie der lfd Gewinn) auf die Kj zu verteilen, in denen das Wj liegt, sondern einheitl in dem Kj zu erfassen, in dem sie entstanden sind (§ 4a II Nr 1 S 2). Erstreckt sich eine **Betriebsaufgabe über mehrere Kj,** sind die jeweiligen Teil-Gewinne im Zeitpunkt der Realisation zu versteuern (s Rz 15 mwN). 33

§ 14a *Vergünstigungen bei der Veräußerung bestimmter land- und forstwirtschaftlicher Betriebe*

Benutzerhinweis. Die Freibetragsregelungen nach § 14a I–III gelten nur für Betriebsveräußerungen und -aufgaben vor dem 1.1.2001; der Freibetrag nach § 14a IV gilt nur für Veräußerungen und Entnahmen von GuB vor dem 1.1.2006, der Freibetrag nach § 14a V für Veräußerungen von GuB vor dem 1.1.2001. Daher wird auf den Abdruck des Gesetzestextes verzichtet und auf die **Erläuterungen** in der **27. Aufl** verwiesen. 1

b) Gewerbebetrieb (§ 2 Absatz 1 Satz 1 Nummer 2)

§ 15 Einkünfte aus Gewerbebetrieb

(1) [1] Einkünfte aus Gewerbebetrieb sind

1. Einkünfte aus gewerblichen Unternehmen. [2] Dazu gehören auch Einkünfte aus gewerblicher Bodenbewirtschaftung, z. B. aus Bergbauunternehmen und aus Betrieben zur Gewinnung von Torf, Steinen und Erden, soweit sie nicht land- oder forstwirtschaftliche Nebenbetriebe sind;

2. die Gewinnanteile der Gesellschafter einer Offenen Handelsgesellschaft, einer Kommanditgesellschaft und einer anderen Gesellschaft, bei der der Gesellschafter als Unternehmer (Mitunternehmer) des Betriebs anzusehen ist, und die Vergütungen, die der Gesellschafter von der Gesellschaft für seine Tätigkeit im Dienst der Gesellschaft oder für die Hingabe von Darlehen oder für die Überlassung von Wirtschaftsgütern bezogen hat. [2] Der mittelbar über eine oder mehrere Personengesellschaften beteiligte Gesellschafter steht dem unmittelbar beteiligten Gesellschafter gleich; er ist als Mitunternehmer des Betriebs der Gesellschaft anzusehen, an der er mittelbar beteiligt ist, wenn er und die Personengesellschaften, die seine Beteiligung vermitteln, jeweils als Mitunternehmer der Betriebe der Personengesellschaften anzusehen sind, an denen sie unmittelbar beteiligt sind;

3. die Gewinnanteile der persönlich haftenden Gesellschafter einer Kommanditgesellschaft auf Aktien, soweit sie nicht auf Anteile am Grundkapital entfallen, und die Vergütungen, die der persönlich haftende Gesellschafter von der Gesellschaft für seine Tätigkeit im Dienst der Gesellschaft oder für die Hingabe von Darlehen oder für die Überlassung von Wirtschaftsgütern bezogen hat.

[2] Satz 1 Nummer 2 und 3 gilt auch für Vergütungen, die als nachträgliche Einkünfte (§ 24 Nummer 2) bezogen werden. [3] § 13 Absatz 5 gilt entspre-

chend, sofern das Grundstück im Veranlagungszeitraum 1986 zu einem gewerblichen Betriebsvermögen gehört hat.

(1a) [1] **In den Fällen des § 4 Absatz 1 Satz 5 ist der Gewinn aus einer späteren Veräußerung der Anteile ungeachtet der Bestimmungen eines Abkommens zur Vermeidung der Doppelbesteuerung in der gleichen Art und Weise zu besteuern, wie die Veräußerung dieser Anteile an der Europäischen Gesellschaft oder Europäischen Genossenschaft zu besteuern gewesen wäre, wenn keine Sitzverlegung stattgefunden hätte.** [2] **Dies gilt auch, wenn später die Anteile verdeckt in eine Kapitalgesellschaft eingelegt werden, die Europäische Gesellschaft oder Europäische Genossenschaft aufgelöst wird oder wenn ihr Kapital herabgesetzt und zurückgezahlt wird oder wenn Beträge aus dem steuerlichen Einlagenkonto im Sinne des § 27 des Körperschaftsteuergesetzes ausgeschüttet oder zurückgezahlt werden.**

(2) [1] **Eine selbständige nachhaltige Betätigung, die mit der Absicht, Gewinn zu erzielen, unternommen wird und sich als Beteiligung am allgemeinen wirtschaftlichen Verkehr darstellt, ist Gewerbebetrieb, wenn die Betätigung weder als Ausübung von Land- und Forstwirtschaft noch als Ausübung eines freien Berufs noch als eine andere selbständige Arbeit anzusehen ist.** [2] **Eine durch die Betätigung verursachte Minderung der Steuern vom Einkommen ist kein Gewinn im Sinne des Satzes 1.** [3] **Ein Gewerbebetrieb liegt, wenn seine Voraussetzungen im Übrigen gegeben sind, auch dann vor, wenn die Gewinnerzielungsabsicht nur ein Nebenzweck ist.**

(3) **Als Gewerbebetrieb gilt in vollem Umfang die mit Einkünfteerzielungsabsicht unternommene Tätigkeit**

1. **einer Offenen Handelsgesellschaft, einer Kommanditgesellschaft oder einer anderen Personengesellschaft, wenn die Gesellschaft auch eine Tätigkeit im Sinne des Absatzes 1 Satz 1 Nummer 1 ausübt oder gewerbliche Einkünfte im Sinne des Absatzes 1 Satz 1 Nummer 2 bezieht,**
2. **einer Personengesellschaft, die keine Tätigkeit im Sinne des Absatzes 1 Satz 1 Nummer 1 ausübt und bei der ausschließlich eine oder mehrere Kapitalgesellschaften persönlich haftende Gesellschafter sind und nur diese oder Personen, die nicht Gesellschafter sind, zur Geschäftsführung befugt sind (gewerblich geprägte Personengesellschaft).** [2] **Ist eine gewerblich geprägte Personengesellschaft als persönlich haftender Gesellschafter an einer anderen Personengesellschaft beteiligt, so steht für die Beurteilung, ob die Tätigkeit dieser Personengesellschaft als Gewerbebetrieb gilt, die gewerblich geprägte Personengesellschaft einer Kapitalgesellschaft gleich.**

(4) [1] **Verluste aus gewerblicher Tierzucht oder gewerblicher Tierhaltung dürfen weder mit anderen Einkünften aus Gewerbebetrieb noch mit Einkünften aus anderen Einkunftsarten ausgeglichen werden; sie dürfen auch nicht nach § 10d abgezogen werden.** [2] **Die Verluste mindern jedoch nach Maßgabe des § 10d die Gewinne, die der Steuerpflichtige in dem unmittelbar vorangegangenen und in den folgenden Wirtschaftsjahren aus gewerblicher Tierzucht oder gewerblicher Tierhaltung erzielt hat oder erzielt; § 10d Absatz 4 gilt entsprechend.** [3] **Die Sätze 1 und 2 gelten entsprechend für Verluste aus Termingeschäften, durch die der Steuerpflichtige einen Differenzausgleich oder einen durch den Wert einer veränderlichen Bezugsgröße bestimmten Geldbetrag oder Vorteil erlangt.** [4] **Satz 3 gilt nicht für die Geschäfte, die zum gewöhnlichen Geschäftsbetrieb bei Kreditinstituten, Finanzdienstleistungsinstituten und Finanzunternehmen im Sinne des Gesetzes über das Kreditwesen gehören oder die der Absicherung von Geschäften des gewöhnlichen Geschäftsbetriebs dienen.** [5] **Satz 4 gilt nicht, wenn es sich um Geschäfte handelt, die der Absicherung von Aktiengeschäften dienen, bei denen der Veräuße-**

rungsgewinn nach § 3 Nummer 40 Satz 1 Buchstabe a und b in Verbindung mit § 3c Absatz 2 teilweise steuerfrei ist, oder die nach § 8b Absatz 2 des Körperschaftsteuergesetzes bei der Ermittlung des Einkommens außer Ansatz bleiben. [6]Verluste aus stillen Gesellschaften, Unterbeteiligungen oder sonstigen Innengesellschaften an Kapitalgesellschaften, bei denen der Gesellschafter oder Beteiligte als Mitunternehmer anzusehen ist, dürfen weder mit Einkünften aus Gewerbebetrieb noch aus anderen Einkunftsarten ausgeglichen werden; sie dürfen auch nicht nach § 10d abgezogen werden. [7]Die Verluste mindern jedoch nach Maßgabe des § 10d die Gewinne, die der Gesellschafter oder Beteiligte in dem unmittelbar vorangegangenen Wirtschaftsjahr oder in den folgenden Wirtschaftsjahren aus derselben stillen Gesellschaft, Unterbeteiligung oder sonstigen Innengesellschaft bezieht; § 10d Absatz 4 gilt entsprechend. [8]Die Sätze 6 und 7 gelten nicht, soweit der Verlust auf eine natürliche Person als unmittelbar oder mittelbar beteiligter Mitunternehmer entfällt.

Einkommensteuer-Richtlinien: EStR 15.1–15.10/EStH 15.1–15.10

Übersicht

A. Allgemeines

I. Rechtssystematische Bedeutung

1 § 15 regelt abschließend (iVm §§ 16, 17, 24), was zu den gem § 2 I 1 Nr 2 estpfl Einkünften aus **GewBetr** gehört und grenzt diese ggü Einkünften aus anderen Einkunftsarten und nicht estpfl Vermögensmehrungen oder -minderungen ab (BFH GrS 4/82, XI R 57/89 BStBl II 84, 751/66; 92, 798). – Die Abgrenzung zu anderen estpfl Einkünften hat Bedeutung zB für die Art der Einkünfteermittlung (§ 2 II) und für die GewSt.

II. Norminhalt

2 § 15 I 1 Nr 1 erfasst die *laufenden* Einkünfte aus GewBetr einer **natürl Person;** die Vorschrift wird klarstellend ergänzt durch § 16 I 1 Nr 1 für Gewinne aus der Veräußerung oder Aufgabe eines GewBetr und durch § 24 Nr 2 für nachträgl Einkünfte. § 15 Ia erfasst die Veräußerung von EuropaGesAnteilen. § 15 II enthält eine estrechtl Begriffsbestimmung des GewBetr. § 15 I 1 Nr 2 und I 2 sowie § 15 III Nr 1 regeln die lfd Einkünfte aus gewerbl tätigen **MUerschaften,** insb PersGes, wiederum ergänzt durch § 16 I Nr 2 und 3 und § 24 Nr 2. § 15 III Nr 2 enthält Sondervorschriften für ledigl „gewerbl geprägte PersGes". § 15 I 1 Nr 3 (und § 15 I 2) regeln die Besteuerung der Gewinnanteile und Vergütungen des Komplementärs einer KGaA. Nach § 15 I 3 gilt § 13 V entspr. § 15 IV enthält ein Ausgleichs- und Abzugsverbot für Verluste aus gewerbl Tierzucht und Tierhaltung, aus gewerbl Termingeschäften und aus mitunternehmerischen InnenGes zw KapGes.

III. Persönl, sachl und räuml Anwendungsbereich

§ 15 gilt unmittelbar nur für estpfl natürl Personen, mittelbar über §§ 1, 8 KStG auch für kstpfl juristische Personen. § 15 erfasst inl und ausl GewBetr unbeschr stpfl Personen sowie über § 49 I Nr 2 inl GewBetr beschr stpfl Personen; zu Nr 2f nF s Rz 862. 3

B. § 15 I 1 Nr 1 iVm § 15 II: Einkünfte aus gewerbl Einzelunternehmen

Verwaltung: EStR 15.1–15.7 (s auch vor Rz 46).

I. Begriffsbestimmung und positive Begriffsmerkmale

1. Begriff des Gewerbebetriebs. Er ist gekennzeichnet durch ***(1)*** eine selbstständige nachhaltige Betätigung, die mit der Absicht, Gewinn zu erzielen (§ 15 II 2–3), unternommen wird und sich als Beteiligung am allg wirtschaftl Verkehr darstellt, die ***(2)*** weder als Ausübung von LuF (§ 13) noch als Ausübung selbstständiger Arbeit (§ 18) anzusehen ist und ***(3)*** den Rahmen privater Vermögensverwaltung überschreitet (BFH GrS 1/93 BStBl II 95, 617). Grenzfälle sind ergänzend durch einen Ähnlichkeitsvergleich mit den Vollformen des § 15 II, dh durch Abgleich des „Gesamtbildes der Verhältnisse" mit den den GewBetr typusprägenden „Urbildern" zu beurteilen (BFH X R 21/00 BStBl II 03, 520; *P. Fischer* FR 02, 597; aA zB 27. Aufl; krit *Florstedt* StuW 07, 314). – Hinter der allg gesetzl Definition (I Nr 1, II; ‚gewerbl Unternehmen'; ‚Betätigung zur Gewinnerzielung') verbergen sich **Produktion, Dienstleistung und Handel;** Produktion und Dienstleistung sind idR gewerbl, der Handel muss über die Vermögensverwaltung hinausgehen (Rz 46 ff). 8

a) Abgrenzung. – Die Begriffe GewBetr iSv § 2 I 1 GewStG und iSv § 15 I 1 Nr 1 iVm II stimmen inhaltl grds überein (arg § 2 I 2 GewStG; zB BFH GrS 4/82 BStBl II 84, 751/62). Unterschiede bestehen *zeitl* insofern, als der GewBetr iSv § 15 II früher beginnt und später endet (vgl § 24 Nr 2); s Rz 129–134. – Der Begriff des GewBetr ist nicht identisch mit gleich lautenden Begriffen anderer Gesetze mit anderen Zwecken (zB BFH VIII R 1/71 BStBl II 72, 360), auch nicht mit den Begriffen des **HGB.** Sind die §§ 1, 2 HGB erfüllt, kann dies zwar einen GewBetr iSv § 15 I 1 Nr 1, II indizieren – vorausgesetzt, dass Gewinnabsicht vorliegt. Ein luf Unternehmen fällt aber zB auch dann nicht unter § 15 I 1 Nr 1, sondern unter § 13, wenn es gem § 3 II HGB in das HR eingetragen ist; auch die sog Scheinkaufmannseigenschaft (§ 5 HGB) reicht für einen GewBetr nicht aus. Ebenso wenig ist der GewBetrBegriff des § 196 I Nr 1 BGB aF für § 15 I 1 Nr 1 maßgebl (teilweise aA *P. Fischer* FR 95, 803/11). – Verschieden, allenfalls teilweise deckungsgleich sind auch die Begriffe des Gewerbes iSd **GewO** und des Erwerbsgeschäfts iSv § 1822 Nr 3 BGB. Von der gewerbl Tätigkeit iSv § 2 I 1 **UStG** und vom wirtschaftl Geschäftsbetrieb iSv **§ 14 AO** unterscheidet sich der GewBetr insofern, als jene keine Gewinnabsicht erfordern (§ 2 I 3 UStG; § 14 S 2 AO). – Zum **Unternehmen** als (unterschiedl) handels-, gesellschafts-, bilanz- und konzernrechtl Begriff s zB § 271 HGB; §§ 15 ff AktG; BGHZ 95, 330/7. 9

b) Tatbestandsverwirklichung. Die gewerbl Einkünfte sind grds dem zuzurechnen, der die Unternehmerinitiative ausübt und das Unternehmerrisiko trägt (Rz 135–148). Der Tatbestand soll auch durch ein „Werkzeug" verwirklicht werden können (BFH X R 39/03 BStBl II 05, 817/22; *Fischer* FR 05, 949: mittelbare Tatbestandsverwirklichung/Tatherrschaft). Abl BFH III R 25/02 BStBl II 04, 787: nur § 42 AO; s Rz 75, 20, 142). 10

2. Selbständigkeit. a) Allgemeines. Einkünfte aus GewBetr (§ 15 I 1 Nr 1, II) kann nur beziehen, wer selbstständig tätig ist (§ 15 II 1; EStR 15.1); erforderl ist 11 persönl Selbstständigkeit (BFH I R 191/72 BStBl II 73, 260). Ob die Tätigkeit selbstständig oder unselbstständig ist, ist im ESt-, GewSt- und UStRecht gleich zu beurteilen (zB BFH XI R 14/09 BStBl II 11, 433 betr Komplementär); maßgebl ist das **Gesamtbild der Verhältnisse** (BFH X R 14/10 BStBl II 12, 511 mit Kriterienkatalog). Ein und dieselbe Tätigkeit kann nur selbstständig (zB § 15 I 1 Nr 1) oder nichtselbstständig (§ 19) sein; eine natürl Person kann aber teils selbstständig und teils unselbstständig tätig sein (BFH X R 163–164/87 BStBl II 91, 802: Eigengeschäfte eines Bank-ArbN) oder ein oder mehrere GewBetr betreiben (sachl Selbstständigkeit; Rz 125). Selbstständigkeit setzt voraus, dass eine natürl Person auf *eigene* Rechnung und Gefahr tätig ist, also das Erfolgsrisiko der eigenen Betätigung trägt (Unternehmerrisiko) und Unternehmerinitiative entfalten kann (BFH VIII R 2/92 BFH/NV 96, 325; Rz 135-6; 257 ff). Unselbstständig ist jemand, soweit er ArbN im estrechtl Sinne ist (vgl § 1 I, II LStDV; § 19 Rz 4 ff).

12 **b) Arbeitnehmer.** Der estrechtl arbeits- und sozialrechtl ArbN-Begriff ist nicht deckungsgleich (zum Arbeitsrecht s zB BFH VI R 50/05 BStBl II 08, 868). EStrechtl kann ein StPfl *unselbstständig* sein, obwohl er arbeitsrechtl kein ArbN ist (zB **Geschäftsführer** einer GmbH; BFH VI R 81/06 DStR 09, 1355 und umgekehrt (BFH I R 17/78 BStBl II 80, 303); *aA* nunmehr BFH VIII R 34/08 BFH/NV 11, 585 **Mehrheitsbeteiligung** iVm Beratungsvertrag; ebenso mE iVm Geschäftsführung (*Seer* GmbHR 12, 563; dann § 15 II; s Rz 90; § 18 Rz 107). Die für und gegen ein ArbVerh sprechenden Merkmale sind gegeneinander abzuwägen (BFH V B 22/03 BFH/NV 03, 1615). Zur Unterscheidung von ArbN/Subunternehmer s BFH VI R 122/87 BStBl II 91, 409; zu (sozialrechtl) Scheinselbstständigkeit s § 7 IV SGB IV: Vermutungskriterien. **Nebenverpflichtungen** (zB eines Hoteldirektors) gehören zur Haupttätigkeit (BFH XI R 32/00 BStBl II 01, 496). Zu sog beliehenen Unternehmern (zB Rettungswache) s BFH VIII R 2/92 BFH/NV 96, 325. Die **„Ich-AG"** unterliegt allg Kriterien (*Greiner* DB 03, 1058/63).

14 **c) Abwägung. – Gegen Selbständigkeit** spricht: Weisungsgebundenheit hinsichtl Ort, Zeit und Inhalt der Tätigkeit („Eingliederung"; BFH VI R 11/07 BStBl I 08, 933: Telefoninterviewer); feste Arbeitszeit; einfache Tätigkeit (BFH VI R 126/88 BStBl II 93, 155); kein Kapitaleinsatz; überwiegend feste, erfolgsunabhängige Bezüge, Fortzahlung bei Krankheit und Urlaub (BFH I R 17/78 BStBl II 80, 303); Schulden der (ganzen) Arbeitskraft und nicht eines Arbeitserfolgs (BFH I R 159/76 BStBl II 79, 182).

15 **Für Selbstständigkeit** spricht, dass die Höhe der Einnahmen weitgehend von der eigenen Aktivität abhängt (BFH I R 121/76 BStBl II 79, 188), dass der Beauftragte über Zeit, Ort und Umfang seiner Tätigkeit im Wesentlichen selbst bestimmen oder die geschuldete Tätigkeit delegieren, insb selbst wieder ArbN beschäftigen kann (BFH XI R 71/93 BStBl II 95, 559), dass kein Anspruch auf bezahlten Urlaub oder Lohn bei Krankheit besteht, dass der Betrieb zeitl nur kurz berührt wird (BFH IV R 1/77 BStBl II 81, 706: Synchronsprecher). – Dem LStAbzug kann wesentliche indizielle Bedeutung zukommen (BFH IV 162/63 BStBl III 67, 598). Nicht entscheidend sind die **Bezeichnung** (zB „freie Mitarbeit", BFH VI R 126/88 BStBl II 93, 155) und die **Art der Tätigkeit** (BFH VI R 150–152/82 BStBl II 85, 661); so kann zB das Taxifahren selbstständig oder unselbstständig (angestellter Fahrer) ausgeführt werden. Ein **Vertreter** kann selbstständiger Gewerbetreibender (§ 84 I HGB) oder ArbN (§ 84 II HGB) sein. Nach § 84 I 2 HGB ist selbstständig, wer im Wesentlichen frei seine Tätigkeit gestalten und seine Arbeitszeit bestimmen kann (BFH IV R 98/71 BStBl II 75, 115).

16 **d) Einzelfälle.** Zu **Vertretern** allg zB BFH V R 150/66 BStBl II 70, 474. Zu **Versicherungsvertretern** zB FG Nds EFG 99, 130; zu selbstständigem Bereichsdirektor s FG Ddorf EFG 02, 96; EStR 15.1 I. **Heimarbeiter** sind estrechtl – ungeachtet ihres arbeitsrechtl Sonderstatus (s HAG) – idR mangels Unternehmerrisikos unselbstständig (EStR 15.1 II; s aber § 19 Rz 15); **Hausgewerbetreibende**

und **Zwischenmeister** sind idR selbstständig (vgl § 11 III GewStG; EStR 15.1 II; BFH I R 101/77 BStBl II 83, 200), ebenso **ArbN-ähnl Selbstständige** iSv § 2 S 1 Nr 9 SGB VI (EStR 15.1 III) und **Regisseur/Kameramann** bei Werbespot (BFH VI R 19/07 BFH/NV 08, 1485). – Zur Selbstständigkeit sog **Schwarzarbeiter** BFH VI R 60/73 BStBl II 75, 513; von nebenberufl **Musikern** und **Musikkapellen** BFH VI R 80/74 BStBl II 77, 178; *FinVerw* DStR 96, 1407; von **Künstlern** uä *FinVerw* BStBl I 90, 638; DStR 91, 1625; von nebenberufl **Lehrtätigkeit** BAG NJW 93, 1156; von **Werbedamen** BFH VI R 150–152/82 BStBl II 85, 661; von *Mitglieder-Werbern* zB *Felix* DStR 93, 1550; von *Werbefilm-Modellen* BFH VI R 5/06 BStBl II 09, 931; von **Prostituierten** BFH V B 31/09 NV 10, 959; s auch Rz 45; **Fußball-Schiedsrichter** FG RhPf EFG 14, 2065, Rev X R 5/15; von **Sportlern** als Werbeträger BFH X R 14/10 BStBl II 12, 511; *BMF* FR 95, 756; von Sportlern als Teilnehmer an Wettkämpfen zB *Enneking/ua* DStR 96, 450; von **Fremdenführern** BFH I R 85/83 BStBl II 86, 851; von Buchführungshelfern s *Traxel* DStZ 96, 364; von **Franchisenehmern** zB *Wank* ZSR 96, 387; einer **Rettungswache** BFH XI R 71/93 BStBl II 1995, 559.

3. Nachhaltigkeit. – a) Allgemeines. Eine Tätigkeit ist **nachhaltig** ist die Tätigkeit, wenn sie „auf Wiederholung angelegt" ist (BFH III R 61/97 BStBl II 99, 390; EStH 15.2). Das ist – ebenso wie die Gewinnabsicht (Rz 24 ff) – aus obj Merkmalen zu erschließen (BFH III R 47/88 BStBl II 92, 143/6). Nicht erforderl ist, dass jede einzelne Handlung in Wiederholungsabsicht unternommen wird (BFH XI R 28/94 BFH/NV 95, 787); gleichfalls nicht der Erwerb in Veräußerungsabsicht (BFH XI R 43/13 BStBl II 15, 919; FG Köln EFG 15, 1103, rkr: jeweils *ebay-Verkauf;* zu gewerbl Grundstückshandel s aber Rz 18, 48). **Funktion** des (eher „schwachen") Merkmals ist die Einbeziehung der ersten Anfangstätigkeiten und der Ausschluss nur gelegentl Tätigkeiten. Auch eine nur auf wenige Wochen angelegte Tätigkeit kann nachhaltig sein (BFH I R 173/83 BStBl II 91, 66), uU sogar eine einmalige Veräußerung (BFH X R 55/01 BFH/NV 05, 517: Vielzahl von Einzelaktivitäten) oder eine Tätigkeit, die auf einem einmaligen Entschluss beruht (BFH IV R 27/03 BStBl II 05, 164; BVerfG WM 06, 250). Den Gegensatz bildet eine nur **gelegentl Tätigkeit,** zB Verkauf einzelner Hausratsgegenstände auf einem Flohmarkt (vgl § 22 Nr 3 S 1 „gelegentl Vermittlungen"; BFH X R 108/91 BStBl II 94, 96: GelegenheitsGes) oder die sog (praktisch unbedeutende) Zufallserfindung (BFH XI R 26/02 BStBl II 04, 218; FG Hbg EFG 06, 661); anders bei weiteren Verwertungshandlungen (BFH IV B 170/01 BFH/NV 03, 1406). Die **tatsächl Wiederholung** ist die häufigste, aber nicht die einzige Form, in der eine Wiederholungsabsicht zum Ausdruck kommt (zB BFH VIII R 104/85 BStBl II 86, 424). Bei **subj Unentschlossenheit,** wiederholt zu handeln, fehlt es idR an einer Nachhaltigkeit (BFH IV R 28/92 BFH/NV 93, 728); anders, wenn der Entschluss gefasst ist, die Wiederholung aber zB mangels Gelegenheit unterbleibt (BFH X R 36/06 BStBl II 10, 171). Erfordert die Durchführung eines einmaligen Entschlusses mehrere Veräußerungshandlungen, ist dies nachhaltig (zB BFH I R 60/80 BStBl II 86, 88; FG Köln DStRE 03, 16). Ist die Nachhaltigkeit einer Tätigkeit nicht feststellbar, trifft die **Feststellungslast** denjenigen (FA; Stpfl), der aus dem Vorliegen eines GewBetr begünstigende Folgen ableitet (BFH I R 60/08 BStBl II 86, 88). 17

b) Gewerbl Grundstückshandel. Nachhaltig ist der Verkauf von Miteigentumsanteilen an *einem* (unbebauten) Grundstück im grundbuchrechtl Sinne an *verschiedene* Erwerber (BFH IV R 112/92 BStBl II 96, 367), auch bei einheitl Veräußerungsentschluss (BFH IV B 47/06 BFH/NV 07, 234). Ebenso der Verkauf mehrerer Grundstücke an mehrere konzernangehörige TochterKapGes (BFH X R 25/13, BStBl II 2015, 897). Die Veräußerung selbst von mehr als drei Objekten an *einen* Erwerber in *einem* Verkaufsgeschäft ist idR nur nachhaltig, wenn weitere Grundstücksgeschäfte geplant sind (BFH IV R 62/07 BFH/NV 10, 2261). **Nicht** 18 nachhaltig ist *grds* eine wiederholte Tätigkeit nur auf der **Beschaffungsseite** (zB Ankauf mehrerer Grundstücke; BFH III R 47/88 BStBl II 92, 143/6) oder der Verkauf einer Pflegestation, selbst bei Berücksichtigung von Erwerber-Bauwünschen (FG Mster EFG 05, 526). – **Ausnahme:** Nach BFH GrS 1/98 BStBl II 02, 291 ist die **Drei-Objekte-Grenze keine Mindestgrenze** für die Nachhaltigkeit (*Kempermann* StbJb 02/03, 419/33; zutr). Sie kann also auch gegeben sein, wenn der StPfl (ohne Feststellung einer Wiederholungsabsicht) bei unbedingter Veräußerungsabsicht zum Zeitpunkt der Bauverpflichtung (s Rz 48/bb) nur ein **einziges Absatzgeschäft** (Verkauf/Werkvertrag) abschließt, vorausgesetzt, die Erfüllung dieses Geschäftes („Beschaffungsseite") erfordert eine Vielzahl von unterschiedl Einzeltätigkeiten, die in ihrer Gesamtheit die Würdigung der Nachhaltigkeit rechtfertigen (BFH VIII R 40/01 BStBl II 03, 294; *Fischer* FR 05, 991/2: „typologische" Abgrenzung). Allerdings soll dies auf *„besondere Sachverhalte"* beschränkt sein. Erforderl sind Einzelmaßnahmen, die dem Bau mehrerer (gedachter) Gebäude entsprechen (BFH X R 41/08 BFH/NV 11, 245); die Höhe der Baukosten soll nur Beweisanzeichen sein. Weitere **Einzelfälle: bej** BFH VIII R 40/01 aaO: Einkaufszentrum, 7 Mio DM/Verkauf; BFH IV R 65/04 BStBl II 06, 259: Einkaufspassage, 12 Mio/HK; BFH IV R 10/06 BStBl II 09, 533: Handwerkermarkt, 10 Mio DM/HK; IV R 77/06 BStBl II 09, 791: 2 oder 3 Gewerbehallen; **vern** BFH X R 27/03 BFH/NV 07, 412: „kleiner" Supermarkt, 2 Mio DM/HK; BFH IV R 35/07 BFH/NV 09, 1249: Mehrfamilienhaus, 2,35 Mio DM/HK; BFH IV R 77/06 aaO: 1 Gewerbehalle; *offen* BFH IV R 8, 9/07 BFH/NV 09, 923: Mehrfamilienhaus, 1,7 Mio/HK; BFH IV R 12/07 BFH/NV 09, 926: Gewerbe-/Wohngebäude, 4,7 Mio DM/HK; BFH IV R 17/04 BStBl II 05, 606: Behördenbau, 16 Mio DM/HK. Nicht ausreichend sind Maßnahmen, die *in Vermietungsabsicht* vorgenommen werden (BFH IV R 27/03 aaO); die Leistungen eines *Generalunternehmers* sind dem Auftraggeber aber zuzurechnen (BFH IV R 10/06 aaO). **Stellungnahme:** Da Nachhaltigkeit bei Veräußerung von zwei Objekten zu bejahen ist, sollte die Rspr das Merkmal in Ein-Objekt-Fällen im Interesse der Rechtssicherheit durch die Baukostenhöhe typisierend bestimmen. Der Vorschlag einer administrativen Nichtaufgriffsgrenze (BFH IV R 17/04 aaO; *Kempermann* DStR 06, 265/8: Baukosten unter 2,5 Mio €) wäre dann entbehrl.

20 **4. Teilnahme am allg wirtschaftl Verkehr. – a) Allgemeines.** Sie erfordert, dass der StPfl im Unterschied zu einem reinen Abnehmer als **Anbieter** von Gütern oder Leistungen, auch immaterieller Art (BFH X R 43/12 DStR 15, 2651) über den internen (privaten) Bereich hinaus am (allg) Markt gegen Entgelt und für Dritte erkennbar auftritt (zB BFH III R 61/97 BStBl II 99, 390). Die **Funktion** des Merkmals besteht in der Trennung des Markteinkommens (aufgrund Güter-/Leistungsaustausch) von sonstigen Vermögensmehrungen (*Schön* FS Vogel, 2000, 661; zur typusbezogenen Auslegung s BFH I R 16/99 BStBl II 00, 404; Rz 8; 27. Aufl). Am Leistungs- oder Güteraustausch nimmt ein StPfl auch teil, wenn er nur ein **erfolgsabhängiges Entgelt** erhält (BFH X R 43/12 aaO: Poker) oder wenn ihm das Entgelt nicht von demjenigen gewährt wird, mit dem er am Markt in Berührung kommt, sondern von einem Dritten (BFH I R 110/76 BStBl II 78, 137: Einfirmenvertreter). Insb bei typisch kfm Tätigkeit können Geschäfte mit nur einem einzigen Kunden/Abnehmer (BFH IV R 94/99 BStBl II 02, 565: Pilot einer FlugGes) oder einem eng begrenzten Kreis von Personen ausreichen (zB BFH IV R 10/00 BStBl II 02, 338: Angehörige; BFH X R 38/11 BFH/NV 13, 1125: Heilpflanzenimport für einen Abnehmer; BFH X R 15/11 BFH/NV 13, 1548: Nachbarschaftspflege). Die Verkaufsabsicht muss nicht durch Werbung bekannt werden (BFH VIII R 266/84 BStBl II 89, 621); Kenntnis eines kleinen Kreises genügt (BFH X B 109/97 BFH/NV 98, 1083/4). Der StPfl muss die Leistungen **nicht in eigener Person** am Markt anbieten; er kann sich eines Maklers oder Vertreters bedienen, deren Tätigkeit er sich zurechnen lassen muss (BFH IV

R 112/92 BStBl II 96, 367/8: Verkaufsangebot ggü GmbH für von dieser zu benennende Erwerber). Selbst Marktteilnahme in verschleierter Form (verdeckte Stellvertretung, zB durch Einschaltung einer Bank) genügt (BFH IX B 47/99 BFH/NV 00, 185; Rz 138). Unschädl ist, dass bei Erwerb der spätere Käufer bereits bekannt ist (BFH IV B 44/02 BFH/NV 02, 1559). Da auch Leistungen an einen **einzigen Abnehmer** Marktteilnahme begründen (s. oben), ist nicht erforderl, dass bei einem An- und Verkaufsbetrieb der Vermögensgegenstand einer oder mehrerer Personen angeboten wird (BFH IV B 64/99 BFH/NV 00, 1329 für Verkauf an Mieter und Angehörige). Eine Geschäftsbeziehung/ein Verkauf reicht selbst dann aus, wenn Vertragsbeziehungen zu anderen Personen ausgeschlossen sind, vorausgesetzt sie/er genügt nach Art und Umfang dem Bild der unternehmerischen Marktteilnahme (BFH I R 16/99 aaO: Dienstleistungen für Militär; BFH X R 37/00 BStBl II 03, 464: Vermietung/Veräußerung von Wohnmobilien an eine GmbH; aA FG RhPf EFG 14, 2065, Rev X R 5/15). Gleiches gilt für geschäftsleitende **HoldingGes** (BFH VIII R 73/06 BStBl II 09, 647) und bei **gewerbl Grundstückshandel** (BFH IV R 10/06 BStBl II 09, 533: Errichtung/Veräußerung *eines* Fachmarkts für/an eine bestimmte teilweise personenidentische GbR; glA FG Hbg EFG 09, 1934). Zur Zwischenschaltung eines Dritten s *BMF* BStBl I 04, 434, Rz 4.

b) Keine Teilnahme am allg wirtschaftl Verkehr. – ***(1)*** Die Ausübung hoheitl Gewalt, zB Tätigkeit des Präsidenten einer öffentl-rechtl Berufskammer (BFH III R 241/84 BStBl II 88, 615); erledigt eine Privatperson auf privatrechtl Grundlage öffentl Aufgaben, nimmt diese am allg wirtschaftl Verkehr teil. (BFH X R 83/96 BStBl II 99, 534: Rundfunkermittler; BFH XI R 53/95 BStBl II 97, 295: Bezirksschornsteinfeger); zur USt BFH V R 28/99 BStBl II 00, 597. – ***(2)*** Bei Teilnahme am Markt als Abnehmer von Leistungen, zB die bloße verzinsl Geldanlage (BFH I R 98/87 BStBl II 90, 1073), der nachhaltige Abschluss von Lottospielverträgen (BFH I R 133/68 BStBl II 70, 865; anders aber der Berufsspieler [Anbieter], BFH X B 276/96 BFH/NV 98, 854), das Einsammeln und Verwerten leerer Flaschen (BFH I R 203/71 BStBl II 73, 727: § 22 Nr 3). – ***(3)*** Ebenso der („private" = nicht berufl) An- und Verkauf von Wertpapieren oder Briefmarken ohne offene Marktteilnahme (BFH XI R 80/97 BStBl II 99, 448; Rz 89); der Abschluss von Termingeschäften durch einen Bankdirektor (BFH IV R 220/85 BStBl II 89, 39; anders aber BFH III R 9/89 BFH/NV 94, 80; Rz 89). – ***(4)*** Eine Beteiligung am allg wirtschaftl Verkehr liegt auch nicht vor, wenn die Leistung nicht am allg Markt angeboten wird, zB Unternehmer vermietet wiederholt einen Pkw an einen Angestellten (BFH VI R 387/69 BStBl II 71, 173) oder Ges'ter übernimmt Bürgschaften (BFH X B 58/06 BFH/NV 06, 1837; anders bei wiederholter Übernahme uU BFH III R 22/06 BFH/NV 09, 1087). 21

5. Gewinnerzielungsabsicht; Liebhaberei

Verwaltung: EStH 15.3; BStBl I 92, 404; 434; 94, 420; *FinVerw* DStR 05, 379.

Schrifttum (Auswahl; Schrifttum vor 2011s Vorauflagen): *Ismer ua,* Der zweigliedrige Liebhaberübergriff, FR 11, 455; *R. Hübner,* Subj Elemente …, DStR 13, 1520.

a) Allgemeine Grundsätze. Einkünfte (Gewinn oder Verlust) aus GewBetr kann nur erzielen, wer in der Absicht – mindestens Nebenabsicht (zB BFH IV R 41/85 BStBl II 88, 266) – tätig ist, „Gewinn zu erzielen" (§ 15 II 1, 3); „Einkünfte" aus Liebhaberei (s unten) oder gemeinnütziger Tätigkeit sind nicht steuerbar (aA *Beiser* DB 05, 2598). Die Gewinnerzielungsabsicht liegt vor, wenn sich der StPfl **wie ein Gewerbetreibender** (und nicht wie ein „Liebhaber") verhält; (nur) in diesem Fall sind auch Verluste anzuerkennen. Im Steuerrecht verwendet der Gesetzgeber „Absichten" iZm „unvollendeten" Sachverhalten (zB Abbruchabsicht, Investitionsabsicht). Trotz fehlender Tatbestandsvollendung („Gewinnerzielung") ist die Einkunftserzielungsabsicht gegeben, wenn sich der StPfl (nach Maßgabe 24 eines normativen Fremdvergleichs) wie ein Einkünfteerzieler verhält (*Weber-Grellet* DStR Beihefter 39/07, 40/45).

25 **aa) Gewinnerzielungsabsicht.** Sie entspricht dem *allen* 7 Einkunftsarten grds immanenten Tatbestandsmerkmal „Einkünfteerzielungsabsicht" (vgl § 15 III; einschr § 23 Rz 2) und bringt zum Ausdruck, dass prinzipiell auch negative Einkünfte zu berücksichtigen sind. Das aber gilt nicht, wenn das verlustbringende Verhalten überhaupt nicht auf Einkunftserzielung angelegt war (Liebhaberei); das Institut der Liebhaberei hat dabei die Funktion, estrechtl irrelevante Verluste herauszufiltern und führt zu einem Verlustabzugsverbot; die Rspr (BFH GrS 4/82 BStBl II 84, 751/66; s auch § 2 Rz 23) versteht den Liebhaberei-Begriff in einem **subj Sinne;** entscheidend sind die individuellen Verhältnisse des einzelnen StPfl; hat er sich noch nicht entschieden, fehlt die Einkunftserzielungsabsicht (BFH XI R 8/02 BFH/NV 03, 1315). Liebhaberei ist eine nicht estbare Tätigkeit und führt zum Wegfall der Gewinnerzielungsabsicht; Zweck, zumindest aber Begleiterscheinung der Liebhaberei ist die Minderung der ESt (BFH XI B 23/97 BFH/NV 98, 845). Die Liebhaberei ihrerseits ist abzugrenzen vom betriebl Förderungszusammenhang des einzelnen WG (§ 4 Rz 150f).

26 **bb) Gewinn.** Er ist nur eine durch BV-Vergleich (§ 4 I) erfassbare, aus der Betätigung resultierende „Betriebsvermögensmehrung", nicht eine „durch die Betätigung verursachte Minderung der Steuern vom Einkommen" (§ 15 II 2; Rz 38). Eine sog VerlustzuweisungsGes, die ihren Ges'tern nur StVorteile durch Verlustanteile zum Ausgleich tarifl zu versteuernder positiver Einkünfte vermitteln will (zu deren „Typus" s BFH IX R 2/96 BStBl II 01, 789), erzielt daher keinen stbaren (negativen) Gewinn (s Rz 182).

27 **cc) Gesellschaften.** Zur Gewinnabsicht bei PersGes, auch VerlustzuweisungsGes, s Rz 182-3, 265; bei gewerbl geprägter PersGes s Rz 192. Zum Verkauf/Einbringung *an/in* KapGes s Rz 75. – Zur „Liebhaberei" einer KapGes s BFH I R 92/00 BFHE 199, 217: vGA; § 8 I 2 KStG nF (Betriebe gewerbl Art).

28 **b) Einzelheiten. – aa) Prüfungsmaßstab.** Auf die Gewinnerzielungsabsicht (§ 15 II 1; „Verhalten wie ein Gewerbetreibender"; Rz 24) kann nur aus obj vorhandenen Sachverhalten („Indizien") geschlossen werden (zB BFH IV R 2/92 BStBl II 96, 369/72). Die die Gewinnerzielungsabsicht ausschließende Liebhaberei ist **zweistufig** zu prüfen: *(a)* eine **Ergebnisprognose** (Rz 30, 31) und *(b)* die Prüfung der **estrechtl Relevanz** der Tätigkeit (Rz 32; BFH IV R 60/01 BStBl II 03, 85). Bei positiver Ergebnisprognose ist die Absicht zu bejahen, bei negativer Prognose ist weiter zu prüfen, welche Gründe (zB solche der Lebensführung) dafür verantwortl sind.

29 **bb) Segmentierung.** Verschiedene Aktivitäten des StPfl sind je nach den besonderen Umständen einheitl (sog Beurteilungseinheit) oder getrennt (sog Segmentierung; BFH XI R 58/04 BFH/NV 07, 434) zu prüfen, auch bei LuF (BFH IV R 20/05 BFH/NV 08, 532). Selbstständige Tätigkeitsbereiche, die nicht ledigl bloße Hilfs- oder Nebentätigkeiten zu einer gewerbl Haupttätigkeit (mit Gewinnabsicht) sind, müssen gesondert beurteilt werden; abzugrenzen ist nach dem „Förderungs- und Sachzusammenhang" (BFH VIII R 28/94 BStBl II 97, 202: BesitzGes iVm Hubschraubervermietung). Für Segmentierung zB BFH IV R 1/89 BStBl II 91, 452 bei LuF; BFH IV R 31/94 BStBl II 95, 718 bei Tanzschule iVm Getränkeverkauf; FG BaWü EFG 08, 1118, rkr: Handel eines gewerbl Maschinenführers; BFH X R 106/95 BFH/NV 99, 1081: getrennte Vermietungsbereiche; für Beurteilungseinheit zB BFH IV R 45/89 BStBl II 91, 625 bei Fleischfabrik iVm Rinderzucht; BFH VIII R 73/06 BStBl II 09, 647: Management-HoldingGes).

30 **cc) Totalgewinn; Ergebnisprognose.** Erforderl, aber auch ausreichend ist das Streben nach einer BV-Mehrung in der Form eines **„Totalgewinns"** in der **„Totalperiode",** dh eines positiven (über den Eigenkapitaleinsatz hinausgehenden)

Gesamtergebnisses des Betriebs in der Zeit von der Gründung bis zur Veräußerung oder Aufgabe (BFH GrS 4/82 BStBl II 84, 751/66; BFH IV R 37/85 BFH/NV 89, 574/5: „in absehbarer Zeit", sofern Unternehmensdauer unbestimmt). Hierzu ist nach estrechtl Maßstäben (*Drüen* AG 06, 707/10) bezügl der konkreten Gewinnermittlungsart (BFH IV R 60/07 BFH/NV 10, 1446) eine **Prognose** (Schätzung), dh eine in die Zukunft gerichtete langfristige (Gesamt-)Beurteilung erforderl. Die Verhältnisse bereits abgelaufener Zeiträume können hierfür wichtige Anhaltspunkte bieten (BFH XI R 10/97 BStBl II 98, 663); außergewöhnl Verluste sind nur bei Vorhersehbarkeit einzubeziehen (BFH IV R 20/05 BFH/NV 08, 532). Nach BFH IV R 43/02 BStBl II 04, 455 ist nicht nur auf die verbleibenden Jahre abzustellen (zB bei Verlustjahr vor Veräußerung). Grundlage der Prognose sind die Struktur des Betriebs sowie die Betriebsführung (iEinz *Druen* AG 06, 707/9). Zur Berechnung s BFH VIII R 77/97 BStBl II 00, 660; **stbare Veräußerungs-/Aufgabegewinne** sind einzubeziehen, auch soweit dieser Gewinn zB nach § 16 IV stfrei ist (BFH I R 69/95 BFH/NV 97, 408/10), also auch stille Reserven (BFH IV R 8/03 BFHNV 05, 854). Negative Wechselkursentwicklungen sind zu berücksichtigen (BFH IV B 31/96 BFH/NV 97, 478). Die **Totalperiode** (des einzelnen StPfl) beträgt auch bei gewerbl Vermietung grds 30 Jahre (BFH X B 146/05 BFH/NV 07, 1125). Maßgebl ist idR die jeweilige Gesamtdauer der Betätigung (BFH X B 106/12 BFH/NV 13, 1090). Sie kann auch unter 30 Jahren liegen (zB bei vereinbarter Betriebsübertragung; BFH X R 48/99 BStBl II 03, 282; *FinVerw* DStR 05, 379); das Lebensalter des StPfl ist grds irrelevant (s aber zum Verlustabzug BFH GrS 2/04 BStBl II 08, 608). Die Verhältnisse des („unentgeltl") **Rechtsnachfolgers** sind unerhebl (*Credo* DStZ 05, 741/43f; zu Generationenbetrieb s aber § 13 Rz 100). Der Beurteilungszeitraum für die Totalgewinnprognose umfasst auch den Zeitraum nach **Erwerb** bisher **gepachteter** wesentl **WG** (BFH X 20/10 BFH/NV 14, 524: bloße Umstrukturierung). Anders aber bei **luf** Pachtbetrieb (BFH IV R 15/05 BStBl II 08, 465: auch bei geplanter Hofübergabe); bei Nebenerwerb keine generationenübergreifende Prognose (BFH IV R 12/05 BFH/NV 08, 759).

Mindestgewinn: Eine Mindestgröße für den erstrebten Totalgewinn, insb eine Mindestverzinsung des Eigenkapitals ist grds nicht notwendig; es muss sich aber um einen „wirtschaftl ins Gewicht fallenden Gewinn handeln" (BFH IV R 149/83 BStBl II 85, 549). Gewinnabsicht fehlt bei Streben nach bloßer Selbstkostendeckung (BFH I R 36/98 BStBl II 99, 366). Maßgebl sind die tatsächl Erträge und Aufwendungen, nicht kalkulatorische Kosten wie zB Unternehmerlohn oder AfA nach Wiederbeschaffungskosten (*Groh* DB 84, 2424/5), auch nicht Pauschbeträge (BFH X B 218/06 BFH/NV 07, 2273); eine Barwertberechnung ist mE nicht erforderl, aber uU indizielle Bedeutung. Zu den tatsächl BE gehören auch direkte Subventionen, gleichgültig, ob estpfl oder stfrei wie zB InvZul (*FinVerw* FR 99, 827). Nur durch Geldentwertung bedingte BV-Mehrung reicht aber nicht aus (BFH IV R 88/86 BFH/NV 89, 771). – § 6 II (als Vereinfachungsnorm) ist zu berücksichtigen (BFH IV B 8/05 BFH/NV 07, 231), nicht aber **SonderAfA** (BFH IX R 24/07 BFH/NV 07, 1882 zu VuV; aA *BMF* BStBl I 98, 1444). Zu nichtabziehbaren Aufwendungen zB § 160 AO s BFH X R 99/92 BFH/NV 96, 891. Bei einheitl Tätigkeit, die (zufällig) teils selbst-, teils nichtselbstständig ausgeübt wird, ist eine Gesamtbetrachtung notwendig (BFH XI R 46/01 BStBl II 03, 602).

dd) Anhaltspunkte (Indizien). Mehrjährige, über die Anlaufphase hinausgehende Verluste und die Feststellung, dass ein Betrieb nach Wesensart und Betriebsführung derzeit obj nicht geeignet ist, nachhaltig Gewinn zu erzielen (BFH IV R 20/05 BFH/NV 08, 532), indizieren das Fehlen einer Gewinnabsicht, rechtfertigen aber allein noch nicht die Annahme, dass diese fehlt (s Rz 24/5, 28, 32). Von Bedeutung ist ferner, ob aus der Sicht eines sachkundigen Beobachters der Betrieb nach Wesensart und/oder Bewirtschaftung (BFH X R 33/04 BStBl II 07, 874) obj un-/geeignet ist, mit Totalgewinn zu arbeiten (BFH IV R 20/05 BFH/NV 08, 532), und die Reaktion des StPfl, zB die Anpassung/Einstellung des Betriebs (BFH IV R 4/95 BFH/NV 98, 947) oder die Umstrukturierung (BFH XI R 58/04 BFH/NV 07, 434). Bei einer Tätigkeit, die nicht zum Hobbybereich 31 gehört und für den ein schlüssiges Betriebskonzept existiert, sind Verluste in der **Anlaufzeit** (nur ausnahmsweise kürzer als 5 Jahre) idR anzuerkennen (BFH X R 33/04 BStBl II 07, 874; IV R 34/11 BStBl II 15, 380: geprägte VorratsGes; s Rz 225). Unzureichende Anpassungsmaßnahmen genügen nicht (FG M'ster EFG 12, 913, rkr; Rz 32); fehlende Untersuchung der Verlustursachen und fehlende Reaktionen mit geeigneten Maßnahmen sind ein Indiz für eine fehlende Gewinnabsicht (BFH IV R 34/11 aaO). Wird eine mit Gewinnabsicht begonnene Tätigkeit mangels Gewinnen wieder eingestellt, wird die Abwicklung noch von der ursprüngl Absicht getragen (VIII R 68/93 BStBl II 95, 722). Anlaufverluste sind allerdings nicht stets abziehbar (BFH X B 98/11 BFH/NV 13, 924); keine neue Anlaufphase bei Einbringung (BFH VIII R 13/01 BFH/NV 03, 1298), aber bei qualitativer Veränderung der Arbeitsweise (FG Nds DStRE 04, 249). Werden über mehrere Jahre hinweg tatsächl erhebl **Gewinne** erzielt, ist dies ein kaum zu widerlegendes Indiz für eine Gewinnabsicht (zB BFH IV R 53/98 BFH/NV 00, 1090; ähnl *Ismer ua* FR 11, 455), auch bei Verlusten aus *einzelnen* Geschäften (BFH IV R 2/92 BStBl II 96, 369/72).

32 **ee) Estrechtl Irrelevanz der Betätigung.** – Auch wenn das Ergebnis bzw die Ergebnisprognose negativ ist, kommt Liebhaberei nur in Betracht, wenn die Tätigkeit auf estrechtl unbeachtl Motiven beruht und sich der StPfl damit nicht wie ein Gewerbetreibender verhalten hat, zB wenn der StPfl die verlustbringende Tätigkeit aus im Bereich der **allg Lebensführung** und **persönl Neigungen** liegenden Gründen ausgeübt hat (BFH IV R 36/11 BStBl II 15, 380), wobei zur Lebensführung nicht nur Freizeitgestaltung uä gehört (EStH 15.3), sondern die generelle **Indifferenz** ggü der Gewinnerzielung (*Wüllenkemper* EFG 10, 1413). Die Art der Tätigkeit kann sich aus ihrem Gegenstand ergeben, zB zeitweise durch Eigentümer genutzte Ferienwohnanlage (BFH IV R 6/91 BFH/NV 94, 240), Betrieb eines Weinbergs (BFH IV B 74/96 BFH/NV 97, 668). Estrechtl Irrelevanz wird auch indiziert, wenn der StPfl den Betrieb trotz **langjähriger Verluste** fortführt, ohne die Verlustursachen zu ermitteln und/oder ihnen geeignet zu begegnen (**„Reaktionspflicht";** zB BFH VIII R 68/93 BStBl II 95, 722; BFH X R 33/03 BStBl II 04, 1063; BFH IV R 36/11 aaO; EStH 15.3; Rz 31); hierdurch sollen jedoch ledigl die Anforderungen an den *Nachweis* privater Motive *gemindert* sein (BFH IV R 6/05 BFH/NV 07, 1492; BFH IV R 40/06 aaO; zR abl *Alber* FS W. Müller, 01, 263/77; *Birk* BB 09, 860: „unkalkulierbar"). – Die Einkunftserzielungsabsicht fehlt auch bei ausschließl **Steuerersparnisabsicht** (§ 15 II 2; BFH X R 33/04 BStBl II 07, 874; Rz 38), insb bei Beteiligung an VerlustzuweisungsGes (BFH VIII R 59/92 BStBl II 96, 219) oder zum Zweck der Beschäftigung von Angehörigen (BFH X B 4/12 BFH/NV 13, 370); *allein* der Umstand, dass ein Verlust zur StMinderung führt, genügt aber ebenso wenig wie Unvermögen oder Krankheit (BFH III B 45/12 BFH/NV 14, 342). – Bei einer allg **hauptberufl** und gewinnbringend ausgeübten Tätigkeit („Brotberuf") sind *allein langjährige* Verluste nicht schädl (BFH XI R 6/02 BStBl II 05, 392: Rechtsanwalt; BFH IV B 93/02 BFH/NV 04, 1396); es müssen auch weitere (persönl) Gründe vorliegen; zB Fortführung einer StB-Praxis für den Sohn (BFH IV R 81/99 BStBl II 02, 276); Gehaltszahlung an nahe Angehörige durch Arzt (BFH IV R 43/02 BStBl II 04, 455); soziale Stellung eines RA (FG Köln EFG 13, 212); eindeutiges Fehlen einer Gewinnchance (BFH X B 106/12 BFH/NV 13, 1090); zu Architekten BFH IV R 60/01 BStBl II 03, 85; zu Künstler BFH XI R 46/01 BStBl II 03, 602 (zur Kritik s oben). Davon zu unterscheiden ist eine **nebenberufl** Tätigkeit (BFH X R 106/97 BFH/NV 01, 160: Versicherungsagentur; FG Nds EFG 12, 873: Handelsvertretung), eine Ruhestandstätigkeit (FG Mchn EFG 05, 23) oder im **Freizeitbereich** (zB BFH X R 33/03 BStBl II 04, 1063: Wassersport; 5 Mio DM Gesamtverlust; mE eindeutig); zu Weinhandel s BFH X R 62/06 BFH/NV 09, 1793; zu gewerbl Ferienhausvermietung BFH IV R 6/05 BFH/NV 07, 1492. –

Auch eine risikobehaftete Tätigkeit kann mit Gewinnabsicht betrieben werden, sofern vernünftige Anhaltspunkte für eine reale Gewinnchance vorhanden sind; eine nur **theoretische** glücksspielartige Gewinnchance reicht **nicht** aus (BFH X B 214/09 BFH/NV 10, 1811).

ff) Tatsächl Feststellungen. Unter bestimmten Umständen spricht der **erste Anschein** (= widerlegbare tatsächl Vermutung, BFH VIII R 59/92 BStBl II 96, 219) für oder gegen eine Gewinnabsicht (BFH GrS 4/82 BStBl II 84, 751/67). – **Für Gewinnabsicht:** *grds* bei neugegründeten GewBetr (BFH VIII R 55/93 BFH/NV 95, 866) – ausgenommen VerlustzuweisungsGes –, zB bei Großhandel oder Druckerei, weil diese typischerweise in Gewinnabsicht betrieben werden (BFH VIII R 4/83 BStBl II 86, 289; ähnl BFH VIII R 55/93 BFH/NV 95, 866 zu Tennishalle mit Restaurant; BFH XI R 10/97 BStBl II 98, 663 zu Rechtsanwalt); auch bei neu hinzukommender Tätigkeit (BFH X R 106/95 BFH/NV 99, 1081); zu geprägter VorratsGes s Rz 225. **Gegen Gewinnabsicht:** VerlustzuweisungsGes (BFH VIII R 59/92 BStBl II 96, 219/22); Rz 40. Einen „Anscheinsbeweis" *für* Gewinnabsicht kann das FA entkräften; dauernde Verluste reichen dafür allein nicht aus (BFH VIII R 4/83 BStBl II 86, 289). Einen „Anscheinsbeweis" *gegen* Gewinnabsicht kann der StPfl entkräften (eingehend BFH VIII R 59/92 BStBl II 96, 219/22 zu VerlustzuweisungsGes). Greift kein „Anscheinsbeweis" ein oder ist dieser entkräftet, ist nach den Gesamtumständen des Einzelfalls zu entscheiden, ob Gewinnabsicht fehlt (BFH VIII R 4/83 BStBl II 86, 289). Die Ermittlung der Gewinnerzielungsabsicht liegt im Wesentlichen auf dem Gebiet des Tatsächlichen (BFH IV R 36/11 BStBl II 15, 380) und ist Sache des FG (BFH IX R 31/98 BFH/NV 01, 1017). – Zur **Kritik** an dieser Rspr (Rechtsanwendung statt Indizien/Beweiserhebung) s 27. Aufl. 33

gg) Feststellungslast. Diese (soweit sie noch von Bedeutung ist) sowie die Argumentationslast *für* eine Gewinnabsicht (GewBetr) trägt derjenige, der sich zur Ableitung bestimmter Rechtsfolgen darauf beruft, dh der StPfl, wenn er (andere) positive Einkünfte mit Verlusten aus einer angebl gewerbl Tätigkeit ausgleichen will (BFH XI S 5/99 BFH/NV 01, 12), und das FA, wenn es Gewinne besteuern will. 35

hh) Verfahren. Bei Unsicherheit in der Beurteilung der Gewinnabsicht ist ggf vorläufig (§ 165 AO) zu veranlagen (BFH X R 109/87 BStBl II 90, 278); Verluste sind ggf nicht zu berücksichtigen (BFH IV R 17/06 HFR 09, 771). Zu Rückschlüssen aus späterer Entwicklung („Aufhellung") s BFH VIII R 59/92 BStBl II 96, 219/23; zum Ende der Unsicherheit s BFH III B 156/10 BFH/NV 11, 745. Zur Ablaufhemmung s BFH IV R 1/07 BStBl II 09, 335. 36

ii) Änderung der Verhältnisse. Die Gewinnabsicht kann **von Anfang an fehlen** oder **erst später wegfallen** oder **erst fehlen und dann einsetzen** (BFH GrS 4/82 BStBl II 84, 751/67). So handelt zB ein StPfl bei Fortsetzung verlustbringender Tätigkeit über die Anlaufzeit hinaus idR mindestens „fortan nicht mehr zur Erzielung von Gewinn" (BFH VIII R 4/83; BFH X R 62/01 BStBl II 86, 289; 05, 336), auch wenn die aufgelaufenen Verluste durch stille Reserven gedeckt sind (BFH X B 186/10 BFH/NV 11, 1137). Umgekehrt kann bei VerlustzuweisungsGes Gewinnabsicht angenommen werden, sobald sich die Erzielung eines Totalgewinns konkretisiert (BFH VIII R 25/86 BStBl II 91, 564); ebenso bei geänderter Führung eines Handelsbetriebs (BFH IV B 155/11 BFH/NV 12, 950). 37

jj) Steuerminderung, § 15 II 2. Eine durch die Betätigung verursachte Minderung der Steuern vom Einkommen ist kein Gewinn (BT-Drs 10/336, 26). Allein das Erstreben steuerl Vorteile reicht – wie die Liebhaberei – zu einer ESt-relevanten Betätigung nicht aus (BFH IV R 4/95 BFH/NV 98, 947; Rz 32). 38

kk) Nebenzweck (§ 15 II 3). Dass die Gewinnerzielungsabsicht nur als Nebenzweck verfolgt wird, steht der Annahme gewerbl Tätigkeit nicht entgegen (BFH X R 43/12 DStR 15, 2651). 39

40 **c) Einzelfälle. – (1) Gewinnabsicht verneint.** Diese und damit Einkünfte aus GewBetr (bzw LuF; selbstständiger Arbeit; VuV) hat die Rspr zB verneint für: *Vollblutpferderennstall/-gestüt* unterhält (FG Ddorf EFG 98, 565), *(Trab-)Pferdezucht* (BFH IV R 17/06 HFR 09, 771: uU § 165 AO, s Rz 36); zu § 118 II FGO s BFH IV B 137/10 BFH/NV 12, 732), Vercharterung eines *Motorboots* (BFH IV S 13/09 BFH/NV 10, 233) oder einer *Segelyacht* (BFH X B 118/99 BFH/NV 00, 1333; FG MeVo EFG 07, 10), Vermietung von *Wohnmobilen* (FG Nds EFG 02, 534), *eines Sportwagens* (FG BBg EFG 13, 1396, rkr), *Getränkegroßhandel* (BFH VIII R 4/83 BStBl II 86, 289), Publikums-KG zum Betrieb eines nie in Dienst gestellten *Frachtschiffs* (BFH VIII B 52/90 BFH/NV 94, 243; s auch Rz 182), *Kunstgalerie* (FG Köln DStRE 99, 723/5; s aber Rz 41), schöngeistige *Schriftstellerei* eines Rechtsanwalts (BFH IV R 84/82 BStBl II 85, 515), *Erfinder* (BFH XI S 7/04 BFH/NV 05, 1556); *Dozententätigkeit* (BFH XI S 10/00 BFH/NV 01, 1024); *Design-Professor* (FG Mchn EFG 05, 109), Investoren eines *Golfklubs* (FG Saarl EFG 97, 664), *Kraftwerks-Betrieb* (BFH III B 90/96 BFH/NV 97, 571), *Betrieb eines Hofguts* (BFH IV R 27/97 BStBl II 99, 638), Weiterbetrieb eines *Weinguts* (BFH IV B 81/01 BStBl II 03, 804) oder *Weinhandels* (BFH X R 62/06 BFH/NV 09, 1793; BFH IV B 70/08, juris), nebenberufl *Versicherungsagentur* (BFH X R 106/97 BFH/NV 01, 160), hauptberufl *Steuerberater* (BFH IV R 81/99 BStBl II 02, 276), *Verlagstätigkeit* (FG BaWü EFG 98, 1059), *Farmprojekt* in Paraguay (BFH IV R 86/95 BFH/NV 98, 950), *Galerie* (BFH X B 75/99 BFH/NV 00, 1458), *Porzellanmanufaktur* (FG Mster EFG 01, 564), *Modellbaubetrieb* (BFH X B 60/00 BFH/NV 01, 1381; FG Nbg EFG 13, 1587, rkr) *Musikproduktion* (FG BaWü EFG 02, 17, rkr), *Möbeleinzelhandel* (BFH X R 62/01 BStBl II 05, 336), *Sportförderung* (FG Nbg DStRE 02, 485), *Strukturvertrieb* (FG MeVo EFG 03, 532), *Motorsportverein* (BFH I R 33/02 BFH/NV 04, 445), *Tachyon-Produkte-Vertrieb* (BFH X B 67/05 BFH/NV 06, 742); *Patchworkstoffhandel* (BFH X B 84/12 BFH/NV 13, 771; nebenberufl Reiki-Berater (FG BaWü EFG 11, 231, rkr).

41 **(2) Gewinnabsicht bejaht.** ZB ***(a)*** trotz langjähriger Verluste des Betriebes, sofern sich dafür keine „persönl Gründe oder Neigungen" feststellen lassen, eines *Gästehauses* (BFH VIII R 59/82 BStBl II 85, 455; ähnl BFH IV R 79/88 BFH/NV 91, 364 für *Druckerei*); für *Spezialitätenrestaurant* (FG Bln EFG 94, 927), für *Kosmetikstudio* (FG Ddorf EFG 95, 166); für *Kunstmaler* (FG Köln EFG 02, 680), für *Kunstgalerie* (FG Ddorf EFG 96, 751; s aber Rz 40); für *Reitschule mit Pferdeverleih* (BFH IV R 139/81 BStBl II 85, 205); für befristete Fortführung eines ererbten *Trabergestüts* (BFH IV R 109/87 BFH/NV 89, 692), für *Zucht und Handel mit Wellensittichen* (BFH X R 10/88 BFH/NV 92, 108); für *Vermietung von Minibars* (BFH IV R 97/86 BFH/NV 91, 432); für *Automatenaufsteller* (BFH IV R 40/06 BFH/NV 09, 1115); *Tennishalle mit Restaurant* (BFH VIII R 55/93 BFH/NV 95, 866); für ein *Luftfahrt-Charterunternehmen* (FG Mchn EFG 97, 1176); für *Rechtsanwalt* (BFH XI R 10/97 BStBl II 98, 663); für *Devisentermin- und Dax-Optionsgeschäfte* (BFH IV R 87/05 BFH/NV 09, 1650); für *ererbten Handwerksbetrieb* (FG Hess EFG 99, 1279); zu sog *Amway-Fällen* s *FinVerw* DB 99, 1678, FG SachsAnh EFG 14, 1955 rkr (zur unteren und mittleren Ebene); – ***(b)*** im Hinblick auf lange **Gewinnphase** für *Trabrennstall* (BFH IV R 53/98 BFH/NV 00, 1090), *Reitstall* (FG Nds EFG 10, 1016), *Wasserverband* (BFH I R 79–80/86 BStBl II 90, 452 mwN), nebenberufl *Fußballtrainer* (BFH IV R 131/92 BFH/NV 94, 93); ***(c)*** aus sonstigen Gründen: für *gewerbl Grundstückshandel* (BFH IV B 203/03 BStBl II 04, 355).

42 **d) Rechtsfolgen.** – ***(1)*** Fehlt die Gewinnabsicht von Anfang an, ist die Tätigkeit zu „neutralisieren" (strechtl Irrelevanz aller Einnahmen und Ausgaben). – ***(2)*** Gibt ein StPfl seine bisherige Gewinnabsicht auf, ist dies idR keine Betriebsaufgabe, sondern erfolgsneutraler Strukturwandel vom GewBetr zur Liebhaberei (Rechtsfolge: „eingefrorenes" BV; s § 16 Rz 176). Nach § 8 VO zu § 180 AO

sind die stillen Reserven festzustellen. Schuldzinsen können ggf weiterhin abziehbar sein (BFH X R 3/99 BStBl II 02, 809; krit FR 02, 1228). – *(3)* (Nachträgl) Schuldzinsenabzug nach Betriebsaufgabegrundsätzen bei Wechsel zu Liebhaberei (mE allein aus Verfahrensgründen) im Hinblick darauf mögl, dass bei Kenntnis Betriebsaufgabe erklärt worden wäre (iErg BFH XI R 58/04 BFH/NV 07, 434). – *(4)* Fasst ein StPfl eine ursprüngl nicht vorhandene Gewinnabsicht, ist dies Eröffnung eines GewBetr iSv § 6 I EStDV. – *(5)* Erweist sich ein mit Gewinnabsicht begonnenes Vorhaben als nicht realisierbar und stellt der StPfl deshalb seine werbende Tätigkeit ein, ist die Abwicklung noch Teil des GewBetr (Rz 31). – *(6)* „Widerstreitende" StFestsetzungen (Versagung des BA-Abzugs einerseits und Erfassung von Lohn beim Ehegatten andererseits) sind ggf durch Billigkeitsmaßnahmen zu beseitigen (BFH X R 62/01 BStBl II 05, 336).

6. Verbotene oder unsittl Betätigung. Ein GewBetr kann auch vorliegen, 45
wenn eine selbstständige nachhaltige von Gewinnabsicht getragene Teilnahme am allg wirtschaftl Verkehr gegen ein gesetzl Gebot oder Verbot oder die guten Sitten verstößt (vgl § 40 AO; BVerfG DStRE 97, 273) und/oder strafbar ist. Demgemäß sind Einkünfte aus GewBetr zB gegeben bei lfd *Schmuggeltätigkeit* (BFH I 196/56 U BStBl III 57, 160), *Bordell* (BFH IV 79/60 U BStBl III 61, 518), *Zuhälter* (BFH V B 116/90 BFH/NV 92, 277), berufl *Glücksspiel* (FG Mster EFG 96, 267), *Rauschgifthandel* (BFH IV R 31/99 BFH/NV 00, 1161), nicht aber bei Vermögenserwerb durch *Unterschlagung* (BGH HFR 90, 521). *Prostitution* ist gewerbl (zutr nunmehr BFH GrS 1/12 BStBl II 13, 441), ebenso das Anbieten von Telefonsex (BFH X R 142/95 BStBl II 00, 610); s auch Rz 85.

II. Abgrenzung ggü privater Vermögensverwaltung

Verwaltung: EStR 15.7; *BMF* BStBl I 01, 512; 03, 171; 04, 434 (ausführl); DB 93, 1647; DStR 94, 860; 99, 1615; *OFD Mster* FR 97, 695 (gewerbl Grundstückshandel); *OFD Nbg* DStR 96, 649 (Ferienwohnungen); *OFD Ddorf* DStR 97, 1208 (Ges-Beteiligungen); *OFD Ffm* BB 00, 1400 (Gewinnermittlung); *OFD Hann* StuB 02, 714 (Buchführungspflicht); *OFD Ffm* DStR 06, 1458 (Gebrauchtpolicen-Handel); *OFD Nds* DB 11, 2119 (städtebaul Vertrag).

Schrifttum (Auswahl; Aufsätze vor 2009s Vorauflagen). *Schmidt-Liebig,* Gewerbl und private Grundstücksgeschäfte, 4. Aufl 2002 (zit: Grundstücksgeschäfte). *Heuermann,* Die Grenzziehung ..., DStjG 30 (2007), 121; *Kempermann,* Gewerbl Grundstückshandel ..., DStR 09, 1725; *Carlé,* Rspr-Tendenzen ..., DStZ 09, 278; *Hartrott,* Gewerbl Grundstückshandel ..., BB 10, 2271.

1. Negatives Tatbestandsmerkmal: keine private Vermögensverwaltung. 46
Während bei der Vermögensverwaltung nur die „Früchte" der Nutzung eigenen Vermögens besteuert werden (Rz 80), unterliegen beim GewBetr auch die lfd Veräußerungsgewinne der ESt und der GewSt (zum Betriebsveräußerungsgewinn s § 16 Rz 340). Gewerbl Handeln ist mehr als private Vermögensverwaltung (vgl § 14 S 3 AO) einschließl privater Veräußerungsgeschäfte (§ 23); gewerbl Betätigung muss den Rahmen privater Vermögensverwaltung überschreiten (stRspr). Maßgebl sind „das Gesamtbild der Verhältnisse und die Verkehrsanschauung" (zB BFH GrS 1/98 BStBl II 2002, 291); in Zweifelsfällen kommt es darauf an, ob die Tätigkeit dem Bild entspricht, das nach der Verkehrsanschauung einen GewBetr ausmacht (zB Händler, Bauunternehmer, Bauträger; „marktmäßiger Umschlag", BFH X R 39/03 BStBl II 05, 817), strukturell-gewerbl Aspekte aufweist (BFH X 243/12 DStR 15, 2651: Turnierpoker) und einer Vermögensverwaltung („Halter") fremd ist (zB BFH X R 255/93 BStBl II 96, 303). Die Abgrenzung nach Risikostrukturen (so *Schön* DB 98, 1169/73) ist mE zu unbestimmt. Das Gesamtbild wird von einer Vielzahl einzelner Faktoren bestimmt (s BFH XI R 80/97 BStBl 99, 448; Rz 50, 55 ff, 61 ff), ua auch die Wertschöpfung (*Schnoor* NJW 04, 3214). Zur Nachhaltigkeit s Rz 17. Die **Interessenlage** ist ambivalent, je nachdem, ob es um Gewinnbesteuerung oder Verlustabzug geht. – **Kein Verlustabzug** zB, wenn

Gebäudeerrichtung nur erwogen wird s BFH IV B 59/05 BFH/NV 06, 2063; Rz 48/(2) oder bei fehlender Gewinnerzielungsabsicht (Rz 47).

47 **2. Gewerbl Grundstückshandel. – a) Grundsätze.** Eine Betätigung im Bereich des An- und Verkaufs von (unbebauten oder bebauten) Grundstücken bzw der Errichtung/Aufteilung von Gebäuden und deren Veräußerung oder eine gewerbl Betätigung als Produzent kann unter bestimmten Voraussetzungen über die private Vermögensverwaltung (einschließl Vermögensumschichtung) hinaus gewerbl sein (zB BFH XI R 7/02 BStBl II 04, 738). Nachdem die Drei-Objekt-Grenze durch BFH GrS 1/98 BStBl II 02, 291 ihre Bedeutung verloren hat (zur „Revitalisierung" *Söffing ua* DStR 07, 1841), tritt zunehmend das Bild des Grundstückshändlers in den Vordergrund. In Abgrenzung zu **§ 23 I 1 Nr 1** (Grundstücksveräußerung innerhalb zehnjähriger Frist) hat der gewerbl Grundstückshandel Bedeutung für den unbeschr Verlustausgleich (im Unterschied zu § 23 III 7) sowie für die GewStBelastung (iVm § 35). Zum Vertrauensschutz in die Drei-Objekt-Grenze s Rz 49. – Die **BFH-Rspr** stellt abstrakt darauf ab, ob die Grundstücksgeschäfte noch als Nutzung des Grundbesitzes durch **Fruchtziehung** aus zu erhaltender Substanz (Streben nach höheren Erträgen) oder als **Substanzverwertung** durch Ausnutzung von Substanzwertsteigerungen anzusehen sind (zB BFH IV R 2/92 BStBl II 96, 369 zu I.2; ähnl EStR 15.7 I). – Zum Beginn (auch zum Wertansatz) s Rz 129, 131, zur Beendigung s Rz 133. – Nach BFH X R 39/06 HFR 09, 973 (betr erhebl WK-Überschüssen und Verlustverkauf) muss die **Gewinnerzielungsabsicht** (Rz 24f) auch bei Verkauf zu bejahen sein (mE fragl; Rz 31, 42); fehlte es hieran, liege kein gewerbl Grundstückhandel vor. – Gewerbl Tätigkeit ist auch ohne Verkauf mögl (FG BaWü EFG 05, 1191).

48 **b) Drei-Objekt-Grenze. – aa) Allgemeines.** Im Interesse der Rechtssicherheit hat der BFH die sog Drei-Objekt-Grenze entwickelt (keine Drei-Erwerber-Grenze). Sie hat **indizielle Bedeutung** für eine bereits bei Gebäudeerwerb/-herstellung bestehende, zumindest **bedingte Veräußerungsabsicht** (BFH III R 101/06 BStBl II 10, 541). Danach ist der Bereich der privaten Vermögensverwaltung idR (Indiz; keine Freigrenze) erst verlassen, wenn der StPfl **mehr als drei „Objekte"** veräußert und zw Kauf/Errichtung des Objekts und dem Verkauf ein enger zeitl Zusammenhang von idR **nicht mehr als 5 Jahren** besteht (BFH GrS 1/98 BStBl II 02, 291: Gleichwertigkeit von „Durchhandeln" und Bebauung; *BMF* BStBl I 04, 434, Rz 5f; ebenso, wenn das erworbene Gesamtobjekt vor Veräußerung aufgeteilt wird (BFH IV B 107/10 BFH/NV 12, 414 mwN). Die Indizwirkung der Objektveräußerung(en) kann nicht durch die **konkreten Anlässe** oder **persönlichen Motive** für den Verkauf widerlegt werden; unerhebl ist deshalb zB Ehescheidung, Alterssicherung, Beschaffung von Ersatzwohnraum (BFH IV B 203/03 BStBl II 04, 355), Finanzierungsprobleme, Krankheit, Scheidung, Wegzug, Gefälligkeit gegenüber Mandanten, drohende Zwangsversteigerung (BFH III R 19/11 BStBl II 13, 433; s auch Rz 56) oder Druck der Banken (BFH III R 1/05 BStBl II 07, 375); nur „objektive Umstände", die eine spätere Veräußerung erschweren, widerlegen die Indizwirkung (III R 101/06, aaO; III R 13/19, aaO; *Hartrott* BB 10, 2271/3; krit *Anzinger* FR 10, 526; *Figgener ua* DStR 10, 1324). Auch rückabgewickelte Verkäufe wirken indiziell (BFH III R 9/98 BStBl II 02, 571; aA FG Nds EFG 05, 424). Ebenso Geschäfte iRe **Einzelunternehmens** (BFH X R 51/03 BFH/NV 05, 1532) oder einer **MUerschaft** (Rz 73); ggf auch ein erfolgloser Veräußerungsversuch (BFH X R 47/06 BFH/NV 10, 400), nicht aber iRd Beendigung einer BetrAufsp (BFH III R 64/05 BFH/NV 07, 1659; Rz 77; mE fragl).

49 **bb) Keine Grenzüberschreitung.** Auch ohne Überschreitung der Drei-Objekt-Grenze kann gewerbl Grundstückshandel vorliegen („originärer Grundstückshandel"; BFH GrS 1/98 aaO; beachte *BMF* BStBl I 04, 434, Rz 28, 36: *Übergangsregelung,* dh Rspr-Verschärfung erst für Veräußerungen nach dem 31.5.02;

dazu FG M'ster EFG 14, 972, Rev X R 11/14). Dem ist mE zu folgen; zur grds Kritik (Tendenz zur „Subjektivierung"; Rechtsunsicherheit) s ausführl 27. Aufl. **GewBetrieb** ist hiernach zu **bejahen:** – *(1)* bei **Bebauung auf Rechnung** oder **nach Wünschen** des **Erwerbers** (BFH GrS 1/98 aaO), nicht bei Anpassungen geringen Umfangs; FG Mster EFG 05, 526, rkr). Vgl auch BFH VIII R 70/98 BFH/NV 03, 742: maßgebl Einfluss des Erwerbes auf Bauplanung/Finanzierung. – *(2)* Bei **Nähe zum Baubereich** (BFH X R 53/01 BFH/NV 03, 1291; Rz 46), insb wenn der StPfl Bauunternehmer (Haupt- und Nebengewerbe), Baubetreuer oder Bauträger ist (FG Ddorf DStRE 05, 559) und nicht wie unter Fremden abgerechnet wird (vgl GrS 1/98 aaO; *BMF* BStBl I 04, 434, Rz 28). UU können Erwerb/Errichtung auch dem Betrieb eines Maklers (BFH X R 49/04 BStBl II 08, 711; BFH X R 50/04, nv) oder Bauingenieurs zuzuordnen sein (BFH X R 35/07 BFH/NV 09, 1249; Rz 125). – *(3)* **Grundstücksveräußerung vor Bebauung** auch von weniger als 4 Objekten ist nach der Rspr bei **unbedingte Veräußerungsabsicht** grds (zur Nachhaltigkeit s unten sowie Rz 18) gewerbl (BFH GrS 1/98 aaO; VIII B 270/03 BFH/NV 05, 890: Branchennähe unerhebl; BFH IV R 10/06 BStBl II 09, 533: G'terbeschluss). Ein unbedingtes Ankaufsrecht reicht (BFH X B 48/04 BFH/NV 05, 698), nicht aber ein Vorkaufsrecht (BFH IV R 38/06 BStBl II 09, 278). Die unbedingte Veräußerungsabsicht muss **bereits** im Zeitpunkt der **Bauverpflichtung** (Bauvertrag etc) vorliegen (BFH IV R 77/06 BStBl II 09, 791; BFH X R 41/06 BFH/NV 10, 38; *Kempermann* DStR 09, 1725; aA mutmaßl *BMF* BStBl I 04, 434 Rz 28). Wird das Objekt erst nach Abschluss der Bauverträge verkauft, soll selbst ein enger zeitlicher Zusammenhang zwischen beiden Akten nur bei Vorliegen *weiterer* Umstände den Schluss auf eine von Anfang bestehende unbedingte Veräußerungsabsicht zulassen. BFH X R 41/06 aaO: kurzfristige Finanzierung, Werkvertragsrecht etc; *Kanzler* FR 11, 810: Grundstücksvereinigung. BFH X R 25/06 BStBl II 09, 965: Zeitungsanzeige/sonstige Dokumentation der Veräußerungsabsicht (glA *Hartrott* FR 10, 72; aA *Sommer* DStR 10, 1405); BFH X R 48/06 BFH/NV 08, 1463: Maklerauftrag während Bauphase; BFH X R 41/06 aaO: Branchennähe schwaches Indiz/unerhebl, mE fragl; BFH X R 25/06 aaO: Eigenqualifikation/Gewerbeanmeldung unerhebl; ebenso langfristige Finanzierung (BFH IV R 10/08 BFH/NV 11, 1666) oder Vermietungsgarantie/Gewährungsleistung(BFH IV R 34/08 BStBl II 11, 787). Grds glA nunmehr BFH X R 36/06 BStBl II 10, 171; BFH X R 14/05 BFH/NV 09, 1244: Einbringung in beherrschte GmbH *iVm* Branchennähe; BFH X R 48/07 BFH/NV 10, 212: Verkauf an GmbH *iVm* Refinanzierungsbedarf (überholt damit BFH X R 39/03 BStBl II 05, 817/21: unmittelbarer zeitl Zusammenhang kann ausreichen). ME ist der BFH an die Beweiswürdigung des FG grds gebunden (vgl BFH X B 192/06 BFH/NV 08, 68; zT aA *Kempermann* aaO, 1729). – *(4)* **„Ein-Objekt-Fälle".** Nach BFH IV R 17/04 BStBl II 05, 606 (zu errichtendes FA-Gebäude); BFH IV R 65/04 BStBl II 06, 259 (Bauträger, Einkaufspassage) genügt bei Erwerb/Bebauung in *unbedingter Veräußerungsabsicht* (s oben) sogar ein Objekt. Dasselbe gilt bei einer Veränderung zu einem Objekt anderer Marktgängigkeit (BFH IV R 35/06 BStBl II 08, 359; Rz 58, 61); nicht ausreichend sind Sanierungsmaßnahmen vor dem Verkaufsentschluss (BFH IV R 54/02 BStBl II 04, 868). Erforderl ist zudem die **Nachhaltigkeit** (BFH IV R 10/06 BStBl II 09, 533; Rz 18).

cc) Zeitfaktor. Der zeitl Zusammenhang muss sowohl zw der Anschaffung/Errichtung und der Veräußerung des einzelnen Objekts als auch zw den Veräußerungen bestehen (BFH XI R 23/90 BStBl II 92, 135). Zwischenzeitl inaktive Phasen sind unerhebl; ein Gesamtplan ist nicht erforderl (BFH III R 1/05 BStBl II 07, 375). Maßgebl sind die schuldrechtl Geschäfte (BFH III R 1/05 BStBl II 07, 375). Der **Fünfjahreszeitraum** markiert keine starre zeitl Begrenzung; eine (geringfügige) Überschreitung kann (insb bei Vorliegen anderer Anhaltspunkte) un- **50**

beachtl sein (BFH III R 37/02 BStBl II 04, 950). Bei Errichtung ist der Zeitpunkt der Anschaffung unerhebl (BFH IV R 23/88 BStBl II 90, 637). Im Falle der **Sanierung** beginnt der Zeitraum erst mit deren Abschluss (BFH IV R 57/01 BStBl II 03, 291; FG Mster EFG 11, 454). Bei Überführung von LuF (s auch Rz 61) in PV ist die LuF-Zeit zu berücksichtigen (*BMF* DStR 99, 1615). Nach der Rspr (auch der FG) ist somit das **„Gesamtbild"**, dh eine Gesamtwürdigung aller Umstände des Einzelfalls entscheidend (BFH GrS 1/98 BStBl II 02, 291; BFH XI B 164/06 BFH/NV 07, 1657). An die Widerlegung sind umso strengere Anforderungen zu stellen, je enger der zeitl Zusammenhang zw Kauf bzw Errichtung und Verkauf ist (zB BFH X R 255/93 BStBl II 96, 303). Bei **über fünfjährigem Abstand** oder **weniger als 4 Objekten** entfällt die gewöhnl Indizwirkung, sie kann aber dann durch andere Umstände kompensiert werden, zB zusätzl Aktivitäten (Erschließung, Rz 58; Modernisierung, Rz 63), große Verkaufszahl iVm Branchennähe/Insiderwissen (BFH IV B 74/08 BFH/NV 09, 919), hoher Fremdfinanzierungsanteil, keine langfristige Vermietung (als tatsächl Veräußerungshindernis; nach BFH X B 185/03 BFH/NV 05, 1060 nur bei Wohnraumvermietung), Bildung von Wohneigentum bei Errichtung, nach BFH X R 160/97 BFH/NV 03, 890 auch bei 7 Objekten in $7^1/_2$ Jahren; BFH XI R 34/99 BFH/NV 01, 1545: 5 Objekte in 6 Jahren; FG Brem EFG 09, 743: *nicht* bei zweitem Objekt nach 7/11 Jahren. – IdR **kein Handel bei mehr als 10 Jahre** zw An- und Verkauf (BFH X B 149/10 BFH/NV 11, 1348; *BMF* BStBl I 04, 434, Rz 2, 6; Rz 62, 66) oder zw den Verkäufen des 1. und 2. Bauabschnitts (FG Mster EFG 04, 326).

51 **dd) Langjähriger Vorbesitz; Rechtsnachfolge.** Werden bebaut erworbene Grundstücke veräußert, die der Veräußerer **jahrelang** (*BMF* BStBl I 04, 434, Rz 2: mindestens 10 Jahre, glA BFH X B 149/10 BFH/NV 11, 1348; FG Nds EFG 98, 653: auch nach 9 Jahren) durch Vermietung oder für eigene Wohnzwecke **nutzte** (*BMF* BStBl I 04, 434, Rz 10), ist dies unabhängig von der Zahl der veräußerten Objekte – wie bei bloßer Parzellierung unbebauter Grundstücke – noch Vermögensverwaltung (BFH X R 241/93 BFH/NV 97, 396). Unentgeltl Übertragungen sind keine Veräußerung (Rz 56); grds unberücksichtigt bleibt die Veräußerung von ererbten und unentgeltl erworbenen Grundstücken (BFH X R 47/06 BFH/NV 10, 400; Rz 57, 77); anders uU bei zeitl Zusammenhang (*BMF* BStBl I 04, 434, Rz 9) oder bei zusätzl Aktivitäten (BFH III R 1/05 BStBl II 07, 375).

52 **ee) Unbedingte Veräußerungsabsicht** (*Kempermann* DStR 09, 1725; zur Kritik s 27./28. Aufl; *Hartrott* FR 08, 1095). Sie erlangt Bedeutung in Fällen des **Nichtüberschreitens** der **Drei-Objekt-Grenze** (Rz 48). Ergibt sie sich nicht aus den vorliegenden Verträgen, muss sie anhand von Indizien auf den Zeitpunkt der Bauverpflichtung (bzw des Grundstückankaufs) festgestellt werden. S dazu sowie zur Gewichtung der **Indizien** s Rz 48/-9.

53 **ff) Gewinnermittlung nach § 4 III.** Sofern für den gewerbl Grundstückshandel keine Buchführungspflicht (§§ 141, 140 AO iVm 1 II HGB; FG BBg EFG 12, 1427; § 5 Rz 12 ff) besteht, kann die Gewinnermittlung nach § 4 III grds auch noch nach Ablauf des Wj **gewählt** werden (Rspr-Änderung; s iEinz BFH IV R 57/07 BStBl II 09, 659; BFH X R 46/08 BFH/NV 10, 186; *FinVerw* BB 10, 754; insoweit überholt *BMF* BStBl I 04, 434 Rz 33). Bei freiwilliger Bilanzierung (§ 4 I) für einen nicht erkannten GewBetr ist der formelle Bilanzenzusammenhang unbeachtl (BFH X R 23/05 BStBl II 09, 407; *Levedag* HFR 09, 558).

54 **gg) Verfahrensrecht.** Die Beurteilung ist (generell) nicht auf Sachverhalte des jeweiligen VZ beschr (dazu BFH X R 12/02 BStBl II 04, 722). Die Veräußerung eines vierten Objekts ist nach BFH VIII R 17/97 BStBl II 00, 306 kein rückwirkendes Ereignis iSd § 175 I 1 Nr 2 AO (zR aA FG Mster EFG 02, 12; krit *Söffing* DStR 00, 916); das vierte Objekt selbst kann allerdings in jedem Fall noch erfasst werden (BFH III R 1/05 BStBl II 07, 375). Eine Änderung kann aber nach § 173

I Nr 1 AO mögl sein (BFH IV R 58/01 BFH/NV 03, 588; *BMF* BStBl I 04, 434, Rz 33). – Zur vorläufigen Veranlagung s Rz 36.

hh) Objektbegriff. Objekt iSd Drei-Objekt-Grenze, dessen Veräußerung innerhalb des Fünfjahreszeitraums mitzuzählen, ist – und zwar unabhängig davon, ob gleichartige oder verschiedenartige Objekte veräußert werden – grds jedes selbstständig veräußerbare Immobilienobjekt (Grundbuchgrundstück; BFH IV R 34/08 BStBl II 11, 787); Ausnahmen nach Gesamtbild und unter dem Aspekt der wirtschaftl Einheit (§ 2 BewG; grundbuchrechtl Behandlung nicht entscheidend; BFH X R 40/03 BStBl II 05, 35; BFH IV R 44/08 BStBl II 11, 645). Selbstständige Objekte sind also: – ***(1)* Wohneinheiten,** dh Einfamilienhäuser, auch Reihenhäuser und Doppelhaushälften, Eigentumswohnungen, Zweifamilienhäuser (zB BFH GrS 1/93 BStBl II 95, 617 zu C.II.1; BFH XI R 83/00 BStBl II 04, 699); nicht aber – ggf mehrere (FG Mchn EFG 11, 142) – Garagen (BFH X R 183/96 BStBl II 03, 238; aA *Kempermann* StbJb 02/03, 419/31). Ein Doppelhaus (2 Hälften) auf ungeteiltem Grundstück ist *ein* Objekt (BFH IX R 56/99 BStBl II 04, 227). – ***(2)* Unbebaute Grundstücke bzw -parzellen** (zB BFH IV R 39, 40/05 BFH/NV 07, 221); – ***(3)* Miteigentumsanteile** an einem der vorgenannten Objekte (zB BFH III R 1/05 BStBl II 07, 375; Ausnahme IV R 44/08 aaO: Aufteilung in Kaufvertrag); – ***(4)* Anteile an Grundstücks-PersGes** (zB BFH III R 1/05 BStBl II 07, 375; s auch Rz 70f). – ***(5)*** Die Beteiligung an einem **Immobilienfonds** soll idR ein Akt privater Grundstücksverwaltung sein (*Schmidt-Liebig* BB 98, 563). – ***(6)* Mehrere Wohnungen** sind auch dann mehrere Objekte, wenn sie gleichzeitig veräußert werden (BFH XI R 38, 39/91 BFH/NV 94, 20); ebenso wenn sachenrechtl Teilung noch nicht vollzogen ist (BFH X B 71/14 BFH/NV 15, 834). Nur *ein* Objekt (da nur ein Verkaufsakt) liegt aber vor bei einer zwei Wohnungseigentumsrechte umfassenden einheitl Wohnung (BFH X B 183/03 BFH/NV 05, 1274). – Grds unerhebl ist, ob die Objekte im In- oder Ausland liegen (*FinVerw* DStR 93, 1481). – ***(7)*** Dauerhaft **selbstgenutzte Objekte** sind nicht, auch nicht als Zählobjekte, zu berücksichtigen (BFH X B 37/05 BFH/NV 05, 1803); Selbstnutzung zu $^1/_2$ reicht (BFH X R 36/04 BFH/NV 05, 1535). – Dasselbe gilt für Veräußerungen nach dem **VerkehrsflächenbereinigungsG** (*FinVerw* FR 04, 794). – ***(8)*** Auch **Mehrfamilienhäuser** und **Gewerbebauten** können (nur) ein Objekt iSd Drei-Objekt-Grenze sein (BFH X R 48/07 BFH/NV 10, 212; *Kempermann* StbJb 02/03, 419/30: Umstände des Einzelfalls; *BMF* BStBl I 03, 171); das gilt nicht bei vorheriger Aufteilung in Eigentumswohnungen (BFH III R 37/02 BStBl II 04, 950). **Mehrere Mehrfamilienhäuser** bilden trotz geschlossener Bebauung („Straßenzug") immer mehrere Objekte (BFH X R 40/03 BStBl II 05, 35; aA BFH IV R 34/08 BStBl II 11, 787 bei *einem* Grundbuchgrundstück; krit *Hartrott* BB 11, 2213). – ***(9)*** Zur Errichtung und Veräußerung in sog **Ein-Objekt-Fällen („Großprojekte")** s bezügl unbedingter Veräußerungsabsicht und Nachhaltigkeit Rz 49, 18. 55

ii) Veräußerungen. – (1) Allgemeines. Veräußerungen die zur Überschreitung der Drei-Objekt-Grenze führen können, sind jedenfalls alle Verkäufe zu fremdübl Konditionen; zu Erbbaurechten und Dauerwohnrechten s Rz 60; das spätere Scheitern soll unmaßgebl sein (BFH IV R 57/01 BStBl II 03, 291), ebenso der erfolglose Veräußerungsversuch (BFH X B 183/05 BFH/NV 07, 232). Zur Veräußerung bei Unternehmensrückgabe vgl *FinVerw* BB 98, 2043. Veräußerung kann neben dem Verkauf (BFH X R 48/07 BFH/NV 10, 212) auch die **Einbringung** in KapGes oder PersGes gegen Gewährung von GesRechten sein (BFH X R 36/06 BStBl II 10, 171; *BMF* BStBl I 04, 434, Rz 7; § 16 Rz 22/3); ebenso gegen Schuldübernahme oder Darlehensgewährung (BFH X R 22/13 BB 16, 86). Zur Begründung eines GewBetr s aber Rz 57. – **(2) Ausnahmen.** Nicht als Veräußerung gelten hingegen **Schenkungen** (unentgeltl Übertragungen), insb an Angehörige (zB BFH X R 183/96 BStBl II 03, 238; *Gosch* StBp 03, 124/5; *BMF* 56

BStBl I 04, 434, Rz 9). – Für sog Mischfälle gelten die Regeln der jeweiligen Gruppe (*BMF* BStBl I 04, 434, Rz 25). **Teilentgeltl** Übertragungen sind nicht zu berücksichtigen, wenn das Teilentgelt die Selbstkosten nicht übersteigt (BFH VIII R 19/01 BFH/NV 02, 1571; *BMF* BStBl I 04, 434, Rz 11; iVm Entnahme BFH X R 39/03 BStBl II 05, 817); – die Veräußerung ohne Gewinnerzielungsabsicht zum Selbstkostenpreis oder darunter (BFH VIII R 14/99 BStBl II 02, 811); anders bei Unterpreis-Veräußerung, aber über Selbstkosten (BFH X R 48/06 BFH/NV 08, 1463/6); bei Veräußerung an fremde Dritte besteht grds „Vermutung" der Gewinnerzielungsabsicht (FG Köln EFG 05, 451); – Eigentumsverlust in Folge eines Umlegungsverfahrens (FG Mster EFG 04, 1116) oder **Zwangsversteigerung** (s Rz 48b (1)); – Übertragungen im Zuge der **Realteilung** vermögensverwaltender PersGes oder Bruchteilsgemeinschaften (BFH IV R 74/95 BStBl II 96, 599; *BMF* BStBl I 04, 434, Rz 13; Rz 72); – idR die (verdeckte) **Einlage** (ohne Gewährung von GesRechten); – die (Teil-)**Auseinandersetzung** (*Tiedtke/Wälzholz* DB 02, 652/4). – In die Prüfung sind Objekte, die im Wege der **vorweggenommenen Erbfolge** oder durch **Schenkung** übertragen und vom Rechtsnachfolger in einem zeitl Zusammenhang veräußert worden sind, mit einzubeziehen (*BMF* BStBl I 04, 434, Rz 9), grds nicht aber **ererbte** Objekte (Rz 52).

57 **(3) Veräußerung nach (entgeltl) Anschaffung/Herstellung.** Der bloße Verkauf von mehr als drei Objekten reicht idR nicht aus; der Veräußerer muss die Wohnungen zuvor selbst gekauft oder errichtet haben (BFH IV R 28/95 BFH/NV 96, 747/9); der Hinzuerwerb (nach ZVG) eines zur Hälfte ererbten Objekts ist Anschaffung (BFH XI R 47, 48/03 BStBl II 05, 41). – **Ererbte** oder **unentgeltl** erworbene Grundstücke bleiben grds unberücksichtigt (BFH III R 1/05 BStBl II 07, 375; s aber Rz 77); Gleiches soll bei Buchwerteinbringung luf Grundstücke nach **§ 24 UmwStG** (BFH IV R 22/07 BFH/NV 11, 31; mE fragl) und bei **Entnahme** gelten (*FinVerw* DStR 99, 1946).

58 **(4) Unbebaute Grundstücke. – (a) Objektgrenze.** Veräußert ein StPfl **mehr als drei** unbebaute Grundstücke (Parzellen), die er (oder sein unentgeltl Rechtsvorgänger) vor nicht mehr als 5 Jahren **gekauft** hat, an verschiedene oder (nacheinander) an denselben Erwerber, ist dies nach Maßgabe der Drei-Objekt-Grenze (s Rz 48 ff) idR (Ausnahme rückübereignete Grundstücke in den neuen Bundesländern, *BMF* DStR 94, 860) gewerbl Grundstückshandel (zB BFH IV R 112/92 BStBl II 96, 367; *BMF* BStBl I 04, 434, Rz 26); im Einzelfall auch bei weniger als 4 Objekten (BFH X B 148/00 BFH/NV 02, 192). Nicht erforderl ist, dass der StPfl vorher besondere Verwertungsmaßnahmen wie Erschließung usw getroffen hat (vgl BFH X R 12/92 BFH/NV 96, 608). – **(b) Erschließung.** Bei erhebl Aktivitäten zur Aufbereitung und Erschließung kann bereits die Anschaffung/Veräußerung von nur drei unbebauten Grundstücken gewerbl sein (BFH IV B 59/05 BFH/NV 06, 2063: Baulanderschließungsunternehmer). Macht der StPfl das erworbene Areal nach Art eines Erschließungsunternehmens baureif, betreibt er selbst dann – unabhängig von der Drei-Objekt-Grenze – gewerbl Grundstückshandel, wenn er das gesamte Gelände einheitl an nur einen Erwerber veräußert (*BMF* BStBl I 04, 434, Rz 3).

59 **(c) Parzellierung.** Auch bei einer größeren Zahl von Veräußerungen innerhalb eines kurzen Zeitraums liegt Vermögensverwaltung vor, wenn sich der Eigentümer auf die Parzellierung und Veräußerung der einzelnen Parzellen beschränkt (BFH XI R 47, 48/03 BStBl II 05, 41); gewerbl wird die Betätigung erst, wenn der Eigentümer besondere Verwertungsmaßnahmen zB zur Erschließung ergreift oder zumindest daran aktiv mitwirkt (s zu (b); BFH IV B 76/07 BFH/NV 08, 2017 *BMF* BStBl I 04, 434, Rz 3; *Söffing* FR 06, 485/8) oder wenn er Miteigentumsanteile an einem Grundstück mit der Verpflichtung veräußert, dass die Erwerber Gebäude nach seinen Plänen errichten (BFH VIII R 74/87 BStBl II 91, 844).

Gewerbl handelt, wer auf eigene Kosten einen Bebauungsplan entwerfen lässt (BFH I R 61/68 BStBl II 70, 61), sich der Gemeinde ggü zur Erschließung eines Geländes verpflichtet (BFH I R 210/71 BStBl II 73, 642), die Käufer der Parzellen verpflichtet, Erschließungskosten über ihre gesetzl Verpflichtung hinaus zu tragen oder Straßengrund unentgeltl abzutreten oder dem Architekten einen Planungsauftrag zu erteilen, der die Bebauungspläne entworfen hat (BFH I R 214/71 BStBl II 74, 6) oder wer selbst Straßen und Be- und Entwässerungsanlagen anlegt oder an die Gemeinde unentgeltl Grund für Straßen abtritt (BFH I R 55/79 nv). Dabei muss sich der Eigentümer die Tätigkeit der von ihm beauftragten Personen ebenso zurechnen lassen (BFH VIII R 71/72 BStBl II 73, 239) wie die Aktivitäten einer ErschließungsGes, in die er Teile seines Grundbesitzes zwecks Umlegung eingebracht hat (BFH IV R 133/85 BStBl II 86, 666; *Jäschke* DStR 06, 1349/54). Ausnahmsweise kann der gewerbl Charakter der Veräußerung unbebauter Grundstücke auch bei einer über die Parzellierung hinausgehenden Aktivität zu verneinen sein (BFH IV R 286/66 BStBl II 71, 456), so zB bei einer Bauvoranfrage über die Art der Bebaubarkeit oder bei Veräußerung nur weniger kleiner Parzellen (*Kempermann* DStR 96, 1156/9); ebenso begründen allein weder der Abschluss eines „städtebaul Vertrags" (*FinVerw* DStR 00, 554; DB 11, 2119; *Graf/Weber* DStR 01, 1463) noch die Abtretung von Straßenland an die Gemeinde (BFH X B 26/99 BFH/NV 00, 557) gewerbl Handeln; maßgebl sind auch insoweit die obigen Kriterien.

(d) Grundstücksrechte. Nicht nur die Übertragung von Erbbaurechten (vgl BFH X B 72/08, juris), sondern auch deren Bestellung (zu unbefristeten Dauerwohnrechten s BFH IV R 2/85 BFH/NV 89, 580) kann einer Veräußerung unbebauter Grundstücke gleichwertig sein, zB wenn der StPfl teils Erbbaurechte mit künftigem Ankaufsrecht bestellt, teils Bauparzellen veräußert (BFH IV R 115/91 BStBl II 1993, 342); die (bloße) Bestellung genügt nicht (BFH X R 4/04 BStBl II 07, 885; *Tiedtke ua* DB 02, 652/7). 60

(e) Veräußerung durch Landwirt. Nach den vorstehenden Grundsätzen ist auch zu beurteilen, ob die Veräußerung bisher luf genutzter Grundstücke als *Bauland* durch einen Landwirt noch luf **Hilfsgeschäft** oder ein GewBetr ist (BFH IV R 34/05 BStBl II 08, 231: Grundstückstausch/iVm Bauvoranfrage; BFH IV R 35/06 BStBl II 08, 359: Baulanderschließung; BFH IV B 147/10 BFH/NV 12, 432: Wertsteigerung wegen Bauvoranfrage; *BMF* BStBl I 04, 434, Rz 27; EStH 15.5). Soweit luf Grundstücke Gegenstand einer gewerbl Betätigung werden, sind sie bei Eröffnung des GewBetr mangels Entnahme grds mit dem bisherigen Buchwert anzusetzen (BFH IV R 133/85 BStBl II 86, 666); fragl aber bezügl GewSt (s Rz 130). Erwirbt und veräußert ein Landwirt Grundstücke zur luf Nutzung, sind dies grds luf Hilfsgeschäfte; ein GewBetr besteht aber, wenn er nachhaltig luf Grundstücke (oder Betriebe) veräußert (BFH IV R 156/81 BStBl II 84, 798). Zu Einzelheiten s *Kanzler* DStZ 13, 822. 61

(5) Veräußerung von bebaut erworbenen Grundstücken. – **(a)** Werden mehrere Grundstücke (Rz 54) bebaut erworben und wieder veräußert, ist dies idR gewerbl, wenn innerhalb von (etwa) **5 Jahren** nach Erwerb **mehr als 3 Objekte** veräußert werden (Drei-Objekt-Grenze; *BMF* BStBl I 04, 434, Rz 22; s Rz 48). 62

(b) Aufteilung und Modernisierung. Werden Mehrfamilienhäuser erworben, in Eigentumswohnungen aufgeteilt und von diesen **innerhalb** von **5 Jahren** seit Kauf mehr als 3 Objekte veräußert, ist dies nach Maßgabe der Drei-Objekt-Grenze idR gewerbl Grundstückshandel, und zwar unabhängig von Modernisierungsmaßnahmen (zB BFH XI R 47, 48/03 BStBl II 05, 41). Gewerbl Grundstückshandel liegt auch vor, wenn der langjährige Eigentümer ein Mietshaus nach umfangreicher **Modernisierung** in Eigentumswohnungen aufteilt und mehr als 3 Objekte veräußert (BFH IV R 66–67/91 BStBl II 94, 463; *BMF* BStBl I 04, 434, Rz 24) oder wenn sonstige Umstände für einen GewBetr sprechen (BFH XI R 35/02 BFH/NV 05, 1267: Dachausbau und Veräußerung); dabei ist der Zeitraum zw Modernisierung und Veräußerung entscheidend (BFH IV B 32/06 BFH/NV 07, 2095; *BMF* BStBl I 04, 434, Rz 24). Ebenso bei Einräumung unbefristeter Dauerwohnrechte (BFH IV R 2/85 BFH/NV 89, 580). 63

65 **(c) Selbst errichtete Gebäude** (s *BMF* BStBl I 04, 434, Rz 19–21). Veräußert ein StPfl „Wohneinheiten" (Rz 55), die er auf eigenen Grundstücken errichten ließ, ist dies idR **GewBetr,** wenn innerhalb von **5 Jahren** nach **Fertigstellung** (des ersten Objekts; BFH IV R 23/88 BStBl II 90, 637) mehr als **3 Objekte** an verschiedene Erwerber veräußert werden (Drei-Objekt-Grenze; s Rz 48); für eine stärkere Differenzierung wegen „intensiverer Marktorientierung" als „Produzent" durch eigene Wertschöpfung *Jung* aaO, 94f; Rz 48. Grundstücksverkäufe im Ausland sind einzurechnen (*FinVerw* DB 93, 1647); dies gilt selbst dann, wenn die Objekte vorübergehend eigengenutzt (BFH XI R 39/89 BFH/NV 92, 310) oder vermietet werden (vgl BFH IV R 79/91 BFH/NV 92, 809; 93, 656). Unerhebl ist, ob der StPfl die veräußerten Objekte im Rahmen eines Bauherrenmodells erworben hat (BFH IX R 140/92 BStBl II 95, 839).

66 **(6) Missbrauch.** Die Veräußerung *einheitl* an **einen Erwerber** kann rechtsmissbräuchl sein (BFH III R 47/88 BStBl II 92, 143: neugegründete Familien-KG; ähnl BFH IV R 28/92 BFH/NV 93, 728/30; anders FG Mster EFG 04, 1830); ferner *Kempermann* StbJb 02/03, 419/32; *Vogelgesang* BB 04, 183/93; zur Zwischenschaltung einer KapGes Rz 75, 142.

70 **c) Personenmehrheit** (PersGes, Erben- und Gütergemeinschaft, Bruchteilsgemeinschaft; Beteiligung an Personenmehrheiten; KapGes). – **aa) Ebene der Personenmehrheit. – (1) PersGes.** Veräußert eine PersGes (zB GbR; oder wirtschaftl vergleichbare Gemeinschaft, zB Erbengemeinschaft) bebaute Grundstücke, liegt auf der Ebene der PersGes idR kein GewBetr vor, *wenn* diese innerhalb von 5 Jahren (seit Erwerb oder Fertigstellung) nicht mehr als 3 Objekte veräußert. Maßgebl für die Anwendung der **Drei-Objekt-Grenze** auf der *Ebene der PersGes* sind nur deren Veräußerungen (BFH IV R 66–67/91 BStBl II 94, 463; *BMF* BStBl I 04, 434, Rz 14), nicht hingegen die Objekte der Ges'ter (unter Einbeziehung von SonderBV), die diese selbst und/oder über weitere PersGes an- und verkaufen (BFH VIII R 7/02 BStBl II 04, 914); die Beurteilung auf der Ebene der Ges ist **vorrangig** und wird – auch gewstrechtl – nicht durch die Veräußerungen der Ges'ter „infiziert". Selbst beteiligungsidentische *vermögensverwaltende* GbR können mE nicht zu einem GewBetr zusammengefasst werden (FG Bbg EFG 10, 323; aA BFH IV R 39, 40/5 BFH/NV 07, 221; offen nunmehr BFH IV R 85/06 BStBl II 09, 795). – Zu den Veräußerungen durch die PersGes gehören auch solche **innerhalb der MUerschaft** (BFH VIII R 15/00 BFH/NV 05, 1033). Die Drei-Objekt-Grenze ist auch bei Branchennähe der Ges'ter zu beachten (BFH VIII R 19/01 BFH/NV 02, 1571). Entsprechendes gilt für den gewerbl Grundstückshandel in sog **Ein-Objekt-Fällen** (unbedingte Veräußerungsabsicht, Nachhaltigkeit; Rz 48, 18; BFH IV R 72/07 BStBl II 09, 529: auch bei Branchennähe).

71 **(2) Bruchteilsgemeinschaften** (§§ 741, 1008 BGB). Auch für sie gelten die oben genannten Grundsätze. Diese Grundsätze gelten sinngemäß (BFH GrS 1/93 BStBl II 95, 617 zu IV.2b; BFH IV B 32/06 BFH/NV 07, 2095). Mehrere beteiligungsgleiche Bruchteilsgemeinschaften können aber uU ein einheitl gewerbl Unternehmen bilden (vgl BFH VIII R 100/90 BFH/NV 93, 538).

72 **(3) Realteilung.** Werden die von der PersGes/Bruchteilsgemeinschaft erworbenen oder errichteten Grundstücke/Gebäude den Ges'tern iRe Realteilung zugewiesen, ist dies keine Veräußerung iSd Drei-Objekt-Grenze (Rz 56; BFH IV R 74/95 BStBl II 96, 599). Ebenso, wenn der Realteiler auf eigene Rechnung weiterveräußert.

73 **bb) Ebene der Ges'ter bzw Gemeinschafter. – (1) Objektveräußerungen.** Ist ein StPfl an einer oder mehreren PersGes, wirtschaftl vergleichbaren Gemeinschaften zB Erbengemeinschaft oder Bruchteilsgemeinschaft beteiligt, sind neben etwaigen eigenen Aktivitäten (Erwerb, Bebauung, Veräußerung) des StPfl die Aktivitäten der PersGes (Gemeinschaft) wie eigene Aktivitäten zu berücksichtigen **(keine Abschirmwirkung)** – unabhängig davon, ob die jeweilige Be-

teiligungsGes (Gemeinschaft) für sich betrachtet nur vermögensverwaltend oder gewerbl tätig ist –, sofern zw den Aktivitäten der PersGes und des Ges'ters ein Sachzusammenhang besteht (BFH GrS 1/93 BStBl II 95, 617; BFH X B 109/02 BFH/NV 03, 1082: Gesamtschau beider Betätigungsfelder; FG Hbg EFG 09, 557: doppelstöckige PersGes; BFH X R 22/13 BB 16, 86: GewBetrieb des Ges'ters auch ohne Eigenaktivitäten; zutr; ferner zB *Wacker* FS Goette, 561/9); außer Betracht bleiben nur (mangels Sachzusammenhangs) Grundstücksaktivitäten einer gewerbl PersGes, deren Zweck nicht auf Grundstücksaktivitäten, sondern zB auf den Betrieb einer Maschinenfabrik gerichtet ist (BFH GrS 1/93 aaO zu C. IV. 4.).

(a) Beteiligung an nur vermögensverwaltender (Zebra-)GbR (Rz 202f). – **Beispiel:** A ist zu 30 vH an der X-GbR beteiligt. Die GbR erwirbt, bebaut und verkauft innerhalb des Fünfjahreszeitraums nur 2 Objekte; auch A verkauft nur 2 Objekte. – *Lösung:* Die GbR betreibt als solche keinen gewerbl Grundstückshandel, aber A ist Gewerbetreibender, weil auch die Verkäufe der GbR ihm zuzurechnen sind und er daher die Drei-Objekt-Grenze überschreitet (BFH X R 4/02 BFH/NV 03, 457; *BMF* BStBl I 04, 434, Rz 17; zur Einkünfteermittlung BFH GrS 2/02 BStBl II 05, 679: Art und Höhe durch WohnsitzFA; BFH IX R 80/98 BFH/NV 06, 1247).

(b) Beteiligung an bereits im gewerbl Grundstückshandel tätiger GbR. – **Beispiel:** A ist zu 30 vH an der X-GbR beteiligt. Diese veräußert innerhalb des Fünfjahreszeitraums 5 Objekte, ist also bereits gewerbl tätig. A selbst verkauft im gleichen Zeitraum nur 2 Objekte. – *Lösung:* A ist gewerbl Grundstückshändler, weil bei ihm auch die Verkäufe der GbR zu berücksichtigen sind. Es bestehen mE 2 selbstständige GewBetr, der GbR und des A. Ebenso wäre die Rechtslage, wenn A selbst 5 Objekte veräußert hätte, also bereits für sich betrachtet gewerbl tätig gewesen wäre. – Die Beteiligung an gewerbl tätiger GbR hat allerdings keine weitere Ausstrahlungswirkung (BFH X B 165/05 BFH/NV 07, 42).

Beteiligung an mehreren GbR. – **Beispiel:** A ist zu je 30 vH an der X-GbR und an der Y-GbR beteiligt. Jede GbR verkauft innerhalb des Fünfjahreszeitraums nur 3 Objekte, also kein GewBetr. A selbst verkauft kein Objekt. – Lösung: A ist gewerbl Grundstückshändler, weil bei ihm die Verkäufe der GbR zu berücksichtigen sind und diese zusammen die Drei-Objekt-Grenze überschreiten (BFH X R 22/13 aaO; *Hartrott* FR 13, 126). Die Beteiligungen sind gewerbl BV des A (Zebra-Ges; *BMF* BStBl I 04, 434, Rz 18). – ***Variante 1:*** Die X-GbR verkauft 5 Objekte, ist also bereits gewerbl tätig; die Y-GbR verkauft nur 3 Objekte. – Lösung: Es besteht ein selbstständiger GewBetr der X-GbR und ein selbstständiger GewBetr des A, zu dessen BV (nur) die Beteiligung an der nichtgewerbl Y-GbR gehört (str). – ***Variante 2:*** Die X-GbR und die Y-GbR verkaufen je 5 Objekte; A verkauft kein Objekt. – Lösung: Je ein selbstständiger GewBetr der X-GbR und der Y-GbR; kein GewBetr des A (str). – ***Variante 3:*** Wie Variante 2, aber auch A verkauft 1 Objekt. – *Lösung:* Je ein selbstständiger GewBetr der X-GbR, der Y-GbR und des A (str).

(2) Anteilsveräußerungen. – **(a)** Lfd (gewstpfl) Gewinn entstehen bei Veräu- 74
ßerungen eines Anteils an einer den **gewerbl Grundstückshandel** betreibenden PersGes (BFH IV B 71/08 BFH/NV 09, 930); ggf Aufteilung des Veräußerungserlöses auf UV/AV (BFH IV R 69/04 BStBl II 10, 973). S auch § 16 Rz 342. – **(b) Eigenen** Grundstücksveräußerungen des Ges'ters (= eigener GewBetr) sind Veräußerungen der **Anteile an vermögensverwaltenden (Zebra-)Ges** grds gleichwertig (BFH IV R 2/92 BStBl II 96, 369 zu I.3e; *BMF* BStBl I 04, 434, Rz 18); Gleiches gilt bei **entgeltl Ausscheiden** aus der BeteiligungsGes oder bei Beitritt weiterer Ges'ter zum Zwecke der EK-Beschaffung eines Fonds (*Wacker* HFR 09, 476). Der GesAnteil beinhaltet so viele Objekte, wie sich im Gesamthandseigentum befinden (BFH III R 1/01 BStBl II 03, 250; *BMF* aaO). Gewerbl handelt zB auch, wer Anteile an 4 Grundvermögen verwaltenden PersGes erwirbt und diese Anteile innerhalb von 5 Jahren wieder veräußert (BFH III R 61/97 BStBl II 99, 390). – Liegen zwar die Grundstücksverkäufe der BeteiligungsGes außerhalb des Fünfjahreszeitraums, die *Dauer der Beteiligung* des StPfl aber innerhalb dieses Zeitraums, weil er erst später die Beteiligung erworben hat, sind die Veräußerungen der Ges bei der Wertung des Ges'ters so zu berücksichtigen, als ob sie den Fünfjahreszeitraum nicht überschritten hätten (aA zum umgekehrten Fall *Götz* FR 05, 137). Zur **verfahrensrechtl** Frage der Umqualifizierung bei Zebra-Ges s Rz 201 ff (kein Fall des § 180 I Nr 2a AO). Bei vermögensverwalten-

der PersGes wird die **GewSt** auf den betriebl beteiligten Ges'ter verlagert (BFH III R 62/97 BFH/NV 99, 1067). – **(c)** Gleiches gilt grds, wenn mehr als 3 Anteile an *originär vermögensverwaltenden,* jedoch **gewerbl geprägten (Objekt-)PersGes** veräußert werden (BFH IV R 81/06 BStBl II 10, 974). Die Veräußerungsgewinne (lfd Gewinne) sind Teil des eigenen GewBetr des G'ters (Grundstückshandel) und unterliegen bei ihm der GewSt (aA *Figgener ua* DStR 12, 2579); Ausnahme: Veräußerung durch OberPersGes (§ 7 S 2 iVm § 9 Nr 2 GewSt; *Behrens ua* BB 08, 2334). – **(d)** Nach BFH X R 34/10 BStBl II 12, 647; H 15.7 (1) kann das Wohnsitz-FA iRd ESt-Veranlagung auch dann einen lfd Gewinn annehmen (Umqualifikation), wenn das Betriebs-FA von einem gewerbl Grundstückshandel der PersGes ausgeht, den Anteilsveräußerungsgewinn (bestandskräftig) aber fehlerhaft als tarifbegünstigt feststellt. Die Ansicht verstößt mE gegen die Bindungswirkung des § 182 AO (aA hier 32. Aufl).

(3) Mindestbeteiligung. Vom BFH noch nicht entschieden ist, ob die zu Rz 74 dargestellten Grundsätze nur gelten, wenn der StPfl wenigstens zu **10 vH** beteiligt ist (bej *BMF* BStBl I 04, 434, Rz 14, 17, 18; *Vogelgesang* DB 03, 844/8; diff *Penné ua* WPg 95, 753/9: Anteil bereits BV; *Weber-Grellet* DStR 95, 1341: nur *ein,* nicht aber mehrere Anteile unter 10 vH zu vernachlässigen). – Nach *BMF* BStBl I 04, 434 Rz 14 muss bei einer Beteiligung von weniger als 10 vH der **Verkehrswert** des GesAnteils oder des Anteils an dem veräußerten Grundstück alternativ mehr als 250 000 € betragen. Andere Umstände (zB Generalvollmacht) sind zu berücksichtigen (BFH X R 4/04 BStBl II 07, 885).

75 **cc) Einsatz einer KapGes.** Der Verkauf von Grundbesitz an die KapGes kann gewerbl Grundstückshandel des Ges'ters begründen (BFH IV R 62/07 BFH NV 10, 2261). Auch die Einbringung ist Veräußerung iSd Drei-Objekt-Grenze (Rz 56, 48) und kann Indiz für *unbedingte* Veräußerungsabsicht sein (BFH X R 48/07 BFH/NV 10, 212; Rz 48). Wird bei Verkauf an KapGes auf ein marktübl Entgelt (Erwerbschance) verzichtet, steht dies der Gewinnerzielungsabsicht des G'ters nicht entgegen (BFH X R 47/06 BFH/NV 10, 400). Bei überhöhtem Kaufpreis ist vGA anzusetzen. Hat die GmbH sich ggü dem Ges'ter zB zu bestimmten Baumaßnahmen verpflichtet, ist die Tätigkeit dem Ges'ter als eigene unmittelbarer Tatbestandserfüllung zuzurechnen (BFH III R 25/02 BStBl II 04, 787/90; aA uU BFH IV R 25/08 BStBl II 10, 622). Darüber hinaus kommt ein Zurechnungs-**„Durchgriff"** mE nur gem **§ 42 AO** (Gestaltungsmissbrauch) in Betracht (glA BFH X R 27/03 BFH/NV 07, 412; *FinVerw* DStR 97, 1208), zB bei nur formalem Grundstückszwischenerwerb und/oder unangemessener Kaufpreisgestaltung (ausführl BFH III R 25/02 aaO; Rz 142; zu weitergehenden Ansätzen der sog mittelbaren Tatbestandsverwirklichung oder Sphärenvermengung s BFH X R 39/03 BStBl II 05, 817/22; Rz 10; hier 29. Aufl mwN). Die GmbH entfaltet hiernach Abschirmwirkung, wenn sie *nicht funktionslos* ist (BFH IV R 25/08 aaO: Bebauung = eigene signifikante Wertschöpfung); andernfalls (42 AO) ist die GmbH „hinwegzudenken" (*Oelmaier* HFR 10, 818). – Grundstücksgeschäfte, die Eheleute getrennt tätigen, sind auch getrennt zu beurteilen (BFH I R 28/75 BStBl II 77, 552; *BMF* BStBl I 04, 434, Rz 12). Erwerben und veräußern Ehegatten aber in Bruchteilsgemeinschaft, gelten die zu aa) und bb) dargestellten Grundsätze.

77 **d) Umfang des gewerbl Grundstückshandels.** Systematisch ist zu trennen zw der Begründung des Betriebs „gewerbl Grundstückshandel" (Rz 131) und dessen BV (Umfang, Entwicklung s BFH X B 9/08 BFH/NV 08, 1670). Grds gelten die allg Regeln (BFH X R 22/13 BB 16, 86: sachl/zeitl Zusammenhang; einheitl Betätigungswille; Rz 126), auch bei GewBetr aufgrund unbedingter Veräußerungsabsicht (BFH X R 48/07 BFH/NV 10, 212; Rz 48). Alle zur Veräußerung bestimmten Objekte, insb die vom StPfl errichteten und im unmittelbaren Anschluss hieran veräußerten Wohnungen sind notwendiges BV; auch Grundstücke vermögensverwaltender PersGes (BFH X R 24/11 BStBl II 12, 865), nicht

aber solche, die für sich gesehen nicht Gegenstand eines gewerbl Grundstückshandels sein können (BFH III R 64/05 BFH/NV 07, 1659: BetrAufsp). Die Objekte gehören zum **UV** (keine AfA; zB BFH X B 61/00 BFH/NV 02, 329; *BMF* BStBl I 04, 434, Rz 32; aA zu § 4 FördG BFH IV R 48/07 BStBl II 10, 799; mE unzutr). Ist ein gewerbl Grundstückshandel begründet, sind von vornherein zur Veräußerung bestimmte Objekte (ggf auch außerhalb des Fünfjahreszeitraums; BFH X R 74/99 BStBl II 03, 245; Rz 49) auch dann notwendiges BV, wenn sie vermietet werden (BFH XI R 7/02 BStBl II 04, 738); s aber BFH IV R 2/92 BStBl II 96, 369 zu I.4.: uU Anlage- und erst bei Verkauf Umlaufvermögen; BFH X R 28/00 aaO: Überführung aus ruhendem Gewbetrieb in gewerbl Grundstückshandel zu Buchwerten (Rz 126). Veräußerungen iVm der Aufgabe eines **anderen Betriebs** sind unbeachtl.

Stellungnahme: ME führt die Notwendigkeit einer „Veräußerungsbestimmung iRe einheitl Betätigungswillens" (BFH XI R 7/02 BStBl II 04, 738) im Vergleich zu der sonst verlangten eindeutigen Aussonderung privater Geschäfte (BFH III R 20/01 BStBl II 03, 297; zur Abgrenzung BFH X B 140704 BFH/NV 05, 1794) zu einer Umkehr der Argumentationslast.

Kein BV, sondern **von vornherein PV** sind Objekte, die der StPfl nachweisl zwecks Vermögensanlage bzw nicht in sachl und zeitl Zusammenhang mit den gewerbl Verkäufen errichtet oder erworben hat (BFH III R 20/01 BStBl II 03, 297), zB ererbte (Rz 52; Ausnahmen s BFH X R 46/07 BFH/NV 10, 400) oder *langfristig* vermietete Grundstücke (BFH X R 22/13 aaO: 5-Jahres-Grenze als Indiz); eine eindeutige Zuordnung ist geboten (BFH X B 70/03 BFH/NV 14, 1043; *BMF* BStBl I 04, 434, Rz 32).

Ob Objekte, die der StPfl vorübergehend **selbst bewohnt,** zur Veräußerung bestimmt sind, richtet sich nach den Einzelfällen (BFH X R 74/99 BStBl II 03, 245). Notwendiges PV sind Objekte, die auf Dauer für eigene Wohnzwecke genutzt werden sollen (BFH X R 28/00 BStBl II 03, 133/8; anders FG Mchn EFG 10, 1205 bei kurzfristiger Eigennutzung). Objekte, die zunächst BV waren, werden mit der auf Dauer angelegten Nutzung für eigenes Wohnen entnommen (BFH IV R 66–67/91 BStBl II 94, 463); ebenso bei Schenkung an Angehörige (BFH X B 83/99 BFH/NV 00, 946). S auch *BMF* BStBl I 04, 434, Rz 32. – Zum BV von **PersGes** s § 15 III Nr 1, dazu Rz 185 ff.

e) Veräußerungsgewinne. Sie sind im Hinblick auf das durch das Gesamt- 78
spektrum geprägte Tätigkeitsfeld idR nicht begünstigte **lfd Gewinne,** auch wenn zugleich der Betrieb aufgegeben wird (§ 16 Rz 342) und auch bei Veräußerung im Ganzen an gewerbl Abnehmer (BFH XI B 19/01 BFH/NV 02, 783); ebenso wenn bei Betriebsaufgabe eine zunächst bestehende Bebauungsabsicht aufgegeben wird (BFH VIII R 65/02 BStBl II 06, 160). Eine zeitweilige (auch längerfristige) Beschränkung auf Grundstücksverwaltung (Vermietung) ist nur Betriebsunterbrechung, keine -aufgabe (BFH XI R 7/02 BStBl II 04, 738); die **Betriebsbeendigung** muss eindeutig erklärt werden (BFH IV R 36/09 BFH/NV 11, 2092; Rz 133). Eine **Erbbaurechtsbestellung** führt nicht zur Betriebsaufgabe (BFH XI R 28/97 BStBl II 98, 665; s aber Rz 54).

3. Vermietung. – a) Grundstücke. Die Vermietung (Verpachtung) von 80
Grundstücken, evtl einschließl Inventar ist idR Vermögensverwaltung (arg § 21; § 14 S 3 AO); anders bei einer einem Beherbergungsbetrieb vergleichbaren Organisation (BFH XI B 158/01 BFH/NV 03, 152) oder bei Einbringung. Bei wesentl **Sonderleistungen** liegt GewBetr vor, zB bei Ferienwohnungen (BFH X B 42/10 BFH/NV 11, 37) oder bei zusätzl Vermittlungsleistungen (BFH IV R 91/05 BFH/NV 08, 1289). Zu Immobilien-Leasing s *InstFSt*-Brief 184 (mE stets gewerbl).

aa) Grundsätze. Die Dauervermietung von **leeren Räumen** (einschließl Ga- 81
ragen) und die **Errichtung von Häusern** zum Zwecke der Vermietung ist Vermögensverwaltung, auch wenn erhebl Fremdmittel eingesetzt werden und wegen

Umfangs oder Größe des Objekts für die Verwaltung „ein in kfm Weise eingerichteter Geschäftsbetrieb" (§ 1 II HGB) erforderl ist (zB BFH IV R 21/96 BFH/NV 97, 762: Geschäfts- und Freizeitzentrum). Ebenso, wenn ein StPfl alte Wohngebäude kauft, diese mit ArbN renoviert und sodann langfristig vermietet. – Entspr gilt für die **Dauervermietung von Flächen** (BFH IV 141/60 U BStBl III 64, 367: Verkaufsstände) oder zum Abstellen von Kfz.

82 **bb) Sonderleistungen.** Vermögensverwaltung ist jedoch überschritten, wenn über die Überlassung von Räumen oder Flächen hinaus erhebl Sonderleistungen (zB Werbe-, Service- und Wartungsleistungen) erbracht werden (FG Nds EFG 14, 1135, Rev IV R 34/13; krit *Demleitner* BB 15, 1307); eine Umsatzmiete allein ist kein Indiz.

Weitere Beispiele für GewBetr: stundenweise Vermietung von *Tennisplätzen* (BFH VIII R 262/80 BStBl II 89, 291), *Messeständen* (EStR 15.7 II), unternehmerischer Betrieb eines *Parkplatzes* (BFH X R 21/00 BStBl II 03, 520) oder *Campingplatzes* (BFH I R 7/79 BStBl II 83, 80), zahlreiche *Liegeplätze für Sportboote* (FG Bln EFG 99, 1185), Betrieb eines Asylbewerber-/Flüchtlingsheims (BFH IV B 29/02 BFH/NV 04, 330; FG Mchn EFG 00, 127: Aussiedler-*Ferienwohnungen*). Zu Besonderheiten bei **PersGes,** insb **Immobilien-KG,** s § 15 Rz 200 ff, 211 ff, 323.

83 **cc) Möbilierte Zimmer.** Die Vermietung (Untervermietung) von möblierten Zimmern ist grds nicht gewerbl. GewBetr ist aber der Betrieb eines Hotels, eines Gasthofs, einer Fremdenpension oder eines Wohnheims (BFH I R 182/79 BStBl II 84, 722 mwN), weil hier die Nutzungsüberlassung iRe einheitl zu beurteilenden typisch gewerbl Gesamtleistung in den Hintergrund tritt. Die (Unter-)Vermietung einzelner möblierter Zimmer an Dauermieter bleibt auch bei übl **Nebenleistungen** (Frühstück, Reinigung der Räume usw) Vermögensverwaltung (BFH IX R 109/84 BStBl II 89, 922); die Nebenleistungen sind ggf, soweit mit gesonderter Gewinnabsicht betrieben, getrennt von der Vermietung als gewerbl zu erfassen (BFH VIII R 27/72 BStBl II 77, 244). Ebenso ist die Vermietung von **Ferienzimmern** in Privathäusern noch Vermögensverwaltung; Ausnahme bei pensionsartiger Organisation (BFH IV R 150/82 BStBl II 85, 211).

84 **dd) Ferienwohnungen.** Die Vermietung (einer oder mehrerer) Ferienwohnungen in Gewinnabsicht (Rz 24f) ist GewBetr, wenn – ***(1)*** die Wohnung in einer Ferienwohnanlage hotelmäßig angeboten wird, dh für kurzfristiges Wohnen eingerichtet ist, zu einer einheitl Wohnanlage gehört und die Werbung und Verwaltung einer Feriendienstorganisation übertragen ist (BFH XI R 31/95 BStBl II 97, 247; BFH IV B 52/08 BFH/NV 09, 1114) oder – ***(2)*** bei Vermietung mehrerer Wohnungen außerhalb einer Ferienwohnanlage wegen Nebenleistungen eine fremdenpensionsartige Organisation erforderl ist (BFH IX B 23/03 BFH/NV 03, 1425); die Zahl der vermieteten Wohnungen allein ist unerhebl (BFH XI B 158/01 BFH/NV 03, 152). Die Einschaltung eines Geschäftsbesorgers genügt nicht (FG Hbg EFG 02, 1537). – ***(3)*** Zur Vereinfachungsregelung bei **luf** Betrieben s *FinMin* DStR 12, 1275.

85 **ee) Zimmervermietung an Dirnen.** Sie ist gewerbl, wenn eine prostitutionsfördernde Organisation bereitgestellt wird (FG Hess EFG 95, 711; s auch Rz 45).

86 **b) Bewegl Sachen.** Deren Vermietung (zB Ruder-/Segelboote, Strandkörbe) ist idR nur bei erhebl Sonderleistungen/Organisation gewerbl (EStR 15.7 III), sonst ggf § 21 I, § 22 Nr. 3. Typisch gewerbl ist zB Autovermietung/-leasing (BFH VIII R 263/81 BStBl II 86, 359/362; FG Hbg EFG 12, 1771, rkr: Telefon-/TV-Leasing), nicht hingegen die Yachtvercharterung (BFH III R 65/97 BStBl II 99, 619) oder die Vermietung eines Wohnmobils (BFH XI R 44/95 BStBl II 98, 774), es sei denn, sie ist mit dem Fahrzeugverkauf planmäßig verklammert (BFH X B 173/08, BFH/NV 1260). Gleiches gilt für **Flugzeugvermietung** (-leasing) (BFH IV R 49/04 BStBl II 09, 289; *BMF* BStBl I 09, 515: gewerbl bei einheitl

Geschäftskonzepts bezügl Vermietung und Verkauf; zur Auswirkung auf Fonds *Hensell ua* DStR 08, 87; einschr *Lüdicke ua* BB 08, 2552; abl *Klass ua* FR 09, 653).

c) Betriebsaufspaltung. Zur Vermietung bei BetrAufsp s Rz 800ff; zur Verpachtung eines GewBetr s § 5 Rz 701ff; § 16 Rz 690ff; zur zeitl Überlassung von Rechten s § 21 Rz 103. 87

4. Gemischte Tätigkeit. Eine Tätigkeit, die Vermietung *und* Erwerb und Veräußerung von Grundbesitz uä umfasst, ist einheitl gewerbl, wenn die Tätigkeiten miteinander verflochten sind und als Einheit erscheinen (BFH IV B 44/02 BFH/NV 02, 1559; ähnl für Wohnmobile BFH X R 37/00 BStBl II 03, 464). 88

5. Veräußerung bewegl Sachen; Ausübung von Rechten an KapGes. Tätigkeiten dieser Art begründen nur dann einen GewBetr, wenn der Rahmen privater Vermögensverwaltung überschritten ist (zB BFH XI R 80/97 BStBl II 99, 448), zB bei zur Erzielung eines Totalgewinns notwendigen Verkäufen oder bei großer Anzahl von WG (BFH IV R 17/05 BStBl II 07, 768; FG Hbg EFG 13, 1908, Rev IV R 30/14: Schiffscontainer). Maßgebl ist mE die **Art der Gegenstände und ihrer Verwaltung;** die wiederholte Anschaffung und Veräußerung ist zB bei Wertpapieren eher übl als bei Schmuck oder Antiquitäten (zB BFH IV R 25/78 BStBl II 82, 461 für Gemälde; BFH X R 1/97 BStBl II 01, 706 für Optionsscheine; BFH X R 55/97 BStBl 01, 809 für GmbH-Anteile). Weitergehend BFH V R 2/11 BStBl II 12, 634: *ebay-Verkauf* von Sammlungen (Rz 17). Ein Austausch kann der weiteren Vermietung dienen (BFH IV R 17/05 BStBl II 07, 768). 89

a) Bild des GewBetr. Gewerbl ist eine Betätigung, wenn sie dem Bild ähnl ist (Wertungsfrage!), das nach der Verkehrsanschauung einen GewBetr ausmacht und einer Vermögensverwaltung fremd ist, zB die Veräußerung der Rechte aus einer nachhaltigen Erfindertätigkeit (BFH IV R 29/97 BStBl II 98, 567), der „händlertypische" An- und Verkauf von Teppichen (BFH I R 173/85 BFH/NV 91, 685); die wiederholte **Gründung von GmbH** und deren Verkauf (BFH X R 55/97 BStBl 01, 809 zur GewSt; zust *Wiese* GmbHR 02, 293: „Beteiligungshändler"; krit *Blumers ua* DB 02, 60; *Hey* BB 02, 870: Widerspruch zu § 17). Das Streben nach Einfluss auf eine KapGes reicht nicht aus (BFH VIII R 150/76 BStBl II 80, 389), wohl aber die Ausübung einer Konzernleitung (BFH I 252/64 BStBl II 70, 257), ebenso mE **Geschäftsführung** iVm Mehrheitsbeteiligung (BFH VIII R 34/08 BFH/NV 11, 585; Rz 12). **Private Equity-Fonds** betreiben private Vermögensverwaltung, wenn sie nur Beteiligungsrechte wahrnehmen, aber keine eigene unternehmerische Tätigkeit ausüben (s auch BR-Drs 740/13, 59 zu § 1 Ib Nr 3 InvStG). Der hierfür nach Verwaltungssicht zu prüfende Kriterienkatalog (*BMF* BStBl I 04, 40; *FinVerw* DStR 06, 1505; DB 07, 135; *Seer ua* aaO, 548; *Rodin ua* DB 04, 103) ist vom BFH ausdrückl offen gelassen worden; er nimmt aber Gewerblichkeit jedenfalls dann an, wenn der Fonds primär auf fremdfinanzierte Vermögensumschichtung gerichtet ist (BFH I R 46/10 DStR 11, 2085; zutr; abl *Süß ua* DStR 11, 2276). Zum „carried interest" § 18 Rz 280ff. 90

b) Wertpapierhandel. Die Anschaffung und Veräußerung von **Wertpapieren** (auch in größerem Umfang) für eigene Rechnung und die Ausübung von (Stimm-) Rechten („Privatanleger") ist idR private Vermögensverwaltung und erst gewerbl, wenn besondere Umstände vorliegen („professionelle Konturierung"), zB persönl Arbeitseinsatz, entspr Beruf, Beschäftigung von Hilfskräften, erhebl Fremdfinanzierung, Büroräume, Buchführung, Offerierung an Dritte, überwiegend Handeln auf fremde Rechnung, Fremdverwaltung (BFH III R 31/07 BFH/NV 10, 844; EStH 15.7 [9]; *Hartrott* FR 08, 1095/9), zB Optionsgeschäfte eines angestellten Börsenmaklers (BFH X R 24/06 BFH/NV 08, 774). Nicht maßgebl ist Umschlaghäufigkeit oder Wert des Vermögens (BFH X R 14/07 BFH/NV 08, 2012); ebenso nicht die gewerbl Eigenqualifikation des StPfl (BFH X B 158/07 BFH/NV 08, 2024). Differenz(Termin- und Options-)geschäfte führen nicht zur Teilnahme am 91 allg wirtschaftl Verkehr (BFH XI R 1/96 BStBl II 97, 399; Rz 20; offen BFH X R 1/97 BStBl II 01, 706). Ebenso soll der Handel mit **Gold/Edelmetallen** idR Vermögensverwaltung sein (zB FG Mchn EFG 15, 1931; Rev I R 62/15; FG Mster DStRE 15, 1345, Rev I R 14/14; zR krit *Preißer* DB 15, 1558). Zum **Bodenschatzverkauf** (BFH X R 10/07 BFH/NV 10, 184: nicht gewerbl).

92 **6. Kreditgewährung; Lebensversicherung.** GewBetr, wenn Darlehen an verschiedene Personen bankgeschäftsähnl gewährt werden (zB BFH VIII R 236/77 BStBl II 80, 571; FG Hbg EFG 12, 1771, rkr: Inkasso). Ebenso, wenn **notleidende Darlehen** („Non-Performing-Loans") erworben und verwertet werden (FG BBg EFG 15, 1802, Rev IV R 34/15 mit abl Anm *Baldauf*; zur USt s *BMF* BStBl I 15, 1012). *Nicht* hingegen bei Erwerb **gebrauchter LV** (insb US-LV-Zweitmarktfonds), wenn diese nicht weiterveräußert, sondern vom Fonds (nur) *eingezogen werden* (so BFH IV R 32/10 BStBl II 13, 538; *FinVerw* DB 13, 2119; zu § 20 I Nr 6 idF KroatAnpG s dort).

III. Abgrenzung ggü selbstständiger Arbeit iSv § 18

95 **1. Negatives Tatbestandsmerkmal: keine selbständige Arbeit.** Eine selbstständige nachhaltige und von Gewinnabsicht getragene Teilnahme am allg wirtschaftl Verkehr ist kein GewBetr (§ 15 II 1), wenn (und soweit, s Rz 97-8) ein freier Beruf, dh ein in § 18 I Nr 1 genannter Katalogberuf (zB Arzt, Rechtsanwalt), ein einem Katalogberuf „ähnl Beruf" oder eine wissenschaftl, künstlerische, schriftstellerische, unterrichtende oder erzieherische Tätigkeit (vgl auch § 1 II PartGG), oder eine sonstige selbstständige Arbeit iSv § 18 I Nr 3 ausgeübt wird. Nicht gewerbl sind auch Einkünfte aus ehemaliger freiberufl Tätigkeit, soweit nur vom Freiberufler geschaffene Werte realisiert werden (zB BFH IV R 16/92 BStBl II 93, 716: Veräußerung von Bildern durch Erben eines Kunstmalers; s aber § 16 Rz 607); ebenso nicht der Bilderrückkauf durch Künstler (FG Mchn EFG 10, 2087, rkr; § 18 Rz 72). **Einzelheiten** dazu, welche Berufe Katalogberufe oder diesen **ähnl** sind, was eine wissenschaftl usw Tätigkeit und was **sonstige selbstständige Arbeit** ist, s § 18 Rz 60 ff.

97 **2. Gemischte Tätigkeit bei selbständiger Arbeit.** – Ist eine *natürl Person* (zu *PersGes* – zB Gemeinschaftspraxen – s § 15 III Nr 1; Rz 185 ff; zu *KapGes* s § 8 II KStG) teils gewerbl, teils freiberufl tätig und bestehen zw den Betätigungen keine sachl und wirtschaftl Berührungen (zB ein Arzt betreibt eine Gaststätte, s § 18 Rz 50), so ist offensichtl, dass verschiedene Einkunfts-Tatbestände erfüllt sind (vgl BFH IV R 48/01 BStBl II 04, 363); die sog Geprägetheorie greift bei Einzelunternehmen nicht ein. Besteht zw einer, jeweils für sich betrachtet, teils gewerbl, teils freiberufl Betätigung derselben natürl Person ein **sachl und wirtschaftl Zusammenhang** (sog gemischte Tätigkeit) – zB ein Tierarzt behandelt Tiere und verkauft an die Tierhalter Medikamente (s aber *FinVerw* DB 93, 1393); ein Augenarzt verkauft auch Kontaktlinsen; ein HNO-Arzt verkauft Hörgeräte (*BMF* FR 97, 500) –, ist die Gesamtbetätigung estrechtl im Interesse sachgerechter Ergebnisse idR **getrennt zu beurteilen:** Die aus jeder Tätigkeit herrührenden Einkünfte sind getrennt und ggf im Schätzungswege zu ermitteln (zB BFH IV B 35/98 BFH/NV 99, 1328). Eine **einheitl Beurteilung** ist nur geboten, wenn die einzelnen Tätigkeiten sich gegenseitig bedingen und derart miteinander verflochten sind, dass sie nach der Verkehrsauffassung als Einheit anzusehen sind (zB BFH IV R 48/01 aaO: Praxis und Privatklinik); dafür spricht zB, dass der StPfl dem Auftraggeber einen einheitl Erfolg schuldet (BFH I R 54/93 BStBl II 94, 864). Dabei ist entscheidend, welche Tätigkeit der Gesamttätigkeit das **Gepräge** gibt (BFH XI R 57/05 BFH/NV 07, 1854).

99 **a) Folgen.** Ist eine **einheitl gewerbl Betätigung** anzunehmen (zB ein Fabrikant fertigt und veräußert Maschinen auf Grund eigener Erfindungen, ein Architekt errichtet und veräußert Häuser nach eigenen Plänen), ist es weder zulässig, aus

den Verkaufserlösen einen Teil für freiberufl Leistungen herauszurechnen und gesondert zu versteuern, noch bei der Ermittlung der gewerbl Gewinne fiktive Honorare als BA abzuziehen und als freiberufl BE anzusetzen (BFH IV R 87/85 BStBl II 88, 342 für Architekt). Durch Ausgliederung der gewerbl Tätigkeit (Verlag, Fabrikation usw) auf eine GmbH und Abschluss entgeltl Verträge mit dieser lässt sich jedoch eine Trennung erreichen, sofern keine BetrAufsp (Rz 800 ff) oder vGA vorliegen.

b) Beispiele (aus der Rspr zu gemischten Tätigkeiten einer natürl Person). 100

(1) **Trennbar:** BFH IV R 42/89 BStBl II 90, 534 (Treuhandtätigkeit eines Rechtsanwalts für Bauherren); BFH IV R 102/90 BStBl II 92, 413 (Produktwerbung eines Schauspielers); BFH IV R 15/90 BStBl II 91, 889 (handwerkl und künstl Tätigkeit eines Holzschnitzers); BFH IV R 99/93 BStBl II 94, 650 (typische freiberufl Leistungen eines Steuerberaters iRd Treuhandschaft für Bauherrengemeinschaft); BFH VIII B 116/10 BFH/NV 11, 1135: Steuerberatung und Verpachtung von Mandantenstamm/Betr Aufsp; BFH IV R 11/97 BStBl II 1998, 603 (Augenarzt und Kontaktlinsenverkauf); BFH IV B 35/98 BFH/NV 99, 1328 (Freiberufler und Software-Entwickler); BFH IV R 48/01 BStBl II 04, 363 (Praxis und Klinik).

(2) **Einheitl gewerbl:** BFH IV R 15/73 BStBl II 79, 236 (Selbstverlag); BFH VIII R 149/76 BStBl II 81, 746 (Technikerschule und Rehabilitationszentrum); FG Nds EFG 92, 681 (Veräußerung schlüsselfertiger Häuser durch Architekt); BFH IV R 223/85 BFH/NV 88, 737 (Lizenzvergabe für eigene Erfindungen durch Gewerbetreibenden); BFH IV R 60/95 BStBl II 1997, 567 (Ingenieurbüro und Hardware-Verkauf).

(3) **Einheitl gewerbl *oder* freiberufl:** BFH XI R 85/93 BStBl II 95, 732 (Praxis für Laboratoriumsmedizin).

(4) **Einheitl freiberufl:** BFH IV R 80/88 BStBl II 90, 17 (Geldgeschäfte als Hilfsgeschäfte).

IV. Abgrenzung ggü Land- und Forstwirtschaft iSv § 13

1. Negatives Tatbestandsmerkmal: keine LuF. Eine selbstständige nachhaltige und von Gewinnabsicht getragene Teilnahme am allg wirtschaftl Verkehr ist kein GewBetr, wenn LuF iSv § 13 vorliegt (§ 15 II 1). LuF ist die planmäßige Nutzung der Naturkräfte des Bodens und die Verwertung der dadurch gewonnenen Erzeugnisse (zB BFH IV R 45/02 BStBl II 04, 512). 105

LuF sind insb Betriebe, die **(1)** Pflanzen mit Hilfe der Naturkräfte gewinnen (wie zB Land-/Forstwirtschaft, Wein-, Garten-, Obst-, Gemüsebau, Baumschulen, § 13 I Nr 1 S 1), **(2)** Tiere züchten oder/und Tiere halten, sofern der Tierbestand den in § 13 I Nr 1 S 2 angegebenen Umfang nicht übersteigt, **(3)** Binnenfischerei, Fischzucht, Wanderschäferei oder Imkerei betreiben (§ 13 I Nr 2). **(4)** Zur LuF gehört auch GewBetr, der einem luf Hauptbetrieb dient (luf Nebenbetriebe, § 13 II Nr 1; § 15 I 1 Nr 1), uU auch Dienstleitungen. Schafft ein Landwirt WG an, die er im eigenen Betrieb nicht benötigt, und erbringt er damit Dienstleistungen für Dritte, wird er von Anfang an gewerbl tätig, auch wenn er die WG gelegentl in der eigenen Landwirtschaft einsetzt (BFH IV R 10/05 BStBl II 07, 516).

Zu **Einzelheiten** der Abgrenzung von gewerbl und luf Betrieben (zB Tierzucht und Tierhaltung, Absatz-, Be und Verarbeitungsbetriebe, Abbau von Bodenschätzen, Vermietung und Dienstleistungen, Pensionsreitpferde, Gärtnereien) s **§ 13.**

2. Gemischte Tätigkeiten bei LuF. S insb zur Abgrenzung ggü GewBetr sowie zu luf Nebenbetrieben § 13 Rz 61 ff; zur Abfärbung bei PersGes s Rz 185 ff; zu KapGes s § 8 II KStG. Zu Grundstücksveräußerung als luf Hilfsgeschäft oder GewBetr s Rz 61. 107

3. Strukturwandel. Wandelt sich der luf Betrieb zu einem Gewerbe, ist dies keine Betriebsaufgabe (Rz 132; § 16 Rz 176; § 4 Rz 321; EStR 15.5 II). 108

V. Abgrenzung eines gewerbl Unternehmens in sachl, zeitl und persönl Hinsicht

1. Mehrere selbstständige oder ein einheitl GewBetr. *Eine natürl Person* (zu PersGes s § 15 III Nr 1; Rz 194) kann **mehrere GewBetr** betreiben (vgl BFH X 125

R 130/87 BStBl II 89, 901); ebenso Ehegatten (FG Köln EFG 02, 39). – *(1)* Ob bei mehrfacher gewerbl Betätigung mehrere Teilbetriebe iSv § 16 I Nr 1 oder gar nur unselbstständige Betriebsteile eines einheitl GewBetr oder mehrere selbstständige GewBetr vorliegen, ist estrechtl – anders als gewstrechtl (dazu GewStR 2.4) – idR belanglos, weil estrechtl nicht nur Gewinne und Verluste verschiedener Teilbetriebe, sondern auch mehrere selbstständige GewBetr bei Ermittlung der Einkünfte aus GewBetr einer natürl Person miteinander verrechnet (ausgeglichen) werden und einzelne WG erfolgsneutral von dem einen in den anderen GewBetr verbracht werden können (§ 6 V 1, 2).

(2) Ob mehrere gewerbl Betätigungen selbstständige GewBetr sind, ist auf Grund einer Gesamtwürdigung der relevanten Merkmale (zB Gleichartigkeit der Betätigung, räuml Trennung der Betriebe, gesonderte Buchführung, eigenes Personal, eigene Verwaltung, selbstständige Organisation, eigenes AV) zu beurteilen (BFH X R 108/87 BStBl II 89, 572; BFH X R 36/10 BFH/NV 13, 252: Einzelhandel/Photovoltaikanlage; BFH X R 38/11 BFH/NV 13, 1125: Fleischerei/Heilpflanzenhandel). Auch gleichartige Tätigkeiten können eigenständige GewBetr sein, wenn keine Verbindung wirtschaftl, finanzieller oder organisatorischer Art besteht (BFH VIII R 294/84 BFH/NV 90, 261: Tankstellen). Räuml weit voneinander ausgeübte ungleichartige gewerbl Tätigkeiten bilden idR eigenständige GewBetr, es sei denn, sie ergänzen einander (BFH X R 130/87 aaO).

(3) Veräußerungen können als Teil eines selbstständigen gewerbl Grundstückshandels, aber auch (insb bei Branchennähe) idR **bestehenden** oder gerade begonnenen (Einzel-)**Unternehmens** vorgenommen werden (BFH X R 49/04 BStBl II 08, 711: Makler; BFH X R 35/07 BFH/NV 09, 1249: Bauingenieur; Rz 48).

126 **2. Umfang eines gewerbl Unternehmens.** Liegt ein GewBetr vor, schließt dies nicht aus, dass der Unternehmer (natürl Person; zu PersGes s § 15 III Nr 1; Rz 185; zu KapGes s § 8 II KStG; Rz 40) daneben privat tätig ist. **Typische Geschäfte** sind indes idR dem GewBetr zuzurechnen (BFH X R 51/03 BFH/NV 05, 1532), es sei denn, dass bei entspr privater Veranlassung eine abw Zuordnung klar und eindeutig vorgenommen ist (BFH X 116/10 BFH/NV 12, 577; zu gewerbl Grundstückshandel s auch Rz 77). – Bei anderen Geschäften kommt es auf die **Nähe** zu der ausgeübten gewerbl Tätigkeit an; es genügt aber nicht jede Nutzbarmachung berufl Kenntnisse, um private Geschäfte zu gewerbl zu machen (BFH X R 39/88 BStBl II 91, 631). Branchenfremde Geschäfte mit Spielcharakter zB Differenzgeschäfte sind idR nicht betriebl veranlasst (zB BFH IV R 123/82 BFH/NV 86, 15; *Schmidt-Liebig* StuW 95, 162/71). Zu Grundstücksgeschäften von „Branchenkundigen" s Rz 48, 65.

127 **Beispiele aus der Rspr:** BFH III R 241/84 BStBl II 88, 615 (ehrenamtl Tätigkeit als Präsident der Berufskammer: *Aufwandsentschädigung* gewerbl BE); FG Mchn EFG 88, 620, rkr (Verluste aus Devisentermingeschäften idR nicht betriebl; § 23 I 1 Nr 4); BFH X R 38/92 BFH/NV 94, 850 (*Wertpapiergeschäfte* eines Wertpapier-Verkaufsvermittlers/Börsenmaklers/Bankiers/Kursmaklers); BFH XI R 71/96 BFH/NV 97, 839 *(Bauunternehmer als Bauträger);* FG Mchn DStRE 98, 473 (*Veräußerung durch Architekten* nicht gewerbl); BFH XI R 39/01 BFH/NV 04, 622 *(allg Unternehmensberatung).*

128 Zur **gemischten Tätigkeit** s Rz 97, 107. Zur Unterscheidung von Sondervergütungen bzw SonderBE eines MUers s Rz 568, 649.

129 **3. Beginn eines gewerbl Unternehmens. – a) Allgemeines.** Der estrechtl Beginn eines GewBetr (zu PersGes s Rz 195) ist maßgebl dafür, welche Aufwendungen und Erträge bereits zu positiven oder negativen Einkünften aus GewBetr führen und welcher Zeitpunkt für den Teilwertansatz der dem Betrieb dienenden WG (bei Anschaffung vor mehr als drei Jahren) nach § 6 I Nr 6, 5 bestimmend ist, wobei aber die „Eröffnung" eines Betriebs (§ 6 I Nr 6) kein Zeitpunkt, sondern ein Zeitraum ist (BFH VIII R 126/86 BStBl II 91, 840).– Bei endgültiger Entscheidung zur Betriebseröffnung (zB BFH III R 58/89 BStBl II 94, 293) beginnt estrechtl der GewBetr (einer natürl Person) bereits mit den ersten **vorbereitenden Maßnahmen,** die mit dieser in unmittelbarem wirtschaftl Zusammenhang stehen

(BFH IV R 41/93 BFHE 176, 346). Die durch Vorbereitungshandlungen entstehenden Aufwendungen (Beratungskosten usw) sind BA und führen ggf zu Verlusten aus GewBetr (BFH III R 11/91 BStBl II 92, 819: Besichtigungskosten). Der Zeitpunkt, von dem an BA anfallen können, und der Beginn der Betriebseröffnung iSv § 6 I Nr 6 sind mE notwendig identisch.

b) Gewerbesteuer. Ein GewBetr liegt gewstrechtl erst mit Beginn der *werbenden* Tätigkeit vor (GewStR 2.5; BFH IV R 8/97 BStBl II 98, 478: auch bei BetrAufsp; BFH IV R 23/97 BStBl II 98, 745: Leasingunternehmen; BFH IV R 5/02 BStBl II 04, 464: gewerbl geprägte PersGes; BFH IV R 54/10 BStBl II 12, 927: ebenso, wenn ein späterer Veräußerungsgewinn § 7 S 2 GewStG 03 unterfiele; s auch Rz 232). Vorweg entstandene BA sind danach nicht zu berücksichtigen (krit *Roser* Ubg 15, 582); zu AfA s aber BFH IV R 52/09 BStBl II 11, 929. Offen ist, ob der Beginn der werbenden Tätigkeit auch für den TW-Ansatz nach § 6 I Nr 6 (§ 7 GewStG) bestimmend sein soll (mE folgerichtig) und somit est-/gewstrechtl evtl unterschiedl Teilwerte maßgebl sind (*Glanegger* FR 90, 469). 130

c) Gewerbl Grundstückshandel (Rz 46 ff). Er beginnt (s *BMF* BStBl I 04, 434, Rz 31) mit Tätigkeiten des StPfl, die obj erkennbar auf die Vorbereitung der (gewerbl) Grundstücksgeschäfte gerichtet sind (zB BFH III R 27/98 BStBl II 02, 537). Das ist zB der Fall – ***(1)*** mit dem Erwerb von Grundstücken in zumindest bedingter Veräußerungsabsicht (BFH IV B 74/08 BFH/NV 09, 919), – ***(2)*** sofern nur ein zeitl Zusammenhang zw Bebauung und Veräußerung besteht, spätestens mit dem Bauantrag (*G. Söffing* DStZ 96, 353/62; *BMF* BStBl I 04, 434, Rz 31), – ***(3)*** mit der Werbung von Käufern für künftige Eigentumswohnungen, auch wenn noch kein Antrag auf Baugenehmigung gestellt ist, – ***(4)*** mit der Erstellung eines Bauplans (BFH VIII R 65/89 BStBl II 91, 789) oder eines Verwertungskonzepts, – ***(5)*** mit dem Antrag auf Vorbescheid/Baugenehmigung jedenfalls iVm Maklerauftrag (aA BFH IX R 10/11 BFH/NV 13, 715 für nicht realisierbare Vorhaben), – ***(6)*** mit dem Abschluss eines Baubetreuungsvertrags (vgl BFH I R 29/79 BStBl II 83, 451), – ***(7)*** bei Veräußerung unbebauter Grundstücke mit dem Auftrag an einen Architekten, einen Bebauungsplan zu entwerfen, mit dem ersten von mehreren Verkäufen (BFH X R 139/90 BFH/NV 93, 474), – ***(8)*** bei Veräußerung ursprüngl zur Vermietung bestimmter Wohnungen *spätestens* mit der Aufgabe der Vermietungsabsicht, sofern hier überhaupt GewBetr vorliegt (vern BFH VIII R 46/84 BStBl II 88, 65; bej BFH X R 107–108/89 BStBl II 90, 1060). – ***(9)*** Mit typischen Vorbereitungshandlungen wie zB dem Auftrag an einen Architekten, einen Vorentwurf zu erstellen, beginnt der GewBetr auch dann, wenn der StPfl noch nicht Eigentümer des zu bebauenden Grundstücks ist, sofern mit der Realisierung des Vorhabens ernstl zu rechnen ist; nicht erforderl ist, dass das Vorhaben tatsächl durchgeführt wird (BFH VIII R 34/91 BFH/NV 92, 797). – ***(10)*** Zum Beginn des GewBetr bei Erwerb von Althausbesitz zwecks Sanierung, Vermietung und evtl Weiterveräußerung s BFH VIII R 149/78 BStBl II 81, 522; FG Mster EFG 11, 454. – ***(11)*** Zum Verfahren Rz 54. 131

d) Strukturwandel. Zum Beginn des GewBetr beim Strukturwandel von LuF zu GewBetr s EStR 15.5 II sowie von freiberufl Tätigkeit zu GewBetr s BFH III R 15/87 BFH/NV 90, 58 (evtl Teilwertansatz nur für GewSt; BFH I R 49/94 BFH/NV 96, 130). – Die Änderung in der rechtl Beurteilung einer unverändert fortgeführten Tätigkeit ist keine Betriebseröffnung; GewBetr hat bereits früher begonnen (FG Mchn EFG 87, 450). 132

4. Ende eines gewerbl Unternehmens. Der estrechtl Begriff des GewBetr umfasst – anders als der gewstrechtl (vgl Rz 8; § 16 Rz 7; GewStR 2.6; krit *Braun* BB 93, 1122/4) – auch die auf **Abwicklung** des Unternehmens gerichtete Tätigkeit (BFH IV R 187/74 BStBl II 79, 89), zB nach Insolvenzeröffnung (BFH VIII R 28/90 BStBl II 92, 881 mwN). Der GewBetr endet daher nicht schon mit der Einstellung der werbenden Tätigkeit (zB Schließung eines Ladenlokals), sondern 133 erst mit der **letzten Abwicklungshandlung,** es sei denn, dass bereits die Betriebseinstellung als Betriebsaufgabe iSv § 16 zu werten ist oder dass der Betrieb im Ganzen veräußert wurde (BFH IV R 68/77 BStBl II 80, 658). Eine nur vorübergehende Betriebseinstellung hingegen beendet den GewBetr nicht (**Betriebsunterbrechung,** § 16 Rz 181). Zu Veräußerungsgewinnen beim **gewerbl Grundstückshandel** s Rz 78; § 16 Rz 342.

134 Gem § 24 Nr 2 können auch nach Ende eines GewBetr noch positive oder negative gewerbl Einkünfte anfallen. Zu Vorgängen nach Betriebsveräußerung oder -aufgabe (zB Zahlung von Schuldzinsen) s § 16 Rz 350. Zu BetrAufsp und -verpachtung (Wegfall der tatbestandl Voraussetzungen) s Rz 865; § 16 Rz 714-5.

135 **5. Subj Zurechnung der Einkünfte aus GewBetr.** Einkünfte sind derjenigen natürl Person zuzurechnen, die sie erzielt (§ 2 I), dh die den Tatbestand der einzelnen Einkunftsart verwirklicht. Wenn Tatbestand des § 15 I 1 Nr 1 ein GewBetr ist, so sind die Einkünfte subj dem Unternehmer (Unternehmensträger) zuzurechnen (zB BFH III R 25/02 BStBl II 04, 787). Es gibt jedoch keinen allg Rechtsbegriff des Unternehmers; er wird in verschiedenen Gesetzen, auch Steuergesetzen, mit unterschiedl Inhalt verwendet; so ist zB der ustrechtl Unternehmerbegriff (§ 2 I UStG) umfassender als der estrechtl.

136 **a) Unternehmerbegriff (estl).** Diesen erfüllt, wer Unternehmerinitiative entfalten kann und Unternehmerrisiko trägt (vgl BFH GrS 3/92 BStBl II 93, 616/21), dh diejenige Person, nach deren Willen und auf deren Rechnung und Gefahr das Unternehmen in der Weise geführt wird, dass sich der **Erfolg oder Misserfolg in ihrem Vermögen unmittelbar** (nicht nur, wie zB beim Aktionär mittelbar) **niederschlägt** (zB BFH VIII R 349/83 BStBl II 92, 330). IdR ist Unternehmer der rechtl und wirtschaftl Eigentümer (§ 39 AO) der dem Betrieb dienenden WG (BFH XI R 35/97 BStBl II 98, 542).

137 **b) Einzelfragen.** – ***(1)*** Bei offener **Stellvertretung** ist der **Vertretene** Unternehmer, sofern das Unternehmen auf seine Rechnung betrieben wird (BFH VIII B 15/06 BFH/NV 06, 1835); dies gilt auch, wenn Eltern als gesetzl Vertreter ein Unternehmen im Namen ihrer minderjährigen Kinder führen (zB BFH VIII R 193/83 BStBl II 89, 414). Hingegen ist der **Vertreter Unternehmer,** wenn er in fremdem Namen, aber für eigene Rechnung handelt (BFH VIII R 349/83 BStBl II 92, 300/3); dies kann auch zutreffen, wenn Eltern als gesetzl Vertreter die Gewinne der Kinder zu deren Unterhalt verwenden und sich damit indirekt selbst entlasten (BFH VIII R 193/83 BStBl II 89, 414).

138 ***(2)*** Wenn sich nachweisl Außen- und Innenverhältnis nicht decken, ist das **Innenverhältnis** maßgebl, dh nur der **Treugeber** ist Unternehmer (vgl BFH X B 99/89 BFH/NV 91, 163; Rz 20), vorausgesetzt, dass der Treuhänder hinreichend weisungsunterworfen ist (vgl zu KG-Anteil BFH XI R 45/88 BStBl II 93, 538; s auch Rz 295 ff zu PersGes; § 5 Rz 154). An den Nachweis der Treuhand, der demjenigen (StPfl oder FA) obliegt, der daraus Rechte ableiten will (vgl § 159 AO), sind hohe Anforderungen zu stellen (BFH X B 99/89 BFH/NV 91, 163; FG Mchn EFG 10, 236, rkr). Unabhängig von Vereinbarungen (verdeckte Stellvertretung; Treuhand; Innen-/Außenverhältnis; Strohmann) ist letztl entscheidend, wer den Erzielungstatbestand nach dem Gesamtbild **tatsächl verwirklicht** hat (vgl BFH X B 106/09 BFH/NV 10, 601; *Fischer* FR 05, 256); zur USt BFH V B 152/03 BFH/NV 04, 833. – Zu treuwidrigen Eigengeschäften eines Bank-ArbN unter dem Namen der Bank BFH X R 163–164/87 BStBl II 91, 802.

139 ***(3)*** Bei (insb unentgeltl) **Betriebsübertragung zw Familienangehörigen** bleibt der bisherige Betriebsinhaber (zB Ehemann) anstelle des neuen (formalen) Unternehmensträgers (zB Ehefrau) weiterhin (alleiniger) Unternehmer, wenn ***(a)*** er *wirtschaftl Eigentümer* bleibt (**bej** für KG-Anteil BFH VIII R 196/84 BStBl II 89, 877 bei widerrufl Schenkung; BFH VIII R 81/85 BStBl II 94, 645 wegen Scheidungsklausel iVm besonderen Umständen; **vern** bei Betriebsübertragung auf

minderjährige Kinder BFH VIII R 193/83 BStBl II 89, 414, bei schenkweiser atypischer Unterbeteiligung minderjähriger Kinder mit Rückfallklausel BFH IV R 114/91 BStBl II 94, 635, bei unwiderrufl Vollmacht zur Ausübung von Ges'terrechten in vermögensverwaltender GbR BFH IV R 125/92 BStBl II 96, 5) oder ***(b)*** eine *verdeckte Treuhand* vorliegt (BFH IV R 189/84 BFH/NV 88, 734); evtl kann die Vereinbarung auch als verdecktes GesVerhältnis zu werten sein, kraft dessen der Betriebsveräußerer MUer wird (s Rz 280 ff). – Zur **Betriebsverpachtung** zB an eine neugegründete Familien-GmbH & Co KG ohne gesrechtl Beteiligung des bisherigen Inhabers s Rz 744; zum sog Wiesbadener Modell s Rz 846.

(4) Unternehmer ist auch der **Erbe** eines GewBetr (s § 16 Rz 590 ff); Entspr gilt für den **Vorerben** (§§ 2100 ff BGB). Zur (str) Zurechnung der Einkünfte aus vermächtnisweise zugewendetem GewBetr s § 16 Rz 28. 140

(5) Führt der **Insolvenzverwalter** den GewBetr des Gemeinschuldners fort, bleibt (nur) dieser Unternehmer (s Rz 148). Führt ein **Testamentsvollstrecker** den GewBetr als Vertreter des Erben fort (Vollmachtlösung; zB BGHZ 24, 106/12), ist nur der Erbe Unternehmer; das gilt auch bei sog Treuhandlösung (BFH IV R 36/73 BStBl II 78, 499: OHG-Anteil; BFH VIII R 18/93 BStBl II 95, 714: Treuhänder-K'tist). Zur BetrAufsp s Rz 841. – Zum Verfahren (StBescheid) s BFH X B 328/94 BStBl II 96, 322. 141

(6) **Zurechnungsmissbrauch (§ 42 AO)** kann (im Einzelfall) nach der Rspr vorliegen bei Schenkung an Verwandte und Freunde (BFH X B 146/04 BFH/NV 05, 1559: „Beherrschung des Geschehens"), bei sonstiger Einschaltung eines („funktionslosen") Familienangehörigen (BFH IV R 132/85 BStBl II 91, 607; BFH X R 39/03 BStBl II 05, 817) oder ggf bei Einschaltung einer GmbH (BFH III R 25/02 BStBl II 04, 787); Überlassungsvertrag zugunsten einer (fremden) GmbH reicht nicht (FG Mster EFG 03, 934). S auch Rz 10, 54, 75; *Vogelgesang* FS Korn 2005, 187/217 zur Vermeidung der Gewerblichkeit. 142

(7) **Unternehmer** ist aber auch der **Pächter** oder **Nießbraucher** eines GewBetr (vgl § 22 II HGB) oder derjenige, dem der **Betrieb** von einem Angehörigen **unentgeltl** zur Eigennutzung **überlassen** ist (sog Wirtschaftsüberlassung; s § 13 Rz 141; § 16 Rz 702). – Zur unentgeltl betriebl Nutzung *einzelner WG* eines Angehörigen, insb zur Nutzungseinlage und zum sog Drittaufwand, s § 4 Rz 500 f. 143

(8) Beim Nießbrauch ist zw **Unternehmensnießbrauch** und (evtl nur quotalem) **Ertragsnießbrauch** zu unterscheiden (*Korn* DStR 99, 1461/9). Nur derjenige, der auf Grund des Nießbrauch im eigenen Namen Unternehmerinitiative entfaltet und Unternehmerrisiko trägt **(Unternehmensnießbraucher),** ist Unternehmer (vgl zB BFH VIII R 55/77 BStBl II 81, 396; BFH IV R 7/94 BStBl II 96, 440). 144

Der Unternehmensnießbrauch ist eine „verdinglichte" Form der Unternehmenspacht und grds wie diese (s § 5 Rz 701; § 16 Rz 690) zu beurteilen (vgl BFH IV R 325/84 BStBl II 87, 772 zu Vorbehaltsnießbrauch bei LuF). Der Nießbraucher wird idR Eigentümer des UV (§ 1067 BGB), der Besteller bleibt Eigentümer des AV; ferner Rz 307 ff.

Wem nur der (positive) Ertrag eines von einem anderen betriebenen Unternehmens (ganz oder teilweise) zufließt **(Ertragsnießbrauch),** ist nicht Unternehmer und damit nicht Zurechnungssubjekt *gewerbl* Einkünfte (BFH VIII R 349/83 BStBl II 92, 330/3). Vgl auch Rz 308, 314.

(9) Zur Einkünftezurechnung bei sog **Betriebsüberlassungs- und Betriebsführungsverträgen** s zB *Strobl* JbFfSt 87/88, 327. 146

c) Betriebsübertragung. Zur **unentgeltl** (teilentgeltl) Übertragung eines Einzelunternehmens zw Angehörigen s § 16 Rz 35 ff, 45 ff; zur Übertragung auf minderjährige Kinder unter Vorbehalt lebenslängl elterl Verwaltungs- und Verfügungsbefugnis s BFH VIII R 193/83 BStBl II 89, 414 (mE unzutr, s FR 89, 142; offen in BFH IV R 125/92 BStBl II 96, 5). Zu Betriebsveräußerung/-übertragung zw Ehegatten zu unübl Bedingungen s Rz 139. 147

148 **d) Subjektive Zurechnung der Einkünfte.** Ihr steht nicht entgegen, dass – *(1)* der Unternehmer persönl nicht die erforderl **behördl Genehmigung** für die Ausübung der Tätigkeit besitzt, zB nach § 2 GastG, – *(2)* das Unternehmen nicht auf den Namen des Unternehmers, sondern zB der Ehefrau nach § 14 GewO angemeldet (BFH IV R 112/59 DB 62, 789) oder in das **HReg** eingetragen ist (BFH VIII R 349/83 BStBl II 92, 330), – *(3)* über das Vermögen des Unternehmers das **Insolvenzverfahren** eröffnet ist (Rz 141), – *(4)* ein **entgeltl Betriebsübertragungsvertrag** (Kaufvertrag, Übereignung) oder ein Unternehmenspachtvertrag zw Fremden, auf Grund dessen ein Unternehmen betrieben wird, **zivilrechtl unwirksam** ist (BFH IV R 80/67 BStBl II 68, 93; zur Rückabwicklung s § 16 Rz 387), – *(5)* der Unternehmer im **Güterstand der Zugewinngemeinschaft** lebt und demgemäß der andere Ehegatte mittelbar über den Zugewinnausgleichsanspruch am Unternehmen teil hat (anders bei Gütergemeinschaft s Rz 376); – *(6)* der Unternehmer in **nichtehel Lebensgemeinschaft/ Lebenspartnerschaft** lebt (s auch Rz 381/2).

150 **6. ABC der gewerbl Unternehmen.** (s EStH 15.6; zur **Abgrenzung** von § 18s dort Rz 155).

Aktionsleiter einer Bausparkasse s BFH I R 114/85 BStBl II 89, 965.

Apotheker s BFH IV B 48/97 BFH/NV 98, 706; *FinVerw* BB 95, 1886.

Apotheken-Inventurbüro bzw Rezeptabrechner s BFH IV 283/63 U BStBl III 65, 556; BFH IV R 153/73 BStBl II 74, 515.

Artist, sofern nicht ArbN (BFH IV 77/53 S BStBl III 55, 100).

Artistenvermittler s BFH I 157/63 U BStBl III 66, 36.

Astrologe s FG Ddorf EFG 67, 522, rkr; ebenso astrologische Telefonberatung (FG Ddorf DStRE 05, 824, rkr).

Bastler (FG Nds EFG 97, 802, für Schiffsmodelle; aA FG Bbg EFG 97, 675 bei Verkauf von 6 Fahrzeugen in 6 Jahren und gelegentl Zubehörverkauf).

Baubetreuer s BFH X R 255/93 BStBl II 96, 303/5 Sp 2: auch Bauträger/ Generalunternehmer; vgl auch § 34c GewO.

Berufs(karten)spiel ist gewerbl, wenn es überwiegend nicht als Glücks-, sondern als Geschicklichkeitsspiel ausgeübt wird (BFH XI R 48/91 BFH/NV 94, 622: Croupier; BFH Rev X R 43/12 DStR 15, 2651: Poker).

Berufssportler, sofern nicht ArbN (zB BFH I R 159/76 BStBl II 79, 182). Zu Werbeleistungen BFH VIII R 104/85 BStBl II 86, 424; *BMF* FR 95, 756; *Jansen* FR 95, 461; *Enneking/Denk* DStR 96, 450. – Zum **Sportamateur** zB BFH VI R 59/91 BStBl II 93, 303; *FinVerw* DStR 96, 1567 (Werbeeinsätze).

Bezirksschornsteinfegermeister s BFH XI R 53/95 BStBl II 97, 295.

Bezirksstellenleiter für Lotto/Toto s BFH IV R 77/67 BStBl III 68, 718.

Bordell s BFH IV 79/60 U BStBl III 61, 518; Rz 45.

Briefmarkensammeln, wenn übl Sammleraktivitäten überschritten (BFH X R 23/82 BStBl II 87, 744 zur USt: Verhalten wie Händler).

Buchführungshilfe, sofern selbstständig (BFH IV R 10/00 BStBl II 02, 338).

Buchmacher s BFH IV R 49/78 BStBl II 82, 650.

Bürgschaftsübernahme in einer Vielzahl von Fällen, wenn nicht SonderBE (BFH III R 22/06 BFH/NV 09, 1087: offen; Rz 524).

Campingplatz s BFH IV R 215/80 BStBl II 83, 426 mwN; Rz 82, 120.

Datenschutzbeauftragter s BFH IV R 41/01 BFH/NV 03, 1557.

Daytrader (Wertpapierhändler) s BFH XI R 80/97 BStBl II 99, 448; *Schmidt-Liebig* InF 99, 641; zur Abgrenzung FG BBg EFG 08, 128, rkr.

Detektiv s RFH RStBl 42, 989.

Dispacheur s BFH IV R 109/90 BStBl II 93, 235; BVerfG FR 01, 367.

Ebay-Verkauf auch von Sammlungen s Rz 17, 89.

Ehevermittler s BFH I 242/65 BStBl II 69, 145.

Erbensucher s BFH I 349/61 U BStBl III 65, 263.

Exportberater vgl *Grube* StuW 81, 34/43.

Factoring, wenn es (wie beim unechten Factoring) über die reine Forderungseinziehung hinausgeht (diff *Meyer-Scharenberg* DStR 06, 1437/42).

Fahrzeugsammler nur bei händlertypischem Verhalten (BFH V R 21/08 BFH/NV 11, 949 zur USt).

Filmhersteller, sofern nicht insgesamt künstlerisch; s BFH VIII R 32/75 BStBl II 81, 170; FG Hess EFG 84, 296, rkr (Pornofilme).

Filmschauspieler s Werbung.

Finanz- und Kreditberater s BFH I R 300/83 BStBl II 88, 666.

Fitness-Studio, sofern nicht Sportunterricht, sondern Einweisung in Gerätebenutzung prägend (BFH IV R 79/92 BStBl II 94, 362 mwN).

Flugzeugvermietung/-leasing s Rz 86.

Fotomodell, sofern selbstständig, s FG Hbg EFG 92, 332, rkr.

Fotovoltaik-Stromeinspeisung idR gewerbl (BFH XI R 21/10 BStBl II 12, 434). Zur Einkunftserzielung und Einzelheiten der Gewinnermittlung s *FinVerw* DStR 10, 2305; *Fromm* DStR 10, 207; FG Sachs EFG 12, 1304 rkr, zu InvZul; *OFD Nds,* juris, zu § 7g.

Fremdenführer, sofern selbstständig, s BFH I R 85/83 BStBl II 86, 851 (s aber FG RhPf EFG 91, 321, rkr, zu Museumsführer).

Friedhofsgärtner s BFH VIII R 15/73 BStBl II 76, 492.

Handelsvertreter (§ 84 I HGB) BFH XI R 91/94 BFH/NV 96, 135.

Hausgewerbetreibende iSv § 2 II HAG (vgl § 11 III GewStG; BFH III R 223/83 BStBl II 87, 719), nicht hingegen Heimarbeiter (BFH IV 186/65 BStBl II 72, 385 mwN; EStR 15.1 II).

Hausverwalter (vgl § 18 I Nr 3) bei ständiger Beschäftigung von Mitarbeitern (Vervielfältigungstheorie; zB BFH IV R 5/98 BFH/NV 99, 1456).

Havariesachverständiger s BFH I 347/60 U BStBl III 65, 593.

Heilmittelverkauf durch Heilpraktiker (BFH IV 9/58 StRK GewStG § 2 I R 149), durch Arzt (BFH V R 95/76 BStBl II 77, 879), durch Tierarzt (BFH IV R 113/76 BStBl II 79, 574).

Hellseher s BFH VIII R 137/75 BStBl II 76, 464.

Inkassobüro s BFH I B 240/93 BFH/NV 95, 501; FG Hgb EFG 12, 1771.

Insolvenzverwaltung, auch zB durch Steuerberater, sofern Rahmen sonstiger selbstständiger Tätigkeit (§ 18 I Nr 3) überschritten (BFH IV R 126/91 BStBl II 94, 936: Vervielfältigungstheorie; FG RhPf EFG 07, 1523, rkr).

Internat s Schule.

Internethandel s Ebay-Verkauf.

Kinderheim, sofern erzieherische Tätigkeit nur Nebenleistung, s BFH I R 107/73 BStBl II 75, 610 mwN.

Klavierstimmer, wenn selbstständig, BFH IV R 145/88 BStBl II 90, 643.

Klinik, wenn der Unternehmer kein Arzt ist oder aus der Beherbergung und Verpflegung der Patienten ein besonderer Gewinn erstrebt wird, s BFH I R 34/66 BStBl III 67, 90; BFH IV R 48/01 BStBl II 04, 363.

Künstleragent s BFH VIII R 162/70 BStBl II 72, 624 mwN.

Künstlermanager s BFH IV B 2/90 BFH/NV 92, 372.

Kursmakler s BFH IV B 102/03 DStRE 05, 1382.

Landschaftsgärtner, sofern nicht LuF.

Leasing iVm Sonderleistungen s FG Hbg 12, 1771.

Lebensversicherungskauf s Rz 92.

Lotto/Toto-Annahmestelle s BFH VIII R 310/83 BStBl II 86, 719; FG Köln EFG 93, 594, rkr.

Makler s BFH IV R 173/74 BStBl II 76, 643.

Mannequin, sofern nicht ArbN, s BFH IV 244/65 BStBl II 69, 71.

Mitgliederwerber für Bücherclubs uä (*Felix* DStR 93, 1550).

Münzsammler, wenn dieser sich wie ein Händler verhält (BFH X R 48/82 BStBl II 87, 752 zur USt).

Musiker/Musikkapellen, sofern selbstständig (s *FinVerw* BStBl I 90, 638; DStR 96, 1407) und nicht künstlerisch, s BFH IV R 64/79 BStBl II 83, 7; krit *Kempermann* FR 92, 250/3.

Öffentlichkeitsarbeit s Public-Relation-Berater.

Outplacement-Berater (*FinVerw* StEK EStG § 15 Nr 362).

Personalvermittlung/-beratung s BFH IV R 12/02 BFH/NV 04, 168.

Pharmaberater s FG Ddorf EFG 96, 989.

Pilot s BFH IV R 94/99 BStBl II 02, 565.

Poker s Berufskartenspiel.

Projektierer, sofern nicht Ingenieur, s BFH I R 66/78 BStBl II 81, 121.

Projektmanager s FG Nds EFG 01, 1146, rkr; zum Produktmanager und klinischen Monitor FG Mchn EFG 2005, 382.

Public-Relation-Berater s BFH IV R 16/98 BFH/NV 99, 602; s Rz 97.

Rauschgifthändler s BFH IV R 31/99 BFH/NV 00, 1161.

Reiterhof, sofern nicht LuF oder Liebhaberei, s zB BFH VIII R 91/83 BStBl II 89, 416.

Rentenhändler, soweit nicht ArbN (BFH X R 39/88 BStBl II 91, 631).

Rezeptabrechner s Apotheken-Inventurbüro.

Risikolebensversicherungen, Erwerb gebrauchter RisikoLV s Rz 92.

Rundfunkermittler, wenn selbstständig, s BFH X R 83/96 BStBl II 99, 534; BVerfG FR 01, 367.

Sachverständiger für Blitzschutz (FG SachAnh EFG 07, 1448, rkr).

Sanatorium s Klinik.

Schadensregulierer (selbstständig) s BFH I 21/61 U BStBl III 61, 505.

Schätzer für Kunstwerke s BFH VIII 23/65 BStBl II 71, 749.

Schauspieler s Werbung.

Schiedsrichter. Sportschiedsrichter uU gewerbl (s *OFD Frankfurt,* juris; aA FG RhPf EFG 14, 2065, Rev X R 5/15; Rz 16, 20); zu „Werbung" s dort.

Schiffssachverständiger als Schadensgutachter s BFH XI R 82/94 BStBl II 96, 518.

Schlossbesichtigung s BFH VIII R 95/77 BStBl II 80, 633.

Schule, wenn der Unternehmer keine eigenverantwortl Unterrichtstätigkeit ausübt (BFH IV R 191/74 BStBl II 79, 246 mwN) oder mit der Schule ein Internat verbunden ist und aus der Beherbergung (Beköstigung) der Schüler ein Gewinn erstrebt wird (BFH VI 301/62 U BStBl III 64, 630). – Zum Verkauf von Getränken uä in einer Tanzschule s Rz 98 aE.

Schwimmbadbetrieb durch GrundstücksGes (BFH I R 56/07 BFH/NV 08, 1359).

Sicherheitsbeauftragter s BFH IV B 106/03 BFH/NV 05, 1544.

Spielerberater/-vermittler s BFH IV R 59/97 BStBl II 99, 167: Verhandlungs- und Vermittlungstätigkeit im Vordergrund.

Stromableser (FG Bbg EFG 04, 34).

Stundenbuchhalter übt keine verwaltende Tätigkeit aus (BFH IV R 10/00 BStBl II 02, 338).

Telefonsex s BFH X R 142/95 BStBl II 00, 610.

Trabrennstall s BFH IV R 82/89 BStBl II 91, 333.

Treuhand bei Bauherrenmodellen s Steuerberater; Treuhandtätigkeit im Bereich von Immobilienfonds (BFH XI R 9/06 BStBl II 07, 266).

Übersetzungsbüroinhaber, wenn keine eigene Kenntnis aller einschlägigen Fremdsprachen (vgl BFH IV B 121/95 BFH/NV 97, 25).

Versicherungsberater ist Kaufmann (BFH IV R 19/97 BStBl II 98, 139); zum **Versicherungsvertreter** s Rz 16.

Werbedamen, sofern selbstständig (BFH VI R 150–152/82 BStBl II 85, 661).

Werbung zB eines Sportlers für Industrie (BFH X R 14/10 BStBl II 12, 511: Fußball-Nationalspieler; *BMF* FR 95, 756) oder eines Schiedsrichters (*OFD Frankfurt,* juris) ist gewerbl; ebenso die Mitwirkung eines Schauspielers an Werbesendungen, soweit nicht eigenschöpferisch (BFH IV R 1/97 BFH/NV 99, 465); Mitwirken eines Friseurs (BFH XI R 71/97 BFH/NV 99, 460).

Wohnheim, zB für Asylanten, Umschüler, Arbeiter (BFH III R 217/82 BFH/NV 87, 441; FG Hess EFG 94, 485, rkr).

Zolldeklarant s BFH IV R 117/87 BStBl II 90, 153; ebenso **Zollberater** ohne Zulassung (BFH DStRE 98, 476).

VI. Spätere Veräußerung von Anteilen an Europäischer Gesellschaft/Genossenschaft, § 15 Ia

1. Grundaussage, § 15 Ia S 1. In den Fällen des § 4 I 4 aF/5 nF (keine Ent- 155
nahme bei Sitzverlegung einer Europäischen Ges/Genossenschaft; Einschränkung des dt Besteuerungsrechts im Hinblick auf Art 10d I FusionsRL; Finanzausschuss BT-Drs 16/3369, 12; § 4 Rz 329) ist der Gewinn aus einer **späteren Veräußerung** der Anteile in der gleichen Art und Weise zu besteuern, wie wenn keine Sitzverlegung stattgefunden hätte (*Benecke ua* IStR 07, 22; *HHR* § 15 Rz 970; zT krit *Gosch* IStR 08, 413/7); für alle anderen Rechtsformen gilt § 4 I 3/4 nF. Entgegenstehende Bestimmungen eines DBA sind unbeachtl („treaty override"; vgl Art 10d II FusionsRL idF ÄndRL 2005/19/EG: Die Mitgliedstaaten dürfen den Gewinn aus einer späteren Veräußerung besteuern). Indes steht nach Art 13 V OECD-MA das Besteuerungsrecht iR dem Anteilseigner-Ansässigkeitsstaat zu. – Für Anteile im PV gilt insoweit § 17 V EStG. S auch § 20 IVa nF.

156 **2. Veräußerungsersatztatbestände, § 15 Ia S 2.** Der Veräußerung gleichgestellt sind *(1)* verdeckte Einlage, *(2)* Auflösung, *(3)* Kapitalherabsetzung, *(4)* Kapitalrückzahlung und *(5)* Ausschüttung/Rückzahlung von Beträgen aus dem steuerl Einlagenkonto iSv § 27 KStG (BT-Drs 16/3369, 12; § 17 I 2, IV); vgl auch §§ 13 VII, 18 IV; § 12 I KStG.

C. Einkünfte aus gewerbl MUerschaft, § 15 I S 1 Nr 2 und S 2 iVm § 15 II, III

Schrifttum (Aufsätze vor 2010 s Vorauflagen): *Pinkernell,* Einkünftezurechnung bei PersGes, Diss Köln, 2000; *Wacker,* Aktuelles zum Einfluß des Gesellschafts- und ZivilR, FS Goette, 561. – **Verwaltung:** EStR 15.8 II, V, VI.

I. Grundlagen

160 **1. Keine EStPflicht der MUerschaft.** Die PersGes (OHG, KG, GbR, Partnerschaft, stille Ges) sind als solche weder estpfl (§ 1: Nur natürl Personen) noch kstpfl (vgl § 1 KStG). Deshalb rechnet § 15 I 1 Nr 2 das von gewerbl PersGes oder Gemeinschaften (Oberbegriff: „MUerschaft"; s § 6 V 2–3; § 16 III 2; § 35 II, III) „erzielte Einkommen" anteilig unmittelbar (iSv § 3 I KStG) den einzelnen MUern „als originäre eigene Einkünfte" zu (Rz 163) und unterwirft es bei diesen – bzw bei mehrstöckigen PersGes bei den MUer der obersten Ges (BFH GrS 7/89 BStBl II 91, 691 zu C. III.3.b bb) – nach deren persönl Merkmalen der ESt oder KSt. **Verfahrensrecht:** die Einkünfte der einzelnen MUer sind grds gesondert, einheitl und für die ESt- oder KSt-Veranlagung bindend festzustellen (§§ 179 ff AO).

161 **2. Zweck des § 15 I 1 Nr 2.** Die Vorschrift zielt darauf, „die Einkünfte beim gemeinschaftl Bezug von Einkünften aus GewBetr zu bestimmen" (BFH GrS 4/82 BStBl II 84, 751 zu C. V.3.b bb) und dabei „den **MUer** einem **Einzelunternehmer** insoweit gleichzustellen, als die Vorschriften des GesRechts nicht entgegenstehen" (zB BFH IV R 51/98 BStBl II 05, 173 zu 3. b/dd) bzw die Besteuerung von Einzelunternehmer und MUer möglichst weitgehend anzunähern (VIII R 21/00 BStBl II 03, 194 II.1.b). Diese (mE zutr) **„Gleichstellungsthese"** bzw „Parallelwertung" entspricht der hL (zB *Pinkernell* aaO S 182 ff; iErg auch *Reiß* in *KSM* § 15 Rz E 49: krit *Knobbe-Keuk* § 9; § 21 II 6b). **Konsequenzen** sind zB ***(1)*** die Hinzurechnung von Sondervergütungen (weil auch der Einzelunternehmer seinen Gewinn nicht um fiktives Gehalt, Mietentgelte und Darlehenszinsen mindern kann, zB BFH VIII R 31/01 BStBl II 02, 464/8 Sp 1 mwN) und die Erfassung von betriebl genutzten WG der MUer als SonderBV (weil auch beim Einzelunternehmer betriebl genutzte WG BV sind; Rz 163); ***(2)*** die grds Gleichbehandlung von Ges'terbeiträgen gegen Gewinnanteil und schuldrechtl Ges'terleistungen gegen Entgelt (vgl *Groh* DB 91, 879/82).

162 **a) Rechtsentwicklung. Früher** war hL, dass **PersGes** „für die ESt … überhaupt **nicht da**" sind und die Rechtslage so zu beurteilen ist, „wie wenn der einzelne Ges'ter den Betrieb der Ges in dem seinem Anteil entspr Umfang als eigenen Betrieb führen würde" (*Becker,* Die Grundlagen der ESt, 94, 102–103); danach war die Bilanz der PersGes nur die Summe von Einzelbilanzen aller Ges'ter. Diese sog **„Bilanzbündeltheorie"** hat der BFH **aufgegeben** (BFH GrS 4/82 BStBl II 84, 751 zu C. III.5.a).

163 **b) „Duales System".** An deren Stelle ist für die gewerbl PersGes in schrittweiser, teils *retrograder* Entwicklung der Rspr (vgl insb BFH GrS 7/87; 3/92; 1/93 BStBl II 91, 691; 93, 616; 95, 617, dazu *Wacker* FS Goette, 561) ein „duales System" getreten, das durch ein (freil geordnetes) Nebeneinander von „Einheit und Vielheit" gekennzeichnet ist (s auch *Kempermann* GmbHR 02, 200: Widerstreit zw **Trennungs- und Transparenzprinzip**). Nach mE zutr gegenwärtiger Sicht des

BFH bleibt auch bei den Beteiligungseinkünften nach § 15 I 1 Nr 2 die Grundentscheidung der §§ 1 und 2 unberührt, dass Subjekte der ESt allein die einzelnen Ges'ter sind" (BFH GrS 1/93 BStBl II 95, 617 zu C. IV.2.b; ebenso zum StPfl iSv § 1 AStG BFH I B 96/97 BStBl II 98, 321; anders nunmehr § 1 I 2, V 7 AStG; zum InvStG/ausl PersGes s *Berger ua* FR 06, 126). Demgemäß ist der Gewinn/Verlustanteil das Ergebnis eigener Tatbestandsverwirklichung und damit **originäre** Einkunft des **MUers** (BFH GrS aaO; BFH IV R 1/11 DStR 15, 283; Rz 160, 441; § 15 I 1 Nr 2, HS 1 ist insoweit ledigl deklaratorisch; aA aber uU BFH IV R 48/11 BFH/NV 15, 1075; BFH II R 5/10 BFH/NV 12, 1942/4). Dh: nicht die PersGes als eigenständige Rechtspersönlichkeit (so die BGH-Rspr zu BGB-*Außen*Ges), sondern – in Anlehnung an die traditionelle individualistische Gesamthandslehre (zB *Palandt* § 705 Rz 24) – die **MUer** in ihrer gesellschafts-/gemeinschaftrechtl **Verbundenheit erzielen** die gewerbl (betriebl) **Einkünfte** (BFH GrS 2/02; BStBl II 05, 679 zu C.2; BFH IV R 72/02 BStBl II 08, 420; *Wacker* aaO; *K/Reiß* § 15 Rz 200f; zT aA hier 26. Aufl; *Hüttemann* DStJG 34, 291/5) und sind als „Unternehmer (Mitunternehmer) des Betriebs der PersGes gewerbl tätig" (zB BFH GrS 1/93 aaO, zu C. IV.2.b). Aus dieser Doppelperspektive (Verbund der MUer [sog Einheit]; originärer Einkünfte der einzelnen MUers [sog Vielheit]) folgt, dass *(1)* in die Gewinnermittlung der MUerschaft nicht nur SonderBE (§ 15 I 1 Nr 2, HS 2) und SonderBA, sondern gem *§ 4 I* auch WG im Eigentum der Ges'ter (SonderBV) einzubeziehen sind (BFH GrS 3/92 BStBl II 93, 616/22), *(2)* die Gewinnerzielungsabsicht zweistufig zu prüfen ist (MUer-Verbund *und* MUer; Rz 180–183), und *(3)* bei der Bestimmung des Gewinnanteils nur dann auf die im Verbund verwirklichten Merkmale (sog Einheit) abzustellen ist, wenn dies mit dem **Zweck** der jeweils in Frage stehenden **Norm** im Einklang steht (ähnl BFH IV R 5/11 aaO: „sachl zutr Besteuerung"). Hiernach gilt zB:

aa) Partielle Rechtsfähigkeit des MUerverbunds. Die gewerbl/betriebl PersGes (Außen- wie InnenGes!) oder Gemeinschaft (s Rz 171) – dh der *MUer-Verbund* (Rz 163) – ist insoweit „Steuerrechtssubjekt", als – *(1)* bei der Feststellung der **Einkunftsart** und grds (Ausnahmen s Rz 165) der **Ermittlung der Einkünfte** auf die Verbundmerkmale abzustellen ist (zB BFH GrS 1/93 BStBl II 95, 617 zu C IV 2b/aa: Subjekt der Einkünftequalifikation und Gewinnermittlung; BFH IV B 46/10 BFH/NV 11, 244: AV/UV; *Wacker* FS Goette, 561; Rz 200: vermögensverwaltende PersGes); – *(2)* die PersGes als solche (dh der MUer-Verbund) – wiederum unabhängig von zivilrechtl Vorgaben – MUer einer anderen PersGes sein kann (BFH GrS 7/89 BStBl II 91, 691/9; aA *K/Reiß* § 15 Rz 207; zum mittelbaren MUer gem § 15 I 1 Nr 2 S 2s Rz 254 ff); – *(3)* Veräußerungsgeschäfte zw Ges und Ges'ter zu fremdübl Bedingungen anzuerkennen sind (BFH IV R 37/06 DStR 08, 761; § 6 Rz 696); – *(4)* Forderungen eines Ges'ters gegen die Ges nicht aufzuspalten sind in eine Forderung gegen sich selbst und die übrigen Ges'ter (s Rz 540); – *(5)* bei Überlassung von WG zur Nutzung zw Schwester-PersGes das BV der überlassenden PersGes grds Vorrang vor SonderBV bei der nutzenden PersGes hat (s Rz 532, 600 ff); – *(6)* die PersGes uU Einbringende iSd §§ 20, 24 UmwStG sein kann (so *BMF* BStBl I 11, 1314 Tz 20.02/3 iVm 24.03; *Kamphaus ua* Ubg 12, 293; s aber Rz 165 aE). – *(7)* Die Pers*handels*Ges in die Konzernklausel (§ 8c I 5 KStG nF) einbezogen ist. – *(8)* Einkunftsberichtigung nach § 1 I 1, V 7 AStG nF. 164

bb) Maßgeblichkeit der individuellen MUer-Merkmale. – *Beispiele:* 165
(1) Sonder-BV und zweitstufige Prüfung der Gewinnerzielungsabsicht (Rz 161/3); Ergänzungsbilanzen (Rz 460 ff; aA bezügl Bilanzänderung EStR 4.4 II 6); – *(2)* GuV-Verteilung (Rz 452 ff); – *(3)* Zurechnung ausl Betriebsstätten (s Rz 421); – *(4)* Ges'ter-/personenbezogene Prüfung von StVergünstigungen (zB erhöhte/ degressive AfA, SonderAfA; § 6b; s Rz 411 ff), soweit gesetzl nichts anderes bestimmt

ist (zB in § 1 I 2 InvZulG; *BMF* BStBl I 06, 119 Rz 5; zu § 7g s dort); – ***(5)*** Überentnahme iSv § 4 IVa (Rz 430); – ***(6)*** Ges´ter einer PerGes als gewerbl Grundstückshändler (s Rz 73 ff); – ***(7)*** Buchwerttransfer von WG zw eigenem BV/SonderBV und GesamthandsBV (§ 6 V); – ***(8)*** Teileinkünfteverfahren für KapGes-Anteilen im GesamthandsBV (s – einschließl § 7 S 4 GewStG – Rz 438f); ebenso iRv § 19 IV KStG nF; – ***(9)*** Einbringungsgewinns I (§ 22 UmwStG, *BMF* BStBl I 11, 1314 Rz 22.02; s aber Rz 164 aE).

167 **c) Tatbestand des § 15 I S 1 Nr 2 (und S 2) iVm II, III.** Er erfasst *dem Grunde nach* ***(1)*** eine PersGes oder wirtschl gleichwertige Gemeinschaft, deren Mitglieder in ihrer Verbundenheit als MUer *einen GewBetr betreiben* (zB BFH VIII R 40/ 01 BStBl II 03, 294 zu 1.) oder ***(2)*** eine *„gewerbl geprägte PersGes"* iSv § 15 III Nr 2, deren Ges'ter MUer sind. Estpfl als gewerbl Einkünfte ist beim einzelnen MUer *der Höhe nach* der **Anteil am „Gesamtgewinn der MUerschaft** (§ 2 II Nr 1)" (zB BFH GrS 3/92 BStBl II 93, 616 zu C. III.6.a bb; BFH VIII R 78/97 BStBl II 99, 163 zu II.4.a), bei beschr stpfl MUern aber nur, soweit er auf inl Betriebsstätten entfällt (BFH I R 92/01 FR 03, 842). Dieser umfasst den Anteil am StB-Gewinn der Ges (Gemeinschaft), die Ergebnisse einer Ergänzungsbilanz und der Sonderbilanz für den einzelnen MUer, in der sich Sondervergütungen iSv § 15 I 1 Nr 2, Aufwand und Ertrag des SonderBV und sonstige SonderBE und SonderBA niederschlagen (s Rz 400 ff). Estpfl als gewerbl Einkünfte sind außerdem nachträgl bezogene Sondervergütungen ehemaliger MUer oder deren Rechtsnachfolger (§ 15 I 2), Einkünfte aus betriebl Beteiligung an einer nicht gewerbl PersGes (s Rz 201 ff) und Einkünfte aus der Veräußerung eines MUeranteils (§ 16 I 1 Nr 2 iVm I 2). Zur **rechtspolitische Diskussion** s zB *Hennrichs/Brandenberg/Prinz ua* FR 10, 721/31/36/44/50.

169 **3. PersGes als MUerschaften.** § 15 I 1 Nr 2 erfasst (nur) OHG, KG und andere Ges (einschließl wirtschaftl vergleichbarer Gemeinschaftsverhältnisse), „bei der der Ges'ter als Unternehmer (Mitunternehmer) anzusehen ist". Hierzu gehören auch die Personen-InvestitionsGes/KG (§ 18 InvStG; *BMF* BStBl I 15, 185; zur offenen Investment-KG s aber § 15a InvStG; BR-Drs 740/13, 95 ff). **„Andere Gesellschaften"** iSv § 15 I 1 Nr 2 sind zB ***(1)*** **GbR** (§§ 705 ff BGB; s Rz 324) als (kleingewerbl tätige) AußenGes mit Gesamthandsvermögen oder als InnenGes, bei der nach außen nur einer der Ges'ter als (Mit-)Unternehmer auftritt, aber schuldrechtl im Innenverhältnis für Rechnung mehrerer Personen handelt (zB BFH VIII R 31/01 BStBl II 02, 464; s auch Rz 365 ff: Unterbeteiligung); ***(2)*** **Partenreederei** iSv § 489 aF HGB (s Rz 374); ***(3)*** **stille Ges** iSv 230 HGB, wenn der stille Ges'ter als MUer anzusehen ist (atypische stille Ges; s Rz 340 ff); ***(4)*** **PersGes ausl Rechts,** die wirtschaftl einer dt OHG (KG) gleichwertig sind (Typenvergleich!; Rz 173); ***(5)*** „wirtschaftl vergleichbare **Gemeinschaftsverhältnisse**" (s Rz 171). **Keine „andere Ges"** sind KapGes, auch wenn diese wie zB eine Familien-GmbH wirtschaftl einer PersGes nahe stehen (BFH GrS 4/82 BStBl II 84, 751/58), ebenso nicht die UnternehmerGes gem § 5a GmbHG nF (MoMiG; BT-Drs 16/6140: „GmbH-Variante"); wohl aber bei Errichtung einer GmbH die **VorgründungsGes** (BFH IV B 1/08, juris; BGH DStR 04, 1094: uU OHG) und – sofern *nicht* als GmbH ins HReg eingetragen – die **VorGes** (BFH IV R 88/06 BStBl II 10, 991; zutr, zum Streitstand s 29. Aufl; *Martini* DStR 11, 337; zur USt s *FinVerw* DStR 07, 155).

170 Auch eine (gewerbl) **OHG** oder **KG** ist **MUerschaft** iSv § 15 I 1 Nr 2 aber **nur, soweit** die zivilrechtl **Ges'ter estrechtl „MUer"** – Einzelheiten s Rz 257 ff – sind; der Relativsatz „bei der der Ges'ter als Unternehmer (MUer) anzusehen ist" bezieht sich auch auf die OHG oder KG (BFH GrS 3/92 BStBl II 93, 616 zu C. III. b. a mwN; aA zB *Hallerbach* aaO S 147). – Keine MUerschaft, sondern ein Einzelunternehmen besteht aber, wenn der einzige K'tist Treuhänder des persönl haftenden Ges'ters ist (BFH IV R 130/90 BStBl II 93, 574; s aber Rz 298). Dies

gilt auch für **GewSt/„Treuhandmodell“** (BFH IV R 26/07 BStBl II 10, 751; *Wacker* HFR 10, 744; *Viebrock ua* DStR 13, 2375; *FinVerw* DB 14, 687).

4. Sonstige MUerschaften. Gesellschaftsähnl Gemeinschaftsverhältnisse. § 15 171
I 1 Nr 2 erfasst – neben zivilrechtl Ges – auch: **Rechtsgemeinschaften,** die **wirtschaftl gewerbl PersGes gleichwertig** sind (BFH GrS 4/82 BStBl II 84, 751/68; BFH VIII R 32/90 BStBl II 98, 480 zu 2). Hierher gehören – ***(1)*** die ehel **Gütergemeinschaft,** soweit ein GewBetr (KG-Anteil) zum Gesamtgut gehört (Rz 376; BFH IV B 66/10 BFH/NV 12, 414); – ***(2)*** die **Erbengemeinschaft,** insb soweit Miterben den zum Nachlass gehörigen GewBetr fortführen (vgl § 27 HGB; Rz 383); – ***(3)*** die gemeinsame Verpachtung eines Einzelunternehmens durch Nießbraucher und Eigentümer (BFH I R 123/96 BStBl II 80, 432; mE konkludenter GesVertrag); – ***(4)*** beim **Nießbrauch an einem PersGesAnteil** (Rz 305 ff) das Rechtsverhältnis zw Nießbraucher, Besteller und übrigen Ges'tern (*Groh* BB 82, 1229/34; Rz 305 ff), – ***(5)*** **Miteigentümer zu Bruchteilen** (§§ 1008; 741 BGB) zB bei BetrAufsp (s – auch zum **WEG** – Rz 861) oder gewerbl Grundstückshandel (zB BFH GrS 1/93 BStBl II 95, 617), – ***(6)*** die **fehlerhafte Ges** (BFH VIII R 303/81 BStBl II 85, 363; BFH IV R 100/06, juris; mE schon zivilrechtl Ges, s BFH/NV 98, 1339; FG Köln EFG 07, 1085; Rz 280; § 18 Rz 43). – Diese „Gemeinschaften“ sind grds wie PersGes zu beurteilen (vgl BFH GrS 1/93 BStBl II 95, 617/2). – **Sonstige Rechtsverhältnisse,** die zB als Dienst-, Darlehens- oder Pachtverhältnisse bezeichnet sind, können zivilrechtl ein GesVerhältnis (InnenGes) und damit eine MUerschaft sein **(verdeckte MUerschaft).** Ansonsten können sie – obwohl § 20 I Nr 4 ausdrückl von partiarischen Darlehensgebern als MUer spricht – keine MUerschaft begründen (s Rz 257 ff; 280 ff; aA wohl *P. Fischer* FR 98, 813); erst recht gilt dies für rein tatsächl Beziehungen (**keine faktische MUerschaft;** zB BFH VIII R 12/94 BStBl II 97, 272).

5. Internationale MUerschaften. Sie werden von § 15 I 1 Nr 2 erfasst, wenn 173
es sich handelt um – ***(1)*** **inl PersGes** mit ausl Betriebsstätten (einschließl Beteiligungen an inl PersGes) und/oder ausl Ges'tern (zB BFH I R 71/01 BStBl II 03, 191), oder – ***(2)*** **ausl PersGes** mit inl Betriebsstätten (zu § 49 Nr 2f s dort) und/oder inl Ges'tern (zB BFH I R 74/93 BStBl II 95, 683). – ***(3)*** **Einzelheiten** (Auswahl): – ***(a)*** ausl Ges sind nach dem sog *Typenvergleich* als PersGes oder KapGes zu qualifizieren (s einschließl Abkommensberechtigung zB BFH I R 67/12 BStBl II 14, 172; *BMF* BStBl I 14, 1258; *FinVerw* DB 15, 1933); zu offenen Investment-KG s § 15a InvStG nF; BR-Drs 740/13, 95; – ***(b)*** eine sog Qualifikationsverkettung wird vom BFH abgelehnt (ausführl BFH I R 95/10 BStBl II 14, 760: nationale Einkünftezurechnung; zutr; aA *Ch. Schmidt* DStR 11, 691); – ***(c)*** *gewerbl geprägte* ausl PersGes (Rz 215, 229) sind DBA-rechtl *nicht* „unternehmerisch tätig“ (BFH I R 81/09 BStBl II 14, 754; BFH I R 49/09 BStBl II 11, 482); ebenso bei Gewerblichkeit *kraft BetrAufsp* (BFH I R 95/10 aaO). Gleiches gilt für *inl* PersGes (vgl zur VSt BFH II R 51/09 BStBl II 14, 751) und mutmaßl auch iRv § 15 III Nr 1 (Rz 186, 192). Ebenso nunmehr *BMF* BStBl I 14, 1258; zur Übergangsregelung für WG-Transfer vor 29.6.13 s aber § 50i aF/nF: treaty-override; *BMF* DB 16, 21; – ***(d)*** zu *atypischer stiller Beteiligung* bzw Unterbeteiligung s Rz 353; – ***(e)*** zu *doppelstöckiger PersGes* s zB BFH I R 114/97; BFH I R 71/98 BStBl II 00, 399; 336; *BMF* aaO; Rz 256, 622; – ***(f)*** zur werbenden Tätigkeit einer *gelöschten Ltd* s *BMF* BStBl I 14, 111; – ***(g)*** zur Betriebsstätten-Zurechnung sowie zu MUer-Betriebsstätte s BFH I R 24/13 BStBl II 15, 141; *Ditz ua* DB 15, 2897 (Holding-PersGes); – ***(h)*** zur *Gewinnermittlung* für nur im Ausl tätige inl PersGes s EStR 4.1 IV; – ***(i)*** zum Umfang der *beschr StPfl* s zB BFH I R 95/84 BStBl II 88, 663; – ***(j)*** zur *Betriebsstättenzuordnung* von *Drittstaateneinkünften/Dividenden/Zinsen* s BFH I R 66/06 BStBl II 08, 510; BFH I R 47/12 BStBl II 14, 770; *BMF* BStBl I 14, 1258; von *Sondervergütungen* iSv § 15 I 1 Nr 2s einschließl § 50d X nF Rz 565; von

SonderBV II s zB BFH I B 191/09 BStBl II 11, 156: Komplementär-Anteil; *Buciek* HFR 08, 685; *Eilers* FS Herzig, 1043; Rz 512; – ***(k)*** zu Ausschüttungen von inl Komplementär-GmbH an ausl Ges'ter s BFH I R 85/91 BStBl II 92, 937; – ***(l)*** zu ausl *DBA-Verlusten* s BFH I R 107/09 DB 10, 1733; – ***(m)*** zu § 4h s dort.

174 **6. Estrechtl Gleichwertigkeit verschiedener MUerschaften.** Aus der gleichförmigen Aufzählung in § 15 I 1 Nr 2 und dem Gesetzeszweck (s Rz 161) ist abzuleiten, dass das Gesetz alle gewerbl MUerschaften materiell *grds* gleichbehandelt wissen will (BFH GrS 7/89 BStBl II 91, 691 zu C. IV); *Wacker* FS Goette, 561/8) und nicht differenziert – ***(1)*** zw GbR, OHG und KG, – ***(2)*** bei AußenGes nach der Nähe zur juristischen Person (zu Publikums-KG s Rz 705), – ***(3)*** zw Außen- und InnenGes, insb Ges mit und ohne Gesamthandsvermögen (zB atypische stille Ges; BFH I R 133/93 BStBl II 95, 171 zu II.2.d), – ***(4)*** zw gewerbl tätiger *Ges* oder *Gemeinschaft* (BFH GrS 1/93 BStBl II 95, 617 zu C. IV.2.b). Hieraus folgt zB, dass – ***(a)*** die **Umwandlung einer** weiterhin gewerbl tätigen **MUerschaft** in eine *solche* anderer Rechtsform zB GbR in OHG und umgekehrt oder einer Erbengemeinschaft, *soweit* zum Nachlass ein GewBetr gehört, in eine KG estrechtl nur „formwechselnd" dh keine Betriebsveräußerung oder -aufgabe (§ 16; BFH VIII R 40/84 BStBl II 90, 561 zu III.1.: GbR – atypische stille Ges) und als solche (anders bei Eintritt weiterer Ges'ter) auch keine Einbringung iSv § 24 UmwStG aF/nF ist – ungeachtet evtl Änderung in der zivilrechtl Rechtszuständigkeit; – ***(b)*** der Inhaber des Handelsgeschäfts AK haben kann, wenn er beim Ausscheiden eines atypisch stillen Ges'ters diesem eine Abfindung zahlt (s § 16 Rz 421, 496). – *Unterschiede* ergeben sich aber zB nach Maßgabe der Haftung der Ges'ter für GesSchulden bei Verlusten (vgl § 15a), nach § 15 IV 6–8 beim Verlustausgleich (s Rz 895) und nach § 15 III 1 bei der einheitl Beurteilung der Betätigung zB einer KG einerseits und zB einer Erbengemeinschaft andererseits (s Rz 187).

175 **7. Organschaft.** Betreibt eine PersGes ein gewerbl Unternehmen iSv § 15 I 1 Nr 2, kann sie iRe kstl Organschaft Organträger sein (§ 14 I 1 Nr 2 KStG; KStR 58). *BMF* BStBl I 05, 1038 Rz 15 ff bejaht dies zwar für BesitzGes (BetrAufsp; Rz 871) oder teilweise gewerbl Tätigkeit (soweit nicht ganz geringfügig), *nicht* jedoch bei gewerbl Prägung, Beteiligung an gewerbl PersGes (mE trotz geändertem Wortlaut von § 15 III Nr 1 unzutr, s Rz 189) oder gewerbl Tätigkeit der Ges'ter im SonderBV (zur Kritik *Dötsch* DB 05, 2541). Zur atypisch stillen Ges s abl (iVm Vertrauensschutz) *BMF* BStBl I 15, 649; zR krit *Hageböke* DB 15, 1993; *Hölzer* FR 15, 1065. Zu § 7 S 4 GewStG s *BMF* DB 07, 771.

II. Gemeinsamer GewBetr als Regelvoraussetzung einer MUerschaft

180 **1. Gemeinsamer GewBetr; Gewinnabsicht. – a) MUerschaft.** § 15 I 1 Nr 2 setzt grds (Ausnahme § 15 III Nr 2) voraus, dass die PersGes (MUerschaft) dh die „Ges'ter in ihrer Verbundheit als PersGes" (zB BFH VIII R 40/01 BStBl II 03, 294) – bzw bei InnenGes ein Ges'ter für Rechnung aller Ges'ter – ein gewerbl Unternehmen iSv § 15 I 1 Nr 1 iVm II betreibt. Maßgebend ist die Tätigkeit der PersGes, sofern diese AußenGes ist; bei ihr müssen *alle* einen GewBetr kennzeichnenden Merkmale gegeben sein (BFH GrS 4/82 BStBl II 84, 751 zu C. III.3.b; BFH IV B 139/10 BFH/NV 12, 263); entspr muss bei einer InnenGes der nach außen als Unternehmer auftretenden Ges'ter alle Merkmale eines GewBetr erfüllen. Eine PersGes, die keinen GewBetr iSv § 15 II betreibt (oder dies nicht mehr tut) und auch keine gewerbl geprägte PersGes iSv § 15 III Nr 2 ist, fällt nicht unter § 15 I 1 Nr 2; ihre Ges'ter haben grds (Ausnahme: betriebl beteiligter Ges'ter) keine gewerbl, sondern zB Einkünfte aus VuV oder überhaupt keine Einkünfte (Einzelheiten zum estrechtl Begriff des GewBetr s Rz 8 ff; zum nur teilweise deckungsgleichen handelsrechtl Begriff des GewBetr s zB *MünchKomm HGB/K. Schmidt* § 1 Rz 19 ff). – § 15 I 1 Nr 2 ist aber entspr anzuwenden auf eine Pers-

Ges, die (nur) LuF betreibt (§ 13 VII) oder wie zB eine Anwaltssozietät oder Partnerschaft (Rz 334) selbstständige Arbeit ausübt (§ 18 IV). – Zur gewerbl Abfärbung s Rz 185 ff.

b) Handelsregistereintragung. Ist eine PersGes als OHG oder KG in das HReg eingetragen, folgt daraus noch nicht, dass die Ges einen GewBetr iSv § 15 I 1 Nr 1, II hat; denn nach §§ 105 II; 161 II; 2 HGB kann auch eine PersGes, die „nur eigenes Vermögen verwaltet", als OHG oder KG ins HR eingetragen werden; sie ist dann „echte" OHG oder KG iSd HGB, solange die Eintragung besteht. Estrechtl erfasst § 15 I 1 Nr 2 aber nur solche OHG oder KG, die gewerbl tätig (oder geprägt iSv § 15 III Nr 2) sind, nicht hingegen zB luf oder freiberufl KG (vgl BFH IV R 26/99 BStBl II 00, 498). 181

c) Gewinnabsicht. Einen GewBetr iSv § 15 II – anders handelsrechtl, s Rz 320 – betreibt eine PersGes nur, *soweit* (und solange) sie in der Absicht tätig ist, einen (Total-)Gewinn iSe durch BV-Vergleich erfassbaren Vermögensmehrung (zB BFH VIII R 28/94 BStBl II 97, 202 zu II.3.a: BV der Ges einschließl SonderBV der Ges'ter; BFH/NV 97, 408 und *FinVerw* FR 99, 827: einschließl steuerbefreiter Gewinne, zB InvZul; BFH IX R 49/07 BFH/NV 09, 757 zu VuV) **zu erzielen** (iEinz Rz 25 ff). *Selbstständige* Tätigkeitsbereiche ohne diese Absicht sind außerbetriebl und nicht in die Gewinnermittlung der PersGes einzubeziehen (BFH VIII R 28/94 BStBl II 97, 202 zu II.2.b.dd: abzugrenzen nach Förderungs- und Sachzusammenhang zu betriebl bzw außerbetriebl Tätigkeit; krit *Berz* DStR 97, 358). – Die Absicht, den Ges'tern EStVorteile (durch Verlustzuweisungen) zu vermitteln, reicht nicht aus (§ 15 II 2; zB BFH IV R 90/96 BFH/NV 99, 754/8). – Bei **VerlustzuweisungsGes** (zu deren Typus s BFH VIII R 59/92 BStBl II 96, 219 zu A.II.3.; BFH IV R 6/05 BFH/NV 07, 1492; Anm *HG* DStR 96, 580; krit FG Hbg EFG 02, 391) ist (widerlegl) zu vermuten, dass sie zumindest anfängl keine Gewinnabsicht haben (zB BFH VIII R 59/92 aaO). Zur Ergebnisprognose s *Drüen* FR 99, 1097. Zum Verfahren s BMF BStBl I 92, 404; 94, 420. 182

d) Prüfung. Die Gewinnabsicht ist **zweistufig** zu prüfen (zB BFH VIII B 59/00; BFH/NV 01, 895; VIII R 38/01 BFH/NV 04, 1372), dh auch wenn Gewinnabsicht auf der *Ebene der Ges* gegeben ist, kann diese und die erforderl obj Möglichkeit der Gewinnteilhabe auf der *Ebene einzelner Ges'ter* zB wegen nur befristeter Beteiligung fehlen (BFH IX R 68/96 BStBl II 99, 718 zu I); diese Ges'ter sind keine MUer (BFH XI R 45/88 BStBl II 93, 538/41 Sp 2; Rz 265). – Zu VerlustzuweisungsGes mit Einkünfteerzielungsabsicht s § 15b. – Zu sog HilfsGes ohne eigene Gewinnabsicht s Rz 327. – Zu privater „Abwasser-GbR" s FG Mster EFG 04, 727. – Zu atypisch stiller Ges s Rz 346 aE. 183

2. Einheitl Beurteilung einer nur teilweise gewerbl tätigen PersGes, § 15 III Nr 1; „Abfärbe-/Infektionstheorie"

Verwaltung: EStR 15.8 V; *BMF* BStBl I 96, 621; I 97, 566; 05, 698; OFD Ffm DB 07, 1282; 1333.

Schrifttum (Auswahl; Schrifttum vor 2006 s Vorauflagen): *Stapperfend,* Die Infektion im ESt-Recht …, StuW 06, 303.

a) Einheitl GewBetr. Ist eine PersGes teils freiberufl (zB BFH IV R 43/88 BStBl II 89, 797) oder luf (zB BFH IV R 45/89 BStBl II 91, 625) oder vermögensverwaltend *und* teils gewerbl tätig – wofür BesitzGes bei BetrAufsp (BFH IV R 37/10 BFH/NV 13, 910) oder gewerbl Tätigkeit nur eines Ges'ters *für Rechnung der Ges* (BFH IV R 17/90 BStBl II 93, 324) genügt –, gilt die Tätigkeit der PersGes, soweit diese von Einkünfteerzielungsabsicht getragen ist, nach § 15 III Nr 1 „in vollem Umfang" als GewBetr (*Groh* DB 05, 2430). – Zu Vorteilen s zB *Schild* DStR 00, 576/7; *Höck* FR 01, 683. – § 15 III Nr 1 ist *verfgemäß* (BVerfG DB 08, 1243 Rn 109; BFH VIII R 6/12 BStBl II 15, 1002; 32. Aufl mwN; aA *Drüen* GmbHR 08, 393, 402). 185

186 **b) Tatbestand.** § 15 III Nr 1 setzt tatbestandl voraus, – ***(1)*** *eine* OHG, KG oder „andere PersGes" zB GbR (BFH IV R 11/97 BStBl II 98, 603; FG Köln EFG 07, 1085: auch fehlerhafte; zutr), Partnerschaft (s Rz 334), Partenreederei gem § 489 HGB aF (EStR 15.8 V 2; Rz 374); ausl PersGes (zu DBA-Recht s aber einschließl § 50i Rz 173), – ***(2)*** eine *nicht gewerbl* von Einkünfteerzielungsabsicht getragene estpfl Tätigkeit dieser PersGes zB LuF (*FinVerw* DStR 12, 1275), selbstständige Arbeit, KapVerm, VuV (BFH IV R 37/10 BFH/NV 13, 910) und – ***(3)*** eine *gewerbl* Tätigkeit iSv § 15 I 1 Nr 1 iVm II, wozu erforderl ist, dass insoweit Gewinnerzielungsabsicht besteht (dazu BFH IV R 31/94 BStBl II 95, 718). – Vorrangig ist allerdings zu klären, ob eine zB aus freiberufl und gewerbl Elementen gemischte Tätigkeit wegen untrennbarer Verflechtung einheitl als freiberufl oder gewerbl zu werten ist, je nachdem, welche Elemente sie prägen (s Rz 97); ist dies zu bejahen, entfällt § 15 III Nr 1 (BFH XI R 8/00 BStBl II 01, 496; *FinVerw* DB 07, 1282).

187 **aa) PersGes.** § 15 III Nr 1 erfasst nur PersGes (s Rz 186), nicht eine teils gewerbl tätige Erbengemeinschaft (BFH IV R 214/84 BStBl II 87, 120) oder ehel Gütergemeinschaft (EStR 15.8 V 3); diese sind zwar, soweit gewerbl tätig, MUerschaften, aber keine PersGes; entspr gilt für andere „wirtschaftl vergleichbare Gemeinschaftsverhältnisse (s Rz 171) zB reine (nicht durch GbR überlagerte) Bruchteilsgemeinschaften. Eine PersGes, die eine gewerbl Tätigkeit „ausübt" iSv § 15 III Nr 1, ist aber eine **atypische stille Ges** (ungeachtet dessen, dass sie InnenGes ist), sofern der Geschäftsinhaber für Rechnung der stillen Ges gewerbl tätig ist (BFH IV R 73/06 BStBl II 10, 40; *Ruban* DStZ 95, 637/40). Zu prüfen ist allerdings jeweils, ob sich die stille Beteiligung zivilrechtl auch auf die nichtgewerbl Betätigung des tätigen Teilhabers erstreckt (BFH I R 133/93 BStBl II, 95, 171 zu II.2.e); ist dies zu verneinen, bleibt es bei der getrennten Beurteilung. Entspr gilt für atypische stille UnterbeteiligungsGes (EStR 15.8 V 2).

188 **bb) Geringfügige gewerbl Tätigkeit der PersGes.** Auch sie führt grds zur Umqualifizierung der nicht gewerbl Einkünfte in gewerbl (zB BFH IV R 11/97 BStBl II 98, 603; zu Auswegen s Rz 193). Abfärbung bewirkt auch eine zB nach § 3 Nr 20 GewStG von der GewSt befreite Tätigkeit (BFH IV R 43/00 BStBl II 02, 152). **Ausnahme:** Nach BFH-Rspr **Bagatellgrenze** für „äußerst" geringfügige und trennbare (s Rz 186 aE) gewerbl Tätigkeit (arg: Verhältnismäßigkeitsgrundsatz; zur Kritik s hier bis 34. Aufl); sie wirkt nicht nur zu Gunsten, sondern auch zu Lasten der PersGes/Ges´ter. Danach *keine* Abfärbung, wenn (relative *und* absolute Grenze) die originär gewerbl Nettoumsatz*erlöse (1)* nicht höher als **3 %** des Gesamtnettoumsatzes *und (2)* nicht höher als **24 500 €** sind; *beachte:* trotz Anlehung an gewinnbezogenen Freibetrag gem § 11 I 3 Nr 1 GewStG ist Umsatzerlös maßgebl (so jetzt BFH VIII R 6/12 BStBl II 15, 1002: angestellter RA; VIII R 16/11 BStBl II 15, 996: Warenverkauf; VIII R 41/11 BStBl II 15, 999: gewerbl Vermittlung; ebenso nunmehr *FinVerw* (*OFD Fft* v 28.12.15, juris; überholt ist damit EStH (2014) 15.8 V „Geringfügige …"). Die Voraussetzungen sind nach BFH (aaO) für jeden VZ gesondert zu prüfen; dies ist fragl, wenn es hierdurch zum Wegfall von Gewinneinkünften (Betriebsaufgabe) kommt (krit auch *Korn* BeSt 15, 14). Die Bagatellgrenze gilt auch für „gelegentl" Tätigkeiten (*Korn* aaO). Besteht jedoch für die „gewerbl" Tätigkeit keine Gewinnerzielungsabsicht, entfällt mE die Abfärbung generell (s auch Rz 193; offen aber BFH VIII R 16/11 aaO). – **Gegenausnahmen:** MUerstellung von iSv § 18 Berufsfremden (BFH VIII R 6/12 aaO; § 18 Rz 43/aa). ME gilt Bagatellgrenze ferner nicht für gewerbl Beteiligungseinkünfte einer Ober-PersGes (str; s *Korn* aaO).

189 **cc) Doppelstöckige PersGes.** Nach **früherer Rspr** erfasste § 15 III Nr 1 aF *durchgängig* auch die doppelstöckige PersGes (Rz 253, 612) dh die *mu'erische* Beteiligung einer OberGes (Außen- oder InnenGes, s Rz 613) an einer gewerbl UnterGes (BFH VIII R 68/98 BStBl II 01, 359; *BMF* BStBl I 96, 621). Hieran hielt der BFH zwar (noch) für freiberufl und luf OberGes fest (auch bei Kleinstbeteiligun-

gen, s Rz 188; aA 23. Aufl), **nicht** aber für **vermögensverwaltende** OberGes (IX R 53/01 BStBl II 05, 383; IV ER – S – 3/03 BStBl II 05, 376: Trennung nach Einkunftsarten).

Die **Rspr-Änderung** war mE verfehlt (Dissens zu BFH GrS 3/92 BStBl II 93, 616/21; Rz 165; *Wacker* StbJb 05/06, 67, 92; glA *Fischer* FR 05, 143; s krit *Groh* DB 05, 2430). Zur Kritik s 34. Aufl. Zur GewSt s FG Köln EFG 05, 1714.

Die **FinVerw** hat deshalb mit einem **Nichtanwendungserlass** reagiert und eine **Gesetzesergänzung** angekündigt (*BMF* BStBl I 05, 698; krit *Müller ua* BB 05, 2271; zur Organschaft s aber Rz 175), die mit dem **JStG 07** aus den vorgenannten Gründen (BT-Drs 16/2712, 44) umgesetzt wurde **(§ 15 III Nr 1 nF):** Abfärbung auch dann, wenn die OberPersGes (einschl GbR; aA *Schmidt ua* GmbHR 07, 628/34) neben luf, selbstständigen oder vermögensverwaltenden Einkünften (s oben) „auch … gewerbl Einkünfte iSd Absatzes 1 S 1 Nr 2 bezieht" (zur Geringfügigkeitsgrenze, s Rz 188; ebenso wenn die OberPersGes *nur* gewerbl und sonstige *Beteiligungs*einkünfte erzielt; zum Beginn der Abfärbung s Rz 196). Die gesetzl Neuregelung gilt zur Sicherung einer ununterbrochenen Rechtspraxis **rückwirkend** (§ 52 Abs 23 aF; BT-Drs 16/3368; *FinVerw* DB 07, 1333). Dies ist mangels schutzwürdigen Vertrauens (bezgl Rspr-Änderung, s oben) verfgemäß (FG Brem EFG 11, 723, Rev IV R 39/10; offen BFH IV R 5/11 BStBl II 14, 972; aA *HHR* § 15 Rz 1402). – Die **umgekehrte Situation** der betriebl Beteiligung *an* einer vermögensverwaltenden PersGes (ZebraGes; s Rz 200 ff) fällt als solche nicht unter § 15 III Nr 1.

dd) Freiberufl tätige PersGes. Sie fällt nicht deshalb unter § 15 III Nr 1, weil nur einer der Ges'ter (auf *eigene* Rechnung, s Rz 185) gewerbl **SonderBE** hat (BFH XI R 31/05 BStBl II 07, 378 zu II/5; evtl *BMF* BStBl I 96, 621; aA *Gosch* StBP 95, 43). – Keine gewerbl Tätigkeit iSv § 15 III 1 liegt vor, wenn zB freiberufl Leistungen einer GbR für eine gewerbl PersGes, an der ein Ges'ter der GbR beteiligt ist, wegen des Vorrangs von Sondervergütungen (s Rz 568) anteilig im Gesamtgewinn der gewerbl PersGes erfasst werden. – § 15 III Nr 1 ist nicht anwendbar auf PersGes, die zB **teils freiberufl, teils luf oder vermögensverwaltend** tätig sind; solche PersGes werden nicht einheitl beurteilt (so implizit zR BFH XI R 31/05 BStBl II 07, 378). 190

c) Rechtsfolge. § 15 III Nr 1 ordnet die **Umqualifizierung** der nicht gewerbl Tätigkeit an, soweit diese den Tatbestand einer der 6 anderen Einkunftsarten (einschließl *Einkünfteerzielungsabsicht!*) erfüllt. Die Betätigungen bilden insgesamt *einen* GewBetr ab dem Zeitpunkt der Aufnahme der gewerbl Tätigkeit (BFH XI R 8/00 BStBl II 01, 496 zu II.3). Die der umqualifizierten Betätigung dienenden WG sind grds gewerbl BV. *Ausnahmen:* PV (Rz 484) und kein DBA-Unternehmensgewinn (Rz 173, 186; *BMF* I 14, 1258/61). – Soweit die PersGes ohne Einkünfteerzielungsabsicht trennbar („wirtschaftl eigenständig") tätig ist, zB ein Gestüt, greift § 15 III Nr 1 nicht ein; diese Betätigung bleibt bei Ermittlung ihrer gewerbl Einkünfte außer Betracht (BFH VIII R 73/06 BStBl II 09, 647 aE); die ihr dienenden WG sind kein BV. – Für die Prüfung, ob die PersGes eine (wirtschaftl eigenständige) Tätigkeit in Einkünfteerzielungsabsicht ausübt, ist die „Färbung" zB von Einkünften aus VuV in solche aus GewBetr vorrangig; maßgebl ist daher, ob ein Total*gewinn* (einschließl Veräußerung) erstrebt wird (BFH VIII R 28/94 BStBl II 97, 202). 192

d) Ausweichgestaltungen. Der **einheitl Beurteilung** lässt sich ausweichen dadurch, dass die gewerbl Tätigkeit ein Ges'ter auf eigene Rechnung übernimmt (evtl unter Reduzierung seines Gewinnanteils) oder durch Errichtung zivilrechtl selbstständiger (beteiligungsidentischer) PersGes mit unterschiedl Zweck (Rz 194; BVerfG DB 08, 1243 Rn 132; BFH VIII R 6/12 BStBl II 15, 1002). Zur Anerkennung dieses sog **Ausgliederungsmodells** zB bei ärztl Gemeinschaftspraxen ist erforderl, dass sich die Tätigkeit der gewerbl GbR „eindeutig von der Tätigkeit der 193 (ärztl) Gemeinschaftspraxis abgrenzen lässt" (*BMF* BStBl I 97, 566) bzw „die zweite Ges nach außen erkennbar geworden ist" (BFH XI R 21/11 BFH/NV 02, 1554). Der Anteil an der „zweiten" Ges ist auch kein SonderBV bei der ersten und umgekehrt (s Rz 507; *Seer/Drüen* BB 00, 2176/82). Überlässt die Praxis der gewerbl GbR WG zur Nutzung gegen Aufwandsersatz (keine Gewinnabsicht), bleiben diese WG BV der Praxis und die Einnahmen solche aus selbstständiger Arbeit (*BMF* aaO).

194 **3. Mehrere zivilrechtl Gesellschaften.** Liegen **zivilrechtl mehrere PersGes** vor, sind est- und gewstrechtl grds – auch bei Ges'teridentität – mehrere MUerschaften mit selbstständigen GewBetr gegeben (BFH VIII R 23/69 BStBl II 92, 375: Leistungsaustausch zw zwei PersGes; BFH IV R 11/97 BStBl II 98, 603: keine „Abfärbung"). Umgekehrt besteht nur ein GewBetr und eine MUerschaft, wenn *eine* PersGes verschiedenartig tätig ist (§ 15 III Nr 1; BFH IV R 73/06 BStBl II 10, 40). – Bestehen mehrere MUerschaften, hat dies neben verfahrensrechtl Wirkungen (mehrere Feststellungsbescheide) auch Folgen für die GewSt (mehrfacher Freibetrag; kein Verlustausgleich) und für die ESt (zB getrennte Beurteilung gewerbl und nicht gewerbl Betätigung, s Rz 193; § 15a; § 35). – Zu vermögensverwaltender Ges s Rz 70.

195 **4. Beginn und Ende einer MUerschaft. – a) Beginn.** Tatbestandselement (für gewerbl Einkünfte iSv § 15 I 1 Nr 2) ist der *gemeinsame* Beginn eines GewBetr; die gemeinsame Betätigung muss alle Merkmale eines GewBetr erfüllen (BFH GrS 4/82 BStBl II 84, 751 zu C. III.3.b); setzt die Gewinnabsicht erst später ein, beginnt erst jetzt der GewBetr. Nicht erforderl ist, dass *(1)* ein GesVertrag zivilrechtl wirksam ist, soweit die Beteiligten das wirtschaftl Ergebnis des Vertrags eintreten und bestehen lassen (§ 41 AO; zu FamilienPersGes s Rz 748), und *(2)* die PersGes bereits eine *werbende* Tätigkeit aufgenommen hat (BFH XI R 45/88 BStBl II 93, 538 zu B. I.3), die Vorbereitung hierfür genügt, zB Anmietung eines Geschäftslokals (anders gewstrechtl, s zB BFH IV R 23/97 BStBl II 98, 745; GewStR 2.5 I). Zum Beginn des GewBetr einer BesitzPersGes bei BetrAufsp s Rz 869; zu GmbH & Co KG s BFH III R 2/03 BStBl II 05, 405, zu gewerbl geprägter PersGes s Rz 231 – MUerschaft kann auch vorliegen, wenn die Aufnahme der ernstl geplanten werbenden Tätigkeit unterbleibt (BFH IV R 176/74 BStBl II 78, 54; ähnl BFH IV R 41/93 BB 95, 861). – Eine **Rückbeziehung des GesVertrags** ändert nichts am Beginn erst mit Vertragsabschluss. – Zu **Vorweg-BA** bei geplanter, aber nicht zustande gekommener PersGes/-Beteiligung s BFH IV R 117/94 BFH/NV 96, 461; BFH III R 38/03 BFH/NV 05, 202.

196 **b) Doppelstöckige PersGes.** Die Abfärbung aufgrund der Beteiligung an gewerbl UnterPersGes gem § 15 III Nr 1 nF (Rz 189) tritt erst mit „Beziehen" der Einkünfte ein; dies erfordert neben den Beginn des GewBetr der (ggf abgefärbten/gewerbl geprägten) UnterPersGes (Rz 195, 225) die MUerstellung der OberGes *und* die Zuweisung des Gewinn-/Verlustanteils gem § 4a II Nr 2 (BFH IV R 5/11 BStBl II 14, 972).

197 **c) Ende.** Die MUerschaft endet mit Beendigung des GewBetr, auch Preisgabe der Gewinnabsicht (BFH GrS 4/82 BStBl II 84, 751/66), oder für einzelne MUer mit Veräußerung seines MUeranteils (§ 16 I Nr 2). Wird der ganze GewBetr veräußert oder aufgegeben (§ 16 I Nr 1), endet die gewerbl MUerschaft im Zeitpunkt der Veräußerung oder Aufgabe, auch wenn zivilrechtl das GesVerhältnis noch nicht voll beendet ist, zB weil der Veräußerungserlös noch nicht verteilt ist; es liegt anteiliges PV der Ges'ter vor (str, s § 16 Rz 381). Stellt die MUerschaft ihre werbende Tätigkeit ohne Betriebsveräußerung/-aufgabe ein, endet sie *gewstrechtl* mit Betriebseinstellung (BFH/NV 90, 799), *estrechtl* mit dem Ende der Abwicklung (= Vollbeendigung der Ges), sofern die Abwicklung ernsthaft betrieben wird; andernfalls ist die Betriebseinstellung eine Betriebsaufgabe. – Die **Eröffnung des Insolvenzverfahrens** über das Vermögen einer PersGes beendet weder die

MUerschaft noch die EStPflicht der MUer, und zwar nicht nur bei Fortführung des GewBetr durch den Insolvenzverwalter, sondern auch bei bloßer Abwicklung. – Die Absicht, wieder eine gemeinsame werbende Tätigkeit aufzunehmen, schließt eine Betriebsaufgabe nur bei bloßer Betriebsunterbrechung aus (§ 16 Rz 181). – Auch nach dem Ende einer MUerschaft können die ehemaligen MUer oder deren Rechtsnachfolger gem § 24 Nr 2 (evtl iVm § 15 I 2) noch nachträgl Einkünfte aus GewBetr haben (s § 16 Rz 465, 474, 350 ff).

III. Nicht gewerbl PersGes; gewerbl geprägte PersGes

1. Nicht gewerbl PersGes bei betriebl Beteiligung eines Gesellschafters („Zebragesellschaft“); Freiberufler-PersGes

Verwaltung: *BMF* BStBl I 94, 282; BB 96, 424 (Einkunftsermittlung); BStBl I 96, 1521; I 99, 592 (Nichtanwendungserlaß zu BStBl II 97, 39 bzw BStBl II 99, 401); BStBl I 07, 542 (§ 15b); *OFD Bln* DB 04, 1235 („sale und lease back“).

Schrifttum (Auswahl; älteres Schrifttum s Voraufl): *Fischer, Lüdicke,* Mehrstufiges Feststellungsverfahren …, DB 05, 1813; *Dürrschmidt ua,* Aspekte … bei ZebraGes, DStR 05, 1515; *Wacker,* Vermögensverwaltende PersVereinigungen …, DStR 05, 2014.

a) Vermögensverwaltende Gesellschaft. Ist eine PersGes (OHG, KG, GbR) **nicht gewerbl** (auch nicht teilweise, s Rz 185 ff), sondern zB *nur* vermögensverwaltend tätig, und ist sie auch **keine gewerbl geprägte PersGes** (§ 15 III Nr 2), fällt sie nicht unter § 15 I 1 Nr 2, III Nr 1 (BFH GrS 2/02 BStBl II 05, 679). Dh, die Ges'ter in ihrer Verbundenheit erzielen keine Einkünfte aus GewBetr, sondern – Einkunftserzielungsabsicht vorausgesetzt (aA *Fischer* NWB F 2, 8813/20) – zB Einkünfte aus LuF, KapVerm oder VuV, die nach den dafür maßgebl Grundsätzen (§§ 8, 9, 11) zu ermitteln, gesondert festzustellen und den Ges'tern anteilig zuzurechnen sind. Zu §§ 17, 23s dort sowie *Wacker* DStR 05, 2014; *FinVerw* DB 14, 2139; zu § 15b s *BMF* BStBl I 07, 542 Tz 13; zur AbgeltungsSt ab 2009s § 20 II 3 nF. Zu WagnisKapGes s Rz 280 ff, 290. Zur Bilanzierung nach HGB s *Früchtl ua* DStZ 10, 595. 200

b) Betriebl Beteiligung. Andererseits müssen, wenn an der nichtgewerbl PersGes (sog ZebraGes) eine **KapGes** beteiligt ist, deren Einkünfte aus dieser PersGes nach § 8 II KStG anteilig (kstrechtl und gewstrechtl) als **gewerbl** erfasst werden. Zu ihrem BV gehören deshalb die **Anteile** an den WG der **ZebraGes** (§ 39 II Nr 2 AO; BFH I R 29/13 BFH/NV 15, 27; aA zu § 9 Nr 1 S 2 GewStG BFH I R 67/09 BStBl II 11, 367); auch hierfür ist § 15 III Nr 2 nicht einschlägig, weil die Ges'ter aufgrund von Umständen *außerhalb* der ZebraGes gewerbl Einkünfte erzielen (BFH GrS 2/02 BStBl II 05, 679; Rz 200). Gleiches gilt bei betriebl Beteiligung (notwendiges oder gewillkürtes BV/SonderBV) **anderer Gewerbetreibender** (zB natürl Person, gewerbl tätige oder geprägte PersGes BFH IV R 44/09 BStBl II 13, 142). 201

c) Einkünftefeststellung. Die Frage, wo (Ges oder Ges'ter) und wann die Anteile betriebl beteiligter Ges'ter (Rz 201) in gewerbl Einkünfte umzuqualifizieren und umzurechnen sind, war bisher umstritten. Die **frühere BFH-Rspr** war nicht einheitl (s 34. Aufl). 202

aa) FinVerw. Nach *BMF* (BStBl I 94, 282; BStBl I 96, 1521; 99, 592) sind auf der *Ebene der PersGes* die Einkünfte für alle Ges'ter *grds* als Überschusseinkünfte (ohne Ansatz von Veräußerungsgewinnen; *mE* auch nicht solche gem §§ 17, 23) festzustellen (s Rz 200). Erst auf der *Ges'ter-Ebene* sind die Einkünfte (isoliert) als betriebl zu ermitteln und verfahrensrechtl eigenständig in den ESt- oder KSt-Folgebescheiden zu erfassen. Dabei hat jeder betriebl beteiligte Ges'ter alle WG der nicht gewerbl PersGes *anteilig* in „seiner eigenen Buchführung zu erfassen und den Gewinnanteil, der sich für ihn aus den einzelnen Geschäftsvorfällen der PersGes 204 ergibt, nach den Grundsätzen der Gewinnermittlung zu berechnen und anzusetzen" (BStBl I 94, 282 Tz 5). **Ausnahmen:** – ***(1)*** Die PersGes ermittelt freiwillig den Gewinnanteil des Ges'ters nach §§ 4 I, 5 (Tz 2–3, 6; beachte auch Buchführung gem § 238 iVm §§ 6, *105 II,* 161 II HGB). – ***(2)*** Der StPfl ist zu weniger als 10 vH an der PersGes beteiligt; in diesem Fall ist auf Antrag mit Zustimmung des FA „aus Vereinfachungsgründen" der anteilige Gewinn oder Verlust iHd auf der Ebene der Ges nach den Grundsätzen der Überschussrechnung ermittelten und festgestellten Überschussanteils zu schätzen und auf einem „Beteiligungskonto" erfolgswirksam zu buchen; bei späterer Veräußerung/Entnahme des PersGes-Anteils (dazu Rz 206) ist der Unterschied zw Veräußerungserlös/Entnahmewert und Buchwert des Beteiligungskontos als lfd gewerbl Gewinn des Ges'ters zu erfassen (Tz 7–11 mit Beispiel).

205 **bb) BFH.** Der **GrS** (2/02 BStBl II 05, 679) hat sich dem – allerdings ohne Aussage zu Ausnahme (2) – zR **angeschlossen** (glA bereits zuvor BFH IX R 80/98 BStBl II 03, 167); Folge: die Ges'ter sind *jeweils einzeln* („isoliert") bezügl der Höhe ihrer gewerbl Beteiligungseinkünfte erklärungspflichtig (BFH III R 18/03 BFH/NV 06, 235: keine Bindung an Feststellungsbescheid; aA BFH IX R 72/07 BStBl II 09, 231; insgesamt abl *Lüdicke* DB 05, 1813: Verstoß gegen effektive Rechtschutzgewährung, weil kein ausreichendes Informationsrecht gegen ZebraGes; mE unzutr, vgl Vorlagebeschluss aaO zu B III 4/d; *Wacker* JbFStR 06/07, 365/75). Der GrS hat damit – trotz ihrer Vorzüge – die Ping-Pong-Lösung (Rz 203) mangels gesetzl Grundlage zutr abgelehnt.

206 **d) Ermittlung der anteiligen Gewinneinkünfte.** Über die Grundsätze zu Rz 204/5 („isolierte Gewinnermittlung") hinaus gilt zB, dass dem betriebl Beteiligten – ***(1)*** sämtl Steuervergünstigungen, die BV voraussetzen, zustehen (zB § 6b; erhöhte AfA, einschr gem § 7a VII *Groh* DB 84, 2374; *BMF* BStBl I 94, 282 Tz 5; mE unzutr; abl zu InvZul BGH III R 41/89 BFH/NV 96, 360; zum FördG s abw BFH IX R 5/07 BFH/NV 07, 2097: *Ges* maßgebl; abl zu Buchwertfortführung gem § 3 II UmwStG *BMF* BStBl I 11, 1314 Rz 3.16; aA *Huber ua* DB 11, 1823); – ***(2)*** bei BV-Vergleich des Ges'ters anteilig TW-AfA mögl sind (*Pyszka* DStR 10, 1372) und – ***(3)*** *sämtl* Veräußerungsgewinne (-verluste) zu erfassen sind (BFH IV R 37/99 BStBl II 01, 162 zu II.1); Ausnahme: Bruchteilsbetrachtung gem § 39 II Nr 2 AO im Verhältnis Ges'ter/ZebraGes (*Wacker* DStR 05, 2012); demnach im Umfang der Beteiligungsquote des Ges'ters auch keine Gewinnrealisierung, wenn er WG an die ZebraGes veräußert (BFH IV R 44/09 BStBl II 13, 142; *Wacker* aaO; § 6 Rz 682); – ***(4)*** die der ZebraGes zur Nutzung überlassenen WG in die Gewinnermittlung einzubeziehen sind (diff *G. Söffing* DB 98, 896/8); – ***(5)*** von der ZebraGes erhaltene Tätigkeits- oder Nutzungsvergütungen Teil der gewerbl Einnahmen des Ges'ters und zugleich – sofern nicht bei der Ges zu aktivieren (s auch Rz 577) – (anteilig) BA sind (zB *Groh* aaO, 2376; zum umgekehrten Fall s *K/Reiß* § 15 Rz 474); zu Ergebnisvorab s aber FG BBg EFG 13, 928 rkr; – ***(6)*** der GesAnteil kein MUeranteil iSv § 16 I 1 Nr 2 ist (BFH IV R 103/94 BStBl II 97, 39 zu 5.; *FinVerw* DB 04, 1235; § 16 Rz 405) und deshalb bei unentgeltl Übertragung (Entnahme; dazu Rz 204) des Zebra-Anteils § 6 III nicht anwendbar ist (*Groh* aaO, 2375); – ***(7)*** § 15b für die individuellen *gewerbl* Beteiligungseinkünfte zu prüfen ist (*aA BMF* BStBl I 07, 542 Tz 20). – ***(8)*** Zur **GewSt** s zB BFH I R 67/09 BStBl II 11, 367; abl *Borggräfe ua* DB 12, 1644. – ***(9)*** Zu **§ 35** zB *Kollruss* StBP 02, 102 –. ***(10)*** Zur **ErbSt** s BFH II R 4/12 BStBl II 13, 742; abl *Hübner* DStR 13, 2257.

2. Gewerbl geprägte PersGes, § 15 III Nr 2

Verwaltung: EStR 15.8 VI; GewStR 2.1 II; 2.5 I; *BMF* BStBl I 00, 1198; 01, 614 (Haftungsbeschränkung bei GbR).

Schrifttum (Auswahl; Schrifttum vor 2007s Vorauflagen): *Strunk,* Gewerbl Prägung … durch ausl KapGes, Stbg 07, 403; *Niehus,* Zur Realisierung stiller Reserven …, StuW 08, 359.

a) Prägetheorie (frühere Rechtslage). Nach der alten BFH-Rspr galt die – zB nur vermögensverwaltende – Betätigung einer OHG (KG) stets als GewBetr, wenn an der Ges nur KapGes oder neben natürl Personen eine KapGes beteiligt war, die der PersGes das „Gepräge" gibt, dh einzige persönl haftende Ges'terin war. Die Gepräge-Rspr **gab** der **BFH 1984 auf** (BFH GrS 4/82 BStBl II 84, 751). 211

b) Gesetzl Regelung der „gewerbl geprägten PersGes", § 15 III Nr 2; Inhalt und Zielsetzung. Nach § 15 III Nr 2 (idF StBerG 86) „gilt" die mit Einkünfteerzielungsabsicht unternommene Betätigung einer nicht gewerbl tätigen PersGes, an der eine oder mehrere KapGes unmittelbar oder mittelbar (§ 15 II Nr 2 S 2) beteiligt sind, unter bestimmten Voraussetzungen (s zu c) als GewBetr (kraft Rechtsform). § 15 III Nr 2 bezweckt primär eine „gesetzl Verankerung der sog Gepräge-Rspr" (BT-Drs 10/4513 S 64). Dies ist **verfgemäß** (BFH IV R 5/02 BStBl II 04, 464; § 18 Rz 4). 212

c) Tatbestand. Die gewerbl Prägung einer PersGes erfordert nach § 15 III Nr 2 **positiv** *(1)* eine „PersGes", *(2)* bei der „ausschließl eine oder mehrere KapGes" (oder diesen gem § 15 III Nr 2 S 2 insoweit gleichgestellten gewerbl geprägte PersGes iSv § 15 III Nr 2 S 1) „persönl haftende Ges'ter sind", *(3)* „nur diese oder Personen, die nicht Ges'ter sind, zur Geschäftsführung befugt sind" und *(4)* eine „mit Einkünfteerzielungsabsicht unternommene Tätigkeit". **Negativ** ist erforderl, dass die PersGes „keine Tätigkeit iSd Abs 1 S 1 Nr 1 ausübt" (BFH IV R 5/02 BStBl II 04, 464), dh nicht bereits gewerbl iSv § 15 II tätig ist zB als BesitzGes einer BetrAufsp. Denn soweit eine PersGes (auch nur teilweise) gewerbl tätig ist, gilt ihre gesamte Betätigung ohnehin als GewBetr (§ 15 III Nr 1). Leitbild der gesetzl Regelung sind: die (nicht gewerbl tätige) GmbH & Co KG, bei der eine GmbH einzige persönl haftende und geschäftsführende Ges'terin ist; die OHG, deren Ges'ter nur KapGes sind. – Da vertragl gestaltbar ist, ob eine PersGes allen Tatbestandsmerkmalen genügt (zB durch Regelung der Geschäftsführungsbefugnis, s Rz 221 ff, besteht – abgesehen vom Rückwirkungsbereich – ein (faktisches) **Wahlrecht** zw gewerbl geprägter und nicht gewerbl PersGes. Damit eröffnet § 15 III Nr 2 estrechtl **Gestaltungsmöglichkeiten** zB zur Vermeidung einer Betriebsaufgabe, zur „Ausgliederung" von SonderBV/BV (krit *Niehus* StuW 08, 359/72) oder zur Erlangung *erbsteuerl Vorteile* (§§ 13a, 19a ErbStG). 213

aa) PersGes (mit persönl haftenden Ges'tern). Der Begriff der PersGes umfasst Außen- wie InnenGes. Die Ges muss aber (mindestens einen, evtl mehrere) persönl haftende Ges'ter haben. Auch ausl Ges können PersGes iSv § 15 III Nr 2 sein (BFH XI R 15/05 BStBl II 07, 924); zur DBA-Qualifikation s aber Rz 173. 215

bb) KapGes. Ausschließl KapGes dürfen persönl haftende Ges'ter und zur Geschäftsführung befugt sein. § 15 III Nr 2 ist nicht erfüllt, wenn (auch) andere Personen zB eine oder mehrere natürl Personen persönl haftende Ges'ter und/oder geschäftsführungsbefugt sind. Der Begriff der KapGes entspricht dem des § 1 I Nr 1 KStG (zB AG, GmbH, KGaA; zu § 5a GmbHG nF s Rz 169, 700). Auch die mit Abschluss eines GmbH-Vertrags entstehende VorGes (s Rz 169) ist, sofern die GmbH später ins HR eingetragen wird, bereits KapGes (BFH III R 2/03 BStBl II 05, 405); zur HREintragung der KG s Rz 227. Ausl Ges können KapGes iSv § 15 III Nr 2 selbst dann sein, wenn sie weder gewerbl tätig noch unbeschr kstpflichtig sind (§§ 1 I Nr 1, 8 II KStG; BFH XI R 15/05; BStBl II 07, 924; zu DBA s aber Rz 173). Keine KapGes sind Genossenschaften, VVaG (§ 1 I Nr 2, 3 KStG) und sonstige juristische Personen iSv § 1 I Nr 4 KStG (zB rechtsfähige Stiftung); die Stiftung & Co KG fällt daher nicht unter § 15 III Nr 2 (*Wehrheim ua* StuW 05, 234). Eine **GmbH & Co KG** ist keine KapGes, aber bei doppelstöckigen PersGes als OberGes insofern einer KapGes gleichgestellt (§ 15 III Nr 2 S 2), als dem Erfordernis „ausschließl KapGes persönl haftende Ges'ter und geschäftsführungsbefugt" bei der UnterGes auch genügt ist, wenn bei dieser (neben oder statt KapGes) eine oder mehrere gewerbl geprägte PersGes iSv § 15 III Nr 2 persönl haftende 216

Ges'ter und geschäftsführungsbefugt sind **(doppelstöckige gewerbl geprägte PersGes),** wobei die OberGes ihrerseits bereits eine doppelstöckige gewerbl geprägte PersGes sein kann (mehrstöckige gewerbl geprägte PersGes). Diese Gleichstellung ist zwar entgegen dem Gesetzeswortlaut auch geboten, wenn die als persönl haftende Ges'terin beteiligte GmbH & Co KG (OberGes) selbst gewerbl tätig ist (BFH IV R 37/99 BStBl II 01, 162). ME müssen jedoch die Prägevoraussetzungen dem Grunde nach auch bei der OberGes erfüllt sein. Dh: – *(1)* ein K'tist darf weder Geschäftsführer der UnterGes noch der OberGes sein (*Euhus* DStR 11, 1350); – *(2)* persönl haftender Ges'ter der OberGes muss eine KapGes sein (FG Saarl EFG 11, 2067). Allerdings ist für die jeweils zu beurteilende PersGes die Stellung der KapGes als zivilrechtl Ges'terin ausreichend (s auch EStR (08) 15. 8 VI 5), nicht notwendig deshalb auch die estrechtl MUer-Stellung (*Groh* DB 87, 1006/7).

218 **cc) Persönl haftende Ges'ter.** Ausschließl KapGes (oder gleichgestellte gewerbl geprägte PersGes) dürfen persönl haftende Ges'ter sein. Der Begriff ist dem **HGB** (zB § 161 I) entnommen; dieses versteht darunter einen Ges'ter, der neben der PersGes für deren Verbindlichkeiten aufgrund der §§ 124, 128, 130 HGB unbeschr, dh weder gegenständl noch summenmäßig beschr haftet. Ges'ter, die diese Voraussetzungen nicht erfüllen, zB Kdist, oder Personen, die nur im Innenverhältnis haften zB Treugeber (BGH DStR 09, 1920), sind keine persönl haftenden Ges'ter. Danach sind persönl haftende Ges'ter unstr die Ges'ter einer OHG und die Komplementäre einer KG, und zwar auch dann, wenn sie für bestimmte Verbindlichkeiten der OHG oder KG zB aufgrund Vereinbarung mit einem Gläubiger nicht unbeschr haften, oder ihnen als Minderjährige eine Haftungsbeschränkung mögl ist (zu GbR-Ges'ter s Rz 227). Umgekehrt sind die Kdisten keine persönl haftenden Ges'ter, auch wenn sie für Verbindlichkeiten der KG zB aufgrund Bürgschaft oder des § 176 HGB unbeschr haften (*Groh* DB 87, 1006/7) oder der KG Kredite gewähren (BFH IV B 96/03 BFH/NV 05, 1564). – Das Tatbestandselement „persönl haftender Ges'ter" erfasst auch den allein nach außen auftretenden Ges'ter einer InnenGes, weil dessen Schulden im Innenverhältnis allen Ges'tern anteilig wie „GesSchulden" zugerechnet werden (s Rz 228).

221 **dd) Geschäftsführungsbefugnis.** Ausschließl KapGes – oder natürl Personen, die nicht Ges'ter der PersGes sind – dürfen zur (Einzel- oder Gesamt-)Geschäftsführung befugt sein. § 15 III Nr 2 ist nicht erfüllt, wenn neben einer KapGes auch nur eine natürl Person, die Ges'ter (zB K'tist) der PersGes ist, geschäftsführungsbefugt ist, gleichgültig ob allein oder nur gemeinschaftl mit einer KapGes (BFH VIII R 63/93; BFH IV R 87/93 BStBl II 96, 93; 523; *Drüen* FS Lang, 57, 80f).

222 **(1) Geschäftsführung.** Der Begriff ist gesellschaftsrechtl zu verstehen (vgl §§ 114–117; 164 HGB; §§ 709–713 BGB); maßgebl ist die gesetzl oder gesellschaftsvertragl (organschaftl) Befugnis im Innenverhältnis der Ges'ter zueinander zu einer auf Verwirklichung des GesZwecks gerichteten Tätigkeit, nicht die Vertretungsmacht zB iSv §§ 125ff HGB (BFH I R 52/10 BFH/NV 11, 1354; EStR 15.8 VI 1). Bei einer KG kann der einzige persönl haftende Ges'ter zwar gesvertragl nicht von der Vertretung, wohl aber von der Geschäftsführung ausgeschlossen werden; umgekehrt kann ein K'tist zwar nicht zur (gesetzl) Vertretung, wohl aber zur Geschäftsführung berufen werden. § 15 III Nr 2 ist daher *nicht* erfüllt, wenn bei einer GmbH & Co KG ein K'tist (natürl Person) aufgrund des GesVertrags allein oder auch nur neben der Komplementär-GmbH einzeln oder gemeinschaftl mit dieser geschäftsführungsbefugt ist (sog verfremdete GmbH & Co KG; BFH IV R 87/93 BStBl II 96, 523). Eine *Befugnis* zur Geschäftsführung reicht aus. Ergibt sich diese aber nicht aus Gesetz oder GesVertrag, sondern zB nur aus einem Dienstvertrag eines K'tisten (natürl Person) mit der KG, ist dies keine Geschäftsführungsbefugnis iSv § 15 III Nr 2 (BFH IV R 87/93 aaO; aA *Lüdicke* FS FfSt 1999 S 323). Der Kreis der persönl haftenden und der zur Geschäftsführung befugten KapGes muss nicht identisch sein; § 15 III Nr 2 ist auch erfüllt, wenn

zB drei KapGes persönl haften, aber nur zwei davon einzel- oder gesamtgeschäftsführungsbefugt sind (*Felix* NJW 97, 1040/2); erst eine zusätzl Geschäftsführungsbefugnis eines Ges'ters (natürl Person) schließt § 15 III Nr 2 aus. Umgekehrt ist § 15 III Nr 2 erfüllt, wenn alle persönl haftenden Ges'ter (KapGes) einzel- oder gesamtgeschäftsführungsbefugt sind (BFH VIII R 63/93 BStBl II 96, 93 zu II.1.b cc). Ist neben der alleinigen Komplementär-KapGes eine weitere KapGes zur Geschäftsführung befugt, die nur K'tistin ist, ist mE entgegen dem missverständl Gesetzestext § 15 III Nr 2 zu bejahen (aA EStR 15.8 VI 1–2; *Pyszka* DStR 10, 1372).

(2) PersGes. Maßgebl ist die Geschäftsführung bei der PersGes, deren Qualifikation in Frage steht. Demgemäß erfasst § 15 III Nr 2 eine GmbH & Co KG, bei der nur die einzige Komplementär-GmbH zur Geschäftsführung berufen ist, auch dann, wenn Geschäftsführer der GmbH eine natürl Person ist, die an der KG als K'tist beteiligt ist (BFH IV R 87/93 BStBl II 96, 523/6); denn zur Geschäftsführung bei der KG ist in diesem Falle nur die GmbH befugt, nicht deren Geschäftsführer; dieser führt nur mittelbar die Geschäfte der KG. Soll § 15 III Nr 2 vermieden werden, muss ein K'tist (natürl Person) neben oder an Stelle der GmbH zur Geschäftsführung bei der KG berufen werden (s Rz 222). Diese Grundsätze gelten auch für die **Einmann-GmbH & Co KG** sowie die **Einheits-GmbH & Co KG** (FG Mster EFG 15, 121, Rev IV R 42/14; *Wachter* GmbHR 15, 177; EStR 15.8 VI 5 aF/nF; zu § 164 HGB s BGH BB 07, 1914). 223

(3) Natürl Personen. § 15 III Nr 2 bleibt anwendbar, wenn außer KapGes natürl Personen, die nicht Ges'ter sind, geschäftsführungsbefugt sind. Gesrechtl können solche Personen nur neben Ges'tern zur Geschäftsführung berufen werden; es ist nicht mögl, alle Ges'ter von dieser auszuschließen (str); das entspr Tatbestandselement des § 15 III Nr 2 ist leerlaufend. 224

ee) Tätigkeit in Einkünfteerzielungsabsicht. § 15 III Nr 2 setzt voraus, dass die PersGes mit „Einkünfteerzielungsabsicht", dh in der Absicht tätig wird, einen *betriebl* Totalgewinn (einschließl etwaiger Veräußerungs-/Aufgabegewinne) zu erzielen (BFH IV R 80/05 BStBl II 09, 266; EStR 15.8 VI 4; zu § 15 III Nr 1 s Rz 192). Allerdings ist nach BFH IV R 34/11 BStBl II 15, 380 die Gewinnerzielungsabsicht selbst bei einer nur geprägten VorratsGes im Hinblick auf die angestrebte (später jedoch nicht aufgenommene) Tätigkeit zu vermuten, wenn diese nicht verlustgeneigt wäre und (zunächst) keine Anhaltspunkte für deren Aufgabe bestehen (mE bedenkl; s zu Vorlaufverlusten auch BFH IV R 80/05 aaO sowie hier 34. Aufl). 225

ff) Einzelfälle. – (1) GmbH & Co GbR. Nach neuerer *zivilgerichtl Rspr* haften die Ges'ter einer GbR für die rechtsgeschäftl (und gesetzl) Schulden der GbR grds auch persönl und unbeschr mit ihrem Vermögen; eine Beschränkung der Haftung auf das GesVermögen ist entgegen früher hL (s 18. Aufl) *nicht durch eine Beschränkung der Vertretungsmacht* des geschäftsführenden Ges'ters, sondern nur im Wege einer individualvertragl getroffenen Vereinbarung mögl (BGH DStR 99, 1704; 01, 310; 03, 747) – ausgenommen aus Gründen des Vertrauensschutzes bereits existierende Immobilienfonds-GbR (BGH DB 02, 1042). – Estrechtl folgt daraus, dass eine GmbH & Co GbR grds (Ausnahme s oben) **keine gewerbl geprägte PersGes** iSv § 15 III Nr 2 sein kann, wenn auch natürl Personen Ges'ter sind, da diese unbeschr für rechtsgeschäftl Schulden haften. Folgen: Soweit *früher* eine GmbH & Co GbR als gewerbl geprägte PersGes anerkannt war, erweist sich dies idR rückwirkend als unrichtig; die GbR hatte von Anfang an PV (Wandel der Beurteilung, keine Betriebsaufgabe!). Soweit in der Vergangenheit aus einem BV einzelne WG zu Buchwerten in die (vermeintl gewerbl geprägte) GbR eingebracht wurden, war dies in Wahrheit eine Entnahme (*BMF* BStBl 00, 1198); bestandskräftige Steuerbescheide sind nicht nach **§ 174 III AO** änderbar (BFH IV R 33/07 BStBl II 10, 586; überholt damit *BMF* BStBl I 01, 614; s 29. Aufl mwN). – Der 227

HReg-Eintrag einer vermögensverwaltenden GbR als GmbH & Co **KG** (vgl §§ 105 II, 161 II 2 HGB) bewirkt das Entstehen einer echten gewerbl geprägten Ges (BFH I R 52/10 BFH/NV 11, 1354; BFH II R 41/07 BStBl II 09, 600 zu § 13a ErbStG; *FinVerw* DB 08, 323) und damit eine Betriebseröffnung durch die KG. – Aus **Vertrauensschutzgründen** konnte aber eine GbR, die bisher als gewerbl geprägt beurteilt wurde (s auch BFH IV B 32/07, juris), auf Antrag weiter als solche behandelt werden (BV!), wenn sie bis zum 31.12.2001 in eine GmbH & Co KG umgewandelt wurde (*BMF* aaO; *FinVerw* DB 01, 69: rechtzeitige Anmeldung genügt); gleichwohl besteht jedenfalls bei Widerspruch zur vorgelegten Eröffnungsbilanz (TW-Ansatz) kein Zwang zur Buchwertfortführung (BFH IV R 11/10 BFH/NV 13, 1569). – Die vorstehenden Grundsätze gelten mE auch, wenn **individual**- bzw formularvertragl **Haftungsbeschränkunge**n vereinbart werden (FG Hess EFG 13, 1912, Rev IV R 35/13; s 33. Aufl); für eine GbR kann insoweit nichts anderes gelten als für eine OHG oder KG (s Rz 218). GlA nunmehr *BMF* BStBl I 14, 555 mit „zweiter" Übergangsregelung (Antrag zur Gewerblichkeit bis 31.12.2014 iVm Umwandlung in geprägte KG; dazu *kk* KÖSDI 14, 18794).

228 **(2) GmbH & Still; GmbH & Co KG & Still.** Auch eine atypische stille Ges, bei der „Inhaber des Handelsgeschäfts" eine nicht gewerbl tätige KapGes oder gewerbl geprägte PersGes ist, kann als solche gewerbl geprägte PersGes iSv § 15 III Nr 2 sein – ungeachtet dessen, dass eine stille Ges als InnenGes keine „GesSchulden" (s Rz 222) hat (BFH IV R 18/98 BStBl II 99, 286 zu I.1). Zur *atypisch Unterbeteiligung* am Anteil eines Ges'ters an einer gewerbl geprägten PersGes s aber Rz 367.

229 **(3) PersGes nur aus KapGes.** Sind nur KapGes Ges'ter einer Außen-PersGes, ist diese gewerbl geprägt (BFH IV R 51/00 BStBl II 02, 873; s auch Rz 222 aE). Zu ausl PersGes (einschließl DBA) s Rz 215, 173.

230 **gg) Keine gewerbl geprägten PersGes.** *Beispiele:* eine OHG/GbR aus KapGes *und* natürl Person; eine KG, deren persönl haftender Ges'ter KapGes *und* natürl Personen sind; eine KG, bei der eine KapGes als einzige persönl haftende Ges'terin von der Geschäftsführung ausgeschlossen, und stattdessen ein K'tist (natürl Person) zur Geschäftsführung berufen ist; eine Stiftung & Co KG. Zur Partenreederei gem § 489 HGB aF (s Rz 374) s 34. Aufl.

231 **d) Rechtsfolge.** Nach § 15 III Nr 2 **„gilt" (Fiktion)** die Tätigkeit der PersGes grds **einheitl** (‚in vollem Umfang') estrechtl **als GewBetr** mit der Folge, dass die Ges'ter als MUer gem § 15 I 1 Nr 2 Einkünfte aus GewBetr beziehen. DBArechtl liegt jedoch Vermögensverwaltung vor (s einschließl § 50i Rz 173); ebenso fehlt es an einem wirtschaftl Geschäftsbetrieb gem § 14 AO (BFH I R 60/10 BStBl II 11, 858; krit *Thomalla* BB 12, 490). Die verschiedenen Betätigungen (einschließl ihrer Vorbereitung, s Rz 195), zB Grundstücksvermietung (VuV), Gewährung verzinsl Darlehen (KapVerm) bilden einen einheitl GewBetr. Das GesVermögen ist notwendig gewerbl BV (vgl BFH I R 61/90 BStBl II 92, 628), soweit es estrechtl relevanten Betätigung dient (s Rz 225; 484, 496). – **WG eines Ges'ters,** die der estrechtl relevanten Betätigung des Ges'ters (oder der Beteiligung der Ges'ter an der Ges) dienen, sind gewerbl (Sonder-)BV. Ob der Gewinn (Verlust) nach § 4 III oder § 5 iVm § 4 I zu ermitteln ist, bestimmt sich nach allg Grundsätzen (dazu Rz 401). Für den **Umfang und die Ermittlung der Einkünfte** gelten uneingeschränkt die für gewerbl tätige PersGes maßgebl Grundsätze (BFH VIII R 63/93 BStBl II 96, 93 zu II.2.c). – Eine Aufgabe des (fiktiven) GewBetr (§ 16 III) durch Überführung des GesVermögens ins PV ist nicht mögl, solange und soweit die tatbestandl Voraussetzungen des § 15 III Nr 2 erfüllt sind.

232 Die **GewStPflicht** (§ 2 I 2 GewStG) besteht auch bei Betriebsverpachtung (BFH IV B 12/10, juris; § 16 Rz 709). Sie beginnt ebenso wie bei Einzelunternehmern und nicht gewerbl geprägten PersGes und anders als bei KapGes *erst* mit Aufnahme der „werbenden"

Tätigkeit (Einzelheiten Rz 130; BFH IV R 54/10 BStBl II 12, 927; GewStR 2.5 I 4). – Sie endet mit der endgültigen Einstellung der werbenden Tätigkeit (GewStR 2.6 I; BFH aaO: Veräußerung/Entnahme der wesentl Betriebsgrundlagen; FG Kln EFG 11, 905).

e) Änderungen im Tatbestand. Verändert sich der Sachverhalt so, dass eines der Tatbestandselemente des § 15 III Nr 2 wegfällt (zB Eintritt einer natürl Person als persönl haftender Ges'ter; Änderungen in der Geschäftsführungsbefugnis), entfällt damit die Fiktion eines GewBetr; dies ist idR Betriebsaufgabe iSv § 16 III (BFH XI R 15/05 BStBl II 07, 924; EStR 16 II 6; § 16 Rz 175). Keine Betriebsaufgabe liegt aber vor, wenn die PersGes gleichzeitig eine (echte) gewerbl Tätigkeit aufnimmt (§ 15 III Nr 1 iVm II) oder die Voraussetzungen einer Betriebsverpachtung oder -aufspaltung vorliegen (EStR 16 II 7). Umgekehrt ist die erstmalige Erfüllung des Tatbestands des § 15 III Nr 2 Betriebseröffnung iSv zB § 6 I Nr 6. 233

f) Rückwirkende Anwendung. § 15 III Nr 2 ist grds rückwirkend auch auf in VZ vor 1986 verwirklichte Sachverhalte (Altfälle) anzuwenden. Einzelheiten s 34. Aufl Rz 234 f. 234

IV. Subj Zurechnung von Einkünften aus MUerschaft; insb MUerbegriff

Schrifttum (Auswahl; s auch Vorauflagen): *Petersen,* Unternehmensteuerrecht und bewegl System (BetrAufsp, MUerschaft, vGA), 1999 S 100 ff; *Pinkernell,* Einkünftezurechnung bei PersGes, 2000 (s auch vor Anm 36, 51, 58, 65, 94, 119).

1. Funktion des MUerbegriffs. Sie besteht darin, dass grds nur demjenigen positive oder negative Einkünfte aus GewBetr im Umfang des § 15 I 1 Nr 2 anteilig unmittelbar als eigene Einkünfte zugerechnet werden können (und *müssen*), der MUer des Betriebs der PersGes (oder Einzelunternehmer) ist (s auch Rz 744 zu „erwünschter" und „unerwünschter" MUerschaft). 250

2. Personenkreis. – a) Allgemeines. Natürl Personen (minder- oder volljährig) und **juristischen Personen,** insb **KapGes** (nicht jedoch InvFonds gem § 1 Ib Nr 5j InvStG; BR-Drs 740/13, 61; zur früheren Rechtslage s 32. Aufl), aber auch juristische Person döR (*BMF* BStBl I 09, 1303 Rz 59 ff; *FinVerw* FR 09, 779; BFH I R 52/13 DB 15, 2123: BgA; dazu *Schiffers* DStZ 14, 675), gleichgültig, ob unbeschr oder beschr estpfl bzw kstpfl (§ 49 I Nr 2a) oder von der KSt befreit (zB *BMF* DB 05, 2497; BFH I R 31/10 BFH/NV 12, 786: nichtrechtsfähige Stiftung; zu § 15 AStG aF/nF s Rz 258), können MUer sein, soweit sie an einer PersGes (bzw Gemeinschaft, s Rz 171) *unmittelbar* als Ges'ter beteiligt sind. Daneben können diese auch Einzelunternehmer oder MUer weiterer GewBetr sein. 251

b) Doppel-/mehrstöckige PersGes. – Zivilrechtl ist anerkannt, dass nicht nur OHG und KG, sondern auch eine (Außen-)**GbR** Ges'ter einer anderen PersGes sein können (zu K'tistin s auch § 162 I 2 HGB nF; zu Komplementärstellung OLG Celle DStR 12, 918). – Für das **ESt-Recht** hat der BFH (GrS 7/89 BStBl II 91, 691) entschieden, dass bei Beteiligung einer OHG, KG oder „mitunternehmerisch tätigen GbR" (OberGes) an einer gewerbl PersGes (UnterGes) nur die OberGes, *nicht auch* deren Ges'ter (OberGes'ter; kein Durchgriff!) MUer der UnterGes sind. Dies ist jedoch teilweise **überholt,** da nach **§ 15 I 1 Nr 2 S 2** (ab StÄndG 92) ein **mittelbar** über eine oder mehrere PersGes **beteiligte Ges'ter** dem unmittelbar beteiligten Ges'ter gleichsteht und daher (neben der unmittelbar beteiligten PersGes) als **MUer** des Betriebs der **(Unter-)PersGes** anzusehen ist (s Rz 610 ff). – Die Vorschrift **bezweckt** nach der Rspr nur, die mittelbar beteiligten Ges'ter hinsichtl der **Tätigkeits- und Nutzungsvergütungen** und des **SonderBV** estrechtl wie ein unmittelbar beteiligter Ges'ter („Sonder-MUer") zu behandeln (BFH IV R 69/99 BStBl II 01, 731 zu 2.c). Hingegen soll es dabei bleiben, dass der auf die OberGes entfallende **Anteil am Gewinn (Verlust) der UnterGes** – einschließl der Sondervergütung 253 für Leistungen der OberGes an die UnterGes (BFH I R 60/92 BStBl II 93, 714 zu II. A. 3.) und eines Gewinns (Verlusts) aus der Veräußerung der Beteiligung an der UnterGes – der **OberGes als MUerin** zuzurechnen ist, auf diese Weise in den Gewinn der OberGes eingeht und deren Ges'tern erst als Teil ihres Anteils am Gewinn der OberGes zuzurechnen ist (BFH IV R 23/93 BStBl II 95, 467 zu IV.3); bei abw Wj zeitversetzt (BFH I 12/62 U BStBl II 65, 296), sofern die Wahl des Wj nicht rechtsmissbräuchl ist (bej BFH VIII R 89/02 BFH/NV 04, 936; vern bei Vermeidung eines RumpfWj BFH IV R 21/05 BStBl II 10, 230). Zur iÜ nur vermögensveraltenden OberPersGes s Rz 189, 613.

Stellungnahme; Kritik: ME ist der **Transparenzgedanke** (Rz 163 ff; s auch § 17 III 3 REITG) auch bei mehrstöckigen Strukturen zu beachten, dh MUer (Einkunftserzielungssubjekt) der jeweiligen Unter-PersGes ist nicht die Ober-PersGes als solche, sondern sind die Ober-Ges'ter in ihrer Verbundenheit; in der Sache verfährt die Rspr in Veräußerungsfällen hiernach (s Rz 420, 471; § 15a Rz 235; § 16 Rz 401/7, 582; Ausnahme § 10a GewStG; s § 16 Rz 395); ebenso iRd DBA (BFH I R 75/07 BStBl II 10, 1028; *BMF* BStBl I 14, 1258; Rz 173). Unberührt hiervon bleibt allerdings die Eigenständigkeit der Gewinnermittlungskreise (Unter-/Ober-PersGes; Rz 618 ff; § 15a Rz 61; § 34a Rz 22) sowie die Durchführung gestufter Feststellungsverfahren (§ 180 I Nr 2a AO: ausführl – einschließl GewSt – *Wacker* FS Goette, 561/78; ähnl *Bodden* FR 02, 559/64; aA hier bis 30. Aufl).

257 **3. Unternehmer; MUer; Ges'ter; Gemeinschafter.** Die Begriffe „Unternehmer" (Rz 135 ff) und „Mitunternehmer" sind gleichrangig; auch der MUer ist ein Unternehmer, und zwar des Betriebs der Ges (BFH GrS 3/92 BStBl II 93, 616/21 Sp 2; *Bodden* FR 02, 559/62). – MUer kann nur sein, **(1)** wer *zivilrechtl Ges'ter einer PersGes* ist, gleichgültig, ob Außen- oder InnenGes, oder **(2)** – in Ausnahmefällen – wer aufgrund eines anderen Rechtsverhältnisses eine einem Ges'ter „wirtschaftl vergleichbare Stellung innehat" (s Rz 171) oder **(3)** wer wirtschaftl Eigentümer (§ 39 II Nr 1 AO) des GesAnteils ist (s Rz 300). – Die **Ges'tereigenschaft** ist grds **unerlässl für** die **Qualifikation als MUer** (zB GrS BFH GrS 7/89 BStBl II 91, 691 zu C. III.3.a; BFH VIII R 32/90 BStBl II 98, 480 zu 2.a; s auch Rz 262, 344; aA *P. Fischer* FR 98, 813; *Pinkernell* aaO S 210 ff; diff *HHR* § 15 Rz 336). Nicht ausreichend deshalb die Einkunftszurechnung bei ausl Familienstiftung nach § 15 AStG nF (*Oellerich* HFR 13, 670; zum AStG aF s BFH I R 39/11 FR 13, 1102; s auch § 35 Rz 3); auch führt ein aufschiebend bedingter Ges-Beitritt erst erst zeitversetzt mit Bedingungseintritt zur MUerstellung (BFH VIII B 30/01 BFH/NV 02, 191). Zum **zivilrechtl Begriff der Ges** (§ 705 BGB) als Voraussetzung einer MUerschaft und der dafür erforderl **Beteiligung am Gewinn** s Rz 281, 284. – Soweit allerdings jemand den Kriterien des MUerbegriffs (Rz 261 ff) genügt, ist zu vermuten, dass er zivilrechtl Ges'ter ist (BFH VIII R 68/98 BStBl II 01, 359 zu II.5.a mwN).

259 **a) Gesellschafterstellung nicht ausreichend.** Nicht jeder zivilrechtl Ges'ter einer gewerbl tätigen (oder geprägten) PersonenhandelsGes (OHG, KG, GmbH & Co KG, Publikums-KG) ist bereits als solcher auch MUer; er ist es nur, wenn seine gesellschaftsrechtl Stellung den allg Kriterien des MUerbegriffs (s Rz 261 ff) genügt (zB BFH GrS 3/92 BStBl II 93, 616/21 Sp 2 mwN; BFH VIII R 66–70/97 BStBl II 00, 183 zu II.1; *Haep* in *HHR* § 15 Rz 300). Mit der Zwecksetzung des § 15 I 1 Nr 2 wäre es nicht vereinbar, zB einen K'tisten als MUer zu behandeln, obwohl er nach dem GesVertrag im Innenverhältnis einem typischen stillen Ges'ter oder Darlehensgeber gleichgestellt ist, der gem § 20 I Einkünfte aus KapVerm hat; ein solcher K'tist bezieht keine Einkünfte aus GewBetr, sondern Einkünfte aus KapVerm (zB BFH VIII R 66–70/97 BStBl II 00, 183 zu II.1). – **Praktische Folgerungen** ergeben sich hieraus zB für die Fragen, ob MUer sind – *(1) ArbN-K'tisten* (s Rz 272, 563, 580), – *(2)* schenkweise in eine Familien-KG aufgenommene *Kinder* (s Rz 740 ff), – *(3)* Ges'ter einer *Publikums-KG* (vern bei Beteiligung ohne Gewinnchance BFH GrS 4/82 BStBl II 84, 751/67 zu C. V.3.), – *(4)* K'tisten mit sog Nullbeteiligung (vern *Kempermann* FR 00, 257).

b) Typusbegriff. Das Gesetz verwendet mit dem Ausdruck MUer als Tatbestandsmerkmal des § 15 I 1 Nr 2 einen Typusbegriff (zB BFH III R 105/88 BStBl II 91, 616), für den kennzeichnend ist, dass er nur durch eine unbestimmte Zahl austauschbarer Merkmale beschrieben werden kann und stets das Gesamtbild entscheidend ist (BFH GrS 4/82 BStBl II 84, 751 zu C. V.3.c; allg *Tipke* LB § 5 Rz 45 mwN; krit *Petersen* aaO S 110 ff; *Mössner* FS Kruse, 2001 S 161). 261

c) MUermerkmal. MUer ist (nur), wer aufgrund eines zivilrechtl GesVerhältnisses (krit *G. Söffing/Jordan* BB 04, 353 für Nießbraucher) oder wirtschaftl damit vergleichbaren Gemeinschaftsverhältnisses zusammen mit anderen Personen MUerinitiative entfalten kann und MUerrisiko trägt (zB BFH GrS 3/92 BStBl II 93, 616 zu C. III.6.a). – Beide Merkmale müssen vorliegen; sie können aber im Einzelfall mehr oder weniger ausgeprägt sein (zB BFH VIII R 66–70/97 BStBl II 00, 183 zu II.1.a mwN) und sind daher bedingt kompensierbar: MUer kann sein, wer geringes Risiko trägt, aber ausgeprägte Unternehmerinitiative entfaltet (zB BFH VIII R 32/90 BStBl II 98, 480 zu 2.c mwN; BStBl II 99, 286 zu I.1), und umgekehrt (s Rz 344). Beide Merkmale müssen auf dem GesVertrag beruhen (BFH VIII R 50/92 BStBl II 94, 282 zu II.2.a; str, s Rz 258, 344). 262

aa) MUerinitiative. Sie bedeutet Teilhabe an unternehmerischen Entscheidungen (zB BFH VIII R 12/94 BStBl II 97, 272 zu II.1.b); ausreichend kann indes sein: – *(1)* die Ausübung von Rechten, die den Stimm-, Kontroll- und Widerspruchsrechten eines K'tisten (§§ 164, 166 HGB) wenigstens angenähert sind oder den Kontrollrechten nach § 716 I BGB entsprechen (zB BFH VIII R 18/95 BStBl II 99, 384 zu II.1.a; Rz 272; teilweise aA *Bodden* FR 02, 559/63), – *(2)* die gemeinsame Ausübung dieser Rechte durch Treuhänder (BFH I R 31/10 BFH/NV 12, 786) oder – *(3)* Recht und Pflicht eines phGes'ters zur Vertretung (BFH/NV 99, 1196 Rz 264, 321/54, 709; aA *Karl* BB 10, 1311). 263

bb) MUerrisiko. Erfordert bedeutet gesellschaftsrechtl (oder dieser wirtschaftl vergleichbare) Teilhabe am Erfolg oder Misserfolg eines GewBetr (zB BFH VIII R 32/90 BStBl II 98, 480 zu 2.c mwN), idR durch *Beteiligung am Gewinn und Verlust sowie an den stillen Reserven* einschließl eines Geschäftswerts (zB BFH VIII R 66–70/97 BStBl II 00, 183 zu II.1.a), wenigstens bei Auflösung der Ges (BFH VIII R 166/84 BStBl II 89, 758 zu 2.e); eine bloße Umsatzbeteiligung genügt hierfür idR nicht (BFH VIII R 68/98 BStBl II 01, 359 zu II.5.b). Hinsichtl Verlustbeteiligung reicht das Risiko aus einer unbeschr Außenhaftung aus, selbst wenn im Innenverhältnis ein Freistellungsanspruch besteht (BFH IV R 26/07; BStBl II 10, 751; *Wacker* NWB F 3, 14199; Rz 321, 709); umgekehrt ist persönl Haftung nicht erforderl (BFH VIII R 349/83 BStBl II 92, 330 zu 2.). Zur Verlustteilhabe stiller Ges'ter s Rz 343 (allg), Rz 350/449 (Darlehensumwandlung): zum „Scheinsozius" s § 18 Rz 42. 264

cc) Gewinnabsicht. Erforderl und ausreichend (FG Hbg EFG 14, 360, Rev IV R 42/13) ist eine (individuelle; s *Wacker* FS Goette, 561/9) Gewinnabsicht hinsichtl des Gesamtgewinns (zB BFH IV R 94/90 BStBl II 91, 800 zu II.). Ein K'tist oder ein InnenGes'ter, der zB aufgrund des GesVertrags nur eine feste Vergütung erhält oder wegen rechtl oder tatsächl **Befristung** seiner Beteiligung keine konkrete Aussicht auf einen seine Einlage übersteigenden Anteil an einer Mehrung des BV der Ges hat, ist mangels MUerrisiko (fehlende Gewinnchance) kein MUer (FG Mchn EFG 09, 184; offen BFH IV B 63/13 BFH/NV 14, 512 bei Schenkung des GesAnteils). Ebenso keine MUerstellung bei nur mittelbarer Teilhabe am Gewinn über eine GmbH (vgl BFH VIII R 66–70/97 BStBl II 00, 183 zu II.2.) oder wenn ein Ges'ter sich durch eigene Maßnahmen bewusst um alle Gesamtgewinnchancen bringt (s Rz 183; *Groh* DB 84, 2424). 265

d) HGB-Regelstatut. Ein zivilrechtl Ges'ter einer PersGes ist MUer nur, *wenn* seine rechtl und wirtschaftl Position nach dem GesVertrag, den gesetzl Bestim- 266 mungen und den tatsächl Gegebenheiten im Einzelfall nicht wesentl hinter dem zurückbleibt, was nach den dispositiven Vorschriften des HGB (Regelstatut) das Bild eines persönl haftenden Ges'ters einer OHG oder KG oder eines K'tisten einer KG bestimmt (BFH GrS 4/82 BStBl II 84, 751 zu C. V.3.c cc; BFH VIII R 16/97 BStBl II 01, 186 zu 2.a; zust zB *Pinkernell* aaO S 215 ff; ähnl *Bodden* FR 02, 559/62); arg: Parallelwertung von Einzelunternehmer und MUer. Diese Formel gilt grds in gleicher Weise für PersGes unter Fremden wie für Familien-PersGes (BFH VIII R 166/84 BStBl II 89, 758 zu 1.c; BFH IV B 143/05 BFH/NV 07, 1848). Ihre **Bedeutung** ist aber **gering,** soweit sie nicht bereits durch die Kriterien des MUerbegriffs (Rz 261 ff) abgedeckt ist, weil zB schenkweise als K'tisten aufgenommene Kinder, sofern sie den MehrheitsGes'ter vertragl kraft ihres Stimmrechts mindestens an einer Änderung des GesVertrags hindern können (BFH VIII R 16/97 BStBl II 01, 186; BFH II R 44/08 BFH/NV 10, 690) *und* bei Hinauskündigung oder Auflösung der PersGes an den stillen Reserven und am Geschäftswert teilhaben, selbst bei sonstiger Entrechtung MUer sind (s Rz 750 ff).

267 **e) Abweichungen vom HGB-Regelstatut.** *Beispiele: –* ***(1)*** Wer nach außen **unbeschr für Verbindlichkeiten der Ges haftet** (und am Gewinn beteiligt ist), ist grds MUer, selbst wenn er im Innenverhältnis einen (unbegrenzten) Freistellungsanspruch gegen andere Ges'ter hat (s dazu Rz 264, 321, 709).

269 ***(2)*** Grds ist jemand, der **nicht am Gewinn teil hat,** sondern eine feste Vergütung erhält, *und* am Verlust nicht oder nur bis zu seiner Einlage beteiligt ist, kein MUer (BFH VIII R 66–70/97 BStBl II 00, 183 zu II.1.a). Anders ist dies evtl bei Anteil an stillen Reserven und Geschäftswert bei Ausscheiden oder Liquidation (BFH VIII R 18/93 BStBl II 95, 714 für befristete Belastung eines KG-Anteils mit Gewinnvermächtnis; offen in IV R 1/92 BStBl II 94, 700 zu 3.c; vern Anm HFR 94, 138); nicht jedoch, wenn ein Anteilsveräußerungsgewinn in Wahrheit eigenbetriebl Leistungen des Ges'ters zuzuordnen ist (BFH IV R 89/05 BFH/NV 08, 1984).

270 ***(3)*** Wer am Gewinn und Verlust und bei seinem Ausscheiden und/oder bei einer Liquidation auch an den **stillen Reserven** und am **Geschäftswert** *teilhat,* ist grds MUer, auch dann, wenn er keinen Einfluss auf die Geschäftsführung und nur geringe sonstige Mitwirkungs-/Kontrollrechte hat (vgl BFH VIII R 364/83 BStBl II 85, 311 zu III.3.a für atypische stille Ges; BFH IV R 103/83 BStBl II 87, 54 zu I.2.b für atypische Unterbeteiligung; FG Hbg EFG 11, 1997, Rev IV R 39/11: KG-Anteil iVm Übernahmeoption der Mit-Ges'ter).

271 ***(4)*** Wer **nicht am Verlust** teilnimmt und abgesehen vom Anteil am lfd Gewinn **keinen Anteil** an den **stillen Reserven** und am **Geschäftswert** hat, ist idR nicht MUer (vgl BFH VIII 349/83 BStBl II 92, 330 zu 3.), es sei denn, er kann typische **Unternehmerentscheidungen** treffen und ist vom Erfolg oder Misserfolg dieser Entscheidungen selbst wirtschaftl betroffen, zB im Hinblick auf eine hohe Gewinnbeteiligung (zB BFH VIII R 6/93 BFH/NV 04, 1080; Rz 344).

272 ***(5)*** Kein MUer ist, wer vertragl vom **Stimmrecht ausgeschlossen** ist (BFH II R 34/13 BStBl II 15, 821; Rz 309, 752) oder zwar formal stimmberechtigt ist, den MehrheitsGes'ter aber selbst bei Änderung des GesVertrags nicht an einer Beschlussfassung hindern kann (vgl BFH VIII R 328/83 BStBl II 89, 762; *Escher* FR 08, 985/9). Gleiches gilt bei Verzicht des ArbN-K'tisten auf Kontrollrechte nach § 166 HGB (FG Thür EFG 06, 815).

273 ***(6)*** Zur **Ausschlussklausel** s Rz 270, 752; BFH IV R 79/94 BStBl II 96, 269 zu I.2.b mwN. Zu **Scheidungsklausel** s Rz 300 mwN. Zu bedingter **Rückfallklausel** s Rz 300, 771 mwN.

274 **f) Sachenrechtl (Mit-)Berechtigung am BV.** Grds unerhebl für die Qualifikation als MUer ist die sachenrechtl (Mit-)Berechtigung am BV. Der dingl Mitberechtigte zB ein K'tist kann estrechtl stiller Ges'ter iSv § 20 I Nr 4 sein (s Rz 259 mwN); umgekehrt braucht ein MUer nicht dingl mitberechtigt zu sein (zB atypischer stiller Ges'ter).

g) Fehlende MUerstellung. Sind einzelne Ges'ter nicht MUer, ist das Ges-(Gesamthands-)Vermögen gleichwohl **insgesamt BV,** und nicht etwa entspr dem Beteiligungsverhältnis der MUer und der anderen Ges'ter in BV und PV aufzuteilen (vgl BFH VIII R 66–70/97 BStBl II 00, 183). Gewinnanteile der nicht mu'erischen Ges'ter sind je nach betriebl oder privater Veranlassung BA oder nichtabzugsfähige Gewinnverwendung der anderen Ges'ter (*Dautzenberg* BB 94, 903). 275

4. Wirtschaftl vergleichbare Gemeinschaftsverhältnisse. Sie haben zur Folge, dass jemand ohne zivilrechtl Ges'ter (einer Außen- oder InnenGes) zu sein die Stellung eines MUer erlangt; zB Erben- und Gütergemeinschaft und bestimmte Bruchteilsgemeinschaften iSv §§ 741 ff BGB (dazu Rz 171, 861). Partiarische Rechtsverhältnisse fallen nicht darunter, es sei denn, diese sind zivilrechtl „gesellschaftsähnl Rechtsverhältnisse" (vgl BFH VIII R 68/98 BStBl II 01, 359 zu II.5.c). 276

5. Verdeckte („faktische") MUerschaft; fehlerhafte Gesellschaft

Schrifttum (Auswahl; älteres Schrifttum s Vorauflagen): *Priester,* Die faktische MUerschaft – Ein gesellschaftsrechtl Problem, FS L. Schmidt, 1993 S 331; *Haas/Druen,* Die Bruchteilsgemeinschaft als MUerschaft, FS Priester, 133.

a) Gesellschaftsvertrag. Ist eine Person, die in Rechtsbeziehungen zu einer gewerbl PersGes (AußenGes) steht, zivilrechtl nicht Ges'ter dieser *AußenGes* (zB KG), kann sie gleichwohl MUer des GewBetr sein, wenn die Rechtsbeziehungen zivilrechtl als **InnenGesVerhältnis** zur PersGes oder deren Ges'tern zu werten sind (zu **fehlerhafter** Ges s BFH/NV 98, 1339; *Zimmermann* GmbHR 06, 231: Managerbeteiligung) und den übrigen Kriterien des MUerbegriffs genügen (zB BFH VIII R 32/90 BStBl II 98, 480); gleiches gilt für entspr Rechtsbeziehungen zu Einzelunternehmer oder GmbH (zB BFH IV R 1/92 BStBl II 94, 700; *Priester* FS L. Schmidt, 331/49). Ein Rechtsverhältnis, das zB als Dienst-, Darlehens- oder Pachtvertrag *bezeichnet* ist, kann ein GesVerhältnis iSv §§ 705 ff BGB sein, weil auch zivilrechtl nicht die „vertragl Eigenqualifikation der Parteien", sondern das „wirkl Gewollte" maßgebl ist (zB BFH IV R 65/94 BStBl II 96, 66), und damit eine **verdeckte MUerschaft** in Form einer InnenGes begründen; diese InnenGes unterliegt keinem Fremdvergleich (BFH XI R 14/95 BStBl II 96, 133). – Zur evtl Wertung eines „typengemischten Vertrags" (Automatenaufstellungsvertrag) als GesVertrag bzw gesellschaftsähnl Rechtsverhältnis und als MUerschaft s BFH VIII R 68/98 BStBl II 01, 359. – Zum gemeinsamen GesZweck, und zu konkludent abgeschlossenen GesVerträgen, zB *K. Schmidt,* GesRecht, 4. Aufl 2002, § 4 I; § 59 I 2, 3; *Priester* aaO S 339; BFH VIII R 32/90 BStBl II 98, 480 zu 2.a. Zur Ehegatten-InnenGes s BGH BB 03, 2033. Im **Schrifttum** ist die Ansicht im Vordringen, ein GesVerhältnis sei keineswegs unerlässl Voraussetzung für die subj Zurechnung gewerbl Einkünfte als (Mit-)Unternehmer, gleichwohl sei aber die BFH-Rspr iErg idR zutr (*Haas/Druen* FS Priester, 133; *K/Reiß* § 15 Rz 214 ff). 280

b) BFH-Rspr. Sie geht davon aus, dass begriffl Erfordernis einer (gewerbl) *InnenGes,* gleichgültig ob stille Ges (vgl § 231 HGB) oder GbR, – anders als bei AußenGes – eine „(allseitige) **Beteiligung am Gewinn**" *aufgrund eines GesVerhältnisses* ist und diese fehlt, wenn in sog Austauschverträgen (zB Pacht-, Dienstvertrag) nur eine Umsatzbeteiligung oder eine gewinnabhängige Vergütung in *übl leistungsgerechter* Höhe vereinbart ist (zB BFH VIII R 2/03 BFH/NV 03, 1564). Danach nimmt die Rspr idR Rechtsbeziehungen auch bei „Bündelung von Risiken aus … Austauschverträgen" und deren zw Fremden nicht übl Gestaltung wie zB unverzinsl Darlehen, Bürgschaften (BFH VIII R 50/92 BStBl II 94, 282) hin, es sei denn, dass sich die Gegenleistung iRe Austauschvertrags „nicht durch die erhaltenen Sachleistungen erklären lässt" (BFH IV R 65/94 BStBl II 96, 66). Als **Indizien** dafür, dass der wirkl Wille der Vertragsparteien nicht auf schuldrechtl Leistungsaustausch, sondern auf Erreichung eines **gemeinsamen Zwecks** (Ges) gerichtet (und daher verdeckte MUerschaft zu bejahen) ist, wertet der BFH: unübl 284 und unangemessene Entgelte, Unwirksamkeit oder Nichtdurchführung der Austauschverträge, tatsächl Verhalten wie Ges'ter zB Entnahmen, Geschichte und Eigenart des Unternehmens (vgl BFH VIII R 32/90 BStBl II 98, 480; BFH/NV 99, 295; im Erg glA *P. Fischer* FR 98, 813). Nicht ausreichend ist die mittelbare Teilhabe des Lebenspartners am Betriebserfolg (FG Mchn EFG 14, 1296, rkr).

285 **aa) BFH-Rspr gegen verdeckte MUerschaft.** ***(1)*** VIII R 303/81 BStBl II 85, 363 für Ehemann, der GewBetr an eine GmbH & Co KG verpachtete, an der nur seine Ehefrau beteiligt war, deren Geschäfte er aber als Geschäftsführer der Komplementär-GmbH führte (ähnl VIII R 259/84 BStBl II 87, 766 zu II.), – ***(2)*** VIII R 335/82 BStBl II 86, 599 für zwei Ehemänner, die ihren GewBetr auf eine GmbH & Co KG übertrugen, an der nur die Ehefrauen als K'tisten beteiligt waren, deren Geschäfte sie aber als Ges'ter-Geschäftsführer der Komplementär-GmbH führten, – ***(3)*** III R 94/87 BStBl II 90, 500 für das sog Wiesbadener Modell (Ehemann verpachtet seinen GewBetr an GmbH, deren AlleinGes'terin die Ehefrau, deren Geschäftsführer aber der Ehemann ist), – ***(4)*** IV R 17/84 BStBl II 88, 62 für Ehemann, der seinen Betrieb ohne Grundstück auf GmbH der Ehefrau überträgt, Grundstück umsatzabhängig an GmbH verpachtet und deren Geschäfte gegen Festgehalt und Provision führt, – ***(5)*** VIII R 193/83 BStBl II 89, 414 für schenkweise Betriebsübertragung auf Kinder unter Vorbehalt lebenslängl Verwaltungs- und Verfügungsbefugnis, – ***(6)*** VIII R 362/83 BStBl II 89, 705 für Ehemänner, die Geschäftsführer mit Festgehalt einer Ehefrauen-GmbH & Co KG waren, dieser Grundstücke gegen Festmiete überließen, ungesicherte Darlehen gewährten und für Schulden der KG bürgten, – ***(7)*** BFH/NV 93, 14 für Geschäftsführer der Komplementär-GmbH einer Familien-GmbH & Co KG mit teilweise gewinnabhängigen Bezügen, der dieser Grundstücke vermietet, Darlehen gewährt und für GesSchulden bürgt, – ***(8)*** VIII R 81/85 BStBl II 94, 645 für umsatzabhängige Betriebsverpachtung der Ehemänner an GmbH & Co, bei der die Ehemänner Ges'ter der GmbH und die Ehefrauen K'tisten sind (aber wirtschaftl Eigentum!, s Rz 300), – ***(9)*** VIII R 50/92 BStBl II 94, 282 für Verkauf des Unternehmens des Ehemanns an von der Ehefrau beherrschter, aber vom Ehemann geführter GmbH & Co KG trotz unübl Austauschverträge (vgl auch BFH/NV 99, 167, 295; 03, 1564), – ***(10)*** II R 26/07 BStBl II 09, 602 (betr § 13a ErbStG) für Darlehensgeber nach Übertragung der KG-Anteile auf Tochter, wenn Darlehen und Geschäftsführervergütung (von Komplementär-GmbH) fremdüblich.

286 **bb) BFH-Rspr für verdeckte MUerschaft.** ***(1)*** BFH IV B 51/85 BStBl II 86, 10 (Neugründung eines Dienstleistungsbetriebs durch die Ehefrau mit „Anstellung" des Ehemanns gegen hohe Provision), – ***(2)*** BFH IV R 53/82 BStBl II 86, 798 (Betriebsverpachtung an Familien-GmbH & Co KG zu unübl Konditionen), – ***(3)*** BFH IV R 272/84 BStBl II 86, 802 (Betriebsübertragung auf Familien-KG mit tatsächl Fortbestand der Alleinherrschaft des bisherigen Betriebsinhabers, insb Entnahme der Gewinne), – ***(4)*** BFH IV R 65/94 BStBl II 96, 66 (Betriebsübertragung durch Ehemann auf GmbH & Co KG, bei der Ehefrau einzige K'tistin und Ehemann weisungsfreier Ges'ter-Geschäftsführer der GmbH ist und unangemessen hohe gewinnabhängige Bezüge hat, – ***(5)*** BFH VIII R 32/90 BStBl II 98, 480 (GmbH & Co KG; Ehefrau einzige K'tistin, Ehemann Ges'ter-Geschäftsführer der Komplementär-GmbH mit überhöhten gewinnabhängigen Bezügen und tatsächl Verhalten wie Ges'ter der KG = Entnahmen und Einlagen).

287 **cc) FinVerw.** Sie **bejaht MUerschaft** zB bei Medienfonds für Personen, die zwar nicht an der FondGes (GbR, KG) beteiligt sind, aber Anteil an den Einspielergebnissen und unternehmerischen Einfluss haben (*BMF* BStBl I 01, 175 Rz 27).

288 **c) Stellungnahme.** Im Schrifttum hat *Priester* (FS L. Schmidt, 331/48) überzeugend nachgewiesen, dass *zivilrechtl* ein verdecktes InnenGesVerhältnis gegeben ist, wenn die Beteiligten das Unternehmen entgegen der Bezeichnung ihrer Abreden tatsächl auf gemeinsame Rechnung und Gefahr betreiben, und dass dies (jedenfalls dann) indiziert wird, wenn *(1)* Inhalt und/oder tatsächl Durchführung der sog Austauschverträge nicht dem entsprechen, was zw Fremden übl ist (zB hohe Kredite ohne Sicherheiten) und *(2)* eine offene oder verdeckte Beteiligung am Gewinn hinzukommt. – Dem ist mE beizupflichten – mit dem ergänzenden Hinweis, dass *(1)* eine Gewinnbeteiligung, die sich in einem Austauschvertrag findet, zumindest bei zusätzl verdeckter Gewinnverwendung zugunsten eines Angehörigen ausreicht (vgl Anm FR 94, 193), *(2)* die in Rz 285 zu *(7)* und *(9)* erwähnten Urteile dieser Beurteilung nicht gerecht werden.

289 **d) Steuerl Vorteile.** S hierzu BFH IV R 53/82 BStBl II 86, 798 zu 1.d: Minderung des Gewinns (Gewerbeertrags) um Entgelte für Geschäftsführung (ein-

schließl Pensionszusage), Pacht, Darlehen usw; betriebl genutzte Grundstücke PV. – Andererseits aber keine Anwendung des § 35 und §§ 13a, 19a ErbStG.

e) KapGes. Im Verhältnis zw einer KapGes und ihren Ges'tern können aber die StPfl eine MUerschaft zu ihren Gunsten (Verlustanteile!) nur geltend machen, wenn nachweisbar im Voraus ein GesVerhältnis vereinbart war (s Rz 354). Umgekehrt kann das FA zum Nachteil der StPfl allein daraus, dass ein Ges'ter der KapGes über seine Einlage hinaus zusätzl Leistungen zugunsten der KapGes erbringt, nicht ableiten, dieser sei im Verhältnis zur KapGes MUer, denn diese Beiträge erbringt er idR als Ges'ter der KapGes (FG Nds FR 88, 367). 290

f) LuF. Zu luf MUerschaften von **Ehegatten** s Rz 376. 291

6. Treuhand; wirtschaftl Eigentum; Testamentsvollstreckung

Schrifttum: *Fuhrmann,* Treuhandgestaltungen, KÖSDI 06, 15293.

a) Treuhand. Bei offenen oder verdeckten Treuhandverhältnissen, deren Gegenstand die **Mitgliedschaft in einer PersGes** ist, zB OHG- oder KG-Anteil, ist *zivilrechtl* allein der Treuhänder Ges'ter der PersGes (zB BFH VIII R 18/93 BStBl II 95, 714 mwN; *K. Schmidt,* GesRecht, 4. Aufl, 2002 § 61 III). 295

aa) MUer. EStrechtl Zurechnungssubjekt (MUer) für die Einkünfte aus der MUerschaft ist jedoch der **Treugeber** – und zwar bei (fremdnütziger) Treuhand über *KG-Anteil* an gewerbl KG *nur* der Treugeber (BFH IV R 40/03 BFH/NV 05, 1994; Ausnahme s Rz 298); denn der Treuhänder übt als Ges'ter die Ges'terrechte zwar im eigenen Namen, aber im Innenverhältnis gem §§ 675, 665 BGB nach Weisung des Treugebers und ausschließl auf dessen Rechnung aus (zB BFH VIII R 18/93 BStBl II 95, 714 zu 1.b.bb: auch bei Belastung des KG-Anteils mit Gewinnvermächtnis; BFH IV R 3/01 BStBl II 03, 112 zu 4.a). Erforderl ist dazu aber, dass – **(a)** der Treuhänder als Ges'ter eine Rechtsstellung innehat, die ihn als MUer erscheinen ließe, wenn er auf eigene Rechnung handeln würde; fehlt es hieran, ist auch der Treugeber nicht MUer (BFH IV R 47/96 BStBl II 77, 737 zu B.I.2.b), – **(b)** das Treuhandverhältnis **steuerl anzuerkennen ist** (Abschlussnachweis gem § 159 AO; BFH I B 213/02 BFH/NV 04, 1536: tatsächl Vertragsdurchführung; BFH I R 69/97 BStBl II 99, 514: Treugeber muss Treuhandverhältnis beherrschen; BFH XI R 45/88 BStBl II 93, 538: Anspruch auf *jederzeitige* Herausgabe des Treuguts nicht erforderl; strenger BFH VIII R 56/93 BStBl II 98, 152 zu § 17) und – **(c)** dem Treugeber aufgrund des Treuhandverhältnisses sowie sonstiger Abreden (zB Vollmacht) die MUerstellung vermittelt wird (BFH IV R 63/07 BFH/NV 11, 214). – Zahlt die gewerbl PersGes an den Treugeber zB **Tätigkeitsvergütungen,** greift insoweit § 15 I Nr 2 S 1 HS 2 ein; der PersGes zur Nutzung überlassene WG des Treugebers sind dessen **SonderBV.** Das Treuhandverhältnis wird idR durch Übertragung des GesAnteils vom Ges'ter auf einen Dritten **(Übertragungstreuhand),** kann aber auch durch eine Vereinbarung des Ges'ters mit dem Dritten begründet werden, dass der Ges'ter seinen GesAnteil fortan ausschließl für Rechnung des Dritten als Treugeber hält (sog **Vereinbarungstreuhand;** BFH IV R 130/90 BStBl II 93, 574 zu KG-Anteil; BFH VIII R 56/93 BStBl II 98, 152 zu § 17). 296

Von einer **Unterbeteiligung** unterscheidet sich die (fremdnützige) Treuhand dadurch, dass der Treugeber im Innenverhältnis *sämtliche* Rechte und Pflichten aus dem Hauptgesverhältnis innehat, der Unterbeteiligte hingegen nur an diesen Rechten teilhat; der Hauptbeteiligte ist Ges'ter für eigene *und* fremde Rechnung, der Treuhänder *nur* für fremde Rechnung (BFH VIII R 51/84 BStBl II 92, 512 zu III. mwN: keine Parallelwertung). 297

bb) Außenhaftung. Bei unbeschr Außenhaftung des Treuhänders für GesVerbindlichkeiten (zB Treuhänder ist persönl haftender Ges'ter) ist dieser wegen des Haftungsrisikos und der nichtentziehbaren Vertretungsmacht idR neben dem 298

Treugeber MUer (einschr BFH III R 21/02 BStBl II 05, 168 bei geringem Kapitaleinsatz und Haftungsrisiko) und deshalb zB das Entgelt für die Treuhandschaft SonderBE. S auch einschließl **GewSt** („Treuhandmodell") Rz 170.

299 **cc) Verfahren.** Es ergehen **zwei** nach § 175 I 1 Nr 1 AO gestufte **Feststellungsbescheide.** ***(1)*** Gewinnfeststellung für die Ges (Grundlagenbescheid) und ***(2)*** für das Treuhandverhältnis (analog § 179 II 3 AO; Folgebescheid). Bei Einverständnis der Beteiligten können beide Feststellungen formularmäßig miteinander verbunden werden (BFH X R 42/96 BStBl II 01, 491 zu II.1). Bezügl *(1)* ist grds nur der Treuhänder bezügl der Folgefeststellung *(2)* nur der Treugeber klagebefugt (s – einschl Ausnahmen – BFH IV R 35/10 BFH/NV 13, 1945; FG BaWü EFG 14, 1649, NZB VIII B 75/14 zu § 16).

300 **b) Wirtschaftl Eigentümer.** Ist jemand zivilrechtl weder Ges'ter noch Treugeber, aber wirtschaftl Eigentümer eines Gesanteils (§ 39 II Nr 1 S 1 AO) ist er idR (KG-Anteil!) *anstelle* des zivilrechtl Ges'ters MUer. *Beispiele:* FG Hbg EFG 14, 360, Rev IV R 42/13: genehmigungspflichtiger Kaufvertrag; zutr; BFH VIII R 196/84 BStBl II 89, 877: wirtschaftl Eigentum des Ehemanns am KG-Anteil der Ehefrau; BFH IV B 168/04 BFH/NV 06, 1828: frei widerrufl Schenkung; unentgeltl Rückübertragung nach 10 Jahren; entschädigungslose Hinauskündigungsklausel; BFH IV R 34/93 BFH/NV 96, 314; Schenkung iVm kurzfristig kündbarer Betriebsverpachtung. *Kein* wirtschaftl Eigentum des Schenkers aber bei nur *bedingter* **Rückfallklausel** (BFH IV R 114/91 BStBl II 94, 635; *Götz* FR 15, 972), aufgrund unwiderrufl Vollmacht zur Ausübung der Ges'terrechte ohne Veräußerungsbefugnis (BFH IV R 125/92 BStBl II 96, 5) oder wegen Pflicht zur unentgeltl Rückübertragung geschenkter WG bei Ehescheidung (sog *Scheidungsklausel;* BFH XI R 35/97 BStBl II 98, 542; SchlHol EFG 05, 80; anders aber bei Hinzutreten weiterer Umstände BFH VIII R 81/85 BStBl II 94, 645; *Escher* FR 08, 985/8).

301 **c) Testamentsvollstreckung.** *Zivilrechtl* ist eine Testamentsvollstreckung über den Komplementäranteil unzulässig (BGHZ 68, 225), für KG-Anteil hingegen grds zulässig und jedenfalls bei Dauervollstreckung auf Antrag ins HReg einzutragen (BGH DB 12, 682). – *Estrechtl* ist idR nur der Erbe oder Vermächtnisnehmer, nicht der Testamentsvollstrecker MUer, auch wenn dieser den GesAnteil als Treuhänder hält (BFH VIII R 18/93 BStBl II 95, 714/6: KG-Anteil; aA evtl BFH VIII R 252/80 BStBl II 87, 33 für Komplementäranteil bei Treuhandlösung).

7. Nießbrauch und MUerschaft

Schrifttum (Auswahl; Älteres Schrifttum s Vorauflagen): *Jansen/Jansen,* Der Nießbrauch im Zivil- und Steuerrecht, 2005. – *Küspert,* Der Nießbrauch am PersGesAnteil, FR 14, 397.

305 **a) Zivilrecht.** Umstr ist, in welcher Form und mit welchem Inhalt ein **Nießbrauch** als *dingl Recht* (vgl § 1068 BGB) **am Anteil an einer PersGes** begründet werden kann (vgl BFH VIII R 35/92 BStBl II 95, 241/4–5; *Wälzholz* DStR 10, 1786). Nach *früher hL* ist dies *nur* durch Übertragung des GesAnteils auf den Nießbraucher mit schuldrechtl Treuhandbindung im Innenverhältnis mögl **(Treuhandlösung):** Der Nießbraucher wird Ges'ter auf Zeit und als solcher in das HR eingetragen; er allein übt im Verhältnis zur Ges alle Rechte aus dem GesVerhältnis aus; er haftet im Außenverhältnis für Schulden der Ges; der Nießbrauchsbesteller scheidet auf Zeit aus der Ges aus, er hat nur schuldrechtl Ansprüche gegen den Nießbraucher (*Wälzholz* DStR 10, 1786). Nach *hL* kann ein PersGesAnteil aber auch (Wahlrecht!) mit einem **dingl Recht** *belastet* werden (**„echte Nießbrauchslösung";** zB *K. Schmidt* GesRecht, 4. Aufl § 61 II 1). Hierbei ist allerdings str, ob diese Belastung zu einer „Vergemeinschaftung" der Rechte und Pflichten aus der Mitgliedschaft und dazu führt, dass der Besteller Ges'ter bleibt, aber auch der Nießbraucher Ges'ter wird – mit allen Konsequenzen zB Haftung, HR-Eintragung usw (vern *K. Schmidt* aaO; BGH NJW 99, 571; bej *Schön* aaO); unabhängig hier-

von ist str, welche Rechte dem Nießbraucher und dem Besteller zustehen, wenn hierüber nichts vereinbart ist (BFH VIII R 35/92 aaO zu III.3.c). Der **Rechtsgrund (causa)** des Nießbrauchs kann unentgeltl (Vorbehalts-, Zuwendungs-, Vermächtnisnießbrauch), teil- oder vollentgeltl sein.

b) ESt-Recht. Unabhängig davon, – ***(1)*** in welcher dieser *Formen* ein Nieß- 306
brauch *an der Mitgliedschaft* in einer PersGes begründet wird und – ***(2)*** ob das Rechtsverhältnis *dingl* oder *schuldrechtl* Natur ist, ist der **Nießbraucher** dann **MUer,** wenn er aufgrund der im Einzelfall getroffenen Abreden oder mangels solcher gesetzl (vgl BFH VIII R 35/92 aaO zu III.3.c) eine rechtl und tatsächl Stellung erlangt, die dem Typusbegriff des MUers entspricht (hL zB *HG* DStR 95, 1425; *Schön* aaO S 66: echter Anteilsnießbraucher *stets MUer,* weil Ges- und MUeranteil „vergemeinschaftet"; zust *Söffing ua* BB 04, 353: diagonale Spaltung des MUeranteils). Dazu ist im Hinblick darauf, dass dem Nießbraucher nach hL (vgl BFH VIII R 35/92 aaO zu III.3.c) kein Anteil an den stillen Reserven des AV und am Geschäftswert gebührt, gleichgültig ob diese erst bei Auflösung der Ges oder vorher realisiert werden (vgl BFH VIII R 207/85 BStBl II 92, 605 zu GmbH-Anteil), neben der Gewinnbeteiligung und evtl einer mittelbaren Verlustbeteiligung (s Rz 311) erforderl, dass der Nießbraucher einen Teil der mit der Mitgliedschaft verbundenen Verwaltungsrechte, zB Stimmrechte hinsichtl lfd Geschäfte der PersGes allein oder mit dem Ges'ter ausübt (BFH IV R 52/08 BStBl II 11, 261; *Kuspert* FR 14, 397) und diese im Einzelfall Bedeutung iSd Unternehmerinitiative haben, zB bei einem KG-Anteil das Widerspruchsrecht (§ 164 HGB) nicht ausgeschlossen ist (FG Köln EFG 03, 587), *oder* dass der Nießbraucher stimmberechtigt ist (FG BaWü EFG 06, 793) *oder* als (weiterer) Ges'ter zB für Schulden der Ges mithaftet.

c) Gewinnanteile des Nießbrauchers. Hierzu gehört gem iSv § 15 I 1 Nr 2 307
der ihm *zivilrechtl* im Verhältnis zum Besteller gebührende Gewinnanteil, dh nach hL nur der nach GesVertrag oder (insoweit auch estrechtl rückwirkenden) Gewinnverwendungsbeschluss der Ges **entnahmefähige Teil** des Anteils am festgestellten (evtl bereits durch Gewinnrücklagen geminderten) HB-Gewinnanteils (dazu zB *von Oertzen ua* Ubg 12, 285) – ausgenommen evtl der Gewinn aus der Realisierung stiller Reserven des AV (s Rz 306). Der **restl Teil des StB-Gewinnanteils** ist dem **Besteller** als weiteren MUer zuzurechnen (Rz 310); Gleiches gilt für steuerl Mehrgewinne aufgrund nicht abziehbarer BA (zB § 4 V b; *von Oertzen ua* aaO; str): Ist dieser **nicht MUer** (Rz 309, 313), muss notwendig auch der nicht entnahmefähige StB-Gewinnanteil dem Nießbraucher zugerechnet werden; der steuerl Ausgleich ist erst bei Beendigung des Nießbrauchs durch Ansatz entspr Aufwands/Ertrags durchzuführen (*Weber* DStZ 91, 530/3). – Gewerbl Einkünfte des Nießbrauchers als MUer sind auch seine **Sondervergütungen** iSv § 15 I 1 Nr 2 sowie Aufwand und Ertrag seines SonderBV. Ein Entgelt für die Bestellung ist SonderBA, für einen Verzicht SonderBE. Zu **§ 16** (einschließl Gestaltungen) s *Schwetlik* GmbHR 06, 1096. Zum SonderBV des Nießbrauchers gehört nach BFH II R 67/09 BFH/NV 11, 2066; *FinVerw* BStBl I 12, 1101 (jeweils zu **ErbSt**) auch dessen **Nießbrauchsrecht** (mE fragl).

d) Ertragsnießbrauch. Wird der Nießbrauch zivilrechtl in der Weise auf den 308
Gewinnanteil beschränkt, dass der Nießbraucher keine (Mit-)Verwaltungsrechte erlangt (reiner Ertragsnießbrauch; vgl aber *Wälzholz* DStR 10, 1786: gesetzl nicht geregelt), ist der Nießbraucher nicht MUer; er bezieht daher keine Gewinnanteile iSv § 15 I 1 Nr 2 (BFH VIII R 18/93 BStBl II 95, 714 zu 1.c; *Gschwendtner* DStZ 95, 708/11; glA iErg *Schön* aaO S 64). MUer ist nur der Besteller; nur ihm ist der Gewinnanteil zuzurechnen, auch soweit er diesen dem Nießbraucher überlassen muss (BFH aaO; FG Köln EFG 03, 587). Dessen Bezüge sind je nach causa des Nießbrauchs (s Rz 305 aE) entweder nicht estpfl, zB bei schenk- bzw vermächtnisweiser Zuwendung, oder wiederkehrende Bezüge (Versorgungsleistungen) iSv

§ 22 Nr 1 aF/Nr 1b nF oder BE, zB bei entgeltl Nießbrauchsbestellung (zB *Paus* BB 90, 1675/81). Korrespondierend sind die Zahlungen des Bestellers bei diesem SonderBA, Sonderausgaben oder nicht abzugsfähig (vgl FG Köln aaO).

309 **e) Besteller/Ges'ter.** Auch wenn der Nießbraucher MUer wird, bleibt der Besteller idR (s *Schön* aaO S 65 ff: stets) **MUer** sowohl bei zivilrechtl Treuhandlösung entspr den estrechtl Zurechnungskriterien bei Treuhand (s Rz 296) als auch bei zivilrechtl Nießbrauchslösung als Ges'ter (eingehend BFH VIII R 35/92 BStBl II 95, 241 zu III 3.c für Nießbrauchslösung; BFH VIII R 18/93 BStBl II 95, 714 zu 1.c; *Baßler* Ubg 11, 863/7). Anders aber, wenn der (Vorbehalts-)Nießbraucher (s auch Rz 313) *alle* Ges'terrechte (vgl Rz 266, 751) wahrnehmen *soll* (BFH II R 34/13 BStBl II 15, 821 mwN: arg § 41 AO; fragl; s Rz 865; zum GesR *Wachter* GmbHR 15, 778).

310 **aa) Gewinnanteil.** Dies ist iSv § 15 I 1 Nr 2 der ihm zivilrechtl (idR erst nach Beendigung des Nießbrauchs) gebührende (s Rz 306f) Anteil an den bei Bilanzfeststellung gebildeten Gewinnrücklagen, am nichtentnahmefähige Teil des Bilanzgewinnanteils (*Wälzholz* DStR 10, 1930/2) einschließl Mehrgewinnanteile in der StB ggü der HB und evtl am entnahmefähigen Gewinnanteil aus der Realisierung stiller Reserven des AV (dazu BFH VIII R 35/92 aaO unter III 3c). Bei Auflösung der während des Nießbrauchs gebildeten Gewinnrücklagen (bzw Differenzen zw HB und StB) zugunsten des entnahmefähigen Bilanzgewinns ist beim Besteller Sonderbetriebsaufwand und beim Nießbraucher Sonderbetriebsertrag anzusetzen (*von Oertzen ua* UBg 12, 285/90).

311 **bb) Verlustanteile.** Sie sind nach hL idR dem Besteller zuzurechnen (BFH VIII R 35/92 BStBl II 95, 241 zu III.3.c), es sei denn, dass nach einer Vereinbarung zw Besteller und Nießbraucher dieser den Verlust im Innenverhältnis zu tragen hat (*Schön* aaO S 73 mwN). ME sind bei Nießbrauch an KG-Anteil nach BFH GrS 1/79 BStBl II 81, 164 Verlustanteile idR dem Nießbraucher zuzurechnen, soweit sie die Einlage übersteigen, weil dieser künftige (entnahmefähige) Gewinnanteile verliert mit der Folge, dass insoweit auch künftige nichtentnahmefähige Gewinnanteile dem Nießbraucher zuzurechnen sind (glA *Jansen/Jansen* aaO, Rz 463; aA *Daragan* DStR 11, 1347/8).

312 **cc) SonderBV.** Gewerbl Einkünfte des Bestellers als MUer sind auch **Sondervergütungen** iSv § 15 I 1 Nr 2 S 1 HS 2, Ertrag und Aufwand von SonderBV und ein Entgelt für die **Nießbrauchsbegründung** (zB *Korn* DStR 99, 1461/76: BE, evtl passiver RAP). – WG, die der Besteller (Ges'ter) der PersGes zur Nutzung überlassen hat, bleiben sein SonderBV, idR auch, wenn dem Nießbraucher am PersGesAnteil gleichzeitig ein Nießbrauch an diesen WG bestellt wird (BFH VIII R 35/92 BStBl II 95, 241 zu III 3c bb).

313 **f) Vorweggenommene Erbfolge.** Wird ein GesAnteil in Vorwegerbfolge unter **Nießbrauchsvorbehalt** übertragen und dabei nicht die echte Nießbrauchslösung gewählt (*Mitsch* INF 03, 388/91: wie Übertragung eines Teils eines MUeranteils gem § 6 III 1; zum Bruchteils-/Quotennießbrauch s BFH II B 107/08 BFH/NV 09, 32), sondern die Treuhandlösung (dh Übertragung des GesAnteils auf den Übernehmer iVm Rückübertragung auf den Übergeber als TreuhandGes'ter), gilt: Nießbraucher *und* Besteller werden MUer, wenn das Treuhandverhältnis estrechtl „echt" ist (s Rz 296) und der Übernehmer damit neben Kontrollrechten auch schuldrechtl Anteil an der Vermögenssubstanz des GesAnteils hat. – Wird ein **unentgeltl Zuwendungs-/Vermächtnisnießbrauch** bestellt *und* verliert der Besteller im Hinblick auf den Inhalt vertragl Abreden seine bisherige MUerstellung für die Dauer des Nießbrauchs (*Schön* aaO S 71: nicht mögl), sind die Grundsätze über die Betriebsverpachtung sinngemäß anzuwenden (BFH IV R 325/84 BStBl II 87, 772 zu 2; zu **§ 16 IIIb nF** (StVerG 11) s *Wendt* FR 11, 1023/7). – Zur **Nießbrauchsablösung** s § 16 Rz 72.

g) Nießbrauch am sog Gewinnstammrecht. Ein solches Nießbrauchsrecht vermittelt – unabhängig davon, ob zivilrechtl zulässig (vern *Wälzholz* DStR 10, 1786) – keine MUerstellung. Der Nießbraucher bezieht keine Gewinnanteile iSv § 15 I 1 Nr 2; das Rechtsverhältnis ist estrechtl als Vorausabtretung künftiger Gewinnansprüche zu werten (BFH IV R 73/95 BStBl II 76, 592; *Gschwendtner* NJW 95, 1875), unabhängig davon, ob der Nießbrauch unentgeltl zugewendet oder bei Anteilsübertragung vorbehalten ist. Beim Besteller (Ges'ter) liegt verdeckte Einkommensverwendung vor (BFH VIII R 18/93 BStBl II 95, 714 zu 1.d) oder bei entgeltl Bestellung Sonderbetriebsaufwand (krit *Paus* BB 90, 1675/81). 314

h) Nießbrauchsverpachtung. Sie soll dem Nießbrauch am PersGesAnteil gleichzustellen sein (*Jordan ua* INF 05, 547); vgl auch § 16 IIIb S 1 nF; Rz 313. 315

V. Einzelne Arten der MUerschaft

1. PersonenhandelsGes. OHG (§§ 105 ff HGB) **und KG** (§§ 161 ff HGB), auch GmbH & Co KG und Publikums-KG sind **typische Formen** der MUerschaft, vorausgesetzt, – ***(1)*** dass die Betätigung der Ges'ter in ihrer Verbundenheit als PersGes allen Tatbestandsmerkmalen eines GewBetr (§ 15 II) genügt oder gem § 15 III Nr 2 als GewBetr gilt, *und* – ***(2)*** soweit die Ges'ter auch MUer sind (zB BFH GrS 3/92 BStBl II 93, 616 zu C. III.6.a). Eine OHG (KG), die ohne Gewinnabsicht iSv § 15 II tätig ist, ist zwar handelsrechtl echte OHG (KG), da zum handelsrechtl Begriff des GewBetr keine Gewinnabsicht gehört (zB *MünchKomm HGB/K. Schmidt* § 1 Rz 23); sie fällt aber nicht unter § 15 I 1 Nr 2 (BFH GrS 4/82 BStBl II 84, 751 zu C. IV.3). – Eine ausl mit einer OHG (KG) vergleichbare PersGes ist andere Ges iSv § 15 I 1 Nr 2 (Rz 169/73). – Nicht unter § 15 I 1 Nr 2 fällt eine als OHG oder KG in das HReg eingetragene Ges, die zB *nur* LuF (§ 3 HGB) betreibt oder „*nur* eigenes Vermögen verwaltet" (§§ 105 II; 161 II; 2 HGB). 320

a) Unbeschr Haftung. Die Ges'ter einer (gewerbl) OHG und die persönl haftenden Ges'ter einer (gewerbl) KG sind idR schon wegen ihrer unbeschr Haftung für Schulden der Ges **MUer.** Sind der oder die anderen Ges'ter im Innenverhältnis verpflichtet, einen persönl haftenden Ges'ter von der Außenhaftung freizustellen, ist dieser gleichwohl MUer, wenn er am Gewinn beteiligt ist; unerhebl ist dann, ob der Freistellungsanspruch begrenzt oder unbegrenzt ist und ob der persönl haftende Ges'ter weisungsunterworfen ist (BFH VIII R 74/03 BStBl II 06, 595; Rz 263f; zur KSt s BFH XI R 14/09 DB 10, 2088). Ebenso ist dies mE, wenn der persönl haftende Ges'ter vertretungsbefugt ist. Krit zum „angestellten Komplementär" *HG* DStR 96, 1359; *Bodden* FR 02, 559/65. – Entspr gilt mE für **GbR**-Ges'ter (aA FG D'dorf EFG 14, 840, Rev VIII R 63/13; § 18 Rz 42). Zu Einkünften einer natürl Person, die persönl haftender Ges'ter bei mehreren KG mit Einkünften aus VuV ist („Berufskomplementär"), s BFH I R 301/83 BStBl II 87, 816; *Tulloch/Wellisch* DStR 99, 1093/6 mwN. 321

b) Kommanditist. Er ist (bei gewerbl KG) idR MUer, wenn das GesVerhältnis dem Regelstatut des HGB für die KG mindestens *nahekommt* (Rz 266 ff, 745, 750 ff). Eine Außenhaftung nach § 172 IV HGB begründet idR keinen Fortbestand der MUereigenschaft eines *ausgeschiedenen K'tisten.* 322

c) Vermögensverwaltende KG. Sie ist zwar handelsrechtl „echte" KG (s Rz 181), hat aber nur Einkünfte zB aus VuV und/oder KapVerm, sofern sie nicht gewerbl geprägt iSv § 15 III Nr 2 ist. Zur Bedeutung der Abgrenzung von Ergebnisanteil und Sondervergütung s *Tulloch/Wellisch* DStR 99, 1093. Zu geschlossenen (Immobilien-/Film-) **Fonds** usw s Rz 707; zu *Private Equity Fonds-KG* s § 18 Rz 280. 323

2. Gesellschaft bürgerl Rechts; EWIV; PartnerschaftsGes.

Verwaltung: *BMF* BStBl I 98, 251 (Gewinnrealisierung bei Mitgliedern sog kleiner Arge); GewStR 2a; 5.2; *FinVerw* DB 15, 2667 (PartGes).

324 **a) Gesellschaft bürgerlichen Rechts (GbR).** Eine GbR, die als **AußenGes** mit Gesamthandsvermögen ein **gewerbl Unternehmen** betreibt, fällt als **andere Ges** unter § 15 I 1 Nr 2 (zB FG BaWü DStRE 98, 88: Rauschgifthandel); gleiches gilt für eine **InnenGes** ohne Gesamthandsvermögen, also eine GbR, bei der ein Ges'ter nach außen im eigenen Namen als Einzelunternehmer, im Innenverhältnis aber für Rechnung mehrerer Personen (Ges'ter) handelt (vgl zB BFH I R 92/01 DB 03, 1147). Zur MUerstellung s Rz 321.

325 **aa)** Typische Formen – ***(1)*** einer Außen-GbR sind der Zusammenschluss von Kleingewerbetreibenden (dh Gewerbetreibenden, deren Unternehmen nach Art oder Umfang einen in kaufmännischer Weise eingerichteten Geschäftsbetrieb *nicht* erfordert, vgl § 1 II HGB), sofern die Ges nicht (freiwillig) als OHG oder KG ins HR eingetragen ist (§§ 105 II; 161 II; 2 HGB); die „VorgründungsGes" und uU die „VorGes" bei Errichtung einer GmbH (Rz 169); – ***(2)*** einer Innen-GbR die (mu'erische) stille Beteiligung an einem Gewerbe, das kein Handelsgewerbe iSv § 230 iVm §§ 1, 2 HGB ist (zB BFH VIII R 31/01 BStBl II 02, 464; zur MUerschaft aufgrund eines verdeckten InnenGesVerhältnisses s Rz 280 ff).

326 **bb) Vermögensverwaltung.** Zahlreiche GbR sind keine MUerschaften, weil sie keinen GewBetr betreiben, zB *Bauherren-, Wohn-, Fahr-* oder *Tippgemeinschaften,* Zusammenschlüsse von Freiberuflern oder Landwirten zur gemeinsamen Berufsausübung (§ 13 Rz 90f; § 18 Rz 39ff), Ges zur gemeinsamen privaten Vermögensverwaltung (zB *Strahl* KÖSDI 01, 12802; zu Investment-Clubs s *FinVerw* DB 02, 244; BB 02, 2589).

327 **cc) HilfsGes.** Da sie nur ihren Ges'tern für deren Betriebe durch die gemeinsame Übernahme von Aufwendungen wirtschaftl Vorteile vermitteln wollen, zB *Büro-, Labor-, Apparate- oder Werbegemeinschaften,* sind idR mangels Gewinnabsicht (iSe Mehrung *des BV der Ges*) keine MUerschaft (zB BFH IV R 133/85 BStBl II 86, 666; *BMF* BStBl I 09, 398; *FinVerw* DB 11, 1723 zu ärztl Apparate- bzw Laborgemeinschaft); die BA und BE sind aber gesondert festzustellen (VO zu § 180 II AO; *BMF* BStBl I 01, 256). S auch Rz 183 aE; § 18 Rz 40.

328 **dd) GelegenheitsGes.** Sie bzw **Meta-Verbindungen** (Vereinigungen zu Einzelgeschäften) sind MUerschaft, wenn die gemeinsame Betätigung, die uU nach außen nur durch einen oder mehrere Ges'ter in eigenem Namen in Erscheinung tritt, GewBetr iSv § 15 II ist und die Ges'ter dem Typus der MUers genügen (*bej* BFH/NV 99, 355; FG BaWü EFG 04, 360, rkr für Verwirklichung und Vermarktung *eines* Bauvorhabens, einschr BFH VIII R 6/93 BFH/NV 04, 1080; BFH/NV 90, 19 für InnenGes zur Herstellung eines Films; BFH VI R 149/67 BStBl II 71, 620 für ein *Konsortium* zum An- und Verkauf von Wertpapieren; BFH I R 92/01 DB 03, 1147 für Bilderein- und -verkäufe; *vern* BFH X R 108/91 BStBl II 94, 96 für *einmaliges* Gelegenheitsgeschäft).

329 **ee) Arbeitsgemeinschaften gewerbl Unternehmer.** Sie sind idR zivilrechtl GbR und *estrechtl* MUerschaft (BFH I R 165/90 BStBl II 93, 577). Ist aber ihr Zweck nur die Erfüllung eines *einzigen* Werk- oder Werklieferungsvertrags (sog kleine Arge), gelten sie *gewst- und bewertungsrechtl* „insoweit anteilig als Betriebsstätten" der Ges'ter (§ 2a GewStG; § 180 IV AO; *FinVerw* DB 95, 351; 98, 447; BFH/NV 99, 355: Abgrenzung von GelegenheitsGes). Auf die materiell-rechtl Ermittlung der Einkünfte einer Arge haben diese Sondervorschriften keinen Einfluss (estrechtl MUerschaft!; BFH/NV 99, 463). Demgemäß sind zB Leistungen der Partner ggü der kleinen Arge bei den Partnern „wie Fremdgeschäfte ggü einer außenstehenden Gesamthandsgemeinschaft nach den allg ertragsteuerl Grundsätzen zu behandeln" (sofortige Gewinnrealisierung; *BMF* BStBl I 98, 251; krit *Paus* FR 98, 994).

330 **ff) Joint-Ventures.** Sie sind vertragl Vereinbarungen über gemeinschaftl wirtschaftl Aktivitäten von zwei oder mehreren Partnern (Sonderform der Arbeitsge-

meinschaft). Sie können die Rechtsform einer GbR (Außen- oder InnenGes) haben und MUerschaft sein (vern zB FG BaWü EFG 93, 225, rkr), wenn die Partner gemeinsam oder einer für Rechnung aller gewerbl iSv § 15 II tätig ist (Einzelheiten zB *IdW* WPg 93, 441; Beck Hdb PersGes/*Stengel,* § 21 Joint Ventures).

b) Europäische wirtschaftl Interessenvereinigung (EWIV). Sie ist eine europarechtl (übernationale) Gesellschaftsform; sie hat ihre Rechtsgrundlage in Art 308 EWG-Vertrag iVm EWG-VO Nr 2137/85 und EWIV-AG (BGBl I 88, 514). Hat eine EWIV ihren Sitz in der BRD, sind auf sie die Vorschriften des HGB über die OHG subsidiär anzuwenden. Eine EWIV hat nicht den (Haupt-) Zweck, selbst Gewinn zu erzielen; sie ist daher idR keine MUerschaft, sondern nur HilfsGes (s Rz 327). Soweit eine Gewinnabsicht Nebenzweck (vgl § 15 II 3) einer EWIV ist und die übrigen Voraussetzungen eines GewBetr erfüllt sind, ist sie estrechtl wie eine OHG zu behandeln (zB Beck Hdb PersGes/*Bärwaldt* aaO). **333**

c) Partnerschaft. Sie ist eine besondere GesForm zur gemeinsam Ausübung freier Berufe (§ 1 II PartGG). Sie ist *zivilrechtl eine* **PersGes** und wie eine OHG namens-, grundbuch- und parteifähig. Für ihre Verbindlichkeiten haften neben ihrem Vermögen die Partner grds als Gesamtschuldner; Haftungsbeschränkungen ergeben sich jedoch aus § 8 II/IV aF PartGG (*FinVerw* DB 15, 2667). – *Estrechtl* ist die Partnerschaft eine andere PersGes iSv § 15 I 1 Nr 2 iVm § 18 IV. Es gelten für sie grds die für eine Freiberufler-GbR maßgebl Grundsätze (s § 18 Rz 41–43); zu FG Mster EFG 09, 106s Rz 533, 606. Zu § 15a s dort Rz 196. **334**

3. Atypische stille Gesellschaft; GmbH & Still (atypisch)

Verwaltung: GewStR 2.4 V; *FinVerw* FR 03, 1299 (Steuerl Behandlung der typisch und atypisch stillen Ges); DStR 12, 1088 (§ 10a GewStG); *BMF* DStR 00, 245 (DBA).

Schrifttum (Auswahl; Schrifttum vor 2008 s Vorauflagen): *Blaurock,* Handbuch der stillen Ges, 6. Auflage, 2003; *Bolk,* FS Reiss, 2008, 449.

a) Zivilrecht. Stiller Ges'ter ist, wer sich „an dem Handelsgewerbe, das ein anderer betreibt" mit einer *Vermögenseinlage* beteiligt (§ 230 HGB; BFH VIII R 45/98 BStBl II 02, 339). Zivilrechtl spricht die hL von einer *atypisch* stillen Ges, wenn der GesVertrag von den gesetzl Regeln der §§ 230 ff HGB durch die Gewährung von Verwaltungsrechten an den Stillen und/oder dessen vermögensrechtl Gleichstellung mit dem tätigen Teilhaber, insb Beteiligung an stillen Reserven und am Geschäftswert abweicht. Zu *fehlerhafter* Ges s Rz 171, 280, 355; BFH IV R 100/06 BFH/NV 10, 2056; zu § 39 I Nr. 5 InsO s BGH DB 12, 2212; zum EK-Ausweis s *Schulze-Osterloh* FS Hommelhoff, 1075. **340**

b) ESt-Recht. Ein stiller Ges'ter kann Einkünfte aus KapVerm beziehen (typischer stiller Ges'ter iSv § 20 I Nr 4) oder MUer iSv § 15 I 1 Nr 2 (andere Ges; s Rz 169) sein, wie sich zwingend aus § 15a V Nr 1 und § 20 I Nr 4 ergibt **(atypisch stiller Ges'ter).** Er ist **MUer,** wenn seine durch den GesVertrag begründete Rechtsstellung von §§ 230 ff HGB derart abweicht, dass sie nach dem Gesamtbild dem Typ des MUers entspricht (vgl BFH IV R 79/94 BStBl II 96, 269 zu 2a); auf die vertragl Bezeichnung als MUer kommt es nicht an (vgl zB BFH/NV 03, 601 zu II.2). Im Hinblick auf die Zielsetzung des § 15 I 1 Nr 2, wirtschaftl gleichwertige Außen- und InnenGes estrechtl idR gleichzubehandeln (zB BFH I R 133/93 BStBl II 95, 171), ist ein stiller Ges'ter MUer jedenfalls dann, wenn vereinbart ist, dass er im Innenverhältnis so zu behandeln ist, „als ob er Kommanditist wäre" (BGH NJW 78, 424) – abgesehen von der bei einer InnenGes nicht mögl, für die Wertung einer PersGes als MUerschaft aber unerhebl sachenrechtl Bildung eines Gesamthandsvermögens und einer *Außen*haftung für Betriebsschulden. Zivilrechtl bewirkt diese Vereinbarung, dass der stille Ges'ter diejenigen Rechte und Pflichten hat, die nach dem Regelstatut des HGB einem K'tisten zustehen und obliegen, dh zB über § 233 HGB hinaus Mitwirkungs- und Kontrollrechte (§§ 164, 166 HGB) und bei Auflösung der Ges ein nach dem Verkehrswert **341**

des BV (stille Reserven, Geschäftswert!) bemessenes Auseinandersetzungsguthaben (vgl BFH IV R 1/92; BStBl II 94, 700).

342 **aa) MUerstellung.** Fehlt eine klare Gesamtvereinbarung, liegt aber eine Ges als primäre Voraussetzung einer MUerschaft (s Rz 258, 280) vor – nicht etwa nur ein partiarisches Darlehen oÄ (zur Abgrenzung zB BFH I R 48/04 BStBl II 06, 334) –, sind die für und gegen eine MUerschaft sprechenden Einzelregelungen –, die uU bereits für und gegen eine Ges sprechen – gegeneinander abzuwägen; maßgebl ist eine „**Gesamtbetrachtung** unter Berücksichtigung aller Umstände des Einzelfalls" (zB BFH/NV 93, 647/8; 03, 36 s auch *FinVerw* FR 03, 1299 zu 2).

343 **(1) Beteiligung an stillen Reserven.** Eine MUerschaft ist **idR zu bejahen,** wenn der (nicht an der Unternehmensführung beteiligte) stille Ges'ter am lfd Gewinn und Verlust (BFH VIII R 5/04 BFH/NV 07, 906: konkludente Abrede) teilnimmt und bei Auflösung der Ges (nicht notwendig auch bei vorzeitigem Ausscheiden, BFH/NV 93, 647) auch einen Anteil an den Wertsteigerungen des BV einschließl Geschäftswert erhalten soll (s zB BFH IV R 1/92 BStBl II 94, 700); dabei muss der Geschäftswert nach den verkehrsübl Methoden berechnet werden (BFH IV R 100/06 BFH/NV 10, 2056: Ertragswertmethode); die Vereinbarung einer hiervon abw Pauschalabfindung genügt idR nicht (BFH IV B 124/08 BFH/NV 09, 1981: Multiplikatorverfahren; vgl auch §§ 199 ff BewG nF). Eine lfd Gewinnauszahlung ist – abgesehen evtl von FamilienGes (Rz 772) – nicht erforderl (BFH/NV 92, 388); eine Einlagesicherung soll aber dem MUerrisiko entgegenstehen (FG Mchn EFG 13, 348, Rev IV R 43/12; fragl). Ist der stille Ges'ter an den stillen Reserven *und* am Geschäftswert beteiligt, genügt es, dass er MUerinitiative nur durch Ausübung von Kontrollrechten nach § 233 HGB entfalten kann (FG Mchn DStRE 13, 854, rkr; BFH IV R 114/91 BStBl II 94, 635 zu Unterbeteiligung; einschr BFH/NV 03, 36; Rz 263). Einer Beteiligung am Geschäftswert steht gleich, wenn dieser dem stillen Ges'ter ohnehin allein zusteht, weil er dem tätigen Teilhaber nur zur Nutzung überlassen ist (BFH BFH VIII R 364/83 BStBl II 86, 311 zu III.2); Entsprechendes gilt für die stillen Reserven, wenn SonderBV des stillen Ges'ters vorhanden ist (BFH VIII R 300/82 BStBl II 86, 891 zu 3.b). Zur Beteiligung an einzelnen **Geschäftsbereichen** s Rz 360. Die vereinbarte Teilhabe an stillen Reserven/Geschäftswert kann jedoch keine MUerschaft begründen, wenn sie **keine wirtschaftl Bedeutung** hat, zB weil sich wahrscheinl keine entspr Werte bilden können (diff BFH IV R 6/01 BFH/NV 03, 36; *FinVerw* FR 03, 1299); unschädl ist aber, dass bei Gründung der stillen Ges (noch) keine stillen Reserven vorhanden sind (BFH VIII R 47/85 BStBl II 89, 720).

344 **(2) Keine Beteiligung an stillen Reserven.** Auch dann (und evtl sogar ohne Verlustanteil) ist der stille Ges'ter MUer, wenn er eine hohe Beteiligung am Bilanzgewinn hat *und* ihm typische **Unternehmer*entscheidungen*** auch der lfd Geschäftsführung übertragen sind (präzisierend BFH VIII R 6/93 BFH/NV 04, 1080; BFH IV B 128/08 BFH/NV 10, 1425; aA uU BFH IV R 53/10 BFH/NV 13, 1920). Bei stiller Beteiligung an einer *GmbH & Co KG* kann dieser Voraussetzung auch genügt sein (BFH IV B 88/00, BFH/NV 01, 1550), wenn der stille Ges'ter zB nur mittelbar dh als Anteilseigner und Geschäftsführer der GmbH die Geschäfte der KG führt (BFH VIII R 10/87 BB 91, 1022; BFH VIII R 122/86 BB 91, 684; zu GmbH & Still s Rz 356) oder ggü der GmbH weisungsbefugt ist und zudem entspr seiner hohen Einlage am Gewinn und Verlust beteiligt ist (BFH IV R 18/98 BStBl II 99, 286 zu I.1).

345 **(3) Keine Gewinnbeteiligung.** Ist der Stille vertragl oder tatsächl (zB wegen Befristung) nicht am Gewinn beteiligt, liegt zivilrechtl idR kein GesVerhältnis iSv § 230 HGB vor und damit weder eine stille Ges iSv § 20 I Nr 4 noch MUerschaft; offen ist allerdings, ob die fehlende Beteiligung am lfd Gewinn (Bilanzgewinn) durch den Anteil an den stillen Reserven einschließl Geschäftswert bei Beendigung

der Ges ersetzt werden kann (vgl BFH IV R 1/92 BStBl II 94, 700 zu 3.c; vern Anm HFR 94, 138). Nicht ausreichend sind – ***(a)*** feste Verzinsung iVm einer Option auf künftige Gewinnbeteiligung (BFH aaO), – ***(b)*** Beteiligung am Umsatz oder feste Vergütung (BFH VIII R 81/85 BStBl II 94, 645 zu 1.c), es sei denn, diese laufen nach Art oder Handhabung auf eine Gewinnbeteiligung hinaus (BFH IV R 17/84 BStBl II 88, 62 zu 3.c mwN), – ***(c)*** feste „Garantiegewinne" (FG Hbg EFG 05, 437). Bei Vertragsverhältnissen zw **Familienangehörigen** kann auch bei formal fester Vergütung Gewinnbeteiligung vorliegen, zB wenn Bezüge *unabhängig* von der erbrachten Leistung (BFH/NV 93, 518/9) jeweils der Ertragslage angepasst werden oder die Bezüge ständig nahezu den ganzen Gewinn absaugen. – Keine MUerschaft besteht, wenn der Inhaber des Handelsgeschäfts nicht in **Gewinnabsicht** tätig ist (BFH/NV 99, 169 zu GmbH & atypisch Still; FG Hbg EFG 02, 391) oder diese Absicht dem stillen Ges'ter fehlt (BFH/NV 01, 895).

bb) Weitere Einzelfragen. – (1) Rechtssubjektivität. Die atypische stille Ges (MUerschaft) ist ebenso wie eine PersGes mit Gesamthandsvermögen (Außen-Ges) „Subjekt der **Gewinnermittlung und Einkünftequalifizierung**" (BFH VIII R 31/01 BStBl II 02, 464; *Groh* FS Kruse, 2001, S 417, auch zu den Rechtsfolgen zB für Gründung und Beendigung der stillen Ges, die Überlassung von WG zur Nutzung an Schwester-PersGes usw). Hieraus folgert die hL zR, dass es neben der HB des tätigen Teilhabers zwar keine HB (aA *Berninghaus* FS Röhricht, 2005, 747), wohl aber eine **StB der atypischen stillen Ges** geben muss, mit der Gewinn und Verlust der Ges und die Anteile der Ges'ter ermittelt werden (*Suchanek ua* FR 04, 1149/51; *Groh* FS Kruse, 2001, S 417: fiktive GesamthandsGes; BFH I R 24/13 DStR 14, 2213: aus HB/StB des Geschäftsinhabers abgeleitete Gesamtbilanz; anders *FinVerw* FR 03, 1299 zu 3.2.1: additiver Gesamtgewinn). Zur **Organträgerschaft** s Rz 175. 347

(2) BV der MUerschaft. Es umfasst das BV des Inhabers des Handelsgeschäfts, vergleichbar dem GesVermögen einer KG, und das **SonderBV** I und II des stillen Ges'ters (BFH III R 23/89 BStBl II 94, 709 zu 2.a; *Ruban* DStZ 95, 637/42). – Zu **personenbezogenen** StVergünstigungen zB § 7d und Ges'terwechsel s BFH VIII R 85/91 BStBl II 94, 243. – Zur estrechtl **Gleichbehandlung** von K'tisten und atypischen stillen Ges'tern – *(a)* bezügl **Gewinnverteilung**/Einlagen des Stillen s BFH IV R 5/12 BStBl II 15, 935 (Geschäftswert); – *(b)* bei **Sondervergütungen** iSv § 15 I 1 Nr 2 S 1 HS 2s Rz 358; – *(c)* bei der **Gewinn- und Verlustzurechnung** s BFH VIII R 41/87 BStBl II 90, 965 (auch in zeitl Hinsicht s *FinVerw* FR 03, 1299 zu 3.2.1; zur Ungleichbehandlung beim Verlustausgleich s § 15 IV 6–8). – Zum **negativen KapKto** des (atypischen) stillen Ges'ters s § 15a Rz 199. Nach BFH IV B 123/09 BFH/NV 10, 2266 erhöht ein **Agio** nicht den Gewinnanteil (zutr; zT aA FG Saarl EFG 15, 1732, Rev IV R 38/15). Zur Zurechnung **stfreier Erträge** und **nichtabziehbarer BA** s *FinVerw* DStR 00, 591 zu IVb. – Zur **Übertragung,** auch Veräußerung **von WG** zw den MUern s § 6 Rz 700. – Zur Anwendbarkeit des **§ 15 III Nr 1** s Rz 187. 348

(3) Umgestaltung. Bei **Begründung** einer atypischen stillen Ges ist **§ 24 UmwStG** auch auf den Inhaber des Handelsgeschäfts anwendbar (Aufstockung!; gem § 24 III 3 UmwStG aber keine Tarifvergünstigung), obwohl keine Änderung der Rechtszuständigkeit eintritt (str, s zB *Groh* FS Kruse, 2001, S 426). Zur **Beendigung** einer atypischen stillen Ges s FG Nbg EFG 01, 566; zur **„formwechselnden" Umwandlung** zB in KG und umgekehrt s Rz 174. Die „Umwandlung" einer wertlosen **Darlehensforderung** in eine atypische stille Beteiligung steht der MUerstellung des Stillen entgegen (BFH IV R 40/09 BFH/NV 12, 1440; zutr); bei wertgeminderter Forderung ist die steuerl Gewinn-/Verlustzurechnung zu korrigieren (BFH VIII R 10/00 BStBl II 01, 747 zu III.2.b.). 350

(4) GewSt. S einschließl Verfahrensfragen zB BFH I R 109/94 BStlBl II 98, 685; BFH IV R 73/06 BStBl II 10, 40 (mehrere stillen Ges); BFH IV R 34/10 351

DStR 14, 1384 (PerGes als Geschäftsinhaber); *FinVerw* DStR 00, 591; FR 03, 1299; *Kupfer ua* Ubg 14, 361.

352 **(5) Einheitl Gewinnfeststellung.** S hierzu BFH IV R 48/11 BFH/NV 15, 1075: Bindungswirkung; zur **Prüfungsanordnung** s BFH VIII 39/02 BFH/NV 03, 1028.

353 **c) Grenzüberschreitende atypische stille Gesellschaft.** S *BMF* BStBl I 14, 1258; BFH I R 74/93 BStBl II 95, 683 (an US-KapGes); BFH I B 47/05 BStBl 09, 766 (SonderBV); BFH I R 110/98 BStBl II 99, 812 (DBA-Schweiz); I R 24/13 DStR 14, 2213 (DBA-Österreich); *Haase* IStR 08, 312 (AStG).

354 **d) Inhaber des Handelsgeschäfts.** „Tätiger Inhaber" iSv § 230 HGB kann eine natürl Person, eine OHG oder KG, zB GmbH & Co KG (BFH VIII R 85/91 BStBl II 94, 243) oder eine KapGes sein (s Rz 355 ff). Der nicht an GuV beteiligte Inhaber ist allein aufgrund seiner Außenhaftung und (entgeltl) Geschäftsführung **MUer** (BFH IV R 2/05 BStBl II 07, 927; FG Hbg EFG 05, 950; s auch Rz 264/–7, 321, 709). – **aa) PersGes.** Mehrere atypisch stille Ges'ter am Betrieb der PersGes bilden zwar nur eine MUerschaft (BFH IV B 42/02 BFH/NV 02, 1447). Zugleich entsteht aber auch dann eine doppelstöckge Struktur (PersGes = OberGes; atypisch stille Ges = UnterGes), wenn (nur) der K'tist die atypisch stille Beteiligung hält (BFH IV R 34/10 DStR 14, 1384 betr GewSt). Anders hingegen, bei typisch stiller Beteiligung des K'tisten (BFH IV R 73/06 BStBl II 10, 40: Verstärkung der MUerstellung als K'tist; Rz 443). Im Fall einer ledigl gewerbl geprägten PersGes (§ 15 III Nr 2) gelten die gleichen Grundsätze wie für die stille Ges mit einer nicht gewerbl tätigen KapGes (s Rz 359). Zur Segmentierung s Rz 360.

355 **bb) KapGes.** Ist „Inhaber des Handelsgeschäft" eine KapGes, zB GmbH (zu AG s BFH VIII B 62/97 BFH/NV 98, 1339), können sich an deren Unternehmen nicht nur Dritte, sondern auch die Ges'ter der KapGes als atypische stille Ges'ter beteiligen (sog **GmbH & atypisch Still;** zB BFH VIII R 42/90 BStBl II 94, 702 zu I.2.b; *FinVerw* DStR 01, 1159 zu 2.8; zu Ltd & Still s *Kessler ua* DStR 05, 2101/06). Das GesVerhältnis muss jedoch nachweisbar im Voraus klar und rechtswirksam vereinbart sein und tatsächl durchgeführt werden (vgl BFH VIII R 47/85 BStBl II 89, 720; FG BaWü EFG 14, 909, rkr; FG BaWü EFG 11, 243 zum Selbstkontrahieren); es reicht nicht aus, dass der Ges'ter einer GmbH für deren Unternehmen über seine Stammeinlage hinaus weitere Leistungen erbringt, weil dies ein zusätzl Beitrag als GmbH-Ges'ter sein kann (BFH IV R 47/92 BStBl II 77, 155). Anders aber evtl, wenn zB der Ehegatte des GmbH-Ges'ters leistet; dies kann verdeckte MUerschaft aufgrund verschleierter InnenGes (Rz 280 ff) *oder* mittelbare verdeckte GmbH-Einlage sein. Zu Angehörigen des beherrschenden Ges'ter s Rz 770.

356 **(1) MUermerkmale.** Für die Wertung eines stillen GesVerhältnisses als MUerschaft gelten die allg Grundsätze (s Rz 341 ff; zB BFH IV R 18/98 BStBl II 99, 286). Sofern der stille Ges'ter keinen Anteil an den stillen Reserven und am Geschäftswert hat, aber **beherrschender Ges'ter und Geschäftsführer der KapGes** ist, ist er jedenfalls dann MUer, wenn weitere Gesichtspunkte wie zB hoher Kapitaleinsatz, Gewinnabsaugung uä für eine MUerstellung sprechen (zB BFH VIII R 64/03 BFH/NV 04, 631; *FinVerw* FR 00, 1367 Tz 1.3). – Eine **kapitalersetzende stille Beteiligung** begründet als solche noch keine MUerschaft (vgl BFH VIII R 25/96 BStBl II 97, 724).

357 **(2) VGA.** Wird dem Ges'ter einer KapGes als stiller Ges'ter eine zu **hohe Gewinnbeteiligung** eingeräumt, liegt hierin zwar eine vGA, jedoch ist *vorrangig* die Gewinnverteilung zu korrigieren, soweit sie durch Umstände außerhalb des GesVerhältnisses (zB verwandtschaftl/wirschaftl Art) beeinflusst wurde (s BFH IV R 5/12 BStBl II 15, 935). Ein zu **niedriger** Gewinnanteil kann verdeckte Einlage sein (s zur GmbH & Co KG Rz 724-5). Welcher Gewinnanteil angemessen ist, bestimmt sich sinngemäß nach den Grundsätzen, die für eine typische stille Beteiligung des Ges'ters einer KapGes maßgebend sind (Vergleich der beiderseitigen

Wertbeiträge; FG Bbg EFG 02, 1118; *FinVerw* FR 03, 1299 zu 3.2.2.4; zur Zuordnung eines Geschäftswerts s BFH IV R 5/12 aaO; zu Vorabgewinnen der GmbH s FG Mster EFG 14, 29, rkr). Ist im stillen GesVertrag mit der GmbH vereinbart, dass sich der Gewinnanteil des stillen Ges'ters nach der StB bestimmt, besteht die Gefahr einer vGA, sofern sich nicht klar ermitteln lässt, ob dies der StB-Gewinn vor oder nach Abzug der KSt ist (BFH I R 78/91 BStBl II 92, 975: Tantiemen). Die Vereinbarung des StB-Gewinns vor Abzug der KSt (mit dem zugleich an der GmbH beteiligten Ges'ter) ist als solche (bei angemessener Gewinnaufteilung) keine vGA. Ist der StB-Gewinn nach Abzug der KSt maßgebl, ist zu berücksichtigen, dass deren Höhe wiederum vom Gewinnanteil des (atypischen oder typischen) stillen Ges'ter abhängt. – Allg zu **Gewinnzurechnung** bei vGA s *FinVerw* DStR 01, 1159 zu 2.8; FR 03, 1299 zu 3.2.2; zur **Ltd & Still** s *Kessler ua* DStR 05, 2101/7.

(3) Einkünfte des Stillen. (Gewinnunabhängige) Entgelte, die der atypische 358
stille Ges'ter für Dienstleistungen zB als Geschäftsführer von der KapGes erhält, sind ebenso wie bei der GmbH & Co KG (s Rz 717) **Sondervergütungen** iSv § 15 I 1 Nr 2 S 1 (BFH VIII B 54/05 BFH/NV 06, 277 auch zu AG & atypisch Still; *Knobbe-Keuk* FS Kruse, 2001, 417; zur SV-Pflicht s Rz 584); Gleiches gilt für Entgelte für Nutzungsüberlassung (BFH I R 74/93 BStBl II 95, 683; BFH IV R 79/06 BFH/NV 09, 730). – Die Anteile des atypischen stillen Ges'ters an der KapGes sind wie bei der GmbH & Co KG (Rz 714) **SonderBV II,** sofern nicht die GmbH noch anderweitig erhebl tätig ist (BFH IV R 18/98 BStBl II 99, 286; einschr bei Kleinbeteiligung – weniger als 10% – BFH IV R 5/12 BStBl II 15, 935; Rz 714). – StFreiheit nach **§ 8b KStG** besteht nur, soweit die Bezüge aus der **Beteiligung** *an* einer **KapGes** auf die GmbH als MUerin (s Rz 347, 703) entfallen (§ 8b VI 1 KStG; zu § 7 S 4 GewSt nF s Rz 439). – SonderBA des stillen Ges'ters, der auch Ges'ter der GmbH ist, können den Abzugsbeschränkungen des **§ 3c** aF/nF unterliegen (s auch Rz 819, 869/70). – Zum **Verlustausgleichsverbot** gem § 15 IV 6–8s Rz 905 ff. – Zu **§ 8c KStG** s *Crezelius* FS Schaumburg, 239/48.

(4) GewBetr kraft Rechtsform. Ist eine KapGes **tatsächl nicht gewerbl tä-** 359
tig, hat sie kraft Rechtsform Einkünfte aus GewBetr (§ 8 II KStG); str ist, ob danach auch der atypische stille Ges'ter, *wenn § 15 III Nr 2 nicht erfüllt ist* (dazu Rz 228), Einkünfte aus GewBetr hat (bej *FinVerw* FR 03, 1299 zu 3.2.1; aA – zR – zB BFH/NV 99, 169; *Suchanek ua* FR 04, 1149/53 Rz 367). S aber zu BetrAufsp Rz 855.

e) Umfang der atypischen stillen Ges. Zivilrechtl kann die Beteiligung des 360
stillen Ges'ters auf bestimmte **Geschäftsbereiche** des „Handelsgewerbes, das ein anderer betreibt" (§ 230 HGB), beschränkt werden (BFH I R 109/94 BStBl II 98, 685; GewStR 2.4 V; sog Tracking-Stock-Struktur). Unter der Voraussetzung, dass die Geschäftsbereiche *„hinreichend sachl abgrenzbar"* sind, ist dies auch estrechtl maßgebl (MUer-Stellung, Gewinnermittlung/-zurechnung, BV der jeweiligen stillen Ges usw; Rz 341 ff; s iEinz BFM IV R 73/06 BStBl II 10, 40: abl für Medienaufträge; *Pyszka* DStR 03, 857) mit der Folge, dass auch iSd GewStG **mehrere MUerschaften** nebeneinander bestehen (BFH IV R 73/06 aaO). Zu mehreren stillen Ges'tern am nämlichen Betrieb s Rz 354.

4. InnenGesellschaft (GbR). Diese Grundsätze (Rz 340 ff) gelten entspr für 361
eine InnenGes (GbR), die unter § 15 I 1 Nr 2 (nicht aber unter § 230 HGB) fällt, weil der tätige Teilhaber einen GewBetr, aber kein Handelsgewerbe iSv §§ 1–6 HGB betreibt (vgl BFH VIII R 6/93 BFH/NV 04, 1080) oder der Stille keine Vermögenseinlage erbracht hat (BFH IV R 73/06 BStBl II 10, 40).

5. Atypische stille Unterbeteiligung

Schrifttum (Auswahl; älteres Schrifttum s Vorauflagen): *Groh,* Die Bilanz der UnterbeteiligungsGes, FS Priester, 2007, 107; *Carlé,* Unterbeteiligungen …, KÖSDI 08, 16166; *Krauß ua,* Unternehmensnachfolge …, DB 15, 2114.

365 **a) MUerstellung.** Räumt der MUer einer **gewerbl PersGes** einem Dritten an seinem GesAnteil entgeltl oder unentgeltl (zB BFH IV R 114/91 BStBl II 94, 635) eine Unterbeteiligung ein (zum Unterschied zur Treuhand s Rz 297), wird der **Unterbeteiligte** *estrechtl* **MUer** (atypische stille bzw mitunternehmerische Unterbeteiligung) – und zwar nicht nur im Verhältnis zum Hauptbeteiligten, sondern gem § 15 I 1 Nr 2 S 2 (wie bei doppelstöckigen AußenGes; *Krauß ua* DB 15, 2114/6) auch (mittelbar) im Verhältnis zur HauptGes (BFH IV R 70/04 BStBl. II 07, 868) –, *wenn* seine Rechtsstellung vertragl so ausgestaltet ist, dass der GewBetr der HauptGes mittelbar anteilig auch für Rechnung des Unterbeteiligten betrieben wird und dieser dem Typus des MUers genügt (BFH IV R 79/94 BStBl II 96, 269). – *Zivilrechtl* ist die UnterbeteiligungsGes eine **InnenGes** (GbR), durch die schuldrechtl Beziehungen nur zw dem HauptGes'ter und dem Unterbeteiligten entstehen; ihr Zweck besteht darin, den Unterbeteiligten an einem Teil der Rechte und Pflichten des Hauptbeteiligten aus dem HauptGesVerhältnis, insb am Gewinn und Verlust hieraus im Innenverhältnis zu beteiligen. Sie ist keine stille Ges iSv § 230 HGB, weil der Hauptbeteiligte als solcher kein Handelsgewerbe betreibt; sie steht der stillen Ges aber nahe (BFH IV R 79/94 aaO zu I.2a; *Groh* FS Priester, 107/12).

366 **b) Zwei PersGes.** Neben die **HauptGes** (zB OHG, KG) tritt die **UnterbeteiligungsGes;** es liegen deshalb zwei MUerschaften vor (BFH VIII R 51/84 BStBl II 92, 512 zu III.). Für die Unterbeteiligung am PersGes-Anteil, den eine KapGes hält, gelten die für die GmbH & Still maßgebl Grundsätze sinngemäß (FG Hbg EFG 94, 150). Auch bei vermächtnisweiser Zuwendung einer Unterbeteiligung entsteht diese erst mit Abschluss des GesVertrags zw Haupt- und Unterbeteiligtem (vgl BFH IV R 152/79 BStBl II 82, 646). – Der Unterbeteiligte kann nur dann MUer sein, wenn der Hauptbeteiligte seinerseits MUer ist, zB als Ges'ter einer OHG (KG) oder als atypischer stiller Ges'ter.

367 Eine „atypische" Unterbeteiligung an einem **GmbH-Anteil** (dazu *Hohaus* GmbHR 02, 883) begründet zwar keine MUerschaft, hat jedoch bei Teilhabe an *allen* Anteilsrechten die wirtschaftl Mitinhaberschaft (§ 39 II AO) und damit die originäre Einkunftserzielung gem §§ 17, 20 I Nr 1 zur Folge (ausführl BFH VIII R 11/02 BStBl II 06, 253; *Wacker* HFR 06, 42; *Carlé* KÖSDI 08, 16166/74). – Die Unterbeteiligung am **Anteil an** einer nur **gewerbl geprägten PersGes** iSv § 15 III Nr 2 führt mE ebenso wenig zu einer MUerschaft wie die atypische stille Beteiligung an einer nicht gewerbl tätigen GmbH (*Groh* DB 87, 1006/9; str, s Rz 359). Zur Unterbeteiligung am Anteil an **PersGes mit Einkünften auf VuV** s BFH IX R 155/89 BStBl II 92, 459; krit *Pickhardt-Poremba ua* DStZ 00, 281.

369 **c) MUermerkmale.** – Der Unterbeteiligte trägt **MUerrisiko,** wenn er über den Hauptbeteiligten (also mittelbar) sowohl am Gewinn *und* Verlust der HauptGes als auch entspr seinem Anteil am GesAnteil des Hauptbeteiligten an einem Geschäftswert und an den stillen Reserven im BV der HauptGes beteiligt ist; demgemäß muss er bei Auflösung der UnterGes *durch Kündigung des HauptGes'ters* jedenfalls dann eine entspr Abfindung beanspruchen können, wenn die Kündigung nicht durch wichtigen Grund in seiner Person veranlasst ist (BFH IV R 79/94 BStBl II 96, 269). Für die **MUerinitiative** genügen Kontrollrechte (§ 233 HGB; § 716 BGB) ggü dem Hauptbeteiligten (zB BFH IV R 75/96 BStBl II 98, 137; BFH II R 10/06 BStBl II 08, 631; *Bodden* FR 02, 559/65). Bei Unterbeteiligung an OHG-Anteil ist die Verlustbeteiligung im Innenverhältnis zivilrechtl idR auf die Einlage beschränkt (vgl BFH I R 127/78 BStBl II 82, 546).

370 **d) Verfahren.** Obwohl nach § 15 I 1 Nr 2 S 2 der Unterbeteiligte trotz nur mittelbarer Beteiligung neben dem Hauptbeteiligten ebenfalls (mittelbarer) **MUer der HauptGes** ist (s zu a), bestehen zwei MUerschaften, deren **Einkünfte gesondert festzustellen** sind (§ 179 II 3 AO). Daher sind zB SonderBA des Hauptbeteiligten nur bei der Gewinnfeststellung der HauptGes zu berücksichtigen und BA des Unterbeteiligten grds nur bei der Feststellung für die UnterbeteiligungsGes (vgl BFH IV R 135/92 BStBl II 95, 531).

e) Weitere Einzelheiten. – **(1)** Zur **Ermittlung der lfd Einkünfte** des Haupt- und des Unterbeteiligten zB *Märkle* DStZ 85, 511. Zur Rechnungslegung für die UnterbeteiligungsGes und zur Ermittlung eines Gewinnes oder Verlustes aus der Veräußerung der Unterbeteiligung BFH IV R 10/72 BStBl II 75, 853; *Groh* FS Priester, 107. Zur Führung eines negativen KapKtos BFH I R 127/78 BStBl II 82, 546. Zu **Sondervergütungen,** die die HauptGes dem Unterbeteiligten für unmittelbare Leistungen gewährt, s Rz 619/22. Zum **Verlustausgleichsverbot** bei „Unterbeteiligung an KapGes" s § 15 IV 6–8; zu § 15a s dort Rz 131, 206. Zur entgeltl oder unentgeltl Begründung **einer Unterbeteiligung** vgl § 16 Rz 408 ff, 430 ff; *Wacker* ZSteu 05, 358/9; *Maetz* DStR 15, 1844. Zur **„Umwandlung"** ***(a)*** einer Unterbeteiligung in eine Hauptbeteiligung und umgekehrt s *Bürkle* DStR 98, 558, ***(b)*** der HauptGes s *Schindhelm ua* DStR 03, 1444. **371**

(2) Ist der **Unterbeteiligte nicht MUer,** ist sein Gewinnanteil, sofern eine estrechtl anzuerkennende (typische) Unterbeteiligung besteht, – ***(a)*** für den Hauptbeteiligten abzugsfähige SonderBA (zB BFH I R 191/84 BStBl II 89, 343) oder Sonderausgabe (§ 10 I Nr 1a; zB vorbehaltene Unterbeteiligung bei schenkweiser Übertragung des GesAnteils) und – ***(b)*** für den Unterbeteiligten Einnahme aus KapVerm (§ 20 I Nr 4; BFH I R 111/88; BStBl II 91, 313: Verlustanteil WK) oder wiederkehrender Bezug (§ 22 Nr 1 S 1). Ist die Unterbeteiligung estrechtl nicht anzuerkennen, ist der Gewinnanteil nichtabzugsfähige Einkommensverwendung und nicht estpfl Vermögensmehrung (zB BFH IV R 79/94 BStBl II 96, 269). **372**

6. Partenreederei. Die Rechtsform wurde durch das SeehandelsReformG (BGBl I 13, 831) als überholt **abgeschafft.** Für bis 24.4.2013 entstandene Partnerreedereien gelten allerdings die §§ 489 HGB aF fort (Art 71 EGHBG). Zu den zivilrechtl Grundlagen s. 32. Aufl; zur estrechtl Qualifikation als eine andere Ges iSv § 15 I 1 Nr 2 sowie zum Mitreeder/Korrespondetreeder als MUer s 34. Aufl. Zu § 15 III Nr 2s Rz 230; zu Verlusten s § 15a Rz 209. **374**

7. Ehel Güterstände; eheähnl Lebensgemeinschaft; eingetragene Lebenspartnerschaft. – a) Ehegatten. – aa) Gütertrennung/Zugewinngemeinschaft. Leben Ehegatten in Gütertrennung (§ 1414 BGB) oder im gesetzl Güterstand der Zugewinngemeinschaft (§ 1363 BGB, ebenso bei Wahl-Zugewinngemeinschaft gem § 1519 BGB nF), können sie estrechtl grds nur dann *zu ihren Gunsten* geltend machen, dass der eine Ehegatte MUer eines GewBetr des anderen Ehegatten sei, wenn ein zivilrechtl PersGesVerhältnis ernsthaft und klar vereinbart und tatsächl durchgeführt ist (vgl Rz 740 ff). Dies gilt auch, wenn zivilrechtl evtl eine **InnenGes** vorliegt (BGH DStR 03, 1805). Das FA kann aber nachweisen, dass konkludent ein GesVertrag abgeschlossen ist (BFH VIII R 21/04 BFH/NV 06, 1839), insb ein als Dienst-, Miet- oä bezeichneter Vertrag zivilrechtl ein GesVertrag ist, der MUerschaft begründen kann (vgl Rz 280 ff). Der mögl Anspruch auf Zugewinnausgleich (§§ 1372 ff BGB) begründet keine MUerschaft, obwohl durch diesen der eine Ehegatte letztl an Substanz und Ertrag eines GewBetr des anderen Ehegatten teil hat. Die **Zugewinnausgleichsschuld** ist Privatschuld (BFH IX R 25/89 BStBl II 93, 751). Auf eine Vermögensteilung bei Beendigung der Zugewinngemeinschaft unter Lebenden sind die RsprGrundsätze zu erfolgsneutraler Realteilung (s § 16 Rz 636 ff) nicht anzuwenden (BFH IV R 1/01 BStBl II 02, 519; krit *Götz* FR 03, 127). **375**

bb) Gütergemeinschaft. Leben Ehegatten in Gütergemeinschaft (§§ 1415 ff BGB) und betreibt einer von ihnen einen **GewBetr,** der zum **Gesamtgut** gehört, ist der andere Ehegatte wegen der Teilhabe an den Erträgen, der dingl Mitberechtigung am Gesamtgut und der daraus resultierenden Teilhabe an den stillen Reserven des BV und der Haftung des Gesamtguts (einschließl des estrechtl PV im Gesamtgut) für betriebl Schulden idR MUer (mit PersGes „wirtschaftl vergleichbares **376**

Gemeinschaftsverhältnis", s Rz 171), auch wenn er nach außen nicht in Erscheinung tritt (zB BFH IV R 37/04 BStBl II 06, 165; BFH VIII R 18/95 BStBl. II 99, 384, auch zu ausl Recht). Dies gilt selbst dann, wenn dem Ehegatten, der nach außen als Inhaber des GewBetr auftritt, die alleinige Verwaltung des Gesamtguts übertragen ist (vgl § 1421 BGB); denn die MUerinitiative des anderen Ehegatten ist hier nicht schwächer als zB die eines atypischen Unterbeteiligten (FG Saarl EFG 04, 1449). Der andere Ehegatte ist aber nicht MUer, wenn im GewBetr die persönl Arbeitsleistung in den Vordergrund tritt und kein nennenswertes Kapital eingesetzt wird (BFH VIII R 18/95 aaO: Handelsvertreter).

377 **cc) Einzelfragen.** – *(1)* Sind die Ehegatten **MUer,** umfasst das BV dieser MUerschaft nur die dem GewBetr gewidmeten WG des Gesamtguts und evtl SonderBV eines Ehegatten (BFH IV R 62/97 BStBl II 95, 592). Das übrige Gesamtgut ist PV; § 15 III Nr 1 ist nicht anwendbar (BFH IV R 214/84 BStBl II 87, 120 zur Erbengemeinschaft). Zur (idR hälftigen) Gewinnzurechnung s BFH VIII R 18/95 aaO zu II.3; zur Trennung/Scheidung s BFH IV B 66/10 BFH/NV 12, 411. Zur Realteilung des Gesamtguts s FG Mchn FR 93, 812. – Diese Grundsätze gelten entspr, soweit ein KG-Anteil eines Ehegatten Gesamtgut ist (BFH VIII R 18/95 BStBl II 99, 384). – *(2)* Ein zum **Vorbehaltsgut** oder **Sondergut** eines Ehegatten gehörender GewBetr oder Anteil an einer PersGes ist nur diesem Ehegatten zuzurechnen; dass die Erträgnisse unmittelbar in das Gesamtgut fallen, begründet keine MUerschaft (BFH IV R 50/72 BStBl II 77, 201 mwN). – *(3)* Zu Ehegatten, die in der **ehem DDR** im Güterstand der **„Eigentums- und Vermögensgemeinschaft"** leben, s. 21. Aufl § 15 Rz 379. – *(4)* Bei **fortgesetzter Gütergemeinschaft** (§§ 1483 ff BGB) sind die in das Gesamtgut fallenden (lfd) Einkünfte allein dem überlebenden Ehegatten zuzurechnen (§ 28); insoweit gelten daher die Kinder nicht als MUer (BFH I R 142/72 BStBl II 75, 437 zu II.1.). Wird aber die Gütergemeinschaft aufgelöst, ist ein evtl Betriebsaufgabegewinn dem Ehegatten *und* den Kindern nach Maßgabe ihrer Beteiligung am Gesamtgut zuzurechnen (BFH IV R 41/91 BStBl II 93, 430).

381 **b) Eheähnl Lebensgemeinschaft.** Lebt ein Unternehmer in eheähnl Lebensgemeinschaft, ist der Partner, wenn keine Ges vereinbart ist (zB BGH DStR 96, 1740), nicht schon deshalb MUer, weil er am Aufbau und Betrieb des GewBetr mitwirkt und ihm zivilrechtl evtl bei Auflösung der Lebensgemeinschaft analog zu §§ 730 ff BGB ein – dem Zugewinnausgleich estrechtl gleichwertiger – Abfindungsanspruch zusteht (dazu zB BGH DStR 91, 655; 92, 474); ebenso wenig reicht die Gefahr der Strafverfolgung (BFH VII R 32/07 BFH/NV 09, 355). Damit ist freil unvereinbar, dass die Rechtsgrundsätze zu Verträgen zw Ehegatten (zB § 4 Rz 520 „Angehörige") auf eheähnl Lebensgemeinschaften *nicht* sinngemäß anzuwenden sein sollen (zB BFH GrS 1/88; BFH III R 205/82 BStBl II 90, 160 zu C. III.5b; anders zB BGH BB 97, 543; offen in BFH/NV 92, 25).

382 **c) Eingetragene Lebenspartnerschaft.** Seit dem LPartÜG gilt auch für Partner einer eingetragenen (gleichgeschlechtlichen) LPart das eheliche Güterrecht mit der Folge, dass sie mangels einer anderen Vereinbarung (Gütertrennung/Gütergemeinschaft) in Zugewinngemeinschaft leben (§§ 6, 7 LPattG). Demgemäß gelten für LPart auch estrechtl die zu Rz 375 ff dargelegten Grundsätze. Folgl sind auf Verträge zw LPart (zB Arbeits- oder Mietverträge) auch die für Verträge zw Ehegatten gültigen Grundsätze anzuwenden (§ 4 Rz 520 „Angehörige").

383 **d) Erbengemeinschaft.** Wird ein gewerbl Einzelunternehmer von mehreren Personen beerbt, werden alle **Miterben** mit dem Erbfall „geborene" MUer (BFH GrS 2/89 BStBl II 90, 837). Die Erbengemeinschaft ist selbst dann MUerschaft (s Rz 171), wenn die Miterben den GewBetr nur vorübergehend fortführen (Einzelheiten § 16 Rz 601 ff). – Zum Übergang von **Anteilen an** einer **gewerbl PersGes** auf den oder die Miterben s § 16 Rz 660 ff.

VI. Umfang und Ermittlung der gewerbl Einkünfte eines MUers

Verwaltung: EStR 4.1 III, IV; 6b.2 VI, VII, IX; *BMF* BStBl I 78, 8 (MU-Erlaß); BStBl I 05, 1019; 06, 416; 08, 588; 957 (Schuldzinsenabzug nach § 4 IVa); BStBl I 07, 701 Tz 17–32 (§ 35 bei MUerschaften); *FinVerw* DB 03, 2466 (Rücklagen nach § 6b X); *FinVerw* DStR 04, 314 (§ 6b: Identität des veräußerten und des angeschafften/hergestellten WG); *BMF* BStBl I 08, 495 (§ 6b; KapGes als MUerin); 11, 37 (Angehörigen-Darlehen); *FinVerw* DStR 15, 1802 (disquotale Gewinnverteilung).

Schrifttum (Auswahl; Aufsätze vor 2004 s Vorauflagen): *Hallerbach,* Die PersGes im ESt-Recht, 1999. *Pinkernell,* Einkünftezurechnung bei PersGes, Diss Köln, 2000; *Bodden,* Einkünftequalifikation bei MUern, Diss Köln, 2001; *Schwandtner,* Disquotale Gewinnausschüttungen …, Diss, 2006.

1. Gewerbl Einkünfte eines MUers. Sie umfassen seinen **Anteil am „Gesamtgewinn der MUerschaft"** (zB BFH GrS 3/92 BStBl II 93, 616 zu C.III.6.a; BFH I R 52/13 DB 15, 2123; *BMF* BStBl I 99, 669 Rz 26). Zum ehemaligen MUer oder Rechtsnachfolger s § 15 I S 2. 400

a) Zweistufige Gewinnermittlung. Dieser „Gesamtgewinn" ist in *zwei Stufen* zu ermitteln (zB BFH VIII R 78/97 BStBl II 99, 163 zu II.4.a; *Gschwendtner* DStR 93, 817/8; 95, 914/5 mwN). In der **1. Stufe** umfasst er den in § 15 I 1 Nr 2 S 1 an erster Stelle genannten Anteil am Gewinn oder Verlust der Ges, der sich errechnet *(a)* aus einer aus der HB nach den estrechtl Bilanzierungs- und Bewertungsvorschriften (einschließl der Normen über Entnahmen und offene oder verdeckte Einlagen; zB BFH IV R 12/08 BFH/NV 11, 768) abgeleiteten **StB der Ges** zuzügl *(b)* des Ergebnisses einer etwaigen **Ergänzungsbilanz** für den einzelnen MUer, in der Wertkorrekturen zu den Ansätzen der StB der Ges erfasst sind zB aus individuellen AK (zB BFH VIII R63/91 BStBl II 93, 706 zu II.1.a). Der Gewinn (Verlust) ist gem § 5 **bilanziell** zu ermitteln, wenn die PersGes nach HGB (§§ 238, 262) oder AO (§§ 140, 141) buchführungs- und abschlusspflichtig ist; ebenso gem § 4 I, III bei ausl Buchführungspflicht oder freiwilligem Abschluss (BFH I R 24/13 BFH/NV 14, 1998); zu § 4 III-Ergänzungsrechnung s Rz 462. In der **2. Stufe** umfasst er das Ergebnis etwaiger **Sonderbilanzen** *(a)* Aufwand und Ertrag der aktiven und passiven WG des dem einzelnen MUer gehörigen SonderBV, *(b)* die in § 15 I 1 Nr 2 S 1 an zweiter Stelle genannten Sondervergütungen einschließl nachträgl Sondervergütungen iSv § 15 I S 2, *(c)* die sonstigen SonderBE und SonderBA und *(d)* etwaige Gewinne oder Verluste aus der Veräußerung des MUeranteils iSv § 16 I Nr 2. Zu § 4 III s Rz 475, 641. – Ihren bilanziellen Ausdruck findet dies in der **„Gesamtbilanz der MUerschaft"** (zB BFH VIII R 15/96 BStBl II 08, 174 zu II.3.b mwN; s aber *Groh* StuW 95, 383/9: Gesamtbilanz überflüssig, additive Gewinnermittlung genügt); in dieser sind die StB der Ges, die Ergänzungs- und Sonderbilanzen der MUer bzw ehemaligen MUer (vgl § 15 I S 2) zusammengefasst. – So wie danach die gewerbl Einkünfte eines MUers (Gesamtgewinnanteil) eine komplexe Größe sind, sind es auch: *(aa)* der *Anteil am aktiven und passiven BV der MUerschaft* (= Anteil am BV der PersGes und das SonderBV); *(bb)* der *Anteil am Eigenkapital der MUerschaft* (= estrechtl „Gesamt"-KapKto des einzelnen MUers; BFH IV R 77/93 BStBl II 98, 180 zu 1.b: Anteil am EK der PersGes nebst Ergänzungsbilanzen und das EK aus der Sonderbilanz). – Grds aA *Hallerbach* aaO S 139 ff, 165: Ges'ter hat eigenständigen „Beteiligungsbetrieb". 401

b) GewSt. Ergänzungs- und Sonderbilanzen, Sondervergütungen und SonderBE bzw SonderBA sind auch bei der Ermittlung des Gewerbeertrags zu berücksichtigen (zB BFH GrS 3/92 BStBl II 93, 616 zu C.III.6.b; BFH VIII R 46/94 BStBl II 99, 720 zu 1.; GewStH 7.1 III. Zur zivilrechtl Zurechnung von gewstl Mehr- oder Minderergebnissen hieraus s zB *Ottersbach* DStR 02, 2023. 402

2. Additive Gesamtbilanz. Die StB der Ges nebst Ergänzungsbilanzen einerseits und Sonderbilanzen der MUer andererseits sind – so Rspr und hL – durch 403

Addition der – einheitl nach § 5 ermittelten (BFH XI R 38/89 BStBl II 92, 797) – Ergebnisse zusammenzufassen (**„Additive Gewinnermittlung“;** zB *Groh* StuW 95, 383; *KSM* § 15 E 62ff; BFH GrS 7/89 BStBl II 91, 691 zu C.II.1; BFH VIII R 78/97 BStBl II 99, 163 zu II.4.a); die Summe lässt sich als „additive Gesamtbilanz“ bezeichnen, die nach EStR 4.4 II 6; *FinVerw* DStR 12, 1660 (mit Beispiel) *insgesamt* Gegenstand einer Bilanzänderung (§ 4 II 2) sein kann (Rz 165).

404 **a) BFH-Rspr.** Der BFH (und die hL) vertreten die – mE zutr – Ansicht, dass (jedenfalls) *„für den Bereich der Sondervergütungen“*, genauer für die durch § 15 I 1 Nr 2 S 1 HS 2 erfassten Rechtsbeziehungen in der StB der Ges und den Sonderbilanzen der MUer korrespondierend zu bilanzieren ist und insoweit zB das Imparitätsprinzip nicht greift („additive Gewinnermittlung mit **korrespondierender Bilanzierung**“; zB BFH IV R 42/02 BStBl II 04, 353; *Groh* aaO; *Pinkernell* aaO S 300ff; *Reiß* in *KSM* § 15 E 350; *Hüttemann* DStJG 34, 391, 304). Hieraus folgt zB: ***(1)*** Unabhängig von allg Bilanzierungs- und Bewertungsnormen sind Sondervergütungen *zeit- und betragsgleich* als Aufwand in der StB und als Ertrag in der Sonderbilanz auszuweisen und demgemäß Rückstellungen für Sondervergütungsschulden in der StB der Ges durch gleichhohe Aktivposten in der oder den Sonderbilanzen auszugleichen (BFH VIII R 15/96 BStBl II 08, 174 zu II.3.b; s auch Rz 586). – ***(2)*** Darlehensforderungen eines MUers gegen die Ges sind idR in der Gesamtbilanz Eigenkapital und können daher in der Sonderbilanz nicht gewinnmindernd wertberichtigt werden (zB BFH IV R 77/93 BStBl II 98, 180 zu 1.b). – Der BFH leitet das Prinzip der korrespondierenden Bilanzierung aus dem *Zweck des § 15 I 1 Nr 2 S 1 HS 2* ab, (aa) die MUer einem Einzelunternehmer anzunähern, weil dieser keine Verträge mit sich schließen kann (zB BFH VIII R 41/98 BStBl II 00, 339 zu II.2.b), und (bb) das Besteuerungsergebnis unabhängig davon zu machen, ob Ges'terleistungen durch Vorabgewinn oder Sondervergütung honoriert werden (zB BFH VIII R 13/99 BStBl II 00, 612 zu 2).

405 **b) Schrifttum.** Dort wird abw von der Rspr zB vertreten: – ***(1)*** Maßgebl sind die allg Bilanzierungs- und Bewertungsnormen einschließl Imparitätsprinzip; daher sind auf Forderungen eines MUers gegen die Ges in seiner Sonderbilanz TW-AfA zulässig; desgleichen können in der StB der Ges zB Rückstellungen für Pensionszusagen an Ges'ter gebildet werden, ohne dass in der Sonderbilanz des begünstigten oder aller Ges'ter ein gleich hoher Posten zu aktivieren ist (**„reine additive Gewinnermittlung“;** zB *G. Söffing* BB 99, 96; s dazu aber Rz 586). – ***(2)*** Zu bilanzieren ist teils nach GoB (Ansprüche aus Darlehen oder nach § 110 HGB), teils korrespondierend (Sondervergütungen; *Sieker* Eigen- und Fremdkapital der PersGes, 1991 S 81ff; ähnl *Raupach* DStZ 92, 692). – ***(3)*** Das Imparitätsprinzip greift ein, soweit der Ges'ter in der StB der Ges ein positives KapKto hat (*KSM/Reiß* § 15 Rz E 68ff) oder zw Ges und MUer Streit herrscht (*Dreher* DStZ 96, 139).

406 **c) EuGH.** Zur str Frage, ob der BFH verpflichtet ist, Fragen des Bilanz(steuer)rechts der PersGes dem EuGH vorzulegen, s § 5 Rz 3.

407 **3. Steuerbilanz der PersGes. – a) Anteil des MUers.** Der in § 15 I 1 Nr 2 S 1 an erster Stelle genannte Gewinn- oder Verlustanteil der Ges'ter (MUer) ist aus dem durch BV-Vergleich ermittelten Gewinn oder Verlust der Ges – und nicht etwa aus einem BV-Vergleich für den einzelnen Ges'ter – abzuleiten (BFH GrS 3/92 BStBl II 93, 616 zu C.III.6.a cc). Grundlage ist die StB der Ges, auch bei gewerbl InnenGes wie zB atypischer stiller Ges (s Rz 347). PersGes, und zwar Außen- wie InnenGes sind demnach (als gewerbl MUerschaften) zwar bezügl Einkünftequalifikation und Gewinnermittlung partiell **steuerrechtsfähig;** unberührt hiervon bleibt jedoch dass nur die einzelnen **Ges'ter** Subjekte der ESt/KSt sind mit der Folge, dass sie – wenn auch im mitunternehmerschaftl Verbund – aus ihrer Beteiligung **originär** betriebl Einkünfte erzielen (Rz 163 mN).

aa) Zurechnungsgegenstand. Den Ges'tern (MUern) ist *grds nur* das durch BV-Vergleich ermittelte *Ergebnis* der gewerbl Betätigung **(Gewinn/Verlust)** der PersGes unmittelbar zuzurechnen, *nicht* der einzelne *Geschäftsvorfall* oder das einzelne WG des GesVermögens (GrS aaO). Anders ist dies ua aber gem § 3 Nr 40 und § 8b KStG für Einkünfte aus Anteilen an KapGes (Rz 438f). Bei beschr stpfl Ges'tern ist der Gewinn nur insoweit stpfl, als er auf inl Betriebsstätten entfällt (§ 49 I Nr 2a). 408

bb) Mehrstöckige PersGes. Ist eine PersGes an einer anderen PersGes beteiligt, gehen „die von der OberGes aus ihrer Beteiligung an der UnterGes erzielten Einkünfte in den Gewinn der OberGes" ein und werden deren Ges'tern „als Gewinnanteil" zugerechnet (BFH GrS 7/89 BStBl II 91, 691 zu C. III.3b bb; zur MUerstellung der OberGes s Rz 256, 612). Dies gilt für den Anteil am StB-Gewinn, das SonderBV und die Sondervergütungen *der OberGes,* nicht hingegen für Sondervergütungen und SonderBV der *Ges'ter der OberGes* aus *unmittelbaren* Beziehungen zur UnterGes; diese sind Teil des Gesamtgewinns bzw -BV der UnterGes (Einzelheiten Rz 610 ff). 409

b) Einzelheiten. In der **StB der Ges** ist **grds einheitl zu bilanzieren** (AfA, Rückstellungen usw); Ansatz- und Bewertungswahlrechte (zB lineare/degressive AfA usw) können nur einheitl für die Ges als solche und nicht unterschiedl für jeden Ges'ter in Anspruch genommen werden (zB BFH IV R 137/83 BStBl II 86, 910; § 7a VII 2). 410

aa) Personenbezogenheit. Das EStG und Sondergesetze sehen für bestimmte Investitionen Steuervergünstigungen in Form **erhöhter AfA, SonderAfA, stfreier Rücklagen** oder **InvZul** vor (zB §§ 7d, 7g aF/nF, 7k EStG; § 1 InvZulG); diese sind uU von Zugehörigkeits- oder Verwendungsvoraussetzungen **(Bindungsvoraussetzungen)** abhängig (zB § 7d II Nr 1, VI; § 7g II Nr 2 aF; zu § 7g nF s dort § 7k II Nr 4 EStG; § 2 S 1 Nr 2 InvZulG). Bei diesen Vorschriften stellt sich, sofern sie „personenbezogen" sind (zB § 7d II Nr 1: „… die WG in einem … Betrieb *des StPfl* … dienen"), für PersGes die Frage, ob **begünstigte Person** die *PersGes* als solche oder die einzelnen *Ges'ter (MUer)* sind (s Rz 165). Dies ist bedeutsam dafür, wie sich zB ein (entgeltl) **Ges'terwechsel,** eine Realteilung usw hinsichtl WG des Gesamthandsvermögens auswirken, (zB rückbezügl Wegfall der Vergünstigung? Vergünstigung für einen neuen Ges'ter?). Da nur natürl Personen und Körperschaften est- und kstpfl sind, ist davon auszugehen, dass StPfl iSd Vorschriften **die Ges'ter (MUer)** sind (vgl BFH GrS 3/92 BStBl II 93, 616 zu § 10a GewStG; BFH VIII R 85/91 BStBl II 94, 243 zu § 7d; BFH IX R 50/98 BStBl II 01, 760u *FinVerw* FR 02, 48 zu §§ 7h, 7i; BFH VIII R 13/04 BFH/NV 07, 333 zu § 82f EStDV; zum Teileinkünfteverfahren s Rz 438/9). Anders ist dies nur, wenn sich *im Einzelfall* aus Wortlaut und/oder Zweck der jeweiligen Norm *das Gegenteil ergibt* (BFH VIII R 85/91 BStBl II 94, 243 zu § 7d); Letzteres trifft zB zu für das InvZulG (§ 1 I 2 iVm § 5 II 2; dazu *BMF* BStBl I 06, 119 Rz 5) und das FördG (§ 1 I 2; dazu BFH IX R 21/98 BStBl II 02, 309; *FinVerw* DB 05, 2719). – Auch bei personenbezogenen Vergünstigungen ist aber einheitl zu bilanzieren, soweit der Ges'terbestand unverändert ist (§ 7a VII 2; BFH IV R 137/83 BStBl II 86, 910). 411

bb) AfA. Soweit in Vorschriften über AfA, zB degressive AfA (§ 7 V), erhöhte AfA (§ 7h) oder SonderAfA die HK der WG des GesVermögens einer PersGes Bemessungsgrundlage sind, ist idR davon auszugehen, dass **Hersteller** („Zurechnungssubjekt von HK" bzw Bauherr) iSd Vorschriften nicht die PersGes als solche, sondern die einzelnen Ges'ter sind (BFH IX R 50/98 BStBl II 01, 760). Ges'ter, die erst nach Fertigstellung in die Ges eintreten, können daher die erhöhte AfA usw nicht beanspruchen (*FinVerw* FR 02, 48 zu §§ 7h, 7i), es sei denn, auch AK sind begünstigt und die etwaigen Voraussetzungen hierfür sind erfüllt (BFH aaO). Entsprechendes gilt, soweit Aufwendungen **für immaterielle WG** (nur) als HK 413 sofort abzugsfähig sind (vgl § 5 II; zur Abgrenzung von Herstellungs- und Erwerberfonds s *BMF* BStBl I 03, 546 Rz 41 ff, 49; BStBl I 03, 406 Tz 11. – Zu PersGes (auch doppelstöckigen) als **„Existenzgründer“** iSv § 7g VII 2 Nr 2 aF s dort 34. Aufl Rz 51.

416 **cc) Rücklage nach § 6b.** Durch § 6b X idF des UntStFG ist das Gesetz mit Wirkung ab 1.1.02 zur bis zum 31.12.98 maßgebl Rechtlage zurückgekehrt. Dh, § 6b begründet eine **personen-/*gesellschafter***bezogene StVergünstigung (zB BFH VIII R 27/98 DStR 01, 230 mwN). Begünstigt sind somit diejenigen Personen, die einen Veräußerungsgewinn zu versteuern hätten (vgl EStR 6b.2 VI–VII). Zu *Einzelheiten* (zB Übertragung aus/in Gesamthandsvermögen/SonderBV; KapGes als MUerin/HB-Korrekturposten; Vorbesitzzeiten bei Änderung der Beteiligungsverhältnisse; § 6b bei Veräußerung von MUeranteilen) s § 6b Rz 12, 32, 43 ff, 94, 110; § 16 Rz 474.

421 **dd) Betriebsstätte/Eigenkapitalbeschaffung.** Obwohl die WG des GesVermögens den Ges'tern idR (s Rz 408) nicht unmittelbar anteilig zuzurechnen sind, gilt eine *Betriebsstätte* der PersGes zugleich als Betriebsstätte jedes MUers (BFH I R 10/01 BStBl II 02, 848 zu 2.b); bei beschr stpfl Ges'tern ist daher der auf ausl Betriebsstätten entfallende Gewinn der Ges nicht estpfl (BFH I R 95/84 BStBl II 88, 663). Zu § 34a s dort Rz 25. Aufwendungen für die *Beschaffung von Eigenkapital,* zB Provisionen für den Beitritt von K'tisten, sind idR sofort abzugsfähig (zB BFH IV R 352/84 BStBl II 88, 128; *BMF* BStBl I 88, 98); anders ist dies aber bei geschlossenen Immobilienfonds, auch in der Rechtsform der gewerbl geprägten KG (dazu Rz 323). Werden Provisionen an Ges'ter gezahlt, sind sie bei diesen SonderBE. Sog **Konzeptionskosten** zB einer Verlustzuweisungs-KG sind als AK eines immateriellen WG zu aktivieren (BFH XI R 45/88 BStBl II 93, 538 zu B. II).

425 **ee) Betriebl Veranlassung/Entnahme.** Bei der Ermittlung des StB-Gewinns dürfen nur Aufwendungen als **BA** abgezogen werden, die durch den (eigenen) Betrieb der PersGes veranlasst sind (§ 4 IV); soweit diese Veranlassung fehlt, liegt Gewinnverwendung bzw Entnahme durch die Ges'ter vor (zB BFH VIII R 57/94 DStR 97, 1965 zu Forderungsverzicht). Dies gilt auch im Verhältnis zu **SchwesterKapGes** (BFH IV R 16/12 BFH/NV 15, 1572); s dazu auch Rz 600 ff. Aufwendungen einer PersGes sind hiernach (insgesamt) **keine BA,** sondern Entnahmen, wenn sie durch die unentgeltl Anteilsübertragung (BFH IV R 44/12 BFH/NV 15, 1085) oder auch durch die Lebensführung eines Ges'ters oder einer *einem* (nicht notwendig *allen*) Ges'tern nahe stehenden Person veranlasst sind; das **Abzugsverbot für Aufwendungen** nach **§ 12** (zu Nr 1 S 2 *BMF* BStBl I 10, 614) gilt auch für PersGes (BFH VIII R 148/85 BStBl II 92, 647). Zu Kosten einer PersGes für Jagdpacht s BFH IV R 131/79 BStBl II 83, 668. – Keine BA sind Kosten der **Gewinnfeststellungserklärung** (zur *freiwilligen* Abschlußprüfung s BFH IV R 26/11 BStBl II 14, 886: keine Rückstellung; zR abl *Hennrichs* StuW 15, 65); ebenso nicht die Erklärungen zur ESt der Ges'ter oder der Wertfeststellungen gem § 151 BewG betr die ErbSt (*FinVerw* DStR 15, 1313).

426 **(1) Arbeitsverhältnis.** Aufwendungen aus ArbVerh zw einer PersGes und dem Ehegatten oder anderen Angehörigen eines beherrschenden Ges'ters sind (nur) nach den für Ehegatten-ArbVerh maßgebl Grundsätze abzugsfähig (zB BFH VIII R 38/93 BStBl II 96, 153: *Fremdvergleich/„Nur Pensionszusage“;* BFH VIII R 69/98 BStBl II 02, 353); zu Barlohnumwandlung s BFH VIII R 68/06 BStBl II 08, 973; zu Rückstellungen für Pensionszusagen an den ArbN-Ehegatten s Rz 592.

427 **(2) Darlehen.** Zinsen für Darlehen, die eine PersGes von Angehörigen eines (beherrschenden) Ges'ters aufnimmt, sind grds nur dann BA, wenn die Vereinbarung zivilrechtl wirksam ist und nach Inhalt und diesem entspr tatsächl Durchführung dem gleicht, *was unter Fremden übl ist* (vgl *BMF* BStBl I 11, 37; 14, 809;

BFH IV B 76/14 BFH/NV 15, 976). Zum Fremdvergleich gehört jedenfalls bei langfristigen Darlehen (mE allg) idR auch die *Bestellung von Sicherheiten* (BFH VIII R 50/97 BStBl II 00, 393 zu II.3. mwN; zu *Ausnahmen* s BFH IV R 21/01 BFH/NV 03, 1542; FG Köln EFG 07, 900; *BMF* aaO). Ebenso ist dies *(Fremdvergleich!)*, wenn Ges'ter ihre Forderungen gegen die PersGes (bisher Eigenkapital in der Gesamtbilanz) an Angehörige schenkweise abtreten (BFH IV R 17/89 BStBl II 91, 18; *BMF* aaO). – Auch Zinsen für ein *fremdübl* „Darlehen" sind aber *keine BA,* wenn ein Einzelunternehmer die Geldmittel vorher nahen Angehörigen unter der Auflage geschenkt hat, sie dem Schenker als Darlehen zurückzugewähren (BFH X R 121/88 BStBl II 92, 468; *BMF* aaO); ebenso wenn die Geldmittel nicht dem Schenker, sondern einer von diesem beherrschten PersGes als Darlehen zurückgewährt werden, sofern zw Schenkung und Darlehen „eine auf einem **Gesamtplan** beruhende sachl Verknüpfung besteht" (BFH VIII R 46/00 BStBl II 02, 685; *BMF* aaO; *Wacker* StbJb 02/03, 106). – Darlehenszinsen sind aber uU BA, wenn das geschenkte und dann als Darlehen gewährte Geld von Angehörigen stammt, die nicht Ges'ter der PersGes sind (BFH IV R 58/99 BStBl II 01, 393 zu 3.) oder wenn die Beschenkten (Darlehensgeber) wirtschaftl unabhängige volljährige Angehörige sind (BFH IV R 58/99 aaO; *BMF* aaO).

(3) Stille Gesellschaft. Diese Grundsätze sind sinngemäß maßgebl für eine typische stille Beteiligung eines Angehörigen eines (beherrschenden) Ges'ters an einer Familien-PersGes „jedenfalls ... wenn eine Verlustbeteiligung ausgeschlossen ist" (BFH X R 99/88 BStBl II 93, 289; *BMF* BStBl I 11, 37 Rz 15: für Vereinbarungen nach dem 31.12.92 ohne Verlustbeteiligung; ähnl *Weber-Grellet* DStR 93, 1010). Für stille Ges *mit Verlustbeteiligung* ist str, ob für die Anerkennung eine dingl Sicherung erforderl ist (vern BFH III R 91/87 BStBl II 90, 10). ME ist die Differenzierung zw stillen Ges ohne und mit Verlustbeteiligung kaum überzeugend. **428**

(4) Miet- und Pachtverhältnisse. Derartige Verträge zw einer PersGes und nahen Angehörigen beherrschender Ges'ter können nur anerkannt werden, wenn sie nach Inhalt und tatsächl Durchführung im Wesentlichen einem *Fremdvergleich* entsprechen (einschr BFH IX R 45/06 DB 07, 1287; *BMF* BStBl I 11, 37: nicht anzulastender Formmängel uU unschädl). **429**

ff) Überentnamen/§ 4 IVa. Zinsen für Schulden einer PersGes bzw ihrer Ges'ter sind nur insoweit BA bzw SonderBA, als die Schuld Betriebsschuld ist (Rz 485–490; 521-5). Der BA-Abzug dieser Zinsen wird aber durch **§ 4 IVa** nach Maßgabe des „Überentnahmenmodells" (zu Einzelheiten s § 4 Rz 535 und hier bis 34. Aufl) und (mE nachrangig) durch § 4h nF (Zinsschranke; s dort) der Höhe nach begrenzt. **430**

gg) Versicherungen. Prämien für **Risiko- oder Kapitalversicherung auf das Leben eines Ges'ters** sind (einschließl *Rückdeckungsversicherung,* s BFH IV R 41/00 BStBl II 02, 724; BFH VIII R 4/10 BStBl II 13, 615; s auch Rz 493, 588) – nach bisheriger Rspr (s unten) unabhängig von der vorgesehenen Verwendung der Versicherungssumme (zB *Teilhaberversicherung;* dazu zB BFH/NV 94, 539; *FinVerw* FR 95, 553) – **keine BA** (und der Versicherungsvertrag kein BV, s Rz 493), sondern Entnahmen; die Versicherungsleistung sind keine BE, sondern Einlagen, auch wenn die Versicherung der Sicherung eines von der PersGes aufgenommenen Darlehens (zB **Policendarlehen**) dient (zB BFH VIII B 5/06 BFH/NV 07, 689). Versicherungs- und Darlehensverhältnis sind danach getrennt zu beurteilen; ist die Kreditaufnahme ausschließl betriebl veranlasst, sind die Schuld Betriebsschuld und die Zinsen BA (*FinVerw* DStR 93, 1258). – **BA** sind Prämien für Versicherung auf das Leben eines NichtGes'ters mit Anspruchsberechtigung der Ges (BFH IV R 14/95 BStBl II 97, 343) oder auf das Leben von Angehörigen (Kindern) des Ges'ters bei betriebl Kredittilgungszweck (BFH IV R 45/08 BStBl II 11, 552; Rz 493; bedenkl) – Zum steuerunschädl **Einsatz von LV-Ansprüchen** (vgl § 10 II 2) s *BMF* BStBl I 00, 1118. **431**

432 **hh) Spenden der PersGes.** Sie sind anteilig Entnahmen der Ges'ter und bei diesen nach § 10b abzugsfähig (BFH X R 149/88 BStBl II 91, 70). Zur Ermittlung des Höchstbetrags für sog Großspenden (§ 10b aF/nF) der PersGes und/oder ihrer Ges'ter s § 10b Rz 64; BFH XI R 95/97 BStBl II 03, 9; *FinVerw* BB 98, 1671/2). Zum umsatzbezogenen Höchstbetrag s EStR 10b.3 I 3.

433 **ii) Geldstrafen und Geldbußen** (§ 12 Nr 4; § 4 V Nr 8). Sie sind idR Entnahmen der Ges'ter (vgl BFH VIII R 89/86 BStBl II 92, 5; diff *Reiß* aaO).

434 **jj) WG-Transfer.** Zur Auswirkung **entgeltl Veräußerung** oder **unentgeltl** bzw teilentgeltl **Übertragung** einzelner WG aus oder in das GesVermögen oder ihres Übergangs aus dem BV ins PV der Ges auf den StB-Gewinn und dessen *subj Zurechnung* s Rz 446, 484, 496 § 6 Rz 681 ff.

435 **kk) Entnahmen.** Die (*berechtigte,* dh vom Einverständnis aller Ges'ter getragene) Entnahme **lfd Nutzungen,** zB unentgeltl *vorübergehende* Privatnutzung von WG des BV der PersGes durch Ges'ter oder die Entnahme von **Dienstleistungen** ist bei der Ermittlung des StB-Gewinns nach den für Einzelunternehmer maßgebl Grundsätzen (vgl § 4 Rz 300 ff) gewinnerhöhend zu berücksichtigen, vorausgesetzt, dass mit der außerbetriebl Nutzung Aufwand zB anteilige AfA verbunden ist (BFH IV R 46/00 DStRE 03, 773). Einzelheiten zur spezialgesetzl geregelten Höhe der Aufwandsentnahme für **private Nutzung von Kfz** im BV der PersGes (§ 6 I Nr 4) s *BMF* BStBl I 09, 1326; 14, 835; Rz 496, 647; *FinVerw* DB 12, 2550 (UStG), – Aufwandsentnahme liegt auch vor bei unentgeltl Begründung eines (dingl oder schuldrechtl) Rechts zur *vorübergehenden* Nutzung (vgl BFH VIII R 35/92 BStBl II 95, 241/6 Sp 1). – Die *unberechtigte* Nutzung ist keine Entnahme, begründet aber Ersatzansprüche der Ges gegen den nutzenden Ges'ter iHd Nutzungswerts (*Hellwig* FS Döllerer, 202/13). – Zur (berechtigten) *unentgeltl* und *dauerhaften* **Belastung** eines WG des GesVermögens mit einem **Nutzungsrecht** zugunsten eines Ges'ters für *private* Zwecke oder eines Familienangehörigen s Rz 496 (Entnahme des belasteten WG); *Ruban* FS F. Klein, 1994 S 781/96; *FinVerw* DB 95, 900, 2448. – Zur verbilligten Vermietung einer zum BV gehörigen Wohnung s BFH IV R 46/00 DStRE 03, 773. Zum Ansatz der den Ges'tern von Dritten zugewendeten **Nutzungsvorteile** (zB Schiffsreise) **als BE** der Ges und Entnahme der Ges'ter s BFH VIII R 35/93 BStBl II 96, 273.

436 **ll) Einlagen.** Eine (gewinnmindernde) Einlage der lfd **Nutzungen** eines WG, das einem Ges'ter (oder einem Dritten) gehört, ist nicht mögl (BFH GrS 2/86 BStBl II 88, 348). Gehört das WG einem Ges'ter, ist das WG idR SonderBV des Ges'ters; seine Aufwendungen zB AfA sind SonderBA. Wird das WG nicht SonderBV, weil es die PersGes nur kurzfristig nutzt (s Rz 514), sind die Aufwendungen, soweit sie zeitanteilig auf die betriebl Nutzung durch die PersGes entfallen, mE (wie bei Einzelunternehmern) als SonderBA des Ges'ters (Aufwandseinlage) abzugsfähig. – Nutzt die PersGes ein WG eines Dritten zB Ehegatten eines Ges'ters unentgeltl, kann die PersGes die Aufwendungen, zB AfA des Dritten **(Drittaufwand),** idR nicht als BA abziehen (Einzelheiten BFH GrS 1/97; 2/97; 3/97; 5/97 BStBl II 99, 774; 778; 782; 787). – Zur Sacheinlage eines **Nutzungsrechts** s Rz 515.

437 **mm) Leistungen einer PersGes an ihre Ges'ter.** S hierzu Rz 625 ff, eines Ges'ters an die PersGes s Rz 560, zw Schwester-PersGes s Rz 600 ff, 683.

438 **nn) Anteile an KapGes** (BV; zu SonderBV s Rz 517f, 528). Gehören zum Gesamthandsvermögen (BV) einer PersGes (oder zum BV des tätigen Teilhabers einer atypisch stillen Ges) Anteile an KapGes, ist *grds* ab 1.1.2002 im Hinblick auf die „Transparenz" der PersGes bei der subj Einkünftezurechnung (Rz 162/5) zu unterscheiden. – ***(1)* Natürl Personen als Ges'ter (MUer).** Gem **§ 3 Nr 40 S 1 (Teileinkünfteverfahren)** sind bis VZ 2008 die Hälfte sowie ab **VZ 2009** (iZm der abgesenkten Belastung der KapGes: KStSatz: 15 vH zuzügl GewSt/SolZ)

40 vH der (offenen oder verdeckten) Gewinnausschüttungen, der BV-Mehrungen/Einnahmen aus der Veräußerung oder Entnahme von KapGes-Anteilen und des auf solche Anteile entfallenden Veräußerungspreises iSv § 16 II *stfrei* – ausgenommen – *(aa)* einbringungsgeborene Anteile iSv § 21 UmwStG aF (ggf iVm §§ 20 III 4, 21 II 6 UmwStG nF) während eines Behaltezeitraums von 7 Jahren ab Einbringung (§ 3 Nr 40 S 3–4 aF), – *(bb)* bestimmte KapGesAnteile in Händen von Finanzunternehmen iSd KWG (s § 3 Nr 40 S 5–6 aF/3, 4 nF; s Rz 439) und – *(cc)* Veräußerungsgewinne gem § 19 II, III, § 19a REITG. Begünstigt sind danach zB auch Erlöse aus der Veräußerung des MUeranteils, soweit der Erlös auf KapGes-Anteile entfällt (zu § 24 V UmwStG nF s Rz 439). Andererseits dürfen gem **§ 3c II** aF/nF (ZK-AnpG) BV-Minderungen, BA und Veräußerungskosten, die mit den in § 3 Nr 40 genannten BV-Mehrungen oder Einnahmen in Zusammenhang stehen nur zu 60% (bis VZ 2008: zur Hälfte) abgezogen werden; s iEinz (Absicht der Einkunftserzielung; TW-AfA, Darlehensverlust, lfd Aufwendungen iZm Mietverträgen etc) dort sowie hier Rz 869, 819. – Die stfreien und die nichtabzugsfähigen Teilbeträge sind, da im StB-Ergebnis enthalten, **außerbilanziell** zu kürzen und hinzuzurechnen (zB *Drüen* FR 01, 999). – Zur GewSt s Rz 439 aE.

(2) **KapGes als Ges'ter (MUer); KSt-Freistellungsverfahren.** Gem **§ 8b I, II KStG** sind bei der Ermittlung des Einkommens einer KapGes Gewinnausschüttungen einer (anderen) KapGes sowie Erlöse aus der Veräußerung von KapGes-Anteilen außer Ansatz zu lassen – ausgenommen – *(a)* bestimmte KapGesanteile in Händen von Finanzunternehmen iSd KWG (s § 8b VII KStG; dazu *BMF* BStBl I 02, 712), – *(b)* einbringungsgeborene Anteile iSv § 21 UmwStG aF während eines Behaltezeitraums von 7 Jahren (§ 8b IV KStG aF) und – *(c)* rückwirkender Ansatz des Einbringungsgewinns II gem §§ 24 V aF/nF, 22 II UmwStG nF innerhalb einer 7-jährigen Sperrfrist. Andererseits bleiben gem § 8b III 3 KStG TW-AfA und Veräußerung-/Auflösungsverluste bezügl der Anteile unberücksichtigt; ebenso nach Maßgabe von § 8b III 4–7 Gewinnminderungen iZm Darlehen und Sicherheiten (s auch Rz 819, 869). Des Weiteren dürfen 5 vH des nicht der Besteuerung unterliegenden Gewinns nicht als BA abgezogen werden (§ 8b III 1 KStG), so dass iErg nur 95 vH des Gewinns stfrei sind; § 3c ist nicht anzuwenden (beachte aber § 8b X KStG betr Wertpapierleihe). – KStpflichtig sind jedoch aus Gründen des EU-Rechts gem § 8b IV KStG nF Ausschüttungen auf **Streubesitz-Anteile** (weniger als 10 vH; vgl S 4f), die ab dem 1.3.13 zufließen, mit der Folge, dass insoweit bei gebietsansässigen Anteilseignern auch der BA-Abzug eröffnet ist – Gem **§ 8b VI KStG** gelten diese Vorschriften auch, soweit einer KapGes Bezüge, Gewinne und Gewinnminderungen zB aus TeilwertAfA iRd Gewinnanteils aus einer *MUerschaft* zugerechnet werden sowie für Gewinne (Verluste), soweit diese *bei der Veräußerung (Aufgabe) eines MUeranteils* auf entspr KapGes-Anteile entfallen (Transparenz der PersGes!; s BFH I R 95/05; BStBl II 07, 279; BFH I R 58/10 DB 11, 505; *BMF* BStBl I 03, 292 Tz 54–58). – ***(3)*** Maßgebl für die **anteilige Anwendung** des Teileinkünfteverfahrens und der KStFreiheit bei PersGes mit natürl Personen und KapGes als MUer ist grds der allg **Gewinnverteilungsschlüssel der PersGes** (Ausnahme: § 24 V UmwStG nF; s oben). – ***(4)*** VGA an MUer (oder Nahestehende) erhöhen den Ges-Gewinn (BFH IV R 27/13 DB 16, 24: überhöhtes Gehalt) – ***(5)*** Weitere **Einzelfragen.** – *(a) Bezugrechte* (BFH I R 101/06 BStBl II 08, 719: kein § 8b II KStG); – *(b)* Veräußerungskosten s *BMF* BStBl I 08, 506; – *(c)* mehrstufige PersGes s zB *Hoffmann* DB 00, 1931/4; – *(d)* KapESt s Rz 505; – *(e)* PersGes als Organträger s Rz 175; zu § 14 IV KStG nF (Auflösung von Ausgleichsposten) s § 16 Rz 161, 400; – *(f)* § 8b KStG und §§ 3 Nr 40, 3c EStG gelten auch für die GewSt (BFH I R 95/05 aaO; *BMF* DB 07, 771: Übergangsregelung; ab EZ 04s § 7 S 4; dazu *FinVerw* DB 06, 18); – *(g)* Zur „Brutto"-Feststellung (§ 180 I Nr 2a AO) s *BFH* X R 28/10 BStBl II 13, 444. 439

440 **4. Sondervergütungen.** Entgelte für Dienstleistung usw eines Ges'ters sind Sondervergütungen iSv § 15 I 1 Nr 2 S 1 HS 2 (und kein Gewinnvorab), *wenn* sie auf einem besonderen Schuldverhältnis beruhen oder zwar im GesVertrag vereinbart sind, aber nach Abrede der Ges'ter Aufwand der Ges sein sollen und auch dann gezahlt werden sollen, wenn die Ges keinen Gewinn erzielt (BFH IV R 62/00 BStBl II 05, 88, ähnl FG Mster EFG 11, 793, rkr; *Röhrig ua* DStR 06, 489/93; *Altfelder* FR 05, 6; aA *Groh* DStZ 01, 358: nur bei bes Austauschvertrag). Solche Sondervergütungen mindern den StB-Gewinn (BFH VIII R 4/98 BStBl II 99, 284: soweit nicht AK), nicht jedoch den **Gesamtgewinn** der MUerschaft (s Rz 400), weil der Betrag, der in der StB als Aufwand angesetzt ist, *zeit- und betragsgleich* in der Sonderbilanz des Ges'ters als Ertrag angesetzt werden muss (korrespondierende Bilanzierung, s Rz 404 ff, 576). – **Gewinnvorab** liegt vor, wenn einem Ges'ter aufgrund des GesVertrags Vergütungen zB für Dienstleistung *vorweg aus dem Gewinn* gewährt und diese *nicht als Aufwand* behandelt werden (BFH VIII R 30/99 BStBl II 01, 621; FG Mster EFG 04, 1750, rkr; aA *Groh* DStZ 01, 358: auch Zahlungen im Verlustfall können Gewinnvorab sein; ähnl FG Ddorf DStRE 01, 226, rkr). Dieser mindert den StB-Gewinn nicht; er ist handels- und estrechtl Teil der in § 15 I 1 Nr 2 an erster Stelle genannten Gewinnanteile (BFH VIII R 4/98 BStBl II 99, 284; *HG* DStR 99, 105; BFH VIII R 30/99 BStBl II 01, 621). – Zur Bedeutung der Abgrenzung zw Gewinnvoraus und Sondervergütungen für ***(1)*** **§ 15a** s dort Rz 73, 100; ***(2)*** **§ 5a IV** s *BMF* BStBl I 02, 614; DB 08, 2511 Rz 34f; BFH VIII R 74/02 BStBl II 08, 180 (§ 32c aF); *Glasenapp* DStR 09, 1462; ***(3)*** vermögensverwaltende PersGes s *Tulloch/Wellich* DStR 99, 1093 und § 18 Rz 280 (WagnisKapGes); ***(4)*** **§ 35** s dort Rz 25; ***(5)*** § 2 UStG s *BMF* BStBl I 07, 503; 11, 490.

441 **5. Zurechnung des StB-Gewinns/StB-Verlusts.** Der StB-Gewinn/Verlust der Ges ist den MUern **unmittelbar** *anteilig* als originäre eigene Einkünfte **zuzurechnen** (BFH GrS 3/92; BFH X R 171/96 BStBl II 99, 450 zu VII.3.), und zwar zu dem **Zeitpunkt,** zu dem er „erzielt" (vgl § 2 I 1) ist; das ist bei unveränderten Beteiligungsverhältnissen – unbeschadet dessen, dass die PersGes den Tatbestand der Einkünfteerzielung bereits mit den einzelnen Geschäftsvorfällen verwirklicht – idR das Ende des jeweiligen Wj (zB BFH IV R 271/83 BStBl II 84, 602 zu 2.b; aA *Bauschatz* FR 05, 1230: Jahresabschluss*feststellung*). Zu mehrstöckigen PersGes mit abw Wj s Rz 253. Zum Ein- und Austritt von Ges'tern und zur Änderung der Gewinnverteilungsabrede während des Wj s Rz 453; § 16 Rz 441. – Unerhebl für Höhe und Zeitpunkt der Zurechnung ist, ob der Gewinnanteil **entnahmefähig** ist, insb ob und wann die Ges eine Gewinnausschüttung beschließt und diese dem einzelnen MUer iSv § 11 zufließt (zB BFH I R 95/84 BStBl II 88, 663 zu 2 f. Dies gilt auch – ***(1)*** bei **Insolvenz der PersGes** und Fortführung ihres Betriebs durch den Insolvenzverwalter (BFH X R 60/04 BStBl II 08, 787; zum StEntnahmerecht der Ges'ter s *Fischer* DB Beil 4/15; FN-IdW Beihefter 8/11 Tz 60), – ***(2)*** für **alle MUerschaften,** auch für die atypisch stille Ges und – ***(3)*** auch bei Geltendmachung von Gegenansprüchen (BFH VIII R 12/09 BStBl II 12, 207: Schadenersatz; EStH 15.8 III; zust *Meyer* BB 12, 429).

443 **6. Anteilige Zurechnung des StB-Gewinns/StB-Verlusts; Entnahmen.** – **a) StB-Gewinn/-Verlust.** Er ist den Ges'tern nach dem **vertragl** (oder gesetzl) Gewinnverteilungsschlüssel zuzurechnen (zu *mündl* Abreden s BFH IV R 55/06 BStBl II 09, 951), soweit dem nicht besondere estrechtl Vorschriften entgegenstehen, zB die Abrede privat veranlasst (§ 12 Nr 2; Einkommensverwendung; s Rz 776 ff), missbräuchl (§ 42 AO aF/nF) oder als vGA zu werten ist (BFH VIII R 10/00 BStBl II 01, 747 zu III.2.b/bb); ebenso bei Gewinnschätzung (BFH/NV 92, 388/90). Entsprechendes gilt bei sog **disquotaler** Gewinnverteilung (*FinVerw* DStR 15, 1802; s auch Rz 357, 722 ff, 776 ff; § 18 Rz 280: Private Equity Fonds; zT aA *Schwandtner* Diss, 2006, S 342 ff, 215 ff, 280 ff: grds nur Ges-

Recht maßgebl; uU aber SonderBE/SonderBA bei Weiterleitung oder Abtretung des Gewinnauszahlungsanspruchs an Mit-Ges'ter). Teil des vertragl Schlüssels sind auch unterschiedl Gewinn- und Verlustverteilungsabreden (BFH IV B 30/85 BStBl II 86, 68 zu 2/f; zu VuV s BFH IX R 18/07 BFH/NV 09, 1247) sowie GuV-Anteile des K'tisten aus daneben bestehenden typischen InnenGesverträgen (BFH IV R 73/06 BStBl II 10, 40; s Rz 354). Soweit eine fehlerhafte Zurechnung für frühere Jahre nicht mehr berichtigt werden kann, muss diese erfolgswirksam nachgeholt werden, sofern der Bilanzenzusammenhang gewahrt ist (BFH VIII R 17/87; BFH VIII R 28/90 BStBl II 92, 650; 881). Gewinne und Verluste aus **Ergänzungs/-Sonderbilanzen** sind allein dem betr Ges'ter zuzurechnen. Für MUerschaften, die **keine** zivilrechtl **Ges** sind (s Rz 171), ist die gesetzl oder vertragl Regelung maßgebl (zB Erbquote).

aa) Divergenzen. Die gesellschaftsvertragl Gewinnverteilungsabrede bezieht sich, sofern nicht anderes vereinbart ist, auf den HB-Gewinn (BFH VIII R 41/87 BStBl II 90, 965); sie ist aber mangels bes Bestimmungen im EStG (s Rz 443) entspr anzuwenden, soweit der **StB-Gewinn/StB-Verlust höher** ist **als der HB-Gewinn/-verlust** (BFH GrS 7/89 BStBl II 91, 691 zu C. II.3). Dies gilt grds auch für erst durch eine **Betriebsprüfung** festgestellte *bilanzielle dh ansatz- oder bewertungsbedingte* **Mehrgewinne** (BFH IV R 56/04 BStBl II 06, 838: *KSM/Reiß* § 15 Rz E 215). Bilanzielle Mehrgewinne, die erst *nach Ausscheiden eines Ges'ters* bekannt werden, sind den Ges'tern jedenfalls dann nach dem bisherigen Gewinnverteilungsschlüssel zuzurechnen, wenn die Ges eine Einheitsbilanz (HB = StB) erstellt (BFH aaO; *Bordewin* NWB F 3, 10049: bisherige Gewinnabrede auch bei unterschiedl Bilanzen maßgebl); zu gesvertragl Abreden s FN-IdW Beihefter 8/11, Tz 69. – Mehrgewinne *wegen nicht abzugsfähiger BA* oder *verdeckter Privatentnahmen* sind je nach ihrer Art entweder allen Ges'tern anteilig zuzurechnen (BFH IV B 13/99 BFH/NV 00, 29; FG Mchn EFG 09, 843) oder nur dem betroffenen Ges'ter (Einzelheiten *Ritzrow* StBP 99, 1). – Zu niedrigerem StB-Verlust infolge *Auflösung von aktiven Bilanzierungshilfen in der HB* und zu Korrekturen der Zurechnung dieses StB-Verlustes für später eingetretene Ges'ter s BFH VIII R 41/87 BStBl II 90, 965 (krit zB *KSM/Reiß* § 15 Rz 218). Zur Zurechnung eines *Übergangsgewinns* (§ 4 III) bei Beendigung der PersGes s BFH IV R 18/97 BStBl II 98, 270. 444

bb) Abreden. Werden Gewinne **einvernehml anders** verteilt als vertragl vorgesehen, kann darin eine konkludente Änderung dieser Abrede enthalten sein, die aber estrechtl idR nur insoweit beachtl ist, als sie künftige Gewinne betrifft und betriebl veranlasst ist (Rz 453). 445

b) Entnahmen. Auch Buchgewinne (bzw -verluste) aus der (*berechtigten,* dh vom GesVertrag oder der Zustimmung aller Ges'ter getragenen) Entnahme von WG des GesVermögens (einschl Nutzungsentnahmen; Rz 496) sind als Teil des StB-Gewinns der Ges idR *allen* Ges'tern anteilig zuzurechnen (BFH IV R 39/94 BStBl II 96, 276: Schenkung stiller Reserven), soweit nicht eine *vor* der Entnahme (uU konkludent) getroffene und *betriebl veranlasste* Abrede der Ges'ter eine andere Zurechnung, zB an den begünstigten Ges'ter, vorsieht (*Hellwig* FS Döllerer, 1988 S 205/11; ähnl *Stopper* Betriebsaufgabe als Gewinnausweistatbestand, S 60: Parallele zu § 16 III 8; diff *K/Reiß* § 16 Rz 367). Gleiches gilt für *(berechtigte)* **Geldentnahmen** (FN-IdW 12, 189/97; BFH VIII R 128/84 BStBl II 93, 594 zu II.4.a). – Zur Zurechnung **veruntreuter** (noch nicht ins GesVermögen geflossener) **BE** s Rz 648 (SonderBE); zur Beurteilung **unberechtigter Entnahmen** aus dem (bereits vorhandenen) GesVermögen BFH IV R 16/00 BStBl II 01, 238: keine SonderBE, dazu *Kempermann* FR 01, 408. 446

7. Anteilige Zurechnung des StB-Gewinns/StB-Verlusts einer KG. 449
Auch bei einer **KG** oder zB **atypisch stiller Ges** ist estrechtl für die subj Zurechnung des Verlustes grds der handelsrechtl Verteilungsschlüssel maßgebl, auch inso-

weit als ein Verlustanteil bei einem K'tisten oder stillen Ges'ter in der StB der KG zu einem **negativen KapKto** führt – unabhängig davon, ob der Verlustanteil gem § 15 IV 6–8 bzw § 15a nur verrechenbar ist oder sofort ausgleichs- und abzugsfähig. Einzelheiten s § 15a Rz 10 ff, 214 ff. – Zur Verlustzurechnung nach Umwandlung einer (wertlosen) Darlehensforderung s Rz 350.

452 **8. Änderung der Gewinnverteilungsabrede; Eintritt/Austritt von Ges'tern; Rückbeziehung; „Vorabanteile". – a) Änderung der Gewinnverteilung.** Wird die Abrede **nach** Ablauf eines **Wj** zivilrechtl *rückbezügl* für dieses Wj **geändert,** kann dies estrechtl keine von der ursprüngl Abrede abw Gewinn- oder Verlustzurechnung bewirken (zB BFH VIII R 293/82; BStBl II 87, 558 zu 2.; BFH VIII R 10/00 BStBl 01, 747 zu II.2.b/bb; aA *Bauschatz* FR 05, 1230). Abzugrenzen sind aber zu Beginn des Wj getroffene *mündl* Abreden (s BFH IV R 55/06 BStBl II 09, 951 einschließl Änderung nach § 173 I Nr 1/2 AO). – Ges'tern, die erst nach Ablauf des Wj beitreten, kann trotz zivilrechtl **Rückbeziehung (Rückdatierung) des Eintritts,** kein Gewinn- oder Verlustanteil für das abgelaufene Wj zugerechnet werden; umgekehrt ist Ges'tern, die mit oder nach Ablauf des Wj ausscheiden, trotz **Rückbeziehung des Austritts** noch der im abgelaufenen Wj entstandene Gewinn oder Verlust anteilig zuzurechnen (BFH IV R 194/69 BStBl II 73, 389). Werden rückbezügl Vereinbarungen tatsächl vollzogen, ist dies evtl, sofern betriebl veranlasst, ein Anschaffungs- und Veräußerungsvorgang (vgl zB BFH IV R 209/80 BStBl II 84, 53 zu 2. aE). – Estrechtl beachtl ist die Rückbezüglichkeit ernsthafter *gerichtl oder außergerichtl Vergleiche* über streitige Rechtsverhältnisse (BFH IV R 15/96 BStBl II 97, 535 zu 2.b bb). Zur estrechtl Rückbeziehung, „wenn sie nur auf kurze Zeit ist und nur technische Bedeutung hat", BFH VIII R 119/81 BStBl II 85, 55 zu 2–3; FG Mchn DStRE 99, 643.

453 **b) Änderung des Ges'terkreises.** Die Grundsätze unter a) gelten entspr bei Änderung einer Gewinnverteilungsabrede und bei **Eintritt oder Austritt** von Ges'tern **während des Wj** mit Rückbeziehung auf den Beginn des Wj, weil der Einkünftetatbestand fortgesetzt durch die jeweiligen Ges'ter gemeinsam verwirklicht wird und für einen MUerwechsel nichts anderes gelten kann als für einen Einzelunternehmerwechsel. Das Ergebnis des Wj ist *grds* zeitanteilig auf Grund einer Zwischenbilanz (zB BFH VIII R 50/86 BFH/NV 91, 676), evtl durch Schätzung, auf die Zeit vor und nach der Änderung aufzuteilen und getrennt zuzurechnen (zB BFH IV R 125/92 BStBl II 96, 5 zu 2.a; § 16 Rz 441). Dem entspricht, dass das Organeinkommen nur auf die Ges'ter entfällt, die im Zeitpunkt des Enstehens des Gewinnabführunganspruchs (Zurechnungszeitpunkt) an der OT-PersGes beteiligt sind (BFH IV R 50/09 BStBl II 13, 494; zutr). Nach FinVerw gilt dies aber nicht für **SonderAfA** und die **degressive AfA,** wenn ein Ges'ter erst während des Wj in eine bestehende PersGes eintritt: In diesem Fall haben die Ges'ter ein *Wahlrecht* zw anteiliger Zurechnung des Gesamtgewinns/-verlustes entspr der zeitl Zugehörigkeit der Ges'ter *oder* Beteiligung der erst später zB am letzten Tag des Wj beigetretenen Ges'ter an den SonderAfA und der degressiven AfA für das ganze Wj (*FinVerw* BB 94, 900; DStR 00, 730; einschr DStR 08, 98; glA zu § 4 FördG BFH IX R 20/03 BStBl II 05, 33); dies gilt aber nicht für den Beitritt zur OberGes einer doppelstöckigen PersGes (*FinVerw* FR 02, 48). Zu vermögensverwaltenden PersGes s *FinVerw* DB 12, 145. – Ein durch den Eintritt eines weiteren Ges'ters verursachter Provisionsaufwand ist bereits Aufwand der Zeit nach Eintritt dieses Ges'ters (BFH IV R 352/84 BStBl II 88, 128 zu 2.). Ein **Sanierungsgewinn** (Gewinn aus Schulderlass) ist nach zT geänderter Rspr *dem* Alt-Ges'ter oder *dem* NeuGes'ter zuzurechnen, *der* die Schuld vereinbarungsgemäß „wirtschaftl zu tragen" hat (BFH IV R 38/10 BStBl II 15, 389 mwN; *FinVerw* DStR 15, 1802; mE fragl, wenn Ges'terwechsel von Schulderlass abhängig).

454 Ein tatsächl Vollzug einer rückbezügl Eintrittsvereinbarung durch Zurechnung entspr KapKten ist mE als entgeltl Veräußerung von Teilen der MUeranteile der

AltGes'ter an die Neu-Ges'ter zu werten, auch wenn deren Einlage ins GesVermögen fließt (vgl *FinVerw* DB 88, 1037; aA BFH VIII R 293/82 BStBl II 87, 558).

c) Vorabverlustanteile. Eine Änderung der Gewinn- und Verlustverteilungsabrede während des Wj, dass *künftige* Verluste in begrenztem Umfang (zB Erreichung gleich hoher negativer KapKosten aller Ges'ter) *nur* K'tisten zugerechnet werden, die ihre Einlagen erhöhen oder neu beitreten (Vorabverlustanteile), ist idR auch estrechtl maßgebl (BFH IV R 209/80 BStBl II 84, 53). Eine Abrede, dass alle während des Wj eintretenden Ges'ter bei der Verlustzurechnung für dieses Wj gleichgestellt sind, ist als Zuweisung von Vorabverlustanteilen für neueintretende Ges'ter zu verstehen; sie ist estrechtl aber nur insoweit zu berücksichtigen, als der ab Eintritt der neuen Ges'ter entstandene Verlust die Vorabverlustanteile der neuen Ges'ter in ihrer Summe abdeckt (BFH VIII R 293/82 BStBl II 87, 558). 455

Beispiel: Verlust des Wj 120, monatl Verlust somit (geschätzt) 10. Ges'ter ab 1. 1. A und B; Eintritt neuer Ges'ter C und D am 1.12. Eine Abrede, alle Ges'ter seien in der Verlustzurechnung gleichzustellen, kann nicht dazu führen, dass der Verlust von 120 A, B, C und D mit je 30 zuzurechnen ist. Vielmehr ist der Verlust vom 1.1.–30.11. von 110 auf A und B zu je 55 zu verteilen; der Verlust vom 1.12.–31.12. von 10 ist (nur) C und D zuzurechnen mit je 5. Ohne Gleichstellungsabrede wäre dieser Verlust A, B, C und D zu je 2,5 zuzurechnen.

9. Ergänzungsbilanzen

Verwaltung: *BMF* BStBl I 11, 1314 (UmwStErlass) Rz 2409, 2413/4; 10, 755 (§ 6 II, IIa nF); *SenFinBln* DB 05, 2719 (FördG).

Schrifttum (Auswahl; Aufsätze vor 2004 s Vorauflagen): *Regniet,* Ergänzungsbilanzen bei der PersGes, 1990; *Ising,* Ergänzungsbilanzen anläßl eines entgeltl Ges'terwechsels, 2001. – *Ley,* Ausgewählte Fragen … (iZm) … Ergänzungsbilanzen, StbJb 03/04, 135; *Kahle,* ErgänzungsBil …, FR 13, 873; *Bolk,* Auflösung …, DStZ 15, 472.

a) Allgemeines. Positive oder negative Ergänzungsbilanzen korrigieren die Wertansätze für die betriebl WG des GesVermögens in der StB der PersGes mit Rücksicht auf die **Mehr- oder Minderaufwendungen** der **Ges'ter** (MUer). Sie dienen der Gleichbehanldung von MUer und Einzelunternehmer (BFH IV R 1/11 DStR 15, 283) und sind von den Sonderbilanzen (s Rz 401, 474) zu unterscheiden. Ergänzungsbilanzen sind uU zu erstellen: – ***(1)*** nach einem Ges'terwechsel (Rz 461 ff), – ***(2)*** bei Einbringung eines Betriebs (Teilbetriebs, MUeranteils) in PersGes nach § 24 UmwStG aF/nF (Rz 472), – ***(3)*** bei Übertragung einzelner WG zw MUerschaft und MUer nach § 6 V 3–5 (Rz 473) und – ***(4)*** bei Inanspruchnahme personenbezogener StVergünstigungen zB § 6b für einzelne Ges'ter (Rz 474). Zur Umwandlung KapGes in PersGes s *BMF* BStBl I 11, 1314 Rz 4.24. – **Dogmatisch** ist str, ob Ergänzungsbilanzen nur *rechnerische* Korrekturposten ausweisen (BFH IV R 1/11 aaO: Gleichbehandlung mit Einzelunternehmer) oder die Beteiligung an der Ges oder Anteile des Ges'ters an WG des GesVermögens („Bruchteilsbilanz"; *HHR/Haep* § 15 Rz 500 mN). – Unstr ist, dass – ***(a)*** ihr Ergebnis zusammen mit dem Anteil am StB-Gewinn der Ges die in § 15 I 1 Nr 2 S 1 an erster Stelle genannten Gewinnanteile bildet (zB BFH IV R 57/94 aaO); – ***(b)*** zum KapKto iSv § 15a auch das in einer Ergänzungsbilanz ausgewiesene Kapital gehört (§ 15a Rz 85); – ***(c)*** „Buchwert" eines WG der sich aus StB der PersGes zuzügl Ergänzungsbilanz ergebende Wert ist (*Rödder* DB 92, 953/6); – ***(d)*** Zur Bilanzänderung s Rz 403. 460

b) Ges'terwechsel. Der **entgeltl** (teilentgeltl) **Erwerb eines Mitunternehmeranteils** oder eines Bruchteils hiervon ist aus der Sicht des Erwerbers kein Erwerb eines WG ‚PersGesAnteil', vergleichbar einer Beteiligung an einer KapGes, sondern entgeltl Anschaffung von Anteilen an den einzelnen zum GesVermögen gehörenden WG (zB BFH GrS 7/89 BStBl II 91, 691 zu C. III.3.b cc: „Anteile an einer PersGes strechtl kein WG"; s auch Rz 690; § 16 Rz 480). Zum Erwerb *aller* GesAnteile s BFH IV R 52/03 BStBl II 06, 128. 461

462 **aa) Zusätzl AK.** Der Erwerber hat seine **Aufwendungen,** soweit sie sein **KapKto** in der **StB der Ges übersteigen** und auf WG des BV entfallen (unabhängig von der HB der Ges) in einer **positiven Ergänzungsbilanz** als (oder wie) zusätzl AK für seine Anteile an den stillen Reserven in den WG des GesVermögens und an einem Geschäftswert mit allen bilanzstrechtl Folgen für die künftige Gewinnermittlung (höhere AfA, geringerer Veräußerungsgewinn usw) im Verhältnis der Teilwerte aufgeteilt zu aktivieren und in gleicher Höhe ein Mehreigenkapital zu passivieren (BFH IV R 30/93 BStBl II 95, 831 zu 1.). Bei Fremden (Interessengegensatz) wird man grds einer vertragl Aufteilung auch dann folgen können, wenn Gegenstand des Erwerbs nicht die WG der Gesamthand, sondern der GesAnteil ist (glA – iErg – FG RhPf EFG 12, 63). Entsprechendes gilt bei Gewinnermittlung nach **§ 4 III** (BFH VIII R 13/07 BStBl II 09, 993: Ergänzungsrechnung). Die zu aktivierenden (Mehr-)Aufwendungen können bestehen – ***(1)*** in der Zahlung von Bar- oder Buchgeld, – ***(2)*** der Übernahme privater Schulden usw (vgl § 16 Rz 267) oder eines negativen KapKtos des ausscheidenden Ges'ters, gleichgültig, ob dieses auf ausgleichsfähigen oder nur verrechenbaren Verlusten oder auf Entnahmen beruht (BFH VIII R 63/91 BStBl II 93, 706 zu II.1.a), – ***(3)*** in einer Bewertungs-/Ansatzkorrektur gem § 5 VII 3 nF (*Benz ua* DStR 13, 2653/9), – ***(4)*** in einer handelsrechtl Gewinn*ermittlungs*abrede (BFH VIII R 148/85 BStBl II 92, 647 zu 3). Die (Mehr-)Aufwendungen dürfen (müssen) in der Ergänzungsbilanz allerdings nur aktiviert werden, wenn sie – würde sich der Erwerb nicht zw MUern vollziehen – auch in der HB und StB der Ges aktiviert werden müssten (BFH IV R 40/92 BStBl II 94, 224). Letzteres trifft indes auch für Anteile an immateriellen WG des GesVermögens zu, die in der StB des Ges nicht angesetzt sind (zB originärer Geschäftswert; § 5 II; BFH IV R 70/92 BStBl II 94, 745/7). – Steht aber fest, dass dem Mehraufwand keine nach GoB iVm § 5 aktivierbaren Werte gegenüberstehen, ist der Mehraufwand sofort abzugsfähig, und zwar als SonderBA (BFH IV R 40/92 aaO). Dies gilt allerdings nicht, wenn bei Erwerb eines **KG-Anteils mit** (durch Verlustanteile entstandenem) **negativem KapKto** dieses dem Entgelt hinzugerechnet wird, weil dies nur zum Ziel hat, beim Erwerber solche Gewinnanteile außer Ansatz zu lassen, die sich auf die frühere Zurechnung von Verlusten beim Veräußerer gründen. In diesem Falle ist der erforderl Ausgleich nach Ansicht des IV. Senats des BFH dadurch herzustellen (kein Erwerbsverlust!), dass der Erwerber in der Ergänzungsbilanz einen entspr Ausgleichsposten aktiviert und diesen mit künftigen *stpfl* Gewinnanteilen verrechnet (IV R 70/92 BStBl II 94, 745 zu 5.c), nach Ansicht des VIII. Senats genügt insoweit ein außerbilanzieller „Merkposten" (VIII R 37/93 BStBl II 95, 246). Diese Grundsätze gelten auch für entgeltl (teilentgeltl) Ausscheiden aus zweigliedriger KG (BFH VIII R 76/96 BStBl II 99, 269).

463 **bb) Minderbeträge.** Wendet der Erwerber **weniger** auf als den in der StB der Ges als KapKto ausgewiesenen anteiligen **Buchwert,** entsteht kein „Erwerbsgewinn" (BFH IV R 3/01 BStBl II 03, 112 zu 4.c); der Minderbetrag ist in einer **negativen Ergänzungsbilanz** von den Buchwerten der aktivierten WG, soweit diese abstockungsfähig sind (nicht also für reine Geldposten, BFH IV R 77/93 BStBl II 98, 180 zu 2.c; zu str Einzelheiten s *Kahle* FR 13, 873), durch **passive Wertberichtigungen** abzusetzen, die *in der Folgezeit entspr dem Abgang oder Verbrauch der WG* **gewinnerhöhend aufzulösen** sind (BFH IV R 30/93 BStBl II 95, 831; FG BBg EFG 08, 534, rkr: Eigenprovision; Rz 649); in gleicher Höhe ist auf der Aktivseite ein negatives Mindereigenkapital auszuweisen. Hieran hat mE auch BFH IV R 1/11 DStR 15, 283 nichts geändert (Rz 464f; aA *Bolk* DStZ 15, 472). Die Abstockung der Buchwerte kann nicht durch Passivierung des Minderbetrags als *negativer Geschäftswert* vermieden werden (str, s § 16 Rz 511). Ist die Differenz zw dem übernommenen positiven KapKto (= Nettobuchwert) und dem niedrigeren Entgelt größer als der Betrag, um den sich die Buchwerte der abstockungsfähi-

gen WG – ggf bis auf 1 € (aA *Kempf ua* DB 98, 545: Teilwert) – abstocken lassen, entsteht auch insoweit kein Erwerbsgewinn (aA *Groh* FS F. Klein, 1994 S 815); vielmehr ist in der Ergänzungsbilanz des Erwerbers erfolgsneutral ein *Ausgleichsposten* zu passivieren, der gewinnerhöhend gegen spätere Verlustanteile oder bei Beendigung der Beteiligung aufzulösen ist (BFH IV R 77/93 BStBl II 98, 180 zu 2.d; gleicht iErg negativem Geschäftswert).

cc) Fortschreibung der (positiven) Ergänzungsbilanzen. Einzelheiten (s zB *Kahle* FR 13, 873) sind str. Nach der Rspr sind die Fragen weniger nach nach Maßgabe des dogmatischen Verständnisses der Ergänzungsbilanz (s Rz 460), sondern vor allem nach dem Prinzip einer „sachgerechten Besteuerung des einzelnen MUer-Ges'ters" zu beantworten (BFH IV R 1/11 DStR 15, 283: Gleichbehandlung mit Einzelunternehmer; *Uelner* DStJG 14, 139/55). Der Aufwand/Ertrag aus der Fortschreibung der Ergänzungsbilanz ist nicht Sonder-BA/BE, sondern Teil des in § 15 I Nr 2 S 1 an erster Stelle genannten Gewinnanteils (BFH VIII R 52/04 BStBl II 06, 847); sie beeinflussen daher das KapKto des MUers iSv § 15a (s § 15a Rz 85). 464

(1) AfA. Sie sind in der StB der Ges ist wie bisher fortzuführen; in der Ergänzungsbilanz sind hingegen nach BFH IV R 1/11 DStR 15, 283 bezügl der **Mehr-AK** des Ges'ters die Restnutzungsdauer und die AfA-Methode eigenständig zu bestimmen (Folge ua: auch Aufwendungen für abgeschriebene WG sind zu aktivieren; glA zB *Niehus* StuW 02, 116/23); dies ist allerdings mit dem Grundansatz der Rspr (Ausweis nur rechnerischer Korrekturposten; s Rz 460) kaum vereinbar. Im Schrifttum wird (noch) weitergehend vertreten, dass die AfA bezügl der Buchwertanteile (GesBilanz) des Ges'ters neu zu ermitteln (zB *Freikamp* DB 15, 1063); in diesem Sinne wird zT auch das Urt (IV R 1/11 aaO) interpretiert (*Bolk* DStZ 15, 472/4). ME ist nur die Restnutzungsdauer neu zu bestimmen (s 34. Aufl). Zu **SonderAfA** s Rz 411. Zur Auflösung neg Ergänzungbilanzen **(Minder-AK)** s Rz 463 465

(2) Immaterielle WG. Aufwendungen für solche WG des GesVermögens, die in der StB nicht angesetzt sind (zB originärer Geschäftswert), sind in der Ergänzungsbilanz nach tatsächl/fiktiver Nutzungsdauer (vgl § 7 I 3) abzuschreiben (*Uelner* DStJG 14, 139/58). 466

(3) Teilwert-AfA. Sie sind mE zulässig, soweit der Anteil am Teilwert des WG voraussichtlich dauernd niedriger ist als die Summe aus dem *anteiligen* Buchwert in der StB *und* dem Buchwert in der Ergänzungsbilanz (zB *Niehus* StuW 02, 116/24; aA *Marx* StuW 94, 191/200: kein Raum für eigenständige Teilwert-AfA; offen in BFH IV R 30/93 BStBl II 95, 831 zu 2.). 467

(4) GWG/§ 6 II. Vergütet der neue Ges'ter stille Reserven in WG, die bei Anschaffung (Herstellung) durch die Ges GWG waren und in der StB abgeschrieben sind, *kann* der Ges'ter § 6 II (voller BA-Abzug) in Anspruch nehmen, wenn sein Aufwand nicht höher als der seinem GesAnteil entspr Anteil von 410 € ist (zB *Niehus* StuW 02, 116/25; aA *Regniet* aaO S 162: Aufwand auf Restnutzungsdauer zu verteilen). Folgt man BFH IV R 1/11 aaO, ist es unerhebl, ob die WG bei Erwerb durch die Ges geringwertig waren (aA hier 34. Aufl). Zu **Sammelposten** nach § 6 IIa s dort Rz 607. 468

c) Doppelstöckige PersGes. Ist an einer PersGes (UnterGes) eine andere PersGes (OberGes) beteiligt (doppel- oder mehrstöckige PersGes), sind MUer gem § 15 I 1 Nr 2 S 2 die OberGes'ter und nach der Rspr daneben auch die OberGes selbst. Gleichwohl entfaltet die Rspr den Transparenzgedanken (zutr; Rz 253, 612), nach dem bei entgeltl Erwerb eines **Anteils an der OberGes,** soweit die AK hierfür das KapKto über-(unter-)schreiten, wie folgt zu verfahren ist: Für den neuen Ges'ter der OberGes ist bei dieser eine Ergänzungsbilanz zu bilden, in der die Mehr-(Minder-)werte der *WG im GesVermögen der OberGes* einschließl solcher WG, die der UnterGes zur Nutzung überlassen sind (SonderBV der OberGes bei 471 der UnterGes) anteilig erfasst sind, aber *ohne* den GesAnteil an der UnterGes, weil dieser in der StB zwar auszuweisen, aber nicht selbstständig zu bewerten ist (s Rz 622). Stattdessen ist *bei der UnterGes* eine weitere Ergänzungsbilanz zu bilden – str allerdings, ob für den neuen *Ges'ter* der OberGes als MUer der UnterGes (BFH IV R 67/00 DStRE 04, 1327: zu § 15 IV; s 23. Aufl; *Nickel ua* FR 03, 391/3; *Wacker* JbFStR 06/07, 316/25; *Ludwig* BB 07, 2152/5) *oder* für die *Ober-Ges* als Ges'terin der UnterGes (*FinVerw* zu § 5a; *Ley* KÖSDI 11, 17277; *Kahle* DStZ 14, 273/81) –, in der die Mehr-(Minder-)werte der durch den GesAnteil der OberGes repräsentierten WG im GesVermögen der UnterGes ausgewiesen sind, soweit auf sie die AK für den erworbenen Anteil an der OberGes mittelbar entfallen (diff *L. Mayer* DB 03, 2034/8; KÖSDI 05, 14609: Ergänzungsbilanz *(1)* auf der Ebene der OberGes für stille Reserven in deren BV, *(2)* der OberGes auf der Ebene der UnterGes für stille Reserven in deren BV und *(3)* zur Sonderbilanz bei der UnterGes für SonderBV der OberGes bei der UnterGes; ähnl *Stegemann* INF 03, 266). – Zum **Veräußerer** s § 16 Rz 407, 582.

472 **d) Einbringung.** Bei Einbringung *eines Betriebs (Teilbetriebs, MUeranteils)* **in eine PersGes** gegen Gewährung von GesRechten *darf* die PersGes das eingebrachte BV „in ihrer Bilanz einschließl ihrer Ergänzungsbilanzen" für ihre Ges'ter mit dem Buchwert ansetzen (§ 24 UmwStG aF/nF); in diesem Falle entsteht kein Veräußerungsgewinn. – Die PersGes kann in ihrer StB die Buchwerte auch dann ansetzen, wenn einer der Ges'ter eine *Bareinlage* leistet, die höher ist als sein aus der Summe der Buchwerte und der Einlage errechnetes und in der StB angesetztes KapKto; für diesen Ges'ter ist dann eine *positive Ergänzungsbilanz* zu erstellen; bei den anderen Ges'tern entsteht im Hinblick darauf, dass ihr in der StB angesetztes KapKto höher als die Buchwerte des eingebrachten Betriebs ist, ein Einbringungsgewinn, der durch entspr *negative Ergänzungsbilanzen* dieser Ges'ter neutralisiert werden kann (sog Nettomethode; BFH VIII R 52/04 BStBl II 06, 847). Werden die Buchwerte in der StB der Ges aufgestockt, um die Kapkonten der Ges'ter in der StB der Ges im richtigen Verhältnis zueinander auszuweisen, kann die PersGes für die Ges'ter positive und negative Ergänzungsbilanzen aufstellen, durch die insgesamt eine Buchwertfortführung erreicht und damit ein Veräußerungsgewinn vermieden wird (sog Bruttomethode; BFH IV R 82/92 BStBl II 95, 599 zu 3; *BMF* BStBl I 11, 1314 Rz 24.14 mit Beispiel). Als Korrekturposten zu den Wertansätzen der WG des GesVermögens in der StB sind die Auf- und Abstockungen in den positiven und negativen Ergänzungsbilanzen in der Folgezeit *korrespondierend* entspr dem Verbrauch, der Abnutzung oder Veräußerung dieser WG gewinnwirksam mit entspr Auswirkung auf die KapKonten aufzulösen (BFH VIII R 52/04 aaO; BFH/NV 00, 34); das BFH-Urt IV R 1/11 DStR 15, 283 (Rz 464) hat hieran nichts geändert (*Bolk* DStZ 15, 472/6). – Zu *Zuzahlungen ins PV* s BFH IV R 82/92 BStBl II 95, 599; *BMF* aaO Rz 24.09: keine Neutralisierung durch negative Ergänzungsbilanz mögl. – Auch das Bewertungswahlrecht nach § 20 UmwStG aF/nF bei Einbringung eines MUeranteils **in** eine **KapGes** wird durch Ergänzungsbilanz bei der betroffenen PersGes ausgeübt (BFH I R 102/01 BStBl II 04, 804; *BMF* aaO Rz 20.22).

473 **e) Einzelne WG.** Die zu c) dargestellten Grundsätze gelten sinngemäß, wenn einzelne WG aus einem BV (SonderBV) in eine PersGes gegen **Gewährung von GesRechten oder unentgeltl** eingebracht und dabei gem § 6 V 3 die Buchwerte fortgeführt werden *(müssen),* soweit kein KStSubjekt (KapGes) als MUer kapitalmäßig beteiligt ist. Einzelheiten s § 6 Rz 707.

474 **f) Personenbezogene StVergünstigungen.** Nimmt eine PersGes Steuervergünstigungen (zB § 7h, § 7k, § 7d) anteilig für diejenigen Ges'ter in Anspruch, die den persönl Voraussetzungen hierfür genügen (s Rz 411), geschieht dies durch eine negative Ergänzungsbilanz für diese Ges'ter. – Entspr gilt ab 1.1.02 (und galt bis 31.12.98) zB, wenn eine PersGes **§ 6b** anwendet, aber wegen eines vorangegange-

nen Ges'terwechsels (bei doppelstöckiger PersGes auch bei der OberGes) nur ein Teil der Ges'ter der Sechsjahresfrist des § 6b IV Nr 2 genügt (vgl BFH VIII B 179/86 BStBl II 87, 782 mwN; Rz 416), oder ein Einzelunternehmer einen Veräußerungsgewinn anteilig auf AK seiner PersGes überträgt (*Strahl* FR 01, 1154/6) oder bei Veräußerung von KapGesAnteilen im Gesamthandsvermögen einer PersGes (§ 6b X), wenn deren Ges'ter nur teilweise natürl Personen sind.

10. Sonderbilanzen. Aktive und passive WG des SonderBV, Sondervergütungen iSv § 15 I Nr 2 S 1 HS 2 und SonderBE und SonderBA – nicht hingegen Aufwand und Ertrag aus der Fortschreibung einer Ergänzungsbilanz – sind in Sonderbilanzen der einzelnen MUer zu erfassen (vgl § 97 Ia Nr 2 BewG aF; § 202 I BewG nF). Diese sind mit der StB der Ges einschließl Ergänzungsbilanzen zur Ermittlung des Gesamtgewinns der MUerschaft additiv zur „Gesamtbilanz" zusammenzufassen (s Rz 403-6, 440, 576). Für Sonderbilanzen gilt ebenso wie für die StB der Ges § 5 (zB BFH VIII R 85/94 BStBl II 01, 185 zu II.2.a) aber (mangels entspr HB) ohne Maßgeblichkeit eines konkreten HB-Ansatzes (BFH VIII R 72/87 BStBl II 92, 958 zu 3.a; diff *KSM/Reiß* § 15 Rz E 11; zu § 4 III s BFH IV B 28/10 BFH/NV 10, 2272); zur Bilanzänderung s Rz 403. Wahlrechte sind zwar von den MUern auszuüben; da aber die PersGes auch für das SonderBV buchführungspflichtig ist (BFH VIII R 142/85 BStBl II 91, 401; aA *Wichmann* DStR 12, 2513). wird grds vermutet, dass die Sonderbilanzen mit den MUern abgestimmt sind (BFH IV R 14/04 BStBl II 06, 418; EStH 4.4: Ausnahme für ausgeschiedene MUer oder wenn FA ernstl Meinungsunterschiede bekannt sind; zust *Ley* Wpg 06, 904); zu gesvertragl Klauseln s FN-IDW Beihefter 8/11 Tz 10. **475**

11. Betriebsvermögen der MUerschaft (Überblick)

Verwaltung: EStR 4.2 II, XI–XII; *FinVerw* DStR 01, 1032 (KapGes-Anteile als SonderBV).

Das BV der MUerschaft umfasst: – *(1)* bei **MUerschaften mit Gesamthandsvermögen** (OHG, KG, GbR, Erben-, Gütergemeinschaft) sowohl WG des Gesamthandsvermögens (BV der Ges bzw Gemeinschaft) als auch WG im Eigentum der MUer (SonderBV des MUers; s Rz 507), zB BFH VIII R 27/00 BStBl II 02, 733 zu II.2.; vgl auch § 97 I Nr 5 S 2 BewG; – *(2)* bei **MUerschaften ohne Gesamthandsvermögen** zB atypische stille Ges die zum Betrieb des tätigen Teilhabers (§ 235 HGB) gehörigen WG, vergleichbar dem Gesamthandsvermögen einer KG, und das SonderBV des atypischen stillen Ges'ters (s Rz 348). **480**

12. WG im Gesellschaftsvermögen; Privatvermögen. – a) Allgemeines. WG, die *zivilrechtl und wirtschaftl* (s Rz 483) oder *nur wirtschaftl* (§ 39 II Nr 1 AO; zB BFH/NV 96, 101) zum Gesellschaftsvermögen (Gesamthandsvermögen) einer OHG oder KG mit GewBetr gehören, sind **grds** (Ausnahme Rz 484 ff) **notwendiges BV** – auch bei *zeitweiser* privater Nutzung –, da diese WG in die HB aufzunehmen sind (§§ 238, 242, 246, 6 HGB) und nach § 5 I estrechtl das *BV* anzusetzen ist, das nach den handelsrechtl GoB auszuweisen ist (zB BFH IV R 7/03 BStBl II 05, 354). Dies gilt in gleicher Weise für **aktive WG** (zB Grundstücke usw) wie für **passive WG** (Schulden). – Für WG des GesVermögens, die nicht unmittelbar dem Betrieb dienen (zB fremdvermietetes Gebäude; Geldvermögen), hat die Ges anders als der Einzelunternehmer kein Wahlrecht, sie als BV oder als PV zu behandeln (**kein gewillkürtes BV;** BFH/NV 95, 101; aA *Klinkmann* BB 98, 1233/4; BFH VIII R 63/96 BStBl II 99, 466 zu II.1. für Devisentermingeschäfte; s auch Rz 492); sie sind, sofern sie nicht notwendiges PV sind, notwendiges BV, auch wenn sie **fälschl nicht in der Bilanz ausgewiesen** sind (zB BFH VIII R 65/87 BStBl II 91, 789 zu 1.b; zur Behandlung solcher WG bei Veräußerung s BFH IV R 160/84 BFH/NV 89, 95/8: bilanzberichtigende Einbuchung; krit *Groh* DB 98, 1931/5). **481**

482 **aa) GbR/Erbengemeinschaft.** Diese Grundsätze sind sinngemäß anzuwenden auf eine gewerbl tätige oder geprägte GbR mit Gesamthandsvermögen (zB BFH IV R 36/79 BStBl II 83, 459), nicht jedoch auf Erbengemeinschaft (vgl BFH IV R 214/84 BStBl II 87, 120: fremdvermietetes Grundstück als gewillkürtes BV).

483 **bb) Wirtschaftl Eigentum.** Kein BV sind WG des GesVermögens, die die Ges nachweisbar nur als **Treuhänderin** hält. – WG, die in eine PersGes nur „dem Werte nach" **(quoad sortem)** eingebracht sind, bleiben zivilrechtl Eigentum des Ges'ters (BGH DStR 09, 2015); ob die PersGes wirtschaftl Eigentümerin wird und die WG daher in ihrer HB (StB) anzusetzen sind, bestimmt sich nach der Vertragsgestaltung im Einzelfall (eingehend *Daragan* FS FfSt, 1999 S 293; offen in BFH VIII R 5/92 BStBl II 94, 856 zu II.2.b); wenn nicht, sind sie idR notwendiges SonderBV (Rz 514).

484 **b) Privatvermögen.** Der Grundsatz, dass WG des GesVermögens notwendiges BV sind, erleidet Ausnahmen, die ihre Rechtsgrundlage in den estrechtl Begriffen des BV und der BA haben: **Aktive** sowohl wie **passive** WG des GesVermögens sind **nicht BV** (sondern PV der Ges), wenn ihre Zugehörigkeit zum GesVermögen nicht (mehr) betriebl veranlasst ist (BFH VIII R 57/94 BStBl II 98, 652 zu B. I.2), zB ein von der PersGes abgeschlossener Vertrag den Privatbereich der Ges'ter betrifft (zB BFH IV R 64/93 BStBl II 96, 642: Darlehen an Ges'ter, s Rz 629 ff), oder wenn WG *auf Dauer* nur (noch) *unentgeltl* für private Zwecke eines, mehrerer oder aller Ges'ter genutzt werden (BFH VIII R 353/82 BStBl II 88, 418: Übergang vom BV ins *PV der Ges* durch Entnahme; *Ruban* FS F. Klein, S 781/96). Auch die Gewährung eines Darlehens an eine *den Ges'tern der PersGes nahe stehende KapGes* (und ein Forderungsverzicht) können außerbetriebl veranlasst sein (vgl BFH IV R 7/03 BStBl II 05, 354; FG Köln EFG 07, 900, rkr); der Verzicht ist dann, soweit die Anteile an der KapGes SonderBV sind, so zu werten als hätten die Ges'ter die Forderung *zum Buchwert* ins SonderBV überführt und erst dann verzichtet (vgl BFH VIII R 57/94 BStBl II 98, 652). – Diese Grundsätze gelten auch für *gewerbl geprägte PersGes.* – Soweit aber eine KapGes MUerin ist, hat diese eine betriebl Beteiligung an einer *partiell (PV!)* nichtbetriebl PersGes (s Rz 200 ff). – Zur DBA-Betriebsstättenzuordnung s Rz 173.

485 **13. Einzelfragen. – a) Verbindlichkeiten einer PersGes.** Sie sind estrechtl nicht schon deshalb Betriebsschulden (und die Zinsen damit BA), weil zivilrechtl die PersGes selbst Schuldnerin und die Schuld daher in der HB der Ges auszuweisen ist (zB BFH VIII R 422/83 BStBl II 91, 765 zu 2. mwN; BFH VIII R 37/91 BFH/NV 94, 859); sie sind es nur, soweit die Schuld betriebl veranlasst ist.

486 **aa) Betriebl Veranlassung.** Nimmt die PersGes einen **Kredit** auf, ist für die Wertung der Schuld als **Betriebs- oder Privatschuld** entscheidend, wie die Kreditmittel tatsächl verwendet werden (BFH GrS 2–3/88 BStBl II 90, 817 zu C. II.2.a). Eine Betriebsschuld liegt vor, wenn mit den Mitteln betriebl veranlasster Aufwand (zB Löhne; AK bzw HK), auch nach § 4 V nichtabziehbare BA (*Bordewin* StbJb 92/93, 171/82) finanziert werden, und zwar grds auch dann, wenn der Mittelbedarf durch *vorausgegangene* **Entnahmen** der Ges'ter entstanden ist; privat ist die Schuld hingegen, wenn die Mittel für Privatausgaben der Ges'ter, also für *nachfolgende* Entnahmen oder für gemischte Aufwendungen (Rz 425) verwendet werden (BFH IV R 46/86 BStBl II 91, 514). Schuldsalden auf sog gemischten Kontokorrentkonten sind entspr ihrer Veranlassung rechnerisch in betriebl und private Unterkonten aufzuteilen (BFH GrS 2–3/88 aaO). Zu gleichartiger Trennung in betriebl und private Schulden führt das **Zwei- und Mehrkontenmodell,** das der BFH im **„Kontentrennungsbeschluss"** anerkannt hat (BFH IV R 110/94 BStBl II 98, 513). Dieses zu Einzelunternehmen entwickelte Modell und die Rspr zu gemischten Konten gelten ebenso für PersGes (vgl BFH XI R 64/95 BStBl II 98, 51). Hiernach betriebl veranlasste Zinsen (BFH X R 46/04 BStBl II 06, 125)

sind allerdings nur nach Maßgabe von **§ 4 IVa** (s Rz 430) und **§ 4h** (s dort) als BA abziehbar.

bb) Entnahmen. Privatausgaben der Ges'ter (Entnahmen), die bei Finanzierung durch Kredite zu Privatschulden führen (*Kempermann* DStR 00, 1509), sind zB Zahlungen zur Tilgung von EStSchulden der Ges'ter (vgl BFH VIII R 93/84 BStBl II 91, 516). Ebenso ist privat veranlasst eine Kreditaufnahme einer PersGes zwecks *Rückzahlung von Ges'ter-Einlagen* (*Bader* FR 98, 449/57). Werden die Kreditmittel hingegen zur Tilgung von fremdübl *Ges'ter-Darlehen* verwendet (s Rz 540), ist die neue Schuld wiederum Betriebsschuld (vgl BFH VIII R 93/84; BFH IV R 29/06 BStBl II 91, 516; IV R 29/06 BStBl II 08, 103); Gleiches gilt für die Refinanzierung von Sondervergütungen (vgl *Ley* KÖSDI 94, 9982; *Bader* FR 98, 449/57). Insoweit (und bei § 15a) hat die *Unterscheidung zw Kapital- und Schuldkonten der Ges'ter* auch estrechtl Bedeutung (vgl *Kempermann* aaO) trotz grds Gleichbehandlung in der Gesamtbilanz der MUerschaft als Eigenkapital (s Rz 541). 488

cc) Keine Betriebsschuld der PersGes. – ***(1)*** Bürgschaft zugunsten eines Ges'ters (VIII R 148/85 BStBl II 92, 647); ***(2)*** privat veranlasster Schuldübernahme zugunsten einer zT ges'teridentischen KG (BStBl III 67, 734) bzw KapGes (VIII R 57/94 BStBl II 98, 652 zu B.I.2); ***(3)*** Übernahme der Zugewinnausgleichsschuld eines Ges'ters als Darlehen (BFH/NV 94, 859); Vereinbarungsdarlehen für auszukehrende, jedoch privat verwendete BE (IV R 25/07 BStBl II 2008, 715). 489

b) Aktive WG. – aa) Grundsatz. Sie (und zugehörige Schulden) sind **kein BV** der PersGes, wenn sie einer gesonderten Betätigung ohne Gewinnabsicht (zB Gestüt) der PersGes dienen (arg § 15 III Nr 1; BFH VIII R 28/94 BStBl II 97, 202: verlustgezeichnete WG), oder **ein betriebl Anlass** *(Gesamtwürdigung!)* für die Zugehörigkeit zum GesVermögen fehlt (zB BFH IV R 64/93 BStBl II 96, 642; BFH IV B 25/08 BFH/NV 09, 754: Kredit an Ges'ter oder Nahestehenden). 491

bb) Einzelfälle. – ***(1)*** **Erwerb wertloser Darlehensforderung** eines Ges'ters (BFH IV R 193/71 BStBl II 75, 804); zu Darlehen der Ges an **Ges'ter** oder **Schwester-PersGes** s Rz 491, 629 ff, 551f; **An- und Verkauf von Wertpapieren** (BFH I R 57/76 BStBl II 79, 257; ähnl FG Mster EFG 98, 625) **Goldtermingeschäfte** (BFH IV R 94/78 BStBl II 81, 658: branchenuntypische Warentermingeschäfte (BFH/NV 97, 114; aA für Devisentermingeschäfte/DAX-Optionen BFH VIII R 63/93 BStBl II 99, 466; BFH IV R 87/05 BFH/NV 09, 1650). Zu **Verlusten aus gewerbl Termingeschäften** s § 15 IV. 492

(2) **Versicherungsverträgen.** Die Zugehörigkeit zum BV beurteilt sich grds nach der Art des versicherten Risikos. **PV** ist danach eine **Risiko- oder Kapitalversicherung auf das Leben** *eines Ges'ters* (einschließl Rückdeckungsversicherung, s Rz 431, 588) oder eine Krankentagegeldversicherung (zB BFH IV R 30/91 BStBl II 92, 653; BFH/NV 94, 539 zu Teilhaberversicherung; BFH/NV 94, 306 zu Krankentagegeldversicherung; *FinVerw* DStR 03, 1299). **BV** ist aber idR *(aa)* eine **Insassenunfallversicherung** für einen zum BV gehörigen PKW (BFH IV R 78/74 BStBl II 78, 212), *(bb)* eine Versicherung auf das Leben oder den Tod eines *fremden Dritten* (BFH IV R 14/95 BStBl II 98, 343; *FinVerw* DStR 97, 1536; diff *Klinkmann* BB 98, 1233) oder *(cc)* der Angehörigen (Kinder) der Ges'ter, wenn die Versicherung der Tilgung betriebl Kredite dient (BFH IV R 45/08 BStBl II 11, 552, *Bode* DB 11, 1083; mE bedenkl). 493

(3) WG des GesVermögens, die danach nicht BV sind, sind idR anteilig **„notwendiges PV der Ges'ter"** (BFH IV R 56/87 BStBl II 89, 657 zu 2.); uU sind sie (zugleich?) SonderBV bei einer anderen (Schwester-)PersGes (vgl BFH IV R 207/83 BStBl II 85, 6). – Zur erfolgsneutralen **WG-Ausbuchung eines** fälschl als BV bilanzierten WG s *Groh* DB 98, 1931/6. 495

(4) Nicht zum BV der PersGes gehören auch WG des GesVermögens, die mit Zustimmung aller Ges'ter *unentgeltl* und *auf Dauer* der **privaten Lebensführung** eines, mehrerer oder aller Ges'ter (oder diesen nahe stehenden Personen) dienen, 496 zB ein Einfamilienhaus, das von Ges'ter für eigene Wohnzwecke genutzt wird (zB BFH IV R 82/99 BStBl II 01, 232 zu 2.; zu eigenbetriebl genutzten Grundstücksteilen von geringem Wert s § 8 EStDV). – Die *berechtigte* (dh von allen Ges'tern gebilligte) ***Änderung*** der **Nutzung** eines bisher betriebl genutzten WG ist (stpfl) bei *Dauerhaftigkeit* Entnahme des WG, ansonsten nur Nutzungsentnahme (BFH VIII R 11/11 BStBl II 13, 117: Kfz; Rz 435); umgekehrt ist die betriebl Verwendung eines bislang privat genutzten WG Einlage. Die *unberechtigte* Nutzungsänderung lässt die Zuordnung zum BV oder PV der Ges unberührt (BFH VIII R 353/82 BStBl II 88, 418 zu 3.b). – Bei einer Nutzungsüberlassung iHv zumindest des 10% des ortsübl Entgelts bleibt das WG BV (BFH IV R 46/08 BStBl II 11, 692; *FinVerw* DB 11, 2061).

497 *(5)* Seit **1.1.87** (Wegfall der Besteuerung des Nutzungswerts der Wohnung im eigenen Haus) können **Wohnungen,** die ein StPfl **für eigene Wohnzwecke** nutzt (zB Einfamilienhaus; Wohnung in einem Mietshaus) – anders als vorher – nicht mehr **BV** sein; dies gilt auch für Wohnungen, die zum *GesVermögen* einer PersGes gehörten und von Ges'tern *unentgeltl* für eigene Wohnzwecke genutzt werden (s Rz 496).

499 *(6)* Steuerfrei ist der Gewinn aus der **Entnahme von Grund und Boden,** der bereits im VZ 86 GesVermögen und BV (oder SonderBV) war, **durch Errichtung einer Wohnung für eigene** (auf Dauer angelegte) **Wohnzwecke eines Ges'ters** (§ 15 I 3 iVm § 13 V; s aber BFH VIII R 23/95 DStR 98, 1953: entgeltl Veräußerung an Ges'ter *nicht* steuerfrei) oder eines „Altenteilers" dh ehem Ges'ter (vgl BFH IV R 82/99 BStBl II 01, 232). Die Steuerbefreiung kann *zeitl unbefristet,* aber nur einmal (Objektbegrenzung!) – dafür mE für jeden Ges'ter bzw Altenteiler (*Korn* KÖSDI 89, 7638 mwN) – beansprucht werden.

500 *(7)* Zur *unentgeltl* **Belastung eines WG des GesVermögens** (ausgenommen Grund bzw Wohnung für eigene Wohnzwecke!) mit **Nutzungsrecht** zugunsten eines Ges'ters oder Dritten, s Rz 435, 627. Zur *entgeltl* Belastung s Rz 496.

501 *(8)* Sind an einer KG Ges'ter beteiligt, die nicht MUer sind, ist das GesVermögen gleichwohl insgesamt BV (s Rz 274).

503 *(9)* Im **zeitl Geltungsbereich des Halb-/Teileinkünfteverfahrens** dh **grds ab VZ 2002/2009** sind Ausschüttungen auf KapGes-Anteile im Gesamthandsvermögen der PersGes zwar BE, aber je nach Rechtsform ihrer Ges'ter (natürl Person, KapGes) anteilig zu 50 vH/40 vH oder iErg zu 95 vH stfrei (s Rz 438-9).

504 *(10)* Zum **Anspruch der Anteilseigner auf KStAnrechnung** nach dem früheren Anrechnungsverfahren s hier bis 34. Aufl.

505 *(11)* Der Anspruch auf Anrechnung bzw Erstattung von **KapESt** (einschließl Zinsabschlag und SolZ), die auf Einnahmen aus Anteilen im GesVermögen einbehalten wurde, steht den Ges'tern anteilig nach Gewinnverteilungsabrede als PV (Entnahme) zu (zum EntnahmeR s BGH DB 13, 1355). – Diese Grundsätze gelten mE sinngemäß für den Anspruch auf Anrechnung der **Bauabzugssteuern** nach §§ 48 ff (s *BMF* BStBl I 01, 804 Rz 62).

506 **14. SonderBV (Überblick).** Vgl § 6 V. WG, die zivilrechtl *und* wirtschaftl oder *nur* wirtschaftl (§ 39 II Nr 1 AO; zB BFH VIII R 30/98 FR 02, 1119) im **Eigentum** eines **Mitunternehmers** stehen, sind (notwendiges oder gewillkürtes) SonderBV, wenn sie dazu geeignet und bestimmt sind, dem Betrieb der PersGes zu dienen **(SonderBV I)** oder der Beteiligung des Ges'ters an der PersGes zumindest förderl sind (**SonderBV II;** zB BFH VIII R 27/00 BStBl II 02, 733 zu II.2.b). Dies folgt unmittelbar aus dem Begriff des BV iSv § 4 I und § 5, zusätzl aus § 6 V und § 15 I 1 Nr 2 S 1 HS 2, insb dem Zweck dieser Vorschrift, einen MUer einem Einzelunternehmer insoweit gleichzustellen als das GesRecht nicht entgegensteht (zB BFH IV R 51/98; BFH XI R 35/99 BStBl II 05, 173 zu 2.a; s auch *Schneider,* SonderBV, S 137 ff; *Hüttemann* DStJG 34, 291, 303). Auch **Verbindlichkeiten** eines MUers können SonderBV sein (s Rz 521 ff).

507 **a) Umfang.** SonderBV ist zwar für (aktive und passive) WG des **notwendigen PV** zu verneinen (zu Pkw s BFH IV B 73/05 BFH/NV 07, 1106; FG SchlHol

EFG 06, 335, rkr). Es kann jedoch bei Anteilen an (vermögensverwaltenden; Rz 200 ff) **Zebra-Ges** zu bejahen sein (zB BFH IV R 14/00; BFH IV R 29/04 BStBl II 01, 798; 06, 173; Rz 532; abl für AbschreibungsGes etc BFH IV R 36/83 BStBl II 85, 654; FG Nds EFG 03, 627). ME können ferner Anteile an **gewerbl PersGes** nicht nur zum betriebl Vermögen einer OberPersGes (Rz 610) oder eines Einzelunternehmens, sondern nach allg Grundsätzen (Rz 518/27) auch zum notwendigen/gewillkürten SonderBV II gehören (glA *OFD Kobl* DStR 07, 992; BFH I R 58/07 BFH/NV 09, 1953; offen BFH IV B 74/95, juris; *aA* 27. Aufl mwN; *Prinz* DB 10, 972/6; uU *BMF* BStBl I 98, 583). Unberührt hiervon bleibt der Bilanzausweises des SonderBV-MUeranteils gem Spiegelbildmethode sowie seine verfahrensrechtl Selbstständigkeit (Rz 690), die Rspr zur mitunternehmerischen BetrAufsp (Rz 858: Ablehnung von SonderBV *I*) sowie die normspezifisch zu prüfende materiell-rechtl Selbstständigkeit beider MUeranteile; s zB Rz 430 (§ 4 IVa), Rz 896 (§ 15 IV), § 15a Rz 61, § 16 Rz 395, 401/7, 582; § 34a Rz 22; §§ 5 S 3, 9 Nr 2 GewStG, §§ 20, 24 UmwStG (*Schumacher* DStR 10, 1606).

b) Buchführungspflicht. Für SonderBV der Ges'ter ist die **PersGes** gem § 141 AO buchführungspflichtig (BFH XI R 38/89 BStBl II 92, 797; EStR 4.1 III; krit zB *Brandenberg ua* JbFfSt 93/94, 300; *Schön* DStR 93, 185/93: nur Ges'ter). – Für die Gewinnermittlung gilt § 5 (s Rz 475). 508

c) Abgrenzung. Die Unterscheidung zw SonderBV I und II hat *evtl* rechtl Bedeutung – ***(1)*** für die Bilanzierungskonkurrenz (Rz 533-5) bei Beteiligung an zwei Pers Ges (BFH VIII R 139/84 BStBl II 88, 679; BFH IV R 34/09 BStBl II 13, 471: Vorrang von SonderBV I; s auch Rz 874), – ***(2)*** für die Bildung gewillkürten BV (*Authenrieth* DStZ 87, 43), – ***(3)*** für die korrespondierende Bilanzierung in der Gesamtbilanz (Rz 403 ff), – ***(4)*** für die Wertung als wesentl Betriebsgrundlage (BFH I R 183/94 BStBl II 97, 342 zu II.1.d: SonderBV II keine wesentl Betriebsgrundlage iSv § 20 UmwStG aF/nF; anders zu § 16 BFH IV R 84/96 BStBl II 98, 104). Unerhebl ist sie für die Ermittlung des Gewerbeertrags, da hier SonderBV I *und* II zu berücksichtigen ist (BFH IV R 54/04 BStBl II 08, 742). 509

d) MUeranteil. Der **Begriff des MUeranteils** (§ 16 I Nr 2) **umfasst** auch etwaiges **SonderBV** (zB BFH IV R 51/98 DStR 00, 1768 zu 2.b bb; BFH XI R 35/99 DStR 00, 2080 zu II.2.b; aA *Storg* DStR 02, 1384). 510

e) Eigentum. WG, die Personen (zB Ehegatte) gehören, die **nicht MUer** sind, können nicht SonderBV sein (BFH GrS 3/92; BFH VIII R 51/98 BStBl II 93, 616 zu C.III.6.a/bb; VII R 51/98 BStBl II 00, 316 zu II.1; s aber Rz 610 ff zu mittelbarer Beteiligung über PersGes). Besteht an solchen WG ein Nutzungsrecht eines MUers, kann dieses SonderBV sein (Rz 515 aE). Zu WG im Miteigentum eines Ges'ters und eines Dritten s Rz 532. 511

f) Ausland. Diese Grundsätze gelten auch bei grenzüberschreitenden Beteiligungen an PersGes (zB BFH I R 47/12 BStBl II 14, 770; Rz 173). 512

15. Notwendiges SonderBV. – a) Aktives SonderBV I. – aa) Grundsatz. Hierzu gehören alle WG, die obj erkennbar zum unmittelbaren Einsatz im Betrieb der PersGes selbst bestimmt sind (zB BFH III R 35/98 BStBl II 01, 316 zu 2.b; BFH VIII R 27/00 BStBl II 02, 733 zu II.2.a; *Ley* KÖSDI 03, 13908). 513

(bb) Einzelfragen. – (1) Nutzungsüberlassung. Dies trifft insb zu für WG, die der PersGes von einem Ges'ter unmittelbar zur Nutzung überlassen sind und von dieser für eigengewerbl Tätigkeit, zB Produktion, Lager usw genutzt werden, unabhängig davon, ob die WG dafür „nötig" sind (BFH IV R 94/90 BStBl II 91, 800); hierher gehören zB Grundstücke, Gebäude, Erbbaurecht einschließl Gebäude (BFH VIII R 122/86 BB 91, 1023 zu 2.), Maschinen, Patente usw, das gesamte BV eines ausschließl für die PersGes tätigen Betriebs eines Ges'ters (FG Nds EFG 95, 833), verpachtete Gaststätten des Ges'ters einer Getränke-OHG (FG Ddorf EFG 98, 1674). Vgl auch § 13b II S 2 Nr 1a ErbStG. – Es reicht auch aus, dass die 514

PersGes die ihr überlassenen WG zB durch Untervermietung nutzt, selbst wenn sie den Mietzins insgesamt an den Ges'ter weiterleitet (BFH IV R 94/90 BStBl II 91, 800). – Gleichgültig ist, ob das WG *entgeltl oder unentgeltl* zur Nutzung überlassen wird (BFH VIII R 35/92 BStBl II 95, 241 zu III.1; zur USt s aber BFH V R 20/13 BStBl II 14, 1029), ob dies *im GesVertrag oder* in *besonderem Vertrag* vereinbart ist und ob die Nutzungsüberlassung *schuldrechtl* (Miete, Pacht, Leihe) *oder dingl Art* ist, zB Nießbrauch, Erbbaurecht (BFH IV R 79/06 BFH/NV 09, 730). – Auch vorübergehende Nutzung von längerer Dauer (mE mehr als 1 Jahr) kann zu notwendigem SonderBV führen (BFH IV R 72/79 BStBl II 83, 215 zu 3). – Zu WG, die ein Ges'ter an Dritten und dieser der PersGes zur Nutzung überlässt, s Rz 517-8 (SonderBV II!).

515 **(2) Nutzungsrecht.** Wird ein schuldrechtl oder dingl Nutzungsrecht eines Ges'ters aus dessen PV in das GesVermögen einer PersGes gegen Gewährung oder Erweiterung von GesRechten eingebracht (offene **Sacheinlage:** Gutschrift auf KapKto), ist sowohl das genutzte WG als SonderBV des Ges'ters in einer Sonderbilanz als auch das (entgeltl, näml tauschähnl erworbene) Nutzungsrecht als BV der PersGes (Gesamthandsvermögen) in deren StB auszuweisen. Der Gesamtgewinn (aus StB und Sonderbilanz) ist so zu ermitteln, als ob der Ges'ter von der Ges eine Mietvorauszahlung iHd Barwerts des Nutzungsrechts erhalten und diese bar in das GesVermögen eingebracht hätte, dh in der StB der Ges ist zugunsten des KapKtos des Ges'ters das Nutzungsrecht zu aktivieren und auf die Nutzungsdauer gewinnmindernd abzuschreiben, in der Sonderbilanz des Ges'ters ist das WG auszuweisen und gleichzeitig zu Lasten des KapKtos des Ges'ters ein passiver RAP iHd Barwerts des Nutzungsrechts zu bilden und korrespondierend mit der AfA des Nutzungsrechts aufzulösen (*Littmann/Bitz* § 15 Rz 78 mwN). Wird ein Nutzungsrecht an WG eines Ges'ters aus dessen PV ohne Gewährung von GesRechten unentgeltl eingebracht (**verdeckte Einlage,** Rz 401), wird das genutzte WG SonderBV; eine Aktivierung des Nutzungsrechts in der StB der PersGes ist unzulässig (BFH GrS 2/86 BStBl II 88, 348). Hat der MUer ein fremdes WG, das er zB aufgrund Nießbrauchs nutzen darf, der Ges zur Nutzung überlassen, gehört das Nutzungsrecht zu seinem notwendigen SonderBV (BFH VIII R 316/84 BStBl II 86, 713).

516 **(3) Andere (nicht der PersGes zur Nutzung überlassene) WG.** Sie sind idR nicht SonderBV I, aber evtl SonderBV II (*HG* DStR 98, 677), so zB ein an ArbN der Ges vermietetes Wohnheim (FG Hess EFG 95, 527) oder eine mit Bierbezugsrecht zugunsten der PersGes verpachtete Gaststätte (FG Ddorf EFG 92, 579).

517 **b) Notwendiges SonderBV II.** Ist zu bejahen, wenn WG *unmittelbar* der Begründung oder Stärkung *der Beteiligung* an der PersGes dienen (zB BFH IV R 3/00 BStBl II 01, 520 zu 1.a; BFH VIII R 27/00 BStBl II 02, 733 zu II.2.b; krit *Tiedtke ua* DStZ 04, 482). Dazu gehören zB die **Anteile der K'tisten** einer GmbH & Co KG – ***(1)*** an der Komplementär-GmbH nebst Darlehensforderungen gegen die GmbH, es sei denn, die GmbH hat daneben ein eigenes Unternehmen von nicht ganz untergeordneter Bedeutung (s – einschließl Minderheitsbeteiligung; mittelbarer Beteiligung – Rz 714), oder – ***(2)*** an einer K'tisten-GmbH ohne eigene Geschäftstätigkeit (BFH VIII R 12/99 BStBl II 01, 825; einschr *Walter* GmbHR 06, 1187). Entsprechendes gilt für Anteile eines K'tisten an einer KapGes, die Ges'terin der Komplementär-GmbH ist (BFH IV R 51/08 BFH/NV 12, 723). Dies gilt auch, wenn neben der GmbH noch ein weiterer persönl haftender Ges'ter vorhanden ist, oder bei einer doppelstöckigen GmbH & Co KG für die Beteiligung eines K'tisten *der UnterGes* an der Komplementär-GmbH der OberGes, sofern er diese (mittelbar) beherrscht (BFH VIII R 14/87 BStBl II 91, 510). – Diese Grundsätze sind auf die **GmbH & atypisch Still** entspr anzuwenden (str, s Rz 358). – Zu **OrganGes** s BFH IV R 46/02; BFH IV R 12/03 BStBl II 04, 216; 06, 361; *BMF* BStBl I 05, 1038 Rz 8; *Haase ua* DB 11, 1128; *Letzgus* Ubg 10, 699.

c) Weitere Einzelfälle SonderBV II. – *(1)* **Anteile an einer KapGes,** wenn zur PersGes eine enge wirtschaftl Verflechtung besteht (zB BFH VIII R 57/94 BStBl II 98, 652; BFH IV R 86/06 BFH/NV 10, 1096; FG Köln EFG 10, 943, rkr; *FinVerw* DStR 01, 1032 zu 3). Hiervon kann weder aufgrund bloßer Geschäftsbeziehungen, wie sie idR auch mit anderen Unternehmen bestehen (BFH XI R 31/05 BStBl II 07, 378 zu II 6), noch deshalb ausgegangen werden, weil die MUerschaft der KapGes dient (BFH IV B 20/05 BFH/NV 06, 2257). Erforderl ist idR vielmehr, dass die Beteiligung einen beherrschenden Einfluß auf die KapGes vermittelt (insoweit einschr *Schulze zur Wiesche* GmbHR 12, 785/8) und in den Dienst des PerGesUnternehmens gestellt wird (zB bei Vermietung von AV, Aufteilung in Produktions- und Vertriebsunternehmen, aufgrund eines einheitl wirtschaftl Gesamtkonzepts) und die KapGes neben ihrer Beziehung zur PersGes keinen (eigenen) Geschäftsbetrieb von erhebl Gewicht unterhält (vgl – einschließl Einzelheiten – BFH IV R 13/08 BFH/NV 12, 1112). Zur BetrAufsp s Rz 873; – *(2)* Zu **PersGes-Anteilen** s Rz 507. – *(3)* **Gebäudeteile,** in denen ein Ges'ter (ausschließend oder überwiegend) eine von § 15 I 1 Nr 2 S 1 HS 2 erfasste Tätigkeit ausübt (BFH VIII R 44/95 BStBl II 97, 530 zu 2.b; zu *häusl Arbeitszimmer* iSv § 4 V S 1 Nr 6b s BFH VIII R 8/11 HFR 15, 914; Rz 593 aE). – *(4)* Ein **Grundstück,** das ein Ges'ter an einen Dritten und dieser an die PersGes vermietet (BFH IV B 120/07 BFH/NV 08, 1320 mwN: auch bei unterschiedl Laufzeiten oder bei Vermietung vor Eintritt in die Ges; FG BBg EFG 08, 1952, rkr); ein Grundstück, an dem ein Ges'ter einem Dritten ein Erbbaurecht bestellt, damit dieser darauf ein Gebäude errichtet und an die PersGes vermietet (BFH IV R 11/92 BStBl II 94, 796); ein Grundstück, das ein Ges'ter der PersGes entgeltl zur Vermarktung überträgt (BFH VIII R 65/89 BStBl II 91, 789). 518

(5) **Forderungen eines Ges'ters gegen die PersGes,** insb Geldforderungen zB aus Darlehen sind idR **notwendiges SonderBV I** (s Rz 540 ff), nicht hingegen marktübl Forderungen (s Rz 534). – Auch **Forderungen eines Ges'ter gegen Dritte** können SonderBV sein (vgl BFH IV R 37/92 BStBl II 94, 564 unter 2.c). – Zu **SonderBV I und II bei BetrAufsp** s Rz 874. 519

d) Kein notwendiges SonderBV. Hierzu gehören zB: ein der PersGes vermietetes Grundstück, das ein Ges'ter von einem anderen Ges'ter unentgeltl unter Nießbrauchsvorbehalt erworben hat (BFH VIII R 316/84 BStBl II 86, 713: gewillkürtes BV des Eigentümers!; s auch *ms* KÖSDI 99, 12139); Wertpapiere, die für Schulden der Ges verpfändet sind (BFH I R 159/71 BStBl II 73, 628); eine typische stille Beteiligung des HauptGes'ters einer Bau-KG an Unternehmen des Innenausbaus (FG RhPf EFG 84, 170); ein von Ges'tern einer Bau-KG zu privater Vermietung erworbenes Erbbaurecht (FG BaWü EFG 90, 424); ein von einem Ges'ter auf sein und das Leben eines MitGes'ters abgeschlossener Lebensversicherungsvertrag (BFH VIII R 4/10 BStBl II 13, 615: notwendiges PV); Anteile an KapGes, zu der die PersGes nur allg übl Geschäftsbeziehungen hat (Rz 518); Anteile an Holding-GmbH (FG RhPf EFG 99, 271); Anteile an KapGes, an der eine PersGes neben ihren Ges'tern nur (wenn auch mehrheitl) *beteiligt* ist (BFH IV B 20/05 BFH/NV 06, 2257); ein fremdvermietetes Gebäude, das ein Ges'ter aufgrund eines von der Ges unentgeltl einräumten Nutzungsrechts errichtet hat (BFH/NV 90, 422); marktübl Forderungen gegen Dritte (BFH IV R 2/90 BStBl II 91, 786) oder Tochter-GmbH der PersGes (BFH VIII R 8/91 BStBl II 93, 864) oder Geschäftsführer der GmbH bei atypisch stiller Ges (FG Köln EFG 10, 945); ein Grundstück, das ein Ges'ter an Geschäftspartner der PersGes vermietet (FG Mster EFG 03, 529) oder in die PersGes einzubringen beabsichtigt (FG Mster DStRE 05, 1193). 520

e) Schulden. Verbindlichkeiten eines MUers ggü Dritten (aber auch ggü der PersGes) sind **notwendiges passives SonderBV,** wenn sie unmittelbar durch den Betrieb der PersGes oder die Beteiligung an der PersGes veranlasst sind, insb in 521 unmittelbarem wirtschaftl Zusammenhang mit aktiven WG des notwendigen SonderBV I oder II oder des gewillkürten SonderBV stehen, oder aus anderen Gründen wirtschaftl mit dem Betrieb der PersGes zusammenhängen (zB BFH IV R 131/91 BStBl II 93, 509 zu 2.b; BFH VIII R 27/00 BStBl II 02, 733 zu III.2).

522 **aa) Unterbeteiligung; Darlehen.** Neben betriebl veranlassten typisch stillen Unterbeteiligungen gehören auch Darlehens(Renten-)schulden zum BV, soweit der MUer die Mittel für den Erwerb von SonderBV (zB BFH VIII R 42/98 BStBl II 00, 390 zu 2.a) oder unmittelbar für betriebl Zwecke der PersGes zB zur Schuldentilgung verwendet (vgl BFH XI 42–43/88 BStBl II 92, 585). Schulden zur Finanzierung der Beteiligung an der PersGes (vgl BFH IV R 68/05 BStBl II 08, 483: auch zu § 5 IIa; FG Mchn EFG 13, 877, rkr: auch nach Entnahme der finanzierten WG der PersGes) oder der Aufwendungen eines K'tisten für den Erwerb der Anteile an Komplementär-GmbH einer KG, soweit diese Anteile SonderBV II sind (BFH VIII B 287/02 BFH/NV 04, 951). **Nicht** hingegen Darlehen für Ergebnisabführungen der MUer (BFH IV B 55/10 BFH/NV 12, 206).

523 **bb) Erbfallschulden.** Ist ein MUer, der seinen GesAnteil im Erbwege erworben hat, mit **Geldvermächtnis-, Pflichtteils- oder Erbersatzschulden** belastet, begründen diese keine AK für den GesAnteil; sie sind nach BFH *insgesamt* notwendig Privatschulden (s § 16 Rz 592).

524 **cc) Bürgschaften.** Eindeutig durch die *Beteiligung* des MUers *veranlasste* Bürgschaften sind zwar passives SonderBV (und die Ersatzforderung aktives SonderBV), wenn sie für betriebl Schulden der PersGes (offen: BFH III R 22/06 BFH/NV 09, 1087) oder deren Tochter-KapGes eingegangen werden (BFH VIII R 31/04 BStBl II 06, 874). Während des Bestehens der Ges ist aber keine gewinnmindernde Bildung einer Rückstellung in der Sonderbilanz mögl, weil die Leistungen grds wie Einlagen in das GesVermögen (StB) zu werten sind; Schuld, Zahlung und das Wertloswerden der Ersatzforderung gegen die Ges wirken sich erst bei Beendigung der Ges oder vorheriger Betriebsaufgabe aus (*FinVerw* FR 14, 823; Rz 547; BFH IV B 137/06 BFH/NV 07, 1489: Bürgschaft für Unter-PersGes; aA bezügl Tochter-KapGes *Mückl* DStR 08, 2137). Gleiches kann für entspr Leistungen des Ehegatten (zB Bürgschaft, dingl Sicherheit) eines Ges'ters gelten (mittelbare verdeckte Einlage des Ges'ter-Ehegatten).

527 **16. Gewillkürtes SonderBV.** Ebenso wie ein Einzelunternehmer kann auch ein MUer iRv SonderBV (aktives) gewillkürtes BV haben (BFH VIII R 35/92 BStBl II 95, 241 zu III.3.c bb). Schulden können nicht als passives SonderBV gewillkürt werden (BFH GrS 2–3/88 BStBl II 90, 817 zu C.II.3.a); sie sind aber SonderBV, soweit sie in wirtschaftl Zusammenhang mit gewillkürtem aktivem SonderBV stehen zB der Finanzierung ihrer AK dienen (GrS aaO).

528 **a) Voraussetzungen.** WG, die weder notwendiges BV noch notwendiges PV sind, sind gewillkürtes SonderBV, *wenn* sie (zB BFH VIII R 4/94 BStBl II 98, 461 zu II.1.c mwN): – ***(1)* Objektiv** geeignet sind, (mittelbar) den Betrieb der PersGes oder die Beteiligung des MUers an der PersGes zu fördern; dies wird zB *bejaht* für sog Vorratsgelände BStBl II 81, 731; für fremdvermietetes Grundstück BFH VIII R 4/94 BStBl II 98, 461 zu II.1.c; für Grundstück, das an anderen Ges'ter zu marktübl Bedingungen vermietet ist BFH IV R 27/89 BStBl II 91, 216; für der PersGes zur Nutzung überlassenes Grundstück, das zusammen mit dem GesAnteil nießbrauchsbelastet ist, BFH VIII R 35/92 BStBl II 95, 241; zB *verneint* für Gestüt FG Hbg EFG 92, 657, rkr; für Beteiligungen an AbschreibungsGes BFH IV R 36/83 BStBl II 85, 654; für Schiffsbeteiligung FG Mchn EFG 05, 584).

530 ***(2)* Subjektiv** dazu *bestimmt* sind, dem Betrieb der PersGes oder der Beteiligung des MUers zu dienen *und* diese Widmung *rechtzeitig* „klar und eindeutig" zum Ausdruck gebracht wird (BFH VIII R 86/87 BStBl II 93, 21), wobei aber offen ist, ob dies *nur* geschehen kann durch Ausweis in der **Buchführung** *der PersGes*

(BFH XI R 38/89 BStBl II 92, 797; FG Mchn aaO: Ges'terbeschluss) oder auch in anderer Weise (BFH VIII R 31/04 BStBl II 06, 874) zB durch Ausweis in Sonderbilanz des *Ges'ters/Mit*-Ges'ters (BFH IV B 105/07 BFH/NV 08, 1470) oder Mitteilung an FA (*Westerfelhaus* DB 91, 1340). S auch Rz 475 aE. – Nicht mehr „rechtzeitig" ist der Ausweis zu einem Zeitpunkt, zu dem das WG nur noch Verluste bringen kann (BFH IV R 51/08 BFH/NV 12, 723). Gleiches gilt bei **elektronischer** Buchführung (FG Köln EFG 15, 1510, Rev IV R 25/15).

b) Entwidmung. Bei obj Eignung und subj Widmung kann der wirkl oder behauptete Wille, zB ein unbebautes **Grundstück** später nur für private Wohnzwecke zu verwenden, nicht zu notwendigem PV und damit zu erfolgsneutraler Ausbuchung führen. Die obj Eignung ist nicht nur bei tatsächl Einsatz eines WG als Sicherungsobjekt für GesSchulden (BFH IV R 27/89 BStBl II 91, 216), sondern auch bei bloßer Eignung hierfür gegeben (BFH VIII R 86/87 BStBl II 93, 21); sie fehlt, wenn das WG dauernd und ausschließl privat genutzt wird (notwendiges PV). Sind Teile eines Grundstücks der PersGes zur betriebl Nutzung überlassen und nutzt der Eigentümer (Ges'ter) den übrigen Teil für eigene Wohnzwecke, kann dieser Teil nicht gewillkürtes SonderBV sein. **531**

17. Miteigentum. Diese Grundsätze zu Rz 507 ff gelten sinngemäß – ***(1)*** für **WG, die im Miteigentum mehrerer Personen** stehen, von denen nur einer oder einige MUer der PersGes sind, die das WG nutzt – in diesem Falle ist das WG, *soweit* es den MUern gehört, unter den allg Voraussetzungen **SonderBV** (zB BFH VIII R 51/98 BStBl II 00, 316 zu II.1.) und – ***(2)*** für **WG, die im Gesamthandsvermögen einer** nur **vermögensverwaltenden PersGes** ohne BV (zu luf und freiberufl s Rz 534) stehen, deren Ges'ter sämtl oder zum Teil auch MUer der nutzenden gewerbl PersGes sind **(Schwester-PersGes)** – in diesem Falle ist das WG anteilig (§ 39 II Nr 2 AO) SonderBV der Ges'ter, die auch MUer der gewerbl PersGes sind (BFH IV B 121/07 BFH/NV 08, 2002). **532**

Anders ist dies (kein SonderBV, vorrangig EigenBV) bei WG, die Gesamthandsvermögen und BV einer ganz oder teilweise beteiligungsidentischen gewerbl tätigen oder gewerbl geprägten PersGes sind und der **Schwester-PersGes zur Nutzung überlassen** sind (Rz 532, 600 ff; beachte aber Rz 507). Gewerbl tätig (iSd Vorrangs des Eigenbetriebs) ist auch eine PersGes, die (nur) **als BesitzGes** bei **mu'erischer BetrAufsp** fungiert (BFH VIII R 61/97 BStBl II 99, 483) – jedenfalls bei entgeltl Nutzungsüberlassung (str, s Rz 858). – Ungeklärt ist (vgl BFH IV R 29/04 BStBl II 06, 173), ob eine **freiberufl oder luf** tätige **PersGes** insofern einer gewerbl PersGes gleichsteht, als bei Vermietung eines WG an eine ganz oder teilweise beteiligungsidentische gewerbl Schwester-PersGes das WG nicht (anteilig) SonderBV bei der nutzenden gewerbl PersGes wird, sondern BV der überlassenden *freiberufl oder luf* PersGes bleibt. Mutmaßl wird der BFH dies bejahen (glA *Korn* KÖSDI 07, 15711/7; aA FG Mster EFG 09, 106); fragl aber, ob er die Mietzinsen wie bisher (zB BFH I R 56/77 BStBl II 79, 763) im Hinblick auf die GewSt (vgl *Brandenberg* DB 98, 2488/91) bei der nutzenden PersGes als Sondervergütung erfasst (vgl *Groh* DStZ 96, 673/6; zR krit *Kempermann* FR 06, 279; s auch § 16 Rz 708). Zum umgekehrten Fall (Vermietung an freiberufl Ges) s Rz 858 aE. **533**

18. (Bilanzierungs-)Konkurrenz zw Sonderbetrieb und Eigenbetrieb eines Ges'ters (MUers). – a) Grundsatz. Aktive und passive WG eines MUers, die dieser *unmittelbar* einer gewerbl PersGes zur Nutzung überlässt, an der er unmittelbar (oder mittelbar, § 15 I 1 Nr 2 S 2) beteiligt ist, sind unter den Voraussetzungen eines wirtschaftl Beitrags zum GesZweck (s Rz 562) auch dann SonderBV I oder II bzw passives SonderBV, wenn sie bereits BV eines **eigenen freiberufl oder luf Betriebs des Ges'ters** wären; die SonderBV-Eigenschaft ist ebenso wie die Qualifikation von Entgelten als Sondervergütungen in § 15 I 1 Nr 2 S 1 HS 2 (Rz 568) vorrangig (vgl einschließl SonderBV II BFH IV R 12/03 BStBl II 06, 361). Gleiches gilt – auch bei grenzüberschreitenden Beteiligungen (zB BFH I **534**

R 114/97 BStBl II 00, 339 zu IV.1.e mwN) –, wenn die zur Nutzung überlassenen WG BV eines **eigenen** (sachl selbstständigen) **GewBetr des Ges'ters** (MUers) wären (grundlegend BFH I R 199/75 BStBl II 79, 750 zu II.2). An dieser **„Ablehnung der Subsidiaritätsthese"** (dh der These, dass § 15 I 1 Nr 2 HS 2 nur eine Qualifikationsnorm ist, also nur Leistungsentgelte bzw WG in gewerbl umqualifiziert, die ohne § 15 I 1 Nr 2 HS 2 keine *gewerbl Einkünfte* bzw *gewerbl BV* wären), **halten BFH, FinVerw, hL** *für die unmittelbare Nutzungsüberlassung* – trotz der iErg andersartigen Rspr zur Nutzungsüberlassung zw Schwester-PersGes, also mittelbarer Nutzungsüberlassung (dazu Rz 600 ff) – **weiterhin fest** (zB BFH I R 114/97 BStBl II 00, 399 zu IV.1.c; BFH IV R 59/04 BStBl II 05, 830; *BMF* BStBl I 98, 583 Nr 6 iVm BStBl I 79, 683; aA – dh für Subsidiaritätsthese – zB *G. Söffing* DB 07, 1994; *Kerssenbrock* BB 00, 763 bei Umwandlung eines KapGes in PersGes). – Unerhebl für den Vorrang des Sonderbetriebs (= Ablehnung der Subsidiaritätsthese) ist, welche Rechtsform der **Ges'ter** (MUer) hat, der *seiner* PersGes *unmittelbar* WG zur Nutzung überlässt oder an diese leistet (Einzelunternehmer, PersGes, KapGes) und wie groß seine Beteiligung an der PersGes ist (BFH/NV 92, 377; zB Besitzunternehmer bei BetrAufsp). – **Materiell-rechtl Folgerungen** aus der Zuordnung zum SonderBV ergeben sich (s *Ley* KÖSDI 03, 13916) zB für die Qualifikation von Forderungen gegen die Ges als Eigenkapital in der Gesamtbilanz (dazu Rz 544), für beschr StPfl (BFH I R 5/82 BStBl II 83, 771), für § 16 I Nr 2 (MUeranteil umfasst SonderBV), für die GewSt und das InvZulG.

535 **b) Ausnahmen. – aa) Lfd Geschäftsverkehr.** Anders ist die Rechtslage bei – *nicht* durch das GesVerhältnis bedingten (s Rz 562) – Leistungen iRd lfd Geschäftsverkehrs eines – nicht nur für die PersGes tätigen (vgl FG Nds EFG 95, 833, rkr) – gewerbl Eigenbetriebs eines Ges'ters zu fremdübl Konditionen (BFH IV R 65/85 BStBl II 87, 564 zu 4. aE; BFH X R 24/10 BStBl II 12, 498: keine Anwendung des § 15 I 1 Nr 2 S 1 HS 2, dh **Vorrang des eigenen gewerbl BV** und gewerbl BE ggü SonderBV und Sondervergütungen; s auch Rz 549).

536 **bb) Schwester-PersGes.** Bei einer **Nutzungsüberlassung** zw gewerbl Schwester-PersGes haben **das eigene gewerbl BV** bzw die eigenen gewerbl BE grds **Vorrang** ggü SonderBV und Sondervergütungen; das WG ist daher nicht SonderBV der nutzenden PersGes, sondern BV der Eigentümer-PersGes (zB BFH VIII R 42/94 BStBl II 98, 328; BFH VIII R 61/97 BStBl II 99, 483; *BMF* BStBl I 98, 583). Dies gilt selbst dann, wenn eine gewerbl geprägte PersGes nur für die Schwester-PersGes zB durch Vermietung an diese tätig wird (BFH VIII R 63/93 BStBl II 96, 93), und *grds* unabhängig davon, zu welchen Konditionen das WG zur Nutzung überlassen wird (fremdübl oder nicht); allerdings mit der Einschränkung, dass SonderBV und Sondervergütungen bei der nutzenden PersGes Vorrang haben, wenn die leistende PersGes vom beherrschenden Ges'ter nur „zwischengeschaltet", insb zur Leistung angewiesen ist (*HG* DStR 99, 1438 mit Hinweis auf BFH VIII R 46/94 BStBl II 99, 720; Einzelheiten s Rz 600 ff). Im Ergebnis praktiziert der BFH damit für die Überlassung von Sachwerten zur Nutzung *zw gewerbl Schwester-PersGes* die Subsidiaritätsthese (s Rz 534); beachte aber Rz 507. Zu mittelbarer Nutzungsüberlassung in Erfüllung *eigener Leistungspflicht eines Ges'ters* s *Groh* DStZ 96, 673/6: Entgeltl Sondervergütung bei nutzender Ges, WG eigenes BV der überlassenden Ges. – Zur Nutzungsüberlassung einer freiberufl oder luf PersGes an gewerbl Schwester-PersGes s Rz 533 aE. Zur Gewährung von Darlehen s Rz 540 ff, insb 551.

537 **c) SonderBV I oder II.** Stärkt ein WG, das SonderBV I eines Ges'ters der PersGes A ist, gleichzeitig dessen Beteiligung an einer anderen PersGes B (SonderBV II bei B), hat SonderBV I Vorrang (BFH VIII R 137/84 BStBl II 88, 679).

538 **19. Nutzungsänderung.** Wird die tatsächl Nutzung eines WG des SonderBV so geändert, dass die Voraussetzungen für notwendiges und gewillkürtes SonderBV

(BFH IV R 86/06 BFH/NV 10, 1096) entfallen, ist dies **Entnahme;** es entsteht idR ein stpfl nicht-begünstigter Gewinn (abl zu Erlass FG BaWü EFG 05, 90). Eine Entnahme liegt **auch** vor, wenn – ***(1)*** gewillkürtes BV nicht mehr bilanziert wird oder – ***(2)*** der Eigentümer eines zum SonderBV gehörigen WG seine MUerschaft verliert, zB durch Ausscheiden aus der Ges (BFH I R 124/91 BStBl II 93, 889) oder Umwandlung der PersGes in eine KapGes (BFH IV R 52/87 BStBl II 88, 829), es sei denn, das WG wird gleichzeitig BV eines eigenen (gewerbl, freiberufl, luf) Betriebs des Eigentümers (zB BFH I R 183/94 BStBl II 96, 342 zu II.2.b; s Rz 539), oder – ***(3)*** das WG unentgeltl einer Person übereignet wird, die nicht MUer ist (BFH IV R 89/90 BStBl II 93, 225), auch bei Vorbehalt eines schuldrechtl oder dingl Nutzungsrechts (zB BFH X R 140/87 BStBl II 90, 368). – Wird ein WG des SonderBV auf einen *anderen* MUer schenkweise unter **Nießbrauchsvorbehalt** übertragen und scheidet der *Nießbraucher* anschließend aus der Ges aus, ist weder das WG noch der Nießbrauch entnommen (arg § 6 V); der MUer-Eigentümer entnimmt aber die lfd Nutzung (Aufwandsentnahme!) zugunsten des Nießbrauchers, wenn dieser aufgrund des Nießbrauchs das WG auf eigene Rechnung an die PersGes oder einen Dritten vermietet (vgl BFH VIII R 35/92 BStBl II 95, 241; *Wälzholz* DStR 10, 1930/2). Die AfA verbleibt beim Nießbraucher (BFH IV R 57/82 BStBl II 86, 322 mwN); ebenso bei Vorbehalt eines schuldrechtl Nutzungsrechts (BFH IX R 126/89 BStBl II 97, 121). – Gehört ein WG zum BV eines **eigenen** (gewerbl, freiberufl, luf) **Betriebs des Ges'ters,** war und ist die Nutzungsüberlassung an die PersGes, die zu vorrangigem SonderBV I führt (Rz 534), und umgekehrt ihre Beendigung **(Wegfall der Bilanzierungskonkurrenz),** keine Einlage und Entnahme (notwendig Buchwertfortführung, BFH XI R 9/01 BStBl II 02, 737; *Ley* KÖSDI 03, 13914); Entsprechendes gilt für den Wechsel zw SonderBV verschiedener PersGes (§ 6 V 2).

20. Forderungen *gegen* die PersGes; Forderungsverzicht

Verwaltung: *BMF* DStR 02, 805 (Refinanzierungszinsen bei Darlehen einer an PersGes beteiligten Bank); BStBl I 05, 699 (Abzinsung).

Schrifttum (Auswahl; Schrifttum vor 2014 s Vorauflage): *Ley,* Ges'terkonten ... KÖSDI 14, 18844; 14, 18891.

a) Grundsätze. Hat ein **Ges'ter** (MUer; zu Ausnahmen s Rz 189, 613) *gegen die PersGes* eine **Forderung,** zB aus Darlehen, rückständiger Sondervergütung usw 540
(zu Forderungen der *PersGes gegen einen Ges'ter* s Rz 625 ff), ist diese estrechtl – ebenso wie zivilrechtl – *nicht* aufzuspalten in eine Forderung gegen sich selbst und die übrigen Ges'ter (BFH I R 9/79 BStBl II 83, 570). Solche Forderungen sind, soweit sie von § 15 I 1 Nr 2 S 1 HS 2 erfasst werden (Kapitalüberlassung; Rz 562, 594), **SonderBV I des Ges'ters** und in der Sonderbilanz zu aktivieren (BFH VIII R 28/98 BStBl II 00, 347 zu II.1). In der **StB der Ges** steht ihnen eine Schuld **(Fremdkapital!)** ggü (BFH IV R 77/93 BStBl II 98, 180 zu 1.b), auch wenn der Kredit als gesrechtl Beitrag gewährt ist (BFH VIII R 78/97 aaO, zu II.4.b, cc) oder das Darlehen eigenkapitalersetzend ist (BFH VIII R 28/98 aaO; s dazu § 15a Rz 88; zum Finanzplankredit s aber § 15a Rz 91). In der **Gesamtbilanz** (Rz 401) sind sie **Eigenkapital** (Erhöhung des GesamtKapKtos des Gläubiger-MUers; zB BFH I R 60/92 BStBl II 93, 714: auch bei grenzüberschreitender Beteiligung an PersGes). Die Hingabe von Kapital ist danach Einlage (BFH I R 114/97 BStBl II 00, 399 zu IV.1.b), die Rückzahlung Entnahme (BFH VIII R 128/84 BStBl II 93, 594 zu II.1.a). Dies gilt grds – Ausnahme: kein wirtschaftl Zusammenhang mit dem GesVerhältnis (s Rz 562, 549) – unabhängig davon – ***(1)*** ob die Forderung beim Ges'ter an sich zu einem eigenen (gewerbl, freiberufl, luf) BV gehören würde, – ***(2)*** ob das Kapital zu fremdübl oder nichtfremdübl Konditionen zB niedrig verzinsl, unverzinsl, ungesichert überlassen wird (BFH IV R 37/06 BB 08, 341) und – ***(3)*** welcher Art die Ges'terforderung ist (BFH IV R 36/02 BStBl II 03, 871: Ausgleichsanspruch). – Der Eigenkapitalcharakter des Ges'terdarlehens in der Ges-

Bilanz schließt zugleich das Abzinsungsgebot gem **§ 6 I Nr 3** aus (BFH IV R 37/06 aaO; unklar *BMF* BStBl I 05, 699 Rz 23). – Fragl, ob Gleiches für das Passivierungsverbot des § 5 IIa gilt (bej *Herbst ua* DStR 13, 176/8; EK-Ausweis in GesBilanz abl BFH I R 100/10 BStBl II 12, 332).

541 **b) Rechtscharakter.** Danach ist estrechtl *grds* unerhebl (Gesamtbilanz!), ob die von der PersGes **für den Ges'ter geführten Konten** (zB KapKto I, II, III, Privatkonto usw) gesrechtl Einlage- oder Forderungs- und Schuldcharakter haben (Zur Abgrenzung s § 15a Rz 87; *Faustregel:* KapKto, wenn darauf Verluste und/oder Entnahmen und Einlagen verbucht werden). Von **estrechtl Relevanz** ist diese Frage aber dafür, – ***(1)*** in welcher Höhe ein Verlustanteil eines K'tisten ausgleichs- und abzugsfähig ist, denn der Begriff des KapKtos iSv § 15a umfasst nur das Kapital in der StB der Ges (s § 15a Rz 83 ff), – ***(2)*** ob ein Kredit, den die PersGes zur Finanzierung der Zahlung an einen Ges'ter aufnimmt, Betriebsschuld ist (und die Zinsen hierfür BA sind) oder nicht, denn nach BFH VIII R 93/94 BStBl II 91, 516 ist zwar die Rückzahlung eines Ges'ter-Darlehens (Fremdkapital in der StB der Ges) betriebl veranlasst, nicht aber die Rückzahlung von Eigenkapital (= Entnahme; vgl Rz 487; krit *Bordewin* StbJb 92/93, 171/86), – ***(3)*** soweit verzinsl Ges'terkonten einen Debetsaldo (= evtl Forderung gegen den Ges'ter) ausweisen (dazu Rz 632).

543 **c) Abtretung.** Wird die MUer-Forderung **an Nicht-MUer** abgetreten (oder scheidet der MUer aus), wird sie zu Fremdkapital (BFH IV R 77/93 BStBl II 98, 180 zu 1.b); der Ges'ter erzielt uU einen Verlust im SonderBV (BFH VIII R 5/03 BFH/NV 05, 1523). Dies gilt aber bei Abtretung an Nahestehende nur bei fremdübl Konditionen und entspr der tatsächl Durchführung (BFH IV R 17/89 BStBl II 91, 18; *BMF* BStBl I 92, 729; einschr BFH VIII R 5/03 aaO: Zinsverzicht unschädl; BFH IV R 29/86 BStBl II 89, 500: kein Fremdvergleich, wenn Zessionar nicht beherrschender Ges'ter ist). Wird die MUer-Forderung fremd*un*übl (zB Entgelt iHv 80) unter dem Nennwert (zB 100) einem anderen **MUer** zediert, ist sie iHd Entgelts (80) mit den AK, iÜ mit Rest-Nennwert (20) zu aktivieren (§ 6 V 3 Nr 3 ggf analog; krit *Herbst ua,* DStR 13, 176, 180) – Erwirbt ein MUer die Forderung gegen die Ges **von NichtGes'tern** zu einem *fremdübl* Preis, wird sie zu Eigenkapital und ist im SonderBV auch mit den AK anzusetzen, wenn diese den Nennwert unterschreiten (*Herbst ua* aaO, 176/9).

544 **d) EStrechtl Folgen.** Die Wertung der Ges'ter-Forderung als **SonderBV I** bedeutet zB, dass – ***(1)*** Ges'ter mit eigenem GewBetr sie nicht in ihrer eigenen StB ausweisen können (s Rz 534 mwN), – ***(2)*** Zinsen bei der Ges BA und beim Ges'ter SonderBE (Rz 594) sind (zB *Ley* KÖSDI 02, 13459/64), – ***(3)*** ein Ges'ter seine Forderung gegen die PersGes auch bei deren Insolvenz oder bei Wechselkursänderung für Fremdwährung *während des Bestehens der Ges* nicht gewinnmindernd wertberichtigen kann (s Rz 405-6; additive Gewinnermittlung mit korrespondierender Bilanzierung; vgl BFH IV R 106/94 BStBl II 96, 226 zu III.4 mwN, FG Mchn EFG 04, 648), so dass sich **Wertminderungen** für den Ges'ter – zusätzl zum Verlustanteil nach dem allg Gewinn- und Verlustverteilungsschlüssel – **erst mit Vollbeendigung der PersGes** oder vorheriger Betriebsaufgabe iSv § 16 gewinnmindernd auswirken (BFH IV R 36/02 BStBl II 03, 871 zu III.2; FG D'dorf EFG 12, 509) – ebenso wie der Einlage ins GesVermögen (BFH VIII R 128/84 BStBl II 93, 594). Zu § 6 I Nr 3 s aber Rz 540 aE.

546 Im **Schrifttum** werden aber auch andere Auffassungen vertreten, so zB daß *(aa)* auch für Ges'terforderungen in der Sonderbilanz die allg Bewertungsvorschriften einschließl Imparitätsprinzip anzuwenden sind (s Rz 405), *(bb)* für Ansprüche auf Darlehensrückzahlung und auf Aufwendungsersatz nach § 110 HGB (zB aus Bürgschaft für Schulden der PersGes) grds die allg Bewertungsnormen einschließl Imparitätsprinzip gelten, während Sondervergütungs- und Gewinnauszahlungsansprüche und als gesrechtl Beitrag gewährten Darlehen korrespondierend zu bilanzieren sind (*Sieker* Eigen- und Fremdkapital bei PersGes, 1991, S 81 ff, 118, 129, 141),

(cc) das Imparitätsprinzip (nur) maßgebl ist, soweit der Ges'ter in der StB der Ges ein positives KapKto hat (*Reiß* in *KSM* § 15 E 68 ff).

e) Bürgschaft. Bedeutung erlangt die Rspr auch, wenn sich ein Ges'ter als Bürge für *Schulden der PersGes* in Anspruch genommen wird und ein Ausfall seiner Regressforderung gegen die Ges oder die anderen Ges'ter droht bzw diese wertlos werden (BFH VIII R 31/04 BStBl II 06, 874: Verlust erst realisiert bei Betriebsaufgabe oder Beendigung der Ges; *FinVerw* FR 14, 823; s auch Rz 524). 547

f) SonderBV II. Zur bilanzrechtl Behandlung von Geldforderungen, die SonderBV II sind, zB der Forderung eines K'tisten einer GmbH & Co KG gegen die Komplementär-GmbH, *Döllerer* DStZ 92, 646/9. 548

g) Abgrenzung. Kein SonderBV, sondern eigenes BV sind **Forderungen** (gegen die PersGes) **eines Ges'ters mit eigenem** (gewerbl, luf, freiberufl) – nicht ausschließl für die PersGes tätigen (s Rz 535) – **Betrieb aus lfd Lieferungen oder Leistungen,** die nicht wirtschaftl mit dem GesVerhältnis zusammenhängen (Rz 562) *und* wie zw Fremden übl abgewickelt werden (vgl BFH IV R 65/85 BStBl II 87, 564 zu 4. aE mwN; str, aA zB *Ley* KÖSDI 02, 13459/63). Entspr gilt für Forderungen aus Lieferungen und Leistungen vor Eintritt in die PersGes oder von Dritten erworbene Forderungen, außer das Kapital wird fortan der Ges zB darlehensweise zur Nutzung überlassen (zB BFH XI R 42–43/88 BStBl II 92, 585 zu II.2.a). 549

h) Verzicht. Verzichtet ein Ges'ter einer PersGes auf seine Forderung gegen diese, gelten die vom BFH entwickelten Grundsätze zum *Forderungszicht eines Ges'ters einer KapGes* (BFH GrS 1/94 VIII R 57/94 BStBl II 98, 307, 652; dazu § 6 Rz 756) mE sinngemäß – und dies unabhängig davon, ob die Forderung eigenes BV des Ges'ters war und noch ist oder SonderBV war bzw zB durch Stundung geworden ist –, *wenn* der Ges'ter *aus eigenbetriebl Interesse* verzichtet zB zwecks Erhaltung von Geschäftsbeziehungen. In diesem Fall ist iHd noch werthaltigen Teils der Forderung bei der PersGes eine Einlage und beim Ges'ter eine Entnahme und iHd nicht mehr werthaltigen Teils bei der PersGes ein stpfl Ertrag und beim Ges'ter ein abzugsfähiger Aufwand anzunehmen (*Pyszka* BB 98, 1557; aA *Erhardt ua* DStR 12, 1636: stets erfolgsneutral). – Ist der Verzicht hingegen *durch das GesVerhältnis zur PersGes veranlasst* (FG Mster EFG 03, 30; 10, 52: Regelfall), ist ein Verzicht vor dem 1.1.99 und ebenso wieder ein Verzicht nach dem 31.12.2000 (vgl § 6 V 3 nF) – unabhängig davon, inwieweit die Forderung werthaltig ist – wie die unentgeltl Übertragung eines WG aus eigenem BV oder SonderBV ins Gesamthandsvermögen zum Buchwert insgesamt erfolgsneutral; das Kapital in der StB der PersGes erhöht sich erfolgsneutral um den Nennwert der Schuld und das Kapital in der Eigen- oder Sonderbilanz vermindert sich erfolgsneutral um den gleichen Betrag (§ 6 Rz 699; *Herbst ua* DStR 13, 176/8; zT aA *Ley* KÖSDI 05, 14815/23 bei Forderungserwerb unter Nennwert). – Die (erfolgsneutrale oder stpfl) *Erhöhung des Kapitals der PersGes* ist mE idR, sofern die Ges'ter nichts anderes vereinbarten, allein dem *verzichtenden* Ges'ter zuzurechnen und erhöht daher sein KapKto in der StB der PersGes (aA *Ley* aaO, 14823). – Zum Forderungsverzicht gegen Besserungsschein s *BMF* DB 04, 35; BFH II R 57/07 BStBl II 09, 606 (ErbSt). 550

i) Schwester-PersGes. Gehört die Forderung gegen die PersGes zB *aus Darlehen zu fremdübl Konditionen* zum GesVermögen (Gesamthand) einer ganz oder teilweise ges'teridentischen PersGes (Schwester-PersGes), die eigengewerbl tätig, gewerbl geprägt oder BesitzGes bei (mu'erischer) BetrAufsp ist, so ist die Forderung – anders als eine entspr Forderung einer nur vermögensverwaltenden Schwester-PersGes (s Rz 600 ff) – nicht SonderBV der auch an der Gläubiger-PersGes beteiligten Ges'ter (DoppelGes'ter) bei der Schuldner-PersGes, sondern eigenes BV der Gläubiger-PersGes (mit entspr Konsequenzen zB TeilwertAfA!). – Offen ist, ob Gleiches gilt, wenn die (fremdübl) Forderung zum GesVermögen einer nur **freiberufl oder luf** tätigen **PersGes** gehört (s Rz 533 aE). – Gewährt aber eine PersGes 551 mit (gewerbl, freiberufl, luf) BV einer gewerbl Schwester-PersGes ein Darlehen *zu nicht fremdübl Konditionen* (zB unverzinsl, niedrig verzinsl, ohne Sicherheit usw), ohne dass dies durch andere betriebl Vorteile ausgeglichen wird, ist die Darlehensforderung – ebenso wie bei Darlehensgewährung an Ges'ter (s Rz 491f, 625ff) – estrechtl *kein BV,* sondern **PV der Gläubiger-PersGes;** die Darlehensvaluta ist aus dem BV ins PV der Ges entnommen (vgl zB BFH IV R 21/01 BFH/NV 03, 1542: Gesamtwürdigung; *FinVerw* DStR 94, 582). – ME ist bei Darlehensgewährung zu nicht fremdübl Konditionen die Darlehensforderung nicht nur PV der Gläubiger-PersGes, sondern – wie bei Darlehensgewährung durch nur vermögensverwaltende Schwester-PersGes (s Rz 604) – **auch SonderBV** derjenigen Ges'ter, die an beiden Ges beteiligt sind; etwaige Zinsen sind keine Einkünfte aus KapVerm, sondern Sondervergütungen bei der Schuldner-PersGes, ein Darlehensverlust ist kein Verlust von PV, sondern von SonderBV (glA *Ley* KÖSDI 03, 13573).

560 **21. Sondervergütungen (Überblick).** Zu den **gewerbl Einkünften aus MUerschaft** gehören die in § 15 I 1 Nr 2 S 1 HS 2 genannten (Sonder-)**Vergütungen** für **Tätigkeiten, Darlehen** und **Nutzungsüberlassung** (Leistungen); sie mindern grds den StB-Gewinn der Ges, werden aber beim Ges'ter in gleicher Höhe in seiner Sonderbilanz erfasst und gehen so in den Gesamtgewinn der MUerschaft ein (zB BFH VIII R 13/99 BStBl II 00, 612 zu 2.). Die Norm erfasst sowohl Leistungen, die bereits im GesVertrag vereinbart sind, insb auch Ges'terbeiträge iSv § 706 BGB, sofern das Entgelt hierfür nach Abrede der Ges'ter nicht als Gewinnvorab behandelt werden soll (BFH VIII R 4/98 BStBl II 99, 284), als auch Leistungen, die zivilrechtl auf besonderer schuldrechtl Grundlage (Drittverhältnis) beruhen (zB BFH GrS 7/89 BStBl II 91, 691 zu C. II.3; GrS 3/92 BStBl II 93, 616 zu C. III.6.a/bb). Zur Unterscheidung zw Gewinnvorab und Sondervergütung s Rz 440. Zur USt s *BMF* BStBl I 07, 503; 11, 490.

561 **a) Zweck.** Die Regelung will die MUer einer PersGes dem Einzelunternehmer annähern (s Rz 161), weil dieser keine Verträge mit sich abschließen kann (zB BFH IV R 41/04 BStBl II 06, 755 zu II.1.c), *und* das Besteuerungsergebnis unabhängig davon zu machen, ob Leistungen eines Ges'ters durch Gewinnvorab oder besonderes Entgelt vergütet werden (zB BFH IV R 14/06 BStBl II 07, 942). *Unerhebl* ist daher, ob – ***(1)*** und in welcher *anderen* Einkunftsart (zB selbstständige Arbeit, VuV) die Vergütungen ohne § 15 I 1 Nr 2 zu erfassen wären (zB BFH VIII R 262/80 BStBl II 89, 291 zu 2. mwN), – ***(2)*** die Vergütungen in der StB der PersGes sofort abzugsfähig oder aktivierungspflichtig sind (str, s Rz 577 mwN), – ***(3)*** die Vergütungen, wie bei einer AußenGes, von der Ges oder, wie zB bei der atypischen stillen Ges, vom Geschäftsinhaber an den stillen Ges'ter gezahlt werden (BFH IV R 14/06, aaO), – ***(4)*** der Ges'ter nur geringfügig beteiligt ist (BFH IV 14/06, aaO; Rz 562), – ***(5)*** dieser unbeschr oder beschr estpfl (oder kstpfl; zu Betrieb gewerbl Art s BFH I R 52/13 DB 15, 2123) ist und – ***(6)*** unmittelbare oder nur mittelbare zB durch Zwischenschaltung einer KapGes erbrachte Leistungen vergütet werden (BFH I R 71/01 BStBl II 03, 191 zu II.2; s auch Rz 569ff, 600ff). – *Wesentl für Sondervergütungen* ist aber, dass sie *Gegenleistung* für eine Leistung iSv § 15 I 1 Nr 2 zB eine Tätigkeit, Nutzungsüberlassung usw sind (BFH IV R 14/06, aaO: unabhängig von Zufluss). Unangemessene Vergütungen (zB zum Zwecke der zT Gewinnrealisierung) sind Entnahmen (BFH IV R 87/06 BStBl II 08, 428), rückwirkende Abrede grds nicht anzuerkennen (BFH IV B 65/07 BFH/NV 08, 1469: vGA; Rz 718). Bei *einheitl Vergütung* (zB Lieferung und Dienstleistung) darf der Wert der Lieferung im Verhältnis zum Wert der Dienste nur von untergeordneter Bedeutung sein (BFH VIII R 41/98 BStBl II 00, 339; Rz 580). – Sondervergütungen sind auch Teil des **Gewerbeertrags** (zB BFH GrS 3/92 BStBl II 93, 616 zu C. III.6.b). Beachte § 9 Nr 1 S 5 Nr 1a GewStG nF.

562 **b) Bezug zum Gesellschaftszweck.** § 15 I 1 Nr 2 S 1 HS 2 setzt allerdings voraus, dass ein **Zusammenhang zw der Leistung des Ges'ters** und der **Be-**

tätigung der Ges besteht. Nach der **Positivformel** des I. und VIII. Senats – s zu (1) – und nach der evtl engeren **Negativformel** des IV. Senats des BFH – s zu (2) – besagt dies: – ***(1)*** Die Vergütung muss für Leistungen gewährt werden, die *wirtschaftl* „durch das GesVerhältnis … veranlasst sind" (BFH I R 163/77 BStBl II 79, 757 zu 4.), dh die ihre rechtl Grundlage im GesVertrag haben (zB BFH IV R 222/84 BStBl II 87, 533 zu 3.b) oder auf schuldrechtl Vertrag beruhen, aber *wirtschaftl* zur Verwirklichung des GesZwecks beitragen (BFH VIII R46/94 BStBl II 99, 720 zu 2.b; sog **Beitragsgedanke** *Woerner* DStZ 80, 203). – ***(2)*** Ausgenommen sind nur Vergütungen für Leistungen, bei denen ein wirtschaftl Zusammenhang zw Leistung und MUerschaft ausgeschlossen erscheint, diese also nur zufällig zusammentreffen (BFH IV R 3/00 BStBl II 01, 520 zu 1.b; ähnl BFH I R 71/01 BStBl II 03, 191 zu II.2). Dies ist zu bejahen, wenn der an einer Publikums-KG geringfügig beteiligte RA gelegentl von dieser einen Auftrag erhält (vgl BFH IV R 154–155/77 BStBl II 80, 269), der Ges'ter einer Bank-KG das Sparguthaben eines Dritten erbt und alsbald auflöst (vgl BFH IV R 159/78 BStBl II 80, 275) oder der Fonds-Ges'ter Provisionen für Fonds-Anteilsvermittlung durch *Dritte* erhält (BFH X R 24/10 BStBl II 12, 498; BFH X R 29/11 BFH/NV 12, 1586: Eigen- und Fremdprovisionen; Rz 649); es ist hingegen zu verneinen, wenn ein ArbVerh nach (geringfügigem) Beteiligungserwerb nicht nur kurzfristig fortgeführt wird (BFH IV R 14/06 BStBl II 07, 942). – Zu Sondervergütungen bei nur mittelbarer Beteiligung über andere PersGes **(doppelstöckige PersGes),** s Rz 615.

c) Internationale MUerschaften. S zunächst Rz 173. Sondervergütungen sind nach ESt (§ 15 I 1 Nr 2/3; ggf iVm § 49 I Nr 2) auch bei grenzüberschreitenden Sachverhalten Teil des Gesamtgewinns der MUerschaft (Rz 540, 401). Ein danach gegebenes Besteuerungsrecht kann aber gem DBA eingeschränkt sein: zB Freistellung ausl Betriebsstättengewinne; Nutzungsentgelte für im Ausl belegenes Grundstück (BFH I R 71/92 BStBl II 94, 91: DBA-Schweiz). Nach **BFH-Rspr** sind aber zB Zinsentgelte, die ein inl Ges'ter einer ausl PersGes (DBA-Staat) von dieser erhält **(Outbound-Fall),** idR nicht dem DBA-Unternehmensgewinn zugeordnet und damit im Inl stpfl (zB BFH I B 47/05 BStBl II 09, 766; zu Tätigkeitsvergütungen/Zinsen iZm Beteiligung einer inl PersGes an einer ausl TochterPersGes vgl BFH I R 71/98; BFH I R 17/01 BStBl II 00, 336; 03, 631). Umgekehrt **(Inbound-Fall)** verneint der BFH die inl StPfl idR für Pensionen/Zinsen/Lizenzen, die ein ausl Ges'ter von einer inl PersGes erhält (BFH I R 5/06 BStBl II 09, 356; BFH I R 106/09 BStBl II 14, 759; s aber zu DBA-Schweiz BFH I R 71/01 BStBl II 03, 191). Demggü waren nach ***BMF*** **BStBl I 10, 354** Sondervergütungen – auch ohne Sonderregeln (zB Österreich; Schweiz; s aktuell *BMF* BStBl I 14, 1258) – Teil der DBA-Unternehmensgewinne. Soweit **§ 50d X** idF **JStG 09** (rückwirkend; uU iVm § 50d IX Nr 1) versucht hatte, diesen Konflikt iSd *BMF-Schrb* (aaO) zu lösen, ist der BFH dem – wegen des „tatbestandl Defizits" der Norm – nicht gefolgt (zB BFH I R 5/11 IStR 12, 222). Demgemäß ist § 50d X durch das **AmtshilfeRLUmsG** „klarstellend" und gleichfalls rückwirkend neu gefasst worden (dazu ausführlich ***BMF*** **BStBl I 14, 1258;** *Hruscka* IStR 14, 785/90). Nach BFH I R 4/13 BStBl II 14, 791 **(BVerfG-Vorlage)** ist die „abkommensüberschreibende" Neuregelung jedoch verfwidrig (treaty overriding; Rückwirkungsverbot). Zu weiteren Einzelheiten s § 50d. – Zu Leistungen zw inl und ausl Schwester-PersGes s *Kempermann* FS Flick, 1997 S 445/54. 565

d) Gewerbesteuer. Sondervergütungen sind Teil des Gewerbeertrags (zB BFH GrS 3/92 BStBl II 93, 616 C. III. 6/b) und deshalb nicht (mehr) nach § 8 Nr 1 GewStG hinzuzurechnen (*FinVerw* BStBl I 12, 654 Rz 2). Beachte auch § 9 Nr 1 Satz 5 Nr 1a GewStG. 566

e) Nicht betriebl Einkünfte. Bei vermögensverwaltender KG ist § 15 I 1 Nr 2 S 1 HS 2 **nicht** entspr anwendbar (BFH IX R 103/85 BStBl II 87, 707). 567

568 **22. Sachl Abgrenzung. – a) Grundsatz.** § 15 I 1 Nr 2 S 1 HS 2 greift grds auch ein, wenn ein Ges'ter (MUer) *unmittelbar* iRe **eigenen luf oder freiberufl Betriebs** leistet; Sondervergütungen haben Vorrang vor luf oder freiberufl BE (zB BFH I R 163/77 BStBl II 79, 757). Gleiches gilt für *unmittelbare* Leistungen iRe **eigenen GewBetr** des Ges'ters (Ablehnung der Subsidiaritätsthese; s Rz 534). – § 15 I 1 Nr 2 S 1 HS 2 ist aber mE nicht anzuwenden auf Entgelte für fremdübl eigenbetriebl Leistungen, die *nicht* mit dem GesVerhältnis wirtschaftl verknüpft sind (Rz 562, 535, 549; str).

569 **b) SchwesterPersGes.** Entgelte für Leistungen einer ganz oder teilweise ges'teridentischen PersGes, die *nur vermögensverwaltend (PV) tätig* ist, werden bei der die Leistung empfangenden und das Entgelt zahlenden PersGes als Sondervergütungen für *mittelbare* Leistungen (bei unmittelbarer Beteiligung) derjenigen Ges'ter erfasst, die an beiden Ges beteiligt sind, sofern die allg Voraussetzungen des § 15 I 1 Nr 2 HS 2 erfüllt sind (s Rz 606). Gleiches gilt nach *bisheriger* BFH-Rspr für Leistungen einer Schwester-PersGes zB GbR, die *luf oder freiberufl (BV) tätig* ist (zB BFH I R 56/77 BStBl II 79, 763; s aber Rz 533 aE). – Hingegen sind Entgelte für Leistungen einer (Schwester-)PersGes, die ihrerseits *eigengewerbl tätig, gewerbl geprägt* oder *BesitzGes bei* (mu'erischer) *BetrAufsp* (str, s Rz 858) ist, *grds* keine Sondervergütungen, sondern gewerbl BE der leistenden (und die Entgelte empfangenden) PersGes (zB BFH VIII R 61/97 BStBl II 99, 483). Dies gilt, soweit eine solche gewerbl PersGes *Dienste leistet* oder *WG zur Nutzung überlässt,* grds unabhängig davon, ob dies zu fremdübl Bedingungen geschieht oder nicht (s Rz 536, 600 ff). Sondervergütungen (für mittelbare Leistungen) sind aber gegeben, wenn ein Dritter – dies kann zB eine KapGes, aber auch eine (Schwester-)PersGes sein – in den Leistungsaustausch zw Ges'ter und seiner Ges gezielt „zwischengeschaltet" ist (s Rz 607). Zu *Darlehen* s Rz 551.

571 **23. Zeitl Abgrenzung.** § 15 I 1 Nr 2 S 1 HS 2 erfasst nur Entgelte für Leistungen, die **während der Zugehörigkeit zur PersGes** erbracht werden (vgl BFH IV R 14/91 BStBl II 94, 250 zu II.2.c), nicht für vorgesellschaftl Leistungen; die Fälligkeit und der Zeitpunkt der Zahlung sind unerhebl (MU-Erlass Rz 84).

572 **a) Nachträgl Vergütungen.** Nach § 15 I S 2 gilt § 15 I S 1 Nr 2 S 1 HS 2 (und Nr 3 HS 2) auch für Vergütungen (zB Versorgungsbezüge), die als nachträgl Einkünfte iSv § 24 Nr 2 bezogen werden. Diese sind demnach Teil des gem § 180 I Nr 2a AO gesondert festzustellenden Gesamtgewinns der PersGes (Rz 400 ff) und damit auch des Gewerbeertrags (BFH VIII R 8/01 BStBl II 02, 532 zu II.1.b; anders hingegen bei gewinnabhängigem Kaufpreis: nachträgl BE). Die Vergütungen sind dem begünstigten ehemaligen Ges'ter oder dessen Rechtsnachfolger iSv § 24 Nr 2 (§ 328 BGB; BFH VIII B 111/93 BStBl II 94, 455; Rz 587) subj zuzurechnen, unabhängig davon, ob dieser ebenfalls Ges'ter ist oder nicht (zum F-Bescheid s BFH VIII R 42/96 BStBl II 08, 177 zu II.2.a). Maßgebl ist der Zeitpunkt, zu dem die Vergütungen auch einem Ges'ter zuzurechnen wären; etwaige Aktiva im SonderBV (zB Pensionsanpruch) sind deshalb bei Ausscheiden als MUer nicht aufzulösen (BFH IV R 14/11 BStBl II 14, 624; s auch § 16 Rz 354). – Auch soweit § 15 I S 2 greift (zB Hinterbliebenenpension), sind **Rückstellungen** der PersGes durch Aktivierungen im SonderBV auszugleichen (BFH IV R 14/11 BStBl II 14, 624; *BMF* BStBl II 08, 317 Rdnr 17; Rz 587, 592). Zu vor dem 1.1.1986 gebildeten Rückstellungen s BFH VIII R 42/96 aaO; BFH IV R 14/11 aaO; *BMF* aaO, Rz 18.

573 **b) Einzelunternehmer.** Entgegen seinem Wortlaut dürfte § 15 I 2 dem Gesetzeszweck entspr auch Vergütungen erfassen, die ein Einzelunternehmer an ehemalige MitGes'ter oder deren Rechtsnachfolger zB nach Ausscheiden aus zweigliederiger OHG zahlt (vgl FG Hbg EFG 92, 70).

24. Negativbegrenzung. § 15 I 1 Nr 2 S 1 HS 2 erfasst nicht: – *(1)* **Veräußerungsgeschäfte** zw der Ges und einem MUer (zB BFH VIII R 41/98 BStBl II 00, 339 zu 1.a mwN); Kaufpreisstundungen können jedoch Darlehen iSv § 15 I 1 Nr 2 S 1 HS 2 sein (BFH I R 38/76 BStBl II 79, 673; MU-Erlass Rz 87); – *(2)* **Vergütungen, die die Ges erhält** für Leistungen, die *sie* ggü einem Ges'ter erbringt, zB Darlehen an einen Ges'ter (keine „negativen Sondervergütungen"; s Rz 625 ff); – *(3)* schuldrechtl Rechtsbeziehungen der **MUer untereinander** (BFH I R 248/74 BStBl II 78, 191; MU-Erlass Rz 36–39). 575

25. Zeitpunkt der Besteuerung und subj Zurechnung. Die Vergütungen iSv § 15 I S 1 Nr 2 S 1 HS 2 und S 2 sind als gewerbl Einkünfte **in dem Wj** zu erfassen, in dem sie **bei der Ges** (in der StB) **als Aufwand** in Erscheinung treten – unabhängig davon, wann und in welcher Höhe die Vergütungen einem MUer oder seinem Rechtsnachfolger (§ 15 I 2; § 24 Nr 2) tatsächl zufließen (s Rz 404, 440). Die Vergütungen mindern daher den Gesamtgewinn nicht, dh die in der StB der Ges als Aufwand zB durch Rückstellung angesetzten Vergütungen sind in gleicher Höhe in einer Sonderbilanz des begünstigten oder aller Ges'ter (s Rz 578, 585-8) oder seines Rechtsnachfolgers (§ 15 I 2 § 24 Nr 2) anzusetzen, und zwar nach dem Prinzip der **korrespondierenden Bilanzierung** abw von allg bilanzstrechtl Grundsätzen und damit zB auch, wenn nach GoB noch kein Aktivposten auszuweisen wäre (zB BFH VIII B 25/04 BFH/NV 05, 1257). 576

a) Aktivierung. Auch Vergütungen, die zu aktivierungspflichtigem Aufwand führen (BFH III R 35/93 BStBl II 96, 427), sind bereits im Jahr der Aktivierung als gewerbl Einkünfte des MUers zu erfassen (zB BFH IV R 222/84 BStBl II 87, 553 zu 4.a; aA evtl BFH VIII R 41/98 BStBl II 00, 339 zu 1.b; *Bitz* GmbHR 00, 497). 577

b) Zufluss. Dem MUer oder seinem Rechtsnachfolger (§ 15 I 2; § 24 Nr 2) sind die ihm zugeflossenen Vergütungen zuzurechnen. Gleiches gilt (zufluss*unabhängig*) für Aufwand der Ges, der dem Ges'ter einen wirtschaftl Vorteil vermittelt und deshalb als *Gegenleistung* für die Tätigkeit des Ges'ters zu qualifizieren ist (BFH IV R 14/06 BStBl II 07, 942: ArbG-Anteile zur SozialVers; Rz 561, 584); nicht hingegen betr Jahresabschlusskosten nach FG Mster EFG 15, 21, Rev IV R 44/14 für Vergütungsansprüche vor Tätigwerden des Ges'ters (fragl). 578

26. Vergütungen für Tätigkeit im Dienst der Gesellschaft. – a) Grundsätze. Darunter fallen sowohl gesellschaftsrechtl **Dienstleistungen,** zB die Geschäftsführung, als auch solche aufgrund eines Dienstvertrags iSv § 611 BGB (zB ArbVerh, anwaltschaftl Beratung), eines Werkvertrags iSv § 631 BGB oder eines Geschäftsbesorgungsvertrags iSv § 675 BGB (zB Architekten- oder Baubetreuungsleistungen, BFH IV R 222/84 BStBl II 87, 553/5); *nicht* darunter fallen allerdings *einheitl* Vergütungen für aus Warenlieferung und Tätigkeit bestehende *Gesamtleistungen, wenn* der Wert der Lieferung im Verhältnis zum Wert der Arbeit nicht mehr von untergeordneter Bedeutung ist (BFH VIII R 41/98 BStBl II 00, 339: schlüsselfertige Gebäudeerrichtung; *Kempermann* FR 00, 561). 580

aa) Beispiele. Erfasst werden aber – *(1)* Leistungen aufgrund eines ArbVerh, gleichgültig, ob die ArbN- oder die MUereigenschaft überwiegt, auch bei nur geringfügiger Beteiligung an der PersGes (s Rz 562), – *(2)* freiberufl Leistungen (zB BFH I R 71/98 BStBl II 00, 336 zu II.1: Wirtschaftsprüfer und Steuerberater), – *(3)* Vermittlungen (zB BFH IV R 352/84 BStBl II 88, 128 mwN: neue K'tisten). – Der MUer muss nicht selbst tätig sein; er kann sich dazu einer Organisation mit Hilfskräften bedienen (BFH VIII R 41/98 BStBl II 00, 339 zu II.1.b mwN). 581

bb) GmbH & Co KG. § 15 I 1 Nr 2 S 1 HS 2 erfasst auch Vergütungen für den Geschäftsführer (oder einen leitenden Angestellten) der Komplementär-GmbH, der zugleich K'tist ist, gleichgültig, ob ein Dienstvertrag nur zur GmbH 582 oder unmittelbar zur KG besteht (s Rz 717). – Sinngemäß gilt dies für eine atypische *stille Ges,* deren tätiger Teilhaber eine GmbH und deren atypischer stiller Ges'ter Geschäftsführer der GmbH ist (s Rz 358). – Allg zu *mittelbarer* (Dienst-) Leistung s Rz 569–570, 600ff.

584 **b) Einzelfragen. – Entgelte.** Vergütungen sind alle Entgelte in Bar- oder Sachwerten, gleichgültig ob einmalig oder laufend (BFH IV R 42/02 BStBl II 04, 353); ebenso sind nicht nur *feste,* sondern auch *gewinnabhängige* Entgelte (Tantieme) Sondervergütungen, wenn sie auf schuldrechtl Vertrag beruhen oder zwar im Ges-Vertrag vereinbart, aber kein Gewinnvorab sind (zur Abgrenzung s Rz 440). Vergütungen sind zB **Abfindungen** wegen Auflösung des ArbVerh (BFH VIII R 53/94 BStBl II 96, 515: *FinVerw* GmbHR 07, 896: kein Stfreiheit nach § 3 Nr 9; aber nach BFH IV R 94/06 DB 09, 2129 jedenfalls bei Dienstverhältnis mit Komplementär-GmbH Entschädigung gem § 24 I Nr 1a; s auch BFH IX R 3/09 BStBl II 10, 1030; mE unzutr) oder zur Abgeltung eines Pensionsanspruchs (BFH IV R 10/99 BStBl II 02, 850 zu 2/b), bzw einer betriebl Versorgungsrente (BFH IV R 22/03 BStBl II 05, 559; s § 16 Rz 301, 323), ArbG-Anteile zur **Sozialversicherung** (BFH IV R 14/06 BStBl II 07, 942; BFH IV R 30/06 BFH/NV 08, 546: unabhängig von Zufluss; zutr; aA *Bolk* FS Reiss, 449/56), Zuschüsse zu **Lebensversicherung** (*FinVerw* StEK EStG § 15 Nr 86).

585 **c) Pension.** Vergütungen für Tätigkeit im Dienste der Ges sind nicht nur lfd **Pensionszahlungen** einschließl Hinterbliebenenbezüge (vgl § 15 I 2; BFH I R 124/95 BStBl II 97, 799 zu II.3.b; BFH II R 16/08 BStBl II 10, 923; beachte auch § 8 Nr 1 Buchst b S 2 GewStG nF: keine Hinzurechnung), sondern auch (bereits) die entspr Pensionszusagen (BFH VIII R 40/03 BStBl II 08, 182).

586 **d) Pensionszusage. – aa) Grundsätze.** Die Verpflichtung aus einer Pensionszusage ist – bei Altzusagen vor dem 1.1.87 Wahlrecht (Art 23 EGHGB) – in der HB (FN-IdW 12, 189/93; 10, 437) und damit auch der **StB der PersGes** (bereits vor Eintritt des Versorgungsfalls) als Verbindlichkeit bzw Rückstellung **zu passivieren.** Hieran hat mE auch § 5 I 1 letzter HS nF **(BilMoG)** nichts geändert (*BMF* BStBl I 10, 239 Tz 9ff; str s § 6a Rz 2; BTDrs 17/2823, 37), vorausgesetzt, die Erfordernisse des § 6a zum Rückstellungs*ansatz* liegen vor; *Korn* BeSt 09, 24). Eine (betriebl) Bewertungseinheit gem § 5 Ia (allg abl *BMF* DB 10, 2024) mit der zum PV gehörenden Rückdeckungsversicherung (Rz 588) kommt nicht in Betracht. Die Passivierung ist auch bei einem Schuldbeitritt geboten (aA BFH IV R 43/09 DStR 2012, 1128; s dazu nunmehr betr Neufälle § 4f Abs 2, § 52 Abs 8). Gleichwohl wird dadurch nach **stRspr des BFH** der „Gesamtgewinn" der MUerschaft nicht gemindert, weil nach dem Grundsatz der korrespondierenden Bilanzierung (s Rz 404) der Passivposten in der StB durch einen gleich hohen **Aktivposten** im SonderBV ausgeglichen werden muss (zB für Anwartschaften BFH I R 105/91 BStBl II 93, 792 zu II.2.b; FG Mster EFG 13, 1642: Ausnahme: Nichtpassivierung bei Nachholverbot gem § 6a IV 1; zutr); die im Schrifttum vereinzelt vertretene Ansicht, der (Gesamt-)Gewinn der MUerschaft werde durch die Pensionsrückstellung in der StB gemindert, weil der begünstigte Ges'ter Vergütungen erst nach Eintritt des Versorgungsfalls beziehe (Nachweise s 25. Aufl; *Wacker* FR 08, 801), hat sich nicht durchgesetzt. – Die bislang offene Frage, **wem** der Aktivposten **zuzurechnen** ist, ist zR dahin entschieden worden, dass er *nur* in der *Sonderbilanz* des durch die Pensionszusage **begünstigten Ges'ters** anzusetzen ist (BFH VIII R 40/03; BFH IV R 82/06 BFH/NV 09, 581; aA *Fuhrmann ua* WPg 07, 77: Abrede der Ges'ter maßgebl). Nach *BMF* BStBl II 08, 317 **(zwei Übergangsregelungen)** kann bei sog Pensions-**Altzusagen** (Erteilung *unmittelbar* durch die *PersGes* spätestens im Wj 07 bzw 06/07) erstmals in der Schlussbilanz des Wj 08 (bzw Wj 07/08; mE fragl; s FR 08, 801/6) entweder *(aa)* auf Antrag aller Ges'ter an der bisherigen Handhabung (Nichtbilanzierung oder korrespondierende Aktivierung im SonderBV aller Ges'ter) zeitlich unbefristet festgehalten (sog große

Übergangsregelung) oder *(bb)* bei Übergang zur geänderten BFH-Rspr der aus der erstmaligen Bilanzierung entstehende Umstellungsgewinn (Nettoertrag) des Pensionsberechtigten nur für Zwecke der ESt (grds) auf 15 Jahre (14/15-Rücklage) verteilt werden (sog kleine Übergangsregelung). Bei Pensionszusage durch *Komplementär-GmbH* (Rz 712/3) ist die Milderung zu *(bb)* ausgeschlossen (*BMF aaO,* Rdnr 14, 15 einschließl doppelstöckige PersGes; krit *Groh* DB 08, 2391/5; *Sievert ua* Ubg 08, 617/21), zweifelhaft aber, ob Gleiches für die Milderung zu (aa) gilt (vgl Wortlaut von *BMF* aaO, Rdnr 20). Das Schreiben lässt auch iÜ eine Vielzahl von Einzelfragen offen, zB betr Milderung zu (aa) die Fortentwicklung der SonderBV-Aktiva bei Auszahlung der Pension (mE aufwandswirksam) oder die un/-entgeltl MUeranteilsübertragung; betr Milderung zu (bb) die Behandlung von § 15a-Verlustanteilen iZm erstmaliger Passivierung bei KG (s *Wacker* FR 08, 801; *Groh* aaO). – Zu **KGaA** s Rz 891; zu **vGA** bei überhöhten Zusagen s *Rogall* FR 05, 779/85.

bb) Folgen. – *(1)* Der begünstigte MUer hat die Differenz zw Aktivum und seinem Anteil am Passivierungsaufwand der PersGes zu versteuern (Ausweg: Sonderabrede bzgl Rückstellungsaufwand; dazu Rz 443; beachte aber § 15a; vgl BFH IV R 82/06 BFH/NV 09, 581; *Wacker* aaO, 806; weitergehend *Ley* KÖSDI 08, 16204/9; krit *Groh* aaO). – *(2)* Wurde in der Vergangenheit nicht nach diesen Grundsätzen verfahren, sind die (Sonder-)Bilanzen uU gewinnwirksam zu berichtigen (zutr BFH IV R 14/11 BStBl II 14, 624; zu Übergangsregelungen s Rz 586). – *(3)* Scheidet der Pensionsberechtigte unter Fortbestand seiner Versorgungsanwartschaft aus der Ges aus, ist die Sonderbilanz für ihn fortzuführen; spätere Versorgungsleistungen sind damit zu verrechnen (*BMF* aaO, Rdnr 8, 17 einschl Hinterbliebene; FG Nds aaO; s auch Rz 574/92). – *(4)* Verliert er (oder sein Rechtsnachfolger) die Anwartschaft, entsteht bei ihm (diesem) Sonderbetriebsaufwand (zu § 10d s *Ley* KÖSDI 08, 16204/6) und in der StB der PersGes Ertrag (*BMF* aaO, Rdnr 4, 9). *(5)* Zu Abfindungen s Rz 584. 587

cc) Rückdeckung. Beiträge zu einer Rückdeckungsversicherung für Pensionszusagen an MUer sind weder BA (s Rz 431) noch Sondervergütungen, sondern Entnahmen, die entspr der Gesamthandsbindung des Rückdeckungsanspruchs (PV) anteilig allen Ges'tern zuzurechnen sind (BFH IV R 41/00 BStBl II 02, 724; *BMF* BStBl I 08, 317 Rdnr 19; I 11, 1314 Rz 6.08). Zu § 5 Ia s Rz 586. 588

dd) Pensionssicherungsverein. Demggü sind nach FG BaWü EFG 05, 949 Zahlungen an den PSV aufgrund Pensionszusagen an Ges'ter als SonderBE zu erfassen (Gleichbehandlung zu ArbG-Anteilen zur SV; dazu Rz 584). 589

ee) Arbeitnehmer. Wird ein ArbN einer PersGes, dem eine Pensionszusage erteilt ist, **MUer,** ist die bisher gebildete Pensionsrückstellung nicht aufzulösen, da die Pensionszusage insoweit keine Vergütung für die Tätigkeit eines MUers ist (MU-Erlass Rz 85). Entspr gilt für lfd Versorgungsleistungen oder eine Abfindung. Umgekehrt fällt eine Pensionszusage an einen ArbN, der früher MUer war, unter § 15 I 1 Nr 2 S 1 HS 2, soweit sie Entgelt für die Tätigkeit während der Zugehörigkeit zur Ges ist (§ 15 I 2). – Zahlt eine PersGes, die durch **Umwandlung** aus einer GmbH entstanden ist, eine Abfindung für einen Pensionsanspruch eines Ges'ters, den dieser durch seine Tätigkeit in der GmbH erworben hat, ist die Abfindung keine Vergütung iSv § 15 I 1 Nr 2 S 1 HS 2, sondern eine Leistung an Erfüllungs Statt zur Tilgung einer Fremdverbindlichkeit der PersGes (BFH IV R 91/77 BStBl II 81, 422). – Pensionsrückstellungen sind bei Umwandlung einer KapGes in PersGes nicht gewinnerhöhend aufzulösen (BFH I R 8/75 BStBl II 77, 798; FG Köln EFG 08, 871; vgl auch BFH I B 23/07 BFH/NV 12, 1331; *BMF* BStBl I 11, 1314 Rz 6.04 ff; *BayLfSt* DB 09, 2404; aA FG Mster BB 11, 1904 rkr; *Demuth ua* KÖSDI 11, 17618/27; zu Rückdeckungsanspruch (Rz 588) s *BMF* aaO, Rz 6.08: idR Entnahme. – Zu Umwandlung einer PersGes in KapGes s zB BFH I R 124/95 BStBl II 97, 799; FG Köln EFG 09, 572: stfreie Entnahme des 590

Pensionsanspruchs; aA *BMF* aaO, Rz 20.28–33 (RestBV). Beachte auch §§ 20 II 1, 3 I 2 UmwStG nF (§ 6a-Wert; krit *Dötsch ua* DB 06, 2704/5).

591 **e) Vergütungen für Diensterfindungen eines ArbN.** Sie bleiben abzugsfähig, auch wenn der ArbN MUer wird (BFH I R 103/75 BStBl II 76, 746).

592 **f) Ehegatten.** Nicht erfasst werden **Tätigkeitsvergütungen** einschließl Vorsorgeaufwendungen an Ehegatten eines MUers auf Grund estrechtl anzuerkennender ArbVerh; sie sind grds als BA abzugsfähig (s Rz 426). Für Pensionszusagen an den ArbN-Ehegatten sind Rückstellungen zu bilden, wenn und soweit sie dem Grund und der Höhe nach betriebl veranlasst sind (Fremdvergleich; zB BFH VIII R 69/98 BStBl II 02, 353); dabei ist auch eine Anwartschaft auf Witwen(Witwer)versorgung zu berücksichtigen, selbst bei einer Ein-Mann-GmbH & Co KG (BFH IV R 80/86 BStBl II 88, 883). Nicht anzuerkennen sind Rückstellungen für „Nur-Pensionen" (BFH VIII R 38/93 BStBl II 96, 153; aA betr KapGes *BMF* BStBl I 08, 681).

593 **27. Vergütungen für die Überlassung von WG.** § 15 I 1 Nr 2 S 1 HS 2 setzt voraus, dass der Ges'ter das WG der Ges zur Nutzung (auf Zeit) überlässt; die Übertragung des rechtl und/oder wirtschaftl Eigentums ist entgeltl Veräußerung oder Einlage. Rechtsgrundlage kann der GesVertrag oder ein besonderes Schuldverhältnis (Miete, Pacht usw) oder ein dingl Recht (zB Nießbrauch, Erbbaurecht, Lizenz) sein. Gegenstand der Überlassung können materielle und immaterielle WG aller Art (zB unbebaute Grundstücke, Fabrik-, Büro- oder Wohngebäude, Maschinen, Patente, Urheberrechte usw) sein; diese werden idR SonderBV des überlassenden MUers (s Rz 514 ff). Vergütungen sind alle Gegenleistungen für die Nutzungsüberlassung zB **Mietzinsen, Erbbauzinsen** (BFH IV R 42/02 BStBl II 04, 353: einschließl entschädigungslosem Gebäudeerwerb; BFH VIII R 8/11 HFR 15, 914 mwN: *häusl Arbeitzimmer* trotz (Sonder-)BA-Schranke des § 4 V 1 Nr 6b; zu Miete s Rz 645), **Lizenzgebühren.** Nach BFH VIII R 13/99 BStBl II 00, 612 hingegen nicht eine pachtvertragl übernommene Entfernungspflicht (zR krit *Gosch* StBP 00, 282), ebenso nach BFH IV R 29/12 DStR 15, 811; IV R 63/11 BFH/NV 15, 832 nicht der *rückständige Anpruch* des Ges'ters gegen die PersGes auf **Instandhaltung** (mE unzutr; s auch *Weber-Grellet* FR 15, 557). Unerhebl ist, ob der überlassende MUer Eigentümer oder nur Nutzungsberechtigter, zB Mieter ist (BFH VIII R 261/81 BStBl II 86, 304). Vergütungen für nur kurzfristige Nutzung fallen unter § 15 I 1 Nr 2 S 1 HS 2, sofern die Nutzungsüberlassung wirtschaftl durch das GesVerhältnis veranlasst ist, unabhängig davon, ob das genutzte WG SonderBV wird oder nicht (s Rz 513). Vergütungen für die Überlassung von realen Teilen eines WG sind ebenso zu behandeln wie Vergütungen für die Überlassung des ganzen WG. Insb gilt § 15 I 1 Nr 2 S 1 HS 2 auch für Mietzinsen für Grundstücksteile, deren Wert im Verhältnis zum Wert des gesamten Grundstücks nur von untergeordneter Bedeutung ist und die deshalb gem § 8 EStDV nicht BV (SonderBV) sind. – Vermietet eine Bruchteilsgemeinschaft (§§ 741 ff BGB) ein WG an eine PersGes, an der einer der Miteigentümer beteiligt ist, erfasst § 15 I 1 Nr 2 HS 2 den auf diesen Miteigentümer entfallenden Teil der Mietzinsen (s Rz 532). – Zur Nutzungsüberlassung – ***(1)*** durch eine PersGes an eine *Schwester-PersGes* s Rz 600-5; – ***(2)*** durch Ges'ter der OberGes bei *mehrstöckiger PersGes* s Rz 610 ff. – Die mit den WG zusammenhängenden Aufwendungen des überlassenden MUers sind SonderBA (s Rz 645).

594 **28. Vergütungen für die Hingabe von Darlehen.** Der Begriff des Darlehens iSv § 15 I 1 Nr 2 S 1 HS 2 erfasst nicht nur Geld- und Sachdarlehen iSv §§ 488 ff, 607 ff BGB, sondern **jede Überlassung von Kapital zur Nutzung** auf schuldrechtl oder gesrechtl Grundlage (BFH VIII R 78/97 BStBl II 99, 163 zu II.4.b), zB auch Ges'terkonten mit Forderungscharakter, soweit sie Guthaben ausweisen (FG BaWü EFG 96, 369), Genussrechte (vgl *Angerer* DStR 93, 41/3), typi-

sche stille Beteiligung (BFH IV R 50/99 BStBl II 01, 299 zu I.1.b), Übernahme einer Bürgschaft für Verbindlichkeiten der PersGes (FG Bln EFG 99, 466; s auch Rz 524) oder durch das GesVerhältnis veranlasste Stundung von Kaufpreis-, Gehaltsforderungen usw gegen die PersGes (zB BFH XI R 42–43/88 BStBl II 92, 585 zu II.2.a). Vergütungen sind danach **Darlehenszinsen, Gewinnanteile** (bei partiarischen Darlehen oder typischen stillen Beteiligungen), **Avalprovisionen** (BFH I R 52/13 DB 15, 2123), **Stundungszinsen** usw. § 15 I 1 Nr 2 S 1 HS 2 ist auch auf **Habenzinsen für Giro-, Festgeld- und Sparguthaben** anzuwenden, die ein K'tist einer Bank-KG bei dieser unterhält (BFH IV R 159/78 BStBl II 80, 275). Im Hinblick auf die Ablehnung der Subsidiaritätsthese (s Rz 533) muss dies auch für den gewerbl Kreditverkehr zw einem MUer und einer PersGes gelten, *sofern* dieser durch das GesVerhältnis veranlasst ist (Rz 562; BFH I R 15/89 BStBl II 91, 444 zu B.2; vgl auch *BMF* DStR 02, 805 zu Refinanzierungszinsen); anders ist dies mE bei nur kurzfristiger Überlassung von Geld.

29. Leistungen zw Schwester-PersGes; mittelbare Leistung bei unmittelbarer Beteiligung

Verwaltung: *BMF*-Schr v 18.1.96 (BStBl I 96, 86); v 28.4.98 (BStBl I 98, 583); *OFD Mchn* v 10.6.99 (DB 99, 1878).

Schrifttum (Auswahl; älteres Schrifttum s Vorauflagen): *Ley,* Ges'terkonten bei Doppelstock- und Schwester-MUerschaften im Ertragsteuerrecht, KÖSDI 03, 13573 (s auch vor Anm 65, 84, 95, 146).

a) Schwester-PersGes. Dies sind Ges (OHG, KG, GbR, atypisch stille Ges), 600
an denen ganz oder teilweise dieselben Ges'ter (= „DoppelGes'ter") beteiligt sind; davon zu unterscheiden ist, dass eine PersGes selbst an einer anderen beteiligt ist (s Rz 610 ff). Die Frage, ob § 15 I 1 Nr 2 S 1 HS 2 (anteilig) anzuwenden ist – wirtschaftl Beitrag zum GesZweck vorausgesetzt (s Rz 562) –, wenn nicht ein Ges'ter selbst leistet, sondern (1) eine Schwester-PersGes der die Vergütung gewährenden PersGes oder (2) eine KapGes, an der der Ges'ter beteiligt ist, oder (3) ein Dritter auf Veranlassung (evtl für Rechnung) eines Ges'ters der PersGes, ist nach Leistungsart (Dienste, Überlassung von WG, Darlehen) und der estrechtl Qualifizierung des Leistenden (zB gewerbl, luf oder freiberufl, privat) wie folgt zu beantworten. – Zu Veräußerungen zw Schwester-PersGes s § 6 Rz 702; *BMF* BStBl I 11, 1279 Rz 20.

b) Leistungen an gewerbl tätige oder geprägte Schwester-PersGes. – 601
aa) Dienstleistung und Nutzungsüberlassung. Nach BFH-Rspr ist § 15 I 1 Nr 2 S 1 Hs 2 grds (Ausnahme s Rz 607) *nicht* anzuwenden, wenn eine gewerbl **PersGes** an eine Schwester-PersGes Dienste erbringt oder WG zur Nutzung überlässt; Entgelte sind vorrangig BE, die überlassenen WG BV des eigenen GewBetr der leistenden PersGes (zB BFH VIII R 13/95 BStBl II 98, 325 zu 1c; BFH VIII R 42/94 BStBl II 98, 328 mwN; zust zB *Bordewin* DStZ 97, 98; *Kempermann* FS Flick, 1997 S 445; abl *Meyer ua* FR 98, 1075. Beachte auch Rz 507. – Nach hL und (nicht eindeutiger Rspr) gilt dies grds auch, wenn den Leistungen (Dienste, Nutzungsüberlassung) keine fremdübl Konditionen zugrunde liegen (zB *Groh* DStZ 96, 673; diff *KSM/Reiß* § 16 E 370 ff). Hiervon geht auch (für Wj nach dem 31.12.98) die FinVerw aus (*BMF* BStBl I 98, 583, Nr 3, auch zum erfolgsneutralen Wechsel der BV). – Eine **Bruchteilsgemeinschaft, die gewerbl tätig** ist, und ebenso eine Erben- oder Gütergemeinschaft sind nach Ansicht der FinVerw wie PersGes zu werten (*OFD Mchn* DB 99, 1878; mE Miteigentümer zivilrechtl idR konkludent GbR). – Str ist, ob eine **PersGes, die ihren GewBetr** an eine Schwester-PersGes **verpachtet hat** (keine BetrAufsp mangels personeller Beherrschung!), als eigengewerbl tätig zu beurteilen ist mit der Rechtsfolge des Vorrangs des eigenen BV ggü SonderBV (s dazu § 16 Rz 708). – Nicht anzuwenden ist die zitierte BFH-Rspr bei **doppelstöckigen PersGes** auf Leistungen der OberGes an

die UnterGes (s Rz 610ff; BFH I R 114/97 BStBl II 00, 399 zu IV.1.c; *BMF* BStBl I 98, 583 Nr 1 aE) – auch wenn an der UnterGes neben der OberGes deren Ges'ter beteiligt sind (vgl BFH III R 35/98 BStBl II 01, 316).

602 **bb) Darlehen uÄ.** § 15 I 1 Nr 2 S 1 HS 2 ist bei der Darlehensnehmerin nicht anzuwenden, wenn ein Darlehen von der gewerbl Schwester-PersGes zu *fremdübl Bedingungen* gewährt wird; die Forderung ist eigenes BV, die Zinsen BE der Darlehensgeberin (*Korn* KÖSDI 07, 15711/3). Aber auch bei Darlehen uä zu *nicht fremdübl Konditionen* soll § 15 I 1 Nr 2 S 1 HS 2 nicht anzuwenden sein (BFH IV R 50/99 BStBl II 01, 299 zu stiller Beteiligung); die Forderung sei jedoch kein BV, sondern (nur) PV der Gläubiger-PersGes (s aber Rz 608); Zinsen und Tilgungen seien keine BE, sondern Entnahmen und Einlagen der an beiden Ges beteiligten Ges'ter (vgl BFH IV R 64/93 BStBl II 96, 642; diff IV R 50/99 BStBl II 01, 299: nur überhöhte Entgelte sind verdeckte Entnahmen und Einlagen).

603 **cc) Eigene Leistungspflicht eines Ges'ters.** Soweit sich ein Ges'ter einer PersGes dieser ggü (ges- oder schuldrechtl) zu Leistungen verpflichtet hat, die Verpflichtung aber von einer gewerbl Schwester-PersGes erfüllt wird, sind zwar die *Entgelte Sondervergütungen* des Ges'ters bei der die Leistung empfangenden Ges; ein *zur Nutzung überlassenes WG* bleibt aber *eigenes BV* der überlassenden PersGes und eine Darlehensforderung entweder BV oder PV der Gläubiger-PersGes (vgl *Groh* DStZ 96, 673/6; aA evtl BFH VIII R 46/94 BStBl II 99, 720 zu 2.a: SonderBV des Ges'ters). – Zu *Verlustübernahme* zw gewerbl Schwester-PersGes s BFH IV R 73/93 BStBl II 95, 589: Entnahmen und Einlagen der Ges'ter.

604 **c) Leistungen einer Schwester-PersGes, die (nur) als BesitzGes iRe (mitunternehmerischer) BetrAufsp gewerbl tätig ist.** Diese steht nach jüngeren BFH-Rspr (BFH VIII R 13/95; BFH VIII R 61/97 BStBl II 98, 325; 99, 483) einer eigengewerbl tätigen oder geprägten PersGes insofern gleich als auch bei einer Nutzungsüberlassung der (Nur-)BesitzPersGes im Rahmen mu'erischer BetrAufsp an die BetriebsPersGes **BE und BV der BesitzGes Vorrang** vor Sondervergütungen und SonderBV der „DoppelGes'ter" bei der BetriebsGes haben (aA *Gebhardt* GmbHR 98, 1022/4). Die FinVerw hat sich dieser Rspr mit der Maßgabe angeschlossen, dass deren Grundsätze uneingeschränkt grds erst für nach dem 31.12.98 beginnende Wj anzuwenden sind (*BFM* BStBl I 98, 583 Nrn 3–4; Einzelheiten zB *Neu* INF 99, 492, 522; krit *Meyer ua* FR 98, 1075/81). – Für eine mu'erische BetrAufsp (= Vorrang des BV der BesitzPersGes) fordert die FinVerw allerdings – mE zR –, dass die BesitzPersGes für die Nutzungsüberlassung Entgelte erhält, die ihre **Gewinnabsicht** erkennen lassen (*BMF* aaO Nr 1; zust zB *Kloster* GmbHR 00, 111/4; krit *Kroschel ua* DStZ 99, 167/71).

605 **d) Vergleich.** Zu steuerl **Vor- und Nachteilen** des Vorrangs eigengewerbl BE bzw BV ggü Sondervergütungen bzw SonderBV, speziell bei mitunternehmerischer Betr-Aufsp, s zB *Kroschel/Wellisch* DStZ 99, 167/74.

606 **e) Leistungen einer Schwester-PersGes ohne gewerbl Einkünfte.** Soweit dieselben Ges'ter an beiden Ges beteiligt sind, ist § 15 I 1 Nr 2 S 1 HS 2 auf Leistungen (Dienste, Überlassung von WG, Darlehen) bei der die Leistungen empfangenden PersGes anzuwenden mit der Folge, dass bei dieser die Entgelte anteilig *Sondervergütungen* sowie überlassene WG und Forderungen *SonderBV* sind: – ***(1)*** auf Leistungen (Tätigkeit, Darlehen, Nutzungsüberlassung), die eine *nur vermögensverwaltenden PersGes* (PV) erbringt, soweit die Ges'ter der die Leistung empfangenden PersGes auch an der leistenden PersGes als MUer beteiligt sind (BFH IV R 48/93 BStBl II 96, 82 zu I.3.a; BFH VIII R 63/93 BStBl II 96, 93 zu II.2.b); – ***(2)*** nach *bisheriger* BFH-Rspr auf *freiberufl (oder luf) Leistungen,* die eine ganz oder teilweise Ges'tergleiche (Schwester-)PersGes erbringt, zB eine Architekten-GbR für eine *gewerbl* KG (BFH I R 56/77 BStBl II 79, 763; FG Mster EFG 09, 106); ob der BFH hieran festhält, ist zweifelhaft (s Rz 533 aE).

f) Mittelbare Leistungen über Dritte. – ***(1)*** *§ 15 I 1 Nr 2 S 1 HS 2 ist anzuwenden* zB auf Dienstleistungen, die Ges'ter der die Leistung empfangenden PersGes über eine KapGes erbringen, zB wenn bei *GmbH & Co KG* ein K'tist bzw bei GmbH & atypisch Still der stille Ges'ter als Geschäftsführer der GmbH tätig ist (s Rz 717 mN) oder wenn ein Ges'ter einer KG für diese als Geschäftsführer einer zwischengeschalteten Management-KapGes tätig ist (BFH I R 71/01 BStBl II 03, 191; *Gosch* StBp 03, 92; glA zu Management-KG FG Mster EFG 05, 867; aA *G. Söffing* DStZ 03, 455; krit *Grützner* StuB 03, 310). – ***(2)*** Darüber hinaus kommen Sondervergütungen (oder andere SonderBE) allg in Betracht, wenn *ein Dritter* – dh natürl Person, KapGes oder PersGes, auch Schwester-PersGes(!) oder TochterGes (FG Nds EFG 11, 1517, rkr) – *in den Leistungsaustausch zw dem Ges'ter und seiner PersGes eingeschaltet ist;* Voraussetzung ist aber, dass die (über den Dritten erbrachte und „abgrenzbare") Leistung des Ges'ters „nicht dem zwischengeschalteten Dritten, sondern der leistungsempfangenden PersGes zugute kommen soll" (BFH VIII R 46/94 BStBl II 99, 720; *HG* DStR 99, 1438; *Kempermann* FR 99, 1054). Dies trifft zB zu, wenn der Ges'ter dem Dritten ein Grundstück mit der Weisung vermietet, dieses an die PersGes weiterzuvermieten („Anweisungsfälle"; BFH aaO, mwN; s aber zu BetrAufsp Rz 861) oder wenn sich die Leistung des Ges'ters als mittelbare Leistung über einen Dritten (zB GmbH) erweist, weil sie – *(a)* der PersGes zugute kommen soll, – *(b)* sich von dem übrigen Geschäftsbereich des Dritten abgrenzt und – *(c)* der Dritte von der PersGes Aufwandsersatz erhält (FG Nds EFG 13, 1855, rkr); unerhebl ist hierbei, ob der PersGes'ter den Dritten beherrscht (BFH VIII R 40/03 BStBl II 08, 182; FG Nds aaO). Zur Kritik an der BFH-Rspr s 23. Aufl. – ***(3)*** Demgegenüber erzielen MUer der Organträgerin (PersGes) als **Geschäftsführer der OrganGes** grds keine Sondervergütungen (FG Ddorf EFG 07, 34). 607

30. Doppel- bzw mehrstöckige PersGes; unmittelbare Leistung bei mittelbarer Beteiligung

Verwaltung: EStR 15.8 II; *BMF* BStBl 07, 542 (§ 15b); *FinVerw* BB 98, 44; FR 02, 48; DB 02, 1349; DStR 07, 992.

a) Mehrstöckige PersGes. – aa) Frühere Rspr. In 1991 hatte der **Große Senat des BFH** entschieden (BFH GrS 7/89 BStBl II 91, 691), dass bei Beteiligung einer OHG (KG) oder einer „mitunternehmerisch tätigen GbR" als OberGes an einer gewerbl tätigen oder geprägten PersGes (UnterGes) **nur die OberGes,** nicht auch deren Ges'ter, **MUer** der UnterGes sind **(kein Durchgriff).** – **Rechtsfolgen** waren: – ***(1)*** Vergütungen, die die UnterGes einem Ges'ter der OberGes für unmittelbare Leistungen gewährt (einschließl Pensionszusagen!), wurden bei der UnterGes nicht durch § 15 I 1 Nr 2 (aF) erfasst und waren daher zB Einkünfte aus nichtselbstständiger Arbeit, VuV oder KapV. – ***(2)*** WG, die ein Ges'ter der OberGes unmittelbar der UnterGes zur Nutzung überlässt, waren kein SonderBV, sondern PV. 610

bb) Neuregelung. Diese Entscheidung ist durch **§ 15 I 1 Nr 2 S 2** teilweise überholt. Danach steht ein mittelbar über eine oder mehrere PersGes beteiligter Ges'ter dem unmittelbar beteiligten Ges'ter gleich. Er ist insoweit als **(Sonder-) MUer** der UnterGes anzusehen, an der er mittelbar beteiligt ist, sofern er und die seine Beteiligung vermittelnden PersGes (OberGes) jeweils MUer der PersGes sind, an der sie unmittelbar beteiligt sind („MUer-Kette"). Die Vorschrift soll sich aber nach der (allerdings nicht einheitl) BFH-Rspr (Rz 253) auf die Behandlung von **Sondervergütungen/SonderBV** beschränken (BFH IV R 69/99 BStBl II 01, 731 zu 2.c). **ME** ist nur der *Verbund der OberGes'ter,* nicht hingegen die OberGes selbst MUer der UnterGes (Transparenzgedanke; s Rz 255f; *Wacker* FS Goette, 261/78). 612

cc) Tatbestandselemente des Satzes 2 in § 15 I 1 Nr 2: – ***(1)*** Eine gewerbl tätige oder geprägte PersGes (gleichgültig, welcher Rechtsform) als **UnterGes,** 613 wobei nach § 15 III Nr 1 teilweise gewerbl Tätigkeit ausreicht *Kahle* DStZ 14, 273/6. – *(2)* Eine PersGes, die an der UnterGes (unmittelbar) beteiligt ist **(OberGes)** – oder an einer PersGes, die ihrerseits wiederum OberGes ist (mehrstöckige PersGes). – *(3)* Eine ununterbrochene **MUer-Kette,** dh die OberGes (s Rz 612) und deren Ges'ter müssen jeweils „MUer der Betriebe" der PersGes sein, an denen sie unmittelbar beteiligt sind. – **Zu *(2):*** OberGes iSv § 15 I 1 Nr 2 S 2 ist unstr jede AußenGes (OHG, KG, GbR, ausl PersGes) und wohl auch ein „wirtschaftl vergleichbares Gemeinschaftsverhältnis" (s Rz 171), zB eine Erbengemeinschaft als Mitglied einer durch Tod eines Ges'ters in Abwicklung befindl PersGes (vgl BFH VIII R 35/92 BStBl II 95, 241 zu III 3a). OberGes kann mE aber auch eine InnenGes sein, deren Ges'ter MUer sind (zB GmbH & atypisch Still), denn estrechtl ist allein entscheidend, dass der nach außen auftretende Ges'ter (zB GmbH) für Rechnung aller Ges'ter tätig ist (FG BaWü EFG 06, 1829). – **Zu *(3):*** Eine unterbrochene MUerkette lag nach **bisheriger Rspr** auch dann vor, wenn die OberGes außer dem Halten des Anteils an der UnterGes keine oder *nur vermögensverwaltende* Einkünfte erzielt, da die OberGes allein aufgrund ihrer Beteiligung an der (gewerbl) UnterGes als MUerschaft zu qualifizieren war (BFH IV R 7/92 BStBl II 96, 264). Letzterem wäre mE zwar nach der **geänderten BFH-Rspr zu § 15 III Nr 1 aF** (Abfärbung nur noch bei freiberufl oder luf, *nicht aber* bei vermögensverwaltender OberGes; BFH IX R 53/01 BStBl II 05, 383; s Rz 189) die Grundlage entzogen worden (s ausführl 25. Aufl). Mit **§ 15 III Nr 1 nF** hat der Gesetzgeber jedoch die bisherige Beurteilung (Abfärbung bei OberPersGes auch aufgrund gewerbl Beteiligungseinkünfte) rückwirkend festgeschrieben (s dazu Rz 189). – § 15 I 1 Nr 2 S 2 greift nicht, wenn die unmittelbaren Leistungen an die UnterGes und die mittelbare Beteiligung an dieser nur zufällig zusammentreffen (s Rz 562), zB bei mehrstufiger Beteiligung, geringem Anteil an der OberGes und erhebl eigengewerbl Aktivitäten der ZwischenGes (s *Felix* KÖSDI 94, 9768).

615 **dd) Rechtsfolgen** des § 15 I 1 Nr 2 S 2. Hierzu gehören zB – **(1) Sondervergütungen,** die die UnterGes einem *Ges'ter der OberGes* für *unmittelbare* Leistungen gewährt, sind im Gesamtgewinn der UnterGes und deren Gewerbeertrag zu erfassen (Aufwand in der StB, Ertrag in Sonderbilanz bei der UnterGes *für den Ges'ter der OberGes* als SonderMUer der UnterGes).

616 **(2) SonderBV I.** WG, die ein *Ges'ter der OberGes* der UnterGes *unmittelbar* zur Nutzung überlässt, und dessen Forderungen zB aus Darlehen gegen die UnterGes sind als aktives SonderBV I Teil des (Gesamt-)BV der UnterGes (BFH III R 35/98 BStBl II 01, 316 zu II.2.b; *Rödder* StbJb 94/5, 303 Fn 34: Vorrang ggü evtl SonderBV bei der OberGes); Gleiches gilt für damit zusammenhängende Schulden (passives SonderBV; *Mückl* DB 09, 1088; *U. Förster* DB 11, 2570).

617 **(3) SonderBV II.** Ist die UnterGes eine GmbH & Co KG, sind Anteile eines Ges'ters der OberGes an der Komplementär-GmbH der UnterGes *bei dieser* SonderBV II des Ges'ters der OberGes als (Sonder)MUer der UnterGes (*Ley* KÖSDI 10, 17148/54); Entgelte, die ein Ges'ter der OberGes im Dienste der Komplementär-GmbH der UnterGes erhält, sind bei dieser als Sondervergütungen zu erfassen.

618 **(4) Buchwertfortführung.** Werden einzelne WG des Gesamthandsvermögen der OberGes (BV) der UnterGes zur Nutzung überlassen, wechseln sie zum Buchwert in das SonderBV der OberGes bei der UnterGes (§ 6 V 1–2). Darüber hinaus ist grds Buchwertfortführung geboten (Rechtslage ab 1.1.01: § 6 V 3–6 nF) zB wenn übertragen werden *(aa) einzelne WG des Gesamthandsvermögen der OberGes* in das Gesamthandsvermögen der UnterGes gegen Gewährung von GesRechten oder unentgeltl (verdeckte Einlage), *(bb) einzelne WG des SonderBV eines Ges'ters der UnterGes* unentgeltl auf andere Ges'ters der UnterGes in deren SonderBV bei der UnterGes oder auf einen Ges'ter der OberGes in dessen SonderBV bei der UnterGes als (Sonder) MUer der UnterGes (*Hoffmann* GmbHR 02, 125/33) oder *(cc)* einzelne WG des eigenen BV eines Ges'ters der OberGes ins Gesamthandsver-

mögen der UnterGes (*Brandenberg* DStZ 02, 551/6; *FN-IdW* Beil 5/04 Tz 95 ff). Auch nach dem Tranzsparenzgedanken (Rz 253, 612) dürfte eine Buchwertfortführung aber ausgeschlossen sein, wenn ein Ges'ter der OberGes aus seinem SonderBV bei der OberGes einzelne WG unentgeltl auf einen Ges'ter der UnterGes in dessen SonderBV bei der UnterGes überträgt (Grund: Ober- und UnterGes sind nicht dieselbe MUerschaft iSv § 6 V 3 Nr 3; vgl *BMF* BStBl I 11, 1279 Rz 21).

ee) Gesamtgewinn (und GesamtBV) der UnterGes – Gesamtgewinnanteile. Grundlage des Gesamtgewinns der UnterGes (und damit auch ihres Gewerbeertrags) ist das *Ergebnis der StB der UnterGes.* Der StB-Gewinn oder StB-Verlust ist nach BFH-Rspr unmittelbar und anteilig den Ges'tern der UnterGes einschließl der Ober*Ges* als Ges'ter (MUer) zuzurechnen (**mE:** OberGes = Verbund der Ober-*Ges'ter;* Rz 256, 612). Der auf die OberGes entfallende Anteil am StB-Gewinn/Verlust der UnterGes geht in den StB-Gewinn/Verlust der OberGes ein (BFH IV R 23/93 BStBl II 95, 467 zu IV.3.; *FinVerw* DB 98, 903; *Ley* KÖSDI 10, 17148/51: zuzügl außerbilanzielle Korrekturen) und ist von den Ges'tern der OberGes als Teil ihres Anteils am Gesamtgewinn der OberGes zu versteuern. Soweit die **Wj** von Unter- und OberGes nicht übereinstimmen, führt dies zu einer zeitversetzten Versteuerung, sofern die Wahl des Wj nicht im Einzelfall rechtsmissbräuchl ist (s Rz 253). – Zum **GesamtBV der UnterGes** gehören ua auch WG des GesVermögens der OberGes, die der UnterGes zur Nutzung überlassen sind; diese WG sind *aktives SonderBV der OberGes bei der UnterGes* (Vorrang des SonderBV vor EigenBV, s Rz 534; BFH III R 35/98 BStBl II 01, 316 zu II.2.b); ebenso sind die mit diesen WG oder der Beteiligung an der UnterGes wirtschaftl zusammenhängenden *Schulden der OberGes* ihr *passives SonderBV bei der UnterGes* (vgl BFH IV R 68/05 BStBl II 08, 483; *Stegemann* DB 12, 372). – Teil des (einheitl und gesondert festzustellenden) **Gesamtgewinns der UnterGes** und des **Gesamtgewinnanteils der OberGes** als Ges'terin (BFH: „MUerin" der UnterGes; s oben) sind des Weiteren: – ***(1)*** Die Ergebnisse einer etwaigen *Ergänzungsbilanz für die OberGes* zur StB der UnterGes aufgrund individueller AK beim Erwerb *ihres* Anteils *an der UnterGes.* – ***(2)*** Die Ergebnisse einer etwaigen Ergänzungsbilanz für die OberGes'ter (oder OberGes; str, s Rz 471) aufgrund individueller AK beim Erwerb eines Anteils *an der OberGes, soweit* diese AK mittelbar auf die WG der UnterGes entfallen. Gleiches gilt für Refinanzierungsaufwand des OberGes'ters (FG Ddorf BB 12, 2849, Rev IV R 35/12; *Mückl* DB 09, 1088). Zu Bürgschaft des OberGes'ters s Rz 524. – ***(3)*** *Sondervergütungen,* die die *OberGes* für unmittelbare Leistungen an die UnterGes von dieser bezieht (zu ausl UnterGes s *Rosenberger* IStR 06, 591). – ***(4)*** *Aufwendungen und Erträge des SonderBV der OberGes* in ihrer Eigenschaft als „MUerin" der UnterGes. – ***(5)*** Gewinne und Verluste aus der *Veräußerung des MUeranteils* der OberGes an der UnterGes. 619

Schließl sind **Teile des Gesamtgewinns der UnterGes,** nicht aber Teil des der *OberGes* zuzurechnenden Anteils am Gesamtgewinn, sondern vielmehr Gesamtgewinnanteil der *Ges'ter der OberGes* in ihrer Eigenschaft als (Sonder)MUer der UnterGes: – ***(1)*** Sondervergütungen, die ein Ges'ter der OberGes für unmittelbare Leistungen an die UnterGes von dieser bezieht (zu Pensionszusage s *BMF* BStBl II 08, 318 Rdnr 15; Rz 586), und sonstige SonderBE, zB Zinsen für ein Ges'ter-Darlehen, das die OberGes zum Erwerb von SonderBV bei der UnterGes oder die Beteiligung an dieser verwendet hat. – ***(2)*** Aufwendungen und Erträge von WG, die ein Ges'ter der OberGes der UnterGes unmittelbar zur Nutzung überlassen hat und die deshalb bei der UnterGes SonderBV des Ges'ters der OberGes sind; dazu gehören auch Gewinne aus der **entgeltl Veräußerung** oder Entnahme **dieses SonderBV.** Diese Gewinne sind mE nicht begünstigt nach §§ 16, 34, wenn und weil der Ges'ter keinen MUeranteil, sondern nur SonderBV veräußert oder entnommen hat (*Ley* KÖSDI 11, 17277/82; aA zB *Völker* INF 95, 487); denn er bleibt als Ges'ter der OberGes notwendig MUer der UnterGes, unabhängig davon, ob er dieser WG zur Nutzung überlässt oder nicht (Rz 256, 612).

620 **ff) Gesamtgewinn der OberGes; Gesamtgewinnanteile.** Grundlage des Gesamtgewinns der OberGes (und damit auch ihres Gewerbeertrags) ist das Ergebnis der *StB der OberGes,* in das auch der Gesamtgewinnanteil der OberGes als „MUerin" (s Rz 256, 612) der UnterGes eingegangen ist (BFH IV R 42/02 BStBl II 04, 353). – Teile des Gesamtgewinns der OberGes und des Gesamtgewinnanteils des jeweils betroffenen Ges'ters der OberGes sind des Weiteren: – ***(1)*** Die Ergebnisse einer etwaigen *Ergänzungsbilanz* zur StB der OberGes zB aufgrund individueller AK beim Erwerb des Anteils an der OberGes, soweit diese AK nicht (mittelbar) auf WG der UnterGes entfallen (s Rz 619, 471). – ***(2)*** *Sondervergütungen,* die ein Ges'ter der OberGes für unmittelbare Leistungen an die OberGes von dieser bezieht. – ***(3)*** Aufwendungen und Erträge des *SonderBV der Ges'ter der OberGes* als MUer der OberGes einschließl der Erlöse aus der Veräußerung von SonderBV. – ***(4)*** Sonstige durch die Beteiligung *an der OberGes* veranlasste SonderBE/BA. – ***(5)*** Gewinne und Verluste aus der Veräußerung des MUeranteils an der OberGes (§ 16 Rz 582; BFH I R 79/06 BFH/NV 08, 729). – ***(6)*** Zu Währungsverlusten s FG D'dorf EFG 14, 712, Rev I R 13/14.

621 **gg) Einzelheiten.** S zu entgeltl Veräußerung und entgeltl Erwerb *(1)* des *Anteils* der OberGes *an der UnterGes* s § 16 Rz 12, 401, 407, 414; *(2)* eines Anteils *an der OberGes* s Rz 471 § 16 Rz 407, 582. – Zur unentgeltl Übertragung eines MUeranteils (mit SonderBV) an der OberGes s zB *Häger/Forst* EStB 01, 355. – Zur entgeltl *Veräußerung des ganzen GewBetr der UnterGes* s § 16 Rz 394. – Zu § 4h s FG Kln EFG 14, 521, Rev IV R 4/14. – Zu § 15a s dort Rz 61. Zu *§ 35 II 5, III* bei mehrstöckiger PersGes s *BMF* BStBl I 07, 701 Rz 25; *Herzig/Lochmann* DB 00, 1728/9. Zu § 4 IVa s Rz 430 aE.

622 **hh) Beteiligung (MUeranteil) der OberGes an der UnterGes.** Sie ist kein (eigenständiges) WG (BFH I R 102/01 BStBl II 04, 804); sie ist nach hL in der StB der OberGes zwar auszuweisen, aber nicht selbstständig zu bewerten mit der Folge, dass dem Ausweis *für die estrechtl Gewinnermittlung* keine zusätzl (neben der Gewinnfeststellung bei der UnterGes) Wirkung zukommt (BFH aaO; zu *ausl* UnterGes s aber BFH VIII R 38/01 BFH/NV 04, 1372). Str, iErg aber wohl unerhebl ist, wie die Beteiligung auszuweisen ist: Merkposten mit Spiegelbildmethode (*L. Mayer* DB 03, 2034) oder als Summe der Anteile an den WG der UnterGes (*Nickel ua* FR 03, 391); zu den Wirkungen dieses Ausweises zB für § 15a s dort Rz 61, für § 15b vgl *BMF* BStBl I 07, 542, Tz 21; zu § 34a s dort Rz 22.

623 **b) Atypische stille Unterbeteiligung.** § 15 I 1 Nr 2 S 1 HS 2 erfasst in seinem Anwendungsbereich (Sondervergütungen und SonderBV, s Rz 253) auch denjenigen, der am GesAnteil eines MUers atypisch still unterbeteiligt ist (BFH IV R 75/96 BStBl II 98, 137; krit *Ottersbach* FR 99, 201). Zwar kann eine InnenGes zivilrechtl nicht Ges'terin einer PersGes sein; der nach außen auftretende Ges'ter hält die Beteiligung aber für Rechnung der InnenGes, sodass der Unterbeteiligte „mittelbar über eine … PersGes" an der HauptGes beteiligt ist.

624 **c) Mittelbare Beteiligung über KapGes.** Nicht anzuwenden sind § 15 I 1 Nr 2 S 1 HS 2 und S 2 idR (Ausnahme § 42 AO), wenn eine KapGes an einer PersGes beteiligt ist und ein Ges'ter der KapGes, der *nicht Ges'ter der PersGes* ist, für unmittelbare Leistungen von dieser Vergütungen erhält (BFH VIII R 66–70/97 BStBl II 00, 183 zu II.2.b). Zu GmbH & atypisch Still s aber Rz 613 zu (2).

31. Leistungen einer (gewerbl) PersGes an Ges'ter (MUer) oder Schwester-PersGes

Verwaltung: *FinVerw* DStR 90, 768; 94, 582 (Darlehen an Ges'ter).

Schrifttum (Auswahl; Aufsätze vor 2002 s Voraufl): *Ley,* Zur steuerl Behandlung der Ges'terkapitalkonten sowie der Forderungen und Verbindlichkeiten zw einer gewerbl PersGes und ihren Ges'tern, KÖSDI 02, 13459; Rechtsnatur und Abgrenzung aktivischer Ges'terkonten, DStR 03, 957 (s auch vor Anm 75, 84, 93).

a) Leistungen an Ges'ter. § 15 I 1 Nr 2 S 1 HS 2 ist nicht anwendbar, wenn eine PersGes gegen angemessenes oder überhöhtes Entgelt oder ganz oder teilweise unentgeltl **für einen MUer** *tätig* ist (zB Reparaturen an dessen Haus ausführen lässt) oder diesem *Kapital* oder *WG zur Nutzung überlässt* (zB ein Grundstück vermietet); das Gesetz kennt *keine „negativen Sondervergütungen"* (vgl BFH IV R 64/93 BStBl II 96, 642 zu II.2.; *Bordewin* StbJb 92/93, 171/2; *FinVerw* DStR 94, 582). Bei der estrechtl Beurteilung derartiger Rechtsverhältnisse, die das Gegenstück zu den in § 15 I 1 Nr 2 S 1 HS 2 angesprochenen Sachverhalten bilden, ist mE zw *Dienstleistungen* und *Nutzungsüberlassung von WG* und *Darlehen* zu unterscheiden. **625**

b) Dienstleistungen; Nutzungsüberlassungen. Solche Rechtsverhältnisse sind **in der StB** der Ges wie Rechtsverhältnisse zu Fremden **nach allg bilanzstrechtl Grundsätzen** zu erfassen, *soweit* sie *fremdübl* gestaltet und durchgeführt sind (BFH IV R 123/80 BStBl II 83, 598 zu 1.): Die Entgelte sind BE der Ges; die Entgeltsforderung ist BV der Ges und mit Gewinnausweis zu aktivieren, sobald die Ges ihre Leistung erbracht hat; ihr Ausfall mindert idR den (Gesamt-) Gewinn der Ges (Ausnahme: Schuld des Ges'ters ist negatives SonderBV); Aufwand der Ges ist BA. **626**

Bei einem **Missverhältnis zw Leistung und Gegenleistung** (zu niedriges oder überhöhtes Entgelt) liegen verdeckte (Nutzungs- oder Dienst-, evtl auch Geld- oder Sach-)Entnahmen oder verdeckte Geldeinlagen vor (Rz 401; einschr *Rogall* FR 05, 779/84). Diese sind zwar vergleichbar mit vGA und verdeckten Einlagen bei einer KapGes, unterliegen aber den für Entnahmen und Einlagen eines Einzelunternehmers maßgebenden Bewertungsvorschriften (§ 6 I Nr 4, 5), soweit an der PersGes natürl Personen beteiligt sind. Überlässt zB eine PersGes einem Ges'ter ein WG zeitweise unentgeltl zur privaten Nutzung, liegt eine **Entnahme der Nutzung** vor; diese ist – anders als vGA – nur mit dem der PersGes für das WG entstehenden Aufwand anzusetzen (zB BFH VIII R 35/92 BStBl II 95, 241 zu III 3c/bb: **Aufwandsentnahme;** bei Wohnungen aber evtl mit dem Mietwert BFH IV R 49/97 BStBl II 99, 652 zu 5.a; s auch Rz 435). Zur privaten Nutzung eines Betriebs-Kfz s Rz 435, 647. – Auch die Entnahme von (fremden) **Dienstleistungen** (zB Ges stellt Ges'ter unentgeltl ArbN zu privaten Diensten zur Verfügung) ist nur mit dem der Ges erwachsenden Aufwand zu bewerten (*Steger* INF 07, 427/9). – Zur subj **Zurechnung von Entnahmen** s Rz 446. **627**

Ist eine **KapGes MUerin,** kann eine vGA gegeben sein, soweit die Begünstigung mittelbar zu Lasten der KapGes geht und der Begünstigte Ges'ter der KapGes oder eine nahe stehende Person ist (BFH VIII R 280/81 BStBl II 86, 17 mwN; abl zur SchenkSt FG Nds DStRE 13, 992, rkr). **628**

c) Darlehen. Gewährt eine PersGes einem Ges'ter ein Darlehen zu **fremdübl Konditionen** (angemessener Zins; Sicherheit, ausgenommen bei kurzfristigem und geringem Kredit), sind die Zinsen BE und die Forderung BV der PersGes (BFH IV R 64/93 BStBl II 96, 642; *Ley* KÖSDI 02, 13459/67). Beim Ges'ter (Darlehensnehmer) sind die Zinsen je nach Verwendung der Valuta entweder nicht abzugsfähig, WK oder (Sonder-)BA (BFH VIII R 42/98 BStBl II 00, 390), Letzteres zB bei Kredit zum Erwerb eines WG des aktiven SonderBV (Schuld negatives BV). **629**

aa) Fremdvergleich. Die Zinsen sind nicht nur dann BE (und die Forderung BV der PerGes), wenn die PersGes einem Ges'ter ein fremdübl Darlehen (angemessener Zins; Sicherheit, ausgenommen bei kurzfristigem und geringem Kredit) gewährt (dazu Rz 2). Gleiches gilt nach der jüngeren Rspr (Fremdvergleich nur Indiz; bedenkl, s hier 33. Aufl), wenn die PersGes das Darlehen zu nicht fremdübl Konditionen ausreicht (zB zinsverbilligt/unverzinslich; ohne Sicherheiten), es sei denn, es kann festgestellt werden (Einzelfallwürdigung; Beweislast bei FA!), dass für die Kreditgewährung „keine wesentl betriebl Veranlassung" besteht (BFH IV R 15/11 BStBl II 15, 267 mwN: ausreichend besseres Bilanzbild, Vermeidung von **630**

Ges'ter-Entnahmen; Darlehen für LV der Ges'ter iVm Sicherungszession zugunsten PerGes; *Wendt* FR 15, 277: keine 10%-Grenze; *C. Pohl* StuB 15, 330). Gleiches gilt erst Recht, wenn die PersGes ein betriebl Interesse am Verwendungszweck der zinsverbillitgten Kreditmittel hat, zB Finanzierung von SonderBV I eines Ges'ters (*FinVerw* DStR 94, 582; ähnl BFH IV R 64/93 BStBl II 96, 642 zu II.4.b; Rz 491f) oder ein Ausfall der Forderung im Hinblick auf bestellte Sicherheiten so gut wie ausgeschlossen ist. ME bleibt die Zinsverbilligung jedoch außerbetriebl veranlasst mit der Folge, dass etwaige *Refinanzierungskosten* der PersGes als anteilige Aufwandsentnahme nicht abzugsfähig sind (ähnl *Ruban* FS F. Klein, 1994 S 781/98; *Korn* KÖSDI 07, 15711/4; aA *FinVerw* DStR 94, 582). Zum Forderungsverzicht s *Ley* KÖSDI 02, 13459/67. Beim **Ges'ter** (Darlehensnehmer) sind die Zinsen je nach Verwendung der Valuta entweder nicht abzugsfähig, WK oder (Sonder-)BA (BFH VIII R 42/98 BStBl II 00, 390), Letzteres ist zB der Fall bei Kredit zum Erwerb eines WG des aktiven SonderBV (Schuld negatives BV).

631 **bb) Entnahme.** Die nicht betriebl veranlasste Forderung (Rz 630) wird, obgleich Gesamthandsvermögen der PerGes, PV der Ges (s Rz 484ff) aufgrund allen Ges'tern anteilig zuzurechnender Entnahme (*FinVerw* DStR 94, 582); ihr Ausfall (bzw ein Verzicht) mindert den Gewinn nicht (BFH IV R 64/93 BStBl II 96, 642); etwaige Zinsen sind keine BE, sondern anteilige Einlagen aller Ges'ter; Refinanzierungskosten sind nicht abzugsfähig. – S zu weiteren Konsequenzen *Ley* aaO S 13469.

632 **cc) KapKonten/Verzinsung.** Werden positive oder negative Salden der für die Ges'ter geführten Konten (s Rz 541) verzinst, ist dies, soweit die Konten *zivilrechtl* KapKonten sind, Teil der Gewinnverteilungsabrede (BFH VIII R 30/99 BStBl II 01, 621) mit der Folge, dass die für einen Sollsaldo *verrechneten* Zinsen den StB-Gewinn der PersGes nicht erhöhen (BFH IV R 16/99 BStBl II 01, 171: Zinsen keine BE, sondern Negativ-Vorab bei Gewinnverteilung; dazu *Kempermann* FR 00, 1070). Dies gilt aber nicht, soweit der negative Saldo *zivilrechtl* Schuldcharakter hat, zB durch Auszahlungen der Ges entstanden ist, die nicht als gesellschaftsrechtl zulässiger Vorschuss auf künftige Gewinnanteile zu werten und daher mangels solcher zB nach dem *GesVertrag* (dazu BGH DStR 13, 1295; zR krit *Priester* DStR 13, 1786) *zurückzuzahlen sind* (vgl zum Streitstand BFH IV R 98/06 BStBl II 09, 272; FG Hbg EFG 13, 197, Rev IV R 41/12; krit *Ley* KÖSDI 14, 18844; aA *FinVerw* DStR 94, 582: bei Sollsaldo des Darlehenskonto idR KapKto = Einlagenrückgewähr).

633 **2. Leistungen zw SchwesterPersGes.** S dazu Rz 600ff.

640 **32. SonderBE und SonderBA.** Der Umfang der gewerbl Einkünfte der MUer ist in § 15 I 1 Nr 2 mit den Gewinnanteilen und den Sondervergütungen nicht abschließend umschrieben. Aus dem Sinnzusammenhang der Normen über die Besteuerung der MUer folgt, dass – ***(1)*** persönl Aufwendungen, die wirtschaftl durch seinen MUeranteil verursacht sind, als SonderBA(-aufwand) seine gewerbl Einkünfte mindern und – ***(2)*** persönl Erträge, die wirtschaftl durch seinen MUeranteil bedingt sind, als SonderBE(-ertrag) seine gewerbl Einkünfte erhöhen (zB BFH VIII R 29/91 BStBl II 93, 747). Dies gilt auch für beschr stpfl MUer (BFH/NV 01, 28). SonderBE und -BA gehen neben den Sondervergütungen und Wertänderungen des SonderBV in die Gesamtbilanz der MUerschaft ein.

641 **a) Zuordnung.** Sie sind **zeitl** in der Gewinnermittlungsart der MUerschaft und in deren Wj zu erfassen (BFH IV R 222/84 BStBl II 87, 553 zu 4.a; VIII B 28/10 BFH/NV 10, 2272: § 4 III). Demgemäß sind bei Bilanzierung zB Aufwendungen für die Reparatur eines der Ges zur Nutzung überlassenen Gebäudes nach Ausführung der Reparatur zu passivieren (in einer Sonderbilanz); ebenso sind Forderungen *gegen Dritte* zu aktivieren und spätere TW-Minderungen zu berücksichtigen.

b) Ergänzungsbilanz. Nicht zu den ggf in der Sonderbilanz zu erfassenden SonderBE/-BA gehören Aufwand und Ertrag aus der Fortschreibung einer Ergänzungsbilanz (vgl BFH VIII R 63/91 BStBl II 93, 706; s auch Rz 649). Rechtl bedeutsam ist dies zB für den Begriff des KapKtos iSv § 15a (dazu § 15a Rz 83-5). 642

c) Eigener GewBetr. SonderBE und SonderBA sind (ähnl wie die Sondervergütungen, s Rz 568) auch dann ein Teil der in der Sonderbilanz zu erfassenden gewerbl Einkünfte aus MUerschaft (und Teil des Gewerbeertrags der MUerschaft; BFH IV R 54/04 BStBl II 08, 742), wenn der MUer einen eigenen GewBetr hat, dem der PersGesAnteil dient (zur Abgrenzung von BE eines GewBetr s Rz 649), oder noch an einer anderen PersGes beteiligt ist (vgl BFH VIII R 137/84 BStBl II 88, 679). 643

d) Mehrstöckigen PersGes die Ges'ter der OberGes als MUer des Betriebs der UnterGes anzusehen sind (vgl § 15 I 1 Nr 2 S 2), sind Aufwendungen eines Ges'ters aufgrund unmittelbarer Leistungen an die UnterGes SonderBA *bei der UnterGes.* Zum Aufwand (Schuldzinsen etc) des OberGes'ters für den Erwerb der *Beteiligung* an der OberGes s Rz 619, 471. 644

33. SonderBA (Einzelheiten). Dazu gehören zB Gründungskosten (zB BFH/NV 96, 461; Rz 195); Aufwendungen für WG des SonderBV I, zB bei der PersGes zur Nutzung überlassenem Gebäude AfA, Grundsteuer, Reparatur usw; Mietzinsen für ein der PersGes untervermietetes WG (BFH VIII R 261/81 BStBl II 86, 304); Verluste aus durch die Ges'terstellung veranlasste Bürgschaften (zB BFH VIII R 27/00 BStBl II 02, 733; s Rz 524); Aufwendungen für WG des SonderBV II; Zinsen für Schulden des passiven SonderBV (BFH VIII R 42/98 BStBl II 00, 390; zu § 3c s Rz 819/69); Aufwendungen für den Erwerb eines MUeranteils, soweit diese nicht in einer Ergänzungsbilanz zu aktivieren sind, zB Zahlung an lästigen Ges'ter (BFH VIII R 63/91 BStBl II 93, 706 zu II.1.c); bei einer GmbH & Co KG Aufwendungen der Komplementär-GmbH für den Geschäftsführer (BFH VIII R 50/92 BStBl II 94, 282), auch wenn dieser zugleich MUer und seine Sondervergütungen daher korrespondierend zu erfassen sind (BFH I R 105/91 BStBl II 93, 792), oder Finanzierungskosten eines K'tisten für den Erwerb von Anteilen an der Komplementär-GmbH (BFH VIII R 63/91 BStBl II 93, 706 zu II.1.c); Aufwendungen im wirtschaftl Zusammenhang mit (entgeltl oder unentgeltl) Leistungen iSv § 15 I 1 Nr 2 S 1 HS 2, insb Tätigkeiten im Dienste der Ges (MUer-Erlass Rz 82); der (angemessene) Gewinnanteil eines (estrechtl anzuerkennenden) typisch stillen Unterbeteiligten; Kosten eines Zivilprozesses gegen andere Ges'ter; Honorare für Beratung in Fragen der Geschäftsführung (BFH VIII R 345/82 BStBl II 86, 139); evtl Umzugskosten (BFH IV R 42/86 BStBl II 88, 777) oder Mietaufwand (BFH IV R 21/08 BStBl II 10, 337: häusl Arbeitszimmer iSv § 4 V 1 Nr 6b; s auch Rz 518/93); Verluste aus Ausgleichsforderungen gegen andere Ges'ter zB aufgrund der Erfüllung von Verbindlichkeiten der Ges (zB BFH VIII R 128/84 BStBl II 93, 594: „Wegfall" eines positiven KapKtos; BFH/NV 99, 1593); Rückstellung für Ersatz veruntreuter BE (= SonderBE des untreuen Ges'ters, Rz 648) frühestens ab Kenntniserlangung durch geschädigte Ges'ter (BFH IV R 39/99 BStBl II 00, 670; BFH IV R 56/04 BStBl II 06, 838; DStR 06, 1788 mit Anm *Kempermann*). 645

a) Konkurrenz. Bei Dienstleistungen, die ein MUer für die PersGes iRe **freiberufl Praxis** zB als StB oder Architekt oder eines **eigenen GewBetr** zB als Handelsvertreter erbringt, die aber gleichwohl von § 15 I 1 Nr 2 S 1 HS 2 erfasst werden (str, s Rz 602, 533), sind die in der freiberufl Praxis oder dem GewBetr entstehenden Aufwendungen, soweit sie durch die Leistungen für die PersGes bedingt sind, SonderBA; sie sind ggf im Schätzungswege zu ermitteln (vgl FG Hbg EFG 03, 975; *FinVerw* StEK EStG § 15 Nr 153). 646

647 **b) Keine SonderBA.** Hierzu gehören zB Kosten für ärztl Untersuchung eines Ges'ters oder Prämien für Lebens- oder Krankenversicherung (vgl BFH VI R 35/92; BFH/NV 94, 306); Zinsen gem § 233a AO (BFH IV R 6/08 BFH/NV 11, 430); Aufwendungen für ein auch zur Werbung eingesetzten Renngestüts (FG Hbg EFG 92, 657); bei der GmbH & Co KG die Gründungskosten für die Komplementär-GmbH und andere nicht unmittelbar durch die KG-Beteiligung veranlassten Aufwendungen der GmbH zB Jahresabschlusskosten (BFH IV R 46/94 BStBl II 96, 295); Kosten einer Geburtstagsfeier eines Ges'ters mit Geschäftsfreunden (vgl BFH IV R 58/88 BStBl II 92, 524); Kosten der Einladung von Geschäftsfreunden zur Sitzung eines Karnevalsvereins, dem der Ges'ter angehört (BFH VIII R 7/92 BStBl II 94, 843); Zahlung der betriebl Schulden der PersGes mit privaten Mitteln eines Ges'ters (= Einlage); Verluste aus Warentermingeschäften eines Ges'ters (BFH/NV 86, 15; s aber Rz 492) und die Kosten eines hierüber erfolglos geführten Finanzrechtsstreits (BFH III R 220/83 BStBl II 87, 711); Gerichts- und Anwaltskosten erbrechtl Streitigkeiten (BFH VIII R 345/82 BStBl II 86, 139; diff zR *Grube* DStZ 99, 313; *Dusowski* DStZ 00, 584); Kosten einer Testamentserrichtung (FG Nds EFG 00, 1372); Zahlungen, die Erben eines Ges'ters aufgrund Vermächtnisses an frühere Angestellte der Ges leisten (BFH IV R 119/84 BStBl II 86, 609); Ersatzleistungen für unberechtigte Entnahmen aus dem GesVermögen (*Kempermann* FR 01, 32); Übertragung von GmbH-Anteilen zur Entlohnung derer Geschäftsführer (FG RhPf EFG 04, 794: Entnahme); Pkw-Nutzung für andere Unternehmen/Betriebe (BFH IV R 59/06 BFH/NV 09, 1617; s auch *BMF* BStBl I 09, 1326 Rz 17; 14, 835; BFH X R 24/12 BStBl II 15, 132).

648 **34. SonderBE (Einzelheiten).** Dazu gehören zB: Erträge der WG des **SonderBV I,** soweit diese nicht bereits als Sondervergütungen sind, zB bei insgesamt als SonderBV ausgewiesenem Grundstück die auf die Fremdvermietung entfallenden Mieterträge; Erträge des **SonderBV II,** zB bei der GmbH & Co KG Ausschüttungen auf die Anteile an der Komplementär-GmbH (s Rz 517, 714) oder BetriebsGmbH (BFH IV R 28/11 BFH/NV 15, 495); Entnahmegewinne (BFH IV R 20/11 BFH/NV 14, 1519); Erbbauzinsen, die ein Ges'ter von einem Dritten erhält, der aufgrund des Erbbaurechts vereinbarungsgemäß ein Gebäude errichtet und dieses an die PersGes vermietet hat (BFH IV R 11/92 BStBl II 94, 796); Entschädigung des Ges'ters für Tätigkeit in Berufskammer (BFH VIII R 72/03 DStR 05, 690); Zahlung einer den Ges'ter betr Geldauflage (§ 12 Nr 4; § 153a StPO) durch die Ges (offen BFH VIII R 21/11 BFH/NV 15, 191); Zinsen auf im Interesse der PersGes gewährte Darlehen an Dritte (*Bordewin* StbJb 92/93, 171/88); Entgelte für mittelbare Leistungen über Dritte (dazu Rz 605); Schmiergelder, die ein Ges'ter zB als Einkäufer erhält (spätere Ersatzleistungen an die Ges sind SonderBA); BE, die ein Ges'ter ohne Wissen der anderen erhält (FG Mster EFG 14, 1970, Rev VIII R 41/14: Abgrenzung ggü Schenkung; § 18 Rz 170) oder zu seinen Gunsten verkürzt (BFH IV R 56/04 BStBl II 06, 838; DStR 06, 1788 mit Anm *Kempermann;* zu Rückstellung für Erstattungspflicht an Ges s Rz 645 aE); Erlöse aus der Veräußerung von SonderBV (BFH IV R 54/04 BStBl II 08, 742: einschließl GewSt); Versicherungsleistung für entwendetes WG im SonderBV (BFH VIII R 57/07 HFR 10, 245, uU Aufzinsung von AK; s § 16 Rz 480 aE).

649 **a) Keine SonderBE.** Bsp: – ***(1)*** Ges'ter erhält für eine iRd Betriebs übl Leistung *von dritter Seite* eine Vergütung, auch wenn die Leistung im wirtschaftl Zusammenhang mit der Beteiligung an der PersGes steht (BFH IV R 85/77 BStBl II 79, 111; BFH X R 24/10 BStBl II 12, 498: BE des eigenen GewBetr; Rz 562); – ***(2)*** Zinsen für aus privaten Mitteln gewährten Darlehen an MitGes'ter (FG Mster EFG 13, 2007). – ***(3)*** unberechtigte Ges'ter-Entnahmen aus dem GesVermögen (BFH IV R 16/00 BStBl II 01, 238; *Kempermann* FR 01, 408: „Griff in die Kasse"); – ***(4)*** Rückzahlung von Eigenkapital-Vermittlungsprovisionen (BFH IV

R 23/05 BFH/NV 06, 941: Minderung der AK; glA FG BBg EFG 08, 534, rkr: Initiatoren-Eigenprovision; s auch Rz 707).

b) Mehrstöckige PersGes. Vergütungen, die ein Ges'ter der OberGes für unmittelbare Leistungen an die UnterGes von dieser erhält, sind bei der OberGes weder Sondervergütungen iSv § 15 I 1 Nr 2 HS 2 noch sonstige SonderBE, wohl aber Sondervergütungen bei der UnterGes. 650

35. Verfahrensrecht. SonderBE und SonderBA dürfen, ausgenommen als nachträgl (zB BFH X R 60/99 BFH/NV 03, 900), bei der ESt-Veranlagung des MUers nur berücksichtigt werden, wenn sie im Feststellungsverfahren für die MUerschaft erfasst sind – ungeachtet eines etwaigen Geheimhaltungsinteresses (BFH XI R 35/90 BStBl II 92, 4; BFH VIII R 64/87 BFH/NV 92, 515 zu SonderBA des Hauptbeteiligten bei atypischer Unterbeteiligung). Zu unzutr zweifachem Abzug s BFH XI R 61/96 BStBl II 97, 170: § 174 II AO. Die Rspr lässt eine Bescheidergänzung nach § 179 III AO nur in engen Grenzen zu (BFH IV R 19/09 BFH/NV 12, 1569; mE bedenkl). Zu SonderBA bei Beteiligung an mehreren PersGes BFH VIII R 137/84 BStBl II 88, 679; FG Hbg EFG 03, 975; zu SonderBA eines Treugebers BFH IV R 47/85 BStBl II 89, 722. 651

VII. Übertragung von WG zw Ges'ter (MUer) und PersGes (MUerschaft) oder zw Schwester-PersGes; Veräußerung; Entnahme; Einlage

Kommentierungshinweis zu den bisherigen Rz 660–689: Die og Vorgänge können als Veräußerung/Anschaffung (einschließl der Neutralisierung gem § 6b) zu qualifizieren sein, zu **Entnahme** oder **Einlagen** führen oder **§ 6 V** unterstehen; sie wurden bis zur 29. Aufl auch an dieser Stelle erläutert (§ 15 Rz 660 ff). Angesichts des Regelungszusammenhangs insb zur Buchwertfortführung gem § 6 V werden sie nunmehr (ab 30. Aufl) in geschlossener Form – einschließl Sperrfristen, 6 V 1 HS 2 idF JStG 10 und Rechtslagen vor 2001 – dort kommentiert (s **§ 6 Rz 501 ff, 551 ff, 680 ff**). Zur Vermeidung von Wiederholungen wird hierauf sowie auf BMF BStBl I 11, 1279 Bezug genommen. 660

VIII. Beteiligung an einer PersGes; Bilanzierung

Hat ein Ges'ter (natürl Person, PersGes, KapGes) einen eigenen GewBetr und dient seine Beteiligung an einer gewerbl (tätigen oder geprägten) PersGes diesem GewBetr – so stets bei KapGes als Ges'ter einer PersGes –, sind die Beteiligung und ihre Erträge in der **HB** des eigenen GewBetr auszuweisen, und zwar nach hL wie KapGesAnteile (zB *Bürkle ua* DB 98, 1067; FN-IdW 12, 24; zu AK-Änderungen s *Fey ua* BB 12, 1461). – Für die *Ermittlung der estpfl Einkünfte aus der Beteiligung* (Gewinn- bzw Verlustanteil!) haben diese Posten grds keine *selbstständige* Bedeutung (unstr, s zB BFH I R 114/97 BStBl II 00, 399 zu B. IV.1.b; *Groh* StuW 95, 383/5). Nach der Rspr des BFH ist die Beteiligung an der PersGes kein WG iSd §§ 5, 6 (zB BFH GrS 7/89; BFH BStBl II 91, 691 zu C. III.2.b/cc; BFH IV R 33/01 BStBl II 03, 272 zu 2.). Gleichwohl ist die Beteiligung in der StB des Ges'ters zwar auszuweisen, aber nicht wie ein WG selbstständig zu bewerten (BFH I R 102/01 BStBl II 04, 804) mit der Folge, dass dem Ausweis *für die Ermittlung des Gewinns (Verlusts) aus GewBetr* des betriebl beteiligten Ges'ters (neben der einheitl Feststellung von Gewinn und Gewinnanteilen bei der PersGes) keine zusätzl eigenständige Wirkung zukommt (zB BFH I R 58/07 BFH/NV 09, 1953). Auszuweisen ist die Beteiligung als „Merkposten" oder als „Summe der Anteile an den WG" der PersGes nach der Spiegelbildmethode (BFH I R 29/13 BFH/NV 15, 27; *Ley* KÖSDI 10, 17148/52; *OFD Koblenz* DStR 07, 992; FN-IdW 12, 24, 30; abl *Fromm* GmbHR 05, 425). Auf die in der StB ausgewiesenen Beteiligung 690 kann keine gewinnmindernde TW-AfA vorgenommen werden (BFH IV R 100/06 BFH/NV 10, 2056). – Bei **Erwerb** eines Anteils an der PersGes ist estrechtl Gegenstand der Anschaffung nicht der GesAnteils als WG, sondern die der Beteiligung entspr ideellen Anteile an den einzelnen WG des GesVermögens (s Rz 461; § 16 Rz 480 ff). – Zur Beteiligung an einer **nicht gewerbl tätigen** (oder geprägten) **PersGes** (zB Immobilien-KG) s Rz 200 ff.

IX. Besonderheiten bei der GmbH & Co KG mit Einkünften aus GewBetr

Verwaltung: *FinVerw* DStR 01, 1032, DB 14, 1646 (Anteile an KapGes).

Schrifttum (Auswahl; Schrifttum vor 2005 s Vorauflagen): *Binz/Sorg,* Die GmbH & Co KG, 9. Aufl 2003; *Wagner/Rux,* Die GmbH & Co KG, 9. Aufl 2001; *Sudhoff,* GmbH & Co KG, 5. Aufl 2000.

700 **1. GmbH & Co KG. – a) Wesen; Erscheinungsformen; Rechtsvergleich.** Die **echte** GmbH & Co KG ist eine KG (§§ 161 ff HGB), bei der einziger persönl haftender Ges'ter eine GmbH ist. Zur **UG** (haftungsbeschränkt) **& Co KG** (§ 5a GmbHG nF) s Rz 169, 216; *Wachter* GmbHR Sonderheft 08, 87/9: Gewinnbeteiligung erforderl!; *Kock ua* BB 09, 848: Haftungspauschale genügt). Erscheinungsformen sind: Die **typische** GmbH & Co KG, bei der die Ges'ter der Komplementär-GmbH und nur diese zugleich K'tisten sind (beteiligungsidentische oder Einmann-GmbH & Co KG); die **GmbH-beherrschte** GmbH & Co KG, bei der die GmbH innerhalb der KG vertragl eine beherrschende Stellung hat (vgl *Borsch* GmbHR 03, 881), die Ges'ter-Geschäftsführer der GmbH aber nicht K'tisten sind; die **Einheits-GmbH & Co KG,** bei der die Anteile an der Komplementär-GmbH im Gesamthandsvermögen der KG sind (s § 172 VI HGB; *Zeyer* BB 08, 1442; Rz 223); die **doppelstöckige** GmbH & Co KG, bei der persönl haftende Ges'terin der KG eine GmbH & Co KG ist; die **Publikums**-GmbH & Co KG (s Rz 705-7). – Eine **Abart** der echten GmbH & Co KG ist eine KG, bei der neben der GmbH – zB zwecks Vermeidung der Publizitätspflicht nach § 264a HGB – auch eine natürl Person persönl haftende Ges'terin ist. – Zur **„ausl KapGes" & Co KG** s zB *Wachter* GmbHR 06, 79; Rz 173. – **Estrechtl** ist die GmbH & Co KG mit GewBetr (gewerbl tätige oder geprägte KG) zu unterscheiden von einer ohne GewBetr (s Rz 708). Eine KG, bei der einziger persönl haftender und geschäftsführender Ges'ter eine GmbH ist, erfüllt aber stets (str, s Rz 216) den Tatbestand einer gewerbl geprägten PersGes iSv § 15 III Nr 2.

701 **b) Zivilrechtl und estrechtl Wertung.** – Das HGB und das UmwG gehen davon aus, dass die GmbH & Co KG ungeachtet ihrer wirtschaftl Nähe zur KapGes (vgl BGHZ 62, 227) „wirkl" eine KG ist (arg § 177a iVm §§ 125a; § 39 I Nr 5, IV InsO nF). *Handelsrechtl* ist eine ins HR als KG (iSv § 161 I HGB) eingetragene PersGes „echte" KG, unabhängig davon, ob sie ein Handelsgewerbe iSv § 1 II HGB oder nur ein Kleingewerbe betreibt oder überhaupt nicht gewerbl tätig ist, sondern „nur eigenes Vermögen verwaltet" (vgl §§ 105 II; 161 II iVm § 2 HGB). – Für KG (oder OHG), an denen keine natürl Person als persönl haftender Ges'ter beteiligt ist, gelten, sofern sie eine bestimmte Größenklasse erreichen, für Wj, die nach dem 31.12.99 beginnen, die **handelsrechtl Rechnungslegungsvorschriften** (Jahresabschluss, Prüfung, Offenlegung) **für KapGes** (§§ 264a; 267 HGB). – Zu **Vor-/Nachteilen** ggnü GmbH s *Binz ua* GmbHR 11, 281.

702 **Est- und kstrechtl** ist die GmbH & Co KG keine KapGes iSv § 1 I Nr 1 KStG (oder § 2 II GewStG), sondern „wirkl" eine KG und damit, *sofern* sie *gewerbl* tätig oder geprägt ist, grds MUerschaft iSv § 15 I 1 Nr 2 (zB BFH VIII R 54/93 BStBl II 95, 794 mwN zu II.1.a). Zum **Konzern** iSv § 4h III 5, 6s dort.

703 **c) GmbH & Still.** Einer GmbH & Co KG mit GewBetr estrechtl vergleichbar ist die GmbH & Still (atypisch), dh eine stille Ges, bei der eine (tatsächl gewerbl

tätige) GmbH Inhaberin des Handelsgeschäfts iSv § 230 HGB ist und daran die Ges'ter der GmbH oder andere natürl Personen atypisch still beteiligt sind (vgl BFH VIII R 54/93 BStBl II 95, 794 zu II.1.a). Einzelheiten, auch zur atypischen stillen Beteiligung an einer *nicht gewerbl tätigen* GmbH, s Rz 354 ff; 228, 735.

d) Stiftung & Co. Eine **Alternative** zur GmbH & Co KG ist die Stiftung & Co, dh eine KG, bei der persönl haftender Ges'ter eine rechtsfähige Stiftung ist. Ihre Ges'ter beziehen Einkünfte aus GewBetr, wenn die KG gewerbl tätig ist; sie kann keine gewerbl geprägte PersGes sein (Rz 216). Einzelheiten zB *Götz* INF 04, 669; *Wehrheim ua* StuW 05, 234. **704**

2. Publikums-GmbH & Co KG. – a) Begriff. Diese ist *gesrechtl* dadurch gekennzeichnet, dass der GesVertrag „auf die Mitgliedschaft einer unbestimmten Vielzahl in der Öffentlichkeit geworbener und nur als Kapitalanleger beteiligter KG-Ges'ter zugeschnitten ist, die ihrerseits auf die Ausgestaltung des bei ihrem Beitritt zur Ges schon fertig und unabänderl vorliegenden Vertrages keinen Einfluss haben …" (*Binz/Sorg* aaO § 13). Ihrer Struktur nach entspricht sie dem Idealtyp der Körperschaft, diese als Gegensatz zur PersGes gesehen. Gleichwohl ist sie **wirkl eine PersGes,** auf die grds das Recht der KG anzuwenden ist; der **BGH** hat aber für sie ein Sonderrecht entwickelt, das dem Recht der KapGes angenähert ist (vgl zur BGH-Rspr zB *B/H* HGB Anh § 177a Rz 52 ff). **705**

b) MUerschaft. Auch **estrechtl** ist die Publikums-KG eine MUerschaft iSv § 15 I 1 Nr 2, sofern sie gewerbl tätig oder geprägt ist; sie ist weder als KapGes iSv § 1 I Nr 1 KStG noch als nichtrechtsfähiger Verein iSv § 1 I Nr 5 KStG kstpfl; ihr „Einkommen" ist unmittelbar bei ihren Mitgliedern (§ 3 I KStG) zu versteuern (BFH GrS 4/82 BStBl II 84, 751 zu C. II.3). Dies gilt auch für die mittelbare *AnlageGes* (K'tist als Treuhänder für zahlreiche Treugeber, zB BFH IV R 47/85 BStBl II 89, 722) und die mehrstöckige Publikums-GmbH & Co KG. **706**

c) Typische estrechtl Probleme der Publikums-KG. Dies sind zB, ***(1)*** ob sie nur VerlustzuweisungsGes (s Rz 182) oder mit Einkünfteerzielungsabsicht tätig und daher MUerschaft iSv § 15 I 1 Nr 2 ist und ob ggf § 15b eingreift, ***(2)*** ob die K'tisten bzw ihre Treugeber MUer sind (grds bej BFH GrS 4/82 BStBl II 84, 751 zu C. V.3.c; BFH XI R 45/88 BStBl II 93, 538 für Treugeber), ***(3)*** wann die MUerschaft des einzelnen Ges'ters beginnt (s Rz 258), ***(4)*** ob Eigenkapitalvermittlungsprovisionen als AK zu aktivieren sind (so zB BFH IV R 15/09 BStBl II 11, 706: BFH IV R 8/10 BStBl II 11, 709: arg § 42 AO; *BMF* BStBl I 03, 546 Rz 43; mE fragl; anders für *erhaltene* Provision BFH X R 24/10 BStBl II 12, 498; zutr). S auch Rz 562, 649. – Speziell zu (gewerbl geprägter) **Leasing-Fonds** GmbH & Co KG s zB *Henkel/Jakobs* DStR 95, 1573; *Eisgruber* DStR 95, 1569; **Medien-Fonds-**GmbH & Co KG s *BMF* BStBl I 01, 175; 03, 406. Zu § 15b s dort und *BMF* BStBl I, 07, 542; **Private Equity Fonds** s § 18 Rz 280 ff; zu **PersoneninvestitionsGes/Offenen InvKG** s §§ 18, 15a InvStG nF. **707**

3. GmbH & Co KG *mit* GewBetr; GmbH & Co KG *ohne* GewBetr. Eine GmbH & Co KG und ihre Ges'ter haben nur dann Einkünfte aus GewBetr, wenn die KG ***(1)*** – mindestens auch (§ 15 III Nr 1) – einen GewBetr iSv § 15 II betreibt oder ***(2)*** gewerbl geprägte PersGes iSv § 15 III Nr 2 ist. Fehlt es hieran, ist die KG eine nicht gewerbl PersGes; ihre Ges'ter beziehen grds Einkünfte zB aus LuF oder VuV; Ausnahme: betriebl beteiligte Ges'ter (zB KapGes) beziehen Einkünfte aus GewBetr (s Rz 201). **708**

4. MUerschaft. Bei der typischen GmbH & Co KG (mit GewBetr) ist die **Komplementär-GmbH** wegen ihrer Außenhaftung für KG-Schulden und ihrer Geschäftsführungs- und Vertretungsbefugnis idR MUer, auch wenn sie nur eine gewinnunabhängige Vergütung erhält und nicht am Vermögen und Verlust beteiligt und im Innenverhältnis weisungsgebunden ist (BFH VIII R 74/03 BStBl II 06, 595; BFH VIII R 42/10 DB 12, 2484); MUer kann sie auch sein, wenn sie nur **709**

Treuhänderin ist (BFH IV R 26/07 BStBl II 10, 751) oder OrganGes (vgl BFH VIII R 54/93 BStBl II 95, 794; dazu *Wehrheim ua* DB 02, 1676). S auch Rz 264/-7, 321/-54; *K. Schmidt* FS Röhricht, 511/39. – Zur MUerschaft von **Treugeber-Kommanditisten** s Rz 296; 707. – Zu evtl **verdeckter MUerschaft** des (nicht als K'tist beteiligten) **Geschäftsführers** der Komplementär-GmbH s Rz 280 ff; 356; *Rodewald* GmbHR 97, 582.

711 **5. StB-Gewinn, Gesamtgewinn und BV der GmbH & Co KG; SonderBV und Sondervergütungen der Komplementär-GmbH.** Für die Ermittlung des **StB-Gewinns** bzw Gesamtgewinns und für den Umfang des BV (GesamthandsBV, SonderBV) gelten – auch bei einer Einmann-GmbH & Co KG – die allg für PersGes maßgebl Grundsätze. – Zum Teileinkünfteverfahren und zu KStFreiheit nach § 8b KStG für KapGesAnteile im GesVermögen der KG s Rz 438 f.

712 **a) SonderBV.** WG, die der GmbH gehören und die diese der KG zur Nutzung überlassen hat, sind SonderBV I der GmbH bei der KG; sie gehen über die Sonderbilanz der GmbH in die estrechtl Gesamtbilanz der KG ein, obwohl sie in der HB der GmbH auszuweisen sind; estrechtl hat die Gesamtbilanz der KG Vorrang vor der HB (StB) der GmbH (s Rz 534). Eine Nutzungsänderung (zB bisherige alleinige Nutzung der GmbH – Überlassung an die KG und umgekehrt) führt zur Änderung im Bilanzausweis, nicht aber zur Gewinnrealisierung (nur Wechsel zw BV; § 6 V 2; *BMF* BStBl I 11, 1279, Rz 3f). Schulden der GmbH ggü ihrem Geschäftsführer (zB Gehalt, Pensionszusage uä), der *nicht* Ges'ter der KG ist, sind passives SonderBV (BFH VIII R 50/92 BStBl II 94, 282 zu II.4.c), die auch bei Aufwendungsersatzanspruch der GmbH gegen die KG letztl (Rückstellung der KG!) den Gesamtgewinn mindern (BFH IV R 62/00 BStBl II 05, 88).

713 **b) SonderBE/BA.** Entgelte, die die GmbH zB für Dienstleistung (Geschäftsführung) von der KG erhält, können Sondervergütungen (und die hierauf gerichtete Forderung dann SonderBV) oder Gewinnvorab sein (dazu Rz 440 mwN). – SonderBA der GmbH, die den einheitl festzustellenden Gesamtgewinn (und Gewerbeertrag) der KG mindern, sind nur solche Aufwendungen, die unmittelbar durch die Beteiligung an der KG veranlasst sind, auch wenn die GmbH *nur* die Beteiligung an der KG hält (zu § 4h s dort); andere Aufwendungen wie zB Jahresabschluss- und StB-Kosten (*BMF* DB 08, 22), IHK-Beiträge sind laufende BA (KSt-Veranlagung) iRd eigenen GewBetr der GmbH (BFH IV R 46/94 BStBl II 96, 295). – Zum Ausweis einer Pensionszusage der GmbH ggü einem K'tisten s BFH I R 105/91 BStBl II 93, 792: Passivierung in der StB mit korrespondierender Aktivierung als Sondervergütung, keine Minderung des Gesamtgewinns der KG (Rz 586/7). – Zu Rückdeckungsversicherung s *Reuter* GmbHR 94, 141.

714 **6. Anteile an Komplementär-GmbH. – a) Einstöckige PersGes.** Gehören die Anteile einem MUer (K'tisten), sind sie grds **notwendiges SonderBV II,** wenn sie Einfluss auf die Geschäftsführung der KG vermitteln (zB BFH IV R 18/98; BStBl II 99, 286 zu 1.2.a; BFH IV B 26/08 BFH/NV 08, 2003). – **Ausnahmen:** die Komplementärin übt noch eine **andere (Geschäfts-)Tätigkeit** von nicht ganz untergeordneter Bedeutung aus (BFH VIII R 14/87 BStBl II 91, 510; einschr *FinVerw* DB 14, 1646 zu III.2 bei erhebl wirtschaftl Verflechtung von GmbH und KG) oder es handelt es sich – vorbehaltl einer gesellschaftsvertragl Einstimmigkeitsabrede – um eine Beteiligung von **weniger als 10 %** (BFH IV R 1/12 BStBl II 15, 705: selbst bei hoher Gewinnbeteiligung der Komplementärin; offen trotz Minderheitenrechte bei Beteiligung von mindestens 10%; wohl bej bei Quote von mehr als 25%; arg § 53 II GmbHG; s auch Rz 358; krit *Carlé* BeSt 15, 33). Letzteres Urteil überspannt mE die Anforderung an das Merkmal der „Stärkung der Beteiligung" (Rz 517), vernachlässigt das Gewicht der K'tisten als Personengruppe (Rz 823) sowie in casu die über die GmbH-Anteile vermittelte *mitun-*

ternehmerschaftl Gewinnbeteiligung. - Unerhebl ist, ob außer der GmbH ein weiterer persönl haftender Ges'ter vorhanden ist. – Nach BFH I R 72/08 BStBl II 10, 471 gehören die Anteile an der nicht am KG-Gewinn/Verlust beteiligten Komplementärin nur dann zu den **funktional wesentl Betriebsgrundlagen** (s zB § 16 Rz 414/35), wenn der K'tist als Einzelperson seinen Willen in der GmbH durchsetzen kann (zu KG-Umwandlung s BFH I R 97/08 BStBl II 10, 808; *Stangl ua* DStR 10, 1871); die *FinVerw* aaO fordert idR zudem, dass der K'tist nicht mehrheitl an KG beteiligt ist (Ausnahme: 100%-ige Beteiligung); allg abl *Goebel ua* DStZ 11, 431. ME ist es auch hier ausreichend, dass der K'tist nach der sog Personengruppentheorie (Rz 823) Mehrheitsbeschlüsse in der GmbH blockieren kann (*Wacker* NWB 10, 2382). – Vorstehendes gilt entspr für Anteile eines K'tisten an einer KapGes, die Ges'terin der Komplementär-GmbH ist (BFH IV R 51/08 BFH/NV 12, 723). – Ist die GmbH zugleich persönl haftende Ges'terin *mehrerer KG,* bei denen ihre Ges'ter jeweils als K'tisten beteiligt sind („sternförmige" GmbH & Co KG), sind die GmbH-Anteile SonderBV II in der zuerst gegründeten GmbH & Co KG (*FinVerw* aaO zu V.1; vgl zur zeitl Priorität auch BFH IV R 34/09 BStBl II 13, 471; Rz 509, 874). Zu „Mehrfach-Komplementär-GmbH" mit zusätzl eigenem Geschäft s *FinVerw* aaO. – **Gewinnausschüttungen** der Komplementär-GmbH auf Anteile im SonderBV sind SonderBE (zB BFH IV R 65/94 BStBl II 96, 66 aE; *FinVerw* WPg 91, 391: Realisierungszeitpunkt); ebenso der Erlös aus der Veräußerung der GmbH-Anteile. – Zum **Teileinkünfteverfahren** s Rz 438, 526. - Noch kein notwendiges SonderBV sind Anteile an einer aufschiebend befristet in die KG eingetretene GmbH (sog Reserve-Komplementär-GmbH) vor Fristablauf. – Zu Anteilen eines K'tisten **an K'tisten-GmbH** derselben KG s BFH VIII R 12/99 BStBl II 01, 825: SonderBV II.

b) Mehrstöckige PersGes. Diese Grundsätze gelten im Hinblick auf § 15 I 1 **716**
Nr 2 S 2 sinngemäß bei mehrstöckigen PersGes für die von den Ges'tern der OberGes gehaltenen Anteile an der Komplementär-GmbH der UnterGes (mE SonderBV II bei der UnterGes; aA *Rödder* StbJb 94/5, 304 Fn 34). – Zu doppelstöckiger KG, bei der die K'tisten der *UnterGes* Anteile an der Komplementär-GmbH der OberGes halten, s BFH VIII R 14/87 BStBl II 91, 510.

7. Tätigkeitsvergütungen. – a) Für Geschäftsführer der Komplementär- 717
GmbH. Ist der (Ges'ter-)Geschäftsführer der Komplementär-GmbH auch *K'tist und MUer der KG* und erhält er aufgrund eines *Dienstvertrags mit der GmbH* von dieser Vergütungen dafür, dass er die Geschäfte der GmbH und über diese auch die der KG führt (mittelbare Dienstleistung), sind dies SonderBA der GmbH und Sondervergütungen des Geschäftsführers als MUer der KG, die iErg den Gesamtgewinn (und Gewerbeertrag) der KG nicht mindern (zB BFH IV B 23/04 BFH/NV 06, 51). Dabei ist unerhebl, ob ***(1)*** feste oder gewinnabhängige Vergütungen (Tantieme) gewährt werden und ***(2)*** die GmbH die Vergütungen gesondert ersetzt erhält oder aus ihrem allg Gewinnanteil bestreitet. – Auch feste Entgelte, die der als Ges'ter an der KG beteiligte Geschäftsführer der GmbH aufgrund eines *mit der KG abgeschlossenen Dienstvertrags* erhält, sind Sondervergütungen. Gleiches muss mE für Tantieme gelten, die bei der KG bilanziell Aufwand sind. – Übt die *Komplementär-GmbH* auch eine *eigene Geschäftstätigkeit* von nicht untergeordneter Bedeutung aus, sind die Tätigkeitsvergütungen ggf durch Schätzung aufzuteilen; nur der auf die Führung der Geschäfte der KG entfallende Teil gehört zu den Sondervergütungen, der andere Teil ist BA der GmbH und Einnahme des Geschäftsführers nach § 19. – Sondervergütungen sind auch *Versorgungsbezüge* oder eine *Pensionszusage;* die hierfür von der GmbH gebildete Rückstellung mindert zwar deren StB-Gewinn (SonderBA der GmbH), nicht aber den Gesamtgewinn der KG (BFH I R 105/91 BStBl II 93, 792; Einzelheiten s Rz 585 ff, 712/3). Zu *Abfindungen* s Rz 584. – Zur USt s BStBl I 07, 503; 11, 490.

718 **aa) Überhöhte Tätigkeitsvergütungen.** Solche Vergütungen (einschließl Tantiemen) des als K'tisten (MUer) beteiligte Ges'ter-Geschäftsführer sind trotz § 15 I 1 Nr 2 S 1 HS 2 wegen Minderung des Anteils der GmbH am Restgewinn insoweit vGA und iÜ Entnahmen des Ges'ter-Geschäftsführers in seiner Eigenschaft als K'tist (MUer) der KG (Einzelheiten, auch zur Aufteilung zw vGA und Entnahmen s *Wassermeyer* GmbHR 99, 18); gesrechtl sind solche Vergütungen Einlagenrückgewähr iSv § 172 IV HGB, wenn vereinbart ist, dass die KG der GmbH deren Aufwendungen zu ersetzen hat. Auch *Gehaltszahlungen,* die die Komplementär-GmbH an ihren *beherrschenden* Ges'ter-Geschäftsführer, der zugleich K'tist ist, aus ihrem KG-Gewinnanteil zahlt, sind vGA, wenn sie nicht im Voraus klar vereinbart sind (Rz 561).

719 **bb) Angemessene Tätigkeitsvergütungen.** Solche Vergütungen des *Ges'ter-Geschäftsführers* der Komplementär-GmbH, der *nicht MUer der KG* ist, sind SonderBA der Komplementär-GmbH, die zwar ggf durch einen Aufwendungsersatzanspruch zu neutralisieren sind, dann aber auch zu einer zu passivierenden Schuld der KG führen und damit deren StB-Gewinn und Gesamtgewinn mindern (BFH IV R 62/00 BStBl II 05, 88). – *Überhöhte* Vergütungen sind idR vGA der GmbH, evtl aber Einlagen der mittelbar benachteiligten K'tisten bei der GmbH (*Wassermeyer* GmbHR 99, 18). – Ist der *Geschäftsführer der GmbH* zwar *K'tist,* aber *nicht Ges'ter der GmbH* sind Tätigkeitsvergütungen, soweit angemessen, Sondervergütungen und iÜ idR Entnahmen, evtl teilweise mittelbare vGA (*Wassermeyer* GmbHR 99, 18). – Auch Entgelte für Dienste, die ein K'tist als Geschäftsführer einer *KapGes,* die *nicht an der KG beteiligt* ist, für die KG leistet, können Sondervergütungen sein (s Rz 607).

721 **b) Doppelstöckige KG.** Diese Grundsätze gelten sinngemäß bei doppelstöckiger GmbH & Co KG für den Geschäftsführer der Komplementär-GmbH ***(1)*** der OberGes, der an der UnterGes als K'tist beteiligt ist (FG RhPf EFG 87, 187); ***(2)*** der UnterGes, der nur an der OberGes als K'tist beteiligt ist (s Rz 615).

722 **8. Angemessene Gewinnverteilung; Verlustzurechnung.** – Leistet die **GmbH** eine **Vermögenseinlage.** Eine Gewinnverteilung ist angemessen, wenn der GmbH auf die Dauer Ersatz ihrer Auslagen und eine den Kapitaleinsatz und das evtl Haftungsrisiko berücksichtigende Beteiligung am Gewinn in einer Höhe eingeräumt ist, mit der sich eine fremde GmbH zufriedengegeben hätte (grundlegend BFH IV R 139/67 BStBl II 68, 152; mE Vergleich des Werts der beiderseitigen Kapitalbeiträge erforderl).

723 **a) Haftung.** Beschränkt sich der Beitrag der GmbH auf die unbeschr Haftung – neben Geschäftsführung und Vertretung der KG –, und wird sie demgemäß auch *nicht am Kapital der KG beteiligt,* ist die Gewinnverteilungsabrede angemessen, wenn sie der GmbH (neben Auslagenersatz = Vergütung für Geschäftsführung) ein Entgelt gewährt, für dessen Höhe eine dem Risiko des Einzelfalles entspr bankübl Avalprovision einen Anhalt bietet (BFH IV R 122/93 BStBl II 77, 346; Einzelheiten zB FG Saarl EFG 90, 586; *Selle* DB 93, 2040).

724 **b) VGA.** Ein unangemessen niedriger gesellschaftsvertragl Gewinnanteil der GmbH begründet eine vGA (*Briese* DStR 15, 1945; aA *Schwandtner* [Disquotale Gewinnausschüttungen, Diss] [*s* vor Rz 400], S 367). Zur Bestimmung ihrer Rechtsfolgen ist davon auszugehen, dass die GmbH lfd einen angemessenen Gewinnanteil erhält, die GmbH aber die Differenz zum tatsächl Gewinnanteil lfd an ihre Ges'ter (= K'tisten) ausschüttet und diese insoweit, da die Anteile an der Komplementär-GmbH SonderBV sind (s Rz 714), SonderBE haben, auf die aber grds ab VZ 2002/2009 das Halb-/Teileinkünfteverfahren (§ 3 Nr 40; § 3c) anzuwenden ist. Die Gewinnanteile der GmbH und der Gesamtgewinn der KG erhöhen sich um die vGA; der Gewinnanteil der an der GmbH beteiligten K'tisten ändert sich insofern als er sich nunmehr aus dem um die vGA verminderten StB-

Anteil und aus der teilweise stfreien SonderBE iHd vGA zusammensetzt (anders noch zum früheren Recht BFH IV R 139/67 BStBl II 68, 152). Über vGA der Komplementär-GmbH ist bei der Gewinnfeststellung der KG zu entscheiden (BFH I R 79/97 BStBl II 98, 578).

c) Einlage. Ist der vertragl Gewinnanteil der GmbH aus außerbetriebl Gründen zu Lasten der K'tisten, die zugleich Ges'ter der GmbH sind, überhöht, ist dies verdeckte Einlage der GmbH-Ges'ter (K'tisten) mit der Folge, dass *(1)* den K'tisten ein entspr höherer und der GmbH ein entspr niedriger Gewinnanteil zuzurechnen ist und *(2)* der den K'tisten zusätzl zugerechnete Gewinnanteil zu nachträgl AK für ihre dem SonderBV zugehörigen Anteile an der Komplementär-GmbH führt (BFH IV R 71/89 BStBl II 91, 172). 725

d) Einzelfragen – *(1)* Zur **Verlustzurechnung** s 449 ff. Zu vertragl Ausschluss der Verlustbeteiligung der Komplementär-GmbH s § 15a Rz 4, 26. 726

(2)* Mittelbare vGA der Komplementär-GmbH sind Leistungen aus dem GesVermögen der KG** zugunsten – ***(a) eines K'tisten, der zugleich GmbH-Ges'ter ist, zB Veräußerung von WG des GesVermögens an diesen zu unangemessen niedrigem Preis; – ***(b)*** eines (Nur-)GmbH-Ges'ters zB überhöhte Vergütung für dessen Darlehen (BFH/NV 95, 103; *Wassermeyer* GmbHR 99, 18). 728

9. Änderung der Gewinnverteilungsabrede. Bei der typischen GmbH & Co KG kann eine Zustimmung der GmbH zu einer Änderung der Gewinnverteilungsabrede eine vGA der GmbH sein, wenn sich dadurch der Anteil am Jahresgewinn und künftigen Abfindungs- oder Auseinandersetzungsguthaben zugunsten der K'tisten (= GmbH-Ges'ter) verringert und ein ordentl Geschäftsleiter der GmbH der Vertragsänderung nicht zugestimmt hätte (zB BFH IV R 69/91 BFH/NV 93, 386). Das gilt auch, wenn das Kapital der KG erhöht wird und die GmbH an der Kapitalerhöhung nicht teilnimmt (BFH IV R 153/74; BStBl II 77, 504). Diese Grundsätze sind aber idR nicht anzuwenden, wenn der bisherige Gewinnanteil der GmbH überhöht war (s Rz 725). Ist die Änderung des KG-Vertrags eine vGA, ist Gegenstand der vGA idR ein Bruchteil des bisherigen MUeranteils der GmbH. Die Rechtsfolge der vGA entspricht der eines Verkaufs eines Bruchteils des MUeranteils zu angemessenem Preis (FG Mchn EFG 88, 290) mit Ausschüttung des Verkaufserlöses an die GmbH-Ges'ter. In dieser Höhe (= Anteilswert einschließl Geschäftswert) sind bei den Empfängern der vGA (K'tisten = GmbH-Ges'ter) SonderBE anzusetzen (BFH I R 150/82 BStBl II 87, 455 zu I.3). 729

10. Ausscheiden der Ges'ter. Ausscheiden der Komplementär-GmbH (Anwachsung auf natürl Personen). War die ausscheidende GmbH am Vermögen der KG kapitalmäßig nicht beteiligt, sind die Buchwerte zwingend fortzuführen (s § 16 Rz 430, 525; *Brandenberg* DStZ 02, 511/3). – Zum Ausscheiden aller K'tisten (Anwachsung auf die GmbH) s § 16 Rz 513. 730

X. Besonderheiten bei Familien-Personengesellschaften

Verwaltung: EStR 15.9 I–IV; *FinVerw* DB 99, 1980 (unentgeltl Aufnahme von Angehörigen in ein Einzelunternehmen).

Schrifttum (Auswahl; Schrifttum vor 2004 s Vorauflagen): *Binz/Sorg,* Die GmbH & Co KG; 9. Aufl 2003. – *Hohaus ua,* Die Beteiligung Minderjähriger an vermögensverwaltenden Familien-KG, BB 04, 1707.

1. Zielsetzungen; Erscheinungsformen; Rechtsgrundlagen. – a) „Erwünschte" MUerschaft. Die Gründung zB einer Familien-KG durch Einbringung des elterl Einzelunternehmens und schenkweise Aufnahme von Kindern als K'tisten oder eine entspr personelle Erweiterung einer FamilienPersGes haben – neben zivilrechtl und erbstl Motiven (s aber § 13b II ErbStG nF) – vielfach auch das **estrechtl Ziel,** Einkommensteile auf die Kinder zu verlagern und damit durch 740

Progressionsabschwächung und Vervielfältigung des Grundfreibetrags die ESt-Belastung zu mindern (zB *Hohaus ua* BB 04, 1707).

741 **aa) MUerstellung.** Dieses Ziel ist nur erreichbar, soweit eine MUerschaft der Kinder („erwünschte" MUerschaft) und die vereinbarte Gewinnverteilung estrechtl „anzuerkennen" sind („Realsplitting"); dazu müssen bestimmte Voraussetzungen erfüllt sein. Während näml bei GesVerhältnissen zw Fremden ein natürl wirtschaftl Interessengegensatz vorhanden ist, der die vertragl Vereinbarungen idR als betriebl veranlasst erscheinen lässt, fehlt diese „Richtigkeitsgewähr" idR, wie allg bei Verträgen zw nahen Angehörigen (zB BFH VIII R 16/97 BStBl II 01, 186 zu 2.a mwN), auch bei GesVerhältnissen (zum Begriff bzw Typus der Familien-PersGes zB *Ritzrow* StBP 03, 140; krit *Carlé ua* KÖSDI 00, 12383). Die inhaltl Ausgestaltung des GesVerhältnisses kann deshalb privat veranlasst und die „Gewinnverteilung" Einkommensverwendung sein. Nur der als privat zu wertende Entstehungsgrund (zB Schenkung) muss grds außer Betracht bleiben (zB BFH IV R 114/91 BStBl II 94, 635 zu I.2. mwN).

742 **bb) Fremdvergleich.** Voraussetzung dieser estrechtl Abstraktion vom privaten Entstehungsgrund ist jedoch, dass das GesVerhältnis einem im Ausgleich widerstreitender Interessen zustandegekommenen GesVerhältnis zw Fremden *grds* wirtschaftl gleichwertig ist (Fremdvergleich; zB BFH IV R 114/91 BStBl II 94, 635 zu I.3.; zust *Westerfelhaus* DB 97, 2033; krit zum Fremdvergleich zB *P. Fischer* DStZ 97, 357; *Pezzer* DStZ 02, 850), und nicht ledigl eine verdeckte Einkommensverwendung in der „Maske" eines zivilrechtl Gewinnanteils enthält (iVm der Aussicht, *in Zukunft* Kapital/MUerstellung zu erlangen); es ist zu fragen, ob auch ein Dritter sich unter gleichen Umständen *entgeltl* beteiligt hätte bzw sich bei entgeltl Beteiligung *in etwa* mit gleichartigen Rechten begnügt hätte (BFH IV R 79/94 BStBl II 96, 269 zu II.2). Ein Einzelunternehmer kann sich der Tatbestandsverwirklichung des § 15 I 1 Nr 1 und ihrer Rechtsfolgen nicht dadurch entziehen, dass er den Ertrag einzelner Geschäftsvorfälle zB durch Vorausabtretung des Vergütungsanspruchs (vgl BFH I R 64/81 BStBl II 85, 330) oder Abschluss eines Vertrags zugunsten Dritter einem anderen zuwendet (vgl BFH I R 215/78 BStBl II 83, 27 mwN); ebenso wenig kann er dies dadurch, dass er schenkweise seine Kinder aufnimmt und ihnen x-beliebige Gewinnanteile einräumt. Er kann dies nur (BFH VIII R 16/97 BStBl II 01, 186), – ***(1)*** wenn er den Kindern eine GesVerhältnissen mit Richtigkeitsgewähr mindestens angenäherte rechtl und tatsächl Stellung vermittelt, die diese über bloße Empfänger lfd Zuwendungen iSv § 12 Nr 2 und § 22 Nr 1 S 2 hinaushebt, dh zu MUern werden lässt (estrechtl „Anerkennung" des GesVerhältnisses dem Grunde nach) und – ***(2)*** soweit die Gewinnanteile nicht über das hinausgehen, was dem wirtschaftl Gewicht ihrer MUerstellung im Verhältnis zu der der übrigen Ges'ter entspricht (estrechtl „Anerkennung" der Gewinnzurechnung der Höhe nach = angemessene Gewinnverteilung). – **Rechtsgrundlage** für eine von der zivilrechtl Gestaltung abw Gewinnzurechnung ist die Unterscheidung zw Einkommenserzielung (Tatbestandsverwirklichung) und -verwendung (vgl zB BVerfGE 43, 109/19), dh ein richtig verstandener § 15 I 1 Nr 2 (dh, dass nicht jeder, der zivilrechtl Ges'ter einer KG ist, damit schon gewerbl Einkünfte in Gestalt seines vertragl Gewinnanteils hat) und § 12 Nr 2 (dh, dass diese Norm auch verdeckte private Zuwendungen erfasst).

744 **b) „Unerwünschte" MUerschaft.** Während die Gründung einer Familien-PersGes eine Minderung des ESt-Belastung bewirken kann (und soll), lassen sich zusätzl Steuerersparnisse insb bei der GewSt erzielen, wenn ***(1)*** der bisherige Betriebsinhaber sein Unternehmen an eine neugegründete Familien-GmbH & Co KG (evtl auch GmbH & atypisch Still), verpachtet oder verkauft, an der er selbst *nicht* als Ges'ter der KG (und der GmbH!) beteiligt, für die er aber als Geschäftsführer tätig ist, oder ***(2)*** die K'tisten einer GmbH & Co KG ihre KG-Anteile schenkweise zB auf ihre Ehegatten übertragen, aber selbst Geschäftsführer der

Komplementär-GmbH bleiben. Dieses Ziel wird aber nur erreicht, wenn – ***(a)*** die Rechtsbeziehungen zw dem bisherigen Betriebsinhaber und der neuen KG bzw deren Ges'ter, zB Pacht-, Dienst-, Darlehnsvertrag usw *als solche* und nicht als verdecktes GesVerhältnis und damit als MUerschaft („unerwünschte") zu werten sind (s Rz 280 ff) und – ***(b)*** der bisherige Unternehmer nicht wirtschaftl Eigentümer zB geschenkter KG-Anteile bleibt (s Rz 300).

2. Gründung und estrechtl Anerkennung einer Familien-KG (EStR 15.9 II). Bei Gründung einer Familien-KG durch Einbringung des elterl Einzelunternehmens und unentgeltl Aufnahme von Angehörigen, insb voll- oder minderjährigen Kindern als K'tisten – zur zivilrechtl Konstruktion der Einbuchung (Einlage für eigene und fremde Rechnung) auch im Hinblick auf § 171 I HGB und eines evtl Widerrufs der Schenkung vgl *K. Schmidt* GesRecht, 4. Aufl, § 54 II 4; BFH X R 35/04 BFH/NV 06, 521 –, konnten schon nach früherer Verwaltungspraxis und hL die **Buchwerte** in vollem Umfang fortgeführt werden; ab VZ 2001 greift insoweit die **gesetzl Regelung des § 6 III 1 HS 2 Alt 1,** nach der „bei der unentgeltl Aufnahme einer natürl Person in ein bestehendes Einzelunternehmen" zwingend die Buchwerte fortzuführen sind. Zu Einzelheiten s § 6 Rz 656, § 16 Rz 204. – Zur unentgeltl Übertragung eines **Teils des MUeranteils** (§ 6 III S 1 HS 2 Alt 2 iVm S 2) s § 6 Rz 664 ff, s § 16 Rz 430, 435. – **MUer** iSv § 15 I 1 Nr 2 werden die unentgeltl aufgenommenen Angehörigen aber nur, wenn ***(1)*** in einem GesVertrag, der ernsthaft gemeint, insb zivilrechtl wirksam ist (dazu Rz 747), ***(2)*** ihnen „wenigstens annäherungsweise diejenigen Rechte eingeräumt bzw belassen sind, die einem K'tisten nach dem Regelstatut des HGB über die KG zukommen" (dazu Rz 750 ff; krit zB *Binz/Sorg* aaO § 16 Rz 127 ff) und ***(3)*** die zivilrechtl Gestaltung klar und eindeutig ist und den vertragl Bestimmungen gem vollzogen wird (zB BFH VIII R 16/97 BStBl II 01, 186 zu 2.a). – Ein K'tist, der nicht MUer ist (dazu Rz 274 mwN), weil seine Rechtsstellung im Innenverhältnis abw vom Regelstatut des HGB auf die eines (typischen) stillen Ges'ters beschränkt ist, kann estrechtl stiller Ges'ter iSv § 20 I Nr 4 sein (BFH IV R 79/94 BStBl II 96, 269 zu III), sofern die Voraussetzungen hierfür (s Rz 774) erfüllt sind (zB BFH aaO zu II.2). 745

3. Zivilrechtl Wirksamkeit des KG-Vertrags. – a) Grundsätze. Hierin ist mE nicht nur eines von mehreren Indizien für die Ernsthaftigkeit des Vertrags (ähnl BFH IX R 45/06 DB 07, 1287; *BMF* BStBl I 11, 37: Nichtbeachtung *zivilrechtl streitiger* Formvorschriftern ist uU unschädl; *allein* die Verletzung von Formvorschriften rechtfertigt keinen Schluss auf fehlenden Bindungswillen), sondern ist unerlässl, weil sich nur für Angehörige, denen Ges'terrechte zustehen und nicht wieder entzogen werden können, die empfangenen Leistungen als Gewinnanteile und nicht bloß als private Zuwendungen iSv § 12 Nr 2 werten lassen (zB BFH IV R 53/82 BStBl II 86, 798; aA zB *Schön* FS F. Klein, 1994 S 467). Dazu ist bei schenkweiser Aufnahme von minderjährigen Kindern erforderl, dass – ***(1)*** diese, sofern der GesVertrag mit den Eltern (oder Großeltern) abgeschlossen wird, durch einen gerichtl bestellten **Abschlusspfleger** (§ 1909 BGB), und zwar mehrere Kinder jeweils durch einen anderen Pfleger vertreten werden, weil der Abschluss eines KG-Vertrags nicht ledigl rechtl vorteilhaft ist (§§ 181, 1629 II, 1795 II BGB; vgl BGHZ 68, 225/32) und – ***(2)*** der Vertrag **familiengerichtl genehmigt** wird (§§ 1643 I, 1822 Nr 3 BGB; BFH IV R 49/68 BStBl II 73, 307; BGH NJW 86, 2829; *Ivo* ZEV 05, 193; zu vermögensverwaltenden KG s *Werner* GmbHR 08, 1266). – Einer **notariellen Beurkundung** bedarf es nicht, weil die schenkweise Aufnahme in eine KG eine vollzogene Schenkung ist (§ 518 II BGB). – Die familien-/vormundschaftsgerichtl Genehmigung wirkt auch estrechtl auf den Zeitpunkt des Vertragsabschlusses zurück, wenn sie unverzügl beantragt wird (BFH I R 227/70 BStBl II 73, 307; ähnl zur Pflegergenehmigung BFH IV R 46/91 BStBl II 92, 1024) oder den Beteiligten nicht angelastet werden kann (BFH VIII R 83/05 BFH/NV 09, 1118). 747

748 **b) Missbrauch.** Ist der GesVertrag zivilrechtl unwirksam, stellt sich die Frage, ob § 41 I 1 AO anzuwenden ist (bej zB *Carlé/Halm* KÖSDI 00, 12387; evtl BFH/NV 98, 1339; vern *Bordewin* DB 96, 1359/64: arg § 41 I 2 AO iVm § 12); mE sind die Kinder nicht MUer, weil das wirtschaftl Ergebnis (einstweilen) nur lfd Zuwendungen iSv § 12 Nr 2 entspricht (FG Ddorf EFG 87, 331).

749 **4. Tatsächl Vollzug des KG-Vertrags.** Eine MUerschaft der Kinder wird nicht dadurch in Frage gestellt, dass bei einem GesVerhältnis, an dem minderjährige Kinder neben ihren Eltern oder einem Elternteil beteiligt sind, die **Eltern als gesetzl Vertreter** der Kinder deren Ges'terrechte ausüben; es bedarf **keines sog Dauerpflegers** (BFH IV R 102/73 BStBl II 76, 328; BGHZ 65, 93; zur Stimmrechtsvollmacht s Rz 752). Nicht erforderl ist auch, dass entnahmefähige Gewinnanteile tatsächl entnommen werden (BFH aaO zu 2.b). Schädl ist aber, wenn die Eltern als gesetzl Vertreter die Gewinnanteile der Kinder entnehmen und für *eigene* Zwecke verwenden (vgl BFH IV R 272/84 BStBl II 86, 802 zu 2.b); Gleiches gilt mE bei Verwendung zum Unterhalt des Kindes (evtl BFH IX R 220/84 BStBl II 89, 137; *Bordewin* DB 96, 1359/70; aA *Carlé ua* KÖSDI 00, 12388).

750 **5. Gesellschafterrechte gem HGB.** Ob Kinder deshalb keine MUer sind, weil ihre Ges'terrechte nicht annähernd denen eines **K'tisten** nach dem **Regelstatut** des HGB entsprechen (dazu krit *Binz/Sorg* aaO § 16 Rz 106 ff), ist grds nach gleichen Kriterien wie bei PersGes unter Fremden zu beurteilen (BFH VIII R 166/84 BStBl II 89, 758; BFH IV B 143/05 BFH/NV 07, 1848) – mE nur, soweit die Beschränkungen einzeln und in der Summe in etwa auch bei entgeltl begründeten PersGes denkbar sind (Fremdvergleich!; ähnl BFH IV R 79/94 BStBl II 96, 269 für atypische Unterbeteiligung; *Bordewin* DB 96, 1359/67).

751 **a) Grundsatz.** Die neuere **BFH-Rspr** ist tendenziell **großzügig.** Danach gilt: – ***(1)*** Schenkweise aufgenommene (minderjährige) Kinder sind, sofern sie nicht zum Buchwert aus der KG verdrängt werden können, *selbst dann MUer,* wenn ihr Kündigungsrecht langfristig und ihr Widerspruchsrecht (§ 164 HGB) ausgeschlossen ist, sie bei Ausscheiden durch *eigene* Kündigung zum Buchwert abgefunden werden und der Vater sich durch Einlageerhöhung das Recht zur Änderung des GesVertrags verschaffen kann (s Rz 266 mwN). – ***(2)*** Schenkweise aufgenommene Kinder sind *keine MUer,* wenn ihr Widerspruchsrecht (§ 164 HGB) ausgeschlossen ist und der GesVertrag Stimmrecht und Mehrheitserfordernisse für Ges'terbeschlüsse so regelt, dass der Senior in allen Angelegenheiten *einschließl Änderung des GesVertrags* und Auflösung der Ges allein entscheiden kann (BFH VIII R 328/83 BStBl II 89, 762; ähnl BFH/NV 90, 92). – ***(3)*** Geringfügige Abweichungen einzelner Regelungen vom Fremdüblichen oder vom Regelstatut sind unschädl (BFH VIII R 16/97 BStBl II 01, 186 zu 2.c cc).

752 **b) Keine MUerstellung/Beispiele.** Danach dürfte eine Anerkennung schenkweise aufgenommener Kinder als MUer an ihrer „Entrechtung" iVm Fremdvergleich nur scheitern (vgl *Bordewin* DB 96, 1359/67; *Ritzrow* StBP 03, 140/3): – ***(1)*** Wenn der K'tist nach dem GesVertrag wie ein typischer stiller Ges'ter weder beim Ausscheiden noch bei Auflösung der Ges an den **stillen Reserven** und/oder am **Geschäftswert** teilhat (aA *Binz/Sorg* aaO § 16 Rz 129). – ***(2)*** Wenn sich der Schenker vorbehalten hat, den Kindern nach freiem Ermessen zu kündigen (Übernahmerecht = **Hinauskündigungsklausel**) – ungeachtet der Kontroverse um die zivilrechtl Wirksamkeit einer solchen Vereinbarung (vgl *K. Schmidt,* GesRecht, 4. Aufl 2002, § 50 III 4; BGH DB 07, 1017; *Wälzholz* NZG 07, 416) –, es sei denn, die Kinder erhalten eine Abfindung, die auch einen angemessenen Anteil an den stillen Reserven und am Geschäftswert umfasst (zB BFH IV R 79/94 BStBl II 96, 269; *Knobbe-Keuk* § 12 I 2). – ***(3)*** Wenn die **Mitgliedschaft** von vornherein **befristet** ist (BFH IV R 93/73 BStBl II 76, 324; zust *Knobbe-Keuk* aaO; *Binz/Sorg* aaO). – ***(4)*** Wenn der **GesVertrag** kraft besonderer Bestimmung mit der Stimmenmehrheit des Schenkers *uneingeschränkt* zuungunsten der Kinder

geändert werden kann – mE ungeachtet der evtl Unwirksamkeit (Kernbereichslehre) dieser Regelung – (BFH VIII R 328/83 BStBl II 89, 762; BFH VIII R 16/97 BStBl II 01, 186 zu 2.c bb; aA VIII R 166/84 BStBl II 89, 758 solange nicht geändert). Dem ist die Wahrnehmung der **Ges'terrechte** durch den **(Vorbehalts-)Nießbraucher** gleichgestellt (BFH II R 34/07 BStBl II 09, 312; Rz 309). – *(5)* Wenn sich der Schenker den freien **Widerruf der Schenkung** vorbehalten hat (EStR 15.9 II; BFH VIII R 196/84 BStBl II 89, 877: wirtschaftl Eigentum des Schenkers) – mE auch bei Schenkung weiterer Anteile an MUer (*Konrad* HFR 08, 605; aA *Jülicher* DStR 98, 1977f) –, nicht hingegen bei Vorbehalt eines Widerrufs **(Rückfall)** nur für bestimmte unwahrscheinl Ausnahmefälle (BFH IV R 114/91 BStBl II 94, 635), zB Insolvenz oder Vorversterben des Beschenkten (*Götz* FR 15, 972). Entsprechendes gilt für bedingte **Weiterleitungsklauseln** (*Jülicher* aaO). – *(6)* Bei einer **pachtenden Familien-GmbH & Co KG** ohne Beteiligung des bisherigen Betriebsinhabers (Verpachters), wenn der Pachtvertrag vom Verpächter jederzeit gekündigt werden kann, die Kinder keinen Einfluss auf die Geschäftsführung der KG haben und ihre Gewinnanteile nur geringfügig entnehmen können (BFH IV R 53/82 BStBl II 86, 798). – Unschädl sind hingegen idR Beschränkungen des Entnahmerechts, auch wenn diese nicht fremdübl sind (BFH VIII R 16/97 BStBl II 01, 186 zu 2.c cc). – Zum Vorbehalt einer **unwiderrufl Stimmrechtsvollmacht** zugunsten des Schenkers s BFH IV R 125/92 BStBl II 96, 5; FG Köln DStRE 06, 760, nrkr: bei vermögensverwaltender GbR unschädl, anders evtl bei MUerschaft (dazu FG Hbg EFG 02, 260, rkr). – Zu Rechtsfolgen, wenn einzelne Ges'ter nicht MUer sind, s Rz 274. – *(7)* Nicht ausreichend für die MUerschaft ist – *(a)* die **dingl Mitberechtigung** des K'tisten am GesVermögen (vgl BFH VIII R 66–70/97 BStBl II 00, 183), und – *(b)* dessen **Verlustbeteiligung,** weil die Kinder nicht mehr verlieren können, als ihnen zugewendet werden. – *(8)* Der Einwand, die vertragl Beschränkungen der Rechte der schenkweise aufgenommenen K'tisten seien zivilrechtl unwirksam und deshalb unbeachtl, kann die Anerkennung der MUerschaft nicht rechtfertigen, weil vom Bedachten nicht erwartet werden, dass er seine ungewisse Rechtsposition im Prozesswege durchsetzt (zB BFH IV R 79/94 BStBl II 96, 269 zu I.2.b), zumal darin uU ein Grund zum Widerruf der Schenkung wegen groben Undanks gesehen werden könnte.

6. Zivilrechtl Rückbeziehung. Wird die Aufnahme in eine Familien-KG auf einen Zeitpunkt vor mündl oder schriftl Abschluss des GesVertrags vereinbart, kann dies estrechtl nicht dazu führen, dass dem Angehörigen ein Anteil an dem vor Abschluss des Vertrags entstandenen Gewinn als eigene gewerbl Einkünfte zugerechnet wird (zB BFH IV R 79/94 BStBl II 96, 269 zu I.2.e). **763**

7. Erbfall. Bei KG-Anteilen, die Angehörige von Todes wegen erwerben, werden die Erben nicht MUer zB, wenn die KG nur aus Vater und Großvater besteht und der vom Großvater auf den Enkel im Erbwege übergegangene KG-Anteil mit steuerschädl Beschränkungen (Rz 750 ff) belastet ist, die erst mit dem Tode des Großvaters wirksam werden oder kurze Zeit vorher vereinbart sind. **764**

8. Entgeltl Erwerb. Wird ein Familienangehöriger entgeltl in der Weise als K'tist aufgenommen, dass er sich zu einer Kapitaleinlage verpflichtet, diese aber nur aus künftigen Gewinnanteilen zu leisten ist, ist er im Jahr des Vertragsabschlusses noch nicht MUer (BFH IV R 138/67 BStBl II 73, 526). **765**

9. Familien-GmbH & Co KG; MUerschaft. Die in Rz 745–765 dargestellten Grundsätze sind zu Fällen entwickelt, in denen ein Elternteil sein Unternehmen in eine KG sowohl für eigene Rechnung als auch schenkweise für Rechnung der als K'tisten aufgenommenen Kinder einbrachte und in der KG selbst persönl haftender Ges'ter wurde. Sie gelten in gleicher Weise für eine **GmbH & Co KG,** wenn ein Elternteil die Komplementär-GmbH als Ges'ter und/oder -Geschäftsführer beherrscht, gleichgültig, ob er daneben auch zivilrechtl Ges'ter und/oder **766**

estrechtl MUer der KG ist (BFH XI R 35/88 BFH/NV 92, 452). Denn es ist gleichwertig, ob der bisherige Einzelunternehmer (MUer) seine rechtl und wirtschaftl Machtstellung als persönl haftender Ges'ter oder mittelbar über eine GmbH konserviert. – Zusätzl ist uU zu prüfen, ob Personen, die nicht Ges'ter der GmbH & Co KG sind, zB der bisherige Betriebsinhaber (= Verpächter und/oder Geschäftsführer der Komplementär-GmbH), **wirtschaftl Eigentümer** zB geschenkter KG-Anteile geblieben sind (s Rz 300) oder zur KG bzw deren Ges'ter in einem verdeckten (Innen-)GesVerhältnis stehen (s Rz 280 ff).

769 **10. Familien-OHG.** Werden Angehörige schenkweise als Ges'ter in eine OHG (oder als **persönl haftende Ges'ter** in eine KG) aufgenommen, werden diese unabhängig von der Ausgestaltung des GesVerhältnisses idR schon wegen der Außenhaftung für GesSchulden MUer (s Rz 321), es sei denn, diese ist rein formaler Natur zB bei bankverbürgter Freistellungspflicht der übrigen Ges'ter.

770 **11. Estrechtl Anerkennung atypischer stiller Beteiligungen und Unterbeteiligungen.** Wird Angehörigen eine atypische stille Beteiligung zB am väterl Einzelunternehmen oder einer vom Vater beherrschten GmbH oder eine Unterbeteiligung an einem PersGesAnteil (s auch § 6 III) schenkweise eingeräumt, werden sie (nur dann) MUer, wenn – ***(1)*** ihnen im Innenverhältnis annäherungsweise diejenigen Rechte zustehen und Pflichten obliegen, die einen K'tisten nach dem Regelstatut des HGB kennzeichnen, sie insb bei (jeder!) Auflösung des GesVerhältnisses an den stillen Reserven und am Geschäftswert teilhaben, – ***(2)*** der GesVertrag ernsthaft gemeint, insb zivilrechtl wirksam ist und – ***(3)*** tatsächl vollzogen wird (zB BFH IV R 79/94 BStBl II 96, 269). Danach ist – anders als bei typischer stiller Ges (s Rz 774) – das Rechtsverhältnis auch bei Identität zw Schenker und tätigem Teilhaber bzw Hauptbeteiligten estrechtl als MUerschaft anzuerkennen, weil eine Beteiligung geschenkt (FG BBg EFG 11, 1335; rkr; *BMF* BStBl I 11, 37 Rz 15) und nicht bloß Geld versprochen ist (BFH IV R 114/91 BStBl II 94, 635).

771 **a) Mitunternehmer.** Die Beschenkten werden idR **nicht** MUer, wenn ihre Rechtsstellung in einer Weise beschränkt ist, wie dies bei entgeltl begründeten Rechtsverhältnissen zw Fremden im Gesamtbild grds nicht übl ist (vgl BFH IV R 79/94 BStBl II 96, 269); *unschädl* (für sich allein) ist aber eine – zw Fremden naturgemäß nicht übl – Rückfallklausel (ersatzloser Rückfall der Beteiligung an den Schenker), sofern der Rückfall auf Vorversterben des Beschenkten, Notbedarf des Schenkers und groben Undank des Beschenkten (§§ 527, 530 BGB) beschränkt ist (vgl BFH IV R 114/91 BStBl II 94, 635; s auch Rz 300 mwN zu Scheidungsklausel). – *Zu verneinen* ist eine *MUerschaft,* wenn – ***(1)*** für den Unterbeteiligten jegl Kündigungsrecht zu Lebzeiten des Hauptbeteiligten ausgeschlossen sein soll (unabhängig davon, dass eine solche Bestimmung zivilrechtl unwirksam ist, BGHZ 23, 10), oder – ***(2)*** die Verwendung der auf den stillen Ges'ter entfallenden Gewinnanteile im Wesentlichen dem tätigen Teilhaber überlassen ist (kein Auszahlungsanspruch) oder – ***(3)*** der GesVertrag im Unklaren lässt, in welchem Umfange der stille Ges'ter oder Unterbeteiligte bei Auflösung des GesVerhältnisses an den stillen Reserven teilhaben soll oder – ***(4)*** ein Unterbeteiligter ohne wichtigen Grund zum Buchwert jederzeit hinausgekündigt werden kann (BFH IV R 79/94 BStBl II 96, 269) oder – ***(5)*** die Eltern als gesetzl Vertreter ihrer minderjährigen Kinder deren Gewinnanteile zu deren Unterhalt und damit mittelbar für sich verwenden (str, s Rz 749).

772 **b) Kündigungs-/Entnahmebeschränkungen.** Sie stehen einer MUerschaft nicht entgegen, wenn sie für Haupt- und Unterbeteiligten in gleicher Weise gilt (BFH IV R 103/83 BStBl II 87, 54 zu I.2.c). Jedoch ist die Auszahlung des „entnahmefähigen" Gewinnanteils für den Vollzug – anders als bei der KG (s Rz 749) – idR erforderl (BFH VIII R 47/85 BStBl II 89, 720).

c) Zivilrechtl Wirksamkeit. Zwar ist bei schenkweiser Begründung, sofern Schenker der tätige Teilhaber oder Hauptbeteiligte ist, grds die notarielle Beurkundung erforderl (§ 518 I 2 BGB; zB BFH IV R 114/91 BStBl II 94, 635), jedoch liegt nach der jüngeren Rspr mit dem Abschluss des (Innen)GesVertrags und ggf Einbuchung der stillen Beteiligung eine iSv § 518 II BGB vollzogene Schenkung (damit ein wirksamer Schenkungsvertrag) jedenfalls dann vor, wenn dem Stillen (Unterbeteiligten) auch Mitgliedschaftsrechte zu stehen (BGHZ 191, 354; weitergehend FG RhPf EFG 13, 835, rkr; *Blaurock* NZG 12, 521) oder er (darüber hinaus) als MUer (dh atypisch) beteiligt ist (BFH II R 10/06 BStBl II 08, 631). Gleiches gilt bei Übertragung einer bereits bestehenden Beteiligung oder Begründung durch Vertrag zugunsten Dritter, zB zw KG und Ges'ter (FG Nds EFG 95, 1102); ebenso bei Aufrechnung von Einlage und geschenktem Darlehensanspruch (BFH IV R 52/11 DStR 14, 2111). Ausführl *Wacker* JbFfSt 15/16, 795/8. Bei Minderjährigen muss aber idR ein Abschlusspfleger mitwirken (zB BFH III R 91/87 BStBl II 90, 10 zu 1.b) und der Vertrag evtl familiengerichtl genehmigt werden (vgl BFH IV R 114/91 BStBl II 94, 635). 773

12. Typisch stille Beteiligung; Unterbeteiligung. Zur estrechtl Anerkennung (Gewinnanteile: einerseits BA, andererseits Einkünfte aus KapVerm) von Angehörigen (Fremdvergleich) s Erläut bis 29. Aufl sowie einschließl Darlehen § 4 Rz 520 „Angehörige"; zum ZivilR s Rz 773. 774

13. Angemessene Gewinnverteilung. – a) Familien-KG. Bei schenkweiser Aufnahme eines *nicht mitarbeitenden* minder-/volljährigen Kindes als K'tist in eine Familien-KG ist dem Kind der vertragl Gewinnanteil nur insoweit estrechtl als eigene gewerbl Einkünfte zuzurechnen, als er angemessen ist. Nach der bisherigen BFH-Rspr ist er dies grds nur, wenn er (Quantifizierung des „Angemessenen" mangels Fremdvergleichsmöglichkeit) auf einer Gewinnverteilungsabrede beruht, bei der sich nach den Verhältnissen bei Vertragsabschluss auf längere Sicht eine Durchschnittsrendite von nicht mehr als 15 vH des tatsächl Werts des geschenkten KG-Anteils ergibt; der darüber hinausgehende Gewinnanteil des Kindes ist dem an der KG als MUer beteiligten Schenker zuzurechnen; die Gewinngutschrift/-auszahlung an das Kind ist insoweit verdeckte Einkommensverwendung des Schenkers (BFH GrS 4/71 BStBl II 73, 5; ferner zB BFH IV R 103/83 BStBl II 87, 54: wirtschaftl gerechtfertigte Typisierung zwecks Gleichbehandlung; ähnl BFH I R 50/94 BStBl II 95, 549: Tantieme des beherrschenden Ges'ter-Geschäftsführers; BFH IV R 50/99 BStBl II 01, 299 still beteiligte Schwester-PersGes, dazu *Wacker* StbJb 02/03, 85; *anders aber* für atypische Unterbeteiligung der Kinder am KG-Anteil des Vaters an einer KG zw Fremden BFH VIII R 77/98 BStBl II 02, 460; *Kempermann* FR 02, 154). Zur **Anpassungspflicht** s iEinz BFH IV R 83/06 BStBl II 09, 798; *Wacker* HFR 09, 775; Rz 786. – Sinngemäß sind diese Grundsätze anzuwenden, wenn der GesAnteil zB in vorweggenommener Erbfolge **teilentgeltl** eingeräumt worden ist. 776

aa) Rechtsgrundlage. Sie ist in § 15 I 1 Nr 2 und § 12 Nr 2 und in der dem EStG immanenten Unterscheidung zw Einkommenserzielung (Tatbestandsverwirklichung) und (offener oder verdeckter, unmittelbarer oder mittelbarer) Einkommensverwendung zu sehen (BFH IV R 103/83 BStBl II 87, 54 zu II.2.a; aA EStR 15.9 III 2: § 42 AO). 777

bb) Tatsächl Wert des KG-Anteils. Auszugehen ist vom Wert des Unternehmens (einschließl Geschäftswert) bei Vertragsabschluss; dieser ist auf die einzelnen Ges'ter nach einheitl Maßstab, zB feste Kapitalanteile, aufzuteilen, wenn keiner der Ges'ter in seinen Rechten, zB Gewinnentnahme, Abfindungsansprüche bei Ausscheiden oder Liquidation beschränkt ist oder derartige Beschränkungen für alle Ges'ter gleichmäßig gelten; bei einseitigen Beschränkungen ist vom Anteilswert ein Abschlag zu machen (BFH IV R 158/68 BStBl II 73, 489; *Märkle* BB Beil 2/93 S 15). Bei Prüfung, ob der vertragl Gewinnsatz 15 vH übersteigt, ist auf den zu erwartenden künftigen Restgewinnanteil (nach angemessener Abgeltung 778 von Sonderleistungen einzelner Ges'ter) abzustellen; der danach errechnete Gewinnsatz bleibt grds maßgebl, auch wenn die tatsächl erzielten Gewinne höher oder niedriger sind (BFH IV R 158/68 BStBl II 73, 489; BFH/NV 95, 103/5). Führt der vereinbarte Gewinnverteilungsschlüssel zu einer höheren Rendite, ist der Gewinn estrechtl so zuzurechnen, als ob ein angemessener Gewinnanteilsatz vereinbart worden wäre (Einzelheiten BFH IV R 158/68 BStBl II 73, 489). Ausnahmsweise kann die Gewinnabrede auch dann unangemessen sein, wenn sie nicht zu einer höheren Rendite als 15 vH führt; dies trifft zB zu, wenn dem Komplementär unter Berücksichtigung der Vorabvergütungen für die Geschäftsführung und das Haftungsrisiko nicht wenigstens eine Rendite des tatsächl Werts seines GesAnteils verbleibt, die ebenso hoch ist wie die Rendite des geschenkten KG-Anteils (sog überproportionale Gewinnbeteiligung, s BFH/NV 86, 327/30; *Märkle* aaO S 16: Ausgewogenheitsprüfung).

779 **cc) Kritik.** Das Schrifttum lehnt überwiegend die *15%-Grenze* ab (zB *Carlé/Halm* KÖSDI 00, 12390: nur Fremdvergleich; krit auch *Bordewin* DB 96, 1359/60; *Daragan* ZEV 02, 39). – **ME** ist eine *Angemessenheitsprüfung* unerlässl; für Gewinnanteile kann nichts anderes gelten als zB für Entgelte in einem Arbeitsvertrag zw Angehörigen (ähnl *K/Reiß* § 15 Rz 263; grds aA Schwandtner, Disquotale Gewinnausschüttungen, Diss [s vor Rz 400], S 366).

780 **b) KG-Anteil.** Die Grundsätze der Rz 776 ff sind uU sinngemäß anzuwenden, wenn ein (Teil-)Anteil an einer zB nur aus Vater und Großvater bestehenden KG schenkweise übertragen wird. Ebenso für schenkweise aufgenommene K'tisten, die in der KG nur in *nachgeordneter Funktion* **mitarbeiten** (BFH/NV 86, 327). Sie sind grds *nicht* anzuwenden auf die Schenkung eines KG-Anteils an einer KG, deren übrige Ges'ter Fremde sind (BFH/NV 92, 452/4; ähnl BFH VIII R 77/98 BStBl II 02, 460). Ebenso *nicht* (15%-Grenze), wenn ein K'tist eine *unternehmerische Leistung* erbringt; eine Angemessenheitsprüfung ist aber nach den für entgeltl erworbene KG-Anteile maßgebl Grundsätzen (s Rz 785) geboten.

782 **c) Atypisch stille Beteiligung; Unterbeteiligung.** Bei Familienangehörigen gelten die Grundsätze über die Angemessenheit der Gewinnverteilung bei schenkweiser Aufnahme in einer Familien-KG sinngemäß (zB BFH IV R 114/91 BStBl II 94, 635 aE; anders aber – keine 15% Grenze! – überzeugend BFH VIII R 77/98 BStBl II 02, 460 für quotale Unterbeteiligung der Kinder am KG-Anteil des Vaters an KG zw Fremden, wenn der auf den KG-Anteil entfallende Restgewinnanteil nur den Kapitalbeitrag vergütet; *Kempermann* FR 02, 154; *Wacker* StbJb 02/03, 85/93).

783 **d) Familien-GmbH & Co KG.** Werden Kinder schenkweise als K'tisten in eine Familien-GmbH & Co KG aufgenommen, an der der Schenker und bisherige Einzelunternehmer nicht als Ges'ter beteiligt ist, die dieser aber als Ges'ter und/oder Geschäftsführer der Komplementär-GmbH beherrscht, sind die in Rz 776 ff dargestellten Grundsätze sinngemäß anzuwenden (BFH/NV 92, 452/4; aA *Binz/Sorg* aaO § 16 Rz 202 ff mwN). Die überhöhten Gewinnanteile sind, sofern keine (zusätzl) verdeckte MUerschaft des bisherigen Einzelunternehmers (GmbH-Geschäftsführers) vorliegt (s Rz 767), der GmbH zuzurechnen (diff BFH/NV 92, 452/4); darüber hinaus kann insoweit eine vGA vorliegen.

784 **e) Erbfall.** Ist zB der Vater K'tist einer KG, deren übrige Ges'ter Fremde sind, und geht der KG-Anteil im Erbwege auf den Sohn über, ist der bisherige Gewinnverteilungsschlüssel weiter anzuerkennen (vgl BFH GrS 4/71 BStBl II 73, 8; zu IV.2.c aE; *Märkle* BB Beil 2/93 S 16). Anders kann es bei einer KG sein, die zB aus Vater und Großvater besteht, wenn der KG-Anteil des Großvaters im Erbwege auf einen Enkel übergeht, sofern die Gewinnabrede auf diesen Übergang zugeschnitten ist oder einen Leistungsbeitrag des Großvaters abgilt, der entfällt, sodass zw Fremden die Gewinnverteilungsabrede geändert worden wäre.

f) Entgeltl Erwerb. Die in Rz 776 ff dargestellten Grundsätze (15%-Grenze!) sind *nicht* anzuwenden, soweit der als K'tist (atypischer stiller Ges'ter, Unterbeteiligter) aufgenommene Familienangehörige dem Unternehmen aus eigenen, zB von dritter Seite geerbten Mitteln neues Kapital zuführt. Auch hierbei ist aber zu prüfen, ob der Gewinnanteil nicht höher ist, als der Gewinnanteil, der einem Fremden für einen gleichartigen Leistungsbeitrag eingeräumt worden wäre (zB BFH IV R 59/76 BStBl II 80, 437 zu 1.; FG Hess EFG 06, 1762). Insoweit sind mE die Rspr-Grundsätze zur Gewinnverteilung zw einer GmbH und typischen stillen Ges'tern, die zugleich Ges'ter der GmbH sind oder diesen nahe stehen, sinngemäß anzuwenden (s Rz 357). Zu § 42 AO s BFH VIII B 185/02 BFH/NV 05, 1258. 785

g) Typisch stille Beteiligung; Unterbeteiligungen. Vgl zB BFH I R 52/00 BFH/NV 02, 537 (unentgeltl Erwerb); BFH IV R 50/99 BStBl II 01, 299 (entgeltl still beteiligte Schwester-PersGes; *Wacker* StbJb 02/03, 85); Anpassungspflicht bei Gewinnsprung (BFH IV R 83/06 BStBl II 09, 798; *Wacker* HFR 09, 775: uU auch vor Kündigungsfrist). Beachte auch § 32d II 1 Nr 1a: keine AbgeltungsSt bei Nahestehenden. 786

14. Subj Einkünftezurechnung bei Ausschüttungen einer Familien-GmbH. S – einschließl disquotaler Ausschüttungen – 23. Aufl; § 20 Rz 14, 52. 787

XI. Besonderheiten bei Betriebsaufspaltung

Verwaltung (Auswahl; ältere s Vorauflagen): EStR 15.7 VIII; 16 II 4; GewStH 2.4 III; *BMF* DStR 98, 766 (Übernahme von betriebl Verbindlichkeiten); BStBl I 01, 634; 02, 88, 647 (Büro-/Verwaltungsgebäude; Übergangsregelung); BStBl I 02, 1028 (Einstimmigkeit bei Besitzunternehmen); *FinVerw* DStR 99, 1111; 10, 2462 (Gemeinnützigkeit); FR 12, 976 (Gesamtdarstellung); s auch vor Rz 855.

Schrifttum (Auswahl; Schrifttum vor 2014 s 9.–33. Auflage): *Söffing/Micker,* Die BetrAufsp, 4. Aufl.; *Dehmer,* BetrAufsp, 3. Aufl. – *Dreßler,* Neues ..., Ubg 14, 240.

1. Rechtsgrundlage; Funktion. BetrAufsp ist ein Zustand, der sich auch als *Doppelunternehmen* (uU *DoppelGes*) bezeichnen lässt und idR (echte BetrAufsp, s Rz 802) die Folge eines Aufteilungsvorgangs ist. Kennzeichnend ist nach der BFH-Rspr (grundlegend GrS 2/71 BStBl II 72, 63), dass eine ihrer Art nach nicht gewerbl Betätigung – typischerweise einer natürl Person oder PersGes (s aber Rz 863, 803) –, näml das **Vermieten (Verpachten) von WG** – idR an eine KapGes (s aber Rz 858, 803) – durch eine sachl und personelle Verflechtung zw dem oder den Vermietern bzw -pächtern (= *Besitzunternehmen*) und einer (oder mehreren, zB BFH XI R 6/93 BStBl II 94, 23) gewerbl BetriebsGes *(Betriebsunternehmen)* zum **GewBetr iSv § 15 I 1 Nr 1, II und § 2 I GewStG** wird (zur zivilrechtl Terminologie vgl zB § 134 I UmwG: AnlageGes/BetriebsGes). Diese Beurteilung (s **§ 50i S 4 nF**) hat ihren Grund darin, dass die hinter beiden Unternehmen stehenden Personen einen einheitl geschäftl Betätigungswillen haben, der (über das Betriebsunternehmen) auf die Ausübung einer gewerbl Betätigung gerichtet ist (zB BFH IV R 44/07 BStBl II 12, 136). – Gleichwohl bilden aber beide Unternehmen – so der BFH – keine wirtschaftl Einheit, sondern sind nicht nur zivilrechtl, sondern auch strechtl grds **selbstständige Unternehmen** (BFH VIII R 57/99 BStBl II 02, 662 zu II. B.1; s Rz 807). – Tatbestandl ist positiv eine sachl und personelle Verflechtung zw verschiedenen Rechtsträgern erforderl (zB BFH VIII R 57/99 BStBl II 02, 662); negativ muss hinzukommen, dass die sachl Verflechtung (Nutzungsüberlassung), sofern die BetriebsGes eine PersGes ist, nicht unter § 15 I 1 Nr 2 HS 2 fällt (s Rz 858). Ggü der BetrAufsp **abzugrenzen** ist, dass nach der jüngeren Rspr die Beratung/**Geschäftsführung** iZm der **Mehrheitsbeteiligung** an einer **KapGes** eine gewerbl (oder freiberufl) Tätigkeit begründet (s Rz 12, 90), zu deren BV jedenfalls der KapGes-Anteil gehört. 800

2. Erscheinungsformen; steuerl/außersteuerl Bedeutung. – a) Echte/unechte BetrAufsp. Eine *echte BetrAufsp* liegt vor, wenn ein bisher einheitl GewBetr – zu luf oder freiberufl Betrieb s zB BFH IV R 67/96 BStBl II 98, 254; 802

Rz 856/9; § 18 Rz 55 – in der Weise aufgeteilt wird, dass ein Teil des BV zB das bewegl Anlage- und/oder das UV auf eine *BetriebsGes* (idR eine KapGes) übereignet wird und mindestens eine der (bisherigen) wesentl Betriebsgrundlagen beim (nunmehrigen) *Besitzunternehmen* verbleibt (ansonsten Betriebsaufgabe oder -veräußerung), aber der BetriebsGes zur Nutzung überlassen wird (sachl Verflechtung), und zw beiden Unternehmen eine personelle Verflechtung besteht. – Eine *unechte BetrAufsp* entsteht zB, wenn der oder die beherrschenden Ges'ter einer (Betriebs-) KapGes dieser einzelne WG des PV (oder eines anderen BV) zur Nutzung überlassen, die für die BetriebsGes wesentl Betriebsgrundlagen sind (zB BFH X R 8/00 BStBl II 02, 527); der oder die Ges'ter werden damit zum Besitzunternehmen, denn die Rechtsfolgen der unechten BetrAufsp müssen aus Gründen der Gleichmäßigkeit der Besteuerung grds mit denjenigen der echten BetrAufsp übereinstimmen (zB BFH XI R 2/96 BStBl II 97, 460 zu II.1; BFH X R 8/00 BStBl II 02, 527 zu II.3.c; krit zB *Gassner* FS FfSt 1999 S 267 mwN).

803 **b) Sonderformen der BetrAufsp. – Mitunternehmerische BetrAufsp:** *BetriebsGes* (und idR auch das Besitzunternehmen) haben die Rechtsform einer *PersGes* (Rz 858). – **Kapitalistische BetrAufsp** zw einer *KapGes als Besitzunternehmen* und einer KapGes oder PersGes als Betriebsunternehmen (Rz 863). – **Einheit-BetrAufsp:** BesitzPersGes/KapGes ist unmittelbar an BetriebsGes beteiligt (BFH VIII R 31/04 BStBl II 06, 874). – **Umgekehrte BetrAufsp:** BetriebsPersGes (idR PersGes; zu eG s BFH IV R 44/07 BStBl II 12, 136) beherrscht ein Besitzunternehmen in der Rechtsform der *KapGes* (BFH III R 45/92 BStBl II 95, 75/8; *Kessler ua* DStR 01, 869). – **Überlagerte BetrAufsp:** BesitzGes hat auch einen eigenen GewBetr (*Rödder* FR 98, 401/9). – **Qualifizierte** (echte oder unechte) **BetrAufsp:** der BetriebsGes werden nicht nur einzelne, sondern sämtl wesentl Betriebsgrundlagen zur Nutzung überlassen (BFH X R 8/00 BStBl II 02, 527 zu II.1; Rz 865).

804 **c) Vor- und Nachteile.** Die *echte BetrAufsp* kombiniert steuerl Vorteile eines Personenunternehmens (zB unmittelbare Verlustzurechnung; § 34 III) mit steuerl Vorteilen einer KapGes, zB gewstrechtl Abzugsfähigkeit der Ges'ter-Geschäftsführervergütungen, Rückstellung für Pensionszusagen an Ges'ter-Geschäftsführer (BFH X R 42/08 BStBl II 12, 188: keine Anwartschaftsaktivierung; Rz 873), KSt-Satz iVm Teileinkünfte- bzw KSt-Freistellungsverfahren, keine KiSt. Sie ermöglicht – in begrenztem Maße (s Rz 805) – auch, wertvolle Teile des BV, zB Grundbesitz, aus der Haftungsmasse für lfd Verbindlichkeiten – ausgenommen Betriebssteuern (§ 74 AO) – herauszuhalten, gleichwohl aber für gewerbl Einkünfte vorbehaltene StVergünstigungen in Anspruch zu nehmen (zB InvZul).– Ihre Zweckmäßigkeit ist neuerdings str (krit zB *Strahl* FS Schaumburg, 493: Steuerbelastungsvergleich). Zur GewSt-Hinzurechnung nach § 8 Nr 1 GewStG nF s Rz 871. – Die *unechte BetrAufsp* hat den estrechtl Nachteil, dass zB WG des PV zu BV werden und damit realisierte Wertsteigerungen weitergehend als nach § 23 stpfl sind; dem steht jedoch die erbstrechtl Begünstigung von BV (§§ 13a, 19a ErbStG nF; zum Besitzunternehmen s § 13b II S 2 Nr 1a ErbStG nF) als – uU verfwidriger (BFH-Vorlage II R 9/11 BStBl II 12, 899) – Vorteil ggü. Der Nachteil, dass die lfd Erträge aus der Nutzungsüberlassung – anders als bei PV – der GewSt unterliegen, wird durch die pauschalierte Anrechnung der GewSt auf die ESt (§ 35) idR ausgeglichen. – Zu den steuerl Vorteilen einer *umgekehrten BetrAufsp* (uU iVm Organschaft) s *Carlé ua* KÖSDJ 12, 18093/7. – *MUerische BetrAufsp* hat zB den Vorteil eines verdoppelten GewSt-Freibetrags (s auch Rz 871), der GewSt-Anrechnung nach § 35 sowie der Thesaurierungsbegünstigung gem § 34a (s *Strahl* aaO, 504/11). – Zum *Wiesbadener Modell* (Rz 846) s *Husmann ua* StuW 06, 221.

805 **d) Zivilrechtl Aspekte.** Soll iRe echten BetrAufsp ein Teil des BV des bisher einheitl Unternehmens der neuen Betriebs(Kap)Ges nicht bloß zur Nutzung über-

lassen, sondern übereignet werden, kann dies durch **Einzelübertragung** oder gem der §§ 123 III, 124 I, 152 UmwG im Wege einer **partiellen Gesamtrechtsnachfolge** geschehen (s auch Rz 877). – Ob ein **Besitzunternehmen** ein **Gewerbe im zivilrechtl Sinne** betreibt, wird überwiegend verneint (zB *Schön* DB 98, 1169/71 Fn 26; *Röhricht* HGB, Vor §§ 1–7 Rz 23). Nach §§ 2; 105 HGB werden aber auch nur vermögensverwaltende PersGes zu OHG oder KG, wenn sie sich als solche (freiwillig) ins HR eintragen lassen (Einzelheiten zB *Schön* aaO; *K. Schmidt* DB 98, 61). – Zur **Haftung des GmbH-Ges'ters bei existenzvernichtendem Eingriff** in die Betriebs-GmbH s zB *Gloger ua* DStR 08, 1141. – Zur **eigenkapitalersetzenden Nutzungsüberlassungen** (§ 32a GmbHG aF, § 172a HGB aF) sowie zu **§ 135 III InsO nF (MoMiG)** s Rz 866.

3. Steuergesetzl Grundlage. Das „Rechtsinstitut der Betriebsaufspaltung" (BFH VIII R 61/97 BStBl II 99, 483 zu II.1. aE) beruht auf einer wertenden Betrachtung des richtig verstandenen **GewBetr-Begriffs** iSv § 15 I 1 Nr 1, II (BFH IV R 44/07 BStBl II 12, 136; s auch BVerfG NZG 04, 734; ähnl *Drüen* GmbHR 05, 69: richterl Rechtsfortbildung; BFH I R 95/10 BStBl II 14, 760: Gewohnheitsrecht). Ebenso zu § 14 AO FG Ddorf EFG 13, 1958, rkr; zu § 14 I 1 Nr 2 KStG; iErg glA BFH I R 40/12 DStR 13, 1939 (Rz 871). Zum DBA-Recht s aber – einschließl § 50i aF/nF, § 50d X nF – *BMF* I 14, 1258; Rz 173, 565. Zivilrechtl werden an die „wirtschaftl Verflechtung" zw zwei Rechtsträgern spezifische Rechtsfolgen geknüpft (BGH DB 94, 1715: „Bei einer BetrAufsp ... bilden BesitzGes und BetriebsGes eine wirtschaftl Einheit, die es rechtfertigt ..."; ähnl § 322 II UmwG). – Dies lässt allerdings die steuerl Wertung rechtl und wirtschaftl selbstständiger Unternehmen (s Rz 800) unberührt. S zB zur Preisgabe der Buchwertübertragung zw Besitzunternehmen und BetriebsKapGes gem § 6 VI 2 ab 1999 Rz 877 (BT-Drs 14/3366 S 163; Kritik hier 23. Aufl; *Crezelius* DB 12, 651); zur „Einheitsbetrachtung" iRd InvZulG s aber Rz 879. – Zur **Verfassungsmäßigkeit** s zB BVerfG BStBl II 85, 475; HFR 08, 754; BFH X B 96/12 BFH/NV 13, 1802. 807

Kritik: Nach einem Teil des **Schrifttums** entbehrt die BFH-Rspr zur (unechten) BetrAufsp der gesetzl Grundlage; das „Besitzunternehmen" sei kein GewBetr (*Knobbe-Keuk* § 22 X 2; *Kessler/Teufel* BB 01, 17: ab 1.1.01 Geschäftsgrundlage entfallen). Diese Kritik war **mE** grds unberechtigt (überzeugend *Beisse* FS L. Schmidt, 1993 S 455 mwN; *Petersen*, Unternehmenssteuerrecht und bewegl System, 1999 S 39 ff, 53 ff); der BFH ist ihr nicht gefolgt (s oben). – Zur geplanten, aber unterbliebenen gesetzl Regelung s BR-Drs 165/85; BT-Drs 10/4513 S 63. S nunmehr auch die Rezeption in § 50i I 4.

4. Sachl Verflechtung. – a) Allgemeine Grundsätze. Der BetriebsGes müssen **materielle** oder **immaterielle WG,** zB Erfindungen (zB BFH X R 22/02 BStBl II 06, 457), Werberechte (BFH I R 164/94 BFH/NV 97, 825), Namens-/Zeichenrechte (BFH I R 97/08 BStBl II 10, 808), Markenrechte (FG M'ster EFG 14, 921, Rev I R 22/14; einschr BFH I R 97/09 BFH/NV 11, 312), Kunden-/Mandantenstamm (*BMF* BStBl I 10, 774, Rz 210; BFH VIII B 116/10; BFH/NV 11, 1135), Firmenwert (BFH IV R 65/01 BStBl II 09, 699; zur Abgrenzung zur Veräußerung s BFH III B 9/87 BStBl II 88, 537) oder selbständig übertragbare *Kunden-/Lieferantenliste* (BFH III R 40/07 BStBl II 10, 609) idR *unmittelbar* zur Nutzung überlassen sein; dies kann geschehen auf **schuldrechtl oder dingl Grundlage** (zB Pacht, Nießbrauch; BFH VIII R 57/99 BStBl II 02, 662; *FinVerw* FR 12, 976/7: unechte BetrAufsp durch Erbbaurecht am *unbebautem* Grundstück; krit *Meyer/Ball* DB 03, 1597; zur Vertragsdurchführung s FG Mster EFG 06, 962). Die WG müssen für die BetriebsGes (BFH XI R 12/87 BStBl II 92, 415) *eine* ihrer **wesentl Betriebsgrundlagen** sein (zB BFH VIII R 36/91 BStBl II 93, 233 zu 2.a), dh nach dem Gesamtbild der Verhältnisse zur Erreichung des Betriebszwecks erforderl sein und besonderes Gewicht für die Betriebsführung besitzen (zB BFH IV R 73/94 BStBl II 97, 569). Dem ist zB genügt, wenn ein GewBetr als ganzer Betrieb bzw alle hierfür erforderl WG verpachtet wird (zB BFH X R 8/00 808

BStBl II 02, 527). Ansonsten (Überlassung einzelner WG) sind *allein* die **funktionalen Erfordernisse des Betriebsunternehmens** (BFH X R 78/91 BStBl II 93, 718) maßgebl, nicht – wie bei Betriebsveräußerung oder -aufgabe – der Umfang der stillen Reserven (BFH IV R 135/86 BStBl II 89, 1014); daher sind zB Grundstücks- und Gebäudeteile, auf denen funktionell zusammenhängende Tätigkeiten ausgeübt werden, einheitl zu beurteilen (BFH VIII R 77/87 BStBl II 92, 334).

809 **aa) Nutzungsüberlassung.** Sie kann **entgeltl,** aber auch – jedenfalls bei Überlassung an *BetriebsKapGes* (zu BetriebsPersGes s Rz 858) – **unentgeltl** (Leihe) oder nur **teilentgeltl** sein; Gewinnabsicht des Besitzunternehmens ist gegeben, weil Ausschüttungen zuzügl Wertsteigerung der Anteile an der BetriebsGes und Nutzungsentgelte austauschbar sind (zB BFH IV R 67/96 BStBl II 98, 254 zu 2.f; BFH VIII R 68/96, DStR 00, 1426 zu II.2.c; FG Ddorf EFG 07, 1503); dies gilt auch bei Anwendung des Teileinkünfteverfahrens (dazu Rz 819). – Gleichgültig ist, ob der Besitzunternehmer **Eigentümer** der dem Betriebsunternehmen *unmittelbar* zur Nutzung überlassenen WG ist oder sie ihm von Dritten (entgeltl oder unentgeltl) zur Nutzung überlassen sind (zB BFH IV R 135/86 BStBl II 89, 1014; FG M'ster EFG 14, 554, Rev X R 5/14), sofern er ein eigenes (Sonder-)Nutzungsrecht hat (BFH X R 22/07 BFH/NV 10, 208). Zur Rückübertragung nach VermG s BFH IV B 110/07 BFH/NV 08, 2010.

810 **bb) Mittelbare Nutzungsüberlassung.** Sie steht idR einer unmittelbaren gleich (BFH X R 50/97 BStBl II 02, 363; FG Nbg EFG 02, 632).

Beispiel: E ist AlleinGes'ter der X-GmbH. Er vermietet ein Grundstück an seine Frau F; diese vermietet das Grundstück, wie geplant, an die X-GmbH weiter. BetrAufsp.

Anders soll dies aber sein, wenn das Grundstück einer zwischengeschalteten PersGes unentgeltl zum Zweck der Weitervermietung überlassen wird (so BFH XI R 31/05 BStBl II 07, 378 zu II/4; offen *Söffing* DB 06, 2479) oder wenn die erbbauberechtigte GmbH das von ihr bebaute Grundstück weitervermietet (BFH IV R 9/13 DStR 16, 36; mE unzutr; s 34. Aufl).

811 **b) Fabrikationsgrundstücke. – aa) Grundsatz.** Gebäude bzw Gebäudeteile, die der Fabrikation, Reparatur, auch handwerkl Art, und damit verflochtenen betriebl Bedürfnissen (zB Lagerung, Sozialräume, Verwaltung) dienen, sind idR wesentl Betriebsgrundlage (zusammenfassend BFH X R 118/98 BFH/NV 02, 1130) – insb bei Nutzungsüberlassung im zeitl Zusammenhang mit ihrer Errichtung oder ihrem Erwerb (BFH IV R 113/90 BStBl II 92, 349; BFH/NV 93, 169) –, wenn sie ***(1)*** nach Gliederung und Bauart dauernd für den Betrieb der BetriebsGes eingerichtet sind (durch diese oder das Besitzunternehmen) oder ***(2)*** nach Lage, Größe und Grundriss auf die BetriebsGes zugeschnitten sind (BFH IV R 50/91 BStBl II 92, 830 mwN; BFH/NV 93, 95) oder ***(3)*** das Betriebsunternehmen aus anderen innerbetriebl Gründen auf ein Gebäude *dieser Art angewiesen* ist (sog Auffangklausel; zB BFH X R 21/93 BStBl II 97, 565; BFH VIII R 11/99 BStBl II 00, 621 zu 2.b; BFH VIII R 13/03 BFH/NV 04, 1253; s auch Rz 813). Unerhebl (iS, dass damit die Eigenschaft als wesentl Betriebsgrundlage nicht ausgeschlossen wird) ist nach jüngerer BFH-Rspr, dass ***(a)*** „das Betriebsunternehmen jederzeit am Markt ein für seine Belange gleichartiges Grundstück mieten oder kaufen kann" (BFH IV R 78/06 BStBl II 09, 803; *Kempermann* FR 93, 593/6: Austauschbarkeit) und ***(b)*** die Baulichkeiten auch von anderen branchengleichen oder -fremden Unternehmen genutzt werden können (zB BFH X R 78/91 BStBl II 93, 718 zu 2.b).

812 **bb) Ausnahmen.** Ein Gebäude ist **keine wesentl Betriebsgrundlage,** wenn es für den Betrieb nach dessen innerer Struktur qualitativ oder quantitativ nur von geringer wirtschaftl Bedeutung und insofern „entbehrl" ist (BFH X R 21/93 BStBl II 97, 565 mwN); dies trifft zu: – ***(1)*** **Qualitative Ausnahme** zB bei einem

Geräteschuppen (*Kempermann* NWB F 3, 12502) oder uU einer nur vorübergehenden Nutzung (BFH IV R 78/06 BStBl II 09, 803: kurzfristige Überbrückung); – ***(2)*** **Quantitative Ausnahme** uU bei Unterschreiten der Grenzen des § 8 EStDV (offen BFH IV R 78/06 aaO; bej *Kempermann* FR 93, 593/7; HFR 06, 1213). – Die früher vom BFH (XI R 1/92 BStBl II 93, 245: Supermärkte; hier: 28. Aufl; s auch Rz 813) vertretene weitere (quantitative) Ausnahme bei **gleichartiger Nutzung** verschiedener Grundstücke („geringfügige" Größenrelation), ist *überholt* (IV R 78/06 aaO: Einzelhandelsfilialen; keine 10%-Grenze; *Wacker* HFR 09, 876; krit *Behrens ua* BB 09, 1570; *Bitz* GmbHR 09, 728).

c) Andere Gebäude (keine Fabrikation). Sie sind wesentl Betriebsgrundlage – abgesehen von Fällen der qualitativen und quantitativen Ausnahme (s Rz 812) –, wenn der Betrieb seiner Art nach von der Lage des Grundstücks abhängig ist (BFH IV R 135/86 BStBl II 89, 1014) zB Hotel, Gaststätte, Café uä, oder wenn das Gebäude „die örtl und sachl Grundlage der betriebl Organisation" bildet (BFH XI R 18/90 BStBl II 92, 723) zB Geschäftslokal im Bereich des Einzelhandels (BFH IV R 78/06 BStBl II 09, 803; s auch Rz 812), Handelsunternehmen (BFH IV B 99/10 BFH/NV 12, 1110), Lagergrundstück bei Getränkehandel (offen BFH IV R 17/12, GmbHR 16, 81), Reisebüro (BFH/NV 02, 1130). – **Büro- und/oder Verwaltungsgebäude** sind nach jüngerer **BFH-Rspr** *wesentl Betriebsgrundlage* ***(1)*** jedenfalls dann, wenn sie für die Bedürfnisse der BetriebsGes hergerichtet oder gestaltet worden sind (zB BFH X R 21/93 BStBl II 97, 565 für Werbeagentur), ***(2)*** unabhängig davon, ob das Gebäude der räuml und funktionale Mittelpunkt der Geschäftstätigkeit des Betriebsunternehmens ist (BFH VIII R 24/01 BStBl II 03, 757 zu II.2.a; BFH XI R 30/05 BStBl II 07, 524). Unerhebl ist, ob die BetriebsGes Fabrikation, Handel oder Dienstleistung betreibt (BFH VIII R 11/99 BStBl II 00, 621; BFH XI R 41/04 BFH/NV 06, 1455). Die **FinVerw** hat sich dieser – von der Verwaltungspraxis abw – Rspr angeschlossen, dazu aber eine bis 1.1.03 befristete Übergangsregelung erlassen (*BMF* BStBl I 01, 634; 02, 88; 647; DStR 04, 727: zu Betrieb gewerbl Art; *Kempermann* NWB F 3, 12506; s auch Rz 865), die jedoch nicht für Einbringungen (§§ 20, 24 UmwStG aF) gilt (DB 04, 2439; s aber BFH VIII R 79/05 BStBl II 08, 863: kein gesetzl Vertrauensschutz). 813

Fazit: Ein betriebl genutztes Gebäude, zB eine Lagerhalle (BFH/NV 01, 1252), ist **grds** wesentl Betriebsgrundlage, dementspr auch ein „Allerweltsgebäude" (BFH IV R 25/05 aaO). ***Ausnahme:*** Geringe quantitative und qualitativen Bedeutung (Rz 812; BFH XI R 45/04 BFH/NV 06, 1453: Büroraum); Letzteres soll auch bei Büroraum am Satzungssitz der Betriebsunternehmens zu prüfen sein (BFH IV R 16/13 BFH/NV 16, 19; fragl).

d) Unbebaute Grundstücke. Sie sind (jedenfalls dann) wesentl Betriebsgrundlage – abgesehen von Fällen der quantitativen Ausnahme (s Rz 812) –, wenn sie von der BetriebsGes mit Zustimmung des Besitzunternehmens entspr ihren Bedürfnissen bebaut oder sonst zB als Lagerplatz gestaltet worden sind (BFH IV R 135/86 BStBl II 89, 1014 zu 5.b; BFH VIII R 57/99 BStBl II 02, 662 zu II. B.2.b) oder im Funktionszusammenhang mit Gebäuden stehen zB als Abstellflächen (BFH IV R 59/04 BStBl II 05, 830; *Kempermann* FR 93, 593/5), Parkflächen (offen BFH X R 58/04 BFH/NV 05, 1774) oder ansonsten betriebsnotwendig sind (vgl BFH IV R 8/97 BStBl II 98, 478 zu II.3.). 814

e) Bewegl Anlagegüter/Inventar. Sie sind nach BFH III R 77/03 BStBl II 05, 340 im Falle ihrer kurzfristigen Wiederbeschaffbarkeit keine wesentl Betriebsgrundlagen. Fehlt es hieran, geht die Rspr, auch wenn keine Sonderanfertigung vorliegt, idR von wesentl Betriebsgrundlagen aus (zB FG Ddorf EFG 04, 41; 06, 264); weitergehend FG BBg 15, 289, rkr, zu Hotelinventar (zR krit *kk* KÖSDI 15, 19267; s § 16 Rz 103). Zu *immateriellen* **WG** s Rz 808. 815

816 **f) Darlehensgewährung; Dienstleistung.** IdR keine „wesentl Betriebsgrundlage“ (BFH IV R 151/86 BStBl II 89, 455 zu 2.b; *Micker* DStR 12, 589/90; aA *Fichtelmann* GmbHR 06, 345/9).

819 **g) Angemessenheit der Nutzungsentgelte.** Bei der Betriebs-KapGes führen *zu hohe Entgelte* zu vGA (s auch zu Geschäftswert BFH IV R 5/12 BStBl II 15, 935; Rz 878); zu Privatnutzung s BFH X R 5/06 BFH/NV 10, 1246. Zu **niedrige Nutzungsentgelte** sind bei KapGes (zu PersGes s Rz 858) anzuerkennen (keine Nutzungseinlage). Andererseits unterliegen lfd Aufwendungen (zB Strom, Heizung, Versicherung, Refinanzierung) bei durch das GesVerhältnis veranlasster unentgeltl/teilentgeltl Nutzungsüberlassung dem Teilabzugsverbot des § 3c II EStG (BFH X R 6/12 BFH/NV 14, 21; Rz 438/9); Gleiches gilt nach Maßgabe von **§ 3c II 2–6** ab Wj 2015 für Substanzverluste/-aufwendungen (zB Gebäude-AfA, Erhaltungsaufwendungen, TW-AfA auf Darlehen, Bürgschaftsrückgriffsansprüche oder andere Sicherheiten; s iEinz § 3c); beachte auch § 8b III 4–8 KStG (Rz 439). *Unabhängig* hiervon ist, soweit die Vorteile aus un-/teilentgeltl Nutzung bei der BetriebsKapGes sog Nur-Betriebsges'tern (s Rz 827), insb Angehörigen zugute kommen, der Aufwand des Besitzunternehmers (zB AfA) durch Ansatz einer Nutzungs-/Aufwandsentnahme zu neutralisieren, sofern und soweit die überquotale Leistung privat veranlasst ist (Fremdvergleich!; s BFH VIII R 68/96 DStR 00, 1426; *FinVerw* DB 08, 92). Zum Verzicht auf entstandene Miet-/Pachtforderungen s Rz 870.

820 **5. Personelle Verflechtung.** BetriebsGes und Besitzunternehmen müssen von einem **einheitl geschäftl Betätigungswillen** getragen sein (grundlegend BFH GrS 2/71 BStBl II 72, 63). Dieser tritt am klarsten bei **Beteiligungsidentität** zutage, dh wenn an beiden Unternehmen dieselben Personen im gleichen Verhältnis beteiligt sind (zB BFH X R 21/93 BStBl II 97, 565 zu 1.). Er ist aber auch vorhanden bei **Beherrschungsidentität,** dh wenn eine Person oder Personengruppe (s Rz 823) beide Unternehmen auf gesrechtl bzw vertragl Grundlage (s Rz 821 ff) oder ausnahmsweise faktisch (s Rz 836) in der Weise beherrscht, dass sie in der Lage ist, in beiden Unternehmen einen einheitl Geschäfts- und Betätigungswillen durchzusetzen (zB BFH I R 20/14 BFH/NV 15, 1109; *BMF* BStBl I 02, 1028 zu I.). Hieran hat die Rspr-Korrektur zu **§ 2 II Nr 2 UStG** (BFH V R 9/09 DB 10, 1384) nichts geändert (zT aA *Dehmer* DStR 10, 1701).

821 **a) Beherrschungsidentität.** – Keine Beteiligungs-, wohl aber Beherrschungsidentität *auf gesrechtl Grundlage* ist idR gegeben, wenn dieselben Personen – dies können auch Ehegatten sein (s Rz 845) – und *nur diese* am *Besitzunternehmen* und an der *BetriebsGes,* aber in unterschiedl Höhe beteiligt sind (zB BFH IV R 62/98 BStBl II 00, 417 mwN).

Beispiele: *(1)* A und B sind zu je 1/2 Miteigentümer eines Grundstücks, das an GmbH vermietet ist, deren Ges'ter A zu 60 vH und B zu 40 vH sind: BetrAufsp.

(2) Ehemann und Ehefrau sind zu je 1/2 Miteigentümer eines Grundstücks, das an GmbH vermietet ist, deren Ges'ter Ehemann zu 98 vH und Ehefrau zu 2 vH sind: BetrAufsp (BFH IV R 8–9/93 BStBl II 94, 466; krit *G. Söffing* FR 94, 471).

(3) Ehemann ist an BetriebsGes zu 80 vH, Ehefrau zu 20 vH beteiligt; am Grundstück ist Ehemann zu 20 vH, Ehefrau zu 80 vH beteiligt: BetrAufsp (BFH IV R 62/98 BStBl II 00, 417; BVerfG NZG 04, 734: Nichtannahme; BFH VIII R 34/00 BFH/NV 02, 185).

Beherrschungsidentität besteht, weil es sich bei Beteiligung *nur* derselben Personen an Besitz- und Betriebsunternehmen idR um einen „zweckgerichteten Zusammenschluss“ dieser Personen handelt; die (unterschiedl) Beteiligungen sind idR „Ausdruck eines nicht zufälligen Zusammenkommens“ dieser Personen, sondern ein Zusammenschluss „zur Verfolgung eines bestimmten wirtschaftl Zwecks“ mit beiden Unternehmen (Personengruppe, s Rz 823), bei der die „wirtschaftl Notwendigkeit“ der gewählten Unternehmensform gleichgerichtete Interessen indiziert und ein gemeinsames Handeln gebietet (BFH IV R 62/98 BStBl II 00, 417;

Anm *MK* DStR 00, 818: **„Theorie der bewusst geplanten DoppelGes"**; BFH VIII R 34/00; BFH/NV 02, 185; zust *Märkle* DStR 02, 1109/14; krit *Gosch* StBp 00, 185). Danach besteht aber bei Beteiligung nur derselben Personen an Besitz- und Betriebsunternehmen ausnahmsweise **keine** Beherrschungsidentität dh keine personelle Verflechtung, wenn ***(1)*** die Beteiligungen an Besitzunternehmen und BetriebsGes der Höhe nach *extrem* entgegengesetzt sind, zB 95 zu 5 und 5 zu 95 (BFH X R 5/86 BStBl II 89, 152 zu 1.b; offen in BFH IV R 62/98 BStBl II 00, 417; BFH X R 50/03 BFH/NV 06, 1144) oder ***(2)*** die Einheit durch wirksame Stimmrechtsbindung zugunsten Dritter (s zu c) oder nachgewiesene Interessengegensätze aufgelöst ist (BFH IV R 113/90 BStBl II 92, 349 zu 1.; BFH IV B 24/07 BFH/NV 07, 784), wobei sich diese nicht schon daraus herleiten, dass eine der beiden am Besitzunternehmen zu je 50 vH beteiligten Personen an der Betriebs-GmbH nur geringfügig beteiligt ist (BFH IV R 8–9/93 BStBl II 94, 466).

b) Gruppentheorie. Sind am Besitzunternehmen – in der Rechtsform einer Bruchteilsgemeinschaft, GbR, OHG oder KG – außer den Ges'tern der BetriebsGes auch andere Personen beteiligt, bilden die an beiden Unternehmen beteiligten Personen – unabhängig von einer evtl unterschiedl Beteiligungshöhe (s Rz 821) – „eine durch **gleichgerichtete Interessen** geschlossene Personengruppe" (Gruppentheorie; grundlegend BFH IV 87/65 BStBl II 72, 796; ferner zB X R 25/93 BStBl II 97, 44 zu 3.; Ausnahme BFH X R 22/07 BFH/NV 10, 208: Sondernutzungsrecht eines Miteigentümers = Besitzeinzelunternehmer). Beherrschungsidentität *(auf gesrechtl Grundlage)* und damit personelle Verflechtung ist gegeben, wenn die DoppelGes'ter (Personengruppe) sowohl die BetriebsGes beherrschen (dazu Rz 827 ff) als auch das Besitzunternehmen (s auch § 13b II 2 Nr 1a ErbStG nF; Rz 804). Beherrschung des **Besitzunternehmens** setzt aber idR (Ausnahme s Rz 836: faktische Beherrschung) voraus, dass ***(1)*** die DoppelGes'ter (dazu BFH XI R 31/05 BStBl II 07, 378 zu II 3) zusammen im Besitzunternehmen über die (einfache) **Mehrheit der Stimmen** verfügen und ***(2)*** für das Besitzunternehmen *gesetzl* das **Mehrheitsprinzip** gilt, so zB bei Bruchteilsgemeinschaften (§ 745 BGB) und bei OHG bzw KG für gewöhnl Geschäfte der geschäftsführenden Ges'ter (§§ 116; 164 HGB) oder *im GesVertrag* zB einer GbR das Mehrheitsprinzip ausdrückl vereinbart ist. *Ausnahme:* Nach BFH IV R 54/11 BFH/NV 13, 1557 keine personelle Verflechtung, wenn ein Nur-MinderheitsGes'ter der Besitz-GbR allein geschäftsführungs- und vertretungsbefugt ist (mE fragl). Die Frage, **für welche Geschäfte** das (gesetzl oder vertragl) *Mehrheitsprinzip maßgebl sein muss* (personelle Verflechtung!), ist wie folgt zu beantworten: Laut *FinVerw* und (allerdings nicht ganz eindeutiger) BFH-Rspr ist erforderl, aber auch ausreichend, dass sich das Mehrheitsprinzip nur auf die Geschäfte des tägl Lebens (einschließl der lfd Verwaltung der zur Nutzung überlassenen WG) erstreckt (*BMF* BStBl I 02, 1028 zu III.; *FinVerw* FR 12, 976/80; BFH III R 72/11 BStBl II 13, 684; überzeugend *Kempermann* GmbHR 05, 317); nicht erforderl ist demnach, dass das Mehrheitsprinzip auch ausdrückl die Begründung, Änderung und Beendigung des Vertrags über die der BetriebsGes zur Nutzung überlassenen WG erfasst (zR *Kempermann* aaO; FG SchlHol EFG 11, 1433; aA *Söffing/Micker,* Die BetrAufsp, 4. Aufl S 112 f; *Rätke* StuB 00, 464). Unterliegen aber umgekehrt Abschluss/Beendigung des Pachtvertrags dem Mehrheitsprinzip, begründet dies nach BFH IV R 44/07 BStBl II 12, 136 bei umgekehrter BetrAufsp (eG = Betriebsunternehmen ist mehrheitl an Besitz-GbR beteiligt) die personelle Verflechtung. 823

aa) Stimmrechtsverbot. Str ist, ob eine Beherrschung des Besitzunternehmens durch die daran mehrheitl beteiligten Ges'ter der BetriebsGes entfällt, weil für diese Ges'ter beim **Besitzunternehmen** wegen Interessenkollision ein Stimmverbot hinsichtl der Beziehungen zur BetriebsGes eingreift und damit insoweit der Nur-BesitzGes'ter allein entscheidet (bej BFH I R 174/79 BStBl II 84, 212; offen BFH/NV 90, 562). Da aber zivilrechtl sowohl für die Bruchteilsgemeinschaft wie 824 für PersGes, insb GbR zweifelhaft ist, ob ein Stimmverbot besteht und ein solches jedenfalls vertragl abdingbar ist, muss bejaht werden, dass die DoppelGes'ter das Besitzunternehmen beherrschen, wenn ein Stimmverbot dieser Ges'ter tatsächl nicht praktiziert wird (BFH VIII R 240/81 BStBl II 86, 296 zu I.3.b aE; BFH/NV 90, 562; FG Mchn EFG 96, 748, rkr; *Kempermann* GmbHR 05, 317/21); mE ist dies für den Regelfall zu vermuten (Anscheinsbeweis!).

825 **bb) Einstimmigkeits- oder qualifiziertes Mehrheitsprinzip.** Gilt das Einstimmigkeitsprinzip nicht nur für außergewöhnl Geschäfte (zB Begründung, Änderung, Beendigung des Nutzungsverhältnisses), sondern *auch für Geschäfte des tägl Lebens* beim *Besitzunternehmen* (Bruchteilsgemeinschaft, GbR, OHG, KG) vertragl oder gesetzl (zB § 709 I BGB für GbR), schließt ein auch nur minimal beteiligter **Nur-Besitzges'ter** (Nur-Gemeinschafter) oder dessen Angehöriger nach stRspr des BFH idR (s unten) Beherrschungsidentität aus. *Begründung:* die am „Besitzunternehmen" mehrheitl (und an der BetriebsGes allein) beteiligten Personen sind infolge des Vetorechts des Nur-BesitzGes'ters nicht in der Lage, ihren geschäftl Betätigungswillen im Besitzunternehmen durchzusetzen (zB BFH IV R 37/10 BFH/NV 13, 910 für gemeinsame Geschäftsführung mit Nur-BesitzGes'ter). Zur Auslegung des GesVertrags s BFH IV 9/13, DStR 16, 36; fragl). Die *FinVerw* hat ihre strengere Ansicht (*BMF* BStBl I 85, 121; 89, 39) aufgegeben, und eine Übergangsregelung getroffen (*BMF* BStBl I 02, 1028 zu V.). Danach waren bei „unechter BetrAufsp" die zur Nutzung überlassenen WG kein BV, sondern PV. Bei „echter BetrAufsp" wurden diese WG im Zeitpunkt der Betriebsaufteilung entnommen; bestandskräftige Veranlagungen sollen nach § 174 III AO geändert werden (BFH IV B 167/04 BStBl II 06, 158: *AdV;* zR krit auch *Tiedtke ua* DStR 03, 757). Anders ist dies, wenn bis zum 31.12.02 die personellen Voraussetzungen einer BetrAufsp geschaffen und ein entspr Antrag gestellt wurde. – **Ausnahmen:** Trotz Einstimmigkeitsabrede besteht aber **Beherrschungsidentität,** wenn – ***(1)*** eine Person oder Personengruppe das Besitzunternehmen zwar nicht rechtl, aber **faktisch beherrscht** (s Rz 836 ff); – ***(2)*** **Rechtsmissbrauch** (§ 42 AO) vorliegt (BFH BFH/NV 00, 601 zu II.2: nicht rechtsmissbräuchl, wenn gesetzl Einstimmigkeitsregel nicht abbedungen wird; zust *Natschke* StBP 00, 133); – ***(3)*** Nur-BesitzGes'ter eine **KapGes** ist, die von den DoppelGes'tern beherrscht wird (s auch Rz 835); – ***(4)*** einem MehrheitsGes'ter die **alleinige Geschäftsführung** und Vertretung übertragen ist (BFH VIII R 24/01 BStBl II 03, 757; BFH X B 255/10 BFH/NV 11, 1859; *Kempermann* GmbHR 05, 317/8; krit *Gosch* StBP 03, 309). – Gleiche Grundsätze gelten bei Vereinbarung eines qualifizierten Mehrheitsprinzips (zB 75 vH), wenn die Sowohl-als-auch-Ges'ter nur die einfache Mehrheit haben. – Zu **Stimmrechtsbindung** s Rz 829.

827 **c) Nur-Betriebsges'ter.** Hat die BetriebsGes Ges'ter, die nicht am Besitzunternehmen beteiligt sind, gelten folgende Grundsätze: – **aa) Personengruppe.** Hat die BetriebsGes die Rechtsform einer GmbH (zu AG s Rz 832; zu PersGes s Rz 833), ist Beherrschungsidentität auf gesrechtl Grundlage gegeben, wenn die „Sowohl-als-auch-Ges'ter" (geschlossene Personengruppe, s Rz 823) zusammen – unabhängig von der Höhe der einzelnen Anteile (BFH IV R 8–9/93 BStBl II 94, 466) – bei der Betriebs-GmbH über die einfache, nicht notwendig 75%ige Mehrheit der Anteile und damit der Stimmen verfügen, weil für die Beherrschung einer GmbH gem § 47 I GmbHG grds die Mehrheit der Anteile (Stimmen) ausreichend ist (zB BFH IV R 15/91 BStBl II 93, 876 zu 1.a) – unabhängig davon, ob die Beherrschung konkret ausgeübt wird (FG Mchn EFG 03, 1535).

Beispiel: A und B sind zu je $^1/_2$ Miteigentümer eines Grundstücks, das an eine GmbH vermietet ist, deren Ges'ter A, B und C zu je $^1/_3$ sind. Folge: BetrAufsp!

828 **(bb) Stimmverbot.** Für die personelle Verflechtung ist unerhebl, ob die DoppelGes'ter bei Beschlüssen der Betriebs-GmbH über Geschäfte mit dem Besitzunternehmen gem § 47 IV GmbHG vom Stimmrecht ausgeschlossen sind. Denn zur

Beherrschung einer KapGes genügt die Herrschaft über die „Geschäfte des tägl Lebens“ (vgl BFH X R 25/93 BStBl II 97, 44 zu 3.), die bei einer GmbH allein von dem oder den Geschäftsführern getätigt werden; für Beschlüsse über die Bestellung und Abberufung der Geschäftsführer besteht aber grds kein Stimmverbot der MehrheitsGes'ter (*B/H* GmbHG § 47 Rz 51–52); demgemäß kann sich in der Betriebs-GmbH auf Dauer nur ein geschäftl Betätigungswille entfalten, der vom Vertrauen des oder der MehrheitsGes'ter getragen ist; dies reicht für personelle Verflechtung aus (BFH IV R 151/86 BStBl II 89, 455 zu 3.; *Kempermann* GmbHR 05, 317/21).

(cc) Stimmbindung. Besteht in der BetriebsKapGes aufgrund des Anteilsbesitzes keine Stimmenmehrheit der Doppel-Ges'ter, kann diese durch Stimmrechtsbindungsverträge begründet sein (*Fichtelmann* GmbHR 06, 345); die Stimme desjenigen, der gebunden ist, ist dem oder den Weisungsbefugten „zuzurechnen“. Umgekehrt kann eine Stimmenmehrheit durch ernst gemeinte Stimmrechtsbindung zugunsten eines Nur-BetriebsGes'ters verloren gehen (BFH VIII B 22/97 BFH/NV 98, 852; *Roschmann ua* GmbHR 97, 155). Zur Stimmrechts**abtretung** s BFH IV R 76/05 BStBl II 08, 858 zu II.2.b. Zur Stimmrechts**vollmacht** s BFH X B 230/08 BFH/NV 2009, 1647: idR Wahrung der Interessen des Vollmachtgebers oder freie Widerruflichkeit (ähnl FG Nds EFG 09, 2022, rkr: betr Nießbrauch; aA – uU – BFH IX R 51/10 BStBl II 12, 308; FG Köln EFG 14, 1797, Rev X R 45/14; Rz 865, 309); anders aber BFH XI R 23/96 BStBl II 97, 437: faktische Beherrschung bei widerrufl und ggf transmortaler Vollmacht zur Anteilserhöhung (s Rz 838). 829

(dd) Einstimmigkeit. Gilt laut Satzung der Betriebs-GmbH für Beschlüsse der Ges'terversammlung das Einstimmigkeitsprinzip (vgl BFH B 162/06 BFH/NV 08, 384), schließt dies personelle Verflechtung nicht aus, wenn die MehrheitsGes'ter und Geschäftsführer der Betriebs-GmbH, die zugleich das Besitzunternehmen als Alleineigentümer der zur Nutzung überlassenen WG beherrschen, die das Nutzungsverhältnis betreffenden Rechtshandlungen ohne Zustimmung der Ges'terversammlung vornehmen können – vorausgesetzt, dass die Ges'terversammlung die Geschäftsführer nicht gegen den Willen der MehrheitsGes'ter abberufen kann (BFH X R 56/04 BStBl II 06, 415; BFH IV B 96/03 BFH/NV 05, 1564; ähnl bereits X R 25/93 BStBl II 97, 44; krit G. *Söffing* BB 06, 1529). 830

(ee) Qualifizierte Mehrheit. Das zu *(4)* Ausgeführte gilt entspr, wenn bei der Betriebs-GmbH vertragl für *alle* Ges'terbeschlüsse eine qualifizierte Mehrheit erforderl ist, derjenige, der WG zur Nutzung überlässt, aber bei der Betriebs-GmbH nur die einfache Mehrheit hat (BFH IV B 129/06, juris). 831

(ff) AktienGes. Diese Grundsätze sind auch maßgebl für eine BetriebsGes in der Rechtsform einer AG (BFH X R 45/09 BStBl II 11, 778: betr Mehrheitsaktionär bei börsennotierter AG; aA *Bode* FR 11, 1001). Ebenso bei ArbNMitbestimmung in AG oder GmbH (arg §§ 29 II, 31 IV MitbestG; zu Beiräten s FG Nbg DStRE 06, 671). Bei fehlender Stimmenmehrheit uU faktische Beherrschung durch Vorstand (offen BFH aaO; *Wachter* DStR 11, 1599). 832

(gg) BetriebsPersGes. Hat die BetriebsGes die Rechtsform einer PersGes (OHG, KG GbR; mu'erische BetrAufsp, s Rz 858), genügt (und ist grds erforderl) für eine Beherrschung auf gesrechtl Grundlage der Besitz der Mehrheit der Anteile, wenn für die BetriebsPersGes vertragl oder gesetzl *allg* oder zumindest für die Geschäfte des tägl Lebens (s Rz 823) das Mehrheitsprinzip gilt. Soweit das Einstimmigkeitsprinzip *allg* maßgebl ist, oder ein Widerspruchsrecht (§ 164 HGB) eines Nur-Betriebs-Ges'ters bezügl des Nutzungsverhältnisses über wesentl Betriebsgrundlagen besteht (vgl BFH IV R 13/91 BStBl II 93, 134), besteht idR keine personelle Verflechtung. 833

d) Nur-Betriebs- und Nur-Besitzges'ter. Sind sowohl am Besitzunternehmen Personen beteiligt, die nicht zugleich Ges'ter der BetriebsGes sind, als auch 834 umgekehrt bei der BetriebsGes Ges'ter vorhanden, die nicht zugleich am Besitzunternehmen beteiligt sind, gelten die in Rz 821–833 dargestellten Grundsätze, insb die **Gruppentheorie** sinngemäß und kombiniert.

Beispiel: A, B, C und D sind zu je 1/4 Miteigentümer eines Grundstücks, das an eine GmbH vermietet ist, deren Ges'ter A, B, C und E zu je 1/4 sind. BetrAufsp, weil ABC Besitzunternehmen und BetriebsGes beherrschen.

835 **e) Mittelbare Beteiligung am Besitz- oder Betriebsunternehmen.** Der BFH hat einerseits für **Besitzunternehmen** (in der Rechtsform der GmbH & Co KG) unter Berufung auf ein „Durchgriffsverbot" entschieden, es fehle eine personelle Verflechtung auf gesrechtl Grundlage – offen geblieben ist, ob evtl eine faktische Beherrschung (s Rz 836) gegeben ist –, wenn diejenigen Personen, die die BetriebsKapGes beherrschen, an der *BesitzPersGes* nur mittelbar über eine KapGes (als Ges'terin der BesitzPersGes) beteiligt seien (BFH IV R 13/91 BStBl II 93, 134 zu II.2.a; BFH IV R 44/07 BStBl II 12, 136) – Andererseits können der für die BetrAufsp maßgebenden **Einfluss auf das Betriebsunternehmen** auch eine mittelbare Beteiligung an diesem gewähren (zB BFH IV R 13/91 BStBl II 93, 134 zu II.1.b; BFH X R 22/02 BStBl II 06, 457; einschr *Roser* EStB 09, 177). Soweit aus dem Urt BFH IV R 11/98 BStBl II 99, 532 zu 1.b ein allg, auch für das Betriebsunternehmen zu beachtendes Durchgriffsverbot abgeleitet worden ist (vgl *Salzmann* DStR 00, 1329/32), ist der BFH hiervon zwischenzeil abgerückt (BFH IV R 82/05 BStBl II 08, 471: „missverständl Formulierung").

Kritik: BFH IV R 13/91; IV R 44/07 (aaO) sind mE unzutr; für eine Beherrschungsidentität reicht eine beherrschende mittelbare Beteiligung sowohl beim Betriebs- als auch beim Besitzunternehmen. Die Rechtslage bei der Organschaft (§ 14 Nr 1 KStG) zeigt, dass ein „Durchgriffsverbot" einer mittelbaren Beherrschung nicht entgegensteht; auch fehlt jeder sachl Grund für eine unterschiedl Beurteilung von Besitz- und Betriebsunternehmen (*Kroschel/Wellisch* DStZ 99, 167/9; *K/Reiß* § 15 Rz 94; *G. Söffing* FR 02, 335). Wäre Beherrschungsidentität auf gesrechtl Grundlage zu verneinen, wäre gleichwohl faktische Beherrschung (s Rz 836) gegeben; aA aber – implizit – BFH IV R 44/07, aaO.

Beispiel 1 (BetriebsGes): E ist Alleineigentümer eines Grundstücks, das als wesentl Betriebsgrundlage an die X-GmbH vermietet ist. Ges'ter der X-GmbH sind die E-GmbH zu 90 vH und F (Ehefrau des E) zu 10 vH. E ist AlleinGes'ter der E-GmbH. – Lösung: E und die X-GmbH sind nicht nur sachl, sondern auch personell verflochten, denn E beherrscht mittelbar über die E-GmbH die BetriebsGes. BetrAufsp.

Beispiel 2 (BetriebsGes): E ist Alleineigentümer eines Grundstücks, das als wesentl Betriebsgrundlage an die E-GmbH & Co KG vermietet ist. Ges'ter der KG sind die A-GmbH als persönl haftender Ges'ter und die B-GmbH als K'tist. E ist AlleinGes'ter der A-GmbH und der B-GmbH. – Lösung: MUerische BetrAufsp, keine Anwendung des § 15 I 1 Nr 2 S 1 HS 2.

Beispiel 3 (BesitzGes): Die Y-GmbH & Co KG vermietet der X-GmbH wesentl Betriebsgrundlagen: Ges'ter der KG sind die Y-GmbH (AlleinGes'ter ist E) als persönl haftender Ges'ter und E als K'tist. E ist außerdem AlleinGes'ter der X-GmbH. – *Lösung:* BetrAufsp zw KG und X-GmbH (vgl FG Nbg EFG 02, 632, rkr).

Zur **personellen Verflechtung** (Beherrschung des Besitzunternehmens) bei unmittelbarer Beteiligung an Besitz- und Betriebsunternehmen, aber nur **mittelbarer Nutzungsüberlassung** über eine ZwischenKapGes s Rz 810.

836 **f) Faktische Beherrschung.** In Ausnahmefällen kann die Person oder Personengruppe, die zwar eines der Unternehmen (Besitz- oder BetriebsGes) beherrscht, aber keine *rechtl* Möglichkeit hat, im anderen Untenehmen ihren Willen durchzusetzen (zB keine Mehrheit oder Einstimmigkeitsprinzip), dieses Unternehmen gleichwohl faktisch beherrschen, zB weil sich die anderen Ges'ter ihrem Druck aus wirtschaftl oder anderen Gründen unterordnen müssen (vgl zB BFH VIII R 82/98 BStBl II 02, 774 zu 2. mwN; *BMF* BStBl I 02, 1028 zu IV: Überlassung einer *unverzichtbaren* Betriebsgrundlage; dazu *Kempermann* GmbHR 05, 317/22).

aa) Beispiele. Die Rspr hat diese zB **bejaht** – ***(1)*** bei Beherrschung einer BetriebsPersGes über eine daran beteiligte Stiftung (BFH I R 118/80 BStBl II 82, 662), – ***(2)*** wenn Ehemänner ihren Betrieb an eine neue KG verpachten, deren Ges'ter die nicht fachkundigen Ehefrauen sind, das Unternehmen aber wie bisher, nur formal als Angestellte der KG fortführen (BFH IV R 145/72 BStBl II 76, 750), – ***(3)*** wenn der Besitzunternehmer die Geschäfte der Betriebs-GmbH führt und zB aufgrund Vollmacht oder Option jederzeit die Mehrheit der GmbH-Anteile erwerben kann (BFH XI R 23/96 BStBl II 97, 437; BFH/NV 02, 345; s Rz 829). **838**

bb) Gegenbeispiele. Die Rspr hat diese zB **verneint** – ***(1)*** bei Betriebsverpachtung durch den Ehemann an – ***(a)*** GmbH, deren alleinige Ges'terin die „nicht fachunkundige" Ehefrau ist (zB BFH X R 5/86 BStBl II 89, 152), – ***(b)*** GmbH, deren AlleinGes'terin die Ehefrau ist – ungeachtet dessen, dass der Ehemann der GmbH als Geschäftsführer das „Gepräge" gibt (BFH I R 228/84 BStBl II 89, 155), – ***(c)*** GmbH, deren Ges'ter die Ehefrau und die minderjährigen Kinder sind und deren Geschäftsführer der Ehemann und die teilweise fachkundige Ehefrau sind – ungeachtet dessen, dass der Ehemann die GmbH-Anteile geschenkt hatte (ähnl BFH/NV 00, 601 zu 1.c), Gläubiger der GmbH war und den Pachtvertrag kündigen konnte (BFH III R 94/87 BStBl II 90, 500), – ***(d)*** GmbH, an der die Eheleute zu je $^1/_2$ beteiligt sind (BFH/NV 91, 454), – ***(2)*** wenn die Ehemänner die BesitzGes beherrschen, bei der Betriebs-GmbH der Ehefrauen angestellt sind und die Geschäftsanteile der Ehefrauen uU eingezogen werden können (BFH IV R 20/98 BStBl II 99, 445), – ***(3)*** wenn Ehefrau Nur-BesitzGes'terin in Familien-GbR mit Einstimmigkeitsprinzip ist und das an die Betriebs-GmbH überlassene Grundstück vom Ehemann als MehrheitsGes'ter in Besitz- und Betriebs-Ges angemietet ist (BFH VIII R 82/98 BStBl II 02, 774), – ***(4)*** wenn AlleinGes'ter der Betriebs-GmbH die Grundstücksgemeinschaft nicht beherrscht, er jedoch die Miete erhält (FG Mster EFG 04, 329, rkr), – ***(5)*** bei begrenzter Geschäftsführungsbefugnis in Betriebs-GmbH (FG Ddorf EFG 04, 1632). – Zur Frage, ob Großgläubigerposition eine tatsächl Beherrschung der Schuldner-GmbH beinhaltet, s zB BFH IV R 13/91 BStBl II 93, 134 zu III.). **839**

g) (Dauer-)Testamentsvollstreckung (Rz 141, 301). Sie bedeutet treuhänderisches Handeln für die Miterben/Erben und begründet deshalb ohne Anteilsbeherrschung durch Miterben/Erben keinen einheitl geschäftl Betätigungswillen (BFH VIII R 237/81 BStBl II 85, 657), lässt aber die aus den Beteiligungen der/s Miterben/Erben abzuleitende Beherrschungsidentität unberührt (BFH IV R 76/05 BStBl II 08, 858 mwN; *Bitz* GmbHR 08, 1043; krit *Lorz* ZEV 08, 498). **841**

h) Insolvenz. Nach der BFH-Rspr entfällt die personelle Verflechtung mit der **Eröffnung** des Insolvenzverfahrens über die **BetriebsGes** (zust *Fichtelmann* EStB 04, 75); Rechtsfolge soll idR **Betriebsaufgabe** des Besitzunternehmens bereits zu diesem Zeitpunkt sein (BFH XI R 2/96 BStBl II 97, 460; krit zR *Wendt* FR 98, 264/77: nur Betriebsänderung, solange WG weiterhin der BetriebsGes überlassen; ähnl *Crezelius* JbFfSt 98/9, 270; Anm *HG* DStR 97, 958: nur Betriebsunterbrechung, wenn Betrieb fortgesetzt wird; s auch Rz 865/-6). **842**

6. Ehegatten; Eltern und Kinder. – Sind Ehegatten oder Eltern und Kinder sowohl an der BetriebsGes als auch an den zur Nutzung überlassenen WG beteiligt (zB Miteigentümer des Grundstücks zu je 40 vH, Ges'ter der Betriebs-GmbH zu je 50 vH), bilden sie **wie Fremde** eine „geschlossene Personengruppe" (zB BFH IV R 8–9/93 BStBl II 94, 466); personelle Verflechtung ist idR gegeben, auch bei unterschiedl hoher Beteiligung (s Rz 821). Zu Grundstück und Anteilen an Betriebs-GmbH im Gesamtgut ehel Gütergemeinschaft s BFH IV R 15/91 BStBl II 93, 876; BFH IV R 22/02 DStR 06, 2207; BVerfG HFR 08, 754. **845**

a) Ehegatten. Sind *beide* entweder *nur* an der BetriebsGes oder *nur* an den dieser zur Nutzung überlassenen WG beteiligt (zB Ehemann ist Alleineigentümer eines Grundstücks, das an eine GmbH vermietet ist, deren Ges'ter Ehemann und Ehefrau zu je 50 vH sind), ist im Hinblick auf Art 3 I, 6 I GG eine Zusammenrechnung der Ehegattenanteile *nur* zulässig, wenn zusätzl zur ehel Lebensgemeinschaft Beweisanzeichen für gleichgerichtete wirtschaftl Interessen der Ehegatten vorliegen (BVerfG BStBl II 85, 475; BFH IV R 20/98 BStBl II 99, 445; *BMF* BStBl I 86, 537). *Zusätzl Beweisanzeichen* für gleichgerichtete wirtschaftl Interessen der Ehegatten *sind* zB *unwiderrufl* Stimmrechtsvollmacht (BFH/NV 90, 99; aA **846**

Kuhfus GmbHR 90, 401) oder Stimmrechtsbindung. *Keine* solchen Beweisanzeichen sind: Jahrelanges, konfliktfreies Zusammenwirken innerhalb der Ges (zB BFH VIII R 72/96 BStBl II 02, 722 zu II.1.b; Herkunft der Mittel für die Beteiligung der Ehefrau an der BetriebsGes vom Ehemann; ‚Gepräge' der BetriebsGes durch den Ehemann (vgl BFH III R 74/87 BStBl II 90, 500 zu 3.a). – *(3)* Unzulässig ist eine Zusammenrechnung, wenn ein Ehegatte nur am „Besitzunternehmen" und der andere Ehegatte nur an der „BetriebsGes" beteiligt ist (sog **Wiesbadener Modell**), auch wenn aufgrund besonderer Beweisanzeichen gleichgerichtete wirtschaftl Interessen der Ehegatten anzunehmen sind (BFH X R 5/86; BFH I R 228/84 BStBl II 89, 152; 155). Etwas anderes gilt mE, wenn zB die Ehefrau das vermietete Grundstück oder die Anteile an der Betriebs-GmbH vom Ehemann geschenkt erhalten hat *und* diese Schenkung frei widerrufl ist (BFH VIII R 196/84 BStBl II 89, 877; zum Zivilrecht s instruktiv *Kesseler* DStR 15, 1189). Unabhängig hiervon kann das Rechtsverhältnis zw den Ehegatten uU als verdecktes Ges-Verhältnis zu werten und damit MUerschaft sein (s Rz 280 ff). Zu **Treuhand** s BFH III B 114/03 BFH/NV 04, 1109.

849 **b) Eltern und Kinder.** Auch soweit an einem der beiden „Unternehmen" nur die Eltern oder ein Elternteil, am anderen aber sowohl die Eltern bzw ein Elternteil als auch **minderjährige Kinder** beteiligt sind (zB die Eltern sind Miteigentümer eines Grundstücks zu je $^1/_2$, das an eine GmbH vermietet ist, deren Ges'ter die Eltern und ihre beiden minderjährigen Kinder zu je $^1/_4$ sind), können (iSe Beherrschungsidentität) die Anteile der Kinder den Eltern nur zugerechnet werden, wenn Beweisanzeichen dafür vorhanden sind, dass die Rechte aus den Anteilen in Gleichrichtung mit den Rechten aus den elterl Anteilen ausgeübt werden. Nach Auffassung der *FinVerw* (EStR 15.7 VIII) rechtfertigt die **elterl Vermögenssorge** (§ 1626 BGB) eine Zusammenrechnung grds *nur,* wenn an einem der beiden Unternehmen beide Elternteile mehrheitl und am anderen ebenfalls beide Elternteile und das Kind (zusammen mehrheitl) beteiligt sind, *sofern* beide Elternteile sorgeberechtigt sind. Zu Wegfall der personellen Verflechtung durch Eintritt der Volljährigkeit s Rz 865. – Die hL ist gegen jegl Zusammenrechnung (zB *Felix* StB 97, 145/51). – Anteile von **Eltern und volljährigen Kindern** oder von **sonstigen Angehörigen** werden grds nicht zusammengerechnet (zB BFH VIII R 13/93 BStBl II 94, 922 zu 2.c mwN).

7. Rechtsform und Tätigkeit des Betriebsunternehmens; mitunternehmerische BetrAufsp

Verwaltung: *BFM* BStBl I 98, 583; 05, 458: Verhältnis des § 15 I Nr 2 zur mitunternehmerischen BetrAufsp; unentgeltl Begründung (§ 6 III); *OFD Mchn* (DB 99, 1878): Bruchteilsgemeinschaften.

855 **a) Betriebsunternehmen.** Hat idR die Rechtsform einer **KapGes** (zB BFH VIII R 11/99 BStBl II 00, 621; BFH X R 17/05 BStBl II 08, 579: Vor-GmbH), evtl die einer **PersGes** (OHG, KG, GbR), insb einer GmbH & Co KG (sog *mu'erische BetrAufsp;* s zu b) oder einer eG (BFH IV R 44/07 BStBl II 12, 136). Ein **Einzelunternehmen** (natürl Person) kann nicht *Betriebs*unternehmen sein (*Kroschel ua* DStZ 99, 167/8). Überlässt zB eine Bruchteilsgemeinschaft oder nicht gewerbl GbR, an der ein Einzelunternehmer beteiligt ist, diesem WG zur gewerbl Nutzung, ist der Miteigentumsanteil (§ 39 II Nr 2 AO) – und nur dieser – notwendiges BV des Einzelunternehmers (BFH IV R 160/73 BStBl II 78, 299). Die BetriebsGes muss ein **gewerbl Unternehmen** betreiben und eine Betriebsstätte im Inl haben (s Rz 862); sie kann gemeinnützig sein (*FinVerw* DStR 99, 1111; *Jost* DB 07, 1664) oder zB nach § 3 Nr 20 GewStG gewstfrei (s Rz 869/71). Es ist weder erforderl, dass bei echter BetrAufsp der Träger des Besitzunternehmens schon vorher *gewerbl* tätig war, noch, dass die BetriebsGes eigengewerbl tätig ist; ein GewBetr kraft Rechtsform (§ 8 II KStG: KapGes; § 15 III Nr 2: GmbH & Co

KG) reicht aus (**„gewerbl geprägte BetrAufsp"**; zB BFH/NV 92, 333: Pflegeheim; BFH XI R 12/87 BStBl II 92, 415: Vergabe von *Unterlizenzen;* BFH VIII R 24/01 BStBl II 03, 757: Steuerberatung; BFH IV R 67/96 BStBl II 98, 254: Labor-GmbH; BFH VIII R 11/99 BStBl II 00, 621: Ingenieurbüro; BFH VIII R 53/02 BFH/NV 05, 1624; IV R 11/13 BFH/NV 15, 1398: jew Vermietung; BFH III R 68/06 BFH/NV 10, 241: Verlustausgleich durch Fremd-Manager; aA zB *Kesseler* DStR 15, 2427; *Tiedtke ua* GmbHR 91, 202/5 mwN). Soweit sich dadurch die Struktur des bisherigen freiberufl (oder luf) Betriebs zum GewBetr wandelt, tritt keine (zwangsweise) Gewinnrealisierung ein. – Dass die Betriebs-GmbH zugleich persönl haftender Ges'ter der BesitzPersGes ist, steht einer BetrAufsp nicht entgegen (BFH IV B 21/91 BFH/NV 92, 333).

b) Mitunternehmerische BetrAufsp; PerGes als Betriebsunternehmen. – 858
aa) Keine Subsidiarität. Da der BFH in ständiger Rspr die sog Subsidiaritätsthese ablehnt (s Rz 534), gilt, dass § 15 I 1 Nr 2 HS 2 die Rechtsfolgen einer mu'erischen BetrAufsp verdrängt, genauer deren Tatbestand nicht erfüllt ist **(Vorrang von SonderBV und Sondervergütungen),** *wenn* derjenige (natürl Person, PersGes, KapGes), der wesentl Betriebsgrundlagen einer BetriebsPersGes zur Nutzung überlässt, *an dieser selbst als Ges'ter (MUer)* beherrschend beteiligt ist (BFH III R 50/96 BStBl II 03, 613 zu II.2.c; *BMF* BStBl I 98, 583 Nr 1; *Brandenberg* DB 98, 2488; aA zB *Patt/Rasche* DStZ 99, 127). – Nach der Rspr des BFH (VIII R 13/95; BStBl II 98, 325; BFH VIII R 61/97 BStBl II 99, 483) und Ansicht der FinVerw (*BMF* aaO Nrn 2–4) ist die Rechtslage aber anders **(Vorrang der mitunternehmerischen BetrAufsp),** wenn eine *PersGes* wesentl Betriebsgrundlagen zur Nutzung überlässt und nicht diese selbst, sondern nur deren Ges'ter (oder einige davon) beherrschend an der BetriebsPersGes (SchwesterGes) beteiligt sind (zust zB *Kloster* BB 01, 1449; abl *G. Söffing* DStR 01, 158; zur Umqualifikation bei Beendigung der BetrAufsp s Rz 865 aE). Unerhebl ist, ob die Besitz-PersGes originär gewerbl tätig, gewerbl geprägt oder erst aufgrund der personellen und sachl Verflechtung mit der BetriebsGes gewerbl ist (zB *Brandenberg* FR 97, 87/9; *Strahl* FS Schaumburg, 493, 504; aA *Gebhardt* GmbHR 98, 1022/4). Gleiches soll für eine Bruchteilsgemeinschaft als Besitzunternehmen gelten (*FinVerw* DB 99, 1878; *Poll* DStR 99, 477; aA *Strahl* KÖSDI 98, 11533; *Meyer/Ball* FR 98, 1075/82; mE idR konkludent GbR, s Rz 861; ähnl BFH VIII R 34/00 BFH/NV 02, 185; krit *Weber* FR 06, 572; zu § 6 III s § 6 Rz 665; *BMF* BStBl I 06, 766). Für eine mu'erische BetrAufsp (bzw ihren Vorrang gegenüber SonderBV) fordert die FinVerw allerdings – mE zR –, dass die *BesitzPersGes mit Gewinnabsicht* tätig ist; diese wird idR fehlen, sofern die BesitzGes nur als Besitzunternehmen tätig ist (Ausnahme evtl gewerbl geprägte PersGes), – anders als bei Nutzungsüberlassung an BetriebsKapGes (s Rz 809) –, *wenn* die WG unentgeltl oder nur teilentgeltl überlassen sind (*BMF* aaO Nr 1; zust *Kloster* GmbHR 00, 111/4; krit *Kroschel ua* DStZ 99, 167/71; *Wendt* FR 06, 25). – Zu den (estrechtl und gewstrechtl) Konsequenzen **(Vor- und Nachteilen!)** des Vorrangs der mu'erischen BetrAufsp s zB *BMF* aaO Nr 2; *Strahl* FS Schaumburg, 493, 506: zB Nur-BesitzGes'ter hat gewerbl Einkünfte; Veräußerung der Anteile an BesitzPersGes tarifbegünstigt; ebenso Anteilsveräußerung bezügl BetriebsPersGes (FG Bdg EFG 07, 1498, rkr: ohne Ansatz eines Entnahmegewinns für BesitzPersGes-Anteile; zutr); Trennung der Veräußerungsgewinne bezügl Besitz- und BetriebsPersGes (FG BaWü EFG 08, 795, rkr, zu § 34 III 4 nF); zu § 7g nF s dort *BMF* BStBl I 13, 1493 Rz 1, 15); mehrfacher GewSt-Freibetrag; kein gewstl Verlustausgleich zw den Ges; Hinzurechnung gem § 8 GewStG aF/nF (Rz 871) mögl, aber GewSt-Anrechnung (§ 35) und Thesaurierungsbegünstigung (§ 34a) auch bezügl BesitzPersGes (*Strahl* aaO). – Überlässt eine GbR zB ein Grundstück einer ges'teridentischen **freiberufl PersGes** zur Nutzung, ist dies mangels GewBetr der BetriebsPersGes (s Rz 855) keine mu'erische BetrAufsp (BFH X R 59/00 BStBl II 06, 661; BFH IV R 29/04 BStBl II 06, 173; aA *K/Reiß* § 15 Rz 87).

859 **bb) Folgen.** – *(1)* **Anwendung des § 15 I 1 Nr 2 S 1 HS 2.** Keine BetrAufsp, – *(a)* wenn eine natürl Person, KapGes oder PersGes, die wesentl Betriebsgrundlagen einer anderen PersGes zur Nutzung überlässt, an dieser *selbst als Ges'ter* (MUer) mehrheitl beteiligt ist, zB doppelstöckige PersGes (BFH III R 35/98 BStBl II 01, 316); – *(b)* wenn eine natürl Person, die an der „eigenen" GmbH atypisch still beteiligt ist, an diese vermietet (BFH III R 23/89 BStBl II 94, 709); – *(c)* wenn eine weder originär gewerbl tätige noch gewerbl geprägte BesitzPersGes der Schwester-BetriebsPersGes, die von den Ges'tern der BesitzPersGes beherrscht wird, WG (auch wesentl Betriebsgrundlagen) *unentgeltl oder teilentgeltl ohne Gewinnabsicht* zur Nutzung überlässt (*BMF* aaO Nr 1; str, s Rz 858, 602 mwN). – *(2)* **Keine Anwendung des § 15 I 1 Nr 2 S 1 HS 2, sondern mu'erische BetrAufsp.** – *(a)* wenn eine vermögensverwaltende PersGes (oder Bruchteilsgemeinschaft, s Rz 858) oder eine gewerbl tätige oder geprägte PersGes („überlagerte BetrAufsp") wesentl Betriebsgrundlagen einer (Schwester-)PersGes *mit Gewinnabsicht* zur Nutzung überlässt (s Rz 601 mwN), an der die beherrschenden Ges'ter der überlassenden PersGes ebenfalls beherrschend beteiligt sind (BFH VIII R 13/95; BFH VIII R 61/97 BStBl II 98, 325; 99, 483); – *(b)* wenn eine natürl Person (KapGes, PersGes), die einer PersGes (zB mit vertragl Mehrheitsprinzip) wesentl Betriebsgrundlagen zur Nutzung überlässt, an dieser nicht als Ges'ter (MUer) beteiligt ist, diese aber zB über eine rechtsfähige Stiftung (BFH I R 118/80 BStBl II 82, 662) oder die Komplementär-GmbH beherrscht (BFH I R 178/77 BStBl II 83, 136).

Beispiel: A und B sind alleinige K'tisten der A-GmbH & Co KG und zugleich Allein-Ges'ter der Komplementär-GmbH. A, B und C sind zu je 1/3 Ges'ter einer GbR mit vertragl Mehrheitsprinzip (s Rz 823), die ihr Grundstück an die KG vermietet: BetrAufsp; kein SonderBV von A und B bei der KG.

861 **8. Rechtsform des Besitzunternehmens. – a) Allgemeines.** Das Besitzunternehmen kann die Rechtsform eines Einzelunternehmens einer natürl Person haben – allerdings nur im Verhältnis zu einer Betriebs-*KapGes* (BFH III R 28/08 BStBl II 14, 194) –, einer Bruchteilsgemeinschaft (§§ 741 ff BGB; zB BFH VIII R 34/00 BFH/NV 02, 185: idR GbR; *Stahl* KÖSDI 03, 13800: Besitz-GbR mit Grundstück im Miteigentum als SonderBV; dazu auch BFH IV R 59/04 BStBl II 05, 830; uU einschr BFH IV R 16/19 BFH/NV 16, 19; BFH X R 50/03 BFH/NV 06, 1144; *Wacker* JbFfSt 07/08, 382; krit *Weber* FR 06, 572; ausführl *Haas/Drüen* FS Priester, 133), Erbengemeinschaft (BFH III R 7/03 BFH/NV 05, 1974) oder ehel Gütergemeinschaft (BFH IV R 22/02 DStR 06, 2207), einer Wohnungseigentümergemeinschaft (BFH IV R 73/94 BStBl II 97, 569), einer PersGes (GbR, OHG, KG), einer KapGes (s zu c), eines eingetragenen (auch) Vereins/Stiftung iVm wirtschaftl Geschäftsbetrieb (BFH I R 97/09 BFH/NV 11, 312; FG D'dorf EFG 13, 1958) oder einer Körperschaft des öffentl Rechts. Bestehen mehrere Bruchteilsgemeinschaften, kann BetrAufsp zu *mehreren* Besitzunternehmen gegeben sein (BFH IV R 59/04 aaO, mwN), jene können aber auch durch *eine* GbR als *ein* Besitzunternehmen „überlagert" sein (zB BFH IV R 98–99/85 BStBl II 86, 913); zu mehreren Besitz*PersGes* zB GbR s BFH IV R 27/06 BFH/NV 09, 1518; *Schallmoser* DStR 97, 49 (mehrfacher GewSt-Freibetrag).

862 **b) „Betriebsaufspaltung über die Grenze".** – *(1)* **Rechtslage bis VZ 08:** Das Besitzunternehmen muss seine Geschäftsleitung (§ 10 AO) im Inl haben; die Betriebstätten der BetriebsGes sind keine Betriebstätten des Besitzunternehmens (BFH I R 196/79 BStBl II 83, 77). Wird das Besitzunternehmen nur vom Wohnsitz des Inhabers geführt, muss dieser seinen Wohnsitz (§ 8 AO) im Inl oder einen ständigen Vertreter iSv § 49 I Nr 2 bestellt haben (dazu FG BaWü EFG 04, 1384). Fehlt es hieran, ist der im Inl belegene, der BetriebsGes zur Nutzung überlassene Grundbesitz nicht BV; die Einkünfte hieraus sind nach § 49 I Nr 6 aF (Einkünfte aus VuV) im Inl estpfl, nicht gewstpfl (zB *Gosch* FS Wassermeyer, 263/71; *Haver-*

kamp IStR 08, 165; 27. Aufl mwN). – ***(2)*** **Rechtslage ab VZ 09:** gewerbl Einkünfte gem § 49 I Nr 2f nF; dazu *FinVerw* DStR 14, 2569; beachte aber § 2 I 3 GewStG (inl Betriebsstätte; *Bron* DB 09, 592/4) – ***(3)*** Zu inl „Besitzunternehmen" und ausl „BetriebsGes" s *Haverkamp* aaO; mE keine BetrAufsp (s Rz 855). – ***(4)*** Das Besitzunternehmen erzielt keine DBA-Unternehmensgewinne (BFH I R 95/10 BStBl II 14, 760; *BMF* BStBl I 14, 1258; zu § 50i s dort; *BMF* DB 16, 21).

c) KapGes. Überlässt diese einer *anderen KapGes* wesentl Betriebsgrundlagen zur Nutzung, liegt eine sog „Kapitalistische" BetrAufsp vor, wenn die KapGes *selbst* an der anderen KapGes als Ges'ter beherrschend beteiligt ist (BFH I 220/14 BFH/NV 15, 1109 mwN; *FinVerw* DStR 96, 427). Eine eigene gewerbl Tätigkeit der BesitzKapGes ist unschädl (BFH III R 28/08 BStBl II 14, 194). Ebenso, wenn die BesitzKapGes eine *BetriebsPersGes* zB über eine rechtsfähige Stiftung beherrscht (Rz 859), ohne an der PersGes selbst als Ges'ter beteiligt zu sein („kapitalistische" *mitunternehmerische BetrAufsp*). – Keine BetrAufsp ist gegeben, wenn nur die Ges'ter der BesitzKapGes an der BetriebsKapGes beteiligt sind (SchwesterGes) (zB BFH III R 45/92 BStBl II 95, 75; aA *Klein ua* GmbHR 95, 499). – Hat die BetriebsGes die Rechtsform einer (Schwester-)PersGes, liegt eine *umgekehrte BetrAufsp* vor, wenn deren Ges'ter die BesitzKapGes aufgrund Anteilsbesitz (SonderBV) beherrschen (vgl BFH III S 42/92 BStBl II 93, 723; s auch Rz 803/35). – Da eine KapGes kraft Rechtsform ohnehin gewerbl Einkünfte erzielt, hat die Annahme oder Ablehnung einer BetrAufsp in den **Rechtsfolgen** *primär* (s aber Rz 877; *Kessler ua* DStR 01, 869) Bedeutung für die InvZul (Rz 879) und (ggf iVm Organschaft) die GewSt-Belastung (*Strahl* FS Schaumburg, 493; Rz 804/71). **863**

d) Überlassung an verschiedene Gesellschaften. Werden wesentl Betriebsgrundlagen an **verschiedene KapGes** oder **PersGes** überlassen, kann bei personeller Verflechtung BetrAufsp mit *einem* Besitzunternehmen und *mehreren* BetriebsGes vorliegen (zB BFH XI R 6/93; BFH IV R 137/91 BStBl II 94, 23; 477); das Besitzunternehmen hat dann uU mehrere **Teilbetriebe** (vgl einschließl sog überlagerter BetrAufsp § 16 Rz 160 „Besitzunternehmen"). **864**

9. Beendigung der BetrAufsp. – a) Entflechtung. Veränderungen in den **personellen** Voraussetzungen der BetrAufsp durch Handlungen (zB Veräußerung der Anteile an der Betriebs-GmbH; BFH X R 22/12 BStBl II 14, 388) oder sonstige Ereignisse (zB Erbfall; Volljährigkeit; Insolvenz, BFH XI R 2/96 BStBl II 97, 460, dazu auch Rz 842, 867) können zum (endgültigen) Wegfall des Tatbestands der BetrAufsp führen („personelle Entflechtung"). Ebenso nach BFH X R 16/12 BFH/NV 15, 815, wenn Besitz-Einzelunternehmen und GmbH-Anteil unter **Vorbehaltnießbrauch** übertragen werden, da der Nießbraucher dann nur noch das Besitunternehmen beherrsche, nicht aber die GmbH (Stimmrechte nach hM grds beim Ges'ter; zR krit *Wachter* GmbHR 15, 778; Rz 309; zum wirtschaftl Eigentum des Vorbehaltsnießbrauchers an GmbH-Anteilen s auch BFH IX R 51/10 BStBl II 12, 308; FG Kln EFG 14, 1797, Rev X R 45/14; mE bedenkl; Rz 829). Die BetrAufsp kann gleichfalls durch Veränderungen in den **sachl** Voraussetzungen zB Beendigung des Pachtverhältnisses mit der Betriebs-GmbH oder Veräußerung der verpachteten WG entfallen („sachl Entflechtung"; zB BFH IV R 83/95 BStBl II 97, 287 zu 1.; BFH X R 14/11 BStBl II 14, 158). – Der Tatbestand der BetrAufsp fällt aber **nicht** weg zB, – ***(1)*** wenn der Inhaber des Besitzunternehmens ein der BetriebsGes vermietetes Grundstück unter Nießbrauchsvorbehalt und Fortbestand des Mietvertrags auf seine Kinder überträgt (VIII R 25/01 BFH/NV 02, 781; zur Abgrenzung s aber FG Nds EFG 07, 1584, rkr; zum Nießbrauch an GmbH-Anteilen s oben), oder – ***(2)*** wenn eine *BetriebsKapGes* die bisherige (originäre) gewerbl Tätigkeit einstellt, ihr aber weiterhin zB das Betriebsgrundstück zur Nutzung überlassen ist und die KapGes das Grundstück entgeltl untervermietet („gewerbl geprägte BetrAufsp", s Rz 855). – Der Wegfall des Tatbestands der BetrAufsp ist nach stR des BFH sowohl bei personeller wie sachl **865**

„Entflechtung", unabhängig davon, ob handlungsbedingt oder nicht, *grds* (s unten) als **Betriebsaufgabe** (§ 16 III) des Besitzunternehmens mit voller Gewinnrealisierung im BV – einschließl der Anteile an der Betriebs-GmbH (BFH/NV 00, 559; *Patt* DStR 97, 807 mwN) ausgenommen evtl einbringungsgeborene Anteile iSv § 21 UmwStG aF (*Crezelius* FS Haas, 1996 S 79/90) – zu beurteilen (zB BFH XI R 6/93 BStBl II 94, 23 mwN: personelle Entflechtung durch Anteilsveräußerung; BFH XI R 2/96 BStBl II 97, 460: personelle Entflechtung durch Konkurs der BetriebsGes; BFH X R 14/11 aaO: sachl Entflechtung; aA *Wendt* FR 98, 264/77: nur wenn Aufgabehandlung vorliegt).

Ausnahmen (keine Betriebsaufgabe!): – ***(1)*** Die Überlassung der wesentl Betriebsgrundlagen erfüllt subsidiär die Voraussetzungen einer *Betriebsverpachtung* (dazu § 16 Rz 690 ff), denn nach Wegfall des Tatbestands der BetrAufsp erzielt der „Betriebsverpächter" weiterhin gewerbl Einkünfte, solange er keine Betriebsaufgabe erklärt (BFH VIII R 13/95 BStBl II 98, 325; BFH X R 37/05 BFH/NV 06, 1451). Dies gilt bei echter BetrAufsp (zB BFH IV R 1/01 BStBl II 02, 519 zu 1.) und auch bei unechter, sofern alle wesentl Betriebsgrundlagen verpachtet sind (BFH X R 8/00 BStBl II 02, 527). Zur GewSt s FG Köln EFG 09, 1244, rkr. – ***(2)*** Der Vorgang führt zu einem *Strukturwandel* zB in ein freiberufl „Erfinder-Unternehmen" (BFH XI B 91/05 BFH/NV 06, 1266; aA *Fichtelmann* GmbHR 06, 345/7). – ***(3)*** Die BesitzGes erfüllt – evtl nach Umstrukturierung – den Tatbestand einer *gewerbl geprägten PersGes.* – ***(4)*** Der Besitzunternehmer hat vorher eine andere gewerbl Tätigkeit begonnen. – ***(5)*** Die personelle oder sachl Verflechtung fällt nur vorübergehend weg = *Betriebsunterbrechung* (BFH XI R 2/96 BStBl II 97, 460/6; § 16 Rz 181), zB weil *alle* wesentl Betriebsgrundlagen zurückbehalten oder ggf branchenfremd vermietet (BFH VIII R 80/03 BStBl II 06, 591; *Wendt* FR 08, 828) oder befristete Optionen auf Erwerb der KapGes-Anteile eingeräumt werden (BFH X R 37/07 BFH/NV 10, 406). Zur Betriebsaufgabeerklärung s FG BBg EFG 13, 1400 rkr; zu § 16 IIIb S 1 nF s dort Rz 182. – Allg zu **„vorbeugenden" Maßnahmen** zB *Strahl ua* NWB F 3 S 11947. – Zu Härten führt die **Ermittlung des Aufgabegewinns** als Differenz zw gemeinem Wert und AK, wenn die FinVerw im Einzelfall in der Vergangenheit (obj zu Unrecht) BetrAufsp verneint hat (zum Teilwertansatz s 23. Aufl; aA BFH/NV 98, 578; *Kempermann* NWB F 3, 12 507; s auch Rz 813). – Zu *Beendigung einer mitunternehmerischen BetrAufsp* durch Wegfall der sachl Verflechtung s BFH IV R 50/5; BStBl II 08, 129: uU Umqualifikation des Vermögens der BesitzPersGes zu SonderBV des vormaligen BetriebsGes. – Die *FinVerw* gewährt „aus Billigkeitsgründen" auf Antrag ein Wahlrecht zur Fortsetzung der gewerbl Tätigkeit (unabhängig von den Voraussetzungen einer Betriebsverpachtung), *wenn* (nur in diesem Fall!) die personelle Verflechtung durch Volljährigkeit minderjähriger Kinder wegfällt (EStR 16 II 4).

866 **b) Nachträgl Nutzungsüberlassung.** Muss der Inhaber des Besitzunternehmens nach **Insolvenz der Betriebs-KapGes** gem BGH-Rspr der Masse die bisher der KapGes vermietetem WG für bestimmte Zeit unentgeltl zur Nutzung überlassen, weil die Vermietung nach § 172a HGB aF (iVm 32a III GmbH aF) eigenkapitalersetzend war (Rz 805), und unterstellt man, dass bereits mit der Eröffnung des Verfahrens der Betrieb des *Besitzunternehmens* aufgegeben ist (s Rz 842, 865), entstehen mE beim ehemaligen Besitzunternehmer iHd Aufwendungen für die WG (negative) Einkünfte aus VuV bzw GewBetr. Nach **§ 135 III InsO nF** ist das Nutzungsentgelt als Einnahme anzusetzen.

867 **c) Gezielte Beendigung der BetrAufsp.** Kann zB eintreten – ***(1)*** durch Einbringung des Besitzunternehmens in die Betriebs-GmbH nach §§ 20 ff UmwStG aF/nF bzw in die BetriebsPersGes nach § 24 UmwStG aF/nF oder Verschmelzung der BetriebsGmbH auf die Besitz-PersGes nach §§ 3 ff UmwStG aF/nF s zB *Märkle* DStR 02, 1153/61; *BMF* BStBl I 98, 583 Nr. 5; – ***(2)*** Verschmelzung bzw Einbringung von Besitz- und BetriebsGes s BFH VIII R 25/98 BStBl II 01, 321.

d) Verunglückte BetrAufsp. Wird ein GewBetr in BetriebsGes und BesitzGes aufgeteilt (s Rz 877), fehlt aber die personelle Verflechtung zw beiden Ges (zB Besitz-GbR mit Nur-Besitz Ges'ter und Einstimmigkeitsprinzip) und damit der Tatbestand der (echten) BetrAufsp (sog verunglückte BetrAufsp), ist dies idR nur **Betriebsunterbrechung** (keine Gewinnrealisierung!), sofern keine Betriebsaufgabe erklärt wird (BFH VIII R 72/96 DStR 99, 1184; *HG* DStR 99, 1186; s auch Rz 865; krit *Natschke* StBp 00, 133). Ebenso ist dies mE, wenn aufgrund **Änderung der Rspr** eine ursprüngl zR bejahte (echte) BetrAufsp ex tunc zu verneinen ist (ähnl *Tiedtke ua* DStZ 99, 725). 868

10. Rechtsfolgen einer BetrAufspaltung. – a) Allgemeines. Ist der Tatbestand der BetrAufsp erfüllt, betreibt auch das Besitzunternehmen einen GewBetr (zu DBA-Recht s aber einschließl § 50i nF Rz 173; *BMF* BStBl I 14, 1258) der grds (s aber Rz 871) auch **gewstpfl** ist (zB BFH IV R 8/97 BStBl II 98, 478). Dieser GewBetr *beginnt* grds, sobald personelle und sachl Verflechtung vorliegt; bei unechter BetrAufsp sind uU auch Vorbereitungshandlungen ausreichen (BFH VIII 57/99 BStBl II 02, 662 zu II. B.3.; *FinVerw* FR 12, 976/81). Der Unternehmer (MUer) des Besitzunternehmens hat gewerbl Einkünfte und insoweit BV. Dies gilt auch, wenn – ***(1)*** ein Freiberufler einer von ihm beherrschten GmbH wesentl Betriebsgrundlagen zur Nutzung überlässt (BFH IV R 67/96 BStBl II 98, 254: Zahnarzt-GbR überlässt Räume uä; BFH VIII R 24/01 DStR 03, 1431: Gebäude an Steuerberater-GmbH) oder – ***(2)*** die BetriebsGes an sich nur luf, freiberufl oder vermögensverwaltend tätig ist, aber einen GewBetr kraft Rechtsform (zB KapGes) hat (s Rz 855). Der Gewinn des Besitzunternehmens ist grds durch **BV-Vergleich** zu ermitteln (arg § 141 AO; evtl § 242 HGB; BFH/NV 98, 1202; zu § 4 III s *kom* KÖSDI 14, 19001/3); zur BesitzGes als *ZweckGes* iSv § 290 II Nr 4 HGB nF s *Schüttler ua* DStR 10, 1798; zum *Konzern* iSv § 4h nF s dort. Zu Pachtinstandhaltung s Rz 593. **(Gewinn)Ausschüttungen der BetriebsKapGes** gehören zu den gewerbl BE, auch soweit sie Zeiträume vor Begründung der BetrAufsp betreffen (BFH III R 47/98 BStBl II 00, 255). Zu **vGA** s Rz 819 (Nutzungsentgelte); BFH I B 77/09 BFH/NV 10, 472: Gehalt. Zu **TW-AfA** auf Anteile an BetriebsKapGes und (ggf eigenkapitalersetzende; s dazu § 15a Rz 88; *FinVerw* DB 09, 2350) Darlehen/Pachtforderungen s BFH X R 45/06 BStBl II 10, 274: „Gesamtbetrachtung"; ebenso bei qualifiziertem Rangrücktritt IV R 13/04 BStBl II 06, 618 (weitergehend BFH IV B 120/06 BFH/NV 08, 204; zu eingelegten Anteilen s BFH X R 48/02 BStBl II 10, 162). Ab VZ 2002/2009 sind aber Gewinnausschüttungen bei natürl Personen gem § 3 Nr 40a/F zur Hälfte/zu 60 vH und bei KapGes gem § 8b I KStG iErg zu 95 vH stfrei (**Halb-/Teileinkünfteverfahren** bzw KSt-Freistellungsverfahren, s – einschließl § 8b IV KStG nF (Streubesitzdividende) – Rz 438f). Andererseits sind bei natürl Personen die mit diesen BE zusammenhängenden Ausgaben/Gewinnminderungen nach Maßgabe von **§ 3c II** aF/nF **(ZK-AnpG)** nur zur Hälfte/zu 60 vH abzugsfähig. S iEinz – einschl Rechtsentwicklung (zB TW-AfA auf Ges'terdarlehen; Aufwendungen iZm der verbilligten Überlassung von wesentl Betriebsgrundlgen) – dort sowie hier Rz 819, 438. 869

b) Selbständige Unternehmen. Nach der Rspr des BFH sind Besitzunternehmen und BetriebsGes trotz sachl und personeller Verflechtung *grds* (Ausnahme zB InvZulG, s Rz 879) rechtl und wirtschaftl selbstständige Unternehmen: BFH/NV 03, 869 zu § 4 GrStG; zu § 7g s aber dort Rz 7, 12); BFH/NV 94, 617: keine einheitl Betrachtung von Besitz- und Betriebsunternehmen bei Voraussetzungen eines Teilbetriebs; aA *Tiedtke/Wälzholz* BB 99, 765; dazu § 16 Rz 160 „Besitzunternehmen"; sie bilanzieren grds unabhängig voneinander (zu Teilwert-AfA/§ 4h-Konzern/ZweckGes s aber Rz 869). Zu unterschiedl Wahl des **Wj** von Besitz- und Betriebsunternehmen als Gestaltungsmissbrauch s BFH VIII R 89/02 BFH/NV 04, 936; BFH IV R 21/05 BStBl II 10, 230; Rz 256). – **Ansprüche auf (künftige) Gewinnausschüttungen** gegen die BetriebsKapGes sind auch bei 870

BetrAufsp nicht phasengleich zu aktivieren (BFH VIII R 85/94 BStBl II 01, 185 mwN; *Märkle* DStR 02, 1153/6: Vorabausschüttung mögl; allg krit zR *Groh* DB 00, 2444, 2558). – Zum str korrespondierenden Wertansatz für Warenrückgabeanspruch s BFH IV R 59/73 BStBl II 75, 700; abl *Beisse* FS L. Schmidt S 455/67 mwN; s auch § 5 Rz 701 ff). – Ein gesrechtl veranlasster **Verzicht** auf entstandene **Miet- oder Pachtzinsen** führt bei der *Betriebs-KapGes* zu erfolgsneutraler Einlage (EK 04 = Einlagenkonto iSv § 27 KStG), soweit die erlassene Forderung werthaltig war (Teilwert!), und iÜ (Buchwert der Schuld abzügl Einlage) zu stpfl Ertrag (BFH GrS 1/94 BStBl II 98, 307); der Besitzunternehmer hat nachträgl AK auf die Anteile an der Betriebs-GmbH, soweit der Verzicht bei dieser Einlage ist, und iÜ Aufwand (vgl BFH VIII R 57/94 BStBl II 98, 652 zu B. II.1b; zu § 3c s Rz 819/69).

871 **c) Gewerbesteuer.** – ***(1)*** **Organschaft.** Sie setzt ab 2002 auch gewstrechtl (§ 2 II 2 GewStG) neben der finanzieller Eingliederung der OrganGes den Abschluss eines GAV voraus. In die Gewinnerzielungsabsicht des Organträgers (§ 14 I 1 KStG: gewerbl Unternehmen) sind die Beteiligungserträge einzubeziehen (BFH I R 20/09 BFH/NV 10, 391). Die BesitzPersGes ist gem § 14 I 1 Nr 2 KStG iVm § 15 I 1 Nr 1 EStG gewerbl tätig (BFH I R 40/12 DStR 13, 1939; Rz 800/7; *BMF* BStBl I 05, 1038 Rz 16). – ***(2)*** **Besitzunternehmen.** Nach geänderter Rspr schlägt die **GewSt-Befreiung** der BetriebsGes auf das Besitzunternehmen durch (BFH X R 59/00 BStBl II 06, 661; BFH IV R 26/13 DStR 15, 2536; zB § 3 Nr 20, 6 GewStG; arg: personelle und sachl Verflechtung; mE unzutr, da mit § 9 Nr 2a GewStG nicht vereinbar und unzulässiger Rückgriff auf wirtschaftl Einheit; dazu Rz 800, 870). Folge ua: Aufteilung, wenn Besitzunternehmen andere gewstpfl Einkünfte erzielt (*FinVerw* DStR 10, 2462). – **§ 9 Nr 1 S 2 GewStG** ist nicht anwendbar; ebenso nicht bei kapitalistischer BetrAufsp BFH I R 20/14 BFH/NV 15, 1109). – ***(3)*** **Hinzurechnungen.** S insb zu 8 Nr 1 GewSt nF (ab EZ 08) – sowie zum Vergleich mit der früheren Rechtslage – hier bis 34. Aufl.

872 **d) Besitz-PersGes.** Ist das Besitzunternehmen eine PersGes, betreibt diese – gleichgültig, ob die Anteile an der BetriebsKapGes Gesamthandsvermögen oder SonderBV (s Rz 874) sind – insgesamt **einen GewBetr** (BFH VIII R 61/97 BStBl II99, 483 zu II.2.); der Abfärbung nach § 15 III Nr 1 aF stand auch die geänderte Rspr zu doppelstöckigen PersGes nicht entgegen (zur Neufassung von § 15 III Nr 1 durch JStG07 s Rz 189). Rechtsfolge ist zB, dass alle Ges'ter, auch diejenigen Ges'ter, die nicht an der Betriebs-KapGes beteiligt sind **(Nur-Besitz-Ges'ter),** gewerbl Einkünfte haben (aA *Micker* FR 09, 852; zu Auswegkonstruktionen s *Felix* StB 97, 145/9 mwN). Gleiche Grundsätze gelten idR (Ausnahme s BFH IV R 73/94 BStBl II 97, 569 zu 1.g) für Besitzunternehmen in der Rechtsform der **Bruchteilsgemeinschaft** (BFH VIII R 240/81 BStBl II 86, 296 zu I.3.a; s auch Rz 858/-61).

873 **e) Betriebsvermögen. – aa) Einzelunternehmen.** Zum **notwendigen BV** des Besitzunternehmens (Einzelunternehmen) gehören: – ***(1)*** die der BetriebsGes **zur Nutzung überlassenen WG** (zB BFH III R 64/05 BFH/NV 07, 1659: Zuordnungsvorrang ggü gewerbl Grundstückshandel), und zwar idR (dh bei entspr wirtschaftl Zusammenhang) auch, soweit diese für die BetriebsGes keine wesentl Betriebsgrundlage sind (zB BFH X R 58/04 BFH/NV 05, 1774), zB nur untervermietet sind (BFH IV R 135/86 BStBl II 89, 1014); Gleiches gilt mE für einen Miteigentumsanteil des Besitzunternehmers am zur Nutzung überlassenen Grundstück (diff BFH III R 77/03 BStBl II 05, 340; FG Ddorf EFG 06, 264, rkr). – ***(2)*** die **Anteile an der BetriebsKapGes** (zB BFH X R 49/06 BStBl II 07, 772; zu TW-AfA s Rz 869 aE; zu Konkurrenz mit § 21 UmwStG aF s *Crezelius* FS Haas, 1996 S 89); – ***(3)*** eine Beteiligung an einer KapGes, die mittelbar einen **beherrschenden** Einfluss auf die BetriebsGes gewährt (BFH IV R 103/78 BStBl II 82, 60; BFH X R 22/02 BStBl II 06, 457; einschr *Roser* EStB 09, 177; s Rz 714);

– ***(4)*** unmittelbare oder mittelbare Beteiligungen an KapGes, die **intensive Geschäftsbeziehung** mit der BetriebsGes unterhält (BFH X B 98/05; BFH X R 2/03 BStBl II 05, 833; 694); ebenso, wenn durch den Komplementäranteil solche Geschäftsbeziehungen zw einer KG und der BetriebsKapGes gefördert werden (zutr BFH X R 2/10 BStBl II 13, 907; krit *Prinz* DB 14, 1218). – ***(5)*** **Darlehensforderungen** gegen die BetriebsGes (zu § 4h nF s dort), wenn die Darlehenshingabe betriebl veranlasst ist (BFH X R 2/03 aaO; BFH IV R 13/04 BStBl II 06, 618: einschließl Ausnahmen und Abgrenzung zu verdeckter Einlage), oder eine typische stille Beteiligung; – ***(6)*** **Schulden** aus Bürgschaft für Verbindlichkeiten der BetriebsKapGes (BFH/NV 02, 163). Zu TW-Afa s Rz 869 aE. – Die von einer Betriebs-GmbH an den Inhaber des Besitzunternehmens gezahlten **Vergütungen für eine Tätigkeit** im Dienste der GmbH gehören nicht zum Gewinn des Besitzunternehmens; sie sind Einkünfte aus nichtselbstständiger oder selbstständiger Arbeit (BFH IV R 16/69 BStBl II 70, 722; zu vGA s aber Rz 869); Pensionsanwartschaften sind nicht zu aktivieren (BFH X R 42/08 BStBl II 12, 188).

bb) PersGes/Gemeinschaft. Zum **notwendigen BV** des Besitzunterneh- 874
mens (PersGes bzw Personengemeinschaft) gehören grds alle WG des **GesVermögens,** auch wenn diese nicht an die BetriebsGes zur Nutzung überlassen sind (arg § 15 III Nr 1; BFH VIII R 61/97 BStBl II 99, 483 zu II.2.), zB Forderungen aus Darlehen (BFH IV R 73/99; BFH XI R 65/03 BStBl II 01, 335; 05, 102: auch bei Refinanzierung kein durchlaufender Posten; zu Ausnahmen iVm verdeckter Einlage s BFH IV R 7/03 BStBl II 05, 354) oder typischer stiller Beteiligung an der Betriebs-GmbH (BFH VIII R 106/87 BStBl II 91, 569, auch zum Zeitpunkt der Aktivierung eines Gewinnanspruchs aus stiller Beteiligung) – ausgenommen notwendiges PV (s Rz 484). – WG im Eigentum einzelner Ges'ter sind **notwendiges SonderBV,** wenn sie *an das Besitzunternehmen* zur Weitervermietung an die BetriebsGes überlassen sind (SonderBV I; zB BFH X R 50/03 BFH/NV 06, 1144), aber auch bei *unmittelbarer* **Nutzungsüberlassung an die BetriebsGes** (SonderBV II), *wenn* die Nutzungsüberlassung seitens des Ges'ters (Gemeinschafters) nicht durch (betriebl oder private) Interessen des Ges'ters, sondern primär durch die betriebl Interessen der BesitzPersGes oder der *BetriebsKapGes* und somit gesellschaftl veranlasst ist (Einzelheiten BFH IV R 65/07 BStBl II 09, 371; mE zu eng; s auch FG Ddorf EFG 04, 981; *Lutterbach* DB 99, 2332: evtl zweite BetrAufsp); bei Überlassung an *BetriebsPersGes* ist hingegen der Vorrang des SonderBV I zu beachten (BFH IV R 59/04 aaO; Rz 534). Stets gesellschaftl veranlasst ist eine nicht fremdübl Nutzungsüberlassung (*HG* DStR 02, 447; aA FG Mster EFG 14, 1951 Rev IV R 38/14); sie fehlt hingegen zB bei fremdübl Vermietung durch GbR, an der einzelne Ges'ter der Besitz-OHG nichtbeherrschend beteiligt sind (BFH VIII R 44/95 BStBl II 97, 530) oder wenn Miteigentümer, die auch Ges'ter einer Besitz-GbR sind, Wohnungen an Dritte vermieten (BFH IV R 77/97 BStBl II 99, 279). – **Notwendiges SonderBV** sind ferner – die Anteile eines Ges'ters der BesitzPersGes an der **Betriebs-KapGes** (BFH VIII R 63/87 BStBl II 91, 832; zu Einlagen s BFH IV R 73/05 BStBl II 08, 965; zu mehreren Besitz-Ges s Rz 861; *Rutemöller* DStZ 12, 839; *Oelmaier* HFR 09, 1021: Ausweis gem zeitl Priorität; vgl hierzu auch BFH IV R 34/09 BStBl 13, 471) sowie der Ausschüttungsanspruch auf diese Anteile (BFH XI R 18/90 BStBl II 92, 723). Der Anteil an einer Vertriebs-KapGes ist auch dann SonderBV beim Besitzunternehmen, wenn zugleich die Voraussetzungen für dessen Aktivierung im SonderBV bei der Produktions-KG erfüllt sind (BFH IV R 34/09 aaO); – Anteile an **weiteren KapGes** mit intensiver (vorteilhafter) Geschäftsbeziehung zur BetriebsGes (s BFH IV R 7/03 BStBl II 05, 354 einschließl verdeckten Einlagen); – Ges'terdarlehen an BetriebsKapGes, *wenn* das Darlehen durch das GesVerhältnis bei der BesitzPersGes veranlasst ist, wofür zB nicht marktübl Konditionen sprechen (BFH IV R 99/06 BStBl II 10, 593; zu eng FG Hbg EFG 07, 761). – Zur **Rückstellung für Bürg-**

schaft eines Ges'ters der BesitzPersGes für Schulden der Betriebs-GmbH **als negatives SonderBV II** und zum Ausfall der Regressforderung s BFH VIII R 27/00 BStBl II 02, 734; BFH/NV 03, 901. Zur **Durchgriffshaftung** s BFH XI R 52/01 BStBl II 03, 658.

875 **cc) Gewillkürtes BV.** Besitzunternehmen in der Rechtsform eines *Einzelunternehmens,* einer *Bruchteilsgemeinschaft* oder einer *Erbengemeinschaft* können auch gewillkürtes BV haben; zu diesem gehört zB fremdvermieteter Grundbesitz, sofern und solange dieser als BV ausgewiesen ist (BFH III R 64/05 BFH/NV 07, 1659). Entspr gilt für WG, die einem Ges'ter einer BesitzPersGes gehören (*gewillkürtes SonderBV;* BFH IV R 77/97 BStBl II 99, 279 zu 2.b).

876 **f) Anteilsübertragung; Einlage.** Werden vom Besitzunternehmer (zum BV gehörige) Anteile an der BetriebsKapGes **unentgeltl** oder verbilligt auf nicht am Besitzunternehmen beteiligte **Angehörige** *(Nur-BetriebsGes'ter)* übertragen, sind diese Anteile entnommen (zur Bewertung s FG Köln EFG 04, 880, rkr; Rz 869 aE); ebenso bei verdeckter Einlage der Anteile in andere KapGes (BFH X R 22/02 BStBl II 06, 457; § 16 Rz 161). – Wird bei einer **Kapitalerhöhung der BetriebsKapGes** einem Nur-Betriebs-Ges'ter der *verbilligte* Barerwerb neuer Anteile ermöglicht, ist dies eine Entnahme (eines Bezugsrechts bzw einer Anwartschaft) iHd Differenz zw dem Wert der übernommenen Anteile und der Einlage (BFH VIII R 63/84 BStBl II 91, 832; BFH III R 8/03 BStBl II 06, 287; *Söffing* BB 06, 1529; *J. Thiel* FS Haas, 1996 S 353/9: *disquotale Kapitalerhöhung;* diff FG Mster EFG 95, 794). – Leistet der Besitzunternehmer eine **verdeckte Einlage** in Form eines Barzuschusses, die idR auch zu einer Wertsteigerung der Anteile eines Nur-BetriebsGes'ters führt (*J. Thiel* FS Haas, 1996 S 353/9: *disquotale Einlage* mit Teilung des automatischen Entgelts), ist dies idR iHd Quote des Nur-Betriebsges'ters eine unentgeltl Zuwendung an diesen (vgl BFH GrS 1/94 BStBl II 98, 307 zu C. III; *Groh* DStR 99, 1050) und damit Barentnahme des Besitzunternehmers mit der Folge, dass sich die AK *seiner* Anteile an der BetriebsKapGes nur entspr seiner Beteiligungsquote erhöhen (*J. Thiel* aaO; BFH X R 34/03 BStBl II 05, 378: jeweils auch zur verdeckten Einlage von WG mit stillen Reserven).

877 **11. Betriebsaufteilung; Übertragung einzelner WG zw Besitzunternehmen und BetriebsKapGes/BetriebsPersGes. – a) Übertragungen.** Im Gegensatz zur Rechtslage bis 1998 (dazu BFH X B 172/09 BFH/NV 10, 2053; 29./30. Aufl) können ab 1.1.1999 einzelne WG nach hL **nicht** mehr zu Buchwerten auf die **BetriebsKapGes** übertragen werden (glA BFH aaO); vielmehr werden nach § 6 VI 2/3 „die AK der Beteiligung an der KapGes" um den TW des eingelegten WG oder in den Sonderfällen des § 6 I Nr 5 1 Buchst a um den Einlagewert des WG erhöht und damit idR ein Gewinn realisiert. Unerhebl ist, dass bei BetrAufsp beide Unternehmen in mancher Hinsicht eine wirtschaftl Einheit bilden (so ausdrückl BT-Drs 14/23). **Auswege** bei echter BetrAufsp: Betriebsverpachtungsmodell (s Rz 865), evtl iVm Schrumpfungsmodell (dazu *Hörger ua* GmbHR 01, 1139); Anwachsungsmodell (Aufteilung einer GmbH & Co KG durch Ausscheiden der Komplementär-GmbH und deren Einsatz als BetriebsGes); Einbringung eines Teilbetriebs (§ 20 UmwStG aF/nF; *Lederle* GmbHR 04, 985/-9; s aber § 16 Rz 141); § 6b (*Stahl* KÖSDI 03, 13796). – Zur Übertragung einzelner WG bei Begründung oder iR einer **mitunternehmerischen BetrAufsp** vor 1999 (Wahlrecht) und in den Jahren 1999/2000 (TW-Ansatz) s 29. Aufl. Ab dem 1.1.2001 sind idR (dh soweit Ges'ter der BetriebsGes natürl Personen) zwingend die Buchwerte des Besitzunternehmens fortzuführen (§ 6 V nF; *BMF* BStBl I 11, 1279); fragl aber zw Gesamtvermögen der PerGes (s § 6 Rz 702; *BMF* aaO, Rz 18). *Alternativ* kann das Besitzunternehmen die WG entgeltl zu fremdübl Konditionen an die BetriebsPersGes veräußern (Gewinnrealisierung; uU aber § 6b). – Zur mE nicht durchgreifenden **Kritik** (unterschiedl Behandlung von BetriebsKapGes und BetriebsPerGes; teleologische Reduktion des § 6 VI 2) s 23. Aufl.

b) Geschäftswert. Er verbleibt idR beim Besitzunternehmen (BFH X R 57/93 DStR 98, 887 BFH/NV 25/12 BStBl II 15, 935), kann aber der BetriebsGes zur Nutzung überlassen (zB FG Ddorf EFG 04, 41 rkr; vgl auch BFH X R 32/05 BStBl II 09, 634; *Levedag* NWB 10, 106) oder ausnahmsweise auf diese ganz oder teilweise(?) übertragen werden, zB bei langfristiger Verpachtung aller wesentl Betriebsgrundlagen (BFH I R 42/00 BStBl II 01, 771; Anm DStR 01, 1748; BFH IV R 79/05 BStBl II 09, 15; *Schießl* GmbHR 06, 459). – Für die **beim Besitzunternehmen verbleibenden WG** sind die **Buchwerte** zwingend **fortzuführen** (nur Strukturänderung; vgl zB BFH VIII R 63/87 BStBl II 91, 832). 878

12. Investitionszulage bei BetrAufsp. Die von der BetriebsGes erfüllten Tatbestandsmerkmale des InvZulG sind auch dem investierenden Besitzunternehmen zuzurechnen (sog *Merkmalübertragung/Einheitsbetrachtung*), sofern beide Unternehmen „betriebsvermögensmäßig" miteinander verbunden sind (iEinz BFH III R 28/08 BStBl II 14, 194; abl für Photovoltaikanlage des Besitzunternehmens FG Thür DStRE 15, 752, rkr; zutr). Letzteres zielt iRv § 7g allerdings nur auf den Ausschluss rein faktischer Beherrschungen (BFH IV R 82/05 BStBl II 08, 471). 879

D. Einkünfte der persönl haftenden Ges'ter einer KGaA, § 15 I Nr 3

Verwaltung: OFD Köln DStR 91, 1218.

Schrifttum (Auswahl; Schrifttum vor 2012 s 33. Aufl): *Kessler,* Die KGaA im System der dualen Unternehmensbesteuerung, FS Korn, 307; *Hoppe,* Die Besteuerung der KGaA –, Diss, 2014; *Drüen ua,* Die KGaA …, DStR 12, 541; *dies.,* Sondervergütungen …, DB 12, 2184; *Hageböke,* Sondervergütungen …, DB 12, 2709; *Kempf,* Ergänzungsbilanz …, DStR 15, 1905.

I. Zivilrechtl, estrechtl und kstrechtl Wertung der KGaA

Die KGaA ist eine rechtsfähige Ges, bei der mindestens ein Ges'ter den Ges-Gläubigern unbeschränkt haftet (Komplementär) und die übrigen an dem in Aktien zerlegten Grundkapital beteiligt sind, ohne für die Verbindlichkeiten der Ges zu haften (Kommanditaktionäre). Das Rechtsverhältnis der persönl haftenden Ges'ter bestimmt sich zivilrechtl nach den HGB-Vorschriften über die KG, iÜ gelten für die KGaA die AktG-Vorschriften über die AG (§§ 278–290 AktG; BFH II B 76/04 BFH/NV 05, 1627). Persönl haftender Ges'ter einer KGaA können natürl oder juristische Personen zB GmbH oder PersGes zB GmbH & Co KG sein (vgl BGH DStR 97, 1012; dazu *Kollruss* INF 03, 347). Zu Ges ausl Rechts s § 9 I Nr 1 KStG nF. – Die KGaA unterliegt der KSt (§ 1 I Nr 1 KStG). Bei der *Ermittlung ihres kstpfl Einkommens* sind aber abzuziehen – ***(1)*** ausdrückl gem § 9 I Nr 1 KStG „der Teil des Gewinns, der an persönl haftende Ges'ter auf ihre nicht auf das Grundkapital gemachte Einlage oder als Vergütungen für die Geschäftsführung verteilt wird", auch soweit überhöht, und – ***(2)*** als BA oder analog § 9 I Nr 1 KStG sonstige (angemessene oder überhöhte) Sondervergütungen, die die KGaA dem Komplementär gewährt (zu str Einzelheiten s zB *Schaumburg* DStZ 98, 525/33; *Drüen ua* DB 12, 2184/7: Haftungsvergütung). Dem entspricht es, dass die Gewinnanteile (und Sondervergütungen, s Rz 891) der persönl haftende Ges'ter bei diesen, soweit sie natürl Personen sind, als Einkünfte aus GewBetr estpfl und, soweit persönl haftender Ges'ter zB eine GmbH ist, kstpfl sind (§ 15 I 1 Nr 3 HS 1; BFH X R 14/88 BStBl II 89, 881), unabhängig davon, ob ihre Rechtsstellung im Einzelfall den allg Kriterien des MUerbegriffs genügt (BFH I R 11/80 BStBl II 84, 381). – Zur GewSt s § 8 Nr 4; § 9 Nr 2b GewStG; *Hasselbach ua* DB 15, 1269. – Zu Reformvorschlägen s *E&Y* DB 14, 147; *Bielinis* DStR 14, 769. 890

II. Umfang und Ermittlung der gewerbl Einkünfte der Komplementäre

891 Diese sind im Verhältnis zur KGaA oder den Kommanditaktionären nicht MUer (folgl keine einheitl Gewinnfeststellung s zB FG SchlHol EFG 11, 2038, rkr; aA FG Hbg EFG 15, 1682, rkr; *Hageböke* Ubg 15, 295; offen BFH I R 5/11 IStR 12, 22); sie werden nur insofern „wie (Mit-)Unternehmer behandelt", als „ihre Gewinnanteile und Vergütungen als gewerbl Einkünfte erfasst werden" (BFH I R 235/81 BStBl II 86, 72; zu § 34a s dort Rz 20). Demgemäß ist einem persönl haftenden Ges'ter (natürl Person, GmbH, GmbH & Co KG) sein durch BV-Vergleich (§ 5) zu ermittelnder Anteil am Gewinn oder Verlust der StB – nach der zutr sog „Wurzeltheorie" (s zum Streitstand *Drüen ua* DStR 12, 541; offen BFH I R 42/11 BFH/NV 13, 589) – est- bzw kstrechtl unmittelbar zuzurechnen (BFH X R 14/88 BStBl II 89, 881; ausführl *Kessler* FS Korn, 307; *Hoppe* Diss, 46 ff). Zu den gewerbl Einkünften der persönl haftenden Ges'ter gehören wie bei MUern einer PersGes auch Vergütungen für eine Tätigkeit im Dienst der Ges, die Hingabe von Darlehen und die Überlassung von WG (§ 15 I 1 Nr 3 HS 2) einschließl der als nachträgl Einkünfte bezogenen Vergütungen (§ 15 I 2). Zu Sondervergütungen eines beschr stpfl persönl haftenden Ges'ters s BFH I R 16/89 BStBl II 91, 211; BFH I R 5/11 aaO sowie nunmehr § 50d X nF (Rz 565). Auch diese Einkünfte sind nach den für § 15 I 1 Nr 2 maßgebl Grundsätze durch BV-Vergleich (§ 5) zu ermitteln (BFH I R 42/11 aaO: iErg „phasengleich"). Danach sind zB auch Pensionszusagen der KGaA ggü persönl haftenden Ges'tern in Sonderbilanzen korrespondierend zur StB der KGaA anzusetzen (s Rz 585 ff; *Frankenheim* DStR 99, 481; aA *Busch ua* FR 08, 1137); ein der KGaA überlassenes Grundstück des persönl haftenden Ges'ters ist SonderBV. Str ist, inwieweit diese Grundsätze sinngemäß gelten, wenn *persönl haftende Ges'ter eine GmbH & Co KG* ist und deren Ges'ter (= mittelbare Ges'ter der KGaA) unmittelbar – oder über die KG – für die KGaA tätig sind oder ihr WG zur Nutzung überlassen (mE zu bejahen, arg § 15 I 1 Nr 2 S 2; ähnl *Frankenheim* aaO; aA *Hempe ua* DB 01, 2268; diff *Wehrheim* DB 01, 9479). Die dem persönl haftenden Ges'ter gehörigen Kommanditaktien sind aber kein SonderBV; Ausschüttungen auf sie sind bei Zufluss (§ 11) als Einnahmen aus KapVerm zu erfassen (BFH X R 14/88 aaO; zu vGA s *Mahlow* DB 03, 1540). Gleiches gilt für die Anteile der Kommanditaktionäre an der Komplementär-GmbH (*Wehrheim ua* StuW 05, 234/43). Zur Anteilsveräußerung s § 16 I 1 Nr 3 iVm I 2 (dort Rz 571); zu Anteilserwerb s FG Mchn EFG 03, 1691; FG BaWü, nv, Rev I R 57/14: keine Ergänzungsbilanz (aA *Hageböke ua* DStR 06, 293; *Kempf* DStR 15, 1905). Hält eine KGaA Anteile an KapGes, unterliegen Ausschüttungen hierauf grds ab VZ 2002/2009 dem Halb-/Teileinkünfte- bzw KSt-Freistellungsverfahren (§ 3 Nr 40; § 3c II EStG; § 8b KStG aF/nF; s Rz 438f; 819/69; ferner zB *Rohrer ua* BB 07, 1594; zu DBA-Schachtelprivileg s aber BFH I R 62/09 DStR 10, 1712; sowie ab 2012 § 50d XI nF; s dort). Zur **Stiftung & Co KGaA** s *Wehrheim ua* aaO. Zu **§ 4h** s *Rödder ua* DB 09, 1561. Der **Gewerbeertrag** der KGaA wird zwar um Tätigkeitsentgelte der phG (§ 9 I Nr 1 KStG) gekürzt und diese nach § 8 Nr 4 GewStG hinzugerechnet (BFH I R 42/11 aaO); Darlehens- und Miet/Pachtentgelte (BA der KGaA) unterliegen hingegen nur der Hinzurechnung § 8 Nr 1 GewStG (BFH X R 6/05 BStBl II 08, 363 zu § 32c aF; *Hageböke* DB 12, 2709; § 35 Rz 22).

E. Ausgleichs- und Abzugsverbot für Verluste aus gewerbl Tierzucht/Tierhaltung, aus betriebl Termingeschäften und aus mitunternehmerischen InnenGes zw KapGes, § 15 IV

Verwaltung: EStR 15.10; *BMF* BStBl I 01, 986 (private Termingeschäfte); BStBl I 02, 712 (Aktieneigenhandel); BStBl I 04, 1097 (Verhältnis zu § 10d); DB 05, 2269 (Begriff des Termingeschäfts); 08, 970 (InnenGes); DB 10, 2024 (§ 5 Ia; IVa); *BayLfSt* DStR 09, 533 (Versicherungsunternehmen); *FinMin SchlHol* DStR 11, 1427 (Erbfall).

Schrifttum zu § 15 IV 3–5 (Auswahl ab 2013): *Ebel,* Verluste FR 13, 882; *ders,* Gestaltungsmißbrauch …, DB 13, 2112; *Johannemann ua,* Der Begriff des Termingeschäfts …, DStR 15, 1489. – **Schrifttum zu § 15 IV 6–8** (Auswahl): *Götz ua,* Die Verlustabzugsbeschränkung …, GmbHR 09, 584; *Wacker,* Stille Beteiligungen und Verlustverwertungsbeschränkung, DB 12, 1403; *Peters,* Abzugsbeschränkungen …, FR 12, 718.

I. Zielsetzung; Inhalt

Das Ausgleichs- und Abzugsverbot in **§ 15 IV 1–2** für Verluste aus **gewerbl** 895 **Tierzucht und -haltung** ist eine agrarpolitische Maßnahme; sie soll die traditionelle, mit Bodenwirtschaft verbundene luf Tierzucht/Tierhaltung vor der industriellen Tierveredelungsproduktion, insb in Form von VerlustzuweisungsGes (§ 6 II aF/nF, § 6 IIa nF für Tiere) schützen (BFH IV R 47/01 BStBl II 03, 507 zu 2). Zur Verfassungsmäßigkeit und EU-Konformität s BFH IV B 84/11 BFH/NV 12, 1313. – Das Ausgleichs- und Abzugsverbot in **§ 15 IV 3–5** (zur Rechtsentwicklung s 34. Aufl) ergänzt zwar die entspr Beschränkungen im PV (§ 23 I 1 Nr 4 iVm III 8 aF; § 20 II 1 Nr 3, VI); es gilt jedoch nur für **Verluste** aus betriebl **Termingeschäften** (s Rz 902) und verhindert deshalb nicht allg den sofortigen BA-Abzug für betriebl Spekulationsverluste (zutr BFH IV R 53/11 BStBl II 15, 483). Das grds Ausgleichs- und Abzugsverbot in S 3 gilt auch für Rückstellungen nach § 5 IVa S 2 (*BMF* DB 10, 2024). Satz 4 nimmt hiervon Geschäfte aus, die zum gewöhnl Geschäftsbetrieb von Kreditinstituten usw iSd KWG gehören (und daher nach § 3 Nr 40 S 3 bzw § 8b VII KStG voll stpfl sind), sowie Geschäfte, die der Absicherung von Geschäften des gewöhnl Geschäftsbetriebs dienen. Satz 5 enthält eine Gegenausnahme zu Satz 4 (mit der Folge, dass insoweit wieder Satz 3 eingreift) für Geschäfte, die der Absicherung von bestimmten Aktiengeschäften dienen (s Rz 900). – Durch das **StVergAbG** wurde in Abs 4 des § 15 mit Wirkung ab VZ 2003 ein **Satz 6** eingefügt, der ein Ausgleichs- und Abzugsverbot für Verluste aus **mitunternehmerischen InnenGes zw KapGes** verfügt. Die Vorschrift soll „der Absicherung der Abschaffung der sog Mehrmütterorganschaft" dienen (s dazu BFH I B 7/11 BStBl II 12, 751), weil die mit dieser verfolgten Ziele „faktisch auch durch Innengesellschaften" erreicht werden können (BT-Drs 15/119 S 38; BFH I R 62/08, BStBl II 12, 745; BMF BStBl I 05, 1038 Rz 6ff). Die Regelung ist in sog **Altfällen** (InnenGes bis 20.11.02 [= Kabinettsbeschluss zu E-StVergAbG] rechtwirksam geschlossen) für Verluste, die im ersten nach Verkündung des StVergAbG (20.5.03) endenden Wj (2003 oder 2002/2003) angefallen sind, noch **nicht anwendbar** (BFH I R 62/08 aaO: verfkonforme Einschränkung von § 52 I EStG 03; zutr); weitergehender Vertrauensschutz (zB nach § 227 AO) wird hierdurch mE nicht ausgeschlossen (*Wacker* DB 12, 1403/7). Durch das **Korb II-G** (BGBl I 03, 2840) wurde mit Wirkung ab VZ 2004 der **Satz 6** geändert und um die **Sätze 7 und 8** ergänzt, weil „sich gezeigt hat, dass die bisherige Verlustausgleichsbeschränkung des § 15 Abs 4 Satz 6 bei stillen Beteiligungen (von KapGes) an KapGes durch die Zwischenschaltung einer PersGes leicht umgangen werden könnte" (BR-Drs 560/03 S 14). Nach dieser Neuregelung unterliegen Verluste aus der Beteiligung an einer mitunternehmerischen InnenGes einem Ausgleichs- und Abzugsverbot, soweit sie auf kstpfl Steuersubjekte (insb KapGes) als unmittelbar oder mittelbar beteiligte MUer entfallen, während sie – wie seit jeher – sofort abzugsfähig sind, soweit sie einer natürl Person als unmittelbar oder mittelbar beteiligte MUer zuzurechnen sind (Satz 8). Eine Parallelvorschrift zu § 15 IV 6–8 enthält § 20 I Nr 4 Satz 2 für typisch stille Beteiligungen, Unterbeteiligungen und sonstige InnenGes an KapGes. Diese gilt über § 8 I KStG für KapGes als typisch stille Ges'ter usw, obwohl deren Einkünfte keine solche aus KapVerm, sondern aus GewBetr sind (§ 8 II KStG; BFH I R 62/08 aaO). Die Regelungen werden überwiegend als **verfwidrig** angesehen (fehlende Zweckeignung, keine Einbeziehung von natürl Personen und AußenGes; zB *Peters* FR 12, 718; hier: 31. Aufl); mE ist dem nicht zu folgen, da der Gesetzgeber die InnenGes und die frühere Mehrmütterorganschaft als *wirtschaftl* gleichwertig ansehen und sich (zunächst) auf den praktisch bedeutsamen Fall der Beteiligung durch eine KapGes beschränken durfte (s iE *Wacker* aaO, 1407). – **Einzelfälle.** – ***(1)*** § 15 IV 1–5 gilt auch für KapGes (BFH I R 62/08 aaO; zu § 8c KStG s *BMF* BStBl I 08, 736 Tz 2). – ***(2)*** § 15 IV gilt jedoch nicht für die **GewSt** (zu S 1–5s BFH I R 10/98 BStBl II 01, 349 zu II.3; *Ebel* FR 13, 882/9; zu S 6f s *BMF* BStBl 08, 970 Tz 10). – ***(3)*** Zu Verlusten aus Anteilen an REIT-AG s §§ 19 IV, 23 REITG.

II. Gewerbl Tierzucht und Tierhaltung, § 15 IV 1

896 Hierzu gehört Zucht und Haltung (auch Pensionsviehhaltung) traditionell in luf Betrieben gezogener und gehaltener Tierarten, die deshalb als gewerbl zu beurteilen ist, weil der Tierbestand „überhöht" ist, dh entspr § 13 I iVm §§ 51, 51a BewG keine hinreichende eigene luf Nutzfläche als Futtergrundlage zur Verfügung steht (zB BFH IV R 96/94 BStBl II 96, 85; FG Nbg EFG 96, 1028: uU 2 Betriebe, LuF *und* GewBetr), vorausgesetzt, dass iÜ dem Begriff des GewBetr (§ 15 II) genügt ist (Gewinnabsicht!). § 15 IV 1 erfasst *nicht* die stets als gewerbl zu beurteilende Zucht und Haltung von Tieren, deren Ernährungsgrundlage *nicht pflanzl* ist, zB Zucht und Haltung von Hunden, Katzen, Zierfischen, Nerzen (BFH IV R 47/01 BStBl II 03, 507), die industriell betriebene Fischzucht und -mästerei (FG Brem EFG 86, 601), eine selbstständige Brüterei (BFH IV B 64/07 BFH/NV 08, 1474), Verpachtungsbetriebe (FG Nds EFG 89, 58) und die Haltung landwirtschaftl Tierarten, zB Pferde für gewerbl oder freiberufl Zwecke (Pferde einer Brauerei oder einer Reitschule) oder für Zoo bzw Zirkus. § 15 IV 1 gilt auch nicht für die nur aus formalen Gründen als gewerbl zu beurteilende Tierzucht oder -haltung einer KapGes oder Genossenschaft iRd § 13 I Nr 1 oder einer noch anderweitig gewerbl tätigen PersGes (BFH IV R 195/83 BStBl II 85, 133; BFH/NV 92, 655). – Betreibt ein StPfl iRe als einheitl zu beurteilenden GewBetr auch eine gewerbl Tierzucht/Tierhhaltung, ist § 15 IV 1 auf den ggf im **Schätzungswege** zu ermittelnden Verlust aus gewerbl Tierzucht/Tierhaltung anzuwenden, gleichgültig, ob diese oder die andere gewerbl Betätigung dem Unternehmen das Gepräge gibt (BFH IV R 96/94 BStBl II 96, 85). Nicht anzuwenden ist § 15 IV 1 aber auf an sich luf Tierzucht/Tierhaltung iRe einheitl gewerbl Betriebs (BFH IV R 45/89 BStBl II 91, 625). – Bei einer **PersGes** sind Verluste aus gewerbl Tierzucht/Tierhaltung bereits im Gewinnfeststellungsbescheid festzuhalten (BFH I R 130/82 BStBl II 86, 146). – **Verluste iSv § 15 IV 1–2** sind auch Verluste aus der Veräußerung oder Aufgabe des Betriebs. Ausgeschlossen ist der (vertikale) Ausgleich mit *anderen* positiven Einkünften im selben VZ des StPfl oder des mit ihm zusammenveranlagten Ehegatten. Insoweit ist auch ein Verlustvor- oder -rücktrag nach § 10d unzulässig. – *Nicht ausgeschlossen* ist, dass ein StPfl, der mehrere selbstständige Unternehmen der gewerbl Tierzucht/Tierhaltung betreibt oder an solchen als MUer beteiligt ist, Verluste aus dem einen Betrieb mit Gewinnen aus dem anderen Betrieb (MUeranteil) horizontal ausgleicht (EStR 15.10). Gleiches gilt für zusammenveranlagte Ehegatten, wenn jeder der Ehegatten gewerbl Tierzucht/Tierhaltung betreibt (BFH IV R 116/87 BStBl II 89, 787). Zulässig ist gem § 15 IV 2 der Verlustvortrag oder -rücktrag nach Maßgabe des § 10d (*BMF* BStBl I 04, 1097) auf Gewinne des StPfl oder seines mit ihm zusammenveranlagten Ehegatten im unmittelbar vorangegangenen oder den folgenden Wj aus gewerbl Tierzucht/Tierhaltung, auch auf Gewinne aus der Veräußerung des Betriebs oder Teilbetriebs der gewerbl Tierzucht oder -haltung (BFH IV R 23/93 BStBl II 95, 467 zu IV.4; BFH IV R 67/00 DStRE 04, 1327: doppelstöckige PersGes). Nach FG Ddorf EFG 10, 2106, rkr (glA zu § 23 aF BFH IX R 21/04 BStBl II 07, 158; dazu *BMF* BStBl I 07, 268: Nichtanwendung) war eine bindende **Verlustfestellung** entbehrl. Die hiervon abw Ansicht der *FinVerw* (DB 02, 2303; FG Nds EFG 11, 1060, rkr; mE zutr) ist durch das AmtshilfeRLUmsG in Satz 2 und 7 nF „klarstellend" (§ 52

Abs 23; BT-Drs 17/11 220, 35f) festgeschrieben worden. Die Verluste gehen mE auf den Erben über (vgl § 15a Rz 234; einschr *FinVerw* DStR 11, 1427; aA *Dötsch* DStR 08, 641/6; offen BFH GrS 2/04 BStBl II 08, 608).

III. Termingeschäfte, § 15 IV 3–5

1. Systematik. Das Ausgleichs- und Abzugsverbots betrifft betriebl veranlasste (Wertpapier-, Devisen-, Zins- oder Waren-)Termingeschäfte (s Rz 902). *Ausgenommen* sind aber: – ***(1)*** Gem Satz 4 HS 1 (iVm S 5) Verluste aus Termingeschäften, „die zum gewöhnl Geschäftsbetrieb bei Kreditinstituten, Finanzdienstleistungsinstituten und Finanzunternehmen iSd KWG" gehören (Einzelheiten zB *BMF* BStBl I 02, 712 zu C.I; BFH I R 4/11 BFH/NV 12, 453; BFH I B 105/11 BFH/NV 11, 456: FamilienKapGes/Holding als Finanzunternehmen; *Frase* BB 12, 495; *Breuninger ua* Ubg 11, 13; *Haisch ua* Ubg 09, 680; 12, 667). Ausgenommen sind diese Geschäfte, wenn und soweit Gewinne hieraus stpfl, dh weder nach § 3 Nr 40 S 3 teilweise noch nach § 8b KStG zu 95 vH stfrei sind (s Rz 438-9). – ***(2)*** Gem Satz 4 HS 2 Verluste aus Termingeschäften (aller gewerbl Unternehmen), die der *Absicherung* von Geschäften des *gewöhnl Geschäftsbetriebs* dienen (dazu Rz 904). Diese *Ausnahme greift* aber *nicht* ein (Anwendung des Satzes 3), wenn *Aktiengeschäfte* abgesichert werden, bei denen der Veräußerungsgewinn teilweise (§ 3 Nr 40) oder insgesamt (§ 8b KStG) stfrei ist (einschr zu Veräußerungskosten BFH I R 52/12 BStBl II 14, 861). Zu Versicherungsunternehmen (§ 8b VIII KStG) s *BayLfSt* DStR 09, 533. 900

2. Betriebl Veranlassung. § 15 IV 3 setzt voraus, dass die Termingeschäfte betriebl veranlasst sind und Gewinne und Verluste hieraus somit solche aus GewBetr sind. Branchenuntypische Geschäfte, insb andere als die „der Absicherung" dienenden Geschäfte (s Rz 903), führen bei natürl Personen und PersGes idR nicht zu notwendigem, sondern allenfalls (strenge Anforderungen!) zu „gewillkürtem" BV (s auch Rz 481, 492), wenn sie als solches ausgewiesen und zu diesem Zeitpunkt zur Gewinnerzielung obj geeignet sind (BFH VIII R 63/96 BStBl II 99, 466; FG Nds EFG 02, 606). Bei KapGes können Termingeschäfte vGA sein (BFH I R 106/99 BStBl II 03, 487; zu nicht autorisierten Geschäften s FG Nbg EFG 14, 1203, Rev I R 25/14). Auf Einkünfte aus LuF und aus selbstständiger Arbeit ist § 15 IV 3 nicht anwendbar, da die §§ 13, 18 nicht entspr verweisen. 901

3. Termingeschäft, § 15 IV 3. Der Begriff ist nach der Rspr (BFH IV R 53/11 BStBl II 15, 483) nicht steuerrechtl, sondern unter Verzicht auf typologische Risikokriterien (zB Hebelwirkung, Totalverlustrisiko; *Johannemann ua* DStR 15, 1489) in Übereinstimmung mit § 2 II Nr 1 WpHG, § 1 XI 3 Nr 1 KWG im zivil-/bankenaufsichtsrechtl Sinne und damit in Abgrenzung zum Kassageschäft dahin auszulegen, dass es sich um „Festgeschäfte (zB Kauf, Tausch) oder Optionsgeschäfte handelt, die zeitl *verzögert* zu *erfüllen* sind und deren Wert sich unmittelbar oder mittelbar vom Preis oder Maß eines *Basiswerts*" (zB Wertpapiere, Devisen-/Rechnungseinheiten, Indices, Waren und andere nicht finanzielle Werte) „ableitet" (vgl auch § 20 II Nr 3; BT-Drs 14/443). Hinzu kommen muss nach § 15 IV 3, dass der StPfl durch ein solches Termingeschäft einen Differenzausgleich oder einen durch den Wert einer veränderl Bezugsgröße (zB Wertentwicklung von Wertpapieren, Indices, Futures, Zinssätzen) bestimmten Geldbetrag oder Vorteil (zB Lieferung von Wertpapieren) erlangt (s dazu BFH IX R 20/14 DB 16, 150). Unerhebl ist allerdings, ob das Geschäft an der Börse abgeschlossen wird oder ob es gem § 37e WpHG verbindl oder gem §§ 762, 764 BGB unverbindl ist (*HHR* § 15 R 1541). Zu den Termingeschäften gehören ua Optionen (BFH IX R 10/12 BFH/NV 14, 1020), Zinsswaps (BFH X R 13/12, BStBl II 15, 177; BFH IX R 13/14 BStBl II 15, 827), Swaptions *(Johannemann ua)*, *nicht* aber Kassageschäfte, wie zB Index-Schuldverschreibungen/Zertifikate (BFH IV R 53/11 aaO), Aktienkäufe, WP-Darlehen. ME werden auch Termingeschäfte erfasst, die nicht ledigl auf Differenzausgleich, sondern auf „physische Erfüllung" zB Lieferung von Wertpa- 902 pieren gerichtet sind (glA *BMF* DB 05, 2269; *FinVerw* DStR 07, 719; BT-Drs 17/2823, 10; diff *HHR* § 15 Rz 1545; aA zB *Ebel* FR 14, 410/3). Zu weiteren umstrittenen Einzelheiten (zB betr Forwards, Futures, „strukturierte" Produkte s *Johannemann ua* aaO).

903 **4. Verluste.** Verluste iSv § 15 IV 3–5 sind der Saldo aus allen einschlägigen Termingeschäften eines Wj, auch aus anderen Betrieben des StPfl oder seines zusammenveranlagten Ehegatten (s Rz 899; Einzelheiten zu Verlusten aus Optionen uä *Schmid ua* DStR 05, 815/-8). Verluste aus Termingeschäften liegen ferner im Falle der konzern-/gruppeninternen Weiterbelastung vor (BFH X R 13/12 DStR 14, 2277; aA hier 33. Aufl).

904 **5. Gewöhnl Geschäftsbetrieb; Absicherung.** Ob Geschäfte zum gewöhnl Geschäftsbetrieb (bei anderen Unternehmen als Kreditinstituten usw) gehören und deren Absicherung dienen (Satz 4 HS 2) kann im Einzelfall zweifelhaft sein. Sicher ist allerdings, dass Gelegenheitsgeschäfte nicht zum gewöhnl Geschäftsbetrieb rechnen und dass der „Absicherung" nur solche Geschäfte „dienen", die mit dem Grundgeschäft nicht nur subj verknüpft, sondern auch obj geeignet sind, deren Risiken zu kompensieren (BFH X R 13/12 BStBl II 15, 177: abl für zinsoptimierenden Swap; *Ettinger* Ubg 15, 416). Offen ist hingegen zB, ob der Begriff des gewöhnl Geschäftsbetriebs wie der gleich lautende handelsrechtl Begriff zB in §§ 126 I; 164; 275, 277 I HGB zu verstehen ist (zB *HHR* § 15 Rz 1560 mwN) oder umfassender ist (so *Schmittmann ua* DStR 01, 1783/6).

905 **6. Konkurrenzen.** Zu § 2a (aF/nF) und § 15a s *Grützner* StuB 99, 961; zu § 2b aF s *Herzig ua* DB 99, 1470/74; zum Vorrang von § 15b s *BMF* BStBl I 07, 542 Tz 22 (aA *Naujok* DStR 07, 1601/6). Zum Verhältnis zu § 10d s *BMF* BStBl I 04, 1097; Rz 896 aE.

IV. Verluste aus mitunternehmerischen InnenGes zw KapGes, § 15 IV 6–8 idF Korb II-Gesetz

906 **1. Tatbestandl Voraussetzungen.** Erforderl ist primär eine Beteiligung an einer KapGes; der „tätige Teilhaber" (AußenGes'ter, Hauptbeteiligte) muss die Rechtsform einer KapGes haben (zu verfrechtl Zweifeln s aber Rz 895). Beteiligungen an PersGes sind nicht angesprochen, auch wenn deren Ges'ter KapGes sind (s aber zu cc). Zur zeitl Anwendung (einschließl verfkonformer Auslegung) s Rz 895.

907 ***(1)*** **„Verluste aus stillen Ges** … an KapGes": Der stille Ges'ter muss MUer sein (atypisch stille Ges; s Rz 355 ff) und darf keine natürl Person sein, sondern zB eine KapGes. Ist eine PersGes stille Ges'terin, greift Satz 6 ein, soweit der auf die stille Ges'terin entfallende Verlust anteilig nicht einer natürl Person, sondern zB einer KapGes als MUerin der PersGes zuzurechnen ist.

Beispiel: An der Z-AG ist die T-KG zu 50 vH als atypisch stille Ges'terin beteiligt. Ges'ter der T-KG sind zu je $1/4$ die natürl Personen A und B sowie die X-GmbH und die Y-GmbH. Auf die T-KG als stille Ges'terin entfällt ein Verlustanteil von 100; davon sind die den beiden GmbH zuzurechnenden Verlustanteile von je 25 nicht ausgleichs- und abzugsfähig.

908 ***(2)*** „**Verluste aus … sonstigen InnenGes** an KapGes": Erfasst sind InnenGes, die als MUerschaften unter § 15 I 1 Nr 2 fallen, aber keine stillen Ges iSv § 230 HGB sind, zB weil der InnenGes'ter keine Vermögenseinlage erbracht hat (s Rz 362). Zur Rechtsform des InnenGes'ters und zu natürl Personen als InnenGes'ter s oben Rz 906.

909 ***(3)*** „**Verluste aus … Unterbeteiligungen** … an KapGes, bei denen der … Beteiligte als MUer anzusehen ist": Diese Tatbestandsalternative ist missverständl, denn eine Unterbeteiligung am Anteil an eine KapGes, zB an einem GmbH-Anteil, begründet keine MUerschaft, weder zum Hauptbeteiligten noch zur KapGes (s Rz 367). Erfasst soll offenbar der Fall werden, dass eine KapGes A zB als

K'tistin MUerin einer gewerbl PersGes ist und eine andere KapGes B am MUeranteil der KapGes A atypisch unterbeteiligt ist.

Beispiel: Die A-GmbH ist K'tistin der B-KG. Die C-GmbH ist am KG-Anteil der A-GmbH atypisch still unterbeteiligt. – Der Tatbestand des § 15 IV 6 ist erfüllt.

2. Rechtsfolgen. – Verlustanteile, die nicht natürl Personen, sondern kstpfl Steuersubjekten, insb KapGes, unmittelbar oder mittelbar als mitunternehmerischen stillen Ges'tern, sonstigen InnenGes'ter oder Unterbeteiligten zuzurechnen sind, dürfen weder mit Einkünften aus GewBetr oder anderen Einkünften ausgeglichen noch nach § 10d vor- oder zurückgetragen werden (Satz 6). Sie mindern aber die Gewinnanteile der unmittelbar vorangegangenen oder folgenden Wj aus derselben stillen Ges, Unterbeteiligung oder InnenGes nach Maßgabe des § 10d (Satz 7). Da auf mitunternehmerische Beteiligungen – anders als bei betriebl *typisch* stillen Beteiligungen (dazu *Wacker* DB 12, 1403/5) – TW-AfA ausgeschlossen sind (Rz 690), werden von diesem Ausgleichs- und Abzugsverbot **nur gesvertragl Verlustanteile** (StB-Verluste) erfasst; nicht hingegen Verluste im SonderBV (zB *Riegler ua* DStR 14, 1031 einschließlich Ergänzungsbilanz; aA *Hegemann ua* StB 03, 197/200; offen *BMF* BStBl I 08, 970) oder Verluste „aus der Beteiligung selbst", zB aus ihrer Veräußerung (BR-Drs 560/03 S 14; *BMF* aaO). ME sind darüber hinaus bei Veräußerung oder Beendigung der (mitunternehmerischen) Beteiligung die bis dahin nicht berücksichtigten Verluste abziehbar (str; vgl *Wacker* aaO). – Verlustanteile des **„tätigen Teilhabers"** (AußenGes'ters, Hauptbeteiligten) fallen nicht unter die Regelung (Sätze 6–8; zB *Förster* DB 03, 899/900). – Der Hinweis auf **§ 10d** besagt, dass die betragsmäßigen Grenzen des Verlustabzugs in § 10d auch für die nach § 15 IV 7 mögl Verrechnung mit positiven Einkünften aus derselben Beteiligung maßgebl sind (s einschließl Wahlrecht *BMF* aaO, Tz 4, 9). Mit § 15 IV S 7 iVm § 10d IV idF AmtshilfeRLUmsG ist zudem klagestellt worden, dass die nicht ausgeglichenen Verluste bindend festzustellen sind (s Rz 896). – Verrechnungsfähige Gewinne sind **nur gesellschaftsvertragl Gewinnanteile** (StB-Gewinne), nicht hingegen solche aus dem SonderBV (zB *Littmann* § 15 Rz 184). Wann Gewinne aus **„derselben" Beteiligung** vorliegen, richtet sich mE nach den Grundsätzen, die für § 15a II und dem dortigen Erfordernis „aus seiner Beteiligung an der KG" gelten (s § 15a Rz 106). Daraus folgt zB, dass bei einer (estrechtl) formwechselnden Umwandlung einer atypisch stillen Ges in eine KG der ehemalige stille Ges'ter und nunmehrige K'tist (KapGes) seine Verluste aus der stillen Ges mit Gewinnen aus dem KG-Anteil verrechnen kann. – § 15 IV 6–8 ist mE sowohl für Verluste, die nicht **§ 15a** unterstehen (kein negatives KapKto), als auch innerhalb von § 15a (beschr Vortrag) zu beachten (s dort Rz 35; insoweit aA *BMF* aaO, Tz 7 ff; offen *Götz ua* aaO). 910

§ 15a Verluste bei beschränkter Haftung

(1) [1] **Der einem Kommanditisten zuzurechnende Anteil am Verlust der Kommanditgesellschaft darf weder mit anderen Einkünften aus Gewerbebetrieb noch mit Einkünften aus anderen Einkunftsarten ausgeglichen werden, soweit ein negatives Kapitalkonto des Kommanditisten entsteht oder sich erhöht; er darf insoweit auch nicht nach § 10d abgezogen werden.** [2] **Haftet der Kommanditist am Bilanzstichtag den Gläubigern der Gesellschaft auf Grund des § 171 Absatz 1 des Handelsgesetzbuchs, so können abweichend von Satz 1 Verluste des Kommanditisten bis zur Höhe des Betrags, um den die im Handelsregister eingetragene Einlage des Kommanditisten seine geleistete Einlage übersteigt, auch ausgeglichen oder abgezogen werden, soweit durch den Verlust ein negatives Kapitalkonto entsteht oder sich erhöht.** [3] **Satz 2 ist nur anzuwenden, wenn derjenige, dem der Anteil zuzurechnen ist, im Handelsregister eingetragen ist, das Bestehen der Haftung nachgewiesen wird und eine**

Vermögensminderung auf Grund der Haftung nicht durch Vertrag ausgeschlossen oder nach Art und Weise des Geschäftsbetriebs unwahrscheinlich ist.

(1a) [1] **Nachträgliche Einlagen führen weder zu einer nachträglichen Ausgleichs- oder Abzugsfähigkeit eines vorhandenen verrechenbaren Verlustes noch zu einer Ausgleichs- oder Abzugsfähigkeit des dem Kommanditisten zuzurechnenden Anteils am Verlust eines zukünftigen Wirtschaftsjahres, soweit durch den Verlust ein negatives Kapitalkonto des Kommanditisten entsteht oder sich erhöht.** [2] **Nachträgliche Einlagen im Sinne des Satzes 1 sind Einlagen, die nach Ablauf eines Wirtschaftsjahres geleistet werden, in dem ein nicht ausgleichs- oder abzugsfähiger Verlust im Sinne des Absatzes 1 entstanden oder ein Gewinn im Sinne des Absatzes 3 Satz 1 zugerechnet worden ist.**

(2) [1] **Soweit der Verlust nach den Absätzen 1 und 1a nicht ausgeglichen oder abgezogen werden darf, mindert er die Gewinne, die dem Kommanditisten in späteren Wirtschaftsjahren aus seiner Beteiligung an der Kommanditgesellschaft zuzurechnen sind.** [2] **Der verrechenbare Verlust, der nach Abzug von einem Veräußerungs- oder Aufgabegewinn verbleibt, ist im Zeitpunkt der Veräußerung oder Aufgabe des gesamten Mitunternehmeranteils oder der Betriebsveräußerung oder -aufgabe bis zur Höhe der nachträglichen Einlagen im Sinne des Absatzes 1a ausgleichs- oder abzugsfähig.**

(3) [1] **Soweit ein negatives Kapitalkonto des Kommanditisten durch Entnahmen entsteht oder sich erhöht (Einlageminderung) und soweit nicht auf Grund der Entnahmen eine nach Absatz 1 Satz 2 zu berücksichtigende Haftung besteht oder entsteht, ist dem Kommanditisten der Betrag der Einlageminderung als Gewinn zuzurechnen.** [2] **Der nach Satz 1 zuzurechnende Betrag darf den Betrag der Anteile am Verlust der Kommanditgesellschaft nicht übersteigen, der im Wirtschaftsjahr der Einlageminderung und in den zehn vorangegangenen Wirtschaftsjahren ausgleichs- oder abzugsfähig gewesen ist.** [3] **Wird der Haftungsbetrag im Sinne des Absatzes 1 Satz 2 gemindert (Haftungsminderung) und sind im Wirtschaftsjahr der Haftungsminderung und den zehn vorangegangenen Wirtschaftsjahren Verluste nach Absatz 1 Satz 2 ausgleichs- oder abzugsfähig gewesen, so ist dem Kommanditisten der Betrag der Haftungsminderung, vermindert um auf Grund der Haftung tatsächlich geleistete Beträge, als Gewinn zuzurechnen; Satz 2 gilt sinngemäß.** [4] **Die nach den Sätzen 1 bis 3 zuzurechnenden Beträge mindern die Gewinne, die dem Kommanditisten im Wirtschaftsjahr der Zurechnung oder in späteren Wirtschaftsjahren aus seiner Beteiligung an der Kommanditgesellschaft zuzurechnen sind.**

(4) [1] **Der nach Absatz 1 nicht ausgleichs- oder abzugsfähige Verlust eines Kommanditisten, vermindert um die nach Absatz 2 abzuziehenden und vermehrt um die nach Absatz 3 hinzuzurechnenden Beträge (verrechenbarer Verlust), ist jährlich gesondert festzustellen.** [2] **Dabei ist von dem verrechenbaren Verlust des vorangegangenen Wirtschaftsjahres auszugehen.** [3] **Zuständig für den Erlass des Feststellungsbescheids ist das für die gesonderte Feststellung des Gewinns und Verlustes der Gesellschaft zuständige Finanzamt.** [4] **Der Feststellungsbescheid kann nur insoweit angegriffen werden, als der verrechenbare Verlust gegenüber dem verrechenbaren Verlust des vorangegangenen Wirtschaftsjahres sich verändert hat.** [5] **Die gesonderten Feststellungen nach Satz 1 können mit der gesonderten und einheitlichen Feststellung der einkommensteuerpflichtigen und körperschaftsteuerpflichtigen Einkünfte verbunden werden.** [6] **In diesen Fällen sind die gesonderten Feststellungen des verrechenbaren Verlustes einheitlich durchzuführen.**

(5) **Absatz 1 Satz 1, Absatz 1a, 2 und 3 Satz 1, 2 und 4 sowie Absatz 4 gelten sinngemäß für andere Unternehmer, soweit deren Haftung der eines Kommanditisten vergleichbar ist, insbesondere für**

1. stille Gesellschafter einer stillen Gesellschaft im Sinne des § 230 des Handelsgesetzbuchs, bei der der stille Gesellschafter als Unternehmer (Mitunternehmer) anzusehen ist,

2. Gesellschafter einer Gesellschaft im Sinne des Bürgerlichen Gesetzbuchs, bei der der Gesellschafter als Unternehmer (Mitunternehmer) anzusehen ist, soweit die Inanspruchnahme des Gesellschafters für Schulden in Zusammenhang mit dem Betrieb durch Vertrag ausgeschlossen oder nach Art und Weise des Geschäftsbetriebs unwahrscheinlich ist,

3. Gesellschafter einer ausländischen Personengesellschaft, bei der der Gesellschafter als Unternehmer (Mitunternehmer) anzusehen ist, soweit die Haftung des Gesellschafters für Schulden in Zusammenhang mit dem Betrieb der eines Kommanditisten oder eines stillen Gesellschafters entspricht oder soweit die Inanspruchnahme des Gesellschafters für Schulden in Zusammenhang mit dem Betrieb durch Vertrag ausgeschlossen oder nach Art und Weise des Geschäftsbetriebs unwahrscheinlich ist,

4. Unternehmer, soweit Verbindlichkeiten nur in Abhängigkeit von Erlösen oder Gewinnen aus der Nutzung, Veräußerung oder sonstigen Verwertung von Wirtschaftsgütern zu tilgen sind,

5. Mitreeder einer Reederei im Sinne des § 489 des Handelsgesetzbuchs, bei der der Mitreeder als Unternehmer (Mitunternehmer) anzusehen ist, wenn die persönliche Haftung des Mitreeders für die Verbindlichkeiten der Reederei ganz oder teilweise ausgeschlossen oder soweit die Inanspruchnahme des Mitreeders für Verbindlichkeiten der Reederei nach Art und Weise des Geschäftsbetriebs unwahrscheinlich ist.

Einkommensteuer-Richtlinien: EStR 15a/EStH 15a

Übersicht Rz

I. Gesellschaftsrechtl Grundlagen

1. Außenhaftung des Kommanditisten. Dieser **haftet im Außenverhältnis** 1
für Schulden der KG grds (s Rz 124 ff) nur bis zur Höhe seiner im HR eingetragenen **Haftsumme** (§ 171 I HS 1, § 172 I HGB) – unabhängig von der Höhe der Einlage, zu der er im Innenverhältnis ggü der KG und den anderen Ges'tern vertragl verpflichtet ist **(sog Pflichteinlage);** diese muss nicht der Haftsumme entsprechen. Die Haftung ist ausgeschlossen, soweit der K'tist eine Einlage geleistet **(tatsächl geleistete Einlage)** und nicht wieder zurückerhalten hat (§ 171 I HS 2; § 172 IV HGB aF/nF).

2. Gesellschaftsrechtl Verlustverteilung bei der KG. Ein Verlustanteil, der 2
nach dem vertragl oder gesetzl GuV-Verteilungsschlüssel auf einen Ges'ter (K'tist oder persönl haftender Ges'ter) entfällt, wird von seinem Kapitalanteil „abgeschrieben" (§ 161 II iVm § 120 II HGB). Nach § 167 III HGB nimmt ein K'tist aber, sofern nichts anderes vereinbart ist, am Verlust nur bis zum Betrag seines Kapitalanteils und seiner noch rückständigen (Pflicht-)Einlage teil; damit wird allerdings „nur die Grenze der endgültigen Verlusttragung bestimmt". Das besagt:

a) Jahresschlussbilanz (HB). Ein Verlustanteil des K'tisten von dessen **Kapi-** 3
talanteil auch insoweit noch abzuschreiben, als dieser dadurch **negativ** wird; materiellrechtl besagt dies, dass ein K'tist seinen Anteil an künftigen HB-Gewinnen bis zur Höhe seines negativen KapKtos der KG zur Deckung der früheren Verluste belassen muss (BFH IV R 70/92 BStBl II 94, 745).

b) Liquidationsschlussbilanz. In dieser darf für K'tisten anders als für einen 4
persönl haftenden Ges'ter kein negativer Kapitalanteil ausgewiesen werden, weil er grds weder den MitGes'ter noch der KG zum Nachschuss (Kontenausgleich) verpflichtet ist, es sei denn, § 167 III HGB (iVm § 707 BGB) ist in der Weise abbedungen, dass der K'tist im Innenverhältnis entspr seinem Verlustanteil *unbegrenzt* für KG-Schulden einzustehen hat (aufschiebend bedingte Erhöhung der Pflichteinlage; BFH IV R 90/94 BStBl II 97, 241). Eine Bestimmung, dass der (einzige) persönl haftende Ges'ter nicht am Verlust teilnimmt, oder dass KapKten im Soll zu verzinsen seien, begründet aber idR noch keine solche Nachschusspflicht (*K. Schmidt* DB 95, 1381). S auch Rz 26, 87.

II. Einkommensteuerrechtl Verlustzurechnung bei negativem Kapitalkonto außerhalb des § 15a

Verwaltung: EStR 15a; *OFD NRW* FR 14, 823 (Bürgschaften von K'tisten); *OFD Mchn/Nbg* FR 04, 731 (Verlustzurechnung; Nachversteuerung; Bürgschaft; Wegfall).

1. Estrechtl „Anerkennung" des negativen KapKtos eines Kommandi- 10
tisten. – Außerhalb des zeitl und sachl Anwendungsbereichs des § 15a (Rz 38–45) ist nach BFH GrS 1/79 BStBl II 81, 164 einem K'tisten einer **gewerbl tätigen** (oder geprägten) **KG** ein nach Vertrag oder Gesetz auf ihn entfallender Verlustanteil estrechtl grds auch insoweit (mit der Folge der Ausgleichs- und Abzugsfähigkeit) zuzurechnen, als er in der StB der Ges zu einem negativen KapKto (Rz 3) führt oder dieses erhöht, obwohl der K'tist gesrechtl insoweit weder ggü den Gläu-

bigern der Ges haftet noch zusätzl Einlagen an die KG zu leisten hat. Diese Rspr argumentiert, dass die handelsrechtl GuV-Verteilung grds auch estrechtl maßgebl sei und deshalb ein Verlustanteil dem K'tisten auch bei negativem KapKto zugerechnet werde, solange zu erwarten sei, dass künftig Gewinnanteile anfielen, die dem K'tist estrechtl zuzurechnen seien und die er KG zur Verlustdeckung belassen müsse (**„Verlusthaftung mit künftigen Gewinnanteilen"**; krit zR *KSM* § 15 E 123). Sobald und soweit aber feststehe, dass ein solcher Ausgleich nicht mehr in Betracht komme, seien die Verlustanteile, die sich rechtl und wirtschaftl beim K'tisten nicht mehr auswirken, estrechtl auf die persönl haftenden Ges'ter und die übrigen K'tisten mit positivem Kapitalanteil zu verteilen.

11 **a) „Künftiger Gewinnanteil".** Nach der Rspr sind nur die Gewinnanteile laut StB zuzügl etwaiger Ergänzungsbilanzen (auch soweit stfrei; BFH VIII R 65/96 BStBl II 98, 437), nicht Gewinnanteile aus dem SonderBV und Vergütungen iSv § 15 I 1 Nr 2 S 1 HS 2 (BFH GrS 1/79 BStBl II 81, 164 zu C I 6). Ebenso nicht Einlagen iSv § 4 I 5 oder „Gewinne" aus dem sog Wegfall des negativen KapKtos, soweit diese nur die frühere Verlustzurechnung korrigieren (Rz 14; BFH GrS 4/82 BStBl II 84, 751/70).

12 **b) Private Einkünfte.** Bei einer KG, die estrechtl Einkünfte aus VuV erzielt (vgl § 15 Rz 323), waren den K'tisten Anteile am Verlust *nicht* mehr zuzurechnen, soweit dadurch ein negatives KapKto entsteht oder sich erhöht (BFH VIII B 26/80 BStBl II 81, 574: kein Abfluss von WK). – Diese Rspr ist durch § 21 I 2 iVm § 15a (s Rz 36, 38) ab VZ 80 überholt (zB BFH IX R 7/91 BStBl II 94, 492; *BMF* BStBl I 94, 355). Ebenso bei Einkünften aus KapVerm BFH VIII R 36/01 BStBl II 02, 858; abl *Groh* DB 04, 668.

13 **2. Nachversteuerung des negativen KapKtos bei „Wegfall".** (Einzelheiten, insb zu § 52 Abs 24 S 3, 4, s Rz 214 ff). – **a) Veräußerung; Aufgabe.** Veräußert die KG ihren GewBetr oder gibt sie ihn auf, fällt idR ein nach Zurechnung des Anteils am Veräußerungs-/Aufgabengewinn verbliebenes negatives KapKto eines K'tisten weg mit der Folge, dass insoweit ein Gewinn des K'tisten entsteht, der als Teil des *begünstigten* Veräußerungsgewinns (oder Aufgabegewinns) iSv § 16 zu versteuern ist (zB BFH IV R 17/07 BStBl II 10, 631).

14 **b) Wegfall-Gewinn.** Sobald und soweit bereits **vor Veräußerung** oder Aufgabe des Betriebs *und* **vor** gesellschaftsrechtl **Auflösung** der KG feststeht, dass ein Ausgleich des negativen KapKtos mit künftigen (stpfl oder stfreien) Gewinnanteilen nicht mehr in Betracht kommt (s Rz 19), fällt das negative KapKto schon zu diesem Zeitpunkt weg mit der Folge, dass der K'tist einen *nichtbegünstigten* lfd Gewinn zu versteuern hat (BFH GrS 1/79 BStBl II 81, 164; *FinVerw* FR 14, 823; s aber Rz 15). Der „Gewinn" aus dem Wegfall des negativen KapKtos ist kein „echter" Gewinn, sondern nur die „rechtl notwendige Folge aus früheren Verlustzurechnungen", die auf diese Weise nachträgl korrigiert werden (zB BFH IV R 91/94 BStBl II 96, 289/91); Voraussetzung dieses „Gewinns" ist nur die frühere Zurechnung ausgleichsfähiger Verluste, nicht auch ein tatsächl Ausgleich (vgl aber BFH IV R 91/94 aaO: Billigkeitserlass; zur Abgrenzung s BFH X R 25/03 BFH/NV 04, 1212). **Kein** „Wegfall"-Gewinn *bei Betriebsveräußerung oder -aufgabe* entsteht, soweit sich der K'tist für Schulden der KG **verbürgt** hatte (oder nach den §§ 171, 172 HGB aF/nF haftet) *und* er mit einer Inanspruchnahme ohne realisierbare Rückgriffsmöglichkeit ernsthaft rechnen muss (BFH IV R 37/89; IV R 17/07 BStBl II 91, 64; 10, 631; *FinVerw* FR 14, 823); dies gilt selbst dann, wenn der K'tist zahlungsunfähig ist (BFH VIII R 29/91 BStBl II 93, 747; s auch Rz 20). Zu evtl späteren *rückwirkenden* Änderungen s Rz 24.

15 **c) Auflösung.** Wird aber die KG gesrechtl aufgelöst, zB durch Eröffnung des Insolvenzverfahrens, *und* steht (erst und schon jetzt) fest, dass das negative KapKto mit künftigen Gewinnanteilen nicht mehr ausgeglichen wird, ist der „Wegfall-

Gewinn“ nach § 52 Abs 24 S 3, der auch auf negative Kapkonten (Verluste) aus der Zeit vor § 15a anzuwenden ist, **tarifbegünstigt,** unabhängig davon, ob (auch) eine Betriebsaufgabe vorliegt (BFH IV R 124/92 BStBl II 95, 253; *FinVerw* FR 14, 823). Eine Saldierung des Wegfallgewinns mit Verlusten gem § 15a ist – anders als bei Aufgabe/-veräußerung von Betrieb/MUeranteil (s Rz 224, 243) – ausgeschlossen (BFH IV R 17/07 BStBl II 10, 631; *Wacker* HFR 10, 475/6; *Demuth* KÖSDI 13, 18381/90).

3. Rechtsfolgen. – a) Grundsätze. *Soweit* feststeht, dass künftige StB-Gewinnanteile (s Rz 11) zum vollen Ausgleich eines negativen KapKtos eines K'tisten nicht mehr anfallen, hat dies bei personell unverändertem Bestand einer KG *mehrere Rechtsfolgen* (BFH IV R 105/94 BStBl II 97, 277): Dem K'tisten ist der vertragl Anteil am Verlust der KG ab dem letzten Bilanzstichtag, soweit er zu negativen KapKto (Rz 11) führt oder dieses erhöht, estrechtl nicht mehr zuzurechnen; Verluste im SonderBV sind aber gesondert zu berücksichtigen (*FinVerw* FR 14, 823). Beim K'tisten entsteht ein (begünstigter oder laufender) Gewinn (s Rz 13–14), und zwar grds (Ausnahme s Rz 15, 20) iHd negativen StB-KapKtos vom letzten Bilanzstichtag. Dem persönl haftenden Ges'ter (oder K'tisten mit positivem KapKto) sind Verlustanteile in einer Höhe zuzurechnen, in der sie dem K'tisten nicht mehr zugerechnet werden dürfen oder in der bei diesem durch Wegfall eines negativen KapKtos ein Gewinn entsteht (zB BFH VIII R 17/87 BStBl II 92, 650). S auch Rz 22. 17

b) Keine Rückstellungen. Vor diesem Zeitpunkt des „Feststehens“ kann der persönl haftende Ges'ter, auch wenn er ernstl mit einer Inanspruchnahme für Schulden der KG rechnen muss, keine Rückstellung in einer Sonderbilanz (oder Bilanz eines eigenen GewBetr, zu dessen BV die Beteiligung an der KG gehört) bilden (vgl BFH X R 14/88 BStBl II 89, 881). Zu § 15a vgl Rz 101. 18

c) „Feststehen“. Wann und bis zu welchem Betrag feststeht, dass (hinreichende) künftige (stpfl oder stfreie) Gewinnanteile nicht mehr entstehen werden (Prognose), ist *Tatfrage;* erforderl ist eine an Sicherheit grenzende Wahrscheinlichkeit. Maßgebl sind die Verhältnisse am Bilanzstichtag (BFH VIII R 29/91 BStBl II 93, 747) zuzügl werterhellender Umstände bis zur Bilanzaufstellung (BFH IV R 105/94 BStBl II 97, 277 zu 3.b), zB Betriebseinstellung, Ablehnung der Eröffnung des Insolvenzverfahrens mangels Masse (§ 26 InsO; *FinVerw* FR 04, 731 Tz 1.1; BFH VIII R 86/90 BStBl II 94, 174). Die Feststellungslast trägt das FA (FG Mster EFG 88, 635). Die Eröffnung des Insolvenzverfahrens genügt nicht, sofern iRd Verfahrens noch Gewinne zB aus der Veräußerung der Masse zu erwarten sind oder Aussicht auf Sanierung mit Unternehmensfortführung besteht (zB BFH VIII R 65/96 BStBl II 98, 437; FG BBg EFG 15, 1267/8, Rev IV R 3/15; IV R 9/15; *FinVerw* aaO Tz 2). Andererseits kann auch bei einer KG, die gesrechtl (noch) nicht aufgelöst ist, feststehen, dass (hinreichende) künftige Gewinnanteile nicht mehr entstehen werden, zB weil die KG ihren Betrieb eingestellt hat und das GesVermögen keine stillen Reserven enthält oder ein Antrag auf Eröffnung des Insolvenzverfahrens mangels Masse abgelehnt worden ist (BFH IV R 124/92 BStBl II 95, 253). 19

d) Bürgschaft. Soweit feststeht, dass ein Ausgleich mit künftigen Gewinnanteilen ausscheidet, sind Verlustanteile einem K'tisten selbst dann nicht mehr zuzurechnen, wenn dieser sich für Schulden der KG verbürgt hat. Auch eine Minderung des (lfd) „Wegfall“-Gewinns auf Grund der über eine Bürgschaft bestehenden Außenhaftung ist bei „vorzeitigem Wegfall“ des negativen KapKtos – anders als bei Wegfall durch Betriebsaufgabe/Übertragung des KG-Anteils (Rz 15, 24) – unzulässig (BFH IV R 105/94 BStBl II 97, 277 zu 4.; *FinVerw* FR 04, 731 Tz 3.1; *Demuth* KÖSDI 13, 18381/9). Zu SonderBA des K'tisten s § 15 Rz 524f, 547. 20

e) Sanierung. Buchgewinne aus Schulderlass, die nach § 3 Nr 66 aF bei „*unternehmens*bezogener“ Sanierung bis einschließl VZ 97 stfrei waren (zB *FinVerw* 21

FR 98, 964), sind allen Ges'tern einschließl der K'tisten mit durch *ausgleichs- und abzugsfähige* Verlustanteile entstandenen *negativen* Kapkten nach Maßgabe des allg Gewinnverteilungsschlüssel der KG zuzurechnen; *Folge:* insoweit keine Nachversteuerung (BFH VIII B 129/01 BFH/NV 02, 1553; *Groh* DB 96, 1890). Zur Zurechnung bei Ausscheiden bisheriger und Eintritt neuer Ges'ter s § 15 Rz 453; zu § 15a s Rz 100. Wird der Schulderlass einer KG gewährt, die ihren Betrieb auf Dauer eingestellt hat, ist § 3 Nr 66 aF grds nur für den persönl haftenden Ges'ter (natürl Person!) erfüllt („*unternehmer*bezogene" Sanierung); der Anteil eines K'tisten am Buchgewinn ist estpfl (BFH VIII R 39/87 BStBl II 91, 784; Ausnahme Rz 14).

22 **f) Nachholung.** Wurde bei der Gewinnfeststellung für das Wj, in dem das negative KapKto weggefallen ist, versäumt, daraus die estrechtl Folgerungen zu ziehen, zB einen entspr Gewinn des K'tisten anzusetzen, kann dies, da das negative KapKto wie ein negatives WG (Schuld) zu behandeln ist, auf Grund des formellen Bilanzenzusammenhangs für das erste noch offene Wj gewinnwirksam nachgeholt werden (BFH VIII R 86/90 BStBl II 94, 174), es sei denn, dass der Bilanzenzusammenhang durchbrochen ist, weil für vorangegangene Wj keine Feststellung durchgeführt wurde und diese auch nicht mehr nachgeholt werden kann (BFH VIII R 28/90 BStBl II 92, 881; *FinVerw* FR 04, 731 Tz 1.3). Liegt im ersten offenen (Folge-)Wj eine Betriebsaufgabe vor, ist die Auflösung Teil des begünstigten Aufgabegewinns (BFH IV R 17/07 BStBl II 10, 631; *Wacker* HFR 10, 475f).

24 **4. Übertragung eines Kommanditanteils.** (Einzelheiten s Rz 214ff). Scheidet ein K'tist in der Weise aus, dass sein KG-Anteil (entgeltl oder unentgeltl) auf einen neuen oder einen der bisherigen Ges'ter **unter Übernahme des negativen KapKtos** übergeht oder allen MitGes'tern anwächst (§ 738 BGB), ist ihm der vertragl Anteil am Verlust in der Zeit vom letzten Bilanzstichtag bis zum Zeitpunkt des Ausscheidens (außerhalb § 15a) auch dann noch als ausgleichs- oder abzugsfähig zuzurechnen, wenn dadurch ein negatives KapKto entsteht; eine Verlustzurechnung ist nur ausgeschlossen, soweit feststeht, dass auch beim Rechtsnachfolger Gewinnanteile nicht mehr anfallen (zB BFH IV R 44/93 BB 95, 1520). Gleichzeitig entsteht bei *entgeltl* Übertragung beim ausscheidenden K'tisten mindestens iHd negativen KapKtos, einschließl des Anteils am Verlust bis zum Ausscheiden, ein begünstigter Gewinn aus der Veräußerung eines MUeranteils (§ 16 I Nr 2; BFH IV R 70/92 BStBl II 94, 745); Entsprechendes gilt bei *teilentgeltl* Übertragung (BFH XI R 34/92 BStBl II 93, 436). Zum Erwerber s Rz 222; § 15 Rz 462. – Zu *unentgeltl* Übertragung s Rz 229ff. – Haftet der K'tist für Schulden der KG aus **Bürgschaft** oder nach §§ 171, 172 HGB aF/nF, gehört der „Wegfall" des negativen KapKtos insoweit nicht zum Veräußerungspreis als die Bürgschaft bestehen bleibt und der K'tist mit einer Inanspruchnahme ohne realisierbare Rückgriffsmöglichkeit ernsthaft rechnen muss (BFH IV R 37/89 BStBl II 91, 64). Wird er tatsächl nicht in Anspruch genommen oder mit einem geringeren oder größeren Betrag (oder ist ein Rückgriff zB gegen die KG erfolgreich), ändert sich der Veräußerungsgewinn rückwirkend (BFH IV R 17/07; GrS 1/92 BStBl II 10, 631; 93, 897; *FinVerw* FR 04, 731 Tz 3.2).

26 **5. Estrechtl Wirkung besonderer gesellschaftsrechtl Vereinbarungen.** Haben die Ges'ter einer KG vereinbart, dass ein K'tist abw von § 167 III HGB im Innenverhältnis nach Maßgabe des Gewinn- und Verlustverteilungsschlüssels *unbegrenzt* wie ein persönl haftender Ges'ter für die Schulden der KG einzustehen hat und nachschusspflichtig ist – dazu bedarf es einer klaren Regelung im GesVertrag (Rz 4) –, sind ihm (außerhalb des Anwendungsbereich des § 15a; zu diesem s Rz 62) die Verlustanteile als ausgleichs- oder abzugsfähig selbst dann noch zuzurechnen, wenn feststeht, dass ein Ausgleich mit künftigen Gewinnanteilen nicht mehr in Betracht kommt. – Haben die Ges'ter vereinbart, dass das KapKto eines K'tisten nicht durch Verlustzurechnung negativ werden kann, sind Verlustanteile,

die zu einem negativen KapKto führen würden, – und ebenso dann spätere Gewinnanteile – estrechtl (außerhalb des § 15a; zu diesem s Rz 53, 69) nicht dem K'tisten, sondern dem persönl haftenden Ges'ter und den übrigen K'tisten mit positivem KapKto zuzurechnen (BFH IV R 249/84 BFH/NV 88, 699). – Gleiches gilt, soweit vereinbart ist, dass ein K'tist trotz negativem KapKto abw von § 169 I HGB seine Gewinnanteile ohne Rückzahlungspflicht entnehmen darf.

III. Allgemeines zu Verlustausgleich; Verlustabzug und Verlustverrechnung nach § 15a

Verwaltung: EStR 15a; *OFD Frankfurt* DStR 01, 851; *FinSen Brem* DB 02, 122 (Verhältnis zu § 32c aF); s auch vor Rz 10, 60.

1. Zielsetzung des § 15a und Kritik. § 15a soll die Möglichkeit, Verluste mit anderen positiven Einkünften nach § 2 I–III auszugleichen oder von diesen nach § 10d abzuziehen, bei beschr haftenden gewerbl Unternehmern grds „auf den Haftungsbetrag" begrenzen, weil Verluste, die über diesen hinausgehen, den StPfl „im Jahr der Entstehung des Verlustes im Regelfalle weder rechtl noch wirtschaftl" belasten, sondern erst, „wenn und soweit spätere Gewinne entstehen" (BR-Drs 511/79). Deshalb sollen derartige Verluste nur mit späteren Gewinnen aus derselben Tätigkeit nach Art eines Verlustvortrags verrechnet werden (BFH IV R 58/00 BStBl II 02, 748: „*aufgeschobener* Verlustausgleich"). Die Regelung „soll auch die Betätigungsmöglichkeit von sog VerlustzuweisungsGes einschränken" (BR-Dr 694/76). Teilweise wurde – speziell mit Hinweis auf § 2b (aF, s Rz 35) – eine Streichung des § 15a gefordert (zB aA zR *KSM* § 15a A 502). 30

2. Inhalt; Verfassungsmäßigkeit. – a) Inhalt. § 15a I 1 schließt in Durchbrechung der §§ 2 I–III, 10d für K'tisten mit Einkünften aus GewBetr aus, dass Anteile am Verlust der KG, soweit diese ein negatives KapKto begründen oder erhöhen, mit anderen positiven Einkünften ausgeglichen oder von diesen abgezogen werden (Verlustausgleichs- und Verlustabzugsverbot); § 15a Ia nF erstreckt dies auf „nachträgl Einlagen" (s Rz 183f). Nach § 15a II 1 mindern die „nicht ausgleichs- und abzugsfähigen Verluste" als „verrechenbare Verluste" die Gewinne des K'tisten aus seiner Beteiligung in späteren Wj (zu § 15a II 2 nF s Rz 181). § 15a I 2–3 lässt entgegen § 15a I 1 bei bestimmter über die geleistete Einlage hinausgehender („überschießender") Außenhaftung eines K'tisten zu, dass auch Verlustanteile, die ein negatives KapKto begründen oder erhöhen, bis zur Höhe der erweiterten Haftung mit anderen positiven Einkünften ausgeglichen oder von diesen abgezogen werden. § 15a III regelt die Rechtsfolgen von Entnahmen, durch die ein negatives KapKto entsteht oder sich erhöht (Einlagenminderung), und einer Herabsetzung der Außenhaftung nach vorangegangenem Verlustausgleich oder -abzug bei überschießender Außenhaftung (Haftungsminderung) in der Weise, dass iHd Minderungsbetrags einerseits ein lfd Gewinn nachzuversteuern ist und andererseits ein verrechenbarer Verlust des K'tisten begründet wird. Nach § 15a IV sind verrechenbare Verluste des einzelnen K'tisten jährl gesondert festzustellen. § 15a V erklärt die für K'tisten maßgebl Vorschriften, ausgenommen diejenigen über die überschießende Außenhaftung und die Haftungsminderung (§ 15a I 2–3, III 3), für sinngemäß anwendbar auf andere Unternehmer, deren „Haftung" der eines K'tisten vergleichbar ist, zB atypische stille Ges'ter (Nr 1), beschr haftende Ges'ter einer GbR (Nr 2) oder ausl PersGes (Nr 3) oder Mitreeder einer Reederei iSv § 489 HGB (Nr 5) und Einzel- oder MUer mit sog haftungslosen Verbindlichkeiten (Nr 4). § 52 Abs 24 regelt ergänzend den sachl Anwendungsbereich und den „Wegfall" eines durch ausgleichs- und abzugsfähige Verluste negativ gewordenen KapKtos (S 3–5). 31

b) Verfassungsmäßigkeit. § 15a ist verfgemäß (zB BVerfG HFR 07, 274), auch soweit – *(1)* § 15a **für sämtl KG** und nicht nur für VerlustzuweisungsGes gilt 32 und stille Reserven unberücksichtigt bleiben (BFH IV R 75/93 BStBl II 96, 474), – *(2)* der erweiterte Verlustausgleich auf die Haftung nach § 171 I HGB beschränkt ist (BFH IX R 7/95 BStBl II 00, 265; BVerfG aaO; aA *Lüdemann* aaO S 281; s Rz 128), und – *(3)* nachträgl Einlagen nicht zur Umpolung verrechenbarer in ausgleichsfähige Verluste führen (BFH VIII R 39/94 BFH/NV 98, 1078; BVerfG aaO; aA *Lüdemann* aaO S 285; s Rz 180; § 15a Ia 1, II nF).

35 **3. Verhältnis zu anderen Vorschriften.** – ***(1)*** § 15a EStG ist ggü **§ 10d I, II** (Einschränkung des Vor-/Rücktrags nicht ausgeglichener Verluste) insofern vorrangig, als Verluste iHd negativen KapKtos (grds) nur mit künftigen Gewinnen aus derselben Einkunftsquelle verrechnet werden können (beachte: insoweit keine Betragsgrenze); § 10d nF greift aber ein, soweit nach § 15a bei positivem KapKto/überschießender Außenhaftung/Korrekturposten (s Rz 183) ein Verlustabzug mögl ist. Gleiches galt für §§ 2 III 2ff, 10d aF (s 22. Aufl). – ***(2)*** Ein nach **§ 2a I, II** (aF/nF) für negative ausl Einkünfte mögl Verlustausgleich/-abzug ist bei K'tisten mit negativem KapKto nach § 15a ausgeschlossen; umgekehrt unterliegt ein nach § 15a mögl Verlustausgleich den Beschränkungen des § 2a I, II (BFH IV R 58/00 BStBl II 02, 748; § 2a Rz 9; EStR 15a V). – ***(3)*** **§ 2b aF** (zu § 15b s unten) bestimmte, dass negative Einkünfte aus einer bestimmten Einkunftsquelle (zB **VerlustzuweisungsGes** I) zwar mit positiven Einkünften aus einer gleichartigen anderen Einkunftsquelle (zB VerlustzuweisungsGes II), nicht aber mit anderen Einkünften ausgeglichen oder von diesen abzuziehen waren; soweit danach ein Verlustausgleich mögl war, konnte dieser durch § 15a ausgeschlossen sein (*KSM* § 15a A 56). – ***(4)*** Zu **§ 3c** s *Löhr* BB 02, 2361 (GmbH & atypisch Still). – ***(5)*** **§ 15 IV 1–5** schließt aus, dass negative Einkünfte aus einer bestimmten Art von Einkunftsquellen (gewerbl Tierzucht, Termingeschäfte) mit positiven Einkünften aus anderen Einkunftsquellen verrechnet werden; soweit aber innerhalb der davon erfassten Art von Einkunftsquellen eine Verlustrechnung mögl ist, greift § 15a ein. – ***(6)*** Gleiches gilt grds im Verhältnis zu **§ 15 IV 6–8** iVm **§ 20 I Nr 4 S 2** betr Verluste von KapGes aus stillen Beteiligungen, dh soweit § 15a greift, kein Rücktrag (*Förster* DB 03, 899; *BMF* BStBl I 08, 970 Tz 7, 9; s auch Rz 71); zudem wird mE die Verlustverrechnung *nach § 15a II* durch § 15 IV 7 iVm § 10d II nF eingeschränkt (sog kumulative Konkurrenz; Ausnahme: Veräußerung/Aufgabe der Beteiligung; vgl § 15a II 2 nF; aA *BMF* aaO, Tz 8; offen *Götz ua* GmbHR 09, 584; § 15 Rz 909). – ***(7)*** *Soweit* Verluste iZm sog **StStundungsmodellen** nach **§ 15b** – unabhängig von der Höhe des KapKtos – nur mit positiven Einkünften derselben Quelle (= einzelnes „Modell") verrechnet werden (s auch §§ 13 VII; 18 IV 2; 20 IIb nF; 21 I 2 nF), ist § 15a nicht anzuwenden (§ 15b I 3; BT-Drs 16/107; *BMF* BStBl I 07, 542 Tz 13, 23; einschr *Gragert* NWB F 3, 14775/88; aA *Naujok* DStR 07, 1601/6). – ***(8)*** Zum Verhältnis zu **§ 32c aF** vgl *FinVerw* DStR 01, 851; DB 02, 122. – ***(9)*** Zum Verhältnis zu **§ 34a** s dort Rz 22. – ***(10)*** Die Gewinnhinzurechnung (§ 15a III) war nicht nach **§ 34c IV aF** tarifbegünstigt (BFH IV R 4/00 BStBl II 02, 458; s auch Rz 150/60). – ***(11)*** Zum Nachrang von § 15a ggü **§ 4h nF (Zinsschranke)** s § 4h; *Schluck ua* DB 12, 2893. – ***(12)*** Zum Wegfall nach **§ 8c KStG** (Mantelkauf) s *BMF* BStBl I 08, 736 Tz 2; krit *Mühlhausen* Ubg 15, 207. – ***(13)*** Zu **§ 2 IV UmwStG nF** s *Viebrok ua* DStR 13, 1364. – ***(14)*** Zum Verhältnis zu **§ 10a GewStG** s BFH VIII R 39/97 BFH/NV 97, 857.

36 **4. Einkünfte aus Gewerbebetrieb.** § 15a ist unmittelbar anzuwenden, wenn die KG (Abs 1) oder die/der andere PersGes/Unternehmer (Abs 5) estrechtl **Einkünfte aus GewBetr** (§ 15 II, III) **bezieht** (arg: systematischen Stellung der Vorschrift). Gleiches gilt, wenn an einer KG mit Einkünften aus VuV oder KapVerm Personen beteiligt sind, die ihre Beteiligung in gewerbl BV halten (sog **ZebraGes;** s § 15 Rz 200ff) und daher anteilig Einkünfte aus GewBetr haben (BFH IV R 77/99 DStR 01, 21 zu 2.b; iErg glA *Niehus* DStZ 04, 143, 151). § 15a ist auch

anwendbar, wenn der Gewinn nach **§ 4 III** ermittelt wird (vgl auch § 18 IV 2); allerdings erfordert dies – ebenso wie iRv §§ 21 I 2, § 20 I Nr 4 S 2 (Rz 38) – die Entwicklung eines fiktiven KapKtos (zu Ergänzungsbilanzen s BFH VIII R 13/07 BStBl II 2009, 993; aA *Weßling* BB 11, 1823).

5. Tonnagebesteuerung. Soweit eine KG für **Seeschiffe** gem **§ 5a** (Tonnagebesteuerung) wählt, ist gleichwohl § 15a anzuwenden; dabei ist der gem § 5 ermittelte Gewinn (Verlust) zugrundezulegen (§ 5a V 4; *BMF* BStBl I 02, 614 Rz 31f; BFH VIII R 33/05 BStBl II 07, 261; BFH IV R 14/09 BStBl II 13, 673; *BMF* BStBl I 13, 1152; krit *Schulze* FR 99, 977/83). 37

6. Sinngemäße oder entspr Anwendung des § 15a bei anderen Einkunftsarten.

Verwaltung: *BMF* BStBl I 94, 355 (VuV); *OFD Fft* v 21.5.15, juris (LuF; Vermögensverwaltende PersGes).

Sinngemäß oder entspr anzuwenden ist § 15a auf PersGes und die in § 15a V Nr 4 erwähnten „Unternehmer" mit Einkünften aus LuF (§ 13 VII; *OFD Fft* aaO: abw Wj), selbstständiger Arbeit (§ 18 IV 2) oder VuV (§ 21 I 2; BFH IX R 52/13 BStBl I 15, 263: gesellschafterbezogene fiktive KapKten-Ermittlung einschließl § 23; fragl) und auf typische stille Ges'ter (§ 20 I Nr 4 S 2; BFH VIII R 5/11 BFH/NV 14, 1193). S auch FG RhPf EFG 05, 1038: keine Umqualifizierung in ausgleichfähige Verluste aufgrund gewerbl Prägung der bisher vermögensverwaltenden KG (zutr; Rz 248). 38

7. Zeitl Anwendungsbereich des § 15a; Grundsatz und Ausnahmen. § 15a ist *grds* erstmals auf Verluste des **Wj** anzuwenden, **das nach dem 31.12.79** beginnt (§ 52 Abs 19 S 1 aF). Dieser Grundsatz ist mehrfach aus Gründen des Vertrauensschutzes (sog Altbetriebe) oder der Wirtschaftspolitik (sog privilegierte Betriebe) in der Weise durchbrochen, dass die **erstmalige Anwendung zeitl hinausgeschoben** ist: 39

a) Altbetriebe. Für vor dem 11.10.79 eröffnete (Alt-)Betriebe (dazu zB BFH IV R 112/91 BStBl II 94, 627; IV R 43/92; VIII R 32/93 BFH/NV 95, 12; 192): Erstmalige Anwendung auf Verluste der nach dem 31.12.84 beginnenden Wj (§ 52 Abs 19 S 2 Nr 1, S 3 Nr 1 aF); vgl auch Rz 122. Bei **Erweiterung** oder Umstellung eines Altbetriebs nach dem 31.12.79 ist § 15a anzuwenden auf für wirtschaftl damit zusammenhängende Verluste (§ 52 Abs 19 S 2 Nr 1 S 2 aF). 40

b) Privilegierte Betriebe. – ***(1)*** Bei Errichtung und Betrieb einer in Berlin (West) gelegenen Betriebsstätte des **Beherbergungsgewerbes:** Erstmalige Anwendung auf Verluste der nach dem 31.12.84 beginnenden Wj (§ 52 Abs 19 S 2 Nr 2, S 3 Nr 1 aF). – ***(2)*** Bei Bau und Errichtung von **Wohnungen im sozialen Wohnungsbau:** Erstmalige Anwendung auf Verluste der nach dem 31.12.94 beginnenden Wj (§ 52 XIX S 2 Nr 3, S 3 Nr 2 aF; BFH IV R 77/99 DStR 01, 21). – ***(3)*** Bei **Seeschiffen** ist § 15a anzuwenden *(a)* grds erstmals auf Verluste, die in nach dem 31.12.99 beginnenden Wj entstehen, wenn der Schiffsbauvertrag vor dem 25.4.96 abgeschlossen worden ist und der Ges'ter vor dem 1.1.99 beigetreten ist, *soweit* die Verluste bedingt sind durch Sonder-AfA nach § 82f EStDV und degressive AfA nach § 7 II (aF) für neue vom Hersteller erworbene Schiffe und die AK mindestens zu 30 vH durch (nicht refinanziertes) Eigenkapital finanziert sind (§ 52 Abs 24 S 1, 2), *(b)* iÜ und soweit die hiernach ausgleichs- oder abzugsfähigen Verluste zusammen 125 vH der insgesamt geleisteten Einlage übersteigen, auf Verluste aus nach dem 31.12.94 beginnenden Wj (s auch *R. Schmid* DB 98, 1199; BFH VIII R 11/98 BStBl II 01, 166). Zu § 15a III s Rz 151. 41

8. Subj Zurechnung der Verluste einer KG. § 15a regelt *nicht,* welche Verlust- (und späteren Gewinn-)Anteile einem K'tisten estrechtl subj zuzurechnen sind; er setzt „einem Kommanditisten zuzurechnende" Verlustanteile voraus und bestimmt für diese, welche ausgleichs-/abzugsfähig oder nur verrechenbar sind. Auch im Anwendungsbereich des § 15a gelten somit für die subj Zurechnung die **allg estrechtl Grundsätze** (zB BFH IX R 335/87 BStBl II 93, 281). 50

a) Verlustanteile. Sie sind nur solchen K'tisten zuzurechnen, die **MUer** sind. Maßgebl ist grds der **handelsrechtl Gewinn- und Verlustverteilungsschlüssel** 51

(§ 15 Rz 443 ff). Einem K'tisten, dessen KapKto handelsrechtl negativ werden kann, sind danach subj auch solche Verlustanteile zuzurechnen, die nicht ausgleichs- und abzugsfähig, sondern nur verrechenbar sind (s Rz 101); die rechtl Konsequenz ist, dass auch die dem Ausgleich des negativen KapKtos dienenden späteren Gewinnanteile nicht dem persönl haftenden Ges'ter, sondern dem K'tisten zuzurechnen sind und bei diesem nach § 15a II aF/nF um die nur verrechenbaren Verlustanteile gemindert werden (EStH 15a; *FinVerw* StEd 03, 641). – Sobald und soweit aber am Bilanzstichtag **feststeht,** dass ein **Ausgleich** eines negativen KapKtos mit künftigen Gewinnanteilen nicht mehr in Betracht kommt (vgl Rz 17–19), können auch im Anwendungsbereich des § 15a einem K'tisten Verlustanteile nicht mehr zugerechnet werden; diese Verluste sind dem persönl haftenden Ges'ter und den K'tisten mit positiven Kapkten zuzurechnen (BFH IV R 44/93 BB 95, 1520; *FinVerw* FR 04, 731 Tz 1.1; offen BFH IV R 36/02 BStBl II 03, 871).

53 **b) Abreden.** Haben die Ges'ter vereinbart, dass abw vom HGB bei einem K'tisten durch Verlustanteile **kein negatives KapKto** entstehen kann (s Rz 27, 64), sind derartige Verlustanteile estrechtl den übrigen Ges'tern zuzurechnen; § 15a greift insoweit nicht ein, weil es an einem K'tisten zuzurechnenden Verlustanteil fehlt. – Zur Bedeutung der umgekehrten Vereinbarung, dass ein K'tist im Innenverhältnis entgegen § 167 III HGB uneingeschränkt ausgleichspflichtig ist, s Rz 62.

IV. Einzelheiten zu Tatbestand und Rechtsfolgen im Regelfall, § 15a 1, II 1

Verwaltung: EStR 15a; *BMF* BStBl I 93, 976: Saldierungsverbot; *BMF* BStBl I 97, 627: Umfang des KapKtos; *FinVerw* DStR 13, 2699: doppelstöckige PersGes; DStR 01, 2115: tatsächl Einlage; FR 02, 594 (steuerfreie Einnahmen); DB 15, 406 (StBil/HBil).

Schrifttum: *Zerbe ua,* Bestimmung des KapKto ..., DStR 15, 1292; *Dornheim,* Außerbilanzielle Korrekturen ..., DStZ 15, 174.

60 **1. Persönl Voraussetzungen. – a) Komanditist.** Der Ausschluss des Verlustausgleichs/-abzugs nach § 15a I 1 und die ergänzenden Vorschriften des § 15a I 2–3, (überschießende Außenhaftung), des § 15a II 1 (Verlustverrechnung) und § 15a II 2 nF (Verlustumpolung), des § 15a III (Einlagen- und Haftungsminderung) und des § 15a IV (Verfahren) gelten grds nur für K'tisten iSd § 161 I HGB; diese umfasst auch Ges'ter, die einer KG als K'tisten beigetreten, aber als solche noch nicht ins HR eingetragen sind (BFH IV R 70/02 BStBl II 04, 423; zur evtl Haftung nach § 176 HGB s Rz 63, 128). Es muss eine (gewerbl tätige oder geprägte) inl KG sein (zu ausl PersGes s Rz 207). Der K'tist muss MUer sein, da dies Voraussetzung für eine subj Zurechnung von Verlustanteilen ist (Rz 50). Bei Formwechsel von OHG zu KG während des Wj gilt § 15a für das gesamte Wj (BFH VIII R 81/02 BStBl II 04, 118; IV R 70/02 aaO: Ges'terbeschluss maßgebl; abl zB *Söffing* DStZ 07, 175; s auch Rz 165, 185). – Sinngemäß anzuwenden sind § 15a I 1, Ia nF, II aF/nF, III 1, 2, 4 und IV gem § 15a V auf „andere Unternehmer, soweit deren Haftung der eines Kommanditisten vergleichbar ist" (Rz 195 ff). – Eine nur **kleingewerblich** tätige, aber ins HR als KG eingetragene Ges war früher GbR (Schein-KG); nach §§ 161 II; 105 II HGB idF HRefG ist sie ab 1.7.98 „echte" KG mit der Folge, dass für ihre K'tisten – anders als für Ges'ter einer GbR iSv § 15a V Nr 2 – auch § 15a I 2–3, III 3 (überschießende Außenhaftung) gilt. – Die Rechtsstellung eines **Treuhand-K'tisten** ist estrechtl dem Treugeber zuzurechnen (vgl § 15 Rz 295 ff); die Verlustanteile unterliegen bei diesem dem Ausschluss eines Verlustausgleichs/-abzugs nach § 15a I 1 (BFH IX R 24/00 BFH/NV 03, 894; BT-Drs 8/4157 S 3). Ist der Treugeber zugleich K'tist, sollen die KapKten beider Beteiligungen zu addieren sein (FG Ddorf EFG 13, 1289; fragl). Zu § 15a I 2 s Rz 131. – Ein **atypisch Unterbeteiligter** (s § 15 Rz 365 ff) ist nach der Rspr (aA wohl EStR 15a III 4) nicht wie ein Treugeber zu beurteilen (BFH VIII R 51/84 BStBl II 92, 512); er wird daher nur über § 15a V Nr 2 erfasst (s Rz 206,

131). – Der § 15a-Verlust einer **OrganGes** (K'tistin) erhöht nicht das dem **Organträger** zuzurechnende Einkommen (BFH I R 65/11 BStBl II 13, 555; *BMF* BStBl I 13, 921).

b) Doppelstöckige PersGes. Ist eine *PersGes K'tistin,* dann ist der gesrechtl auf die OberGes entfallende Anteil am StB-Verlust der UnterGes estrechtl nach der BFH-Rspr grds *der OberGes* zuzurechnen (mE: OberGes = Verbund der *Ober-Ges'ter;* Transparenz; s § 15 Rz 256, 612) und in deren Gesamtergebnis aus dem eigenen Betrieb und aus dem Anteil an der UnterGes (einschließl § 16 I Nr 2) einzubeziehen (s einschließl § 15 III Nr 1 nF dort Rz 610/-3; 189). Dies gilt unabhängig davon, dass *(a)* nach § 15 I 1 Nr 2 S 2 der mittelbar beteiligte (Ober-) Ges'ter als weiterer (mittelbarer) MUer der UnterGes anzusehen ist und *(b)* sich der Verlustanteil estrechtl erst mittelbar bei den Ges'tern der OberGes auswirkt. Der der OberGes zuzurechnende Verlustanteil ist mit einem etwaigen (an sich tarifbegünstigten) Gewinn aus der Veräußerung des Anteils an der *UnterGes* zu saldieren (s Rz 100/2); der Saldo unterliegt – mit mittelbarer estrechtl Wirkung erst bei den Ges'tern der OberGes (s Beispiel unten) – dem Ausschluss des Verlustausgleichs/-abzugs nach § 15a I 1 (vgl BFH IV B 201/03, BStBl II 04, 231; *Dörfler ua* DStR 12, 1212; Rz 235; glA zu § 15b BT-Drs 16/107; *BMF* BStBl I 07, 542 Tz 21; *Pohl* DStR 07, 382; aA *Naujok* DStR 07, 1601/5), auch soweit die Ges'ter der OberGes ihrerseits für die Verbindlichkeiten *dieser* Ges (zB OHG) unbeschränkt haften (*HHR* § 15a Rz 74). – Der auf die OberGes entfallende Verlustanteil an der Unter-Ges vermindert in der StB anteilig die KapKten der OberGes'ter bei der Ober-PersGes (s § 15 Rz 622, 690: Spiegelbildmethode; *Ley* KÖSDI 10, 17148/62; *aA* 26. Aufl mwN). Folgen: *(1)* Zur Vermeidung einer doppelten Berücksichtigung des *verrechenbaren* Verlusts der UnterGes ist *dieser* dem Kommanditkapital der OberGes'ter wieder hinzurechnen (*Zerbe ua* DStR 15, 1292; *Ley* aaO; *FinVerw* DStR 13, 2699: § 15a-Merkposten); *(2)* ein als *ausgleichfähig* zugewiesener Verlust der UnterGes kann, *soweit* § 15a für OberGes'ter gilt, in einen nur verrechenbaren Verlust umzuqualifizieren sein. Zur **KGaA** als OberGes vgl *Kusterer* FR 03, 502. 61

Beispiel: Ges'ter der O-KG sind A als Komplementär und B (KapKto: 100) als K'tist (GuV-Anteil je 50%). Die O-KG ist K'tistin der U-KG mit einer Einlage (= positives KapKto) von 100. Verlust von U-KG und O-KG je 150. *Lösung:* Der verrechenbare Verlust der O-KG bei der U-KG (50) geht als *solcher anteilig* (25) auch in den Verlustanteil des **A** (Komplementär) bei der O-KG ein (insgesamt 2 × 150 × $^1/_2$ = 150; davon ausgleichsfähig: 125). Für B (K'tist) mindert der Verlust der U-KG sein KapKto bei der O-KG auf 25 (= 100 – $^1/_2$ × 150; a. A. 26. Aufl: KapKto bei O-KG unverändert 100); dieser Betrag ist für Zwecke des § 15a um den Anteil des B am verrechenbaren der U-KG (25) auf 50 zu erhöhen, so dass sein Anteil am eigenen Verlust der O-KG (75 = 150 × $^1/_2$) iHv 25 verrechenbar ist. Insgesamt für B somit: verrechenbarer Verlust 50 (je 25 von U-KG/O-KG), ausgleichsfähiger Verlust 100 (je 50 von U-KG/O-KG). – **Variante:** KapKto des B bei der O-KG: 0. Sein Verlustanteil (150 = 2 × 150 [U-KG/O-KG] × $^1/_2$) ist insgesamt verrechenbar, dh Umqualifikation seines Anteils am „ausgleichsfähigen" Verlust der O-KG bei der U-KG (100 × $^1/_2$) auf der Stufe der O-KG.

2. Abweichende Regelungen. – a) Innenverhältnis. Hat sich ein K'tist zur **erweiterten Haftung** im Innenverhältnis ggü den anderen Ges'tern idS verpflichtet, für Schulden der KG unbegrenzt nach Maßgabe seines Verlustanteils einzustehen (s Rz 4, 26), ist er gleichwohl K'tist iSv § 161 I HGB und damit auch iSv § 15a I 1; auch bei ihm sind Verlustanteile, soweit sie zu einem negativen KapKto führen, nur verrechenbar. Die erweiterte Haftung im Innenverhältnis rechtfertigt nach hL (Umkehrschluss zu § 15a I 2–3) während des Bestehens der KG keinen höheren Verlustausgleich und -abzug (vgl BFH IV R 106/94 BStBl II 96, 226; BFH VIII R 76/93 BFH/NV 98, 576 für atypischen stillen Ges'ter; *Kempermann* FR 98, 248/51). Auch die Bildung einer Rückstellung in einer Sonderbilanz hat der BFH ausdrückl abgelehnt (s Rz 129). Zahlungen, die der K'tist auf Grund der Haftung im Innenverhältnis leisten muss, ohne dafür Ausgleich von anderen 62

Ges'tern zu erlangen, sind aber Einlagen, die das KapKto erhöhen (s Rz 180); *spätestens* sind sie bei Beendigung der Ges voll ausgleichs-/abzugsfähig (BFH IV R 106/94 aaO). – Haben die Ges'ter einer KG vereinbart, dass abw vom HGB das KapKto eines K'tisten **nicht** durch Verlustzurechnung **negativ** werden kann (s Rz 27), sind entspr Verlustanteile (Und tschüss Gewinnanteile, s Rz 27) den anderen Ges'tern zuzurechnen (BFH IX R 335/87 BStBl II 93, 281 zu VuV).

63 **b) Außenverhältnis.** Gleiches gilt nach hL (s Rz 128) bei erweiterter Haftung im Außenverhältnis, sofern die Voraussetzungen für einen erweiterten Verlustausgleich bei überschießender Außenhaftung nach § 15a I 2, 3 (dazu Rz 120 ff) *nicht* erfüllt sind. Solche Fälle sind zB *(a)* die nicht in das HR eingetragene Erhöhung der Haftsumme (§ 172 II HGB; BFH VIII B 11/92 BStBl II 93, 665), *(b)* bei Gründung oder Eintritt in eine bestehende KG die unbeschr Haftung nach § 176 HGB (FG Mster EFG 98, 291, rkr), *(c)* die Haftung eines K'tisten aus Bürgschaft für KG-Schulden (BFH IV B 91/01 BFH/NV 03, 304). – Zur Kritik der hL s Rz 129.

70 **3. „Anteil am Verlust der KG".** Der Begriff hat im Tatbestand des § 15a die **Funktion** zu bestimmen, welche negativen Einkünfte uU nicht ausgleichs- und abzugsfähig, sondern nur nach § 15a II 1 verrechenbar sind. Negative gewerbl Einkünfte, die kein „Anteil am Verlust der KG" sind, dürfen nach den allg Vorschriften (§ 2 I–III) ausgeglichen und abgezogen werden (zu § 2a aF/nF, § 10d, § 15 IV, § 15b s aber Rz 35). Das Interesse des StPfl ist damit abstrakt auf ein restriktives Verständnis des „Anteils am Verlust der KG" und konkret auf eine Verlagerung von Verlusten zB in den SonderBV-Bereich (s Rz 71) gerichtet.

71 Anteil am Verlust der KG iSv § 15a I 1 ist *nur* der in **§ 15 I 1 Nr 2 S 1** an **erster Stelle** genannte **GuV-Anteil;** dieser ergibt sich *(1)* aus der StB der KG iVm mit dem estrechtl maßgebl handelsrechtl Gewinn- und Verlustverteilungsschlüssel (s § 15 Rz 440 ff) und *(2)* einer etwaigen (positiven oder negativen) Ergänzungsbilanz des K'tisten (s § 15 Rz 460 ff), die für WG des GesVermögens Wertkorrekturen zu den Ansätzen in der StB ausweist (BFH VIII R 78/97 BStBl II 99, 163 zu II.2a). Hinzu kommt *(3)* ein etwaiger *Gewinn oder Verlust aus einer Anteilsveräußerung* (§ 16 I Nr 2), soweit dieser auf GesVermögen entfällt (BFH aaO), *(4)* das einer *KG als Organträger* gem § 14 KStG zuzurechnende (positive oder negative) Einkommen der OrganGes (*Breuninger ua* DStR 95, 927; aA *Autenrieth* FS Haas, 1996, 7/19; *IdW* Beilage FN-IdW Nr 10/96, 468k) und *(5)* auf KapGesAnteile im GesVermögen entfallende und zu *berücksichtigende* Übernahmegewinne (vgl § 4 VII UmwStG aF/nF) oder -verluste (§ 4 VI iVm § 7 UmwStG nF). – Aufwand und Ertrag des in Sonderbilanzen ausgewiesenen aktiven und passiven **SonderBV** sowie die sonstigen **SonderBE/-BA** (§ 15 Rz 473, 507 ff, 640 ff) bleiben bei der Ermittlung des „Anteils am Verlust der KG" außer Betracht (Rz 104); die sich hieraus ergebenden Verluste sind grds unbegrenzt ausgleichs- und abzugsfähig (BFH VIII R 31/88 BStBl II 92, 167; FG Mster EFG 09, 1024, rkr; einschr EStR 15a II 2, 3; zutr; zu § 15 IV 6–8s Rz 35). – Zu § 4 III s Rz 36.

72 **4. Steuerbilanzverlust der KG.** Dessen **Ermittlung** und damit auch die Ermittlung des Anteils am Verlust der KG iSv § 15a I 1 richtet sich nach allg bilanzstrechtl Vorschriften. Es bleiben zB beim BV-Vergleich WG außer Ansatz, die zwar GesVermögen, nicht aber BV sind (§ 15 Rz 484 ff).

73 **5. Sondervergütungen. – a) Entgelte für Dienstleistung, Nutzungsüberlassung usw.** Derartige Entgelte eines K'tisten sind Sondervergütungen iSv § 15 I 1 Nr 2 S 1 HS 2 und als solche, soweit angemessen, wie betriebl veranlasste Leistungen an einen Dritten in der StB als BA abzuziehen, *wenn* sie auf schuldrechtl Vertrag beruhen oder zwar im GesVertrag vereinbart sind, aber gewinnunabhängig geleistet werden (s insb zu Tätigkeitsvergütungen § 15 Rz 440). Sie vermindern den Gewinn und erhöhen den Verlust der KG. Andererseits sind die Vergütungen beim K'tisten als SonderBE zu erfassen (s § 15 Rz 400, 560 ff). Soweit keine Ver-

gütung geschuldet wird, ist dies auch estrechtl zu beachten; die dadurch bewirkte Verlagerung von Verlusten in den Bereich des SonderBV lässt sich nicht durch Ansatz eines fiktiven Aufwands der KG und eines fiktiven Ertrags des Ges'ters verhindern (BFH GrS 2/86 BStBl II 88, 348: keine Nutzungseinlage).

b) Saldierungsverbot. Davon zu unterscheiden ist, ob der Anteil am Verlust 74
der KG – im Beispiel bei einer Verlustbeteiligung des K'tisten von 50 vH also 60 –, soweit er zu einem negativen KapKto führt, nur mit künftigen Gewinnen *aus dem GesVermögen* verrechenbar ist, während daneben die Sondervergütungen (zB 20) voll zu versteuern sind, oder ob der Verlustanteil mit den Sondervergütungen ausgeglichen werden kann, so dass allenfalls der restl Verlustanteil (zB 40) nur verrechenbar ist (dazu Rz 103–104, 109).

6. Funktion des KapKto. Der Begriff des „KapKtos" hat im Tatbestand des 80
§ 15a die Aufgabe, die Grenze zu bestimmen, bis zu der die einem K'tisten zuzurechnenden Anteile am Verlust der KG einerseits nach den allg Vorschriften ausgleichs- und abzugsfähig sind (**positives** KapKto) und andererseits nur nach § 15a II aF/nF verrechenbar sind (**negatives** KapKto; s Rz 183f). Zum **fiktiven** KapKto iRv **§ 4 III** s Rz 36.

7. Bilanzstichtag; Entstehung oder Erhöhung eines negativen KapKtos. 81
– a) Stichtag. Maßgebl ist der Stand des KapKtos des einzelnen K'tisten **am** Bilanzstichtag (arg § 15a I 2), also am *Ende* des Wj, für das dem K'tisten ein Verlustanteil zuzurechnen ist (BFH VIII R 11/98, BStBl II 01, 166 zu 2b/aa; *OFD Fft* v 21.5.15, juris: abw Wj). Einlagen in das *GesVermögen* während des Wj erhöhen ein positives und vermindern ein negatives KapKto (BFH VIII R 45/98 BStBl II 02, 339: abl zu Dienstleistungen; zu Fremdwährung s *Voigt* NZG 08, 933; zu Einlagen in späteren Wj s Rz 180), Entnahmen aus dem *GesVermögen* zu Lasten des Kapitals (Gegensatz: Darlehen) vermindern ein positives und erhöhen ein negatives KapKto. Maßgebl ist das nach den est-rechtl Bilanzierungsvorschriften auszuweisende und nicht das zB infolge unrichtiger Bilanzansätze tatsächl ausgewiesene KapKto. **Stille Reserven** bleiben außer Betracht (BFH IV R 75/93 BStBl II 96, 474). Eine Einlage in das GesVermögen muss „geleistet" sein (s Rz 94); ob dies zutrifft, richtet sich nach den **handelsrechtl Grundsätzen** (§ 171 I HGB) **effektiver Kapitalaufbringung** (BFH VIII B 44/96 BFH/NV 97, 153; unklar BFH IV B 201/03 BStBl II 04, 231; dazu *Wacker* FS Röhricht, 1079/91; *Kempermann* DStR 08, 1917/9). *Beispiele:* BFH VIII R 8/87 BStBl II 92, 232: bei Banküberweisung Gutschrift (BFH IX R 24/00 BFH/NV 03, 894: glA zu Treuhand); *FinVerw* DStR 01, 2115: Buchungstag maßgebl; BFH IV R 18/10 BFH/NV 14, 1516: Einlage durch Abtretung werthaltiger Forderung; BFH VIII B 44/96 aaO: Abtretung der Einlageforderung an Erfüllungs Statt; BFH VIII R 21/06 BStBl II 08, 126: befreiende Übernahme von GesSchulden; BFH IV B 147/05 BFH/NV 07, 1130: Darlehensumwandlung in Einlage (einschr *FinVerw* DStR 07, 1124: Werthaltigkeitsprüfung; glA FG Nds EFG 15, 714, Rev IV R 7/15; zutr; s auch Rz 124; *Ley* KÖSDI 08, 16204/18; aA *Jahndorf ua* FR 07, 424); zur Forderungsumwandlung (Debt-to-Equity-Swap) gem §§ 225a II, 254 IV InsO nF s *K. Schmidt* ZGR 12, 566. *Gegenbeispiele:* Bei Verpfändung von Versicherungsansprüchen (BFH IV B 149/05 BFH/NV 07, 1502) oder bloßer Verlustübernahmeverpflichtung (dazu BGH ZEV 06, 320) fehlt hingegen eine wirtschaftl Belastung (BFH IV B 157/06 BFH/NV 08, 211; nur iErg zutr; dazu BFH VIII B 51/03, *juris:* Nachschussverpflichtung; *Wacker* aaO; JbFSt 05/06, 336). Ebenso, wenn Betrieb/MUeranteil mit negativen EK nach § 24 UmwStG eingebracht wird (FG Brem DStRE 15, 918, Rev IV R 36/14: Bruttobilanzierung unerhebl; zutr) oder das negative EK dem Darlehenskonto des Einbringenden belastet wird (aA FG BBg EFG 15, 291, rkr).

b) Stand des KapKtos. Die Rechtsfolgen des § 15a treten nur ein, *soweit* **zum** 82
Ende des Wj, für das dem K'tisten ein Verlustanteil zuzurechnen ist, durch diesen ein **negatives KapKto entsteht** oder **sich erhöht.** Einlagen *während* des Wj

wirken der Entstehung (Erhöhung) eines negativen KapKtos entgegen; bis zur Höhe dieser Einlagen sind die Verlustanteile des lfd Wj ausgleichs- und abzugsfähig, weil sie den K'tisten insoweit auch wirtschaftl belasten (BFH IV R 106/94 BStBl II 96, 226). Dies gilt auch für § 15a idF JStG 09 (s Rz 181); zu sog vorgezogenen Einlage für *spätere* Verluste s aber Rz 183f.

83 **8. Begriff des KapKtos iSv § 15a. – a) Steuerbilanz der KG.** Nach stRspr des BFH ist KapKto iSv § 15a *nicht* das in der *„Gesamtbilanz der MUerschaft"* (§ 15 Rz 401) auszuweisende KapKto eines Ges'ters, sondern nur das *KapKto in der StB der KG* (GesVermögen!) **zuzügl** dem Mehr- oder MinderKapKto aus der für einen Ges'ter geführten **Ergänzungsbilanz** (Rz 97; s aber 183); **unberücksichtigt** bleiben etwaige *Sonderbilanzen der Ges'ter* und demgemäß *aktives SonderBV* I und II (zB Ges'terdarlehen) zum Nachteil des StPfl und *passives SonderBV* (zB Kredit zur Finanzierung der Kommanditeinlage) zum Vorteil des StPfl (BFH VIII R 28/98 BStBl II 00, 347; BFH IV R 46/05 DStR 08, 1577; *Kahle* FR 10, 773). GlA nunmehr *FinVerw* (vgl *BMF* BStBl I 92, 123; BB 96, 1433: Übergangsregelung).

Beispiel:

StB der KG

Verschiedene Aktiva	400	KapKto A	100
		KapKto B	300

Ergänzungsbilanz Kommanditist B

Verschiedene Aktiva	100	Kapital B	100

Sonderbilanz Kommanditist B

Grundstück	50	Hypothekenschuld	20
		Kapital B	30

KapKto B nach der Auffassung des BFH: 300 + 100 = 400.

86 **b) Komponenten des KapKtos.** – Aufgrund **estrechtl** Ansatz- und Bewertungsvorschriften kann das KapKto in der StB größer oder kleiner sein als in der **HB** (zu Einzelheiten – zB Mehrgewinn aufgrund Bp - s *FinVerw* DB 15, 406); stille Reserven in den Buchwerten bleiben stets außer Betracht (s Rz 81, 32). Zu berücksichtigen ist aber (vgl *BMF* BStBl I 97, 627), dass *(1)* **Gewinn- und Kapitalrücklagen** (vgl § 272 II, III HGB) – nicht hingegen Sonderposten mit Rücklagenanteil (vgl § 247 III HGB) – das Eigenkapital der KG und damit anteilig die Kapkonten der K'tisten erhöhen, *(2)* in der StB der KG nur aktive und passive WG anzusetzen sind, die **BV iSv § 4** sind (§ 15 Rz 484ff), *(3)* **Darlehen,** die eine KG einem Ges'ter gewährt, uU nicht als Forderung zu aktivieren, sondern als Entnahme der Darlehensvaluta zu werten sind und dann das KapKto mindern (§ 15 Rz 630), *(4)* **aktive Bilanzierungshilfen** zB § 17 IV DMBilG das Eigenkapital mindern und *(5)* das KapKto durch **steuerfreie Einnahmen** erhöht und durch **nicht abziehbare BA** gemindert sein kann (*Müller ua* BB 14, 1572; *OFD Fft v 1.9.15, juris*), nicht hingegen durch den *außerbilanziellen* Abzug oder die Hinzurechnung nach § 7g I, II nF (FG BaWü EFG 15, 636, rkr; FG Mster EFG 15, 899, rkr). Zum Verlust-/Gewinnanteil s aber Rz 100.

87 **c) Mehrere Konten.** Führt die KG für die K'tisten mehrere Konten mit verschiedenen Bezeichnungen (KapKto I; II, III, Verrechnungskonto, Privatkonto usw), ist anhand des GesVertrags zu ermitteln, welche zivilrechtl Rechtsnatur diese Konten haben, dh ob sie Eigenkapital (Einlagen) oder Forderungen und Schulden ausweisen; nur Beteiligungs-(Eigenkapital-)konten sind Teil des KapKtos iSv § 15a; dass Forderungen der Ges'ter gegen die KG zu Eigenkapital *in der Sonderbilanz* führen, ist unerhebl (Rz 83). – Zivilrechtl gilt die Faustregel, dass Konten Eigenkapital ausweisen, wenn Verluste mit „Guthaben" auf diesen Konten zu verrechnen sind (iEinz zB *BMF* BStBl I 97, 627 Tz 4–5; *FinVerw* DB 08, 1350; FN-IDW Beil zu 9/13; *U. Huber* ZGR 88, 1; *Kempermann* DStR 08, 1917/9). Zum Drei-Konten-Modell s zB BFH I R 81/00 BStBl II 04, 344; BFH IV R 29/06 BStBl II

08, 103; zum Vier-Konten-Modell BFH IV R 46/05 BStBl II 08, 812; BFH IV R 98/06 BStBl II 09, 272; zT krit *Ley* KÖSDI 14, 18844; s § 15 Rz 632.

d) Gesellschafterforderungen. – aa) Allgemeines. Sie konnten zivilrechtl nach § 172a HGB aF iVm §§ 32a, 32b GmbHG aF oder analog §§ 30, 31 GmbHG aF **eigenkapitalersetzend** sein (Folge: Rückzahlungsverbot, Nachrangigkeit gem § 39 I Nr 5 InsO aF); gleichwohl waren sie in der HB und StB der KG als „echtes" Fremdkapital auszuweisen (BGH DStR 01, 175; BFH I R 127/90 BStBl II 92, 532) und haben deshalb das **KapKto** iSv § 15a **nicht erhöht** (BFH VIII R 28/98 BStBl II 00, 347; *BMF* BStBl I 97, 627 Tz 6; *FinVerw* DB 07, 546; Einzelheiten s 27. Aufl). Letzteres gilt **auch** nach **Abschaffung** des Eigenkapitalersatzrechts durch das **MoMiG** (vgl § 30 I 3 GmbHG nF; Art 103d EGInsO nF: Übergangsregelung; dazu *Orlikowski* GmbHR 09, 902) für nach **§§ 39 I Nr 5, IV, V, 135 InsO nF gesetzl nachrangige** Ges'terdarlehen (zB *Hein ua* DStR 08, 2289/90). 88

bb) Einzelfragen. – (1) Rangrücktritt. Auch Ges'terdarlehen mit vereinbartem Rangrücktritt sind nach hL grds in HB und StB als **Fremdkapital** auszuweisen (BFH I R 11/03 BStBl II 05, 581). Dies gilt nicht nur für den sog *einfachen* Rangrücktritt nach § 19 II *2* InsO idF MoMiG, sondern idR auch für den *qualifizierten* Rücktritt (= Gleichstellung mit EK-Rückgewähr; BFH IV R 13/04 BStBl II 06, 618), der ledigl den Ausweis in der Überschuldungsbilanz entfallen lässt (BGH DStR 01, 175 zu § 39 I Nr 5 InsO aF); Ausnahme: die Verbindlichkeiten sind nur aus künftigem Gewinn/Liquidationsüberschuss zu tilgen (BFH I R 44/14 BStBl II 15, 769). Zu **§ 5 IIa** s Rz 208; *BMF* BStBl I 06, 497. 90

(2) Finanzplankredit. Vom eigenkapitalersetzenden und gesetzl oder vertragl nachrangigen Darlehen (Rz 88, 90) ist der sog Finanzplankredit zu unterscheiden. Im weiteren Sinne sind dies Ges'terdarlehen, die planmäßig in die Finanzierung der Ges einbezogen sind; zB wenn die Ges'ter als gesplittete Pflichteinlage bei Gründung der Ges auch Kredite gewähren müssen. **Gesellschaftsrechtl** ist ein solches Darlehen nach hM *Haft-(Eigen-)Kapital* (zu § 17 zB BFH VIII R 31/98 BStBl II 99, 724 zu 2.a.dd), mE auch nach Inkrafttreten des **MoMiG** (glA *BMF* BStBl I 10, 832; *K. Schmidt* GmbHR 09, 1009/12). Nach **BFH** IV R 24/03 BStBl II 05, 598 **erhöht** es das **KapKto** iSv § 15a, *wenn* es aufgrund *eindeutiger* Abrede (vgl *Kempermann* FR 05, 998; BFH IV B 198/04 BFH/NV 06, 47; *FinVerw* DP 07, 546) *(1) vom Ges'ter* während des Bestehens der Ges nicht gekündigt werden kann *und (2)* bei Ausscheiden des Ges'ters oder Liquidation der Ges mit einem negativem KapKto zu verrechnen ist (sog Finanzplankredit ieS = materielles EK). Gleiches gilt mE bei Krediten an eine Einmann GmbH & Co KG; erforderl ist aber auch hier, dass *(3)* das Darlehen der Ges nicht nur versprochen, sondern tatsächl gewährt worden ist (Rz 81, 96: effektive Kapitalaufbringung). **Offen** ist, ob die EK-Qualifikation an die Unverzinslichkeit des Darlehens gebunden ist (vgl *Buciek* Stbg 00, 111; *Bitz* GmbHR 05, 1065: gewinnabhängige Vergütung unschädl: zutr zu § 6 I Nr 3s § 15 Rz 540). **Unerhebl** für die Annahme materiellen EK ist *(1)* ob bis zum Ausscheiden des Ges'ters ein gesondertes Verlustvortragskonto geführt oder die Haftsumme im HReg erhöht wird, *(2)* dass das Darlehen keine Beteiligung an den stillen Reserven vermittelt (BFH IV R 24/03 aaO) und *(3)* ob es in der HB/StB der Ges als formelles Fremdkapital und im SonderBV I des Ges'ters als Forderung zu erfassen ist (für EK zB *Ruban* FS Klein, 781/7; *KSM* § 15a B 441 zu gesplitteter Einlage; *Ley* KFR F 3, § 15a 1/05; aA *Littmann* § 15a Rz 28b; diff *Buciek* DStZ 00, 569). **Weitere Folgen:** *(1)* Umwidmung von Fremdkapital in Finanzplankredit ieS = Einlage iSv § 15a (*Wacker* JbFSt 06/07, 347); *(2)* Gutschrift des Finanzplankredits ieS auf formellem KapKto (zB KapKto II, Verlustverrechnungskonto) erhöht nicht das KapKto iSv § 15a (bloße EK-Umbuchung); *(3)* Rückzahlung des Finanzplankredits oder Umwandlung in kündbares Ges'terdarlehen vermindert das KapKto (= Entnahme iSv § 15a III; zum Wiederaufleben der Haftung s abl *Bitz* aaO, 1065). 91

92 **(3) Weitere Einzelfragen.** – **(a) Verzichtet** ein K'tist auf eine Forderung gegen die KG, ist mE zu differenzieren, ob der Verzicht durch ein eigenbetriebl Interesse des Ges'ters (Geltung der Grundsätze bei KapGes) oder durch das Ges-Verhältnis zur KG veranlasst ist (Erfolgsneutralität; arg § 6 V). S – einschließl Interimszeit (1999–2000) und Zurechnung der KG-Kapitalerhöhung – 27. Aufl, § 15 Rz 550. – **(b)** Die **Feststellungslast** für die Entstehung oder Erhöhung eines negativen KapKtos trägt mE idR das FA (aA *van Lishaut* FR 94, 273/8).

94 **9. Maßgeblichkeit der geleisteten Einlage.** Für die Höhe des in der StB der KG auszuweisenden KapKtos ist nicht die vertragl Pflichteinlage, sondern nur die am Bilanzstichtag tatsächl „geleistete Einlage" (s Rz 81f) maßgebl (zB BFH VIII B 90/02 BFH/NV 02, 1577: zivilrechtl Rückwirkung unbeachtl; aA zB *Walter* GmbHR 97, 823 zu stiller Ges), und zwar auch, wenn die Einlage aus Fremdmitteln finanziert ist oder die in das HR eingetragene Haftsumme niedriger ist. – Eine die geleistete Einlage übersteigende Pflichteinlage führt zu einem höheren Verlustausgleich nur unter den Voraussetzungen des § 15a I 2–3 (s Rz 129).

Beispiel: Pflichteinlage 100; geleistete Einlage zum 31.12.01 nur 30; Haftsumme 50. Von einem Verlustanteil 01 iHv 200 sind nur 30 gem § 15a I 1 und nur unter den besonderen Voraussetzungen des § 15a I 2–3 weitere 20 ausgleichsfähig.

97 **10. Maßgeblichkeit der Verhältnisse des einzelnen K'tisten.** Die Höhe des KapKtos und des Verlustanteils kann für jeden K'tisten verschieden sein (zB unterschiedl Einlagen, GuV-Anteile oder AK der Beteiligung; zu Ergänzungsbilanzen s Rz 83).

100 **11. Rechtsfolgen. – a) Verrechenbarer Verlust.** Die Rechtsfolgen ergeben sich aus § 15a I 1 und II. Der Anteil eines K'tisten am Verlust der KG, soweit ein negatives KapKto des K'tisten entsteht oder sich erhöht (s aber Rz 183), darf weder mit „anderen Einkünften aus GewBetr" noch mit Einkünften aus anderen Einkunftsarten ausgeglichen und auch nicht gem § 10d vor- oder zurückgetragen werden (§ 15a I 1); er mindert statt dessen die Gewinne, die dem K'tisten in späteren Wj „aus seiner Beteiligung an der KG" (s Rz 103ff) zuzurechnen sind (§ 15a II 1). Die *Umqualifikation in verrechenbare Verlustanteile* bewirkt, dass der K'tist künftige „Gewinne ... aus seiner Beteiligung an der KG" insoweit nicht versteuern muss (innerbetriebl Verlustvortrag; zu § 34a s dort Rz 25). Zu den Beteiligungsgewinnen iSv § 15a II 1 (Ausgleich mit Verlusten desselben Wj/Minderung um verrechenbare Verluste früherer Wj) gehören auch (stpfl) Gewinne aus der **Veräußerung des MUeranteils** (§ 16 I 1 Nr 2), *soweit* diese auf GesVermögen (KG-Anteil) beruhen, allerdings mit der Folge, dass die Tarifbegünstigung für diese Gewinne ins Leere geht (BFH IV R 23/93 BStBl II 95, 467; ähnl IV B 136/97 BFH/NV 99, 307; *FinVerw* NWB F 3, 11909/-15: vorrangige Verrechnung mit *lfd* Gewinnen; zutr). – **Sonderbilanzgewinne** einschließl Sondervergütungen eines K'tisten sind keine Beteiligungsgewinne iSv § 15a II 1, sondern „andere Einkünfte aus GewBetr" iSv § 15a I 1 mit der Folge, dass Verlustanteile im selben Wj damit nicht ausgeglichen werden können, und sie in späteren Wj nicht um verrechenbare Verluste gemindert werden dürfen (sog **Saldierungsverbot;** dazu Rz 104-5, 109). – **Keine „Einkünfte** ..." iSv § 15a I 1 und „Gewinne ..." iSv § 15a II 1 sind **stfreie Gewinne** zB nach § 16 IV, § 3 Nr 40 aF/nF oder Nr 66 aF (*Ley* KÖSDI 04, 14383; *Steger* NWB 11, 3372; s auch Rz 21) bzw stfreie BE zB nach InvZul (dazu *Reiß ua* DB 94, 1846; FG EFG 98, 195). Sie sind den Ges'tern nach Maßgabe des Gewinnverteilungsschlüssels zuzurechnen (zum Ges'terwechsel s aber Rz 453) und mindern – soweit nicht zurück zu zahlen (*FinVerw* FR 02, 594) – ***gleich*** einer Einlage anteilig ein negatives KapKto des K'tisten. Sein verrechenbarer Verlust bleibt zwar zunächst in der *bisherigen* Höhe bestehen (*FinVerw* FR 98, 964; Rz 21), wird jedoch entweder durch spätere Gewinne aufgezehrt oder ist bei Ausscheiden des K'tisten (oder Betriebsaufgabe; s Rz 224, 243) iHd Sanierungsgewinns in einen ausgleichsfähigen Verlust umzuqualifizieren (BFH IV R 58/00

BStBl II 02, 748); beachte aber *BMF* BStBl I 03, 240 Rz 8; 10, 18: *FinVerw* DB 10, 982; 12, 1473; 15, 2545: trotz Vorlage (BFH X R 23/13 BStBl II 15, 696) weiterhin einkunftsquellenübergreifende Verlustverrechnung bei Steuererlass für **Sanierungsgewinne** (s auch § 3). – **Nicht abziehbare BA** (zB §§ 4 V, 3c) sind jedoch Teil der Verluste/Gewinne iSv § 15a I/II (*Müller ua* BB 14, 1572; *OFD Fft v 1.9.15, juris:* nachrangige Verlustverrechnung; zutr). Anders soll dies hingegen bei der *außerbilanziellen* Hinzurechnung nach **§ 7g II** sein (FG BaWü EFG 15, 636, rkr; FG Mster EFG 15, 899, rkr; glA *OFD Fft* aaO; *Dornheim* DStZ 15, 174); mE unzutr, da § 15a I, II – im Unterschied zu § 34a II – *insoweit* auf den steuerl Verlust-/Gewinnanteil und nicht auf das St*Bil*-Ergebnis abstellt.

b) Kein Verlust des persönl Haftenden. Die Umqualifikation schließt als **negative Zurechnungsnorm** aus, die verrechenbaren Verlustanteile *statt* (oder neben) dem K'tisten dem persönl haftenden Ges'ter (oder anderen K'tisten) zuzurechnen. Dies gilt auch dann, wenn ein persönl haftender Ges'ter am Bilanzstichtag ernstl damit rechnen muss, für die Verbindlichkeiten der KG in einer Höhe in Anspruch genommen zu werden, die über seine vertragl Beteiligung am laufenden Verlust hinausgeht (s Rz 52); auch die Bildung einer Rückstellung im SonderBV ist ausgeschlossen (s Rz 62, 129). **101**

Beispiel: Kapkonten 31.12.01: Komplementär A 0, Kommanditist B 0. Verlust in 02: 90. Vertragl Verlustbeteiligung 1 : 2 also 30 : 60.

KG-Bilanz 31.12.02

Verschiedene Aktiva	10	Verbindlichkeiten	100
KapKto A	30		
KapKto B	60		

Obwohl A damit rechnen muss, für die nach Verwertung der Aktiven verbleibende Restschuld der KG von 90 voll in Anspruch genommen zu werden, ist ihm nur ein Verlustanteil von 30 zuzurechnen.

Die Wirkung dieser negativen Zurechnungsnorm entfällt mit der gesellschaftsrechtl Beendigung der KG, vorher bei einer Aufgabe/Veräußerung des ganzen GewBetr der KG oder ohne diese, sobald feststeht, dass künftige Gewinnanteile zum Ausgleich des negativen KapKtos nicht mehr anfallen (Rz 51); zu diesem Zeitpunkt ist es dem persönl haftenden Ges'ter nicht mehr verwehrt, Verbindlichkeiten der KG als (nachträgl) negative gewerbl Einkünfte geltend zu machen; der persönl haftende Ges'ter erweist sich als derjenige, der die Verluste tatsächl trägt.

c) Ausgleichsfähige Verluste. Die Umqualifikation erfasst nur verrechenbare Verluste (s § 15a IV 1); es ist unzulässig, statt eines rechtl mögl Verlustausgleichs (zB kein negatives KapKto) eine Verrechnung nach § 15a II 1 zu wählen. Verlustanteile, die mangels positiver Einkünfte tatsächl nicht ausgeglichen werden können, werden nicht zu verrechenbaren Verlusten iSv § 15a II 1; sie sind nur nach § 10d rücktrags- und vortragsfähig. **102**

d) Gewinn des K'tisten. Zu den Gewinnen, die dem K'tisten (in späteren Wj) *aus seiner Beteiligung an der KG* zuzurechnen sind (§ 15a II 1), also Gewinnen, die durch verrechenbare Verluste ausgeglichen werden können, sind – vorbehaltl vorrangiger Vorschriften (dazu Rz 35) – nach der Rspr des BFH (VIII R 29/98 BStBl II 1999, 592), die der Ansicht der FinVerw (*BMF* BStBl I 93, 976) und der hL (zB *Ruban* FS Klein, 1994 S 781; *KSM* § 15a B 292) entspricht, **nur Gewinne aus dem GesVermögen,** dh der Anteil am StB-Gewinn nebst Ergänzungsbilanzen und der Gewinn aus einer Anteilsveräußerung (§ 16 I 1 Nr 2), soweit dieser auf GesVermögen entfällt (Rz 181/224); Gleiches gilt bei Beendigung als KG (Rz 240). – **Nicht** zu den Gewinnen, die dem K'tisten gem § 15a II 1 aus seiner Beteiligung an der KG zuzurechnen sind, sondern zu den „anderen Einkünften" iSv § 15a I 1, gehören hingegen *SonderBE,* insb Gewinne aus der Veräußerung von SonderBV, und *Sondervergütungen* iSv § 15 I 1 Nr 2 S 1 HS 2 – gleichgültig, ob auf **104**

schuld- oder gesrechtl Grundlage –, sofern diese Entgelte nicht als „Gewinnvoraus“ (s Rz 73; § 15 Rz 440) geschuldet werden. Solche Sonderbetriebsgewinne dürfen daher nicht um verrechenbare Verluste gemindert werden (sog **Saldierungsverbot**), und zwar unabhängig davon, ob sie in „späteren Wj“ (§ 15a II 1) oder im selben Wj (s Rz 109) anfallen (vgl auch Rz 71). Zur Kritik dieser Rspr und hL s 17. Aufl Rz 105. – **Zu Gestaltungen,** durch die die negativen Wirkungen des Saldierungsverbots vermieden werden können, wie zB Reduzierung der Sondervergütungen oder Verzicht auf diese mit Besserungsklausel (vgl § 15 Rz 550), Gewinnvoraus statt Sondervergütungen, zusätzl Bareinlage iVm Kreditaufnahme im SonderBV, Umwandlung von Ges'terforderungen in Kapital, Erhöhung der Haftsumme usw, s zB *van Lishaut* FR 94, 273/81; *Paus* Anm FR 99, 266.

106 **e) Gewinne aus der KG-Beteiligung. – aa) Subjekt- und Anteilsidentität.** Offen ist, was unter **„seiner Beteiligung an der KG“** zu verstehen ist. Im *Schrifttum* wird die Ansicht vertreten, dass die Belastung mit einem verrechenbaren Verlust nur eine „Eigenschaft der Beteiligung“ sei und daher mit dieser bei Fortführung der Buchwerte – anders als § 10d – auf einen Rechtsnachfolger übergehe (buchwertbezogene Interpretation; s *FN-IdW* Beil 10/96, 468c; *Autenrieth* FS Haas, 1996, 7). – *ME* ist § 15a II grds anteils- *und* – ähnl § 10d – subjektbezogen (arg „seine“ Beteiligung; *Jacobsen ua* DStR 13, 433), dh grds kann nur der StPfl, der den Verlust erlitten hat, diesen verrechnen (zu evtl Ausnahme s unten und Rz 229/249), und grds muss der GesAnteil (MUeranteil), aus dem die zu verrechnenden Verlustanteile herrühren, (wirtschaftl) identisch sein mit dem GesAnteil (MUeranteil), aus dem die zu mindernden Gewinnanteile stammen. Dem ist zwar bei **Formwechsel** einer KG in eine **OHG** oder GbR (EStR (04) 138d I; zum Formwechsel in KapGes s Rz 237) sowie bei bloßer **Umwandlung** der Rechtsstellung eines **K'tisten** in die eines **persönl haftenden Ges'ters** genügt (vgl EStR (04) 138d I; Rz 183). Ausgeschlossen ist jedoch die Verrechnung mit Gewinnanteilen desselben StPfl aus der Beteiligung an einer *anderen KG* (s aber Rz 238). – Eine **Änderung** im **Umfang der Beteiligung** lässt die Beteiligungsidentität unberührt, weil nach gesellschaftsrechtl hL (diff *Priester* DB 98, 55) ein Ges'ter nur einen GesAnteil haben kann (vgl BFH IV R 15/96 BStBl II 97, 535); der verrechenbare Verlust aus einem nur 10%igen KG-Anteil mindert daher den Gewinn aus der auf 50% aufgestockten Beteiligung (*IdW* aaO, 468h); sinkt die Beteiligung durch *unentgeltl Übertragung* (s unten) *eines Teils* des KG-Anteils zB von 50% auf 30%, verbleiben beim Schenker $^3/_5$ seiner verrechenbaren Verluste, während $^2/_5$ auf den Beschenkten als Rechtsnachfolger übergehen (FG D'dorf EFG 15, 813, Rev IV R 16/15; *Autenrieth* aaO, S 7/13; *IdW* aaO; s auch Rz 234). – Bei **unentgeltl Übertragung** unter Lebenden oder von Todes wegen tritt der Rechtsnachfolger gem § 6 III grds in die Rechtsstellung des Rechtsvorgängers ein; der Rechtsnachfolger kann von seinen Gewinnanteilen die verrechenbaren Verluste seines Rechtsvorgängers abziehen (s Rz 234); Gleiches gilt mE bei *teilentgeltl* Übertragung, soweit § 6 III eingreift (s § 16 Rz 35 ff, 45 ff). – Bei voll **entgeltl Veräußerung des KG-Anteils** (§ 15a II 2 nF; Rz 214 ff) geht die Ges'teridentität verloren; zur Veräußerung eines Teils des KG-Anteils s Rz 153 aE. – Veräußert eine KG ihren GewBetr oder gibt sie ihn auf, ohne sich gleichzeitig gesellschaftsrechtl aufzulösen, *und* beginnt sie einen anderen GewBetr, ist idR die zivilrechtl Identität der KG gewahrt (s aber § 15a II 2 nF). Die **Betriebsveräußerung/-aufgabe** führt aber mE zu einem Wegfall des negativen KapKtos und damit zu einem Gewinn in dieser Höhe (aA BFH VIII R 43/84 BStBl II 86, 136), von dem der verrechenbare Verlust abzuziehen ist, so dass für die neue gewerbl Betätigung der KG verrechenbare Verlustanteile nicht mehr zur Verfügung stehen (§ 15a II 2 nF; Rz 236–239, 247).

107 **bb) Umwandlung.** Auch bei „Umwandlung“ einer zweigliedrigen KG **in Einzelunternehmen** können „über den Wortlaut des § 15a II hinaus“ *verrechen-*

bare Verluste des **K'tisten,** der das Unternehmen allein fortführt, mit späteren Gewinnen hieraus verrechnet werden (EStR (04) 138d I; BFH IV B 133/06 BFH/NV 07, 888). Gleiches gilt mE bei Unternehmensübernahme und *-fortführung* (*Jacobsen ua* DStR 13, 433; aA *Rautenstrauch ua* DStR 06, 359) durch eine K'tisten-GmbH (aA *Thill* FR 06, 407). Nicht übertragbar ist hingegen die Gewinnhinzurechnung nach § 15a III 3 (dazu Rz 239). Zur Übernahme durch den **persönl haftenden Ges'ter** s BFH VIII R 76/96 BStBl II 99, 269; FG Nbg EFG 11, 1162: Erbfall. Zur Umwandlung der K'tistenstellung in diejenige des persönl haftenden Ges'ters s Rz 183.

f) Zeitpunkt der Verlustverrechnung. Verrechenbare Verlustanteile müssen zum **frühestmögl** Zeitpunkt – vom FA von Amts wegen ohne Antrag – von den Gewinnanteilen der Folge-Wj abgezogen werden. Dies gilt auch für nach §§ 16, 34 tarifbegünstigte Gewinne (s Rz 100, 104). Entsteht im selben Wj ein lfd und ein begünstigter Gewinn und ist die Summe höher als der verrechenbare Verlust, ist die Verrechnung in der für den StPfl günstigeren Reihenfolge vorzunehmen. 108

g) Kein Verlustausgleich mit Gewinnen im SonderBV. – aa) Saldierungsverbot. Dies schließt nicht nur die Verrechnung mit Sonderbilanz-Gewinnen *künftiger* Wj (Rz 104), sondern auch mit denjenigen *desselben* Wj aus (*BMF* BStBl I 93, 976; BFH VIII R 78/97 BStBl II 99, 163; *Wacker* BB 99, 33; zur Kritik s 17. Aufl Rz 105). 109

Beispiel: Kommanditist K erzielt in 02 aufgrund einer Tätigkeitsvergütung einen SonderBV-Gewinn iHv 50; sein Verlustanteil (einschl Anteil am Vergütungsaufwand) bezügl StB der KG beläuft sich auf 150 (= neg KapKto zum 31.12.02). K hat 50 voll zu versteuern; der nicht ausgleichsfähige und nur verrechenbare Verlust beträgt 150.

bb) Einnahmen/BA im SonderBV-Bereich. So sind zB Mietzinsen für ein der KG vermietetes Gebäude, sind um die damit wirtschaftl zusammenhängenden Aufwendungen, zB die AfA, zu vermindern; der verbleibende Gewinn ist *nicht* mit dem KG-Verlustanteil auszugleichen (s Rz 109). Entstehen im SonderBV aus verschiedenen Quellen sowohl Gewinne als auch Verluste, sind diese zu saldieren. 110

V. Erweiterter Verlustausgleich bei „überschießender" Außenhaftung, § 15a I 2, 3

Verwaltung: EStR 15a III; *OFD Bln* BB 96, 636 (Unwahrscheinl Vermögensminderung); *OFD Mchn/Nbg* FR 04, 731 (Bürgschaft). – S auch vor Rz 10.

1. Überblick. – a) Überschießende Außenhaftung. Entgegen der Grundregel des § 15a I 1 kann ein KG-Verlustanteil auch insoweit ausgeglichen (abgezogen) werden, als durch ihn ein negatives KapKto entsteht oder sich erhöht, soweit der K'tist am Bilanzstichtag den Gläubigern der KG in bestimmter Weise unmittelbar haftet **(§ 15a I 2–3).** Dieser sog erweiterte Verlustausgleich setzt positiv voraus, dass *(1)* der K'tist am Bilanzstichtag den Gläubigern der Ges *auf Grund des § 171 HGB* haftet (Rz 124 ff), *(2)* derjenige, dem der Verlustanteil estrechtl zuzurechnen ist, im HR eingetragen ist (Rz 131-2), *(3)* die Haftung nachgewiesen wird (Rz 133) und negativ, dass *(4)* eine Vermögensminderung aufgrund der Haftung weder durch Vertrag ausgeschlossen noch nach Art und Weise des Geschäftsbetriebs unwahrscheinl ist (Rz 134-8). – Der erweiterte Verlustausgleich kommt nur K'tisten zugute, **nicht** den in **§ 15a V** erwähnten vergleichbaren Unternehmern, da in Abs V nicht auf Abs I 2–3 verwiesen ist (BFH IV R 106/94 BStBl II 96, 226; BFH VIII R 22/94 BFH/NV 98, 823; s auch Rz 195 ff). 120

aa) Handelsregister. Die Haftung und die Eintragung ins HReg (des Zurechnungssubjekts und der Haftsumme) müssen am Bilanzstichtag bestehen (s Rz 132; zu Fremdwährung s *Voigt* NZG 08, 933; zu EU-/EWR-HReg s Rz 207); zur „Unwahrscheinlichkeitsprognose" s aber Rz 135. Die Pflichteinlage kann höher oder geringer als die Außenhaftung sein. Fällt die überschießende Außenhaftung in 121 späteren Wj durch *Leistung der Einlage* weg (§ 171 I HGB), lässt dies den erweiterten Verlustausgleich in den vorangegangenen Wj unberührt (s Rz 182), auch wenn am fragl Bilanzstichtag eine spätere Einlageleistung wahrscheinl war oder feststand (Fälligkeit der Pflichteinlage; s Rz 135). Der erweiterte Verlustausgleich ist begrenzt auf den Betrag, um den die im HReg eingetragene Haftsumme die geleistete Einlage (s Rz 96) übersteigt (Rz 125). Allerdings erkennt die Rspr **„negative Tilgungsbestimmungen"** (*zusätzl* Einlage iVm *fortbestehender* Außenhaftung) an (BFH IV R 98/06 BStBl II 09, 272; FG BaWü EFG 10, 498, rkr; *Kempermann* DStR 08, 1917/8; mE nicht zutr, da Einlage nicht „auf die Haftsumme" geleistet wird und Haftungsbeendigung durch Einlage kraft Gesetzes eintritt; glA *Hüttemann ua* DB 09, 1613; *MüKoHGB/K-Schmidt* §§ 171, 172 Rz 48b).

Beispiel: Bilanzstichtag 31.12.01. Tatsächl geleistete Einlage = bisheriges KapKto K: 40. Ins HR eingetragene Haftsumme K: 100; Pflichteinlage 120. Verlustanteil K für 01: 120. Ausgleichsfähig nach § 15a I 1: 40; des Weiteren ausgleichsfähig nach § 15a I 2–3: 60; nur verrechenbar nach § 15a II 1: 20.

122 **bb) Begrenzung.** Der erweiterte Verlustausgleich kann nur „bis zur Höhe des Betrags" der überschießenden Außenhaftung, also nur **einmal,** beansprucht werden (EStR 15a III 7–9; EStH 15a „Auflösung ..." Beispiel 2; BFH IV R 112/91 BStBl II 94, 627; *Bordewin* DStR 94, 673/7; Rz 182; zu Einschränkungen s FG Hess EFG 07, 1505 rkr). Ausgleichsfähige Verluste vor 1985 (s Rz 40) und zu Unrecht als nur verrechbar festgestellte Verluste früherer Wj bleiben außer Betracht (BFH aaO).

Beispiel: 31.12.01: Haftsumme K 50, tatsächl Einlage 10, KapKto 10. – Verlustanteil K in 02: 40; ausgleichsfähig nach § 15a I 1: 10, nach § 15a I 2–3: 30; KapKto K zum 31.12. in 02: ./. 30. – Verlustanteil K in 03: 25; ausgleichsfähig nach § 15a I 2–3: 10 (restl überschießende Außenhaftung), nur verrechenbar 15.

123 **b) Wahlrecht.** Der K'tist muss vom erweiterten Verlustausgleich keinen Gebrauch machen; er hat insoweit ein Wahlrecht (arg Nachweispflicht; zB *Littmann/Bitz* § 15a Rz 29; aA *KSM* § 15a Rz C 230 ff). Auch ein früher zu Unrecht nicht berücksichtigter erweiterter Verlustausgleich kann später, sofern die überschießende Außenhaftung noch besteht, nachgeholt werden.

124 **2. Außenhaftung am Bilanzstichtag auf Grund § 171 I HGB.** Danach haftet der K'tist bis zu der in das HR eingetragenen Haftsumme (vgl § 172 I HGB), soweit – ***(1)*** die bisher tatsächl geleistete Einlage (s Rz 81, 96) niedriger ist als die Haftsumme (BFH VIII R 32/01 BStBl II 04, 359), gleichgültig, ob als Pflichteinlage nur diese oder ein höherer Betrag geschuldet ist, oder – ***(2)*** die Einlage zurückgezahlt worden ist und deshalb gem § 172 IV 1 HGB den Gläubigern ggü als nicht geleistet gilt, oder – ***(3)*** ein K'tist Gewinnanteile trotz Minderung seines Kapitalanteils unter die geleistete Einlage entnimmt und deshalb gem § 172 IV 2 HGB (s Rz 125) die Einlage den Gläubigern ggü als nicht geleistet gilt.

125 **a) Haftung auf Grund des § 171 I HGB.** Ob sie evtl iVm § 172 IV HGB besteht, insb ob die Einlage geleistet ist (§ 171 I HS 2 HGB) oder eine Rückzahlung einer Einlage oder eine Entnahme von Gewinnanteilen vorliegt (§ 172 IV HGB), bestimmt sich allein nach **Handelsrecht** (BFH IV R 35/07 BStBl II 08, 676); zur Forderungsumwandlung nach §§ 225a II, 254 IV InsO s *K. Schmidt* ZGR 12, 566. Soweit die HB von der StB abweicht (zu mögl Divergenzen zw KapKto in der HB und Einlage s *HHR* § 15a Rz 105 ff), ist das in der *HB* ausgewiesene KapKto (Buchwerte!; BGHZ 109, 334) maßgebl; hiervon sind zudem die Beträge nach § 268 VIII HGB nF („Ausschüttungsperre") abzusetzen (**§ 172 IV S 3 HGB nF;** zu latenten Steuern s *FN-IdW* 12, 24, 30; 189/92).

126 **b) Rückzahlung der Einlage iSv § 172 IV 1 HGB.** Dies ist nur eine Zuwendung an den K'tisten (oder einen Dritten; s dazu BGH DStR 09, 1654), durch die der Ges Vermögenswerte ohne entspr Gegenleistung entzogen werden; denn

nur durch eine solche wird die Fähigkeit der Ges zur Gläubigerbefriedigung gemindert (BGHZ 39, 319/31). Deshalb liegt weder Rückzahlung der Einlage noch Gewinnentnahme iSv § 172 IV HGB vor, wenn der K'tist für eine Tätigkeit oder die Überlassung von WG zur Nutzung (vgl § 15 I 1 Nr 2 S 1 HS 2) nicht mehr als *angemessene* Vergütungen erhält, die in der HB Aufwand sind (zB BFH VIII R 30/99 BStBl II 01, 621) oder die Einlage in ein Ges'terdarlehen umgewandelt wird (BGH aaO; aA *MüKoHGB/K. Schmidt* §§ 171, 172 Rz 63, 73). Einlagerückgewähr liegt zB vor, soweit eine KG ein WG des GesVermögen an einen K'tisten unter dem wahren Wert verkauft oder einem K'tisten unverzinsl bzw niedrig verzinsl Darlehen gewährt (*K. Schmidt* aaO § 54 III 2/a). Keine Einlagerückgewähr ist die entgeltl Veräußerung eines KG-Anteils an einen Dritten (BGHZ 93, 246). **Gewinnentnahmen** lassen die Haftung nach § 172 IV S 2 HGB (ggf iVm S 3 nF; Rz 125) auch dann wieder aufleben, wenn das KapKto in der HB zB durch estrechtl SonderAfA negativ geworden ist (BGHZ 109, 334: Buchwerte sind maßgebl; BFH IV R 75/93 BStBl II 96, 474). Solange das KapKto infolge von Verlusten niedriger als die Haftsumme ist, lebt bei Entnahmen (auch unberechtigten) die Außenhaftung iHd entnommenen Betrags bis zur Haftsumme wieder auf (BGHZ 109, 334; FG BBg EFG 10, 54, rkr; zum Agio s Rz 156). Zu § 172 V HGB s BGH DB 09, 1289.

c) Leistung an Gläubiger. Ist ein K'tist auf Grund des § 171 HGB von einem Gläubiger in Anspruch genommen worden, schließt dies handelsrechtl eine weitere Außenhaftung des K'tisten idR aus. Ein erweiterter Verlustausgleich nach § 15a I 2–3 entfällt insoweit (zu früheren Wj s Rz 182); fortan gilt § 15a I 1. Fragl ist aber, ob die Leistung an den Gläubiger auch dann wie eine *Einlage* in das *GesVermögen* zu werten ist, dh das KapKto in der StB der *KG* erhöht, wenn die Pflichteinlage überschritten wird und damit dem K'tisten ein Ersatzanspruch gegen die KG zusteht (so 20. Aufl; Ausnahme: vollwertiger Regressanspruch, s Rz 134). ME ist der Ersatzanspruch im SonderBV zu aktivieren und erst mit *Ausfall* bei Beendigung der KG als Einlage bzw SonderBA anzusetzen (vgl zB BFH VIII R 28/98 BStBl II 00, 347 zu II.4; BFH IV R 36/02 BStBl II 03, 871 sowie Rz 198 aE, 81). 127

d) Kein erweiterter Verlustausgleich. Nicht ausreichend für einen erweiterten Verlustausgleich ist nach Ansicht des BFH – ***(1)*** eine **Haftung im Innenverhältnis** zB auf Grund einer im GesVertrag vereinbarten Nachschusspflicht (BFH IV R 106/94 BStBl II 96, 226; VIII R 22/94 BFH/NV 98, 823), – ***(2)*** eine **Außenhaftung** zB auf Grund einer **Bürgschaft** für KG-Schulden (BFH IV B 119/96 BStBl II 98, 109) oder auf Grund des **§ 172 II HGB** (BFH VIII B 11/92 BStBl II 93, 665) oder auf Grund des **§ 176 HGB** (EStR 15a III 5; BFH IX R 7/95 BStBl II 00, 265) oder des **§ 160 HGB** (BFH VIII R 81/02 BStBl II 04, 118), – ***(3)*** eine Haftung nach **Kapitalersatzrecht** gem § 172a HGB aF oder kraft **Nachrangigkeit** gem **§ 39** I Nr 5, 135 **InsO nF** (s Rz 88). Zum Finanzplankredit s aber Rz 91. 128

Stellungnahme: Zur Kritik an dieser Beurteilung vgl 20. Aufl: Wertungswiderspruch bezügl – Rspr zur grds Angleichung von Verlustausgleichsvolumen eines K'tisten und seinem Haftungsumfang (s Rz 30, 83); – Rspr zum Begriff der „Unwahrscheinlichkeit iSv § 15a I 3 (s Rz 135-8; *BMF* BStBl I 94, 355) und – Rspr zu VuV-GbR (vgl aber Rz 202), soweit ein Ges'ter einem einzelnen Gläubiger eine persönl Haftung übernommen BFH IX R 61/93 BStBl II 96, 128: keine Vergleichbarkeit mit K'tisten. ME ist der Ansicht des BFH zu folgen, da sie im Einklang mit Wortlaut und Gesetzesmaterialien (BT-Drs 8/3648, 17; 8/4157, 5) dem Gebot der Steuervereinfachung (HR-Publizität) verfgemäß Rechnung trägt (BFH VIII 28/98 BStBl II 00, 347); zu Recht hat der BFH auch die gewinnmindernde Bildung einer Rückstellung in einer Sonderbilanz des K'tisten für interne Verlustausgleichs-/Nachschusspflichten und Bürgschaftsschulden abgelehnt (BFH IV R 106/94 aaO; VIII R 28/98 aaO).

e) Einlagen. Nach der Rspr des BFH führen tatsächl Leistungen auf Grund einer Haftung – ebenso wie Leistungen auf Grund des § 171 HGB (Rz 127) – erst mit *Ausfall* des Ersatzanspruchs gegen die KG oder andere Ges'ter *bei Beendigung der* 130

KG zu „Einlagen des Ges'ters zugunsten seines KapKtos", weil allg (s § 15 Rz 544) das Imparitätsprinzip insoweit nicht gilt (BFH VIII R 28/98 BStBl II 00, 347 zu II.4; *FinVerw* FR 04, 731 Tz 3; s auch Rz 180). – Zur Kritik s 20. Aufl.

131 **3. Eintragung in das HReg. – a) Namentlichkeit.** Durch das Erfordernis der (namentl) HR-Eintragung soll ausgeschlossen werden, dass **Treugeber,** denen nach § 39 AO die Verlustanteile zuzurechnen sind, an deren Stelle aber der Treuhänder-K'tist ins HR eingetragen ist, den erweiterten Verlustausgleich in Anspruch nehmen können (EStR 15a III 4–5; BFH IV R 67/04 BStBl II 06, 878). Nach hL (s Rz 128-9) muss der erweiterte Verlustausgleich schon daran scheitern, dass der Treugeber nicht persönl und unmittelbar den Gläubigern der Ges auf Grund des § 171 I HGB haftet; er ist nur im Innenverhältnis zum Treuhänder verpflichtet, diesen von Verbindlichkeiten freizustellen (BGH DStR 09, 1920; zur Abgrenzung s BGH DB 11, 1914). Entspr gilt für andere wirtschaftl Eigentümer (§ 39 II Nr 1 S 1 AO). – Gleiches gilt für den am KG-Anteil atypisch **Unterbeteiligten** (Rz 195 ff; 206, EStR 15a III 4). Seine Beteiligungsquote kürzt zugleich den dem K'tisten zuzurechnenden Verlustanteil (BFH IV R 70/04 BStBl II 07, 868).

132 **b) Bilanzstichtag.** Der K'tist und seine Haftsumme müssen am Bilanzstichtag bereits eingetragen sein, die Anmeldung zum HR reicht nicht aus (BFH VIII B 11/92 BStBl II 93, 665 EStR 15a III 1–3). Demnach wirkt auch eine spätere Berichtigung nicht zurück (FG BBG EFG 12, 1453, rkr; *Lux* DStR 13, 1671). Ausnahme: Steuerrechtl Rückwirkung der Haftungsverfassung gem **§ 2 UmwStG** iVm § 234 Nr 1 UmwG (BFH IV R 61/07 BStBl II 10, 942; *Wacker* HFR 10, 967; s auch Rz 35).

133 **4. Nachweis des Bestehens der Haftung.** Vom K'tisten nachzuweisen ist die Haftung auf Grund des § 171 I HGB am Bilanzstichtag; die übrigen Voraussetzungen, zB Eintragung ins HR, sind von Amts wegen festzustellen (*HHR* § 15a Rz 119). Zum Nachweis der Haftung gehört der Nachweis der Voraussetzungen des § 171 I HGB, nicht aber, dass die KG am Bilanzstichtag haftungsbegründende Schulden hatte; insoweit ist nur die voraussichtl künftige Entwicklung maßgebl (BFH VIII R 111/86 BStBl II 92, 164). Hängt die Haftung von einer zivilrechtl Rechtsfrage ab, ist darüber von Amts wegen zu entscheiden.

134 **5. Vertragl Ausschluss einer Vermögensminderung, § 15a I 3 HS 2 Alt 1.** Dies ist zB mit der Folge zu bejahen, dass der erweiterte Verlustausgleich entfällt, wenn – ***(1)*** der K'tist einen Versicherungsvertrag abgeschlossen hat, der das Risiko einer Inanspruchnahme abdeckt (zB *HHR* § 15a Rz 124), – ***(2)*** dem K'tisten nicht nur ein Regressanspruch gegen die KG oder andere Ges'ter oder Dritte zusteht, sondern der Anspruch auch sicher (zB bankverbürgt) ist (*Uelner* StbJb 81/82, 107/18; evtl *Kempermann* FR 98, 248/50 Sp 2). S auch Rz 202 ff.

135 **6. Unwahrscheinlichkeit der Vermögensminderung, § 15a I 3 HS 2 Alt 2. – a) Grundsätze.** Der **BFH** entschied, dass bei Prüfung, ob eine Vermögensminderung auf Grund der Haftung nach Art und Weise des Geschäftsbetriebs unwahrscheinl ist, auch auf die **voraussichtl künftige Entwicklung** abzustellen ist, mit der Eintragung der Haftsumme in das HR idR ein echtes wirtschaftl Risiko verbunden und dieses nur dann zu verneinen ist, „wenn die finanzielle Ausstattung der Ges und deren gegenwärtige und zu erwartende Liquidität (nicht nur stichtagsbezogen) im Verhältnis zum GesZweck und dessen Umfang so außergewöhnl günstig sind, dass die finanzielle Inanspruchnahme des einzelnen zu beurteilenden K'tisten nicht zu erwarten ist" (BFH VIII R 111/86 BStBl II 92, 164). Ebenso FinVerw (*BMF* BStBl I 94, 355: Risiko ist Regeltatbestand; s auch *FinVerw* BB 96, 636). – Des Weiteren ist nach der BFH-Rspr eine Vermögensminderung auf Grund der Haftung nicht deshalb „unwahrscheinl", weil weitere Einlagen des K'tisten zu erwarten sind **(Fälligkeit der Pflichteinlage);** auch wenn sicher ist, dass der K'tist nicht vorzeitig an Gläubiger der KG leisten muss, bleibt es bei er-

höhtem Verlustausgleich wegen überschießender Außenhaftung (BFH aaO). – Die „Entschärfung" des § 15a (*Fleischmann* BB 91, 2051) bewirkt eine zeitl Vorverlagerung des Verlustausgleichs (s Rz 166), aber keine Erhöhung des Ausgleichsvolumens (vgl EStR 15a III 8; s auch Rz 127, 182).

Beispiel: 31.12.01: tatsächl Einlage 40, später fälliger Pflichteinlagerest 50, Haftsumme 90. Verlustanteil für 01: 90. Dieser ist teils nach S 1 (40), teils nach S 2–3 (50) ausgleichsfähig – 31.12.02: tatsächl Einlage 90, restl Pflichteinlage 0, Haftsumme 90, KapKto vor Verlustzurechnung: 40 . /. 90 + 50 = 0. Verlustanteil für 02: 50. Dieser ist nur verrechenbar.

b) Einzelfälle. Nicht unwahrscheinl nach Art und Weise des Geschäftsbetriebs ist eine Inanspruchnahme idR zB bei Bauunternehmen, auch wenn diese nicht konkret erkennbar ist (BFH IV R 112/91 BStBl II 94, 627). Hingegen ist die Unwahrscheinlichkeit widerlegbar zu **vermuten** bei Ges, die von gewerbl tätigen Initiatoren mit finanzieller Gesamtkonzeption gegründet werden, nach der das Haftungsrisiko auf die Einlage beschränkt sei (Werbung), zB Modernisierungsfonds (vgl BFH IX R 7/91 BStBl II 94, 492 zu GbR mit VuV; zur Abgrenzung FG Bln EFG 03, 82; krit *Wagner* DStR 95, 1153/8). Ist die Inanspruchnahme dem Grunde nach nicht unwahrscheinl, kommt es auf die Höhe des Risikos *grds* nicht mehr an (BFH IX R 60/91 BStBl II 94, 496 zu GbR mit VuV). 136

7. Wegfall des vertragl Ausschlusses oder der Unwahrscheinlichkeit einer Vermögensminderung. Beide Umstände haben, wenn sie zu einem späteren Bilanzstichtag eintreten, die Wirkung einer Haftungserweiterung (s Rz 183; *HHR* § 15a Rz 315). Zu tatsächl Leistungen auf Grund der Haftung s Rz 130. 137

VI. Einlageminderung, § 15a III 1, 2; Haftungsminderung, § 15a III 3, 4

1. Zwecksetzung des § 15a III. Die Vorschrift will verhindern, dass die Begrenzung des Verlustausgleichs gem § 15a I durch *nur vorübergehende* höhere Einlagen in das GesVermögen und *nur vorübergehende* Haftungserweiterung umgangen wird. Danach wird der Verlustausgleich im Jahr der Verlustentstehung nach Maßgabe des (erhöhten) KapKtos bzw der (erweiterten) Haftung zugelassen, später bei Einlage- oder Haftungsminderung aber nachversteuert (BFH IV R 106/94 BStBl II 96, 226/30). Rechtstechnisch geschieht dies nicht rückwirkend für das Jahr der Verlustentstehung, sondern durch eine iErg in etwa gleichwertige Bestimmung: Entnahmen in den folgenden Wj, die zu einem negativen KapKto führen oder dieses erhöhen (Einlageminderung nach § 15a III 1), und Beträge, um die in den folgenden Wj die Haftung herabgesetzt wird (Haftungsminderung nach § 15a III 3), sind grds bis zur Höhe der früher ausgleichs- und abzugsfähigen Verluste (§ 15a III 2, 3 HS 2) als **fiktiver lfd Gewinn** des Jahrs der Einlage- oder Haftungsminderung zu versteuern; in gleicher Höhe wird der früher ausgleichs- und abzugsfähige Verlust in einen verrechenbaren „umgepolt" (§ 15a III 4 = § 15a I 1), so als ob von vornherein eine geringere Einlage geleistet gewesen wäre oder eine geringere Haftung bestanden hätte und der Verlust bereits im Entstehungsjahr nur verrechenbar gewesen wäre (BFH IV R 42/00 BStBl II 03, 798). 150

2. Nachversteuerung auf Grund Einlageminderung (Überblick). Voraussetzungen der Zurechnung eines fiktiven Gewinnes sind *positiv,* dass *(1)* durch Entnahmen ein negatives KapKto des K'tisten entsteht oder sich erhöht und *(2)* in diesem oder früheren Wj KG-Verlustanteile ausgleichs- oder abzugsfähig waren, und *(3) negativ,* dass auf Grund der Entnahmen keine nach § 15 I 2 zu berücksichtigende Haftung besteht oder entsteht (§ 15a II 1). – Die Rechtsfolgen sind *(1)* die Zurechnung eines fiktiven Gewinns iHd durch die Entnahme entstandenen negativen KapKtos (§ 15a II 1), begrenzt bis zur Höhe des im Wj der Einlageminderung und den vorangegangenen 10 Wj ausgleichs- und abzugsfähigen KG-Verlustanteils (§ 15a II 2) und *(2)* die Umqualifizierung des als fiktiven Gewinnes zugerechneten 151

Betrags in einen verrechenbaren Verlust (§ 15a II 4 = § 15a I 1). – Soweit Verluste *außerhalb* des Anwendungsbereichs des § 15a ausgleichs- oder abzugsfähig waren, führt eine Einlageminderung *nicht* zu einer Nachversteuerung nach § 15a II (vgl § 52 Abs 24 S 5; BFH IV R 67/04 BStBl II 06, 878; *Kempermann* FR 07, 140).

152 **3. Entstehung/Erhöhung eines negativen KapKtos durch Entnahmen.** Maßgebl ist der Begriff des KapKtos iSv § 15a I 1, dh das **KapKto in der StB** der KG nebst etwaigen Ergänzungsbilanzen, aber ohne Sonderbilanzen (s Rz 83ff; zu stfreien BE s *FinVerw* FR 02, 594; NWB F 3, 11909; Rz 100). – Zu vergleichen ist das KapKto am Bilanzstichtag der Entnahme mit dem KapKto des Vorjahres (BFH IV R 106/94 BStBl II 96, 226/8–9).

153 **a) Entnahmen.** Erfasst werden Entnahmen sind grds **alle Entnahmen** iSv § 4 I 2 EStG, aber nicht nur und nicht ausnahmslos (s Rz 154). Sie können bestehen in Geld oder in materiellen und immateriellen WG, auch in Nutzungen und Leistungen, soweit sich dies in einer Minderung des KapKtos niederschlägt zB in Form von Aufwand für unentgeltl Leistungen (*Ruban* FS F. Klein, 1994, 781/99). Da § 15a III 1 voraussetzt, dass durch die Entnahme ein negatives KapKto entsteht oder sich erhöht, KapKto iSv § 15a aber nach BFH nur das KapKto in der StB (nebst ggf Ergänzungsbilanz) ist, erfasst die Vorschrift notwendig grds nur (berechtigte; s § 15 Rz 446) **Entnahmen aus dem (betriebl) GesVermögen,** zB die Herabsetzung der geleisteten Einlage iVm der Auszahlung des Minderungsbetrags oder der Übergang von WG des BV ins PV der KG durch Nutzungsänderung (s § 15 Rz 484/8; *Ruban* aaO S 796). Entnahmen aus dem **SonderBV** sind ohne Einfluss auf das in der StB der KG auszuweisende KapKto des K'tisten und begründen daher keine Einlageminderung iSv § 15a III 1 (*Ruban* aaO S 793). Umgekehrt ist die Überführung von WG des GesVermögens ins SonderBV oder ein anderes BV (vgl § 6 V nF) Entnahme iSv § 15a III 1 (*KSM* § 15a D 41; s auch § 15 Rz 660). **Keine Entnahmen** iSv § 15a III 1 mangels Minderung des *bilanzierten* GesVermögens (KapKto) sind (*Ruban* aaO, S 797ff): *(a)* Darlehen, die die KG einem Ges'ter zu fremdübl Bedingungen gewährt (einschr *MünchKommHGB/K. Schmidt* §§ 171, 172 Rz 69: solange vollwertig; BFH VII B 224/03 BFH/NV 04, 1060: Einzelfall maßgebl; zu unverzinsl oder niedrig verzinsl Darlehen s § 15 Rz 631-2); *(b)* Tilgung eines steuerl anerkannten und passivierten Ges'terdarlehens; *(c)* entgeltl Veräußerung von WG zum Buchwert; *(d)* unentgeltl Übertragung nicht aktivierbarer WG zB selbstgeschaffener immaterieller WG; *(e)* „Entnahmen", die der K'tist an die KG zurückzahlen muss (und kann), sofern die KG eine entspr Forderung aktiviert (keine Minderung des KapKtos in der StB; diff *Ruban* aaO S 799), oder der Ausweis eines ‚negativen KapKtos' in Wahrheit eine solche Forderung zum Inhalt hat (s auch Rz 87); *(f) angemessene* Sondervergütungen iSv § 15 I 1 Nr 2 S 1 (s Rz 73; § 15 Rz 440 mwN); unerhebl für § 15a III 1 ist, dass sie den Gesamtgewinn der KG nicht mindern. Hingegen sind Sondervergütungen, soweit überhöht, Entnahmen aus dem GesVermögen; sie mindern, sofern kein aktivierbarer Rückzahlungsanspruch besteht, das KapKto in der StB der KG; *(g)* Veräußerung eines Teils des KG-Anteils (FG Köln EFG 01, 1142, rkr; mE zweifelhaft, wenn negatives Kapkonto beim Veräußerer bleibt).

155 **b) Konkurrenzen.** Entnahmen und Einlagen im **selben Wj** sind zu saldieren; Einlageerhöhungen in *späteren* Wj machen die vorangegangene Einlageminderung nicht rückgängig (BFH IV R 106/94 BStBl II 96, 226/9; zur Entnahme von Einlagen *früherer* Wj s FG Bln EFG 02, 1320, rkr: insoweit zutr; *Wacker* DB 04, 11; aA *Kempermann* DStR 04, 1515/6; s aber auch Rz 180, 184f). – Ebenso sind zu saldieren ***(1)*** **Entnahmen** und **Gewinnanteile** im **selben Wj** (BFH aaO; Rz 156, Beispiel 2); ***(2)*** Entnahmen und eine nach § 15a I 2 zu berücksichtigende Erhöhung der Haftsumme im selben Wj (*Lempenau ua* StbJb 96/7, 358). – Zum Zusammentreffen von Entnahmen und Verlustanteilen s *Lüdemann,* Diss, 1998, 194; *KSM*

§ 15a D 54; *FN-IdW* 12, 189/97. – Zum Zusammentreffen von Einlagen- und Haftungsminderung s EStR 15a I; *Rosenbaum ua* DStZ 06, 11, 23.

4. Überschießende Außenhaftung. – a) Einlageminderung. Besteht oder entsteht auf Grund der **Entnahme** iSv § 15a III eine nach § 15a I 2 zu berücksichtigende Haftung, entfällt eine Nachversteuerung; hier sind zwar die Voraussetzungen für einen Verlustausgleich nach § 15a I 1 entfallen, an dessen Stelle aber die für einen erweiterten Verlustausgleich nach § 15a I 2 getreten (EStH 15a „Auflösung …" Beispiel 2; BFH IV R 67/04 BStBl II 06, 878). – Ob durch eine Entnahme aus dem GesVermögen eine Außenhaftung entsteht oder besteht (*Steger* DB 06, 2086/7; Rz 159), bestimmt sich allein nach Handelsrecht (§ 172 IV HGB aF/nF; Einzelheiten s Rz 124 ff; zur Entnahme eines durch Verluste „verbrauchten" **Agio** s BFH IV R 35/07 BStBl II 08, 676; BGH BB 08, 1356). 156

Beispiel 1: K'tist K Haftsumme 01: 100; geleistete Einlage: 100. Verlustanteil 01: 100. KapKto dadurch 0; keine Außenhaftung des K nach § 171 I HGB; Verlustausgleich zulässig nach § 15a I 1. In 02 weder Gewinn noch Verlust, aber Teilrückzahlung der geleisteten Einlage iHv 40 (Entnahme). Keine Nachversteuerung der Entnahme von 40, weil in dieser Höhe gem § 172 IV 1 HGB die Außenhaftung des K wieder auflebt; auch wenn K von Anfang an nur 60 (100 ./. 40) eingelegt hätte, wäre der Verlust 01 voll ausgleichsfähig gewesen, iHv 60 nach § 15a I 1 und von 40 nach § 15a I 2.

Beispiel 2: Haftsumme K zum 31.12.00: 10; KapKto laut StB: 100 (tatsächl geleistete Einlage höher als Haftsumme). Verlustanteil 01: 90. Dieser ist nach § 15a I 1 voll ausgleichsfähig, weil KapKto (31.12.01: 10) nicht negativ wird. In 02 Entnahme 60 sowie GuB-Anteil 0, so dass ein negatives KapKto (–50) und eine überschießende Außenhaftung iHv 10 nach §§ 171, 172 IV HGB (vgl Rz 126 aE) entsteht. Die Entnahme (60) ist im Umfang der Differenz von negativem KapKto (50) und Außenhaftung (10), also iHv 40, K als (fiktiver) Gewinn zuzurechnen (BFH IV R 35/07 BStBl II 08, 676); dieser Betrag wird gleichzeitig verrechenbarer Verlust (s Rz 160). Unter Berücksichtigung von 01 (Verlustausgleich 01: 90) verbleibt K somit ein ausgleichsfähiger Verlust von 50. Ist K in 03 ein Gewinn (zB 50) zuzurechnen, ist hiervon der verrechenbare Verlust (50) abzuziehen.

b) Haftung. Die überschießende Außenhaftung schließt die Nachversteuerung nur aus, wenn auch die **Voraussetzungen des § 15a I 3** erfüllt sind. Fehlt es hieran, ist die Haftung iSv § 15a III 1 nicht „zu berücksichtigen"; hierfür spricht auch der Zweck des § 15a III 1, den K'tisten so zu stellen, als ob von Anfang an nur eine um die Entnahme geminderte Einlage bestanden hätte (BFH IV R 15/06 BFH/NV 08, 1142). Die Außenhaftung muss eine „nach Abs 1 Satz 2 zu berücksichtigende Haftung" sein (Rz 128/-32), dh die Gewinnzurechnung entfällt grds nur bei K'tisten (inl KG), nicht aber bei den in § 15a V erwähnten vergleichbaren Unternehmen, weil in Abs 5 nicht auf Abs 1 S 2f verwiesen ist. Zu EU-HReg s Rz 207. 157

5. Begrenzung des nachzuversteuernden fiktiven Gewinns. Die Rechtsfolge der Einlageminderung (fiktiver Gewinn) ist entspr ihrem Zweck, den früheren Verlustausgleich rückgängig zu machen, auf die Beträge, die in früheren und im Wj der Einlageminderung ausgleichs- oder abzugsfähig gewesen sind (FG BBg EFG 10, 54) begrenzt. Aus Praktikabilitätsgründen sind die KG-Verlustanteile anzusetzen, die im Wj der Einlageminderung und in den 10 vorangegangenen Wj ausgleichs- oder abzugsfähig gewesen sind (§ 15a III 2). Nach FinVerw sind zudem ausgleichsfähige Verluste aufgrund Außenhaftung (§ 15a I 2) *auszuklammern* (*Steger* DB 06, 2086; s auch Rz 156). Gewinnanteile, die innerhalb des 11-Jahreszeitraums und *zw* dem Wj des ausgleichsfähigen Verlusts und dem Wj der Einlageminderung anfallen, sind abzuziehen (BFH IV R 42/00 BStBl II 03, 798). 159

6. Begründung eines verrechenbaren Verlustes iHd nachzuversteuernden fiktiven Gewinns. Die Vorschrift, dass die als fiktive Gewinne zuzurechnenden Beträge die Gewinne des K'tisten *aus seiner Beteiligung* im Jahr der Zurechnung und in den späteren Wj mindern (§ 15a III 4), entspricht § 15a II 1: Der ursprüngl ausgleichs- und abzugsfähige und nunmehr nachversteuerte Verlust wird in einen 160 verrechenbaren umgepolt. Der dem K'tisten als Folge der Einlageminderung zuzurechnende fiktive Gewinn gehört nicht zu den nach § 15a III 4 zu vermindernden Gewinnen aus der Beteiligung an der KG, denn er ist in Wahrheit kein Gewinn; auch verrechenbare Vorjahresverluste sind daher nicht abzuziehen (BFH IV R 4/00 BStBl II 02, 458).

165 **7. Nachversteuerung auf Grund Haftungsminderung. – a) Überblick.** Voraussetzung der Zurechnung eines fiktiven Gewinns auf Grund Haftungsminderung ist, dass der **Haftungsbetrag** iSv § 15a I 2 **gemindert** wird und im Wj der Haftungsminderung und den 10 vorangegangenen Wj Verluste *nach § 15a I 2* ausgleichs- oder abzugsfähig gewesen sind (§ 15a III 3; vgl § 52 Abs 24 S 5; Rz 151). Die Rechtsfolgen sind – ***(1)*** ein fiktiver Gewinn iHd Haftungsminderung abzügl der auf Grund der überschießenden Außenhaftung geleisteten Beträge und begrenzt bis zur Höhe des im Wj der Haftungsminderung und den 10 vorangegangenen Wj ausgleichs- oder abzugsfähigen KG-Verlustanteils (§ 15a III 3) und – ***(2)*** die Begründung eines verrechenbaren Verlustes iHd nachzuversteuernden Betrags (§ 15a III 4 = § 15a II 1). Wechselt der Vollhafter in die K'tistenstellung ist § 15a III 3 nicht entspr anwendbar (FG Ddorf EFG 13, 201 rkr; vgl auch Rz 60). Zum Zusammentreffen von Einlage- und Haftungsminderung s EStR 15a I.

166 **b) Einlagenerhöhung.** Nicht erfasst wird durch § 15a III eine Erhöhung der geleisteten Einlage nach erhöhtem Verlustausgleich wegen überschießender Außenhaftung in früheren Wj; diese lässt die Ausgleichsfähigkeit der entspr Verluste unberührt und führt auch nicht zu einer „Nachversteuerung" im Wj der Einlage (keine Minderung des „Haftungsbetrags", s Rz 167), obwohl durch die Einlage die überschießende Außenhaftung wegfällt (§ 171 I HGB), diese also nur „vorübergehend" war (s auch Rz 135). Zur Erhöhung des Verlustausgleichsvolumens s Rz 182.

167 **8. Minderung des Haftungsbetrags.** Haftungsbetrag iSv § 15a I 2 ist die in das HR eingetragene Haftsumme, soweit diese eine Außenhaftung des K'tisten auf Grund des § 171 I HGB begründet, zB weil die Haftsumme höher ist als die tatsächl geleistete Einlage (Rz 124ff). Für eine Minderung des „Haftungsbetrags iSd Abs 1 Satz 2" ist demnach idR erforderl, dass die in das HR eingetragene Haftsumme herabgesetzt wird. Zur Realteilung s Rz 239. Der Wegfall einer Außenhaftung durch Leistung der Einlage (§ 171 I HGB) ändert den „Haftungsbetrag" iSv I 2 nicht und ist deshalb keine Haftungsminderung iSv § 15a I 3 (BFH IV R 19/88 BStBl II 89, 1018). Entspricht die Haftsumme der geleisteten Einlage, kann eine Herabsetzung der Haftsumme nicht zu einer Minderung des Haftungsbetrags iSv § 15a I 2 führen, weil eine überschießende Außenhaftung nicht besteht. Den (Neu-)Gläubigern der KG ggü wird die Herabsetzung erst mit der Eintragung in das HR (§ 174 HS 1 HGB) und ihrer Bekanntmachung (§ 15 I HGB) wirksam. Vorher liegt keine Minderung der Haftsumme vor. Als Wj der Haftungsminderung ist grds das Jahr der Bekanntmachung anzusehen. Maßgebl sind die Verhältnisse im Zeitpunkt der Wirksamkeit der Herabsetzung, nicht die des Jahres, in dem auf Grund überschießender Außenhaftung ein erweiterter Verlustausgleich zulässig war. Deshalb mindert die Herabsetzung den Haftungsbetrag nicht, wenn zwar im Verlustentstehungsjahr die Haftsumme höher als die tatsächl geleistete Einlage war, der K'tist aber in späteren Wj weitere Einlagen geleistet hat. Vgl auch Rz 171.

Beispiel: Tatsächl geleistete Einlage K 01: 40; Haftsumme K 01: 100; Verlustanteil K 01: 100. Der Verlust war zu 40 nach I 1 und zu 60 nach I 2 ausgleichsfähig. Weitere Einlage K 02: 60; insgesamt geleistete Einlage somit 100 = Haftsumme 100. Eine überschießende Außenhaftung besteht nicht mehr. Wird in 02 die Haftsumme auf 40 herabgesetzt, führt dies nicht zu einer Minderung des Haftungsbetrags iSv I 2.

Die Herabsetzung der Haftsumme wirkt zwar nicht ggü den (Alt)Gläubigern der KG, deren Forderung zurzeit der Eintragung in das HReg begründet war (§ 174

HS 2 HGB). Gleichwohl führt sie iSv § 15a I 2 iVm I 3 zu einer Haftungsminderung ggü den „Gläubigern der Ges aufgrund § 171 I HGB" (zutr FG Mster EFG 12, 512; aA hier bis 31. Aufl).

9. Vorangegangener erweiterter Verlustausgleich. Eine Haftungsminderung löst die Zurechnung eines fiktiven Gewinns nur aus, wenn im Wj der Haftungsminderung oder einem der 10 vorangegangenen Wj die Voraussetzungen für einen erweiterten Verlustausgleich nach § 15a I 2 erfüllt waren. Es muss also dem K'tisten in einem dieser Wj ein KG-Verlustanteil zugerechnet worden sein, der zu einem negativen KapKto führte, aber gleichwohl ausgleichs- oder abzugsfähig war, weil der K'tist den Gläubigern der KG auf Grund des § 171 I HGB haftete. Obwohl § 15a III 3 nur auf § 15a I 2, nicht auf § 15a I 3 verweist, müssen auch die Voraussetzungen von § 15a I 3 erfüllt gewesen sein; hat zB der K'tist die überschießende Außenhaftung (bewusst; s Rz 123) nicht nachgewiesen, war ein erweiterter Verlustausgleich nicht zulässig; dann entfällt auch eine Nachversteuerung. 169

10. Nachversteuerung. Rechtsfolge der Haftungsminderung ist die Zurechnung eines fiktiven Gewinns iHd Haftungsminderung und die Begründung eines verrechenbaren Verlustes in gleicher Höhe. 170

Beispiel: Haftsumme K 01: 100; geleistete Einlage K 01: 50; Verlustanteil K 01: 100. Haftsumme K nach Herabsetzung in 02: 70; geleistete Einlage K wie bisher: 50. Haftungsminderung = fiktiver Gewinn = verrechenbarer Verlust: 30 (100 minus 70).

a) Kürzung. Der Zurechnungsbetrag ist zu kürzen (§ 15a III 3) um die auf Grund der Haftung *tatsächl geleisteten Beträge* (Zahlungen an Gläubiger der KG). Dieser Abzug entfällt aber, soweit die Zahlungen wie Einlagen ins GesVermögen zu werten sind (s Rz 127), weil es bereits an einer Haftungsminderung mangelt, soweit Einlagen in Wj geleistet werden, die dem Wj mit Verlustausgleich wegen Außenhaftung nachfolgen (Rz 167; *KSM* § 15a D 146). 171

b) Höchstgrenze. Der Zurechnungsbetrag ist auf die Summe der KG-Verlustanteile im Wj der Haftungsminderung und den 10 vorangegangenen Wj, soweit diese ausgleichs- und abzugsfähig gewesen sind, begrenzt. Aus dem Zweck der Nachversteuerung folgt, dass damit nur KG-Verlustanteile gemeint sind, die gerade auf Grund der überschießenden Außenhaftung nach § 15a I 2–3 ausgleichsfähig waren. 172

Beispiel: Geleistete Einlage K 01: 40; Haftsumme K 01: 100; Verlustanteil K 01: 90. Dieser war zu 40 nach § 15a I 1 und nach § 15a I 2 zu 50 ausgleichsfähig. Kein verrechenbarer Verlust. Herabsetzung der Haftsumme K in 02 auf 40. Haftungsminderung = Nachversteuerung: 60 (100 minus 40). Höchstgrenze der Nachversteuerung = verrechenbarer Verlust: 50, nicht etwa 60, denn nur 50 waren in 01 nach § 15a I 2 ausgleichsfähig.

Aus dem Zweck der Nachversteuerung, den K'tisten so zu stellen, als ob von vornherein kein erhöhter Verlustausgleich nach § 15a I 2 zulässig gewesen wäre, folgt weiter, dass bei der Bestimmung der Höchstgrenze des fiktiven Gewinns vom nach § 15a I 2 ausgleichsfähigen Verlustanteil auch ein *zw* dem *Verlustjahr* und dem *Herabsetzungsjahr* entstandener stpfl **Gewinnanteil abzuziehen** ist (glA zu Einlageminderung BFH IV R 42/00 BStBl II 03, 798; s Rz 159).

Beispiel: Geleistete Einlage K 01: 40; Haftsumme K 01: 100; Verlustanteil K 01: 90. Voll ausgleichsfähig, kein verrechenbarer Verlust. Gewinnanteil K 02 : 10. Dieser ist voll stpfl. Herabsetzung der Haftsumme in 03 auf 40; Haftungsminderung: 60. Höchstgrenze der Nachversteuerung: Nach § 15a I 2 ausgleichsfähiger Verlustanteil von 50 minus Gewinnanteil 02 von 10 = 40 (= verrechenbarer Verlust). Damit ist das Ergebnis erreicht, das eingetreten wäre, wenn die Haftsumme von vornherein nur 40 betragen hätte; dann wären vom Verlustanteil 01 50 verrechenbar gewesen; dies hätte dazu geführt, dass der Gewinn 02 von 10 nicht zu versteuern gewesen und ein verrechenbarer Verlust von 40 verblieben wäre.

c) Weitere Einzelfragen. – Eine Haftungsminderung kann nicht durch eine **Haftungserweiterung** in **späteren Wj** (s Rz 180) rückwirkend rückgängig ge- 173 macht werden (*Littmann/Bitz* § 15a Rz 41). Zur **Realteilung** zu Buchwerten s Rz 239. – Zum **Feststellungsverfahren** s Rz 190.

VII. Einlageerhöhung, Korrekturposten und Haftungserweiterung im Anwendungsbereich des § 15a

180 **1. Einlageerhöhung. – a) Keine Umpolung früherer Verluste.** Nach § 15a III 1–2, 4 führen zwar Einlageminderungen, die nicht mit einer Haftungserweiterung korrespondieren, iErg dazu, dass bisher ausgleichsfähige KG-Verlustanteile in nur verrechenbare umgepolt werden. Bereits § 15a aF sah aber *nicht* vor, dass weitere ins GesVermögen geleistete Einlagen die verrechenbaren Verluste der *vorangegangenen Wj* im Jahr der Einlagenerhöhung in ausgleichsfähige Verluste umpolen (BT-Dr 8/4157, 2; BFH IV R 106/94 BStBl II 96, 226: keine Analogie zu § 15a III; BFH VIII R 39/94 BFH/NV 98, 1078: verfgemäß; dazu Rz 32). Ebenso nunmehr – insoweit deklaratorisch – § 15a Ia 1 HS 1, II.

Beispiel: KapKto K = verrechenbarer Verlust 31.12.01: – 35. Einlage K in 02: 35. Trotz Ausgleich des negativen KapKtos, beträgt der verrechenbare Verlust weiterhin 35; er wird nicht zu einem ausgleichsfähigen Verlust.

181 **b) Ausgleichsfähigkeit späterer Verluste.** Gleichwohl wirkt die nachträgl Einlage einkünftemindernd, und zwar entweder ***(1)*** bei Verlusten *im* Wj der Einlage (im Beispiel: Wj 02; s Rz 82, 96, 184; zu Ausnahmen s Rz 182) oder ***(2)*** nach der Rspr des BFH zu § 15a aF uU bei Verlusten *nach* dem Wj der Einlage (sog vorgezogene Einlagen; s Rz 183) oder ***(3)*** weil zB keine weiteren Verluste entstehen, bei *Vollbeendigung* der KG (BFH IV R 106/94BStBl II 96, 226/31; BFH VIII R 28/98 BStBl II 00, 347 zu 4; Rz 240) oder *Veräußerung* der Beteiligung (s Rz 184, 224; 236; FG Köln EFG 95, 1054; *Kempf ua* DB 96, 12). Das **JStG 09** lässt die Auswirkung zu *(1)* unberührt, stellt diejenige zu *(3)* ohne erkennbaren Anlass klar (§ 15a II 2 iVm Ia nF) und ordnet für diejenige zu *(2)* die Nichtanwendung der von der Rspr entwickelten Grundsätze an (Rz 184).

Beispiel zu (3): Negatives KapKto K = verrechenbarer Verlust 31.12.01: 100. Einlage K in 02: 40. Negatives KapKto nunmehr: 60. Wird die KG in 03 liquidiert, ohne dass weitere Gewinne oder Verluste entstanden sind, entsteht iHd weggefallenen negativen KapKtos von 60 ein Gewinn, der mit dem verrechenbaren Verlust von 100 auszugleichen ist (Rz 224); iHd Einlage von 40 hat K einen *ausgleichsfähigen* Verlust aus GewBetr (ebenso – deklaratorisch – § 15a II 2, Ia nF).

Darüber hinaus sind Zahlungen auf Grund einer von § 15a I 2 nicht erfassten Außenhaftung zB aus **Bürgschaft** bei Beendigung der KG als SonderBA abzugsfähig, wenn von der KG kein Ersatz zu erlangen ist (s Rz 130).

182 **c) Ausnahme.** Ist das negative KapKto aufgrund der **überschießenden Außenhaftung** (§ 15a I 2–3) durch *ausgleichsfähige* Verluste entstanden, werden diese zwar durch eine (haftungsbeendende) Einlage (*Schmelz* DStR 06, 1704; zur *„negativen Tilgungsbestimmung"* s aber Rz 121), die das negative KapKto ausgleicht, nicht in verrechenbare Verluste umqualifiziert (keine Haftungsminderung iSv § 15a III 3; Rz 167), die Einlage kann aber iHd ausgeglichenen negativen KapKtos *kein weiteres* Verlustausgleichspotential mehr vermitteln (BFH IV B 126/98 BFH/NV 99, 1461; EStR 15a III 8: ohne zeitl Grenze, zutr; dazu *Rosenbaum ua* DStZ 06, 11, 23).

Beispiel: In 01: Haftsumme K 100, geleistete Einlage 40, überschießende Außenhaftung also 60. Verlustanteil K in 01: 100, davon 40 ausgleichsfähig nach § 15a I 1 und 60 ausgleichsfähig nach § 15a I 2–3; negatives KapKto K zum 31.12.01 demnach ./. 60. Haftungsbeendende (s oben) Einlage K in 02 und Verlustanteil 02 *je* 60. Obgleich das negative KapKto unverändert (–60) bleibt, ist der Verlust 02 nur verrechenbar. Zudem entfällt aufgrund der Einlage die überschießende Außenhaftung.

183 **d) Korrekturposten. – aa) BFH-Rspr.** (Alt-)Einlagen, die bis 24.12.08 (zu § 15a Ia nF s Rz 184) zum Ausgleich eines negativen KapKtos „getätigt" werden (*Wacker* DStR 2009, 403), vermitteln grds (s aber Rz 182) *bis zu ihrer Höhe* nicht

nur ausgleichsfähige Verluste *für das Wj der Einlage* (Rz 181), sondern – soweit im Einlagejahr nicht aufgezehrt – abw vom Wortlaut des § 15a I 1 als sog **vorgezogene Einlagen** auch die Ausgleichsfähigkeit der Verluste, die in den Wj *nach* der Einlage anfallen und erneut ein negatives KapKto entstehen lassen (oder dieses erhöhen). Begründung: *Verfassungsrechtl* gebotene Gleichbehandlung zu dem Fall, dass der K'tist anstelle der Einlage ledigl seine Haftsumme erhöht (§ 15a I 2; *Wacker* FS Röhricht, 1079/89). Diese Gleichstellung erfordert, dass *neben* dem Kapkontenvergleich (Rz 82) für die Einlage ein **Korrekturposten** maximal iHd Betrags des ausgeglichenen negativen KapKtos (Obergrenze) zu bilden und in den späteren Wj fortzuentwickeln ist (*Nebenrechnung;* ausführl BFH VIII R 32/01 BStBl II 04, 359; *Wacker* DB 04, 11; *Niehus ua* FR 04, 677; einschr FG Kln EFG 14, 911 Rev IV R 47/13 für ErgänzungsBil; aA *Claudy ua* DStR 04, 1504). Nach Bestätigung dieser Rspr durch BFH IV R 28/06 BStBl II 07, 934 (zu atypisch stiller Ges s Rz 195/9) wurde sie auch von der **FinVerw** akzeptiert (*BMF* BStBl I 07, 823; *FinVerw* BB 08, 823; anders noch in BStBl 04, 463).

Beispiel: Haftsumme des K: 35. Wj 01: Einlage 35 und ausgleichsfähiger Verlust 35, KapKto zum 31.12.01: 0. Wj 02: verrechenbarer Verlust 35, KapKto zum 31.12.02: – 35. Wj 03: Gewinn 5 und Einlage 30, KapKto zum 31.12.03: 0. Wj 04: Verlust a) 30, b) 20, c) 35, KapKto zum 31.12.04 somit: a) – 30, b – 20, c) – 35.

Obwohl im Wj 04 erneut ein negatives KapKto entsteht, sind die Verluste bis zur Höhe des Korrekturpostens, der zum Ende des Wj 03 auf Grund der Einlage (30) zu bilden ist, ausgleichsfähig. Fall a): 30, Fall b): 20; verbleibender Korrekturposten mithin für Wj ab 05 in Fall a): 0, in Fall b): 10. In Fall c) ist der Verlust (insgesamt 35) auf Grund des vollständigen Korrekturpostenwegfalls iHv 30 ausgleichsfähig, iÜ (5) nur verrechenbar. Die Ergebnisse entsprechen denjenigen, wenn K im Wj 03 keine Einlage erbracht, sondern ledigl seine Haftsumme (HR-Eintrag) um 30 von bisher 35 auf 65 erhöht hätte (s Rz 120 ff).

Da *Gewinne* die verrechenbaren Verluste der Vorjahre in ausgleichsfähige Verluste transformieren (Rz 30, 104), begründen sie einerseits keinen Korrekturposten (vgl auch voriges Beispiel; *Kempermann* DStR 04, 1515); andererseits schmelzen Gewinne *nach* Bildung des Postens diesen ab (einschr *Ley* KÖSDI 04, 14374/9: nur soweit durch Gewinngutschrift positives KapKto entsteht; aA *Brandenberg* DB 04, 1632). Die Grundsätze gelten auch für InnenGes'ter. Zu weiteren **Einzelheiten** (zB Wegfall des Korrekturpostens auf Grund späterer Entnahme, Rz 155; Altfälle) s zB *Wacker* aaO; *Ley* aaO; *FinVerw* BB 08, 823.

bb) JStG 09/NichtanwendungsG. Für nach dem 24.12.08 „getätigte" (§ 52 Abs 33 S 6 aF; gemeint: wohl „geleistete"; Rz 81, 96; s aber *Wacker* DStR 09, 403) **Einlagen** legt § 15a Ia 2 nF den Begriff der **nachträgl** Einlage fest (= Einlagen, nach Anfall eines nur verrechenbaren Verlusts gem § 15a I oder nach einer Gewinnzurechnung gem § 15a III 1; ohne betragsmäßige Grenze) und bestimmt in **§ 15a Ia 1 HS 2 nF,** dass solche nachträgl Einlagen für „zukünftige Wj" nicht zu ausgleichsfähigen Verlusten führen, *soweit* durch diese Verluste (erneut) ein negatives KapKto entsteht oder sich erhöht. Der bisherigen (wortlautkorrigierenden) Rspr (Rz 183) zu den sog vorgezogenen Einlagen (= nachträgl Einlagen iSv § 15a Ia nF) ist damit der Boden entzogen. **184**

Beispiel: Haftsumme des K: 35. Wj 01: Einlage 35 und ausgleichsfähiger Verlust 35. Wj 02: verrechenbarer Verlust 30, KapKto zum 31.12.02: – 30. **Variante 1:** Wj 03: Einlage: 40; GuV: 0; KapKto zum 31.12.03: 10. Wj 04: Verlust 40; KapKto zum 31.12.04: – 30. **Variante 2:** Haftsummenerhöhung im Wj 03 um 40 auf 75. **Variante 3:** Einlage (40) erst im Wj 04 (Verlustjahr).

Lösung: In **Variante 1** greift § 15a Ia nF: die nachträgl Einlage des Wj 03 (40) vermittelt für das **Wj 04 ausgleichsfähige Verluste** iHv nur noch **10** (= *positives* KapKto zum 31.12.03). IÜ (30 = negatives KapKtos zum 31.12.04) entsteht – abw von der bisherigen Rechtslage (s Rz 183) – ein verrechenbarer Verlust, der § 15a II nF unterliegt; dh die im Wj 03 zum *Ausgleich* des *negativen KapKtos* (31.12.02) geleistete nachträgl Einlage (ieS) bleibt bis zum Anfall von Beteiligungsgewinnen (Rz 100) bzw der Anteilsveräußerung/Betriebsaufgabe (Rz 181, 224) unberücksichtigt. In den **Varianten 2 und 3** ist hingegen der Verlust des Wj 04 – wie bisher (s Rz 181) – in voller Höhe (40) ausgleichsfähig.

§ 15a Ia 1, 2. HS nF ist mE **verfwidrig.** Abgesehen von der irreführenden Gesetzbegründung (Verlustausgleich nach bisheriger Rspr ist nicht iSv BT-Drs 16/10189 „willkürlich", sondern durch Einlagen gerechtfertigt), nimmt die Neuregelung die verfrechtl Einschätzung der bisherigen Rspr (Rz 183) nicht zur Kenntnis und widerstreitet damit dem Gebot der Folgerichtigkeit (s iEinz *Wacker* 2009, 403; *Friedberg,* Diss, 2013, 204 ff). Sie wäre auch unter dem Aspekt der Vereinfachung (*Kempermann* DStR 08, 1917/20) nicht zu rechtfertigen. Einschlägige Streitfälle sollten deshalb offen gehalten werden.

185 **2. Haftungserweiterung.** Eine Haftungserweiterung in **späteren Wj,** zB Erhöhung der in das HR eingetragenen Haftsumme (s auch Rz 174), hat nicht zur Folge, dass verrechenbare Verluste der vorangegangenen Wj im Jahr der Haftungserweiterung in ausgleichsfähige Verluste umgepolt werden; insoweit kann nichts anderes gelten als für die Einlagenerhöhung (s Rz 180; zur Verfmäßigkeit s Rz 32). – Auch die Umwandlung der Rechtsstellung eines K'tisten in die eines persönl haftenden Ges'ters führt nicht zu einer solchen Umpolung (BFH VIII R 38/02 BStBl II 04, 115; abl zB *Söffing* DStZ 07, 175). Nur auf die dem jetzigen persönl haftenden Ges'ter zuzurechnenden Verlustanteile ist § 15a nicht mehr anzuwenden, und zwar bei Umwandlung während des Wj für das ganze Wj (EStH 15a „Wechsel ..."; BFH VIII R 81/02BStBl II 04, 118; BFH IV R 26/02 BFH/NV 04, 1228: Ges'terbeschluss maßgebl/Feststellungslast bei StPfl; dazu *Kempermann* DStR 04, 1515; zutr; s auch Rz 60 zum umgekehrten Fall). Die früher entstandenen Verlustanteile bleiben verrechenbare Verluste; sie sind mit Gewinnanteilen aus der umgewandelten Beteiligung zu verrechnen (BFH VIII R 38/02 aaO; EStH aaO). S auch Rz 107.

VIII. Verfahrensrecht

Verwaltung: *OFD Kiel* DStR 96, 1689 (Änderung der Rechtsform).

190 **1. Gesonderte Feststellung, § 15a IV.** Der *verrechenbare* Verlust iSv § 15a II aF/nF und III 4 ist jährl durch Bescheid gesondert festzustellen (zu negativen Bescheiden BFH VIII R 10/05, StBl II 07, 96). Zuständig ist das für die Gewinnfeststellung der KG (§§ 180 I Nr 2, 18 I AO) zuständige FA (§ 15a IV 3). Im Gewinnfeststellungsbescheid wird über die subj Verlustzurechnung und über die Gewinnhinzurechnung gem § 15a III (BFH IV R 47/11 BStBl II 15, 532; fragl), im Feststellungsbescheid nach § 15a IV (nur!) über die Höhe des nur verrechenbaren Verlustes entschieden (BFH VIII R 30/99 BStBl II 01, 621). Da Letzteres wiederum die Höhe des ausgleichsfähigen Verlustanteils (bzw anzusetzenden Gewinnanteils) bestimmt, stehen beide Bescheide wechselseitig zueinander im Verhältnis von Grundlagen- und Folgebescheid iSd §§ 171 X, 175 I Nr 1 AO (BFH IV R 31, 32/05 BStBl II 07, 687). Das jeweilige negative KapKto kann zB auf Grund von Einlagen/Entnahmen höher/niedriger sein als der festzustellende verrechenbare Verlust. Grds ist für jeden K'tisten ein Feststellungsbescheid zu erlassen, da die Höhe des verrechenbaren Verlustes bei jedem K'tisten verschieden sein kann. Diese Feststellungen können mit der Gewinnfeststellung für die KG verbunden werden (§ 15a IV 5), bleiben aber selbstständig anfechtbar (BFH VIII R 29/98 BStBl II 99, 592); bei dieser Verbindung (nur dann) sind die Feststellungen des verrechenbaren Verlustes der einzelnen K'tisten „einheitl durchzuführen", dh miteinander zu verbinden (§ 15a IV 6). Der festzustellende Verlust errechnet sich, ausgehend von der Feststellung für das vorangegangene Wj, wie im folgenden **Beispiel** (zB BFH IV R 23/93 BStBl II 95, 467/9).

Gesondert festgestellter verrechenbarer Verlust des vorangegangenen Wj	100
+ Verlustanteil des laufenden W	200
– ausgleichs- oder abzugsfähiger Teil des Verlustanteils	– 50
+ Einlagen- oder Haftungsminderung nach III soweit zusätzl verrechenbarer Verlust	20
	270

Zur Nichtigkeit bei unklarer Feststellung s FG BBg EFG 09, 587; zu § 129 AO s FG Nds EFG 15, 95, rkr.

2. Anfechtungsbefugnis. Jeder K'tist kann den *gegen ihn* ergangenen Feststellungsbescheid anfechten (zum vorläufigen Rechtsschutz s BFH VIII B 185/04 BFH/NV 05, 1492), aber nur insoweit, als sich der verrechenbare Verlust ggü der vorangegangenen Feststellung verändert hat (§ 15a IV 4); damit wird vermieden, dass ein Streit über die Höhe des verrechenbaren Verlustes früherer Wj neu aufgerollt wird. Neben dem K'tisten ist die KG klagebefugt, *wenn* die Feststellung mit der gesonderten Gewinnfeststellung verbunden worden ist (BFH IX R 72/92 BStBl II 97, 250). 191

IX. Sinngemäße Anwendung des § 15a I–IV auf vergleichbare Unternehmer, § 15a V

Verwaltung: EStR 15a V 4; *BMF* BStBl I 00, 1198; 01, 614; *FinVerw* DStR 01, 1571; FR 02, 420; DB 02, 2080 (Haftungsbeschränkung bei GbR).

1. Allgemeines. § 15a I–IV sind unmittelbar nur auf K'tisten anzuwenden (Rz 60). Die Gleichmäßigkeit der Besteuerung gebietet, sie sinngemäß anzuwenden auf Personen, deren Stellung wirtschaftl der eines K'tisten gleichwertig ist (BR-Drs 511/79, 17). § 15a V ordnet dies an für gewerbl Unternehmer, „soweit deren Haftung der eines K'tisten vergleichbar ist" und zählt *beispielhaft* auf: den atypischen stillen Ges'ter (Nr 1), den beschr haftenden Ges'ter (MUer) einer GbR oder ausl PersGes (Nr 2, 3), den beschr haftenden Mitreeder einer Partenreederei gem § 489 HGB aF (Nr 5) und den Unternehmer, der mit sog haftungslosen Verbindlichkeiten arbeitet (Nr 4). – Sinngemäß anzuwenden sind sämtl Vorschriften des § 15a I–IV, außer § 15a I 2, 3, § 15a III 3 (erweiterter Verlustausgleich bei überschießender Außenhaftung; vgl BFH IV R 106/94 BStBl II 96, 226/8; str, s Rz 129). Zum Korrekturposten s BFH IV R 10/07 BStBl II 08, 118; *Wacker* DB 04, 11; Rz 183f. Die Aufzählung der **vergleichbaren Unternehmer** ist nicht abschließend; außer den ausdrückl erwähnten Sachverhalten werden uU erfasst (*KSM* § 15a F 21-2): OHG-Ges'ter, persönl haftender Ges'ter einer KG, Treugeber-Kommanditist (*Wacker* HFR 10, 744), Unterbeteiligte und verdeckte MUer (als Ges'ter einer Innen-GbR), Partner einer Partnerschaft (§ 15 Rz 334), Ges'ter einer EWIV (§ 15 Rz 333). Die Aufzählung bedeutet nicht, dass auf diese Unternehmer § 15a sinngemäß anzuwenden ist unabhängig davon, ob ihre „Haftung" der eines K'tisten vergleichbar ist. Sie ist nur beispielhaft für den Oberbegriff des „vergleichbaren" Unternehmers; die Formulierung „*soweit* deren Haftung" ist iSv „wenn" zu verstehen (arg § 15a I 3; diff BFH IX R 60/91 BStBl II 94, 496). Nicht vergleichbar ist ein Partner, der nach **§ 8 II/IV nF PartGG** haftet (glA *FinVerw* DB 15, 2667). 195

2. Stiller Gesellschafter (Mitunternehmer). – a) Allgemeine Grundsätze. Zur **MUer-Stellung** eines stillen Ges'ters (§ 230 HGB) s § 15 Rz 340ff. – Da die stille Ges InnenGes ist, sind Schulden, die wirtschaftl mit dem betriebenen GewBetr zusammenhängen, zivilrechtl ausschließl solche des Inhabers des Handelsgeschäfts; nur dieser haftet, auch bei „Innen-KG" (*K. Schmidt* NZG 09, 361). Die **„Haftung"** des **stillen Ges'ters** ist der eines **K'tisten vergleichbar,** wenn vereinbart ist (dazu BFH VIII R 36/01 BStBl II 02, 858; *Groh* DB 04, 668), dass der Verlustanteil des stillen Ges'ters von seinem KapKto auch dann noch abzuschreiben ist, wenn dieses dadurch negativ wird mit der Folge, dass der stille Ges'ter künftige vertragl Gewinnanteile zur Deckung früherer Verluste zur Verfügung stellen muss (s § 232 II 2 HGB). – Ist weitergehend vereinbart, dass der stille Ges'ter im **Innenverhältnis unbegrenzt** am **Verlust** teilnimmt und deshalb im Liquidationsfalle (oder schon vorher) nachschusspflichtig ist, ist seine Rechtsstellung im Innenverhältnis wirtschaftl der eines persönl haftenden Ges'ter ähnl; gleichwohl ist § 15a I 1 198 anzuwenden (BFH IV R 106/94 BStBl II 96, 226/8; VIII R 22/94 BFH/NV 98, 823), weil auch für einen K'tisten, dessen Verlustbeteiligung im Innenverhältnis unbegrenzt ist, § 15a I 1 gilt und Verlustanteile, die zu einem negativen KapKto führen, nur bei überschießender Außenhaftung nach § 15a I 2–3 ausgleichs- und abzugsfähig sind (s Rz 62-3, 128); Rückstellungen in einer Sonderbilanz sind unzulässig (BFH aaO; zur Kritik s Rz 129). Auch eine **schuldrechtl Außenhaftung** des Stillen ist erst bei Erfüllung „als Einlage zu behandeln" (BFH VIII R 31/01; VIII R 33/01 BStBl II 02, 464; 705; zutr); soweit der Stille durch die Erfüllung der Außenschuld jedoch einen Aufwendungsersatzanspruch (SonderBV!) gegen den Inhaber des Handelsgeschäfts erlangt (BGH DStR 02, 319), erhöht sich sein KapKto nicht (vgl Rz 127).

199 **b) Einzelheiten.** Dem für § 15a maßgebl KapKto in der StB einer KG entspricht das **Kap-Kto,** das in einer (neben der HB des tätigen Teilhabers) aufzustellenden StB für die (atypische) stille Ges für den stillen Ges'ter auszuweisen ist (s § 15 Rz 347); auch insoweit ist die „geleistete Einlage" (s Rz 96) maßgebl, Einbuchung der Einlage*forderung* reicht nicht aus (aA *Walter* GmbHR 97, 823). Zum Korrekturposten s BFH IV R 10/07 BStBl II 08, 118; *Wacker* DB 04, 11; Rz 183f. Aktives und passives SonderBV bleibt außer Betracht (vgl Rz 198 aE). – Ist vereinbart, dass der stille Ges'ter stets **Auszahlung** seiner Gewinnanteile verlangen kann, sind ihm mangels „Verlusthaftung mit künftigen Gewinnanteilen" keine entspr Verlustanteile zuzurechnen. – Zum „Wegfall" des durch Zurechnung ausgleichsfähiger Verlustanteile negativ gewordenen KapKtos eines atypischen stillen Ges'ters s BFH IV B 30/85 BStBl II 86, 68.

201 **3. Gesellschafter (Mitunternehmer) einer GbR. – a) Allgemeines.** Die sinngemäße Anwendung der § 15a I–IV setzt voraus, dass *(1)* eine GbR einen GewBetr iSv § 15 I 1 Nr 1 betreibt und der Ges'ter als MUer anzusehen ist *oder (2)* an einer nichtgewerbl GbR ein Ges'ter beteiligt ist, bei dem die Beteiligung zu einem gewerbl BV gehört (Rz 36; § 15 Rz 200ff) *und (3)* die Haftung des Ges'ters der eines K'tisten vergleichbar ist, was nach dem Gesetz zutrifft, wenn die Inanspruchnahme für betriebl Schulden vertragl ausgeschlossen (Alt 1) oder nach Art und Weise des Geschäftsbetriebs unwahrscheinl ist (Alt 2). Wenn das Gesetz eine Inanspruchnahme des Ges'ters für betriebl Schulden erwähnt, so scheint es von einer unmittelbaren Haftung des Ges'ters ggü den Gläubigern, also einer AußenGes auszugehen. Gleichwohl erfasst § 15a V Nr 2 ebenso wie Nr 1 (Rz 198) auch eine **InnenGes,** und zwar – im Gegensatz zu einer AußenGes (vgl zu VuV BFH IX R 61/93 BStBl II 96, 128; krit *HG* HFR 03, 870) – nicht nur im Falle einer *internen* Verlustausgleichsverpflichtung (BFH VIII R 45/98 BStBl II 02, 339), sondern auch bei schuldrechtl *Außen*haftung des Innen-Ges'ters (BFH VIII R 33/01 BStBl II 02, 705; Rz 198). IU ist das Tatbestandsmerkmal mE iSe „Vermögensminderung auf Grund der Haftung" (§ 15a I 3) zu verstehen. Demgemäß ist § 15a V Nr 2 erfüllt (keine Vermögensminderung), wenn zwar die Außenhaftung eines Ges'ters weder vertragl ausgeschlossen noch unwahrscheinl ist, dem Ges'ter aber ein vollwertiger Ausgleichsanspruch zB gegen einen anderen Ges'ter zusteht (s Rz 134; aA FG Mchn EFG 07, 1597).

202 **b) Vergleichbarkeit mit K'tisten-Haftung wegen vertragl Haftungsausschluss** (Alt 1). – **Zivilrechtl** war früher hL, dass die Haftung der Ges'ter einer Außen-GbR auf das GesVermögen beschränkt werden kann durch entspr nach außen erkennbare Begrenzung der Vertretungsmacht der vertretungsberechtigten Ges'ter. Diese hL ist überholt, denn der BGH hat entschieden, dass die Ges'ter einer (Außen-)GbR grds stets auch persönl unbeschränkt haften (wie in § 128 HGB für OHG geregelt); eine Beschränkung der Haftung auf das GesVermögen sei nicht durch Einschränkung der Vertretungsmacht des geschäftsführenden Ges'ters, sondern nur durch mit dem jeweiligen Vertragspartner getroffene Abrede mögl (BGH DStR 99, 1704; Ausnahme: Immobilienfonds, BGH DStR 02, 816).

– **Estrechtl** folgt daraus für § 15a V Nr 2, *(1)* dass eine GbR, die als gewerbl geprägte PersGes (§ 15 III Nr 2) angesehen wurde, dies nicht war und daher entgegen dem Erfordernis des § 15a V Nr 2 (s Rz 201) keinen GewBetr hatte, und *(2)* dass die Haftung der Ges'ter einer Außen-GbR nur dann „… durch Vertrag ausgeschlossen" und damit § 15a V Nr 2 Alt 1 erfüllt ist (= „Haftung der eines K'tisten vergleichbar"), soweit die Haftung einzelner oder aller Ges'ter für rechtsgeschäftl Schulden der GbR durch individualvertragl Abrede mit *allen* Gläubigern (aA evtl *von Gronau ua* DStR 99, 1965: nur Großgläubiger) auf das GesVermögen beschränkt ist. Für eine Außen-GbR dürfte damit § 15a V Nr 2 grds leerlaufend sein (ähnl *Kempermann* FR 01, 1107; Ausnahmen s oben; Rz 201). – Die **FinVerw** hat allerdings eine auf den 31.12.2001 verlängerte *Übergangsregelung* getroffen (*BMF* BStBl I 00, 1198; 01, 614; krit *von Gronau ua* aaO). Danach kann eine GbR, die bisher zu Unrecht als gewerbl geprägte PersGes beurteilt wurde, auf Antrag weiter als solche behandelt werden (BV!), sofern sie bis zum 31.12.2001 gem §§ 105 II, 161 II iVm § 2 HGB umgewandelt wurde. Folge: § 15a V Nr 2 erste Alternative bleibt auch auf Verluste in der Zeit bis zum 31.12.2001 anwendbar. Andernfalls sollen die festgestellten verrechenbaren Verluste (§ 15a IV) bei den Einkünften gem § 21 berücksichtigt werden (*FinVerw* DB 02, 2080; mE unzutr).

c) Vergleichbarkeit mit K'tisten-Haftung wegen Unwahrscheinlichkeit der Inanspruchnahme (Alt 2). S Rz 135-8; zu GbR mit VuV vgl BFH IX R 61/93 BStBl II 96, 128; FG Mchn EFG 07, 1597, rkr; *BMF* BStBl I 94, 355. 204

d) Unterbeteiligung. Soweit ein atypisch Unterbeteiligter an einem PersGes-Anteil (KG, OHG, GbR) MUer iSv § 15 I 1 Nr 2 ist (dazu § 15 Rz 365 ff), wird er grds von *§ 15a V Nr 2* erfasst, da die UnterbeteiligungsGes (InnenGes) eine GbR ist (FG Ddorf EFG 97, 340; *FinVerw* FR 02, 420; str, s Rz 60, 201). Danach ist der Unterbeteiligte an einem KG-, OHG- oder GbR-Anteil wie ein K'tist zu behandeln (§ 15a I 1), wenn er vertragl oder analog § 232 II HGB an Verlusten nur in Höhe seiner Einlage (und künftiger Gewinnanteile) teilnimmt (*Kempermann* FR 98, 248). Gleiches gilt, wenn seine Haftung im Außenverhältnis zB durch Vereinbarung mit den Gläubigern der HauptGes erweitert ist (keine Anwendung des § 15a I 2–3) oder er sich im Innenverhältnis zu unbegrenztem Verlustausgleich verpflichtet hat (*Kempermann* aaO; zum Hauptbeteiligten s Rz 134). Hingegen sollen derartige die Haftung oder die Ausgleichspflicht erweiternde Vereinbarungen bei der Unterbeteiligung *am Anteil eine persönl haftender Ges'ters* (zB OHG) oder eines GbR-Ges'ters dazu führen, dass § 15a V Nr 2 erste Alternative nicht erfüllt und demgemäß grds ein unbegrenzter Verlustausgleich zulässig ist (*Kempermann* aaO; mE im Vergleich mit der BFH-Rspr zur atypischen stillen Ges/InnenGes – s Rz 198, 201 – und im Hinblick auf die analoge Anwendung der §§ 230 ff HGB widersprüchl; zweifelnd *Groh* FS Priester, 107/16). 206

4. Gesellschafter (Mitunternehmer) einer ausl PersGes. Eine PersGes, die nicht dt Gesellschaftsrecht unterliegt, ist MUerschaft, wenn nach ausl Recht einschließl des GesVertrags die Rechtsstellung eines Ges'ter wirtschaftl derjenigen des Ges'ter einer OHG oder KG entspr dem Regelstatut des HGB gleichwertig ist (§ 15 Rz 169, 173). Die in § 15a V Nr 3 genannten zusätzl Tatbestandsmerkmale (Haftung entspricht der eines K'tisten oder stillen Ges'ters; Inanspruchnahme für Betriebsschulden vertragl ausgeschlossen oder unwahrscheinl) sind begriffl kaum zu trennen. Erfasst werden sollen mit der ersten Alternative ausl Ges, die einer KG iSv § 15a I (FG Ddorf EFG 04, 495; verfahrensrechtl aufgehoben durch BFH I R 30/04 BFH/NV 05, 842) oder einer atypischen stillen Ges iSv § 15a V Nr 1 entsprechen, und mit der zweiten Alternative ausl Ges, die einer GbR iSv § 15a V Nr 2 gleichwertig sind (s Rz 201). § 15a V Nr 3 erfasst inl und ausl Verluste der Ges. Zur überschießenden Außenhaftung s Rz 120 ff, 156-8; zu EU/EWR-HReg s FG Ddorf aaO; *Mitschke* FR 08, 165/9. Zur Verlustermittlung (Umrechnung) für nur ausl tätige PersGes mit inl Ges'tern s § 15 Rz 173. 207

208 **5. Haftungsloste Unternehmer.** „Haftungslose“ Unternehmer, deren Haftung der eines K’tisten vergleichbar ist, sind nach § 15a V Nr 4 **Einzelunternehmer** oder **MUerschaften,** soweit deren Verbindlichkeiten nur aus Erlösen oder Gewinnen aus der Nutzung, Veräußerung oder sonstigen Verwertung von WG zu tilgen sind (sog haftungslose Verbindlichkeiten).

Beispiel: A erwirbt von X das Auswertungsrecht an einem Film zum Preis von 5 Mio €; X stundet den Kaufpreis mit der Maßgabe, dass der Kaufpreis nur aus dem Erlös aus der Verwertung des Filmes zu tilgen ist.

Die Bestimmung geht davon aus, dass die Rechtsstellung eines „haftungslosen“ Unternehmers wirtschaftl der eines K’tisten gleichwertig ist, der seine Einlage erbracht hat; sie will sicherstellen, dass haftungslose Verbindlichkeiten nicht zur Grundlage eines Verlustausgleichs werden, *unterstellt,* dass ihre bilanzielle Beurteilung überhaupt zu einem Verlustausweis führen kann (BR-Drs 511/79, 18). Nach der BFH-Rspr waren Verpflichtungen, die nur aus künftigen Erlösen zu tilgen sind, allg (als Verbindlichkeiten oder Rückstellungen) passivierungsfähig, und gewinnabhängige Verpflichtungen unter der Voraussetzung, dass sie als AK für erworbene WG zu werten sind (zB BFH IV R 54/97 BStBl II 139). Für Wj, die nach dem 31.12.98 beginnen, entfällt diese Passivierungsfähigkeit; bisher gebildete Passivposten sind gewinnerhöhend aufzulösen (§ 5 IIa). § 15a V Nr 4 dürfte damit gegenstandslos sein (§ 5 Rz 315; aA *Kaiser* GmbHR 01, 103).

209 **6. Mitreeder (MUer) einer Partenreederei (§ 489 HGB aF).** Da die Rechtsform als überholt abgeschafft wurde und nur noch für bis einschließl 24.4.2013 entstandene Ges weitergilt (s § 15 Rz 374), wird im Hinblick auf die sinngemäße Geltung von § 15a für Alt-Partenreedereien auf die 32. Aufl (§ 15a Rz 209) verwiesen.

X. „Wegfall“ des negativen KapKtos eines K’tisten; Übertragung eines Kommanditanteils; Rechtsformwechsel; Beendigung der KG

Verwaltung: EStR 15a IV, VI; *FinVerw* FR 04, 731 (Nachversteuerung; DStR 13, 1086; 2699 (doppelstöckige PersGes); *BMF* BStBl I 11, 1314 (UmwStErlass).

214 **1. Entgeltl Veräußerung eines Kommandit-(MUer)anteils.** Estrechtl liegt *voll entgeltl* Veräußerung iSv § 16 I S 1 Nr 2 vor, wenn (1) ein KG-Anteil gegen kaufmännisch bemessenes Entgelt übertragen wird, oder (2) ein K’tist gegen entspr Abfindung aus der KG ausscheidet und sein GesAnteil den bisherigen Ges’tern anwächst (vgl § 738 BGB). Zu *teilentgeltl* Übertragung s Rz 230.

215 **a) Negatives KapKto aus ausgleichs- und abzugsfähigen Verlustanteilen.** Zu negativem KapKto, das eine Ausgleichs*schuld* beinhaltet, s § 16 Rz 469–473. – **aa) Veräußerungsgewinn.** Ist das KapKto ganz oder teilweise durch die Zurechnung von Verlustanteilen negativ geworden, die rechtl (nicht notwendig auch tatsächlich) ausgleichs- und abzugsfähig waren, weil die Verlustanteile außerhalb des Anwendungsbereiches des § 15a entstanden sind oder die Voraussetzungen für einen Verlustausgleich bei überschießender Außenhaftung nach § 15a I 2, 3 erfüllt waren, und besteht der Veräußerungspreis iSv § 16 II in der **Übernahme des negativen KapKtos und eines zusätzl Entgelts** (stille Reserven höher als das negative KapKto), entsteht beim ausscheidenden K’tisten ein Veräußerungsgewinn iSv § 16 I 1 Nr 2 iHd Differenz zw dem zusätzl Entgelt und dem negativen KapKto (§ 16 Rz 473; BFH IV R 53/91 BStBl II 95, 112).

216 **(1) Zeitl Anwendungsbereich.** Dies gilt auch (BFH IV R 107/88 BFH/NV 90, 496) für entgeltl Veräußerungen im zeitl Anwendungsbereich des § 52 Abs 19 S 4, 5 aF, dh nach dem 28.8.80 (Rz 39), unabhängig davon, ob § 52 Abs 19 S 4 aF *(1)* überhaupt auf entgeltl Veräußerungen anzuwenden ist (bej *Littmann/Bitz* § 15a Rz 53; diff zu § 52 Abs 19 S 5 aF BFH VIII R 37/93 BStBl II 95, 246 aE: keine Anwendung auf Veräußerung an Dritte oder nur einen der bis-

herigen Ges'ter) und *(2)* nur negative Kapkonten erfasst, die durch außerhalb des § 15a ausgleichsfähige Verlustanteile entstanden sind oder auch solche, die zB auf wegen überschießender Außenhaftung (§ 15a I 2–3) ausgleichsfähigen Verlustanteilen beruhen (mE zutr).

(2) Begünstigung. Der Veräußerungsgewinn ist nach §§ 16, 34 begünstigt (BFH IV R 53/91 BStBl II 95, 112), auch, wenn das negative KapKto durch einen Verlustanteil entstanden ist, der wegen überschießender Außenhaftung nach § 15a I 2–3 ausgleichsfähig war. Zwar hat die Veräußerung des KG-Anteils für den Veräußerer die gleiche Wirkung wie eine Haftungsminderung iSv § 15a III, die zur Nachversteuerung eines *laufenden* Gewinns führt; an die Stelle der Haftung des Veräußerers tritt aber die des Erwerbers. Zum „Veräußerungspreis", wenn der K'tist für Schulden der KG zB auf Grund Bürgschaft haftet, s Rz 24. 217

bb) Anschaffungskosten. In Höhe des Veräußerungspreises (Übernahme des negativen KapKtos und zusätzl Entgelt) hat der Erwerber AK für die Anteile an den WG des GesVermögens zu aktivieren, und zwar in einer Ergänzungsbilanz, sofern der KG-Anteil an einen neuen Ges'ter oder nur einen der bisherigen Ges'ter veräußert wird (§ 16 Rz 499), und in der StB der KG, sofern alle bisherigen Ges'ter den KG-Anteil anteilig erwerben. 218

(1) Veräußerer. Dies gilt auch bei entgeltl Veräußerungen im zeitl Anwendungsbereich des § 52 Abs 24 S 4 dh **nach dem 28.8.80,** gleichgültig ob an einen Dritten, einen der bisherigen Ges'ter oder an alle bisherigen Ges'ter veräußert wird (*Natschke* StBP 97, 85/8). Zwar ist dort bestimmt, dass iHd negativen KapKtos, das der Ausscheidende nicht ausgleichen muss und daher bei ihm Veräußerungsgewinn ist, bei den anderen MUern Verlustanteile anzusetzen sind. Die Vorschrift ist aber allg nicht anzuwenden auf die entgeltl Veräußerung eines KG-Anteils an einen Dritten oder nur einen von mehreren der bisherigen Ges'ter (vgl zB BFH VIII R 37/93 BStBl II 95, 246 aE) und bei entgeltl Veräußerung an alle bisherigen Ges'ter teleologisch dahin zu reduzieren ist, dass sie insoweit nicht eingreift, als dem negativen KapKto Anteile an den stillen Reserven entsprechen; denn die Bilanzierung erworbener stiller Reserven kann nicht davon abhängen, ob das KapKto des Veräußerers positiv oder negativ war und daher der Preis nur in einem Barentgelt oder auch einem Verzicht auf künftige Gewinnanteile (negatives KapKto) besteht (EStR 15a VI 3; BFH IV B 4/06 BFH/NV 07, 2090). 219

(2) Folgen. Die Aktivierung eines Betrags iHd negativen KapKtos führt aber dazu, dass die stillen Reserven bei ihrer Realisierung **nicht nochmals** vom **Erwerber** zu versteuern sind (vgl BFH IV R 70/92 BStBl II 94, 745/8). 220

Beispiel: K'tist X tatsächl geleistete Einlage: 50; Haftsumme 100; Verlustanteil in 01: 100. Der Verlust ist voll ausgleichsfähig nach § 15a I 2–3. Negatives KapKto: 50. Anteil an den stillen Reserven des GesVermögens: 80. Veräußerung des KG-Anteils in 02 an Y gegen Übernahme des negativen KapKtos und Barentgelt von 30. Veräußerungsgewinn X: 30 + 50. AK Y: 80, auszuweisen in einer Ergänzungsbilanz mit positivem KapKto von 80, bei gleichzeitiger Fortführung des negativen KapKtos in der StB der KG mit minus 50.

cc) Kein weiteres Entgelt. Diese Grundsätze (zu a und b) gelten in gleicher Weise, wenn der Erwerber zwar das negative KapKto übernimmt, aber kein zusätzl Entgelt zahlt, weil der Anteil des Veräußerers an den stillen Reserven des GesVermögens nicht höher ist als sein negatives KapKto. Der Veräußerungsgewinn und die AK sind gleich dem negativen KapKto (s auch § 16 Rz 500). 221

dd) Stille Reserven. Sind die stillen Reserven (einschließl Geschäftswert) nachweisl geringer als das übernommene negative KapKto, entsteht beim **Veräußerer** ein **Veräußerungsgewinn** iHd negativen KapKtos (vgl BFH VIII R 76/96 BStBl II 99, 269 aus nur verrechenbaren Verlusten); der Erwerber hat entspr den dargelegten Grundsätzen AK iHd anteiligen stillen Reserven einschließl Geschäftswert (BFH IV R 70/92 BStBl II 94, 745/748 Sp 1; BFH IV B 4/06 BFH/NV 07, 2090), wobei *insoweit* mE gleichgültig ist, ob an einen neuen Ges'ter, 222 einen der bisherigen Ges'ter oder anteilig an alle bisherigen Ges'ter veräußert wird. – Beim **Erwerber** ist zu unterscheiden: – *(1)* Gem § 52 Abs 24 S 4 entsteht ein Verlust, wenn ein K'tist ohne Abfindung ausscheidet (Anwachsung), sein KG-Anteil also weder auf einen Dritten noch auf einen der bisherigen Ges'ter übergeht; denn jetzt steht fest, dass die bisherigen verbleibenden Ges'ter die Verluste tragen (BFH VIII R 37/93 BStBl II 95, 246; EStR 15a VI). – *(2)* Hingegen ist § 52 Abs 24 S 4 nicht anzuwenden auf die entgeltl Veräußerung an einen neuen oder einen der bisherigen Ges'ter; der Erwerber hat in diesem Falle vielmehr iHd nicht durch anteilige stille Reserven und einen Geschäftswert abgedeckten negativen KapKtos in einer Ergänzungsbilanz einen **Ausgleichsposten** zu aktivieren, der mit *allen* (FG Mster EFG 11, 960, rkr; zutr) künftigen auf den KG-Anteil entfallenden *stpfl* Gewinnanteilen zu verrechnen ist und diese damit für den Erwerber neutralisiert (BFH IV R 59/96 BStBl II 99, 266: kein Erwerbsverlust; Anm *MK* DStR 98, 889; iErg ähnl BFH VIII R 37/93 aaO: **„Merkposten"** außerhalb der Bilanz). – Sind **überhaupt keine stillen Reserven** vorhanden und wird der Anteil unentgeltl übertragen, scheidet schon aus diesem Grund ein Verlust beim Erwerber aus. Ist hingegen eine *entgeltl* Veräußerung (zur Abgrenzung s BFH VIII R 76/96 BStBl II 99, 269) anzunehmen (zB der Austritt aus einer fortbestehenden, aber vermögenslosen Ges) gelten die zu d) dargestellten Rechtsgrundsätze.

224 **b) Negatives KapKto aus nur verrechenbaren Verlustanteilen. – aa) Veräußerer.** Besteht der Veräußerungspreis iSv § 16 II in der Übernahme des negativen KapKtos *und* eines zusätzl Entgelts (anteilige stille Reserven!), entsteht beim Veräußerer ein Gewinn iHd zusätzl Entgelts *und* des negativen KapKtos (aA *KSM* § 15a B 332); dieser ist gem § 15a II 1 um den noch vorhandenen verrechenbaren Verlust zu mindern (Rz 240); nur der Rest ist estpfl (BFH IV R 75/93 BStBl II 96, 474 zu 3. aE; Rz 243). Ist das negative KapKto auf Grund nachträgl Einlage *und* deshalb auch der Veräußerungsgewinn niedriger als der festgestellte verrechenbare Verlust, ist die Differenz ein ausgleichs- und abzugsfähiger Veräußerungsverlust (FG Köln EFG 95, 1054; nunmehr ausdrückl § 15a II 2 nF; s Rz 181). Zu Sanierungsgewinnen s Rz 100.

225 **bb) Erwerber.** Er hat AK iHd zusätzl Entgelts *und* des übernommenen negativen KapKtos (s Rz 218–219). Die spätere Realisierung der erworbenen anteiligen stillen Reserven begründet zwar ggf einen Gewinn in der StB, durch den das negative KapKto entfällt, führt aber beim Erwerber zu keinem estpfl Gewinn, soweit der Veräußerungspreis den in der StB fortgeführten Buchwerten *und* den zusätzl AK in der Ergänzungsbilanz entspricht. Damit bleiben die stillen Reserven scheinbar teilweise unversteuert (beim Veräußerer wegen der Verlustverrechnung; beim Erwerber wegen der erhöhten AK). Die Ursache dafür ist, dass die KG einen Verlust erlitten hatte, der sich für den bisherigen K'tisten noch nicht steuermindernd auswirken konnte; zum Ausgleich bleiben die stillen Reserven iHd Verlustanteils (verrechenbarer Verlust) bei ihrer späteren Realisierung unversteuert. Dh: Erst jetzt wirkt sich der frühere Verlust aus. Zu vermögensverwaltender KG s Rz 38.

227 **cc) Kein zusätzl Entgelt.** Gleiches gilt, wenn der Veräußerungspreis nur in der Übernahme des negativen KapKtos besteht, weil nur in dieser Höhe anteilige **stille Reserven** vorhanden sind. Sind diese einschließl Geschäftswert **niedriger** als das übernommene negative KapKto, haben der/die Erwerber – auch bei Anwachsung (§ 52 Abs 24 S 4 nicht anwendbar) – die Differenz als Ausgleichs- oder Merkposten mit den zu b) dargestellten Rechtsfolgen zu aktivieren (BFH VIII R 76/96 BStBl II 99, 269 zu II.3.a: kein Erwerbsverlust; s auch Rz 222).

228 **dd) Sonderbetriebsergebnisse.** Zum Zusammentreffen eines Veräußerungsgewinns mit Sonderbetriebs-Verlust und Gewinn aus anderem GewBetr s *Brandenberg ua* JbFfSt 90/91, 239.

2. Unentgeltl Übergang eines Kommanditanteils. – a) Negatives KapKto aus ausgleichs- und abzugsfähigen Verlustanteilen. – aa) Grundsatz. Geht der KG-Anteil unentgeltl von Todes wegen (zB Erbanfall) auf einen neuen, alle oder nur einen der bisherigen Ges'ter über, haben diese die Buchwerte des Erblassers einschließl negativem KapKto fortzuführen (§ 6 III; *FinVerw* DStR 11, 1427). Zur Vererblichkeit des Verlustabzugs s Rz 234. 229

bb) Einzelfragen. – ***(1)*** Ebenso ist dies bei unentgeltl Übertragung unter Lebenden, *sofern* der Anteil an den **stillen Reserven** einschließl Geschäftswert **höher** ist als das negative KapKto; die Übertragung ist voll unentgeltl iSv § 6 III. Beim bisherigen K'tisten entsteht kein Gewinn; der Rechtsnachfolger hat die anteiligen Buchwerte einschließl negativem KapKto fortzuführen. Künftige Gewinnanteile, durch die das negative KapKto aufgefüllt wird, muss er versteuern; ebenso einen Gewinn aus der entgeltl Veräußerung des KG-Anteils mit negativem KapKto. § 52 Abs 24 S 3, 4 sind entgegen ihrem Wortlaut nicht anwendbar (s Rz 219). – ***(2)*** Wird ein negatives KapKto übernommen und ein zusätzl Entgelt (zB Gleichstellungsgeld) gewährt, ist beides zusammen aber niedriger als der Anteil des K'tisten an den stillen Reserven, ist dies **teilentgeltl Veräußerung,** die nach den zu Rz 215 ff dargestellten Grundsätzen zu beurteilen ist (vgl BFH XI R 34/92 BStBl II 93, 436; *IdW* Beil FN-IdW Nr 10/96 S 468 f). – ***(3)*** Soweit das **negative KapKto höher** ist **als** die anteiligen **stillen Reserven,** ist eine Anteilsübertragung unter Lebenden mE allenfalls iHd anteiligen stillen Reserven unentgeltl iSv § 6 III. IÜ entsteht ein Gewinn aus dem Wegfall des restl negativen KapKtos; der Erwerber hat einen aktiven Ausgleichs- oder Merkposten zur Neutralisierung künftiger Gewinnanteile anzusetzen (s Rz 222, 227). Ist der GesAnteil wertlos, wird der Erwerber idR mangels Gewinnchance nicht MUer; der Übertragende hat seinen MUeranteil estpfl aufgegeben (vgl BFH VIII R 154/85 BStBl II 86, 896). – ***(4)*** Soweit bereits feststeht, dass sich das negative KapKto aus künftigen Gewinnanteilen nicht mehr auffüllen lassen wird, entsteht noch vor der Anteilsübertragung beim bisherigen Ges'ter ein lfd Gewinn (§ 16 Rz 434). 230

b) Negatives KapKto aus nur verrechenbaren Verlustanteilen. Wird der KG-Anteil von Todes wegen oder voll unentgeltl unter Lebenden übertragen, tritt der Übernehmer, sofern er MUer wird, nicht nur in die bilanzrechtl Rechtsstellung seines Rechtsvorgängers ein, sondern nach der Rspr auch in das Recht zur Verlustverrechnung nach § 15a II aF/nF oder III 4; er muss die ihm zuzurechnenden künftigen Gewinnanteile bis zur Höhe des verrechenbaren Verlustes nicht versteuern (zB BFH VIII R 76/96 BStBl II 99, 269 zu II.3.b; FG Nbg EFG 11, 1162, rkr; Rz 106). Hieran ist mE auch nach der geänderten Rspr zu § 10d (s § 16 Rz 590) festzuhalten (*Dötsch* DStR 08, 641/6; *FinVerw* DStR 11, 1427). – Eine schenkweise Übertragung eines KG-Anteils mit Buchwertfortführung und Übergang des Rechts zu Verlustverrechnung ist aber idR (Ausnahme evtl Vorwegerbfolge, s BFH VIII R 76/96 aaO zu II.2.c aE) nur anzunehmen, wenn stille Reserven und ein Geschäftswert vorhanden sind, die anteilig höher als das negative KapKto sind; andernfalls ist nach den zu Rz 230 erwähnten Grundsätzen zu verfahren (krit *IdW* Beilage FN-IdW Nr 10/96 S 468g). 234

3. Doppelstöckige PersGes. *Veräußert* die *OberGes ihren Anteil an der UnterGes,* sind die Rechtsgrundsätze anzuwenden, die allg für die Veräußerung (und den Erwerb) von MUeranteilen maßgebl sind (§ 16 Rz 400 ff; § 15 Rz 613); Anteile am Verlust der UnterGes sind mit dem Veräußerungsgewinn zu saldieren (s Rz 61). – Wird ein *Anteil an der OberGes veräußert* und ist für diese (mit Wirkung für die OberGes'ter) bei der UnterGes ein verrechenbarer Verlust festgestellt, ist dieser mit einem Gewinn aus der Anteilsveräußerung zu verrechnen, aber nur, soweit dieser anteilig mittelbar auf die WG der UnterGes entfällt (s Rz 106: Anteilsidentität!; glA BFH IV R 67/00 BFH/NV 04, 1707; *Baschnagel* BB 15, 349); Gleiches gilt für die Auflösung eines neg KapKto bei der UnterGes (*FinVerw* DStR 13, 1086; 2699). Zu str Einzelheiten § 15 Rz 471. 235

236 **4. Umwandlung einer KG in eine KapGes. – a) Betriebseinbringung.** Brachte eine KG ihren ganzen GewBetr gegen Gewährung von GesRechten zu Buchwerten in eine KapGes ein (§§ 20 ff UmwStG aF) oder wurde sie formwechselnd in eine KapGes umgewandelt (vgl § 25 UmwStG aF), ging ein verrechenbarer Verlust nicht auf die KapGes über (ebenso wenig wie ein Verlustabzug nach § 10d: arg § 22 I, II iVm § 12 III 1 UmwStG aF; aA uU BFH I R 68/03 BStBl II 06, 380; dazu *BMF* BStBl I 06, 344: Nichtanwendung; zur späterer Veräußerung einbringungsgeborener Anteile gem § 21 UmwStG aF s 25. Aufl); hieran dürfte die mE missverständl Fassung von § 23 I, III, IV iVm § 12 III *HS 1* **UmwStG nF** nichts geändert haben (unklar *BMF* BStBl I 11, 1314 Rz 23.02). Bei Einbringung zu Teilwerten/gemeinen Werten oder Zwischenwerten mindert aber ein verrechenbarer Verlust den Einbringungsgewinn. Einlagenerhöhung vor Umwandlung zum Ausgleich negativer Kapkonten führt zu ausgleichsfähigen Verlusten (EStR 15a IV; *Brandenberg ua* JbFfSt 90/91, 242; s auch Rz 180).

237 **b) Anteilseinbringung.** Wird ein KG-Anteil gegen Gewährung von GesRechten in eine KapGes eingebracht (§§ 20 ff UmwStG aF/nF), ist dies auch bei Buchwertfortführung entgeltl Veräußerung (vgl BFH IV R 52/87 BStBl II 88, 829). Das Recht zur Verlustverrechnung nach § 15a II aF/nF oder III 4 geht nicht auf die KapGes über (s zu a; zu UmwStG aF glA *Bolk* BuW 97, 691/5; aA *IdW* Beil FN-IdW 96, 468i; *Hierstetter ua* DB 02, 1963/5). Gleiches gilt mE bei verdeckter Einlage (keine Anwendung des § 6 III; str, s § 6 Rz 665; § 16 Rz 15, 201f, 413, 513; aA *IdW* aaO). IÜ sind die zu a) erwähnten Grundsätze maßgebl.

238 **5. Einbringung eines KG-Anteils in PersGes; Verschmelzung der KG mit anderer PersGes; Verschmelzung von Ges'tern einer KG.** Wird ein **KG-Anteil** gem § 24 UmwStG zu Buchwerten in eine andere PersGes **eingebracht,** so dass eine doppelstöckige PersGes entsteht, bleibt mE das Recht des Einbringenden zur Verlustverrechnung nach § 15a II, III 4 in der Weise erhalten, dass der Einbringende seinen Gewinnanteil bei der OberGes insoweit mindern kann als dieser aus dem Gewinnanteil der OberGes bei der UnterGes herrührt (mittelbare Anteilsidentität; weitergehend *Rödder ua* DB 98, 99/102; *IdW* aaO S 468h). Zur Einbringung von Betrieben/MUeranteilen mit negativem EK s Rz 81; zur Rückbeziehung der Einbringung nach § 24 IV s *Patt ua* FR 96, 365/74 sowie § 2 IV aF/nF UmwStG. – Werden PersGes **verschmolzen,** bleibt jedenfalls bei der aufnehmenden KG das Recht zur Verlustverrechnung unberührt. Auch ein bei den K'tisten der untergehenden KG bestehendes Recht zur Verlustverrechnung bleibt diesen in ihrer Eigenschaft als NeuGes'ter der aufnehmenden PersGes erhalten (mE wirtschaftl Identität der Anteile, ähnl *Rödder ua* aaO; aA *KSM* § 15a B 489). – Zum Übergang eines verrechenbaren Verlustes nach §§ 11 ff UmwStG aF s 34. Aufl; § 12 III UmwStG nF schließt den *Übergang* auch verrechenbarer Verluste aus (BR-Drs 542/06, 66; BFH I R 94/08 BStBl II 10, 937 zu II.3); Gleiches gilt in Fällen der Auf-/Abspaltung (§§ 16, 15 III UmwStG nF; BR-Drs aaO, 67; *BMF* BStBl I 11, 1314 Rz 15.41, 16.03).

239 **6. Realteilung einer KG.** Wird eine KG *unter Fortführung der Buchwerte* (§ 16 III 2) in der Weise real geteilt, dass die KG erlischt (s § 16 Rz 530 ff), bleibt den Realteilern ihr Recht zur Verlustverrechnung nach § 15a II erhalten (Transfer des verrechenbaren Verlusts; *Jacobsen ua* DStR 13, 433; *Autenrieth* FS Haas, 7, 17; *IdW* Beil FN-IdW 96, 468j), ebenso wie bei Umwandlung einer zweigliedrigen KG in ein Einzelunternehmen durch Ausscheiden des persönl haftenden Ges'ters (s Rz 107). Nicht übertragbar ist hingegen nach BFH IV R 47/11 BStBl II 15, 532 die *(Gewinn-)*Hinzurechnung gem § 15a III 3 (Haftungsminderung) für *ausgleichsfähige* Verluste, sie sind aufgrund des Ausscheidens des K'tisten nach § 52 Abs 24 S 3 *gesellschafts*bezogen als Veräußerungsgewinn zu erfassen.

240 **7. Auflösung, Liquidation und Vollbeendigung der KG. – a) Verrechenbare Verluste.** Die gesellschaftsrechtl Auflösung, Liquidation und Beendi-

gung der KG kann begünstigte Betriebsveräußerung oder -aufgabe (§ 16) oder Betriebseinstellung iVm allmähl Abwicklung des GewBetrs sein. **Gewinne** eines K'tisten aus der Realisierung stiller Reserven sind um etwaige verrechenbare Verluste iSv § 15a II aF/nF, III 4 zu mindern (zB BFH X R 121/95 BFH/NV 00, 16); der im Jahre der Betriebsveräußerung/-aufgabe angefallende lfd Verlust ist hiervon auszunehmen (FG Mster EFG 13, 30, rkr, *Hempe ua* DStR 13, 1217).

b) Verbleibendes neg KapKto. Es ist zu unterscheiden: – **aa) Ausgleichsfähige Verluste.** Soweit negative KapKten durch Zurechnung von Verlustanteilen entstanden sind, die rechtl (nicht notwendig auch tatsächl; s aber BFH IV B 139/99 BFH/NV 01, 452: Erlass im *ESt*-Verfahren; zur Abgrenzung s BFH X R 25/03 BFH/NV 04, 1212) ausgleichs- und abzugsfähig waren, weil § 15a (noch) nicht anwendbar war, fallen sie mit der Folge weg, dass beim K'tisten in dieser Höhe ein estpfl Gewinn entsteht; Gleiches gilt für ein durch nichtabziehbare BA entstandenes negatives KapKto (BFH IV R 17/07, BStBl II 10, 631; *Wacker* HFR 10, 475/6), ebenso bei Liquiditätsentnahmen (vgl BFH IV R 19/12 BStBl II 15, 954). Der Gewinn ist gem § 52 Abs 24 S 3, 4 auch dann nach den §§ 16, 34 begünstigt, wenn keine Betriebsveräußerung oder -aufgabe, sondern eine allmähl Abwicklung vorliegt (BFH IV R 124/92 BStBl II 95, 253; mE fragl). Anders ist dies aber, wenn ein negatives KapKto schon vor Auflösung der KG wegfällt, weil feststeht, dass künftige Gewinnanteile nicht mehr entstehen (lfd Gewinn; Rz 14). In gleicher Höhe entsteht ein Verlust, der anteilig den persönl haftenden Ges'tern und mE auch den K'tisten mit positiven KapKten zuzurechnen ist, soweit diese in den Jahren, in denen die zu negativen KapKten führenden Verluste entstanden sind, bereits Ges'ter waren (ähnl wohl BFH VIII R 37/93 BStBl II 95, 246). 241

bb) Außenhaftung. Gleiches gilt für negative KapKten, soweit diese durch Zurechnung von Verlustanteilen entstanden sind, die nach **§ 15a I 2–3** wegen überschließender Außenhaftung ausgleichsfähig waren, sofern der K'tist aus dieser nicht in Anspruch genommen wird (BFH IV R 124/92 BStBl II 95, 253). Zahlungen, die er auf Grund der Außenhaftung leisten muss oder früher leisten musste (s Rz 130), mindern den „Wegfall-Gewinn" und in gleicher Weise den entspr Verlust der übrigen Ges'ter (BFH IV R 17/07 BStBl II 10, 631). Zu Liquidationsgewinnen s EStH 15a „Auflösung …" Beispiel 2; BFH IV R 17/07 aaO. 242

cc) Verrechenbare Verluste. Sind negative KapKten durch Zurechnung **nur verrechenbarer Verlustanteile** entstanden, ist ihr Wegfall für den K'tisten ohne estrechtl Auswirkung, soweit das negative KapKto dem noch vorhandenen verrechenbaren Verlust entspricht (vgl BFH IV R 17/07 BStBl II 10, 631). Für den oder die persönl haftenden Ges'ter oder die übrigen K'tisten mit positiven KapKten entsteht in gleicher Höhe ein Verlust, da diese Ges'ter die Verluste tatsächl tragen (zur zweigliedrigen KG s Rz 107, 227, 239). – War das negative KapKto niedriger als der noch verrechenbare Verlust, zB weil der K'tist in späteren Wj weitere Einlagen leistete **(Einlagenerhöhung),** entsteht grds iHd weiteren Einlagen ein nachträgl ausgleichs- und abzugsfähiger Verlust des K'tisten, weil dieser, und nicht etwa der persönl haftenden Ges'ter, insoweit den Verlust der KG tatsächl trägt (s mit Beispiel Rz 181; § 15a II 2 nF). Entsprechendes muss gelten, wenn sich der K'tist im Innenverhältnis zu Nachschüssen verpflichtet hat (oder eine von § 15a I 2 nicht erfasste Außenhaftung bestand) und hieraus in Anspruch genommen wird (BStBl II 10, 631). Zu Sanierungsgewinnen s Rz 100. 243

dd) Einzelfragen. Zur Auswirkung einer **fortbestehenden Außenhaftung** eines K'tisten zB auf Grund Bürgschaft s Rz 15, 24, 130, 181; zum Ausfall von Ges'ter-Forderungen **(SonderBVI)** s § 15 Rz 544; § 16 Rz 391. – Zum „Wegfall" eines **positiven** KapKtos (= Ausgleichsanspruch) s BFH VIII R 128/84 BStBl II 93, 594. 244

246 **8. Zeitpunkt des Wegfalls des negativen KapKtos bei Auflösung, Liquidation und Beendigung der KG.** Auch für den Anwendungsbereich des § 52 Abs 24 S 3, 4 enthält das Gesetz keine besondere Bestimmung über den Zeitpunkt, zu dem das negative KapKto, gleichgültig durch welche Art von Verlustanteilen entstanden, wegfällt, und zu dem die in Rz 240 ff dargestellten Rechtsfolgen eintreten, insb für den K'tisten ein Gewinn und für die übrigen Ges'ter ein Verlust entsteht. Nach BFH GrS 1/79 BStBl II 81, 164 ist dies der Zeitpunkt, zu dem feststeht, dass ein Ausgleich des negativen KapKtos mit künftigen Gewinnanteilen nicht mehr in Betracht kommt (s Rz 17 ff, 241), spätestens der Zeitpunkt einer Betriebsveräußerung oder -aufgabe (s auch Rz 19).

247 **9. Beendigung des gewerbl Unternehmens der KG ohne gesellschaftsrechtl Auflösung, Abwicklung und Vollbeendigung; Strukturwandel.** Der GewBetr einer KG kann sein Ende finden, ohne dass die KG gesellschaftsrechtl zB durch Beschluss der Ges'ter aufgelöst und abgewickelt wird oder eine Betriebsveräußerung oder -aufgabe (§ 16) vorliegt. Für diese Art der Beendigung gelten die in Rz 240–246 dargestellten Grundsätze sinngemäß (Wegfall der negativen KapKten). Zur Beendigung einer zweigliedrigen KG s Rz 107, 239.

248 Anders ist die Rechtslage bei einem **Strukturwandel** einer gewerbl geprägten KG auf Grund Preisgabe eines der Tatbestandsmerkmale des § 15 III Nr 2 zu einer vermögensverwaltenden KG mit Einkünften aus VuV, auf die gem § 21 I 2 weiterhin § 15a sinngemäß anzuwenden ist. Dies ist zwar Betriebsaufgabe iSv § 16 III; soweit jedoch die negativen Kapkonten durch die Anteile am Aufgabegewinn nicht ausgeglichen werden (s auch § 16 Rz 313), fallen sie nicht weg; die „Nachversteuerung" findet in Form positiver Einkünfte aus VuV statt (glA FG RhPf EFG 05, 1038, rkr). Zum umgekehrten Fall s Rz 38.

249 **10. Umwandlung einer KapGes in eine PersGes/KapGes.** Ist eine **KapGes** als K'tist an einer KG beteiligt und wird die **KapGes** (unter Fortbestand ihres KG-Anteils) **in eine PersGes umgewandelt** (mit der Folge, dass eine doppelstöckige PersGes entsteht), geht ein verrechenbarer Verlust der KapGes aus dem KG-Anteil nicht unmittelbar auf die PersGes über – ebenso wenig wie ein Verlustabzug nach § 10d (§ 4 II 2 UmwStG aF/nF; zur früheren str Rechtslage s *Geerling* DStR 96, 1715). Der verrechenbare Verlust kann aber durch die (einheitl) Wertaufstockung nach § 3 I, II UmwStG nF ausgeglichen werden; iÜ wirkt er sich mittelbar durch Minderung eines Übernahmegewinns aus, der aber ab 2001 ohnehin zu 50% bzw 40% stfrei ist (§ 4 VII UmwStG aF (StSenkG)/nF). Zu Verlusten im Rückwirkungszeitraum s Rz 132. – Zur Verschmelzung einer **KapGes auf** eine **andere KapGes** (oder Ab-/Aufspaltung) s Rz 238.

§ 15b Verluste im Zusammenhang mit Steuerstundungsmodellen

(1) [1]**Verluste im Zusammenhang mit einem Steuerstundungsmodell dürfen weder mit Einkünften aus Gewerbebetrieb noch mit Einkünften aus anderen Einkunftsarten ausgeglichen werden; sie dürfen auch nicht nach § 10d abgezogen werden.** [2]**Die Verluste mindern jedoch die Einkünfte, die der Steuerpflichtige in den folgenden Wirtschaftsjahren aus derselben Einkunftsquelle erzielt.** [3]**§ 15a ist insoweit nicht anzuwenden.**

(2) [1]**Ein Steuerstundungsmodell im Sinne des Absatzes 1 liegt vor, wenn auf Grund einer modellhaften Gestaltung steuerliche Vorteile in Form negativer Einkünfte erzielt werden sollen.** [2]**Dies ist der Fall, wenn dem Steuerpflichtigen auf Grund eines vorgefertigten Konzepts die Möglichkeit geboten werden soll, zumindest in der Anfangsphase der Investition Verluste mit übrigen Einkünften zu verrechnen.** [3]**Dabei ist es ohne Belang, auf welchen Vorschriften die negativen Einkünfte beruhen.**

(3) **Absatz 1 ist nur anzuwenden, wenn innerhalb der Anfangsphase das Verhältnis der Summe der prognostizierten Verluste zur Höhe des gezeichneten und nach dem Konzept auch aufzubringenden Kapitals oder bei Einzelinvestoren des eingesetzten Eigenkapitals 10 Prozent übersteigt.**

(3a) **Unabhängig von den Voraussetzungen nach den Absätzen 2 und 3 liegt ein Steuerstundungsmodell im Sinne des Absatzes 1 insbesondere vor, wenn ein Verlust aus Gewerbebetrieb entsteht oder sich erhöht, indem ein Steuerpflichtiger, der nicht aufgrund gesetzlicher Vorschriften verpflichtet ist, Bücher zu führen und regelmäßig Abschlüsse zu machen, aufgrund des Erwerbs von Wirtschaftsgütern des Umlaufvermögens sofort abziehbare Betriebsausgaben tätigt, wenn deren Übereignung ohne körperliche Übergabe durch Besitzkonstitut nach § 930 des Bürgerlichen Gesetzbuchs oder durch Abtretung des Herausgabeanspruchs nach § 931 des Bürgerlichen Gesetzbuchs erfolgt.**

(4) [1] **Der nach Absatz 1 nicht ausgleichsfähige Verlust ist jährlich gesondert festzustellen.** [2] **Dabei ist von dem verrechenbaren Verlust des Vorjahres auszugehen.** [3] **Der Feststellungsbescheid kann nur insoweit angegriffen werden, als der verrechenbare Verlust gegenüber dem verrechenbaren Verlust des Vorjahres sich verändert hat.** [4] **Handelt es sich bei dem Steuerstundungsmodell um eine Gesellschaft oder Gemeinschaft im Sinne des § 180 Absatz 1 Nummer 2 Buchstabe a der Abgabenordnung, ist das für die gesonderte und einheitliche Feststellung der einkommensteuerpflichtigen und körperschaftsteuerpflichtigen Einkünfte aus dem Steuerstundungsmodell zuständige Finanzamt für den Erlass des Feststellungsbescheids nach Satz 1 zuständig; anderenfalls ist das Betriebsfinanzamt (§ 18 Absatz 1 Nummer 2 der Abgabenordnung) zuständig.** [5] **Handelt es sich bei dem Steuerstundungsmodell um eine Gesellschaft oder Gemeinschaft im Sinne des § 180 Absatz 1 Nummer 2 Buchstabe a der Abgabenordnung, können die gesonderten Feststellungen nach Satz 1 mit der gesonderten und einheitlichen Feststellung der einkommensteuerpflichtigen und körperschaftsteuerpflichtigen Einkünfte aus dem Steuerstundungsmodell verbunden werden; in diesen Fällen sind die gesonderten Feststellungen nach Satz 1 einheitlich durchzuführen.**

Einkommensteuer-Richtlinien: EStH 15b

Übersicht

Schrifttum: Bis 2011 s 33. Aufl. *Dornheim* Die steuerl Berücksichtigung von Verlusten von Beteiligungen an ausl PersGes über den negativen Progressionsvorbehalt (sog. Goldfälle), DStR 12, 1581; *Schmidt/Renger* Zur steuerl Beurteilung sog Goldfälle, DStR 12, 2042; *Korn/Strahl* Steuerl Hinweise zum Jahresende 2012, KÖSDI 12, 1826; *Hechtner,* Der Steuertrick mit dem Gold, NWB 2013, 196; *Dornheim* StStundungsmodell im Lichte der aktuellen Rspr, Ubg 2013, 453; *Lüdicke/Fischer* StStundungsmodelle bei Fonds und insbesondere bei Einzelinvestitionen, Ubg 2013, 694; *Schulte-Frohlinde* Gesetzgeberische Aktovitäten zur Verhinderung der „Goldfinger“-Gestaltungen, BB 2013, 1623; *Stahl/Mann* Verfahrensrechtliche Fallstricke beim „Gold-FingerModell“ – Anm zu Urt FG RhPf v 30.1.2013 3 K 1185/12, DStR 2013, 1822; *Heuermann* Goldfinger und der dritte Abwehrversuch – Das StStundungsmodell des § 15b Abs 3a EStG und viele Fragen zu Beginn, DStR 2014, 169; *Nacke* Voraussetzungen für Steuerstundungsmodelle nach § 15b EStG, NWB 14, 1939; *Ronig* Neues zu StStundungsmodellen nach § 15b EStG, NWB 14, 1490; *Schuska* Verfrechtl Probleme bei der Anwendung des § 15b EStG, DStR 14, 825; *Rohde* Kein Wahlrecht zur Überschußrechnung für den Ges'ter einer bilanzierenden ausl PersGes, Steuk 15, 320; *Mann/Stahl* Hat das „Goldfinger-Modell“ seinen Glanz verloren, DStR 15, 1425; *Salzmann* Auswirkungen der bisherigen BFH-Urt zu den sog Goldfingerfällen, DStR 15, 1725; *Hennrichs* Zum Wahlrecht gemäß § 4 Abs 3 EStG bei mitunternehmerischer Beteiligung an einer ausl, bilanzierenden Ges, DStR 15, 1420; *Kräă* „Goldfinger“-Das Progressionsmodell nach den gsetzl Änderungen im Jahr 2013, FR 15, 928; *Preißer* Der Goldhandel im StRecht, DB 15, 1558; *Dißars* Verfahrenrechtl Fragen iZm den Goldfällen, NWB 15, 3170.

Verwaltungsanweisungen: *BMF*-Anwendungsschreiben v 17.7.2007, BStBl I, 542; zur Auslegung des Anwendungsschreibens *BMF* v 29.1.08 DStR 08, 561; zu § 20 IIb: *OFD Münster* v 7.11.08 DB 08, 2681; *OFD Magdeburg* DStR 08, 1833; *OFD Magdeburg* v 22.12.08, DStR 09, 532 zu Kapitalvermögen.

1 **1. Entstehung, Anwendungsbeginn.** § 15b ist am 1.1.06 in Kraft getreten (VerlustBeschrG v 22.12.05, BGBl I, 3683), anwendbar für StStundungsmodelle, für die ab dem 11.11.05 mit dem Außenvertrieb begonnen wurde oder denen der StPfl ab dem 11.11.05 beigetreten ist (§ 52 Abs. 25). Der **Außenvertrieb** beginnt, sobald die Ges unmittelbar oder mittelbar, dh über ein Vertriebsunternehmen, im Markt als Anbieter der Fondsanteile aufgetreten ist (§ 52 Abs 25 S 2; Hess FG 10 V 2167/07). Das VerlustBeschrG legt sich also **Rückwirkung** auf den 11.11.05 bei (krit *Fleischmann/Meyer-Scharenberg* DB 06, 353; *Patt/Patt* DB 06, 1865 mwN; zur BVerfG-Rspr insoweit *Seeger* FS Korn, 2005, 701; *Schuska* DStR 14, 825). Durch das JStG 07 (v 13.12.06,BGBl I 2878) wurde § 20 IIb (jetzt § 20 VII) eingefügt, anwendbar ab VZ 06 (§ 52 Abs 28 S 2 iVm Abs 25); § 15b Abs 3a beruht auf dem AIFM-AnpG (v 18.12.13 BGBl I 4318; BT-Drs 18/68), anwendbar ab 29.11.2013 (§ 52 Abs. 25 S 5); vgl auch § 32b II Nr 2 Buchst b, anwendbar ab 1.3.13 (§ 52 Abs 33). § 15b gilt unmittelbar für Einkünfte aus **GewBetr** und entspr für andere Einkunftsarten (Rz 7). Für Einkünfte aus KapVerm wurde die entspr Anwendung zunächst durch § 20 I Nr 4 S 2 nur für diese Fälle (Verluste stiller Ges'ter), dann durch § 20 IIb = § 20 VII auf alle Fälle des § 20 **rückwirkend** auf den Beginn des VZ 06 ausgedehnt (§ 52 Abs 37d, 33a = § 52 Abs. 28 S 2 nF). Damit gilt die Vorschrift für alle Einkunftsarten (Rz 6). Zur Rechtsentwicklung *Kräă* FR 15, 928.

2 **2. Zweck.** § 15b ersetzt § 2b ab 11.11.05 (§ 52 IV EStG 06). Bezweckt wird auf vertragl Gestaltungen beruhende zeitweilige Verlustnutzung zu unterbinden, also entspr Progressions- und Zinsvorteile auszuschließen. § 15b I enthält ein begrenztes Verlustabzugsverbot mit der Maßgabe, dass Verluste nur mit (späteren) Gewinnen aus „derselben **Einkunftsquelle**“ (Rz 15) verrechnet werden können. Nach § 15b ist – anders als nach § 2b aF – die Verlustverrechnung auf die jeweilige Einkunftsquelle beschränkt, was den **Grundsatz der Einheit des Einkommens** weiter durchbricht (s § 2 II 2, § 32d; § 2 Rz 62–66); zur Einschränkung des **obj Nettoprinzip** (*Söffing* BB 05, 1249; *Naujok* DStR 07, 1601/4) Auf (typische) **Anlaufverluste** bei Aufnahme einer Einkünfteerzielungstätigkeit ist § 15b nicht anwendbar (*BMF* BStBl I 07, 542; FG Mster 5 V 1142/10 F, EFG 10, 1878 für Gründungskosten; *Dornheim* Ubg 13, 456). In § 15b werden ledigl eine -beliebige (§ 15b III 3) - Vertragsgestaltung (Modell, Konzept) und eine **Ertragsprognose** (Verlustzusammenballung in der Anfangsphase) als Tatbestandsvoraussetzungen festgelegt. Diese systemfremde Vorgehensweise ist der Versuch einer Antwort auf die unerschöpfl scheinende Phantasie auf Steuervermeidung gerichteter Kautelargestaltungen. Wegen der Weite der verwendeten Begriffe (Steuerstundung, Modell) und der Ungewissheit der Beurteilung der Ertragsprognose durch die Fin-

Verw hat § 15b große **präventive Wirkung** entfaltet (vgl *Blümich/Heuermann,* EStG, § 15b Rz 1). Zu beachten bleibt auch die Grenze der Verlustverrechnung infolge des Wegfalls der **Vererblichkeit** von Verlusten(§ 2 Rz 57; *Dötsch* DStR 08, 641/6).

3. Regelungsinhalt. – a) Tatbestandsmerkmale. § 15b setzt Einkünfteerzielungsabsicht voraus (*Preißer* DB 15, 1558/61). § 15b schließt den Ausgleich der Verluste aus StStundungsmodellen mit (anderen) positiven Einkünften im Jahr der Verlustentstehung aus, ebenso den Abzug nach § 10d, gestattet aber die Verrechnung mit positiven Einkünften aus *derselben* Einkunftsquelle in späteren Wj. Zweck des § 15b ist es, auf bewusst gewählter Gestaltung (Modell, Konzept) beruhende Verluste, die ohne die Möglichkeit zeitnaher Verrechnung mit positiven Einkünften nicht in Kauf genommen worden wären, von der sofortigen Verlustverrechnung auszuschließen. BFH IV R 59/10 Rz 16–27 (DStR 14, 8) hat entschieden, dass § 15b II 1 hinsichtl des Begriffs **„modellhafte Gestaltung"** und seiner Begriffselemente hinreichend bestimmt und auslegungsfähig und deshalb (insoweit) verfgemäß ist. Hinsichtl dem StPfl von dritter Seite (s BFH IV R 59/10 Rz 20, 27) gebotenen **Anfangsverlustmodellen** ist die verfrechtl Frage damit wohl abschließend beantwortet (vgl *Nacke* NWB 14, 1939; *Schuska* DStR 14, 825); zu verfrechtl Bedenken s 33. Aufl. § 15b Rz 3. Spezielle Fragen ergeben sich für Einzel-Investoren, über die in BFH IV R 59/10 nicht entschieden wurde; **aA** *Lüdicke* DStR 14, 692; *Podewils* juris Anm D zu BFH IV R 59/10, s dazu Rz 4. 3

b) Sonderfall: Einzelinvestor. – Soweit einer Einzelinvestition ein Modellangebot iSd § 15b II zugrunde liegt, ergeben sich keine Besonderheiten. Ersinnt ein StPfl selbst ein StStundungsmodell oder lässt er es von einem Berater (entgeltl) kreieren, lässt der Gesetzeswortlaut den Rechtsanwender im Stich. Die FG-Rspr ist uneinheitl (*Dornheim* Ubg 13, 453 mwN; s Rz 8). *Lüdicke/Fischer* (Ubg 13, 694) folgern mit einem Teil der FG-Rspr aus dem Wortlaut des § 15b II (grammatisches Passiv, vorgefertigtes Konzept, *gebotene* Möglichkeit) und dem Modellbegriff (modellhafte Gestaltung), dass (unausgesprochene) Tatbestandsvoraussetzung **Passivität** des StPfl – ausgenommen die Beitrittshandlungen – sei, so dass Einzelinvestitionen nur dann unter § 15b fallen sollen, wenn sie das Passivitätskriterium erfüllen; teilweise aA *Dornheim* Ubg 13, 453; *Stahl/Mann* DStR 13, 1822/3. *Lüdicke* (DStR 14, 692), *Podewils* (juris Anm D zu BFH IV R 59/10) und *Nacke* (NWB 14, 1939/42) verneinen die Anwendbarkeit des § 15b, wenn ein Modell nicht *angeboten* oder als solches vom StPfl nicht *erkannt* wird; vgl auch FG Mster 6 K 3045/11 F, EFG 14,753 Rev I R 14/14. Allerdings hat BFH IV R 59/10 Rz 20 nur das Vorliegen eines „vorgefertigten Konzepts" verneint; zur Anwendbarkeit auf vergleichbare Investitionen, die nicht auf einem angebotenen Vertragsmodell beruhen, äußert sich die Entscheidung nicht. – Dem Gesetz (§ 15b III) lässt sich mE immerhin entnehmen, dass auch **Gestaltungen durch Einzelinvestoren,** also solche, denen kein von einem Dritten angebotenes Konzept zugrunde liegt, unter § 15b fallen können. Wollte man auf solche Einzelinvestitionen § 15b nicht anwenden, ergäbe sich eine **Verschonung** von Einzelinvestoren, die die „Verlustkonstruktion" selbst gestalten (oder von ihren Beratern gestalten lassen). Das wäre **gleichheitswidrig** und die Vorschrift insgesamt verfwidrig. Deshalb sind zur Verwirklichung des Gesetzeszwecks und zur Vermeidung gleichheitswidriger Rechtsanwendung im Wege **verfkonformer Auslegung** Investitionen durch StPfl auch dann in den Anwendungsbereich des § 15b einzubeziehen, wenn diese das Modell selbst erdacht haben oder erdenken ließen. **Maßstab** und hinreichender Grund dafür ist der mit § 15b verfolgte **Rechtszweck** (Rz 3), „unechte" Verluste (vgl BFH IX R 56/05 BStBl II, 649 zu § 2 III aF), die auf einer bloß rechtl Konstruktion beruhen, ohne einen über die Entstehung von Anfangsverlusten hinausgehenden Zweck zu verfolgen, in ihrer Abzugsfähigkeit einzuschränken. Ein **Steuerstundungsmodell** iSd § 15b II 1 ist folgl eine rechtl Gestaltung, die auf steuerl Vorteile durch Verlust- 4 abzug angelegt ist und ohne die Möglichkeit der (sofortigen) Verlustverrechnung (Verlustausgleich, § 2 Rz 57; § 10d Rz 17ff), nicht gewählt worden wäre (BT-Drs 16/107 S 6; FG Hess 1 K 2343/08 EFG 13, 510 Rev VIII R 7/13; vgl auch *Kirchhof/Reiß* EStG, 13 Aufl. § 15b Rz 40 aE).

6 **4. Verhältnis zu anderen Vorschriften.** § 15b ist lex specialis ggü § 15a (§ 15b I 3; s Beispiel bei *Blümich/Heuermann* EStG, 15b Rz 28). § 15b setzt – auch iRe entspr Anwendung, wie der Wortlaut des § 20 IIb/VII bestätigt (… nicht der tarifl ESt unterliegen) – voraus, dass (im Inl) stbare (positive bzw negative) Einkünfte erzielt werden (vgl BFH I B 223/08 BFH/NV 09, 1437). Dazu gehören auch (negative) **Zwischengewinne** aus Fondsbeteiligungen von Privatanlegern, weil diese Einkünfte iSv § 20 I Nr 1 sind (FG Mster 12 K 689/12F unter III.2, EFG 15, 1696, Rev VIII R 29/15). Nicht der „tarifl ESt" iSv § 20 IIb/VII unterliegen Einkünfte, von denen **AbgeltungsSt** erhoben wird; deshalb erweitert § 20 VII 2 die entspr Anwendung auch auf diese Fälle (FG Nds v 26.9.13 3 K 12341/11 BeckRS 14, 94007; *Blümich/Ratschow,* EStG § 20 Rz 472). Wenn während der Abwicklung des Modells die Steuerbarkeit durch Wegzug endet, ist § 15b nicht anwendbar, evtl aber § 42 AO (zust FG BaWü v 30.3.11 4 K 1723/09; bestätigt BFH I R 39/11 DStR 13, 10). § 15b schließt deshalb auch den **negativen Progressionsvorbehalt** nicht aus (FG Hess 11 V 252/10, DStRE 11, 267; FG Sachs 8 K 1853/09, rkr, DStR 12, 1356; *Naujok* DStR 07, 1601/6; *Schmidt/Renger* DStR 12, 2042, 2044; aA *BMF* BStBl I 07, 542 Rz 24; *Blümich/Heuermann* EStG, § 15b Rz 5; eingehend *Dornheim* DStR 12, 1581; dagegen *Schmidt/Renger* DStR 12, 2042; *Hechtner* NWB 13, 196). Zweifelhaft ist auch, ob § 4 III 4, der der **Verlustentstehung** entgegenstünde, anwendbar ist (dafür *Dornheim* DStR 12, 1581; dagegen *Schmidt/Renger* DStR 12, 2042; *Stahl/Mann* DStR 13, 1822/3 mwN aus der FG-Rspr). Zu § 32b II Nr 2 Buchst c und der Einschränkung des **negativen Progressionsvorbehalts** in den **Goldfällen** s § 15b IIIa (Rz 20); § 32b Rz 45 mwN.

7 **5. Anwendungsbereich.** § 15b gilt unmittelbar für gewerbl Einkünfte und entspr für andere Einkunftsarten; vgl § 13 VII, § 18 IV 2; § 21 I 2 (Rz 12) und § 22 Nr 1 HS 2; zum Anwendungsumfang iEinz *Ronig* NWB 14, 1490. Für Einkünfte aus **KapVerm** wurde die entspr Anwendbarkeit schrittweise ausgedehnt: § 20 I Nr 4 S 2/§ 20 II b/§ 20 VII (Rz 1; *OFD Magdeburg* DStR 08, 1833; *OFD Mster* DB 08, 2681 zum Schuldzinsenabzug kreditfinanzierten Wertpapiererwerbs; einschr *Brandtner/Geiser* DStR 08, 1407 für **Stückzinsen** und **Zwischengewinne**). Ergänzend zu § 20 VII wurde § 15b auf § 8 VII InvStG für entspr anwendbar erklärt (G v. 8.12.2010, BGBl. I, 1768); s zum unklaren Anwendungsbereich *Kretzschmann* FR 11, 62, 66; *Jansen/Lübbehüsen* FR 11, 512. § 15b ist seit der Einfügung des § 20 IIb/§ 20 VII für alle Arten von Einkünften iSd § 20 anwendbar, also auch für die zunächst nicht unter § 15b fallenden **fremdfinanzierten LV** (*Söffing* DStR 06, 1585; *BMF* BStBl I 07, 542 Rz 7) und Steuerstundungsmodelle, die auf der Inanspruchnahme von **Damnum** oder **Disagio** (vgl § 20 I Nr 7) beruhen. Zur Rückwirkung des § 20 IIb s Rz 22.

8 **6. Steuerstundungsmodell, § 15b II.** Dabei handelt es sich nach der Umschreibung des § 15b II 1 um eine rechtl Gestaltung, die ohne die Möglichkeit der (sofortigen) Verlustverrechnung nicht gewählt worden wäre (s Rz 4 aE; BT-Drs 16/107 S 6; FG Hess 1 K 2343/08 EFG 13, 510 Rev VIII R 7/13). Dabei zielt die Gestaltung konzeptionell ab auf Erzielung negativer Einkünfte zwecks Verrechnung mit positiven Einkünften (FG BaWü 10 K 1693/12, EFG 15, 384, Rev IV R 57/14), also auf Verlustausgleich nach § 2 III und/oder Verlustabzug nach § 10d; vgl § 2 Rz 57; § 10d Rz 17ff). Nach dem *Wortlaut* des § 15b II muss sich das Konzept an eine andere Person (oder eine unbestimmte Vielzahl von Personen) wenden (BFH IV R 59/10 Rz 20, DStR 14, 8) und bei dieser – dem Investor – auf die Entstehung negativer Einkünfte – wenigstens in der Anfangsphase – abzielen;

charakteristisch ist in den ***Angebotsfällen*** (zu Einzelinvestoren Rz 4) die Passivität des Investors bei der Entwicklung der Geschäftsidee und der Vertragsgestaltung (BFH I B223/08 BFH/NV 09, 1437 FG RhPf 3 K 1185/12 EFG 13, 849 rk; weitergehend *Lüdicke/Fischer* Ubg 13, 694; **aA** FG Hess 1 K 2343/08 EFG 13, 510, Rev VIII R 7/13; gegen das Passivitätskriterium *Dornheim* Ubg 13, 453, 456); mE ist § 15b auch auf Investitionen anzuwenden, denen kein Angebot von dritter Seite zugrunde liegt; s Rz 4. Modelle wie **Private Equity Fonds** und **Venture Capital Fonds,** die auf die Erzielung positiver Einkünfte bereits in der Anfangsphase gerichtet sind, fallen nicht unter § 15b (*BMF* BStBl I 07, 542 Rz 12; *Fleischmann/Meyer-Scharenberg* DB 06, 353 unter IV). Die Ausnutzung eines StGefälles (AbgeltungsSt/tarifl ESt) ist kein StStundungsmodell iSv § 15b, sofern keine Verlustverrechnung angestrebt wird (FG Nds 3 K 12341/11, Rev VIII R 46/14; teilweise aA FG BaWü 10 K 1693/12 EFG 15, 384 Rev IV R 57/14); ein planvoll eintretender (negativer) **Zwischengewinn** ist idR als StStundungsmodell zu werten (s Rz 6; FG Mster 12 K 689/12F unter III.2, EFG 15, 1696, Rev VIII R 29/15). Die Beteiligung an einer von einer Bank vertriebenen Finanzanlage, die ledigl auf Verlustentstehung abzielt, ist StStundungsmodell; jedenfalls ist § 42 AO anwendbar (FG Mster 5 K 4513/09 EFG 13, 1014 Rev BFH VIII R 74/13; s auch Rz 6).

a) Modellhaftigkeit. Modellhaft ist nach § 15b II 1, 2 eine Gestaltung, wenn der Investor aufgrund des Erwerbs von Anteilen an **PersGes** (sog Fondsanteile) oder einer **Einzelinvestition** (s § 15b III) nach einem zugrunde liegenden Konzept (s Rz 8; BFH I B 223/08 BFH/NV 09, 1437) Verluste „erzielen“ soll, die, gäbe es § 15b nicht, als negative Einkünfte mit positiven Einkünften gem § 2 III zu verrechnen wären. Modellhaft ist nach *BMF* BStBl I 07, 542 Rz 8, 11 auch eine Vertragsgestaltung, bei der mehrere Vertragspartner sich zwecks Kapitalanlage zusammenschließen und solchermaßen **gleichgerichtete Leistungsbeziehungen** ggü der Ges begründen (ähnl *Naujok* DStR 07, 1601/3; aA *Brandtner/Lechner/Schmidt* BB 07, 1922/4). Die Modellhaftigkeit folgt dabei nicht aus dem jeweils einzelnen Vertrag, sondern aus der Gleichartigkeit der Vertragsinhalte ggü den Leistungserbringern (*BMF* BStBl I 07, 542 Rz 11). Modellhaft können auch **Anlegerfremdfinanzierungen** gestaltet werden, weshalb *BMF* BStBl I 07, 542 Rz 6/8 auch die anlegerbezogene Anwendung in den § 15b einbezieht. Kein Modell liegt vor, wenn eine sich „zufällig“ ergebende Verlustverrechnungsmöglichkeit genutzt wird; s FG Nds v 26.9.13 3 K 12341/11, Rev VIII R 46/14. Zum Verfahren s Rz 21. 9

b) Fondsbeteiligungen. Modellhaft sind jedenfalls alle Fondsbeteiligungen, die auf einem vorkonzipierten Vertragswerk beruhen, das dem Anleger keine ins Gewicht fallende Einflussmöglichkeit auf Vertragsgestaltung und **Geschäftsführung** des Fonds lässt (vgl *Beck* DStR 06, 61 unter 3.2.1; *Fleischmann/Meyer-Scharenberg* DB 06, 353; *Brandtner/Raffel* BB 06, 639 unter 2a). Das soll aber auch für Fonds gelten, bei denen die Anleger wegen ihnen eröffneter gewichtiger Mitentscheidungsmöglichkeiten nicht als bloße Erwerber, sondern nach dem 5. Bauherrenerlass (*BMF* BStBl I 03, 546) als **Bauherren** oder nach dem **Medienerlass** (*BMF* BStBl II I 01, 588) als Hersteller anzusehen wären, weil auch in diesen Fällen der Beitritt zu dem Fonds auf einem **vorgefertigten Konzept** beruhe (*Beck* DStR 06, 61 unter 3.2.2.). Nach *BMF* BStBl I 07, 542 Rz 7 kommt es auf etwaige Mitentscheidungsmöglichkeiten nicht an, wenn „wegen vorrangig kapitalmäßiger Beteiligung“ ein Einfluss auf die Geschäftsführung nicht angestrebt wird. Das bedeutet, dass auch bei für die Annahme einer **MUerstellung** ausreichender Einflussmöglichkeit auf die Geschäftsgestaltung § 15b anwendbar sein kann (zust BFH IV R 59/10 Rz 21 DStR 14, 8 vgl. *Brandtner/Lechner/Schmidt* BB 07, 1922/3). Die Abgrenzung zu **Anlaufverlusten** bei Aufnahme einer Einkünfteerzielungstätigkeit, die von § 15b nicht betroffen sind (Rz 3 mwN), kann hier nur aus dem Gesamt- 10 bild der Umstände gewonnen werden. Nach der Begründung des Gesetzentwurfs (unter I. der BT-Drs 16/107v 29.11.05) und *BMF* BStBl I 07, 542 Rz 6 sowie *BMF* v 29.1.08 DStR 08, 561 fallen unter § 15b zB **Medienfonds** (dazu *Theisen* DStR 10, 1649; *Dornfeld* DStR 11, 1793 insb Fn 4), **Schiffsbeteiligungen** (soweit sie noch Verluste vermitteln; vgl § 5a Rz 4), **New-Energy-Fonds, Leasingsfonds, Wertpapierhandelsfonds, Videogamefonds** und **geschlossene Immobilienfonds;** anders **LV-Zweitmarktfonds, Venture-Capital- und Private-Equity-Fonds** (BT-Drs. 16/107, S. 6; *BMF* BStBl I 07, 542 Rz. 12). Zu Bauträger-Angeboten s Rz 12. Zu einem Sonderfall s FG Nds v 26.9.13 3 K 12341/11, Rev VIII R 46/14 (s Rz 9 aE).

11 **c) Doppelstöckige Strukturen.** Die Voraussetzungen des § 15b sind für **OberGes** und die **UnterGes** getrennt zu prüfen. Ob § 15b auch auf eine UnterGes Anwendung findet, wenn diese, nicht aber die OberGes StStundungsmodell ist, ist **umstritten** (*BMF* BStBl I 07, 542 Tz 21). Zunächst ist jedenfalls die 10%-Grenze des § 15b III zu beachten. Nach § 15 I Nr 2 S 2 stehen mittelbar beteiligte unmittelbar beteiligten Ges'tern gleich. Dies und § 33 AO sprechen für die Auffassung von *BMF* aaO, dass Verluste der UnterGes ggf als § 15b-Verluste festzustellen seien (vgl auch *Pohl* DStR 06, 689; 07, 382); fragl, weil § 15 I Nr 2 S 2 nur Ges'ter, nicht StPfl anspricht(*Lechner/Lemaitre* DStR 07, 935; *Naujok* BB 07, 1365; *Lüdicke/Naujok* DB 06, 744, 747; eingehend auch *Blümich/Heuermann* EStG, 15b Rz 27); allerdings sind PersGes auch StPfl, soweit sie Gewinnermittlungssubjekte sind (§ 15 Rz 164ff).

12 **7. Ein-Objekt-Investitionen.** Zur Auslegung des § 15b s Rz 3, zur grds Anwendbarkeit des § 15b s Rz 4, ferner *BMF* BStBl I 07, 542 Rz 11, 8, 9. Die **Finanzierung** eines GesAnteils fällt unter § 15b, wenn sie modellhaft ist (aA *Beck* DStR 06, 61; zweifelnd BFH I B 223/08 BFH/NV 09, 1437). Ein-Objekt-Investitionen liegen vor, wenn zB einzelne WG oder **Sachgesamtheiten** erworben werden und der Verkäufer gesondert zu bezahlende **Nebenleistungen** übernimmt, zB Finanzierungsvermittlung, Mietausfallgarantie (s unten). In solchen Fällen können die Entgelte für die Zusatzleistungen zu negativen Einkünften führen, so dass ein StStundungsmodell vorliegt (vgl *Apel* StuB 05, 1000). Wird ein **Gebäude mit Modernisierungszusage** zu einem Gesamtpreis verkauft, handelt es sich nicht um ein Modell iSd § 15b, wenn nach den Grundsätzen des sog **einheitl Vertragswerks** (BFH II R 29/01 BFH/NV 03, 1446; BFH II R 12/03 BStBl II 05, 220; vgl auch *BMF* v 20.10.03 BStBl I 03, 546 Rz 1) vom Erwerb eines modernisierten Gebäudes auszugehen ist, auch wenn eine Vielzahl von Verträgen abgeschlossen worden ist und die Modernisierung erst nach Eigentumsumschreibung auf den Erwerber begonnen wird; wie hier im Wesentlichen auch *BMF* BStBl I 07, 542 Rz 8, 9; *Blümich/Heuermann* EStG, § 15b Rz 19. Diese Abgrenzung vermeidet einen Widerspruch zw § 15b und § 7h I S 5 sowie § 7i I 5 (*Beck* DStR 06, 61; so auch BT-Drs 16/107 in der Begründung zu § 21 I 2 im Entwurf des VerlustBeschrG; zweifelnd *Brandtner/Raffel* BB 06, 639 unter 2c; *Naujok* DStR 07, 1601/2). Ein StStundungsmodell kommt in solchen Fällen in Betracht, wenn in dem **einheitl Vertragswerk** ausgewiesene Entgelte als **„gesonderte Gebühren"** nicht Teil der AK sind, sondern als sofort abzugsfähige BA/WK zu einem Verlust führen. Auch **Bauträger**-„Angebote" sind deshalb grds modellhaft (*BMF* v 29.1.08 DStR 08, 561; *Fleischmann/Meyer-Scharenberg* DB 06, 353 unter IV; *Naujok* DStR 07, 1601/3). Kein StStundungsmodell, wenn die dem Verkauf bzw Erwerb vorangehenden Dienstleistungen nicht gesondert in Rechnung gestellt werden (s oben) und so nicht sofort den Verlust erhöhen, sie also zu den AK gehören (*Beck* DStR 05, 61, 64; *Fleischmann/Meyer-Scharenberg* DB 06, 353 unter IV). **„Gesonderte Gebühren"** führen auch dann nicht zur Annahme eines StStundungsmodells, wenn sie für lfd zu erbringende Gegenleistungen des Empfängers gezahlt werden, zB das Entgelt für die Hausverwaltung, für Straßen- und Gebäudereini-

gung, für nachträgl erforderl werdende Reparaturen (*BMF* BStBl I 07, 542 Rz 9). Auch eine **Mietenpoolung** begründet keine Modellhaftigkeit, weil die Zusammenfassung der Mieten nach Beginn der Vermietung nicht auf Verlust-, sondern auf Gewinn- bzw Überschusserzielung gerichtet ist (vgl *BMF* BStBl I 07, 542 Rz 9).

8. Rentenversicherung; Lebensversicherung. RV- und LV-Ansprüche, die iZm fremdfinanzierten Prämienleistungen begründet werden (anders nach § 2b; vgl 26. Aufl, § 2b Rz 15 mwN), fallen gem § 22 Nr 1 S 1, 2. HS grds unter § 15b (*BMF* BStBl I 07, 542 Rz 7). Die zusammen angebotenen Finanzierungs- und LV-Verträge sind als Bestandteile des Modells zu prüfen. Nicht unter § 15b fielen *zunächst* LV, die zu Einkünften iSd § 20 I Nr 6 führen, weil insoweit § 15b nicht für anwendbar erklärt war (vgl *Söffing* DStR 06, 1585); dies wurde **rückwirkend** ab VZ 06 geändert (§ 20 IIb/VII); Rz 21, 22. 13

9. Zebragesellschaften. Werden im BV Anteile an PersGes gehalten, die ledigl vermögensverwaltend tätig sind, ist die Frage, ob ein Steuerstundungsmodell vorliegt, allein anhand der Überschusseinkünfte zu entscheiden. Die Umqualifizierung in gewerbl Einkünfte und eine sich dabei ergebenden Änderung der Höhe der Einkünfte berührt die Anwendung des § 15b nicht (*BMF* BStBl I 07, 542 Rz 20). 14

10. Einkunftsquelle. Dieser Ausdruck stammt aus der sog Quellentheorie (*Tipke* StRechtsordnung Bd II, 2. Aufl 2003, § 12.4.212, S 627); eine Begriffsbestimmung enthält § 15b nicht. Nach der Begründung zum Gesetzentwurf zu § 15b stellt die Beteiligung an einem StStundungsmodell die Einkunftsquelle dar (BT-Drs 16/107 zu § 15b, S 9; ähnl *Blümich/Heuermann* EStG, § 15b Rz 25ff); etwaiges **SonderBV** gehört deshalb mit zur Einkunftsquelle. Das bedeutet, dass Gewinne und Verluste unterschiedl Vermögensanlagen eines Fonds (einer Ges) ausgeglichen werden können (*BMF* BStBl I 07, 542 Rz 13; vgl auch *BMF*-Anwendungserlass zu § 2b, BStBl I 01, 588 Rz 13a; *Beck* DStR 06, 61 unter 3.3.1; *Blümich/Heuermann* EStG, § 15b Rz 32 *Beispiel*). Ist der Fonds als sog **Dachfonds** an weiteren Fonds beteiligt, werden die saldierten Ergebnisse jedes Fonds betrachtet, nicht aber das Gesamtergebnis des Dachfonds (s Rz 11; zu mehrstöckigen Ges *BMF* BStBl I 07, 542 Rz 21; *Beck* aaO unter 3.3.1 mit *Berechnungsbeispielen*). Für § 15b wird also bei **PersGes** die jeweilige Ges, nicht aber die **einzelne** Investition als Einkunftsquelle betrachtet. Hingegen wird bei **natürl Personen** auf das einzelne Investment abgestellt (*BMF* BStBl I 07, 542 Rz 13; zu steuergestalterischen Möglichkeiten dieser Definition s *Naujok* DStR 07, 1601/4). Das bedeutet: Der Begriff der **Einkunftsquelle** wird in *BMF* BStBl I 07, 542 (*Gragert* NWB 10, 2540/2: zur saldierenden Betrachtung, wenn Einkunftsquelle die Beteiligung am StStundungsmodell ist) *nicht mit einem einheitl Inhalt* verwendet. Der Begriff der Einkunftsquelle wird in § 15b anders verstanden als in der Quellentheorie; vgl *Fuisting/Strutz* EStG, 8. Aufl, 1915, Bd 1, S 163, 175: bei einer natürl Person würden danach zB ein (vermietetes) Mehrfamilienhaus und ein luf Betrieb zwei Einkunftsquellen bilden, und daran würde sich nichts ändern, wenn beide einer PersGes gehören würden. Für Zwecke des § 15b könnte genauso verfahren werden. Infolge Einführung der **AbgeltungsSt** (§ 32d) ist die saldierende Behandlung verschiedener Arten von Einkünften innerhalb eines Modells fragl geworden. Aus praktischen Gründen empfiehlt es sich, von einer Saldierung abzusehen, wenn neben Anfangsverlusten zB positive **KapEinkünfte** iSd § 32d erzielt werden (*Grabert* NWB 10, 2450 mit Beispielen). 15

11. Schädliche Verlustgrenze, § 15b III. a) Verlustverrechnung. Diese ist zufolge § 15b I 1, 2 auf spätere Gewinne aus derselben Einkunftsquelle (Rz 2, 15) beschränkt, wenn in der Anfangsphase der Investition (s § 15b II 2) die Summe der prognostizierten Verluste 10 vH des aufzubringenden Kapitals übersteigt; bei Ein-Objekt-Investitionen ist mE auf die prognostizierbaren Verluste abzustellen (vgl Rz 4). Die **Anfangsphase** entspricht der konzeptgemäßen **Verlustphase** (*BMF* 16

BStBl I 07, 542 Rz 15). Maßgebl ist also das **Verhältnis Verluste/Eigenkapital.** Die Rechtsfolge des § 15b I und II wird nicht durch unvorhergesehen auftretende Verluste ausgelöst (*Blümich/Heuermann* EStG, § 15b Rz 15; vgl auch Rz 19), auch nicht durch *normale* Anfangsverluste, wie sie bei Neugründungen regelmäßig auftreten (Rz 2).

17 **b) Verlustgrenze.** Diese ist für **Ein-Objekt-Investitionen** von besonderer Bedeutung, da die Verluste 10% des **eingesetzten Eigenkapitals** nicht übersteigen dürfen, soll die Verlustverrechnung nicht nach § 15b I 1 eingeschränkt werden. Jede **Fremdfinanzierung** ist vom Eigenkapital abzuziehen (*Blümich/Heuermann* EStG, § 15b Rz 35; *K/S/M/Kaeser* EStG § 15b Rz C 49). Das bedeutet, dass bei Inanspruchnahme von gesetzl Abschreibungsmöglichkeiten die Schädlichkeitsgrenze regelmäßig überschritten sein wird (vgl. *Blümich/Heuermann* aaO, Rz 19, 35). Eine solche Wirkung erscheint bei Einzelinvestitionen vor allem wegen der strikten 10%-Grenze unbillig. Bei der **Ermittlung der Verlustgrenze** von 10 vH des Eigenkapitals sind deshalb degressive AfA, sog Bewertungsfreiheit (§ 5 II) oder andere im Voraus gesetzl zugelassene Abzugsbeträge (§ 15b II 3) bei der Beurteilung der Investition verlustmindernd zu berücksichtigen; denn die entspr steuerl Vorschriften sind mE leges speciales. Es ist gerade Zweck und Funktion solcher Abzugsmöglichkeiten, einen Beitrag zur (Innen-)Finanzierung einer Investition durch Verlustüberhang, also StStundung zu leisten. Soweit das Gesetz dergleichen als degressive AfA oder erhöhte AfA (zB §§ 7h, 7i) zulässt, ist der sich ergebende **Zielkonflikt** mit § 15b mE zugunsten des gesetzl Föderzwecks der Abzugsvorschriften aufzulösen; die ledigl repressive Regelung des § 15b ist insoweit nicht vorzugswürdig (unentschieden *Blümich/Heuermann* EStG, § 15b Rz 4, 16, 19, 35).

18 **12. Rechtsnachfolge.** Erwirbt der StPfl im Erbgang die Rechte an einem StStundungsmodell (zB Beteiligung an einer PersGes oder Einzelinvestment, Rz 4, 10), gingen ***bis*** zur BFH-Rspr-Änderung GrS 2/04, BStBl II 08, 608 die Verluste mit der Verrechnungsmöglichkeit nach § 15b auf ihn über (vgl *BMF* BStBl I 07, 542 Rz 25). Der Rechtsübergang ist seither (18.8.08, vgl § 2 Rz 57; § 10d Rz 14; *BMF* BStBl I 08, 809) nicht mehr mögl. Anders evtl bei Verlusten iSd **§ 15a** (§ 16 Rz 234; *Dötsch* DStR 08, 641/6). Entspr ist mE der Verlustübergang im Erbfall nicht ausgeschlossen, soweit die Verlustursachen den Erben wirtschaftl belasten (§ 16 Rz 234; *Dötsch* aaO), weil dann der Verlustverrechnung das **Drittaufwandabzugsverbot** (§ 2 Rz 10, 19, 57) nicht entgegensteht. Die in PersGes (GbR, oHG) entstandenen Verluste sind mE folgl, wenn der Erbe durch die Verlustentstehungsursachen (zB Verbindlichkeiten) wirtschaftl belastet ist, kein der Abzugsmöglichkeit (= Vererblichkeit) entgegenstehender Drittaufwand.

19 **13. Nachträgl Änderung des Modellkonzepts.** Für die Frage, ob eine Investition unter § 15b fällt, kommt es grds auf die prognostizierten Verluste zum Zeitpunkt des Beitritts bzw des Erwerbs an (*BMF* BStBl I 07, 542 Rz 16, 17). Tatsächl anders (zB geringer) eintretende Verluste ändern an der Zuordnung zu § 15b nichts (*Brandtner/Lechner/Schmidt* BB 07, 1922/7). Wird das **Konzept** dahin geändert, dass nunmehr Gewinne erstrebt werden, ist gem dem Grundsatz der Abschnittsbesteuerung ab Wirksamwerden der Änderung die Feststellung von Verlusten nach § 15b nicht mehr zulässig. Soweit für zurückliegende VZ Verluste entstanden sind, bleibt es bei der eingeschränkten Verrechnungsmöglichkeit nach § 15b.

20 **14. Verrechenbarkeit von § 4 III-Verlusten, § 15b IIIa.** In § 15b IIIa (BR-Drs 740/13v 8.11.2013) wird für Zugänge zum UV nach dem 28.11.2013 § 52 Abs 25 S 5) geregelt, daß AK/HK von WG des **Umlaufvermögens** in den in § 15b IIIa genannten Fällen (= Eigentumserwerb ohne Erlangung des unmittelbaren Besitzes), die nach § 4 III 1 sofort abzugsfähig wären (vgl § 4 Rz 373 mwN), (ledigl) nach § 15b I 2 mit (späteren) positiven Einkünften aus der selben Einkunftsquelle verrechnet werden; Aufzeichnungspflicht nach § 4 III 5 besteht

nicht, da die verrechenbaren Verluste jährl festzustellen sind (§ 15b IV). § 929 S 2 BGB ist in § 15b IIIa nicht aufgeführt; analoge Anwendung des § 15b IIIa mE aber geboten, weil der Zweck, **unwirtschaftl Verlustgenerierung** (s Rz 3, 4) zu erschweren, klar ist, aber unvollständigen Ausdruck im Gesetz gefunden hat; aA *Heuermann* DStR 14, 171. Ob § 15b auch für **Auslandsfälle** gilt, wurde in der FG-Rspr nicht einheitl beantwortet (s unten; Rz 6 und § 32b Rz 45 mwN; *Stahl/Mann* DStR 13, 1822/3). Aus der Ergänzung des § 32b II Nr 2 Buchst c ab 1.3.13 (§ 52 Abs 33 S 1) folgt für ausl Erwerbsfälle (iSd § 4 III), dass die angeschafften/hergestellten WG nebst AK/HK gem § 4 III 5 aufzuzeichnen sind und die Aufwendungen erst bei Zufluss des Veräußerungserlöses oder zum Entnahmezeitpunkt abgezogen werden dürfen (§ 32b II Nr 2 Buchst b S 2 iVm § 4 III 5). In **Altfällen** (eingehend *Preißer* DB 15, 1558; *Krää* FR 15, 928/932), also Anschaffung bis 28.2.13 (*Schulte-Frohlinde* BB 13, 1623) kann mangelnde gewerbl Tätigkeit (FG Mchen 7 K 1918/11, DStRE 15,180; Anm *Cloer/Wilms* Steuk 14, 189, Rev: BFH IV R 50/13; FG Mchen 7 K 1792/12, Rev BFH I R 34/14; Gewerblichkeit bejaht: FG Mster 6 K 3045/11 F, EFG 14,753 Rev I R 14/14) dem **negativen Progressionsvorbehalt** entgegen stehen; ferner ist die Anwendbarkeit des § 4 III bei im Ausl bestehender Bilanzierungspflicht (BFH I R 24/13 BStBl II 15, 14, BFH I R 3/13 DStR 15, 629; krit *Hennrichs* DStR 15, 1420) ausgeschlossen (*Mann/Stahl* DStR 15, 1425; krit *Salzmann* DStR 15, 1725u *Rohde* Steuk 15, 320). Auch **§ 42 AO** kann mE dem negativen Progressionsvorbehalt entgegen stehen, wenn neben der StMinderungsabsicht kein anderer ins Gewicht fallender wirtschaftl Zweck plausibel gemacht wird.

15. Verfahren und Verlustfeststellung, § 15b IV. Die nicht ausgleichsfähigen Verluste, die mit späteren positiven Einkünften verrechnet werden können, **21**
sind jährl gesondert festzustellen (§ 182 AO; FG Mster EFG 15, 1696, Rev VIII R 29/15). Dabei wird der Verlust eines Jahres zu dem Verlustbetrag des Vorjahres addiert (§ 15b IV 2). Anfechtbar ist die Verlustfeststellung nur hinsichtl des jeweiligen Jahresbetrages (§ 15b IV 3). Für Ges/Gemeinschaften iSd § 180 I Nr 2 Buchst a AO wird der Feststellungsbescheid von dem für die gesonderte Feststellung zuständigen FA erlassen; andernfalls vom BetriebsFA (§ 18 I Nr 2 AO). Die Verlustfeststellung kann gem § 15b IV 5 mit der einheitl und gesonderten Feststellung von Einkünften verbunden werden; zur **getrennten Anfechtbarkeit** zutr *Stahl/Mann* DStR 13, 1822; 15, 1425/8; vgl aber *Dißars* NWB 15, 3170. Fragl ist der rechtl zulässige Umfang der nach § 15b IV zu treffenden Feststellung, wenn die **Anteilsfinanzierung** (Rz 9) einbezogen werden soll, weil in die Feststellung nach § 180 I Nr 2 Buchst b AO nur gemeinschaftl verwirklichte Tatbestandsmerkmale einzubeziehen sind (vgl § 180 III Nr 1 AO; dazu *Stahl/Mann* aaO; *Naujok* DStR 07, 1601/2 unter Hinweis auf BFH GrS 2/02 BStBl II 05, 679 und *Lüdicke* DB 05, 1813). Einer ausl **Familienstiftung** zuzurechnende *Einkünfte* können analog § 180 I Nr 2 Buchst a AO in die Feststellung einzubeziehen sein, wenn (bis VZ 2012) die *Einkommenszurechnung* (dazu *Seeger* DStZ 11, 889/90), ab VZ 2013 die Einkünftezurechnung (§ 15 I, VII, § 21 Abs 21 S 4 AStG idF d G v 16.5.13 BGBl I, 1809) bei einer unbeschr stpfl Person in Betracht kommt; § 15b ist iRd Anwendung des § 15 AStG zu prüfen (BFH I B 223/08 BFH/NV 09, 1437); da die Einkünfteermittlung ab VZ 2013 nach deutschem Recht durchzuführen ist (§ 15 VII AStG nF), ergeben ggü Inlandssachverhalten keine Besonderheiten mehr.

§ 16 Veräußerung des Betriebs

(1) [1] **Zu den Einkünften aus Gewerbebetrieb gehören auch Gewinne, die erzielt werden bei der Veräußerung**

1. **des ganzen Gewerbebetriebs oder eines Teilbetriebs.** [2] **Als Teilbetrieb gilt auch die das gesamte Nennkapital umfassende Beteiligung an einer Kapi-**

talgesellschaft; im Fall der Auflösung der Kapitalgesellschaft ist § 17 Absatz 4 Satz 3 sinngemäß anzuwenden;

2. des gesamten Anteils eines Gesellschafters, der als Unternehmer (Mitunternehmer) des Betriebs anzusehen ist (§ 15 Absatz 1 Satz 1 Nummer 2);

3. des gesamten Anteils eines persönlich haftenden Gesellschafters einer Kommanditgesellschaft auf Aktien (§ 15 Absatz 1 Satz 1 Nummer 3).

[2]**Gewinne, die bei der Veräußerung eines Teils eines Anteils im Sinne von Satz 1 Nummer 2 oder 3 erzielt werden, sind laufende Gewinne.**

(2) [1]**Veräußerungsgewinn im Sinne des Absatzes 1 ist der Betrag, um den der Veräußerungspreis nach Abzug der Veräußerungskosten den Wert des Betriebsvermögens (Absatz 1 Satz 1 Nummer 1) oder den Wert des Anteils am Betriebsvermögen (Absatz 1 Satz 1 Nummer 2 und 3) übersteigt.** [2]**Der Wert des Betriebsvermögens oder des Anteils ist für den Zeitpunkt der Veräußerung nach § 4 Absatz 1 oder nach § 5 zu ermitteln.** [3]**Soweit auf der Seite des Veräußerers und auf der Seite des Erwerbers dieselben Personen Unternehmer oder Mitunternehmer sind, gilt der Gewinn insoweit jedoch als laufender Gewinn.**

(3) [1]**Als Veräußerung gilt auch die Aufgabe des Gewerbebetriebs sowie eines Anteils im Sinne des Absatzes 1 Satz 1 Nummer 2 oder Nummer 3.** [2]**Werden im Zuge der Realteilung einer Mitunternehmerschaft Teilbetriebe, Mitunternehmeranteile oder einzelne Wirtschaftsgüter in das jeweilige Betriebsvermögen der einzelnen Mitunternehmer übertragen, so sind bei der Ermittlung des Gewinns der Mitunternehmerschaft die Wirtschaftsgüter mit den Werten anzusetzen, die sich nach den Vorschriften über die Gewinnermittlung ergeben, sofern die Besteuerung der stillen Reserven sichergestellt ist; der übernehmende Mitunternehmer ist an diese Werte gebunden; § 4 Absatz 1 Satz 4 ist entsprechend anzuwenden.** [3]**Dagegen ist für den jeweiligen Übertragungsvorgang rückwirkend der gemeine Wert anzusetzen, soweit bei einer Realteilung, bei der einzelne Wirtschaftsgüter übertragen worden sind, zum Buchwert übertragener Grund und Boden, übertragene Gebäude oder andere übertragene wesentliche Betriebsgrundlagen innerhalb einer Sperrfrist nach der Übertragung veräußert oder entnommen werden; diese Sperrfrist endet drei Jahre nach Abgabe der Steuererklärung der Mitunternehmerschaft für den Veranlagungszeitraum der Realteilung.** [4]**Satz 2 ist bei einer Realteilung, bei der einzelne Wirtschaftsgüter übertragen werden, nicht anzuwenden, soweit die Wirtschaftsgüter unmittelbar oder mittelbar auf eine Körperschaft, Personenvereinigung oder Vermögensmasse übertragen werden; in diesem Fall ist bei der Übertragung der gemeine Wert anzusetzen.** [5]**Soweit einzelne dem Betrieb gewidmete Wirtschaftsgüter im Rahmen der Aufgabe des Betriebs veräußert werden und soweit auf der Seite des Veräußerers und auf der Seite des Erwerbers dieselben Personen Unternehmer oder Mitunternehmer sind, gilt der Gewinn aus der Aufgabe des Gewerbebetriebs als laufender Gewinn.** [6]**Werden die einzelnen dem Betrieb gewidmeten Wirtschaftsgüter im Rahmen der Aufgabe des Betriebs veräußert, so sind die Veräußerungspreise anzusetzen.** [7]**Werden die Wirtschaftsgüter nicht veräußert, so ist der gemeine Wert im Zeitpunkt der Aufgabe anzusetzen.** [8]**Bei Aufgabe eines Gewerbebetriebs, an dem mehrere Personen beteiligt waren, ist für jeden einzelnen Beteiligten der gemeine Wert der Wirtschaftsgüter anzusetzen, die er bei der Auseinandersetzung erhalten hat.**

(3a) **Einer Aufgabe des Gewerbebetriebs steht der Ausschluss oder die Beschränkung des Besteuerungsrechts der Bundesrepublik Deutschland hinsichtlich des Gewinns aus der Veräußerung sämtlicher Wirtschaftsgüter des Betriebs oder eines Teilbetriebs gleich; § 4 Absatz 1 Satz 4 gilt entsprechend.**

(3b) [1] **In den Fällen der Betriebsunterbrechung und der Betriebsverpachtung im Ganzen gilt ein Gewerbebetrieb sowie ein Anteil im Sinne des Absatzes 1 Satz 1 Nummer 2 oder Nummer 3 nicht als aufgegeben, bis**

1. der Steuerpflichtige die Aufgabe im Sinne des Absatzes 3 Satz 1 ausdrücklich gegenüber dem Finanzamt erklärt oder
2. dem Finanzamt Tatsachen bekannt werden, aus denen sich ergibt, dass die Voraussetzungen für eine Aufgabe im Sinne des Absatzes 3 Satz 1 erfüllt sind.

[2] **Die Aufgabe des Gewerbebetriebs oder Anteils im Sinne des Absatzes 1 Satz 1 Nummer 2 oder Nummer 3 ist den Fällen des Satzes 1 Nummer 1 rückwirkend für den vom Steuerpflichtigen gewählten Zeitpunkt anzuerkennen, wenn die Aufgabeerklärung spätestens drei Monate nach diesem Zeitpunkt abgegeben wird.** [3] **Wird die Aufgabeerklärung nicht spätestens drei Monate nach dem vom Steuerpflichtigen gewählten Zeitpunkt abgegeben, gilt der Gewerbebetrieb oder Anteil im Sinne des Absatzes 1 Satz 1 Nummer 2 oder Nummer 3 erst in dem Zeitpunkt als aufgegeben, in dem die Aufgabeerklärung beim Finanzamt eingeht.**

(4) [1] **Hat der Steuerpflichtige das 55. Lebensjahr vollendet oder ist er im sozialversicherungsrechtlichen Sinne dauernd berufsunfähig, so wird der Veräußerungsgewinn auf Antrag zur Einkommensteuer nur herangezogen, soweit er 45 000 Euro übersteigt.** [2] **Der Freibetrag ist dem Steuerpflichtigen nur einmal zu gewähren.** [3] **Er ermäßigt sich um den Betrag, um den der Veräußerungsgewinn 136 000 Euro übersteigt.**

(5) **Werden bei einer Realteilung, bei der Teilbetriebe auf einzelne Mitunternehmer übertragen werden, Anteile an einer Körperschaft, Personenvereinigung oder Vermögensmasse unmittelbar oder mittelbar von einem nicht von § 8b Absatz 2 des Körperschaftsteuergesetzes begünstigten Steuerpflichtigen auf einen von § 8b Absatz 2 des Körperschaftsteuergesetzes begünstigten Mitunternehmer übertragen, ist abweichend von Absatz 3 Satz 2 rückwirkend auf den Zeitpunkt der Realteilung der gemeine Wert anzusetzen, wenn der übernehmende Mitunternehmer die Anteile innerhalb eines Zeitraums von sieben Jahren nach der Realteilung unmittelbar oder mittelbar veräußert oder durch einen Vorgang nach § 22 Absatz 1 Satz 6 Nummer 1 bis 5 des Umwandlungssteuergesetzes weiter überträgt; § 22 Absatz 2 Satz 3 des Umwandlungssteuergesetzes gilt entsprechend.**

Einkommensteuer-Durchführungsverordnung:

§ 6 Eröffnung, Erwerb, Aufgabe und Veräußerung eines Betriebs *(abgedruckt bei § 4)*

Einkommensteuer-Richtlinien: EStR 16/EStH 16

Übersicht Rz

A. Allgemeines

H. Erbfall und Erbauseinandersetzung

A. Allgemeines

I. Überblick; Rechtsenwicklung

1. Norminhalt. § 16 enthält **verschiedene Tatbestände,** die wirtschaftl vergleichbare Sachverhalte erfassen: Veräußerung oder Aufgabe eines ganzen GewBetr, eines Teilbetriebs, einer im BV gehaltenen 100%igen Beteiligung an einer KapGes (§ 16 I 1 Nr 1; III); Veräußerung oder Aufgabe eines MUeranteils (§ 16 I 1 Nr 2; III 1) oder Anteils eines persönl haftenden Ges'ters einer KGaA (§ 16 I 1 Nr 3; III 1). § 16 knüpft hieran bestimmte **Rechtsfolgen:** Veräußerungs- und Aufgabegewinne/-verluste gehören zu den Einkünften aus GewBetr; Gewinne sind also estpfl, Verluste ausgleichs- und abzugsfähig. Gewinne sind jedoch uU steuerbefreit (§ 16 IV) oder als ao Einkünfte ermäßigt zu besteuern (§ 34 I, II Nr 1, III nF; s Rz 2, 6). – Die **Bemessungsgrundlage** definiert § 16 II 1–2, III 6–8 als Differenz zw Veräußerungspreis bzw gemeinem Wert der WG des BV abzügl Veräußerungskosten und (Buch-)Wert des BV. 1

2. Rechtsentwicklung. – Entwicklung der Tarifermäßigung gem § 34 bis 2009. S 29. Aufl und Erläut zu § 34; ab VZ 99 nur Fünftel-Regelung; ab VZ 01 Wiedereinführung des halben/ermäßigten StSatzes begrenzt auf *einen* Veräußerungs-/Aufgabegewinn bei Vollendung des 55. Lebensjahres oder dauernder Berufsunfähigkeit bis 5 Mio DM. Ab VZ 09 wurde der MindestStSatz auf 14% gesenkt (§§ 34 II 3, 52 Abs. 47 S 7 idF JStG 2010). – **Spaltung von „Veräußerungsgewinnen"** in begünstigten/nichtbegünstigten Teil, § 16 II 3, III 5 s Rz 7. **– Sonstige Rechtsentwicklungen ab 1999.** S 23. Aufl sowie die lfd Kommen- 2 tierung (*zB* Rz 411/3, 454, 562-5, 570: lfd Gewinn bei Veräußerung/Einbringung von *MUerteilanteilen;* Rz 23, 161/-7: *Teileinkünfteverfahren;* Rz 530/-2/-6, 610/-60: *Realteilung/Erbauseinandersetzung;* Rz 576: *Freibetrag*). Zur **finalen Entnahme/Betriebsaufgabe** gem § 16 III 2, IIIa iVm § 36 V jeweils idF **JStG 2010** s Rz 175, 551; § 4 Rz 329ff. Zur **Fortführungsfiktion** gem § 16 IIIb nF **(StVerG 2011)** bei Betriebsverpachtung/-unterbrechung s 182, 700, 711/2, 714; § 15 Rz 313/5.

II. Rechtssystematische Stellung; Abgrenzungen; Verfassungsmäßigkeit

5 **1. Klarstellung.** § 16 ist keine reine Tarifvorschrift (BFH VIII R 7/01 BStBl II 04, 754; dazu Rz 7), sondern stellt klar, dass Gewinne/Verluste aus der Veräußerung/Aufgabe eines ganzen GewBetr/Teilbetriebs/MUeranteils Einkünfte aus GewBetr sind (BFH GrS 2/92 BStBl II 93, 897/903: Sicherstellung der Versteuerung stiller Reserven). Dies ergibt sich allerdings bereits aus den allg Gewinnermittlungsvorschriften (§ 2, § 4 I, § 5, § 15; s zB BFH X R 101/90 BStBl II 93, 710/4; aA *KSM* § 16 A 24, F 1). Für Aufgabegewinne dürfte § 16 allerdings der Höhe nach (gemeiner Wert nach § 16 III 7, nicht TW nach § 6 I Nr 4) konstitutiv sein (s aber BFH GrS 1/73; I R 5/82 BStBl II 75, 168; 83, 771: „Totalentnahme").

6 **2. Zweck.** § 16 wirkt nicht nur im Hinblick auf **Steuerbefreiung** gem § 16 IV, sondern iVm der **Tarifbegünstigung** nach § 34 (Rz 2) auch insoweit rechtsbegründend, als die „zusammengeballte Realisierung der während vieler Jahre entstandenen stillen Reserven" vom progressiven ESt-Tarif" ausgenommen wird (BFH GrS 2/98 BStBl II 00, 123). Dies setzt zum einen die Aufdeckung *aller* stillen Reserven der Sachgesamtheit (Teil-/Betreib, MUeranteil) in einem *einheitl Vorgang* voraus, wobei hierbei die sog *GesamtplanRspr* zu beachten ist (BFH IV R 36/13 BStBl II 15, 529; BFH IV R 57/11 BStBl II 15, 536); zum anderen werden nach § 16 I 1 und § 16 II 3, III 5 als lfd fingierte Gewinne ausgenommen (Rz 7). Die Tarifermäßigung ist jedoch auch zu gewähren, wenn im Einzelfalle keine Progressionserhöhung eintritt, zB weil bereits der lfd Gewinn vom Spitzensteuersatz erfasst wird (BFH VIII R 33/85 BStBl II 89, 458) oder ein „Spekulationsgewinn" vorliegt (str; dazu Rz 9, 400); zur teilentgelt Veräußerung s Rz 39. Die StBefreiung des § 16 IV soll die Altersversorgung des Veräußerers erleichtern. Ergänzt wird diese StBefreiung durch §§ 13 IV, V, 15 I 3, 18 IV 1, wonach ein Betriebsveräußerungs-/aufgabegewinn insoweit „außer Ansatz" bleibt, als er auf bestimmte für eigene Wohnzwecke genutzte Grundstücks- und Gebäudeteile im BV entfällt (zu § 6 I Nr 4 S 5 s Rz 94). Da Betriebsveräußerung und Betriebsaufgabe gesetzl gleichgestellt sind, kann sich im Einzelfalle eine begriffl Unterscheidung erübrigen; eine „Wahlfeststellung" ist zulässig.

7 **3. Spaltung von „Veräußerungsgewinnen" in begünstigten/nichtbegünstigten Teil, § 16 II 3, III 5.** Gewinne aus der Veräußerung des ganzen GewBetr (Teilbetriebs, MUeranteils) und aus der Veräußerung einzelner WG des BV iRe Betriebsaufgabe gelten allerdings ab 1984 (BFH IV R 54/99 BStBl II 01, 178: IV R 55/02 BFH/NV 04, 1555: kurzer „Vorlauf" verfgemäß; keine Unbilligkeit) insoweit **als „lfd Gewinn"** mit der Folge, dass insoweit die Vergünstigungen nach § 16 IV und § 34 (s Rz 2) nicht eingreifen, als „auf der Seite des **Veräußerers** und auf der Seite des **Erwerbers dieselben Personen** Unternehmer oder MUer sind" (§ 16 II 3, III 5). Entspr ist § 16 II 3 bei Einbringung von Teil-/Betrieb oder MUeranteil in eine PersGes zum TW anzuwenden; der Einbringungsgewinn gilt insoweit als nichtbegünstigter lfd Gewinn als der einbringende MUer der PersGes ist oder wird (§ 24 III 3 UmwStG; *BMF* BStBl I 11, 1314 Rz 24.16/7). – Die gesetzl Regelung eliminiert aus der Tarif- und Freibetragsvergünstigung Sachverhalte, in denen bei wirtschaftl Betrachtung der Veräußerer (Einbringende) an sich selbst veräußert und daher die Gewährung der StVergünsti-

gung „aus steuersystematischer Sicht … nicht berechtigt“ist (BT-Drs 12/5630, 80, 56; BT-Drs 12/7945, 65); sie richtet sich insb gegen das sog **Aufstockungsmodell** (tarif-/freibetragsbegünstigter Gewinn einerseits, AfA-Volumen andererseits), das nach früherer Rechtslage anerkannt war (s 33. Aufl Rz 416, 567); demgemäß ist die Begünstigung des Veräußerungsgewinns insoweit ausgeschlossen, als die Aufstockung künftig den grds tarifbesteuerten Gewinn des „erwerbenden Veräußerers“ mindern wird. Die anteilige Umqualifizierung erfasst **nur** Gewinne aus **Veräußerungen** (von einer oder an eine – ggf durch die Übertragung entstehende – MUerschaft; FG Hbg EFG 2009, 573; BFH IV R 54/99 aaO: einschließl Einbringungsgewinn im SonderBV), **nicht** hingegen Gewinne aus dem Übergang von WG aus dem BV **ins PV,** zB *(1)* iRe Betriebsaufgabe (§ 16 III 7; s Rz 293-4), *(2)* bei Aufgabe eines Verpachtungsbetriebs (s Rz 713), – *(3)* bei Wegfall der tatbestandl Voraussetzungen einer BetrAufsp (s § 15 Rz 865-8) oder – *(4)* im wirtschaftl Zusammenhang mit einer Betriebsveräußerung (s Rz 272) bzw Betriebseinbringung iSv § 24 UmwStG (*Schiffers* BB 94, 1469/71). – Nicht erfasst werden auch Gewinne aus der **Veräußerung** an (oder der **Einbringung** in) eine **KapGes,** an der der Veräußerer beteiligt sind, denn Ges'ter einer KapGes sind als solche keine MUer. – Zur *Veräußerung (1)* eines *Einzelunternehmens an eine PersGes* s Rz 97; *(2) des GewBetr einer PersGes an einen Ges'ter* oder eine *gesellschafteridentische PersGes* s Rz 111; *(3) einzelner WG* iRe Betriebsaufgabe s Rz 293/-4. – Zur Auswirkung der gesetzl Regelung bei *(1) Aufnahme eines Ges'ters in ein Einzelunternehmen* s Rz 565; *(2) Eintritt eines weiteren Ges'ters in eine PersGes* s Rz 562; *(3) Verschmelzung* von PersGes s Rz 561; *(4) Realteilung* von PersGes s Rz 546, 551. – Zur **Berechnung des nichtbegünstigten Teilbetrags** des Veräußerungsgewinns (= lfd Gewinn) s Rz 97, 111. – Zum Freibetrag nach § 16 IV s Rz 578. – Zur **GewSt** s BFH IV R 59/11 BFH/NV 15, 520; Rz 562.

4. Gewerbesteuer. Mittelbare Bedeutung des § 16 für GewSt. – ***(1)* § 7 GewStG.** 8

***(a)* Rechtslage bis 2001:** Die GewSt erfasste bei natürl Personen und PersGes nur den lfd Gewinn (Verlust) des „werbenden“ Betriebs, *nicht* Gewinne (Verluste) aus der Veräußerung oder Aufgabe des ganzen GewBetr, eines Teilbetriebs oder MUeranteils (zu „ZebraGes s Rz 405). Da diese Gewinne nicht gewstpfl sind, nehmen sie andererseits nicht an der Tarifbegrenzung für gewerbl Einkünfte (zu § 35 nF s dort Rz 18) teil. Bei KapGes gehörten zwar Gewinne aus der Veräußerung (Aufgabe) des ganzen GewBetr/Teilbetriebs zum Gewerbeertrag (BFH I B 226/04 BFH/NV 06, 364), nicht aber solche aus der Veräußerung (Aufgabe) eines MUeranteils, auch wenn dieser durch Einbringung iSv § 24 UmwStG entstanden war. Zur GewStPflicht bei Umqualifikation von Veräußerungsgewinnen in lfd Gewinne nach § 16 II 3, III 5 EStG, § 24 III 3 UmwStG s Rz 7, 562.

(b)* Rechtslage ab 2002.** Bezügl Einzelunternehmen wie zuvor; ebenso bei unmittelbarer Beteiligung natürl Personen an einer PersGes. Soweit jedoch PersGes oder zB KapGes an der MUerschaft beteiligt sind, unterliegt nach **§ 7 S 2 GewStG** (BFH IV R 29/07 BStBl II 11, 511) – abw von der Rechtslage bis 2001 (s oben) – sowohl der Gewinn aus der Veräußerung des Betriebs/Teilbetriebs der MUerschaft (Nr 1 nF; zu KapGesAnteilen s zu (1)) als auch aus der Veräußerung der MUeranteile durch die OberGes (KapGes/PersGes) der GewSt (Nr 2 nF; ebenso bei KGaA gem Nr 3; BT-Drs 14/6882: Verhinderung des Einbringungs-„Modells“ bei KapGes, s oben; zu § 9 Nr 1 S 5f idF EURLUmsG s BFH IV R 22/12 BStBl II 15, 606: klarstellend; zu doppelstöckigen PersGes s Rz 395, 407). GewSt für **Erhebungszeitraum** ab **2008** mindert jedoch den Veräußerungsgewinn (s Rz 302) nicht mehr (§ 4 V b; s § 15 Rz 421). Zur erhöhten Entlastung nach § 35 nF s dort Rz 4. Zur Veräußerung von *Teilen* von MUeranteilen durch natürl Personen vgl Rz 410, 411. – ***(3) Kraft der besonderen Missbrauchsvorschrift des **§ 18 III UmwStG** (idF SEStEG; s iEinz *BMF* BStBl I 11, 1314 Rz 18.05ff) unterliegen ferner „Auflösungs- und Veräußerungsgewinne“ der GewSt, wenn nach einem Vermögensübergang (einschließl Formwechsel) von einer KapGes auf eine PersGes (oder natürl Person) der Betrieb/Teilbetrieb der PersGes (oder natürl

Person) oder ein Anteil an der PersGes „innerhalb von 5 Jahren nach der Umwandlung aufgegeben oder veräußert wird". Zu weiteren Einzelheiten s hier bis 34 Aufl. Zur Veräußerung gegen wiederkehrende Bezüge s BFH X R 40/10 BStBl II 13, 883; *BMF* aaO, Rz 18.06, zutr; zu § 16 IV s Rz 582; zu § 35 nF iVm § 18 III 3 UmwStG (zuvor IV 3) s dort Rz 23. – ***(4)*** **KapGesAnteil.** Der Gewinn aus der Veräußerung einer **100%igen Beteiligung** an einer KapGes im BV iSv § 16 I 1 Nr 1 HS 2 ist idR Teil des gewstpfl Gewinns. Zu § 3 Nr 40 EStG, § 8b KStG s aber Rz 161.

9 **5. Verfassungsmäßigkeit.** § 16 ist verfgemäß, auch soweit er nominelle Gewinne der ESt unterwirft (BFH I B 10/71 BStBl II 71, 626) und Gewinne aus geringfügigen Anteilen erfasst (BFH VIII B 30/98 BFH/NV 99, 769).

III. Persönl, sachl und räuml Anwendungsbereich

10 **1. Unbeschr StPfl.** § 16 erfasst auch ausl Betriebe, Teilbetriebe oder MUeranteile (BFH IV R 128/86 BStBl II 89, 543); das Besteuerungsrecht kann jedoch durch ein DBA ausgeschlossen sein (beachte aber BFH I R 96/06 BStBl II 08, 953; Rückfallklausel; zu § 50d IX nF s dort; zur Betriebsaufgabe s auch Rz 175). Im Verhältnis zur Tarifermäßigung nach § 34c IV aF haben die §§ 16, 34 Vorrang (BFH IV R 93/89 BStBl II 91, 455); zu § 5a V s Rz 14. – Die §§ 16, 34 gelten (Ausnahme: § 16 IV) auch bei **beschr StPfl,** sofern im Inl eine Betriebsstätte unterhalten wird oder ein ständiger Vertreter bestellt ist (§ 49 I Nr 2a–d; § 50 I 3; Rz 703). – § 16 setzt einen GewBetr, gewerbl Teilbetrieb oder MUeranteil an einer gewerbl tätigen/geprägten PersGes voraus. Entspr anzuwenden ist § 16 aber bei Einkünften aus LuF (§§ 14, 14a) und selbständiger Arbeit (§ 18 III). – § 16 hat Vorrang ggü § 23 (beachte aber § 23 I 5 nF; *BMF* BStBl I 00, 1383 Rz 4).

11 **2. Körperschaften.** § 16 gilt auch für Körperschaften, die der KSt unterliegen (zur Konkurrenz zu § 13 KStG s *BMF* BStBl I 02, 221). Körperschaften genießen aber keine Tarifermäßigung nach §§ 16, 34 (BFH IV R 93/89 BStBl II 91, 455; KStR 32 I Nr 1), auch nicht, wenn sie zu einer natürl Person oder PersGes aus natürl Personen in einem **Organschaftsverhältnis** iSv §§ 14 ff KStG stehen (BFH III R 19/02 BStBl II 04, 515; krit *Carlé* NZG 04, 650). Zu § 16 IV s Rz 579; zu § 14 IV KStG (Auflösung von Ausgleichsposten) s Rz 161/7, 400.

12 **3. Mehrstöckige PersGes** (§ 15 Rz 252, 610). Für sie greifen die §§ 16, 34 nicht nur ein, wenn der GewBetr der OberGes oder die Anteile an der OberGes veräußert werden, sondern auch, wenn die UnterGes ihren GewBetr (Teilbetrieb) veräußert oder (nur) Anteile an der UnterGes veräußert werden (s Rz 395, 401, 407).

13 **4. UmwStG.** Die UmwStG-Vorschriften über Einbringung in eine KapGes gegen Gewährung von GesAnteilen (§§ 20–23 UmwStG) und über Einbringung in eine PersGes (§ 24 UmwStG) **haben Vorrang** (Rz 22, 201). Zur Umwandlung einer InvestitionsGes in InvFonds s **§ 20 InvStG nF.**

14 **5. Tonnage-Gewinn.** Er umfasst auch Einkünfte nach § 16 (§ 5a Rz 12); zur nicht gem §§ 16, 34 begünstigten Hinzurechnung (§ 5a IV 3) vgl Rz 578.

15 **6. Unentgeltl Übertragungen.** Wird ein GewBetr, Teilbetrieb oder ganzer MUeranteil voll unentgeltl (zu teilentgeltl s Rz 39) übertragen, ist nicht § 16, sondern ab VZ 2001 **§ 6 III 1, 3** anzuwenden. Danach entfällt eine Gewinnrealisierung beim Übertragenden (S 1) und der Rechtsnachfolger ist an die Buchwertansätze des Übertragenden gebunden ist (S 3; zu negativem KapKto s Rz 69).

(1) Nach **früher hM** (s hier 31. Aufl mN; § 6 Rz 650) erfordert der Tatbestand des § 6 III 1 in Anlehnung an die BFH-Rspr zu § 7 EStDV aF, dass das wirtschaftl Eigentum (FG BaWü EFG 03, 973) an *allen funktional* wesentl Betriebsgrundlagen (Rz 101) des Betriebs/

Teilbetriebs dem/den Erwerber/n (vgl BFH VIII B 54/01 BFH/NV 02, 24; *Wacker* ZSteu 05, 358) in einem *einheitl* Vorgang übertragen wird (s Rz 120) *und* der Übergeber damit seine bisher in diesem Betrieb entfaltete unternehmerische Betätigung im Wesentlichen aufgibt (s auch Rz 97/99). Bei unentgeltl Übergang eines gesamten MUeranteils ist deshalb auch das (funktional wesentl) *SonderBV* (zB an PersGes vermietetes Grundstück; Rz 430/5) mitzuübertragen. Dessen Buchwertausgliederung (§ 6 V), Entnahme oder Veräußerung schließt nach hL eine Buchwertfortführung nach § 6 III 1, 3 bezügl des GesAnteils auch dann aus, wenn die Rechtsvorgänge nicht zeitgleich, sondern in sachl/zeitl Zusammenhang vollzogen werden (Gesamtplan; *BMF* BStBl I 15, 458 Rz 7; zutr); *Folge:* Aufdeckung der stillen Reserven im GesAnteil (ggf iR einer BetrAufgabe).

(2) Nach **BFH IV R 41/11** DStR 12, 2118 sind hingegen die begünstigenden Buchwertverknüpfungen nach § 6 III und V kumulativ anwendbar, so dass *für Zwecke des § 6 III* funktional wesentl WG entweder vorab ausgegliedert (dh *insoweit* kein schädl Gesamtplan) oder „taggleich" mit dem Übergang des GesAnteils in ein GesamthandsBV nach § 6 V 3 übertragen werden können; Grenze: übertragene Sachgesamtheit ist aufgrund Betriebszerschlagung/-aufgabe nicht mehr lebensfähig. Ebenso kann nach BFH IV R 29/14 DB 15, 222 auch die Entnahme oder Veräußerung funktional wesentl WG die Geltung von § 6 III 1 (betr Rest-BV) nicht hindern. – ***(3)*** **Kritik.** Die Rspr ist mit Zweck und Systematik des § 6 III nicht vereinbar und vermischt dessen Tatbestand mit § 6 V. Sie führt zudem dazu, dass die Begriffe „Betrieb/Teilbetrieb und MUeranteil" *iSv § 6 III* nicht mehr durch die funktional wesentl WG gekennzeichnet werden (Rz 101; § 6 Rz 650; *Brandenberg* DB 13, 17). – ***(4) BMF*** BStBl I 13, 1164: vorläufige Nichtanwendung der neuen Rspr. – ***(5)*** **Verweise.** Zum Teilbetrieb s Rz 153, 155, 205/6; zur Übertragung von Teilen von MUeranteilen/Betriebanteilen s Rz 204, 435; zur qualifizierten Nachfolge s Rz 674; zu teilentgeltl Übertragungen s Rz 35, 39f, 45/47, 58; zu § 10 I Nr 1a s Rz 47; zur Betriebsverpachtung s Rz 697; zur Veräußerung von Betrieben etc s Rz 94, 113, 153, 206, 414; zu den §§ 20, 24 UmStG s Rz 200, 203f, 407, 414f; zur Betriebsaufgabe s Rz 188; zur Realteilung s Rz 536 aE, 546, 553 ff; zu § 50i II 2 s dort; *BMF* DB 16, 21. – ***(6)*** **Verdeckte Einlage.** Entgegen der ursprüngl Absicht (BT-Drs 14/6882) wurde in S 1 *HS 1* (anders aber S 1 *HS 2* vgl Rz 430) darauf verzichtet, nur *natürl* Personen als begünstigte Empfänger zu qualifizieren. Dies soll zwar die bisherige Praxis (zB Vererbung von Betrieben an Stiftungen etc, vgl BFH I R 76/99 BStBl II 02, 487; s auch Rz 590 aE) absichern (BT-Drs 14/7344), lässt aber andererseits die Rechtsfolgen der verdeckten Einlage unberührt (zB bei unentgeltl Übertragung von Betrieben/MUeranteilen in KapGes, an denen der Einbringende oder ein ihm Nahestehender beteiligt ist; *BMF* BStBl I 05, 458 Tz 2; § 6 Rz 653; *Wacker* ZSteu 05, 358; zum Verhältnis zu § 20 UmwStG s Rz 23, 201, 513; zu 100 %-igen KapGesAnteil s Rz 161).

B. Tatbestand der Veräußerung des ganzen Gewerbebetriebs oder eines Teilbetriebs, § 16 I 1 Nr 1

I. Grundlagen

1. Veräußerung (entgeltl Übertragung des wirtschaftl Eigentums). Veräußerung iSv § 16 I ist die entgeltl (oder teilentgeltl) Übertragung des Eigentums, bei Divergenz zw rechtl und wirtschaftl Eigentum **des wirtschaftl Eigentums** am Gegenstand der Veräußerung (GewBetr, Teilbetrieb) von einer Person (Rechts- bzw „Steuer"-Subjekt) auf eine andere (BFH VIII R 7/90 BStBl II 93, 228), wobei insoweit auch PersGes als „Steuersubjekt" anzusehen sind (vgl Rz 111, 390; BFH X R 52/90 BStBl II 94, 838). 20

a) Entgelt. Aus § 16 II folgt, dass das Gesetz unter (Betriebs-)Veräußerungen nur **entgeltl** (oder teilentgeltl) **Vorgänge** versteht. Voll entgeltl ist eine Übertra- 21 gung, wenn sie in Erfüllung eines schuldrechtl Verpflichtungs-(Kausal-)geschäfts erfolgt, bei dem die Gegenleistung kfm nach dem Wert der Leistung bemessen ist (zB Kaufvertrag iSv § 433 BGB; Tauschvertrag iSv § 480 BGB nF; zB BFH IV R 154/79 BStBl II 83, 99), oder wenn durch die Übertragung eine aus anderem Rechtsgrund entstandene betriebl Geldschuld an **Erfüllung Statt** getilgt wird. Ebenso bei Erfüllung des Zugewinnausgleichs (BFH X R 48/99 BStBl II 03, 282; zu Vermeidungsstrategien s *Stein* DStR 12, 1063; Rz 599); weiter FG BBg EFG 09, 745 zu Gütergemeinschaft (s Rz 538). Zu teilentgeltl Übertragung s Rz 39, 45 ff.

22 **b) Umwandlung.** Auch die **Einbringung in eine KapGes** gegen Gewährung von GesRechten (Sacheinlage) ist Veräußerung iSv § 16 (s Rz 200); die Rechtsfolgen bestimmen sich aber nach den vorrangigen §§ 20–23 UmwStG (BFH I R 183/94 BStBl II 96, 342). Entsprechendes gilt für die Einbringung **in eine PersGes** gegen Gewährung von GesRechten (BFH X R 42/10 DStR 13, 2380: tauschähnl Vorgang; BFH X R 8/13 BFH/NV 15, 1409: Maßgeblichkeit des wirtschaftl Eigentums), auch bei Buchwertfortführung; Rz 203). Anwendbar ist vorrangig § 24 UmwStG (zB BFH VIII R 5/92 BStBl II 94, 856), auch § 6 V 3 EStG wird verdrängt (Rz 413; *BMF* BStBl I 11, 1279 Rz 38). Zur Einbringung des *Teils* eines *MUeranteils* s Rz 413; zu § 50i II 1 s dort.

23 **c) Verdeckte Einlage.** Keine (entgeltl) Veräußerung iSv § 16 I ist die (unentgeltl) Übertragung eines Betriebs (Teilbetriebs) auf eine KapGes ohne Gewährung (neuer) GesRechte (verdeckte Einlage), weil die Wertsteigerung der Anteile an der KapGes keine Gegenleistung sei (BFH VIII R 17/85 BStBl II 91, 512; *BMF* BStBl I 05, 458 Tz 2; vgl auch § 17 I 2; zur Abgrenzung von Veräußerung u Einlage s BFH IV R 74/07 BStBl II 10, 1104); auch § 20 UmwStG aF/nF sowie die Grundsätze der Einheitstheorie (Rz 58) sind nicht anwendbar (BFH IV R 121/91 BFH/NV 93, 525; *BMF* BStBl I 11, 1314 Rz E 20.10; Rz 513; zu § 6 III 1 vgl Rz 15). Die Übertragung ist aber (gewinnrealisierende) Betriebsaufgabe iSv § 16 III (BFH VIII R 17/85 aaO; s Rz 201); sie unterliegt deshalb bezügl verdeckt übertragener KapGesAnteile ab VZ 2002/2009 auch dem Halb-/**Teileinkünfteverfahren** (§§ 3 Nr 40 Buchst b, 3c II, 34 II Nr 1; zu 100%igen Beteiligungen vgl Rz 165).

24 **d) Zeitpunkt.** Das Tatbestandselement „Veräußerung" ist insofern **zweigliedrig,** als es das entgeltl Kausal- und das Erfüllungsgeschäft erfasst; die Veräußerung ist bei vorausgegangenem Kausalgeschäft erst mit der Erfüllung vollendet (BFH VIII R 7/90 BStBl II 93, 228); in diesem Zeitpunkt entsteht der Veräußerungsgewinn oder -verlust (s Rz 214, 220); dieser Zeitpunkt soll auch dafür entscheidend sein, ob eine Veräußerung des ganzen GewBetr oder nur eines Teilbetriebs vorliegt (BFH I R 119/81 BStBl II 85, 245; mE Kausalgeschäft maßgebl).

25 **2. Erwerb von Todes wegen. – a) Erbfall.** Grds **keine Veräußerung** iSv § 16 I (und auch keine Betriebsaufgabe iSv § 16 III), sondern unentgeltl „Übertragung" iSv § 6 III 1, 3 ist der Übergang des ganzen GewBetr durch Erbfall (§ 1922 I BGB); zu § 50i II 2 s dort; *BMF* DB 16, 21. Der Erbe tritt grds in die Rechtstellung des Erblasser ein. Beim Erblasser sind die Werte anzusetzen, die sich für den Zeitpunkt des Todes nach den Vorschriften der laufenden Gewinnermittlung (§§ 4–7) ergeben; stille Reserven werden nicht aufgedeckt; der Erbe *hat* diese Buchwerte fortzuführen (§ 6 III 3 nF; BFH X B 162/08 BFH/NV 09, 156; Rz 590 ff). – Zum Übergang auf KapGes s Rz 15, 590 aE.

26 **b) Erblasserschulden.** Ihr Übergang auf den Erben ist **kein Entgelt** (AK) für den Erwerb der (aktiven) Vermögensgegenstände (PV, BV) des Nachlasses. Gleiches gilt die Belastung des Erben mit Geldvermächtnissen, Pflichtteils-/Erbersatzansprüchen **(Erbfallschulden)** oder Auflagen (Einzelheiten s Rz 592-6).

27 **c) Vermächtnis.** Ist der Betrieb (Teilbetrieb) Gegenstand eines Sachvermächtnisses, geht der Betrieb usw zivilrechtl auf den Erben und erst mit der Erfüllung

der Vermächtnisschuld auf den Vermächtnisnehmer über. Hiervon ist auch estrechtl auszugehen (vgl BFH VIII R 18/93 BStBl II 95, 714). Gleichwohl tritt keine Gewinnrealisierung nach § 16 ein (Ausnahme: Kaufrechtsvermächtnis, s Rz 598); denn der Betrieb geht im Anschluss an den *unentgeltl* Übergang vom Erblasser auf den Erben mit der Erfüllung des Vermächtnisses von diesem *unentgeltl* auf den Vermächtnisnehmer über (§ 6 III 1; BFH VIII R 18/93 BStBl II 95, 714; *BMF* BStBl I 06, 253 Tz 61; ErbStR 13a.3 nF; BewRL 9.1 II nF).

aa) Unternehmer. Nach BFH wird der Vermächtnisnehmer idR erst mit **Erfüllung** des Vermächtnisses Unternehmer; die bis dahin ab Erbfall erzielten Gewinne sind dem oder den Erben zuzurechnen. **Ausnahmen:** *(a)* Vermächtnisnehmer hat schon ab Erbfall die *Sachherrschaft* über den Betrieb (BFH VIII R 349/83 BStBl II 92, 330; *BMF* BStBl I 06, 253 Tz 61; aA *Tiedtke ua* ZEV 07, 349: Vermächtnisnehmer ist bereits ab Erbfall Unternehmer (ausgenommen aufschiebend bedingtes Vermächtnis), weil ihm nach § 2184 BGB die Früchte des Betriebs gebühren; Erbe ist nur „Durchgangsunternehmer" (BFH IV R 10/99 BStBl II 02, 850). *(b)* Bei *unklarer Erbrechtsrechtslage* ist Erbe nach BFH IX R 26/99 BFH/NV 04, 476 (betr VuV) uU Treuhänder des Vermächtnisnehmers (dazu *Geck* ZEV 04, 279; bedenkl). 28

bb) Abgrenzung. Betriebsveräußerung ist mE aber eine Übereignung an **Geldvermächtnisnehmer** oder Pflichtteilsberechtigte als Leistung an Erfüllungs Statt (glA BFH III R 38/00 BStBl II 05, 554; s auch Rz 599, 21). 29

3. Unentgeltl Übertragung; teilentgeltl Veräußerung. – a) Reine Schenkung. Keine Veräußerung iSv § 16 I 1 Nr 1 (und auch keine Betriebsaufgabe iSv § 16 III; s aber Rz 204, 435), sondern eine unentgeltl Übertragung iSv § 6 III 1 liegt vor, wenn der ganze GewBetr (Teilbetrieb) im Wege einer **(reinen) Schenkung** iSv § 516 BGB dh voll unentgeltl übertragen wird (s zB für ganzen GewBetr BFH GrS 4–6/89 BStBl II 90, 847 aE; für Teilbetrieb BFH I R 105/85 BStBl II 89, 653; für MUeranteil BFH VIII R 36/93 BStBl II 95, 770; zu MUerteilanteil s Rz 430/5), und der *Schenker* damit seine bisherige unternehmerische Betätigung (im Wesentlichen) aufgibt. Nach hL erfordert dies, dass in einem *einheitl* Vorgang das wirtschaftl Eigentum an *allen* wesentl Betriebsgrundlagen (einschl SonderBV) übertragen wird; hiervon ist der BFH (IV R 41/11 DStR 12, 2118: kumulative Anwendung von § 6 III und V) jedoch abgerückt (s einschließl Kritik Rz 15). 35

aa) Unbenannte Zuwendung zw Ehegatten. Auch sie ist im estrechtl Sinne mE voll unentgeltl (vgl zur ErbSt BFH II R 59/92 BStBl II 94, 366; ErbStR 7.2 nF; *BMF* BStBl I 94, 297). 36

bb) Folgen. Der Schenker (Zuwendende) realisiert (grds) weder Gewinn noch Verlust (Rz 15); der Beschenkte hat keine AK; er muss die (aktiven/passiven) Buchwerte des Schenkers fortführen (§ 6 III 3); zB BFH IV R 77/95 BStBl II 96, 476; aA *KSM* § 16 B 130: Betriebsaufgabe-Wahlrecht) und tritt *daher* – trotz geänderter Rspr zu § 10d (s Rz 590) – insoweit grds in die Rechtsstellung des Schenkers ein (BFH VIII R 48/90 BStBl II 93, 93; zum formellen Bilanzzusammenhang s BFH I B 179/11 BFH/NV 13, 21; zu § 6b s dort Rz 11; zur mittelbaren Grundstücksschenkung s aber BFH IV R 9/06 BStBl II 10, 664; zu § 4 IVa bej BFH IV R 17/10 BStBl II 14, 316; *BMF* BStBl I 05, 1019 Rz 10a; zu § 6 IIa s diff *BMF* BStBl I 10, 755 Rz 19, 23; zu § 7g s dort; zu § 15a s dort Rz 234; zu § 15b nF s *BMF* BStBl I 07, 542 Tz 25; zu § 34a s dort Rz 85). Zu zurückbehaltenen WG, die – *(a)* keine wesentl Betriebsgrundlagen sind s Rz 344, – *(b)* funktional wesentl Betriebsgrundlagen sind s Rz 15, 204, 435. 37

cc) Passiva. Voll unentgeltl iSv § 6 III ist die Übertragung eines GewBetr usw zw Angehörigen estrechtl auch, soweit der Erwerber neben den Aktiva die Passiva (Betriebsschulden) übernimmt (BFH GrS 4–6/89 BStBl II 90, 847/54; BFH IV R 28/97 BFH/NV 98, 836/7), selbst wenn diese die Buchwerte der Aktiva über- 38 steigen (BFH VIII R 36/66 BStBl II 73, 111; *BMF* BStBl I 93, 80 Rz 30; diff *Pfalzgraf/Meyer* BB 96, 1090; s auch Rz 68-9; zu § 4 IVa s Rz 37).

39 **b) Teilentgeltl Veräußerung.** Wird ein ganzer GewBetr usw **teilentgeltl** zB auf Grund gemischter Schenkung übertragen, ist dies grds eine (teilentgeltl) **Veräußerung** iSv § 16 I 1 Nr 1. Während aber bei der teilentgeltl Übertragung von PV der Vorgang nach dem Verhältnis des Verkehrswerts der WG zur Gegenleistung in einen voll entgeltl und einen voll unentgeltl Teil aufzuspalten ist (*„Trennungstheorie“*; BFH IV R 15/76 BStBl II 81, 11 zu § 17; *BMF* BStBl I 93, 80; 07, 269 Rz 14–15), ist eine teilentgeltl Übertragung eines GewBetr usw als **einheitl Vorgang** zu betrachten (*„Einheitstheorie“*; s Rz 58). Dies gilt sowohl für den Erwerber (BFH IV R 61/93 BStBl II 95, 367 aE) als auch für den Veräußerer (BFH X R 14/11 BStBl II 14, 158), mE auch dann, wenn nach den Grundsätzen von BFH IV R 41/11 DStR 12, 2118 § 6 III trotz Buchwertausgliederung von funktional wesentl WG **(§ 6 V)** greift (s Rz 15, 35). Folge: nur soweit die Gegenleistung den *Netto-Buchwert* übersteigt, entsteht ein Veräußerungsgewinn (des Schenkers); dieser ist nach bisheriger von BFH IV R 36/13 BStBl II 15, 529 nur aus Gründen der Rechtskontinuität bestätigter Rspr tarifbegünstigt (BFH IV R 12/81 BStBl II 86, 811), wenn unter Beachtung der Gesamtplan-Rspr *alle* wesentl Betriebsgrundlagen des Betriebs/MUanteils übertragen werden (Rz 94, 113). ME widerstreitet die Rspr dem Zweck der §§ 16, 34 (s Rz 6, 108). Die Gegenleistungsverpflichtung ist für Erwerber in voller Höhe Betriebsschuld und als AK anzusetzen.

40 **aa) Buchwertgrenze.** Ist die Gegenleistung niedriger als der Buchwert, ist dieser gem § 6 III 3 fortzuführen; auch insoweit ist die Ausgliederungs-Rspr (BFH IV R 41/11 DStR 12, 2118; Rz 15, 39) zu beachten und der Buchwert nur auf das übertragene Vermögen zu beziehen. Der Erwerber hat keine AK, beim Veräußerer entsteht kein Verlust (Rz 58 mit Beispielen); gleichwohl soll die Gegenleistungsschuld (und ihre Refinanzierung) nach Verwaltungsansicht (*BMF* BStBl I 93, 80 Rz 38) *betriebl* veranlasst sein (str, s Rz 593-6; 17. Aufl; uU auch BFH IV R 73/87 BStBl II 91, 450; aA *Blümich* § 4 Rz 168 „Vorweggenommene Erbfolge“). Zu Vorbesitzzeiten und Verbleibensfristen s Rz 59. Zu Veräußerung an GmbH s Rz 91.

41 **bb) Wiederkehrende Leistungen.** Teilentgelt kann auch eine Verpflichtung zu gleichbleibenden oder abänderbaren wiederkehrenden Leistungen sein (BFH VIII R 64/93 BFH/NV 02, 10 zu betriebl EinzelWG; BFH IX R 46/88 BStBl II 95, 169 zu vollentgeltl Erwerb von PV gegen dauernde Last; BFH X R 54/94 BStBl II 97, 813 zu teilentgeltl Erwerb von PV) – ausgenommen „Vermögensübertragungen gegen Versorgungsleistungen“ (s Rz 47; § 22) und private Versorgungsrenten (BFH X R 2/06 BStBl II 08, 99).

42 **c) Auflagenschenkung.** Sie kann ebenso wie eine gemischte Schenkung teilentgeltl sein (*Wacker* NWB F 3, 8650; aA *Stephan* DB 91, 1090).

4. Vorweggenommene Erbfolge

Verwaltung: BMF BStBl I 93, 80 (vorweggenommene Erbfolge); BB 93, 1791 (SonderBV-Übertragung); BStBl I 07, 269 (Entgeltaufteilung); BStBl I 10, 227 (Rentenerlass IV).

45 **a) BFH-Rechtsprechung (GrS).** Wird ein Betrieb (Teilbetrieb, MUeranteil; zu den Begriffen unter Berücksichtigung des BFH-Urt IV R 41/11 DStR 12, 2118 s Rz 15, 35, 39f) in „vorweggenommener Erbfolge“ übertragen (vgl § 13a I Nr 2 ErbStG aF; § 7g VII 3 aF; § 593a BGB; *BMF* BStBl I 93, 80 Rz 1; BFH VIII R 59/89 BStBl II 92, 809) und werden dabei „Gegenleistungen“ (zB Versorgung, Gleichstellungsgeld) vereinbart, so kann dies – abw von der früheren Rspr (s 29. Aufl; *BMF* BStBl I 93, 80: Übergangsregelung) – nach BFH (GrS 4–6/89; BStBl II 90, 847; BFH GrS 1/90 BStBl II 92, 78) unabhängig davon, ob der Übergabevertrag zivilrechtl gemischte oder Auflagenschenkung ist, estrechtl unentgeltl Übertragung iSv § 6 III oder (voll- bzw teilentgeltl) Veräußerung sein.

aa) Versorgungsleistungen. Zwar hat der GrS daran festgehalten, dass eine Verpflichtung des Übernehmers zu wiederkehrenden Versorgungsleistungen – gleich dem Vorbehalt von Nutzungsrechten am übertragenen Vermögen (s Rz 72; § 5 Rz 612) – grds **kein Entgelt** ist, weil das EStG spezialgesetzl („Sonderrecht") das Rechtsinstitut „Vermögensübergabe gegen Versorgungsleistungen" (= vorbehaltene Vermögenserträge) ausschließl den §§ 22, 10 zuordnet und damit aus dem Bereich der (teil-)entgeltl Geschäfte ausklammert. Gleiches gilt im Anwendungsbereich von §§ 10 I Nr 1a, 22 Nr 1b, 1 I Nr 1a nF (zu Einzelheiten s *BMF* BStBl I 10, 227; § 10 Rz 57 ff), **nicht** jedoch, wenn die stillen Reserven des übertragenden BV aufzudecken sind (BFH IV R 52/08 BStBl II 11, 261). Fragl ist ob die Lockerung der Anforderungen an § 6 III durch BFH IV R 41/11 DStR 12, 2118 (dazu Rz 15, 35, 39f) auch für § 10 I Nr 1a gilt. 47

bb) Teilentgelt. Ein teilentgeltl Veräußerungs- und Anschaffungsgeschäft liegt aber vor – vorausgesetzt, dass die Vereinbarung ernsthaft und klar ist und tatsächl durchgeführt wird (BFH X R 31/91 BFH/NV 93, 18; zum Zahlungsrückfluss s Rz 265) und der Wert der Leistung höher als der Wert der Gegenleistung ist – soweit der Übernehmer *(a)* an den Übergeber **Abstandszahlungen** zu leisten hat (s Rz 39), oder *(b)* sich zur Zahlung von **„Gleichstellungsgeldern"** an Dritte verpflichtet (s Rz 63-6) oder *(c)* private **Schulden** des Übergebers übernimmt (s Rz 67). 48

b) Teilentgeltl Betriebsübertragung; Rechtsfolgen. – Die Wertung bestimmter Leistungen des Übernehmers als **Entgelt** (s zu f–h) besagt noch nicht, dass bei (teilentgeltl) Übertragung eines GewBetr (Teilbetriebs, MUeranteil) in vorweggenommener Erbfolge stets ein **Veräußerungsgewinn oder -verlust des Übergebers** und entspr **AK des Übernehmers** entstehen. 57

aa) Einheitstheorie. Die teilentgeltl Übertragung eines GewBetr (Teilbetriebs, MUeranteils zu den Begriffen unter Berücksichtigung des BFH-Urt IV R 41/11 DStR 12, 2118 s Rz 15, 35, 39f) ist – anders als bei PV (s BFH XI R 5/83 BStBl II 91, 793) – nicht nach dem Verhältnis des Entgelts zum Verkehrswert des übertragenen Vermögens in einen voll entgeltl und einen voll unentgeltl Teil aufzuspalten (Spaltungs- bzw Trennungstheorie), sondern einheitl zu beurteilen: Nur soweit das Entgelt den (Netto-)Buchwert (KapKto) übersteigt, entsteht ein Gewinn des Übergebers (zu §§ 16, 34 s Rz 39); ist das Entgelt niedriger, ist der Buchwert fortzuführen (§ 6 III); es entsteht kein Verlust (s Rz 39–40; BFH XI R 34/92 BStBl II 93, 436; *BMF* BStBl I 93, 80 Rz 35–39 mit Beispielen; glA zB *Groh* DB 90, 2187/90; *L. Schmidt* FS Clemm, 1996 S 349). Zu § 6 III 2 (unentgeltl Aufnahme in Einzelunternehmen/Übergang von MU*erteil*anteilen) s Rz 204, 430/435; zu verdeckter Einlage in KapGes s Rz 91, 201 aE. Zum (str) Schuldzinsenabzug bei Fremdfinanzierung s Rz 40. Zur GewBetr-Übertragung mit negativem KapKto s Rz 38, 69. 58

Beispiel 1: V überträgt einen GewBetr auf S mit einem Verkehrswert von 2 Mio DM und einem Buchwert von 0,8 Mio DM (1,2 Mio Aktiva ./. 0,4 Mio Passiva). S muss an T ein Gleichstellungsgeld von 1 Mio DM zahlen. – Lösung (Einheitstheorie): Vom Veräußerungspreis (1 Mio) ist der volle Nettobuchwert (0,8 Mio) abzuziehen; der (tarifbegünstigte) Veräußerungsgewinn des V beträgt (nur) 0,2 Mio DM. S muss die Buchwerte der Aktiva um 0,2 Mio DM aufstocken.

Beispiel 2: Wie Beispiel 1, nur: das buchmäßige Eigenkapital beträgt 1,3 Mio DM (1,7 Mio Aktiva ./. 0,4 Mio Passiva). Lösung (Einheitstheorie): Da der Veräußerungspreis niedriger ist als der Nettobuchwert, entsteht weder ein Veräußerungsgewinn noch -verlust. S muss die Buchwerte fortführen (§ 6 III 1, 3).

bb) Geltung. Die Einheitstheorie gilt in gleicher Weise für den **Übergeber** wie für den **Übernehmer** (BFH IV R 61/93 BStBl II 95, 367; s aber Rz 60); sie besagt, dass eine teilentgeltl Betriebsübertragung grds – ausgenommen nur die Wertung jeder Teilentgeltschuld als betriebl veranlasst (str, s Rz 40; *BMF* BStBl I 59

93, 80 Rz 38, 40 für Kredit) – die gleichen estrechtl Rechtsfolgen hat *(a)* wie eine *voll entgeltl* Veräußerung (§§ 16, 34; s aber Rz 39), soweit das Entgelt höher ist als der Buchwert (KapKto) des Betriebs, und *(b)* wie eine *voll unentgeltl* Übertragung (§ 6 III), soweit das Entgelt nicht höher ist als der Buchwert (BFH VIII R 27/98 BB 01, 85), so dass der **Übernehmer** hinsichtl zB degressiver bzw erhöhter AfA, Vorbesitzzeit iSv § 6b IV 2 (s Rz 37), Bindungsvoraussetzungen (zB FördG, InvZulG) usw in die Rechtsstellung des Übergebers in vollem Umfang eintritt (BFH aaO zu § 6b; ebenso zu § 4 IVa *Kanzler* INF 00, 513/6; zu § 34a s dort Rz 76, 85); umgekehrt ist der Übernehmer wie ein voll entgeltl Erwerber zu behandeln, wenn das Teilentgelt höher als der Buchwert ist (§ 6b Rz 30; zu § 4 IVa *Korn* KÖSDI 01, 12705; aA *Kanzler* aaO). Die **FinVerw** ist demggü *(noch)* der Ansicht, dass *(a)* der Übernehmer zwar die Abschreibung des Übergebers fortführen kann, soweit kein entgeltl Erwerb gegeben ist, und Aufstockungsbeträge wie nachträgl AK zu behandeln sind, *(b)* die Verbleibensfristen/Vorbesitzzeiten aber nur hinsichtl des unentgeltl Teils beim Rechtsvorgänger/-nachfolger zusammengefasst werden können, hinsichtl des entgeltl Teils die WG angeschafft sind und daher ggf neue Fristen in Gang gesetzt werden (*BMF* BStBl I 93, 80 Rz 38, 39, 41).

61 **cc) Abgrenzung.** Zur andersartigen Rechtslage bei Realteilung/**Erbauseinandersetzung** mit Abfindung bzw Ausgleichszahlung (Trennungstheorie) s Rz 549, 610, 619-21. Zur Übertragung **betriebl Einzel-WG** s BFH IV R 11/12 DStR 12, 2051; BFH I R 80/12 BStBl II 13, 1004: Verrechnung von Teilentgelt und *vollem* Buchwert (sog modifizierte Trennungstheorie; aA *BMF* BStBl I 13, 1164). Trifft eine **vorweggenommene Erbfolge** mit einer **Erbauseinandersetzung** (Rz 605–649) zusammen, sind beide Teile der Vereinbarung getrennt zu beurteilen (BFH XI R 7, 8/84 BStBl II 91, 791).

63 **c) Abstandszahlung; Gleichstellungsgelder.** – **aa) Entgelt** für den GewBetr ist die Verpflichtung des Übernehmers zu **Geldleistungen** an den Übergeber oder Dritte – ausgenommen *wiederkehrende Leistungen* iRd Sonderrechtsinstituts der Vermögensübertragung gegen Versorgungsleistungen (Rz 47) –, grds unabhängig davon, ob er aus dem übernommenen oder eigenem Vermögen leistet (*Groh* DB 90, 2187/9; aA *Wacker* NWB F 3, 8654; evtl *BMF* BStBl I 93, 80 Rz 8). Nach Maßgabe der Einheitstheorie (s Rz 57 ff) erlangt der Übergeber einen **Veräußerungspreis** in Gestalt seiner Forderung aus dem Übergabevertrag (*BMF* BStBl I 93, 80 Rz 24 iVm Rz 7) unabhängig davon, ob auch der Dritte einen eigenen Anspruch gegen den Übernehmer erwirbt (§§ 328 I; 330 S 2 BGB); der Übernehmer hat entspr **AK** (dazu Rz 59). – Einer Verpflichtung zu einer Geldleistung steht eine Verpflichtung zu einer **Sachleistung** *aus eigenem Vermögen* des Übernehmers gleich (*BMF* BStBl I 93, 80 Rz 24 iVm Rz 7 Satz 2; 12; zu PV s *BMF* BStBl I 98, 914 Rz 33). – Auch gleich bleibende oder abänderbare **wiederkehrende Zahlungen,** die keine Versorgungsleistungen iSd zu Rz 47 dargestellten „(Sonder-)Rechtsinstituts" sind (zB verrentetes Gleichstellungsgeld; Mindestzeitrenten), sind iHd Barwerts Entgelt (BFH X R 32–33/01 BStBl II 11, 675).

64 **bb) Fälligkeit.** Ist die Ausgleichszahlung erst zu einem späteren Zeitpunkt **fällig** *(Betagung)* oder von einem künftigen Ereignis abhängig, bei dem nur der Zeitpunkt des Eintritts ungewiss ist, zB Tod *(Befristung),* ist Veräußerungspreis der abgezinste Barwert (BFH XI R 9/84 BStBl II 91, 794 zu PV); der Dritte erzielt im Zeitpunkt der Erfüllung Einkünfte aus KapVerm iHd Differenz zw Erfüllungsbetrag und Barwert (ähnl *Groh* DB 90, 2187/90; *BMF* BStBl I 93, 80 Rz 11, 20 zu PV). Ist die Ausgleichszahlung von einem ungewissen künftigen Ereignis zB Heirat abhängig (aufschiebende Bedingung), entstehen erst mit Eintritt des Ereignisses beim Übernehmer nachträgl AK (BFH XI R 2/90 BFH/NV 92, 297; *BMF* BStBl I 93, 80 Rz 19, 21 zu PV); beim Übergeber erhöht sich der Veräußerungspreis rückwirkend (arg BFH GrS 2/92 BStBl II 93, 897).

cc) Leistung an Erfüllungsstatt. Wird eine Geldleistungsverpflichtung durch eine Sachleistung (oder wiederkehrende Bezüge) abgelöst (Leistung an Erfüllungsstatt), bleibt der Entgeltcharakter der Geldschuld unberührt (glA *Schoor* StBP 92, 29/33; aA *Ehmcke* Stbg 92, 72/8). Bei einem Wahlrecht des Dritten zw Sach- oder Geldleistung ist die Verpflichtung des Übernehmers mE ebenso wie bei reiner Geldschuld Entgelt. Ist Gegenstand der Leistung an Erfüllungsstatt ein WG des (übernommenen) BV, entsteht ein nichtbegünstigter Gewinn des Übernehmers (mE Veräußerung iSv § 6b; s BFH VIII R 2/94 BStBl II 96, 60). 65

dd) Ausweg. Einer evtl Gewinnrealisierung bei Betriebsübertragung gegen Gleichstellungsgeld lässt sich dadurch ausweichen, dass der Übergeber vor der Übertragung liquide Mittel entnimmt und diese selbst den Dritten zuwendet. 66

d) Übernahme von Schulden; negatives KapKto. – aa) Private Schulden. Soweit bei der Übertragung des GewBetr (Teilbetrieb, MUeranteil) der Übernehmer private Schulden, insb Geldschulden des Übergebers oder der PersGes (s § 15 Rz 485 ff) übernimmt, ist dies – gleich Abstandszahlungen – Entgelt (BFH GrS 4–6/89 BStBl II 90, 847/53; IV R 61/93 BStBl II 95, 367 aE; *BMF* BStBl I 93, 80 Rz 27) – ausgenommen die Übernahme *(a)* schuldrechtl oder dingl Pflichten zur Nutzungsüberlassung zB aus Miete (*Groh* DB 90, 2187/91), *(b)* bestehender Versorgungspflichten im „Generationennachfolge-Verbund" (s § 22). Die übernommenen (privaten) Schulden werden beim Übernehmer damit BV und die Zinsen BA (BFH IV R 73/87 BStBl II 91, 450; *Meyer/Ball* INF 98, 557/9). Zur Ablösung privater Schulden des Veräußerers s Rz 301/10. 67

bb) Betriebl Schulden. Kein Entgelt ist aber die Übernahme der Schulden, die passives BV (einschließl SonderBV) des übertragenen Betriebs (Teilbetriebs, MUeranteils) sind; hierzu gehören auch die § 4 IVa (Kürzung des BA-Abzugs für Schuldzinsen; Rz 37, 59, 371) zugrunde liegenden Verbindlichkeiten (*Hübner* DStR 00, 1205/-8; *BMF* BStBl I 05, 1019 Rz 1). Buchwert iSv § 6 III ist grds der Nettowert (s Rz 38; BFH GrS 4–6/89 BStBl II 90, 847/54; *BMF* BStBl I 93, 80 Rz 29). 68

cc) Negatives KapKto. Hieraus folgt, dass auch bei Übertragung eines Betriebs mit negativem KapKto die Übernahme der diesem Konto entspr Schulden kein Entgelt und die Übertragung daher voll unentgeltl ist, *wenn* entspr stille Reserven oder zumindest Gewinnchancen vorhanden sind *und* keine (sonstigen) Gegenleistungen erbracht werden (BFH VIII R 76/96 BStBl II 99, 269). Zum Übergang verrechenbarer Verluste (§ 15a) vgl Rz 434; *Meyer/Ball* INF 98, 557/8 auch zur Übergabe real überschuldeter Betriebe. Ist die Übertragung aber teilentgeltl, zB weil der Übernehmer ein Gleichstellungsgeld zu zahlen hat, ist zur Ermittlung des Veräußerungsgewinns vom Entgelt (zB Gleichstellungsgeld) der negative Buchwert abzuziehen (Subtraktion einer negativen Größe = Addition) mit der Folge, dass die Übernahme der Betriebsschulden iHd negativen KapKtos wie die Übernahme privater Schulden (Entgelt) wirkt (BFH X B 71/06 BFH/NV 07, 37); demgemäß hat der Übernehmer auch AK iHd Gleichstellungsgelds zuzügl übernommenes negatives KapKto (BFH XI R 34/92 BStBl II 93, 436; *BMF* BStBl I 93, 80 Rz 30, 31). 69

Beispiel: Verkehrswert des GewBetr 1 Mio; Nettobuchwert = KapKto ./. 0,2 Mio (Aktiva 0,4 Mio, Passiva 0,6 Mio). V überträgt auf S gegen Gleichstellungsgeld an T von 0,5 Mio. ***Lösung:*** (a) BMF/hL: Veräußerungserlös des V = AK des S: 0,7 Mio (0,5 Mio Gleichstellungsgeld + 0,2 negatives KapKto). (b) Gegenmeinung: Veräußerungserlös = AK: 0,5 Mio (nur Gleichstellungsgeld). ***Ausweg*** uU: Vorab-Entnahme liquider Mittel durch V (Rz 66).

e) Sachleistungen aus dem übernommenen Vermögen. Ist der Übernehmer des GewBetr auf Grund des Übergabevertrags verpflichtet, WG des übernommenen BV (zB Grundstück) an Dritte (zB Geschwister) weiterzuübertragen, ist diese Verpflichtung – anders als Zahlungen oder Sachleistungen aus eigenem Vermögen (s Rz 63) – *kein Entgelt* für den GewBetr (BFH GrS 4–6/89 BStBl II 70

90, 847/53; *BMF* BStBl I 93, 80 Rz 24, 8). Mit der Erfüllung der Verpflichtung entsteht aber ein nicht begünstigter Entnahmegewinn des Übernehmers (*KSM* aaO; diff *BMF* aaO Rz 32). Übereignet der Übergeber noch selbst vor der Betriebsübertragung, ist der Entnahmegewinn dem Übergeber zuzurechnen (BFH IV R 89/90 BStBl II 93, 225). – Wird die Pflicht zur Sachleistung durch eine Zahlung an Erfüllungs Statt abgelöst, führt dies nicht zu nachträgl Veräußerungserlös des Übergebers, uU iVm Geldentnahme (aA 17. Aufl: AK des Übernehmers, s auch Rz 63).

71 **f) Kein Entgelt.** An einem Veräußerungserlös) für den Übergeber und damit an AK für den Übernehmer fehlt es: – ***(1)* Verpflichtungen des Übernehmers** *(a)* bei (teilweiser) Veräußerung des übertragenen Vermögens Teile des Erlöses zB an Geschwister abzuführen (*Wacker* NWB F 3, 8654), *(b)* Dritten einen GesAnteil (zB KG-Anteil, stille Beteiligung) am übertragenen GewBetr einzuräumen (*Groh* DB 90, 2187/9), *(c)* Dritten ein Nutzungsrecht an Teilen des übertragenen Vermögens zuzuwenden, *(d)* den Übergeber mit zB 25 vH am Gewinn des Betriebs zu beteiligen (Folge: Übergeber erzielt nachträgl gewerbl Einkünfte); glA zu vorbehaltenem Ertragsnießbrauch FG Mster EFG 14, 1951, Rev IV R 38/14). – ***(2)*** Zugunsten des Übergebers oder eines Dritten **vorbehaltene** (dingl/schuldrechtl) **Nutzungsrechte,** zB Wohn-/Erbbaurecht (BFH I R 96/02 BStBl II 08, 296; zur Entnahme s § 5 Rz 655) Wird das Nutzungsrecht später **abgelöst,** führt dies idR zu nachträgl AK des Übernehmers (Ausnahme: gleitende Vermögensübergabe gegen Versorgungsleistungen; s § 10 Rz 60); fragl indes, ob der Übergeber nachträgl gewerbl Einkünfte anzusetzen hat (abl hier 29. Aufl; glA zu PV *BMF* BStBl I 98, 914 Rz 60). Wird der an einem **MUeranteil vorbehaltene Nießbrauch** abgelöst, erzielt der Nießbraucher (MUer; dazu § 15 Rz 306/13) einen Veräußerungsgewinn (zT aA *Götz ua* DStR 10, 2432). – ***(3)*** Gleichfalls grds kein Entgelt (AK) für das (potentielle) Erbvermögen sind **Abfindungen** auf Grund eines **Erb-/Pflichtteilsverzichts** (BFH VIII R 57/10 DB 13, 671) trotz geänderter Rspr zur Behandlung beim Empfänger (BFH X R 132/95 BStBl II 00, 82: kein § 22 Nr 1). Gleiches gilt für entgeltl **Verzicht auf Herausgabeanspruch** des Vertragserben gem **§ 2287 BGB** vor Eintritt des Erbfalls (FG Mster EFG 02, 131). Ein mögl Zinsanteil ist auch beim Erben (s Rz 592/-3) nicht BA/WK; *Ausnahme:* GewBetr wird zB in vorweggenommener Erbfolge unter Übernahme der (Rest-)Abfindungsschuld ggü Verzichtendem übertragen (vgl Rz 67). – Zu § 311b V BGB (= § 312 II aF) s *Kempermann* FR 01, 442, 553: kein Entgelt (aA *Daragan* DB 01, 848).

75 **g) Gleichzeitige Übertragung von GewBetr und PV.** Wird gleichzeitig ein GewBetr und PV auf *denselben* Übernehmer übertragen, ist zur Ermittlung des Veräußerungspreises für den GewBetr und der AK für GewBetr und PV (Übernehmer) ein Teilentgelt zwar grds im Verhältnis der Verkehrswerte der übertragenen WG aufzuteilen (zum Nettowert-Ansatz des BV s *Wacker* NWB F 3, 8671/2); entgegen *BMF* BStBl I 93, 80 Tz 47 sind jedoch vertragl vereinbarte Einzelpreise bis zur Höhe der jeweiligen Verkehrswerte (BV; einzelne WG des PV) nicht zu beanstanden (BFH IX R 54/02 BStBl II 06, 9; *BMF* BStBl I 07, 269: zB unentgeltl Betriebsübertragung und vollentgeltl Veräußerung von PV).

76 **h) Nebenkosten.** Sie gehören bei Teilentgeltlichkeit in vollem Umfang zu den (ggf aufzuteilenden) AK (BFH XI R 4/90 BFH/NV 92, 169; *BMF* BStBl I 93, 80 Rz 13 zu PV) – ausgenommen die ErbSt (§ 12 Nr 3). Auch bei voll unentgeltl Erwerb sollen Anschaffungsnebenkosten anzusetzen sein (s § 6 Rz 53; fragl; offen BMF IV R 44/12 BFH/NV 15, 1085).

77 **i) Betriebsübertragungen zw Fremden und zw Familienangehörigen.** Bei Übertragungen zw **Fremden** spricht eine tatsächl Vermutung dafür, dass entgeltl veräußert ist; dies gilt auch bei Übertragung gegen wiederkehrende Bezüge (BFH VIII R 121/83 BStBl II 89, 585) oder Erwerb gegen Zuzahlung des Veräu-

ßerers (BFH I R 49/04 BStBl II 06, 656). Umgekehrt besteht bei Betriebsübertragungen **zw Familienangehörigen** eine (widerlegbare) Vermutung, dass diese auf familiären Gründen beruht, dh die beiderseitigen Leistungen nicht kfm abgewogen sind und damit keine (voll entgeltl) Betriebsveräußerung, sondern eine voll unentgeltl Übertragung iVm privaten Versorgungsleistungen oder eine (teil-)entgeltl Übertragung vorliegt (vgl BFH GrS 4–6/89; X R 58/92 BStBl II 90, 847; 96, 672). Die Vermutung gilt grds auch bei negativem KapKto (s Rz 69, 434), *nicht* jedoch, wenn Leistung und Gegenleistung nachweisl (BFH IX R 4/13 BFH/NV 14, 1201: Darlegungslast des Stpfl bei geringem Kaufpreis) *obj* gleichwertig sind (BFH X R 14/89 BStBl II 93, 23). Sie ist widerlegt, wenn feststeht, dass trotz obj Ungleichwertigkeit die beiderseitigen Leistungen *subj* wie unter Fremden abgewogen sind (BFH X R 193/87, aaO; *BMF* BStBl I 93, 80 Rz 2; 5; 26; 04, 922 Rz 4), dh die Parteien von einer Gleichwertigkeit ausgegangen sind und darüber klare und eindeutige Vereinbarungen getroffen haben (vgl BFH X R 12/01 BStBl II 04, 211: maßgebl primär Erwerbersicht). – Ist die Gegenleistung nicht kfm bemessen und steht fest, dass sie obj den Wert der Leistung übersteigt, also **unangemessen hoch** ist, ist (nur) der angemessene Teilveräußerungspreis und AK; das „Mehrentgelt" ist nicht estpfl und nicht abzugsfähig (BFH X R 44/93 BStBl II 96, 676 aE zu PV); str ist, ob dies auch gilt (Entgelt!), wenn der Wert der Leistung geringer ist als die Hälfte des Werts (zB Barwert) der Gegenleistung (so mE zR wohl BFH aaO), oder ob in diesem Fall der Vorgang voll unentgeltl, die Gegenleistung also insgesamt nicht estpfl und nicht abzugsfähig ist (*BMF* BStBl I 04, 922 Rz 50). Wird Kaufpreis vereinbart, aber tatsächl nicht gezahlt, oder der zur Zahlung erforderl Betrag dem „Käufer" vom „Verkäufer" gleichzeitig geschenkt, ist die Übertragung voll unentgeltl (vgl BFH XI R 1/86 BStBl II 92, 239 zu PV).

II. Betriebsveräußerung im Ganzen

1. Veräußerung des ganzen GewBetr. Dies liegt vor, wenn **aa)** das wirtschaftl Eigentum (Rz 214) an allen wesentl Betriebsgrundlagen (s Rz 100), **bb)** in einem einheitl Vorgang, **cc)** auf *einen* Erwerber (natürl Person; PersGes; KapGes) übertragen wird (zB BFH X R 28/11 BFH/NV 15, 479) und **dd)** damit die *bisher in diesem Betrieb* mit diesen wesentl Betriebsgrundlagen *entfaltete* gewerbl Betätigung des *Veräußerers* endet (BFH XI R 56, 57/95 BStBl II 96, 527; s Rz 97-9). 90

a) Ganzer Betrieb. Der Betrieb muss „als **selbstständiger Organismus** des Wirtschaftslebens" auf den Erwerber übertragen werden dh noch bestehen (zu verfallenem Betriebs s BFH IV R 25/79 BStBl II 82, 707; Rz 151) und vom Erwerber fortgeführt werden *können* (zB BFH IV R 50/90 BStBl II 92, 380). Unerhebl ist, ob der Erwerber den Betrieb tatsächl fortführt oder stilllegt (EStR 16 I 2). GewBetr iSv § 16 kann auch ein noch nicht werbend tätiger Betrieb sein, vorausgesetzt, dass bereits die wesentl Betriebsgrundlagen vorhanden sind (zB BFH IV R 30/00 BStBl II 04, 182 zu § 7g aF; weitergehend FG Ddorf EFG 00, 1246). – Ob ein *ganzer* GewBetr (und nicht nur ein Teilbetrieb oder einzelne Betriebsteile) veräußert ist, bestimmt sich nach den Verhältnissen im **Zeitpunkt** der **Übertragung** des wirtschaftl Eigentums (BFH I R 119/81 BStBl II 85, 245; krit zR *Tiedtke/Wälzholz* DStZ 00, 127: Kausalgeschäft maßgebl). – Werden alle wesentl Betriebsgrundlagen teils entgeltl, **teils** durch **verdeckte Einlage** auf eine KapGes übertragen, ist dies idR Betriebsveräußerung, bei der auch der Wert der eingelegten WG zum Veräußerungspreis gehört (BFH VIII R 142/84 BStBl II 90, 420), oder Betriebsaufgabe (BFH IV R 121/91; I R 113/95 BFH/NV 93, 525; 97, 214; zum Teileinkünfteverfahren Rz 23, 201 f). 91

b) Mehrere Erwerber. Werden alle wesentl Betriebsgrundlagen auf verschiedene, nicht gesellschaftl verbundene Personen übertragen und damit der Betrieb als selbstständiger Organismus des Wirtschaftslebens zerstört, ist dies keine Betriebsveräußerung (BFH VIII R 323/84 BStBl II 89, 357); es kann Betriebsaufgabe iSv 94

§ 16 III oder nichtbegünstigte allmähl Abwicklung gegeben sein (s Rz 184). Gleiches gilt, wenn ein Teil der wesentl Betriebsgrundlagen auf einen oder verschiedene Erwerber entgeltl oder unentgeltl übertragen und der andere Teil in das PV überführt (zB BFH VIII B 21/93 BStBl II 95, 890) „oder anderen betriebsfremden Zwecken zugeführt“ (BFH I R 202/83 BStBl II 87, 705) wird (s Rz 173, 188, 204). Wird ein Teil der wesentl Betriebsgrundlagen (Rz 100) als **BV** unter Buchwertansatz gem § 6 V (zwingend!; vgl BFH X R 28/00 BFH/NV 03, 243) **fortgeführt,** das restl BV aber veräußert, liegt **keine Betriebsveräußerung/-aufgabe,** sondern die nicht begünstigte Veräußerung einzelner WG (Betriebsmittel) vor (BFH III R 23/89 BStBl II 94, 709; zur GewSt s *FinVerw* DB 00, 2350; Rz 8); Gleiches gilt, wenn bei Buchwertfortführung und Restveräußerung iSe **Gesamtplans** sachl/zeitl verknüpft (BFH IV R 49/08 BStBl II 10, 726; BFH X R 22/12 BStBl II 14, 388; zu §§ 20, 24 UmwStG s Rz 414). Die Lockerung der Rspr zu § 6 III (s Rz 15, 35, 39f) hat hieran nichts geändert (BFH IV R 44/10 BFH/NV 13, 376; *Herlinghaus* FR 14, 441/4; Rz 414). §§ 16, 34 sind jedoch zu bejahen, wenn (wesentl) BV zu Buchwerten nach **§ 6 I Nr 4 S 5** (vgl § 6 Rz 541) entnommen wird (BFH VIII R 53/99 BStBl II 03, 237; FG Köln EFG 11, 1520, rkr; insoweit unklar EStR 16 II 8; *Seifert* INF 99, 100/-5), wenn einzelne Gewinnteile als *lfd* Gewinn zu erfassen sind (Rz 291, 341ff; BFH VIII R 15/00 BFH/NV 05, 1033 betr teilentgeltl Veräußerung) oder wenn dem **Teileinkünfteverfahren** unterliegen (*arg* § 34 II Nr 1). Ebenso uU auch bei Wohnbebauung gem §§ 13 V, 15 I 3, 18 IV 1 (vgl. BFH IV R 31/00 BStBl II 02, 78).

95 **c) InsO.** Einer Veräußerung durch den Betriebsinhaber steht eine Veräußerung durch den **Insolvenzverwalter,** § 160 II Nr 1 InsO, gleich (BFH IV 210/62 S BStBl III 64, 70; evtl ist aber bereits die Betriebseinstellung eine Betriebsaufgabe, s Rz 184; zur Veräußerung von EinzelWG s BFH IV R 23/11 BStBl II 13, 759: ESt = Masseverbindlichkeit; *Schulze* HFR 13, 818). Zur Veräußerung von SonderBV durch Stpfl s FG Mster EFG 13, 1350, rkr.

97 **2. Beendigung der bisherigen gewerbl Tätigkeit.** – Diese ist (anders als bei LuF; vgl BFH XI R 26/91 BFH/NV 93, 161) selbstständiges Tatbestandsmerkmal des § 16 – losgelöst vom Merkmal der Übertragung aller wesentl Betriebsgrundlagen –, das sich obj auf ein bestimmtes BV und subj auf ein bestimmtes „Steuersubjekt“ bezieht (BFH XI R 56, 57/95 BStBl II 96, 527; abl *Glanegger* DStR 98, 1329). – Das Merkmal ist deshalb nicht nur bei Veräußerung an eine **KapGes** (BFH X R 62/87 BStBl II 89, 973; s auch BFH X B 175/97 BFH/NV 98, 1346), sondern nach der Rspr auch erfüllt, wenn zB ein **Einzelunternehmer an** eine **PersGes veräußert,** an der er beteiligt ist (BFH X R 28/11 BFH/NV 15, 479; PersGes = Gewinnerzielungssubjekt; bedenkl; s § 15 Rz 163), bzw zu TW/gemeinen Werten in eine PersGes gegen Gewährung von GesRechten nach § 24 UmwStG aF/nF einbringt (BFH VIII R 5/92 BStBl II 94, 856; *Tiedtke ua* DStR 99, 217/20). Der **Veräußerungsgewinn** gilt aber ab 1.1.1994 **„insoweit“** als **lfd Gewinn,** als der Veräußerer auch MUer der erwerbenden PersGes ist bzw wird (§ 16 II 3; § 24 III 3 UmwStG; FG Hbg EFG 09, 573; s Rz 7); im Hinblick auf § 15 I 1 Nr 2 S 2 genügt hierfür auch eine mittelbare Beteiligung über eine andere PersGes. Für das „insoweit“ ist mE *grds* der Gewinnverteilungsschlüssel der erwerbenden PersGes maßgebl, so dass zB bei einem Gewinnanteil des Veräußerers als Ges'ter der Erwerberin von 50 vH die Hälfte des Veräußerungsgewinns als lfd Gewinn gilt (BFH VIII R 7/01 BStBl II 04, 754; *Groh* DB 96, 2356; aA uU BFH IV R 54/99 BStBl II 01, 178 betr Einbringung ins SonderBV: Vermögensbeteiligung maßgebl, s Rz 111). Veräußern zB 3 Einzelunternehmer je ihren GewBetr an eine PersGes, an der jeder zu 1/3 beteiligt ist, ist mE jeder der Veräußerungsgewinne zu 1/3 laufender und zu 2/3 begünstigter Gewinn.

98 **a) Weitere Tätigkeiten.** Der (begünstigten) Veräußerung des ganzen GewBetr steht weder die **freie Mitarbeit des Veräußerers** im veräußerten Betrieb

(BFH X R 40/07 BStBl II 09, 43; § 18 Rz 227; zu verdecktem Kaufpreis s *Stahl* BeSt 09, 3) entgegen noch, dass er nach der Veräußerung weiterhin **anderweitig gewerbl tätig** ist, sei es, dass er neben dem veräußerten *ganzen* GewBetr schon bisher einen weiteren GewBetr unterhielt und fortführt oder MUer des GewBetr einer PersGes war und bleibt (nebeneinander), sei es, dass er einen neuen GewBetr eröffnet (nacheinander), sofern dieser und der veräußerte Betrieb nicht wirtschaftl identisch sind, dh wenn alle wesentl Betriebsgrundlagen (einschließl immaterieller Anlagewerte, insb Kundenstamm vgl BFH VIII R 323/84 BStBl II 89, 357) veräußert wurden und der Veräußerer damit seine bisher *mit diesen wesentl Betriebsgrundlagen* entfaltete gewerbl Tätigkeit endgültig einstellt (BFH IV R 12/10 BStBl II 14, 1000; einschr *Glanegger* DStR 98, 1329: in Anlehnung an die Rspr zu § 18 (s dort Rz 223) Rückbehalt von 10 vH der Kundenbeziehungen unschädl; zutr; ebenso FG Köln EFG 13, 682, rkr; uU BFH XI R 56, 57/95 BStBl II 96, 527 aE; enger aber *FinVerw* FR 03, 1146). Fehlt es hieran, liegt idR nur eine innerbetriebl Strukturänderung evtl iVm einer Betriebsverlegung vor (BFH XI R 71/95 BStBl II 97, 236; FG Nds EFG 14, 917 rkr).

b) Rückpacht. Betriebsveräußerung ist auch zu verneinen, wenn der Veräuße- **99**
rer anschließend den Betrieb vom Erwerber pachtet (BFH XI R 26/91 BFH/NV 93, 161; *Schießl* DStZ 07, 113: lfd Gewinn; FG Mster EFG 14, 2133, Rev X R 59/14: Vorbehaltsnießbrauch; BFH IV R 88/81 BStBl II 85, 508: LuF). Zur Betriebsverpachtung (Wahlrecht) s Rz 702/16; zur BetrAufsp s *Tiedtke ua* BB 99, 765/71.

3. Veräußerung aller wesentl Betriebsgrundlagen. Veräußert werden muss **100**
der (ganze) GewBetr, dh aber nicht alle WG des BV, aber **alle wesentl Betriebsgrundlagen** (zB BFH VIII R 10/99 BStBl II 01, 282). Dieser Begriff der wesentl Betriebsgrundlagen hat nicht nur für § 16, sondern auch für andere ertragsteuerl Normen und Rechtsinstitute rechtl Relevanz, so für § 6 III (s Rz 15), Betriebsverpachtung (s Rz 101, 690 ff), BetrAufsp (s § 15 Rz 800 ff) und auch für §§ 13a V, 19a V ErbStG (s ErbStR 13a.6 II). Er ist jedoch **normspezifisch unterschiedl** entspr dem jeweiligen Gesetzeszweck **auszulegen** (BFH X R 49/06 BStBl II 07, 772; *Rödder ua* DStR 99, 751). Zu §§ 20, 24 **UmwStG** s Rz 141.

a) Funktional-quantitativen Betrachtungsweise. Als **Tatbestandsmerk-** **101**
mal des § 16 dh bei Veräußerung (Aufgabe) eines GewBetr (Teilbetrieb, MUeranteil) versteht der BFH den Begriff der wesentl Betriebsgrundlagen – entspr dem Zweck der §§ 16, 34, (nur) die zusammengeballte Realisierung der stillen Reserven tarifl zu begünstigen (s Rz 6) – iSe kombinierten funktional-quantitativen Betrachtungsweise (vgl BFH IV R 49/08 BStBl II 10, 726). Danach gehören zu den wesentl Betriebsgrundlagen iSv § 16 sowohl ***(1)*** WG, die nach der Art des Betriebs (Fabrikation, Handel, Dienstleistung) und ihrer **Funktion** im Betrieb für diesen wesentl sind – unabhängig davon, ob sie stille Reserven enthalten oder nicht – (funktionale Betrachtung aus Veräußerersicht; s einschließl Ausnahmen BFH I R 97/08 BStBl II 10, 808; Rz 150) als auch ***(2)*** WG, die funktional gesehen für den Betrieb nicht erforderl, in denen aber **erhebl stille Reserven** gebunden sind (quantitative Betrachtung; krit zB *F. Dötsch* GS Knobbe-Keuk, S 411/22). – Eine **rein funktionale** Betrachtungsweise ist hingegen geboten für den Tatbestand des Rechtsinstituts der *Betriebsverpachtung* (dazu Rz 690 ff), der *BetrAufsp* (s § 15 Rz 808). – Darüber hinaus bejaht die Rspr eine unentgelt Betriebs/MUanteilsübertragung gem § 6 III auch dann, wenn zugleich funktional wesentl WG zu Buchwerten (§ 6 V) **ausgelagert** werden (BFH-Urt IV R 41/11 DStR 12, 2118; Rz 15).

b) Einzelfragen. – aa) BV/SonderBV. Auf der Grundlage der funktional- **102**
quantitativen Betrachtungsweise können, soweit der Tatbestand des § 16 (Betriebsveräußerung/Betriebsaufgabe) in Frage steht, anders als zB bei Betriebsverpachtung, BetrAufsp, § 6 III usw – auch WG des gewillkürten BV und im Bereich des

SonderBV (s § 15 Rz 507 ff) WG nicht nur des SonderBV I, sondern auch des SonderBV II zu den wesentl Betriebsgrundlagen gehören (vgl BFH IV R 84/96 aaO; anders beiläufig BFH I R 183/94 BStBl II 96, 342 zu § 20 UmwStG; s dazu Rz 414).

103 **bb) Anlagevermögen.** Zu den wesentl Betriebsgrundlagen gehören funktional idR die WG des Anlagevermögens, insb **Betriebsgrundstücke** (BFH X R 77/90 BFH/NV 92, 659: auch wenn „austauschbar"; FG BaWü EFG 91, 613 für Fahrschulraum; EFG 04, 1833: zeitweise Nichtnutzung unerhebl; zu Bürogebäude/-räume auch betr BetrAufsp s § 15 Rz 813), aber auch **Lagergrundstück** eines Getränkehandels (offen BFH IV R 17/12, BFH/NV 16, 209), **Maschinen/Betriebsvorrichtungen** (*einschr* BFH X R 20/06 BStBl II 10, 222), **nicht** aber kurzfristig wieder beschaffbare *einzelne* WG des AV (BFH X R 101/90 BStBl II 93, 710/2), jedenfalls solche von relativ geringem Wert (BFH IV R 139/81 BStBl II 85, 205: Reitschulpferde; BFH IV R 20/02BStBl II 04, 10: Betriebseinrichtung eines Großhandels; BFH IV R 18/02 BStBl II 03, 838: Schulungs-Kfz; BFH X R 13/05 BFH/NV 08, 1306: Bäckereiinventar; FG RhPf EFG 86, 10: Kinoeinrichtung; FG BaWü EFG 98, 1063: Hotelinventar; aA FG BBg 15, 289, rkr; § 15 Rz 815; ebenso FG Hess EFG 02, 1442; FG Mster EFG 98, 1465: Betonpumpenmaschine; s auch Rz 698f) *oder* solche mit hohem Verschleiß (BFH X R 20/06 BStBl II 10, 222: Kfz-Werkstattausrüstung). Anders aber uU bei einem absolut und relativ hohen **WP-Bestand** einer gewerbl geprägten *Vermögensverwaltung* (BFH VIII R 10/99 BStBl II 01, 282). – Zur Frage, ob Betriebsveräußerung (Aufgabe) gegeben ist, wenn ein Schifffahrtsunternehmer sein **einziges Schiff** veräußert und ein anderes erwirbt (vern BFH IV R 46/10 BFH/NV 14, 221; bej für Küstenschiffer BFH IV R 199/72 BStBl II 76, 670; für Partenreederei gem § 489 HGB aF zB BFH IV R 50/90 BStBl II 92, 380; für KG BFH IV R 12/10 BStBl II 14, 1000).

104 **cc) Immaterielle WG.** Wesentl Betriebsgrundlagen können auch immaterielle Werte sein, zB Fernverkehrsgenehmigung (BFH VIII R 142/84 BStBl II 90, 420), Geschäftswert und dessen Elemente (zB Großabnehmer usw; BFH IV R 282/84 BStBl II 86, 672; BFH I R 97/08 BStBl II 10, 808: Namens-/Zeichenrecht), Bezirkshändlervertrag (BFH XI R 71/95 BStBl II 97, 236), Vertreterrecht (FG SchlHol EFG 13, 688, rkr), Vertriebsrechte (BFH IV R 89/06 BFH/NV 10, 818: zweifelnd), Kundenstamm (BFH XI R 63/96 BStBl II 97, 573), besondere Geschäftsbeziehungen (BFH IV R 12/10 BStBl II 14, 1000) örtl Wirkungskreis (BFH IV R 3/03 BFH/NV 05, 879). Dies ist für die *Abgrenzung* der begünstigten *Betriebsveräußerung* (-aufgabe) iVm der Neueröffnung eines anderen Betriebs von der *innerbetriebl Strukturänderung* oder *Betriebsverlegung* iVm einer nichtbegünstigten Veräußerung oder Entnahme einzelner WG wichtig. Letzteres liegt wegen Zurückbehaltung immaterieller wesentl Betriebsgrundlagen zB vor, wenn *(a)* ein Handelsvertreter seine bisherigen Vertretungen veräußert aber alsbald eine neue übernimmt (BFH I 221/63 BStBl III 66, 459; FG SchlHol aaO), *(b)* eine Druckerei ihr Anlagevermögen „auswechselt", aber weiterhin für denselben Großabnehmer tätig ist (BFH I R 119/81 BStBl II 85, 245), *(c)* ein Frachtführer nach Veräußerung seiner Lastzüge für dieselben Kunden als Spediteur tätig ist (BFH VIII R 323/84 BStBl II 89, 357).

106 **dd) Umlaufvermögen.** Ob UV zB *Waren* zu den wesentl Betriebsgrundlagen gehört, richtet sich nach den Umständen des Einzelfalls (s Rz 123, 160). Für den Warenbestand eines Einzelhändlers zB mit Teppichen wird dies idR zu bejahen sein (BFH VIII R 316/82 BStBl II 89, 602/4; ähnl BFH VIII R 65/02 BStBl II 06, 160 betr Grundstücke); anders ist dies aber, wenn der Warenbestand seiner Art nach (zB Lebensmittel, Getränke; BFH IV R 51/07 BStBl II 09, 303: Schmuck; fragl) kurzfristig wieder beschaffbar ist. Demgemäß ist die Veräußerung eines Lebensmittelgeschäfts auch dann Betriebsveräußerung, wenn der Veräußerer in einer

anderen Stadt mit seinem bisherigen Warenbestand ein gleichartiges Ladengeschäft eröffnet (BFH IV R 200/72 BStBl II 76, 672; vgl aber BFH I R 116/81 BStBl II 85, 131: Standortwechsel um 200–300m bloße Betriebsverlegung; Rz 181, 700). Entspr muss zB gelten, wenn ein Hotel veräußert und in anderer Stadt ein neues eröffnet wird. *Liquide Mittel* und *Kundenforderungen* sind idR nicht wesentl Betriebsgrundlagen (BFH I R 156/71 BStBl II 73, 219; BFH VIII R 41/09 BStBl II 14, 288); s aber auch Rz 103 aE.

ee) Teilbetrieb; MUeranteil. Was zu den wesentl Grundlagen des Betriebs gehört, ist in gleicher Weise von tatbestandl Relevanz für die Veräußerung (Aufgabe) des ganzen GewBetrs, eines Teilbetriebs oder MUeranteils (s Rz 145, 173, 414). 107

f) Rücklage nach § 6b. Hat der StPfl in früheren Wj eine 6b-Rücklage gebildet (sog **Alt-Rücklage**), kann er diese trotz Betriebsveräußerung fortführen, auch wenn er keine Reinvestitionsabsicht hat (zB BFH III R 218/94 BFH/NV 97, 754; § 6b Rz 56; EStH 6b.2). Führt er die Rücklage fort, ist der Vorgang allerdings nach Ansicht der FinVerw **nicht** nach §§ 34, 16 IV **begünstigt,** *wenn* die Alt-Rücklage aus der Veräußerung wesentl Betriebsgrundlagen herrührt (EStR 6b. 2 X 3). Hierbei ist mE aber auch die Höhe der stillen Reserven zu berücksichtigen (funktional-quantitative Betrachtung, vgl Rz 101; aA hier 17. Aufl); der Rechtsgedanke der Einheitstheorie (Rz 39, 58) ist nicht einschlägig, da der StPfl sich nicht aller stillen Reserven „entäußert" (BFH IV R 12/81 BStBl II 86, 811/4). Zur späteren Auflösung der Alt-Rücklage s Rz 373. Bildet der StPfl bei Veräußerung für einen Teil des Gewinns eine 6b-Rücklage (sog **Neu-Rücklage**), **entfällt** die Tarifvergünstigung für den restl Teil gleichfalls (§ 34 I 4, III 6 nF; aA *Dötsch* S 426 wesentl Betriebsgrundlagen); eine spätere Auflösung der Rücklage führt zu nachträgl nichtbegünstigten Einkünften aus GewBetr (BFH IV R 150/78 BStBl II 82, 348; s Rz 373); eine Änderung der StB zwecks Rückgängigmachung der § 6b-Rücklage ist idR unzulässig (BFH IV R 81/87 BStBl II 89, 558; zu § 4 II 2 nF s BFH X R 16/05 BFH/NV 07, 1293). **Ausnahme:** Rücklage nach **§ 6b X** für Gewinne aus (KapGes-)Anteilsveräußerungen, die aufgrund des Teileinkünfteverfahrens ohnehin nicht zu den ao Einkünften gehören (arg § 34 II Nr 1; zutr FG Mster EFG 16, 20, Rev IV R 48/15; § 34 Rz 27). 108

4. Veräußerung des GewBetr an eine PersGes. – Veräußert eine **PersGes ihren** GewBetr an einen Dritten, ist dies auch dann (begünstigte) Veräußerung des ganzen GewBetr iSv § 16, wenn dieselben Personen zivilrechtl zu einer weiteren PerGes mit anderer Zwecksetzung zusammengeschlossen sind (s § 15 Rz 194), die ihren (anderen) Betrieb fortführt (zu § 6 V 3/4 nF vgl Rz 463). 110

a) Schwester-PersGes. Auch die Veräußerung des GewBetr an eine (Schwester-) PersGes ist eine Veräußerung iSv § 16 I 1 Nr 1 (zB BFH VIII R 23/89 BStBl II 92, 375). Gleiches gilt grds bei Veräußerung des Betriebs an einen **Ges'ter** (s Rz 112 aE, 114), und zwar nach BFH III R 34/01 BStBl II 03, 700 selbst dann, wenn die PersGes beendet und der Kaufpreis geteilt wird; mE unzutr, da wirtschaftl Gehalt nur im Ausgleich unter den Ges'tern und damit in der Veräußerung des MUeranteils besteht (vgl Rz 412, 503; § 140 I 2 HGB nF; BFH VIII R 257/80 BStBl II 86, 53 aE). Nach § 16 II 3 gilt aber der Veräußerungsgewinn **anteilig** als **lfd Gewinn** (s Rz 7, 97); maßgebl „insoweit" das Verhältnis des Anteils des einzelnen Ges'ters am StB-Gewinn der erwerbenden PersGes zu seinem Anteil am StB-Gewinn der veräußernden PersGes (BFH VIII R 7/01 BStBl II 04, 754; *Groh* DB 96, 2356/7; *BMF* BStBl I 11, 1314 Rz 24.16). Ein Gewinn aus gleichzeitiger Entnahme nicht wesentl WG (s Rz 112) bleibt hingegen voll begünstigt. 111

Beispiel: A, B und C sind mit Gewinnanteilen von je $^1/_3$ (= $^4/_{12}$) Ges'ter der X-KG. Diese veräußert ihren GewBetr (Buchwert 100) an die Y-KG zum Preis von 500. An der Y-KG sind A, B, C und D mit Gewinnanteilen von je $^1/_4$ (= $^3/_{12}$) beteiligt. – Der Veräußerungsgewinn von 400 gilt zu $^3/_4$ als lfd Gewinn und ist zu $^1/_4$ tarifbegünstigt.

Sinngemäß gelten diese Grundsätze, wenn *SonderBV* eines Ges'ters *an* die erwerbende PersGes *mitveräußert* wird (vgl *Schiffers* BB 94, 1469/71; *Groh* DB 96, 2356).

Beispiel: Wie oben, aber A ist Eigentümer eines Grundstücks des SonderBV (Buchwert 50), das an die Y-KG zum Preis von 250 mitveräußert wird. – Der allein dem A zuzurechnende Gewinn von 200 gilt zu $^1/_4$ als lfd Gewinn und ist zu $^3/_4$ tarifbegünstigt.

Werden WG zu Teilwerten/gemeinen Werten *in* das *SonderBV* der PersGes *eingebracht* (§ 24 UmwStG), soll nach BFH IV R 54/99 BStBl II 01, 178 die (100%ige) Vermögensbeteiligung maßgebl sein (iErg zutr, vgl *Groh* aaO, 2358: AfA-Potential mindert *Gewinnanteil* des Einbringenden).

112 **b) SonderBV. – aa) Wesentl Betriebsgrundlagen des GewBetr einer PersGes**. Hierzu gehören auch bestimmte WG des SonderBV der Ges'ter (hL, zB BFH IV R 84/96 BStBl II 98, 104), so idR SonderBV I wie zB ein der PersGes zur betriebl Nutzung überlassenes Grundstück oder SonderBV II mit erhebl stillen Reserven (BFH IV R 84/96 aaO; zu § 20 UmwStG s Rz 414). – Veräußert eine PersGes ihren GewBetr und werden gleichzeitig WG des GesVermögens oder des SonderBV der Ges'ter in deren PV übertragen, ist der Gewinn insgesamt begünstigt (BFH IV R 67/86 BStBl II 90, 132), bei wesentl WG mE als Aufgabegewinn (offen BFH VIII R 78/02 BStBl II 06, 58); ebenso ist dies, wenn alle wesentl Betriebsgrundlagen teils entgeltl, teils durch verdeckte Einlage auf eine KapGes übertragen werden (s auch zum Teileinkünfteverfahren Rz 23, 93). Dies gilt auch, wenn die **PersGes nicht** gleichzeitig **aufgelöst** und abgewickelt wird (BFH IV R 12/10 BStBl II 14, 1000), sondern später unter Einsatz des aus der Betriebsveräußerung erlösten Kapitals einen neuen GewBetr eröffnet, der wirtschaftl nicht identisch mit dem bisherigen Betrieb ist (s Rz 181).

113 **bb) Ausgliederung.** Wird bei Veräußerung des ganzen GewBetr das SonderBV eines Ges'ters, das wesentl Betriebsgrundlage ist (s Rz 102), zu **Buchwerten** *in* ein anderes BV überführt, ist der Gewinnanteil dieses Ges'ters nicht begünstigt (BFH GrS 2/98 BStBl II 00, 123). Gleiches gilt, wenn Buchwertüberführung und Veräußerung des Rest-BV sachl/zeitl verknüft (Gesamtplan-Rspr; BFH IV R 49/08 BStBl II 10, 726). Die Lockerung der Rspr zu § 6 III (BFH IV R 41/11 DStR 12, 2118 s Rz 15, 35, 39f) hat hieran nichts geändert (BFH IV R 44/10 BFH/NV 13, 376; Rz 94, 414). S auch zu §§ 20, 24 UmwStG Rz 407, 410, 414, 424, 435. – Zu *Ausnahmen* s Rz 390.

114 **c) Weitere Einzelfragen:** – ***(1)*** Der Veräußerungsgewinn der Ges ist handelsrechtl mangels abw Vereinbarung nach dem Schlüssel für die **Verteilung** des Jahresgewinns auf die Ges'ter zu verteilen (BGH JZ 56, 219) und estrechtl zuzurechnen (BFH VIII R 21/77 BStBl II 82, 456; s Rz 390). Die Ges kann eine **6b-Rücklage** für alle Ges'ter oder nur anteilig für einzelne Ges'ter bilden; der Anteil eines Ges'ters am Veräußerungsgewinn der Ges ist auch dann begünstigt, wenn ein anderer Ges'ter für seinen Gewinnanteil § 6b in Anspruch genommen hat (BFH IV R 81/87 BStBl II 89, 558). – ***(2)*** Wird die **PersGes** im Anschluss an die Betriebsveräußerung **abgewickelt,** führt der aus der vorübergehenden Anlage des Veräußerungserlöses (bis zur Verteilung an die Ges'ter) entstehende Gewinn (Zinsen usw) zu **nachträgl** nichtbegünstigten Einkünften (BFH IV R 12/10 BStBl II 14, 1000). Zur Abgrenzung ggü Veräußerung von *MUeranteilen* s Rz 111.

120 **5. Einheitl Veräußerung aller wesentl Betriebsgrundlagen.** Alle wesentl Betriebsgrundlagen müssen an den **(einen) Erwerber** in einem einheitl Vorgang veräußert werden (BFH VIII R 10/99 BStBl II 01, 282). – **a) Rückbehalt.** Wird ein Teil der wesentl Betriebsgrundlagen dem Erwerber nur zur Nutzung überlassen, zB vermietet, lässt sich nach der Zwecksetzung der §§ 16, 34 keine Veräußerung des ganzen GewBetr bejahen (BFH X R 118/98 BFH/NV 02, 1130). Auch eine Betriebseinbringung iSv § 20 UmwStG aF/nF verneinen Rspr und FinVerw, wenn nur ein Teil der wesentl Betriebsgrundlagen (s Rz 414) in eine KapGes ge-

gen Gewährung von GesRechten eingebracht und die übrigen wesentl Betriebsgrundlagen dieser KapGes zur Nutzung überlassen werden (BFH I R 183/94 BStBl II 96, 342; *BMF* BStBl I BStBl I 11, 1314 Rz 20.06; zur Bildung von Teil- oder Bruchteilseigentum vgl *Wacker* BB Beil 8/98, 5; mE aber begünstigte Betriebsaufgabe (Ausnahme: BetrAufsp), vgl *Wacker* aaO, 17 ff); Ausweg uU: Einbringung des MUeranteils in GmbH & atypisch Still (*Orth* DStR 99, 1053/5). – Soweit der *Warenbestand* im Einzelfall zu den wesentl Betriebsgrundlagen gehört (s Rz 106, 160), aber nicht dem Erwerber des AV übertragen, sondern zB vorher durch Räumungsverkauf veräußert wird, ist dies Betriebsaufgabe, bei der ledigl der Räumungsverkaufsgewinn nicht begünstigt ist (s Rz 342).

b) Mehrere Einzelakte. Ein einheitl Vorgang ist die Veräußerung jedenfalls 121 dann, wenn diese auf *einem* Kausalgeschäft (zB Unternehmenskauf) beruht, auch wenn sich die Erfüllung des Kausalgeschäfts durch Übereignung und Übergabe (Zeitpunkt der Veräußerung = Gewinnrealisierung; s Rz 214) in mehreren Einzelakten vollzieht. Ebenso soll dies bei schrittweiser Übertragung (und mehreren Kausalgeschäften) auf Grund einheitl Entschlusses sein, sofern die Vorgänge in engem sachl und zeitl Zusammenhang stehen (vgl BFH X R 74–75/90 BStBl II 94, 15; mE ca 2 Jahre für § 16 – anders als zu § 6 III – bedenkl). Werden einzelne WG des einheitl veräußerten ganzen GewBetr zeitversetzt (evtl sogar in verschiedenen VZ) übertragen, so dass auch die Gewinne abschnittsweise realisiert werden (zB im Dez 04 und im Jan 05), sind die einzelnen Gewinnteile tarifbegünstigt (BFH IV R 97/89 BStBl II 92, 392; aA evtl BFHE 165, 75/82), aber nur soweit der *gesamte* Gewinn die Grenze der Tarifermäßigung (s Rz 2) nicht übersteigt (Rz 193). Gleiches gilt mE bei schrittweiser Übertragung auf Grund mehrerer, rechtl aber voneinander abhängiger Kausalgeschäfte (*Schaller* BB 89, 1948). S auch Rz 246.

6. Zurückbehaltene Wirtschaftsgüter. – a) Grundsatz. Werden WG zu- 122 rückbehalten, die **nicht** zu den **wesentl** Betriebsgrundlagen gehören (s Rz 101-6), steht dies der Wertung als (begünstigter) Veräußerung des ganzen GewBetr nicht entgegen (zB BFH X R 101/90 BStBl II 93, 710/3). Die WG können uU zu Buchwerten in ein anderes BV des Veräußerers überführt werden. Werden die WG PV, ist ihr gemeiner Wert analog § 16 III 7 dem Veräußerungspreis hinzuzurechnen; der hieraus resultierende Gewinn ist Teil des begünstigten Veräußerungsgewinns (BFH IV R 93/85 BStBl II 88, 374), vorausgesetzt, dass die „Betriebsveräußerung" als solche nicht erfolgsneutral ist (Einbringung zu Buchwerten in PersGes nach § 24 UmwStG; BFH IV R 93/85 aaO).

b) Zwangsrest-BV. WG, die ihrer Art nach grds nur betriebl genutzt werden 123 können, zB Waren, können nicht ins PV überführt werden (s Rz 188); ihre spätere Veräußerung führt mE nicht zu einer rückwirkenden Änd des begünstigten Veräußerungsgewinns (s Rz 374), sondern zu nachträgl gewerbl Einkünften (§ 24 Nr 2; vgl BFH IV R 30/92 BStBl II 94, 105). Entspr muss für WG des Anlagevermögens gelten, wenn sie in der Absicht alsbaldiger Veräußerung „entnommen" werden. Zu Zinsen s Rz 372.

c) Wahlrest- BV. WG, die **auch privat genutzt** werden können (sog Wahl- 124 rest-BV), kann der StPfl gleichzeitig zum gemeinen Wert (§ 16 III 7) in sein PV überführen (BFH IV R 52/87 BStBl II 88, 829); der Gewinn ist begünstigt (s Rz 122). Spätere Wertänderungen führen nicht zu einer rückwirkenden Änderung des begünstigten Veräußerungsgewinns (BFH IV R 37/92 BStBl II 94, 564). – Er kann die WG aber auch zum Buchwert in einen anderen (gewerbl, luf, freiberufl) Betrieb überführen (BFH VIII R 387/83 BStBl II 89, 187; BFH I S 13/85 BFH/NV 87, 294/5), aber idR nicht als Rest-BV ohne Betrieb fortführen (vgl für fremdvermietetes Grundstück BFH I R 96/83 BStBl II 87, 113; BFH III R 214/83 BFH/NV 87, 578: Vermietung ist Zuführung zum PV; s auch Rz 186).

125 **d) Unbestrittene Forderungen.** Dem Grund und der Höhe nach unbestrittene Forderungen zB aus Warenlieferungen, die nicht an den Betriebserwerber abgetreten werden, kann der StPfl nach hL im Zeitpunkt der Betriebsveräußerung durch Entnahme mit Ansatz zum gemeinen Wert (vgl § 16 III 7) in sein *PV* überführen (offen BFH IV R 37/92 BStBl II 94, 564). Nicht abschließend geklärt ist, ob ein späterer Forderungsausfall zu einem privaten Vermögensverlust oder in Anwendung der Grundsätze des GrS (BStBl II 93, 897; 894 betr Ausfall der Kaufpreisforderung, vgl Rz 352) zur rückwirkenden Minderung des Veräußerungs-/Aufgabegewinns führt. Für Nichtberücksichtigung (BFH IV R 37/92 BStBl II 94, 564); anders hingegen bei Ausfall einer Darlehensforderung (SonderBV) des Ges'ters gegen Ges (BFH IV R 47/95 BStBl II 97, 509). Letzterem ist angesichts des „vorläufigen Charakters" von Geldforderungen zu folgen (*Groh* DB 95, 2235/9; *Dötsch* FS Beisse, 1997, 139/47); zu sonstigen WG s aber Rz 294. – Der StPfl kann die Forderung aber auch *als BV* (ohne Betrieb) *fortführen,* sofern „noch mit einer betriebl Verwertung zu rechnen" ist (weiter BFH VIII R 41/09 BStBl II 14, 288: betr Honoraransprüche; dazu § 18 Rz 232); bei Darlehensforderungen soll dies nur der Fall sein, „wenn daneben noch betriebl Schulden als BV zurückbehalten werden und zu erwarten ist, dass in absehbarer Zeit die Forderungen realisiert und mit ihrem Erlös die Schulden abgedeckt werden" (BFH VIII R 3/66 BStBl II 72, 936); andernfalls sollen die Forderungen notwendig PV werden. Vgl zu Kaufpreisforderungen Rz 381.

126 **e) Ungewisse Forderungen.** Dem Grund und/oder der Höhe nach ungewisse Forderungen, zB bestrittene Schadenersatzforderungen, können nicht entnommen werden; sie bleiben notwendig BV, mindestens bis zu dem Zeitpunkt, zu dem sie unstreitig werden (BFH IV R 37/92 BStBl II 94, 564; BFH III B 134/94 BFH/NV 95, 1060; *Mathäus* Ubg 15, 340; zu nachträgl Wertänderungen s Rz 363).

127 **f) Versorgungszusagen.** Zu Ansprüchen hieraus, die ein Unternehmer (zB Handelsvertreter) als Entgelt für betriebl Leistungen erhalten hat s BFH I R 44/83 BStBl II 89, 323.

128 **g) Verbindlichkeiten.** – ***(1)*** Werden sie vom Erwerber **nicht übernommen** und waren sie notwendiges BV, bleiben sie (auch ohne Betrieb) BV (zB BFH GrS 2–3/88 BStBl II 90, 817; *KSM* § 16 E 76-9; zur Anerkennung von „Vorab-Entnahmen" s *Meyer ua* INF 98, 525/7). Dies gilt nicht für Schulden, die aus dem Veräußerungspreis oder durch Verwertung zurückbehaltener WG hätten abgedeckt werden können; die Schulden werden dann notwendig PV (aA zB *KSM* aaO), es sei denn, dass ihrer Tilgung in der ursprüngl Betriebssphäre begründete Hindernisse entgegenstehen oder die Tilgung – zB wegen Erlasszusage – nicht veranlasst ist (vgl iEinz Rz 371, 394). – ***(2)*** Dem Grunde und/oder der Höhe nach **ungewisse** Verbindlichkeiten, die vom Erwerber nicht übernommen werden, bleiben BV (BFH IV R 131/91 BStBl II 93, 509) – zumindest bis zum Ende der Ungewissheit (BFH I R 205/85 BStBl II 90, 537 mwN). – ***(3)*** Soweit Schulden ins **PV übergehen,** entsteht kein Gewinn; die BV-Mehrung wird durch Zurechnung des negativen Entnahmewerts (§ 4 I 1) rückgängig gemacht (BFH IV R 86/87 BStBl II 89, 456).

130 **h) Weitere Einzelfragen.** Zu **Wertveränderungen,** zB Erlass zurückbehaltener Schulden, s Rz 294 (PV), Rz 364-5 (BV). – Zur **Rücklage nach § 6b** s Rz 108, 373. – Zur **Art der Gewinnermittlung** für zurückbehaltene WG des BV s Rz 354.

III. Veräußerung eines Teilbetriebs

1. Teilbetrieb

Verwaltung/FusionsRL: EStR 16 III; *BMF* BStBl I 11, 1314 (UmwStErl).

Schrifttum (Auswahl; s auch Vorauflagen): *Wälzholz,* Der Teilbetriebsbegriff im Steuerrecht, Diss, 1999; *Graw,* Der Teilbetrieb im UmwStR ..., IFSt-Schrift Nr 488.

a) Abgrenzung; FusionsRL. – aa) Abgrenzungen. Der Teilbetrieb ist **abzugrenzen** von – **aa) unselbstständigen Betriebsteilen** und einzelnen WG des BV (Betriebsmittel), deren Veräußerung zwar estpfl, aber nicht nach §§ 34, 16 IV begünstigt und auch nicht gewstfrei ist (BFH GrS 2/98 BStBl II 00, 123); – **bb) einem ganzen GewBetr,** denn eine natürl Person kann estrechtl – ähnl wie gewstrechtl (GewStR 2.4 I/II) – Inhaber mehrerer ganzer GewBetr sein (s Rz 146; § 15 Rz 125; zur GewSt s Rz 8). 140

bb) Nationaler Begriff. § 16 I 1 Nr 1 liegt der nationale Teilbetriebsbegriff zugrunde (s Rz 143). Er ist jedoch normspezifisch auszulegen (BFH IV R 84/96 BStBl II 98, 104) und umfasst deshalb nicht nur – wie zB für § 6 III (zB BFH I R 105/85 BStBl II 89, 653) – die **funktional wesentl WG,** sondern auch die nur wegen ihrer stillen Reserven **quantitativ wesentl WG** (Rz 101, 153/5); § 34 I nF (Fünftel-Regelung) hat hieran nichts geändert (EStR 34.1 II; aA *Haarmann* FS Widmann 385 ff). – ***(1)*** Der nationale Begriff wurde überwiegend auch für die §§ 15, 20, 24 UmStG aF vertreten (*BMF* BStBl I 98, 268 Tz 15.02, 20.08, 23.01, 24.04; I 00, 1253: bei Buchwert/Zwischenwert funktionale Betrachtung; s 30. Aufl). IRd **UmwStG** nF **(SEStEG)** soll jedoch der EU-Teilbetriebsbegriff gem **Art 2j FusionsRL** (dazu EuGH IStR 02, 94; *Graw* aaO), in den die sog **wirtschaftl zuordenbaren** WG einzubeziehen sind, auch für *rein nationale* Umwandlungen gelten (*BMF* I 11, 1314, Rz 15.02, 20.06/7, 24.03, S. 05; aA zB *Benz ua* DB 11, 1354/6). Umstr ist auch, ob der FusionsRL-Begriff weiter (liberaler) ist (zB betr Selbständigkeit, bloße Nutzungsüberlassung; *Blumers* BB 11, 2204; *Feldgen* Ubg 12, 459; aA *BMF* aaO, Rz 15.02/07). – ***(2)*** Nach **BFH** I R 96/08 BStBl I 11, 467 (betr § 15 UmwStG aF) sind beide Begriff grds identisch (Übertragung aller funktional wesentl WG; aA *Graw* aaO: gespaltene Auslegung). Für § 16 ist FusionsRL-Begriff ohne Bedeutung (zutr BFH X R 17/03 BFH/NV 06, 532; BFH X R 21/11 BFH/NV 14, 676). – ***(3)*** Art 2j FusionsRL beeinflusst weder für § 16 noch für das UmwStG nF die (nationalen) Merkmale des **Betriebs** und **MUeranteils** (glA *BMF* aaO Rz 20.06/10, 24.03). – ***(4)*** **Nicht** deckungsgleich sind die Begriffe Teilbetrieb iSv § 16, Betriebsteils iSv **§ 613a BGB,** § 12 III 2 UmwStG aF (*BFM* BStBl I 99, 455 Rz 37), Betriebsstätte iSv § 12 AO und Funktion iSv § 1 III 9 AStG (*BMF* BStBl I 10, 774 Rz 14, 79, 109). Ähnl ist der Teilbetrieb aber dem „gesondert geführten Betrieb" iSv § 75 I AO (vgl *FinVerw* StEd 02, 237). 141

b) Teilbetrieb iSv § 16 I 1 Nr 1. Ist – als Gegenstand einer Veräußerung oder Aufgabe –„ein mit einer **gewissen Selbstständigkeit** ausgestatteter, **organisch geschlossener Teil** des Gesamtbetriebs, der für sich **allein lebensfähig** ist" (zu § 16 zB BFH GrS 2/98 BStBl II 00, 123; zu § 7 I EStDV aF BFH I R 105/85 BStBl II 89, 653; zu Art 2j FusionsRL s Rz 141). Unterschiedl Leistungen müssen von einem selbstständigen Zweigbetrieb erbracht werden (BFH X R 1/86 BStBl II 89, 376). Ein unselbstständiger Betriebsteil liegt vor, wenn ein Unternehmen, das unterschiedl Leistungen erbringt, nur organisatorisch nach örtl und fachl Gesichtspunkten aufgeteilt ist (BFH I R 107/93 BStBl II 95, 403); kein Teilbetrieb sind innerbetriebl Organisationseinheiten, die nicht selbst am Markt Leistungen anbieten (ähnl EStR 16 III 3–5; BFH X R 17/03 BFH/NV 06, 532), oder die Anteile an den WG eines Einzelunternehmens (GrS 2/98 aaO). 143

aa) Begriff. Elemente des Teilbetriebs sind danach *(1)* ein organisch geschlossener Teil eines Gesamtbetriebs, *(2)* der für sich lebensfähig ist (krit *Wälzholz* Diss aaO, 134 ff; s auch BFH VIII R 33/85 BStBl II 89, 458: nicht erforderl bei Teilbetrieb im Aufbau; zu Art 2j FRL s aber *BMF* BStBl I 11, 1314 Rz 15.03) und *(3)* schon vor Veräußerung mit einer gewissen Selbstständigkeit ausgestattet ist (s Rz 149). Zum Erfordernis der *originär* gewerbl Tätigkeit s Rz 160 „Grundstücksverwaltung", „Besitzunternehmen", sowie krit *Tiedtke ua* FR 99, 117; *Wälzholz* Diss aaO, 134 ff. 144

145 **bb) Voraussetzung/Aufgabe.** Voraussetzung einer Teilbetriebsveräußerung/-aufgabe (zur unentgeltl Übertragung, Rz 155) ist, dass *(1)* das Unternehmen (vor Veräußerung) zumindest noch **einen weiteren** Teilbetrieb umfasste (BFH I R 105/85 BStBl II 89, 653) und *(2)* der StPfl die **Tätigkeit,** die er mit den veräußerten wesentl Betriebsgrundlagen (Teilbetrieb) entfaltet hat, **endgültig einstellt** und damit den bisherigen Geschäftszweig nicht mehr weiterverfolgt (BFH VIII R 323/84; BStBl II 89, 357; X R 23/09 BFH/NV 10, 633; einschr *Glanegger* DStR 98, 1329). Wird der Teilbetrieb zwar einheitl, aber schrittweise veräußert (s Rz 121, 153), muss diese Tätigkeit spätestens mit dem letzten Übergabeakt eingestellt werden (BFH I R 105/85 BStBl II 89, 653 zu § 7 I EStDV aF = § 6 III).

146 **cc) Organisch geschlossener Teil eines Gesamtbetriebs.** Dies setzt idR nur mehrere zusammengefasste WGvoraus; ein einzelnes WG ist idR nur Betriebsmittel. Kein Teil eines Gesamtbetriebs und damit auch kein Teilbetrieb, sondern mehrere ganze GewBetr liegen vor, wenn eine **natürl Person mehrere Betriebe** hat, die zueinander in keiner sachl und wirtschaftl Verbindung stehen (s § 15 Rz 125).

147 **dd) Lebensfähiger Teil eines Gesamtbetriebs.** Die ist zu bejahen, „wenn von ihm seiner Struktur nach eigenständig betriebl Tätigkeit ausgeübt werden kann" (BFH IV R 179/72 BStBl II 76, 415). Nicht erforderl ist, dass stets Gewinn erzielt wird (BFH VIII R 39/92 BStBl II 96, 409). Notwendig sind aber idR ein eigener Kundenkreis und eigene Einkaufsbeziehungen (BFH XI R 21/90 BFH/NV 92, 516; Ausnahme: Bezug von Hauptbetrieb zu Bedingungen externer Lieferanten, BFH VIII R 31/95 BFH/NV 98, 1209; insgesamt krit *Tiedtke ua* DStZ 00, 127; *Haarmann,* FS Widmann, 380). Auf das Wertverhältnis zum Gesamtbetrieb kommt es nicht an (BFH VIII R 87/72 BStBl II 77, 45).

148 **ee) Selbstständiger Teil eines Gesamtbetriebs.** Dies erfordert, dass die verschiedenen WG zusammen einer Betätigung dienen, die sich von der übrigen gewerbl Betätigung abhebt und unterscheidet (BFH IV R 119/76 BStBl II 79, 557). Maßgebend ist das Gesamtbild der beim Veräußerer bestehenden Verhältnisse (BFH VIII B 82/97 BFH/NV 99, 38); eine völlige Selbstständigkeit ist nicht erforderl (BFH IV R 189/81 BStBl II 84, 486). Indizien sind örtliche Trennung, Verwendung jeweils anderer Betriebsmittel, insb eigenes Anlagevermögen (BFH VIII R 9/92 BStBl II 96, 409: eigene Räume), Einsatz verschiedenen Personals (vgl BFH I R 105/85 BStBl II 89, 653), gesonderte Buchführung/Kostenrechnung (zB BFH I R 146/76 BStBl II 80, 51), selbstständige Preisgestaltung (BFH X R 1/86 BStBl II 89, 376; vgl aber auch VIII R 31/95 BFH/NV 98, 1209), eigener Kundenstamm (BFH IV R 189/81 BStBl II 84, 486), Vergütung eines eigenen Geschäftswerts durch den Erwerber (BFH I R 150/82 BStBl II 87, 455). Diesen Merkmalen kommt unterschiedl Gewicht zu, je nachdem, ob es sich um einen Fertigungs-, Handels- oder Dienstleistungsbetrieb handelt (BFH XI R 35/00 BFH/NV 02, 336; IV R 18/02 BStBl II 03, 838). Selbstständigkeit können Betriebsteile uU dadurch erlangen, dass ein Teil verpachtet wird; der Rest kann damit Teilbetrieb werden. – Insgesamt krit *Wälzholz* Diss, 154; *Haarmann* FS Widmann, 388 ff; zum EG-Recht s Rz 141/-3.

149 **ff) Verhältnisse beim Veräußerer.** Maßgebend für Lebensfähigkeit und Selbstständigkeit sind die Verhältnisse beim Veräußerer im Veräußerungs- bzw Aufgabezeitpunkt (BFH GrS 2/98 BStBl II 00, 123; BFH VIII R 39/92 BStBl II 96, 409). Es reicht nicht aus, dass die veräußerten WG beim **Erwerber** eine ausreichende Grundlage für einen GewBetr bilden; ihre Funktion iRd Unternehmens des Veräußerers ist entscheidend (BFH GrS aaO; BFH X R 33/11 BFH/NV 14, 693; zu Ausnahme bei Umwandlungen s BFH I R 97/08 BStBl II 10, 808; Rz 101). Umgekehrt ist unerhebl, dass der Erwerber die WG nicht als selbstständige Einheit weiterführt, sondern in sein Unternehmen integriert (BFH I R 146/76

BStBl II 80, 51). – Auch ein erst im Aufbau befindl betriebl Organismus kann uU beim Veräußerer bereits Teilbetrieb iSv § 16 sein (BFH I R 77/09 BFH/NV 11, 10; aA zu Art 2j FRL *BMF* BStBl I 11, 1314 Rz 1503). – Liegt im **Zeitpunkt** der Veräußerung ein funktionsfähiger Teilbetrieb nicht mehr vor, weil dieser bereits früher zB durch Brand zerstört wurde, ist die Veräußerung der verbliebenen WG (zB Trümmergrundstücks), oder ihre Überführung in das PV keine Teilbetriebsveräußerung/-aufgabe (BFH IV R 227/68 BStBl II 70, 738; anders bei Aufgabe in engem zeitl Zusammenhang mit Zerstörung der Betriebsanlagen (IV R 25/79 BStBl II 82, 707; FG Hbg EFG 00, 552, rkr).

gg) Unternehmer (Veräußerer) des Teilbetriebs. Dies kann eine natürl Person, eine PersGes oder eine KapGes oder juristische Person (vgl BFH I R 150/82 BStBl II 87, 455) sein. Bei PersGes steht der Annahme eines Teilbetriebs nicht entgegen, dass die dem Teilbetrieb dienenden WG teils GesVermögen, teils Eigentum eines Ges'ters (SonderBV) sind (aA evtl BFH I 203/63 BStBl II 68, 9). Ein WG des SonderBV ist nicht schon wegen der unterschiedl sachenrechtl Zuordnung ein Teilbetrieb (BFH IV R 48/77 BStBl II 79, 554). 152

c) Entgeltl Veräußerung; unentgeltl Übertragung. – aa) Allgemeine Grundsätze. Ein Teilbetrieb wird entgeltl (oder teilentgeltl) veräußert (Folge: grds begünstigte Besteuerung; s aber Rz 7, 97, 111), wenn alle wesentl Betriebsgrundlagen (Rz 100ff) des Teilbetriebs in einem einheitl Vorgang (Rz 121) an *einen* Erwerber (BFH VIII R 323/84 BStBl II 89, 357; bei verschiedenen Erwerbern evtl Teilbetriebsaufgabe) veräußert „und dadurch die in dem veräußerten Teilbetrieb gebildeten stillen Reserven von Bedeutung durch den einheitl Veräußerungsvorgang grds aufgelöst werden" (BFH IV R 119/76 BStBl II 79, 557). Werden wesentl Betriebsgrundlagen veräußert und alle anderen in das PV überführt, ist der Teilbetrieb nicht veräußert, aber (gleichwertig) aufgegeben (BFH IV 22/64 BStBl II 69, 69). Werden wesentl Betriebsgrundlagen des Teilbetriebs zum **Buchwert** in ein anderes BV desselben StPfl übernommen, liegt keine Teilbetriebsveräußerung/-aufgabe, sondern hinsichtl der veräußerten WG ein nicht begünstigter lfd Gewinn vor (BFH X B 192/07 BFH/NV 09, 43); die Lockerung der Rspr zu § 6 III/GesamtplanRspr (BFH IV R 41/11 DStR 12, 2118; s Rz 15, 35, 39f) hat hieran nichts geändert (BFH IV R 44/10 BFH/NV 13, 376; Rz 94, 113). Wird **ein** (wesentl) **WG,** zB ein Gebäude, für **verschiedene Teilbetriebe** genutzt (zB Erdgeschoss für Gaststätte, Obergeschosse für Kaufhaus), ist die Veräußerung der übrigen einem Teilbetrieb dienenden WG ohne den entspr Gebäudeteil grds keine Teilbetriebsveräußerung (BFH I R 96/08 BStBl II 11, 467); Ausnahmen: der zurückbehaltene Gebäudeteil war für den Teilbetrieb nur von ganz untergeordneter Bedeutung (*HG* DStR 96, 1082) oder die Grundstücksteilung verzögert sich ohne Verschulden des StPfl (BFH VIII B 78/98 BFH/NV 99, 1329; *BMF* BStBl I 11, 1314 Rz 15.08: Begründung von Miteigentum). Eine **teilentgeltl Veräußerung** steht einer voll entgeltl gleich, soweit das Entgelt höher ist als der Buchwert (Rz 58–59). 153

bb) Unentgeltl Übertragung, § 6 III. Nach **hL** wird ein Teilbetrieb iSv § 6 III **unentgeltl übertragen** (keine Gewinnrealisierung), wenn *alle funktional wesentl* Betriebsgrundlagen dieses Teilbetriebs *einheitl* (Rz 121) unter Einstellung der in diesem Teilbetrieb entfalteten Tätigkeit (Rz 145) auf *einen* Erwerber übergehen (BFH I R 105/85 BStBl II 89, 653, auch zur schrittweisen Übertragung und Nießbrauchsvorbehalt; Rz 71/2). Die bloße Nutzungsüberlassung einzelner wesentl WG steht § 6 III entgegen (hier: 31. Aufl; *BMF* BStBl I 05, 458 Tz 4ff zu MUeranteil; weitergehend *Wälzholz* Diss aaO, 214/266). Hieran wird man nach **Lockerung** der **Rspr** (BFH IV R 41/11 DStR 12, 2118: kumulative Anwendung von § 6 III und V; s Rz 15, 35, 39f) nicht mehr festhalten können; Folge: eine Aufteilung bisher gemeinsam genutzter WG (zB Grundstücke; s Rz 154) ist für § 6 III nicht (mehr) erforderl. – Zur **Aufgabe eines Teilbetriebs** s Rz 205. 155

160 **d) ABC des Teilbetriebs**

Abfindungen für die Einschränkung eines GewBetr gehören zum lfd Gewinn; keine Teilbetriebsveräußerung (BFH VIII R 39/74 BStBl II 75, 832; ähnl IV R 56/79 BStBl II 82, 691; s dazu aber Rz 301, 305).

Aufbau-Teilbetrieb (noch nicht werbend) fällt unter § 16, wenn die wesentl Betriebsgrundlagen bereits vorhanden sind (BFH IV R 12/10 BStBl II 14, 1000; aA zu Art 2j FusionsRL *BMF* BStBl I 11, 1314 Rz 15.03).

Automaten. Bei Vertrieb gleichartiger Waren zB Handel und in Automaten kann der Automatenbereich bei organisatorischer usw Trennung Teilbetrieb sein (BFH VII R 75/85 BFH/NV 91, 291); Gleiches gilt für räuml abgrenzbare (Automaten-)Vertriebsnetze (BFH VIII R 31/95 BFH/NV 98, 1209) oder Spielautomaten (FG Köln EFG 99, 470). Anders jedoch bei Verflechtung von Getränkehandel und Geldspielautomaten (FG BaWü EFG 98, 1082). S auch Spielhalle.

Besitzunternehmen. Kein Teilbetrieb sind einzelne Grundstücke die teils an die BetriebsGes sowie teils an Fremde vermietet werden (BFH IV R 202/68 BStBl II 69, 397). Anders jedoch, wenn die gewerbl Verpachtung selbstständiger Teil des auch originär tätigen Besitzunternehmens ist (BFH III R 27/98; IV R 14/03 BStBl II 02, 537; 05, 395) oder selbstständige Verwaltungskomplexe entweder an mehrere BetriebsGes (BFH XI R 24/97 BFH/NV 98, 690) oder an verschiedene Teilbetriebe der näml BetriebsGes vermietet werden (FG Mster EFG 98, 737; enger uU FG BaWü EFG 93, 512; offen BFH X R 49/06 BStBl II 07, 772). Ob Teilbetriebsaufgabe/-veräußerung vorliegt, bestimmt sich nach den Verhältnissen des Besitzunternehmens (BFH IV B 125/92 BFH/NV 94, 617). Zu mehreren GewBetr (zB Grundstückshandel/Besitzunternehmen) vgl BFH X B 111/00 BFH/NV 01, 816; zu mehreren BesitzGes s § 15 Rz 861/4.

Betonherstellung. Kein Teilbetrieb, wenn durch Betonpumpenbetrieb (Serviceleistung) ergänzt (FG Mster EFG 98, 1465).

Betriebsgrundstück s Grundstück; SonderBV.

Brauereigaststätte ist Teilbetrieb (BFH IV 380/62 BStBl III 67, 47), auch bei Verpachtung (BFH VIII R 100/86 BFH/NV 90, 102).

Buchführung. Eine eigene Buchführung indiziert einen Teilbetrieb (zB BFH X R 1/86 BStBl II 89, 376). Sie ist aber weder unerlässl (BFH I 64/63 U BStBl III 65, 656) noch allein ausreichend (BFH IV R 202/68 BStBl II 69, 397).

Café. Keine Teilbetriebsveräußerung oder -aufgabe, wenn Betriebsgrundstück BV bleibt (BFH VI 180/65 BStBl III 67, 724); s auch Gastwirtschaften.

Dentallabor eines Zahnarztes oder einer Zahnärzte-Praxisgemeinschaft idR kein Teilbetrieb (BFH I R 62/93 BStBl II 94, 352; I B 2/94 BFH/NV 95, 497).

Dienstleistungsunternehmen. Eine ausgegliederte Verwaltungsabteilung (Hausverwaltung) ist kein Teilbetrieb, wenn sie keinen eigenen Kundenkreis hat (BFH VIII R 39/74 BStBl II 75, 832; *Goebel ua* DStR 09, 354/8).

Druckerei und Zeitungsverlag können Teilbetriebe sein (BFH VIII R 87/72 BStBl II 77, 45); ebenso Offset-/Tampon-Druckerei (FG BaWü EFG 93, 784).

Einzelhandelsfiliale. Für Teilbetrieb ist grds erforderl, dass der Filiale auch der Wareneinkauf obliegt (BFH XI R 21/90 BFH/NV 92, 516; *Goebl ua* DStR 09, 354/8; abl *Tiedtke ua* DStZ 00, 127); bei zentraler Einkaufsorganisation des Gesamtbetriebs muss der Filialleitung eigene Gestaltung der Verkaufspreise mögl sein (BFH I R 146/76 BStBl II 80, 51), es sei denn, die Ein- und Verkaufspreise können nicht beeinflusst werden (BFH VIII R 31/95 BFH/NV 98, 1209: Tabakhandel). Bei Lebensmittelgroß- und -einzelhandel keine begünstigte Aufgabe des Einzelhandels, wenn die einzelnen Filialen innerhalb von 5 Jahren an verschiedene Erwerber veräußert werden (BFH I R 99/75 BStBl II 77, 66). Zu Getränkegroß-

und -einzelhandel sowie Getränkemärkten/unselbständigen Verkaufsstellen s BFH X R 28/11 BFH/NV 15, 479); zu Grundstücken s Rz 103.

Eisdiele s Gastwirtschaften.

Fahrschulfiliale evtl Teilbetrieb (BFH IV R 120/88 BStBl II 90, 55; IV R 18/02 BStBl II 03, 838: auch ohne SchulungsKfz; s Rz 103).

Ferienwohnung. Keine Teilbetriebsveräußerung, wenn von mehreren vermieteten Wohnungen *eine* veräußert wird (BFH I R 96/78 nv).

Fertigungsbetrieb s Produktionsbetrieb.

Gastwirtschaften bei räuml Trennung idR Teilbetriebe (BFH III R 53/06 BFH/NV 07, 1661: Eisdielen; BFH IV R 17/12 BFH/NV 16, 209: Abgrenzung ggü Getränkehandel). S aber auch Café, Brauereigaststätte, Hotel.

Gebäude s Grundstück.

Geschäftswert. Teilbetrieb kann eigenen Geschäftswert haben (zB BFH I R 60/95 BStBl II 96, 576). Verkauft ein Ges'ter einer KapGes an diese einen Teilbetrieb ohne Entgelt für den Geschäftswert (verdeckte Einlage), ist dies Teilbetriebsaufgabe, bei der auch die stillen Reserven des Geschäftswerts realisiert werden (vgl BFH I R 202/83 BStBl II 87, 705; I R 104/94 DStR 96, 617). Ein Geschäftswert kann nur zusammen mit einem Teilbetrieb (oder Betrieb) veräußert werden; offen ist, ob bei Teilbetriebsaufgabe durch Verlegung ins Ausland ein Geschäftswert realisiert wird (BFH I R 123/78 BStBl II 83, 113).

Getränkehandel s Gastwirtschaften.

Großhandel s Einzelhandelsfiliale.

Grundstück s Besitzunternehmen, Café, Grundstücksverwaltung, Hotel, Landwirtschaft, SonderBV, wesentl Betriebsgrundlage. – Betriebsgrundstücke sind idR wesentl Betriebsgrundlage eines Teilbetriebs (s Rz 103). Unterhält ein StPfl im selben Gebäude mehrere Teilbetriebe, liegt idR keine Teilbetriebsveräußerung vor, wenn der StPfl einen „Teilbetrieb", jedoch ohne das Grundstück, veräußert (BFH VIII R 39/92 BStBl II 96, 409; s Rz 153). Werden Grundstücke eigengewerbl genutzt und andere fremdvermietet, sind die verschiedenen Grundstücksgruppen idR kein Teilbetrieb (BFH IV R 202/68 BStBl II 69, 397; s aber „Besitzunternehmen"). Die Vermietung eines bebauten Grundstücks ist idR weder GewBetr noch gewerbl Teilbetrieb; anders ist dies evtl, wenn der Vermieter wesentl Sonderleistungen erbringt (BFH VIII R 263/81 BStBl II 86, 359). Die Entnahme eines nicht dem Teilbetrieb dienenden Grundstücks iZm einer Teilbetriebsveräußerung ist nicht begünstigt (BFH I R 57/71 BStBl II 73, 700).

Grundstücksverwaltung iRe GewBetr ist Teilbetrieb, wenn sie auch außerhalb des GewBetr gewerbl Charakter hätte (BFH I R 213/69 BStBl II 73, 209; BFH IV R 56/97 BStBl II 98, 735; BFH X B 101/98 BFH/NV 99, 176; FG Köln EFG 12, 108, rkr; aA *Tiedtke/Wälzholz* FR 99, 117). S auch Besitzunternehmen.

Güterfernverkehr s Transportunternehmen.

Handelsvertreter. Aufgabe einzelner Bezirke ist idR keine Teilbetriebsaufgabe (BFH IV 83/63 BStBl II 68, 123). Entschädigungszahlungen eines Nachfolgers sind kein Erlös aus Teilbetriebsveräußerung, wenn der Vertreter seinen bisherigen Bezirk nur verkleinert (BFH IV R 44/69 BStBl II 72, 899).

Hausverwaltung s Dienstleistungsunternehmen sowie FG Hbg EFG 02, 1399.

Hotel iVm Restaurant im selben Gebäude: Die Veräußerung des Restaurants ohne Gebäude keine Teilbetriebsveräußerung (BFH I R 40/72 BStBl II 75, 232). Eines von mehreren Hotels kann Teilbetrieb sein (BFH IV 40/62 U BStBl III 64, 504; FG Nds EFG 87, 304); ebenso ein von einer Brauerei betriebenes oder verpachtetes Hotel (BFH IV R 56/79 BStBl II 82, 691) oder ein Appartementhaus neben Hotel (einschr BFH X R 33/11 BFH/NV 14, 693).

Internetdienst nur bei hinreichender Selbstständigkeit/organisatorischer Trennung Teilbetrieb (BFH X R 4/07 BFH/NV 10, 888).

Kraftwerke (die von LeasingGes gepachtet) sind keine Teilbetriebe (*FinVerw* BB 85, 1711).

Lichtspieltheater, räuml getrennte, sind Teilbetriebe (FG Saarl EFG 73, 378).

Maschinenfabrik. Eine Zweigniederlassung, die dem Vertrieb und der Reparatur der im Hauptwerk hergestellten Maschinen dient, kann Teilbetrieb sein (BFH I R 154/71 BStBl II 73, 838).

Mastenstreicherei neben Maler- und Gipsergeschäft kann Teilbetrieb sein (BFH I R 105/85 BStBl II 89, 653).

Obstbauanlage/-plantage. Keine Teilbetriebsveräußerung, wenn sie ohne Wirtschaftsgebäude veräußert wird (BFH IV 143/64 BStBl II 70, 807).

Omnibusunternehmen. Keine Teilbetriebsveräußerung, wenn eine von mehreren Linien samt Omnibus veräußert wird (BFH StRK EStG § 16 R 52).

Patente s EFG BaWü EFG 98, 1401.

Produktionsbetrieb s Betonherstellung, Grundstück, Maschinenfabrik. – Stehen wesentl Maschinen nur für alle Produktionsabteilungen gemeinsam zur Verfügung, sind diese idR kein Teilbetrieb (BFH I R 66/68 BStBl II 72, 118; einschr FG RhPf EFG 03, 45, rkr; *J. Bauer* DB 82, 1069/72).

Reisebüro. Werden iRe Unternehmens Reisen veranstaltet (Reisebüro) und Personen befördert (Omnibusunternehmen), ist die Veräußerung von Omnibussen nur ausnahmsweise Teilbetriebsveräußerung (BFH VIII R 26/76 BStBl II 78, 672; aA zB *Tiedtke* DStR 79, 543; *J. Bauer* DB 82, 1069/72).

Reparaturbetrieb s Maschinenfabrik.

Restaurant s Gastwirtschaft, Hotel.

Schausteller. Einzelne Fahrgeschäfte sind idR kein Teilbetrieb (BFH 3.11.77 IV R 178–180/74 nv; FG Köln EFG 98, 296; aA BFH X R 63/88 BFH/NV 90, 699 für Kinderverkehrspark).

Schenkung. Schenkweise Übertragung (Rz 58) eines Teilbetriebs (vgl § 6 III) ist weder Teilbetriebsaufgabe noch Entnahme (Rz 155), auch wenn der Beschenkte den Teilbetrieb fortführt (BFH IV R 108/75 BStBl II 79, 732).

Schiff. Werden mehrere Schiffe (Schleppkäne) betrieben, ist das einzelne Schiff idR kein Teilbetrieb (BFH IV R 46/10 BFH/NV 14, 221; zT aA *Tiedtke* DStR 79, 543). Veräußerung eines Schiffs (Hochseeschiff) ist nur dann Teilbetriebsveräußerung, wenn das Schiff die wesentl Betriebsgrundlage eines Zweigunternehmens bildet (BFH VII 283/64 BStBl III 66, 178). Kein Teilbetrieb ist ein im Bau befindl Schiff (BFH IV 31/63 BStBl III 66, 271). S auch Rz 103.

Sonderbetriebsvermögen. Ein einzelnes WG des SonderBV des Ges'ters einer PersGes ist idR kein Teilbetrieb (BFH IV R 48/77 BStBl II 79, 554). Mehrere WG können Teilbetrieb sein (BFH IV 380/62 BStBl III 67, 47).

Spielhalle kann auch in der Hand eines Automatenaufstellers Teilbetrieb sein (BFH XI R 35/00 BFH/NV 02, 336). S auch Automaten.

Stille Reserven s Wesentl Betriebsgrundlage.

Stromnetz. IdR kein Teilbetrieb (FG BaWü EFG 99, 605).

Tankstelle kann selbstständiger GewBetr (BFH VIII R 294/84 BFH/NV 90, 261), Teilbetrieb (BFH X R 62/87 BStBl II 89, 973) oder unselbstständige Verkaufsstelle (BFH I R 14/77 BStBl II 80, 498; abl *Tiedtke* FR 81, 445) sein.

Taxi, eines von mehreren, einschließl Konzession kein Teilbetrieb (BFH IV R 168/69 BStBl II 73, 361; diff FG Nbg EFG 92, 600).

Transportunternehmen. Güterfern- und -nahverkehr sowie Zweigniederlassungen können bei organisatorischer Trennung Teilbetriebe sein (BFH IV B 36/96 BFH/NV 97, 761). Keine Teilbetriebsveräußerung oder -aufgabe liegt vor, wenn ein Spediteur seine eigenen Lastzüge veräußert, aber die bisherigen Kunden weiter über die Spedition betreut (BFH VIII R 323/84 BStBl II 89, 357).

Treibstoffgroßhandel s Tankstelle.

Verlag. Umfasst ein Fachverlag mehrere Gebiete, kann die Veräußerung eines Fachgebiets Teilbetriebsveräußerung sein (BFH IV R 189/81 BStBl II 84, 486; fragl FG Hbg DStRE 05, 562). Wird für bestimmte Druckerzeugnisse die Verlagstätigkeit ins Ausl verlegt, während die Redaktion im Inl bleibt, ist dies Entnahme einzelner WG (BFH I R 123/78 BStBl II 83, 113); gleichfalls kein Teilbetrieb sind einzelne (zurückbehaltene) Belieferungsrechte (BFH X R 17/03 BFH/NV 06, 532).

Verpachtung s Rz 177, 694.

Warenbestand eines Einzelhändlers kann uU wesentl Betriebsgrundlage sein (BFH VIII R 316/82 BStBl II 89, 602: Teppicheinzelhandel; II R 53/07 BStBl II 09, 852: Kunstwerke; ebenso mE zB bei Antiquitätenhandel, Juwelier uä). Gleiches gilt für einen auf kurzfristigen Warenumschlag ausgerichteten Großhandel mit Importwaren (BFH III R 9/87 BStBl II 89, 874). Keine wesentl Betriebsgrundlage ist der kurzfristig wieder beschaffbare Warenbestand eines Lebensmitteleinzelhändlers (BFH IV R 200/72 BStBl II 76, 672), einer Gaststätte (BFH IV R 56/97 BStBl II 98, 735), evtl auch der eines Großhandels (BFH IV R 282/84 BStBl II 86, 672/4; III R 112/96 BFH/NV 99, 1198).

Wesentliche Betriebsgrundlage s Grundstück, Warenbestand, Rz 100 ff.

Windkraftanlage eines Stromerzeugungsbetriebs ist kein Teilbetrieb (BFH X R 23/09 BFH/NV 10, 633; s auch Rz 145).

Wohnungsbauunternehmen. Keine Teilbetriebsveräußerung, wenn von vermieteten Wohnungen in mehreren Städten der in einer Stadt belegenen Grundbesitz veräußert wird (BFH IV R 113/68 BStBl II 69, 464; aA *Tiedtke* DStR 79, 543).

Zurückbehaltene WG s Rz 153, 122–128.

Zweigniederlassung (§ 13 HGB) ist idR Teilbetrieb (vgl BFH IV R 88/92 BFH/NV 94, 694; I R 107/93 BStBl II 95, 403).

2. 100%ige Beteiligung an einer KapGes als Teilbetrieb. Da die im BV 161
gehaltene 100%ige Beteiligung an einer KapGes als **Teilbetrieb gilt** (§ 16 I 1 Nr 1 S 2; Fiktion gem wirtschafl Betrachtung), war die Veräußerung nach der **Rechtslage bis VZ 2001** (bzw 2002) zwar tarifbegünstigt (iEinz 33. Aufl). Die Fiktion galt/gilt jedoch weder für § 6 III EStG (BFH X R 22/02 BStBl II 06, 457) noch für § 24 UmwStG (BFH I R 77/06 BStBl II 09, 464 aA *BMF* BStBl I 09, 671; 11, 1314 Rz 24.02, 15.05f). Die Veräußerung war/ist zudem grds gewstpfl (BFH VIII B 95/01 BFH/NV 02, 811; GewStH 7.1 III; zu § 35 nF s dort Rz 18); Ausnahme: Veräußerung/Entnahme bei (Teil-)Betriebsveräußerung/-aufgabe (BFH III R 27/98 BStBl II 02, 537). Zur Buchwertübertragung iZm der Aufgabe eines Betriebs oder MUeranteils s BFH IV R 84/96 BStBl II 98, 104; *BMF* BStBl I 11, 1314 Rz 24.02, 15.06: keine Begünstigung; aA BFH IV R 49/08 BStBl II 10, 726; Rz 390; zutr). Aufgrund des **Teileinkünfteverfahrens** (teilweise Freistellung/Nichtberücksichtigung von Veräußerungsgewinnen/-verlusten gem §§ 3 Nr 40 Buchst b, 3c II; § 8b KStG) entfällt ab **VZ 2002/2009** die Tarifbegünstigung nach § 34 II Nr 1 nF auch für 100%ige Beteiligungen (zur erforderl Kaufpreisaufteilung BFH VIII B 110/13 BFH/NV 14, 1886; allg Rz 637). Die Teilbetriebsfiktion ist deshalb grds nur noch für den Freibetrag (§ 16 IV; s Rz 578, 587) sowie für Umstrukturierungen (§ 24 UmwStG, s aber oben) von Bedeutung

(s auch § 15 I 3 UmwStG). Bei Veräußerung einer **Organbeteiligung** (Auflösung der OrganGes etc) sind für Mehr-/Minderabführungen gebildete passive/aktive Ausgleichsposten gewinnwirksam iVm §§ 3 Nr 40, 3c aufzulösen (§§ 14 IV, 34 IX KStG idF JStG 08: rückwirkend; aA BFH I R 5/05, BStBl 07, 796; dazu *BMF* BStBl I 07, 743: Nichtanwendung); Gleiches gilt mE bei Veräußerung von MUeranteilen an der Organträger-PersGes. § 34 I/III ist mE weiter anwendbar, wenn der Veräußerungserlös für die 100%ige Beteiligung wegen Verstoßes gegen die Sperrfrist (§ 3 Nr 40 S 3/4 aF) nicht zur Hälfte stbefreit ist (zu Verlusten s auch § 15 IV S 3 ff nF).

162 **a) Gesamtes Nennkapital der KapGes.** Die Beteiligung des StPfl muss das gesamte Nennkapital (Grund- oder Stammkapital) erfassen (BFH VIII B 234/04 BFH/NV 06, 519; aA FG Köln EFG 08, 447, rkr) – ausgenommen eigene Anteile der KapGes (s § 17 Rz 41). Es muss aber keine Beteiligung im handelsrechtl Sinne (§ 271 HGB) sein (vgl *FinVerw* DStR 89, 394). Dem StPfl müssen die Anteile estrechtl als wirtschaftl Eigentümer (§ 39 I, II 1 AO) zuzurechnen sein. Befinden sie sich im Gesamthandsvermögen einer gewerbl PersGes, ist (trotz § 39 II Nr 2 AO) im Hinblick auf § 5 I iVm §§ 238 ff HGB eine 100%ige Beteiligung iSv § 16 I 1 Nr 1 gegeben (BFH IV R 151/79 BStBl II 82, 751). Entspr gilt für eine 100%ige Beteiligung im Miteigentum (§ 1008 BGB) und für eine in der Summe 100%ige Beteiligung, wenn die Anteile teils GesVermögen sind, teils den Ges'tern oder nur den Ges'tern gehören, sofern diese Anteile jeweils SonderBV sind (EStR 16 III 7; BFH VIII R 2/93 BStBl II 95, 705; aA *KSM* § 16 B 284).

163 **b) Beteiligung im Betriebsvermögen.** Die Beteiligung muss **notwendiges** oder **gewillkürtes** BV sein; SonderBV genügt (Rz 162). Die 100%ige Beteiligung muss insgesamt BV sein (hL; EStR 16 III 8; *HHR* § 16 Anm 167: Teil-Anteile in verschiedenen BV des StPfl). Eine 100%ige Beteiligung im GesVermögen einer nicht gewerbl PersGes mit betriebl beteiligten Ges'tern ist nicht insgesamt BV und fällt deshalb nicht unter § 16 I 1 Nr 1 S 2. Hält ein StPfl die 100%ige Beteiligung teilweise im PV, muss er sie vor einer Veräußerung in das BV einlegen.

164 **c) Begünstigte Veräußerung; begünstigte Aufgabe.** Gegenstand einer begünstigten (s aber Rz 161) *Veräußerung* ist die 100%ige Beteiligung, wenn sie einheitl gegen Entgelt an einen Erwerber übertragen wird. Wird sie insgesamt an verschiedene Erwerber übertragen, ist dies eine nach § 16 III ebenso begünstigten *Aufgabe* (Rz 205). Gleiches gilt, wenn die 100%ige Beteiligung insgesamt entnommen (BFH IV R 151/79 BStBl II 82, 751) oder teilweise veräußert und iÜ in das PV überführt wird (zum Teileinkünfteverfahren vgl Rz 161). Veräußerung oder Aufgabe ist sogar dann noch gegeben, wenn die Beteiligung in Teilen nacheinander ohne Sachzusammenhang, jedoch insgesamt innerhalb desselben Wj veräußert wird (EStR 16 III 6). Ebenso muss es dann aber sein, wenn die Anteile zwar in zwei aufeinander folgenden Wj, aber auf Grund eines wirtschaftl einheitl Vorgangs (zB mehrerer gleichzeitig abgeschlossener obligatorischer Geschäfte) übertragen werden. Nicht anwendbar ist § 16 I 1 Nr 1, III, wenn der StPfl einen Teil seiner 100%igen Beteiligung *im BV* zurückbehält (*HHR* Anm 170).

165 **d) Tausch** einer 100%igen Beteiligung gegen andere KapGes-Anteile s § 6 VI 1 nF sowie dort Rz 731 ff und § 5 Rz 631. Zur **Einbringung** in **KapGes** gegen Gewährung von GesRechten s §§ 20 ff UmwStG aF/nF. Zur Gewinnrealisierung bei verdeckter Einlage s Rz 201 (krit *KSM* § 16 B 290); auch diese unterliegt nunmehr dem Teileinkünfteverfahren (§ 3 Nr 40 S 1 Buchst b; vgl auch BFH I R 202/83 BStBl II 87, 705: verdeckte Einlage ist zugleich Entnahme).

167 **e) Auflösung und Liquidation der KapGes.** Letzteres führt zum Untergang der 100%igen Beteiligung an dieser KapGes und ist damit deren Veräußerung oder Aufgabe grds gleichwertig (BFH VIII R 7/03 BStBl II 09, 772). Abw von der

früheren Rechtslage (BFH VIII R 7/03) ist **ab VZ 97** § 16 I 1 Nr 1 S 2 HS 2 idF JStG 97 (dazu BT-Drs 13/5952 S 46) im Fall der Auflösung der KapGes § 17 IV 3 sinngemäß anzuwenden. Hieraus ergibt sich, dass die von der KapGes ausgekehrten und beim Anteilseigner als BE zu erfassenden Vermögenswerte (Liquidationserlös) insoweit nicht Teil des begünstigten Veräußerungspreises (und daher grds laufende BE) sind, als „die Bezüge nach § 20 Abs 1 Nr 1 oder Nr 2 (aF) zu den Einnahmen aus KapVerm gehören" (§ 17 Rz 211 ff; BFH IV R 74/06 BFH/NV 09, 725: auch bei „Gesamtbetriebsaufgabe"). Diese Trennung wird zwar **ab VZ 2002** bzw 2003 beibehalten (§ 16 I 1 Nr 1 S 2 iVm §§ 17 IV, 20 I Nr 1 und 2 nF und §§ 27, 28 KStG nF; zT aA *Jünger* BB 01, 69/73), jedoch entfällt infolge des **Teileinkünfteverfahrens** (§ 3 Nr 40 Buchst a und b) auch für den Veräußerungsgewinn grds § 34, nicht jedoch der Freibetrag nach § 16 IV (s einschließl Organbeteiligungen Rz 161).

168 **aa) Kapitalherabsetzung.** Sie ist weder Veräußerung noch Aufgabe der 100%igen Beteiligung, weil sie nicht die ganze Beteiligung erfasst (zum Teileinkünfteverfahren vgl § 20 I Nr 2 iVm III nF, § 3 Nr 40 Buchst a/e iVm S 2).

169 **bb) Verschmelzung.** Geht eine 100%ige Beteiligung durch Verschmelzung der KapGes oder formwechselnde Umwandlung in PersGes unter, so bestimmen sich die Rechtsfolgen beim Anteilseigner nach dem UmwStG.

C. Tatbestand der Aufgabe des ganzen GewBetr oder eines Teilbetriebs, § 16 III, IIIa

Verwaltung: EStR 16 II, III.

Schrifttum (älteres Schrifttum s Vorauflagen): *Stopper,* Die Betriebsaufgabe als Gewinnausweistatbestand, Diss, 2005; *Cornelius,* Das Institut der Betriebsunterberechnung ..., DStZ 10, 915; *Schulze zur Wiesche,* BetrAufgabe ..., DB 15, 2655.

I. Aufgabe des ganzen Betriebs

170 **1. Betriebsaufgabe; Abgrenzung.** Die „Aufgabe des Gewerbebetriebs" gilt als Veräußerung (§ 16 III 1). Die Betriebsaufgabe ist zu unterscheiden und begriffl **abzugrenzen** von – ***(1)*** der **„allmählichen Abwicklung"** (Auflösung) eines GewBetr, die zwar ebenfalls zu einer (sukzessiven) Gewinnrealisierung führt, aber nicht in zeitl konzentrierter (zusammengeballter) Form und deshalb nicht begünstigt ist (Rz 184), – ***(2)*** einer vorübergehenden Betriebseinstellung (**Betriebsunterbrechung,** Rz 181), die zu keiner Gewinnrealisierung führt, und – ***(3)*** einer innerbetriebl **Strukturänderung** (Rz 176) oder **Betriebsverlegung** (BFH I R 99/08 BStBl II 11, 1019; Rz 181), die als solche nicht Gewinn realisieren, bei denen aber Gewinne aus der Veräußerung oder Entnahme einzelner WG nicht begünstigt sind (zu § 16 IIIa idF JStG 10 s aber Rz 175). – Der BFH wertet die **Betriebsaufgabe** als Sonderform der Entnahme **(„Totalentnahme")** und folgert daraus, dass diese idR eine Entnahme- bzw Aufgabe*handlung* des StPfl oder einen diese „substituierenden Rechtsvorgang" voraussetzt (zB BFH VIII R 90/81 BStBl II 84, 474; vgl aber auch Rz 186).

173 **2. Aufgabetatbestand.** – **a) Voraussetzungen.** Er liegt vor, wenn – ***(1)*** auf Grund eines Entschlusses des StPfl, den Betrieb aufzugeben – ***(2)*** die bisher in diesem Betrieb (von diesem „Steuersubjekt") entfaltete gewerbl Tätigkeit endgültig eingestellt wird (s Rz 97-9), – ***(3)*** alle wesentl Betriebsgrundlagen – ***(4)***) in einem einheitl Vorgang, dh innerhalb kurzer Zeit (s Rz 192-3), – ***(5)*** entweder insgesamt klar und eindeutig, äußerl erkennbar in das PV überführt (BFH X R 28/11 BFH/NV 15, 479) bzw „anderen betriebsfremden Zwecken" zugeführt (BFH VIII R 17/85 BStBl II 91, 512 zu verdeckter Einlage in KapGes; Rz 23, 201) oder insgesamt einzeln an verschiedene Erwerber veräußert (BFH III R 27/98 BStBl II 03, 537) oder teilweise veräußert und teilweise in das PV überführt werden und –

(6) dadurch der Betrieb „als selbstständiger Organismus des Wirtschaftslebens" zu bestehen aufhört (zB BFH IV R 37/92; X R 32/05 BStBl II 94, 564; 09, 634). Unerhebl ist dabei, ob der Betrieb freiwillig oder zwangsweise (zB Berufsverbot) eingestellt wird (BFH X R 163–164/87 BStBl II 91, 802: Rechtsvorgang, Rz 175; FG Hbg EFG 00, 552: Brand; s auch Rz 151). Zur „zwangsweisen" Betriebsaufgabe durch teilweise Veräußerung und teilweise Verpachtung der wesentl Betriebsgrundlagen s Rz 696 ff, 700.

174 **b) Abgrenzung.** Danach unterscheidet sich die Betriebsaufgabe von – ***(1)*** der (gleichwertigen) *Betriebsveräußerung* dadurch, dass bei dieser alle wesentl Betriebsgrundlagen an *einen* Erwerber veräußert werden, – ***(2)*** der (nicht gleichwertigen) *Strukturänderung,* Betriebsverlegung oder -unterbrechung dadurch, dass bei dieser der Betrieb als selbstständiger Organismus des Wirtschaftslebens bestehen bleibt, – ***(3)*** der *allmähl* (nicht begünstigten) *Abwicklung* dadurch, dass alle wesentl Betriebsgrundlagen einheitl veräußert oder ins PV überführt werden und – ***(4)*** der *Betriebsunterbrechung* dadurch, dass die gewerbl Tätigkeit *endgültig* eingestellt wird.

175 **3. „Entstrickung" als Betriebsaufgabe (einschließl § 16 IIIa nF).** Bleibt der Betrieb als selbstständiger Organismus des Wirtschaftslebens bestehen, liegt gleichwohl eine Betriebsaufgabe vor, wenn der Betrieb „**durch** eine **Handlung des StPfl oder** durch einen **Rechtsvorgang** in seiner ertragsteuerl Einordnung so verändert wird, dass die Erfassung der im Buchansatz für die WG des BV enthaltenen stillen Reserven nicht mehr gewährleistet ist" (BFH IV R 138/78 BStBl II 82, 381; BFH VIII R 90/81 BStBl II 84, 474; grds zust *KSM* § 16 F 66–71; abl *Stopper* Die Betriebsaufgabe als Gewinnausweistatbestand, 2005, 139). Danach ist eine Betriebsaufgabe zu bejahen bei Wegfall der tatbestandl Voraussetzungen einer **BetrAufsp** (§ 15 Rz 865-8; zur Abgrenzung vgl BFH VIII R 25/01 BFH/NV 02, 781) oder einer **gewerbl Prägung der PersGes** (s § 15 Rz 233; s auch Rz 206). – Eine Betriebsaufgabe hinsichtl **ausl Betriebsstätten** hatte die frühere Rspr zwar aufgrund des Abschlusses eines DBA mit Freistellungsmethode verneint (BFH VIII R 3/74 BStBl II 76, 246), jedoch bei **Verlegung** eines ausl GewBetr aus dem Inl in das **Ausland** bejaht, sofern der Gewinn aus dem GewBetr auf Grund eines DBA nicht mehr der inl Besteuerung unterliegt (BFH I R 261/70 BStBl II 77, 76: **finaler** Entnahme-/**Betriebsaufgabebegriff;** diff *BMF* BStBl I 90, 72; EStR 16 II 3; zur Kritik – ua EU-Verstoß – s 27. Aufl). Mit Urt I R 77/06 BStBl II 09, 464, I R 99/08 BStBl II 11, 1019 hat der **BFH** diese Rspr **aufgegeben,** das inl Besteuerungsrecht bezügl späterer Realisationsakte im Ausl bleibe jedoch erhalten (Gewinnaufteilung; *BMF* BStBl I 09, 671: Nichtanwendung). Die Zweifel, ob die neue BFH-Rspr auch **§ 4 I 3** (ab Wj 06; 05/06: Ansatz des gemeinen Werts einschließl Firmenwert, selbst bei bloßer Beschränkung des dt Besteuerungsrechts) die Grundlage entzieht (s 29. Aufl), sind positiv-rechtl im Wege einer Fiktion durch **§ 16 IIIa iVm § 4 I 4 idF JStG 10** beseitigt worden. Danach „gilt" das dt Besteuerungsrecht mit der Verlegung des Betriebs/Teilbetriebs ins (DBA- oder NichtDBA-)Ausl als beschränkt (*BMF* I 14, 1258; aA *Gosch* BFH/PR 15, 296 mit Rücksicht auf Besteuerungszuteilung gem DBA); Folgen: – *(1)* „finale (Teil)Betriebsaufgabe", – *(2)* §§ 16 IV, 34 (Ausnahme: KStPfl; BT-Drs 17/3549), – *(3)* **§ 36 V nF:** 5-jährige Steuerverteilung bzgl Aufgabe- und Übergangsgewinn bei EU-/EWR-Staaten (zu § 4g bei Teilbetriebsaufgabe/ausl PersGes s dort). Zwar sind die §§ 16 IIIa, 36 V nF auf alle noch offenen Fällen anzuwenden (§ 52 Abs 34 S 5, Abs 50d S 3 aF; *BMF* BStBl I 11, 1278); jedoch ist mE auch insoweit § 52 Abs 8b S 2, 3 aF zu beachten, nach dem § 4 I 3 iVm 4 nF bis einschließl Wj 05 nur bei DBA-Freistellung oder beschr StPfl gilt. Zu weiteren Einzelfragen (einschließl Rückwirkung) s § 4 Rz 329 ff; zum DBA-LIE s *Niehaves ua* DStR 12, 209/12. Zur **EU-Konformität** s EuGH Verder Lab Tec C-657/13 DStR 15, 1166; *Kudert ua,* DB 15, 1377; *insoweit* glA *Gosch* aaO), Zum Transfer von Einzel-WG ins Ausl **(§ 16 III 2 nF)** s Rz 290, 551.

4. Keine Betriebsaufgabe: Strukturwandel; unentgeltliche Übertragung; Betriebsverpachtung. Hierzu gehört – *(1)* die **nachträgl Erkenntnis** über das **Nicht-Vorliegen** eines **GewBetr** zB keine gewerbl Prägung der GmbH & Co GbR auf Grund BGH DStR 99, 1704; 02, 816 s Rz 416, § 15 Rz 227); vgl aber nunmehr vermögensverwaltende Pers*handels*Ges gem §§ 2, 105, 161 II 2 HGB; zur Umwandlung KapGes in PersGes s BFH IX R 23/96 BFH/NV 00, 1258. – *(2)* Der **Strukturwandel** eines GewBetr zB vom Produktions- zum Handelsbetrieb (BFH X R 78/93; III R 1/03 BFH/NV 04, 1231: Hotel zu Restaurant; s auch Rz 104, 182f, 186), von Pflegebetrieb zu Ferienpension (BFH IV B 120/04, BFH/NV 06, 727), von originärem zu gewerbl geprägtem GewBetr (s auch zu GewSt BFH IV 41/07 BStBl II 10, 977) und umgekehrt (beachte aber § 50i II 3 dazu *BMF* DB 16, 21), eines GewBetr zu LuF oder selbstständiger Arbeit und umgekehrt (BFH IV R 18/06 BStBl II 09, 654). Entsprechendes gilt für den Wandel eines GewBetr (oder LuF) in einen **Liebhaberei„betrieb"** mit der Maßgabe, dass – vorbehaltl einer Betriebsaufgabe*erklärung* (*Becker* INF 01, 487/491) – die dem Betrieb dienenden WG „eingefrorenes" BV bleiben und die bis zum Struktur- bzw Beurteilungswandel angewachsenen stillen Reserven, zB bei späterer entgeltl Veräußerung oder schenkweiser Einzelübertragung (Entnahme!), realisiert werden (BFH IV R 48/08 BStBl II 11, 792; *Heckel* aaO, 120: Rechtsfolgenreduktion; zu Schuldzinsen s Rz 378); der Unterschiedsbetrag zw gemeinem Wert und Buchwert ist für jedes WG des AV auf den Zeitpunkt des „Übergangs" (zutr FG Ddorf EFG 15, 1431, Rev X R 15/15) gesondert und ggf einheitl festzustellen (§ 180 II AO iVm § 8 VO); ein Übergangsgewinn ist nicht anzusetzen (FG RhPf EFG 15, 11, Rev X R 61/14). – *(3)* **Tod eines Einzelunternehmers** (zB BFH IV R 45/87 BStBl II 89, 509; BFH IV R 16/92 BStBl II 93, 716; s einschließl § 50i II 2 Rz 25, 590 ff). – *(4)* Die unentgeltl **(schenkweise)** Übertragung unter Lebenden eines ganzen GewBetr oder Teilbetriebs (§ 6 III; Einzelheiten s einschließl § 50i II 2 Rz 15, 35 ff, 155). – *(5)* Der Übergang zur **BetrAufsp** (zB BFH III R 40/07 BStBl II 10, 609) oder die **Betriebsverpachtung** (ohne Betriebsaufgabeerklärung, s Rz 690 ff). 176

5. Betriebseinstellung. Stellt ein StPfl seine (bisherige) werbende gewerbl Tätigkeit ein (vgl zB § 27 II HGB), kann dies estrechtl *(1)* der Beginn einer Betriebsaufgabe (Rz 260), *(2)* der Beginn einer allmähl Betriebsabwicklung (Rz 184) oder *(3)* nur eine Betriebsunterbrechung evtl iVm einer innerbetriebl Strukturänderung oder räuml Betriebsverlegung sein (Rz 181). 180

6. Betriebsunterbrechung (einschließl § 16 IIIb nF). – **a) Allgemeine Grundsätze.** Ein ruhender Betrieb (Betriebsunterbrechung ieS) und damit keine Betriebsaufgabe ist anzunehmen, wenn nach den äußerl erkennbaren Umständen – zB weil die zurückbehaltenen, nicht grundlegend umgestalteten und weiterhin gebrauchstaugl WG jederzeit die Wiederaufnahme des Betriebs gestatten (BFH X R 31/95 BStBl II 97, 561; BFH III B 54/07 BFH/NV 09, 1620) – wahrscheinl ist, dass – **(1)** die werbende Tätigkeit innerhalb eines „überschaubaren" Zeitraums, dessen Länge sich nach den Umständen des Einzelfalls bestimmt (BFH VIII B 98/01 BFH/NV 06, 1287: 30–40 Jahre; weitergehend BFH IV R 36/09 BFH/NV 11, 2092: keine allg Höchstgrenze), FG Bbg EFG 14, 1690, Rev IV R 37/14; s Rz 706; in gleichartiger oder ähnl Weise wieder aufgenommen wird, so dass der stillgelegte und der wiederaufgenommene Betrieb *wirtschaftl identisch* sind (BFH X B 12/03 BFH/NV 03, 1575: Betriebsunterbrechung iVm **Betriebsverlegung;** FG Hbg EFG 2012, 1416, rkr: Verhältnisse bei Einstellung der werbenden Tätigkeit maßgebend; zutr, s Rz 696; zu § 16 IIIa idF JStG 10 s aber Rz 175), oder – ***(2)*** der Betrieb alsbald ohne Aufgabe verpachtet wird. Eine Betriebsunterbrechung kann auch anzunehmen sein, wenn – ***(3)*** eine PersGes ihren Betrieb einstellt, dieselben Ges'ter eine neue PersGes gründen und diese einen Betrieb eröffnet, der mit dem bisherigen *wirtschaftl identisch* ist (vgl zu § 10a GewStG BFH VIII 181

R 30/05 BFH/NV 07, 1042; – *(4)* bei Zerstörung wesentl Betriebsgrundlagen zB durch Brand, wenn Ersatzbeschaffung zB durch Bildung einer RfE bekundet wird (BFH IV R 97/89 BStBl II 92, 392).– Eine **Betriebsverpachtung** ist Betriebsunterbrechung iwS, sofern der Verpächter keine Betriebsaufgabe erklärt (s iEinz Rz 690 ff).

182 **b) Aufgabe des unterbrochenen Betriebs. – aa) Frühere Rechtslage.** Bis zum Vorliegen einer zweifelsfreien Aufgabeerklärung (BFH XI B 188/06 BFH/NV 07, 1885; Rz 711) geht die jüngere Rspr im Einklang mit den Grundsätzen zur Betriebsverpachtung (vgl Rz 706) zutr von einer Betriebsunterbrechung ieS **(ruhender Betrieb)** aus, wenn und solange – bezogen auf den Betriebszustand vor Einstellung – die **Möglichkeit zur** (jederzeitigen) **Wiederaufnahme** der gewerbl Tätigkeit besteht (BFH IV R 65/01 BStBl II 09, 699; BFH VIII R 80/03; BStBl II; 06, 591; FG Bbg EFG 14, 1690, Rev IV R 37/14; *BMF* BStBl I 02, 1028; krit *WG* FR 99, 905 betr GewSt; BFH IV R 1/01 BStBl II 02, 519; aA 17. Aufl). Fehlt es an Letzterem, ist (grds) eine Betriebsaufgabe gegeben (FG Mster EFG 11, 1519, zu Konkurs), und zwar auch dann, wenn der StPfl ggü dem FA erklärt, bei sich bietender Gelegenheit wieder gewerbl tätig sein zu wollen; irrt das FA in Kenntnis der tatsächl Gegebenheiten über diese Rechtslage, lehnt der BFH zudem eine Bindung nach **Treu und Glauben** selbst dann ab, wenn auch der StPfl vom Fortbestand eines ruhenden Betriebs ausgegangen ist (BFH III R 7/91 BFH/NV 93, 358). Ebenso, wenn Anlass bestand, den Sachverhalt zu ermitteln (BFH VIII R 2/95 BStBl II 98, 388; mE zweifelhaft, vgl BFH X B 112/99 BFH/NV 01, 766); soweit BFH X R 78/93 BFH/NV 97, 226/9 die Änderung des Jahres der „verkannten" Betriebsaufgabe gem § 174 Abs 3 AO erwägt (s auch *BMF* BStBl I 02, 1028), dürfte dies daran scheitern, dass nicht der *näml* Sachverhalt in Frage steht (vgl BFH IV R 42/93 BStBl II 94, 385). **Ausnahme:** *allmähl* Reduzierung des Geschäftsbetriebs (BFH VIII R 11/95 BStBl II 98, 379: eindeutige Erklärung erforderl, **„keine schleichende"** Betriebsaufgabe; ebenso BFH VIII R 18/99 BFH/NV 01, 31; FG Hess EFG 05, 1765; Anm HFR 98, 282; Rz 187; zutr mit Rücksicht auf Rspr zu Treu und Glauben; unklar EStR (10) 16 V 2; vgl *Seifert* INF 99, 100/5). –

183 **bb) § 16 IIIb 1 Nr 1/2.** Hiernach setzt die Aufgabe des unterbrochenen oder verpachteten Betriebs voraus, dass entweder der StPfl die Aufgabe ausdrückl **erklärt** (Nr 1; s dazu Rz 711) oder **dem FA** die Tatsachen **bekannt** werden, aus denen sich die „rechtl Voraussetzungen der Aufgabe iSv III 1" ergeben (Nr 2). Letzteres lässt einerseits die bisher geltenden Grundsätze (s oben zu (1)) unberührt, will aber andererseits (s auch BR-Drs 54/11: Vereinfachung/Rechtssicherheit „für StPfl") den Betriebsfortbestand bis zum dem Zeitpunkt *fingieren* (partielle *Rspr-Korrektur;* s auch Rz 700), zu dem das FA (= mE der zuständige Bearbeiter; glA *Manz* DStR 13, 1512/5) Kenntnis davon erhält, dass die Möglichkeit zur Betriebsfortführung entfallen ist, weil zB (= „Aufgabe iSv § 16 III 1") alle wesentl oder iRe schleichenden Betriebsaufgabe die letzte wesentl Betriebsgrundlage (vgl BFH VIII R 18/99 aaO) veräußert worden ist. Demgemäß ist die Neuregelung anwendbar, wenn dieser Zeitpunkt (Aufgabe gem III 1) nach dem **4.11.11** liegt (§ 52 Abs 34 S 9 aF; aA *Hechtner* NWB 13, 20: Geltung ab 1.1.12). Unerhebl ist, ob das FA insoweit einem *Rechts*irrtum unterliegt (zutr *Manz,* aaO; *Müller* FR 15, 616; Rz 700).

Beispiele. Typische Fälle der Betriebsunterbrechung: Saisonbetriebe, zB Hotel in Wintersportort; Handelsvertreter gibt bisherige Vertretungen auf und übernimmt nach einiger Zeit neue (BFH I 221/63 BStBl III 66, 459); Ferienwohnungen werden vorübergehend nicht über Feriendienstorganisation vermietet (BFH III R 31/87 BStBl II 90, 383). Zu Grundstückshandel iVm Grundstücksverwaltung s BFH IV R 39/94 BStBl II 96, 276; zur unschädl Bestellung von Erbbaurechten s BFH XI R 28/97 BStBl II 98, 665. Zur Betriebsunterbrechung bei Fehlen oder **Wegfall** der Voraussetzungen einer **BetrAufsp** s § 15 Rz 865.

7. Nichtbegünstigte allmähl Abwicklung. Stellt ein StPfl seine (bisherige, s Rz 90, 97-9, 173) werbende gewerbl Tätigkeit **endgültig** ein (Betriebseinstellung, keine Betriebsunterbrechung, -verlegung, -änderung, -verpachtung, s Rz 181, 176), hat der StPfl ein **„Wahlrecht"** – nach hL aber nur (weitergehend *Knobbe-Keuk* § 22 IV 1a: Wahl auch für fortbestehendes BV; ähnl *KSM* § 16 F 30–34) – zw einer begünstigten **Betriebsaufgabe** und einer nichtbegünstigten allmähl **Betriebsabwicklung** (zB BFH VIII R 128/84 BStBl II 93, 594; BFH IV R 36/02 BFH/NV 03, 1490: Konkurseröffnung noch keine Betriebsaufgabe; ebenso nicht Eröffnung des **Insolvenzverfahrens** vgl §§ 1, 155, 157 InsO; § 4 II GewStDV; BFH X B 71/15 BFH/NV 16, 34: Eigenantrag; GewStR 2.6 IV; zu § 4a s *BMF* BStBl I 98, 1500 zu 4.3); anders aber idR bei Besitzunternehmen einer BetrAufsp (Rz 183 aE; § 15 Rz 865-8) oder wenn Betriebsfortführung ausgeschlossen (FG Mster EFG 11, 1519, rkr; Rz 182). ISe Betriebsaufgabe hat der StPfl dieses Wahlrecht ausgeübt, wenn sein Verhalten alle Tatbestandsmerkmale einer Betriebsaufgabe erfüllt. Fehlt es hieran, bleibt das bisherige BV estrechtl solange BV „als das rechtl noch mögl ist, näml bis zum Zeitpunkt der tatsächl Verwertung oder der eindeutigen Übernahme in das PV" (BFH IV R 45/87 BStBl II 89, 509) oder der Aufgabe der Verwertungsabsicht (BFH IV R 217/81 BStBl II 84, 364). Die durch Abwicklung veranlassten Aufwendungen und Erträge sind als Einkünfte aus dem insoweit fortbestehenden GewBetr zu erfassen (vgl BFH IV R 45/87 BStBl II 89, 509). – Zur „endgültigen" Betriebseinstellung bei allmähl Reduzierung der gewerbl Tätigkeit vgl Rz 182, 186 aE. 184

a) Voraussetzungen. Das Wahlrecht erfordert, dass der StPfl die **Absicht** hat, wenigstens einen Teil der wesentl Betriebsgrundlagen **in absehbarer Zeit zu veräußern** (BFH X R 128/94 BFH/NV 96, 877). Besteht diese Absicht *nicht* und werden die wesentl Betriebsgrundlagen auch nicht in ein anderes BV des StPfl überführt, werden sie mit der (endgültigen) Betriebseinstellung idR PV (Ausnahmen s Rz 121-8, 188, 360 ff); die Betriebseinstellung ist dann notwendig eine Betriebsaufgabe, die eine begünstigte Gewinnrealisierung beinhaltet (zB BFH IV R 217/81; IV R 7/07 BStBl II 84, 364; 10, 431; X R 128/94 BFH/NV 96, 877; vgl auch Rz 186 aE; aA *Stopper,* Die Betriebsaufgabe als Gewinnausweistatbestand, 2005 76 ff). Denn die Betriebsaufgabe ist ein tatsächl Vorgang, dessen estrechtl Folgen durch Willenserklärung nicht zu vermeiden sind (vgl BFH X B 12/03 BFH/NV 03, 1575). 185

b) Folgen. Hat der StPfl (oder zB der Insolvenzverwalter, s BFH IV 210/62 S BStBl III 64, 70) die **Absicht,** alle oder einen Teil der **wesentl Betriebsgrundlagen** zu **veräußern,** besteht das Wahlrecht; die WG bleiben bis zur Veräußerung/Entnahme BV (BFH X R 32/05 BStBl II 09, 634; Rz 260). Die nicht veräußerten WG werden aber zu dem Zeitpunkt notwendig PV, zu dem mit einer Veräußerung nicht mehr zu rechnen ist (BFH X R 77–78/90 BFH/NV 92, 659/61; zur Abgrenzung vgl BFH IV R 14/00 BStBl II 01, 798; BFH III B 19/12 BFH/NV 13, 1403), zB das Betriebsgrundstück vermietet wird (BFH VIII R 15/00; BFH/NV 05, 1033); der dadurch realisierte Gewinn ist begünstigt, wenn eine bis dahin noch nicht beendete Betriebsaufgabe vorliegt (zB BFH X R 77–78/90 aaO), nicht hingegen bei allmähl Abwicklung. Es ist nicht mögl, die Gewinnrealisierung dadurch auf „ewig" hinauszuschieben, dass die WG weder veräußert noch ausdrückl entnommen werden (BFH X R 31/95 BStBl II 97, 561 zu 3a; aA – „fortbestehendes BV" ohne GewBetr – zB *Stopper,* S 76 ff). Die allmähl Abwicklung kann sich aber uU über mehrere Jahre hinziehen (BFH IV R 217/81 BStBl II 84, 364). Ausweg uU: gewerbl geprägte PersGes. Zum **Sonderfall** der Strukturänderung iVm einer Reduktion der betreffenden Tätigkeit und einer – uU gegebenen – langfristigen Abwicklungsabsicht vgl BFH X R 78/93 BFH/NV 97, 226/8: begünstigte Betriebsaufgabe; ebenso bei Aufgabe im Anschluss an Betriebsunterbrechung BFH VIII R 11/95 BStBl II 98, 379. 186

Beispiel: Ein StPfl stellt seinen Betrieb ein. Er will das UV und die Maschinen nach und nach veräußern, nicht hingegen das Betriebsgrundstück. In diesem Falle werden die stillen Reserven im UV und in den Maschinen im jeweiligen Zeitpunkt der Veräußerung (nicht begünstigt) realisiert; die stillen Reserven im Betriebsgrundstück werden spätestens zu dem Zeitpunkt realisiert, zu dem die letzte Maschine oder der letzte Teil des UV veräußert ist (oder sich die beabsichtigte Veräußerung als undurchführbar erweist oder der StPfl die Veräußerungsabsicht freiwillig aufgibt).

187 **c) Treu und Glauben.** Ein StPfl, der von vornherein nicht die Absicht hatte, die wesentl Betriebsgrundlagen zu veräußern, oder die Abwicklungsabsicht später aufgibt, dies aber zum fragl Zeitpunkt nicht zum Ausdruck bringt, kann mE nach Treu und Glauben daran gehindert sein, sich später darauf zu berufen, dass WG bereits früher PV geworden sind (vgl für ähnl Fälle Rz 182 unter „Ausnahme").

188 **8. Einzelheiten des Tatbestands der Betriebsaufgabe.** Er erfordert (s Rz 173), dass *alle* (nach ihrer Verwendung vor Betriebseinstellung) **wesentl Betriebsgrundlagen,** auch wenn diese nur geringe stille Reserven enthalten (einheitl, s Rz 192-3) einzeln **veräußert** oder zB durch **Entnahme** PV werden (BFH IV R 17/02 BStBl II 05, 637: Vorrang der Veräußerung) oder teilweise veräußert und teilweise PV werden (zB BFH X R 101/90 BStBl II 93, 710). Dabei steht der Entnahme die Zuordnung des WG zu einer ausl Betriebsstätte gleich (§ 16 III 2 HS 3, IIIa nF; s Rz 290, 175). Zur teilentgelt Veräußerung s Rz 290. Überführt der StPfl wesentl Betriebsgrundlagen (oder gar alle) zu Buchwerten in ein anderes BV, ist der Vorgang keine Betriebsaufgabe (BFH VIII R 26/80 BStBl II 87, 342; aA zu LuF BFH IV R 31/03 BStBl II 06, 652; *Anm* HFR 06, 887; krit *Doege* DStZ 08, 474/8; s aber IV R 50/05 BStBl II 08, 129; vgl – auch zu §§ 6 I Nr 4 S 5, 13 V – Rz 94); die Lockerung der Rspr zu § 6 III (BFH IV R 41/11 DStR 12, 2118; s Rz 15, 35, 39f) ist insoweit ohne Bedeutung (Rz 94, 144; BFH IV R 44/10 BFH/NV 13, 376). Sollen wesentl Betriebsgrundlagen PV werden, bedarf es dazu idR einer äußerl erkennbaren Entnahmehandlung (BFH X R 78/93 BFH/NV 97, 226/8); in einer langfristigen Grundstücksvermietung kann eine solche gesehen werden (BFH III R 214/83 BFH/NV 87, 578/9). Besteht keine Veräußerungsabsicht oder -möglichkeit, werden diese WG mit dem Ende der Betriebsaufgabe idR gewinnrealisierend notwendig PV (BFH VIII R 73/87 BFH/NV 92, 227; 659; zu gewerbl Grundstückshandel s § 15 Rz 78); dies gilt auch für GmbH-Anteile iSv § 17 (BFH X R 31/95 BStBl II 97, 561). Sind alle tatbestandl Voraussetzungen einer Betriebsaufgabe gegeben, bedarf es keiner zusätzl **Aufgabeerklärung** ggü dem FA (zB BFH I R 235/80 BStBl II 85, 456), denn die Betriebsaufgabe ist ein tatsächl Vorgang (s Rz 185); sie kann daher auch nicht durch Erklärung zurückbezogen werden (BFH IV R 39/94 BStBl II 96, 276). Zur **Sonderregelung** des **§ 16 IIIb** (Betriebsunterbrechung/-verpachtung) s aber Rz 182, 711. – Zu den **wesentl Betriebsgrundlagen** s Rz 100/6. – Zu **zurückbehaftenen WG,** die *keine* wesentl Betriebsgrundlagen sind, s Rz 122-7, 350 ff. – **Vorräte** können abgesehen von unbedeutenden Restposten nicht in das PV überführt und die spätere Veräußerung dadurch zu einem Privatvorgang werden (BFH X R 145/87; BFH X R 77–78/90 BFH/NV 91, 373/5; 92, 659/61). Zur Veräußerung des Warenbestands „während" (dh nach Beginn und vor Ende) der Betriebsaufgabe s Rz 341-3. Wird ein Warenbestand, der zu den wesentl Betriebsgrundlagen gehört (s Rz 106), nicht innerhalb des Zeitraums der Betriebsaufgabe (Rz 192-6) veräußert, liegt allmähl Abwicklung vor. – WG, die zur **Sicherung von Betriebsschulden** bestimmt sind (zB mit Grundpfandrechten belastete Grundstücke), können ins PV überführt werden (BFH IV 107/63 U BStBl III 64, 406).

192 **9. Beginn und Ende der Betriebsaufgabe.** Der Tatbestand der Betriebsaufgabe setzt voraus, dass sich der Übergang ins PV oder die Einzelveräußerung aller wesentl Betriebsunterlagen **„in einem einheitl Vorgang"** vollzieht (zB BFH IV R 14/00 BStBl II 01, 798). Zwar verläuft eine Betriebsaufgabe, idR sukzessiv (s

Rz 260); die Einzelveräußerung oder Entnahme muss aber im Hinblick auf den Gesetzeszweck, nur die zusammengeballte Realisierung stiller Reserven zu begünstigen, wirtschaftl noch als einheitl Vorgang zu werten sein.

a) Kurzer Zeitraum. Ein wirtschaftl einheitl Vorgang ist gegeben, wenn zw Beginn und Ende der Aufgabe dh der Einzelveräußerung und/oder PV-Überführung aller wesentl Betriebsgrundlagen nur ein „kurzer Zeitraum" liegt (BFH X R 101/90 BStBl II 93, 710), auch wenn Beginn und Ende der Aufgabe, insb einzelne Gewinnrealisierungen, in verschiedene VZ fallen (BFH X R 101/90 BStBl II 93, 710: idR keine Betriebsaufgabe, sondern allmähl Abwicklung, wenn Gewinnrealisierung in mehr als 2 VZ) mit der weiteren (mE bedenkl) Folge, dass die begrenzte Tarifvergünstigung (s Rz 2) mehrfach beansprucht werden kann (diff *BMF* BStBl I 06, 7; *Tiedtke/Heckel* DStR 01, 145/148; mehrfach tarifbegünstigt, aber insgesamt nur bis zur Höchstgrenze; s Rz 121). Kein einheitl Vorgang liegt vor, wenn sich die Aufdeckung der stillen Reserven „über mehrere Jahre hinzieht". Welcher Zeitraum noch kurz ist, lässt sich nicht schematisch bestimmen (bej zB für 9 Monate in BFH IV R 25/88 BStBl II 90, 373; für 14 Monate in VI 118/65 BStBl III 67, 70; für 18 Monate in IV R 42/93 BStBl II 94, 385 zu LuF; für 19 Monate BFH X R 28/11 BFH/NV 15, 479; offen für 17 Monate IV R 49/04 BStBl II 09, 289 zu § 15; vern für 20 Monate BFH VIII R 10/99 BStBl II 01, 282; für 36 bzw 34 Monate X R 101/90 BStBl II 93, 710; BFH IV R 14/00 BStBl II 01, 798; vgl auch BFH I R 105/85 BStBl II 89, 653: § 7 EStDV aF = § 6 III bejaht bei schrittweiser Übertragung innerhalb von 2 Jahren). 193

b) Beginn. Die Aufgabe beginnt nicht bereits mit dem Aufgabeentschluss oder dessen Kundgabe (= Vorbereitung der Betriebsaufgabe), sondern erst mit **Handlungen,** die *obj* auf die Auflösung des Betriebs gerichtet sind (zB BFH IV B 143/09 BFH/NV 11, 1694; ebenso bei gewerbl geprägten PersGes (BFH IV B 146/10 BFH/NV 12, 410 mwN). Solche Handlungen sind zB die Einstellung der werbenden Tätigkeit (BFH IV R 17/02 BStBl II 05, 637: Schließung eines Ladenlokals/Marktstands) oder der Produktion (BFH X R 101/90 BStBl II 93, 710), die Veräußerung des bewegl AV (BFH X R 77–78/90 BFH/NV 92, 659) oder des Betriebsgrundstücks (BFH VIII R 62/96 aaO: uU auch wenn nur quantitativ wesentl), es sei denn unter Nutzungsvorbehalt (BFH IV R 36/81 BStBl II 84, 711), oder die Veräußerung einer GmbH-Beteiligung (FG BaWü EFG 01, 1460). Bloße Vorbereitung sind zB der Auflösungsbeschluss einer PersGes (BFH IV 350/64 BStBl II 70, 719; umgekehrt kann Betriebsaufgabe auch ohne diesen vorliegen, vgl BFH IV R 150/78 BStBl II 82, 348), die Flucht („Abtauchen") des Betriebsinhabers (BFH IV R 5/06 BStBl II 08, 113) oder die Einstellung des Wareneinkaufs (offen in BFH III R 9/87 BStBl II 89, 874). Von der Frage des Beginns der Aufgabe sind die Fragen zu trennen, wann der Aufgabegewinn realisiert ist (s Rz 260-4; BFH IV R 17/02 aaO) und ob alle nach Beginn der Aufgabe erzielten Gewinne begünstigt sind (Rz 34 ff). 194

c) Ende. Die Aufgabe endet mit der Veräußerung des letzten zur Veräußerung bestimmten bzw geeigneten WG, das zu den wesentl Betriebsgrundlagen gehört (BFH IV R 75/00 BStBl II 03, 467), oder der Vermietung des Betriebsgrundstücks nach vorheriger Veräußerung, Vernichtung oder Entnahme aller anderen wesentl Betriebsgrundlagen (BFH III R 7/91 BFH/NV 93, 358). Die Zurückbehaltung von WG, die nicht zu den wesentl Betriebsgrundlagen gehören (s Rz 122 ff), steht der Beendigung der Betriebsaufgabe nicht entgegen (BFH X R 101/90 BStBl II 93, 710); ebenso wenig der Verkauf von Vorräten, die nicht wesentl Betriebsgrundlage sind (BFH XI R 6/93 BStBl II 94, 23), die spätere Abwicklung noch schwebender Geschäfte (BFH IV 350/64 BStBl II 70, 719), der Einzug von Außenständen oder die Abwicklung streitiger Schulden (vgl BFH IV R 17/07, BStBl II 10, 631). S auch zu gewerbl Grundstückshandel Rz 188, 350 ff. 195

196 **d) Zusammenhang.** Geschäftsvorfälle, die **wirtschaftl** noch zum einheitl Vorgang der **Betriebsaufgabe** rechnen (zB bei engem zeitl Zusammenhang mit dem Aufgabezeitraum), erhöhen oder mindern idR den Aufgabegewinn (BFH IV R 42/99 BStBl II 03, 67; X R 77–78/90 BFH/NV 92, 659 für Übergang eines Grundstücks ins PV; zur Abgrenzung s Rz 186; BFH IV R 14/00 BStBl II 01, 798), auch wenn sie sich nicht auf wesentl Betriebsgrundlagen beziehen. Aber auch unabhängig von einem zeitl Zusammenhang können Ereignisse, die der Aufgabe nachfolgen, rückwirkend den Aufgabegewinn ändern (s Rz 360 ff). – Zu Aufwendungen iZm der Betriebsaufgabe vgl Rz 300 ff. – *Während* der Aufgabe entstehende Gewinne sind nur insoweit begünstigt, als sie in wirtschaftl Zusammenhang mit der Aufgabe stehen (§ 16 III 6 „im Rahmen der Aufgabe"; s Rz 291–293, 341–343).

200 **10. Umstrukturierung. – a) Einbringung in KapGes. – aa) Offene Einlage.** Wird ein (Teil-)Betrieb in eine KapGes *gegen* Gewährung von GesRechten eingebracht (offene Sacheinlage), ist dies entgeltl Veräußerung (BFH GrS 2/12 BStBl II 15, 1007: tauschähnl Vorgang); Gleiches gilt bei Einbringung als **Aufgeld** zu Bareinlage (BFH I R 55/09 BStBl II 10, 1094: *steuerrechtl* Sacheinlage; zur Abgrenzung s BFH I B 127/11 BFH/NV 12, 1015). Die Rechtsfolgen bestimmen sich aber nach den vorrangigen §§ 20 ff UmwStG (zB BFH XI R 15/90 BStBl II 92, 404/5; zur KGaA s Rz 571); ggf iVm § 50i II 1; dazu *BMF* DB 16, 21. Zur Einbringung in KapGes zugunsten bisher nicht beteiligter Familienangehörigen s zB *Patt* DStR 93, 1389; § 15 Rz 876; BFH II R 8/04 BStBl II 05, 845; *FinVerw* BStBl I 10, 1207 betr ErbSt. Ab 2002 ist die Einbringung nur noch bei Ansatz von TW/gemeiner Wert tarifbegünstigt (§ 20 V/IV UmwStG). – Werden **nicht** alle wesentl Betriebsgrundlagen eingebracht, sind die §§ 20 ff UmwStG nach hM nicht anwendbar (zB BFH I R 183/94 BStBl II 96, 342; *BMF* BStBl I 11, 1314 Rz 20.06/10 s auch ErbStR 63 aF/13a.6 III nF). Der Vorgang ist, soweit die zurückbehaltenen WG PV werden, begünstigte Betriebsaufgabe (BFH I R 202/83 BStBl II 87, 705); andernfalls (Übergang zurückbehaltener wesentl Betriebsgrundlagen in ein anderes BV zu Buchwerten; zu § 6 I Nr 4 S 5 und § 6 V s Rz 94) wird ein nichtbegünstigter Gewinn nach Tauschgrundsätzen hinsichtl der eingebrachten WG realisiert (vgl BFH I R 183/94 BStBl II 96, 342). Gleiches gilt mE, wenn Buchwertübergang und Einbringung iSe Gesamtsplans verknüpft (zum Streitstand s Rz 94, 113, 414). – **Ungeklärt** ist aber, ob die Lockerung der Rspr zum Verhältnis von § 6 III und V (BFH IV R 41/11 DStR 12, 2118; s einschließl Kritik Rz 15, § 6 Rz 650) auf §§ 20, 24 UmwStG von Rspr (und FinVerw) mit der mE abzulehnenden Folge ausgedehnt wird, dass der Buchwert oder Zwischenwert (vgl BFH X R 60/09 BStBl II 12, 638) auch bei Rückbehalt funktional wesentl BV (SonderBV) angesetzt werden könnte (vgl *Brandenberg* DB 13, 17; abl für § 20 UmwStG *1977* BFH IV R 29/09 BStBl II 13, 387; uU bej für § 24 UmwStG 1995 BFH IV R 29/14 DB 15, 222).

201 **bb) Verdeckte Einlage.** Wird ein GewBetr (Teilbetrieb; s Rz 141) in eine KapGes durch deren Ges'ter *ohne* Gewährung von GesRechten (Rz 200; „unentgeltl") eingebracht (verdeckte Einlage), ist dies zwar keine Betriebsveräußerung, aber Betriebsaufgabe iSv § 16 III (Gewinnrealisierung; zum Übergang des Geschäftswerts s BFH IV R 32/05 BStBl II 09, 634: faktische Nutzungsmöglichkeit genügt nicht; zur Abgrenzung ggü Veräußerung sowie zum Teileinkünfteverfahren s Rz 23). § 6 III ist jedenfalls dann nicht erfüllt, wenn die Anteile an der aufnehmenden KapGes *PV* sind (BFH VIII R 17/85 BStBl II 91, 512; offen BFH X R 22/02 BStBl II 06, 457). Ab **1999** scheidet mE die Fortführung der Buchwerte des GewBetr als nachträgl AK für die Anteile an der KapGes aber auch dann aus, wenn diese zum *BV* gehören (*arg* § 6 VI 2 nF; s dort Rz 745; § 5 Rz 639; BFH X R 56/06 BFH/NV 09, 1411; aA *Tiedtke ua* DB 99, 2026/9; zur Rechtslage bis 1998 BFH IV R 51/98 BStBl II 05, 173: offen; zur BetrAufsp s § 15 Rz 877). Zu

§ 6 III 1 s Rz 15. Zu **teilentgeltl** Betriebsübertragung s BFH III R 40/07 BStBl II 10, 609: bei Rückbehalt von Kundenstamm uU Begründung einer **BetrAufsp.**

cc) Verschleierte Einlage. Auch eine Veräußerung des ganzen GewBetr zu Buchwerten an eine **KapGes,** die durch Bargründung entstanden ist, mit Verrechnung von Einlage- und Kaufpreisanspruch (sog verschleierte Sacheinlage) ist – auch unter Berücksichtigung der jüngeren Rspr zum steuerrechtl Sacheinlagebegriff (Rz 200; aA *Wachter* DB 10, 2137) – Betriebsaufgabe und § 20 UmwStG aF/nF nicht anwendbar (BFH I R 5/92 BStBl II 93, 131; *BMF* BStBl I 11, 1314 Rz E 20.10; aA FG Mster EFG 94, 968: keine nachträgl AK auf KapGesAnteile; mE bedenkl). Die Heilung nach der Rspr zum GmbHG aF (BGHZ 155, 329: *Sachwert*einbringung *ex nunc*) ließ den Aufgabengewinn nicht rückwirkend entfallen (s BFH VIII R 28/02 BStBl II 05, 46; Rz 388; 27. Aufl). Gleiches gilt mE (glA *Hein ua* DStR 08, 2289/97; aA *Altrichter* GmbHR 09, 1190) nach §§ 19 IV, 56 II GmbHG nF iVm § 3 IV EGGmbHG **(MoMiG):** uU rückwirkende Anrechnung der Sachwerte auf fortbestehende *Geldeinlage*verpflichtung (BGH DStR 09, 809; *Heidinger ua* GmbHR 15, 1); s auch § 27 III AktG aF/nF (iVm § 20 VII EG-AktG nF). 202

b) Einbringung in PersGes. Wird ein GewBetr (Teilbetrieb; s Rz 141) dh *alle* wesentl Betriebsgrundlagen gegen Gewährung von GesRechten in eine **PersGes** eingebracht, bestimmen sich die Rechtsfolgen vorrangig nach § 24 UmwStG (BFH VIII R 5/92 BStBl II 94, 856; zu 100%-iger KapGesAnteil s aber Rz 161; zur GmbH & Co GbR s Rz 416; zu Ausgleichszahlungen vgl Rz 563/-5; zur Einbringung *in* das SonderBV gem § 24 UmwStG s Rz 413; zu § 50i II 1 s dort; *BMF* DB 16, 21). Führt die PersGes die Buchwerte fort, ist ein Gewinn aus dem Übergang zurückbehaltener WG ins PV nicht tarifbegünstigt (BFH IV R 93/85 BStBl II 88, 374). – Zum *Buchwert-Rückbehalt* wesentl BV/SonderBV einschl GesamtplanRspr s Rz 200, 414 – Zur Einbringung in eine PersGes nach § 24 UmwStG mit Ansatz von TW/gemeiner Wert und zur entgeltl (teilentgeltl) Veräußerung an eine PersGes, an der der Veräußerer beteiligt ist, s Rz 7, 97, 111 (anteiliger lfd Gewinn). 203

c) Familienangehörige. – Wird bei Betriebseinstellung nur ein **Teil der wesentl Betriebsgrundlagen** *unentgeltl* zB Familienangehörigen übertragen, hatte dies nach bisheriger Rspr entweder eine Betriebsaufgabe oder den Ansatz eines lfd Gewinns zur Folge (s hier 31. Aufl). Hieran ist iRv § 6 III nach BFH IV R 41/11 DStR 12, 2118 (kumulative Anwendung von § 6 III und V; keine Geltung der Gesamtplan-Rspr) nicht mehr festzuhalten (s – einschließl Kritik – Rz 15). – Die **unentgeltl Aufnahme in ein Einzelunternehmen** untersteht ab VZ 2001 (zur früheren Rechtslage s hier 31. Aufl) **§ 6 III S 1 HS 2 und S 2.** Sie wird der unentgeltl Übertragung des *Teils* eines MUeranteils gleichgestellt (vgl Rz 430, 435); gleichwohl soll nach BFH X R 42/10 DStR 13, 2380 daneben (dh für den eigenen MUeranteil des Einbringenden) § 24 UmwStG (insoweit Wahlrechte) anwendbar sein (aA hier 32. Aufl; *BMF* BStBl I 11, 1314 Rz 01.47). Behält der bisherige Einzelunternehmer funktional wesentl WG zurück (zB Buchwertausgliederung), ist zum einen die Auslegung von § 6 III 2 umstritten (*hM; BMF* BStBl I 05, 458 Tz 9: gegenständl Betrachtung entspr früherer Rechtslage; BFH IV R 41/11 aaO: wertmäßige Betrachtung); zum anderen ist fragl, welchem Zweck die Kautelen des § 6 III 2 (Zugehörigkeiterfordernis, Behaltefrist) noch dienen können, wenn nach BFH IV R 41/11 (aaO) § 6 III, V kumulativ anwendbar sind. S zu allem § 6 Rz 660 ff. – Mangels Unentgeltlichkeit nicht anwendbar ist § 6 III S 1 HS 2, S 2 bei Einbringung des Einzelunternehmens (oder eines bereits bestehenden MUeranteils) gegen Ausgleichszahlung an den bisherigen Einzelunternehmer (grds Veräußerung, vgl auch zum TW-Ansatz Rz 565/63) oder wenn der Hinzutretende in das GesVermögen der MUerschaft Leistungen erbringt (§ 24 UmwStG 204

Rz 203; § 6 Rz 658). Zu § 34a s dort Rz 78; zu **§ 35** s *BMF* BStBl I 07, 701 Rz 29.

II. Aufgabe eines Teilbetriebs

205 **1. Allgemeines.** S Rz 140 ff. Sie ist grds ebenso zu behandeln wie die des ganzen GewBetr, obwohl in § 16 III 1 anders als in § 16 I 1 Nr 1 der Teilbetrieb nicht erwähnt ist (BFH BFH VIII B 101/96 BFH/NV 98, 452). Aufgegeben ist ein Teilbetrieb, wenn der StPfl die bisher in dem Teilbetrieb entfaltete Tätigkeit endgültig einstellt und alle wesentl Betriebsgrundlagen in einem einheitl Vorgang insgesamt entweder ins PV übernimmt oder an verschiedene Erwerber veräußert (BFH IV R 14/03 BStBl II 05, 395) oder teils PV und teils veräußert werden (s einschließl Verlegung ins Ausl auch Rz 173/5). **Keine Aufgabe** eines Teilbetriebs ist die unentgeltl Übertragung iSv § 6 III (Rz 176); s hierzu einschl der Lockerung durch BFH IV R 41/11 DStR 12, 2118 (kumulative Anwendung von § 6 III und V) Rz 155. Zur 100%igen Beteiligung an KapGes s Rz 161/7.

206 **2. Einstellung der gewerbl Tätigkeit einer PersGes in einem Teilbetrieb.** Stellt eine PersGes die gewerbl Tätigkeit in einem Teilbetrieb ein, ist dies keine Teilbetriebsaufgabe, wenn wesentl Betriebsgrundlagen des stillgelegten Teilbetriebs (zB ein Grundstück mit erhebl stillen Reserven; vgl BFH VIII R 39/92 BStBl II 96, 409) weder an Dritte veräußert noch in das Privateigentum eines oder aller Ges'ter übertragen werden, sofern die PersGes weiterhin gewerbl tätig ist (Rz 153); unerhebl ist, ob das WG von der PersGes für ihre gewerbl Tätigkeit eingesetzt oder zB durch Fremdvermietung genutzt wird (BFH IV R 65/01 BStBl II 09, 699; IV B 146/10 BFH/NV 12, 410). – Ist die PersGes nach Betriebseinstellung nur noch vermögensverwaltend tätig (zB Grundstücksvermietung ohne Betriebsunterbrechung; s Rz 181) und ist sie auch keine gewerbl geprägte PersGes iSv § 15 III Nr 2 (§ 15 Rz 211), enthält die Betriebseinstellung im Teilbetrieb notwendig die Aufgabe des ganzen GewBetr, es sei denn, die PersGes beabsichtigt, ihren Betrieb allmähl abzuwickeln (BFH IV R 8/67 BStBl II 68, 78).

D. Rechtsfolgen der Veräußerung oder Aufgabe des ganzen GewBetr oder eines Teilbetriebs, § 16 II iVm § 16 III: Veräußerungs- oder Aufgabegewinn

I. Allgemeines

210 **1. Begriff des Veräußerungs- oder Aufgabegewinns.** Bemessungsgrundlage für Einkünfte aus der Veräußerung (Aufgabe) des ganzen GewBetr (Teilbetriebs) ist der Veräußerungs- oder Aufgabegewinn. Er ist als Teil der Einkünfte aus GewBetr estpfl, aber anders als der davon abzugrenzende lfd Gewinn nach Maßgabe der §§ 34, 16 IV begünstigt, soweit er nicht ab VZ 94 gem § 16 II 3, III 5 als lfd Gewinn „gilt" (Rz 7, 97, 111). – **Veräußerungsgewinn** ist der Betrag, um den der Veräußerungspreis nach Abzug der Veräußerungskosten den nach §§ 4 I, 5 zu ermittelnden Wert des BV im Zeitpunkt der Veräußerung übersteigt (§ 16 II). Rechengrößen sind der Veräußerungspreis iwS (Rz 265-76), die Veräußerungskosten (Rz 300 ff) und der (Buch-)Wert des BV im Zeitpunkt der Veräußerung (Rz 310 ff). – **Aufgabegewinn** ist der Betrag, um den die Summe aus dem Veräußerungspreis für die im Rahmen der Aufgabe veräußerten WG, aus dem gemeinen Wert der ins PV überführten WG und aus in wirtschaftl Zusammenhang mit der Aufgabe angefallenen sonstigen Erträgen oder Aufwendungen (Rz 290-7) nach Abzug der Aufgabekosten (Rz 300-6) den (Buch-)Wert des BV im Zeitpunkt der Aufgabe (Rz 310-29) übersteigt (§ 16 III 6, 7 iVm § 16 II).

214 **2. Zeitpunkt der Veräußerung; Rückbeziehung. – a) Zeitpunkt.** Der Veräußerungszeitpunkt bestimmt den Zeitpunkt der Gewinnverwirklichung (Ent-

stehung des Steueranspruchs; s Rz 220) und ist damit grds auch für den Ansatz und die Bewertung des Veräußerungspreises und die Ermittlung des Buchwerts des BV maßgeblich. Veräußert ist der Betrieb zu dem Zeitpunkt, von dem an der Betrieb nach dem Willen der Vertragsparteien auf Rechnung und Gefahr des Erwerbers geführt wird; das ist idR der Zeitpunkt der Übergabe des Betriebs (vgl § 446 BGB; zB BFH VIII R 7/90 BStBl II 93, 228; GrS 2/92 BStBl II 93, 897/902 Sp 1: Übergang des **wirtschaftl Eigentums** an den wesentl Betriebsgrundlagen; ebenso bei *aufschiebender* Bedingung BFH IV R 3/07 BStBl II 10, 182; zum vorzeitigen Übergang des zivilrechtl Eigentums vgl BFH III R 25/05 DStR 06, 1359; s auch § 5 Rz 608/11), wobei aber uU die einzelnen WG zeitversetzt übergeben werden können (Rz 121).

b) Rückbeziehung der Veräußerung. Eine Vereinbarung, nach der sich die Vertragsparteien schuldrechtl so stellen, als ob das wirtschaftl Eigentum bereits zu einem vor Vertragsabschluss liegenden Zeitpunkt auf den Erwerber übergegangen wäre, kann grds nicht dazu führen, dass der Betrieb estrechtl als bereits zu diesem Zeitpunkt veräußert angesehen wird (Ausnahmen s Rz 443); gleichgültig ist, ob die Veräußerung nur auf den Beginn des lfd Wj oder auf einen Zeitpunkt im vorangegangenen Wj zurückbezogen werden soll (s § 15 Rz 452; zu §§ 20, 24 UmwStG; s *BMF* BStBl I 11, 1314 Rz 0.13–16, 24.06; zu GrSt s *FinVerw* DB 99, 309). – Zur Veräußerung *(1)* im noch bevorstehenden „Schnittpunkt der Kalenderjahre", s BFH IV R 47/73 BStBl II 74, 707; *(2)* mit „Wirkung vom 1.1. des Jahres 02" s BFH VIII R 76/96 BStBl II 99, 269; zum Verhältnis zu § 2 UmwStG s BFH II R 33/97 BStBl II 00, 2; *BMF* BStBl I 11, 1314 Rz 2.02/4. 215

3. Gewinnverwirklichung bei Veräußerung des ganzen GewBetr (Allgemeines). Der Gewinn ist grds im **Zeitpunkt** der Veräußerung verwirklicht und in dem VZ zu versteuern, in den dieser Zeitpunkt fällt, nicht erst und nicht bereits (bei Vorauszahlung) mit Zufluss des Veräußerungspreises (BFH IV R 153/86 BStBl II 89, 557) oder mit Abschluss des schuldrechtl Kausalgeschäfts. Auch insoweit gilt das Realisationsprinzip (§ 5 Rz 77). Unerhebl ist danach, ob der Veräußerungspreis Zug um Zug entrichtet wird oder ob er langfristig gestundet ist (BFH GrS 2/92 BStBl II 93, 897/902). Unberührt hiervon bleibt, dass *(1)* die Veräußerung uU rückwirkend entfallen kann (s Rz 387) und *(2)* spätere Änderungen der für den Veräußerungsgewinn maßgebl Faktoren uU zu einer rückwirkenden Änderung der ursprüngl Höhe des Veräußerungsgewinns führen können (s Rz 360 ff). Zur Veräußerung des ganzen GewBetr gegen bestimmte wiederkehrende Bezüge durchbrochen s Rz 221-48. 220

4. Veräußerung des ganzen GewBetr gegen wiederkehrende Bezüge: Wahlrecht zw Sofort- und Zuflussversteuerung

Verwaltung: EStR 16 XI; *BMF* BStBl I 04, 1187; *FinVerw* BB 08, 1944.

a) Wahlrecht. Veräußert ein StPfl (BFH X R BStBl II 13, 883: *nicht* KapGes) seinen *ganzen* GewBetr (Rz 227, 292) **vollentgeltl** gegen **wiederkehrende Bezüge** bzw Leistungen (zB BFH X R 193/87 BStBl II 92, 465: „Veräußerungs- und Erwerbsrente"), hat er nach Rspr und Verwaltungspraxis (EStR 16 XI) unter bestimmten Voraussetzungen ein Wahlrecht zw der Versteuerung eines nach **§§ 16, 34** begünstigten Veräußerungsgewinns im Zeitpunkt der Veräußerung oder einer Versteuerung nichtbegünstigter **nachträgl Einkünfte** aus GewBetr im Zuflusszeitpunkt nach § 15 I iVm § 24 Nr 2, sobald und soweit diese in der Summe den Buchwert iSv § 16 II 2 zuzügl Veräußerungskosten übersteigen (s Rz 245); zu Teilentgeltl s Rz 227. 221

aa) Tatbestand. Voraussetzung dieses Wahlrechts *war (bisher nur)*, dass die Bezüge „wagnisbehaftet" waren zB lebenslängl zu zahlen waren oder bei fester Laufzeit von mehr als 10 Jahren primär der Versorgung oder bei besonders langer Laufzeit mindestens auch der Versorgung des Berechtigten dienen (BFH IV R 80/70 222

BStBl II 74, 452: Leibrente bei 10-jähriger Höchstlaufzeit; FG Mster EFG 01, 1275: Zeit-/Versorgungszeitrente mit Laufzeit von mehr als 10 Jahren; BFH X R 79/90 BB 91, 2353: Zeitrente auf 25 Jahren mit Versorgungsnebenzweck). – Die **Rechtsgrundlage** dieses Wahlrechts hat der BFH in einer teleologischen Reduktion der §§ 16, 34 im Verhältnis zu § 24 Nr 2 und dem „Grundsatz der Verhältnismäßigkeit der Besteuerung" gesehen (BFH VIII R 8/01 BStBl II 02, 532; BFH X R 40/10 BStBl II 13, 883).

224 **EStR (96) 139 XI/EStR (05) 16 XI** erwähnt dieses Wahlrecht nur noch für den Fall der Veräußerung „gegen eine Leibrente". Gleichzeitig weist die FinVerw aber in EStH 16 XI darauf hin, dass *(a)* im Hinblick auf BFH IV 254/62 BStBl II 68, 653 die Grundsätze von EStR 16 XI (Wahlrecht!) auch auf eine Veräußerung gegen in Raten zu zahlenden Kaufpreis anzuwenden sind, wenn die Raten länger als 10 Jahre zu zahlen sind und eindeutig der Versorgung des Veräußerers dienen (so FG Ddorf EFG 05, 1862; uU auch BFH IV R 17/08 BStBl II 11, 716), und *(b)* gem BFH IV R 137/82 BStBl II 84, 829 das Wahlrecht auch besteht bei Veräußerung gegen Zeitrente mit nicht mehr überschaubarer Laufzeit. – Offenkundig will die FinVerw mit der Neufassung der EStR/H zwar an der bisherigen Verwaltungspraxis festhalten, es jedoch der Rspr überlassen, ob das Wahlrecht auf die Veräußerung gegen *lebenslängl Bezüge* zu beschränken ist.

225 **Stellungnahme:** Obgleich der Ausfall einer gestundeten Kaufpreisforderung zu einer rückwirkenden Änd des Betriebsveräußerungsgewinns führt (BFH GrS 2/92 BStBl II 93, 897; Rz 265 ff), folgt hieraus mE nicht, dass bei Betriebsveräußerung gegen lebenslängl Bezüge ein Veräußerungsgewinn auch dann rückwirkend zu ändern ist, wenn die Bezüge tatsächl kürzer oder länger laufen als ihrem errechneten/geschätzten Kapitalwert zugrundeliegt (BFH III R 22/05 BFH/NV 09, 1409: vorzeitiges Ableben des Veräußerers vertragsimmanentes Risiko/kein rückwirkendes Ereignis). Demgemäß hält die FinVerw mit der hL (zB *Groh* DB 95, 2235/7; aA *Paus* DStZ 03, 523/7) zR am Wahlrecht bei Veräußerung gegen „Leibrente" fest, wobei unter „Leibrente" mE lebenslängl Bezüge zu verstehen sind, gleichgültig, ob diese abänderbar sind („dauernde Last") oder nicht (Leibrente ieS, IV R 67/98 BStBl II 00, 179). – Gleiches muss gelten für lebenslängl Bezüge mit Mindest- oder Höchstlaufzeit, wenn die statistische Lebenserwartung des Berechtigten länger bzw kürzer als die entspr Laufzeit ist (*Neu ua* DStR 03, 61/6). – Hingegen dürfte bei Bezügen mit fester Laufzeit (Raten, Zeitrenten) die Sofortversteuerung zwingend sein (vgl *Richter ua* DB 95, 1098), weil „Wagnis" nur das Ausfallrisiko ist und einem Ausfall durch rückwirkende Änderung des Veräußerungsgewinns zu entsprechen ist (BFH IV R 67/98 aaO; VIII B 34/11 BFH/NV 11, 2039; offen BFH XI B 56/06 BFH/NV 07, 1306; I R 9/08 DStR 09, 1472). Dass dem Veräußerer die Mittel zur Steuerzahlung noch nicht zugeflossen sind, könnte ein Wahlrecht nur rechtfertigen, wenn es auch bei weniger als 10-jähriger Laufzeit und unabhängig vom Versorgungsbedürfnis gewährt würde.

226 **bb) Erklärung.** Der StPfl muss das Wahlrecht zur lfd Versteuerung **ausdrückl** (BFH VIII R 8/01; BStBl II 02, 532; BFH X R 27/07 BStBl II 09, 620) und spätestens mit Abgabe der ESt-Erklärung für den VZ der Veräußerung ausüben (aA *HHR* § 16 Anm 408: bis zur Bestandskraft der Veranlagung). Hat der StPfl gegen eine Leibrente für sich und seine Ehefrau veräußert und stirbt er vor Ausübung des Wahlrechts, steht dieses den Erben zu, auch wenn die Ehefrau, die bei entspr Ausübung des Wahlrechts die lfd Bezüge zu versteuern hat, nicht zu den Erben gehört (aA *KSM* § 16 B 170). – Der StPfl ist an die Ausübung seines Wahlrechts für die Folgejahre grds gebunden (BFH X B 7/91 BFH/NV 91, 819; s aber Rz 246).

227 **cc) Einzelfragen:** – ***(1)*** Veräußert eine PersGes ihren ganzen GewBetr, hat jeder MUer (nicht aber KapGes; s Rz 221) für seinen Anteil am Veräußerungspreis ein Wahlrecht, das – angesichts seiner Rechtsgrundlage (s Rz 223) – unabhängig von der Ausübung des Wahlrechts der anderen MUer ist; § 7a VII 2 ist nicht einschlägig (*Schröder* WPg S 06, 108/10). Zur Bindung an Gewinnfeststellung s BFH VIII R 37/90 BFH/NV 93, 87/9. Zur Veräußerung von **MUeranteilen** s BFH VIII R 8/01 BStBl II 02, 532; zu Teilanteilen vgl Rz 454. Zu 100%igen

KapGes-Anteilen s *Patt* EStB 04, 410/2; *Neu ua* DStR 05, 141/7. – *(2)* Die für vollentgeltl Veräußerung maßgebl Grundsätze müssen ebenso gelten für eine **teilentgeltl Veräußerung,** sofern der Barwert der Bezüge den Buchwert des Betriebs übersteigt (Einheitstheorie; s Rz 39, 58).

b) Gewinnabhängiger Kaufpreis. *Kein Wahlrecht* besteht bei *gewinn-/umsatzabhängigem* (Teil-)Kaufpreis. Mangels Gewinnrealisation (§ 5 Rz 79, 603) im Veräußerungszeitpunkt ist das Entgelt *zwingend* als nachträgl und lfd BE zu erfassen und (s Rz 245) nach Verrechnung mit dem SchlussKapKto (zuzügl Veräußerungskosten) zu versteuern (BFH VIII R 8/01 BStBl II 02, 532; BFH IV 233/11 BStBl II 15, 717; EStH 16 XI, zutr; aA *Neu ua* DStR 03, 61/4; 05, 141/5; zur bisherigen Praxis *Loose* FR 02, 883; zu „Gestaltungen" s *Stahl* KÖSDI 02, 13535/41). 229

c) Erwerber. – aa) Grundsätze. Ermittelt dieser seinen Gewinn nach §§ 5; 4 I) hat er – unabhängig davon, *(1)* ob er vollentgeltl oder nur teilentgeltl erwirbt (BFH X R 58/92 BStBl II 96, 672), *(2)* wie der Veräußerer sein Wahlrecht ausübt und *(3)* ob bei diesem eine rückwirkende Änderung (Minderung oder Erhöhung) eines sofort zu versteuernden Veräußerungsgewinn zulässig ist (s Rz 224) – stets (nur) den versicherungsmathematischen **Barwert** der Verpflichtung zu wiederkehrenden Bezügen (zB BFH X R 193/87 BStBl II 92, 465) zum Erwerbszeitpunkt und zu den folgenden Bilanzstichtagen **zu passivieren** (zB BFH X R 58/92 aaO), wobei für lebenslängl Bezüge unerhebl ist, ob Leibrente oder dauernde Last vorliegt (vgl BFH IX R 46/88 BStBl II 95, 169 zu PV). Zu passivieren ist auch eine Leibrentenschuld mit Aufschubzeit (FG BaWü EFG 95, 958) oder aufschiebender Bedingung (BFH VIII R 64/93 BFH/NV 02, 10). Die jeweilige Barwertminderung ist Ertrag, die lfd Leistungen sind Aufwand (vgl BFH X R 12/01 BStBl II 04, 211). 230

bb) Einzelfragen. – (1) Überschussrechnung. Auch bei Gewinnermittlung nach § 4 III ist nur der so ermittelte Zinsanteil BA (zB BFH IV R 48/90 BStBl II 91, 796); die FinVerw lässt hier aber zu, dass die lfd Leistungen in voller Höhe gegen den ursprüngl unveränderten Barwert verrechnet werden (sog buchhalterische Methode; EStR 4.5 IV). 231

(2) AK. IHd Barwerts hat der Erwerber AK für die erworbenen materiellen und immateriellen WG (zB BFH IV R 128/81 BStBl II 84, 516; BFH X R 58/92 BStBl II 96, 672 zu 7). Zur Barwertermittlung, insb zum Zinsfuß, vgl BFH IV R 126/76 BStBl II 80, 491; BFH VIII 64/93 BFH/NV 02, 10. 232

(3) Wertsicherung. Eine evtl künftige Erhöhung der Bezüge infolge einer Wertsicherungsklausel ist nicht zu berücksichtigen (BFH IV R 170/73 BStBl II 76, 142). – Passivierungspflichtige Barwerterhöhungen infolge Aktualisierung einer Wertsicherungsklausel sind sofort abzugsfähiger Aufwand; eine Aktivierung als nachträgl AK ist nicht geboten (vgl zB BFH IX R 110/90 BStBl II 95, 47/51 mwN; *Schoor* BuW 95, 221/2: Erhöhungsbetrag wie selbstständige Rente zu passivieren). 233

(4) GewSt. Zur Hinzurechnung von Renten/dauernden Lasten s **§ 8 Nr 1 Buchst b GewStG nF** s *BMF* BStBl I 08, 730 Rz 25. 234

(5) Wegfall der Verpflichtung. Stirbt der Berechtigte, ist der Passivposten gewinnerhöhend aufzulösen (BFH X R 12/01 BStBl II 04, 211); bei der § 4 III-Gewinnermittlung ist aber nur der (restl) Barwert vor Rentenerhöhung durch Wertsicherungsklausel als BE anzusetzen (BFH IV R 48/90 BStBl II 91, 796/7). Die AK bleiben unverändert, auch wenn die Laufzeit der lebenslängl wiederkehrenden Bezüge kürzer oder länger war als der Barwertermittlung zugrundegelegt (vgl BFH IX R 110/90 BStBl II 95, 47/51 zu PV; aA *Paus* FR 95, 363/7).

(6) Umsatz- oder gewinnabhängige Kaufpreisverpflichtung (zum Veräußerer s Rz 229). Sie ist mE jedenfalls mit Rücksicht auf die Buchwerte der erworbenen WG zu passivieren (zur uneinheitl Rspr vgl BFH VIII R 8/01 BStBl II 02, 532; aA 20. Aufl; § 5 Rz 270 „gewinnabhängige Vergütung"; zu § 5 IIa, IVb s dort Rz 315, 369). 235

236 **(7) Betriebl Versorgungsrente.** Hiervon ist bei einer iZm dem Erwerb eines GewBetr eingegangene Rentenverpflichtung nur ausnahmsweise auszugehen (BFH VIII R 11/96 BFH/NV 98, 835). Zur Abgrenzung von Vermögensübertragungen gegen wiederkehrende Versorgungsleistungen und privater Versorgungsrente s Rz 41, 47, 77.

237 **d) Leistungen von Dritten.** Das Wahlrecht besteht auch für **wiederkehrende Leistungen,** die nicht Entgelt für den Betrieb, aber **iZm** seiner **Veräußerung** (Rz 271) von Dritten erbracht werden (BFH IV R 14/90 BStBl II 92, 457).

240 **5. Rechtsfolgen der Wahlrechtsausübung beim Veräußerer. – a) Sofortbesteuerung.** Entscheidet sich der StPfl für eine Besteuerung im Zeitpunkt der Veräußerung, besteht der Veräußerungspreis im ggf zu schätzenden Kapitalwert des Rechts auf die wiederkehrenden Bezüge (Rz 283-5; EStR 16 XI 10: Regelzinssatz 5,5); der nach Abzug von BV-Buchwert und Veräußerungskosten verbleibende Gewinn ist – soweit nicht gem § 3 Nr 40 aF/nF teilweise stbefreit – nach § 34 und § 16 IV begünstigt.

241 **(1) Zinsanteil.** Außerdem sind die wiederkehrenden Bezüge iHd darin enthaltenen, ggf geschätzten Zins- bzw Ertragsanteils **estpfl,** und zwar – je nachdem, ob das Recht auf die Bezüge als (ohne Betrieb fortbestehendes) BV oder als PV zu werten ist (s Rz 381) – nach § 24 Nr 2 oder nach § 20 I Nr 7 (BFH VIII R 37/90 BFH/NV 93, 87: Zeitrenten) bzw § 22 Nr 1 (BFH VIII R 8/01 BStBl II 02, 532: Leibrente; EStR 16 XI 5: Rentenertrag gem § 22 Nr 1 S 3 Buchst a/bb nF, mithin abw von Barwertermittlung, s Rz 240; zR krit *Paus* NWB F 3, 13683/5).

242 **(2) Wertsicherung.** Bei späterer Erhöhung der Jahresbeträge auf Grund vertragl Wertsicherungsklausel ist nach bisheriger BFH-Rspr der Mehrbetrag im Jahr des Zuflusses in voller Höhe nach § 20 I Nr 7 stpfl (BFH VIII R 37/90 BFH/NV 93, 87; diff *Schoor* FR 93, 225/7). Eine rückwirkende Erhöhung des Veräußerungsgewinns (vgl § 175 I 1 Nr 2 AO) ist mE trotz BFH GrS 2/92 BStBl II 93, 897 nicht zulässig (keine Vertrags-„Störung"; vgl BFH; VIII R 8/01 BStBl II 02, 532).

243 **(3) Ausfall.** Werden Teilbeträge der Bezüge uneinbringl, entfällt mangels Zufluss die Besteuerung nach § 20 I Nr 7 bzw § 22 Nr 1; außerdem ist die Höhe des Veräußerungsgewinns rückwirkend zu ändern (dazu Rz 381). Zum vorzeitigen Tod eines Leibrentenberechtigten s Rz 222ff.

244 **(4) Umsatz-/gewinnabhängige Bezüge.** Eine Sofortbesteuerung ist nicht zulässig (s Rz 229); demgemäß entfällt auch eine Schätzung des (nicht bestimmbaren) „Zinsanteils" (BFH VIII R 8/01 BStBl II 02, 532).

245 **b) Zuflussbesteuerung.** Entscheidet sich der StPfl für eine Besteuerung bei Zufluss, entsteht ein als nachträgl gewerbl Einkünfte zu versteuernder Gewinn, sobald die Summe der zugeflossenen Jahresbeträge den Buchwert des BV bei Veräußerung und die Veräußerungskosten übersteigt; dieser sich sukzessive erhöhende Gewinn ist im jeweiligen Jahr des Zuflusses in *voller* Höhe ohne Begünstigung zu versteuern (§ 24 Nr 2; BFH X R 14/94 BStBl II 96, 287), unterliegt jedoch grds nicht der **GewSt** (zu § 18 IV aF/III nF UmwStG s aber Rz 8). Nach der Rspr sind die Jahresbeträge nicht in Zins- und Tilgungsanteile aufzuteilen. Dies ist jedoch mit Rücksicht auf das **Teileinkünfteverfahren** (KapGes-Anteil im SonderBV (einschr *FinVerw* BB 08, 1944: Veräußerungszeitpunkt maßgebl) sowie die *volle* Erfassung der Zinsen bei Sofortbesteuerung (Rz 241) fragl geworden. Deshalb ordnen *BMF* BStBl I 04, 1187 und EStR 16 XI 7/8 bis 2003 eine Übergangsregelung sowie ab 2004 *durchgängig* an, *nur* den *Tilgungsanteil* zu verrechnen und den *Zinsanteil* jeweils sofort *voll* zu erfassen (ebenso bereits bisher *KSM* § 16 E 40; ähnl BFH X R 34/89; X R 187/87 BStBl II 96, 663; II 93, 298). Zu § 17 s dort Rz 205f.

246 **c) Ablösung.** Hat sich der StPfl für Zuflussversteuerung entschieden, wird diese Wahl gegenstandslos, wenn später die (restl) Bezüge auf Grund nachträgl Vereinbarung oder vorbehaltenen Rechts durch Einmalzahlung abgelöst werden. – Die

Ablösung ist im Ablösungsjahr estpfl (aA *Groh* DB 95, 2235/8: rückwirkende Änderung) und grds gem § 34 begünstigt. Die Tarifbegünstigung wird aber insoweit nicht gewährt, als die Ablösung dem Volumen des mit den wiederkehrenden Bezügen verrechneten Buchwerts des Betriebs (Rz 245) entspricht, da insoweit die zum Normaltarif zu versteuernden Bezüge stfrei geblieben sind. – Wurde der Betrieb gegen **Einmalentgelt** *und* **wiederkehrende Bezüge** veräußert (Rz 248), entfällt mangels zusammengeballter Gewinnrealisierung in einem VZ (Rz 121) die Begünstigung, wenn im Jahr der Veräußerung iHd Differenz Einmalbetrag/Buchwert ein tarifbegünstigter Gewinn versteuert worden ist (BFH III R 53/89 DStR 94, 132). *Ausnahme* (BFH X R 37/02 BStBl II 04, 493): *geringfügiger* Veräußerungsgewinn kürzt die Tarifbegünstigung des Ablösebetrags (bedenkl).

6. Veräußerung des ganzen GewBetr gegen wiederkehrende Bezüge 248
und festes Entgelt. In diesem Fall besteht ein Wahlrecht nur hinsichtl der wiederkehrenden Bezüge (BFH X R 79/90 BB 91, 2353; FG Mster EFG 01, 1275: Übernahme von Betriebsschulden; EStR 16 XI 9), und zwar unabhängig vom betragsmäßigen Verhältnis zw Einmalbetrag und Barwert der Bezüge (*Littmann/Hörger* § 16 Rz 96). Wird es iSe Zuflussversteuerung ausgeübt, ist der Buchwert des BV im Zeitpunkt der Veräußerung vom festen Veräußerungspreis abzuziehen; ein etwaiger Gewinn ist im Zeitpunkt der Veräußerung verwirklicht und gem § 34 II Nr 1 begünstigt, obwohl nicht alle stillen Reserven gleichzeitig realisiert werden (BFH X R 79/90 aaO; FG Mster aaO). Ist das feste Entgelt geringer als der Buchwert und wählt der StPfl die Zuflussbesteuerung, entsteht kein Verlust; die Bezüge sind – vorbehaltl § 3 Nr 40 – in voller Höhe nach § 24 Nr 2 tarifl zu besteuern, sobald ihre Summe den Buchwert abzügl festes Entgelt übersteigt (str, s Rz 245). Zur Ablösung s Rz 246; zu § 16 IV s Rz 585.

7. Gewinnverwirklichung bei Teilbetriebsveräußerung. Maßgebl ist der 249
Zeitpunkt, zu dem er nach GoB (Realisationsprinzip) bilanzrechtl auszuweisen ist (s § 5 Rz 77). Diese sind unmittelbar einschlägig, da die Veräußerung eines Teilbetriebs bilanzrechtl der eines einzelnen WG gleichwertig und die Kaufpreisforderung BV ist, wenn sie nicht entnommen wird.

Bei Veräußerung gegen **wiederkehrende Bezüge** (Rz 221 ff) besteht mE 250
ebenso wie bei der Veräußerung des ganzen GewBetr grds ein Wahlrecht zw begünstigter Sofortversteuerung und nichtbegünstigter nachträgl Zuflussbesteuerung (BFH IV R 137/82 BStBl II 84, 829; *Richter* DStR 94, 92). Wird der Anspruch auf die Bezüge (beim Restbetrieb) bilanziert, ist dies Ausübung des Wahlrechts iSe Sofortversteuerung; der Anspruch ist (gewillkürtes) BV. Zu **§ 4f nF** s Rz 266.

II. Zeitpunkt; Veräußerungspreis

1. Zeitpunkt der Betriebsaufgabe; Verwirklichung des Aufgabegewinns. 260
Der „Zeitpunkt“ der Betriebsaufgabe ist maßgebl für die Realisierung des Aufgabegewinns, die Bewertung des „Aufgabepreises“ (Rz 290 ff), die Ermittlung des Buchwerts des BV (Rz 310 ff) und die Abgrenzung ggü dem vorausgehenden lfd Gewinn und den nachträgl gewerbl Einkünften (Rz 340 ff). – Der „Zeitpunkt“ der Aufgabe ist in Wahrheit idR **ein Zeitraum** (Ausnahme zB BFH X R 163–164/87 BStBl II 91, 802), da die Betriebsaufgabe idR aus mehreren Teilakten, wie zB Einzelveräußerung von WG an *verschiedene* Erwerber, besteht (zB BFH X R 101/90 BStBl II 93, 710). – Maßgebl für die Gewinnverwirklichung sind nicht der „Beginn“ der Betriebsaufgabe (Rz 194) oder ein vom StPfl erklärter Zeitpunkt, sondern grds der Zeitpunkt des **einzelnen Aufgabeteilakts,** zB der Veräußerung des einzelnen WG (BFH IV R 17/02 BStBl II 05, 637). Danach entsteht der Betriebsaufgabegewinn sukzessive und damit uU in verschiedenen VZ (BFH X R 32/05 BStBl II 09, 634; BFH IV R 11/06 BFH/NV 09, 937: aber idR keine Betriebsaufgabe, sondern allmähl Abwicklung, wenn mehr als zwei VZ), nicht bereits mit Einstellung werbender

Tätigkeit und nicht erst mit dem Ende der Betriebsaufgabe, zB der Veräußerung des *letzten* zu den wesentl Betriebsgrundlagen gehörigen WG. – Für WG, die nicht zur Veräußerung bestimmt und noch nicht ins PV überführt sind, entsteht der Aufgabegewinn, sobald die werbende Tätigkeit eingestellt ist und alle *anderen* wesentl Betriebsgrundlagen veräußert/entnommen sind (Rz 188).

265 **2. Veräußerungspreis. – a) Veräußerungspreis ieS.** Dies ist die **Gegenleistung,** die der Veräußerer (oder auf seine Veranlassung ein Dritter) vom Erwerber oder von einem Dritten (BFH VIII R 221/85 BStBl II 90, 978; BFH IV R 17/08 BStBl II 11, 716) für den Betrieb erlangt. Grds ist dies der *Anspruch* auf das Entgelt (zur Bewertung s Rz 277 ff) zB auf den Kaufpreis oder das Tauschobjekt, „soweit das Veräußerungsgeschäft ohne Störung so abgewickelt wird, wie es vertragl vereinbart" ist. Ist aber der *„tatsächl erzielte Erlös"* niedriger (oder höher) als dieser Anspruch (genauer: als der Wertansatz für diesen Anspruch), ist rückwirkend allein dieser Erlös maßgebl „Veräußerungspreis" s Rz 381 ff). Kein Veräußerungserlös wird erzielt, soweit der zunächst erhaltene Kaufpreis abredegemäß (zB aufgrund einer Rückschenkung) zurückfließt (BFH X R 14/11 BStBl II 14, 158; Rz 632).

266 **aa) Schuldbefreiung.** Gegenleistung ist auch eine Verpflichtung zur **Freistellung** von einer **privaten Schuld** des Veräußerers ggü einem Dritten durch befreiende Schuldübernahme oder durch Schuldbeitritt mit befreiender Wirkung im Innenverhältnis oder nur im Innenverhältnis (BFH IV R 70/86 BFH/NV 90, 31), zB ein Anspruch, dass der Erwerber den Veräußerer von einer privaten Versorgungsverpflichtung befreit (BFH IV R 180/80 BStBl II 83, 595); nicht jedoch, wenn der Veräußerer von einer **betriebl,** aber zR in der StB **nicht passivierten** Schuld befreit wird (BFH I R 61/06 BStBl II 08, 555; *Ley* DStR 07, 589; Rz 267); der hierdurch realisierte Aufwand („Hebung stiller Lasten") unterliegt in Neufällen der Schuldübernahme den differenzierenden Regeln des **§§ 4f I, 52 VIII** (bei Veräußerung/Aufgabe von *Teil*-MUeranteilen Aufwandsverteilung auf 15 Jahre; aA *Dannecker ua* BB 14, 2539; bei Teilbetriebsveräußerung/-aufgabe Verteilung, soweit Aufwand die stillen Reserven überschreitet), für Schuldbeitritt oder Freistellung gilt hingegen **§ 4f II, § 52 Abs 8** (durchgängige Aufwandsverteilung). Einzelheiten s § 4 f.

267 ***(1)* Buchwert; AK.** Offen – für die Höhe des Gewinns des *Veräußerers* aber idR (positives KapKto; s aber Rz 69, 266) praktisch unerhebl – ist, ob die vom Erwerber übernommenen bilanzierten **Betriebsschulden** den (Buch-)Wert iSv § 16 II (Nettobuchwert!) mindern (so zB BFH I R 61/06 BStBl II 08, 555; BFH IV B 82/08 BFH/NV 10, 50) oder Teil des Veräußerungspreises sind mit der Folge, dass als (Buch-)Wert des BV iSv § 16 II nur der Buchwert der Aktiva anzusetzen ist (so BFH GrS 4–6/89 BStBl II 90, 847/54). Zu späterer Inanspruchnahme des Veräußerers für vom Erwerber übernommene Schulden s Rz 361. Zu zurückbehaltenen Schulden s Rz 128, 371. – Zu **AK** des Erwerbers gem § 6 I Nr 7 gehört auch die *Freistellung* des Veräußerers von bei diesem (zR) nicht oder nicht in voller Höhe bilanzierten Schulden (zB § 5 IIa, IVa; § 6a); sie ist auch im Folgenden grds mit ihrem Nominalbetrag auszuweisen (BFH I R 102/08 BStBl II 11, 566; ebenso bei *Schuldübernahme* BFH I R 72/10 DB 12, 488; insoweit aA *BMF* BStBl I 11, 627; zu *Schuldbeitritt* s *BMF* BStBl I 05, 1052; Einzelheiten s 32. Aufl). Nunmehr ist die Fortgeltung der Passivierungsbegrenzungen gem **§ 5 VII, § 52 Abs 9** iVm der Verteilung des Abwertungsgewinns auf mindestens 15 Jahre (Altfälle 20 Jahre) zu beachten (s § 5 Rz 503).

268 ***(2)* Nur-Schuldübernahme.** Entsprechendes gilt, wenn die Gegenleistung nur in der Übernahme von Betriebsschulden besteht; der Veräußerungs*gewinn* ist dann (idR) gleich der Höhe der buchmäßigen Überschuldung (negatives KapKto) abzügl Veräußerungskosten (BFH VIII R 370/83 BStBl II 89, 563), sofern überhaupt eine Betriebsveräußerung iSv § 16, dh keine unentgeltl Übertragung iSv § 6 III vorliegt (s Rz 35 ff).

bb) Veräußerung während des Wj. Die Veräußerung auf der Grundlage einer Bilanz zum Ende des vorausgegangenen Wj gehört zum Veräußerungspreis auch der Teil der Gegenleistung, der nach Schätzung der Vertragsparteien auf den bis zur Veräußerung erwirtschafteten Gewinn entfällt (zu evtl vereinbarten Korrekturen der Schätzung s zB *Aretz ua* BB 93, 1335/41). Der Veräußerer hat aber den bis zum Zeitpunkt der Veräußerung tatsächl entstandenen, durch Zwischenbilanz oder Schätzung zu ermittelnden Gewinn, der den Buchwert des BV bei Veräußerung erhöht, als lfd Gewinn zu versteuern (zum Übergang § 4 III/§ 4 I s Rz 330). **269**

cc) Gesamtkaufpreis. Werden zusammen mit dem Betrieb auch WG des PV zu einem Gesamtkaufpreis veräußert, muss dieser grds nach dem Verhältnis der Verkehrswerte aufgeteilt werden (BFH IV B 82/08 BFH/NV 10, 50; zu § 42 AO aF s auch BFH VIII B 185/02 BFH/NV 05, 1258). **270**

b) Veräußerungspreis iwS. Hierzu rechnen alle Leistungen, die der Veräußerer – durch die Veräußerung **veranlasst** – als offene oder **verdeckte Gegenleistung** für den Betrieb erhält, entweder vom Erwerber (BFH IV R 141/67 BStBl II 71, 92: Entschädigung für Aufgabe eines Mietrechts; BFH IV R 12/08 BFH/NV 11, 768: verdeckte Einlage eines Veräußerungsentgelts) oder von einem Dritten mit oder ohne Veranlassung durch Erwerber (zB Schulderlass, *Paus* FR 06, 170; BFH IV R 14/90 BStBl II 92, 457 betr Prämien). Ebenso idR ein Entgelt für ein **Wettbewerbsverbot** (BFH IX R 76/99 BFH/NV 03, 1161; § 24 Rz 42; aA *FinVerw* DStR 92, 790 für besonders vereinbartes Entgelt; BFH X R 61/06 BFH/NV 08, 1491: § 22 Nr 3; ausführl *Wiesbrock* GmbHR 05, 519; zur USt s BFH XI R 1/11 BStBl II 12, 301). Abl für Gewinn aus Auflösung eines betriebl Versorgungswerks FG Mster EFG 03, 39. Zur Disagio-Rückerstattung s Rz 301. Zur Betriebsaufgabe s Rz 295. **271**

c) Rückbehalt von WG. – aa) Hinzurechnung. Behält der Veräußerer einzelne WG zurück, die dem veräußerten Betrieb dienten, aber **nicht wesentl** Betriebsgrundlage waren, und überführt er diese ins PV (sofern estrechtl mögl), ist dem Veräußerungspreis der gemeine Wert dieser WG hinzuzurechnen (analog § 16 III 7); ebenso ist dies bei einer „Vorabentnahme". Es erhöht sich der begünstigte Veräußerungsgewinn (zB BFH IV R 67/86 BStBl II 90, 132); Gleiches gilt bei Sacheinlage in PersGes zu *Teilwerten*/gemeinen Werten nach § 24 UmwStG aF/nF (vgl BFH VIII R 5/92 BStBl II 94, 856). Anders ist dies aber bei unentgeltl Betriebsübertragung (BFH IV R 116/77 BStBl II 81, 566: nichtbegünstigter Entnahmegewinn) oder Sacheinlage in PersGes nach § 24 UmwStG aF/nF zu *Buchwerten* (BFH IV R 93/85 BStBl II 88, 374; zu Sacheinlage in KapGes s Rz 200-2). *Keine Entnahme* soll hingegen bei Wegfall der Nutzungsbefugnis zB am Ehegattengrundstück anzusetzen sein (BFH IV R 29/09 BStBl II 13, 387; zur Kritik s zutr § 7 Rz 55). **272**

bb) Einzelfragen. – ***(1)*** Werden solche WG *zum Buchwert in ein anderes BV* des Veräußerers überführt (oder verbleiben sie „Rest-BV"), ist der Buchwert entweder dem Veräußerungspreis hinzuzurechnen *oder* (mE besser) aus dem Wert der BV iSv § 16 II auszuscheiden (s Rz 313). – ***(2)*** Nicht begünstigt ist ein Entnahmegewinn bei Veräußerung eines Teilbetriebs und gleichzeitiger Entnahme einzelner nicht dem Teilbetrieb dienender WG (BFH I R 57/71 BStBl II 73, 700; IV R 67/86 BStBl II 90, 132). – ***(3)*** Werden WG, die zu den wesentl Betriebsgrundlagen gehören, zurückbehalten und *ins PV überführt,* liegt keine Betriebsveräußerung, sondern -aufgabe vor; werden solche WG *in ein anderes BV* zu Buchwerten *überführt,* ist der Gewinn aus den veräußerten WG nicht begünstigt (Rz 94, 113, 153). – Zu aktivem oder passivem BV *nach* einer Betriebsveräußerung/-aufgabe s Rz 122 ff, 360 ff. – ***(4)*** Beim Ansatz des Veräußerungspreises (iwS) sind alle mit der Veräußerung zusammenhängenden Vorgänge nach den bis zur bestandskräftigen Veranlagung gewonnenen Erkenntnissen (auch über wertbegründende Ereignisse) zu berück- **273**

sichtigen (BFH X R 163–164/87 BStBl II 91, 802; BFH VIII R 27/92 BFH/NV 94, 159). Zu evtl rückbezügl Änderungen s Rz 350 ff.

277 **3. Wert des Veräußerungspreises.** Der Wert, mit dem die Gegenleistung anzusetzen ist, bestimmt sich nicht nach § 6, da dieser nur für die Ermittlung des laufenden Gewinnes gilt (BFH IV R 61/73 BStBl II 78, 295), sondern ist der **„gemeine Wert"** (anders idR bei Teilbetriebsveräußerung: § 6; s Rz 249). Dieser ist **als spezifischer Wertmaßstab** des § 16 zu verstehen (arg § 16 III 7); zu seiner Konkretisierung sind die §§ 2–16 BewG nur teilweise und sinngemäß anwendbar (aA BFH IV R 61/73; BStBl II 78, 295; BFH IV R 3/07 BStBl II 10, 182: §§ 2–16 BewG (aF) gelten unmittelbar). Der Wertansatz beim Erwerber, der die Kaufpreisverpflichtung mit dem Wert nach § 6 zu passivieren und entsprechende AK zu aktivieren hat, und der Wertansatz beim Veräußerer können deshalb divergieren.

278 **a) Geld.** Besteht die Gegenleistung in Bar- oder Buchgeld, das Zug um Zug (vgl §§ 274, 322 BGB) gegen Übertragung des Betriebs gezahlt wird, ist der Wert der Gegenleistung gleich dem Nennwert des Geldes, bei Hingabe ausl Valuta gleich dem Betrag, der sich aus dem Umrechnungskurs im Veräußerungszeitpunkt, nicht des Zeitpunkts der tatsächl Umwechslung errechnet. Zahlt der Erwerber noch vor Übertragung des Betriebs an einen Bevollmächtigten des Veräußerer mit befreiender Wirkung, ist Veräußerungspreis die Herausgabeforderung gegen den Bevollmächtigten (BFH IV R 153/86 BStBl II 89, 557).

279 **b) Tausch.** Besteht die Gegenleistung in anderen WG, ist der Wert der Gegenleistung gleich dem gemeinen Wert der erlangten WG im Veräußerungszeitpunkt; etwaige Verfügungsbeschränkungen sind entspr § 9 II 3, III 1 BewG zu berücksichtigen (BFH IV R 3/07 BStBl II 10, 182). Auf den gemeinen Wert des veräußerten Betriebs kommt es, anders als beim Tausch von einzelnen WG des BV, nicht an (BFH IV R 223/72 BStBl II 75, 58 zu § 17), weil insoweit bilanzstrechtl Grundsätze nicht anwendbar sind. Die spätere Wertentwicklung der erlangten WG (PV) ist unerhebl (*Bordewin* FR 94, 555/60; Rz 124, 294); Gleiches gilt mE bei Aktienoptionen als Veräußerungsentgelt (gemeiner Wert = Optionsprämie). Soll die Gegenleistung jedoch erst später geleistet werden, ist – ungeachtet etwaiger Kaufpreisanrechnungsabreden – der Wert des eingetauschten WG im Erfüllungszeitpunkt maßgebl (BFH IX R 43/14 DB 16, 88).

280 **c) Stundung.** Besteht die Gegenleistung in einer gestundeten Forderung auf Geld oder Leistung eines WG, ist ihr gemeiner Wert im Zeitpunkt der Veräußerung anzusetzen. Dieser ist bei Geldforderungen in Anlehnung an § 12 I BewG gleich dem Nennwert, soweit nicht besondere Umstände einen höheren oder geringeren Wert begründen (vgl BFH IV R 61/73 BStBl II 78, 295).

281 Soweit für die gestundete Forderung kapitalmarktübl **Zinsen** zu zahlen sind, gehören diese nicht zum Veräußerungspreis; sie sind, sofern die Kaufpreisforderung PV ist (str, s Rz 381), als Einnahmen aus KapVerm, andernfalls, sofern Rest-BV, als nachträgl gewerbl Einkünfte estpfl. Bei zinsloser oder niedrigverzinsl Stundung ist Veräußerungspreis der abgezinste Wert (aA BFH VIII R 41/82 BStBl II 84, 550 bei unbestimmter Fälligkeit); die spätere Zahlung des vollen Nennwerts enthält iHd Differenz zum Barwert Einnahmen aus KapVerm oder nachträgl gewerbl Einkünfte.

282 **aa) Schätzung.** Soweit im Zeitpunkt der Veräußerung ernstl mit einem **Ausfall der Kaufpreisforderung** zu rechnen ist, rechtfertigt dies einen geschätzten Abschlag vom Nennwert (BFH VIII R 27/92 BFH/NV 94, 159/62). Erlöst der Veräußerer später tatsächl mehr oder weniger als den zunächst angesetzten Wert, wirkt dies auf den Zeitpunkt der Veräußerung zurück (s iEinz Rz 381).

283 **bb) Fremdwährung.** Lautet die gestundete Kaufpreisforderung auf eine Fremdwährung, ist für den Ansatz des Veräußerungspreises grds der Wechselkurs im *Zeitpunkt der Veräußerung* maßgebl; soweit aber mit einer nachteiligen Kursände-

rung bis zum Zeitpunkt der Erfüllung ernstl zu rechnen ist, rechtfertigt dies einen geschätzten Abschlag (BFH IV R 61/73 BStBl II 78, 295). Ist der Wechselkurs im *Zeitpunkt der Erfüllung* höher oder niedriger als die Bewertung des Veräußerungspreises im Zeitpunkt der Veräußerung zugrundegelegt wurde, ist der Veräußerungspreis mE in sinngemäßer Anwendung von BFH GrS 2/92 BStBl II 93, 897 rückwirkend zu korrigieren (*Groh* DB 95, 2235/7; aA *Bordewin* FR 94, 555/60).

d) Wiederkehrende Bezüge. Besteht die Gegenleistung in einem Anspruch auf wiederkehrende Bezüge und übt der Veräußerer sein evtl Wahlrecht (Rz 221) iSe Besteuerung im Veräußerungszeitpunkt aus, ist der Barwert gleich dem versicherungsmathematisch ermittelten Betrag, den der Veräußerer nach den Verhältnissen auf dem Kapitalmarkt zum Zeitpunkt der Veräußerung hätte aufwenden müssen, um sich gleichartige wiederkehrende Bezüge zB bei einer Versicherung zu „erkaufen" (vgl aber R 16 XI 10 EStR: Zinssatz 5,5 vH, sofern nichts anderes vereinbart; ebenso BFH VIII R 64/93 BFH/NV 02, 10 zu betriebl EinzelWG; offen in BFH IX R 110/90 BStBl II 95, 47 zu PV). **284**

Künftige evtl Erhöhungen auf Grund einer **Wertsicherungsklausel** sind ohne Einfluss auf die Höhe der zu kapitalisierenden Jahresbeträge (BFH VI R 212/69 BStBl II 70, 541), wertgesicherte wiederkehrende Bezüge sind aber mit einem niedrigeren Zinsfuß zu kapitalisieren (BFH IV R 141/67 BStBl II 71, 92); zu tatsächl späterer Erhöhungen s Rz 243. Sind die wiederkehrenden Bezüge im Zuflusszeitpunkt mit dem darin enthaltenen Zins- bzw Ertragsanteil zu versteuern (s Rz 241), ist der im Einzelfall angewendete Abzinsungssatz (Barwert) zugleich maßgebl für die Bestimmung dieses später zu versteuernden Zinsanteils. **285**

4. „Aufgabepreis"; Ermittlung des Aufgabegewinns. – a) Allgemeine Grundsätze. Ausgangsgröße für die Ermittlung des Gewinns aus der Aufgabe des ganzen GewBetr (Teilbetriebs) ist die Summe aus – ***(1)*** dem *Veräußerungspreis* für die iRd Aufgabe veräußerten WG (§ 16 III 6), – ***(2)*** dem *gemeinen Wert* der ins PV übergegangenen aktiven und passiven WG (§ 16 III 7; BFH X R 31/95 BStBl II 97, 561: auch soweit diese nach § 17 steuerverhaftet bleiben; ähnl zu § 21 UmwStG aF *BMF* BStBl I 98, 268 Tz 21.12: lfd Entnahme; s aber BFH I R 33/10 DStR 11, 2456; zu § 16 III 2 HS 3 nF iVm § 4 I 4 nF s § 4 Rz 329 ff; zu § 16 IIIa s Rz 175; zu teilentgeltl Veräußerung s BFH X R 14/11 BStBl II 14, 158: Kombination von Veräußerung und Entnahme; keine Einheitstheorie) und etwaiger als BV zurückbleibender Schulden (s Rz 128/9; BFH X R 163–164/87 BStBl II 91, 802/4) sowie – ***(3)*** im wirtschaftl Zusammenhang mit der Aufgabe erzielter *sonstiger Erträge.* – Diese Summe (**„Aufgabepreis"** = „Aufgabeendvermögen") kann mit Hilfe einer auf den Aufgabezeitpunkt zu erstellenden **„Aufgabebilanz"** ermittelt werden (BFH X R 163–164/87; BStBl II 91, 802; aA BFH X R 48/13 BFH/NV 15, 1358: Bilanzierungs*pflicht*). Gegenüberzustellen ist diesem „Aufgabeendvermögen" das „bis zum Aufgabebeginn fortentwickelte BV als Aufgabeanfangsvermögen", das als Nettowert auch negativ (buchmäßige Überschuldung) sein kann (vgl BFH IV R 19/12 BStBl II 15, 954: Subtraktion negativer Größe = Addition). Offen ist (vgl BFH I R 34/12 BFH/NV 14, 1014), ob Verbindlichkeiten, die zB mangels Aktiva nicht mehr erfüllt werden können, gewinnwirksam auszubuchen sind. Soweit Schulden ins PV übergehen, „können sie zu Vereinfachungszwecken bei der Gegenüberstellung von Aufgabeanfangs- und -endvermögen weggelassen werden" (BFH XI R 64/97 BStBl II 98, 727). Auch bei gestreckter Gewinnrealisierung (vgl Rz 260) soll die Aufgabebilanz auf den Zeitpunkt des Beginns der Betriebsaufgabe erstellt werden (BFH IV R 17/02 BStBl II 05, 637; BFH X R 48/13 aaO; mE bedenkl). – Zur Fortführung einzelner WG als BV (§ 6 V nF), zum Buchwertwahlrecht nach **§ 6 I Nr 4 S 5** sowie zu **§ 13 V** s Rz 94. – Beachte **Teileinkünfteverfahren** bezügl KapGes-Anteile sowie die verfrechtl gebotene **Eliminierung von Wertsteigerungen** (bis 31.3.99/26.10.00) der An- **290**

teile gem § 17 aF (mindestens 10%/1%), die zu AK in das BV eingelegt worden sind (*BMF* BStBl I 12, 42).

291 **b) Veräußerungspreis.** Dies ist die Gegenleistung, die der Veräußerer für veräußerte WG erlangt. Die Veräußerung muss sich „**iRd Aufgabe** des Betriebs" vollziehen (§ 16 III 6), dh in *zeitl Zusammenhang,* also während der Betriebsaufgabe, weder vorher noch nachher (BFH IV R 86/87 BStBl II 89, 456; BFH X B 41/96 BFH/NV 96, 881) *und* in *wirtschaftl Zusammenhang,* also nicht nur gelegentl der Betriebsaufgabe (s zB Rz 342: Veräußerung von UV; BFH IV R 86/87 BStBl II 89, 456: Schulderlass; BFH IV R 14/03 BStBl II 05, 395; BFH X R 14/11 BStBl II 14, 158: Teilbetriebsaufgabe iZm Veräußerung sonstiger WG/einschließl Gesamtplan-Rspr; krit *Herlinghaus* FR 14, 441/6).

292 **aa) Zusammenhang.** Hinsichtl des zeitl Zusammenhangs ist maßgebl, wann nach dem Realisationsprinzip (§ 5 Rz 77-9) der Gewinn aus der Veräußerung verwirklicht ist (s aber BFH X B 41/96 BFH/NV 96, 881: Kaufvertrag genügt). – Werden einzelne WG gegen *wiederkehrende Bezüge* veräußert, ist Veräußerungspreis der Kapitalwert der Bezüge (FG Köln EFG 04, 898); anders als bei der Veräußerung des ganzen GewBetr oder Teilbetriebs (Rz 221 ff) besteht kein Wahlrecht zw Sofort- und Zuflussbesteuerung (zB BFH I R 44/83 BStBl II 89, 323). Fällt die Kaufpreisforderung für die iRd Betriebsaufgabe veräußerten einzelnen WG ganz oder teilweise aus, ist der Veräußerungspreis und damit der Aufgabegewinn (ebenso wie beim Ausfall der Kaufpreisforderung aus der Veräußerung des ganzen GewBetr, s Rz 381) rückwirkend zu ändern (BFH IV R 20/08 BStBl II 10, 528; *Groh* DB 95, 2235/9); Gleiches gilt bei nachträgl Kaufpreiserhöhung (BFH IV R 53/04 BStBl II 06, 906). Zum abredegemäßen Kaufpreisrückfluss s Rz 265.

293 **bb) Abgrenzung.** Trotz Veräußerung einzelner WG „im Rahmen der Aufgabe" sind Gewinne hieraus aber nicht Teil des begünstigten Aufgabegewinns, sondern (fiktiv) „lfd Gewinn", soweit auf Seiten des Veräußerers und des Erwerbers dieselben Personen als Unternehmer oder MUer beteiligt sind (§ 16 III 5 s Rz 7, 97, 111; zur Realteilung s Rz 551).

294 **c) Gemeiner Wert.** Der in § 16 III 7 (nicht veräußerte, ins PV überführte WG) verwendete Begriff entspricht grds der Definition des § 9 II BewG (BFH I R 235/80 BStBl II 85, 456). Über die Unterschiede zum Teilwert s zB BFH I R 114/84 BStBl II 90, 117; Anm DStR 89, 179. – **Grundstücke** und Gebäude sind mit dem Verkehrswert anzusetzen (BFH VIII R 26/87 BFH/NV 92, 232), der je nach Einzelfall auf Grund zeitnaher Verkäufe oder des Ertrags- oder Sachwerts (vgl WertermittlungsVO) – nicht hingegen anhand der Grundbesitzwerte der §§ 145 ff BewG aF – zu schätzen ist (BGH BFH/NV Beil 5/01, 79; BFH X R 150/95 BStBl II 98, 569; BFH II R 19/08 BStBl II 09, 403; überholt BFH I R 235/80 aaO: idR Sachwert; vgl auch BFH IV B 111/06 juris; zu persönl Umständen iSv § 9 II, III BewG s BFH VIII B 67/96 BFH/NV 05, 2178: keine Berücksichtigung latenter ErtragStlasten); vgl auch §§ 177 ff BewG nF. Bei gemischter Gebäudenutzung ist der aus dem Gesamtverkehrswert abzuleitende Wert des betriebl Gebäude-/Grundstücksteils idR nicht nach dem Ertragswert-, sondern nach dem Nutzflächenverhältnis zu bestimmen (BFH III R 20/99 BStBl II 03, 635). Zu **Nutzungsrechten** s Rz 272; § 7 Rz 55. Zur verbindl Auskunft s abl BFH VIII B 121/00 BFH/NV 02, 181. – Gemeiner Wert (Marktwert; vgl BFH X R 17/85 BStBl II 89, 879) von **Maschinen,** Einrichtungen, Waren usw ist der Einzelveräußerungspreis. Für **Anteile an KapGes** und Wertpapieren gilt § 11 BewG (zur Ableitung aus Verkäufen s BFH II R 40/08 BStBl II 10, 843; zu Veräußerungsbeschränkungen s BFH IV R 3/07 BStBl II 10, 182; zu Ertrags/Substanzverfahren s BFH III R 79/07 BFH/NV 10, 610; zum Stuttgarter Verfahren s BFH I R 88, 89/07 DStR 09, 2295; BFH X B 100/09 BFH/NV 10, 205: Einzelfallprüfung; zR abl *FinVerw* GmbHR 11, 1344; *Hübner* DStR 95, 1/5; *Wacker* BB Beil 8/98, 10; ebenso nach BR-Drs 542/06, 90 „klarstellend" § 11 II 3 BewG

aF). § 11 II nF iVm § 97 Ib aF/nF BewG) verweist nicht nur auf im Geschäftsverkehr übl Bewertungsmethoden, sondern auch auf das vereinfachte Ertragswertverfahren (§§ 199 ff BewG nF; *FinVerw* BStBl I 14, 882), das nach *BMF* BStBl I 11, 859; *FinVerw* DStR 15, 1313 ertragsteuerl entspr gilt (dazu *Blum ua* GmbHR 12, 322). Ab VZ 2002/2009 ist § 3 Nr 40 Buchst b **(Teileinkünfteverfahren)** zu beachten (*FinVerw* DStR 01, 398; DStZ 04, 421); zu § 202 III BewG nF (vereinfachtes Ertragswertverfahren) s aber *Hübner* ErbSt-Reform 2009, 492. Der Kapitalwert **wiederkehrender Bezüge** ist grds versicherungsmathematisch, nicht nach §§ 13–16 BewG aF/nF zu ermitteln (aA FG Köln EFG 86, 561; s auch Rz 284). Forderungen sind wie eine Kaufpreisforderung aus Betriebsveräußerung zu bewerten (dazu Rz 280 ff). **Bewertungszeitpunkt** ist, wenn sich die Aufgabe sukzessive vollzieht, derjenige, zu dem das einzelne WG ins PV übergeht (BFH X R 150/95 BStBl II 98, 569: „zeitpunktbezogene Momentaufnahme"; s auch Rz 260 f). Beim Ansatz des gemeinen Werts des WG zu diesem Zeitpunkt bleibt es auch bei späteren Wertänderungen (keine rückwirkende Änd des Aufgabegewinns; vgl BFH X R 150/95 BStBl II 98, 569: betr späterer Altlastenverdacht; *Bordewin* FR 94, 555/8; s auch Rz 125, 279; zu künftigen AfA im PV s § 7 Rz 78). Ein **Geschäftswert** ist idR beim „Aufgabepreis" nicht anzusetzen; er geht durch die Betriebsaufgabe unter (BFH X R 32/05 BStBl II 09, 634 aE). Anders ist dies bei Betriebsverpachtung (s Rz 713) und evtl bei Realteilung einer PersGes (BFH aaO; s auch Rz 551 ff).

d) Erträge iZm Betriebsaufgabe. Fallen im zeitl und wirtschaftl Zusammenhang mit der Aufgabe Erträge an, gehören diese – sofern stbar (s Rz 340) – zum „Aufgabepreis"; sie erhöhen den begünstigten Aufgabegewinn. Solche Erträge sind zB – ***(1)*** von dritter Seite, insb der öffentl Hand gezahlte Entschädigungen oder Stilllegungsgelder (vgl zB BFH X R 56/95 BFH/NV 98, 1354; abl jedoch BFH VIII B 101/96 BFH/NV 98, 452; FG Hbg EFG 14, 1009, rkr bei fehlender Veranlassung durch BetrAufgabe) und Versicherungsleistungen (BFH IV R 25/79 BStBl II 82, 707; FG Hbg EFG 00, 552); – ***(2)*** der betriebl veranlasste Erlass von Betriebsschulden (dazu Rz 365); – ***(3)*** Auflösung einer erst und nur durch Betriebsaufgabe entfallenden Rückstellung (BFH XI R 8/96 BStBl II 99, 18: Bilanzberichtigung vorrangig; s Rz 316) oder eines passiven RAP (IV R 42/99 BB 01, 91). Zum „Ausverkauf" des Warenlagers s Rz 342. 295

e) Aufwendungen. Umgekehrt mindern die mit dem Aufgabevorgang verbundenen Aufwendungen den „Aufgabepreis" (zB BFH VIII R 128/84 BStBl II 93, 594/7 Sp 1: Verlust einer Ausgleichsforderung gegen MitGes'ter). S aber Rz 301/-2. 296

f) Wertbegründende Umstände. Wird eine „Aufgabebilanz" (s Rz 290) erstellt, sind darin – anders als in einer Schlussbilanz zur Ermittlung des lfd Gewinns – alle mit der Aufgabe zusammenhängenden Vorgänge nach den bis zur bestandskräftigen Veranlagung gewonnenen Erkenntnissen über werterhellende *und* wertbegründende Ereignisse zu erfassen (BFH X R 163–164/87 BStBl II 91, 802/805). 297

5. Veräußerungs- und Aufgabekosten. – a) Veräußerungskosten. Hierzu waren nach der älteren Rspr Aufwendungen zu rechnen, „die" – auch, wenn sie in VZ vor oder nach Veräußerung verausgabt werden (BFH IV R 19/08, BStBl II 05, 637: Attraktivkraft des Veräußerungsvorgangs, ggf rückwirkende Änderung des Veräußerungs-/Aufgabegewinns; s Rz 302) – „in *unmittelbarer* sachl Beziehung zu dem Veräußerungsgeschäft stehen" (zB BFH IV R 92/85 BStBl II 87, 621). Zutr hat BFH VIII R 55/97 BStBl II 00, 458 (betr Vorfälligkeitsentschädigung, dazu Rz 301) dies dahin präzisiert, dass nicht die Unmittelbarkeit, sondern der **Veranlassungszusammenhang** zur Veräußerung (Aufgabe) maßgebl und hierbei das gesetzl Wertungsmuster – Abzug des Schlussbilanz-Buchwerts (vgl Rz 211, 310), Überlagerung der lfd Gewinnerzielung durch Veräußerung – zu berücksichtigen sei. 300

301 **aa) Veräußerungskosten.** Hierzu gehören hiernach zB Grundbuchgebühren, Vermittlungsprovisionen, Notar-, Inserate-, Reise-, Beratungs-, Gutachterkosten (BFH IV R 17/02 aaO), Verkehrsteuern (BFH IV R 121/90 BStBl II 92, 1038 VorSt-Berichtigung bei Grundstücksveräußerung), Prozesskosten zur Abwehr von Gewährleistungsansprüchen (BFH XI R 20/97 BFH/NV 98, 701), Kosten eines FG-Verfahrens über die Höhe des Veräußerungsgewinns (BFH IV R 61/97 BStBl II 98, 621), evtl Wertopfer an WG des PV (FG Nbg EFG 95, 424; zR aA aber bei Ablösung privater Schulden BFH X R 66/98 BStBl II 04, 830). Ebenso *Vorfälligkeitsentschädigung* für die Ablösung von Krediten iRd Betriebsveräußerung/ -aufgabe (BFH VIII R 55/97 aaO; X R 70/97 BFH/NV 01, 440), nach Ansicht des IV. Senats jedoch nur dann, wenn Veräußerungserlös zur Schuldentilgung ausreiche (*Kempermann* aaO; aA *Wacker* KFR F 3 EStG, S 353; offen BFH X R 70/97 aaO); demzufolge auch der Rest des aktiv abgegrenzten Disagios (überholt mE BFH IV R 76/82 BStBl II 84, 713). Der nicht verbrauchte Teil des Disagios kann (vgl BFH X R 69/96 BStBl II 00, 259) als Teil des Veräußerungspreises (s Rz 271) zurückzuerstatten sein oder als Rechenposten die Vorfälligkeitsentschädigung mindern (vgl BFH IX R 36/98 BStBl II 03, 126; § 490 II 3 BGB). Veräußerungskosten sind ferner auch Abfindungen zur Beendigung von Schuldverhältnissen (zB Pacht- oder Arbeitsverträge; überholt BFH IV R 56/79 BStBl II 82, 691; BFH VIII R 95/84 BStBl II 85, 327; vgl BFH IV R 22/03 BStBl II 05, 559: betr MUer-Pensionsansprüchen), uU Stillhalteprämien (BFH I R 14/12 BFH/NV 13, 1768) sowie Gebäudeabbruchkosten (aA, aber überholt BFH XI R 14/87 BStBl II 91, 628 zu § 6b). Zu Abfindungen an Nießbraucher (MUer) s *Schwetlik* GmbHR 06, 1096; zu Bürgschaften s Rz 326.

302 **bb) Einzelfragen.** – *(1)* Aufwendungen, die **keine Veräußerungskosten,** aber BA sind, mindern den lfd Gewinn, ggf als nachträgl negative gewerbl Einkünfte (vgl Rz 350 ff). Soweit nach BFH IV 260/74 BStBl II 78, 100 (EStH 16 XII) die **GewSt** (Rz 161) auf den Gewinn aus der Veräußerung einer 100%igen KapGes-Beteiligung zu lfd BA führt, ist dies mit Rücksicht auf die Rspr-Korrektur (Rz 300f) überholt (BFH IV R 22/08 BStBl II 10, 736 zu § 18 UmwStG); GewSt für **EZ** ab **2008** ist jedoch **nicht** mehr **abziehbar** (§§ 4 Vb; dazu § 15 Rz 421). Zu Kosten einer früher fehlgeschlagenen Veräußerung s *Felix* DStZ 91, 373. – *(2)* Zur **nachträgl Minderung/Erhöhung** der Veräußerungskosten s Rz 362. – *(3)* Der Veräußerungskostenbegriff des § 16 II entspricht demjenigen der §§ 17, 23 und des § 21 UmwStG aF (BFH I R 14/12 aaO).

305 **b) Aufgabekosten.** Obgleich das EStG sie nicht erwähnt, sind hierzu analog § 16 II 1 alle Aufwendungen zu rechnen, die in unmittelbarer sachl Beziehung zur Veräußerung einzelner WG iRd Aufgabe (Rz 340/1) stehen, ferner grds alle BA, die vom Beginn bis zum Ende der Betriebsaufgabe in sachl Zusammenhang (Veranlassung; BFH IV R 22/03; BStBl II 05, 559; BFH IV R 17/02 BStBl II 05, 637; s Rz 300) mit dieser anfallen, zB Gehälter für die mit Aufgabehandlungen befassten ArbN (*Heuer* FR 74, 593/4). Zur nachträgl Minderung/Erhöhung s Rz 302, 326. Zu Aufwendungen zur Vorbereitung einer Betriebsaufgabe (zB Abfindungen an Pächter, ArbN) s Rz 301; zu erhaltenen Entschädigungen vgl Rz 271, 295.

306 **c) Gewerbesteuer.** Veräußerungs- oder Aufgabekosten dürfen den Gewerbeertrag (lfd Gewinn) nicht mindern (BFH X R 56/95 BFH/NV 98, 1354), es sei denn, der Veräußerungs-/Aufgabegewinn (oder -verlust) unterliegt der GewSt (§ 16 II 3, III 5; § 7 S 2 GewStG; §§ 18 III, 24 III 3 UmwStG).

310 **6. Buchwert des BV im Veräußerungs-/Aufgabezeitpunkt.** Nach § 16 II 2 ist für den Zeitpunkt der Veräußerung (Aufgabe) der Wert des (veräußerten oder ins PV überführten) BV nach **§ 4 I** oder **§ 5** zu ermitteln. Dieser Wert (Veräußerungs- bzw „Aufgabeanfangsvermögen"; s Rz 290) dient (primär) der Ermittlung des begünstigten Veräußerungs-(Aufgabe-)gewinns oder -verlustes, weil er gem § 16 II 1 vom Veräußerungs-(Aufgabe-)preis abzuziehen ist. Die Bezugnahme

auf § 4 I oder § 5 bedeutet, dass grds die allg handels- und estrechtl Ansatz- und Bewertungsvorschriften anzuwenden sind (s – einschließl § 42 AO aF – BFH VIII R 78/02 BStBl II 06, 58). Daraus folgt, dass der Wert iSv § 16 II ein Buchwert ist, der grds identisch ist (s aber Rz 313/4) mit dem Buchwert in der „letzten Schlussbilanz" (BFH X R 163–164/87 BStBl II 91, 802; BFH IV R 11/04 BStBl II 05, 809: formeller/materieller Bilanzenzusammenhang), die zur Ermittlung des bis zum Zeitpunkt der Veräußerung (Aufgabe) entstandenen laufenden Gewinns erforderl ist (vgl § 6 II EStDV). Demgemäß sind auch *private* Schulden des Veräußerers (zB Versorgungsverpflichtung) nicht als negative WG anzusetzen (s auch Rz 301). Der aus dem Buchwert des BV zum Schluss des vorangegangenen Wj fortentwickelte Buchwert dient daher auch der Abgrenzung des (letzten) lfd Gewinns vom begünstigten Veräußerungs-(Aufgabe-)gewinn (Zweischneidigkeit der Buchwertermittlung; BFH X R 38/10 BStBl II 12, 725). Er gilt auch für unentgeltl erlangte Betriebe (BFH X B 162/08 BFH/NV 09, 156).

a) Wertansätze. – § 16 II begründet **keine Bilanzierungspflicht** auf den Zeitpunkt der Veräußerung oder Aufgabe; diese kann sich aber zB aus § 242 HGB ergeben (Rumpf-Wj; BFH IV R 31/99 BStBl II 01, 536). Wird keine Bilanz erstellt, ist der Buchwert zu schätzen (BFH X R 163–164/87 BStBl II 91, 802/4). **311**

Offen ist, ob bei Betriebsveräußerung die vom Erwerber übernommenen **Betriebsschulden** den Wert iSv § 16 II mindern (Nettobuchwert) oder Teil des Veräußerungspreises sind (s Rz 267) und deshalb diese Schulden beim Wert iSv § 16 II – im Gegensatz zum Wert in der letzten Schlussbilanz – auszuscheiden sind. Zur Übernahme von *zu Recht* nicht passivierten Betriebsschulden s Rz 266. **312**

Auch wenn man von der Maßgeblichkeit des Nettobuchwerts ausgeht, **unterscheidet** sich der Buchwert iSv § 16 II mE insofern vom Buchwert in der letzten **Schlussbilanz,** als er (aa) um den Buchwert *aktiver WG,* die nach Betriebsveräußerung (Aufgabe) beim Veräußerer als ***BV zurückbleiben*** (als RestBV oder in einem anderen BV), zu vermindern und (bb) um den Buchwert *passiver WG* (Schulden), die nach Betriebsveräußerung (Aufgabe) beim Veräußerer als *BV* zurückbleiben, zu vermehren ist (*KSM* § 16 E 48-9). **313**

Aktive WG, die nicht mitveräußert und **PV** werden, sind mit dem Buchwert sowohl in der letzten Schlussbilanz als auch beim Wert iSv § 16 II anzusetzen und zugleich gem § 16 III 7 mit dem gemeinen Wert dem Veräußerungs-(Aufgabe-)preis hinzuzurechnen (Rz 272, 290). Entspr ist mit *Schulden* (= negatives WG) zu verfahren, die beim Veräußerer zurückbleiben und bei diesem PV werden (s Rz 128, 371), dh sie sind beim Buchwert anzusetzen, aber zugleich vom Veräußerungs-(Aufgabe-)preis abzuziehen (*KSM* aaO); iErg entspricht dies idR einem Nichtansatz (vgl Rz 290; BFH IV R 52/93 BStBl II 96, 415; XI R 64/97 BStBl II 98, 727; IV R 3/99 BStBl II 00, 372: zu § 16 III). **314**

Beispiel: Aktiva Buchwert 400, Teilwert 600; Schulden 100; Nettobuchwert 300. Schulden werden nicht mit übernommen; Erwerber zahlt daher 600. – Veräußerungsgewinn 200, ermittelt entweder (600 ./. 100) ./. 300 oder 600 ./. 400.

b) Fehlerhafter Wertansatz. Ergibt sich auf Grund von Umständen, die nach der Veräußerung (Aufgabe) eintreten, dass der Wert des BV zu hoch oder zu niedrig angesetzt war, ist dieser Wert grds mit Wirkung auf den Zeitpunkt der Veräußerung (Aufgabe), also **rückwirkend** entspr zu ändern mit entspr Folgewirkung auf die Höhe des Veräußerungs-(Aufgabe-)gewinns (vgl BFH GrS 1/92 BStBl II 93, 894). Danach sind zB *Schulden,* die vom Erwerber übernommen und daher beim Nettobuchwert angesetzt wurden, für die aber der Veräußerer später in Anspruch genommen wird, wie Schulden zu behandeln, die als BV zurückbleiben, dh dem Buchwert hinzuzurechnen mit der Folge, dass sich der Veräußerungsgewinn entspr mindert (GrS aaO). Zu Mehr- oder Minderergebnissen auf Grund *Betriebsprüfung* s BFH IV R 90/94 BStBl II 97, 241/3; Rz 463, 511; § 15 Rz 444. **315**

316 **aa) Schlussbilanz.** Voraussetzung einer rückwirkenden Änderung des Veräußerungsgewinns ist mE aber, dass die „letzte Schlussbilanz" den Vorschriften des § 5 iVm GoB entspricht; trifft dies nicht zu – zB eine Rückstellung ist zu Unrecht (nicht) passiviert –, ist der letzte lfd Gewinn zu ändern, soweit verfahrensrechtl zulässig, oder sind nachträgl Einkünfte zu erfassen (BFH XI R 8/96 BStBl II 99, 18: Bilanzberichtigung; X R 36/02 BStBl II 05, 707; FG Mster EFG 98, 1456: Wertaufhellung; *Dötsch* FS Beisse, 1997 S 139/51: stets § 24 Nr. 2).

317 **bb) Rest-BV.** Wird eine bestrittene und daher in der letzten Schlussbilanz zu Recht nicht aktivierte Forderung, die als *RestBV* zurückbleibt, später ganz oder teilweise erfüllt, bleibt der Buchwert unverändert; rückwirkend erhöht sich aber der „Aufgabepreis" und damit der Aufgabegewinn um den tatsächl gezahlten Betrag, so als ob die Forderung bei Betriebsaufgabe zu diesem Betrag als gemeiner Wert ins PV übergegangen wäre (BFH IV R 37/92 BStBl II 94, 564; *Groh* DB 95, 2235/9; aA *Dötsch* aaO S 149; *Mathäus* Ubg 15, 340/3: § 24 Nr 2). Zu unbestrittenen Forderungen s Rz 125, 365.

318 **c) Einzelheiten.** – **aa) Bilanzausweis.** In der „letzten Schlussbilanz" (= Buchwert iSv § 16 II) sind estrechtl **Aktivierungsverbote,** zB nach § 5 II für nichtentgeltl erworbene immaterielle WG, zu beachten (FG Hbg EFG 00, 432); die Veräußerung dieser WG erhöht den begünstigten Veräußerungs- oder Aufgabegewinn. – Die **AfA** nach § 7 ist bei Veräußerung oder Aufgabe während des Wj zeitanteilig zu berücksichtigen (vgl BFH I R 46/70 BStBl II 71, 688). Der Sofortabzug für **GWG** nach § 6 II kann noch in der auf den Zeitpunkt der Veräußerung zu erstellenden Bilanz in Anspruch genommen werden; gleiches gilt für den **Sammelposten** nach § 6 IIa (*BMF* BStBl I 10, 755, 2715; s auch Rz 321). Die in früheren Wj vorgenommenen *erhöhten Absetzungen,* SonderAfA (zu 7g nF s unten), stfreien Rücklagen (zB § 6b III, X; RfE) sind fortzuführen, sofern ihre zeitl Voraussetzungen (zB § 6b III 2–3, X 8) nicht bereits *vor* der Veräußerung oder dem Beginn der Aufgabe entfallen sind (glA BFH X R 31/03, BStBl II 07, 862 für eine *zu Recht* gebildete Rücklage nach **§ 7g aF;** *BMF* BStBl I 07, 790; demggü sind Investitionsabzugsbeträge/SonderAfA nach **§ 7g nF** rückwirkend zu korrigieren; FG Hbg EFG 15, 1517, NZB X B 104/15; *BMF* BStBl I 13, 1493 Rz 58f). Gleichfalls fortzuführen sind **passive RAP** (FG Mster EFG 08, 618, rkr; zu **aktiviertem Disagio** s Rz 301: Veräußerungskosten). Die Realisierung der auf diese Weise aktivisch oder passivisch gebildeten stillen Reserven durch Betriebsveräußerung oder -aufgabe erhöht deshalb den Veräußerungs- oder Aufgabegewinn (zu § 6b s. EStR 6b. 2 X; zu RfE BFH IV R 97/89 BStBl II 92, 392). Zu **Rückstellungen** s Rz 295, 316, 364. Ob Aufwendungen für **Teilleistungen** und ein Anspruch auf Vergütungen für Teilleistungen zu aktivieren sind (lfd Gewinn!), bestimmt sich nach den allg Bilanzierungs- und Bewertungsvorschriften (BFH IV R 69/74 BStBl II 80, 239; § 5 Rz 270).

320 **bb) Nichtabziehbare BA** (§ 4 V; § 160 AO). Sie mindern den Buchwert (BFH IV R17/07 BStBl II 10, 631; *Wacker* HFR 10, 475; s auch Rz 473).

321 **cc) „Rest-Sammelposten"** (**§ 6 IIa;** s auch Rz 318). Er bleibt Teil des Buchwerts und mindert damit trotz § 6 IIa 3 den Veräußerungs-/Aufgabegewinn (teleologische Reduktion; *BMF* BStBl I 10, 755 Rz 15).

323 **dd) Pensionsverpflichtungen ggü ArbN** (Anwartschaften und lfd Verpflichtungen). Sie sind nach Maßgabe des § 6a anzusetzen, gleichgültig, ob sie bei Betriebsveräußerung auf den Erwerber übergehen oder beim Veräußerer verbleiben (BFH BStBl II IV R 56/92 BStBl II 94, 740). Stirbt ein Unternehmer und veräußern seine Erben den Betrieb, erhöht der Wegfall einer an das Leben des Unternehmers geknüpften Rentenverpflichtung noch den lfd Gewinn (BFH IV R 49/76 BStBl II 80, 150). Die *Abfindung* nicht passivierter Pensionszusagen gehört hinge-

gen zu den Veräußerungskosten (BFH IV R 22/03 BStBl II 05, 559 betr MUer, vgl Rz 301; krit *Paus* DStZ 05, 598).

ee) Handelsvertreter (Eigenhändler). Sein Ausgleichsanspruch (§ 89b HGB) ist, auch wenn die Vertragsbeendigung mit einer Betriebsveräußerung/-aufgabe zusammenfällt, noch zu Gunsten des lfd Gewinns zu aktivieren (BFH IV R 37/08 BFH/NV 11, 1120; zur GewSt s BFH III R 110/07 BFH/NV 10, 1304; FG Nds EFG 15, 1833, NZB X B 142/15; zu Wettbewerbsverboten s Rz 271; BFH X R 61/06 BFH/NV 08, 1491: uU § 22 Nr 3). Hieran hat § 89b HGB nF (s dazu *Semler* BB 09, 2327; *Korte* DB 11, 2761; § 24 Rz 45) nichts geändert (BFH X B 56/11 BFH/NV 12, 1331). **325**

ff) Rückgabe. WG, die infolge einer durch Betriebsaufgabe bedingten Beendigung eines Mietvertrags **entschädigungslos** dem **Vermieter** zu übertragen sind, sind noch nicht auf Null abzuschreiben; der Verlust mindert den Betriebsaufgabegewinn (BFH I R 46/70 BStBl II 71, 688). **326**

gg) PV. WG, die notwendiges PV und als solches **zu Unrecht bilanziert** sind, sind erfolgsneutral auszubuchen (BFH I R 201/71 BStBl II 73, 706). **327**

hh) BV. WG, die zum notwendigen **BV** gehören, aber **zu Unrecht nicht bilanziert** waren, sind mit dem Wert zu berücksichtigen, der auszuweisen wäre, wenn richtig bilanziert worden wäre (zB AK abzügl AfA; BFH IV R 18/98 BStBl II 99, 286; BFH X R 38/10 BStBl II 12, 725). Die Feststellungslast dafür, dass WG zum BV gehören, trägt grds das FA; macht der StPfl aber geltend, WG wären *nicht mehr* BV gewesen, trägt er hierfür die Feststellungslast (BFH III R 172/82 BStBl II 87, 679). **328**

ii) Schätzung. Wird auf den Zeitpunkt der Veräußerung (Aufgabe) **keine Bilanz** erstellt, müssen bei der Schätzung des Buchwerts Bewertungswahlrechte, erhöhte AfA usw für die im letzten Wj angeschafften oder hergestellten WG unberücksichtigt bleiben, da diese grds nur durch Bilanzierung ausgeübt werden können. **329**

d) Überschussrechnung, § 4 III. Ermittelte der StPfl seinen Gewinn bisher nach § 4 III, muss er zur Bestimmung des lfd Gewinns des letzten Wj und des Veräußerungs-/Aufgabegewinns zur Gewinnermittlung nach **§ 4 I übergehen** (zB BFH IV R 153/86 BStBl II 89, 557). Dies gilt mE auch für in das PV überführte WG (zB zurückbehaltene Forderungen). Ein evtl Übergangsgewinn ist lfd Gewinn (zB BFH X R 36/02 BStBl II 05, 707; zu § 175 AO abl FG Mchn EFG 03, 1522) und nicht mehrjährig verteilbar (FG BaWü DStRE 97, 803; glA zu § 20 UmwStG FG Mster EFG 01, 764). Gleiches gilt bei Ausscheiden aus PersGes mit Überschussrechnung (BFH VIII B 42/10 BFH/NV 11, 1345; Rz 661). Zu § 6 III s Rz 204; zur Realteilung s Rz 547; zu § 24 UmwSt s § 18 Rz 232. **330**

7. Abgrenzung des begünstigten Veräußerungs- oder Aufgabegewinns zu lfd und zu nachträgl Einkünften. – a) Nicht steuerbare Erträge. Sind keine BE, auch kann sie iZm der Betriebsveräußerung/-aufgabe anfallen (BFH IV R 61/97 BStBl II 98, 621: Schadensersatz für zu hohe (Tarif-)Belastung). **339**

b) Gewinne vor/nach Betriebsveräußerung/-aufgabe. Nicht Bestandteil des begünstigten Veräußerungs- oder Aufgabegewinns sind ferner die vor oder nach Betriebsveräußerung oder -aufgabe anfallenden Gewinne oder Verluste; mE aber nur dann, wenn nicht durch Veräußerung (Aufgabe) veranlasst (BFH VIII B 101/96 BFH/NV 98, 452 zu Abfindung, s auch Rz 271, 295; 325). Die Abgrenzung ggü Gewinnen *vor* Betriebsveräußerung/-aufgabe (zu deren Beginn s Rz 194) richtet sich nach dem (GoB entspr) Buchwertansatz im Zeitpunkt der Veräußerung oder Aufgabe. Die Abgrenzung ggü *nach* der Betriebsveräußerung/-aufgabe (zu deren Ende s Rz 195) anfallenden nachträgl gewerbl Einkünften (oder nicht estpfl Einnahmen) bestimmt sich nach dem Zeitpunkt der Betriebsveräußerung oder des letzten Aufgabevorgangs, der Qualifikation der zurückbehaltenen WG und Schul- **340**

den als BV *und* der Antwort auf die Frage, inwieweit spätere Ereignisse den Veräußerungs- oder Aufgabegewinn *rückwirkend* ändern (Rz 350 ff).

341 **c) Kein wirtschaftl Zusammenhang mit Betriebsveräußerung/-aufgabe.** Auch „während" einer Betriebsveräußerung/-aufgabe anfallende Gewinne oder Verluste können lfd Gewinne oder Verluste sein. Wird zB ein Teilbetrieb veräußert und im zeitl Zusammenhang damit ein nicht dem Teilbetrieb dienendes WG entnommen, ist der Entnahmegewinn nicht begünstigt (BFH I R 57/71 BStBl II 73, 700). Ebenso, wenn iZm der Veräußerung eines KG-Anteils SonderBV an die KG veräußert wird (FG Mster EFG 13, 388, Rev IV R 4/13: lfd Gewinn gem § 16 II 3). Zu Ausgleichsansprüchen gem **§ 89b HGB** s Rz 325. Werden während (= nach Beginn und vor Beendigung) einer Betriebs-/Teilbetriebsaufgabe einzelne WG veräußert oder entnommen, ist der Gewinn hieraus nur insoweit Teil des begünstigten Aufgabegewinns, als die WG **„im Rahmen der Aufgabe des Betriebs"** dh nicht nur in zeitl, sondern auch wirtschaftl Zusammenhang mit der Aufgabe veräußert oder entnommen werden (s Rz 291, 295); unter dieser Voraussetzung sind dann auch Gewinne aus der Veräußerung von UV begünstigt (zB BFH X R 76–77/92 BStBl II 95, 388).

342 **aa) Beispiele.** Ein solcher wirtschaftl Zusammenhang ist jedoch zu **verneinen,** wenn UV an den bisherigen Kundenkreis abgesetzt, insb die bisherige normale Geschäftstätigkeit im Wesentlichen unverändert fortgesetzt wird (zB BFH III R 9/87 BStBl II 89, 874). *Nicht* zum begünstigten Gewinn gehören daher Gewinne – ***(1)*** aus einem **Räumungsverkauf** (BFH VIII R 316/82 BStBl II 89, 602; X R 145/87 BFH/NV 91, 373), auch bei Verkauf zu Ausverkaufspreisen (Anm HFR 89, 489); – ***(2)*** beim **gewerbl Grundstückshandel,** zB aus dem Verkauf von Eigentumswohnungen, auch an Wiederverkäufer (BFH IV R 75/00 BStBl II 03, 467; BFH VIII R 15/00 BFH/NV 05, 1003), von vermieteten Büro- und Wohneinheiten (BFH III R 27/98 BStBl II 02, 537; FG Mchn EFG 09, 1468, rkr; fragl) oder – wenn PersGes gewerbl Grundstückshandel betreibt – aus der Veräußerung von (Teil-)MUeranteilen (BFH IV R 3/05, BStBl II 07, 777; BFH IV R 75/05 DStRE 08, 341: Kaufpreisaufteilung; zutr; *BMF* BStBl I 04, 434 Rz 18, 35; § 15 Rz 74; ebenso zuvor BFH VIII R 65/02 BStBl II 06, 160 zu GesAnteilsveräußerung iZm Betriebsaufgabe; aA zB *Fratz ua* DStR 05, 1044). Gleiches gilt bei Einbringung des Betriebs oder MUeranteils in GmbH (BFH BFH I R 21/10 BFH/NV 11, 258; § 15 Rz 78) oder PersGes (BFH X R 22/13 BB 16, 86). Zu § 42 AO aF vgl BFH IV B 108/97 BFH/NV 99, 146; – ***(3)*** Veräußerung des einzigen Grundstücks **(UV)** durch eine gewerbl geprägte und dann liquidierte KG (FG Hbg DStRE 12, 1456; zur GewSt s § 15 Rz 74, 232); – ***(4)*** ausnahmsweise aus der Veräußerung von **AV,** wenn Bestandteil des einheitl Geschäftskonzepts (BFH IV R 49/04 BStBl II 09, 289; BFH IV R 18/11 BStBl II 13, 910; *BMF* StBl I 09, 515 jeweils zu Leasing; *Hensell ua* DStR 08, 87; einschr *Lüdicke ua* BB 08, 2552; abl *Klass ua* FR 09, 653/8, s auch BFH XI R 36/02 BFH/NV 05, 1985); – ***(5)*** Schiffsveräußerung iVm Änderung des GesZwecks (BFH IV B 38/09 BFH/NV 10, 1489); – ***(6)*** aus der Veräußerung von Anteilen an **ZebraGes** (*Prinz* DStR 99, 98/9; Rz 405); – ***(7)*** beim gewerbl **Handel mit KapGes-Anteilen** (BFH X R 55/97 BStBl II 01, 809); selbst bei geringem Umfang (BFH IV R 30/13 DStR 15, 2660); – ***(8)*** Auflösung erhaltener Anzahlungen (FG Mchn EFG 09, 337); – ***(9)*** Zur Auflösung eines Mitarbeiter-Versorgungswerks s FG Mster EFG 03, 39.

343 **bb) Gegenbeispiele.** Hingegen ist ein wirtschaftl Zusammenhang zu **bejahen:** – ***(1)*** bei Rücklieferung an Lieferanten oder Veräußerung an Abnehmer der gleichen Handelsstufe (BFH IV R 136/79 BStBl II 81, 798); – ***(2)*** bei Veräußerung des Warenbestands an Handelsvertreter, die bisher den Verkauf nur vermittelten (BFH IV R 140/86 BStBl II 89, 368).

344 **d) Keine Betriebsveräußerung oder Betriebsaufgabe.** Ist der Tatbestand einer Betriebsveräußerung/-aufgabe nicht erfüllt (zB unentgeltl Betriebsübertragung iSv § 6 III; Betriebsumstellung BFH IV R 81/73 BStBl II 77, 721; Überführung wesentl Betriebsgrundlagen in ein anderes BV; vgl Rz 94) oder führt diese ausnahmsweise wie zB bei Sacheinlagen in eine PersGes zu Buchwerten nach § 24 UmwStG aF/nF, § 6 V nF nicht zu einer Gewinnrealisierung, kann ein im zeitl Zusammenhang durch Veräußerung/Entnahme (zB nicht wesentl Betriebsgrundlagen) entstandener Gewinn idR nur nicht begünstigter **lfd Gewinn** sein (BFH IV

B 129/01 BFH/NV 02, 1570 zu § 7 I EStDV aF; BFH IV R 93/85 BStBl II 88, 374 zu § 24 UmwStG; BFH III R 23/89 BStBl II 94, 709: aber uU gewstfrei; vgl FG Mchn EFG 98, 1480); ebenso ab 1.1.02 gem § 20 V/IV UmwStG aF/nF bei Einbringung in KapGes (frühere Rechtslage s BFH I R 184/87 BStBl II 92, 406).

e) Änderung des lfd Gewinns. Die Abgrenzung von lfd und Veräußerungs-/Aufgabegewinn schließt nicht aus, dass die Veräußerung/Aufgabe die Höhe des lfd Gewinns beeinflusst. Die gilt nicht nur bezügl § 16 II 3, III 5 nF, sondern auch bezügl der Schuldzinsenhinzurechnung gem § 4 IVa nF: zB Überentnahme iHd Buchwerts = Veräußerungs- oder Aufgabegewinn abzügl entnommenem Veräußerungserlös/WG des BV; vgl *BMF* BStBl I 06, 416. Zur Stundung oder Verrentung des Kaufpreises s *Paus* FR 00, 957; zum Ansatz der *Betriebsschulden* und nachträgl Schuldzinsen vgl Rz 371; zur un-/teilentgeltl Betriebsübergabe Rz 37, 59, 68. 345

8. Steuerrelevante Ereignisse nach Betriebsveräußerung/Betriebsaufgabe (Überblick). Steuerrelevante Ereignisse, die nach einer Veräußerung (Aufgabe) des ganzen GewBetr eintreten, können zu **nachträgl** positiven oder negativen **Einkünften** aus GewBetr (§ 24 Nr 2) *oder* zu einer rückwirkenden **Änderung des Veräußerungs-/Aufgabegewinns** oder -verlustes führen. 350

a) Rückwirkung. Nach der Rspr des **BFH** wirken nicht nur der Ausfall der Kaufpreisforderung aus der Betriebsveräußerung (s Rz 381), sondern auch spätere Ereignisse, die ergeben, „dass der der Besteuerung zugrunde gelegte Wert des BV zu hoch oder zu niedrig" angesetzt ist (zB die Inanspruchnahme des Veräußerers für vom Erwerber übernommene Betriebsschulden), materiell-rechtl auf den Zeitpunkt der Veräußerung zurück, dh sie mindern oder erhöhen den begünstigten und erfassten (FG RhPf EFG 99, 878; mE zweifelhaft) Veräußerungsgewinn/-verlust, so dass der StBescheid für das Jahr der Veräußerung ggf nach § 175 I Nr 2 AO zu ändern ist (BFH GrS 2/92; GrS 1/92 BStBl II 93, 897; 894; VIII R 55/86 BFH/NV 94, 542). Dadurch wird einerseits „ein verfrechtl bedenkl Übermaß an Besteuerung" (zB Nichtberücksichtigung des Ausfalls der Kaufpreisforderung) und andererseits eine „Überentlastung" (Ansatz nachträgl negativer Einkünfte) vermieden (GrS aaO). 351

Welche Ereignisse materiell-rechtl zurückwirken und inwieweit daher die bisherige Rspr überholt ist, kann allerdings zweifelhaft sein (s dazu Rz 360 ff; *Groh* DB 95, 2235); unstr ist nur, dass nicht alle nach Betriebsveräußerung/-aufgabe eintretenden steuerrelevanten Ereignisse zurückwirken (s Rz 371 ff). 353

b) Gewinnermittlung. Ob **nachträgl gewerbl Einkünfte** zwingend nach § 4 III (zB EStH 16.1 mN) oder nach § 4 I zu ermitteln sind, ist noch nicht abschließend entschieden (BFH XI R 46/98 BStBl II 00, 120). Währen der IV. Senat des BFH früher ein Wahlrecht zw beiden **Gewinnermittlungsarten** gewährte (BFH IV R 47/95 BStBl II 97, 509 zu 1.a; zu § 4 III bei Witwenpension s BFH VIII R 42/96 BStBl II 08, 177; *Schießl* FR 07, 136; zutr), ist er hiervon iRe obiter dictums abgerückt (BFH IV R 31/09 BFH/NV 12, 1448: bei BetrAufgabe § 4 III zwingend). Demggü sind Ansprüche auf nachträgl Einkünfte gem § 24 Nr 2 weiter zu aktivieren (BFH IV R 14/11 BStBl II 14, 624, *Mathäus,* Ubg 15, 340/5; § 15 Rz 572). Positive Einkünfte sind nicht nach §§ 34, 16 IV begünstigt; negative Einkünfte können mit anderen tarifl zu versteuernden Einkünften ausgeglichen werden. 354

9. Rückwirkende Änderung des Veräußerungs-/Aufgabegewinns/-verlusts; Nachträgl Einkünfte aus GewBetr. – a) Rückwirkende Änderung. Ereignisse, die – wie der Ausfall der Kaufpreisforderung (Rz 381) – materiell-rechtl auf den Zeitpunkt der Veräußerung zurückwirken, sind in unmittelbarer oder sinngemäßer Anwendung der zu Rz 352 erwähnten BFH-Rspr (GrS) zB **folgende Vorgänge:** 360

361 **(1) Nachträgl Inanspruchnahme.** Der Veräußerer wird nachträgl für Betriebsschulden in Anspruch genommen, die der Erwerber übernommen hat und die bei der Ermittlung des Veräußerungsgewinns entweder beim Buchwert (Nettobuchwert) oder als Teil des Veräußerungspreises (s Rz 267) angesetzt sind (BFH GrS 1/92 BStBl II 93, 894; VIII R 315/84 BFH/NV 94, 626). Zinsen auf solche Schulden führen aber zu nachträgl negativen gewerbl Einkünften (BFH aaO; s Rz 371).

362 **(2) Änderung von Veräußerungs- oder Aufgabekosten.** S zB BFH VIII R 65/95 BFH/NV 98, 573; 701; *Groh* DB 95, 2235/8). Ebenso bei Inanspruchnahme aus durch Betriebsveräußerung/-aufgabe **veranlasster Bürgschaft** (BFH IV R 72/05 BFH/NV 08, 1311; *FinVerw* 14, 823) oder aus **Freistellungsvereinbarung** für Gewährleistungen (FG Nds EFG 2012, 1051, rkr).

363 **(3) Tilgung betriebl ungewisser Forderungen (Rest-BV).** Sie, weil zB dem Grund und/oder der Höhe nach ungewiss, mit geringerem oder höherem Betrag getilgt, als beim BV iSv § 16 II angesetzt (BFH IV R 37/92 BStBl II 94, 564; vgl auch BFH II R 45/97 BFH/NV 00, 686; aA *Dötsch* FS Beisse, 1997 S 139/49: § 24 Nr 2; BFH XI R 9/01 BStBl II 02, 737 bei „Rückfall" einer Darlehensforderung in Einzelbetrieb nach Veräußerung des MUeranteils).

364 **(4) Ungewisse betriebl Schulden (Rest-BV,** s Rz 371). Sie werden mit einem geringerem oder höherem Betrag getilgt, als beim Wert des BV iSv § 16 II angesetzt (FG Mster EFG 95, 439; aA zB noch BFH X R 163–164/87 BStBl II 91, 802), *vorausgesetzt,* sie sind bei der Ermittlung des bis zur Betriebsveräußerung/-aufgabe entstandenen (letzten) lfd Gewinn nach § 5 iVm GoB zutr angesetzt worden (s Rz 316); andernfalls – zB Rückstellungsvoraussetzungen waren bereits entfallen – nachträgl Einkünfte oder Erhöhung des letzten lfd Gewinns, soweit nach §§ 172 ff AO zulässig; *Groh* DB 95, 2235/8; *Dötsch* aaO S 151: stets § 24 Nr 2. Zum Erlöschen von Rentenschulden s aber Rz 371 aE.

365 **(5) Bekanntwerden betriebl Schulden (Rest-BV).** Überholt BFH VIII R 84/79 BStBl II 80, 692). Gleiches gilt bei nachträgl Erlass aus betriebl Gründen (BFH X R 20/03 BFH/NV 06, 713; betr lfd Schulden; aA *FinVerw* DB 14, 2741 für Restschuldbefreiung (§ 300 InsO); krit *Mathäus* Ubg 15, 340/6; s auch Rz 316).

366 **(6) PV.** Ausfall oder Erlass von im **PV** zurückbehaltenen **Forderungen (str,** s Rz 125); Gleiches muss für beim Veräußerer als PV verbliebene **Schulden** gelten (*Dötsch* FS Beisse, 1997, 139/47).

367 **b) Abgrenzungen.** Zu keiner rückwirkenden Änderung des Betriebsaufgabe- oder -veräußerungsgewinns führen hingegen Wertänderungen *sonstiger* WG, die als **PV** zurückbleiben (s Rz 294); Gleiches gilt grds bei Rückfallklauseln (BFH XI R 55/97 BFH/NV 99, 9; s auch § 15 Rz 300).

371 **c) Nachträgl (positive oder negative) Einkünfte aus GewBetr (§ 24 Nr 2).** Beispiele. – **(1) Zinsen.** Solche **Zahlungen auf** (bilanzierte oder nicht bilanzierte) **Betriebsschulden,** die nach Betriebsaufgabe oder -veräußerung als passives BV zurückgeblieben sind (BFH X R 104/98 BFH/NV 02, 163) oder zwar vom Erwerber übernommen wurden, für die der Veräußerer aber gleichwohl in Anspruch genommen wird (BFH VIII R 315/84 BFH/NV 94, 626) – vorausgesetzt, die *Zinsschulden* waren nicht bereits beim Buchwert (§ 16 II 2; s Rz 310 ff) anzusetzen (BFH VIII R 18/92 BStBl II 96, 291). Das gilt auch bei Sicherung der Betriebsschulden durch PV (BFH I R 61/79; I R 198/78 BStBl II 81, 461; 462). Die Zinsen sind aber insoweit nicht mehr betriebl veranlasst und die Schulden **notwendiges PV,** als der StPfl bei Betriebsveräußerung den (fälligen) Erlös und bei Betriebsaufgabe die **verwertbaren Aktivwerte** nicht zur Tilgung einsetzt, sondern zB ins PV überführt (BFH XI R 98/96 BStBl II 98, 144; *FinVerw* DB 98, 2091; s auch Rz 128, 394). **Ausnahme:** Dies gilt jedoch nicht, wenn in der (ursprüngl) **betriebl Sphäre begründete Hindernisse** für die Verwertung der

aktiven WG oder die Tilgung der Schulden bestehen (BFH XI R 46/98 BStBl II 00, 120: betr Leibrenten; X R 15/04 BStBl II 07, 642: vern bei teilweise eigenbewohntem Gebäude, zutr) oder eine Schuldtilgung nicht veranlasst ist, weil ein Erlass zugesagt oder die Schuld ungewiss ist; in diesen Fällen bleiben die Schulden BV (BFH I R 205/85 BStBl II 90, 537) und damit die Zinsen BA. Gleiches gilt bei Veräußerung eines Teils des Betriebs (BFH XI R 26/98 BFH/NV 00, 11); zu SonderBV s R 128. – **§ 4 IVa** (Gewinnzurechnung bei **Überentnahme;** vgl auch Rz 37, 59, 68, 345) erfasst zwar auch den BA-Abzug für zurückbleibende Betriebschulden (*Geißler ua* DStZ 15, 956). Ein Veräußerungs-/Aufgabegewinn mindert jedoch die Überentnahme bzw bewirkt eine Unterentnahme (*BMF* BStBl I 05, 1019 Tz 9; *Kanzler* INF 00, 513); zudem liegt keine Entnahme vor oder diese wird durch eine Einlage ausgeglichen, wenn entweder der Veräußerungserlös (oder entnommene Aktiva) zur Teilschuldentilgung verwendet oder der Veräußerungserlös entnommen (vgl *BMF* aaO Rz 9; zur Betriebseröffnung vor 1999 s Rz 345), aber (s oben) in entspr Umfang ein Teil der bisherigen Betriebschulden *PV* wird (Wegfall eines negativen WG wirkt wie Einlage; *Meyer/Ball* INF 00, 459/61). Anders aber uU, wenn auf Grund von Verwertungs-/Tilgungshindernissen (s oben) die Schuld BV bleibt (vgl *Paus* FR 00, 957/61). – Zur Schmälerung von Veräußerungserlös oder verwertbarer Aktivwerte durch **„Vorab-Entnahmen"** s *Meyer/Ball* INF 98, 525/7. – Zur **§ 4h (Zinsschranke)** s dort – Zum Einfluss späterer Änderungen des Veräußerungserlöses (Rz 384) auf den Zinsabzug s *Pfalzgraf/Meyer* StBP 96, 5. – Bei *Veräußerung gegen wiederkehrende Bezüge* und Ausübung des Wahlrechts iSd Sofortversteuerung (s Rz 221 ff) sind die Zinsen evtl als WK bei Einkünfte nach §§ 20, 22 abzugsfähig (*Pfalzgraf/Meyer* aaO), unterstellt, dass das Recht auf die Bezüge PV wird (s Rz 241). – Keine nachträgl (negativen) gewerbl Einkünfte sind aber Tilgungsleistungen auf als BV zurückgebliebene Betriebsschulden (BFH X R 63/95 BFH/NV 00, 40); anders aber bei Erlöschen einer zurückbehaltenen Rentenschuld (BFH III R 22/05 BFH/NV 09, 1409). – Zu Zinsen betr Ersatz veruntreuter BE vgl BFH IV R 39/99 BStBl II 00, 670. – Zum WK-Abzug für Zinsen auf bei Betriebseinbringung (§ 20 UmwStG) zurückbehaltene ehem Betriebsschulden s BFH VIII R 5/96 BStBl II 99, 209; abl jedoch bei Veräußerung an GmbH BFH XI R 98/96 BStBl II 98, 144. Zur Surrogations-Rspr s § 9 Rz 82.

(2) Stundungszinsen. Durch Zinseinnahmen für die Stundung der Kaufpreisforderung aus der Veräußerung des ganzen GewBetr, sofern man annimmt, dass die Forderung nicht PV, sondern RestBV ist (str, s Rz 381). 372

(3) Rücklage nach § 6b. Wenn der StPfl für den Betriebsveräußerungs/-aufgabegewinn teilweise eine § 6b-Rücklage gebildet (zu MUeranteilen s Rz 452) oder eine zuvor gebildete Rücklage trotz Betriebsveräußerung/-aufgabe fortgeführt hat (s Rz 108) und diese wegen Fristablaufs nicht begünstigt aufzulösen ist (BFH IV R 150/78 BStBl II 82, 348; *Neu ua* GmbHR 16, 1). 373

(4) Rest-BV. Wenn WG, insb UV bei Betriebsaufgabe oder -veräußerung zurückbehalten und/oder ins „PV überführt" werden, um sie bei sich bietender Gelegenheit zu veräußern, und diese tatsächl veräußert werden (Rz 123, 190; BFH IV R 30/92 BStBl II 94, 105; *Groh* DB 95, 2235/9); uU (Zeitablauf, Art der WG) kann die Veräußerung noch Teil der Betriebsaufgabe sein (BFH VI 118/65 BStBl III 67, 70; VIII R 10/99 BStBl II 01, 282). 374

(5) Geschäftsabwicklung. Wenn nach Betriebsveräußerung/-aufgabe (zurückbehaltene) schwebende Geschäfte abgewickelt werden und die Einkünfte wirtschaftl in der Zeit vor Betriebsveräußerung/-aufgabe verursacht sind (ähnl BFH IV 350/64 BStBl II 70, 719 mwN; aA *Groh* DB 95, 2235/9: rückwirkend). 375

(6) Nachträgl Entschädigungszahlungen. S dazu BFH X B 129/00, X B 130/00 BFH/NV 01, 1444; BVerfG StEd 01, 681 (Nichtannahme). 376

(7) Wiederkehrende Bezüge. Bei Betriebsveräußerung gegen solche Bezüge und Ausübung des Wahlrechts iSe Zuflussbesteuerung (Rz 221 ff), sobald und so- 377 weit die Bezüge (bzw der Tilgungsanteil) in der Summe den Buchwert iSv § 16 II 2 übersteigen oder diesen endgültig nicht erreichen (Verlust). Wird das Wahlrecht iSe Sofortversteuerung ausgeübt (Rz 240) und nimmt man an, dass die Kaufpreisforderung RestBV ist (str, s Rz 381), führt der Zins- bzw Ertragsanteil zu nachträgl gewerbl Einkünften; der Tilgungsanteil ist erfolgsneutral zu vereinnahmen.

378 **(8) „Eingefrorenes" BV.** Veräußerung von WG, die bei einem Struktur- bzw Beurteilungswandel von LuF/GewBetr zur Liebhaberei (s Rz 176) zurückbleiben (BFH X R 62/01 BStBl II 05, 336; XI R 58/04 BFH/NV 07, 434: Zinsen für Schuldenüberhang *G. Wendt* HFR 07, 320). Ebenso bei Veräußerung von **fortbestehendem BV,** das nach Betriebsverpachtung mit erklärter Betriebsaufgabe in Gestalt des Geschäftswerts zurückbleibt (s Rz 713); zu BV ohne Betrieb s iÜ ablehnend Rz 185.

379 **(9) Kosten für als BV zurückgebliebene WG.** ZB Lager-, Transport- oder Finanzierungskosten (BFH I R 119/78 BStBl II 81, 460; *Meyer/Ball* INF 98, 525/8); zur Liquidation eines Grundstückshandels s FG Mchn EFG 98, 1046.

380 **(10) Teilbetriebsveräußerung; Aufwandsverteilung.** S zu nachträgl BA für stille Lasten **§ 4f I** (Schuldübernahme; Ausnahme: kein Großbetrieb iSv § 7g I 2 Nr 1) sowie **§ 4f II nF** (Schuldbeitritt/-freistellung; Rz 266).

381 **10. Ausfall der Forderung aus der Veräußerung des ganzen GewBetr oder Teilbetriebs. – a) Gewerbebetrieb.** Wird der ganze GewBetr veräußert und fällt die (teilweise) gestundete Kaufpreisforderung aus, hat dies nach der Rspr eine „nachträgl Änderung des Veräußerungspreises" (dh des tatsächl erzielten Erlöses) zur Folge, die materiell-rechtl auf den Zeitpunkt der Veräußerung zurückwirkt und ggf zur Änderung des StBescheids nach § 175 I Nr 2 AO führt (BFH GrS 2/92 BStBl II 93, 897). Dies gilt unabhängig von der offen gebliebenen str Frage, ob die Kaufpreisforderung aus der Betriebsveräußerung *notwendig PV* wird (so BFH VIII R 11/95 BStBl II 98, 379 zu 4.; *Bordewin* FR 94, 555/61; offen in BFH IV R 67/98 BStBl II 00, 179) oder *„RestBV"* bleibt (*Dötsch,* FS Beisse, 1997 S 139/43; BFH II R 45/97 BFH/NV 00, 686: „mindestens solange noch weiteres RestBV vorhanden"; diff *Theisen* DStR 94, 1599: Wahlrecht). Steuerbefreite Teile des Veräußerungspreises (zB § 3 Nr 40 aF/nF) sind quotal zu mindern (*Paus* DStZ 03, 523/6). Ausgefallen ist die Kaufpreisforderung zu dem *Zeitpunkt,* zu dem feststeht, dass der Käufer nicht zahlt (zahlen kann) und eine Verbesserung dieses Zustands nicht absehbar ist zB Ablehnung eines Konkurs-/Insolvenzantrags (§ 26 InsO) mangels Masse (*Groh* DB 95, 2235/40). Diese Grundsätze gelten auch, wenn der GewBetr gegen **wiederkehrende Bezüge** zB Leibrente veräußert wurde und das Wahlrecht iSe Sofortbesteuerung ausgeübt wird, soweit die *Rentenforderung uneinbringlich* wird (BFH IV R 67/98 BStBl II 00, 179; *Bordewin* aaO: Veräußerungspreis = Summe der Tilgungsanteile in den geleisteten Zahlungen), nicht hingegen, soweit die tatsächl Laufzeit zB einer Leibrente kürzer oder länger ist als der Barwertermittlung zugrundegelegt (s Rz 221-4; aA *KSM* § 16 E 91). Wird die Kaufpreisforderung durch Novation in ein **Darlehen** umgewandelt und fällt dieses später aus, ist eine rückwirkende Änderung des Veräußerungsgewinns nicht mehr mögl; der Sachverhalt entspricht der Erlangung eines Sachwerts als Entgelt (Tausch) und späterem Wertverlust des Sachwerts (krit *Bordewin* aaO; diff *Groh* aaO).

382 **b) Teilbetrieb.** Wird ein Teilbetrieb veräußert, ist die Kaufpreisforderung bis zur Entnahme BV des Restbetriebs. Fällt die Forderung (BV *oder PV!*) aus, ist mE im Hinblick auf BFH GrS 2/92 BStBl II 93, 897 der Veräußerungsgewinn rückwirkend zu mindern (§ 175 I 1 Nr 2 AO; *Schoor* StBp 06, 179/86); gleichzeitig ist für das Wj des Ausfalls die bilanzielle BV-Minderung außerhalb der StB auszugleichen (krit *Groh* DB 95, 2235/40; aA wohl *Theisen* DStR 94, 1599). Gleiches muss bei Veräußerung **100%-iger KapGes-Beteiligungen** (Rz 161) gelten (vgl zu § 8b KStG *BMF* BStBl I 08, 508; BFH I R 58/10 DStR 11, 406).

c) Erwerber. Die Uneinbringlichkeit (s Rz 381) der Forderung des Veräußerers führt zu keiner Änderung seiner AK. 383

11. Nachträgl Änderung des Veräußerungspreises. – Entsteht zw den Vertragsparteien ein (echter) Streit über die Höhe eines vertragl nicht eindeutig fixierten Veräußerungspreises (iSv § 16 I 1 *oder* III 6; BFH IV R 53/04 BStBl II 06, 906; Rz 292) und wird dieser Streit durch gerichtl oder außergerichtl **Vergleich** beigelegt, bestimmt der Inhalt des Vergleichs rückwirkend die Höhe des Veräußerungspreises (BFH I R 3/09 BStBl II10, 249). Entsprechendes gilt bei Herabsetzung des Veräußerungspreises (zB einvernehml aufgrund eines Minderungsrechts oder Abrede; BFH IV R 20/08 BStBl II 10, 528) oder wenn an deren Stelle iRe Betriebsaufgabe das WG an einen Zweiterwerber zu einem geminderten Preis veräußert wird (BFH VIII R 66/03, BStBl II 06, 307 betr Mitwirkung des Ersterwerbers). Eine bestandskräftige Veranlagung für das Jahr der Veräußerung ist gem § 175 I S 1 Nr 2 AO zu berichtigen (zB BFH IV R 20/08 aaO, zu § 233a IIa AO; BFH IX R 30/14 DStR 15, 2384). Zu AK-Minderung s aber § 6 Rz 65, § 7 Rz 87. 384

a) Private Veranlassung. Nach der Rspr beeinflusst auch der Erlass der Kaufpreisforderung aus privaten Gründen die Höhe des Veräußerungsgewinns (BFH VIII R 69/88 BStBl II 94, 648/50 zu § 17; FG Ddorf EFG 98, 873, rkr; ebenso *Groh* DB 95, 2235/7; *Bordewin* FR 94, 555/60; aA 17. Aufl). 385

b) Erhöhung. Wird der Veräußerungspreis nachträgl einvernehml oder auf Grund einer Nachforderungsklausel erhöht, ist mE im Hinblick auf BFH GrS 2/92 BStBl II 93, 897 davon auszugehen, dass sich idR der Veräußerungspreis materiellrechtl rückwirkend erhöht und die Veranlagung ggf nach § 175 AO zu ändern ist (zB *KSM* § 16 E 91; ebenso zu § 6b BFH X R 148/97 BStBl II 01, 641). Gleiches gilt bei Eintritt einer aufschiebenden Bedingung (BFH VIII R 68/04 BStBl II 05, 762 zu § 17); keine Rückwirkung soll jedoch bei Einräumung einer Besserungsoption eintreten (BFH IX R 32/11 BStBl II 12, 675: zu § 17; zR krit *kk* KÖSDI 12, 18009). Zu Wertsicherungsklauseln s Rz 243. 386

12. Rückgängigmachung der Veräußerung oder Aufgabe; fehlgeschlagener Erwerb. – a) Veräußerung. Wird die Veräußerung zB wegen Nichtigkeit des Kaufvertrags (BFH VIII R 77/96 BStBl II 02, 227), Wegfall/Störung der Geschäftsgrundlage (BFH IX R 17/09 BStBl II 10, 539), vertragl Rücktrittsrechts oder Anfechtung (§§ 119, 123 BGB) rückgängig gemacht (hierzu BFH VIII R 28/02 BStBl II 05, 46), entfällt rückwirkend die ursprüngl Veräußerung und damit die Gewinnverwirklichung; unberührt bleiben jedoch lfd BE aufgrund von Reugeldern uä (*Götz* FR 15, 972/5; aA zu PV BFH IX R 32/04 BStBl II 07, 44). Gleiches gilt für Rücktritt aus *privaten* Gründen (s Rz 385) und für auflösende Bedingung iVm Vergleich *nach* Kaufpreiszahlung (BFH VIII R 67/02 BStBl II 04, 107; offen bei Anfechtung BFH X R 12/01 BStBl II 04, 211), *nicht* jedoch bei Aufhebung eines wirksamen und vollzogenen Kaufvertrags (BFH IV R 70/92 BStBl II 94, 745; aA *Bahns* FR 04, 317). Die Veranlagung ist gem § 175 I S 1 Nr 2 AO zu berichtigen. Gleichwohl hat der Erwerber den lfd Gewinn bis zum Vollzug der Rückgängigmachung zu versteuern, sofern er ihm verbleibt (BFH IV R 80/67 BStBl II 68, 93). Weitergehend BFH I R 43, 44/98 BStBl II 00, 424 zu § 17: Rückabwicklung = Veräußerung; aA zu § 23 BFH IX R 47/04 BStBl II 07, 162; *FinVerw* DB 08, 2110; zutr. Ein Rückabwicklungsverlust des Erwerbers iZm § 16 ist jedoch BA (vgl *KSM* § 16 E 86). 387

b) Betriebsaufgabe. Eine Betriebsaufgabe kann als tatsächl Vorgang nicht rückwirkend beseitigt werden (BFH VIII R 15/80 BStBl II 83, 736; FG MeVo EFG 08, 1699). 388

c) Fehlgeschlagener Erwerb (GewBetr/MUeranteil). Zu vorweggenommenen BA s § 4 Rz 484; BFH I R 56/12 BStBl II 14, 703: DBA-Freistellung. 389

390 **13. Veräußerungs-/Aufgabegewinn; GewBetr einer PersGes; nachträgl gewerbl Einkünfte. – a) Veräußerung.** Veräußert eine PersGes ihren GewBetr, ist der **Veräußerungsgewinn,** soweit er aus der Veräußerung von GesVermögen herrührt, den Ges'tern nach dem für den lfd Gewinn gültigen Verteilungsschlüssel zuzurechnen, sofern im GesVertrag nichts anderes bestimmt ist (BFH VIII R 21/77 BStBl II 82, 456). Soweit SonderBV vorhanden war, das mitveräußert oder ins PV überführt wird, ist der (begünstigte) Gewinn hieraus allein dem betr Ges'ter zuzurechnen. Der Gewinn ist gem § 34 begünstigt, auch wenn er mit der **Buchwertausgliederung** von (Unter)PersGes-Anteilen oder Teilbetrieben einschließl 100%iger KapGes-Anteile zusammentrifft (BFH IV R 49/08 BStBl II 10, 726; BFH IV R 26/12 BStBl II 15, 797; Rz 161; aA noch *BMF* BStBl I 11, 1314 Rz 24.02, 15.06); Gleiches gilt mE allg für KapGesAnteile, die nach § 34 II Nr 1 ohnehin nicht zu den ao Einkünften gehören (zutr FG Mster EFG 16, 20, Rev IV R 48/15; Rz 108). Keine Begünstigung jedoch, soweit gem § 16 II 3 ein lfd Gewinn fingiert wird (zB Veräußerung an einer der Ges'ter; s Rz 7, 97, 111). Zu § 6 V 4 nF s Rz 463. Wird die Ges gleichzeitig aufgelöst und liquidiert (§§ 145 ff HGB), erhält jeder Ges'ter erfolgsneutral Geld in Höhe seines um den Anteil am Gewinn aus der Veräußerung des GesVermögens erhöhten (positiven) KapKtos; verbleibt ein negatives KapKto, kann dies zu einer Ausgleichsschuld ggü den MitGes'tern führen (s Rz 469-71).

391 **b) Aufgabe.** Wird eine PersGes zB durch Insolvenzverfahren (§ 131 I Nr 3 HGB) aufgelöst und gibt sie ihren GewBetr auf (vgl aber Rz 184), ist bei **Ermittlung** des Aufgabegewinns(-verlustes; Rz 188) zu berücksichtigen, dass ein Ges'ter, dessen **KapKto positiv** ist und der deshalb gegen die MitGes'ter einen Ausgleichsanspruch hat, einen mit der Aufgabe realisierten Verlust erleidet, wenn sein Anspruch wertlos ist (BFH VIII R 128/84 BStBl II 93, 594); Ausnahme: Verzicht auf Ausgleich aus privaten Gründen (FG BBg EFG 12, 1458, rkr). – Zum „Wegfall“ **negativer KapKten** von K'tisten s § 15a Rz 240 ff; zum Ausfall von Forderungen des Ges'ters gegen PersGes (SonderBV I) vgl § 15 Rz 544; BFH IV R 36/02 BFH/NV 03, 1490; FG Ddorf EFG 12, 509 rkr. Zu § 6 V 4 nF s Rz 463.

392 **aa) Teilung des Vermögens.** Wird eine PersGes aufgelöst und abw von den §§ 145 ff HGB durch Teilung des GesVermögens auseinandergesetzt, enthält dies eine Aufgabe des ganzen GewBetr der PersGes (§ 16 I 1 Nr 1, III), es sei denn, der GewBetr wird allmähl abgewickelt oder real geteilt mit Buchwertfortführung (Rz 530 ff). Für die Ermittlung und estrechtl Zurechnung des Aufgabegewinns bestimmt § 16 III 8, dass für jeden Ges'ter der gemeine Wert der WG anzusetzen ist, die er erhalten hat. Aufgabegewinnanteil des Ges'ters ist danach der Unterschied zw dem gemeinen Wert der im zugeteilten WG zuzügl Ausgleichszahlungen von und abzügl Ausgleichszahlungen an andere Ges'ter und dem Buchwert seines GesAnteils (KapKto; BFH VIII R 21/77 BStBl II 82, 456), es sei denn, der Ausgleich ist außerbetriebl veranlasst. Da übernommene GesSchulden von den Ges'tern bei der Vermögensverteilung berücksichtigt werden, können Nachschüsse zur Schuldentilgung nur dann den Aufgabegewinnanteil mindern, soweit der leistende Ges'ter im *Innenverhältnis* hierzu *nicht* verpflichtet ist und keinen durchsetzbaren Regressanspruch gegen die MitGes'ter erlangt (BFH VIII R 54/98 BFH/NV 99, 1593). Zu Bürgschaften s IV B 81/96 BFH/NV 98, 317.

393 **bb) Betriebseinstellung.** Stellt eine PersGes ihre gewerbl Tätigkeit endgültig ein, ohne dass die Ges'ter die Auflösung und Liquidation beschließen, ist dies notwendig der Beginn einer Betriebsaufgabe oder einer allmähl nichtbegünstigten Betriebsabwicklung (str; s Rz 184), es sei denn, die PersGes ist (auch) gewerbl geprägte PersGes iSv § 15 III Nr 2. Der Aufgabe- oder Abwicklungsgewinn ist den Ges'tern nach dem allg Gewinnverteilungsschlüssel zuzurechnen; § 16 III 8 greift nicht ein.

c) Zinsen. Nach Betriebsaufgabe (oder -veräußerung) und Liquidation der PersGes sind Zinsen **zurückgebliebene Gesamthandschulden** entspr den für Einzelunternehmer geltenden Grundsätzen keine nachträgl BA, soweit vorhandene Mittel (Aktivwerte) nicht zur (mögl) Tilgung verwendet, sondern ins PV überführt werden (s Rz 345, 371). Gleiches gilt für Schulden eines Ges'ters im **SonderBV;** nicht erforderl ist aber, dass aktives SonderBV zur Tilgung von Gesamthandsschulden eingesetzt wird (BFH VIII R 18/92 BStBl II 96, 291; *FinVerw* DB 98, 2091; *Pfalzgraf ua* DStR 96, 1425: Gestaltungen). Bei Veräußerung oder Aufgabe des **MUeranteils** ist hingegen auch aktives SonderBV zur Tilgung von Schulden des SonderBV zu verwenden (BFH X R 60/99 BFH/NV 03, 900; zur Betriebsaufgabe s Rz 128); anders jedoch bei Veräußerung eines Teils des MUeranteils (Rz 408) oder Einbringung nach § 24 UmwStG aF/nF (BFH XI R 26/98 BFH/NV 00, 11). Zum Erlass von Schulden des SonderBV s Rz 364f; BFH VIII R 43/99 BFH/NV 00, 1330. 394

d) Doppelstöckige PersGes. Veräußert bei einer doppelstöckigen PersGes die UnterGes ihren ganzen GewBetr, ist der Veräußerungsgewinn den Ges'tern der UnterGes einschließl der an ihr beteiligten PersGes (OberGes; s auch § 15 Rz 253, 612) anteilig zuzurechnen, soweit er auf die Veräußerung des GesVermögens und des jeweiligen SonderBV entfällt. Der Veräußerungsgewinn ist begünstigt nach § 34. Die Zwecksetzung dieser Vorschrift (und die Wertung der Ges'ter der OberGes als MUer des Betriebs der UnterGes – neben der OberGes) rechtfertigen es, die Vergünstigung ungeachtet dessen, dass der Anteil der OberGes am Veräußerungsgewinn Teil ihres StB-Gewinns und dieser den Ges'tern der OberGes (anteilig) zuzurechnen ist, auch den Ges'tern der OberGes zu gewähren, soweit deren Anteil am StBGewinn der OberGes auf ihrem Anteil am Veräußerungsgewinn der UnterGes beruht (vgl BFH IV R 49/08 BStBl II 10, 726; BFH IV R 26/12 BStBl II 15, 797; Rz 401/15). – Zu § 7 S 2 GewStG nF s Rz 8, 407; § 15 Rz 74; zu § 35 s *BMF* BStBl I 07, 701. Zu § 10a GewStG ggf iVm § 2 UmwStG vgl BFH IV R 59/07 BFH/NV 10, 1492; GewStR/GewStH 10a.3; aA *Wacker* FS Goette, 561/78. 395

14. Mittelbare Rechtsfolgen einer Betriebsveräußerung oder Betriebsaufgabe. Zur Frage, ob die Veräußerung/Aufgabe des GewBetr (Teilbetriebs, MUeranteil) steuerschädl ist, soweit SonderAfA oder InvZul an Bindungsvoraussetzungen geknüpft sind, s § 15 Rz 411 mwN. Zu gewerbl Grundstückshandel s § 15 Rz 74. Zu §§ 4 IV a, 4h s Rz 371; zu § 34a s dort Rz 35, 76, 78. 396

E. Tatbestand und Rechtsfolgen der Veräußerung oder Aufgabe eines MUeranteils, § 16 I 1 Nr 2

I. Allgemeines zu § 16 I 1 Nr 2

Verwaltung: EStH (04) 139 IV; *OFD Koblenz* DStR 07, 992 (doppelstöckige PersGes).

1. Veräußerung oder Aufgabe (Überblick). – a) MUeranteil. Gewinne aus der Veräußerung „des … Anteils eines Ges'ters, der als Unternehmer (MUer) des Betriebs anzusehen ist (§ 15 I 1 Nr 2)", sind gem § 16 I 1 Nr 2 wie Gewinne aus der Veräußerung des ganzen GewBetr (Teilbetriebs) zu beurteilen. Der MUer ist insoweit dem Einzelunternehmer gleichgestellt (BFH I R 175/76 BStBl II 80, 43). Entsprechendes gilt für die „Aufgabe" eines MUeranteils, auch wenn diese vor § 16 III 1 EStG 99 gesetzl nicht erwähnt wurde (s Rz 438). Zur Konkurrenz zw der Veräußerung (Aufgabe) eines MUeranteils und der des ganzen GewBetr durch die MUerschaft Rz 424. Estpfl und begünstigt nach § 34 und § 16 IV ist der Veräußerungs- oder Aufgabegewinn, dh der Betrag, um den der Veräußerungs- bzw „Aufgabe"preis (Rz 265 ff, 290 ff) abzügl Veräußerungskosten (Rz 300 ff) den „Wert des Anteils am BV" (Rz 310, 463) übersteigt. Der Gewinn wird vom MUer 400 persönl erzielt und ist nur diesem zurechenbar (BFH VIII R 65/95 BFH/NV 98, 573). Begünstigt ist auch der Gewinn (eines MUers) aus der Veräußerung eines nur kurzfristig gehaltenen MUeranteils (BFH IV B 149/98 BFH/NV 99, 1336; aA *Lehnert* DStR 96, 1153: lfd Gewinn), **nicht** hingegen ab 2002 die Veräußerung eines **Teils** des MUeranteils (§ 16 I S 1 Nr 1 „des gesamten Anteils" sowie S 2; vgl Rz 411, zu §§ 20, 24 UmwStG s Rz 413). – Zu § 3 Nr 40 aF/nF EStG/§ 8b KStG s; einschließl Organbeteiligungen; Rz 161; zur Sonderung *lfd* Gewinnanteile s Rz 342; zu § 34a s dort Rz 35, 76, 78. – Zu **§ 42 AO** (aF) s BFH IV B 108/97 BFH/NV 99, 146: Grundstückshandel; IV R 12/03 BStBl II 06, 361 vorherige Buchwerteinbringung; *Niehus* StuW 08, 359/66: ObjektGes. Zu ZebraGes s Rz 342, 405.

401 **b) Doppelstöckige PersGes.** Nach der Rspr ist die OberGes MUer der UnterGes (BFH GrS 7/89 BStBl II 91, 691); für nach dem 31.12.91 endende Wj gelten aber auch die Ges'ter der OberGes (jedenfalls neben dieser) als MUer der UnterGes (§ 15 I 1 Nr 2 S 2). ME ist nicht die OberGes als solche, sondern gem Tranzparenzgedanke der Verbund ihrer Ges'ter MUer der UnterGes (s *Wacker* FS Goette, 561/78; § 15 Rz 253, 612). Ein Gewinn der OberGes aus der Veräußerung „ihres" MUeranteils an der UnterGes ist bei den Ges'tern der OberGes auch dann nach § 34 begünstigt, wenn die OberGes ihren originären Betrieb zurückbehält oder zu Buchwerten in eine SchwesterPersGes ausgliedert (BFH IV R 49/08 BStBl II 10, 726; s auch Rz 395); für den Veräußerungsgewinn bezügl MUeranteils an der UnterGes können die OberGes'ter nach Maßgabe ihres Alters/Berufsunfähigkeit auch § 16 IV beanspruchen (*arg:* Transparenz, s oben; *Ley* KÖSDI 11, 17277/81 aA hier bis 30. Aufl). Zur Bedeutung von SonderBV der OberGes bei der UnterGes für die Tarifbegünstigung s Rz 414; *Patt/Rasche* FR 96, 805/8. Zur Veräußerung des Anteils an OberGes s Rz 407, 582.

402 **c) Verfahrensrechtl** *sind* auch die Gewinne/Verluste aus der Veräußerung (Aufgabe) eines MUeranteils einschließl des Verlusts einer gesellschaftsrechtl Ausgleichsforderung einheitl und gesondert festzustellen; sie sind selbständig anfechtbar (BFH III R 20/13 DStRE 14, 880: Bindung; s auch Rz 441 aE; zu Treuhand s § 15 Rz 299).

404 **2. Begriff des Mitunternehmeranteils iSv § 16 I 1 Nr 2 (und § 6 III).** Er erfasst – ***(1)*** GesAnteile von PersGes mit Gesamthandsvermögen (OHG, KG, GbR) oder mit Bruchteilseigentum der Ges'ter (zB Partenreederei gem § 489 HGB aF), – ***(2)*** GesAnteile von PersGes, die als InnenGes kein Gesellschafts-(Gesamthands-) vermögen haben (zB atypische stille Ges, Unterbeteiligung), und ***(3)*** Anteile an wirtschaftl vergleichbaren Gemeinschaftsverhältnissen zB Erbengemeinschaft (§ 15 Rz 171). Erforderl ist, dass ***(a)*** die Ges (Gemeinschaft) einen **GewBetr** iSv § 15 I 1 Nr 1, II betreibt oder ihre Tätigkeit als GewBetr gilt (gewerbl geprägte PersGes iSv § 15 III Nr 2) bzw bei einer InnenGes die für Rechnung der Ges ausgeübte Tätigkeit der nach außen als Unternehmer auftretenden Person alle Merkmale eines GewBetr erfüllt, und ***(b)*** der einzelne Ges'ter (Gemeinschafter) den Kriterien des MUertypus genügt (§ 15 Rz 250, 257, 280).

405 **a) ZebraGes.** Kein MUeranteil iSv § 16 I 1 Nr 2 (= § 6 III) ist ein Anteil an einer PersGes, die weder gewerbl tätig noch geprägt ist, auch wenn der GesAnteil bei einem Ges'ter BV ist (s einschließl Einkunftsermittlung § 15 Rz 200 ff; BFH IV R 44/09 BStBl II 13, 142); ein Veräußerungsgewinn(-verlust) ist (nur) bei betriebl beteiligten Ges'tern estpfl, und zwar als lfd *nicht begünstigter* und damit gewstpfl Gewinn (BFH IV R 75/99 BFH/NV 01, 1195; aA *Niehus* DStZ 04, 143) – ausgenommen bei begünstigter Veräußerung zusammen mit dem eigenen Betrieb (zu Grundstückshandel s aber Rz 342).

406 **b) Gemischte Tätigkeit.** Bei einer PersGes, die teils gewerbl, teils zB freiberufl oder vermögensverwaltend tätig ist, ist MUeranteil grds der gesamte GesAnteil

(§ 15 III Nr 1). Bei einer PersGes mit BV und PV (s § 15 Rz 484) und einer Erbengemeinschaft mit Mischnachlass (BV und PV, s Rz 636) ist MUeranteil nicht der gesamte Ges- bzw Erbanteil, sondern nur der Anteil am BV.

c) Umfang. Der Mitunternehmeranteil umfasst die Mitgliedschaft einschließl der dingl Mitberechtigung am Gesamthandsvermögen *und* etwaiges **SonderBV** (s § 15 Rz 507) des einzelnen MUers (BFH VIII R 66/96 BStBl II 98, 383 zu § 16; VIII R 18/93 BStBl II 95, 714/9; 890 zu § 7 I EStDV aF). Allerdings ist – ebenso wie für eine begünstigte Veräußerung des ganzen GewBetr (s Rz 100) – auch für eine begünstigte Veräußerung eines MUeranteils nicht die Mitveräußerung *aller* WG des SonderBV erforderl, sondern nur derjenigen WG des SonderBV, die **wesentl Betriebsgrundlage** der PersGes sind (s Rz 101, 414); die Lockerung der Rspr zu § 6 III durch BFH IV R 41/11 DStR 12, 2118 (Rz 15) hat hieran nichts geändert (Rz 94, 113, 153, BFH IV R 44/10 BFH/NV 13, 376). Gleiches gilt mE für die Einbringung von MUeranteilen nach den **§§ 20, 24 UmwStG** (*BMF* BStBl I 11, 1314 Rz 20.10/06, 24.03). Zur Buch-/Zwischenwerteinbringung s aber Rz 200/3, 414. – Zur Übertragung dieser WG auf eine (ganz oder teilweise gesellschafteridentische) gewerbl tätige/geprägte **Schwester-PersGes** (Folge: MUeranteil iSv § 16 I 1 Nr 2/§ 6 III reduziert sich auf den GesAnteil) s Rz 414. – Bei einer **atypischen stillen Ges** umfasst der MUeranteil des stillen Ges'ters seine Mitgliedschaft einschließl schuldrechtl wertmäßiger Beteiligung am BV und WG in seinem Eigentum, die SonderBV sind (s zu GmbH & atypisch Still § 15 Rz 358; BFH IV R 18/98 BStBl II 99, 286). Umgekehrt ist MUeranteil des tätigen Teilhabers nur sein um die schuldrechtl wertmäßige Beteiligung des stillen Ges'ters verminderter Anteil am BV (s Rz 420, 496). – Bei einer **doppel- oder mehrstöckigen PersGes** sind MUer des Betriebs der UnterGes nicht nur gem § 15 I 1 Nr 2 S 2 die OberGes'ter (SonderMUer), sondern nach der allerdings nicht einheitl (s unten) BFH-Rspr auch die OberGes selbst (s einschließl Kritik Rz 401; § 15 Rz 253, 612: OberGes nach Transparenzgedanke = Verbund der OberGes'ter). Hiernach umfasst der MUeranteil der „OberGes" den GesAnteil und ihr SonderBV bei der UnterGes, zB ein von der OberGes an die UnterGes vermietetes Grundstück. Die Ges'ter der OberGes haben einen MUeranteil bei der OberGes, der aus der Mitgliedschaft bei der OberGes und ihrem SonderBV bei der OberGes besteht. WG, die ein Ges'ter der OberGes unmittelbar der UnterGes zur Nutzung überlassen hat, gehören zu seinem (Sonder-)MUeranteil bei der UnterGes (ähnl *Ley* KÖSDI 97, 11081). Entsprechendes gilt für die **atypisch stille Unterbeteiligung** am GesAnteil eines MUers (UnterbeteiligungsGes = OberGes iSv § 15 I 1 Nr 2 S 2; s BFH IV R 75/96 BStBl II 98, 137; § 15 Rz 623; s auch Rz 422 aE). – **Veräußert** der OberGes'ter seinen Anteil an der OberGes, liegt hierin – entspr der Behandlung des Erwerbers (§ 15 Rz 471) – nach dem Transparenzgedanken (s oben) die Veräußerung von **zwei MUeranteilen:** *(aa)* bezügl UnterPersGes uU einschließl SonderBV gem § 15 I 1 Nr 2 S 2, *(bb)* bezügl Anteil am originären Betrieb der OberGes. Demgemäß ist die Anteilsveräußerung des OberGes'ters auch dann nach § 34 begünstigt, wenn sie mit der Buchwertausgliederung des UnterPersGes-Anteils der OberGes zusammentrifft (BFH IV R 49/08 BStBl II 10, 726; Rz 415). Grds **aA** EStR 16 XIII 8; GewStR 7.1 III 5; *OFD Koblenz* DStR 07, 992; *Ley* KÖSDI 11, 17277/8: *einheitl* Vorgang gem § 34 III, § 16 IV (s Rz 582) auch bezügl § 7 S 2 GewStG und §§ 20, 24 UmwStG (*BMF* BStBl I 11, 1314 Rz 20.12, 24.03), *nicht* jedoch bei Zugehörigkeit des MUeranteils zum *SonderBV* (s § 15 Rz 407) oder *Einzel-BV.* Zu § 15a s dort Rz 61; zu § 34a s dort Rz 22; zu § 7 S 2 s BFH I R 79/06 FR 08, 960; *Ludwig* BB 07, 2152. 407

3. Teil eines MUeranteils. – a) Begriff; Umfang. Für die Veräußerung eines Teils eines MUeranteils (s auch § 16 I 2) ist mE nicht erforderl, dass von allen mit einem GesAnteil verbundenen Verwaltungs- und Vermögensrechte (Stimm- 408 recht, Gewinn-, Liquidationsanteil usw) gleiche Bruchteile übertragen werden. Es genügt die entgeltl Veränderung hinsichtl einzelner Ges'terrechte, zB Gewinn- und Liquidationsanteil, nicht aber der Verzicht auf die Ausübung einzelner gesellschaftsrechtl Befugnisse (zB eines Kündigungsrechts; BFH XI R 41/88 BStBl II 92, 335; lfd Gewinn) oder die isolierte Abfindung für ArbVerh (FG Köln EFG 96, 9). – Der Umfang der Übertragung ist anhand des GesVertrags und des Veräußerungsvertrags zu prüfen; dies gilt insb auch für etwaige neben den Kapkonten bestehende Privat- und Darlehenskonten (BFH I R 123/77 BStBl II 82, 211). – Der Übertragung eines Teils des GesAnteils steht die Begründung obligatorischer Rechte zB **atypische Unterbeteiligung** gleich (zB *Groh* FS Priester, 107/18; *Pickhardt ua* DStZ 2000, 281/4). – Zum MUeranteil gehört zwar auch wesentl **SonderBV** (vgl Rz 407, 410/4). Keine Veräußerung (oder Aufgabe) des Bruchteils eines MUeranteils ist aber die Veräußerung **nur** von SonderBV ohne gleichzeitige Änderung der Beteiligungsverhältnisse an der PersGes (BFH VIII R 14/87 BStBl II 91, 510 aE; zu § 6 III s *BMF* BStBl I 05, 458 Rz 20; zu § 13a ErbStG aF/nF s ErbStR 13b.5 III nF; BFH II B 104/05 BFH/NV 06, 745). Letzteres gilt mE auch, wenn bei einer **doppelstöckigen PersGes** ein Ges'ter der OberGes nur die WG veräußert, die er der UnterGes unmittelbar zur Nutzung überlassen hat und die deshalb bei der UnterGes sein SonderBV sind, denn der Ges'ter bleibt (Sonder-)MUer des Betriebs der UnterGes (str; s § 15 Rz 619 aE).

409 **b) Buchwertanteil.** Wird ein Bruchteil, zB die Hälfte eines MUeranteils, veräußert, ist vom Veräußerungspreis ein gleichartiger Bruchteil des Buchwerts des MUeranteils (KapKto) zB die Hälfte abzuziehen, auch wenn der Veräußerer diesen nach und nach zu unterschiedl AK erworben hat (BFH IV R 15/96 BStBl II 97, 535; FG Ddorf EFG 14, 132, rkr: Durchschnittsbewertung; zutr; zur zivilrechtl Einheit des GesAnteils s Rz 417). Wird nur der Anteil an den stillen Reserven, nicht an den Buchwerten, entgeltl geändert, ist der Buchwert des veräußerten Teils des MUeranteils gleich Null (einschr FG Köln EFG 01, 1142; s § 15a Rz 154). Zum Buchwert, wenn neben festen Kapkonten noch SonderKten (KapKto II, III usw) bestehen, s BFH I R 123/77 BStBl II 82, 211; § 15a Rz 87.

410 **c) Begünstigung nach §§ 16, 34.** – Zur Rechtslage bis 2001 s 31. Aufl. – Mangels Aufdeckung aller stillen Reserven (vgl aber Rz 6, 39; BFH VIII R 21/00 BStBl II 03, 194 betr teilentgeltl Übertragung eines Vollanteils) unterfällt die Veräußerung von Teilen von MUeranteilen (oder des Teilanteils des persönl haftenden Ges'ters einer KGaA; s Rz 571) – ebenso wie beim „Eintritt" eines Ges'ters in Einzelunternehmen iVm Ausgleichszahlung in PV (dazu Rz 410, 565) – aus Gründen der Besteuerungsgleichheit (BT-Drs 14/6882, 6834) **nicht** mehr **§§ 16, 34,** wenn die „Veräußerung nach dem 31.12.2001 erfolgt" (§ 16 I S 1 Nr 2/3, S 2, § 52 Abs 44 S 1 aF); maßgebl ist nicht die schuldrechtl Abrede, sondern der Übergang des wirtschaftl Eigentums (BFH IV R 22/06 BFH/NV 08, 109; s auch Rz 441). Gleiches gilt, wenn aufgrund eines Gesamtplans der MUeranteil teils zu Buchwerten unentgeltl übertragen und nur iÜ veräußert wird (BFH IV R 36/13 BStBl II 15, 529; s auch Rz 407, 414f). Unerhebl ist, ob SonderBV mitübertragen (zB kongruent) mitübertragen wird; es fällt mangels vollständiger Gewinnrealisierung immer ein *lfd* Gewinn an (mE entbehrl Klarstellung in § 16 I 2 nF; aA *Geissler* FR 01, 1029/36) mit der Folge, dass dieser grds (s Rz 566) der **GewSt** unterliegt (GewStR 7.1 III 6; BFH IV R 3/05 BStBl II 07, 777; zu § 35 s dort); ebenso dann aber auch ein Veräußerungsverlust (zu § 7 S 2 GewStG nF s Rz 8). – Zu den entspr Regelungen bei Einbringung von Teilen von MUeranteilen in KapGes/PersGes nach §§ 20, 24 UmwStG aF/nF vgl Rz 413. Eine **begünstigte Veräußerung**/Aufgabe des gesamten MUeranteils (Rz 438) liegt aber vor, wenn dieser in sachl und zeitl Zusammenhang (Gesamtplan!) in mehreren Teilakten an einen oder verschiedene Erwerber veräußert wird (BFH III B 35/12 BFH/NV 14, 531; BFH VIII R 23/01 BStBl II 04, 474; *Förster ua* StuW 03, 114).

4. Entgeltl Veräußerung (Aufgabe) eines MUeranteils; PersGes mit Gesamthandsvermögen. – a) Grundsätze. Bei PersGes mit Gesamthandsvermögen (OHG, KG, GbR) sind Veräußerung eines MUeranteils iSv § 16 I 1 Nr 2 folgende gesellschaftsrechtl **vollentgeltl Rechtsvorgänge unter Lebenden** (zur un-/teilentgeltl Übertragung s Rz 35 ff, 430 ff; zum Übergang durch Tod s Rz 25, 660 ff): Das Ausscheiden eines Ges'ters – ***(1)*** aus einer aus mehr als zwei Personen (mehrgliedrigen) oder nur aus zwei Personen bestehenden (zweigliedrigen) PersGes durch **Übertragung** des GesAnteils auf einen **neu** eintretenden **Ges'ter;** – ***(2)*** aus einer mehrgliedrige PersGes durch Übertragung des GesAnteils auf einen der **bisherigen** MitGes'ter; – ***(3)*** aus einer mehrgliedrigen PersGes unter Fortbestand der Ges unter den bisherigen MitGes'tern mit anteiliger **Anwachsung** bei diesen (BFH IV R 77/93 BStBl II 98, 180 zu 1/a; *FinVerw* FR 02, 1151; aA *KSM* § 16 C 106); – ***(4)*** aus einer zweigliedrigen Ges unter Fortführung des Unternehmens **als Einzelunternehmen** durch den anderen Ges'ter (Geschäftsübernahme). – Zivilrechtl liegt in den Fällen zu ***(1)*** und ***(2)*** ein Verpflichtungs- und Verfügungsgeschäft vor, dessen Gegenstand der GesAnteil (Mitgliedschaft) ist (zur zivilrechtl Unterscheidung zw Anteilsübertragung und Ein- und Austritt eines Ges'ters s *K. Schmidt* GesRecht, 4. Aufl § 45 III); der Erwerber tritt voll in die mitgliedschaftl Rechtstellung des Veräußerers ein, soweit nichts anderes vereinbart ist; die zivilrechtl Identität der Ges (Rechtszuständigkeit) bleibt gewahrt. Im Falle zu ***(3)*** erlischt der GesAnteil des ausscheidenden Ges'ters; an seine Stelle tritt ein schuldrechtl Abfindungsanspruch gegen die Ges (§§ 738 I 2, 3 II; 740; 730 ff BGB); die Mitgliedschaft jedes der verbleibenden Ges'ter erweitert sich kraft Gesetzes; die Mitberechtigung des Ausgeschiedenen am GesVermögen wächst den übrigen Ges'tern kraft Gesetzes ohne Verfügungsgeschäft an (§ 738 I 1 BGB); die zivilrechtl Identität der Ges bleibt gewahrt. Im Falle zu ***(4)*** erlischt mit dem GesAnteil des Ausgeschiedenen notwendig auch die Ges; das Gesamthandseigentum verwandelt sich kraft Gesetzes in Alleineigentum des übernehmenden Ges'ters (§ 140 I 2 HGB; § 738 I 1 BGB; BayObLG DB 01, 2088 betr Übergang sämtl Anteile auf Komplementär-GmbH; s auch Rz 111); der Ausgeschiedene hat einen schuldrechtl Abfindungsanspruch gegen den Übernehmer. – Sämtl **Vorgänge,** gleichgültig, ob sie auf GesVertrag, bes Vereinbarung der Ges'ter oder gerichtl Entscheidung (zB § 140 HGB) beruhen, erfüllen den Tatbestand einer **begünstigten Veräußerung** eines MUeranteils iSv § 16 I 1 Nr 2, **vorausgesetzt,** ***(a)*** dass die WG des SonderBV, soweit wesentl Betriebsgrundlage, mitveräußert oder PV werden (s Rz 414, 407; Ausnahmen bezügl Sachgesamtheiten/KapGes-Anteilen s Rz 390, 415) und ***(b)*** dass keine unentgeltl Übertragung (§ 6 III nF) vorliegt (vgl aber Rz 400 aE). – Eine **teilentgeltl Übertragung** steht einer vollentgeltl Übertragung (nur) gleich, soweit das Entgelt höher als der Buchwert ist (s Rz 39, 57–60). 412

b) Einbringung nach UmwStG. – Entgeltl Veräußerung ist neben dem Verkauf des MUeranteils (dazu FG Hbg EFG 09, 573) an eine PersGes, auch dessen Übertragung auf eine PersGes gegen Gewährung von GesRechten (sog Einbringung); anzuwenden sind aber die vorrangigen Vorschriften des **§ 24 UmwStG.** Dies gilt nicht nur im Verhältnis zu **§ 6 V 1, 2** (Einbringung von (Sonder-)BV *in* das *SonderBV* zu *Teilwerten;* s aber § 24 III 3; zu „Gestaltungen" s Rz 414, 415); vielmehr wird auch **§ 6 V 3 ff** (grds Buchwertzwang bei Übertragung von EinzelWG) verdrängt, dh SonderBV *kann* auch zu TW in Gesamthandsvermögen oder in das SonderBV eingebracht werden. Im Falle der Buchwerteinbringung nach § 24 UmwStG iVm anschließender Veräußerung einzelner eingebrachter WG durch die *PersGes* ist nicht nur das Verhältnis zur Sperrfrist nach § 6 V 4 (mE Vorrang von § 24 UmwStG), sondern auch fragl, ob mit Rücksicht auf die KöKlausel des § 6 V 5/6 nicht *Ergänzungs*bilanzen zu bilden sind (s dazu allg *Reiß* BB 00, 1965/8). Auch die Einbringung in eine **KapGes** *gegen Gewährung von* 413

GesRechten ist Veräußerung iSv § 16 I 1 Nr 2 (BFH I R 55/09 BStBl II 10, 1094: ebenso bei Bareinlage iVm MUeranteil als Aufgeld; Rz 200), unterliegt aber den vorrangigen **§§ 20 ff UmwStG** (*BMF* BStBl I 11, 1314 Rz 1.44, 20.09); eine verdeckte Einlage fällt nicht unter §§ 20 ff UmwStG und ist keine Veräußerung, aber uU Aufgabe des MUeranteils (s Rz 201-2, 513). Zu **§ 50i II** s dort; *BMF* DB 16, 21. – Zur Umwandlung unter Beteiligung von **atypisch stillen Ges** s zB *Suchanek* Ubg 12, 431; *Richter ua* Ubg 12, 748. – **Tarifbegünstigung ab 2002** (zur Rechtslage bis 2001 s 25. Aufl). §§ 20 IV, 24 III UmwStG: Tarifbegünstigung nur noch bei Ansatz von TW/gemeinen Werten; selbst dann ist aber bei Einbringung von **Teil-MUeranteilen** – gleich der Grundregel des § 16 I S 1 Nr 2/3, S 2 (s einschließl GewSt Rz 411) – Freibetrag und Tarifermäßigung (§ 34 I, III) ausgeschlossen. Unberührt bleibt hiervon, dass MUerteilanteile zu Buchwerten in eine KapGes/PerGes eingebracht werden können (*BMF* BStBl I 11, 1314, Rz 20.11; zur anschließenden Veräußerung des Gesamtanteils an der aufnehmenden PersGes s *Groh* DB 01, 2162/4; *Patt* EStB 03, 344/8; zur funktionalen Betrachtung vgl Rz 414; § 6 III 2 ist – mangels unentgeltl Übertragung – nicht einschlägig; zu § 6 V s oben). Zur Einbringung von Vollanteilen vgl Rz 562/-5.

414 **c) SonderBV. – aa) Grundsatz.** Gehören zum veräußerten GesAnteil WG des SonderBV, die **wesentl Betriebsgrundlage** sind, und werden diese auf Grund eines wirtschaftl einheitl Vorgangs (BFH VIII R 66/96 BStBl II 98, 383) auf den Erwerber des GesAnteils **entgeltl übertragen,** ist dies (insgesamt) begünstigte Veräußerung eines MUeranteils. – **bb) Einzelfragen. – (1) Rückbehalt.** Werden solche WG zurückbehalten und **ins PV** überführt, ist dies zwar keine Veräußerung des **MUeranteils,** aber dessen begünstigte **Aufgabe** (zB BFH VIII R 76/96 BStBl II 99, 269; vgl § 16 III 1 nF); der gemeine Wert der ins PV überführten WG ist dem Veräußerungspreis hinzuzurechnen (§ 16 III 7), der gesamte Gewinn ist begünstigt (zB BFH IV R 18/98 BStBl II 99, 286 betr GmbH & atypisch Still; beachte ab VZ 2002/-9 Halb-/Teileinkünfteverfahren). Gleiches muss gelten, wenn die WG in wirtschaftl selbstständigen Akten an den Erwerber des GesAnteils (BFH VIII R 66/96 aaO) oder gleichzeitig an einen anderen Erwerber entgeltl veräußert werden. Zur **doppelstöckigen PersGes** s Rz 401; *Behrens ua* DStR 02, 481. – **(2) Wesentliche Betriebsgrundlage iSv § 16.** Dies sind WG (s Rz 100 ff) des SonderBV, die für die PersGes **funktional** wesentl sind (zB BFH VIII B 21/93 BStBl II 95, 890; einschr *Wendt* FR 02, 1187) *oder* – anders als zB bei § 6 III (Rz 15, 101, 435) – erhebl **stille Reserven** beinhalten (BFH IV R 84/96 BStBl II 98, 104 zu SonderBV II, vgl auch Rz 161). Dazu gehört idR SonderBV I, zB ein der PersGes zur betriebl Nutzung überlassenes Grundstück (BFH XI R 30/05 BStBl II 07, 524: Dachgeschoss), aber auch SonderBV II mit erhebl stillen Reserven (BFH IV R 84/96 aaO); zu funktional wesentl SonderBV II (zB Anteil an Komplementär-/Kommanditisten-GmbH) s § 15 Rz 517, 714. – **(3) Einbringung.** Zur nicht geklärten Rechtslage bei **§ 20 UmwStG** vgl – allerdings jeweils nur beiläufig – einerseits BFH I R 183/94 BStBl II 96, 342 (nur SonderBV I), andererseits IV R 84/96 aaO (nur funktional, aber auch SonderBV II). Letzterem ist bei Buchwertfortführung durch KapGes zu folgen (vgl BFH I R 97/08 BStBl II 10, 808; IV B 81/06 BFH/NV 07, 1939). Ähnl *BMF* BStBl I 00, 1253 zu UmwStG aF: quantitative Betrachtung bei Einbringung durch natürl Person *und* Ansatz von TW/gemeinen Werten; das *BMF-Schrb* BStBl I 11, 1314 zu UmwStG nF (SEStEG) enthält hierzu keine ausdrückl Aussage (vgl aber dort Rz 20.10/06, 15.02/04). ME ist auch iRv **§ 24 UmwStG** bei Buchwertfortführung durch PersGes die Einbringung der funktional wesentl WG ausreichend, nicht hingegen bei Ansatz von TW/gemeiner Wert (vgl dazu BFH III R 39/91 BStBl II 94, 458; zu Teilen von MUeranteilen ab 2002 vgl Rz 413). – **(4) Ausgliederung/Gesamtplan.** Werden wesentl Betriebsgrundlagen des SonderBV (zB Grundstück) **zeitgleich** mit der Anteilsveräußerung nach § 6 V zu **Buchwerten**

in ein anderes BV umgegliedert, ist nach hM die Anteilsveräußerung estpfl, aber mangels Veräußerung des ganzen MUeranteils nicht begünstigt (BFH GrS 2/98 BStBl II 00, 123; IV R 52/08 BStBl II 11, 261; aA *Hannes* DStR 97, 685/689); zu Ausnahmen bei Sachgesamtheiten s Rz 415. Gleiches gilt mE, wenn Buchwertausgliederung im zeitl und wirtschaftl Zusammenhang mit der Veräußerung steht (sog „Gesamtplan"; Rz 94, 188, 411; *Wendt* FR 10, 386; *Wacker* NWB 10, 2382/7); *BMF* BStBl I 11, 1314 Rz 20.07/10, 24.03; BFH IV R 44/10, BFH/NV 13, 376; FG Nbg DStRE 14, 527, Rev IV R 22/13; ***aA*** jedoch BFH I R 72/08 BStBl II 10, 471; I B 192/12 juris; s auch BFH X R 60/09 BStBl II 12, 638: fremdübl Grundstücksveräußerung iVm Zwischenwerteinbringung nach § 24 UmwStG unschädl). **Ungeklärt** ist nunmehr allerdings, ob die Lockerung der Rspr zum Verhältnis von § 6 III und § 6 V (BFH IV R 41/11 DStR 12, 2118; s einschließl Kritik Rz 15, § 6 Rz 650) auf §§ 20, 24 UmwStG von Rspr (und FinVerw) mit der mE abzulehnenden Folge ausgedehnt wird, dass der Buchwert oder Zwischenwert (vgl BFH X R 60/09 aaO) auch bei Rückbehalt funktional wesentl (Sonder-)BV angesetzt werden könnte (Rz 200/3; *Brandenberg* DB 13, 17; abl für § 20 UmwStG 1977 BFH IV R 29/09 BStBl II 13, 387; uU aA BFH IV R 29/14 DB 15, 222 zu § 24 UmwStG 1995). – **(5) Ausweichgestaltungen: – (a) Rechtslage bis 1998.** S hier bis 34. Aufl: uU Übertragung/Buchwertverkauf auf gewerbl Schwester-PersGes.– **(b) Rechtslage 1999/2000.** S Darstellung in 20. Aufl. – **(c) Rechtslage ab 2001.** Da der Buchwertzwang des § 6 V 3 Nr 2, 2. Alt grds auch für die Übertragung von SonderBV in das Gesamthandsvermögen einer SchwesterPersGes („andere MUerschaft") greift, ist der Gewinn aus der Veräußerung des GesAnteil begünstigt, *wenn kein* gesamtplanmäßiger (sachl/zeitl) Zusammenhang zur Buchwertübertragung besteht; der maßgebl Abstand dürfte idR enger als die 3-jährige Sperrfrist (§ 6 V 4 nF) zu fassen sein (aA *Brandenberg* Stb 04, 65/-8); anderfalls führt die Veräußerung des Restanteils zu lfd Gewinn (s oben); zu dessen *unentgeltl* Übertragung s Rz 435. Gleiches gilt mE, wenn Gewinn aus vorgeschalteter Veräußerung des SonderBV nach **§ 6b** neutralisiert wird (arg § 34 I 4; Rz 108; aA *Bogenschütz ua,* DStR 03, 1097, 1102). – **(6) Veräußerung von SonderBV.** Werden nur die WG des SonderBV ohne den GesAnteil veräußert, ist dies keine Veräußerung eines MUeranteils, Bruchteils davon oder Teilbetriebs (BFH VIII B 234/04 BFH/NV 06, 519; *BMF* aaO, Tz 20; *Kanzler* FS Korn, 287, 304; zu Teilbetrieben im SonderBV s Rz 160, 162).

d) Ausgliederung von WG; Teileinheiten. Werden bei Veräußerung eines GesAnteils vorab WG aus dem GesVermögen (mE unerhebl, ob wesentl Betriebsgrundlage oder nicht) ins PV der Ges'ter übertragen **(Vorabentnahme),** ist gleichwohl eine Veräußerung (evtl Aufgabe) eines MUeranteils gegeben; tarifbegünstigt ist auch der Gewinn aus der Vorabentnahme (BFH IV R 67/86 BStBl II 90, 132). – **Nicht begünstigte** Veräußerung von Anteilen an einzelnen WG liegt aber vor, wenn in sachl/zeitl Zusammenhang (Gesamtplan-Rspr) mit der Veräußerung von GesAnteilen wesentl Betriebsgrundlagen *(EinzelWG)* aus dem GesVermögen *zu Buchwerten* in ein anderes *BV* der Ges'ter übertragen worden sind (BFH VIII R 65/02 BStBl II 06, 160; zu § 6 I Nr 4 S 5 vgl Rz 94; zur str Übertragung *zw* SchwesterPersGes sowie zur Übernahme von *Verbindlichkeiten* s § 6 Rz 702); Gleiches gilt, wenn nach Auslagerung der EinzelWG der MUeranteil an der *aufnehmenden* PersGes veräußert wird (BFH IV R 57/11, BStBl II 15, 536). Die Lockerung der Rspr zu § 6 III durch BFH IV R 41/11 DStR 12, 2118 (Rz 15) ändert hieran nichts (BFH IV R 44/10 BFH/NV 13, 376; Rz 94, 113, 153, 407/14). – **Anders** ist dies aber, wenn zw Übertragung der EinzelWG und Anteilsveräußerung kein sachl/zeitl Zusammenhang besteht (s Rz 414, 411) *oder* die Ausgliederung einen **UnterPersGes-Anteil** oder einen Teilbetrieb einschließl 100%-iger Beteiligung an KapGes betrifft (vgl BFH IV R 49/08 BStBl II 10, 726; BFH IV R 26/12, BStBl II 15, 797; Rz 390/5, 401); Gleiches gilt mE bei sonstigen KapGesanteilen (s Rz 390). 415

416 **e) Formwechsel.** Die formwechselnde Umwandlung einer PersGes **in** eine **PersGes anderer Rechtsform** unter Wahrung der zivilrechtl Identität und Beteiligungsverhältnisse, zB OHG in GbR oder KG und umgekehrt (BFH IV R 36/79 BStBl II 83, 459), ist grds weder Veräußerung oder Aufgabe der MUeranteile noch eine solche des ganzen GewBetr der PersGes; Ausnahme: umwandlungsbedingter Wegfall der gewerbl Prägung (s einschl GmbH & Co *GbR* s Rz 175/6, § 15 Rz 227/33). Zudem kann die Umwandlung die zivilrechtl Folge zB einer Veräußerung des GewBetr der PersGes sein (BFH IV R 167/80 BStBl II 81, 527). Hiervon ist die Neugründung einer – ggf personenidentischen – PersGes abzugrenzen (BFH VIII R 5/92 BStBl II 94, 856; anders uU IV R 26/98 BStBl II 99, 604; s auch Rz 7, 422, 567). – Die formwechselnde Umwandlung einer „PersGes" **in eine KapGes** (vgl § 191 I Nr 1, II Nr 3 UmwG) gilt hingegen estrechtl gem § 25 UmwStG – ebenso wie eine Einbringung von MUeranteilen in eine KapGes gegen Gewährung von GesRechten (s Rz 413) – als Veräußerung mit der Maßgabe, dass vorrangig die §§ 20ff UmwStG anzuwenden sind (kein Maßgeblichkeitsgrundsatz, kein Zwang zur Buchfortführung; vgl *BMF* BStBl I 06, 445; I 11, 1314 Rz 25.01 iVm 20.01ff). Zu SonderBV s *Boorberg* DB 07, 1777 (zweifelhaft); zu § 50i II s dort.

417 **5. Entgeltl Veräußerung/Aufgabe eines Teils eines MUeranteils. – a) PersGes mit Gesamthandsvermögen.** S Rz 408, 565, folgende gesrechtl Vorgänge: – ***(1)*** Eintritt eines weiteren Ges'ters in eine PersGes ohne Ausscheiden eines der bisherigen Ges'ter gegen Leistung eines Entgelts an einen oder alle bisherigen Ges'ter (s Rz 562); – ***(2)*** entgeltl Änd der Beteiligungsverhältnisse ohne Ausscheiden eines der bisherigen Ges'ter und ohne Eintritt eines neuen Ges'ters (s Rz 567). – Zivilrechtl bleibt in beiden Fällen die Identität der Ges gewahrt. Im Falle zu *(1)* vermindern sich die Mitgliedschaftsrechte aller oder einzelner Ges'ter nach Maßgabe des Aufnahmevertrags zu Gunsten des Eintretenden. Im Falle zu *(2)* verringert sich die Rechtsstellung der einen Ges'ter für alle oder einige Mitgliedschaftsrechte zu Gunsten des oder der anderen Ges'ter. – Sämtl Vorgänge fielen nach der Rechtslage bis einschließl **2001** unter § 16 I Nr 2 aF (vgl auch zu SonderBV Rz 410), es sei denn, dass eine unentgeltl Übertragung vorlag (§ 6 III; Rz 430) oder vorrangig § 24 UmwStG eingriff (s Rz 562ff, 413). Bei Veräußerungen oder Einbringungen von *Teilen* von MUeranteilen ab dem 1.1.2002 entfallen jedoch Freibetrag (§ 16 IV) und Tarifermäßigung (§ 34 I, III); vgl § 16 I S 1 Nr 2/3, S 2 EStG, 24 III UmwStG aF/nF (dazu Rz 411, 413) – Erwirbt ein Ges'ter den GesAnteil eines anderen Ges'ters, besteht *zivilrechtl* nur noch *ein* GesAnteil (zB BFH IV R 15/96 BStBl II 97, 535 zu 1. hL; krit *Priester* DB 98, 55: Selbstständigkeit bei rechtl Sonderausstattung); eine „Weiterveräußerung" des erworbenen Anteils ist Veräußerung eines Bruchteils eines Ges-/MUeranteils (*Schulze zur Wiesche* FS Reiss, 413/27); zum Buchwertanteil s Rz 409.

419 **b) Andere MUerschaften mit Gesamthandsvermögen.** Andere MUerschaften mit Gesamthandsvermögen (zB Erben-, Gütergemeinschaft). Es gelten diese Grundsätze sinngemäß.

420 **c) Atypische stille Gesellschaft. – aa) Veräußerung.** Bei diesen GesFormen (zu atypische UnterbeteiligungsGes, s Rz 407; zu Ehegatten s § 15 Rz 375) sind Veräußerung (und Erwerb, s Rz 496) eines MUeranteils iSv § 16 I 1 Nr 2 folgende (entgeltl; s Rz 430) gesellschaftsrechtl Rechtsvorgänge (*Groh* FS Kruse, 417/427): ***(1)*** Auflösung und Beendigung der atypischen stillen Ges (oder anderen InnenGes) durch Ausscheiden des stillen Ges'ters und Fortführung des Unternehmens durch den tätigen Teilhaber, ***(2)*** Auflösung und Beendigung der atypischen stillen Ges durch Übereignung des Unternehmens auf den atypischen stillen Ges'ter und Fortführung durch diesen, ***(3)*** Übertragung der atypischen stillen Beteiligung auf Dritten oder des Handelsgeschäfts auf einen Dritten unter Fortbestand der atypischen stillen Beteiligung (zB BFH IV R 90/05 DStR 09,

683; *Oenings* DStR 08, 279; zur GewSt s *Knupfer ua* Ubg 14, 361). *Zivilrechtl* tritt bei ***(1)*** keine Änderung der sachenrechtl Rechtszuständigkeit ein; der Inhaber des Handelsgeschäfts war und ist Alleineigentümer des BV; der atypische stille Ges'ter erlangt anstelle seiner schuldrechtl Mitberechtigung am BV einen Abfindungsanspruch. Die *estrechtl* Wertung muss sowohl für den stillen Ges'ter als auch den Inhaber des Handelsgeschäfts der des Ausscheidens eines Ges'ters aus einer zweigliedrigen OHG oder KG entsprechen: Veräußerung des MUeranteils des atypischen stillen Ges'ters (BFH IV R 18/98 BStBl II 99, 286) und (anteiliger) entgeltl Erwerb durch den Inhaber des Handelsgeschäfts (str, s Rz 496). Tragend hierfür ist sowohl die Gleichwertigkeit der MUerschaften mit und ohne Gesamthandsvermögen (vgl BFH IV R 75/96 BStBl II 98, 137/8; § 15 Rz 174) als auch der Gedanke, dass nach dem maßgebl Innenverhältnis die Geschäfte sämtl Ges'tern *zuzurechnen* sind (BFH VIII R 42/94 BStBl II 98, 328). Demnach ist auch bei ***(2)*** – trotz Änderung der zivilrechtl Rechtszuständigkeit (stiller Ges'ter wird Eigentümer der WG des BV; der bisher tätige Teilhaber erlangt einen Abfindungsanspruch) – entspr dem Ausscheiden eines Ges'ters aus einer zweigliedrigen PersGes von der Veräußerung des MUeranteils des tätigen Teilhabers auszugehen. Zur GewSt s BFH/IV R 38/09 BStBl II 13, 958.

bb) Estrechtl Formwechsel. Keine Veräußerung (Aufgabe) von MUeranteilen oder Veräußerung (Aufgabe) des ganzen GewBetr ist hingegen die „estrechtl formwechselnde" Umwandlung einer atypischen stillen Ges in eine **KG** und umgekehrt, obwohl hier zivilrechtl die Identität der Ges *nicht* gewahrt ist und sachenrechtl eine Änderung der Rechtszuständigkeit eintritt (BFH IV R 10/07 BStBl II 08, 118; IV B 94/09 BFH/NV 10, 1272: betr KGaA; *Hageböke* DB 10, 1610: § 24 UmwStG; s auch Rz 416). Gleiches sollte mE gelten, wenn die unentgeltl (Rz 430) eingeräumte atypisch stille **Unterbeteiligung an einem MUeranteil** gegen eine unmittelbare Beteiligung an der HauptGes „getauscht" wird (*Ottersbach* FR 99, 201/4; BFH IV R 75/96 aaO: atypisch still Beteiligter gem § 15 I 1 Nr 2 S 2 mittelbarer MUer der Haupt-Ges; vgl auch Rz 407 aE), nicht aber bei Umwandlung der HauptPersGes in KapGes (*Schindhelm ua,* DStR 03, 1469/72). 422

cc) Teilanteil. Auch die Veräußerung eines Bruchteils der atypischen stillen Beteiligung bzw des Anteils des Inhabers des Handelsgeschäfts an der stillen Ges ist Veräußerung eines MUeranteils (*Hild/Schuch* DB 93, 181/5). Zu Freibetrag (§ 16 IV)/Tarifermäßigung (§ 34 I, III) vgl Rz 2, 411, 413. 423

6. Abgrenzung zu Veräußerung; Aufgabe eines MUeranteils. S auch Rz 110, 120, 390. Wenn zB eine KG ihren ganzen GewBetr (begünstigt) veräußert oder aufgibt (§ 16 I 1 Nr 1, III) oder allmähl (nichtbegünstigt) abwickelt und danach voll beendet wird, hat das Erlöschen der GesAnteile idR nicht die Rechtsfolgen der Veräußerung oder Aufgabe eines MUeranteils. § 16 I 1 Nr 1, III haben Vorrang ggü § 16 I 1 Nr 2, III. Zur Realteilung s Rz 530 ff. Soweit aber ein MUer SonderBV hat und dieses bei der Veräußerung des ganzen GewBetr der MUerschaft nicht mitveräußert, sondern ins PV überführt wird, liegt für den M'Uer eine begünstigte Aufgabe seines MUeranteils vor (s Rz 414). Zum gleichen Ergebnis führt die Annahme einer Veräußerung oder Aufgabe des ganzen GewBetr der PersGes mit der Maßgabe, dass der gemeine Wert nicht mitveräußerter WG des SonderBV analog § 16 III 7 dem Veräußerungs- bzw Aufgabepreis hinzuzurechnen ist (ähnl BFH IV R 53/91 BStBl II 95, 112). – Soweit ein MUer bei Veräußerung (Aufgabe) des GewBetr der PersGes WG des **SonderBV,** die wesentl Betriebsgrundlagen sind, nicht mitveräußert, sondern *zum Buchwert in ein anderes BV* des MUers überführt, ist der Anteil dieses MUers am Gewinn aus der Veräußerung des GewBetr der PersGes nicht begünstigt (Rz 401/7; 414/5). Ob er zur Buchwertfortführung auf Grund § 6 V 2 EStG 99 und § 6 V 3 nF *gezwungen* ist, erscheint fragl (vgl EStR *(98)* 14 II 3 und 4; Rz 94, 153, 413 ff). – **Keine Veräußerung** (Aufgabe) des ganzen GewBetr der PersGes, sondern eine Veräußerung von 424

MUeranteilen liegt vor, wenn alle Ges'ter gleichzeitig ihre Anteile an verschiedene Erwerber unter zivilrechtl Wahrung der Identität der PersGes oder an denselben Erwerber mit Untergang der PersGes veräußern.

430 **7. Unentgeltl Übertragung eines MUeranteils, – a) Grundsätze.** Keine Veräußerung iSv § 16 I 1 Nr 2 (und auch keine Aufgabe iSv § 16 III), sondern unentgeltl Übertragung iSv § 6 III 1 (§ 7 EStDV aF) liegt vor, wenn – ***(1)*** ein **gesamter MUeranteil** voll unentgeltl (s Rz 35 ff) übergeht, vorausgesetzt, dass der Übertragende (noch) MUer war (vgl BFH VIII R 154/85 BStBl II 86, 896) und der Erwerber MUer wird (s Rz 437). Es wird kein Gewinn oder Verlust realisiert, der unentgeltl Erwerber hat den Buchwert des MUeranteils fortzuführen (§ 6 III 3; Rz 37); der anteilige Übergang der Schulden der Ges ändert daran nichts (s Rz 38). Gleiches gilt bei Übertragung einer atypisch stillen (Unter-)Beteiligung (BFH VIII R 37/97 BFH/NV 00, 310; zu §§ 7, 13a ErbStG s BFH II R 10/06 BStBl II 08, 631; *FinVerw* ZEV 10, 543). Zur Frage, ob alle funktional wesentl Betriebsgrundlagen zu übertragen sind, s – einschließl der Lockerung der Rspr zu § 6 III durch BFH IV R 41/11 DStR 12, 2118 – Rz 15. – ***(2)*** Bis einschließl VZ 2000 wurde auch die *unentgeltl* Übertragung eines **Teils** des **MUeranteils** von § 6 III aF erfasst (s hier 31. Aufl). Ab VZ 2001 wird dies in § 6 III 1 *HS 2* klarstellend (BT-Drs 14/6882, 32; BFH X R 35/04 BFH/NV 06, 521) geregelt. Zu Einzelheiten – einschließl § 6 III *2* sowie den Folgerungen aus BFH IV R 41/11 (aaO) – s § 6 Rz 664 ff; zu **SonderBV** s auch § 16 Rz 435. – ***(3)*** Scheidet ein Ges'ter **ohne** eine **Abfindung** aus, ist dies idR eine unentgeltl Übertragung (*FinVerw* FR 02, 1151; s aber Rz 513). Gleiches gilt, wenn der Ges'ter seinen nach dem Verkehrswert seines GesAnteil bemessenen Abfindungsanspruch nicht geltend macht (FG Nbg EFG 01, 566). Erhält der ausgeschiedene Ges'ter auf Grund des GesVertrages eine Abfindung, die geringer ist als der Verkehrswert seines GesAnteils, ist dies entgeltl Veräußerung, sofern die Abfindungsregelung für alle Ges'ter gilt und nicht auf familiären Gründen beruht (BFH X R 193/87 BStBl II 92, 465), andernfalls liegt teilentgeltl Übertragung vor. Zur Buchwertabfindung unter Verzicht auf wertlose Darlehen s BFH IV R 77/93 BStBl II 98, 120 zu 2b. – ***(4)*** Zu **Nießbrauch** s Rz 71/2.

431 **b) Vermutungen.** Bei Vereinbarungen zw *Fremden* ist zu vermuten, dass Leistung und Gegenleistung kfm gegeneinander abgewogen sind und die Übertragung daher voll entgeltl ist. Umgekehrt besteht bei Vereinbarungen zw **Familienangehörigen** eine (widerlegbare) Vermutung, dass die beiderseitigen Leistungen nicht kfm abgewogen sind (s iEinz Rz 77 mwN). Maßgebl ist ua, ob eine gleichartige Vereinbarung auch zw Fremden zustande gekommen wäre. Fehlt es hieran, ist die Übertragung entweder voll unentgeltl (§ 6 III) oder teilentgeltl. – ***(1)*** **Voll unentgeltl** ist die Übertragung zB, wenn die tatbestandl Voraussetzung des Rechtsinstituts der „Vermögensübertragung gegen Versorgungsleistungen" erfüllt sind (§ 10 I Nr 1a nF; Rz 47). – ***(2)*** **Teilentgeltl** ist eine Übertragung zB, wenn eine Gegenleistung erbracht wird, die obj geringer als der Wert des MUeranteils ist und weder die Voraussetzungen einer „Vermögensübertragung gegen Versorgungsleistungen" (Rz 432) noch die einer voll entgeltl Übertragung (s Rz 77) erfüllt sind. Eine teilentgeltl Übertragung ist beim Veräußerer (und Erwerber) grds wie eine voll entgeltl oder eine unentgeltl Übertragung zu beurteilen, je nachdem, ob das Entgelt höher oder gleich bzw niedriger als der Buchwert des MUeranteils ist (s auch Rz 39, 58–60, 412). Zum gleichzeitigen Übergang von SonderBV ins PV s Rz 435/436.

434 **c) Negatives KapKto.** Dessen Übernahme steht – gleichgültig ob sie durch Verlustzurechnung oder Entnahmen entstanden ist und ob darin eine Ausgleichspflicht zum Ausdruck kommt (zB OHG-Ges'ter) – der Annahme einer voll unentgeltl Anteilsübertragung iSv § 6 III zw **Familienangehörigen** jedenfalls dann nicht entgegen, wenn stille Reserven vorhanden sind und der Anteil noch eine Gewinnchance repräsentiert und wenn keine (sonstigen) Gegenleistungen erbracht

werden (BFH VIII R 76/96 BStBl II 99, 269 zu II 2c; vgl auch Rz 590, 663; § 15a Rz 234; *BMF* BStBl I 93, 80 Rz 30; str, s auch Rz 38, 68; zur teilentgeltl Übertragung s Rz 69). Anders bei **Fremden,** wenn es dem Ausscheidenden darum geht, sein verlustbringendes Engagement zu beenden (BFH IV R 77/93 BStBl II 98, 180 zu 2b; BFH VIII R 76/96 aaO). Steht bereits bei „schenkweiser" Übertragung eines **wertlosen KG-Anteils** fest, dass das durch ausgleichs- und abzugsfähige Verluste entstandene negative KapKto eines K'tisten durch künftige Gewinnanteile nicht mehr ausgeglichen werden kann, ist das negative KapKto bereits vor Übertragung gewinnwirksam weggefallen (BFH VIII B 17/92 BFH/NV 1993, 421; § 15a Rz 13 ff, 233). Bei Anteilsübertragung zu einem Zeitpunkt, zu dem mit einem Wegfall des negativen KapKtos (Nichtentstehen künftiger Gewinne) ernstl nicht mehr zu rechnen ist, wird idR eine Aufgabe des MUeranteils (§ 16 III) durch den Schenker gegeben sein, weil der Beschenkte mangels Gewinnabsicht und -chance nicht MUer wird (vgl BFH VIII R 154/85 BStBl II 86, 896; s auch Rz 469, § 15a Rz 229 ff).

d) SonderBV. – ***(1)*** Übertragung des **gesamten MUeranteils** (s Rz 430). Da der Begriff des MUeranteils auch das SonderBV eines MUers umfasst (s Rz 407, 414), erfordert eine **unentgeltl** Anteilsübertragung iSv § 6 III mit Buchwertfortführung nach **hM** grds (s aber Rz 674), dass *diejenigen* WG des SonderBV mitübertragen werden, die für die MUerschaft **funktional wesentl** sind; deren Buchwertausgliederung (§ 6 V) oder Entnahme schließt nach hL eine Buchwertfortführung nach § 6 III 1, 3 bezügl des GesAnteils auch dann aus, wenn die Rechtsvorgänge nicht zeitgleich, sondern in sachl/zeitl Zusammenhang vollzogen werden (Gesamtplan; *BMF* BStBl I 458 Rz 7; zutr); Folge: Aufdeckung der stillen Reserven im GesAnteil (ggf iRe BetrAufgabe). Hiervon ist **BFH IV R 41/11** (DStR 12, 2118) abgerückt: kumulative Buchwertfortführung gem § 6 III *und* § 6 V; Gesamtplan unschädl; Grenze: Betriebszerschlagung/-aufgabe. Demnach kann auch die Entnahme oder Veräußerung funktional wesentl WG die Geltung von § 6 III 1 (betr Rest-BV) nicht hindern (Folge: keine Aufgabe des MUeranteils; **aA** *BMF* BStBl I 13, 1164: vorläufige Nichtanwendung). S zu allem – einschließl Kritik – Rz 15; § 6 Rz 650). Zum Tod des Nießbraucher-MUers s *Mielke* DStR 14, 18. Werden **nicht wesentl** WG (iSv § 6 III) des SonderBV zurückbehalten, ist § 6 III auch nach hM (s. o.) erfüllt; die WG können entweder erfolgsneutral in ein anderes BV überführt/übertragen (§ 6 V) oder ins PV entnommen werden (Folge: lfd Entnahmegewinn, grds keine GewSt; BFH IV R 93/85 BStBl II 88, 374 zu 4.; *BMF* aaO, Tz 8). – ***(2)*** Übertragung des **Bruchteils** eines **MUeranteils** (vgl Rz 430). – ***(a)*** Nach **hM** regelt § 6 III 1, HS 2 die quotenkongruente Mitübertragung aller funktional wesentl WG des SonderBV (gegenständl Kongruenzgebot entspr Rechtslage bis VZ 2000), § 6 III S 2 (iVm S 1, HS 2) hingegen den vollständigen oder teilweisen Rückbehalt solcher WG des SonderBV unter der einschr Voraussetzung, dass diese „weiterhin zum (Sonder)BV derselben MUerschaft gehören" und der unentgeltl Rechtsnachfolger den „übernommenen MUeranteil über einen Zeitraum von mindestens 5 Jahren nicht veräußert oder aufgibt" (Einzelheiten s hier 31. Aufl). – ***(b)*** **AA BFH IV R 41/11** DStR 12, 2118: wertmäßige Kongruenz; funktional wesentl SonderBV kann iZm § 6 III nach § 6 V ausgegliedert werden (s – einschließl Veräußerung/Entnahme des SonderBV – zu (1)). Darüber hinaus erfasst § 6 III auch überquotal mitübertragenes SonderBV. Vgl zu allem – einschließl Kritik – Rz 15, 204; *Brandenberg* DB 13, 17; *BMF* BStBl I 13, 1164: vorläufige Nichtanwendung, umfassend § 6 Rz 664 ff. 435

e) Teilentgelt. Die zu Rz 435 dargestellten Grundsätze zur Beurteilung von **SonderBV** dürften auch für eine teilentgeltl Übertragung eines MUeranteils gelten, sofern das Entgelt *nicht* höher ist als der Buchwert des MUeranteils (str, s Rz 433). Zur Kombination von entgeltl Übertragung des GesAnteils und Schenkung des SonderBV s Rz 410. 436

437 **f) Erwerber.** Voraussetzung einer unentgeltl Anteilsübertragung iSv § 6 III ist auch, dass der Erwerber des GesAnteils **MUer** wird. Fehlt es hieran zB auf Grund der Verpflichtung des Beschenkten zur Drittveräußerung, liegt idR eine Aufgabe des MUeranteils durch den Schenker vor (Rz 434/438). Bei Übertragung unter freiem Widerrufsvorbehalt, ist der MUeranteil hingegen weiterhin dem Schenker zuzurechnen (s auch zu bedingten Klauseln s § 15 Rz 300).

438 **8. Aufgabe des MUeranteils.** Der Tatbestand wird nunmehr in § 16 III 1 ausdrückl genannt (zu § 13a ErbStG aF/nF s BFH II B 32/04; II R 39/03; BStBl II 04, 747; 05, 571); er will MUer und Einzelunternehmer vor allem dann gleichstellen, wenn zwar der GesAnteil, nicht aber der MUeranteil (vgl Rz 404) auf den Erwerber übergeht (zB BFH VIII R 76/96 BStBl II 99, 269 zu II 2b; BFH IV R 18/98 BStBl II 99, 286), zB wegen zurückbehaltenem SonderBV (Rz 414, 435; zur unentgeltl Übertragung s Rz 430/-4/-5/-7; zur verdeckten Einlage vgl Rz 513; zur atypisch stillen Ges s FG Nbg EFG 01, 566; Rz 513). Gleiches gilt, wenn der genannte MUeranteil *aufgeteilt* und in sachl/zeitl Zusammenhang an verschiedene (Teil-)Erwerber veräußert wird (BFH IV R 69/04 BStBl II 10, 973; zu § 16 I S 1 Nr 2, S 2 s Rz 411). Zur Realteilung nach § 16 III 2 s Rz 531. Hingegen begründet der Wegfall des negativen KapKtos eines K'tisten keine Aufgabe des MUeranteils (BFH VIII R 26/94, *juris;* vgl aber auch Rz 434 aE). Zur Sonderung *lfd* Gewinnanteile s Rz 424.

440 **9. Zeitpunkt der Veräußerung/Rückbeziehung.** Bestimmend für Gewinnrealisierung und Abgrenzung des Anteils am nichtbegünstigten lfd Gewinn vom Veräußerungs- oder Aufgabegewinn ist der Zeitpunkt, zu dem der MUeranteil auf einen neuen oder einen der bisherigen Ges'ter übergeht oder erlischt.

441 **a) Grundsätze.** Bei einer **Anteilsübertragung** ist dies grds der Zeitpunkt des Abschlusses des Verfügungsvertrags über den MUeranteil, sofern dieser nicht erst zu einem *späteren* Zeitpunkt wirksam werden soll (BFH IV R 107/92 BStBl II 93, 666) oder aufschiebend bedingt ist (BFH IV R 3/07 BStBl II 10, 182), es sei denn (Gegenausnahme), der Erwerber wird bereits zu einem früheren Zeitpunkt wirtschaftl Inhaber des MUeranteils (BFH IV R 22/06 BFH/NV 08, 109 betr wechselseitige Optionen; s auch *Kessler ua* DB 14, 2190; zum Zweistufenmodell s 32. Aufl Rz 565). Bei **Ausscheiden mit Untergang des GesAnteils** ist der Zeitpunkt des Abschlusses des entspr Vertrags zw den Ges'tern oder der Zeitpunkt maßgebl, zu dem eine Kündigung wirksam wird, die nach dem Ges-Vertrag zum Verlust der Mitgliedschaft des Kündigenden oder desjenigen, dem gekündigt wird, führt (vgl BFH IV R 10/83 BStBl II 84, 786). Dies gilt auch dann, wenn noch keine Einigung über die Höhe der Abfindung zustande gekommen ist (BFH IV R 70/86 BFH/NV 90, 31). – Zur Veräußerung im bevorstehenden „Schnittpunkt der Jahre" s BFH IV R 47/73 BStBl II 74, 707; mit „Wirkung vom 1. Januar des Jahres 02" s zB VIII R 76/96 BStBl II 99, 269: Gewinn erst in 02 realisiert; „mit Wirkung zum 31.12.01" s BFH IV R 52/08 BStBl II 11, 261: Gewinn (Verlust) in 01 realisiert. – **Abw Wj** (§ 4 II Nr 2): Anders als im Fall des Ausscheidens aus einer zweigliedrigen PersGes (vgl BFH IV R 59/98 BStBl II 00, 170) entsteht bei fortbestehender PersGes auf Grund der Veräußerung des MUeranteils kein RumpfWj (Rz 463); gleichwohl ist der Veräußerungsgewinn bereits im Jahr der Veräußerung zu erfassen (BFH X R 8/07 BStBl II 10, 1043; zutr; zur Gegenansicht s 29. Aufl). *Beispiel:* Wj 1.4.01–31.3.02; Veräußerung am 30.11.01; Erfassung im VZ 01. Wird nur ein *Teil*Anteil übertragen, bleibt es mE bei der Zuordnung gem § 4a II Nr 2. – Zur **Gewinnfeststellung** bei Ges'tereintritt bzw -austritt, insb während des Wj s BFH BStBl II VIII R 36/93 BStBl II 95, 770 auch zu § 30 AO.

442 **b) Rückbeziehung. – aa) Grundsatz.** Die schuldrechtl Rückbeziehung einer während des Wj getroffenen Austritts- bzw Eintrittsvereinbarung auf den Beginn des Wj ändert nichts daran, dass ein Veräußerungsgewinn erst mit Vertragsabschluss verwirklicht ist, einem ausscheidenden Ges'ter noch sein vertragl Anteil an dem *bis*

dahin erwirtschafteten laufenden Gewinn oder Verlust zuzurechnen ist und einem neuen Ges'ter nur sein vertragl Anteil an dem *ab* Vertragsabschluss erwirtschafteten Gewinn oder Verlust zuzurechnen ist (Einzelheiten s § 15 Rz 452-5).

bb) Ausnahmen. – (1) Klarstellung/Vereinfachung. Eine Rückbeziehung 443 ist estrechtl ausnahmsweise beachtl, wenn *(a)* sie in einem gerichtl oder außergerichtl Vergleich enthalten ist und einen ernstl streitigen Sachverhalt (FG Mster EFG 14, 1574, rkr) durch Nachgeben in einer Weise klarstellt, wie dies auch durch Urteil hätte geschehen können (BFH IV R 10/83 BStBl II 84, 786; zur Erbauseinandersetzung s Rz 623) oder *(b)* die Rückbeziehung nur eine kurze Zeitspanne umfasst – mE bis zu 3 Monaten – und nur der technischen Vereinfachung der Besteuerung dient (BFH VIII B 196/05 BFH/NV 06, 1829) oder *(c)* § 20 VII/VI UmwStG aF/nF (*BMF* BStBl I 11, 1314 Rz 20.13–16; zu Anwachsungsfolgen s *Schmid ua* DStR 08, 529) oder *(d)* § 24 IV UmwStG aF/nF (*BMF* aaO Rz 24.06: Gesamtrechtsnachfolge auch iZm SonderBV-Einzelrechtsnachfolge; s aber Rz 413).

(2) Ausscheiden durch Urteil. Scheidet ein Ges'ter auf Grund Urteils oder 444 Schiedsspruchs aus, die auf eine Ausschlussklage ergangen sind (vgl § 140 HGB), wirkt der (erst) mit der Rechtskraft des Urt oder Schiedsspruchs wirksame Ausschluss *gesrechtl* (nur) insoweit auf den Zeitpunkt der Klageerhebung zurück, als dieser bestimmend ist für die Höhe des Abfindungsguthabens (§ 140 II HGB). *Estrechtl* folgt daraus, dass ein Veräußerungsgewinn zwar erst in dem VZ entsteht, in dem das Urteil Rechtskraft erlangt (aA *Littmann* § 16 Rz 150), dass aber dem Ausgeschiedenen nur ein Anteil an dem bis zur Klageerhebung erwirtschafteten lfd Gewinn zuzurechnen ist. Entsprechendes muss gelten, wenn sich eine Ausschussklage durch Vergleich erledigt und eine § 140 II HGB entspr Regelung getroffen wird. Zum Ausscheiden gegen Barabfindung bei Umwandlung KapGes in PersGes s Rz 400.

(3) GesVertrag. Ist bereits im GesVertrag vereinbart, dass ein Ges'ter beim Aus- 445 scheiden während des Wj nur ein Abfindungsguthaben erhält, das nach dem Stand des GesVermögens zum Schluss des letzten vorangegangenen Wj errechnet ist, ist der Veräußerungsgewinn zwar erst im Zeitpunkt des Ausscheidens verwirklicht; dem Ges'ter ist aber kein Anteil am Gewinn des lfd Wj zuzurechnen, weil er daran nicht teilhat; der Gewinn ist, soweit er dem Zeitraum bis zum Ausscheiden entspricht, nur den anderen bisherigen Ges'tern, iÜ allen Ges'tern einschließl eines evtl neu eingetretenen Ges'ters zuzurechnen (str).

(4) Genehmigung. Ist ein Vertrag zivilrechtl schwebend unwirksam, weil er 446 der vormundschaftsgerichtl Genehmigung bedarf, wirkt diese auch estrechtl auf den Zeitpunkt des Vertragsabschlusses zurück, sofern sie unverzügl beantragt worden war (BFH IV R 49/68 BStBl II 73, 287; weiter VIII R 29/97 BStBl II 00, 386). Dies muss für andere Fälle schwebender Unwirksamkeit gelten (vgl BFH IV R 46/91 BStBl II 92, 1024; BFH I R 71/95 BStBl II 99, 35 zu § 181 BGB), vorausgesetzt, das Rechtsgeschäft wird tatsächl nicht rückabgewickelt (BFH IV R 6/10 BFH/NV 13, 1584).

II. Einzelfragen zum Ausscheiden eines Ges'ters (Mitunternehmers) gegen *Barentgelt über* (positivem oder negativem) *Buchwert* des Mitunternehmeranteils, § 16 I 1 Nr 2

1. Entgeltl Veräußerung: Barentgelt *über* Buchwert. Das **Ausscheiden** (zu 450 den gesrechtl Formen s Rz 412, 420, 422) **gegen Barentgelt** (Kaufpreis: Abfindungsanspruch nach Ges-Vertrag oder Gesetz, zB § 738 BGB) **über Buchwert** ist *Veräußerung* iSv § 16 I 1 Nr 2, II (vgl zB BFH I R 12/94 BStBl II 95, 407: auch bei Anwachsung), wenn Leistung und Gegenleistung obj gleichwertig und/oder subj kfm gegeneinander abgewogen sind (aA *KSM* § 16 C 106: *Aufgabe* des MUeranteils, wenn Anwachsung). – Ist das Entgelt niedriger als der Verkehrswert des GesAnteils, kann voll- oder teilentgeltl Veräußerung (s Rz 430) oder, wenn der ausscheidende Ges'ter eine KapGes ist, auch vGA vorliegen (vgl BFH I R 78–80/05 BFH/NV 07, 1091: Ansatz *nur* im KSt-Bescheid; zR aA *Freikamp* DB 07, 2220). Ist das Entgelt aus privaten Gründen höher, ist die Mehrzahlung nicht Veräußerungspreis, sondern private Zuwendung, evtl (KapGes!) vGA (BFH/NV 88, 192). – Durch Ausscheiden gegen Barentgelt über Buchwert wird notwendig Gewinn realisiert (aA *Wuttke* DStR 92, 377).

451 **2. Besteuerung des Ausgeschiedenen, – a) Gegenstand der Veräußerung. – aa) Zivilrecht.** Gegenstand der Veräußerung ist der GesAnteil, dieser wird entweder auf einen Erwerber übertragen mit der Folge, dass an seine Stelle der Anspruch auf die Gegenleistung tritt, oder er erlischt mit der Folge, dass an seine Stelle ein Abfindungsanspruch gegen die fortbestehende Ges (oder bei Geschäftsübernahme nach § 140 I 2 HGB nF gegen den Übernehmer) tritt.

452 **bb) ESt-Recht.** Gegenstand der Veräußerung (und des Erwerbs, s Rz 480) sind estrechtl die ideellen **Anteile** (vgl § 39 II Nr 2 AO) des Ausgeschiedenen an den einzelnen bilanzierten und nichtbilanzierten WG des **GesVermögens,** evtl iVm dem Alleineigentum an WG des SonderBV, *nicht* der GesAnteil als immaterielles WG (zB BFH GrS 7/89 BStBl II 91, 691/700 Sp 2; IV R 52/08 BStBl II 11, 261; *BMF* BStBl I 14, 1258); in § 16 I 1 Nr 2 ist die gleichzeitige Veräußerung der Anteile an den WG des GesVermögens einer gewerbl tätigen (oder geprägten) PersGes als Veräußerung eines MUeranteils bezeichnet, ohne dass dieser damit in den Rang eines selbstständigen, von den Anteilen an den WG des GesVermögens zu unterscheidenden WG erhoben wird (str). Folge: Der Ausgeschiedene kann **§ 6b** in Anspruch nehmen (BFH IV R 83/83 BStBl II 86, 350; *FinVerw* DStR 14, 2025; dazu *Bolk* DStR 15, 1355; *Neu ua* GmbHR 16, 1; beachte aber § 34 I 4, III 6; Rz 108). Umgekehrt beginnt für den Erwerber anteilig ein neuer 6-jähriger Vorbesitzzeitraum (BFH VIII B 179/86 BStBl II 87, 782; diff BFH IV R 77/92 BFH/NV 95, 214: evtl Besitzzeitanrechnung bei Buchwertveräußerung). Ohne Einfluss ist ein Ges'terwechsel aber auf die Bindungsvoraussetzungen nach dem FördG (s § 15 Rz 411). Zur Sonderung *lfd* Gewinnanteile s Rz 342. Zu **§ 35** bei Ges'terwechsel s *BMF* BStBl I 07, 701 Rz 28 f. Zum Verlustvortrag nach **GewStG** s §§ 10a S 4/5, 36 IX. Die Grundsätze gelten für PersGes mit oder **ohne Gesamthandsvermögen** (Gleichwertigkeit der MUerschaften) zB atypische stille Ges (BFH VIII R 85/91 BStBl II 94, 243; s auch Rz 421).

454 **b) Entstehung des Veräußerungsgewinns.** – Im Zeitpunkt der Veräußerung entsteht der Gewinn, auch bei erst späterer Fälligkeit des Entgelts (s aber Rz 461). Bei Veräußerung gegen **wiederkehrende Bezüge** hat der Ausgeschiedene nach den für die Veräußerung des ganzen GewBetr gültigen Grundsätzen (s Rz 221 ff) ein Wahlrecht zw begünstigter Sofortbesteuerung und nichtbegünstigter Zuflussbesteuerung. Auch bei Veräußerung nur eines Teils eines MUeranteils (s Rz 408) dürfte – ähnl wie bei Veräußerung eines Teilbetriebs (s Rz 250) – ein Wahlrecht bestehen, dies sollte mE (vgl Rz 222) auch ab 2002 (vgl § 16 I 1 Nr 2/3, 2: *lfd* Gewinn; s Rz 411) gelten (*Neu ua* DStR 03, 61/4).

455 **c) Veräußerungspreis; Veräußerungskosten. – aa) Veräußerungspreis.** Geht der GesAnteil zivilrechtl auf einen neuen Ges'ter oder einen der bisherigen MitGes'ter über, ist der Veräußerungspreis grds – störungsfreie Abwicklung der Veräußerung vorausgesetzt (s Rz 265, 461, 474) – gleich dem vereinbarten **Entgelt;** ob auch der auf den Erwerber übergehende Anteil an den Schulden der PersGes bzw der entspr Freistellungsanspruch „Entgelt" ist (bej BFH GrS 4–6/89 BStBl II 90, 847/54) oder nur den (Buch-)Wert iSv § 16 II (Nettobuchwert) mindert (so *KSM* § 16 E 45, 50; evtl BFH GrS 1/92 BStBl II 93, 894), ist für die Höhe des Veräußerungsgewinns iErg unerhebl (anders für die AK des Erwerbers, s Rz 267, 480 ff).

bb) Einzelfragen. – (1) Klauseln; Umfang; Höhe. Erlischt der GesAnteil, ist Veräußerungspreis der gegen die Ges (oder den Übernehmer nach § 140 I 2 HGB nF) gerichtete **Abfindungsanspruch** (vgl BFH IV R 66/92 BStBl II 94, 227) – evtl zuzügl des Anspruchs auf Haftungsfreistellung (s Rz 464) –, dessen Höhe sich richtet: nach HGB und BGB (Abschichtungsbilanz, vgl § 738 BGB); oder nach abw Bestimmungen im GesVertrag (zu Abfindungsklauseln, insb **Buchwertklauseln,** zB *K. Schmidt* GesRecht, § 50 IV 2; *Henze* FS K. Schmidt, 619; *Herff* GmbHR 12, 621; BGH DStR 06, 1005: Ertragswert; DB 05, 2401/4: „Managermodell"; *Heller* GmbHR 99, 594 [Stuttgarter Verfahren; s aber Rz 294]; *Fleischer ua* DB 10, 2713 [Shoot-Out-Klauseln]; beachte auch § 7 VII ErbStG aF/nF; krit zB *Hübner ua* ZEV 09, 361, 428); oder – nach einer abw Austrittsvereinbarung, die ggü dem GesVertrag [zB Buchwertklausel] Vorrang hat (höhere Abfindung = Veräußerungspreis). Verpflichtet sich die Ges in einer Austrittsvereinbarung auch Darlehensforderungen des ausscheidenden Ges'ters gegen die Ges alsbald zu tilgen, gehört diese Abrede zum *Veräußerungspreis* mit der Folge, dass bei einem evtl Ausfall der Forderungen die Grundsätze zum Ausfall einer Kaufpreisforderung (s Rz 461) auch hier anzuwenden sind (BFH X R 128/92; IV R 77/93 BStBl II 465; 98, 180). Entsprechendes gilt für eine Pflicht des Erwerbers, den Veräußerer von einer privaten Schuld oder dingl Last freizustellen (vgl BFH IV R 70/86 BFH/NV 90, 31; s auch Rz 266, 361). – Zu Leistungen, die der Ausgeschiedene im **wirtschaftl Zusammenhang** mit dem Ausscheiden offen oder **verdeckt** erlangt, s Rz 271. – Für die estrechtl **Bewertung des Veräußerungspreises** gelten die für die Veräußerung des ganzen GewBetr maßgebl Grundsätze sinngemäß (Rz 277 ff). 456

(2) Lästiger Ges'ter. Veräußerungspreis ist auch ein Betrag, der bei den verbleibenden Ges'tern als Abfindung eines lästigen Ges'ters (Rz 491) nicht aktivierungspflichtig, sondern abzugsfähig ist (*Schoor* DStZ 04, 627/34). 459

(3) SonderBV. Wird SonderBV des Ausgeschiedene zusammen mit dem GesAnteil an den/die Erwerber veräußert, gehört zum Veräußerungspreis auch der für das SonderBV erhaltene Kaufpreis (vgl BFH X R 128/92 BStBl II 95, 465). Werden WG des SonderBV nicht mitveräußert und auch nicht in ein anderes BV überführt (zB BFH GrS 2/98 BStBl II 00, 123), werden sie PV (BFH IV R 52/87 BStBl II 88, 829) oder bleiben sog Rest-BV; dann gehört zum Veräußerungs- oder Aufgabepreis gem § 16 III 7 auch der gemeine Wert dieser WG (zB BFH IV R 53/91; X R 128/92 BStBl II 95, 112; 465; *Ley* KÖSDI 02, 13459/65). – Zur Bewertung, wenn SonderBV zugunsten eines Ges'ters nießbrauchsbelastet bleibt, s § 5 Rz 653. – Entsprechendes gilt für ein Entgelt, das der Ausgeschiedene für die gleichzeitige Veräußerung von SonderBV an einen Dritten erhält. Zur Überführung von SonderBV zu Buchwerten in ein anderes BV, s Rz 407, 410, 414. 460

(4) Ausfall. Wird die Forderung des ausgeschiedenen Ges'ters auf Zahlung eines Entgelts bzw einer Abfindung später ganz oder teilweise uneinbringl, ist dies – ebenso wie der Ausfall der Kaufpreisforderung bei Veräußerung des GewBetr eines Einzelunternehmers (s Rz 381) – ein Ereignis, das materiellrechtl auf den Zeitpunkt des Ausscheidens zurückwirkt; eine Veranlagung für das Jahr des Ausscheidens ist nach § 175 I 1 Nr 2 AO entspr zu ändern (BFH IV R 53/91; X R 128/92 BStBl II 95, 112; 465). Zur nachträgl Erhöhung oder Minderung des Veräußerungspreises, s BFH IV R 20/08 BStBl II 10, 528; Rz 384; zur Rückgängigmachung der Veräußerung s Rz 387; zu nachträgl gewerbl Einkünften s Rz 473. 461

cc) Veräußerungskosten. S Rz 300. 462

d) Buchwert. – aa) Ermittlung. Der **Buchwert des veräußerten Mitunternehmeranteils** ist nach allg bilanzsteuerrechtl Grundsätzen auf den Zeitpunkt der Veräußerung zu ermitteln, bei Veräußerung während des Wj durch Zwischenbilanz oder Schätzung (zur verfahrensrechtl Bindung s Rz 402; zu abw Wj s Rz 441). Anders als bei Vollbeendigung (BFH VIII R 76/96 BStBl II 99, 269: 463

RumpfWj von 1 Tag) entsteht beim Ausscheiden aus einer fortbestehenden PersGes kein RumpfWj (BFH IV R 252/84 BStBl II 89, 312); es besteht daher keine Pflicht zur Aufstellung einer Zwischenbilanz (BFH VIII R 48/93 BFH/NV 95, 84). Aufzustellen ist aber eine Abschichtungsbilanz, sofern nichts Abweichendes vereinbart ist. Maßgebl ist der in der Gesamtbilanz der MUerschaft (§ 15 Rz 400 ff) auszuweisende Buchwert, bestehend aus den Buchwerten in der StB der PersGes, in einer Sonderbilanz für WG des SonderBV, gleichgültig, ob diese mitveräußert oder PV werden (Rz 460), und in einer Ergänzungsbilanz, sofern der Ausgeschiedene seinen GesAnteil mit individuellen AK erworben hatte (Rz 481). Gleiches gilt, wenn nach § 6 V 4 eine Ergänzungsbilanz gebildet wurde (*Paus* FR 03, 59, 67). Ist Letzteres *unterblieben* und nimmt man an, dass nicht nur die Veräußerung/Aufgabe des Betriebs (einschließl des nach § 6 V 3 Nr 1/2 zunächst zu Buchwerten überführten WG) durch die PersGes (vgl Rz 110, 390/391), sondern auch die Veräußerung von MUeranteilen die Rechtsfolgen des § 6 V 4 auslösen (rückwirkender Teilwertansatz; uU GewSt), so wird auch hierdurch der Buchwert des veräußerten MUeranteils beeinflusst (zum Verhältnis von § 6 V 4 zu § 24 UmwStG s Rz 413). Hält der Ausgeschiedene den GesAnteil in einem BV, ist für die Ermittlung des Veräußerungsgewinns nicht der Buchwert in seiner HB (StB), sondern in der Gesamtbilanz der PersGes maßgebl (BFH I R 242/81 BStBl II 86, 333). Einzelheiten zum Buchwert und zur Abgrenzung ggü lfd Gewinn s Rz 310 ff, 340 ff. Zur Rückbeziehung des Ausscheidens s Rz 442. Zum Buchwert bei Veräußerung einer atypischen stillen Beteiligung BFH VIII R 10/00 BStBl II 01, 747 (Umwandlung von wertlosem Darlehen), eines Teils des MUeranteils s Rz 409. – Zur Zurechnung später festgestellter steuerl Mehrgewinne § 15 Rz 443-5. – Zur Zurechnung eines Übergangsgewinns bei Gewinnermittlung nach § 4 III s BFH IV R 67/98 BStBl II 00, 179 sowie Rz 661.

464 **bb) Schulden.** Das Ausscheiden eines Ges'ters zB aus einer OHG oder KG beseitigt seine Haftung im Außenverhältnis für **Verbindlichkeiten der PersGes** nicht (vgl §§ 159f HGB), sofern eine solche Haftung nicht, wie bei einem K'tisten, nach Leistung der Einlage ausgeschlossen ist (§ 171 I HS 2 HGB) und nicht wieder nach § 172 IV HGB auflebt (s dazu zB *K. Schmidt* GesRecht, 3. Aufl, § 54 III, IV, auch zur Unterscheidung von Anteilsübertragung und Aus-/Eintritt). Der Ausgeschiedene erwirbt aber idR im Innenverhältnis einen Freistellungsanspruch gegen den Erwerber seines GesAnteils oder gegen die Ges (vgl § 738 I 2 BGB). Je nachdem ob man diesen als Teil des Veräußerungspreises ansieht (so wohl BFH GrS 4–6/89 BStBl II 90, 847/54; s Rz 267, 455) oder nicht, ist der Anteil des Ausgeschiedenen an den GesSchulden nicht buchwertmindernd oder buchwertmindernd anzusetzen; das rechnerische Ergebnis ist identisch.

465 **(1) Inanspruchnahme.** Muss der Ausgeschiedene aber wegen der schlechten wirtschaftl Lage der Ges mit einer Inanspruchnahme durch die GesGläubiger rechnen, mindert dies den Veräußerungsgewinn (vgl zB BFH VIII R 214/85 BStBl II 91, 633 für persönl haftende Ges'ter; BFH IV B 22/97 BFH/NV 98, 1484 für K'tisten); bilanztechnisch kommt dies, sofern man annimmt, dass der Freistellungsanspruch Teil des Veräußerungspreises ist (s Rz 464), dadurch zum Ausdruck, dass der Ausgeschiedene in einer fortzuführenden Sonderbilanz eine Rückstellung bildet, die den Veräußerungsgewinn mindert. Soweit der ausgeschiedene Ges'ter mehr oder weniger zahlen muss als in der Rückstellung berücksichtigt, führt dies im Hinblick auf BFH GrS 1/92; 2/92 BStBl II 93, 894; 897 (s Rz 352, 360 ff, 461) materiell-rechtl zu einer rückwirkenden Änderung des Veräußerungsgewinns (§ 175 I Nr 2 AO), soweit keine Ausgleichsforderung gegen die Ges oder andere Ges'ter besteht oder diese uneinbringl ist (BFH IV B 81/96 BFH/NV 98, 317; *FinVerw* FR 04, 731 zu Tz 3.2). – Zur Inanspruchnahme eines früheren Ges'ters nach Einbringung des GesAnteils in eine KapGes gem § 20 UmwStG s BFH IV R 335/84 BStBl II 86, 623 (Erhöhung der Anteils-AK; uU § 163 AO für Einbringungsgewinn).

(2) Rückbehalt. Werden (unbestrittene) GesSchulden vom Veräußerer mit befreiender Wirkung ggü der PersGes „zurückbehalten" (Folge: Erwerber zahlt höheren Barpreis), bleiben sie beim Buchwert außer Ansatz; dem höheren Barpreis steht ein entspr höherer Buchwert ggü (s auch Rz 314). Diese Verbindlichkeiten werden PV; Zinsen sind keine BA (BFH I R 234/78 BStBl II 81, 464; mE unzutr, soweit die „zurückbehaltenen" Schulden höher sind als der Veräußerungspreis; vgl auch Rz 371, 128). – Zu ungewissen Schulden s Rz 364, 128. **466**

(3) Kommanditist. Diese Grundsätze gelten sinngemäß für einen K'tisten, der auf Grund Bürgschaft für Verbindlichkeiten der KG haftet (s § 15a Rz 25). **467**

(4) Negatives SonderBV. Hatte der ausscheidende Ges'ter negatives SonderBV (s § 15 Rz 521; zB Kredit), und übernimmt der Erwerber des Ges-Anteils auch diese (unbestrittenen) Schulden, bleiben sie, sofern man die Schuldübernahme zum Veräußerungspreis rechnet (s Rz 455), bei der Buchwertermittlung außer Ansatz; ebenso, wenn der Erwerber die Schulden nicht übernimmt und dafür einen höheren Barpreis zahlt (s Rz 466). – Zinsen für zurückbehaltene Schulden des SonderBV sind nachträgl BA, soweit der Erlös für GesAnteil und etwaiges aktives SonderBV zur Schuldentilgung nicht ausreichen; die Schuld bleibt insoweit BV (s Rz 371, 394; BFH VIII R 18/92 BStBl II 96, 291). **468**

e) Negatives KapKto. – aa) Unbeschr Haftung. Wird das KapKto eines unbeschr haftenden Ges'ters durch Entnahmen oder Verlustzurechnung negativ, kommt darin gesrechtl idR zum Ausdruck, bis zu welchem Betrage der Ges'ter bei GesAuflösung seinen MitGes'tern ausgleichs-(nachschuss-)pflichtig wäre, soweit das negative KapKto nicht durch den Anteil am Abwicklungsgewinn ausgeglichen wird. **469**

(1) Kein Ausgleich. Scheidet der Ges'ter aus, ohne einen Ausgleich leisten zu müssen, weil sein Anteil an den stillen Reserven höher oder gleich dem negativen KapKto ist (Übernahme des negativen KapKtos), müssen entweder dem Barpreis das negative KapKto hinzugerechnet (vgl BFH XI R 34/92 BStBl II 93, 436) oder (rechnerisch gleichwertig) auch die übernommenen Betriebsschulden als Veräußerungserlös – verbunden mit einer entspr Buchwerterhöhung – erfasst werden. Gleiches gilt unabhängig von stillen Reserven usw, wenn der persönl haftende Ges'ter ohne Gegenleistung von GesSchulden freigestellt wird (BFH VIII R 214/85 BStBl II 91, 633). **470**

(2) Ausgleich. Muss der Ges'ter eine Ausgleichszahlung leisten, die geringer ist, als sein negatives KapKto, ist dem Barpreis der um die Ausgleichszahlung verminderte Teil des negativen KapKtos hinzuzurechnen; die Ausgleichszahlung ist die erfolgsneutrale Tilgung einer betriebl Schuld (BFH I R 27/75 BStBl II 78, 149). Leistet der Ges'ter vollen Ausgleich, entsteht weder Gewinn noch Verlust (BFH IV B 94/09 BFH/NV 10, 1272). **471**

(3) Erlass. Wird dem Ausgeschiedenen ein geschuldeter Ausgleich aus betriebl Gründen erlassen (§ 397 BGB), ist dieser Erlass Veräußerungspreis und damit Veräußerungsgewinn, auch wenn die Schuld uneinbringl war (BFH IV B 79/92 BFH/NV 93, 658). Bei einem Schulderlass aus privaten Gründen wird idR eine unentgeltl Übertragung eines MUeranteils vorliegen, die zu keinem Veräußerungsgewinn führt (vgl BFH I R 143/76 BStBl II 80, 96; Rz 434). Der Erlassvertrag kann auch konkludent abgeschlossen werden; die Nichtgeltendmachung einer uneinbringl Forderung reicht dafür aber nicht aus (BFH VIII R 26/94, *juris*). **472**

bb) Beschr Haftung. Ist das KapKto eines beschr haftenden Ges'ters (**K'tist,** atypischer stiller Ges'ter oder Unterbeteiligter) durch rückzahlungspflichtige **Entnahme** negativ geworden, gelten die zu Rz 469 ff genannten Grundsätze entspr, weil auch dieses negative KapKto gesellschaftsrechtl eine Ausgleichspflicht zum Inhalt hat (BFH IV R 17/07 BStBl II 10, 631; *FinVerw* StEd 03, 641/4; FR 04, 731 zu Tz 1.2). Besteht hingegen keine Rückzahlungspflicht und droht auch keine Haftungsinanspruchnahme, erhöht das negative KapKto den Veräußerungsgewinn **473**

(BFH IV R 19/12, BStBl II 15, 954: Liquiditätsentahme). – Ist das KapKto eines beschr haftenden Ges'ters durch Zurechnung von **Verlusten** negativ geworden, die nach BFH GrS 1/79 BStBl II 81, 164 ausgleichs- und abzugsfähig sind, zB weil § 15a (noch) nicht anwendbar oder § 15a I 2, 3 erfüllt war, kommt darin gesellschaftsrechtl nur eine „Verlusthaftung mit künftigen Gewinnanteilen" zum Ausdruck. Der „Wegfall" des negativen KapKtos durch Veräußerung des MUeranteils ist aber auch dann Teil des estpfl Veräußerungspreises des Ausgeschiedenen wenn das negative KapKto durch nichtabziehbare BA belastet wurde (BFH IV R 17/07 BStBl II 10, 631; s auch Rz 320). Anderes gilt nur, soweit sich der K'tist für Schulden der KG verbürgt hat oder für diese nach §§ 171, 172 HGB haftet und er ernstl mit einer Inanspruchnahme rechnen muss (BFH IV B 22/97 BFH/NV 98, 1484), unabhängig davon, ob er zahlungsfähig ist (BFH VIII R 29/91 BStBl II 93, 747: Rückstellung in Sonderbilanz; s § 15a Rz 16, 25; anders bei § 17, vgl VIII R 21/94 BStBl II 98, 660). Zur Rückwirkung späterer höherer/geringerer Zahlungen s Rz 465. – Verpflichtet sich die Ges beim Ausscheiden eines K'tisten dessen Darlehensforderungen gegen die Ges zu tilgen, ist dies Teil des Veräußerungspreises; bei späterem Ausfall ist der Veräußerungspreis rückwirkend zu mindern (BFH IV R 53/91; X R 128/92 BStBl II 95, 112; 465, s auch Rz 125, 365). – Zum Ausscheiden eines Ges'ters mit gem § 15a nur verrechenbaren Verlustanteilen s § 15a Rz 224, 234, 243.

475 **f) Steuerrelevante Ereignisse nach Ausscheiden.** Insoweit gelten sinngemäß die für die Veräußerung eines ganzen GewBetr maßgebl Grundsätze (s Rz 350 ff). **Nachträgl gewerbl Einkünfte** fallen zB an in Form von Schuldzinsen für zurückgebliebene Betriebsschulden (s Rz 371, 345, 468) oder bei Beteiligung an schwebenden Geschäften iSv § 740 BGB, sofern diese nicht bereits pauschal in den Abfindungsanspruch einbezogen, sondern gesondert abgerechnet werden. Zu Zinsen betr Ersatz veruntreuter BE s BFH IV R 39/99 BStBl II 00, 670. Hingegen ist der **Veräußerungsgewinn rückwirkend zu ändern** zB bei späterer Inanspruchnahme eines ausgeschiedenen Ges'ters für Schulden der Ges, einem Ausfall der Kaufpreis- bzw Abfindungsforderung des Ges'ters (BFH X R 128/92 BStBl II 95, 465; *Ley* KÖSDI 02, 13459/65), oder einem Erlass als BV (SonderBV) zurückgebliebener Schulden (BFH VIII R 43/99 BFH/NV 00, 1330; str, s Rz 365). Zu **§§ 4 IVa, 4h** s Rz 371.

480 **3. Besteuerung des Erwerbers. – a) Gegenstand der Anschaffung und Bilanzierung.** Bei dem oder den Erwerbern sind die an den Ausgeschiedenen zu leistenden Zahlungen **aktivierungspflichtige AK;** Gleiches gilt für Erwerbsnebenkosten (zB GrESt; grds aA *Gadek ua* DB 12, 2010; s auch BFH I R 2/10 BStBl II 11, 761). Estrechtl liegt eine Anschaffung nicht nur vor, wenn der GesAnteil auf einen neuen Ges'ter oder nur einen der bisherigen MitGes'ter übergeht, sondern auch, wenn er erlischt und die Mitgliedschaft des Ausgeschiedenen allen bisherigen MitGes'tern (oder gem § 140 I 2 nF nur einem, s FG Mster EFG 97, 1381) anteilig anwächst. *Gegenstand der Anschaffung* (und Veräußerung, s Rz 452) sind estrechtl gem § 39 II Nr 2 AO die ideellen Anteile des Ausgeschiedenen an den einzelnen WG des GesVermögens, nicht etwa ein als einheitl immaterielles WG zu wertender GesAnteil als solcher (zB BFH GrS 7/89 BStBl II 91, 691/700; BFH I R 102/01 BStBl II 04, 804; *BMF* BStBl I 08, 588 Rz 32c zu § 4 IVa; *BFH* BStBl I 14, 1258: DBA; *Groh* BB 94, 540/3 zur StB; ebenso bei Erwerb *aller* GesAnteile BFH IV R 52/03 BStBl II 06, 128; BR-Drs 740/13, 117 zu § 5 VII 3 nF; aA *Schön* FR 94, 658/62; s auch Rz 485). Hatte der Ausgeschiedene SonderBV, das mitveräußert wird, sind Gegenstand der Anschaffung auch die erworbenen WG des SonderBV. Zu AK bei Erwerb gegen wiederkehrende Leistungen s Rz 232. Der Abzinsungsbetrag eines vorab entrichteten Kaufpreises führt beim Mitges'ter zu lfd SBE *und* zu AK des Erwerbers (FG Mster EFG 14, 628, Rev VIII R 1/14).

aa) Ergänzungsbilanz. Geht der GesAnteil auf einen neuen Ges'ter oder nur einen der bisherigen MitGes'ter über, hat der Erwerber seine Aufwendungen für die Anteile an den WG des GesVermögens, soweit diese höher sind als der in der StB der Ges fortgeführte anteilige Buchwert (KapKto), als AK in einer Ergänzungsbilanz zu aktivieren; gleichzeitig ist ein entspr Mehrkapital zu passivieren oder, soweit das Entgelt noch nicht entrichtet wurde, ein entspr Teil der Kaufpreisschuld auszuweisen. S iEinz § 15 Rz 460ff. Voraussetzung der Aktivierung ist, dass die Aufwendungen auch in der StB der Ges aktiviert werden müssten (AK für WG) und die Aktivierung dort nur unterbleibt, weil der Erwerbsvorgang sich zw zwei MUern vollzieht (BFH IV R 40/92 BStBl II 94, 224). Zu Anteilserwerb bei **doppelstöckiger PersGes** s Rz 407, 582; § 15 Rz 471. Erwerbsaufwendungen für SonderBV sind in der **Sonderbilanz** (§ 15 Rz 475) zu aktivieren. 481

bb) Anwachsung. Geht der GesAnteil zivilrechtl unter, wächst die Mitgliedschaft des Ausgeschiedenen allen Ges'tern anteilig an; auch diese **Anwachsung** ist estrechtl eine Anschaffung (BFH IX R 50/98, BStBl II 01, 760; *FinVerw* FR 02, 1151); die AK (= Abfindung) für die Anteile des Ausgeschiedenen an den WG des GesVermögens sind durch anteilige **Aufstockung** der Buchwerte der bereits bilanzierten WG und evtl durch anteiligen Ansatz bisher nicht bilanzierter WG in der **StB der Ges** zu aktivieren (BFH VIII R 67/92 BStBl II 94, 449/50; ähnl *KSM* § 16 C 107; aA *Groh* FS FAfStR 1999, 243/7: Ergänzungsbilanzen; zu § 8 Nr 1 GewStG aF s BFH VIII R 52/98 BFH/NV 00, 80). Entspr gilt für von der Ges miterworbene WG des SonderBV. Gleiches gilt, wenn im GesVertrag Buchwertabfindung vereinbart ist, der Ausgeschiedene aber gleichwohl mehr erhält (s Rz 491ff; *Knobbe-Keuk* § 23 II 1 Fn 30). – Auch für die **HB** ist hL, dass bei *Anwachsung* die anteilig auf den ausgeschiedenen Ges'ter entfallenden stillen Reserven einschließl Geschäftswert aktiviert werden können (*FN-IdW* 12, 189/98; 370/7; aA *Groh* aaO, 251: in der HB keine Aufstockung, nur Minderung des Eigenkapitals). – Die für Ergänzungsbilanzen maßgebl Grundsätze gelten mE sinngemäß für die **Aufstockung in der StB der Ges,** weil insoweit nur eine in die StB integrierte Ergänzungsbilanz vorliegt (*Ley* KÖSDI 92, 9159; *Groh* BB 94, 540/3; aA *KSM* § 16 C 109: keine Anschaffung, daher zB kein § 6 II, kein § 6b). 482

b) Aktivierung iEinz. (s zB *Kahle* FR 13, 873). – **aa) Stufentheorie.** Erhält der Ausgeschiedene für den GesAnteil ein Entgelt, das höher ist als der Buchwert seines in der StB der Ges und einer etwaigen Ergänzungsbilanz ausgewiesenen KapKtos (evtl zuzügl übernommener Schulden, s Rz 267, 455), gilt: 487

(1) Bilanzierte WG. Eine erste widerlegbare Vermutung spricht dafür, dass in den Buchwerten der (ggf nur mit 1 €) bilanzierten aktiven WG stille Reserven enthalten sind, an denen der Ausgeschiedene teilhatte. Demgemäß haben der oder die Erwerber ihre über diesen Buchwert hinausgehenden Aufwendungen (nur) als AK für die erworbenen Anteile des Ausgeschiedenen an den stillen Reserven dieser WG zu aktivieren (zB BFH IV R 56/75 BStBl II 79, 302), auch wenn feststeht, dass nicht bilanzierte WG vorhanden sind. Der Mehrbetrag ist nur auf die bilanzierten WG im Verhältnis ihrer stillen Reserven (vgl BFH I R 166/78 BStBl II 84, 747) bzw Teilwerte (*Meyering* DStR 08, 1008) bis zu deren Höhe aufzuteilen. 488

(2) Nichtbilanzierte WG. Steht fest, dass das Entgelt höher ist als der Buchwert zuzügl des Anteils an den stillen Reserven der bilanzierten WG, spricht eine zweite widerlegbare Vermutung dafür, dass zum GesVermögen nicht bilanzierte immaterielle EinzelWG, gehören, und eine dritte widerlegbare Vermutung dafür, dass ein originärer Geschäftswert vorhanden ist (vgl BFH VIII R 37/93 BStBl II 95, 246). Die Erwerber haben ihre über den Buchwert und die anteiligen stillen Reserven der bilanzierten WG hinausgehenden Aufwendungen als AK für die erworbenen Anteile primär an nicht bilanzierten (abnutzbaren) immateriellen EinzelWG, sekundär an einem Geschäftswert und tertiär an nicht abnutzbaren immateriellen EinzelWG zu aktivieren (vgl zB BFH IV R 7/83 BStBl II 86, 176). 489

490 **(3) „Modifizierte Stufentheorie".** Danach spricht die Vermutung in gleicher Weise für stille Reserven in bilanzierten materiellen und immateriellen WG *und* das Vorhandensein nichtbilanzierter immaterieller WG einschließl Geschäftswert (vgl zB BFH IV R 40/92 BStBl II 94, 224); der Mehrbetrag ist auf alle WG proportional (*Ley* StBJb 03/04, 135/68) oder im Verhältnis der TW (evtl BFH IV B 111/06 BFH/NV 08, 360; *Bauer ua* FR 15, 838) zu verteilen (zutr). GlA nunmehr FinVerw bei Einbringung zu Zwischenwerten gem **§§ 20 II 2, 24 II 2 UmwStG nF** (*BMF* BStBl I 11, 1314 Rz 20.18 iVm 03.25, 24.03/13: „einheitl"; aA noch zu UmwStG aF s *BMF* BStBl I 98, 268 Tz 22.08, 24.04 iVm Tz 4.06: zweistufige Aufstockung, dh nachrangige Aktivierung des *originären* Geschäftswerts; glA *Kahle* FR 13, 873/7; *Bauer ua* aaO; s 30. Aufl).

491 **bb) Lästiger Ges'ter.** Ist nachgewiesen, dass der ausgeschiedene Ges'ter „lästig" war, zB sich betriebsschädigend verhalten hat, ist damit die Vermutung widerlegt, dass die über den Buchwert hinausgehenden Aufwendungen einen Anteil des Ausgeschiedenen an stillen Reserven und an einem Geschäftswert abgelten. Steht aber fest, dass solche stillen Reserven und/oder ein Geschäftswert vorhanden sind und der Ausgeschiedene daran teil hatte (Liquidationsschlüssel), sind die Aufwendungen als AK für diese Anteile zu aktivieren (BFH IV R 107/88 BFH/NV 90, 496; *KSM* § 16 C 101). Nur *soweit* stille Reserven und/oder ein Geschäftswert nicht festzustellen sind und außerbetriebl Gründe für die Mehrleistung ausscheiden, ist diese sofort abzugsfähige BA (zB BFH VIII R 63/91 BStBl II 93, 706/7 Sp 2; ebenso bei wiederkehrenden Bezügen *Schwer* StBp 00, 103/108). Diese Grundsätze gelten unabhängig davon, ob die Mehrleistung von der Ges (Anwachsung) oder nur einem der Ges'ter (Anteilserwerb) erbracht wird (vgl BFH IV R 40/92 BStBl II 94, 224); die Mehrleistungen eines Ges'ters sind bei diesen SonderBA (zB BFH VIII R 37/93 BStBl II 95, 246 zu 3.a mwN). Zu Besonderheiten, wenn beim Erwerb eines KG-Anteils das negative KapKto dem Entgelt hinzuzurechnen ist, s Rz 499–500.

492 **cc) Vermutungen.** Scheidet ein Ges'ter in der Weise aus, dass seine Mitgliedschaft den bisherigen MitGes'tern anteilig anwächst, ist mit dem Nachweis, dass die nachhaltig zu erwartenden Erträge des Unternehmens nicht höher sind als die Summe des Unternehmerlohns (dazu *Meier* FR 91, 261) und angemessener Eigenkapitalverzinsung, ein **Geschäftswert** also rechnerisch **nicht** vorhanden ist (s § 5 Rz 221 ff), zugleich die Vermutung widerlegt, der Mehrbetrag sei Entgelt für einen erworbenen Anteil am Geschäftswert. Der Mehrbetrag ist sofort abzugsfähig, sofern er nicht außerbetriebl veranlasst ist (BFH IV R 56/75 BStBl II 79, 302).

493 Scheidet ein Ges'ter durch Vereinbarung aus, ist die Vermutung des Erwerbs anteiliger stiller Reserven und/oder eines Geschäftswerts nicht schon deshalb widerlegt, weil der Ges'ter, wenn er selbst gekündigt hätte und dadurch ausgeschieden wäre, nur eine **Buchwertabfindung** hätte beanspruchen können (BFH IV R 107/88 BFH/NV 90, 496). Ein Ges'ter hat Anteil an den stillen Reserven und/oder am Geschäftswert, wenn er daran gesetzl oder vertragl wenigstens im Liquidationsfall beteiligt ist (vgl BFH VIII R 364/83 BStBl II 86, 311).

494 **dd) Vorzeitiges Ausscheiden.** Auch die Abfindung für „vorzeitiges" Ausscheiden ist grds Entgelt für anteilige stille Reserven, wenn die Ges befristet war, der Ges'ter aber bei Fristablauf nicht ausgeschieden, sondern die Ges aufgelöst worden wäre oder auf unbestimmte Zeit fortbestanden hätte (BFH I R 226/70 BStBl II 75, 236). Anders ist dies, wenn einem Ges'tern ein zB zum 31.12.02 auszuübendes Übernahmerecht mit Abfindung ohne Ansatz eines Geschäftswerts zusteht und der andere Ges'ter einvernehml gegen Entgelt vorzeitig, zB zum 31.12.01 ausscheidet (BFH IV R 79/82 BStBl II 84, 584: keine AK für Geschäftswert).

496 **ee) Stille Gesellschaft.** Auch bei Auflösung einer atypischen stillen Ges (oder einer anderen gewerbl InnenGes) durch Ausscheiden des stillen Ges'ters gegen

Barabfindung erwirbt der Inhaber des Handelsgeschäfts estrechtl die schuldrechtl wertmäßigen Anteile des stillen Ges'ters am BV und hat die Abfindung als AK zu aktivieren, obwohl er sachenrechtl bereits vorher Alleineigentümer war (vgl BFH VIII B 73/96 BFH/NV 97, 838; Rz 421). Wird die atypische stille Ges in der Weise aufgelöst, dass der Inhaber des Handelsgeschäftes dieses auf den stillen Ges'ter überträgt und seinerseits vom stillen Ges'ter in Geld abgefunden wird, erwirbt der stille Ges'ter estrechtl nur die wertmäßig auf den Inhaber des Handelsgeschäfts entfallenden Anteile des BV, obwohl sachenrechtl die WG insgesamt übereignet werden (*Groh* FS Kruse, 417/29). Die auf den stillen Ges'ter entfallenden Anteile an den stillen Reserven dürfen nicht realisiert werden (s aber Rz 503).

c) Übernahme eines negativen KapKtos. – aa) Unbeschr Haftung. 497
Scheidet ein unbeschränkt haftender Ges'ter aus, dessen KapKto negativ ist, ohne das negative KapKto auszugleichen, weil sein Anteil an den stillen Reserven des GesVermögens einschließl Geschäftswert höher oder gleich dem negativen KapKto ist, bestehen die AK aus einem etwaigen Barentgelt *und* dem Betrag des *übernommenen* negativen KapKtos (BFH VIII R 63/91 BStBl II 93, 706/7). – Gleicht der Ausgeschiedene das negative KapKto voll aus, weil er keinen Anteil an stillen Reserven hat oder solche nicht vorhanden sind, ist dies für die verbliebenen Ges'ter (Erwerber) die erfolgsneutrale Tilgung einer betriebl Ausgleichsforderung. Leistet der Ausgeschiedene eine Ausgleichszahlung, die geringer ist als sein negatives KapKto, bestehen die AK des oder der Erwerber im Betrag des übernommenen negativen KapKtos abzügl der erfolgsneutralen Ausgleichszahlung. – Ist der Ausgeschiedene ausgleichspflichtig, aber zahlungsunfähig, erleiden die Erwerber einen Verlust durch Wertloswerden ihrer zum SonderBV zu rechnenden Ausgleichsforderung (BFH VIII R 128/84 BStBl II 93, 594/7; FG BaWü EFG 06, 1756). Gleiches gilt, wenn sie eine *realisierbare* Ausgleichsforderung aus *betriebl* Gründen erlassen (§ 397 BGB); ein Erlass aus privaten Gründen ist eine Entnahme.

bb) Beschr Haftung. – (1) Entnahmen. Die Grundsätze zu Rz 497 gelten 498
entspr, wenn ein beschr haftender Ges'ter ausscheidet, soweit dessen KapKto durch rückzahlungspflichtige Entnahmen negativ geworden ist (vgl BFH IV R 64/93 BStBl II 96, 642 zu III).

(2) Negatives KapKto. Ist das KapKto eines beschr haftenden Ges'ters durch 499
Zurechnung von Verlustanteilen negativ geworden, die ausgleichs- und abzugsfähig waren, zB weil § 15a (noch) nicht anwendbar oder § 15a I 2–3 erfüllt war, bestehen bei *entgeltl Erwerb* eines MUeranteils die AK des oder der Erwerber (für den Anteil an den WG des GesVermögens) aus einem evtl geleisteten Barentgelt und dem Betrag des übernommenen negativen KapKtos (EStR 15a VI 3; BFH VIII R 37/93 BStBl II 95, 246; s auch § 15a Rz 218); diese AK sind beim Erwerb durch einen neuen Ges'ter oder *einen* der bisherigen MitGes'ter in einer Ergänzungsbilanz zu aktivieren; in der StB der Ges ist das negative KapKto fortzuführen (BFH IV R 70/92 BStBl II 94, 745). Soweit feststeht, dass die Summe aus Barentgelt und übernommenem negativem KapKto nicht durch die anteiligen stillen Reserven im GesVermögen gedeckt ist, ist die Differenz nach den zu Rz 501 dargestellten Rechtsgrundsätzen zu beurteilen (BFH VIII R 37/93 aaO).

cc) Kein Barentgelt. Wird kein Barentgelt geleistet, bestehen die AK nur im 500
Betrag des übernommenen negativen KapKtos; dieser Betrag ist zu aktivieren. Dabei ist, sofern der Erwerb des GesAnteils überhaupt entgeltl ist (zu unentgeltl s Rz 434, 471), wie bei Leistung eines Barentgelts zu vermuten, dass stille Reserven und/oder ein Geschäftswert vorhanden sind und der Ausgeschiedene daran teil hatte (BFH IV R 107/88 BFH/NV 90, 496).

dd) Ausgleichsposten. Soweit **keine stillen Reserven** und kein Geschäfts- 501
wert vorhanden sind, erleidet der Erwerber gleichwohl iHd negativen KapKtos keinen Erwerbsverlust; vielmehr ist der erforderl Ausgleich durch Aktivierung eines Korrektur-(Ausgleichs-)posten in einer Ergänzungsbilanz herzustellen, der –

ähnl zu § 15a (BFH IV B 72/10 BFH/NV 12, 21) – mit den auf den erworbenen KG-Anteil entfallenden künftigen Gewinnanteilen zu verrechnen ist; diese sind mithin vom Erwerber nicht zu versteuern (BFH IV R 70/92 BStBl II 94, 745/8; iErg glA VIII R 37/93 BStBl II 95, 246: außerbilanzieller „Merkposten"; *Gschwendtner* DStR 95, 914; zu KapGesanteilen s BFH I R 49/04 BStBl II 06, 656). Die Verrechnung erfasst jedoch weder stbefreite Gewinnanteile noch Einlagen des Erwerbers (BFH IV R 59/96 aaO betr Sanierungsgewinn; offen bezügl Stundung/Erlass *BMF* BStBl I 03, 240 Rz 8); ebenso zu Teileinkünfteverfahren (§ 3 Nr 40) *Ley* KÖSDI 01, 12982/5. – Ein **„Erwerbsverlust"** entsteht aber dann, wenn ein K'tist aus der KG schlichtweg ohne Abfindung ausscheidet und sein negatives KapKto damit durch *Anwachsung* auf die *bisherigen* Ges'ter übergeht (§ 52 Abs 24 S 4; EStR 15a VI 4–5; BFH VIII R 37/93 aaO zu 3c; s auch § 15a Rz 222).

502 **ee) § 15a.** Zum Erwerb eines GesAnteils eines K'tisten mit negativem KapKto aus nur verrechenbaren Verlusten, s Rz 434, § 15a Rz 224/528, 234.

503 **ff) Bisherige Buchwertanteile.** Scheidet ein Ges'ter in der Weise aus, dass sein Ges-Anteil auf einen der bisherigen MitGes'ter übergeht oder allen bisherigen MitGes'tern anteilig anwächst, liegt eine Anschaffung nur hinsichtl der Anteile des Ausgeschiedenen an den WG des GesVermögens vor; die Buchwerte der bisherigen Anteile der Erwerber an den WG des GesVermögens sind **fortzuführen.** Das Ausscheiden eines Ges'ters aus einer PersGes bei Fortführung des Unternehmens durch den oder die verbleibenden Ges'ter ist keine Betriebsaufgabe (BFH IV B 133/05 BFH/NV 07, 888; *FinVerw* FR 02, 1151); s auch Rz 111. Schließt sich aber der Eintritt eines neuen Ges'ters in der Weise an, dass der Eintretende eine Einlage in das GesVermögen leistet, ist auf diesen Eintritt § 24 UmwStG anwendbar (Rz 562-5; *BMF* BStBl I 11, 1314 Rz 1.47); die Ges kann das GesVermögen insgesamt mit dem TW ansetzen; der entstehende Gewinn ist allerdings als „laufender Gewinn" ab VZ 94 nicht mehr begünstigt, *soweit* er auf die bisherigen Ges'ter entfällt (§ 24 III 3 UmwStG; *Groh* DB 96, 2356; s auch Rz 7, 97, 111).

III. Einzelfragen zum Ausscheiden eines Ges'ters (MUers) gegen *Barentgelt unter Buchwert* des MUeranteils, § 16 I 1 Nr 2

510 **1. Besteuerung des Ausgeschiedenen.** Veräußerungsgewinn iSv § 16 II kann auch eine negative Größe sein; ein **Verlust** entsteht, wenn ein Ges'ter ausscheidet und der Veräußerungspreis oder Abfindungsanspruch abzügl Veräußerungskosten niedriger ist als der (richtig ermittelte) Buchwert des MUeranteils (positives KapKto in der Gesamtbilanz, BFH IV R 77/93 BStBl II 98, 180 zu 1.b) im Zeitpunkt der Veräußerung, vorausgesetzt, dass Leistung und Gegenleistung kfm abgewogen sind, der MUeranteil also **voll entgeltl veräußert** wird (BFH IV R 77/93 aaO; BFH IV B 80/06 BFH/NV 07, 2262: Buchwertklausel iVm Verzicht auf wertlose Darlehensforderung; BFH IV R 3/01 BStBl II 03, 112: Veräußerung ohne Entgelt; zu Rücklagen nach § 27 DMBilG s BFH I B 91/07 BFH/NV 08, 618 IV R 13/06; BFH/NV 10, 1483); beachte auch § 7 VII ErbStG aF/nF; krit zB *Hübner ua* ZEV 09, 361, 428. Gleiches gilt, wenn der Anteil aus *betriebl* Gründen ganz oder teilweise *unentgeltl* übertragen wird (*Schoor* StBp 95, 154; s aber Rz 511 aE). Macht der Ausgeschiedene geltend, der Buchwert seines Anteils sei höher gewesen als der Veräußerungspreis, trägt er hierfür die Beweislast (vgl BFH IV R 10/72 BStBl II 75, 853). – Liegt eine **voll unentgeltl Übertragung** aus *privaten* Gründen vor, entsteht kein Veräußerungsverlust (BFH I R 123/77 BStBl II 82, 211/5). Entsprechendes gilt bei *teilentgeltl Übertragung,* dh wenn eine Abfindung aus privaten Gründen unter Buchwert bleibt (Einheitstheorie, s Rz 35 ff, insb 40, 59).

511 **2. Besteuerung des Erwerbs oder der Erwerber.** Wird ein MUeranteil voll entgeltl veräußert (s Rz 510), liegt für den oder die Erwerber auch dann eine An-

schaffung vor, wenn der Preis für den MUeranteil niedriger als der Buchwert ist. Der oder die Erwerber haben AK iHd vereinbarten Kaufpreises oder der geschuldeten Abfindung. Die Buchwerte der bilanzierten WG des GesVermögens sind nach Maßgabe dieser AK anteilig herabzusetzen (zB BFH IV R 3/01 BStBl II 03, 112; zu den Verteilungsmethoden s *Ley* KÖSDI 01, 12982/7), und zwar beim Erwerb durch einen neueintretenden Ges'ter oder *einen* der bisherigen MitGes'ter in einer (negativen) Ergänzungsbilanz (BFH aaO), ansonsten in der StB der Ges (zB BFH IV R 77/93 BStBl II 98, 180 zu 2.a). Es ist nicht zulässig, die Buchwerte der bilanzierten WG fortzuführen und die Differenz zum niedrigeren Erwerbspreis durch Passivierung eines **negativen Geschäftswerts** auszugleichen (zB BFH IV R 70/92 BStBl II 94, 745/7; *Groh* FS F. Klein, 1994 S 815; aA zB *Möhrle* DStR 99, 1414). Ist die Differenz zw den übernommenen (Netto-)Buchwerten und dem niedrigen Entgelt größer als der Betrag, um den sich die Buchwerte der aktivierten WG ggf bis auf 1,– € abstocken lassen – eine solche Abstockung verbietet sich bei Bar- und Buchgeld (BFH IV R 77/93 aaO zu 2.c; zu Abgrenzungen *Strahl* DStR 98, 515) –, führt auch dies nicht zur Passivierung eines negativen Geschäftswerts (str, s oben) und ebenso wenig zu einem sofort zu versteuernden Erwerbsgewinn des Erwerbers (aA *Groh* aaO hinsichtl Bar- und Buchgeld der Ges: stpfl Ertragszuschuss wie Zuzahlung des Veräußerers; Anm HFR 98, 104); vielmehr ist in der Ergänzungsbilanz des Erwerbers bzw (Anwachsung) in der StB der Ges erfolgsneutral ein Ausgleichsposten zu passivieren, der gewinnerhöhend gegen spätere Verlustanteile oder bei Beendigung der Beteiligung aufzulösen ist (BFH IV R 77/93 aaO zu 2.d; vgl auch BFH I R 49/04 BStBl II 06, 656; *Kahle* FR 13, 873). Einschr jedoch bei zwischenzeitl Gewinnen FG Ddorf EFG 11, 794, rkr (iErg zust *Scheunemann ua* DB 11, 201/674; mE unzutr); abl zur Einbeziehung von Sonderbetriebsverlusten *Kempf ua* DB 98, 545/7; zu § 27 DMBilG s BFH IV R 13/06 BFH/NV 10, 1483; *FinVerw* StEd 01, 430). – Ist der TW des MUeranteils gleich dem Buchwert oder höher und hat der Erwerber nur deshalb weniger als den Buchwert zu leisten, weil der Ausgeschiedene dem Erwerber aus *betriebl* Gründen den Mehrwert *unentgeltl zuwenden will,* entsteht beim Erwerber iHd Differenz zw den dann fortzuführenden Buchwerten und dem Erwerbspreis ein laufender Gewinn (BFH I R 126/71 BStBl II 74, 50; offen in BFH IV R 90/94 BStBl II 97, 241 zu 2.e), der jedoch nicht der GewSt unterliegt (FG Ddorf EFG 01, 585). – Hat der Erwerber **aus privaten Gründen** ein Entgelt unter Buchwert (und Verkehrswert) zu leisten (teilentgeltl), ist der Erwerb voll unentgeltl (Einheitstheorie, s Rz 35 ff); der Erwerber hat die Buchwerte fortzuführen (§ 6 III); die Differenz ist Einlage (BFH VIII R 36/93 BStBl II 95, 770); zum umstr Ansatz von Anschaffungsnebenkosten s Rz 76.

3. „Anwachsungsmodell": Umwandlung GmbH & Co KG auf Komplementär-GmbH durch Ausscheiden aller K'tisten ohne Abfindung. 513
Zum Ausscheiden der Komplementär-GmbH s Rz 525. – Sind die **K'tisten** einer GmbH & Co KG zugleich Anteilseigner der Komplementär-GmbH, so sind die GmbH-Anteile idR SonderBV der K'tisten (Rz 414; § 15 Rz 517, 714). Scheiden sämtl K'tisten aus der KG aus, so geht das GesVermögen (nicht die GmbH-Anteile) im Wege der Gesamtrechtsnachfolge (Rz 412; *BH* HGB § 135 Rz 35) auf die GmbH über (ungenaue Bezeichnung: Anwachsung). Die GmbG führt das Unternehmen allein fort (zu *deren* MUeranteil s *CGd* GmbHR 02, 1019). Erhalten die K'tisten keine Abfindung oder ist diese niedriger als der Verkehrswert der KG-Anteile, hat das Ausscheiden den Charakter einer verdeckten Einlage bei der GmbH. §§ 20 ff UmwStG sind nicht anwendbar, weil die K'tisten keine neuen GesAnteile erhalten (BFH IV R 121/91 BFH/NV 93, 525; Rz 201; *BMF* BStBl I 11, 1314 Rz E 20.10). Die verdeckte Einlage ist Aufgabe des MUeranteils (zu § 6 III 1 s Rz 15, 201; OFD Ddorf DB 88, 1524; *Wacker* BB Beil 8/98, 17; BFH I R 202/83 BStBl II 87, 705; krit *KSM* § 16 C 124-4: entgeltl Veräußerung). Bei der Ermitt-

lung des Aufgabepreises ist auch der gemeine Wert der GmbH-Anteile anzusetzen, die SonderBV waren (*FinVerw* FR 03, 48; Teileinkünfteverfahren ab VZ 2002/-9; ebenso zu atypisch stiller Gesellschaft EFG Nbg EFG 01, 566); fragl, ob der Buchwert des aufgegebenen MUeranteils ab 2001 rückwirkend auf Grund der Körperschaftsklausel des § 6 V 6 nF zu erhöhen ist (*Rödder ua* DStR 01, 1634/1637). Es wird aber auch die Auffassung vertreten, es werde kein Gewinn realisiert; die Anteile an der Komplementär-GmbH blieben BV (ohne Betrieb), ihre AK seien um den Buchwert des untergegangenen KG-Anteils zu erhöhen (*Knobbe-Keuk* § 22 VII 3f). – Werden die KG-Anteile durch *Kapitalerhöhung* in die Komplementär-GmbH eingebracht (sog *erweitertes Anwachsungsmodell*), tritt nach Maßgabe der §§ 20 ff UmwStG keine Gewinnrealisierung ein (BFH I R 98/06 BStBl II 08, 916; dazu *Orth* DStR 09, 192); § 1 III Nr 4 UmwStG (Einzelrechtsnachfolge; hier: bezügl KG-Anteil) steht dem nicht entgegen (*BMF* BStBl I 11, 1314 Rz 1.44; *Ege ua* DStR 10, 2463/8). Als einbringungsgeboren iSv § 21 UmwStG aF (bzw stverstrickt nach § 22 I, VII UmwStG nF, § 17 I, VI nF) gelten dann auch die ursprüngl GmbH-Anteile (*BMF* BStBl I 98, 268 Tz 20.11; 11, 1314 Rz 20.09/10, BFH VIII R 25/98 BStBl II 01, 321; I R 88/10 DB 12, 2498; 25. Aufl). Zum anschließenden Ausscheiden der GmbH aus der KG (bei Vorhandensein weiterer Ges'ter) s BFH I R 124/91 BStBl II 93, 889: kein Missbrauch. Zum KG-Verschmelzungsmodell s *Ege ua* aaO; zum Treuhandmodell (§ 15 Rz 170) s *Stegemann* DStR 15, 2577.

IV. Einzelfragen zur Sachwertabfindung, § 16 I 1 Nr 2

Verwaltung: *BMF* BStBl I 06, 253 Tz 51–52 (Ausscheiden von Miterben aus Erbengemeinschaft); I 06, 228 (Realteilung); *SenFin Bln* DB 10, 927 (Mandantenstamm).

520 **1. Abfindung mit Sachwerten aus GesVermögen (Überblick).** Scheidet ein Ges'ter aus einer PersGes in der Weise aus, dass sein GesAnteil allen verbleibenden MitGes'tern anteilig anwächst, erlangt der Ausgeschiedene einen Abfindungsanspruch gegen die Ges, der auf Zahlung (Geld) gerichtet ist (§ 738 I 2 BGB). Gleiches gilt beim Ausscheiden aus einer zweigliedrigen PersGes mit Geschäftsübernahme durch den anderen Ges'ter (§ 142 HGB aF; § 140 I 2 nF). Die Beteiligten können vereinbaren, dass der Ausgeschiedene nicht Geld, sondern materielle (BFH IV R 75/94 BStBl II 96, 194) oder immaterielle WG (*FinVerw* DB 10, 927; Mandantenstamm) aus dem GesVermögen (BV) erhält; sie können dies vereinbaren nach Ausscheiden (Leistung an Erfüllungs Statt), beim (vertragl) Ausscheiden und bereits im GesVertrag. Abgrenzung ggü Realteilung s Rz 536.

521 **2. Sachwertabfindung ins Privatvermögen.** Werden die übereigneten WG PV des ausgeschiedenen Ges'ters, ist der Vorgang, gleichgültig, ob die Sachwertabfindung nach, beim oder vor dem Ausscheiden vereinbart ist (BFH IV R 67/86 BStBl II 90, 132), estrechtl dahin zu werten, dass er enthält ***(1)*** die (begünstigte) Veräußerung eines MUeranteils durch den Ausgeschiedenen iVm dem Erwerb dieses MUeranteils durch die verbleibenden Ges'ter und ***(2)*** die (nicht begünstigte) Veräußerung des zum GesVermögen gehörigen „Sachwerts" durch die verbliebenen Ges'ter iVm dem Erwerb dieses Sachwerts durch den Ausgeschiedenen (BFH IV R 75/94 BStBl II 96, 194; *BMF* BStBl I 06, 253 Tz 51 zu Miterben-MUer; krit *Röhrig ua* DStR 06, 969/76). Der Ausgeschiedene erzielt einen Gewinn aus der Veräußerung eines MUeranteils; Veräußerungspreis ist der Nennwert des auf Geld gerichteten Abfindungsanspruchs, wenn eine Leistung an Erfüllungs Statt vorliegt (Sachwertabfindung nach Ausscheiden), andernfalls der gemeine Wert des Sachwerts. Mit der Veräußerung des MUeranteils werden die Anteile des *Ausgeschiedenen* an *allen* stillen Reserven des GesVermögens einschließl des zur Abfindung bestimmten Sachwerts realisiert; dieser erwirbt einen Sachwert zu AK, die gleich dem Nennwert des auf Geld gerichteten Abfindungsanspruchs oder dem gemeinen Wert des untergegangenen GesAnteils sind. Die verbleibenden Ges'ter

erwerben die *Anteile des Ausgeschiedenen* an den WG des GesVermögens *einschließl* der WG, die diesem als Abfindung übereignet werden; die AK, mit denen diese Anteile zu aktivieren sind (Aufstockung in der StB; zu HB s Rz 482), sind gleich dem Nennwert der auf Geld gerichteten Abfindungsschuld bzw dem gemeinen Wert der auf Leistung eines Sachwerts gerichteten Abfindungsschuld *(Stufe 1);* eine weitere (freiwillige) Aufstockung ist mE nicht zulässig. Die verbliebenen Ges'ter veräußern die als Abfindung übereigneten Sachwerte; es entsteht ein lfd (gewstpfl) Gewinn iHd Differenz zw dem Nennwert bzw gemeinen Wert der Abfindungsschuld und dem Buchwert dieser WG, der sich aus dem ursprüngl Buchwert und dem anteiligen Aufstockungsbetrag zusammensetzt (*Stufe 2;* aA *KSM* aaO); dieser kann uU nach § 6b neutralisiert werden. Zu Auswirkungen eines evtl Barausgleichs s *Märkle* BB Beil 10/84, 8.

Beispiel (s auch das Beispiel in *BMF* BStBl I 06, 253 Tz 51):

ABC-OHG: Bilanz vor Ausscheiden

	Buchwert	(Verkehrswert)		Buchwert	(Verkehrswert)
Grundstück 1	40	(100)	Kapital A	60	(100)
Grundstück 2	20	(40)	Kapital B	30	(50)
Sonstige WG	60	(60)	Kapitel C	30	(50)
	120	(200)		120	(200)

A scheidet aus; er erhält als Abfindung das Grundstück 1. Gewinn des A aus der Veräußerung eines MUeranteils 100 ./. 60 = 40 ($^1/_2$ stiller Reserven Grundstück 1 = 30 + $^1/_2$ stiller Reserven Grundstück 2 = 10).

ABC-OHG: Bilanz nach Ausscheiden von A (Stufe 1)

	Buchwert	(Verkehrswert)		Buchwert	(Verkehrswert)
Grundstück 1	70	(100)	Kapital B	30	(50)
Grundstück 2	30	(40)	Kapitel C	30	(50)
Sonstige WG	60	(60)	Schuld ggü A	100	(100)
	160	(200)		160	(200)

ABC-OHG: Bilanz nach Ausscheiden von A (Stufe 2)

	Buchwert	(Verkehrswert)		Buchwert	(Verkehrswert)
Grundstück 2	30	(40)	Kapital B	30	(50)
Sonstige WG	60	(60)	Kapitel C	30	(50)
			Gewinn aus Veräußerung des Grund-Stücks 1	30	
	90	(100)		90	(100)

3. Sachwertabfindung ins Betriebsvermögen.

a) Rechtslage bis 1998. Wurden die übereigneten WG des GesVermögens beim ausgeschiedenen Ges'ter BV (zB seines Einzelunternehmens), konnten die Ges'ter nach Ansicht von FinVerw und hL (Nachweise 27. Aufl) **wählen** zw – *(1)* den Grundsätzen **zur Sachwertabfindung ins PV** (Rz 521) und – *(2)* denjenigen zur **Buchwertfortführung** entspr der wirtschaftl ähnl Realteilung einer PersGes ohne Wertausgleich. In Variante *(2)* wurden weder beim Ausgeschiedenen noch bei den Verbliebenen Gewinn realisiert, *wenn* der Ausgeschiedene die Buchwerte der ihm übereigneten WG (iVm erfolgsneutraler Anpassung seines SchlussKapKtos bei der PersGes) fortführte und die Verbliebenen unter Fortführung der Buchwerte der zurückbehaltenen WG ihre Kapkonten erfolgsneutral diesen Buchwerten anpassten (BFH IV B 102/06, juris). Folge: „Überspringen stiller Reserven". S iEinz 18. Aufl Rz 522, 523. 522

Beispiel:

ABC-OHG: Bilanz vor Ausscheiden des A

	Buchwert	(Verkehrswert)		Buchwert	(Verkehrswert)
Grundstück	40	(100)	Kapital A	20	(100)
Übrige WG	20	(200)	Kapital B	20	(100)
			Kapital C	20	(100)
	60	(300)		60	(300)

A scheidet gegen Grundstücksabfindung aus und führt dessen Buchwert (40) in seinem Einzelunternehmen fort. Sein KapKto bei der OHG wird erfolgsneutral auf 40 „aufgestockt"; die Kapkten von B und C werden zusammen um 20 (Buchwert der übrigen WG) „abgestockt".

ABC-OHG: Bilanz nach Ausscheiden des A

	Buchwert	(Verkehrswert)		Buchwert	(Verkehrswert)
Übrige WG	20	(200)	Kapital B	10	(100)
			Kapital C	10	(100)
	20	(200)		20	(200)

Der Anteil des A an den stillen Reserven der übrigen WG ($^1/_3$ von 180) ist erfolgsneutral auf B und C, der Anteil von B und C an den stillen Reserven des Grundstücks ($^2/_3$ von 60) ist erfolgsneutral auf A „übergesprungen".

523 **b) Rechtslage 1999/2000.** Bei Abfindung mit **Teilbetrieben** (MUeranteilen; 100%igen Beteiligungen an KapGes) galten Realteilungsgrundsätze. Bei Abfindung mit **Einzel-WG** zwingende **Gewinnrealisierung,** wenn Ausscheiden nach dem 31.12.1998 rechtswirksam vereinbart (*BMF* BStBl I 06, 253 Tz 83).

524 **c) Rechtslage ab 2001.** Wird das wirtschaftl Eigentum am **EinzelWG** zur Erfüllung des Sachwertabfindungsanspruchs nach dem 31.12.2000 (§ 52 Abs 16a S 1 aF) in ein **BV** des Ausscheidenden übertragen, greift mE **§ 6 V S 3** mit der Folge des Buchwert*zwangs* (vorbehaltl Verstoß gegen Behaltefrist/KöKlausel nach S 4/5; FG D'dorf EFG 15, 551, Rev IV R 11/15) und der Anpassung der Kapkonten (kein Wahlrecht wie bei Rechtslage bis 1998, s Rz 522); glA *BMF* BStBl I 06, 228 zu II; *FinVerw* DB 10, 927 (Mandantenstamm). Der Tatbestand der Realteilung (§ 16 III 2) ist nicht gegeben (str; s Rz 536); Zur Verrechnung von Barabfindung und Kaufpreis der Ges'ter s *Paus* FR 02, 866/-71; zur streitigen Übernahme von Schulden nach der sog Trennungs-/Einheitstheorie s einschließl „Umschuldungsstrategien" s Rz 536; *Ley* FS Korn, 353 ff; *Wendt* FS Lang, 699, 712; *FinVerw* aaO.

525 **4. Abgrenzung zu anderen Vorgängen.** Sinngemäß gelten die zu Rz 520–523 dargestellten Grundsätze bei (bloßer) **Minderung der gesrechtl Beteiligung** an einer PersGes (Veräußerung des Bruchteils einer MUeranteils) gegen Abfindung mit WG des GesVermögens. Bei *Veräußerung* ab 1.1.2002 hat jedoch die Teilanteilsübertragung iVm einer Abfindung ins *PV* (Rz 521) oder iVm einem Verstoß gegen die *Behaltefrist* gem § 6 V 4 (Rz 524) den Anfall eines lfd Gewinns zur Folge (§ 16 I S 1 Nr 2, S 2). – Die sinngemäße Anwendung der Rz 520 ff führt ferner dazu, dass bei **entschädigungslosem** Ausscheiden einer am Vermögen der PersGes *nicht* beteiligten **Komplementär-GmbH,** kein Gewinn realisiert wird (*FinVerw* FR 02, 1151; mE § 6 III analog bzw Realteilung; vgl Rz 536; FG Kln EFG 14, 1384, Rev IV R 31/14); zu K'tisten s aber Rz 513. – **Keine Sachwertabfindung** liegt vor, wenn: – ***(1)*** ein Ges'ter unentgeltl aus der Ges ausscheidet und aus dem GesVermögen unentgeltl WG erhält (Wert des Abfindungsanspruchs und der hingegebenen WG sind nicht kfm gegeneinander abgewogen); die verbliebenen Ges'ter erwerben den MUeranteil unentgeltl (s aber Rz 35 ff); die hingegebenen WG sind entnommen (Entnahmegewinn bei den verbliebenen Ges'tern); – ***(2)*** ein GesAnteil auf einen neuen Ges'ter oder einen Alt-Ges'ter entgeltl übertragen wird und dieser als Gegenleistung nicht Geld, sondern andere WG aus seinem PV oder einem anderen BV hingibt; dies ist Tausch, evtl iVm einer Entnahme der WG aus einem anderen BV; – ***(3)*** ein Ges'ter ausscheidet und seine Mitgliedschaft allen

verbliebenen Ges'tern anwächst, der Abfindungsanspruch aber nicht aus dem Ges-Vermögen, sondern durch Leistung aller Ges'ter aus ihrem PV erfüllt wird (s aber Rz 636 ff zu Mischnachlass).

V. Einzelfragen zur Realteilung einer PersGes (MUerschaft), § 16 I 1 Nr 2

Verwaltung: *BMF* BStBl I 06, 228 (EinführungsSchrb); 11, 1279 (§ 6 V); *FinVerw* GmbHR 12, 544 (Sachwertabfindung).

Schrifttum zur Rechtslage ab 2001 (Auswahl ab 2006; zuvor s 23.–27. Aufl): *Wacker,* Notizen zur Realteilung ..., FS Priester, 819; *Dietel,* Die Sachwertabfindung ..., DStR 09, 1352; *Wendt,* Realteilung ..., FS Lang, 699; *Mielke ua,* Ausscheiden eines MUers ..., FR 15, 1097.

1. Rechtsentwicklung; Überblick; Systematik. – a) Rechtslage bis 1998. Wurde 530
eine **gewerbl PersGes** in der Weise **aufgelöst und beendet** (zu fortbestehender PersGes s Rz 535/6), dass – im Gegensatz zur normalen Liquidation – jeder Ges'ter Teile des GesVermögens erhält, so erfüllte diese „reale Vermögensteilung" zwar den Tatbestand der **Betriebsaufgabe** (kein Tausch von MUeranteilen, s zB BFH VIII R 76/96 BStBl II 99, 269; zur Erbauseinandersetzung GrS 2/89 BStBl II 90, 837/844). Gleichwohl wurde **(Wahlrecht)** ein Betriebsaufgabegewinn (Ebene der Ges) nicht realisiert, *wenn* und *soweit* die Ges'ter die **Buchwerte** (StB zuzügl evtl Ergänzungsbilanzen) der übernommenen WG in einem eigenen (gewerbl, luf, freiberufl; s Rz 543) *BV* fortführten; dies galt auch dann, wenn die Ges'ter nicht Teilbetriebe, sondern ledigl **einzelne WG** des GesVermögens übernahmen (zB BFH IV R 93/93 BStBl II 95, 700). Waren die Buchwerte der WG höher oder niedriger als die bisherigen Kapkten, mussten diese „in den Fortführungs(eröffnungs-)bilanzen der Realteiler" (BFH VIII R 57/90 BStBl II 94, 607) erfolgsneutral den Buchwerten der zugewiesenen WG angepasst werden **(KapKten-Anpassungsmethode)** mit der Folge, dass **stille Reserven** teilweise von einem Ges'ter auf einen anderen **„überspringen"** konnten.

Beispiel: A und B sind zu je 50% Ges'ter einer OHG. Das GesVermögen besteht aus dem WG I (Buchwert 80, Teilwert 100) und dem WG II (Buchwert 20, Teilwert 100); Kapkten von A und B somit je 50. Die OHG wird real geteilt. A erhält WG I, B WG II; beide führen die Buchwerte fort. Demgemäß stockt A sein KapKto erfolgsneutral von 50 auf 80 auf. B setzt sein KapKto erfolgsneutral von 50 auf 20 herab. Nach der Realteilung hat A stille Reserven von 20, B solche von 80.

Die **Rechtsgrundlage** dieses gesetzl nicht geregelten Wahlrechts (bis **1998**) war str; Rspr und FinVerw befürworteten eine *sinngemäße* reziproke Anwendung des Rechtsgedanken des **§ 24 UmwStG** (BFH VIII R 69/86 BStBl II 92, 385; *BMF* BStBl I 98, 268 Tz 24.18; zu abw Auffassungen s 18. Aufl Rz 543). **Nachträge.** Abgrenzung zu Sachwertabfindung (FG Saarl EFG 03, 1776); Verteilung des Entnahmegewinns (FG Mchn EFG 03, 1601); Kumulation mit § 24 UmwStG (BFH XI R 7/03 BStBl II 2004, 893; s Rz 546).

b) Rechtslage 1999/2000. Nach **§ 16 III 2 idF StEntlG 99 ff** galt die Realteilung einer 531
MUerschaft als Aufgabe des MUeranteils, wenn die bisherigen MUer einzelne WG erhielten; (nur) soweit die Realteilung auf die Übertragung von **Teilbetrieben** oder **MUeranteilen** gerichtet war, fand § 6 III **(Buchwertfortführung)** entspr Anwendung. – **Nachträge.** *BVerfG* StEd 06, 499 (verfgemäß); FG Mchn DStRE 09, 467 (Teilbetrieb).

c) Rechtslage ab 2001. Trotz der grds „Wiedereinführung des MUererlasses" 532
in § 6 V 3 idF *StSenkG* (Buchwertzwang vorbehaltl KöKlausel; personelle Verlagerung stiller Reserven bei EinzelWG) blieben die Realteilungsregeln zunächst unverändert und wurden erst durch das **UntStFG** an die gleichfalls überarbeiteten Bestimmung des **§ 6 V 3 ff nF** ab 1.1.2001 **angepasst** (§ 16 III 2–4 nF). Dies war angesichts der wirtschaftl Ähnlichkeit beider Regelungen (zur Sachwertabfindung s Rz 536) unverzichtbar (ebenso *BReg-Bericht* FR Beil 11/01, 4; 21. Aufl). – **Systematisch** wird hieran zugleich deutl, dass § 16 III 2–4 – ebenso wie § 6 V 3 – auf der gesetzl Kodifikation der finalen Entnahmelehre (iVm dem Gedanken des fortgeführten unternehmerischen Engagements; BT-Drs 14/6882, 34; vor allem: **Buchwert*zwang*** trotz Betriebsaufgabe, s Rz 535) fußt und demzufolge auch bezügl **Behaltefrist** (§ 6 V 4, § 16 III 3; dazu Rz 553) und KöKlausel I (§ 6 V 5f, § 16 III 4, dazu Rz 555) grds der gleichsinnigen Restriktion unterworfen ist. Demgemäß ist dem systematischen Ansatz der Rspr zu Rechtslage bis 1998

(Rechtsgedanke des § 24 UmwStG, s Rz 530) die Grundlage entzogen (glA *Ley* KÖSDI 10, 16814/7). – Zu **§ 16 V** (idF **SEStEG;** KöKlausel II) s Rz 556.

534 ***Exkurs:*** **Hinweise zu weiteren Rechtsfolgen/anderen Steuerarten.** Zu **§ 4 IVa** s *BMF* BStBl I 05, 1019 Tz 10a; zu **§ 4h V (Zinsvortrag)** s dort; zu **§ 6 IIa, § 6b, 7g** s Rz 547; **gewerbl Grundstückshandel** BFH X R 160/97 BFH/NV 03, 890; *BMF* BStBl I 04, 434 Rz 13; **wiederkehrende Leistungen** *BMF* BStBl I 04, 922 Rz 32; zur Verlustrechnung für K'tisten s **§ 15a** Rz 239; zur Thesaurierungsbegünstigung s **§ 34a** Rz 87; zu **§ 50i II 2** s dort. – Zu §§ 22, 24 **UmwStG** s *BMF* BStBl I 11, 1314 Rz 22.20/41, 24.07. – Zu **GewSt** bei Spitzenausgleich s Rz 548, 551, 554, 555; zu § 18 IV aF/III nF UmwStG s *BMF* BStBl I 98, 268 Rz 18.10; zum Verlustabzug s BFH X R 20/89 BStBl II 91, 25; GewStH 10a.2; GewStR 10a.3 III 9 Nr 7; *Wacker* NWB F 3, 10669/691; zu § 16 III 4 nF s Rz 555. – Zu Sonder-AfA und FördG s *BMF* BStBl I 95, 374. – Zu § 13a V 1 Nr 1 **ErbStG** nF s ErbStR 13a.6 III 2 nF. – Zur **GrESt** s *FinVerw* DStR 98, 82; *Stahl* KÖSDI 98, 11438 – Zur **USt** s *Korn* KÖSDI 13, 18504; EuGH DB 14, 815.

535 **d) Begriff der Realteilung.** Er ist – obgleich er an die zivilrechtl Naturalteilung (§§ 731 BGB, 145 I HGB: „andere Art der Auseinandersetzung"; s BFH VIII R 69/86 BStBl II 92, 385; BGH DStR 09, 1655: PartGes) anknüpft – (ertrag-) **steuerrechtl** zu bestimmen (sog *Funktionsbegriff*) und grds durch den auf der Stufe der Ges verwirklichten Tatbestand der **Betriebsaufgabe** gekennzeichnet (Nachweise zur Rechtslage bis 1998 bei Rz 530). Hieran war auch bei § 16 III 2 (idF StEntlG 99 ff; vgl Rz 531) trotz der Verlagerung der Rechtsfolgen auf die mitgliedschaftl Ebene (Ges'ter/Ges; Aufgabe des MUeranteils) festzuhalten (BFH IV B 124/02 BFH/NV 04, 1395; zu *privatem* (Erb-)Vermögen s Rz 625). Der Meinungsstreit dürfte jedenfalls ab VZ 01 durch § 16 III 2–4 nF iSd Rspr zur Rechtslage bis 1998 erledigt sein, da hiernach die Realteilungsfolgen (Buchwert oder *gemeiner Wert*) bei der „Ermittlung des Gewinns der *MUerschaft*" zu erfassen sind, unbeschadet dessen, dass der Anfall des *Aufgabe*gewinns der MUerschaft an personen- und objektbezogene Merkmale (zB fortdauernde Steuerverstrickung der zugeteilten WG, s Rz 543; Behaltefrist, s Rz 553; Köklausel, s Rz 555) gebunden ist (*BMF* BStBl I 06, 228 zu I, glA BFH VIII R 28/08 DB 11, 1783). – Eine MUerschaft (s Rz 538), die nur BV hat (s § 15 Rz 480 ff), wird hiernach „real geteilt", wenn jeder Ges'ter einer zwei- oder mehrgliedrigen PersGes bei *Auflösung und Beendigung der PersGes* und ihres Betriebs (Sachverhalt: BFH VIII R 21/77; VIII R 13/94 BStBl II 82, 456; 94, 809) einen Teil des GesVermögens übernimmt; – eine PersGes in der Weise aufgelöst und beendet wird, dass das BV zerschlagen oder in Teilbetriebe auf zwei (oder mehrere) *FolgeGes* verteilt wird (BFH XI R 51/89 BStBl II 92, 946 s – zu UmwStG aF – auch *BMF* BStBl I 98, 268 Tz 24.19; Rz 546); – die Ges'ter einer *fortbestehenden PersGes* eine zweite beteiligungs- und gesellschafteridentische PersGes gründen (zB um den Rechtsfolgen des § 15 III Nr 1 auszuweichen) und auf diese „qualifizierte Teile" (Rz 536) des Ges-Vermögens übertragen (Beispiel aus der zivilgericht Rspr BayObLG NJW 82, 109). Zum Verhältnis zu den Einbringungen gem §§ 20, 24 UmwStG s *BMF* BStBl I 11, 1314 Rz 24.07; *Wacker* BB Beil 8/98, 27/8.

536 **aa) Abgrenzung zur Sachwertabfindung.** Str ist, ob auch das Ausscheiden ein oder mehrerer Ges'ter aus einer mehrgliedrigen PersGes Realteilung iSv § 16 III 2 ist. Dies wurde betr **Rechtslage 1999/2000** (vgl Rz 531) zT ausnahmslos abgelehnt, zT aber entspr der Gesetzesbegründung zum StEntlG (BT-Drs 14/23, 178) ausnahmslos bejaht (*Blumers ua* BB 99, 1786; *Groh* FS Kruse, 417/431: Wahlrecht). – ME ist durch **§ 16 III 2 idF UntStFG** (Buchwert oder *gemeiner Wert* bei der „Ermittlung des Gewinns der *MUerschaft*") der Streit iSd Rechtslage bis 1998 (Rz 530, 535) entschieden (glA *BMF* BStBl I 06, 228 zu II; aA *Stuhrmann* DStR 05, 1356). – **Keine Realteilung,** sondern **Sachwertabfindung** (Veräußerung des MUeranteils) ist demnach das Ausscheiden gegen Abfindung mit **EinzelWG,** auch wenn es sich hierbei um wesentl und in ein BV überführte Betriebsgrundlagen handelt (vgl Rz 522; *BMF* aaO; FG D'dorf EFG 15, 551, Rev IV R 11/15; aA *von*

Lishaut DB 00, 1784/9; *Ley* FS Korn, 335/48; *Mielke ua* FR 15, 1097); Begründung: kein Aufgabetatbestand (der PersGes, s oben), sondern Veräußerung von MUeranteilen (zB *Wacker* BB Beil 5/99, 11; *Crezelius; Märkle ua* FS Korn, 273/8; 365/7).

bb) Folgen. Die Abfindung mit EinzelWG (auch mehreren) in das **BV** ist nach § 6 V 3 (vorbehaltl KöKlausel, S 5) *zwingend* zu Buchwerten zu vollziehen (*FinVerw* GmbHR 12, 544: auch bezügl Mandantenstamm); Sperrfrist gem § 6 V 4, nicht gem § 16 III 3 (aA *Röhrig* EStB 02, 231/4). Die Übernahme von Schulden der MUerschaft führt zwar nach *BMF* BStBl I 13, 1164 zur anteiligen Gewinnrealisierung gem Trennungstheorie (Rz 524); dies erscheint jedoch angesichts der Rspr fragl (vgl BFH IV R 11/12 DStR 12, 2051; BFH I R 80/12 BStBl II 13, 1004: Buchwertverrechnung; glA *Strahl* KÖSDI 13, 18528/33). Darüber hinaus schließt die *FinVerw* die Buchwertfortführung bei Übertragung von Einzel-WG in ein Gesamthandsvermögen aus (vgl zum Streitstand Rz 546). Bei Abfindung in das **PV** des Ausscheidenden kein Aufgabegewinn (§ 16 III 2/8 nF), sondern (zweifacher) Veräußerungsgewinn (s Rz 521/524). – Gleichfalls im Einklang mit der Rechtslage bis 1998 (Sachverhalt BFH IV 317/65 BStBl II 72, 419; 18. Aufl Rz 531, 551) sowie der Wertung des § 6 III ist eine Betriebsaufgabe (iwS = „Realteilung“) bei der Ges (Rz 535) aber dann anzunehmen, wenn der Ausscheidende einen/mehrere (aber nicht alle) **Teilbetriebe** der *PersGes* zur weiteren betriebl Nutzung übernimmt (FG Mster EFG 15, 915, rkr, FG Hbg EFG 12, 1744, Rev III R 49/13; *iErg* glA *BMF* aaO, zu II; ähnl *Crezelius* FS Korn, 273/9; *Wendt* FS Lang, 699, 713; *Niehaus ua* FR 12, 1093, 1102; ebenso mE bei Abfindung gegen **MUeranteil,** vgl BFH VIII R 69/86 BStBl II 92, 385; *Ley* FS Korn, 335/50; zu 100%iger KapGes-Beteiligung s 20. Aufl Rz 553; zur bloßen Minderung von GesRechten s *Hörger ua* DStR 99, 565/566; Rz 410/-11; 525). – Fragl aber, ob die Realteilung auch sonstige **qualifizierte Vermögenszuteilungen** (Betriebsaufgabe iwS) erfasst, wie die Übernahme von Geschäftszweigen/Filialbetrieben (BFH VIII R 13/94; XI R 51/89, BStBl II 94, 809; 92, 946) oder die quantitativ/qualitativ gleichwertige Aufteilung des BV (bej FG Kln EFG 14, 1384, Rev IV R 31/14; *Gragert,* NWB F 3 13887/9: Teilung der Mandanten; diff *Wacker* FS Priester, 819/26; offen *BMF* aaO, zu II). Hierfür könnte auch die Lockerung der Rspr zu § 6 III (BFH IV R 41/11 DStR 12, 2118; Rz 15, 155) sprechen (*Demuth* EStB 12, 395/6). – Zum Ausscheiden der Komplementär-GmbH s Rz 525.

cc) Weitere Abgrenzungen. Gleichfalls **keine Realteilung** ist die **Veräußerung** (Rz 412) oder unentgeltl Übertragung (Rz 430) eines **MUeranteils** bei *Fortführung des Betriebs* durch die verbleibenden oder einen der Ges'ter (BFH VIII R 76/96 BStBl II 99, 269; III R 34/01 BStBl II 03, 700; *BMF* BStBl I 06, 228 zu II; *FinVerw* FR 02, 1151). – Zur gleichzeitigen Realteilung *mehrerer PersGes* durch Anteilstausch s Rz 560. 537

e) Realteilung einer „MUerschaft“. S BT-Drs 14/443 zum StEntlG 99 ff. Sie ist nicht nur bei AußenGes mit betriebl Gesamthandsvermögen, sondern auch für InnenGes, zB **atypische stille Ges** oder Unterbeteiligung (sinngemäß) zu bejahen (str; *Groh* FS Kruse, 417/429; *Crezelius* FS Schaumburg, 239/47; offen *BMF* BStBl I 06, 228; *Neumann* EStB 06, 143/4). Ebenso bei Güter- und Erbengemeinschaft mit BV oder PV (Rz 615, 625; vgl auch BStBl I 92, 542 Rz 21; unklar FG BBg EFG 09, 745), nicht jedoch bei Zugewinngemeinschaft (BFH IV R 1/01 BStBl II 02, 519: kein gemeinschaftl Vermögen, zutr; EStH 16 (IV); krit *Götz* FR 03, 127). Fragl bei Bruchteilsgemeinschaften (zu PV nach Rechtslage bis 1998 s aber BFH IV R 74/95 BStBl II 95, 599; bei Tausch evtl § 6 VI) sowie bei Bürogemeinschaften. – Die Art der (betriebl) Einkünfte ist unerhebl (§§ 14 S 2, 18 III 2 iVm § 16 III 2; zur **Freiberufler-Sozietät** s zB BFH IV R 131/91 BStBl II 93, 509; zu **luf PersGes** BFH IV B 113/06 BFH/NV 07, 2257); zum Qualifikationswechsel bei der Realteilung s Rz 543. – Zur Einbeziehung **ausl PersGes** s *FinVerw* DB 97, 450; zur Überführung in **ausl Betriebsstätten** s Rz 551. 538

539 *Exkurs:* **Spaltung von KapGes.** Maßgebl sind die Vorschriften der §§ 15, 16 UmwStG (iEinz s 25. Aufl), die auch in der Neufassung durch das SEStEG an der Teilbetriebsbedingung festhalten (s *BMF* BStBl I 11, 1314 Rz 15.01 ff).

540 **f) Formen der Realteilung.** Zwingend **gewinnneutrale** Realteilung bei fortdauernden Besteuerungsrecht gem § 16 III 2, HS 1/3 nF (Rz 551); ansonsten (Überführung von WG ins PV; Verstoß gegen Behaltefrist/KöKlauseln gem § 16 III 3/4, s Rz 553/6) Zwang zum Ansatz des gemeinen Werts (§ 16 III 8). – Hieraus ergibt sich zum einen eine **personendifferenzierende** Betrachtung (vgl § 16 III 2 nF: Übertragung in das „jeweilige BV der einzelnen MUer"; A überführt WG ins BV, B hingegen in sein PV); zum anderen eine **objektdifferenzierende** Betrachtung (C übernimmt die ihm zugewiesenen WG zT in BV, zT ins PV; Verstoß gegen Behaltefrist § 16 III 3). Einschr *BMF* BStBl I 06, 228 zu I: mindestens eine wesentl Betriebsgrundlage muss ins BV eines Realteilers gelangen (dazu *Gragert* NWB F 3, 13 887/8; zR krit *Neumann* EStB 03, 143) – Realteilung *ohne* Wertausgleich (Rz 547) oder **mit Wertausgleich** aus Eigenvermögen der Ges'ter in Geld oder Sachwerten (Rz 548, 552).

541 **g) Zeitl Anwendungsbereich.** § 16 III 2–4 nF sind nach dem wiederum (zum StEntlG 99 ff s 20. Aufl) wenig präzisen (*Engl* DStR 01, 1725/29) Wortlaut des § 52 Abs 34 S 4 aF „erstmals auf Realteilungen nach dem 31.12.2000 anzuwenden". Maßgebl ist somit nicht die schuldrechtl Abrede, sondern der Übergang des wirtschaftl Eigentums der WG auf die Realteiler (*Rödder ua* DStR 01, 1634/9); dies entspricht § 52 Abs 16a S 1 aF („Übertragungsvorgang") zu § 6 V 3–5 nF und zur Sachwertabfindung mit EinzelWG (s Rz 536). Auch ist – angesichts der personenbezogenen Konzeption der § 16 III 2–4 nF (s Rz 540) – die Übertragung auf den *jeweiligen* MUer maßgebl (Beispiel: Realteilung einer dreigliedrigen PersGes; A erhielt „seine" EinzelWG noch im Jahre 2000, Folge: Gewinnrealisierung gem § 16 III 2 idF StEntlG, s Rz 531; B und C hingegen erst 2001, Folge: Buchwertzwang gem § 16 III 2–4 nF); aA uU aber *BMF* BStBl I 06, 228 zu X. Fragl ist die Behandlung **gestreckter Realteilungen** (Auskehrungen an einen MUer) über die Jahreswende 2000/2001. Der insoweit nicht eindeutige § 52 Abs 34 S 4 aF deutet zwar auf den Willen des Gesetzgebers, den näml Realteilungsvorgang auch aus Gründen Praktikabilität aus Sicht des einzelnen MUer nur *einem* Besteuerungssystem mit der Folge zu unterwerfen, dass das regelmäßig „günstigere" Recht des § 16 III 2–4 nF (Buchwertfortführung bei Zuweisung von EinzelWG) bereits dann zum Zuge kommt, wenn der Ges'ter die für ihn bestimmten wesentl EinzelWG in überwiegendem Umfang erst im Jahre 2001 übertragen erhielt (Überwiegensgrundsatz; vgl hierzu auch 20./33. Aufl; glA *Sauter ua* FR 02, 1101/3). Ist diese Voraussetzung nicht gewahrt, lässt § 52 Abs 34 S 4 aF jedoch auch die Auslegung zu, nur die in 2000 verwirklichten (überwiegenden) Aufgabeteilakte § 16 III 2 idF StEntlG 99 ff, diejenigen des Jahres 2001 hingegen § 16 III 2–4 idF UntStFG zu unterstellen (insgesamt **aA** ***BMF*** aaO: Übergang der letzten wesentl Betriebsgrundlage maßgebl). Gleiches dürfte für eine „gestreckte" Sachwertabfindung gem § 52 Abs 16a S 1 aF iVm § 6 V 3–5 nF (s oben) gelten.

542 **h) Zivilrecht.** Die Durchführung der Realteilung (Naturalteilung) einer PersGes erfordert idR die Einzelübertragung aller Vermögensgegenstände aus dem GesVermögen der PersGes in das Eigentum der Ges'ter. Die Vorschriften des **UmwG** über die Spaltung von „Rechtsträgern mit Sitz im Inl" (§ 1 iVm §§ 123–173 UmwG), die einen Übergang des Vermögens auf die Ges'ter im Wege der partiellen Gesamtrechtsnachfolge (Sonderrechtsnachfolge) ermöglichen, sind auf die Realteilung von PersGes grds nur anzuwenden, soweit die real zu teilende Ges eine Personen*handels*Ges ist (s § 124 iVm § 3 I Nr 1 UmwG: „übertragender Rechtsträger") und an dieser als Ges'ter KapGes oder Personen*handels*Ges beteiligt sind (s § 124 iVm § 3 I Nrn 1, 2: „übernehmende Rechtsträger") oder eine Personen*handels*Ges auf zwei (oder mehrere) FolgeGes gleicher Rechtsform (Rz 546)

aufgespalten wird. Sie greifen hingegen nicht ein, soweit die real zu teilende Ges eine GbR ist oder an einer real zu teilenden PersonenhandelsGes natürl Personen als übernehmende Ges'ter beteiligt sind.

2. Gewinnneutrale Realteilung. – a) Tatbestand, § 16 III 2. Erforderl ist – ***(1)*** **Realteilung** (Rz 535/40) einer (gewerbl/luf/freiberufl) **MUerschaft** (Rz 538); – ***(2)*** **Übertragung** von **Teilbetrieben** (*BMF* BStBl I 06, 228 zu III; einschließl 100%ige Beteiligung an KapGes; zu mehreren Betrieben bei Erbauseinandersetzung s Rz 617; bei PersGes s BFH IV R 12/10 BStBl II 14, 1000), **MUeranteilen** oder **EinzelWG** (vgl Rz 532, 541, 544f); – ***(3)*** Übertragung in das **jeweilige BV** (einschließl **SonderBV;** *Sauter ua* FR 02, 1101/4) des einzelnen MUers (zur personenbezogenen Beurteilung s Rz 540; zur unschädl Überführung von gewerbl *in* luf oder freiberufl BV s *Wacker* NWB F 3, 10669/85; zu Verpachtungsbetrieb s BFH IV R 93/93 BStBl II 95, 700; *BMF* aaO, zu IV 2; *Stephany* INF 06, 471; *Hiller* INF 06, 658) unter Sicherstellung der Besteuerung der stillen Reserven (§ 16 III 2 HS 1/3 nF; s Rz 551). Unerhebl ist, ob der Betrieb des Realteilers erst im Zuge der Realteilung entsteht (*BMF* aaO, zu IV 1; vgl auch BFH VIII R 21/00 BStBl II 03, 194). Entgegen dem Wortlaut sind (Teil-)MUeranteile – da Anteil an einem BV – nicht in ein weiteres (Sonder)BV des Realteilers (MUers) zu überführen (teleologische Reduktion; glA *BMF* aaO); – ***(4)*** **Schädl** ist nicht nur ein Verstoß gegen die **Behaltefrist** (S 3: „soweit WG", vgl Rz 553), sondern uU auch die Übertragung auf **Körperschaften** (S 4; Abs 5; s Rz 555/6); – ***(5)*** Zu mögl „Missbräuchen" **(§ 42 AO)** s Rz 550; *BMF* BStBl I 11, 1314 Rz 24.07; *Menner ua* DB 03, 1075/-9: Realteilung nach Umwandlung KapGes in PersGes; *Tiedtke ua* DB 02, 652/-4: gewerbl Grundstückshandel). 543

aa) Realteilungsgegenstände. Da § 16 III 2 idF UntStFG auf das Teilbetriebserfordernis des § 16 III 2 idF StEntlG 99ff verzichtet (Rz 532/41) ist grds – entspr der Rechtslage bis 1998 (s Rz 530) – auch die Realteilung unter Zuweisung von **EinzelWG** (einschließl liquider Mittel) zu Buchwerten zu vollziehen; ob diese funktional für den einem anderen Ges'ter (Realteiler) zugewiesenen (Teil-)betrieb oder MUeranteil wesentl sind, ist unerhebl (s Rz 545; zum Teilbetrieb etc bei Behaltefrist/Köklausel nach S 3/4 nF Rz 553/5). Demgemäß gilt Gleiches für EinzelWG des **SonderBV** selbst dann, wenn es sich hierbei um die wesentl Betriebsgrundlage der MUerschaft handelt (*BMF* aaO, zu III, IV 1; zur Rechtslage bis 1998 s BFH IV B 113/06 BFH/NV 07, 2257; zT krit *Winkemann* BB 04, 130/4). Die Buchwertfortführung erfasst des Weiteren die **Spaltung** von **MUeranteilen** (selbst bei disquotaler Zuweisung des SonderBV; vgl zu § 6 III 2 uch Rz 435) sowie von **KapGesAnteilen;** auch hierbei ist ohne Bedeutung, ob die Anteile zu den funktional wesentl Betriebsgrundlage des (Teil-)Betriebs oder MUeranteils der RealteilungsGes gehören (zur Sachwertabfindung s Rz 536). Nach Sinn und Zweck greift § 16 III 2 über den Wortlaut hinaus ferner, wenn bei Realteilung der A/B-OHG Ges'ter A den **gesamten Betrieb** der OHG, Ges'ter hingegen den MUeranteil der OHG (OberGes) an der U-KG (UnterGes) übernimmt (glA *Rödder ua* DStR 01, 1634/49; s auch Rz 555, 617). *Nicht* Gegenstand der Realteilung sind hingegen (Einzel-)WG, die der Ges'ter der OberGes unmittelbar der **UnterGes** überlässt (Rz 407); ob sie zum Buchwert in ein anderes BV des Ges'ter der OberGes überführt werden können, richtet sich nach § 6 V 3 nF. Zum Tausch von MUeranteilen s Rz 560; zu Nachfolge*Ges* s Rz 546. 544

bb) Schulden. Zu den positiven/negativen EinzelWG des § 16 III 2 gehören nicht nur liquide Mittel (s Rz 544), sondern auch Schulden der MUerschaft, ausgenommen die erst durch die Realteilung entstehenden wie zB eine Wertausgleichsschuld (Rz 552ff). Auch hier ist unerhebl, ob die Schulden im wirtschaftl Zusammenhang mit den vom Realteiler (Ges'ter) übernommenen WG (EinzelWG, Teilbetriebe etc) stehen (BFH VIII R 57/90 BStBl II 94, 607; *BMF* BStBl I 06, 253 Tz 18 betr Miterben; s aber Rz 630, 641 zur Rspr des IX. Senats) oder ob 545 sie dem rechnerischen Anteil des Ges'ters am GesVermögen entsprechen oder dazu inkongruent sind. Die (inkongruente) Übernahme *dieser* Schulden (oder der liquiden Mittel der MUerschaft) ist kein Entgelt iSe Wertausgleichs (FG Hbg EFG 12, 1744, Rev III R 49/13; zu § 42 AO s Rz 550). Keine Realteilung, sondern entgeltl Veräußerung eines MUeranteils gegen Geld (zur Sachwertabfindung s Rz 536) liegt aber vor, wenn ein Ges'ter nur oder fast nur liquide Mittel erhält (s 17. Aufl, Rz 549; BFH III R 34/01 BStBl II 03, 700 zur Rechtslage bis 1998; aA *Rogall* DStR 06, 731/4).

546 **cc) Schwester-PersGes.** Eine Realteilung war nach der Rechtslage bis 1998 auch anzunehmen, wenn EinzelWG (oder Teilbetriebe etc) der RealteilungsGes (MUerschaft) **unmittelbar** in zwei oder mehrere betriebl tätige oder geprägte (§ 15 III Nr 2) SchwesterPersGes/NachfolgePersGes überführt wurden (Rz 535; zur Rechtslage 1999/2000 s 20. Aufl Rz 554), und zwar selbst bei teilweise geänderten Beteiligungsverhältnissen. Die Aufgabe der Bilanzbündeltheorie durch die Rspr (BFH GrS 7/89 BStBl II 91, 691 zu C III 2) stand dem nicht entgegen. Nach ***BMF*** BStBl I 06, 228 zu IV 1 sind hingegen ab **2001** die übertragenen **EinzelWG** der Gesamthand selbst im Falle der Beteiligungsidentität mit dem gemeinen Wert anzusetzen, weil § 16 III 2 nF ausdrückl die Übertragung in das *jeweilige BV* der *einzelnen MUer* fordere *und* die wertungsgleiche Bestimmung des § 6 V 3 nF die Übertragung in das GesVermögen einer SchwesterPersGes nicht begünstige (glA FG Ddorf EFG 12, 1256, Rev IV R 8/12; *Gragert* NWB F 3, 13887/90/93: kein allg Vertrauensschutz bzgl aufgehobener Verfügung der OFD Bln NWB F 1, 248; FG Köln EFG 15, 1603, Rev VIII R 24/15: lfd Gewinn gem § 16 III 5, mE unzutr; Rz 551). **Auswege:** – ***(1)*** Übertragung in eigenes (Sonder-)BV und Einbringung in SchwesterPersGes gem § 6 V 3 nach Ablauf der Behaltefrist (Rz 553); zur KSt s aber EuGH DB 14, 815; – ***(2)*** Zunächst Einbringung der MUeranteile an der RealteilungsGes in zwei (oder mehrere) NachfolgeGes (§ 24 UmwStG aF/nF), dann Realteilung auf NachfolgeGes. Ausgehend von *BMF* aaO ist für beide Wege jedoch die Gesamtplan-Rspr zu beachten (*BMF* BStBl I 11, 1279 Rz 18 ff; *Niehus ua* FR 1093/6; aA *Rogall* DStR 05, 992/5; *Wendt* FS Lang, 699, 705/15; s auch Rz 414).

Stellungnahme: Abgesehen davon, dass die Restriktionen nicht greifen, wenn Teilbetriebe, MUeranteile der RealteilungsGes (arg § 6 III; *Heß* DStR 06, 777/9; zur Lockerung der Begriffsanforderungen durch BFH IV R 41/11, DStR 12, 2118 s Rz 15, 155) oder EinzelWG des SonderBV (arg § 6 V 3 Nr 2) übertragen werden, ist die Ansicht der FinVerw abzulehnen, da § 6 V nach hM auch die Übertragung von EinzelWG in SchwesterPersGes erfasst (BFH IV B 105/09 DStR 10, 1070: AdV; § 6 Rz 702; FG Nds EFG 12, 2106, Rev IV R 28/12; **aA BFH** I R 72/08 BStBl II 10, 471; *BMF* BStBl I 11, 1279 Rz 18 ff; unzutr; s nunmehr BFH I R 80/12 BStBl II 13, 1004: **BVerfG-Vorlage**) und damit auch die in § 16 III 2 tolerierte Verlagerung stiller Reserven nicht einzuschränken vermag (*Niehus ua* aaO, 1097; zu Behaltefrist und KöKlausel gem § 16 III 3, 4 nF s Rz 553/5). Werden (Teil-)Betriebe oder MUeranteile in die SchwesterPersGes eingebracht, ist str, ob insoweit das Wahlrecht nach § 24 UmwStG aF/nF besteht (offen betr Rechtslage 1999/2000 *Reiß* BB 01, 1965/71; abl zur Rechtslage bis 1998 *BMF* BStBl I 98, 268 Tz 24.19; dazu *Wacker* BB Beil 8/98, 27f; *Stahl* KÖSDI 06, 14939/41; aA BFH XI R 7/03 BStBl II 04, 893; *Ahmann* HFR 04, 1101; *Heß* aaO).

547 **b) Rechtsfolgen. – aa) Realteilung *ohne* Wertausgleich.** – Bei Vorliegen der Voraussetzungen zu Rz 543–546 (zur personenbezogenen Prüfung vgl Rz 540, 551) sind nach § 16 III 2, HS 1 nF zum einen – trotz Betriebsaufgabe – bei der MUerschaft die nach den allg Regeln der lfd Gewinnermittlung ergebenden Schlussbilanzwerte anzusetzen (vgl BFH VIII R 57/90 BStBl II 94, 607/11); ein Übergangsgewinn/-verlust ist mE nur zu ermitteln, wenn es zumindest bei einem MUer zum Ansatz eines Aufgabegewinnanteils kommt (glA BFH III R 32/12 BStBl II 14, 242; FG Hbg EFG 12, 1744, Rev III R 49/13; *FinVerw* DB 15, 1756; s auch BFH IV R 13/01 BStBl II 02, 287). Zum anderen ist nach S 2 HS 2 nF der übernehmende MUer an diese Werte gebunden. Dies bedeutet **Zwang** – ***(1)*** zur

Buchwertfortführung (kein Wahlrecht, kein Zwischenwertansatz; krit *Engl* DStR 01, 1725/1728), – *(2)* zur **Anpassung der KapKten** des Realteiler an die Buchwerte (s Rz 530) der übernommenen WG; *BMF* BStBl I 06, 228 zu VII mit Beispiel; FG Hess EFG 14, 339, rkr; FG Mster EFG 15, 915, rkr; aA *Engl* DStR 02, 119: Buchwertanpassung; *Groh* FS Kruse, 417/429; s auch BFH VIII R 69/96 BStBl II 92, 385) und damit – *(3)* idR zur personellen Verlagerung der stillen Reserven (**keine Ergänzungsbilanzen;** vgl auch das Fehlen eines § 6 V 4 nF entspr Vorbehalts in § 16 III 4 nF, dazu Rz 554; aA *Niehus* FR 05, 278). Folge der Buchwertfortführung ist, dass der Realteiler in vollem Umfang in die Rechtsstellung der PersGes eintritt (AfA; zu Sammelposten nach § 6 IIa nF s *BMF* BStBl I 10, 755 Rz 17; zu § 6b s EStR 6b.2 IX 3; *Niehus* aaO; zu § 7g aF s BFH VIII R 28/08 BStBl II 14, 299; BFH-Beschluss X R 21/09 DStR 12, 2171; fragl; zum Bilzusammenhang s FG Mster EFG 13, 1203, Rev VIII R 33/13). Zu § 6 V 4 nF (Behaltefrist bei eingebrachtem EinzelWG) vgl *Rödder ua* DStR 01, 1634/7 FN 16: Realteilung zu Buchwerten weder Veräußerung noch Entnahme (mE bezügl Rechtsfolgen zutr). Zur näml Beurteilung bezügl § 6 III 2 nF (unentgeltl Übertragung von Teil-MUeranteilen auf PersGes iVm anschließenden Realteilung) s Rz 435.

bb) Realteilung *mit* Wertausgleich. – (1) Grundsätze. Trifft die Buchwertfortführung nach § 16 III 2 mit einer Ausgleichsleistung aus dem Eigenvermögen der Ges'ter **in bar oder Sachwerten** (PV, BV eines eigenen Betriebs) zusammen – zB weil die Verkehrswerte der übernommenen WG höher oder niedriger sind als die Verkehrswerte der untergegangen GesAnteile – steht dies zwar nach zutr Ansicht der Rspr (BFH VIII R 57/90 BStBl II 94, 607 betr Rechtslage bis 1998: Wahlrecht) der nunmehr nach § 16 III 2 nF zwingenden (Rz 547) Buchwertfortführung nicht entgegen; jedoch hat der Wertausgleich das Entstehen eines – nicht gewstpfl (BFH VIII R 13/94 BStBl II 94, 809; beachte jedoch § 7 S 2 GewStG; *Sauter ua* FR 02, 1101/6; Rz 555) – **Gewinns** zur Folge (glA *BMF* BStBl I 06, 228 zu VI). Wird der Ausgleich vereinbart, weil Quantum und Art der stillen Reserven unterschiedl sind (**zukünftige Steuerbelastungsdivergenzen;** vgl BFH VIII R 57/90 BStBl II 94, 607), gilt mE Gleiches (*Blumers ua* BB 99, 1786/7: *Bordewin* DStZ 92, 353/358; vgl aber BFH IV 317/65 BStBl II 72, 419: keine Gewinnrealisierung; dann aber gem § 12 Nr 3 auch nicht abziehbar). 548

(2) Gewinn. Str ist, in welcher **Höhe** Gewinn entsteht und ob der Gewinn bei Realteilung mit Buchwertfortführung nach §§ 16 IV, 34 **begünstigt** ist. – **(a)** Der VIII. Senat des BFH nimmt bzgl Rechtslage bis 1998 an, dass beim Ausgleichsberechtigten ein lfd Gewinn „in Höhe des Ausgleichsbetrags" entsteht; Ausgleichsverpflichtete habe in dieser Höhe AK (BFH VIII R 57/90 BStBl II 94, 607 zu III 3 aE/II 4; VIII R 12/93 BFH/NV 95, 98). – **(b)** Nach Ansicht der **FinVerw** (*BMF* BStBl 94, 601: Nichtanwendung) und der **hL** (*HHR* § 16 Rz 555) wurde hingegen nur im Verhältnis der Ausgleichszahlung zum Wert der übernommenen WG entgeltl angeschafft und veräußert und nur insoweit Gewinn realisiert („Trennungstheorie"; Beispiel unten); dieser war allerdings nach *FinVerw* bei Zuteilung von ***Teilbetrieben*** gem §§ 16 IV, 34 begünstigt (*BMF* aaO). – **(c)** Im Schrifttum (*Strahl* KÖSDI 13, 18528/33) wird im Anschluss an BFH IV R 11/12 DStR 12, 2051; BFH I R 80/12 BStBl II 13, 1004 („Einheitstheorie" bei teilentgelt Einbringung von Einzel-WG; s auch Rz 563/-5; krit § 6 Rz 697; aA *BMF* BStBl I 13, 1164) erwogen, auch einen Veräußerungsgewinn nur iHd Differenz von Ausgleichszahlung und Gesamtbuchwert anzunehmen. – **(d) ME** ist der hL – da Gewinnrealisierung an das Vorliegen stiller Reserven gebunden – bezügl der *Gegenrechnung* anteiliger Buchwerte auch bei § 16 III 2 idF UntStFG zu folgen (zur näml Beurteilung bei Erbauseinandersetzung s Rz 618); der Spitzenausgleich verdrängt deshalb als gesonderter Realisationsakt (Veräußerung) teilweise die Buchwertfortführung nach Realteilungsgrundsätzen (glA betr Erwerber BFH IV R 51/07 549

BStBl II 09, 303; s auch *Wacker* NWB F 3, 10669/79); dies schließt auch die Geltung der „Einheitstheorie" (s zu (c)) aus. Zutr nimmt der BFH aber – bei Buchwertfortführung und damit mangels Aufdeckung sämtl Reserven – einen nur *lfd* Gewinn an (*Wacker* aaO; insoweit nunmehr glA *BMF* BStBl I 06, 228 zu VI; zu § 16 I 1 Nr 2/3, S 2 s Rz 411). Ein Wahlrecht, die übernommenen WG mit dem gemeinen Wert anzusetzen und hierdurch sämtl stillen Reserven aufzudecken (so Rechtslage bis einschließl 1998), besteht nach § 16 III 2 idF UntStFG nicht (zur Erbauseinandersetzung s Rz 618).

Beispiel: A und B sind zu 50 vH Ges'ter einer OHG; Buch/Verkehrswerte der KapKonten jeweils 100/400. Das GesVermögen besteht aus WG I (Buch/Verkehrswert: 120/600) und WG II (80/200). A übernimmt WG I und leistet an B einen Barausgleich von 200; B erhält zudem WG II. – *(a) Lösung nach VIII. Senat: B* erzielt lfd Gewinn von 200; A stockt Buchwerte von WG I um 200 auf insgesamt 320 auf. – *(b) Lösung nach hL/FinVerw:* Gegenstand der Veräußerung ist $^1/_3$ des Anteils von B an WG I (200 [Spitzenausgleich]/600 [Verkehrswert]); auf diesen „Mehrempfang" (s Rz 618) des A entfällt ein Buchwertanteil von $^1/_3 \times 120 = 40$. Demgemäß lfd (s oben) Gewinn bei B iHv 200-40 = 160, der iÜ die Buchwerte von WG II (80) fortführt. A stockt nach Abzug des entgeltl erworbenen Teils (40) den verbleibenden Buchwertansatz von WG I (80 = 120-40) um seine AK (200) auf; Gesamtansatz 280 (vgl *BMF* aaO). – *(c) Lösung nach Einheitstheorie:* Gewinn des B iHv 80 (200-120 [Buchwert von WG I]); A hat AK iHv 200.

550 **(3) Gestaltungen zur Vermeidung des Wertausgleichs.** Zur disquotalen Zuweisung neutraler WG (zB Geld, Verbindlichkeiten) s Rz 545. Im Schrifttum wird empfohlen, *vor* der Realteilung die liquiden Mittel des GesVermögens durch Kreditaufnahme oder Einlage aus Eigenvermögen der Ges'ter in der für den Wertausgleich erforderl Höhe aufzustocken (sog **Einlagenlösung;** zB *Knobbe-Keuk* § 22 IX 3; *Groh* WPg 91, 620/623). Auch der BFH nimmt offenbar an, dass damit eine Gewinnrealisierung vermieden wird (BFH VIII R 57/90 BStBl II 94, 607/613). ME können Einlagen nichts an der Gewinnrealisierung ändern, weil nur Scheineinlagen (verdeckter Wertausgleich) vorliegen (glA *BMF* BStBl I 06, 253 Tz 25 zu Miterben-MUerschaft; *Gragert* NWB F 3, 13887/92; *Wacker* aaO, 10681; aA *Groh* WPg 91, 620/4; ähnl *Winkemann* BB 04, 130/5: Kein Missbrauch iSv § 42 AO). Darüber hinaus wurde die sog **Zweistufenlösung** diskutiert, nach der im Beispiel zu Rz 549 B vor der Realteilung die Hälfte seines MUeranteils an A zum Preis von 200 veräußert und hierbei einen gem §§ 16, 34 begünstigten Gewinn über 150 (= 200-50 [halber Buchwert]) erzielte (s auch Rz 619). Auch dies konnte nach zutr hL keine Anerkennung finden; ab VZ 2002 ist die Gestaltung zudem durch § 16 I S 1 Nr 2/3, S 2 nF (lfd, uU gewstpfl Gewinn) hinfällig (s 25. Aufl).

551 **3. Gewinnrealisierende Realteilung (einschließl Behaltefrist; Körperschaftsklauseln). – a) Entstrickung.** Nach § 16 III 2 entsteht ein (nicht gewstpfl; Ausnahme: § 7 S 2 GewStG; Rz 548, 555) Aufgabegewinn der PersGes, wenn (und soweit) die zugewiesenen WG nicht BV (also **PV**) des Realteilers werden (dazu einschließl Nachfolge-PersGes Rz 543/6) oder soweit die **Besteuerung** der stillen Reserven **nicht sichergestellt** ist. Bei Letzterem ist nach **§ 16 III 2 HS 3 idF JStG 10** auch § 4 I 4 nF iVm § 52 Abs 8b S 2/3 aF zu beachten (Ansatz des gemeinen Werts bei ausl Betriebsstättenzuordnung; s zu Einzelfragen – zB Rückwirkung, EU-Konformität – § 4 Rz 329ff; zu § 16 IIIa nF s § 16 Rz 175). – Beide Merkmale (BV; fortdauerndes inl Besteuerungsrecht) erfordern eine **personen- und objektbezogene** Betrachtung (Rz 540). *Beispiel 1:* A/B-OHG wird in der Weise real geteilt, dass B die von ihm übernommenen WG ins PV, A hingegen in ein (weiteres) BV oder SonderBV überträgt. *Beispiel 2:* wie Beispiel 1, jedoch übernimmt B nur ein Teil der WG ins PV, iÜ bringt er sie in einen Betrieb ein. Die Rechtsfolgen sind in beiden Beispielen *zwingend* mit der Folge, dass der Streit zw FinVerw und BFH über die Zulässigkeit einer gespaltenen Wahlrechtsausübung betr Rechtslage bis 1998 (bej BFH VIII R 57/90 BStBl II 94, 607; vern *BMF*

BStBl I 94, 601; 18. Aufl Rz 545) überholt ist (zur Rechtslage 1999/2000 s 20. Aufl Rz 555). In beiden Beispielen *muss* A auf der Grundlage angepasster Kapkonten (vgl Rz 547; BFH VIII R 57/90 aaO, 614) die Buchwerte fortzuführen (kein Wahlrecht; *BMF* BStBl I 06, 228 zu I; s auch § 6 V nF sowie Rz 547). B realisiert hingegen in beiden Beispielen – wiederum nach *vorheriger* Kapkontenanpassung – einen Anteil an dem Aufgabegewinn der OHG, dessen Höhe sich danach bestimmt, in welchem Umfang die WG bei B ins PV gelangen (Ansatz des gemeinen Werts nach § 16 III S 2/8 nF; FG Mchn DStRE 09, 467 rkr; aA uU *BMF* aaO; mE ohne Geschäftswert, s aber zu S 3/4 Rz 553/5; zur Rechtslage bis 1998 vgl BFH VIII R 57/90 aaO; zur Rechtslage 1999/2000 vgl 20. Aufl Rz 546; zum Übergang von § 4 III zum Bestandsvergleich s Rz 547). Der so ermittelte Gewinn ist in *Beispiel 1* nach den **§§ 16, 34** begünstigt (insb ist § 16 III 5 nicht anwendbar, s Rz 7, 111; aA FG Köln EFG 15, 1603, Rev VIII R 24/15), nicht hingegen – mangels vollständiger Gewinnrealisierung (kein Wahlrecht) – in *Beispiel 2* (vgl zu beidem betr Rechtslage bis 1998 BFH VIII R 57/90 aaO, 614); Ausnahme mE: die in das *BV* des B überführten WG enthalten keine nennenswerten stillen Reserven. – Erhält B in Beispiel 1 (Rz 551) zudem einen **Spitzenausgleich** von A, ist auch der hierdurch verwirklichte Veräußerungsgewinn (s Rz 549) ohne Begrenzung durch § 16 III 5 nF tarifbegünstigt (zur Begründung s *Wacker* NWB F 3, 10669/-83), nicht jedoch in Beispiel 2.

b) Behaltefrist, § 16 III 3. Abw von S 2 (Buchwertzwang, s Rz 547) ordnet S 3 für den jeweiligen Übertragungsvorgang *rückwirkend* die Gewinnrealisierung an, *soweit* bei einer Realteilung bei der *einzelne WG* übertragen worden sind, bestimmte zum Buchwert übertragene WG (Grund und Boden, Gebäude, andere *wesentl* Betriebsgrundlagen) innerhalb einer Sperrfrist, die drei Jahre nach Abgabe der Steuererklärung der MUerschaft für den VZ der Realteilung endet, *veräußert* oder *entnommen* werden. Die Regelung will – gleichsinnig zu § 6 V 4 – verhindern, dass die Realteilung nicht der Umstrukturierung, sondern der Vorbereitung einer Veräußerung oder Entnahme dient (BT-Drs 14/6882, 34), also zB der Ausnutzung eines Steuersatzgefälles oder der Inanspruchnahme von §§ 16, 34 bei Überführung der Realteilungsmasse in NachfolgeGes (s unten zu aa). Zu gesellschaftsvertragl Zustimmungspflichten s *FN-IdW* Beihefter 8/11 Tz 17. – **aa) Tatbestand.** – **(1) EinzelWG.** Realteilung unter Buchwertfortführung (S 2; zur KöKlausel gem S 4 s Rz 555) betr EinzelWG ist zu *verneinen,* wenn Betriebe, Teilbetriebe, 100%ige Beteiligung an KapGes (aA *Heß* DStR 06, 777/9; zu § 24 UmwStG s BFH I R 77/06 BStBl II 09, 464; *BMF* BStBl I 09, 671; 11, 1314, Rz 24.02; Rz 161) oder MUeranteile (zutr *BMF* BStBl I 06, 228, zu III: auch bei *Teil*MUeranteilen iVm *quotalem* wesentl SonderBV; weitergehend *FN-IdW* 02, 534/44) zugewiesen werden (Folge: Sperrfrist nach S 4 greift nicht; auch § 6 III 2, V S 3 Nr 1 iVm S 4 ist mE nicht anwendbar; uU – bei besonders engem Zusammenhang – aber § 42 I 2, II AO nF). Die Lockerung der Begriffsanforderungen iRv § 6 III durch BFH IV R 41/11 DStR 12, 2118 (Rz 15, 155) dürfte hieran auch deshalb nichts geändert haben (s auch Rz 536), weil auch WG mit erhebl stillen Reserven iSv § 16 III 3 „wesentl" sind (s zu (2)). Bei Mischfällen (zB Realteiler A erhält Teilbetrieb *und* weitere *EinzelWG; B nur* EinzelWG, C nur MUeranteil) greift mE subjekt-/objektbezogene Beurteilung (Folge: *bzgl* erhaltener EinzelWG Sperrfristverletzung bei B und A; zust *Neumann* EStB 03, 143/7). – **(2) Wesentlichkeit.** Übertragung (abl bei „Rückfall" eigenen SonderBV *Stephany* INF 06, 471/4; *Stahl* FR 06, 1071/3) wesentl Betriebsgrundlagen ist auch in ausdrückl genannten Fällen (Grund und Boden, Gebäude) zu fordern (aA *BMF* aaO, zu VIII). Nach Gesetzeszweck (s oben) und Regelungszusammenhang (Realteilung betr EinzelWG) ist die Wesentlichkeit nicht nur funktional, sondern auch quantitativ (stille Reserven) zu bestimmen (*BMF* aaO, zu I; s auch Rz 555 betr S 4; aA *Rödder ua* DStR 02, 105/7). Sie kann demgemäß einen übergehenden Geschäftswert (vgl 553

BFH VIII R 57/90 BStBl II 94, 607), aber auch UV erfassen (mE jedoch teleologische Reduktion bei Veräußerung im *lfd* Geschäftsbetrieb des Realteilers, vgl zu ErbStR 63 II 3/4 aF/13a.11 nF, § 13a V 3/4 ErbStG nF; glA mutmaßl *BMF* aaO, zu VIII). Unschädl sind ferner Gewinne nach EStR 6.6 I (zB höhere Gewalt); *Schoor* INF 02, 173/6. – **(3) Veräußerung/Entnahme.** Schädl ist jedoch nicht nur die Einzelveräußerung der betroffenen WG (insgesamt oder anteilig; vgl „insoweit"), sondern nach *BMF* aaO, zu VIII auch die Einbringung iZm einem Betrieb (etc) nach §§ 20, 24, 25 UmwStG aF/nF (selbst bei Buchwertansatz) sowie nach § 6 V (gegen Gewährung von GesRechten). Dies soll die KöKlausel (S 4) und die Nichtbegünstigung der unmittelbaren Übertragung auf Nachfolge*PersGes* „absichern" (*Gragert* NWB F 3, 13 887/92). Letzterem ist indes nicht zu folgen (Rz 546). Demgemäß sind auch Buchwertübertragungen gem § 6 V 3; § 24 UmwStG unschädl (s betr § 6 III 2 nF auch Rz 435/bb (2) zu § 13a V ErbStG s ErbStR 13a.11 nF), nicht jedoch, wenn innerhalb der Sperrfrist die EinzelWG durch die NachfolgePersGes oder die MUeranteile an dieser Ges (insgesamt oder anteilig, s oben) entgeltl übertragen werden (vgl Rz 452). Keine *Entnahme* ist die unentgeltl Übertragung des (Teil-)Betriebs oder MUeranteils an NachfolgeGes durch den Realteiler (§ 6 III nF); jedoch Bindung des Rechtsnachfolgers (vgl dazu Rz 435). – **(4) Sperrfrist.** Für sie ist regelmäßig der Eingang der Feststellungserklärung der MUerschaft beim FA sowie der Übergang des wirtschaftl Eigentums bei Veräußerung/Entnahme (nicht schuldrechtl Abrede) maßgebl (*BMF* aaO, zu VIII); Berechnung s §§ 187 I, 188 II BGB; § 193 BGB; § 108 III AO sind nicht anwendbar (vgl § 23 Rz 41, T/K § 108 Tz 8).

554 **bb) Rechtsfolge.** Nur soweit eine schädl Verfügung bzgl der von der Sperrfrist betroffenen WG vorliegt (s o auch zu Geschäftswert und UV), wird rückwirkend (ggf § 175 I S 1 Nr 2, II AO) nicht der Buchwert, sondern der gemeine Wert (*BMF* aaO, zu IX; krit *Paus* FR 02, 866/72: Teilwert) angesetzt (vgl auch Rz 547: keine Ergänzungsbilanzen bei Realteilung; zur GewSt s Rz 551). Dies führt regelmäßig zu einem lfd Gewinn (krit *Paus aaO*) sowie uU zu entspr Gewinnänderungen in den Folgejahren einschließl Besteuerung des Veräußerungs-/Entnahmegewinns. Der Übertragungsgewinn ist nach dem **allg GuV-Schlüssel** (s Rz 555) zu verteilen. *Dies* ist in der Realteilungsabrede zu bedenken; str aber, ob eine hiernach geschuldete nachträgl Ausgleichszahlung zu Gewinn führt (vgl Rz 548) und auf den Übertragungszeitpunkt zurückwirkt (mE zu bejahen; *Paus* aaO); aA *BMF* aaO, zu IX: schriftl Realteilungsabrede über *Zurechnung* des Veräußerungs-/Entnahmegewinn auch bzgl SonderBV anzuerkennen. Die Ansicht ist zwar in der Beratung zu beachten (*Schell* BB 06, 1026/30: ein „Muss"); sie ist jedoch mit dem Sinn von S 3 (vgl Rz 553) nicht zu vereinbaren (*Paus* DStZ 06, 285/8; *Wacker* FS Priester, 819/33).

555 **c) Körperschaftsklausel I, § 16 III 4.** Nach S 4 ist der gemeine Wert ansetzen (*Paus* FR 02, 866/73: Teilwert) – und damit S 2 (Buchwertzwang) trotz Überführung in BV nicht anzuwenden –, *soweit* **einzelne WG** unmittelbar oder mittelbar auf eine Körperschaft, Personenvereinigung oder Vermögensmasse *übertragen* (zu SonderBV s Rz 553) werden. Die in Anlehnung in § 6 V 5 aufgenommene KöKlausel will nach der Gesetzesbegründung (BT-Drs 14/6882) nicht nur das „Überspringen stiller Reserven auf KapGes, sondern generell die Nutzung des Teileinkünfteverfahrens beim Verfügen über WG ohne Teilwertansatz vermeiden". Dieses Anliegen ist, da eine *fremdübl* Realteilung nicht den Tatbestand der verdeckten Einlage der Ges'ter der KapGes erfüllt (aA *Engl* DStR 01, 1725/28), prinzipiell berechtigt. Nach *BMF* BStBl I 06, 228 zu I auch, wenn an der RealteilungsGes nur KapGes beteiligt sind (zutr; aA *Schell* BB 06, 1026/30); allerdings soll S 4 – entgegen seinem Wortlaut, aber im Einklang § 6 V 4 (dazu *BMF* BStBl I 11, 1279 Rz 30) – nur greifen, soweit sich die Beteiligung der einzelnen MUer-KapGes an den WG erhöht (teleologische Reduktion; glA *Clausen* DB Beil 1/02, 34). Damit

entfällt S 4, wenn nur *eine* KapGes zu 100% an der RealteilungsGes beteiligt ist (ähnl zu § 6 V 5 *BMF* BStBl I 11, 1279 Rz 29; s auch 25. Aufl). Abw von S 2 (s Rz 551) sind mE die stillen Reserven des auf die KapGes übergehenden Geschäftswerts nach den Grundsätzen von BFH VIII R 57/90 BStBl II 94, 607 (betr Rechtslage bis 1998) zu erfassen. Zweifelhaft ist allerdings die in S 4 HS 1 nicht geregelte Verteilung des Aufgabegewinnanteils der RealteilungsMUerschaft (nach Gesetzeszweck allg GuV-Schlüssel, nicht Realteilungsabrede oder S 8 nF analog; *Winkemann* BB 04, 130/1; s aber zur Behaltefrist nach S 3 Rz 554; *Rogall ua* FR 06, 345/9). Zur GewStG s § 7 S 2 Nr 1 GewStG; *Sauter ua* FR 02, 1101/7. – Eine schädl *mittelbare* Übertragung ist zB anzunehmen, wenn die Realteilungsmasse in das GesVermögen einer PersGes (oder MUerschaft; zB atypische stille Ges) überführt wird, soweit an dieser die KapGes (Realteiler) als MUerin beteiligt ist (vgl auch Rz 546). – S 4 erfordert die Übertragung *einzelner* WG und greift damit im Einklang mit der Grundwertung des § 20 UmwStG **nicht,** soweit die KapGes (etc) **Betriebe** (vgl Rz 544), Teilbetriebe, **MUeranteile** (*BMF* aaO, zu III auch Teile eines MUeranteils; mE nur bei Wahrung des Kongruenzgebots bzgl SonderBV), 100%ige KapGesAnteile (zu § 24 UmwStG s aber BFH I R 77/06 BStBl II 09, 464; *BMF* BStBl I 09, 671; I 11, 1314 24.01; Rz 161, 203, 553) oder Teile hiervon als wesentl Betriebsgrundlagen von Teilbetrieben/MUeranteilen zugewiesen erhält (*BMF* BStBl I 06, 228; 11, 1279 Rz 37: Vorrang von § 16 III 4 ggü § 6 V 5). Fragl ist indes, ob die somit gebotene Mitübertragung der jeweils wesentl Betriebsgrundlage (einschließl SonderBV) nur funktional oder auch quantitativ (dazu Rz 101, 414) verstehen ist. Für Letzteres spricht die Gesetzesbegründung (s o; glA zu S 3 *BMF* aaO, zu I); deshalb dürfte auch die Lockerung der Begriffsanforderungen iRv § 6 III durch BFH IV R 41/11 DStR 12, 2118 (Rz 15, 155) hieran nichts ändern (s auch Rz 536/53). Zu KöKlausel II s Rz 556.

d) Körperschaftsklausel II, § 16 V. – aa) Rechtsentwicklung; Systematik. – Die KöKlausel I (Abs 3 S 4) sperrt zwar nicht die Buchwertfortführung bei Zuweisung von *Teilbetrieben* einschließl dazugehörender KapGesAnteile (zu 100%-iger KapGesBeteiligung s aber Rz 555) an die Realteiler-KapGes, auch führte sie nicht zum Entstehen (alt-)einbringungsgeborener Anteile bezügl der Beteiligung an der (Realteiler-)KapGes iSv § 3 Nr 40 S 3 EStG *aF* iVm § 21 UmwStG *aF.* Gleichwohl war nach Ansicht der FinVerw § 8b IV 1 Nr 2 KStG *aF* anwendbar, dh volle Besteuerung bei Weiterveräußerung einer übernommenen KapGesBeteiligung durch die *RealteilerKapGes* innerhalb von 7 Jahren *nach* Realteilung (§ 8b IV 2 Nr 2 KStG aF; BT-Drs 16/3369; mE *nur* zutr, wenn die der KapGes zugeteilten KapGesAnteile in die PersGes *vor* Realteilung „eingebracht" *und* innerhalb von 7 Jahren nach *Einbringung* veräußert wurden). Da § 22 II UmwStG idF **SEStEG** einen sog **Einbringungsgewinn II** auslöst, wenn die von einem NichtKStSubjekt unterhalb des gemeinen Werts durch Sacheinlage oder Anteilstausch (§§ 20, 21 UmwStG nF) eingebrachten KapGesAnteile von der aufnehmenden KapGes innerhalb von 7 Jahren nach Einbringung weiterveräußert werden, soll das hiermit verbundende Ziel (kein sofortiger Übergang zur 95%igen Steuerfreiheit nach § 8b KStG nF, sondern Teileinkünfteverfahren) iRe abschmelzenden rückwirkenden Einbringungsbesteuerung zum einen durch **§ 24 V UmwStG,** zum anderen durch **§ 16 V nF** abgesichert werden. Während § 24 V aF/nF (s *Müller-Etienne ua* DStR 13, 1924) iVm § 22 I 6 Nr 1 UmwStG im Falle der Realteilung innerhalb von 7 Jahren nach Buch- oder Zwischenwerteinbringung der KapGesAnteile gem § 24 I UmwStG (Teilbetriebe; zu 100%igem KapGesAnteil s oben; zu EinzelWG vgl § 6 V 5) durch ein NichtKStSubjekt rückwirkend auf den *Einbringungszeitpunkt* den Ansatz des gemeinen Werts entspr der Beteiligungsquote der MUerKapGes anordnet (BT-Drs 16/3369: anteilige Einbringungsgewinnbesteuerung entspr Siebtelregelung iVm Aufstockung der KapGesAnteile = Realteilungsbuchwert; *BMF* BStBl I 11, 1314 Rz 24.18 ff), ist nach § 16 V bei *Weiterveräuße-* 556 *rung* der Anteile durch die *MUerKapGes* innerhalb von 7 Jahren *nach* Realteilung rückwirkend auf den *Realteilungszeitpunkt* der gemeine Anteilswert anzusetzen, soweit dieser auf die Beteiligung natürl Personen an der RealteilungsPersGes entfällt (anteilige Realteilungsbesteuerung entspr Siebtelregelung; s unten zu cc). § 24 V UmwStG (aF/nF) und § 16 V *können* mithin, wenn auch zeitversetzt, kumulativ anzuwenden sein.

557 **bb) Tatbestand.** – ***(1)*** Übertragung von *Teilbetrieben* einschließl KapGesAnteilen (Anteilen an KStSubjekten) als *wesentl* Betriebsgrundlagen des Teilbetriebs iRe Realteilung zu Buchwerten auf eine *MUerKapGes* (KSt-Subjekt = Realteiler); dh keine Gewinnrealisierung gem Kö-Klausel *I* (Abs 3 S 4, s Rz 555; zu § 24 V UmwStG aF/nF s iEinz zu aa/(2)). Dem ist mE die Übertragung von (Teil-) MUeranteilen iVm KapGesAnteilen gleichzustellen (s iEinz Rz 555); ebenso die Zuweisung von 100%-igen KapGesAnteilen (so BT-Drs aaO; s aber oben). Unerhebl ist, ob auch die anderen Realteiler Teilbetriebe (etc) zugewiesen erhalten (personenbezogene Betrachtung). – ***(2)*** *Unmittelbare* Übertragung *von* einer *natürl Person* (Nicht-KStSubjekt iSv § 8b II KStG) *auf MUerKapGes.* Gemeint sind hiermit (entgegen der Realteilungsdogmatik: Auskehrung = Betriebsaufgabe auf der Stufe der Pers*Ges;* s Rz 535) die unmittelbaren MUer der RealteilungsPersGes (Transparenzgedanke; zur Beteiligungshöhe s unten zu cc). Die *mittelbare* Übertragung stellt demgemäß auf die durch zwischengeschaltete PersGes vermittelte Beteiligung natürl Personen oder KapGes (als mittelbare MUer der RealteilungsGes) ab (vgl auch § 8b VI KStG). Abs 5 greift somit nicht, wenn *nur* KapGes (unmittelbar oder mittelbar) an der RealteilungsGes beteiligt sind (vgl auch § 22 II 1 UmwStG). – ***(3)*** Übertragung (= Übergang des wirtschaftl Eigentums) der KapGesAnteile *nach* dem *12.12.06* (§ 52 Abs 34 S 8 aF). Für Altfälle soll § 8b IV S 1 Nr 2 KStG aF (s hierzu aber oben zu aa) fortgelten (§ 34 VIIa KStG aF; BT-Drs 16/3369). – ***(4)*** Unmittelbar oder mittelbare (s zu (2) *Veräußerung* der erhaltenen KapGesAnteile durch MUerKapGes innerhalb von 7 Jahren „nach Realteilung" (= Übertragung; s zu (3)). Dem sind schädl Vorgänge nach § 22 I S 6 Nr 1–5 UmwStG nF (zB verdeckte Einlage) gleichgestellt.

558 **cc) Rechtsfolgen.** Abs 5 ordnet in HS 1 rückwirkend, dh auf den Zeitpunkt der Realteilung (Übertragung; § 175 I 1 Nr 2 AO), den Ansatz des gemeinen Werts der weiterveräußerten KapGesAnteile an; in HS 2 hingegen die entspr Anwendung von § 22 II 3 UmwStG nF (Einbringungsgewinn II). ME ist aus Letzterem abzuleiten, dass (nach Sinn und Zweck von Abs 5) nur der Teil der stillen Reserven anzusetzen ist, der der Beteiligungsquote *natürl Personen* als unmittelbare oder mittelbare MUer der RealteilungsGes entspricht (so wohl auch BT-Drs 16/3369; vgl zu KöKlausel I auch Rz 555; vgl auch *BMF* BStBl I 11, 1314 Rz 24.21). Der Gewinn ist deshalb auch nur von ihnen gem § 22 II 3 UmwStG nF (Siebtelregelung) zu versteuern; fragl allerdings, ob die rückwirkende Teilaufstockung der veräußerten KapGesAnteile an die Voraussetzungen des § 23 II 3 UmwStG nF gebunden ist (vgl *BMF* aaO Rz 24.28 zu § 24 V UmwStG).

VI. Einzelfragen zu Tausch von MUeranteilen; Verschmelzung; Eintritt eines weiteren Ges'ters; Änderung der Beteiligungsverhältnisse, § 16 I 1 Nr 2

560 **1. Tausch von MUeranteilen; formwechselnde Umwandlung einer MUerschaft. Tausch** von MUeranteilen führt ebenso wie der Tausch einzelner WG des BV grds zur Gewinnrealisierung (BFH IV R 33/11 BStBl II 15, 717; Ausnahme: § 24 UmwStG) auch dann, wenn Anteile an ges'teridentischen PersGes (SchwesterGes) getauscht werden (BFH XI R 51/89 BStBl II 92, 946: keine Anwendung des Tauschgutachtens; *BMF* BStBl I 98, 163 Rz 2; vgl ab 1999 § 6 VI); ein zusätzl Barausgleich erhöht (Empfänger) und vermindert den Gewinn (Leis-

tender). Gewinnneutral können MUeranteile aber mE im Rahmen der Realteilung einer PersGes getauscht werden, wenn sich der Tausch im zeitl und sachl Zusammenhang mit der Aufteilung des GesVermögens vollzieht und die Ges'ter sich vorher zum Tausch verpflichtet haben (offen in BFH XI R 51/89 BStBl II 92, 946; vgl auch *FinVerw* WPg 88, 685; *Handzik* DStZ 93, 142).

Beispiel: Vor Realteilung Gründung einer neuen gesellschafteridentischen PersGes; Übertragung von Teilen der aufzuteilenden auf neue PersGes; danach Tausch der Anteile.

Str ist, ob Anteile an zwei *gesellschafteridentischen* zweigliedrigen PersGes auch zwecks Fortführung je eines Einzelunternehmens gewinnneutral getauscht werden können (bej 17. Aufl; BFH I 256/61 U BStBl III 62, 513; offen BFH XI R 51/89 aaO). Lehnt man dies ab (BFH III R 34/01, BStBl II 03, 700; *Wacker* BB Beil 5/99, 12), kann die Einbringung der MUeranteile (§ 24 UmwStG aF/nF) iVm zeitnaher Realteilung eine „verdeckte Veräußerung" sein (*BMF* BStBl I 11, 1314 Rz 24.07) – Zur **formwechselnden Umwandlung** einer MUerschaft s Rz 416, 422; § 15 Rz 174.

2. Verschmelzung von PersGes. Verschmelzung von (zwei oder mehreren) PersGes durch Aufnahme (Einbringung des Betriebs oder der MUeranteile der einen PersGes in die andere gegen Gewährung von GesAnteilen an die Ges'ter der untergehenden PersGes) oder durch Neubildung (Einbringung der Betriebe oder MUeranteile beider PersGes in eine neue PersGes gegen Gewährung von GesRechten an die Ges'ter der untergehenden PersGes) fällt unter § 24 UmwStG aF/nF (*BMF* BStBl I 11, 1314 Rz 1.47). 561

3. Eintritt eines weiteren Ges'ters in eine bestehende PersGes; Aufnahme eines Ges'ters in Einzelunternehmen (Einbringung in PersGes)

Verwaltung: *BMF* BStBl I 95, 14 (AfA auf Praxiswert); BStBl I 11, 1314 (UmwStG nF); *FinVerw* DB 14, 2681 (WahlR).

a) Eintritt in PersGes. – aa) Einlage des Hinzutretenden in das GesVermögen. Tritt ein weiterer Ges'ter in eine PersGes ein, ohne dass einer der Ges'ter ausscheidet, und leistet der neue Ges'ter nur eine (Bar-)Einlage in das GesVermögen, ist (nur) § 24 UmwStG anzuwenden, denn die bisherigen Ges'ter bringen, wirtschaftl betrachtet, ihre MUeranteile in eine neue erweiterte MUerschaft ein (zB; BFH VIII R 17/95 BFH/NV 00, 34; *BMF* BStBl I 11, 1314 Rz 1.47), nicht jedoch bei Beitritt ohne Vermögensbeteiligung BFH IV R 70/05 BStBl II 08, 265; *BMF* aaO). Demgemäß haben die Ges'ter ein Wahlrecht zw Buchwertfortführung und (voller oder teilweiser) Gewinnrealisierung (§ 24 II UmwStG). Zur Technik der Buchwertfortführung (Ergänzungsbilanz iZm Netto- oder Bruttomethode) s § 15 Rz 472; zur Ausübung des WahlR s *FinVerw* DB 14, 2681. Wird in voller Höhe Gewinn realisiert (gemeiner Wert), ist der Gewinn grds nach § 16 IV und § 34 begünstigt. Dem steht § 24 III 2 UmwStG (betr Einbringung von MUer-Teilanteilen; vgl Rz 413) nicht entgegen, da die bisherigen Ges'ter ihre gesamten MUeranteile einbringen; der Einbringungsgewinn gilt jedoch insoweit als nichtbegünstigter „lfd Gewinn" als „auf der Seite des Veräußerers und auf der Seite des Erwerbers dieselben Personen ... Mitunternehmer sind" (§ 24 III 3 UmwStG iVm § 16 II 3; BFH IV R 54/99 BStBl II 01, 178; *BMF* BStBl I 11, 1314 Rz 24.16; Einzelheiten s Rz 7, 97, 111) und ist insoweit auf gewstpf (BFH VIII R 7/01 BStBl II 04, 754; *BMF* aaO Tz 24.17; BR-Drs 612/93, 82; krit *Wacker* StBJb 05/06, 67, 83; *Keuthen* Ubg 13, 480). Offen ist allerdings, ob es zulässig ist, grds den TW/gemeinen Wert anzusetzen, gleichzeitig aber *nur* den auf die bisherigen Ges'ter entfallenden nicht begünstigten Teil des Aufstockungsgewinns durch negative Ergänzungsbilanzen zu neutralisieren (bej *Breidenbach* DB 95, 296). 562

bb) Zuzahlungen an den/die bisherigen Ges'ter. Leistet der neue Ges'ter nur eine Zahlung an die Alt-Ges'ter, lag nach früherer Rspr idR eine begünstigte Veräußerung und der Erwerb des MUer*teil*anteils vor (**„Rechtsakt 1"**; s 34. Aufl 563 mwN). Für Veräußerungsgewinn ab **1.1.2002** fällt hingegen ein *lfd* und zudem grds (s Rz 566) gewstpfl Gewinn an (vgl Rz 411; *BMF* BStBl I 11, 1314 Rz 24.10). Eine solche Zahlung ist auch in der Leistung ins GesVermögen iVm der Tilgung privater Schulden der Ges (zB gemischtes Kontokorrent!) oder in einer sonstigen zeitnahen Entnahme durch die bisherigen Ges'ter zu sehen (BFH aaO; *BMF* aaO, Tz 24.07/09/11). Gem der bisherigen Rspr ist der Gewinn nach der sog Trennungstheorie (= *anteilige* Buchwertgegenrechnung) zu ermitteln (BFH X R 28/12 DStR 15, 2834: Vorlage an GrS; Rz 565; allg einschr *Wacker* BB Beil 8/98, 30; zum Schuldzinsenabzug s BFH/NV 00, 11; zu Gewinnvorab s § 18 Rz 231). Gleiches gilt für Zuzahlungen in ein *anderes BV* des bisherigen Ges'ters (BFH IV R 33/11 BStBl II 15, 717). In allen Fällen kann der Gewinn nicht durch Bildung einer negativen Ergänzungsbilanz neutralisiert werden (BFH IV R 28/97 BFH/NV 98, 836/8). IÜ **(„Rechtsakt 2")** ist aber auf die den bisherigen Ges'tern verbleibenden Anteile und auf den vom neuen Ges'ter erworbenen Anteil § 24 UmwStG anzuwenden, dh wirtschaftl betrachtet bringen Alt- und Neu-Ges'ter ihre MUeranteile in eine neue erweiterte PersGes gegen Gewährung von GesRechten ein (*BMF* aaO, Tz 24.10/12). *Folgen:* Wahlrecht zur Buchwertfortführung; § 6 V 3 ist nicht anwendbar (Rz 413). Bei Einbringung zum TW/gemeinen Wert gilt der Einbringungsgewinn im Umfang der Beteiligung der bisherigen Ges'ter an der erweiterten Ges als nichtbegünstigter lfd Gewinn (§ 24 III 3 UmwStG iVm § 16 II 3; *BMF* aaO Rz 24.12; dazu Rz 7, 97, 111, 562; BFH IV R 54/99 BStBl II 01, 178).

564 **cc) Kombination von Zuzahlung und Einlage.** Sinngemäß gelten diese Grundsätze, wenn der neue Ges'ter eine Einlage in das GesVermögen *und* eine Zahlung an die bisherigen Ges'ter leistet (*Wacker* BB Beil 8/98, 30f).

565 **b) Einbringung eines Einzelunternehmens.** Wird ein (gewerbl) Einzelunternehmen zu Buchwerten (oder Zwischenwerten) in eine PersGes eingebracht und erhält der Einbringende vom neu eintretenden Ges'ter (= MUer; zur Abgrenzung s BFH IV B 6/98 BFH/NV 99, 1080: betr bloße Praxisgemeinschaft) eine **Ausgleichszahlung ins PV** (= entgeltl Veräußerung des Anteils am Einzelunternehmen), war der Veräußerungsgewinn (**„Rechtsakt 1",** s Rz 563) bereits nach früherer Rechtslage nicht begünstigt. Zu Einzelheiten, insb der Ausweichgestaltung des sog *Zweistufenmodells* (Begründung einer MUerschaft; spätere begünstigte Veräußerung von MUer*teil*anteilen), s 32./34. Aufl mwN. Ab 1.1.2002 ist hingegen systematisch zutr auch dieser Weg verschlossen (lfd Gewinn, Rz 411, 563; grds – vgl Rz 566 – gewstpfl). Ein dem Einbringenden ggü der PerGes *zudem* („Mischentgelt") gewährter **Darlehensanspruch** war bei Buchwertansatz nach BFH X R 42/10 DStR 13, 2380 nur gewinnwirksam, soweit er zusammen mit der KapKto-Gutschrift den auf den Einbringenden entfallenden Schlussbilanzwert des Einzelunternehmens überschreitet (Einheitstheorie; zutr; *Kulosa* HFR 13, 1155; *Krüger* FR 15, 1108; 16, 11; aA *BMF* BStBl I 11, 1314 Rz 24.07; Rz 563; zu ErgänzungsBil s *Gossert ua* DStZ 14, 427). Bei Einbrinungsverträgen/Umwandlungsbeschlüssen ab **2015** ist diese Einheitsbetrachtung jedoch iS einer „Freibetragslösung" auf Gegenleistungen (Barzahlung, Darlehen) begrenzt, die 25% des Buchwerts *und* 0,5 Mio € nicht überschreiten (§ 24 II 2 Nr 4, 27 XIV UmwStG idF StÄndG 15); von der übersteigenden Gegenleistung ist nur der anteilige Buchwert abzusetzen (Trenungstheorie; BTDrs 18/4902, 49ff; 18/6094, 84f). – Wird das eingebrachte Vermögen mit dem **TW/gemeinen Wert** angesetzt (**„Rechtsakt 2",** s Rz 563), ist hingegen auch der Veräußerungsgewinn iZm „Rechtsakt 1" nach §§ 16, 34 EStG iVm § 24 UmwStG privilegiert (BFH GrS 2/98 BStBl II 00, 12 zu C II 1; *BMF* BStBl I 11, 1314 Rz 24.12); § 24 III 2 UmwStG (betr Einbringung eines MUer*teil*anteils; s Rz 413) ist nicht einschlägig, da entweder das Einzelunternehmen (so BFH IV R 54/99 BStBl II 01, 178) oder der gesamte MUeranteil unter Aufdeckung aller stillen Reserven eingebracht wird (Rz 562). Allerdings ist der

(Einbringungs-)Gewinn insoweit nicht begünstigt, als der Einbringende an der PersGes beteiligt ist (§ 24 III 3 UmwStG iVm § 16 II 3; BFH IV R 54/99 aaO; s Rz 562). – Bei **unentgeltl Aufnahme** von **Angehörigen** in Einzelunternehmen sind nach der Rspr § 6 III und § 24 UmwStG nebeneinander anwendbar (Rz 204).

c) Freiberufl Praxis. Für den Eintritt eines **weiteren Ges'ters** in eine freiberufl Sozietät (GbR, Partnerschaft) und die **Aufnahme** eines Sozius (Ges'ter, Partner) in eine freiberufl **Einzelpraxis** gelten die zu a)–b) dargestellten Rechtsgrundsätze (einschließl § 24 UmwStG) sinngemäß. Auch insoweit führen bei *Buchwertfortführung* gem § 24 UmwStG („Rechtsakt 2") die Gewinne aus Veräußerung von MUer-Teilanteilen (Zuzahlung ins PV; „Rechtsakt 1") ab 1.1.2002 zu einem *lfd* Gewinn gem § 16 I 1 Nr 2/3, S 2 (Rz 565). **566**

4. Änderung der Beteiligungsverhältnisse. – Leistet einer der Ges'ter zusätzl angemessene Einlagen/Kapitalerhöhung (*nicht* bei bloßer Neuaufnahme einer Komplementär-GmbH; BFH IV R 70/05 BStBl II 08, 265), ist mE ebenso wie bei Eintritt eines weiteren Ges'ters gegen Einlagen in das GesVermögen (Rz 562) § 24 UmwStG anzuwenden (BFH VIII R 13/04 BStBl II 08, 545; *Groh* DB 03, 1403; *BMF* BStBl I 11, 1314 Rz 1.47); bei Buchwertfortführung wird kein Gewinn realisiert. – Überträgt hingegen ein Ges'ter einen Teil seiner GesRechte (zB Gewinnbeteiligung) auf die übrigen Ges'ter gegen ein ihm persönl zufließendes Entgelt, ist § 24 UmwStG nicht anwendbar (*BMF* aaO); der Vorgang ist idR Veräußerung des Bruchteils eines MUeranteils (s Rz 410) und ab 1.1.2002 nicht mehr nach den §§ 16 IV, 34 begünstigt (s Rz 411, 563 ff). – Soweit eine unentgeltl Änderung der Beteiligungsverhältnisse (zB Nichtteilnahme an einer Kapitalerhöhung) als unentgeltl Übertragung eines Bruchteils eines MUeranteils zu werten ist, wird kein Gewinn realisiert (zu § 6 III s Rz 430), ausgenommen dies geht zu Lasten einer KapGes (vGA; s § 15 Rz 727). Entspr gilt bei Teilentgelt unter Buchwert. Zur unentgeltl Aufnahme in Einzelunternehmen s Rz 204. **567**

F. Tatbestand und Rechtsfolgen der Veräußerung des Anteils eines persönlich haftenden Ges'ters einer KGaA, § 16 I 1 Nr 3

I. Gewinne aus der Veräußerung des Anteils

Gewinne, die bei der Veräußerung (oder Aufgabe, vgl § 16 III 1 nF) des Anteils eines Komplementärs einer KGaA erzielt werden, sind gem § 16 I 1 Nr 3 Gewinnen aus der Veräußerung des ganzen GewBetr (Teilbetrieb, MUeranteil) gleichgestellt. Das Gesetz zieht damit die Konsequenzen aus der Regelung in § 15 I 1 Nr 3. Zur Teilanteilsveräußerung s – auch betr Rechtslage ab 2002 gem § 16 I 1 Nr 3, 2 (lfd Gewinn) – Rz 408 ff; *Korn* § 16 Rz 176. **570**

II. Anteil des Komplementärs

Anteil des Komplementärs ist nur seine Beteiligung an der KGaA als persönl haftender Ges'ter; seine Anteile am Grundkapital der KGaA sind kein (notwendiges) SonderBV (BFH X R 14/88 BStBl II 89, 881). Auf die Veräußerung seines Anteils (§ 16 I 1 Nr 3) sind die Grundsätze sinngemäß anzuwenden, die für die Veräußerung eines MUeranteils iSv § 16 I 1 Nr 2 gelten (Einzelheiten *KSM* § 16 D 1–11). Nimmt man an, dass – obwohl der persönl haftende Ges'ter nicht MUer ist – der Anteil auch iRd §§ 20 ff UmwStG aF/nF wie ein MUeranteil behandelt wird (zB *W/M* § 20 Rz 140; *Schulte* DStR 05, 951), greifen für Einbringungen ab 1.1.2002 ua §§ 20 V/IV, 24 III 4/2 UmwStG aF/nF (lfd Gewinn bei Teil-Anteilseinbringung; vgl Rz 413; 570). S auch zu Ergänzungsbilanzen des Erwerbers § 15 Rz 891. Zum „Formwechsel" in Stellung als atypisch stiller Ges'ter s BFH IV B 94/09 BFH/NV 10, 1272; Rz 422. **571**

G. Freibetrag für Veräußerungs- und Aufgabegewinne, § 16 IV

Verwaltung: EStR 16 XIII; *BMF* BStBl I 06, 7 (Aufteilung; Teilentgelt; Altersgrenze); OFD Koblenz DStR 07, 992; *OFD Ffm* DB 08, 265 (doppelstöckige PersGes); *OFD Nds* DB 12, 377 (Berufsunfähigkeit).

I. Rechtsentwicklung

575 Mit Wirkung ab VZ 96 (bis einschließl VZ 95 s 17./33. Aufl) wurde § 16 IV dahin geändert, dass *(a)* der Freibetrag/die Freibetragsgrenze stets 60 000 DM/300 000 DM beträgt, gleichgültig, ob ein ganzer GewBetr, Teilbetrieb oder MUeranteil veräußert (aufgegeben) wird, und *(b)* der Freibetrag *(aa)* nur gewährt wird, wenn der StPfl „das 55. Lebensjahr vollendet" hat oder „im sozialversicherungsrechtl Sinne dauernd berufsunfähig" ist (§ 16 IV 1), und *(bb)* dem StPfl „nur einmal zu gewähren" ist (§ 16 IV 2) und *(cc)* dies nur „auf Antrag" (§ 16 IV 1). Diese Änderung, die über § 14 S 2 und § 18 III 2 auch für Einkünfte aus LuF und selbstständiger Arbeit gilt, ist erstmals auf Veräußerungen anzuwenden, die nach dem 31.12.95 „erfolgen" (§ 52 Abs 34 S 5 (aF)). Maßgebl ist insoweit – für Veräußerungsgewinne der Übergang des wirtschafl Eigentums auf den Erwerber (BFH VIII R 49/07 BFH/NV 10, 870; aA 29. Aufl mwN) und – für Aufgabengewinne, dass mit der Aufgabe nach dem 31.12.95 *begonnen* wurde (*Korn* § 16 Rz 411; aA *Kanzler* FR 95, 851/2). – Durch das **StSenkG** wurde der Freibetrag „zur Erleichterung der Betriebsveräußerung" (BT-Drs 14/3366) ab **VZ** 2001/**2002** auf 100 000 DM/**51 200 €** erhöht; die Freibetragsgrenze (ab VZ 02: **154 000 €,** s Rz 587) blieb unberührt. Die Änderung ist erstmals „für Veräußerung und Realteilungen" anzuwenden, die nach dem 31.12.2000 „erfolgen" (§ 52 Abs 34 S 6 aF; s zu (2)). – Gegenläufig hierzu wurden mit dem **HBeglG 04** der Freibetrag auf **45 000 €** und die Freibetragsgrenze **136 000 €** abgesenkt (krit *Korn ua* KÖSDI 05, 14557). Die Neuregelung gilt mangels spezieller Übergangsvorschrift erstmals „für den VZ 2004" (§ 52 I idF StÄndG 03); sie ist durch das HBeglG04BestG (BGBl I 11, 554) (formell) verfrechtl bestätigt worden (s BT-Drs 17/3632). Nimmt man an, dass hierbei nicht auf das Kausalgeschäft, sondern auf die einzelnen Realisationsakte abzustellen ist, ist bei Veräußerung des (Teil-)Betriebs oder MUeranteils der Übergang des wirtschaftl Eigentums (Rz 214; zu abw Wj s Rz 441), bei (Teil-)Betriebsaufgabe der *jeweilige* Teilakt (s Rz 261) selbst dann maßgebl, wenn die Aufgabe in 2003 begonnen, jedoch erst in 2004 beendet wurde (Folge: für Gewinne in 04 abgesenkte Grenzen unter Anrechnung der Gewinne in 03; zu Verlusten in 04 s Rz 584).

II. Freibetrag nach § 16 IV

577 **1. Zweck. – a) Persönl Steuerbefreiung.** Seit VZ 1996 gewährt § 16 IV den Freibetrag nicht als sachl (s 34. Aufl mwN), sondern – ungeachtet der Gesetzesänderungen (Rz 576) – als persönl StBefreiung, die an das Alter bzw die Berufunsfähigkeit der natürl Person als Unternehmer/MUer anknüpft (BFH IV R 3/12 DStR 15, 1378; BT-Drs 13/1686, 36). Demnach mindert der Freibetrag nur die ESt-Bemessungsgrundlage, nicht aber diejenige der KSt (Rz 579) und mE allg auch nicht der GewSt (glA zu § 18 III UmwStG BFH IV R 3/12 aaO; aA – uU – OFD Koblenz, juris). Der hiernach stfreie Teil eines Veräußerungsgewinns wird zwar durch Verluste aus anderen Einkunftsquellen *nicht* aufgezehrt (BFH VIII R 147/71 BStBl II 76, 360); für den Ausgleich dieser Verluste sind aber uU Sondernormen wie §§ 15a, 15b nF 15 IV, 2b aF (vgl BFH IV R 23/93 BStBl II 95, 467) zu beachten.

578 **b) Begünstigungsausschluss.** Nicht zum „Veräußerungsgewinns" iSv § 16 IV 3 gehören stbefreite Gewinne (BFH X R 61/08 BStBl II 10, 1011; Rz 587);

ebenso nicht der nach § 5a IV 3 Nr 2/3 (Tonnagebesteuerung) anzusetzende Unterschiedsbetrag (s BFH IV R 40/08 BFH/NV 12, 393; *BMF* DB 08, 2511 *Bartsch* BB 09, 1049). Der Begriff umfasst jedoch mE auch den Teil des Gewinns, der gem § 16 II 3, III 5 als *„lfd Gewinn"* gilt, so dass der Freibetrag entfällt, wenn der gesamte Gewinn einschließl des als lfd Gewinn geltenden Teils die Freibetragsgrenze überschreitet (aA EStR 16 XIII 9 HS 2; *HHR* § 16 Rz 735). Der danach errechnete Freibetrag ist aber entspr seinem Zweck nur vom begünstigten Teil des gesamten Gewinns abzuziehen (EStR 16 XIII 9 HS 1; *Pfalzgraf/ua* DStR 94, 1329).

Beispiel: A (60 Jahre alt) veräußert seinen GewBetr im VZ 2004 (s Rz 576) an die AB-KG, an der A als K'tist zu 50 vH beteiligt ist. Veräußerungsgewinn 200 000 €, davon je 100 000 € lfd und begünstigter Gewinn. Freibetrag (45 000 €) entfällt insgesamt, da gesamter Gewinn (200 000 €) höher ist als Freigrenze (136 000 €) zuzügl Freibetrag (45 000 €). – *Lösung laut EStR 16 XIII 9:* Freibetrag bleibt insgesamt erhalten, denn der begünstigte Veräußerungsgewinn (100 000 €) überschreitet nicht die Freigrenze (136 000 €), so dass neben lfd Gewinn (100 000 €) ein Veräußerungsgewinn von 55 000 € (100 000 € – 45 000 €) zu erfassen ist.

2. Tatbestandl Voraussetzungen: 55. Lebensjahr; Berufsunfähigkeit. Erforderlich ist, dass der unbeschr StPfl (§ 50 I 3; FG Ddorf EFG 09, 2024) im Zeitpunkt der Veräußerung bzw Aufgabe (vgl aber BFH IV R 1/95 BStBl II 95, 893: bei Veräußerung infolge Berufsunfähigkeit schuldrechtl Vertragsabschluss maßgebl; *Kanzler* FR 95, 851) entweder ***(1)*** das **55. Lebensjahr** vollendet hat oder ***(2)*** im *sozialversicherungsrechtl* Sinne **dauernd berufsunfähig** ist (§ 16 IV 1). Aus diesen Kriterien folgt zwingend, dass die Vorschrift nur für natürl Personen gilt (KStR 32 I Nr 1). – Zum Zeitpunkt der Vollendung eines Lebensjahrs vgl §§ 187 II 2; 188 BGB; es genügt Vollendung im Zeitpunkt des Erfüllungsgeschäfts bzw des Endes der Betriebsaufgabe (BFH IV R 37/09 BFH/NV 12, 41; *BMF* BStBl I 06, 7). – Ob der StPfl dauernd berufsunfähig ist, bestimmt sich – anders als in § 16 IV idF bis VZ 95 – ausschließl nach Sozialversicherungsrecht (ab 2001: § 240 II SGB VI), aber mE ohne beiderseitige verfahrensrechtl Bindung (EStR 16 XIV 2: amtsärztl Bescheinigung oder Leistungspflicht einer VersGes; aA FG RhPf EFG 08, 1954; nachträgl Bescheinigung s FG SachsAnh EFG 15, 45, rkr); zudem sind die sog Verweisungsberufe (§ 43 II 2 SGB VI 99, § 240 II 2 SGB VI nF) nur dann zu berücksichtigen, wenn sie im bisherigen Betrieb ausgeübt werden können (*FinVerw* DB 12, 377; FG Ddorf EFG 02, 823). Nicht ausreichend ist eine Arbeitsunfähigkeitsbescheinigung oder die Feststellung einer Behinderung iSv § 69 SGB IX; andererseits muss die Berufsunfähigkeit für die Betriebsveräußerung/-aufgabe nicht kausal sein (*FinVerw* aaO; EStR 16 IV 3). Auch ein **verpachteter** GewBetr kann wegen Berufsunfähigkeit veräußert werden (BFH IV R 176/84 BStBl II 86, 601 zu LuF). Berufsunfähigkeit aus Rechtsgründen (zB Berufsverbot) reicht nicht aus. Wird der Betrieb infolge des Todes des Unternehmers veräußert, ist dies keine Veräußerung wegen dauernder Berufsunfähigkeit (BFH IV R 116/79 BStBl II 85, 204); die Voraussetzungen des § 16 IV 1 müssen in der Person der **Erben** erfüllt sein (BFH X R 26/90 BFH/NV 91, 813); anders ist dies nur, wenn der Betrieb usw zwar erst nach dem Tod des Erblassers übertragen wird, dieser aber noch vor seinem Tod verkauft hat (BFH IV R 1/95 BStBl II 95, 893; offen BFH X R 6/13 BFH/NV 15, 1373). Dass der zusammenveranlagte Ehegatte des Veräußerers das 55. Lebensjahr vollendet hat, kann keinen Freibetrag rechtfertigen (vgl BFH IV R 124/77 BStBl II 80, 645). Bei Veräußerung des ganzen GewBetr einer MUerschaft steht der Freibetrag den einzelnen MUern (natürl Personen!) nach ihren persönl Verhältnissen zu. 579

3. Antrag. Der Freibetrag wird nur gewährt, wenn der StPfl dies beim FA beantragt (§ 16 IV 1). Der Antrag ist weder form- noch fristgebunden noch vom Antrag auf Tarifermäßigung nach § 34 abhängig. Er kann bis zur Bestandskraft des entspr Steuerbescheids zB während des FG-Verfahrens nachgeholt und umgekehrt wieder zurückgenommen werden. 580

581 **4. Freibetrag (Objektbeschränkung, § 16 IV 2).** Der Freibetrag ist in der Weise „objektbeschränkt", als er **jedem StPfl** (natürl Person!) in dessen Leben **nur einmal** (auf Antrag) zu gewähren ist (§ 16 IV 2), aber dann **stets** in **voller Höhe** (FG SchlHol EFG 08, 1294). Dabei ist unerhebl, ob der StPfl einen ganzen GewBetr, Teilbetrieb (s auch Rz 575), MUeranteil veräußert bzw aufgibt (BFH IV R 18/02 BStBl II 03, 838). Ebenso wenig kommt es darauf an, ob vollentgeltl veräußert wird oder nur teilentgeltl (*BMF* BStBl I 06, 7), sofern das Entgelt höher als der Buchwert ist. Veräußerungen bzw Aufgaben vor 1996 werden aber auf die Objektgrenze nicht angerechnet (§ 52 Abs 34 S 5 aF). Der (beantragte) Freibetrag ist auch dann voll „verbraucht", wenn der Veräußerungs-(Aufgabe-)gewinn im Einzelfall niedriger als der Freibetrag ist, dieser also nicht ausgeschöpft wird (EStR 16 XIII 4). Unerhebl ist – vorbehaltl Treu und Glauben – ferner, ob der Freibetrag zR gewährt wurde (BFH X R 2/09 BStBl II 09, 963; BFH X B 111/15 BFH/NV 16, 199). Auch wenn der StPfl mehrere selbstständige GewBetr hat oder an mehreren PersGes als MUer beteiligt ist, kann er den Freibetrag **nur einmal** beanspruchen (vgl EStR 16 XIII 6, 7; FG Mchn EFG 14, 1089, Rev X R 12/14; zur nachträgl Änd dieses Wahlrechts s FG Mster EFG 14, 287, Rev X R 44/13). Gleiches gilt, wenn der StPfl neben GewBetr (gewerbl MUeranteil) einen luf oder freiberufl Betrieb (MUeranteil) hat (§ 16 IV ggf iVm § 14 S 2 oder § 18 III 2 (BFH X R 2/09 aaO; EStR 16 XIII 5, aA hier bis 28. Aufl). Andererseits kann bei Veräußerung (Aufgabe) des gewerbl (luf oder freiberufl) Betriebs einer PersGes jeder MUer für den auf ihn entfallenden Teil des Veräußerungs-/Aufgabegewinns den vollen Freibetrag beanspruchen (EStR 16 XIII 3).

582 **5. Veräußerungs-/Aufgabegewinn.** Ein StPfl kann (vgl BFH XI R 35/99 BStBl II 01, 26) den Freibetrag beanspruchen für den Gewinn aus der Veräußerung (Aufgabe) des ganzen GewBetr, eines Teilbetriebs, eines MUeranteils (bzw des Anteils am Gewinn einer PersGes aus der Veräußerung/Aufgabe ihres GewBetr/Teilbetriebs) oder (bis 31.12.*01;* vgl Rz 411) eines MUer*teil*anteils (BT-Drs 13/1686 S 36) – aber stets nur einmal auf Antrag und nur unter den zu Rz 579 genannten persönl Voraussetzungen. § 16 IV mindert die estl Bemessungsgrundlage ungeachtet der gewstl Belastung des Veräußerungsgewinns (zur GewSt s aber Rz 577). Bei einer **doppelstöckigen PersGes** ist ein Gewinn aus der Veräußerung eines Anteils an der OberGes bzw des Betriebs der OberGes begünstigt, aber nur dieser und nicht auch noch zusätzl die damit verbundene Veräußerung der mittelbaren Beteiligung an der UnterGes (nur *ein* Freibetrag!; Rz 407, § 15 Rz 471; aA *FinVerw* DStR 14, 2180; EStR 16 XIII 8; *Förster* DB 02, 1394/6; s auch *BMF* BStBl I 11, 1314 Rz 20.12, 24.03; FR 02, 649/50; offen BFH IV R 67/00 DStRE 04, 1327; s auch BFH I R 79/06 FR 08, 960). Begünstigt ist mE aber auch – alternativ – ein auf die Ges'ter der OberGes mittelbar entfallender Anteil am Gewinn aus der Veräußerung an der UnterGes (glA *OFD Ffm* DB 08, 265; Rz 407) oder der UnterGes aus der Veräußerung ihres Betriebs oder Teilbetriebs (Rz 395, 401).

583 **a) SonderBV.** Der Gewinn einer MUerschaft und der Gewinn aus der Veräußerung eines MUeranteils umfassen auch das SonderBV (s Rz 407, 414). Gewinn aus GesVermögen und Verlust aus SonderBV (und umgekehrt) sind zu saldieren.

584 **b) Mehrere VZ.** Wird der Gewinn aus der Veräußerung (Aufgabe) des ganzen GewBetr in verschiedenen VZ verwirklicht, zB weil ein Teil der wesentl Betriebsgrundlagen in 1997 und der restl Teil in 1998 veräußert wird, fällt insgesamt nur ein Freibetrag (s Rz 576) an (BFH GrS 2/92 BStBl II 93, 897/902); dieser ist auf beide VZ aufzuteilen, und zwar nach hL in der Weise, dass der Freibetrag vom im ersten VZ verwirklichten Gewinn voll und ein Rest vom Gewinn des folgenden VZ abgezogen wird (*HHR* § 16 Rz 725); nach der 17. Aufl ist im Verhältnis der in den einzelnen VZ verwirklichten Teile des Gesamtgewinns aufzuteilen (glA *BMF* BStBl I 06, 7; diff *Kanzler* DStR 09, 400/2: antragsgemäß). Entsteht im ersten VZ ein Gewinn und im zweiten VZ ein höherer Verlust, entfällt der Freibetrag rückwirkend (*BMF* aaO; *HHR* aaO). S auch Rz 587.

c) Wiederkehrende Bezüge. Wird ein Betrieb (MUeranteil) gegen **wiederkehrende Bezüge** veräußert und macht der StPfl von seinem Wahlrecht (Rz 221 ff, 454) iSd Zuflussbesteuerung Gebrauch, kann von den nachträgl Einkünften kein Freibetrag abgezogen werden (BFH III B 15/88 BStBl II 89, 409; X R 79/90 BB 91, 2353). Wird gegen Einmalentgelt *und* wiederkehrende Bezüge veräußert, ist auch bei Zuflussbesteuerung, *sofern* der *gesamte* Veräußerungspreis (einschließl Kapitalwert der wiederkehrenden Bezüge) die Freibetragsgrenze nicht übersteigt (FG Mster EFG 01, 1275), der volle Freibetrag von einem evtl Gewinn aus der Differenz zw Einmalentgelt und Buchwert abzuziehen. Ein nicht verbrauchter Teil des Freibetrags ist nicht von den bei Zufluss zu versteuernden Bezügen abzuziehen (vgl BFH III B 15/88 aaO). 585

d) Rücklage nach § 6b. Wird teilweise eine § 6b-Rücklage gebildet (Neu-Rücklage), ist der verbleibende Gewinn zwar nicht tarifbegünstigt (§ 34 I 4, III 6; s aber Rz 108), aber ein Veräußerungsgewinn, von dem ein Freibetrag abzuziehen ist (*Dötsch* GS Knobbe-Keuk, 411/28). – Zur Fortführung einer in früheren Wj gebildeten § 6b-Rücklage (Alt-Rücklage) bei Betriebsveräußerung s Rz 108. 586

6. Ermäßigungsbetrag; Freibetragsgrenze. Der Freibetrag ermäßigt sich um den Betrag, um den der „Veräußerungsgewinn" – zu § 16 II 3, III 5 s Rz 578 mit Beispiel. – 136 000 € (VZ 03: 154 000 €; s Rz 576) übersteigt. 587

Beispiel: Veräußerungsgewinn im VZ 04: 160 000 €; Ermäßigungsbetrag: 160 000 ./. 136 000 = 24 000 €; Freibetrag: 45 000 ./. 24 000 = 21 000 €. Der Freibetrag entfällt, wenn der „Veräußerungsgewinn" 181 000 € oder mehr beträgt (Freibetragsgrenze).

Einzelfragen. – ***(1)*** Bei einer **Betriebsaufgabe** über zwei VZ (Rz 584) ist der *insgesamt* erzielte Gewinn maßgebl (zutr *BMF* BStBl I 06, 7: uU Korrektur nach § 175 AO). – ***(2)*** Bei Veräußerung gegen Einmalentgelt und **wiederkehrende Bezüge** iVm Wahlrecht zur Zuflussbesteuerung ist dem Einmalentgelt der Kapitalwert der wiederkehrenden Bezüge hinzuzurechnen (BFH IV R 81/67 BStBl II 68, 75; Rz 585). – ***(3)*** Wird für einen Teil des Veräußerungsgewinns eine **§ 6b-Rücklage** gebildet (s Rz 586), ist vom ungekürzten Gewinn auszugehen (*BMF* StEK EStG § 6b Nr 29; Ausnahme: Fortführung einer in früheren Wj gebildeten Rücklage). – ***(4)*** Bleibt ein Teil des Veräußerungsgewinns gem § 52 Abs 15 aF/§§ 13 IV, V iVm 15 I 3, 18 IV 1 nF **„außer Ansatz"** (Entnahmegewinn für selbstgenutzte Wohnung), ist – ohne Kürzung der Freibetragsgrenze – nur der stpfl Teil des Gewinns maßgebl (*Meyer-Sievers* DStR 86, 820). Gleiches gilt ab VZ 02/09 für Gewinnteile, die dem **Teileinkünfteverfahren** (§ 3 Nr 40) unterliegen (EStH 16.13; *BMF* BStBl I 06, 7; vgl auch Rz 161, 578); zur Aufteilung des Freibetrags s BFH X R 61/08 BStBl II 10, 1011: vorrangiger Abzug vom stpfl Einkunftsteil nach § 3 Nr 40 (zutr); *Stahl* KÖSDI 01, 12838/-42: Wahlrecht.

7. Einkommensteuerveranlagung. Wird der (Teil-)Betrieb einer **MUerschaft** oder ein **MUeranteil** veräußert (aufgegeben), ist über Höhe und Anteil des MUers am Veräußerungs-/Aufgabegewinn im Gewinnfeststellungsverfahren, über die Gewährung des Freibetrags aber erst bei der ESt-Veranlagung des einzelnen MUers zu entscheiden, weil Alter und Berufsunfähigkeit persönl Steuermerkmale sind (BFH X R 6/13 BFH/NV 15, 1373; IV R 39/12 BFH/NV 16, 30; EStR 16 XIII 1, 2). 588

H. Erbfall und Erbauseinandersetzung

I. Tod eines Einzelunternehmers

Verwaltungsanweisungen: *BMF* BStBl I 93, 62; 06, 253: Erbengemeinschaft und Auseinandersetzung; BStBl I 94, 603: Schuldzinsenabzug; BStBl I 04, 922 Rz 40: Versorgungsleistungen; DStR 01, 399: Fiskuserbrecht, Scheinerbe; BB 01, 1398: Zuständigkeit; BStBl I 02, 1329: Rückwirkung; BStBl I 05, 458: § 6 III/MUeranteile; I 06, 306: Schuldübernahme; *OFD Mster* DStR 06, 1415: Pflichtteilserfüllung; *FinMin SchlHol* DStR 11, 1427 (Verluste).

590 **1. Übergang des GewBetr auf einen Alleinerben; Erbfallschulden; Sachvermächtnis. – a) Erbfall (§ 1922 BGB).** Er ist grds **keine Betriebsveräußerung/-aufgabe durch den Erblasser** (auch wenn der Betrieb mit dem Tode des Unternehmers zum Stillstand kommt; s BFH IV R 5/06 BStBl II 08, 113) und keine Anschaffung des Betriebs durch den Erben, sondern eine insgesamt unentgeltl Betriebsübertragung iSv § 6 III 1, 3 mit (grds) notwendiger Fortführung der Buchwerte (s Rz 25). Anders als Vergütungen für einen vermögensverwaltenden Vormund oder Testamentvollstrecker (BFH III R 39/97 BStBl II 00, 69) sind Kosten des Rechtsstreits über Erbenstellung keine BA (BFH III R 37/98 BStBl II 99, 600; s aber BFH IX R 43/11 BStBl II 14, 878; Rz 76; *Paus* NWB 13, 3612). Dem **Erblasser** ist der bis zum Todestag entstandene lfd – durch Zwischenbilanz oder Schätzung zu ermittelnde – Gewinn zuzurechnen (BFH I R 100/71 BStBl II 73, 544). Der **Erbe** tritt mit dem Erbfall auch erstrechtl grds in die Rechtsstellung des Erblassers ein (vgl BFH GrS 2/89 BStBl II 90, 837/42; I R 13/09 IStR 10, 849; zu § 4 IVa s *BMF* BStBl I 05, 1019 Rz 10a; *FinVerw* DStR 11, 1427), *nicht* jedoch nach geänderter Rspr – vorbehaltl Vertrauensschutz – bezügl Verlustabzug gem § 10d (BFH GrS 2/04 BStBl II 08, 608; zu § 15a s dort Rz 234; zu § 15b nF s – bej – *BMF* BStBl I 07, 542 Tz 25) und auch nicht in den Verlustabzug nach § 10a GewStG (BFH VIII R 160/86 BStBl II 94, 331). Er kann den Betrieb (auf Dauer oder vorübergehend) fortführen, aber auch sofort aufgeben oder veräußern. In jedem Fall endet der Betrieb estrechtl erst durch ein Verhalten des Erben; ein Veräußerungs- oder Aufgabegewinn entsteht in seiner Person (BFH IV R 97/89 BStBl II 92, 392). Dies gilt auch, wenn der Erblasser die Veräußerung (Aufgabe) angeordnet hat (ähnl BFH IV R 1/95 BStBl II 95, 893; zur ESt-Schuld als Erbfallschuld gem §§ 1967 II, 1975 BGB s BFH VII R 118/95 BStBl II 98, 705). – Diese Grundsätze gelten in gleicher Weise für einen **Vorerben** (§§ 2100 ff BGB), und – nach Eintritt des Nacherbfalls – für einen **Nacherben.** – Gleichfalls keine Betriebsaufgabe ist nach BFH I R 131/90 BStBl II 93, 799 der Übergang eines Betriebs durch Erbanfall auf eine **KapGes** (ebenso zu Stiftung BFH I R 76/99 aaO; krit *Groh* GS Knobbe-Keuk, 433); anders aber bei Körperschaft, wenn StPfl endet (BFH IV R 38/97 BStBl II 98, 509: luf Betrieb einer Kirchengemeinde); s auch Rz 15. – Die für einen GewBetr bestimmte Erbschaft ist **BE** (BFH VIII R 60/03 BStBl II 06, 650; s auch BVerfG HFR 15, 695: Kumulation mit ErbSt); beachte auch § 35b nF.

591 **b) Ausschlagung; Scheinerbe.** Schlägt der Erbe die Erbschaft aus (§§ 1942 ff BGB), ist der endgültige Erbe vom Erbfall an (ex tunc) Unternehmer; die vorläufige Unternehmereigenschaft des ausschlagenden Erben entfällt rückwirkend (vgl § 175 I 1 Nr 2 AO); gleichwohl ist eine Abfindung als Veräußerungserlös des ausschlagenden Erben (Durchgangsunternehmer) und als AK des endgültigen Erben zu werten (*Wacker ua* BB Beil 5/93, 16; *BMF* BStBl I 06, 253 Tz 37; 98, 914 Rz 39; BFH IX R 59/94 BStBl II 98, 431; anders aber bei Geltendmachung des Pflichtteils, vgl *Flick* DStR 00, 1816). – Zu Ausschlagung ***(1)*** gegen lebenslängl Versorgungsleistungen s BFH X R 160/94 BStBl II 97, 32: evtl SA wie bei Vorwegerbfolge (zu § 10 I Nr 1a idF JStG 08 s § 22); ***(2)*** gegen Nießbrauchsvorbehalt s BFH IX R 59/94 BStBl II 98, 431; *BMF* BStBl I 98, 914 Rz 39: AfA. – Gleiches gilt, wenn ein Streit über das Erbrecht in der Weise beigelegt wird, dass der **Scheinerbe** den GewBetr einschließl Nutzungen ab Erbfall an den Erben herausgeben muss (*Groh* DB 92, 1312; zu Prozesskosten s *Grube* DStZ 99, 313/9; aA zur ErbSt BFH II R 34/09 BStBl II 11, 725); zum **angebl Miterben** s Rz 608; zum formunwirksamen Vermächtnis s BFH XI R 18/06 BStBl II 09, 957. – Zum *Verzicht* auf Erb-/Pflichtteil oder Anspruch gem § 2287 BGB s Rz 73.

592 **c) Erbfallschulden. – aa) Keine AK.** Ist der Erbe mit Geldvermächtnissen (§§ 1939; 2147 BGB), Pflichtteils- (§ 2303 BGB), Erbersatzansprüchen (§ 1934a BGB aF) oder Abfindungsschulden nach HöfeO oder bei qualifizierter Nachfolge-

bzw Eintrittsklausel (s Rz 673, 678) belastet (Erbfallschulden), sind diese (Entstehung und Tilgung) keine AK für das im Erbwege erlangte BV (ebenso wenig wie die Erblasserschulden); der Erbe muss die Buchwerte fortführen.

BFH IV R 97/89 BStBl II 92, 392: Erbersatzschuld iSv § 1934a BGB aF; VIII R 6/87 BStBl II 93, 275: Vermächtnis- und Pflichtteilsschuld; X R 85/94 BStBl II 97, 284; XI B 147/99 BFH/NV 00, 952: Pflichtteilsschuld; IV R 66/93 BStBl II 94, 623: höferechtl Abfindung; VIII R 72/90 BStBl II 94, 625: Abfindung bei qualifizierter Nachfolgeklausel; *BMF* BStBl I 06, 253 Tz 35, 60, 63, 72, 77; *KSM* § 16 B 82; **aA** – AK der Erben – evtl BFH X R 54/92 BStBl II 94, 633 für Untervermächtnis (s Rz 593); s auch BFH IX R 43/11 BStBl II 14, 878; Rz 76; *Paus* NWB 13, 3612.

Folgerichtig ist umgekehrt der Erwerb derartiger Ansprüche kein „Veräußerungserlös" und daher nicht estpfl (BFH VIII R 6/87 BStBl II 93, 275). – Entsprechenes gilt, – ***(1)*** wenn sich der Erbe in einem **Erbvertrag** zu Geldvermächtnissen „verpflichtet" hat oder an den Erblasser zu dessen Lebzeiten ein Entgelt für eine erbvertragl Erbeinsetzung gezahlt hat (Entgelt wie Erbfallschulden; zur ErbSt BFH II R 105/82 BStBl II 84, 37); – ***(2)*** wenn ein Vermächtnisnehmer mit Untervermächtnis belastet ist (unklar BFH X R 54/92 aaO). – Zur **Ablösung** „erbrechtl Ansprüche" zB Pflichtteilsanspruch durch lebenslängl wiederkehrende Leistungen s BFH X R 85/94 BStBl II 97, 284.

bb) Notwendiges PV. Erbfallschulden (Vermächtnis-, Untervermächtnis-, Pflichtteils-, Erbersatz- und Abfindungsschulden, s Rz 592) wertet der BFH unter ausdrückl Aufgabe der sog Sekundärfolgen-Rspr (zB BFH IV R 138/79 BStBl II 83, 380) mE zutr auch insoweit als notwendige Privatschulden, als sie aus BV im Nachlass herrühren, mit der rechtl Folge, dass Stundungs- und Verzugszinsen selbst dann keine BA sind, wenn sie aus dem BV gezahlt werden (BFH IV R 62/93; VIII R 18/93 BStBl II 95, 413; 714 aE; *Gschwendtner* DStZ 95, 708/12; abl evtl BFH I R 131/90 BStBl II 93, 799 zu KapGes als Erbin; s auch Rz 592) – Konsequenz dieser Rspr ist, dass auch ein Kredit zur Tilgung einer Erbfallschuld und eine *Darlehens-* oder Rentenschuld aus ihrer Umwandlung (Novation) bzw Ablösung wiederum notwendig Privatschuld ist und Zinsen auch als private Schuldzinsen nicht abziehbar sind (zB BFH X R 85/94 BStBl II 97, 284 zu 4). – Zur Kritik vgl 17./34. Aufl; *Grube* FR 07, 533/6. – **Übergangserlass:** die geänderte Rspr ist für BA erstmals für Wj, die nach dem 31.12.94 beginnen (*BMF* BStBl I 94, 603; I 06, 253 Tz 35, 63, 72, 83). – Auch nach Ansicht des BFH sind aber **Betriebsschulden:** – ***(1)*** ein Kredit zur Finanzierung betriebl Aufwendungen nach vorausgegangener Entnahme liquider Mittel zur Tilgung einer Erbfallschuld (BFH GrS 2–3/88 BStBl II 90, 817/25; beachte aber § 4 IVa); – ***(2)*** eine vermächtnisweise oder durch Novation einer Erbfallschuld begründete typische stille Beteiligung (vgl BFH VIII R 47/90 BStBl II 94, 619/22). 593

d) Sachvermächtnis. Sind einem Dritten vermächtnisweise *einzelne WG des BV* des zum Nachlass gehörigen GewBetr zugewendet (Sachvermächtnis; zur Form s Rz 591 aE; zur Zuwendung des *ganzen GewBetr* s Rz 27-8), geht zivilrechtl der Betrieb auf den Erben und die zugewendeten WG erst mit der Erfüllung des Vermächtnisses vom Erben auf den Vermächtnisnehmer über. Demgemäß ist die Erfüllung des Sachvermächtnisses eine Entnahme des *Erben* (BFH GrS 2/89 BStBl II 90, 837/43); diesem ist der Entnahmegewinn zuzurechnen (*BMF* BStBl I 06, 253 Tz 60; BFH IV R 42/93 BStBl II 94, 385; aA zB *Knobbe-Keuk* § 22 VI 4h: Entnahme des *Erblassers*). Ein Entnahmegewinn entsteht somit auch, wenn der Vermächtnisnehmer das WG in ein eigenes BV überführt (*BMF* aaO). Anders war dies nur bei **Vorausvermächtnis** zugunsten eines Miterben *und* Überführung in eigenes BV zum Buchwert (Wahlrecht; *BMF* BStBl I 93, 62 Rz 74; *Märkle ua* BB Beil 5/91 S 11: wie Sachwertabfindung, s Rz 647). § 6 V 3 Nr 1 (nF) ordnet bei Übertragung des wirtschaftl Eigentums ab 2001 vorbehaltl Sperrfrist und Körperschaftsklausel (S 4–6 nF) die Buchwertfortführung *zwingend* an (Rz 524; *BMF* 597

BStBl I 06, 253 Tz 65, 83). Zur Unterscheidung zw Vorausvermächtnis und Teilungsanordnung s BFH II R 76/99 BStBl II 01, 605; *BMF* aaO, Tz 68; *Wacker/Franz* BB Beil 5/93, 22; zur estrechtl Bedeutung s Rz 611.

598 **aa) Kaufrechtsvermächtnis.** Soweit der Vermächtnisnehmer eine Gegenleistung zu erbringen hat (Kaufrechtsvermächtnis), entsteht uU ein Veräußerungsgewinn des Erben und AK des Vermächtnisnehmers (Rz 27; *BMF* BStBl I 06, 253 Tz 63; *Groh* DB 92, 1312/4; zu PV s BFH IX R 63/10 BStBl II 11, 873; zur ErbSt s BFH II R 7/07 BStBl II 08, 982).

599 **bb) Erfüllungssurrogat.** Die Übereignung von WG des BV an Erfüllungs Statt (§ 364 BGB) zwecks Tilgung einer auf Geld gerichteten Vermächtnis-, Pflichtteils- oder Erbersatzschuld ist mE keine Entnahme iVm unentgeltl Erwerb (so aber wohl BFH VIII R 2/94 BStBl II 96, 60; *KSM* § 16 B 106), sondern entgeltl Veräußerung der WG (unmittelbar aus dem BV; § 6b!) durch den Erben und entgeltl Anschaffung durch den Berechtigten (Rz 21; *BMF* BStBl I 06, 253 Tz 35; *Lohr ua* DStR 11, 1890; aA FG Ddorf EFG 03, 519; diff *Kappe* StbJb 95/6, 310). Gleiches gilt bei Einräumung eines **MUeranteils** (glA BFH III R 38/00 BStBl II 05, 554; *Hübner* ZEV 05, 319; aA *Tiedtke ua* FR 07, 368).

600 **e) Rentenvermächtnis.** Die vermächtnisweise Zuwendung wiederkehrender Leistungen (Rentenvermächtnis) beurteilt der X. Senat des **BFH** und **FinVerw** (BStBl I 04, 922 Rz 40) dahin, dass *(1)* diese beim belasteten Erben – bzw bei einem Untervermächtnis beim belasteten (Haupt-)Vermächtnisnehmer – grds in vollem Umfang (dh auch hinsichtl eines etwaigen Zinsanteils) *nicht* als SA abzugsfähig und demgemäß beim Begünstigten nicht estpfl sind (zB BFH X B 162/94 BFH/NV 95, 18) und *(2)* ebenso wie das Vermächtnis eines Einmalbetrags keine AK des belasteten Erben begründet (s Rz 592) und *(3)* ein etwaiger Zins- oder Ertragsanteil – ebenso wie zB Zinsen für gestundete Pflichtteilsschuld (s Rz 593) – auch nicht als BA oder WK abgezogen werden kann (kein wirtschaftl Zusammenhang mit künftigen Einkünften; aA für Untervermächtnis wohl BFH X R 54/92 BStBl II 94, 633). – **Ausnahmsweise** sind wiederkehrende Leistungen aber – ***(1)*** beim belasteten Erben in voller Höhe als **Sonderausgaben** abzugsfähig und beim Begünstigten estpfl, *wenn* dem überlebenden Ehegatten oder einem erbberechtigten Abkömmling zB vermächtnisweise *Versorgungsleistungen* zugewendet werden und es sich bei den Zahlungen *nicht* um eine Verrentung „erbrechtl Ansprüche" handelt (BFH X R 34/11 BStBl II 14, 665; zur Gleichstellungsvermutung bei Geschwistern s aber BFH X R 86/96 BStBl II 00, 602) oder ***(2)*** beim begünstigten Vermächtnisnehmer mit dem Zins- oder Ertragsanteil estpfl (vgl BFH X B 162/94 aaO), beim belasteten Erben aber im Hinblick auf das Abzugsverbot für private Schuldzinsen nicht abzugsfähig (s Rz 593). – *Stellungnahme:* Die Rspr ist auch iR der Grenzen von § 10 I Nr 1a (s dazu Rz 41/7) zu beachten. Wird vermächtnisweise ein **Nießbrauch** am (ganzen) GewBetr im Nachlass eingeräumt (Unternehmensnießbrauch; s § 15 Rz 144), verbleibt beim Erben ein ruhender GewBetr (BFH IV R 19/94 BFH/NV 96, 600) wie bei Betriebsverpachtung (s Rz 690 ff); der Vermächtnisnehmer hat ebenfalls Einkünfte aus GewBetr, ist aber hinsichtl der AK (HK) des Erblassers nicht AfA-befugt (BFH IV R 7/94 BStBl II 96, 440). Zur vermächtnisweisen Belastung einzelner WG des Nachlasses mit Nießbrauch s § 5 Rz 655. Zu Ausschlagung der Erbschaft unter Nießbrauchsvorbehalt s Rz 591. Zu § 10b s dort Rz 20.

601 **2. Übergang des GewBetr auf mehrere Miterben; Erbengemeinschaft (Überblick).** Wird ein Einzelunternehmer von mehreren Personen beerbt (Miterben), geht zivilrechtl der Nachlass einschließl GewBetr als Ganzes auf die Miterben zur gesamten Hand über (§§ 1922; 2032 ff BGB; zu § 6 III s Rz 590; BFH VIII B 54/01 BFH/NV 02, 24). Diese können den GewBetr ***(1)*** auf Dauer in ungeteilter Erbengemeinschaft fortführen (sog fortgesetzte Erbengemeinschaft; Rz 602) oder ***(2)*** sogleich an einen Dritten veräußern oder ***(3)*** vorübergehend fortführen (sog schlichte Erbengemeinschaft) bis zu einer Gesamt- oder Teilauseinandersetzung des Nachlasses und einer Übertragung des GewBetr auf nur einen oder einige der Miterben oder bis zur Aufgabe des GewBetr oder Veräußerung an Dritte (Rz 606). – Auch soweit die Erbengemeinschaft den GewBetr sogleich an Dritte veräußert, entsteht der Veräußerungsgewinn idR (Rz 590) erst bei den Miterben (vgl BFH IV R 97/89 BStBl II 92, 392; *BMF* BStBl I 06, 253 Tz 54). – Zu PersGes (einschließl GbR) als *Erbin* s *Scherer* ZEV 03, 341.

3. Fortgesetzte Erbengemeinschaft. – a) Zivilrecht. Die die Miterben können – anders als die Erwerber sämtl Miterbenanteile (KG DB 98, 2591) – den GewBetr auf Dauer in ungeteilter Erbengemeinschaft fortführen, denn eine Erbengemeinschaft kann ohne zeitl Begrenzung Unternehmensträger sein (vgl § 27 HGB; BGHZ 92, 259). Gründung einer PersGes und Übertragung des GewBetr auf diese ist nicht erforderl, aber mögl (BFH IV R 95/85 BStBl II 88, 245). 602

b) ESt-Recht. Die ungeteilte Erbengemeinschaft ist, soweit sie den **GewBetr fortführt,** eine mit einer PersGes wirtschaftl vergleichbare Gemeinschaft (§ 15 Rz 171, 383) und als solche MUerschaft (§ 15 I 1 Nr 2). Die Miterben beziehen Einkünfte aus GewBetr, die ihnen idR erbanteilig zuzurechnen sind (BFH IV B 27/99 BFH/NV 00, 702; *BMF* BStBl I 06, 253 Tz 3). Das gewerbl BV der Miterben als MUerschaft beschränkt sich aber grds (abgesehen von SonderBV) auf den GewBetr im Nachlass einschließl gewillkürtem BV. § 15 III Nr 1 (Abfärbetheorie) gilt nicht für die Erbengemeinschaft (vgl BFH GrS 2/89 BStBl II 90, 837/45; *BMF* aaO, Tz 4, 47). – Soweit zum Nachlass **nichtgewerbl BV** (zB LuF) **oder PV** gehört und dieses ebenfalls Gesamthandsvermögen der Erbengemeinschaft bleibt, beziehen die Miterben anteilig auch Einkünfte zB aus LuF, KapVermögen oder VuV (Parallele zu PersGes, die auch PV hat; vgl § 15 Rz 484; *BMF* BStBl I 06, 253 Tz 3–6). Zu freiberufl Praxis s Rz 607. Zur einheitl Feststellung sämtl Einkünfte s *Ruban* DStR 91, 65/6. – **Veräußert ein Miterbe** später **seinen Erbanteil** an einen Dritten oder an einen Miterben (vgl §§ 2033 ff BGB), ist dies Veräußerung eines MUeranteils (§ 16 I 1 Nr 2), soweit das Entgelt auf den GewBetr entfällt, iÜ Veräußerung von PV (BFH IV B 27/99 BFH/NV 00, 702; *BMF* BStBl I 06, 253 Tz 46 iVm 37 ff). – Zu **Erbfallschulden** s Rz 592-3 – Zu **Sachvermächtnis** s Rz 27-8, 597. 603

4. Erbauseinandersetzung (Überblick). Entgegen der früheren Rspr (sog Einheitsthese: Gleichbehandlung von Allein- und Miterbeneinsetzung; s Erläut 29. Aufl) hat der Große Senat des BFH (GrS 2/89 BStBl II 90, 837) erkannt, dass die Erbauseinandersetzung nicht nur zivilrechtl, sondern auch estrechtl „dem Erbfall als **selbstständigem Rechtsvorgang** nachfolgt und mit diesem **keine rechtliche Einheit** bildet". Die **FinVerw** hat sich dem angeschlossen (*BMF* BStBl I 93, 62 einschließl *Übergangsregelung*). 605

a) Geborene MUerschaft. Danach ist eine Erbengemeinschaft, auch wenn sie nur auf baldige Auseinandersetzung gerichtet ist, soweit zum Nachlass ein **GewBetr** gehört, „geborene MUerschaft" in der Form einer mit PersGes wirtschaftl vergleichbaren Gemeinschaft (§ 15 Rz 171, 383). Die Miterben erlangen insoweit estrechtl mit dem Erbfall („im Erbwege") die Eigenschaft von MUern und behalten diese, bis die Auseinandersetzung über den GewBetr vollzogen ist, unabhängig davon, wie kurz oder lang der Zeitraum zw Erbfall und vollzogener Auseinandersetzung ist (*BMF* BStBl I 06, 253 Tz 3; Gleichbehandlung schlichter und fortgesetzter Erbengemeinschaft). Zur Teilungsanordnung des Erblassers sowie deren Rückbeziehung auf Erbfall s Rz 611/623. – Soweit zum Nachlass auch **PV** gehört, beziehen die Miterben anteilig bis zur vollzogenen Auseinandersetzung neben gewerbl Einkünften auch solche zB aus VuV usw. 606

b) LuF; freiberufl Praxis. Umfasst der Nachlass (auch oder nur) luf BV, werden die Miterben mit dem Erbfall insoweit MUer einer LuF. – Gehört zum Nachlass eine freiberufl Praxis, verwandelt sich diese mit dem Erbfall (aber ohne Gewinnrealisierung – Strukturwandel!) in einen GewBetr, sofern nicht alle Miterben eine gleichartige freiberufl Qualifikation (nicht notwendig dieselbe) besitzen (s § 18 Rz 45; BFH VIII R 13/93 BStBl II 94, 922; *BMF* BStBl I 06, 253 Tz 5) – ausgenommen, die Erben realisieren ledigl die noch vom Erblasser geschaffenen Werte (BFH VIII R 13/93 aaO; einschr FG Köln EFG 15, 1923, rkr). Übernimmt ein freiberufl qualifizierter Miterbe innerhalb von 6 Monaten nach dem Erbfall rückbezügl auf diesen die Praxis, sind die dann nur diesem Miterben 607 zuzurechnenden lfd Einkünften freiberufl (vgl *BMF* BStBl I 06, 253 Tz 8–9; s auch Rz 623).

608 **c) Formen.** Bei der estrechtl Beurteilung der **Erbauseinandersetzung** ist zweckmäßig zu **unterscheiden:** – ***(a)*** zw einem Nachlass nur aus BV (Rz 610), nur aus PV (Rz 625) und sowohl aus BV als PV (Mischnachlass; Rz 636); – ***(b)*** zw Gesamt- und Teilauseinandersetzung (Rz 610, 622, 625, 632) und bei dieser zw gegenständl (Rz 622, 632) und personeller Teilauseinandersetzung (= Ausscheiden eines von mehreren Miterben; Rz 612, 631); – ***(c)*** zw Übernahme des gesamten Nachlasses durch einen Miterben gegen Barabfindung der übrigen (Rz 610) und Realteilung des Nachlasses ohne oder mit Ausgleichsleistung (Rz 614, 618, 625-6, 639-40). Die für Erbauseinandersetzungen maßgebl Grundsätze gelten sinngemäß für eine vergleichsweise Auseinandersetzung mit **angebl Miterben** (BFH IV R 15/10 BStBl II 13, 858; *BMF* BStBl I 06, 253 Tz 1; aA zur ErbSt BFH II R 34/09 BStBl II 11, 725; mE unzutr); zu Prozesskosten s *Grube* DStZ 99, 313. Zu Auslegungsverträgen s *Hübner* ErbStB 03, 231; *Proff* ZEV 10, 348.

609 **d) Allg Grundsätze.** Nach hL (s aber Rz 611) gilt stets, *(a)* dass ein Miterbe, der bei der Auseinandersetzung Teile des Nachlasses erlangt, nur insoweit **entgeltl** erwirbt und die weichenden Miterben entgeltl veräußern, als der Wert der erlangten Gegenstände den **Wert seines Erbanteils** übersteigt und er dafür einen Ausgleich leistet, und *(b)* dass iÜ **unentgeltl** erworben (und veräußert) ist (Einheitstheorie; BFH GrS 2/89 BStBl II 90, 837/44; s auch Rz 619, 626). – Dies gilt auch, wenn die Auseinandersetzung in die Form eines **„Kaufs“** zB des GewBetr von der Erbengemeinschaft gekleidet wird (BFH XI R 5/85 BFH/NV 92, 24) oder WG im Wege der **Teilungsversteigerung** erworben werden; der „Kaufpreis“ führen nur insoweit zu AK und zu Veräußerungserlös, als er den nach der Erbquote zu bestimmenden Anteil des Übernehmers am „Kaufpreis“ bzw Versteigerungserlös übersteigt (BFH XI R 3/85 BStBl II 92, 727; *BMF* BStBl I 06, 253 Tz 15).

610 **5. Erbauseinandersetzung über Betriebsvermögen. – a) Gesamtauseinandersetzung.** Wird ein Nachlass, der **nur aus** einem (oder mehreren) **GewBetr** besteht, in der Weise auseinandergesetzt (Gesamtauseinandersetzung), dass – ***(1)*** alle Miterben **bis** auf **einen** aus der Erbengemeinschaft gegen eine **Abfindung** in Geld **ausscheiden** und der verbleibende Miterbe den GewBetr allein fortführt, oder – ***(2)*** die Erbengemeinschaft den GewBetr auf einen (oder einige) der Miterben überträgt und dieser die anderen in Geld abfindet, hat dies die gleichen estrechtl Folgen wie das Ausscheiden eines Ges'ters aus einer gewerbl PersGes gegen Barentgelt (BFH IV R 9/95 BStBl II 96, 310; s Rz 450 ff). Dh: die **weichenden** Miterben veräußern **entgeltl** ihre **MUeranteile;** die Abfindung ist Veräußerungserlös und führt ggf zu einem begünstigten Veräußerungsgewinn; der übernehmende Miterbe hat AK iHd Abfindung und erwirbt iÜ (in Höhe seiner Erbquote) unentgeltl (BFH GrS 2/89 BStBl II 90, 837/43–44; XI R 3/85 BStBl II 92, 727). Dabei ist unerhebl, ob der übernehmende Miterbe die Geldabfindung aus Eigenvermögen oder durch Verwertung von Nachlass-WG finanziert, ob seit dem Erbfall bis zur Auseinandersetzung nur wenige Wochen (s aber Rz 623) oder viele Jahre verstrichen sind und ob zwischenzeitl einer der Miterben seinen Erbteil entgeltl oder unentgeltl auf einen Dritten übertragen hat (dazu *BMF* BStBl I 06, 253 Tz 37 ff). Besteht die Abfindung nur in der Zuteilung liquider Mittel des GewBetr ist str, ob dies – wie bei gewerbl PersGes (s Rz 450 ff, 536) – entgeltl Veräußerung und damit keine Realteilung ist (s Rz 616, 629, 642); zur Höhe der AK s BFH IV R 9/95 BStBl II 96, 310; Anm DStR 96, 918. – Zur Abfindung in Form wiederkehrender Zahlungen s § 16 Rz 221, 454, 600.

611 ***(3)*** **Teilungsanordnung.** Zweifelhaft ist, ob diese Grundsätze auch gelten, wenn die Auseinandersetzung auf einer Teilungsanordnung (§ 2048 BGB) beruht. Die FinVerw und die hL bejahen dies zR (*BMF* BStBl I 06, 253 Tz 56; BFH IV

R 10/99 BStBl II 02, 850; auch bei Testamentsvollstreckung; *Groh* DB 92, 1312/3).

Beispiel: S und T sind Miterben zu je 1/2. Der Nachlass besteht nur aus einem GewBetr (Verkehrswert 700, Buchwert 400). S übernimmt diesen und zahlt an T 350. T erzielt einen Gewinn aus der Veräußerung eines MUeranteils iHv 150 (350 ./. 1/2 Buchwert von 200 = 150). S hat den GewBetr zu 1/2 unentgeltl und zu 1/2 entgeltl mit AK von 350 erworben; er kann die Buchwerte um 150 aufstocken.

Zu abw Ansichten im Schrifttum s 34. Aufl. – Zur Teilungsanordnung *ohne* Abfindungszahlung vgl BFH IV R 10/99 aaO; zur Unterscheidung zw Teilungsanordnung und Vorausvermächtnis s Rz 597. Zur Umgestaltung eines „Nur-BV-Nachlasses" in Mischnachlass s Rz 639.

b) Personelle Teilauseinandersetzung. Die zu a) dargestellten Grundsätze gelten sinngemäß, wenn von mehreren Miterben **nur einer** (oder einige) gegen **Abfindung in Geld ausscheidet** und die übrigen den GewBetr in Erbengemeinschaft fortführen (vgl BFH IV R 9/95 BStBl II 96, 310; BGH ZEV 98, 141) oder einer von mehreren Miterben seinen **Erbteil** (vgl § 2033 BGB) entgeltl an andere Miterben oder einen Dritten **veräußert** (personelle Teilauseinandersetzung; vgl *BMF* BStBl I 06, 253 Tz 37, 39). 612

c) Sachwertabfindung. Zur Abfindung des oder der weichenden Miterben mit WG aus dem BV des GewBetr s Rz 646/648. 613

d) Realteilung *ohne* Ausgleichszahlung. – aa) Grundsätze. Wird die Erbengemeinschaft in der Weise auseinandergesetzt, dass das (aktive und passive) BV eines GewBetr auf die Miterben gleichmäßig nach Erbquoten verteilt wird, ist dies – auch wenn die Auseinandersetzung erst viele Jahre nach dem Erbfall stattfindet und das BV sich zwischenzeitl verändert hat (*BMF* BStBl I 06, 253 Tz 32) – weder Tausch von Anteilen an den einzelnen WG des Nachlasses noch Tausch eines MUeranteils gegen Alleineigentum an den zugeteilten WG, sondern die Erfüllung des durch Vereinbarung konkretisierten gesetzl Auseinandersetzungsanspruchs und estrechtl **keine** (entgeltl) **Veräußerung und Anschaffung** (BFH GrS 2/89 BStBl II 90, 837/44; XI R 2/87 BStBl II 92, 381; *BMF* aaO, Tz 10). Jeder der Miterben erwirbt die ihm zugeteilten WG unentgeltl (s Rz 609). Gleichwohl sollen „ANK" (zB Notar, Grundbuch) anzusetzen sein (BFH IX R 43/11 BStBl II 14, 878: AfA; s Rz 76, 590, 592/3). Zu § 34a s dort Rz 88. 614

bb) Einzelfragen. – (1) Buchwertfortführung. Für Erbauseinandersetzungen ab 1.1.2001 (zur früheren Rechtslage s. 31. Auflage) gelten die Regelungen zur Realteilung von MUerschaften gem § 16 III 2–4 (vorbehaltl Behaltefrist und KöKlausel Buchwertzwang auch bei Zuweisung von ins BV überführte EinzelWG; glA *BMF* aaO, Tz 11f). Die Übernahme (aller oder einzelner) betriebl WG ins **PV** der Miterben ist entweder Betriebsaufgabe (*BMF*, aaO, Tz 13: Gewinnverteilung ggf entspr *schriftl* Abrede; mE gilt § 16 III 8) oder Aufgabe des MUeranteils oder kann zu einem nur lfd Gewinn führen (Rz 551; ausführl *Röhrig ua* DStR 06, 969/71; Rz 619 aE). 615

(2) Liquide Mittel. Umstr ist, ob Realteilung ohne Ausgleich (so *BMF* BStBl I 06, 253 Tz 30 zu PV, anders wohl Tz 33 zu Mischnachlass) oder entgeltl Veräußerung eines MUeranteils anzunehmen ist (BFH IV R 15/10 BStBl II 13, 858), wenn die einen Miterben den Betrieb und die anderen Miterben *nur* die liquiden Mittel des Betriebs übernehmen (s Rz 610). S auch Rz 629: PV; Rz 642: Mischnachlass. 616

(3) Mehrere Betriebe. Buchwertfortführung ist auch geboten, wenn zum Nachlass mehrere selbstständige Betriebe (GewBetr, LuF usw) gehören und nur diese im Zuge der Realteilung von einzelnen Miterben übernommen werden (*BMF* BStBl I 06, 253 Tz 12, 17; *Wacker/Franz* BB Beil 5/93, 6). Dabei ist iErg unerhebl, ob man dies auf § 6 III 1, HS 1 (vgl auch Rz 622) oder auf eine analoge Anwendung von § 16 III 2 stützt (vgl Rz 544), da auch in letzterem Falle die Re- 617 striktionen durch Behaltefrist und Körperschaftsklausel (S 3/4 nF) nicht zum Zuge kommen (Realteilung bezügl Betriebe, nicht EinzelWG). Zur Rechtslage 1999/2000 vgl 20. Aufl Rz 617, 651; *BMF* aaO, Tz 83.

618 **e) Realteilung *mit* Ausgleichszahlung. – aa) Grundsatz.** Erhält einer der Miterben iRd Realteilung (s zu d) mehr als seiner Erbquote entspricht und zahlt er deshalb an den oder die anderen Miterben einen Ausgleich, führt die Zahlung für das „Mehr" beim weichenden Miterben zu Veräußerungserlös und beim übernehmenden Miterben zu AK; iÜ haben die Miterben, soweit die übernommenen WG (Teil-/Betriebe) *BV* blieben nach Maßgabe von § 16 II 2–4 *zwingend* die Buchwerte fortzuführen (*BMF* BStBl I 06, 253 Tz 19). Zum Wahlrecht betr volle Gewinnrealisierung (Betriebsaufgabe) bis einschließl 1998 sowie dessen Wegfall bereits durch § 16 III 2 StEntlG 99ff s Rz 615, 530f; zum Ausgleich in Form wiederkehrender Zahlungen s Rz 610 aE; zu Teilungsanordnung s Rz 611.

619 **bb) Einzelfragen. – (1) Gewinnhöhe/-qualifikation.** Noch nicht ausdrückl entschieden hat der BFH, in welcher Höhe bei einer *Realteilung unter Buchwertfortführung,* aber mit Ausgleichszahlung Gewinn realisiert wird und AK entstehen, ob ein Gewinn tarifbegünstigt ist und wie Veräußerungserlös und AK den einzelnen WG zuzuordnen sind. Die Lösung hat derjenigen der Realteilung einer *gewerbl PersGes* zu entsprechen; hiernach ist auch bei Auseinandersetzung einer Miterben-MUerschaft im Einklang mit hL und Rspr (vgl BFH IV R 51/07 BStBl II 09, 303; betr AK Erwerber; *BMF* BStBl I 06, 253 Tz 14, 16–17; BStBl I 94, 601 Tz 1; *Ruban* DStR 91, 65/8; *Wacker/Franz* aaO) ein entgeltl Anschaffungs- und Veräußerungsvorgang im Verhältnis der Ausgleichszahlung zum Wert der übernommenen WG anzunehmen und diesem Erwerbsteil sind die Buchwerte anteilig zuzuordnen; iÜ führt der Erwerber die Buchwertanteile fort **(„Trennungstheorie").** S iEinz – auch zu abw Lösungsansätzen – Rz 549 mit Beispiel (zur Zweistufentheorie sowie dem sog TW-Ansatz s hier 31./29. Aufl). Die hiermit verbundene Teilgewinnrealisierung entspricht nicht nur dem Subjektprinzip; die Trennungstheorie gilt vielmehr auch bei Erbauseinandersetzung über PV (Rz 626 mit Beispiel) sowie bei Mischnachlässen (s Rz 640 mit Beispiel). Auch bei Zuteilung von Teil-/Betrieben geht die FinVerw zR von einem **lfd Gewinn** aus, der jedoch grds nicht der GewSt unterliegt (Ausnahme ab EZ 2002: § 7 S 2 GewStG); nach §§ 16, 34 begünstigt ist der Gewinn aber, wenn der Ausgleichsberechtigte sämtl erhaltenen WG ins PV überführt (*BMF* BStBl I 06, 253 Tz 14, 17; einschr *Röhrig ua,* DStR 06, 969/70).

620 **(2) Unentgeltl Erwerbsteil.** *Soweit* der übernehmende Miterbe anteilig unentgeltl (mit Buchwertfortführung) erwirbt, tritt er hinsichtl degressiver und erhöhter AfA, Vorbesitzzeit (§ 6b IV 1 Nr 2; s dort zur Rechtslage ab 1999/2002) usw in die Rechtsstellung des Erblassers ein (*BMF* I 06, 253 Tz 20, 21); zu § 34a s dort Rz 88. Zur Verteilung von Veräußerungserlös und AK auf die einzelnen WG s *Wacker/Franz* BB Beilage 5/93 S 7 (mE gleichmäßig aufzustocken im Verhältnis der realisierten zu den insgesamt vorhandenen stillen Reserven; glA *Geck* KÖSDI 11, 17352/7).

621 **(3) Betriebsschulden.** Keine Ausgleichszahlung ist nach hM darin zu sehen, dass einer der Miterben von den Betriebsschulden mehr übernimmt als seiner Erbquote entspricht (*BMF* aaO Tz 18; s aber Rz 630, 641).

622 **f) Gegenständl Teilauseinandersetzung.** Die zu Rz 614–621 dargestellten Grundsätze gelten sinngemäß für eine sog gegenständl Teilauseinandersetzung etwa in der Form, dass einer der Miterben aus einem Nachlass, der einen GewBetr und LuF umfasst, zunächst unter Fortbestand der personell unveränderten Erbengemeinschaft nur den **GewBetr** übernimmt. Geschieht dies zu Lasten der Beteiligung am Restnachlass, sind die Grundsätze zur *Realteilung ohne Ausgleichszahlung* (zu d) anzuwenden (§ 6 III 1 HS 1 idF UntStFG; vgl auch Rz 617). Bei **EinzelWG** (Rz 647) ist ab 2001 § 6 V 3 Nr 1 nF (*grds* Buchwertzwang bei Überfüh-

rung in BV) zu beachten (*BMF* BStBl I 06, 253 Tz 57). Wird an die übrigen Miterben ein *Ausgleich* in Höhe ihrer rechnerischen Anteile am GewBetr gezahlt (zu e), ist dieser auch insoweit Entgelt als er durch den Wert des Anteils des zahlenden Miterben am Restnachlass gedeckt ist (BFH GrS 2/89 BStBl II 90, 837/45; *BMF* aaO, Tz 56). Zu *umgekehrten Ausgleichszahlungen* bei späteren Auseinandersetzungsschritten s Rz 632; *BMF* aaO, Tz 58–59. – Zur *Fremdfinanzierung* von Ausgleichszahlungen s *Märkle* FS L. Schmidt, S 809/32; zur Wirkung einer späteren umgekehrten Ausgleichszahlung hierauf s *Meyer* FR 97, 8/13.

g) Zeitpunkt der Auseinandersetzung. Vollzogen ist eine Auseinandersetzung mit der Übertragung des **wirtschaftl Eigentum** an den zugeteilten WG (zu konkludenter Auseinandersetzung s BFH XI R 36/99 BFH/NV 00, 1196). Vereinbaren die Miterben aber eine schuldrechtl **Rückbeziehung** auf den Erbfall, erkannte die *FinVerw* an, dass die **lfd Einkünfte** nur dem- oder denjenigen Miterben zugerechnet werden, die den GewBetr übernehmen, sofern die Auseinandersetzung innerhalb von 6 Monaten seit dem Erbfall klar und rechtsverbindlich (ausgenommen nur die Wertfindung) vereinbart und durchgeführt wird (*BMF* BStBl I 93, 62 Rz 8, 9). *Weitergehend* BFH IV R 10/99 BStBl II 02, 850: bei Verhalten entspr Teilungsanordnung/Vorausvermächtnis (keine Gewinnbeteiligung oder Ausgleichszahlung) kann auch Auseinandersetzungsvereinbarung mit 2¹/₄-jähriger Rückwirkung anzuerkennen sein (glA BFH IV R 15/10 BStBl II 13, 858; *BMF* BStBl I 02, 1392; 06, 253 Tz 8, 9; s auch BFH IX R 26/99 BFH/NV 04, 476; Rz 28). Trotz Rückbeziehung sind alle Miterben mit dem Erbfall MUer geworden; Ausgleichszahlungen führen deshalb einerseits zu AK, andererseits zu Veräußerungserlösen (BFH GrS 2/89 BStBl II 90, 837/45; BFH IV R 15/10 aaO; *BMF* BStBl I 06, 253 Tz 3, 8; *Groh* DB 92, 1312/3: Miterben „Durchgangsunternehmer"; krit *Geuenich* ZEV 98, 62; 17. Aufl). 623

6. Erbauseinandersetzung über Privatvermögen. – a) Gesamtauseinandersetzung. Wird ein Nachlass, der nur aus PV (zB Mietwohngrundstück, Aktien) besteht, in der Weise aufgeteilt, dass jeder der Miterben WG im Gesamtwert seiner Erbquote zu Alleineigentum erhält (Realteilung *ohne* Ausgleich), ist dies kein Tausch (s Rz 614). Vielmehr erwirbt jeder Miterbe die ihm zugeteilten WG estrechtl (von der Erbengemeinschaft und über diese vom Erblasser) voll unentgeltl iSv § 11d I EStDV (BFH GrS 2/04; GrS 2/89 BStBl II 08, 608; 90, 837/44; *BMF* BStBl I 06, 253 Tz 22). Da § 16 III 2–4 ledigl die personelle Verlagerung stiller Reserven des *BV* beschränkt, hat sich hieran selbst dann nichts geändert, wenn einzelne WG zB gem §§ 17, 23 oder 21 UmwStG aF steuerverhaftet sind (Rz 626; s zur unentgeltl Nachfolge auch § 17 II 3, § 23 I 3; § 21 I 1 UmwStG aF). 625

Beispiel: Miterben sind S und T zu je ¹/₂. Der Nachlass (Gesamtwert 1600) umfasst ein Mietwohngrundstück (800), ein Einfamilienhaus (500) und Aktien (300). S übernimmt das Mietwohngrundstück, T das Einfamilienhaus und die Aktien. – *Lösung:* S und T erwerben jeweils voll unentgeltl (keine Anschaffung zB iSv § 23). S *muss* den StWert des Mietwohngrundstücks (§ 11d I EStDV) fortführen. Zu Anschaffungsnebenkosten von T s Rz 76, 614.

Dabei bleibt es auch – ***(1)*** bei Umwandlung der (Gesamthands-)Erbteile in Bruchteilseigentum an den einzelnen WG des Nachlasses und Austausch dieser Bruchteilsanteile (*BMF* aaO, Tz 22), wenn beides in sachl Zusammenhang steht (*Wacker/Franz* BB Beilage 5/93, 9; FG RhPf EFG 00, 1273). – ***(2)*** bei Teilungsversteigerung (BFH XI R 3/85 BStBl II 92, 727), – ***(3)*** wenn die Erbengemeinschaft formal die einzelnen WG an die Miterben „verkauft" und den Barerlös verteilt (verschleierte Realteilung; s Rz 609; *Wacker/Franz* aaO).

b) Realteilung *mit* Ausgleich. Soweit einer der Miterben einen Ausgleich *aus eigenem Vermögen* leistet (Abfindung), weil der Wert der ihm zugeteilten WG höher ist als seine Erbquote, ist die Auseinandersetzung entgeltl Veräußerung und Anschaffung (BFH IX B 121/99 BFH/NV 00, 713). Der zahlende Miterbe erwirbt (nur) das „Mehr", dh die ihm zugeteilten WG im Verhältnis der Ausgleichszahlung 626 zum Wert dieser WG entgeltl mit AK iHd Ausgleichsleistung zuzügl etwaiger Kosten (Notar usw; BFH X R 66/95 BStBl II 00, 61) und im Verhältnis des Wertanteils am Gesamtnachlass zum Wert der zugeteilten WG unentgeltl (Rz 609; BFH GrS 2/89 BStBl II 90, 837/45; *BMF* BStBl I I 06, 253 Tz 26; str, s Rz 609, 625). Für die Empfänger des Ausgleichs ist die damit korrespondierende entgeltl Veräußerung nur unter den Voraussetzungen der §§ 17, 20 II, 23 oder des § 21 UmwStG aF estpfl (*BMF* aaO, Tz 27; BStBl I 00, 1383 Rz 30). Zinslos gestundete Ausgleichszahlungen sind mit dem Barwert (AK, Veräußerungspreis) anzusetzen (BFH XI R 1/85 BFH/NV 91, 382).

Beispiel: Miterben sind S und T zu je 1/2. Der Nachlass (Gesamtwert 600) umfasst zwei Mietwohngrundstücke. S übernimmt das Grundstück I (Verkehrswert 400; § 11d-Wert 160), T das Grundstück II (Verkehrswert 200; § 11d-Wert 80); S zahlt an T 100. – *Lösung:* S hat das Grundstück I im Verhältnis des Ausgleichs (100) zum Grundstückswert (400), also zu 1/4 entgeltl, und im Verhältnis seines Nachlassanteils (1/2 von 600 = 300) zum Grundstückswert (400), also zu 3/4 unentgeltl erworben. Sein künftiges AfA-Volumen beträgt 100 zuzügl des auf das Gebäude entfallenden Teils von 120 (3/4 des § 11d-Werts von 160). T hat das Grundstück II voll unentgeltl erworben und für 1/4 entgeltl Veräußerung des Grundstücks I einen uU nach § 23 steuerbaren Veräußerungserlös von 100 erzielt.

627 **c) Nutzungsrecht.** Keine Ausgleichsleistung, sondern eine „besondere Erscheinungsform der Realteilung“ ohne Ausgleich (s Rz 625) liegt vor, wenn einem Miterben an einem WG, das ein anderer Miterbe zu Eigentum erhält, ein zeitl begrenztes Nutzungsrecht zB Wohnrecht eingeräumt wird, soweit dieses Recht einen die Erbquote ausfüllenden Wert hat; eine spätere Ablösezahlung führt aber zu nachträgl AK (BFH XI R 2/87 BStBl II 92, 381; *BMF* BStBl I 06, 253 Tz 22).

628 **d) Aufteilung der Abfindung (AK).** Zu Einzelheiten bei Übernahme mehrerer WG, s *BMF* BStBl I 06, 253 Tz 28, 29, 42: Zuordnung der AK grds entspr Vereinbarung der Miterben (mE fragl; s aber § 6 Rz 118); zu AfA *BMF* aaO, Tz 31; *Wacker/Franz* aaO S 12; *Zimmermann* DB 06, 1392.

629 **e) Liquide Mittel.** Befinden sich im Nachlass auch liquide Mittel (zB Bankguthaben), liegt eine Realteilung ohne Ausgleich (Rz 625) vor, wenn der eine Miterbe die Sachwerte und der andere die liquiden Mittel erhält. Werden diese nach Erbquoten aufgeteilt, ist eine Ausgleichszahlung für andere WG nur insoweit Entgelt (AK), als sie die dem Zahlenden zugeteilten liquiden Mittel übersteigt (*BMF* BStBl I 06, 253 Tz 30 mit Beispiel; BFH IV R 9/95 BStBl II 96, 310/2 Sp 1). S aber Rz 610, 616 zu BV; Rz 642 zu Mischnachlass.

Beispiel: Miterben sind S und T zu je 1/2. Der Nachlass (Gesamtwert 800) umfasst ein Mietwohngrundstück (600) und ein Bankguthaben (200). S übernimmt das Grundstück und 1/2 des Bankguthaben, T 1/2 des Bankguthabens; S zahlt an T 300. – *Lösung:* Das von S an T gezahlte Entgelt für den Grundstücksanteil (AK!) beträgt 200 (300 ./. halbes Bankguthaben 100 = 200). Das Ergebnis entspricht einer Realteilung, bei der S das Grundstück und T das ganze Bankguthaben und eine Ausgleichszahlung von 200 erhält. S erwirbt das Grundstück zu 1/3 entgeltl und zu 2/3 unentgeltl.

Gleiches gilt, wenn als Ausgleich ein WG hingegeben wird, das der Ausgleichspflichtige vorher aus dem Nachlass erhalten hat (*Märkle* WPg 90, 674/9).

630 **f) Nachlassverbindlichkeiten.** Werden diese iRd Auseinandersetzung übernommen, sollen nach Ansicht des IX. BFH-Senats **AK** vorliegen, soweit die übernommenen Verbindlichkeiten die Erbquote überschreiten (IX R 23/02 BStBl II 06, 296; IX R 48/08 BFH/NV 09, 1808); darüber hinaus hat er angenommen, dass die Schuldübernahme bei **vorzeitiger** Erbauseinandersetzung Gegenleistung sei (IX R 44/04 BStBl II 08, 216; das ist mE kaum praktikabel; krit auch *kk* KÖSDI 07, 15542). Demgegenüber ging die **hM** davon aus, dass ein Miterbe, der im Saldo von zugeteilten aktiven WG und übernommenen Schulden nicht mehr erhält als seinem aus der Erbquote errechneten Anteil am Nettowert des Nachlasses entspricht, unentgeltl erwirbt (sog **Saldothese**); ein „überschießender Wert der übernommenen aktiven WG“ kann deshalb durch überschießende Schuldüber-

nahme ausgeglichen werden (so BFH GrS 2/89; XI R 7, 8/84; IV R 74/95 BStBl II 90, 837/45; 91, 791; 96, 599; *BMF* BStBl I 93, 62 Rz 25). Hieran hat die **FinVerw** (bisher) zR **festgehalten** (*BMF* BStBl I 06, 253 Tz 23, 18, 34; I 06, 306; FG Mster EFG 14, 39, rkr; *Wacker* DStR 05, 2014/8; StbJb 06/07, 55, 64; *Röhrig ua* DStR 06, 969/73; *Zimmermann* DB 06, 1392). Zum Schuldzinsenabzug nach Teilung s zB *B. Meyer* FR 97, 8.

Beispiel: Miterben sind S und T zu je $1/2$. Der Nachlass (Gesamtwert 600) umfasst ein Mietwohngrundstück I (Wert 600), ein Mietwohngrundstück II (Wert 300) und Schulden von 300. S übernimmt das Grundstück I und alle Schulden, also netto 300, T übernimmt das Grundstück II (300). *Lösung (hM):* S und T erwerben jeweils unentgeltl.

Nach der FinVerw gilt dies auch, soweit durch die Verteilung der Nachlassverbindlichkeiten zusätzl Abfindungsbedarf geschaffen wird; die (Mehr-)Abfindung ist kein Entgelt/keine AK (*BMF* BStBl I 06, 253 Tz 24). – **Nachlassverbindlichkeiten** sind nicht nur Erblasser-/Erbfallschulden, sondern auch solche, die im Zuge der Verwaltung des Nachlasses (zB Kreditaufnahme) entstanden sind – ausgenommen nur im engen zeitl Zusammenhang mit der Auseinandersetzung eingegangene Schulden (*BMF* aaO, Tz 25). Zur Tilgung von Nachlassschulden aus Nachlassmittel vor Auseinandersetzung s *Söffing* DB 91, 828/33.

g) Personelle Teilauseinandersetzung. Wird die Erbengemeinschaft (Nachlass nur PV) dadurch teilweise auseinandergesetzt, dass einzelne Miterben gegen Abfindung in Geld oder in WG des Nachlasses ausscheiden, die Erbengemeinschaft aber unter den restl Miterben fortbesteht (BGH ZEV 98, 141: grds formfrei), oder dass einer der Miterben seinen Erbanteil (vgl § 2033 BGB) entgeltl auf einen anderen Miterben überträgt, gelten die für die Gesamtauseinandersetzung maßgebl Grundsätze (Rz 625–630) sinngemäß (vgl *BMF* BStBl I 06, 253 Tz 40–43, 48–50 Ausscheiden = Erbteilsveräußerung an die verbleibenden Miterben; BFH IX R 5/02 BStBl II 04, 987; *Wacker* DStR 05, 2014; krit *Groh* DB 90, 2135/40). Zur Aufteilung der Abfindung s *BMF* aaO, Tz 42; vgl dazu Rz 628/-37. 631

h) Gegenständl Teilauseinandersetzung. Wird die Erbengemeinschaft in mehreren Schritten in der Weise auseinandergesetzt, dass einzelne Miterben bestimmte WG des PV gegen Ausgleichszahlung übernehmen, aber – ***(1)*** am Restnachlass in Höhe ihrer Erbquote beteiligt bleiben, ist eine Ausgleichszahlung – ebenso wie bei Gesamtauseinandersetzung – in voller Höhe Entgelt (Veräußerungserlös, AK) unabhängig davon, dass der Miterbe am Restnachlass beteiligt bleibt (BFH GrS 2/89 BStBl II 90, 837/45; BFH X R 66/95 BStBl II 00, 61; *BMF* BStBl I 06, 253 Tz 56). Kommt es später zu umgekehrten Ausgleichszahlungen, ist darin eine Rückzahlung zu sehen, die den ursprüngl Veräußerungserlös und die AK rückwirkend mindert, wenn die Miterben eine entspr weitere Auseinandersetzung von vornherein „im Auge hatten" (GrS aaO; BFH XI R 5/85 BFH/NV 92, 24; 231; *BMF* aaO, Tz 58–59; zB *Wacker/Franz* BB Beil 5/93 S 19; s auch Rz 265); davon ist nach Ansicht der FinVerw auszugehen, wenn seit der vorangegangenen Teilauseinandersetzung nicht mehr als 5 Jahre verstrichen sind (*BMF* aaO 58; mE widerlegbar; abl iZm Vermögensübergaben BFH X R 104/94 BStBl II 02, 646). Spätere Teil- oder Endauseinandersetzungen sind selbstständig zu beurteilen (*BMF* aaO: keine Minderung von AK). – Zum Schuldzinsenabzug bei fremdfinanzierten Ausgleichszahlungen s *B. Meyer* FR 97, 8/13. – ***(2)*** Teilauseinandersetzung unter Minderung der Beteiligung am Restnachlass ist Realteilung ohne Ausgleich (s Rz 622). 632

i) Rückbeziehung der Auseinandersetzung. S hierzu einschließl ihrer Wirkung auf die Einkunftszurechnung Rz 623. 634

7. Erbauseinandersetzung über BV und PV (Mischnachlass). Umfasst der Nachlass sowohl BV (zB GewBetr) als auch PV (zB Mietwohngrundstück), sind auf eine freiwillige oder auf Teilungsanordnung (s Rz 611) beruhende Auseinandersetzung zum einen die für BV (Rz 610 ff) und zum anderen die für PV 636

(Rz 625 ff) maßgebl Grundsätze anzuwenden und daher zB Veräußerungsvorgänge beiden Bereichen zuzuordnen (BFH GrS 2/89 BStBl II 90, 837/45).

637 **a) Gesamtauseinandersetzung.** Scheiden alle Miterben bis auf einen **gegen Abfindung** in Geld aus der Erbengemeinschaft aus, sind die Zahlungen des verbliebenen Miterben Entgelt (Veräußerungserlös und AK). Dieses Entgelt ist im Verhältnis des Verkehrswerts des übernommenen GewBetr zum Verkehrswert der übernommen (aktiven) WG des PV aufzuteilen (BFH IV R 9/95 BStBl II 96, 310; aA uU *BMF* BStBl I 06, 253 Tz 50 iVm 46, 42: Aufteilung grds entspr Vereinbarung; unzutr; vgl Rz 628, 631); sodann sind die beiden Nachlassteile (BV und PV) getrennt zu betrachten (BFH aaO). ***(1)*** Soweit die Abfindung auf den GewBetr entfällt, führt dies beim übernehmenden Miterben zu AK für den Erwerb – zu liquiden Mitteln des GewBetr s Rz 616; BFH IV R 9/95 BStBl II 96, 310/2 – und bei den weichenden Miterben zu einem Erlös für die Veräußerung eines MUeranteils. ***(2)*** Soweit sie auf PV entfällt, hat der übernehmende Miterbe AK (s dazu Rz 629), die weichenden Miterben aber idR keinen estpfl Veräußerungserlös (Ausnahme § 21 UmwStG aF; §§ 17, 20 II, 23; s Rz 626).

638 **b) Personelle Teilauseinandersetzung.** Die Ausführungen gelten entspr, wenn nur einer von mehreren Miterben ausscheidet; (s Rz 612, 631; *BMF* aaO).

639 **c) Realteilung.** Wird der Nachlass in der Weise real geteilt, dass einer (oder einige) der Miterben das BV (zB den GewBetr) und der oder die anderen das PV übernehmen, ohne dass ein Ausgleich zu zahlen ist (Wertgleichheit), erwirbt jeder Miterbe in vollem Umfang unentgeltl. Die Erbquote des Miterben kann sowohl mit BV als auch mit PV aufgefüllt werden. Demnach *muss* ein Miterbe, der zB den GewBetr übernimmt, die Buchwerte fortführen (§ 6 III 1 HS 1; s auch Rz 617; zu § 34a s dort Rz 88); eine wahlweise Gewinnrealisierung ist mangels Betriebsaufgabe nicht zulässig (*BMF* BStBl I 06, 253 Tz 32; ebenso ab 2001 gem § 16 III 2 bei Zuweisung von **betriebl EinzelWG** in das BV des Miterben, vorbehaltl von Behaltefrist/Körperschaftsklausel gem S 3/4); in gleicher Weise ist ein Miterbe, der zB ein Mietwohngrundstück übernimmt, an den vom Erblasser auf die Erbengemeinschaft übergegangenen und von dieser fortgeführten Steuerwert (§ 11d I EStDV) gebunden (BFH GrS 2/04; GrS 2/89 BStBl II 08, 608; 90, 837/45; *BMF* aaO). Dies gilt unabhängig davon, ob die Erbengemeinschaft alsbald oder erst mehrere Jahre später nach entspr Änderung im Inhalt und Umfang des BV auseinandergesetzt wird (*BMF* aaO; krit *KSM* § 16 B 98: hinsichtl der erst bei der Erbengemeinschaft gebildeten stillen Reserven), und mE auch *(Zwang zur Fortführung von Buch- bzw Steuerwert)* bei formalem Verkauf von BV und PV an den jeweiligen Miterben und Teilung des Erlöses (s Rz 609). Unerhebl ist auch, ob der Mischnachlass bereits im Zeitpunkt des Erbfalles bestand oder erst im Zuge der Verwaltung des Nachlasses zB durch Entnahmen aus dem BV entstanden ist (*BMF* aaO Rz 33; Einzelheiten krit *Wacker/Franz* BB Beilage 5/93 S 12; zur Kreditaufnahme vor Realteilung s Rz 642). Zu „Anschaffungsnebenkosten" s Rz 614/-25.

640 **d) Realtung *mit* Ausgleich.** Hat iRe Realteilung (s zu Rz 639) einer der Miterben an den oder die anderen einen Ausgleich in Geld zu leisten, weil die Nettowerte des übernommenen Vermögens ungleich sind, führt dies zu einem (ggf estpfl) Veräußerungserlös einerseits und zu AK andererseits, aber nur im Verhältnis des Ausgleichs zum Wert des erlangten Vermögens (s Rz 609; *BMF* aaO, Tz 36 mit Beispiel; hL). Zur str Zuordnung des Ausgleichs auf BV und PV s Rz 637. Zur Fremdfinanzierung des Ausgleichs s *Märkle* FS L. Schmidt, 1993 S 809/32. Zu § 34a s dort Rz 88.

Beispiel: Miterben sind S und T zu je 1/2. Der Nachlass (Gesamtwert 1200) umfasst einen GewBetr (Verkehrswert 800, Nettobuchwert 300) und ein Mietwohngrundstück (Verkehrswert 400, § 11d-Wert 200). S übernimmt den GewBetr, T das Grundstück; S zahlt an T 200. – *Lösung:* S hat den GewBetr im Verhältnis seiner Zahlung (200) zum Verkehrswert des GewBetr (800), also zu 1/4 entgeltl und iÜ unentgeltl erworben; im gleichen Verhältnis hat T einen MUeranteil teilweise entgeltl veräußert. S muss 3/4 der Buchwerte (225) fortführen und 1/4 der Buchwerte um 125 (200 ./. 75) aufstocken. T hat das Grundstück voll unentgeltl erworben; ihr Gewinn aus der Veräußerung des gesamten MUeranteils iHv 125 (200 ./. 75, näml 1/4 des Buchwerts des GewBetr) ist mE nach § 34 I, III nF tarifbegünstigt (zur Abgrenzung vgl Rz 619; *aA BMF* aaO, Tz 36; lfd Gewinn; zur Rechtslage 1999/2000 vgl 20. Aufl Rz 656).

e) Übernahme von Nachlassschulden. Ausgleichszahlungen und damit Gewinnrealisierungen können nach hM ggf durch überproportionale Übernahme von Nachlassschulden des BV/PV vermieden werden (*BMF* BStBl I 06, 253 Tz 34; s *aber* Rz 630). Zusätzl zum GewBetr übernommene private Nachlassschulden werden Betriebsschulden (*BMF* aaO; BStBl I 94, 603; aA *Blümich* § 4 Rz 168 „Erbfall“; s auch BFH VIII R 72/90 BStBl II 94, 625 aE). Zum (str) Schuldzinsenabzug nach Verteilung s *Wacker/Franz* BB Beil 5/93 S 29; *Meyer* FR 97, 8. 641

f) Liquide Mittel. Ebenso können Ausgleichszahlungen vermieden werden durch überproportionale **Zuteilung liquider Mittel,** insb Veränderungen zw BV und PV (s auch Rz 637). Nach der FinVerw ist aber Realteilung mit Ausgleichszahlung anzunehmen, wenn „durch Entnahme liquider Mittel (aus BV) im engen zeitl Zusammenhang mit der Auseinandersetzung PV geschaffen“ wird (*BMF* aaO, Tz 33: § 42 AO; krit *Wacker/Franz* aaO S 13; mE § 42 AO aF/nF, wenn die liquiden Mittel erst durch Kreditaufnahme beschafft werden; s auch zB *G. Söffing* DB 91, 828/31, 34; *Spiegelberger* DStR 92, 584/5; *Seeger* DB 92, 1010/3). 642

g) Gegenständl Teilauseinandersetzung. S Rz 622, 632. – Zur **Rückbeziehung** der Auseinandersetzung auf den Erbfall s Rz 623, 634. 643

h) Testamentsgestaltungen. Zur Vermeidung jegl Gewinnrealisierung s *Felix* KÖSDI 91, 8528, 8675; GmbHR 90, 566 (sog Frankfurter Testament: Erbeinsetzung von S und T im Verhältnis der durch Teilungsanordnung zugeteilten WG); krit *Hörger* DStR 93, 37/43. – Zu entgeltl oder unentgeltl Gestaltung der Erbauseinandersetzung s *Paus* INF 93, 169/72. 644

8. Abfindung mit WG des Nachlasses. – a) Gesamtauseinandersetzung. Erhält ein Miterbe sämtl Anteile am Nachlass erwirbt und findet er die weichenden Miterben mit WG des Nachlasses (BV, PV) ab, ist dies mE entweder wie eine Sachwertabfindung bei PersGes (s Rz 520 ff) zu beurteilen, zB wenn der Nachlass nur aus einem GewBetr besteht, die weichenden Miterben einzelne WG des BV erhalten und der übernehmende Miterbe den GewBetr mit vermindertem BV fortführt (s Rz 536), oder wie eine Realteilung zB wenn bei einem Mischnachlass der übernehmende Miterbe das BV fortführt und die weichenden Miterben das PV erhalten (*Wacker/Franz* BB Beil 5/93 S 18). Vgl Rz 523/524, 639. 646

b) Personelle Teilauseinandersetzung (= Ausscheiden eines Miterben). Erhält ein Miterbe beim Ausscheiden aus der iÜ fortbestehenden Erbengemeinschaft ein WG, das zum BV des von den anderen Miterben fortgeführten GewBetr gehört, ist der Vorgang nach den Rechtsgrundsätzen zu beurteilen, die auf eine **Sachwertabfindung** beim Ausscheiden eines Ges'ters aus einer gewerbl tätigen PersGes (Rz 520 ff) anzuwenden sind (BFH GrS 2/89 BStBl II 90, 837/43): Wird das WG beim abgefunden Miterben PV, entsteht (neben dem begünstigten Gewinn des weichenden Miterben aus der Veräußerung seines MUeranteils, s Rz 610, 637) ein nicht begünstigter *Veräußerungs*gewinn der verbliebenen Miterben (*BMF* BStBl I 06, 253 Tz 51; *Ruban* DStR 91, 65/9; aA *Röhrig ua* DStR 06, 969/76: kein Gewinn der verbliebenen Miterben; *Entnahme*gewinn der den Betrieb fortführenden Miterben; *Knobbe-Keuk* § 22 VI 4h: bei Teilungsanordnung Entnahmegewinn des Erblassers). Wird das WG (gewerbl, luf, freiberufl) BV, war bis 1998 Buchwertfortführung zulässig (zB *Ruban* DStR 91, 65/9), aber nicht geboten (BFH IV B 102/06, juris); bei Buchwertfortführung entstand dann (ähnl zur Realteilung einer PersGes ohne Ausgleichszahlung) weder ein Gewinn des weichenden Miterben aus der Veräußerung seines MUeranteils noch ein Veräußerungs- oder 647

Entnahmegewinn der verbleibenden Miterben (*BMF* BStBl I 93, 62 Rz 55). Zu § 6 V 3 Nr 1 (grds *Buchwertzwang*) s Rz 523/524; *BMF* BStBl I 06, 253 Tz 52. – Zu Sachabfindung zuzügl Geldzahlung s *Wacker/Franz* aaO S 17. – Zu Ausgleichsleistungen des *weichenden* Miterben, wenn die Sachabfindung den Wert seines Erbteils übersteigt, s *Groh* StuW 88, 210/2.

648 **c) Gegenständl Teilauseinandersetzung.** S Rz 622, 632. Erhält ein Miterbe ein einzelnes WG aus dem BV des Nachlasses (ohne Ausgleichszahlung, aber unter rechnerischer Minderung seines Anteils am Restnachlass), entsteht ein allen Miterben anteilig zuzurechnender Entnahmegewinn, wenn das WG PV wird (*BMF* BStBl I 06, 253 Tz 57; zB *Ruban* DStR 91, 65/9); überführt er das WG in ein eigenes BV, bestand bis 1998 ein Wahlrecht zw Buchwertfortführung (kein Gewinn) und TW-Ansatz (Veräußerungsgewinn aller Miterben; *BMF* I 93, 62 Rz 61); zu § 6 V 3 Nr 1 (grds Buchwertzwang) s jedoch Rz 622, 523/524; *BMF* BStBl I 06, 253 Tz 52. – **Vorausvermächtnis** s Rz 597.

II. Tod eines Mitunternehmers

Verwaltung: *BMF* BStBl I 93, 62; 06, 253 (Einführungserlasse); 05, 458 (qualifizierte Nachfolge).

Schrifttum (Auswahl; älteres Schrifttum s Voraufl): *Gebel,* Betriebsvermögensnachfolge, 2002; *Hörger/Stephan/Pohl,* Unternehmens- und Vermögensnachfolge, 2002; *Hils,* Die Behandlung des SonderBV im Erbfall, Diss, 2004; *Levedag* Nachfolge …, GmbHR 10, 629.

660 **1. Zivilrechtl Grundlagen.** – ***(1)*** **Frühere Rechtslage.** Stirbt ein Ges'ter einer OHG oder GbR, ein persönlhaftender Ges'ter einer KG oder der Inhaber des Handelsgeschäfts bei einer atypisch stillen Ges, wurde nach früherer **gesetzl Regelung** die Ges aufgelöst (§ 131 Nr 4 HGB aF; § 727 BGB; anders jedoch bei PartnerschaftsGes, § 9 II PartGG aF). Die Ges war abzuwickeln (§§ 145 ff; 235 HGB, §§ 730 ff BGB), sofern nicht die Erben des verstorbenen Ges'ters und die übrigen Ges'ter die Fortsetzung der Ges beschließen. Starb ein K'tist oder ein stiller Ges'ter, wurde die Ges unverändert mit dem oder den Erben fortgesetzt (§§ 177 aF; 234 II HGB). Im GesVertrag konnte etwas anderes vereinbart werden (vgl zB *K. Schmidt* GesRecht, 3. Aufl, § 45 V mwN). – ***(2)*** **Rechtslage nach HRefG.** Bei Tod des Ges'ters einer OHG oder des persönl haftenden Ges'ters einer KG tritt als **gesetzl** (Regel-)**Rechtsfolge** an die Stelle der Auflösung das **Ausscheiden** iVm Abfindung der Erben (§§ 131 III Nr 1, 161 II HGB iVm § 738 I 2 BGB, §§ 105 III, 161 II HGB; Fortsetzungsklausel, s Rz 661; BT-Drs 13/8444, 41; *Ammon* DStR 98, 1474/6; dies entspricht § 9 II PartGG aF, jetzt § 9 I PartGG iVm § 131 III Nr 1 HGB nF). Folge ua: die zweigliedrige OHG/KG erlischt bei Tod eines Ges'ters/des persönl haftenden Ges'ters (BT-Drs aaO, 66; Ausweg: GmbH & Co KG). Die Gesetzesänderung gilt – vorbehaltl abweichender Vertragsklauseln (s oben) – grds ab 1.7.98, jedoch ist bis 31.12.2001 die Übergangsregelung gem Art 41 EGHGB zu beachten (HGB aF auf schriftl Verlangen eines Ges'ters). Nicht betroffen von der Neuregelung sind Ges'ter einer GbR (krit *K. Schmidt* DB 98, 61/5) sowie der Geschäftsinhaber bei atypisch stiller Ges (§ 727 I BGB: Auflösung). Auch bei Tod des K'tisten (§ 177 HGB nF) oder stillen Ges'ters bleibt es bei der bisherigen Rechtslage (s oben a). – ***(3)*** **Typische Vertragsklauseln** (mit estrechtl unterschiedl Folgen). Hierzu gehören *(a)* die Fortsetzungsklausel (Rz 661-3), *(b)* die Übernahmeklausel (Rz 664), *(c)* die einfache Nachfolgeklausel (Rz 665-71), *(d)* die qualifizierte Nachfolgeklausel (Rz 672-5), *(e)* die Teilnachfolgeklausel (Rz 676) und (f) die Eintrittsklausel (Rz 677-8). Zur PartnerschaftsGes s § 18 Rz 245.

661 **2. Fortsetzungsklausel (Ausschließungsklausel). – a) Ausscheiden des Erblassers.** Ist im *GesVertrag* bestimmt *oder* ist ab 1.7.98 nach §§ 131 III Nr 1, 161 II HGB nF iVm Art 41 EGHGB (betr OHG und persönl haftender Ges'ter

einer KG; s zu PartnerschaftsGes Rz 660) davon auszugehen, dass beim Tode eines Ges'ters die Ges nur unter den übrigen Ges'tern fortgesetzt wird (oder bei einer zweigliedrigen Ges das Unternehmen vom überlebenden Ges'ter allein fortgeführt wird), scheidet der Ges'ter mit seinem Tode in der Weise aus, dass seine Beteiligung den übrigen Ges'tern anwächst und die Erben einen schuldrechtl **Abfindungsanspruch** gegen die Ges erwerben, dessen Höhe sich nach dem Wert des GesVermögens richtet, sofern vertragl nichts anderes bestimmt ist (zB Buchwertabfindung; s Rz 456; zur Vererbung von *Forderungs*konten s aber *Wälzholz* DStR 11, 1861/2). Estrechtl ist dies idR entgeltl Veräußerung des MUeranteils des verstorbenen Ges'ters an die übrigen Ges'ter auf den Todesfall (§ 16 I 1 Nr 2). Noch (und nur) in ***der Person des Erblassers*** entsteht ein begünstigter Veräußerungsgewinn iHd Differenz zw dem Wert des Abfindungsanspruchs und dem Buchwert des MUeranteils im Todeszeitpunkt (BFH IV R 67/98 BStBl II 00, 179: lfd Übergangsgewinne grds gem GuV-Schlüssel; *BMF* BStBl I 06, 253 Tz 69; aA *KSM* § 16 B 123: Gewinn der Erben); dies gilt auch insoweit als zu den Erben einer der bisherigen Ges'ter gehört oder der Erblasser den Abfindungsanspruch einem Dritten vermacht hat (BFH IV R 66/92 BStBl II 94, 227; BGH BB 01, 222). Zu Rumpf-Wj bei zweigliedriger PersGes s BFH IV R 59/98 BStBl II 00, 170. Die Vereinnahmung der Abfindungszahlung durch die Erben ist nicht estpfl; zu § 8 Nr 1 GewStG aF betr Zinsen der PersGes auf Abfindung s BFH VIII R 52/98 BFH/NV 00, 80. – Ist vertragl bestimmt, dass sich die Höhe des Abfindungsanspruchs nach dem Wert (Buchwert, Verkehrswert, Zwischenwert) des GesAnteils am letzten Bilanzstichtag richtet und der verstorbene Ges'ter am Gewinn/Verlust des lfd Wj nicht mehr teilnimmt, ist dem Erblasser kein Anteil am Gewinn/Verlust dieses Wj zuzurechnen. – Die bisherigen MitGes'ter erwerben entgeltl die Anteile des verstorbenen Ges'ters am GesVermögen, auch soweit einer der Ges'ter Miterbe ist; sie haben AK iHd Abfindungsschuld (zB *Dötsch* FS L. Schmidt, 1993, S 867/9); diese ist passivierungspflichtige Betriebsschuld der Ges, ebenso ein zu ihrer Tilgung aufgenommener Kredit.

b) SonderBV. Hatte der verstorbene Ges'ter WG des SonderBV, werden diese, soweit die Erben nicht ebenfalls Ges'ter der PersGes sind, notwendig PV; ihr gemeiner Wert ist analog § 16 III 7 dem Wert des Abfindungsanspruchs hinzuzurechnen und erhöht somit den begünstigten Veräußerungsgewinn des Erblassers (*Groh* DB 90, 2135/40; *Märkle* DStR 93, 1616). Keine Gewinnrealisierung für SonderBV tritt mE ein, wenn GesAnteil und SonderBV des Erblassers subsidiär BV eines gewerbl Einzelunternehmens des Erblassers waren; ebenso § 6 V 2. Gleiches gilt bei Buchwertentnahme des SonderBV nach § 6 I Nr 4 S 5 (BFH VIII R 53/99 BStBl II 03, 237: Aufgabe des MUeranteils; s Rz 94). Zu (formunwirksamen) Vermächtnis betr SonderBV s BFH XI R 18/06 BStBl II 09, 957. 662

c) Abfindungsausschluss. Ist vertragl bestimmt, dass jegl Abfindungsanspruch des verstorbenen Ges'ters und seiner Erben ausgeschlossen ist, liegt eine unentgeltl Übertragung des MUeranteils auf den Todesfall vor, wenn die Bestimmung auf *familiären* Gründen beruht (BFH IV B 105/97 BFH/NV 99, 165). Ist sie *betriebl* veranlasst, zB weil sie zw Fremden getroffen ist, für alle Ges'ter in gleicher Weise gilt und die Beteiligten auch nicht von unterschiedl Lebenserwartungen ausgegangen sind, entsteht in der Person des verstorbenen Ges'ters ein Veräußerungsverlust (*Bolk* DStZ 86, 547/50); die erwerbenden Ges'ter haben, je nach den Vorstellungen der Beteiligten beim Vertragsabschluss über den Wert des GesVermögens, entweder die Anteile des Erblassers am GesVermögen abzustocken oder die Buchwerte fortzuführen und in deren Höhe einen lfd Gewinn (s auch Rz 510ff; aA *KSM* § 16 B 124: § 7 I EStDV aF). Beachte auch § 3 I Nr 2 ErbStG. 663

d) Übernahmeklausel. Enthält der GesVertrag nur ein Recht der verbleibenden Ges'ter, innerhalb bestimmter Frist die Übernahme des GesAnteils des verstorbenen Ges'ters zu erklären (FG Mchn EFG 04, 956), dürfte im Hinblick auf BFH 664

GrS 2/89 BStBl II 90, 837 (Rz 605) die Ausübung des Rechts, auch bei Rückbeziehung, als (durch im GesVertrag nur vorbereitete) Veräußerung des MUeranteils durch die an Stelle des Erblassers vorübergehend in die PersGes eingetretenen Erben zu werten sein (*Littmann* § 16 Rz 1031; *Esskandari* ZEV 12, 249/50; ähnl *Wacker/Franz* BB Beil 5/93 S 27 zu LuF).

665 **3. Einfache Nachfolgeklausel. – aa) Übergang des GesAnteils. – aa) Grundsatz.** Stirbt ein Ges'ter und geht sein GesAnteil in vollem Umfange auf Grund Gesetzes, zB § 177 HGB aF/nF, oder gesvertragl Bestimmung, dass die Ges mit dem Alleinerben oder sämtl Miterben fortgeführt wird, auf diese über, so wird jeder Miterbe mit dem Erbfall zivilrechtl nach Maßgabe seiner Erbquote unmittelbar Ges'ter (BGHZ 98, 48: Wert des GesAnteils bzw die übertragbaren Vermögensrechte sind aber Teil des Nachlasses; ähnl BFH IV R 107/89 BStBl II 92, 510; krit *Dötsch* FS L. Schmidt, 867) und damit estrechtl auch MUer (BFH VIII R 18/93; IV R 73/05 BStBl II 95, 714; 08, 965), auch wenn der GesAnteil auf Grund Teilungsanordnung (BFH IV R 10/99 BStBl II 02, 850) oder Vermächtnis herauszugeben ist (s Rz 668). Der **GesAnteil** des Erblasser geht aufgeteilt und das **SonderBV** gesamthänderisch gebunden (Erbengemeinschaft) unentgeltl auf die Miterben über (BFH IV R 15/96 BStBl II 97, 535 aE; s auch § 6 III 1, HS 2 nF; zu § 34a s dort Rz 88). In der Person des verstorbenen Ges'ters entsteht kein Veräußerungsgewinn; der oder die Erben haben die anteiligen Buchwerte einschließl SonderBV fortzuführen (BFH VIII R 18/93 aaO). Obgleich der GesAnteil bereits aufgeteilt auf die Miterben übergeht, kann dieser in die Auseinandersetzung des Nachlasses rechnerisch einbezogen werden (s Rz 670).

666 **bb) Einzelfragen. – (1) Umwandlung.** Diese Grundsätze gelten auch, soweit ein Erbe eines persönl haftenden Ges'ters gem § 139 HGB (BayObLG DB 03, 762) oder vertragl Bestimmung (Umwandlungsklausel) die Rechtstellung eines K'tisten erlangt.

667 **(2) Erbfallschulden.** Sind der oder die Erben mit Geldvermächtnissen (§§ 1939; 2147 BGB), Pflichtteils- (§§ 2303 ff BGB) oder Erbersatzansprüchen (§ 1934a BGB aF; s Rz 592) belastet, sind diese Erbfallschulden ebenso wie beim Tod eines Einzelunternehmers (Rz 26, 592) keine anteiligen AK für den im Erbwege erlangten MUeranteil (s Rz 593 ff).

668 **(3)Vermächtnis.** Sind die Erben mit dem Vermächtnis belastet, den *GesAnteil* im Einvernehmen mit den übrigen Ges'tern einem *Dritten* zu übertragen oder eine Unterbeteiligung daran einzuräumen, und erfüllen sie dieses Vermächtnis, wird kein Gewinn realisiert; der Erbe erwirbt vom Erblasser und der Vermächtnisnehmer wieder vom Erben unentgeltl (§ 6 III 1 nF „in Kette"; s Rz 27; BFH VIII R 18/93 BStBl II 95, 714; zur Einkunftszurechnung vgl *Demuth* BB 01, 945; Rz 28; zu Ausgleichszahlungen des Vermächtnisnehmers s Rz 598).

669 **(4) SonderBV.** Ist einem Dritten vermächtnisweise (nur) ein WG des SonderBV zugewendet, bestimmen sich die est- und gewstrechtl Rechtsfolgen nach den Grundsätzen, die für ein Sachvermächtnis gelten, das auf Übereignung eines WG des BV eines zum Nachlass gehörigen Einzelunternehmens gerichtet ist (Rz 597).

670 **b) Auseinandersetzung.** Einigen sich die Miterben und die übrigen Ges'ter nach dem Erbfall dahin, dass zB nur **einer der Miterben Ges'ter** nach Maßgabe der Mitgliedschaft des Erblassers bleibt und die ausscheidenden Miterben von diesem abgefunden werden, ist davon auszugehen, dass alle Miterben mit dem Erbfall „geborene" MUer wurden und grds bis zur Auseinandersetzung bleiben (BFH IV R 10/99 BStBl II 02, 850; *Groh* DB 724/6). Die Vereinbarung ist daher entgeltl Veräußerung eines (gesamten) MUeranteils (Ausnahme: Miterbe war bereits vor Erbfall MUer; Rz 411) durch die weichenden Miterben an den als Ges'ter verbleibenden Miterben (zur Einkunftszurechung s BFH aaO sowie Rz 623). Beachte auch §§ 7 VII, 10 X ErbStG. – Anders ist dies, wenn der Erblasser außer dem

GesAnteil noch SonderBV, eigenes BV oder PV hinterlassen hat *und* die Miterben den GesAnteil oder mehrere GesAnteile (*Röhrig ua* DStR 06, 969/72) rechnerisch in eine *Erbauseinandersetzung durch* **Realteilung** einbeziehen (FG Mster EFG 08, 200: Gesamtplan). Die Rechtsfolgen bestimmen sich dann auch hinsichtl der MUeranteile der weichenden Miterben nach den Rechtsgrundsätzen, die für eine Erbauseinandersetzung durch Realteilung maßgebl sind (BFH IV R 107/89; VIII R 51/84 BStBl II 92, 510; 512; *BMF* BStBl I 06, 253 Tz 71; aA *Dötsch* FS L. Schmidt, 867/73). S – einschließl *zwingender* Buchwertfortführung nach § 6 III, V 3, 16 III 2–4 – Rz 614 ff (Realteilung BV), Rz 639 ff (Mischnachlass) sowie Rz 646 ff (Sachwertabfindung). Beachte auch §§ 13a III, 13b III ErbStG.

c) Ausscheiden aller Erben. Einigen sich die Erben mit den übrigen Ges'tern dahin, dass alle Erben aus der Ges gegen Abfindung ausscheiden, entsteht ein Gewinn der Erben aus der Veräußerung eines MUeranteils (§ 16 I 1 Nr 2); die übrigen Ges'ter haben iHd Abfindung AK für den Anteil der Erben an den WG des GesVermögens. **671**

4. Qualifizierte Nachfolgeklausel. – a) MUerstellung des Qualifizierten. **672** Ist im GesVertrag bestimmt, dass beim Tode eines Ges'ters, der von mehreren Personen beerbt wird, die Ges nur mit *einem* (oder nur einigen, aber nicht allen) der Miterben fortgeführt wird, geht der GesAnteil *zivilrechtl* unverändert auf den qualifizierten Miterben (Nachfolger-Miterben) über. Die anderen Miterben werden nicht Ges'ter; sie erlangen auch keinen Abfindungsanspruch gegen die *Ges,* sondern nur einen auf Erbrecht beruhenden schuldrechtl Wertausgleichsanspruch gegen den Nachfolger-Miterben (BGHZ 68, 225), da der *Wert* des GesAnteils zum Nachlass gehört. Zu PartnerschaftsGes s § 18 Rz 245. – *Estrechtl* erwirbt dieser den gesamten GesAnteil unentgeltl; er hat die Buchwerte fortzuführen. Dem steht mE nicht entgegen, dass der Begriff des MUeranteils grds vorhandenes SonderBV umfasst (s Rz 414, 435) und dieses evtl nur zu einem Bruchteil auf den qualifizierten Miterben übergeht (glA FG BaWü EFG 98, 1403; s Rz 674); zu § 34a s dort Rz 88. Die **anderen Miterben** werden **nicht MUer.** Weder beim Erblasser noch bei den nicht zu Ges'tern berufenen Miterben entsteht ein Veräußerungsgewinn. Die Wertausgleichsschuld des Nachfolger-Miterben ist weder als AK für den Nachfolger-Miterben noch als Veräußerungspreis der übrigen Miterben oder des Erblassers zu werten. Dies gilt ungeachtet dessen, dass die Miterben eines Einzelunternehmers mit dem Erbfall stets MUer werden (s Rz 606), denn die nichtqualifizierten Miterben werden nicht Ges'ter der PersGes; ihre schuldrechtl Teilhabe am Wert des GesAnteils reicht für eine MUerschaft (im Verhältnis zum qualifizierten Miterben) nicht aus, weil sie keine MUerinitiative entfalten können, auch nicht – anders als zB der atypische Unterbeteiligte – im Verhältnis zum qualifizierten Miterben; die Wertausgleichsschuld steht einer Vermächtnisschuld näher als einer Abfindung bei Erbauseinandersetzung (BFH VIII R 72/90 BStBl II 94, 625; *BMF* BStBl I 93, 62 Rz 83–84; hL, zB *Wacker/Franz* BB Beil 5/93 S 24; *Dötsch DB* FS L. Schmidt, 1993 S 867/79; *Hübner* DStR 95, 197/9; aA FG Saarl EFG 04, 1038, rkr: nichtqualifizierte Miterben wie bei Teilungsanordnung „Durchgangs-MUer"; vgl auch *FinVerw* BStBl I 09, 713). – Zur Erbfolge nach Höferecht (zB §§ 4, 12 HöfeO) s BFH IV R 66/93 BStBl II 94, 623: nur Hoferbe erwirbt unentgeltl unmittelbar vom Erblasser; *BMF* BStBl I 06, 253 Tz 77.

b) Wertausgleichsschuld. Diese und ihre Refinanzierung wertet der BFH – **673** ebenso wie sonstige Erbfallschulden (s Rz 593 ff) – als Privatschuld und Stundungs- und Refinanzierungszinsen daher nicht als BA (BFH VIII R 72/90 BStBl II 94, 625) – entgegen der früheren sog Sekundärfolgen-Rspr (vgl BFH IV R 138/79 BStBl II 83, 380). Nach *BMF* BStBl I 94, 603; 06, 253 Tz 72 (Übergangserlass) ist die geänderte Rspr aber erstmals für nach dem 31.12.94 beginnende Wj anzuwenden. – Zur Kritik s 17. Aufl („geborene Betriebsschuld").

674 **c) SonderBV des Erblassers.** Es wird zivilrechtl Gesamthandsvermögen der Erbengemeinschaft und estrechtl iHd Erbquote des qualifizierten Miterbens (§ 39 II Nr 2 AO) zu dessen SonderBV und iHd Erbquoten der nichtqualifizierten Miterben notwendig zu PV mit der Folge, dass *insoweit* ein nichtbegünstigter Entnahmegewinn des Erblassers entsteht (BFH VIII B 9/97 BFH/NV 98, 959; *BMF* BStBl I 06, 253 Tz 73/74; zB *Wacker/Franz* BB Beil 5/93 S 24/25; aA *Dötsch* aaO S 881: SonderBV bleibt bis zur Entnahme insgesamt BV). Soweit aus BFH IV R 51/98 BStBl II 05, 173 (betr Kongruenzgebot bei Teil-MUeranteilen betr Rechtslage bis VZ 2000; s 31. Aufl Rz 435) die Entnahme auch bezügl des „überschießenden" *Ges*Anteils abgeleitet wurde (*Geck* DStR 00, 2031/5), ist dies vom BFH (VIII R 51/98 BStBl II 00, 316) mit Rücksicht auf die gravierenden strechtl Folgen zR nicht aufgegriffen worden (glA *BMF* BStBl I 05, 458 Tz 23; I 06, 253 Tz 73). Diese (Billigkeits-)Rspr dürfte iErg der Auslegung des § 6 III durch das BFH-Urt IV R 41/11 DStR 12, 2118 entsprechen (s dazu – einschließl – Kritik Rz 15, 204, 435). Der lfd Gewinn (betr SonderBV) unterliegt nicht der GewSt (BFH VIII R 51/98 aaO; krit *Gosch* StBp 00, 283; zu § 18 IV aF/III nF UmwStG s *Patt* FR 00, 1115/20). Nimmt man entgegen BFH an, dass auch die nichtqualifizierten Miterben mit dem Erbfall MUer werden und bis zur Auseinandersetzung (Erfüllung der Ausgleichsschuld?) bleiben, bleibt solange auch das SonderBV des Erblassers insgesamt SonderBV (vgl *Groh* DStR 94, 413). – Zu § 13a ErbStG vgl *Hübner* ZErb 04, 34; *Wälzholz* DStZ 09, 591/8.

675 **d) Gestaltungen.** Vermeidung einer (Zwangs-)Entnahme für SonderBV durch vorbereitende Maßnahmen. – ***(1)*** Wird SonderBV vom Erblasser zu **Buchwerten** (s Rz 414) in das Gesamthandsvermögen einer gewerbl geprägten GmbH & Co KG **(Schwester-PersGes)** eingebracht, wird es nach hL (s § 15 Rz 536) trotz unveränderter Nutzung bereits mit der Übertragung eigenes BV der KG und behält diese Qualität beim Tod des Erblassers (*Hils* Diss, 186). Aber auch wenn man annimmt, die Übertragung ändere nichts an der Zuordnung zum SonderBV, wird dieses jedenfalls beim Tod des Erblassers anteilig BV der KG, so dass insoweit kein Entnahmegewinn realisiert wird; entnommen sind aber uU die vom Erblasser gehaltenen Anteile an der Komplementär-GmbH (BFH VIII R 51/98 BStBl II 00, 316). – ***(2)*** Als **andere Maßnahmen** kommen in Betracht (s zB *IdW,* Erbfolge, 2. Aufl Rz 506): – ***(a)*** Einsetzung des qualifizierten Miterben zum Alleinerben (*Reimann* ZEV 02, 487/92; zur ErbSt bei Grundstücksvermächtnissen zugunsten Nichtqualifizierter s aber BFH II R 9/02 BStBl II 04, 1039); – ***(b)*** Übertragung des GesAnteils mit SonderBV in vorweggenommener Erbfolge auf den qualifizierten Miterben; Gleichstellungsgeld ggü Geschwistern führt aber zu Veräußerung und AK; – ***(c)*** uU einfache Nachfolgeklausel iVm Teilungsanordnung (Rz 670; *Hörger/Stephan* aaO Rz 842); – ***(d)*** uU widerrufl Schenkung des SonderBV *zu Lebzeiten* (s *Daragan ua* DStR 99, 89/91; 972: „Schenkungsmodell"; abl *Fleischer* DStZ 99, 972). – ***(3)*** **Wahrscheinl untaugl** sind folgende Maßnahmen (vgl *Wacker/Franz* aaO): – ***(a)*** Teilungsanordnung oder Vorausvermächtnis (*Knobbe-Keuk* § 22 VI 4f: unmittelbarer Übergang des wirtschaftl Eigentums; glA *Daragan ua* aaO: iVm weiteren Rechten des qualifizierten Nachfolgers: „Miterbenmodell"; aA BFH VIII B 9/97 BFH/NV 98, 959; *BMF* BStBl I 06, 253 Tz 73/74; *Groh* DB 92, 1312/5–6: Durchgangserwerb aller Miterben); – ***(b)*** Schenkung des SonderBV auf den Todesfall (Rechtslage wie bei Vermächtnis, zB *Wacker/Franz* aaO; aA *Littmann* § 16 Rz 1076; *Knebel ua* DB 00, 169/-73).

676 **5. Teilnachfolgeklausel.** Ist im GesVertrag bestimmt, dass beim Tode eines Ges'ters, der von mehreren Miterben beerbt wird, bestimmte Miterben mit dem ihrer Erbquote entspr Bruchteil der Mitgliedschaft des Erblassers in die Ges eintreten und die übrigen von der *Ges* abzufinden sind, spaltet sich der GesAnteil: Ein Bruchteil geht wie bei einer Nachfolgeklausel auf die zu Ges'tern berufenen Miterben über; die estrechtl Folgen entsprechen insoweit denen der einfachen Nach-

folgeklausel (BFH IV R 130/77 BStBl II 81, 614/7; *Dötsch* FS L. Schmidt, 1993 S 867/81). Mit dem restl Bruchteil scheidet der verstorbene Ges'ter in der Weise aus, dass die Miterben einen Abfindungsanspruch gegen die Ges erlangen, der allein den nicht zu Ges'tern berufenen Miterben gebührt; die estrechtl Folgen entsprechen insoweit denen der Fortsetzungsklausel (BFH aaO; *Tiedtke/Hils* ZEV 04, 441/7: ab 2002 lfd Gewinn; zutr s Rz 417).

6. Eintrittsklausel zugunsten von Erben. – a) Alleinerbe. Ist im Ges-Vertrag bestimmt, dass beim Tode eines Ges'ters der Alleinerbe (nur) berechtigt ist, in die Ges nach Maßgabe der Mitgliedschaft des Erblassers einzutreten und dass die Ges nur von den übrigen Ges'tern fortgesetzt und der Erbe von der Ges abgefunden wird, wenn er von diesem Recht keinen Gebrauch macht, entsprechen die estrechtl Folgen denen der Fortsetzungsklausel, wenn der Erbe sein Eintrittsrecht nicht ausübt (*BMF* BStBl I 06, 253 Tz 70; zur Auslegung einer Eintrittsklausel als Nachfolgeklausel s *Wacker/Franz* BB Beil 5/93, 26; BFH VIII R 72/90 BStBl II 94, 625). Übt der Erbe sein Eintrittsrecht aus, kommt es nach wohl hL (*Wacker/Franz* aaO; offen in BFH aaO) darauf an, ob die Eintrittsklausel zivilrechtl dahin zu verstehen ist, dass die verbleibenden Ges'ter den ihnen angewachsenen GesAnteil des Erblassers vorübergehend als Treuhänder halten (Treuhandlösung), oder dahin, dass der Erbe einen Abfindungsanspruch erwirbt und mit diesem seine Einlagepflicht erfüllt (Abfindungs- bzw erbrechtl Lösung). Ist Treuhandlösung vereinbart, treten estrechtl die Wirkungen der einfachen Nachfolgeklausel ein (mE auch bei Ausübung des Eintrittsrechts erst 6 Monate nach Erbfall); ist Abfindungslösung vereinbart, entsprechen die estrechtl Folgen denen der Fortsetzungsklausel (Veräußerungsgewinn des Erblassers) iVm anschließendem entgeltl Erwerb des GesAnteils. – Die *FinVerw* geht davon aus, dass unabhängig von der zivilrechtl Beurteilung der Eintrittsklausel die Wirkungen der einfachen Nachfolgeklausel eintreten, wenn *(und nur wenn)* das Eintrittsrecht innerhalb von 6 Monaten nach dem Erbfall ausgeübt wird (*BMF* aaO; vgl auch BFH IV R 130/77 BStBl II 81, 614 zu 4). Zu § 7 VII ErbStG aF/nF s *Hübner ua* ZEV 09, 361/4. 677

b) Miterben. Diese Grundsätze gelten entspr, wenn mehrere Miterben vorhanden sind, die alle eintrittsberechtigt sind; übt nur ein Teil der Miterben das Eintrittsrecht aus, während die übrigen von der Ges abgefunden werden, entsprechen die estrechtl Folgen denen einer Teilnachfolgeklausel. Sind von mehreren Miterben nur einige eintrittsberechtigt, aber in der Weise, dass sie in vollem Umfange in die Ges'terstellung des Erblassers eintreten, treten jedenfalls bei Treuhandlösung die estrechtl Folgen einer qualifizierten Nachfolgeklausel ein (teilweise aA *BMF* aaO: nur bei Eintritt innerhalb von 6 Monaten ab Erbfall; vgl Rz 677). 678

7. Eintrittsklausel zugunsten von Nichterben. Ist im GesVertrag bestimmt, dass beim Tode eines Ges'ters eine bestimmte Person gegen eine Einlage iHd Abfindungsanspruchs des verstorbenen Ges'ter rückbezügl auf dessen Tod eintrittsberechtigt ist, und gehört diese Person zwar nicht zu den Erben, ist ihr aber der Abfindungsanspruch gegen die Ges vermächtnisweise zugewandt, entsprechen die estrechtl Folgen jedenfalls bei Treuhandlösung (s Rz 677) denen einer Nachfolgeklausel (krit *KSM* § 16 B 128; teilweise aA *BMF* aaO: nur bei Eintritt innerhalb von 6 Monaten nach Erbfall). Wird das Eintrittsrecht nicht ausgeübt, treten die Rechtsfolgen einer Fortsetzungsklausel ein. 679

8. Auflösung der Gesellschaft. – a) Aufgabe. Wird die Ges durch den Tod eines Ges'ters aufgelöst (s Rz 660), tritt zivilrechtl anstelle des verstorbenen Ges'ters dessen Alleinerbe oder bei mehreren Erben die Erbengemeinschaft in die LiquidationsGes ein (BFH VIII R 35/92; BStBl II 95, 241 zu II 2a; s auch § 15 Rz 189, 613); estrechtl werden der Alleinerbe bzw die Erbengemeinschaft und mittelbar die Mitglieder der Erbengemeinschaft MUer (BFH VIII R 35/92 aaO). Wird der GewBetr veräußert (aufgegeben), entsteht ein Veräußerungs- oder Aufgabegewinn 680 bzw -verlust, der den verbliebenen Ges'tern und der Erbengemeinschaft (und über diese den Miterben) anteilig zuzurechnen ist (*BMF* BStBl I 06, 253 Tz 69).

681 **b) Fortführung.** – ***(1)*** Einigen sich die übrigen Ges'ter und die Erben dahin, dass die Ges mit allen Erben in der Weise fortgeführt wird, dass diese voll in die **Rechtstellung** des verstorbenen Ges'ters **eintreten,** entsprechen die estrechtl Folgen iErg denen einer einfachen Nachfolgeklausel (BFH VIII R 35/92 BStBl II 95, 241 unter III 3a: aus der mittelbaren Beteiligung der Miterben wird eine unmittelbare (*BMF* aaO, Tz 69). Zur zweigliedrigen OHG/KG ab 1.7.98 vgl aber Rz 660. – ***(2)*** Einigen sich die übrigen Ges'ter und die Erben dahin, dass die Ges **nur** mit **einem** von mehreren Miterben in der Weise **fortgeführt** wird, dass dieser voll in die Rechtsstellung des verstorbenen Ges'ters eintritt und seinerseits die weichenden Miterben abfindet, ist dies unabhängig von der Länge des Zeitraums zw Erbfall und Einigung entgeltl Veräußerung eines (mittelbaren) MUeranteils der weichenden Miterben iRe gegenständl Erbauseinandersetzung (*Groh* DB 90, 2135/40); Buchwertfortführung ist aber zulässig bzw geboten, wenn zum Nachlass außer dem GesAnteil zB noch ein GewBetr oder PV gehört und die Einigung über den GesAnteil Teil der Erbauseinandersetzung in Form einer Realteilung ist (s Rz 670). Unabhängig hiervon erkennt die FinVerw an, dass die lfd Einkünfte rückwirkend nur dem übernehmenden Miterben zugerechnet werden, wenn dies die Miterben innerhalb von 6 Monaten nach dem Erbfall vereinbaren und tatsächl durchführen (*BMF* BStBl I 06, 253 Tz 8–9); vgl auch Rz 623, 670. – ***(3)*** Einigen sich die **übrigen Ges'ter** und die Erben dahin, dass die übrigen Ges'ter das Unternehmen allein fortführen und die Erbengemeinschaft gegen Abfindung aus der LiquidationsGes ausscheidet, entsteht bei der Erbengemeinschaft ein Gewinn aus der Veräußerung eines MUeranteils (*Groh* StuW 88, 210/3).

I. Verpachtung eines ganzen GewBetr oder eines Teilbetriebs

Verwaltung: EStR 16 V; GewStR 2.2; *BMF* BStBl I 94, 771 (Wiederaufleben des Verpächterwahlrechts; Ges'terwechsel bei verpachtender PersGes); *BMF* BStBl I 84, 461; BStBl I 00, 1556 (LuF); 09, 1303 (BgA); *FinVerw* BStBl II 65, 4; BStBl II 66, 34; DStR 91, 1153 (LuF); 93, 947 (LuF); 00, 1308 (ua Überwachung); FR 04, 494 (Erbfall); DB 09, 2520 (BgA).

Schrifttum (Auswahl, älteres Schrifttum s Voraufl): *Heckel,* Das Ende gewerbl Tätigkeit trotz Fortbestand des Betriebs, Diss, 1999; *Stopper,* Betriebsaufgabe als Gewinnausweistatbestand, Diss, 2005; *Manz,* Vorpächterwahlrecht …, DStR 13, 1512.

I. Allgemeines

690 **1. Grundlagen (Wahlrecht bei „Verpachtung" des ganzen GewBetr).** – **a) Allgemeine Grundsätze.** „Verpachtet" (Rz 702) ein StPfl seinen ganzen GewBetr, liegt es nahe, dies nicht als Betriebsunterbrechung, sondern als Betriebsaufgabe zu werten (vgl *Knobbe-Keuk* § 22 IV 2), weil der bisherige Betriebsinhaber idR langfristig oder auf Dauer nicht mehr in einer Weise tätig ist, die den tatbestandl Voraussetzungen des § 15 I 1 Nr 1, II entspricht. Diese estrechtl Wertung ist aber nicht zwingend. Demgemäß steht bei Verpachtung des ganzen **GewBetr** nach der BFH-Rspr (BFH GrS 1/63 S BStBl III 64, 124) dem Unternehmer (dh demjenigen, der selbst gewerbl tätig war; zum Rechtsnachfolger s Rz 705, 715) ein **Wahlrecht** zu: – ***(1)*** Er kann (bei Verpachtung oder später, s Rz 695) erklären, „dass er den Betrieb verpachtet hat, weil er ihn aufgeben wolle". Dann ist die Verpachtung eine Betriebsaufgabe; die verpachteten WG werden mit der Aufgabeerklärung grds PV; es entsteht ein begünstigter Aufgabegewinn (s Rz 713). – ***(2)*** Gibt er keine derartige Erklärung ab, „so gilt der bisherige Betrieb (in *estrechtl* Hinsicht) als fortbestehend; er wird dann nur in anderer Form als bisher genutzt …, solange nicht der StPfl erklärt, den Betrieb aufgeben zu wollen" (Betriebsunterbrechung iwS, s Rz 692; Einzelheiten, auch zur GewSt s Rz 709).

Entsprechendes gilt bei – *(1)* Verpachtung (s Rz 702) eines **luf Betriebs** (zB BFH IV R 65/98 BStBl II 99, 398; IV B 39/05 BFH/NV 06, 2073; *BMF* BStBl I 00, 1556) und – *(2)* bei Verpachtung einer **freiberufl Praxis** (str, s § 18 Rz 215), nicht aber bei Verpachtung des MUeranteils (*Jordan ua* INF 05, 547; § 15 Rz 315). 691

b) Rechtsgrundlage. Der BFH (VIII R 2/95 BStBl II 98, 388; *Zugmaier* FR 98, 597; krit zB *Führer* DStR 95, 785/8) begründet das Wahlrecht mit dem Charakter der Betriebsverpachtung als einer nur „vorübergehenden" Betriebsunterbrechung sei, wenn der Verpächter die „Absicht" (*und* obj die Möglichkeit) hat, die bisherige gewerbl Tätigkeit „identitätswahrend" wieder aufzunehmen, in eigener Person oder durch einen Gesamt- oder unentgeltl Einzelrechtsnachfolger, wobei aus „Nachweisgründen" eine Absicht der Wiederaufnahme anzunehmen sei (s Rz 706), solange diese obj mögl sei und der Verpächter dem FA keine Betriebsaufgabe erkläre (teleologische Reduktion des § 16 III 1; ähnl *Stopper* Betriebsaufgabe als Gewinnausweistatbestand, 2005, 158 ff: Analogie zu Entnahme; aA *Heckel* aaO, 103: Rechtsfolgenreduktion iVm „Einfrieren" der stillen Reserven). 692

c) Abgrenzungen. Betriebspachtverträge sind zu unterscheiden von **Betriebsführungsverträgen** (BFH I R 61/09 BStBl II 11, 249: Betriebsführung im fremden oder eigenen Namen und auf fremde Rechnung gegen Entgelt) und **Betriebsüberlassungsverträgen** (Betriebsführung im fremden Namen auf eigene Rechnung). Einzelheiten zB *Gembruch ua* Ubg 11, 619; *Kuhr* Ubg 14, 776; BFH VIII R 300/82 BStBl II 86, 891; I R 175/85 BFH/NV 90, 667. – Zur **verdeckten MUerschaft** aufgrund Betriebsverpachtung an **Familien-PersGes** s § 15 Rz 285, 744. 693

2. „Verpachtung" eines Teilbetriebs. Der „Verpachtung" des ganzen GewBetr steht die eines Teilbetriebs gleich (EStR 16 V 4). Auch hier hat der Verpächter grds ein Wahlrecht zw fortbestehendem gewerbl Teilbetrieb und Teilbetriebsaufgabe, es sei denn, dass der Teilbetrieb „im Rahmen des gesamten Betriebs" verpachtet wird, dh ein wirtschaftl Zusammenhang mit dem Restbetrieb bleibt (BFH IV R 56/97 BStBl II 98, 735), zB weil umfangreiche Lieferbeziehungen zw Pacht- und Restbetrieb bestehen. – Ausgeschlossen ist das Wahlrecht im Hinblick auf § 15 III Nr 1 stets, wenn eine gewerbl tätige (oder geprägte) *PersGes* einen Teilbetrieb verpachtet (BFH IV R 174/74 BStBl II 78, 73; Ausweg: vorherige Realteilung in zwei beteiligungsidentische PersGes; s Rz 546, 705); für *GewSt* ab EZ 86 nach BFH IV R 56/97 BStBl II 98, 735 offen (s aber – zutr – zur gewerbl Prägung BFH IV B 9/95 BFH/NV 96, 213). – Wird nicht iRd Gesamtbetriebs verpachtet, ist Voraussetzung des Wahlrechts, dass die verpachteten Gegenstände in der Hand des Verpächters bereits einen Teilbetrieb iSv § 16 I Nr 1 bilden; dass die verpachteten WG beim Pächter Grundlage für einen selbstständigen GewBetr bilden, reicht nicht aus (BFH I R 127/71 BStBl II 74, 357). Zur Verpachtung eines Teilbetriebs und Einstellung der gewerbl Tätigkeit in den anderen Teilbetrieben s FG RhPf EFG 86, 10; *Ehlers* DStZ 87, 557/60. 694

3. Tatbestandliche Voraussetzungen des Wahlrechts (Überblick). Das **Wahlrecht** erfordert: – *(1)* positiv bestimmte sachl und persönl Gegebenheiten (Rz 696 ff, 703 ff; vgl *BMF* BStBl I 94, 771) und – *(2)* negativ das Fehlen einer BetrAufsp oder MUerschaft zw Verpächter und Pächter (Rz 707-8; vgl *BMF* BStBl I 94, 771; BFH VIII R 13/95 BStBl II 98, 325/8). Es entfällt auch, wenn der Verpächter eine Aktivität entfaltet, die über die bloße Nutzungsüberlassung erhebl hinausgeht und sich ihrerseits als gewerbl Betätigung darstellt („ins Gewicht fallende Sonderleistungen", BFH VIII R 263/81 BStBl II 86, 359). Das Wahlrecht kann sowohl zu Beginn des Pachtverhältnisses als auch jederzeit während seiner Laufzeit ausgeübt werden (zB BFH X R 49/87 BStBl II 89, 606). Waren die Voraussetzungen des Wahlrechts nicht gegeben, vom StPfl und FA aber irrtüml angenommen, war – nach bisheriger Rechtslage – die Besteuerung eines Aufgabegewinns in *späteren* Jahren grds ausgeschlossen (BFH IX R 2/95 BStBl II 98, 373 695 zu 2.; VIII R 2/95 BStBl II 98, 388). S aber zur sog „schleichenden" Betriebsaufgabe" sowie zu **§ 16 IIIb nF** Rz 182. – Zur **Änderung** in den positiven oder negativen tatbestandl Voraussetzungen (Wegfall; Entstehen bzw Wiederaufleben des Wahlrechts) s Rz 714–715.

696 **4. Sachl Voraussetzungen; Gegenstand der „Verpachtung". – a) Gewerbebetrieb.** Erforderl ist, dass der StPfl einen (noch lebenden) GewBetr/Teilbetrieb, dessen Eigentümer oder Nutzungsberechtigter er ist (BFH VIII R 120/86 BStBl II 90, 780), zur Nutzung überlässt. Dem ist (nur) genügt, wenn der StPfl zumindest *alle* wesentl Grundlagen des Betriebs verpachtet, so dass der *Pächter* den Betrieb „im Wesentlichen fortsetzen kann" (zB BFH IV R 20/02 BStBl II 04, 10). Dem *Verpächter* (bzw seinem Rechtsnachfolger) muss bezogen auf den Betriebszustand vor Einstellung der *letzten* werbenden Tätigkeit (BFH IV R 65/01 BStBl II 09, 699) **obj** die Möglichkeit verbleiben, den diese „identitätswahrend" wieder aufzunehmen (BFH IX R 2/95 BStBl II 98, 373); hierfür reicht nach der jüngeren Rspr eine „gleichartige oder ähnliche" Betriebstätigkeit aus (BFH X R 21/11 BFH/NV 14, 676; X R 16/10 BFH/NV 14, 1038: Wettbewerbsverbot unschädl; s auch *Schuster* FR 07, 584). Ist dies der Fall, wird die subj Betriebsunterbrechungsabsicht (s Rz 692, 706) bis zum Vorliegen einer zweifelsfreien Aufgabenerklärung unwiderlegl vermutet; zur Betriebsfiktion nach § 16 IIIb S 1 Nr 2 nF s Rz 182, 700.

697 **aa) Verpachtungsumfang. Alle wesentl Grundlagen** des (Teil)Betriebs müssen „verpachtet" sein. Die Lockerung der Begriffsanforderungen iRv § 6 III durch BFH IV R 41/11 DStR 12, 2118 (Rz 15, 155) dürfte hieran nichts geändert haben. Wird nur das **Betriebsgrundstück** (evtl iVm Betriebsvorrichtungen) – ggf branchenfremd (s Rz 700) – verpachtet, muss es die *alleinige wesentl* Betriebsgrundlage sein (BFH X R 39/04 BStBl II 08, 220). Dies *bejaht* die jüngere BFH-Rspr – im Gegensatz zum produzierenden Gewerbe (s Rz 698) – jedenfalls bei Groß-/Einzelhandel und Hotel-/Gaststätten (BFH X R 21/11 BFH/NV 14, 676; s auch Rz 103/-6); ebenso für Reitanlage (IV R 139/81 BStBl II 85, 205) und Kfz-Werkstatt (BFH X R 20/06 BStBl II 10, 222), nicht jedoch bei Autohaus mit Tankstelle (XI R 6/93 BStBl II 94, 23; aA – zutr – FG Mster EFG 12, 916 rkr, für Tankstellengrundstück) und für Holzverarbeitungsbetrieb (BFH VIII R 2/95 BStBl II 98, 388). Welche WG zu den wesentl Betriebsgrundlagen gehören, bestimmt sich bei Betriebsverpachtung allein nach ihrer Funktion (**funktionale Betrachtung;** zur BetrAufsp vgl § 15 Rz 808 ff), also nicht nach der Höhe der stillen Reserven (BFH X R 39/04 aaO) – ungeachtet der hiervon abw („normspezifischen") Rspr zu Betriebsveräußerung und -aufgabe (s Rz 100 ff). Danach kann Betriebsverpachtung auch vorliegen, wenn ein WG mit erhebl stillen Reserven nicht mitverpachtet wird; es bleibt aber bis zu einer evtl Entnahme BV (BFH I R 163/85 BFH/NV 91, 357).

698 **bb) Einzelfälle.** Zu den wesentl Betriebsgrundlagen eines **Fabrikationsbetriebs** gehört idR auch das bewegl AV (zB BFH III R 7/91 BFH/NV 93, 358), insb Produktionsanlagen (X R 101/90 BStBl II 93, 710) und Maschinen (VIII R 2/95 BStBl II 98, 388 zu II.2.b mwN); ob dies auch für *einzelne* kurzfristig ersetzbare Maschinen eines Fabrikationsbetriebs zutrifft, ist noch nicht abschließend geklärt (BFH aaO; FG RhPf EFG 02, 677; *HG* DStR 97, 1885; mE im Einzelfall zu verneinen; weitergehend *Schuster* FR 07, 584; uU auch BFH X R 20/06 BStBl II 10, 222). Zur allmähl Reduzierung des GewBetr vgl Rz 182; zur Bestellung von Erbbaurechten bei gewerbl Grundstückshandel s BFH XI R 28/97 BStBl II 98, 665. Bei Verpachtung eines vom Pächter unverändert fortgeführten **Ladengeschäfts** auf eigenem Grundstück steht die Veräußerung der Warenvorräte und/oder der Ladeneinrichtung der Annahme einer Betriebsverpachtung nicht entgegen (BFH VIII R 153/77 BStBl II 80, 181; BFH X R 13/05 BFH/NV 08, 1306: handwerkl Bäckerei); ebenso bei Übergang von Groß- zu Einzelhandel (s Rz 697, 106).

b) Umgestaltung. Keine Verpachtung eines GewBetr, sondern idR („Zwangs"-)**Betriebsaufgabe** liegt vor, wenn bei Verpachtung (oder während der Pachtzeit, s Rz 714) wesentl Betriebsgrundlagen so umgestaltet werden, dass sie nicht mehr in der bisherigen Form genutzt werden können (zB BFH X R 28/00 BFH/NV 03, 243; zur „Überwachung" dieser Voraussetzungen *FinVerw* DStR 00, 1308) oder der Verpächter wesentl Betriebsgrundlagen zB den gesamten Maschinenpark veräußert. Weitergehend soll nach BFH X R 40/10 BFH/NV 15, 827 bereits der *Abschluss* des Erbbaurechts*vertrags* (trotz gescheiterter Umgestaltung: Kaufhaus auf Grundstücks eines Busunternehmers) ausreichend sein (zR krit *Müller* FR 15, 616). Allerdings wird nach **§ 16 IIIb 1 Nr 2 idF StVerG** bei Aufgabe iSv III 1 nach dem 4.4.2011 der Betriebsfortbestand bis zur entspr Tatsachenkenntnis des FA fingiert (s dazu einschließl der sog „schleichenden" Betriebsaufgabe vgl Rz 182, 714); Letzteres schließt jedoch nicht aus, dass trotz Tatsachenkenntnis eine Betriebsaufgabe vom FA *rechts*fehlerhaft nicht erkannt wird (*Müller* aaO; Rz 183). – **Keine** Zwangsbetriebsaufgabe ist nach jüngerer Rspr die *bloße* Grundstücksvermietung durch ein früheres Handels-/Hotel-/Gaststättenunternehmen (s Rz 697), und zwar selbst bei **branchenfremder** Nutzung (zB Druckerei) durch Mieter/Pächter (BFH IV R 45/06 BStBl II 09, 902; IV R 20/02 BStBl II 04, 10; *Schießl* FR 05, 823; diff für Hotelgebäude und Einzelhandel FG BaWü EFG 98, 1063; 00, 1068, rkr; s aber auch BFH III R 20/99 BStBl II 03, 635: Apotheke; BFH X R 48/96 BFH/NV 02, 153: Schuster). Eine Anpassung an wirtschaftl veränderte Gegebenheiten (zB Umstellung des Warensortiments; Modernisierung der Maschinen; FG Nds EFG 00, 170: Einzel- statt Großhandel; BFH XI R 26/00 BFH/NV 01, 1106: Nachtbar statt bürgerl Gaststätte/Hotel), die Betriebserweiterung (IV R 1/98 BStBl II 99, 55), die Veräußerung eines einzelnen (wesentl) WG (BFH X B 142/99 BFH/NV 01, 16) oder die Betriebsverlegung (FG Hess EFG 08, 448, rkr; fragl; s Rz 106, 181) ist aber idR noch keine (schädl) Umgestaltung. Ebenso wenig ist dies ein Strukturwandel beim Pächter zB vom GewBetr zur LuF; es ändert sich nur die Art der Einkünfte, auch des Verpächters. 700

c) MUeranteils. Zur unentgeltl Übertragung eines MUeranteils mit gleichzeitiger *Verpachtung* des ***SonderBV*** an den Beschenkten s BFH VIII R 120/86 BStBl II 90, 780: keine Betriebsverpachtung bei Miteigentum des Pächters. 701

II. Nutzungsüberlassung

1. Rechtsgrund. Der Vertrag, durch den die wesentl Betriebsgrundlagen einem anderen befristet zur Nutzung überlassen werden, ist idR zivilrechtl ein Pachtvertrag (§§ 581 ff BGB; zu Ges'ter-Beschluss/HReg-Eintragung bei KapGes/PersGes *Nelißen* DB 07, 786). Das Wahlrecht besteht aber auch bei Vermietung (§§ 535 ff BGB) oder **unentgeltl** Nutzungsüberlassung (BV!; BFH X R 176/96 BFH/NV 99, 454; aA *Kanzler* FR 92, 239/45; für LuF s § 13 Rz 123 ff). Einer schuldrechtl Nutzungsüberlassung steht eine auf dingl Grundlage, zB Unternehmensnießbrauch, gleich (arg § 22 II HGB; BFH IV R 7/94 BStBl II 96, 440: Vermächtnisnießbrauch an LuF; § 15 Rz 144; *Carlé ua* KÖSDI 01, 12872/8). – Zur evtl Wertung einer „Nutzungsüberlassung" als Veräußerung s zB *Führer* DStR 95, 785/92; *Korn* DStR 95, 961/6. 702

2. Persönl Voraussetzungen. – a) Verpächter. Er muss eine **natürl Person** oder eine **PersGes** (oder KSt-Subjekt iSv § 1 I Nr 4 KStG) sein; ist er eine **KapGes** oder **gewerbl geprägte PersGes,** entfällt das Wahlrecht, weil diese grds nur Einkünfte aus GewBetr und gewerbl BV haben (§ 8 II KStG; § 15 III Nr 2) und ihre WG weder durch erklärte noch durch tatsächl Betriebsaufgabe PV werden können (vgl BFH IV B 9/95 BFH/NV 96, 213; *FinVerw* DStR 00, 1308); Ausnahme: Betriebsverpachtung durch gemeinnützige GmbH (BFH I R 55/06 BStBl II 07, 725; aA *Hüttemann* BB 07, 2324). Zum Aufleben des im Zeitpunkt der Verpachtung nicht gegebenen Wahlrechts s Rz 715. Zur Verpachtung durch 703 einen Betrieb gewerbl Art (§ 4 IV KStG) s *BMF* BStBl I 09, 1303 Rz 15, 22; *FinVerw* DB 09, 2520; *Baldauf* DStZ 10, 523. – Ist der Verpächter eine (nicht gewerbl geprägte) **PersGes** und sind an dieser **KapGes beteiligt,** entfällt das Wahlrecht anteilig für die KapGes (aA *Schoor* StBP 96, 29/30: Wahlrecht der PersGes, gewerbl Einkünfte erst auf Ebene der KapGes). – Ist der Verpächter natürl Person, muss diese **unbeschr estpfl** sein oder, da das verpachtete BV idR keine Betriebsstätte des *Verpächters* begründet, für den Verpachtungsbetrieb einen ständigen Vertreter iSv § 49 I Nr 2a bestellt haben (BFH I R 136/77 BStBl II 78, 494; FG Mchn EFG 13, 364, rkr). Ist der Verpächter eine PersGes, entfällt das Wahlrecht insoweit, als daran Ges'ter beteiligt sind, die weder unbeschr estpfl sind noch einen ständigen Vertreter bestellt haben, es sei denn, die Geschäftsleitung der Ges ist im Inl (FG Mchn EFG 91, 328; *Führer* DStR 95, 785/7).

704 **b) Wahlrecht.** Genügen alle Ges'ter einer **PersGes** den persönl Voraussetzungen des Wahlrechts, kann dieses nur **einheitl ausgeübt** werden (BFH VIII R 2/95 BStBl II 98, 388 zu II.2.a; *FinVerw* DStR 00, 1308); Gleiches gilt, wenn nur ein Teil der Ges'ter den persönl Voraussetzungen genügt, für diese Ges'ter (analog § 7a VII). Verpachtet eine PersGes oder Erbengemeinschaft an einen Ges'ter oder Miterben, besteht das Wahlrecht für alle Ges'ter oder Miterben; erklären diese die Betriebsaufgabe, wird oder bleibt der Anteil des Pächters am GesVermögen der PersGes BV seines GewBetr (*Schoor* DStR 97, 1/4). – Zu späterem **Ges'terwechsel** s Rz 705 aE. – Zur gemeinsamen Verpachtung eines GewBetr durch Eigentümer und Nießbraucher, s BFH I R 123/76 BStBl II 80, 432.

705 **c) Verpächterbetrieb.** Der **Verpächter** muss vor der Verpachtung grds den GewBetr **selbst betrieben** haben. Dies ist auch zu bejahen (s § 15 Rz 163), wenn eine PersGes liquidiert und der vormalige MUer sein bisheriges SonderBV (= einzige wesentl Betriebsgrundlage; Rz 697/8) verpachtet (BFH IV R 51/07 BStBl II 09, 303). Wird ein (noch nicht verpachteter) GewBetr *entgeltl* erworben und unmittelbar darauf verpachtet, besteht kein Wahlrecht (BFH IV R 95/87 BStBl II 89, 863); der Erwerber erlangt kein BV, sondern PV (einschließl Geschäftswert!) – oder evtl BV für einen bereits vorhandenen Betrieb (BFH X R 57/88 BStBl II 91, 829) – und hat Einkünfte aus VuV (*BMF* BStBl I 90, 770: anders bei Erwerb vor 1.1.90; s hierzu aber BFH IV R 111/94 BStBl II 96, 188). Gleiches gilt für den *entgeltl* Erwerb eines bereits verpachteten Betriebs (vgl BFH IV R 88/99 BStBl II 02, 791), es sei denn, der Erwerber hat erkennbar den Willen zu späterer Eigenbewirtschaftung (vgl BFH IV R 14/89 BStBl II 92, 134; zur Abgrenzung vgl BFH IV R 88/99 aaO). – Bei *unentgeltl* Erwerb eines (noch nicht verpachteten) Betriebs tritt aber der Erwerber in die Rechtsstellung des Rechtsvorgängers ein, dh er hat das Wahlrecht, auch wenn er sofort verpachtet (BFH IV R 29/91 BStBl II 93, 36; X R 176/96 BFH/NV 99, 454; krit *Kanzler* FR 00, 875); ebenso ist dies bei *teilentgeltl* Erwerb, mE auch dann, wenn das Entgelt den Buchwert überschreitet (s Rz 59–61; *Cornelius* DStZ 10, 915/20; aA FG Mchn EFG 14, 334, Rev X R 52/13). Zu unentgeltl oder teilentgeltl Erwerb eines verpachteten GewBetr s Rz 716. Zur Betriebsverpachtung nach Realteilung einer PersGes s Rz 543. – Zur Verpachtung nach rückabgewickelter Veräußerung s FG Mchn EFG 10, 2081, rkr. Hat eine *PersGes* ihren GewBetr verpachtet und keine Betriebsaufgabe erklärt, führt ein späterer *Ges'terwechsel* nicht zu einer „anteiligen" Betriebsaufgabe (str; FG Mchn EFG 14, 1957, rkr; *Brandenberg ua* JbFfSt 92/93, 220; *BMF* BStBl I 94, 771: Ausnahme bei Veräußerung aller Anteile innerhalb kurzer Zeit).

706 **d) Fortführungsabsicht.** Die „Absicht", die eingestellte **gewerbl Tätigkeit** eines Tages wieder aufzunehmen, in eigener Person oder durch einen unentgeltl Rechtsnachfolger („Betriebsunterbrechungsabsicht", s Rz 692), wird, *solange dies obj mögl* (Rz 696–700) und keine Betriebsaufgabe erklärt ist, (mE unwiderlegl) vermutet – auch bei langfristiger Verpachtung (BFH IV R 65/01 BStBl II 09, 699;

IV R 45/06 BStBl II 09, 902 mwN: 43 Jahre, keine allg Höchstdauer; Rz 181) –, zugunsten wie zuungunsten der StPfl; somit ist dem FA ebenso wie dem StPfl verwehrt, zB im Nachhinein nachzuweisen, eine solche Absicht habe gefehlt (zB mangels geeigneten Nachfolgers). Darüber hinaus hat BFH IV R 45/06 BStBl II 09, 902 **angekündigt,** zukünftig vom Merkmal der Wahrscheinlichkeit und Absicht der Tätigkeitswiederaufnahme **abzusehen,** solange die sachl Verpachtungsvoraussetzungen (s – einschließl § 16 IIIb nF – Rz 696–700) vorliegen.

707 **3. Negative Tatbestandsmerkmale: keine BetrAufsp; keine Anwendung des § 15 I 1 Nr 2.** Negativ setzt das Wahlrecht voraus: – **a) Keine BetrAufsp.** Die Tatbestandsmerkmale einer BetrAufsp (§ 15 Rz 800 ff) müssen **fehlen** (Subsidiarität der Betriebsverpachtung). Denn wenn die Betätigung des Verpächters, weil sie wirtschaftl eine Art Selbstnutzung ist (BetrAufsp), estrechtl notwendig gewerbl ist, kann das verpachtete Vermögen nicht durch Erklärung PV werden (BFH VIII R 13/93 BStBl II 94, 922; *BMF* BStBl I 94, 771; s aber Rz 715 zum „Aufleben" des Wahlrechts; zur GewSt vgl BFH XI R 8/99 BFH/NV 00, 1135). Keine BetrAufsp liegt aber vor, wenn eine Erbengemeinschaft einen zum Nachlass gehörigen Betrieb an *einen* Miterben verpachtet (s § 15 Rz 857).

708 **b) Kein SonderBV.** Die Verpachtung darf sich **nicht** im **Anwendungsbereich** des **§ 15 I 1 Nr 2** vollziehen (Subsidiarität der Betriebsverpachtung). Denn wenn WG, die einem MUer gehören und von der MUerschaft genutzt werden, notwendiges SonderBV sind (§ 15 Rz 514), können sie nicht durch Aufgabeerklärung PV werden (*BMF* BStBl I 94, 771). – ***(1)* SonderBV I.** *Die Nutzungsüberlassung unterfällt § 15 I 1 Nr 2,* wenn der Betrieb *an* eine PersGes verpachtet und der Verpächter Ges'ter dieser Ges und MUer ist (BFH IV R 49/02 BFH/NV 04, 1247), oder wenn der Betrieb einer natürl oder juristischen Person zur Nutzung überlassen ist und das Nutzungsverhältnis zivilrechtl als GesVerhältnis (stille Ges, andere InnenGes) und estrechtl als MUerschaft (atypische stille Ges, verdeckte MUerschaft, s § 15 Rz 340 ff, 280 ff) zu werten ist. – *Keine Nutzungsüberlassung iSv § 15 I 1 Nr 2 liegt vor,* wenn eine PersGes ihren GewBetr *an* einen MUer verpachtet, wobei aber der Anteil des Pächters am GesVermögen der PersGes notwendiges BV seines GewBetr bleibt (Rz 704); wenn eine PersGes ihren GewBetr an eine Schwester-PersGes verpachtet, sofern – entweder die verpachtende PersGes Besitzunternehmen einer mitunternehmerischen BetrAufsp (s § 15 Rz 535) oder gewerbl geprägt (s Rz 703) ist oder – die vermietende PersGes nur die Voraussetzungen einer Betriebsverpachtung erfüllt (FG Bln EFG 08, 1373, rkr; *Brandenberg* DB 98, 2488/91; Folge: § 15 I 1 Nr 2 greift erst nach Betriebsaufgabeerklärung; aA hier bis 17. Aufl mit Rücksicht auf GewSt; s Rz 709; § 15 Rz 533). – ***(2)*** Zu notwendigem **SonderBV II** vgl § 15 Rz 517; FG Ddorf EFG 98, 1674.

709 **4. Fortbestehender GewBetr des Verpächters.** Erklärt der Verpächter keine Betriebsaufgabe, besteht sein „bisheriger" GewBetr *estrechtl* fort (s Rz 690). Der Verpächter bezieht keine Einkünfte aus VuV, sondern aus GewBetr. Eine Veräußerung des verpachteten Betriebs (Rz 716) oder einzelner zum BV gehöriger WG führt estrechtl zu Einkünften aus GewBetr. Der Verpächter ist aber grds *nicht (mehr) gewstpfl* und damit § 35 (s dort Rz 18) nicht anwendbar – auch bei Teilbetriebsverpachtung ohne wirtschaftl Zusammenhang mit Restbetrieb (Rz 694) –, weil die GewSt nur „werbende" Betriebe erfasst (GewStR 2.2; BFH IV R 56/97 BStBl II 98, 735: gewstrechtl Betriebsbeendigung, § 2 IV GewStG idR nicht erfüllt); bei Verpachtung während des Wj entsteht somit (nur) gewstrechtl ein Rumpf-Wj (BFH IV R 56/97 aaO). *Ausnahmen:* Verpachtungsbetriebe von KapGes (BFH I R 55/06 BStBl II 07, 725; 15 Rz 232); zum Untergang des Verlustvortrags s FG Köln EFG 12, 1291, rkr (bej bei gewerbl Prägung; anders aber bei BetrAufsp; vgl BFH BStBl II 68, 688). Zur estrechtl Gewinnermittlung s § 5 Rz 701-5 mwN; zu § 7g s dort. – Alle verpachteten WG sind notwendig BV des fortbestehenden GewBetr (BFH IV R 1/98 BStBl II 99, 55; VIII R 104/87 BFH/NV 91, 671: Hinzuerwerb

zB durch Erbfall); zu Erweiterung/Umgestaltung/Veräußerung s Rz 700. WG, die nicht mitverpachtet sind, aber bisher BV waren, bleiben dies bis zur Entnahme oder Veräußerung (BFH I R 163/85 BFH/NV 91, 357; FG Nbg EFG 02, 1507, rkr). Zu Grundstücksentnahme durch Duldung einer bestimmten Nutzung durch den Pächter s BFH VIII R 301/83 BStBl II 87, 261. Auch die Bildung gewillkürten BV ist grds weiterhin mögl (BFH IV R 56/11 BFH/NV 15, 317). – Trotz fortbestehendem GewBetr ist die Verpachtung aber idR **schädl** für Bindungsvoraussetzungen zB nach **§ 2 Nr 2 FördG** (*BMF* BStBl I 93, 279 Rz 5–6); anders ist dies evtl bei der InvZulG (*BMF* BStBl I 93, 904 Rz 19, 21).

711 **5. Form und Wirksamkeit einer Aufgabeerklärung (einschließl § 16 IIIb nF). – a) Aufgabeerklärung.** Sie ist rechtsgestaltende und idR ggü dem FA abzugeben (zB BFH IV R 86/98 BFH/NV 98, 834; zu Ausnahmen s Rz 712); sie ist formfrei und muss nicht notwendig mit der Erklärung eines Aufgabegewinns verbunden sein (BFH III R 9/03 BStBl II 05, 160), aber unmissverständl erkennen lassen, dass (und – bei Teilbetrieben – in welchem Umfang) der StPfl sich für eine Betriebsaufgabe („endgültige Betriebseinstellung") mit allen Folgen entschieden hat (BFH IV R 5/06 BStBl II 08, 113; fragl FG BBg EFG 13, 1400, rkr; zur Vollmacht gem § 80 AO s BFH IV R 57/04 BFH/NV 07, 1640). Die Erklärung von Einkünften aus VuV ist idR keine Aufgabeerklärung (BFH IV R 29/91 BStBl II 93, 36: nur bei Hinzutreten weiterer Umstände; X R 176/96 BFH/NV 99, 454: auch wenn FA nicht nachfragt). Eine Erklärung, der Betrieb sei früher aufgegeben worden, kann als Äußerung nur einer (evtl unzutr) Rechtsansicht oder zugleich als rechtsgestaltende Aufgabeerklärung auszulegen sein (BFH X R 16/10 BFH/NV 14, 1038). Diese inhaltl Anforderungen an die Aufgabeerklärung sind auch für Erklärungen ab **5.11.11** zu beachten (*Wendt* FR 11, 1023/6; aA *Hechtner* NWB 13, 20: ab 1.1.12); zudem muss die Erklärung aber nach **§ 16 IIIb 1 Nr 1 iVm § 52 Abs 34 S 9** idF StVerG 11 „ggü dem *FA ausdrücklich*" abgegeben werden. Dies schließt konkludentes Handeln aus, erfordert jedoch keine Schriftlichkeit. – Die (ausdrückl) Aufgabeerklärung wird zu dem **Zeitpunkt** wirksam, zu dem sie dem FA zugeht; dieser ist idR auch der Zeitpunkt der gewinnrealisierenden Aufgabe iSv § 16 III 1 (BFH IV R 61/01 BStBl II 03, 755). Eine in der Steuererklärung zB für 01 enthaltene Aufgabeerklärung führt zu einer Aufgabe zu dem Zeitpunkt, zu dem die Erklärung zB im Oktober 02 beim FA eingeht (BFH IV R 46/87 BFH/NV 90, 86/7). Wird in der Erklärung ein Aufgabezeitpunkt genannt, ist dieser maßgebl, sofern er erst bevorsteht oder nicht mehr als 3 Monate zurückliegt (vgl EStR 16 V 6, 12). Da letztere Frist nur der vereinfachten Gewinnermittlung dient (BFH IV R 9/04 BStBl II 06, 581), war sie bei erhebl Wertsteigerungen im Rückwirkungszeitraum nicht anwendbar; auch war die die Ansicht der *FinVerw* – EStR 16 V 7: Aufgabeerklärungen zw 1. 1. und 31.3.1999 führten zu § 34 aF (einschr für Erben *FinVerw* FR 04, 494; EStR 16 V 8) – abzulehnen (glA *Mack ua* GmbHR 98, 1145/58). Nach **§ 16 IIIb S 2 nF** („ist … anzuerkennen") dürften diese Einschränkungen bei Erklärungen ab 5.11.11 entfallen sein (glA *Manz* DStR 13, 1512); bei Überschreiten der 3-Monatsfrist wird der (Teil-)Betrieb nach S 3 nF (deklaratorisch) wie bisher mit Eingang der (ausdrückl) Erklärung beim FA aufgegeben. – **Widerrufl** ist die Aufgabeerklärung nur, wenn sie für einen in der Zukunft liegenden Zeitpunkt abgegeben wurde; sie kann mE – da inhaltl auf Entwidmung gerichtet (vgl Rz 690) und steuerl Auswirkungen damit nicht Inhalt der Erklärung – idR auch nicht nach § 119 BGB angefochten werden (sog Motivirrtum, vgl BFH XI B 188/05 BFH/NV 07, 1885; *Manz* DStR 13, 1512/3; aA 17. Aufl sowie uU BFH/NV 96, 398/9; *Kurz* StuW 79, 243/250).

712 **b) Keine Erklärung.** Eine Betriebsaufgabe ohne Erklärung ggü dem *FA* lag auch vor, wenn *(a)* sich bereits bei Verpachtung aus den tatsächl Umständen eindeutig der Aufgabewille ergab (vgl BFH XI 44/03 BFH/NV 04, 1639: Gewerbeabmeldung nur Indiz; *anders* nunmehr aber § 16 IIIb S 1 Nr 1 nF: ausdrückl Erklä-

rung erforderl; s Rz 711) oder *(b)* der StPfl den Sachverhalt später so verändert, dass die Voraussetzungen des Wahlrechts entfallen (*anders* aber nunmehr § 16 IIIb S 1 Nr 2 nF: Tatsachenkenntnis des FA erforderl; s Rz 182, 700/14).

III. Rechtsfolgen

1. Rechtswirkungen einer erklärten Betriebsaufgabe. Mit dem Wirksamwerden der Aufgabeerklärung beginnt und endet die Betriebsaufgabe (Zeitpunkt!); grds werden alle WG des bisherigen BV zu diesem Zeitpunkt zu PV (Gewinnrealisierung!; vgl BFH I R 235/80 BStBl II 85, 456). Bei der Ermittlung des Aufgabegewinns bleibt aber sowohl ein originärer als auch ein derivativer Geschäftswert außer Ansatz (BFH X R 56/99 BStBl II 02, 387; mE zweifelhaft; aA *Führer* DStR 95, 785/90; *Stopper* aaO, 167), auch wenn dieser dem Pächter zusammen mit den übrigen WG gegen Entgelt zur Nutzung überlassen ist (vgl BFH X R 32/05 BStBl II 09, 634); gleichwohl ist der übrige Aufgabegewinn nach §§ 34; 16 IV begünstigt (BFH VIII R 21/77 BStBl II 82, 456/9). Der Geschäftswert bleibt auch nach erklärter Betriebsaufgabe (ohne Betrieb) ein WG des BV (*Presting* FR 92, 425/8; aA *Führer* aaO), auf das (bei derivativem Erwerb) uU TW-AfA und AfA (§ 7 I 3) mögl ist (BFH X R 49/87 BStBl II 89, 606); der auf den mitverpachteten Geschäftswert (vgl zB BFH VIII R 13/93 BStBl II 94, 922) entfallende Teil der Pachtzinsen ist daher BE (BFH X R 56/99 aaO; zu Zinsen für Betriebsmittelkredite *Meyer ua* INF 98, 557/9). Wird der verpachtete und durch Erklärung aufgegebene ehemalige GewBetr mit Geschäftswert veräußert, entsteht ein estpfl Gewinn aus GewBetr, soweit der Erlös auf den (uU neu geschaffenen) Geschäftswert entfällt (BFH X R 56/99 aaO: kein Vertrauensschutz; *BMF* BStBl I 84, 461; aA *Tiedtke ua* DStR 01, 145). Dieser ist ebenso wenig nach §§ 34, 16 IV begünstigt (BFH X R 56/99 aaO; *FinVerw* DStR 91, 775) wie andere nachträgl gewerbl Einkünfte (s Rz 354, 371 ff); eine rückwirkende Änd des Betriebsaufgabegewinns ist ausgeschlossen (BFH X R 56/99 aaO; Rz 378; aA *Tiedtke ua* aaO). 713

2. Veränderungen in den tatbestandlichen Voraussetzungen des Wahlrechts. – a) Betriebsaufgabe. Wurde das Pachtverhältnis einvernehml (BFH VIII R 301/83 BStBl II 87, 261) unter Wegfall der sachl Voraussetzungen des Wahlrechts geändert (BFH X B 48/01 BFH/NV 03, 317; Rz 696–700), zB ersatzloser Veräußerung wesentl Teile des BV (vgl BFH VIII R 13/93 BStBl II 94, 922) oder ersatzlosem Verbrauch wesentl Betriebsgrundlagen (*Schoor* FR 94, 449/56), traten im Zeitpunkt, zu dem die Änderung abgeschlossen war, notwendig die Rechtsfolgen einer Betriebsaufgabe ein (zur „Sachverhaltsüberwachung" s *FinVerw* DStR 00, 1308; Ausweg uU: Einbringung des Verpachtungsbetriebs in gewerbl geprägte PersGes). Gleiches galt nach FG BaWü EFG 95, 524, wenn das bisherige Pachtverhältnis beendet wurde, ohne dass der Verpächter unverzügl einen neuen Pachtvertrag abgeschlossen oder den Betrieb wieder selbst übernommen hatte (mE fragl). Ebenso traten bei Wegfall der persönl Voraussetzungen des Wahlrechts notwendig die Rechtsfolgen einer Betriebsaufgabe ein (BFH I R 136/77 BStBl II 78, 494). In allen Fällen dürfte für Aufgaben ab dem **5.11.11** gem **§ 16 IIIb S 1 Nr 2** iVm § 52 Abs 34 S 9 aF aber die entspr Tatsachenkenntnis des FA erforderl sein (s Rz 182). – Liegt Betriebsaufgabe (§ 16 III 1 ggf iVm IIIb nF) vor, ist die spätere Veräußerung der verpachteten, zum PV gehörigen WG nicht estpfl, auch wenn der Verpächter irrtüml weiterhin bilanziert hat (BFH VIII R 2/95 BStBl II 98, 388; s auch Rz 695; *Schoor* DStR 97, 1/7). 714

b) Wiederaufleben des Wahlrechts. Bestand bei Betriebsverpachtung kein Wahlrecht, weil der Betrieb iRe BetrAufsp (Rz 707) oder an eine PersGes verpachtet wurde, an der der Verpächter als MUer beteiligt war (Rz 708), oder weil die Verpächterin eine gewerbl geprägte PersGes war (Rz 703), lebt das Verpächterwahlrecht (wieder) auf, sobald der Hinderungsgrund wegfällt, zB eine natürl Person als persönl haftenden Ges'ter (BFH IV R 56/97 BStBl II 98, 735) oder die 715 personelle Verflechtung bei einer BetrAufsp entfällt (BFH VIII R 13/95 BStBl II 98, 325), *wenn* die übrigen Voraussetzungen des Wahlrechts *weiterhin* vorliegen (*BMF* BStBl I 94, 771). Letzteres ist nicht nur bei einer echten (dazu BFH XI R 2/96 BStBl II 97, 460; I R 76/96 BFH/NV 98, 742), sondern auch bei einer (durch die Überlassung aller wesentl Betriebsgrundlagen) „qualifizierten" unechten BetrAufsp zu bejahen (BFH VIII R 80/03 BStBl II 06, 591; X R 2/02 BFH/NV 05, 1292; weitergehend *Höhmann* DStR 98, 61; einschr *CGd* GmbHR 02, 544). Gleiches sollte gelten, wenn eine KapGes ihren GewBetr verpachtet (s Rz 703) und später erfolgsneutral nach §§ 3 ff UmwStG aF/nF in eine (nicht gewerbl geprägte) PersGes umgewandelt wird.

716 **3. Veränderungen durch Erbfall, Schenkung, Veräußerung, Betriebseinbringung.** Geht der *verpachtete* Betrieb unter Fortbestand des Pachtvertrags (§§ 581 II, 566 BGB) *unentgeltl* (Erbfall, Schenkung) auf einen Dritten über (§ 6 III), tritt dieser auch hinsichtl des Wahlrechts in die Rechtsstellung des bisherigen Verpächters (Erblassers, Schenkers) ein (BFH IV R 97/89 BStBl II 92, 392; X R 10/05 BFH/NV 06, 2072; zur Realteilung s Rz 543; zur Aufgabeerklärung s Rz 711); ebenso wenn Pächter zugleich Miterbe wird (BFH VIII B 5/05 BFH/NV 06, 75). Anders bei Vorbehaltsnießbrauch FG Mster EFG 14, 2133, Rev X R 59/14 (Rz 99). Beachte auch § 13b II 2 Nr. 1b ErbStG. Gleiches gilt mE bei teilentgeltl Übertragung (s Rz 705) oder bei Einbringung in eine (nicht gewerbl geprägte) PersGes zu Buch- oder Zwischenwerten (§ 24 UmwStG aF/nF; vgl BFH IV B 84/09 BFH/NV 10, 1450). – Geht der *verpachtete* Betrieb unentgeltl auf den *Pächter* über, endet damit der Verpachtungsbetrieb; es liegt aber keine Betriebsaufgabe in der Person des Erblassers oder Schenkers, sondern eine unentgeltl Betriebsübertragung iSv § 6 III vor (BFH VIII R 153/77 BStBl II 80, 181; zum Substanzerhaltungsanspruch s BFH IV R 73/97 BStBl II 00, 309; *BMF* BStBl I 02, 262). – Veräußert der Verpächter den noch nicht aufgegebenen *verpachteten* Betrieb, ist dies Betriebsveräußerung iSv § 16 (BFH X B 93/00 BFH/NV 01, 773; IV R 56/97 BStBl II 98, 735: auch bei Teilbetrieb). Zum Erwerber s Rz 705. – Wird der Betrieb in eine KapGes eingebracht (§§ 20 ff UmwStG aF/nF), ist dies Betriebsveräußerung oder (bei Rückbehalt wesentl Betriebsgrundlagen) Betriebsaufgabe. Zur KapGes s Rz 703.

§ 17 Veräußerung von Anteilen an Kapitalgesellschaften

(1) [1]**Zu den Einkünften aus Gewerbebetrieb gehört auch der Gewinn aus der Veräußerung von Anteilen an einer Kapitalgesellschaft, wenn der Veräußerer innerhalb der letzten fünf Jahre am Kapital der Gesellschaft unmittelbar oder mittelbar zu mindestens 1 Prozent beteiligt war.** [2]**Die verdeckte Einlage von Anteilen an einer Kapitalgesellschaft in eine Kapitalgesellschaft steht der Veräußerung der Anteile gleich.** [3]**Anteile an einer Kapitalgesellschaft sind Aktien, Anteile an einer Gesellschaft mit beschränkter Haftung, Genussscheine oder ähnliche Beteiligungen und Anwartschaften auf solche Beteiligungen.** [4]**Hat der Veräußerer den veräußerten Anteil innerhalb der letzten fünf Jahre vor der Veräußerung unentgeltlich erworben, so gilt Satz 1 entsprechend, wenn der Veräußerer zwar nicht selbst, aber der Rechtsvorgänger oder, sofern der Anteil nacheinander unentgeltlich übertragen worden ist, einer der Rechtsvorgänger innerhalb der letzten fünf Jahre im Sinne von Satz 1 beteiligt war.**

(2) [1]**Veräußerungsgewinn im Sinne des Absatzes 1 ist der Betrag, um den der Veräußerungspreis nach Abzug der Veräußerungskosten die Anschaffungskosten übersteigt.** [2]**In den Fällen des Absatzes 1 Satz 2 tritt an die Stelle des Veräußerungspreises der Anteile ihr gemeiner Wert.** [3]**Weist der Veräußerer nach, dass ihm die Anteile bereits im Zeitpunkt der Begründung der unbe-**

schränkten Steuerpflicht nach § 1 Absatz 1 zuzurechnen waren und dass der bis zu diesem Zeitpunkt entstandene Vermögenszuwachs auf Grund gesetzlicher Bestimmungen des Wegzugsstaats im Wegzugsstaat einer der Steuer nach § 6 des Außensteuergesetzes vergleichbaren Steuer unterlegen hat, tritt an die Stelle der Anschaffungskosten der Wert, den der Wegzugsstaat bei der Berechnung der der Steuer nach § 6 des Außensteuergesetzes vergleichbaren Steuer angesetzt hat, höchstens jedoch der gemeine Wert. [4]Satz 3 ist in den Fällen des § 6 Absatz 3 des Außensteuergesetzes nicht anzuwenden. [5]Hat der Veräußerer den veräußerten Anteil unentgeltlich erworben, so sind als Anschaffungskosten des Anteils die Anschaffungskosten des Rechtsvorgängers maßgebend, der den Anteil zuletzt entgeltlich erworben hat. [6]Ein Veräußerungsverlust ist nicht zu berücksichtigen, soweit er auf Anteile entfällt,

a) die der Steuerpflichtige innerhalb der letzten fünf Jahre unentgeltlich erworben hatte. [2]Dies gilt nicht, soweit der Rechtsvorgänger anstelle des Steuerpflichtigen den Veräußerungsverlust hätte geltend machen können;

b) die entgeltlich erworben worden sind und nicht innerhalb der gesamten letzten fünf Jahre zu einer Beteiligung des Steuerpflichtigen im Sinne von Absatz 1 Satz 1 gehört haben. [2]Dies gilt nicht für innerhalb der letzten fünf Jahre erworbene Anteile, deren Erwerb zur Begründung einer Beteiligung des Steuerpflichtigen im Sinne von Absatz 1 Satz 1 geführt hat oder die nach Begründung der Beteiligung im Sinne von Absatz 1 Satz 1 erworben worden sind.

(3) [1]**Der Veräußerungsgewinn wird zur Einkommensteuer nur herangezogen, soweit er den Teil von 9060 Euro übersteigt, der dem veräußerten Anteil an der Kapitalgesellschaft entspricht. [2]Der Freibetrag ermäßigt sich um den Betrag, um den der Veräußerungsgewinn den Teil von 36 100 Euro übersteigt, der dem veräußerten Anteil an der Kapitalgesellschaft entspricht.**

(4) [1]**Als Veräußerung im Sinne des Absatzes 1 gilt auch die Auflösung einer Kapitalgesellschaft, die Kapitalherabsetzung, wenn das Kapital zurückgezahlt wird, und die Ausschüttung oder Zurückzahlung von Beträgen aus dem steuerlichen Einlagenkonto im Sinne des § 27 des Körperschaftsteuergesetzes. [2]In diesen Fällen ist als Veräußerungspreis der gemeine Wert des dem Steuerpflichtigen zugeteilten oder zurückgezahlten Vermögens der Kapitalgesellschaft anzusehen. [3]Satz 1 gilt nicht, soweit die Bezüge nach § 20 Absatz 1 Nummer 1 oder 2 zu den Einnahmen aus Kapitalvermögen gehören.**

(5) [1]**Die Beschränkung oder der Ausschluss des Besteuerungsrechts der Bundesrepublik Deutschland hinsichtlich des Gewinns aus der Veräußerung der Anteile an einer Kapitalgesellschaft im Fall der Verlegung des Sitzes oder des Orts der Geschäftsleitung der Kapitalgesellschaft in einen anderen Staat stehen der Veräußerung der Anteile zum gemeinen Wert gleich. [2]Dies gilt nicht in den Fällen der Sitzverlegung einer Europäischen Gesellschaft nach Artikel 8 der Verordnung (EG) Nr. 2157/2001 und der Sitzverlegung einer anderen Kapitalgesellschaft in einen anderen Mitgliedstaat der Europäischen Union. [3]In diesen Fällen ist der Gewinn aus einer späteren Veräußerung der Anteile ungeachtet der Bestimmungen eines Abkommens zur Vermeidung der Doppelbesteuerung in der gleichen Art und Weise zu besteuern, wie die Veräußerung dieser Anteile zu besteuern gewesen wäre, wenn keine Sitzverlegung stattgefunden hätte. [4]§ 15 Absatz 1a Satz 2 ist entsprechend anzuwenden.**

(6) **Als Anteile im Sinne des Absatzes 1 Satz 1 gelten auch Anteile an Kapitalgesellschaften, an denen der Veräußerer innerhalb der letzten fünf Jahre am Kapital der Gesellschaft nicht unmittelbar oder mittelbar zu mindestens 1 Prozent beteiligt war, wenn**

1. die Anteile auf Grund eines Einbringungsvorgangs im Sinne des Umwandlungssteuergesetzes, bei dem nicht der gemeine Wert zum Ansatz kam, erworben wurden und
2. zum Einbringungszeitpunkt für die eingebrachten Anteile die Voraussetzungen von Absatz 1 Satz 1 erfüllt waren oder die Anteile auf einer Sacheinlage im Sinne von § 20 Absatz 1 des Umwandlungssteuergesetzes vom 7. Dezember 2006 (BGBl. I S. 2782, 2791) in der jeweils geltenden Fassung beruhen.

(7) **Als Anteile im Sinne des Absatzes 1 Satz 1 gelten auch Anteile an einer Genossenschaft einschließlich der Europäischen Genossenschaft.**

Einkommensteuer-Durchführungsverordnung:

§ 53 Anschaffungskosten bestimmter Anteile an Kapitalgesellschaften

[1]**Bei Anteilen an einer Kapitalgesellschaft, die vor dem 21. Juni 1948 erworben worden sind, sind als Anschaffungskosten im Sinne des § 17 Abs. 2 des Gesetzes die endgültigen Höchstwerte zugrunde zu legen, mit denen die Anteile in eine steuerliche Eröffnungsbilanz in Deutscher Mark auf den 21. Juni 1948 hätten eingestellt werden können; bei Anteilen, die am 21. Juni 1948 als Auslandsvermögen beschlagnahmt waren, ist bei Veräußerung vor der Rückgabe der Veräußerungserlös und bei Veräußerung nach der Rückgabe der Wert im Zeitpunkt der Rückgabe als Anschaffungskosten maßgebend.** [2]**Im Land Berlin tritt an die Stelle des 21. Juni 1948 jeweils der 1. April 1949; im Saarland tritt an die Stelle des 21. Juni 1948 für die in § 43 Abs. 1 Ziff. 1 des Gesetzes über die Einführung des deutschen Rechts auf dem Gebiete der Steuern, Zölle und Finanzmonopole im Saarland vom 30. Juni 1959 (BGBl. I S. 339) bezeichneten Personen jeweils der 6. Juli 1959.**

§ 54 Übersendung von Urkunden durch die Notare

(1) [1]**Die Notare übersenden dem in § 20 der Abgabenordnung bezeichneten Finanzamt eine beglaubigte Abschrift aller auf Grund gesetzlicher Vorschrift aufgenommenen oder beglaubigten Urkunden, die die Gründung, Kapitalerhöhung oder -herabsetzung, Umwandlung oder Auflösung von Kapitalgesellschaften oder die Verfügung über Anteile an Kapitalgesellschaften zum Gegenstand haben.** [2]**Gleiches gilt für Dokumente, die im Rahmen einer Anmeldung einer inländischen Zweigniederlassung einer Kapitalgesellschaft mit Sitz im Ausland zur Eintragung in das Handelsregister diesem zu übersenden sind.**

(2) [1]**Die Abschrift ist binnen zwei Wochen, von der Aufnahme oder Beglaubigung der Urkunde ab gerechnet, einzureichen.** [2]**Sie soll mit der Steuernummer gekennzeichnet sein, mit der die Kapitalgesellschaft bei dem Finanzamt geführt wird.** [3]**Die Absendung der Urkunde ist auf der zurückbehaltenen Urschrift der Urkunde beziehungsweise auf einer zurückbehaltenen Abschrift zu vermerken.**

(3) **Den Beteiligten dürfen die Urschrift, eine Ausfertigung oder beglaubigte Abschrift der Urkunde erst ausgehändigt werden, wenn die Abschrift der Urkunde an das Finanzamt abgesandt ist.**

(4) **Im Fall der Verfügung über Anteile an Kapitalgesellschaften durch einen Anteilseigner, der nicht nach § 1 Abs. 1 des Gesetzes unbeschränkt steuerpflichtig ist, ist zusätzlich bei dem Finanzamt Anzeige zu erstatten, das bei Beendigung einer zuvor bestehenden unbeschränkten Steuerpflicht des Anteilseigners oder bei unentgeltlichem Erwerb dessen Rechtsvorgängers nach § 19 der Abgabenordnung für die Besteuerung des Anteilseigners zuständig war.**

Einkommensteuer-Richtlinien/Verwaltungsanweisungen: EStR 17/EStH 17 – *BMF* 21.10.10 BStBl I 10, 832 (Auswirkung des MoMiG auf nachträgl AK); *BMF* BStBl I 12, 370 (Positivliste der geltenden Anweisungen); *OFD Nds* 20.9.13 DStR 14, 532 (VZ-bezogener Beteiligungsbegriff).

Übersicht Rz

I. Grundaussage

Schrifttum (Auswahl; Aufsätze vor 2014 s Vorauflagen): *Hötten,* GmbH-Anteilsverluste, 2. Aufl 2008; *Engel,* Vermögensverwaltende PersGes im ErtragStRecht[2], 2014; *Pung/Dötsch/Möhlenbrock (Pung),* Die KSt (Stand 2014). – *Moritz,* Kapitalanlagen im Schnittpunkt von § 17 und § 20 (Teil II), DStR 14, 1703.

1 **1. Inhalt.** Der Tatbestand (iSv § 38 AO) setzt die Veräußerung eines KapGes-Anteils voraus, der innerhalb der letzten 5 Jahre vor Veräußerung relevant („wesentl") war; iEinz: *(1)* eine Veräußerung *(2)* von zum PV gehörenden Anteilen an einer KapGes und *(3)* eine Beteiligung zu mindestens 1 vH (bis 31.12.2000/1: zu mindestens 10 vH; bis 31.12.98: zu mehr als einem Viertel), die irgendwann innerhalb der letzten 5 Jahre bestanden hat (§ 17 I 1; Rz 71). Den Begriff **„wesentl Beteiligung"** hat § 17 zu Recht aufgegeben (vgl § 271 I HGB; *Merkt* in B/H, § 271 HGB, Rz 1, 2). – Einer Veräußerung gleichgestellt sind *(1)* verdeckte Einlagen in eine KapGes (§ 17 I 2) und *(2)* die Auflösung oder Kapitalherabsetzung der Ges (§ 17 IV). Gegenstand des § 17 ist der **einzelne Anteil** (Rz 94, 162, 200). – **Rechtsfolge** ist *(1)* die StPfl als Einkünfte aus GewBetr mit Freibetrag (§ 17 III) und *(2)* die (beschr) Ausgleichs- und Abziehbarkeit von Verlusten (§ 17 II 6). – **Bemessungsgrundlage** ist – mE aber nicht ausschließl (s Rz 132) – die Differenz zw Veräußerungspreis abzügl Veräußerungskosten und AK (§ 17 II, IV 2). § 17 idF **StSenkG** nimmt nach § 3 Nr 40 S 1 Buchst c am **Halb-/Teileinkünfteverfahren** teil (FG Köln EFG 09, 1744, rkr), **Einschränkung** bei ausgebliebenen Einnahmen (iEinz Rz 190); die (begrenzte) Tarifbegünstigung nach § 34 entfällt (zur **zeitl Anwendung** s Rz 11). Gewinne und Verluste aus § 17 EStG werden nicht von der AbgeltungSt erfasst; auch ist insoweit kein KapEStAbzug vorzunehmen; die Einkünfte aus § 17 EStG sind gewerbl und keine KapEinkünfte iSd §§ 20, 43 EStG (§ 20 Rz 2, 3).

2 **2. Rechtssystematische Bedeutung.** Die Veräußerung von PV war estrechtl grds irrelevant (Dualismus der Einkünfteermittlung; krit zR *Tipke/Lang* LB § 9 Rz 181 f mwN). Ausnahmen *(1)* in § 17 I, *(2)* in § 17 VI für einbringungsverbundene Anteile (s Rz 245), *(3)* in § 23 (s Rz 14), *(4)* (ab 2009) in § 20 II. - § 17 hat seine eigentl Bedeutung durch die Erweiterung des § 20 (um § 20 II) verloren (zum neuen Koordinatensystem des § 17 und zum neuen **Konkurrenzverhältnis** von § 17 und § 20 *Weber-Grellet* NWB 3, 15229; *K/vonBeckerath* § 20 Rz 4, 21; *Aigner* Wegfall der Einkunftsquelle, Diss 2013, 210; zur Konkurrenz zu § 20 s § 20 Rz 161; zu § 23 s § 23 Rz 65).

3 **3. Normzweck.** – **a) Rechtfertigung.** Früher wurde die Norm mit der Ähnlichkeit zu MUern gerechtfertigt (vgl *Wolff-Diepenbrock* FS Klein, 1994, 875; BFH VIII R 69/88 BStBl II 94, 648). Wegen der Herabsetzung der Beteiligungsgrenze auf 1 vH (Wegfall der wesentl Beteiligung) erfasst § 17 nunmehr den in der Ges **realisierten Substanzzuwachs** (BFH VIII R 33/94 BStBl II 95, 870 aE; BFH IX R 62/10 BStBl II 12, 564) und sichert – angesichts der Transformationsmöglichkeiten – die Gleichbehandlung von Veräußerungsgewinn und lfd Einkünften (*Schüppen/Sanna* BB 01, 2397). – 20 II Nr 1 idF UntStRefG erfasst ebenfalls die Anteilsveräußerung; § 17 ist vorrangig (§ 20 VIII idF UntStRefG; § 20 Rz 127, 196 f). Im Grunde ist § 17 nunmehr entbehrl (zu Unterschieden bei Liquidation *Fischer/Früchtl* FS Pöllath, 2008, 251/6; *Groh* FR 08, 264/6). – Die Auslegung des § 17 ist nach strechtl Aspekten vorzunehmen; es gibt keine Maßgeblichkeit des GesRechts (so *Crezelius* FS Priester, 2007, 55/73).

4 **b) Missbrauch.** Zum (bisherigen) missbräuchl Umfunktionieren (§ 42 AO) tarifl zu versteuernder Gewinnausschüttungen ***(1)*** in (tarifbegünstigte oder nicht stbare) Veräußerungsgewinne zB durch **Anteilsrotation** (s Rz 5) s BFH I R 55/95 BStBl II 98, 90: kein Missbrauch, wenn Anteilsübertragung auf Dauer (ähnl *BMF* BStBl I 98, 207); Missbrauch aber bei Thesaurierung; Veräußerung an GmbH &

Co KG; TW-AfA (BFH IV R 54/01 BStBl II 03, 854; krit *Hoffmann* GmbHR 03, 1070); ***(2)*** vor 1992 durch verdeckte Einlagen vgl BFH VIII B 108/96 DB 97, 1747 AdV; Rz 110, 201, 228; ***(3)*** durch Ablösung von Ges'terdarlehen durch Einlagen (FG Nds BeckRS 13, 94580; *OFD Ffm* DStR 13, 1838); mE zeigt dieser Fall die unzutr Behandlung von Darlehensverlusten (Rz 172); zur Verlustrealisierung durch Veräußerung an „eigene" GmbH (kein Missbrauch nach BFH IX R 77/06 BStBl II 08, 789; *Hoffmann* GmbHR 08, 997, obwohl allein aus stl Gründen veräußert wurde); mE keine echte Veräußerung, nur „Rechtsformänderung"; ***(4)*** Veräußerung unmittelbar nach Schenkung (zwecks Verlustverlagerung) kein Missbrauch (FG Mchn EFG 10, 715, rkr); ***(5)*** ringweise Veräußerung im Ges'terkreis soll grds nicht missbräuchl sein (BFH IX R 40/09 BStBl II 11, 427; zust *Fischer* jurisPR-StR 17/11 Anm 3; § 42 II 1 AO ist nicht erfüllt); ***(6)*** zu weiteren **Gestaltungsmöglichkeiten,** um vorhandene stille Reserven in derzeit nichtrelevanten Beteiligungen einem künftigen Steuerzugriff zu entziehen (zB **Dividenden-Stripping;** s 27. Aufl mwN). ***(7)*** Auch bei einem „Gesamtplan" können die Einzelakte maßgebl sein; Rückschenkung ist keine Übertragung (BFH X R 14/11 BStBl II 14, 158). ***(8)*** Allg zu § 42 AO *Weber-Grellet* Steuern im modernen Verfassungsstaat, 2001, 222f; *Fischer* FS Walz, 2008, 169; *Hüttemann* (Hrsg) DStjG 33 (2010); generell ist die Missbrauchsprüfung anhand des Zwecks der jeweiligen Norm vorzunehmen.

c) Missbräuchl Anteilsveräußerung (Anteilsrotation). Der (stfreie) Verkauf aller Anteile zwecks Vermeidung einer Versteuerung des Liquidationserlöses nach § 20 I Nr 2 ist rechtsmissbräuchl (§ 42 AO), wenn die GmbH ihre geschäftl Tätigkeit bereits eingestellt hatte und das Vermögen praktisch verteilt war (BFH VIII R 10/96 BStBl II 99, 729) oder bei Aufstockung kurz vor Eröffnung des Insolvenzverfahrens (FG Nds EFG 02, 552, rkr; aA evtl FG Ddorf EFG 03, 1247, rkr). Ob Missbrauch vorliegt, ist eine Frage des Einzelfalls; so kann eine Anteilsveräußerung an eine beteiligungsidentische GmbH zwecks Vermeidung der lfd Gewinnbesteuerung (*BMF* DStR 98, 420; *Gosch* StBp 99, 25) oder an den Ehegatten (BFH VIII R 37/03 BFH/NV 05, 2161: allein zum Zwecke der StEntstrickung) missbräuchl sein; kein Missbrauch bei Veräußerung an Ehegatten zum Zweck der Verlustrealisierung (FG BaWü DStRE 05, 247, rkr). Die Ges darf an den Erwerber ausschütten (BFH I R 4/97 BStBl II 01, 260); der Erwerber darf bei Ausschüttung eine TW-AfA vornehmen (BFH I R 48/97 DStR 01, 1883); die Veräußerung selbst kann aber tatsächl eine Ausschüttung und damit missbräuchl sein (so auch *sch* DStR 01, 1885); den Veräußerer treffen also die Folgen der Anteilsrotation (BFH VIII R 44/01 BFH/NV 04, 925). – Der Gesetzgeber hat bereits durch Änderung der §§ 17, 34 und die Einführung des § 50c XI aF Rotationshürden errichtet (*Neu* GmbHR 00, 57/65). Nach Absenkung der Relevanzschwelle auf 1 vH ist die Anteilsrotation eher bedeutungslos. 5

d) Umwandlungen. Abhängig von den UmwStG-Normen sind Umwandlungen auf der Ebene der Anteilseigner *(1)* zwingend steuerneutral (§ 20 IVa; § 20 Rz 163), *(2)* auf Antrag (§§ 13, 15, 21 UmwStG) steuerneutral oder *(3)* zwingend steuerwirksam (§§ 4, 7 UmStG, allg Regeln); *Haisch* Ubg 09, 96. Die nicht unter das UmwStG und § 12 II KStG fallenden Anteilstausche iRv **Kapitalmaßnahmen** sollen (wegen fehlender Zahlungsvorgänge, zB Aktientausch) nach JStG 2009 nicht erfasst werden (BReg BT-Drs 16/10189, 66; eingehend *Steinlein* DStR 09, 509). – Nach dem Systemwechsel vom Anrechnungs- zum Aufteilungsverfahren und der Stfreiheit von Anteilsveräußerungen gem **§ 8b KStG** sind die bisherigen **Unternehmenskaufmodelle,** die der Umwandlung des auf das nicht abnutzbare WG „Beteiligung" (§ 6 I Nr 2) entfallenden Anteilskaufpreises in AfA-Substrat (und der Mobilisierung des KSt-Anrechnungsguthabens) dienen, überholt (dazu iEinz 19. Aufl); der share-deal ist dem asset-deal vorzuziehen (für Einzelfallbetrachtung *Maiterth ua* DStR 03, 1313; *Beck/Klar* DB 07, 2819); vgl iEinz *Pung* EStG § 17 Rz 585 ff; *Rödder* ua, UmwStG², Einführung. 6

4. Verfassungsmäßigkeit. § 17 ist verfkonform (BVerfG 2 BvR 748/05 ua DStR BStBl II 11, 86; Rz 33; iEinz s 29. Aufl). 7

5. Persönl, räuml und zeitl Anwendungsbereich. – a) Natürl Person. Veräußerer muss grds eine natürl Person sein. Ist der Veräußerer unbeschr estpfl, ist unerhebl, ob die KapGes, deren Anteile veräußert werden, eine inl oder ausl KapGes (s Rz 24) und ob diese unbeschr kstpfl ist (BFH I R 11/85 BStBl II 89, 8

794; BFH I B 34/00 DStR 00, 1687; *Littmann/Rapp* § 17 Rz 14). Ist der Veräußerer ***nur beschr estpfl,*** erfasst § 17 nur Anteile an einer KapGes, die Sitz oder Geschäftsleitung im Inl hat (§ 49 I Nr 2e; *Pung* EStG § 17 Rz 126); dabei sind die Anteile PV (Rz 12), wenn sie nicht zum BV einer inl Betriebstätte des Veräußerers gehören. Unerhebl ist, ob sie BV einer ausl Betriebstätte sind; nach **isolierender Betrachtungsweise** greift § 17 iVm § 49 I Nr 2e auch in diesem Falle ein (BFH I 35/64 BStBl III 67, 45 mwN). Im Einzelfall kann das Besteuerungsrecht der BRD durch ein DBA ausgeschlossen sein (vgl BFH I R 40/87 BStBl II 90, 381 zu DBA-Kanada; krit *Seeger* FR 90, 514). Zum Wegzug ins Ausl s Rz 15.

9 **b) Körperschaft.** Ist der Veräußerer **kstpfl Rechtssubjekt** (zB Stiftung iSv § 1 I Nr 4 KStG), ist § 17 über § 1 I KStG anwendbar, sofern die Anteile nicht BV sind; KapGes haben aber stets BV (§ 8 II KStG). Bei einer persönl stbefreiten, zB gemeinnützigen Körperschaft (§ 5 I Nr 9 KStG) ist die Veräußerung nicht kstpfl, weil die Beteiligung als solche kein wirtschaftl Geschäftsbetrieb ist (*FinVerw* DStR 82, 685; vgl aber Rz 15).

10 **c) PersGes.** Veräußert eine PersGes Anteile, die Gesamthandsvermögen (gemeinsames Vermögen) sind, und sind die Anteile nicht BV (zB weil die PersGes weder luf noch gewerbl noch freiberufl tätig und auch keine gewerbl geprägte PersGes iSv § 15 III Nr 2 ist), sind die Anteile und ihre Veräußerung anteilig (§ 39 II Nr 2 AO) den Ges'tern zuzurechnen (str; s Rz 55).

11 **d) Anwendung.** § 17 gilt ab 1.1.91 uneingeschränkt auch im Beitrittsgebiet (DDR; § 1 Rz 32). – Die Änderungen durch das StEntlG 99 ff sind erstmals für den VZ 99 anzuwenden (*Dötsch/Pung* BB 99, 1352/3; zur rückwirkenden Anwendung vgl BFH XI R 34/02 BFH/NV 06, 2184; BVerfG 2 BvR 748/05 ua BStBl II 11, 86; Rz 34). – **§ 17 idF StSenkG** (mit Halbeinkünfteverfahren) gilt für Inlandsbeteiligungen ab 1.1.2002 (§ 34 Abs 1 KStG idF StSenkG; BFH IX R 56/09 BStBl II 11, 409; *FinVerw* DStR 04, 2009; DB 06, 1248; iEinz *Pung* EStG § 17 Rz 207 f); entscheidend ist das Wj der veräußerten Körperschaft (*Dötsch/Pung* GmbHR 01, 641/7).

Auf **Auflösungs- und Liquidationsgewinne/-verluste** nach **§ 17 IV** ist im Jahr 2001 nach BFH VIII R 25/05 BStBl II 08, 298 das Halbeinkünfteverfahren noch nicht anzuwenden (Reduktion des Wortlauts); Sonderfall BFH VIII R 60/05 BStBl II 08, 303: liquidationslose Beendigung; kein Halbeinkünfteverfahren in 2001; *OFD Mster* DB 08, 959. Für **Auslandsbeteiligungen** gilt die allg Regelung des § 34 I, I a KStG schon **ab 1.1.2001** (BFH IX R 56/09 BStBl II 11, 409). Bei **abw Wj** gilt die Neuregelung entspr später (§ 34 Abs 1a KStG idF StSenkG; zu RumpfWj vgl *Seibt* DStR 00, 2061/2). Für **§ 3 Nr 40 S 1 Buchst c** gilt Entsprechendes (vgl § 3 Rz 138). **§ 3c II** soll für WK grds ab VZ 01 anwendbar sein (da Ausschüttung regelmäßig erst in VZ 02), für TW-AfA unterschiedl nach Inl- und AuslBeteiligung (FG Ddorf EFG 03, 1070; *OFD Koblenz* DStR 04, 771); Entsprechendes gilt für **§ 17 IV,** bei Liquidation ab VZ 2001 (*BMF* StEK § 17 Nr 67 – 31.3.04; BFH VIII R 60/05 BStBl II 08, 303). – § 3 Nr 40 S 1 und 2, § 3c II idF UntStRefG (Teileinkünfteverfahren; 40 vH stfrei, 40 vH nicht absetzbar) ist erstmals ab VZ 09 anzuwenden (§ 52a III, IV idF 2013).

12 **6. Sachl Anwendungsbereich. – a) Anteile im PV/BV.** § 17 erfasst nur Anteile im PV (zB BFH VIII R 27/00 BStBl II 02, 733; EStR 17 I), auch **100 %ige Beteiligungen** im PV; § 16 I Nr 1 HS 2 gilt nur für BV (BT-Drs IV/3189 S 6). – **Anteile im BV** unterliegen den vorrangigen §§ 4, 5 (*Buciek* Stbg 00, 109/18), sind aber bei Prüfung, ob der Veräußerer zu mindestens 1 vH (Rz 33) beteiligt war, den Anteilen im PV hinzuzurechnen (zB BFH VIII R 40/89 BStBl II 94, 222; EStR 17 II), denn StPfl, die über BV verfügen und deshalb durch die Bildung gewillkürten BV eine relevante Beteiligung zB von 1,5 vH auf PV (0,9 vH) und BV (0,6 vH) aufteilen können, dürfen hinsichtl der im PV verbleibenden Anteile nicht günstiger gestellt werden, als StPfl, die kein BV haben (vgl BFH I B 39/81 BStBl II 82, 392).

Verstrickt waren auch die sog **einbringungsgeborenen Anteile** (BFH I R 3/09 BStBl II 10, 249; iEinz s 29., 31. Aufl). Für nach dem 12.12.06 beantragte Umwandlungen ist das System der einbringungsgeborenen Anteile abgeschafft; nunmehr sind die eingebrachten WG grds mit dem gemeinen Wert anzusetzen; bei Ausnahmen wird innerhalb einer Sperrfrist von 7 Jahren rückwirkend besteuert (Rz 246; *Littmann/Rapp* § 17 Rz 32).

b) Einbringungsverbundene Anteile. § 17 erfasst nunmehr in § 17 idF SEStEG auch einbringungsverbundene Anteile (Rz 245). – Die bisherigen Vorschriften gelten weiter bei einer bereits lfd Siebenjahresfrist (§ 8b IV KStG; § 3 Nr 40 S 3, 4) und im Fall des § 21 II UmwStG (Veräußerungsersatztatbestände); iEinz *Dötsch/Pung* DB 06, 2763/4. 13

c) Vorrang des § 23 I Nr 2 iVm § 3 Nr 40 S 1 Buchst j. Ab VZ 94 (zur vorherigen Rechtslage s BFH VIII R 68/93 BStBl II 95, 722; *BMF* BStBl I 94, 711) ist kraft ausdrückl Vorschrift § 17 „**nicht** anzuwenden, wenn die Voraussetzungen des § 23 I Nr 2 vorliegen" (§ 23 II 2; bisher § 23 III 2 idF StMBG bzw II 2 idF JStG 96; *HHR* Anm 36). Gleiches gilt bei beschr StPfl (§ 49 I Nr 8). Anders soll dies sein, wenn die Veräußerung dem (Durchgangs-)Erwerb vorausgeht (vgl § 23 I Nr 3; mE bedenkl; ebenso *Pung* EStG § 17 Rz 38). Unterschiede können sich bei Veräußerung mit Verlust ergeben (Rz 196ff; § 23 III 8, 9). – Ab 2009 (durch UntStRefG 2008) Vorrang des § 17 vor § 20 II und § 23 I Nr 2 (§ 20 VIII; § 23 II). 14

d) Ergänzende Regelungen. Ergänzt wird § 17 durch § 3 Nr 40 S 1 Buchst c, § 3c II idF StSenkG, § 50c XI aF, § 13 VI KStG, § 6 I AStG, § 13 II bzw § 15 I iVm § 13 II und § 5 II iVm § 16 UmwStG idF SEStEG. – 15

(1) § 3 Nr 40 S 1 Buchst c und § 3c II idF StSenkG vermindern die Bemessungsgrundlagen iSd *Halbeinkünfteverfahrens* auf die jeweilige Hälfte (Rz 130); ab VZ 2009 **Teileinkünfteverfahren** (§ 20 Rz 1, 35; § 52a III idF 2013). § 2a I Nr 4, 7 Buchst c verhindert den Abzug von AuslVerlusten. – § 50c XI sollte die Umwandlung von stpfl Erträgen in stfreie Veräußerungsgewinne verhindern (§ 50c Rz 19 f). – ***(2)*** Nach § 13 VI KStG ist bei Beginn der persönl StBefreiung einer bisher kstpfl Körperschaft § 17 grds auch ohne Veräußerung anzuwenden (zB *Schauhoff* DStR 96, 366). – ***(3)*** Nach § 6 AStG idF SEStEG (zB iVm Art 13 V DBA-Schweiz) sind eine Beendigung der unbeschr EStPfl im Inl und bestimmte dieser Beendigung gleichgestellte Vorgänge wie eine Veräußerung aller dem StPfl zuzurechnenden Anteile an einer KapGes zu werten; § 17 V bleibt unberührt (§ 6 III 3 AStG); nicht bei Verlusten (FG Mchn EFG 15, 1210, Rev I R 27/15). – IEinz *Töben/Reckwardt* FR 07, 159; kein Verstoß gegen Verfassungs- oder Gemeinschaftsrecht (BFH I R 88/07 DStR 09, 2295).– ***(4)*** Nach § 13 bzw § 15 I UmwStG idF SEStEG gelten die Anteile an der übertragenden Ges als veräußert (*BMF* BStBl I 11, 1314/64); in bestimmten Fälle sind die Anteile an der übernehmenden Körperschaft mit den bisherigen AK anzusetzen; zur bisherigen Rechtslage s 25. Aufl. – ***(5)*** Nach § 5 II UmwStG gilt bei Verschmelzung einer KapGes auf eine PersGes mit BV und formwechselnder Umwandlung in oder Abspaltung auf eine PersGes mit BV eine relevante Beteiligung für die Ermittlung des Übernahmegewinns als mit den AK in das BV der PersGes eingelegt (s zB BR-Drs 132/94 S 52; *BMF* BStBl I 11, 1314/57; *SHS* UmwStG[6] § 5 Rz 22f, § 8 Rz 21). S auch Rz 79, 117, 215.

7. Ermittlung der Einkünfte. – a) Gewerbl Einkünfte. Gewinne und auch Verluste (§ 17 II 6; s Rz 196) aus der Veräußerung von Anteilen an KapGes bei relevanter Beteiligung im PV gehören zu den Einkünften aus GewBetr (§ 2 I Nr 2), unterliegen aber nicht der GewSt (GewStR 2009 7.1 [3]). – Trotz der Gewerblichkeit der Anteilsveräußerung sind die Anteile PV; (auch) deshalb keine TW-AfA nach § 6 I Nr 2 S 2 (anders für BV-Anteile FG Nds BB 08, 1661). Die Erträge aus den Anteilen gehören zu den Einkünften aus KapVerm (§ 20). Hieraus folgt zB, dass **Schuldzinsen** für einen Kredit zum Erwerb einer relevanten Beteiligung grds WK (bisher) bei den Einkünften aus KapVerm waren (BFH VIII R 64/02 BFH/NV 05, 54; *Korn* GmbHR 03, 928; Rz 152), auch wenn keine Kapitalerträge, aber Wertsteigerungen der Beteiligung zu erwarten sind (BFH VIII R 32/00 BStBl II 01, 668); keine Anwendung des § 3c II in den Jahren 01–10 für endgültig einnahmelose Beteiligungen (FG Mster EFG 13, 204, rkr). Auch für die 16

Zeit nach Veräußerung einer § 17-Beteiligung können **nachträgl Schuldzinsen** grds (als WK nach § 20; § 20 Rz 214) abgezogen werden (BFH VIII R 20/08 BStBl II 10, 787 – Rspr-Änderung; BFH VIII R 1/10 BFH/NV 11, 223; FG Ddorf EFG 13, 926, Rev VIII R 3/12; *Moritz/Strohm* BB 12, 3107; *Dornheim* DStZ 11, 763: bei § 17); ggf sind Sonderregelungen (etwa § 3c, § 32d, § 52a idF 2013) zu beachten.

Nach *OFD Mster* KurzInfo ESt 7/12 (bereits auch *OFD Mster* DStR 12, 756) soll unter Hinweis auf § 32d II Nr 3 nach Veräußerung kein Schuldzinsenabzug mehr mögl sein. ME bezieht sich § 32d nur auf § 20-Einkünfte und ist für § 17-Einkünfte nicht einschlägig (aA *Moritz/Strohm* BB 12, 3107, *Moritz* DStR 14, 1703).

Abzug auch bei Aufgabe/Veräußerung vor VZ 99 (BFH VIII R 13/11 BStBl II 14, 251, DStRE 14, 454; BFH X R 5/11 BFH/NV 14, 1018; BFH VIII R 15/11 GmbH-StB 14, 132); zu Darlehensverlusten Rz 170. – Kein Abzug der Schuldzinsen (ab 1.1.09) nach § 20 IX idF UntStRefG, allenfalls nach § 32d II Nr 3 (*Fuhrmann* Stbg 09, 533/4; § 32d Rz 12).

17 **b) Gewinnerzielungsabsicht.** Die dem Veräußerer zuzurechnenden Anteile muss dieser in der Absicht, positive Einkünfte (aus KapVerm und/oder § 17) zu erzielen (also keine Liebhaberei), erworben und – wenn auch evtl nur kurzfristig (s Rz 75) – gehalten haben (BFH VIII R 32/00 BStBl II 01, 668; FG Ddorf EFG 15, 1608, rkr; *Weber-Grellet* FR 01, 705: Gesamtbetrachtung erforderl; *Pung* EStG § 17 Rz 51); nur dann fällt ihre Veräußerung (s Rz 94 ff) unter § 17 (BFH VIII R 68/93 BStBl II 95, 722; s auch Rz 196 zu Veräußerungsverlusten); idR ist davon auszugehen (BFH aaO; *Littmann/Rapp* § 17 Rz 3; aA *Falkner* DStR 10, 788/91: keine Gewinnerzielungsabsicht; nur Besteuerung von Einzelakten).

18 **c) Verfahren.** Veräußerungsgewinne sind wegen der notwendigen individuellen Bruchteilsbetrachtung (Rz 55 f) nicht einheitl festzustellen (BFH VIII R 41/99 BStBl II 00, 686; *OFD Ffm* DStR 15, 2554 Rz 18). Die Feststellung, dass Unterbeteiligte wirtschaftl Eigentum erworben haben, kann uU einer Erfassung der Anteile beim Hauptbeteiligten entgegenstehen (BFH VIII R 11/02 BStBl II 06, 253); ggf aber § 180 II 3 AO, § 10 VO bei steuerverstrickten Anteilen (*Pung* EStG § 17 Rz 608; aufgehoben durch SEStEG, s § 11 3 VO; *Littmann/Rapp* § 17 Rz 36a).

19 **d) Anzeigepflicht.** Gem § 54 EStDV haben (dt) Notare dem nach § 20 AO zuständigen FA Abschriften der Urkunden zu übersenden, die für die Anwendung des § 17 bedeutsam sein können (*HHR* Anm 55), zusätzl (ab 2007) bei nicht unbeschr stpfl Anteilseignern im Fall zuvor bestehender unbeschr StPfl an das nach § 19 AO zuständige FA (§ 54 IV EStDV; *Littmann* § 17 Rz 35 f). Für die strechtl Wirksamkeit ist § 54 EStDV ohne Bedeutung (FG Köln EFG 07, 1765, rkr).

II. Anteile an einer Kapitalgesellschaft, § 17 I 3

20 **1. Begriff.** Der Begriff der Anteile an einer KapGes ist in § 17 I 3 abschließend definiert: Er umfasst *(1)* Aktien, *(2)* Anteile an einer GmbH, *(3)* Genussscheine, *(4)* „ähnliche Beteiligungen", *(5)* „Anwartschaften auf solche Beteiligungen" und *(6)* Anteile an (europäischen) Genossenschaften (SCE; Abs VII idF SEStEG; *Littmann/Rapp* § 17 Rz 53).

21 **2. Aktien; Anteile.** Aktien sind Anteile am Grundkapital einer dem dt AktG unterliegenden AG (§§ 1, 6, 8 AktG) oder KGaA (§ 278 AktG), auch Vorzugsaktien ohne Stimmrecht (§§ 11, 12 I AktG) und Zwischenscheine (§ 8 VI AktG; FG Mchn EFG 15, 1891, Rev IX R 35/15); eine formale Unrichtigkeit (unzutr Kennzeichnung) ist unschädl (BFH IX R 2/10 BStBl II 12, 20; EStH 17 (2)). – **GmbH-Anteile** sind Geschäftsanteile an einer dem dt GmbHG unterliegenden GmbH (vgl § 3 I Nr 4; §§ 5, 14 GmbHG; BFH VIII R 16/88 BStBl II 92, 902; *Noack/Merks* Status: Recht 08, 331), gleichgültig, ob sich die GesRechte (Mitver-

waltungs-/Vermögensrechte) nach der Stammeinlage bestimmen (§ 14 GmbHG) oder ob in der GmbH-Satzung etwas anderes vorgesehen ist (s aber Rz 40). – Zu Anteilen an ausl KapGes s Rz 24. – **Genossenschaftsanteile** sind Geschäftsanteile an einer Genossenschaft (vgl § 7a GenG), die den Erwerb oder die Wirtschaft ihrer Mitglieder oder deren soziale oder kulturelle Belange durch gemeinschaftl Geschäftsbetrieb fördert (§ 1 GenG); Grund für die Erweiterung durch das SEStEG ist die SCE, die „investierende Genossen" kennt (Nähe zu gewöhnl KapGes).

3. Genussscheine. Das sind Forderungsrechte gegen eine KapGes, die eine Beteiligung am Gewinn und/oder Liquidationserlös, evtl zusätzl Rechte (zB feste Verzinsung usw) gewähren. Sie sind gesrechtl nicht definiert, aber in § 221 III AktG als „Genussrechte" (verbrieft oder nichtverbrieft) erwähnt (vgl § 19a III Nrn 3, 11). Kstrechtl werden sie wie Nennkapital behandelt, sofern mit ihnen das Recht auf Beteiligung am Gewinn *und* Liquidationserlös der KapGes verbunden ist (§ 8 III 2 KStG; s § 20 I Nr 1; BFH I R 67/92 BStBl II 96, 77; *Kratzsch* BB 04, 581; 05, 2603/11; krit *BMF* BStBl I 96, 46). – § 17 gilt nur für Genussrechte, die ein Recht auf Beteiligung am Liquidationserlös gewähren (BFH VIII R 73/03 BStBl II 05, 861; *Eilers/Roderburg* GmbHR 05, 1622); die bloße Beteiligung am Gewinn genügt nicht (zB *Wüllenkemper* FR 92, 473/8 mwN), da das Gesetz eine Beteiligung „am Kapital" der Ges fordert. Vgl auch § 5 Rz 550. 22

4. Ähnliche Beteiligungen. Die Ähnlichkeit kann sich sowohl auf die „KapGes iSv § 17 I 3" als auch auf die dort genannten „Anteile" beziehen (BFH VIII R 16/88 BStBl II 92, 902). – ***(1)* Ähnl Beteiligungen.** Das sind: – ***(a)* Anteile an einer VorGes,** die nach Abschluss eines GmbH-Vertrags vor Eintragung in das HR besteht, soweit diese Ges kstrechtl als KapGes beurteilt wird (§ 15 Rz 169; *Streck* § 1 Rz 8; BFH X R 17/05 BStBl II 08, 579); – ***(b)* Anteile an Ges,** die gesrechtl **ausl Recht** unterliegen, aber im „Typenvergleich" einer dt KapGes (AG, GmbH) entsprechen (zB BFH I R 43, 44/98 BFH/NV 00, 639; ähnl BFH XI R 15/05 BB 07, 1882; *Schnittker/Lemaitre* GmbHR 03, 1314; *Kratzsch* BB 07, 1817; *Pung* EStG § 17 Rz 133f; *HHR* Anm 22); Rechtsfähigkeit und KStPfl nach § 1 I Nr 4 oder 5 KStG reichen allein nicht aus. Ähnl ist zB eine englische Limited (FG Mster EFG 14, 341, rkr). 24

***(2)* Keine ähnl Beteiligungen** sind Anteile an VVaG (§§ 15–53 VAG), persönl haftende Ges'ter-Anteile einer KGaA oder **typische stille Beteiligung** (BFH VIII R 25/96 BStBl II 97, 724; EStH 17 II). Auch eine GbR (dazu FG Köln GmbHR 98, 1246) oder eine **atypische stille Beteiligung** sind keine Beteiligung gem § 17 I (statt dessen MUerschaft; s Rz 55; *Crezelius* FS Priester, 2007, 55/65); eine **Unterbeteiligung** ist nur bei vollwertigen Vermögens- und Verwaltungsrechten ähnl (BFH IX R 61/05 BFH/NV 08, 2004; BFH IX R 6/11 BFH/NV 13, 9). 25

***(3)* Eigenkapitalersetzende Ges'terdarlehen** (vgl zB *K. Schmidt,* GesRecht, 4. Aufl 2002 § 18 II 2; § 37 IV; *Raiser/Veil* § 38), die auf der Ebene der KapGes grds Fremdkapital sind (§ 5 Rz 550 „Ges'terfinanzierung"), sind – unabhängig von der bilanzstrechtl Beurteilung bei der KapGes – **keine ähnl Beteiligungen,** da eine (erweiterte) Beteiligung an den Ges'terrechten fehlt (BFH VIII R 16/88 BStBl II 92, 902; hL, zB *Littmann/Rapp* § 17 Rz 47 mwN). – Ebenso zu beurteilen sind sonstige kapitalersetzende Ges'terleistungen wie zB Bürgschaft (*K. Schmidt* aaO), Ges'terdarlehen mit vereinbartem **Rangrücktritt** (vgl BFH IV R 57/91 BStBl II 93, 502), Nutzungsüberlassung (s § 15 Rz 805 mwN), Schulderlass mit Besserungsschein und der Teil einer Ges'terfremdfinanzierung, für den Vergütungen gem **§ 8a KStG** als vGA gelten. 26

5. Anwartschaften auf solche Beteiligungen. – a) Bezugsrechte. Dies sind grds alle schuldrechtl oder dingl Rechte auf Erwerb eines Anteils an einer KapGes, zB *konkrete* Bezugsrechte, die kraft Gesetzes bei Kapitalerhöhung einer AG (§ 186 AktG) und bei einer GmbH (*Zöllner* in *B/H* GmbHG § 55 Rz 13), 27 jedenfalls kraft Satzung oder Kapitalerhöhungsbeschluss einen **Anspruch auf Abschluss eines Zeichnungsvertrags** begründen (vgl BFH IX R 15/05 BStBl II 06, 171; EStR 17 III; *Littmann/Rapp* § 17 Rz 49; *Crezelius* FS Priester, 2007, 55/71; aA wohl BFH I R 101/06 BStBl II 08, 719 iZm § 8b II KStG). Das Anwartschaftsrecht entsteht mit Beschluss über Kapitalerhöhung (FG Mster EFG 14, 2076, Rev I R 55/14), die im HR eingetragen sein muss (BFH VIII R 49/04 BStBl II 06, 746). Das Bezugsrecht (eine spezielle Call-Option) ist das einem Aktionär zustehende Recht, bei einer Kapitalerhöhung eines Unternehmens mit neuen Aktien bedacht zu werden. Einem Bezugsrecht gleichwertig ist die tatsächl und rechtl Möglichkeit, sich ein solches zu verschaffen (*Eppler* DStR 88, 64; ähnl BFH VIII R 63/87 BStBl II 91, 832: Anwartschaft auf Teilnahme an Kapitalerhöhung). Eine Anwartschaft, die Gegenstand einer § 17-Veräußerung sein kann (§ 17 I 3), soll keinen Einfluss auf die Beteiligungshöhe haben (BFH VIII R 49/04 BStBl II 06, 746; BFH IX R 35/12 BStBl II 13, 578; *Heuermann* StBp 06, 329); mE ist das Problem unter dem Aspekt der „Vermeidung der Verdoppelung" zu lösen (s Rz 45). Eine Veräußerung einer „Anwartschaft" iSv § 17 ist auch gegeben, soweit ein StPfl iRe einer Kapitalerhöhung von dieser Möglichkeit zugunsten eines Dritten gegen Entgelt keinen Gebrauch macht bzw durch Ges'terbeschluss diesem ein Bezugsrecht einräumt (BFH VIII R 68/05 BStBl II 07, 937; *Widmann ua* JbFfSt 90/91, 429 mwN; s auch Rz 85, 104). Zur Übertragung von Anwartschaften durch Erlangung einer hinlängl gesicherten Rechtsposition (trotz noch fehlender HR-Eintragung) s BFH X R 17/05 BStBl II 08, 579.

28 **b) Schuldrechtl Ansprüche.** Ansprüche gegen einen Ges'ter auf Übertragung von Anteilen sind „Anwartschaften auf solche Beteiligungen"; ihre entgeltl Veräußerung ist stpfl (BFH VIII R 14/06 BStBl II 08, 475, für die Veräußerung des Optionsrechts aus einer „Call-Option" [Kauf-Optionsrecht]; ähnl *Strahl* BeSt 3/08, 19; *Frotscher* § 17 Rz 52; maßgebend ist nur, ob der Berechtigte sich den Vermögenszuwachs der Anteile verschaffen kann und ob er bereits (wie ein wirtschaftl Eigentümer; Rz 50) auf die Anteile einwirken kann; aA die hL, zB *Littmann/Rapp* § 17 Rz 49 mwN; *Crezelius* FS Priester, 2007, 55/68; ferner FG Hbg EFG 01, 1435, rkr; krit BFH I R 18/12 BStBl II 13, 588; diff FG Köln EFG 12, 2022, Rev IX R 35/12). Entsprechendes muss für das Recht aus einem bindenden Angebot auf Abschluss eines Übertragungsvertrages gelten. Ohne Bedeutung sind Anwartschaften für die Beurteilung der Beteiligungshöhe (BFH VIII R 49/04 BStBl II 06, 746).

29 **c) Optionsrechte.** Anwartschaften sind auch Wandlungs- oder Optionsrechte aus Schuldverschreibungen (§ 221 I 1 AktG; § 272 II Nr 2 HGB; dazu § 5 Rz 550); ihre Veräußerung (vor Ausübung) fällt unter § 17, sofern eine relevante Beteiligung vorliegt (vgl BFH IV R 209/74 BStBl II 76, 288). – Keine Anwartschaft ist ein unter Vorbehalt stehendes Optionsrecht (FG Mchn EFG 14, 344, Rev IX R 54/13).

III. Relevante Beteiligung, § 17 I 1, 4

33 **1. Begriff, § 17 I 1. – a) Voraussetzungen.** Nach § 17 I 1 muss der Veräußerer innerhalb (nicht während) der letzten fünf Jahre am **Kapital der Ges** (S 1) **zu mindestens 1 vH** (bis 31.12.98: zu mehr als einem Viertel; bis 31.12.01 zu mindestens 10 vH) unmittelbar oder mittelbar beteiligt gewesen sein (Rz 16); der **maßgebl Schwellenwert** sollte sich nach bisheriger Rspr nach dem Zeitpunkt der Veräußerung bestimmen (BFH IX R 57/10 BStBl II 12, 318; EStH 17 (2)); der BFH hat seine Auffassung aufgegeben (s Rz 34). – Beteiligungsbesitz zum Zwecke der Aufstockung ist noch nicht maßgebl (BFH IX R 23/10 BStBl II 12, 3; *Bode* FR 12, 84). In den **Fällen des § 17 VI** (Sacheinlage; Einbringung/Tausch von Anteilen) führt auch Beteiligung von weniger als 1% zur Anwendung des § 17 (EStR 17 II 2). – Die Herabsetzungen (zunächst auf 10 vH, dann auf 1 vH) sind

nicht verfwidrig (BFH IX R 36/11 BStBl II 13, 164 (VerfBeschw 2 BvR 364/13; *OFD Nds* DStR 14, 532; *Schweyer/Dannecker,* BB 99, 2375; *Heuermann* DB 13, 718/21). Mit der durch das StSenkG zur Vermeidung von Steuerumgehungen vorgenommenen Herabsetzung auf 1 vH ist § 50c XI aF obsolet geworden (vgl BT-Drs 14/23, 178; 14/2683, 113/4, 119; krit *Schulte* DB 00, 1042).

b) Relevanzschwelle. Das Tatbestandsmerkmal der „relevanten Beteiligung in- 34
nerhalb der letzten 5 Jahre" in § 17 I 1 ist – nach Maßgabe von BVerfG 2 BvR 748/05 ua BStBl II 11, 86 – für jeden abgeschlossenen VZ nach der in diesem VZ jeweils geltenden Beteiligungsgrenze zu bestimmen; auch der BFH hat sich nunmehr der VZ-bezogenen Betrachtung angeschlossen (VZ-bezogen; BFH IX B 146/11 BStBl II 12, 335; BFH IX R 7/12 BStBl II 13, 372; BFH IX R 34/11 BFH/NV 13, 539 [*Heuermann* DB 13, 718/20; krit *Dornheim* FR 13, 599]; ferner FG Ddorf EFG 13, 209, Rev IX R 47/12; FG RhPf EFG 13, 436, rkr; FG BaWü EFG 15, 1361, rkr; in der Tendenz auch BFH IX B 146/11, BStBl II 12, 335; aA FG Nds EFG 12, 1337, Rev IX R 19/12: kein VZ-bezogener Beteiligungsbegriff); einschr *BMF* BStBl I 13, 721 (ebenso dazu *OFD Nds* DStR 14, 532): nur für die Herabsetzung von 25 auf 10 vH; weitere Nachweise s 27. Aufl). – Anzusetzen sind die historischen AK (FG Mster EFG 13, 1835 Rev IX R 41/13).

Die Absenkung der Relevanzschwelle ist demnach **doppelt** zu berücksichtigen: beim Veräußerungstatbestand (Rz 1) und bei der Erfassung der realisierten stillen Reserven. **Beispiele:**

(1) (nach *BMF* BStBl I 11, 16, II.1): A ist seit 90 zu 10 vH an A-GmbH beteiligt (AK 100 T€); er veräußert die Beteiligung am 2.8.10 für 1 Mio €; der Wert der Beteiligung betrug zum 31.3.99 500 T€. – Die realisierten stillen Reserven dürfen nur insoweit besteuert werden, als sie nach dem 31.3.99 entstanden sind, also iHv 500 T€; der stpfl Gewinn beträgt demnach 500 T€ × 60 vH = 300 T€ (entspr Anwendung bei Einlage; *BMF* 21.12.11 DStR 12, 80; *Dornheim* DStR 12, 61); für die Herabsetzung auf 1 vH gilt Entsprechendes (Bewertungszeitpunkt 26.10.00); zu zwischenzeitl Wertveränderungen *Trossen* HFR 14, 883.

(2) Veräußerung 12/99; Beteiligungshöhe in 97 14%, ab 98 9%: mE nicht stbar, da in keinem Zeitraum relevant beteiligt (so auch BFH IX R 7/12 BStBl II 13, 372).

(3) War A seit November 96 mit 25% beteiligt und veräußert er zum 30.6.99 einen Anteil von 7%, so kann nur die zw 31.3. und 30.6.99 entstandene Wertsteigerung erfasst werden (BFH IX R 30/13 BFHNV 15, 489).

Die Beweislast für den Eintritt des Wertzuwachses nach dem 31.3.99 trägt das FA (BFH IX R 47/10 DStR 11, 620; *Söffing/Bron* DB 12, 1585/90). – Kein Vertrauensschutz beim Scheitern einer rechtzeitigen Veräußerung (BFH IX R 73/06 BStBl II 09, 140).

Nach **BVerfG 2 BvR 748/05** BStBl II 11, 86 verstieß § 17 I 4 iVm § 52 I 4 idF StEntlG 99 ff gegen die verfrechtl Grundsätze des Vertrauensschutzes und ist nichtig, soweit Wertsteigerungen steuerl erfasst werden, die bis zur Verkündung des StEntlG 99 ff am 31.3.99 entstanden sind und die entweder – bei einer Veräußerung bis zu diesem Zeitpunkt – nach der zuvor geltenden Rechtslage stfrei realisiert worden sind oder – bei einer Veräußerung nach Verkündung des Gesetzes – sowohl zum Zeitpunkt der Verkündung als auch zum Zeitpunkt der Veräußerung nach der zuvor geltenden Rechtslage stfrei hätten realisiert werden können; **Umsetzung** durch ***BMF*** BStBl I 11, 16 (**mit Beispielen;** *Gragert* StuB 11, 43; *Förster* DB 11, 259; *Schmidt/Renger* DStR 11, 693): **Aufteilung** des Gewinns (vor und nach 31.3.99, vor und nach 26.10.00; iEinz FG Köln EFG 11, 1764, rkr; FG Mchn EFG 13, 1751, Rev 30/13); Verluste (Wertminderungen) sollen nicht betroffen sein (*Gragert* StuB 11, 43/5); mE im Hinblick auf die lastenverteilungsrechtl Natur des Steuerrechts bedenkl). Der BVerfG-Beschluss ist auch anzuwenden, wenn die Beteiligung am 31.3.99 geringer als 10 vH war (*Söffing/Bron* DB 12, 1585).

Zur Anwendung der gesenkten Relevanzschwelle (Bagatellgrenze; *Schüppen/Sanna* BB 01, 2397) war keine Übergangsregelung vorgesehen (BT-Drs 14/23, 178); danach sollten – entgegen der hier stets vertretenen Auffassung (s auch *Weber-Grellet* FR 04, 361) – alle Beteiligungen zw 1 vH/10 vH und 25 vH zu den ursprüngl AK steuerl verstrickt sein (so BFH VIII R 92/03 BStBl II 05, 398: zulässige unechte Rückwirkung; BFH IX B 204/08 BFH/NV 09, 1262; weitere Nachweise s 27. Aufl).

35 **c) Unentgeltl Anteilserwerb, § 17 I 4.** Auch solche Beteiligungen gelten als relevant, die zwar weniger als 1 vH (bzw 10 vH bzw 25 vH) betragen, aber unentgeltl von einem Rechtsvorgänger erworben wurden, der innerhalb der letzten 5 Jahre relevant (dh zu mindestens 1 vH) beteiligt war (iEinz Rz 80 f).

37 **2. Berechnung. – a) Mindestbeteiligung.** Der Veräußerer muss **zu mindestens 1 vH** (bis 31.12.98: zu mehr als einem Viertel; genau ein Viertel genügte nicht; bis zum 31.12.01 zu mindestens 10 vH) am Kapital der Ges, deren Anteile veräußert werden, beteiligt gewesen sein (§ 17 I 1).

38 **aa) Maßgeblichkeit des nominellen Anteils am Grund- oder Stammkapital.** (§§ 6, 7 AktG; § 5 GmbHG; BFH VIII R 29/94 BStBl II 98, 257 ausschließl; BFH VIII R 73/03 BStBl II 05, 861; *Littmann/Rapp* § 17 Rz 56). Unerhebl ist, welcher Teil davon eingezahlt ist (anders mE, wenn sich nach dem GesVertrag einer GmbH die Ges'terrechte nach dem Verhältnis der *eingezahlten* Beträge bestimmen) und wie hoch das Eigenkapital der KapGes ist. – Die Höhe der Stimmrechte ist ohne Bedeutung (*Frotscher* § 17 Rz 61). Demgemäß können auch Vorzugsaktien ohne Stimmrecht – im Unterschied zu Mehrstimmrechtsanteilen – eine relevante Beteiligung begründen.

40 **bb) Gewinnbeteiligung unerhebl.** Keine relevante Beteiligung liegt vor, wenn der GmbH-Ges'ter zwar am Stammkapital nominell zu nicht mehr als 1 vH (Rz 12, 35) beteiligt ist (§§ 5, 14 GmbHG), ihm aber abw von § 29 II GmbHG und § 72 GmbHG durch die Satzung ein Recht auf mehr als 1 vH des Reingewinns *und* des Liquidationserlöses eingeräumt ist (so BFH VIII R 29/94 BStBl II 98, 257, der allein auf den Wortlaut und die einfache Handhabung abstellt; zust *Gosch* StBp 98, 165; vgl EStH 17 II „Missbrauch"); dies gilt auch, wenn abw von § 47 II GmbHG diesem Ges'ter auch noch mehr als 1 vH der Stimmrechte zustehen (BFH VIII R 29/94 BStBl II 98, 257; BFH VIII R 36/96 BFH/NV 98, 691: nomineller Anteil maßgebl); besondere zusätzl Einflussmöglichkeiten allein genügen nicht (BFH VIII R 49/96 BFH/NV 98, 694). **Missbrauch** auch bei vor Konkursantrag erfolgter Aufstockung (FG Ddorf EFG 98, 113, rkr: von 15 auf 25% für 1 DM; FG Nds DStRE 02, 784, rkr: von 24,5 auf 26%). Bei Beteiligung von Angehörigen sind die Fremdvergleichsgrundsätze und ggf auch § 42 AO heranzuziehen.

41 **b) Eigene Anteile. – aa) Abzug vom Kapital.** Besitzt die KapGes eigene Anteile (vgl §§ 71, 16 II 2 AktG; § 33 GmbHG; § 272 Ia HGB), ist deren Nennwert vom Grund-/Stammkapital abzuziehen (BFH VIII R 329/84 BFH/NV 90, 27; *Schiffers* GmbHR 14, 79/82); das maßgebl Kapital verringert sich. Zu „mittelbaren" eigenen Anteilen s *Henkel ua* JbFfSt 96/7, 558.

Beispiel: A, B und C sind mit je 2500 am Stammkapital der X-GmbH von 250 000 beteiligt. Geschäftsanteile von 25 000 besitzt die GmbH als eigene. Am Stammkapital von 225 000 sind A, B und C zu je mehr als 1 vH beteiligt.

42 **bb) Einziehung.** Zieht eine GmbH Geschäftsanteile ein (§ 34 GmbHG; s Rz 101), bleibt das Stammkapital unverändert; die Einziehung führt aber dazu, dass die Summe der Geschäftsanteile nicht mehr dem Stammkapital entspricht (*Hueck/Fastrich* in *B/H* GmbHG § 34 Rz 17a). Durch die Einziehung ändert sich das Beteiligungsverhältnis der verbleibenden Geschäftsanteile; der Nennwert des eingezogenen Geschäftsanteils muss vom Stammkapital abgezogen werden (BFH VIII R 329/84 BFH/NV 90, 27; FG Mchn EFG 04, 801, rkr) – in gleicher Weise wie eigene Anteile; dadurch kann eine relevante Beteiligung entstehen (s auch Rz 159, 182). – Entsprechendes gilt für den „Ausschluss" „Austritt" eines GmbH-Ges'ters (s Rz 103).

43 **c) Kapitalersetzende Ges'terleistungen.** Diese (insb Ges'terdarlehen und Ges'terfremdfinanzierungen, deren Vergütungen zB Zinsen gem § 8a KStG als vGA gelten) erhöhen den Anteil am Kapital der Ges nicht – unabhängig davon, ob

sie bei der KapGes als Eigen- oder Fremdkapital zu werten sind, – weil sie keine (zusätzl) Ges'terrechte begründen (s Rz 26; *Crezelius* FS Priester, 2007, 55/63). Zu AK s Rz 170-3.

d) Auswirkung von Sonderrechten. Str ist, wie bei der Veräußerung von Genussscheinen, Bezugsrechten und Wandlungs- oder Optionsrechten (Rz 22, 27-9) zu bestimmen ist, ob eine Beteiligung zu mindestens 1 vH (Rz 12, 35) am Kapital der Ges vorliegt und ob und ggf wie bei der Veräußerung von Anteilen derartige Genussscheine und „Anwartschaften" bei Prüfung, ob der Veräußerer relevant beteiligt war, mitzurechnen sind. 44

(1) **Bezugsrechte** (Rz 27). Sie sind dem Grund- oder Stammkapital nicht hinzuzurechnen (keine „Verdoppelung"), ihre Veräußerung ist aber nach § 17 estpfl, wenn derjenige, dem das Bezugsrecht zusteht bzw zustehen würde, am Grund- oder Stammkapital vor Kapitalerhöhung zu mindestens 1 vH (Rz 12, 35) beteiligt war (BFH VIII R 49/04 BStBl II 06, 746; offen in BFH IV R 15/71 BStBl II 75, 505; diff *OFD Nds* StEK § 17 Nr 109; aA *Littmann/Rapp* § 17 Rz 59; *Frotscher* § 17 Rz 74). – Entsprechendes dürfte für Wandlungs- oder Optionsrechte gelten (*Pung* EStG § 17 Rz 176 f). 45

(2) **Genussscheine.** Gewähren sie auch eine Beteiligung am Liquidationserlös (Rz 22), kommt es darauf an, in welchem Verhältnis Ges'ter und Genussscheininhaber am Gewinn *und* am Liquidationserlös teilhaben (*Littmann/Rapp* § 17 Rz 59). 46

e) „Carried Interest". Durch Gesetz zur Förderung von Wagniskapital v 30.7.2004, BGBl I, 2013 (*Bauer/Gemmeke* DStR 04, 1470; *Watrin/Stuffert* BB 04, 1888) ist klargestellt, dass das Carried Interest (Gewinn-„vorzug") zu Einkünften nach § 18 I Nr 4 führt, die dem Halb-/Teileinkünfteverfahren unterliegen (*Desens/Kathstede* FR 05, 863); der Gewinnvorzug erfasst auch **Veräußerungserlöse** (§ 18 Rz 287); iE § 15 Rz 90. 47

3. Subj Zurechnung. – a) Rechtl oder wirtschaftl Eigentum. Dem **Veräußerer** sind Anteile zuzurechnen, deren zumindest *wirtschaftl* (ggf auch zivilrechtl) **Eigentümer** er ist (§ 39 II Nr 1 S 1 AO; BFH IX R 4/09 BFH/NV 10, 623; Rz 94; BFH IX R 6/11 BFH/NV 13, 9; § 5 Rz 152; *Moritz* GStB 04, 384; *Binnewies* GmbHR 11, 1163), also idR Eigenbesitz, Gefahr, Nutzen und Lasten der Sache, konkret: unentziehbare Rechtposition, wesentl (Verwaltungs- und Vermögens-)Rechte, Risiko der Wertentwicklung (BFH IX R 57/10 BStBl II 12, 318: **Gesamtbildbetrachtung;** zur verfrechtl Legitimation BVerfG 1 BvR 210/68 BStBl II 71, 381); ähnl FG RhPf EFG 06, 671 (iErg bestätigt durch BFH IX R 74/06 BStBl II 09, 124): Übergang von Kursrisiken und -chancen; Gewinnbezugs- und Stimmrecht (*Kleinheisterkamp/Schell* DStR 10, 833; aA *Mayer* DStR 09, 674, der übersieht, dass § 39 AO nicht auf den Übertragungstatbestand zugeschnitten ist); abzustellen ist auf das Gesamtvertragskonzept (BFH IX R 57/10 BStBl II 12, 318). Eine Pflicht zur Weiterveräußerung, eine bedingte Rückübertragungspflicht gegen Abfindung oder ein Rücktrittsrecht hindern nicht den Erwerb wirtschaftl Eigentums (BFH XI R 55/97 BFH/NV 99, 9; BFH VIII R 34/01 BStBl II 05, 857; krit *Tschesche* WPg 02, 965/9); grds keine genehmigungsbedingte Rückwirkung (Rz 73). Auch bei nur kurzfristiger Beteiligung kann rechtl und wirtschaftl Eigentum übertragen sein (zB BFH VIII R 33/94 BStBl II 95, 870 zu **„Durchgangserwerb"**). Eigentum für logische Sekunde reicht nicht (BFH IX R 7/09 BStBl II 11, 540); Beteiligungsbesitz zum Zwecke der Aufstockung ist noch nicht maßgebl (BFH IX R 23/10 BStBl II 12, 3; *Bode* FR 12, 84). – BFH IX R 74/06 BStBl II 09, 124, stellt auf die vollständige Kaufpreiszahlung ab; das ist nicht der entscheidende Aspekt. – Ein an einem KapGesAnteil **Unterbeteiligter** ist nur dann wirtschaftl Eigentümer, wenn er nach dem Inhalt der getroffenen Abrede alle mit der Beteiligung verbundenen wesentl Rechte (Vermögens- und Verwaltungsrechte) ausüben und im Konfliktfall effektiv durchsetzen kann (BFH IX R 61/05 BFH/NV 08, 2004). – Bei Verträgen zw nahen Angehörigen kann 50

Formmangel und **fehlende Durchführung** (verstärkte Indizwirkung) der Anerkennung einer Vereinbarung (über Unterbeteiligung) entgegenstehen. (BFH IX R 19/09 BStBl II 10, 823; *Heuermann* DB 11, 551/5), unter Fremden nicht (BFH IX R 69/10 BFH/NV 12, 1099, zu § 15 III, IV GmbHG). – **Vorbehaltsnießbraucher,** der alle wesentl Beteilungsrechte behält, verliert nicht das wirtschaftl Eigentum (BFH IX R 51/10 BStBl II 12, 308; BFH IX R 49/13 BStBl II 15, 224; EStH 17 (4)).

51 **b) Treuhand.** Bei Treuhandverhältnissen (s zB *Sommer/Menzel* GmbHR 03, 917; *Fuhrmann* KÖSDI 06, 15293) sind die Anteile dem **Treugeber** zuzurechnen (§ 39 II Nr 1 2 AO; BFH VIII R 56/93 BStBl II 98, 152 zur Vereinbarungstreuhand; ferner BFH VIII R 22/02 BFH/NV 04, 620), sofern die Treuhand nachgewiesen (§ 159 AO) und durchgeführt ist (BFH VIII R 14/05 BFH/NV 08, 745: Nachholung der Form mögl; BFH IX R 37/11 BStBl II 12, 487: *Heuermann* DB 13, 718/22); strenger Maßstab anzulegen (FG Mchn EFG 15, 1891, Rev IX R 35/15); auch formunwirksame Abrede kann wirksam sein (BGH I StR 140/2 DStRE 13, 38; *Fischer* jurisPR-StR 1/13 Anm 1 mwN); FG Köln EFG 05, 1195 [aufgehoben durch BFH IX R 61/05 BFH/NV 08, 2004] verlangt Anzeige ggü FA; krit *Fohler/Greitemann* DB 05, 2488; mE Einzelfall maßgebl); zu privatschriftl Vereinbarung BFH IX R 60/05 BFH/NV 09, 896; vor Beurkundung des GesVertrags vereinbarte Treuhand ist wirksam (FG Köln DStRE 08, 872, rkr); § 5 Rz 154. – § 159 AO enthält eine klare „Beweisregel" (BFH IX R 14/08 BStBl II 10, 460); Feststellungslast trägt der, der sich auf Treuhand beruft (FG Mchn EFG 15, 1891, Rev IX R 35/15). Eine Quotentreuhand ist mögl (BFH IX R 14/08 BStBl II 10, 460). – Ebenso sind sicherungsweise übereignete Anteile dem **Sicherungsgeber** zuzurechnen (§ 39 II Nr 1 S 2 AO).

52 **c) Unterbeteiligung.** Der (atypisch) Unterbeteiligte (BFH VIII R 34/01 BStBl II 05, 857: Teilhabe an Gewinn *und* Substanz; Wahrnehmung der Verwaltungsrechte; Kündigungsrecht unschädl) ist wirtschaftl Eigentümer an einem Bruchteil der Anteile (*Hohaus* GmbHR 02, 883/9; Rz 54); Die entgeltl Einräumung ist daher Veräußerung eines Bruchteils der Anteile (*Blaurock/Berninger* GmbHR 90, 87/94); bei unentgeltl Begründung greift § 17 I 4, II 5 ein.

53 **d) Pfandrechte.** Sie begründen kein wirtschaftl Eigentum am belasteten Gegenstand. Entsprechendes gilt für einen **Nießbrauch** (*GmbH-Centrale* GmbHR 97, 303; *Pung* EStG § 17 Rz 189, 190), es sei denn der Nießbraucher ist auch ermächtigt (§ 185 BGB), auf *eigene* Rechnung über die belasteten Anteile zu verfügen (Dispositionsnießbrauch). Zu Pensionsgeschäften s § 5 Rz 270.

54 **e) Zurechnung geschenkter Anteile.** Anteile, die estrechtl einem Dritten zuzurechnen sind, bleiben bei der Ermittlung, ob der Veräußerer zu mindestens 1 vH (Rz 12, 35) beteiligt war, außer Betracht – abgesehen von Beteiligungen, die zu einer mittelbaren Beteiligung führen (s Rz 67). Dies gilt grds auch, wenn der Dritte ein **Angehöriger** ist und dieser vom Veräußerer Anteile geschenkt erhalten hat (FG Köln EFG 99, 1288, rkr), es sei denn, der Schenker ist wirtschaftl Eigentümer der Anteile geblieben. Dass der Schenker gesetzl Vertreter des Beschenkten ist oder/und die Schenkung evtl nach § 530 BGB widerrufen kann, steht der Zurechnung beim Schenker nicht entgegen (vgl BFH IV R 114/91 BStBl II 94, 635 zu PersGes; Anm *Piltz* ZEV 94, 320), und zwar selbst dann nicht, wenn der Beschenkte auf Lebenszeit des Schenkers von jegl Sachherrschaft ausgeschlossen ist (BFH VIII R 193/83 BStBl II 89, 414; mE bedenkl; offen in BFH IV R 125/92 BStBl II 96, 5 zu GbR: jedenfalls Vorbehalt *nur* einer unwiderrufl Stimmrechtsvollmacht unschädl). Anders, wenn die Schenkung frei widerrufl ist (vgl BFH VIII R 196/84 BStBl II 89, 877 zu § 15; offen in BFH IV R 150/76 BStBl II 81, 435) oder nur befristet ist (§ 5 Rz 270). Eine **Scheidungsklausel** allein begründet noch kein wirtschaftl Eigentum des Schenkers (BFH XI R 35/97 BStBl II 98, 542). Somit kann idR durch – *rechtswirksame* (s zB BFH IV R 150/76 BStBl II 81, 435;

BGH NJW 89, 1926) – schenkweise Übertragung von Teilen einer relevanten Beteiligung auf (voll- oder minderjährige) Angehörige eine relevante in mehrere nicht relevante Beteiligungen zerlegt werden, die nach Ablauf von fünf Jahren stfrei veräußert werden können; dies ist kein Rechtsmissbrauch iSv § 42 AO, es sei denn, die schenkweise Übertragung ist mit der Auflage der Veräußerung nach Fristablauf belastet (aA wohl FG Mster EFG 98, 115 zu § 17 I 1 aF) oder die Anteile werden noch am selben Tag veräußert (FG Mchn DStRE 00, 293).

f) Anteilige Zurechnung. (zur anteiligen Veräußerung s Rz 113 f). – 55
aa) Bruchteile. Steht ein Anteil an einer KapGes zivilrechtl **mehreren Personen nach Bruchteilen zu** (§§ 741 ff BGB; vgl auch § 69 AktG, § 18 GmbHG), ist jeder Bruchteil dem jeweils Berechtigten estrechtl zuzurechnen und wie ein Anteil, der ihm allein gehört, zu behandeln, zB mit Anteilen im Alleineigentum zusammenzurechnen.

bb) Gesamthandsgemeinschaft ohne BV (vermögensverwaltende PersGes). – (1) Bruchteilsbetrachtung. Anteile an einer KapGes, die zu einem Gesamthandsvermögen gehören (zB Erbengemeinschaft, GbR, atypische stille Beteiligung), sind den Mitgliedern gem § 39 II Nr 2 AO insoweit anteilig wie bei einer Mitberechtigung nach Bruchteilen zuzurechnen (und ggf mit Anteilen im Alleineigentum zusammenzurechnen), als die Gesamthandsgemeinschaft keine betriebl Einkünfte und demgemäß kein BV hat (BFH VIII R 32/04 BStBl II 07, 296; *Braun* EFG 09, 255; *OFD Ffm* DStR 15, 2554; *Engel* aaO (vor Rz 1), 254; aA *Frotscher* § 17 Rz 32: unzul Differenzierung; krit *Crezelius* FS Priester, 2007, 55/61). Gleiches gilt für PersonenhandelsGes, die keine betriebl Einkünfte haben, zB Immobilien-KG (s auch Rz 61, 69). 56

Beispiel: Zum Gesamthandsvermögen einer aus zwei Miterben zu je $^1/_2$ bestehenden Erbengemeinschaft gehört eine 1,8%ige Beteiligung an einer KapGes. Diese ist jedem der Miterben zu $^1/_2$ zuzurechnen. Keiner der beiden Miterben ist somit zu mindestens 1 vH an der KapGes beteiligt (s aber § 17 I 4; dazu Rz 80).

(2) Zusammenrechnung. Bei Prüfung, ob ein StPfl relevant beteiligt ist, sind die ihm allein gehörenden Anteile und die ihm zuzurechnenden Anteile im Gesamthandsvermögen zusammenzurechnen (BFH VIII R 15/94 BStBl II 96, 312). 58

(3) ZebraGes. Soweit die Beteiligung an einer Gesamthand ohne BV bei einem der Gemeinschafter betriebl veranlasst ist (s § 15 Rz 201), sind die Anteile im Gesamthandsvermögen, soweit sie diesem zuzurechnen sind (§ 39 II Nr 2 AO), BV; ihre Veräußerung wird nicht von § 17 erfasst (s aber Rz 62). 59

(4) Beteiligungsquote. Maßgebl für die Höhe der anteiligen Zurechnung im Verhältnis der Ges'ter ist auch hier (vgl Rz 38 f) der nominelle Kapitalanteil, auch wenn Gewinnverteilungs-, Liquidations- und Abfindungsschlüssel auf Grund des GesVertrags divergieren („inkongruenter Gewinnanteil"; BFH IV R 28/11 BFH/NV 15, 495; *Tipke/Kruse* § 39 AO Tz 96/7; *HHR* Anm 102; *Engel* aaO (vor Rz 1), 258). Zu Private Equity-Fonds Rz 47; § 15 Rz 90. 60

cc) Gesamthandsgemeinschaft mit BV. Gehören die Anteile an einer KapGes einer Gesamthandsgemeinschaft mit BV (zB gewerbl tätigen oder geprägten PersGes), sind die Anteile der Gemeinschaft (Ges) selbst zuzuordnen (sog **Einheitsbetrachtung**); keine gewerbl Prägung durch eine GmbH & Co GbR (FG Mchn EFG 09, 253, rkr). 61

dd) Zusammenrechnung. Bei Prüfung, ob eine Beteiligung, ***(1)*** die einem Mitglied der Gesamthandsgemeinschaft allein gehört und bei diesem PV ist, oder ***(2)*** die diesem als Mitglied einer nichtbetriebl Gesamthand (zB Erbengemeinschaft) anteilig zuzurechnen ist, iSv § 17 I 1 relevant ist, sind dieser Beteiligung die KapGesAnteile im betriebl Gesamthandsvermögen anteilig hinzuzurechnen (FG Mchn EFG 05, 1342, rkr), entweder nach den unter Rz 55 dargestellten Grundsätzen gem § 39 II Nr 2 AO oder als mittelbare Beteiligung (s Rz 69). 62

65 **4. Unmittelbare/mittelbare Beteiligung.** Der Veräußerer muss an der KapGes (insgesamt zu mindestens 1 vH; Rz 12, 35) „unmittelbar oder mittelbar" (§ 17 I 1) beteiligt gewesen sein.

66 **a) Unmittelbare Beteiligung.** Unmittelbar ist der Veräußerer beteiligt, soweit ihm Anteile an der KapGes gem § 39 AO zuzurechnen sind; daher ist zB eine Beteiligung über Treuhänder eine unmittelbare Beteiligung (FG Köln DStRE 08, 872, rkr; Rz 51).

67 **b) Mittelbare Beteiligung. – aa) Definition.** Mittelbar ist der Veräußerer beteiligt, soweit eine andere *KapGes* (zu PersGes s Rz 69), an der der Veräußerer seinerseits unmittelbar (oder wiederum nur mittelbar) beteiligt ist, Anteilseigner ist; auch bei mittelbarer Beteiligung ist (zumindest) wirtschaftl Eigentum notwendig (BFH IX R 4/09 BFH/NV 10, 623). Der einstufigen mittelbaren Beteiligung steht eine mehrstufige grds gleich.

Beispiel: A ist zu 5 vH an der X-GmbH beteiligt; dieser gehört eine 30%ige Beteiligung an der Y-GmbH. A ist mittelbar zu 1,5 vH an der Y-GmbH beteiligt.

Rechtl Relevanz nach § 17 erlangt eine mittelbare Beteiligung nur, soweit auch eine unmittelbare bestand, diese veräußert wird und zu prüfen ist, ob der Veräußerer insgesamt zu mindestens 1 vH (Rz 12, 35) beteiligt war; die unmittelbare und die mittelbare Beteiligung sind zusammenzurechnen.

Beispiel: A ist zu 0,5 vH an der Y-GmbH und 2,5 vH an der X-GmbH beteiligt; diese ist zu 50 vH an der Y-GmbH beteiligt. A ist an der Y-GmbH *unmittelbar* zu 0,5 vH und *mittelbar* zu 1,2 vH, insgesamt also zu 1,75 vH beteiligt. Veräußert A seine unmittelbare 0,5%ige Beteiligung an der Y-GmbH, ist dies nach § 17 estpfl. Gleiches gilt bei Veräußerung der 2,5%igen Beteiligung an der X-GmbH, da insoweit eine unmittelbare relevante Beteiligung an der X-GmbH vorliegt.

68 **bb) Schlichte Addition.** Nach hM ist bei dieser Zusammenrechnung eine mittelbare Beteiligung unabhängig davon einzubeziehen, ob der Anteilseigner die KapGes wirtschaftl beherrscht, die die Beteiligung vermittelt (im Beispiel die X-GmbH); maßgebl ist allein, dass die Zusammenrechnung rein rechnerisch eine kapitalmäßige Beteiligung von mindestens 1 vH (Rz 12, 35) ergibt (BFH IV R 128/77 BStBl II 80, 646; BVerfG HFR 86, 424; *Littmann/Rapp* § 17 Rz 83; *Schneider/KSM* § 17 Rz B 138; *HHR* Anm 122); auch Zwerganteile sind zu berücksichtigen (BFH VIII R 22/02 BFH/NV 04, 620).

69 **cc) Beteiligung an OHG mit BV.** Keine anteilige unmittelbare (§ 39 II Nr 2 AO), sondern eine mittelbare Beteiligung ist nach hL auch eine Beteiligung, die durch eine OHG (KG) *mit BV* vermittelt wird (BFH I B 39/81 BStBl II 82, 392; EStH 17 II; mE anteilige unmittelbare Beteiligung, s Rz 61; *Pung* EStG § 17 Rz 197). Gleiches gilt für die Beteiligung über eine InnenGes (*Littmann/Rapp* § 17 Rz 84).

Beispiel: A ist zu 0,5 vH an der Y-GmbH und zu 2 vH an der X-KG (bzw als atypischer Ges'ter am Einzelunternehmen des X) beteiligt; zum GesVermögen der KG (bzw BV des Einzelunternehmens) gehört eine 50%ige Beteiligung an der Y-GmbH. A ist insgesamt zu mehr als 1 vH an der Y-GmbH beteiligt.

71 **5. Relevante Beteiligung innerhalb der letzten fünf Jahre. – a) Zeitl Voraussetzung.** Eine relevante Beteiligung des Veräußerers muss „innerhalb der letzten fünf Jahre" vor der Anteilsveräußerung bestanden haben (§ 17 I 1), und zwar **zu irgendeinem Zeitpunkt** (s Rz 74) innerhalb dieses Zeitraums, nicht notwendig noch bei Veräußerung. Maßgebl ist die jeweilige Relevanzgrenze (Rz 12, 35; *Littmann/Rapp* § 17 Rz 94; *Frotscher* § 17 Rz 103; *Schneider/KSM* § 17 Rz B 157; BFH IX R 57/10 BStBl II 12, 318); wer vor dem 1.1.99 eine Beteiligung von 15 vH besaß und sie zB im Dezember 98 auf 9 vH und im Dezember 01 auf 0,9 vH herabgesetzt hat, war nicht innerhalb der letzten fünf Jahre relevant beteiligt (aA EStR 17 II 2). Eine noch so kurze relevante Beteiligung innerhalb der letzten 5 Jahre verstrickt alle Anteilsveräußerungen (krit *Paus* NWB 3, 10303/9).

Beispiel: A erwirbt am 1.12.00 Geschäftsanteile im Nennwert von 0,8 vH der X-GmbH und am 1.12.02 weitere Geschäftsanteile im Nennwert von 0,3 vH. Diese überträgt A am 1.6.04 schenkweise auf seinen Sohn. Am 1.7.07 veräußert A seine restl Geschäftsanteile von 0,8 vH. – Die Veräußerung ist gem § 17 estpfl, da A innerhalb von fünf Jahren vor der Veräußerung (1.7.02 bis 1.7.07) vom 1.12.02 bis 1.6.04 zu mehr als 1 vH beteiligt war. Zweifelhaft ist aber uU die Höhe des Veräußerungsgewinns (s Rz 75; ferner Rz 159, 182).

b) Berechnung der Fünfjahresfrist. Maßgebl ist § 108 AO iVm §§ 187–193 BGB; es kommt nicht etwa auf die letzten fünf VZ an. Bei Veräußerung zB am 15.8.00 ist also maßgebl, ob ab 15.8.95 eine relevante Beteiligung zu irgendeinem Zeitpunkt (s Rz 74) bestanden hat. 72

c) Zeitpunkt der Beendigung der relevanten Beteiligung. Hat ein StPfl seine Beteiligung ganz oder teilweise veräußert, ist für die Frage, von wann an der StPfl nicht mehr (relevant) beteiligt ist, der Übergang des wirtschaftl Eigentums maßgebl (Rz 50 f); dieser setzt idR ein zivilrechtl wirksames Kausalgeschäft, zB Kauf oder Schenkung, voraus. Der Zeitpunkt der Übertragung des wirtschaftl Eigentums ist auch bei schuldrechtl Rückbeziehung maßgebl (BFH VIII R 119/81 BStBl II 85, 55). Zur nachträgl Genehmigung eines schwebend unwirksamen Vertrages vgl BFH IV R 150/76 BStBl II 81, 435 (grds keine estrechtl Rückwirkung); zur Aufrechterhaltung eines unwirksam gewordenen Geschäfts BFH VIII R 28/02 BStBl II 05, 46. – Die Anteilsveränderung durch Kapitalerhöhung wird erst mit Eintragung ins HR wirksam (BFH VIII R 49/04 BStBl II 06, 746). 73

d) Veräußerungszeitpunkt. Str ist, ob als Zeitpunkt, von dem an die Fünfjahresfrist zurückzurechnen ist („letzten fünf Jahre"), ähnl wie bei § 23 der Abschluss des schuldrechtl Verpflichtungsgeschäfts, zB des Kaufvertrags (§ 23 Rz 32), oder die Übertragung des wirtschaftl Eigentums gilt; mE meint das Gesetz die fünf Jahre vor der Veräußerung meint (s § 17 I 4) und stellt damit auf die Übertragung des wirtschaftl Eigentums ab (BFH GrS 2/92 BStBl II 93, 897, 902; FG Mchn EFG 04, 801, rkr; *HHR* Anm 110, 163; *Littmann/Rapp* § 17 Rz 92). UU enthält der Abschluss eines (zivilrechtl wirksamen) Kaufvertrags bereits die Übertragung des wirtschaftl Eigentums, wenn dem Erwerber die Ausübung aller Rechte aus den Anteilen zugestanden wird (BFH IV R 226/85 BStBl II 88, 832). 74

e) Beteiligungsdauer. Wie lange der Veräußerer innerhalb des Fünfjahreszeitraums relevant *beteiligt* war (s Rz 33), ist unerhebl; es genügt ein **Zeitpunkt** (BFH VIII R 54/88 BStBl II 93, 331 mwN: Weiterveräußerung noch am selben Tag; BFH VIII R 33/94 BStBl II 95, 870: Veräußerung vor (Durchgangs-)Erwerb; BFH VIII B 80/98 BStBl II 99, 486; *Carlé* KÖSDI 06, 15096/103; aA *Crezelius* DB 03, 230, der eine MUer-ähnl Position verlangt). 75

f) Erwerbsreihenfolge; Erwerbsgrund. Ohne rechtl Bedeutung für § 17 I 1 (zu § 17 II 6 s Rz 197-8) ist, *(1)* ob der Veräußerer eine relevante Beteiligung als Einheit oder erst **nacheinander mehrere Anteile erworben** hat, die zusammengerechnet eine relevante Beteiligung ergeben (**gestaffelter Erwerb;** zB BFH VIII R 56/88 BFH/NV 93, 25; *Herzig/Förster* DB 97, 594), *(2)* welchen Rechtsgrund der jeweilige Anteilserwerb, zB Kauf, Schenkung usw hatte, *(3)* der Eintritt in die unbeschr StPfl (BFH VIII R 15/94 BStBl II 96, 312), *(4)* ob die Beteiligung iSv BFH GrS 1/00 BStBl II 04, 95 existenzsichernd ist. Auch müssen die veräußerten Anteile nicht mehr Teil der relevanten Beteiligung sein (BFH VIII R 23/93 BStBl II 99, 342). Zur (str) **Höhe der AK,** wenn aus einer nichtrelevanten durch Hinzuerwerb weiterer Anteile (oder durch Erbanfall) eine relevante Beteiligung wird, s Rz 159, 182, 107. 76

g) Zwischenzeitl „Nichtbeteiligung". Str ist, ob § 17 voraussetzt, dass der Veräußerer gerade mit den veräußerten Anteilen innerhalb der Fünfjahresfrist zu mindestens 1 vH (Rz 12, 35) beteiligt war und demgemäß keine StPfl besteht, wenn zB der Veräußerer in 01 relevant beteiligt war, nach Veräußerung dieser Beteiligung in 02 eine neue nicht relevante Beteiligung an derselben Ges erwirbt 77 und diese in 04 wieder veräußert. Der Zweck der Fünfjahresfrist spricht gegen eine StPfl (teleologische Reduktion; ähnl FG Köln EFG 96, 1031; *WG* FR 99, 760; *Vogt* DStR 99, 1596/9; *HHR* Anm 110; aA BFH VIII R 58/97 BStBl II 99, 650; *Pung* EStG § 17 Rz 201). – § 17 erfasst aber **junge Anteile,** die ein relevant beteiligter StPfl auf Grund dieser Beteiligung zwar nach deren Absinken zu einer nichtrelevanten, aber noch innerhalb der Fünfjahresfrist im Zuge einer Kapitalerhöhung erworben und sodann veräußert hat (BFH VIII R 40/89 BStBl II 94, 222; aA *Kröner* StbJb 97/98, 193/209); s auch Rz 13.

78 **h) Nichtbeteiligung an Kapitalerhöhung.** In diesem Fall kann aus einer relevanten eine nicht relevante Beteiligung werden, die der StPfl nach Ablauf von fünf Jahren stfrei veräußern kann (zu entgeltl oder unentgeltl Nichtausübung eines Bezugsrechts s Rz 27, 85, 104). Die Kapitalerhöhung muss wirkl gewollt sein; andernfalls Rechtsmissbrauch (§ 42 AO) mögl (BFH IV R 46/76 BStBl II 77, 754; krit zB *Littmann/Rapp* § 17 Rz 93).

79 **i) Sonderfälle.** War der Veräußerer selbst innerhalb der Fünfjahresfrist nicht zu mindestens 1 vH (Rz 12, 35) beteiligt, ist § 17 I 1 gleichwohl anwendbar, wenn *(1)* ein Rechtsvorgänger des Veräußerers innerhalb der letzten fünf Jahre vor der Veräußerung relevant beteiligt war und der Veräußerer den veräußerten Anteil unentgeltl erworben hat (§ 17 I 4; s Rz 80), oder *(2)* bei einer Sitzverlegung nach § 17 V 1 oder *(3)* wenn die Voraussetzungen des § 13 I UmwStG idF SEStEG erfüllt sind (Rz 15, 98; zu § 13 UmwStG aF FG Köln EFG 15, 1362, rkr).

80 **6. Erweiterte StPfl bei unentgeltl Anteilserwerb, § 17 I 4.** War der Veräußerer innerhalb der Fünfjahresfrist des § 17 I 1 nicht zu mindestens 1 vH (Rz 12, 35) beteiligt, besteht gem § 17 I 4 eine (erweiterte) StPfl, wenn – ***(1)*** der Veräußerer den veräußerten Anteil „innerhalb der letzten fünf Jahre vor der Veräußerung" **unentgeltl** erworben hat, – ***(2)*** sein unmittelbarer **Rechtsvorgänger** oder bei mehrfacher unentgeltl Übertragung (zB Kettenschenkung) einer der Rechtsvorgänger „innerhalb der letzten fünf Jahre" relevant beteiligt war, wobei mE unerhebl ist, ob bei diesem die Anteile PV oder BV waren (zur Rechtsnachfolgeplanung *Söffing* BB 11, 917) und – ***(3)*** der Rechtsvorgänger bereits im Zeitpunkt der unentgeltl Übertragung wesentl/relevant beteiligt war (BFH IX R 8/10 BStBl II 13, 363). Die Regelung soll die Steuerentstrickung durch unengeltl Anteilsübertragungen verhindern. Die „entspr Geltung von S 1" ist eine Rechtsfolgenverweisung (BFH VIII R 80/94 BStBl II 97, 727); für die Relevanz der Rechtsvorgängerbeteiligung ist die Rechtslage im Veräußerungszeitpunkt maßgebl (FG Köln EFG 11, 1764, rkr). – S auch § 17 II 5 (Rz 182), § 17 II 6 (Rz 196 ff).

81 **a) Unentgeltl Erwerb.** Das ist sowohl ein Erwerb unter Lebenden durch (reine) Schenkung (§§ 516 ff BGB) als auch ein Erwerb von Todes wegen durch Erbanfall (§§ 1922, 1942 BGB; dazu *Schneeweiß* ZEV 97, 150) oder Vermächtnis (§§ 1939, 2147 ff BGB); *Pung* EStG § 17 Rz 70 f. Unentgeltl ist nach der BFH-Rspr auch der Erwerb durch **vGA** (vgl BFH I R 150/82 BStBl II 87, 455/7), **Kapitalherabsetzung** oder **Liquidation** einer KapGes oder PersGes (BFH VIII R 23/75 BStBl II 77, 712 für KapGes; BFH VIII R 21/77 BStBl II 82, 456 für KG; s Rz 179; *Frotscher* § 17 Rz 154).

82 **b) Teilentgelt.** Der Erwerb ist nach dem Verhältnis des Verkehrswerts der Anteile in einen voll entgeltl und einen voll unentgeltl Teil aufzuspalten (s Rz 105); § 17 I 4 erfasst nur den Teil der Anteile, der als voll unentgeltl übertragen gilt (BFH IV R 15/76 BStBl II 81, 11; BFH VIII R 37/03 BFH/NV 05, 2161; *HHR* Anm 156; *Littmann/Rapp* § 17 Rz 161), wobei str ist, ob zB bei Weiterveräußerung nach Wahl des StPfl (ähnl wie bei voll entgeltl oder unentgeltl Erwerb mehrerer Anteile, s Rz 162, 88) gegenständl (*Littmann/Rapp* aaO) oder „wertmäßig" (so zR *Groh* StuW 84, 217/26; *Widmann* StKongRep 94, 83/92) aufzuteilen ist.

c) Einzelheiten. – aa) Definition. Teilentgeltl ist ein Erwerb durch **gemischte Schenkung,** aber ebenso – unabhängig von der zivilrechtl Wertung als gemischte oder Auflagenschenkung – ein Erwerb in **vorweggenommener Erbfolge** gegen Gleichstellungsgeld, Abstandszahlung oder Schuldübernahme, nicht aber gegen Versorgungsleistungen (BFH GrS 4–6/89 BStBl II 90, 847; s iEinz § 16 Rz 45 ff; *BMF* BStBl I 93, 80 Rz 23; *Ott* GmbHR 94, 524); dabei ist auch die Übernahme des zum Erwerb der Anteile aufgenommenen Kredits (fremdfinanzierte relevante Beteiligung) ein Teilentgelt (*Paus* DStZ 92, 309). 83

bb) Erwerb durch Erbfall. Anteile, die der Veräußerer durch Erbfall erworben hat, sind auch insoweit voll **unentgeltl** erworben, als der Erbe mit Vermächtnissen, Auflagen, Pflichtteils- oder Erbersatzansprüchen belastet ist (s § 16 Rz 592). Zur Erbauseinandersetzung s Rz 106. Zu erbfallbezogener Einziehungs- oder Abtretungsklausel im GmbH-Vertrag s Rz 42, 101; *Ott* GmbHR 95, 567. 84

cc) Kapitalerhöhung. Teilentgeltl ist auch ein Anteilserwerb bei Kapitalerhöhung, soweit Ges'ter ihr Bezugsrecht zugunsten von Angehörigen nicht ausüben und diese weniger einlegen als die jungen Anteile wert sind (vgl BFH VIII R 63/87 BStBl II 91, 832; BFH III R 35/04 BFH/NV 06, 1262: bei BV [Betr-Aufsp] Entnahme); § 5 Rz 639. Die jungen Anteile werden teilweise von § 17 I 4 erfasst (EStR 17 III; EStH 17 III „unentgeltl Anwartschaftserwerb"; *Wassermeyer* FR 93, 532/4; vgl BFH VIII R 40/89 BStBl II 94, 222; *Meyer* BB 94, 516). – Infiziert (über Abs 1 S 4) sind auch durch Kapitalerhöhung erworbene Anteile nach zunächst unentgeltl Erwerb (BFH IX R 26/08 BStBl II 09, 658). 85

dd) Wertlose Anteile. Zu deren Übertragung als entgeltl Veräußerung s Rz 100. 86

ee) Fristberechnung. Bei Prüfung der Frage, ob „innerhalb der letzten fünf Jahre" eine relevante Beteiligung bestand, ist vom Zeitpunkt der Veräußerung (nicht der unentgelt Übertragung) an zurückzurechnen. 87

Beispiel: A war 2008 noch relevant beteiligt, 2009 nur noch unwesentl. 2011 schenkt er diese unwesentl Beteiligung seiner Tochter, die 2014 veräußert. Veräußerung ist nicht stpfl.

ff) Stpfl nacheinander unentgelt erworbener Anteile. Die erweiterte StPfl des § 17 I 4 erfasst nur die unentgeltl erworbenen Anteile; mehrere nacheinander erworbene Anteile bleiben jeweils selbstständig (s Rz 162). War der Veräußerer bereits vorher, zB auf Grund eines entgeltl Erwerbs, nicht relevant beteiligt (zB 0,4 vH) und entsteht durch den zusätzl unentgeltl Erwerb (zB weitere 0,4 vH) vom relevant beteiligten Rechtsvorgänger auch insgesamt *keine* relevante Beteiligung, ist die Veräußerung der Anteile, die dem Veräußerer bereits *vor* dem unentgeltl Erwerb gehörten, nicht stpfl (*Herzig/Förster* DB 97, 594/5). Entsprechendes gilt bei einem auf den unentgeltl Erwerb nachfolgenden entgeltl Erwerb eines weiteren Anteils (BFH VIII R 80/94 BStBl II 97, 727; *Crezelius* ZEV 04, 45/52). – Zur Veräußerung nach Entstehen einer relevanten Beteiligung s Rz 159, 182, 76. 88

d) Sacheinlage. Werden Anteile auf eine andere KapGes gegen Gewährung von GesRechten übertragen, ist dies tauschähnl, dh *entgeltl Erwerb* der KapGes (BFH I R 96/06 BStBl II 08, 953; ähnl *Groh* FR 90, 528: stets TW-Ansatz; s auch Rz 109). 89

e) Verdeckte Einlage. Die Übertragung von Anteilen auf eine andere KapGes ist wie eine entgeltl Veräußerung unter Ansatz des gemeinen Werts der übertragenen Anteile als Veräußerungspreis zu behandeln (§ 17 I 2, II 2; s auch Rz 110). 90

IV. Veräußerung

1. Veräußerungsbegriff, § 17 I 1. – a) Definition. Eine Veräußerung iSv § 17 I 1 ist die Übertragung des (zumindest) *wirtschaftl* Eigentums (Rz 50) an den Anteilen von einer Person auf eine andere gegen Entgelt (zB BFH VIII R 32/04 94

BStBl II 07, 296; BFH IX R 4/09 BFH/NV 10, 623; *Tschesche* WPg 02, 965); Rz 50, 73, 97. Die allg Regeln zu Verträgen zw nahen Angehörigen sind bei § 17 anzuwenden (BFH IX R 4/09 BFH/NV 10, 623). Gegenstand der Veräußerung ist der einzelne Anteil, nicht die (gesamte) Beteiligung (§ 271 HGB; Rz 162, 200). Der Gewinn entsteht mit der Veräußerung (BFH wie zuvor; Rz 131); nachträgl Korrekturen sind (verfahrensrechtl gem § 175 I Nr 2 AO; BFH IX R 30/14 DStR 15, 2384) auf diesen Zeitpunkt zurückzubeziehen; eine Besserungsoption (neues Ereignis) bewirkt kein rückwirkendes Ereignis (BFH IX R 32/11 BStBl II 12, 675). – Eine Veräußerung iSd § 17 setzt das Vorhandensein von (angeschafften oder auf andere Weise erworbenen) Anteilen des PV (Rz 12, 156 ff, 179, 182) voraus, die (zumindest) im wirtschaftl Eigentum des Veräußerers stehen. – Die gescheiterte Veräußerung ist keine Veräußerung (§ 20 Rz 126); zu fehlgeschlagener Gründung s Rz 157.

95 **aa) Eigenständigkeit.** Der Begriff der Veräußerung ist weder mit dem zivilrechtl Begriff der Veräußerung (vgl §§ 932; 929; 135–137 BGB) noch mit dem an anderen Stellen des EStG verwendeten gleich lautenden Begriff (zB §§ 6b; 16; 23) identisch (BFH IX R 47/04 DStR 06, 1835; s aber BFH VIII R 69/88 BStBl II 94, 648: § 16 und § 17 sind insoweit inhaltsgleich). Ausschüttungen werden nicht erfasst (BFH VIII R 6/95 BFH/NV 97, 464/7). § 41 AO ist anwendbar (BFH VIII R 28/02 BStBl II 05, 46); zur Anteilsübertragung bei Rechtsmängeln *Spilker* FR 09, 891.

96 **bb) Wirksamkeit.** Ist zur Übertragung der Anteile zB die Genehmigung der KapGes erforderl (vgl § 17 GmbHG für Teilgeschäftsanteile), wird die Veräußerung idR erst mit der Genehmigung wirksam (BFH VIII R 33/94 BStBl II 95, 870; BFH IV R 3/07 DStR 09, 2304; *Fischer* jurisPR-StR 4/10 Anm 2); anders bei § 23 (§ 23 Rz 21); BFH IX R 38/09 BFH/NV 11, 41 schafft die Kategorie des sog „besitzlosen wirtschaftl Eigentums" (*Heuermann* DB 11, 551/6; zR krit *Fischer* jurisPR-StR 3/11 Anm 1; mE Widerspruch zu den Ausführungen in Rz 50). Eine Rückbeziehung des Kausalgeschäfts ist estrechtl unbeachtl (BFH VIII B 21/94 DB 95, 79). Ist die Rückabwicklung im ursprüngl Kaufvertrag angelegt (FG Mster EFG 15, 1242, rkr), macht der Erwerber von einem vorbehaltenen Rücktrittsrecht Gebrauch (BFH VIII R 69/88 BStBl II 94, 648) oder entfällt eine Veräußerung durch (vergleichsweise bestätigten) Eintritt einer auflösenden Bedingung (BFH VIII R 67/02 BStBl II 04, 107) oder entfällt die Geschäftsgrundlage (BFH IX R 17/09 BStBl II 10, 539), wirkt dies (gem **§ 175 I 1 Nr 2 AO**) auf den Zeitpunkt der Veräußerung zurück (zur Wirkung von Bedingungen § 5 Rz 270 „Forderungen", 314, 616). Die **Rückübertragung** nach Wandlung soll ein neuer Vorgang sein (BFH I R 43, 44/98 BStBl II 00, 424; zR aA *Fischer* FR 00, 393; mE auch Widerspruch zu BFH IX R 47/04 DStR 06, 1835); ein neuer Vorgang ist der Wiederkauf (FG Mchn EFG 09, 1030, rkr). Die Einräumung eines Rückerwerbsrechts steht einer Veräußerung nicht entgegen (BFH I R 88, 89/07 DStR 09, 2295). – § 23 I 1 Nr 2 (Fifo-Methode) ist nicht (entspr) anwendbar (*FinVerw* DStR 06, 1281, 1891; Rz 162).

97 **cc) Typische Fälle.** Das ist die Anteilsübertragung auf Grund **Kaufvertrags** (§ 433 BGB), auf Grund **Tauschvertrags** iSv § 480 BGB nF (BFH VIII R 54/88 BStBl II 93, 331; FG Nds EFG 05, 1318, rkr) oder auf Grund einer **Kündigung** eines einzelnen Ges'ters (*Haas* in B/H § 60 GmbHG Rz 51: keine Auflösung) oder eines **Vergleichs** (FG Mster EFG 00, 1000); zur Realisierung beim Anteilstausch *Blumers/Elicker* BB 09, 1156. Beim Tausch sind die Wertverhältnisse zum Übergang des wirtschaftl Eigentums maßgebl (BFH IX R 41/08, nv). Nach § 6 VI 1 führt der Tausch generell zur Gewinnrealisierung; die Grundsätze des sog Tauschgutachtens (BFH I D 1/57 S BStBl II 59, 30) sind überholt (BT-Drs 14/23, 172/3); zur bisherigen Rechtslage vgl 17. Aufl, Rz 103. – Beendigung der **Zugewinngemeinschaft** ist mE wie Realteilung zu behandeln (Rz 106; *Schwedhelm ua*

GmbHR 04, 1489/1502; aA *FinVerw* DB 01, 1533); Veräußerung auch bei Erfüllung eines Ausgleichanspruchs (BFH IX B 114/10, BFH/NV 11, 1323).

dd) Weitere Veräußerungstatbestände. – *(1)* Die **verdeckte Einlage** (§ 17 I 2; Rz 110) sowie der Untergang von Anteilen an einer KapGes durch **Kapitalherabsetzung** oder **Auflösung** und **Abwicklung** (§ 17 IV; Rz 210) sind einer Veräußerung ausdrückl gleichgestellt. – *(2)* Veräußerung sind die Veräußerung von Bezugsrechten (Rz 104) und der **Bezugsrechtsverzicht** der Altaktionäre im Zuge einer Kapitalerhöhung (BFH VIII R 68/05 BStBl II 07, 937; Rz 27). – *(3)* **Noch keine** Veräußerung ist die einfache Einräumung einer **(Ver-)Kaufoption** (BFH VIII R 68/05 BStBl II 07, 937; *Seibt* DStR 00, 2061/5, auch zum sog Kapital-Erhöhungsmodell; *Tschesche* WPg 02, 965/70), schon eher die Doppeloption (BFH VIII R 32/04 BStBl II 07, 296), nur bei typischem Ablauf (FG Ddorf EFG 12, 998, rkr). – Auch eine inkongruente Gewinnverteilung führt nicht zu einer Veräußerung (BFH IV R 28/11 BFH/NV 15, 495). 98

b) Veräußerung gegen Entgelt. – aa) Gegenleistung. Eine Übertragung ohne jede Gegenleistung ist keine Veräußerung (BFH X R 14/11 BStBl II 14, 158). Die Entgeltart ist grds ohne Bedeutung (§ 5 Rz 192). Aus § 17 I 4 und II 5 folgt zwingend, dass eine Übertragung des wirtschaftl Eigentums auf Grund eines voll unentgeltl Kausalgeschäfts, zB einer „reinen" Schenkung, keine Veräußerung iSv § 17 I 1 ist (BFH IV R 15/76 BStBl II 81, 11). 99

bb) Wertlose Anteile. Werden obj wertlose Anteile ohne Gegenleistung *zw Fremden* übertragen, ist dies idR entgeltl Veräußerung (zB BFH VIII R 13/90 BStBl II 93, 34; BFH VIII R 18/94 DStR 98, 73: kein Missbrauch iSv § 42 AO; BFH IX R 13/13 BFH/NV 15, 198; FG BaWü EFG 05, 712, rkr: Kaufpreis 1 DM); Nachweis der obj Wertlosigkeit erforderl (FG BaWü EFG 05, 105, rkr). - Eine Veräußerung zw **nahen Angehörigen** kann anzuerkennen sein (BFH VIII R 28/97 BFH/NV 99, 616: Gesamtheit der obj Gegebenheiten maßgebl), auch bei einem nur symbolischen Kaufpreis (BFH IX R 4/13 BFH/NV 14, 1201; *Heuermann* StBp 11, 263/4); keine Veräußerung (sondern Schenkung), wenn die Vertragsparteien nahe Angehörige sind, die den Anteilen subj einen Wert beimessen (FG Ddorf EFG 15, 1364, Rev IX R 23/15). S auch Rz 54, 228. 100

cc) Einziehung. Die Einziehung von GmbH-Anteilen (ohne vorausgegangenen Erwerb durch die Ges) gegen Entgelt ist rechtl nur zul, soweit das buchmäßige Eigenkapital der GmbH höher als das auch nach Einziehung unveränderte Stammkapital ist, dh soweit das Entgelt aus Rücklagen (§ 272 II, III HGB) gezahlt werden kann (§§ 34 III; 30 GmbHG); das Einziehungsentgelt vermindert das tatsächl und buchmäßige Reinvermögen (Eigenkapital), denn die KapGes erwirbt keinen Vermögensgegenstand (vgl BFH II R 20/90 BStBl II 92, 912 zur ErbSt); zur Wirkung der Einziehung vgl *Roth/Altmeppen* GmbHG § 34 Rz 69. Gleichwohl wertet die *hL* estrechtl die Einziehung, soweit das Entgelt nicht überhöht ist (darüber vGA), als entgeltl Anteilsveräußerung des Ges'ters iSv § 17. Auf der Ebene der KapGes ist die Einziehung erfolgsneutral (BFH I R 31/91 BStBl II 93, 369). 101

ME ist die entgeltl Einziehung im Hinblick auf ihre gesrechtl Voraussetzungen analog § 17 IV zu behandeln (wirtschaftl Teilliquidation; aA *Frotscher* § 17 Rz 142; *Früchtl/Fischer* DStZ 09, 112) mit der Folge, dass das Entgelt für den ausscheidenden Ges'ter kein Veräußerungspreis, sondern Einnahme aus KapVerm ist, soweit nicht gem § 27 KStG idF StSenkG Einlagen verwendet sind (dazu Rz 239).

Einziehung führt erst mit zivilrechtl Wirksamkeit (zB mit „zugestelltem" Einziehungsbeschluss) zur Verlustrealisierung (BFH IX R 15/08 BStBl II 08, 927). Zur evtl Auswirkung der Einziehung auf die verbleibenden Anteilseigner s Rz 42, 159. – Zur Einziehung auf Grund erbfallbezogener Einziehungsklausel im GmbH-Vertrag zB *Ott* GmbHR 95, 567; *Roth/Altmeppen* GmbHG § 15, Rz 31 f.

102 **dd) Eigene Anteile.** Die Veräußerung eigener Anteile an die eigene Ges ist Veräußerung iSd § 17 (*BMF* BStBl I 13, 1615, unter B II.). Erwirbt eine KapGes eigene Anteile (Rz 41), führt dies wirtschaftl betrachtet – ähnl wie die unmittelbare Einziehung – zu einer Minderung des Vermögens der KapGes, denn in den Händen der KapGes sind eigene Anteile wertlos (nunmehr auch *BMF* BStBl I 13, 1615; vgl *J. Thiel* DB 98, 1583; zur steuerl Attraktivität *Rogall* WPg 01, 867). Auch handelsbilanzrechtl gelten sie nicht mehr als Vermögensgegenstände (§ 272 Ia HGB idF BilMoG); zur früheren Rechtslage s 28. Aufl. Vgl auch § 5 Rz 270 ‚Eigene Anteile'. Bei Veräußerung unter Preis nur Teilentgelt (Rz 105); ggf Schenkung an MitGes'ter, ggf auch verdeckte Einlage (Rz 164), soweit nur teilweise Veräußerung.

103 **ee) Ausscheiden aus Ges.** Entsprechendes muss mE gelten für den **„Ausschluss"** (durch Kündigung) oder **„Austritt" eines GmbH-Ges'ters** aus wichtigem Grund (*Hueck/Fastrich* in *B/H* GmbHG Anhang nach § 34 Rz 3, 16); dh je nachdem, ob der Ausschluss (Austritt) durch Einziehung oder Erwerb eigener Anteile vollzogen wird, sind die dafür maßgebl Grundsätze (Rz 102) anzuwenden; die Unterschiede in den steuerl Konsequenzen für den Ges'ter (Ausschüttung oder Veräußerung) trotz wirtschaftl Vergleichbarkeit sind Folge einer mE unzutr Wertung des Erwerbs eigener Anteile (s Rz 102). Die hL nimmt stets Veräußerung an (zB *Littmann/Rapp* § 17 Rz 118 mwN; *HHR* Anm 70, 85).

104 **ff) Bezugsrecht.** Veräußerung ist auch die **entgeltl Übertragung** eines konkreten, durch Kapitalerhöhungsbeschluss entstandenen Bezugsrechts (*OFD Nds* StEK § 17 Nr 109; *Pung* EStG § 17 Rz 81). Da auch die Möglichkeit, sich bei Kapitalerhöhung ein Bezugsrecht zu verschaffen oder ein gesetzl oder satzungsmäßiges auszuüben, eine Anwartschaft iSv § 17 I 3 ist, liegt eine Veräußerung einer „Anwartschaft" iSv § 17 vor, wenn der StPfl iRe Kapitalerhöhung von dieser Möglichkeit zugunsten eines Dritten gegen Entgelt keinen Gebrauch macht („Verzicht") bzw durch Ges'terbeschluss einem Dritten ein Bezugsrecht einräumt (s Rz 27). Die Ausübung eines Bezugsrechts soll (abw von § 23; § 23 Rz 25) keine Veräußerung („Tausch") sein (*OFD Hann* DStR 07, 303). **Entgeltl** ist diese Verfügung über die „Anwartschaft" nicht nur bei unmittelbarer Zahlung des NeuGes'ters an den AltGes'ter, sondern auch, soweit der NeuGes'ter ein Aufgeld an die KapGes zahlt und dieses in engem zeitl Zusammenhang an den AltGes'ter wieder ausgezahlt wird (BFH VIII R 3/89 BStBl II 93, 477: § 42 AO; weitergehend FG BaWü EFG 97, 743: Zeitl Zusammenhang unerhebl) oder bei Beteiligung am Übergewinn nach Börseneinführung (BFH VIII R 68/04 BStBl II 05, 762). – Zur **unentgeltl oder teilentgeltl Teilnahme an einer Kapitalerhöhung** s Rz 85: Anwendung des § 17 I 4 auf die jungen Anteile. – Beim Verzicht auf den Erwerb junger Aktien und der Veräußerung von Altaktien ist die **zivrechtl Kaufpreisvereinbarung** nur dann maßgebl, wenn die Zuordnung nach den tatsächl Umständen des Einzelfalls bei obj Betrachtung als wirtschaftl vernünftig nachvollzogen werden kann (BFH VIII R 68/05 BStBl II 07, 937).

105 **c) Teilentgeltl Veräußerung.** Eine teilentgeltl Veräußerung ist bei § 17 (anders bei § 16; s § 16 Rz 39–41) nach dem Verhältnis des Verkehrswerts der übertragenen Anteile zur Gegenleistung „wertmäßig" (str, s Rz 82) in eine voll entgeltl Veräußerung iSv § 17 I 1 und eine voll unentgeltl Übertragung (iSv § 17 I 4, II 5) aufzuteilen (**Trennungstheorie** BFH IV R 15/76 BStBl II 81, 11; FG Mchn EFG 98, 461, rkr; *BMF* BStBl I 93, 80, Rz 23; ähnl BFH IX R 149/83 BStBl II 88, 942 zu § 23; *Pung* EStG § 17 Rz 77); s dazu BFH X R 28/12 BStBl II 14, 629; *Weber-Grellet* BB 15, 43.

Beispiel: V überträgt seine relevante Beteiligung (AK 100, Verkehrswert 200) auf S gegen Zahlung von 40 ($^1/_5$ entgeltl, $^4/_5$ unentgeltl). Ein Fünftel der Anteile (40 von 200; AK 20) ist zum Preis von 40 veräußert (Gewinn 20); vier Fünftel (Verkehrswert 160; AK 80) sind voll unentgeltl übertragen.

Teilentgeltl Veräußerung ist zB eine **gemischte Schenkung,** aber auch eine Veräußerung in **vorweggenommener Erbfolge** gegen Gleichstellungsgeld, Abstandszahlung oder Schuldübernahme (s Rz 83); teilentgelt auch bei krassem Missverhältnis von Leistung/Gegenleistung (FG Köln EFG 11, 1764, NZB IX B 83/11). Voll unentgeltl (entgeltlos) ist die Übertragung unter Nießbrauchsvorbehalt oder iRd sog Sonderrechtsinstituts der „Vermögensübertragung gegen Versorgungsleistungen" (s § 16 Rz 51 ff, 71 ff; § 22 Rz 78). Die **entgeltl Ablösung** eines unentgeltl bestellten Nießbrauchs ist keine Veräußerung iSd § 17, sofern die Ablösung auf neuen Verhältnissen beruht (BFH VIII R 14/04 BStBl II 06, 15: Ablehnung des Surrogationsprinzips; krit *Paus* DStZ 06, 112: StSparmodell); sonst gestreckter Tatbestand. – Bei Übertragungen zw Fremden spricht eine widerlegbare Vermutung für eine voll entgeltl Veräußerung, wenn Leistung/Gegenleistung nicht obj in einem Missverhältnis stehen (BFH VIII R 29/93 BStBl II 95, 693; s § 16 Rz 77). – Zu **teilentgeltl Übertragung** s auch Rz 82. Zur gegenständl **Identifikation des veräußerten Anteils** von mehreren selbstständigen Anteilen s Rz 162; zur (wertmäßigen) Aufteilung teilentgeltl erworbener Anteile s Rz 82.

d) Erbauseinandersetzung. – aa) Realteilung. Erhält jeder Miterbe WG im Gesamtwert seiner Erbquote zu Alleineigentum **(Realteilung ohne Abfindung),** ist dies keine entgeltl Veräußerung und Anschaffung der einzelnen WG. Soweit aber einer der Miterben an den oder die anderen aus Eigenvermögen eine Abfindung zahlt, weil der Wert der von ihm übernommenen WG höher ist als seine Erbquote **(Realteilung mit Abfindung),** erwirbt der zahlende Miterbe die von ihm übernommenen WG teilweise voll entgeltl (im Verhältnis der Abfindung zum Wert der WG) und teilweise voll unentgeltl (im Verhältnis seines Anteils am Nachlass zum Wert der WG); korrespondierend hiermit veräußert der die Abfindung empfangende Miterbe im gleichen Verhältnis voll entgeltl und überträgt voll unentgeltl (s iEinz § 16 Rz 605 ff; *BMF* BStBl I 93, 62 Rz 23 ff; *Littmann/Rapp* § 17 Rz 130 ff). Dabei ist im Anwendungsbereich des § 17 auch zu berücksichtigen, dass Anteile an KapGes im PV den Miterben bereits vom Erbfall an anteilig wie Bruchteilseigentum zuzurechnen sind (s Rz 55; *BMF* aaO Rz 28). 106

Beispiel 1: Der Nachlass besteht aus 1,5 vH Anteilen an der X-GmbH (Verkehrswert 500 000) und einem Mietwohngrundstück (Verkehrswert 500 000). Miterben sind S und T zu je $^1/_2$. Der Nachlass wird in der Weise real geteilt, dass S die GmbH-Anteile und T das Grundstück übernimmt. – S und T waren vom Erbfall an nicht relevant beteiligt (je 0,75 vH, aber § 17 I 4). Mit der Erbauseinandersetzung hat T ihre Beteiligung voll unentgeltl auf S übertragen; dieser ist wie der Erblasser wieder relevant beteiligt.

Beispiel 2: Der Nachlass des E besteht aus 1,8 vH Anteilen an der X-GmbH (Verkehrswert 600 000, AK 60 000) und einem Mietwohngrundstück (Verkehrswert 400 000). Miterben sind S und T zu je $^1/_2$. Der Nachlass wird in der Weise real geteilt, dass S die GmbH-Anteile und T das Grundstück erhält und S an T 100 000 zahlt. – S und T haben die ihnen zuzurechnende Beteiligung von je 0,9 vH unentgeltl (vom Erblasser) erworben. Mit der Erbauseinandersetzung hat T ihre 0,9 vH Anteile (Wert 300 000, AK 30 000) zu $^1/_3$ voll entgeltl für 100 000 veräußert und zu $^2/_3$ voll unentgeltl auf S übertragen. Veräußerungsgewinn der T: 100 000 . /. 10 000 = 90 000; AK des S für die gesamte Beteiligung von 1,8 vH: 30 000 (von E) + 20 000 (von T) + 100 000 (eig); vgl auch *BMF* aaO Rz 28.

bb) AK bei Entstehen einer relevanten Beteiligung. Entsteht erst durch den Erbfall oder die Auseinandersetzung eine relevante Beteiligung, weil der die Anteile des Erblassers übernehmende (Mit-)Erbe seinerseits bereits an derselben KapGes beteiligt war, sind nach hL die tatsächl AK maßgebl, nach aA gilt der gemeine Wert der Anteile bei Entstehung der relevanten Beteiligung als AK (s dazu Rz 159, 182; 88; *Ott* GmbHR 94, 524/6; *Crezelius* DB 97, 195). 107

2. Einlage. – a) Einfache Einlage. – ***(1)*** Keine Veräußerung ist die „einfache Einlage" iSv § 4 I 8, § 6 I Nr 5 (Überführung von Anteilen aus PV ins BV) desselben StPfl, gleichgültig, ob BV eines Einzelunternehmers oder SonderBV eines Ges'ters einer PersGes (*Vogt* DStR 99, 1596/01; *Pung* EStG § 17 Rz 91). – 108

(2) Wird eine relevante Beteiligung, deren TW niedriger als die AK ist, in ein BV eingelegt, soll die Einlage nach BFH entgegen dem Wortlaut des § 6 I Nr 5b im BV nicht mit dem TW, sondern mit den ursprüngl (höheren) AK anzusetzen sein (BFH VIII R 25/94 BStBl II 96, 684; BFH X R 48/02 BStBl II 10, 162; *Manz* NWB 17, 2333; § 6 Rz 436); mE „Stornierung des § 17-Regimes" bis zur Veräußerung; mE insoweit auch keine gewstl Verluste (aA *Manz* NWB 17, 2333/8).

S aber *BMF* BStBl I 96, 1500 und DB 97, 552: Nichtanwendungserlass zu VIII R 25/94; EStR 17 VIII (in EStÄR 2012 gestrichen): Unterschied zur Hälfte [§ 3c II] bei Ausscheiden aus BV aus Billigkeit zu berücksichtigen, es sei denn § 17 II 6 oder § 50c bedingte Wertminderung); damit kommt die im PV eingetretene Wertminderung der von Anfang an steuerverhafteten relevanten Beteiligung im BV estrechtl (aber auch gewstrechtl) zur Wirkung (zB bei Veräußerung mit Verlust.

(3) Ansatz des Buchwerts (AK), wenn im Zeitpunkt der Einlage eine „wesentl" Beteiligung besteht, ohne dass der eingelegte Anteil selbst eine wesentl Beteiligung ist (BFH IV R 73/05 BStBl II 08, 965); erfasst wird der gesamte Wertzuwachs zw Anschaffung und Veräußerung; auf die Dauer des Bestehens der relevanten Beteiligung vor der Einlage kommt es nicht an; mE nicht unproblematisch. – *(4)* Keine TW-AfA nach Einlage bereits wertgeminderter Anteile (BFH X R 48/02 BStBl II 10, 162; Rz 201). – *(5)* Bei Einlage nach Auflösung und Fortsetzung ist der TW anzusetzen (BFH XI R 39/99 BFH/NV 01, 302). – *(6)* Die in Rz 34 dargestellten Grundsätze (VZ-bezogene Relevanzschwelle) sind auch im Fall der Einlage anzuwenden (*Söffing/Bron* DB 12, 1585, mit zutr Hinweis auf BFH X R 48/02 BStBl II 10, 162; aA *Gragert* NWB 12, 474).

109 **b) Offene Sacheinlage.** Die Übertragung von Anteilen auf eine andere KapGes gegen Gewährung neuer GesAnteile oder gegen anderes Entgelt ist Veräußerung iSv § 17 (**Tausch;** § 6 VI 1 anwendbar; BFH IX B 204/08 BFH/NV 09, 1262; *Haritz/Menner*[4] § 24 UmwStG Rz 20, 21), die zu einem Gewinn oder Verlust iHd Differenz zw dem gemeinen Wert der erlangten neuen Anteile und den AK führt (s Rz 97; BFH VIII R 54/88 BStBl II 93, 331; BFH VIII R 28/04 BStBl II 07, 699). Die **Einbringung** von Anteilen in eine KapGes gegen Gewährung von Anteilen an dieser Ges (*Haritz/Menner*[2] Einf B Rz 36) wird von § 17 VI idF SEStEG (Rz 245) erfasst; zur Altregelung nach den §§ 20, 21 UmwStG aF s 25. Aufl; § 21 II UmwStG hat noch Bedeutung beim Anteilstausch unter dem TW (*Seel* in Birk ua, StForum 2007, 169/79).

110 **c) Anteilsübertragung im Wege verdeckter Einlage, § 17 I 2. – *(1)* Definition.** Werden Anteile auf die näml KapGes (= eigene Anteile; FG Mster EFG 01, 127: keine Besonderheiten) oder eine andere KapGes übertragen, an der der StPfl (oder eine nahe stehende Person) bereits beteiligt ist, und erhält der StPfl keine neuen GesAnteile und auch keine nach dem Wert der übertragenen Anteile bemessene Bar- oder Sachvergütung, ist dies eine verdeckte Einlage (BFH IX R 6/09 BFH/NV 10, 397; dazu allg *Weber-Grellet* DB 98, 1532; nunmehr auch § 6 VI 2; § 23 I 5 Nr 2; ferner Rz 139, 164), und zwar entweder **reine verdeckte Einlage,** wenn überhaupt keine Vergütung gewährt wird, oder (bei Teilentgeltlichkeit; Rz 105) **gemischte verdeckte Einlage,** wenn die Bar- oder Sachvergütung hinter dem Wert der Anteile zurückbleibt (BFH IX R 77/06 BStBl II 08, 789); verdeckte Einlage auch, wenn „Verkauf" und Nichtumsetzung von Darlehensverträgen (FG Sachs 3.3.09 GmbHR 10, 325, rkr). Bei einer nicht verhältniswahrenden (disquotalen) Verschmelzung überträgt der Anteilseigner A einen Teil seines Geschäftsanteils an der übernehmenden KapGes im Wege der verdeckten Einlage dem anderen Anteilseigner B (BFH IX R 24/09 BStBl II 11, 799; *Heuermann* DB 11, 551/4); ein Teil des alten Geschäftsanteils des A geht unmittelbar und direkt auf den durch die Verschmelzung entstandenen neuen Geschäftsanteil des B über. Keine verdeckte Einlage, wenn der Kaufpreis im gewöhnl Geschäftsverkehr zustande gekommen ist, ggf auch bei Kauf- und Verkaufspreis von 1 DM; BFH IX

R 6/09 BFH/NV 10, 397). – ***(2)* Gleichstellung mit Veräußerung.** Eine verdeckte Einlage in eine KapGes ist ausdrückl einer **entgeltl Veräußerung** unter Ansatz des **gemeinen Werts** der eingebrachten Anteile als Veräußerungspreis gleichgestellt (§ 17 I 2, II 2). Dabei geschieht dreierlei: *(a)* Der Ges'ter „veräußert" seinen A-Anteil an B (die aufnehmende Ges); „Veräußerungspreis" ist der gemeine Wert (§ 17 II 2); – *(b)* für den Anteil B (!) entstehen dem Ges'ter nachträgl AK iHd TW (§ 6 VI 2); – *(c)* bei B ist der Anteil A ebenfalls mit dem TW anzusetzen (teleologische Reduktion des § 6 I Nr 5 Buchst b; BFH I R 32/08 BStBl II 12, 341; *BMF* DStR 98, 1754; BStBl I 98, 1227; *Weber-Grellet* DB 98, 1532/5); zum Einsatz der verdeckten Einlage als Gestaltungsmittel zur Aufstockung stiller Reserven wegen der Herabsetzung der Relevanz-Grenzen des § 17 vgl *Slabon* DStR 01, 2133. – ***(3)* Übertragung auf ArbN.** Ungeklärt ist die unentgeltl Überlassung von Anteilen durch einen Ges'ter an einen ArbN (mittelbare verdeckte Einlage oder direkte Zuwendung); vgl *Wienands* GStB 00, 204; zur LSt § 38 Rz 10.

3. Übertragung durch/auf PersGes. (zur Zurechnung Rz 55 f) – **a) Gesamthandsgemeinschaft ohne BV (vermögensverwaltende PersGes).** – 113 *(1)* Die entgeltl Übertragung eines Gesamthandsanteils (zB Miterbenanteils iSv § 2033 BGB) an einen Dritten ist eine Veräußerung des auf den Mitberechtigten entfallenden Anteils der zum Gesamthandsvermögen gehörenden Beteiligung (BFH VIII R 41/99, BStBl II 00, 686: **„Bruchteilsbetrachtung";** *OFD Ffm* DStR 15, 2554; *Wacker* BB 00, 1979; *Brunsbach/Mock* BB 13, 1051; EStH 17 II; *BMF* BStBl I 93, 62 Rz 46 iVm 28; ähnl § 23 I 4). – *(2)* Die Übertragung einer Beteiligung, die einem Mitberechtigten allein gehört, auf die Gesamthand (ohne BV) ist keine Veräußerung, *soweit* dem Übertragenden die Beteiligung auch nach der Übertragung gem § 39 II Nr 2 AO zuzurechnen ist; Entsprechendes gilt für eine Übertragung von der Gesamthand auf ein Mitglied (zu Erbauseinandersetzung s Rz 106).

b) Gesamthandsgemeinschaft mit BV. Gehören die Anteile an einer Kap- 114 Ges einer Gesamthandsgemeinschaft mit BV (zB gewerbl tätigen oder geprägten PersGes), wird die Veräußerung der Anteile durch die Gesamthand (und ebenso die Veräußerung der Beteiligung an dieser) nicht von § 17 erfasst, weil nicht PV, sondern BV veräußert wird.

c) Übertragung auf PersGes. – aa) Übertragung auf PersGes mit BV. 115 Werden Anteile in das GesVermögen einer PersGes mit BV übertragen, an der der StPfl beteiligt ist, ist dies Veräußerung iSv § 17 I 1, sofern der StPfl eine nach dem Verkehrswert der Anteile bemessene *Bar- oder Sachvergütung* erhält (BFH IV R 210/72 BStBl II 77, 145; *BMF* BStBl I 81, 76). Ebenso ist dies, wenn die Anteile gegen *Gewährung neuer GesAnteile* in das betriebl Gesamthandsvermögen übertragen werden (notwendig Gewinnrealisierung; BFH VIII R 69/95 BStBl II 00, 230: offene Einlage als tauschähnl Anschaffungsgeschäft – Ansatz des gemeinen („angemessenen") Wertes; *BMF* BStBl I 00, 462 unter Aufgabe von MU-Erlass BStBl I 78, 8 Tz 49; krit *Reiß* BB 00, 1965/72). Bei **Einlage** einer wertgeminderten relevanten Beteiligung entsteht ein Veräußerungsverlust nach § 17 II 6 (*BMF* BStBl I 00, 462, unter III). – Keine Veräußerung, sondern entgeltlos ist aber eine Übertragung durch eine schlichte (verdeckte) *Einlage* (*Mutscher* DB 05, 2096); für die PersGes bleiben die AK des Einbringenden maßgebl (§ 6 I Nr 5b; § 15 Rz 665); § 6 V (nur Transaktionen aus BV in BV) und VI 2 sind nicht anwendbar.

bb) Übertragung auf PersGes ohne BV. Werden Anteile in das Gesamt- 116 handsvermögen einer PersGes ohne BV übertragen, gleichgültig, ob gegen Gewährung von GesRechten oder Bar- oder Sachvergütung, liegt (nur) insoweit anteilig eine Veräußerung vor (arg § 39 II Nr 2 AO), als der Übertragende nicht an der PersGes beteiligt ist (*Strahl* KÖSDI 00, 12260/6; *HHR* Anm 88); für den umgekehrten Vorgang gilt dies sinngemäß (s Rz 56; zB *Littmann/Rapp* § 17 Rz 110 mwN).

117 **4. Umwandlungsvorgänge.** Ist die Erfassung der stillen Reserven sicher gestellt, kommt eine Buchwertverknüpfung in Betracht (iEinz *Koch* BB 13, 2603). – ***(1)* Umwandlung.** Die **Verschmelzung** bzw **formwechselnde Umwandlung einer KapGes auf oder in eine PersGes** oder den AlleinGes'ter (natürl Person) nach § 2 UmwG bzw § 190 UmwG mit Untergang der Anteile wertet das Gesetz als Auflösung der KapGes iSv § 17 IV (arg § 8 II UmwStG). – **Rechtsfolgen:** – ***(a)*** § 17 ist nicht anzuwenden, wenn das Vermögen der übertragenden KapGes beim Übernehmer BV wird (*HHR* Anm 291); der Vorgang wird von § 5 II UmwStG erfasst. Gem § 5 II UmwStG gelten Anteile iSd § 17 in das BV der übernehmenden PersGes eingelegt (*van Lishaut* in Rödder ua UmwStG[2] § 5 Rz 16 f). – Die bisherige Regelung des § 5 II 2 UmwStG (idF des UntStRefG 97, BGBl I 2590, BStBl I 928; keine Einlagefiktion bei Anteilen iSv § 17 II 6) hat der Gesetzgeber fallen gelassen (zur früheren Rechtslage s 25. Auflage). – ***(b)*** § 17 ist zwar anzuwenden, wenn das Vermögen beim Übernehmer PV wird, allerdings ohne Freibetrag gem § 17 III (§ 8 II UmwStG; *Haritz/Menner* UmwStG[4] § 8 Rz 41). – Uneingeschränkt anwendbar ist § 17 IV auf die Umwandlung einer ausl KapGes (BFH I R 11/85 BStBl II 89, 794; BFH I R 96/06 BStBl II 08, 953; *Schönfeld* FR 07, 436; *BMF* BStBl I 11, 1314/22). – Die jeweilige Relevanzgrenze ist nach dem Zeitpunkt des zivilrechtl Wirksamwerdens zu bestimmen (*FinVerw* StuB 01, 201). – ***(2)* Tausch.** Werden im Zuge der **Verschmelzung** einer KapGes nach §§ 2 ff UmwG oder der **Spaltung** einer KapGes nach §§ 123 ff UmwG an Stelle der (untergehenden) Anteile an der übertragenden KapGes als Entgelt Anteile an der *übernehmenden KapGes* oder eine Mitgliedschaft an der *übernehmenden PersGes* gewährt, ist der Vorgang zwar entgeltl Veräußerung (tauschähnl; BFH I R 22/96 BStBl II 98, 168; *HHR* Anm 292); anzuwenden sind aber grds an Stelle des § 17 die vorrangigen Vorschriften des UmwStG (§§ 3–16), insb § 5 II (bei Wechsel zur PersGes) und § 13 (bei Wechsel zur Körperschaft; *Neumann* in Rödder ua R/H/vL UmwStG[2] § 13 Rz 7 f). – Gem § 21 III UmwStG ist auf den beim Anteilstausch entstehenden Veräußerungsgewinn § 17 III nur anzuwenden, wenn der Einbringende eine natürliche Person ist und die übernehmende Gesellschaft die eingebrachten Anteile mit dem gemeinen Wert ansetzt.

118 ***(3)* Übernahmeverlust.** Ein Übernahmeverlust bleibt gem 4 VI 6 Alt 1 UmwStG in den Fällen des § 17 II 6 außer Ansatz (*SHS* UmwStG[6] § 4 Rz 113; *van Lishaut* in Rödder ua UmwStG[2] § 4 Rz 118 f).

V. Bemessungsgrundlage und Rechtsfolgen, § 17 II, III

Schrifttum (Auswahl; vor 2014 s Vorauflagen; s auch vor Rz 1, 163, 170): *Urbach,* Nachträgl AK bei Ausfall eines Ges'terdarlehens, BeSt 14, 29. – **Verwaltung:** *OFD Kiel* 14.12.99 FR 00, 161.

130 **1. Steuerbemessungsgrundlage.** Das ist (grds, s Rz 132) der Betrag, um den der Veräußerungspreis – oder gemeine Wert verdeckt eingelegter Anteile (§ 17 II 2) – die Veräußerungskosten (Rz 150) und die AK (Rz 156) übersteigt (§ 17 II 1). Dieser Betrag kann positiv (Veräußerungsgewinn ieS) oder negativ (Verlust, s Rz 196) sein. Nach dem **Halbeinkünfteverfahren** ist nur die Hälfte des Veräußerungspreises bzw des gemeinen Werts anzusetzen (§ 3 Nr 40 Buchst c S 1 idF StSenkG); ebenfalls nur zur Hälfte anzusetzen sind die Abzüge (Anschaffungs-, Veräußerungskosten; § 3c II idF StSenkG), nach dem Teileinkünfteverfahren jeweils 60 vH (§ 20 Rz 35; ab 2009); iEinz Rz 190.

131 **a) Ermittlung des Veräußerungsgewinns.** – ***(1)* Bestandteile.** § 17 II 1 ist eine **„Gewinnermittlungsvorschrift eigener Art"** (BFH VIII B 45/97 BFH/NV 99, 33); der den Einkünften aus GewBetr zuzuordnende Veräußerungsgewinn(-verlust) ist ereignisbezogen zu ermitteln (BFH VIII R 69/93 BStBl II 1995, 725, unter II.2.). Demgemäß ist für den **Zeitpunkt der Besteuerung** und die **Höhe des Gewinns** (Verlusts) – ebenso wie bei § 16 – grds nicht auf den Zufluss (§ 11 I 1) des Entgelts abzustellen (BFH IX R 30/14 DStR 15, 2384; s unten, aber auch Rz 140), so wie umgekehrt für (zusätzl) AK und Veräußerungskosten nicht der Abfluss, sondern das Bestehen der Schuld maßgebl ist (BFH VIII R 81/91 BStBl II 94, 162).

Gewinn ist die positive Differenz zw Veräußerungspreis und den (ursprüngl und nachträgl) AK (einschließl Veräußerungskosten); übersteigen die AK den Veräußerungspreis, entsteht ein **Verlust.** – Bei **Auflösung** (Liquidation) tritt an die Stelle des Veräußerungspreises das ausgekehrte Vermögen. Bei **Kapitalrückzahlung** ieS umfasst der „Veräußerungspreis" *(a)* das Nennkapital und *(b)* die Beträge des Einlagekontos iSd § 27 I KStG idF StSenkG (s Rz 230; *OFD Ffm* DStR 14, 903); die Auskehrung thesaurierter Gewinne (sonstige Rücklagen) ist wie eine Gewinnausschüttung zu werten und führt zu „Einnahmen aus KapVerm". Bei **Kapitalherabsetzung** ist das zurückzahlte Kapital maßgebl; die nur nominelle Herabsetzung ist kein Fall des § 17 IV (Rz 233 f).

(2) **Entstehung.** Der Gewinn (Verlust) entsteht grds – ausgenommen Veräußerung gegen bestimmte wiederkehrende Bezüge (Wahlrecht; s Rz 143) – im Zeitpunkt der Veräußerung (nicht mit Abschluss des entgeltl Verpflichtungsgeschäfts), also idR (entspr dem Realisationsprinzip; s § 5 Rz 77 ff, 608 ff), wenn (zumindest) das wirtschaftl Eigentum an den veräußerten Anteilen auf den Erwerber übergeht (BFH VIII R 28/02 BStBl II 05, 46; BFH IX R 30/13 BFH/NV 15, 489; *Frotscher* § 17 Rz 190; s Rz 94). – *(3)* **Gestreckte Veräußerung.** Die schrittweise Veräußerung war bisher bedeutsam wegen der Tarifvergünstigung auf Gewinne von bis zu 15/30 Mio DM im VZ (§ 34 I aF; § 34 Rz 3) und der evtl Anwendung des § 42 AO (s *Herzig/Schiffers* DB 89, 2441/5 mwN; *Felix* KÖSDI 95, 10091). – *(4)* **Verschmelzung.** Bei Verschmelzung einer KapGes mit Barabfindung (vgl § 30 UmwG) ist ein Gewinn iSv § 17 zu dem Zeitpunkt realisiert, in dem die Vermögensübertragung wirksam wird (*Widmann* StbJb 85/86, 113/20). – *(5)* **Ausscheiden.** Bei „Ausschluss" oder „Austritt" eines GmbH-Ges'ters, vorausgesetzt dies ist Veräußerung (Rz 103), ist auf den Beschluss (ggf Urteil) bzw (präziser) auf den tatsächl Rechtsübergang abzustellen (s *Hülsmann* DStR 03, 49).

b) Systematik der Gewinnermittlung. Aufwendungen des Veräußerers, die weder Veräußerungskosten noch (nachträgl) **AK** sind, können nach der Rspr des BFH iRd Gewinnermittlung nach § 17 II nicht abgezogen werden (BFH VIII B 16/95 BFH/NV 96, 406); die Rspr beschränkt den Abzug auf die Kosten, die durch das **GesVerhältnis** zu der KapGes (nicht zu einer KG, an der die KapGes beteiligt ist) veranlasst sind (BFH VIII B 71/96 BStBl II 97, 290). 132

In Betracht kommt (kam; wegen AbgeltungSt) danach *vorrangig* ein Abzug als **WK** bei Einkünften aus KapVerm (zB BFH VIII R 234/84 BStBl II 86, 596 für Schuldzinsen; BFH VIII R 32/00 BStBl II 01, 668 für Reisekosten; s Rz 16, 152; § 20 Rz 196) oder bei Ges'tergeschäftsführer als WK bei Einkünften nach § 19 (vgl BFH VI R 77/14 DStR 15, 2533); zu WK-Abzug bei disquotalem Ges'terbeitrag s BFH VIII R 68/96 BFHE 191, 505; BFH VIII R 35/99 BFHE 193, 264.

Kritik: ME folgt aus der Qualifizierung des § 17 II als Gewinnermittlungsvorschrift und aus dem Zusammenhang mit § 20, dass (im Wege der gesetzesergänzenden Lückenfüllung) auch Aufwendungen des Veräußerers, die durch die relevante Beteiligung veranlasst sind (vgl § 4 IV), aber weder Veräußerungskosten noch AK noch WK bei Einkünften aus KapVerm sind, den Veräußerungsgewinn als **Beteiligungskosten** mindern (bzw einen Veräußerungs- oder Liquidationsverlust erhöhen), weil bei relevanten Beteiligungen ähnl wie bei WG des BV grds Ertrag und Substanz steuerbefangen sind (*Musil* DStJG 34 (2011), 237/46; wN 31. Aufl). Bedeutung hat diese Auffassung insb für den Verlust von Ges'terdarlehen (und der Regressforderung aus Bürgschaft), soweit dieser entgegen der bisherigen BFH-Rspr nicht zu nachträgl AK iHd Nennwerts führt (s Rz 170 ff).

c) Fremdwährung. Bei in Fremdwährung angeschafften oder veräußerten zB ausl Beteiligungen sind Veräußerungspreis, AK und Veräußerungskosten je zum Zeitpunkt ihrer Entstehung zum Geld- bzw Briefkurs in € umzurechnen (BFH IX R 73/04 BFH/NV 08, 1658; BFH IX R 30/13 BFHNV 15, 489), nicht nur der Veräußerungsgewinn (BFH IX R 62/10 BStBl II 12, 564; EStH 17 (7); aA *Crezelius* DB 05, 1924). – Fremdwährungsgewinn ist (iZm Rz 34) kein Ausdruck einer Wertsteigerung (FG Mchn EFG 13, 1751, Rev 30/13). 133

2. Veräußerungspreis. – a) Bestandteile. Der Veräußerungspreis umfasst alles (zB Zahlung; Übertragung von Sachen oder Rechten; Forderung hierauf), was der Veräußerer (oder auf dessen Veranlassung ein Dritter, zB § 328 BGB) für die Anteile vom Erwerber oder auf dessen Veranlassung von einem Dritten, evtl der KapGes selbst aus dem Veräußerungsgeschäft als Gegenleistung erhält (BFH VIII 135

R 29/93 BStBl II 95, 693). Dabei sind Gegenleistung und Bewertung (Betrag und Stichtag) zu unterscheiden (Stichtagsbewertung, s Rz 136 ff); der Verzicht auf ein (noch nicht versteuertes) Gewinnbezugsrecht mindert weder den Veräußerungspreis noch erhöht er die AK (BFH IX R 15/10 BStBl II 11, 684; Vergleichsfall: realisierter Gewinn und entspr niedriger Veräußerungspreis).

Zum Veräußerungspreis gehören auch *(1)* das Entgelt, das der Erwerber dafür zahlt, dass er bei Erwerb während des Wj am Gewinn bereits vom Beginn des Wj beteiligt sein soll (BFH I R 199/84 BStBl II 86, 794); *(2)* eine abw von § 101 BGB getroffene Gewinnverteilung (BFH I R 111/00 BFH/NV 02, 628), *(3)* auch die Dividenden, die bereits der Erwerber bezieht, aber noch an den Veräußerer weiterleitet; arg § 20 IIa; *Pyszka* DStR 96, 170/1; *Frotscher* § 17 Rz 182; s auch Rz 158 zur Erwerberseite), *(4)* die Freistellung von einer noch ausstehenden Einlageverpflichtung (BFH IX R 98/07 BFH/NV 09, 1248), *(5)* ggf auch Zahlung eines Dritten (BFH IX R 97/07 BFH/NV 09, 9). – Nicht Teil des Veräußerungspreises ist das Entgelt für einen zusammen mit den Anteilen abgetretenen, durch Ausschüttungsbeschluss bereits entstandenen Gewinnauszahlungsanspruch; anders ist dies aber, wenn sich eine Gewinnausschüttung als auf abgekürztem Zahlungsweg erbrachtes Entgelt aus einer Anteilsveräußerung zw den Ges'tern der KapGes darstellt (BFH VIII R 72/79 BStBl II 83, 128). Wird ein Wettbewerbsverbot mit eigener wirtschaftl Bedeutung vereinbart, gehört die Entschädigung nicht zum Veräußerungspreis iSv § 17 II 1 (BFH VIII R 140/79 BStBl II 83, 289: § 22 Nr 3; FG Nds EFG 00, 492; vgl § 16 Rz 271). – Mittelbare Vergünstigungen gehören ebenfalls nicht zum Veräußerungspreis (*Micker* FR 13, 1029; zu mittelbaren AK s Rz 164), ebenso uU ein sog Exit-Bonus (FG Mster EFG 15, 385, rkr: Tätigkeitsvergütung; *Frey/Schmid* DStR 15, 1094; krit *Hentschel* BB 15, 807).

136 **b) Geldzahlung. – aa) Vereinbarter Betrag.** Der Veräußerungspreis ist evident, wenn dieser in Zug um Zug geleisteten Zahlungen besteht; zu Fremdwährung s Rz 133. Bei Veräußerung durch Zwangsversteigerung ist Veräußerungspreis der Versteigerungserlös (BFH I R 43/67 BStBl II 70, 310). Besteht die Gegenleistung in einer erst nach dem Zeitpunkt der Veräußerung fälligen **Geldforderung,** ist Veräußerungspreis der gemeine Wert dieser Forderung am Stichtag, wobei *grds* der Nennwert in Euro anzusetzen ist. Zinsen auf eine gestundete Kaufpreisforderung sind Einkünfte aus KapVerm, nicht Teil des Veräußerungspreises; ebenso Verzugszinsen wegen verspäteter Kaufpreiszahlung (FG Mchn EFG 08, 1611; iErg bestätigt durch BFH IX R 41/08 nv). Ist die Forderung zinslos gestundet, ist Veräußerungspreis der abgezinste Wert (vgl § 12 III BewG); die spätere Zahlung des vollen Nennwertes enthält dann iHd Differenz zum Barwert Einkünfte aus KapVerm (anders bei Stundung auf unbestimmte Zeit, BFH VIII R 41/82 BStBl II 84, 550). Entsprechendes gilt für zinslos gewährte Ratenzahlungen. Vereinbarter Veräußerungspreis ist auch dann maßgebl, wenn Teil in Aktien zu erfüllen ist (BFH IX R 41/08, nv).

137 **bb) Forderungsausfall.** Ist zum maßgebl Zeitpunkt (Rz 131) ernstl mit einem teilweisen Ausfall der Kaufpreisforderung (oder bei gestundeter Fremdwährungsforderung mit ungünstiger Wechselkursänderung) zu rechnen, rechtfertigt dies einen Abschlag vom Nennwert (FG Mchn EFG 98, 461; BFH IV R 61/73 BStBl II 78, 295 zu § 16). – Fällt eine mit dem Nennwert angesetzte Kaufpreisforderung ganz oder teilweise aus oder wird sie herabgesetzt, führt dies zur rückwirkenden Änderung des Veräußerungspreises, der verfahrensrechtl ggf nach § 175 I 1 Nr 2 AO Rechnung zu tragen ist (BFH I R 3/09 BStBl II 10, 249; BFH GrS 2/92 BStBl II 93, 897 zu § 16; *Musil* DStJG 34 (2011), 237/48; *FinVerw* DB 94, 960); nachträgl vertragl Änderungen wirken nur zurück, wenn ihr Rechtsgrund bereits im ursprüngl Rechtsgeschäft angelegt ist (BFH IX R 32/11 BStBl II 12, 675); auch bei sog Übergewinnzahlungen (BFH VIII R 68/04 BStBl II 05, 762). Irrelevant ist spätere Wechselkursänderung (FG Ddorf EFG 10, 1603, rkr; krit *Hoffmann* StuB 10, 801).

138 **c) Sachleistung.** Besteht die Gegenleistung in Sachen oder Rechten **(Tausch),** ist Veräußerungspreis der (gemeine) Wert der empfangenen WG (BFH VIII R 54/88 BStBl II 93, 331; FG RhPf DStRE 03, 1454, rkr; § 5

Rz 633) bzw der Forderung hierauf, zB der Börsenkurs der als Gegenleistung erlangten Wertpapiere am Bewertungsstichtag, auch bei Sperrfrist (FG SchlHol EFG 05, 1538, rkr); maßgebl ist nach § 6 VI 1 (entspr anwendbar; BFH IX B 204/08 BFH/NV 09, 1262) der gemeine Wert (§ 9 II BewG), auch bei Anteilen (BFH IX R 96/07 DStR 08, 2413; BFH I R 32/08 BStBl II 12, 341). Maßgebl soll der Zeitpunkt der Erfüllung sein, nicht der der Entstehung (BFH IX R 43/14 DB 16, 88 zu Aktientausch). Eine „dingl" Veräußerungsbeschränkung kann einen Abschlag vom Börsenkurs rechtfertigen (BFH IX R 96/07 DStR 08, 2413), anders für den Fall einer persönl Nicht-Veräußerungsverpflichtung (BFH IV R 223/72 BStBl II 75, 58). Zur Gegenleistung gehört auch der wirtschaftl Vorteil eines bedingten Rückübertragungsanspruchs (BFH VIII R 29/93 BStBl II 95, 693). – Besteht die Gegenleistung in neuen GesAnteilen an einer KapGes (**Sacheinlage;** s Rz 109), ist Veräußerungspreis der Wert dieser GesAnteile (BFH VIII R 54/88 BStBl II 93, 331).

d) Verdeckte Einlage der Beteiligung. Diese (evtl iVm einer unentgeltl Zuwendung an nahe stehende Personen) ist ab VZ 92 ausdrückl einer entgeltl Veräußerung gleichgestellt (§ 17 I 2; s Rz 110). An die Stelle des – hier fehlenden oder zu geringen – Veräußerungspreises tritt der **gemeine Wert** der übertragenen Anteile **(§ 17 II 2)** im Zeitpunkt der Einlage. Dieser Wert ist nach § 11 BewG, dh uU nach dem Stuttgarter Verfahren (R 96f ErbStR 2003) zu ermitteln (*Jahndorf* StuW 99, 271; evtl FG Ddorf EFG 96, 55, rkr; aA *Hübner* DStR 95, 1/5); ist dieser steuerl Wert niedriger als das für die Einlage gewährte (zu geringe) Entgelt, bleibt es mE beim Ansatz dieses Entgelts als Veräußerungspreis. – Bei **Einbringung** Bindung an Ansatz der aufnehmenden Ges nach § 20 IV UmwStG 95 (BFH IX R 26/09 BFH/NV 10, 2067; Anschluss an BFH I R 111/05 BStBl II 08, 536); iEinz Rz 245. 139

e) Nachträgl Änderungen. Wird die Gegenleistung nachträgl, zB auf Grund geltend gemachter Rechts- oder Sachmängel oder einer Anfechtung (§§ 119, 123 BGB), durch gerichtl oder außergerichtl Vergleich oder durch Urteil herabgesetzt *und* der bereits entrichtete Kaufpreis zurückgezahlt, ermäßigt sich der Veräußerungspreis und damit der -gewinn im Jahr der Veräußerung (BFH I R 3/09 BStBl II 10, 249; BFH GrS 1/92 BStBl II 93, 894 zu § 16); eine etwaige ESt-Veranlagung für das Jahr der Veräußerung ist zu ändern (§ 175 I 1 Nr 2 AO; Rz 137), auch im Fall der Ratenanpassung (s Rz 205; BFH IX R 34/12 BStBl II 13, 378); ggf auch gem § 165 II AO (BFH VIII R 1/01 BFH/NV 02, 465). – Für eine später vereinbarte **Nachzahlung** gilt Entsprechendes (evtl einschr BFH VIII B 21/94 DB 95, 79). 140

f) Umfang der Gegenleistung. – ***(1)* Nebenleistungen.** Zum Veräußerungspreis gehören grds auch Leistungen, die der Veräußerer **über den Wert der Anteile** hinaus erlangt (zB Zahlungen an einen lästigen Ges'ter), nicht hingegen Entgelte für zusätzl selbstständige Leistungen (zB BFH VIII R 140/79 BStBl II 83, 289) oder unentgeltl Zuwendungen des Erwerbers an den Veräußerer. Erwirbt die KapGes *eigene* Anteile (s Rz 102), ist jedenfalls der überhöhte Teil der Gegenleistung idR vGA (Einnahme aus KapVerm) *beim Veräußerer,* oder, wenn die anderen Ges'ter den Veräußerer als lästig empfanden und die KapGes zum Erwerb veranlassten, *bei den anderen Ges'tern* (vgl BFH I R 163/75 BStBl II 77, 572; *Littmann/Rapp* § 17 Rz 250; *HHR* Anm 174). – ***(2)* Niedrige Gegenleistung.** Bei unangemessen niedriger Gegenleistung kann teilentgeltl Veräußerung vorliegen (dazu Rz 105), ggf auch § 42 AO (zB bei von Kapitalquoten abw Gewinnverteilung in Familien-GmbH; BFH VIII B 185/02, BFH/NV 05, 1258). 141

g) Wiederkehrende Bezüge. – aa) Barwert. Werden die Anteile (voll) entgeltl gegen wiederkehrende Bezüge veräußert, ist Veräußerungspreis – in gleicher Weise wie bei § 16 – der ggf zu schätzende gemeine Wert (Barwert) des Rechts auf die wiederkehrenden Bezüge im Zeitpunkt der Veräußerung (zB BFH VIII 143

R 80/87 BStBl II 93, 15; *HHR* Anm 182); Veräußerungsgewinn ist der um Veräußerungskosten und Buchwert verminderte Barwert (**Sofortbesteuerung;** Rz 205). – Ein Veräußerungsgewinn entsteht auch, wenn der Kapitalanteil der wiederkehrenden Leistungen das steuerl Kapitalkonto zzgl etwaiger Veräußerungskosten übersteigt (**Zuflussbesteuerung;** Rz 206).

Nach EStR 17 VII 2 iVm EStR 16 XI; *BMF* BStBl I 04, 922 Rz 56 besteht ein **Wahlrecht** zw beiden Alternativen, und zwar nicht nur bei Veräußerung gegen auf Lebenszeit des Veräußerers zu zahlenden Bezügen (Leibrente, dauernde Last), sondern auch bei (entgeltl) Veräußerung „gegen einen in Raten zu zahlenden Kaufpreis" (FG Mchn EFG 09, 1030, rkr); enger BFH IX R 45/09 BStBl II 10, 969: nur bei wiederkehrenden Zahlungen mit Versorgungscharakter (krit *Bode* FR 10, 1094). – Zu den **Rechtsfolgen** bei Ausübung des Wahlrechts s Rz 205 ff, 153.

144 **bb) Vermögensübertragungen in vorweggenommener Erbfolge gegen Versorgungsleistungen.** Diese (s § 16 Rz 51 ff; § 22 Rz 78) sind **entgeltlos** oder **teilentgeltl,** sofern der vereinbarte Barwert geringer ist als der Wert der Anteile (s Rz 105); das Wahlrecht besteht dann hinsichtl des entgeltl Teils (Trennungstheorie). Übersteigt der Barwert den Wert der Anteile, ist die Übertragung iHd angemessenen Preises voll entgeltl; der übersteigende Betrag ist nicht abziehbare Zuwendung iSv § 12 Nr 2 (*BMF* BStBl I 04, 922 Rz 50), (mE nur) wenn die Mehrleistung familiär veranlasst ist (anders lästiger Ges'ter, s Rz 141). Ist der Barwert des Vermögens mehr als doppelt so hoch als der Wert der übertragenen Anteile, soll *insgesamt* eine Zuwendung iSv § 12 Nr 2 gegeben sein (*BMF* aaO Rz 50; mE auch hier nur der Mehrbetrag).

150 **3. Veräußerungskosten.** Diese (bzw bei § 17 IV Auflösungs- oder Kapitalherabsetzungsaufwand) sind vom Veräußerungspreis abzuziehen. – **a) Definition.** Der in § 17 II und § 16 II verwendete Begriff soll nach der BFH-Rspr inhaltsgleich sein. Veräußerungskosten sind danach nur solche Aufwendungen, „die in unmittelbarer sachl Beziehung zu dem Veräußerungsgeschäft stehen"; zeitl Zusammenhang genügt nicht (BFH IX R 25/12 BStBl II 14, 102; BFH I R 52/12 BStBl II 14, 661; FG Hbg DStRE 14, 732, Rev I R 45/13, zu § 8b II KStG [einschr *Riedel* FR 14, 356]; EStR 17 VI). Für den Ansatz der Veräußerungskosten gelten die in Rz 34 dargestellte BVerfG-Grundsätze nicht (keine Aufteilung; *Bron* DStR 14, 987; so jetzt auch *BMF* BStBl I 16, 10).

Bei § 16 hat diese Rspr das für den StPfl günstige Ergebnis, dass Kosten, die keine Veräußerungskosten, aber BA sind, den lfd Gewinn mindern. Bei § 17 führt die BFH-Rspr uU dazu, dass die Aufwendungen, wenn auch keine AK und WK bei den Einkünften aus KapVerm vorliegen, nicht abziehbar sind (s aber Rz 132). Im Hinblick auf die unterschiedl Normstrukturen ist die Gleichsetzung daher bedenkl (*HHR* Anm 185; aA *Frotscher* § 17 Rz 197/200).

151 **b) Einzelfälle.** Veräußerungskosten sind zB Anwalts- und Notariatskosten, Kosten eines Verständigungsverfahrens (BFH IX R 25/12 BStBl II 14, 102), Provisionen (zB BFH VIII R 13/90 BStBl II 93, 34), soweit diese vom Veräußerer getragen werden, auch Zuzahlungen auf Grund übernommener Verlustausgleichsverpflichtungen (FG Mster EFG 97, 1181), Vorfälligkeitsentschädigungen (BFH VIII R 55/97 BFH/NV 00, 1028), nicht hingegen der Verlust von Ges'terdarlehen (BFH VIII R 100/87 BStBl II 92, 234; s Rz 170 ff). – **Keine Veräußerungskosten** sind *(a)* die Kosten der Weiterveräußerung von als Entgelt erhaltener Aktien (BFH VIII R 43/90 BFH/NV 93, 520), *(b)* Zahlungen in Erfüllung einer „Nachschusspflicht" (vgl BFH VIII R 13/90 BStBl II 93, 34: AK) oder zur Freistellung von einer Bürgschaftsverpflichtung (BFH VIII R 36/83 BStBl II 85, 320: evtl AK; s Rz 175), (c) der Verzicht auf eine Pensionszusage (FG Saarl EFG 92, 330; evtl AK, Rz 164), *(d)* kein Abzug von Kosten aus fehlgeschlagenem Verkauf (FG BaWü EFG 11, 953, rkr; auch nicht als WK bei KapVerm: BFH VIII R 47/95 BStBl II 98, 102; s aber Rz 132); *(e)* Verluste aus Kurssicherungsgeschäften (BFH IX R 73/04 BFH/NV 08, 1658: Kurssicherung selbständiges Geschäft).

152 **c) Zinsen** für Kredite zum Erwerb der veräußerten Anteile oder zur Finanzierung zusätzl AK (BFH VIII R 2/02 BStBl II 04, 551) oder auf eine Einlageverpflichtung (BFH VIII R 59/97 BStBl 01, 226) sind grds weder zusätzl AK noch

Veräußerungskosten (BFH I R 14/12 BFH/NV 13, 1768/72), sondern (ihrer Art nach) WK bei § 20 (FG Mster EFG 13, 204, rkr). **(Nachträgl) Zinsen nach Veräußerung** waren als WK nach § 20 bei Wegfall der Beteiligung iSv § 17 (BFH VIII R 20/08 BStBl II 10, 787 – RsprÄnderung; **ab VZ 99;** dazu auch BFH VIII R 36/07 BFH/NV 11, 1795; FG BaWü EFG 11, 786, rkr) abziehbar (so bereits 29. Aufl); nunmehr § 20 IX, aber ggf § 32d II Nr 3 (§ 20 Rz 214). – Zinsen iZm mittelbar beherrschter GmbH sind nach BFH VIII R 28/04 BStBl II 07, 699 keine WK (kein Durchgriff; Trennungsprinzip; mE fragl, vgl zB Gedanke des § 8b KStG). – Bei Einbringung von Anteilen an GmbH 1 in GmbH 2 gegen Erwerb eines weiteren Anteils an GmbH 2 besteht die Möglichkeit des Schuldzinsenabzugs aufgrund Surrogation (BFH VIII R 28/04 BStBl II 07, 699).

4. Anschaffungskosten. – a) Umfang. AK umfassen grds alles, was der Erwerber aufwendet, um das WG zu erlangen (zB BFH VIII R 4/02 BStBl II 04, 597) und zu behalten (vgl auch § 255 I HGB). Der (spezifische) Begriff der AK iSv § 17 ist nach BFH-Rspr (zur Wahrung des Nettoprinzips) weit auszulegen, „um in dem durch § 17 II gesteckten Rahmen möglichst solche Aufwendungen zu erfassen, die auch bei MUern zu berücksichtigen wären" (BFH VIII R 27/00 BStBl II 02, 733; *Pyszka* DStR 98, 1160/1; *Neumann* StbJb 03/04, 263/9; iEinz Rz 132, 163 ff, 170 ff); außerhalb des § 17 (also für betriebl Beteiligungen) gelten die allg Regeln (BFH VIII R 27/00 BStBl II 02, 733; BFH X R 2/03 DStRE 05, 1049). Für einen eigenständigen (über § 255 HGB hinausgehenden) AK-Begriff s *Weber-Grellet* FR 99, 1125; Rz 132; aA *Heuermann* NZG 09, 841/2: umfassende Geltung des § 255 HGB. – Zu den AK gehören *(1)* der **Anschaffungspreis** in Euro (zu Fremdwährung s Rz 133), *(2)* die **Anschaffungsnebenkosten** (Rz 161); *(3)* auch **vorweggenommene/vergebl AK** (FG Mster EFG 10, 957, Rev IX R 10/10; FG Ddorf EFG 12, 1839, rkr: Ausfall eines vor Beteiligungserwerb hingegebenen Darlehens), *(4)* die **nachträgl Aufwendungen** auf die Beteiligung, wenn sie durch das GesVerhältnis veranlasst und weder WK bei Einkünften aus KapVerm noch Veräußerungskosten sind (zu nachträgl AK s Rz 163 f; BFH VIII R 16/94 BStBl II 99, 339); *(5)* die **negativen AK** (Kapitalrückzahlungen; BFH VIII R 44/96 BStBl II 99, 698; FG Sachs GmbHR 10, 325, rkr; *Hoffmann* GmbHR 99, 780; Rz 168). Zur Ermittlung/Überwachung der AK durch das FA s *FinVerw* DStR 98, 1753. – Zur Ermittlung des Veräußerungsgewinns sind die AK der veräußerten Anteile von dem – um die Veräußerungskosten geminderten – Veräußerungspreis abzuziehen. – Bei Girosammelverwahrung: durchschnittl Wert (EStR 17 V 3). 156

aa) AK bei Gründung. Werden die Anteile bei Gründung der KapGes erworben, ist Anschaffungspreis die Einlageverpflichtung (Nennwert bei Bareinlage, gemeiner Wert bei Sacheinlage), mE unerhebl, ob bereits erfüllt oder nicht (arg § 46 I 3 AktG, § 19 II 1 GmbHG; *FinVerw* WPg 89, 311 für BV. Zum Nachweis der Zahlung sind alle Umstände zu berücksichtigen (BFH IX R 44/10 BStBl II 11, 718). Entsprechendes gilt für **Kapitalerhöhung** (vgl BFH VIII R 36/83 BStBl II 85, 320); werden die jungen Anteile aber in Ausübung eines aus relevanter Beteiligung abgeleiteten Bezugsrechts erworben, ist Anschaffungspreis der Einzahlungsbetrag *zuzügl* der nach der Gesamtwertmethode ermittelten *AK* des Bezugsrechts (dazu Rz 180); die AK der Alt-Anteile mindern sich entspr. Bei **Kapitalerhöhung aus GesMitteln** sind die AK für die Alt-Anteile auf diese und die Frei-Anteile aufzuteilen (§ 3 KapErhStG; EStR 17 V; *Pung* EStG § 17 Rz 353; krit *Kraft* FS Siegel, 2005, 439); wird das Kapital wieder herabgesetzt, sind die bisherigen unveränderten AK auf die verbliebenen Anteile im Verhältnis ihrer Anteile am Nennkapital aufzuteilen (bisher § 6 KapErhStG; aufgehoben durch StSenkG ab 1.1.2002; s Rz 233, 239). 157

Beispiel: bei Gründung 100 Anteile; Nennkapital 1000; AK 1000 (1 Anteil = 10 AK); Kapitalerhöhung auf 150 Anteile und 1500 Nennkapital (1 Anteil = 6,6 AK); Kapitalherabsetzung auf 120 Anteile und 1200 Nennkapital (1 Anteil = 8,3 AK).

Aufwendungen (zB Beratungs-, Bürgschaftskosten) bei **fehlgeschlagener Gründung** sind nicht abziehbar (BFH VIII R 4/02 BStBl II 04, 597, BFH IX B 221/08 BFH/NV 09, 1265; FG Hbg EFG 14, 1782, rkr; BFH VI R 77/14 DStR 15, 2533. – Niedrigere AK entstehen bei Verzicht auf Ausgabeaufgeld bei Kapitalerhöhung (*OFD Ffm* DStR 08, 202). – Die Meistergründungsprämie NRW zur KapGes-Gründung mindert die AK (*OFD Nds* StEK § 17 Nr 107).

158 **bb) AK bei Erwerb.** Werden Anteile durch Kauf oder Tausch erworben, ist Anschaffungspreis der **Kaufpreis** (vgl Rz 135) bzw der gemeine Wert der in Tausch gegebenen WG (s aber Rz 97, 109; § 6 VI 1), bei Erwerb gegen **wiederkehrende Bezüge** deren Barwert (vgl BFH IX R 46/88 BStBl II 95, 169 zu VuV; *BMF* BStBl I 04, 922 Rz 51: nach §§ 12–14 BewG oder versicherungsmathematisch; s auch Rz 153, 205 ff); keine höheren AK bei tatsächl längerer Lebensdauer (FG BaWü DStRE 11, 1187; zR offen, ob WK nach § 20). – Wurden Anteile iSv § 17 entgeltl gegen wiederkehrende Bezüge (auch dauernde Last) erworben, ist der **Ertrags- oder Zinsanteil** (nur dieser) als WK bei den Einkünften aus KapVerm abziehbar (vgl Rz 143, 205 ff; *BMF* BStBl I 04, 922 Rz 53/4); fragl, ob auch noch nach Einführung der AbgeltungSt. – Wird eine gegen Leibrente erworbene Beteiligung veräußert, ist (mE zumindest bei noch lfd Rente) als AK der Barwert anzusetzen; offen blieb der Abzug der den Barwert übersteigenden Zahlungen (FG BaWü EFG 10, 2009, rkr); mE muss Abzug mögl sein, am ehesten wohl als nachträgl AK (über § 175 AO). – Zum Anschaffungspreis gehört auch *(1)* ein Entgelt, das der Erwerber dafür zahlt, dass er beim Erwerb während des Wj der KapGes am Gewinn vom Beginn des Wj an beteiligt wird (zB BFH I R 190/81 BStBl II 86, 815) und *(2)* ein dem Veräußerer vorbehaltener künftiger, aber gem § 20 IIa bei Zufluss vom Erwerber zu versteuernde Dividendenanspruch (*Pyszka* DStR 96, 170/1). Nicht Teil der AK ist aber ein Entgelt für einen bereits entstandenen Gewinnanspruch für frühere Wj (s Rz 135). Aufwendungen der KapGes für den Erwerb *eigener* Anteile begründen keine (zusätzl) AK für die Anteile der verbleibenden Ges'ter, auch wenn erst durch diesen Erwerb aus einer nicht relevanten eine relevante Beteiligung wird (BFH VIII R 329/84 BFH/NV 90, 27); ebenso ist dies mE bei Einziehung gegen Abfindung (s Rz 101). Zu vor dem 21.6.48 erworbenen Anteilen s § 53 EStDV.

159 **cc) Weitere Maßgeblichkeit der tatsächl (historischen) AK.** Das ist der Fall, – ***(1)*** wenn aus einer ursprüngl nicht relevanten Beteiligung **durch Hinzuerwerb** (zB auch Erbanfall; BFH VIII B 80/98 BStBl II 99, 486) eine **relevante Beteiligung** entsteht (BFH IV R 73/05 BStBl II 08, 965; verfrechtl unbedenkl, BVerfG 2 BvR 736/03 HFR 05, 780), – ***(2)*** bei Gesetzesänderung (Absenken der Relevanzschwelle auf 1 vH; Rz 12, 35; *Herzig/Förster* DB 99, 711) oder – ***(3)*** wenn der Anteilseigner bzw Rechtsvorgänger (§ 17 II 5) im Zeitpunkt der Anschaffung noch **beschr estpfl** war (BFH VIII R 15/94 BStBl II 96, 312 mwN; *Wolff-Diepenbrock* FS Klein, 1994, 875); rückwirkende Wertzuwachsbesteuerung.

Kritik: ME gebietet der Zweck des § 17, als AK den höheren (oder niedrigeren) gemeinen Wert der Anteile zu dem Zeitpunkt anzusetzen, zu dem die relevante Beteiligung entstanden bzw der Anteilseigner unbeschr estpfl geworden ist (*Aßmann* DStR 06, 1115/9; *Littmann/Rapp* § 17 Rz 214; s iEinz 27. Aufl; aA BFH VIII R 92/03 BStBl II 05, 398 [aufgehoben durch BVerfG 2 BvR 748/05 ua BStBl II 11, 86; Rz 34]; *Pung/Werner* EStG § 17 Rz 251).

160 ***(4)*** Zutr ist der Ansatz der tatsächl AK aber, wenn eine Beteiligung, die ursprüngl relevant war, nach **Absinken unter 1 vH** (Rz 12, 35) noch innerhalb der Fünfjahresfrist des § 17 I veräußert wird (BFH VIII R 40/89 BStBl II 94, 222).

161 **b) Anschaffungsnebenkosten.** Das sind vom Erwerber getragene Beurkundungs-, Beratungskosten, Gutachtenkosten, Provisionen (BFH VIII R 62/05 BStBl II 10, 159), Maklerkosten (BFH IV R 16/95 BStBl II 1997, 808) und sind

Teil der AK iwS; sie sind (auch bei gescheitertem Erwerb) nicht als WK absetzbar (FG Hbg GmbHR 14, 1109, rkr).

c) Selbstständigkeit der Anteile. Hat der StPfl die Anteile zu unterschiedl Zeiten und AK erworben, behalten die Anteile grds ihre Selbstständigkeit (BFH VIII R 52/02 BStBl II 04, 556; *FinVerw* DStR 06, 1281; *Kraft* BB 04, 595/8). Bei einer Teilveräußerung sind deshalb dem Veräußerungspreis die AK (mE ggf der gemeine Wert, s Rz 159) der veräußerten Anteile gegenüberzustellen, soweit eine Identifizierung der Anteile mögl ist, nicht bei Sammelverwahrung (ggf dann § 17 nicht anwendbar; FG Köln EFG 15, 1604, Rev IX R 32/15; s aber Rz 156). Dies kann zB durch Bezugnahme auf den notariellen Erwerbsakt, aber auch auf andere Weise geschehen (zB Aktiennummern im Sammeldepot; BFH IX R 45/12 BStBl II 14, 578); das eröffnet dem Veräußerer Gestaltungsmöglichkeiten (*Kraft* BB 03, 2391). Ist eine Identifizierung nicht mögl, sind die durchschnittl AK maßgebl. Zur (wertmäßigen) Aufteilung bei teilentgeltl Erwerbs Rz 82. 162

d) Nachträgl Anschaffungskosten 163

Schrifttum (vor 2014 s Vorauflagen): *Moritz,* KapAnlagen im Schnittpunkt zw § 17 und § 20, DStR 14, 1636; *Ott,* Ges'terdarlehen bei der GmbH, StuB 15, 43.

(1) **Art.** Zu den AK gehören nachträgl Aufwendungen des Anteilseigners auf die Beteiligung, häufig bei **Ausfall von Finanzierungshilfen** (Darlehen, Bürgschaften, Sicherheitsleistungen; Rz 170ff, aber zB auch Reparaturaufwendungen; FG Ddorf DStRE 04, 1399), soweit sie durch das GesVerhältnis veranlasst sind (s Rz 156 mwN); Zusage innerhalb des 5-Jahreszeitraums genügt (BFH VIII R 23/93 BStBl II 99, 342, unter II.2.c), evtl auch Schadensersatz (FG Hess 2 K 672/13, Rev VI R 62/14). Nachträgl AK sind nach der Rspr vor allem **„Verluste" aus eigenkapitalersetzenden Finanzierungsmaßnahmen;** der Umfang des Eigenkapitalersatzes bestimmt sich nach der jeweiligen Rechtsform (zB GmbH, AG; BFH IX R 76/06 BStBl II 08, 706); gewährt ein nicht unternehmerisch beteiligter Aktionär der AG ein Darlehen, führt deren Ausfall nicht zu nachträgl AK auf die Beteiligung (BFH IX R 42/08 BStBl II 10, 220; BFH IX R 53/10 BFH/NV 11, 1118). Nachträgl AK entstehen auch bei Nießbrauch-Ablösung (BFH IX R 49/13 BStBl II 15, 224). – Nachträgl AK sind – im Unterschied zu den echten AK – nicht den einzelnen Anteilen zuzuordnen; ihr Abzug ist soweit mögl, als sie während des Bestehens der relevanten Beteiligung entstehen (BFH VIII R 52/02 BStBl II 04, 556; *Moritz* GStB 04, 525). – Nachträgl AK sind auch der Ablösebetrag für den Nießbrauchsverzicht des Rechtsvorgängers (FG Ddorf EFG 11, 131, in anderem Punkt aufgehoben durch BFH IX R 51/10 BStBl II 12, 308; *Heuermann* DB, 13718/23). – *(2)* **Höhe der nachträgl AK.** Maßgebl ist der **TW** der Leistung an die KapGes im Zeitpunkt der Einlage (§ 6 VI 2; iEinz Rz 110, 170ff); **lfd Nutzungen,** zB Zinslosigkeit eines Darlehens, und die dadurch veranlassten Aufwendungen können nicht Gegenstand einer verdeckten Einlage sein und begründen daher keine zusätzl AK (vgl BFH GrS 2/86 BStBl II 88, 348/54; *J. Thiel* DStR 92, 1/5); ebenso ist dies mE, wenn ein unentgeltl erworbenes **Nutzungsrecht** verdeckt eingelegt wird (s § 5 Rz 176ff). Nachträgl AK, die *nach* Begründung der relevanten Beteilung entstehen, sind in voller Höhe zu berücksichtigen, auch wenn nicht alle Anteile verstrickt sind, vor Begründung übernommene nur insoweit, als die Wertminderung danach eingetreten ist (BFH VIII R 52/02 BStBl II 04, 556; BFH VIII R 41/03 BFH/NV 05, 1518). – Diese Grundsätze gelten auch für Treugeber (BFH IX R 60/05 BFH/NV 09, 896).

(3) **Drittaufwand.** Dieser führt nicht zu nachträgl AK; der BFH verneint grds die Abziehbarkeit von Drittaufwand (zB BFH GrS 4/92 BStBl II 95, 281; BFH GrS 1–5/97 BStBl II 99, 774ff; s auch *BMF* BStBl I 96, 1257; § 5 Rz 100; *Pung/Werner* EStG § 17 Rz 291). Aufwendungen eines Dritten können mittelbare verdeckte Einlage des Ges'ters nur sein, wenn die unmittelbare Leistung des Dritten zugleich eine Zuwendung an den Ges'ter ist, also idR nur den Zahlungsweg abkürzt (s Rz 177); nach BFH VIII R 52/93, BStBl II 01, 286 sind Leis-

tungen sog gleichgestellter Personen Eigenleistung. Leistungen eines Dritten aus eigenwirtschaftl Interesse sind Drittaufwand (FG Mster EFG 04, 262, rkr). – ***(4)* Mittelbare Beteiligung.** Keine nachträgl AK für Bürgschaften und Darlehen für GmbH, an der nur mittelbare Beteiligung besteht (BFH IX R 28/08 BFH/NV 09, 1416; ähnl FG SchlHol EFG 11, 1054, Rev Kl VIII R 3/11; FG BBg DStRE 14, 199, rkr; krit *Weber-Grellet* NWB 3/15 229/32).

164 **e) (Offene und verdeckte) Einlagen in die BeteiligungsGes.** (Rz 110; § 5 Rz 204) – **aa) Einlagen.** Diese führen idR zu **nachträgl AK** jedenfalls dann (nach früherer BFH-Rspr nicht nur dann; *Wolff-Diepenbrock* DB 94, 1539; DStZ 95, 652), wenn sie auf der Ebene der KapGes als (verdeckte) Einlagen iSv § 4 I 8 zu werten sind (zB BFH I R 97/88 BStBl II 90, 875: Zuführung von Eigenkapital; BFH X R 14/11 BStBl II 14, 158); „zusätzl AK" in Gestalt verdeckter Einlagen (solche, die nicht zum gezeichneten Kapital gehören und die über die Kapitalaufbringung hinausgehen) erfordern (zB bei Sanierungsversuch) keine Wertverbesserung der Beteiligung (BFH VIII R 59/97 BStBl 01, 226; *Gail ua* DB Beil 19/98, 8). Im Hinblick auf die AK besteht kein Unterschied zw offenen und verdeckten Einlagen. Bei Beteiligung von nahen Angehörigen entfallen (disquotale) verdeckte Einlagen nur anteilig auf den Ges'ter (FG Nds EFG 12, 1927, rkr; *Ott* DStR 15, 2262/6). Gegenstand **verdeckter Einlagen** können alle materiellen und immateriellen WG sein (BFH GrS 2/86 BStBl II 88, 348); keine verdeckte Einlage iSv nachträgl AK soll aber vorliegen, wenn WG durch sog verschleierte Sachgründung auf eine KapGes übertragen werden, weil dabei gleichzeitig ein Rückforderungsanspruch entsteht (FG Mster EFG 94, 968, rkr; mE bedenkl, so auch *Pung/Werner* EStG § 17 Rz 376; s auch § 16 Rz 202); zur Bewertung § 6 Rz 565 f.

Einzelfälle: Verdeckte Einlagen, die die AK erhöhen, sind zB: – ***(1)* Nachschüsse** iSv §§ 26–28 GmbHG (Rückzahlung nicht Einnahmen gem § 20) und sonstige **verlorene Zuschüsse** (zB BFH VI R 3/92 BStBl II 94, 242; s auch Rz 234); – ***(2)* Verzicht auf Ges'terforderung** (iHd gemeinen Werts bei Verzicht; BFH GrS 1/94 BStBl II 98, 307; BFH I R 30/01 BFH/NV 02, 677 [auch bei kapitalersetzenden Darlehen]; *Vogt* DStR 01, 1881; *Pung/Werner* EStG § 17 Rz 306, 307), soweit diese nicht bereits früher (mit höherem Wert) nachträgl AK waren (s Rz 170 ff; zur str Beurteilung auf der Ebene der KapGes BFH GrS 1/94 BStBl II 98, 307; *FinVerw* DStR 96, 1168; § 5 Rz 550 ‚Ges'terfinanzierung' mwN); nach GrS 1/94 (C II 3) auch der Verzicht auf eine Pensionszusage (Einlage der realisierten Anwartschaft; gegen BFH I R 34/92 BStBl II 93, 804); kein Verzicht bei weitergeleiteten Kapitalzuführungen (FG Mchn GmbHR 10, 328). – **Wirkungen des Verzichts** (nach GrS 2/94): – ***(a)*** werthaltige Forderung: bei Ges'ter nachträgl AK; bei Ges Ertrag (= Korrektur früheren Aufwands); – ***(b)*** bei wertlos gewordener Forderung bei Ges'ter nichts; bei Ges nichts (§ 5 Rz 671); – ***(3)* (freiwillige oder zwangsweise) Erfüllung einer GmbH-Verbindlichkeit** (offen in BFH XI R 52/01 BStBl II 03, 658), zB die Übernahme von StSchulden; – ***(4)* Rückzahlung einer offenen (Vorab-)Gewinnausschüttung** jedenfalls dann, wenn diese nicht auf einer rechtl oder tatsächl Verpflichtung beruht (BFH VIII R 82/91 BStBl II 94, 561: keine negativen Einnahmen oder WK des Ges'ters, sondern Einlage, dh nachträgl AK; *FinVerw* DStR 96, 585: allg EK 04; krit *Kohlhaas* DStR 96, 525); – ***(5)* Rückzahlung einer vGA** auf Grund §§ 30, 31 GmbHG oder Satzungsklausel (zB BFH VIII R 7/99 BStBl II 01, 173 mwN; *Rätke* HFR 01, 28; *Pung/Werner* EStG § 17 Rz 362). – ***(6)* Verdeckte Einlage eines Dritten** kann uU zu nachträgl AK führen (*van Lishaut/Ebber/Schmitz* Ubg 12, 1791). – ***(7)*** Nicht zu den AK sollen Zahlungen auf offene Stammeinlage eines Mit-Ges'ters gehören (FG Thür EFG 08, 536, rkr); mE „Drittaufwand". – ***(8)*** Einlagen gegen „Sicherheitsablösung" sollen keine AK sein (FG Ddorf EFG 15, 480, Rev IX R 6/15; mE fragl, zumindest nachträgl AK. – ***(9)*** Mittelbare Einlage über GbR reicht nicht (FG BBg EFG 13, 1589, rkr).

165 **bb) Rückgewähr.** Werden verdeckte Einlagen außerhalb einer Liquidation in der Weise wieder zurückgewährt, zB als Gewinn ausgeschüttet, dass Einlagen verwendet sind (vgl § 27 KStG idF StSenkG) und diese **Bezüge** nicht zu den Einkünften aus KapVerm gehören (§ 20 I Nr 1 S 3), werden die **AK gemindert** (BFH VIII R 58/92 BStBl II 95, 362 zu § 17; *Gschwendtner* DStZ 95, 293; BFH I R 70/92 BStBl II 94, 527 zu Anteilen im BV; *Pung/Werner* EStG § 17 Rz 302).

Dies galt bisher auch, soweit dadurch **negative AK** entstanden (glA BFH VIII R 44/96 BStBl II 99, 698; *WG* FR 99, 798). Ab VZ 97/01 ist allerdings die Ansicht, die über die AK hinausgehenden Ausschüttungen aus vEK 04 bzw aus dem Einlagekonto führten zu negativen AK oder stfreien Einnahmen, überholt; vielmehr entsteht insoweit bereits mit Ausschüttung ein nach § 17 stpfl Gewinn (Rz 234). Bei Anteilen im BV entstehen insoweit BE (BFH VIII R 38/96 BStBl II 99, 647; vgl auch BFH I R 1/91 BStBl II 93, 189 für Anteile an ausl KapGes im BV).

f) Anschaffungskosten durch Ausfall von Gesellschafterdarlehen 170

Schrifttum (Aufsätze vor 2013 s Vorauflagen): *Clemens,* Das neue Recht der Ges'terfremdfinanzierung nach dem MoMiG, 2012; *Gast,* Die stl Berücksichtigung von Darlehensverlusten des Gesters einer KapGes, Diss 2013. – *Röck/Hucke,* Weitergeltung des Eigenkapitalersatzrechts …, GmbHR 13, 791.

aa) Ausfall. Darlehen als solche sind ergebnisneutral; hingegen sind Ges'terdarlehensverluste nach hM (nur) abziehbar, wenn sie **gesellschaftl veranlasst** sind (BFH VIII R 16/94 BStBl II 99, 339; BFH VIII R 18/94 BStBl II 99, 344; ähnl die hL (*Strahl* KÖSDI 99, 11862/6). Das *BMF* (BStBl I 99, 545, aufgehoben, I 14, 757 Nr 87; schematische Darstellung durch *OFD Kiel* FR 00, 161) hat sich der Rspr des VIII. Senats angeschlossen. Ein Wertloswerden genügt; ein ausdrückl Verzicht ist nicht erforderl, eine Abtretung unschädl (BFH VIII B 68/99 BFH/NV 00, 41; für eine Gleichbehandlung von Verzicht und Verlust *Ostermayer/Erhart* BB 03, 449). Ein Ausfall kann auch durch Rangrücktritt und Nicht-Verfügungs-Erklärung indiziert sein (BFH IX R 79/06 BStBl II 09, 227; FG BBg DStRE 14, 199, rkr); qualifizierter Rangrücktritt ist nicht erforderl (FG Köln EFG 14, 1093, rkr; z Rangrücktritt *Weber-Grellet* BB 15, 2667). Der Zeitpunkt der Darlehenshingabe ist mE unerhebl (aA FG Mster EFG 00, 881).

bb) Entwicklung (Rechtslage bis 31.10.2008). – (1) Gesellschaftl Veranlassung. Ein Darlehen (bzw andere Finanzierungshilfen) ist nach der bisherigen BFH-Rspr nur dann durch das GesVerhältnis veranlasst, wenn es (nach Zivilrecht) **kapitalersetzend** ist (BFH IX R 80/06 BStBl II 08, 577; FG Ddorf EFG 09, 1830, rkr; „Finanzierungshilfe"). – Der IX. Senat spricht von **„funktionalem Eigenkapital"** (BFH IX R 76/06 BStBl II 08, 706; BFH IX R 54/10 BFH/NV 11, 2029). – Durch das MoMiG wurde das tradierte Eigenkapitalersatzrecht (Behandlung von „Eigenkapitalersatz" wie Eigenkapital) durch den insolvenzrechtl Nachrang ersetzt (für Insolvenzeröffnung ab 1.11.08; *Gehrlein* BB 11, 3); der Begriff der Krise ist obsolet. Die Sonderbehandlung des Ges'terfremdkapitals beruht auf einer angemessenen Risikoverteilung zw Ges'ter und GesGläubiger (*Clemens* aaO 350). – Zur bisherigen Rechtslage (bis 31.10.2008) ausführl. 33. Aufl (s ferner FG BBg DStRE 14, 199, rkr, FG Köln EFG 14, 633, rkr, FG Köln EFG 14, 1093, rkr). 171

(2) Keine AK. Ein Abzug sollte nach altem Recht nicht mögl sein, wenn die (alten) Eigenkapitalersatzregeln nicht anwendbar waren, zB bei fehlender Mindestbeteiligung („Kleinanlegerprivileg"; einschr BFH IX R 44/13 BStBl II 14, 781) und bei **Sanierungsprivileg** (§ 32a III 3 GmbHG aF; bei einer **AG-Beteiligung** unter 25 vH. ME hatten diese Regeln kein Bezug zu § 17 (weitere Kritik 28. Aufl Rz 173; so auch *Schneider/KSM* § 17 Rz C 305; *Musil* DStJG 34 (2011), 237/40); iEinz 33. Aufl. 172

(3) Höhe der AK. War bereits die Darlehenshingabe kapitalersetzend, war der Nennwert maßgebl (BFH VIII R 6/96 BStBl II 99, 348); wurde das Darlehen erst durch Stehenlassen kapitalersetzend, war der gemeine Wert (= TW) zum Zeitpunkt des Eintritts der Krise entscheidend (BFH VIII R 47/98 BFH/NV 01, 589); weitere Einzelheiten 33. Aufl. 173

Schrifttum (vor 2014 s Vorauflagen): *Moritz,* KapAnlagen im Schnittpunkt zw § 17 und § 20, DStR 14, 1636.

cc) Neuregelung nach MoMiG (ab 1.11.2008). Nachdem durch § 20 II, VI (zur Konkurrenz *Dinkelbach* DB 09, 870/4) jetzt auch die Vermögenssphäre besteuert wird und im GmbHG das tradierte Eigenkapitalersatzrecht beseitigt ist (das neue Recht der Ges'terdarlehen gilt nur im Insolvenzverfahren; Ges'terdarlehen als Fremdmittel mit erhöhtem Insolvenzrisiko; s *Schmidt* GmbHR 09, 1009/19; *Hueck/Fastrich* in B/H GmbHG § 30 Anh Rz 29), besteht im Bereich des § 17 kein Anlass mehr, nur den Ausfall kapitalersetzender Darlehen als nachträgl AK zu behandeln (ähnl *Hoffmann* GmbHR 09, 1112; *Ott* DStZ 10, 623/33). Nach BFH ist offen, ob neue Maßstäbe zu entwickeln sind (BFH IX R 43/12 BFH/NV 13, 174

1783; *Hoffmann* StuB 15, 41). Nach FinVerw weiterhin kein § 17-Abzug bei Zwerganteilen, auch kein Abzug nach § 20 II wegen Vorrangs des § 17; Sanierungsdarlehen wie bisher (*OFD Ffm* 11.9.13, DStR 13, 2221).

Diskutierte Lösungsansätze: – *(1)* Für steuerl Zwecke werden die Grundsätze des Kapitalersatzes fortgeführt (*Pung/Werner* EStG § 17 Rz 331 f; *Graw* Ubg 14, 251; wN 33. Aufl). – *(2)* Nach *Bode* DStR 09, 1781 sollen nachträgl AK immer bei Nachrang iSd § 39 I Nr 5 InsO (Letztrangigkeit von Forderungen auf Rückgewähr eines Ges'terdarlehens) gegeben sein, also im Prinzip bei Ausfall aller Ges'terdarlehen. – *(3)* Nach *Heuermann* (NZG 09, 841/5 und DB 11, 551/8) können nur die Ges'terdarlehen bei Ausfall nachträgl AK werden, die innerhalb eines Jahres vor dem Insolvenzeröffnungsantrag gewährt wurden (§ 135 I Nr 2 InsO); ähnl *Niemeyer/Stock* DStR 11, 445/8. – *(4)* Teilweise wird der Abzug im Bereich des § 20 erwogen (vgl *Strahl* StbJb 10/11, 81/104); für eine vollständige Realisierung ausgefallener Finanzierungshilfen über AfaA gem § 20 I Nr 7, II Nr 7 *Heuermann* NZG 09, 841/8; DB 09, 2173; ähnl *Bayer* DStR 09, 2397: Verlorene Ges'terdarlehen sollen künftig nicht nach § 17, sondern nach §§ 20 II S 1 Nr 4, 7 zu erfassen sein, AltGes'terdarlehen bei insolvenzrechtl Nachrang. – *(5)* Die Vereinbarung von Ges'terdarlehen im Hinblick auf die Neuregelung soll stets gesellschaftl veranlasst sein, da die Rechtsposition des Ges'terdarlehensgläubigers nicht mit der eines Drittgläubigers vergleichbar sei; der Ausfall von Ges'terdarlehen sei daher stets mit dem Nennwert bei den AK zu berücksichtigen (*Schwedhelm/Olbing/Binnewies* GmbHR 09, 1233/7). – *(6)* Die Wertungen des § 20 (insb II und IV) sind auch bei § 17 zu berücksichtigen (*Moritz* DStR 14, 1636/45). – *(7)* Nach *BMF* BStBl I 10, 832, bleibt alles beim Alten (ähnl FG Köln EFG 14, 2136, rkr; FG BBg EFG 15, 1934, NZB IX B91/15; Ergänzung für ausl Beteiligungen *OFD Nds* 15.7.11 ESt-Kartei NI § 7 Karte 4–2217). – *(8)* Realisierung durch Veräußerung der wertlosen Darlehen (*Ott* StuB 15, 43).

Stellungnahme: Nach den Neuregelungen (MoMiG; Einbeziehung des Vermögensstamms in § 20; § 20 Rz 148) und nach den Wertungen des § 17 sind sämtl Ges'terdarlehen bei Ausfall steuerl als nachträgl AK mit dem Nennwert zu berücksichtigen (so auch *Moritz* DStR 14, 1636/40/5; ähnl *Schneider/KSM* § 17 Rz C 308; *HHR* Anm 201b [Gleichbehandlung mit betriebl Einkünften notwendig]; *Möhlenbrock* Ubg 10, 256/63 [Eingreifen des Gesetzgebers]; zur Problematik auch *Korn/Strahl* KÖSDI 09, 16728, auch zum Abzug als „private" Darlehensverluste nach § 20). Das alte Kapitalersatzrecht ist obsolet (so etwa auch BGH IX ZR 279/13 DStR 15, 703 für die kapitalersetzende Nutzungsüberlassung). Eine besondere Kapitalbindung ist mE steuerl irrelevant (so aber *Maciejewski* GmbHR 12, 1335/44). – Diese Position ist mE die (insb durch MoMiG und AbgeltungSt) veranlasste (konsequente) Fortentwicklung meiner früheren Auffassung zur teleologischen Erweiterung des § 17 II um das Tatbestandsmerkmal „Beteiligungsaufwand" (dazu Gast, aaO [Rz 170], 136).

175 **g) AK durch Inanspruchnahme aus Sicherheiten. – aa) Bürgschaft.** Die Bürgschafts*verpflichtung* (idR des Ges'ters zugunsten einer Bank für GesKredite) als solche erhöht die AK noch nicht (*OFD Mchn* FR 96, 431; *Pung/Werner* EStG § 17 Rz 278 f). Erst bei Wertlosigkeit des Ersatzanspruchs nach § 774 BGB gegen die Ges führt die **Inanspruchnahme aus einer Bürgschaft** – jedenfalls soweit und sobald gezahlt wird (s aber Rz 178) – zu nachträgl AK, wenn die Übernahme der Bürgschaft ihre Ursache im GesVerhältnis hat. Die Inanspruchnahme aus einer Bürgschaft führt zu nachträgl AK, wenn die Bürgschaft gesellschaftl veranlasst ist; ob die Bürgschaft eigenkapitalersetzenden Charakter hat, ist nach Inkrafttreten des MoMiG nicht länger maßgebend (FG Ddorf EFG 15, 1271, NZB IX B 42/15; zur bisherigen Rechtslage s. 34. Aufl).

176 **bb) Sonstige Sicherheitsleistungen.** Hier gilt Entsprechendes, zB bei Verpfändung (FG Ddorf EFG 96, 228, rkr), Grundschuld (BFH VIII B 186/04 BFH/NV 06, 1472) oder Inanspruchnahme für Schulden der KapGes zB nach §§ 69, 34 AO (FG Ddorf EFG 88, 168 rkr) oder aus Konzernhaftung (BGHZ 95, 330), harte Patronatserklärung (OLG Celle GmbHR 08, 1096, rkr).

177 **h) Ausfall von Drittleistungen.** Da die bisherige BFH-Rspr den sog Drittaufwand nicht anerkennt (s Rz 163), stehen das Darlehen (BFH VIII R 52/93 BStBl II 01, 286) oder die Bürgschaft eines Dritten (BFH VIII R 3/99 BFH/NV 01, 23) der Leistung des Ges'ters *nicht* gleich. Indes ist (über eine unentgeltl Zuwendung) eine **mittelbare verdeckte Einlage** mögl (BFH VIII R 62/93 BStBl II

01, 234; FG RhPf DStRE 04, 132, rkr: Zahlung der Ehefrau; *Wacker* StbJb 01/02, 119), also bei Leistung ohne eigenwirtschaftl Interessen des Leistenden zugunsten des Ges'ters für dessen (wirtschaftl) Rechnung (zB bei Ausgleichspflicht im Innenverhältnis; FG RhPf EFG 04, 255, rkr; *OFD Ddorf* FR 02, 112). Erforderl ist die endgültige Zuwendung eines WG; ein Darlehen genügt nicht (BFH VIII B 7/90 BFH/NV 01, 1553). Eine im Innenverhältnis bestehende Ersatzverpflichtung ggü dem Dritten (Ehemann) kann (bei tatsächl Durchführung) zu nachträgl AK führen (BFH IX R 37/11 BStBl II 12, 487). – Finanzierungshilfen **an Dritte** (Bürgschaft) im Interesse der Ges und bei abgekürztem Zahlungsweg sind nachträgl AK (BFH IX R 80/06 BStBl II 08, 577). – Nicht (auch nicht teilweise) abziehbar sind Verluste aus einer Bürgschaft für eine GbR, an der die Ges'ter-GmbH zu $^1/_2$ beteiligt ist (BFH IX R 102/07 BFHNV 09, 737).

i) Entstehung. Nachträgl AK sind schon dann gegeben, wenn der Ges'ter in 178
Anspruch genommen wird, auch wenn er noch nicht gezahlt hat (vgl BFH VIII R 81/91 BStBl II 94, 162) oder mit der Inanspruchnahme ernstl zu rechnen ist (FG BaWü EFG 01, 632); die tatsächl Inanspruchnahme ist insoweit kein rückwirkendes Ereignis (FG Mster EFG 04, 1224, rkr). Keine AK bei Zahlungsunfähigkeit des Ges'ters (BFH VIII R 21/94 BStBl II 98, 660; *FinVerw* StEK EStG § 17 Nr 44). Zahlungen zur Freistellung von einer Bürgschaftsverpflichtung können AK sein; das (teilweise) Wertloswerden eines Rückgriffanspruchs ist ggf nach § 175 I 1 Nr 2 AO zu berücksichtigen (BFH IX R 95/07 BFH/NV 09, 1393; Rz 224). Wird die Bürgschaft durch unverzinsl Raten abgezahlt, ist die Gesamtverbindlichkeit abzuzinsen (BFH VIII R 32/96 BFH/NV 99, 922; BFH IX R 34/12 BStBl II 13, 378; *Heuermann* DB 13, 718/22; *FinVerw* FR 99, 478; krit *Hoffmann* GmbHR 13, 486).

j) AK in Sonderfällen. – aa) Gesellschaftl Vorgänge. Hat der Veräußerer (oder bei 179
unentgeltl Erwerb ein Rechtsvorgänger) die Anteile aus einem BV **entnommen** (Gewinnrealisierung; zB nach beendeter BetrAufsp; zur Einlage in BV s Rz 108), ist dies als **Anschaffung** iSv § 17 zu werten (vgl BFH XI R 5/90 BStBl II 92, 969 mwN; *Pyszka* GmbHR 98, 1173); die AK sind gleich dem Entnahmewert (§ 6 I Nr 4: TW; *HHR* Anm 207), allerdings nicht (zur Vermeidung einer Doppelbegünstigung), wenn die Entnahme nicht stl erfasst wurde (BFH IX R 22/09 BStBl II 10, 790: weiterhin historische AK maßgebl; FG Mster EFG 14, 2076, Rev I R 55/14). – **Anteile,** die der Veräußerer **bei Liquidation einer KapGes** oder durch **vGA** erworben hat, sind „unentgeltl" erworben (s Rz 81; BFH I 331/62 U BStBl II 65, 665); gleichwohl ist mE der bei der KapGes angesetzte Wert (wie bei Entnahme) als AK zu werten (ähnl *HHR* Anm 207; *Littmann/Rapp* § 17 Rz 225: AK iHd Werts der untergehenden Anteile). – Bei Verschmelzung bzw Spaltung einer KapGes auf eine andere KapGes können die AK der **verschmelzungs- bzw spaltungsgeborenen Anteile** (s Rz 15) denen der untergehenden Anteile entsprechen (§ 13 II 3; § 15 I UmwStG; zB *Hörger* StbJb 94/5, 225/34).

bb) Bezugsrechte. Bei Veräußerung von Bezugsrechten sind deren AK nach der Gesamt- 180
wertmethode (BFH IV R 174/67 BStBl II 69, 105; *HHR* Anm 207; krit *Bareis* DB 06, 1637) aus den AK der Alt-Anteile zu ermitteln (BFH 5.3.86 I R 218/81 nv; *Eppler* DStR 88, 64; aA *Gerlach* BB 98, 1506); die (historischen) AK der Alt-Anteile mindern sich entspr (BFH IX R 100/97 BStBl II 01, 345 zu § 23; *Kraft* BB 04, 595 mit Beispielen; § 23 Rz 25). Zu den AK der in Ausübung von Bezugsrechten erworbenen jungen Anteile s Rz 157.

Beispiel: Börsenkurs Bezugsrecht = (Börsenkurs Altaktie [600] ./. Bezugskurs neue Aktie [300]): (Bezugsverhältnis [2 : 1 = 2] + 1) = 100; **AK Bezugsrecht** = AK Altaktie [150] × Börsenkurs Bezugsrecht [100]: Börsenkurs Altaktie [600] = 25.

k) AK bei Zuzug (Verstrickung). 17 II 3 idF SEStEG ordnet für den Fall des 181
Zuzugs eines StPfl an, dass bei einer späteren Veräußerung von verstrickten Anteilen nicht die ursprüngl AK, sondern der Wert, den der Wegzugsstaat einer § 6 AStG vergleichbaren Wegzugsbesteuerung unterworfen hat, ansetzt (Wertverknüpfung; BT-Drs 16/2710, 29; *Littmann/Rapp* § 17 Rz 224a f; *Weber-Grellet* DB 09, 304/7; krit *Förster* DB 07, 72/9), höchstens der gemeine Wert (steuerl Vergünstigung gegen bisherige BFH-Rspr; *Korn/Strahl* EStG – SEStEG Rz 46). Das gilt mE

auch, wenn der Wert unter den AK liegt (aA *Benecke/Schnitger* IStR 06, 765/8). – Wird die unbeschr StPfl innerhalb von 5 Jahren wiederhergestellt (iEinz § 6 III AStG), gilt II 3 nicht (II 4; *HHR* § 17 Anm 234). – Nicht erfasst sind Fälle des Hineinwachsens in die Relevanz und Sitzverlegung der Ges (*Förster* DB 07, 72/9).

182 **l) Unentgeltl Erwerb, § 17 II 5.** Für Anteile, die der Veräußerer unentgeltl erworben hat (bei teilentgeltl Erwerb für den unentgeltl erworbenen Teil; s Rz 81, 105), sind die AK des Rechtsvorgängers maßgebl, der den Anteil zuletzt entgeltl erworben hat (BFH VIII B 80/98 BStBl II 99, 486; *HHR* Anm 236). Erwerb wertloser Anteile (für 1 €) kann entgeltl sein (FG Köln EFG 97, 1508). Die ErbSt gehört nicht zu den (nachträgl) AK (FG Hess EFG 82, 566, rkr). – Statt dieser AK ist mE aber entgegen BFH der Wert der Anteile maßgebl, wenn erst beim Erwerber eine relevante Beteiligung entstanden ist (s Rz 159). – Keine unentgeltl Übertragung bei Vorbehaltsnießbrauch (BFH IX R 51/10 BStBl II 12, 308); zur Kürzung der AK bei unentgeltl erworbenen, aber mit Vorbehaltsnießbrauch belasteten Anteil s BFH IX R 49/13 BStBl II 15, 224.

183 **m) Aufwendungen nach Abwicklung/Veräußerung.** Auch Aufwendungen nach Auflösungsbeschluss zum Zweck der Liquidation und ohne Aussicht auf einen Liquidationserlös sollen nach der Rspr (BFH VIII B 2/97 BFH/NV 98, 955) nachträgl AK (!) iSv § 17 II 1 EStG sein; Aufwendungen nach Vollbeendigung sind nicht abziehbar (BFH IX R 52/09 BStBl II 10, 1102; *Bode* FR 11, 85; einschr für vor Vollbeendigung rechtl begründete Aufwendungen). – AK sind ferner Aufwendungen nach Veräußerung einer relevanten Beteiligung oder Auflösung der KapGes, zB Zahlungen für konkursfreie Abwicklung (BFH VIII R 52/93, BStBl II 01, 286), für Bürgschaft (BFH VIII B 86/99 BFH/NV 00, 1199); für Haftung nach §§ 69, 34 AO (BFH VIII R 8/02 BFH/NV 04, 947). Anders soll dies bei erst nach Auflösung der KapGes *übernommener* Bürgschaft sein (*FinVerw* DStR 89, 291; FG Ddorf EFG 89, 459, rkr). Soweit nachträgl AK vorliegen, ändert sich rückwirkend der im Zeitpunkt der Veräußerung entstandene Veräußerungsgewinn oder -verlust; eine ESt-Veranlagung für das Jahr der Veräußerung ist nach § 175 I 1 Nr 2 AO zu ändern (BFH VIII R 71/02 GmbHR 03, 1378; BFH IX R 30/14 DStR 15, 2384; s auch Rz 140). Das gilt auch für eine (nachträgl) Teilzahlungsvereinbarung (BFH IX R 34/12 BStBl II 13, 378).

190 **5. Rechtsfolgen der Anteilsveräußerung. – a) Teileinkünfte.** Ab VZ 2009 gilt das Teileinkünfteverfahren (§ 3 Nr 40 Buchst c S 1; § 3c II); stbar sind 60 vH des Veräußerungsgewinns. Zu erfassen sind also 60 vH der Erlöse und 60 vH der AK und der Veräußerungskosten (Besteuerungsvergleich s § 20 Rz 197). – Entspr kann ein Veräußerungs-/Auflösungsverlust ebenfalls nur zu 60 vH berücksichtigt werden (BFH IX R 40/10 BStBl II 11, 785; FG Mster EFG 11, 950, rkr; *OFD Nds* 27.5.11 FR 11, 970; *Moritz* DStR 14, 1636/45, rechte Spalte); das gilt auch für Einbringungsverluste (BFH IX R 1/11 BFH/NV 12, 937).

Kritik: Systematisch gehört die Regelung des § 3 Nr 40 nicht in den Bereich des § 3; die Bezüge sind nicht stfrei, sondern werden nur zur Hälfte bzw zum Teil erfasst (*Löhr* StuW 00, 33/9; *Utescher/Blaufuß* DStR 00, 1581/2). Mit dieser Zuordnung wird der Eindruck einer Begünstigung erweckt und der Wegfall der Anwendung des § 34 legitimiert; das ist nicht zwingend, zeigt aber deutl die „Verschiebung" des § 17 in die Nähe des § 20; zum Teileinkünfteverfahren s Rz 130. – Die nur anteilige Berücksichtigung der Abzüge dürfte eine gesetzessystematische Fehlleistung sein; mit dem Halb-/Teileinkünfteverfahren soll iErg die Besteuerung des Gewinns auf Ges und Ges'ter aufgeteilt werden; dh aber nicht, dass Abzüge nur zT angesetzt werden können. Nach BFH VIII R 69/05 DStR 07, 1756 (BFH X R 5/10 DStR 12, 1318) bedeutet der nur hälftige Abzug keinen Verstoß gegen die gesetzgeberische Konzeption und gegen das Nettoprinzip (aA *Schneider/KSM* § 17 Rz C 42; *Sigloch* FS Bareis, 2005, 379/86 f).

Rechtslage vor StSenkG: Die ESt auf den **Veräußerungsgewinn** war nach einem ermäßigten Steuersatz zu bemessen (§ 34 I 1, II Nr 1), ab 1.1.90 aber nur noch für Gewinne (alle Gewinne nach §§ 16, 17 im VZ zusammengerechnet) bis zu 30 Mio DM pro VZ (§ 34

I; s Rz 1, 131; § 34 Rz 3), ab 1.8.97-31.12.98 bis zu 15 Mio DM. **Ab 1999–2001** bemaß sich der StSatz nach einem **Fünftel** des Gewinns (§ 34 I; Rz 1; kein halber Steuersatz, kein Halbeinkünfteverfahren); die Regelung war nicht verfwidrig (BFH VIII B 253/02, DStRE 03, 619; BFH IX R 56/09 BStBl II 11, 409). Die Tarifermäßigung war auch bei Teilentgeltlichkeit für den entgeltl übertragenen Teil (Rz 105) zu gewähren. § 34 III EStG 2001 war nicht anwendbar (BFH IX R 56/09 BStBl II 11, 409).

Schrifttum: *Ott,* Kein Halbabzugsverbot nach § 3c II bei Auflösungsverlust, StuB 10, 358.

b) Ausnahmsweise Vollabzug. Nach der bisherigen Rspr durfte der Abzug der AK und Veräußerungskosten bei vollständig ausgebliebenen Einnahmen nicht begrenzt werden. Diese Rspr ist durch die Ergänzung des **§ 3c II 2** idF JStG 2010 ab VZ 2011 überholt (BFH IX R 43/13 BStBl II 15, 257; *Glaser* DStR 11, 1797; *Kolbe* StuB 11, 911; *Schmitz-Herscheidt* FR 15, 380); nunmehr ist die Gewinnerzielungsabsicht ausreichend (*Strahl* KÖSDI 11/17291; *Trossen* HFR 14, 766). 191

Bisherige Rechtslage: Nach BFH IX R 52/09 BStBl II 10, 1102 durfte der Abzug bei (offenbar im jeweiligen VZ) **vollständig ausgebliebenen Einnahmen** nicht begrenzt werden (*Heuermann* StBp 10, 208; *Jachmann* jurisPR-StR 25/10 Anm 5). – **Eindeutig** (iSd BFH) war der Fall, dass überhaupt keine Einnahmen angefallen sind, weder als Veräußerungserlös noch als § 20-Einnahme (BFH IX R 1/13 BFH/NV 14, 310; BFH X R 5/11 BFH/NV 14, 1018; BFH IX R 13/13 BFH/NV 15, 198; *Schmitz-Herscheidt* jurisPR-StR8/15 Anm 3). – Bei symbolischem Kaufpreis (1 €) war das Teileinkünfteverfahren nicht anzuwenden, also Vollabzug (BFH IX R 49/10 BFH/NV 12, 13; *Heuermann* StBp 11, 263), wohl aber bei **geringem Kaufpreis,** auch wenn ein Veräußerungsverlust entstand (BFH IX R 29/10 BFH/NV 11, 2025; FG Mster EFG 11, 950, rkr). Nach *OFD Rhl* DB 10, 1560 genügte jegl Einnahme, um das Teilabzugsverbot anzuwenden, ebenso stbare Einnahmen aus vGA (FG Köln EFG 13, 1311, rkr). – Für BV sollten dieselben Grundsätze gelten (FG Ddorf EFG 10, 1775, rkr). – IEinz s 32. Aufl.

6. Freibetrag, § 17 III. – a) Höhe. Zur Berechnung des Veräußerungsgewinns s Rz 190; der Freibetrag bezieht sich auf den stpfl Gewinn; der nach § 3 Nr 40 S 1 Buchst c stfrei bleibende Teil ist nicht zu berücksichtigen (EStR 17 IX; *HHR* § 3 Nr 40 Anm 141, § 17 Anm 251; *Frotscher* § 17 Rz 318). Der Freibetrag wurde durch das HBeglG 04 vom 1.1.04 an von 20 000 DM/10 300 € auf 9060 € herabgesetzt (ggf vorl; *BMF* BStBl I 06, 692); bestätigende Neufassung (dazu G v 5.4.11 BStBl I 11, 310, BR-Drs 583/10; BT-Drs 17/3632). Ob und in welcher Höhe ein Freibetrag abgezogen werden kann, bestimmt sich nach dem Verhältnis des Nennwerts der veräußerten Anteile zum Nennkapital der KapGes. Werden sämtl Anteile (100 vH) veräußert, beträgt der Freibetrag 9060 € (s aber § 16 I Nr 1, 2 EStG); wird nur ein Teil veräußert, zB eine 50 %ige Beteiligung, beläuft er sich auf den entspr Teil von 9060 €, also zB 4530 €. Wird die Hälfte einer 30 %igen Beteiligung veräußert, beträgt der Freibetrag 15 vH 9060 €). Eigene Anteile der KapGes sind vom Nennkapital abzuziehen. 192

Beispiel: Stammkapital 30 000 €, eigene Anteile 10 000 €. A veräußert Anteile im Nennwert von 15 000 €. Der Freibetrag beträgt (maximal) $^{3}/_{4}$ von 9060 € = 6795 €.

Veräußert der StPfl im selben VZ Anteile *verschiedener* KapGes (zB der X-GmbH und der Y-GmbH), ist der Freibetrag für jede dieser Veräußerungen gesondert nach entspr Verhältnisrechnungen zu gewähren. – Der Freibetrag ist – anders als nach § 16 IV – unabhängig vom Lebensalter (bzw der Berufsunfähigkeit) des Veräußerers von Amts wegen zu gewähren. – Nach § 20 WagnisKapBetG wurde bis zum 24.12.13 ggf ein höherer Freibetrag gewährt.

b) Abschmelzung. Der **Freibetrag** von 9060 € bzw des entspr Teils hiervon verringert sich „um den Betrag, um den der Veräußerungsgewinn den Teil von 36 100 € übersteigt, der dem veräußerten Anteil an der KapGes entspricht (§ 17 III 2 idF HBeglG 04; *Korezkij* BB 00, 1273/6). 193

Beispiele: Bei einer 100 %-Veräußerung verringert sich der Freibetrag von 9060 € bei einem Gewinn zw 36 100 € und 45 160 € kontinuierlich um den 36 100 € übersteigenden Betrag; bei 40 000 € Gewinn beträgt der Freibetrag nur noch 5160 €. – Beläuft sich im Beispiel zu a) der (stpfl) Gewinn auf 30 000 € (65 000 € Veräußerungspreis abzügl 15 000 € AK;

davon 60%), verringert sich der Freibetrag von 6795 € wie folgt: Der Nennwert der veräußerten Anteile macht 3/4 des um die eigenen Anteile gekürzten Stammkapitals aus; maßgebl ist daher, um wieviel der Veräußerungsgewinn den 3/4-Teil von 36 100 €, also 27 075 € übersteigt; der Freibetrag von 6795 € verringert sich also auf 6795 – (30 000 ./. 27 075) = 3870 €. Ab 33 870 € Gewinn (3/4 von 45 160) entfällt er insgesamt.

Veräußert der StPfl im selben VZ mehrmals Anteile *derselben* KapGes, werden diese Veräußerungen und die erzielten Gewinne (anders als Veräußerungen in verschiedenen VZ) zusammengerechnet (*HHR* Anm 251; aA *Littmann/Rapp* § 17 Rz 286); der Freibetrag und seine Verringerung bestimmen sich nach der Summe des Nennwerts der veräußerten Anteile und der Veräußerungsgewinne.

194 **c) Keine Tarifvorschrift.** § 17 III ist eine sachl StBefreiung (BFH VIII R 147/71 BStBl II 76, 360 zu § 16 IV; auf § 17 III sinngemäß anzuwenden). Der stfreie Gewinn gehört nicht zu den Einkünften iSv § 2 I und gleicht daher Verluste zB aus anderen Einkunftsarten nicht aus. Die Steuerbefreiung ist über § 8 I KStG für Körperschaften mit PV wirksam.

7. Veräußerungsverluste, § 17 II 6

196 **a) Vorbemerkung.** Bis einschließl VZ 95 waren Verluste nach § 17, soweit nicht vorrangige Vorschriften wie § 2a I Nr 4 (BFH VIII R 43/00 DStRE 01, 1294), § 50c, § 42 AO oder (ab VZ 94) § 23 III 6, 7 eingriffen, uneingeschränkt mit positiven Einkünften auszugleichen (§ 2 I) und gem § 10d rück- und vortragbar (s zB BFH VIII R 68/93 BStBl II 95, 722). Nach § 17 II 6 iVm § 52 I idF JStG 96 (ab VZ 96) waren „Veräußerungsverluste" dh Verluste aus der entgeltl Veräußerung von Anteilen und aus gem § 17 IV gleichgestellten Vorgängen nach dem 31.12.95, soweit ihre Ausgleichs- und Abzugsfähigkeit nicht bereits durch vorrangige Vorschriften, insb § 23 III 4 (§ 23 III 6, 7) ausgeschlossen ist, nur noch „zu berücksichtigen", wenn der Veräußerer – bei unentgeltl Erwerb seine Rechtsvorgänger – *(1)* die wesentl Beteiligung iRd Gründung der KapGes entgeltl erworben hat (§ 17 II 6 Buchst a aF; **gründungsgeborene Beteiligung**); dazu FG Nds EFG 02, 269, rkr: verfrechtl unbedenkl) oder *(2)* die Anteile mehr als 5 Jahre vor der Veräußerung **entgeltl erworben** hat und während dieses Zeitraums wesentl beteiligt war (§ 17 II 6 Buchst b aF; **derivativ erworbene Beteiligung**); iEinz 17. Aufl, Rz 197–202; FG Mchn EFG 04, 801, rkr. – Zum Zweck dieser Einschränkung und zu (besseren) Alternativen vgl 21. Aufl, Rz 196.

197 **b) Verlustabzug.** Verluste sind prinzipiell abziehbar und verrechenbar (*Korn/Strahl* KÖSDI 09, 16726); zur Berechnung Rz 131. Die Regelung des § 17 II 6 (eingefügt durch das StEntlG 99ff; iEinz 31. Aufl) beschränkt das **Abzugsverbot** auf die eigentl **Missbrauchsfälle;** § 17 II 6 ist nicht verfwidrig (BFH VIII R 20/04 BFH/NV 05, 2202; *Röder,* Das System der Verlustverrechnung im dt StR 2010, 334). – Die Regelung unterscheidet die Fälle des **unentgeltl** und des **entgeltl Erwerbs.** Bei **teilentgeltl Erwerb** sind die Anteile wertmäßig in voll entgeltl und voll unentgeltl erworbene Anteile aufzuteilen (s Rz 105, 182). Ein Veräußerungsverlust ist anteilig nach den insoweit maßgebl Grundsätzen zu berücksichtigen; jeder Anteil ist gesondert zu beurteilen (*Dötsch/Pung* BB 99, 1352/7; Rz 1, 162). Der Verlust ist nur abziehbar, wenn im Veräußerungszeitpunkt eine relevante Beteiligung besteht (*Strahl* KÖSDI 00, 12260/9; Einschränkung ggü der Altregelung). – Auch für Verluste (AK und Veräußerungskosten höher als Veräußerungspreis) gilt das **Halb-/Teileinkünfteverfahren** (BFH I R 97/10 BStBl II 11, 815, Verf-Beschw 2 BvR 2690/11; Rz 190); ein Verlust ist iErg nur zur Hälfte bzw zu 60 vH zu berücksichtigen. – Von § 17 II 6 erfasste Verluste sind endgültig stl nicht mehr nutzbar (krit im Hinblick auf § 20 VI *Dinkelbach* DB 09, 870/4). Umwsteuerrechtl wird der Abzug durch § 4 VI 5 UmwStG idF SEStEG verhindert (*BMF* BStBl I 11, 1314/56). Zw VZ 97 und 01 war § 50c XI zu beachten (§ 50c Rz 19). In den VZ 99-03 war ein Verlustausgleich nach § 2 III 3–8 nur eingeschränkt mögl.

198 **c) Nichtabzug bei unentgeltl erworbenen Anteilen, § 17 II 6 Buchst a.** – ***(1)* Grundsatz.** Ein Verlust ist nicht abziehbar, soweit er auf Anteile entfällt, die innerhalb der letzten fünf Jahre vor Veräußerung (Rz 94) unentgeltl (Rz 81) er-

worben worden waren. Bei längerer Besitzdauer ist der unentgeltl Erwerb unschädl. Im Zeitpunkt der Veräußerung muss eine Steuerverhaftung bestehen; unerhebl ist deren Dauer (*Herzig/Förster* DB 99, 711/7). Mit der Regelung soll ein Verlustabzug für den Fall verhindert werden, dass ein nicht relevant Beteiligter seine Verlustbeteiligung einem relevant Beteiligten schenkt (BT-Drs 14/23, 179). – ***(2)* Ausnahme.** Von der Nichtabziehbarkeit zR ausgenommen ist dem Regelungszweck entspr nach S 2 des Buchst a ein Verlust, wenn der (oder einer der) **Rechtsvorgänger** (also der unentgeltl Übertragende) den Veräußerungsverlust (fiktiv, also unter „Hinwegdenken" der unentgeltl Übertragung; *Dötsch/Pung* BB 99, 1352/5) hätte geltend machen können (FG Mchn EFG 10, 715, NZB IX B 30/10); dieser Anteil ist infiziert, auf die (Vor-)Verhältnisse beim Veräußerer kommt es nicht an (s § 17 I 4; Rz 80 f). Maßgebend ist der Zeitpunkt der unentgeltl Übertragung („anstelle des StPfl"; *Dötsch/Pung* BB 99, 1352/4; *Mack* GmbHR 99, 1228; *Schneider/KSM* § 17 Rz C 402; aA *Strahl* KÖSDI 00, 12260/8; *Herzig/Förster* DB 99, 711/8; *Ewald* DB 07, 1159; *HHR* Anm 246; *Frotscher* § 17 Rz 303).

Beispiele: A erhält am 1.4.08 eine relevante Beteiligung von S geschenkt, die dieser erst am 1.3.08 erworben hatte. A veräußert die Beteiligung am 10.5.10 mit Verlust: kein Verlustabzug. – *1. Abwandlung:* S hatte die Beteiligung bereits am 1.3.05 erworben: kein Abzug, da im Zeitpunkt der unentgeltl Übertragung (1.4.08) der 5-Jahres-Zeitraum noch nicht erfüllt war. – *2. Abwandlung:* S hatte die relevante Beteiligung bereits am 1.3.03 erworben; er überträgt nur Anteile iHv 0,7 vH: Abzug mögl (Infektion). – *3. Abwandlung:* A veräußert die relevante Beteiligung am 1.5.13: Abzug mögl; Umstand des unentgeltl Erwerbs ist unerhebl.

d) Nichtabzug bei entgeltl erworbenen Anteilen, § 17 II 6 Buchst b. – 199
aa) Grundsatz. Bei vorherigem entgeltl Erwerb ist ein Verlustabzug nach S 1 grds nur zulässig, wenn die veräußerten Anteile fünf Jahre lang Teil einer relevanten Beteiligung waren, also in jedem der Jahre, und zwar nach Maßgabe der Grenzen des jeweiligen VZ (BFH IX R 39/10 BFH/NV 13, 11; s 31. Auflage mwN). Der Veräußerer muss mehr als 5 Jahre (vor der Veräußerung) und „während" dieses Zeitraums relevant am Kapital der Ges beteiligt gewesen sein, dh die relevante Beteiligung muss **ununterbrochen** mehr als 5 Jahre bestanden haben, und nicht etwa nur, wie in § 17 I 1 verlangt, vorübergehend innerhalb des Fünfjahreszeitraums (BFH IX R 62/05 BStBl II 08, 856 zu II 4 aF; BFH IX B 165/09 BFH/NV 10, 882: „VZ-bezogene Betrachtung"; *Littmann/Rapp* § 17 Rz 321; *HHR* Anm 247; *Frotscher* § 17 Rz 305; *Ott* FS Korn, 2005, 105/22). Erforderl ist, dass noch unmittelbar vor der Veräußerung („innerhalb der gesamten letzten fünf Jahre") eine relevante Beteiligung gegeben war; aA *Ewald* DB 07, 1159: beim Anteilserwerber keine relevante Beteiligung mehr erforderl). Im Einzelfall soll in atypischen Fällen der Verlustabzug aus Billigkeitsgründen mögl sein (BFH IX R 39/10 BFH/NV 13, 11); mE (wenn überhaupt) teleologische Reduktion. – Nach BFH IX R 22/08 BStBl II 09, 527 (ähnl Ansatz) soll es für den Verlustabzug idF II 4 Buchst b idF UntStFG v 20.12.01 genügen, wenn die Beteiligung innerhalb der letzten fünf Jahre zu einer Beteiligung gehört hat, die mindestens 1% betrug; auf eine VZ-bezogene Bestimmung soll es nicht mehr ankommen; das Gesetz knüpfte bisher an eine wesentl Beteiligung an, nunmehr an eine iSv I 1. ME rechtfertigt die Änderung nicht die abw Beurteilung.

Beispiel: A erwirbt jeweils am 1.1.96 und am 1.6.96 einen 5%igen Anteil; am 1.7.00 veräußert er den am 1.6.96 erworbenen Anteil und am 1.10.00 den am 1.1.96 erworbenen Anteil jeweils mit Verlust. – Beide Anteile gehörten nicht fünf Jahre lang zu einer relevanten Beteiligung; ein Verlustabzug kommt nach S 1 nicht in Betracht (krit *Herzig/Förster* DB 99, 711/7 mit Beispielen). – Wohl unzutr BFH IX R 22/08 BStBl II 09, 527, da dort nur zweijähriger Beteiligungsbesitz.

Entgeltl erworben ist die relevante Beteiligung bei gleichwertiger Barzahlung oder Sacheinlage (zB *Siepmann* FR 97, 845/7); auch der Erwerb iRd **Gründung**

ist nach Buchst b zu beurteilen. Der Erwerb durch **Restitution** ist nicht entgeltl (*FinVerw* StEK EStG § 17 Nr 31).

200 **bb) Ausnahmen.** Eingeschränkt wird das Verlustabzugsverbot durch § 17 II 6 Buchst b S 2 für die Fälle der entgeltl Aufstockung zur Begründung einer relevanten Beteiligung **(Alt 1)** und für Anteile, die nach Begründung einer relevanten Beteiligung erworben wurden **(Alt 2);** *Nacke/Intemann* NWB 3/12 303/11 f. Durch Aufstockung der Beteiligung kann kein Verlustabzug für den bisherigen irrelevanten Teil erreicht werden (*Carlé* KÖSDI 06, 15096/103). Maßgebl ist die neue Relevanzschwelle (*Herzig/Förster* DB 99, 711/6); zur Selbstständigkeit der Anteile *Pung/Werner* EStG § 17 Rz 408. § 17 II 4 Buchst b S 2 (jetzt II 6) begünstigt (nur) die Fälle der entgeltl Aufstockung (BT-Drs 14/265, 180; BFH IX R 62/05 BStBl II 08, 856); indes soll nach BFH IX R 31/08 BStBl II 09, 810 II 4 (jetzt II 6) Buchst b S 2 nicht nur den Hinzuerwerb umfassen.

§ 17 II 6 Buchst b S 2 setzt voraus, *(1)* dass Anteile (egal in welcher Höhe) über einen Zeitraum von 5 Jahren gehalten worden sind und regelt *(2),* dass nur die Verluste aus solchen Anteilen abziehbar sind, die iRd Aufstockung zu einer relevanten Beteiligung (oder darüber hinaus) geführt haben. Ist kein einziger Anteil (wie in BFH IX R 22/08 BStBl II 09, 527) 5 Jahre lang gehalten worden, kommt ein Verlustabzug nicht in Betracht. Jede andere Auslegung würde die „Grundregel" des § 17 II 4 Buchst b S. 1 (jetzt § 17 II 6) aus den Angeln heben. Ein Verstoß gegen das obj Nettoprinzip dürfte im Hinblick auf den Regelungszweck und auf § 20 nicht vorliegen; insoweit fragl ist mE der begrenzte WK-Abzug (Rz 132, 156).

Beispiele:

(1) Hat ein Ges'ter bereits 0,8 vH (auch iRd Gründung) erworben und erwirbt er 0,2 vH der Anteile hinzu, kann er (nach Ablauf der nun einjährigen) Spekulationsfrist einen innerhalb der kommenden 5 Jahre erlittenen Veräußerungsverlust (nur) zu 2/10 steuerl abziehen. – Verluste aus der Veräußerung von Anteilen, die iRd Gründung zu einer wesentl Beteiligung geführt haben, sind stets voll abziehbar.

(2) A erwirbt am 20.11.02 eine relevante Beteiligung am Stammkapital der X-GmbH. Er veräußert sie (Fall a) am 20.11.03 bzw (Fall b) am 21.11.03 mit Verlust. Im *Fall a)* gilt der erzielte Verlust nach § 23 II 2 aF als Spekulationsverlust, der nur in den Grenzen des § 23 III ausgleichs- und vortragsfähig war (s § 23 Rz 6); im *Fall b)* liegt ein Veräußerungsverlust nach § 17 vor, der – anders als nach § 17 II 6 aF – wegen der Begründung einer wesentl Beteiligung zu berücksichtigen ist.

(3) A hält seit Jahren eine relevante Beteiligung; er erwirbt 3 vH hinzu und veräußert nach 3 Jahren die gesamte Beteiligung mit Verlust. § 17 II 6 Buchst b S 2 Alt 2 idF StEntlG 99 ff stellt sicher, dass der Verlust insgesamt zu berücksichtigen ist (bisher str bezügl der hinzuerworbenen 3 vH).

(4) A besaß eine relevante Beteiligung, die durch den Verkauf einzelner Anteile innerhalb der letzten 5 Jahre unter die Relevanz-Grenze abgesunken war. Erwirbt A nun neue Anteile, ohne die Relevanz-Grenze wieder zu erreichen, kommt mE ein Verlustabzug bei Veräußerung dieser Anteile nicht in Betracht, da die relevante Beteiligung nicht mehr bestand (aA *Herzig/Förster* DB 99, 711/6; Rz 77 ist nicht vergleichbar).

201 **e) Keine Umgehung durch Einlage.** Da bei Einlage einer relevanten Beteiligung in ein BV diese, auch wenn ihr TW niedriger ist, nach Ansicht des BFH zutr mit den ursprüngl AK anzusetzen ist (s Rz 108; § 6 Rz 436), könnten die Beschränkungen des § 17 II 6 durch eine solche Einlage mit nachfolgender TW-AfA oder Veräußerung unterlaufen werden. ME ist in diesen Fällen eine Gewinnminderung im BV nur anzuerkennen, soweit der Verlust auch ohne die Einlage gem § 17 II 6 ausgleichs- und abziehbar gewesen wäre (Nachweise s 27. Aufl).

205 **8. Veräußerungsgewinn/-verlust bei wiederkehrenden Bezügen. – a) Sofortbesteuerung.** Besteht der Veräußerungspreis in wiederkehrenden Bezügen, gelten die Grundsätze der Rz 190 ff sinngemäß, wenn sich der Veräußerer für eine Besteuerung mit dem **gemeinen Wert (Barwert)** der wiederkehrenden Bezüge **im Zeitpunkt der Veräußerung** entscheidet (zu Wahlrecht s Rz 143); dieser Barwert ist gleich dem Betrag, den der Veräußerer für den Erwerb einer gleichartigen Rente hätte aufwenden müssen (ähnl EStR 16 XI 10). Ein Gewinn ist freibetragsbegünstigt. Daneben sind die lfd Bezüge im Jahr des Zuflusses mit

dem Ertragsanteil nach § 22 Nr 1 S 3 Buchst a bb (vgl BFH VIII R 80/87 BStBl II 93, 15) oder mit dem darin enthaltenen Zinsanteil nach § 20 I Nr 7 estpfl (EStR 17 VII). Zu umsatz-/gewinnabhängigen Bezügen und zu Wertsicherungsklauseln s § 16 Rz 242f. Für die Anwendung des Halb-/Teileinkünfteverfahrens (ab 2002) ist nach BFH IX R 4/14 BStBl II 15, 526 auf den Zufluss, nicht auf den Zeitpunkt der Anteilsveräußerung abzustellen (aA *BMF* BStBl I 04, 1187, mit Berechnungsbeispielen); BFH unterscheidet mE nicht zw Tatbestand (Veräußerung) und Rechtsfolgen (Besteuerung der zufließenden Veräußerungsentgelte; *Weber-Grellet* FR 15, 808).

b) Zuflussbesteuerung. Wählt der Veräußerer (zulässigerweise) bei Veräußerung gegen eine Leibrente eine Besteuerung nach tatsächl zufließenden Beträgen (Rz 143; dazu BFH IX R 45/09 BStBl II 10, 969), sind die Rentenzahlungen in einen Zins- und einen Tilgungsanteil aufzuteilen (*Broekelschen/Kohlmann* DStR 09, 1161/8; offen gelassen in BFH IX R 4/14 BStBl II 15, 526). Der Zinsanteil unterfällt (in voller Höhe) § 22 Nr 1 S 3 Buchst a, der Tilgungsanteil ist nach Verrechnung mit den AK und Veräußerungskosten gem § 17 iVm § 24 Nr 2 stpfl (*Weber-Grellet* FR 15, 808); (nur) auf den Tilgungsanteil ist § 3 Nr 40 S 1 Buchst c (Halb-/Teileinkünfteverfahren) anzuwenden (*BMF* BStBl I 04, 1187; BFH X R 91/89 BStBl II 96, 666). Maßgebl soll das im Zuflusszeitpunkt geltende Recht sein, auch bei Anwendung des § 3 Nr 40 S 1 Buchst c (BFH IX R 4/14 BStBl II 15, 526; aA *BMF* I 04, 1187; *OFD Nds* DB 15, 1693; krit *Weber-Grellet* FR 15, 808; s Rz 205). Bei Veräußerung gegen **Raten** gilt Entsprechendes; der Zinsanteil unterliegt § 20 I Nr 7 (*BMF* BStBl I 04, 1187). Bei Veräußerung vor dem 1.1.04 sollen die Renten- bzw Ratenzahlungen erst nach vollständiger Verrechnung in einen Zins- und Tilgungsanteil aufzuteilen sein (*BMF* BStBl I 04, 1187/9); zum Forderungsausfall *Neu/Stamm* DStR 05, 141/6. Ein Freibetrag kann nicht gewährt werden (vgl BFH III B 15/88 BStBl II 89, 409 zu § 16; aA *Schneider/KSM* § 17 Rz D 55). Ein **Verlust** entsteht erst, wenn feststeht, dass die Summe der zugeflossenen Bezüge (bzw der darin enthaltenen Tilgungsanteile) niedriger als die AK ist. 206

c) Erwerberseite. Der Erwerber hat AK iHd Barwerts der Bezüge (s Rz 158; § 16 Rz 230 ff). 207

VI. Auflösung einer KapGes und Kapitalherabsetzung; Ausschüttung oder Rückzahlung von Einlagen, § 17 IV

Schrifttum (Auswahl; vor 2013 s Vorauflagen): *Eller,* Die Liquidation der GmbH, SteuK 13, 93.

Verwaltung: *BMF* StEK § 17 Nr 67; *OFD Mbg* StEK EStG § 17 Nr 114.

1. Veräußerungsgleiche Tatbestände, § 17 IV 1, 2. Einer Veräußerung gleichgestellt ist gem § 17 IV 1 *(1)* die Auflösung einer KapGes (Rz 213–225), *(2)* die Herabsetzung und Rückzahlung ihres Nennkapitals (Rz 230–233) und *(3)* die Ausschüttung oder Zurückzahlung von Beträgen aus steuerl Einlagekonto iSd § 27 KStG (Rz 234); Klarstellung durch IV 1 idF SEStEG (BFH IX R 19/13 BStBl II 14, 682; *Schmidt* ua FR 07, 1/14). Dies ist gerechtfertigt, weil auch bei einer Auflösung oder Kapitalherabsetzung unter Auskehrung des Vermögens der Ges ebenso wie bei Übertragung der Anteile auf einen Dritten die Vermögensmehrung oder -minderung der KapGes auf der Ebene der Anteilseigner **realisiert** wird. – Zur Anwendung des Halb-/Teileinkünfteverfahrens s Rz 11, 15, 130. 210

2. Auflösung. – a) Gesellschaftsrechtl Auflösung. Wesentl Tatbestandsmerkmal eines Auflösungsgewinns oder -verlustes iSv § 17 IV ist die Auflösung der KapGes (BFH XI R 39/99 BFH/NV 01, 302; *FinVerw* StEK EStG § 17 Nr 34), die zB mit dem (formlosen) Auflösungsbeschluss bewirkt wird (BFH VIII R 18/94 BStBl II 99, 344). 213

214 **b) Einzelfälle.** Für **inl KapGes** ergeben sich die Auflösungsgründe aus § 262 AktG, §§ 60–62 GmbHG (zB Eröffnung des Insolvenzverfahrens, BFH VIII R 46/91 BFH/NV 94, 364) und §§ 1, 2 LöschG (Ablehnung eines Insolvenzantrags mangels Masse; Löschung im HR mangels Vermögen; BFH I R 318–319/83 BStBl II 87, 310; FG Köln EFG 13, 1323, rkr). Unzul Änderung des Satzungssitzes führt ggf zur Amtslöschung; die Verlegung des Verwaltungssitzes in das Ausl ist zul (*Hueck/Fastrich* in B/H GmbHG § 4a Rz 7, 11; EuGH C-208/00 – *Überseering BV*, NJW 02, 3614 –: gegen Sitztheorie). Die Sitzverlegung in das EU-Ausl ist keine Frage von Gründungs- oder Sitzanknüpfung (so aber wohl *Birk* IStR 03, 469/71), sondern der endgültigen Entstrickung; ggf DBA-Vorrang). Die Sitzverlegung im EU-Raum führt nicht mehr zur Auflösung (*HHR* Anm 288); eine Wegzugsbesteuerung (bei Wohnsitzverlegung) ist unzul (EuGH C-9/02 DStR 04, 551; EuGH C-470/04 – *N*, DStR 06, 1691). – An die Auflösung schließt sich idR die Abwicklung **(Liquidation)** an (§ 264 AktG; §§ 60, 70 GmbHG; dazu FG RhPf EFG 02, 1166, rkr); diese endet mit der Verteilung des Vermögens an die Ges'ter (§ 271 AktG; § 72 GmbHG). Damit „stirbt" die KapGes als juristische Person, ihre Firma erlischt (Beendigung). Auflösung und Erlöschen der Firma sind (deklaratorisch) in das HR einzutragen (§ 263 AktG; § 65 GmbHG; § 31 HGB). Noch keine Auflösung iSv § 17 IV ist die bloße Betriebseinstellung (BFH VIII R 328/84 BFH/NV 90, 361).

215 **c) Umwandlungsvorgänge.** Gesellschaftsrechtl Auflösung einer KapGes – aber „Auflösung ohne Abwicklung" mit Vermögensübergang in Gesamtrechtsnachfolge und Erlöschen der KapGes – sind auch die **Verschmelzung einer KapGes** (vgl zB § 2 iVm § 20 UmwG) auf eine andere KapGes, auf eine bestehende oder in eine neugegründete PersGes oder auf eine natürl Person und die **Aufspaltung einer KapGes** (vgl § 123 I iVm § 131 UmwG). Auf diese Vorgänge sind jedoch primär die Vorschriften des UmwStG anzuwenden dh *(1)* bei einem Vermögensübergang auf oder in eine PersGes oder auf eine natürl Person *mit BV* wird § 17 IV durch die §§ 4, 5 UmwStG verdrängt (BFH VIII R 58/95 BStBl II 1999, 298); *(2)* bei einem Vermögensübergang auf oder in eine PersGes oder auf eine natürl Person *ohne BV* wird § 17 IV durch § 8 II UmwStG modifiziert (keine Anwendung des § 17 III); *(3)* bei einem Vermögensübergang durch Verschmelzung oder Aufspaltung auf andere Körperschaften wird § 17 durch § 13 II bzw § 15 I UmwStG ergänzt (s auch Rz 15, 117).

216 **d) Einziehung.** Zur (str) Wertung der Einziehung von Geschäftsanteilen und des Erwerbs eigener Anteile als wirtschaftl Teilliquidation vgl Rz 101. – § 17 IV erfasst auch die (gesrechtl) Auflösung und Abwicklung einer **ausl KapGes** (BFH VIII R 44/90 BFH/NV 93, 597) und somit auch die Umwandlung einer ausl KapGes zB auf oder in eine PersGes (BFH I R 11/85 BStBl II 89, 794; *BMF* BStBl I 11, 1314/22; diff *HHR* Anm 295).

220 **e) Ermittlung des Auflösungsgewinns** (zur Berechnung s Rz 131). Die Auflösung verlangt die Liquidation (§ 66 I, V GmbHG); der Auflösungs-(Liquidations-)gewinn oder -verlust iSv § 17 IV ist nach **§ 17 II** zu ermitteln (BFH VIII R 81/91 BStBl II 94, 162; Differenz zw ausgekehrtem Vermögen und AK nebst Veräußerungskosten; Rz 156 ff) und nur **anteilig** anzusetzen (§ 3 Nr 40 Buchst c S 2, § 3c II idF StSenkG), auch im Verlustfall [auch bei Rückzahlung von Stammkapital] (BFH IX R 19/13 BStBl II 14, 682; *Bode* FR 14, 989; *HHR* § 3 Nr 40 Anm 142; Rz 190, 197). Die Einbeziehung von Kapitalrückzahlungen in das Teileinkünfteverfahren ist – im Hinblick auf dessen Systematik – nicht unproblematisch (so *Bareis* FR 15, 1). Der Verlust ist ggf nach § 10d rück- oder vorzutragen (FG BaWü DStRE 09, 650, rkr). – Zum Liquidationsgewinn gehört uU auch eine nicht geltend gemachte Forderung gegen den Ges'ter (FG Mchn EFG 14, 1302, NZB IX B 45/14).

221 **aa) „Veräußerungspreis".** Das ist bei Auflösung einer KapGes „der gemeine Wert des dem StPfl zugeteilten … Vermögens" (§ 17 IV 2; § 3 Nr 40 Buchst c S 2 idF StSenkG). Dieses kann aus Geld oder sonstigen WG bestehen, auch selbst geschaffene immaterielle WG und Befreiung von einer Verbindlichkeit (BFH I

R 11/85 BStBl II 89, 794; BFH IX R 28/14 DStR 15, 2489). Maßgebl für die *Bewertung* dieser WG mit dem gemeinen Wert (§ 9 BewG; BFH IX R 28/14 DStR 15, 2489; *HHR* Anm 330; s auch Rz 139) ist der Zeitpunkt, zu dem der Veräußerungsgewinn bzw -verlust entsteht (s Rz 223). Nicht zu diesem Vermögen, sondern zu den Gewinnanteilen iSv § 20 I Nr 1 gehören erst nach der Auflösung beschlossene Ausschüttungen von Bilanzgewinnen der Wj vor der Auflösung (vgl BFH I R 9/72 BStBl II 74, 14). Gewinne während des Liquidationszeitraums sind Teil des bei Beendigung der Liquidation zu verteilenden Vermögens.

bb) AK und Auflösungskosten. Abzuziehen vom gemeinen Wert des dem 222
StPfl zugeteilten Vermögens ist – neben evtl vom Anteilseigner persönl getragenen **Auflösungskosten** (BFH VIII R 23/92 BFH/NV 94, 459; FG RhPf EFG 02, 1166, rkr; s Rz 150–151) und den **AK** einschließl nachträgl AK der Anteile (FG BaWü EFG 03, 307) – der Betrag, der beim Ges'ter nach § 20 I Nr 1 oder 2 zu den **Einkünften aus KapVerm** gehört (Rz 235). Bürgschaftsverpflichtungen sind mit dem Betrag der wahrscheinl Inanspruchnahme abzuziehen (FG Nbg DStRE 03, 729, rkr).

cc) Zeitpunkt. – (1) Auflösungsgewinn. Er entsteht grds (stets gesellschafts- 223
rechtl Auflösung vorausgesetzt; s Rz 213), sobald nach GoB ein Gewinn realisiert wäre (BFH VIII R 23/92 BFH/NV 94, 459; BFH IX R 28/14 DStR 15, 2489; *OFD Ffm* 21.5.08 Karte 10; so auch für BV-Anteile BFH VIII R 7/03 DStR 06, 2168). Allg ist dies der Zeitpunkt, zu dem gesrechtl der Anspruch auf Auszahlung eines Abwicklungsguthabens entsteht (ähnl BFH VIII R 87/89 BStBl II 93, 340; *Neu* GmbHR 00, 57/61; IV 2: zugeteiltes oder zurückgezahltes Vermögen); es muss feststehen, ob und wie hoch mit einer Zuteilung von GesVermögen zu rechnen ist (also auch Tilgung/Sicherstellung der Schulden) und welche nachträgl AK und welche Aufgabekosten anfallen (**Beendigung der Abwicklung;** BFH VIII R 46/98 BFH/NV 00, 561; *Ott* FS Korn, 2005, 105/26).

Der Gewinn entsteht zw Auflösung (frühester Zeitpunkt) und Löschung im HR (spätester Zeitpunkt; *Bäumker* GStB 14, 382). Der Zeitpunkt der Zuteilung wird idR identisch sein mit dem Zeitpunkt der Auskehrung des Vermögens (**Abschluss der Liquidation** und Übergang des wirtschaftl Eigentums auf die Ges'ter; BFH VIII R 36/00 BStBl II 02, 731; BFH VIII R 7/03 DStR 06, 2168). Er kann davor liegen, wenn die Auskehrung hinausgezögert wird, obwohl sie durchführbar ist; das Vermögen ist hier bereits „zugeteilt". Abschlagszahlungen (Liquidationsraten) sind als Teil des „Veräußerungspreises" zu dem Zeitpunkt zu erfassen, in dem der Veräußerungsgewinn entsteht, nicht bereits im Zuflussjahr. Auch im Fall einer **Nachtragsliquidation** ist der maßgebende Realisierungszeitpunkt derjenige, in dem mit einer Auskehrung von GesVermögen an den Ges'ter und mit einer wesentl Änderung der durch die Beteiligung veranlassten Aufwendungen nicht mehr zu rechnen ist (BFH IX R 47/13 BStBl II 14, 786; *OFD Ffm* DStR 15, 758). Nachträgl AK sind ggf gem § 175 I 1 Nr 2 AO auf den Zeitpunkt der Auflösung zurückzubeziehen.

(2) Auflösungsverlust. Für den **(zeitl) Ansatz** eines Auflösungsverlustes 224
gelten folgende Grundsätze (zur Prüfung *Noack* Stbg 15, 348): – **(a) Regelfall.** Ein – nach § 17 II 6 zu berücksichtigender (s Rz 196) – **Auflösungsverlust** entsteht, wenn Auskehrungen abgewickelt sind und nachträgl AK feststehen (BFH VIII R 48/12 BStBl II 15, 270), regelmäßig **mit** dem **Abschluss der Liquidation** (BFH IX B 157/10 BFH/NV 11, 1510; FG Nbg DStRE 11, 880, rkr). – **(b) Ausnahmen.** Der Verlust ist (kein Wahlrecht!) – gesellschaftsrechtl Auflösung vorausgesetzt (s Rz 213) – **vor** dem Abschluss der Liquidation auszuweisen, wenn *(aa)* mit Zuteilungen aus dem GesVermögen nicht mehr zu rechnen ist, dh sobald und soweit feststeht, dass kein Vermögen an die Ges'ter(!) verteilt wird (BFH VIII R 8/02 BFH/NV 04, 947; FG Mchn EFG 15, 390, Rev IX R 41/14) und *(bb)* wenn mit einer wesentl Änderung des bereits feststehenden Verlustes nicht mehr zu rechnen ist BFH VIII R 36/00 BStBl II 02, 731; BFH IX R 100/07 BFH/NV 09, 561; BFH X B 141/08 BFH/NV 09, 581), wenn also feststeht, dass keine (weiteren wesentl) bzw welche AK oder Auflösungskosten (noch) anfallen (Prü-

fung auf Ges- *und* Ges'ter-Ebene; BFH VIII B 11/04 BFH/NV 05, 1810), ggf nach Zwischenstatus (FG Hbg EFG 05, 1434, rkr). Indizien sind keine aktive Geschäftstätigkeit, entspr Angaben in Bilanz, kein AV, keine Vorräte (BFH IX R 100/07 BFH/NV 09, 561). – **(c) Frühere Verlustberücksichtigung in Ausnahmefällen** (FG Köln EFG 10, 939, Rev IX R 17/10), zB bereits mit Auflösungsbeschluss; BFH VIII B 207/03 BFH/NV 05, 1307), mit Eröffnung des Gesamtvollstreckungsverfahrens (FG BBg EFg 15, 1272, Rev IX R 16/15) oder bei Vermögenslosigkeit der Ges (*Völlmeke* DStR 05, 2024). – **(d) Faustformel:** Die Höhe der nachträgl AK muss feststehen (BFH IX R 9/14 BFH/NV 15, 666).

225 **(3) Insolvenzverfahren.** Bei Ablehnung der Eröffnung ist der Verlust mit dem entspr Beschluss realisiert (BFH VIII R 18/94 BStBl II 99, 344; FG Mster EFG 04, 331, rkr; FG Bbg EFG 06, 1435, rkr), es sei denn, dass die Höhe der nachträgl AK noch nicht feststeht (BFH IX B 90/14 BFH/NV 15, 493). – Bei **Eröffnung** ist der Auflösungsverlust regelmäßig erst mit Abschluss des Verfahrens realisiert (BFH VIII R 45/04 BFH/NV 05, 1545; BFH VIII R 46/03 BFH/NV 05, 2171; BFH IX R 9/14 BFH/NV 15, 666; FG Nds EFG 11, 2153, rkr), ausnahmsweise früher, wenn der Verlust sicher feststeht (BFH IX R 37/11 BStBl II 12, 487; FG Köln EFG 15, 638, rkr; *Völlmeke* DStR 05, 2024/5).

Einzelfälle: Ausweis iZm Abschluss des Konkurs-/Insolvenzverfahrens (BFH VIII R 63/98 BStBl II 00, 343; *OFD Bln* DB 97, 955; krit Anm FR 00, 716), nicht vor Schlussverteilung (FG Nds EFG 01, 1306, rkr), nicht bei Andauer der Insolvenz, sofern Vermögen noch vorhanden ist (FG Köln EFG 97, 407, rkr), nicht bei lfd Steuerprüfung (BFH VIII R 36/00 BStBl II 02, 731) oder sofern die Fortsetzung der Ges konkret mögl erscheint (*OFD Ffm* 21.5.08 Karte 10; zur Fortsetzung einer aufgelösten Ges *Fichtelmann* EStB 08, 328), nicht bei mögl Zwangsvergleich (BFH VIII B 199/03 BFH/NV 05, 1772), spätestens mit Löschung im HR (BFH VIII R 20/84 BStBl II 85, 428; FG Hbg EFG 01, 1445, rkr).

Stellungnahme: Wegen der Schwierigkeiten, den zutr Zeitpunkt zu ermitteln (FG Nds 15.1.15 14 K 288/13, juris; *Hoffmann* EFG 02, 19; *kk* KÖSDI 09, 16510: möglichst frühzeitige Geltendmachung; ebenso *Dötsch* jurisPR-StR 42/14 Anm 4) sollte der Verlust zumindest auch bei Vollbeendigung (Löschung) zu erfassen sein (*Müller* EFG 04, 1521); sonst Änderung ggf über § 174 III, IV, § 175 I 1 Nr 2 AO (FG Nds EFG 15, 876, rkr; *Völlmeke* DStR 05, 2024/6).

226 **(4) Sonstige Zahlungen.** Freiwillige, nicht durch das GesVerhältnis veranlasste Tilgungszahlungen sind keine nachträgl AK (BFH IX R 52/09 BStBl II 10, 1102). Aufwendungen, die unerwartet nach dem maßgebl Zeitpunkt anfallen, aber durch das GesVerhältnis veranlasst sind (vgl BFH VIII R 87/89 BStBl II 93, 340), können **nachträgl AK** sein, die den Gewinn oder Verlust rückwirkend beeinflussen; in diesem Fall ist die ESt-Veranlagung für das Jahr der „Auflösung" nach § 175 I 1 Nr 2 AO zu ändern (BFH VIII R 99/90 BFH/NV 93, 654; FG Köln EFG 02, 18, rkr; zu Zinsen Rz 152).

230 **3. Herabsetzung/Rückzahlung des Kapitals. – a) Regelungsbereich.** – ***(1)*** § 17 IV 1 erfasst die gesrechtl Herabsetzung des Nennkapitals (§§ 222, 228 AktG; § 58 GmbHG) iVm der **Auskehrung** des Teils des GesVermögens, der den Ges'tern auf Grund der Kapitalherabsetzung nach Maßgabe ihrer Anteile gesrechtl gebührt (BFH I R 31/91 BStBl II 93, 369; *HHR* Anm 320). Ein Herabsetzungsgewinn/-verlust entsteht, soweit der StPfl die Anteile zu einem vom Nennbetrag abw Preis erworben hat. Zu einem „Veräußerungspreis" iSv § 17 I–III kann dies aber nur führen, soweit das ausgekehrte GesVermögen nicht „nach § 20 Abs 1 Nr 1 oder 2" zu den Einnahmen aus KapVerm gehört (§ 17 IV 3; Spaltung in Veräußerungspreis und Einnahmen aus KapVerm, s Rz 235). – ***(2)*** § 28 KStG idF StSenkG (iVm § 20 II Nr 2 idF StSenkG) sieht vor, dass die in Nennkapital umgewandelten Beträge, die aus der Gewinnrücklage stammen, bei einer Kapitalherabsetzung als Einkünfte aus KapVerm erfasst werden; insoweit greift § 17 nicht ein (§ 17 IV 3). Zur früheren Rechtslage (§§ 5, 6 KapErhStG) vgl 19. Aufl. – ***(3)*** Eine nominelle Kapitalherabsetzung zum Ausgleich einer Unterbilanz ohne Auskehrung von GesVermögen (zB §§ 58a ff GmbHG) wird von § 17 IV 1 nicht erfasst (zB *Maser/Sommer* GmbHR 96, 22/31).

(4) **Kapitalersetzende Ges'terdarlehen** (s Rz 26, 170f; § 5 Rz 550). Sie werden von § 17 IV weder bei Beendigung der Krise der KapGes noch bei etwaiger Rückzahlung der Darlehen erfasst. Beim Ges'ter mindern sich aber die AK um den Betrag, um den sie sich bei Wertung des Darlehens als nachträgl AK erhöhten. 231

b) Zeitpunkt. Der Veräußerungs-(Herabsetzungs-)gewinn oder -verlust entsteht mit Eintragung der Kapitalherabsetzung ins HR (*HHR* Anm 320; aA *Schwarz* NWB F 3, 3771/82: Herabsetzungsbeschluss) oder *vorheriger* Auskehrung des GesVermögens (BFH VIII R 72/70 BStBl II 76, 341). 232

c) Ermittlung des Herabsetzungsgewinns. – ***(1)* Veräußerungspreis bei Kapitalherabsetzung.** Das ist „der gemeine Wert des dem StPfl … zurückgezahlten Vermögens der KapGes" (Rz 221). Bei einer *gesellschaftsrechtl* Kapitalherabsetzung dürfen nur Teile des bisherigen Grund- oder Stammkapitals zurückgezahlt werden, also keine Rücklagen. Ein Rückzahlungsbetrag, der gesellschaftsrechtl auf **eigene Anteile der Ges** entfällt, aber an die Ges'ter ausgezahlt wird, gehört nicht zum „Veräußerungspreis", sondern ist sonstiger Bezug iSv § 20 I Nr 1 (BFH I R 31/91 BStBl II 93, 369). Wird **vor handelsrechtl Wirksamkeit der Kapitalherabsetzung** zurückgezahlt, ist eine vGA gegeben, es sei denn, die Beteiligten haben bereits alles unternommen, was zur Herbeiführung der Wirksamkeit erforderl ist (BFH VIII R 69/93 BStBl II 95, 725). – ***(2)* Abzug der AK.** Dem Veräußerungspreis sind – nach Abzug evtl Herabsetzungskosten (s Rz 150, 151) – abzügl des als Einkünfte aus KapVerm geltenden Betrags (Rz 235) ggf die **AK** der durch Kapitalherabsetzung untergegangenen Anteile gegenüberzustellen; zum **anteiligen** Ansatz s Rz 190, 197. Der an die Anteilseigner ausgezahlte Betrag ist von den bisherigen AK abzuziehen, mit diesen also erfolgsneutral zu verrechnen, und ein evtl Mehrbetrag Veräußerungsgewinn (BFH VIII R 69/93 BStBl II 95, 725). Zur früheren Rechtslage s 19. Aufl. 233

4. Rückgewähr von Einlagen. § 17 I–III sind (seit dem 1.1.97) auch anzuwenden, wenn Einlagen iSd 27 KStG idF StSenkG (Beträge aus dem steuerl Einlagekonto) ausgeschüttet oder zurückgezahlt werden (§ 17 IV 1 idF JStG 97/StSenkG). Soweit Einlagen **iRe Liquidation oder Kapitalherabsetzung** ausgekehrt werden, ist dieser Betrag nicht Einnahme aus KapVerm (§ 20 I Nr 1 S 3), sondern Teil des Veräußerungspreises (FG Nds EFG 12, 1326, rkr; BFH IX R 19/13 BStBl II 14, 682; *Karl* GmbHR 14, 166). – § 17 IV 1 greift auch ein, soweit **Einlagen außerhalb einer Liquidation oder Kapitalherabsetzung** ausgeschüttet oder zurückgezahlt werden; es entsteht ein nach § 17 stpfl Gewinn, soweit die Ausschüttung oder Rückzahlung von Einlagen die AK der Anteile übersteigt (BFH IX R 24/12 BStBl II 13, 484; FG Sachs EFG 01, 1199; *OFD Ffm* DStR 14, 903; *OFD Mbg* StEK EStG § 17 Nr 114; *Ott* DStR 14, 673, Stbg 14, 301/8); iÜ bewirkt die Einlagen-Ausschüttung eine erfolgsneutrale Minderung der AK (BFH IX R 24/12 BStBl II 13, 484; *OFD Erfurt* StEK EStG § 17 Nr 38; *Ott* StuB 13, 692; *HHR* Anm 325). In der Praxis sollte daher die Höhe der AK in Form einer Nebenrechnung festgehalten und fortgeschrieben werden, um bei einer späteren Veräußerung oder bei Liquidation die (ggf auf 0 geminderten) AK nachweisen zu können (vgl § 27 II KStG idF StSenkG zur gesonderten Feststellung des Einlagenkontos). – Erfasst werden danach uU die Einziehung von GmbH-Anteilen gegen Entgelt (= Veräußerung, s Rz 101) oder Vorgänge, bei denen keine Anteile übertragen werden oder untergehen, so zB die Rückzahlung von Nachschüssen iSv § 26 GmbHG. 234

5. Unterscheidung von Kapitalrückzahlung und Gewinnausschüttung, § 17 IV 3. – a) Begrenzte Gleichstellung. Einer Anteilsveräußerung gleichgestellt ist die Auflösung und die Kapitalherabsetzung nur, soweit die Auskehrung des Vermögens der KapGes bei den Ges'tern nicht zu Einnahmen aus KapVerm führt: 235

Die **Kapitalrückzahlung ieS,** (Auskehrung des Nennkapitals [Grund- oder Stammkapital; zB BFH IX R 19/13 BStBl II 14, 682] und der Beträge des Einlagekontos iSd § 27 I KStG idF StSenkG) ist **Anteilsveräußerung,** die **Auskehrung thesaurierter Gewinne** (sonstige Rücklagen) ist **Gewinnausschüttung** und führt zu „Einnahmen aus KapVerm" (BFH IX R 28/14 DStR 15, 2489; *Eisgruber* DStR 00, 1493/5; *Eller* SteuK 13, 93/96). – Ausnahmsweise gehören Teile des Nennkapitals zu den sonstigen Rücklagen und die ihnen entspr Teile des Liquidationserlöses deshalb zu den Einnahmen aus KapVerm, soweit das **Nennkapital aus sonstigen Rücklagen erhöht** wurde (§ 28 KStG; § 20 I Nr 2).

236 **b) Sinn dieser Unterscheidung.** Gerechtfertigt ist die Unterscheidung (nach Wegfall der KSt-Anrechnung und der Anwendung des § 34) noch im Hinblick auf Systematik, Einkünfteermittlung, 1 vH-Grenze (Rz 33) und Freibeträge (*Pung* EStG § 17 Rz 485; *Ott* FS Korn, 2005, 105/11). Eine ähnl Trennung besteht bei der Umwandlung von einer KapGes in eine PersG: für relevant/betriebl beteiligte Ges'ter eine Veräußerung (§ 5 II, III UmwStG), für die anderen Ges'ter eine Ausschüttung (§ 7 UmwStG; *Pung* in DPPM UmwStG[7] § 7 Rz 3; *Krohn/Greulich* DStR 08, 646/9); ähnl Konstellationen auch beim Aktienrückkauf (ausführl *Hahn* jurisPR-StR 14/06 Anm 1).

Beispiel: A und B sind zu je 50 vH Ges'ter der X-GmbH; Rücklagen 500 000; Stammkapital 100 000. A hat seinen Geschäftsanteil für 150 000, B für 40 000 erworben, und zwar jeweils vor mehr als 5 Jahren (s Rz 196). Die GmbH wird liquidiert. A und B erhalten je 300 000. Davon gehören nach § 17 IV 3 iVm § 20 I Nr 2 je 125 000 ($^1/_2$ von 250 000) zu den Einnahmen aus KapVerm. A erzielt daneben einen Veräußerungsverlust von 50 000 (75 000 $^1/_2$ AK ./. 25 000 $^1/_2$ Veräußerungspreis), B einen begünstigten Veräußerungsgewinn von 5000. Wäre die GmbH nicht liquidiert worden, sondern hätten A und B ihre Geschäftsanteile an Dritte zum Preise von je 300 000 veräußert, wären bei A und B ebenfalls Gewinne von 75 000 bzw 130 000 entstanden. – Im Unterschied zur früheren Rechtslage (s 18./19. Aufl; Rz 190) sind – von den Freibeträgen abgesehen – Anteilsveräußrung und Liquidation gleichwertig. – Für das Teileinkünfteverfahren gilt Entsprechendes (statt $^1/_2$ 60 vH; FG Köln EFG 09, 1744, rkr).

VII. Sitzverlegung als Veräußerungsvorgang, § 17 V

Schrifttum: *Weber-Grellet,* § 17 EStG bei Einbringung, Umwandlung, Wegzug und Zuzug, DB 09, 304; *Eickmann/Mörwald,* Steuerrechtl Auswirkungen eines Wegzugs …, DStZ 09, 422/9; *Kessler/Philipp,* Hat sich die Entstrickung endgültig „verstrickt"?, DStR 11, 1888.

240 **1. Grundsatz.** § 17 V 1 idF SEStEG behandelt zur Sicherung des dt Besteuerungsrechts (BT-Drs 16/2710, 29; *Schmidt ua* FR 07, 1/15) die (identitätswahrende) Verlegung des Sitzes oder des Orts der Geschäftsleitung in einen anderen Staat (*HHR* Anm 350; *Littmann/Rapp* § 17 Rz 366 f; *Schneider/KSM* § 17 Rz F 11) wie eine Veräußerung, sofern diese zu einer Beschränkung oder zu einem Ausschluss des Besteuerungsrechts führt (§ 4 I 3, 4). – Geltung ab 13.12.2006 (*Förster* DB 07, 72/9; aA *Littmann/Rapp* § 17 Rz 371: ab VZ 07). Zur geringen praktischen Bedeutung (wegen DBA-Regelungen) *Eickmann/Mörwald* DStZ 09, 422/30. – Als „Veräußerungspreis" ist der gemeine Wert anzusetzen (*Förster* DB 07, 72/4).

Beispiel: Ein beschr StPfl hält in einem Nicht-DBA-Staat Anteile an einer inl KapGes, die ihren Sitz ins Ausl verlegt. – Bei unbeschr StPfl bleibt nach Art 13 V OECD-MA das Besteuerungsrecht in Deutschland (*Benecke/Schnitger* IStR 06, 765/7). – Eine Beschränkung des Besteuerungsrechts ergibt sich zB bei einem Gebot zur Anrechnung ausl St. – Weitere Beispiele bei *Förster* DB 07, 72, 78/9; *Frotscher* Internationalisierung Rz 158.

241 **2. Ausnahme.** Keine Veräußerung ist (nach § 17 V 2) die Sitzverlegung in einen anderen EU-Mitgliedstaat ***(1)*** von einer Europäischen Ges nach Art 8 VO EG Nr. 2157/2001 und ***(2)*** von jeder anderen KapGes (*HHR* § 17 Anm 352; *Schneider/KSM* § 17 Rz F 30). – Bei späterer Veräußerung ist der Gewinn aber in der gleichen Art und Weise zu besteuern, wie die Veräußerung dieser Anteile zu besteuern gewesen wäre, wenn keine Sitzverlegung stattgefunden hätte (§ 17 V 3); DBA sind

unbeachtl (§ 15 Rz 155). Gem § 17 V 4 ist § 15 I a 2 (§ 15 Rz 156) entspr anzuwenden (*Schmidt* ua FR 07, 1/15); die Veräußerungsersatztatbestände gelten auch hier.

VIII. Besteuerung nach Einbringung, § 17 VI

Schrifttum (vor 2011 s Vorauflagen): *Lendewig/Jaschke,* Die Erneuerung der allg Entstrickungsvorschriften durch das JStG 10, StuB 11, 90. – **Verwaltung:** *BMF* BStBl I 11, 1314 (UmwStG-Erlass).

1. Übertragung der Steuerverstrickung auf die bei Einbringung erhaltenen Anteile. § 17 VI substituiert das Institut der einbringungsgeborenen Anteile (*HHR* Anm 360; *BMF* BStBl I 11, 1314/72/86). Die Funktion des § 17 VI besteht darin, die Besteuerung bei späterer Veräußerung nach Einbringung sicherzustellen. Über § 17 I 1 hinaus erfasst Abs VI idF SEStEG auch die auf Grund eines Einbringungsvorgangs iSd UmwStG erworbenen Anteile, bei dem nicht der gemeine Wert zum Ansatz kam, wenn *(1)* zum Einbringungszeitpunkt für die eingebrachten (bereits bestehenden) Anteile (in ihrer bisherigen „Umgebung") die Voraussetzungen von § 17 I 1 erfüllt waren (**Anteilstausch;** § 21 UmwStG; *BMF* BStBl I 11, 1314/73) oder wenn *(2)* die Anteile auf einer **Sacheinlage** iSv § 20 I UmwStG idF SEStEG beruhen (einbringungsgeborene Anteile); *BMF* BStBl I 11, 1314/72/82; *Littmann/Rapp* § 17 Rz 51; *Pung* EStG § 17 Rz 561. **§ 17 VI** erstreckt die Steuerverstrickung auf die im Zuge der Einbringung (§§ 20, 21 UmwStG) als Gegenleistung erhaltenen (auch nicht relevanten) Anteile (BT-Drs 16/2710, 29). – Geltung ab 13.12.2006 (§ 27 I UmwStG). – Zur Entbehrlichkeit wegen § 20 IVa vgl *Schneider/KSM* § 17 Rz G 5. 245

Beispiel: A bringt einen Anteil an der X-GmbH (10%) in die B-GmbH zu Buchwerten ein (§ 21 UmwStG). Als Gegenleistung erhält A einen Anteil an der B-GmbH iHv 0,5%. Die B-GmbH-Anteile (0,5%) sind nach § 17 VI Anteile iSd § 17 I, obwohl sie die Mindestbeteiligungsquote von 1% nicht erreichen. – **Konstellationen:**
– B-GmbH veräußert X-GmbH-Anteil: Gewinnermittlung entspr Rz 246 (Einbringungsgewinn II bei A und Veräußerungsgewinn bei B-GmbH, aber stfrei nach § 8b II KStG).
– A **veräußert** B-GmbH-Anteil: § 17 I, VI.

2. Ermittlung des Einbringungs-/Veräußerungsgewinns. § 22 UmwStG idF SEStEG führt bei Veräußerung der Anteile innerhalb eines Zeitraums von sieben Jahren zu einer rückwirkenden Besteuerung des Gewinns aus der Einbringung (Erfassung der im Zeitpunkt der Einbringung vorhandenen stillen Reserven; *BMF* BStBl I 11, 1314/85), der jährl um $^1/_7$ abnimmt (zum Konzept der Neuregelung *Krohn/Greulich* DStR 08, 646/54; *Littmann/Rapp* § 17 Rz 396 f); zur grenzüberschreitenden Einbringung *BMF* BStBl I 11, 1314/80. Der Einbringungsgewinn (**Einbringungsgewinn I** bei Sacheinlage; **Einbringungsgewinn II** bei Anteilstausch; immer in der Person des Einbringenden) führt zu nachträgl AK (§ 22 I 4, II 4 UmwStG; *BMF* BStBl I 11, 1314/72); der Einbringungsgewinn I entsteht bei Veräußerung der erhaltenen (neu entstandenen) Anteile (*SHS* UmwStG[6] § 22 Rz 50); der Einbringungsgewinn II bei Veräußerung der (eingebrachten) Anteile durch den übernehmenden Rechtsträger (*SHS* UmwStG[6] § 22 Rz 121; krit *Desens* Beihefter DStR 46/10, 80/7; FG Hbg DStR 15, 2377, Rev I R 48/15 zu Aufwärtsverschmelzung); neben dem Einbringungsgewinn ist der Veräußerungsgewinn zu ermitteln. 246

Beispiele (nach *Rödder/Schumacher* DStR 06, 1525/38; *Dötsch/Pung* DB 06, 2763/8; vgl auch *Strahl* KÖSDI 07, 15442/53; *Rödder* UmwStG 2008, Einführung Rz 75; zum Einbringungsgewinn II s Rz 245; weiteres Beispiel in *BMF* BStBl I 11, 1314/75): *Fall 1:* A bringt sein Einzelunternehmen in eine GmbH ein, die den steuerl Buchwert von 100 ansetzt; gemeiner Wert 800. Nach 2 Jahren veräußert A die Anteile für 900. – Der (nach § 16 zu versteuernde) **Einbringungsgewinn I** beträgt 500 ([800 – 100] = 700 × $^5/_7$). – Die AK der veräußerten Anteile erhöhen sich von 100 T um 500 auf 600. Der (nach dem Halb-/Teileinkünfteverfahren zu versteuernde) **Veräußerungsgewinn** beträgt 300 (900 . /. 600). – *Fall 2:* Bei Veräußerung nach Ablauf von 7 Jahren: Besteuerung nur nach § 17 (900 . /. 100 =

800; § 3 Nr 40). – *Fall 3:* wie Fall 1, aber Veräußerung zu 550: **Einbringungsgewinn I:** 500 (700 × 5/7). – (Hälftig abziehbarer) **Veräußerungsverlust** nach § 17: 550 . /. 100 . /. 500 = . /. 50; für Teileinkünfteverfahren gilt Entsprechendes.

IX. Anteile an Genossenschaft, § 17 VII

247 Gem § 17 VII gelten als Anteile iSd Abs 1 S 1 auch Anteile an einer Genossenschaft (*Schneider/KSM* § 17 Rz H 7) einschließl der Europäischen Genossenschaft (Rz 20, 21).

c) Selbständige Arbeit (§ 2 Absatz 1 Satz 1 Nummer 3)

§ 18 Selbständige Arbeit

(1) [1] **Einkünfte aus selbständiger Arbeit sind**

1. **Einkünfte aus freiberuflicher Tätigkeit. [2] Zu der freiberuflichen Tätigkeit gehören die selbständig ausgeübte wissenschaftliche, künstlerische, schriftstellerische, unterrichtende oder erzieherische Tätigkeit, die selbständige Berufstätigkeit der Ärzte, Zahnärzte, Tierärzte, Rechtsanwälte, Notare, Patentanwälte, Vermessungsingenieure, Ingenieure, Architekten, Handelschemiker, Wirtschaftsprüfer, Steuerberater, beratenden Volks- und Betriebswirte, vereidigten Buchprüfer, Steuerbevollmächtigten, Heilpraktiker, Dentisten, Krankengymnasten, Journalisten, Bildberichterstatter, Dolmetscher, Übersetzer, Lotsen und ähnlicher Berufe. [3] Ein Angehöriger eines freien Berufs im Sinne der Sätze 1 und 2 ist auch dann freiberuflich tätig, wenn er sich der Mithilfe fachlich vorgebildeter Arbeitskräfte bedient; Voraussetzung ist, dass er auf Grund eigener Fachkenntnisse leitend und eigenverantwortlich tätig wird. [4] Eine Vertretung im Fall vorübergehender Verhinderung steht der Annahme einer leitenden und eigenverantwortlichen Tätigkeit nicht entgegen;**
2. **Einkünfte der Einnehmer einer staatlichen Lotterie, wenn sie nicht Einkünfte aus Gewerbebetrieb sind;**
3. **Einkünfte aus sonstiger selbständiger Arbeit, z. B. Vergütungen für die Vollstreckung von Testamenten, für Vermögensverwaltung und für die Tätigkeit als Aufsichtsratsmitglied;**
4. **Einkünfte, die ein Beteiligter an einer vermögensverwaltenden Gesellschaft oder Gemeinschaft, deren Zweck im Erwerb, Halten und in der Veräußerung von Anteilen an Kapitalgesellschaften besteht, als Vergütung für Leistungen zur Förderung des Gesellschafts- oder Gemeinschaftszwecks erzielt, wenn der Anspruch auf die Vergütung unter der Voraussetzung eingeräumt worden ist, dass die Gesellschafter oder Gemeinschafter ihr eingezahltes Kapital vollständig zurückerhalten haben; § 15 Absatz 3 ist nicht anzuwenden.**

(2) **Einkünfte nach Absatz 1 sind auch dann steuerpflichtig, wenn es sich nur um eine vorübergehende Tätigkeit handelt.**

(3) [1] **Zu den Einkünften aus selbständiger Arbeit gehört auch der Gewinn, der bei der Veräußerung des Vermögens oder eines selbständigen Teils des Vermögens oder eines Anteils am Vermögen erzielt wird, das der selbständigen Arbeit dient. [2] § 16 Absatz 1 Satz 1 Nummer 1 und 2 und Absatz 1 Satz 2 sowie Absatz 2 bis 4 gilt entsprechend.**

(4) [1] **§ 13 Absatz 5 gilt entsprechend, sofern das Grundstück im Veranlagungszeitraum 1986 zu einem der selbständigen Arbeit dienenden Betriebsvermögen gehört hat. [2] § 15 Absatz 1 Satz 1 Nummer 2, Absatz 1a, Absatz 2 Satz 2 und 3, §§ 15a und 15b sind entsprechend anzuwenden.**

Einkommensteuer-Richtlinien: EStR 18.1, 18.3/EStH 18.1–18.3.

Übersicht

I. Allgemeines

1. Inhalt; Systematik; Rechtsentwicklung. § 18 regelt drei Arten selbstständiger, **nicht** der **GewSt** unterliegender Einkünfte: – ***(1)*** die **freiberufl Tätigkeit** (§ 18 I Nr 1), – ***(2)*** die Tätigkeit als **Einnehmer einer staatl Lotterie** (§ 18 I Nr 2) und – ***(3)*** **sonstige selbstständige Tätigkeit** (§ 18 I Nr 3). – § 18 ist zw die Vorschriften gestellt, die die Erzielung von Einkünften auf Grund einer Tätigkeit erfassen (§§ 13 bis 19). Mit den Einkünften aus LuF und GewBetr (§§ 13 bis 17) stimmt sie darin überein, dass eine selbstständige und für eigene Rechnung ausgeübte Tätigkeit vorausgesetzt wird und dass die Einkünfte als Gewinn ermittelt werden. Wie bei den Einkünften aus nichtselbstständiger Arbeit (§ 19) kommt es für die Einkünfte aus selbstständiger Arbeit vor allem auf die **persönl Arbeitsleistung** und weniger auf den Einsatz von BV an. Von den Einkünften aus **gelegentl Arbeit** nach § 22 Nr 3 unterscheidet sich die selbstständige Tätigkeit dadurch, dass bei ihr wenigstens gem § 18 II eine **vorübergehende** – wenn auch auf Wiederholung gerichtete – **Tätigkeit** ausreicht. – **Rechtsentwicklung** bis 2003 s 23. Aufl; Zu WagnisKapGes (§ 18 I Nr 4) s Rz 280 ff; zu StStundungsmodellen (§ 18 IV 2) s § 15b; zur Sitzverlegung einer SE/SCE (§ 18 IV 2 nF) s § 15 Ia. 1

2. Bedeutung; Rechtsfolgen der Einkunftsart. – **ESt:** Buchführungserleichterung (s Rz 156); kein StAbzug wie bei § 19; keine StFreiheit nach § 3b für Sonntags-, Feiertags- und Nachtarbeitszuschläge (BFH IV R 339/84 BStBl II 87, 625; § 3b Rz 1) oder nach § 3 Nr 45 für private PC-Nutzung (BFH XI R 50/05 BStBl II 06, 715); AfA auf derivativen Praxiswert (Rz 200); keine Tarifbegrenzung gem § 32c aF (BVerfG DStR 06, 1316). – **Inl/Ausl:** zu internationalen Sozietäten s Rz 43; **beschr StPfl:** StAbzug/Veranlagungswahlrecht/StFreistellung gem §§ 49 I Nr 3, 50, 50a (s dort); **DBA/OECD-MA:** Art 7, 14 aF, 16 f; *BMF* BStBl I 14, 1258; SonderBV/Sondervergütung gem § 50d X 7 Nr 2 nF; Einkunftsberichtigung gem § 1 IV AStG. – Keine **GewSt-**Pflicht (Ausnahme § 18 III UmwStG; *BFH* BStBl I 11, 1314 Rz 18.11). – **USt:** ermäßigter StSatz nach § 12 II Nr 5 UStG aF; § 12 II Nr 7a nF (Künstler); zur StFreiheit für Heilberufe gem § 4 Nr 14 UStG aF/nF s Rz 87, 130; Antragsberechtigung nach § 20 UStG. – **ErbSt-/Bewertungs-Recht:** § 12 ErbStG nF, §§ 96, 109 BewG nF: gemeiner Wert; uU Begünstigung gem §§ 13a, 13b, 19a ErbStG nF. – **AO:** § 180 I. – **FGO:** §§ 40 II, 48 (gesonderte Einkunftsfeststellung; isoliert anfechtbar; BFH VIII R 77/05 BFH/NV 08, 53; Rz 114, 142); – **KStG:** s KStR 32 I Nr 1; *Dötsch ua* DB 05, 125/8. 3

3. Verfassungsfragen. Das BVerfG hat mehrfach die Verfassungsmäßigkeit der unterschiedl Belastung mit **GewSt** mangels Verstoß gegen das Willkürverbot bejaht und hieran ausdrückl festgehalten: BVerfG FR 01, 367 zu Dispacheur/Rundfunkbeauftragter; StEd 01, 307 zu Kenntnisse/Selbststudium eines EDV-Beraters (Rz 155); StEd 01, 166 zu Eigenverantwortlichkeit eines Laborarztes (Rz 23 ff). Ebenso – einschließl EU-Konformität – BFH X R 2/00; IV R 34/03 BStBl II 04, 17; 05, 576. Zur Begrenzung auf bestimmte Berufsbilder und (grds) Irrelevanz sog Gruppenähnlichkeit (Rz 125 f) s BFH IV R 34/01 BStBl II 761; zu Sachverständigengutachten bei ähnl Berufen s BFH III B 244/11 BFH/NV 12, 1119. Zu **KapGes** s Rz 53. – BVerfG und BFH erachten nicht nur die GewStPflicht **geprägter PersGes** (**§ 15 III Nr 2;** s dort Rz 212), sondern auch die **Abfärberegelung** des **§ 15 III Nr 1** selbst bei geringfügigen gewerbl Tätigkeiten für verfgemäß (s dort – einschließl Bagatellgrenze - Rz 185 ff, 193; zur Einkünftetrennung 4 bei Einzelunternehmen s BFH VIII R 6/12 DStR 15, 324; BVerfG aaO. – Zu **§ 3b** s Rz 170.

II. Selbstständige Arbeit, § 18 I, II

5 **1. Begriff der selbstständigen Arbeit. – a) Merkmale des GewBetr.** § 18 definiert die selbstständige Arbeit nicht, sondern zählt die dazugehörigen Tätigkeiten auf. Einen Oberbegriff für die in § 18 I Nr 1 genannten freien Berufe gibt es nicht (BVerfG BStBl II 78, 125, 129), ebenso wenig für die anderen in § 18 aufgezählten Arten selbstständiger Arbeit. – Auch der Begriff der selbstständigen Arbeit erfordert grds die vier positiven Merkmale eines **GewBetr** (§ 15 II; BFH I R 54/93 BStBl II 94, 864): – ***(1)* Selbstständigkeit** (s Rz 7–11, § 15 Rz 11–13); – ***(2)* Nachhaltigkeit** (s § 15 Rz 17–19), die zwar auch bei vorübergehender (§ 18 II; BFH IV R 131/92 BFH/NV 94, 93), nicht jedoch bei nur gelegentl Tätigkeit vorliegt (BFH XI R 26/02 BStBl II 04, 218; *MK* DStRE 98, 749); – ***(3)* Teilnahme am** allg wirtschaftl **Verkehr** (s § 15 Rz 20/1; BFH I R 62/93 BStBl II 94, 352: innerbetriebl Organisationseinheit; IV R 10/00 BStBl II 02, 338: Leistungen ggü Angehörigen; BFH IV R 94/99 BStBl II 02, 565: Pilot mit nur einem Auftraggeber ohne Sozialleistungen; einschr *Blümich* § 18 Rz 19); – ***(4)* Gewinnerzielungsabsicht** (s Rz 6, 75, § 15 Rz 25–44). Die Erzielung von Einkünften iSd § 18 setzt eine auf Vermögensmehrung gerichtete Tätigkeit voraus, dh die Tätigkeit muss auf die Erzielung positiver Einkünfte gerichtet und von einer entspr Absicht begleitet sein; für die Abgrenzung von einer nicht auf die Erzielung von Einkünften gerichteten Tätigkeit, insb der **Liebhaberei,** gelten die allg Grundsätze (BFH GrS 4/82; XI R 47/06 BStBl II 84, 751/66; 08, 106; Einzelfälle s Rz 64, 75/-8, 83, 91/-5, 99, 110; § 15 Rz 25–44). Bei künstlerischen Tätigkeiten können sich besonders lange Anlaufphasen ergeben (s Rz 75/6).

6 **b) Abgrenzung ggü GewBetr.** Die Ausübung einer selbstständigen Tätigkeit **unterscheidet** sich vom **gewerbl** oder luf **Betrieb** idR dadurch, dass der Einsatz von **Kapital** ggü der geistigen Arbeit und der eigenen Arbeitskraft in den **Hintergrund** tritt (BFH IV R 49/00 BStBl II 01, 828). Der Begriff des Betriebes erhält insofern einen anderen Inhalt, als die Ausübung einer auf Ausbildung und Können beruhenden Tätigkeit das beherrschende Moment bildet. Das gilt auch dort, wo die Tätigkeit ein nicht unerhebl BV erfordert (BFH IV 198/62 S BStBl III 64, 120). Charakteristisch und erforderl ist die *persönl Arbeitsleistung des Berufsträgers* (BFH III B 246/11 BFH/NV 12, 1959), statt der Erbringung einer Betriebsleistung, die bei GewBetr ausreichend ist. Da einerseits ein Überwiegen geistiger Arbeit ggü dem Kapitaleinsatz auch in GewBetr vorkommt und andererseits großer technischer Aufwand mit erhebl Kapitaleinsatz wie in der LuF und im gewerbl Bereich auch bei freien Berufen anzutreffen ist (zB Rechenanlagen, Laboreinrichtungen bei Ärzten), kann die „selbstständige Arbeit“ begriffl auch nicht eindeutig an Hand des Merkmals der persönl Arbeitsleistung von der gewerbl Tätigkeit (s iEinz Rz 15) und von der LuF abgegrenzt werden. Als **zusätzl** Abgrenzungsmerkmal ist daher erforderl, dass die Tätigkeit bzw der Beruf in **§ 18 ausdrückl aufgeführt** ist oder, soweit § 18 I Nr 1 und Nr 3 keine abschließenden Aufzählungen enthalten, den genannten **Tätigkeiten ähnl** ist (s Rz 3, 125; vgl auch § 15 Rz 95 ff). – Sind die Voraussetzungen des § 18 gegeben, wird hierdurch grds die Anwendbarkeit des § 15 (Einkünfte aus GewBetr) (BFH I R 140/66; I R 41/70 BStBl II 70, 428; 71, 771) und damit eine Artzurechnung nach § 20 III, § 21 III, § 22 Nr 3 ausgeschlossen. Ausnahmen: Abfärbung gem § 15 III 1 (s Rz 4, 44) und gemischte Tätigkeiten (Rz 50/1).

7 **2. Selbstständigkeit.** Selbstständig tätig ist (s auch § 15 Rz 11), wer den Weisungen eines Dritten nicht zu folgen verpflichtet ist und auf eigene Rechnung und Gefahr arbeitet (Pilot; V R 37/08 BFH/NV 09, 1749: Rundfunkjournalist). **Nichtselbstständig** tätig ist, wer seine Arbeitskraft schuldet, dh in der Betätigung

seines geschäftl Willens unter der Leitung des ArbG steht oder im geschäftl Organismus des ArbG dessen Weisungen zu folgen verpflichtet ist (§ 1 II LStDV; BFH IV R 75/97 BStBl II 98, 732 zu 5). Dies ist iRe Gesamtbildbetrachtung zu beurteilen (BFH VI R 152/01 BStBl II 06, 94; *FinVerw* DB 07, 2287: Chefarzthonorar). Eine Bindung an das Arbeits- oder Sozialrecht besteht nicht (BFH VI R 59/91 BStBl II 93, 303: nur indizielle Bedeutung); Gleiches gilt nicht nur für „arbeitnehmerähnl Selbstständige" (§ 2 Nr 9 SGB VI nF), sondern auch für die Beweislastregel gem § 7 IV iVm § 14 IV SGB IV aF (**„scheinselbstständige ArbN"**; BFH VIII B 197/06 BFH/NV 08, 1133; EStR 15.1 III). Wer zwar (weitgehende) Entschließungsfreiheit besitzt, diese aber im Interesse und für Rechnung eines anderen auszuüben hat, ist ebenfalls (idR) nicht selbstständig tätig (zB Geschäftsführer einer GmbH, Vorstand einer AG; § 19 Rz 15 „Gesetzl Vertreter"), auch wenn er **arbeitsrechtl** eine **arbeitgeberähnl Stellung** hat. Beim Zusammentreffen verschiedener Haupttätigkeiten und/oder Nebentätigkeiten sind die Abgrenzungsmerkmale jeweils gesondert zu prüfen (BFH IV R 37/76 BStBl II 80, 321).

a) Festentgelt. Wird ein RA in eine **Sozietät** aufgenommen und erhält er (zunächst) einen **festbestimmten Betrag als Gewinnanteil,** so ist er gleichwohl selbstständig tätig und nicht ArbN (RFH RStBl 35, 1206; zum „Partner auf Probe" s FG Saarl EFG 98, 323; zu bloßen „Außensozietäten" s Rz 42). Gleiches gilt, wenn sich Angehörige freier Berufe gegen festes Entgelt, zB im Urlaub, **vertreten** (s Rz 35, 98) oder ein **Gerichtsreferendar** bei einem RA gegen Festentgelt tätig ist (BFH VI R 228/67 BStBl II 68, 455). Zu freiberufl *Einzel*-Einkünften eines RA aufgrund „Partnerschaftsvertrag" mit einer GmbH bei Umsatzbeteiligung s FG Mchn EFG 12, 1550, rkr. 8

b) Nebentätigkeit. Zur selbstständigen freiberufl Nebentätigkeit s LStR 19.2; EStR 18.1 I. **Gutachtertätigkeit** von Ärzten, die neben einer nichtselbstständigen Tätigkeit ausgeübt wird, ist selbstständige ärztl Berufstätigkeit (BFH IV R 102/83 BStBl II85, 293; diff *FinVerw* DStR 13, 529); ebenso **Erfindertätigkeit** eines Hochschullehrers (BFH IV R 14/00 BStBl II 01, 798). Ist eine Nebentätigkeit von nichtselbstständigen Haupttätigkeit abhängig, liegt insgesamt eine nichtselbstständige Tätigkeit vor (vgl § 2 II Nr 8 LStDV; BFH XI R 32/00 BStBl II 01, 496). – Die **Prüfungstätigkeit von Hochschullehrern** iRd Hochschulausbildung ist daher nichtselbstständig (*FinVerw* DStR 89, 716). Die Prüfungstätigkeit bei Staatsprüfungen, die nicht den Abschluss einer Hochschulausbildung darstellen, ist idR freiberufl (BFH IV R 189/85 BStBl II 87, 783). Zur nebenberufl **Lehrtätigkeit** s § 19 Rz 35 „Lehrtätigkeit"; zur nebenamtl **Prüfungstätigkeit** sowie zum **Übungsleiter, Ausbilder** und **Erzieher** s § 3. 9

c) Einzelfälle. Musiker (ausführl *Wolf* FR 02, 202) sind nichtselbstständig bei Eingliederung in einen anderen Betrieb (FG Hbg EFG 95, 772; 1079: (Musical-)Orchester mit Teilzeitvertrag; BFH VI R 102/67 BStBl II 68, 726: Gaststättenauftritt), selbstständig aber, wenn eine Gruppe von Musikern (GbR) engagiert wird (BFH VI R 80/74 BStBl II 77, 178). Musiker, die für **Rundfunk- oder Schallplattenaufnahmen** herangezogen werden, sind selbstständig tätig (BFH IV R 126/70 BStBl II 72, 212). Zum Entgelt für Leistungsschutzrecht von **Orchestermusikern** s BFH VI R 63/94 BStBl II 95, 471: § 18. **Aushilfsmusiker** sind selbstständig tätig (FG Köln EFG 82, 345). Zu **Fotoreporter** s BAG GmbHR 98/R 281; zu **(Rundfunk-)Journalist/Mitarbeiter** s Rz 7, 120; *FinVerw* DStR 09, 1268; zu **Pilot** BFH IV R 94/99 BStBl II 02, 565. Weitere Einzelfälle s Rz 155. 11

3. Persönl qualifizierte Arbeitsleistung. Zum Verhältnis zu § 15 s allg Rz 5, 6; zu § 1 HGB s Rz 41. Einkünfte iSd § 18 werden erzielt, wenn eine der in der Vorschrift aufgezählten Tätigkeiten berufsmäßig (mit Gewinnabsicht) ausgeübt 15 wird, ferner, wenn eine der in § 18 I Nr 1 und Nr 3 aufgezählten Tätigkeiten ähnl (Berufs-)Tätigkeit gegeben ist (s Rz 5, 6).

16 **a) Ähnlichkeit.** Sie liegt vor, wenn die ausgeübte Tätigkeit einem der sog Katalogberufe in allen seinen **berufstypischen Merkmalen** vergleichbar und auch eine ggf erforderl **wissenschaftl Ausbildung** vorhanden ist (s Rz 125 ff). Dabei setzt die Einordnung als selbstständige Tätigkeit grds die Erbringung der Arbeitsleistung durch den StPfl selbst voraus, soweit nicht die Mitwirkung anderer Personen nach dem Gesetz unschädl ist (s § 18 I Nr 1 S 3 und 4; s dazu Rz 23 ff).

17 **b) Gemischte Tätigkeit.** Übt eine **natürl Person** sowohl eine gewerbl als auch eine freiberufl Tätigkeit aus, sind diese steuerl getrennt zu beurteilen, wenn zw beiden Tätigkeiten kein Zusammenhang besteht. Besteht zw den Tätigkeiten ein sachl und wirtschaftl Zusammenhang, kann eine einheitl Beurteilung, dh die Annahme eines die gesamte Tätigkeit umfassenden GewBetr geboten sein (Rz 50 f); üben **PersGes** eine gemischte Tätigkeit aus, erzielen sie grds in vollem Umfange Einkünfte aus GewBetr (Rz 44).

18 **c) Gewerblichkeit.** Die Qualifizierung einer Tätigkeit als gewerbl statt als selbstständig, insb freiberufl, kann auf verschiedenen Gründen beruhen: – ***(1)*** der StPfl (im Falle gemeinschaftl Tätigkeit: einer von ihnen) erfüllt nicht die erforderl **persönl Voraussetzungen** für die Berufsausübung (sog Berufsfremder wegen fehlender wissenschaftl Ausbildung oder Kenntnisse oder fehlender Berufszulassung; Rz 43, 125); – ***(2)*** die Tätigkeit wird unter Mithilfe von Arbeitskräften (Verlust der Eigenverantwortlichkeit) ausgeübt (vgl § 18 I Nr 1 S 3 und 4; Rz 23 ff); – ***(3)*** es wird eine **gemischte** (teils selbstständige, teils gewerbl) **Tätigkeit** ausgeübt (Rz 17, 50/-1); – ***(4)*** die als ähnl behauptete Tätigkeit weist nicht dieselben charakteristischen Merkmale auf wie die im Gesetz genannte Tätigkeit (Rz 125 ff); – ***(5)*** gewerbl **Abfärbung** (§ 15 III Nr 1) bei PersGes (Rz 44); zur **BetrAufsp** s Rz 55; – ***(6)*** **missglückte Auslagerung** (Rz 27).

23 **4. Mithilfe anderer Personen. – a) Freiberufl Tätigkeit.** Einkünfte aus selbstständiger Arbeit unterscheiden sich von der gewerbl Einkunftserzielung vor allem dadurch, dass die persönl Arbeitsleistung des StPfl im Vordergrund steht (Rz 5/6, 15/6). Für die Angehörigen **freier Berufe** führt seit der Einführung des **S 3** in den **§ 18 I Nr 1** durch das StÄndG 1960 die **Mithilfe fachl vorgebildeter Arbeitskräfte** nicht zur Gewerblichkeit der Einkünfte, wenn der (qualifizierte) Berufsträger weiterhin persönl die freiberufl Tätigkeit ausübt und dabei auf Grund eigener Fachkenntnisse leitend und eigenverantwortl tätig ist (BFH III R 118/85 BStBl II 88, 782). Diese Regelung gilt nach *geänderter Rspr* nunmehr auch iRd **sonstigen selbständigen Einkünfte** (Nr 3; s – einschließl Aufgabe der sog Vervielfältigungstheorie – Rz 30 ff).

24 **aa) Fachl vorgebildete Arbeitskräfte.** Hierzu gehören nicht nur ArbN, sondern auch *Subunternehmer* (*freie Mitarbeiter;* BFH IX R 59/05 BFH/NV 07, 1319). Hiervon sind (koordinierte) *Außenaufträge* für eigene Rechnung (ohne „kick-back") sowie die gleichberechtigte Kooperation (zB interprofessionelle GbR, s Rz 27, 41/3) abzugrenzen. *Hilfstätigkeiten* des für den ausgeübten Beruf nicht fachl vorgebildeten Personals bleiben für die Bestimmung des Umfangs der erforderl Mitarbeit des Berufsträgers außer Betracht (*HHR/Brandt* § 18 Rz 224). Die hiervon abzugrenzende Mithilfe fachl vorgebildeter Arbeitskräfte ist nach BFH XI R 85/93 BStBl II 95, 732; BFH XI R 8/00 BStBl II 02, 478 nicht daran gebunden, dass die Ausbildung oder Tätigkeit derjenigen des Berufsträgers entspricht; maßgebend ist nur, dass die Mithilfe die Arbeit des Berufsträgers in **Teilbereichen ersetzt** und **nicht von untergeordneter** Bedeutung ist (BFH XI R 59/05 aaO; bej bei Laboratoriumsassistentin; FG BaWü EFG 02, 554: aA – mE überholt – BFH III R 118/85 BStBl II 88, 782 betr zytologischen Untersuchungen).

bb) Leitende Tätigkeit. Sie liegt bei Zuhilfenahme fachl vorgebildeter Mitarbeiter nur vor, wenn der Berufsträger die Grundzüge für die Organisation des Tätigkeitsbereichs und für die Durchführung der Tätigkeiten festlegt sowie deren Ausführung überwacht und zudem grds Fragen selbst entscheidet. 25

cc) Eigenverantwortlichkeit. Sie ist zu bejahen, wenn der Berufsträger seine Arbeitskraft in einer Weise einsetzt, die ihm tatsächl ermöglicht, uneingeschränkt die fachl Verantwortung auch für die von seinen Mitarbeitern erbrachten Leistungen zu übernehmen; seine persönl Teilnahme an der **praktischen** Arbeit (geschaffene Werke, erbrachte Einzelleistungen) muss in ausreichendem Umfang gewährleistet sein (BFH XI R 59/05 BFH/NV 07, 1319: „Stempel der Persönlichkeit"). Gelegentl Stichproben genügen dem nicht (BFH XI R 8/00 BStBl II 02, 478). Zur Differenzierung nach der Art der Tätigkeit s unten; zur Verfassungsmäßigkeit s Rz 4. Für die Annahme eigenverantwortl Berufsausübung genügt die berufsrechtl Verantwortung ggü dem Auftraggeber nicht, zB eines angestellten StB (§§ 58, 60 StBerG oder RA FG Hbg EFG 04, 1646). S aber zu § 18 Nr 3 Rz 31/2. 26

(1) Personengesellschaften. Auch bei interprofessionellen Personenzusammenschlüssen (s dazu Rz 41, 43) – genügt es, dass der einzelne Ges'ter auf dem ihm – auftragsbezogen *oder* generell – *zugewiesenen* Gebiet leitend und eigenverantwortl auf Grund eigener Fachkenntnisse tätig ist (BFH IV R 48/99 BStBl II 01, 241). Werden freiberufl Leistungen auf selbstständige PersGes **ausgegliedert** (s Rz 44, 55), ist die leitende und eigenveranwortl Tätigkeit grds für jede Ges eigenständig zu prüfen (BFH IV R 120/87 BFH/NV 91, 319). Hiernach freiberufl Einkünfte können jedoch auf Grund der Abfärbung gem § 15 III Nr 1 aF/nF zu **gewerbl** Einkünften werden (s Rz 44). Gleichfalls gewerbl Einkünfte sind mE gegeben, wenn zB die von einer Labor-/Apparate-GbR, in der die Ges'ter A und B *nicht* leitend und eigenverantwortl tätig sind, ggü der beteiligungsidentischen Praxis-GbR erbrachten Leistungen Teil der **einheitl** Heilbehandlung sind (*arg:* Teilhabe an der Wertschöpfung der Gesamtleistung; s auch BFH IV R 11/97 BStBl II 98, 603/4; EStH 15.6 „Heilberufe"; *BMF* BStBl I 03, 170; StEd 03, 705); dabei ist mE auch unerhebl, ob die Labor/Geräte-GbR MUerschaft oder mangels Gewinnerzielungsabsicht ledigl HilfsGes ist (s Rz 40). 27

(2) Einzelheiten. Der Begriff der eigenverantwortl Tätigkeit kann für die verschiedenen **Berufsgruppen unterschiedl** Inhalt haben (BFH XI B 227/03 BFH/NV 06, 55). Die hohe Anzahl fachl vorgebildeter Mitarbeiter und damit die für den Berufsträger je Auftrag zur Verfügung stehende Zeit ist *Indiz* eines GewBetr (BFH IV B 12/99 BFH/NV 00, 837; *KSM* § 18 A 130). Bei **technischen/naturwissenschaftl Berufen** ist zwar infolge des technischen Fortschritts der Anteil der „individuell freiberuflichen" Arbeitsleistung kleiner geworden und deshalb über den Umfang unschädl Arbeitsdelegierung anhand der Umstände des Einzelfalles zu entscheiden ist; hierdurch wird jedoch der Berufsangehörige, will er freiberufl tätig sein, nicht von dem Erfordernis der persönl Teilnahme an der praktischen Arbeit entbunden (Rz 26; BFH IV B 12/99 BFH/NV 00, 837; *Kempermann* FR 96, 514/5; weitergehend *Krüger* FR 96, 613/8 insb zu Architekten). 28

(3) Einzelfälle. – (a) Medizinische Tätigkeiten. Nach der Rspr ist diese Grenze zwar nicht exakt bestimmbar (BFH IV B 29/01 BStBl II 02, 581), jedoch in folgenden Fällen überschritten: Ein **Facharzt** mit Arztpraxis, **Unfallklinik** und **Zweiganstalt,** bei dem insgesamt sieben Ärzte angestellt waren (BFH IV 373/60 U BStBl III 63, 595); **anästhesiologischen Praxis** mit mehreren angestellten Ärzten (FG SachsAnh EFG 06, 1916; aA bei Anstellung *eines* approbierten Zahnarztes/Arztes BFH VIII R 41/12 BStBl II 15, 216; bedenkl; s auch *Urbach* BeSt 15, 16); ein **Institut für Laboratoriumsdiagnostik** eines Arztes mit drei angestellten Ärzten und 63 weiteren Mitarbeitern, vorwiegend Laboranten (BFH X B 54/87 BStBl II 88, 17); einem einzelnen Arzt für Laboratoriumsmedizin, in dessen Praxis tägl zw 277 und 345 Aufträge mit 692 bis 862 Untersuchungen durchgeführt wur- 29 den (BFH IV R 140/88 BStBl II 90, 507; ebenso BFH IV B 12/99 BFH/NV 00, 837; FG Bbg EFG 04, 919; zur Abgrenzung vgl FG BaWü EFG 02, 554). Zu pathologischer Praxis s FG Mster EFG 06, 1913; zu Mammographie-Einheiten s *Gragert ua* NWB F 3, 15083. Zu Laborgemeinschaften s *FinVerw* BStBl I 09, 398. **Ambulanter Pflegedienst** (BFH XI B 1/07 BFH/NV 07, 2280), Masseur mit zwei Betriebsstätten (BFH IV R 11/95 BFH/NV 96, 464; FG Nds DStRE 08, 337, rkr); Krankengymnast (BFH IV B 205/03 BFH/NV 06, 48; Kinderheim/Wohngruppen (FG Nds EFG 06, 1772); Vermessungsingenieur (BFH XI B 227/03 BFH/NV 06, 55). – **(b) Sonstige Tätigkeiten.** Eigenverantwortlichkeit **ferner verneint** bei StB mit 53 Mitarbeitern in einer **Buchstelle** (BFH IV 61/65 U BStBl III 65, 557; aA aber bei StBevollmächtigter mit 25 Mitarbeitern BFH StRK EStG § 18 R 258; mE unzutr), **Steuerbevollmächtigten** mit 20 fachl Hilfskräften zur Bearbeitung von Steuererklärungen (FG Ddorf EFG 93, 512), **Privatschule** mit 30 Lehrkräften (BFH IV R 125/66 BStBl II 69, 165), jährl 300 **Seminarveranstaltungen** (FG BaWü EFG 08, 795), **Fahrschule** mit 8 voll- und 6 teilbeschäftigten Fahrlehrern (BFH V R 87/85 BFH/NV 91, 848), beratendem (Prüfungs-)**Ingenieur** für Baustatik mit 75 Angestellten, davon 12 fachl besonders qualifizierten Kräften (BFH I R 173/66 BStBl II 68, 820), **Übersetzungsbüro** bei erhebl Zukauf von Fremdarbeiten (FG Köln, EFG 13, 1768, Rev VIII R 45/13), **Bildberichterstatter,** der Subunternehmer ohne Prüfung des Filmmaterials beauftragt (BFH XI R 8/00 BStBl II 02, 478), **Theaterproduzenten** (FG Mchn EFG 09, 953). **Freiberufl** ist dagegen Leitung einer **Sportschule** mit 3 fremden Lehrkräften (BFH IV R 130/79 BStBl II 82, 589; s aber auch BFH IV R 11/95 BFH/NV 96, 464), ebenso **Tanz-/Fitness-Studio** mit 24 Mitarbeitern (FG Ddorf EFG 07, 689; bedenkl).

30 **b) Sonstige selbständige Tätigkeit.** – Hierfür hat der BFH zunächst trotz der Regelung in Nr 1 Satz 3 (s oben Rz 23ff) an der sog **Vervielfältigungstheorie** festgehalten, nach der bei der Beschäftigung von mehr als einem qualifizierten Mitarbeiter (je Berufsträger) keine selbstständige Arbeit mehr vorliegt (BFH IV R 126/91 BStBl II 94, 936: Nähe zur kfm Betätigung).

31 **aa) Rspr-Änderung.** Mit Urt VIII R 50/09 BStBl II 11, 506 (betr RA/GbR mit **Insolvenzverwaltungen** und 5–14 qualifizierten Mitarbeitern) hat der BFH diese Rspr jedoch **aufgegeben** und entschieden, dass die großzügigeren Kriterien der **leitenden** (s Rz 25) und **eigenverantwortl** Tätigkeit (Nr 1 S 3) entspr **auch** für die Tätigkeiten gem Nr 3 gelten. Letzteres erfordere zwar eine ausreichende Teilnahme an der praktischen Arbeit („Stempel der Persönlichkeit"; s Rz 26). Der kfm Einschlag der Insolvenzverwaltertätigkeit lasse jedoch nach Maßgabe der Regelungen der InsO bei einfacheren Arbeiten einen größeren Delegationsspielraum. Maßgebend sei deshalb, dass der Berufsträger das „Ob" der einzelnen Abwicklungsentscheidungen selbst treffe (zust *FinVerw* DB 11, 2631); nicht entscheidend sei hingegen – für sich genommen – die Zahl der Mitarbeiter/Insolvenzfälle oder die Höhe der Einnahmen (zust zB *Siemon* BB 11, 873; s auch *Pezzer* FS Lang, 491, 510). Der VIII. Senat bejahte hiernach die Eigenverantwortlichkeit bei bis zu 9 Mitarbeitern je Berufsträger (BFH VIII R 13/10 BFH/NV 11, 1309; BFH VIII R 27/08 BFH/NV 11, 1314; offen bei 89 neuen Verfahren in 15 AG-Bezirken BFH VIII R 37/09 BFH/NV 11, 1303; überholt mE BFH XI R 56/00 BStBl II 02, 202 betr Gesamtvollstreckungsverwalter); er verneinte sie aber bei einem angestellten RA/Insolvenzverwalter (BFH VIII R 6/12 BStBl II 15, 1002; zutr).

32 **bb) Stellungnahme.** Nach der (mE bedenkl) Rspr-Korrektur ist zum einen fragl, ob die Anforderungen an die Eigenverantwortlichkeit iRv Nr 1 gelockert werden (zB Rückgriff auf das jeweilige Berufsrecht; s Rz 26 aE). Zum anderen werden die Anforderungen auch für die weiteren Berufsgruppen gem Nr 3 präzisiert werden müssen (zB Hausverwalter; Rz 141).

35 **5. Vertretung.** Nach § 18 I Nr 1 S 4 führt die Vertretung im Falle *vorübergehender* Verhinderung nicht dazu, dass die Einkünfte als solche aus GewBetr anzusehen

sind. Erfasst werden zB Vertretung bei **Urlaub,** berufl Reisen, Mitarbeit in Standesorganisationen (EStH 15.6 „Mithilfe anderer Personen"). Auch bei **Krankheit** kommt es darauf an, ob damit gerechnet werden kann, dass der Berufsträger die Arbeit wieder aufnehmen kann (*Blümich* § 18 Rz 63). Der (qualifizierte) **Vertreter** erzielt idR freiberufl Einkünfte (BFH IV 429/52 U BStBl III 53, 142; Rz 88).

§ 18 I Nr 1 S 4 ist **nicht einschlägig,** wenn eine freiberufl Praxis bei fehlender Berufsqualifikation des **Erben** für eine Übergangszeit bis zum Verkauf oder Erwerb der Berufsqualifikation von einem (qualifizierten) **Treuhänder** verwaltet wird (BFH VIII R 143/78 BStBl II 81, 665). Der Erwägung in BFH I 149/60 U BStBl III 63, 189 (Ausnahme bei Erbenbeteiligung für kurze Übergangszeit) ist mE – trotz der Lockerung der Rspr zur Abfärbung gem § 15 III 1 (s Rz 44) – nicht zu folgen; dass das Berufsrecht/Standesrichtlinien in Todesfällen die kurzfristige Fortführung der freiberufl Praxis (Treuhänder; Verpachtung; s dazu auch Rz 215) gestatten, kann allenfalls den GewSt-Erlass wegen sachl Unbilligkeit rechtfertigen. 36

6. Personenzusammenschlüsse, § 18 IV. – a) Allgemeines. Ein Personenzusammenschluss (**PersGes** oder **vergleichbares Gemeinschaftsverhältnis,** s Rz 41) erzielt Einkünfte nach § 18 I Nr 1, wenn die Ges'ter (Gemeinschafter) einen freien Beruf ausüben (BFH VIII R 73/06 BStBl II 09, 647: nicht bei Holding) und *alle* Ges'ter, die als MUer zu qualifizieren sind (vgl Rz 42; § 15 Rz 257 ff), auch die persönl Voraussetzungen einer freiberufl Tätigkeit erfüllen (BFH VIII R 69/06 BStBl II 09, 642; zur Beteiligung „Berufsfremder" und interprofessioneller Zusammenarbeit s Rz 43; zur leitenden und eigenverantwortl Tätigkeit s Rz 23 ff). Dies folgt (ab VZ 1980) aus dem klarstellenden Verweis des § 18 IV 2 auf § 15 I Nr 2, II 2 und 3 und war schon zuvor allg Meinung (BFH GrS 4/82 BStBl II 84, 751 zu C II 3c, III 3a/5a; BT-Drs 10/716, 12; zu § 18 I Nr 3 s Rz 156). Bei **PersGes** ist zudem erforderl, dass diese nicht der Abfärbewirkung des § 15 III Nr 1 unterfällt (vgl Rz 44). Zur Gewinnfeststellung/-verteilung s Rz 3, 217. 39

b) Büro-, Labor- und Apparategemeinschaften. Mangels (gemeinschaftl) Gewinnerzielungsabsicht begründen **Bürogemeinschaften** (bloße Organisations-GbR = HilfsGes: gemeinsame Beschäftigung von Personal und Nutzung von Einrichtungsgegenständen; vgl § 56 StBerG nF, § 59a III BRAO nF, § 52a III PatAO) keine MUerschaft (BFH XI R 82/03 BStBl II 05, 752; zur „Scheinsozietät" s Rz 42; zur InvZul vgl BFH III R 5/00 BStBl II 03, 947); die BA sind aber gesondert festzustellen (§ 1 I S 1 Nr 1 VO zu § 180 II AO; BFH IV R 25/98 BStBl II 99, 545; zur unechten Bürogemeinschaft s Rz 44). Gleiches gilt für **Labor- und Apparategemeinschaften** (vgl § 4 Nr 14 lit d UStG nF; dazu *BMF* BStBl I 09, 756), wenn diese keinen (Gesamt-)Gewinn erstreben, sondern die Kosten auf die beteiligten Berufsangehörigen umlegen (BFH IV B 232/02 BFH/NV 05, 352; *BMF* BStBl I 09, 398; *FinVerw* DB 11, 1723; § 15 Rz 327; zur Überlassung mit Gewinnaufschlag s Rz 44). Zur eigenverantwortl Tätigkeit der Ges'ter s Rz 27; *FinVerw* BStBl I 03, 170; StEd 03, 705. 40

c) Gesellschaftl- oder vergleichbare Gemeinschaftsverhältnisse. (Vgl hierzu allg § 15 Rz 262/-75). – ***(1)* GbR (Sozietät).** Vgl § 15 Rz 324/6; zur interprofessionellen Zusammenarbeit artverwandter Berufe s § 59a BRAO aF/nF, § 52a PatAO, § 56 StBerG aF/nF, § 44b WPO; zur Sternsozietät vgl § 56 I StBerG nF; § 59a I BRAO nF, § 52a I PatAO (BT-Drs 16/3655, 83, 84); zum Anwaltsnotar s BVerfG BB 98, 1379 sowie §§ 8 II 2, 9 II BNotO nF; zu Arzt/Dokumentar-GbR s BFH IV R 48/99 BStBl II 01, 241; Rz 43, 27; *FinVerw* DStZ 11, 74: Teilgemeinschaftspraxis. Wird ein Projekt auf gemeinsame Rechnung durchgeführt (BFH IV R 53/00 BFH/NV 01, 1547: Erfinder-GbR) oder werden die freiberufl Arbeitsleistungen in etwa gleichem Umfang von **Ehegatten** erbracht, ist idR vom Vorliegen eines **konkludenten** GesVertrags auszugehen (RFH RStBl 37, 924 betr Vater/Sohn; *HHR* § 18 Rz 435). IÜ begründet weder die Überlassung von WG 41 (zB Miteigentum an Bürogrundstück) noch das Vorliegen einer Gütergemeinschaft ein dem GesVertrag **vergleichbares Gemeinschaftsverhältnis,** da bei § 18 die persönl Arbeitsleistung im Vordergrund steht (BFH VIII R 18/95 BStBl II 99, 384; vgl § 15 Rz 171, 376); bei MUerinitiative/-risiko des Berufsfremden ist jedoch eine gewerbl MUerschaft **(InnenGes)** gegeben (Rz 43); – ***(2)* Partnerschaft.** Sie ist eine besondere, der OHG ähnl Gesellschaftsform zur freiberufl Berufsausübung unter ausschließl Beteiligung natürl Personen (s §§ 1 I, 9 III PartGG; § 15 Rz 334; zum Erbfall s Rz 247). Die **Typusbeschreibung** des freien Berufs nach **§ 1 II 1 PartGG** verdeutlicht zwar die Grenze zum Gewerbe (§ 1 II HGB nF), maßgebl für das PartGG bleibt aber der Katalog in § 1 II 2 PartGG (BT-Drs 13/10955, S 13). Dieser wiederum lehnt sich zwar an § 18 I Nr 1 S 2 an, ohne jedoch mit ihm übereinzustimmen; deshalb vermag weder die Zugehörigkeit zu einem (freien) Beruf iSv § 1 II 2 PartGG noch die Registereintragung der Partnerschaft ein Präjudiz für § 18 I Nr 1 zu erzeugen (BT-Drs 12/6152, S 10; BFH IV B 18/97 BFH/NV 98, 1206/7: Grundstückssachverständiger). Interprofessionelle Partnerschaften unterliegen dem sog Berufsrechtsvorbehalt (§ 1 III PartGG; vgl § 56 I/II StBerG aF/nF; Rz 43; s aber BVerfG-Vorlage DStR 13, 1856). Partnerschaften sind ab 1.1.2001 gem § 62a II/§ 62 IV FGO aF/nF iVm § 3 Nr 2, 3 StBerG, § 7 IV PartGG vor dem BFH vertretungsbefugt. Zur MUerstellung s Rz 42. – ***(3)* OHG (KG),** zB Ingenieur- oder Massage-KG (BFH IV 60/65; IV R 17/90 BStBl II 71, 249; 93, 324); zur HR-Eintragung von StB/WP-Ges vgl §§ 27 II, 130 II WPO, 49 II StBerG; BGH DStR 14, 2085; abl aber für RA-KG BGH DB 11, 2027; BVerfG GmbHR 12, 431; krit *Henssler* NZG 15, 1; *Singer ua* DStR Beih 13/15, 11; zu Treuhandtätigkeiten s Rz 97. Die Eintragung im HR begründet idR eine widerlegbare Vermutung für das Vorliegen eines GewBetr (BFH IV R 17/90 BStBl II 93, 324; EStH 5.1), nicht jedoch bei WP/StB-OHG (BFH IV R 26/99 BStBl II 00, 498; s auch § 15 Rz 181); die Begriffe des GewBetr in § 1 II HGB und § 15 II EStG sind nicht identisch (§ 15 Rz 9; FG BaWü EFG 01, 807; BayObLG BB 02, 853); – ***(4)* Erbengemeinschaft,** s Rz 43/5. – ***(5)* Evtl ausl Gesellschaften** (*BMF* BStBl I 10, 354 Rz 1; *Schnittker ua* BB 10, 2971: dt Anwalts-LLP).

42 **d) MUerstellung der Ges'ter/Gemeinschafter.** Das Merkmal ist einkünfteübergreifend nach MUerrisiko/-initiative zu bestimmen (BFH VIII R 73/05 BStBl II 08, 681; § 15 Rz 262 ff; aA *Demuth* DStZ 05, 112). Zu § 18 vgl BFH/NV 91, 319 (Sozietät von Anwälten und Fachkaufmann); einschr FG D'dorf EFG 14, 840, Rev VIII R 63/13 (unzutr; s § 15 Rz 321; *Neugebauer* DB 15, 2041/7; *Loll ua* BB 15, 2204/5); BFH IV R 235/84 BStBl II 87, 124 (gewerbl Innengesellschaft); FG Saarl EFG 98, 323 (Partner auf Probe idR ArbN; dazu BGH NJW 04, 2013). Die Haftungsbeschränkungen nach § 8 II, IV nF PartGG stehen der MUerstellung des Partners nicht entgegen (*FinVerw* DB 15, 2667; zu § 15a s dort Rz 196). Zu wirtschaftl Eigentum zB bei Rückfallklauseln s § 15 Rz 272, 300; zum Ausschließungsrecht s BGH DStR 07, 1216. Nicht MUerin ist die **Witwe** des durch Tod ausgeschiedenen Ges'ters, die als Abfindung befristet einen Gewinnanteil erhält (Rz 47). Ebenfalls nicht der nicht an GuV beteiligte sog Außensozius („Briefkopfpartner"/**„Scheinsozius";** vgl BGH DB 11, 1443; *Heyers* DStR 13, 813; *Roth* FS K. Schmidt, 1375; BFH XI R 82/03 BStBl II 05, 752; FG BaWü EFG 05, 1539; § 15 Rz 264); er ist entweder freier Mitarbeiter (FG Mchn EFG 12, 1550: Umsatzbeteiligung) oder ArbN (Rz 7 ff; *Korn* § 18 Rz 149; zur Eigenverantwortlichkeit s Rz 23 ff; zur USt s *FinVerw* DB 99, 179) oder bei überörtl Kooperation (s BGH DB 12, 2217) MUer der einzelnen Sozietät.

43 **e) Abfärbung.** Sind die Ges'ter einer **PersGes** (also nicht bei Erbengemeinschaft; s Rz 45) in ihrer Verbundenheit **auch gewerbl** tätig, hat dies – sofern die Tätigkeiten nicht untrennbar verflochten und deshalb insgesamt entweder als freiberufl oder gewerbl zu qualifizieren sind (BFH IV R 60/95 BStBl II 97, 567) –

nach § 15 III Nr 1 grds (Ausnahme: Bagatellgrenze) die Gewerblichkeit sämtl Einkünfte zur Folge (§ 15 Rz 186 ff; zur Verfmäßigkeit s Rz 4). – **aa) Berufsfremde.** Ist er, dh ein Nicht-Freiberufler (s hierzu BFH XI B 137/05 BFH/NV 07, 452: Erbengemeinschaft; BFH VIII R 44/07 BFH/NV 11, 20: fehlerhafte Ges, zutr; zu § 18 I Nr 3 s BFH XI R 56/00 BStBl II 02, 202) **MUer,** führt dies gem § 15 III Nr 1 zu gewerbl Einkünften *aller* Ges'ter (BFH IV R 33/95 BFH/NV 97, 751; *Kempermann* FR 07, 577/9; *Wacker* FS Goette, 561/9; aA *Hild* DB 05, 1875; *Sarrazin* FS Raupach, 515). Eine Geringfügigkeitsgrenze gibt es nicht (BFH VIII R 42/10 BStBl II 13, 79; krit *Neugebauer* DB 15, 2041/8). – **(1) Gleichgestellte Fälle.** – **(a)** *Mitunternehmerische* Beteiligung einer **KapGes,** und zwar unabhängig von der Qualifikation der anderen Ges'ter und ohne Rücksicht auf die Voraussetzungen des § 15 III Nr 2 (BFH VIII R 73/05 BStBl II 08, 681; IV R 73/06 BStBl II 10, 40; BVerfG StEd 04, 323; s auch Rz 53); Gleiches gilt für WP/StB-GmbH & Co KG gem § 28 WPO nF, § 50 I StBerG nF (*arg:* selbst bei Nullbeteiligung der GmbH ist ihr Haftungsrisiko stets gewerbl; glA BFH VIII R 42/10 aaO; § 15 Rz 709; ähnl BT-Drs 16/7250; *Pezzer* FS Lang, 491, 503; aA *Karl* GmbHR 13, 163; krit *Kubata ua* DStR 14, 1949). – **(b)** die **mitunternehmerische InnenGes** des Berufsfremden bezügl einer freiberufl Einzel- oder Gemeinschaftspraxis (BFH I R 133/93 BStBl II 95, 171; Rz 42) oder am GesAnteil eines Freiberuflers (*Korn* DStR 95, 1249/56; § 15 Rz 208: *arg* § 15 I (1) Nr 2 S 2), – **(c)** Lediglich **kapitalistische** (mitunternehmerische) **Beteiligung** eines Berufsangehörigen oder die Ausübung **nicht freiberufl Tätigkeiten** durch diesen Personenkreis (BFH VIII B 216/08 BFH/NV 09, 1264; FG Ddorf EFG 05, 1350; FG Saarl EFG 98, 1583: Vorwegvergütung unschädl; *FinVerw* DStR 07, 1628; DB 06, 73; StEK § 18 EStG Nr 64: Beschaffung nur von Aufträgen idR schädl; glA BFH VIII R 73/05 aaO; aA *Demuth* DStZ 05, 112). Ebenso ist bei **doppelstöckigen PersGes** auch bzgl der UnterPerGes auf die Tätigkeit/Merkmale der Ober-*Ges'ter* abzustellen (BFH VIII R 69/06 aaO; *Wacker* FS Goette, 561/80; *FinVerw* DB 13, 906). – **(2) Interprofessionen.** Keine Gewerblichkeit liegt vor allein auf Grund der interprofessionellen Zusammenarbeit (Rz 41) von jeweils freiberufl, dh eigenverantwortl und leitend (Rz 23 ff) tätigen Ges'tern (BFH VIII R 69/06 BStBl II 09, 642: *Kempermann* FR 07, 577, 580/1; FG Ddorf aaO: auch bei *nicht* „berufsfeldbezogener" Gewinnverteilung; einschr *FinVerw* DStR 07, 1628; *FN-IdW* 03, 397, 619: „extreme Abweichungen"); Gleiches gilt, wenn der an einer Ingenieur-GbR beteiligte Dipl-Volkswirt SchwesterPersGes in Bilanzfragen berät (insoweit zutr BFH IV S 16/06 BFH/NV 07, 445; dazu *Kempermann* aaO). Ebenfalls nicht auf Grund der bloßen **Standeswidrigkeit** (*Potsch* KÖSDI 12, 18177/8; zu GbR/Partnerschaft s Rz 41) des Personenzusammenschlusses (FG Ddorf aaO; *Kempermann* FS Wassermeyer, 333/5; FR 07, 577/80; *FinVerw* DB 06, 73; Rz 100). – **(3) Internationale Sozietäten.** Für sie ist maßgebl, ob auch die ausl Socii der Kontrolle/Erlaubnis durch Staat oder Berufsorganisation unterliegen (*Kempermann* FS Wassermeyer, 333/5; zu Anwälten aus EU-/WHO-Staaten s §§ 59a II Nr 1 (zuvor III Nr 1), 206 BRAO, § 52a II Nr 1 PatAO und Rz 97; zu Sozietät mit StB etc s § 56 IV/III StBerG aF/nF, § 59a II Nr 2 BRAO, § 52a II Nr 2 PatAO; BGH BFH/NV 06, 394; Rz 155 Belastingadviseur); zur str Ergebnisabgrenzung und -verteilung s *Kempermann* aaO, 336 einschließl der Aufhebung von Art 14 OECD-MA und § 49 I Nr 3 nF); zu Sondervergütungen s § 50d X 7 Nr 2 nF. – Zur **kurzfristigen Beteiligung** von Berufsfremden – insb bei Erbfall – s Rz 36, 46/-7.

bb) Sonstige Fälle. Trotz *geänderter Rspr* zu vermögensverwaltenden Ober-PersGes galt bereits die Abfärbung gem § 15 III Nr 1 *aF* für *freiberufl* (oder luf) tätige *OberPersGes,* wenn zu deren Gesamthandsvermögen eine **Beteiligung** an einer **gewerbl** tätigen oder geprägten (§ 15 III Nr 2) **UnterPersGes** gehörte (s § 15 Rz 189; *FinVerw* BStBl I 96, 621: Übergangsregelung; aA *Niehus* FR 02, **44**

977); dies ist nunmehr durch **§ 15 III Nr 1 nF** rückwirkend klargestellt worden (§ 15 Rz 189). *Keine* Abfärbung hingegen bei Halten von Anteilen an KapGes oder bei bloßer Nutzungsüberlassung von medizinischen Großgeräten einer Gemeinschafts- (oder Einzel-)praxis an Krankenhäuser oder nichtbeteiligte Ärzte (*FinVerw* DB 06, 304; anders aber bei zusätzl Dienstleistungen, zB Personalgestellung). Gleichfalls freiberufl BE sind die Kostenumlagen für die Mitbenutzung der eigenen Büroorganisation durch einen anderen Berufsangehörigen (s – einschließl Laborgemeinschaften – Rz 40; *BMF* BStBl I 09, 398). Zu weiteren Einzelfällen (zB Medikamentenabgabe) s Rz 50/1, 142. Nach der Rspr ist § 15 III Nr 1 auch bei nur **geringfügigen** gewerbl Tätigkeiten anzuwenden (BFH IV R 67/96 BStBl II 98, 254). Hiervon ist BFH XI R 12/98 BStBl II 00, 229 für den Fall eines „äußerst geringen" originär gewerbl Anteils (Umsatz/-anteil: 6481 DM; 1,25%) unter Hinweis auf den Verhältnismäßigkeitsgrds abgerückt. Letzteres greift mE allenfalls für „reine Bagatellfälle" (s § 15 Rz 188); zudem gibt es bzgl der Tätigkeitsmerkmale berufsfremder MUer keine Geringfügigkeitsgrenze (Rz 43). Zu weiteren Implikationen s Rz 47. – Zum Zusammentreffen von freiberufl und **gewstbefreiten** Einkünfte vgl BFH IV R 43/00 BStBl II 02, 152: trotz Abfärbung GewStBefreiung im Ganzen, zutr. – Ist § 15 III Nr 1 nur **zeitweise** erfüllt, muss das Wj grds aufgeteilt werden (§ 15 Rz 192; zur bloßen Betriebsunterbrechung vgl BFH IV R 56/97 BStBl II 98, 735). Zur **Ausgliederung** der gewerbl Tätigkeit auf eine personenidentische SchwesterPersGes s Rz 55; BFH IV R 120/87 BFH/NV 91, 319; BFH XI R 19/05 BFH/NV 07, 1315 (RA/StB; Massage-/Saunabetrieb); BFH IV R 67/96 BStBl II 98, 254; BFH IV R 11/97 BStBl II 98, 603; *BMF* BStBl I 97, 566 (Verkauf von Kontaktlinsen, Tierarzneimittel etc) sowie § 15 Rz 193. Zu **§ 6 V 3** s dort, *BMF* BStBl I 11, 1279 Rz 18 ff.

45 **f) Erbengemeinschaft; Erbenabfindung. – aa) Mitunternehmer.** Wird ein Freiberufler von mehreren Personen beerbt, sind die Miterben – entspr den allg Grundsätzen (§ 16 Rz 605 ff) – idR MUer der zum Nachlass gehören den Praxis. Gehören zu den Miterben Personen, die **nicht** die erforderl **Berufsqualifikation** besitzen oder diese nicht iRd Erbengemeinschaft ausüben, liegt eine gewerbl MUerschaft vor (Rz 43), es sei denn, die Miterben realisieren nur die vom Erblasser geschaffenen Werte (§ 16 Rz 607). Entsprechendes gilt bei Nachfolge in einen GesAnteil des Erblassers (s Rz 244 ff). – **Ausnahme:** Vereinbaren die Miterben **zeitnah** (idR 6 Monate) nach dem Erbfall die (teilweise) **Erbauseinandersetzung,** können nach *BMF* BStBl I 06, 253Tz 8, 9 die *lfd* Einkünfte als freiberufl **rückwirkend** auf den Erbfall dem/den die Praxis (bzw den Praxisanteil) übernehmenden Miterben zugerechnet werden, die MUerstellung des/der anderen Miterben bleibt hierdurch unberührt (s § 16 Rz 623; zum Praxiswert s § 18 Rz 200, 212).

46 An dieser Rspr wird **Kritik** geübt: – ***(1)*** im Hinblick auf die MUerstellung der berufsfremden Erben (MUerinitiative nur bei Mitarbeit des Berufsfremden, s 17. Aufl; vgl jedoch § 16 Rz 606: „geborene MUerschaft"); – ***(2)*** mit Rücksicht darauf, dass der Zeitraum von 6 Monaten (Rz 46) unangemessen kurz sei (*Hörger* DStR 93, 37/-9: 3 Jahre in Anlehnung an § 71 StBerG); zur *Teilungsanordnung* s aber weitergehend BFH IV R 10/99 BStBl II 02, 850 (dazu § 16 Rz 623).

47 **bb) Erbenabfindung.** Keine MUerschaft (zB atypische InnenGes; § 15 Rz 340 ff) liegt – mangels persönl Haftungsrisiko, Teilhabe an stillen Reserven und MUerinitiative – vor, wenn die Abfindungsansprüche der Erben durch (sog partiarische) Gewinnbeteiligungen abgegolten werden; es fehlt auch an dem einem Ges-Verhältnis vergleichbaren Gemeinschaftsverhältnis (vgl § 15 Rz 171; HFR 87, 68) selbst dann, wenn den Erben zur Überprüfung ihrer Gewinnanteile Einsichts-/Kontrollrechte zustehen (s zB BFH IV R 52/08 DStR 2010, 1374 zu II.1.b).

50 **g) Gemischte Tätigkeiten.** Übt ein **Einzelfreiberufler** eine gemischte Tätigkeit aus, sind die freiberufl und die gewerbl Einkünfte ungeachtet sachl und wirt-

schaftl Bezugspunkte grds getrennt zu ermitteln, sofern dies nach der Verkehrsauffassung mögl ist (BFH XI B 41/00 BFH/NV 01, 204). Einheitl – dh je nach „Gepräge" gewerbl oder freiberufl (BFH IV R 63/02 BStBl II 05, 362: Feststellungslast des StPfl) – Einkünfte liegen deshalb nur vor, wenn die Tätigkeiten derart miteinander verbunden sind, dass sie sich gegenseitig unauflösbar bedingen (§ 15 Rz 97–100). **Trennbarkeit** ist zB **nicht** gegeben, wenn Software implementiert zusammen mit zugekaufter Hardware vertrieben (BFH XI R 57/05 BFH/NV 07, 1854), Filmmaterial mit Originalton hergestellt (BFH XI R 8/00 BStBl II 02, 478: Bildberichterstatter), ein Architekt als Bauunternehmer tätig wird (BFH XI R 10/06 BStBl II 08, 54), ein Ingenieur erfolgsabhängig Geschäftsabschlüsse vermittelt (BFH XI B 57/06 BFH/NV 07, 687), Erziehung u Verköstigung in Kindertagesstätte (FG Hbg 15, 912, rkr); hingegen zu **bejahen,** wenn Schriftsteller für PC-Lernprogramme fremde Programme anderer Firmen testet (BFH IV R 16/97 BStBl II 99, 215), ein RA PC-Programme entwickelt (BFH IV B 35/98 BFH/NV 99, 1328), ein beratender Betriebswirt auch Personal vermittelt (BFH IV R 70/00 BStBl II 03, 25; zT aA BFH VIII R 101/04 BFH/NV 08, 1824), ein StB steuersparende Anlagemodelle vermittelt (FG Hess EFG 01, 1211; Rz 100) oder Mandantenstamm verpachtet/BetrAufsp (BFH VIII B 116/10 BFH/NV 11, 1135), ein Hochschullehrer publiziert (FG Ddorf EFG 02, 1227), ein RA auch vermögensverwaltend tätig ist, ein Kinderheim externe Wohngruppen unterhält (FG Nds EFG 06, 1772), ein Arzt eine Heilfasten-Klinik betreibt (BFH XI R 58/04 BFH/NV 07, 434), ein Statiker, der einen Teil seiner Aufträge eigenverantwortl (Rz 23 ff) betreut (BFH VIII R 53/07, BStBl II 09, 143; bedenkl), ein Erfinder patentierte Produkte herstellt (BFH VIII B 153/07 BFH/NV 09, 758). Zu elektronischem Handbuch einschließl Layout s *Trachte ua* BB 01, 909 (insgesamt Schriftsteller; mE unzutr, vgl Rz 77, 155 „Layouter"); zu Fachartikel eines gewerbl Beraters BFH IV R 74/00 BStBl II 03, 27. Zu Klinikbetrieb, Krankenpflege s Rz 92, 155; zu medizinischem Gerätetraining s *FinVerw* DStR 15, 1175. – Sind die Ges'ter einer **PersGes** (also nicht bei Erbengemeinschaft) in ihrer Verbundenheit **auch gewerbl** tätig, hat dies – sofern die Tätigkeiten nicht untrennbar verflochten und deshalb insgesamt als freiberufl oder gewerbl zu qualifizieren sind (BFH IV R 60/95 BStBl II 97, 567) – nach § 15 III Nr 1 aF/nF grds die Gewerblichkeit sämtl Einkünfte zur Folge (zu Ausnahmen und weiteren Einzelheiten s Rz 4, 44).

– **Einzelfälle: WirtschaftsprüfungsGes** erzielt gewerbl Gewinn, wenn sie neben Wirtschaftsprüfungen und Steuerberatungen gewerbl **treuhänderische Verwaltungen** durchgeführt hat (BFH IV 427/62 U BStBl III 64, 530); ebenso eine **Steuerberatersozietät** bei Treuhandaufgaben iRe **Bauherrenmodells** (BFH I R 133/93 BStBl II 95, 171; s Rz 155 „Treuhänder"). Dasselbe gilt, wenn zwar nur ein Sozius eine gewerbl Treuhandtätigkeit (Baubetreuung) ausübt, aber das wirtschaftl Risiko dieser Tätigkeit von der Sozietät getragen wird (BFH IV R 43/88 BStBl II 89, 797). Unschädl ist mE die treuhänderische Verwahrung von Geld **(Anderkonto),** weil keine gesonderte wirtschaftl Tätigkeit iRd Geschäftsverkehrs ausgeübt wird.

Gewerbl Einkünfte werden auch bei entgeltl **Abgabe** von **Medikamenten,** 51
medizinischen **Hilfsmitteln** oder **Impfstoffen** (*BMF* DStR 99, 1814; 00, 730) durch (Tier-)Arztpraxen erzielt, sofern es sich nicht um Praxisbedarf, stationäre Aufnahme oder Notfallbehandlung handelt (BFH IV R 113/76 BStBl II 79, 574). Ebenso die Medikamenten-/Hilfmittelabgabe gegen Fallpauschale iRd **integrierten Versorgung** nach §§ 140a ff SGB V (*FinVerw* DB 12, 1538; *Gragert ua* NWB F 3, 15083; *Bölke* DStR 15, 1856). Vgl auch *BMF* BStBl I 97, 566: *Vertrieb* von **Kontaktlinsen,** Artikeln zur Mundhygiene und Mundpflege sowie von Tierarzneimitteln gewerbl, aber Auslagerung auf SchwesterPersGes mögl (s – auch zu § 6 V 3 – Rz 44, 55).

h) ***Exkurs:*** **Freiberufler-KapGes.** – ***(1)*** **Zivil- und berufsrechtl Zulässigkeit:** WP- 52
oder StB-GmbH (-KGaA/-AG) vgl §§ 1 III, 27 I WPO; 3 I Nr 3, 49 StBerG); RA-GmbH gem § 59c BRAO („RA-Ges") s BGH DB 11, 2908; zu RA-AG s OLG Hamm DB 06,

2174; BFH III B 86/03 BFH/NV 04, 1661; Patentanwalts-GmbH (§ 52c PatAnwO); Zahnheilkunde-GmbH (BGH NJW 94, 786; zu Ärzte-KapGes ab 2004 s *Klose* BB 03, 2702); Architekten- oder Ingenieur-GmbH (OLG Frankfurt GmbHR 00, 623); Künstler-GmbH (*Groh* DB 00, 1433/4). Zu PersGes s Rz 41. – ***(2)*** **Ertragstrechtl** erzielt die Freiberufler-KapGes gewerbl Einkünfte (§ 2 II 1 GewStG; BVerfG HFR 10, 756) und unterliegt der KSt (§§ 1 I Nr 1, 8 II KStG). Die Ges'ter haben neben Einkünften aus KapVerm (§ 20 I Nr 1 iVm §§ 3 Nr 40, 3c) infolge ihrer Geschäftsführertätigkeit auch solche gem § 19 EStG (Rz 7, 98; § 19 Rz 15 „Gesetzl Vertreter einer KapGes"); die hierdurch bedingten Aufwendungen der KapGes (uU auch Pensionsrückstellungen) mindern deren Gewerbeertrag. Zu vGA (Tätigkeitsvergütungen, Tantiemen, Wettbewerbsverbote) vgl § 20 Rz 60 ff. – Zur Einbringung der Praxis in KapGes und (Rück-)Umwandlung in PersGes s Rz 213/232 ff.

54 **i) Zusammenarbeit mit gewerbl Unternehmen.** Schließen sich Freiberufler zu einer **KapGes** zusammen, erzielt diese stets gewerbl Einkünfte (Rz 52/3). Beteiligt sich eine **KapGes** gesellschaftsrechtl an einer iÜ aus Freiberuflern bestehenden PersGes, liegt die Beteiligung eines „Berufsfremden" vor (Rz 43). – Zur getrennten Einkünfteerzielung von **PersGes** mit teilweise übereinstimmenden Ges'tern s BFH IV R 120/87 BFH/NV 91, 319; Rz 26. – Ist ein **freiberufl Sozius** an einer gewerbl PersGes beteiligt und erhält er für freiberufl Dienst-/Werkleistungen zugunsten der gewerbl PersGes Vergütungen, wird die Erzielung freiberufl Einkünfte durch die Sozietät dadurch nicht berührt (vgl BFH IV R 86/80 BStBl II 84, 152), dies unabhängig davon, ob die **Tätigkeitsvergütungen** iRd freiberufl Sozietät oder iRd gewerbl PersGes erfasst werden. Letzteres ist jedenfalls dann anzunehmen, wenn die Erteilung des Auftrages an den freiberufl MUer durch das GesVerhältnis veranlasst ist und sich demgemäß als Beitrag zur Verwirklichung des GesZwecks darstellt; dies wird idR zu bejahen sein (vgl zB BFH I R 163/77 BStBl II 79, 757: Autorenhonorare; weitergehend uU IV R 154–155/77 BStBl II 80, 269: Beratungshonorare; Ausnahme nur bei zufälligem Zusammentreffen von Auftrag und MUerstellung eines geringfügig beteiligten Ges'ters). Zu weiteren Einzelheiten s § 15 Rz 561/-3. – Nach BFH I R 56/77 BStBl II 79, 763 (zu I 1c, betr Architektenhonorar) soll dies auch gelten, wenn die Ges'ter der gewerbl PersGes ihre Leistung als Beteiligte einer **weiteren** (freiberufl) **PersGes** erbringen; dies ist mit Rücksicht auf die jüngere Rspr zur mitunternehmerischen BetrAufsp zweifelhaft (s hierzu Rz 55 sowie § 15 Rz 602). Zu **Nutzungsvergütungen** im Verhältnis gewerbl PersGes I und freiberufl PerGes II s § 15 Rz 858 aE. – **Beteiligung freiberufl PersGes** an gewerbl PersGes (Abfärbung gem § 15 III Nr 1 aF/nF) s Rz 44; zu Anteilen an KapGes s Rz 164/-5.

55 **j) Betriebsaufspaltung.** S allg § 15 Rz 800 ff. Für § 18 I Nr 1 ist zu unterscheiden zw der *Vermietung* (Verpachtung) *durch* und der Vermietung *an* eine originär freiberufl PersGes. – ***(1)*** Vermietung wesentl Betriebsgrundlagen (s § 15 Rz 808/-19). – ***(a)*** **durch originär freiberufl** tätige **PersGes** (Besitzunternehmen, zB Ärzte-GbR) an personell verflochtene (s § 15 Rz 820/-51) **Betriebs-KapGes** (zB Labor-GmbH): Besitzunternehmen erzielt auf Grund Abfärbung gem § 15 III Nr 1 grds insgesamt gewerbl Einkünfte (s Rz 44 sowie BFH IV R 67/96 BStBl II 98, 254: betr Grundstücksüberlassung); beachte aber BFH IV R 11/97 BStBl II 98, 603: keine sachl Verflechtung wenn Kontaktlinsen-GbR Räume und Einrichtung der Augenärzte-GbR unter Kostenteilung mitbenutzt. Zur Zuordnung der WG zum BV der Augenärzte-GbR s § 15 Rz 533; zur Behandlung von Bürogebäuden vgl § 15 Rz 813. Zu Lizenzeinnahmen, die auch dann zu gewerbl Einkünften des (Einzel-)Besitzunternehmens führen können, wenn die Patente zwar nicht zu den wesentl Betriebsgrundlagen des Betriebsunternehmens gehören, jedoch der Beteiligung hieran dienen s BFH XI R 72/97 BStBl II 99, 281. Zu Dienstleistungen s § 15 Rz 816. Zur Verpachtung des Mandantenstammes s Rz 200. Der **Wegfall** der Voraussetzungen der BetrAufsp hat grds die Betriebsaufgabe des Besitzunternehmens zur Folge; Ausnahme: Strukturwandel des Besitzunternehmens in freiberufl Unternehmen (*Paus* DStZ 90, 193 betr Lizenzvergabe;

§ 15 Rz 865). – ***(b)*** Ebenso ist grds BetrAufsp zu bejahen, wenn **Betriebs**unternehmen als **PersGes** originär gewerbl tätig oder geprägt (§ 15 III Nr 2) ist (sog **mitunternehmerische BetrAufsp;** s § 15 Rz 858). Dies gilt mE auch, wenn WG der BetriebsPersGes **unentgeltl** überlassen werden, vorausgesetzt, Gewinnerzielungsabsicht ist bei originär freiberufl tätiger BesitzPersGes zu bejahen (*BMF* BStBl I 98, 583 zu 1); Rechtsfolge: gewerbl Einkünfte beider PersGes unter Ansatz von Nutzungsentnahmen/-einlagen. **Ausweichgestaltung:** Auslagerung der wesentl Betriebsgrundlage(n) auf weitere PersGes III, die ggf sowohl an freiberufl tätige PersGes I als auch an gewerbl tätige oder geprägte PersGes II vermietet (**Ausgliederungsmodell;** *Schlegel ua* DStZ 10, 55); **Rechtsfolgen:** – ***(aa)*** BetrAufsp nur zw PersGes III (Besitzunternehmen) und PersGes II (gewerbl Betriebsunternehmen); – ***(bb)*** zu den gewerbl Einkünften von PersGes III gehören zwar auch die von PersGes I erhaltenen Nutzungsvergütungen; – ***(cc)*** die Freiberuflichkeit der Einkünfte von PersGes I bleibt jedoch erhalten (zur Begründung s unten). – ***(dd)*** Überlässt eine freiberufl tätige PersGes I, **ohne** dass die Voraussetzungen einer mu'erischen **BetrAufsp** vorliegen, WG zur Nutzung an teilweise personenidentische gewerbl SchwesterPersGes II, ist fragl, ob an der bisherigen Rspr (anteiliges SonderBV bei PersGes II) festgehalten werden kann (s § 15 Rz 604). – ***(2)*** Vermietung wesentl Betriebsgrundlagen **an originär freiberufl** tätige **PersGes II** durch – ***(a)*** eine **gewerbl tätige** oder geprägte (§ 15 III Nr 2) PersGes I. Rechtsfolgen: die personelle Verflechtung beider PersGes berührt ihre ertragstrechtl Selbstständigkeit nicht, insb gehören Anteile an PersGes II nicht zum SonderBV der Ges'ter bei PersGes I (vgl § 15 Rz 508; keine Abfärbung auf Grund von SonderBE s § 15 Rz 190); die Freiberuflichkeit der Einkünfte von PersGes II wird *nicht* durch das Rechtsinstitut **BetrAufsp** in Frage gestellt (BFH X R 59/00; IV R 29/04 BStBl II 04, 607 zu B IV 5/b; 06, 173; § 15 Rz 858). – ***(b)*** Ist PersGes I nur **vermögensverwaltend** tätig, begründet die Nutzungsüberlassung an PersGes II *keine* BetrAufsp, da diese Ges kein gewerbl Unternehmen betreibt und damit auch nicht Betriebsunternehmen iRe BetrAufsp sein kann (§ 15 Rz 856; BFH IV R 125/92 BStBl II 96, 5: WG von PersGes I = anteiliges freiberufl SonderBV der Ges'ter bei PersGes II; *Kempermann* FR 07, 577/8; aA *Rasche* DStZ 99, 127/32). Zur Gewerblichkeit, wenn die von einer beteiligungsidentischen gewerbl Schwester-PersGes (Labor-GbR) erbrachten Leistung zB Teil der *einheitl* Heilbehandlung sind, s Rz 26.

III. Freie Berufe, § 18 I Nr 1

1. Einkünfte aus freiberufl Tätigkeit. § 18 I Nr 1 führt dreierlei freiberufl Tätigkeiten auf: – ***(1)*** die wissenschaftl, künstlerische, schriftstellerische, unterrichtende oder erzieherische Tätigkeit; – ***(2)*** die selbstständige Berufstätigkeit der Ärzte, Zahnärzte, Tierärzte, Rechtsanwälte usw, also der sog Katalogberufe und – ***(3)*** selbstständige Berufstätigkeit der den Katalogberufen ähnl Berufe. Da das Gesetz die freiberufl Tätigkeit nur durch diese Aufzählung der „ähnlichen Berufe" charakterisiert, lässt sich ihm ein für die Entscheidung von Grenzfällen brauchbarer Begriff der freiberufl Tätigkeit nicht entnehmen. Einen **einheitl Oberbegriff der freien Berufe** gibt es nicht (BVerfG BStBl II 78, 125/9; s Rz 5, 125; zu § 1 II PartGG vgl Rz 41; zu EWG-RL 77/388 s EuGH BFH/NV 02, 21; beachte auch Aufhebung von Art 14 OECD-MA). § 18 kann auch ein allg Grundsatz für die Bestimmung der unter die Vorschrift fallenden Tätigkeiten und Berufe nicht entnommen werden (BFH IV R 127/70 BStBl II 71, 319), so dass **ähnl Berufe** nur in Betracht kommen, wenn sie entweder einem oder mehreren der Katalogberufe in den typischen, wichtigen oder wesentl Merkmalen entsprechen (Rz 125). **60**

Für die freie Berufstätigkeit ist charakteristisch, dass sie für ein wert-/tätigkeitsbezogenes Entgelt (zB **Gebührenordnung**) und grds nicht für ein **Erfolgshonorar** ausgeübt wird (BVerfG BStBl II 78, 125/30; BFH IV R 86–88/91 BFH/NV **61**

92, 811; zur Absatzförderung s Rz 111). Ausnahmen im Anschluss an BVerfG BB 07, 617: § 4a RVG; § 43b PatAnwO; § 9a StBerG; § 55a WPO; s auch Rz 165 aE. – Allg fällt unter § 18 I Nr 1 eine Berufstätigkeit, deren Ausübung wissenschaftl oder künstlerische Ausbildung voraussetzt. Auch dieses Merkmal ist jedoch nicht bei allen in § 18 I Nr 1 genannten Berufen vorhanden.

62 **2. Wissenschaftl Tätigkeit.** Wissenschaft ist die Erarbeitung von Erkenntnissen anhand obj Maßstäbe unter Anwendung rationaler Methoden. Wissenschaftl Tätigkeit idS ist besonders qualifiziert dadurch, dass sie geeignet ist, eine schwierige Aufgabe nach wissenschaftl Grundsätzen, dh nach streng sachl und obj Gesichtspunkten anhand einer überprüfbaren Methodik zu lösen (BFH VIII R 74/05 BStBl II 09, 238: abl für Promotionsberater); dies setzt nicht notwendigerweise, aber doch zumeist ein Hochschulstudium voraus (BFH IV R 48/99 BStBl II 01, 241; *Kempermann* FR 01, 305). Wissenschaftl tätig ist nicht nur, wer schöpferische oder forschende Arbeit leistet **(reine Wissenschaft),** sondern auch, wer die Anwendbarkeit wissenschaftl Forschungsergebnisse auf konkrete Vorgänge untersucht **(angewandte Wissenschaft).** Stets ist erforderl, dass grds Fragen oder konkrete Vorgänge methodisch nach streng sachl Gesichtspunkten in ihren Ursachen erforscht und in einen Verständniszusammenhang gebracht werden. Dazu gehört, dass die Tätigkeit von der – fachspezifisch zu bestimmenden – Methodik her nachprüfbar und nachvollziehbar ist (BFH IV R 61/92 BFH/NV 94, 89).

63 **a) Berufsausübung.** Die Ausübung eines Berufes, der eine wissenschaftl Vorbildung erfordert, ist nur dann wissenschaftl Tätigkeit, wenn auch die Berufsausübung als solche auf wissenschaftl Grundsätzen beruht. Daher ist die Berufsausübung der Ärzte, RA, WP oder Wirtschaftsberater nicht ohne weiteres wissenschaftl Tätigkeit (BFH IV B 133/99 BFH/NV 00, 1460; einschr für „wissenschaftl 2 A-Mitarbeiter" BFH I B 176/09 BFH/NV 11, 255). Die Erstellung **einzelner Gutachten** auf wissenschaftl Grundlage durch den Angehörigen eines Katalogberufes gehört nicht zu dessen lfd praktischer Berufsausübung, sondern ist davon getrennt zu beurteilende wissenschaftl Tätigkeit (BFH IV R 48/99 BStBl II 01, 241; NV 93, 360; s auch Rz 87, 155 unter „Sachverständiger"). Nebenberufl selbstständige wissenschaftl Tätigkeit wird häufig ausgeübt als Gutachter-, Prüfungs- und Lehrtätigkeit (s Rz 10); zu Einzelfällen s Rz 155. Bei kfm Ausrichtung kann eine wissenschaftl Tätigkeit nicht von der gewerbl getrennt werden (s Rz 155 „Ärztepropagandist"). – Die **wirtschaftl Verwertung** der wissenschaftl Tätigkeit (zB Produktion auf Grund eines Forschungsergebnisses) gehört nicht mehr zur wissenschaftl Tätigkeit (BFH IV R 152/73 BStBl II 78, 545).

64 **b) Erfinder.** Sie sind idR wissenschaftl tätig (BFH IV R 152/73 BStBl II 78, 545); zur Abgrenzung von Zufallserfindungen (sofort verwertungsreife Idee) s BFH IV R 29/97; XI R 26/02 BStBl II 98, 567; 04, 218; FG Mster EFG 11, 1877 rkr (Geschmacksmuster); BVerfG StEd 05, 383; 06, 498. Zur Gewinnerzielungsabsicht s § 15 Rz 40; BFH XI S 7/04 BFH/NV 05, 1556; zu gemeinschaftl Erfindung s BFH IV R 53/00 BFH/NV 01, 1547: GbR-Vermögen. Die wissenschaftl Erfindertätigkeit umfasst grds auch die Lizenzvergabe (BFH IV R 14/00 BStBl II 01, 798) und den Patentverkauf (FG Mster BB 11, 623); gewerbl ist jedoch die Herstellung/Veräußerung des Erfindungsgegenstandes (s auch Rz 50) oder dessen Zugehörigkeit zum notwendigen/gewillkürten BV eines GewBetr (BFH IV R 80/94 BStBl II 95, 776) sowie die Überlassung von Patenten/ungeschützten Erfindungen iRe BetrAufsp (§ 15 Rz 808). Liegt eine BetrAufsp *nicht* vor, ist die Beteiligung an der „verwertenden" GmbH freiberufl BV (BFH IV R 14/00 aaO). Die steuerl Vergünstigungen freier Erfinder sind ab 1989 weggefallen (s 29. Aufl Rz 275).

66 **3. Künstlerische Tätigkeit. – a) Kunstbegriff.** Einen allg Begriff des Kunst gibt es nicht (BFH IV R 64/79 BStBl II 83, 7). Das Wesentliche der künstlerischen Betätigung ist die freie, schöpferische Gestaltung, in der Eindrücke, Erfahrungen und Erlebnisse durch das Medium einer bestimmten Formensprache zu

unmittelbarer Anschauung gebracht werden (BVerfGE 67, 213/26). Die künstlerische Tätigkeit – formal gegliedert in Musik, Literatur, darstellende und bildende Kunst – ist nicht nur durch das Ineinandergreifen bewusster und unbewusster Vorgänge (vgl BFH IX B 4/98 BFH/NV 98, 957 mit Abgrenzung zur Naturwissenschaft), sondern auch durch das Vollbringen einer **eigenschöpferischen Leistung** gekennzeichnet, in der die **individuelle** Anschauungsweise und **Gestaltungskraft** zum Ausdruck kommt und die über eine hinreichende Beherrschung der Technik hinaus grds eine **künstlerische Gestaltungshöhe** erreicht (BFH XI R 71/97 BFH/NV 99, 460; BVerfG 2 BvR 2262/98: verfgemäß; *Gerstenberg* FR 15, 984); zur Kritik s Rz 67. Dabei ist zw **zweckfreier Kunst** und **Gebrauchskunst** zu unterscheiden. Haben die Arbeitsergebnisse der Berufstätigkeit keinen Gebrauchszweck **(freie Kunst),** wie diejenigen der Maler, Musiker oder Komponisten, so kann auf die Feststellung der ausreichenden künstlerischen Gestaltungshöhe verzichtet werden, wenn den Werken nach der allg Verkehrsauffassung das Prädikat des Künstlerischen nicht abgesprochen werden kann und die Arbeiten ausschließl auf die Hervorbringung einer ästhetischen Wirkung gerichtet sind (bej bei Schiffsminiaturen FG Hbg EFG 01, 1452); die Bestätigung als Kunst kann auch daraus abgeleitet werden, dass die Arbeitsergebnisse (Bilder, Schlager) bei einem nicht nur kleinen Käuferkreis Anklang gefunden haben (BFH IV R 9/77 BStBl II 81, 21). Auch **reproduzierende** Tätigkeit (Musiker) kann künstlerisch sein (vgl RFH RStBl 39, 963; *FinVerw* FR 01, 49: Organist), ebenso ein „Tanz- und Unterhaltungsorchester" (BFH IV R 64/79 BStBl II 83, 7; ausführl *Wolf* FR 02, 202), Karnevalskapelle (*Joisten ua* FR 13, 57) oder ein Statist (BFH XI R 21/06 BStBl II 07, 702 zu § 3 Nr 26).

aa) Abgrenzung. Andere künstlerische Tätigkeiten, deren Arbeitsergebnisse 67
einen **praktischen Nützlichkeits-(Gebrauchs-)Zweck** haben (zB Gebrauchs-/Modegraphiker, Werbefotografen, Redner), fallen dann unter § 18 I Nr 1, wenn sie auf einer eigenschöpferischen Leistung beruhen, dh auf Leistungen, in denen sich eine individuelle Anschauungsweise/besondere Gestaltungsweise widerspiegeln und die Arbeitsergebnisse eine gewisse künstlerische **Gestaltungshöhe** erreichen (BFH IV R 9/77 BStBl II 81, 21). AA *Heuer* (DStR 83, 638) mit der zutr Erwägung, es sei wertungswidersprüchl, bei einem Teil der künstlerischen Tätigkeit die Zuordnung zur freiberufl Tätigkeit an die Erfüllung bestimmter Qualitätsanforderungen zu binden; dies geschehe insb bei schriftstellerischer Tätigkeit nicht; ebenso *Kempermann* (FR 92, 250/2): eigenschöpferische Leistung erforderl und ausreichend (aA BFH IV B 200/04 BStBl II 06, 709; FG Ddorf EFG 07, 197). – Ein **gewerbl Verwendungszweck** und bestimmungsgemäße Verwendung schließen die Annahme einer künstlerischen Tätigkeit nicht aus, wenn der **Kunstwert den Gebrauchswert übersteigt** (BFH VIII R 76/75 BStBl II 77, 474: Werbefotograf; I R 1/66 BStBl II 69, 138: Entwürfe von Modellkleidern; FG Hbg EFG 91, 124: Fachbuch-Illustrator). Bei der Beurteilung ist auf die Tätigkeit im ganzen VZ abzustellen (BFH IV 560/56 U BStBl III 58, 182); beim Übergang zu einer gewerbl Tätigkeit ist auch eine sich über mehrere VZ erstreckende Entwicklungstendenz zu berücksichtigen (BFH IV R 92/67 BStBl II 70, 86). – Eine einheitl zu beurteilende gewerbl Tätigkeit liegt vor bei **Serienprodukten des Künstlers** oder eigenem Vertrieb der Serienprodukte. Eine getrennte Beurteilung der künstlerischen und gewerbl Tätigkeit ist nicht mögl (vgl BFH IV R 15/73 BStBl II 79, 236; s auch § 15 Rz 97 ff).

bb) Gutachten. Ob Gebrauchskunst, Kunsthandwerk, Kunstgewerbe noch 70
Kunst ist, kann nur anhand besonderer Sachkunde beurteilt werden. Dazu ist regelmäßig die Einholung von Sachverständigengutachten erforderl. Dafür sind bei den OFD Gutachterausschüsse eingerichtet (*FinVerw* DStR 99, 1989), deren gutachterl Äußerungen das FG bei Beantwortung der Frage, ob eine künstlerische Tätigkeit vorliegt, aber nicht binden (BFH VIII R 76/75 BStBl II 77, 474; krit

BSG DStR 99, 1413; zur Vorlage von Gutachten durch den StPfl vgl *FinVerw* DStR 02, 544). Das FG kann auch andere Sachverständige hören (BFH XI B 61/98 BFH/NV 00, 446). Die Gutachten haben allein die Aufgabe, dem Gericht zu einer eigenen Überzeugung zu verhelfen (§ 96 FGO; BFH IV R 15/90 BStBl II 91, 889). Dabei darf es zwar auch eigene Sachkenntnis verwerten; will das FG in Grenzfällen aber ohne Sachverständigengutachten entscheiden, muss dies für die Beteiligten erkennbar sein und die eigene Sachkunde im Urt dargelegt werden (BFH IV B 200/04 BStBl II 06, 709; FG Ddorf EFG 07, 197, rkr).

71 **cc) Mitarbeiter.** Auch die künstlerische Tätigkeit setzt bei der Beschäftigung qualifizierter Mitarbeiter **leitende** und **eigenverantwortl** Tätigkeit voraus (Rz 23 ff). Da aber darüber hinaus eine **eigenschöpferische** Leistung vorausgesetzt ist (Rz 66/7), ist es erforderl, dass der StPfl an allen künstlerisch relevanten Tätigkeiten bei der Herstellung des Werkes selbst mitwirkt und entscheidenden Einfluss auf die Gestaltung ausübt (vern BFH VIII R 32/75 BStBl II 81, 170 zu *Filmherstellung;* FG RhPf EFG 08, 1292, rkr, zu Radio-Werbespot; bej FG Köln DStRE 07, 1312, rkr, zu EDV-gestütztem *Werbegraphik-Druck*).

72 **dd) Verkauf.** Teil der einheitl künstlerischen Tätigkeit ist auch der Verkauf der Kunstwerke; zum „Marktauftritt des Künstlers" kann auch der Rückkauf von Bildern gehören (zutr FG Mchn EFG 10, 2087, rkr: Reputationserhalt).

73 **ee) Schauspieler.** Setzen sie ihre Bekanntheit zur **Produktwerbung** ein, erzielen insoweit gewerbl Einkünfte (BFH IV R 102/90 BStBl II 92, 413; BFH IV R 1/97 BFH/NV 99, 465; 99, 1280). Zur Abgrenzung zu **nichtselbstständiger Arbeit** s § 19 Rz 15 „Filmschauspieler", „Künstler". Wegen weiterer künstlerischer Tätigkeiten s ABC Rz 155.

74 Zum **Tode** des **Künstlers** (keine Betriebsaufgabe, Kunstwerke bleiben BV, Verwertungsentgelte sind freiberufl BE s Rz 256 ff).

75 **b) Gewinnerzielungsabsicht.** Die Abgrenzung ggü der **Liebhaberei** unterliegt zwar den allg Merkmalen (Rz 5; BFH GrS 4/82 BStBl II 84, 751/66; FG Thür EFG 14, 264, rkr; fehlende Vermarktung); gleichwohl ist sie bei künstlerischen Tätigkeiten schwierig, weil Neigung und Berufsausübung sich besonders eng berühren, andere Tätigkeiten idR einen erhebl Kapitaleinsatz verlangen und häufig positive Einkünfte erst nach längerer Anlaufzeit erzielt werden (uU mehr als 10 Jahre; BFH IV R 84/82 BStBl II 85, 515; FG Nds EFG 04, 111). Zu den Indizien der Gewinnerzielungsabsicht s BFH XI R 46/01 BStBl II 03, 602; *OFD Köln* FR 84, 561. Erzielt der Künstler aus seiner Tätigkeit steigende Einahmen, kann nicht davon ausgegangen werden, ein Totalgewinn sei nicht erzielbar (BFH XI R 46/01 aaO); zum Wechsel von Gewinn- und Verlustphasen s BFH VI R 104/86 BFH/NV 89, 696. Gewinnerzielungsabsicht kann auch aufgrund des Zusammentreffens von selbständiger und nichtselbständiger künstlerischer Arbeit vorliegen (BFH IV B 157/04 BFH/NV 06, 1459). – Steht fest, dass ein **Totalgewinn** nicht zu erzielen ist, sind von dieser Feststellung an Verluste keine negativen Einkünfte mehr, es sei denn, der StPfl geht zu einer gewinnbringenden Tätigkeit über oder stellt die verlustbringende Tätigkeit ein (BFH IV R 139/81 BStBl II 85, 205; FG Mchn EFG 04, 802, rkr; § 15 Rz 37). Verluste aus künstlerischer Tätigkeit können WK sein, sofern sie das berufl Fortkommen in der nichtselbstständigen Tätigkeit fördern (BFH VI R 122/92 BStBl II 94, 510; zur Abgrenzung s FG Ddorf EFG 94, 514).

77 **4. Schriftstellerische Tätigkeit. – a) Grundsätze.** Sie liegt vor, wenn in selbstständiger Gestaltung *eigene Gedanken* schriftl (RFH RStBl 43, 421) für die Öffentlichkeit niedergelegt werden (BFH I R 183/79 BStBl II 82, 22); es ist nicht erforderl, dass das Geschriebene wissenschaftl oder künstlerischen Inhalt hat (s Rz 155 zu Werbeschriftsteller; BFH IV R 16/97 BStBl II 99, 215: PC-Lernprogramm; IV R 4/01 BStBl II 02, 475; FG Brem EFG 03, 1384: Anleitung

technischer Geräte; FG Nds EFG 04, 567 zu *analytischem* Parlamentsstenograph; FG SchlHol EFG 07, 524, rkr: Internet-Börsenbrief; *Trachte ua* BB 01, 909: E-Handbuch; zur Trennbarkeit s aber Rz 50; BFH IV R 74/00 BStBl II 03, 27). „Schriftl" bedeutet im Gegensatz zu mündl Vortrag oder Rede – abruf- und lesbare – Fixierung auf körperl Medium (Papier; Diskette etc); Bestimmung für die „Öffentlichkeit" erfordert keinen bestimmten Vertriebsweg (zB Buchhandel), sondern ledigl die Verfügbarkeit für zahlenmäßig nicht bestimmbaren Personenkreis (BFH aaO: bej für Firmenangehörige; *MK* DStR 99, 107). Das Vorliegen schriftstellerischer Tätigkeit ist bei Auftragsarbeiten für einen anderen Schriftsteller umstritten (vgl *HHR* § 18 Rz 113). ME kommt es nicht darauf an, ob die Auftragsarbeiten vom Auftraggeber vor der Veröffentlichung überarbeitet werden, sofern die darin niedergelegten Gedanken wenigstens teilweise in den veröffentlichten Text übernommen werden (glA Hbg EFG 01, 907: Überarbeiten von Drehbüchern); anders wenn ledigl vorbereitende Arbeit geleistet wird, zB Sammeln von Material, Lesen von Korrekturen.

b) Einzelfragen. Schriftsteller im **Selbstverlag** ist Gewerbetreibender 78
(BFH IV B 15/00 BFH/NV 01, 1280). Zweifelhaft ist aber, ob schriftstellerische Einkünfte auch erzielt, wer ein ihm *übertragenes* Urheberrecht durch entgeltl **Überlassung** an einen Verlag zur Veröffentlichung nutzt (so 17. Aufl, arg BFH IV 93/62 U BStBl III 64, 206; abl zR *Blümich* § 18 Rz 102: § 21 I Nr 3), oder wer **Handschriften eines Schriftstellers ohne** das dazugehörige **Urheberrecht** veräußert (abl RFH RStBl 42, 1073 sowie 17. Aufl; aA *Blümich* aaO: BV, Veräußerung oder Entnahme). – Zur **Gewinnerzielungsabsicht** s BFH IV R 84/82 BStBl II 85, 515: auch bei nebenberufl Schriftstellern sind zwar längere Anlaufphasen unschädl (BFH III B 21/12 BFH/NV 12, 1973; EFG Ddorf EFG 02, 1227), nicht jedoch, wenn von Anfang an keine Ertragsaussicht besteht (FG RhPf DStRE 14, 1296 rkr); anders mE, wenn Schriftsteller vermögenslos und ohne nennenswerte weitere Einkünfte (glA *Blümich* aaO Rz 145). Zu gescheitertem Buchprojekt s BFH IV B 200/02 BFH/NV 03, 625; zu schriftstellerischen Verlusten als WK bei § 19 s Rz 76.

5. Unterrichtende und erzieherische Tätigkeit. – a) Unterricht. Dies ist 83
die Vermittlung von Wissen, Fähigkeiten, Fertigkeiten und Einstellungen durch Lehrer an Schüler in organisierter und institutionalisierter Form (BFH XI R 2/95 BStBl II 97, 687; FG Mchn EFG 00, 130: bej für Koreferent). Zur Wissensvermittlung durch PC-Programme s *Wendt* FR 99, 128/30. Auf den **Gegenstand** des Unterrichts kommt es nicht an (BFH IV R 130/79 BStBl II 82, 589): zB Reiten, Tanzen (FG Ddorf EFG 07, 689: incl individuelles Fitnesstraining; s auch Rz 29), Gymnastik, Fußball (BFH IV R 131/92 BFH/NV 94, 93), Kfz-Fahren; „Unternehmensführung" (FG Nbg DStRE 03, 586, fragl); nicht aber Unterricht an Tieren (RStBl 41, 678; FG Mster EFG 14, 2063, VIII R 11/15). Der Unterrichtscharakter muss durchgängig gewahrt sein, punktuelle Anleitung genügt nicht (BFH IV R 35/95 BStBl II 96, 573: Fitnessstudio). Erforderlich ist ein schulmäßiges (allgemeingültiges) Programm eines bestimmten Fachgebiets; dies schließt Individualunterricht nicht aus, Vermittlung eines „Know-how-Mix" ist jedoch nicht unterrichtend, sondern beratend (BFH XI R 2/95 BStBl II 97, 687); anders uU bei Sprachheilpädagoge (BFH IV R 49/01 BStBl II 03, 721; s Rz 130, 155 „Logopäde"). Unterricht kann auch untrennbarer Teil einer gewerbl Tätigkeit sein (BFH I R 114/85 BStBl II 89, 965 zu II 4; FG Ddorf DStRE 02, 420).

b) Erziehung. – aa) Grundsätze. Sie ist die planmäßige Tätigkeit zur körperl, 84
geistigen und charakterl Formung von Kindern zu tüchtigen und mündigen Menschen. Dabei wird unter Mündigkeit die Fähigkeit verstanden, selbstständig und verantwortl die Aufgaben des Lebens zu bewältigen (BFH II R 107/68 BStBl II 75, 389); erforderl ist die Formung der gesamten Persönlichkeit, nicht nur die Schulung in Teilbereichen zwmenschl Beziehungen (BFH XI R 2/95 BStBl II 97,

687: Managementberatung). Eine Vorbildung und eine staatl vorgeschriebene Prüfung ist für erzieherische Tätigkeit nicht vorausgesetzt (BFH VIII R 166/73 BStBl II 74, 642); ebenso zu Kindertagespflege FG Nds DStRE 07, 832 (s auch Rz 155). Zur Eigenverantwortlichkeit s Rz 29; zur **Gewinnerzielungsabsicht** s BFH XI S 10/00 BFH/NV 01, 1024. Zu **§ 3 Nr 26** aF/nF s dort.

85 **bb) Einzelfragen.** Der Betrieb einer Unterrichtsanstalt **(Schule)** ist eine freiberufl Tätigkeit, wenn der Inhaber über entspr Fachkenntnisse verfügt und in der Schule leitend und eigenverantwortl tätig wird (BFH IV R 130/79 BStBl II 82, 589; s auch Rz 23 ff). Ist der Schule ein **Internat** angeschlossen und wird aus der Beherbergung und Beköstigung der Schüler besonderer Gewinn erstrebt, liegt gewerbl Tätigkeit vor (BFH VI 301/62 U BStBl III 64, 630; s auch Rz 155 „Kinderheim"). Einen GewBetr bildet auch ein **Kindererholungsheim,** wenn die Unterbringung, Verköstigung und allg Betreuung der Kinder nicht nur als Hilfsmittel einer erzieherischen Tätigkeit (dazu BFH IV R 4/02 BStBl II 04, 129 betr häusl Erziehungshilfe; FG Hbg EFG 15, 912: Kindertagesstätte; zutr; s auch Rz 50), sondern als Haupttätigkeiten des Heiminhabers anzusehen sind (BFH III R 198/81 BFH/NV 86, 358).

87 **6. Heilberufe. – a) Ärzte; Fachärzte; Zahnärzte; Tierärzte. – aa) Grundsätze.** Einkünfte aus freiberufl Tätigkeit erzielt der Arzt durch die selbstständige Ausübung der **Heilkunde.** Grds ist jede Handlung, die der Prophylaxe, (Labor-)Diagnose (*FinVerw* DB 99, 1981; zu Mammographie s *Gragert ua* NWB F 3, 15083; s auch Rz 29), Heilung oder Linderung einer Erkrankung zu dienen bestimmt ist, ärztl Tätigkeit (*FinVerw* DStR 00, 730: Abgabe von Impfstoffen). Dies erfasst zwar nicht die wirtschaftl Krankenhausberatung (BFH XI B 63/98 BFH/NV 00, 424) oder Arbeitssicherheit (BFH IV B 106/03 BFH/NV 05, 1544), wohl aber gutachtl Stellungnahmen über den Gesundheitszustand untersuchter Personen (BFH V R 95/76 BStBl II 77, 879; BFH IV R 187/79 BStBl II 82, 253; zur Abgrenzung s BFH V R 7/05 BStBl II 07, 412; vgl auch Rz 130, 155) und bei medizinischer/therapeutischer Indikation auch ästhetische („Schönheits"-)Operationen (BFH V R 16/12 DStR 15, 420 zu USt) sowie die Zahnaufhellung („Bleaching"; BFH V R 60/14 DStR 15, 1001). Weitergehend *Neugebauer* DB 15, 2041 für *Nicht*-Heilbehandlungen. Zur Selbständigkeit s Rz 9. Gutachten ohne unmittelbares therapeutisches Ziel (zB Alkohol-/Erwerbsminderungsgutachten) sind nicht USt-befreit (§ 4 Nr 14 UStG nF; BFH V B 98/06 BStBl II 08, 35; *BMF* BStBl I 09, 756; *FinVerw* DStR 11, 915), gleichwohl aber idR freiberufl (wissenschaftl; s Rz 63) iSv § 18 (*kk* KÖSDI 01, 12800). Zu neuen **Organisationsformen** (zB integrierte Versorgung) s Rz 51.

88 **bb) Einzelfragen. – (1) Nebentätigkeit.** Freiberufl ärztl Tätigkeit kann auch als Nebentätigkeit ausgeübt werden, die zu der Berufsausübung als nichtselbstständig tätiger Arzt hinzutritt (s Rz 7, 9). Auf die Einrichtung einer eigenen Arztpraxis kommt es nicht an (BFH IV R 20/76 BStBl II 77, 31).

89 **(2) Vertretung.** Bei **vorübergehender** Vertretung eines freiberufl tätigen Arztes ist auch dessen Vertreter grds freiberufl tätig, auch wenn er eine feste Vergütung erhält und sonst nicht selbstständig tätig ist (s Rz 8, 35/6).

90 **(3) Honorarverteilung.** Zahlungen iRd erweiterten Honorarverteilung oder eines Honorarsonderfonds der kassenärztl Vereinigung sind Einnahmen aus selbstständiger Arbeit, auch wenn sie nachträgl an die Witwe des Arztes geleistet werden (BFH IV R 112/71 BStBl II 77, 29; Rz 177; § 24 Rz 58).

91 **(4) Status/Art der Tätigkeit. Beamtete Ärzte** (Medizinalräte, Stabsärzte) oder **Krankenhausärzte** (BFH IV R 241/70 BStBl II 72, 213) erzielen Einkünfte nach § 19 EStG (ArbVerh), sog **Vertragsärzte** hingegen idR freiberufl Einkünfte (EStR 18.1 I). Wegen der gemeinschaftl Praxisausübung **(Sozietät)** sowie **Labor- und Apparategemeinschaften** vgl Rz 40; zur entgeltl **Medikamentenabgabe** s

Rz 17, 51. Zur **Liebhaberei** BFH IV R 43/02 BStBl II 04, 455; BFH III B 69/12 BFH/NV 13, 1573; FG Ddorf EFG 04, 259.

(5) Klinik. Betreibt ein Arzt eine Klinik, werden freiberufl Einkünfte aus ärztl Tätigkeit nicht nur erzielt, wenn aus der Beherbergung und Beköstigung der Patienten kein zusätzl Gewinn erstrebt wird (BFH IV R 43/00 BStBl II 02, 152); darüber hinaus sind jedenfalls bei getrennter Abrechnung nach BFH IV R 48/01 BStBl II 04, 363 auch beide Bereiche zu trennen (mE fragl; aA BFH IV 153/64 U BStBl III 65, 90; vgl auch Rz 50; § 15 Rz 150 „Klinik"; zur USt s BVerfG BB 00, 183); § 4 Nr 14 UStG nF; *BMF* BStBl I 09, 756. Zur **Eigenverantwortlichkeit** s Rz 23 ff. 92

b) Dentisten; Heilpraktiker; Krankengymnasten. Sie werden auf Grund von Prüfungen, die die Berufsausübung gestatten, tätig (vgl BGBl I 87, 1225: ZahnheilkundeG; RGBl 39, 251: HeilpraktikerG; BGBl I, 1084: Masseur- und PhysiotherapeutenG; *FinVerw* FR 00, 284). Sie bedürfen der Berufszulassung (Erlaubnis) und unterliegen gesundheitsbehördl Aufsicht (s dazu Rz 130); vgl auch EU-Anerkennung (BGBl I, 2686). Sie werden auf **bestimmten Teilgebieten der Heilkunde** tätig; nicht aber bei sog medizinischem Gerätetraining (*FinVerw* DStR 15, 1175). Zur Gewinnerzielungsabsicht s FG Köln EFG 02, 274 (Tierheilpraktiker); zur Eigenverantwortlichkeit s Rz 29. Zu § 4 Nr. 14 UStG nF s *BMF* BStBl I 09, 756; 12, 682. – **Sofern Waren** oder **Erzeugnisse** (zB Massageöl, Zahnprothesen, Kontaktlinsen, Pflegemittel) über den Rahmen der eigenen Heilbehandlung hinaus an Patienten oder Dritte entgeltl abgegeben werden, liegt gewerbl Tätigkeit vor. Ist diese von der Heilbehandlung nicht trennbar, sind die aus der gesamten Tätigkeit erzielten Einkünfte grds gewerbl Gewinn (vgl Rz 44, 51; § 15 Rz 97). 95

7. Rechts- und wirtschaftsberatende Berufe. – a) Rechtsanwälte; Patentanwälte; Notare. Sie sind Organe der Rechtspflege (vgl § 1 BRAO, § 1 BNotO); dies trifft auch für EU-Anwälte gem EuRAG (§ 4 BRAO, § 3 Nr 1 StBerG) zu (*Kempermann* FR 04, 227: zumindest ähnl Beruf; BVerfG StEd 05, 655; s auch Rz 130; zu anderen Anwälten s *Kempermann,* FS Wassermeyer, 333/5). Der **Rechtsanwalt** berät in Rechtssachen, insb bei Vertragsgestaltungen, und vertritt seine Mandanten vor Gericht. Zu seinen **freiberufl** Aufgaben (§ 18 I Nr 1) gehören auch die Erstattung von Rechtsgutachten (BFH IV R 111/69 BStBl II 71, 132), die Übernahme eines Schiedsrichteramts (BFH IV 135/58 U BStBl III 61, 60). Fragl ist, ob dies auch für die in **§ 18 I Nr 3** genannten Tätigkeiten zutrifft. **Bej** RFH RStBl 32, 731: Aufsichtsrat; BFH IV R 125/89 BStBl II 90, 1028: RA/WP/StB als Testamentsvollstrecker (zur USt BFH V R 25/02, BStBl II 03, 734); zR **einschr** jedoch BFH V R 63/86 BFH/NV 91, 632 für RA als **Berufsvormund;** sowie nunmehr **vern** BFH VIII R 50/09; VIII R 3/10 BStBl II 11, 506; 498 für StB/RA, der als **Insolvenzverwalter** oder **Zwangsverwalter** tätig wird (Grund: primär kfm ausgerichtete Tätigkeit; ebenso für RA als **Vollstreckungsverwalter** bereits BFH XI R 56/00 BStBl II 02, 202; BVerfG DStZ 03, 578). Zur Aufgabe der Vervielfältigungstheorie/**Eigenverantwortlichkeitsprüfung** s Rz 30 ff, 147). Zur Baubetreuung (GewBetr) s Rz 141, 155 „Treuhänder"; zur Inkassotätigkeit s Rz 155. Soweit hiernach gewerbl Einkünfte vorliegen, wird allg empfohlen, diese in eigenständige PerGes/KapGes auszugliedern (Rz 44, 55, 50). – Zu (interprofessionellen) **Personenzusammenschlüssen** sowie den Rechtsfolgen etwaiger Standeswidrigkeit vgl Rz 41, 43. – Zur **Anwalts-GmbH/AG** s Rz 52 f. – Der **Patentanwalt** übt Rechtsberatung und Prozessvertretung vor dem Bundespatentamt/-gericht auf dem Gebiet des gewerbl Rechtsschutzes aus (zum Patentberichterstatter s BFH I R 23/67 BStBl II 71, 233). – Der **Notar** dient der vorsorgenden Rechtspflege. Er hat ein öffentl Amt inne. Seine Amtshandlungen sind mit öffentl Glauben ausgestattet. RA, Notare und Patentanwälte bedürfen zur Ausübung ihrer Tätigkeit der Zulassung bzw Bestellung (zu EU- 97

Ausländern s EuGH BB 11, 1409). Notare, und zwar sowohl die Nur-Notare als auch die Anwaltsnotare, sind selbstständig (freiberufl) tätig.

98 **aa) Arbeitsverhältnis.** Soweit RA anderweitig auf Grund eines ArbVerh, zB für Banken oder Versicherungen, tätig werden, üben sie keine freiberufl Tätigkeit aus. Dasselbe gilt, soweit sie auf Grund eines ArbVerh für berufsständische Vereinigungen von der Art der Wirtschafts- und Unternehmensverbände oder für Gewerkschaften tätig sind. Wird ihnen jedoch von ihrem ArbG für einzelne Rechtsangelegenheiten ein besonderer Geschäftsbesorgungs-/Vertretungsauftrag erteilt, der gesondert, wenn auch uU pauschal honoriert wird, liegt freiberufl anwaltl Tätigkeit vor (vgl BFH V R 104/79 BStBl II 81, 545); zu § 46 BRAO nF s *Offermann-Burckart* NJW 16, 113; *Henssler ua* DB 16, 215.

99 **bb) Gewinnerzielungsabsicht** (vgl allg Rz 5). Sie ist nach BFH XI R 10/97 BStBl II 98, 663 bei einem **hauptberufl RA** trotz Verluste (rd 1 Mio DM) über 20 Jahre und Vorliegens erhebl sonstiger positiver Einkünfte zu bejahen (zR abl *Alber* FS W. Müller, 01, 263; vgl BFH X R 62/01 BStBl II 05, 336). Anders aber, wenn Architekt/RA mit geringen freiberufl Einnahmen über weiteres Vermögen/Einkommen verfügt *oder* bei langjährigen Verlusten keine Maßnahmen zur Rentabilitätssteigerung ergreift (BFH VIII B 135/12 BFH/NV 13, 1556; FG Köln EFG 13, 212, rkr; FG Mster EFG 12, 1842, rkr mit Anm *Wüllenkemper;* EFG 12, 2115). Überholt dürfte damit BFH XI R 10/97 (aaO) jedenfalls insoweit sein, als danach bei „unwirtschaftl Betriebsführung" ledigl (Rz 75) eine BA-Kürzung gem § 4 Nr 7 in Betracht komme (s aber § 15 Rz 32). Zur Liebhaberei bei selbstständiger **Nebentätigkeit** s BFH IV R 81/99 BStBl II 02, 276: Verlusthinnahme auf Grund Praxisübergabeabsicht an Sohn (Anm HFR 01, 979); BFH III B 37/14 BFH/NV 15, 857: Einzelfallprüfung.

100 **cc) Art der Tätigkeit.** Zur Beruftätigkeit der Notare gehört zwar auch Mittelverwendungskontrolle nach § 23 BNotO (FG Ddorf EFG 06, 963, rkr); nicht zur Berufstätigkeit der RA, Notare und anderer freier Berufe (zB StB; *Fehrenbacher* DStR 02, 1017) gehören aber Geschäfte, die die **Vermittlung von Vermögensanlagen** (zB Immobilien, AbschreibungsGes-Anteile) zum Gegenstand haben (BFH IV R 208/85 BFH/NV 91, 435; FG Hess EFG 01, 1211, vgl auch Rz 50) und **standeswidrige Geldgeschäfte** (zB Darlehens- und Bürgschaftsgewährungen gegen Entgelt; vgl BFH IV R 77/76; IV R 80/88 BStBl II 82, 340; 90, 17), da „Geldgeschäfte" entweder zu Einkünften aus KapVerm oder GewBetr (BFH XI R 34/99 BFH/NV 01, 1545; BVerfG BFH/NV Beil 4/05, 112: gewerbl Grundstückshandel) führen oder keiner Einkunftsart zugeordnet werden können. Verluste aus derartigen Geschäften mindern daher den Gewinn aus freiberufl Tätigkeit nicht (zu Einzelheiten s Rz 163). Anders bei Geldgeschäften (zB Darlehen, Bürgschaft) zur Rettung einer aus der Berufstätigkeit entstandenen Forderung (BFH VIII R 236/77 BStBl II 80, 571) oder ohne Entgelt zur Rettung eines Mandats (BFH IV R 80/88 BStBl II 90, 17). Wegen Zugehörigkeit von Beteiligungsrechten zum BV s Rz 164. – Auch ein **standeswidriges,** aber seiner Art nach berufstypischen Geschäft gehört zur freien Berufstätigkeit (BFH IX R 48/05 BFH/NV 07, 886; *FinVerw* DB 06, 73; Rz 43). *Beispiele:* Strafverteidigung gegen **Erfolgshonorar** (s dazu aber Rz 61); rechtswidrige Nötigung des Prozessgegners. – Beteiligt sich der Freiberufler darüber hinaus am Risiko der gerichtl Geltendmachung einer Forderung, kommt es für die Zugehörigkeit des Vorgangs zur freien Berufstätigkeit darauf an, ob überwiegend ein Kreditgeschäft oder typische Berufstätigkeit vorliegt (BFH IV R 77/76 BStBl II 82, 340 mit Anm *Schick* StRK § 4 EStG R 13). Zur **treuhänderischen Tätigkeit** und zur Tätigkeit als Testamentsvollstrecker, Konkursverwalter s Rz 97, 140–142 und Rz 155 *Treuhänder.*

105 **b) Wirtschaftsprüfer; Steuerberater; vereidigte Buchprüfer.** Art und Umfang der **typischen** und weiteren berufsrechtl nicht zu beanstandender **Tätigkeiten** sind in der WPO und im StBG geregelt. Zur Abgrenzung von wirtschafts-

beratender Tätigkeit s BFH V R 120/73; V R 103/74 BStBl II 81, 189; 196. Zu EU-**ausl StBerGes** s §§ 3a, 3 Nr 3 EuGH DB 16, 47; s auch Rz 97); zur partiellen Berufsanerkennung vgl EuGH DStR 06, 572; *Metzler* DStR 06, 1723. Zum „Belastingadviseur" s Rz 155; zu internationalen Sozietäten s Rz 43. Zur Berufstätigkeit der **steuerberatenden Berufe** (Wirtschaftsprüfer, vereidigte Buchprüfer, Steuerberater, Steuerbevollmächtigte) kann auch die Prüfung der lfd Eintragungen in die Geschäftsbücher, die Prüfung der Inventur, die Durchführung des Hauptabschlusses und die Aufstellung der StErklärungen sowie die **Buchführung für andere Personen** gehören (BFH IV 200/51 U BStBl III 51, 197). Zur Verwaltung fremden Vermögens s BGH DStR 05, 573; *Feiter* DStR 06, 484 (Testamentsvollstreckung) sowie Rz 97, 155. – Die nach **Wegfall des Buchführungsprivilegs** der steuerberatenden Berufe (BVerfG BStBl II 80, 706) zugelassene selbstständige Ausführung der lfd Buchführungsarbeiten durch Personen, die nicht den steuerberatenden Berufen angehören (s *FinMin* NRW, BB 81, 659), ist – mangels § 18 I Nr 3 (s Rz 140) – jedoch gewerbl (BFH IV R 10/00 BStBl II 02, 338).

c) Beratender Volks- und Betriebswirt. Das Berufsrecht ist gesetzl nicht ge- 107
regelt; ein typisches Berufsbild gibt es nicht. Die Bezeichnungen können frei geführt werden. Der Beruf des beratenden Volks- und Betriebswirts ist daher grds anhand des Lehrinhaltes beim Studium der Volks- und Betriebswirtschaftslehre an einer Hochschule zu bestimmen. Der beratende Volks- und Betriebswirt muss **Kenntnisse** auf den hauptsächl Bereichen der Betriebswirtschaftslehre erworben haben (Unternehmensführung, Leistungserstellung, Materialwirtschaft, Finanzierung, Vertrieb, Verwaltungs-, Rechnungs- und Personalwesen) und in der Lage sein, diese fachl Breite auch in seiner praktischen Tätigkeit einzusetzen (BFH IV R 70/00 BStBl II 03, 25). **Ausnahme: Dipl-Wirtschaftsingenieur** (Kombination zweier bestimmter Katalogberufe mit entspr technisch-betriebswirtschaftl Ausbildung; BFH IV R 21/02, BStBl II 03, 919; ebenso zu DDR-Studium BFH XI R 3/06 BStBl II 07, 118). Es kommt nicht darauf an, ob die Kenntnisse durch ein abgeschlossenes Hochschulstudium (Diplom; graduierter oder staatl geprüfter Betriebswirt; vgl BFH IV R 51/99 BStBl II 00, 616; BVerfG StEd 01, 307) erworben wurden oder auf Selbststudium beruhen (BFH IV B 68/99; BFH/NV 00, 705). Zum *Nachweis* der autodidaktischen Ausbildung durch praktische Arbeiten oder Wissensprüfung BFH IV R 51/99 aaO; BFH III B 134/12 BFH/NV 13, 930; Rz 129. Eine gewisse Spezialisierung in der **Beratungstätigkeit** ist unschädl, solange diese sich wenigstens auf einen **betriebl Hauptbereich** (s oben) erstreckt (BFH IV B 133/99 BFH/NV 00, 1460; zu ArbN-Beratung s – abl – BFH IV R 59/97 BStBl II 99, 167; s auch Rz 155 „Personalberater"). Dies gilt auch für Dipl-Wirtschaftsingenieur (BFH IV R 21/02 aaO; zweifelhaft insoweit BFH XI R 3/06 BStBl II 07, 118; s *Kempermann* FR 07, 184). Bei weitergehender Spezialisierung, zB auf Werbeberatung, liegt gewerbl Tätigkeit vor (BFH VIII R 149/74 BStBl II 78, 565). Überhaupt **keine Beratung** ist die (Konzern-)Geschäftsleitung durch eine HoldingGes (BFH VIII R 73/06 BStBl II 09, 647). Weitere **Rspr-Beispiele** für gewerbl Einkünfte: *Marktforscherberater* (BFH V R 73/83 BStBl II 89, 212; zur wissenschaftl Tätigkeit s BFH IV R 61/92 BFH/NV 94, 89); *Anlage-/Finanz-/Kreditberater* (BFH XI B 28/07 BFH/NV 07, 1883), *Grundstücks-/Mietpreisgutachter* (BFH IV B 18/97 BFH/NV 98, 1206); *Berater für Dienstleistungsproduktion* (BFH IV B 121/98 BFH/NV 00, 457); *Datenschutzbeauftragter* (BFH IV R 34/01 BStBl II 03, 761); *Personalüberlassung* (BFH VIII R 101/04 BFH/NV 08, 1824); zu *Marketing-/Planungsberater, „Outplacement-Berater", Projektmanager, Politik-, Rundfunk-, Umwelt-* und *Versicherungsberater* s Rz 155. Die **EDV-Entwicklung** ist eigenständiger Beruf und damit auch bei Dipl-Kfm nicht der Tätigkeit eines beratenden Betriebswirts ähnl (BFH IV R 60–61/94 BStBl II 95, 888; BVerfG StEd 99, 542; aA FG Mchn EFG 06, 41); dies schließt jedoch nicht aus, dass ein EDV-Berater auch als beratender Betriebwirt tätig wird (BFH IV B 56/96 BFH/NV 97,

399; zu PC-Lernprogramm s Rz 77). Zur ingenieurähnl Tätigkeit s Rz 155 (EDV-Entwickler).

108 **8. Technische Berufe; Ingenieure; Architekten.** Ingenieur ist, wer durch seine Ausbildung in der Lage ist, in einer gewissen fachl Breite und Tiefe technische Werke zu planen und zu konstruieren und die Ausführung des Geplanten leitend anzuordnen und zu überwachen (vgl auch BFH IV R 53/00 BFH/NV 01, 1547: Siedlungswasserwirtschaft). Die **Fachkenntnisse** werden regelmäßig durch ein Hoch- oder Fachschulstudium erworben (BFH VIII R 31/07 BStBl II 10, 467: Berufsakademie). Deshalb ist Ingenieur iSd § 18 I Nr 1, wer nach den landesrechtl Ingenieurgesetzen *auf Grund seiner Ausbildung* berechtigt ist, diese Berufsbezeichnung zu führen. Wer die **Berufsbezeichnung** als „Ingenieur" nach den landesrechtl Ingenieurgesetzen kraft Verleihung oder nach einer Übergangsregelung *ohne* die an sich erforderl Ausbildung führt, ist nicht Ingenieur iSd § 18 I Nr 1 (BFH IV R 156/86 BFH/NV 91, 359).

109 **a) Ausbildung.** Die erforderl Fachkenntnisse in den Kernbereichen des Ingenieurberufs (dazu BFH IV R 156/86 aaO) können auch im **Selbststudium** erworben sein; dann ergibt sich die Notwendigkeit, das Vorhandensein von theoretischen und praktischen Kenntnissen, die denen eines Hoch- oder Fachschulabsolventen entsprechen, festzustellen (BFH IV B 156/99 BFH/NV 01, 593); die **Feststellungslast** trifft den StPfl. In solchen Fällen kann auch ein „ähnl Beruf" gegeben sein (s dazu Rz 125 ff). Auch die Aneignung der Kenntnisse durch praktische Berufstätigkeit ist mögl (BFH IV R 73/90 BStBl II 91, 878). Zu beachten ist ferner, dass die Ingenieurgesetze Landesrecht sind und deshalb zur Auslegung des zum Bundesrecht gehörenden § 18 I Nr 1 nur begrenzt herangezogen werden können (vgl dazu auch BFH IV R 65/00 BStBl II 02, 149 betr Fußpfleger).

110 **b) Architekten.** Die Berufsbezeichnung Architekt ist durch die landesrechtl Architektengesetze weitgehend geschützt (vgl BFH VIII R 121/80 BStBl II 82, 492; zur Gewinnerzielungsabsicht s BFH IV R 60/01 BStBl II 03, 85; Rz 5, 99). Aufgabe des Architekten ist die gestaltende, technische und wirtschaftl Planung von Bauwerken, ferner die Beratung, Betreuung und Vertretung des Bauherrn in den mit der Planung und Durchführung eines Vorhabens zusammenhängenden Fragen sowie die Überwachung der Ausführung (BFH XI R 3/06 BStBl I 07, 118: Bauleitung durch Wirtschaftsingenieur (s dazu Rz 107). Auch Aufgaben der Innenraumgestaltung sowie der Garten-, Landes-, Regional- und Bauleitplanung sind architektentypische Tätigkeiten (BFH IV R 86–88/91 BFH/NV 92, 811; s auch Rz 155).

111 **c) Tatsächl Tätigkeit.** Zusätzl ist erforderl, dass sich die tatsächl ausgeübte Tätigkeit wenigstens auf einen der Hauptbereiche der Ingenieurs-/Architektentätigkeit erstreckt (Planen, Gestalten, Konstruieren und Projektieren von technischen Werken; BFH IV R 34/01 BStBl II 03, 761: abl bei Datenschutzbeauftragtem). Dies umfasst auch die Überwachung der Herstellung der geplanten Gegenstände (BFH XI R 3/06 BStBl I 07, 118; s aber Rz 107), *nicht* aber die Tätigkeit als Bauunternehmer (BFH XI R 10/06 BStBl II 08, 54) oder Leistungen zur Absatzförderung (Kostenersparnis) des Auftraggebers (BFH IV B 152/96 BFH/NV 98, 312; XI B 57/06 BFH/NV 07, 687); eine erfolgsabhängige Vergütung ist hierfür zwar Indiz, jedoch nicht allein entscheidend (BFH IV B 20/01 BFH/NV 01, 1400 „Stundenhonorar"). Zur Kombination von technisch/wirtschaftl Beratung s FG RhPf DStRE 01, 1339. Zur Rspr bei IT-Ingenieuren s Rz 155 „EDV-Entwickler".

112 **d) Gemischte Tätigkeiten.** Werden WG auf eigene Rechnung und Gefahr hergestellt (zB Veräußerung schlüsselfertiger Bauten), ist die gesamte Tätigkeit gewerbl (sog gemischte Tätigkeit; Rz 50; § 15 Rz 97 ff). – Dagegen sind Grundstückshandel und -vermittlung (vgl hierzu § 15 Rz 50 ff, 131) idR von der freibe-

rufl Tätigkeit getrennt zu beurteilende gewerbl Tätigkeiten (BFH VIII R 60/70 BStBl II 76, 152: selbst bei Architektenbindung; s auch Rz 100, 155 „Innenarchitekt", § 15 Rz 97 ff).

e) Handelschemiker. Sie erstellen auf wissenschaftl Grundlage Analysen und erforschen Stoffe aller Art und ihr Verhalten (BFH VIII R 18/67 BStBl II 73, 183). Ein Berufsrecht gibt es für Handelschemiker nicht (s auch BFH XI R 5/06 BStBl II 07, 519; Rz 127). Probenabnahme und deren Analyse sind nach BFH VIII R 314/82 BFH/NV 87, 156 trennbare Tätigkeiten. **113**

f) Lotsen. Sie sind rechtsbegründend in § 18 I Nr 1 als freiberufl aufgeführt (BFH IV R 339/84 BStBl II 87, 625/6). **114**

9. Medienberufe. Journalist ist, wer eine in erster Linie auf Information über gegenwartsbezogene Geschehnisse gerichtete Tätigkeit ausübt, bei der die Sammlung und Verarbeitung von Informationen des Tagesgeschehens, die krit Auseinandersetzung mit diesen und die Stellungnahme zu den Ereignissen auf politischem, gesellschaftl, wirtschaftl oder kulturellem Gebiet das Berufsbild ausmachen (BFH VIII R 149/74 BStBl II 78, 565). Gleichgültig ist, ob der Journalist sich mündl oder schriftl äußert oder welcher Medien (Zeitung, Rundfunk, Film etc) er sich dabei bedient. Seine Arbeit muss sich an die Öffentlichkeit wenden. In der Literatur (*HHR* § 18 Rz 203) wird zu Recht die Begriffsbegrenzung auf zeitbezogene Themen kritisiert (offen in BFH IV R 16/98 BFH/NV 99, 602 betr PR-Berater). – **Selbstständigkeit** ist jedenfalls zu bejahen, wenn **Urheberrechte** übertragen werden (FG Hess EFG 90, 310, rkr); zum „freien Mitarbeiter" s BFH V R 37/08 BFH/NV 09, 1749. **120**

a) Bildberichterstattung. Sie ist journalistische Nachrichtenübermittlung oder -vertiefung durch Bilder oder Filme, die dem Publikum durch Zeitungen, Zeitschriften, Filme oder Fernsehen vermittelt werden (BFH IV R 50/96 BStBl II 98, 441; IV R 1/97 BFH/NV 99, 465; jeweils auch zur gewerbl Fotographie). Dies trifft auch auf Kameramann/Tontechniker zu, wenn das Bildmotiv entspr seinem Nachrichtenwert *eigenverantwortl* ausgewählt wird (BFH XI R 8/00 BStBl II 02, 478). Zur bloßen Zuarbeit s FG Bln EFG 99, 1082. **122**

b) Dolmetscher. Er vermittelt die sprachl Verständigung zw Menschen, die verschiedene Sprachen sprechen. Der **Übersetzer** überträgt schriftl Gedankenäußerungen von einer in eine andere Sprache. Wegen der Abgrenzung zur schriftstellerischen Tätigkeit s BFH IV R 142/72 BStBl II 76, 192, die nach dem Wegfall des § 34 IV nur noch geringe Bedeutung hat (s Pauschbeträge, Rz 216). **123**

10. Ähnliche Berufe. Da eine sprachl (begriffl) Umschreibung der „freiberuflichen Tätigkeit" und der **Katalogberufe** nicht mögl ist (s Rz 5, 61), kann für den Ähnlichkeitsvergleich auch nicht auf die Ähnlichkeit einer Berufstätigkeit mit einer beliebigen Auswahl von Katalogberufen als Gruppe abgestellt werden (**keine Gruppenähnlichkeit;** BFH III B 67/12 BFH/NV 13, 920 mN; *Pfirrmann* FR 14, 162; zur Verfassungsmäßigkeit s Rz 4); die Aufzählung ungleichartiger Berufe in § 18 I Nr 1 gebietet vielmehr, eine etwaige Ähnlichkeit durch Vergleich mit einem bestimmten Katalogberuf festzustellen; dabei kann sich der zu vergleichende Beruf mit jeweils mehreren Katalogberufen als ähnl erweisen (BFH IV R 19/97 BStBl 98, 139 zu II 3a). **125**

a) Vergleichbarkeit. Der „ähnliche" Beruf muss dem Katalogberuf in wesentl Punkten, dh in Ausbildung und berufl Tätigkeit vergleichbar sein (BFH XI R 82/94 BStBl II 96, 518; BFH XI B 63/98 BFH/NV 00, 424). Dabei ist ein wertender Vergleich der einzelnen Berufsmerkmale des Katalogberufes und des als ähnl behaupteten Berufes vorzunehmen, und zwar unter Berücksichtigung des Gesamtbildes der berufl Tätigkeiten (BFH IV R 156/86 BFH/NV 91, 359). Die die Ähnlichkeit begründenden Tätigkeiten müssen iSe *Schwerpunkts* andere den Ähnlichkeitsvergleich nicht begründende Tätigkeit überwiegen (BFH IV R 74/00 **126**

BStBl II 03, 27). Zu **Ausnahmen** bei Dipl-Wirtschaftsingenieur (Kombination zweier bestimmter Katalogberufe) s BFH IV R 21/02 BStBl II 03, 919; BFH XI R 3/06 BStBl II 07, 118: DDR-Studium; s aber Rz 107). Sofern für den Katalogberuf eine bestimmte **Ausbildung nicht vorgeschrieben** ist, stellt der BFH allein auf die Berufstätigkeit ab, ohne in den Ähnlichkeitsvergleich weitere Merkmale der Gesamtberufsbilder einzubeziehen (BFH I 415/62 U BStBl III 65, 692).

127 **b) Ausbildung.** Wird für den Katalogberuf eine bestimmte Ausbildung verlangt, muss die Ausbildung für den ähnl Beruf der für den Katalogberuf vergleichbar sein (BFH VIII B 23/10 BFH/NV 11, 46; zum Ingenieur/Pilot BFH IV R 94/99 BStBl II 02, 565; zum Hoch-Bautechniker als architektenähnl s BFH IV R 118–119/87 BStBl II 90, 64 sowie einschr BFH XI R 47/98 BStBl II 00, 31; FG Saarl EFG 01, 746: organisatorische Arbeiten nicht architektenähnl; FG SachsAnh EFG 07, 1448: Blitzschutz-Sachverständiger nicht ingenieurähnl; BFH XI R 5/06 BStBl II 07, 519: Umwelt-Auditor dem Handelchemiker ähnl) und der ähnl Beruf muss auf wissenschaftl oder künstlerischer Grundlage ausgeübt werden (BFH IV R 75/74 BStBl II 75, 558).

128 **aa) Art der Ausbildung.** Eine wissenschaftl Ausbildung oder wissenschaftl Kenntnisse setzt nicht unbedingt ein Hochschulstudium voraus (BFH III R 43–44/85 BStBl II 88, 497), sie können auch im *Selbststudium* oder durch die *Berufstätigkeit* erworben sein (BFH IV R 116/90 BStBl II 93, 100). Die wissenschaftltheoretischen Kenntnisse müssen aber dem Niveau eines Hochschulabsolventen des Vergleichsberufs entsprechen (BFH XI R 47/98 BStBl II 00, 31; XI R 11/06 BFH/NV 07, 2091).

129 **bb) Beweisanforderungen.** Ein **Autodidakt,** der geltend macht, eine einem Katalogberuf ähnl Tätigkeit mit vergleichbaren Kenntnissen auszuüben, hat die ausgeübte Tätigkeit (BFH VIII B 77/12 BFH/NV 13, 217), die Art und Weise des Selbststudiums und der Anwendung des Fachwissens darzulegen (BFH IV B 107/95 BFH/NV 97, 116, FG Köln EFG 14, 1575, Rev VIII R 14/14). Zu deren Beurteilung muss das FG ggf **Sachverständigengutachten** einholen (BFH III B 244/11 BFH/NV 12, 1119: verfgemäß; Rz 8). Zur Wissensprüfung s BFH VIII R 27/07 HFR 09, 898; FG Mchn EFG 14, 558, Rev III R 3/14; zur Ermittlung der Berufscharakteristika s *FinVerw* DB 02, 1026). Nur wenn nach der Art der Tätigkeit ihre Ausübung ohne solche Kenntnisse nicht vorstellbar ist, kann auf den Ausbildungsnachweis verzichtet werden (BFH VIII B 264/09 BFH/NV 10, 1300). – Zu Urheberschaft vorgelegter Arbeitsproben s FG Mchn EFG 13, 438, Rev VIII R 4/13.

130 **c) Erlaubnisberufe.** Nach bisheriger Rspr ist bei „vorbehaltenen" Tätigkeiten, deren Ausübung ohne staatl Erlaubnis berufsrechtl unzulässig oder mit Strafe bedroht ist, die Ausnahme eines ähnl Berufes ohne entspr Erlaubnis ausgeschlossen (BFH IV R 43/96 BStBl II 97, 681; FG Köln EFG 06, 511: RA ohne Zulassung; zur behördl Aufsicht vgl BFH IV R 94/99 BStBl II 02, 565: Pilot nicht dem Lotsen ähnl). Zudem liegt ein ähnl Beruf nur bei **staatl Prüfung** oder Anerkennung vor, falls eine solche für den Katalogberuf erforderl ist (BFH IV R 65/00 BStBl II 02, 149: medizinischer Fußpfleger; s dazu aber Rz 155). Hiervon ist der BFH jedoch im Anschluss an die geänderte Rspr zu § 4 Nr 14 UStG aF (Entlastung des Sozialversicherungsträgers; vgl BVerfG BStBl II 00, 155, 158: Heileurythmie/medizinischer Fußpfleger; *BMF* BStBl I 00, 433) für sog **Heilhilfs-/Gesundheitsfachberufe abgerückt.** Da bei Krankengymnasten/Physiotherapeuten (Rz 95) ledigl die Berufs*bezeichnung* geschützt sei, genüge für die Ähnlichkeit des Vergleichsberufs, wenn mit der Erlaubnis der jeweiligen berufl Organisation Kenntnisse bescheinigt würden, die mit den staatl geregelten Heilhilfsberufen vergleichbar seien; ein ausreichendes Indiz hierfür sei die Kassenzulassung (§ 124 SGB V), iÜ seien deren Erfordernisse mit dem Einzelfall zu vergleichen (BFH IV R 69/00 BStBl II 04, 954; FG Ddorf EFG 12, 1889: jeweils Audio-Psycho-Phonologe/Tomatis-

Methode; mutmaßl *überholt* (vgl *MK* DStR 03, 1433) damit BFH IV R 65/00 aaO; BFH IV R 45/00 BStBl II 03, 21: Fußpfleger/Reflexzonenmasseur; IV R 49/01 BStBl II 03, 721: Sprachheilpädagoge). Zu § 4 Nr 14 UStG s *BMF* BStBl I 14, 217. Weitere Einzelfälle/Einzelheiten s Rz 155. – Schon bisher hat der BFH die Eintragung in die **Architektenliste** für die Ausübung des Architektenberufes nicht verlangt (BFH IV R 75/74 BStBl II 75, 558). – Der Rspr (zu § 18) ist zu folgen, denn für den ähnl Beruf müssen dieselben Schranken wie für das als Maßstab dienende Berufsbild des Katalogberufs gelten. Wegen weiterer Einzelfälle s Rz 155.

d) Sportler. Nehmen sie mit einer gewissen Regelmäßigkeit an Sportveranstal- 132
tungen (zB Wettkämpfen) teil, erzielen sie durch Sportpreise, Startgelder, Erfolgsprämien und Werbeeinnahmen gewerbl Einkünfte, da ihre Tätigkeit sich nicht unter § 18 I Nr 1 oder Nr 3 subsumieren lässt; vgl § 15 Rz 150 *Berufssportler;* BFH I R 44–51/99 BStBl II 02, 271.

IV. Sonstige selbstständige Tätigkeit, § 18 I Nrn 2, 3

1. Staatl Lotterieeinnehmer. Sie beziehen Einkünfte nach § 18 I Nr 2, wenn 135
ihre Tätigkeit nicht als GewBetr aufzufassen ist. Eine **staatl Lotterie** liegt vor, wenn sie *(1)* vom Staat selbst betrieben wird (Regiebetrieb), *(2)* in Form einer rechtsfähigen Anstalt oder *(3)* in Form einer KapGes (BFH BStBl II 85, 223). Wird die Lotterie durch eine **KapGes** betrieben, liegt ein GewBetr auch dann vor, wenn sich alle Anteile in der Hand des Staates befinden (BFH GrS 1/62 S BStBl III 64, 190). Ein **GewBetr** des Lotterieeinnehmers ist zu bejahen, wenn er zum Absatz der Lose einen kfm eingerichteten Geschäftsbetrieb unterhält oder wenn er die Lose iRe anderen von ihm geführten GewBetr absetzt (vgl BFH VIII R 310/83 BStBl II 86, 719; FG Nds EFG 85, 78: Tabak-/Zeitschriftenhandel; aA FG Mster EFG 81, 191: Trennung von Fotofachgeschäft und Lottoannahme; mE fragl; vgl auch *Eppler* DStR 87, 84/7). Zu **§ 13 GewStDV** s BFH I R 158/81 aaO; IV R 205/75 BStBl II 76, 576: Lagerlose. – Die Einkünfte der **Bezirksvertreter einer staatl Lotterie** fallen nicht unter § 18 I Nr 2, sondern unterliegen der GewSt, da die Bezirksvertreter keine Lotterieeinnehmer sind (BFH IV R 81/66 BStBl II 72, 801).

2. Sonstige selbstständige Arbeit. – a) Begriff. Das Gesetz erläutert den 140
Begriff nur durch die beispielhafte Aufzählung der Vergütungen für die *Vollstreckung von Testamenten* (s auch § 15 Rz 141, 301; § 5 II Nr 1 RDG), für *Vermögensverwaltung* und für die *Tätigkeit als Aufsichtsratsmitglied.* Obgleich die Aufzählung keinen abschließenden Charakter hat, waren von § 18 I Nr 3 nach *bisheriger* Rspr (Grundsatz der sog Gruppenähnlichkeit) nur Tätigkeiten in *fremdem Vermögensinteresse* erfasst (BFH IV R 1/03 BStBl II 04, 112), zu denen der StPfl unmittelbar berechtigt und verpflichtet ist (BFH IV R 41/03 BStBl II 05, 611: nicht Subunternehmer). Nach **geänderter Rspr** untersteht auch eine Tätigkeit in einem **„fremden Geschäftskreis“** – dh auch die Wahrnehmung fremder *Nicht*vermögensinteressen – § 18 I Nr 3 (BFH VIII R 10/09; VIII R 14/09 BStBl II 10, 906; 909: betr Betreuer; Rz 141; krit *Kempermann* FR 10, 1048). Letzteres birgt mE die Gefahr tatbestandl Konturlosigkeit (s auch Rz 141).

Beispiele: – (a) Vergleichbar (§ 18 I Nr 3) sind: **Treuhänder** (s Rz 155, 97; BFH IV R 141
7/03 BFH/NV 04, 183: offen bei Abwicklung von Treuhandunternehmen); Beteiligungs-Entscheidungen (WagnisKapGes) s Rz 280 ff; **Nachlass-, Insolvenz-,** Vergleichs-, Zwangs- oder **Gesamtvollstreckungsverwalter** (BFH VIII R 50/09; VIII R 3/10 BStBl II 11, 506; 498; auch bei RA/StB etc; s Rz 147); **Sachverständige** iSd § 75 KO/§ 5 InsO (BFH IV 404/60 U BStBl III 61, 306); **Schiedsrichter** (*Jesch ua* DStZ 10, 252; fragl; s aber Rz 97); **Hausverwalter** (RFH RStBl 38, 842; BFH I R 123/69 BStBl II 71, 239; aA aber BFH VIII R 67/92 BStBl II 94, 449: GewBetr bei großem Wohnungsbestand und Maklertätigkeit (s aber Rz 32; zur Trennung von gewerbl Tätigkeiten s BFH IV R 5/98 BFH/NV 99, 1456); **Vormund** und **Pfleger** (s auch Rz 155 „Familienhelferin“); **Betreuer** gem § 1896 BGB/

Verfahrenspfleger gem FamFG (BFH VIII R 10/09 BStBl II 10, 906; BFH VIII R 14/09 BStBl II 10, 909: *Rspr-Änderung;* s Rz 140; 29. Aufl; zu § 3 s dort; BFH VIII R 57/09 BStBl II 13, 799); zu § 14 GewO, s BVerwG NJW 13, 2214; zu § 4 Nr 16 aF/nF UStG s BMF v 22.11.13, juris).

(b) Nicht vergleichbar sind: Nach bisheriger Rspr (s Rz 140) Stunden-/**Buchhalter** (BFH IV R 10/00 BStBl II 02, 338; VIII B 46/07 BFH/NV 08, 785; s Rz 105), **Buchmacher** (RFH RStBl 39, 576), **Makler** (RFH RStBl 38, 842, 843), selbstständige **Versicherungsvertreter** (BFH I R 110/76 BStBl II 78, 137) und **Bevollmächtigte** eines **Testamentsvollstreckers** (BFH IV R 155/86 BFH/NV 90, 372).

144 **b) Ehrenamt.** Anders als Parlamentsabgeordnete im Bund und den Ländern (§ 22 Rz 161) üben **ehrenamtl** Mandatsträger (zB **Kreistagsabgeordnete, Stadt- und Gemeinderäte**) selbstständige Tätigkeit nach § 18 I Nr 3 aus (BFH VIII R 58/06 BStBl II 09, 405; BFH III B 156/12 BFH/NV 13, 1420: **Bürgermeister;** aA *FinVerw* DB 13, 609). Zu den Einnahmen gehören **Sitzungsgelder** und andere Tätigkeitsvergütungen, sofern sie nicht entstandenen Aufwand abzugelten bestimmt sind; ebenso der Wert von Sachleistungen (Gestellung eines Kfz; BFH IV R 41/85 BStBl II 88, 266; zum BA-Abzug s § 19 Rz 50 „Kraftfahrzeuggestellung"; offen BFH IV R 41/85 BStBl II 88, 266). **Wahlkampfkosten** sind vorweggenommene BA (BFH IV R 15/95 BStBl II 96, 431). Sie sind abziehbar, soweit sie zusammen mit den anderen BA erweisl die (zB nach § 3 Nr 12 aF/nF gezahlte) Aufwandsentschädigung übersteigen (FG Mster 93, 710; *FinMin BaWü* DStR 96, 1732; *Stübe* FR 94, 385).

147 **c) Mitarbeit.** Auch eine nach § 18 I Nr 3 zu erfassende Tätigkeit wird (vorwiegend) durch die persönl Arbeitsleistung des StPfl bestimmt. Der BFH hat hierzu seine Rspr dahin geändert, dass die für die freie Berufstätigkeit zugelassene unschädl Mitarbeit qualifizierter Hilfskräfte (§ 18 I Nr 1 S 3) auch iRv Einkünften aus sonstiger selbstständiger Arbeit entspr gilt; die sog *Vervielfältigungstheorie* ist damit auch für die Berufe gem § 18 I Nr 3 *aufgegeben;* zu Einzelheiten s Rz 30 ff.

150 **3. Aufsichtsratsmitglieder. – a) Begriff.** Aufsichtsratsmitglieder iSd § 18 I Nr 3 sind Mitglieder von Organen einer Körperschaft wie Aufsichtsrat oder Verwaltungsrat oder andere Personen, die mit der Überwachung der Geschäftsführung beauftragt sind. Dabei wird der Begriff der überwachenden Tätigkeit weit ausgelegt und umfasst zB auch die Aufsicht über die öffentl-rechtl Rundfunk- und Fernsehanstalten. Nicht jedoch die bloße Repräsentation (BFH VIII R 159/73 BStBl II 78, 352), die Wahrnehmung der Geschäftsführung oder deren Beratung (BFH IV R 1/03 BStBl II 04, 112; zu RA s *Happ* FS Priester, 175). Zur Vergütung gehören alle Zahlungen für die Aufsichtsratstätigkeit (fixe/variable Vergütungen, Sitzungsgelder, Aufwandsentschädigungen, Reisekostenerstattung) sowie Sachleistungen, zB Kfz-Überlassung, Zurverfügungstellung von Räumen und Personal, soweit letztere nicht ledigl zur Ausübung der Aufsichtsratstätigkeit dienen (*FinVerw* DStR 08, 405; DB 11, 2118), Aktienoption (BFH VIII R 19/11 BStBl II 13, 689); zu BE/BA bei sog „Poolung" s *HHR* § 18 Rz 274; zu „D&O"-Versicherung vgl *FinVerw* FR 02, 358; *Loritz ua* DStR 12, 2205. Nicht zur Vergütung gehören Zahlungen für außerhalb der Überwachungstätigkeit erbrachte gesonderte Leistungen (BFH IV R 1/03 aaO). Zu § 50a II aF/nF s dort; zum EU-Informationsaustausch s § 7 I Nr 2 EUAHiG. Zur USt s *FinVerw* DStR 14, 428.

151 **b) ArbN-Aufsichtsräte.** Sie haben Einkünfte aus sonstiger selbstständiger Tätigkeit (BFH V R 136/71 BStBl II 72, 810). Soweit sie sich vor ihrer Wahl zur Teilabführung der Vergütung für soziale Zwecke der Belegschaft (BFH IV R 81/76 BStBl II 81, 29) oder gewerkschaftl Einrichtungen (FG BBg EFG 09, 1286 rkr) verpflichten, sind die entspr Beträge BA.

152 **c) Beamte.** Wenn sie von ihrem Dienstherrn in den Aufsichtsrat entsandt werden, erzielen nach BFH VI 84/55 U BStBl III 57, 226 ArbLohn (Einzelheiten s *FinVerw* DB 13, 2771). Die Beamten haben aber bei ihrer Tätigkeit die Interessen

der Ges wahrzunehmen; die Vergütungen sind daher Einkünfte iSv § 18 I Nr 3 (vgl § 19 Rz 35 „Aufsichtsratmitglied").

153 **d) Mitunternehmer.** MUer gewerbl PersGes erzielen Sonderbetriebseinnahmen nach § 15 I 1 Nr 2 HS 2 auch bei rückwirkender Umwandlung (*BMF* BStBl I 11, 1314 Rz 2.37).

155 **4. ABC der selbstständigen Arbeit.** S auch ABC der gewerbl Unternehmen § 15 Rz 150)

Abfallwirtschaftsberater uU ingenieurähnl (BFH IV R 27/05 BFH/NV 06, 1270).

Altenpflege s Krankenpflege.

Anlageberater, gewerbl tätig (BFH VIII B 54/12 BFH/NV 13, 1098).

Apotheker, gewerbl tätig (s § 15 Rz 150). Zur Verfmäßigkeit ausführl BFH IV B 48/97 BFH/NV 98, 706; Nichtannahme BVerfG DStRE 98, 549.

Architekt s Rz 108/-13; § 15 Rz 97 ff. Gutachter als Sachverständiger für Gebäude ist freiberufl (BFH IV 6/53 U; IV 45/58 U BStBl III 54, 147; 59, 267). Bau von Architekturmodellen ist weder dem Architekten vergleichbar noch künstlerisch (BFH IV 15/60 U BStBl III 63, 598); s auch Innenarchitekt.

Ärztepropagandist. Gewerbetreibender, sofern nicht angestellt (BFH IV 329/58 U BStBl III 61, 315; I R 204/81 BStBl II 85, 15/7).

Arztvertreter. IdR selbstständige (freiberufl) Arbeit (BFH IV 429/52 U BStBl III 53, 142; Rz 36).

Audio-Psycho-Phonologe s Rz 130.

Auditor gewerbl (FG Hess DStRE 05, 943, rkr).

Aufsichtsratsmitglied s Rz 150.

Auktionator. Gewerbetreibender (BFH IV 696/54 U BStBl III 57, 106).

Aushilfsmusiker eines Symphonieorchesters ohne feste vertragl Bindung ist selbstständig und künstlerisch tätig (FG Köln EFG 82, 345). Vgl auch Rz 11.

Badeanstalt medizinische. Regelmäßig GewBetr, wenn nicht Hilfsmittel bei freiem Beruf (BFH IV 60/65 BStBl II 71, 249); *BMF* BStBl I 04, 1030).

Bauingenieur beratender. Grds freiberufl, zur Abgrenzung vom GewBetr s BFH I R 173/66 BStBl II 68, 820.

Bauleiter. Nicht Architekten/Ingenieur ähnl, wenn keine wissenschaftl Ausbildung (BFH VIII R 121/80 BStBl II 82, 492; FG BBg EFG 14, 456). S auch „Hochbautechniker".

Bauschätzer (Schadensschätzer), Freiberufl Tätigkeit, da dem Architekten ähnl (BFH IV 45/58 U BStBl III 59, 267).

Bausparkassen-„Aktionsleiter", der Absatz von Bausparverträgen fördert, ist gewerbl tätig (BFH I R 114/85 BStBl II 89, 965; FG Ddorf DStRE 02, 420).

Baustatiker. Freiberufl Tätigkeit, der des Architekten ähnl (BFH IV R 185/71 BStBl II 76, 380; IV R 146/75 BStBl II 79, 109).

Belastingadviseur (-NL) mangels Kontrolle/Erlaubnis durch Berufsorganisation grds gewerbl (*BMF* DB 98, 1207; Rz 43); hieran hat § 3 Nr 4 StBerG (jetzt § 3a) nichts geändert (s § 37a StBerG aF/nF; BFH VII B 330/02 BStBl II 03, 422; *FinVerw* StEd 05, 522; BVerfG StEd 05, 655; zu RA s aber Rz 97).

Beleuchtungskörper. Deren Einzelanfertigung kann künstlerisch sein (BFH IV 43/64 BStBl II 69, 70; s a Rz 68).

Beratender Betriebswirt s Rz 107.

Berater von (Berufs-)**Sportlern,** gewerbl (BFH IV R 59/97 BStBl II 99, 167).

Bergführer, gewerbl (*HHR* § 18 Rz 600; aA *März* DStR 94, 1177).

Betreuer (§ 1896 BGB) s Rz 141.

Bezirksschornsteinfegermeister gewerbl (BFH XI R 53/95 BStBl II 97, 295).

Bezirksvertreter einer staatl Lotterie, s Rz 138.

Bibliothekar s „Dokumentation".

Bildberichterstatter s Rz 121 und „Fotograf".

Bildhauer. Künstl Tätigkeit, auch wenn er Modelle und Entwürfe für Serienproduktion herstellt (BFH StRK UStG § 4 Ziff 17 R 9).

Biologe. Auch Bestandsaufnahmen können wissenschaftl sein (BFH IV R 64/91 BFH/NV 93, 360).

Blutgruppengutachter, freiberufl – dem Katalogberuf des Arztes ähnl – (BFH IV R 231/82 BFH/NV 87, 367).

Briefmarkenrestaurator. Gewerbetreibender (OFH StRK GewSt § 2 I R 12).

Büttenredner übt keine künstlerische Tätigkeit aus (BFH IV R 105/85 BStBl II 87, 376; aA FG Ddorf EFG 04, 1628; diff *Joisten ua* FR 13, 57, 63). Zur Darlegung der eigenen Sachkunde s BFH IV B 200/04 BStBl II 06, 709.

Buchhalter (Stundenbuchhalter), gewerbl (Rz 105, 141).

Buchmacher, GewBetr, s Rz 143.

Bühnenarbeiter nicht künstlerisch (BFH XI R 21/06 BStBl II 07, 702).

Casting-Direktor ist uU künstlerisch tätig (FG Mchn EFG 12, 159, rkr, mit Anm *Neu*).

Choreograph, künstlerisch (FG Ddorf DStR 11, 565 betr USt).

Cutter s Werbefotographie.

Datenschutzbeauftragter, nicht einem Katalogberuf ähnl (BFH IV R 34/01 BStBl II 03, 761; IV R 41/01 BFH/NV 03, 1557; s auch Rz 107, 111, 125).

Designer. Kann freiberufl sein (BFH XI B 118/95 BFH/NV 96, 806); evtl künstlerisch (BFH IV R 61/89 BStBl II 91, 20; FG Köln DStRE 07, 1312, rkr; FG Mster EFG 08, 1975, rkr: Webdesigner; fragl). S auch „Saucen-Designer".

Diätassistent dem Heilberuf ähnl (*BMF* BStBl I 04, 1030); vgl auch EU-Anerkennung gem Gesetz v 2.12.07, BGBl I, 2686. Zur USt s *BMF* BStBl I 09, 756.

Diplom-Informatiker/-Mathematiker s „EDV-Entwickler".

Dirigent s „Musiker".

Disability Manager gewerbl (BFH III B 67/12 BFH/NV 13, 920).

Discjockey idR gewerbl; uU aber künstlerisch (s *Grams* FR 99, 747).

Dispacheur. Schadensprüfung keine freiberufl Tätigkeit (BFH IV R 109/90 BStBl II 93, 235; BVerfG HFR 01, 496). S auch „Sachverständiger".

Dokumentar (Dipl) ist regelmäßig nicht wissenschaftl tätig, anders nur bei fachwissenschaftl Dokumentation (BFH IV R 48/99 BStBl II 01, 241).

Drehbuch-(Co-)Autor („executive producer") kann Schriftsteller sein (FG Hbg EFG 01, 907).

EDV-Entwickler übt eigenständigen und damit keinen dem beratenden Betriebswirt ähnl Beruf aus (Rz 107). Zur *Selbstständigkeit* s BFH IV R 60–61/94 BStBl II 95, 888. – Die Entwicklung von **Systemsoftware** ist jedoch **ingenieurähnl** (*Pfirrmann* FR 14, 162; einschr BFH VIII R 17/12, juris: bei leichten/mittelschweren Tätigkeiten). Dies gilt sowohl für den Hochschulabsolventen (Dipl-Informatiker oder vergleichbare Ausbildung; weitergehend FG BBg EFG 13, 1060 rkr: Holztechnik-Ingenieur; fragl) als auch für den Autodidakten, der den Nachweis entspr theoretischer Kenntnisse anhand eigener praktischer Arbeiten (BFH X R 29/06 BStBl II 07, 781; *Kempermann* FR 90, 535/8: „Kerninformatiker" als Maßstab) oder durch eine Wissensprüfung/Sachverständigengutachten erbringt (Rz 129; BFH III B 244/11 BFH/NV 12, 1119; FG Hess EFG 12, 1773). – Nach durch BFH XI R 9/03 BStBl II 04, 989 **geänderter Rspr** (*Kempermann* FR 04, 1290; *Graf* INF 05, 298) gilt *ab VZ 1990* Gleiches für ingenieur-gerecht entwickelte (Planung, Konstruktion, Überwachung), qualifizierte **Anwendersoftware** (keine Trivialprogramme, dazu *FinVerw* DStR 05, 68; EStR 5.5 I; BFH X R 26/09 BFH/NV 11, 1755), ebenso für IT-**Systemadministration** (BFH VIII R 31/07 BStBl II 10, 467), IT-**Betreuung/Projektleitung** (BFH VIII R 63/06; VIII R 79/06 BStBl II 10, 466; 404), *nicht* jedoch für auf Absatzförderung gerichtete bloße EDV-Beratung (BFH XI R 57/05 BFH/NV 07, 1854; zur Abgrenzung s FG BBg aaO; *Pfirrmann* FR 14, 162). Zur theoretischen Ausbildung s BFH XI B 153/05 BFH/NV 06, 2255: Roboterprogramme. Zur früheren Rspr einschließl Trennung der Tätigkeitsbereiche s 23. Aufl mwN. – Zu ingenieur-mäßiger Software s BFH IV B 49/96 BFH/NV 99, 462; FG BaWü EFG 01, 1449; FG RhPf EFG 02, 1046; zur schriftstellerischen Tätigkeit vgl Rz 77. – Zu § 12 UStG s BFH V R 25/04 BStBl II 05, 419.

Eichaufnehmer s „Schiffssachverständiger".

Elektroanlagenplaner/-techniker. Keine freiberufl Tätigkeit, wenn die für Vergleichbarkeit mit Ingenieur erforderlichen mathematisch-technischen Kenntnisse nicht nachgewiesen sind und keine ausreichende Berufsbreite gegeben ist (BFH I R 113/78; I R 66/78 BStBl II 81, 121; FG Nds EFG 99, 975, rkr).

Energieberater jedenfalls bei erfolgsabhängiger Absatzberatung gewerbl (BFH IV B 20/01 BFH/NV 01, 1400; s auch Rz 111).

Erbensucher (Genealoge), gewerbl tätig (BFH I 349/61 U BStBl III 65, 263); s auch zu § 5 I RDG BT-Drs 16/3655, 53.

Ergotherapeut freiberufl (*BMF* BStBl I 04, 1030); vgl auch EU-Anerkennung (Gesetz v 2.12.07, BGBl I, 2686). Zur USt s *BMF* BStBl I 09, 756.

Erhebungsbeauftragter für StatistikG, s StEK EStG § 3 Nr 696 (Einkünfte nach § 18 I Nr 3).

Ernährungsberater gewerbl (*BMF* DB 00, 1001: keine Kassenzulassung; s auch Rz 130); teilweise aA zur USt BFH V R 23/04 BFH/NV 05, 2142; *BMF* BStBl I 09, 756.

Erziehungshelferin s „Kindertages/-vollzeitpflege".

Executive producer s „Drehbuch-(Co-)Autor".

Fahrlehrer/Fahrschule (grds) unterrichtende Tätigkeit (BFH IV R 18/02 BStBl II 03, 838; Rz 83), *wenn* eigenverantwortl (dazu Rz 29).

Fakir nicht freiberufl (künstlerisch), sondern gewerbl tätig (BFH I R 96/92 BFH/NV 93, 716).

Familienhelferin s „Kindertages/-vollzeitpflege".

Fernsehen. Ansagerin kann künstlerisch tätig sein (FG Bln EFG 67, 432). Kameramann s dort. Ausarbeitung von Quizfragen keine künstlerische Tätigkeit ebenso wenig Sprecher bei Werbesendungen (BFH IV R 112/72 BStBl II 77, 459).

Filmhersteller. Nur dann künstlerisch tätig, wenn er an allen Tätigkeiten (zB Drehbuch, Regie, Kameraführung, Schnitte, Vertonung) selbst mitwirkt (BFH VIII R 32/75 BStBl II 81, 170). S auch Pornographie.

Finanzanalyst s „Anlageberater".

Finanzberater, gewerbl tätig (BFH I R 300/83 BStBl II 88, 666).

Fitness-Studio, idR gewerbl, nicht freiberufl-unterrichtend (BFH IV R 79/92; IV R 35/95 BStBl II 94, 362; 96, 573); s auch Rz 83.

Fleischbeschauer. Gewerbetreibender RFH RStBl 38, 429; vgl aber BFH StRK EStG § 18 R 400.

Fotograf/-arrangeur. IdR GewBetr; insb Fotodesign kann jedoch künstlerisch tätig sein (BFH VIII R 76/75 BStBl II 77, 474; zu Gemäldefotograf vgl BSG DStR 99, 1329). Diese Abgrenzung ist verfgemäß (BVerfG DB 78, 1862). Zu Bildberichterstatter s Rz 122. Vgl auch *Werbefotographie, Pornographie.*

Frachtenprüfer. Bei Ähnlichkeit mit Rechtsanwaltstätigkeit freiberufl tätig (FG Bln EFG 70, 343, rkr); mE zweifelhaft, s auch „Dispacheur".

Frauenbeauftragte einer Gemeinde, § 18 I Nr 3 (s StEK EStG § 18 Nr 211).

Fremdenführer gewerbl (BFH I R 85/83 BStBl II 86, 851).

Friseur s Werbefotographie.

Fußpfleger s „Medizinischer Fußpfleger", „Fußreflexzonenmasseur".

Fußreflexzonenmasseur nach BFH IV R 45/00 BStBl II 03, 21 (dazu BVerfG StEd 03, 530) gewerbl; uU jedoch überholt (s Rz 130; *BMF* BStBl I 04,. 1030). Zur USt s BFH V R 18/02 BStBl II 05, 227; *BMF* BStBl I 09, 756.

Gartenarchitekt. Freiberufl tätig; führt er die geplante Arbeit mit eigenen Arbeitskräften aus, ist er gewerbl tätig (BFH IV 318/59 U BStBl III 62, 302; BFH VI 304/62 U BStBl III 63, 537).

Gärtner gewerbl (*Jahn* DB 07, 2613/5).

Geigenbaumeister handwerkl (iErg zutr FG BaWü EFG 05, 870, rkr).

Genealoge s Erbensucher.

Geschäftsführer einer GmbH ohne Anstellungsvertrag erzielt gewerbl Einkünfte; er ist kein „beratender Betriebswirt" (FG Saarl EFG 92, 70, rkr).

Graphiker (Gebrauchsgraphiker). Kann freiberufl Einkünfte aus künstlerischer Tätigkeit erzielen (BFH V 96/59 S BStBl III 60, 453; FG Köln DStRE 07, 1312, rkr: Werbegraphiker); zur Illustration von Fachbüchern vgl – weitgehend – FG Hbg EFG 91, 124. Perspektivgraphiker kein Freiberufler (FG Nbg EFG 78, 33, rkr), ebenso Retuscheur und Graphiker (BFH V R 130/84 BFH/NV 90, 232; FG Ddorf EFG 07, 197, rkr); s auch „Layouter", „Textilentwerfer".

Gutachter s Sachverständiger.

Handaufleger. Gewerbetreibender, nicht den Heilberufen ähnl, da fehlende Ausbildung, vgl Rz 19 sowie Rz 87 ff, 125 ff.

Handelsvertreter. Gewerbl, auch wenn die Tätigkeit inhaltl teilweise der eines Ingenieurs entspricht, s Rz 11 mwN.

Hausverwalter. Sonstige selbstständige Tätigkeit, sofern nicht wegen umfangreichen Geschäftsbetriebs gewerbl (s Rz 141, 32).

Hebamme. Dem Heilberuf ähnl (*BMF* BStBl I 04, 1030: BFH I R 96/66 BStBl III 66, 677; Rz 141). Vgl auch EU-Anerkennung gem Gesetz v 2.12.07, BGBl I, 2686 sowie Rz 216 (BA). Zur USt s BMF BStBl 09, 756.

Heileurythmie. Da jedenfalls bei kassenärztl Zulassung iSv § 4 Nr 14 UStG aF/nF dem Heilberuf ähnl, dürfte dies auch für § 18 gelten (s Rz 130). Zur USt s weitergehend BFH V R 30/09 BStBl II 12, 623: regelmäßige Kostentragung durch gesetzl KV/Intergrierter Versorgungsvertrag); aA aber zur GewSt FG Nds EFG 15, 1826, Rev VIII R 26/15.

Heilmasseur. Vgl Masseur.

Hellseher s Parapsychologe.

Hochbautechniker übt architektenähnl Tätigkeit aus, wenn die erforderl theoretischen Kenntnisse durch langjährige Berufsausübung erworben wurden (BFH IV R 118–119/87 BStBl II 90, 64, vgl auch IV R 116/90 BStBl II 93, 100/2; einschr XI R 47/98 BStBl II 00, 31).

Hippotherapie s Physiotherapeutische Leistungen.

Hypnosetherapeut s Psychotherapeut/Psychologe.

Informationsdienst. Herausgabe eines juristischen Informationsdienstes gewerbl, s auch § 15 Rz 100; s ferner „Nachschlagewerke".

Inkassotätigkeit eines Rechtsbeistand (dazu BVerfG BB 02, 744; §§ 2 II, 10 I 1 Nr 1, 11 RDG iVm § 1 RDG-EG) kann gewerbl sein (BFH III B 246/11 BFH/NV 12, 1959: vollautomatisches „Mengeninkasso"); ebenso bei StBerGes (s BVerfG DStRE 14, 890; BFH VII R 26/10 BStBl II 14, 593; jew zu Berufsrecht).

Innenarchitekt. Freiberufl tätig; (RFH RStBl 39, 159); gewerbl ist jedoch die Möbelabsatzförderung (BFH I R 204/81 BStBl II 85, 15; s Rz 111 mwN).

Insolvenzverwalter § 18 I Nr 3, s Rz 97, 141; zur Eigenverantwortlichkeit s Rz 31 f, 147; zu Vorschüssen s Rz 166.

Instrumentenbauer s Geigenbaumeister.

Internat s Rz 84 sowie § 15 Rz 150 „Schule".

Interviewer. Bei statistischen Erhebungen sonstige selbstständige Tätigkeit (*FinMin Nds* StEK LStDV § 4 Nr 172); s auch „Erhebungsbeauftragter".

Inventurbüro. GewBetr (BFH IV R 153/73 BStBl II 74, 515).

Journalist. Vgl Rz 77, 120. Selbstständig (freiberufl), wenn er Urheberrechte an seinen Werken erlangt und diese verwertet (FG Hess EFG 90, 310).

Kameramann. Ist bei *eigenverantwortl* Erstellung des Bildmaterials Bildberichterstatter (BFH XI R 8/00 BStBl II 02, 478), s auch Rz 122. Beim Film mitwirkender Kameramann kann künstlerisch tätig sein (BFH IV R 196/72 BStBl II 74, 383). Zur Selbstständigkeit s BFH VI R 19/07 BFH/NV 08, 1485.

Kartograph. Freiberufl (ähnl Dipl-Ing für Kartographie), wenn er Reliefkarten nach einem selbst entwickelten Verfahren aus Vorlagen herstellt und daran Lizenzen vergibt (BFH IV R 80/94 BStBl II 95, 776). Gewerbl tätig, wenn er auch Herstellung und Vertrieb der Karten übernimmt (FG Hbg EFG 71, 39).

Kfz-Sachverständiger als Gutachter für Unfallschäden ist freiberufl tätig, sofern Ingenieur, sonst gewerbl (BFH I R 109/77 BStBl II 81, 118). Das gilt auch für Übergangsingenieure (BFH IV R 156/86 BFH/NV 91, 359), die ohne die erforderl wissenschaftl Ausbildung tätig werden; s dazu auch Rz 108 ff. Ein von der IHK bestellter oder anerkannter vereidigter Kfz-Sachverständiger ohne Ingenieurstudium ist bei Erstellung von Schadensgutachten gewerbl tätig, bei Erstellung von Gutachten über **Schadensursachen** hingegen freiberufl (ingenieurähnl) tätig, wenn er über die von einem Ingenieur geforderten Fachkenntnisse besitzt und die Ermittlung der Schadensursachen seiner Berufstätigkeit das Gepräge gibt (BFH IV R 116/90 BStBl II 93, 100; BVerfG StEd 99, 66; *Kempermann* FR 90, 535/7). Die erforderl theoretischen Kenntnisse können auch durch praktische Tätigkeit erworben sein (BFH IV R 63/86 BStBl II 89, 198; IV R 73/90 BStBl II 91, 878/880).

Kinderheim. Gewerbl, wenn aus Nebenleistungen zur erzieherischen Tätigkeit ebenfalls Gewinn gezogen wird (Rz 84) oder die erzieherische Tätigkeit nicht eigenverantwortl ausgeübt wird (FG Nds EFG 06, 1772).

Kindertages-/Kindervollzeitpflege („Familienhelferin, Tagesmutter"). Nicht dem Heilberuf ähnl (BFH V R 7/99 BFH/NV 01, 651 betr § 4 Nr 14 UStG;

dazu Rz 130), aber erzieherische Tätigkeit (FG Hbg EFG 15, 912, rkr; Rz 85; *BMF* BStBl I 84, 134; *FinVerw* DStZ 05, 536: § 18 I Nr 3). Zu nichtselbständiger Arbeit bei Betreuung im Haushalt der Eltern s *BMF* BStBl I 09, 642; *FinVerw* DB 09, 1964. – Zur StFreiheit gem § 3 Nr 11 oder 26 bei Vollzeit-/Tagespflege s dort. Zu BA-Pauschalen bei Tagespflege (§ 22 SGB VIII) s *FinVerw* DStZ 03, 279: ab VZ 09 bis monatl 300 € je Kind (*BMF* BStBl I 08, 17; 09, 642); bei Vollzeitpflege (§ 33 SGB VIII) s *BMF* DStR 12, 2538 (Sach-/Unkostenpauschale) S auch „Betreuer"; Rz 141 und zu § 3 Nr 9 nF sowie USt *FinVerw* DB 09, 1964.

Klavierstimmer gewerbl, da nicht künstlerisch (BFH IV R 145/88 BStBl II 90, 643).

Klinischer Chemiker. Freiberufl, wenn selbstständig; vgl *BMF* BStBl I 80, 768. Zur USt s *BMF* BStBl I 09, 756.

Klinische Arzneimittelprüfung durch Krankenschwester nach FG M'ster EFG 14, 1389, Rev VIII R 24/14: freiberufl (fragl).

Kompasskompensierer. Freiberufl tätig (BFH IV 84/57 U BStBl III 58, 3).

Kommunikationsberatung s Marketingberater.

Konstrukteur (qualifizierter Bauzeichner), gewerbl tätig (FG BaWü EFG 88, 306, rkr). – **Konstrukteur von Bewehrungsplänen** übt keine ingenieurähnl Tätigkeit aus (BFH IV R 154/86 BStBl II 90, 73).

Kosmetikerin. Gewerbl tätig (FG Ddorf EFG 65, 567, BFH V R 47/09 BStBl II 11, 195: betr USt).

Krankengymnast s Rz 95.

Krankenhausberater gewerbl (BFH XI B 63/98 BFH/NV 00, 424: betr Arzt; FG Mchn EFG 05, 382: klinischer Monitor).

Krankenhaushygieneberater s Krankenpflege.

Krankenpflege (vgl auch KrPflG, BGBl I 03, 1442; AltPflG, BGBl I 00, 1513; 03, 1455; BGBl I, 2686: EU-Anerkennung). Nach *Maßgabe* der geänderten Rspr zu Heilhilfsberufen (s Rz 130) ist häusl Kranken-/Altenpflege freiberufl (*einschließl zusätzl* Grundpflege und hauswirtschaftl Versorgung; § 37 SGB V; unklar insoweit *BMF* BStBl I 04, 1030), die häusl Pflegehilfe (§ 36 SGB XI) aber – ggf zu trennen (dazu *FinVerw* DStR 04, 1339) – gewerbl (BFH VIII B 135/10 BFH/NV 11, 2062; BFH IV R 51/01 BStBl II 04, 509 auch zur Eigenverantwortlichkeit, Rz 29; zur USt s aber BFH XI R 61/07 BStBl II 09, 68: Haushaltshilfe iSv § 38 SGB V; zu § 4 Nr. 14/6 UStG nF s *BMF* BStBl I 09, 756; 774). Zur Selbstständigkeit s BFH V B 22/99 BFH/NV 99, 1391. Krankenhaushygieneberatung durch Kranken(fach)pfleger ist zwar freiberufl (BFH XI R 64/05 BStBl II 07, 177), nicht aber von ihm erstellte Pflegeversicherungsgutachten (BFH V R 72/99, V R 32/07 BStBl II 00, 554; 09, 429). Pflege durch Nachbarn ist gewerbl (BFH X R 15/11 BFH/NV 13, 1548).

Kreditberater gewerbl tätig (BFH I R 300/83 BStBl II 88, 666).

Küchenplaner. Ähnl dem Innenarchitekten und dem Ingenieur (FG Hbg EFG 81, 154).

Kükensortierer. Gewerbl tätig (BFH I 237/54 U BStBl III 55, 295).

Kulturwissenschaftler je nach Tätigkeit freiberufl oder gewerbl *FinVerw* DStR 06, 1891).

Kunstgewerbler und Kunsthandwerker s Rz 70.

Kurberater gewerbl (BFH VIII B 23/10 BFH/NV 11, 46).

Kursmakler/Kursstellvertreter gewerbl (BFH IV B 102/03 BStBl II 05, 864).

Ladungssachverständiger s „Schiffssachverständiger".

Layouter kann künstlerisch tätig sein (FG Hbg EFG 93, 386).

Leichenfrau. Sonstige selbstständige Tätigkeit, soweit nicht Vermittlungsleistungen (FG Nbg EFG 59, 54).

Logopäde. Dem Heilberuf ähnl, wenn mit Erlaubnis nach dem LogopädenG (BGBl I 80, 529; BGBl I, 2686; EU-Anerkennung) ausgeübt (*BMF* BStBl I 04, 1030). Nach BFH IV R 49/01 BStBl II 03, 721 (BVerfG DStZ 98, 478; *FinVerw* BB 03, 800 einschließl Rechtslage in Nds ab 1998) ist **Sprachheilpädagoge** aber (vorbehaltl Unterricht) gewerbl tätig; dies dürfte aber durch die geänderte Rspr zu Heilhilfsberufen überholt sein (s Rz 130; *MK* DStR 03, 1433; *FG Ddorf* EFG 05, 958, rkr; zu § 27 Ia UStG nF *Widmann* DB 99, 925/30). Zur **Logotherapie** s BFH V R 38/04 BStBl II 08, 37. Zur USt s *BMF* BStBl I 09, 756.

Lohnsteuerhilfeverein. Ortsstellenleiter, der als freier Mitarbeiter tätig ist, übt gewerbl Tätigkeit aus (BFH X R 13/86 BFH/NV 89, 498).

Lotse, freiberufl Katalogberuf (§ 18 I Nr 1), bis 1959 gewerbl; Zuschläge für Sonntags-, Feiertags- und Nachtarbeit sind nicht stfrei nach § 3b (BFH IV R 339/84 BStBl II 87, 625; s § 3b Rz 1).

Lotterieeinnehmer s Rz 135.

Magier (Zauberkünstler). IdR künstlerisch (FG RhPf EFG 85, 128).

Maler (Kunstmaler). Grds künstlerisch tätig, s Rz 66 (vgl BFH IV R 9/77 BStBl II 81, 21).

Managementtrainer sowie Marketing- und Unternehmensberater (s auch „Psychologische Beratung") mit einer Ausbildung als Industriekaufmann ist dem beratenden Betriebswirt nicht ähnl (BFH XI B 205/95 BFH/NV 97, 559); vgl aber zu Unterricht Rz 84.

Manager eines Künstlers, gewerbl tätig (BFH IV B 2/90 BFH/NV 92, 372).

Marketingberater. Ob er als beratender Betriebswirt (Rz 107) tätig ist, ist Frage des Einzelfalls (BFH IV. B 68/99 BFH/NV 00, 705; FG Mster EFG 00, 744). Abl für Kommunikationsberater FG BBg EFG 07, 1520, nrkr.

Marktforscher. Ist zwar nicht dem beratenden Betriebswirt ähnl (BFH V R 73/83 BStBl II 89, 212; ausführl BFH IV R 27/90 BStBl II 92, 826), jedoch uU wissenschaftl tätig (BFH IV R 61/92 BFH/NV 94, 89); krit *List* BB 93, 1488/9. Zur USt s *BMF* BStBl I 09, 756.

Markscheider freiberufl tätig (BFH IV R 155/71 BStBl II 75, 290).

Maschinenbautechniker gewerbl, wenn selbstständig (FG Hess EFG 89, 346).

Masseur. Freiberufl tätig (BFH IV 60/65 BStBl II 71, 249; *BMF* BStBl I 04, 1030; Rz 95), sofern nicht Schönheitsmassagen (FG Ddorf EFG 65, 567; s auch „Fußreflexzonenmasseur"). Zu mehreren Betriebsstätten s BFH IV R 11/95 BFH/NV 96, 464 sowie Rz 29; s auch „Badeanstalt, medizinische". Zur USt s *BMF* BStBl I 09, 756.

Medikamentenabgabe s „Hausapotheke" sowie Rz 51.

Medikamentenerprobung. Gehört zur ärztl Tätigkeit (BFH IV R 202/79 BStBl II 82, 118; FG Brem EFG 77, 18; aA FG RhPf EFG 75, 69: wissenschaftl Nebentätigkeit).

Medizinischer Bademeister s „Badeanstalt, medizinische".

Medizinisch-/technische-/diagnostische Assistentin. Freiberufl tätig (BFH IV 459/52 U BStBl III 53, 269; *BMF* BStBl I 04, 1030; 09, 756 zu USt).

Medizinischer Fußpfleger. Nach PodG (BGBl I 01, 3320) dem Heilberuf ähnl (*BMF* BStBl I 04, 1030; BGBl I 07, 2686: EU-Anerkennung); Berufsqualifikation bei staatl Prüfung (BFH V R 22/12 BFH/NV 13, 880; *BMF* BStBl I 14, 217); zur uU entbehrl ärztl Verordnung s BFH XI R 13/14 DStRE 15, 422 (USt).

Die frühere abl Rspr (BFH IV R 65/00 BStBl II 02, 149; BVerfG HFR 77, 96) ist überholt (s Rz 130; FG BBg EFG 04, 937). Zu Fußreflexzonenmasseur s dort.

Meinungsforscher s „Marktforscher".

Moderator. Gewerbl (BFH VIII R 5/12 BStBl II 15, 217) oder künstlerisch/journalistisch (BFH I R 26/10, juris; FG Köln EFG 03, 1013). S auch „Schauspieler".

Modeschöpfer. uU künstlerisch (BFH I R 1/66 BStBl II 69, 138).

Motopädagoge s physiotherapeutische Leistungen.

Musiker. Zu reproduzierenden Musikern s Rz 66; zur Abgrenzung von nichtselbstständiger Arbeit s Rz 11. Verluste, die durch Konzertreisen eines angestellten Pianisten entstehen, sind WK, wenn die Konzerte zur Verbesserung der Bewerbungschancen um eine Professorenstelle unternommen werden; deshalb scheidet *Liebhaberei* aus (BFH VI R 122/92 BStBl II 94, 510).

Musiktherapeut. Nach BFH V B 78/98 BFH/NV 99, 528; FG Nds DStRE 00, 312 nicht den Heilberufen ähnl (zu § 4 Nr 14 UStG aF); s aber Rz 130.

Nachschlagewerk. Aufstellen eines Vorschriftensuchregisters ist schriftstellerische Tätigkeit. Hierzu kann zwar auch ein kleinerer Verwertungsbetrieb gehören, nicht jedoch bei umfangreicher Organisation (BFH VIII R 111/71 BStBl II 76, 641: einheitl GewBetr); deshalb betraf BFH IV 270/60 U BStBl III 62, 131 (Trennung bei Selbstverlag) einen Sonderfall. S auch Rz 77/-8.

Netzplantechniker. IdR dem Ingenieur ähnl Beruf (FG Ddorf EFG 87, 368).

Notenschreiber. Gewerbl tätig (FG Hbg EFG 67, 613).

Organist s Rz 66 aE.

Orgelbauer gewerbl, nicht künstlerisch tätig (FG Mster EFG 93, 679, rkr).

Orthoptist ist freiberufl (*BMF* BStBl I 04, 1030; *BMF* BStBl I 09, 756 zur USt); vgl auch EU-Anerkennung gem Gesetz v 2.12.07, BGBl I, 2686.

Outplacementberater idR gewerbl (*FinVerw* DB 04, 2073).

Parapsychologe, Hellseher. Gewerbl (BFH VIII R 137/75 BStBl II 76, 464; FG Ddorf DStRE 05, 824, rkr); s auch „Rutengänger" und Rz 62.

Parlamentsstenograph uU freiberufl (s Rz 77).

Patentberichterstatter s BFH I R 23/67 BStBl II 71, 233.

Personalberater, jedenfalls bei erfolgsabhängiger Vergütung kein beratender Betriebswirt (BFH IV R 12/02 BFH/NV 04, 168; s auch Rz 50). Zum Nachweis von Kenntnissen (Rz 107) s FG Nds EFG 04, 894.

Personalsachbearbeitung. Selbstständig iRv Konkursverfahren ausgeübt, ist gewerbl (BFH IV R 152/86 BStBl II 89, 729).

Pfleger. Sonstige selbstständige Tätigkeit, s Rz 141. S auch *Krankenpflege.*

Pharma-Cosmetologe. Kein Heilberuf (FG Nds EFG 78, 50).

Physiotherapeutische Leistungen freiberufl bei Masseur, medizinischer Bademeister, Krankengymnast (Rz 95), Physiotherapeut (*FinVerw* FR 00, 284), Hippotherapeut (BFH XI R 53/06 BStBl II 08, 647) oder Motopädagoge (BFH V R 64/05 BFH/NV 07, 1203). Zu § 4 Nr 14 UStG nF s *BMF* BStBl I 09, 756; 12, 682; *FinVerw* DB 14, 2443: ärztl Verordnung.

Pilot, nicht dem Ingenieur/Lotsen ähnl (BFH IV R 94/99 BStBl II 02, 565).

Planungsberater ohne wirtschaftswissenschaftl Studium idR kein beratender Betriebswirt (BFH IV R 51/99 BStBl II 00, 616; BVerfG StEd 01, 307; Rz 107).

Podologe s Medizinischer Fußpfleger.

Politikberater. IdR gewerbl (BFH VIII R 18/11 BStBl II 15, 128; Rz 107).

Pornographie. Herstellen pornographischer Filme oder Bilder keine künstlerische, sondern gewerbl Tätigkeit (FG Hess EFG 84, 296).

Probennehmer für Erze, Metalle und Hüttenerzeugnisse. Nicht dem Handelschemiker vergleichbar und daher gewerbl (BFH VIII R 18/67 BStBl II 73, 183; FG Ddorf EFG 92, 744, rkr). Ebenso BFH VIII R 314/82 BFH/NV 87, 156 für eine GbR, die Proben nimmt und wissenschaftl Analysen erstellt; trotz Trennbarkeit beider Tätigkeiten insgesamt gewerbl, § 2 II Nr 1 GewStG. Anders für Analysenerstellung, wenn Tätigkeit in einer weiteren GbR ausgeübt wird.

Produzent von Theaterstücken idR gewerbl (FG Mchn EFG 09, 953).

Projektierer s Elektroanlagenplaner.

Projektmanager gewerbl (FG Nds EFG 01, 1146; s auch Rz 107).

Promotionsberater gewerbl (BFH VIII R 74/05, BStBl II 09, 238).

Prüfungstätigkeit. Bei staatl Prüfungen Einkünfte aus freiberufl (wissenschaftl) Tätigkeit; s Rz 10; bei akademischen Prüfungen Einkünfte aus nichtselbstständiger Arbeit (BFH VI R 83/66 BStBl II 68, 309; *FinVerw* DB 78, 2341).

Psychotherapeut/Psychologe, mit ärztl Ausbildung ist freiberufl tätig (BFH IV R 19/81 BStBl II 82, 254). Bei nichtärztl Psychotherapeuten nur, wenn Tätigkeit entweder wissenschaftl, schriftstellerisch, unterrichtend oder erzieherisch oder einem Katalog-Heilberuf (Arzt, Heilpraktiker) ähnl (BFH VIII R 137/75 BStBl II 76, 464 betr Hellseherin); demnach nicht bei Gerichtsgutachten (FG Mster EFG 79, 548), Unternehmensberatung (BFH XI B 2/06 BFH/NV 06, 1831) oder bei Hypnosetherapeut ohne wissenschaftl Ausbildung (BFH XI R 38/98 BFH/NV 00, 839; BVerfG StEd 01, 307; mE trotz geänderter Rspr zu Heilhilfsberufen zutr). Nach *FinVerw* liegen freiberufl Einkünfte vor, wenn StPfl Psychologiestudium und Zusatzausbildung eines anerkannten therapeutischen Ausbildungsinstituts abgeschlossen hat (StEK § 18 Nr 100); nach UStR 90 III 96 (betr § 4 Nr 14 UStG aF) war es ausreichend, wenn die Patienten von einem weiterhin verantwortl Arzt zugewiesen werden (abl BFH XI R 2/95 BStBl II 97, 687; BFH XI R 38/98 BFH/NV 00, 839; zutr, s oben). Zum PsychThG (BGBl I 98, 1311; BVerfG NJW 00, 1779) s *BMF* BStBl I 04, 1030; *OFD Frankfurt* StEd 03, 61: Psychologischer und Kinder-/Jugendlichen Psychotherapeut ab VZ 98 dem Heilberuf ähnl; zur EU-Anerkennung s Gesetz v 2.12.07, BGBl I 2686. Zur USt s Rz 130; *BMF* BStBl I 09, 756.

Psychologische Beratung von Managern ist, selbstständig ausgeübt, weder unterrichtende (s aber Rz 84) noch erzieherische freiberufl Tätigkeit, sondern gewerbl (BFH XI R 2/95; IV R 59/97 BStBl II 97, 687; 99, 167). Ebenso bei Supervision (zu § 4 Nr 14 UStG aF/nF BFH V R 1/02 BStBl II 05, 675; *BMF* BStBl I 09, 756); aA FG Mster EFG 98, 808, rkr. S auch „Managementtrainer"; „Kindertages/-vollzeitpflege".

Rätselhersteller schriftstellerisch tätig (FG Ddorf EFG 71, 229, rkr).

Raumgestalter. Wenn Architekten ähnl Tätigkeit, dann freiberufl tätig (FG Hbg EFG 77, 15, rkr).

Rechtsbeistand. Kann freiberufl tätig sein (BFH IV R 19/97 BStBl II 98, 139), nicht jedoch bei Anfertigung von Aktenauszügen für Versicherungsgesellschaften l (BFH I R 147/67 BStBl II 70, 455); zu Inkasso s dort.

Redakteur, technischer, kann Schriftsteller (Rz 77) oder ingenieurähnl (Rz) sein (BFH IV R 4/01 BStBl II 02, 475).

Regieassistent. Vgl – zum KSVG – BSG DStR 99, 1328.

Regisseur, ist ausübender Künstler (BFH XI R 44/08 DStR 11, 2011 betr USt) zur Selbstständigkeit s BFH VI R 19/07 BFH/NV 08, 1485.

Reiseleiter. Gewerbl (FG Nbg EFG 63, 63, rkr; aA FG Hbg DStRE 05, 1442) s auch „Fremdenführer“.

Rentenberater s Versicherungsberater.

Restaurator. Wissenschaftl, wenn er an Hochschule ausgebildet ist und soweit sich seine Tätigkeit auf das Erstellen von Gutachten oder Veröffentlichungen beschränkt; künstlerisch nur dann, wenn er ein teilweise *lückenhaftes Kunstwerk eigenschöpferisch* wiederherstellt (s einschließl Zusammentreffen mit handwerkl/gewerbl Leistungen BFH IV R 63/02 BStBl II 05, 362; VIII B 204/06 BFH/NV 07, 2264; *Kempermann* FR 05, 497). Zur gewerbl Gebäuderestauration bei Mithilfe angestellter Handwerker (FG Hess EFG 84, 260).

Rettungsassistent ist freiberufl (*BMF* BStBl I 04, 1030; I 09, 756 zu USt); vgl auch EU-Anerkennung gem Gesetz v 2.12.07, BGBl I, 2686.

Rundfunkbeauftragter gewerbl (BVerfG FR 01, 367).

Rundfunkberater idR gewerbl (BFH VIII B 103/10; BFH/NV 11, 1133; Rz 107).

Rutengänger gewerbl (FG Mchn EFG 06, 1920). S auch „Parapsychologe“.

Sachverständiger. Gewerbl, wenn er an seine Marktkenntnisse oder gewerbl oder handwerkl Erfahrungen anknüpft oder wenn kommerzielle Gesichtspunkte in den Vordergrund treten (BFH IV B 18/97 BFH/NV 98, 1206 betr Grundstückwerte/Mietpreise); das gilt selbst dann, wenn einzelne Gutachten dieser Sachverständigen wissenschaftl oder künstlerisch vertiefte Sachkenntnisse aufweisen (BFH IV 6/53 U; IV 696/54 U BStBl III 57, 106; BFH VIII 23/65 BStBl II 71, 749). – Gutachter ist freiberufl tätig, wenn er auf der Grundlage von Disziplinen, die an Hochschulen gelehrt werden, und nach sachl und objektiven Gesichtspunkten eine qualifizierte Tätigkeit ausübt (BFH IV 6/53 U BStBl III 54, 147; IV B 95/96 BFH/NV 98, 456 betr Betriebsunterbrechungsschäden); s zur Abgrenzung auch „Kfz-Sachverständiger“. – Sachverständige zur Ermittlung des Finanzbedarfs der Rundfunkanstalten erzielen Einkünfte nach § 18 I Nr 3 (StEK EStG § 18 Nr 215).

Saucendesigner, nicht künstlerisch (BFH IV B 45/96 BFH/NV 98, 956).

Saunabad s „Badeanstalt medizinische“.

Säuglingsheim s Rz 84 sowie § 15 Rz 150.

Schadenfeststeller s „Sachverständiger“.

Schauspieler. IdR nichtselbstständig tätig für Fernsehfilm- und Filmproduktion (§ 19 Rz 15 „Filmschauspieler“, „Künstler“), bei **Werbespots** freiberufl, wenn eine eigenschöpferische Leistung erbracht wird; „Verwendung“ der Bekanntheit (BFH IV R 102/90 BStBl II 92, 413) oder das Sprechen von Werbetexten (BFH IV 359/61 U BStBl III 62, 385) reicht hierfür idR nicht aus (FG Mchn DStRE 04, 754; Rz 71). S auch „Moderator“.

Schiffsminiaturenherstellung kann künstlerisch sein (FG Hbg EFG 01, 1452).

Schiffssachverständiger, Schiffseichaufnehmer, Ladungssachverständiger. Nach BFH IV R 127/70 BStBl II 71, 319 idR auf Grund Tätigkeit ingenieurähnl. Diese Rspr ist nach Inkrafttreten der Ingenieurgesetze überholt (BFH XI R 82/94 BStBl II 96, 518/22; vgl auch I 381/60 U BStBl III 64, 273); hiernach sind Schiffssachverständige freiberufl tätig, soweit sie einem Schiffsbauingenieur vergleichbare Fachkenntnisse besitzen (s Rz 126) und überwiegend eine diese Kenntnisse erfordernde Tätigkeit (Gutachten, Interventionsberichte, Besichtigungsberichte) ausüben; überwiegt die Erstellung von Schadens- und Werttaxen sowie Dispachen, ist die Tätigkeit gewerbl.

Schnittmuster. Deren Erstellung ist idR nicht künstlerisch (FG Mchn EFG 12, 2282, rkr).

Schule s Rz 84 sowie § 15 Rz 150.

Selbstverlag s „Nachschlagewerk“ sowie § 15 Rz 99.

Spielerberater s „Berater von (Berufs-)Sportlern“.

Sportler/Sportschule s Rz 132, 29; zu „Berater von Sportlern“ vgl Rz 155.

Sprachheilpädagoge s „Logopäde“.

Statist s Rz 66.

Stundenbuchhalter s „Buchhalter“.

Stuntman idR nicht freiberufl (FG Mchn EFG 04, 333 mwN, rkr).

Supervisor s „Psychologische Beratung“.

Synchronsprecher ist freiberufl tätig (BFH IV R 1/77 BStBl II 81, 706; *BdF* BStBl I 81, 634; EStH 15.6).

Tagesmutter. S „Kindertages/-vollzeitpflege“.

Talkshow. Teilnahme nicht künstlerisch (BFH IV B 95/96 BFH/NV 99, 1280).

Tanz- und Unterhaltungsmusiker s Rz 66 aE, Tanzlehrer s Rz 83.

Telekommunikationsberater, gewerbl (FG Nds EFG 03, 1800).

Textilentwerfer. Kann freiberufl tätig sein (FG Ddorf EFG 67, 287), vgl BFH IV 352/60 U BStBl III 64, 45: Entwerfen von Stilmustern wegen fehlender künstlerischer Gestaltungshöhe als nicht freiberufl angesehen.

Tonstudio. Betreiben eines Tonstudios ist Liebhaberei, wenn daneben ertragbringende Tätigkeit ausgeübt wird, sofern mit Verringerung der Verluste nicht zu rechnen ist (FG SchlHol EGF 89, 456, rkr).

Tontechniker, der aus musikalische Darbietungen bestimmtes Klangbild herstellt, ist nach FG Bln EFG 87, 244 künstlerisch tätig; zum Bildberichterstatter s Rz 122.

Trainer. Grds – sofern nicht angestellt – unterrichtende Tätigkeit (s Rz 83; BFH IV R 131/92 BFH/NV 94, 93); GewBetr aber bei Unterricht an Tieren (RStBl 41, 678: Trabertrainer).

Trauerredner gewerbl bei Verwendung von Redeschablonen (BFH I R 183/79 BStBl II 82, 22; FG Nds EFG 04, 1314).

Treuhänder. Grds sonstige selbstständige Arbeit (§ 18 I Nr 3; Rz 141, 147). Zu RA, WP, StB als freiberufl Treuhänder s Rz 97. Treuhandtätigkeit als **Baubetreuer** ist aber gewerbl (BFH XI R 19/05 BFH/NV 07, 1315; BVerfG HFR 92, 23: verfgemäß), weil keine Rechts- oder Steuerberatung stattfindet (s a Rz 50). Ist ein StB (RA/WP) für eine Bauherrengemeinschaft als **Treuhänder** tätig, sollen typischen StB-Tätigkeiten uU abgrenzbar sein (BFH IV R 99/93 BStBl II 94, 650). Verwaltet Treuhänder auf Grund eigener Fachkenntnis freiberufl Praxis, dann freiberufl tätig (s Rz 36).

Tutor. Sonstige Einkünfte nach § 22 Nr 1 S 3 Buchst b (BFH VIII R 116/75 BStBl II 78, 387; aA *Weber-Grellet* DStZ 78, 453: selbstständige Arbeit).

Umweltberater nur dann einem beratenden Betriebswirt ähnl, wenn bei ausreichender Vorbildung (Rz 126–129) zumindest ein Hauptbereich der BWL (zB Marketing) den Schwerpunkt der Gesamttätigkeit bildet (BFH XI R 62/04 BFH/NV 06, 505; vgl auch zu schriftstellerischer/wissenschaftl Tätigkeit BFH IV R 74/00 BStBl II 03, 27). Weitergehend BFH XI R 5/06 BStBl II 07, 519: Umwelt-Auditor dem Handelschemiker ähnl (Rz 127); FG RhPf EFG 04, 1835: Umweltmanagement.

Unternehmensberater. Freiberufl wenn beratender Betriebs- oder Volkswirt auf Grund Ausbildung oder Selbststudium (s Rz 107, 127). Soweit FG Ddorf (EFG

73, 492) für letzteres eine Marketing-Tätigkeit genügen lässt, ist dies zR auf Kritik gestoßen (*HHR* § 18 Rz 600); zutr deshalb FG Nds EFG 91, 388, rkr (REFA-Technikerausbildung iVm Meisterprüfung nicht ausreichend). Zum Nachweis der Vorbildung – Gutachten/Wissenprüfung – s BFH XI B 29/98 BFH/NV 99, 607; IV R 56/00 BStBl II 02, 768; Rz 129. S auch „Marketingberater", „Marktforscher", „Planungsberater".

Verbandsgeschäftsführer. Rechtsanwalt als Verbandsgeschäftsführer s Rz 98.

Versicherungsberater gewerbl (BFH IV R 19/97 BStBl II 98, 139); ebenso *FinVerw* DStR 12, 1448 für Rentenberater gem §§ 10 I 1 Nr 2, 11 II RDG iVm § 1 RDG-EG (str).

Versicherungsmathematiker. Wissenschaftl Tätigkeit, nicht einem Katalogberuf ähnl (BFH HFR 65, 265).

Versteigerer gewerbl tätig (BFH IV 317/52 U BStBl III 53, 175; IV 696/54 U BStBl III 57, 106) s auch „Auktionator".

Viehkastrierer. Nicht Tierarzt ähnl (BFH I 203/54 U BStBl III 56, 90).

Viehklauenpfleger. Nicht tierarztähnl (BFH IV 246/63 BStBl II 68, 77).

Visagist kann künstlerische Tätigkeit ausüben (FG Hbg EFG 93, 306).

Vitalogie gewerbl (BFH V R 58/09 BFH/NV 12, 1186).

Webdesigner s Designer.

Weinlabor gewerbl, kein Handelschemiker (FG RhPf EFG 92, 89).

Werbeberater (PR-Berater). Die Tätigkeit ist idR weder künstlerisch (BFH IV 560/56 U BStBl III 58, 182) noch diejenige eines beratenden Betriebswirts oder diesem Beruf ähnl (BFH VIII R 149/74 BStBl II 78, 565; Rz 107). Umfasst sie neben journalistischen Elementen (dazu Rz 120) auch organisatorische Aufgaben, ist dies gleichfalls GewBetr (BFH IV R 16/98 BFH/NV 99, 602); vgl aber „Werbeschriftsteller".

Werbedamen. Sie können selbstständig tätig sein (GewBetr), wenn sie gelegentl beschäftigt werden (BFH VI R 150–152/82 BStBl II 85, 661).

Werbefotographie. IdR gewerbl (s „Fotograf"; BFH VIII B 96/07 BFH/NV 08, 1472); zur gewerbl Mitwirkung s BFH IV R 1/97 BFH/NV 99, 465; BFH XI R 71/97 BFH/NV 99, 460 (Schauspieler/Friseur; BVerfG 2 BvR 2262/98; 1310/00 StEd 02, 760: verfgemäß); Cutter (FG Hbg EFG 05, 697 rkr).

Werbeschriftsteller(-texter). Schriftsteller, wenn Text Produkt origineller (eigener) Gedankenarbeit (BFH IV 278/56 U BStBl III 58, 316; FG Nbg EFG 80, 599, rkr; FG RhPf EFG 98, 1584, rkr).

Werbespot. Sprecher idR gewerbl (s „Schauspieler"; Rz 71).

Werbeveranstaltung. Mitwirkung eines ehemaligen bekannten Berufssportlers daran ist gewerbl (BFH I R 39/80 BStBl II 83, 182); s auch „Schauspieler".

Wirtschaftsingenieur (Dipl) kann beratender Betriebswirt sein (BFH IV R 21/02 BStBl II 03, 919; Rz 107, 126).

Wohnungsverwalter s Rz 141.

Yogaschule gewerbl (OVG NRW NWB (34/01) F 1, 269).

Zahnpraktiker. Dentisten ähnl (BFH I 415/62 U BStBl III 65, 692; *BMF* BStBl I 04, 1030).

Zahntechniker gewerbl (BFH IV B 232/02 BFH/NV 05, 352).

Zollberater. Bei Zulassung als Steuerberater/RA freiberufl (BFH/NV 97, 751).

Zolldeklarant gewerbl (BFH IV R 117/87 BStBl II 90, 153).

V. Ermittlung der Einkünfte; laufender Gewinn

1. Gewinnermittlung. Als Einkünfte aus selbstständiger Arbeit ist nach § 2 II Nr 1 der Gewinn anzusetzen, der nach § 4 I unter Beachtung der handelsrechtl GoB (EStR 4.1 V; kein abw Wj, s § 4a Rz 13; BFH IV R 26/99 BStBl II 00, 498) oder § 4 III zu ermitteln ist (zu SonderBV s § 15 Rz 641). Das gilt auch für Partnerschaften iSd PartGG (s Rz 41). Dabei ist § 15 I 1 Nr 2 entspr anzuwenden (§ 18 IV 2; Rz 39). Die Buchführungsgrenzen des § 141 AO gelten auch dann nicht, wenn ein Laborarzt nur nach EStG Gewerbetreibender ist, nicht aber nach § 1 HGB (FG BaWü EFG 01, 807). Selbstständig Tätige iSv § 18 ermitteln idR den Gewinn nach § 4 III (zum Wahlrecht s BFH IV R 57/07 BStBl II 09, 659: Rspr-Änderung; *FinVerw* DStR 10, 544). Durch die Überschussrechnung erfüllen Selbstständige auch § 22 UStG, die für alle Unternehmer die Aufzeichnung der Entgelte, die vereinbart oder vereinnahmt wurden, und des Eigenverbrauchs vorschreibt. Zu Einzelaufzeichnungspflichten s § 4 Rz 374; EStH 18.2; zur Aufzeichnung von BE/BA als Ausfluss der allg Mitwirkungspflicht (§ 90 AO) s § 4 Rz 375; zu § 60 IV EStDV (Vordruck) s § 4 Rz 374. Ein **Wechsel** der Gewinnermittlung (§ 4 III zu § 4 I oder umgekehrt) ist nur zu Beginn eines Wj mögl (BFH XI R 4/04 BStBl II 06, 509). In BFH IV R 18/00 BStBl II 01, 102; IV B 68/02 BFH/NV 04, 633 blieb zwar offen, ob hieran angesichts der Entwicklung der EDV-Buchführung festzuhalten ist; jedoch ist der StPfl *grds* daran gehindert (vgl zB Rz 232), innerhalb von 3 Jahren *erneut* die Gewinnermittlungsart zu ändern; dies ist auch bei Schätzung (Rz 170) zu beachten (*Kanzler* FR 01, 205). Keine 3-jährige Bindung besteht hingegen für den Fall des *erstmaligen* Wechsels (*Haep* HFR 01, 324). Zum *Qualifikationsirrtum* s BFH VIII R 74/05, BStBl II 09, 238. 156

2. Betriebsvermögen. Dasjenige Vermögen, das der Erzielung betriebl (zB freiberufl) Einkünfte dient, ist BV. Auch Gewinnermittlung durch betriebl Überschussrechnung nach § 4 III ändert an der BV-Eigenschaft der zur Erzielung von Einkünften iSd § 18 eingesetzten WG nichts (*Groh* FR 86, 393/6). – Werden die Einkünfte von einer **PersGes** (s Rz 39 ff) erwirtschaftet, gehört zum BV sowohl das GesVermögen als auch das im Eigentum eines Ges'ters (MUers) stehende Vermögen (**SonderBV;** s auch § 50d X 7 Nr 2 nF). Zu SonderBV II (§ 15 Rz 517/8) s BFH VIII B 218/08 BFH/NV 10, 1422. 157

a) Gewillkürtes BV. Nach geänderter **Rspr** kann – unter Berücksichtigung der Eigenart der Einkunftsart (BFH IV R 58/90 BStBl II 91, 798) – nicht nur bei Gewinnermittlung nach § 4 I, sondern auch bei Überschussrechnung nach **§ 4 III** gewillkürtes (Sonder-)BV gebildet werden, *wenn* das WG zu mindestens 10 vH betriebl genutzt und dessen Zuordnung unmissverständl, zeitnah und unumkehrbar zB im betriebl Bestandsverzeichnis dokumentiert wird (BFH VIII R 11/11 BStBl II 13, 117; *BMF* BStBl I 04, 1064; *Drüen* FR 04, 94; zur privaten Pkw-Nutzung s § 6 I Nr 4 nF). Schon bisher schied gewillkürtes BV beim Übergang zur Gewinnermittlung nach § 4 III oder bei Nutzungsänderung (zB Verpachtung) nicht aus dem BV aus (§ 4 I 3, 4; s dort Rz 651, 322, 360 „Nutzung“). 159

b) Grundstück; Gebäude. Es kann notwendiges (Sonder)BV eines Freiberuflers sein (zB BFH VIII B 129/11 BFH/NV 13, 37: „Ärztehaus“ eines Apothekers) oder – selbst bei Gewinnermittlung nach § 4 III (s Rz 159) – zu dessen gewillkürtem (Sonder)BV gehören (zB BFH IV 305/59 U; IV R 129/78 BStBl III 61, 154; II 81, 618: Praxisverlegung/Betriebserweiterung; zum FördG s aber BFH IV R 15/00 BStBl II 02, 429). Zur **stfreien Entnahme** von GuB für die Wohnung des Betriebsinhabers nach § 18 IV 1 iVm § 13 V s dort Rz 220 ff. – **LV-Ansprüche,** wenn das Leben eines MUers (Sozius, Partners) versichert wird, sind nicht BV; anders aber, wenn ArbN, Geschäftspartner oder Angehörige versichert werden (s § 4 Rz 275 ff; § 15 Rz 493/31). Zu Praxis-Ausfallversicherung s Rz 190. 161

162 **c) Gold.** Altgold, aber auch Dentalgold eines Zahnarztes kann zum notwendigen BV eines Zahnarztes gehören (BFH IV R 29/91 BStBl II 93, 36); Voraussetzung hierfür ist, dass bei Erwerb davon ausgegangen werden kann, dass es innerhalb eines überschaubaren Zeitraums (maximal 7 Jahre) im eigenen oder durch Beistellung in einem fremden Labor verarbeitet wird (BFH IV R 101/93 BStBl II 94, 750). PV ist hingegen das in Zahnprothetik nicht verwendete Feingold (BFH IV R 115/84 BStBl II 86, 607/8). Zum Umtausch von Goldarten s Rz 171.

163 **d) Standesrecht.** Verstößt ein Geschäft gegen das freiberufl Berufs-/Standesrecht, folgt daraus noch nicht, dass es in die Gewinnermittlung nicht einzubeziehen ist, solange sich nicht der Charakter der Tätigkeit insgesamt verändert (Rz 100); sog standeswidrige berufsfremde Geldgeschäfte gehören aber nicht zur freiberufl Tätigkeit (BFH IV R 80/88 BStBl II 90, 17). **Darlehen,** Beteiligungserwerb, Bürgschaften (freiberufl, wenn ohne Entgelt zur Erhaltung des Mandats BFH XI B 184/06 BFH/NV 07, 1880), Wertpapiergeschäfte usw betreffen daher idR – Ausnahme: Geschäfte zur Rettung (FG Mchn EFG 88, 295) oder zur Erfüllung von Honorarforderungen (BFH IV R 57/99 BStBl II 01, 546) – **notwendiges PV** (Rz 100; zu PV von PersGes s § 15 Rz 484). Ausnahmen Rz 164.

164 **e) Beteiligung an KapGes.** Sie gehört zum notwendigen BV, wenn sie entweder der Erlangung von Mandaten (FG Mster DStRE 06, 961) oder der Sicherung oder Erfüllung von **Honorareinnahmen** dient (Rz 163) oder wenn der Geschäftsgegenstand der Ges der freiberufl Tätigkeit **nicht wesensfremd** und die Beteiligung eine bestimmbare freiberufl Aktivität ermöglichen oder ergänzen soll (BFH IV R 80/88 BStBl II 90, 17; BFH VIII B 122/07 BFH/NV 08, 1317; zur GmbH-Holding s *CGD* GmbHR 01, 23). Letzteres bestimmt sich danach, ob der Beteiligungserwerb als solcher kein wirtschaftl Eigengewicht hat, dh ob er iSe Hilfsgeschäfts ohne Aussicht auf freiberufl Aufträge nicht zustande gekommen wäre und deren Volumen in einem „vernünftigen Verhältnis" zum Kapitaleinsatz steht (BFH IV R 49/00, BStBl II 01, 828; VIII R 19/08 BFH/NV 11, 1311). **Gewillkürtes BV** kann vorliegen, wenn die **Wertpapiere** über Darlehenssicherung hinaus untrennbarer Bestandteil eines Finanzierungskonzepts sind (vgl einschließl zeitnaher Widmung BFH VIII R 1/08 BStBl II 11, 862; BFH VIII R 18/09, BFH/NV 11, 1847; weitergehend FG Hbg EFG 07, 1414; *von Schönberg* HFR 00, 561); nicht jedoch bei bloßer Liquiditätsreserve, auch nicht bei Gesamthandvermögen (zutr FG Nds BB 15, 1520, rkr).

165 **Weitere Beispiele:** BFH IV 109/59 U BStBl III 60, 172: **Kapitalansammlungsvertrag** eines WP und StB ist notwendiges PV; BFH IV R 6/99 BStBl II 00, 297: **Wertpapiere** eines Freiberuflers sind grds notwendiges PV, anders nur, wenn ausschließl Hilfsgeschäft der freiberufl Tätigkeit; BFH I 53/63 BStBl III 66, 218: **Darlehen** eines Wirtschaftsberaters ist notwendiges PV (FG Mchn EFG 12, 1550, rkr: anders, wenn Voraussetzung der freiberufl Tätigkeit); BFH IV R 80/88 BStBl II 90, 17: **Bürgschaft** ist BV nur bei Nachweis der ausschl betriebl Veranlassung der Zusage; BFH IV R 185/71 BStBl II 76, 380: **Beteiligung** eines **Baustatikers** an **GmbH,** deren Tätigkeitsgebiet der freiberufl Tätigkeit nicht wesensfremd ist, kann notwendiges BV sein; BFH IV R 146/75 BStBl II 79, 109: Beteiligung eines freiberufl Baustatikers an WohnungsbauAG ist notwendiges BV; BFH IV R 168/78 BStBl II 82, 345: Beteiligung eines **Architekten** an ausl AG notwendiges BV, wenn sie zur Mitwirkung an der Bebauung eines bestimmten Grundstücks erworben wurde; BFH IV R 14/00 BStBl II 01, 798: Beteiligung eines **Erfinders** (Arzt) an „verwertender" GmbH notwendiges BV (vgl auch Rz 64); einschr BFH VIII R 34/07 BStBl II 10, 612: Beteiligung eines **Bildjournalisten** an auch für andere Autoren tätige Vermarktungs-GmbH kein notwendiges BV (mE unzutr; vgl FG BaWü EFG 08, 784 rkr); BFH IV R 198/83 BStBl II 85, 517: **Beteiligung eines StB** an einer GmbH, die Autowaschstraßen betreut, uU gewillkürtes BV; BFH IV R 57/99 BStBl II 01, 546: Honorarerfüllung durch Anteilserwerb eines StB; BFH IV R 49/00 BStBl II 01, 828: Beteiligung eines Bauingenieurs an MessehotelAG; BFH VIII R 19/08 BFH/NV 11, 1311: Beteiligung eines RA an IT-AG als notwendiges BV/Mandatssicherung; BFH IV R 77/76 BStBl II 82, 340: **Standeswidrig** vereinbartes **Erfolgshonorar** führt zu BE (s auch Rz 61).

f) Bilanzierung. Forderungen aus freiberufl Tätigkeit sind bei Gewinnermittlung nach § 4 I zu dem Zeitpunkt zu aktivieren, in dem die Leistung des Freiberuflers erbracht ist (zu § 9 InsVV s *FinVerw* BB 11, 847); vor diesem Zeitpunkt empfangene **Vorschüsse** sind zu passivieren (BFH IV 260/64 BStBl II 71, 167). **Urheberrechte** sind BV, wenn sie den Gegenstand der Berufstätigkeit betreffen (BFH IV B 129/91 BFH/NV 93, 471, FG Ddorf EFG 14, 266, rkr); sie sind zu aktivieren, wenn sie entgeltl erworben wurden; zu nachträgl Einkünften aus ihrer Überlassung durch den Erben s Rz 254/7. Zu **Erfindungen** s Rz 64. Ein Aktivierungsverbot besteht für **Versorgungsanwartschaftsrechte,** die ein Freiberufler gem § 17 I 2 BetrAVG erworben hat (s Rz 175); zu **Pensionszusagen** an MUer vgl § 15 Rz 585/-90. 166

3. Betriebseinnahmen. Zu den BE (vgl allg § 4 Rz 420, 452: ggf Schätzung; dazu BFH IV B 221/02 BFH/NV 04, 1367) gehören auch die Entgelte aus sog **Hilfs- und Nebengeschäften,** sofern diese iZm dem Betrieb stehen (BFH VI B 85/99 BFH/NV 02, 784 nebenberufl Notarzttätigkeit, kein § 3 Nr 26), Wohnungserwerb anstelle nicht mehr realisierbaren Honorarforderungen (FG BaWü EFG 81, 75; s auch Rz 163 ff), **Entschädigungen** für Mitarbeit in **Berufskammern,** sofern nicht stfrei (*FinVerw* DStR 07, 1728), **Versicherungsleistungen** für spezifische berufl Risiken (vgl Rz 161, 190); ebenso **Geschenke** eines Patienten/Mandanten (RFH RStBl 36, 139; FG Mster EFG 14, 1970, Rev VIII R 41/14: SonderBE), **Trinkgelder** (zB an Musiker; kein § 3 Nr 51 nF) sowie **Sicherheitszahlungen** bei überfälliger Abrechnung (FG Hess EFG 91, 67). Zur Veräußerung von betriebl **Pkw** s BFH IV R 90/99 BFH/NV 01, 904. BE ist auch das teilweise auf privater Veranlassung beruhende und deshalb **überhöhte Testamentsvollstreckerhonorar** (BFH IV R 125/89 BStBl II 90, 1028; BFH II R 18/03 BStBl II, 05, 489: § 12 Nr 1 gilt nicht für BE; aA *Götz ua* DB 04, 675). Zu sog durchlaufenden Posten (keine BE/BA) s § 4 Rz 388. 170

a) Metalle. Silber, das ein Arzt anlässl der Entwicklung von Röntgenfilmen gewinnt, ist BV (zu § 4 III s BFH IV R 50/86 BStBl II 86, 907). – **Altgold,** das beim Zahnarzt verbleibt, ist BE (Bewertung zum gemeinen Wert; § 6 IV), jedoch bei Gewinnermittlung nach § 4 III in gleicher Höhe BA (BFH IV R 115/84 BStBl II 86, 607/8). **Tauscht** der Zahnarzt das Altgold gegen **Feingold** (s Rz 162), erzielt er erneut eine BE (BFH aaO; *Groh* FR 86, 393); grds keine Gewinnerhöhung jedoch, wenn das Altgold für betriebl Zwecke gegen **Dentalgold** (UV) getauscht wird (s BFH IV R 101/93BStBl II 94, 750; § 4 III 4 nF). 171

b) Preise. Keine BE ist der **Geldpreis,** mit dem Lebenswerk, Gesamtschaffen oder eine bestimmte Grundhaltung der journalistischen Tätigkeit geehrt werden, da wirtschaftl kein Leistungsentgelt erzielt wird (BFH IV R 184/82 BStBl II 85, 427; § 4 Rz 460 „Preise"; zR abl *Blümich* § 4 Rz 243 „Preise"). BE ist aber der bei einem **Wettbewerb** gewonnene Preis, da er wirtschaftl den Charakter eines leistungsbezogenen Entgelts hat (BFH IV R 75/74 BStBl II 75, 558); BFH I R 83/85 BStBl II 89, 650 (Förderpreis für gute Meisterprüfung); ebenso Architekten-/Filmpreis (FG Mster EFG 10, 27, rkr; FG Bln EFG 85, 335). Der Rspr folgend *BMF* BStBl I 96, 1150. 174

c) Renten. Zahlungen, die einem Freiberufler auf Grund einer Vereinbarung von seinem Mandanten gezahlt werden, sind nach § 18 und nicht nach § 22 Nr 1a zu versteuern (BFH IV R 61/85 BStBl II 87, 597). – **Anwartschaften auf eine Betriebsrente** (§ 1 I, § 17 I 2 BetrAVG), die einem Selbständigen zugesagt worden sind, sind nicht zu aktivieren (BFH I R 44/83 BStBl II 89, 323); die späteren Rentenzahlungen sind Einkünfte iSd § 24 Nr 2 (Rz 270). Zuschüsse zur Altersversorgung selbstständiger Journalisten seitens **VG WORT** sind BE im Zuflussjahr (BFH IV R 13/89 BStBl II 90, 621); nicht aber **ArbGAnteile** zur SozialVers (FG Hbg EFG 10, 139; fragl). 175

177 **d) Kassenärztl Vereinigung.** Die Dezember-**Abschlagzahlungen** der kassenärztl Vereinigung die im Januar des Folgejahres zufließen, sind nach § 11 I 2 den Einnahmen des Vorjahres zuzurechnen (BFH IV R 309/84 BStBl II 87, 16). Zur **Praxisgebühr** (BE) s *BMF* BStBl I 04, 526. – Die Auszahlungskürzungen der kassenärztl Vereinigungen um die Beiträge für **Sozialfonds** gehören nicht zu den BE (BFH IV 4/61 U BStBl III 64, 329). Die Leistungen aus dem Sozialfonds sind aber BE des Empfängers (BFH IV R 112/71 BStBl II 77, 29; s auch Rz 90, 254). Zu Rückstellungen wegen Richtgrößenüberschreitung s BFH VIII R 13/12 BStBl II 15, 523.

179 **e) Vorschüsse.** Bei RA, die den Gewinn nach § 4 III ermitteln, gehören **Vorschüsse** zu den BE, auch wenn sie an andere weitergegeben (BFH IV 179/59 U BStBl III 63, 132) oder später zurückgezahlt werden müssen (BFH IV R 95/79 BStBl II 82, 593; BVerfG StEd 97, 94; *Depping* DStZ 96, 366). Zu „Darlehen" bei Musikverlagsvertrag s FG Ddorf EFG 11, 313; mE fragl. **Honorarrückzahlungen** sind bei Gewinnermittlung nach § 4 III im Jahr der Rückzahlung BA (FG RhPf EFG 88, 421); zu Rückstellungen eines Kassenarztes s BFH XI R 64/04 BStBl II 06, 371. Zu **Vergütungsvorschüssen** des Insolvenzverwalters s *FinVerw* BB 11, 3058. – Zu **Anzahlungen** s *Gebhardt* EStB 99, 61. Zu **Entschädigungen** s § 24 Rz 14 f. – Zu **§ 34 II Nr 4** s dort.

185 **4. Betriebsausgaben. – a) Grundsätze.** Auch für § 18 gilt der allg Begriff der BA gem § 4 IV (s dort Rz 470 ff); zu BA-**Pauschbeträgen** s Rz 216; zur BA-**Schätzung** s BFH VIII R 76/05 BStBl II 08, 937.

190 **b) Einzelfälle.** Kosten für **Arbeitsmittel** sind BA (zu Afa/AfaA betr Meistergeige BFH VI R 185/97 BStBl II 04, 491). Zu Jahrgangsbänden von **Fachbüchern** als GWG (§ 6 II aF/nF ggf iVm § 4 III 3 nF) s FG Köln FR 99, 847. **Bücher allgemeinbildenden Inhalts** sind aber auch bei berufl Verwendung als sog gemischte Aufwendungen nicht abzugsfähig (BFH IV R 70/91 BStBl II 92, 1015). **Beiträge zu Berufskammern und Berufsverbänden** (zB *CDU-Wirtschaftsrat,* BFH IV R 28/89 BFH/NV 90, 360; XI R 108/92 BFH/NV 96, 300) sind BA; Beiträge zur Versorgungskasse sind SA, wenn sie der *eigenen* Versorgung dienen, sonst BA (BFH IV B 185/02 BFH/NV 04, 1245). Keine BA sind Beiträge zu einer **Krankentagegeldversicherung** ungeachtet dessen, ob eine gesellschaftsvertragl Versicherungspflicht besteht (BFH IV R 32/80 BStBl II 83, 101; FG SachsAnh EFG 08, 31 rkr); ebenso Prämien für **Praxisausfallversicherung,** soweit krankheitsbedingte Arbeitsunfähigkeit versichert wird (BFH VIII R 36/09 StuB 12, 642: BA-Abzug nur für betriebl Unterbrechungsrisiken; zust *Alvermann ua* DStR 10, 91; aA *Beiser* DB 09, 2237). Gleiches gilt grds für **LV-Prämien;** s Rz 161. Zu Zahngoldvorräten vgl Rz 162, 171. **Umzugskosten** sind BA, wenn zB durch die größere Nähe zur Praxis die Betreuung der Patienten erleichtert wird (BFH IV R 42/86 BStBl II 88, 777); zu **Maklergebühren** und **Möbeleinlagerung** s jedoch BFH VI R 188/97; IV R 78/99 BStBl II 00, 586; 01, 70. – Zu **Aus- und Fortbildungskosten** s *BMF* BStBl I 10, 721 und einschließl Rechtsentwicklung/verfrechtl Bedenken § 10 Rz 120 ff; § 12 Rz 56 ff; § 19 Rz 60 „Ausbildungskosten"; zur Facharztausbildung des Sohnes s BFH VIII R 49/10 BStBl II 13, 309. Zum BA-Abzug bei (inl/ausl) **Informations-** und **Kongressreisen** s § 4 Rz 520 „Informationsreisen"; § 12 Rz 8 ff. – Nicht nur Umzugskosten (s Rz 190), sondern auch **Mietausfallentschädigungen** einschließl **Prozesskosten** können bei berufl veranlasster Wohnsitzverlegung BA sein (BFH I R 61/93 BStBl II 94, 323). – **Reisekosten** einer Malerin sind BA, wenn eine private Veranlassung der Reise ausgeschlossen erscheint (BFH IV R 138/83 BStBl II 87, 208); weitergehend für Sylt-Aufenthalt eines Schriftstellers FG Nds EFG 03, 597. Zur **privaten**/berufl **Kfz-Nutzung/Fahrtenbuch** (§ 6 I Nr 4) s dort Rz 419 ff; zu Fahrten zw **Wohnung** und **Betriebsstätte** (§ 4 V Nr 6) s dort Rz 580 ff; zu § 4 V Nr 7 (Ferrari im BV) s BFH VIII R 20/12 BStBl II 14, 679; zu **Übernachtungskosten/Verpfle-**

gungsmehraufwand vgl BFH XI R 59/97 BFH/NV 98, 1216; zum **häusl Arbeitszimmer** (§ 4 V Nr 6b) s dort Rz 590 ff. – Aufwendungen eines Chefarztes mit freiberufl Einkünften für **Weihnachtsgeschenke** an das Krankenhauspersonal sind nur in den Grenzen des § 4 V Nr 1 als BA abziehbar, wenn die Empfänger nicht in einem ArbVerh zu dem Arzt stehen (BFH IV R 186/82 BStBl II 85, 286). Zu „Buchpräsenten" eines Schriftstellers vgl FG Ddorf EFG 02, 1227. **Bewirtungsspesen** unterliegen § 4 V **(1)** Nr 2 (vgl § 4 Rz 540/-57; BFH IV R 50/01 BStBl II 04, 502 betr RA); die Kosten für die **Eröffnung** einer **Arztpraxis** sind BA (FG Mchn DStRE 00, 452), nicht aber die Kosten für einen **Geburtstagsempfang** (BFH IV R 58/88 BStBl II 92, 524).

5. Praxiswert (*Verwaltung: BMF* BStBl I 95, 14; *OFD NRW* DB 15, 2603: kassenärztl Zulassung). – **a) Wesensmerkmale.** Zum BV gehört unabhängig von der Gewinnermittlungsart (§ 4 I oder § 4 III) auch der (selbst geschaffene und entgeltl erworbene) Praxiswert. Nach BFH I R 52/93 BStBl II 94, 903 (zu II 2b) ist der Praxiswert als verkehrsfähiges immaterielles WG von der nicht übertragbaren persönl Schaffenskraft (Ruf etc) des Praxisinhabers zu unterscheiden (BFH VIII B 42/10 BFH/NV 11, 1345); er umfasst neben Lage, Qualität der Mitarbeiter und Organisation der Praxis auch den **Mandantenstamm.** Dieser kann jedoch – im Gegensatz zum Praxis- oder Geschäftswert (BFH VIII R 13/93 BStBl II 94, 922/5) – unabhängig von den anderen WG des BV übertragen (BFH IV R 33/95 BFH/NV 97, 751) oder auch selbstständig verpachtet werden (BFH VIII B 116/10, BFH/NV 11, 1135). Die **Vertragsarztzulassung** (zur AfA s Rz 202) ist nach BFH VIII R 13/08 BStBl II 11, 875 idR untrennbarer Teil des Praxiswerts (aA *Staschewski* FR 11, 1097). Ausnahmen: – *(1)* Erwerb der Zulassung iVm Verlegung des Vertragsarztsitzes (*OFD NRW* DB 15, 2603), es sei denn, die bestehenden Patientenbindungen (einschl Archiv) werden vom Erwerber fortgeführt (FG Köln EFG 12, 1128, rkr; zutr); – *(2)* weitergehend FG Nbg EFG 14, 1179, Rev VIII R 7/14: Kaufpreis überschreitet Praxiswert erhebl (fragl); FG Nbg EFG 15, 361, Rev VIII R 56/14: Förderung der Erwerberzulassung (fragl). Praxis- und Geschäftswert können nicht negativ sein (BFH IV R 70/92 BStBl II 94, 745 zu 4a; § 5 Rz 226). Der Praxiswert bildet häufig die **wesentl Betriebsgrundlage** (BFH I R 109/93 BStBl II 94, 925/6); s auch Rz 223/4. Nur der **entgeltl erworbene (derivative) Praxiswert** ist in der Bilanz mit den AK anzusetzen und nur darauf sind AfA vorzunehmen (§ 5 II analog; BFH VIII R 74/77 BStBl II 80, 244; vgl auch § 248 II HGB, § 141 I 2 AO; zur Einlage s jedoch BFH I R 52/93 BStBl II 94, 903/6). – **Geschäftswert** ist die über den Substanzwert hinausgehende Gewinnaussicht eines Unternehmens, die, **losgelöst** von der **Person** des Unternehmers, auf Grund besonderer Vorteile des Unternehmens (Ruf des Unternehmens, Organisation usw) höher oder gesicherter als bei anderen Unternehmen gleicher Kapitalausstattung erscheint (BFH IV R 21/75 BStBl II 79, 369; § 5 Rz 221). **Praxiswert** ist demggü die über den Substanzwert einer freiberufl Praxis hinausgehende Gewinnaussicht, die sich aus dem Vertrauen der Mandanten/Patienten in die Tüchtigkeit und Leistungsfähigkeit des/der Praxisinhaber(s) ergibt (BFH IV R 33/93 BStBl II 94, 590). Zwar folgt die Abgrenzung der **jeweiligen** gewerbl/freiberufl **Einkunftsart** (FG Mster EFG 15, 15, rkr); auch werden die Ertragsaussichten eines erworbenen GewBetr stärker durch die Leistungsfähigkeit der betriebl Organisation (zB Vertriebswege) und (übertragbares) Know-how bestimmt (einschr BFH III R 40/07 aaO). Gleichwohl sind Geschäfts- und Praxiswert insofern einander ähnl, als sie Aussichten und Chancen widerspiegeln (BFH IV R 29/91 BStBl II 93, 36; Rz 256). Dies zeigt sich zB bei Veräußerung von **personenbezogenen GewBetr** (BFH III R 40/07 BStBl II 10, 609; *L. Schmidt* FR 82, 100) und daran, dass sich bei Fortführung einer freiberufl Praxis durch eine nicht (nur) aus Berufsträgern bestehende Erbengemeinschaft der Praxiswert **in einen Geschäftswert verwandelt** (BFH VIII R 13/93 BStBl II 94, 922/4).

202 **b) Abschreibbarkeit, Nutzungsdauer.** Durch das BiRiLiG ist der (derivative) Geschäfts- oder **Firmenwert** für Wj, die nach 1986 beginnen, den abnutzbaren WG (§ 6 I Nr 1) mit einer Nutzungsdauer von 15 Jahren (§ 7 I 3) zugeordnet worden (§ 5 Rz 227). Schon vor der gesetzl Anerkennung der Abnutzbarkeit hat die Rspr AfA auf derivative Praxiswerte zugelassen (BFH IV R 2–3/79 BStBl II 82, 620), seit BFH IV R 33/93 BStBl II 94, 590 auch für den derivativen Sozietätspraxiswert (s Rz 208/-9). Die AfA auf den Praxiswert umfassen idR auch die **Vertragsarztzulassung** (Rz 200; aA früher *FinVerw*); wird diese jedoch ausnahmsweise isoliert erworben (Vertragsitzverlegung), ist fragl, ob AfA zu gewähren sind (insoweit offen BFH VIII R 13/08 BStBl II 11, 875; abl FG Nbg EFG 14, 1179, Rev VIII R 7/14; *OFD NRW* DB 15, 2603; aA FG Nbg EFG 15, 361, Rev VIII R 56/14; Ausnahme: Zahnärzte ab 1.4.07). Da die gesetzl Fiktion der **Nutzungsdauer** (15 Jahre) nur für Geschäfts- oder Firmenwerte von GewBetr und luf Betrieben (Wortlaut des § 7 I 3) gilt (*BMF* BStBl I 86, 532), ist die Nutzungsdauer derivativer Praxiswerte im Einzelfall zu schätzen. Sie beträgt regelmäßig 3–5 Jahre für den derivativen **Einzelpraxiswert** und 6–10 Jahre für den derivativen **Sozietätspraxiswert** (BFH IV R 33/93 BStBl II 94, 590/1; *BMF* BStBl I 95, 14; BGH DStRE 06, 1488). Zur Berechnung des Praxiswerts s *Wehmeier* NWB 11, 726.

203 Soweit der **Teilwert** eines entgeltl erworbenen Praxiswerts niedriger ist als die AK (vermindert um die jährl AfA), kann dieser angesetzt werden, wenn der StPfl den Gewinn durch Bestandsvergleich (§ 4 I) ermittelt (str, vgl BFH VI R 57/88 BStBl II 92, 401/3; *BMF* BStBl I 95; 14; § 6 Rz 360). Nach der sog **Einheitstheorie** kann bei der TW-Ermittlung der Praxiswert nicht in einen originären und einen derivativen Teil zerlegt werden (vgl zum Geschäftswert § 6 Rz 313; § 5 Rz 230 f); diese Rspr ist jedoch vom **BFH** mit Inkrafttreten des BiRiLiG (s Rz 202) **aufgegeben** worden (BFH IV R 48/97 BStBl II 98, 775; § 16 Rz 490). Demgemäß kann auch bei **Einbringung** einer Praxis in eine **Sozietät** der aufgedeckte Praxiswert ungeachtet dessen abgeschrieben werden, ob es dem hinzutretenden Sozius gelingt, ein eigenes Vertrauensverhältnis zu den Mandanten zu begründen (vgl BFH IV R 33/93 aaO; Rz 208/-9). Ebenso ist die Einbringung eines **Mandantenstammes** zu behandeln (BFH IV R 33/95 BFH/NV 97, 751; Rz 200).

208 **6. Einzelfälle. – a) Sozietätspraxiswert.** Bei **Erweiterung** einer Einzelpraxis zur Sozietät oder Aufnahme neuer Partner in eine bereits bestehende Sozietät (dh weitere Mitarbeit der Altsozien) ist der derivative (Sozietäts-)Praxiswert nach der durch BFH IV R 33/93 BStBl II 94, 590 geänderten Rspr grds auf 6–10 Jahre abzuschreiben (s Rz 202). Die erweiterte Sozietät darf den **vollen Teilwert** ansetzen, dh auch soweit dieser auf den Veräußernden entfällt (BFH IV R 33/93 aaO); davon zu unterscheiden ist die Begrenzung des Veräußerungsgewinns nach § 16 II 3 iVm § 18 III 2; s Rz 264.

209 **b) Anteilsveräußerung.** Der AfA-Zeitraum ist mE dann nach den Grundsätzen zum Sozietätspraxiswert zu bestimmen, wenn mit Rücksicht auf die verbleibenden Sozien das „bisherige persönl Vertrauensverhältnis" (BFH IV R 33/93, aaO) im Kern fortbesteht (str).

210 Führt der berufsfremde **Erbe** die Praxis allein oder mit anderen Ges'tern fort, wird sie zum GewBetr. Scheidet der Erbe entgeltl aus dem Unternehmen aus und wird die Praxis von den verbleibenden Freiberuflern fortgeführt, verwandelt sich der Geschäftswert zu einem Praxiswert zurück (BFH VIII R 13/93 BStBl II 94, 922/4), für dessen Abschreibung dann die allg Grundsätze gelten (s Rz 202).

213 **c) Einbringung einer Einzelpraxis in GmbH.** Schon vor der Änderung des § 6 I (vgl Rz 202) wurde entgeltl Erwerb eines Praxiswertes durch die GmbH angenommen und AfA darauf zugelassen (*BMF* BStBl I 79, 481); ebenso BFH I R 52/93 BStBl II 94, 903/5 f. Nach BFH VIII R 13/93 BStBl II 94, 922/4 wandelt sich der Praxiswert in einen **Geschäftswert,** wenn er auf ein gewerbl Unter-

nehmen übergeht; der AfA-Zeitraum müsste sich daher nach § 7 I 3 auf 15 Jahre bestimmen. In BFH I R 52/93 aaO wird aber im Hinblick auf die herausgehobene Stellung des übertragenden Ges'ters davon ausgegangen, die Nutzungsdauer sei nach § 7 I 2 zu schätzen. Dementsprechend ist nach *BMF* BStBl I 95, 14 von den für den Erwerb eines Praxiswertes geltenden Grundsätzen auszugehen (s Rz 202).

d) Erwerb von Anteilen. Erwerb von Anteilen an einer der Art nach freiberufl tätigen KapGes durch einen Freiberufler: Von den AK sind keine AfA zulässig, auch wenn sich im Kaufpreis für die Anteile ein Praxiswert der KapGes niedergeschlagen hat (BFH IV R 144/84 BStBl II 86, 142). 214

e) Verpachtung einer Praxis. Die Geltung der allg Grundsätze zur Verpachtung gewerbl oder luf Betriebe (s § 16 Rz 690) setzt bei **freiberufl Praxen** voraus, dass der Betrieb verpachtet werden kann (zu StB-Praxis s *Wehmeier* Stbg 11, 272); dies ist zB bei Notaren, Künstlern, Schriftstellern (Rz 260; *HHR* § 18 Rz 22) zu verneinen. IÜ erkennt die bisherige Rspr eine Praxisverpachtung jedenfalls bei **vorübergehender** Überlassung an (BFH IV R 29/91 BStBl II 93, 36; Zahnarztpraxis, 3 Jahre bis zum Erwerb der freiberufl Qualifikation; VIII R 13/93 BStBl II 94, 922/4; ebenso EStH 18.3; aA *Tiedchen* FR 92, 705: Veräußerung; diff *Zugmaier* FR 98, 597/600). **Fragl** ist allerdings, ob dies mit Rücksicht auf die gewöhnl Nutzungsdauer von Praxiswerten (3–5/6–10 Jahre; s Rz 202) auch für **längerfristige** Verpachtungen gilt (*Korn* KÖSDI 99, 12091/12102). Abl FG Saarl EFG 97, 654; *Führer* DStR 95, 785/92 (verdeckte Veräußerung); bej *HHR* (aaO Rz 22, 390: fortdauernde betriebl Verhaftung der stillen Reserven; Ähnlichkeit mit personenbezogenen GewBetr (s 17. Aufl Rz 258; § 16 Rz 691). Für Letzteres spricht der Hinweis in BFH IV R 29/91 aaO, dass die pachtweise Nutzung des Klientenstamms in ähnl Weise mögl sei wie bei (personenbezogenen) gewerbl Betrieben (s Rz 200); glA BFH I R 134/94 BFH/NV 97, 438 (betr § 8 Nr 7 GewStG aF): Pachtvertrag auf unbestimmte Zeit mit jährl Kündigungsrecht anzuerkennen. – Zur **Überlagerung** der Betriebsverpachtung durch **BetrAufsp** s Rz 55; § 16 Rz 707; Folgen: kein Wahlrecht zur BetrAufgabe; GewSt-Pflicht; § 32c aF/§ 35 nF. – Zur einzelfallbezogenen **Abgrenzung** von **Verpachtung/Veräußerung** des Geschäfts- oder Praxiswerts s BFH I R 42/00 BStBl II 01, 771; FG RhPf DStRE 03, 452; *Buciek* HFR 02, 47; krit *sch* DStR 01, 1749. 215

7. Pauschbeträge für Betriebsausgaben. Die FinVerw hat – auch ab VZ 2000, trotz Wegfall von LStR 47 – für eine Reihe von Fällen Pauschbeträge für BA zugelassen, die auch von Steuergerichten als Vereinfachungsregelungen zu beachten sind, solange sie nicht im Einzelfall zu einer **offensichtl unrichtigen Besteuerung** führen (BFH IV R 11/76 BStBl II 80, 455); Erstattung durch den Auftraggeber schließt BA-Abzug aus (BFH VI R 23–24/85 BStBl II 90, 1065). Freiberufler können auch bei eintägigen Geschäftsreisen Verpflegungsaufwendungen nach den dafür geltenden Verwaltungsregelungen abziehen (BFH III R 222/84 BStBl II 88, 428; zur Rechtslage ab 1996 s § 4 Rz 570). **Hauptberufl** selbstständig schriftstellerisch oder journalistisch Tätige können ohne Nachweis 30 vH der BE, höchstens 2455 €, jährl als BA abziehen; zu Übersetzern s Rz 123. Für **nebenberufl** wissenschaftl, schriftstellerische, künstlerische oder erzieherische Tätigkeit (einschließl der Prüfungstätigkeit) kann ein Pauschbetrag von 25 vH der BE, höchstens 614 €, als BA abgezogen werden; werden höhere BA geltend gemacht, ist deren tatsächl Entstehung nachzuweisen (EStH 18.2; *FinVerw* DStR 05, 2079). Ehrenamtl Mitglieder **kommunaler Vertretungen** (s Rz 144) können bestimmte Sätze als **Aufwandsentschädigung** absetzen (vgl § 3); zum Mitglied einer **BT-Enquete-Kommission** s *FinVerw* FR 99, 829. Zu **Kindertages/-vollzeitpflege** („Tagesmutter") s Rz 155; zu **Hebammen** s *FinVerw* DStZE 73, 316. 216

8. Gewinnverteilung bei PersGes. Zur Nichtanerkennung **rückwirkender Änderungen** gelten die allg Grundsätze (BFH IV B 35/99 BFH/NV 00, 1185; vgl § 15 Rz 452 ff); zu interprofessioneller Zusammenarbeit s Rz 43. Zu Sonder- 217 abreden s *Korn* § 18 Rz 160. Zu „unberechtigten“ Entnahmen des Ges'ters einer PersGes s § 15 Rz 649.

VI. Veräußerungsgewinne, § 18 III

220 **1. Verhältnis zu anderen Vorschriften.** Nach § 18 III gehört auch der Veräußerungsgewinn zu den Einkünften aus selbstständiger Arbeit. Wie bei den Einkünften aus GewBetr ist die Abgrenzung des Veräußerungsgewinns vom lfd Gewinn insb bedeutsam für **Freibetrag** (s Rz 264, § 16 Rz 575 ff) und für die Tarifermäßigung nach § 34. Die ab VZ 94 angeordnete Einschränkung des Tarifprivilegs (§ 16 II 3, III 5; vgl § 16 Rz 97, 111) gilt gem § 18 III 2 (aF/nF) entspr auch für selbstständige Einkünfte; auch § 24 III 3 UmwStG aF/nF ist zu beachten. Zum Feststellungsverfahren s Rz 268.

221 **2. Veräußerung. – a) Grundsatz.** § 18 III wird nach hM als lediglich klarstellend verstanden (§ 16 Rz 6). Veräußerung freiberufl Vermögens ist dessen entgeltl Übertragung auf einen anderen Rechtsträger. Zum Ausscheiden aus PersGes gegen **Sachwertabfindung** s § 16 Rz 520 ff; *FinVerw* DB 10, 927 (Mandantenstamm); *Potsch* KÖSDI 13, 18225. Nicht § 18 III, sondern § 6 III ist anwendbar, wenn das BV unentgeltl durch **Schenkung** (zB **vorweggenommene Erbfolge**) oder **Erbfall** (§ 1922 BGB) auf eine oder mehrere andere Personen übergeht. Bei vorweggenommener Erbfolge gelten für die freien Berufe die allg Grundsätze (s dazu § 16 Rz 15, 45 ff). Zu Erbfolge/Erbauseinandersetzung s Rz 45, 240, 256. Wird der vom Erblasser geschlossene Verkaufsvertrag von den Erben erfüllt, erzielen diese den Veräußerungsgewinn (BFH IV R 1/95 BStBl II 95, 893). Zur sog Fortsetzungsklausel s Rz 245; § 16 Rz 661: Veräußerungsgewinn des Erblassers. Zum **Zeitpunkt** der Veräußerung s § 16 Rz 220, 440; BFH VIII B 166/07 BFH/NV 1478: Übertragung aller wesentl Grundlagen einschl Patienten-/Mandantenstamm.

223 **b) Wesentl Grundlagen.** Diese müssen auf den Erwerber übergehen, damit eine begünstigungsfähige Veräußerung iSd § 18 III angenommen werden kann (s auch § 16 Rz 94). Die wesentl Grundlagen insb der freien Berufstätigkeit bestehen oft nicht in körperl WG (zu Praxisräumen s *FinVerw* DB 07, 314; zu Schulungs-Kfz s BFH IV R 18/02 BStBl II 03, 838), sondern in immateriellen WG (**Mandantenstamm/**Patientenstamm, **Praxiswert;** BFH I R 109/93 BStBl II 94, 925/6; IV B 104/98 BFH/NV 00, 317; Rz 200 f). Nur wenn diese immateriellen WG mitübertragen werden, liegt eine Veräußerung des gesamten der Tätigkeit dienenden Vermögens vor (BFH XI B 193/02 BFH/NV 03, 773). Die Zurückbehaltung weniger unwesentl Mandate ist unschädl (BFH VIII B 58/08 BFH/NV 09, 756; BFH XI R 47/06 BStBl II 08, 106; EStH 18.3 „Veräußerung“: **Geringfügigkeitsgrenze,** dh Anteil der zurückbehaltenen Mandate in den letzten 3 Jahren nicht größer als **10 vH** der Gesamteinnahmen dieser Jahre). ME sind hierbei auch *neu* gewonnene Mandate zu berücksichtigen (glA str, vgl *Korn* KÖSDI 14, 18695/706; weitergehend *FinVerw* DB 07, 314: grds schädl).

224 **SonderBV** von MUern einer freiberufl PersGes (zB Praxisgrundstück) kann zu den wesentl Grundlagen gehören (vgl § 16 Rz 414), so dass das SonderBV grds mitveräußert oder in das PV überführt werden muss, damit eine begünstigungsfähige Veräußerung oder Betriebsaufgabe angenommen werden kann (BFH VIII R 76/87 BStBl II 91, 635); nur bei Aufdeckung aller stiller Reserven durch die Veräußerung kommen die steuerl Ermäßigungen gem § 18 III, § 34 in Betracht (BFH VIII R 57/90 BStBl II 94, 607/14). Bei Veräußerung ab 1.1.2002 (mE auch vor § 18 III 2 idF StBeAusbG; glA BFH VIII B 172/08 BFH/NV 09, 1258; aA *Böttner* DB 02, 1798) sind Gewinne aus der Veräußerung von **Teilen von MUeranteilen** – auch bei kongruenter Übertragung des SonderBV – *lfd Gewinne* (§ 16 I S 1 Nr 2, S 2 nF; s § 16 Rz 411). – Zur Übertragung von SonderBV auf **SchwesterPerGes** vor Veräußerung des MUeranteils s § 16 Rz 414.

c) Zeitweilige Einstellung der Berufstätigkeit. Neben der entgeltl Übertragung der wesentl Grundlagen der selbstständigen Arbeit im ganzen auf einen anderen verlangt die Rspr für die Annahme einer Veräußerung (oder Aufgabe) grds auch, dass die Tätigkeit selbst – wenigstens für eine gewisse Zeit am Ort der bisherigen Tätigkeit (dazu *FinVerw* DB 07, 314) – ihr Ende findet (BFH I R 109/93 BStBl II 94, 925/6; *Richter* FS Korn, 131/5; Rz 223). Das gilt auch bei Veräußerung von Teilbetrieben (BFH VIII R 22/09 BStBl II 12, 777) und Praxisanteilen einer Sozietät (s Rz 250, 252). Die BFH-Rspr ist sachgerecht, da die Überleitung des Mandantenvertrauens die wesentl Voraussetzung für die entgeltl Übertragung einer Freiberuflerpraxis ist (krit *Iwon* DStZ 90, 23); zur Einbringung in eine freiberufl PersGes s Rz 230/-4. 225

aa) Weitere Berufstätigkeit. Nach BFH I R 109/93 aaO steht die Fortsetzung der Berufstätigkeit als **ArbN** oder **freier Mitarbeiter** (so zu GewBetrieb BFH X R 40/07 BStBl II 09, 43; § 16 Rz 98; offen zu § 18 noch BFH IV R 11/99 BFH/NV 99, 1594) des Praxiserwerbers einer begünstigten Praxisveräußerung nicht entgegen, weil die Berufstätigkeit des Veräußerers nunmehr für Rechnung des Erwerbers ausgeübt wird und dieser somit über Praxiswert/Mandantenstamm verfügt. 227

bb) Einzelfragen. Zur Gleichartigkeit der Berufstätigkeit bei Wechsel von Allgemein- zu Facharztpraxis, Umfang des örtl Wirkungsbereichs, Wartefrist, vorübergehende Wiederaufnahme nach kurzfristiger Tätigkeitseinstellung – s BFH IV R 11/99 BFH/NV 99, 1594 BFH XI B 25/00 BFH/NV 06, 298; BFH IV B 69/04 BFH/NV 07, 431; FG Köln EFG 15, 556, Rev VIII R 2/15; ausführl *Richter* FS Korn, 131; *Wendt* FR 99, 1120). – Zur **Ausnahme** bei geringfügiger Fortsetzung der Berufstätigkeit vgl Rz 223. – Zur Betriebsaufgabe s Rz 254. 229

d) Sozietätsgründung/-erweiterung; Einbringung in eine PersGes. – Wird der **freiberufl Betrieb** (oder selbstständiger Vermögensteil; s Rz 250) in eine PersGes eingebracht, ist **§ 24 UmwStG aF/nF** anwendbar (BFH IV R 69/74 BStBl II 80, 239), wenn und soweit die hinzutretenden Ges'ter *keine* Ausgleichsleistungen (zB Barzahlungen) erbringen (vgl § 16 Rz 562). 230

aa) Wahlrechte. Die Beteiligten können wählen: – ***(1)*** Fortführung der **Buchwerte** durch die PersGes, kein Einbringungsgewinn beim Einbringenden; dessen *Gewinn*vorab führt idR zu lfd Gewinn (FG D'dorf EFG 13, 287, Rev VIII R 47/12); – ***(2)*** Ansatz der **Teilwerte/gemeinen Werte** durch die PersGes, Realisierung der stillen Reserven durch den Einbringenden und Versteuerung gem § 16 IV, § 34 (zu § 34 III nF s § 16 Rz 2; zum Zusammentreffen mit Zuzahlungen s Rz 233; zum Wegfall von Tarifprivileg und Freibetrag bei Einbringung von *Teilen von MUeranteilen* ab 2002 vgl § 24 III UmwStG). Ab VZ 94 gilt dies mit der Einschränkung, dass der Veräußerungsgewinn als lfd Gewinn gilt, soweit Einbringender an PersGes beteiligt ist (§ 24 III 3 UmwStG; Rz 264; § 16 Rz 7, 97, 111, 562); – ***(3)*** wählt die aufnehmende PersGes den Ansatz von unter den TW liegenden **Zwischenwerten,** ist der Einbringungsgewinn als lfd Gewinn zu versteuern (BFH IV R 98/79 BStBl II 81, 568). 231

bb) Überschussrechnung, § 4 III. Die Wahlrechte gelten auch, wenn der Gewinn für den eingebrachten Betrieb (oder Sozietät) nach § 4 III ermittelt wurde. Nach BFH IV R 18/00 BStBl II 01, 102 ist dann aber ein Übergang zur Gewinnermittlung nach § 4 I erforderl (Folge: lfd Übergangsgewinn gem EStR/H 4.6; § 16 Rz 330), so dass bei der nach der Einbringung mögl Rückkehr zur Gewinnermittlung nach § 4 III Abschläge vorzunehmen sind. Bei Buchwertfortführung kann auf eine Übergangsbilanz indes verzichtet werden (BFH IV R 13/01 BStBl II 02, 287). Honorarforderungen können als eigenes RestBV zurückbehalten (§ 16 Rz 125) und sowohl bei Buchwertfortführung (BFH XI R 32/06 BFH/NV 2008, 385) als auch bei TW-Ansatz (BFH VIII R 41/09 232

BStBl II 14, 288: nach § 16 begünstigt) gem Zufluss (§ 4 III) als lfd Gewinn versteuert werden (glA *FinVerw* DB 15, 1756; zT überholt *BMF* BStBl I 11, 1314 Rz 24.03, 20.08). Zur *unentgeltl* Aufnahme von Angehörigen s *FinVerw* DB 99, 1980; § 16 Rz 204.

233 **cc) Ausgleichsleistungen.** Hat der aufgenommene oder beigetretene Ges'ter hingegen Ausgleichsleistungen zu erbringen, unterfällt der hiermit verbundene Veräußerungsgewinn *nicht* den Wahlrechten des *§ 24 UmwStG,* sondern führt ab 1.1.2002 durchgängig zum Entstehen eines lfd Veräußerungsgewinns (s § 16 Rz 563 ff). – Zur Ergänzungsbilanz/-rechnung des Erwerbers s BFH VIII R 13/07 BStBl II 09, 993.

234 **dd) MUerteilanteile.** Zur Veräußerung s ab 1.1.2002 – lfd Gewinn – vgl §§ 16 I S 1 Nr 2, S 2 iVm § 18 III 2 Rz 224; § 16 Rz 411, 565.

235 **e) Einbringung in eine KapGes.** Freiberufl BV (Einzelpraxis oder Sozietät) kann im Wege der Sacheinlage gegen Gewährung von Gesellschaftsrechten gem § 20 UmwStG aF/nF in eine KapGes eingebracht werden (zum Übergang § 4 III/I s *Ehlers* NWB F 3, 12201/26). Die (Freiberufler-)KapGes (s dazu Rz 52/-3) kann die Buchwerte fortführen oder bis zur Grenze der Teilwerte/gemeinen Werte höhere Werte ansetzen (zum Praxiswert s Rz 213). Werden die Buchwerte nicht fortgeführt, war der sich durch die Sacheinlage ergebende Veräußerungsgewinn nach § 34 I, III ermäßigt zu besteuern, also auch bei Zwischenwerten (vorbehaltl Teileinkünfteverfahren); der Freibetrag nach § 16 IV konnte hingegen nur gewährt werden, wenn die KapGes Teilwerte ansetzt (§ 20 V 2 UmwStG aF). Zur geänderten Rechtslage bei Einbringung ab 1.1.2002 (§ 20 V/IV UmwSt aF/SEStEG: § 16 IV, § 34 I, III nur bei Ansatz von TW/gemeinem Wert, nicht bei Einbringung von MUer*teil*anteilen) s § 16 Rz 200.

240 **f) Erbengemeinschaft; Erbauseinandersetzung. – aa) Allgemeines.** Beim Rechtsübergang infolge Erbfalls ordnet § 6 III (vgl § 16 Rz 15, 204, 435) die Fortführung der Buchwerte durch den Erblasser sowie § 45 AO die strechtl Gesamtrechtsnachfolge an (s § 16 Rz 590). Das gilt grds auch beim Tod eines Freiberuflers (BFH IV B 69/90 BFH/NV 92, 512; s Rz 221, 256). Anders als die Erbauseinandersetzung mit Spitzenausgleich (Rz 243) sind Erbfallschulden (zB Pflichtteils-, Vermächtnisansprüche) als privat veranlasst zu qualifizieren (§ 16 Rz 593).

242 **bb) Einkünftequalifikation.** Der Erbe/die Miterben eines Freiberuflers wird/werden Unternehmer/MUer der Praxis. Bei fehlender Berufsqualifikation des Erben/der Miterben werden gewerbl Einkünfte erzielt; Ausnahme: zeitnahe Erbauseinandersetzung iVm lfd freiberufl Einkünften der übernehmenden (qualifizierten) Miterben. Die Abfärberegelung des § 15 III Nr 1 ist allerdings auf Erbengemeinschaften nicht anwendbar. S zu allem Rz 45 f.

243 **cc) Erbauseinandersetzung.** Sie ist ertragsteuerrechtl als ein auf die Erfüllung gesetzl Ansprüche gerichtetes „unentgeltliches" Rechtsgeschäft aufzufassen, das den **Realteilungsgrundsätzen** (einschließl § 16 III 2 ff) untersteht (*BMF* BStBl I 06, 253 Tz 10). Auch für die Realteilung mit **Spitzenausgleich** (insoweit Anschaffungs- und Veräußerungsgeschäfte) ergeben sich keine Besonderheiten; s deshalb zu allem § 16 Rz 590 ff, 530 ff.

244 **dd) Gesellschaftsanteile. – (1) Fortsetzungsklausel.** Wird die Sozietät kraft einer Fortsetzungsklausel von den verbliebenen Sozien fortgeführt, erzielt der Erblasser einen Gewinn aus der Veräußerung seines MUeranteils (Abfindungsanspruch ./. KapKto; BFH IV R 67/98 BStBl II 00, 179: einschließl Übergangsgewinn § 4 III zu § 4 I; § 16 Rz 661/-4).

245 **(2) Qualifizierte Nachfolgeklausel.** Wird die Sozietät auf Grund einer qualifizierten Nachfolgeklausel mit einem oder mehreren Miterben fortgeführt (zur PartnerschaftsGes s § 9 IV PartGG; Rz 41 zu (2)), erzielen diese – sofern berufsqualifiziert (s Rz 242) – von Anfang an freiberufl Einkünfte; etwaiges **SonderBV**

des Erblassers gilt jedoch (anteilig) als von diesem mit dem Tode entnommen (str, s § 16 Rz 674). Zu Ausweichgestaltungen s § 16 Rz 675.

(3) Einfache Nachfolgeklausel. Werden alle Miterben zufolge einer einfachen Nachfolgeklausel (gewerbl) MUer, gilt das SonderBV nicht mit dem Erbfall als entnommen. – Zu sog **Eintrittsklauseln** s § 16 Rz 677/-9. **246**

3. Selbstständiger Teil des der selbstständigen Arbeit dienenden Vermögens. Es ist nach der Rspr (BFH GrS 2/98 BStBl II 00, 123; s dort insb Rz 153) unter entspr Heranziehung der Voraussetzungen des (gewerbl) **Teilbetriebs** (vgl § 16 I 1 Nr 1) zu bestimmen, so dass er nur vorliegen kann, wenn eine Organisationseinheit gegeben ist, mit deren Hilfe von der übrigen freiberufl Tätigkeit abgrenzbare freiberufl Leistungen am Markt angeboten (und erbracht) werden (BFH I R 62/93 BStBl II 94, 352; zur Einstellung der Tätigkeit s Rz 225). Die Personenbezogenheit der selbstständigen Arbeit (vgl Rz 5) führt dazu, dass Teilbetriebe von der Rspr grds nur anerkannt werden, wenn entweder **(1)** es sich um **verschiedenartige Tätigkeiten** mit **verschiedenen Mandantenkreisen** handelt: RA/Repetitor; RA/StB, *wenn* beide Praxen organisatorisch und hinsichtl der Mandantschaft getrennt sind; FG Ddorf EFG 02, 1174, rkr (RA/Notar); BFH IV R 17/03, BStBl II 05, 208 (Allgemein-/Arbeitsmedizin); FG SchlHol EFG 07, 37, rkr (Radiologie/Akupunktur); zu *verneinen* bei Zahnarztpraxis mit Dentallabor (BFH IV R 3/03 BFH/NV 05, 879); Behandlung von Groß- und Kleintieren (BFH IV R 16/91 BStBl II 93, 182); kassenärztl und privaten Patienten/Naturheilverfahren (BFH IV R 28/96 BFH/NV 97, 746; FG Mchn EFG 03, 1012; FG Saarl EFG 06, 887), Schulmedizin und Psychotherapie/Chinesische Medizin (FG Mster EFG 02, 327), Tanzlehrer/Tanzsportlehrer (BFH IV R 32/02 BFH/NV 05, 31), Übertragung von technischem Spezialwissen (BFH XI R 86/94 BStBl II 96, 4), Teil des Mandantenstammes (FG SchlHol EFG 98, 741; *Furhmann* FR 05, 422) oder **(2)** bei **gleichartiger** Tätigkeit die Teilbereiche mit jeweils eigenem Kundenkreis **organisatorisch** und **räuml getrennt** sind – zB Fahrschulniederlassungen in *zwei* Orten – (BFH IV R 18/02 BStBl II 03, 838; VIII B 202/06 BFH/NV 08, 559; FG Mster EFG 15, 915, rkr: StB-Büros in derselben Stadt sind keine Teilpraxen; s auch Rz 229). – **(3)** Über diese beiden Fallgruppen hinaus hat der BFH mit Urteil VIII R 22/09 BStBl II 12, 777 eine Teilbetriebsveräußerung auch dann bejaht, wenn ein StB-Praxis als **völlig selbständiger Betrieb erworben** und bis zu ihrem Verkauf im Wesentlichen **unverändert** (keine organisatorische Eingliederung) **fortgeführt** wird; einer räuml Tätigkeitsabgrenzung ggü den anderen Büros des StB bedürfe es dann nicht (umfassende Gesamtwürdigung; *Fuhrmann* NWB 12, 3600; zR kritisch *Kempermann* FR 13, 80). **250**

Nach § 18 III 2 gilt als Teilbetrieb auch die **Beteiligung** an einer **KapGes,** wenn die Beteiligung das gesamte Nennkapital der Gesellschaft umfasst (§ 16 I Nr 1 letzter HS). Voraussetzung ist, dass die gesamte Beteiligung zum BV eines StPfl oder einer PersGes gehört und die Beteiligung im Laufe eines Wj veräußert wird; weitergehend *HHR* § 18 Rz 366: Tätigkeit der KapGes muss zudem Voraussetzungen des § 18 erfüllen. **251**

4. Anteil am der selbstständigen Arbeit dienenden Vermögen. Die Vorschrift über die Veräußerung eines Anteils am Vermögen ist dem § 16 I 1 Nr 2 nachgebildet; sie betrifft Beteiligungen an PersGes selbstständig Tätiger (BFH IV R 88/80 BStBl II 84, 518). – Das Erfordernis *zeitweiliger örtl Tätigkeitseinstellung* (vgl BFH IV R 44/83 BStBl II 86, 335) als Voraussetzung zur Gewährung des Freibetrags (§ 18 III iVm § 16 IV) und des ermäßigten Steuersatzes nach § 34 bei Veräußerung des Anteils (s Rz 225/-29) ist auch bei Veräußerung des **gesamten Praxisanteils** (= MUeranteils) zu beachten (BFH IV B 69/04 BFH/NV 06, 298; *Richter* FS Korn, 131/42). Wurde hingegen der **Praxisanteil teilweise** veräußert (vgl Rz 224, 233), hatte der BFH auf dieses Erfordernis verzichtet (BFH I R 12/94 BStBl II 95, 407; zur geänderten Rechtslage ab **2002** s aber Rz 224, 233/4). **252**

Der Gewinn aus der Veräußerung eines Anteils des Vermögens ist einheitl und gesondert festzustellen (BFH IV R 107/92 BStBl II 93, 666; s auch Rz 268).

253 **5. Aufgabe.** Sie ist der Aufgabe des gewerbl Betriebes gleichgestellt (§ 16 III iVm § 18 III 2; BFH I R 99/08 DStR 10, 40). Die Betriebsaufgabe muss binnen eines „kurzen" Zeitraums (s § 16 Rz 192/-3) durchgeführt werden. Zur **Realteilung** s § 16 Rz 530 ff, 590 ff (Erbauseinandersetzung) sowie § 18 Rz 243.

254 **a) Tätigkeitsbeendigung.** Der Aufgabetatbestand erfordert, dass der Freiberufler seine (freiberufl) Tätigkeit in dem örtl begrenzten Wirkungskreis der bisherigen Tätigkeit wenigstens für eine gewisse Zeit einstellt (BFH IV R 78/71 BStBl II 75, 661; EStR 18.3 III; Rz 225). Zum relevanten Einzugsgebiet s Rz 229; FG Ddorf EFG 85, 449: Arztpraxis. Zur **Verlegung** einer selbstständigen Tätigkeit **ins Ausl** s – einschl § 4 I 4 idF JStG 10 – § 16 Rz 175. Zur Abgrenzung von (Teil-)Betriebsaufgabe und allmähl Abwicklung bei einem Erfinder s BFH IV R 14/00 BStBl II 01, 798. – Auch **nach** der **Einstellung** der berufl Tätigkeit (= Betriebsaufgabe) können einzelne WG (Forderungen, Verbindlichkeiten) BV bleiben (vgl Rz 232), so dass Aufwendungen (Tilgungsleistungen, Zinszahlungen) als BA und Einnahmen (Forderungseingänge auf abgeschriebene Forderungen, Wegfall von Rückstellungen) als BE zu **nachträgl Einkünften iSd § 24 Nr 2** führen (Rz 177: kassenärztl Vereinigung; § 24 Rz 69; § 16 Rz 350/-78). Betreffen die nachträgl Änderungen den Veräußerungserlös oder die Veräußerungskosten, ergeben sich rückwirkende Änderungen des Veräußerungsgewinns, s Rz 265/6; § 16 Rz 360/-86.

256 **b) Tod eines Freiberuflers.** Er führt grds nicht zur Betriebsaufgabe (BFH II R 3/09 BStBl II 10, 749, II R 5/09 BFH/NV 11, 1147), so dass die Erben (Rz 221/-40) lfd betriebl (uU gewerbl) Einkünfte erzielen (BFH VIII R 13/93 BStBl II 94, 922; BFH XI R 86/94 BStBl II 96, 4; zu Fortsetzungsklausel s aber Rz 244, § 16 Rz 661: Veräußerungsgewinn des Erblassers). Keine Betriebsaufgabe ist auch die krankheitsbedingte Weitergabe von Know-how an den einzigen Kunden (BFH XI R 86/94 BStBl II 96, 4: lfd Erbeneinkünfte; krit *Kanzler* FR 96, 35). Zur Erbengemeinschaft/-auseinandersetzung s Rz 45 ff, 240 ff. – Stirbt ein **Schriftsteller** (Wissenschaftler, Künstler), dessen Betrieb von den Erben nicht fortgeführt werden kann, liegt darin gleichfalls keine Betriebsaufgabe (BFH II R 53/07 BStBl II 09, 852; diff BFH XI R 6/06 BFH/NV 07, 436; aA FG SchlHol EFG 93, 329); die Erben brauchen deshalb nicht zur Gewinnermittlung nach § 4 I überzugehen (Rz 266). Zu nachträgl zufließenden Honoraren/Verwertungsentgelten *(GEMA, VG-Wort)* s § 16 Rz 607; § 24 Rz 69. Zu Testamentsgestaltungen (zB anteilige Rechteübertragung nach §§ 29, 31 ff UrhG auf Vermächtnisnehmer; Kürzung um latente Steueranteile) s *Bordewin* FR 96, 583. – Lässt der Erbe die Praxis durch einen qualifizierten Freiberufler **verwalten,** erzielt er Einkünfte aus GewBetr (BFH VIII R 13/93 BStBl II 94, 922); ebenso bei Praxisfortführung durch Berufsträger bis Erbe die Berufsqualifikation erlangt (BFH IV R 29/91 BStBl II 93, 36: keine Betriebsaufgabe; EStR 4.3 II 2; s auch Rz 36, 45 ff). Zu *längerfristigen* Verpachtungen s Rz 215. Zum **Strukturwandel** (Malernachlass in gewerbl Galerie/Museum) s BFH II R 53/07 BStBl II 09, 852.

260 **c) Notare.** Da Notare ein öffentl Amt inne haben, das ua durch Tod erlischt (§ 47 BNotO), und Amtsnachfolger von der Landesjustizverwaltung bestellt werden, besteht zwar grds keine Möglichkeit, über den Praxiswert durch Veräußerung (s dazu Rz 220 ff) zu verfügen. Gleichwohl will der Amtsnachfolger idR die Berufstätigkeit in den Räumen (Übernahme von Büroorganisation, Standort etc) des Vorgängers fortzusetzen. Die Veräußerung der Büroeinrichtung und des übrigen BV ist deshalb als **Betriebsaufgabe** zu behandeln. Die Frist, binnen derer eine Betriebsaufgabe durchgeführt werden muss (s § 16 Rz 192/-3), beginnt erst mit der Bestellung des Amtsnachfolgers zu laufen (FG Köln EFG 82, 346). Zum „Teilbetrieb" (RA/Notar) s Rz 250.

6. Berechnung des Veräußerungs-/Aufgabegewinns und der Freibeträge. Sie ist durch Verweisung auf § 16 II–IV geregelt. Nach § 16 IV (idF des JStG 96) wird unabhängig davon, ob das gesamte § 18 dienende Vermögen, ein selbstständiger Teil hiervon (Rz 250) oder ein MUeranteil veräußert/aufgegeben wird – nur noch einmal (im Leben, EStR 16 XIII 5: nicht je Einkunftsart; vgl § 16 Rz 581) ein **Freibetrag** (ab 2002: 51 200 €; ab 2004: 45 000 €; vgl § 16 Rz 576) auf widerrufl Antrag (vgl § 16 Rz 580) gewährt, der sich um den Betrag ermäßigt, um den der Veräußerungsgewinn ab 2002: 154 000 € (ab 2004: 136 000 €) übersteigt. Voraussetzung ist, dass der StPfl das 55. Lebensjahr erreicht hat oder im sozialversicherungsrechtl Sinne dauernd berufsunfähig ist (vgl § 16 Rz 579). Zur **Fünftelregelung** (§ 34 I idF StEntlG 99 ff) sowie zur begrenzten **Wiedereinführung** des **halben/ermäßigten StSatzes** ab 2001 (§ 34 III nF) s dort sowie § 16 Rz 2. Der **Veräußerungsgewinn** ergibt sich rechnerisch dadurch, dass vom Entgelt das KapKto und die Veräußerungskosten abgezogen werden, der **Betriebsaufgabegewinn** dadurch, dass vom gemeinen Wert der in das PV überführten WG und von den Einzelveräußerungspreisen das KapKto und die Veräußerungskosten abgezogen werden. Zur Berechnung des **Veräußerungsgewinnanteils,** der bei Beteiligung des Veräußernden auf der Erwerberseite gem § 16 II 3, III 5 und § 24 III 3 UmwStG aF/nF als **lfd Gewinn** gilt, s § 16 Rz 97, 111. 264

a) Kaufpreisänderung. Wird der Kaufpreis **nachträgl herabgesetzt,** liegt ein rückwirkendes Ereignis vor, das zu einer Ermäßigung der Besteuerung des Veräußerungsgewinns führt (BFH GrS 1/92; 2/92 BStBl II 93, 894; 897; § 16 Rz 350 ff). Ist der Kaufvertrag **nichtig** – zB auf Grund der Abrede über eine durch die Mandanten nicht konsentierte Aktenüberlassung (vgl BGH NJW 95, 2026) – und wird er **rückabgewickelt,** entfallen rückwirkend Veräußerung und Gewinnverwirklichung; der bis dahin erzielte Gewinn ist jedoch vom Erwerber zu versteuern (s § 16 Rz 387). Ergibt sich nachträgl eine **Erhöhung** des Kaufpreises (zB durch gerichtl Urteil oder Vergleich), so erhöht der Mehrbetrag rückwirkend für das Veräußerungsjahr den Veräußerungsgewinn (BFH IV 311/65 BStBl II 73, 11). Entstehen **Veräußerungskosten** bereits vor dem Jahr der Veräußerung (zB für Rechtsberatung), sind sie im Jahr der Veräußerung bei der Ermittlung des Veräußerungsgewinns abzuziehen (BFH I R 97/92 BStBl II 94, 287). Einzelheiten s § 16 Rz 350–386. 265

b) Überschussrechnung, § 4 III. Ist der lfd Gewinn nach § 4 III ermittelt worden, muss der StPfl zwecks Ermittlung des Betriebsveräußerungs- bzw Aufgabegewinns zur Gewinnermittlung nach § 4 I übergehen (vgl BFH VIII B 42/10 BFH/NV 11, 1345; FG Mchn EFG 03, 1522; EStR 4.5 VI; einschr FG Sachs KÖSDI 11, 17458, rkr; zur Einbringung in eine PersGes s Rz 232; zum Erbfall s Rz 245); ein Gewinn, der sich durch den Übergang zur Gewinnermittlung nach § 4 I – etwa durch die Erfassung der Buchwerte des BV – ergibt, gehört nicht zum begünstigungsfähigen Gewinn iSd § 18 III (BFH IV R 151/85 BFH/NV 87, 759); er ist als Einmalbetrag zu erfassen (BFH IV B 69/90 BFH/NV 92, 512: kein Verteilungswahlrecht). Diese Grundsätze gelten bei voll- und teilentgeltl Veräußerungen des ganzen der freiberufl Tätigkeit dienenden Vermögens wie auch bei Anteilsveräußerungen (BFH IV R 12/81 BStBl II 86, 811). 266

c) Gemischte Schenkungen. Auch hier ist ein Veräußerungsgewinn nach **§ 34** tarifbegünstigt (BFH IV R 12/81 BStBl II 86, 811; beachte aber ab 2002 § 16 I S 1 Nr 2, S 2; dazu Rz 224, 234). Ab 1996 ist der Freibetrag gem § 16 IV stets – entspr Höhe des Veräußerungsgewinns vorausgesetzt – in vollem Umfang zu gewähren (s § 16 Rz 581). 267

d) Verfahren. Bei Veräußerung von MUeranteilen an freiberufl Vermögen wird über Art und die Höhe des Veräußerungsgewinns im **Feststellungsverfahren,** über die Altersgrenze 55 Jahre oder das Vorliegen von Berufsunfähigkeit im 268 sozialversicherungsrechtl Sinne sowie die Frage der Einmalgewährung (s Rz 264) im EStVeranlagungsverfahren entschieden (§ 16 Rz 588).

270 **e) Rente.** Bei Zahlung des Kaufpreises – für den Betrieb oder ein einzelnes im Zusammenhang mit der Aufgabe des Betriebes veräußertes WG (BFH I R 191/79 BStBl II 84, 664) – in der Form einer Rente kann der Veräußerer wählen zw der sofortigen Versteuerung des Kapitalwertes der Rente als Veräußerungsgewinn (die laufenden Rentenzahlungen unterliegen dann nur mit dem Ertragsanteil der Besteuerung, § 22 Nr 1a) oder der Versteuerung der lfd Zahlungen als nachträgl Einkünfte aus selbstständiger Arbeit nach Maßgabe des § 24 Nr 2 (§ 16 Rz 221/-48). Zu **Betriebsrentenanwartschaften** s Rz 175.

271 **f) Nachträgl Einkünfte.** IZm Praxisveräußerung sind sie auch dann im Inl stpfl, wenn der Veräußerer seinen **Wohnsitz** inzwischen **ins Ausl** (Schweiz) verlegt hat (BFH I R 191/79 BStBl II 84, 664).

272 **g) Freibetrag, § 16 IV.** Dauernde Berufsunfähigkeit hat die Rspr auch noch als mögl erachtet, wenn nach der Veräußerung eine wesentl andere Tätigkeit ausgeübt wird, nicht aber wenn an anderem Ort eine ggü der bisherigen Tätigkeit speziellere Tätigkeit desselben Berufs aufgenommen wird (BFH IV R 17/96 BFH/NV 97, 224: Allgemeinmediziner veräußert Praxis wegen Berufsunfähigkeit und eröffnet nach 18 Monaten eine Facharztpraxis; s dazu auch Rz 229).

VII. Wagniskapital-Gesellschaften; Gewinnvorzug, § 18 I Nr 4

Literatur (Auswahl; bis 2014 s 27./29./34. Aufl). *Schnittker ua,* Steuerl Qualifikation des Carried Interest …, IStR 15, 760; *Seer ua,* Die unternehmerische KapGes-Beteiligung, FS Herzig, 45.

Verwaltung: *BMF* BStBl I 04, 40; DB 07, 771 (§ 7 S 4 GewStG); *BayFinMin* DB 04, 1642; *OFD Mchn/Nbg* DB 05, 77; *OFD Magdeburg* DStR 06, 1505; *OFD Frankfurt/M* DB 07, 22; GmbHR 07, 671; *OFD Rheinland* DB 07, 135; *BayLfSt* DB 08, 2166.

280 **1. Beteiligte; Begriffe.** (Einzelheiten *BMF* BStBl I 04, 40 Rz 1–5; *Ruthe* StBp 10, 301). Im Regelfall erwerben Wagniskapital-GmbH & Co KG (sog Venture Capital/Private Equity Fonds = *Fonds-KG;* Laufzeit 8–12 Jahre) aus Eigenmitteln Anteile an nicht börsennotierten KapGes (PortfolioGes = zumeist Unternehmen mit junger Technologie oder mit Umstrukturierungs-/Nachfolgebedarf), sind in deren Aufsichtsorganen vertreten und veräußern die Anteile nach ca 3–5 Jahren (zB über Börsengang). An der Fonds-KG sind neben der Komplementär-GmbH (Quote idR 0 vH; lfd entgeltl Geschäftsführung) ganz überwiegend private oder institutionelle Kapitalanleger sowie in geringem Umfang die Initiatoren (sog Sponsoren) entweder unmittelbar oder mittelbar über eine Management-GmbH oder Initiatoren-KG beteiligt, denen jedoch an den Fonds-Erträgen (Dividenden, Zinsen, Veräußerungsgewinne) als Entgelt für die ihnen vorbehaltenen Anlageentscheidungen und sonstigen Beiträge (Erfahrungen, Branchenwissen, Kontakte = wirtschaftl Basis des Fonds) eine ggü ihrer Fondsquote erhöhte (kapitaldisproportionale) *erfolgsabhängige* Vergütung zusteht (zB 20 vH *nach* Rückzahlung des Anlagekapitals zuzügl Mindestverzinsung; *Gewinnvorzug* = sog Carried Interest/„Carry“, s BT-Drs 15/3336; § 1 XIX Nr 7 KAGB). – Zu den **Regulierungen** (Transparenz) der Private Equity Fonds/-verwalter (AIF/AIFM) durch das **KAGB** (§§ 287 ff, 261 VII, 2 IV) s *Viciano-Gofferje* BB 13, 2506. Zum früheren WKB s Rz 282.

281 **2. Ertragsteuerrechtl Grundfragen. – a) Einkunftsart des Fonds.** Die Fonds-Beteiligung (GesZweck: Erzielung von Veräußerungsgewinnen; s Rz 280, 286) fällt nicht unter § 15b nF (BT-Drs 16/107; 16/254 *BMF* BStBl I 07, 542 Tz 12; beachte ab VZ 2009 AbgeltungsSt, § 32d). Str ist jedoch, ob der **Fonds gewerbl** oder **private Einkünfte** erzielt (s allg § 15 Rz 90). – Das ***BMF*** BStBl I 04, 40; 14, 1258/60 hat hierzu einen *Kriterienkatalog* entwickelt (Rz 6 ff; zur gewerbl Geschäftsführung/unternehmerischen Einflussnahme des Fonds/der Initiato-

ren in/auf PortfolioGes s Rz 150; § 15 Rz 90; BRDrs 740/13, 59 zu § 1 Ib Nr 3 InvStG nF; *Seer ua* FS Herzig, 45, 48; *Anzinger ua* FR 09, 1089; *OFD Magdeburg* DStR 06, 1505; zu Fonds-Bürgschaften s *OFD Ffm* GmbHR 07, 671; zu Verträgen der ZielKapGes und Kreditvergabe s *Elser ua* FR 10, 817; Rz 282; zur Abfärbewirkung bei Beteiligung an gewerbl PersGes gem § 15 III Nr 1 aF/nF s *Plewka ua* DB 05, 1076; *Ernst* BB 05, 2213; § 15 Rz 189). Der Katalog ist vom ***BFH*** ausdrückl offen gelassen worden; er nimmt aber Gewerblichkeit jedenfalls dann an, wenn der Fonds primär auf fremdfinanzierte Vermögensumschichtung gerichtet ist (BFH I R 46/10 BStBl II 14, 764; zutr; § 15 Rz 90).

b) MoRaKG. Mit Art. 1 Wagniskapitalbeteiligungsgesetz (WKBG) (BStBl I 08, 854) sollte ua die bezeichnungsgeschützte WagniskapitalbeteiligungsGes eingeführt und in § 19 WKBG die Anforderung an deren estrechtl vermögensverwaltende Qualifikation geregelt werden. Die Sondervorschrift ist jedoch mangels Genehmigung durch die EU-Kommission nie in Kraft getreten (K(2009)7387, ABl EU 2010 Nr 6: Verstoß gegen Beihilferecht). Durch das AIFM-StAnpG (BGBl I 13, 4318) wurde das WKBG wegen praktischer Irrelevanz sowie mit Rücksicht auf die Regulierung gem § 337 KAGB **aufgehoben.** Zu weiteren Einzelheiten des WKBG s deshalb hier bis 32. Aufl; zu §§ 3 Nr 40a, 3c II s Rz 287. **282**

c) Gewinnvorzug. Str ist ferner, ob der Gewinnvorzug der Initiatoren (Ges) als **gesondertes** betriebl **Leistungsentgelt** (§ 15 oder § 18 I Nr 3) auf (verdeckt) schuldrechtl Grundlage (so *BMF* aaO Rz 24 ff, BStBl I 06, 632: „Umqualifikation" (jedenfalls) bei privaten Fonds; volle Besteuerung iVm *Übergangsregelung,* dazu Rz 289; mE bezügl Veräußerungsgewinne iErg zutr, s – auch zu Bruchteilsbetrachtung und Verteilungsschlüssel – § 17 Rz 47, 55, 60) oder entspr der gesellschaftsrechtl Abrede als **Anteil** an den (privaten oder gewerbl) **Einkünften des Fonds** zu erfassen ist (zB *Schnittker ua* IStR 15, 760/3; *Friederichs ua* DB 06, 1396). Letzteres ist mE zutr bei *gewerbl* Fonds (unklar insoweit *BMF* aaO) sowie bezügl Dividenden/Zinsen *privater* Fonds. – **Zu Fonds-KapGes** s BayLfSt 08, 2166. **284**

d) § 18 I Nr 4. – aa) Allgemeines. Die Vorschrift kodifiziert die Verwaltungsansicht zur Umqualifikation des Gewinnvorzugs (Rz 284), allerdings nur unter *einschr* Voraussetzungen (BT-Drs 15/3336; zR krit zur Systematik *Bauer ua* DStR 04, 1470; *Altfelder* FR 05, 6, 15; zur Verfmäßigkeit s *HHR* § 18 Rz 279); § 3 Nr 40a gewährt hierfür (als wirtschaftl Kompromiss; rechtspolitisch fragwürdig) in Anlehnung an das Teileinkünfteverfahren eine 40%-ige StBefreiung. **285**

bb) Tatbestand. – ***(1)*** *Vermögensverwaltende PersGes* oder (Bruchteils-)Gemeinschaft; schädl damit auch gewerbl Infektion oder Prägung des Fonds (§ 15 III Nr 1 und 2; aA *Elser ua* FR 10, 1075/7 s auch unten (6)) . – ***(2)*** *Gesellschaftszweck.* Erwerb, Halten und Veräußerung von (einem oder mehreren, auch ausl) KapGes/-Anteilen als Förderkriterium der WagniskapitalG und des Gewinnvorzugs (BT-Drs aaO); maßgebl ist GesVertrag und tatsächl Vollzug. Weitergehende Tätigkeiten – auch soweit § 15 III Nr 1 (s dort Rz 188 f) *nicht* greift – müssen sich auf Hilfsgeschäfte der Beteiligungsverwaltung beschränken (zB Aufsichtsratmandate, kurzfristige Zinsanlage des Einlagekapitals; aA *Elser ua* aaO; *Friedrichs ua* DB 04, 1638; zu Beratungsleistungen der Initiatoren s zu (6)). – ***(3)*** *Bezieher des Gewinnvorzugs* (uU InitiatorenGes iVm Beitrag der Initiatoren, s Rz 280) muss als *Ges'ter/Gemeinschafter* am Fonds kapitalmäßig (aber keine Mindestquote; Geschäftsführung in Komplementär-GmbH unschädl) beteiligt sein (aA *Behrens* aaO, 1213/7). – ***(4)*** *Gesellschaftsvertragl* (= Regelfall) oder schuldrechtl *Leistungsvergütungen* für die Förderung des Gesetzeszwecks des Fonds (nicht der PortfolioKapGes). – ***(5)*** *Auskehr der Vergütung* erst *nach* vollständiger Kapitalrückzahlung an Anleger (BT-Drs aaO: tragend für steuerl Begünstigung des *Gewinn*vorzugs) erfordert zwar keine Mindestverzinsung, schließt aber jeden vorherigen Abschlag aus (vgl „zurückerhalten *haben*"; aA *Veith ua* FS Pöllath 435); demggü dürften Darlehen an Initiatoren unschädl sein. – ***(6)*** *Nichtanwendung von § 15 III* gem § 18 Nr 4 HS 2 erfasst nur die gewerbl oder gewerbl infizierte oder geprägte Initiatoren-PersGes (MUerschaft) als *Empfänger* des **286**

Gewinnvorzugs (Rz 280; BT-Drs aaO: stets Isolierung als Einkünfte nach § 18 I Nr 4; diff *Geerling* DStR 05, 1596 aaO), nicht hingegen den gewerbl Einzelbetrieb des Initiators (zB aufgrund von Beratungsleistungen ggü PortfolioKapGes, Einwerben von Anlegern), zu dessen BV der Fondsanteil gehört (aA *Friedrichs ua* aaO, 1639); zur FondsGes selbst s zu (1)).

287 **cc) Rechtsfolgen nach § 18 I Nr 4.** Der **Gewinnvorzug** erfasst Anteile an allen – auch nicht steuerbaren oder steuerbefreiten – Einnahmen des Fonds (Veräußerungserlöse, Dividenden, uU auch Zinsen, s Rz 286 zu (2)); eine liquiditätsmäßige Zuordnung ist deshalb entbehrlich (BT-Drs aaO). Er ist auch bei gewerbl (geprägten oder infizierten) Initiatoren-KG stets als Einkunft nach § 18 I Nr 4 isoliert (keine GewSt) und zu 50% sowie für nach 2008 gegründete Fonds zu **40%** steuerbefreit (§§ 3 Nr 40a aF/nF, § 52 Abs 4 S 8/9). Letzteres auch bei Initiatoren-KapGes (§ 3 Nr 40a, str, s dort; aA *Watrin ua* BB 04, 1888, s auch KStR (04) 32 I Nr 1). Für **BA** des Vorzugsempfängers gilt § 3c I bzw. § 3c II (s dort Rz 25 ff einschließl fehlender Abstimmung mit § 52 Abs 4; zu BFH IX R 42/08 DStR 09, 1843 s *Bron ua* DStZ 09, 589/64); zu seinem **BV** gehört auch der Fonds-Anteil (Folge: Fonds-KG = ZebraGes; dazu, einschließl Verfahrensfragen, § 15 Rz 200 ff; Gewinnermittlung § 4 I oder III). Die übrigen Fonds-Ges'ter (Kapitalanleger) erzielen – um den Gewinnvorzug geminderte (überholt mE *BMF* aaO Rz 24; str) – Einkünfte (im PV ab VZ 09 AbgeltungsSt für Dividenden/Veräußerungsgewinne etc). Einzelheiten (auch zu Dachfonds/betriebl Anlegern) s OFD *Ffm* DB 07, 22; OFD *Rheinland* DB 07, 135. Zu **internationalen** Sachverhalten (ausl Beteiligte inl Fonds oder umgekehrt) s zB *Töben* ISR 13, 314, 350; *Schnittker ua* IStR 15, 760/5. *BMF* aaO Rz 19, 23. Zum **Länderbericht** s *Jesch ua,* Rechtshandbuch Private Equity, 777 ff. – Zum **INVEST-Zuschuss** s § 3 Nr 71 nF.

288 **dd) Rechtsfolgen *außerhalb* § 18 I Nr 4.** Sowohl bei vermögensverwaltenden Fonds, die § 18 I Nr 4 nicht erfüllen, als auch bei gewerbl Fonds in der Rechtsform einer KapGes wird die Verwaltung mutmaßl (vgl BT-Drs 15/3189, 3) nach *BMF* aaO verfahren (insb Vollversteuerung des Gewinnvorzugs, s Rz 281/9; aA *Friedrichs ua* DB 06, 1396). Gleiches dürfte gelten, wenn der Fonds-Anteil zum BV eines gewerbl Einzelbetriebs des Initiators gehört (s Rz 286 zu (6)).

289 **ee) Zeitl Anwendung.** Während § 18 I Nr 4 (insb Umqualifikation des Gewinnvorzugs) nach § 52 I aF durchgängig ab VZ 04 zu beachten ist, schränkt § 52 Abs 4 S 8, 9 die Anwendbarkeit von **§ 3 Nr 40a aF** (50%-ige StBefreiung; s Rz 287) auf Neu-Fonds (Gründung ab 1.4.02) *oder* auf Vergütungen iZm Neu-KapGesAnteilen ein (Erwerb ab 8.11.03; „soweit", dh Aufteilung bei gemischten Portfolios). Beachte: uU Rückwirkung für die VZ 2002/03; mE verfrechtl bedenkl, wenn man *BMF* aaO Rz 24 *nicht* folgt; s Rz 281. Da diese Stichtage jedoch an den **Vertrauensschutz** des *BMF-Schrb* aaO Rz 26 anknüpfen, soll dessen Wirkung nach *FinVerw* DB 04, 1642; DStR 06, 1505 erhalten bleiben (dh Nichtbesteuerung des Gewinnvorzugs entspr Praxis im *jeweiligen* Bundesland vor *BMF* aaO; dazu zB OFD *Ffm* GmbHR 07, 671; *Watrin* BB 04, 1889). Zu **§ 3 Nr 40a nF** (40%-ige StBefreiung) s Rz 287.

d) Nichtselbständige Arbeit (§ 2 Absatz 1 Satz 1 Nummer 4)

§ 19 Nichtselbständige Arbeit

(1) [1] **Zu den Einkünften aus nichtselbständiger Arbeit gehören**

1. Gehälter, Löhne, Gratifikationen, Tantiemen und andere Bezüge und Vorteile für eine Beschäftigung im öffentlichen oder privaten Dienst;

1a. Zuwendungen des Arbeitgebers an seinen Arbeitnehmer und dessen Begleitpersonen anlässlich von Veranstaltungen auf betrieblicher Ebene mit gesellschaftlichem Charakter (Betriebsveranstaltung). [2] **Zuwendungen im Sinne**

des Satzes 1 sind alle Aufwendungen des Arbeitgebers einschließlich Umsatzsteuer unabhängig davon, ob sie einzelnen Arbeitnehmern individuell zurechenbar sind oder ob es sich um einen rechnerischen Anteil an den Kosten der Betriebsveranstaltung handelt, die der Arbeitgeber gegenüber Dritten für den äußeren Rahmen der Betriebsveranstaltung aufwendet. [3]Soweit solche Zuwendungen den Betrag von 110 Euro je Betriebsveranstaltung und teilnehmenden Arbeitnehmer nicht übersteigen, gehören sie nicht zu den Einkünften aus nichtselbständiger Arbeit, wenn die Teilnahme an der Betriebsveranstaltung allen Angehörigen des Betriebs oder eines Betriebsteils offensteht. [4]Satz 3 gilt für bis zu zwei Betriebsveranstaltungen jährlich. [5]Die Zuwendungen im Sinne des Satzes 1 sind abweichend von § 8 Absatz 2 mit den anteilig auf den Arbeitnehmer und dessen Begleitpersonen entfallenden Aufwendungen des Arbeitgebers im Sinne des Satzes 2 anzusetzen;

2. Wartegelder, Ruhegelder, Witwen- und Waisengelder und andere Bezüge und Vorteile aus früheren Dienstleistungen, auch soweit sie von Arbeitgebern ausgleichspflichtiger Personen an ausgleichsberechtigte Personen infolge einer nach § 10 oder § 14 des Versorgungsausgleichsgesetzes durchgeführten Teilung geleistet werden;
3. laufende Beiträge und laufende Zuwendungen des Arbeitgebers aus einem bestehenden Dienstverhältnis an einen Pensionsfonds, eine Pensionskasse oder für eine Direktversicherung für eine betriebliche Altersversorgung. [2]Zu den Einkünften aus nichtselbständiger Arbeit gehören auch Sonderzahlungen, die der Arbeitgeber neben den laufenden Beiträgen und Zuwendungen an eine solche Versorgungseinrichtung leistet, mit Ausnahme der Zahlungen des Arbeitgebers
   a) zur erstmaligen Bereitstellung der Kapitalausstattung zur Erfüllung der Solvabilitätskapitalanforderung nach den §§ 89, 213, auch in Verbindung mit den §§ 234 und 238 des Versicherungsaufsichtsgesetzes,
   b) zur Wiederherstellung einer angemessenen Kapitalausstattung nach unvorhersehbaren Verlusten oder zur Finanzierung der Verstärkung der Rechnungsgrundlagen auf Grund einer unvorhersehbaren und nicht nur vorübergehenden Änderung der Verhältnisse, wobei die Sonderzahlungen nicht zu einer Absenkung des laufenden Beitrags führen oder durch die Absenkung des laufenden Beitrags Sonderzahlungen ausgelöst werden dürfen,
   c) in der Rentenbezugszeit nach § 236 Absatz 2 des Versicherungsaufsichtsgesetzes oder
   d) in Form von Sanierungsgeldern;

   Sonderzahlungen des Arbeitgebers sind insbesondere Zahlungen an eine Pensionskasse anlässlich
   a) seines Ausscheidens aus einer nicht im Wege der Kapitaldeckung finanzierten betrieblichen Altersversorgung oder
   b) des Wechsels von einer nicht im Wege der Kapitaldeckung zu einer anderen nicht im Wege der Kapitaldeckung finanzierten betrieblichen Altersversorgung.

   [3]Von Sonderzahlungen im Sinne des Satzes 2 zweiter Halbsatz Buchstabe b ist bei laufenden und wiederkehrenden Zahlungen entsprechend dem periodischen Bedarf nur auszugehen, soweit die Bemessung der Zahlungsverpflichtungen des Arbeitgebers in das Versorgungssystem nach dem Wechsel die Bemessung der Zahlungsverpflichtung zum Zeitpunkt des Wechsels übersteigt. [4]Sanierungsgelder sind Sonderzahlungen des Arbeitgebers an eine Pensionskasse anlässlich der Systemumstellung einer nicht im Wege der Kapitaldeckung finanzierten betrieblichen Altersversorgung auf der Finanzierungs- oder Leistungsseite, die der Finanzierung der zum Zeitpunkt der Umstellung bestehenden Versorgungsverpflichtungen oder Versorgungsan-

wartschaften dienen; bei laufenden und wiederkehrenden Zahlungen entsprechend dem periodischen Bedarf ist nur von Sanierungsgeldern auszugehen, soweit die Bemessung der Zahlungsverpflichtungen des Arbeitgebers in das Versorgungssystem nach der Systemumstellung die Bemessung der Zahlungsverpflichtung zum Zeitpunkt der Systemumstellung übersteigt.

[2] Es ist gleichgültig, ob es sich um laufende oder um einmalige Bezüge handelt und ob ein Rechtsanspruch auf sie besteht.

(2) **[1] Von Versorgungsbezügen bleiben ein nach einem Prozentsatz ermittelter, auf einen Höchstbetrag begrenzter Betrag (Versorgungsfreibetrag) und ein Zuschlag zum Versorgungsfreibetrag steuerfrei. [2] Versorgungsbezüge sind**

1. das Ruhegehalt, Witwen- oder Waisengeld, der Unterhaltsbeitrag oder ein gleichartiger Bezug
   a) auf Grund beamtenrechtlicher oder entsprechender gesetzlicher Vorschriften,
   b) nach beamtenrechtlichen Grundsätzen von Körperschaften, Anstalten oder Stiftungen des öffentlichen Rechts oder öffentlich-rechtlichen Verbänden von Körperschaften

oder

2. in anderen Fällen Bezüge und Vorteile aus früheren Dienstleistungen wegen Erreichens einer Altersgrenze, verminderter Erwerbsfähigkeit oder Hinterbliebenenbezüge; Bezüge wegen Erreichens einer Altersgrenze gelten erst dann als Versorgungsbezüge, wenn der Steuerpflichtige das 63. Lebensjahr oder, wenn er schwerbehindert ist, das 60. Lebensjahr vollendet hat.

[3] Der maßgebende Prozentsatz, der Höchstbetrag des Versorgungsfreibetrags und der Zuschlag zum Versorgungsfreibetrag sind der nachstehenden Tabelle zu entnehmen:

Jahr des Versorgungsbeginns	Versorgungsfreibetrag		Zuschlag zum Versorgungsfreibetrag in Euro
	in % der Versorgungsbezüge	Höchstbetrag in Euro	
bis 2005	40,0	3000	900
ab 2006	38,4	2880	864
2007	36,8	2760	828
2008	35,2	2640	792
2009	33,6	2520	756
2010	32,0	2400	720
2011	30,4	2280	684
2012	28,8	2160	648
2013	27,2	2040	612
2014	25,6	1920	576
2015	24,0	1800	540
2016	22,4	1680	504
2017	20,8	1560	468
2018	19,2	1440	432
2019	17,6	1320	396
2020	16,0	1200	360
2021	15,2	1140	342
2022	14,4	1080	324
2023	13,6	1020	306
2024	12,8	960	288
2025	12,0	900	270
2026	11,2	840	252
2027	10,4	780	234

Jahr des Versorgungs-beginns	Versorgungsfreibetrag		Zuschlag zum Versorgungs-freibetrag in Euro
	in % der Ver-sorgungsbezüge	Höchstbetrag in Euro	
2028	9,6	720	216
2029	8,8	660	198
2030	8,0	600	180
2031	7,2	540	162
2032	6,4	480	144
2033	5,6	420	126
2034	4,8	360	108
2035	4,0	300	90
2036	3,2	240	72
2037	2,4	180	54
2038	1,6	120	36
2039	0,8	60	18
2040	0,0	0	0

[4]Bemessungsgrundlage für den Versorgungsfreibetrag ist

a) bei Versorgungsbeginn vor 2005
das Zwölffache des Versorgungsbezugs für Januar 2005,

b) bei Versorgungsbeginn ab 2005
das Zwölffache des Versorgungsbezugs für den ersten vollen Monat,

jeweils zuzüglich voraussichtlicher Sonderzahlungen im Kalenderjahr, auf die zu diesem Zeitpunkt ein Rechtsanspruch besteht. [5]Der Zuschlag zum Versorgungsfreibetrag darf nur bis zur Höhe der um den Versorgungsfreibetrag geminderten Bemessungsgrundlage berücksichtigt werden. [6]Bei mehreren Versorgungsbezügen mit unterschiedlichem Bezugsbeginn bestimmen sich der insgesamt berücksichtigungsfähige Höchstbetrag des Versorgungsfreibetrags und der Zuschlag zum Versorgungsfreibetrag nach dem Jahr des Beginns des ersten Versorgungsbezugs. [7]Folgt ein Hinterbliebenenbezug einem Versorgungsbezug, bestimmen sich der Prozentsatz, der Höchstbetrag des Versorgungsfreibetrags und der Zuschlag zum Versorgungsfreibetrag für den Hinterbliebenenbezug nach dem Jahr des Beginns des Versorgungsbezugs. [8]Der nach den Sätzen 3 bis 7 berechnete Versorgungsfreibetrag und Zuschlag zum Versorgungsfreibetrag gelten für die gesamte Laufzeit des Versorgungsbezugs. [9]Regelmäßige Anpassungen des Versorgungsbezugs führen nicht zu einer Neuberechnung. [10]Abweichend hiervon sind der Versorgungsfreibetrag und der Zuschlag zum Versorgungsfreibetrag neu zu berechnen, wenn sich der Versorgungsbezug wegen Anwendung von Anrechnungs-, Ruhens-, Erhöhungs- oder Kürzungsregelungen erhöht oder vermindert. [11]In diesen Fällen sind die Sätze 3 bis 7 mit dem geänderten Versorgungsbezug als Bemessungsgrundlage im Sinne des Satzes 4 anzuwenden; im Kalenderjahr der Änderung sind der höchste Versorgungsfreibetrag und Zuschlag zum Versorgungsfreibetrag maßgebend. [12]Für jeden vollen Kalendermonat, für den keine Versorgungsbezüge gezahlt werden, ermäßigen sich der Versorgungsfreibetrag und der Zuschlag zum Versorgungsfreibetrag in diesem Kalenderjahr um je ein Zwölftel.

Lohnsteuer-Durchführungsverordnung:

§ 1 Arbeitnehmer, Arbeitgeber

(1) [1]Arbeitnehmer sind Personen, die in öffentlichem oder privatem Dienst angestellt oder beschäftigt sind oder waren und die aus diesem Dienstverhältnis oder einem früheren Dienstverhältnis Arbeitslohn beziehen. [2]Arbeitneh-

mer sind auch die Rechtsnachfolger dieser Personen, soweit sie Arbeitslohn aus dem früheren Dienstverhältnis ihres Rechtsvorgängers beziehen.

(2) [1]Ein Dienstverhältnis (Absatz 1) liegt vor, wenn der Angestellte (Beschäftigte) dem Arbeitgeber (öffentliche Körperschaft, Unternehmer, Haushaltsvorstand) seine Arbeitskraft schuldet. [2]Dies ist der Fall, wenn die tätige Person in der Betätigung ihres geschäftlichen Willens unter der Leitung des Arbeitgebers steht oder im geschäftlichen Organismus des Arbeitgebers dessen Weisungen zu folgen verpflichtet ist.

(3) Arbeitnehmer ist nicht, wer Lieferungen und sonstige Leistungen innerhalb der von ihm selbständig ausgeübten gewerblichen oder beruflichen Tätigkeit im Inland gegen Entgelt ausführt, soweit es sich um die Entgelte für diese Lieferungen und sonstigen Leistungen handelt.

§ 2 Arbeitslohn

(1) [1]Arbeitslohn sind alle Einnahmen, die dem Arbeitnehmer aus dem Dienstverhältnis zufließen. [2]Es ist unerheblich, unter welcher Bezeichnung oder in welcher Form die Einnahmen gewährt werden.

(2) Zum Arbeitslohn gehören auch

1. Einnahmen im Hinblick auf ein künftiges Dienstverhältnis;
2. Einnahmen aus einem früheren Dienstverhältnis, unabhängig davon, ob sie dem zunächst Bezugsberechtigten oder seinem Rechtsnachfolger zufließen. [2]Bezüge, die ganz oder teilweise auf früheren Beitragsleistungen des Bezugsberechtigten oder seines Rechtsvorgängers beruhen, gehören nicht zum Arbeitslohn, es sei denn, daß die Beitragsleistungen Werbungskosten gewesen sind;
3. Ausgaben, die ein Arbeitgeber leistet, um einen Arbeitnehmer oder diesem nahestehende Personen für den Fall der Krankheit, des Unfalls, der Invalidität, des Alters oder des Todes abzusichern (Zukunftssicherung). [2]Voraussetzung ist, daß der Arbeitnehmer der Zukunftssicherung ausdrücklich oder stillschweigend zustimmt. [3]Ist bei einer Zukunftssicherung für mehrere Arbeitnehmer oder diesen nahestehende Personen in Form einer Gruppenversicherung oder Pauschalversicherung der für den einzelnen Arbeitnehmer geleistete Teil der Ausgaben nicht in anderer Weise zu ermitteln, so sind die Ausgaben nach der Zahl der gesicherten Arbeitnehmer auf diese aufzuteilen. [4]Nicht zum Arbeitslohn gehören Ausgaben, die nur dazu dienen, dem Arbeitgeber die Mittel zur Leistung einer dem Arbeitnehmer zugesagten Versorgung zu verschaffen;
4. Entschädigungen, die dem Arbeitnehmer oder seinem Rechtsnachfolger als Ersatz für entgangenen oder entgehenden Arbeitslohn oder für die Aufgabe oder Nichtausübung einer Tätigkeit gewährt werden;
5. besondere Zuwendungen, die auf Grund des Dienstverhältnisses oder eines früheren Dienstverhältnisses gewährt werden, zum Beispiel Zuschüsse im Krankheitsfall;
6. besondere Entlohnungen für Dienste, die über die regelmäßige Arbeitszeit hinaus geleistet werden, wie Entlohnung für Überstunden, Überschichten, Sonntagsarbeit;
7. Lohnzuschläge, die wegen der Besonderheit der Arbeit gewährt werden;
8. Entschädigungen für Nebenämter und Nebenbeschäftigungen im Rahmen eines Dienstverhältnisses.

§ 3 Jubiläumszuwendungen

(aufgehoben)

Lohnsteuer-Richtlinien: LStR 19.1–19.9 LStH 19.0–19.9

Übersicht

I. Allgemeines

1. Regelungsinhalt. § 19 I regelt, welche Einnahmen zu den Einkünften aus nichtselbstständiger Arbeit gehören. Die Vorschrift enthält keine geschlossene Definition der Einkünfte aus nichtselbständiger Arbeit, sondern eine Aufzählung von Einnahmen, die zu Einkünften aus nichtselbständiger Arbeit führen. Dies darf indes nicht darüber hinwegtäuschen, dass § 19 I 1 Nr 1 darauf angelegt ist, grds sämtl 1

„Bezüge und Vorteile, die für eine Beschäftigung" in einem DienstVerh erzielt werden, bei den Einkünften aus nichtselbständiger Arbeit zu erfassen (*KSM* § 19 Rz B 9). § 19 I 1 Nr 2 ordnet (auch) die Einnahmen aus einem früheren DienstVerh den Einkünften aus nichtselbständiger Arbeit zu. § 19 I 1 Nr 3 S 1 stellt klar, dass bestimmte Zukunftssicherungsleistungen ebenfalls ArbLohn sind. § 19 I 1 Nr 3 S 2 ff ist demggü ein Fremdkörper im EStG, weil durch diese Vorschriften Einnahmen als Einkünfte aus nichtselbständiger Arbeit ledigl fingiert werden, ohne dass dem stpfl ArbN ein Vorteil zufließt. § 19 II regelt den Versorgungsfreibetrag.

2 **2. Persönl Anwendungsbereich.** § 19 gilt für natürl Personen mit Wohnsitz (§ 8 AO) oder gewöhnl Aufenthalt (§ 9 AO) im Inl (§ 1 I) sowie für Personen, die nach § 1 II oder § 1 III unbeschr stpfl sind. Die beschränkt stpfl Einkünfte aus nichtselbständiger Arbeit sind in § 49 I Nr 4 geregelt (s § 49 Rz 86 ff).

3 **3. Verhältnis zu anderen Steuern, Einkunftsarten und §§ 38 ff. a) Abgrenzung.** Für die Abgrenzung zw § 19 und den *betriebl* Einkunftsarten der §§ 13, 15 und 18 kommt es maßgebl darauf an, ob der StPfl nichtselbständig oder selbständig (am Markt) tätig wird und Einkünfte erzielt. Die betriebl Einkunftsarten erfordern die Selbständigkeit, während die Einkünfte aus § 19 eine nichtselbständige Tätigkeit voraussetzen. Auch Sondervergütungen, die ein (Mit-)Unternehmer aus einem mit der MUerschaft bestehenden DienstVerh bezieht, gehören nach § 15 I 1 Nr 2 S 1 HS 2 (iVm § 13 VII bzw § 18 IV 2) zu den betriebl Einkunftsarten (s § 15 Rz 580 ff; BFH IV R 30/06 BFH/NV 08, 546; BFH IV R 14/06 BStBl II 07, 942). Soweit ein StPfl Einnahmen aus einem ArbVerh erzielt und die Ausnahme des § 15 I 1 Nr 2 S 1 HS 2 nicht eingreift, unterliegen diese Einnahmen weder der USt-Besteuerung (§ 2 II Nr 1 UStG) noch nach dem GewStG (§ 2 I GewStG). Die Frage der Selbstständigkeit/Nichtselbstständigkeit ist für ESt, USt und GewSt grds einheitl zu beantworten (BFH V R 37/08 BStBl II 09, 873; BFH X R 83/96 BStBl II 99, 534; s aber BFH V R 77/05 BStBl II 08, 443). Zur Abgrenzung Unternehmer/ArbN s auch *Pump* StBP 00, 205; *Grune* AktStR 08, 287.

4 **b) Sonstige Rechtsbeziehungen.** Zw ArbN und ArbG können neben dem DienstVerh auch weitere Rechtsbeziehungen bestehen (s *Schneider* DB 06, Beil 6, S 51 ff; *Küttner* „Arbeitsentgelt" Rz 61 ff). Diese können beim ArbN zB zu Einkünften auf KapVerm, aus VuV oder zu sonstigen Einkünften führen bzw dem nicht stbaren Bereich zuzurechnen sein. Es kommt darauf an, welche Einkunftsart im Vordergrund steht und dadurch die andere Einkunftsart verdrängt (BFH IX R 111/00 BStBl II 06, 654; BFH VIII R 210/83 BStBl II 90, 532). Maßgebl ist die tatsächl Würdigung aller Umstände des Einzelfalls (BFH VI R 12/08 BStBl II 10, 1069; BFH VI R 69/06 BStBl II 10, 69; BFH VI B 23/07 BFH/NV 07, 1870). Die Subsidiaritätsnorm des § 20 VIII gilt nicht zw den Einkünften aus nichtselbständiger Arbeit und KapVerm. Ein typischer stiller Ges'ter, der vom Inhaber des Handelsgewerbes Vergütungen für eine Arbeitsleistung bezieht, erzielt Einkünfte aus § 19 und nicht aus § 20 I Nr 4, sofern die Arbeitsleistung keine Einlage darstellt (BFH I R 144/79 BStBl II 84, 373; *Blümich/Geserich* § 19 Rz 19). Eine kapitalmäßige Beteiligung des ArbN an seinem ArbG kann eine eigenständige Erwerbsgrundlage sein (BFH IX R 111/00 BStBl II 06, 654). So führt der Veräußerungsgewinn aus einer Kapitalbeteiligung nicht allein deshalb zu ArbLohn, weil die Beteiligung von einem ArbN des Beteiligungsunternehmens gehalten und auch nur dessen ArbN angeboten worden war (BFH VI R 69/06 BStBl II 10, 69; BFH VI R 80/10 BStBl II 11, 948). Leistet der ArbG Zahlungen für ein im Haus oder in der Wohnung des ArbN gelegenes Büro, das der ArbN für seine Arbeit nutzt, ist die Unterscheidung zw ArbLohn und Einkünften aus VuV danach vorzunehmen, in wessen vorrangigem Interesse die Nutzung des Büros erfolgt. Liegt die Nutzung vorrangig im Interesse des ArbN, sind die Einnahmen als ArbLohn zu erfassen.

Indiz hierfür kann zB sein, dass der ArbN noch über einen weiteren Arbeitsplatz im Betrieb verfügt. Wird der Raum jedoch obj nachvollziehbar vor allem im betriebl, über die Entlohnung des ArbN bzw die Erbringung der Arbeitsleistung hinausgehenden Interesse des ArbG genutzt, ist anzunehmen, dass die betr Zahlungen auf einer neben dem DienstVerh gesondert bestehenden Rechtsbeziehung beruhen und damit zu Einkünften aus VuV führen (BFH VI R 25/02 BStBl II 06, 10; BFH VI B 102/07 BFH/NV 09, 148). Indiz hierfür kann zB das Bestehen gleichartiger Vertragsverhältnisse mit fremden Dritten sein (BFH VI R 131/00 BStBl II 02, 300). § 22 Nr 1 und Nr 3 sind ggü § 19 subsidiär (s § 22 Rz 51, 131). Zur Abgrenzung der Leibrenten und weiterer Bezüge nach § 22 Nr 1 von den Einkünften aus § 19 s § 22 Rz 52.

c) LStAbzug. §§ 38 ff betreffen keine eigene Steuerart, sondern die Vorauszah- 5
lungen auf die mit Ablauf des Kj entstehende, auf die Einkünfte aus nichtselbstständiger Arbeit entfallende EStSchuld (BFH VI R 208/82 BStBl II 86, 152; BFH VI R 61/09 BStBl II 11, 479; BFH VI R 64/09 BFH/NV 11, 753). Ob überhaupt ArbLohn vorliegt, bestimmt sich nach § 19 und nicht nach §§ 38 ff.

**4. Zurechnung und Ermittlung der Einkünfte aus nichtselbstständiger 7
Arbeit.** Einkünfte aus § 19 I Nr 1 und Nr 3 erzielt derjenige, der seine Arbeitskraft iRe abhängigen Beschäftigungsverhältnisses zur Verfügung stellt. Der Tatbestand der Einkunftserzielung wird wesentl durch die Rechtbeziehungen zw ArbN und ArbG bestimmt. Da die Beteiligung des ArbN am Marktgeschehen höchstpersönl ist, scheidet eine **Verfügung über die „Einkunftsquelle nichtselbstständige Arbeit"** in der Weise aus, dass die Arbeit als für einen Dritten geleistet gelten und diesem strechtl das Ergebnis der Tätigkeit zustehen soll (s auch BFH IV R 173/74 BStBl II 76, 643; BFH I R 64/81 BStBl II 85, 330). Treuhandverhältnisse kommen daher iRd § 19 nicht in Betracht (*Lang/Seer* FR 92, 637, 640). § 19 I Nr 2 erweitert die persönl Zurechnung der Einkünfte aus nichtselbständiger Arbeit auf Rechtsnachfolger (s Rz 86 ff).

Nach § 2 II Nr 2 werden die Einkünfte aus § 19 als Überschuss der Einnahmen 8
(§ 8) über die WK (§ 9) ermittelt. In zeitl Hinsicht erfolgt die Einkünfteermittlung nach dem Zu- und Abflussprinzip (§ 11), wobei gem § 11 I 4 für lfd ArbLohn und für die auf den ArbN abgewälzte pauschale LSt Sonderregelungen gelten (s § 11 Rz 32 und Rz 50 „ArbLohn"). – Die **Einkunftserzielungsabsicht** kann auch bei den Einkünften aus § 19 fehlen. Dies wird aber allenfalls in extrem gelagerten Sonderfällen in Betracht kommen (zB vergebl Investition in eine lukrative Arbeitsstelle, BFH VI R 50/06 BStBl II 09, 243, auch mit Einzelheiten zur Totalüberschussprognose).

II. Tatbestand, § 19 I 1 Nr 1

1. Arbeitslohnbegriff. Zu den Einnahmen aus nichtselbständiger Arbeit gehö- 10
ren Gehälter, Löhne, Gratifikationen, Tantiemen und andere Bezüge und Vorteile für eine Beschäftigung im öffentl oder privaten Dienst. Die Einnahmen bei den Einkünften aus nichtselbständiger Arbeit müssen hiernach für eine Beschäftigung in einem **DienstVerh** geleistet werden. Beteiligte dieses DienstVerh sind **ArbN** und **ArbG.** Der Kreis der stbaren Einnahmen, der **ArbLohn,** ist nach dem Gesetzeswortlaut weit gefasst. Er umfasst grds alle Vorteile, die für die Beschäftigung gewährt werden. Damit sind die wesentl Begriffe angesprochen, die die Einkünfte aus nichtselbständiger Arbeit prägen. Die vielfach geäußerte Kritik an der Gesetzesformulierung (zB *KSM* § 19 Rz B 11 ff; *Albert/Strohner* DB 02, 2504) ist iErg nicht berechtigt (ebenso *K/Eisgruber* § 19 Rz 12).

2. Dienstverhältnis; Arbeitsverhältnis. Die Begriffe DienstVerh und ArbVerh 11
sind gleichbedeutend (BFH VI R 58/69 BStBl II 72, 643; *Blümich/Geserich* § 19 Rz 56). Eine Definition findet sich in § 1 II LStDV, die nach stRspr eine zutr Aus-

legung des Gesetzes enthält (zB BFH VI R 81/06 BFH/NV 09, 1311, BFH VI R 4/06 BStBl II 09, 374; BFH VI R 51/05 BStBl II 08, 981). Dies gilt indes ledigl für den Begriffskern, soweit in § 1 II 1 LStDV das Schulden der Arbeitskraft und in § 1 II 2 LStDV die Weisungsgebundenheit des ArbN sowie dessen Eingliederung in den „geschäftl Organismus" des ArbG angesprochen sind (*Lang* DStJG, Bd 9, 25); iÜ löst sich auch der BFH (zu Recht) von der Definition in § 1 II LStDV. Denn der Begriff des DienstVerh lässt sich nicht durch einen abschließenden Katalog notwendiger, aber auch hinreichender Tatbestandsmerkmale bestimmen. Er ist ebenso wie der Begriff des ArbN (s Rz 21) ein **Typusbegriff.** Ob ein DienstVerh vorliegt, bestimmt sich danach, ob die dafür als typisch angesehenen, nicht abschließend bestimmten Merkmale in solcher Zahl und Intensität vorhanden sind, dass der Sachverhalt in seinem Gesamtbild dem Typus entspricht. Die Würdigung des Gesamtbilds bedeutet, dass die für und gegen ein DienstVerh sprechenden Merkmale gegeneinander abgewogen werden müssen (BFH VI R 59/91 BStBl II 93, 303; BFH VI R 50/05 BStBl II 08, 868; *HHR* § 19 Rz 53). Nicht ausschlaggebend ist die sozial- und arbeitsrechtl Einordnung. IRd steuerl Beurteilung kann es ledigl als Indiz iRd Gesamtwürdigung gewertet werden, wenn das Arbeits- oder das Sozialrecht ein nichtselbständiges Beschäftigungsverhältnis annimmt (BFH X R 83/96 BStBl II 99, 534; BFH VI R 50/05 BStBl II 08, 868).

12 **a) Entstehung des DienstVerh.** Ein estl DienstVerh muss durch keinen schriftl Vertrag, sondern kann auch durch Hoheitsakt, mündl Vereinbarungen oder konkludentes Verhalten begründet werden. Die rückwirkende Begründung eines DienstVerh mit steuerl Wirkung ist indes nicht mögl (BFH VI R 50/05 BStBl II 08, 868; *HHR* § 19 Rz 53). Allerdings muss das DienstVerh im Zeitpunkt der Einkünfteerzielung nicht schon oder immer noch bestehen. Es macht keinen Unterschied, ob es sich um ein zukünftiges, gegenwärtiges oder früheres DienstVerh handelt. Selbst wenn der ArbN seine Arbeitskraft nicht mehr schuldet, zB weil er von der Arbeit freigestellt ist, kann ein estl beachtl DienstVerh (noch) vorliegen (*KSM* § 19 Rz B 64). Unerhebl ist ferner, ob das DienstVerh gegen ein gesetzl Verbot oder die guten Sitten verstößt (§ 40 AO; BFH VI B 86/04 BFH/NV 05, 1061). Für die Besteuerung kommt es auch nicht auf die (zivilrechtl) Wirksamkeit des DienstVerh an, solange die Beteiligten das wirtschaftl Ergebnis eintreten und bestehen lassen (§ 41 I AO; BFH VI R 34/79 BStBl II 82, 502).

13 Der estl DienstVerh setzt **keine Freiwilligkeit** voraus (*Blümich/Geserich* § 19 Rz 59; *KSM* § 19 Rz B 50; *K/Eisgruber* § 19 Rz 18; *Küttner* „Arbeitnehmer (Begriff)" Rz 40, mwN; s auch FG RhPf EFG 98, 1313, rkr, Freigänger; aA *H/H/R* § 19 Rz 73, mwN). Auch Zwangsverpflichtete können in abhängiger Stellung gegen Entgelt tätig werden. Sie nehmen am Marktgeschehen (wenn auch zwangsweise) teil und erzielen durch Einsatz der Arbeitskraft Einnahmen. Deshalb liegt ein strechtl ArbVerh auch dann vor, wenn die Verpflichtung zur Arbeitsleistung – wie zB bei Wehrdienstleistenden und Strafgefangenen – auf hoheitl Zwang beruht. Zahlungen an ehemalige Zwangsarbeiter fließen aber außerhalb der Einkünftetatbestände des EStG zu (*FinVerw* DB 00, 398). Auch wenn der Einsatz der Arbeitskraft (in abhängiger Stellung) von sozialen Motiven mitbeeinflusst ist, schließt dies die Annahme eines ArbVerh nicht aus.

14 **b) Abgrenzung zu anderen Beschäftigungsformen.** Bloße Gefälligkeiten, die auf persönl Verbundenheit beruhen (zB im Bereich der Nachbarschaftshilfe) begründen aber noch kein steuerl DienstVerh (*K/Eisgruber* § 19 Rz 19). Ähnl Gesichtspunkte greifen in Fällen familiärer Hilfeleistung gegen geringe Belohnung. Hier fehlt es an einer Teilnahme am Marktgeschehen (BFH IX R 88/95 BStBl II 99, 776; Anm *Fischer* FR 99, 1381; s auch Rz 35 „Pflegeversicherung"). Eine ehrenamtl Tätigkeit schließt die Annahme eines DienstVerh nicht allg aus (s Rz 35 „Ehrenamtl Tätigkeit").

3. Arbeitnehmerbegriff. § 1 I 1 LStDV beschreibt ArbN als in öffentl oder privatem Dienst angestellte oder beschäftigte Personen, die aus diesem oder einen früheren DienstVerh ArbLohn beziehen. ArbN im strechtl Sinne ist auch der Rechtsnachfolger eines ArbN (§ 1 I 2 LStDV). Als ArbN kommen nur natürl Personen in Betracht. Auf ihre Geschäftsfähigkeit kommt es nicht an. 20

a) ArbN-Begriff als Typusbegriff. Der eigenständige, strechtl ArbN-Begriff ist ebenso wie der des DienstVerh ein Typusbegriff, der sich nicht durch Aufzählung feststehender Merkmale abschließend bestimmen lässt (stRspr, zB BFH VI R 51/05 BStBl II 08, 981; BFH VI R 4/06 BStBl II 09, 374; BFH VIII R 34/08 BFH/NV 11, 585; BFH VI B 150/03 BFH/NV 05, 347; BFH VI B 46/08 BFH/NV 09, 1814; vgl iEinz auch § 15 Rz 11 ff mwN). Die Abgrenzung zw selbständiger und nichtselbständiger Arbeit im strechtl Sinn kann nicht generell nach dem Inhalt der geleisteten Tätigkeit oder nach Berufsgruppen vorgenommen werden, sondern erfordert eine einzelfallbezogene Würdigung nach dem **Gesamtbild der Verhältnisse,** wobei die für und gegen ein DienstVerh sprechenden Merkmale gegeneinander abgewogen werden müssen (BFH VI R 77/12 BFH/NV 15, 1618; BFH VI R 11/07 BStBl II 08, 933; BFH VI R 81/02 BFH/NV 07, 426; zur Bedeutung der tatsächl Verhältnisse bei der Bestimmung der ArbN-Eigenschaft im SV-Recht, *von Medem* DStR 13, 1436, und BSG DStR 13, 770). Da es auf das Gesamtbild der Verhältnisse ankommt, kann nicht mit Rücksicht auf das Vorliegen oder Fehlen bestimmter Merkmale die ArbN-Eigenschaft im Einzelfall eindeutig bejaht oder verneint werden. Die Einzelmerkmale sind weder zwingend gleich noch zwingend unterschiedl zu gewichten (BFH XI B 205/07 BFH/NV 08, 1210). Ebenso ist nicht maßgebl, wie die Tätigkeit oder die tätige Person bezeichnet wird (BFH VI R 150–152/82 BStBl II 85, 661). Der arbeits- und sozialversicherungsrechtl Behandlung kommt ebenfalls nur eine Indizwirkung zu (BFH X R 83/96 BStBl II 99, 534; BFH IV R 180/72 BStBl II 76, 292; BFH I R 159/76 BStBl II 79, 182; s auch Rz 11); der strechtl ArbN-Begriff deckt sich nicht mit dem des Arbeits- oder Sozialrechts (zB BFH VI R 50/05 BStBl II 08, 868; BFH I R 121/76 BStBl II 79, 188; BFH VI R 29/72 BStBl II 75, 520; BFH IV 329/58 U BStBl III 61, 315; *Lang* DStJG 9, 24 ff; *Bergkemper* FR 09, 42; *von Bornhaupt* BB 08, 1888; krit *Kloubert* FR 99, 1108). Entscheidungen der SV-Träger zur ArbN-Eigenschaft kommt im Besteuerungsverfahren allenfalls in Bezug auf sozialversicherungsrechtl (Vor)Fragen Bindungswirkung zu (BFH VI B 38/12 BFH/NV 12, 1968). – Zur **Statusfeststellung nach § 7a SGB IV** s Rz 35 „Sozialversicherungspflicht". Die Tatbestandswirkung von Entscheidungen der Sozialversicherungsträger beschränkt sich auf die sozialversicherungsrechtl Fragestellung (BFH VI B 110/11 BFH/NV 12, 946; BFH VI R 52/08 BStBl II 10, 703). 21

b) Einzelmerkmale zum ArbN-Typus. BFH VI R 150–152/82 BStBl II 85, 661 nennt beispielhaft 19 Kriterien zur Beurteilung des Gesamtbildes der Verhältnisse. – ***(1)*** **ArbN-Eigenschaft.** Hierfür können insb folgende Merkmale sprechen: kein Unternehmerrisiko, keine Unternehmerinitiative, persönl Abhängigkeit, Weisungsgebundenheit hinsichtl Ort, Zeit und Inhalt der Tätigkeit, Eingliederung in den Betrieb, feste Bezüge, kein Kapitaleinsatz, keine Pflicht zur Beschaffung von Arbeitsmitteln, Schulden der Arbeitskraft und nicht eines Arbeitserfolges, Eingliederung in den Betrieb, Unselbständigkeit in Organisation und Durchführung der Tätigkeit, Notwendigkeit der engen ständigen Zusammenarbeit mit anderen Mitarbeitern, Ausführung von einfachen Tätigkeiten, bei denen eine Weisungsabhängigkeit die Regel ist, feste Arbeitszeiten, zeitl Umfang der Dienstleistungen, Ausübung der Tätigkeit gleichbleibend an einem bestimmten Ort, Urlaubsanspruch, Fortzahlung der Bezüge im Krankheitsfall, Anspruch auf sonstige Sozialleistungen, Überstundenvergütung. Im Einzelfall kann neben den genannten Abgrenzungsmerkmalen für die ArbN-Stellung auch sprechen, wenn das Rechtsverhältnis auf längere Dauer angelegt ist oder wenn bei zeitl nur kurzer Berührung mit dem 22

Betrieb des Auftraggebers wegen der Eigenart der Tätigkeit regelmäßig eine Eingliederung erfolgt (BFH VI R 56/67 BStBl II 69, 71; *HHR* § 19 Rz 72). Die Gestellung von Arbeitskleidung durch den ArbG kann ebenso für nichtselbstständige Tätigkeit sprechen wie die persönl Verrichtung der Arbeitsleistung. Fehlt einer Person ein gesetzl Qualifikationsmerkmal für ein selbstständiges Tätigwerden, kann hieraus ArbN-Eigenschaft abzuleiten sein (*FinVerw* DStR 91, 383; s aber BFH V R 63/94 BStBl II 97, 188). – ***(2)* Selbstständigkeit.** Hierfür sprechen demggü Unternehmerrisiko, Unternehmerinitiative (BFH V R 2/95 BStBl II 96, 493; BFH X R 14/10 BStBl II 12, 511), Selbständigkeit in Organisation und Durchführung der Tätigkeit, eigene Kostentragung, Beschäftigung eigener Arbeitskräfte (BAG DB 02, 1610; BAG DB 00, 1028; BFH I R 17/78 BStBl II 80, 303), Unterhalten eines eigenen Büros (BFH I 200/59 S BStBl III 61, 567), geschäftl Kontakt zu mehreren Auftraggebern (BFH V R 115/85 UR 91, 138; BFH VI 87/60 U BStBl III 62, 69; BFH VI 127/65 BStBl III 68, 430), freie Erledigung der Arbeiten im Verhältnis zum Vertragspartner (OLG Köln DStR 03, 1505), Fehlen einer Urlaubsregelung und einer festen Arbeitszeit (BFH IV R 34/80 BStBl II 84, 654; BFH IV R 131/82 BStBl II 85, 51), nur kurzfristige Berührung mit dem Betrieb des Auftraggebers ohne Eingliederung in den Betrieb oder (im Ausnahmefall) die Art der Tätigkeit (gehobene Tätigkeit), wenn sich daraus ableiten lässt, dass der Erfolg der Tätigkeit wichtiger ist als der Umfang der Arbeitsleistung (BFH IV R 231/69 BStBl II 73, 458; BFH VI 87/60 U BStBl III 62, 69).

23 ***(3)* Wille der Vertragsparteien.** Er kann als Indiz für oder gegen das Bestehen eines DienstVerh herangezogen werden, wenn er tatsächl durchgeführt worden ist (BFH VIII R 52/77 BStBl II 79, 414; BFH VI R 71/69 BStBl II 72, 617). Sprechen aber gewichtige Gründe zB gegen die Selbstständigkeit, ist ein gegenteiliger Wille der Parteien unbeachtl (FG Hbg EFG 84, 47, sog „selbstständiger" Kraftfahrer als ArbN). Entscheidend ist das Gesamtbild der vertragl Vereinbarung und deren Durchführung (BFH I R 207/66 BStBl II 72, 88; BFH I R 121/76 BStBl II 79, 188; BFH VI R 80/74 BStBl II 77, 178; *HHR* § 19 Rz 75). Dabei kommt es nicht auf das Auftreten nach außen, sondern auf das Innenverhältnis (Verhältnis zum Auftraggeber) an (BFH VIII R 52/77 BStBl II 79, 414; s aber BFH I R 121/76 BStBl II 79, 188). Auch die **Vergütungsart** kann bedeutsam sein (*HHR* § 19 Rz 78). Für die ArbN-Eigenschaft kann eine Vergütung nach Arbeitszeit (zB fester Monats- oder Stundenlohn), für die Selbständigkeit eine Vergütung nach dem Erfolg bzw dem Ergebnis der Leistung sprechen. ArbN-Eigenschaft kann fehlen, wenn die Vergütung die mit der Tätigkeit zusammenhängenden Aufwendungen nur ganz unwesentl übersteigt (BFH VI R 59/91 BStBl II 93, 303, betr Amateursportler; stets Einzelfallentscheidung s *MIT* DStR 93, 509; BFH VI R 94/93 BStBl II 94, 944, betr Sanitätshelfer des DRK; BFH VI R 28/73 BStBl II 73, 134, betr ehrenamtl Helfer von Wohlfahrtsverbänden; FG Hbg EFG 00, 13, betr Umzugshilfe) oder wenn **freiwillige Dienste zur Erfüllung von Satzungszielen** eines Vereins erbracht werden (*FinVerw* DB 00, 1202, Rettungsschwimmer). Ähnl Gesichtspunkte greifen in Fällen **familiärer Hilfeleistung gegen geringe Belohnung.** Hier fehlt es an einer Teilnahme am Marktgeschehen (BFH IX R 88/95 BStBl II 99, 776; Anm *Fischer* FR 99, 1381; s auch Rz 35 „Pflegeversicherung").

24 **c) Unternehmerrisiko; Unternehmerinitiative.** Bei der Würdigung des Gesamtbilds der Verhältnisse ist insb das Vorliegen bzw Fehlen der Unternehmerinitiative und des Unternehmerrisikos von Bedeutung (BFH X R 14/10 BStBl II 12, 511; BFH VI R 152/01 BStBl II 06, 94; *KSM* § 19 Rz B 89 ff). Unternehmerrisiko trägt, wer sich auf eigene Rechnung und Gefahr betätigt und die Höhe der Einnahmen wesentl durch eine Steigerung seiner Arbeitsleistung oder durch die Herbeiführung eines besonderen Erfolges beeinflussen kann (BFH VIII R 52/77 BStBl II 79, 414; BFH VIII R 2/92 BFH/NV 96, 325). Allein die Vereinbarung einer erfolgsbezogenen Entlohnung bedeutet aber noch nicht die Übernahme

eines Unternehmerrisikos, solange sich dies ledigl als ArbN-Risiko besonderer Art darstellt (BFH IX B 183/03 BFH/NV 05, 1058; BFH I R 159/76 BStBl II 79, 182; BFH VI R 126/88 BStBl II 93, 155; FG Hbg EFG 92, 279, rkr; s aber BFH I R 121/76 BStBl II 79, 188; BFH X R 83/96 BStBl II 99, 534, Rundfunkermittler). Kennzeichnend für das Unternehmerrisiko ist, dass sich der Erfolg oder Misserfolg unmittelbar im Vermögen des StPfl niederschlägt (BFH VIII R 349/83 BStBl II 92, 330). Dieses Risiko wird idR durch Beteiligung am Gewinn und Verlust sowie an den stillen Reserven des BV einschließl des Geschäftswerts vermittelt (BFH III R 21/02 BStBl II 05, 168; BFH IV R 100/06 BFH/NV 10, 2056). Unternehmerinitiative bedeutet vor allem Teilnahme an unternehmerischen Entscheidungen, wie sie zB Ges'tern oder diesen vergleichbaren Personen als Geschäftsführern, Prokuristen oder anderen leitenden Angestellten obliegen, oder die Möglichkeit zur Ausübung von Ges'terrechten, die den Stimm-, Kontroll- und Widerspruchsrechten eines Kommanditisten angenähert sind, oder die den Kontrollrechten nach § 716 I BGB entsprechen (BFH IV R 63/07 BFH/NV 11, 214).

d) Schulden der Arbeitskraft. Es gehört nach § 1 II 1 LStDV zum Begriffs- 25
kern des DienstVerh (s Rz 11) und damit auch des estl ArbN-Begriffs. Das Schulden der Arbeitskraft ist vom Schulden des Arbeitserfolges abzugrenzen. Steht das Ableisten einer bestimmten Arbeitszeit, nicht aber die Erzielung eines bestimmten Arbeitserfolges im Vordergrund, spricht dies für die ArbN-Eigenschaft des StPfl (BFH IV R 60–61/94, BStBl II 95, 888). Diese Abgrenzung führt indes nicht immer zu eindeutigen Ergebnissen. Selbständige schulden häufig ebenfalls nur eine Dienstleistung; auch von Selbständigen erwartet der Auftraggeber oftmals eine ganztägige Tätigkeit (s BFH X R 83/96 BStBl II 99, 534), während auch bei ArbN eine Vergütung nach ihrem Arbeitserfolg in Betracht kommt (zB bei Stücklohn). Unerhebl ist, auf welcher Rechtsgrundlage die Arbeitskraft geschuldet wird. Es kommt darauf an, dass die Arbeitsleistung tatsächl erbracht werden soll (*K/Eisgruber* § 19 Rz 23). Verzichtet der ArbG auf die Arbeitsleistung (zB im Fall der Freistellung), steht dies der ArbN-Eigenschaft des StPfl nicht entgegen (*Blümich/Geserich* § 19 Rz 65). Die Arbeitsleistung kann ausnahmsweise auch in einem Unterlassen bestehen (BFH I R 254/75 BStBl II 78, 195, BFH VI R 230/83 BStBl II 87, 386); sie muss nicht zwingend ggü dem ArbG zu erbringen sein (zB bei ArbN-Überlassung).

e) Weisungsgebundenheit; Eingliederung. Der ArbN steht „unter der Lei- 26
tung" des ArbG, er hat „dessen Weisungen zu folgen" (§ 1 II 2 LStDV). Der ArbG kann grds Ort, Zeit, Umfang, Art und Weise der Arbeitsleistung bestimmen. Vertragl Vorgaben können für die Bejahung der Weisungsgebundenheit ausreichen (BFH VI R 4/06 BStBl II 09, 374). Die Weisungsgebundenheit kann im Einzelfall unterschiedl ausgeprägt sein; sie kann sich auf den äußeren Rahmen beschränken (zB bei höheren Diensten) oder auch (fast) vollständig fehlen (zB bei Geschäftsführern, Vorständen). Von Bedeutung ist in diesem Zusammenhang insb, ob der Handlungsspielraum dem StPfl vom Dienstberechtigten ledigl eingeräumt ist (Indiz für ArbN-Stellung) oder ob sich der StPfl den Handlungsspielraum selbst verschaffen kann (*Heuermann/Wagner* LohnSt C Rz 30). Auch StPfl, die allein Ges'ter-Geschäftsführer einer KapGes sind, können hiernach ArbN sein (instruktiv EuGH C-355/06 BFH/NV 08, Beil 1, 48; s aber auch BFH VIII R 34/08 BFH/NV 11, 585; BFH VI R 160/03 BFH/NV 06, 544, Beteiligungsquote von mindestens 50 vH als Indiz für Selbständigkeit; BFH XI R 70/07 BStBl II 08, 912; BFH V R 29/03 BStBl II 05, 730; *BMF* BStBl I 07, 503; *K/Eisgruber* § 19 Rz 27; *KSM* § 19 Rz B 87; Rz 35 „Ges'ter einer KapGes"). Die Eingliederung in den geschäftl Organismus des ArbG betrifft die Integration des ArbN in die Arbeitsabläufe des Dienstberechtigten. Kennzeichen sind ua der Umfang der Zusammenarbeit mit anderen ArbN, die Beschäftigung zu festen Arbeitzeiten (BFH X R 83/96 BStBl II 99, 534; BFH VIII R 52/77 BStBl II 79, 414), die Dauer der Einbindung in den

Betrieb (s BFH V R 2/95 BStBl II 96, 493; BFH VI 183/59 S BStBl III 62, 37), die Erbringung der Arbeitsleistung an vorgegebenen Tätigkeitsorten und ggf die Beteiligung an betriebl Sozialeinrichtungen (*Heuermann/Wagner* LohnSt C Rz 29).

27 **f) Gesamtbild der Verhältnisse und tatrichterl Würdigung.** Die Elemente des ArbN-Typus treten im Einzelfall mehr oder weniger deutl in Erscheinung; einzelne Merkmale können auch ganz fehlen. Die Merkmale sind im Einzelfall zu gewichten und gegeneinander abzuwägen. Diese Aufgabe obliegt in erster Linie dem FG als Tatsacheninstanz (BFH VI R 4/06 BStBl II 09, 374). Die im Wesentlichen auf tatrichterl Gebiet liegende Beurteilung des FG ist revisionsrechtl nur begrenzt überprüfbar (zur Überprüfung des Gesamtbildes durch das Revisionsgericht, s BFH VI R 152/01 BStBl II 06, 94; BFH VI B 46/08 BFH/NV 09, 1814). Bei sorgfältiger Durchführung der Gesamtwürdigung wird eine Revision kaum Erfolg haben. Deshalb kommt dem sorgfältigen und umfassenden Vortrag der Beteiligten vor dem FG besondere Bedeutung zu.

28 **g) Gemischte Tätigkeit; Nebentätigkeit; Mehrfacharbeitsverträge.** Übt ein StPfl mehrere Tätigkeiten aus, so ist für die steuerl Einordnung jede dieser Tätigkeiten für sich und nach ihren jeweiligen Merkmalen zu beurteilen (BFH VI R 60/73 BStBl II 75, 513; BFH IV R 162/72 BStBl II 76, 291; BFH VIII R 52/77 BStBl II 79, 414; *HHR* § 19 Rz 91 ff). Ist ein ArbN nicht nur für seinen ArbG, sondern auch noch **für einen Dritten tätig,** ergeben sich für die steuerl Beurteilung des Rechtsverhältnisses des ArbN zu dem Dritten keine besonderen Probleme; der ArbN kann insoweit entweder als Gewerbetreibender, freiberufl oder als ArbN tätig werden (BFH VI R 60/73 BStBl II 75, 513). Ob die iRd einen Tätigkeit erworbenen Kenntnisse auch bei der anderen Tätigkeit ausgenutzt werden, ist für die steuerl Qualifizierung der anderen Tätigkeit ohne Belang. Insb bei **Mehrfacharbeitsverträgen** innerhalb eines Konzerns ist sorgfältig zu prüfen, ob nicht ein einheitl ArbVerh vorliegt (s *Forchhammer* DStZ 99, 153). Ein einheitl ArbVerh kann auch vorliegen, wenn eine einheitl Beschäftigung ledigl formal in eine Hauptbeschäftigung und in eine geringfügige Nebenbeschäftigung (§ 40a) aufgespalten wird.

29 Erbringt der ArbN **für seinen ArbG noch weitere Leistungen gegen Entgelt,** ist die Frage, zu welcher Einkunftsart die Einkünfte des ArbN aus dieser Nebentätigkeit gehören, nicht unabhängig von der Haupttätigkeit zu beurteilen (BFH VI R 81/02 BFH/NV 07, 426). Die zutr Einordnung der Nebentätigkeit ist insb für den LStAbzug von Bedeutung; nur wenn die Nebentätigkeit nichtselbstständig erbracht wird, ist der ArbG zum LStAbzug verpflichtet (zu ELStAM bei verschiedenen Lohnarten s *BMF* BStBl I 13, 951 Rz 104 ff; *BMF* BStBl I 14, 1411; *BMF* BStBl I 15, 831, Verlängerung der Nichtbeanstandungsregelung für lfd ArbLohn bei verschiedenen Lohnarten bis Ende 2016). Auch eine für den ArbG ausgeführte Nebentätigkeit kann von dem ArbN selbstständig und ohne Zusammenhang mit dem ArbVerh erbracht werden (BFH IV R 126/70 BStBl II 72, 212; BFH VI R 7/69 BStBl II 72, 460; BFH VI R 59/96 BStBl II 97, 254; BFH IX R 1/06 BFH/NV 07, 2263). Hängt die für den ArbG erbrachte Nebentätigkeit aber mit der Ausübung der Haupttätigkeit unmittelbar zusammen (zB Gleichwertigkeit der Tätigkeiten und der organisatorischen Bedingungen, BFH IV R 189/85 BStBl II 87, 783), ist auch die Nebentätigkeit nichtselbstständig. Dies kann selbst dann der Fall sein, wenn die Nebentätigkeit zwar nicht im Arbeitsvertrag ausdrückl vereinbart ist, aber vom ArbG erwartet werden kann, auch wenn sie zusätzl vergütet werden muss (BFH VI R 81/02 BFH/NV 07, 426, Vermittlungstätigkeit von Bankangestellten; s aber auch BFH IX R 1/06 BFH/NV 07, 2263). Ob der ArbN beim ArbG bereits ausgeschieden ist, ist dabei ohne Belang (BFH XI R 32/00 BStBl II 01, 496). Auch eine **freiwillig erbrachte Nebentätigkeit** ist unselbstständig, wenn sie mit der Haupttätigkeit so eng zusammenhängt, dass sie als deren Hilfstätigkeit erscheint (BFH IV R 241/70 BStBl II 72, 213) oder sich von der

Haupttätigkeit nicht unterscheidet (BFH IV R 162/72 BStBl II 76, 291, Lehrkraft übernimmt neben dem Pflichtunterricht an derselben oder einer benachbarten Schule gleichen Typs freiwillig weitere Unterrichtsstunden). Eine ggü dem ArbG erbrachte Nebentätigkeit kann aber dann als **selbstständige Tätigkeit** mit der Folge angesehen werden, dass der ArbN insoweit zB Einkünfte iSd § 18 erzielt, wenn der ArbG dem ArbN ledigl die Möglichkeit bietet, die während der nichtselbstständigen Arbeit erworbenen oder die der nichtselbstständigen Arbeit dienenden Fähigkeiten außerhalb der vereinbarten Dienstzeit ohne aus dem Arbeitsvertrag sich ergebende Weisungen und Kontrollbefugnisse des ArbG zu verwerten (zB BFH IV R 37/76 BStBl II 80, 321; BFH VI R 7/69 BStBl II 72, 460; BFH IV R 126/70 BStBl II 72, 212; BFH VI 36/55 U BStBl III 58, 255; *Becker/Figura* BB 12, 3046, 3051 zu Gestaltungsmöglichkeiten im Profisport).

4. Arbeitgeberbegriff. Die Stellung als (inl) ArbG ist insb für das LSt-Abzugs- 32
verfahren von Bedeutung (zum ArbG-Begriff iEinz s § 38 Rz 2 ff). Der ArbG-Begriff ergibt sich mittelbar aus § 1 II LStDV. ArbG ist hiernach derjenige, dem der ArbN die Arbeitsleistung schuldet, unter dessen Leitung er tätig wird oder dessen Weisung er zu befolgen hat (BFH VI R 84/10 BStBl II 11, 986). Dies ist idR der Vertragspartner des ArbN aus dem Dienstvertrag (BFH VII R 46/02 BStBl II 03, 556), im Fall der ArbN-Überlassung derjenige, der dem ArbN den ArbLohn im eigenen Namen und für eigene Rechnung auszahlt (BFH VI R 84/10 BStBl II 11, 986). IÜ ist für den ArbG-Begriff unerhebl, ob der ArbG den Lohn selbst zahlt (§ 38 I 3). ArbG kann eine natürl oder jur Person des privaten oder öffentl Rechts sowie eine PersGes sein (BFH VI R 41/92 BStBl II 95, 390; BAG DStRE 09, 1284; Anm *Arens* DStR 09, 1498, jeweils zur GbR). Der lstrechtl ArbG-Begriff muss nicht dem des Abkommensrechts entsprechen (BFH I R 46/03 BStBl II 05, 542; s aber § 38 Rz 4). Zur ArbG-Eigenschaft bei Organgesellschaften, innerhalb des Konzerns (BFH I R 64/98 BStBl II 00, 41; BFH VI R 122/00 BStBl II 04, 620; BFH XI B 27/01, BFH/NV 01, 1551) und iRv Leiharbeitsverhältnissen s § 38 Rz 4 ff. Auch ein ArbN kann seinerseits ArbG sein (s Rz 35 „Arzt"; FG Nds EFG 82, 616, rkr; zum mittelbaren ArbVerh s *Blümich/Geserich* § 19 Rz 134).

5. ABC der Arbeitnehmereigenschaft. *Vorbemerkung:* Die Frage, ob StPfl 35
selbständig, gewerbl oder nichtselbständig tätig sind, ist nicht nach Berufsgruppen, sondern nach dem Gesamtbild der jeweiligen Verhältnisse zu beurteilen (s Rz 21; BFH IX B 183/03 BFH/NV 05, 1058). Die nachfolgende Zusammenstellung kann deshalb nur Hinweise für die Gesamtwürdigung im Einzelfall enthalten.

Amateursportler s BFH VI R 59/91 BStBl II 93, 303; FG Brem EFG 99, 1125; FG Ddorf EFG 01, 136, rkr (Zuwendung durch Vereinsvorstand als Lohn); s auch „Sportler".

Angehörige. Zur Anerkennung von ArbVerh zw nahen Angehörigen s § 4 Rz 520 „Angehörige"; BFH VI R 59/06 BStBl II 09, 200. Nicht vereinbarte Mehrarbeit steht der Anerkennung des ArbVerh nicht entgegen (BFH X R 31/12 BFH/NV 13, 1968, auch zum Arbeitszeitnachweis), ebenso wenig ein unangemessen hoher ArbLohn (FG Nds EFG 14, 822, rkr). Üblicherweise iRe ehel Lebensgemeinschaft miterledigte Aufgaben können nicht Gegenstand eines Ehegattenarbeitsverhältnisses sein (FG Nds EFG 01, 1181, rkr; LAG RhPf DB 02, 2050, rkr; s aber BFH IV R 15/98 BFH/NV 99, 919 zu ArbVerh in der LuF). Dies gilt bei einem UnterArbVerh auch, wenn der ArbG zugestimmt hat (FG BaWü EFG 91, 378, rkr). Die Hauptpflicht aus dem Arbeitsvertrag kann nicht auf Ehegatten übertragen werden (FG Mster EFG 91, 246, rkr); ebenfalls keine Anerkennung, wenn berufl Geheimhaltungspflichten verletzt würden (FG Köln EFG 00, 994, rkr), wenn ein Dritter zu diesen Bedingungen nicht arbeiten würde (FG Nbg DStRE 04, 243, rkr) oder die Entlohnung für einfache Büroarbeiten hauptsächl in der Überlassung eines Pkw zur freien Verfügung besteht (BFH X B 181/13 BFH/NV 14, 523). Bei **Überkreuzarbeitsverhältnissen** (BFH X B 59/97 BFH/NV 98,

448; BFH III B 136/01 juris; FG Nds EFG 95, 62, rkr; FG BaWü EFG 04, 484, rkr; FG Thür EFG 14, 2123, rkr, Ehegatten; FG Mster EFG 01, 1541, rkr, Brüder; FG RhPf EFG 96, 743, rkr, zw nichtehel Lebensgefährten) oder **Unterarbeitsverhältnis zw ArbN und Kind** (BFH VI R 86/94 BStBl II 95, 394) ist die Entscheidung über die Anerkennung unter Würdigung aller Umstände des Einzelfalls zu treffen; idR wird aber die Fremdüblichkeit fehlen. Geringfügige Hilfeleistungen, die üblicherweise nicht auf arbeitsvertragl Grundlage erbracht werden, können gegen Arbeitsvertrag sprechen (BFH IV R 14/92 BStBl II 94, 298; Anm *Söffing* FR 94, 255; BFH I B 133/93 BFH/NV 94, 861). Ansonsten kann ein ArbVerh aber nach den allg Grundsätzen anerkannt werden (ausführl BFH VI R 59/06 BStBl II 09, 200). Die Feststellungslast liegt beim StPfl, wenn er sich auf das Vorliegen eines ArbVerh beruft. Zur Überweisung des Lohns auf ein **Oderkonto** s BVerfG 2 BvR 802/90 BStBl II 96, 34; BVerfG 2 BvR 3027/95 DB 96, 2470; *Pezzer* StbJb 1996/97, 25; *Koenig* Inf 96, 97.

Anwaltsvertreter. Amtl bestellte Vertreter eines RA oder Notars sind idR selbstständig (*HHR* § 19 Rz 600 „Anwaltsvertreter"; BFH V 174/65 BStBl II 68, 811, Notariatsverweser). Entscheidend sind die Umstände des Einzelfalles (BAG DB 98, 2274). S auch „Urlaubsvertretung". Zu Assessoren, die bei RA mitarbeiten, s „Referendar".

Anzeigenwerber. Es gelten die gleichen Kriterien wie bei der Beurteilung des „Rundfunkermittlers" (s unten).

Arzt. Ein Arzt kann seine Leistungen als ArbN oder selbständig erbringen. Ob das eine oder das andere zutrifft, ist iRe Gesamtwürdigung festzustellen. Der niedergelassene Arzt in eigener Praxis wird selbstständig (§ 18), der angestellte oder beamtete Arzt idR unselbstständig tätig. Auch ein angestellter Arzt kann aber neben Einkünften aus § 19 solche aus § 18 erzielen, zB Chefarzt mit eigenem Liquidationsrecht. Bei der Gesamtwürdigung ist ua von Bedeutung, ob die Erbringung der wahlärztl Leistungen zu den ggü dem ArbG vertragl geschuldeten Dienstaufgaben gehört, ob der Arzt hinsichtl der (ambulanten oder stationären) Leistungen in den geschäftl Organismus des ArbG eingebunden ist und inwieweit Unternehmerinitiative und Unternehmerrisiko vorliegen (BFH VI R 152/01 BStBl II 06, 94; BFH VI B 46/08, BFH/NV 09, 1814; FG Mster DStRE 13, 1234, rkr; Prüfungsmerkmale bei der Gesamtwürdigung s FG RhPf DStRE 09, 585, rkr, Anm *Vollmer; FinVerw* DStR 06, 1041; zur Einstufung von Betriebsärzten uä s auch LAG Köln DB 99, 2648). Da der ArbG idR Kürzungen für Nutzung seiner Einrichtungen, für Poolbeteiligungen und Einzugsgebühren vornimmt, empfiehlt sich die Beantragung eines WK-Freibetrags als LSt-Abzugsmerkmal (*Schade/Bechtel* DB 06, 358). FinVerw lässt zu, dass beim LStAbzug als ArbLohn nur der Nettobetrag (also nach Abzug der Kostenverrechnungen) angesetzt wird (*FinVerw* DStR 06, 1041). Die Erstellung ärztl Gutachten ist idR eine selbstständige Tätigkeit. Werden die Gutachten allerdings iRe ArbVerh erstellt und gelten als solche des ArbG, liegen Einkünfte aus § 19 vor (s BFH IV 88/56 U BStBl III 56, 187). Erhält der Arzt das Honorar in diesem Fall direkt vom Auftraggeber, handelt es sich um Lohnzahlung durch Dritte (§ 38 I 3). Behandelt ein angestellter Oberarzt Privatpatienten des Chefarztes in dessen Vertretung, wird er insoweit nichtselbstständig in Bezug zum Chefarzt tätig (BFH IV R 241/70 BStBl II 72, 213). ArbG ist insoweit der Chefarzt (aA FG BaWü EFG 78, 462, AdV); er hat also eine Doppelrolle als ArbN und als ArbG (s auch BFH IV R 186/82 BStBl II 85, 286; und „Urlaubsvertretung").

Assistenten von Bundestags- oder Europaabgeordneten sind deren ArbN (*ufcc* FR 84, 364; *FinVerw* FR 85, 215).

AStA-Mitglieder sind ArbN der Studentenschaft (BFH VI R 51/05 BStBl II 08, 981).

Aufsichtsratsmitglied ist selbstständig tätig. Das gilt auch für Beamte und Minister, die in dienstl Eigenschaft dem Aufsichtsrat einer Ges angehören (*Blümich/Geserich* § 19 Rz 120 „Aufsichtsratsmitglieder") sowie für ArbN-Vertreter im Aufsichtsrat (BFH V R 136/71 BStBl II 72, 810; BFH IV R 81/76 BStBl II 81, 29). S auch Rz 100 „Aufsichtsratvergütung".

Aushilfstätigkeit. Es gelten die gleichen Abgrenzungskriterien wie bei der Beurteilung der Nebentätigkeit; entscheidend ist die Gesamtwürdigung im Einzelfall (s Rz 28, 29; und BFH VI 183/59 S BStBl III 62, 37). Ein **DienstVerh bejaht** wurde: Schulkinder bei der Erntearbeit (BFH VI 73/58 U BStBl III 59, 354); Aushilfskräfte im Gaststättengewerbe (BFH VI 34/60 DB 62, 259), im Gartenbau (BFH VI R 83/04 BStBl II 09, 703) und zur Bewachung (BFH VI 43/61 HFR 62, 137); Verladearbeiter (BFH VI R 221/69 BStBl II 74, 301); Servicekräfte zum Einsortieren im Supermarkt (BFH VI R 4/06 BStBl II 09, 374). Ein **Dienstverhältnis verneint** wurde: Hopfentreter (BFH VI 87/60 U BStBl III 62, 69, Einzelfall); Sargträger (FG Saarl EFG 96, 98, rkr); Ausschachtungsarbeiten (BFH VI 72/58 DB 59, 1424). IdR überwiegt die Bindung der Aushelfenden an Zeit und Ort der Arbeitsleistung sowie die Tatsache, dass sie nur einfache Arbeiten verrichten und lfd Kontrolle unterliegen, die gegen die Eingliederung sprechende Kürze der jeweiligen Tätigkeit. Gefälligkeitsleistung kann gegen DienstVerh sprechen.

Auszubildende sind ArbN (s auch Rz 50 „Unterhaltszuschüsse").

Beamtenanwärter sind ArbN (BFH VI R 337/70 BStBl II 72, 261).

Bürgermeister sind ArbN, auch wenn sie ehrenamtl tätig sind (BFH VI R 82/68 BStBl II 71, 353). Entscheidend ist, ob der Bürgermeister nach der Gemeindeordnung (auch) Verwaltungsaufgaben wahrnimmt (dann ArbN) oder (wie nach der GemeindeO NRW aF) nur die politische Spitze der Gemeinde ist (kein ArbN; BFH VI 27/64 U BStBl III 66, 130; BFH IV R 41/85 BStBl II 88, 266).

Ehrenamtl Tätigkeit schließt ein DienstVerh nicht aus; Gleiches gilt für die Geringfügigkeit der Entschädigung, wenn sie über die pauschale Erstattung der Selbstkosten hinausgeht, und die kurze Dauer der Tätigkeit (BFH VI R 28/73 BStBl II 76, 134, ehrenamtl Helfer von Wohlfahrtsverbänden; BFH VI R 94/93 BStBl II 94, 944, Sanitätshelfer des DRK; Überblick s *Myssen* Inf 00, 129 f). Zur Einkunftserzielungsabsicht s *FinVerw* DB 97, 404. Entscheidend ist stets das Gesamtbild der Verhältnisse (BFH VI 143/56 U BStBl III 58, 15, Vereinsmitglieder als Platzkassierer). Dabei ist auch zu prüfen, ob die für ein DienstVerh wesentl Eingliederung vorliegt; daran kann das DienstVerh scheitern (FG Bbg EFG 01, 1280, rkr, Deichläufer im Katastrophenschutz, zweifelhaft). Ehrenamtl Wahlhelfer s *FinVerw* DStR 99, 1317 (ArbN). Ehrenamtl Richter sollen keine ArbN sein; es soll die Eingliederung in die Gerichtsorganisation fehlen (Entschädigungen s *FinVerw* DStZ 02, 342, nicht zweifelsfrei). Zum Ehrenamt bei SV-Trägern s *FinVerw* DB 97, 301; Schulweghelfer und Schulbusbegleiter s *FinVerw* DB 00, 952; DLRG-Rettungsschwimmer s *FinVerw* FR 00, 790.

Erziehungs-/Familienhelfer s *FinVerw* DB 00, 1735.

Filmbranche. Schauspieler, die an Spielfilmen, Fernsehproduktionen oder am Theater mitwirken, sind idR als ArbN tätig (BFH I R 207/66 BStBl II 72, 88; BFH IV R 1/69 BStBl II 72, 214; *BMF* BStBl I 90, 638; Zweifel bei FG BaWü DStRE 99, 371, rkr; s auch „Künstler", „Fotomodell"; eine abw Gesamtwürdigung ist mögl; s auch BFH XI B 250/07 BFH/NV 09, 394). Zur Beurteilung sog Ausschließlichkeitsverträge zw Schauspieler und ArbG, der sein Recht auf Dienstleistung des Schauspielers anderen Filmherstellern übertragen kann, s BFH I R 94/69 BStBl II 72, 697; BFH I R 202/67 BStBl II 72, 281). Regisseure und Kameramänner können auch selbstständig tätig sein (BFH VI R 19/07 BFH/NV 08, 1485; tatrichterl Gesamtwertung, s FG Hbg EFG 07, 1437).

Fotomodell. Berufsfotomodell ist, insb wenn es kurzfristig zur Produktion von Werbefilmen eingesetzt wird, regelmäßig selbstständig (gewerbl) tätig (BFH VI R 5/06 BStBl II 09, 931).

Frachtführer wird idR kein ArbN sein, wenn er Aufträge mit eigenem Fahrzeug auch auf eigene Rechnung für Dritte durchführen darf (BAG DB 99, 436; BGH DB 99, 151; s hierzu *Linnenkohl* BB 02, 622; s auch „Franchise-Nehmer"). Ein auf dem Fahrzeug des Auftraggebers fahrender und im Tourenplan eingegliederter Fahrer ist demggü regelmäßig ArbN (FG Mster EFG 99, 1046, rkr; BFH V B 129/99 BFH/NV 00, 997).

Franchisenehmer. Zur ArbN-Eigenschaft s *Flohr* DStR 03, 1622; BGH DStR 98, 2020, Anm *Eckert* – „Eismann-Fall"; BAG DB 97, 2127. Entscheidend sind die Umstände des Einzelfalles: Einschränkungen bei der Gestaltung der Tätigkeit (Arbeitsort, Arbeitszeit, fachl Kontrolle) und unternehmerische Risiken.

Gefälligkeiten. Es fehlt an der ArbN-Eigenschaft, wenn die Gefälligkeit auf persönl Verbundenheit beruht (s auch *K/Eisgruber* § 19 Rz 19). Gleiches gilt im Falle der Familienmithilfe (s Rz 23; *Giloy* DB 86, 822, 827).

GEMA-Außendienstermittler sollen ArbN sein (*FinVerw* DB 00, 549). Entscheidend ist, ob die Verträge denen der Rundfunkermittler (s dort) vergleichbar sind oder nicht.

Gepäckträger auf Bahnhöfen der Deutschen Bahn sind von FG Mster (EFG 71, 596, rkr) als ArbN (Fehlen eines Unternehmerrisikos) beurteilt worden (aA *Blümich/Geserich* § 19 Rz 120 „Gepäckträger", mwN).

Gesellschafter einer KapGes kann als *ArbN,* als *Ges'ter* oder *selbstständig* für die Ges tätig werden (zB BFH I R 138/70 BStBl II 72, 949, mwN; BFH VI R 16/03 BFH/NV 06, 544; BFH VI R 52/08 BStBl II 10, 703; vgl auch BAG DStR 98, 1645, Anm *Goette,* Umwandlung von ArbVerh in freies DienstVerh; zur sozialversichungsrechtl Beurteilung s BSG HFR 01, 287; LSG Bbg DStR 13, 2779, rkr). Entscheidend ist das Gesamtbild der Verhältnisse (BFH VIII R 34/08 BFH/NV 11, 585). Die Beteiligungsquote von mindestens 50% kann auch iRd steuerl Beurteilung als Indiz für die Selbständigkeit herangezogen werden (BFH VI R 81/06 BFH/NV 09, 1311). Es besteht aber keine Bindung an das SV-Recht und Arbeitsrecht, wonach ein Ges'tergeschäftsführer, der mehr als 50 vH des Stammkapitals innehat, sozialvers und arbeitsrechtl nicht als ArbN gilt (BAG NZA 14, 1293). Wohl aber sind Entscheidungen des Sozialversicherungsträgers im Besteuerungsverfahren iRd § 3 Nr 62 zu beachten, soweit sie nicht offensichtl rechtswidrig sind (BFH VI R 52/08 BStBl II 10, 703; s auch BFH VI R 16/03 BFH/NV 06, 544; ausführl BFH VI R 81/06 BFH/NV 09, 1311; *Geserich* HFR 09, 867, mit Abgrenzung zum UStRecht; *Bergkemper* FR 09, 1072). Diese Rspr ist str (vgl *Seer* FS Joachim Lang, 2011 S 655, 669 ff und GmbHR 11, 225; s auch EuGH C-355/06 DStR 07, 1958; *Küffner/Zugmair* DStR 07, 1241; *Titgemeyer* BB 07, 189 zur USt).

Gesetzl Vertreter einer KapGes ist in den Organismus der Ges eingegliedert. Er ist regelmäßig ArbN. Dies gilt auch, wenn der frühere Geschäftsführer „ehrenamtl" seine Erfahrungen gegen „Aufwandsvergütung" zur Verfügung stellt (FG RhPf EFG 95, 29, rkr). Dennoch ist zw der Organstellung und dem Anstellungsverhältnis zu unterscheiden (ausführl BFH VIII R 34/08 BFH/NV 11, 585 mwN). S ferner „Ges'ter einer KapGes".

Gutachterausschuss. Mitglieder von Umlegungs- und Gutachterausschüssen sind idR keine ArbN; etwas anderes kann für entsandte oder dort (hauptamtl) beschäftigte Beamte gelten (*FinVerw* DB 87, 2285).

Gutachtertätigkeit von Klinikärzten s *FinVerw* DStR 13, 529.

Handelsvertreter. BFH V R 150/66 BStBl II 70, 474 enthält Abgrenzungsmerkmale, anhand derer die Selbstständigkeit oder Unselbstständigkeit des Handelsvertreters beurteilt werden kann. S auch *Abrahamczik* DStR 96, 184; *Hopt* DB 98, 863; BGH DB 82, 590 und Rz 22. Halten sich die Merkmale für und gegen die Selbstständigkeit die Waage, ist auch der Wille der Vertragspartner zu berücksichtigen, sofern die tatsächl Handhabung dem entspricht (BFH VI 88/60 HFR 62, 312; s auch Rz 23). Der Handelsvertreter kann ggü dem einen Auftraggeber selbstständig, ggü dem anderen Auftraggeber nichtselbstständig sein.

Hausfrau hat keine ArbN-Stellung (FG Ddorf EFG 01, 1598, rkr, NZB unbegründet, VerfBeschw nicht angenommen).

Haushaltshilfe kann ArbN oder selbständig sein (s auch BFH VI R 28/77 BStBl II 79, 326; FG Thür EFG 99, 235, rkr; FG BaWü EFG 79, 238, rkr). *Au-pair* soll kein ArbN sein (FG Hbg EFG 83, 21, rkr, Einzelfall).

Hausmeister/Hausverwalter kann ArbN sein (s *FinVerw* DB 99, 1299 zur Kontenführung); nebenberufl tätige Hauswarte können auch selbständig sein (BFH VI 320/63 HFR 65, 373).

Heimarbeiter. *Hausgewerbetreibende* (§ 1 I HAG) und *Zwischenmeister* (§ 2 III HAG) sind selbstständig tätig (§ 11 III 1 GewStG). Auch Heimarbeiter werden idR nicht als ArbN anzusehen sein (BFH VI 183/59 S BStBl III 62, 37, unter I 3), es sei denn, sie tragen kein Unternehmerrisiko und müssen ihre Arbeit persönl verrichten (BFH I R 17/78 BStBl II 80, 303). S auch „Telearbeit".

Helfer von Wohlfahrtsverbänden s „Ehrenamtl Tätigkeit".

ICH-AG. Ob eine als ICH-AG auftretende Person als selbstständig oder als ArbN einzustufen ist, richtet sich nach allg strechtl Kriterien (s auch *Greiner* DB 03, 1058, 1063).

Journalist kann je nach dem Grad seiner Eingliederung als ArbN oder selbstständig tätig sein (s auch BAG HFR 00, 1023, Fotoreporter; FG Hess EFG 90, 310, rkr, freier Mitarbeiter; FG Mchn 5 K 2263/08 juris, rkr, Moderator; FG Hbg EFG 10, 139, rkr, Rundfunkjournalist; allg *BMF* BStBl I 90, 638).

Kassierer, die nebenberufl für Ersatzkassen tätig sind, sind keine ArbN (BFH VI 208/61 U BStBl III 62, 125); ebenso Betriebskassierer einer Gewerkschaft (BFH IV 127/53 U BStBl III 54, 374, Begründung zweifelhaft, es kann aber Eingliederung fehlen); anders uU bei Haus- und Platzkassierern eines Sportvereins (BFH VI 143/56 U BStBl III 58, 15).

Kindertagespflege s § 18 Rz 155 „Kindertages-/Kindervollzeitpflege".

Kirche. Pfarrer sind ArbN. Zur strechtl Behandlung von Ordensangehörigen vgl BFH VI 205/64 U BStBl III 65, 525; BFH VI 174/63 U BStBl III 65, 522; BFH IV 93/62 U BStBl III 64, 206; BFH VI 55/61 U BStBl III 62, 310; *HHR* § 19 Rz 600 „Ordensangehörige". Rendanten s *FinVerw* DStR 82, 654. Mitglieder von DRK-Schwesternschaften sind ArbN (BFH VI R 115/92 BStBl II 94, 424); Pfarrhaushälterin s FG Mchn EFG 98, 937, rkr (ArbN).

Kopfschlächter können ArbN oder selbstständig sein (BFH V 225/62 U BStBl III 65, 185; s aber *FinVerw* DStR 98, 1720, idR ArbN, zutr).

Künstler s „Filmbranche"; ferner *BMF* BStBl I 90, 638 (dazu BFH XI B 250/07 BFH/NV 09, 394) und *FinVerw* DB 09, 1268, ausführl zum LStAbzug bei Künstlern und verwandten Berufen. Bei den zu Gastspielen verpflichteten Künstlern kann für die Selbstständigkeit sprechen, wenn sie eine fertig einstudierte Rolle mitbringen und bei Proben maßgebl Einfluss auf die Art der künstlerischen Darbietung nehmen können (BFH IV R 118/72 BStBl II 73, 636; FG Köln EFG 91, 354, rkr, s aber BFH VI 385/65 BStBl II 71, 22, Sängerin als ArbN).

Lehrtätigkeit wird insb bei Vollzeittätigkeit in ArbN-Stellung ausgeübt, wenn der Schulträger Unterrichtsgegenstand, Zeit und Ort der Tätigkeit bestimmt (BAG HFR 99, 405). Für die Bewertung nebenberufl Lehrtätigkeit kommt es auf die

Umstände des Einzelfalls an (zB Tarifverträge, Urlaubsregelung, Lohnfortzahlung im Krankheitsfall, feste Einbindung in den Lehrplan; s auch BAG DB 97, 47 und 1037). Als ArbN-Tätigkeit ist die nebenberufl Lehrtätigkeit an Abend- oder Ingenieurschulen bewertet worden (BFH IV R 180/72 BStBl II 76, 292; BFH IV R 35/69 BStBl II 72, 618; BFH VI R 71/69 BStBl II 72, 617). S demggü BFH VI R 90/73 BStBl II 76, 3, hier wurde nur die einzelne Stunde honoriert, kein Anspruch auf Urlaub oder Feiertagsvergütung. Ausführl zum Lehrbeauftragten an einer Fachhochschule als selbstständig Tätiger BFH IV R 131/82 BStBl II 85, 51; s auch FG Hess EFG 84, 175, rkr. Grund- und Hauptschullehrer mit Nebentätigkeit an einer anderen Grund- und Hauptschule ist auch insoweit ArbN (BFH IV R 162/72 BStBl II 76, 291). Selbstständig ausgeübt wird die Leitung von Referendararbeitsgemeinschaften (BFH IV R 37/76 BStBl II 80, 321) und die Tätigkeit in Prüfungskommissionen (BFH VI 36/55 U BStBl III 58, 255). Zur Prüfungstätigkeit im Hochschulbereich s BFH IV R 189/85 BStBl II 87, 783 und *FinVerw* DStR 89, 716 (Unterscheidung danach, ob Staats- oder Hochschulprüfung). Ausführl *HHR* § 19 Rz 600 „Lehrtätigkeit …" und „Prüfungstätigkeit".

Mannequin kann je nach den Umständen des Einzelfalls selbstständig oder nichtselbstständig tätig sein (BFH VI R 56/67 BStBl II 69, 71).

Masseusen in Massagesalons sind ArbN (FG Ddorf EFG 79, 239, rkr).

Minister sind ArbN; sie unterliegen den gleichen Regeln wie andere ArbN auch (*Stöcker* NJW 00, 609, 611 f). S auch Rz 100 „Minister".

Mitgliederwerber können je nach den Umständen des Einzelfalles selbstständig oder nichtselbstständig tätig sein (*Felix* DStR 93, 1550).

Museumsführer sind idR ArbN (FG RhPf EFG 91, 321, rkr).

Musiker, die nebenberufl in einer Gaststätte spielen, können ArbN des Gastwirts oder des Kapellenleiters sein (BFH VI R 80/74 BStBl II 77, 178, mwN auf die umfangreiche Rspr zur Tätigkeit von Musikern). Spielen die Musiker nur gelegentl (etwa für einen Abend oder ein Wochenende; s FG Hess EFG 81, 245, rkr), spricht dies für Selbständigkeit. Haben sich die Musiker untereinander zu einer Gesellschaft zusammengeschlossen, fehlt es an der vertragl Beziehung zw Wirt und Musiker und damit an der ArbN-Eigenschaft der Musiker. Spielen Musiker auf Feiern von Privatpersonen, so sind sie idR nicht ArbN dieser Personen. Vgl auch *BMF* BStBl I 90, 638; zu Aushilfsmusikern eines Orchesters, s FG Köln EFG 82, 345, rkr; zur zweiten Besetzung von Orchestermusikern s FG Hbg EFG 95, 1079. Ausführl *HHR* § 19 Rz 600 „Musiker"; *Wolf* FR 02, 202.

Nebentätigkeit s Rz 28, 29. Zur Nebentätigkeit eines Gemeindedirektors als Mitglied einer Schätzungskommission s BFH VI R 7/69 BStBl II 72, 460; zur Nebentätigkeit eines Orchestermusikers s BFH IV R 126/70 BStBl II 72, 212 und von Vertrauensleuten einer Buchgemeinschaft s BFH VI 186/58 U BStBl III 60, 215. S auch „Vermittlungstätigkeit".

Parlamentarische Geschäftsführer können je nach Aufgabenstellung ArbN sein oder Einkünfte iSd § 22 erzielen (s auch *FinVerw* FR 94, 376).

Pflegeversicherung. Pflegende Verwandte oder Nachbarn sind keine ArbN. Es liegt allenfalls eine Tätigkeit iSd § 22 Nr 3 (BFH IX R 88/95 BStBl II 99, 776, regelmäßig nicht stbar) oder eine selbstständige Tätigkeit vor (FG Nds DStRE 07, 832, rkr; s auch § 18 Rz 155 „Kindertages-/Kindervollzeitpflege").

Privatunterricht durch Lehrer (Nachhilfestunden) ist regelmäßig selbstständige Tätigkeit; anders aber bei Abschluss eines auf längere Dauer ausgelegten Vertragsverhältnisses (BFH VI R 224/66 BStBl II 68, 362, stillschweigend). Angestellte Hauslehrer sind ArbN.

Prospektverteiler s „Zeitungsausträger".

Prostituierte in Bar, Bordell oder Call-Center sowie Darsteller in einer Peep-Show sind regelmäßig ArbN (FG Mchn EFG 08, 687, NZB unbegründet BFH VI B 8/08 BFH/NV 09, 1454; FG Mchn EFG 11, 56, rkr). Sie können je nach Gestaltung des Einzelfalls aber auch selbständig sein (FG Mchn EFG 10, 50, rkr); entscheidend ist die dem FG obliegende Gesamtwürdigung der Verhältnisse. Die Rechtslage ist geklärt (BFH VI B 111/06 BFH/NV 08, 949).

Prüfungstätigkeit s „Lehrtätigkeit".

Rechtsanwalt s „Urlaubsvertreter". Ein Anwalt ist ArbN, wenn er bei Verbänden oder Unternehmen gegen festes Gehalt tätig ist. Ob ein in einer RA-Kanzlei beschäftigter RA selbständiger Unternehmer oder ArbN ist, bestimmt sich nach allg Grundsätzen; die Bezeichnung als „freier Mitarbeiter" ist nicht maßgebl (FG Nbg EFG 94, 544, rkr). Ein angestellter RA kann neben den Einkünften als ArbN auch Einkünfte aus selbständiger Arbeit erzielen (FG Mchn DStRE 13, 340, rkr).

Redakteur in Anstellung kann beim gleichen ArbG durch freiwillige schriftstellerische Tätigkeit Einnahmen aus selbstständiger Arbeit beziehen (s Rz 29); allg zur Abgrenzung zw ArbVerh und selbständiger Arbeit bei Redakteuren FG Nds DStRE 14, 178, rkr.

Referendar im juristischen Vorbereitungsdienst ist ArbN (BFH VI R 155/80 BStBl II 83, 718, mwN). Wird der Referendar (Assessor) für einen RA von Fall zu Fall (nicht als Stationsreferendar) tätig, so steht er idR insoweit nicht in einem DienstVerh (BFH VI R 228/67 BStBl II 68, 455). Handelt es sich dagegen um eine länger andauernde regelmäßige Tätigkeit, spricht dies für die ArbN-Eigenschaft des Referendars, zB wenn er den RA während dessen Urlaub vertritt (entspr BFH VIII R 52/77 BStBl II 79, 414, Urlaubsvertretung eines Apothekers).

Reinigungsarbeiten werden regelmäßig iRe eines ArbVerh erbracht (*FinVerw* FR 95, 717, Gebäudereinigung für die Post).

Reiseleiter wird regelmäßig ArbN sein (FG Hbg EFG 88, 120, rkr). Er kann aber auch selbständig tätig sein, insb wenn ihm ein Gestaltungsspielraum bei der Ausgestaltung der Reise eingeräumt ist und ein gewisses Vergütungsrisiko besteht (FG Hbg DStRE 05, 1442).

Rundfunkanstalt. Ob Mitarbeiter von Rundfunkanstalten als ArbN zu qualifizieren sind, richtet sich (unabhängig von Häufigkeit und Dauer des Arbeitseinsatzes, BAG BB 98, 1265) nach dem Grad ihrer Eingliederung. Steht zB ein Rundfunksprecher der Anstalt regelmäßig zur Verfügung, ist er auch dann als ArbN zu beurteilen, wenn er von der Anstalt für jeden Einzelfall seiner Mitwirkung als „freier Mitarbeiter" verpflichtet wird (BFH V R 137/73 BStBl II 77, 50; FG RhPf EFG 89, 22, rkr; BAG BB 98, 2211). Maßgebl ist aber stets die Gesamtwürdigung im Einzelfall. Diese kann auch zu selbständiger Tätigkeit führen (BAG DB 98, 2276). Hierfür kann sprechen, wenn ein freier Mitarbeiter nur für eine Produktion herangezogen wird. Wiederholungshonorare und Erlösbeteiligungen sind kein Lohn (BFH VI R 49/02 BStBl II 06, 917). S auch „Künstler", „Filmbranche" sowie *BMF* BStBl I 90, 638 (dazu BFH XI B 250/07 BFH/NV 09, 394), BAG DB 00, 1520 und BAG BB 01, 888.

Rundfunkermittler ist regelmäßig selbstständig tätig (BFH X R 83/96 BStBl II 99, 534; BFH V R 73/01 BStBl II 03, 217, s auch BAG BB 99, 1876).

Sargträger können je nach den Umständen des Einzelfalles ArbN des Bestattungsunternehmens oder selbstständig sein (s FG Saarl EFG 96, 98, rkr).

Scheinselbstständigkeit s Rz 21 und BFH X R 83/96 BStBl II 99, 534, unter B. III.3h dd.

Schwarzarbeiter s BFH VI R 60/73 BStBl II 75, 513; FG Ddorf EFG 97, 1117, rkr. Entscheidend sind die Einzelfallumstände (*HHR* § 19 Rz 600 „Schwarzarbeiter"). Zur Frage des Brutto-/Nettolohns bei „schwarzen Lohnzahlungen" s § 39b Rz 13.

Schwerbehinderte. Zur ArbN-Eigenschaft von Schwerbehinderten, die in einer anerkannten Werkstatt für Behinderte arbeiten s FG Mster EFG 94, 658, rkr.

Sportler. Stellt ein Sportler seine Arbeitskraft für eine bestimmte Zeit zur Verfügung, ist er idR nichtselbstständig (zB Rennfahrer, Fußballspieler). Die Selbstständigkeit fehlt, wenn der Sportler kein Unternehmerrisiko trägt. Maßgebl sind auch hier die Gesamtumstände des Einzelfalls. *Beispiele:* Berufsringer (BFH IV 197/50 U BStBl III 51, 97); Berufsboxer (BFH IV 77/53 S BStBl III 55, 100; BFH V 182/58 U BStBl III 60, 376; BFH I 398/60 U BStBl III 64, 207; FG SachsAnh DStRE 13, 138, rkr); Sechstagerennfahrer (BFH VI 13/54 StRK EStG § 15 R 120); Catcher (BFH I R 159/76 BStBl II 79, 182); Werks-Motocross-Fahrer (FG Ddorf EFG 91, 192, rkr). Für seine Selbstständigkeit spricht, wenn der Sportler sich nur zum Auftreten bei einzelnen Veranstaltungen verpflichtet. Ebenso, wenn ein Spitzensportler sein Abschiedsspiel mit Unternehmerrisiko selbst organisiert (FG Köln EFG 03, 80, rkr). Auch Trainer sind regelmäßig ArbN des Vereins, es sei denn, sie haben eigene Vertragsbeziehungen zu den zu Trainierenden (ArbG Kempten BB 98, 1007). Einnahmen aus Werbung gehören zu den gewerbl Einnahmen, wenn der Sportler die Werbetätigkeit selbstständig ausübt (BFH X R 14/10 BStBl II 12, 511; BFH I R 39/80 BStBl II 83, 182; BFH VIII R 104/85 BStBl II 86, 424; *Becker/Figura* BB 12, 3046; s aber FG Saarl EFG 94, 751; BGH HFR 07, 597; *BMF* DStR 95, 1508; *FinVerw* DStR 96, 1328, 1567; Ausrüsterverträge s FG Hess EFG 01, 683, rkr). Zu Jahresvergütungen aus im Ausl erbrachter sportl werbender Tätigkeit inl Sportler s FG Mster EFG 06, 1177, rkr.

Stromableser können ArbN sein (BFH VI R 126/88 BStBl II 93, 155; FG Mchn EFG 04, 1050, rkr; s aber FG Bbg EFG 04, 34, rkr).

Substitut in einem Warenhaus oder Supermarkt kann entspr dem Grad seiner Eingliederung und seines Unternehmerrisikos als selbstständig oder als ArbN angesehen werden. S auch „Verkaufspropagandist".

Subunternehmer. Monteur, auch wenn er auf Provisionsbasis für einen Auftraggeber tätig ist, ist ArbN, wenn typische Merkmale einer selbstständigen Tätigkeit fehlen (FG Hbg EFG 92, 279, rkr); ebenso FG Nds EFG 05, 20, rkr, für Kfz-Mechaniker; FG Hess EFG 05, 573, rkr, für Auslieferungsfahrer. Ein (zum Schein) angestellter Kolonnenführer kann aber auch selbständig tätig sein, wenn er Unternehmerrisiko trägt und Unternehmerinitiative entwickeln kann (FG Saarl 1 K 323/01, juris, rkr).

Synchronsprecher ist idR selbstständig; BFH VI R 212/75 BStBl II 79, 131.

Telearbeit. Bei neuen Heimarbeitskonzepten kann die Eingliederung in den Betrieb gelockert sein. ArbN-Eigenschaft kann aber bejaht werden, wenn eigenes Unternehmerrisiko fehlt; s Rz 100 „Internet". Zur arbeitsrechtl Lage s *Boemke* BB 00, 147, 1570 und 2254; *Kramer* DB 00, 1329; ferner *Linnenkohl* BB 01, 42.

Telefoninterviewer sind idR ArbN (BFH VI R 11/07 BStBl II 08, 933; BFH VI R 77/12 BStBl II 15, 903), aber maßgebl ist die Gestaltung im Einzelfall.

Trainer in einem Sportverein ist regelmäßig ArbN. Dies kann auch gelten, wenn die Tätigkeit nebenberufl und für nicht mehr als sechs Wochenstunden ausgeübt wird (aA FG Hess EFG 94, 396, rkr). Der zeitl Umfang der Beschäftigung ist für die Abgrenzung zw selbständiger und unselbständiger Tätigkeit nur ein Indiz unter vielen (Rz 22). S auch „Sportler" und „Lehrtätigkeit".

Treppenhausreinigung durch einen Mieter führt idR nicht zu einem ArbVerh zum Hauseigentümer; gleiches gilt für Grundstückspflege.

Trinkgeld. Allein durch die Zahlung von Trinkgeldern wird zu den Empfängern kein ArbVerh begründet (FG BaWü EFG 85, 364, rkr).

Tutor eines Studentenwohnheimes ist nach BFH VI R 188/69 BStBl II 72, 738 selbstständig (zweifelhaft); krit FG Nbg EFG 76, 169, rkr; *Nissen* DStZ 73, 23. Er bezieht, sofern er nicht ArbN ist, sonstige Einkünfte iSd § 22 Nr 1 Buchst b (BFH VIII R 116/75 BStBl II 78, 387). Die FinVerw bejaht grds ein DienstVerh (FR 73, 66). S auch *HHR* § 19 Rz 600 „Tutor", mwN.

Urlaubsvertreter. Weitgehende Entscheidungsbefugnis im fachl Bereich steht der Annahme eines DienstVerh nicht entgegen (BFH IV R 241/70 BStBl II 72, 213). Maßgebend ist das Innenverhältnis zw Vertreter und Vertretenem. Da die Verantwortung für wirtschaftl Belange nicht beim Urlaubsvertreter liegt, dieser auch kein Unternehmerrisiko trägt und er regelmäßig während der Arbeitszeiten anwesend sein muss, ist ein selbstständiger Apotheker, der als Urlaubsvertreter eines anderen selbstständigen Apothekers gegen Entgelt tätig geworden ist, insoweit als ArbN angesehen worden (BFH VIII R 52/77 BStBl II 79, 414). Diese Grundsätze müssen konsequenterweise auch auf Urlaubsvertretung durch selbstständige Ärzte, RA usw angewendet werden (aA *Bowitz* StB 15, 185).

Verkaufspropagandist (Werbedame im Supermarkt). Tatfrage, s BFH VI R 150–152/82 BStBl II 85, 661, ausführl; FG BaWü EFG 85, 261, rkr.

Vermittlungstätigkeit von Bankangestellten beim Wertpapierkauf kann zur Haupttätigkeit gehören (*HHR* § 19 Rz 600 „Vermittlungstätigkeit"). Gleiches gilt bei Angestellten eines Reisebüros für den Abschluss von Reisegepäckversicherungen (BFH VI 120/61 U BStBl III 62, 490). Vermittlung von Sparanlagen durch Sparkassenangestellte s FG RhPf EFG 72, 584, rkr; FG Nbg EFG 78, 591, rkr. Vermitteln Bankangestellte im Interesse und unter Einschaltung der Bank (zB bei der Provisionsabrechnung) auch Versicherungen, so handelt es sich um eine zur Haupttätigkeit gehörende Leistung (Lohnzahlung durch Dritte; *FinVerw* DStR 99, 1318 und *BMF* FR 98, 1144, sog *Remunerationen*). Etwas anderes kann gelten, wenn die Vermittlungstätigkeit außerhalb der Arbeitszeit erfolgt und der ArbG nicht in die Rechtsbeziehungen des ArbN zur Versicherungsgesellschaft eingeschaltet ist (s auch *FinVerw* FR 01, 505 und „Nebentätigkeiten", Rz 100 „Provisionsnachlass", Rz 28, 29). Zu Bausparkassenvertretern s FG Ddorf DStRE 02, 420, rkr. Zur LStPflicht außervertragl Mitarbeiterprovisionen im Kfz-Handel s *Traxl* DStZ 89, 553.

Wahlbeamte. Hauptberufl kommunale Wahlbeamte sind ArbN; ehrenamtl Wahlbeamte erzielen hingegen Einkünfte iSd § 18 I 3 (BFH IV R 15/95 BStBl II 96, 431; aA *FinVerw* FR 96, 761, ArbN). S auch Rz 110 „Wahlkampfkosten".

Werbepartner. Ob der Berufssportler ArbN seines Werbepartners ist, ist zweifelhaft (bej FG Saarl EFG 94, 751, rkr; verneint BFH X R 14/10 BStBl II 12, 511). S auch „Fotomodell", „Verkaufspropagandist" und „Sportler".

Zeitungsausträger. Entscheidend ist die tatrichterl Würdigung (BFH VI R 29/68 BStBl II 69, 103 mwN; BFH VI B 150/03 BFH/NV 05, 347), regelmäßig aber ArbN (*FinVerw* FR 00, 343; FG Nds EFG 99, 1015, rkr, einerseits; FG Mster EFG 01, 1200, rkr, andererseits, für Zusteller von Anzeigenblättern). Gleiches gilt für Prospektverteiler (BFH VI B 53/03 BFH/NV 04, 42; BGH HFR 10, 415). Bei Abonnentenwerbung durch den Zeitungsausträger kann dieser selbstständig tätig sein, entscheidend sind die Einzelfallumstände (BFH VI R 59/96 BStBl II 97, 254).

Zwischenmeister s „Heimarbeiter".

6. Arbeitslohn (Allgemeines).

Schrifttum zum Arbeitslohnbegriff s 16. Auflage. – *Lang* ArbLohn in der neueren Rspr des BFH, DB 06, Beil 6 zu Heft 39 S 16; *Schneider* Die ArbN-Einkünfte und weitere Einkünfte aus Rechtsbeziehungen zum ArbG, DB 06, Beil 6 zu Heft 39 S 61; *Fahr* Die steuerl Behandlung des Belegschaftsgeschäfts von Versicherungen (Diss Köln), Berlin 2008; *Drenseck* Ist WK-Ersatz ArbLohn?, FS für Joachim Lang, Köln 2011.

40 Nach § 19 I Nr 1 gehören zu den Einnahmen aus nichtselbständiger Arbeit Gehälter, Löhne, Gratifikationen, Tantiemen und andere Bezüge, die für eine Beschäftigung im öffentl oder privaten Dienst gezahlt werden. Nach **stRspr** des BFH rechnen hiernach zum ArbLohn alle Güter in Geld oder Geldeswert, die dem ArbN aus dem DienstVerh für das Zurverfügungstellen seiner individuellen Arbeitskraft zufließen. Vorteile werden „für" eine Beschäftigung gewährt, wenn sie durch das individuelle DienstVerh des ArbN veranlasst sind. Das ist der Fall, wenn der Vorteil mit Rücksicht auf das DienstVerh eingeräumt wird und sich die Leistung iwS als Gegenleistung für das Zurverfügungstellen der individuellen Arbeitskraft des ArbN erweist (grundlegend BFH VI R 75/79 BStBl II 83, 39; BFH VI R 164/79 BStBl II 85, 164, BFH VI R 170/82 BStBl II 85, 529, BFH VI R 82/83 BStBl II 85, 532; BFH VI R 26/82 BStBl II 85, 641; aus neuer Zeit zB BFH X R 29/05 BStBl II 07, 402; BFH VI R 12/08 BStBl 10, 1069; BFH VI R 65/09 BFH/NV 11, 1938; BFH VI R 80/10 BStBl II 11, 948). Schrifttum und FinVerw haben sich der stRspr angeschlossen. Grundlegend abw dogmatische Ansatzpunkte (s 31. Aufl Rz 16) werden heute praktisch nicht mehr vertreten.

41 **a) Einnahme.** Eine Einnahme ist jeder einmalige oder lfd erlangte Vorteil, der in Geld oder Geldeswert besteht. Wesensmerkmal einer Einnahme ist, dass es zu einer Bereicherung des ArbN kommt. Denn nur dann ist dessen steuerl Leistungsfähigkeit gesteigert. Der **Umfang der Bereicherung** ist für die Beurteilung als Einnahme nicht ausschlaggebend. Daher kann eine Einnahme nicht im Hinblick auf die Geringfügigkeit der Bereicherung verneint werden (*Blümich/Geserich* § 19 Rz 164; *Küttner* Personalbuch „Arbeitsentgelt" Rz 39; str). Erhält der ArbN einen **Geldbetrag,** bereitet die Annahme einer Einnahme keine Schwierigkeiten. Anders kann es bei **sonstigen erlangten Vorteilen** sein. Solche Vorteile sind von vornherein keine Einnahmen, wenn sie nicht in Geldeswert ausgedrückt werden können. Dies gilt zB für die **Ausgestaltung des Arbeitsplatzes** durch Gestellung moderner Maschinen, Büroeinrichtungen, Pausen- und Kantinenräume (sog ideelle Vorteile BFH VI R 75/79 BStBl II 83, 39; *Offerhaus* BB 82, 1061, 1062; s auch Rz 49). Zu den vorgenannten Einrichtungen zählen aber nicht zB firmeneigene Schwimmbäder, Sportanlagen (zB Tennisplatz, FG Mster EFG 90, 178, rkr; BFH VI R 74/96 BFH/NV 97, 473), Kindergärten (BFH VI R 203/83 BStBl II 86, 868; s aber § 3 Nr 33) usw. Die sich aus der kostenlosen oder verbilligten Benutzung dieser Anlagen ergebenden Vorteile sind in Geldeswert messbar. Es handelt sich um Vorteile, für deren Erhalt am Markt ein Entgelt gezahlt wird; sie stellen damit eine Einnahme aus dem DienstVerh dar.

42 **aa) Ersparnis eigener Aufwendungen.** Ein ArbN ist auch dann bereichert, wenn er über den in seinen Konsumbereich gelangten Vorteil nicht weiterverfügen, ihn also nicht in Geld umsetzen kann (*Blümich/Geserich* § 19 Rz 163; aA *HHR* § 19 Rz 114). Dies gilt auch für sog Luxuskostenanteile bei Sachzuwendungen (BFH VI R 48/87 BStBl II 90, 711; *von Bornhaupt* FR 90, 621; aA *Albert* FR 90, 413). Die Leistungsfähigkeit des ArbN ist dadurch gesteigert, dass er entspr eigene Ausgaben erspart hat (FG Köln EFG 04, 1622, rkr, Raucherentwöhnung). Eine Einnahme kann daher auch im Verzicht des ArbG auf einen ihm gegen den ArbN zustehenden Schadensersatzanspruch bestehen (BFH VI R 145/89 BStBl II 92, 837; BFH VI R 73/05 BStBl II 07, 766; zum Lohnzufluss durch Regressverzicht nach LStHaftung s BFH VI B 41/06 BFH/NV 07, 1122). Unerhebl ist, ob der ArbN die Ausgaben auch getätigt hätte, wenn er den Vorteil nicht kostenlos oder verbilligt hätte in Anspruch nehmen können. Entscheidend ist, dass er den Vorteil tatsächl in Anspruch genommen hat (BFH VI R 48/87 BStBl II 90, 711, Incentive-Reise). Etwas anderes kann in Ausnahmefällen dann angenommen werden, wenn der ArbN sich einem unerwünschten Vorteil nicht entziehen kann (**aufgedrängte Bereicherung;** s BFH VI R 19/86 juris; BFH VI R 75/79 BStBl II 83, 39, Vorsorgeuntersuchungsfall; nicht aber bei Belohnungen, BFH VI

R 48/87 BStBl II 90, 711). Eine Bereicherung kann auch dann fehlen, wenn der ArbN für das Empfangene selbst nichts hätte aufwenden müssen (zB Medikamentengestellung bei bestehender KV, die die Medikamente gezahlt hätte; s auch *Offerhaus* BB 82, 1061, 1062; FG Hbg EFG 89, 575, rkr; FG Ddorf EFG 10, 137, rkr). Erst recht liegt keine Einnahme vor, wenn der ArbN die angebotene Sachzuwendung nicht ausnutzt (BFH VI R 19/05 BStBl II 07, 116; BFH VI R 57/09 BStBl II 11, 359; FG RhPf EFG 86, 259, rkr).

bb) Keine Korrespondenz zw Einnahme und Ausgabe; Durchlaufende Gelder. Für die Frage, ob der ArbN eine Einnahme erlangt hat, kommt es nicht darauf an, ob der ArbG selbst Aufwendungen hatte oder ob er entreichert ist (FG Hbg EFG 93, 155, rkr). Ein Korrespondenzprinzip dahin, dass die Einnahme des ArbN der Aufwendung des ArbG entsprechen muss, gibt es nicht (*Thomas* DStR 96, 1678, 1680). Ebenso ist unerhebl, ob die Einnahme des ArbN vom ArbG selbst stammt (§ 38 I 3). Auch eine Leistung des ArbG an einen Dritten kann dem ArbN als Einnahme zuzurechnen sein, wenn ein Zusammenhang zw dieser Leistung und dem DienstVerh besteht. – Durchlaufende Gelder, die der ArbN vom ArbG erhält, um sie für ihn auszugeben, führen beim ArbN aber nicht zu einer Bereicherung und sind daher keine Einnahme (s auch § 3 Nr 50 und § 3 „Durchlaufende Gelder …"). Zum Auslagen- und WK-Ersatz s Rz 65 ff. – Eine Gewinnchance (zB bei einer betriebl Verlosung) stellt für sich ebenfalls noch keine Einnahme dar, wohl aber ein sich aus dieser Chance ergebender Gewinn (s Rz 46). 43

b) Veranlassung durch das DienstVerh. Das für die WK geltende Veranlassungsprinzip ist auch auf den ArbLohn anzuwenden. Nach dem Veranlassungsprinzip ist zu bestimmen, ob eine Einnahme „für" die Beschäftigung gewährt wird. ArbLohn setzt deshalb voraus, dass die Einnahme durch das ArbVerh veranlasst ist (zB *HHR* § 19 Rz 154; *Blümich/Geserich* § 19 Rz 190; *Lang* DStJG 9, 50 ff, 59 ff; und Rz 40; krit *Crezelius* DStJG 9, 95 ff). Es muss ein obj Zusammenhang zw Einnahme und DienstVerh bestehen, dh die Zuwendung muss mit Rücksicht auf das DienstVerh (wegen des DienstVerh) eingeräumt sein. Der obj Zusammenhang wird durch die subj Vorstellungen des ArbN und vor allem des ArbG erhellt (*Offerhaus* BB 82, 1061, 1063; *HHR* § 19 Rz 155, mit zutr Aufzählung unmaßgebl Beurteilungskriterien; s auch *KSM* § 19 B 323). Der ArbG (oder ein Dritter) muss die Zuwendung (subj) iwS als Gegenleistung für das Zurverfügungstellen der individuellen Arbeitskraft des ArbN erbringen. Ob dies zutrifft, kann nur unter Berücksichtigung aller wesentl Umstände des Einzelfalls beurteilt werden. Hierbei sind insb Zweck der Zuwendung und äußere Umstände wie Anlass, Zuwendungsgegenstand und Begleitumstände eingehend zu würdigen (BFH VI R 170/82 BStBl II 85, 529; BFH VI R 25/05 BStBl II 09, 382; BFH VI R 80/10 BStBl II 11, 948). Nicht entscheidend ist, dass die Leistung des ArbG für eine konkrete (einzelne) Dienstleistung des ArbN erbracht wird (BFH VI R 164/79 BStBl II 85, 164). Auch der Umstand, dass der ArbG mit der Zuwendung gleichzeitig soziale oder sonstige Ziele verfolgt, lässt die Veranlassung durch das individuelle DienstVerh unberührt (s aber Rz 50 zum ganz überwiegenden eigenbetriebl Interesse). 45

aa) ArbLohn auch ohne Anspruch auf die Leistung ggü dem ArbG. Für das Vorliegen von ArbLohn kommt es grds nicht darauf an, ob der ArbG aufgrund gesetzl oder (tarif)vertragl Verpflichtung oder sogar freiwillig ohne Rechtspflicht leistet (§ 19 I 2). Besteht ein arbeitsrechtl Anspruch auf die Zuwendung, so ist deren Veranlassung durch das DienstVerh regelmäßig gegeben. Gleiches gilt, wenn die Beteiligten irrig von einem Anspruch ausgehen (entspr BFH VIII R 68/90 BStBl II 93, 825; BFH VIII 47/01 BFH/NV 02, 780). Ein Rechtsanspruch des ArbN auf die Zuwendung ist aber nicht Voraussetzung für die Annahme von ArbLohn (BFH VI R 58/11 BStBl II 13, 642; FG Köln EFG 14, 843, rkr; *Kruse* StuW 01, 366). Unerhebl ist auch, ob die an der Zuwendung Beteiligten der Auffassung sind, die Zahlung sei eine nicht durch das ArbVerh veranlasste Schenkung. 46

Maßgebl ist vielmehr, ob die Zuwendung obj durch das DienstVerh veranlasst ist (BFH VI 89/13 BFH/NV 14, 511 und Rz 45). Die bei Gelegenheit der Dienstleistung erzielten geldwerten Vorteile sind ebenfalls Einnahmen iSd § 19 (FG RhPf DStZ 92, 55, rkr, Fundgelder in Spielbank, mit abl Anm *Gräfe*). Der Zusammenhang einer Einnahme mit dem DienstVerh kann aber kraft Gesetzes ohne Bedeutung sein, zB im Fall des **ArbN-K'tisten** (s § 15 Rz 580 ff). Auch bei versehentl oder rechtsgrundloser Lohnüberzahlung ist die Veranlassung durch das DienstVerh gegeben (BFH VI R 17/03 BStBl II 06, 830; BFH VI R 19/03 BStBl II 06, 832; zur Rückzahlung der Überzahlung in späteren VZ s § 9 Rz 108). Ebenso ist unerhebl, ob sich die Vorteile auf Haupt- oder Nebenleistungen des ArbN beziehen (BFH VI R 106/84 BStBl II 88, 726, Prämien aus Sicherheitswettbewerben). Auch freiwillige Sonderzuwendungen des ArbG an einzelne ArbN sind Ertrag der Arbeit und damit Lohn. Maßgebl Grund für wegen persönl Ereignisse des ArbN gewährte freiwillige Zusatzvergütungen bleibt das individuelle DienstVerh (s BFH VI R 81/82 BStBl II 86, 95, Kommunion eines Kindes des ArbN). Dies gilt sowohl für Geld- als auch für Sachgeschenke (BFH VI R 26/82 BStBl II 85, 641; BFH VI R 39/08 BStBl II 09, 668), ebenso für Preisgelder aus einem Ideenwettbewerb (FG Köln EFG 13, 1405, rkr) und einem Wissenschaftspreis (FG Hbg EFG 14, 1790, rkr). **Prämienzahlungen** des ArbG für Versicherungen zugunsten des ArbN sind aber nur dann Lohn, wenn der ArbN gegen den Versicherer einen eigenen Anspruch erlangt (BFH VI R 42/92 BStBl II 93, 519; BFH VI R 9/05 BStBl II 09, 385; FG Mchn EFG 02, 1524, rkr; s weiter Rz 55 und Rz 100 „Unfallversicherung"). Lohn kann indes ausscheiden, wenn die Versicherungsprämien eine private Zuwendung darstellen (FG RhPf EFG 99, 230, rkr, Ehegatten-DirektVers). Die Veranlassung durch das DienstVerh fehlt in Fällen der **Unterschlagung,** des **Diebstahls** (s Rz 100 „Diebstahl") oder wenn sich der ArbN unter Fälschung von Lohndaten Beträge als Gehalt selbst auszahlt (BFH VI R 38/11 BFH/NV 13, 647). Auch Bestechungsgelder von dritter Seite sind nicht durch die Zurverfügungstellung der individuellen Arbeitskraft veranlasst (BFH IX R 87/95 BStBl II 00, 396; BFH IX R 73/96 BFH/NV 01, 25; BFH IX R 26/14 DStR 15, 2321, Einnahmen iSd § 22 Nr 3). Diese Handlungen sind vielmehr gegen das ArbVerh gerichtet (grds aA *Lang* DStJG 9, 52 f).

47 **bb) Verlosung.** Der Zusammenhang zw Vorteilsgewährung und DienstVerh ist nicht unterbrochen, wenn der **geldwerte Vorteil** die Folge eines Gewinns bei **einer betriebl Verlosung** ist (ausführl BFH VI R 45/93 BStBl II 94, 254; FG Mster EFG 05, 687, rkr; BFH VI R 69/04 BFH/NV 05, 2016, Verlosung durch einen Kunden des ArbG; s auch BFH X R 25/07 BStBl II 10, 550). Dies gilt auch dann, wenn die Verlosung, an der nur ArbN mit besonderer Zielerfüllung teilnehmen können, gelegentl einer Betriebsveranstaltung durchgeführt wird (BFH VI R 5/94 BFH/NV 94, 857; BFH VI R 88/92 BFH/NV 94, 861). Anders ist die Rechtslage, wenn der ArbG dem ArbN ein *Lotterielos* überlässt (*FinVerw* DStR 04, 865, Lohn iHd Entgelts für das Los; Losgewinn kein Lohn) oder wenn der ArbN das Los bei einer Betriebsverlosung zu Bedingungen wie bei einer allg Verlosung selbst gekauft hat (BFH X R 8/06 BStBl II 10, 548; zutr Anm *Förster* DStR 09, 249; krit *Wendt* FR 09, 391).

48 **cc) Leistungen des ArbG kraft öffentl-rechtl Verpflichtung.** Bei solchen Leistungen ist sorgfältig zu prüfen, ob sie „für eine Beschäftigung" gewährt werden (s *Offerhaus* BB 90, 2017, 2018). Eine Veranlassung durch das DienstVerh fehlt, wenn der ArbG als Erfüllungsgehilfe des Staates bei den von diesem mit eigenen Mitteln geförderten Zielen erscheint (BFH VI R 18/90 BStBl II 93, 45, Übereignung eines mit Kohlenabgabe geförderten Hauses unter Verkehrswert; BFH VI R 159/99 BStBl II 01, 815, Bundeszuschuss an Bahnversicherung; *Pust* HFR 01, 860); ebenso zB bei gesetzl Mietpreisbeschränkungen (LStH 16 R 8.1 (6) 8); nicht hingegen bei gesetzl angeordneter verbilligter Überlassung von Belegschaftsaktien

nach Privatisierung eines Staatsunternehmens (BFH VI R 19/96 BFH/NV 97, 179). Kein ArbLohn sind ferner Leistungen des ArbG oder Dritter, die sozialpolitischen Zwecken dienen und subventionsartigen Charakter haben (BFH VI R 134/01 BStBl II 05, 569, BFH VI R 74/01 BFH/NV 05, 1301, Leistungen nach dem FELEG; dazu *Bergkemper* FR 05, 899). Auch die Bereicherung des ArbN infolge gesetzl **Beitragslastenverschiebung im SV-Recht,** wonach der ArbN nach einer bestimmten Zeit nicht mehr mit ArbN-Anteilen rückbelastet werden darf, ist nicht „für eine Beschäftigung" erfolgt und daher kein Lohn (BFH VI R 4/87 BStBl II 94, 194 gilt insoweit fort; vgl BFH VI R 54/03 BStBl II 08, 58 betr Nachentrichtung hinterzogener ArbN-Anteile zur Gesamtsozialversicherung bei Schwarzlohnzahlungen als ArbLohn). Die Schutzfunktion des SV-Rechts zugunsten des ArbN schlägt auf das Steuerrecht bei Schwarzlohnzahlungen aber nicht durch (BFH VI R 54/03 BStBl II 08, 58; *Bergkemper* FR 08, 142).

dd) Ausgestaltung des Arbeitsplatzes. Sie ist keine Gegenleistung für die 49
Zurverfügungstellung der individuellen Arbeitskraft (sofern man nicht schon eine Einnahme verneint, s Rz 41 und Rz 51 zum überwiegenden eigenbetriebl Interesse). Gleiches gilt für Vorteile, die aus besonderen Arbeitsbedingungen (zB aus der dienstl Anwesenheit des Polizisten bei einer Sportveranstaltung, s auch *HHR* § 19 Rz 600 „Eintrittskarten") oder aus der Gestellung von Arbeitsgeräten erwachsen (zB Gestellung eines Dienstwagens für eine Dienstreise, s *Giloy* BB 86, 40). Ein etwaiger Vorteil stellt sich lediglich als Reflex aus der Arbeitserbringung dar (BFH VI R 112/98 BStBl II 03, 886, Erwerb des Führerscheins Klasse III iRd Polizeiausbildung; *FinVerw* DStR 04, 1217, Feuerwehrleute). Auch die Gestellung eines Fahrers für Dienstreisen oder für Fahrten zw Wohnung und Arbeitsstätte (ab VZ 2014: erster Tätigkeitsstätte) zählt zu den Arbeitsbedingungen (str, s auch Rz 100 „Kfz-Gestellung"). Vorsorge für die Unterbringung von an wechselnden auswärtigen Arbeitsstätten tätigen ArbN kann ebenfalls als eine Art Gestaltung der Arbeitsbedingungen angesehen werden (s für die USt BFH V R 21/92 BStBl II 94, 881; BFH V R 6/04 BFH/NV 06, 2136; *Jacobs* BB 08, 1545).

ee) Keine Konnexität zw WK und ArbLohn. Dass Aufwendungen des 50
ArbN als WK abzugsfähig sind, muss nicht zwangsläufig bedeuten, dass **spätere Einnahmen aus den dem WK-Abzug zugrunde liegenden Rechtsbeziehungen** als Lohn zu qualifizieren sind (BFH X R 161/88 BStBl II 91, 337). Diese Frage ist aber noch nicht grundlegend geklärt (s auch Anm HFR 91, 198; Rz 100 „Unfallversicherung" und § 2 II Nr 2 S 2 LStDV).

ff) Aufteilung gemischt veranlasster Einnahmen. Sind die Einnahmen 51
durch mehrere Umstände (berufl/privat) veranlasst, so kommt – falls ein obj Aufteilungsmaßstab gegeben ist – eine Aufteilung in Betracht. **§ 12 Nr 1** gilt auf der **Einnahmeseite** nicht (gefestigte Rspr s BFH VI R 32/03 BStBl II 06, 30; BFH VI R 48/99 BStBl II 03, 724; BFH VI B 14/10 BFH/NV 11, 24). Nachdem der GrS des BFH das Aufteilungsverbot aufgegeben hat (s § 12 Rz 1 ff), können auf der Einnahmen- und Ausgabenseite gleiche Grundsätze zur Anwendung kommen. Fehlt ein Aufteilungsmaßstab oder greifen die jeweiligen Veranlassungsbeiträge so ineinander, dass eine Trennung nicht mögl ist, muss die Zuwendung einheitl beurteilt werden. Es kommt dann auf den wesentl Veranlassungsfaktor an (BFH VI R 7/08 BStBl II 10, 763; *Blümich/Geserich* § 19 Rz 194; *Tipke* FR 83, 581). So kann die berufl Veranlassung zB fehlen, wenn der auch zum privaten Bekanntenkreis des ArbG gehörende ArbN ein Geburtstagsgeschenk erhält und andere ArbN derartige Geschenke nicht erhalten. Sind **mehrere Einkunftsarten berührt,** ist die im Vordergrund stehende Einkunftsart maßgebend (BFH VIII R 210/83 BStBl II 90, 532, § 19 zu KapVerm; BFH VI R 25/02 BStBl II 06, 10, § 19 zu VuV). Entscheidend ist die tatrichterl Gesamtwürdigung dazu, welche Einkunftsart im Vordergrund steht (BFH VI B 23/07 BFH/NV 07, 1870; BFH VI B 67/03

BFH/NV 05, 702) bzw ob ein Leistungsaustausch überhaupt dem stbaren Bereich zuzurechnen ist (BFH VI R 80/10 BStBl II 11, 948).

52 **gg) Abgrenzung zu Leistungen aufgrund sonstiger Rechtsbeziehungen.** Aus den vorstehenden Ausführungen folgt, dass kein ArbLohn vorliegt, wenn eine Zuwendung wegen anderer, nicht auf dem DienstVerh beruhender (Rechts) Beziehungen zw ArbN und ArbG gewährt wird (zB Zinsen aus in Darlehen umgewandelten, stehen gelassenen Lohn; später fällig werdende verzinsl Gratifikation, BFH VIII R 210/83 BStBl II 90, 532; zur Vermietung von Garagen oder Büroräumen an den ArbG, BFH VI R 131/00 BStBl II 02, 300; zur Einräumung eines Wohnrechts, BFH VI R 33/97 BStBl II 04, 1076; zu Zinsen aus Mitarbeiterbeteiligungsmodell, BFH VI B 23/07 BFH/NV 07, 1870; zu Aktienoptionen, BFH VI R 80/10 BStBl II 11, 948; zum Erwerb von Aktien, BFH VI R 73/12 BFH/NV 14, 1291, mit Anm *ge* DStR 14, 1330; FG Nbg EFG 15, 917, NZB VI B 16/15; zum Veräußerungsgewinn aus einer Beteiligung, BFH VI R 69/06 BStBl II 10, 69; zu Genussrechtsausschüttungen BFH VIII R 44/11 BStBl II 15, 447; zum Rückverkauf von Genussrechten BFH VIII R 20/11 BFH/NV 14, 415; zu Exit-Boni FG Mster EFG 15, 385; *Frey/Schmid* DStR 15, 1094; zur Übertragung originärer urheberrechtl Verwertungsrechte, BFH VI R 49/02 BStBl II 06, 917). Umfassend *Schneider* DB 06, Beilage 6 zu Heft 39 S 51.

55 **c) Überwiegendes eigenbetriebl Interesse.** ArbLohn ist auch nicht gegeben, wenn und soweit die Zuwendung im ganz überwiegenden eigenbetriebl Interesse des ArbG erfolgt (BFH VI R 75/79 BStBl II 83, 39, Vorsorgeuntersuchung; BFH VI R 94/10 BFH/NV 13, 1846, Betriebsveranstaltungen; zum Begriff „eigenbetriebl Interesse" s auch *Krüger* DStR 13, 2029; *Heger* DB 14, 1277; *Kirchhof* FR 15, 773: BFH VI R 95/92 BStBl II 93, 687, Jahreswagen; BFH VI R 51/08 BStBl II 10, 700, unentgelt Verpflegung). Das ganz überwiegende eigenbetriebl Interesse des ArbG ist kein negatives Tatbestandsmerkmal des ArbLohn-Begriffs (*Blümich/Geserich* § 19 Rz 201; *HHR* § 19 Rz 185). Es grenzt vielmehr Vorteile mit Entlohnungscharakter von solchen Vorteilen ab, die sich ledigl als notwendige Begleiterscheinung betriebsfunktionaler Zielsetzungen erweisen. In seiner neueren Rspr stellt der BFH besonders darauf ab, ob es für die Zuwendung beachtl betriebsfunktionale Gründe gibt. Fehlen sie, liegt ArbLohn nahe (zB BFH VI R 36/12 BStBl II 14, 278, mit Anm *Schneider* HFR 14, 218). IÜ muss sich aufgrund einer Gesamtwürdigung der für die Zuwendung maßgebl Umstände (zB Anlass, Art und Höhe des Vorteils, Auswahl der Begünstigten, freie oder gebundene Verfügbarkeit, Freiwilligkeit oder Zwang zur Annahme, besondere Geeignetheit des Vorteils zur Erreichung des betriebl Zwecks) ergeben, dass der betriebl Zweck ganz im Vordergrund steht und ein damit einhergehendes eigenes Interesse des ArbN, den Vorteil zu erlangen, vernachlässigt werden kann. Folgl besteht eine Wechselwirkung zw der Intensität des eigenbetriebl Interesses des ArbG und dem Ausmaß der Bereicherung des ArbN. Je größer der Vorteil für den ArbN ist, desto geringer wiegt das eigenbetriebl Interesse des ArbG (BFH VI R 106/84 BStBl II 88, 726; BFH VI R 51/08 BStBl II 10, 700). Nach BFH VI R 97/86 BStBl II 91, 262 soll dem eigenbetriebl Interesse des ArbG umso größere Bedeutung zukommen, je geringer die Bereicherung des ArbN ist. Dies ist zweifelhaft, zu Recht krit *Gosch* DStR 91, 149, Nichtanwendungserlass BStBl I 91, 388). Für die Annahme eines ganz überwiegenden eigenbetriebl Interesses reichen weder ein betriebl Anlass noch eine allg Vorteilhaftigkeit der Zuwendung für den Betrieb des ArbG aus. Zu beachten ist ferner, dass das Veranlassungsprinzip und damit auch die Formel vom ganz überwiegenden eigenbetriebl Interesse dazu dienen, zur Verwirklichung des obj Nettoprinzips stbare Vorteile, die ArbLohn darstellen, vom nicht-stbaren Bereich abzugrenzen (*KSM* § 19 Rz B 326). Es dürfen nur solche Vorteile als ArbLohn erfasst werden, die in die private Konsumsphäre fließen (*Krüger* DStR 13, 2029; *Kirchhof* FR 15, 773; *Lang* FS Offerhaus S 444; aA *Heger* DB 14, 1277). Dies

scheint in der BFH-Rspr in Vergessenheit geraten zu sein. Denn die Formel vom überwiegend eigenbetriebl Interesse wird auch bei Zuwendungen des ArbG in die berufl Sphäre des ArbN verwendet und verfehlt damit das Ziel, Zuwendungen in die Berufssphäre des ArbN von Zuwendungen, die aus der Berufssphäre in die private Konsumsphäre fließen, entspr dem Belastungsgrund der ESt sachgerecht abzugrenzen (*Drenseck* FS Lang S 482, zum Merkmal des überwiegend eigenbetriebl Interesses; vgl auch *Geserich* DStR 10, 596, Anm zu BFH VI R 2/08 BStBl II 10, 639, Übernahme von StB-Kosten bei Nettolohnvereinbarung, s dazu § 39b Rz 12; s ferner Rz 66 ff zur Problematik des WK-Ersatzes).

aa) Fallgruppen. Ein ganz überwiegendes eigenbetriebl Interesse des ArbG kommt insb in folgenden **Fallgestaltungen** in Betracht (s auch *HHR* § 19 Rz 186): – **(1) Vorteil für die Belegschaft als Gesamtheit (Beispiele).** Ausgestaltung der Arbeitsplätze, der Sozial- und Kantinenräume, Betriebsveranstaltungen zur Förderung des Betriebsklimas, nicht hingegen die verbilligte Gewährung von Mahlzeiten (BFH VI R 164/79 BStBl II 85, 164). – **(2) Aufgedrängter Vorteil.** Der Vorteil wird dem ArbN aufgedrängt (zB Rz 100 „Vorsorgeuntersuchung") und besitzt auch keine Marktgängigkeit (vgl BFH VI R 120/82 BStBl II 85, 718, Erstattung von Mitgliedsbeiträgen für die Mitgliedschaft in einem Industrieclub, wenn der ArbG durch die Mitgliedschaft des ArbN Zugang zu den Räumlichkeiten für betriebl Belange erhält; FG Nds DStRE 08, 564, rkr, Übernahme des Mitgliedsbeitrags in einem Wirtschaftsclub; Lohn hingegen, wenn dem ArbN Vereinsbeiträge erstattet werden und mit der Zuwendung eine Arbeitsleistung entlohnt werden soll, FG Mster EFG 91, 323, rkr; BFH VI R 31/10 BStBl II 13, 700, unter II.4 der Gründe; BFH VI R 69/13 BFH/NV 14, 1834, jeweils Beiträge zu Golfclub). – **(3) Vorteil als von der Entlohnung losgelöste betriebl Maßnahme.** S BFH VI R 65/09 BFH/NV 11, 1938; BFH VI R 78/12 BFH/NV 14, 401; *Schiffers/Feldgen* DStZ 2014, 571, für Teilnahme an Event-Marketingveranstaltungen; nicht aber unentgeltl Verpflegung von Profisportlern, FG Mchn EFG 13, 1407, rkr; aA *Seifert* StuB 13, 665). – **(4) Fortbildung.** Im nahezu ausschließl eigenbetriebl Interesse des ArbG liegen ferner häufig Maßnahmen, die zur Fortbildung der Mitarbeiter (s Rz 100 „Betriebl Weiterbildung" und „Outplacement-Beratung"; zu Teambildungsmaßnahmen s *Albert* FR 03, 1153) oder zur Erhöhung der Mobilität der ArbN ergriffen werden (*Albert/Heitmann* DB 85, 2524, 2526). 56

bb) Personalrabatt. Ein überwiegend eigenbetriebl Interesse des ArbG an der Gewährung eines Personalrabatts besteht idR nicht (BFH VI R 178/87 BStBl II 92, 840; BFH VI R 95/92 BStBl II 93, 687). Dies gilt auch für den Belegschaftshandel innerhalb eines Konzerns (BFH IX R 82/98 BStBl II 06, 669). Der Vorteil aus der Gewährung eines Personalrabatts dient vorwiegend der Befriedigung von Konsumbedürfnissen des ArbN und ist damit ArbLohn (*Offerhaus* DStJG 9, 132 ff; *Giloy* DStZ 86, 367); es werden die aus der Berufssphäre in die private Konsumssphäre fließenden Vorteile besteuert (*Lang* FS Offerhaus S 443 f). Daher führt die verbilligte Überlassung hochwertiger Markenkleidung zum Lohnzufluss (BFH VI R 60/02 BStBl II 06, 991; anders BFH VI R 21/05 BStBl II 06, 915, für während der Arbeit zu tragende bürgerl Einheitskleidung, oder wenn Kleidungsstücke mit Firmenkennzeichen getragen werden müssen, jeweils Einzelfallwürdigung). Die verbilligte Überlassung von Jahreswagen ist ein Unterfall des Personalrabatts (ausführl BFH VI R 95/92 BStBl II 93, 687; s Rz 100 „Jahreswagen"). Es kommt nicht darauf an, ob der ArbG dem ArbN bewusst einen Vorteil zukommen lassen will (BFH VI R 249/71 BStBl II 75, 182). Der Veranlassungszusammenhang zw Personalrabatt und DienstVerh ist nur dann zu verneinen, wenn der Rabatt im normalen Geschäftsverkehr auch jedem anderen Kunden des ArbG eingeräumt wird (BFH VI R 15/86 BStBl II 90, 472; BFH VI R 18/07 BStBl II 10, 67; BFH VI R 62/11 BFH/NV 14, 1431; FG Mster EFG 97, 1511, rkr) oder wenn der ArbN auch an anderer Stelle keinen höheren Preis für die gleichen Waren *des* 57

ArbG zahlen müsste (s auch FG Mchn EFG 02, 617, rkr; und § 8 Rz 65 ff). Lohn kann im Einzelfall zu verneinen sein, wenn Waren zu Testzwecken an ArbN überlassen werden (*Albert/Heitmann* DB 85, 2524, 2527; FG Saarl EFG 94, 962, rkr) oder wenn mit dem Erwerb wertmindernde Nachteile in Kauf genommen werden müssen. Hierzu zählen aber weder eine Veräußerungssperre, zB bei Jahreswagen (s Rz 100 „Jahreswagen"), noch eine Haltefrist bei Aktien (BFH VI R 67/05 BStBl II 09, 282). Keine Lohnzuwendung wird man dann annehmen müssen, wenn der ArbG seinen *privaten Bedarf* durch günstigen Einkauf deckt und seine ArbN durch Weitergabe ohne Aufschlag teilhaben lässt (*E. Schmidt* BB 89, 961). ArbLohn liegt hingegen vor, wenn der ArbG einen ihm eingeräumten Firmen- oder Behördenrabatt an seine ArbN weitergibt (FG Hess EFG 98, 465, rkr) oder es sich um Güter handelt, die zum Betriebssortiment des ArbG gehören. Dabei wird ArbLohn auch dann gegeben sein, wenn der ArbN direkt beim Zulieferer des ArbG einkauft und die Vergünstigung die Folge der Beschäftigung bei dem ArbG ist (*Birk* FR 90, 237, 238; *BMF* DB 91, 945, Großkunden-Rahmenabkommen; aA *Albert* DB 92, 1954; FG Nds DStR 90, 82, rkr, Arzneimittelverkauf an Krankenhauspersonal durch Krankenhausapotheke, dagegen zutr BFH VI R 63/97 BStBl II 02, 881, nur Gewährung des Rabattfreibetrags). Zu beachten ist stets, welche Interessen der ArbG mit den rechtl oder wirtschaftl Beziehungen zu dem Dritten verfolgt (ausführl *Lang* FS Offerhaus S 437–443) und ob der ArbG an der Verschaffung des Vorteils durch den Dritten aktiv mitwirkt. Ein starkes eigenwirtschaftl Interesse des Dritten an der Vorteilsgewährung schließt die Annahme von ArbLohn idR aus. Die bloße Mitwirkung des ArbG an der Vorteilsgewährung durch den Dritten reicht für die Annahme von ArbLohn allein noch nicht aus. Die Abgrenzung im Einzelfall kann schwierig sein. Über den Personalrat vermittelte Vergünstigungen sind kein Lohn (*Birk* FR 90, 237, 238). Zur **Rabattgewährung durch Dritte** s auch *BMF* BStBl I 15, 143; *Geserich* NWB 15, 1610; *Wangerofsky* DStR 15, 806). S auch Rz 100 „Belegschaftsgeschäft", „Personalrabatt", „Provisionsnachlass" und Rz 110 „Personalrabatt"; § 38 Rz 5 ff. Zur Vorteilsbesteuerung im Belegschaftsgeschäft von Versicherungen s *Lang* StuW 04, 227. – Zur **Bewertung der Personalrabatte** s § 8 III Rz 71.

60 **d) Zukunftssicherungsleistungen.** Zum ArbLohn können auch Ausgaben gehören, die ein ArbG leistet, um einen ArbN oder diesem nahe stehende Personen für den Fall der Krankheit, des Unfalls, der Invalidität, des Alters oder des Todes abzusichern (s auch § 1911 Nr 3 S 1, Rz 91). Die betriebl Altersversorgung kann durch DirektVers, Pensionskasse, Pensionsfonds (seit 2002, s § 112 VAG), Unterstützungskasse oder Direktzusage (zu den unterschiedl Durchführungswegen s *Küttner* Personalbuch „Betriebl Altersversorgung" Rz 24 ff) mit unterschiedl Rechtsfolgen im Hinblick auf den Zeitpunkt der Lohnbesteuerung der vom ArbG gezahlten Beiträge bzw auf die Besteuerung der späteren Versorgungsleistungen erfolgen (s *HHR* § 19 Rz 385 ff; *Portner* FR 14, 91). Durch das AVmG sind Steuerbefreiungen für Beiträge des ArbG iVm der nachgelagerten Besteuerung sowie die Möglichkeit für ArbN eingeführt worden, sich stbegünstigt eine eigene Altersversorgung aufzubauen (s §§ 3 Nr 63, 4e, 10a, 22 Nr 5, 40b, 79 ff; s auch BFH VI R 57/08 BFH/NV 11, 890; *BMF* BStBl I 11, 1250; *Bergkemper* FR 11, 481; *Niermann* DB 01, 1380). Die ArbLohnqualität von Leistungen, die der ArbG zur Zukunftssicherung des ArbN an einen Dritten (Versicherer) erbringt, hängt davon ab, ob sich der Vorgang wirtschaftl betrachtet so darstellt, als ob der ArbG dem ArbN Mittel zur Verfügung gestellt und der ArbN sie zum Zweck seiner Zukunftssicherung verwendet hat (BFH VI R 36/09 BFH/NV 12, 201, VerfBeschw 2 BvR 568/12 nicht angenommen). Davon ist auszugehen, wenn dem ArbN gegen die Versorgungseinrichtung, an die der ArbG die Beiträge geleistet hat, ein unentziehbarer Rechtsanspruch auf die Leistung zusteht (BFH VI R 60/96 BStBl II 00, 406; BFH VI R 165/01 BStBl II 05, 890; BFH VI R 9/05 BStBl II

09, 385; s auch *Bergkemper* FR 11, 1043). Erlangt der ArbN einen solchen eigenen Rechtsanspruch, fließt mit der Beitragsleistung ArbLohn grds unabhängig davon zu, ob und in welcher Höhe der ArbN später Versicherungsleistungen erlangt. Der ArbN kann einen eigenen Anspruch auf die Versicherungsleistung auch dadurch erhalten, dass der ArbG ihm den Anspruch (zB aus einer Rückdeckungsversicherung) abtritt. Spätere Beitragszahlungen des ArbG sind dann Arblohn (BFH VI R 10/11, BFH/NV 13, 350). Der Zufluss von ArbLohn setzt nicht voraus, dass feststeht, ob der Risikofall überhaupt eintritt und der Versicherer eine Leistung zu erbringen hat. Auch die Art des angewandten Deckungssystems ist für die Qualifizierung der Beiträge als ArbLohn grds nicht von Bedeutung (BFH VI R 8/07 BStBl II 10, 194). Rückdeckung oder Absicherung des ArbG ohne Anspruch des ArbN gegen den Versicherer/die Unterstützungskasse führt hingegen noch nicht zum Lohnzufluss beim ArbN (BFH VI B 155/98 BFH/NV 99, 457; BFH VI R 39/09 BFH/NV 10, 2296; *BMF* DB 98, 800, Insolvenzsicherung). ArbLohn fließt in einem solchen Fall erst im Zeitpunkt der Leistung durch die Versorgungseinrichtung zu (s aber Rz 88). Tritt der ArbG indes seine Ansprüche zB aus einer Rückdeckungsversicherung an den ArbN ab, erwirbt der ArbN durch die Abtretung eigene Ansprüche gegen die Versicherung mit der Folge, dass nach der Abtretung vom ArbG an die Versicherung geleistete Beiträge zum Zufluss von ArbLohn beim ArbN führen (BFH VI R 11/11 BStBl II 13, 190). Freiwillige Zuschüsse des ArbG zur Zukunftssicherung des ArbN sind stpfl Lohn (BFH VI B 237/01 BFH/NV 02, 1029).

aa) Fallgruppen. Auf dieser Grundlage sieht der BFH (lfd) Beiträge, die vom ArbG an eine Versorgungseinrichtung im sog umlagefinanzierten gleitenden Abschnittdeckungsverfahren erbracht werden, idR im Zahlungszeitpunkt als ArbLohn an (BFH VI R 8/07, BStBl II 10, 194). Kein ArbLohn nach § 1911 Nr 1 liegt hingegen vor bei **Sonderzahlungen (Sanierungsgeldern)** iZm der Schließung eines Umlagesystems (BFH VI R 32/04 BStBl II 06, 500; *Bergkemper* HFR 05, 1168 und FR 05, 1209) oder zur Verbesserung der Kapitalausstattung, wenn die Sonderzahlung wirtschaftl nicht an die Stelle eines eigenen ArbN-Beitrags tritt (BFH VI R 1/11 BFH/NV 13, 1564), bei **Wechsel zu einer anderen Zusatzversorgungskasse** (BFH VI R 148/98 BStBl II 06, 532; BFH VI R 64/05 BFH/NV 06, 1272; *Berkemper* FR 05, 1252), zur langfristigen Kapitalvorsorge (BFH VI R 1/11 BFH/NV 13, 1564), bei **Gegenwertzahlungen** aus Anlass des Ausscheidens aus einem Versorgungssystem (BFH VI R 92/04 BStBl II 06, 528; *Bergkemper* HFR 06, 452; *Scheid* DStZ 05, 372; *Seeger* DB 05, 2771), bei Zuführungen zur Bildung der gesetzl vorgeschriebenen **Solvabilitätsspanne** (BFH VI R 154/99 BStBl II 02, 22) oder bei **VBL-Zuschlägen** wegen Ges'terwechsels (FG Bln EFG 06, 1247, rkr). Diese Zahlungen kann der ArbN nicht als Frucht seiner Arbeitsleistungen betrachten, weil ihm nichts zugewendet wird, was er sich zuvor nicht schon erdient hatte und für dessen Sicherstellung der ArbG die *eigenbetriebl Verantwortung* trägt (*Heuermann* StBP 05, 369). S auch Rz 100 „Kirchenbeamte" und zu § 19 I 1 Nr 3 S 2–4 Rz 92. Zu Änderungsmöglichkeiten eines EStBescheids, in dem lt vorgenannter Rspr die Sonderumlage beim Wechsel der Versorgungskasse als Lohn angesetzt wurde, s BFH VI R 40/08 BStBl II 10, 951. 61

bb) Austritt des ArbG aus der VBL. Eine Lohnzuwendung liegt auch dann nicht vor, wenn ein aus der VBL ausgetretener ArbG dem ArbN die mit dem Austritt aus der VBL entstandenen rechtl Nachteile ausgleicht (aA BFH VI R 16/07 BStBl II 10, 130, entgegen der überzeugenden Entscheidung FG BaWü EFG 07, 682). Die Rspr des BFH führt dazu, dass die vom ArbN als Anwartschaft bereits erdienten (und versteuerten) Vorteile ein weiteres Mal der Steuer unterliegen. Daran ändert auch die Erwägung nichts, dass bei einer Umstellung des Versorgungswegs ein Finanzierungszusammenhang nur innerhalb des jeweiligen Versorgungswegs gegeben sei. Der Ausgleich des Nachteils wird nicht für eine Arbeits- 62 leistung, sondern (wie in den Fällen der Gegenwertzahlung) „für" den Austritt des ArbG aus der VBL (also aus eigenbetriebl Veranlassung) gezahlt. Nachteile, die ein ArbN infolge Ausscheidens des ArbG aus der VBL dadurch erleidet, dass er Versorgungsansprüche wegen Nichterfüllung der Wartezeit nicht mehr erdienen kann (BFH VI R 5/08 BStBl II 10, 133) oder dass er bei Eintritt des Versicherungsfalles von einem Anspruch auf Versorgungsrente auf einen niedrigeren Anspruch auf Versicherungsrente zurückfällt (BFH VI R 37/08 BStBl II 10, 135), sollen nach der Rspr des BFH strechtl irrelevant sein (zu dieser Rspr *Bergkemper* DB 09, 1797 und FR 09, 1161). In beiden Fällen haben die früheren Umlagezahlungen indes zu Lohn geführt; die Nachteile, die aus einem eigenbetriebl Verhalten des ArbG erwachsen, sollen nun aber nichts mehr mit der vorgelagerten Besteuerung der früheren Umlagezahlungen zu tun haben.

63 **cc) Besteuerung der Umlagezahlungen.** BFH VI R 5/08 BStBl II 10, 133 und BFH VI R 37/08 BStBl II 10, 135 verdeutlichen, dass Bedenken angebracht sind, ob die Umlagezahlungen zu Recht vorgelagert besteuert wurden (s auch FG Nds EFG 07, 1073). Die vor allem historisch zu begründende und aus Rspr-Kontinuität fortgeführte Rspr (BFH VI R 8/07 BStBl II 10, 194; BFH VI R 54/08 BFH/NV 10, 30) vermag allerdings kaum zu überzeugen (ebenso *Bergkemper* FR 11, 1043; *Seeger* DB 05, 1588). Denn die Umlagezahlungen werden dazu eingesetzt, die Rentenansprüche ggü den sich im Ruhestand befindl Bediensteten zu befriedigen (diese sind nachgelagert bereichert). Die aktiven ArbN erhalten demggü nur eine Anwartschaft auf spätere Versorgung. Sie haben im Zeitpunkt der Umlagezahlung keine individualisierbaren Lohnzuwendungen, was sich auch dann zeigen wird, wenn ein die Rspr angreifender ArbG bei Einwendungen gegen einen Haftungsbescheid die Zuordnung der Vorteile aus der Umlagezahlung auf die einzelnen ArbN verlangt (überzeugend *Bergkemper* FR 09, 963). Die Umlagen sind „systemnützig" wie ArbG-Beiträge zur gesetzl RV (*Hölzer* FR 10, 501; s auch Rz 100 „Beiträge zur Gesamtsozialversicherung"). – Anderes kann gelten, wenn eine Pensionszusage (hier hat der ArbN noch nichts erdient) vom ArbG abgelöst und *auf Verlangen des ArbN* zur Übernahme der Pensionsverpflichtung an einen Dritten gezahlt wird (BFH VI R 6/02 BStBl II 07, 581; FG Köln EFG 13, 1498, Rev VI R 46/13; FG Ddorf DStRE 14, 597, Rev VI R 18/13; s aber auch Rz 100 „Insolvenzsicherung ...").

64 **dd) Eigene Beitragsleistungen des ArbN.** Kein Zusammenhang zw DienstVerh und Bezügen besteht, wenn die Bezüge ganz oder teilweise auf **früheren Beitragsleistungen des ArbN** beruhen (§ 2 II Nr 2 S 2 LStDV; s auch FG Hess EFG 88, 75, rkr). Dies gilt auch, wenn der ArbG in die Auszahlung zB von Versicherungsleistungen eingeschaltet ist (BFH VI R 9/96 BStBl II 98, 581). Denn die ertragbringende Nutzung eigenen Vermögens in Form späterer verzinsl Rückzahlungen fällt nicht unter den Tatbestand des § 19. Daher sind Renten (auch Betriebsrenten) kein ArbLohn, die der ArbN auf Grund eigener Beitragsleistung bezieht (BFH X R 105/95 BStBl II 96, 650, Zusatzrenten der Bahnversicherungsanstalt; ebenso FG Mchn EFG 96, 1221, rkr; aber Versteuerung nach § 22). Eine eigene Beitragsleistung des ArbN liegt auch vor, wenn der ArbG den Betrag geleistet hat und diese Beitragszuwendung durch den ArbG ArbLohn darstellt. Sind die Beitragsleistungen des ArbN aber WK gewesen, so zählen die daraus resultierenden Einnahmen zum ArbLohn (§ 2 II Nr 2 LStDV). Dies gilt indes nicht, wenn die Beitragsleistungen ledigl rechtsfehlerhaft als WK abgezogen worden sind. Denn ein fehlerhafter WK-Abzug kann nicht den Tatbestand der Einkünfteerzielung erfüllen. Zum Einkauf eines ArbN in eine Pensionsregelung seines ArbG s BFH X R 36/86 BStBl II 90, 1062; BFH VI R 46/96 BStBl II 97, 127.

65 **e) Auslagenersatz.** Auslagenersatz sind Beträge, durch die Auslagen des ArbN für den ArbG ersetzt werden (§ 3 Nr 50). Es handelt sich nicht um ArbLohn, da der Entlohnungscharakter fehlt (s auch § 3 „Durchlaufende Gelder und Auslagen-

ersatz“). Die Beträge sind ledigl ein Vermögensausgleich der für den ArbG getätigten Aufwendungen. Auslagenersatz liegt vor, wenn der ArbN im ganz überwiegenden Interesse des ArbG Aufwendungen tätigt, die der Arbeitsausführung dienen und die nicht zu einer Bereicherung des ArbN führen (BFH VI R 24/03 BStBl II 06, 473, Kostenersatz aufgrund tarifvertragl Regelung; krit *Thomas* DStR 06, 889; BFH VI R 30/95 BStBl II 95, 906; FG Saarl EFG 14, 1821, rkr, Kostenerstattung für ständig verschleißende Hilfsmittel; glA *Bergkemper* FR 96, 139; FG Nbg EFG 99, 1007, rkr, Telefonanschluss des ArbN; s auch *KSM* § 3 Rz B 50/27 ff). Ob der ArbN auf Rechnung des ArbG die Aufwendungen im eigenen oder im fremden Namen tätigt, ist ohne Bedeutung (*Küttner* Personalbuch „Aufwendungsersatz“ Rz 25). Entscheidend für das Vorliegen von Aufwendungsersatz ist, dass das Geschäft, für das der ArbN die Aufwendungen tätigt, so eng mit den betriebl Interessen, dem betriebl Risiko oder dem betriebl Verantwortungsbereich des ArbG verknüpft ist, dass er dem ArbN zum Ersatz verpflichtet ist. Eine solche Verpflichtung kann sich insb aus allg arbeitsrechtl (auch tarifvertragl) oder auftragsrechtl Regeln (§ 670 BGB) ergeben; eine einzelvertragl Regelung wird demggü idR nicht ausreichen. Diese Grundsätze gelten auch für den Reisekostenersatz über die Regelung des § 3 Nr 16 hinaus; der analogen Anwendung des § 3 Nr 16 bedarf es gar nicht erst (so aber *Hagen/ua* DB 07, 249). Auch ein *pauschaler Auslagenersatz* ist anzuerkennen, wenn die vereinbarten Beträge im großen und ganzen nicht höher als die tatsächl Aufwendungen sind (BFH VI R 30/95 BStBl II 95, 906).

f) WK-Ersatz. Er ist vom Auslagenersatz zu unterscheiden. Ein solcher liegt 66
vor, wenn der ArbG dem ArbN Aufwendungen ersetzt, die ihrer Natur nach WK sind. Die ersetzten Aufwendungen sind anders als beim Auslagenersatz im eigenen Interesse des ArbN angefallen (ausführl *Offerhaus* BB 90, 2017, 2019). Leistet der ArbG WK-Ersatz, führt dies nach der BFH-Rspr zu stbarem und stpfl ArbLohn, dem in gleicher Höhe ein fiktiver WK-Abzug gegenübersteht (BFH VI R 145/89 BStBl II 92, 837; BFH VI R 73/05 BStBl II 07, 766). Aus Vereinfachungsgründen wird eine Saldierung der als ArbLohn steuerbaren Ersatzleistungen des ArbG mit den WK des ArbN vorgenommen. Diese Rechtsfolge tritt auch bei *pauschalem Auslagenersatz* ein, wenn nicht nachgewiesen wird, dass die Ersatzleistung im Großen und Ganzen den tatsächl Aufwendungen entspricht (BFH IV R 4/02 BStBl II 04, 129, geschätzte Aufwendungen sind dann ggf WK).

aa) Stfreier WK-Ersatz. Dieser ist nach hM nur noch in den im Gesetz ange- 67
ordneten Fällen mögl (§ 3 Nr 13, 16, 30, 31, 32; BFH VI R 53/04 BStBl II 07, 536; *Blümich/Geserich* § 19 Rz 217; *Küttner* Personalbuch „Werbungskostenersatz“ Rz 6; *Offerhaus* BB 88, 1796; *Drenseck* FR 89, 264; *v Bornhaupt* StuW 00, 46; krit *Albert* FR 09, 460, 464). Die hM ist insoweit zutreffend, als „gesetzlose“ Steuerbefreiungen zB durch Verwaltungsregelungen unzulässig sind (s auch BTDrs 11/2157, 137). Eine andere Frage ist es aber, ob Leistungen des ArbG, die WK des ArbN ersetzen, stets als ArbLohn stbar sind. Mit *Lang* (FS Offerhaus S 44) ist davon auszugehen, dass die steuerl Einordnung von *Sachbezügen als ArbLohn* den Zweck hat, die in die private Konsumsphäre fließenden Vorteile zu besteuern (s auch Rz 55). **WK-Ersatz** kommt als **Barzuwendung** oder als **Sachzuwendung** in Betracht. Bei einer *Barzuwendung* sind zwei Fallgestaltungen zu unterscheiden: *(1)* Der ArbN trägt zunächst berufl veranlasste Aufwendungen, was bei ihm zu WK führt; diese Aufwendungen werden ihm später vom ArbG ersetzt. Der Geldersatz durch den ArbG gleicht die WK aus und ist ArbLohn. – *(2)* Der ArbN erhält von seinem ArbG einen Geldbetrag, mit dem er später anfallende Ausgaben, die zu WK führen, begleichen kann. Auch wenn das hingegebene Geld zur Bezahlung von berufl Ausgaben dienen soll, gehört es zum Vermögen des ArbN und ist zunächst für ihn frei verfügbar; es handelt sich daher um ArbLohn. Die spätere Verausgabung für berufl Zwecke führt zum WK-Abzug. In beiden Fällen der Barzuwendungen ist ArbLohn gegeben. – Erhält der ArbN Sachbezüge, die zu einem

privat konsumierbaren Vorteil führen, liegt ebenfalls ArbLohn vor. Dies ist allg Meinung. Fließen die Sachbezüge hingegen in die Berufssphäre und verbrauchen sie sich für die Berufstätigkeit, ergibt sich für den ArbN kein privat konsumierbarer Vorteil, so dass die Annahme von stbarem ArbLohn ausscheidet. Eine Ausnahme ist nur dann gerechtfertigt, wenn sich die Sachzuwendung im berufl Bereich nicht sofort verbraucht, wie es bei der kostenlosen Überlassung eines berufl genutzten WG durch den ArbG an den ArbN der Fall ist. Hier ist die Sachzuwendung als ArbLohn zu erfassen, der im Wege der AfA zum WK-Abzug führt (s Rz 69); iEinz *Drenseck* FS Lang S 477.

68 **bb) WK-Ersatz für Beitragsleistungen.** Es ist in der Tat schwer einzusehen, warum zB Pflichtbeiträge zu einer **Berufskammer,** die vom ArbG für den ArbN gezahlt werden, als Lohn zu qualifizieren sein und dem LStAbzug unterliegen sollen (so aber BFH VI R 26/06 BStBl II 08, 378; ebenso für verpflichtende **Berufshaftpflichtversicherung** BFH VI R 64/06 BStBl II 07, 892; BFH VI B 4/09 BFH/NV 09, 1431; BFH VI B 31/11 BFH/NV 11, 1322; *Heger* DB 14, 1277; krit *Peetz* DStZ 11, 413). Es wird zu wenig danach gefragt, ob das eigene Interesse des ArbN ein rein berufl – weil der Arbeitsausführung dienend und nicht zur privaten Bereicherung führend – oder ein privates ist (wie zB in BFH IX R 109/00 BStBl II 06, 541, Baumaßnahmen am Haus des ArbN; s *Bergkemper* FR 06, 738). Auch BFH VI R 32/08 BStBl II 09, 462, wonach die Zahlung des ArbG für einen angestellten RA an den **Anwaltsverein** (also freiwillige Beiträge) als Lohn zu qualifizieren ist, überzeugt iErg nicht (s *Bergkemper* FR 08, 678; FG Nds DStRE 08, 564, rkr; krit auch *Englert* DStR 09, 1010). Der BFH wendet den Gedanken des überwiegend eigenbetriebl Interesses letztl in unzutreffendem Zusammenhang an (s Rz 55). Für die Übernahme der Beiträge zur Berufshaftpflichtversicherung angestellter RA folgt die *FinVerw* dem BFH (DStR 10, 1890). Demggü sieht sie bei einem angestellten StB keinen Lohnzufluss, wenn dieser durch die Berufshaftpflichtversicherung des ArbG mitversichert ist (*FinVerw* NWB 09, 2307). Aus diesem Grund führt auch die Mitversicherung von angestellten Klinikärzten in der Berufshaftpflichtversicherung des ArbG nicht zu ArbLohn (FG SchlHol EFG 14, 1620, Rev VI R 47/14; *Mayer/Gries* NWB 15, 1699). Die eigene Berufshaftpflichtversicherung einer RA-GmbH ist für die angestellten RA ebenfalls kein Lohn (FG Hbg DStRE 15, 1412, Rev VI R 74/14; *Peetz* DStZ 15, 799).

69 **cc) WK-Ersatz für Arbeitsmittel.** Aus § 9 I 3 Nr 6, der den Abzug von Kosten für Arbeitsmittel oder typische Berufskleidung regelt, folgt nicht, dass der Ersatz dieser WK durch den ArbG als WK-Ersatz zu qualifizieren wäre. Die Bestimmung stellt nur klar, dass die Kosten für den ArbN als WK abzugsfähig sind, falls der ArbG diese WG nicht zur Verfügung stellt oder keinen Ersatz leistet (*Offerhaus* BB 90, 2017, 2020). Die Saldierung ist auf jeden Fall dann ausgeschlossen, wenn der ArbG dem ArbN Arbeitsmittel zu Eigentum überlässt, bei denen die Nutzungsdauer mehr als ein Jahr beträgt. Hier ist der Wert des Arbeitsmittels als Einnahme zu erfassen, von diesem Wert sind die AfA vorzunehmen (BFH VI R 30/95 BStBl II 95, 906 mwN, Instrumentengeld für die Abnutzung der Instrumente; *Giloy* BB 86, 38, 40; *KSM* § 19 B 236; s auch § 3 Nr 30). Bei der Hingabe eines zinslosen oder verbilligten Darlehens an den ArbN zur Anschaffung eines Arbeitsmittels ist ebenfalls eine Einnahme in Form der Zinsersparnis anzusetzen, der in gleicher Höhe aber ein (fiktiver) WK-Betrag gegenübersteht (aA *Giloy* BB 86, 40, Fn 37, der schon eine Einnahme verneint). Dies ist bedeutsam wegen des ArbN-Pauschbetrags. Der vom ArbG gewährte Sachbezug kann sich auch als WK iRe anderen Einkunftsart auswirken (s Rz 100 „Dienstwohnung"; *Giloy* BB 86, 41).

70 **g) Leistungen durch Dritte (§ 38 I 3) und an Dritte.** Zuwendungen durch Dritte sind ArbLohn, wenn sie ein Entgelt „für" eine Leistung bilden, die der ArbN iRd DienstVerh für seinen ArbG erbringt, erbracht hat oder erbringen soll,

sie sich für den ArbN als Ertrag seiner individuellen Arbeit für den ArbG darstellen und iZm dem DienstVerh stehen (BFH VI R 41/09 BStBl II 10, 1022; BFH VI R 58/11 BStBl II 13, 642). Dies ist zB der Fall, wenn der Dritte Verpflichtungen des früheren ArbG erfüllt (BFH VI R 74/00 BStBl II 03, 496, Zahlungen der Urlaubs- und Lohnausgleichskasse des Baugewerbes; *Pust* HFR 03, 672), ebenso bei Zuwendungen eines Mehrheitsaktionärs an ein Vorstandsmitglied für die erfolgreiche Sanierung des Unternehmens (BFH VIII R 109/76 BStBl II 81, 707), bei Zuwendung einer Reise durch den Geschäftspartner des ArbG (BFH VI R 10/96 BStBl II 96, 545), bei unentgeltl Wohnungsüberlassung durch Dritte, wenn sich diese als Ertrag der Arbeit erweist (BFH VI R 33/97 BStBl II 04, 1076), bei Preisnachlässen für ArbN von SchwesterGes oder TochterGes (BFH IX R 82/98 BStBl II 06, 669; BFH VI R 32/92 BStBl II 93, 356), bei von Drittem verliehenen, leistungsbezogenen Nachwuchsförderpreis (BFH VI R 39/08 BStBl II 09, 668), oder bei Rabatt für Profifußballspieler beim Neuwagenkauf (FG Mchn EFG 05, 1865, rkr, nicht zweifelsfrei). Lohn ist auch zu bejahen, falls ein ArbN Gutschriften einer Fluggesellschaft aus vom ArbG bezahlten dienstl Flügen zu Privatflügen verwendet (zur Rechtslage bei **Miles & More-Programmen** s § 37a Rz 5). Unerhebl ist, ob der ArbG von der Vorteilsgewährung durch den Dritten an den ArbN Kenntnis hat (*Blümich/Geserich* § 19 Rz 232; *HHR* § 19 Rz 172; *aA* FG Mchn EFG 14, 142, rkr; *Albert/Hahn* FR 95, 336). Denn § 38 I 3 hat nur für den LStAbzug Bedeutung, nicht jedoch für die ESt des ArbN. Ein Veranlassungszusammenhang zw ArbVerh und Vorteil kann aber fehlen, wenn der ArbN mit der Annahme des Vorteils gegen seine Dienstpflichten verstößt (zB Annahme von Bestechungsgeld, BFH IX R 87/95 BStBl II 00, 396; oder von Schmiergeld; s Rz 100 „Schmiergeld“, *aA Lang* DStJG 9, 50, 52ff, 71) oder er arbeitsvertragl nicht zur Ausübung der vergüteten Leistung verpflichtet ist (FG Mster EFG 15, 989, Rev VI R 26/15). **Trinkgelder** erfüllen den Lohnbegriff, weil sie wirtschaftl als Frucht der Dienstleistung für den ArbG betrachtet werden. Freiwillige Trinkgelder sind aber stfrei (§ 3 Nr 51; zur früheren Rechtslage s 26. Aufl). Keine Trinkgelder sind freiwillige Sonderzahlungen der Konzernmutter an ArbN der Konzerntochter; solche Zahlungen stellen vielmehr regulären Lohn dar (BFH VI R 37/05 BStBl II 07, 712; *Bergkemper* FR 07, 977). Gleiches gilt für freiwillige Zahlungen an Krankenhausärzte und Klinikpersonal (FG BaWü EFG 09, 1286, rkr; FG Hbg EFG 09, 1367, rkr). Zur Steuerfreiheit von Trinkgeldern im Spielbankbetrieb s BFH VI R 49/06 BStBl II 09, 820; BFH VI R 8/06 BFH/NV 09, 382 (stpfl Lohn; dazu *Schneider* HFR 09, 231; ebenso FG BBg EFG 09, 2006, rkr).

aa) Unechte Lohnzahlung eines Dritten. Eine solche ist anzunehmen, wenn 71 der Dritte ledigl als Leistungsmittler fungiert. Der ArbG muss den von dem Dritten iZm dem DienstVerh geleisteten ArbLohn dann selbst dem LStAbzug unterwerfen. Der den Dritten als Leistungsmittler einsetzende ArbG bleibt der den ArbLohn Zahlende (BFH VI R 123/00 BStBl II 02, 230; BFH VI R 11/03 BStBl II 06, 668; s auch § 38 Rz 5). Das ist zB der Fall, wenn der Dritte die Stellung einer Kasse des ArbG innehat oder wenn der Dritte im Auftrag des ArbG leistet.

bb) Zuwendungen außerhalb des DienstVerh. ArbLohn liegt nicht vor, 72 wenn die Zuwendung wegen anderer Rechtsbeziehungen oder wegen sonstiger, nicht auf dem DienstVerh beruhender Beziehungen zw ArbN und Drittem gewährt wird (BFH VI R 41/09 BStBl II 10, 1022, Gebührenverzicht zugunsten von ArbN eines Vertriebspartners, dazu Rz 100 „Provisionsnachlass“; BFH VI R 74/01 BFH/NV 05, 1301, Leistungen des Bundes nach dem FELEG; BFH VI 165/61 U BStBl III 63, 306, Belohnung durch Berufsgenossenschaft für Verdienste bei der Unfallverhütung; BFH VI R 64/11 DStR 12, 2433, verbilligter Warenbezug von Lieferanten des ArbG). Dies gilt auch bei **Streik- und Aussperrungsunterstützungen** durch die Gewerkschaft (BFH X R 161/88 BStBl II 91, 337, Änderung der Rspr im Hinblick auf § 24; s auch § 22 Rz 50). Der Umstand, dass der Dritte den Vorteil nur ArbN eines bestimmten Kunden zuwendet, bedeutet noch nicht automatisch, dass eine Veranlassung des Vorteils durch das DienstVerh gegeben ist. Auch die Mitwirkung des ArbG bei der Drittzuwendung ist ledigl ein Indiz für das Vorliegen von ArbLohn. Entscheidend ist der Rechtsgrund für die Zuwendung des Dritten und die Frage, ob der Dritte den Vorteil den ArbN aus eigenwirtschaftl Interessen oder im Interesse des ArbG gewährt; die Zuwendung des Dritten muss für den ArbN als Prämie oder Belohnung iRd DienstVerh zu seinem ArbG erscheinen (s auch *Geserich* NWB 12, 4140).

73 **cc) Zahlung an Dritte.** Auch die Zahlung des ArbG an Dritte kann bei Lohnverwendungsabrede, Abtretung des Lohnanspruchs oder sonstigem Forderungsübergang als Einnahme des ArbN beurteilt werden (allg Meinung), so zB bei Zahlung auf ausdrückl oder stillschweigende Anweisung durch den ArbN (BFH I R 5/88 BStBl II 91, 308, unter II 2; s auch Rz 100 „Abtretung einer Gehaltsforderung", „Früheres Dienstverhältnis und „Gehaltsverzicht"). Ist der ArbG zur Auszahlung des Barlohns wegen Illiquidität nicht fähig und wird stattdessen eine Sache zugewendet, handelt es sich indes nicht um eine Lohnverwendung. Nur wenn zw ArbG und ArbN ein normales Verkaufsgeschäft abgeschlossen wird und der Lohnanspruch des ArbN gegen den ArbG-Anspruch aufgerechnet wird, liegt eine Lohnverwendung vor (s § 8 Rz 4, 19).

75 **h) Bewertung der Einnahme.** S § 8 Rz 2, 16 ff, 70 ff.

76 **i) Zufluss.** ArbLohn setzt den Zufluss eines Vorteils voraus (s § 11 Rz 15 ff; BFH VI R 60/96 BStBl II 00, 406; Anm HFR 99, 716). Das Innehaben eines Anspruchs gegen den ArbG ist noch kein Zufluss (BFH VI R 165/01 BStBl II 05, 890; BFH VI R 124/99 BStBl II 05, 766; BFH X R 29/05 BStBl II 07, 402; BFH VIII R 20/11 BFH/NV 14, 415; *Thomas* DStR 2015, 263; s auch Rz 100 „Ankaufsrecht"). Zivilrechtl Verfügungsbeschränkungen (s auch *Lang* DStJG 9, 47 f) oder (noch) fehlende Unverfallbarkeit des Leistungsanspruchs nach Wartezeit (BFH VI R 47/02 BFH/NV 07, 1876, ArbGBeiträge an rechtl selbständigen Pensionsfonds) stehen dem Zufluss nicht entgegen (s auch § 11 Rz 19). Verloren gegangene Beiträge sind als negative Einnahmen/WK anzusetzen (*Paetsch* HFR 07, 984, mwN). Zu Vereinbarungen zw ArbG und ArbN über den Auszahlungszeitpunkt s § 11 Rz 10; *Offerhaus* StuW 06, 317.

III. Betriebsveranstaltungen, § 19 I 1 Nr 1a

77 **1. Begriff Betriebsveranstaltung.** Der Gesetzgeber hat durch das ZK-AnpG ab VZ 2015 eine gesetzl Regelung zur Besteuerung der Vorteile geschaffen, die ArbN anlässl von Betriebsveranstaltungen gewährt werden (s *BMF* BStBl I 15, 832). Bis einschließl VZ 2014 verbleibt es insoweit bei der durch LStR und Richterrecht geprägten Rechtslage (s Rz 100 „Betriebsveranstaltungen"). Der Gesetzgeber reagiert mit § 19 I 1 Nr 1a auf die Rspr, mit der der BFH seine frühere, von der FinVerw gebilligte Auffassung zu Umfang und Zurechnung der bei Betriebsveranstaltungen gewährten Vorteile modifiziert hatte (BFH VI R 94/10 BStBl II 15, 186; BFH VI R 7/11 BStBl II 15, 189; BFH VI R 79/10 BFH/NV 13, 637). Die bisherigen Verwaltungsgrundsätze sollen gesetzl festgeschrieben werden; sie gelten auch insoweit fort, als sie die gesetzl Regelung präzisieren (BT-Drs 18/3017, 47). Zur Gegenüberstellung der bisherigen Rechtslage und § 19 I 1 Nr 1a s *Eismann* DStR 15, 1429.

78 **a) Definition.** Betriebsveranstaltungen sind nach § 19 I 1 Nr 1a S 1 Veranstaltungen auf betriebl Ebene mit gesellschaftlichem Charakter (zu Einzelheiten *Geserich* NWB 13, 1477; *BMF* BStBl I 15, 832). Sie zielen darauf ab, den Kontakt der ArbN untereinander und damit das Betriebsklima zu fördern. Hierzu gehören zB Betriebsausflüge, Weihnachts-, Tanz-, Jubiläumsveranstaltungen, Pensionärstreffen, Besichtigungen, Gaststättenbesuch mit Kegelbahnbenutzung, Fahrt mit einem

Tanzschiff oder Tanzzug, gemeinsamer Theater- oder Zirkusbesuch mit anschließendem Beisammensein (BFH VI R 21/84 BStBl II 86, 406). Der bloße Besuch einer kulturellen oder sportl Veranstaltung ist indes keine Betriebsveranstaltung (BFH VI R 21/84 BStBl II 86, 406). Ein Firmenjubiläum muss nicht unbedingt eine Betriebsveranstaltung, sondern kann eine allg betriebl Veranstaltung sein; dies hängt vom Kreis der Eingeladenen ab (BFH VI R 68/00 BStBl II 06, 440; zur Abgrenzung s auch FG BaWü EFG 15, 2167, Rev VI R 51/15; *Weber* NWB 15, 3532). Liegt keine Betriebsveranstaltung vor, besteht auch keine Pauschalierungsmöglichkeit nach § 40 II 1 Nr 2 (BFH VI R 22/06 BStBl II 09, 476).

b) Teilnehmerkreis. Eine Betriebsveranstaltung ist nur gegeben, wenn die Teilnahme allen Betriebsangehörigen offensteht (§ 19 I 1 Nr 1a S 3); die Teilnahme von LeihArbN und ArbN konzernangehöriger Unternehmen ist zulässig (*BMF* BStBl I 15, 832). Die Teilnahme einzelner Geschäftsfreunde des ArbG soll dem Charakter der Veranstaltung als Betriebsveranstaltung nicht entgegenstehen (*Plenker* DB 15, 2530). Wie bisher ist eine abteilungsweise durchgeführte Veranstaltung zulässig (BFH VI R 22/06 BStBl II 09, 476; BFH VI R 21/84 BStBl II 86, 406), wie § 19 I 1 Nr 1a S 3 ausdrückl klarstellt; ebenso eine Veranstaltung für den Innendienst eines überregionalen ArbG (FG BaWü EFG 93, 610, rkr). Das Recht zur Teilnahme darf aber nicht von der Stellung des ArbN, von der Gehaltsgruppe, von der Dauer der Betriebszugehörigkeit oder von besonderen Leistungen abhängig sein. Daher ist eine sog Incentive-Veranstaltung keine Betriebsveranstaltung (BFH VI R 22/06 BStBl II 09, 476). Die Teilnahme von Angehörigen, Lebensgefährten oder sonstigen Gästen des ArbN ist unschädl (BFH VI R 85/90 BStBl II 92, 655). Pensionärstreffen und Jubilarfeiern sind übl Betriebsveranstaltungen. 79

c) Häufigkeit; Dauer. Für zwei Betriebsveranstaltungen im Jahr kann der Freibetrag nach S 3 in Anspruch genommen werden (§ 19 I 1 Nr 1a S 4). Dies gilt unabhängig davon, ob die ArbN auch an beiden Veranstaltungen teilnehmen (BFH VI R 68/00 BStBl II 06, 440, Anm *Heuermann* StBP 06, 136). Bei mehr als zwei Betriebsveranstaltungen jährl kann der ArbG auswählen, welche Veranstaltungen als Lohnzuwendung ausscheiden sollen (*BMF* BStBl I 15, 832). Auch zweitägige Betriebsausflüge können als Betriebsveranstaltung begünstigt sein, wenn die Voraussetzungen iÜ vorliegen (BFH VI R 151/99 BStBl II 06, 439). 80

2. Höhe der Zuwendung. Der Gesetzgeber hat die bisher von der FinVerw mit Billigung der Rspr auf 110 € festgelegte Freigrenze ab VZ 2015 in einen *Freibetrag* umgestaltet, um die Streitanfälligkeit zu reduzieren. Der Anregung des BFH, die Freigrenze auf der Grundlage von Erfahrungswissen neu zu bemessen (BFH VI R 79/10 BFH/NV 13, 637), ist der Gesetzgeber nicht gefolgt. Der Freibetrag gilt je Veranstaltung und teilnehmendem ArbN (§ 19 I 1 Nr 1a S 3). 81

a) Berechnung des Freibetrags. In den Freibetrag sind gem § 19 I 1 Nr 1a S 2 alle Aufwendungen des ArbG für den ArbN und dessen Begleitperson (zB Familienangehörige und Gäste des ArbN, s § 19 I 1 Nr 1a S 5) einzurechnen, ohne dass es darauf ankommt, ob sie einzelnen ArbN individuell zurechenbar sind. Unerhebl ist auch, ob es sich um einen rechnerischen Anteil an den Kosten der Veranstaltung handelt, die der ArbG *ggü Dritten* für den äußeren Rahmen der Veranstaltung aufwendet (*BMF* BStBl I 15, 832). Damit ist der Gesetzgeber der geänderten BFH-Rspr entgegengetreten, nach der einerseits Kosten für die Ausgestaltung der Betriebsveranstaltung nicht zu berücksichtigen waren (s BFH VI R 94/10 BStBl II 15, 186) und andererseits den ArbN der auf Familienangehörige entfallende Aufwand nicht zuzurechnen war (s BFH VI R 7/11 BStBl II 15, 189). Die *FinVerw* wendet die geänderte BFH-Rspr bis VZ 2014 an (*BMF* BStBl II 15, 186; *Plenker* DB 15, 2530); sie gewährt auch die Erstattung bisher zu viel gezahlter Pauschalsteuern, sofern die LSt-Anmeldungen noch änderbar sind. Stfreie Reisekostenvergütungen sind nicht in die Zuwendungen der Betriebsveranstaltung einzubeziehen (*BMF* BStBl I 15, 832). 82

83 **b) Gestaltungsmöglichkeiten.** Der ArbG kann einer Überschreitung des Freibetrags dadurch begegnen, dass die über 110 € hinausgehenden Kosten von den ArbN selbst getragen werden. Der ArbG kann für eine Betriebsveranstaltung auch einen Zuschuss in die Gemeinschaftskasse leisten, der nicht zu ArbLohn führt, sofern der Freibetrag nicht überschritten ist (BFH VI R 157/98 BStBl II 06, 437; Gestaltungsmöglichkeiten s *Hartmann* INF 06, 590). Bei einer zweitägigen Betriebsveranstaltung ist unschädl, wenn der ArbG nur für einen Tag die Kosten übernimmt und die Kosten für An- und Abfahrt sowie für Übernachtung von den ArbN getragen werden. Die Kombination von Betriebsveranstaltung und -besichtigung beim Hauptkunden des ArbG kann zur Aufteilung der Kosten und damit zur Einhaltung des Freibetrags führen (BFH VI R 118/01 BStBl II 06, 444). Zur Aufteilung der Kosten bei gemischt veranlasster Veranstaltung s BFH VI R 55/07 BStBl II 09, 726; *Bergkemper* HFR 09, 885; *Schneider* BFH/PR 09, 329. Geschenke von bleibendem Wert (= Gesamtwert von mehr als 60 €), die ledigl *bei Gelegenheit* der Betriebsveranstaltung überreicht werden, sind hingegen wie andere Sonderzuwendungen ArbLohn (BFH VI R 85/90 BStBl II 92, 655); sie sind nicht in die Berechnung der Gesamtkosten aufzunehmen (*BMF* BStBl I 15, 832). Werden Präsente im Wert von bis zu 60 € je ArbN, die aus zwingenden Gründen nicht an der Veranstaltung teilnehmen konnten, nachträgl überreicht, so wird man auch insoweit keinen Lohn annehmen müssen; Geldersatz ist aber stets Lohn.

84 **3. Bewertung.** Bis VZ 2014 war der Wert der dem ArbN durch den ArbG zugewandten Leistungen auch bei Betriebsveranstaltungen nach § 8 II 1 zu bestimmen. Er konnte anhand der Kosten geschätzt werden, die dem ArbG dafür erwachsen waren. Ab VZ 2015 sind gem § 19 I 1 Nr 1a S 5 die Zuwendungen des ArbG bei Betriebsveranstaltungen zwingend mit den anteilig auf den ArbN und dessen Begleitperson entfallenden Aufwendungen des ArbG anzusetzen. In der Praxis wird sich hierdurch idR keine Änderung ergeben, da die Bewertung des Vorteils anhand der Kosten bereits bisher übl war. Die SvEV findet keine Anwendung (BFH VI R 24/84 BStBl II 87, 355; § 8 Rz 61). Nach Auffassung der *FinVerw* ist die 44 €-Freigrenze des § 8 II 11 auf Zuwendungen anlässl von Betriebsveranstaltungen ebenfalls nicht anwendbar (*BMF* BStBl I 15, 832; ebenso *Plenker* DB 15, 2530). Gleiches gilt für die Beschränkung des BA-Abzugs in § 4 V 1 Nr 2, da keine Bewirtung aus geschäftl, sondern aus betriebl Anlass vorliegt (*FinVerw* DB 15, 2845, zutr).

IV. Bezüge aus früheren Dienstleistungen, § 19 I 1 Nr 2

86 **1. Begriff Dienstverhältnis.** Zu den Einkünften aus nichtselbständiger Arbeit gehören auch Bezüge und Vorteile aus früheren Dienstleistungen. Die in § 19 I 1 Nr 2 aufgeführten Wartegelder, Ruhegelder usw sind nur eine beispielhafte Aufzählung solcher Bezüge (*HHR* § 19 Rz 318). § 19 I 1 Nr 2 setzt ebenso wie Nr 1 voraus, dass die Bezüge durch ein DienstVerh veranlasst sind (s Rz 45 ff). Ob es sich um Bezüge aus früheren Dienstleistungen oder um Leibrenten handelt, bestimmt sich danach, ob der ArbN zur Erlangung der Bezüge eigenes Vermögen eingesetzt hatte oder nicht (BFH X R 29/05 BStBl II 07, 402; FG Hess EFG 14, 2025, NZB X B 172/14 unbegr; s auch Rz 63 und Rz 100 „Gehaltskürzung"). Soweit die Bezüge dem ArbN selbst zufließen, hat § 19 I 1 Nr 2 ledigl klarstellende Bedeutung. Konstitutiv ist die Vorschrift dagegen für den Rechtsnachfolger des ArbN, der, soweit er ArbLohn aus einen früheren DienstVerh seines Rechtsvorgängers bezieht, steuerrechtl ebenfalls als ArbN anzusehen ist (§ 1 I 2 LStDV; s auch Rz 7). *Rechtsnachfolger* iSd § 1 I 2 LStDV ist jeder Gesamt- oder Einzelrechtsnachfolger (s § 24 Rz 66). Einnahmen aus dem ArbVerh des Erblassers, die den Erben zufließen, sind bei diesen als Einkünfte aus nichtselbstständiger Arbeit zu versteuern (BFH VI R 157/72 BStBl II 76, 322; FG Hbg EFG 88, 365, rkr;

Giloy BB 86, 568). Die Erben sind insoweit ArbN iSd LStRechts (LStH 16 H 19.9). Die Besteuerung der Einnahmen aus dem früheren DienstVerh richtet sich nach den Merkmalen der Personen, denen sie nun zufließen (ArbN oder Rechtsnachfolger, BFH VI 265/58 U BStBl III 60, 404; BFH VI 157/72 BStBl II 76, 322). Der Rechtsgrund für die Leistung kann auch erst nach Beendigung des DienstVerh (auch freiwillig) gelegt werden (BFH VI 285/64 U BStBl III 65, 444; BFH X R 7/80 BFH/NV 86, 654).

2. Wartegelder; Ruhegelder. Hierbei handelt es sich um Einnahmen, die durch das DienstVerh veranlasst sind, dem ArbN aber nicht für eine gegenwärtige Tätigkeit zufließen. Zu den Ruhegeldern gehören auch solche, die erst im Zeitpunkt der vertragl vorgesehenen Beendigung des ArbVerh vereinbart oder erhöht werden (BFH XI R 51/00 BStBl II 02, 516). 87

3. Witwengelder; Waisengelder. Diese werden auf Grund einer dem verstorbenen ArbN zu Lebzeiten gewährten Versorgungszusage gezahlt. Witwen- und Waisengelder sind ArbLohn der Witwe bzw des Waisen. Zum Witwengeld zählen auch etwaige Kinderzuschläge. Der Witwe noch nicht zugeflossene Witwengelder sind nach ihrem Tode ihren Erben als eigene Einnahme aus nichtselbständiger Arbeit (Rechtsnachfolge des Rechtsnachfolgers des ArbN) entspr den bei ihnen gegebenen Besteuerungsmerkmalen zu erfassen (BFH VI 265/58 U BStBl III 60, 404; s auch Giloy BB 86, 566, 568). Zur Rechtslage bei Zuwendungen des ArbG an den ArbN durch letztwillige Verfügung s *HHR* § 19 Rz 196. 88

4. Versorgungsausgleich. Nach § 19 I 1 Nr 2 sind ab VZ 2009 auch Leistungen im Rahmen eines Versorgungsausgleichs, die die ausgleichsberechtigte Person aufgrund der Teilung nach § 10 oder § 14 VersAusglG später aus einer Direktzusage oder von einer Unterstützungskasse erhält, Einnahmen iSd § 19. Die ausgleichsverpflichtete Person hat Einnahmen iSd § 19 nur hinsichtl der verbleibenden Leistungen (s auch § 3 Nr 55a und 55b). Zur Zurechnung des Versorgungsausgleichs beim „Quasi-Rentensplitting" nach § 1587b II BGB und bei Abtretung von Versorgungsansprüchen nach § 1587i BGB s *HHR* § 19 Rz 324ff und *FinVerw* DB 88, 2129. 89

V. Beiträge zur betriebl Altersvorsorge, § 19 I 1 Nr 3

1. Laufende Vorsorgebeiträge. § 19 I 1 Nr 3 S 1 stellt klar, dass lfd Beiträge und lfd Zuwendungen des ArbG aus einem bestehenden DienstVerh an einen Pensionsfonds (§ 1b III BetrAVG, § 112 VAG), eine Pensionskasse (s LStH 16 R 40b.1 (4)) oder eine DirektVers (s LStH 16 R 40b.1 (1)) für eine betriebl Altersversorgung ArbLohn darstellen. Die Vorschrift ist deklaratorisch, da die genannten Zuwendungen schon nach § 19 I 1 Nr 1 zum ArbLohn gehören (s Rz 60). Dies gilt unter Zugrundelegung der von der BFH-Rspr vertretenen Auffassung auch für Umlagen, die der ArbG an eine im Umlageverfahren finanzierte Versorgungseinrichtung leistet (zB BFH VI R 8/07 BStBl II 10, 194; zur Kritik s Rz 62 aE). § 19 I 1 Nr 3 S 1 ordnet solche Umlagezahlungen an eine Pensionskasse dem ArbLohn zu (*Blümich/Geserich* § 19 Rz 296; *Birk/Specker* DB 08, 488; s auch BTDrs 16/2712, 45; *BMF* BStBl I 10, 270, Tz 258; teilw aA *Hölzer* FR 10, 501, 507). 91

2. Sonderzahlungen an Vorsorgeeinrichtungen. § 19 I 1 Nr 3 S 2 wurde durch das ZK-AnpG geändert. Die Neufassung gilt nach § 52 Abs 26a für alle Zahlungen des ArbG nach dem 30.12.2014. Weitere Änderungen erfolgten durch Art 2 VII Nr 4 des Gesetzes zur Modernisierung der Finanzaufsicht über Versicherungen (BGBl I 15, 434) und Art 13 des StÄndG 15. Zu § 19 I 1 Nr 3 S 2 aF s 33. Aufl. Mit § 19 I 1 Nr 3 S 2–4 will der Gesetzgeber der unter Rz 61 dargestellten BFH-Rspr entgegenwirken (s BTDrs 16/2712, 46). Nach § 19 I 1 Nr 3 S 2 sind alle Sonderzahlungen mit Ausnahme der in HS 1 Buchst a–d genannten Zahlungen, die der ArbG neben den lfd Beiträgen an eine Versorgungseinrichtung 92

(Pensionsfonds, Pensionskasse, DirektVers) leistet, ArbLohn. Dies gilt nach den gesetzl Regelbeispielen insb für Sonderzahlungen des ArbG an eine Pensionskasse anlässl des Ausscheidens aus einer nicht kapitalgedeckten betriebl Altersversorgung (Nr 3 S 2 Halbsatz 2 Buchst a) und für Sonderzahlungen des ArbG iZm dem Wechsel von einer umlagefinanzierten Versorgungseinrichtung in eine andere umlagefinanzierte Versorgungseinrichtung (Nr 3 S 2 HS 2 Buchst b). Da in diesen Fallgestaltungen nach dem allg Lohnbegriff kein ArbLohn gegeben ist, handelt es sich um eine **gesetzl ArbLohnfiktion** (glA *Birk/Specker* DB 08, 488; *Bergkemper* FR 11, 1043, 1050; aA *HHR* § 19 Rz 331 Erweiterung des ArbLohnbegriffs). Von der ArbLohnfiktion ausgenommen sind Zahlungen des ArbG zur *erstmaligen* Erfüllung von Solvabilitätsvorschriften (Nr 3 S 2 HS 1 Buchst a, BFH VI R 154/99 BStBl II 02, 22 gilt insoweit fort), zur Wiederherstellung einer angemessenen Kapitalausstattung nach unvorhersehbaren Verlusten oder zur Verstärkung der Rechnungsgrundlagen aufgrund einer unvorhersehbaren, nicht nur vorübergehenden Änderung der Verhältnisse, wobei die Sonderzahlungen nicht zur Absenkung der lfd Beiträge führen dürfen (Nr 3 S 2 HS 1 Buchst b), in der Rentenbezugszeit nach § 236 II VAG (Nr 3 S 2 HS 1 Buchst c) und in Form von *Sanierungsgeldern* (Nr 3 S 2 HS 1 Buchst d) anlässl der Systemumstellung von einer umlagefinanzierten auf eine kapitalgedeckte betriebl Altersversorgung (BFH VI R 32/04 BStBl II 06, 500 gilt fort). Zur erstmaligen Erfüllung der Solvabilitätsvorschriften gehört auch die auf Neugeschäften oder vertragl vereinbarten lfd Beiträgen beruhende Erhöhung der Solvaliltiätsspanne, um eine angemessene Kapitalausstattung zw 100%–115% Bedeckungsgrad zu erreichen (BT-Drs 18/3017, 39). Unvorhersehbare Verluste iSv Nr 3 S 2 Halbsatz 1 Buchst b sind in Anlehnung an § 56b I 2 VAG zu verstehen (zB Abschreibungen wegen Einbruch des Kapitalmarkts). Gleichgestellt sind vom Unternehmen nicht zu vertretende Finanzierungslücken, die zB auf gestiegener Lebenserwartung oder dem Zinsumfeld beruhen. Abzustellen ist jeweils auf den Zeitpunkt, zu dem die Sonderzahlung des ArbG begründet wird.

93 **a) Abgrenzung laufender Zahlungen von Sonderzahlungen.** § 19 I Nr 3 S 3, 4 sollen sicherstellen, dass bei lfd Zahlungen, die ArbLohn darstellen (Pauschalierungswahlrecht gem § 40b I; 20 vH), und bei Sonderzahlungen, die ArbLohnfiktion bedeuten (Pauschalsteuerpflicht mit 15 vH, § 40b IV), eine Abgrenzung der beiden unterschiedl zu besteuernden Zahlungen des ArbG mögl ist. Damit ist von Sonderzahlungen (Lohnfiktion) nur auszugehen, soweit die neue Bemessung der Zahlungspflichten des ArbG nach dem Wechsel bzw nach der Systemumstellung die frühere Bemessung übersteigt: Lag der vom ArbG zum Umstellungszeitpunkt zu tragende Umlagesatz zB bei 6 vH und beträgt er nun 7,5 vH, so ist nur der über die ursprüngl Umlage von 6 vH hinausgehende Teil von 1,5 vH des Arbeitsentgelts mit 15 vH zu besteuern (s auch *BMF* BStBl I 10, 270, Rz 260).

94 **b) Verfassungswidrigkeit der Arbeitslohnfiktion.** Die ArbLohnfiktion ist verfwidrig (*Glaser* BB 06, 2217; *Birk/Specker* DB 08, 488; s auch *Heger* BB 06, 1598; aA FG BaWü EFG 12, 2006, Rev, Vorlagebeschluss BFH VI R 49/12 BFH/NV 14, 418; *HHR* § 19 Rz 331; *KSM* § 19 Rz B 787 ff); dies gilt ebenso für die sachl nicht gerechtfertigte Ausnahmeregelung zugunsten der Sanierungsgelder (*Birk/Specker* DB 08, 488; *KSM* § 19 Rz 791; s auch BT-Drs 16/2712, 46). Bei § 19 I 1 Nr 3 S 2 handelt sich materiell-rechtl nicht um eine Besteuerung des Einkommens. Denn die Besteuerung erfolgt unabhängig von der Steigerung der Leistungsfähigkeit des ArbN (*K/Eisgruber* § 19 Rz 76). Die Auffassung, ArbLohn liege im Hinblick darauf vor, dass Ansprüche auf Zukunftssicherungsleistungen zwar nicht erworben, aber gesichert würden (so BT-Drs 16/2712, 45; Vorlagebeschluss BFH VI R 49/12 BFH/NV 14, 418; *KSM* § 19 Rz B 787), überzeugt nicht (ebenso *Sonnleitner/Engels/Winkelhog* BB 14, 791). Es ist für die Besteuerung von ArbLohn näml grds bedeutungslos, wie sich der ArbG die Mittel zur Finanzierung

des ArbLohns verschafft. Die Rechtbeziehungen, aus denen die Mittel für den ArbLohn stammen, berühren die Besteuerung des ArbLohns nicht (*Seeger* DB 05, 1588). So ist zB die Aufnahme eines Darlehens durch den ArbG und der hierdurch beim ArbG verursachte (Zins)Aufwand nicht deshalb ArbLohn, weil der ArbG mit der Darlehensvaluta Lohn zahlt, den er ohne das Darlehen nicht aufbringen könnte. Die Abkopplung der ArbLohnfiktion in § 19 I 1 Nr 3 S 2 von der Steigerung der wirtschaftl Leistungsfähigkeit des ArbN, die mit § 19 eigentl besteuert werden soll, wird durch die in § 40b IV angeordnete **Pflichtsteuerschuld des ArbG** verdeutlicht. Diese ist verfwidrig (insoweit zutr BFH VI R 49/12 BFH/NV 14, 418; Az BVerfG 2 BvL 7/14; s auch § 40b Rz 12). Der ArbG wird als Pflicht-StSchuldner in Anspruch genommen, weil er die Sonderzahlungen letztl ausgelöst hat (BT-Drs 16/2712, 57). Es handelt sich materiell-rechtl um eine **verdeckte Verkehrsteuer** von 15 vH, die als pauschale ESt getarnt wird. – Die Neuregelung gilt erstmals für Sonderzahlungen, die nach dem Tag des Kabinettsbeschlusses (24.8.2006) geleistet werden. Für frühere Zahlungen gelten damit die Grundsätze der BFH-Rspr (also kein ArbLohn). War die Umstellung bereits vor dem Stichtag vereinbart, bedeutet die Besteuerung der nach dem Stichtag geleisteten Sonderzahlungen (s *Hartmann* INF 07, 20, 1.4 aE) eine verfwidrige steuerverschärfende Rückwirkung, da hierdurch eine konkret verfestigte Vermögensposition ohne sachl Rechtfertigung nachträgl entwertet wird.

VI. Versorgungsfreibetrag, § 19 II

1. Abschaffung des Freibetrags bis 2040. Durch das AltEinkG hat der Gesetzgeber ab 1.1.2005 einen Systemwechsel hin zur nachgelagerten Besteuerung vollzogen (s § 22 Rz 125 ff). Hiervon ist auch § 19 II betroffen. Der Versorgungsfreibetrag wird bis 2040 schrittweise abgeschafft. Er wird nach den Verhältnissen des Jahres des Versorgungsbeginns ermittelt und wird in dieser Höhe für den ArbN zeitlebens berücksichtigt (sog **Kohortenprinzip**). Hinterbliebene werden in dieselbe Kohorte eingereiht wie der ursprüngl Versorgungsempfänger (§ 19 II 7) Für im Jahre 2040 in den Ruhestand tretende ArbN gibt es den Versorgungsfreibetrag nicht mehr. Bis dahin verringert er sich nach dem Jahr des Versorgungseintritts, wie der Tabelle des § 19 II 3 zu entnehmen ist. Der Versorgungsfreibetrag kann nur im Jahr des Zuflusses der Versorgungsbezüge gewährt werden (BFH VI R 116/72 BStBl II 74, 680). Zu beachten ist der Versorgungsfreibetrag iRd §§ 9a, 10c II 4, 24a S 2, 39b II, III, 46 II Nr 3. Auf pauschal versteuerten ArbLohn (§§ 40–40b) wird der Versorgungsfreibetrag nicht angewendet. 95

2. Versorgungsbezüge, § 19 II 2. Die Besteuerung beamtenrechtl Versorgungsbezüge ist als Übergangsrecht verfgemäß (BFH VI R 67/12 BFH/NV 14, 37). Versorgungsbezüge sind Bezüge und sonstige Vorteile, die auf einem früheren DienstVerh beruhen (also nicht bei anderen Einkunftsarten, BFH XI R 45/05 BFH/NV 07, 880; iEinz LStH 16 R 19.8 (1)). Maßgebl ist, dass den Bezügen die Funktion eines (vorgezogenen) Ruhegehalts zukommt (BFH VI R 47/71 BStBl II 74, 490). Hieran fehlt es bei Bezügen während der Freistellungsphase der Altersteilzeit im Blockmodell (BFH VI R 5/12 BStBl II 13, 611) und bei Leistungen aus einer Direktzusage vor Erreichen der Altersgrenzen in § 19 II 2 Nr 2 (BFH VI R 12/11 BStBl II 13, 576). Ob Fahrvergünstigungen von Ruhestandsbeamten der Bahn Versorgungsbezüge sind, ist str (ablehnend FG Köln EFG 13, 1403, aA FG Mchn EFG 14, 1303, rkr, offen gelassen in BFH VI R 41/13 BStBl II 15, 39). Versorgungsbezüge können auch als Sachbezüge gewährt werden (*BMF* BStBl I 10, 665, Tz 14a; einschr *Blümich/Geserich* § 19 Rz 339); dies hat Auswirkung auf den ArbN-Pauschbetrag (dazu *Gunsenheimer* NWB 10, 3910). Zu den Versorgungsbezügen zählen auch Bezüge eines vom Dienst freigestellten Beamten (BFH VI R 50/07 BStBl II 09, 460, 58er-Regelung; *Bergkemper* FR 09, 822; BFH VI R 37/70 BStBl II 75, 23, emeritierter Professor; oder eines Angestellten einer öffentl- 96 rechtl Körperschaft, FG Nds EFG 15, 1366, rkr). Zum Versorgungsfreibetrag für Vorruhestandsbeamte s FG Nds EFG 05, 299, rkr; zum Tatbestandsmerkmal „nach beamtenrechtl Grundsätzen" in § 19 II 2 Nr 1b s FG Nds EFG 96, 374, rkr. Die Altersgrenze in § 19 II 2 Nr 2 ist ab VZ 00 von 62 auf 63 Jahre heraufgesetzt worden (Gleichstellung zum öffentl Dienst durch StBereinG 99; s BFH VI B 45/07 BFH/NV 08, 60; BFH VI R 12/11 BStBl II 13, 576, verfgemäß). Entscheidend für das Vorliegen von Versorgungsbezügen iSv § 19 II 2 Nr 2 ist, dass der StPfl wegen Erreichens der Altersgrenze von seiner Dienstverpflichtung entbunden ist (BFH VI R 28/11 BStBl II 13, 572, zu Beihilfeleistungen). Zum Nachweis der Erwerbsunfähigkeit s FG Nds EFG 00, 936, rkr.

97 **3. Bemessungsgrundlage, § 19 II 4.** Der Versorgungsfreibetrag bemisst sich nach den Bruttobezügen, also ohne Kürzung um etwaige Freibeträge (*HHR* § 19 Rz 521). Zur Berechnung s *Risthaus* DB 04, 1337f; LStH 16 H 19.8. Da der ArbN-Pauschbetrag für Versorgungsbezüge ab 2005 gesenkt worden ist (s § 9a), wird zum Ausgleich neben dem Versorgungsfreibetrag ein Zuschlag gewährt, der ebenfalls je nach dem Zeitpunkt des Versorgungseintritts abgeschmolzen wird (s Tabelle in § 19 II 3). Der Versorgungsfreibetrag und der Zuschlag zum Versorgungsfreibetrag gelten grds für die gesamte Laufzeit des Versorgungsbezugs (§ 19 II 8, II 9). Zu einer Neuberechnung führen nur Änderungen des Versorgungsbezugs, die ihre Ursache in der Anwendung von Anrechnungs-, Ruhens-, Erhöhungs- oder Kürzungsregelungen haben (§ 19 II 10; s *BMF* BStBl I 10, 681, Rz 116). Höhe und Berechnung des Versorgungsfreibetrags sowie des Zuschlages sind als Übergangsrecht verfgemäß (BFH VI R 83/10 BStBl II 13, 573; BFH VI R 12/11 BStBl II 13, 576). S auch *BMF* BStBl I 10, 681, Rz 112–132.

VII. ABC der Einnahmen

100 **Abfindungen** (Entschädigungen) für vorzeitige Räumung einer Werkswohnung können ArbLohn darstellen (BFH VI R 371/70 BStBl II 74, 512). Abfindungen zur Ablösung eines Wohnrechts (BFH XI R 7/93 BStBl II 94, 185) oder einer Wiedereinstellungszusage (*E. Schmidt* FR 93, 359) sind Lohn. Entschädigungen wegen unfallbedingten Einkommensverlustes s FG Hess EFG 88, 573, rkr. Ablösezahlung bei Transfer eines Fußballspielers als dessen Lohn s FG Köln EFG 98, 1586, rkr, s auch „Ausgleichsgelder".

Abtretung einer Gehaltsforderung. Die Abtretung bewirkt nicht, dass nunmehr der Abtretungsempfänger den Tatbestand der Einkunftserzielung verwirklicht (BFH I R 64/81 BStBl II 85, 330; s auch § 11 Rz 50 „Abtretung"). Das Abtretungsentgelt wird idR nicht als Einnahme aus nichtselbstständiger Arbeit anzusehen sein (*Giloy* BB 86, 566, 569; *Crezelius* DStJG 9, 105, 106 auch zur Problematik der Lohnzahlung iRe Vertrages zu Gunsten Dritter).

Aktien. Die unentgeltl oder verbilligte Überlassung von Aktien oder GmbH-Anteilen durch den ArbG an den ArbN oder die unentgeltl Einräumung von Bezugsrechten für junge Aktien stellt ArbLohn iHd Differenz zw dem vom ArbN zu zahlenden Entgelt und dem Börsenkurs der Aktie bzw dem gemeinen Wert der GmbH-Anteile dar, wenn die Zuwendung durch das DienstVerh veranlasst ist (BFH VI R 94/13 BFH/NV 14, 1649). Dies gilt auch, wenn eine inl KapGes ihren ArbN Aktien ihrer ausl MutterGes zuwendet (BFH VI R 132/78 BStBl II 81, 577; BFH VI R 19/96 BFH/NV 97, 179; BFH VI R 124/99 BStBl II 05, 766). Überlassung von Gratisaktien als Sachbezug s FG Ddorf EFG 10, 1316; BFH VI R 35/10 BFH/NV 11, 1683; unentgeltl Übertragung von Aktien nach erfolgreicher Sanierung durch früheren Ges'ter als ArbLohn s FG Mchn DStRE 12, 1306; Rückverkauf von Genussrechten als ArbLohn s BFH VIII R 20/11 BFH/NV 14, 415 (s auch § 11 Rz 50 „Belegschaftsaktien", „Bonusaktien"). Ein zeitweiliges Veräußerungsverbot, eine Haltefrist oder eine Aktienverschaffung unter der auflösenden Bedingung einer Rückzahlungsverpflichtung schiebt weder den Zuflusszeitpunkt hinaus (BFH VI R 67/05 BStBl II 09, 282; BFH VI R 47/88 BStBl II 89, 608, mwN; das Gleiche gilt für nicht verbriefte Genussrechte, BFH VI R 73/86 BStBl II 89, 927), noch rechtfertigt dies die Bewertung der Aktien unter dem Börsenkurs. Nachzahlungen des ArbN wegen Veräußerung während eines Veräußerungsverbots bedeutet Rückzahlung von ArbLohn (§ 9 Rz 109). S auch „Ankaufsrecht".

Altersteilzeit. S *Rombach* INF 00, 209, 563; *Moderegger* DB 00, 1225. Zur Rückzahlung von ArbLohn wegen rückwirkender Inanspruchnahme von Altersteilzeit s *FinVerw* DStR 00, 1827 und *FinVerw* DB 01, 2119. Zum Besteuerungsrecht für Bezüge nach dem sog Blockmodell s BFH I R 49/10 BStBl II 11, 446. Stfreie Aufstockungsbeträge (§ 3 Nr 28) führen nicht zum Verlust des WK-Abzugs (*FinVerw* DB 08, 1408). S auch „Arbeitszeitkonten", „Versorgungszusage", § 3 „Altersteilzeit", *Hartmann* INF 01, 2 ff; *Niermann* DB 01, 171.

Altersversorgung. S Rz 60 ff; s auch „Unfallversicherung".

Amtseinführung. Zuschüsse des ArbG zur Feier anlässl der Amtseinführung (ebenso Verabschiedung) stellen keinen Lohn dar (LStH 16 R 19.3 (2) Nr 3, 110 €-Grenze je Teilnehmer; dazu *Seifert* DStZ 00, 87; *Hartmann* Inf 99, 740 f). S aber „Dienstjubiläum", „Geburtstag" und Rz 110 „Bewirtung".

Ankaufsrecht. S „Aktien"; § 11 Rz 50 „Option"; *Geserich* DStR Beil 14/23, 53. – ***(1)* Sachzuwendung.** Wird dem ArbN iRd DienstVerh ein Recht auf den *späteren* Erwerb von Gegenständen (Aktien, Grundstücken usw) zu einem feststehenden Preis eingeräumt, kommt eine vermögenswerte Sachzuwendung weder bei Einräumung des Ankaufsrechts noch im Zeitpunkt der erstmaligen Ausübbarkeit der Option (BFH VI R 105/99 BStBl II 01, 689), sondern erst im Zeitpunkt der Ausübung des Ankaufsrechts in Betracht, und zwar insoweit, als der Verkehrswert des Gegenstandes den dann feststehenden Preis übersteigt (stRspr seit BFH VI R 278/68 BStBl II 72, 596; BFH VI R 55/73 BStBl II 75, 690). Diese Rspr hat der BFH sowohl für **nichthandelbare Aktienoptionen** (BFH I R 100/98 BStBl II 01, 509; BFH I R 119/98 BStBl II 01, 512; mit Anm *Deutschmann* DStR 01, 938; *sch* DStR 01, 939; zugleich zur Ausübung der Option nach Auslandstätigkeiten bzw bei Wechsel von der unbeschr in die beschr StPflicht; s auch *FinVerw* DStR 03, 689; *BMF* BStBl I 06, 532, Rz 129 ff) als auch für **handelbare Optionsrechte** (BFH VI R 25/05 BStBl II 09, 382) bestätigt (s aber *Portner* DStR 10, 1316 für den Fall, dass dem ArbN vom ArbG ein ummittelbarer, unentziehbarer Anspruch gegen einen Dritten eingeräumt wird, zB Überlassung von Optionsrechten, die vom ArbG erworben wurden). Gleiches gilt für **Wandelschuldverschreibungen** (BFH VI R 124/99 BStBl II 05, 766; Anm *Lochmann* DB 05, 1721; FG Ddorf EFG 06, 1157, rkr) und **Wandeldarlehen** (BFH VI R 10/03 BStBl II 05, 770; BFH VI R 12/08 BStBl II 10, 1069). Es ist aber sorgfältig zu prüfen, ob das Wandeldarlehen/Ankaufsrecht auf der ArbN-Stellung oder einer Sonderrechtsbeziehung beruht (*Schneider* BFH/PR 10, 472). Gleiches gilt für sog **Wertsteigerungsbeteiligungen** (FG Bbg EFG 07, 1874, rkr); zu sog Virtual Stock Options s *Schiemzik* NWB 11, 798. Ob **Veräußerungsgewinne aus Economic Value Added-Zertifikaten** (besondere Form von Schuldverschreibungen) zu Lohneinkünften führen, hängt davon ab, ob der Leistungsaustausch den Einkünften aus nichtselbstständiger Arbeit zugerechnet werden kann (wofür mE mehr spricht; s auch *Bergkemper* FR 10, 138) oder auf Sonderrechtsbeziehungen beruht (dann Einkünfte aus KapVerm). Dies hängt von der Gesamtwürdigung durch das FG ab (BFH VI R 69/06 BStBl II 10, 69; *Schneider* BFH/PR 09, 459; ebenso bei Wandeldarlehen, s BFH VI R 12/08 BStBl II 10, 1069, BFH VI R 80/10 BStBl II 11, 948, und beim Erwerb von Aktien, BFH VI R 73/12 BFH/NV 14, 1291, mit Anm *ge* DStR 14, 1330). Zur Behandlung lfd Erträge und realisierter Wertveränderungen bei Mitarbeiterbeteiligung s *Marquart* FR 13, 980, 983. – ***(2)* Zufluss-**

zeitpunkt. Der **geldwerte Vorteil** fließt mit Erlangung des wirtschaftl Eigentums an den Aktien iHd Differenz zw Börsenpreis dieses Tages und den Erwerbsaufwendungen zu (zur Bewertung nicht börsennotierten Aktien s BFH VI R 30/07 BStBl II 11, 68; zur Unbeachtlichkeit späterer Wertminderungen s BFH VI B 160/10 BFH/NV 11, 1869) Nach BFH VI R 73/12 BFH/NV 14, 1291 soll es für die Bewertung auf den Zeitpunkt des schuldrechtl Veräußerungsgeschäfts ankommen, da spätere Wertveränderungen nicht mehr durch den ArbG vermittelt würden (ebenso *Geserich* NWB 14, 2156). Dem kann nicht gefolgt werden (ebenso zutr *Thomas* DStR 2015, 263). Es ist vielmehr aus systematischen Gründen daran festzuhalten, dass der maßgebl Bewertungszeitpunkt der Zuflusszeitpunkt ist (s § 8 Rz 26; ebenso *Wendt* EFG 14, 1889; s auch *Portner* BB 14, 2523). Die gegenteilige Auffassung lässt zudem den Charakter der Aktienüberlassung als Anreizlohn außer Betracht. Zuflusszeitpunkt ist der Tag der Erfüllung des Anspruchs durch den ArbG; dies ist der Tag der Einbuchung in das Depot des ArbN (BFH VI R 25/05 BStBl II 09, 382, unter II. 4.). Verfügungsbeschränkungen können dem Zufluss entgegenstehen, wenn sie die Annahme rechtfertigen, dass der ArbN über die Aktien noch keine Verfügungsmacht erlangt hat (BFH VI R 37/09 BFH/NV 11, 1949, restricted shares; s auch *Heurung ua* DStR 11, 2436; *Weidmann/Curdt* BB 12, 809; *Käshammer/Ramirez* DStR 14, 1419). Sperr-/Haltefristen stehen dem Zufluss aber ebenso wenig entgegen wie die Verschaffung der Verfügungsmacht unter der auflösenden Bedingung einer Rückzahlungsverpflichtung (BFH VI R 67/05 BStBl II 09, 282). – Zur Rechtslage bei Überlassung von vom ArbG am Markt erworbenen Optionsrechten s § 11 Rz 50 „Option". – Basispreis und die Lohnzuwendung sind bei einer Veräußerung der Aktien iRd § 23 als AK zu werten (BFH VI R 105/99 BStBl II 01, 689; *BMF* DB 04, 2393, Rz 14). – Zum LStAbzug bei Gewährung der Option durch einen Dritten (zB Konzernmutter) s § 38 Rz 6. Zur Ausübung einer Option ggü der ausl Konzernmutter durch einen ArbN einer inl Konzerntochter s LAG Hess DB 02, 794 (inl ArbG hat keine zivilrechtl Mitwirkungspflichten). – ***(3)*** **Sonstige Vorteilsrealisierung.** Veräußert der ArbN das Optionsrecht/das Wandeldarlehen oder verzichtet er gegen Entgelt auf die Ausübung des Optionsrechts (zB bei fehlgeschlagenem Mitarbeiterbeteiligungsprogramm, FG SchlHol EFG 06, 113, rkr; s auch „Verzicht"), kommt es in diesem Zeitpunkt zum Lohnzufluss (BFH VI R 4/05 BStBl II 08, 826; Anm *Schneider* HFR 08, 921; BFH VI R 12/08 BStBl II 10, 1069), denn die Veräußerung des Optionsrechts steht der Ausübung des Rechts gleich. Die spätere Ausübung der Option durch den Erwerber ist dem ArbN nicht zuzurechnen. – Zur Problematik der **fehlgeschlagenen Mitarbeiterbeteiligung** s § 9 Rz 109. Kann der ArbN iRe Mitarbeiterbeteiligungsprogramms erworbene Anteile an den ArbG innerhalb einer bestimmten Frist zum Ausgabekurs zurückgeben, obwohl der Wert der Anteile zwischenzeitl unter den Ausgabekurs gefallen ist, fließt dem ArbN im Zeitpunkt der Rückgabe der Anteile ArbLohn iHd der Kursdifferenz zu (BFH VIII R 19/11 BStBl II 13, 689). – Beim Verfall eines Optionsrechts sind die Optionskosten im Verfallsjahr als vergebl WK abziehbar (BFH VI R 36/05 BStBl II 07, 647; *Bergkemper* FR 07, 979). Darf der ArbN trotz Verfallklausel bei Beendigung des ArbVerh Aktien aus einem Optionsprogramm behalten, führt dies nicht zu einem (erneuten) Lohnzufluss (BFH VI R 67/05 BStBl II 09, 282, unter II.1.b). – Die Veräußerung der durch die Ausübung der Option erworbenen Aktien führt zu Einnahmen aus KapVerm (§ 20 II). – **Tarifvergünstigung** s § 34 Rz 40.

ArbG-Anteil zur Gesamtsozialversicherung erfüllt nicht den Lohnbegriff. § 3 Nr 62 hat nur deklaratorische Bedeutung (BFH VI R 178/97 BStBl II 03, 34; BFH VI R 52/08 BStBl II 10, 703; s auch FG Hbg EFG 10, 139, rkr, zum ArbG-Anteil zur SV eines freien Journalisten), weil es sich um eine drittnützige Abgabenlast auf Grund einer eigenen, dem ArbG aus sozialen Gründen auferlegten öffentl Verpflichtung handelt (anders als beim ArbG-Anteil zur SV eines MUers, BFH IV

R 14/06 BStBl II 07, 942; s auch § 15 Rz 584). Soweit Zuschüsse des ArbG die Beträge des § 3 Nr 62 übersteigen, liegt hingegen stpfl Lohn vor (FG Hbg EFG 93, 56, rkr). **Freiwillige Beiträge** des ArbG zur gesetzl RV sind ebenfalls stpfl ArbLohn; gleiches gilt für Zuschüsse zur Altersversorgung eines nicht zu den versicherungspflichtigen Personen (zB Vorstand einer AG) gehörenden ArbN (BFH VI R 8/11 BStBl II 14, 124, mit Anm *Bergkemper* FR 14, 76; BFH VI R 47/91 BStBl II 93, 169; FG Ddorf EFG 94, 283, rkr; s auch BFH VI B 237/01 BFH/NV 02, 1029); nicht hingegen rechtsirrtüml geleistete „ArbG-Anteile" (BFH VI R 35/89 BStBl II 92, 663; zur Rechtslage bei Rückabwicklung irrtüml erfolgter Zahlungen s *FinVerw* FR 00, 578). Die Entscheidung des SV-Trägers über sozialversicherungsrechtl Fragestellungen ist im Besteuerungsverfahren zu beachten, soweit sie nicht offensichtl rechtswidrig ist (BFH VI R 52/08 BStBl II 10, 703; *Bergkemper* FR 10, 765; *Schneider* BFH/PR 10, 299). Bei rückwirkender Entlassung des ArbN aus der SV-Pflicht sind die bisher vom ArbG geleisteten Zuschüsse zur KV nachträgl der LSt zu unterwerfen (FG Köln EFG 09, 117, rkr). S auch „Kirchenbeamte", „LStNachforderung" und „Sozialversicherungsbeiträge".

ArbN-Anteil zur Gesamtsozialversicherung ist Teil des Bruttolohns (BFH IX R 69/04 BStBl II 07, 579; BFH VI B 146/05 BFH/NV 07, 2283).

Arbeitsessen s „Bewirtung" und „Betriebsveranstaltung" aE.

Arbeitskleidung s § 9 Rz 241 ff und „Berufskleidung".

Arbeitslosengeld II ist stfrei (§ 3 Nr 2b) und unterliegt nicht dem Progressionsvorbehalt (*FinVerw* DStR 06, 235).

Arbeitsmittel. Die Überlassung von Arbeitsmitteln durch den ArbG zu Eigentum des ArbN oder die Bezuschussung der Anschaffung von Arbeitsmitteln führt regelmäßig nicht zu Lohn. Etwas anderes kann gelten bei WG mit einer Nutzungsdauer von mehr als 1 Jahr (s Rz 69).

Arbeitszeitkonten. Bei Zeitwertkonten (Wertguthabenvereinbarungen iSv § 7b SGB IV) vereinbaren ArbG und ArbN, dass künftig fällig werdender ArbLohn (auch Einmal- oder Sonderverdienste) der Vollarbeitszeitphase nicht sofort sondern später in der Arbeitszeitfreistellungsphase ausgezahlt wird (zu Flexi-/Gleitzeitkonten s *FinVerw* DB 11, 1833). Strechtl geht es um die Frage des **Zuflusses:** Der zunächst nicht ausgezahlte Lohn fließt erst später bei der Auszahlung in der Freistellungsphase zu und ist dann zu versteuern (s § 11 Rz 50 „Zeitwertkonten"; *Wellisch/Quast* DB 06, 1024). Die FinVerw will demggü bei **befristeten Dienst-Verh** (wenn das Lohnguthaben innerhalb der vertragl vereinbarten Befristung nicht durch Freistellung ausgeglichen werden kann), bei **Organen von Körperschaften** (weil mit dem Aufgabenbild des Organs nicht vereinbar, dagegen zutr FG Nds EFG 12, 1397; aus anderen Gründen aufgehoben durch BFH VI R 19/12 BFH/NV 14, 1370; FG Ddorf EFG 12, 1400, aus anderen Gründen aufgehoben durch BFH VI R 26/12 BFH/NV 14, 1372; *Graefe* DStR 12, 2419; aA *Sterzinger* BB 12, 2728; *Harder-Buschner* NWB 09, 2132) und bei als ArbN **beschäftigten beherrschenden Anteilseignern** einen Zufluss trotz fehlender Auszahlung bereits bei Fälligkeit des ArbLohns unterstellen (*BMF* BStBl I 09, 1286; aA FG Mster EFG 13, 1026, aus anderen Gründen aufgehoben durch BFH VI R 23/13 BStBl II 14, 894; FG Hess EFG 12, 1243, rkr, zu beherrschendem Ges'ter-Geschäftsführer; s ferner *Wellisch/Quiring* BB 12, 2029). Dies ist mit dem Zuflussprinzip des § 11 ebenso wenig vereinbar wie die Auffassung, dass bei einer **planwidrigen Verwendung des Zeitwertguthabens** (zB bei vorzeitigem teilweisen Zugriff auf das Zeitwertkonto) das *gesamte* Guthaben zufließen soll (Ausnahme nur bei existenzbedrohender Notlage). Die *FinVerw* ersetzt mit ihrer Auffassung zu Zeitwert-Modellen § 11 unzulässiger Weise durch ein eigenes Zuflusssystem. Ausführl zur Arbeitszeitkonten *BMF* BStBl I 09, 1286, mit Übergangsregelung für vor dem 1.1.09/31.1.09 eingerichtete Zeitwertkonten; *Plenker* DB 09, 1430; *Harder-Buschner*

NWB 09, 2132; *Portner* DStR 09, 1838; *Sterzinger* BB 12, 2728; *Hilbert/Paul* NWB 12, 3391. – Der ArbN kann, ohne dass lohnsteuerl Folgen ausgelöst werden, sein Zeit-/Wertguthaben zu einem neuen ArbG mitnehmen (*BMF* BStBl I 09, 1286) oder ab 1.1.09 auf die DRV Bund überführen (§ 3 Nr 53; dazu *Niermann* DB 09, 139). Das Guthaben auf dem Arbeitszeitkonto kann auch in eine betriebl Altersversorgung umgewandelt werden (zu Vorteilen daraus s *Wellisch/ua* BB 06, 1100; *Wellisch/Machill* StuW 07, 30). Wird bei der Umwandlung die (individuelle, nicht pauschale) LSt erhoben, steht dem ArbN der SA-Abzug/die Altersvorsorgezulage zu (*FinVerw* DB 02, 973; *Niermann* aaO mit Beispielen). Der Einsatz von Guthaben auf dem Arbeitszeitkonto für betriebl Weiterbildung führt aber nicht zu WK (*FinVerw* DStR 14, 1286). Wird an den ArbN, der in der Arbeitsphase aufgrund des reduzierten Lohns wirtschaftl vorgeleistet hat, bei vorzeitiger Beendigung des ArbVerh ein Ausgleich für das in der Arbeitsphase angesammelte Wertguthaben gezahlt, fließt der Ausgleich dem ArbN als sonstiger Bezug im Zeitpunkt der Zahlung zu (BFH VI R 26/11 BStBl II 12, 415). Zu Arbeitszeitkonten und vGA s *Ziegenhagen/Schmidt* DB 06, 181; *Wellisch/ua* BB 05, 1989. S auch „Altersteilzeit" und „Versorgungszusage".

Ärztl Betreuung s Vorsorgeuntersuchung.

Aufmerksamkeiten sind kein Lohn, wenn sie auch im gesellschaftl Verkehr ausgetauscht zu werden pflegen und von ganz geringem Wert sind (*Offerhaus* BB 90, 2019). Zur 60 €-Grenze in LStH 16 R 19.6 (1) s *Seifert* DStZ 15, 199, 200. Die Übergabe betriebsbezogener Festschriften oder Ehrennadeln/Ehrenurkunden ist nicht als Lohn zu beurteilen (*Reuter* FR 90, 140). – Nach LStH 16 R 19.6 (2) sollen Getränke und Genussmittel, die der ArbG den ArbN im Betrieb unentgeltl oder verbilligt überlässt, nicht zum Lohn gehören. S auch „Bewirtung", „Gelegenheitsgeschenke" und „Sachbezüge".

Aufsichtsratsvergütungen, die der ArbN-Vertreter an seine Arbeitskollegen weitergibt, sind bei diesen kein ArbLohn (BFH VI R 53/84 BStBl II 87, 822). S auch Rz 35 „Aufsichtsratsmitglied" und Rz 110 „ArbN-Vertreter".

Aufwandsentschädigung aus öffentl Kassen kann stfrei sein (s § 3 „Aufwandsentschädigungen"), sofern Aufwand abgegolten wird, der den WK-Begriff erfüllt (ausführl BVerfG BStBl II 99, 502, zur Verfassungswidrigkeit von § 3 Nr 12; BFH VI R 3/04 BStBl II 07, 308, Mietentschädigung für Arbeitszimmer; BFH VI R 53/04 BStBl II 07, 536, Umzugskostenvergütungen, dazu *Bergkemper* FR 07, 499, 930; BFH VIII R 58/06 BStBl II 09, 405, Reisekostenvergütung an politische Mandatsträger; s *FinVerw* NWB 09, 826, Erlasse zu stfreien Aufwandsentschädigungen an verschiedene Amtsträger). Soweit die Aufwandsentschädigung den tatsächl entstandenen Aufwand nicht abdeckt, kann der ArbN WK geltend machen (BFH XI B 129/05 BFH/NV 07, 43, mwN). Zur Rechtslage bei stfrei gezahlten Aufwandsentschädigungen für die Tätigkeit von Beamten in den neuen Bundesländern s BFH VI R 26/00 BStBl II 02, 823 (*Pust* HFR 02, 782); BFH VI R 45/00 BStBl II 02, 827; BFH VI R 25/00 BFH/NV 02, 1290. – Soweit Trennungsgeld über die als WK abziehbaren Aufwendungen hinausgeht, handelt es sich um stpfl Lohn (FG Bln EFG 98, 1594, Rev, Hauptsacheerledigung). Aufwandsentschädigungen für Teilnahme an internationaler Mission s BFH I R 35/08 BFH/NV 09, 26. – Aufwandsentschädigungen innerhalb eines privaten DienstVerh sind grds Teil des stpfl ArbLohns (BFH VI R 25/68 BStBl II 69, 185), soweit es sich nicht um durchlaufende Gelder oder Auslagenersatz handelt (s Rz 65, § 3 Nr 50, § 3 „Auslagenersatz"). Aufwandsentschädigung eines Verbandsfunktionärs s BFH III R 241/84 BStBl II 88, 615. Zu stfreien Aufwandsentschädigungen für Abgeordnete s § 9a Rz 10.

Ausbildungsvergütung s „Unterhaltszuschüsse". Rückerstattung von Ausbildungskosten durch den ArbG kann zu Lohn führen (FG Köln EFG 00, 1251, rkr).

Zur zivilrechtl Rspr betr Rückerstattung von Aus- und Fortbildungskosten s *Becker-Schaffner* DB 91, 1016; *Huber/Blömeke* BB 98, 2157.

Ausbildungszuschüsse können nach § 3 Nr 11 und § 3 Nr 44 stfrei sein (s § 3 „Ausbildungsförderung"). S aber „Unterhaltzuschüsse".

Ausgleichsgelder nach dem FELEG sind kein Lohn (BFH VI R 34/01 BStBl II 05, 569; BFH VI R 74/01 BFH/NV 05, 1301).

Auslagenersatz s Rz 65, § 3 Nr 50, LStH 16 R 3.50. Eine Einzelabrechnung ist dann nicht erforderl, wenn auf andere Weise sichergestellt ist, dass der Auslagenersatz nicht überhöht ist (BFH IV R 4/02 BStBl II 04, 129).

Auslandslehrer. Zum Kassenstaatsprinzip s BFH I R 65/95 BStBl II 98, 21; FG Köln EFG 98, 886, rkr (zur unbeschr StPfl; BFH I B 53/98 BFH/NV 99, 458). S auch BFH I R 80/98 BFH/NV 00, 832 (Europagehalt von Lehrern). Zu Ausgleichszahlung des Dt Akademischen Austauschdienstes G Bbg EFG 02, 311, rkr.

Auslandsreise, die nicht nur untergeordnete touristische Aspekte aufweist, kann zu Lohn führen (BFH VI R 6/89 BStBl II 93, 640; BFH VI R 32/03 BStBl II 06, 30; BFH VI R 69/02 BFH/NV 07, 708). Dies kann bei sog **Händler-Incentive-Reisen** für die zur Betreuung abgestellten ArbN anders sein, wenn die Betreuung einer Arbeitsleistung gleichkommt, wozu iEinz darzulegen und zu beweisen ist, worin die Betreuungsleistung bestand und welchen zeitl Umfang sie einnahm (ausführl BFH VI R 65/03 BStBl II 07, 312; BFH VI R 69/02 BFH/NV 07, 708). Auch die dienstl Verpflichtung zur Teilnahme an der Reise muss der ArbN substantiiert darlegen (BFH VI R 53/93 BFH/NV 94, 708; FG BaWü EFG 05, 1692, rkr, Bankmitarbeiter als Urlaubsbegleiter, Zusammenstellung von Kriterien). Die Mitnahme von Ehegatten kann für den belohnenden Charakter der Reise sprechen (BFH VI R 53/93 BFH/NV 94, 708); dies ist iRd tatrichterl Gesamtwürdigung zu bewerten. Stellt die Reise für den ArbN keine Lohnzuwendung dar, kann aber der auf den mitreisenden Ehepartner entfallende Teil der Kosten zu Lohn führen. Ist von einer Lohnzuwendung auszugehen, wirken sich die vom ArbN anlässl der Vorteilsgewährung tatsächl erbrachten Betreuungsleistungen nicht wertmindernd aus (BFH VI R 24/94 BStBl II 94, 954; offen gelassen in BFH X R 36/03 BFH/NV 05, 682). Es kann aber zu prüfen sein, ob nicht eine *gemischte* Veranlassung der Reise die Aufteilung in Lohn und Nichtlohn rechtfertigt (BFH VI R 32/03 BStBl II 06, 30; BFH VI R 65/03 BStBl II 07, 312; BFH VI B 14/10 BFH/NV 11, 24); Aufteilungsmaßstab kann sein, in welchem zeitl Umfang die mitreisenden ArbN, gemessen an der normalen Tagesarbeitszeit, tatsächl Betreuungsaufgaben wahrgenommen haben (*Krüger* HFR 07, 332). Zur strechtl Behandlung unentgeltl oder verbilligter Reisen bei Mitarbeitern von Reisebüros oder Reiseveranstaltern s *BMF* BStBl I 94, 755.

Auslandstätigkeit. Zu estrechtl Fragen bei ArbN-Entsendung s *Fehn* BB 04 Beil 3; ferner *Neyer* BB 06, 917. Berufskraftfahrer als Grenzgänger s *FinVerw* BB 96, 1650. Zu von EU-Organen an Beamte gezahlte Tagegelder s *BMF* BStBl I 06, 340. – Steuerl Behandlung des ArbLohns nach DBA s *BMF* BStBl I 06, 532; *Schubert/Hofmann* BB 07, 23. Zum sog doppelten Zeitbezug bei sowohl im In- wie im Ausl tätigen ArbN s *Neyer* FR 07, 382. Sozialversrechtl Fragen bei Auslandsentsendung s *Schwab/ua* NWB 10, 2063.

Auslösungen s § 3 Nr 16; „Reisekostenerstattung".

Autoinsassen-Unfallversicherung s „Unfallversicherung".

BahnCard. Bei Einsatz für Dienstreisen fehlt es am Lohncharakter oder es liegt stfreier Reisekostenersatz bis zu der Höhe vor, bis zu der der ArbG auch ohne BahnCard die Reisekosten ersetzt hätte (*FinVerw* DStR 93, 19). Private Nutzungsmöglichkeit wird als unbeachtl erachtet (s auch *Hartmann* Inf 93, 193, 195). Zum BahnCard-Prämienprogramm *FinVerw* DStR 05, 2125 und § 3 Nr 38, § 37a.

Beihilfen und Unterstützungen s § 3 „Beihilfeleistungen". Krankheitsbeihilfen erfüllen den Lohnbegriff (§ 2 II Nr 5 LStDV). Dies gilt auch, wenn eine KV ihren ArbN anstelle der Beihilfen Beitragsermäßigungen gewährt (BFH VI R 76/91 BStBl II 96, 239; BFH VI B 176/03 BFH/NV 05, 205); es sei denn, die Ermäßigung wird auch im normalen Geschäftsverkehr gewährt (FG Mster EFG 97, 1182, rkr). Die Kürzung von Beihilfeleistungen durch die **Kostendämpfungspauschale** führt nicht zu negativem ArbLohn.

Belegschaftsgeschäft von Versicherungen s *Fahr* aaO (dort Schrifttum vor Rz 40) S. 169 ff, 183 ff (umfassend und krit zur Rspr).

Belohnung, die ein ArbG seinem ArbN für gute Leistungen oder für die Verhinderung von Betrügereien usw (*FinVerw* DStR 85, 477) gewährt, ist stpfl ArbLohn (besondere Zuwendungen, § 2 II Nr 5 LStDV). Dies gilt auch für Belohnungen durch Dritte, soweit sie auf dem DienstVerh beruhen (Rz 70; s auch § 3 Nr 51, Trinkgelder und „Prämien").

Bergmannsprämien s § 3 Nr 46 und BFH VI R 18/08 BStBl II 10, 1072.

Berufskleidung s § 9 Rz 241 ff und § 3 Nr 31. Die unentgeltl Überlassung typischer Berufskleidung stellt keinen stpfl Sachbezug dar (FG BaWü EFG 00, 1113, rkr, Messebekleidung; FG Hess EFG 93, 648, rkr, uniformähnl Kleidung des Flugpersonals). Ähnl kann gelten bei Überlassung von Einheitskleidung von geringem Wert im Einzelhandel (BFH VI R 21/05 BStBl II 06, 915). Die Überlassung von bürgerl Kleidung als Arbeitskleidung stellt aber einen stpfl Sachbezug dar (*Offerhaus* DStJG 9, 129). Dies gilt erst recht bei Überlassung hochwertiger Markenbekleidung (BFH VI R 60/02 BStBl II 06, 691). Gleiches gilt für Barablösungen (*HHR* § 19 Rz 600 „Barablösungen").

Bestechungsgeld. Kein ArbLohn, sondern sonstige Einkünfte gem § 22 Nr 3 liegen vor, wenn ein ArbN Geschäfte seines ArbG ohne dessen Wissen zu dessen Nachteil ausführt und hierfür Bestechungsgelder von Dritten erhält (BFH XI B 193/06 BFH/NV 07, 1887; BFH IX R 26/14 BStBl II 15, 1019). S auch „Diebstahl".

Betriebl Weiterbildung. Leistungen des ArbG für die betriebl Weiterbildung des ArbN oder für Qualifikations- und Trennungsmaßnahmen iZm Kündigungsvereinbarungen stellen keinen Lohn dar. Dabei ist es gleichgültig, wo die Bildungsmaßnahme stattfindet (LStH 16 R 19.7 (1) 2; s aber auch *FinVerw* BB 08, 1608). Selbst wenn die Maßnahme in der Freizeit des ArbN stattfindet, muss dies nicht dafür sprechen, dass der ArbN ein gewichtiges eigenes Interesse an der Maßnahme hat und damit ein ganz überwiegendes betriebl Interesse des ArbG zu verneinen ist. Das stets vorhandene Interesse des ArbN an der Verbesserung seiner berufl Fähigkeiten kann allein ein überwiegend betriebl Interesse des ArbG nicht beeinträchtigen. Denn Vorteile, die einem ArbN aus der betriebl Berufsausbildung erwachsen, führen nicht zu Lohn. BAG DB 09, 853 geht ebenfalls davon aus, dass vom ArbG gezahlte Aus- oder Fortbildungskosten der Sache nach eine Investition im Interesse des ArbG sein können. Dem entspricht, dass nach LStH 16 R 19.7 (1) 3, 4 (dazu *Hartmann* DStR 10, 2550, 2556) bei berufl Fort- und Weiterbildungsmaßnahmen, die für Rechnung des ArbG erfolgen, eine Lohnzuwendung ausscheidet. Auch bei arbeitsvertragl Übernahme der auf Rechnung des ArbN angefallenen Studiengebühren durch den ArbG und Rückzahlungsverpflichtung des ArbN, wenn dieser innerhalb von zwei Jahren nach Studienabschluss das Unternehmen verlässt, verneint *FinVerw* einen Lohnzufluss (*BMF* BStBl I 12, 531). Die Übernahme der Studiengebühren durch den neuen ArbG im Falle eines Arbeitsplatzwechsels soll aber zu ArbLohn führen (*FinVerw* DStR 15, 699). ME scheidet ArbLohn bereits deshalb aus, weil hier kein Wertetransfer in den privaten sondern in den berufl Bereich des ArbN erfolgt (s Rz 55, 67). Zur arbeitsrechtl Rechtslage bei Rückzahlungsverpflichtung des ArbN für Fortbildungskosten s *Stück* DStR 08,

2020. – Bei Maßnahmen, die der Verbesserung der Allgemeinbildung des ArbN dienen, wird idR das überwiegend betriebl Interesse des ArbG zu verneinen sein; die Kosten der Zuwendung stellen in diesem Fall Lohn dar; denn es handelt sich um einen Wertetransfer in den Privatbereich des ArbN (s aber FG Mchn EFG 02, 617, rkr, nicht zweifelsfrei). S auch „Outplacement-Beratung".

Betriebsrenten führen zu Lohn (BFH VI B 72/04 BFH/NV 05, 1998).

Betriebssport s Rz 41; *Offerhaus* DStJG 9, 128; *Lang* DStJG 9, 67; *Leschus* DB 87, 249. Die Anmietung und Überlassung von Tennisplätzen (Einzelsportart) durch den ArbG an seine ArbN führt zu ArbLohn (BFH VI R 44/96 BStBl II 97, 146; krit *von Bornhaupt* DStZ 97, 102). Gleiches gilt, wenn der ArbG mit einem Fitnessstudio vereinbart, dass seine ArbN dort für einen verbilligten Beitrag trainieren können (FG Brem DStRE 12, 144, rkr, auch zur Bewertung des Vorteils). Für Mannschaftssportarten hat die *FinVerw* einen Lohnzufluss verneint (FR 96, 649; zweifelhaft s Anm HFR 97, 164).

Betriebsveranstaltungen s Rz 77 ff. Zur Rechtslage bis einschließl VZ 2014 s 33. und frühere Aufl § 19 Rz 100 „Betriebsveranstaltungen"; *Lohse/Zanziger* DStR 14, 921; *Heger* DB 14, 1277; *FinVerw* DStR 14, 2462; LStH 15 R 19.5.

Betriebsversammlung. Ersatzleistungen des ArbG nach § 44 BetrVG gehören zum stpfl ArbLohn. Bei Betriebsversammlungen *außerhalb* des Betriebes können für Pkw-Fahrten der ArbN die Kosten iRd LStH 16 H 9.5 „Pauschale Km-Sätze" stfrei ersetzt werden (*BMF* BStBl I 14, 1412 Rz 36).

Bewirtung. Nimmt der ArbN an einer betriebl veranlassten Bewirtung von *Geschäftsfreunden* des ArbG teil, ist der auf den ArbN entfallende Bewirtungsaufwand kein ArbLohn. Eine Bewirtung im Betrieb anlässl unvorhergesehener Überstunden oder anderer außergewöhnl Arbeitseinsätze ist kein Lohn (LStH 16 R 19.6 (2), 60 €). Voraussetzung ist aber, dass die unentgeltl Überlassung des Essens der Beschleunigung des Arbeitsablaufs dient, in den Arbeitsablauf integriert ist, dies für den ArbG von erhebl Wichtigkeit ist und aus der Art des Essens und der Gaststätte (statt Nutzung der vorhandenen Kantine) nicht auf eine Belohnungsabsicht geschlossen werden kann (BFH VI R 51/08 BStBl II 10, 700, mwN, unentgeltl Verpflegung auf einem Flusskreuzfahrtschiff; dazu auch *Schneider* BFH/PR 10, 208; *ge* DStR 10, 643; FG Nds DStRE 10, 1162, rkr, gemeinsame Mahlzeiten von Kindern und Betreuern im Kindergarten als Teil der Betreuungsaufgaben; ebenso FG SchlHol DStRE 12, 918, rkr). – Bewirtungskosten aus Anlass der Ehrung eines *einzelnen* Jubilars oder eines ausscheidenden ArbN liegen im überwiegend eigenbetriebl Interesse des ArbG und führen daher nicht zu Lohn (110 €-Grenze, LStH 16 R 19.3 (2) Nr 3; s aber FG Hess EFG 96, 274, rkr, Dienstjubiläum eines Bürgermeisters). Richtet der ArbG für den ArbN Feiern oder festl Veranstaltungen aus, kommt es dann nicht zum Lohnzufluss, wenn es sich um ein Fest des ArbG (= betriebl Veranstaltung) handelt; die Tragung der Kosten für Privatfeiern des ArbN führt aber zu Lohn (instruktiv FG Hbg EFG 04, 193, rkr). S auch „Geburtstag", „Mahlzeiten".

Büro des ArbG in der Wohnung des ArbN; Kostenbeteiligung des ArbG. Die Vermietung eines im Wohnbereich des ArbN gelegenen Zimmers **an den ArbG** mit Rücküberlassung an den ArbN führt idR nicht zu ArbLohn. Sie ist aber grds anzuerkennen. Der ArbN hat dann Einnahmen aus VuV sowie WK-Abzug iRd § 21 (*BMF* BStBl I 06, 4). Die Abzugsbeschränkung des § 4 V 1 Nr 6b gilt nicht, wenn der ArbG die auswärtige Betriebsstätte benötigt, zu der er auch Zutritt hat. In einem solchen Fall handelt es sich um ein Büro des ArbG und nicht um ein häusl Arbeitszimmer des ArbN (BFH VI R 131/00 BStBl II 02, 300; BFH VI R 147/00 BStBl II 03, 519; *Pust* HFR 03, 660, zu weiteren Zweifelsfragen). Entscheidend ist die Intensität der betriebl Bedürfnisse für die Anmietung des Raumes durch den ArbG (BFH VI R 25/02 BStBl II 06, 10; BFH VI R

82/04 BFH/NV 06, 1076; BFH IX R 72/01 BFH/NV 05, 882; BFH IX R 4/05 BFH/NV 05, 2180; FG BaWü EFG 06, 1413, rkr). Diese Voraussetzung ist bei **Heimarbeitern** und **Telearbeitsplätzen** zu bejahen (*FinVerw* DStR 00, 632; zur ustrechtl Behandlung s *FinVerw* DStR 01, 665). Hingegen wird bei **pauschalem Bürokostenzuschuss** idR ArbLohn anzunehmen sein. Dies gilt insb für Mietentschädigungen (§ 17 BundesbesoldungsG; BFH VI R 3/04 BStBl II 07, 308). Anders ist die Rechtslage, wenn der ArbG in den Geschäftsräumen keinen oder nur einen eingeschränkten Arbeitsplatz zur Verfügung stellt, so dass der ArbN zu Hause arbeiten muss (**ausgelagerter Arbeitsplatz des ArbG,** s auch *Greite* DB 06, Beil 6, S 29ff). Entgegen BFH IX R 76/01 BFH/NV 06, 1081 ist hier ein gesonderter Mietvertrag nicht erforderl (zutr *von Bornhaupt* HFR 06, 1082; aA *FinVerw* DB 08, 729).

Darlehen. Lohnstrechtl Folgen werden erst ausgelöst, wenn der ArbG das Darlehen unverzinsl oder unter dem marktübl Zinssatz an den ArbN gibt (BFH VI R 28/05 BStBl II 06, 781; zur Berechnung des geldwerten Vorteils s *BMF* BStBl I 15, 484; *FinVerw* DStR 15, 2020; *Plenker* DB 15, 1310; *Rolfes* StuB 15, 627). *Zinszuschuss* des ArbG zu einem marktübl Darlehen ist stets Lohn (BFH VI R 67/03 BStBl II 06, 914). Nach der *FinVerw* sind Zinsersparnisse bei einer Darlehenssumme bis zu 2600 € kein Lohn (*BMF* BStBl I 15, 484 Tz 4; mE rechtswidrig). Dies hat für Bankangestellte den Vorteil, dass insoweit der Freibetrag nach § 8 III nicht verbraucht wird; das Gleiche gilt für die 44 €-Grenze des § 8 II 9, ab VZ 2014: § 8 II 11 (*Hartmann* DStR 09, 79/81). – Der Erlass der Darlehensforderung führt regelmäßig zu ArbLohn iHd erlassenen Betrages. – Die Verzinsung rückständigen ArbLohns führt zu Einnahmen aus KapVerm. – Das Darlehen ist vom Vorschuss (ArbLohn) abzugrenzen (*BMF* BStBl I 15, 484 Tz 2, s auch § 11 Rz 50 „Darlehen"). Übernahme von Teilzahlungszuschlägen durch ArbG ist Lohn (FG Hess EFG 90, 523, rkr).

Deputate sind Lohn (zB Freifahrten, -flüge, -karten, -tabak, -trunk). S § 8 III.

Diebstahl durch den ArbN führt nicht zu Einnahmen aus nichtselbstständiger Arbeit (*Offerhaus* BB 82, 1064); ebenso nicht bei Veruntreuung (FG Mchn EFG 85, 71, rkr; FG Mster EFG 01, 1291, rkr, BFH X R 163–164/86 BStBl II 91, 802, gewerbl Einkünfte). Wohl aber uU der Regressverzicht des ArbG; es sei denn, ArbN ist vermögenslos.

Diebstahlsersatz durch den ArbG für Gegenstände, die bei einer Auswärtstätigkeit abhanden kommen, führt dann nicht zu Lohn, wenn die Gegenstände bei der Auswärtstätigkeit verwendet werden mussten und der Schaden sich als Konkretisierung einer reisespezifischen Gefährdung erweist (BFH VI R 21/92 BStBl II 94, 256; s auch § 9 Rz 80). ArbG sollten für ihre ArbN eine Reisegepäckversicherung abschließen (Anm HFR 94, 218; s auch „Dienstreise-Versicherung"); Probleme bei der Bewertung des Ersatzes werden so vermieden (s *Richter* DStR 94, 1799).

Dienstjubiläum. S „Bewirtung".

Dienstreiseversicherung. Prämienzahlungen des ArbG sind kein ArbLohn (BFH VI R 3/87 BStBl II 92, 365; *BMF* BStBl I 15, 734).

Dienstwagen s „Kraftfahrzeuggestellung".

Dienstwohnung. Sind Zuwendungen des ArbG oder eines Dritten (BFH VI R 70/02 BFH/NV 07, 425) iZm mit der Beschaffung, Unterhaltung usw einer Wohnung oder eines Hauses (zB unentgeltl oder verbilligte Nutzungsüberlassung, Herrichtung oder Übereignung) durch das DienstVerh veranlasst, gehören sie iHd dem ArbN (oder in dessen Interesse einem Dritten) zufließenden wirtschaftl Vorteils zum stpfl ArbLohn. Auch verbilligte Überlassung einer *Werksdienstwohnung* führt zu ArbLohn (FG RhPf EFG 88, 123, rkr), soweit die Räume nicht im überwiegenden betriebl Interesse des ArbG genutzt werden müssen (Einzelheiten *Fin-*

Verw DB 90, 2448) oder wenn in erhebl Umfang auch an Nicht-ArbN vergleichbar vermietet wird (BFH VI R 65/09 BFH/NV 11, 1938). Der Zufluss erfolgt bei Überlassung eines Grundstücks mit Erlangung des wirtschaftl Eigentums (BFH VI R 65/84 BFH/NV 88, 86). Nutzt der ArbN eine Wohnung auf Grund eines vom ArbG bestellten Wohn- oder Nießbrauchsrechts, so fließt der geldwerte Vorteil aber nicht bereits bei Bestellung des Rechts, sondern erst im Zeitpunkt der monatl Wohnungsnutzung zu (BFH VI R 33/97 BStBl II 04, 1076, mwN, Luxuswohnung; s auch „Ankaufsrecht"). Gleiches gilt bei verbilligter Vermietung (Bewertung s § 8 Rz 58). Beachte die Steuerfreiheit des § 3 Nr 59 für besondere Fallgestaltungen. Die Zuwendungen iZm der Wohnungsüberlassung können iRe anderen Einkunftsart des ArbN als HK/AK oder sofort abzugsfähige WK zu qualifizieren sein, wenn die Zahlung des vollen Entgelts durch den ArbN zu HK/AK oder sofort abzugsfähigen WK geführt hätte (zB stellt die anteilige stpfl Zuwendung bei Untervermietung eines Teils der verbilligt überlassenen Wohnung WK dar; bei unentgeltl Errichtung eines Wohnhauses durch den ArbG sind die stpfl Zuwendungen Teil der HK/AK; bei unentgeltl Renovierung eines Wohnhauses des ArbN durch den ArbG können die hierin liegenden Zuwendungen als Erhaltungsaufwendungen anzusehen sein; der auf das Arbeitszimmer entfallende Lohnanteil kann als WK wieder abgesetzt werden; s auch § 9 Rz 15).

Directors & Officers (D&O)-Versicherungen, die der ArbG für Vorstandsmitglieder abgeschlossen hat, führen mE nicht zur Lohnzuwendung (*Dreher* DB 01, 996; *Küppers* ua DStR 02, 199; aA *Kästner* DStR 01, 195, 422; s auch Rz 55, 68). *FinVerw* (DStR 02, 678) verneint demggü Lohnzuwendung nur dann (überwiegend eigenbetriebl Interesse), wenn das Management *als Ganzes* versichert ist, die Versicherung Schäden des Unternehmens abdeckt, die Ansprüche aus der Versicherung dem Unternehmen zustehen (s dazu aber LG Marburg DB 05, 437; *von Westphalen* DB 05, 431; OLG Mchn DB 05, 1675; *Dreher* DB 05, 1669) und der Prämienkalkulation Betriebsdaten des Unternehmens zugrunde liegen. Liegen diese Voraussetzungen nicht vor, so führt die Prämienzahlung nach *FinVerw* zu Lohn (WK-Ersatz mit der Verpflichtung zum LStEinbehalt), der bei der Veranlagung der ArbN in gleicher Höhe zum WK-Abzug führt. Zu Praxisfragen der D&O-Versicherung s *Hohenstatt/Naber* DB 10, 2321; *Schüler/Grewe* NWB 10, 2630; ferner *Franz* DB 09, 2764; *Harzenetter* DStR 10, 653, zum gesetzl Selbstbehalt. – S auch „Vermögenschadenshaftpflichtversicherung".

Entgeltumwandlung zugunsten von Altersvorsorgemaßnahmen s „Versorgungszusage". Entgeltumwandlung von Einmal-/Sonderzahlungen (zB Weihnachtsgeld, Tantiemen) zugunsten von Beiträgen an einen Pensionsfonds/eine Pensionskasse wird anerkannt, wenn sie vor *Fälligkeit* der Sonderzahlungen erfolgt (*FinVerw* DB 02, 973). S auch § 11 Rz 10.

Entschädigung s „Abfindung".

Erbbaurecht. Bei Bestellung eines Erbbaurechts zu einem unangemessen niedrigen Erbbauzins fließt der Vorteil dem ArbN im Jahr der Bestellung des Erbbaurechts zu (BFH VI R 15/80 BStBl II 83, 642; s auch *Giloy* BB 84, 2181, zugleich zur Frage der Gegenrechnung von WK aus VuV). Dies gilt aber nicht beim Nießbrauch an einer Wohnung (BFH VI R 118/92 BStBl II 93, 686) und auch nicht beim obligatorischen Wohnrecht (BFH VI R 135/84 BStBl II 88, 525, monatl Zufluss; zugleich zur wertmäßigen Berücksichtigung des Wohnrechts bei verbilligter Überlassung des Hauses; s auch „Dienstwohnung"). Die Ablösung eines Wohnrechts durch den ArbG kann zu Lohn führen (BFH XI R 7/93 BStBl II 94, 185). – Üben erst die **Erben des ArbN** das Ankaufsrecht aus, ist ihnen der geldwerte Vorteil zuzurechnen. Tritt der ArbN das Ankaufsrecht ab und übt der Abtretungsempfänger das Ankaufsrecht aus, ist dem ArbN (oder dessen Erben) der geldwerte Zuschuss zuzurechnen; denn der ArbN hat den Tatbestand der Einkunftserzielung erfüllt (nicht zweifelfrei; s aber auch BFH I R 64/81 BStBl II 85, 330; ferner „Abtretung …" und „Ankaufsrecht"). Selbstständigen Geldwert kann ein Ankaufsrecht dann erlangen, wenn der ArbG einer Übertragung des Rechts zustimmt und gleichzeitig mit der Zustimmung des ArbG Übertragung und Ausübung des Optionsrechts beurkundet werden (BFH VI R 200/81 BFH/NV 86, 306).

Erfindervergütung aus Diensterfindung ist Lohn (BFH I R 70/08 BFH/NV 10, 350), auch wenn sie erst nach Beendigung des ArbVerh für eine Zufallserfindung gezahlt wird (FG Mchen, EFG 15, 1527, rkr).

Erholungsbeihilfen s LStH 16 H 3.11, mwN; § 40 II.

Erlass einer Forderung, die dem ArbG gegen den ArbN zusteht, s „Darlehen" und „Forderungsverzicht".

Erschwerniszuschläge sind stpfl ArbLohn; s LStH 16 R 19.3 (1) Nr 1.

Essensfreibetrag. Die verbilligte oder kostenlose Essensgewährung im Betrieb führt zu ArbLohn (BFH VI R 167/81 BFH/NV 86, 303); s aber „Bewirtung". – Gibt der ArbG Kantinenessen auch an NichtArbN zu gleichen Bedingungen ab, kann eine Lohnzuwendung an die ArbN in Form verbilligten Essens zu verneinen sein (*E. Schmidt* BB 85, 1709). Dies gilt aber dann nicht, wenn die NichtArbN nur einen nicht ins Gewicht fallenden Anteil der Essensteilnehmer ausmachen; denn dies ist ein Indiz dafür, dass der ArbG die NichtArbN nur deshalb zum Essen zulässt, um auf diese Weise seinen ArbN stfreie Zuwendungen zukommen zu lassen. – Zur Bewertung s § 8 Rz 58.

Fahrtkostenerstattung für Fahrten zw Wohnung und regelmäßiger Arbeitsstätte (ab VZ 2014: erster Tätigkeitsstätte) ist Lohnzuwendung (LStH 16 R 19.3 (3) 2 Nr 2). Erstattet der ArbG dem ArbN die Prämien für eine Kaskoversicherung, führt dies zu Lohn, soweit die Prämien auf Privatfahrten und Fahrten zw Wohnung und Arbeitsstätte entfällt (BFH VI R 191/87 BStBl II 92, 204). Werden berufl Fahrten nach Pauschbeträgen abgerechnet, kann daneben nicht noch die Vollkaskoprämie stfrei erstattet werden (BFH VI R 178/88 BStBl II 91, 814; BFH VI B 18/00 BFH/NV 00, 1343). Eine vom ArbG abgeschlossene Dienstreise-Kaskoversicherung führt nicht zu Lohn; bei pauschaler Fahrtkostenerstattung sind die Km-Pauschbeträge aber um die anteiligen Kaskoprämien zu kürzen (BFH VI R 3/87 BStBl II 92, 365; Nichtanwendungserlass BStBl I 92, 270; LStR 11 H 9.5 „Pauschale Kilometersätze"; s auch *von Bornhaupt* BB 91, 2138 und – teilweise Ablehnung der Rspr – *Thomas* DStR 91, 1369).

Familienpflegezeit. ArbLohn liegt vor iHd verringerten (regulären) Arbeitsentgelts und der Entgeltaufstockung des ArbG nach § 3 I Nr 1b FPfZG. Erstattungen des ArbN nach §§ 7, 8 III oder § 9 II, IV FPfZG führen zu negativem ArbLohn. Soweit eine Aufrechnung erfolgt, unterliegt nur der Differenzbetrag der LSt. Andernfalls ist der negative ArbLohn erst bei der Veranlagung des ArbN zu berücksichtigen (*BMF* BStBl I 12, 617).

Fehlgeldentschädigung. Legt der ArbN Fehlgeldbeträge vor, ist die Erstattung durch den ArbG stfreier Auslagenersatz (§ 3 Nr 50); Fehlgeldbeträge müssen dann aber einzeln abgerechnet werden (BFH VI 68/65 BStBl II 70, 69). – Zur StFreiheit pauschaler Fehlgeldentschädigungen (bis zu 16 € im Monat) im Kassen- und Zähldienst s LStH 16 R 19.3 (1) 2 Nr 4.

Feiern, die der ArbG für den ArbN ausrichtet, müssen nicht stets zum Lohnzufluss führen. S „Bewirtung", „Betriebsveranstaltungen", „Geburtstag".

Fernsprechanschluss s „Internet". Frühere Rechtslage s 20. Aufl.

Forderungsübergang auf Sozialleistungsträger. Zahlt der frühere ArbG auf Grund des gesetzl Forderungsübergangs gem § 115 I SGB X an den Sozialleistungsträger, so liegt darin ein Lohnzufluss an den ArbN, der nicht nach § 3 Nr 2 stfrei ist (BFH VI R 66/03 BStBl II 08, 375, ausführl; *Bergkemper* FR 08, 431; *Paetsch* HFR 08, 336). Anders ist die Rechtslage, wenn der Insolvenzverwalter an die Bundesagentur für Arbeit leistet; hier fließen dem ArbN nur Leistungen zu, die von § 3 Nr 2 erfasst werden (*FinVerw* DStR 08, 2266).

Forderungsverzicht des ArbG ggü ArbN kann ArbLohn sein, zB bei Verzicht auf eine Schadensersatzforderung (BFH VI R 145/89 BStBl II 92, 837; Zufluss, wenn der ArbN erkennt, dass kein Rückgriff genommen werden soll; krit *E. Schmidt* DB 93, 957). Dies ist noch nicht der Fall, wenn der ArbG es unterlässt, mit Gegenforderungen ganz oder teilweise aufzurechnen (BFH VI R 173/80 BStBl II 85, 437).

Früheres Dienstverhältnis s Rz 86 ff; LStH 16 R 19.9; „Vorruhestandsleistungen"; „Abtretung einer Gehaltsforderung"

Führerschein. Die Übernahme der Kosten für eine im privaten Alltagsleben nicht übl Fahrzeugklasse kann stfrei ersetzt werden (*FinVerw* DB 09, 1902).

Geburtstag. Richtet der ArbG für einen ArbN die Feier zu dessen rundem Geburtstag in den Betriebsräumen aus und lädt der ArbG dazu Kunden, Repräsentanten des öffentl Lebens und Mitarbeiter ein, führt dies nicht zum Lohnzufluss, wenn die Gesamtumstände auf eine betriebl Veranstaltung schließen lassen (ausführl BFH VI R 48/99 BStBl II 03, 724); auch die Teilnahme engster Familienmitglieder des ArbN führt nicht zum Lohn (*Pust* HFR 03, 574, mwN; s auch *Bergkemper* FR 03, 517). Werden zu dieser Feier auch Freunde des ArbN eingeladen, kommt insoweit eine Lohnzuwendung in Betracht (*Pust* HFR 03, 574). Soweit LStH 16 R 19.3 (2) Nr 4 dabei erst Lohn bei Überschreiten der Betragsgrenze von 110 € (einschließl USt) annimmt, ist dies zwar großzügig, aber mit dem Lohnbegriff nicht vereinbar (Gestaltungsberechnungen s *Niermann/Plenker* DB 04, 2118, 2122; *Hartmann* INF 04, 945). Handelt es sich hingegen um eine Geburtstagsfeier des ArbN (zB im Privathaus des ArbN überwiegend mit Freunden; s auch FG Hbg EFG 04, 193, rkr), deren Finanzierung der ArbG übernimmt, so handelt es sich um eine Lohnzuwendung (s auch *Pust* HFR 03, 574). – S auch § 12 Rz 17.

Gehaltskürzung nach Dienststrafverfahren mindert den stpfl Lohn; ebenso verwirkter und daher nicht zugeflossener Lohn (BFH VI R 2/66 BStBl III 68, 545). Nur das gekürzte Gehalt ist ArbLohn (BFH VI 55/64 U BStBl III 65, 68). Bei Einbehalt eines Teils des Lohns zur Zuführung in eine Versorgungsrückstellung fließt noch kein Lohn zu (BFH VI R 165/01 BStBl II 05, 890; BFH X R 29/05 BStBl II 07, 402).

Gehaltsverzicht führt nicht zu Lohn, wenn er bedingungsfrei ohne Verwendungsauflagen vereinbart worden ist und nicht als Umgehung des beschr Spendenabzugs zu werten ist (BFH VI R 87/92 BStBl II 93, 884; BFH VI R 115/92 BStBl II 94, 424; Anm HFR 94, 394; ferner FG Ddorf EFG 94, 282, rkr und FG Hbg EFG 93, 223, rkr). Letzteres ist dann nicht anzunehmen, wenn der ArbG als Spender auftritt und die Spendenbescheinigung für eigene Zwecke einsetzt (BFH XI R 18/98 BStBl II 99, 98; *Koss* DB 05, 414). Die *FinVerw* lässt ArbLohn-Spenden aus humanitären Gründen in bestimmten Einzelfällen stfrei (zB *BMF* BStBl I 14, 889, Flutopfer; *BMF* BStBl I 15, 466, Erdbebenopfer; *BMF* BStBl I 15, 745 Flüchtlinge). Eine dem ArbG wegen dessen *Liquiditätsschwierigkeiten* gestundete Gehaltsforderung führt noch nicht zum Lohnzufluss; daher ist ein späterer Verzicht auf diese Forderung ein steuerneutraler Vorgang (BFH VI R 35/94 BFH/NV 95, 208; FG Bln DStRE 02, 1004, rkr). Gehaltsverzicht zugunsten von Zahlungen in eine Rückdeckungsversicherung des ArbG führt nicht zu Lohn (FG Hbg EFG 03, 1000, rkr). Zum Gehaltsverzicht zugunsten betriebl Altersversorgung ohne eigenen Rechtsanspruch des ArbN s „Versorgungszusage"; zum Verzicht auf Pensionszusagen durch GmbH-Ges'ter s *Gebhardt* DB 98, 1837; *BMF* DStR 12, 1706. – S auch § 11 Rz 50 „Verzicht".

Geldbuße/-strafe/-auflage, die der ArbG für den ArbN übernimmt, führt idR zu Lohn (BFH VI R 47/06 BStBl II 09, 151; BFH VI R 36/12 BStBl II 14,

278; FG Köln DStRE 12, 791, rkr; s auch *Englert* DStR 09, 1010). Die Rspr, nach der die Übernahme von Verwarnungsgeldern aus ganz überwiegend eigenbetriebl Interesse (BFH VI R 29/00 BStBl II 05, 367) des ArbG erfolgen kann, hat der BFH aufgegeben (BFH VI R 36/12 BStBl II 14, 278; krit *Prinz* FR 15, 785). ArbN hat keinen zivil-rechtl Anspruch auf Erstattung von Bußgeldern (BAG BB 01, 1154). S ferner § 12 Rz 50.

Gelegenheitsgeschenke, die der ArbG dem ArbN zuwendet, sind ArbLohn, wenn sie durch das DienstVerh veranlasst sind (BFH VI R 26/82 BStBl II 85, 641, Lehrabschlussprämie; BFH VI R 81/82 BFH/NV 86, 187, Sonderzuwendung bei Kommunion; BFH VI R 49/87 BFH/NV 91, 22, Zuwendung wegen erfolgreichen Besuchs einer Verwaltungsakademie; zusammenfassend *Offerhaus* DStJG 9, 121 ff). Eine berufl Veranlassung liegt idR nicht vor, wenn die Zuwendung vor allem eine Ehrung der Persönlichkeit darstellt (BFH IV R 184/82 BStBl II 85, 427; BFH VI R 39/08 BStBl II 09, 668). Die *FinVerw* rechnet kleine Aufmerksamkeiten (Blumen, Pralinen, Buch), die den Wert von 60 € nicht überschreiten, nicht zum ArbLohn, wenn sie im gesellschaftl Verkehr üblicherweise aus besonderem Anlass (Geburtstag, Konfirmation des Kindes des ArbN usw) hingegeben werden (LStH 16 R 19.6 (1)). Dies mag vertretbar sein (*Lang* DStJG 9, 69).

Gesundheitsfürsorge s „Medikamente"; „Vorsorgeuntersuchung"; Rz 56 und LStH 16 R 3.11. Übernahme von Kurkosten durch den ArbG ist, sofern die Kur nicht durch eine typische Berufskrankheit veranlasst ist, regelmäßig ArbLohn (BFH VI R 73/83 BStBl II 87, 142; BFH VI R 56/93 BFH/NV 94, 313; BFH VI R 7/08 BStBl II 10, 763). Soweit BFH VI R 7/08 BStBl II 10, 763 meint, eine Kur könne stets nur einheitl beurteilt werden und deshalb eine Aufteilung ablehnt, ist diese Auffassung vom BFH nicht näher begründet worden und auch unzutr. Maßnahmen zur Vermeidung berufsbedingter Krankheiten müssen nicht zu Lohn führen (BFH VI R 177/99 BStBl II 01, 671; *Pust* HFR 01, 1060; BFH VI B 78/06 BFH/NV 07, 1874, Gesundheitsprogramm bei Bildschirmarbeitsplätzen); anders aber bei Raucherentwöhnung (FG Köln EFG 04, 1622, rkr). Zur tatrichterl Überzeugungsbildung s BFH VI B 106/08 BFH/NV 09, 1122. S auch § 3 Nr 34.

Gewinnbeteiligung. Zuflusszeitpunkt bei lediglich gutgeschriebenen Beträgen (BFH VI R 124/77 BStBl II 82, 469; Anm HFR 82, 360; § 11 Rz 50 „Gutschrift"). Zum Zuflusszeitpunkt einer unentgeltl eingeräumten stillen Beteiligung s FG Hess EFG 89, 482, rkr.

Grundstück s „Dienstwohnung"; FG Mster EFG 97, 1511, rkr; FG Hess EFG 98, 463, rkr. Verbilligte Überlassung eines Fertighauses gegen Erfüllung von Auflagen s FG RhPf EFG 79, 122, rkr. Zum Zuflusszeitpunkt s BFH VI R 155/85 BFH/NV 90, 290; FG BaWü EFG 03, 1223, wirtschaftl Verfügungsmacht. S auch „Ankaufsrecht".

Haustrunk, der unentgeltl oder verbilligt gewährt wird, führt zu Lohn (BFH VI R 126/87 BStBl II 91, 720).

Incentivereisen führen grds zu ArbLohn. Bei Incentive-Reisen mit **Dienstreiseelementen** kann eine Aufteilung der Kostenteile in Lohn und Nichtlohn nach obj Gesichtspunkten erfolgen (BFH VI R 32/03 BStBl II 06, 30; BFH VI R 49/05 BFH/NV 07, 217). Dies gilt auch bei sog Händlerincentivereisen (BFH VI B 14/10 BFH/NV 11, 24): *(1)* Zunächst sind Kostenbestandteile, die eindeutig betriebsfunktional sind (zB Kosten für Referenten, Tagungsräume und Tagungsunterlagen; insoweit von vornherein kein Lohn) und Kostenteile, die eindeutig Entlohnungscharakter haben (zB touristisches Programm, Sportprogramm; insoweit von vornherein Lohn), vorab den Bereichen des Nichtlohns bzw des Lohns zuzuordnen. – *(2)* Sodann sind restl gemischte Kostenbestandteile (zB für An- und Abreise, Hotel, Verpflegung, allg Betreuung, Organisation) im Wege sachgerechter Schätzung aufzuteilen – regelmäßig gilt das Verhältnis der Zeitanteile für Dienstreisebzw Incentiveteile. – *(3)* Schließl sind bei Verpflegungsaufwendungen zur Vermeidung von Wertungswidersprüchen die Höchst- und Pauschbeträge des § 4 V Nr 5 zu beachten. Berufl veranlasste Verpflegungsmehraufwendungen kann der ArbG nur iRd vorgenannten Vorschrift stfrei erstatten (§ 3 Nr 13 und 16). Das bedeutet, dass Verpflegungsaufwendungen des ArbG, die über die Pauschbeträge des § 4 V Nr 5 hinausgehen, insoweit auf jeden Fall Lohn sein müssen. IÜ ist dem Umstand, dass die Reise gemischt veranlasst war, dadurch Rechnung zu tragen, dass die Verpflegungspauschbeträge nur mit dem vH-Satz berücksichtigt werden (also keine Lohnzuwendung), der nach dem (regelmäßig zeitl bedingten) Aufteilungsmaßstab für die gemischten Kostenbestandteile gilt; dh, bei einem Aufteilungsmaßstab von zB 50 vH scheidet iHv 50 vH der Verpflegungspauschbeträge eine Lohnzuwendung aus. Die darüber hinausgehenden vom ArbG getragenen Verpflegungskosten führen zu einer Lohnzuwendung. – Zur krankheitbedingten Nichtteilnahme am Incentiveprogramm s BFH VI R 7/03 BFH/NV 06, 271. – Die **Bewertung der Einnahmen** kann regelmäßig mit den Kosten des ArbG vorgenommen werden; begehrt ein Beteiligter eine abw Wertbestimmung, hat er konkret darzulegen, welches der übl Endpreis am Abgabeort ist (s auch *Albert* DStR 05, 2150). Der tatrichterl Würdigung kommt entscheidende Bedeutung zu; es sind sämtl maßgebl Gesichtspunkte eingehend zu bewerten und zu gewichten (BFH VI R 49/05 BFH/NV 07, 217; *Krüger* HFR 07, 120). Aufwendungen des ArbG bei kurzfristiger Absage einiger ArbN (zB Stornokosten) sind nicht in die Lohnbewertung für die teilnehmenden ArbN einzubeziehen (*Albert* FR 10, 1032, 1036). – S auch „Auslandsreise", „Unfallverhütung" und „Betriebsveranstaltungen" sowie *Hartmann* DStR 97, 1061.

Insolvenz und LSt s *Kling* DStR 98, 1813. Zum Charakter der ESt-Schuld aufgrund nach der Insolvenzeröffnung erzielter Einkünfte s BFH VI R 21/10 BStBl II 11, 520, Anm *Schneider* BFH/PR 11, 292. Zur Vorfinanzierung des Insolvenzgeldes und zum Zuflusszeitpunkt s BFH VI R 4/11 BStBl II 12, 596, Anm *Bleschick* HFR 12, 732. Zum WK-Abzug bei Bezug von stfreiem Insolvenzgeld s BFH VI R 93/98 BStBl II 01, 199. Zum LStErstattungsanspruch als Teil der Insolvenzmasse s BFH VII B 188/09 BFH/NV 10, 1243. Die Insolvenzsicherung von Direktzusagen durch Contractual Trust Agreements ist nach § 3 Nr 65 stfrei (ausführl *Niermann* DB 06, 2595; *Ditz/Tcherveniachki* DB 10, 632).

Instrumentengeld ist stpfl ArbLohn, s BFH VI R 30/95 BStBl II 95, 906, auch zur Abgrenzung zum Saitengeld; LStH 16 R 3.30, Rz 69.

Internet. Die private Nutzung betriebl Internetsysteme (Personalcomputer, Telekommunikationsgeräte wie Handy, Autotelefon, „normale" Telefone, Faxgeräte) durch ArbN führt zwar zum Lohnzufluss, der aber gem § 3 Nr 45 stfrei gestellt ist. Die Steuerfreiheit gilt ohne Rücksicht auf das Verhältnis von privater und berufl Nutzung; die Privatnutzung muss nicht im Betrieb, sie kann auch in der Wohnung des ArbN erfolgen. Die Steuerfreistellung ist nicht der Höhe nach begrenzt. Voraussetzung ist aber, dass es sich um *Geräte des ArbG* handelt, selbst wenn das Gerät auf den Namen des ArbN angemeldet ist (s auch *Niermann* DB 01, 2415, 2416; *Hartmann* INF 01, 737, 738). Der Vorteil muss nicht zusätzl zum ohnehin geschuldeten Lohn gewährt werden; auch *Entgeltumwandlungen* sind zulässig (*FinVerw* DB 15, 2179). Autotelefon im arbeitgebereigenen Kfz s *FinVerw* DB 03, 1085. – Schenkweise oder verbilligte Überlassung der Geräte durch den ArbG *zum Eigentum des ArbN* führt zum Lohnzufluss, der gem § 40 II 1 Nr 5 (s dort) pauschal besteuert werden kann. – Nutzt der ArbN *eigene Geräte* auch berufl, kann der berufl Anteil der Gesamtkosten mit 20 vH, höchstens 20 € monatl vom ArbG als Auslagenersatz stfrei ersetzt werden (LStH 16 R 3.50 (2) 4). S auch Rz 110 „Telekommunikationsaufwendungen".

Investivlohn. Zur Lohnbesteuerung bei Investivlohnmodellen mit und ohne Barlohnumwandlung s *Wagner* BB 98, Beil 11 zu Heft 11. Zu weiteren Formen der Mitarbeiterbeteiligung s *von Braunschweig* DB 98, 1831.

Jahreswagen. S auch Rz 57 und zur Bewertung § 8 Rz 65, 71. Der geldwerte Vorteil aus der verbilligten Überlassung von Jahreswagen ist stpfl Lohn (BFH VI R 95/92 BStBl II 93, 687; BFH VI R 61/93 BFH/NV 94, 855; BFH VI R 18/07 BStBl II 10, 67). Dies gilt auch bei verbilligtem Erwerb im Konzernverbund. Dabei führt die einjährige Veräußerungssperre nicht zum Wertabschlag (BFH VI R 15/86 BStBl II 90, 472). Überlässt der Autohändler einen vom Werk verbilligt gelieferten PKW seinem ArbN zum gleichen Preis, liegt auch darin eine Lohnzuwendung (BFH VI R 43/89 BFH/NV 92, 651).

Jobticket. Von 1994 bis 2003 s § 3 Nr 34 (s § 3 „Fahrtkosten", 23. Aufl); vor 1994 s 12. Aufl. S auch § 8 Rz 30 und zum Zufluss bei Ausgabe von Job-Tickets als Jahreskarten BFH VI R 56/11 BStBl II 13, 382.

Kassenfehlbeträge, die der ArbG übernimmt, müssen auch bei Überschreiten von 16 €/Monat (s LStH 16 R 19.3 (1) Nr 4) nicht zum Lohn führen (FG Mster EFG 00, 556, rkr).

Kindergarten. Die Zurverfügungstellung von *Betriebskindergärten* und die Gewährung von Zuschüssen zu betriebsfremden Kindergärten sind stbarer ArbLohn (BFH VI R 203/83 BStBl II 86, 868; aA *FinVerw* DB 90, 1212). Dies wirkt sich gem § 3 Nr 33 aber dann nicht aus, wenn die Leistungen zusätzl zum ohnehin geschuldeten Lohn erbracht werden; s § 3 „Kinder").

Kirchenbeamten wird kein Lohn zugewendet, wenn der ArbG freiwillige Beiträge gem § 171 SGB VI zur gesetzl Rentenversicherung leistet, damit die späteren RV auf die Pensionsverpflichtung angerechnet werden. Die freiwilligen Beiträge erfolgen allein im Interesse des ArbG und sind wirtschaftl wie eine Rückdeckung zu qualifizieren (BFH VI R 38/04 BStBl II 07, 181; Nichtanwendungserlass BStBl I 07, 270; s auch Rz 60 ff). Die späteren Rentenleistungen sind aber wie die Pension vom ArbG der LSt zu unterwerfen; es entstehen also entgegen *Thomas* DStRE 06, 1383 keine weißen Einkünfte.

Kontogebühren. Kostenfreie Kontoführung für Bank-ArbN (FG Mster EFG 97, 608, rkr) führt zu stpfl ArbLohn, sofern bei anderen Kunden des Bank-ArbG Kontoführungsgebühren erhoben werden. Gleiches gilt für Kontoeröffnungsgebühren, die der ArbG ersetzt (LStH 16 R 19.3 (3) 2 Nr 1) und für die Erstattung der Buchungsgebühr für den Lohneingang auf dem Konto des ArbN.

Kraftfahrzeuggestellung. – ***(1)* Unentgeltl Kfz-Überlassung.** Erfolgt sie durch den ArbG an den ArbN für dessen Privatfahrten führt dies zum Lohnzufluss. Private Nutzung zu privaten Fahrten (§ 8 II 2) ist jede Nutzung außer der betriebl Nutzung für den ArbG (weitergehend FG Nds EFG 12, 1919, mE unzutr, aber bestätigt durch BFH VI R 23/12 BStBl II 13, 920). *Betriebsfunktionale Einsätze* sind aber keine Privatnutzung durch den ArbN und führen nicht zum Lohn, zB wenn ein Werksdienstwagen zur Heimfahrt als notwendige Nebenfolge sofortiger Einsatzbereitschaft überlassen wird (BFH VI R 195/98 BStBl II 00, 690, vorübergehende Rufbereitschaft; *Pust* HFR 00, 880; FG Nds EFG 07, 1938, rkr, Rettungsdienst; anders bei ständiger Überlassung, FG BaWü EFG 98, 811, rkr) oder bei Außendienstmonteuren zur Erhöhung der Nettoarbeitszeit (FG BBg DStRE 08, 346, rkr). Bei zur „Sammelbeförderung" überlassenen Kfz s dort. Keine Privatnutzung ist auch die Nutzung für Fahrten zw Wohnung und Arbeitsstätte bzw erster Tätigkeitsstätte ab VZ 2014 (BFH VI R 56/10 BStBl II 12, 362; aA *Bilsdorfer* DStR 12, 1477). Eine Privatnutzung liegt aber vor bei (mittägl) Zwischenheimfahrten zw Wohnung und Arbeitsstätte (FG BaWü EFG 12, 604, rkr). – Zur **Bewertung** des geldwerten Vorteils s § 8 Rz 31 ff. – Wird das Kfz auch iRe anderen Einkunftsart des ArbN (zB VuV oder weiteres ArbVerh) eingesetzt, führt dies nicht neben dem 1 vH-Wert zu zusätzl Lohn. Auch diese Fahrten sind durch die 1 vH-Regelung typisierend erfasst (LStH 16 R 8.1 (9) Nr 1 S 8). Die für die andere Einkunftsart durchgeführten Fahrten führen zu einem WK-Abzug bei dieser Einkunftsart (zB Entfernungspauschale bei einem anderen ArbVerh oder zu schätzende Fahrtkosten bei VuV; s auch *FinVerw* DStR 99, 593). Die zu Gewinneinkünften ergangene anders lautende Rspr (BFH X R 35/05 BStBl II 07, 445; BFH IV R 59/06 BFH/NV 09, 1617, Entnahmetatbestand) findet zutr keine Anwendung (zur Kritik an dieser Rspr s 29. Aufl). – Führt die 1 vH-Methode beim LStAbzug zu einem zu hohen Lohn (geringe Fahrleistung), kann bei der Veranlagung im Wege des Einzelnachweises mit Fahrtenbuch zugunsten des ArbN korrigiert werden. – ***(2)* Parkplatzgestellung.** Sie führt nicht zu Lohn, wenn sie betriebsfunktional bedingt ist (FG Köln EFG 04, 356, rkr, zutr; andere Tendenz FG Köln EFG 06, 1516, rkr, stpfl ArbLohn, Ausnahme nur bei behinderten ArbN; zust *Apitz* StBP 07, 87; dagegen zu Recht *Zinnkann/Adrian* DB 06, 2256; *FinVerw* DStR 07, 1677 verneint Lohn bei Parkplatzgestellung und wendet FG Köln EFG 06, 1516 zu Recht nicht an). – Erstattung der Parkkosten an ArbN wird aber wohl zu Lohn führen. Auch Erstattung von Parkplatzkosten für ein arbeitnehmereigenes Kfz am Wohnsitz des ArbN führt zu Lohn (*FinVerw* DStR 03, 1207). – ***(3)* Fahrergestellung.** Stellt der ArbG dem ArbN für Dienstfahrten und für Fahrten zw Wohnung und Arbeitsstätte einen Fahrer zur Verfügung, ist dies trotz der damit verbundenen Personalüberlassung Arbeitsbedingung und folgl kein Lohn, da der ArbN während der Fahrt bereits Arbeitsleistungen (zB Aktenstudium, Terminvorbereitungen) erbringen soll (glA *Lang* FS Offerhaus 444; Hilbert/Sperandio DStR 11, 1121; aA BFH VI R 84/95 BStBl II 97, 147; BFH VI R 44/11 BStBl II 14, 589). Wenn man demggü Lohn bejaht, führt dies zu einer Erhöhung der Einkünfte, da ein gegenzurechnender WK-Abzug seit Einführung der Entfernungspauschale ausscheidet. Zur Bewertung des Vorteils s BFH VI R 44/11 BStBl II 14, 589; *BMF* BStBl I 14, 1109). Bei Privatnutzung des Kfz führt der Wert der Fahrergestellung aber zu Lohn. – **Sicherheitsausrüstung** des PKW mit Fahrer führt nicht zum Ansatz von Lohn (LStH 16 R 8.1 (10) Nr 4). – ArbG-Aufwendungen für **Kfz-Sicherheitstraining** führen bei Berufskraftfahrern und Außendienstmitarbeitern idR nicht zu Lohn (*FinVerw* DB 03, 2570). – ***(4)* Privatnutzungsverbot.** Wenn der ArbN das Kfz nicht für Privatfahrten nutzen darf, scheidet eine Lohnzuwendung aus; es kann dann auch nicht zur Anwendung der 1%-Regelung kommen (s § 8 Rz 33, 34). Ob das Kfz privat genutzt werden darf oder nicht (FA trifft insoweit die Feststellungslast), hat das FG aufgrund umfassender Beweiswürdigung zu entscheiden. Dafür gibt es keine Vermutungen, also auch keinen Anscheinsbeweis (BFH VI R 46/08 BStBl II 10, 848). Ist die Privatnutzung gestattet, ist die 1%-Regelung nach der neueren Rspr indes selbst dann anwendbar, wenn der ArbN das Kfz tatsächl nicht privat nutzt (s § 8 Rz 33). – Nutzt der ArbN ein DienstKfz unerlaubt, liegt darin kein Lohn, da der ArbG insoweit nichts zugewendet hat. Allerdings hat der ArbG einen zivilrechtl Schadensersatzanspruch; macht er diesen Anspruch gegen den ArbN nicht geltend, kann darin eine Lohnzuwendung iHd eingetretenen Schadens (also nicht etwa Anwendung der 1 vH-Regelung) liegen. – ***(5)* Abgrenzung zwischen ArbLohn und vGA.** Nutzt ein **Ges'tergeschäftsführer** ein Fahrzeug privat aufgrund einer im Anstellungsvertrag ausdrückl zugelassenen Nutzungsgestattung, liegt eine Lohnzuwendung und keine vGA vor (BFH VI B 118/08 BStBl II 10, 234). Von einer vGA kann (muss aber nicht stets) im Falle der Überschreitung eines ausdrückl Nutzungsverbots ausgegangen werden (BFH VI R 43/09 BFH/NV 10, 1016; *Schneider* HFR 09, 779; s auch *Gebel/Merz* DStZ 11, 145). Allerdings kann bei einer nachhaltigen „vertragswidrigen" privaten Nutzung des betriebl Kfz der Schluss nahe liegen, dass die Nutzungsbeschränkung oder das Nutzungsverbot nicht ernstl gemeint sind bzw die Kfz-Nutzung auf einer mündl oder konkludent getroffenen Nutzungsvereinbarung beruht. Entscheidend sind die gesamten Umstände des Einzelfalles (BFH VI R 43/09 BFH/NV 10, 1016; BFH VI R 81/06 BFH/NV 09, 1311; *Schneider* BFH/PR 10, 209; *Geserich* HFR 10, 464). Demggü führt die Firmenwagennutzung ohne entspr Gestattung nach der **Rspr des I. Senats** *stets* zu einer vGA (BFH I R 8/06 BFH/NV 08,

1057; BFH I R 83/07 BFH/NV 09, 417; ebenso FG BBg DStRE 14, 667, rkr). ME ist die ohne Nutzungsvereinbarung erfolgende ebenso wie die vertragswidrige Nutzung eines Kfz durch den *beherrschenden* Ges'tergeschäftsführer idR durch das Beteiligungs- und nicht durch das ArbVerh veranlasst und führt damit zu einer vGA (ebenso *BMF* BStBl I 12, 478; *Krudewig* BB 13, 220, 224; *aA* FG Köln EFG 08, 1204, Rev unzulässig). In allen anderen Fallgestaltungen (also zB auch bei einem nicht ernstl gemeinten Nutzungsverbot) sollte die Lösung unter ArbLohngesichtspunkten (s oben) gesucht werden. – Liegt eine vGA vor, ist der Vorteil auf der *Ebene der KapGes* nach Fremdvergleichsgrundsätzen und nicht nach der 1 vH-Regelung zu berechnen (BFH I R 8/06 BFH/NV 08, 1057, einheitl Rspr). Auf der *Ebene des Ges'ters* kommt aber eine inkongruente Bewertung nach der 1 vH-Regelung in Betracht (FG Bbg EFG 06, 115; *Kohlhepp* DB 08, 1523, 1527; *Zimmermann* EFG 08, 1205; s auch *Pezzer* FR 08, 964; offen gelassen in BFH I R 70/04 BStBl II 05, 882; für den Ansatz identischer Werte auf der Ebene der KapGes und des Ges'ters, FG Saarl EFG 08, 390; *Blümich/Glenk* § 8 Rz 93). – Zur zivilrechtl Problematik der Dienstwagenüberlassung s *Fischer* INF 07, 432. Bei widerrechtl entzogener Möglichkeit der Privatnutzung des Kfz hat der ArbN gegen den ArbG einen Anspruch auf Nutzungsausfallentschädigung iHv monatl 1 vH des Listenpreises (BAG DB 07, 1253); die Entschädigung ist Lohn (FG Köln EFG 10, 482, rkr).

Krankenversicherung s „Unfallversicherung".

Kreditkarten. Gebühren, die der ArbG dem ArbN erstattet, sind in voller Höhe estfreier Reisekostenersatz (§ 3 Nr 16), wenn die Kreditkarte ausschließl für dienstl Belange verwendet wird. Andernfalls kommt anteilige stfreie Erstattung in Betracht (*BMF* DStR 98, 1794; s auch FG Mchn EFG 02, 617, rkr).

Kuren s „Gesundheitsvorsorge".

Lösegeld. S § 4 Rz 520; § 33 Rz 35 und hier Rz 110. Ob das vom ArbG zur Befreiung seines ArbN gezahlte Lösegeld Lohn ist, ist noch nicht entschieden. Es lässt sich die Auffassung vertreten, dass Aufwendungen des ArbG für die persönl Sicherheit des ArbN zur Ausgestaltung des Arbeitsplatzes im engeren Sinne gehören und damit nicht stbar sind (s auch *Wunderlich* DStR 96, 2003; *HHR* § 19 Rz 600 „Lösegeld"). Gleiches gilt für die vom ArbG zu einer Entführungsrisikoversicherung geleisteten Prämien.

Lohnersatzleistungen; Lohnnebenkosten sind weitgehend nach § 3 stfrei. Sie sind im Wege des Progressionsvorbehalts zu berücksichtigen (s § 32b; *FinVerw* FR 00, 1167 und oben „Forderungsübergang ..."). Zur Aufbringung dieser Mittel (zB für Urlaubsgeld, Urlaubsabgeltungsansprüche, Winterhilfe usw) haben ArbG in der Baubranche einen bestimmten Teil des Bruttolohns an Sozialkassen abzuführen; dieser Beitragsanteil ist kein Lohn. Erst Zahlungen der Sozialkasse an die ArbN sind Lohnzahlungen Dritter (s § 38 IIIa 1; dort Rz 16). Zahlungen durch den (letzten) ArbG sind ebenfalls Lohn (*FinVerw* DB 04, 407).

Lohnfortzahlung im Krankheitsfall führt zu Lohn und LSt-Abzug.

Lohnnachzahlung. Zur strechtl Behandlung von Lohnnachzahlungen für frühere Jahre s § 38a Rz 2. Zur Lohnnachzahlung an die Arbeitsverwaltung bei gesetzl Forderungsübergang gem § 115 SGB X s BFH VI R 66/03 BStBl II 08, 375.

Lohnsteuer, die der ArbG zu Unrecht an das FA abführt, weil kein Lohn gezahlt wurde, ist kein Lohn. Die aA in BFH VI R 46/07 BStBl II 10, 72 ist unzutr. Sie führt dazu, dass die zu Unrecht abgeführte LSt ihrerseits der ESt unterliegt. Die Rechnung des BFH, die zu Unrecht vom ArbG abgeführte LSt als Lohn anzusetzen, um damit zur Anrechnung der LSt zu kommen, geht nicht auf. Dass der BFH einem Fehler erlegen ist, zeigt auch *Geserich* HFR 09, 1202: „Voraussetzung ist allerdings, dass die LSt auf tatsächl bei der EStVeranlagung erfasste Einnahmen entfällt". Die anzurechnende LSt entfällt aber gerade nicht auf die als Lohn angesetzte LSt. Dann hätte der BFH schon den ursprüngl nicht zugeflossenen Lohn bei der Veranlagung ansetzen müssen; denn mit diesem hängt die zu Unrecht abgeführte und nun angerechnete LSt zusammen. Bei der Veranlagung etwas als Lohn anzusetzen, das der ArbN nicht erhalten hat (Folge: Nichtlohn = Lohn), widerspricht §§ 11, 19 (insoweit ist gar keine ESt entstanden) und kann auch nicht auf § 41c III gestützt werden. Die Rspr BFH VI 88/61 U BStBl III 62, 93 ist zu Unrecht aufgegeben worden. S auch § 36 Rz 7.

Lohnsteuernachforderung und Lohnsteuerhaftung. Übernimmt der ArbG nachgeforderte LStBeträge, liegt hierin stpfl ArbLohn. Dies gilt unabhängig davon, ob nachträgl lohnversteuerte Einkünfte tatsächl stpfl waren oder nicht (BFH I R 102/99 BStBl II 01, 195). ArbLohn liegt auch vor, wenn der ArbG den Regressanspruch gegen den ArbN nicht durchsetzt, der sich daraus ergibt, dass der ArbG einen gegen ihn ergangenen LSt-Haftungsbescheid erfüllt, soweit die LSt auf den betreffenden ArbN entfällt (BFH VI B 41/06 BFH/NV 07, 1122). Zur Rechtslage bei sog schwarzen Lohnzahlungen und Übernahme der LSt nach LStAußenprüfung s § 39b Rz 13.

Lohnverzicht s „Gehaltsverzicht".

Mahlzeiten s „Essensfreibetrag"; „Bewirtung"; „Aufmerksamkeiten"; zur Bewertung der Mahlzeiten s § 8 Rz 58, 69; *Liess* NWB 13, 543, mit zahlreichen Beispielen. S auch „Reisekostenerstattung" und Rz 110 „Reisekosten". Umfassender Überblick *Albert* FR 10, 267.

Management-Investments. Zur Einkünftequalifizierung s *Michel/Hernler* BB 09, 193.

Medikamente. Medikamentengestellung kann im Einzelfall im überwiegend eigenbetriebl Interesse erfolgen (s auch BFH VI R 242/71 BStBl II 75, 340).

Metergeld im Möbeltransportgewerbe ist stpfl ArbLohn; BFH VI 109/62 U BStBl III 65, 426.

Mietkostenzuschuss ist stets ArbLohn; s auch „Dienstwohnung".

Minister. Im Vergleich zu anderen ArbN gelten keine Besonderheiten. Daher haben sie alle Sonderzuwendungen des ArbG oder dritter Personen als Lohn zu versteuern (*Stöcker* NJW 00, 609; *Lohr* DStR 97, 1230, 1232).

Mobilitätsbeihilfen s § 3 Nr 2.

Optionsrecht s „Ankaufsrecht".

Outplacement-Beratung umfasst Beratungs- und Betreuungsleistungen zur berufl Neuorientierung der zur Entlassung anstehenden ArbN. Die Beratung kann, muss aber nicht stets im überwiegend eigenbetriebl Interesse des ArbG geleistet werden (FG BaWü EFG 07, 832, rkr; FG Ddorf EFG 00, 740, rkr; s auch *Grote/Kellersmann* DStR 02, 741). Liegt ArbLohn vor, ist von WK-Ersatz auszugehen. Kommt ein Lohnbezug in Betracht, kann dies als Bestandteil einer Abfindungsvereinbarung der ermäßigten Besteuerung nach § 34 unterliegen (s aber FG Ddorf EFG 00, 740, rkr; s auch *Hartmann* INF 01, 1, 5). Entsprechen die Maßnahmen dem SGB III, der geldwerte Vorteil nicht zu Lohn führt (LStH 16 R 19.7 (2) 5).

Parkplatzgestellung s Kraftfahrzeuggestellung.

Personalrabatt s „Rabatte".

Pfarrer. Zur lstrechtl Behandlung von Pflichtbeiträgen katholischer Geistlicher s *BMF* BStBl I 94, 921. Messstipendien an Pfarrer sind Lohnzahlungen Dritter (FG Nds EFG 04, 901, rkr).

Prämien, zB in Form kostenloser Reisen bei Verkaufswettbewerben, sind ArbLohn (s „Incentive-Reisen"). Auch die Zuwendung einer Urlaubsreise durch den Geschäftspartner des ArbG an den ArbN kann zu Lohn führen (BFH VI R

10/96 BStBl II 96, 545; s auch BFH VIII R 35/93 BStBl II 96, 273, vom Geschäftspartner veranstaltete Auslandsreise als BE).

Praktikanten. Vergütung an Praktikanten ist ArbLohn.

Preise sind kein ArbLohn, wenn sie keine Berufsleistungen belohnen, sondern eine Ehrung der Persönlichkeit darstellen (BFH IV R 184/82 BStBl II 85, 427 zu freiberufl Journalisten; *FinVerw* DStR 89, 149; s aber FG Bln EFG 85, 335, rkr, Filmpreis). Sie zählen jedoch zum Lohn, wenn sie leistungsbezogen und Folge der berufl Tätigkeit des ArbN sind (zB Nachwuchsförderpreis BFH VI R 39/08 BStBl II 09, 668; Lehrlingsabschlussprämie BFH VI R 26/82 BStBl II 85, 641; Preis für Meisterprüfung BFH I R 83/85 BStBl II 89, 650; Preis für Habilitation FG SchlHol EFG 00, 787, rkr; FG Bln EFG 00, 936, rkr; Ideenwettbewerb FG Köln EFG 13, 1405, rkr; Wissenschaftspreis FG Hbg EFG 14, 1790, rkr; s aber FG Nürnberg EFG 14, 1187, rkr, Preis für medizinische Forschung eines Arztes soll kein ArbLohn sein, mE unzutr). Zusammenfassend BMF BStBl I 96, 1150; BMF BStBl I 03, 76; s auch *Theisen/Raßhofer,* FS Spindler, 819; *Grotheer/Hardeck* StuW 14, 3; *Krumm* FR 15, 639).

Provisionsnachlass s Rz 57. Bei Eigengeschäften des ArbN ist ein als Vermittlungsprovision bezeichneter Preisnachlass, der gewöhnl Kunden nicht eingeräumt wird, Lohn (BFH VI R 178/87 BStBl II 92, 840; FG Köln EFG 00, 177, rkr). Zu Rabatten bei Gruppen- und Sammelversicherungen s *FinVerw* DStR 94, 1152. S ferner Rz 35 „Vermittlungstätigkeit" und *HHR* § 19 Rz 600 „Provision". Abschlussprovisionen an Bankangestellte bei Eigenversicherungen s *FinVerw* DB 90, 1212. Verzichtet eine Bausparkasse sowohl bei ArbN ihrer Partnerbanken als auch bei ihren freien Handelsvertretern und deren ArbN sowie den ArbN anderer genossenschaftl organisierter Unternehmen auf die Erhebung von Abschlussgebühren, muss dieser Gebührenvorteil kein ArbLohn sein (genereller Preisnachlass, s BFH VI R 41/09 BStBl II 10, 1022).

Rabatte s „Provisionsnachlass" und § 8 Rz 66 ff. Rabattgewährung an Dritte muss nicht stets zu Lohn des ArbN führen (FG Nds EFG 99, 335, rkr). Zu Rabatten in der Reisebranche, *Wolf* DStR 15, 1727.

Rechtsnachfolger s „Früheres Dienstverhältnis".

Reisegepäckversicherung. Zur Aufteilung einer vom ArbG für den ArbN abgeschlossenen Versicherung in einen berufl und privaten Anteil s BFH VI R 42/92 BStBl II 93, 519.

Reisekostenerstattung. Der Gesetzgeber geht in § 3 Nr 13, 16 davon aus, dass die Übernahme der Reisekosten durch den ArbG stfrei gestellter WK-Ersatz ist. Es spricht mehr dafür, derartige Zuwendungen als schon nicht stbaren Auslagenersatz anzusehen. Vom ArbG angeordnete Auswärtstätigkeit wird idR im ganz überwiegenden betriebl Interesse des ArbG liegen. Etwas anderes kann gelten, wenn die Dienstreise wegen des Reiseprogramms für den ArbN auch einen erhebl privaten Erlebniswert hat (s „Incentive-Reisen"). Die Reisekostenerstattung führt zu Lohn, wenn die erstatteten Kosten nicht als WK abziehbar wären (Beweislast beim ArbN, BFH VI B 72/00 BFH/NV 01, 36). Zu Reisekosten kurzfristig in das Inl entsandter ArbN s *Strohner/Rindelaub* DB 11, 1296. Die Erstattung von **Kosten eines Umzugs,** der die Folge einer angeordneten Versetzung ist, stellt keinen Lohn dar. Etwas anderes kann gelten, wenn der Umzug die Folge der auswärtigen Arbeitsaufnahme bei einem *neuen* ArbG ist (Lohn, der aber nach § 3 Nr 13, 16 stfrei gestellt ist). – S auch „Aufwandsentschädigung", „Diebstahlsersatz", „Fahrtkostenerstattung", „Reisegepäckversicherung" und „Unfallversicherung". – Zu den stfrei erstattungsfähigen Beträgen s § 3 „Reisekostenvergütungen". Stfreie Erstattungen stehen dem Abzug von Verpflegungsmehraufwand als WK nur insoweit entgegen, als sie dem StPfl tatsächl ausgezahlt wurden (BFH VI R 11/10 BStBl II 11, 829). Über die gesetzl Pauschbeträge hinaus erstattete Verpflegungsbeträge sind der

Lohnbesteuerung zu unterwerfen; es besteht aber die Pauschalierungsmöglichkeit des § 40 II 1 Nr 4 (s § 40 Rz 16). Zur Mahlzeitengestellung während einer Dienstreise s Rz 110 „Reisekosten".

Reisepass. Kosten für Reisepass und Passbilder sind WK, wenn sie für berufl Reisen erforderl sind und keine private Verwendung erfolgt (FG Saarl EFG 14, 828, rkr).

Repräsentation. Übernahme der Kosten für eine im eigenbetriebl Interesse liegende Repräsentation muss nicht zu Lohn führen; entscheidend sind die Verhältnisse des Einzelfalles (BFH VI B 18/99, BFH/NV 01, 1549; FG Hbg EFG 87, 286, rkr und FG Hbg 88, 471, rkr). Der Ersatz von Mitgliedsbeiträgen zu geselligen Vereinen (auch Sportvereinen) durch den ArbG führt idR zu Lohn (BFH VI R 106/88 BStBl II 93, 840; zT aA *Lück* DStZ 93, 81).

Rückzahlung von Arbeitslohn s *FinVerw* FR 00, 1237. Sie führt zu WK/negativen Einnahmen (s dazu § 9 Rz 108), wenn die früher empfangene Leistung an den ArbG oder an den lohnzahlenden Dritten zurückfließt (BFH VI R 1/08 BStBl II 10, 1074). Dies kann entgegen der BFH-Rspr auch angenommen werden, wenn der ArbG anstelle des geschuldeten Barlohns eine Sachzuwendung leistet, diese der Besteuerung unterworfen wird und der ArbN die Sachzuwendung im Folgejahr wieder herausgeben muss (dazu auch *Schwenke* HFR 10, 1165; *Schneider* BFH/PR 10, 473); eine Lohnverwendung liegt dann nicht vor (s Rz 73). Die BFH-Rspr verneint auch eine Rückzahlung von ArbLohn, wenn der ArbG aus der VBL austritt und der ArbN dadurch Versorgungsansprüche nicht mehr erdienen kann oder ihm nur noch niedrigere Ansprüche zustehen (BFH VI R 5/08 BStBl II 10, 133; BFH VI R 37/08 BStBl II 10, 135). Zwar trifft es zu, dass die ArbLohnqualität der Umlagezahlungen nicht von den Rückflüssen aus der Versicherung abhängt (s Rz 60). Der BFH berücksichtigt aber nicht hinreichend, dass die Umlagezahlungen vorgelagert besteuert wurden und sich wirtschaftl Ausfälle innerhalb des Versicherungsverhältnisses damit nicht nur auf die private Vermögensshäre des ArbN beziehen (s auch Rz 62).

Ruhegelder s „Früheres Dienstverhältnis". Der ArbN-Beitrag nach dem RuhegeldG, der vom ArbG einbehalten und abgeführt wird, ist nicht Teil des ArbLohns (BFH VI R 165/01 BStBl II 05, 890).

Sachbezüge s § 8 Rz 30.

SozialversicherungsentgeltV (SvEV) s § 8 Rz 55, 58.

Sammelbeförderung zur regelmäßigen Arbeitsstätte (ab VZ 2014 erster Tätigkeitsstätte) oder Baustelle ist Ausgestaltung des Arbeitsplatzes iSe Arbeitsbedingung und führt nicht zu Lohn; § 3 Nr 32 hat nur deklaratorische Bedeutung. Sammelbeförderung liegt aber nicht vor, wenn der ArbG einem ArbN ein Kfz unentgeltl auch zur Privatnutzung mit der Verpflichtung zur Verfügung stellt, andere ArbN zur regelmäßigen Arbeitsstätte mit zu befördern, sofern es an einer Vereinbarung zw ArbG und den anderen ArbN über den arbeitstägl Transport zur Arbeitsstätte fehlt (BFH VI R 56/07 BStBl II 10, 1067); Folge: für den Fahrzeuglenker Lohn, bewertet nach § 8 II 3; Entfernungspauschale als WK für sämtl beförderten ArbN.

Schadensersatz durch den ArbG führt insoweit nicht zu ArbLohn, als er iHd zivilrechtl Schadensersatzanspruchs des ArbN geleistet wird. Darüber hinausgehende Beträge erfüllen demggü den Lohnbegriff (BFH VI R 57/95 BStBl II 97, 144; krit *Biebelheimer* BB 97, 1446; s aber FG Hbg DStRE 11, 793, rkr, Schadenersatz für zugesagte, aber unterbliebene Beteiligung als ArbLohn, Einzelfall, zweifelhaft). Daher ist in diesen Fällen ein Mitverschulden des ArbN zu beachten. – Der Ersatz für entgehenden/entgangenen ArbLohn durch den ArbG oder durch Dritte (zB Verkehrsunfall) zählt stets zum ArbLohn (§ 24). S auch „Unfallkosten". Ersatz von Vermögensschäden iZm der Versetzung des ArbN s FG Hess EFG 81, 629, rkr; Begr zweifelhaft, iErg aber wohl zutr. Ersatz von am Arbeitsplatz gestohlener Kleidung durch den ArbG als Lohn s FG Köln EFG 91, 193, rkr, unzutr; s auch § 9 Rz 80. Keinesfalls zum ArbLohn zählen Einnahmen aus sog Mehrbedarfsrenten (§ 843 I BGB), die nach neuerer Rspr nicht estbar sind (zuletzt BFH X R 31/07 BStBl II 09, 651). Verzicht des ArbG auf einen ihm zustehenden Schadensersatzanspruch kann zur Lohnzuwendung führen (BFH VI R 73/05 BStBl II 07, 766). Schadensersatz wegen Nichterfüllung einer Wiedereinstellungsverpflichtung ist (tarifbegünstigte) Einnahme iSd § 24 Nr 1a (BFH XI R 46/04 BStBl II 06, 55).

Schätzung von ArbLohn kann zur Anrechnung von (geschätzten) LStAbzugsbeträgen führen (BFH X B 303/95 BFH/NV 96, 606; BFH VII B 10/99 BFH/NV 00, 1080 stets Einzelfall).

Scheckkarte. Die kostenlose oder verbilligte Abgabe von *Scheckkarten* ist ArbLohn (FG Hbg EFG 86, 495, aufgehoben durch BFH VI R 97/86 BStBl II 91, 262 mE unzutr, daher zu Recht Nichtanwendungserlass, *BMF* BStBl I 91, 388).

Schmerzensgeld nach einem Berufsunfall zählt nicht zum stpfl ArbLohn (BFH IV 235/58 U BStBl III 60, 87). Wegen berufl Rufschädigung soll es ArbLohn sein (FG BaWü DStRE 00, 123, rkr, mE unzutr).

Schmiergeld ist nicht durch das DienstVerh veranlasst; daher kein stbarer ArbLohn, wohl aber Einnahme iSd § 22 Nr 3 (ebenso *HHR* § 19 Rz 600 „Schmiergeld"). Bei späterer Schadensersatzleistung ggü dem ArbG kommen WK iSd § 22 in Betracht (FG BaWü EFG 07, 1137, aufgehoben aus anderen Gründen, BFH IX R 14/07 BStBl II 09, 309).

Sicherheitsmaßnahmen des ArbG für abstrakt oder konkret gefährdete ArbN führen idR nicht zum Lohn (*BMF* BStBl I 97, 696, ledigl Billigkeitsregelung; s auch § 12 Rz 25 „persönl Sicherheit"); anders, wenn das eigenbetriebl Interesse des ArbG nicht im Vordergrund steht (BFH IX R 109/00 BStBl II 06, 541, Sicherheitsmaßnahmen am Haus des ArbN mit erhebl Vorteilen für den ArbN).

Solvabilitätsspanne s Rz 61, Rz 92.

Sozialplan. Zahlungen auf Grund eines Sozialplans sind grds ArbLohn (BFH IX R 23/09 BStBl II 11, 218; FG BaWü EFG 89, 574, rkr).

Sozialversicherungsbeiträge, die für Aushilfskräfte pauschal entrichtet werden, sind nach FG Hbg (EFG 82, 100, rkr) kein stpfl ArbLohn (zweifelnd FG Köln DB 89, 2105, AdV; aA FG Nbg EFG 88, 21, rkr; FG Mchn EFG 90, 621, rkr; *Offerhaus* StBp 91, 18). ME kann Lohn iSd § 40a nur der tatsächl ausgezahlte Betrag ohne Berücksichtigung irgendwelcher gesetzl Abzüge (LSt, SV) sein. Andernfalls müsste, da in der Praxis regelmäßig der ArbG die gesetzl Abzüge übernimmt, zur Prüfung, ob die Lohngrenzen auch eingehalten sind, auf einen Bruttolohn hochgerechnet werden. Dies kann der Gesetzgeber nicht gewollt haben (aA aber wohl FG Hess EFG 94, 394, rkr). Irrt der ArbG über eine Lohnzuwendung, kürzt er deshalb den Barlohn nicht um den gesetzl ArbN-Anteil zur SV und kann er den ArbN wegen des Eintritts der gesetzl Lastenverschiebung nicht mehr in Anspruch nehmen, so liegt darin keine weitere Lohnzuwendung (BFH VI R 4/87 BStBl II 94, 194; Anm HFR 94, 229; anders aber bei Schwarzlohnzahlung, s § 39b Rz 13; BFH VI R 54/03 BStBl II 08, 58). S auch „ArbG-Anteil ...", „Lohnsteuernachforderung" und Rz 48. Zur Rückzahlung von Sozialversicherungsbeiträgen s *FinVerw* DStR 97, 580. Zur Erstattungsberechtigung bei überhöht abgeführten Beiträgen s BAG DB 01, 2659.

Sprachkurs. Die Finanzierung von Sprachkursen für ausl ArbN durch ArbG soll nicht zum Lohn führen (FG Mchn EFG 02, 617, rkr). S auch § 12 Rz 25.

Stipendien an Studenten, die sich verpflichtet haben, nach Abschluss des Studiums mindestens für einen bestimmten Zeitraum in den öffentl Dienst zu treten, sind nach § 3 Nr 11 stfrei (BFH VI R 295/69 BStBl II 73, 734; BFH VI R 267/69 BStBl II 73, 736). Dies gilt nicht für Zahlungen während eines bestehenden

DienstVerh und für Zahlungen nach Ausbildungsabschluss (BFH VI R 100/71 BStBl II 73, 819).

Stock Options s „Ankaufsrecht".

Streikgelder s Rz 72.

Studiengebühren. Die Übernahme der Gebühren für ein berufsbegleitendes Studium des ArbN kann im ganz überwiegenden eigenbetriebl Interesse des ArbG liegen, so dass ArbLohn ausscheidet (*BMF* BStBl I 12, 531).

Tantiemen sind stpfl ArbLohn.

Teambildungsmaßnahmen. Ob diese zu einer Lohnzuwendung führen, hängt von dem eigenbetriebl Interesse des ArbG und dem Freizeitwert der Maßnahmen für die ArbN ab (Überblick *Albert* FR 03, 1153).

Telefonanschluss s „Internet".

Trennungsgeld für Auslandsbeamte zum Ausgleich der durch die Beibehaltung des Familienhaushalts im Inl entstehenden Kosten ist (ggf stfreier) ArbLohn (FG Ddorf EFG 80, 585; s auch BFH VI R 226/80 BStBl II 87, 385).

Trinkgelder s Rz 70; § 3 Nr 51.

Übertragungsrecht s „Urheberrechtl Entschädigungen".

Unfallkosten. Ersatzleistungen des ArbG zur Beseitigung von Unfallschäden am eigenen Kfz des ArbN können, wenn sich der Unfall auf einer dienstl veranlassten Fahrt ereignet hat, als Auslagenersatz schon nicht stbar bzw als Reisekosten iSd § 3 Nr 13, 16 stfrei sein.

Unfallverhütung. Prämien hierfür sind ArbLohn (BFH VI R 106/84 BStBl II 88, 726). S auch *FinVerw* DB 85, 575.

Unfallversicherung. – ***(1)*** **Vom ArbN abgeschlossene Versicherungen.** Leistungen, die der ArbN aus einer von ihm selbst abgeschlossenen Unfallversicherung erhält, sind Einnahmen aus nichtselbstständiger Arbeit, soweit sie dazu dienen, Einnahmeausfälle auszugleichen (*v Bornhaupt* BB 09, 763; s aber BFH VI R 9/96 BStBl II 98, 581; BFH VI B 113/05 BFH/NV 06, 1093). Insoweit können auch die Versicherungsbeiträge als WK abgezogen werden (s Rz 110 „Versicherungsbeiträge"). – ***(2)*** **Vom ArbG abgeschlossene Versicherungen.** Beiträge des ArbG zu einer Unfallversicherung zum Schutz seiner ArbN bei Produktionsgefahren und bei Kfz-Unfällen auf betriebsbedingten Fahrten sind kein ArbLohn, wenn den ArbN aus den Versicherungen keine eigenen unentziehbaren Rechtsansprüche erwachsen (BFH VI R 9/05 BStBl II 09, 385; BFH VI R 60/96 BStBl II 00, 406, **Gruppenunfallversicherung;** BFH VI R 66/97 BStBl II 00, 408; BFH VI R 24/10 BFH/NV 11, 1418; BFH VI B 125/06 BFH/NV 07, 2099 zu **Gruppenkrankenversicherung;** zur Umsetzung dieser Rspr s *BMF* BStBl I 00, 1204; ersetzt durch *BMF* BStBl I 09, 1275). Haben die ArbN einen *eigenen* durchsetzbaren Anspruch gegen den Versicherer (also Lohn: BFH X R 31/08 BFH/NV 09, 1625, Schweizer KV; BFH VI R 15/08 BFH/NV 11, 39, Schweizer Invalidenversicherung), so liegt Lohn nur hinsichtl der Absicherung des privaten, nicht auch hinsichtl des berufl Risikos vor (*FinVerw* DStR 93, 1449 und *BMF* BStBl I 09, 1275 auch zum Aufteilungsmaßstab; FG Mster EFG 96, 275, rkr, Gruppenunfallversicherung; zu Prämienvorteilen s *BMF* DStR 96, 625: kein Lohn). – Die im **Schadensfall** aufgrund des Versicherungsverhältnisses an den ArbN gezahlten Leistungen (sei es direkt durch die Versicherung oder über den ArbG) führen nicht zum Lohn, da diese Leistungen nicht für die Beschäftigung, sondern als Ausgleich für eine Minderung wirtschaftl Leistungsfähigkeit (Invalidität, Körperschäden, Schmerzensgeld, Todesfallentschädigung, Krankheitskosten) gewährt werden. Die Erlangung von Versicherungsleistungen aus dem Schadensfall bedeutet wirtschaftl die Verfügung über den in den Beitragszahlungen durch den ArbG liegenden Vorteil. Die früher seit Beginn des DienstVerh durch den ArbG geleisteten Versicherungsbeiträge fließen im Zeitpunkt der Versicherungsleistung dem ArbN als Lohn zu, wobei der Vorteil in den zugewendeten Beiträgen, allerdings der Höhe nach begrenzt auf die an den ArbN erbrachten Versicherungsleistungen, zu sehen ist. Der auf das Risiko berufl Unfälle entfallende Teil der Versicherungsprämien wird vom BFH als stpfl WK-Ersatz angesehen, dem insoweit aber ein fiktiver WK-Abzug ggü steht. Dabei kann idR davon ausgegangen werden, dass die Beiträge hälftig auf das Risiko privater und berufl Unfälle entfallen (ausführl BFH VI R 9/05 BStBl II 09, 385; *Bode* FR 09, 771, für Sachlohn; *Bergkemper* FR 09, 676, für Barlohn; die Rspr abl *Thomas* DStR 09, 2349; krit *Breinersdorfer* DB 09, 1264, wegen mögl Auswirkungen auf die betriebl Altersversorgung; s auch *Otto* DStR 09, 1022). Die *FinVerw* wendet die Rspr an (*BMF* BStBl I 09, 1275; dazu *Niermann* DB 09, 2516; *Harder-Buschner* NWB 10, 262). ME führt der WK-Ersatz nicht zu Lohn; Lohn ist nur gegeben, soweit die Beiträge *private* Risiken abdecken (s auch Rz 67). – Ist bei einer früheren Versicherungsleistung ArbLohn angenommen worden, sind die bis dahin vom ArbG geleisteten und zu verrechnenden Versicherungsprämien nicht erneut bei einem weiteren Versicherungsfall als Lohn zu erfassen; bei einer späteren Versicherungsleistung sind nur die seit dem vergangenen Versicherungsfall vom ArbG entrichteten Prämien zu berücksichtigen (BFH VI R 3/08 BFH/NV 09, 907; *BMF* BStBl I 09, 1275, Tz 2.1.2 mit Beispiel). – Falls die als Lohn anzusetzenden Prämien mehr als 12 Monate abdecken, stellt sich die Frage der Tarifbegünstigung des § 34. – ***(3)* Einzelfälle: Tagegelder** sind nach BFH VI R 216/72 BStBl II 76, 694 stpfl ArbLohn, da sie Einnahmeausfälle ausgleichen sollen. Ob daran festgehalten werden kann, ist angesichts von BFH VI R 9/05 BStBl II 09, 385 fragl; s auch BFH VI R 30/04 BFH/NV 08, 550, Krankentagegeld aus Schweizer Betriebskrankenkasse; *Schneider* HFR 08, 687). Kein ArbLohn und keine Entschädigung iSv § 24 Nr 1 Buchst a sind Leistungen aus einer betriebl **Autoinsassen-Todesfall-Versicherung** (BFH III R 135/79 BStBl II 82, 496; krit HFR 82, 410; *FinVerw* DStR 83, 360). Ob eine Leistung der Versicherung an den ArbN allein deshalb als Lohn zu qualifizieren ist, weil die Versicherungsprämien als WK abgezogen worden sind, ist noch offen (s aber § 2 II Nr 2 Satz 2 LStDV); die Rspr sieht hier zutr keinen allg Grundsatz (BFH IX R 333/87 BStBl II 94, 12, zu VuV; BFH IV R 61/97 BStBl II 98, 621, zu § 18; BFH X R 161/88 BStBl II 91, 337, Streikgelder; s auch *Drenseck* FR 93, 505); s auch „Dienstreise-Versicherung" und Rz 60 ff.

Unterhaltszuschüsse an Beamtenanwärter sind stpfl ArbLohn (BFH VI R 337/70 BStBl II 72, 261, Finanzanwärter; BFH VI R 58/69 BStBl II 72, 643, Referendare). Das Gleiche gilt für Vergütungen in einem privatrechtl Ausbildungsdienstverhältnis (BFH VI R 93/80 BStBl II 85, 644).

Unterschlagung s „Diebstahl".

Unterstützungen s „Beihilfen".

Urheberrechtl Entschädigungen führen idR nicht zu ArbLohn (BFH VI R 49/02 BStBl II 06, 917, mwN, zu Wiederholungshonoraren und Erlösbeteiligungen für Hörfunk- und Fernsehproduktionen). S auch Rz 35 „Fotomodell".

Urlaubsgelder und Entschädigungen für nicht genommenen Urlaub sind stets stpfl ArbLohn (BFH VI R 74/00 BStBl II 03, 496); s auch „Lohnersatzleistung".

Verbesserungsvorschläge. Prämien für Verbesserungsvorschläge sind ArbLohn, da eine vom ArbG erwünschte Leistung des ArbN honoriert wird (FG BaWü EFG 93, 446, rkr).

Vermächtnis. Zahlungen auf Grund Vermächtnis des verstorbenen ArbG an langjährig bei ihm beschäftigte ArbN sind nicht durch das individuelle DienstVerh veranlasst und damit kein ArbLohn (BFH IV R 119/84 BStBl II 86, 609).

Vermittlungsprovisionen s Rz 35 „Vermittlungstätigkeit".

Vermögensbeteiligung der ArbN s „Gewinnbeteiligung“, § 19a, § 3 Nr 39.

Vermögensschadenhaftpflichtversicherung des ArbG zugunsten des Schadensersatzrisikos von Führungskräften liegt mE im eigenbetriebl Interesse und führt nicht zu ArbLohn (glA FG Mchn EFG 02, 1524, rkr). S auch „D&O-Versicherungen“ und Rz 55.

Verpflegungszuschüsse s „Mahlzeiten“ und „Essensfreibetrag“.

Versicherung. Erstattung der Vollkaskoprämie s „Kfz-Gestellung“. S auch „Dienstreiseversicherung“, „Unfallversicherung“, „Vermögensschadenhaftpflichtversicherung“, „Reisegepäckversicherung“, und Rz 60 ff.

Versorgungsausgleich s Rz 89 und Rz 110.

Versorgungszusage. Wird statt eines lfd Gehalts eine Versorgungszusage vereinbart, kann es am gegenwärtigen Zufluss fehlen. Dies gilt bei **ArbN-finanzierter Altersvorsorge** durch Herabsetzung des gegenwärtigen Gehalts zugunsten einer wertgleichen Pensionszusage (s auch BFH VI R 39/09 BFH/NV 10, 2296; BFH X R 29/05 BStBl II 07, 402, II. 2.c, ee; FG Ddorf EFG 08, 1290, rkr; sog Deferred Compensation = aufgeschobene Vergütung). Der Vorteil liegt in der Senkung der gegenwärtigen Spitzenbesteuerung und der späteren Versteuerung der Versorgungsbezüge bei niedrigerem Steuersatz. Die *FinVerw* erkennt Verzicht auf noch nicht entstandene Lohnansprüche (künftiger Lohn, für den noch keine Arbeit geleistet worden ist) zugunsten einer betriebl Altersversorgung iSd BetrAVG an (*BMF* BStBl I 00, 354, s auch *BMF* BStBl I 10, 270; *BMF* BStBl I 10, 681; *Kirschenmann* BB 11, 1687; *Niermann* DB 00, 347; *Ebel* FR 00, 241; *Pröpper* DB 03, 174). Bei Verzicht auf Gehalt zugunsten von Zahlungen des ArbG an eine Unterstützungskasse, die dem ArbN keinen Rechtsanspruch einräumt, liegt noch kein Lohnzufluss vor (BFH VI B 155/98 BFH/NV 99, 457). Die späteren Zahlungen aus der Zusage sind dann aber in voller Höhe Lohn. Ob eine zum Zufluss von ArbLohn führende Lohnverwendungsabrede oder ein ArbLohnverzicht zugunsten künftiger Versorgungsleistungen vorliegt, richtet sich iÜ nach den vertragl Vereinbarungen und deren Durchführung im Einzelfall. Maßgebl ist, ob der ArbG dem ArbN bei wirtschaftl Betrachtung Beträge zur Verfügung stellt, die der ArbN zum Erwerb einer Zukunftssicherung verwendet, die dem ArbN eigene Ansprüche einräumt (s FG Mster EFG 15, 2073, rkr). S auch „Arbeitszeitkonten“, „Gehaltsverzicht“ und Rz 60 ff.

Verwarnungsgelder des ArbN, die der ArbG übernimmt (zB bei Verkehrsübertretung), sind grds Lohn (BFH VI 36/12 BFH/NV 14, 417; *Schneider* NWB 14, 441; aA noch BFH VI R 29/00 BStBl II 05, 367).

Verzicht eines ArbN auf Rechte aus dem ArbVerh gegen Entschädigung führt zu ArbLohn (BFH VI R 4/05 BStBl II 08, 826).

VIP-Logen. Überlassung an ArbN führt zu Lohn (*BMF* BStBl I 05, 845, Rz 10, 14, 18; geändert durch BStBl I 06, 307, 447; BStBl I 08, 566). S § 37b.

Vorruhestandsleistungen s § 3 „Altersteilzeit“ und *FinVerw* DStZ 92, 511.

Vorsorgekuren. *FinVerw* DB 85, 1001. S auch „Gesundheitsfürsorge“.

Vorsorgeuntersuchung. BFH VI R 75/79 BStBl II 83, 39; Lohn wird verneint auch bei anonymisierter Auswertung der Untersuchungsergebnisse von FG Ddorf EFG 10, 137, rkr, zutr; s auch Rz 55, 56. Allg gesundheitspräventive Maßnahmen des ArbG sind aber grds ArbLohn (FG Ddorf DStRE 14, 656, rkr).

Waisengelder s Rz 82.

Wartegelder s Rz 81.

Wegegelder in der Straßenbauverwaltung sind ArbLohn; *FinVerw* FR 82, 513.

Witwengelder s Rz 82.

Wohnungsüberlassung s „Dienstwohnung".

Zeugengebühr ist stpfl ArbLohn, soweit durch sie Verdienstausfall ausgeglichen werden soll (§ 24).

Zinsen auf stehen gelassenen ArbLohn oder nicht ausgezahlte Tantiemen zählen zu Einnahmen aus KapVerm (BFH VIII R 39/79 BStBl II 82, 113; BFH VIII R 210/83 BStBl II 90, 532). Einnahmen iSd § 19 können vorliegen, wenn das ArbVerh ggü dem Darlehen im Vordergrund steht (BFH VI B 23/07 BFH/NV 07, 1870, Zinsen aus ArbN-Beteiligungsmodell; FG Köln EFG 04, 654, rkr, mwN, Verzinsung von Arbeitszeitkonten). Gleiches muss auch für Verzugszinsen gelten. – Gewährt ein Kreditinstitut seinen ArbN *Vorzugszinsen* auf (Spar)Einlagen, die betriebsfremde Bankkunden nicht erhalten, fallen iHd Normalzinses Einnahmen aus KapVerm und iHd Überzinses solche aus nichtselbstständiger Arbeit an.

Zinsersparnisse s „Darlehen".

VIII. ABC der Werbungskosten

110 **Abstandszahlung** s „Vertragsstrafe".

Angehörige s Rz 35.

Arbeitnehmervertreter. Aufwendungen eines ArbN iZm seiner ehrenamtl Tätigkeit für die Gewerkschaft können WK sein (BFH VI R 193/77 BStBl II 81, 368). Dies gilt jedenfalls dann, wenn die Aktivitäten geeignet sind, die berufl oder sozialen Rahmenbedingungen der Mitglieder zu sichern (ausführl FG Hess EFG 94, 919, rkr), und gewerkschaftl Richtlinien entsprechen (vgl FG BBg EFG 09, 1286, rkr, insoweit nicht zwingend). Zu den als WK abzugsfähigen Aufwendungen können auch Fahrtkosten und Verpflegungsmehraufwendungen gehören; ebenso Werbegeschenke vor Personalratswahl (FG Bbg EFG 07, 1323, rkr; § 4 V 1 Nr 1 s § 9 Rz 266). Zu Aufwendungen eines ArbN-Vertreters im Aufsichtsrat als BA bei Verpflichtungserklärung vor der Wahl s BFH IV R 81/76 BStBl II 81, 29 (krit *Felix* BB 82, 2171); diese Rspr gilt auch für nichtselbstständige Organmitglieder (*FinVerw* DB 95, 1310). Unfallkosten eines (ehrenamtl) Wahlleiters zur Sozialversicherungswahl s FG RhPf EFG 84, 66, rkr. Kein WK-Abzug bei streikbedingten Aufwendungen (BFH X R 161/88 BStBl II 91, 337). S auch Rz 100 „Aufsichtsratsvergütung" und „Betriebsversammlung"; ferner § 9 Rz 174.

Arbeitsplatzsicherung. Zinsaufwendungen für den (erzwungenen) Kauf von ArbG-Aktien sind idR WK bei den Einkünften aus KapVerm und nicht aus § 19 (BFH IX R 111/00 BStBl II 06, 654; BFH IX R 80/01 BFH/NV 06, 1817). Maßgebend für die Abgrenzung ist die Einkunftsart, die im Vordergrund steht und die Beziehungen zu den anderen Einkünften verdrängt. Die Einzelfallwürdigung obliegt dem FG (BFH VI B 109/06 BFH/NV 07, 1498). Hiernach kann auch der Verlust einer stillen Beteiligung als WK abziehbar sein, wenn er durch das ArbVerh veranlasst ist und nicht auf der Nutzung der Beteiligung zur Erzielung von Einkünften aus KapVerm oder auf sonstigen Gewinnerwartungen beruht (ausführl FG Nds DStR 12, 729, rkr). S auch „Bürgschaft", „Darlehen", „Stammkapital".

Arbeitszimmer s § 4 Rz 520 „Arbeitszimmer"; § 4 Rz 590 und 32. Aufl § 19 Rz 110 „Arbeitszimmer".

Ausbildungsdarlehen s „Vertragsstrafe".

Ausbildungskosten und Fortbildungskosten s § 12 Rz 56 ff; § 9 Rz 280 ff.

BahnCard s Rz 100 und *FinVerw* DStR 05, 156 zur BahnCard 100.

Berufskraftfahrer s „Fahrtätigkeit".

Berufskrankheit. Aufwendungen zur Beseitigung der durch eine typische Berufskrankheit erwachsenen Gesundheitsschäden können WK sein (zB BFH VI 150/64 U BStBl III 65, 358; FG Köln EFG 04, 1622, rkr). Herzinfarkt ist keine typische Berufskrankheit (BFH IV R 59/68 BStBl II 69, 179); ebenso nicht Gelenkarthrose (FG Bln EFG 92, 322, rkr). Eine Berufskrankheit wird auch bei psychischen Erkrankungen (burn-out) verneint (FG Mchn EFG 13, 1387, Rev VI R 36/13). Krankheitskosten, die auf Mobbing von Vorgesetzten beruhen, sollen aber als WK abziehbar sein (FG RhPf DStRE 14, 1217). Aufwendungen einer Berufsmusikerin für Dispokinesesitzungen zur Behandlung motorischer und psychosomatischer Spielprobleme können WK sein (BFH VI R 37/12 BStBl II 13, 815). Kurkosten müssen der Heilung, Linderung oder Vorbeugung einer typischen Berufskrankheit dienen (BFH VI R 96/88 BFH/NV 93, 19). Unfallkosten auf Fahrt zum Arzt wegen Berufskrankheit s FG Hess EFG 88, 556, rkr, zutr anerkannt. S auch „Unfallkosten" und Rz 100 „Gesundheitsfürsorge".

Berufsverband. Beiträge hierzu s § 9 I 3 Nr 3. Sonstige nicht unter § 9 I 3 Nr 3 fallende Aufwendungen können nach § 9 I 1 als WK abzugsfähig sein, wenn sie der Förderung berufl Interessen dienen. S auch „Arbeitnehmervertreter".

Betriebsausflug. Aufwendungen des ArbN für einen Betriebsausflug sollen nicht als WK abzugsfähig sein (FG Ddorf EFG 04, 645, rkr; *FinVerw* FR 88, 247, anders für den organisierenden ArbN).

Betriebssport ist freiwillig, kein WK-Abzug; anders für den im Auftrag des ArbG organisierenden ArbN (*FinVerw* DStR 88, 685). Tennis als Dienstsport eines Polizeibeamten, WK anerkannt von FG Saarl EFG 91, 377, rkr (zweifelhaft, s *Richter* DStR 91, 1519; aA FG Mster EFG 94, 238, rkr). S auch Rz 100 „Betriebssport".

Bewirtung. Eigene Aufwendungen des ArbN für die Bewirtung von **Geschäftsfreunden des ArbG** sind regelmäßig WK (bei Erstattung der Kosten durch den ArbG s § 3 Nr 50). Erfolgsabhängige Entlohnung spricht als Indiz für die berufl Veranlassung der Bewirtung (BFH VI R 33/07 BStBl II 09, 11); aber auch bei festen Bezügen kann sich der berufl Charakter der Bewirtung aus anderen Umständen (zB Arbeitsplatzsicherung durch Kundenbindung) ergeben (BFH VI R 78/04 BStBl II 07, 721; BFH VI R 68/06 BFH/NV 08, 1316; *Bergkemper* HFR 08, 929). Die berufl Umstände sind nachzuweisen (BFH VI R 77/04 BFH/NV 07, 1643). – Kosten für die **Bewirtung von Kollegen** und Kunden des ArbG iZm persönl Ereignissen (zB Geburtstagen, Beförderungen, Amtseinführungen, Antrittsvorlesungen, Jubiläen) waren früher nicht als WK abziehbar (s Nachweise 26. Aufl; s ferner Rz 100 „Amtseinführung", „Bewirtung", „Geburtstag"). Der BFH hat seine Rspr im Amtseinführungsfall (BFH VI R 59/92 BStBl II 93, 350) zu Recht geändert und lässt nun die Kosten für die **Abschiedsfeier aus dem aktiven Beruf** zum WK-Abzug zu (BFH VI R 52/03 BStBl II 07, 317; BFH VI B 95/09 BFH/NV 10, 875; FG Hbg EFG 09, 1633; FG Mchn DStRE 10, 719, rkr; s § 12 Rz 16). Gleiches gilt für die Bewirtung von Kollegen anlässl der **Entlassung aus dem DienstVerh** (Hess FG EFG 13, 1583, rkr), eines **ArbG-Wechsels** (FG Mster EFG 15, 1522, rkr), für **Jubiläumsfeiern** mit Mitarbeitern (BFH VI R 25/03 BStBl II 07, 459, Gartenfest mit 300 Mitarbeitern; anders zum 25-jährigen Priesterjubiläum, BFH VI R 35/11 BFH/NV 14, 500), für **Weihnachtsfeiern** (BFH VI R 12/07 BFH/NV 08, 1997), für **Jahresabschlussfeiern** (BFH VI R 7/07 BFH/NV 09, 11; FG RhPf DStRE 09, 1042, rkr), für **Versetzungsfeier** (FG Mchn DStRE 10, 719, rkr). Diese Bewirtungen und sonstigen Betriebsfeste haben regelmäßig berufl Charakter (Dank an die Mitarbeiter für geleistete Arbeit, Motivationsförderung, betriebl Zusammenhalt usw). Ob die Aufwendungen berufl oder privat veranlasst sind, ist stets das Ergebnis tatrichterl Würdigung der gesamten Umstände des Einzelfalls (berufl Veranlassung verneint von FG Köln EFG 12, 590, rkr, für Feier anlässl der Überreichung einer Festschrift an Hochschullehrer; berufl Veranlassung bejaht von FG Thür EFG 14, 1290, rkr, für Mitarbeitermotivationsskifreizeit eines angestellten Chefarztes). Bei einer **gemischt berufl und privat veranlassten Feier** sind die Aufwendungen aufzuteilen. Soweit sie auf Gäste aus dem berufl Umfeld entfallen, können sie als WK abgezogen werden, wenn die Einladung dieser Gäste berufl veranlasst ist. Hiervon kann insb auszugehen sein, wenn die Einladung nach abstrakten berufsbezogenen Kriterien erfolgt (BFH VI R 46/14 BFH/NV 15, 1720; *Krüger* DStR 15, 2820). Bei Bewirtung von Kunden (nicht aber bei Bewirtung von Kollegen) ist § 4 V 1 Nr 2 zu beachten (zB BFH VI R 33/07 BStBl II 09, 11; s auch § 9 Rz 267).

Bücher können ebenso wie Zeitschriften Arbeitsmittel sein. Die Aufwendungen sind als WK abziehbar, wenn die Literatur ausschließl oder weitaus überwiegend berufl genutzt wird; bei gemischter Nutzung kommt Aufteilung in Betracht (BFH VI R 53/09 BStBl II 11, 723).

Bürgerliche Kleidung. Aufwendungen hierfür sind auch nach Aufgabe des Aufteilungs- und Abzugsverbots nicht (teilweise) als WK abziehbar (BFH VI B 40/13 BFH/NV 14, 335; FG Hbg EFG 14, 1377, rkr; FG Mchen DStRE 15, 1482, rkr). Dies gilt auch für Sportbekleidung eines Profisportlers (FG RhPf DStRE 15, 1100, rkr).

Bürgschaft. Die Inanspruchnahme aus einer Bürgschaft, die der ArbN für seinen ArbG zur Erhaltung des DienstVerh übernommen hat (entscheidend ist der Zeitpunkt der Bürgschaftsübernahme, BFH IV R 42/96 BFH/NV 97, 837), kann zu WK führen. Das Gleiche gilt, wenn sich der ArbN im Hinblick auf seine künftige berufl Tätigkeit verbürgt hatte (BFH VI R 165/78 BStBl II 80, 395) oder wenn GmbH-Geschäftsführer Lieferantenforderungen begleicht (FG Mster EFG 82, 291, rkr). Die Inanspruchnahme des ArbN aus der Bürgschaft führt auch dann zu WK, wenn Bürgschaftsprovisionen vereinbart waren (*KSM* § 9 B 402a; aA *Giloy* DStZ 89, 471, 472; s aber auch BFH IV R 80/88 BStBl II 90, 17 zu den Kriterien des Abzugs von Bürgschaftsaufwendungen beim Freiberufler). – Bei einem Ges'tergeschäftsführer einer GmbH stellt sich stets die Frage, ob die Sicherheitsgestellung nicht gesellschaftsrechtl veranlasst ist und zu nachträgl AK der Beteiligung führt (BFH VIII R 9/98 BStBl II 99, 817; Anm *HG* DStR 99, 1899 und Anm HFR 00, 104; BFH IX R 16/10 BFH/NV 11, 778), wofür eine Beteiligung in nicht nur unbedeutendem Umfang spricht (BFH VI B 44/07 BFH/NV 07, 1655, mwN). Die Beteiligungshöhe ist neben anderen Umständen ein – wesentl – Indiz für den maßgebl Veranlassungszusammenhang (BFH IX B 169/03 BFH/NV 05, 1057; BFH VI R 77/14 BStBl II 16, 104). Inanspruchnahme aus Bürgschaft, die im Hinblick auf geplante aber nicht verwirklichte wesentl Beteiligung eingegangen wurde, führt mE zu fehlgeschlagenen AK, die wie vergebl WK abziehbar sind (aA FG Mchn EFG 09, 565; BFH IX B 221/08 BFH/NV 09, 1265 zu Darlehensverlust). Nach der BFH-Rspr kommt in einem solchen Fall ein WK-Abzug bei § 17 nicht in Betracht, wohl aber bei § 19 (BFH VI R 97/10 BStBl II 12, 343). Der Umstand, dass Aufwendungen bei der Einkunftsart, durch die sie wesentl veranlasst sind, aus Rechtsgründen nicht abgezogen werden können, berührt indes die Beurteilung des maßgebl Veranlassungszusammenhangs nicht; sie führt insb nicht dazu, dass die Aufwendungen bei einer anderen Einkunftsart abziehbar sind (BFH VI R 77/14 BStBl II 16, 104). Zur Rechtslage bei Bürgschaft eines Dritten s § 9 Rz 24. S auch *Reis* DStR 98, 1669; „Arbeitsplatzsicherung"; „Stammkapital"; „Darlehen"; „Kaution"; „stille Gesellschaft" und „Haftung".

Darlehen. Der Verlust einer normalverzinsl Darlehensforderung ggü dem ArbG kann WK sein, wenn das Darlehen zur Arbeitsplatzsicherung hingegeben worden ist und der ArbN das Risiko eines Darlehensverlustes bewusst auf sich genommen hat, was dann angenommen werden kann, wenn ein Außenstehender (Bank) das Darlehen unter diesen Bedingungen nicht mehr gewährt (BFH VI R 38/91 BStBl II 93, 663; BFH VI R 75/06 BStBl II 10, 48; BFH VI R 57/13 DStR14, 1658) oder nicht weiter belassen hätte (*Söffing* FR 93, 605). Auch Darlehensverzicht kann zum WK-Abzug führen; dies kann auch bei einer gesellschaftsrechtl Beteiligung der Fall sein (BFH VI R 34/08, BFH/NV 11, 680; *Schneider* NWB

11, 604; *Demuth* BB 11, 677). Risiko des Forderungsverlusts und zukünftige Verdienstmöglichkeiten müssen in einem angemessenen Verhältnis zueinander stehen (BFH VI R 33/96 BFH/NV 97, 400; Anm *MIT* DStR 97, 1160); dabei sind mE die ArbVerh zu verbundenen Unternehmen oder zum Ges'tergeschäftsführer in die Gesamtbetrachtung einzubeziehen (s BFH VI R 75/06 BStBl II 10, 48; *Bode* FR 08, 777). Die Rechtslage ist vergleichbar mit der von Ges'terdarlehen, die in der Krise stehengelassen werden (*Meyer-Scharenberg* DStR 94, 1450). Vor Darlehensgewährung sollte sich der ArbN Nachweismittel dafür beschaffen, dass zB eine Bank dieses Darlehen nicht gegeben hätte, da der ArbN für der berufl Veranlassung der Darlehenshingabe die Feststellungslast trägt (BFH VI R 75/06 BStBl II 10, 48; Anm HFR 93, 506). Die Nichtgewährung des Darlehen durch Dritte ist aber nicht notwendige Voraussetzung für den WK-Abzug, sondern (nur) Indiz für die berufl Veranlassung (BFH VI R 57/13 BFH/NV 14, 1614) Der Abzug erfolgt in dem Jahr, in dem die Wertlosigkeit der Forderung erkennbar wird (BFH VI R 51/85 BStBl II 89, 382, aE). Gehen später wider Erwarten auf die „abgeschriebene" Forderung Zahlungen ein, handelt es sich um Einnahmen iSd § 19 (s § 9 Rz 112; *Degen* DStR 96, 1749, 1754). Zum Verlust eines partiarischen Darlehens s FG RhPf EFG 97, 1384, rkr; zum Verlust einer stillen Beteiligung s „stille Gesellschaft"; zum Verlust von Genussrechtskapital s BFH VI R 57/13 BFH/NV 14, 1614. – Beim Ges'tergeschäftsführer sind die vorstehenden Grundsätze nicht anwendbar, da sich hier stets die Frage nachträgl AK auf die Beteiligung stellt (eigenkapitalersetzendes Darlehen, BFH VIII R 31/98 BStBl I 99, 724). Daher sind Darlehensverluste eines Ges'tergeschäftsführers als WK abgelehnt worden (BFH VIII R 16/88 BStBl II 92, 902; FG SchlHol EFG 05, 1535, rkr, mwN; zu Darlehensverlust bei beabsichtigter KG-Beteiligung s BFH III R 38/03 BFH/NV 05, 202); ebenso bei Darlehensverlusten eines angestellten Angehörigen eines Alleinges'ters (FG Mchn EFG 09, 565; BFH IX B 221/08 BFH/NV 09, 1265). Ein gesellschaftsrechtl oder privates Näheverhältnis verdrängt einen berufl Veranlassungszusammenhang indes nicht, soweit das Einstehen des Geschäftsführers für Verbindlichkeiten des ArbG auf seiner berufl Tätigkeit und nicht auf der Ges'terstellung bzw. der privaten Beziehung zum ArbG beruht (BFH VI R 55/14 BFH/NV 15, 1556). – S auch „Arbeitsplatzsicherung", „Bürgschaft", „Kaution" und „Stammkapital". – Die Rückzahlung eines **(BAföG)-Darlehens** führt nicht zum WK-Abzug (BFH VI R 41/05 BFH/NV 08, 1136) und zwar unabhängig vom Zeitpunkt der Rückzahlung (insoweit unzutr Formulierung des BFH).

Diebstahlsverluste s § 9 Rz 80.

Dienststrafverfahren. Aufwendungen für Gerichts- und Anwaltskosten können WK sein, wenn der strafrechtl Vorwurf durch ein berufl Verhalten veranlasst ist und nicht auf privaten Umständen beruht (BFH VIII R 34/93 BStBl II 95, 457; BFH VI R 75/10 BFH/NV 11, 2040; FG Mster EFG 11, 2059, rkr, auch zum Abzug von Strafverteidigerkosten als agB).

Doktortitel. Kosten eines Promotionsstudiums können berufl veranlasst und damit als WK abziehbar sein (BFH VI R 96/01 BStBl II 04, 891; *BMF* BStBl I 10, 721, Rz 26). Ein WK-Abzug scheidet aber beim Kauf eines Doktortitels aus (BFH VI B 158/03 BFH/NV 04, 1406); das Gleiche gilt bei einer Promotion gegen oder nach Ende des Berufslebens.

Ehrenamt. Steht eine ehrenamtl Tätigkeit mit dem Beruf in enger Beziehung und fördert sie das berufl Fortkommen, ist WK-Abzug gegeben (FG BaWü EFG 93, 712, rkr; s auch „ArbN-Vertreter", Rz 35 und § 9 Rz 174).

Einbürgerungskosten s § 12 Rz 25.

Einsatzwechseltätigkeit. Das Reisekostenrecht ist ab VZ 2014 grundlegend neu konzipiert worden. Zum neuen Reisekostenrecht s § 9 Rz 254 ff. Bis einschließl VZ 2013 galt Folgendes: – ***(1)* Begriff.** Einsatzwechseltätigkeit (=

Auswärtstätigkeit) war gegeben bei ArbN, die stets an ständig wechselnden Einsatzstellen eingesetzt werden (zB Baumontagearbeiter s BFH VI R 62/12 BFH/NV 14, 147; Großbaustelle, auch wenn der ArbN sie fortdauernd aufsucht s BFH VI R 74/13 BFH/NV 14, 1294; Müllfahrzeugführer s BFH VI R 34/13 BFH/NV 14, 691; LeihArbN s BFH VI R 18/12 BFH/NV 13, 1693; BFH VI R 43/12 BFH/NV 13, 1773; Rettungsassistent s FG Nds EFG 15, 282, rkr; FG Nds EFG 15, 1908, rkr; Polizist im Streifendienst s FG Nds EFG 15, 1261, Rev VI R 8/15 unbegr, aA FG BBg EFG 15, 1259, rkr; Kehrbezirke s BFH VI R 22/04 BFH/NV 06, 507, BFH X R 19/12 BFH/NV 15, 482; Waldgebiet s BFH VI R 20/09 BFH/NV 11, 111; Seelotsen s FG Hbg EFG 96, 528, rkr; aA BFH VIII R 33/10 BFH/NV 14, 1435; Einsatz im gesamten Gebiet des Hamburger Hafens s BFH VI R 61/96 BStBl II 97, 333; anders bei eng begrenztem überschaubarem Gebiet BFH VI R 52/05 BFH/NV 06, 2237; FG Köln EFG 13, 771, rkr, Flughafen; firmeneigenes Schienennetz, BFH VI R 87/13 BFH/NV 15, 1084; Gebiet einer Polizeiinspektion s FG BBg EFG 15, 285, rkr, aber unzutr; s aber „Reisekosten" (2)). Auch Mitglieder einer Betriebsreserve für Filialen (sog Springer) befanden sich idR auf Einsatzwechseltätigkeit (BFH VI R 36/10 BStBl II 12, 36). Auswärtstätigkeit lag ferner vor, wenn ein ArbN von seinem ArbG vorübergehend befristet (maßgebl *vorherige* Sicht ex ante) an eine andere Tätigkeitsstätte abgeordnet oder versetzt wurde (BFH VI R 72/12 BStBl II 14, 68; BFH VI R 27/12 BFH/NV 14, 308, mit Anm *Geserich* HFR 14, 18). Dies galt auch bei sog Kettenabordnungen (BFH VI R 51/12 BFH/NV 14, 220). Erst bei einer absehbaren Verweildauer von mehr als vier Jahren an der neuen Tätigkeitsstätte, bei der es sich ebenfalls um eine betriebl Einrichtung des ArbG handeln musste, konnte diese als regelmäßige Arbeitsstätte angesehen werden (BFH VI R 59/12 BStBl II 14, 66; *ge* DStR 13, 2559). – ***(2)* Regelmäßige Arbeitsstätte.** Ein ArbN konnte nur eine regelmäßige Arbeitsstätte haben (BFH VI R 32/11 BFH/NV 12, 936). Regelmäßige Arbeitsstätte war der ortsgebundene Mittelpunkt der dauerhaft angelegten berufl Tätigkeit des ArbN (s auch *Seifert* DStZ 12, 72; *Wünnemann* DB 12, 421, jeweils mit zahlr Beispielen). Das war idR der Betrieb des ArbG, dem der ArbN zugeordnet war und den er mit einer gewissen Nachhaltigkeit, dh fortdauernd und immer wieder aufsuchte (BFH VI R 54/09 BStBl II 11, 354). FinVerw und FG mussten im Einzelfall aufklären, wo sich der ortsgebundene Mittelpunkt der berufl Tätigkeit des ArbN befand (s BFH VI R 58/09 BStBl II 12, 34, mit Anm *Schneider* HFR 11, 1114). Dieser bestimmte sich nach den qualitativen Merkmalen der Arbeitsleistung, die der ArbN an der Arbeitsstätte wahrnahm und nach dem konkreten Gewicht der dort verrichteten Tätigkeit. Maßgebend war die Würdigung der Umstände des Einzelfalls (krit *Thomas* DStR 14, 497; FG Nds EFG 14, 1474, rkr; FG BBg EFG 15, 285, rkr). War keine Betriebsstätte des ArbG als regelmäßige Arbeitsstätte anzusehen, befand sich der ArbN stets auf Auswärtstätigkeit. Handelte es sich bei der Tätigkeitsstätte nicht um eine betriebl Einrichtung des ArbG, lag bereits deshalb Auswärtstätigkeit vor (BFH VI R 23/11 BFH/NV 12, 845). LeihArbN waren daher grds auswärts tätig, selbst wenn sie an ein Konzernunternehmen verliehen oder entsandt werden (BFH VI R 18/12 BStBl II 13, 838, zu sog „Expatriates"; BFH VI R 43/12 BFH/NV 13, 1773; BFH VI R 11/13 BFH/NV 14, 1433, Auswärtstätigkeit im Ausland selbst bei Abschluss eines ArbVerh mit der ausl TochterGes). Dies galt unabhängig von der Dauer des Einsatzes bei der betriebl Einrichtung des Kunden (BFH VI R 47/11 BFH/NV 12, 1861; BFH VI R 43/12 BFH/NV 13, 1773; BFH VI R 18/12 BStBl II 13, 838). Auch in „Outsourcing-Fällen" waren ArbN mit ihrer Ausgliederung idR auswärts tätig (BFH VI R 22/10 BFH/NV 12, 1212; *Schneider* NWB 12, 1732). Eine Probezeit oder ein befristetes ArbVerh stand einer regelmäßigen Arbeitsstätte aber nicht entgegen (BFH VI R 21/14 BStBl II 15, 338; FG Nds DStRE 14, 525, rkr). Auch die Befristung des ArbVerh schloss das Vorliegen einer regelmäßigen Arbeitsstätte nicht aus (BFH VI R 54/14 BFH/NV 15, 1555). Zum Abzug der **Fahrtkosten** s § 9 Rz 190. – ***(3)* Verpfle-**

gungsmehraufwand. Trat der ArbN die Auswärtstätigkeit von der regelmäßigen Arbeitsstätte aus an, konnten Verpflegungsmehraufwendungen nicht für die Dauer der Abwesenheit von der Wohnung, sondern erst ab Beginn der Auswärtstätigkeit geltend gemacht werden (BFH VI R 16/04 BStBl II 05, 789; glA *BMF* BStBl I 05, 960, I.). Der pauschale Verpflegungskostenabzug beschränkte sich bei einer längerfristigen vorübergehenden Tätigkeit an derselben Tätigkeitsstätte **auf die ersten drei Monate** (BFH VI R 43/03 BStBl II 05, 357). In Outsourcing-Fällen war die Tätigkeitszeit, die der ArbN an der Tätigkeitsstätte vor dem Outsourcing bereits verbracht hatte, in die Dreimonatsfrist einzurechnen (FG Hbg EFG 14, 2019, rkr). Jedenfalls bei mindestens vierwöchiger **Unterbrechung** der Tätigkeit an einer Einsatzstelle begann die Dreimonatsfrist erneut zu laufen (s auch *Fissenewert* HFR 04, 1184); außer wenn die Unterbrechung auf Urlaub oder Krankheit beruhte (s auch LStH 13 R 9.6 (4)). IÜ ging LStH 13 R 9.6 (4) davon aus, dass dieselbe Auswärtstätigkeit nicht vorlag, wenn die auswärtige Tätigkeitsstätte an nicht mehr als 1 bis 2 Tagen wöchentl aufgesucht wurde. Bei Rückkehr nach einer Unterbrechung war entscheidend, ob die Wiederaufnahme der Tätigkeit sich als Fortsetzung der unterbrochenen Tätigkeit erwieß (Tatfrage; *Plenker/Schaffhausen* DB 08, 1822, 1824, mit Beispiel). – Zur Rechtslage bei Unterkunftnahme an der auswärtigen Tätigkeitsstätte s § 9 Rz 235. Für die Berechnung der Abwesenheitszeiten kommt es auf die Abwesenheitsdauer von der Wohnung am Ort des Lebensmittelpunkts an, selbst wenn der ArbN am Ort der Auswärtstätigkeit eine Unterkunft bezieht (BFH VI R 95/13 BStBl II 15, 231).

Emeritierter Hochschulprofessor hat regelmäßig keinen WK-Abzug iRd ohne Entgelt ausgeübten weiteren Forschungstätigkeit. Übt er aber auf Ersuchen der Universität die Lehrtätigkeit weiter aus, können die damit zusammenhängenden Aufwendungen jedenfalls im Erlasswege berücksichtigt werden (BFH VI R 24/93 BStBl II 94, 238). S auch § 9 Rz 99.

EU-Bedienstete können keine WK für von der ESt freigestellte Bezüge abziehen (FG Hess EFG 11, 647, rkr).

Fahrtätigkeit (= Auswärtstätigkeit) liegt vor, wenn der ArbN seine Tätigkeit auf einem Fahrzeug ausübt, zB bei einem Berufskraftfahrer, Beifahrer, Linienbusfahrer, Straßenbahnführer, Taxifahrer, Müllfahrzeugführer (BFH VI R 34/13 BFH/NV 14, 691), Seemann, Pilot, Kabinenchefin (BFH VI R 54/13 BFH/NV 14, 1199), auf dem Rettungswagen tätiger Rettungsassistent (FG Nds EFG 15, 282, rkr); Lokführer und Zugbegleitpersonal. Zum Verpflegungsmehraufwand s auch „Einsatzwechseltätigkeit". Wird bei der Fahrtätigkeit die regelmäßige Arbeitsstätte (ab VZ 2014 erste Tätigkeitsstätte) am Tag mehrfach berührt, läuft nach derem erneuten Verlassen jeweils die Abwesenheitszeit von vorn, so dass es hier kaum zum Abzug von Verpflegungsmehraufwendungen kommen kann. Allerdings werden ArbN mit Fahrtätigkeit idR keine regelmäßige Arbeitsstätte haben (s auch „Einsatzwechseltätigkeit"; BFH VI R 68/12 BFH/NV 14, 1029, mit Anm *Geserich* HFR 14, 594, Heimatflughafen keine regelmäßige Arbeitsstätte eines Piloten). Soweit FG SchlHol EFG 12, 831, rkr, für Beschäftigte auf Kanalfähren eine Fahrtätigkeit ablehnt, ist dies mit der neueren BFH-Rspr nicht vereinbar. Die Dreimonatsfrist des § 9 V iVm § 4 V 1 Nr 5 S 5 aF, § 9 IVa 6 kommt bei einer Fahrtätigkeit, auch wenn sie auf einem Schiff ausgeübt wird, nicht zur Anwendung (BFH VI R 66/10 BStBl II 12, 27, Änderung der Rspr, zutr). Das Schiff ist keine regelmäßige Arbeitsstätte/erste Tätigkeitsstätte, weil es an der Ortsgebundenheit mangelt. Die ArbN auf einem Schiff befinden sich daher stets auf Auswärtstätigkeit (ebenso LStH 16 H 9.4 „Seeleute"). Verpflegungspauschbeträge bei Einsatz auf Schiffen auf hoher See s LStH 16 R 9.6 (3) 4 Nr 2. Bei Kraftfahrern im Fernverkehr sind weder der LKW noch der Wechselplatz regelmäßige Arbeitsstätten (BFH VI R 48/11 BFH/NV 12, 1234; zum vereinfachten Nachweis von Reisenebenkosten bei LKW-Fahrern s *BMF* DStR 12, 2539). Einsatz auf dem Betriebsgelände

(Bergwerk/großräumige Arbeitsstätte) ist keine Auswärtstätigkeit (BFH VI R 61/06 BStBl II 10, 564; s auch § 9 Rz 187).

Fehlgelder s Rz 100 „Fehlgeldentschädigung". Wird der ArbN mit Fehlgeldern belastet, entstehen für ihn in dieser Höhe WK.

Fernsprechgebühren s „Telekommunikationskosten".

Freigänger. Haftkosten sind keine WK (FG Bln EFG 89, 170, rkr).

Führerschein. Aufwendungen zur Erlangung des Führerscheins können nur WK sein, wenn der Erwerb des Führerscheins unmittelbare Voraussetzung zur Berufsausübung ist, wie zB für einen LKW- oder Taxi-Fahrer (BFH VI 251/63 U BStBl III 64, 431; BFH IV R 119/66 BStBl II 69, 433; FG Mster EFG 98, 941, rkr; ausnahmsweise auch Klasse III s FG SchlHol EFG 92, 511, rkr) oder bei einem Busführerschein (FG BaWü EFG 07, 179, rkr), sonst nicht (BFH VI B 188/04 BFH/NV 05, 890; BFH VI B 29/05 BFH/NV 05, 1801).

Geburtstag s „Bewirtung".

Geschenke an Arbeitskollegen berühren grds die private Lebensführung; Aufwendungen hierfür sind idR nicht als WK abzugsfähig (BFH VI R 182/81 BStBl II 84, 557). Etwas anders kann gelten bei Geschenken von Personalratsvorsitzenden bei besonderen Anlässen (BFH VI R 91/04 BFH/NV 08, 767) oder von Vorgesetzten anlässl von Jubiläen, Verabschiedungen, Krankenbesuchen (aA aber BFH IV R 186/82 BStBl II 85, 286, Geschenke eines Chefarztes an Krankenhauspersonal, zweifelhaft; FG Brem EFG 08, 1281, rkr, zweifelhaft, Geschenke durch Schulleiter; s auch „Bewirtung"). Geschenke an Geschäftsfreunde oder an deren Mitarbeiter s § 9 Rz 266. Geschenke an den ArbG können WK sein, nicht aber bei Geschenken unter Behördenleitern (BFH VI R 67/93 BStBl II 95, 273). Bei Geschenken an Kollegen gilt § 4 V 1 Nr 1 nicht.

Getränke. Berufsbedingter Mehrbedarf an Getränken, zB durch Hitze oder Staub, kann als WK abzugsfähig sein.

Gewerkschaft s „ArbN-Vertreter".

Habilitationskosten eines wissenschaftl Assistenten sind WK (BFH VI R 25/67 BStBl III 67, 778; FG Hess DStZ 88, 75, rkr; aA FG Brem EFG 95, 11, rkr, unzutr). S auch „Promotionskosten".

Haftung eines GmbH-Geschäftsführers nach § 69 AO für Steuerschulden kann zu WK führen (ebenso FG SachsAnh EFG 13, 1651, rkr, zur Haftung des Geschäftsführers einer Ltd). Dies gilt auch soweit für eigene LSt oder für KSt, die eigene KapEinkünfte betrifft, gehaftet wird (FG Köln EFG 93, 509, rkr; FG Nds EFG 93, 713, rkr, aA für KSt FG Mster EFG 00, 481, rkr, noch unter Geltung des Anrechnungsverfahrens). – Bei Ges'tergeschäftsführer können AK auf die Beteiligung gegeben sein (BFH VI R 97/10 BStBl II 12, 343; BFH VIII R 83/91 BFH/NV 93, 644, Hinterziehungszinsen, Zusammenhang mit § 17; BFH VIII R 8/02 BFH/NV 04, 947; BFH VI R 35/96 BStBl II 04, 641, LStHaftung wegen Beihilfe zur StHinterziehung). S auch „Bürgschaft", „Stammkapital" und „Schadensersatz".

Haushälterin. Aufwendungen hierfür sind keine WK, BFH VIII R 198/81 BStBl II 83, 297.

Heimarbeiter s LStH 16 R 9.13.

Hörgerät. Aufwendungen für einen Hörapparat können nur dann als WK abzugsfähig sein, wenn die Hörschwäche die Folge einer typischen Berufskrankheit oder die Folge eines betriebl Unfalls ist. IÜ kommt nur ein Abzug als agB in Betracht (s BFH IV 345/53 U BStBl III 54, 174; BFH VI B 275/00 BFH/NV 03, 1052). S auch § 12 Rz 13.

Insolvenzverfahren. Verfahrenskosten können, soweit sie anteilig auf Schulden aus der ArbN-Tätigkeit entfallen, als WK abziehbar sein (aA *Rößler* FR 99, 1357; s auch *Müller* DStZ 99, 645).

Kaution. Hat der ArbN dem ArbG zur Erlangung des Arbeitsplatzes eine zinslose Kaution gegeben, führt der Verlust dieser Kaution zu WK (BFH VI R 51/85 BStBl II 89, 382; s auch BFH VI R 75/06 BStBl II 10, 48). Gleiches kann für ein Schuldanerkenntnis gelten, wenn die anerkannte Schuld in wirtschaftl Zusammenhang mit dem Beruf steht (BFH VI R 36/01 BFH/NV 06, 33). S auch „Arbeitsplatzsicherung".

Klassenfahrt. Aufwendungen des Lehrers sind WK (FG Köln EFG 82, 560, rkr); auch bei Auslandsfahrt (FG BaWü EFG 85, 16, rkr) und Schüleraustausch (*FinVerw* DStR 87, 97). Nicht aber Aufwendungen für seine Ehefrau als Begleitperson (FG Saarl EFG 92, 442, rkr, mwN). Ebenso nicht bei Vorbereitung der Klassenfahrt auf allgemeintouristischer Reise (BFH VI R 81/00, BFH/NV 05, 42). S auch „Studienreisen".

Kontogebühren sind insoweit WK, als sie auf dienstl Kontobewegungen entfallen (BFH VI R 63/80 BStBl II 84, 560); dies gilt bei Auslandsbediensteten auch für Auslandsüberweisungen (BFH VI R 77/94 BFH/NV 96, 541, auch zu § 3c). *FinVerw* erkennt ohne Nachweis 16 €/Jahr an (DStR 02, 1132). S auch Rz 100.

Konzertbesuche einer Musiklehrerin sind idR auch privat veranlasst; Aufwendungen hierfür können allenfalls in besonderen Ausnahmefällen als WK abzugsfähig sein (BFH VI R 76/68 BStBl II 71, 368).

Kraftfahrzeugkosten. Fahrten zw Wohnung und Arbeitsstätte (ab VZ 2014 erster Tätigkeitsstätte), zw verschiedenen Betriebsstätten des ArbG, bei wechselnden Arbeitsstellen und bei doppelter Haushaltsführung s § 9 Rz 179 ff, 225, 254 ff und hier „Reisekosten". – ***(1)* Sonstige dienstl veranlassten Fahrten.** Bis VZ 2013 konnten entweder die **tatsächl Kosten** oder ohne Nachweis die Kosten nach **pauschalen Kilometersätzen** (LStH 13 H 9.5 „Pauschale Km-Sätze"; für Kfz je gefahrenen Km 0,30 €) als WK geltend gemacht werden. Die Anhebung der Wegstreckenentschädigung für den öffentl Dienst auf 0,35 €/km schlug auf die vorgenannten Km-Sätze nicht durch (FG BaWü EFG 11, 225; BFH VI B 145/10 BFH/NV 11, 983, VerfBeschw 2 BvR 1008/11 nicht zur Entscheidung angenommen). Die *FinVerw* hat Einsprüche und Änderungsanträge zur Verfmäßigkeit des pauschalen Kilometergeldansatzes durch Allgemeinverfügung zurückgewiesen (*FinVerw* DStR 14, 477). Ab VZ 2014 ist § 9 I 3 Nr 4a anzuwenden (s § 9 Rz 203 ff). – ***(2)* Abgeltungswirkung der pauschalen Kilometersätze.** Durch die Kilometersätze waren sämtl, normalerweise mit dem Betrieb des Kfz verbundenen Aufwendungen abgegolten (auch AfA, Versicherung, Steuern, Garage, Schuldzinsen, Leasingraten/-sonderzahlungen, BFH VI R 20/08 BStBl II 10, 805; BFH VI R 129/78 BStBl II 80, 141). Reisenebenkosten (LStH 16 R 9.8 (1)). Außergewöhnl Aufwendungen (vgl „Unfallkosten") konnten neben den Km-Sätzen geltend gemacht werden, nicht aber ein Motorschaden (BFH VI R 137/89 BFH/NV 93, 291). Der Ansatz der Kilometersätze durfte nicht zu einer offensichtl unzutr Besteuerung führen, was dann der Fall war, wenn schon dem Grunde nach keine Kosten oder bei weitem nicht in der Höhe der Pauschsätze entstanden sein konnten (hierzu BFH VI R 15/81 BStBl II 86, 200; Prüfung ab 40 000 km Jahresleistung, LStH 13 H 9.5 „Pauschale Km-Sätze"; ebenso bei einem bereits abgeschriebenen Kfz, BFH VI R 114/88 BStBl II 92, 105; zu unentgeltl überlassenem Kfz s FG Nbg DStRE 03, 1198, rkr; BFH X B 121/02 BFH/NV 03, 623; vom ArbG überlassenes Leasingfahrzeug s FG Nds EFG 10, 232, rkr, Anm *Wüllenkemper*). Der ArbG brauchte bei seiner Erstattung die Frage der offensichtl unzutr Besteuerung aber nicht zu prüfen (Anm HFR 92, 133). – Ab VZ 2014 wird die Verwaltungsregelung zu den pauschalen Kilometersätzen durch die gesetzl Regelung in § 9 I 3 Nr 4a ersetzt. Es handelt sich um eine typisierende Vereinfachungsregelung. Die Frage, ob die pauschalen Kilometersätze in LStH 13 H 9.5 zu einer offensichtl unzutreffenden Besteuerung führen, stellt sich damit ab dem VZ 2014 nicht mehr (*BMF* BStBl I 14, 1412 Rz 36). – ***(3)*** **Erstattung durch ArbG.** Erstattet der ArbG die Fahrtkosten iHd Pauschbeträge stfrei, führt die Übernahme der Kosten für Sonderzubehör zu Lohn (FG Hbg EFG 97, 856, rkr). Ersetzt der ArbG dem ArbN die Fahrtkosten nur teilweise, kann der ArbN die Differenz zu den Km-Sätzen als WK geltend machen (zB BFH VI R 133/71 BStBl II 72, 243). Stellt der ArbG dem ArbN für Dienstfahrten ein firmeneigenes Kfz (auch geleast), kann der ArbN nur die tatsächl von ihm selbst getragenen Kosten als WK abziehen. – ***(4)*** **Abzug der tatsächl Kosten.** Es können nicht die Werte der ADAC-Tabellen angesetzt werden (BFH VI R 118/75 BStBl II 77, 295), wohl aber ist ein Teilnachweis mit ergänzender Schätzung mögl (BFH VI R 113/88 BStBl II 92, 854); iÜ ist von einer 8-jährigen Nutzungsdauer des Kfz auszugehen (BFH VIII R 64/06 BFH/NV 08, 1660; BFH VI R 82/89 BStBl II 92, 1000). **Leasingsonderzahlungen** zählen mE zu den AK des Rechts und sind auf die Leasingdauer zu verteilen (aA BFH VI R 100/93 BStBl II 94, 643). Dadurch lässt sich die für die Praxis untaugl Forderung von BFH VI R 20/08 BStBl II 10, 805 vermeiden, wonach der StPfl zu Beginn der Nutzung entscheiden muss, nach welcher Methode er die Kfz-Kosten für die kommenden VZ berechnen will. Der StPfl kann mE für jeden VZ frei entscheiden, ob der Abzug nach tatsächl Kosten oder nach pauschalen Km-Sätzen erfolgen soll (krit zur BFH-Rspr auch *Urban* FR 10, 713).

Kreditkarten. Gebühren können entspr dem berufl Einsatz der Kreditkarte als WK abziehbar sein (s auch Rz 100).

Kundschaftstrinken. Aufwendungen hierfür können WK sein (entspr FG RhPf EFG 01, 420, rkr; BFH I B 157/02 BFH/NV 03, 1314).

Liebhaberei. Aufwendungen können WK sein, auch wenn sie gleichzeitig iRe anderen Einkunftsart wegen nicht zu erwartender Überschüsse nicht abzugsfähig wären (Einkünfte übergreifende Betrachtung, BFH VI R 27/01 BStBl II 04, 1071; BFH VI R 122/92 BStBl II 94, 510, stets Einzelfallwürdigung; BFH XI R 46/01 BStBl II 03, 602; s auch FG Ddorf EFG 01, 423, rkr; FG BaWü EFG 93, 514, rkr, zutr; FG Ddorf EFG 94, 514, rkr). Es ist aber auch stets § 12 zu prüfen (FG Mchn EFG 05, 109, rkr; FG Saarl EFG 94, 102, rkr).

Lösegeld s Rz 100; § 4 Rz 520; § 33 Rz 35; *Wunderlich* DStR 96, 2003.

Neurolinguistisches Programmieren (NLP). Aufwendungen für NLP-Kurse können berufl veranlasst sein; private Anwendungsmöglichkeiten der in den Kursen vermittelten Lehrinhalte sind unbeachtl, wenn sie sich zwangsläufig aus den im berufl Interesse gewonnenen Kenntnissen/Fähigkeiten ergeben (BFH VI R 44/04 BStBl II 09, 106; FG Mchn EFG 04, 488, rkr; FG Nbg DStRE 01, 1334, rkr).

Pay-TV-Aufwendungen sind auch bei Profisportlern keine WK (FG RhPf DStRE 15, 1100, rkr).

Personalrabatt. Der Umstand, dass die Einräumung eines Personalrabatts als Lohn zu beurteilen ist, führt nicht zum Abzug der Finanzierungskosten (Zinsen) für die Anschaffung des WG (zB Jahreswagen) als WK; denn die Zinsen sind nicht zur Erlangung des stpfl Vorteils aufgewendet worden (FG RhPf EFG 96, 913, rkr).

Pfarrer im Ruhestand. WK-Abzug s FG RhPf DStRE 07, 1147, rkr (abgel).

Promotionskosten s „Doktortitel".

Prozesskosten s § 4 Rz 520 „Rechtsverfolgungskosten" und § 21 Rz 100. WK-Abzug von Strafverteidigerkosten setzt voraus, dass die dem ArbN vorgeworfene Tat berufl veranlasst war (BFH XI R 35/01 BFH/NV 02, 1441; BFH VI R 42/04 BStBl II 08, 223; BFH VI R 75/10 BFH/NV 11, 2040; *Bergkemper* FR 08, 235), also nicht aus dem Rahmen der übl berufl Tätigkeit fällt (BFH VIII R 34/93

BStBl II 95, 457, mwN; FG Mster EFG 13, 425, rkr), was aber der Fall ist bei bewusster Schädigung des ArbG (FG RhPf EFG 10, 1491, rkr, Verurteilung wegen Vorteilsannahme). Zu den berufl Tätigkeiten kann auch die Abgabe von StErklärungen gehören, zB LSt-Anmeldung durch Vorstand einer AG, nicht aber private ESt-Erklärung (Hess FG EFG 14, 984, rkr). Handelt es sich um eine allg Straftat, scheidet ein WK-Abzug selbst dann aus, wenn der StPfl letztl das Ziel verfolgt, die Entfernung aus dem Dienst rückgängig zu machen, Gehaltskürzungen zu vermeiden (BFH VI B 109/03 BFH/NV 04, 42) oder eine dienstrechtl vorgeschriebene Zuverlässigkeitsprüfung zu verhindern (FG Hbg DStRE 12, 271, rkr). Zu Kosten zur Wiederherstellung des guten Rufs s FG Ddorf EFG 80, 400, rkr. Bei einer Verurteilung scheidet ein WK-Abzug aus; bei einem Freispruch sind die den StPfl treffenden Verteidigungskosten als WK abziehbar (*Degel/Haase* DStR 05, 1260). Reisekosten zum Prozess s FG Köln EFG 85, 342, rkr (zutr, aber Einzelfall). Aufwendungen im Disziplinarverfahren s FG Saarl EFG 93, 648, rkr. Nach BFH VI R 23/10 BStBl II 12, 829 soll idR eine Vermutung dafür sprechen, dass Aufwendungen bei bürgerl-rechtl oder arbeitsrechtl Streitigkeiten, die das ArbVerh betreffen, berufl veranlasst sind. Entsprechendes soll für Zahlungen auf einen in einem solchen Verfahren geschlossenen Vergleich gelten. Diese Rspr ist zweifelhaft, soweit der BFH eine Vermutung für die berufl Veranlassung der Aufwendungen postuliert. Maßgebl für die berufl Veranlassung ist stets die Würdigung aller Umstände des Einzelfalls. Überblick *Müller* DStZ 99, 50, auch zu Erstattung aus einer Versicherung.

Psycho-Physiognomik. Aufwendungen für den Besuch von Seminaren über Psycho-Physiognomik sind idR nicht berufl veranlasst (FG RhPf DStRE 14, 457, rkr).

Reisekosten. Das Reisekostenrecht ist ab VZ 2014 grundlegend neu konzipiert worden. Zum neuen Reisekostenrecht s § 9 Rz 254 ff. Bis einschließl VZ 2013 galt folgendes: – ***(1)*** **Auswärtstätigkeit.** Die BFH-Rspr behandelte sämtl Arten der Auswärtstätigkeit (vormals: Dienstreise, Einsatzwechseltätigkeit, Fahrtätigkeit) nach gleichen strechtl Regeln (zB BFH VI R 70/03 BStBl II 05, 785; BFH VI R 7/02 BStBl II 05, 782). Hiernach war nur zu unterscheiden, ob der ArbN die Arbeit an seiner regelmäßigen Arbeitsstätte verrichtete oder seine Arbeitsleistungen auf einer Auswärtstätigkeit erbrachte. Bei **Arbeit an der regelmäßigen Arbeitsstätte** (zum Begriff s „Einsatzwechseltätigkeit" und § 9 Rz 186) unterlag der WK-Abzug Einschränkungen: Kosten für Fahrten zw Wohnung/regelmäßiger Arbeitsstätte waren nur begrenzt (Entfernungspauschale) abziehbar; der Abzug eines Verpflegungsmehraufwandes war ausgeschlossen. Nahm der ArbN am Ort der regelmäßigen Arbeitsstätte eine Zweitwohnung, galten die einschr Regelungen zur doppelten Haushaltsführung. – Anders ist die **Rechtslage bei einer Auswärtstätigkeit** (Arbeitsverrichtung außerhalb der Wohnung und der regelmäßigen Arbeitsstätte/ersten Tätigkeitsstätte). Hier steht der Einschränkung des WK-Abzugs das obj Nettoprinzip entgegen. Es sind also die erwerbsbedingten Aufwendungen in voller Höhe zum WK-Abzug zuzulassen. Für Übernachtungskosten an einer Tätigkeitsstätte, die nicht erste Tätigkeitsstätte ist, gilt ab VZ 2014 die Regelung in § 9 I 3 Nr 5a (s § 9 Rz 237).

(2) **Verpflegungsmehraufwand.** Zur Rechtslage ab VZ 2014 s § 9 Rz 258 ff. Bis VZ 2013 galt: Der WK-Abzug von Verpflegungsmehraufwendungen war nur bei einer Auswärtstätigkeit und nur iHd gesetzl Pauschalen zulässig, auf deren Ansatz ein Rechtsanspruch bestand (BFH VI R 44/03 BStBl II 06, 567; *Ehehalt* HFR 06, 770). Dabei war nicht nach der Verpflegungssituation am auswärtigen Einsatzort zu fragen. Folgl spielte auch eine **Gemeinschaftsverpflegung** für die Höhe der anzusetzenden Pauschale keine Rolle (s auch BFH VI R 73/06 BFH/NV 08, 936, Kürzung der Pauschalen nur um stfreie Erstattungen des ArbG, nicht aber bei gekürztem Trennungsgeld; ebenso FG RhPf EFG 11, 30, rkr; Anm *MIT* DStRE

08, 666; BFH VI R 11/10 BStBl II 11, 829). Für die Höhe der Pauschalen war allein die Dauer der Auswärtstätigkeit maßgebl. Abzustellen war auf die Abwesenheitsdauer des ArbN von seiner Wohnung am Lebensmittelpunkt, selbst wenn der ArbN ohne Begründung einer doppelten Haushaltsführung stets in derselben auswärtigen Unterkunft nächtigte (BFH VI R 95/13 BStBl II 15, 231). Bei einer längerfristigen Tätigkeit an **derselben Tätigkeitsstätte** beschränkte sich der pauschale Verpflegungskostenabzug auf die ersten drei Monate; dies galt bei sämtl Formen der Auswärtstätigkeit (BFH VI R 41/12 BFH/NV 13, 1481, zu Leih-ArbN; zu Unterbrechungsfällen s „Einsatzwechseltätigkeit"). Von derselben Tätigkeitsstätte konnte auch gesprochen werden, wenn der StPfl ständig an verschiedenen Stellen eines überschaubaren Gebiets tätig wurde (zB verschiedene Anlegeplätze in einem überschaubaren Hafengebiet; s auch BFH VI R 52/05 BFH/NV 06, 2237), indessen nicht bei Kehrbezirken (BFH VI R 22/04 BFH/NV 06, 507) und bei unterschiedl Stellen in einem Stadtteil (so aber FG RhPf EFG 10, 315, rkr, Anm *Rosenke*). Zur langjährigen Tätigkeit durch Folgeaufträge bei einem Auftraggeber s BFH III R 94/10 BFH/NV 13, 1159. – **Verpflegungsmehraufwendungen** waren **bis VZ 2013** einheitl mit folgenden **Pauschbeträgen** anzusetzen:

– Bei Abwesenheit von 24 Stunden 24 €,
– bei Abwesenheit von weniger als 24, aber mindestens 14 Stunden, 12 €,
– bei Abwesenheit von weniger als 14, aber mindestens 8 Stunden 6 €.

Bei einer Abwesenheit von weniger als 8 Stunden schied jegl Abzug von Verpflegungsaufwand aus; dies galt auch für den An- und/oder Rückreisetag bei einer mehrtägigen Auswärtstätigkeit (*Seitz* DStR 96, 48, 49, mit Beispiel). – Eine Auswärtstätigkeit, die nach 16 Uhr begonnen und vor 8 Uhr des nachfolgenden Tages beendet wurde, ohne dass eine Übernachtung stattfand, wurde mit der gesamten Abwesenheitsdauer dem Kalendertag der überwiegenden Abwesenheit zugerechnet; hierdurch wurde den besonderen Verhältnissen von Berufskraftfahrern Rechnung getragen, die ihre Fahrtätigkeit zur Nachtzeit ausüben (Beispiele bei *Seitz* DStR 96, 48, 49). Nach LStH 13 R 9.6 (1) 4 waren Abwesenheitszeiten zusammenzurechnen, wenn der ArbN an einem Kalendertag mehrere Dienstreisen durchführte (vertretbar, sofern die regelmäßige Arbeitsstätte zwischenzeitl nicht berührt wird; nach LStH 13 war aber Berührung des Betriebssitzes unschädl; *Niermann/Plenker* DB 07, 1890). – Die Verpflegungspauschalen waren auch dann anzusetzen, wenn der ArbN bei einer Auswärtstätigkeit Mahlzeiten vom ArbG oder auf dessen Veranlassung von einem Dritten unentgeltl oder teilentgeltl erhalten hat (LStH 13 R 9.6 (1) 3). Auf der anderen Seite war der geldwerte Vorteil aus der Mahlzeitengestellung mit den amtl Sachbezugswerten als Lohn anzusetzen (LStH 14 R 8.1 (8) Nr 2). Dies galt aber nur bei einer Bewirtung bis zu 40 € einschließl USt; wurde der Betrag überschritten, war der Restaurantpreis als Lohn anzusetzen (LStH 14 R 8.1 (8); *Niermann/Plenker* DB 07, 1890). – Zu beachten ist, dass die in den Verpflegungspauschalen enthaltene USt als WK abziehbar ist (s § 12 Rz 48). – Bei **vorübergehenden Auslandstätigkeiten** (LStH 16 R 9.6 (3)) werden auch nach dem neuen Reisekostenrecht länderweise gestaffelte erhöhte Pauschalen gewährt, die dem länderunterschiedl Preisniveau Rechnung tragen sollen (ab 1.1.2016 BStBl I 15, 1058; ab 1.1.2015 s *BMF* BStBl I 15, 34; ab 1.1.2014 s *BMF* BStBl I 13, 1467; Vorjahre s 34. Aufl). Zur Beweiswürdigung bei Auslandsreisekosten s BFH VI B 119/96 BFH/NV 97, 288; zum Verpflegungsmehraufwand bei Auslandsstudium s FG Köln DStRE 13, 262, rkr.

(3) **Fahrtkosten.** S „Kfz-Kosten". Zum Zusammentreffen von Auswärtstätigkeit und Fahrten zw Wohnung und Arbeitsstätte s § 9 Rz 190. – Sämtl Zwischenheimfahrten während einer Auswärtstätigkeit sind berufl veranlasst und führten zum Abzug der tatsächl Kosten (BFH VI R 50/92 BFH/NV 93, 716); auch wenn die Entfernung bei der Zwischenheimfahrt größer war als die Entfernung zw Dienstreiseort und regelmäßiger Arbeitsstätte (BFH VI R 105/89 BStBl II 92, 664). Fuhr

der ArbN vom Dienstreiseort sofort die Wohnung an, konnte er für die gesamte Fahrstrecke entweder die tatsächl Kosten oder die Kfz-Pauschbeträge geltend machen. Fahrtkosten des Ehegatten von der Wohnung zum Dienstreiseort sind grds auch dann nicht als WK abzugsfähig, wenn der ArbN-Ehegatte aus berufl Gründen am Wochenende nicht vom Dienstreiseort zum Wohnort zurückkehren kann (BFH VI R 22/14 BB 16, 85).

(4) **Übernachtungskosten** im Inl wurden nur in nachgewiesener oder glaubhaft gemachter Höhe als WK anerkannt (LStH 13 R 9.7 (2); BFH VI B 13/04 DStRE 04, 932); ohne Einzelnachweise waren die tatsächl Kosten zu schätzen (FG SchlHol DStRE 13, 708, rkr). Zur Rechtlage bis VZ 2013 s § 19 Rz 110 „Reisekosten (4) Übernachtungskosten). Ab VZ 2014 gilt § 9 I 3 Nr 5a (s § 9 Rz 237, LStH 16 R 9.7).

(5) **Sonstige Kosten** können solche für Gepäcktransport, Garage, Fahrten am Reiseort, Trinkgelder (sofern nicht für Mahlzeiten/Übernachtung), Prämien für berufl Reisegepäckversicherung (BFH VI R 42/92 BStBl II 93, 519, unter 4), reisespezifische Schäden (zB Diebstahl) an auf der Reise verwendeten Gegenständen (s § 9 Rz 78) usw in der nachgewiesenen Höhe sein (LStH 16 R 9.8 (1)). Telefonkosten bei mindestens einwöchiger Auswärtstätigkeit können als WK abzugsfähig sein (BFH VI R 50/10 BStBl II 13, 282, 2586; *Geserich* HFR 13, 121). Zum **Reisekostenersatz** durch ArbG s § 3 Nr 13, 16. Zur **Entgeltumwandlung** bei Reisekostenersatz s BFH VI R 2/98 BStBl II 01, 601. Zum ermäßigten USt-Satz bei Übernachtungen s § 8 Rz 55.

Repräsentationsaufwendungen sind regelmäßig Kosten der privaten Lebensführung. S auch „Bewirtung“, „Geschenke“. S aber Rz 100 „Repräsentation“. Zur Abkommandierung von Soldaten zu gesellschaftl Veranstaltungen s FG RhPf EFG 88, 115, rkr.

Schadensersatz. Ist die Ersatzpflicht durch das DienstVerh veranlasst, sind die Schadenersatzleistungen als WK abzugsfähig (zB Beschädigung einer Maschine, Verkehrsunfall auf betriebl veranlasster Fahrt). Entscheidend ist, ob die den Schadensersatz verursachende Handlung noch iRd berufl Aufgabenerfüllung liegt oder auf privaten Gründen beruht (FG Köln EFG 15, 1524, Rev VI R 27/15). Entspr BFH GrS 2–3/77 BStBl II 78, 105 ist in Fällen, in denen ein Verstoß gegen Dienstvorschriften zu einem Schaden führt, zu beachten, ob das zu dem Schaden führende Verhalten des ArbN in nicht unbedeutendem Maße von privaten Gründen (mit)getragen wurde. Wollte sich der ArbN zu Unrecht auf Kosten des ArbG bereichern (zB Unterschlagung), wollte er ihn bewusst schädigen (zB vorsätzl Beschädigung oder Betrug) oder wollte er einem Bekannten oder Familienangehörigen pflichtwidrig auf Kosten des ArbG einen Vorteil verschaffen, sind die Aufwendungen zur Beseitigung des dem ArbG entstandenen Schadens keine WK (BFH VI R 121/84 BFH/NV 88, 353; s aber BFH VI R 23/10 BStBl II 12, 829, Bestechlichkeit und Geheimnisverrat, zweifelhaft, s „Prozesskosten“). Anders aber, wenn der ArbN Schmiergelder an Kunden des ArbG gezahlt hat und später vom ArbG auf Schadensersatz in Anspruch genommen wird; iÜ kommt es auf die Schwere des Verschuldens des ArbN nicht an (BFH VI R 30/77 BStBl II 81, 362). Zum Abzugsverbot für Unfallkosten, die durch die private Mitveranlassung einer Berufsreise ausgelöst werden, s BFH IV R 26/04 BStBl II 06, 182; dazu auch § 12 Rz 11. Schadensersatz des Geschäftsführers einer GmbH wegen Nichtabführung von Krankenkassenbeiträgen s BFH VI 45/60 U BStBl III 61, 20; wegen Verletzung eines Konkurrenzverbots s FG Hess EFG 96, 363, rkr. S auch „Haftung“.

Schmiergelder s BFH VI R 67/86 BFH/NV 91, 151; „Geschenke“; § 4 Rz 520, 630 ff.

Schuldanerkenntnis. Ein WK-Abzug hängt davon ab, ob die anerkannte Schuld mit dem Beruf oder der Einkunftserzielung zusammenhängt (BFH VI R 36/01 BFH/NV 06, 33).

Sicherheitsmaßnahmen s Rz 100 und § 12 Rz 25 „Persönl Sicherheit“.

Sozialversicherungspflicht. Kosten für Anfrageverfahren (sog Statusfeststellungsverfahren) nach § 7a SBG IV sind WK (BFH VI R 25/09 BStBl II 10, 851).

Stammkapital. Aufwendungen eines Ges'tergeschäftsführers zur Erhöhung des Stammkapitals und dessen Verlust können kaum WK aus nichtselbstständiger Arbeit sein (BFH VI R 3/92 BStBl II 94, 242; BFH VI B 99/06 BFH/NV 07, 1297; Aktienbeteiligung an Start-up-Unternehmen s FG BBg EFG 09, 327 iVm BFH VI B 126/08 BFH/NV 09, 1267); auch nicht, wenn die Beteiligung an der GmbH Voraussetzung für die Anstellung als Geschäftsführer gewesen ist (BFH VI R 64/94 BStBl II 95, 644; s Anm HFR 95, 505; grundlegend *Rauch* Nachträgl WK, Frankfurt/Berlin 1996 (Diss) S 84ff) oder die Beteiligung bei Ausscheiden als Partner und damit wegen Beendigung des ArbVerh veräußert werden musste (BFH VI R 24/08 BStBl II 10, 198; *Geserich* HFR 10, 120, gesellschaftsrechtl veranlasster Verlust); es sei denn, der Veräußerungspreis lag wegen besonderer Bedingungen des ArbVertrags unter dem Verkehrswert (*Bergkemper* FR 10, 242). Zur Beurteilung der Verlustübernahme eines zu 20 vH beteiligten Ges'tergeschäftsführers s BFH VI R 125/88 BStBl II 93, 111. Zur Übernahme sonstiger Verbindlichkeiten (Hinterziehungszinsen) s BFH VIII R 83/91 BFH/NV 93, 644; s aber auch „Bürgschaft“ und „Darlehen“. Zu Fahrtkosten im Zusammenhang mit einer GmbH-Beteiligung s BFH VI R 16/02 BFH/NV 03, 164.

Steuerberaterkosten s § 4 Rz 520 „Rechtsverfolgungskosten“. StBKosten (auch Unfallkosten auf der Fahrt zum StB, s BFH X R 35/86 BStBl II 89, 967) sind WK, soweit sie mit der Ermittlung der Einkünfte zusammenhängen (*BMF* BStBl I 08, 256 zur Aufteilung in abziehbare und nicht abziehbare StB-Kosten). Soweit die Kosten nicht mit der Einkunftsermittlung zusammenhängen (SA, agB, Tariffragen usw), sollen sie zu den nicht abziehbaren Kosten der Lebensführung gehören. Zur Verfwidrigkeit s *Drenseck* DB 07, Beil Heft 8.

Stille Gesellschaft. Der Verlust der iRd Begründung einer stillen Beteiligung an den ArbG geleisteten Einlagezahlung ist als WK bei § 19 abzugsfähig, wenn er durch das DienstVerh veranlasst ist und nicht auf der Nutzung der Beteiligung als Kapitalertragsquelle oder auf etwaigen Gewinnerwartungen beruht (FG Nds EFG 11, 1148, rkr, zutr, mit Anm *Wagner* EFG 11, 1153; *Hoffmann* GmbH-StB 11, 287). S auch „Arbeitsplatzsicherung“, „Stammkapital“, „Bürgschaft“, „Darlehen“, „Kaution“, „stille Beteiligung“ und „Haftung“.

Strafen s „Prozesskosten“; s § 4 Rz 520 „Strafen“, „Rechtsverfolgungskosten“.

Studienreisen s § 4 Rz 520 „Informationsreisen“; § 12 Rz 25 „Sprachkurs …“ und „Studienreisen“; *FinVerw* DStR 01, 1073 (zum berufl Anlass bei Fachtagungen und Studienreisen). Zu **Verstößen gegen EU-Recht** s § 12 Rz 18. Es ist zu beachten, dass das Aufteilungsverbot nicht mehr gilt (BFH GrS 1/06 BStBl II 10, 672). Daher kommt auch ein teilweiser WK-Abzug in Betracht (s § 12 Rz 1ff; *Schwenke* FR 11, 1051). – ***(1)*** **Berufl Veranlassung.** Ob und inwieweit Aufwendungen für eine Reise berufl veranlasst sind, hängt von den Gründen ab, aus denen der StPfl die Reise oder verschiedene Teile der Reise unternimmt. Die Gründe für die Reise sind anhand der Gesamtumstände des Einzelfalls zu ermitteln. Lassen sich keine Gründe feststellen, die eine berufl Veranlassung belegen, gehen entspr Zweifel zu Lasten des StPfl. Für die berufl Veranlassung genügt es idR nicht, dass die Reise der allg wirtschaftl Bildung dient. Berufl (mit)veranlasst ist eine Reise erst, wenn das Programm auf die **besonderen berufl Bedürfnisse** der Teilnehmer zugeschnitten ist (BFH GrS 8/77 BStBl II 79, 213, unter C.II.1; daran hat BFH GrS 1/06 BStBl II 10, 672 grds festgehalten; ebenso BFH VI R 3/11 BStBl II 12, 416). Ein berufl Anlass kann auch vorliegen, wenn die Organisation und Durchführung der Reise zu den **Dienstaufgaben** der ArbN gehört (BFH VI R 22/01 BStBl II 03, 369, Anm *Pust* HFR 03, 126; BFH VI R 63/01 BFH/NV 06, 728) oder der StPfl als Referent auftritt (BFH VIII R 296/81 BStBl II 85, 325, Anm HFR 85, 312; FG Ddorf FG 93, 11, rkr), sofern nicht andere Umstände wiederum auf eine private Mitveranlassung schließen lassen (BFH IV R 39/96 BStBl II 97, 357; Anm HFR 97, 476; zust *MK* DStR 97, 607; krit *Gosch* StBp 97, 190; BFH VI R 10/97 BFH/NV 98, 157). Gleiches kann für **Reiseleiter** gelten (BFH VI R 94/90 BStBl II 93, 674; BFH VI B 292/99 BFH/NV 01, 903; FG BaWü EFG 05, 859, rkr); auch bei Vorbesichtigungen (FG Mster EFG 93, 142, rkr); ebenso für den die Klassenfahrt vorbereitenden Lehrer, aber nicht, wenn dies auf einer allgemein-touristisch geprägten Reise geschieht (BFH VI R 81/00 BFH/NV 05, 42). Die Mitnahme des Ehegatten muss der berufl Anerkennung der Reise nicht entgegenstehen (FG Hbg EFG 93, 506, rkr, stets Einzelfallprüfung; Anm *Rößler* DStZ 94, 159; s aber auch Rz 100 „Auslandsreise"). – Die Gewährung eines Zuschusses oder von Sonderurlaub durch den ArbG beweist nicht, dass die Reise ganz überwiegend berufl veranlasst war (BFH VI B 197/04 BFH/NV 05, 1231). **Teilnahmezwang** bei Fortbildungsmaßnahmen kann aber zum WK-Abzug führen (BFH VI R 93/00 BFH/NV 02, 1444; angeordnete Studienfahrt mit Teilnahmezwang iRe Ausbildungsarbeitsverhältnisses s BFH VI R 93/90 BStBl II 92, 531; BFH VI R 9/90 BFH/NV 92, 514; FG Saarl EFG 97, 61, rkr; anders außerhalb eines Ausbildungsdienstverhältnisses s FG Hess EFG 92, 734, rkr). Von Bedeutung kann auch sein, ob Reisetage wie Arbeitstage mit berufl Tätigkeit ausgefüllt sind (BFH IV R 72/89 BStBl II 91, 92; BFH VI B 104/96 BFH/NV 97, 108; *FinVerw* FR 96, 429 f, 6–8 Stunden-Tag). – ***(2)* Beispiele.** Japanreise von Richtern (BFH VI R 64/91 BStBl II 93, 612, abgelehnt); Saharareise eines Geographie-Professors (BFH VI R 71/78 BStBl II 82, 69, Anm HFR 82, 54, abgelehnt); Ungarn-Reise eines Geographie-Professors ohne entspr Forschungsauftrag, anschließende Semestervorlesungen bzw Fachveröffentlichungen (BFH VI R 51/88 BStBl II 91, 575, abgelehnt); Canada- oder Amerikagruppenreise von Lehrern (BFH VI R 72/95 BFH/NV 97, 476; FG MeVo EFG 95, 1049, rkr, jeweils abgelehnt); Auslandsgruppenreise eines Rechtsreferendars in EU-Nachbarstaat (BFH VI R 29/92 BFH/NV 93, 653, abgelehnt); Studienreise eines wissenschaftl Mitarbeiters beim BGH nach Budapest und in die Schweiz (FG Nds EFG 02, 1586, rkr, abgelehnt); Reise eines Studienrats für Geographie und Biologie nach Ostafrika (BFH VI R 289/66 BStBl III 67, 776, abgelehnt); Reise einer Geographielehrerin nach Peru (FG Bln EFG 86, 228, rkr, anerkannt) oder nach China (BFH VI R 62/86 BFH/NV 90, 28, abgelehnt); Kunstreise eines Kunsterziehers (FG Nbg EFG 88, 357, rkr, abgelehnt); Sprachkurs im Ausl (BFH VI R 12/10 BStBl II 11, 796, Aufteilung der Reisekosten); Gruppenreise eines Religionslehrers zu den biblischen Stätten des Vorderen Orients (BFH VI B 110/04 BFH/NV 05, 339, abgelehnt); Romreise eines Pfarrers (BFH VI R 42/09 BFH/NV 11, 893, anerkannt, wenn Reise zu den Dienstaufgaben gehört; FG Mster EFG 91, 724, rkr, abgelehnt); Indienreise einer Pastorin (BFH VI R 39/96 BFH/NV 97, 469, abgelehnt); Türkeireise einer Lehrerin (BFH VI R 9/89 BFH/NV 92, 730, abgelehnt); Biologielehrer in Naturschutzgebiet (FG Hbg EFG 92, 324, rkr, anerkannt); Reisen von ArbN, bei denen verwandtschaftl Beziehungen zum ArbG hineinspielen (BFH VIII R 187/71 BStBl II 74, 200, abgelehnt); Auslandsreisen (Forschungsaufenthalt) eines Hochschulprofessors (FG Brem EFG 94, 650, rkr; FG Nds EFG 80, 595, rkr, anerkannt); Auslandsreise zur Erholung und Anfertigung von Lehrbüchern (BFH VIII R 51/10 BStBl II 13, 808, abgelehnt). Ärztekurs in Wintersportort s § 12 Rz 25 „Sportmedizin".

Telekommunikationsaufwendungen (für Internet, Telefon, Handy), die berufl veranlasst sind, können als WK abgezogen werden. Bei Nachweis für einen repräsentativen Zeitraum von drei Monaten können die Werte für den gesamten VZ zugrunde gelegt werden. Fallen solche berufl Aufwendungen erfahrungsgemäß an, kann ohne Einzelnachweis bis zu 20 vH monatl des Rechnungsbetrages des

Telekommunikationsvertragspartners, höchstens 20 € als WK anerkannt werden (LStH 16 R 9.1 (5)). Telefon im Kfz des ArbN s *FinVerw* DB 03, 1085.

Umzugskosten. – *(1)* **Berufl Veranlassung.** Umzugskosten können nur dann als WK abgezogen werden, wenn feststeht, dass der Umzug nahezu ausschließl berufl veranlasst war und private Gründe keine oder nur eine ganz untergeordnete Rolle gespielt haben. Eine berufl Veranlassung ist gegeben, wenn der Umzug aus Anlass der **erstmaligen Aufnahme einer berufl Tätigkeit** erfolgt (s aber Sonderfall FG Ddorf EFG 00, 485, rkr) oder die Folge eines **Arbeitsplatzwechsels** ist (Wechsel des ArbG oder Wechsel der Betriebsstätte desselben ArbG; auch wenn der Umzug dabei in das neu gebaute eigene Haus erfolgt, FG RhPf EFG 83, 111, rkr; FG BaWü EFG 85, 444, rkr; aA FG Ddorf EFG 83, 166, rkr; auch bei Rückversetzung auf Wunsch des ArbN, FG Nds EFG 94, 786, rkr) *und* die Zeitspanne für die tägl Fahrten zw Wohnung und Arbeitsstätte (ab VZ 2014 erster Tätigkeitsstätte) erhebl vermindert wird (BFH VI R 72/72 BStBl II 75, 327; BFH VI R 162/74 BStBl II 77, 117). Dabei kommt es nicht entscheidend darauf an, ob der Umzug in einen anderen Ort erfolgt. Entscheidend ist die erhebl Verminderung der Fahrzeit; dies ist eine Frage tatrichterl Würdigung (BFH VI B 28/03 BFH/NV 03, 1183; BFH VI B 22/12 BFH/NV 13, 198). Umzugskosten eines StPfl, der zur Wiederaufnahme seiner Berufstätigkeit aus dem **Ausl** in das Inl zurückzieht, sind ebenfalls berufl veranlasst (FG Nds EFG 12, 1634, rkr). Unabhängig von der Verkürzung der Fahrzeit ist ein Umzug berufl veranlasst, wenn eine Dienstwohnung bezogen (zB bei Bereitschaftsdienst, Hausmeister, Pförtner) oder geräumt werden musste (s BFH VI R 162/74 BStBl II 77, 117; zB anlässl Beendigung des Dienstes, FG Saarl EFG 87, 347, rkr; s aber FG Saarl EFG 89, 281, rkr; FG Ddorf EFG 79, 383, rkr). Allein der Bezug einer Dienstwohnung ohne Weisung des ArbG reicht für die Annahme einer berufl Veranlassung indes nicht aus; ebenso nicht bei Umzug aus privaten Gründen und voraussichtl späterer Versetzung (FG BaWü EFG 06, 178, rkr). – Der Umzug kann auch **ohne Arbeitsplatzwechsel** berufl veranlasst sein, wenn er unmittelbar erfolgt, um die Fahrzeit zur Arbeitsstätte wesentl zu verkürzen oder die Fahrt sonst wesentl zu erleichtern (BFH VI R 95/81 BStBl II 83, 16), zB weil die bisherige Fahrt zur Arbeitsstätte zu beschwerl geworden ist, die Fahrt oder die Arbeitsbedingungen durch den Umzug wesentl verbessert werden (s Anm HFR 83, 11; BFH IV R 42/86 BStBl II 88, 777; FG RhPf EFG 95, 515, rkr) oder Umsteigen auf öffentl Verkehrsmittel Zeitersparnis (FG BaWü EFG 93, 715, rkr) oder den Fußweg ermöglicht (FG RhPf EFG 95, 1048, rkr). Dies hängt von der tatrichterl Würdigung im Einzelfall ab (BFH X B 80/99 BFH/NV 00, 945; FG Hbg DStRE 09, 783, rkr, Berechnung mittels Routenplaner). – Wenn infolge des Umzugs eine arbeitstägl **Fahrzeitverkürzung von mindestens einer Stunde** eintritt, treten mit dem Umzug verbundene private Begleitumstände idR in den Hintergrund (BFH VI B 85/08 BFH/NV 09, 171). Unschädl ist dann auch, dass der Umzug aus Anlass der Eheschließung von getrennten Wohnorten oder aus Anlass der Scheidung oder Trennung der Eheleute erfolgte (BFH VI R 175/99 BStBl II 01, 585; *Fröschl* HFR 01, 965, mit zahlreichen Hinw). Unschädl ist ferner der gemeinsame Umzug von Eheleuten aus Anlass der Geburt eines Kindes (BFH VI R 189/97 BStBl II 02, 56). Beim Umzug nach Eheschließung von getrennten Wohnungen aus ist die Wegezeitverkürzung für jeden Ehegatten gesondert zu ermitteln (BFH VI R 175/99 BStBl II 01, 585, Subjektbezogenheit der Einkünfteermittlung). Umzugsbedingte Veränderungen der Fahrzeiten beiderseits berufstätiger Ehegatten sind weder zu addieren noch zu saldieren; ist die Fahrzeitverkürzung für einen Ehegatten erreicht, ist der Umzug *insgesamt* als berufsbedingt anzusehen; daher sind die gesamten Umzugskosten der Eheleute abziehbar (BFH IX R 79/01 BStBl II 06, 598; BFH VI R 56/02 BFH/NV 06, 1650; krit *Paus* DStZ 06, 518). – Allein der Umstand, dass die neue Wohnung die Einrichtung eines Arbeitszimmers ermöglicht, macht den Umzug aber nicht berufl veranlasst

(BFH VI R 132/88 BStBl II 93, 610). Bei **Wegverlegung** des Wohnsitzes vom Arbeitsort ist der Umzug privat veranlasst (BFH IX R 108/00 BFH/NV 06, 1273). Zur Anerkennung eines Umzugs an den Arbeitsort nach vorausgegangenem Wegzug oder eines Umzugs erst viele Jahre nach der Arbeitsaufnahme s BFH VI R 129/86 BStBl II 89, 917 (krit *Rößler* DStZ 90, 284). – Bei einem privat veranlassten Umzug sind die durch die Beförderung der Arbeitszimmereinrichtung entstandenen Mehraufwendungen nicht als WK abzugsfähig (BFH VI R 102/88 BStBl II 89, 972; BFH VI B 190/00 BFH/NV 01, 1025). – Bei einem **Umzug in Etappen** endet die berufl Veranlassung des Umzugs grds mit dem Einzug in die erste Wohnung am neuen Arbeitsort; der weitere Umzug in die endgültige Bleibe (eigenes Haus) ist privat veranlasst, so dass Kosten für diesen zweiten Umzug und für Zwischenlagerung der Möbel nicht als WK abziehbar sind (BFH IV R 78/99 BStBl II 01, 70; FG RhPf EFG 01, 432, rkr). Ausnahmen sind nur in besonders gelagerten Fällen unfreiwilligen Bezuges einer ausgesprochenen Behelfsunterkunft denkbar. – Zum Abzug der bei Begründung oder Beendigung einer **doppelten Haushaltsführung** anfallenden Umzugskosten s § 9 Rz 228. – Auch der **Rückumzug** eines ausl ArbN ins Heimatland nach Beendigung der *befristeten* inl Tätigkeit ist berufl veranlasst (BFH VI R 11/92 BStBl II 93, 722; krit *MIT* DStR 97, 323). Dies gilt aber nicht bei Rückumzug nach Eintritt in den Ruhestand (BFH VI R 65/94 BStBl II 97, 207) oder bei Beendigung der Erwerbstätigkeit (FG Ddorf EFG 98, 642, rkr) bzw politischer Aktivitäten (BFH XI B 42/98 BFH/NV 00, 37); ebenfalls nicht bei Umzug ins Ausl wegen dortiger Arbeitsaufnahme (BFH I R 59/05 BStBl II 07, 756). Zum Inl-Umzug eines *vorübergehend* im Inl tätigen ausl ArbN s *FinVerw* DStR 96, 1286 und FG Hbg EFG 98, 1387, rkr.

(2) **Kosten.** Ist der Umzug berufl veranlasst, werden nach LStH 16 R 9.9 (2) die Kosten bis zur Höhe der Beträge anerkannt, die ein vergleichbarer Bundesbeamter nach dem BUKG erhalten würde (für Umzüge ab 1.3.12, 1.1.13 und 1.8.13 BStBl I 12, 942; ab 1.3.14 und 1.3.15 BStBl I 14, 1342; Vorjahre s 33., 31. und 29. Aufl). Einzelnachweis verdrängt die Pauschalbeträge (LStH 16 R 9.9 (2) 3, 4). Eine Prüfung der einzelnen Umzugskosten unter dem Gesichtspunkt des § 12 Nr 1 soll nur bei Geltendmachung höherer tatsächl Kosten erfolgen (LStH 16 R 9.9 (2) 3); der allg WK-Begriff muss aber stets erfüllt sein (BFH VI B 198/00 BFH/NV 01, 778). Zu den Umzugskosten können auch umzugsbedingt geleistete **doppelte Mietzahlungen** gehören (BFH VI R 2/11 BStBl II 12, 104). **Maklerkosten** für den Verkauf eines Hauses sind als Veräußerungskosten keine als Umzugskosten abziehbare WK (BFH VI R 147/99 BStBl II 00, 476); auch nicht als sog Mietentschädigung (FG Köln EFG 09, 460, rkr); sie können sich allenfalls iRd § 23 auswirken. Maklerkosten für den Erwerb einer Wohnung sind AK und zählen damit nicht zu den WK (BFH IV R 27/94 BStBl II 95, 895; BFH VI R 188/97 BStBl II 00, 586; Anm *MIT* DStR 00, 1727 zur VerfWidrigkeit des § 3 Nr 13 iVm § 9 I BUKG). Anderes gilt aber bei Maklerkosten für die *Anmietung* einer Wohnung, auch bei erfolgloser Wohnungssuche (FG Ddorf EFG 94, 652, rkr). Aufwendungen für Einrichtungsgegenstände oder Renovierung der neuen Wohnung sind nicht abzugsfähig (BFH VI R 188/98 BStBl II 03, 314); daran hat sich auch nach dem Beschluss BFH GrS 1/06 BStBl II 10, 672 nichts geändert (BFH X B 153/11 BFH/NV 12, 1956). Gleiches gilt für Überführung von Freizeitgegenständen (FG BaWü EFG 99, 768, rkr; VerfBeschw 2 BvR 9311/00 unbegründet, Segeljacht). – Bei Umzug eines Ausländers in die Bundesrepublik können die Umzugsauslagen iHd sich aus § 10 AUV ergebenden Pauschbeträge geschätzt werden; der Ausstattungsbetrag nach § 12 AUV kann nicht als WK berücksichtigt werden (BFH VI R 53/04 BStBl II 07, 536); ebenso nicht Schulgeldzahlungen (s § 12 Rz 25 „Kinderbetreuung"). Kosten für Sonderbekleidung infolge des mit dem Umzug verbundenen Klimawechsels sind nicht abzugsfähig (BFH VI R 55/89 BStBl II 93, 192; BFH VI R 67/92 BStBl II 95, 17; ab 2001 ebenso *FinVerw* DB 01, 304). – Bei **Rückgängigmachung der Versetzung** sind die dem ArbN

durch die Aufgabe der Umzugsabsicht entstandenen vergebl Aufwendungen als WK abziehbar (BFH VI R 17/96 BStBl II 00, 584; *Fröschl* HFR 01, 19); gleiches gilt bei Rückgängigmachung eines Auslandseinsatzes (BFH VI R 139/00 BFH/NV 01, 1379). Abziehbar sind auch die Zahlungen zur vorzeitigen Auflösung des bisherigen Mietvertrages (BFH I R 61/93 BStBl II 94, 323, Mietausfallentschädigung und Prozesskosten). Eine Vertragsstrafe wegen Aufgabe eines Bauvorhabens im Hinblick auf die Versetzung dürfte hiernach ebenfalls als WK abzugsfähig sein (aA noch FG RhPf EFG 96, 646, rkr). Ein WK-Abzug bei den Einkünften aus § 19 ist aber ausgeschlossen, wenn Verluste beim (Wieder-)Verkauf des Hauses entstehen (BFH VI R 28/97 BStBl II 00, 474); auch soweit sie anteilig auf ein häusl Arbeitszimmer entfallen (FG Hbg EFG 06, 1571, BFH XI B 83/06 BFH/NV 07, 896); Abzug aber ggf im Rahmen des § 23 (BFH IX R 35/01 BStBl II 05, 26). Nicht abziehbar sind die mietvertragl Aufwendungen für die neue Wohnung (FG BaWü EFG 81, 231, rkr). Mietwert der eigenen früheren Wohnung kann ebenfalls nicht als WK abgezogen werden (FG BaWü EFG 91, 20, rkr); wohl aber lfd Kosten einer leer stehenden Eigentumswohnung am früheren Wohnort, solange die Wohnung nicht verkauft werden kann (FG RhPf EFG 96, 975, rkr, nicht zweifelsfrei, sofern der Verkauf an den Preisvorstellungen des StPfl scheitert). – S auch § 12 Rz 25 „Wohnungskosten". – Waren Umzugskosten nicht als WK geltend gemacht worden, weil mit Erstattung durch den ArbG zu rechnen war, bleibt die Erstattung aber aus, so soll bestandskräftiger Bescheid nicht mehr geändert werden dürfen (FG Mchn EFG 93, 236, rkr). – Erstattungen des ArbG für ArbN im öffentl Dienst s § 3 Nr 13, für private ArbN s § 3 Nr 16; dazu Rz 100 „Aufwendungsentschädigung". Aus Gründen der Gleichbehandlung sind die aus privaten Kassen gezahlten Umzugskostenvergütungen im gleichen Umfang stfrei wie die aus öffentl Kassen gezahlten Umzugskostenvergütungen (BFH VI R 162/78 BStBl II 82, 595).

Unfallkosten. – ***(1)* Berufl veranlasste Fahrt.** Kosten, die dem ArbN als Folge eines auf einer berufl veranlassten Fahrt verursachten Unfalls entstehen (Eigen- oder Fremdschaden), sind als WK abzugsfähig (BFH VI R 254/68 BStBl II 70, 662). Zu der Frage, welchen Einfluss das Verschulden oder ein etwaiger Alkoholgenuss des ArbN auf die Abzugsfähigkeit der Aufwendungen hat, s § 9 Rz 92. Zu Unfällen auf Fahrten zw Wohnung und Arbeitsstätte (ab VZ 2014 erster Tätigkeitsstätte) s § 9 Rz 196. S ferner „Kfz-Kosten". Ein Unfall ist nicht berufl veranlasst, wenn er sich auf einer vor Antritt einer Dienstreise zur Überprüfung der Verkehrssicherheit des Kfz durchgeführten Inspektionsfahrt ereignet (BFH VI R 133/76 BStBl II 78, 457); wohl aber dann, wenn sich der Unfall auf der Fahrt zw Wohnung und Arbeitsstätte während eines Abstechers zur Tankstelle ereignet (BFH VI R 48/81 BStBl II 85, 10); das Tanken muss aber der einzige Grund für den Umweg gewesen sein (ebenso Tanken als Vorbereitung für berufl Fahrt am nächsten Morgen, *Söffing* FR 85, 165; dagegen *Kalmes* FR 86, 89). Ein Unfall auf einer **privat veranlassten Umwegstrecke** ist nicht berufl veranlasst (BFH IV R 353/84 BFH/NV 91, 512; FG Saarl EFG 90, 303, rkr; BFH VI R 94/95 BStBl II 96, 375, Umweg zum Kindergarten; BFH VI R 69/95 BFH/NV 96, 538, Umweg zum Einkaufen); auch nicht bei Mitnahme eines Kollegen aus reiner Gefälligkeit (s auch § 9 Rz 201). Nach FG Hbg EFG 84, 25, rkr, keine WK bei Unfall auf der Heimfahrt von einer Betriebsfeier (nicht zweifelsfrei; *Seitrich* DStZ 85, 350; s FG Mchn EFG 84, 451, rkr, Fahrt eines Soldaten von einem Regimentsball) oder bei einem Unfall auf der Fahrt zur Betriebssportveranstaltung (FG Bln EFG 87, 400, rkr). Ein Unfall auf der Fahrt zu einer Betriebsveranstaltung ist aber berufl veranlasst (BFH VI R 54/94 BFH/NV 95, 668). Wesentl ist stets der Anlass der unfallträchtigen Fahrt (*Seitrich* DStZ 85, 354; krit zur BFH-Rspr *Richter* DStR 86, 24 und *Richter* DStR 97, 229, Fallgruppen). – ***(2)* Abzugsfähige Kosten.** Dies sind die für die Beseitigung des Schadens aufgewendeten Beträge in vollem Umfang. Es ist also keine Aufteilung der Aufwendungen im Verhältnis der privaten und dienstl Nutzung vorzunehmen (BFH VI R 156/77 BStBl II 80, 71; BFH VI R 25/80 BStBl II 82, 442). Ersatzleistungen Dritter (auch aus der Kaskoversicherung) sind anzurechnen (FG RhPf DStRE 08, 1498; s § 9 Rz 112). Zur steuerl Behandlung von Unfallkostenersatz durch den ArbG s *Offerhaus* BB 91, 257. Zur Frage der Anrechnung eines Wiederbeschaffungszuschlags auf die Kasko-Selbstbeteiligung s FG Nbg EFG 85, 445, rkr. Auch Aufwendungen zur Beseitigung eines Schadens an der Garage des ArbN können WK sein (BFH VI R 239/74 BStBl II 78, 381). Zur Übernahme eines Schadens, um den Schadensfreiheitsrabatt nicht zu verlieren, s § 9 Rz 116 und *KSM* § 9 B 491. Zum Kausalzusammenhang zw Unfall und -folgekosten s *Seitrich* FR 84, 141. – Lässt der ArbN das bei einer berufl Fahrt beschädigte Kfz nicht reparieren, so kann die durch den Unfall herbeigeführte AfaA als WK berücksichtigt werden. Sie bemisst sich iHd Differenz zw steuerl „Buchwert" (AK abzügl fiktiver AfA; zur Nutzungsdauer s § 7 Rz 101 ff) und dem Wert des Kfz nach dem Unfall (BFH IV R 25/94 BStBl II 95, 318); dieses zu Gewinneinkünften ergangene Urt gilt allg (BFH VIII R 33/09 DStR 12, 2423; *Flies* DStR 96, 89, 92 f). Neben Reparaturkosten können AfaA als WK abzugsfähig sein, sofern die Reparatur den Schaden nur teilweise behebt und eine Wertminderung auf Grund technischer Mängel fortbesteht (BFH VI R 7/92 BStBl II 94, 235; s auch § 7 Rz 125), und dem Buchwert kein höherer Verkaufspreis des Kfz ggü steht (BFH VIII R 33/09 DStR 12, 2423). Nach Ablauf der Nutzungsdauer scheidet eine AfaA aus (BFH VIII R 33/09 DStR 12, 2423; FG Mchn EFG 98, 1083, rkr; s auch § 7 Rz 125). Bei einem reparierten Kfz kann ein sog **merkantiler Minderwert** nicht als WK abgesetzt werden (BFH VI R 57/88 BStBl II 92, 401). Kreditzinsen für private Pkw-Neuanschaffung nach Unfall auf einer Betriebsfahrt sind keine WK (BFH VI R 192/79 BStBl II 83, 17); wohl aber für Reparaturdarlehen. – S auch *Kalmes* (FR 82, 241) zum Nachweis der berufl Veranlassung des Unfalls und zur Berücksichtigung von Erstattungen (hierzu auch § 9 Rz 112, 113). – Zur Berücksichtigung steuerl Vergünstigungen bei der zivilrechtl Schadensbemessung s BGH DB 89, 2067.

Unterarbeitsverhältnis. Auch ein ArbN kann für seine Tätigkeit wiederum ArbN beschäftigen (zB angestellter Reisevertreter lässt Büroarbeiten gegen Entgelt von einer anderen Person erledigen). S aber „Angehörige".

Urlaub. Die Verwendung der Urlaubszeit für den Beruf ist kein als WK abzugsfähiger Aufwand (FG Mchn EFG 81, 622, rkr).

Vermögensverluste und Wertveränderungen sind (nur) dann als WK zu berücksichtigen, wenn die Gründe hierfür in der Berufssphäre liegen (BFH VI B 7/13 BFH/NV 13, 1922). S auch „Darlehen"; „Unfallkosten"; § 9 Rz 79 ff. Verlust eines Reisekostenzuschusses als WK s FG Köln EFG 81, 128, rkr. Verlust eines Arbeitsmittels durch Diebstahl als WK s BFH VI R 185/97 BStBl II 04, 491.

Verpflegungsmehraufwendungen. S „Reisekosten" (2) und § 9 Rz 226, 258.

Versicherungsbeiträge s auch Rz 100; § 4 Rz 266 ff (ausführl); § 9 Rz 173 und § 12 Rz 25. Wird durch eine Versicherung nicht nur ein berufsbedingtes Risiko abgesichert, sondern erstreckt sich der Versicherungsschutz auch auf Risiken des privaten Lebensbereichs, sind die Versicherungsbeiträge insoweit nicht als WK abzugsfähig (BFH VI B 64/04 BFH/NV 05, 1796, Berufsunfähigkeitsversicherung); iÜ kommt Abzug in Betracht, soweit die Prämie aufteilbar ist. Dies ist bei einer Berufsunfähigkeitsversicherung indes nicht der Fall, weil sie nur das private Risiko der Sicherung des Lebensunterhalts abdeckt (BFH VI B 20/13 BFH/NV 14, 327). Beschränkt sich die Versicherung auf Risiken, die ihre Ursache in der Berufstätigkeit des ArbN haben, können die Beiträge in voller Höhe als WK abzugsfähig sein (BFH VI R 87/73 BStBl II 76, 599; s auch BFH IV R 32/80 BStBl II 83, 101, Krankentagegeldversicherung; BFH VI B 176/86 BFH/NV 88,

640, kombinierte Berufs-/Privatunfallversicherung; dazu *BMF* DStR 97, 371; BFH X R 21/07 BFH/NV 10, 192, Praxisausfallversicherung). Auch Beiträge zur *Rechtsschutzversicherung* können als WK abzugsfähig sein (BFH VI R 97/94 BFH/NV 97, 346, Aufteilung der Prämie bei kombinierter Familien- und Verkehrs-Rechtsschutzversicherung; dazu *BMF* DStR 98, 1357; *FinVerw* DB 98, 1992). Es gelten insoweit die gleichen Grundsätze wie beim Abzug von Prämien für eine Reisegepäckversicherung (BFH VI R 42/92 BStBl II 93, 519).

Versorgungsausgleich. Zahlungen für Ehepartner iRd Vermögensauseinandersetzung zum Ausschluss des schuldrechtl Versorgungsausgleichs (§§ 1587 ff BGB aF) sind keine WK (BFH X R 23/08 BFH/NV 10, 1807; BFH VI R 198/79 BStBl II 84, 106; s auch BFH VI B 30/00 BFH/NV 00, 1467). Hingegen sind Ausgleichszahlungen, die ein zum Versorgungsausgleich verpflichteter Ehegatte auf Grund einer Vereinbarung nach § 1587o BGB an den anderen Ehegatten leistet, um Kürzungen seiner Versorgungsbezüge (§ 19 I 1 Nr 2) zu vermeiden, ebenso wie Auffüllungszahlungen nach § 58 BeamtenVG sofort abziehbare WK. Gleiches gilt für Ausgleichszahlungen, die auf Grundlage einer Vereinbarung nach § 1408 II BGB als Gegenleistung für einen Verzicht auf den Versorgungsausgleich an den früheren Ehegatten gezahlt werden (BFH VI R 59/10 BFH/NV 11, 1130; BFH IX R 107/00 BStBl II 06, 446; BFH IX R 78/01 BStBl II 06, 448; dazu *Heuermann* DB 06, 688; BFH VI R 33/08 BFH/NV 10, 2051; s auch § 9 Rz 157, aE). – Zur Regelung des Versorgungsausgleichs ab 1.9.09 s § 3 „Versorgungsausgleich".

Versorgungszuschlag, den beurlaubter Beamter selbst zahlt, ist als WK abziehbar. Zahlt der ArbG den Zuschlag, führt dies zu Lohn, dem ein fiktiver WK-Abzug gegenübersteht.

Vertragsstrafen, zB aus der Verletzung eines Konkurrenzverbotes, können WK sein, ebenso, wenn der ArbN eine Vertragsstrafe zu zahlen hat, weil er ein vereinbartes ArbVerh nicht angetreten hat, um zB ein anderweitiges günstigeres Angebot anzunehmen (BFH I R 34/05 BFH/NV 06, 1068; § 9 Rz 99; *Dendl* DStR 00, 1253, Rückzahlung von Studienkosten). Gleiches gilt, wenn der ArbN Lohnteile an den früheren ArbG zurückzahlen muss, die dieser während der Ausbildung des ArbN iRe Ausbildungsverhältnisses getragen hatte. Übernimmt der neue ArbG diese Kosten, liegt insoweit Lohn vor (weitere Einzelheiten *Loy* DB 92, 2109). Wenn dem ArbN eine Ausbildung gegen die Verpflichtung ermöglicht wird, nach Abschluss der Ausbildung in die Dienste des Leistenden zu treten und bei Verletzung dieser Verpflichtung neben der Rückzahlung eines Ausbildungsdarlehens auch ein Zuschlag zu leisten ist, mit dem nicht überwiegend ein Druck zur Einhaltung der vorvertragl Pflichten ausgeübt werden soll, sondern mit dem Vorteile abgegolten werden sollen, die der ArbN iRd Ausbildung in Anspruch genommen hatte (zB Studienplatz aus Kontingent des zukünftigen ArbG), ist auch diese Zahlung als WK abziehbar. BFH VI R 97/89 BStBl II 92, 834 und BFH VI R 90/90 BFH/NV 93, 163, wonach es sich bei dem Zuschlag um nachträgl Ausbildungskosten iSv § 10 I Nr 7 handeln sollte, ist durch die Rspr zum Abzug von Berufsausbildungskosten als WK/BA der Boden entzogen, jedenfalls soweit es sich nicht um eine Erstausbildung handelt. Die Vertragsstrafe ist damit in vollem Umfang als WK/BA abziehbar (BFH VI R 5/03 BStBl II 07, 4). – Zivilrechtl Lage bei Rückzahlung von Ausbildungskosten s BAG DB 06, 2241.

Wahlkampfkosten (auch vergebl) für die Wahl in ein kommunales Amt können WK sein (BFH VI R 198/71 BStBl II 74, 407; BFH IV R 15/95 BStBl II 96, 431; Anm HFR 96, 651; *FinVerw* DB 96, 2309; zum WK-Abzug bei ehrenamtl Stadtratsmandat); idR aber nicht Bewirtungskosten (*BMF* DStR 92, 358 mwN). Die Verwendung der Urlaubszeit zur Führung eines Wahlkampfes ist aber kein als WK abzugsfähiger Aufwand (FG Mchn EFG 81, 622, rkr). Aufwendungen für den Erwerb eines BT-Mandats führen auch dann nicht zu WK aus nichtselbstständiger Arbeit, wenn die Kandidatur auf Verlangen des ArbG erfolgte (FG Köln EFG 89,

170, rkr; § 22 Rz 163). Aufwendungen für ein Wahlprüfungsverfahren eines LT-Abgeordneten sollen aber als WK abzugsfähig sein (FG Bbg DStRE 13, 65, rkr).

Winterbeschäftigungsumlage führt bei Beteiligung der ArbN zu WK (*FinVerw* DB 07, 1613).

Zweitwohnungssteuer auf die Innehabung einer iRd berufsbedingten doppelten Haushaltsführung gehaltenen Wohnung eines verheirateten StPfl ist verfwidrig (BVerfG HFR 06, 80; *Meier* DStR 06, 14; einschr FG Hbg EFG 14, 1054, rkr, zweifelhaft). Soweit Alleinstehende herangezogen werden (verfgemäß BVerfG HFR 10, 648, 651; BFH II R 5/08 BStBl II 10, 889; BFH II R 67/08 BFH/NV 11, 1463; s auch *Kanzler* NWB 11, 1459), kann die Steuer als WK abgezogen werden (zB bei Studenten als Berufsausbildungskosten oder bei doppelter Haushaltsführung).

§ 19a *Überlassung von Vermögensbeteiligungen an Arbeitnehmer*

(1) Erhält ein Arbeitnehmer im Rahmen eines gegenwärtigen Dienstverhältnisses unentgeltlich oder verbilligt Sachbezüge in Form von Vermögensbeteiligungen im Sinne des § 2 Abs. 1 Nr. 1 und Abs. 2 bis 5 des Fünften Vermögensbildungsgesetzes in der Fassung des Gesetzes vom 19. Dezember 2000 (BGBl. I S. 1790), so ist der Vorteil steuerfrei, soweit er nicht höher als der halbe Wert der Vermögensbeteiligung (Absatz 2) ist und insgesamt 135 Euro im Kalenderjahr nicht übersteigt.

(2) [1] Als Wert der Vermögensbeteiligung ist der gemeine Wert anzusetzen. [2] Werden einem Arbeitnehmer Vermögensbeteiligungen im Sinne des § 2 Abs. 1 Nr. 1 Buchstabe a, b und f des Fünften Vermögensbildungsgesetzes überlassen, die am Tag der Beschlussfassung über die Überlassung an einer deutschen Börse zum regulierten Markt zugelassen sind, so werden diese mit dem niedrigsten an diesem Tag für sie im regulierten Markt notierten Kurs angesetzt, wenn am Tag der Überlassung nicht mehr als neun Monate seit dem Tag der Beschlussfassung über die Überlassung vergangen sind. [3] Liegt am Tag der Beschlussfassung über die Überlassung eine Notierung nicht vor, so werden diese Vermögensbeteiligungen mit dem letzten innerhalb von 30 Tagen vor diesem Tag im regulierten Markt notierten Kurs angesetzt. [4] Die Sätze 2 und 3 gelten entsprechend für Vermögensbeteiligungen im Sinne des § 2 Abs. 1 Nr. 1 Buchstabe a, b und f des Fünften Vermögensbildungsgesetzes, die im Inland in den Freiverkehr einbezogen sind oder in einem anderen Staat des Europäischen Wirtschaftsraums zum Handel an einem geregelten Markt im Sinne des Artikels 1 Nr. 13 der Richtlinie 93/22/EWG des Rates vom 10. Mai 1993 über Wertpapierdienstleistungen (ABl. EG Nr. L 141 S. 27) zugelassen sind. [5] Sind am Tag der Überlassung von Vermögensbeteiligungen im Sinne des § 2 Abs. 1 Nr. 1 Buchstabe a, b und f des Fünften Vermögensbildungsgesetzes mehr als neun Monate seit dem Tag der Beschlussfassung über die Überlassung vergangen, so tritt an die Stelle des Tages der Beschlussfassung über die Überlassung im Sinne der Sätze 2 bis 4 der Tag der Überlassung. [6] Der Wert von Vermögensbeteiligungen im Sinne des § 2 Abs. 1 Nr. 1 Buchstabe c des Fünften Vermögensbildungsgesetzes wird mit dem Ausgabepreis am Tag der Überlassung angesetzt. [7] Der Wert von Vermögensbeteiligungen im Sinne des § 2 Abs. 1 Nr. 1 Buchstabe g, i, k und l des Fünften Vermögensbildungsgesetzes wird mit dem Nennbetrag angesetzt, wenn nicht besondere Umstände einen höheren oder niedrigeren Wert begründen.

§ 52 Abs. 27 (Übergangsregelung):

(27) § 19a in der am 31. Dezember 2008 geltenden Fassung ist weiter anzuwenden, wenn

1. **die Vermögensbeteiligung vor dem 1. April 2009 überlassen wird oder**
2. **auf Grund einer am 31. März 2009 bestehenden Vereinbarung ein Anspruch auf die unentgeltliche oder verbilligte Überlassung einer Vermö-**

gensbeteiligung besteht sowie die Vermögensbeteiligung vor dem 1. Januar 2016 überlassen wird

und der Arbeitgeber bei demselben Arbeitnehmer im Kalenderjahr nicht § 3 Nummer 39 anzuwenden hat.

1 **Umstellung der ArbN-Förderung ab 2009; Übergangsregelung.** Zur Rechtsentwicklung des § 19a bis 2008 s 27. Aufl. Die Vorschrift ist ab 1.1.2009 aufgehoben und durch § 3 Nr 39 abgelöst worden (s dort). – **Übergangsregelung in § 52 Abs 35:** Sämtl Altverträge genießen Bestandsschutz bis einschließl 2015 (dazu *BMF* BStBl I 09, 1513, Tz 3; *Niermann* DB 09, 473, III; *ders* DB 10, 79; *Harder-Buschner* NWB 09, 1260). In der Zeit vom 1.1. bis 31.3.2009 konnten Vermögensbeteiligungen weiter zu den Bedingungen des § 19a überlassen werden. Da § 3 Nr 39 rückwirkend zum 2.4.2009 *Barlohnumwandlungen* nicht mehr ausschließt, besteht auch hier ein Gleichklang zu § 19a (s § 3 „Mitarbeiterbeteiligung"). Begünstigt sind auch nach dem 31.3.2009 verbilligt überlassene Vermögensbeteiligungen, sofern die Überlassung vor dem 1.4.2009 vereinbart worden ist (Einzel- oder Kollektivvereinbarung). – Gleichzeitige Inanspruchnahme der Vergünstigung nach § 3 Nr 39 und § 19a für dieselbe überlassene Vermögensbeteiligung ist nicht mögl. Es kann aber von der Vergünstigung gem § 19a zu der nach § 3 Nr 39 übergewechselt werden, wenn die Überlassung die Voraussetzungen des § 3 Nr 39 erfüllt (ggf Umstellung der Vereinbarung für die Zukunft). Soweit § 19a nach der Übergangsregelung in § 52 Abs 35 weiter anzuwenden ist, wird auf die Kommentierung in der 32. Aufl Bezug genommen. § 19a ist auch auf Sachbezüge anwendbar, die nach § 8 II 11 außer Ansatz bleiben; in die Bemessungsgrundlage für die Ermittlung des Freibetrags sind aber nur unentgeltl oder verbilligt überlassene Beteiligungen einzubeziehen (BFH VI R 16/12 BFH/NV 15, 672).

e) Kapitalvermögen (§ 2 Absatz 1 Satz 1 Nummer 5)

§ 20 Kapitalvermögen

(1) **Zu den Einkünften aus Kapitalvermögen gehören**

1. **Gewinnanteile (Dividenden), Ausbeuten und sonstige Bezüge aus Aktien, Genussrechten, mit denen das Recht am Gewinn und Liquidationserlös einer Kapitalgesellschaft verbunden ist, aus Anteilen an Gesellschaften mit beschränkter Haftung, an Erwerbs- und Wirtschaftsgenossenschaften sowie an bergbautreibenden Vereinigungen, die die Rechte einer juristischen Person haben. [2] Zu den sonstigen Bezügen gehören auch verdeckte Gewinnausschüttungen. [3] Die Bezüge gehören nicht zu den Einnahmen, soweit sie aus Ausschüttungen einer Körperschaft stammen, für die Beträge aus dem steuerlichen Einlagekonto im Sinne des § 27 des Körperschaftsteuergesetzes als verwendet gelten. [4] Als sonstige Bezüge gelten auch Einnahmen, die anstelle der Bezüge im Sinne des Satzes 1 von einem anderen als dem Anteilseigner nach Absatz 5 bezogen werden, wenn die Aktien mit Dividendenberechtigung erworben, aber ohne Dividendenanspruch geliefert werden;**
2. **Bezüge, die nach der Auflösung einer Körperschaft oder Personenvereinigung im Sinne der Nummer 1 anfallen und die nicht in der Rückzahlung von Nennkapital bestehen; Nummer 1 Satz 3 gilt entsprechend. [2] Gleiches gilt für Bezüge, die auf Grund einer Kapitalherabsetzung oder nach der Auflösung einer unbeschränkt steuerpflichtigen Körperschaft oder Personenvereinigung im Sinne der Nummer 1 anfallen und die als Gewinnausschüttung im Sinne des § 28 Absatz 2 Satz 2 und 4 des Körperschaftsteuergesetzes gelten;**

3. *(weggefallen)*
4. **Einnahmen aus der Beteiligung an einem Handelsgewerbe als stiller Gesellschafter und aus partiarischen Darlehen, es sei denn, dass der Gesellschafter oder Darlehensgeber als Mitunternehmer anzusehen ist. [2] Auf Anteile des stillen Gesellschafters am Verlust des Betriebes sind § 15 Absatz 4 Satz 6 bis 8 und § 15a sinngemäß anzuwenden;**
5. **Zinsen aus Hypotheken und Grundschulden und Renten aus Rentenschulden. [2] Bei Tilgungshypotheken und Tilgungsgrundschulden ist nur der Teil der Zahlungen anzusetzen, der als Zins auf den jeweiligen Kapitalrest entfällt;**

16.* der Unterschiedsbetrag zwischen der Versicherungsleistung und der Summe der auf sie entrichteten Beiträge (Erträge) im Erlebensfall oder bei Rückkauf des Vertrags bei Rentenversicherungen mit Kapitalwahlrecht, soweit nicht die lebenslange Rentenzahlung gewählt und erbracht wird, und bei Kapitalversicherungen mit Sparanteil, wenn der Vertrag nach dem 31. Dezember 2004 abgeschlossen worden ist. [2] Wird die Versicherungsleistung nach Vollendung des 60. Lebensjahres des Steuerpflichtigen und nach Ablauf von zwölf Jahren seit dem Vertragsabschluss ausgezahlt, ist die Hälfte des Unterschiedsbetrags anzusetzen. [3] Bei entgeltlichem Erwerb des Anspruchs auf die Versicherungsleistung treten die Anschaffungskosten an die Stelle der vor dem Erwerb entrichteten Beiträge. [4] Die Sätze 1 bis 3 sind auf Erträge aus fondsgebundenen Lebensversicherungen, auf Erträge im Erlebensfall bei Rentenversicherungen ohne Kapitalwahlrecht, soweit keine lebenslange Rentenzahlung vereinbart und erbracht wird, und auf Erträge bei Rückkauf des Vertrages bei Rentenversicherungen ohne Kapitalwahlrecht entsprechend anzuwenden. [5] Ist in einem Versicherungsvertrag eine gesonderte Verwaltung von speziell für diesen Vertrag zusammengestellten Kapitalanlagen vereinbart, die nicht auf öffentlich vertriebene Investmentfondsanteile oder Anlagen, die die Entwicklung eines veröffentlichten Indexes abbilden, beschränkt ist, und kann der wirtschaftlich Berechtigte unmittelbar oder mittelbar über die Veräußerung der Vermögensgegenstände und die Wiederanlage der Erlöse bestimmen (vermögensverwaltender Versicherungsvertrag), sind die dem Versicherungsunternehmen zufließenden Erträge dem wirtschaftlich Berechtigten aus dem Versicherungsvertrag zuzurechnen; Sätze 1 bis 4 sind nicht anzuwenden. [6] Satz 2 ist nicht anzuwenden, wenn

a) in einem Kapitallebensversicherungsvertrag mit vereinbarter laufender Beitragszahlung in mindestens gleichbleibender Höhe bis zum Zeitpunkt des Erlebensfalls die vereinbarte Leistung bei Eintritt des versicherten Risikos weniger als 50 Prozent der Summe der für die gesamte Vertragsdauer zu zahlenden Beiträge beträgt und

b) bei einem Kapitallebensversicherungsvertrag die vereinbarte Leistung bei Eintritt des versicherten Risikos das Deckungskapital oder den Zeitwert der Versicherung spätestens fünf Jahre nach Vertragsabschluss nicht um mindestens 10 Prozent des Deckungskapitals, des Zeitwerts oder der Summe der gezahlten Beiträge übersteigt. [2] Dieser Prozentsatz darf bis zum Ende der Vertragslaufzeit in jährlich gleichen Schritten auf Null sinken.

[7] Hat der Steuerpflichtige Ansprüche aus einem von einer anderen Person abgeschlossenen Vertrag entgeltlich erworben, gehört zu den Einkünften aus Kapitalvermögen auch der Unterschiedsbetrag zwischen der Versicherungsleistung bei Eintritt eines versicherten Risikos und den Aufwendun-

---

* Fassung § 20 Abs 1 Nr 6 für vor dem 1.1.2005 abgeschlossene Verträge s 29. Aufl.

gen für den Erwerb und Erhalt des Versicherungsanspruches; insoweit findet Satz 2 keine Anwendung. [8] Satz 7 gilt nicht, wenn die versicherte Person den Versicherungsanspruch von einem Dritten erwirbt oder aus anderen Rechtsverhältnissen entstandene Abfindungs- und Ausgleichsansprüche arbeitsrechtlicher, erbrechtlicher oder familienrechtlicher Art durch Übertragung von Ansprüchen aus Versicherungsverträgen erfüllt werden;

7. Erträge aus sonstigen Kapitalforderungen jeder Art, wenn die Rückzahlung des Kapitalvermögens oder ein Entgelt für die Überlassung des Kapitalvermögens zur Nutzung zugesagt oder geleistet worden ist, auch wenn die Höhe der Rückzahlung oder des Entgelts von einem ungewissen Ereignis abhängt. [2] Dies gilt unabhängig von der Bezeichnung und der zivilrechtlichen Ausgestaltung der Kapitalanlage. [3] Erstattungszinsen im Sinne des § 233a der Abgabenordnung sind Erträge im Sinne des Satzes 1;
8. Diskontbeträge von Wechseln und Anweisungen einschließlich der Schatzwechsel;
9. Einnahmen aus Leistungen einer nicht von der Körperschaftsteuer befreiten Körperschaft, Personenvereinigung oder Vermögensmasse im Sinne des § 1 Absatz 1 Nummer 3 bis 5 des Körperschaftsteuergesetzes, die Gewinnausschüttungen im Sinne der Nummer 1 wirtschaftlich vergleichbar sind, soweit sie nicht bereits zu den Einnahmen im Sinne der Nummer 1 gehören; Nummer 1 Satz 2, 3 und Nummer 2 gelten entsprechend. [2] Satz 1 ist auf Leistungen von vergleichbaren Körperschaften, Personenvereinigungen oder Vermögensmassen, die weder Sitz noch Geschäftsleitung im Inland haben, entsprechend anzuwenden;
10. a) Leistungen eines nicht von der Körperschaftsteuer befreiten Betriebs gewerblicher Art im Sinne des § 4 des Körperschaftsteuergesetzes mit eigener Rechtspersönlichkeit, die zu mit Gewinnausschüttungen im Sinne der Nummer 1 Satz 1 wirtschaftlich vergleichbaren Einnahmen führen; Nummer 1 Satz 2, 3 und Nummer 2 gelten entsprechend;
    b) der nicht den Rücklagen zugeführte Gewinn und verdeckte Gewinnausschüttungen eines nicht von der Körperschaftsteuer befreiten Betriebs gewerblicher Art im Sinne des § 4 des Körperschaftsteuergesetzes ohne eigene Rechtspersönlichkeit, der den Gewinn durch Betriebsvermögensvergleich ermittelt oder Umsätze einschließlich der steuerfreien Umsätze, ausgenommen die Umsätze nach § 4 Nummer 8 bis 10 des Umsatzsteuergesetzes, von mehr als 350 000 Euro im Kalenderjahr oder einen Gewinn von mehr als 30 000 Euro im Wirtschaftsjahr hat, sowie der Gewinn im Sinne des § 22 Absatz 4 des Umwandlungssteuergesetzes. [2] Die Auflösung der Rücklagen zu Zwecken außerhalb des Betriebs gewerblicher Art führt zu einem Gewinn im Sinne des Satzes 1; in Fällen der Einbringung nach dem Sechsten und des Formwechsels nach dem Achten Teil des Umwandlungssteuergesetzes gelten die Rücklagen als aufgelöst. [3] Bei dem Geschäft der Veranstaltung von Werbesendungen der inländischen öffentlich-rechtlichen Rundfunkanstalten gelten drei Viertel des Einkommens im Sinne des § 8 Absatz 1 Satz 3 des Körperschaftsteuergesetzes als Gewinn im Sinne des Satzes 1. [4] Die Sätze 1 und 2 sind bei wirtschaftlichen Geschäftsbetrieben der von der Körperschaftsteuer befreiten Körperschaften, Personenvereinigungen oder Vermögensmassen entsprechend anzuwenden. [5] Nummer 1 Satz 3 gilt entsprechend. [6] Satz 1 in der am 12. Dezember 2006 geltenden Fassung ist für Anteile, die einbringungsgeboren im Sinne des § 21 des Umwandlungssteuergesetzes in der am 12. Dezember 2006 geltenden Fassung sind, weiter anzuwenden;
11. Stillhalterprämien, die für die Einräumung von Optionen vereinnahmt werden; schließt der Stillhalter ein Glattstellungsgeschäft ab, mindern sich

die Einnahmen aus den Stillhalterprämien um die im Glattstellungsgeschäft gezahlten Prämien.

(2) [1] Zu den Einkünften aus Kapitalvermögen gehören auch

1. der Gewinn aus der Veräußerung von Anteilen an einer Körperschaft im Sinne des Absatzes 1 Nummer 1. [2] Anteile an einer Körperschaft sind auch Genussrechte im Sinne des Absatzes 1 Nummer 1, den Anteilen im Sinne des Absatzes 1 Nummer 1 ähnliche Beteiligungen und Anwartschaften auf Anteile im Sinne des Absatzes 1 Nummer 1;
2. der Gewinn aus der Veräußerung
   a) von Dividendenscheinen und sonstigen Ansprüchen durch den Inhaber des Stammrechts, wenn die dazugehörigen Aktien oder sonstigen Anteile nicht mitveräußert werden. [2] Soweit eine Besteuerung nach Satz 1 erfolgt ist, tritt diese insoweit an die Stelle der Besteuerung nach Absatz 1;
   b) von Zinsscheinen und Zinsforderungen durch den Inhaber oder ehemaligen Inhaber der Schuldverschreibung, wenn die dazugehörigen Schuldverschreibungen nicht mitveräußert werden. [2] Entsprechendes gilt für die Einlösung von Zinsscheinen und Zinsforderungen durch den ehemaligen Inhaber der Schuldverschreibung.

   [2] Satz 1 gilt sinngemäß für die Einnahmen aus der Abtretung von Dividenden- oder Zinsansprüchen oder sonstigen Ansprüchen im Sinne des Satzes 1, wenn die dazugehörigen Anteilsrechte oder Schuldverschreibungen nicht in einzelnen Wertpapieren verbrieft sind. [3] Satz 2 gilt auch bei der Abtretung von Zinsansprüchen aus Schuldbuchforderungen, die in ein öffentliches Schuldbuch eingetragen sind;
3. der Gewinn
   a) bei Termingeschäften, durch die der Steuerpflichtige einen Differenzausgleich oder einen durch den Wert einer veränderlichen Bezugsgröße bestimmten Geldbetrag oder Vorteil erlangt;
   b) aus der Veräußerung eines als Termingeschäft ausgestalteten Finanzinstruments;
4. der Gewinn aus der Veräußerung von Wirtschaftsgütern, die Erträge im Sinne des Absatzes 1 Nummer 4 erzielen;
5. der Gewinn aus der Übertragung von Rechten im Sinne des Absatzes 1 Nummer 5;
6. der Gewinn aus der Veräußerung von Ansprüchen auf eine Versicherungsleistung im Sinne des Absatzes 1 Nummer 6. [2] Das Versicherungsunternehmen hat nach Kenntniserlangung von einer Veräußerung unverzüglich Mitteilung an das für den Steuerpflichtigen zuständige Finanzamt zu machen und auf Verlangen des Steuerpflichtigen eine Bescheinigung über die Höhe der entrichteten Beiträge im Zeitpunkt der Veräußerung zu erteilen;
7. der Gewinn aus der Veräußerung von sonstigen Kapitalforderungen jeder Art im Sinne des Absatzes 1 Nummer 7;
8. der Gewinn aus der Übertragung oder Aufgabe einer die Einnahmen im Sinne des Absatzes 1 Nummer 9 vermittelnden Rechtsposition.

[2] Als Veräußerung im Sinne des Satzes 1 gilt auch die Einlösung, Rückzahlung, Abtretung oder verdeckte Einlage in eine Kapitalgesellschaft; in den Fällen von Satz 1 Nummer 4 gilt auch die Vereinnahmung eines Auseinandersetzungsguthabens als Veräußerung. [3] Die Anschaffung oder Veräußerung einer unmittelbaren oder mittelbaren Beteiligung an einer Personengesellschaft gilt als Anschaffung oder Veräußerung der anteiligen Wirtschaftsgüter.

(3) Zu den Einkünften aus Kapitalvermögen gehören auch besondere Entgelte oder Vorteile, die neben den in den Absätzen 1 und 2 bezeichneten Einnahmen oder an deren Stelle gewährt werden.

(3a) [1]**Korrekturen im Sinne des § 43a Absatz 3 Satz 7 sind erst zu dem dort genannten Zeitpunkt zu berücksichtigen. [2]Weist der Steuerpflichtige durch eine Bescheinigung der auszahlenden Stelle nach, dass sie die Korrektur nicht vorgenommen hat und auch nicht vornehmen wird, kann der Steuerpflichtige die Korrektur nach § 32d Absatz 4 und 6 geltend machen.**

(4) [1]**Gewinn im Sinne des Absatzes 2 ist der Unterschied zwischen den Einnahmen aus der Veräußerung nach Abzug der Aufwendungen, die im unmittelbaren sachlichen Zusammenhang mit dem Veräußerungsgeschäft stehen, und den Anschaffungskosten; bei nicht in Euro getätigten Geschäften sind die Einnahmen im Zeitpunkt der Veräußerung und die Anschaffungskosten im Zeitpunkt der Anschaffung in Euro umzurechnen. [2]In den Fällen der verdeckten Einlage tritt an die Stelle der Einnahmen aus der Veräußerung der Wirtschaftsgüter ihr gemeiner Wert; der Gewinn ist für das Kalenderjahr der verdeckten Einlage anzusetzen. [3]Ist ein Wirtschaftsgut im Sinne des Absatzes 2 in das Privatvermögen durch Entnahme oder Betriebsaufgabe überführt worden, tritt an die Stelle der Anschaffungskosten der nach § 6 Absatz 1 Nummer 4 oder § 16 Absatz 3 angesetzte Wert. [4]In den Fällen des Absatzes 2 Satz 1 Nummer 6 gelten die entrichteten Beiträge im Sinne des Absatzes 1 Nummer 6 Satz 1 als Anschaffungskosten; ist ein entgeltlicher Erwerb vorausgegangen, gelten auch die nach dem Erwerb entrichteten Beiträge als Anschaffungskosten. [5]Gewinn bei einem Termingeschäft ist der Differenzausgleich oder der durch den Wert einer veränderlichen Bezugsgröße bestimmte Geldbetrag oder Vorteil abzüglich der Aufwendungen, die im unmittelbaren sachlichen Zusammenhang mit dem Termingeschäft stehen. [6]Bei unentgeltlichem Erwerb sind dem Einzelrechtsnachfolger für Zwecke dieser Vorschrift die Anschaffung, die Überführung des Wirtschaftsguts in das Privatvermögen, der Erwerb eines Rechts aus Termingeschäften oder die Beiträge im Sinne des Absatzes 1 Nummer 6 Satz 1 durch den Rechtsvorgänger zuzurechnen. [7]Bei vertretbaren Wertpapieren, die einem Verwahrer zur Sammelverwahrung im Sinne des § 5 des Depotgesetzes in der Fassung der Bekanntmachung vom 11. Januar 1995 (BGBl. I S. 34), das zuletzt durch Artikel 4 des Gesetzes vom 5. April 2004 (BGBl. I S. 502) geändert worden ist, in der jeweils geltenden Fassung anvertraut worden sind, ist zu unterstellen, dass die zuerst angeschafften Wertpapiere zuerst veräußert wurden.**

(4a) [1]**Werden Anteile an einer Körperschaft, Vermögensmasse oder Personenvereinigung gegen Anteile an einer anderen Körperschaft, Vermögensmasse oder Personenvereinigung getauscht und wird der Tausch auf Grund gesellschaftsrechtlicher Maßnahmen vollzogen, die von den beteiligten Unternehmen ausgehen, treten abweichend von Absatz 2 Satz 1 und den §§ 13 und 21 des Umwandlungssteuergesetzes die übernommenen Anteile steuerlich an die Stelle der bisherigen Anteile, wenn das Recht der Bundesrepublik Deutschland hinsichtlich der Besteuerung des Gewinns aus der Veräußerung der erhaltenen Anteile nicht ausgeschlossen oder beschränkt ist oder die Mitgliedstaaten der Europäischen Union bei einer Verschmelzung Artikel 8 der Richtlinie 90/434/EWG anzuwenden haben; in diesem Fall ist der Gewinn aus einer späteren Veräußerung der erworbenen Anteile ungeachtet der Bestimmungen eines Abkommens zur Vermeidung der Doppelbesteuerung in der gleichen Art und Weise zu besteuern, wie die Veräußerung der Anteile an der übertragenden Körperschaft zu besteuern wäre, und § 15 Absatz 1a Satz 2 entsprechend anzuwenden. [2]Erhält der Steuerpflichtige in den Fällen des Satzes 1 zusätzlich zu den Anteilen eine Gegenleistung, gilt diese als Ertrag im Sinne des Absatzes 1 Nummer 1. [3]Besitzt bei sonstigen Kapitalforderungen im Sinne des Absatzes 1 Nummer 7 der Inhaber das Recht, bei Fälligkeit anstelle der Zahlung eines Geldbetrags vom Emittenten die Lieferung von**

Wertpapieren zu verlangen oder besitzt der Emittent das Recht, bei Fälligkeit dem Inhaber anstelle der Zahlung eines Geldbetrags Wertpapiere anzudienen und macht der Inhaber der Forderung oder der Emittent von diesem Recht Gebrauch, ist abweichend von Absatz 4 Satz 1 das Entgelt für den Erwerb der Forderung als Veräußerungspreis der Forderung und als Anschaffungskosten der erhaltenen Wertpapiere anzusetzen; Satz 2 gilt entsprechend. [4]Werden Bezugsrechte veräußert oder ausgeübt, die nach § 186 des Aktiengesetzes, § 55 des Gesetzes betreffend die Gesellschaften mit beschränkter Haftung oder eines vergleichbaren ausländischen Rechts einen Anspruch auf Abschluss eines Zeichnungsvertrags begründen, wird der Teil der Anschaffungskosten der Altanteile, der auf das Bezugsrecht entfällt, bei der Ermittlung des Gewinns nach Absatz 4 Satz 1 mit 0 Euro angesetzt. [5]Werden einem Steuerpflichtigen Anteile im Sinne des Absatzes 2 Satz 1 Nummer 1 zugeteilt, ohne dass dieser eine gesonderte Gegenleistung zu entrichten hat, werden der Ertrag und die Anschaffungskosten dieser Anteile mit 0 Euro angesetzt, wenn die Voraussetzungen der Sätze 3 und 4 nicht vorliegen und die Ermittlung der Höhe des Kapitalertrags nicht möglich ist. [6]Soweit es auf die steuerliche Wirksamkeit einer Kapitalmaßnahme im Sinne der vorstehenden Sätze 1 bis 5 ankommt, ist auf den Zeitpunkt der Einbuchung in das Depot des Steuerpflichtigen abzustellen. [7]Geht Vermögen einer Körperschaft durch Abspaltung auf andere Körperschaften über, gelten abweichend von Satz 5 und § 15 des Umwandlungssteuergesetzes die Sätze 1 und 2 entsprechend.

(5) **[1]Einkünfte aus Kapitalvermögen im Sinne des Absatzes 1 Nummer 1 und 2 erzielt der Anteilseigner. [2]Anteilseigner ist derjenige, dem nach § 39 der Abgabenordnung die Anteile an dem Kapitalvermögen im Sinne des Absatzes 1 Nummer 1 im Zeitpunkt des Gewinnverteilungsbeschlusses zuzurechnen sind. [3]Sind einem Nießbraucher oder Pfandgläubiger die Einnahmen im Sinne des Absatzes 1 Nummer 1 oder 2 zuzurechnen, gilt er als Anteilseigner.**

(6) **[1]Verluste aus Kapitalvermögen dürfen nicht mit Einkünften aus anderen Einkunftsarten ausgeglichen werden; sie dürfen auch nicht nach § 10d abgezogen werden. [2]Die Verluste mindern jedoch die Einkünfte, die der Steuerpflichtige in den folgenden Veranlagungszeiträumen aus Kapitalvermögen erzielt. [3]§ 10d Absatz 4 ist sinngemäß anzuwenden. [4]Verluste aus Kapitalvermögen im Sinne des Absatzes 2 Satz 1 Nummer 1 Satz 1, die aus der Veräußerung von Aktien entstehen, dürfen nur mit Gewinnen aus Kapitalvermögen im Sinne des Absatzes 2 Satz 1 Nummer 1 Satz 1, die aus der Veräußerung von Aktien entstehen, ausgeglichen werden; die Sätze 2 und 3 gelten sinngemäß. [5]Verluste aus Kapitalvermögen, die der Kapitalertragsteuer unterliegen, dürfen nur verrechnet werden oder mindern die Einkünfte, die der Steuerpflichtige in den folgenden Veranlagungszeiträumen aus Kapitalvermögen erzielt, wenn eine Bescheinigung im Sinne des § 43a Absatz 3 Satz 4 vorliegt.**

(7) **[1]§ 15b ist sinngemäß anzuwenden. [2]Ein vorgefertigtes Konzept im Sinne des § 15b Absatz 2 Satz 2 liegt auch vor, wenn die positiven Einkünfte nicht der tariflichen Einkommensteuer unterliegen.**

(8) **[1]Soweit Einkünfte der in den Absätzen 1, 2 und 3 bezeichneten Art zu den Einkünften aus Land- und Forstwirtschaft, aus Gewerbebetrieb, aus selbständiger Arbeit oder aus Vermietung und Verpachtung gehören, sind sie diesen Einkünften zuzurechnen. [2]Absatz 4a findet insoweit keine Anwendung.**

(9) **[1]Bei der Ermittlung der Einkünfte aus Kapitalvermögen ist als Werbungskosten ein Betrag von 801 Euro abzuziehen (Sparer-Pauschbetrag); der Abzug der tatsächlichen Werbungskosten ist ausgeschlossen. [2]Ehegatten, die zusammen veranlagt werden, wird ein gemeinsamer Sparer-Pauschbetrag von 1602 Euro gewährt. [3]Der gemeinsame Sparer-Pauschbetrag ist bei der Ein-**

kunftsermittlung bei jedem Ehegatten je zur Hälfte abzuziehen; sind die Kapitalerträge eines Ehegatten niedriger als 801 Euro, so ist der anteilige Sparer-Pauschbetrag insoweit, als er die Kapitalerträge dieses Ehegatten übersteigt, bei dem anderen Ehegatten abzuziehen. [4]Der Sparer-Pauschbetrag und der gemeinsame Sparer-Pauschbetrag dürfen nicht höher sein als die nach Maßgabe des Absatzes 6 verrechneten Kapitalerträge.

Einkommensteuer-Richtlinien/Verwaltungsschreiben: EStR 20.1.–20.2./EStH 20.1, 20.2 – *BMF* BStBl I 04, 611 (II 1 Nr 4); *BMF* BStBl I 16, 85 Rz 1–129a (AbgeltungSt); s auch vor § 32d (Auflistung bei *Delp* DB 11, 196); *BMF* BStBl I 13, 522 Nr 791f (Positivliste der geltenden Verw-Anweisungen); *BMF* BStBl I 13, 940 (Lebenspartner; § 2 VIII); *OFD Ffm* DStR 15, 2554 (vermögensverwaltende PersGes)

Übersicht

I. Grundaussagen

Schrifttum (Aufsätze vor 2014 s Vorauflagen; weitere Nachweise bei § 32d): *Haisch,* Derivatebesteuerung im PV ab 2009, 2010; *Dötsch/Pung/Möhlenbrock,* Die KSt (Stand 4/2013); *Dahm/Hamacher,* Export der AbgeltungSt, IFSt 478, 2012; *Aigner,* Wegfall der Einkunftsquelle, Diss 2013; *Engel,* Vermögensverwaltende PersGes im ErtragStRecht², 2014; *Intemann/Zöller,* Handbuch privater KapEinkünfte 2015. – *Korn,* (Un-)Geklärte Fragen zur AbgeltungSt, kösdi 14, 18818; *Spieker* Aktualisierte BMF-Schreiben, DB 15, 207; *Dankert,* RsprReport zur AbgeltungSt 2014, RdF 15, 151; *Werth,* Erste BFH-Rspr zur AbgeltungSt, DStR 15, 1343; *Urbach,* Aktuelles rund um KapEinkünfte, kösdi 15, 19405; *Delp,* Aktuelle Problemstränge …, DB 15, 1919; *Spieker,* Überarbeitetes BMF-Schreiben zur AbgeltungSt, DB 16, 167.

1 **1. Übersichten zur Abgeltungsteuer**

1. Rechtslage bis 2008			
Zinsen	Dividenden	Veräußerungsgewinne aus Kapitalanlagen; zB Wertpapiere	
100 % stpfl	50 % stpfl (Halbeinkünfteverfahren)	innerhalb eines Jahres: 50 %	außerhalb eines Jahres: 0 %

2. Rechtslage ab 2009		
Zinsen	Dividenden	Veräußerungsgewinne aus Kapitalanlagen, zB Wertpapiere; unerhebl, ob innerhalb oder außerhalb eines Jahres
100 % stpfl; StSatz: 25 %; AbgeltungSt; grds keine Veranlagung		

3. Erstmalige Anwendung der Abgeltungsteuer	
Zinsen, Dividenden: Zufluss nach 31.12.08	Veräußerungsgewinne aus Kapitalanlagen, zB Wertpapiere; unerhebl, ob Veräußerung innerhalb oder außerhalb eines Jahres: Anschaffung nach 31.12.08. – Bei Anschaffung vor dem 1.1.09 (zB Fonds) wie bisher; bei Zertifikaten ist Stichtag der 14.3.07

4. Übergangsregelungen (s auch *Korn/Strahl* KÖSDI 08, 16246)	
Art der Wertpapiere	Steuerpflicht der Veräußerung
Finanzinnovationen	Nach dem 30.6.09 bei Erwerb nach dem 14.3.07; sonst Grundsatz: Stpfl nach dem 31.12.08 bei Erwerb nach dem 31.12.08 (§ 52a X 6–8 idF UntStRefG)
KapForderungen mit nur teilweise garantierter Rückzahlung oder bei mögl Trennung zw Vermögens- und Ertragsphäre	Volle StPflicht ab 1.1.09 (auch bei früherem Erwerb)
Fondsanteile	§ 18 II 2 InvStG: Gewinne aus der Rückgabe oder Veräußerung von Investmentanteile sind erstmals stbar, wenn die Anteile nach dem 31.12.08 erworben werden.
Investmentanteile bei Mindestanlage von 100 T € oder bei Abhängigkeit von Sachkunde des Anlegers	Ab dem 1.1.09 bei Erwerb nach dem 9.11.07 (s *BMF* BStBl I 08, 960)
Steuerspar-Fonds („steueroptimierte Geldmarktfonds"; zB Uni Opti 4, Deka-Opti Cash TF, DWS Rendite Optima Four Seasons)	Ab dem 1.1.09 bei Erwerb nach dem 18.9.08; bei Erwerb vor 19.9.08 erworbenen Anteilen gilt die Altregelung für Rückgaben/Veräußerungen bis 10.1.11 (§ 18 II b InvStG idF JStG 09)
Zertifikate, vor dem 15.3.07 erworben	nach Ablauf von 12 Monaten Veräußerung nicht stbar
Zertifikate, nach dem 14.3.07 erworben, über 30.6.09 gehalten	AbgeltungSt; nicht stbar, wenn nach 1 Jahr Haltedauer vorher veräußert wird.

5. Abzug von Verlusten im Bereich von §§ 20, 23 (s auch *Korn* kösdi 14, 18818/25)
I. Rechtslage bis VZ 2008
1. Private Aktienverkäufe innerhalb eines Jahres: Verrechenbarkeit mit entspr Gewinnen (§ 23 Rz 97)

5. Abzug von Verlusten im Bereich von §§ 20, 23 (s auch *Korn* kösdi 14, 18818/25)
2. Private Aktienverkäufe außerhalb der Frist: Kein Verlustabzug
3. § 17: Abzug nach Halbeinkünfteverfahren
II. Rechtslage ab VZ 2009
1. Verlust aus Veräußerung privater Kapitalanlagen (§ 20 II, IV; Rz 161)
2. (Nur) Verrechnung mit positiven Nutzungserträgen (§ 20 Rz 161, Rz 186, 187)
3. Verluste aus § 23-Geschäften: Ausgleich nur mit entspr Gewinnen (§ 23 Rz 97)
4. Verrechnung von (Alt-)Verlusten aus § 23 (mit positiven § 20-Einkünften) s Rz 186, 187; § 23 Rz 98
5. Die Veräußerung von privaten KapGesAnteilen wird ab 2009 nur noch durch §§ 17, 20 erfasst bei Beteiligung unter 1%: nach § 20 II, IV, VI, bei Beteiligung über 1% gem § 17 (Teileinkünfteverfahren, Abzug von 60%; Rz 196; s auch 33. Aufl).

2. Rechtsgrundlagen. – *(1)* **Allgemeines.** StPfl von KapErträgen aus § 2 I Nr 5 iVm § 20 (unbeschr), § 49 I Nr 5, § 50 (beschr); Anrechnung oder Vergütung von KSt bis VZ 2001 = § 20 I Nr 3, § 36 II Nr 3, §§ 36a–e aF, § 46 II Nr 8, § 50b; Halbeinkünfteverfahren ab VZ 2002 = § 3 Nr 40, § 3c II (s Rz 35); Teileinkünfteverfahren (§ 3 Nr 40 idF UntStRefG: 40% stfrei; Abzug nach § 3c II zu 60 vH; ab 2009); KapEStAbzug §§ 43–45d; Anrechnung von KapESt § 36 II Nr 2, § 45b, § 46 I Nr 8, § 50b. Ab 2004 InvStG, KapErhG, KapErhStG. – *(2)* **AbgeltungSt.** Ab 2009 umfassende Besteuerung des KapVerm (lfd Erträge und Veräußerungsgewinne; jeder Ertrag aus KapVerm ist stbar (*Weber-Grellet* DStR 13, 1357/9; *Werth* DStR 15, 1343); **AbgeltungSt** (eigener linearer StSatz [§ 32d; § 43a]; kein WK-Abzug; keine Geltung des Teileinkünfteverfahren für KapVerm-Einkünfte; grds keine Veranlagung; *Dahm/Hamacher* IFSt 478, 28), iEinz § 20 Rz 204f; § 32d; § 43 Rz 5, § 44 Rz 17, 18 (Anfechtung). Die Neuregelung ist **verfgemäß** (BFH VIII R 9/13 BStBl II 14, 986; *Jachmann* DStJG 34 (2011), 251/8; *Weber-Grellet* NJW 08, 545; *Weber-Grellet* DStR 13, 1357/9; abl *KSM/Jochum* Rz K 48f, 66; *Cropp* FR 15, 878). – Für Übernahmegewinn/-verlust bei **Verschmelzungen** fehlen entspr Regelungen (*Desens* FR 08, 943). AbgeltungSt auch bei fehlender Einkunftserzielungsabsicht (dazu *Roser/Will/Mendel* FR 08, 953; zur Rechtslage vor 2009 FG BaWü EFG 11, 129, rkr: Total-Überschuss). – ZinsRl und ZIV bleiben unberührt (§ 45e; *Wagner* Stbg 07, 313/9); zu EU-rechtskonformer Dividendenbesteuerung (unter Berücksichtigung von DBA und Grundfreiheiten) Rust DStR 09, 2568. – KapEinkünfte unterliegen auch der beschr StPfl (§ 49 I Nr 5; *Ackermann* IWB 15, 270; § 49 Rz 96f). - Zur Besteuerung bis 2008s 33. Aufl Rz 4–6. – Die AbgeltungSt steht ua wegen des Gesetzes zum automatischen Informationsaustausch (BGBl I 15, 2531) zur Disposition (s § 45e Rz 1). 2

3. Regelungsinhalt. – **a) Nutzungs- und Veräußerungsertrag.** Einkünfte aus KapVerm entstehen aus der **Nutzung privaten Geldvermögens** (BFH VIII R 79/03 DStR 07, 286), aber auch aus Derivaten (wie etwa aus wettähnl Termingeschäften); § 20 trennte bisher zw KapErtrag und Substanzgewinn (BFH VIII R 6/05, DStR 07, 709; *Geurts* DStZ 07, 393), was gerade bei den sog Finanzinnovationen (iSd § 20 II 1 Nr 4 EStG aF) zu erhebl Abgrenzungsschwierigkeiten führte (dazu *Haisch* RdF 12, 306; *Talaska/Sendke* Stbg 14, 197). KapErtrag ist typischerweise Fruchtziehung aus Kapital, Bonuszahlungen eher ArbLohn (FG Nds BB 14, 2847). § 20 idF UntStRefG umfasst nunmehr Zinsen, Dividenden und auch private Veräußerungsgewinne (RegEntw BT-Drs 220/07, 57, 87; für Zusammenfassung auch *Fuchs/Kirchmayr* FS Doralt 2007, 81/90, 185/94); § 20 erfasst nicht nur den Zinsertrag, sondern auch den uU „spekulativen Veräußerungsgewinn“ (wie etwa bei Termingeschäften und anderen Finanzinnovationen). Nutzungs- und Ver- 3 mögensebene sind nun – ähnl wie bei betriebl Einkünften – steuerverhaftet (Blümich/*Ratschow* Rz 17; einschr *Dahm/Hamacher* DStR 08, 1910/7: weiterhin punktuelle Besteuerung). – § 20 I erfasst lfd Erträge, § 20 II Veräußerungsgewinne, § 20 III (bisher § 20 II Nr 1) einbezieht besondere Entgelte. § 20 IV definiert den Veräußerungs- „Gewinn". § 20 V (bisher § 20 IIa) ordnet die Einkünfte dem Anteilseigner zu. § 20 VI, VII regeln den Verlustausgleich, § 20 VIII (bisher § 20 III) den Vorrang der §§ 13–18 und 21; § 20 IX den Sparer-Pauschbetrag (bisher Sparerfreibetrag in IV). – § 17 ist unverändert, unterliegt weder der AbgeltungSt noch einem KapESt-Abzug und ermöglicht – abw von § 20 – einen qualifizierten Verlustabzug und die Anwendung des Teileinkünfteverfahrens (*Groh* FR 08, 264; Rz 186). Die Abgrenzung zu § 19 ist nach allg Kriterien vorzunehmen (*Levedag* RdF 15, 144). § 23 erfasst nur noch Grundstücke, ähnl Rechte und andere WG, aber (ab 2009) nicht mehr Wertpapiere. – Private Vermögensverwaltung ist nur ausnahmsweise **gewerbl** (§ 15 Rz 46). –

4 **b) KapErtrag durch PersGes.** Dazu iEinz s *Engel* Vermögensverwaltende PersGes im ErtragStRecht², 2014, 179f; zur Besteuerung von **Venture-Capital-** und **Private-Equity-Fonds** s insb § 18 Rz 280 ff; *OFD Frankfurt* FR 07, 154 (mit Übersicht).

5 **4. Stfreie Einnahmen.** In einzelnen Fällen sind die Einnahmen aus KapVerm ganz oder teilweise stfrei, – *(1)* zB § 3a vor 1992, § 3 Nr 54, DBA (s Übersicht 19. Aufl Rz 43 Spalte E; § 3 Rz 17), – *(2)* bei natürl Personen (Halb-/Teil-)Einkünftefreistellung nach § 3 Nr 40 (Rz 35), – *(3)* (fast) stfreie KapGesErträge nach § 8b KStG.

11 **5. Gegenstand der Einkünfteerzielung.** KapVerm iSv § 20 ist jeder einzelne Anlagegegenstand, jedes einzelne Wertpapier, jede einzelne Beteiligung oder Forderung (hM; BFH VIII R 8/98 BFH/NV 00, 825; BFH VIII R 37/12 BFH/NV 14, 1883), auch Leistungen Dritter (BFH VIII B 29/07 BFH/NV 09, 574), auch Nachzahlungen, zB bei squeeze out (*BMF* BStBl I 16, 85 Rz 1); eine Gesamtbetrachtung aller Kapitalanlagen scheidet aus. Gleichwohl gibt es den Sparer-Pauschbetrag nach Abs IX nF unabhängig von der Zahl der Anlagen nur *einmal* (Rz 206). – Zum Gestaltungsmissbrauch durch wechselseitige Übernahme von Darlehensverbindlichkeiten BFH IX R 17/07 DStRE 08, 313. – Einlagen (als solche) sind (auf beiden Seiten) grds unbeachtl; zu zurückgewährten Einlagen s Rz 66, 67; zu Einlagen bei stiller Beteiligung s Rz 81 ff; zu verdeckten Einlagen als Veräußerung s Rz 126.

12 **6. Einkünfteerzielungsabsicht.** Diese ist auch weiterhin Voraussetzung für die Besteuerung der KapEinkünfte (Blümich/*Ratschow* Rz 45; *Haisch/Krampe* DStR 11, 2178; § 2 Rz 22 ff), wenn auch nunmehr Ertrags- und Vermögenssphäre stbar sind, so dass idR von entspr Absicht auszugehen ist (*BMF* BStBl I 16, 85 Rz 125; *KSM/Jochum* Rz K 46); zur früheren Rechtslage s iEinz 30. Aufl (ferner BFH I R 109/10 DStR 13, 2100; BFH IX R 38/11 BStBl II 13, 1021; BFH VIII R 26/11 BFH/NV 14, 1745; BFH VIII R 37/12 BFH/NV 14, 1883; FG BaWü EFG 12, 520, rkr, zu ‚SKR'-Rente; FG Nbg EFG 14, 1671, Rev VIII R 25/14); die Einkunftserzielungsabsicht bezweckt iRd § 20 die Verhinderung der steuerl Anerkennung spekulativer und unrealistischer Geschäftsmodelle und ist für jede Kapitalanlage getrennt zu prüfen (BFH VIII R 23/11 juris). Die (obj) Beweislast für die der Einkunftserzielungsabsicht zugrunde liegenden Tatsachen trägt der StPfl (BFH VIII B 51/11 BFH/NV 12, 1780).

20 **7. Besteuerungszeitpunkt – a) Grundsatz.** Besteuerung setzt Zufluss voraus (§ 11 I; BFH VIII R 10/08 BStBl II 12, 315; *Erle/Sauter* Rz 43), soweit nicht über § 20 VIII nF die Grundsätze des BV-Vergleichs anzuwenden sind (Rz 196). Zufluss idR mit Erlangung der wirtschaftl Verfügungsmacht, zB Zufluss eines aufgrund zivilgerichtl Urteils vorläufig vollstreckbaren Betrags auf ein Sperrkonto (BFH VIII R 10/08 BStBl II 12, 315); s iEinz Stichworte bei § 11 Rz 50; zu Grenzen § 11

Rz 10). Hierdurch bestehen Steuerungsmöglichkeiten (volle Ausnutzung von Frei- und Pauschbeträgen, Übergang auf das Halb-/Teileinkünfteverfahren, Progressionsminderungen; vgl *Häuselmann* DStR 01, 597). **Thesaurierte Gewinnanteile** werden grds nicht erfasst.

b) Einzelfälle des Zuflusses von Kapitaleinnahmen (zu weiteren Beispielen s 34 Aufl): – ***(1)*** **Beherrschender KapGes-Ges'ter.** Fälligkeit der Gewinnanteile idR nach Jahresabschlussfeststellung und Gewinnverwendungsbeschluss (§§ 42a, 29 GmbHG) als – vom Ges'ter zu widerlegendes – Zuflussindiz (§ 11 Rz 50 „Fälligkeit"; *Renner* DStZ 15, 610), soweit nicht die Ges zahlungsunfähig ist (BFH VIII R 13/06 BFH/NV 07, 2249; BFH VIII R 2/12 BStBl II 15, 333) oder ihr ein Leistungsverweigerungsrecht zusteht (BFH VIII B 68/96 BFH/NV 98, 29); ein beherrschender Ges'ter hat es in der Hand, sich geschuldete Beträge auszahlen zu lassen. Umsatztantiemen sind erst nach Ablauf des Umsatzjahres fällig (BFH I R 70/97 BStBl II 98, 545). – ***(2)*** **Beteiligungen im BV:** Bei Gewinnermittlung gem §§ 4 I/5 ist der Gewinnanspruch nach allg Grundsätzen zu aktivieren, der Anspruch gegen eine KapGes grds im Zeitpunkt des Gewinnverwendungsbeschlusses, uU bereits vorher im Zeitpunkt der Feststellung des Jahresabschlusses (§ 5 Rz 677; *Schwedhelm* GmbHR 92, 652). – ***(a)*** Ganzjährige Mehrheitsbeteiligung jeder Art (BFH I R 1/93 BFH/NV 94, 230; s zu PersGes als Ges'ter BFH VIII R 85/94 BStBl II 01, 185, zu kurzfristiger Beteiligung BFH I R 59/95 DStRE 97, 202; zu **zeitkongruenter Konzernbilanzierung** Rz 197); – ***(b)*** gemeinsame Beherrschung durch mehrere Personen (BFH VIII R 106/87 BStBl II 91, 569, Anm *LS* DStR 91, 839); – ***(c)*** ggf sogar bei Beteiligung zu je 50 vH (BFH I S 2/95 BFH/NV 96, 178); zu faktischer Beherrschung s FG Saarl EFG 94, 1018, rkr). – ***(3)*** **Genossenschaft.** Zeitpunkt der Gutschrift auf das Geschäftsguthaben (BFH I R 147/74 BStBl II 77, 46). – ***(4)*** **Gewinnanteile** (außer §§ 4 I/5): grds mit Ausschüttung nach Gewinnverteilungsbeschluss (vgl BFH VIII R 8/77 BStBl II 82, 248 mwN), s Rz 33 „Vorabausschüttungen". Steuerung des Gewinnflusses s *Blumers/Beinert/Witt* DStR 02, 565 und 616. – ***(5)*** **Gutschrift:** s § 11 Rz 50; ein Zufluss durch Gutschrift in den Büchern „des Verpflichteten" kommt grds nur in Betracht, wenn und soweit eine Zahlungsverpflichtung besteht (BFH VIII R 40/08 BFH/NV 11, 592; *Goverts/Schubert* DB 11, 1020). – ***(6)*** **Investmenterträge:** ggf auch ohne Auszahlung mit Ablauf des Wj der Vereinnahmung durch den Fonds (Rz 215f); keine Erträge bei *Wiederanlage* ohne Ausgabe neuer Anteile (*BayLfSt* DStR 09, 639; Ausnahme bei ausschüttungsgleichen Erträgen; Rz 219). – ***(7)*** **KapESt:** Nach BFH VIII R 30/93 DStR 96, 1526 hängt die Besteuerung nicht von der Abführung durch den Schuldner der KapErträge an das FA ab. (KapEStrechtl) Zufluss grds wie bei § 11 (BFH I R 13/06 BStBl II 07, 616). Abzug vom fälligen KapErtrag oder von sonstigen Guthaben/Einlagen des StPfl (*BMF* DB 97, 1951) auch bei GesLiquidation (*FinVerw* FR 99, 614). Eine Rückzahlungsverpflichtung steht dem KapEStAbzug nicht entgegen (glA BFH I R 11/96 BFH/NV 98, 308); keine KapESt bei nicht vorhandenem Gewinnbezugsrecht (FG BBg EFG 08, 1617, rkr). – ***(8)*** **Negative Einnahmen:** Werden KapEinnahmen nach Besteuerung auf Grund tatsächl oder rechtl Verpflichtung zurückgezahlt: Abzug bei Zahlung (s Rz 24). – ***(9)*** **Rückgängigmachung einer Gewinnausschüttung:** s Rz 25, 60. – **Sachwerte:** fließen mit Überlassung zu (ggf zur Nutzung, s § 11 Rz 50 „geldwerte Vorteile"; KapESt s § 44 I 7–9). – ***(10)*** **Scheinerträge (Schneeballsystem):** s Rz 173. – ***(11)*** **Stille Ges:** Zufluss von Gewinnanteilen grds bei Zahlung oder Gutschrift § 232 II 2, III HGB (BFH I R 55/85 BStBl II 91, 147. – ***(12)*** **Stückzinsen:** s Rz 145. – ***(13)*** **Verdeckte Gewinnausschüttung:** Besteuerung grds bei Vorteilszuwendung (BFH GrS 2/86 BStBl II 88, 348 unter C II 2c; BFH VIII R 74/84 BStBl II 89, 419; überhöhte Kaufpreisraten bei Übersteigen des angemessenen Preises: FG Mchn EFG 94, 998, rkr; zu Zuflussfiktion beim „beherrschenden Ges'ter" s oben; zu Rückzahlung Rz 23f, allg Rz 41 ff). – ***(14)*** **Verluste:** s Rz 82. – ***(15)*** **Verzicht:** s BFH VIII R 15/13 BStBl II 15, 468 (kein Zufluss bei Verzicht); § 11 Rz 50 sowie § 4 Rz 301. – ***(16)*** **Vorabausschüttungen:** s Gewinnanteile und Rz 23f, 33. – ***(17)*** **Zinsen:** soweit die dem Kapital zugeschlagen werden, können sie bei wirtschaftl Verfügungsmacht des Berechtigten (s § 11 Rz 50 ‚Ausschüttungen') zugeflossen sein. 21

8. Rückzahlung von Kapitaleinnahmen. – a) Keine Rückwirkung. Die spätere Rückzahlung beseitigt nicht den (früheren) Zufluss (FG Mster GmbHR 11, 150, rkr). Dieser Grundsatz gilt unabhängig vom Bestehen eines Rückforderungsanspruchs für alle Einkunftsarten und alle Arten von KapEinkünften ausnahmslos (s § 11 Rz 4f), auch für den KapEStAbzug § 44 (BFH I R 11/96 BFH/NV 98, 308 mwN; auch bei Rückforderung nach unwirksamem Vorabausschüttungsbeschluss, BFH I R 51/02 BStBl II 03, 779). 23

24 **b) Korrektur im Rückzahlungsjahr. – aa) Grundsatz.** Abzug als *negative Einnahmen* bzw *WK* (zum str Begriff der negativen Einnahmen s § 4 Rz 475, § 8 Rz 9, § 9 Rz 108). Voraussetzung ist, dass die Einnahmen an den zuvor Zahlenden zurückgezahlt werden (BFH IX R 26/14 BStBl II 15, 1019; im Hinblick auf die Einwände von *Bode* FR 15, 1146 wohl zu eng).

25 **bb) Ausnahme.** Bei Beteiligungserträgen iSv § 20 I Nr 1, 2 werden durch die – offene oder verdeckte – Gewinnausschüttung endgültige Verhältnisse geschaffen, die nicht rückgängig gemacht werden können (Rz 62).

Der I. Senat des BFH behandelt die Rückzahlung von Beteiligungserträgen bei der Ges in stRspr unabhängig vom Bestehen eines gesellschaftsrechtl Rückforderungsanspruchs zB aus §§ 57 ff AktG, 30 ff GmbHG oder aus Satzungsklauseln als gesellschaftl veranlasste AK auf die Beteiligung/Einlagen (zB BFH I B 164/98 BFH/NV 00, 749). Für die Ges'terebene hat sich der VIII. Senat dieser Rspr angeschlossen (BFH VIII R 4/01 BFH/NV 05, 105; ferner FG Köln EFG 07, 514, rkr).

Diese Grundsätze gelten nicht nur für **vGA,** sondern auch für **offene Gewinnausschüttungen** und nicht nur für die KapGes, sondern auch für die Ges'ter (BFH VIII R 7/99 BStBl II 01, 173). IErg hat sich hieran durch den Wegfall des Anrechnungsverfahrens nichts geändert (s auch Rz 35, 41).

26 **cc) Rückzahlung von WK.** Diese führt grds zu Einnahmen (s § 8 Rz 16), zur Rückvergütung von Bestandsprovisionen (*BMF* BStBl I 16, 85 Rz 84).

27 **9. Negative Zinsen.** Beim (betriebl) Gläubiger des Kapitals sind negative Zinsen BA (*Kröger/Reislhuber* RdF 15, 311); beim (privaten) Gläubiger eher nicht, iÜ kein Abzug (§ 20 IX).

II. Kapitalerträge, § 20 I

31 **1. Beteiligungsbezüge, § 20 I Nr 1 S 1. – a) Ausschüttende Körperschaft.** Erfasst werden Bezüge aus *(1)* Aktien (auch ADRs; EDRs, IDRs, GDRs [American/Global/International Depositary Receipts; Hinterlegungsscheine]; RPS [FG Ddorf DStRE 14, 924]; S-Corporation [FG Ddorf RdF 15, 343,Rev I R 42/15]; *BMF* BStBl I 13, 718), *(2)* Genussrechten, mit denen das Recht am Gewinn und Liquidationserlös einer KapGes verbunden ist (BFH VIII R 3/05 BStBl II 08, 852; *Haase* StuB 09, 495), *(3)* aus Anteilen an GmbH, *(4)* an Erwerbs- und Wirtschaftsgenossenschaften sowie *(5)* an bergbautreibenden Vereinigungen, die die Rechte einer juristischen Person haben. – § 20 I Nr 1 enthält eine abschließende Aufzählung der AG, KGaA, GmbH, Genossenschaft und einiger anderer Vereinigungen iSv § 1 I KStG (s Rz 34). Zur Konstruktion einer „SparbüchsenGmbH" *Korn/Strahl* KÖSDI 09, 16720. - *(6)* Ein **Verein** hat eine außersteuerl Sphäre; gemischte Aufwendungen (zB ideeller Spielbetrieb/ gewerbl Werbung) können aufgeteilt werden (BFH I R 48/13 BStBl II 15, 713). - Zur Anwendbarkeit von vGA-Regeln BFH I R 85/96 BStBl II 98, 161; zu Verein iÜ s 16. Aufl; vGA auch bei Nicht-KapGes/Betrieb gewerbl Art (BFH I R 4/84 BStBl II 90, 237).

Der BFH hält bislang an der beispielhaften Aufzählung fest (offen nach StSenkG, vgl § 20 I Nr 9, 10, BT-Drs 14/2683 S 114f), erfasst jedoch Ausschüttungen nicht genannter Körperschaften nur, wenn deren Mitgliedschaftsrechte einer kapitalmäßigen Beteiligung gleichstehen (abl zu **„Ritterschaft"** BFH I R 73/94 BStBl II 95, 552). Dazu gehören vergleichbare **ausl Ges** (BFH I R 138/97 BStBl II 99, 437; BFH XI R 15/05 BB 07, 1882). Bei KapGes als Anteilseigner uU Steuerfreiheit nach § 8b KStG. Vgl *Pel* DB 04, 1065 zu vGA der Nichtkapitalgesellschaften.

32 **b) Ausschüttungen.** (Einführend *Schönwald* StStud 08, 524) Gegenstand sind alle Bezüge, also *(1)* Gewinnanteile (Dividenden), *(2)* Ausbeuten und *(3)* sonstige Bezüge (zB vGA; Zuteilung von Aktien; Rz 158). § 20 I Nr 1 erfasst nur ausgeschüttete (§ 11 I), **nicht** thesaurierte Gewinnanteile, **nicht** Verlustanteile der Ges

oder Wertveränderungen der Beteiligung. Es muss sich um Leistungen auf Grund des Gesellschaftsverhältnisses handeln, nicht um schuldrechtl Leistungen (dazu Rz 48), nicht um AK-Minderung. Die Ausschüttungen sind in jeder Form zu versteuern, als offener wie verdeckter Gewinn, als lfd Gewinn einschließl Gewinnvortrag, gesetzl ua Gewinnrücklagen (§§ 58 ff, 148 ff AktG, 29, 46 Nr 1 GmbH, 270, 272 HGB); ebenso Ausschüttungen auf verbriefte und – ab 1985 – unverbriefte **Genussrechte/Genussscheine** (§ 221 III AktG; Besteuerung s BFH I R 67/92 BStBl II 96, 77; *BMF* BStBl I 96, 49; ohne Gewinnbezugsrecht fallen Zinsen unter §§ 20 I Nr 7, 43 I Nr 2, 49 I Nr 5c/bb; FG Köln DStRE 05, 886); Ausschüttungen aus sog schwarzen Fonds nach AuslInvG (BFH VIII R 2/09 DStR 15, 2824; BFH VIII R 39/12 juris). Genussrechtsausschüttungen iRe Mitarbeitererfolgsbeteiligung können Einkünfte aus § 19 sein (BFH VIII R 44/11, BFH/NV 15, 268). – Die Rückgabe von PV-Genussrechten ist ein Vorgang der Vermögensphäre (BFH VIII R 3/05 BStBl II 08, 852). – **Offene Gewinnausschüttungen** beruhen auf handelsrechtl Gewinnverwendungsbeschluss (§§ 58, 174 AktG, § 29, 46 Nr 1 GmbHG). Die Bezeichnung ist ohne Bedeutung (s Rz 31). Bei Umwandlung sind offene Rücklagen gem § 7 UmwStG idF SEStEG als Einnahmen iSv I Nr 1 zu erfassen (*Krohn/Greulich* DStR 08, 646/9); allg zu **Umwandlungen,** AbgeltungSt und Teileinkünfteverfahren *Haisch* Ubg 09, 96; Rz 163. – Zinszahlungen einer TochterGes an die ausl MutterGes dürfen nicht in Dividenden umqualifiziert werden (EuGH C-105/07 BFH/NV-Beil 08, 130). – Unter Fremden kann eine Gewinnausschüttung ggf auch **‚disquotal/inkongruent'** (dh abw von den Beteiligungsverhältnissen) vorgenommen werden (FG BaWü EFG 08, 1206, rkr; FG Mster DStRE 12, 1124, Rev IV R 28/11; *Wüllenkemper* EFG 08, 1207; *BMF* BStBl I 14, 63; *Erhart/Riedel* BB 08, 2266); zu WK-Abzug bei disquotalem Ges'terbeitrag s BFH VIII R 68/96 DStR 00, 1426; BFH VIII R 35/99 BStBl II 01, 698. – Zum **Gestaltungsmissbrauch** BFH I R 77/96 BStBl II 01, 43 (krit *HG* DStR 00, 1430; *BMF* BStBl I 14, 63 zur steuerl Anerkennung; *Bartmuß/Möser* BB 01, 1329); s auch § 5 Rz 270 ‚Beteiligungen an KapGes'. – Zur disquotalen Gewinnausschüttung im SchenkungStRecht *Hübner* DStR 08, 1357.

c) Vorabausschüttungen. Das sind Vorauszahlungen auf den erwarteten, aber 33
noch nicht endgültig festgestellten Gewinn sind entweder offene (§ 29 GmbHG, BFH VIII R 44/01 BFH/NV 04, 925) oder vGA (§ 59 AktG, s *Schlagheck* StuB 00, 926; 19. Aufl mwN); zur Beschlussänderung und zur Rückzahlung s Rz 23 ff. Es darf sich nicht um bei der Körperschaft abziehbare BA handeln (zB Rückvergütungen einer Genossenschaft, § 22 KStG; FG Nbg EFG 13, 885, Rev I R 10/13). Zu Ausschüttungen in das BV des Anteilseigners s Rz 197. Ausschüttungen **ausl KapGes**/Betriebstätten können bei inl KapGes nach § 8b KStG stfrei sein; natürl Personen als Anteilseigner müssen sie versteuern (s Rz 31).

d) Beispiele. – ***(1)*** **AG:** Dividenden ua Bezüge und Vorteile aus Aktien von inl und ausl 34
AG (s BFH I R 49/96 BStBl II 98, 649). Zu unterscheiden sind Aktien, Aktienfonds (InvStG), Aktienzertifikate (bei Laufzeitende Gutschrift des erwarteten Maximalbetrags [cap], zumindest des dann gültigen Aktienkurses; *BMF* BStBl 01, 986 Rz 50; § 23) und Aktienanleihen (Rückzahlung des Basispreises oder – nach Wahl der Bank – Rückgabe von Aktien mit niedrigerem Kurswert; *Kracht* GStB 05, 24; *BMF* BStBl I 01, 206). Bei Wahldividenden kann zw Bar- und Sachausschüttung gewählt werden (*Arntz/Remmel* RdF 14, 229). – ***(2)*** **KGaA** (§§ 278 ff AktG): Dividenden der Kommanditaktionäre; für den persönl haftenden Ges'ter gelten § 9 Nr 2 KStG, § 15 I Nr 3, § 8 Nr 4 GewStG (s BFH X R 14/88 BStBl II 89, 881). – ***(3)*** **GmbH:** Offene und vGA auf Grund des GesVerhältnisses an den GmbH-Ges'ter, nicht Bezüge als stiller Ges'ter (§ 20 I Nr 4) oder als Geschäftsführer (§ 19). – ***(4)*** **GmbH & Co KG:** Nur Gewinnanteile der GmbH fallen unter § 20 (häufig § 20 VIII, vgl zur Beteiligung als SonderBV § 4 Rz 250); die KG-Gewinne werden nach § 15 I Nr 2 besteuert (s § 15 Rz 700); das gilt auch für die Publikums-/Abschreibungs-KG (BFH GrS 4/82 BStBl II 84, 751, § 15 Rz 705). – ***(5)*** **Genossenschaft** (§ 1 I Nr 2 KStG): Offene und verdeckte Ausschüttungen, nicht Rückvergütungen (BA nach § 22 KStG). Auch hier wird die Beteiligung häufig BV darstellen (§ 4 Rz 250). Die persönl Steuerfreiheit nach § 5 I Nr 14 KStG ist für

den Genossen ohne Bedeutung. – *(6)* **Investmentfonds** s Rz 215 ff, § 43 Rz 65. – *(7)* **Ausl ZwischenGes** s §§ 5, 7 ff AStG. – *(8)* „Spin-off dividends" sind KapErtrag, wenn sich die Zuteilung als Gewinnverteilung – und nicht als Kapitalrückzahlung – darstellt (BFH I R 117/08, DStRE 11, 412; FG Nbg EFG 14, 188, Rev VIII R 47/13; FG Nds EFG 13, 2002, rkr; FG RhPf EFG 14, 350, Rev VIII R 73/13; FG Mchn EFG 14, 1089, Rev X R 12/14). – Zu **BV/BE** (§ 20 VIII) s Rz 196 ff.

35 **e) Systemwechsel zum Teileinkünfteverfahren; Übergang zur AbgeltungSt.** Das frühere Anrechnungsverfahren des Anteilseigners (zur Systematik und Technik s zuletzt 26. Aufl § 20 Rz 40) ist grds für Ausschüttungen ab VZ 2002 abgeschafft und durch das sog Halbeinkünfteverfahren ersetzt worden. Die Besteuerung der Ausschüttungen beim Ges'ter ist strikt getrennt von der Gewinnbesteuerung bei der Körperschaft. Der KStSatz wird generell – dh unabhängig von der Ausschüttung – reduziert auf 25 vH des erzielten Gewinns (§ 23 I KStG), nach dem UntStRefG auf 15 vH (ab 2008; § 34 XIa KStG). Die Doppelbesteuerung wird vermieden, indem die Ausschüttungen als Ges'tereinkünfte bei Inlands-Ges'tern nach UntStRefG nur zu 60 vH (ab 2009; davor zur Hälfte) besteuert werden; zu 40 vH (zuvor zur Hälfte) sind sie nach § 3 Nr 40 stfrei (Teileinkünfteverfahren; zur Nichtanwendung § 17 Rz 16). – Ab 2009 unterliegen (private) Aktiengewinne der AbgeltungSt (§ 52 Abs 28 S 11); Kursgewinne aus vor 2009 angeschafften Aktien/Aktienfonds bleiben stfrei, wenn sie länger als ein Jahr gehalten werden (§ 52a X idF UntStRefG); zur Berücksichtigung von Vorbelastungen s § 2 II InvStG, § 19a ReitG. – Für Übernahmegewinn/-verlust bei Verschmelzungen fehlen entspr Regelungen (*Desens* FR 08, 943).

Die früheren Vorschriften zur Anrechnung einerseits, zur Herstellung der Ausschüttungsbelastung und zur Eigenkapitalgliederung nach KStG aF andererseits sind seit der Einführung des Halb- bzw. des Teileinkünfteverfahrens obsolet. Ausschüttungen zw Körperschaften sind nach § 8b KStG nF stfrei, in vollem Umfang (bis auf § 8b V KStG) und unabhängig von Vorbelastung, zB bei AuslandsAG. Das Verfahren betrifft unbeschr und beschr StPfl (dazu *Fock* RIW 01, 108). **Einzelheiten** s § 3 Rz 135 f.

Auswirkungen: – ***(1)* Vor UntStRefG:** Ausschüttung 60 (= 100 ./. KSt 25 ./. KapESt 15 [20 vH von 75]). Einnahmen der Anteilseigner: 75 (= 60 + 15 KapESt), $^1/_2$ (= 37,5) zu versteuern unter Anrechnung von 15 KapESt; zu WK 26. Aufl Rz 224. – ***(2)* Nach UntStRefG:** *(a)* im Privatbereich: Ausschüttung 63,75 (= 100 ./. KSt 15 ./. AbgeltungSt 21,25 [25 von 85]); *(b)* im betriebl Bereich: Ausschüttung 63,75 (= 100 ./. KSt 15 ./. KapESt 21,25 [25 von 85]; Einnahmen des Anteilseigners: 85 (= 63,75 + 21,25 KapESt); 60 vH (= 51) zu versteuern unter Anrechnung von 21,25 KapESt.

2. Verdeckte Gewinnausschüttungen, § 20 I Nr 1 S 2

Schrifttum (vor 2014 s Vorauflagen): *Briese,* VGA: 20 Jahre außerbilanzielle BFH-Dogmatik …, BB 14, 1943; *Weber-Grellet,* Die vGA als Instrument der Fehlerberichtigung, BB 14, 2263; *Briese,* Außerbetriebl Vermögenssphäre bei KapGes?, FR 14, 1001; *Schwedhelm,* vGA-Check (aktuelle Einzelfälle) DB 15, 2956.

Verwaltung: *BMF* BStBl I 02, 603 (Korrektur von vGA), I 02, 972 (Angemessenheit von Ges'tergeschäftsführervergütungen), I 04, 593 (Ges'terfremdfinanzierung); I 04, 1045 (Überversorgung); I 12, 480 (private Pkw-Nutzung).– Korrespondenzprinzip s auch § 5 Rz 204.

41 **a) Bedeutung; Rechtsgrundlagen; Korrespondenz.** – ***(1)* Funktion.** VGA dürfen – mangels betriebl Veranlassung des jeweiligen Geschäfts – gem § 8 III 2 KStG das Einkommen der KapGes nicht mindern und sind als gesellschaftl veranlasste Zuwendungen beim Ges'ter zu versteuern **(§ 20 I Nr 1 S 2).** Entgegen der Auffassung des I. Senats schließen sich betriebl und gesellschaftl Veranlassung wechselseitig aus; auch hat die Körperschaft eine außerbetriebl Sphäre (iEinz *Weber-Grellet* BB 14, 2263/5; so auch für Verein BFH I R 48/13 BStBl II 15, 713). Mit Hilfe des Instituts der vGA werden nicht-betriebl veranlasste Vorfälle aus der Gewinnermittlung eliminiert. Ein fälschlicherweise ganz oder zT als betriebl deklarierter Vorgang wird seiner wahren Bedeutung entspr als Ausschüttung behandelt;

die fehlerhaften Buchungen sind (nach Maßgabe des obj Fehlerbegrifffs; BFH GrS 1/10 BStBl II, 317) zu korrigieren. Die vGA ist immer mit einer Bilanzberichtigung verbunden (*Weber-Grellet* BB 14, 2263/9). VGA (ebenso wie Entnahmen) sind keine BA (*Weber-Grellet* BB 14, 2263/8; aA st Rspr des I. Senats, zB BFH I R 32/06 DStR 07, 1954 [dazu im Widerspruch etwa BFH I B 32/14 BFH/NV 15, 863]; *Wassermeyer* FS Frotscher 2013, 685; dagegen auch *Hey* in Tipke LB § 11 Rz 58 mwN; *Bareis* FS Krawitz 2010, 3; *Siegel* BB 10, 3122); zu einer Neudefinition *Weber-Grellet* BB 14, 2263/70. – Bei gleichen Rechtsfolgen besteht zw § 4 V und § 8 III 2 KStG kein Rangverhältnis (BFH I R 27–29/05 DB 07, 1118). Bei **gemischter Veranlassung** ist auch im vGA-Bereich eine Aufteilung vorzunehmen (*FinMin SchlHol* 1.11.10 DStR 11, 314; Übertragung von BFH GrS 1/06 BStBl II 10, 672, unter Bezugnahme auf BFH I R 86/04 BStBl II 05, 666 [jetzt wohl auch BFH I R 48/13 BStBl II 15, 713]; aA für Geburtstagsfeier FG BBg EFG 11, 2012, rkr). – ***(2)* Korrespondenz.** Zw den Bescheiden der KapGes und der Ges'ter besteht (verfahrensrechtl) Korrespondenz (§ 32a KStG); die Bescheide können entspr geändert werden (BT-Drs 16/2712, 71: Änderungsnorm; BFH VIII R 55/10 GmbHR 12, 221; BFH VIII R 30/12 DStR 15, 1105; *Dötsch/Pung* DB 07, 11); daneben zB § 173 AO anwendbar (BFH VIII R 31/12 GmbHR 15, 772). – ***(3)* Teileinkünfteverfahren** (Rz 35). Beim estpfl Ges'ter wird grds ab VZ 2002 nur noch die Hälfte der Einnahmen erfasst (§ 3 Nr 40 Buchst d–h; § 3 Rz 135f; *Rödel* Inf 06, 97 zum Verfahrensrecht). Das gilt nach § 3 Nr 40 S 1 Buchst d idF JStG 2007 nur, wenn die Bezüge das Einkommen der Ges nicht gemindert haben (BT-Drs 16/2712, 40: materielle Bindung; also Vorbelastung mit KSt, *HHR* § 3 Nr 40 Anm 115); Ausnahme bei nahe stehender Person (Rz 59). Die Aufdeckung einer vGA (zB unangemessene Vergütung) bewirkt demnach auf der Ebene des Ges'ters eine Steuersenkung. Kein Halbeinkünfteverfahren für Garantiedividenden aus steuerverstrickten Anteilen (FG Nds DStRE 10, 65, rkr). – ***(4)* AbgeltungSt.** Diese greift auch bei vGA (*Fuhrmann/Demuth* KÖSDI 09, 16613/5; *Lang* Ubg 09, 468/79: nicht vom Ansatz auf der GesEbene abhängig); zur vGA im (mehrstufigen) Konzern *Kohlhepp* DStR 08, 1859; BFH I R 19/11 DStR12, 745. – VGA führen aber nicht zur **SchenkungSt** (BFH II R 6/12 BStBl II 13, 930). – ***(5)* Erweiterung.** VGA ist auch mögl bei Zuwendung an nahe stehende Person (Rz 59) oder in Dreiecksverhältnissen, zB bei TochterGes (BFH GrS 2/86 BStBl II 88, 348; *Dötsch/Pung* DB 07, 11; *Hausmann* StuW 14, 305, 15, 195; *Schwarz* StuW 15, 191). Vorteil von TochterGes an SchwesterGes kann vGA bei MutterGes sein (FG SchlHol DStRE 15, 1425, Rev IV R 29/15). ME ist zweifelhaft, ob mit BFH GrS 2/86 BStBl II 88, 348 in diesen Fällen (MutterG, TochterGes 1, TochterGes 2) wirkl eine vGA anzunehmen ist oder nicht eine Korrektur nach Fremdvergleichsgrundsätzen ausreicht. – ***(6)* Feststellungslast (obj Beweislast).** Das FA trägt das Risiko der unzureichenden Sachverhaltsfeststellung (BFH VIII R 54/10 BFH/NV 14, 1501), ggf Pflicht des StPfl zur Anscheinswiderlegung (BFH I B 140/01 BFH/NV 02, 1179); § 2 Rz 36, § 4 Rz 33.

b) Voraussetzungen. Eine vGA iSd § 20 I Nr 1 S 2 verlangt *(1)* die (bewusste) **42**
Zuwendung eines Vermögensvorteils durch die KapGes (oder eines Dritten; bei Garantie einer Mindestrendite; BFH VIII B 29/07 DStRE 09, 468) an einen Ges'ter (nicht bei widerrechtl Geldentnahme des [nur mit Ges'ter verwandten] Geschäftsführers [BFH VIII R 54/05 FR 07, 1157; *Pezzer* FR 07, 1160]), *(2)* außerhalb der gesellschaftsrechtl Gewinnverteilung, *(3)* aus gesellschaftl Veranlassung (zB Geburtstagsfeier des Ges'ters; BFH I R 57/03 BStBl II 11, 285: zwar BA, aber vGA!!), *(4)* den Zufluss beim Ges'ter (*Lang* Ubg 09, 468/70; *Pung/Dötsch* EStG § 20 Rz 67; krit *Weber-Grellet* BB 14, 2263/8). Entscheidendes Merkmal der vGA ist die gesellschaftl (nicht gesellschaftsrechtl) Veranlassung (BFH VIII R 4/01 DB 04, 2671; BFH III R 9/03 BStBl II 05, 160; BFH III R 25/05 DStR 06, 1359). Die Begriffsbestimmung durch die Rspr war zumindest bisher für die **ESt und**

KSt einheitl. Die Frage nach der gesellschaftl Veranlassung ist eine Rechtsfrage, eine Frage der Subsumtion, nicht der (Anscheins-)Beweiserhebung (so aber zB BFH VIII R 54/05 BStBl II 07, 830). **Gesellschaftl veranlasst** ist ein Vorteil, den ein ordentl und gewissenhafter Geschäftsführer unter sonst gleichen Umständen einem NichtGes'ter nicht zugewendet hätte (BFH VIII R 31/05 BStBl II 07, 393, BFH I R 12/07 BStBl II 15, 409; BFH X R 52/06 BFH/NV 10, 1246), also solche Zuflüsse, die einem **betriebl Fremdvergleich** (Rz 50) nicht standhalten, also überhöht oder sonst nicht gerechtfertigt sind (wie etwa Vergütungen für nicht konkretisierte Geschäftsidee; BFH I R 79/08 BFH/NV 10, 1307); **Risikogeschäfte** führen nicht automatisch zu vGA (*BMF* 14.12.15 DB 16, 21 mwN; aA FG Mchn EFG 14, 579, rkr); Dieser Vergleich ist mit Hilfe der Kriterien **Angemessenheit, Üblichkeit, Ernstlichkeit** vorzunehmen (*Weber*-Grellet StB 00, 122; *OFD Hann* DStR 05, 652; Rz 46). Das Fehlen einer externen Betriebsvergleichsmöglichkeit kann, muss aber nicht der Anerkennung entgegenstehen (BFH VIII R 69/98 BStBl II 02, 353). Bei dieser Beurteilung ist mE zu differenzieren zw „einfachen" Ges'tern, beherrschenden Ges'tern, Ges'tergeschäftsführern und beherrschenden Ges'tergeschäftsführern. – **Liebhabereisachverhalte** („Non-profit-GmbH") werden – als Ersatz für angebl fehlende außerbetriebl Sphäre; § 4 Rz 171) – als vGA abgewickelt (BFH I R 92/00 DStR 02, 1660; BFH I R 56/03 DStR 05, 594; BFH I R 32/06 DStR 07, 1954 zum Ende des kommunalen Querverbundes bei dauerdefizitären Eigenbetrieben; zur Aufrechterhaltung des status quo *BMF* DB 09, 2520; dazu *Hüttemann* DB 09, 2629). – Auch **Missbrauch** iSd § 42 AO kann eine vGA begründen (FG SchlHol EFG 15, 1150, Rev VIII R 21/15). - **§ 12** sollte bisher nicht anwendbar sein (Ges'tereinnahme, s § 12 Rz 1; zu BA-Überlagerung bei KapGes BFH I R 57/03 BStBl II 11, 285 – Geburtstagsfeier), ggf auch bei irrtüml Annahme einer Leistungspflicht (BFH I R 67/06 BStBl II 11, 55; krit *Paus* DStZ 08, 650; *Pezzer* FR 09, 32). Nach BFH GrS 1/06 BStBl II 10, 672 ist bei gemischter Veranlassung auch im vGA-Bereich eine Aufteilung vorzunehmen (Rz 41).

In BFH I R 2/02 BStBl II 04, 131 hat der I. Senat seine Rspr der des VIII. Senats insoweit angenähert, als eine vGA bei der Ges voraussetzt, dass deren Vermögensminderung die Eignung hat, beim Ges'ter einen sonstigen Bezug iSv § 20 I Nr 1 S 2 auszulösen (s *Gschwendtner* HFR 05, 107). Eine vGA ist auf einen potenziellen Vermögensvorteil beim Ges'ter gerichtet (BFH I R 32/06 DStR 07, 1954: objektive Vorteilseignung; *Frotscher* DStR 04, 754/6).

43 **c) Rechtshandlung der GesOrgane.** Diese ist nicht erforderl (BFH I R 14/92 und I R 17/92 BStBl II 93, 351 und 352 – Unterschlagungen durch MinderheitsGes'ter bzw Treugeber); eine vGA setzt kein subj Element voraus (FG BBg EFG 11, 1737, rkr; *Fuhrmann/Demuth* KÖSDI 09, 16613/21; *Schmitz* GmbHR 09, 910). Widerrechtl Maßnahmen des Ges'tergeschäftsführers (zB eigenmächtige Geldentnahme) können eine vGA bewirken (BFH VIII R 22/11 BStBl II 15, 687); anders bei eigenmächtiger Bereicherung eines Nicht-Ges'ters (FG BBg EFG 15, 1643, rkr).

44 **d) Verdeckte Sachverhalte.** VGA sind häufig verdeckt durch unzutr Bezeichnung als „Geschäftsführergehalt", „Miete", „Zinsen", „Kaufpreis" (KStR 36; *Streck* § 8 KStG Anhang); zu Scheinrechnungen FG Nds DStRE 13, 456, rkr). Es ist im Einzelfall zu prüfen, ob und in welchem Umfang die Ursache der Zuwendung noch im betriebl Bereich einer schuldrechtl Beziehung liegt (Rz 48) oder im außerbetriebl Bereich der gesellschaftl Beziehungen (vGA; *Briese* FR 14, 1001). Solche vGA ergeben sich häufig beim **beherrschenden Ges'ter,** bei dem die Rspr die Berücksichtigung schuldrechtl Zuwendungen von zusätzl Voraussetzungen abhängig macht, weil es an einer gegenläufigen Interessenlage der Ges fehlt (s Rz 49, 50).

Grundfälle: ***(1)*** Ges'ter verkauft Pkw an Ges zu überhöhtem Preis: ME bei Ges'ter Veräußerungserlös und vGA; bei Ges Aktivierung des Pkw mit angemessenem Preis, iÜ vGA (aA wohl BFH: volle AK + Korrektur außerhalb der Bilanz); ***(2)*** **Tigerfall:** Ges kauft Tiger als

Geschenk für Ges'ter; Tiger verendet vor Übergabe: mE vGA bei Ges, keine vGA bei Ges'ter (IEinz BB 96, 2436); *(3)* Ges unterhält **Golfplatz** für Ges'ter: mE keine BA bei Ges; vGA bei Ges'ter; *(4)* Ges unterhält verlustbringendes **Gestüt;** Ges'ter ist kein Pferdefreund: mE keine BA bei Ges (aA wohl BFH), keine vGA bei Ges'ter.

e) Subj Beurteilung. Diese ist unmaßgebl; die vGA braucht **nicht bewusst** zu erfolgen (BFH I R 107/69 BStBl II 70, 229; BFH I B 140/98, BFH/NV 1999, 1516). Die Annahme einer vGA setzt jedoch einen Handlungswillen voraus (BFH I R 88/97 BFH/NV 98, 1374). 45

f) Angemessenheit; Üblichkeit; Ernstlichkeit. – ***(1)* Angemessenheit.** Sie verlangt, dass sich Leistung und Gegenleistung entsprechen; der Maßstab ist **normativ** (wertend), nicht faktisch, zB der ordentl und gewissenhafte Geschäftsleiter, der sich an das Gesetz und die GoB hält; es können aber auch ökonomische und betriebswirtschaftl Erwägungen angestellt werden. Für die Angemessenheit des Gehaltes eines Ges'tergeschäftsführers gibt es keine festen Regeln (BFH I R 137/94 BFH/NV 1999, 370); sie lässt sich aus verschiedenen Positionen, zB der Ges, des Ges'ters oder selbst anderer Dritter beurteilen. Auch die Einhaltung des dispositiven Rechts unter Beachtung dessen Leitbildfunktion können als Maßstab der Angemessenheit herangezogen werden. Die Angemessenheit der Gegenleistung ist iRd Fremdvergleichs stets zu prüfen (Einzelheiten s *BMF* BStBl 02, 972; *Weber-Grellet* DStZ 98, 357/62; *Frotscher* FR 02, 859 und FR 03, 230; *Gosch* StBP 02, 312/3; *Streck* § 8 KStG Rz 236f). Die Anforderungen steigen mit dem Grad der Einflussmöglichkeit, da bei nicht beherrschenden Ges'tern im Normalfall der natürl Interessengegensatz der Ges bzw der übrigen Ges'ter die Angemessenheit sicherstellt; das gilt vor allem für (nicht wesentl) **Beteiligungen bis zu 25 vH** (vgl auch BFH I 119/64 BStBl III 67, 372). In die Prüfung ist neben den Einzelbestandteilen dem Grunde nach die Gesamtheit der Gegenleistungen der Höhe nach einzubeziehen (zB BFH I B 158/93 BFH/NV 94, 740, *BMF* BStBl I 02, 972 mit Beispielen, auch zu Ober- und Nichtaufgriffsgrenzen). – ***(2)* Üblichkeit.** Sie stellt auf die **faktischen** Verhältnisse ab (BFH I B 96/13 BFH/NV 15, 237); Hauptkriterium ist der (interne und externe) Betriebsvergleich (BFH VIII R 49/12 juris – zu Ehegatten-Pensionszusage). – ***(3)* Ernstlichkeit.** Die Beteiligten müssen das, was sie vereinbart haben, auch tatsächl wollen; daran fehlt es zB, wenn eine jahrelange Nichtauszahlung auf das Fehlen des Vollzugswillens schließen lässt; zur Ernstlichkeit einer Zinsvereinbarung FG Köln EFG 08, 154, rkr. 46

g) Begrenzung. VGA sind auf den unangemessenen Teil der Bezüge zu beschränken (s BFH I R 27/95 BStBl II 02, 367, Anm *Pezzer* FR 96, 104, *BMF* BStBl I 02, 972; zur Bewertung und Unterschieden zu § 8 III 2 KStG *Lang* Ubg 09, 468/72; zum Gewinnaufschlag *Kohlhepp* DStR 09, 357). Bei der Ermittlung des angemessenen Wertes können für § 8 III KStG abw von § 9 II 3 BewG auch ungewöhnl oder persönl Verhältnisse berücksichtigt werden (BFH I R 250/72 BStBl II 75, 306, str; vgl auch zu Ges'tereinnahmen § 8 II und dort Rz 55). Eine **Bindung** (BFH VIII R 41/89 BStBl II 93, 569) oder notwendige Übereinstimmung besteht jedoch trotz des logischen Zusammenhanges nicht, schon wegen der Unterschiede in der zeitl Zurechnung (*Streck* § 8 KStG Rz 284f; Verfahrensprobleme s *Bippus* GmbHR 02, 951). – Eine vGA wird durch eine entspr Tantiememinderung nicht geringer (BFH I R 51/92 BStBl II 93, 635); ein Schadenersatzanspruch schließt eine vGA nicht aus (FG Nds EFG 04, 1525, rkr). Schätzung des angemessenen Teils der Zinsen für **Ges'terdarlehen** nach Maßgabe des Einzelfalls (FG BaWü EFG 06, 594, rkr; krit ggü Margenteilung). 47

h) Schuldrechtl Vereinbarungen zw KapGes und Ges'ter. – **aa) Grundsatz.** Die Ges'ter können im Unterschied zu der PersGes oder zum Einzelunternehmen zu „ihrer" KapGes neben erfolgsneutralen Beziehungen auf gesellschaftl Ebene (Einlagen und Entnahmen bzw Gewinnausschüttungen) auch erfolgswirksame Beziehungen auf schuldrechtl Ebene unterhalten. *Beispiele:* Sie können PV an 48 die Ges vermieten, als Geschäftsführer gegen Entgelt tätig sein, der Ges Darlehen geben (s § 17 Rz 170), kaufen und verkaufen, sich als stille Ges'ter beteiligen (dazu Rz 80). Solche Verträge werden beim nicht beherrschend beteiligten Ges'ter meist ohne weitere Prüfung auch steuerl jedenfalls dem Grunde nach berücksichtigt (s BFH I R 88/94 BStBl II 96, 383 mwN). Zur Höhe s Rz 51, zu den Rechtsfolgen Rz 55.

49 **bb) Beherrschender Ges'ter.** Hier sind wegen der Nähe von Ges und Ges'ter und den damit verbundenen Gestaltungsmöglichkeiten besondere Anforderungen zu stellen. – **(1) Beherrschung.** Ein Ges'ter hat jedenfalls dann beherrschenden Einfluss, wenn er über die einfache Stimmenmehrheit in der Ges'terversammlung auf Grund einer Beteiligung von mehr als 50 vH verfügt (BFH VIII R 9/03 BFH/NV 05, 526; KStR 31 VI). Dabei werden GesAnteile bei MinderheitsGes'tern/Angehörigen dann zusammengerechnet, wenn gleichgelagerte Interessen bestehen (BFH I R 52/96 BFH/NV 97, 808, BFH I B 12/09 BFH/NV 10, 66). Besonderheiten beim beherrschenden Ges'ter einer **AG** s BFH I R 93/01 BFH/NV 03, 946; FG BBg DStRE 12, 1133, rkr; *Binnewies* DStR 03, 2105. Maßgebend ist die Beteiligung im Zeitpunkt der Vereinbarung bzw ohne Vereinbarung der tatsächl Zuwendung (BFH I R 139/94 BStBl II 97, 301). Eine Beherrschung (durch Zusammenrechnung) ist auch bei unterschiedl Beteiligungshöhe mögl (FG Hbg DStRE 15, 597, rkr).

50 **(2) Fremdvergleich.** Die Rechtsbeziehungen müssen einem Fremdvergleich standhalten (vgl *Tillmann/Schmidt* DStR 96, 849 zu zivilrechtl Wirksamkeit; ähnl wie bei Angehörigenverträgen, § 4 Rz 520 „Angehörige", zu PersGes s § 15 Rz 740 ff). Die Grundsätze des BVerfG BStBl II 96, 34 und DB 96, 2470 zum Ehegatten-Oderkonto (s § 4 Rz 520 „Angehörige" c; nach § 2 VIII auch LPart) schlagen auf vGA bei KapGes durch; der Verstoß gegen übl Formalien muss nicht stets zur Annahme einer vGA führen, ist aber als Indiz in die Einzelfall-Gesamtwürdigung einzubeziehen (vgl BFH I R 89/04 BStBl II 08, 523; BFH I B 68/11 BFH/NV 12, 612; FG Hbg EFG 14, 577, rkr; *Ahrenkiel/Peters* DStR 97, 1349; *HHR* Anm 91; s auch Rz 42). Der Fremdvergleich ist Rechtsanwendung (§ 2 Rz 23 mwN; aA zB BFH VIII R 32/12 FR 15, 607), zB Angemessenheitsprüfung (nach rechtl Maßstäben) auf der Grundlage des festgestellten Sachverhalts.

(a) Vorherige klare und eindeutige Vereinbarung in der bürgerl-rechtl vorgeschriebenen Form (BFH VIII R 9/03 BFH/NV 05, 526). Entscheidend ist letztl, dass der ursprüngl Vereinbarungsinhalt unveränderbar feststeht. Es genügt ein gesetzl Anspruch (BFH I R 65/96 BStBl II 98, 402 mit Rspr-Änderung zu Ausgleichsanspruch), nicht – unverbindl – Gewohnheitsrechtsübung (FG Hbg EFG 00, 146, rkr); es besteht ein sog **Nachzahlungsverbot** (BFH I R 39/12 DB 13, 2382). Umsatzpacht ist uU schädl (FG BBg EFG 14, 784, rkr), ebenso Entscheidungsvorbehalt (BFH I R 21/90 BStBl II 92, 851; FG BBg DStRE 15, 1296). Zu **mündl Vereinbarung** bei übl Reisekostenerstattung s FG Nds EFG 00, 235, rkr; ebenso zu erkennbarer lfd Durchführung von Dauerschuldverhältnissen BFH I R 18/91 BStBl II 93, 139, FG Nds EFG 95, 284, rkr und 16. Aufl. Zu Verzicht bei Finanzschwäche der KapGes s BFH I B 185/93 BFH/NV 95, 164. Zu Abänderbarkeit gewillkürter Schriftform s BFH I R 115/95 BStBl II 97, 138. Zum **Mindestregelungsinhalt** vgl BFH I R 142–143/85 BStBl II 89, 636 und 16. Aufl. Zur **Auslegungsmöglichkeit** und Beseitigung einer Unklarheit ex nunc BFH I R 20/98 BStBl II 01, 612 und *BMF* BStBl I 01, 594; zu zwei abw Vereinbarungen BFH I R 90/85 BStBl II 89, 800 und I R 96/97 BFH/NV 98, 1375 (uU Auslegung ex tunc); zu Telefonvermerken abl BFH I R 37/02 BStBl II 04, 121 (*ego* FR 04, 216; BB 05, 36/8). Zur **GmbH-Zuständigkeit** für Vertragsänderungen s BGH GmbHR 91, 363; BFH I R 64/94 BStBl II 96, 246; *BMF* BStBl DStR 96, 467 und 1485. Zu Selbstkontrahierungsverbot BFH I B 189/93 BFH/NV 94, 661; grundlegend zu **Heilungsmöglichkeit** BFH I R 71/95 BStBl II 99, 35. Zur stillen Ges mit eigener GmbH s Rz 80 und BFH I R 96/85 BFH/NV 90, 63. Dieses Rückwirkungsverbot (s § 2 Rz 41f) gilt auch bei – verzichtbarem – Rechtsanspruch (BFH I R 63/82 BStBl II 88, 590) und bei Leistung an nahe stehende Person (s Rz 59) und erstreckt sich auch auf üblicherweise an Fremde gezahlte Zuwendungen (zu Tantiemen BFH I B 46/95 BFH/NV 96, 266), da Ges'ter wegen gleicher Interessenlage oft unentgeltl tätig sind (s BFH GrS 2/86 BStBl II 88, 348 unter C I 3c). Ein

Forderungsverzicht muss Vereinbarungen nicht in Frage stellen (s BFH I R 11/94 BStBl II 94, 952). – **(b) Tatsächl Durchführung** der Vereinbarung (BFH I R 32/04 BFH/NV 05, 1374; bei teilweiser Durchführung teilweise Anerkennung (BFH I R 44/00 BFH/NV 02, 543).

i) VGA-Einzelfälle. – aa) Geschäftsführervergütungen. Zu Kriterien vgl FG Sachs DStRE 14, 544, rkr; BFH I R 5/10 GmbHR 12, 223: keine festen Regeln, Einzelfallschätzung; bei zwei Geschäftsführern Verdoppelung und 25 vH-Abschlag; keine Gewinnabsaugung bei 30 vH Kapitalverzinsung. 30 vH-Abschlag bei 3 Geschäftsführern (FG Saarl EFG 11, 1541, rkr; ferner BFH I B 111/10 BFH/NV 11, 1396). – Zu Gehaltsstrukturuntersuchungen BFH I B 34/01 BFH/NV 02, 1174 mwN. Bei **Überstundenvergütungen** (BFH I R 111/03 BFH/NV 04, 1605; *ego* StuB 05, 25) und bei Zuschlägen für **Sonn- und Feiertagsarbeit** ist auf den Einzelfall (Gesamtwürdigung) abzustellen (BFH I B 69/06 BFH/NV 07, 1192; BFH VIII R 27/09 BFH/NV 12, 1127). **Tantieme** sind gesellschafts- und gesellschafterbezogen zu prüfen, höchstens **25 vH der Gesamtbezüge** und **50** vH **des Bruttojahresgewinns:** 51

(1) Die **Tantieme** darf idR nicht mehr als **25 vH der Gesamtbezüge** betragen (BFH I R 46/01 BStBl II 04, 132). Entscheidend ist die Angemessenheit der Gesamtausstattung; sog Festtantieme sind einzubeziehen (BFH I R 72/05 BFH/NV 06, 1711). Für die Bemessung der angemessenen Bezüge gibt es keine festen Beträge und keine festen Regeln. Der angemessene Betrag ist vom FG im Einzelfall durch Schätzung zu ermitteln; BFH-Bindung nach § 118 II FGO. Für die Höhe der Schätzung besteht ein Ermessensspielraum über eine gewisse Bandbreite. Auch die Branchenüblichkeit kann nur als Indiz gewertet werden (vgl BFH I R 38/02 BStBl II 04, 139); absolute Planungssicherheit gibt es nicht. Zur Abschätzung der zu erwartenden Gesamtvergütung bei Festlegung einer Gewinntantieme sollte eine Ergebnisprognose vorgenommen werden; entscheidend sind die Aussichten im Zeitpunkt der Vereinbarung, spätere Erkenntnisse sind nicht maßgebend. Besondere Umstände wie die Zahl der Geschäftsführer, die gleichzeitige Tätigkeit für eine andere Ges oder die Größe der Ges sind zu beachten (vgl BFH I R 38/02 BStBl II 04, 139). Bei absehbaren Gewinnsprüngen kann die Begrenzung der gewinnabhängigen Vergütung auf einen Höchstbetrag geboten sein. – ***(2)*** Die Jahrestantieme sollte **50 vH des Bruttojahresgewinns** der Ges vor Abzug der Steuern und der Tantieme nicht überschreiten (BFH I R 24/02 BStBl II 04, 136; FG Mchn DStRE 15, 1236, rkr); Sonder-AfA dürfen sich nicht nachteilig auswirken (BFH I R 72/05 BFH/NV 06, 1711). – ***(3)*** **Verlustvorträge** der Ges sind bei Gewinntantiemen des Ges'ters grds zu beachten (BFH I R 73/06 BStBl II 08, 314: keine vorhergehende Verrechnung mit Gewinnvortrag; *Fuhrmann/Demuth* KÖSDI 09, 16613/9). – ***(4)*** Die **Nur-Tantieme** bildet ein Indiz für eine gesellschaftl Veranlassung; besondere Umstände (zB Tätigkeitsanteil von nur 10 vH) können sie rechtfertigen (BFH I R 27/99 BStBl II 02,111; *BMF* BStBl I 02, 219: ausnahmsweise Anerkennung); – ***(5)*** **Umsatztantieme** ist idR unzul (BFH I R 10/04 BFH/NV 2005, 2058; BFH I R 108/05 BFH/NV 07, 107; BFH I B 208/07 ZSteu 08, R 601); aber Ausnahmen (FG BBg EFG 14, 1332, rkr; *Bruschke* DStZ 14, 856). – ***(6)*** Die **verspätete Auszahlung** muss nicht zu vGA führen (FG Köln EFG 14, 1610, rkr). – ***(7)*** Bei **unangemessener Tantieme** liegt eine vGA iHd gesamten Tantieme vor (FG SachsAnh EFG 11, 565, rkr). – ***(8)*** **Spätere Tantiemegenehmigung** (zB nach AP) soll vGA bewirken (FG BBg EFG 15, 325, NZB I B 137/14). - ***(9)*** Aberkennung der Gemeinnützigkeit aufgrund von vGA (BFH I R 59/09 DB 11, 92; *Weidmann/Kohlhepp* DB 11, 497).

bb) Pensionszusagen/Versorgungszusagen. – (1) Inhaltl Prüfung. Bei **Pensionszusagen** ist ebenfalls auf die Angemessenheit, Ernsthaftigkeit und Erdienbarkeit abzustellen; die **Finanzierbarkeit** ist Teil dieser Prüfung (*OFD Han* DStR 05, 652; Einzelheiten *Wellisch/Gahl* BB 09, 2340; *Fuhrmann* StbJb 09/10, 291/5; § 6a Rz 26). *BMF* BStBl I 05, 875 hat die BFH-Urteile I R 70/99 BStBl II 05, 653 (keine gesellschaftl Veranlassung wegen Nichtfinanzierbarkeit einer zusätzl bestehenden Versorgungsverpflichtung), BFH I R 7/01 BStBl II 05, 662 (Maßgeblichkeit des Barwerts im Zusagezeitpunkt), BFH I R 65/03 BStBl II 05, 664 (Nichtfinanzierbarkeit nur bei Überschuldung der GmbH im insolvenzrechtl Sinn) für anwendbar erklärt (*Paus* Inf 06, 70). Grds darf die Versorgung nicht von einer Umsatztantieme abhängig sein (BFH I R 45/08, GmbHR 10, 105). Maßstab ist ggf der steuerl TW (FG BBg EFG 10, 807, rkr). Pensionszusage auf das 52

60. Lebensjahr ist grds vGA (offen in BFH I R 89/12 BStBl II 14, 729). – **(2) Überversorgung. Versorgungsanwartschaften** dürfen **75 vH** der Aktivbezüge nicht übersteigen (BFH I R 56/11 DStR 12, 1072; *BMF* BStBl I 04, 1045; gg BFH FG BBg EFG 15, 321, Rev I R 4/15: Gesamtausstattung entscheidend); keine Anknüpfung an künftige gewinnabhängige Bezüge (BFH I R 31/09 DStR 10, 691); bei BetrAufsp getrennte Berücksichtigung (BFH I R 78/08 BStBl II 13, 41). Grenze gilt nicht bei nur vorübergehender Herabsetzung der Aktivbezüge wegen wirtschaftl Schwierigkeiten (BFH I R 56/11 DStR 12, 1072). – **Hinterbliebenen-Pensionszusagen** an Ehegatten und Lebenspartner des Ges'ters sind mögl und nach allg *Grundsätzen* zu prüfen (vgl BFH I R 90/99 BStBl I 01, 201); Zusage einer **Witwenrente** an über 65-jährigen Ges'tergeschäftsführer schädl (BFH I R 63/08 BFH/NV 09, 1841). Zusage an neuen LPart ist Neuzusage (BFH I R 17/13 BFH/NV 14, 731). – **(3) Nur-Pensionszusage.** Sie ist idR gesellschaftl veranlasst (BFH I R 78/08 BStBl II 13, 41; *BMF* BStBl I 13, 35 (Aufgabe von *BMF* BStBl I 08, 681) (§ 6a Rz 21). – **(4) Probezeit.** Die Pensionszusage setzt Probezeit voraus (BFH I R 78/08 BStBl II 13, 41; *BMF* BStBl I 13, 58; *Demuth/Fuhrmann* KÖSDI 11, 17618/24); **Erteilung** (Wartezeit ab Neugründung idR 5 Jahre/Probezeit idR 2–3 Jahre; 6 Wochen eindeutig zu kurz [BFH I R 19/09 BFH/NV 10, 1310]; § 6a Rz 22) erst bei gesicherten Erkenntnissen über die Leistungsfähigkeit (BFH I R 18/01 BStBl II 02, 670; FG MeVo DStRE 06, 607, rkr; *FinMin MeVo* DStR 06, 1752). – Keine Probezeit bei Bewährung in Alt-GmbH (FG BBg EFG 14, 482, rkr). – **(5) Erdienbarkeit.** Grds keine Pensionszusage für **über 60-jährige** Ges'tergeschäftsführer (nicht mehr erdienbar; BFH I R 26/12 BFH/NV 14, 728; *Demuth/Fuhrmann* KÖSDI 11, 17618/23); Anwartschaftszeitraum idR **mindestens 10 Jahre,** s BFH I R 62/07 BStBl II 13, 39, BFH I R 17/14 BStBl II 15, 1022 (für Erstzusage und nachträgl Erhöhung), BFH I B 108/08 BFHPR 09, 427; bei nicht beherrschendem Ges'ter auch vor Vereinbarung erdienbar (BFH I R 10/99 BFH/NV 00, 225); Ausnahme bei überragender Bedeutung für GmbH (FG BBg DStRE 08, 817). Die 10-Jahresfrist hat jedoch nur **indizielle Bedeutung,** wenn auch mit weniger Ermessensspielraum für die FG als bei Erfolgstantiemen über 25 vH der Gesamtbezüge (BFH I R 80/02 BStBl II 03, 926 mit Anm – *sch* – DStR 03, 2012; uU Kürzung, s BFH I R 43/01 BStBl II 03, 416 mit Einschränkung auf entschiedene Fallgruppen durch *BMF* BStBl I 03, 300). Die ursprüngl Fristen sollen gem *BMF* BStBl I 96, 1138 und 97, 538 trotz Verkürzung der Unverfallbarkeitsfristen des BetrAVG durch das AVmG fortgelten (*BMF* BStBl I 02, 1393). Einzelprüfung bei mehreren Gehaltsteilen. Erdienbarkeit bei Ehegatten s FG Mchn EFG 00, 853, rkr. Erdienbarkeit auch in eingebrachtem Einzelunternehmen/PersGes (BFH I R 40/99 BStBl II 00, 504; s auch BFH III R 43/00 BStBl II 03, 149, Anm *Gosch* StBP 02, 312). Maßgebl ist der Zeitpunkt der Erteilung der Zusage (BFH I B 168/07 BFH/NV 08, 1536). – **(6) Weiterarbeit.** Die partielle Fortführung des ArbVerh nach Erreichen der Altersgrenze darf nicht zu einer Gehaltserhöhung führen (BFH I R 60/12 BStBl II 15, 413; FG Köln EFG 15, 1220, Rev I R 32/15; *Gosch* BFH/PR 14, 196; krit *Schwedhelm/Höpfner* GmbHR 13, 800; kösdi 14, 18798; zum Problem *Jakob/Zorn* DStR 14, 77). – **(7)** Keine vGA bei **Barlohnumwandlung** (FG Saarl EFG 15, 1747, Rev I R 26/15). **– (8) Ausscheiden.** Vorzeitiges Ausscheiden kann zu vGA führen (BFH I R 76/13 BStBl II 15, 665), ebenso (Spontan-) Abfindung (*Ott* DStR 15, 2262). – **(9) Auflösung von Pensionsrückstellungen.** S § 6a Rz 66f; BFH I R 74/06 DStR 07, 2260. – **(10) Bedingte Pensionsanwartschaft.** Keine Aktivierung (= Ertrag) iRe BetrAufsp (BFH X R 42/08 DStR 11, 1603).

53 **cc) Verzicht.** Eine vGA ist auch gegeben, wenn die KapGes durch ein Tun oder Unterlassen ihr Betriebsergebnis mit einem Aufwand oder Mindererträgen belastet und der Ges'ter daraus, sei es auch nur **mittelbar** (Rz 59), Vorteile zieht (BFH IV R 76/83 BStBl II 85, 683, BFH I R 41/87 BStBl II 91, 588; BFH VIII

R 45/11 BFH/NV 15, 683); Sanierungsverzicht kann betriebl veranlasst sein und schließt dann vGA aus (so BFH I B 32/14 BFH/NV 15, 863). – **Ges'terverzicht** ist nach Fremdvergleichsmaßstäben zu beurteilen (*BayLfSt* DStR 07, 993). – BA-Abzug auch bei Zahlung nach Verzicht mögl (BFH I R 23/11 BFH/NV 12, 1901).

dd) Wettbewerbsverbot und Geschäftschancen. Die ursprüngl Rspr zum Verzicht auf ein Konkurrenz-/Wettbewerbsverbot des Ges'ters (BFH I R 177/83 BStBl II 87, 461) hat der BFH wesentl eingeschränkt (zB BFH I R 149/94 DStR 97, 323; *Weber-Grellet* StB 00, 122/5). – Bei Umstrukturierungen und Funktionsverlagerungen (ins Ausland) kann es nur ausnahmsweise zur Übertragung von (konkretisierten) Geschäftschancen kommen (*Ditz* DStR 06, 1625). – Zu vGA über die Grenze durch unangemessene Vergütung für **Managementleistungen** und StSatz von nur 30 vH BFH I B 171/07 DStRE 08, 692; zu Erfindungsüberlassung s BFH IV R 29/97 BStBl II 98, 567 („Rentner-Urteil"). 54

ee) Darlehen. VGA bei Darlehensgewährung an nicht solventen Ges'ter (BFH IX R 28/14 DStR 15, 2489); abzustellen ist auf den bankübl Zinssatz (FG BaWü DStRE 06, 845, rkr; iEinz BFH X R 26/11 DStR 13, 2677). Keine vGA bei Zinszahlung nach Abtretung an Ges'terkinder (BFH VIII R 13/05 DStR 08, 397) oder bei angemessenem Risikoaufschlag (FG BaWü EFG 15, 841, rkr). Bei Wertverlust soll neben vGA TW-AfA mögl sein (FG Mster EFG 14, 375, Rev I R 5/14; *Blümich* § 8 KStG Rz 578). Ausfall eines Darlehens an nahe stehende Person kann vGA sein (FG BaWü EFG 15, 841, rkr). 55

ff) Veräußerung. Veräußerung eines WG an Ges'ter unter Wert, an Ges über Wert: mE Ansatz der AK nach Drittvergleich, iÜ vGA (ähnl *Martini/Valta* DStR 10, 2329, DStR 11, 705; zu vGA bei GmbH & Co KG BFH I R 78–80/05 GmbHR 07, 608; krit *Freikamp* DB 07, 2220). 56

gg) Einzelfälle. Spenden zugunsten einer Glaubensgemeinde müssen nicht vGA sein (BFH I R 83/06 BFH/NV 08, 988; BFH I R 16/12 BStBl II 14, 440); nicht verbuchte (durch Nachkalkulation ermittelte) **BE,** die im Zweifel dem Ges'ter zugute gekommen sind, sind vGA (BFH III R 9/03 BStBl II 05, 160; FG BBg 8 K 14094/11, Rev VIII R 38/14).– Unzul **Ges'terfremdfinanzierung** (*BMF* BStBl I 04, 593; *Frotscher* Inf 04, 776 mwN). – **Pkw-Überlassung.** – *(1)* Nicht geregelte private Pkw-Nutzung (BFH I R 83/07 BFH/NV 09, 417; *Fuhrmann/Demuth* KÖSDI 09, 16613/7; *Geserich* NWB 10, 178; *BMF* BStBl I 12, 478); – *(2)* Überlassung zu 100%-Privatnutzung; – *(3)* private **Pkw-Mitbenutzung** durch beherrschenden Ges'tergeschäftsführer (FG Bbg EFG 06, 115, rkr); – *(4)* private Flugzeugnutzung (FG Mchn EFG 10, 1403, Rev I R 47/10); – *(5)* vertragswidrige Nutzung im Einzelfall (BFH VI R 43/09 DStR 10, 643; FG BBg DStRE 14, 667, rkr). – *(6)* Vorteil auf Ges'terebene nach Fremdvergleichsmaßstab zu berechnen, nicht nach 1%-Regelung (FG Saarl EFG 15, 800, rkr). – Die unentgeltl Ges'ternutzung einer Immobilie einer ausl LiebhabereiGes kann vGA sein (BFH I R 109/10 BStBl II 13, 1024; zu spanischem Ferienhaus *Rindermann-Haugwitz* BB 15, 2654). – **Wohnhausüberlassung** zu nicht kostendeckendem Preis ist vGA (FG Köln EFG 15, 843, Rev I R 12/15; FG Köln EFG 15, 1849, Rev I R 71/15). – Die **Urlaubsabgeltung** kann betriebl veranlasst sein (BFH I B 28/06 GmbHR 07, 104). – **Übernahme von Verlusten** einer OrganGes (BFH I R 32/06 DStR 07, 1954 iZm dem Betrieb dauerdefizitärer kommunaler Eigenbetriebe). – **§ 8a-Zinsen** (BFH I R 29/07 DStR 08, 2259). – Nichteinforderung der Stammeinlage (FG Nds DStRE 07, 883, rkr). – **Dauerverluste bei Betrieb gewerbl Art** (str; iEinz *Becker/Kretzschmann* DStR 07, 1421: Verlustausgleich (Übernahme des Aufwands) und angemessener Gewinnaufschlag; mE Liebhabereibetrieb, kein Gewinnaufschlag (so auch *Nippert* vor Rz 41, 303). – VGA-Folgekosten (**Finanzierungskosten** bei überhöhtem Kaufpreis) können BA sein (BFH I R 45/07 BFH/NV 08, 1534). – Zu Erwerb **eigener Anteile**/Aktien (zu 57

Buchwerten) FG BBg DStRE 10, 346, rkr; BFH I B 102/09 BFH/NV 10, 1131; *Behrens/Renner* AG 06, 664; zum Rückkauf von **Wandelanleihen** *Herzig/Joisten* DB 13, 954. – Kreditzahlungen für SchwesterGes (BFH I R 61/07 BStBl II 11, 62; *Fuhrmann/Demuth* KÖSDI 09, 16613/20) und eben solche Mietzahlungen (BFH I R 19/07 BStBl II 11, 60) können zu vGA führen, auch Verschonung der SchwesterGes (FG Köln EFG 13, 231, rkr). – Nachholung einer **Konzessionsabgabe** als vGA (BFH I R 28/09 BFH/NV 11, 850). – VGA bei fehlgeschlagenem **gewerbl Grundstückhandel** mögl (FG Saarl EFG 11, 625, rkr). – Private Einlösung von GmbH-**Schecks** durch GmbH (BFH VIII R 45/11 BFH/NV 15, 683). – Unterlassene Weiterleitung vom Privatkonto kann vGA sein (BFH VIII R 11/12 HFR 15, 926). – Weiterleitung erstatteter **ArbG-Beiträge** keine vGA (BFH VIII R 21/12 BStBl II 15, 638). – Beiträge für BetrUnterbrechungsversicherung müssen keine vGA sein (BFH I R 16/13 BFH/NV 15, 1273).

58 **j) Rechtsfolgen.** Bei **Verneinung** einer vGA treten die vereinbarten Rechtsfolgen ein (zB BA bei der Ges, Einkünfte nach §§ 15, 18, 19, 20 I Nr 4, Nr 7, 21 des Ges'ters als Gewerbetreibender, Freiberufler, stiller Ges'ter, Darlehensgeber, Vermieter). Bei **Bejahung** führt die Vereinbarung stattdessen zur „Gewinnausschüttung"; keine (auch keine teilweise) fiktive Umdeutung in „angemessenes" Rechtsverhältnis. – Zw vGA bei Ges und bei Ges'ter besteht nach § 32a KStG ein (verfahrensrechtl) **Korrespondenzverhältnis** (FG BBg EFG 15, 330, rkr; Rz 41).

59 **aa) Besteuerung der vGA beim Ges'ter.** – **(1) Zufluss.** Die vGA ist beim Ges'ter zu erfassen, wenn ihm der Vermögensvorteil **zufließt** (BFH VIII R 24/03 BFH/NV 05, 1266); zum Zufluss an Ehegatten BFH I R 54/83 BStBl II 87, 459; bei Zinsen an Ges'terkinder (BFH VIII R 13/05 DStR 08, 397). Bei „gewerbl vGa" (zB BetrAufsp) sind mE Gewinnermittlungsgrundsätze maßgebl (nach Maßgabe der jeweiligen Gewinnermittlungsart), ggf ist also (schon) der (realisierte) „Ausschüttungsanspruch" anzusetzen (BFH X R 42/08 DStR 11, 1603). – **(2) Zufluss bei nahe stehender Person.** Eine (mittelbare) vGA kann auch ohne tatsächl Zufluss beim Ges'ter anzunehmen sein, wenn der Vorteil dem Ges'ter in der Weise zugewendet wird, dass eine ihm nahe stehende Person aus der Vermögensverlagerung Nutzen zieht; das Ges'terinteresse ist unerhebl (BFH I R 63/08 BFH/NV 09, 1841; BFH VIII R 22/11 BStBl II 15, 687; BGH 5 StR 72/07 DStRE 08, 169; Blümich/*Ratschow* Rz 122); zum Zufluss an nahe stehende PersGes BFH VIII R 19/07 BFH/NV 11, 449; an nahe stehende KapGes BFH VIII R 74/84 BStBl II 89, 419; abl zu NichtGes'ter/Geschäftsführer BFH I R 112/93 BStBl II 95, 198). Keine vGA (iSd § 20 I Nr 1 S 2), wenn Geschäftsführer, der mit Ges'ter verwandt ist, widerrechtl und ohne dessen Wissen Geld entnimmt (BFH VIII R 34/06 BFH/NV 07, 2291). Grds auch vGA an minderjährigem Ges'ter mögl (BFH VIII R 10/10 BStBl II 13, 862). **Nahe stehend** sind nicht nur Angehörige iSv § 15 AO; es genügen Beziehungen jeder Art, die auf außerbetriebl Veranlassung der Zuwendung durch die KapGes schließen lassen; sie können familienrechtl, schuldrechtl, gesellschaftsrechtl oder tatsächl Art sein (BFH I R 139/94 BStBl II 97, 301; BFH VIII R 70/04 BFH/NV 06, 722; vgl auch § 1 II AStG; *Schuhmann* GmbHR 08, 1029; s auch § 32d Rz 8: „enger"), auch Schwester-GmbH (FG Nbg EFG 10, 641, rkr) oder mittelbarer Anteilseigner (BFH VIII R 22/11 BStBl II 15, 687). Solche Vermögensvorteile bei Dritten sind mE regelmäßig zum gleichen Zeitpunkt (mittelbar) dem Ges'ter als vGA/Einnahme zuzurechnen (vgl § 11 Rz 50, *Gosch* DStR 98, 1550; *Weber-Grellet* StB 00, 122/4; *BMF* BStBl I 99, 514: stets; offen in BFH I R 139/94 BStBl II 97, 303). Der **„Anschein des Nahe-Stehens"** kann erschüttert werden, zB durch den Umstand, dass die Zuwendung auf einer vom GesVerhältnis unabhängigen Ursache beruht (BFH VIII R 24/03 BFH/NV 05, 1266). – Problematisch ist die **quotale Zuordnung,** wenn die nahe stehende Person auch Ges'ter ist (vgl *van Lishaut/Ebber/Schmitz* Ubg 12, 1/12) oder wenn sie mehreren Ges'tern nahe steht (FG Bbg

EFG 15, 123, Rev VIII R 32/14). – Keine Zurechnung an minderjährigen Ges'ter, wenn er wegen verdeckter Treuhand nur wirtschaftl Eigentümer ist (BFH VIII R 11/10 BFH/NV 14, 27). – **(3) Zeitpunkt.** Unabhängig von der Besteuerung bei der KapGes richtet sich die Besteuerung beim privaten Anteilseigner nach § 11 I (Zufluss; s Rz 21 „vGA"; FG Bbg EFG 15, 123, Rev VIII R 32/14); beim „beherrschenden Ges'ter" idR bei Fälligkeit (BFH VIII R 9/03 BFH/NV 05, 526; § 11 Rz 50, § 4 Rz 33). – **(4) Ratenweise Zuwendung.** Zufluss erst bei Überschreiten der Angemessenheitsgrenze (FG Mchn EFG 94, 998, rkr, zu KapGes BFH I R 21/98 BStBl II 99, 369). Bei unbilliger Häufung in einem Jahr uU Erlass (s BFH VIII R 290/84 BFH/NV 91, 90). – **(5)** VGA iSv § 8a KStG 99 führt zu KapESt (BFH I R 13/08 DStRE 09, 1108). – **(6) Halb-/Teileinkünfteverfahren.** Dies führt zu Änderungen der Höhe der Einkünfte und zum Wegfall der StAnrechnung und gilt beim Ges'ter für vGA **ab VZ 2001** (§ 3 Nr 40; FG Mster EFG 04, 1507, rkr; BFH X R 31/13 BStBl II 15, 540; s oben Rz 35; § 3 Rz 137). – Zur Rechtslage bis 2001s 31. Aufl. – **(7) Ges'terverzicht.** Im Fall des Ges'terverzichts (zB auf Pensionsanspruch; grundlegend BFH GrS 1/94 BStBl II 98, 307), der mE nicht zwangsläufig mit einer vGA verbunden zu sein braucht, kann auch eine verdeckte Einlage gegeben sein (Lohnzufluss und nachträgl AK; BFH I R 28/13 BStBl II 14, 726; krit *Briese* DB 14, 801/3).

bb) Besteuerung der vGA bei der KapGes. Gewinnerhöhung **außerhalb der Bilanz** 60 (hM, BFH I R 21/03 BStBl II 05, 841 zu Teilauflösung einer Pensionsrückstellung; BFH I R 74/06 StuB 08, 103m krit Anm *Weber-Grellet* StuB 08, 105; *Briese* BB 08, 1097/9; wie BFH *BMF* BStBl I 02, 603; s auch § 4 Rz 696; zR krit *Bareis* BB 05, 354; Rz 41) in Höhe und im Zeitpunkt der unzutr Gewinnminderung (§ 8 III KStG; s auch BFH I R 72/92 BStBl II 93, 801), ohne Nachholung im Folgejahr (BFH I R 27/95 BStBl II 02, 367; s auch § 4 Rz 709, 726). Die Bilanz hat die Funktion, alle Geschäftsvorfälle aufzunehmen; wohin Verbuchungen außerhalb der Bilanz führen, hat „Lehman" gezeigt (*Großfeld* RIW 10, 504). Beschaffung eines zuzuwendenden WG (*Scholtz* FR 90, 350), tatsächl Ausschüttung, Besteuerung und Zufluss beim Empfänger sind dafür ohne Bedeutung (BFH I R 102/79 BStBl II 82, 631 mwN zu sonstigen Vorteilen; s auch BFH GrS 2/86 BStBl II 88, 348; BFH I R 22/04 BStBl II 07, 658 zu Schwester-KapGes; zur verdeckten Einlage bei Ges'terverzicht BFH GrS 1–2/95 BStBl II 98, 193; § 4 Rz 301). VGA unterliegen der tarifl KSt (§ 23 KStG), ab **Zufluss 2001** mit 25 vH bzw 2003 26,5 vH ohne KStGuthaben nach § 37 II 1 KStG nF iRd Übergangsregelungen der §§ 36 ff KStG nF. Die Ausschüttung führte bis VZ 2000 zur Herstellung der **Ausschüttungsbelastung** (§§ 27 III 2 KStG aF, nach BFH III B 225/92 BFH/NV 94, 3 im Zeitpunkt des Gewinnabflusses bei der KapGes; s auch zu vGA BFH I R 118/93 BStBl II 97, 92). Die **Eigenkapitalgliederung** nach §§ 27 ff KStG aF und die Herstellung der Ausschüttungsbelastung sind **ab VZ 2001** entfallen. Die **Übergangsregelungen** greifen nur auf Seiten der KapGes bis VZ 2015 **(§§ 36 ff KStG nF);** s auch § 3 Rz 135 f. Zur Gesamtbelastung (auf Ges'ter und Ges-Ebene, mit Rechenbeispiel) *Binz* DStR 08, 1820.

cc) Bewertung der vGA. Der zugewendete Vorteil ist ungeschmälert als Brut- 61 tobetrag (Roheinnahme) anzusetzen (BFH VIII R 70/04 BFH/NV 06, 722) und nach § 8 II zu bewerten (FG SchlHol 7.12.07 3 K 209/02; *KSM* § 20 C 59c; *HHR* Anm 87). Die vGA umfasst die entstandenen Kosten einschließl eines angemessenen Gewinnaufschlags (BFH I R 106/99 BStBl II 2003, 487); bei vertragswidriger privater Pkw-Nutzung vGA nach Fremdvergleichsmaßstäben (BFH I R 8/06 DStR 08, 865). – **Sparerfreibetrag/-Pauschbetrag.** § 20 IX gilt auch für vGA im PV (s 26. Aufl Rz 218; Rz 206). **KapESt** s § 43 Rz 20.

dd) Keine Rückgängigmachung. Durch Schadenersatzverpflichtung (BFH 62 VIII R 4/01 DB 04, 2671) oder dadurch, dass die Ges die an ihren Ges'tergeschäftsführer erbrachte Leistung nach § 31 GmbHG oder als Schadenersatzleistung zurückfordern kann (BFH I B 176/00 BFH/NV 2001, 1456) oder der Ges'ter verzichtet (BFH I R 38/05 BFH/NV 06, 1515) wird die vGA nicht beseitigt; die entspr Zuführung ist eine (verdeckte) Einlage und keine negative Einnahme (BFH VIII R 10/07 BFH/NV 09, 1815; aA *Siegel* DB 09, 2116: vGA als

Darlehen). – Ausnahmsweise kann eine vGA durch eine verdeckte Einlage ausgeglichen werden (FG Mchn DStRE 13, 147, rkr).

66 **3. Zurückgewährte Einlagen, § 20 I Nr 1 S 3.** Gehört die Beteiligung zum PV des Ges'ters, führt die Rückzahlung von Einlagen nicht zu stbaren Einnahmen (*Erle/Sauter* § 27 KStG Rz 12), allerdings Minderung der AK (BFH VIII R 58/92 BStBl II 95, 362). Es handelt sich dabei um nicht in das Nennkapital geleistete Einlagen (§ 27 I KStG). – Keine Anwendung des § 20 I Nr 1 S 3 aF auf Ausschüttungen auf Anteilscheine aus einem Wertpapier-Sondervermögen, die ihrerseits auf Ausschüttungen einer unbeschr stpfl Körperschaft zurückgehen, für die EK 04 als verwendet gegolten hat (FG Hbg EFG 08, 1816, rkr). – ***(1)* Begriff ‚Einlage'.** Alle Leistungen des Ges'ters zur Erlangung der GesBeteiligung, auch über den Nennbetrag hinaus, in Form von Bar- und Sacheinlagen. Rückzahlung vor Liquidation ist bei AG unzul (§§ 57, 58 V AktG). Bei GmbH Bindung nur iHd Stammkapitals (§§ 30, 58 GmbHG). – ***(2)* Verfahren.** Maßgebl ist der Bescheid nach § 27 II KStG (BFH VIII R 50/11 BFH/NV 15, 1603). – ***(3)* Übergang zum Halb-/Teileinkünfteverfahren.** Ab VZ 2002 ist keine sachl Änderung eingetreten; Einzelheiten s 31. Aufl.

68 **4. Dividendenkompensationszahlungen, § 20 I Nr 1 S 4.** Dabei handelt es sich nicht um die vom Emittenten gezahlte Dividende, sondern um eine (selbständige) **Ausgleichszahlung** des Verkäufers dafür, dass er dem Erwerber neben der Aktie nicht auch den zwischenzeitl entstandenen Anspruch auf Zahlung der Dividende vermittelt (**Dividendenkompensation;** BT-Drs 16, 2712, 48; Erwerb der Aktien mit Dividendenberechtigung, aber Lieferung ohne Dividendenanspruch; „Dividendenstripping"; sonstige Bezüge, ab 1.1.07 JStG 2007; BFH I R 2/12 DStR 14, 2012; *Rau* DStR 15, 2048). Die Regelung erfasst nur tatsächl Leerverkäufe. – Zur (Doppelanrechnung von) KapESt § 43 Rz 1, § 44 Rz 4; § 45a Rz 4.

Beispiel: Sachverhalt: 28.6.: Aktien im Marktbesitz; Leerverkäufer gibt Verkaufs-Order; Kunde Y gibt Kauf-Order; 29.6.: Gewinnverteilungsbeschluss; 30.6.: Erfüllungsgeschäft. Rechtsfolge: Kompensationszahlung beim Kunden KapErtrag.

69 **5. Bezüge bei Auflösung und Kapitalherabsetzung, § 20 I Nr 2.** – **a) Funktion.** Nr 2 sichert die Besteuerung der Gewinnanteile und des Abwicklungsgewinns bei Auflösung und Kapitalherabsetzung der Ges iSd Nr 1 (Rz 31; *Jünger* BB 02, 1178); die Liquidation als solche ist keine Veräußerung. Nach SEStEG-Änderung (Wegfall von „unbeschr stpfl") werden auch Erlöse aus der Liquidation einer ausl KapGes erfasst (*Früchtl/Prokscha* BB 07, 2147). Zu unterscheiden ist (wie auch bei § 17 IV) zw Ertrag und Kapitalrückgewähr (FG Mchn EFG 14, 1089, Rev X R 12/14; *KSM* Rz C/2 7). **Grds** ist im PV die Rückzahlung von Grund- oder Stammkapital nicht stbar (*HHR* Anm 120); **Ausnahmen** gelten nach Nr 2 *(1)* bei Zahlungen wegen Auflösung, die über das Nennkapital (und Einlagen; Nr 1 S 3) hinausgehen, *(2)* bei Zahlungen aus Anlass einer Kapitalherabsetzung, die über das herabgesetzte Kapital hinausgehen und *(3)* bei Rückzahlung von aus Gewinnrücklagen entstandenem Nennkapital (§ 28 II 2 KStG).

70 **b) Begriffe. Auflösung** der Ges mit Abwicklung und ggf Vermögensverteilung (§§ 262 ff, 271 AktG, 60 ff, 72 GmbHG). – **Nennkapital** ist das gesellschaftsrechtl gebundene Eigenkapital der Ges, das Stammkapital einer GmbH (§ 5 GmbHG), das Grundkapital einer AG (§ 6 AktG) und einer KGaA (hinsichtl der Anteile der Kommanditaktionäre). Es kann aus Einlagen und Gewinnrücklagen entstanden sein. – **Verdecktes Nennkapital** s § 8a KStG idF des HBeglG 2004. – **Kapitalherabsetzung** ist die Herabsetzung des Nennkapitals (§§ 222 ff AktG, §§ 58 ff GmbHG; *Erle/Sauter* § 28 KStG Rz 37).

71 **c) Kapitalrückzahlung.** Ausschüttungen aus dem Nennkapital und dem steuerl Einlagekonto (= nicht in Nennkapital gebundene Einlagen) sind nicht stbar (vgl

§ 20 I Nr 1 S 3 iVm **§ 27 KStG;** BFH I R 24/08 GmbHR 10, 160; *BMF* BStBl I 03, 366; *Dötsch/Pung* DB 03, 1345; ggf § 17 Rz 230); darüber hinausgehende Zahlungen werden auch bei Auflösung von Nr 2 erfasst. – Die Kapitalrückzahlung führt zur Minderung der AK. Übersteigt der Rückzahlungsbetrag die AK, ist die Differenz stbar. Bei unterlassener Eintragung im HR liegen vGA vor (BFH VIII R 69/93 BStBl II 95, 725).

d) Umgewandelte Gewinnrücklagen. § 20 I Nr 2 iVm **§ 28 II 2, 4 KStG** 72
erfasst auch die Auszahlung von in Nennkapital umgewandelte Gewinnrücklagen; sie sind bei Ausschüttung/KapHerabsetzung nach § 20 I Nr 2 iVm § 3 Nr 40d, e zur Hälfte/zu 60 vH zu versteuern. § 28 KStG und damit § 20 I Nr 2 erfassen auch Gewinnrücklagen vor 1.1.77; daher sind §§ 5, 6 KapErhStG ab VZ 2002 aufgehoben. – Zur Besteuerung von 1977 bis 2001s 26. Aufl Rz 101f; zur Kapitalerhöhung 26. Aufl Rz 93 ff; FG Nds EFG 13, 1836, rkr (§§ 1, 7 KapErhStG).

e) Umwandlung von Vorzugsaktien in Stammaktien. Diese ist eine Kapi- 73
talherabsetzung und eine Kapitalerhöhung gegen Sacheinlage (BFH VIII R 64/69 BStBl II 75, 230).

f) Einziehung von Geschäftsanteilen. S § 237 AktG, § 34 GmbHG; vgl 74
§ 17 Rz 101, zu eigenen Anteilen BFH I R 31/91 BStBl II 93, 369; Anm *L. Schmidt* FR 93, 166.

g) Missbräuchl Veräußerung. Werden alle Anteile zur Vermeidung der Be- 75
steuerung nach Nr 2 verkauft, kann dies uU missbräuchl sein (BFH VIII R 10/96 BStBl II 99, 729; weiter BFH IX R 77/06 BStBl II 08, 789 zu § 17).

6. Stille Gesellschaft; partiarisches Darlehen, § 20 I Nr 4. – a) Begriff. 76
Unter § 20 I Nr 4 fällt der **„typische“** oder „echte“ **stille Ges'ter** iSv § 230 HGB (BFH VIII R 3/05 BStBl II 08, 852; FG Köln EFG 13, 856, rkr; *Bolk* FS Reiß, 2008, 449), keine vermögensverwaltende KG. Das ist der stille Geldgeber (der nicht nach außen in Erscheinung tretende Ges'ter), der sich nur kapitalmäßig am Handelsgewerbe eines Dritten (Einzelunternehmen, PersGes, KapGes – s Rz 80) beteiligt (**Einlage und Gewinnbeteiligung;** BFH VIII R 53/03 BFH/NV 05, 2183, BFH IV R 83/06 BStBl II 09, 798; BFH I R 78/09 BFH/NV 11, 12; EStH 20.2), auch Scheinrenditen (BFH VIII R 41/13 BFH/NV 15, 187; *OFD Rhl* DStR 11, 176; *Schmittmann* StuB 15, 69). Weitere Einzelheiten s 27. Aufl. – Zur stillen Ges unter der AbgeltungSt *Czisz/Krane* DStR 10, 2226; *Middendorf/Engel* StuB 10, 738; zur Veräußerung s unten II Nr 4 (Rz 138); damit auch Vermögensphäre verstrickt.

b) Abgrenzung zu atypisch stiller Gesellschaft. Der atypisch stille Ges'ter 77
beteiligt sich als MUer, nicht nur als Geldgeber. Entscheidend sind die Vereinbarungen im GesVertrag (Beteiligung an den stillen Reserven, an Risiko und Initiative eines Unternehmers, vgl § 15 Rz 340; BFH VIII R 20/01 BFH/NV 03, 501; s auch *FinVerw* FR 03, 1299). Ausnahmsweise Besteuerung von (unechten) K'tisten nach § 20 I Nr 4 (s BFH VIII R 66–70/97 BStBl II 00, 183).

c) Abgrenzung zu partiarischem Darlehen. Entscheidendes Abgrenzungs- 78
kriterium ist das „Beteiligungselement“ (FG Sachs DStRE 11, 297, rkr; *KSM/Jochum* Rz C/4 256; *Gestädt* DStR 93, 387). Der Stille bezweckt den gemeinsamen Betrieb eines Handelsgewerbes und hat Kontroll- und Mitspracherechte (vgl BFH I R 48/04 BB 06, 253); er kann am Verlust beteiligt sein (vgl Rz 82), sofern positive Einkünfte auf Dauer erzielbar sind (BFH GrS 4/82 BStBl II 84, 751, unter V 3c/dd (1). Partiarische Darlehen setzen KapRückzahlungsanspruch voraus (BFH IV R 25/12 BStBl II 15, 772); Erfolgsbeteiligung aus bestimmten Geschäft genügt (BFH I R 78/09 BFH/NV 11, 12; krit *Rödding/Dann* DStR 11, 342; *Helios/Birker* BB 11, 2327).

d) Familiengesellschaft. Vgl § 4 Rz 520 „Angehörige“ b/bb, e/aa; § 15 79
Rz 740 ff, 770 ff; *KSM/Dötsch* F 243 ff, sowie 23. Aufl § 20 Rz 135 ff.

Schrifttum: *Blaurock* Handbuch der stillen Ges, 7. Aufl, 2010; iEinz *KSM/Dötsch* Rz F 209 ff; s auch § 15 Rz 340 mwN zu atypischer Ges).

80 **e) Stille Beteiligung eines Kapital-Ges'ters.** Ein KapGes'ter kann sich mit estrechtl Wirkung als typisch stiller Ges'ter an „seiner" KapGes beteiligen, auch an Einmann-GmbH (vgl BFH VIII R 237/80 BStBl II 83, 563; s aber Voraussetzungen BFH I R 96/85 BFH/NV 90, 63). **Angemessenheitsprüfung** nicht wie bei Familiengesellschaft; es sind jedoch ähnl Umstände wie dort beim entgeltl Anteilserwerb und bei Gründung einer GmbH & Co KG zu beachten (BFH I R 85/88 BFH/NV 92, 59; § 15 Rz 722). Stille Ges an Tochter-AG s *Berninger* DB 04, 297; zur Unterbeteiligung an KapGesAnteil *Worgulla* DB 09, 1146. – Kein Schachtelprivileg trotz abkommensrechtl Gleichstellung (BFH I R 62/06 BStBl II 08, 793).

81 **f) Grundsätze der Ertragsbesteuerung. – (1) Erträge.** Typisch stille Ges'ter und partiarische Darlehensgeber erzielen Einkünfte („Erträge") iSv § 20 I Nr 4, atypisch stille Ges'ter gewerbl Einkünfte iSv §§ 15 I Nr 2, 4/5, die gem § 180 II AO gesondert festgestellt werden (s § 15 Rz 341 ff). Für Zufluss ist die wirtschaftl Verfügungsmacht maßgebl (BFH VIII R 53/03 BFH/NV 05, 2183); auch bei mit gestundeten Einlagen und Gebühren verrechneten Scheinrenditen (FG Mchn EFG 07, 259, rkr. – Schuldzinsen zur Finanzierung sind WK (BFH VIII B 105/06 BFH/NV 07, 1118; Rz 186, 29. Aufl Rz 253), aber ab 2009 § 20 IX (Rz 211), also AbgeltungSt, sofern kein Fall des § 32d II 1 Nr 1 oder VI (*Dinkelbach* DB 09, 870/1). – **(2) Einlagen.** Aus der *Sicht des Beteiligungsunternehmens* stellen die Einlagen des typisch Stillen und des partiarischen Darlehensgebers Fremdkapital dar (keine Erfassung als BV in der StB und beim Einheitswert); die Einlage atypisch stiller Ges'ter ist Eigenkapital, unabhängig von der Verwendung durch den Geschäftsinhaber (vgl BFH XI R 24/02 BStBl II 03, 656). Der Gewinnanteil § 20 I Nr 4 zählt zu den BA; ggf Hinzurechnung beim Gewerbeertrag nach § 8 Nr 3 GewStG. Für atypisch stille Ges'ter gilt § 15 I Nr 2. **KapESt** nur bei § 20 I Nr 4 (§ 43 I Nr 3, § 44 III).

82 **g) Verluste des stillen Ges'ters. – aa) Negative Einnahmen.** Lfd Verlustanteile bis zur Höhe der Einlage (§ 232 I HGB) sind gem § 20 I Nr 4 zu berücksichtigen (seit RFH RStBl 1933, 1078; BFH VIII R 5/11 BFH/NV 14, 1193), und zwar im Hinblick auf die gesetzl Neukonzeption (II 4, IX) als **negative Einnahmen** (*BMF* BStBl I 16, 85 Rz 4; *Czisz/Krane* DStR 10, 2226; *Rockoff/Weber* DStR 10, 363: teleologische Reduktion des § 20 IX; *Wüllenkemper* EFG 11, 1317/9; von BFH VIII R 5/11 BFH/NV 14, 1193 nicht angesprochen); Übergangsregelung zu § 20 I Nr 4 S 2 ist verfassungskonform auszulegen (BFH I R 62/08 BStBl II 12, 745; *Wacker* DB 12, 1403). – Zu BV s § 20 VIII. – Verlustanteile eines typisch stillen Ges'ters sind nicht zu berücksichtigen, bevor der Jahresabschluss des Geschäftsinhabers festgestellt und der Verlustanteil des stillen Ges'ters berechnet worden ist (BFH VIII B 105/06 BFH/NV 07, 1118; FG Mchn DStRE 15, 1108, rkr). Hinzu kommen muss für den Regelfall, dass die Verlustanteile von der Einlage des stillen Ges'ters abgebucht worden sind (BFH VIII R 36/01 BStBl II 02, 858), grds auch bei Auflösung der Ges und im Insolvenzfall (Bilanz des Verwalters, vgl BFH VIII R 73/95 BFH/NV 98, 300). Ein in der Zeit vor dem Bestehen der stillen Ges entstandener Verlust kann dem stillen Ges'ter nicht zugerechnet werden (BFH VIII B 148/07 BFH/NV 08, 1148).

84 **bb) Negatives Einlagenkonto nach § 15a.** (Schrifttum: *Geuenich* DStR 98, 57; krit *Groh* DB 04, 668: gesetzgeberische Fehlleistung; weitere Hinweise bei § 15a und § 21 Rz 151). Abw von § 232 II 1 HGB können die Ges'ter vereinbaren, dass der Stille über seine Einlage hinaus am Verlust teilnimmt, so dass (erfolgsneutral) ein negatives Einlagenkonto entstehen kann, das durch spätere Gewinnanteile ebenfalls erfolgsneutral aufzufüllen ist (BFH VIII R 36/01 BStBl II 02, 858;

Blümich/Ratschow Rz 233f; zu Schuldübernahme BFH VIII R 21/06 DStR 08, 35; zur Verlustfeststellung s unten).

Einzelfälle. § 15a I: Kein Verlustausgleich im Verlustjahr und kein Verlustabzug nach § 10d. Maßgebl ist die *geleistete* Einlage (BFH VIII R 21/06 DStR 08, 35). Der Abzug sonstiger Aufwendungen als WK ist nicht betroffen. – **§ 15a II:** Entgegen der früheren Rechtslage (vgl BFH VIII B 26/80 BStBl II 81, 574, unter 2b, zu § 21) kann der Verlustanteil nicht mehr dem Betriebsinhaber zugerechnet werden. Der Verlust mindert beim Stillen nur etwaige Beteiligungsgewinne späterer Jahre. – **§ 15a III:** Die Einlagenrückzahlung (als „Entnahme" iSv § 15a III) ist iHd verrechenbaren Verlustanteile zu versteuern. – **§ 15a IV:** Daher ist die gesonderte Feststellung von Verlusten, die nach Vertrag über die Einlage hinaus verrechenbar sind, geboten; bis 1985 getrennt von einer Gewinn-/Verlustfeststellung nach § 180 AO für jeden stillen Beteiligten, seit § 15a IV 5, 6 (1986) einheitl und verbunden (nicht bei Unterbeteiligung, BFH VIII R 53/84 BStBl II 88, 186). Bindungswirkung des Feststellungsbescheides nur hinsichtl verrechenbarer Verluste (s BFH VIII R 36/01 BStBl II 02, 858; *Groh* DB 04, 668).

cc) Weitere Abzugsbeschränkung. § 20 I Nr 4 iVm § 15 IV 6 sieht ab 2003 eine weitere Beschränkung des Verlustabzugs über § 10d hinaus für stille Ges'ter/Unterbeteiligte/InnenGes'ter an KapGes auf Verluste dieser Beteiligten aus *dieser* Beteiligung vor (zur verfassungskonformen Auslegung des § 52 I 2002 BFH I R 62/08 RdF 12, 282). 86

Damit sollen Umgehungswege nach Abschaffung der sog Mehrmütterorganschaft (§ 14 I Nr 2, II KStG) versperrt werden; bisher konnte die Verlustausgleichsbeschränkung des § 15 IV 6 aF bei stillen Beteiligungen an KapGes durch Zwischenschaltung einer PersGes umgangen werden. **Korb II-G** erweitert **ab 2004** § 15 IV 6 aF durch **§ 15 IV 6–8 nF** (§ 15 Rz 905 ff; zur Rückwirkung BFH I B 208/04 BStBl II 05, 351: ernstl Zweifel). Durch die entspr Anwendung gem § 20 I Nr 4 S 2 wird diese Verlustabzugsbeschränkung auf typische stille Ges/Unterbeteiligungen/InnenGes ausgedehnt (§ 15 Rz 909). Vgl zu Beendigung stiller Beteiligung im GmbH-Konzern *Ronge* FR 04, 78; zu § 8a KStG *Mensching* DStR 04, 408.

dd) Einlageverlust. Verlust der Einlage (Vermögensverlust, zB durch Insolvenz des Handelsgewerbes) ist nach Einbeziehung der Vermögenssphäre durch § 20 II (Rz 76; zu § 20 II Nr 4s Rz 138) mE abziehbar (ähnl wie bei § 20 I Nr 11, II 1 Nr 3; Rz 120, 137). 87

7. Zinsen aus Grundpfandrechten, § 20 I Nr 5. Die dingl Sicherung steht dem Kapitalertragscharakter nicht entgegen; Hypothek (nach hM nur Verkehrshypothek; zR aA *KSM/Dötsch* Rz G 19) gem § 1113 BGB, Grundschuld gem § 1191 BGB, Rentenschuld gem § 1199 BGB, uU auch Zinsen aus Verwertung einer Grundschuld, im Zeitpunkt des Zuschlags (BFH VIII R 28/09 BStBl II 12, 496; EStH 20.2). § 20 I Nr 5 betrifft die Besteuerung beim Zinsempfänger, der zumeist gewerbl Einkünfte bezieht (§ 20 VIII); daher auch keine KapESt (*KSM* Rz C/5 37). 91

8. Erträge aus Lebensversicherungen, § 20 I Nr 6

Verwaltung: EStH 20.2; *BMF* BStBl I 02, 827 zu SA-Abzug; *BMF* BStBl I 04, 1096 (AltEinkG); *BMF* BStBl I 06, 92 (für Neuverträge); *BMF* BStBl I 09, 1172 (Neufassung und Ergänzung); *OFD Rhl* DStR 10, 2133 (Verluste ab VZ 09); *BMF* 26.7.11 DStR 11, 2001 (Anhebung der Altersgrenzen).

a) Grundsatz. Bei Eintritt des versicherten (biometrischen) Risikos ist die ausgezahlte Versicherungssumme nicht stpfl. Stpfl nach § 20 I Nr 6 ist die Versicherungsleistung nur im Erlebensfall (BT-DrS 18/1529, 52). - Erträge bei vor 2005 abgeschlossener Police und Einhaltung der 12-jährigen Haltedauer stfrei (zu Altfall BFH VIII R 16/10 BStBl II 13, 115); bei ab 2005 abgeschlossener Police ab 2009 stpfl, zur Hälfte, wenn StPfl im Verkaufszeitpunkt mindestens 60 Jahre alt ist sowie 12 Jahre Haltedauer und Fälligkeit bzw Kündigung vorliegt (*OFD Rhl* DStR 10, 2133; *HHR* Anm 262), also steuerl Privilegierung bei altersnaher Auszahlung (hälftige Erfassung) und nur Ertragsanteilsbesteuerung bei RV (§ 22 Rz 50f, 94; *Hetzer/* 92

Götzenberger BB 10, 223; systemgerecht, da insoweit kein SA-Abzug, § 10 Rz 75 ‚LV'); stfreies Ansparen (keine AbgeltungSt); stfreie Auszahlung im Versicherungsfall; zu Verlusten (bei lfd Erträgen und Veräußerungserträgen, nach alter und neuer Rechtslage) *OFD Rhl* DStR 10, 2133. – Die AbgeltungSt gilt nicht für LV iSd § 20 I Nr 6 S 2 (§ 32d II Nr 2; Verhinderung einer Doppelbegünstigung); zum KapEStAbzug s § 43 Rz 28. – KapEStPflicht ist der Versicherungsnehmer, ggf eine GbR (BFH VIII B 144/10 BFH/NV 11, 1509; gesonderte Feststellung). – Zur Veräußerung von LV-Ansprüchen s Rz 142. – **Anwendungsregelungen:** *BMF* BStBl I 09, 1172 Rz 88f. – Für vor dem 1.1.05 abgeschlossene Verträge gilt die Altregelung fort (§ 52 Abs 28 S 5; *BMF* BStBl I 02, 827); zum Abschlusszeitpunkt s *Goverts/Knoll* DStR 05, 223, 06, 589/93; *Klein-Blenkers* StuW 07, 38. Werden Leistungen nach dem 31.12.08 „schädl" ausgezahlt, greift die (ggf günstigere) AbgeltungSt (*Rengier* DB 07, 1771/7).

Auszahlung	**Neuvertrag** (Abschluss ab 2005)	**Altvertrag** (Abschluss vor 2005)
	Hälftiger Unterschiedsbetrag; kein besonderer StSatz	Grds stfrei, es sei denn stpfl Altvertrag (Laufzeit < 12 Jahre; schädl Verwendung)

93 **b) Unterschiedsbetrag. § 20 I Nr 6 S 1** besteuert den Unterschiedsbetrag zw der Versicherungsleistung und der Summe der (auf die LV entrichteten) Beiträge (*K/vonBeckerath* Rz 102); zu den Beiträgen gehören mE alle AK (zumindest analog Abs 4), auch gezahlte Provisionen (keine WK; vgl Rz 97). Nr 6 erfasst die Erträge aus folgenden Versicherungen auf den Erlebens- oder Todesfall **(kapitalbildende LV):** – ***(1)*** RV mit Kapitalwahlrecht („Rentenfaktor" erforderl; *BMF* BStBl I 09, 1172 Rz 3a), soweit nicht (nach JStG 2007) die lebenslange Rentenzahlung gewählt und erbracht wird; dazu iEinz BT-Drs 16/2712, 48/9; *Risthaus* DStZ 07, 30: auch Mindestzeitrente; *Korn* EStG Rz 258; *HHR* Anm 262; *Hetzer/Götzenberger* BB 10, 223/4); – ***(2)*** nach dem 31.12.04 abgeschlossene Kapitalversicherung mit Sparanteil (Neuverträge; Mindesttodesfallschutz und 5-jährige Beitragsleistung nicht mehr erforderl; *BMF* BStBl I 04, 1096, *BMF* BStBl I 06, 92 Rz 19ff, 88f); auch nach 31.12.04 abgeschlossene nicht lebenslange RV (*BMF* 13.9.10 BStBl I 10, 681 Rz 146, 151, 153; *BMF* BStBl I 13, 1087 Rz 207, 212, 214; *Killat-Risthaus* DB 10, 2304/8); – ***(3)*** Erträge aus Unfallversicherungen mit garantierter Beitragsrückzahlung (*BMF* BStBl I 09, 1172 Rz 1). – Im **Erlebensfall** oder bei **Rückkauf** (vgl § 20 I Nr 6 S 3; FG Nbg EFG 14, 1671, Rev VIII R 25/14; *BMF* BStBl I 09, 1172, Rz 40f) wird (aus Vereinfachungsgründen) der **Unterschiedsbetrag** zw der Versicherungsleistung (Summe der Sparanteile, Verzinsung, Überschüsse) und den geleisteten Beiträgen (alle Zahlungen iZm dem Versicherungsvertrag; *Goverts/Knoll* DStR 06, 589/92) als (Zins-)Ertrag besteuert (BT-Drs 15/2150, 39; BR-Drs 2/04, 66: Abschaffung des LV-Steuerprivilegs); die geleisteten Beiträge selbst unterliegen nicht der Besteuerung (*Weber-Grellet* DStR 04, 1721/6). Bei **(Teil-)Auszahlung** zum Ende der Ansparphase sind bei der Unterschiedsbetragsberechnung die Beiträge anteilig abzuziehen (*BMF* BStBl I 09, 1172 Rz 64); bei (Teil-)Auszahlung nach Rentenbeginn ist der eingetretene „Beitragsverbrauch" zu berücksichtigen (*BMF* BStBl I 13, 768). Die (vorzeitige) **Todesfallleistung** ist nicht stbar, auch nicht im Hinblick auf enthaltene Zinsen (*BMF* BStBl I 09, 1172 Rz 40; *Meyer-Scharenberg* DStR 06, 1437/8); zu Todesfallleistung aus schweizer Pensionskasse s § 22 Rz 92.

Im Erlebensfall stpfl sind **Kapitalauszahlungen** aus: *(1)* KapitalLV (ggf mit Sparanteil), nicht reine LV; *(2)* kapitalisierte RV (BT-Drs 15/2150, 39; *Korn/Strahl* KÖSDI 04/14360/8; iE *BMF* BStBl I 09, 1172 Rz 19; *Risthaus* DB 06, 232), auch aus Zeitrenten und abgekürzten Leibrenten (*BMF* BStBl I 09, 1172 Rz 43). Bei RV mit **Garantiezeit** (verlängerte Leibrenten) darf die Rentengarantiezeit nicht über die mittlere Lebenserwartung der versicherten Person hinausgehen (*BMF* BStBl I 09, 1172 Rz 20). – **Nicht** stpfl sind nach Nr 6: *(1)* Todesfallleistungen, *(2)* Leistungen aus Zusatzversicherungen, *(3)* Erlöse aus der Vertrags-Veräußerung (*Goverts/Knoll* DStR 06, 589/91f). – Bei **Teilleistungen** (Teilauszahlungen) müssen die auf diese entfallenden Beiträge ermittelt werden (*BMF* BStBl I 09, 1172 Rz 61; *Myßen* Handbuch Alterssicherung 2006 Rz 175f). - Austrittsleistungen bei Schweizer ArbG-Wechsel nicht stbar, sofern bereits nach § 19 erfasst (BFH VIII R 40/11 DStRE 15, 897). – Bei einer **fremdfinanzierten Leibrentenversicherung** ist zu unterscheiden zw der RV (Einkünfte gem § 22 Nr 1 S 3 Buchst a) und der Tilgungsversicherung (§ 20 I Nr 6). – Nicht unproblematisch ist die unterschiedl Behandlung von Rückkauf und Veräußerung (Rz 142); dazu iEinz *Rengier* DB 07, 1771/5.

c) Hälftiger Unterschiedsbetrag. Nach **§ 20 I Nr 6 S 2** ist – anstelle der sog **94**
Fünftelregelung – nur die Hälfte des Unterschiedsbetrags anzusetzen (FinA BT-Drs 15/3004, 12; *BMF* BStBl I 09, 1172, Rz 65f), wenn die Versicherungsleistung nach **Vollendung des 60. Lebensjahres** und nach Ablauf von 12 Jahren nach Vertragsabschluss ausgezahlt wird (also für Sachverhalte ab 2017), mE ohne Auswirkung auf WK-Abzug (*Loritz* DStR 05, 625/30); auf andere Risiken (Invalidität, Erwerbsunfähigkeit) entfallende Beiträge sind herauszurechnen; zu Unterbrechungen wegen „Elternzeit" *BMF* BStBl I 09, 1172 Rz 73a. – Für Vertragsabschlüsse ab 2012 ist das **62. Lebensjahr** maßgebl (§ 52 Abs 28 S 7; G v 20.4.07 BGBl I 07, 554/68; *BMF* DStR 11, 2001; *BMF* BStBl I 12, 238).

d) AK bei entgeltl Erwerb. § 20 I Nr 6 S 3 verhindert eine Übermaß- **95**
besteuerung bei StPfl, die den Versicherungsanspruch iSd S 1 vom ursprüngl Rechtsinhaber entgeltl erworben haben (BT-Drs 220/07, 87). Aufgrund der auf den Sparanteil im Versicherungsbeitrag aufgelaufenen Erträge sind die AK idR höher als die bis zum Erwerbszeitpunkt entrichteten Beiträge. Nach S 3 hat der Erwerber nur die Erträge zu versteuern, die in der Zeit entstanden sind, in der er Inhaber des Versicherungsanspruchs war (*BMF* BStBl I 09, 1172 Rz 64a; Rz 64b zu vor dem 1.1.05 abgeschlossenen Verträgen). Die beim Veräußerer des Anspruchs aufgelaufenen Erträge werden durch die Neuregelung in Abs II Nr 6 erfasst (Rz 142).

e) Besonderheiten. StPfl sind nach **§ 20 I Nr 6 S 4** auch **(1)** Erträge aus **96**
fondsgebundenen LV (Anlage typischerweise in Investmentanteilen; *BMF* BStBl I 09, 1172, Rz 31f; *Delp* StConsultant 08, 31/4); der Wechsel der Anlagestrategie (Shiften, Switchen) führt nicht zum Zufluss; zu Ausschüttungen aus „gebrauchten" LV s § 15 Rz 92, sowie **(2)** Erträge im Erlebensfall aus RV ohne Kapitalwahlrecht, soweit keine lebenslange Rentenzahlung vereinbart und erbracht wird, und **(3)** Erträge bei Rückkauf des Vertrages bei RV ohne Kapitalwahlrecht (*Risthaus* DStZ 07, 30). Die Besteuerung lebenslanger privater LV-Renten ist entspr nach § 22 mit dem Ertragsanteil zu besteuern (so auch *BayLfSt* DStR 08, 2110 in Übereinstimmung mit *BMF* 17.4.2008, IV C 8 – S 2255/08/10005; *Behrens* BB 08, 2049; § 22 Rz 50f, 94). – Nach **§ 20 I Nr 6 S 5 idF JStG 2009** (BStBl I 09, 74) Sonderregelung für vermögensverwaltende VersVerträge (**„Policenummantelung";** *Haarmann* FS Herzig 2010, 422/9: gegen Ausweichstrategien mit Policen-Mänteln; zur Abgrenzung FG Köln 10 K 3587/13, Rev VIII R 36/15): sofortige („transparente") Besteuerung [nur] der lfd Erträge (FinA BT-Drs 16/11108, 18/9, 30; *BMF* BStBl I 09, 1172 Rz 34a ff; *Hetzer/Götzenberger* BB 10, 223/5; Anwendung auf nach 31.12.08 zufließende Erträge). – **§ 20 I Nr 6 S 6** setzt neue steuerl Mindeststandards für die Anforderungen an die Risikoleistung (Mindesttodesfallschutz) aus einer Kapital-LV (für nach 31.3.09 abgeschlossene LV-Verträge); iEinz FinA BT-Drs 16/11108, 19; *BMF* BStBl I 09, 1172 Rz 78a); bei Nicht-Erreichen keine nur hälftige Besteuerung der Erträge (Anwendung § 52 Abs 28 S 8; FinA BT-Drs 16/11108, 31; zur Vertragsanpassung bis 1.7.10 *Hetzer/Götzenberger* BB 10, 223/7). – Nach **§ 20 I Nr 6 S 7** (eingefügt durch **Kroat-AnpG** v. 25.7.14; § 52 Abs 28 S 7) ist der (volle) Unterschiedsbetrag stpfl bei Realisierung gekaufter Risikoversicherungen (zB Tod, schwere Krankheit; zur Begr BT-Drs 18/1529, 52f; *Paintner* DStR 14, 1621); **Ausnahme** nach S 8, wenn die

versicherte Person selbst den Anspruch erwirbt oder bei Erfüllung bestimmter Abfindungs- und Ausgleichsansprüche.

97 **f) WK-Abzug.** Bisher gem § 9 (dazu Rz 211; *BMF* BStBl I 09, 1172 Rz 79f; kein Abzug von Vermittlungsprovisionen, da AK-Nebenkosten [BFH VIII B 44/10 BFH/NV 11, 587; FG Nds EFG 10, 1200, rkr]; kein SA-Abzug). – Nach § 20 IX entfällt der WK-Abzug (krit zu Nichtabzug bei fremdfinanzierter LV *Kämmerer* DStR 10, 27; zu WK bei vorzeitiger Kündigung einer KapitalLV *Kamps/Tala*ska FR 09, 207; BFH VIII B 40/13 BFH/NV 13, 40 zu Nr 6 aF).

98 **g) Bisherige Regelung, § 20 I Nr 6 aF.** – *(1)* Bisher (bei Verträgen vor 1.1.05) waren Zinsen aus LV steuerl zu erfassen (S 1; FG Hess EFG 12, 115, rkr; FG Ddorf EFG 13, 860, rkr; iEinz 31. Aufl); – *(2)* **Ausnahme** durch S 2 (stfrei ua wegen Vorsorge) – *(3)* **Rückausnahmen** (keine Steuerfreiheit) durch S 3 (für „gebrauchte" Versicherungen; FG Mchn EFG 07, 1923, rkr) und S 4 („Finanzierungsversicherung"; BFH VIII R 16/12 juris; ähnl BFH VIII R 49/09 BStBl II 14, 156). – *(4)* Unschädl war die **Ersetzung** (Umschuldung) des Altdarlehens durch ein Neudarlehen, es sei denn höhere Umschuldungsvaluta (BFH VIII R 30/09 BStBl II 14, 153). – *(5)* Besteuerung des Vorbezugs **(Überobligatorium)** aus Schweizer Pensionskasse nach Nr 6 aF (BFH VIII R 31/10 DStRE 15, 844; BFH VIII R 38/10 DStR 15, 1371; *Levedag* HFR 15, 742; Abgrenzung zu BFH X B 142/09 BFH/NV 10, 1275; s auch § 22 Rz 94).

99 **9. Erträge aus sonstigen Kapitalforderungen, § 20 I Nr 7.** – *Schrifttum: Weißbrodt/Michalke,* Sonstige Kapitalforderung iSv § 20 I Nr 7, DStR 12, 1533. – **a) Verfassungsmäßigkeit der Zinsbesteuerung.** Dazu (vor und nach dem 1.1.1993) s 28. Aufl; *Jachmann* DStJG 34 (2011), 251/8; BFH X R 43/05 BFH/NV 11, 772. – Die Vorlage wegen Ungleichbesteuerung von **Leibrentenertragsanteilen** (BFH X R 32–33/01 BStBl II 02, 183) hat das BVerfG verworfen (2 BvL 3/02 DStRE 09, 1292; „Endurteil" BFH X R 32, 33/01 BStBl II 11, 675). Auch ausl Zinseinkünfte sind zu erfassen (dazu BFH I R 81/09 DB 10, 1322; § 32d Rz 14). – Wertsicherungsklausel kann Abzinsung ersetzen (FG Saarl EFG 10, 1506, rkr).

100 **b) Kapitalforderung.** Das ist jede auf eine Geldleistung gerichtete Forderung ohne Rücksicht auf die Dauer der Kapitalüberlassung oder den Rechtsgrund des Anspruchs (BFH 19.4.05 VIII R 80/02, juris; BFH VIII R 35/07 BFH/NV 10, 1793; *KSM* Rz C/7 9; *Weißbrodt/Michalke* DStR 12, 1533) vertragl oder gesetzl, öffentl- oder privatrechtl); eine Kapitalforderung führt idR zu Nutzungs- oder Spekulationserträgen (zB Xetra-Gold; Rz 134), abzugrenzen von der reinen Lieferverpflichtung oder Depotaufbewahrung (§ 23 Rz 27). – Nr 7 ist eine Art Auffangtatbestand; Bezeichnung und zivilrechtl Ausgestaltung sind irrelevant (Nr 7 S 2). Private Kapitalforderungen, die nicht unter § 20 I Nr 1–6, 8, § 21 (Mietzinsen) fallen, werden zinsmäßig von § 20 I Nr 7 erfasst. Zum Ertragsanteil von Renten s § 22 Rz 94.

Die Steuerfreiheit der Forderung erstreckt sich nicht auf die Zinsen (BFH VIII R 64/78 BStBl II 81, 6). Auch sonst teilen Zinsen nicht ohne weiteres das Schicksal der Forderung (zB BFH VI R 227/69 BStBl II 73, 162 zu Bausparzinsen).

101 **c) Beispiele für Kapitalforderungen iSv § 20 I Nr 7. Anleihen** mit schwankenden Zinsen (Kombizins-, step-up-, Gleitzins-Index-, Options-, Floater (Rz 189), Warrants) s *Scheurle* DB 94, 445/502; s auch „Option". – (Rückständiger) **Arbeitslohn** (Anspruch gegen ArbG oder Pensionskasse). – **Ausgleichsleistungen** nach dem AusglLeistG (FG Köln DStRE 15, 28, rkr). – **Bankeinlagen** uä Guthaben bei Kreditinstituten. – **Bausparguthaben** (uU § 21; fragl zu „Null-Zins-Verträgen" *G. Söffing* BB 94, 1827; Guthabenzinsen bei Vorfinanzierung nach *BMF* BStBl I 16, 85 Rz 126 nicht zu besteuern; krit *Dellner* NWB 10, 2444). – **Darlehen** in Geld, auch durch Ges'ter an KapGes (s § 17 Rz 170), nicht an PersGes (§ 15 I Nr 2); zu Darlehen an Angehörige s § 4 Rz 520 „Angehörige" e/cc, zu Darlehen iRe ArbVerh s § 11 Rz 50 „Darlehen". – **DAX-Zertifikate** mit garantiertem Rückzahlungsbetrag (BFH VIII R 79/03 DStR 07, 286; *Gratz* BB 05, 2678; *FinVerw* DB 8/10 M 19), mE in Abgrenzung zu (nicht gesicherten) Discount- und Bonus-Zertifikaten (*FinVerw* DB 07, 716); der BFH unterlässt die insoweit notwendige Differenzierung. – **Edelmetallkonten** (*Mein-*

hardt/Fischler RdF 11, 32). – **Erbauseinandersetzung** grds nicht (BFH X R 187/87 BStBl II 93, 298). – **Finanzinnovationen** s oben „Anleihen", *BMF* BStBl I 93, 343; *Scheurle* DB 94, 445 und 502. – **Genussrechte** (BFH VIII R 20/11 BFH/PR 14, 124; Rz 31). – **Gewinnobligationen** s § 43 I Nr 2. – **Kapitalisierungsgeschäft** iSv § 1 IV 2 VAG (*BMF* I 09, 1172 Rz 4). – **Kaufpreisforderungen** im PV (BFH VIII B 115/13 BFH/NV 15, 200). – **LV-Leistungen** s Rz 92f, § 22 Rz 50f, 94. – **Optionsanleihe:** Doppelerwerb von Anleihe (§ 20) und Optionsrecht (*BMF* BStBl I 16, 85 Rz 6; bisher § 23); BFH I R 102/00 BStBl II 01, 710 hält einheitl Anschaffungsvorgang für mögl (Bedenken s *Groh* DB 02, 860; Rechtsfolgen s *Haisch* DStR 01, 1968). Vgl auch *BMF* BStBl I 16, 85 Rz 6; zu Options- und Finanztermingeschäft s auch *BMF* BStBl I 01, 986. Optionsscheine mit gesicherter Rückzahlung (capped warrants; range warrants) fielen bereits bisher unter Nr 7. – **Ratenverkauf** muss keinen Zinsanteil enthalten (FG Ddorf EFG 15, 127, rkr). - **„Renten"** aus fondsgebundener RV (vgl *Goverts/Schubert* DB 06, 1978/81). – Zinsen auf **Rentennachzahlung** (§ 44 SGB I; BFH VIII R 36/05 BStBl II 08, 292; BFH VIII R 18/12 DStR 15, 2276). – **Scheinerträge (Schneeballsystem)** s Rz 173. – **REX-P-Zertifikate** (*OFD Rhl* DB 07, 716). – **Schuldverschreibungen** (Anleihen, Pfandbriefe, Industrieobligationen; Bundesschatzbrief A), s *Scheurle* DB 94, 445 und 502. – Steuererstattungszinsen s Rz 103. – **Stufenzinsanleihen** s Anleihen; *Storg* BB 04, 2154. – Entgelt für Erb- und Pflichtteils**verzicht** ist nicht stbar, auch kein Zinsanteil (BFH VIII R 57/10 BStBl II 14, 56); entspr auch kein SA-Abzug (FG Mster EFG 12, 1635, rkr). – **Verzugszinsen** s Rz 103. – **Vollrisikozertifikate** mit mehreren Zahlungszeitpunkten (*BMF* BStBl I 16, 85 Rz 8a). – **Wandelanleihen** s § 43 I Nr 2; *Korn* FR 03, 1101 und *BMF* DStR 00, 1227 und BStBl I 01, 206. – **Warentermingeschäfte:** Die Erträge können unter § 20 I Nr 7 fallen (str, FG RhPf EFG 83, 288, rkr). – **Working Interest** (Produktionsbeteiligung; FG Ddorf EFG 13, 295, Rev I R 90/12). – **Zero-Bonds/Stripped Bonds** (keine lfd Verzinsung) *BMF* BStBl FR 97, 319; BGH HFR 97, 855, BFH VIII R 48/88 BStBl II 92, 174; zu Hochzinsanleihen mit Tilgungswahlrecht (Cash-or-Share-Bonds) *Harenberg* NWB F 3, 10713, EStH 20.2. – **Zertifikate mit Auslieferungsanspruch** (*Meinhardt/Fischler* RdF 11, 32). – **Zinsen** aus Geldvermächtnis (FG Ddorf DStRE 14, 458, Rev VIII R 40/13; allg s Rz 103. – Keine KapEinkünfte entstehen bei **„Container-Leasing"** (FG BaWü EFG 10, 486, rkr).

d) Erträge. Erfasst wird das Kapitalnutzungsentgelt, das lfd oder auch einmalig 102
(zB beim Disagio) entrichtet werden kann (nicht die Rückzahlung; *KSM* Rz C/7 30). Erfasst werden (ab 2009) auch Kapitalforderungen, deren volle oder teilweise Rückzahlung weder rechtl noch faktisch garantiert ist **(reine Spekulationsanlagen);** zu diesem Zweck ist durch UntStRefG in Nr 7 S 1 das Wort „gewährt" durch das Wort „geleistet" ersetzt worden. Es ist unschädl, dass die Höhe der Rückzahlung oder des Entgelts von einem ungewissen Ereignis abhängt. Unter Nr 7 fallen künftig auch sonstige Kapitalforderungen, bei denen sowohl die Höhe des Entgelts als auch die **Höhe der Rückzahlung** von einem ungewissen Ereignis abhängen. Hierdurch wird der Anwendungsbereich der Vorschrift wesentl erweitert. – Erträge, die bei Rückzahlung, Einlösung oder Veräußerung realisiert werden, unterliegen der Besteuerung nach Abs II 1 Nr 7 nF. Zu einzelnen (bisher zur Abgrenzung notwendigen) *Fallgruppen* s 28. Aufl. – Unverzinsl Forderungen (zB erbrechtl Ausgleichsforderungen) sind abzuzinsen und in einen Kapital- und einen Zinsanteil aufzuteilen (BFH VIII R 67/95 BFH/NV 97, 175; aber Möglichkeit freiwilliger Zuwendung (BFH VIII B 70/09 DStR 12, 154). – Überpreis für festverzinsl Wertpapiere gehört zu AK (keine negative Einnahme/ Verlust; BFH VIII B 5/14 BFH/NV 15, 1387).

e) Zinsen. Das sind alle laufzeitabhängigen Nutzungsvergütungen für Kapital- 103
überlassung (s BFH VIII R 14/93 BFH/NV 95, 377), jedes wirtschaftl Nutzungsentgelt, gem § 20 I Nr 7 S 2 unabhängig von Bezeichnung, Ausgestaltung, Zahlungsart und Berechnungsgrundlage (Vorwegzahlung, rechnerische Einbeziehung in KapRückzahlung, Berechnung nach ungewissem Ereignis) und unabhängig von der zivilrechtl Wirksamkeit des Vertrages (BFH VIII B 47/01 BFH/NV 02, 780).

Einzelfälle: Verzugszinsen (BFH VIII R 3/09 BStBl II 12, 254); zu **Rücktrittszinsen** s *FinVerw* DStR 01, 1753; zu WK/negativen Einnahmen bei Kaufpreisrückzahlung abl BFH VIII R 56/91 BFH/NV 96, 304; **Prozesszinsen** (BFH VIII R 79/91 BStBl II 95, 121; fragl bei Fremdfinanzierung der StZahlung), nicht aber Dritten zuzurechnende Zinsen (vgl zu

GmbH-Hinterziehungszinsen/WK-Abzug BFH VIII R 83/91 BFH/NV 93, 644). **Scheinerträge** aus betrügerischem *Schneeballsystem* – nach „Ambros"-Grundsätzen – bis zum Zerfall des Systems (FG Mchn EFG 04, 338, rkr; Rz 173). – Zinsen aus **(Enteignungs-)Entschädigungen** (BFH VIII R 306/81 BStBl II 86, 252; FG Mchn EFG 13, 1012, rkr). – **Prozesszinsen** s Rz 103. – Zinsen auf **rückerstattete** Kreditbearbeitungsgebühren (*BMF* BStBl I 16, 85 Rz 8b). – Zum **Disagio** Rz 21, § 9 Rz 92, § 5 Rz 270. Zu Zinsen auf **Anteilserwerb** s § 17 Rz 152. **Marktbedingte Kapitalwertveränderungen** und Tilgungszahlungen **(Kapitalrückzahlung)** sind auch ab 1994 nicht stbar (*Scheurle* DB 94, 445/446, *Schumacher* DStR 96, 1505, BT-Drs 12/6078, 122, *BMF* BStBl I 93, 343, DStR 98, 456, DB 98, 2141). **Reihenfolge der Tilgung** richtet sich im Zweifel nach Schuldnerbestimmung, § 366 I BGB (BFH VIII R 71/71 BStBl II 75, 847), uU nach §§ 366 II, 367 BGB. Die Rspr erfasst nicht nur gesetzl geschuldete und vertragl vereinbarte Zinsansprüche. Abgrenzung zu Zinsverzicht s BFH X R 96/96 BStBl II 99, 217. Zinsanteil bei **Versorgungsleistungen** s § 9 Rz 96, § 10 Rz 147 „Gegenleistung", § 12 Rz 35 ff, § 22 Rz 105. KapEinkünfte bei **vergleichsweise zugerechneten Zinsen,** uU auch ohne rechtl Herausgabeanspruch, s BFH VIII R 68/90 BStBl II 93, 825 und VI R 41/92 BStBl II 94, 228, oder bei nachträgl Vereinbarung (BFH IX R 101/92 BStBl II 94, 348 mit Abgrenzung in VIII R 56/91 BFH/NV 96, 304). Steuerfreiheit s zB § 3 Nr 54. **Keine Zinsen** sind zB Bearbeitungsgebühren, Vermittlungsprovisionen oder Verwahrgebühren („negative Einlagezinsen"; *BMF* BStBl I 15, 473). – **Abzinsung** von Kaufpreisraten (= Aufteilung in Ertrags- und Kapitalanteil), deren Laufzeit mehr als ein Jahr beträgt und die zu einem bestimmten Zeitpunkt fällig werden, auch **ohne Vereinbarung,** selbst bei Ausschluss einer Verzinsung (BFH VIII B 76/96 BFH/NV 98, 963; aA FG Ddorf EFG 15, 127, Rev VIII R 55/14: nur bei Zinsentgelt). – **Steuererstattungszinsen (§ 233a AO):** – ***(1)*** Diese sind (iZm mit nicht abziehbaren Steuern; §§ 233a, 236 AO) nach I Nr 7 S 3 idF JStG 10 (in allen offenen Fällen) zu besteuern (gegen BFH VIII R 33/07 BStBl II 11, 503 [nach *OFD NRW* DStR 15, 2777 keine Bedeutung für KSt/GewSt]); – ***(2)*** zur bisherigen Rechtslage BFH VIII R 105/03 BFH/NV 06, 527; so auch noch BFH IV R 6/08 BFH/NV 11, 430; – ***(3)*** zur (unveränderten) Rechtslage vor 98: BFH VIII R 28/12 juris. – ***(4)*** Die Neuregelung ist verfgemäß (BFH VIII R 36/10 BStBl II 14, 168; BFH VIII R 1/11 BFH/NV 14, 830; BFH VIII R 29/12 BStBl II 14, 998; BFH VIII R 30/13 juris [VerfBeschw 2 BvR 1711/15]; BFH I R 34/13 BFH/NV 15, 167; *OFD Magdeburg* DB 12, 2072; *Schmitz-Herscheidt* jurisPR-StR 49/14 Anm 3; aA *Drüen* Ubg 14, 747); – ***(5)*** die Neuregelung ist auf VZ 09 und **frühere Zeiträume** anwendbar (BFH VIII R 36/10 BStBl II 14, 168). – ***(6)*** Erstattungszinsen auf KSt sind stbar (BFH I B 97/11 BStBl II 12, 697). – ***(7)*** Verzicht auf Erstattungszinsen-Besteuerung, wenn derselbe Vorgang auch Nachzahlungs- auslöst (zB bei BP-Verschiebung; *OFD Nds* DB 14, 571).

104 **f) Zinssatz.** Dieser kann sich aus Gesetz (§ 288 BGB, § 352 HGB, § 238 AO) oder Vereinbarung ergeben. Andernfalls sind 5,5 vH anzusetzen (§ 4 Rz 85; s auch § 22 Rz 76).

110 **10. Diskontbeträge von Wechseln uÄ, § 20 I Nr 8.** Zu den Begriffen s Art 1 Wechselgesetz und § 783 BGB. Der Diskontierung von Wechseln liegt ein Kreditgeschäft zugrunde; als Diskontgeber treten idR Banken auf. § 20 I Nr 8 erfasst Diskontabschläge *vor* Fälligkeit. Zinsen iSv Art 5 WG fallen unter § 20 I Nr 7; Bilanzierung s BFH I R 92/94 BStBl II 95, 594. Keine KapESt (idR gewerbl Einkünfte).

111 **11. Vergleichbare Bezüge aus Sondervermögen iSv § 1 I Nr 3–5 KStG, § 20 I Nr 9. – a) Hintergrund der Regelung.** Im Halb-/Teileinkünfteverfahren ist die angestrebte Ertragsteuerbelastung nur sichergestellt, wenn die bei der Körperschaft mit 15/25 vH vorbelasteten Gewinne nach Ausschüttung bei einem Letztempfänger zur Hälfte/zu 60 vH erfasst werden. Bei stpfl Körperschaften, die nicht ausschütten können, fehlt die **Nachbelastung.** Dies wird dadurch ausgeglichen, dass die offene oder verdeckte Weitergabe von Gewinnen, nicht aber die Rückgewähr von Einlagen iSv § 27 KStG beim Anteilseigner auch ohne Ausschüttung iSv § 20 I Nr 1 wie eine solche besteuert wird (*HHR* Anm 340).

112 **b) Ausschüttungsähnl Nutzungserträge.** Erfasst werden wie auch sonst bei § 20 – subsidiär – nur ausschüttungsähnl Nutzungserträge (Klarstellung durch UntStFG), nicht etwa sonstige satzungsmäßige Vereinsleistungen. Zum steuerl Einlagenkonto nach § 27 KStG s *BMF* BStBl I 03, 366; *Dötsch/Pung* DB 03, 1345.

c) Leistende. Das sind stpfl **Körperschaften iSv § 1 I Nr 3–5 KStG,** zB Versicherungsvereine auf Gegenseitigkeit, sonstige juristische Personen des Privatrechts sowie nichtrechtsfähige Vereine, Anstalten, Stiftungen ua Zweckvermögen des privaten Rechts. 113

d) Stiftungen. Hier werden alle (wiederkehrenden oder einmaligen) Leistungen erfasst, die an den Stifter, seine Angehörigen oder deren Abkömmlinge ausgekehrt werden (*BMF* BStBl I 06, 417; BFH I R 98/09 BStBl II 11, 416; FG SchlHol EFG 09, 1558, rkr; *Jahn/Oppel* DB 11, 1187; *Haas* DStR 10, 1011; *Lange* Forum StR 14, 234; zur Auskehrung von Liquidationsvermögen FG BaWü 5 K 3703/11, Rev VIII R 30/15); Sonderregelung für gemeinnützige Stiftungen in § 22 Nr 1 S 2 Buchst a (BFH X R 41/12 FR 15, 44); für Einschränkung bei Auflösung *Desens/Hummel* DStZ 11, 710. – Nr 1 S 2, 3 und Nr 2 gelten entspr. – Erstreckung auf ausl Einrichtungen durch S 2 (JStG 10; BR-Drs 318/10, 77); zB Leistungen eines trusts (*Werder/Wystrcil* BB 15, 412). – Zu Auswirkungen der AbgeltungSt auf Spender und Stiftungen *Müller/Spanke* BB 10, 2342. – § 22 Rz 68. 114

12. Gewinntransfer von Betriebe gewerbl Art, § 20 I Nr 10. Die Vorschrift regelt den Gewinntransfer an steuerbefreite Trägerkörperschaften (zB Sparkasse, Versorgungsbetrieb), Eigenbetrieben (zB Abfallentsorgung) und wirtschaftl Geschäftsbetrieben (zB Druckerei eines Berufsverbandes). 115

Verwaltung: *BMF* 9.1.15 BStBl I 15, 111 (ersetzt BStBl I 02, 935, 05, 831); *BayLfSt* DB 05, 2217 (Regiebetriebe); *OFD Mster* DB 09, 1788; *BMF* 4.5.09 IV C 7 – S 2720/0 (nv).

Schrifttum (vor 2010 s Vorauflagen): *Strahl* KÖSDI 10/17064/73; *Schüttler* zu BMF BStBl I 15, 111, DStR 15, 983 .

a) Hintergrund der Regelung. Dieser entspricht dem von § 20 I Nr 9 (s Rz 111). § 20 I Nr 10 bildet die Rechtsgrundlage für die grds auf den StAbzug beschr StPfl (vgl § 2 Nr 2, § 5 II Nr 1 KStG); krit *Hüttemann* FR 09, 308: unnötig kompliziert und auf reinen Fiktionen beruhende KapESt-Tatbestände. Der Systemwechsel vom Anrechnungs- zum Halb-/Teileinkünfteverfahren hätte ohne den neuen Steuertatbestand zu einer ungerechtfertigten Steuerreduzierung geführt, da die hälftige Besteuerung auf der Ebene natürl Personen entfällt; sie wird durch die Fiktion der Ausschüttung verwendbarer Gewinne nach § 20 I Nr 10b und die KapEStPfl nach § 43 I Nr 7c ersetzt. Erfasst werden die nicht in die Rücklage eingestellten Gewinne.

b) § 20 I Nr 10 Buchst a. Sachl erfasst Nr 10 Buchst a alle (Einnahmen aus) Leistungen der stpfl Betriebe gewerbl Art (von juristischen Personen döR) **mit** eigener Rechtspersönlichkeit (*BMF* BStBl I 15, 111; KStR 6 III 1; *HHR* Anm 350) an ihre (nicht stpfl) Trägerkörperschaften; wie § 20 I Nr 9 nur ausschüttungsähnl Leistungen ohne Rückzahlungen aus dem steuerl Einlagenkonto iSv § 27 KStG (*BMF* BStBl I 15, 111 Rz 13); Nr 1 S 2, 3 und Nr 2 gelten entspr. – Die Beteiligung einer juristischen Person döR an einer PersGes ist ein Betrieb gewerbl Art (*Schiffers* DStZ 14, 675/85). 116

c) § 20 I Nr 10 Buchst b. – aa) Gewinne und vGA. Auch von Betrieben gewerbl Art *ohne* eigene Rechtspersönlichkeit erzielte (nicht den Rücklagen zugeführte; *BMF* BStBl I 15, 111 Rz 33f; FG Hess EFG 15, 1274, Rev I R 28/15) Gewinne und vGA (auch Sondervergütungen; keine Minderung durch Liebhabereiverluste) führen bei der Trägerkörperschaft zu Einkünften aus KapVerm (**S 1;** BFH I R 52/13 DStRE 15, 1172; FG Mchn EFG 15, 1950, Rev I R 64/15; iEinz *BMF* BStBl I 15, 111 Rz 16f; *Bott* DStZ 15, 112; *Schiffers* DStZ 15, 144; *Schüttler* DStR 15, 983/5; zur Entstehung der KapESt *BMF* BStBl I 15, 111 Rz 59). Erfasst wird durch die Verweisung auf § 22 IV UmwStG auch der Verkauf einbringungsverbundener Anteile iRe wirtschaftl Geschäftsbetriebes, zB durch einen Berufsverband; die Einlagerückgewähr ist entspr Nr 1 S 3 wiederum ausgenommen **(S 5).** Für **Rundfunk-Werbesendungen** wird der Gewinn fingiert ($^3/_4$ des Einkommens iSv § 8 I 2 KStG; **S 3**). Vorausgesetzt wird das Überschreiten bestimmter Grenzen (S 1); der StSatz beträgt (einschließl SozZ) 15,825% (*BMF* BStBl I 15, 117

111 Rz 63). Betroffen sind nach S 1 und S 4 in erster Linie Gewinne von (kommunalen) **Eigenbetrieben** (steuerl ggf Betriebe gewerbl Art) ohne eigene Rechtspersönlichkeit und von **wirtschaftl Geschäftsbetrieben** (§ 14 AO) kstfreier (gemeinnütziger) Körperschaften, Personenvereinigungen oder Vermögensmassen (*BMF* BStBl I 15, 111 Rz 16f; *BMF* 2.2.16 mit Einzelheiten; *Bott* DStZ 15, 112); zur KapESt § 43 Rz 51. S 6 regelt die weitere Anwendung des S 1 für einbringungsgeborene Anteile (BT-Drs 18/1529, 53).

BFH I R 108/09 BStBl II 13, 328: Der Gewinn des Betriebs gewerbl Art (BgA) führt grds zu KapEinkünften, es sei denn Rücklagenzuführung; KapESt also erst bei Ausschüttung (*Schüttler ua* DStR 12, 1069). Auflösung von Rücklagen führt zu KapEinkünften. Bei Verwendung des steuerl Einlagekontos liegen keine KapEinkünfte vor; der Ausschüttungsbeschluss führt zum Abfluss beim Betrieb gewerbl Art. Bei Eigenbetrieben muss Haushaltsüberführung beschlossen sein. Herabsetzung des Nennkapitals kann stfreie Einlagenrückgewähr sein.

Keine KapESt bei von der KSt befreiten Betrieben gewerbl Art (zB originärer Forschungsbereich von staatl Hochschulen; *Strahl* KÖSDI 10, 17064/74 mwN, str). – Die Auflösung von **Rücklagen** zu nicht betriebl Zwecken führt zu einem Gewinn **(S 2 HS 1)**; bei Einbringung und Formwechsel gelten die Rücklagen als aufgelöst **(S 2 HS 2).** – Vgl zur Gewinnermittlung der Betriebe gewerbl Art und der Anwendung der §§ 140 ff AO *BMF* BStBl I 13, 59; *Stapelfeld/Heyer* DB 03, 1818. – Zeitgleicher Gewinnbezug bei Betrieb gewerbl Art und Trägerkörperschaft (BFH I R 105/05 BStBl II 07, 841); keine Anwendung von BFH GrS 2/99 BStBl II 00, 632.

118 **bb) Mittelreservierung.** Ausgenommen sind gem Nr 10 Buchst b S 1 Gewinne, die zul Rücklagen (für bestimmte Vorhaben) zugeführt werden (*BMF* BStBl I 05, 831: Zufluss erst bei Auflösung; *Kessler ua* BB 04, 2325) sowie die Auflösung solcher Rücklagen zu betriebl Zwecken (Umkehrschluss aus **S 2**); ähnl für Gewinne einer an einer MUerschaft beteiligten juristischen Person döR (*OFD Mster* DB 09, 1788). Die Gewinnermittlung erfolgt wohl nach Abzug von KSt und GewSt sowie von nicht als BA abziehbaren Ausgaben iSv § 10 KStG. Rücklagenfähig ist (nur) der Betrag, der sich nach Verrechnung mit handelsrechtl Verlustvorträgen ergibt (*FinVerw* DStR 04, 355). Kein Verlustvortrag bei einem **Regiebetrieb** (kommunales Unternehmen; BFH I R 18/07 BStBl II 08, 573; BFH I R 77/11 BStBl I 15, 161; *Schüttler/Spielmann* DStR 14, 1365), keine Auflösung der Rücklagen bei Einbringung in KapGes zu Buchwerten (FG Mster EFG 13, 619, Rev VIII R 75/13).

119 **13. Stillhalterprämien des Stillhalters, § 20 I Nr 11** (*BMF* BStBl I 16, 85 Rz 9–47; *Weber-Grellet* DStR 13, 1412/4; *Dahm/Hamacher* DStR 14, 455/61). – **a) Hintergrund.** Bislang unterlag die Stillhalterprämie („Risikozins" für Preisgarantie; „passives Entgelt") für die Einräumung (= Verkauf) einer Option der Besteuerung nach § 22 Nr 3 (BFH IX R 40/06 BStBl II 07, 608; FG Mchn DStRE 12, 1250, rkr; *Heuermann* DB 04, 1848; *OFD Mster* DB 07, 2565; krit *Zeller* DB 04, 1522). Nach dem UntStRefG werden ab 2009 alle Finanzinstrumente einheitl von § 20 erfasst. Dabei wird nur der beim Stillhalter nach Abschluss eines Gegengeschäfts (Glattstellung) verbliebene Vermögenszuwachs der Besteuerung unterworfen (Nettoprinzip). Zur Neuregelung *Wagner* DStZ 07, 748. – Inhalt eines Optionsgeschäftes (Rz 135 f) ist der Erwerb oder die Veräußerung des Rechts, eine **bestimmte Menge eines Basiswertes** (insb Aktien, Indizes oder festverzinslichen Wertpapieren) jederzeit während der Laufzeit der Option zu einem im voraus vereinbarten Preis (Basispreis) entweder vom Kontrahenten (Stillhalter) zu kaufen oder an ihn zu verkaufen (BReg-E BR-Drs 220/07, 87) oder stattdessen Auszahlung der Kursdifferenz **(Barausgleich)** zu verlangen; Barausgleich von Bruchteilen führt zu KapErtrag (*BMF* BStBl I 16, 85 Rz 106).

Beispiele: Kaufoption zu 100 bis 31.3.; Preis am 20.2.: 110. Der Optionsinhaber hat eine Preisgarantie und kann weiterhin zu 100 kaufen. – Verkaufsoption zu 100 bis 31.3.; zum 20.2. ist der Preis auf 80 gesunken. Der Absatzpreis ist für den Optionsinhaber gesichert.

b) Stillhalterprämie. Das ist das Entgelt, das der Stillhalter als Gegenleistung für die Bindung und die Risiken, die er durch die Begebung des Optionsrechts eingeht, unabhängig vom Zustandekommen des Wertpapiergeschäfts (vom Optionsinhaber) allein für das Stillhalten erhält. Der Stillhalter kann (wirtschaftl) maximal einen Gewinn iHd Prämie erzielen (keine Erhöhung um KSt; BFH I R 38/12 juris), der Verlust ist prinzipiell unbegrenzt; der Optionsinhaber erzielt maximal einen Verlust iHd Prämie, der Gewinn ist unbegrenzt. – ***(1)* Glattstellung.** Sie liegt vor, wenn der Stillhalter eine Option (an der EUREX) der gleichen Serie unter Closing-Vermerk kauft, wie er sie zuvor verkauft hat (BR-Drs 220/07, 87; „Gegengeschäft"). Bei einem Glattstellungsgeschäft mindern sich die Einnahmen aus den Stillhalterprämien um die im Glattstellungsgeschäft gezahlten Prämien (§ 20 I Nr 11 Hs 2; *BMF* BStBl I 01, 986, Rz 6); mE keine Beschränkung nur bis auf 0 (so auch *Zentraler Kreditausschuss* FinA Prot 16/57, 238; str). Zu *Glattstellungsgeschäften* vor UntStRefG s 29. Aufl. – ***(2)* Barausgleich.** Der von dem Stillhalter zu leistende Barausgleich (wenn Lieferung des Basiswerts nicht vorgesehen; der Sache nach Veräußerung eines WG mit Verlust) konnte nach der **bisherigen Regelung** (kein WK-Abzug) steuerl nicht geltend gemacht werden („Trennungstheorie"; BFH IX R 68/07 BStBl II 08, 522; BFH IX B 179/09 BFH/NV 10, 1627 [gg FG Mchn EFG 09, 2035; aufgehoben durch BVerfG 2 BvR 1710/10 DStR 10, 2296, wegen Verletzung von Art 19 IV GG; zust *Haisch/Helios* FR 11, 88]; *BMF* BStBl I 16, 85 Rz 26, 34; *Haisch/Krampe* FR 10, 311/4; krit *Philipowski* DStR 10, 2283; zu Altverlusten § 22 Rz 146; zur Rechtslage ab 2009 *Harenberg* FR 08, 882). – Zur Übergangsregelung für **„Altverluste"** aus Stillhaltergeschäften s § 23 Rz 98. 120

Beispiel: StPfl verkauft (als Stillhalter) Kaufoptionen. Prämie 340 870 €; Barausgleichszahlungen iHv 556 720 €. Nach BFH IX R 68/07 BStBl II 08, 522 keine WK; getrennte Behandlung von Stillhalterprämie (§ 22 Nr 3; nun § 20 I Nr 11) und Cash-Settlement (Barausgleich; § 23); mE nicht überzeugend (ebenso *KSM* § 43 Rz Ja 10; *Philipowski* DStR 11, 1298).

Nach der **Neuregelung** (§ 20 I Nr 11 HS 2) mindern sich die Einnahmen aus den Stillhalterprämien um die im Glattstellungsgeschäft gezahlten Prämien, wenn der Stillhalter ein Glattstellungsgeschäft abschließt (FG Nds EFG 14, 541, Rev VIII R 55/13; *Aigner/Balbinot* DStR 15, 198; *K/von Beckerath* Rz 116). Das **WK-Abzugsverbot** (Rz 204) gilt insoweit nicht: § 11 II ist nicht anwendbar (BFH I R 38/12 juris) – Zur Veräußerung von Optionen s § 20 II Nr 3.

III. Veräußerungsgewinne, § 20 II

Schrifttum (vor 2011 s Vorauflagen): *Intemann/Zöller,* Handbuch privater KapEinkünfte 2015, Rz 227 f. – *Kellersmann,* Behandlung unrealisierter KapVermEinbußen bei der AbgeltungSt, FR 12, 57. – **Verwaltung** (vor 2008 s Vorauflagen): *BMF* 13.6.08 DStR 08, 1236 (AbgeltungSt); *BMF* BStBl I 16, 85 (AbgeltungSt); s auch vor § 32d; *OFD Ffm* DStR 15, 2554 (vermögensverwaltende PersGes).

1. Veräußerungs- und Einlösungstatbestände; Finanzinnovationen. Abs 2 idF UntStRefG regelt (iR ab VZ 2009; iEinz § 52 Abs 28 S 11f), dass neben den Einnahmen aus den in Abs 1 aufgeführten Kapitalanlagen künftig auch die Wertzuwächse, die dem StPfl durch die **Veräußerung der Kapitalanlagen** – unabhängig von der Haltedauer dieser Anlagen im PV – oder nach dem **Abschluss eines Kapitalüberlassungsvertrags** zufließen, der ESt unterliegen (Rz 2); zur **Berechnung** s § 20 IV (Rz 161 ff). – Die gescheiterte Veräußerung ist keine Veräußerung (FG Hbg GmbHR 14, 1109, rkr; § 23 Rz 49). – Um zu gewährleisten, dass die auszahlenden Stellen – vor allem die Kreditinstitute – den StAbzug nach § 43 vornehmen können, ist die Aufzählung der einzelnen für den StAbzug maßgebenden Geschäftsvorfälle notwendig (BR-Drs 220/07). Veräußerung ist die entgeltl Übertragung von KapVerm, auch Tausch (*BMF* BStBl I 16, 85 Rz 64/5, 66a, Rz 324 zu Umschuldung); als Veräußerung erfasst wird auch die Einlösung, 126

Rückzahlung, Abtretung und verdeckte Einlage (§ 20 II 2); es gilt ein „weiter Veräußerungsbegriff" im Hinblick auf die umfassende Besteuerung von Kapitalanlagen (*BMF* BStBl I 16, 85 Rz 59). Es soll keine Veräußerung vorliegen, wenn die Transaktionskosten den Veräußerungspreis übersteigen (*BMF* BStBl I 16, 85 Rz 59); dogmatisch zieml zweifelhaft. – Der Forderungsausfall soll keine Veräußerung sein (FG Ddorf BB 15, 1639, Rev VIII R 13/15; *BMF* BStBl I 16, 85 Rz 60/1, *Dötsch/Pung* EStG § 20 Rz 274: weiterhin nur § 17 IV); eine Veräußerung soll nicht vorliegen, wenn der Veräußerungspreis die tatsächl Transaktionskosten nicht übersteigt (*BMF* BStBl I 16, 85 Rz 59). – Dagegen spricht: (1) Einbeziehung der Vermögensphäre; (2) Vorgang zumindest veräußerungsähnl; (3) Aufwand für wertlos gewordene Optionen auch abziehbar (Rz 133; krit auch *Knoblauch* DStR 13, 798; *Hahne* BB 15, 1640). - Zur Rechtslage vor der AbgeltungSt (Unbeachtlichkeit von Kursschwankungen im PV) s BFH VIII R 58/07 BStBl II 11, 491. – Zu unterscheiden ist seit dem 1.1.09 zw der Übertragung auf einen anderen Gläubiger (Veräußerung) und der Übertragung auf ein anderes Kreditinstitut (§ 43a II 3; *Hofrichter* SteuK 10, 177). – Veräußerung ist auch die Einbringung in PersGes (*Brunsbach/Mock* BB 13, 1051); zu Anteilstausch s Rz 163. – Zur Berücksichtigung von Altverlusten infolge des Systemwechsels s § 23 Rz 7. – Zur Rückabwicklung § 23 Rz 49.

Zu § 20 II 1 aF: Bisher erfasste § 20 II nur bestimmte **„Einnahmesurrogate"** aus der **Veräußerung von Erträgen** (26. Aufl Rz 171 ff); die grds Unterscheidung zw Ertrags- und Vermögensebene blieb gewahrt (so auch BFH VIII R 97/02 DB 07, 437; *Jachmann* BB 07, 1137). Erfasst werden sollten die Fälle, in denen an sich stbare Nutzungserträge in nicht stbare Wertzuwachsleistungen (wie im Fall der [im Voraus bestimmten und vorrangigen] **Emissionsrendite**) „umgewandelt" wurden (s 26. Aufl § 20 Rz 180–184 mit Beispielen, auch zur Berechnung der Markt- und der Emissionsrendite (Einzelheiten in BFH VIII R 40/10 BFH/NV 13, 346; BFH VIII R 28/11 BStBl II 15, 276; BFH VIII R 54/12 BStBl II 15, 693; FG Köln EFG 15, 1369, rkr). – Genussrechts-Veräußerung nicht stbar, wenn Rückzahlung unsicher (FG BaWü EFG 15, 396, rkr); anders Entschädigung für Ablösung von Genussscheinen (BFH VIII R 4/12 BStBl II 15, 647; mE anders nach neuem Recht). – Der Überschuss aus der Veräußerung von Indexzertifikaten mit garantierter Mindestrückzahlung ist nur hinsichtl des Teils stbar, der der garantierten Mindestrückzahlung zuzuordnen ist (BFH VIII R 53/05 BStBl II 08, 563; entspr bei Verlusten, FG Ddorf EFG 15, 295, Rev VIII R 48/14). - Die (negative) **Marktrendite** (Ermittlung nach der Differenzmethode) war nicht (gem § 20 II 1 Nr 4 S 2 aF) einkommensmindernd anzusetzen, soweit Zinsertrag und Rückzahlungsbetrag trennbar waren (BFH IX R 38/11 BStBl II 13, 1021; *Jachmann* HFR 13, 1107; *Moritz* DB 14, 459; ähnl FG Ddorf EFG 13, 1216, rkr; FG Ddorf EFG 13, 1217, Rev VIII R 31/13; FG Köln EFG 13, 1325, rkr); „Floater" sind keine echte Finanzinnovationen; Trennung zw Kapitalstamm und Zinscoupon mögl (BFH VIII R 42/12 BStBl II 14, 319; FG Mster EFG 13, 687, Rev VIII R 22/13). Hat ein Papier eine (bezifferbare) **Emissionsrendite,** ist diese anzusetzen (BFH IX R 38/11 BStBl II 13, 1021; BFH VIII R 28/11 BStBl II 15, 276; *Jachmann* jurisPR-StR 49/13 Anm 3). Einkünfte aus der Veräußerung von Zero-Kupon-Wandelschuldverschreibungen führten zu Einnahmen (FG Mster EFG 13, 1754, Rev VIII R 49/13; *Haisch* RdF13, 346), nicht hingegen Einkünfte aus sog. Nachranganleihen (FG Ddorf EFG 14, 993, Rev VIII R 70/13; aA *Haberland* BB 14, 2328; *Danz* RdF 14, 260).

127 **2. Gewinn aus der Veräußerung von Anteilen an einer Körperschaft iSd Abs 1 Nr 1, § 20 II 1 Nr 1.** – ***(1)*** **Grundfall.** Nach Nr 1 S 1 ist (ab 2009; s Rz 1) die Veräußerung der Anteile an Körperschaften (zB AG, GmbH), die von einem StPfl in seinem PV gehalten werden, unabhängig von der bisher geltenden Veräußerungsfrist von zwölf Monaten stbar. – § 17 geht vor (§ 20 VIII); ggf ist der (bei der KapESt berücksichtigte Gewinn/Verlust zu korrigieren (*BMF* 16.12.14 BStBl I 15, 24). – Maßgebl ist (für StAbzug, Verlustabzug, Freistellung) der zivilrechtl Vertragsabschluss (*BMF* 13.6.08 DStR 08, 1236/7); zum Kauf girosammelverwahrter Aktien BFH I R 2/12 DStR 14, 2012; *Anzinger* RdF 12, 394/402; *Demuth* DStR 13, 1116; *Rau* DStR 15, 2048. – ***(2)*** **Weitere Fälle.** Ebenso unterfallen dieser Regelung der Austritt aus einer Erwerbs- oder Wirtschaftsgenossenschaft sowie die Veräußerung von Anteilen an Ges, die gesellschaftsrechtl ausl

Recht unterliegen (krit *Klose* FR 13, 21; s auch § 17 Rz 101). – ***(3)* Ähnl Beteiligungen.** Nach S 2 erfasst wird die Veräußerung von Genussrechten, von ähnl Beteiligungen iSv S 1 und von Anwartschaften auf Anteile iSv S 1. **Genussrechte** sind – entspr § 17 I 3 – Forderungsrechte gegen eine KapGes, die eine Beteiligung am Gewinn und Liquidationserlös sowie evtl zusätzl Rechte wie zB eine feste Verzinsung gewähren. **Ähnl Beteiligungen** sind insb Anteile an einer VorGes, die nach Abschluss des GmbH-Vertrages vor Eintragung in das HR besteht. **Anwartschaften** auf solche Beteiligungen sind hier grds alle dingl oder schuldrechtl Rechte auf den Erwerb eines Anteils einer Körperschaft (zB Bezugsrechte, die einen Anspruch auf Abschluss eines Zeichnungsvertrages begründen, oder Wandlungsrechte aus Schuldverschreibungen iSd § 221 I AktG. **Umtausch** von American Depository Receipts (ADR; Hinterlegungsscheine; Rz 31) in dahinter stehende Aktien soll keine Veräußerung sein (*BMF* BStBl I 16, 85, Rz 68, 123); anders wohl bei Änderung der Bedingungen, etwa beim Umtausch von Griechenland-Anleihen (iEinz *BMF* BStBl I 12, 306; *Weyde/Steinbiß* RdF 12, 409). – ***(4)* Anwendung.** Anwendbar ist Nr 1 erstmals auf Gewinne aus der Veräußerung von Anteilen, die nach dem 31.12.08 erworben werden (§ 52 Abs. 28 S 11). – ***(5)* Einziehung.** Die Veräußerung von Aktien liegt auch vor, wenn iRe Insolvenzverfahrens Aktien eingezogen werden (BFH IX R 57/13 BFH/NV 15, 1364).

3. Isolierte Veräußerung von Dividenden- und Zinsscheinen, § 20 II 1 Nr 2. Nr 2 idF UntStRefG entspricht der bisherigen Regelung, nach der die Veräußerung von Dividendenscheinen ohne das Stammrecht sowie die isolierte Veräußerung von Zinsscheinen oder Zinsforderungen stbar ist. – **a) Dividendenscheine (§ 20 II 1 Nr 2a).** – ***(1)* Vor Gewinnverteilungsbeschluss.** Der Stammrechtsinhaber (zB der Aktien), der vor Gewinnverteilungsbeschluss **Dividendenscheine** ohne das Stammrecht veräußert, erzielt vorgezogene KapEinkünfte iSv § 20 II 1 Nr 2a S 1; diese Besteuerung ersetzt die nach Abs 1 (**gesetzl Surrogation;** s BT-Drs 12/5016, 87 im Anschluss an BFH I 250/64 BStBl II 69, 188 und BFH VI R 301/67 BStBl II 70, 212); § 20 II 1 Nr 2a 2 soll nach *BMF* BStBl I 13, 939 nicht sperren, wenn die tatsächl Besteuerung des Veräußerungserlöses unterbleibt (fragl; aA *Wiese/Berner* DStR 13, 2674; *Helios/Klein* FR 14, 110). – ***(2)* Nach Gewinnverteilungsbeschluss.** Bei Veräußerung *nach* Gewinnverteilungsbeschluss dagegen Zurechnung des Dividendenertrages nach allg Zurechnungsgrundsätzen. – Zur (unechten) **Forfaitierung** von Ausschüttungsansprüchen durch juristische Personen döR *OFD Mster* DB 06, 2092. – Zu Leerverkäufen *Mikus/Sandkühler* DB 09, 1320. – ***(3)* Steuerausländer.** Veräußerung durch StAusländer verlangt wirksame Übertragung (*BMF* BStBl I 13, 939). – ***(4)* Konkurrenz.** Die (tatsächl) Besteuerung der isolierten Veräußerung des Dividendenanspruchs nach Nr 2 tritt nach S 2 an die Stelle der Besteuerung nach § 20 I (eingefügt durch Kroat-AnpG; *Paintner* DStR 14, 1621; BT-Drs 18/1529, 53). 128

b) Zinsscheine. – § 20 II 1 Nr 2b S 1 erfasst die isolierte Veräußerung von Zinsscheinen und Zinsforderungen (Ertragsveräußerung vor Fälligkeit von Schuldverschreibungen uä KapForderungen) durch den derzeitigen oder ehemaligen Inhaber („vorgezogene Zinserträge"; *BMF* BStBl I 13, 1506 iZm DBA-Luxemburg). – Bei Veräußerung nach Fälligkeit entsteht mE bereits vorher Zinsertrag nach § 20 I Nr 7. Weitere „Ertragserwerber" fallen nicht unter diese Vorschrift (nicht „Inhaber oder ehemaliger Inhaber der Schuldverschreibung"); sie versteuern bei Einlösung oder Weiterveräußerung nur etwaigen Mehrertrag. Bei Minderertrag wohl entspr negative Einnahmen (s Rz 24). – Entsprechendes gilt für die **Endeinlösung** durch den ehemaligen Inhaber (S 2), zB Stripped Bonds. – S 1 und 2 gelten entspr bei **Abtretung von Ertragsansprüchen,** wenn die dazugehörigen Anteilsrechte oder Schuldverschreibungen nicht in einzelnen Wertpapieren verbrieft sind (S 3) und bei der Abtretung von Zinsansprüchen aus Schuldbuchforderungen, die in ein öffentl Schuldbuch eingetragen sind (S 4). 129

4. Gewinn aus Termingeschäften, § 20 II 1 Nr 3

Schrifttum (Aufsätze vor 2014 s Vorauflagen): *Haisch,* Derivatebesteuerung im PV ab 2009, 2010. – *Dahm/Hamacher,* Termingeschäfte im EStG – Eine Besteuerungsruine, DStR 14, 455; *Hensel,* Besteuerung der Termingeschäfte …, RdF 14, 308; *Aigner/Balbinot,* Die Besteuerung des Stillhalters von Optionsgeschäften, DStR 15, 198. – **Verwaltung:** *BMF* BStBl I 16, 85 Rz 9–47.

131 **a) Entwicklung; erstmalige Anwendung.** – ***(1)*** Nr 3 regelt (neben Abs 1 Nr 11) umfassend die Besteuerung der **Wertzuwächse aus Termingeschäften,** da nach UntStRefG ab 2009 alle Finanzinstrumente einheitl nach § 20 besteuert werden (*HHR* Anm 470). Besteuerungsgrund ist die **„Abschöpfung des Spekulationsgewinns";** der ‚Gewinn' umfasst auch **Verluste** (§ 4 Rz 2; zum beschr Verlustabzug Rz 186f). § 20 I Nr 11 ist mE ein „ausgegliederter Spezialfall" des Abs 2 S 1 Nr 3 (*Weber-Grellet* DStR 13, 1412/4); diese Aufspaltung ist bedenkl (so auch *Aigner/Balbinot* DStR 15, 198). Nach § 2 II Nr 1 WPHG sind Termingeschäfte **Festgeschäfte oder Optionsgeschäfte,** die zeitl verzögert zu erfüllen sind und deren Wert sich unmittelbar oder mittelbar vom Preis oder Maß eines Basiswertes ableitet. Allg fallen bei Termingeschäften Abschluss und Erfüllung zeitl auseinander; der Erfolg des Geschäfts hängt von den Preisbewegungen auf den Terminmärkten ab. Nach der bisherigen Regelung des § 23 I 1 Nr 4 (vor UntStRefG; dazu 26. Aufl § 23 Rz 24, 29; BFH IX B 154/10 BStBl II 12, 454) war der Wertzuwachs bei einem Termingeschäft ledigl stbar, wenn der Zeitraum zw dem Erwerb und der Beendigung des Rechts weniger als zwölf Monate betrug. Künftig sind die entspr Wertzuwächse unabhängig vom Zeitpunkt der Beendigung des Rechts stbar **(Nr 3 Buchst a);** dementsprechend hat der IX. Senat ausdrückl betont, dass die bisherigen Maßstäbe nicht für die AbgeltungSt gelten (BFH IX B 154/10 BStBl II 12, 454); zum Verlustabzug FG Mchn 15 K 2243/13, Rev VIII R 35/15. Das gilt nach **Nr 3 Buchst b** auch für die Veräußerung aus dem PV eines als Termingeschäft ausgestalteten Finanzinstruments, zB einer Verkaufs- oder Kaufoption (*BMF* BStBl I 16, 85 Rz 21–31). – ***(2)*** Nr 3 ist erstmals auf Gewinne aus Termingeschäften bei Rechtserwerb nach dem 31.12.08 anwendbar (§ 52 Abs 28 S 12).

132 **b) Begriffsmerkmale.** – ***(1)*** Das Termingeschäft ist künftig zu erfüllen (Gegensatz: Kassageschäfte; *Dahm/Hamacher* DStR 08, 1910/1); – ***(2)*** das Termingeschäft kann Options- oder Festgeschäft oder Kombination (dazu *Altvater/Buchholz* RdF 15, 132) sein; – ***(3)*** der Preis hängt unmittelbar oder mittelbar ab von *(a)* dem Börsen- oder Marktpreis von Wertpapieren, *(b)* dem Börsen- oder Marktpreis von Geldmarktinstrumenten, *(c)* dem Kurs von Devisen oder Rechnungseinheiten, *(d)* Zinssätzen oder anderen Erträgen, *(e)* dem Börsen- oder Marktpreis von Waren oder Edelmetallen. – ***(4)*** Unerhebl ist, ob das Termingeschäft in einem Wertpapier verbrieft ist und ob es an einer amtl Börse oder außerbörsl abgeschlossen wird. – ***(5)*** Termingeschäfte können auch – ohne Leistungsaustausch und ohne Umsatz von WG – wettgleich und spekulativ ledigl auf einen Differenzausgleich zw dem Wert der Position bei Erwerb und dem Wert bei Beendigung gerichtet sein (BFH IX R 73/00 BFH/NV 05, 51; ausführl ***BMF*** BStBl I 01, 986 mit vielen Einzelbeispielen zu den verschiedensten Kauf- und Verkaufsoptionen, Kombigeschäften und Optionsanleihen mit steuerl Auswirkungen bei Ausübung, Verkauf oder Verfall). – ***(6)*** **Arten.** Zu den Termingeschäften gehören insb **Optionsgeschäfte** (bedingte, halbseitig verpflichtende Termingeschäfte), **Swaps/Forwards** (Austausch unterschiedl Zahlungsmodalitäten, zB in Bezug auf Zinsen, Währungen; BFH X R 13/12 BStBl II 15, 177 [zu § 15 IV 3]; FG BaWü DStRE 15, 270, Rev IV R 20/13; BFH IX R 13/14 BStBl II 15, 827; *BMF* BStBl I 16, 85 Rz 40f; *Weber-Grellet* RdF 14, 56/60; *Johannemann/Reiter* DStR 15, 1489), **Devisentermingeschäfte** oder **Futures** (standardisierte Geschäfte über den Kauf/Verkauf unterschiedl Basisgüter; zB Finanz-, Warenterminkontrakte); s *BMF* DStR 08, 1236/40; *BMF* BStBl I 16, 85 Rz 36, 38; *Hamacher/Hahne* Status: Recht 12/07, 370; *Dahm/*

Hamacher DStR 14, 455/6; § 5 Rz 270 „Finanzprodukte". – Zu Contracts for Difference (CfD) *Haisch* DStZ 10, 61: Besteuerung nur des finalen **Differenzausgleichs.** Keine Termingeschäfte sind Indexzertifikate (BFH IV R 53/11 BStBl II 15, 483; *Reislhuber* RdF 12, 65) und Knock-out-Zertifikate (*Haisch* RdF 15, 44: Kassa-Geschäft; aA wohl BFH IX R 20/14 DB 16, 150).

c) Realisierung des Termingeschäfts. Das geschieht entweder durch – 133
(1) **Differenzausgleich** (Nr 3 Buchst a; Barausgleich), – ***(2)*** durch anderen Vorteil, der durch den **Wert einer veränderl Bezugsgröße** bestimmt wird (zB Lieferung der Basiswerte zum Basispreis bei gestiegenen Preisen) oder – ***(3)*** durch Veräußerung einer **Termingeschäft-Position** (Nr 3 Buchst b; *Aigner/Balbinot* DStR 15, 198). – Termingeschäfte sind auch die nach den bisherigen Grundsätzen als Veräußerung anzusehenden sog. Glattstellungsgeschäfte bei Optionsgeschäften (= Form der „Rückveräußerung"; BR-Drs 220/07, 88); Glattstellungsgeschäfte bei Futures fielen bereits nach den geltenden Regelungen unter § 23 I 1 Nr 4 aF und rsind künftig nach Buchst a) stbar (BR-Drs 220/07, 88). – ***(4)*** Im Hinblick auf die umfassende Besteuerung von KapVerm (Einbeziehung der „Vermögensphäre") muss mE (zum nunmehr!) auch der bloße **Verfall** eines nicht ausgeübten, befristeten Optionsrechts erfasst werden. Gewinne und Verluste (Rz 186) sind grds gleichzubehandeln, der Wortlaut des § 20 steht dem nicht entgegen (*Philipowski* DStR 07, 1615; *Dahm/Hamacher* DStR 14, 455/8; *Aigner/Balbinot* DStR 15, 198); so nun auch (zum alten Recht) BFH IX R 50/09 BStBl II 13, 231, BFH IX R 38/11 BStBl II 13, 1021: Aufwand für wertlos gewordene Optionen im VZ 2000 – wegen Minderung der Leistungsfähigkeit – abziehbar („Ergänzung"); so auch FG Thür EFG 14, 1305, Rev IX R 48/14; FG Ddorf EFG 14, 1580, Rev VIII R 31/14; FG Ddorf EFG 14, 2027, Rev VIII R 45/14; FG Ddorf DStRE 15, 654, Rev IX R 50/14; FG Ddorf DStRE 15, 1155, Rev IX R 49/14; *Heuermann* HFR 12, 1258: „sanfter Dreh"; *Heuermann* DB 13,718; *Moritz/Strohm* DB 13, 603; *Knoblauch* DStR 13, 798; *Dahm/Hamacher* DStR 14, 455/6; *Delp* DB 15, 1919/23. Nichtanwendung von BFH IX R 50/09 durch BMF (*BMF* BStBl I 13, 403; wie BMF *Hensel* RdF 14, 308; krit zur RsprÄnderung *Meinert/Helios* DStR 13, 508). – Zur Berechnung s Rz 162.

Bisher aA BFH IX R 11/06 BStBl II 08, 519; *BMF* BStBl I 01, 986 Rz 18, 23; *BMF* DStR 08, 1236/9; *BMF* BStBl I 16, 85 Rz 27, 32; *Haisch/Krampe* FR 10, 311/5); auch kein Abzug von Verlusten aus der Veräußerung faktisch wertloser Optionsscheine (*OFD Mster,* DStR 09, 1757).

(5) Zu Zinsbegrenzungsvereinbarungen (als Termingeschäfte) und zu Swaps *BMF* DStR 08, 1236/9f). – ***(6)*** Ein Termingeschäft unterliegt der AbgeltungSt, wenn ein glattstellendes Gegengeschäft getätigt oder ein Differenzausgleich gezahlt wird; bei Lieferung des dem Termingeschäft zugrunde liegenden WG kommt hingegen § 23 zur Anwendung (*BMF* EStB 09, 21 Nr 1).

Beispiele: – ***(1)*** **Termingeschäft (ohne Lieferung):** Stillhalter erhält Prämie: § 20 I Nr 11; Rechtsinhaber zahlt Prämie (= WK); Differenzausgleich (§ 20 IV 5). – ***(2)*** **Verkaufoption (mit Lieferung):** Einräumung einer Option am 31.1. zur Lieferung eines WG für 100; Wert des WG zum 31.3.150; Optionsprämie 20: **Stillhalter:** Einnahme von 20 (§ 20 I Nr 11); Kauf für 150; Abgabe für 100; Ergebnis (insg): Verlust von 30. – **Rechteinhaber:** Zahlung der Optionsprämie von 20; Anschaffung des WG für 100, insgesamt AK von 120 (z betriebl Bereich s § 5 Rz 144), die bei Verwendung des WG zur Einkünfterzielung anzusetzen sind; anderenfalls Vorteil nach § 20 II Nr 3 iHv 30 (WG für 100 statt 150 = Vorteil von 50 abzügl 20 Prämienzahlung).

d) Zertifikate. Das sind grds kein Termingeschäft, sondern Wertpapiere in der 134
Rechtsform einer **Schuldverschreibung** bzw Anleihe; sie zählen zu den Derivaten (klassisches Retail-Produkt; Teilnahme an der Wertentwicklung des Basiswerts (*Haisch/Danz* DStR 05, 2108/12; *Kracht* StuB 05, 964/7). Derivate können zB Aktien vertreten (Risiko-Derivate; zB Index-Zertifikate; „Vollrisikopapiere"; zu sog Turbo-Zertifikaten/Knock-out-Scheinen mit Hebelwirkung *Mayr* RdW 05,

383). Erfasst werden nun nach § 20 II 1 Nr 7 auch spekulative Zertifikate (ohne Absicherung; iEinz *Klatt* BB 08, 976); zu Verlustabzug Rz 144. – Die Veräußerung von Zertifikaten auf nicht gedeckte Lieferansprüche auf Gold oder andere Rohstoffe führt zu KapVEinkünften. – Die Veräußerung von Xetra-Gold-Inhaberschuldverschreibungen soll (obwohl laut Prospekt wie ein Wertpapier gehandelt) nicht von § 20 erfasst werden (BFH VIII R 19/14 BFH/NV 15, 1559; BFH VIII R 35/14 BStBl II 15, 834; BFH VIII R 4/15 BStBl II 15, 835; *Blümich* Rz 379; *Haisch* BB 14, 2333, RdF 14, 347; *Delp* DB 15, 1919/23; nun auch *BMF* BStBl I 16, 85 Rz 57; aA *Ronig* DB 10, 128/30; *Bock* DStR 14, 2102.

135 **e) Optionen (Sonderfall der Termingeschäfte).** Die Option ist ein bedingtes Geschäft, ggf mit Folgegeschäften; steuerl geht es um Anschaffung, Erfüllung, Verfall. – ***(1)* Optionen.** Diese beinhalten das Recht des Optionsnehmers, von dem Stillhalter einen bestimmten Basiswert zu vereinbarten Konditionen zu einem späteren Termin zu kaufen oder zu verkaufen (BFH VIII R 81/03 BStBl II 05, 746 zu Treasury-Bond-Optionen); Basiswert sind bestimmte Bezugsgrößen, wie Wertentwicklung von Wertpapieren, Indices, Futures, Zinssätzen; vgl auch § 2 II WpHG BGBl I 98, 2790 (zB Waren-, Wertpapier- oder Devisentermingeschäfte einschließl Swaps (FG BaWü EFG 08, 282, rkr), Index-Optionsgeschäften, Futures; § 5 Rz 270 „Finanzprodukte"), aber auch solche, die ihrer Natur nach nicht lieferbar sind (zB Aktienindex, ECU, €; grundlegend *Haisch* Derivatebesteuerung im PV ab 2009, 2010). – ***(2)* Bedingter (optionaler) Erwerb.** In diesem Fall wird der **Basiswert** erst bei Ausübung des jeweiligen Gestaltungsrechts angeschafft, ggf Aufteilung der AK (*BMF* BStBl I 04, 1034 Rz 6, 8; *Rosarius* Inf 05, 18/9; einschränkend *BMF* 13.6.08 DStR 08, 1236/9); zur Anschaffung bei (vorgeschalteten) Wandel-, Options- und Umtauschanleihen (Kombination von Anleihe [= Darlehen] und optionaler Anschaffung; *BMF* BStBl I 04, 1034 Rz 5–10); bei **Aktienanleihen** *BMF* BStBl I 04, 1034 Rz 11 (*BMF* 15.6.09 DB 09, 1506: Fortgeltung in 08/09), bei Aktiensplit (Neuaufteilung der historischen AK; Reverse-Split) s *BMF* BStBl I 16, 85 Rz 88.

Grundfälle: – **(1)** Kauf einer Kaufoption („long call"; = potenzielle AK); – **(2)** Kauf einer Verkaufsoption („long put"; = potenzielle WK); – **(3)** Verkauf einer Kaufoption („short-call"; evtl § 22 Nr 3); – **(4)** Verkauf einer Verkaufsoption („short put"). – Zu unterscheiden sind: *(a)* die Bestellung der Option; *(b)* die Ausübung der Option durch *(aa)* reale Erfüllung, *(bb)* Barausgleich (= Termingeschäft nach II 1 Nr 3; § 23 I Nr 4 aF) oder *(cc)* Glattstellung durch Gegengeschäft, *(c)* der Verfall der Option (Rz 133).

136 ***(3)* Übersicht.** S auch *Haas/Bacher/Scheuer* Formeln für die Steuer- und Wirtschaftspraxis, 3. Aufl, 2552, zu § 20 aF. ME sind nach neuem Recht grds alle Zahlungen „steuerverstrickt"; *BMF* argumentiert zT noch nach § 20 aF:

Verkauf-/ Kaufoption (Put/Call)	**Steuerl Behandlung beim Optionsinhaber**	**Steuerl Behandlung beim Stillhalter**
Optionsprämie	AK für das WG (Ver-)Kaufoption	StPfl Einnahme nach § 20 I Nr 11 (Rz 120; bisher § 22 Nr 3 aF; *BMF* BStBl I 16, 85 Rz 25).
Ausübung (reale Lieferung)	*Kaufoption:* Die gezahlte Optionsprämie und Anschaffungsnebenkosten erhöhen die AK für den erworbenen Basiswert. Bei Veräußerung des Basiswerts innerhalb eines Jahres nach Ausübung stpfl privates Veräußerungsgeschäft nach § 23 I 1 Nr 2. – wohl eher (vorrangig) § 20 II 1 Nr 3 Buchst a (*BMF* BStBl I 16, 85 Rz 21).	Bei Kaufoption Lieferung, bei Verkaufoption Erwerb; mE ggf Minderung der Prämie (Rz 120).

Verkauf-/ Kaufoption (Put/Call)	Steuerl Behandlung beim Optionsinhaber	Steuerl Behandlung beim Stillhalter
	Verkaufoption: Optionsinhaber verwirklicht ein stpfl Geschäft nach § 20 II 1 Nr 3 Buchst a; die gezahlte Optionsprämie und Veräußerungsnebenkosten sind abziehbar (*BMF* BStBl I 16, 85 Rz 29).	
Veräußerung/ Glattstellung (Rz 120)	Veräußerung nach § 20 II 1 Nr 3 Buchst b (*BMF* BStBl I 16, 85 Rz 24).	Minderung der Stillhalterprämie (§ 20 I Nr 11 Hs 2).
Verfall	Der Verfall einer Option war beim Inhaber iZm § 20 bisher unbeachtl (BFH IX R 11/06 BStBl II 08, 519; str); nach neuem Recht müsste auch der Verfall stbar sein (Rz 133; *Helios/Philipp* BB 10, 95; aA *BMF* BStBl I 16, 85 Rz 27, 32).	Der Verfall der Option hat beim Stillhalter keine (weitere) Auswirkung.
Barausgleich (Cash-Settlement; Rz 120)	StPfl Termingeschäft nach § 20 II 1 Nr 3 Buchst a (bisher § 23 I 1 Nr 4 aF); gezahlte Optionsprämie und Anschaffungsnebenkosten sind abziehbar (*BMF* BStBl I 16, 85 Rz 30).	ME ist auch der zu zahlende Barausgleich steuerl relevant (Rz 120; *Delp* DB 15, 1919/23; aA *BMF* BStBl I 16, 85 Rz 34).

(4) **Einzelfälle. Optionsscheine** (in Wertpapieren verbriefte Optionsgeschäfte; im Unterschied zu strukturierten Optionsscheinen, mit Teilrückzahlung) sind ebenfalls Termingeschäfte iSv § 23 I 1 Nr 3; zu Doppelerwerbsvorgang bei **Optionsanleihen** s BFH I R 102/00 BStBl II 01, 710; BFH VIII R 9/02 BStBl II 03, 883; zur Veräußerung von **capped warrants** (Optionsscheine mit Gewinnobergrenze) und versicherten Indexzertifikaten *Delp* BB 03, 1594/7; BFH VIII R 81/03 BStBl II 05, 746 zu Treasury-Bond-Optionen; zu Optionsgeschäften an der EUREX *Schultze/Grelck* DStR 03, 2103, *BMF* BStBl I 16, 85 Rz 35. – Keine Einkunftserzielungsabsicht (Vz 05), wenn bei optionsbedingter Anschaffung einer **Inhaberschuldverschreibung** kein Gewinn mehr entstehen kann, wenn also Optionskosten und AK den Veräußerungsgewinn übersteigen (BFH IX R 38/11 BStBl II 13, 1021); zur Rückzahlung (Einlösung) einer Inhaberschuldverschreibung *OFD NRW* FR 14, 775. 137

5. Veräußerung von Wirtschaftsgütern, die Erträge iSd § 20 I Nr 4 erzielen, § 20 II 1 Nr 4. – Veräußerung und Rückzahlung waren vor 2009 nicht stbar. Nr 4 iVm II 2 erfasst nunmehr Wertzuwächse, *(1)* die aufgrund der Abtretung von Forderungen aus einem partiarischen Darlehen oder bei Beendigung der Laufzeit des Darlehens zufließen, und *(2)* die Veräußerung einer stillen Beteiligung an GesFremde sowie das Auseinandersetzungsguthaben, welches einem stillen Ges'ter bei der Auflösung der Ges zufließt; zu Verlustanteilen s *Schmitt/Homann* BB 10, 351/2. – Vor 1.1.09 erworbene Rechte sind nach Ablauf der Jahresfrist nicht stbar (*BMF* 12.9.13 DStR 13, 2004). 138

6. Übertragung von Grundpfandrechten, § 20 II 2 Nr 5. Der Gewinn aus der Übertragung von Hypotheken, Grundschulden sowie Rentenschulden (Rechte iSd I Nr 5) ist stbar. – Zur erstmaligen Anwendung § 52 Abs 28 S 13 (für nach dem 31.12.08 erworbene Rechte). 141

7. Gewinn aus Veräußerung von Versicherungsansprüchen iSv Abs 1 Nr 6 § 20 II Nr 6. 142

Schrifttum: *Böhm,* Besteuerung von auf dem Zweitmarkt erworbenen dt LV, Diss 2010. – *Rengier,* Verkauf und Rückkauf von KapVers nach der UntStRef, NWB 3, 149 (19.11.07).

a) Besteuerung des Unterschiedsbetrags. § 20 II Nr 6 S 1 bestimmt, dass der Gewinn aus der Veräußerung von Ansprüchen auf eine Versicherungsleistung iSd I Nr 6 mit dem gesamten Unterschiedsbetrag stbar ist (*BMF* BStBl I 09, 1172 Rz 81b; *Rengier* DB 07, 1771/2); die Gewinnermittlung ist nach Abs 4 vorzunehmen (Rz 161). Hierunter fallen *(a)* Verträge, in denen die Ansprüche des Versicherungsnehmers insb aus kapitalbildenden LV abgetreten werden („Zweitmarkt"), sowie *(b)* Verträge, durch die ein Dritter selbst die Ansprüche durch Eintritt in den Versicherungsvertrag als Versicherungsnehmer übernimmt.

143 **b) Benachrichtigung.** Zur vollständigen Erfassung der Veräußerungsvorgänge durch die FinVerw regelt Satz 2, dass die Versicherung die für den StPfl zuständige Finanzbehörde unverzügl zu informieren hat (BR-Drs 220/07, 89). Der StPfl kann von der Versicherung eine Bescheinigung über die Höhe der nun relevanten entrichteten Beiträge verlangen, insb relevant bei vor dem 1.1.05 abgeschlossenen Verträgen und bei Kombinationsprodukten (FinA BT-Drs 16/5491, zu § 20 Abs 2 S 1 Nr 6 S 2).

Zur **erstmaligen Anwendung** § 52 Abs 28 S 14: Veräußerung nach 31.12.08 *(1)* von nach dem 31.12.04 abgeschlossenen Verträgen („Neuverträge") oder *(2)* für vor dem 1.1.05 abgeschlossene Versicherungsverträge, sofern bei einem Rückkauf zum Veräußerungszeitpunkt die Erträge nach § 20 I Nr 6 in der am 31.12.04 geltenden Fassung stpfl wären („stpfl Altverträge"); zu Vorteilshaftigkeitsüberlegungen *Rengier* NWB 3, 14859/68. – Bei Veräußerung vor dem 1.1.09 bleibt es bei der Stfreiheit des Veräußerungsgewinns unabhängig von einer Stfreiheit des Rückkaufs (*Rengier* DB 07, 1771/3).

	Neuvertrag (Abschluss ab 2005)	**Altvertrag** (Abschluss vor 2005)
Veräußerung bis 31.12.08	nicht stpfl	nicht stpfl
Veräußerung ab 1.1.09	stpfl (II Nr 6)	stpfl, sofern Rückkauf durch VersGes stpfl wäre (52a X 5 idF 2013)

144 **8. Gewinn aus der Veräußerung von sonstigen Kapitalforderungen jeder Art iSd § 20 I Nr 7, § 20 II 1 Nr 7. – a) Auffangtatbestand.** – ***(1)* Tatbestände.** Die Regelung umfasst § 20 II 1 Nr 4 aF + § 23 I 1 Nr 2 S 1 aF, um neben den Erträgen auf Grund der Nutzungsüberlassung aus sonstigen KapVerm, die durch I Nr 7 erfasst werden, auch die Besteuerung des Vermögenszuflusses aus der Veräußerung, Abtretung oder Endeinlösung von sonstigen Kapitalforderungen zu sichern (BReg BR-Drs 220/07, 89). Neben den Zinserträgen aus **Finanzinnovationen,** die bereits unter § 20 II 1 Nr 4 aF (vor UntStRefG) fielen (Rz 126; 26. Aufl § 20 Rz 180f; *Helios/Link* DStR 08, 386: zentrale Norm zur Erfassung von Finanzinnovationen), werden auch die entspr Wertzuwächse auf der Vermögensebene erfasst, nach Änderung des I Nr 7 auch Spekulationserträge, bei denen entweder die Rückzahlung des KapVerm, die Ertragserzielung oder beides unsicher ist (zB auch Risiko-Zertifikate, Baisse-Geschäfte). Erfasst werden zB auch die Erträge aus **Besserungsscheinen** (*Korn* GmbHR 07, 624), nicht aber gegen Argentinien-Anleihen eingetauschte „Par-Schuldverschreibungen" (BFH VIII R 54/12 BStBl II 15, 693; *Haisch* RdF 14, 261). – ***(2)* Zertifikate.** Abs 2 S 1 Nr 7 erfasst insb Zertifikate (Rz 134; zu Vollrisikozertifikaten *Schimmelschmidt/Chai* DB 08, 1711: nur Vermögensebene). – ***(3)* Verluste.** Sie sind (etwa iZm Lehman-Brothers-Zertifikaten) seit dem 1.1.09 abziehbar (FG Nds EFG 14,1584, rkr; *Ludemann* RdF 14, 348; Rz 126; aA *BMF* BStBl I 16, 85 Rz 60), auch Insolvenzverluste (*Delp* DB 15, 1919/24).

145 **b) Weitere Veräußerungserträge.** Erfasst werden auch: – ***(1)* Baissegeschäfte.** Erträge aus Geschäften, bei denen die Veräußerung der Kapitalforderung früher erfolgt als der Erwerb; – ***(2)* Vereinnahmte Stückzinsen.** Das sind bis zum Zeitraum der Veräußerung aufgelaufene Zinsen (Definition § 20 II 1 Nr 3 aF), die der Käufer einer kupontragenden Anleihe an den Verkäufer zahlt; ähnl Zwischen-

zins; *Hofrichter* SteuK 10, 155); zur Rechtslage vor UntStRefG s 26. Aufl, § 20 Rz 177/8. Für den Erwerber der Kapitalforderung sind bezahlte Stückzinsen nicht AK iSd § 20 IV, sondern vielmehr (im Jahr der Zahlung abziehbare) negative Einnahmen (FG Mster EFG 08, 1882, rkr; *BMF* BStBl I 16, 85 Rz 51; *Kleinmanns* DStR 09, 2359/60). (Erhaltene) Stückzinsen (Anteil am unterjährig bereits entstandenen Zinsertrag des Wertpapiers) waren vor und sind auch nach der Neuregelung vom Veräußerer zu versteuern (FG Mster EFG 12, 2284, rkr); § 52a X 7 aF gilt nicht für Stückzinsen (FG Mster 4 K 1494/13 F EFG 15, 1806, Rev VIII R 31/15; FG SchlHol EFG 15, 1367, Rev VIII R 22/15;); zum sog Stückzinsmodell (08/09) *FinVerw* DStR 08, 1833. In Altfällen wurde keine KapESt einbehalten (zB Erwerb einer Anleihe am 3.4.08, Veräußerung am 5.8.09); insoweit besteht eine Veranlagungspflicht. – Anrechnung fiktiver ausl QuellenSt mögl (*BMF* 6.12.11 DStR 11, 2407; *Renner* RdF 12, 67; aA BFH I R 94/09 BStBl II 11, 860 zum EStG 97; *Krämer* ErbStB 11, 8). – *Beispiel:* Zinsen 1.1.–31.12. iHv 100; Veräußerung zum 31.3.: Erwerber bezieht Zinsen iHv 100 – 25 = 75; Veräußerer bezieht noch Zinsen iHv 25. – ***(3)* Einzelfälle.** Erfasst werden zB auch (wertgeminderte) Darlehensveräußerungen (FG Köln, EFG 12, 1743, rkr (nebst aufgelaufener Zinsen); *Binnewies* Stbg 10, 359; *Niemeyer/Stock* DStR 11, 445, auch iVm § 32d II; s § 32d Rz 6, 21), Zahlungen aufgrund Insolvenzplans (*BMF* 18.1.16 Rz 60a, mE ggf auch **Fremdwährungsguthaben** (nach *BMF* BStBl I 16, 85 Rz 39 evtl Geschäft iSd § 23). – Nicht erfasst werden sollen der Ausfall privater Darlehensforderungen und der private Verzicht (*Hofrichter* SteuK 10, 155; *Niemeyer/Stock* DStR 11, 445; dazu Rz 126). – Bei Teilkapitalrückzahlungen auf Anleihen iRe Insolvenzverfahrens iHd Quote beträgt der Veräußerungsgewinn 0 € (*OFD NRW* 24.7.14 DB 14, 1771).

c) Erstmalige Anwendung. § 20 II 1 Nr 7 ist erstmals auf nach dem 31.12.08 zufließende KapErträge aus der Veräußerung sonstiger Kapitalforderungen anzuwenden (§ 52 Abs 28 S 15). – Bei Erwerb vor dem 1.1.09 von Kapitalforderungen, die nicht solche iSd § 20 II 1 Nr 4 in der am 31.12.08 anzuwendenden Fassung sind, ist § 20 II 1 Nr 7 nicht anzuwenden (§ 52 Abs 28 S 16; BFH I R 27/12 BStBl II 13, 682; *BMF* BStBl I 13, 1167). – Bei Kapitalforderungen, die die Voraussetzungen von § 20 I Nr 7 idF UntStRefG erfüllen, ist § 20 II 1 Nr 7 vorbehaltl der Regelung in § 20 XI 4 und 6 auf alle nach dem 30.6.09 zufließenden KapErträge anzuwenden, es sei denn, die Kapitalforderung wurde vor dem 15.3.07 angeschafft (§ 52 Abs 28 S 17), also: vor dem 15.3.07 erworbene Zertifikate bleiben (generell) stfrei, vor dem 1.7.09 zufließende Erträge bei Einhaltung der 1-Jahres-Frist. 146

Anschaffung	**Veräußerung**	
	vor 1.7.09	ab 1.7.09
vor 15.3.07	evtl § 23 aF	nicht stpfl
zw 15.3.07 und 31.12.08	evtl § 23 aF	§ 20 II 1Nr 7
ab 1.1.09	§ 20 II 1 Nr 7	§ 20 II 1 Nr 7

9. Gewinn aus der Übertragung oder Aufgabe einer iSd § 20 I Nr 9 Einnahmen vermittelnden Rechtsposition, § 20 II 1 Nr 8. Nach der Systematik des § 20 werden in § 20 II die Veräußerungstatbestände der Einkunftsquellen geregelt, aus denen Einkünfte nach § 20 I fließen. Daher sind zukünftig Vermögensmehrungen oder -minderungen, die einem StPfl durch sein Ausscheiden als Mitglied oder Ges'ter einer Körperschaft iSd § 1 I Nr 3–5 KStG (zB VVaG, Verein, Stiftung) oder durch Übertragung der Mitglied- oder Ges'terstellung auf Dritte zufließen, stbar. Die Regelung ist notwendig, um zu verhindern, dass im Hinblick auf die umfassende Besteuerung der Veräußerungsvorgänge eine „Lücke" iZm den in § 1 I Nr 3–5 KStG genannten Körperschaften entsteht, die private Anleger zu Gestaltungen verleiten könnte, um der Besteuerung von Veräußerungsvorgängen zu entgehen (BR-Drs 220/07, 90); zur Anwendung § 52 Abs 28 S 13. 147

148 **10. Veräußerungssurrogate, § 20 II 2.** – Neben der entgeltl Übertragung des – zumindest wirtschaftl – Eigentums gelten als Veräußerung auch die **Abtretung** einer Forderung, die vorzeitige oder vertragsmäßige **Rückzahlung** einer Kapitalforderung; iVm II 1 Nr 1, IV dürfte auch die Liquidation erfasst sein (*BMF* BStBl I 16, 85 Rz 63); die **Endeinlösung** einer Forderung oder eines Wertpapiers sowie die verdeckte Einlage von WG iSd Abs II in eine KapGes. Damit wird eine vollständige steuerl Erfassung aller Wertzuwächse iZm Kapitalanlagen erreicht; s auch Rz 69. Einlage eines wertgeminderten Darlehens kann zu Verlust führen (*Förster* Ubg 10, 758/62; s auch § 5 Rz 204, 671). – Erfasst wird auch das Emissionsdisagio nach der sog Disagio-Staffel (vgl *BMF* BStBl I 86, 539) im Zeitpunkt der Rückgabe der Schuldverschreibung. – Erweitert ist der Veräußerungsbegriff auch auf das Auseinandersetzungsguthaben in den Fällen der Auseinandersetzung bei stillen Ges (§ 20 II 2 Hs 2).

Nicht erfasst ist das **Erlöschen einer Rechtsposition,** wie zB der Verfall nicht ausgeübter Optionen (zum alten Recht BFH IX R 11/06 BStBl II 08, 519). Das widerspricht dem gesetzl Konzept, alle Wertveränderungen, die mit Kapitalanlagen in Zusammenhang stehen, lückenlos zu berücksichtigen (krit *Zentraler Kreditausschuss* FinA Prot 16/57, 240; Rz 133, 136).

149 **11. Gleichsetzung von Beteiligung an PersGes und WG, § 20 II 3.** Die Anschaffung oder Veräußerung einer Beteiligung gilt auch als Anschaffung oder Veräußerung der anteiligen WG iSd § 20 II (wie § 23 I 4; *BMF* BStBl I 16, 85 Rz 72; *Korn* ködsi 14, 18818/26; Bruchteilsbetrachtung). Damit gehört die Veräußerung eines Gesamthandanteils an einer (vermögensverwaltenden) PersGes, die WG wie zB Wertpapiere hält, zu den KapVerm-Einkünften, um eine ansonsten auftretende Besteuerungslücke zu schließen, da PersGes-Anteile, deren Gesamthandvermögen nur aus WG iSd § 20 II besteht (zB in einer GbR gehaltene Beteiligungen), selbst nicht zu den WG iSd § 20 II gehören. Ohne S 3 bestünde die Möglichkeit, über eine PersGes den Wertzuwachs der in § 20 II angeführten WG stfrei zu veräußern. – S 3 ist anzuwenden, wenn eine unmittelbare (zB als Ges'ter einer PersGes oder bei treuhänderischer Beteiligung an PersGes) oder mittelbare Beteiligung (zB bei Unterbeteiligung) vorliegt. – S 3 ist nur insoweit erfüllt, als die WG anteilig auf den StPfl entfallen. S 3 findet allerdings auch Anwendung, wenn sich im Gesamthandvermögen neben den WG iSd § 20 II andere WG befinden. S 3 gilt auch, wenn die WG von einer PersGes angeschafft und die Beteiligung an der PersGes vom Ges'ter veräußert wird (BReg BR-Drs 220/07, 91). – Der Eintritt/Austritt eines Ges'ters führt zur Veräußerung, nicht aber die Übertragung von Wertpapieren auf eine PersGes ohne BV (*BMF* BStBl I 16, 85 Rz 74–82, auch zu Altfällen). – Einkünfte aus der Veräußerung von KapGesAnteilen erzielt die vermögensverwaltende PersGes hingegen selbst (*OFD Ffm* DStR 15, 2554, unter 2.1.1).

IV. Besondere Entgelte oder Vorteile, § 20 III

156 Der bisherige Abs 2 Nr 1 ist wortgleich und (angebl; BReg BT-Drs 220/07, 91) ohne inhaltl Änderung zu § 20 III geworden. ME ist die bisher notwendige Abgrenzung zum Vermögensbereich durch § 20 II obsolet. – § 20 III enthält keinen selbstständigen Besteuerungstatbestand, sondern nur eine Klarstellung des Umfangs der Einnahmen nach § 20 I, II (*Rogall/Dreßler* DStR 15, 449/51). Unabhängig von der Bezeichnung wird jede ins Gewicht fallende zugeflossene Gegenleistung erfasst (zur bisherigen Rechtslage BFH VIII R 18/96 BFH/NV 98, 582), offene wie verdeckte Vorteile, auch wenn bei der KapGes keine vGA vorliegt und unabhängig von der Einlegbarkeit des Nutzungsvorteils (BFH I R 248/81 BStBl II 86, 178).

157 **Beispiele: Agio/Disagio** (Aufgeld, Abgeld) bei Kauf von Schuldverschreibungen (der stets feststehende Unterschiedsbetrag zw Ausgabe- und Rücknahmekurs auf Grund eines Ausgabeabgelds oder einer Auf- oder Abzinsung), vgl *Willenkemper* FR 92, 1: BFH VIII

R 156/84 BStBl II 88, 252; *BMF* BStBl I 86, 539; DStR 00, 687, OFD Nbg FR 92, 29; zu „Kurzläufern" OFD Kiel FR 99, 1083. Ein Ausgabeaufgeld gehört zu den AK (s BFH VIII B 23/02 BFH/NV 02, 1574 zu Anleihe; BFH VIII R 40/98 BStBl II 01, 24 zu stiller Beteiligung). – **Bonus** neben Dividende, sehr str bei (zB **Telekom**) **Treueaktien** als Behalteanreiz; nach ***BMF*** BStBl I 99, 1129 (und – hinsichtl Kurs – *FinVerw* DStR 00, 1310) sind Einkünfte iSv § 20 II Nr 1 aF aus dem *1. Telekom-Börsengang* „aus Gründen des Vertrauensschutzes" (wegen drohender Prospekthaftung) nicht zu versteuern; Bonusaktien aus dem *2. Börsengang* (mit Eröffnungskurs Börse Frankfurt 31.8.00 = 43,40 €) sind nach BFH VIII R 70/02 BStBl II 05, 468 keine AK-Minderung, sondern KapErtrag (zu diesbezügl Sammelauskunftsersuchen BFH VII R 25/08 BStBl II 09, 582). – *FinVerw* DStR 03, 1484 nimmt für *3. Börsengang* (weil ohne KapErhöhung) Einkünfte iSv § 22 Nr 3 statt § 20 (so aber *Wacker* BB 05, 867) an; glA zu Bonusaktien der Deutschen PostAG DB 03, 1986 (damit Freibetrag § 22 Nr 3 und keine Besteuerung bei beschr StPfl); Ausschüttungen (wegen hoher Verlustvorträge und entspr Unterschiede in HB/StB) bisher stfrei; keine Änderung durch AbgeltungSt (*Seipl* SZ 3.3.08, 24). Bedenken zu Börsenkurs s *Fechner* NWB F 3, 11445 und 11889: Beim 3. Börsengang war der niedrigste Kurs am Depoteinbuchungstag anzusetzen, etwa am 22.1.02 17,29 € ggü 19,50 € Eröffnungskurs am 2.1.02; vgl *FinVerw* DStR 03, 1484). – **Damnum** aus Darlehenshingabe (BFH VIII R 1/91 BStBl II 94, 93, 18. Aufl und „Agio"). – **Darlehensaufgeld** bei Rückzahlung über den Nennbetrag hinaus (BFH VIII R 109/69 BStBl II 74, 735, s auch „Agio", „Sachwertabfindung". – **Emissionsabschläge** s „Agio", Rz 21 „Zinsen"; *OFD Nbg* FR 92, 29; *Wüllenkemper* FR 92, 1. – **Entschädigung** nach Beratungsfehler (*BMF* BStBl I 16, 85 Rz 83; *Knoblauch* DStR 12, 1952). – **Erwerb eigener Anteile** durch KapGes (BFH VIII R 95/76 BStBl II 79, 553). – **KapESt:** Übernahme durch KapGes fällt unter § 20 II Nr 1 aF (BFH VI R 122/67 BStBl II 71, 53, § 43a). – **Kurswertgarantien** über den Nennbetrag von Kaufpreisraten in Euro hinaus (zB BFH VIII R 38/76 BStBl II 79, 334, zur Abzinsung wertgesicherter Forderung FG BaWü EFG 93, 229. – **Time-sharing** s „Wohnungsnutzung". – **Treueaktien (Telekom)** s „Bonus". – **Vorfälligkeitsentschädigungen (Schuldzinsen)** für vorzeitige Beendigung einer Kapitalüberlassung. – **Wertsicherungsklausel** bei Kaufpreisraten s „Kurswertgarantien". – **Wohnungsnutzung** als Gegenleistung für Kapitalüberlassung; zB Hapimag Ferienwohnungsnutzung durch Aktionäre (timesharing); KapEinkünfte § 20 I Nr 1 erst bei tatsächl Nutzung (BFH I R 44/92 BFH/NV 94, 318; FG Mster EFG 13, 1659, rkr; *Binneweis/Wollweber* DStR 14, 628; *OFD Mster* DB 13, 1085 zur Behandlung der Verwaltungs- und Nebenkosten als vGA; Ruhen mögl). – **Zinsgarantien/Dividendengarantien** (BFH VIII R 13/91 BStBl II 93, 602).

V. Vorrangige Korrektur nach § 43a III 7, § 20 IIIa

Die AbgeltungSt ist darauf angelegt, beim privaten Anleger die Veranlagung von KapEinkünften, soweit sie vom KapESt-Abzug erfasst werden, weitestgehend entbehrl zu machen. **159**
Auch bei Aufdeckung von Fehlern bei der KapESt-Ermittlung soll die Kontinuität des **„Veranlagungsverfahren beim Kreditinstitut"** nicht unterbrochen werden. Die auszahlende Stelle kann daher materielle Fehler beim KapEStabzug grds nur mit Wirkung für die Zukunft berücksichtigen. Eine solche Regelung ist für den KapESt-Abzug als solchen unverzichtbar und bedarf – zur Vermeidung von Veranlagungsfällen – der materiellrechtl Absicherung durch § 20 III a. – **Satz 1** regelt, dass die Korrekturen, die die auszahlende Stelle nach § 43a III 7 vorgenommen hat, materiellrechtl nicht rückwirkend, sondern erst im Jahr der Vornahme der Korrektur wirksam werden (Zufluss oder Abfluss). **Satz 2** soll verhindern, dass Korrekturen doppelt berücksichtigt werden (durch die auszahlende Stelle und durch Veranlagung nach § 32d IV, VI. – III a idF JStG 10 ist erstmals für den VZ 09 anzuwenden (BR-Drs 318/10, 77).

VI. Gewinnbegriff, § 20 IV, IVa

Schrifttum (Aufsätze vor 2010 s Vorauflagen): *Weber-Grellet,* Grundlagen und Zukunft der Gewinnermittlung, DB 10, 2298.

1. Gewinnbegriff, § 20 IV. – a) Unterschiedsbetrag. Abs 4 regelt die Ge- **161**
winnermittlung für die Veräußerungsfälle des Abs II (BReg BR-Drs 220/07, 91/92). –S 1 HS 1 definiert in **Anlehnung an §§ 17, 23** die Bemessungsgrundlage grds als die Differenz zw den Einnahmen aus der Veräußerung einerseits und den AK (*BMF* BStBl I 16, 85 Rz 85f zu Kosten und zum Zeitpunkt; *Blümich* Rz 410;) und den Veräußerungskosten (Aufwendungen, die in unmittelbarem sachl

Zusammenhang mit der Veräußerung stehen) andererseits. ME sind auch nachträgl AK (s § 17 Rz 163) zu berücksichtigen. - Dieser Betrag kann positiv (Gewinn ieS) oder negativ (Verlust) sein; Verluste vor Veräußerung sind noch nicht zu erfassen (aA *Kellersmann* FR 12, 57). Negative Einlagezinsen sind keine Verluste, sondern Verwahrgebühren (*BMF* BStBl I 16, 85 Rz 129a). Über dem Nennwert liegende Aufwendungen können AK sein (BFH VIII B 5/14 BFH/NV 15, 1387). Der Begriff der AK soll (nach BFH VIII B 5/14 BFH/NV 15, 1387) für alle Einkunftsarten einheitl sein; mE zu allg, zB enthält § 17 einen speziellen AK-Begriff. Bei Ausübung von Verkaufsoptionen mit Andienung des Basiswertes durch den Optionsnehmer sind bereits geleistete Optionsprämien abziehbar. Das Teileinkünfteverfahren gilt insoweit nicht (s Katalog des § 3 Nr 40; *Korn* DStR 09, 2509/11). – Nach S 1 HS 2 sind bei **Fremdwährungsgeschäften** die Einnahmen und die AK jeweils in € anzusetzen (nach dem Devisenbriefkurs; *BMF* 13.6.08 DStR 08, 1236/7; Zeitbezugsverfahren; zu Fremdwährungsguthaben s § 23 Rz 27). Damit werden auch die sich aus den Währungsschwankungen ergebenden Gewinne erfasst, zB bei Anschaffung von Wertpapieren in fremder Währung oder bei Erwerb von ausl Anleihen (krit *Dinkelbach* DB 09, 870/2). – Bei Depotübertragung Umrechnung in € erforderl (*BMF* 13.6.08 DStR 08, 1236/8). – Nach der Neukonzeption des § 20 können realisierte Wertminderungen des Stammvermögens (Verluste) mit positiven Nutzungserträgen direkt verrechnet werden (*Doege* Stbg 08, 440; zur Verrechnung mit § 23-Verlusten s Rz 186), zB Forderungsverluste aus Ges'terdarlehen (*Fuhrmann* KÖSDI 12, 17977/87). Fragl ist mE die Behandlung nachträgl Schuldzinsen (dazu *Schmitt* MerStFachtagung 2012; *Dornheim* DStZ 12, 553), im Hinblick auf § 20 IX mE eher fragl.

162 **b) Einzelheiten.** Nach § 20 IV 2 ist bei einer **verdeckten Einlage** anstelle der Einnahmen der gemeine Wert anzusetzen (wie § 17 II 2). – Bei der Veräußerung eines WG, das aus einem BV entnommen oder auf Grund einer Betriebsaufgabe in das PV überführt wurde, tritt an die Stelle der AK der bei der Entnahme oder bei der Betriebsaufgabe angesetzte Wert, so dass § 20 ledigl die im PV zugeflossenen Wertzuwächse erfasst (§ 20 IV 3). – Bei einer Veräußerung eines Anspruchs auf eine Leistung aus einer **kapitalbildenden LV** gelten die vor der Veräußerung entrichteten Beiträge als AK. Wurde der Anspruch entgeltl erworben, gelten das Entgelt und die nach dem Erwerb entrichteten Beiträge als AK, so dass nur die in der Besitzzeit des Veräußerers entstandenen Erträge und nicht die Beitragsleistung besteuert wird (§ 20 IV 4). – Bei einem **Termingeschäft** iSd § 20 II 1 Nr 3 Buchst a mindern zur Wahrung des Nettoprinzips die im unmittelbaren sachl Zusammenhang mit dem Termingeschäften anfallenden Aufwendungen den Gewinn, zB in den Fällen der Optionsgeschäfte mit Barausgleich die Aufwendungen für das Optionsrecht (§ 20 IV 5; *Dahm/Hamacher* DStR 14, 455/61). S 5 erfasst nicht Veräußerungsgeschäfte iSd § 20 II 1 Nr 3 Buchst b, zB Glattstellungsgeschäfte bei Optionsgeschäften an der EUREX (Gewinnermittlung nach § 20 IV 1). – Bei **unentgeltl Erwerb** von WG im Wege der Einzelrechtsnachfolge sind dem Erwerber bei der Ermittlung des Gewinns die Aufwendungen des Rechtsvorgängers zuzurechnen (§ 20 IV 6). – Bei Wertpapieren in der sog Girosammelverwahrung findet die **Fifo-Methode** (first-in-first-out) als Verwertungsreihenfolge Anwendung, so dass die Kreditinstitute den StAbzug bei der Veräußerung von gleichartigen Wertpapieren, die zu verschiedenen Zeitpunkten angeschafft wurden, in der Praxis leichter bewältigen können (§ 20 IV 7), auch für Streifbandverwahrung (*BMF* 13.6.08 DStR 08, 1236/9); ausreichende Trennung durch Unterkonto (Zweitdepot; *BMF* BStBl I 16, 85 Rz 98), zB zur Erhaltung der Stfreiheit der Altaktien. – Der **Aktiensplit** ist die Aufteilung einer Aktie in zwei oder mehr Aktien (*BMF* BStBl I 16, 85 Rz 88); die Aufteilung als solche ist mE noch keine Veräußerung (*Fölsing* DStR 14, 1342); **Kapitalherabsetzung** ist keine anteilige Veräußerung (*BMF* BStBl I 16, 85 Rz 92).

Schrifttum: *Moldenhauer,* Die Besteuerung von Kapitalmaßnahmen nach § 20 IVa, Diss 2015. - *Haritz,* AbgeltungSt und UmwStG, FR 10, 589; *Haarmann,* Aktuelle Problemkreise bei der AbgeltungSt, FS Herzig 2010, 423; *Bron,* Aktuelle Entwicklung iRv § 20 IVa, DStR 14, 353.

2. Beteiligungstausch, § 20 IVa. (Keine sofortige Besteuerung von Tauschvorgängen; *Haarmann* FS Herzig 2010, 422/8; *Bron* DStR 14, 353; *K/vonBeckerath* Rz 160). Nach JStG 10 Erstreckung auf inl Anteilstausche; die Praxis habe gezeigt, dass auch bei Inlandsbeteiligungen eine Besteuerung der Kapitalmaßnahmen unpraktikabel sei (BR-Drs 10/318, 79). – Abhängig von den UmwStG-Normen sind Umwandlungen auf der Ebene der Anteilseigner *(1)* zwingend steuerneutral (§ 20 IV a), *(2)* auf Antrag (§§ 13, 15, 21 UmwStG) steuerneutral oder *(3)* zwingend steuerwirksam (§§ 4, 7 UmwStG, allg Regeln); *Haisch* Ubg 09, 96. Die nicht unter das UmwStG und § 12 II KStG fallenden Anteilstausche iRv **Kapitalmaßnahmen** sollen (wegen fehlender Zahlungsvorgänge; zB Aktientausch) nach JStG 2009 nicht erfasst werden (BReg BT-Drs 16/10189, 66; *BMF* BStBl I 16, 85 Rz 100; *HHR* Anm 580; eingehend *Steinlein* DStR 09, 509; krit *Bron/Seidel* DStZ 09, 268); die übernommenen Anteile treten steuerl an die Stelle der bisherigen Anteile („Fußstapfentheorie"); kein StAbzug bei Anteilstausch. – **S 1** erfasst Verschmelzungen, Aufspaltungen und qualifizierte Anteilstauschvorgänge, die im EU/EWR-Ausl stattfinden und dem Anwendungsbereich des UmwStG in § 1 I Nr 1 und III Nr 5 unterliegen (iEinz FinA BT-Drs 16/11108, 20f; *Moldenhauer* 39f). – Nach **S 2** ist eine Barkomponente als Ertrag stpfl; das gilt nicht bei Tausch von Anteilen, die bereits zum 1.1.09 steuerentstrickt waren (FG Ddorf EFG 13, 520, Rev VIII R 10/13; FG Mchn EFG 13, 1913, Rev VIII R 42/13; *Bron* DStR 14, 353); **S 3** dehnt die StNeutralität der Ausübung von Andienungsrechten, zB bei Umtausch- und Aktienanleihen oder Wandelanleihen iSv § 221 Abs. 1 AktG, über die Andienung von Aktien hinaus auf die Andienung von anderen Wertpapieren aus (krit *Meilicke* DB 09, 476). – Durch die Erweiterung des S 3 (JStG 2010, BR-Drs 318/10, 79) (über Andienungsrechte, zB Umtausch- oder Aktienanleihen hinaus) werden nun auch Vollrisikozertifikate mit Andienungsrecht erfasst. Vollrisikozertifikate sind Schuldverschreibungen, bei denen die Wertentwicklung von der Entwicklung eines Basiswerts, zB eines Indexes oder eines Aktienkorbs, abhängig ist und bei denen sowohl die Rückzahlung des Kapitals als auch die Erzielung von Erträgen unsicher sind (zur Anwendung s § 52 Abs 28 S 18; vgl auch *BMF* BStBl I 16, 85 Rz 104ff). – **S 4** setzt die AK von Bezugsrechten mit 0 € an; die Ausübung der Bezugsrechte (Bezug junger Aktien) ist keine Veräußerung (*BMF* BStBl I 16, 85 Rz 110; *Schmitt-Homann* BB 10, 351/4; *Ebner/Ramackers* RdF 11, 22/9). S 4 ist nicht auf Bezugsrechte aus „Altanteilen" anzuwenden (FG Köln EFG 15, 209, Rev VIII R 54/14); zur Umgliederung von Investmentvermögen *Delp* DB 15, 1919/21. – **S 5** bestimmt zur Vermeidung von Veranlagungsfällen, dass im Zweifel die Einbuchung von Anteilen zu einem Ertrag von 0 € führt (FinA BT-Drs 16/11198, 21), ohne dass eine gesonderte Gegenleistung – zB in Form eines Tausches oder in Form von Geldzahlungen – zu erkennen ist (*BMF* BStBl I 16, 85 Rz 111). Die **Entflechtung** durch Aktientausch wird daher nicht von § 20 erfasst (*Henrichs* BB 11, 2529). – **S 6** stellt eine Vereinfachungsregel zur Ermittlung des steuerl relevanten Zeitpunkts einer Kapitalmaßnahme für die auszahlenden Stellen dar. – Allg zu Umwandlungen, AbgeltungSt und Teileinkünfteverfahren *Haisch* Ubg 09, 96. – **S 7** (idF AmtshilfeRLUmsG) ermöglicht die StNeutralität bei Abspaltung (*Bron* DStR 14, 353). 163

VII. Zurechnung, § 20 V

1. Persönl Zurechnung. Abs 5 regelt nur die Zurechnung von KapVerm-Einkünften iSd I Nr 1, 2, also nur einen Teilbereich. – **a) Anteilseigner.** Einkünfte iSd § 20 I Nr 1, 2 erzielt der Anteilseigner. Anteilseigner ist derjenige, dem 165 nach § 39 AO die Anteile an dem KapVerm iSd I Nr 1 im Zeitpunkt des Gewinnverteilungsbeschlusses zuzurechnen sind (§ 20 V 2; BFH I R 2/12 DStR 14, 2012; *Rau* DStR 15, 2048); abw evtl bei Auslandsaktien (*Johannemann/Wünschig* IStR 10, 897). Nießbraucher (Rz 174 ff) und Pfandgläubiger gelten als Anteilseigner (§ 20 V 3).

§ 20 V nF stellt klar, dass abw Vereinbarungen mit anteiliger Zurechnung beim Veräußerer estl entgegen **§ 101 BGB** unbeachtl sind (s iEinz 25. Aufl und *Heinicke* DStJG 10, 126); aA BFH VIII R 49/98 BStBl II 00, 341 für VZ bis 93; offen in BFH VIII R 28/09 BStBl II 12, 496. Zur Problematik bei **vGA** s *Schuck* DStR 96, 371, 576, *Wichmann* DStR 96, 575; *KSM* § 20 P 8, S 8.

166 **b) Allg Grundsätze** (s § 2 Rz 19, § 5 Rz 150f, § 8 Rz 6). – **aa) Tatbestandsrealisierung.** Einkünfte werden demjenigen zugerechnet, der den Tatbestand des § 20 erfüllt (vgl § 38 AO; BFH VIII R 10/08 BStBl II 12, 315; Blümich/*Ratschow* Rz 30, 440), zB der im eigenen Namen und für eigene Rechnung Kapital zur Nutzung überlässt (zB BFH VIII R 80/99 BFH/NV 06, 57; BFH VIII R 14/10 BFH/NV 11, 1512) oder der WG iSd Abs II veräußert. Nach neuerer BFH-Rspr ist Besteuerungsgegenstand der KapEinkünfte das der Kap-Überlassung zugrunde liegende **Rechtsverhältnis** (zB BFH IV R 71/99 BFH/NV 01, 1251; *KSM* § 20 B 31 ff). **Wirtschaftl Eigentum** ist gegeben, wenn Besitz und Gefahr, Nutzen und Lasten, insbesondere die Chancen auf eine Wertsteigerung und das Risiko einer Wertminderung nicht beim zivilrechtl Eigentümer, sondern bei einer anderen Person liegen (BFH VIII R 14/10 BFH/NV 11, 1512); zur Zurechnung bei Wertpapierleihe girosammelverwahrter Aktien s § 5 Rz 270 ‚Wertpapierleihe'. – Kein wirtschaftl Eigentum besteht bei Durchgangserwerb nach Maßgabe eines „modellhaft aufgelegten Gesamtvertragskonzepts" (BFH I R 2/12 DStR 14, 2012 iZm cum/ex-Geschäft; *Podewils* FR 14, 1064; *Rau* DStR 15, 2048). Der Verkäufer bleibt bis zur Einbuchung in das Depot des Käufers rechtl und wirtschaftl Eigentümer; kein wirtschaftl Eigentum zugunsten eines Leerkäufers (*BMF* DStR 15, 1624). – Bei **Eigenkonten** wird die Inhaberschaft vermutet (BFH VIII R 14/10 BFH/NV 11, 1512). Unterschiedl Rechtsverhältnisse (zB GesBeteiligung, Kauf, Darlehen) führen zu unterschiedl Beurteilung der persönl Tatbestandserfüllung, vor allem beim Rechtsnachfolger. Konten und Depots sind idR dem jeweiligen Inhaber zuzurechnen (FG Nbg EFG 06, 1169), auch bei anonymem Transfer nach Luxemburg dem Kunden (FG Nds DStRE 06, 871, rkr); Zurechnung von Tafelgeschäften nach § 1006 BGB (BFH VIII B 40/09 BFH/NV 10, 15). Bei **unentgeltl Übertragung** muss der Gläubiger zur „Disposition über die Einkunftsquelle" befugt sein (BFH VIII R 14/10 BFH/NV 11, 1512).

167 **bb) Zufluss.** Da für die Besteuerung der Zufluss entscheidet (§ 11 I; Rz 20f), ist die Zurechnung mE grds **nicht besitzzeitanteilig** vorzunehmen (FG BaWü DStRE 05, 243; aA 24. Aufl). – Bei Veräußerung von KapVerm ist trotz der Verwendung des Begriffes „Einnahmen" in IV 1 auf den zivilrechtl Vertragsabschluss abzustellen (*BMF* BStBl I 16, 85 Rz 85). Eine besitzzeitanteilige Korrektur ist nicht vorzunehmen. Müssen allerdings vereinbarungsgemäß Einnahmen an den bisherigen Inhaber abgeführt werden, sind diese als WK abzuziehen („negative Einnahmen"; Rz 24).

168 **cc) Zurechnung bei Rechtsnachfolge und Veräußerung.** Bezieher von KapEinkünften kann auch der Nachfolger *im Rechtsverhältnis* sein (vgl § 24 Nr 2; BFH VIII R 56/91 BFH/NV 96, 304; *Heinicke* DStJG 10, 99 mwN), auch der Erbe als Gesamtrechtsnachfolger (FG BaWü DStRE 05, 243, rkr; *FinVerw* StEK EStG § 20 Nr 309), dagegen nicht der Nachfolger *im Einkünftebezug* (vgl zur unentgeltl Abtretung ohne estl Auswirkung § 8 Rz 7, BFH VIII R 72/79 BStBl II 83, 128; zu Weiterleitungsauflage BFH X R 114/94 BStBl II 98, 190; zu rückwirkender Scheidungsaufteilung FG Mchn EFG 98, 1404, rkr). Ziel ist stets die Einmalbesteuerung bestimmter Einkünfte.

c) Zurechnung zw Eltern und Kindern. Konten sind idR den **Eltern** zuzurechnen bei uneingeschränkter Kontovollmacht und Verwaltung wie eigenes Vermögen auf eigene Rechnung (FG RhPf DStRE 09, 345, rkr); Darlehensverträge unter Angehörigen müssen Fremdvergleich standhalten (*BMF* BStBl I 11, 37). Die (schenkweise) Übertragung der Inhaberstellung im Familienverband (nahe stehende Personen) ist wegen des Pauschbetrags gem § 20 IX und wegen des Grundfreibetrags der Kinder steuerl von Interesse (s § 43 Rz 59; *Schoor* StuB 01, 633). Sie bewirkt idR einen Wechsel in der persönl Zurechnung der Einkünfte, sofern es sich nicht um eine für die ESt unbeachtl Einkommensverwendung handelt (zB BFH IV R 46/79 BStBl II 82, 542, unter II, mwN). IdR muss die Vermögensübertragung endgültig sein (s Rz 13, § 8 Rz 7; *Walter* DStZ 92, 236; s auch *BMF* BStBl I 93, 62 und 80). Richten Eltern ein **Sparkonto** zugunsten ihrer Kinder ein, kann darin eine auch für die Besteuerung zu berücksichtigende Übertragung des Vermögens als „Einkunftsquelle" liegen, wenn die Eltern den erkennbaren Willen hatten, die Guthabenforderung schon mit Einrichtung der Konten endgültig und unwiderrufl zu übertragen (Bezeichnung der Kinder als Gläubiger, Einrichtung auf ihren Namen, Verfügungsberechtigung der Kinder, BFH VIII R 137/74 BStBl II 77, 205). Das Behalten des Sparbuches ist für sich allein unschädl (s BFH VIII R 170/83 BStBl II 90, 539), aber nur ohne anderweitige Verfügung (s BFH VIII R 19/98 BFH/NV 99, 1325 zur – schädl – anteiligen Zinsverwendung für Kindesunterhalt, § 1649 BGB); ein zusätzl Sperrvermerk (oä Sicherung) ist nicht erforderl (BFH IV R 132/85 BStBl II 91, 607). Dagegen verbleibt die Besteuerung des Vermögens und der Erträge bei den Eltern, wenn diese das Guthaben in der Folgezeit wie eigenes und nicht wie Kindesvermögen verwalten (vgl BFH VIII R 170/74 BStBl II 77, 206 zur tatsächl Durchführung). Ähnl zur Übertragung von GmbH-Anteilen BFH VIII R 42/01 BFH/NV 03, 307; zu missglücktem Nießbrauchsvorbehalt FG Saarl EFG 94, 30. – Die zivilrechtl wirksame und rechtl vorteilhafte **Darlehensschenkung** ist steuerrechtl anzuerkennen (BFH VIII R 13/05 DStR 08, 397). 169

d) Darlehensverträge/stille Beteiligungen zw Eltern und Kindern nach vorheriger Schenkung. Die BFH-Rspr (BFH X R 121/88 BStBl II 92, 468) schließt solche Vertragsgestaltungen nicht aus, steht ihnen jedoch eher skeptisch ggü, soweit Zweifel an ernsthafter Vereinbarung und tatsächl Durchführung verbleiben (§ 4 Rz 520 „Angehörige" e/cc). Ohne Anerkennung keine KapEinkünfte der Kinder, sondern der Eltern (BFH VIII R 65/93 BStBl II 95, 264; FG Nds DStRE 02, 686, rkr). 170

e) Form. Für Sparkonto grds keine Form (str). Für die schenkweise Begründung einer Darlehensforderung notarielle Beurkundung, § 518 I 2 BGB, für die Besteuerung ohne Heilungsmöglichkeit nach § 518 II BGB (str, s § 15 Rz 747); zu GmbH-Anteilsabtretung § 15 IV GmbHG, OLG Mchn BB 95, 427. Fragl ist, ob es eines Pflegers/Betreuers bedarf (wN Rz 79; BFH IX R 216/84 BStBl II 92, 506, *BMF* BStBl I 92, 300 und Rz 175; zu Forderungsabtretung BFH IX R 220/84 BStBl II 89, 137). Keine vormundschaftsgerichtl Genehmigung (BayObLG DB 74, 574). 171

f) Sonderfälle. Zurechnung beim **Treugeber/Sicherungsgeber** (nach §§ 39 II Nr 1 S 2, 159 I AO) bei Nachweis eines echten Treuhandverhältnisses (s BFH I R 69/97 BStBl II 99, 514; FG BBg EFG 08, 584, rkr; eindeutiges Handeln in fremden Interesse; im Innenverhältnis begrenzte Rechtsmacht) oder einer **Sicherungsabtretung** (BFH I R 112/97 BStBl II 99, 123; *Wolff-Diepenbrock* FS Döllerer S 757), ggf auch bei formunwirksamer (BFH X R 57/04 BFH/NV 06, 1819) und verdeckter Treuhand (BFH VIII R 10/10 BStBl II 13, 862); zu Sicherungsabtretung BFH IV R 46/79 BStBl II 82, 542, *BMF* FR 96, 359); Zurechnung beim Treugeber (Gemeinde) nur bei dessen „Beherrschung" des Treuhandverhältnisses (BFH I R 12/09 BStBl II 10, 590; *Heger* DB 10, 761). Zu **Anderkonten** s *BMF* BStBl I 92, 693 Rz 6–8, 10, FR 93, 134; § 11 Rz 50. Abgrenzung zu Unterbeteiligung an PersGes mit VuV – Einkünften von „echter" Ges s BFH IX R 30/94 172

BStBl II 97, 406; das gilt auch für „normale" KapEinkünfte (s aber Rz 76 zu stiller Ges). Bei **Pfandrechten** erzielt der (vertragl/gesetzl) Pfandgläubiger eigene KapEinkünfte (§ 20 II a 3). – Getrennte Verlustverrechnung bei Treuhandkonten (*BMF* BStBl I 16, 85 Rz 152); dies gilt auch für Nießbrauchsfälle.

173 **g) Scheinerträge aus betrügerischem Schneeballsystem.** Besteuerung nicht nur bei tatsächl Auszahlung (BFH VIII R 36/04 BStBl II 09, 190), sondern auch bei ernsthaftem Auszahlungsangebot und einvernehml Gutschrift zur Neueinlage (bei Leistungsbereitschaft und Leistungsfähigkeit; BFH VIII R 35/00 BStBl II 01, 646, BFH VIII R 25/12 BStBl II 14, 461; BFH VIII R 41/13 BFH/NV 15, 187); Novation im Interesse des Gläubigers indiziert Verfügungsmacht über Altforderung (BFH VIII R 63/03 BFH/NV 08, 194), auch bei Schein-Novation (BFH VIII R 36/04 BStBl II 09, 190, bei Auszahlungsfähigkeit; BFH VI 176/11 BFH/NV 12, 1163 (Kostenentscheidung); BFH VIII R 38/13 BStBl II 14, 698; krit *Marx* FR 14, 706; (Anlagebetrüger); aA auch FG Köln 10 V 216/13 betr BCI EFG 13, 1389); *Karla* FR 13, 545; *Otte* DStR 14, 245. – Für die Frage der Liquidität des Schuldners (s § 11 Rz 50 „Gutschrift") kommt es mE allein darauf an, ob *dieser* StPfl – nicht alle Gläubiger – die Auszahlung erhalten könnte (s BFH VIII R 4/07 BStBl II 14, 147; BFH VIII R 38/13 BStBl II 14, 698; *Moritz* NWB 10, 2858). Die Unredlichkeit des Geschäftsverkehrs ist unerhebl (BFH VIII R 4/07 BStBl II 14, 147). **Keine Besteuerung** bei Zahlungsunfähigkeit (FG Köln EFG 03, 387, rkr), bei Treuhänderveruntreuung (FG Mchn EFG 03, 538, rkr). – **Scheinerträge** aus solchen Beteiligungen sind auch dann zu versteuern, wenn sie aus – letztl verlorenen – Einlagen (anderer Beteiligter oder eigenen) geleistet werden. Entscheidend ist die Beurteilung aus Sicht des Leistungsempfängers/Kapitalanlegers (Angebot als KapErträge; BFH VIII R 4/07 BStBl II 14, 147).

174 **2. Nießbrauch an KapVerm.** S allg *Blümich/Ratschow* Rz 454 ff, *Fricke* GmbHR 08, 739 zu Nießbrauch an GmbH-Geschäftsanteilen; *BMF* Nießbrauchserlasse (ua BStBl I 83, 508 Rz 55–65) gelten fort. – **a) Begriff Nießbrauch.** Dazu s § 1030 BGB, zum Nießbrauch an Rechten § 1068 BGB. Der Nießbrauch vermittelt das Recht, alle Nutzungen eines Gegenstandes (§§ 100, 101 Nr 2 BGB) zu ziehen. – Zu unterscheiden sind der *Vorbehaltsnießbrauch* (idR keine Zurechnungsänderung; *BMF* BStBl I 83, 508, Rz 55; zur Surrogation *Götz/Hülsmann* DStR 10, 2432) und der problematische *Zuwendungsnießbrauch* (Vorausabtretung), der nicht zur Zurechnung beim Nießbraucher führt (FG Mster EFG 14, 270, rkr).

175 **b) Angehörige als Nießbraucher.** Im Grundsatz gelten keine Unterschiede. Die Problematik liegt ähnl wie bei obligatorischen Nutzungsrechten im Bereich der Abgrenzung der Einkünfteerzielung von der Einkommensverwendung (§ 12). Sorgfältige Prüfung besonders beim Bruttonießbrauch. Vgl zu Angehörigenverträgen § 4 Rz 520 „Angehörige", § 15 Rz 740 ff, FG BaWü EFG 02, 826; zu Vereinbarung BFH I R 209/82 BFH/NV 88, 434. **Form:** Nur bei Grundstücken Pfleger für Minderjährige (BFH IX R 216/84 BStBl II 92, 506, *BMF* BStBl I 13, 1184 Rz 4, 5); iEinz § 21 Rz 84 mwN.

176 **c) Unentgeltl bestellter (Zuwendungs-)Nießbrauch. – aa) Anerkennung.** Die steuerl Berücksichtigung eines unentgeltl bestellten Nießbrauchs an Wertpapieren hat der BFH in BFH VIII R 146/73 BStBl II 77, 115 generell in Frage gestellt; problematisch im Hinblick auf **§ 20 V 3.** Allerdings muss auch hier der Nießbraucher selbst den Tatbestand der Einkünfteerzielung erfüllen; das Einziehen der Erträge genügt nicht (vgl *KSM* § 20 B 48 ff; zu VuV § 21 Rz 74 und BFH IX R 78/88 BStBl II 91, 809). Dem Nießbraucher an KapVerm können im Einzelfall die Einkünfte zuzurechnen sein, wenn er in die Lage versetzt ist, „Marktchancen zu nutzen" (*Bordewin* DStR 81, 519), das Vermögen zu verwalten, an dem Anteil hängende Stimm-, Anfechtungs- ua Mitgliedschaftsrechte auszuüben (vgl BGH DStR 99, 246), die Modalitäten einer Kapitalanlage zu verändern (zB Umwandlung eines Sparguthabens in längerfristige Anlage) oder die Leistung durch Zurückziehung des KapVerm zu verweigern (BFH IV R 71/99 BFH/NV 01, 1251; zu GmbH-Anteil FG Mster EFG 03, 690, rkr, mit Anm *Braun*).

Der *unentgeltl* Nießbrauch (zB an Forderungen) wird sich idR auf eine **estl unerhebl Abtretung** der Ertragsansprüche („Vorausabtretung") beschränken. Bei dieser Prüfung können die Mitwirkungsrechte des Nießbrauchsbestellers eine Rolle spielen, mE auch eine zeitl Begrenzung; s auch § 21 Rz 71 f. Zum **Vorbehalts- und Vermächtnisnießbrauch** s *BMF* BStBl I 83, 508 Rz 55 ([nicht mehr in Positivliste] grds Einnahmen des Nießbrauchers, wohl idR zutr, auch nach BFH VIII R 207/85 BStBl II 92, 605; BFH VIII R 11/00 BFH/NV 01, 1393; *Götz/Hülsmann* DStR 10, 2432; zum Nießbrauch bei Erbausschlagung *Reich* DStR 11, 2030). Gegen unterschiedl Behandlung *KSM* § 20 B 50/51 (Einnahmenzurechnung unabhängig von Nießbrauchsart und Entgeltlichkeit stets beim Nießbrauchsbesteller; fragl).

bb) Rechtsfolgen der unentgeltl Bestellung. Bei Vollrechtsübertragung keine Einnahmen, keine WK des Bestellers, sondern des Nießbrauchers (zB BFH I R 69/89 DStR 91, 76). – Bei isolierter Einnahmenübertragung dagegen Einnahmen und WK des Bestellers (zB BFH VIII R 38/87 BStBl II 91, 574; so generell *BMF* BStBl I 83, 508, Rz 56–59). 177

d) Entgeltl Nießbrauchsbestellung. – aa) Besteller. Die Rspr sieht die Nießbrauchsbestellung an einem Grundstück als Vermögensnutzung. Das Entgelt wird – außer beim Vorbehaltsnießbrauch – bei den Einnahmen nach § 21 I Nr 1 erfasst (*BMF* BStBl I 13, 1184 Rz 28; § 21 Rz 73 mwN, str). Die Vermögensnutzung nach § 20 ist nicht anders zu beurteilen. 178

bb) Nießbraucher. Die Besteuerung hängt ab von der Behandlung beim Besteller. Der Nießbraucher hat die Ausschüttungen zu versteuern; bei zeitl Begrenzung zum Ausgleich AfA auf die AK des Nießbrauchsrechts (§ 9 I Nr 7 iVm § 7 wie bei VuV). 179

cc) Rechtsfolgen der Versagung der estrechtl Anerkennung. Das kann sein bei Formverstoß, fehlender tatsächl Durchführung, Missbrauch, Scheingeschäft (vgl *L. Schmidt* JbFfSt 78/79, 282; ferner Rz 176). Bei **unentgeltl Bestellung** keine KapEinkünfte des Nießbrauchers; den Besteuerungstatbestand erfüllt weiterhin der Besteller. Bei **entgeltl Bestellung** wohl Veräußerung des Ertragsanspruchs mit Besteuerung des Veräußerungsentgelts beim Besteller (*BMF* I 83, 508 Rz 58; fragl); mE auch vollständige estrechtl Irrelevanz der Übertragung denkbar. 180

VIII. Verrechnung von Kapitalvermögensverlusten, § 20 VI

Schrifttum (*Aufsätze vor 2014 s Vorauflagen*): *Röder,* Das System der Verlustverrechung im deutschen StR, 2010. – *Engelberth,* Die Abgeltungswirkung des KapEStAbzugs, NWB 14, 1887; *Philipowski,* AbgeltungSt: Die unterschiedl Behandlung der Altverluste verstößt gegen Art 3 GG, DStR 14, 2051.

1. Beschränkung der Verlustverrechnung. Der grds zul Abzug von Verlusten (s zB Rz 133, 144; FG Ddorf EFG 15, 2173, Rev VIII R 37/15 zu Knockout-Zertifikat) wird durch § 20 VI begrenzt (Beschränkung auf Schedule; Ausgleichsverbot; Rz 161). Die Verlustverrechnung kann durch die auszahlende Stelle, ggf aber auch im Veranlagungsverfahren vorgenommen werden (*Schlottbohm* NWB-EV 11, 362). Verluste können nur bei Veräußerungsvorgängen (§ 20 II) entstehen; deshalb bezieht sich § 20 VI nur auf den Ausgleich von Veräußerungsgewinnen/-verlusten. – Nach S 1 dürfen Verluste aus KapVerm – im Unterschied zu solchen aus § 17 – nicht mit **Einkünften aus anderen Einkunftsarten** ausgeglichen und auch nicht nach § 10d abgezogen werden (§ 20 VI 1; Rz 187; s § 32d Rz 22). Diese Sonderregelung wird damit gerechtfertigt, dass für die KapVermEinkünfte künftig ein gesonderter EStSatz von höchstens 25% gilt (BReg BR-Drs 220/07, 92; *K/von Beckerath* Rz 10; krit *Röder* aaO 44, 336), mE verfgemäß (FG Saarl EFG 14, 1592, Rev IX R 10/14). Die weiteren Sätze (2–5) regeln iZm § 43a III die Verlustverrechnung und den Verlustabzug innerhalb der Einkunftsart (Übersicht zur Verrechnung von Verlusten aus §§ 20, 23 vor Rz 1); zum Verlustverrechnungsmanagement *Delp* DB 11, 196. – Verluste aus § 32d I-KapEinkünften dürfen nicht mit entspr positiven Erträgen aus § 32d II-KapEinkünften verrechnet 186 werden (FG RhPf EFG 14, 1195, Rev VIII R 11/14); der Sparer-Pauschbetrag ist nur zu berücksichtigen, wenn nach Verrechnung sämtl positiver und negativer Einkünfte aus KapVerm positive Einkünfte verbleiben (*BMF* BStBl I 16, 85 Rz 119a, 119b).

187 **2. Keine Verrechnung von Verlusten mit anderen Einkunftsarten.** Nach **§ 20 VI 1** dürfen **Verluste aus KapVerm** nicht mit Einkünften aus anderen Einkunftsarten ausgeglichen werden, wohl aber andere Verluste mit positiven KapVermEinkünften (*Engelberth* NWB 14, 1887/96; krit *Dinkelbach* DB 09, 870/3; *KSM/Jochum* § 20 H 36). – Zu den einzelnen Verlustverrechnungsstufen *Korn/Strahl* KÖSDI 09, 16719. – Um iRd Veranlagung eine Verrechnung mit sog. Altverlusten iSd § 23 durchzuführen, hat der StPfl eine **Bescheinigung** iSd § 45a II einzureichen, in der die insgesamt erzielten Gewinne iSd § 20 II und die darin enthaltenen Gewinne aus Aktienveräußerungen aufgeführt werden (*BMF* BStBl I 16, 85 Rz 119).

Nach der bisherigen Regelung des S 1 (aufgehoben durch **Kroat-AnpG** v 25.7.14 wegen letztmaliger Anwendung des § 23 III 9, 10 für den VZ 13) waren die nach der Verrechnung iSd § 43a Abs 3 verbleibenden positiven KapVermEinkünfte (das sind nur solche iSd § 20 II; *HHR* Anm 615) zunächst mit Verlusten aus privaten Veräußerungsgeschäften nach Maßgabe des § 23 III 9, 10, dh Verluste aus privaten Veräußerungsgeschäften, die bis einschließl 2008 entstanden (und entspr festgestellt) sind **(sog Altverluste),** zu verrechnen (BReg BR-Drs 220/07, 93; *BMF* BStBl I 16, 85 Rz 118; *Strauch* DStR 10, 254; zR krit *Philipowski* DStR 14, 2051 wegen unterschiedl Auswirkungen bei Abwicklung über ein Depotkonto); zu weiteren Einzelheiten s 33. Aufl.

188 **3. Verlustvortrag, § 20 VI 2, 3.** Nicht ausgeglichene KapVerm-Verluste mindern – wie in vergleichbaren Fällen der beschr Verlustverrechnung – nach Maßgabe des § 10d IV (gesonderte Feststellung) – (nur) die Einkünfte, die der StPfl in den folgenden VZ aus KapVerm erzielt. Ein Verlustrücktrag ist nicht vorgesehen. Weiterhin ist – abw von § 10d – der Verlustvortrag bei den KapVermEinkünften nicht durch die Sockelbeträge nach § 10d II beschränkt. Dies ergibt sich daraus, dass iRd „Verrechnungstopfes" eine entspr Beschränkung der Verlustverrechnung durch die Kreditinstitute nicht durchführbar ist und es daher geboten ist, StPfl nicht zu benachteiligen, sofern sie die Verluste iRe Veranlagung berücksichtigt haben möchten. – Zum 31.12.08 festgestellte Verlustvorträge aus negativen KapEinkünften dürfen nicht mit positiven KapErträgen späteter Jahre verrechnet werden (FG Mster EFG 15, 399, Rev VIII R 5/15; FG BaWü EFG 15, 413, rkr).

189 **4. Verluste aus privaten Veräußerungsgeschäften mit Aktien, § 20 VI 4.** Sie können ledigl mit ebensolchen Gewinnen aus privaten Veräußerungsgeschäften mit Aktien verrechnet werden **(spezieller Aktien-Verlustverrechnungstopf);** ADRs (ua, Rz 31) werden wie Aktien behandelt (*BMF* BStBl I 16, 85 Rz 68, 123; *BMF* BStBl I 13, 718). Verluste aus Veräußerungsgeschäften, die innerhalb des Kj nicht verrechnet werden können, werden in die folgenden Kj vorgetragen und mit Gewinnen aus künftigen Veräußerungsgeschäften im Veranlagungsverfahren verrechnet (ähnl § 15 IV 3; dazu BFH X R 13/12 DStR 14, 2277), sofern der StPfl sich nicht für einen Verlustvortrag iRd Verlustverrechnungstopfes gem § 43a III bei seinem Kreditinstitut entscheidet und die Verluste vom zuständigem FA in entspr Anwendung des § 10d IV festgestellt werden (BFH IX R 57/13 BFH/NV 15, 1364). – Die Regelung dürfte auch für Aktienanleihen gelten (Rz 34).

Sinn und Zweck der Einschränkung der Verlustverrechnung ist die Verhinderung von durch Spekulationsgeschäfte bedingten abstrakt drohenden qualifizierten Haushaltsrisiken; die Erfahrung der Vergangenheit habe gezeigt, dass Kursstürze an den Aktienmärkten zu einem erhebl Verlustpotential bei den Einkünften aus privaten Veräußerungsgeschäften mit Aktien führten (FinA BT-Drs 16/5491, 45; Anhörung FinA 10.10.07). – Nach dem ursprüngl Gesetzentwurf waren Verluste aus privaten Veräußerungsgeschäften mit Aktien, bei denen die Anteile nach dem 31.12.08 erworben wurden, verrechenbar mit Einkünften aus anderem KapVerm (zB Zins- oder Dividendeneinkünfte).

190 **5. Verhinderung doppelten Verlustabzugs, § 20 VI 5.** Verluste aus KapVerm, die der KapESt unterlegen haben, dürfen außerhalb des Verlustverrechnungstopfes nur dann mit anderen KapEinkünften verrechnet werden, wenn der StPfl die **Bescheinigung seines Kreditinstitutes** nach § 45a II vorlegt. Damit wird verhindert, dass die Verluste sowohl iRd Verrechnungstopfes als auch zusätzl bei der Veranlagung berücksichtigt werden. Erhält der StPfl die Bescheinigung seines Kreditinstitutes, wird der Verrechnungstopf nach § 43a III geschlossen. Beantragt der StPfl keine Bescheinigung, werden die Verluste weiterhin im Verrechnungstopf mit zukünftig zufließenden KapVermEinkünften verrechnet und nicht bei der Veranlagung berücksichtigt. - Gewinne aus der Veräußerung von Teilrechten und Bezugsrechten dürfen nicht mit Aktienverlusten verrechnet werden (*BMF* BStBl I 16, 85, Rz 228).

191 **6. Erstmalige Anwendung.** Nach § 52a X 10 idF 2013 ist § 20 VI erstmals auf nach dem 31.12.08 zufließende KapErträge anzuwenden.

IX. Eingeschränkte Verlustberücksichtigung gem § 15b, § 20 VII

193 Die eingeschränkte Verlustberücksichtigung bei StStundungsgestaltungen (zB durch „Auseinanderfallen" von WK und Einnahmen, zB bei vorgezogenem WK-Abzug; ua mit KapitalLV) gilt ab VZ 2006 für alle Einkünfte aus KapVerm (vgl *BMF* BStBl I 07, 542 [AnwendungsSchrb]; *FinVerw* DStR 10, 1625 [zu hoher Fremdfinanzierung und hohen Zwischengewinnen]; FG Mster EFG 13, 1014, Rev I R 26/13; *Blümich/Ratschow* Rz 471f; *K/von Beckerath* Rz 179; iEinz § 15b Rz 19). Allg ist die Konzipierung zur Erzielung von StVorteilen schädl (FG Nds DStZ 14, 102, rkr); nur begrenzte Anwendung bei Investmentfondsanlage (*Kleinert/Lübbehüsen* RdF 15, 140). – Bei den bisherigen Modellen führte der Disagioabschlag bei Kreditfinanzierung von nicht börsennotierten Anleihen zu Verlustzuweisungen von 250% auf das Eigenkapital. – Ein vorgefertigtes Konzept soll auch vorliegen, wenn positive Einkünfte nicht der tarifl ESt unterliegen (zB Verluste vor, positive Einkünfte nach Einführung der AbgeltungSt).

X. Subsidiarität, § 20 VIII

196 **1. Verhältnis zu anderen Einkünften.** § 20 VIII ist eine **Konkurrenznorm** und regelt das Verhältnis zu mit § 20 konkurrierenden Tatbeständen, wenn also der Tatbestand des § 20 I–III und zugleich der einer anderen Einkunftsart (zB § 15) erfüllt ist (vgl BFH VIII R 210/83 BStBl II 90, 532 mwN). Greifen §§ 13, 15–17, 18, 21 ein, sind die Einkünfte nach deren Regeln zu ermitteln (zB ohne § 20 IX; die AbgeltungSt gilt nicht für gewerbl Einkünfte; *Delp* DB 15, 1919/21); zu beachten sind ab VZ 2002 § 3 Nr 40, § 3c II idF StSenkG/ÄndG-InvZulG 99/UntStFG (Halbeinkünftebesteuerung), ab VZ 2009 § 3 Nr 40, § 3c II idF UntStRefG (Teileinkünftebesteuerung; 60 vH) und 43 IV: Vorrang des KapEStAbzugs. – Nach § 20 VIII 2 greift § 20 IVa nur bei PV-Anteilen und wenn kein Fall des § 17 vorliegt (FinA BT-Drs 16/11108, 21), nicht bei betriebl Erträgen.

Beispiel: StPfl erzielt „fremdfinanzierte" VuV-Einkünfte; wegen der günstigen Darlehensbedingungen nimmt er bereits ½ Jahr vor Fälligkeit ein neues Darlehen auf. Die Darlehenszinsen sind als (vorweggenommene) VuV-WK abziehbar; die Zinseinnahmen für das „geparkte" Darlehen sind als VuV-Einnahmen zu erfassen.

197 **2. Vorrang.** § 20 VIII konstituiert einen Vorrang der Einkünfte iSv §§ 13, 15–17, 18 und 21. – **a) Gewerbl Einkünfte.** An- und Verkauf von Wertpapieren nur ausnahmsweise gewerbl Tätigkeit (grundlegend BFH X R 7/99 BStBl II 04, 408; § 15 Rz 90; FG BBg EFG 15, 1802, Rev IV R 34/15; Forderungsverwertung); die Ermittlung des lfd Gewinns richtet sich nach §§ 4ff. Soweit – isoliert betrachtet – die Voraussetzungen des § 20 I, II vorliegen, werden die **Erträge** nach **§ 20**

VIII dem **Gewinn** zugerechnet. – Bei §§ 4 I/5 uU Einlage von WG oder Nutzungsvorteilen (BFH GrS 2/86 BStBl II 88, 348 unter C I 3c, II; BFH I R 45/85 BFH/NV 89, 697). – Zu **PersGes** s 26. Aufl § 20 Rz 212. – Ab VZ 2009 genereller Vorrang des **§ 17** ggü Anteilsveräußerung nach § 20 II 1 Nr 1 nF (dazu *Strahl* KÖSDI 07, 15830/5; Rz 127).

§ 20 – AbgeltungSt		**§ 17 (relevante Anteilsveräußerung)**	
Veräußerungsertrag	85	Veräußerungsgewinn	85
KapESt 25 vH definitiv	**./. 21,25**	KapESt 25 vH	./. 21,25
Netto	63,75	Netto	63,75
(evtl Günstigerprüfung nach § 32d VI, insb im Hinblick auf Teileinkünfteverfahren)		+ KapESt (§ 12 Nr 3)	21,25
			85
		davon 60 vH stbar	51
		40 vH individueller StSatz zB	**ESt 20,4**
		Anrechnung KapESt	21,25
		Erstattung	0,85

198 **b) Mieteinkünfte (VuV).** Solche liegen nur vor, wenn der Besteuerungstatbestand des § 21 erfüllt ist (zB: Mietzinsen, Erbbauzinsen); maßgebl ist der Schwerpunkt der wirtschaftl Veranlassung (BFH VI R 77/14 DStR 15, 2533; FG BBg EFG 15, 815, rkr). Keine Durchbrechung der gesetzl Einkünftezuordnung durch die Herkunft der Mittel oder die Absicht der späteren Einkommensverwendung, soweit Trennung von der tatsächl Einkünfteerzielung mögl erscheint.

Beispiele: Mieteinnahmen werden ohne entnahmeähnl Zutun des StPfl KapVerm (zB BFH VIII R 194/78 BStBl II 81, 510, unter 2b); Zinsen aus zum Hausbau bestimmten Bankguthaben bleiben idR KapEinkünfte (aA BFH VIII R 78/89 BStBl II 93, 301).

199 **c) Einkünfte aus privaten Veräußerungsgeschäften iSd § 23 I.** Sie sind ab VZ 2009 generell nachrangig **(§ 23 II).** Nach der Neuregelung durch das UntStRefG wird auch die Veräußerung von privatem KapVerm von § 20 erfasst, soweit nicht insoweit die §§ 13, 15–17, 18 vorgehen.

200 **d) Einkünfte aus nichtselbständiger Arbeit.** Diesen ggü ist § 20 vorrangig (BFH VI R 77/14 DStR 15, 2533); Umkehrschluss aus § 20 VIII. Zur Abgrenzung s BFH VIII R 44/11, BFH/NV 15, 268.

XI. Sparer-Pauschbetrag, § 20 IX

204 **1. Kein Werbungskostenabzug ab 1.1.2009.** § 20 IX enthält eine der Kernaussagen der **AbgeltungSt** (UntStRefG 2007; BStBl I 07, 630; *Werth* DStR 15, 1343; Schrifttum vor § 32d): Der Abzug der tatsächl WK ist ausgeschlossen, nur Abzug eines Pauschbetrags von 801/1602 €.

Zu den Grundzügen *Haarmann* FS Herzig 2010, 422: abgeltende Bruttobesteuerung an der Quelle mit 25 vH, mit SozZ 26, 375 vH, mit KiSt ca 27,82 vH; Erfassung von Veräußerungsgewinnen (§ 20 IV; gegen „Derivatewelle"; Entzug durch Auslands-Depot); Verlustausgleich nur nach § 20 VI; mögl Strategie: Vermeidung von WK; Generierung von Veräußerungsverlusten; Kritik an Gleichbehandlung von Eigen- und Fremdkapital; keine AbgeltungSt bei gewerbl Einkünften (§ 20 VIII) und bei KapGes (§ 8b I, II KStG).

Nach § 20 IX 1 HS 2 ist der Abzug der tatsächl WK ausgeschlossen (*Strahl* KÖSDI 10, 16852/6; vgl auch § 2 II 2 idF UntStRefG); zB auch kein WK-Abzug von Zinsen beim **fremdfinanzierten Erwerb von GmbH-Anteilen** (krit *Zentraler Kreditausschuss* FinA Protokoll 16/57, 241; s aber § 32d Rz 12); Ungleichbehandlung ggü PersGes; *Lösung:* evtl durch Zuordnung zu anderer Einkunftsart; Verzicht auf 1%-Regelung bei § 17. – Bei Veräußerungsgewinnen nach § 20 IV werden die Veräußerungskosten (zB Transaktionskosten; bei „all-in-fee" bis zu 50 vH; *BMF* BStBl I 16, 85 Rz 93; *Korn* kösdi 14, 18818/27) berücksichtigt.

Die Neuregelung ist auf Erträge anzuwenden, die nach dem 31.12.08 zufließen; im Kj 08 geleistete WK sind abziehbar, auch wenn sie mit nach dem 31.12.08 zufließende Einnahmen zusammenhängen (BFH VIII R 60/13 BStBl II 15, 255; aA FG RhPf EFG 12, 1146, rkr). Hingegen sind nach dem 31.12.08 abgeflossene WK abziehbar, auch wenn sie vor dem 1.1.09 zugeflossenen Einnahmen zuzuordnen sind (BFH VIII R 34/13 BStBl II 15, 387; *Levedag* HFR 15, 666; aA FG Köln EFG 14, 1880, Rev VIII R 42/14; *Meinert* DB 15, 890; weitere Nachweise 33. Aufl § 52a Rz 7).

2. Verfassungsmäßigkeit. Die Begrenzung ist verfgemäß (BFH VIII R 53/12 **205** BStBl II 14, 975; *Steinhauff* jurisPR-StR 47/14 Anm 2; FG Thür EFG 14, 1305, Rev IX R 48/14; 33. Aufl mwN; *Jachmann* DStJG 34 (2011), 251/8; abl *KSM/Jochum* K 48f, 66, *Paus* DStZ 15, 711; kein Ruhen (*FinVerw* DStR 11, 914). – Der Nichtabzug von WK ist der Preis der AbgeltungSt; anderenfalls wäre die Abgeltung durch den KapEStAbzug nicht administrierbar. **Bruttobesteuerung** und **einheitl StSatz** sind wesentl Elemente der AbgeltungSt (krit *BStBK* FinA Prot 16/57, 102; *DStG* FinA Prot 16/57, 139 ff; *Strahl* KÖSDI 07, 15830/8; weitere Literatur bei § 32d). – ME auch kein WK-Abzug bei individuellem StSatz unter 25% (BFH VIII R 13/13 BStBl II 15, 393; § 32d Rz 21); alleiniger Unterschied zur Antragsveranlagung ist der individuelle StSatz (§ 32d VI; BFH VIII R 34/13 BStBl II 15, 387).

3. Einheitl Sparer-Pauschbetrag. Der bisherige Sparer-Freibetrag von 750 € **206** (§ 20 IV aF) und der bisherige WK-Pauschbetrag von 51 € (§ 9a I Nr 2 aF) gehen in einem einheitl Sparer-Pauschbetrag von 801 € auf (§ 20 IX 1; Typisierung hinsichtl der Höhe der WK in den unteren Einkommensgruppen; **Abgeltung weiterer WK** im Hinblick auf relativ niedrigen ProportionalStSatz von 25%) ist nicht verfwidrig (BFH VIII R 53/12 BStBl II 14, 975; BFH VIII R 34/13 BStBl II 15, 387; FG Mster 3 K 1277/11 E juris; aA *Haas* DStR 14, 567).

Der Sparer-Pauschbetrag ist mE bei § 32d I und § 32d II-Einkünften anwendbar (§ 32d Rz 7; aA FG Mster EFG 14, 1793, Rev VIII R 49/14) und ist ggf vorrangig mit Veranlagungseinkünften (zB privates Darlehen) ggü „Abgeltungseinkünften" zu verrechnen; ggf Antragsveranlagung (§ 32d Rz 16).

Beispiel: StPfl erzielt Zinseinkünfte aus Sparfonds iHv 400 und weitere Einkünfte aus privater Darlehensgewährung (§ 32d Rz 2) iHv 1300 €. – Geboten ist die vorrangige Verrechnung des Pauschbetrags mit den höher belasteten Veranlagungseinkünften (wie BFH X R 61/08 BStBl II 10, 1011 zu § 16 IV).

Die bisherigen Regelungen für die Fälle der Zusammenveranlagung von Ehegatten bleiben erhalten (§ 20 IX 2, 3). Bei dem gemeinsamen Sparer-Pauschbetrag von Ehegatten (1602 €) kann – wie bisher – nur der die KapErträge übersteigende Betrag bei dem anderen Ehegatten abgezogen werden.

4. Pauschbetrag bei Verlustverrechnung, § 20 IX 4. Da durch die Ver- **207** rechnungsbeschränkung (§ 20 VI) die Verluste aus der Veräußerung von Aktien nicht mit den Zinseinkünften verrechnet werden dürfen, ist im Hinblick auf die tatsächl zu versteuernden Zinseinkünfte der volle Pauschbetrag anzusetzen.

Beispiel: Ein StPfl erzielt Zinseinkünfte iHv 900 € sowie Verluste aus Aktienverkäufen iHv 700 €; der Saldo beträgt 200 €. Anzusetzen ist der Pauschbetrag von 801 € (evtl aA *BMF* BStBl I 16, 85 Rz 119b; mE zu weit).

5. Bisheriger Sparerfreibetrag, § 20 IV aF. Dieser galt für Erträge, die bis zum **208** 31.12.08 zufließen) s 31. Aufl. – **Höhe.** Ab (Zufluss) **1989 bis 1992** statt 300/600 DM Verdoppelung auf 600/1200 DM (Ledige/zusammenveranlagte Ehegatten). Ab **1993 bis 1999** Verzehnfachung auf 6000/12 000 DM. **Ab VZ 2000** Halbierung auf 3000/6000 DM, **ab**

VZ 2002 auf 1550/3100; **ab VZ 2004** auf 1370/2740 € (HBeglG 2004), **ab VZ 2007** auf 750/1500 € (StÄndG 2007). **Formel zur Berechnung des Grenzkapitals:** Freibetrag + WK-Pauschbetrag ./. %-Satz × 100 (**Beispiel** 2004 bei 3% Zins: 1370 + 51 ./. 3 × 100 = 47 367 €; 2007: 750 + 51 ./. 3 × 100 = 26 700 €).

XII. Werbungskosten

211 **1. Werbungskostenabzug bis 31.12.08.** Die nachfolgenden Ausführungen haben im Wesentlichen Bedeutung nur für bis zum 31.12.08 zugeflossene KapErträge (s aber § 32d Rz 7). WK sind Aufwendungen, die durch die Erzielung von Einnahmen aus KapVerm veranlasst sind (allg § 9 Rz 2 ff; BFH VIII R 53/95 BStBl II 97, 682); dabei muss „dauerhaft" ein Überschuss oder stbarer Veräußerungsgewinn zu erwarten sein (**Überschusserzielungsabsicht** s Rz 12; FG Ddorf DStRE 06, 1105, rkr). Die Aufwendungen zum Erwerb der Kapitalanlage sind nach bisheriger Lesart keine WK, da sie nicht zum Nutzungs-, sondern zum steuerl irrelevanten Vermögensbereich gehörten (BFH VIII R 62/05 DStR 07, 1027 für Gutachterkosten [Due-Diligence-Prüfung]). Nach der Erweiterung des § 20 sind bei Veräußerung entspr AK abziehbar (§ 20 IV 1). – Bei sog Kombiprodukten (zB EuroPlan-Modell) ist – ggf durch Schätzung – eine **Aufteilung** vorzunehmen (FG RhPf DStRE 07, 402). – Abgrenzung von Einkunftsarten s Rz 201, vom Begriff der negativen Einnahmen s Rz 24. Durch Verzicht auf Einnahmen fallen grds keine WK an (s § 11 Rz 50). Ausreichende Ertragserwartung als Anlass für Schuldaufnahme s 29. Aufl Rz 253 „Schuldzinsen". Betonung des Veranlassungsprinzips auch bei § 9, s dort Rz 7 mwN, BFH VIII R 68/94 BStBl II 97, 454, 29. Aufl Rz 253 „Bürgschaft", „Schuldzinsen", „Verluste". Sicherungsverpfändung schafft keinen wirtschaftl Zusammenhang (BFH I R 10/80 BStBl II 84, 652, § 4 Rz 28, § 9 Rz 7). „Nachträgl WK" s Rz 214. **Persönl WK-Zurechnung** s BFH VIII R 83/91 BFH/NV 93, 644 mwN; s auch § 9 Rz 70. – Vorabverwaltungsgebühr in VZ 07 erfüllt nicht § 42 AO (BFH VIII R 44/12 BStBl II 15, 649).

212 **2. WK-Pauschbetrag.** Dieser betrug bis VZ 2008 51 €, bei zusammenveranlagten Ehegatten 102 €, auch wenn nur ein Ehegatte KapEinkünfte bezogen hatte (§ 9a S 1 Nr 2 aF). Keine Kürzung ab 2004. Für mehrere gleich- oder verschiedenartige Kapitalanlagen wurde der Pauschbetrag nur einmal gewährt. Grenze: Höhe der Einnahmen. Ab 2009 § 20 IX (Sparer-Pauschbetrag; Rz 206).

213 **3. WK in wirtschaftl Zusammenhang mit stfreien Einnahmen.** Diese sind nicht abziehbar (BFH VIII R 3/11 BStBl II 14, 560; vgl § 3c Rz 1); im Jahr 01 war das Halbabzugsverbot bereits anwendbar, wenn Zusammenhang der potenziellen Einnahmen mit Anrechnungsverfahren ausgeschlossen (BFH VIII R 10/06 BStBl II 07, 866); der nur hälftige/teilw Abzug ist verfgemäß (BFH VIII R 69/05 DStR 07, 1756; krit *Intemann* DB 07, 2797; *Otto* DStR 08, 228; *Paus* DStZ 08, 145); § 17 Rz 11.

214 **4. Einzelne Werbungskosten.** Ab VZ 2009 können über den Sparer-Pauschbetrag hinaus **keine WK** abgezogen werden (§ 20 IX 1 idF UntStRefG); das dürfte auch für negative Zinsen („Gebühr zur Verwahrung von Liquidität") gelten (*BMF* BStBl I 15, 473; *Patzner/Joch* BB 15, 221). Wegen des Abzugsverbots einerseits und der Einbeziehung des Vermögensbereichs andererseits (Rz 211) wird wegen der einzelnen WK (bis auf aktuelle Ergänzungen) auf die 29. Aufl verwiesen. – Nachträgl WK für vor dem 1.1.09 zugeflossene Einnahmen sind weiterhin abziehbar (BFH VIII R 12/14 juris; *BMF* BStBl I 16, 85, Rz 322; aA 33. Aufl § 52a Rz 7).

Bürgschaftsaufwendungen für GmbH konnten WK sein (FG BaWü EFG 12, 1136, rkr). **Provisionen** für Ausstellung von Scheinrechnungen (FG Nds DStRE 13, 456). – **Schuldzinsen** verlangen einen Finanzierungszusammenhang (BFH VIII R 3/11 BStBl II 14, 560); **nachträgl Zinsen** sind wie nachträgl BA als WK abziehbar nach § 20 bei Wegfall der Beteiligung iSv § 17 (RsprÄnderung; ab Vz 99; BFH VIII R 20/08 BStBl II 10, 787 [ebenso VIII R 36/07]; BFH VIII R 13/11 BStBl II 14, 251 (bei § 17-AK und Veräußerung vor 2009); *Fuhrmann* NWB 10, 2942; krit *Haase* BB 10, 2870; anders noch FG Hbg DStRE 10, 851, aufgehoben durch BFH VIII R 1/10 BFH/NV 11, 223). – Wegen § 20 IX können ab VZ 09 Schuldzinsen für die Anschaffung einer § 17-Beteiligung nach Veräußerung nicht abgezogen werden (BFH VIII R 53/12 BStBl II 14, 975; BFH VIII R 48/12 BStBl II 15, 270; *BMF*

BStBl I 16, 85 Rz 322); aber ggf § 32d II Nr 3 (Rz 12 aE; *Korn* kösdi 14, 1818/23; s auch § 17 Rz 16, 152; § 52a Rz 7 33. Aufl); zur Übertragung auf § 21 *Jachmann/Schallmoser* DStR 11, 1245. – Refinanzierungszinsen konnten erhaltene Verzugszinsen mindern (BFH VIII R 3/09 BStBl II 12, 254; Abzug von Zinsen zur Refinanzierung einer § 17-Beteiligung (BFH VIII R 26/11 BFH/NV 14, 1745). – Nachzahlungszinsen sind nicht als WK absetzbar; § 12 Nr 3 ist verfgemäß (BFH VIII R 2/07 BStBl II 10, 25; BFH VIII R 36/10 BStBl II 14, 168 zur Nichtsteuerbarkeit von Erstattungszinsen). – **Strategiekosten** sind AK (BFH VIII R 22/07 BStBl II 10, 469), ebenso **Schuldbeitritt** (FG Mchn EFG 15, 29, Rev VIII R 39/14). – **Vermittlungsprovisionen** (für LV) sind Anschaffungsnebenkosten (BFH VIII B 44/10 BFH/NV 11, 587). – **Vermögensverwaltungsgebühren** sind voll als WK abziehbar (BFH VIII R 11/07 BFH/NV 10, 1417, BFH VIII R 30/07; FG Köln EFG 13, 777, Rev VIII R 5/13; *OFD Mster* DB 10, 2586); nicht für ertraglose Anlagen (FG Köln EFG 11, 2058, rkr); ab VZ 09 § 20 IX. – **Vertragsinterne Kosten bei LV** (Provision und Verwaltungsaufwand) sind keine WK (FG BaWü DStRE 10, 597, rkr).

XIII. Investmenterträge und REIT

1. Investmenterträge. Die Besteuerung ist im InvStG v 15.12.03, BGBl I 03, 2676, 2724, **gültig ab** 1.1.2004, geregelt.– Eine Neufassung ist geplant (Gesamtkodifikation kollektiver Kapitalanlagen; iEinz *Steinmüller* RdF 12, 127; *Haisch/Helios* BB 13, 23, zum BMF-RefE 4.12.12). Der BMF-InvStRefGE v 21.7.15 sieht Besteuerung der dt Dividendeneinkünfte auf der Ebene der Ges *vor* (iEinz *Stadler/Jetter* DStR 15, 1833; *Bron* Stbg 15, 391). 215

Schrifttum (vor 2014 s Vorauflagen): *Moritz/Jesch* (Hrsg), InvStG 2015. - *Simonis* ua, Neuregelung der Fondsbesteuerung durch das AIFM-StAnpG, DB 14, 16; *Elser/Stadler,* Einschneidende Änderungen der Investmentbesteuerung nach dem AIFM-StAnpG, DStR 14, 233; *Jansen/Lübbehüsen,* Neues InvStG …, RdF 14, 28; *Hollender,* Besteuerung ausl Investmentfonds, kösdi 14, 18812; *Jesch/Haug,* Das neue InvStG …, DStZ 14, 345; *Carlé,* Das neue KAGB, kösdi 14, 18933; *Höring,* Die neue Investmentbesteuerung …, DStZ 14, 491; *Trencsik,* Analyse systematischer Defizite der Investmentbesteuerung, StuW 14, 286; *Stadler/Jetter,* InvStRefGE v 22.7.15, DStR 15, 1833; *Haisch,* InvStReform – Wird jetzt alles gut?, RdF 15, 294; *Kempf/Hirtz,* Schwerpunkte des RefEntwurfs v 18.12.15, DStR 16, 1.

Verwaltung: *BMF* BStBl I 05, 728–783; *BMF* BStBl I 09, 931; *BMF* 22.10.08 DStR 08, 2217; *BMF*-Verbändeschreiben (5.2.09 und 13.2.09) zitiert nach DStR 09, 841 (keine KapESt für betriebl Anleger, Verlustverrechnung auf Fonds-Ebene); *BayLfSt* DStR 09, 1036 (AbgeltungSt im InvStG); *BMF* 9.3.10 DStR 10, 553 (Ertragsausgleich; Zwischengewinn); *BMF* 3.3.11 DStR 11, 477 (Leerverkäufe); *BMF* 4.6.14 DStR 14, 1168 (Auslegungsfragen zum AIFM-StAnpG); *BMF* 22.9.14 DB 14, 2377 (§ 3 III InvStG); *BMF* 23.10.14 DStR 14, 2346 (Auslegungsfragen zu InvStG); *BMF* BStBl I 15, 185 (§ 18 InvStG); *BMF* BStBl I 15, 227 (§ 1 Ib Nr 3 InvStG) *BMF* 15.12.15 (Vorlage von NV-Bescheinigungen bei inl Brokern).

a) Allgemeines. Investmentgeschäfte umfassen **kollektive Vermögensanlagen;** das Fondsvermögen wird von ‚Fondsvehikeln' gehalten (*Jesch/Haug* DStZ 14, 345); das sind InvFonds (§ 11 InvStG), PersInvGes (§ 18 InvStG; dazu *BMF* 12.2.15 DB 15, 407; *Helios/Kröger* DB 15, 520) und KapInvGes (§ 19 InvStG). Eine aktive unternehmerische Tätigkeit muss ausgeschlossen sein (§ 1 Ib Nr 3; *BMF* BStBl I 15, 227; dazu *Gottschling* RdF 15, 319). Zu besteuern sind grds nicht der Fonds, sondern die Fondsanleger mit ihren KapErträgen und die Fondsakteure mit ihren eigenen Einkünften (*Jesch/Haug* DStZ 14, 345). – OGAW und AIF, die nicht die Voraussetzungen des § 1 Ib und If InvStG erfüllen, sind InvestitionsGes (§ 1 Ic InvStG; §§ 18, 19 InvStG). 216

Das KAGB (v 4.7.13 BGBl I 13, 1981) ersetzt das InvG und regelt als Reaktion auf die Finanzkrise die Verwaltung offener und geschlossener Fonds (Umsetzung der AIFM-RL; *Scholz/Appelbaum* RdF 13, 268; *van Kann* ua DStR 13, 1583). Das KAGB unterscheidet zw OGAW (‚Organismen für gemeinsame Anlagen', insb Aktien- und Anleihefonds) und AIF (‚Alternative InvFonds', geschlossene und regulierte offene Investmentfonds, die nicht als OGAW gelten; auch offene Spezialfonds); es gelten unterschiedl Zulassungsanforderungen und Berichtspflichten (zu Drittstaatenfonds vgl EuGH C-190/12 DStZ 14, 703). Das InvStG ist entspr angepasst worden (AIFM-StAnpG v 23.12.13, BGBl I 13, 4318).

Das InvStG enthält gemeinsame Regelungen für inl und ausl Investmentfonds (§§ 1–10), Sonderregelungen für inl Investmentfonds (§§ 11–15a), Sonderregelungen für ausl Investmentfonds (§§ 16–17a), Sonderregelungen für inl und ausl InvestitionsGes (§§ 18–20) und Anwendungs- und Übergangsregelungen (§§ 21–23). – Leitidee des InvStG (ab 2004) ist die Erfassung ausgeschütteter **Fondserträge** (und „Rückgabegewinne") nach Maßgabe des **(eingeschränkten) Transparenzprinzips** mit unmittelbarer Besteuerung der Anleger (BT-Drs 15/1553). – Das InvStG ist durch das OGAW-IV-UmsG (BGBl I 11, 1126) zwecks Anpassung an die OGAW-IV-Rl (2009/65/EG; Entwicklung des Binnenmarktes im Investmentfondsbereich) geändert worden (*Moritz* RdF 11, 6). – Das AIFM-StAnpG inkorporiert das KAGB in das InvStG (BT-Drs 18/68, 2; iEinz *Elser/Stadler* DStR 14, 233). – Das BMF hat unter dem 21.7.15/18.12.15 den Entwurf eines erneuten ReformG vorgelegt (einfaches System für Publikumsfonds, Beseitigung EUrechtl Risiken, Verringerung der Gestaltungsanfälligkeit; krit *Haisch* RdF 15, 294).

217 **b) Rechtsfolge.** Erfüllt ein Investmentvermögen durchgängig die Voraussetzungen des § 1 Ib InvStG, gelten die investmentsteuerl Vorgaben. Das Investmentvermögen unterliegt gem § 11 I 2 InvStG weder der KSt noch der GewSt. Die Besteuerung der Anleger richtet sich nach § 2 InvStG, demzufolge (nur) die ausgeschütteten und die ausschüttungsgleichen Erträge stpfl sind. Dies gilt allerdings nur dann, wenn die Besteuerungsgrundlagen gem § 5 I InvStG bekannt gemacht worden sind. Bei eingeschränkter Bekanntmachung greift die modifizierte Pauschalbesteuerung iSd § 5 I 2 InvStG („semitransparente Investmentvermögen") oder die pauschale (Straf-)Besteuerung iSd § 6 InvStG. Werden die Vorgaben des § 1 Ib InvStG nicht dauerhaft erfüllt (s *BMF* 23.10.14 DB 14, 2742), kommt es zu einem „Statuswechsel" mit Schlussbesteuerung (§ 8 VIII InvStG; *Carlé* ködsi 14, 18933 Rz 22).

218 **aa) Fondsbesteuerung.** Die Erträge des inl Investmentfonds (fingiertes Zweckvermögen) bleiben von KSt und GewSt befreit und unterliegen daher auch keinem KapEStabzug (§ 11 I, II InvStG; evtl Ungleichbehandlung ausl Fonds (EuGH C-338/11 DStR 12, 1016; *Behrens* RdF 12, 276). Der WK-Abzug ist durch § 3 III idF AIFM-StAnpG neu geregelt (dazu BT-Drs 18/68, 48f; *BMF* 22.9.14 DB 14, 2377; *BMF* 10.11.14 DStR 14, 2394 [Aufteilung]; *Wolf/Brielmeier* DStR 14, 1040; *Kammeter/Szameitat* RdF 14, 130); beim Fonds gilt § § 20 IX nicht (§ 3 I, III InvStG; *Moritz/Jesch* § 3 InvStG Rz 36). Der Verlustverrechnungsbeschränkung des § 20 VI 4 EStG geht § 3 IV InvStG vor.

219 **bb) Anlegerbesteuerung.** Besteuert werden nach § 2 InvStG *(1)* die ausgeschütteten Erträge, *(2)* die ausschüttungsgleichen Erträge (§ 1 III 3 InvStG; bestimmte thesaurierte Erträge mit gesetzl Zuflussfunktion (*Dahm/Hamacher* IFSt 478, 43) und *(3)* die Zwischengewinne [§ 1 IV, § 5 III InvStG; in der Besitzzeit angewachsene Erträge] wie Stückzinsen; BFH VIII R 30/06 BStBl II 10, 647; *Nothnagel* jurisPR-StR 15/10 Anm 5). Nach EuGH C-326/12 FR 14, 1100 ist § 6 InvStG (Pauschalbesteuerung) EU-rechtswidrig (dazu *Jesch/Haug* FR 14, 1076; *Simonis* ua DB 14, 2855; *BMF* 4.2.15 BStBl I 15, 135, mit Übergangsregelung; BMF 28.7.15 BStBl I 15, 610). – Die lfd Erträge unterliegen der AbgeltungSt (*Spengel* DStR 08, 835/6; *Intemann/Zöller* Rz 793f; *Delp* St-journal.de 19/09, 19/23); § 3 I InvStG gilt nur für den Fonds, nicht für den Anleger.

(1)* WK-Abzug.** Der Anleger kann ab VZ 2009 die tatsächl WK nicht mehr abziehbar (§ 20 IX, § 2 II 1 Nr 2 S 2 EStG). – ***(2)* Teileinkünfteverfahren.** § 3 Nr 40 EStG und § 8b KStG ist nach UntStRefG bei anderen Einkünften als solchen aus KapVerm anzuwenden, § 3 III InvStG; – ***(3)* Ausland.** Bei **ausl Erträgen** sind **DBA-Freistellungen** beim Anleger zu beachten (BT-Drs 18/68, 53); **§§ 32b und 34c EStG** sind anzuwenden (§ 4 InvStG; BT-Drs 18/68, 53). – ***(4)* KapEStAbzug** (§ 7 InvStG; BFH I R 90/09 BStBl II 13, 11; FG Mchn EFG 15, 226, Rev VIII R 47/14; *BMF* BStBl I 13, 54). Von den stbaren und stpfl ausgeschütteten und ausschüttungsgleichen Dividendenerträgen iSv § 43 I 1 S 1 Nr 1 und S 2 hat die FondsGes ab 2009 einheitl einen 25%igen **KapEStAbzug** vorzunehmen (§ 7 III 1 InvStG idF UntStRefG); zur Verschärfung durch JStG 10 für inl offene Immobilienfonds *Bindl/Schrade* BB 10, 2855; *Ebner/Ramackers* RdF 11, 22. Anrechenbare ausl QuellenSt ist zu berücksichtigen (*BMF* FR 11, 779; *BMF* 21.10.11 Dok 2011/0838187). – ***(5) **AbgeltungSt** (*BayLfSt* DStR 09, 1036): *(a)* Abstandnahme vom StAbzug bei betriebl Fondanlegern (dazu auch *BMF* DStZ 14, 186); *(b)* StAbzug bei Rückgabe/Veräußerung steueroptimierter Geldmarktfonds; *(c)* Einstufung von Finanzinnovationen. – ***(6)*** **Einzelfälle.** Zu Erträgen aus Investmentvermögen, auch bei unentgeltl Erwerb und Depotwechsel s *BMF* BStBl I 13, 54, zur Liquidation von Investmentvermögen *BMF* DB 09, 1506.

Im Fall der **Thesaurierung** im Fonds bleiben also zunächst unbesteuert: ***(a)*** Veräußerungsgewinne aus Aktien, (Ziel-)Fondsanteilen, aktienähnl Genussrechten (Nr 1), ***(b)*** Erträge aus der Beendigung bzw Veräußerung von Termingeschäften (Nr 3) wie Differenzausgleichsgeschäfte, Optionen, Futures, CFD und Swaps sowie ***(c)*** Gewinne aus der Veräußerung und Einlösung von Kapitalforderungen (Nr 7). Diese werden erst bei Ausschüttung oder Veräußerung der Anteile besteuert (*Dahm/Hamacher* IFSt 478, 44). – Umgekehrt sind Gewinne aus der Rückgabe bzw Veräußerung von Fondsanteilen für Privatanleger, die ab 2009 gekauft wurden, stets stpfl. Umgesetzt wird diese StPfl – analog zur Behandlung von Ausschüttungen und ausschüttungsgleichen Erträgen – durch eine Zuweisung der Rückgabe- bzw. Veräußerungsgewinne zu den Einkünften aus KapVerm iSd § 20 II 1 Nr 1 (§ 8 V 1 HS 1 InvStG).

e) Zeitl Anwendung. Das InvStG idF v 15.12.03 gilt grds ab 1.1.04 (§§ 18, **220**
19 InvStG). Die durch das UntStRefG vorgenommenen Änderungen sind grds für in 2009 endende Geschäftsjahre anwendbar; für vor dem 1.1.09 angeschaffte WG oder zuvor abgeschlossene Geschäfte gilt die Altregelung (§ 18 I). – Zu SIF-Fonds (Luxemburger Spezialfonds für Privatanleger) s § 18 IIa aF (dazu *BMF* BStBl I 08, 960; *Haarmann* FS Herzig 2010, 423/35). Zur Übergangsregelung für Geldmarktfonds s § 18 IIb aF idF JStG 09 (s iEinz 29. Aufl Rz 263). – § 22 InvStG regelt die Anwendung des AIFM-StAnpG.

2. REIT

Schrifttum (vor 2009 s Vorauﬂ): *BSL/Lübbehüsen* § 2 InvStG Rz 142f. – *Wagner,* Die Besteuerung des deutschen REIT, 2010. – *Bron* BB 09, 84, zu Änderungen durch JStG 09 (ausl Reits; steuerl Vorbelastungen); *Gemmel/Kaiser* DStR 09, 1346 (aktuelle Entwicklungen); *Amort/Blum* DStR 09, 1772 (Alternativen, Besteuerung).

a) Zielsetzung. REIT (Real Estate Investment Trusts; Sonderform einer bör- **221**
sennotierten AG; Instrument der indirekten Immobilienanlage; steuerbegünstigte Immobilientrusts; Steuertransparenz [Besteuerung nur auf der Ebene der Anteilseigner; iEinz *Hechtner/Hundsdoerfer* WPg 07, 647; *Lohr* StbJb 07/08, 99], börsenmäßiger Handel der Anteile) können insb dafür eingesetzt werden, betriebl oder öffentl genutzte Immobilien (zB Verwaltungsgebäude, Wohngebäude, komplette Wohnungsgesellschaften, Hotels, Einzelhandels- oder Logistikimmobilien; keine Mietwohnimmobilien) zu veräußern und an die Börse zu bringen, um das darin gebundene Kapital freizusetzen (**Outsourcing des Immobilienbesitzes;** Trennung von Immobilieneigentum und Betreiberfunktion). Reit-AG sind von der KSt und der GewSt befreit, sofern die §§ 8–15 ReitG erfüllt sind (zum Begriff § 3 REITG; *BMF* BStBl I 07, 527 zur erstmaligen Gewährung der Steuerbefreiung). Sog „Exit Tax" ($^1/_2$ StSatz) bei Veräußerung an REIT bis Ende 2009. – Unmittelbare Besteuerung auf der Aktionärsebene (*Grabbe/Behrens* DStR 08, 950/5; *Schupp,* vor Rz 221, 148).

Zur Einführung von REIT s durch G v 28.5.07 s *Hartrott,* Das Konzept des dt REIT, DStZ 07, 247; zur Vorteilhaftigkeit der Reits nach UntStRef *Wimmer* StuB 07, 494; *Hechtner/Hundsdoerfer* WPg 07, 647; *Korezkij* BB 07, 1698 zur Exit-Tax (§ 3 Nr 70) bei Übertragung von Immobilien auf Reits; *Jacob* AG 08, 538, 583 mit Übersichten für AG/Aktionär; zu Vor-Reits *Claßen* BB 08, 2104. Zu Änderungen durch JStG 09 (ausl Reits; steuerl Vorbelastungen) s *Bron* BB 09, 84; *Balmes/Claßen* FR 09, 454. – An der Deutschen Börse sind ledigl 5 Reits gelistet.

Gem § 19 REITG gehören die Ausschüttungen zu den KapVerm-Einkünften iSd § 20 I Nr 1, wenn sie nicht BE des Anteilseigners sind. Auf die Veräußerung von REIT-Aktien, die nicht Bestandteil eines BV sind, sind § 17, § 22 Nr 2, § 23 I 1 Nr 2 anzuwenden; anderenfalls ist der Gewinn nach §§ 4, 5 zu ermitteln. § 3 Nr 40, § 8b KStG sind nicht anzuwenden. Minderungen dürfen nur mit vergleichbaren Mehrungen ausgeglichen werden.

b) Übersicht über Immobilien-Investments

(Allg Übersicht zu Erträgen aus Investmentfonds bei *Delp* steuer-journal 19/09, 19, 23)

222

Anlageart	geschlossener Fonds (= Immobilie; VuV)	offener Fonds (= Zertifikate; § 20)	REIT
Miete Inland	§ 21	AbgeltungSt	AbgeltungSt auf Dividende
Miete Ausland	im Inl stfrei, aber Progressionsvorbehalt bei Nicht-EU	Anleger (–)	AbgeltungSt auf Dividenden; Entlastung bei Auslerträgen geplant
Mietverluste	mit späteren Überschüssen desselben Fonds verrechenbar	im Fonds vorgetragen	keine Ausschüttung
Hausverkauf Inland	nach 10 Jahren stfrei, zuvor progressive Besteuerung	nach 10 Jahren stfrei, zuvor AbgeltungSt	AbgeltungSt auf die als Dividende ausgeschütteten Gewinne
Hausverkauf Ausland	nach 10 Jahren stfrei, zuvor Progressionsvorbehalt	komplett stfrei	40 % stfrei, wenn ausl Fiskus zugreift
Gewinn aus Anteilsverkauf	nach 10 Jahren stfrei, zuvor progressive Besteuerung	AbgeltungSt bei Kauf ab 2009	AbgeltungSt bei Kauf ab 2009
Verlust aus Anteilsverkauf	begrenzt verrechenbar mit anderen „SpekGewinnen"	bei Kauf ab 2009 mit allen KapErträgen verrechenbar	bei Kauf ab 2009 nur mit Aktiengewinnen verrechenbar

XIV. Veranlagung

226 **1. Steuererhebungsverfahren.** Ab 1.1.09 AbgeltungSt (Rz 1; Wertzuwachsbesteuerung; QuellenSt; zum AbgeltungSt-Verfahren *Intemann/Zöller* Rz 20f). In den Fällen des § 43 wird KapESt abgezogen und einbehalten (s § 43). Unabhängig davon erfolgt grds **Veranlagung** nach § 32d IV, VI, für ArbN aber nur mit *stpfl* KapEinkünften über 410 € oder auf Antrag (§ 46 II Nr 1, Nr 8, III, IV). Zur **Schätzung** (§ 162 AO) bei Bargeldvermögen FG BaWü EFG 11, 804, rkr, bei Steuerhinterziehung und Auslandskonten BFH X R 65/09 BStBl II 12, 345; FG Ddorf DStR 12, 139, Rev VIII R 12/12.

Die *Anlagen KAP/SO* zur StErklärung brauchten ab 1993–2008 idR nur noch bei Kapitaleinnahmen über Freibetrag/WK hinaus ausgefüllt zu werden, sonst nur bei KEStErstattungs- bzw Anrechnungsanträgen (*BMF* FR 94, 80); zur Erleichterung hatten die Institute die Bescheinigung nach § 24c auszustellen (*BMF* BStBl I 06, 508). Bei Aufforderung des FA ist eine Erklärung abzugeben (idR kein VA, s BFH VIII R 3/98 BStBl II 99, 199 und VIII B 119/00 BFH/NV 02, 163). Bisher nur ausnahmsweise Abgeltung durch KapEStAbzug §§ 43 ff (§ 45b aF, § 50 V 1), sonst KapEStAnrechnung (§ 36 Rz 5, 8) oder wahlweise Erstattung (§ 44b bzw § 45b) bzw **ab 1993** Freistellung auf Antrag. **Ab 1994** LStFreibetrag § 39a I Nr 5 für negative KapEinkünfte (ohne Einbeziehung positiver KapEinkünfte wegen KapESt; s aber § 39a Rz 5). – Zu VZ ab 2009s Rz 229.

2. Steueramnestiegesetze. Zu SteueramnestieG 1990 und Strafbefreiungserklärungsgesetz (StraBEG) 2003/4s 29. Aufl Rz 271 und ausführl Kommentierung in 25. Aufl. Keine Anwendung des StraBEG auf ordnungsgemäß erklärte Einkünfte (BFH VIII R 11/08 DB 10, 2427; BFH VIII R 50/10 BStBl II 14, 223). 227

3. Kontrollen. Mit Einführung der **AbgeltungSt** (ab 2009) werden die Kontrollen weitgehend obsolet (*Delp* steuer-journal 05/04, 36). – Zum **Bankenerlass (§ 30a AO),** zu **erweiterten Bankenmitteilungspflichten** (**§ 24c;** 2004–2008), zu **erweiterten Kontrollmöglichkeiten** (ua § 93b iVm § 93 VII, VIII AO idF von Art 2 des StraBEG; BVerfG 13.6.07 1 BvR 1550/03 ua: verfgemäß) und **Anzeigepflichten** des Erwerbs von Auslandsbeteiligungen nach § 138 AO, zur **EU-ZinsRiLi/§ 45e iVm ZIV** s 29. Aufl Rz 272. 228

4. Erklärung. Ab 2009 ist im Hinblick auf die AbgeltungSt die Abgabe der Anl KAP nur noch in Ausnahmefällen notwendig, zB für Günstigerprüfung (§ 32d Rz 21, Überprüfung des StEinbehalts für bestimmte KapErträge; *Intemann/Zöller* Rz 20f). – ***(1)*** **Anlage KAP.** In ihr sind ggf (zB im Fall des § 32d III) zu erklären insb die inl KapErträge und die StAbzugsbeträge und anzurechnenden Steuer (KapESt, SolZ, KiSt, anzurechnende QuellenSt). – ***(2)*** **Anlage AUS.** In ihr sind die ausl Einkünfte und Steuern zu erklären. – ***(3)*** **Anlage SO.** Diese verlangt (neben Einkünften nach § 22) vor allem die Erklärung der **privaten Veräußerungsgeschäfte** (insb Grundstücke und andere WG; Anschaffungs- und Veräußerungszeitpunkt; AK; Veräußerungspreis, Aufwendungen), auch (noch) der **Termingeschäfte** (Bezeichnung und Zeitpunkt des Rechtserwerbs und der Beendigung; Differenzausgleich/Geldbetrag, Aufwendungen; § 23 Rz 29). – Zur Nachdeklaration von KapEinkünften vgl *Demuth* ködsi 14, 18805. Weitere **Einzelheiten** s 29. Aufl Rz 272f. 229

f) Vermietung und Verpachtung (§ 2 Absatz 1 Satz 1 Nummer 6)

§ 21 Vermietung und Verpachtung

(1) [1] **Einkünfte aus Vermietung und Verpachtung sind**

1. **Einkünfte aus Vermietung und Verpachtung von unbeweglichem Vermögen, insbesondere von Grundstücken, Gebäuden, Gebäudeteilen, Schiffen, die in ein Schiffsregister eingetragen sind, und Rechten, die den Vorschriften des bürgerlichen Rechts über Grundstücke unterliegen (z. B. Erbbaurecht, Mineralgewinnungsrecht);**
2. **Einkünfte aus Vermietung und Verpachtung von Sachinbegriffen, insbesondere von beweglichem Betriebsvermögen;**
3. **Einkünfte aus zeitlich begrenzter Überlassung von Rechten, insbesondere von schriftstellerischen, künstlerischen und gewerblichen Urheberrechten, von gewerblichen Erfahrungen und von Gerechtigkeiten und Gefällen;**
4. **Einkünfte aus der Veräußerung von Miet- und Pachtzinsforderungen, auch dann, wenn die Einkünfte im Veräußerungspreis von Grundstücken enthalten sind und die Miet- oder Pachtzinsen sich auf einen Zeitraum beziehen, in dem der Veräußerer noch Besitzer war.**

[2] **§§ 15a und 15b sind sinngemäß anzuwenden.**

(2) [1] **Beträgt das Entgelt für die Überlassung einer Wohnung zu Wohnzwecken weniger als 66 Prozent der ortsüblichen Marktmiete, so ist die Nutzungsüberlassung in einen entgeltlichen und einen unentgeltlichen Teil aufzuteilen.** [2] **Beträgt das Entgelt bei auf Dauer angelegter Wohnungsvermietung mindestens 66 Prozent der ortsüblichen Miete, gilt die Wohnungsvermietung als entgeltlich.**

(3) **Einkünfte der in den Absätzen 1 und 2 bezeichneten Art sind Einkünften aus anderen Einkunftsarten zuzurechnen, soweit sie zu diesen gehören.**

§ 82b EStDV Behandlung größeren Erhaltungsaufwands bei Wohngebäuden

(1) [1]**Der Steuerpflichtige kann größere Aufwendungen für die Erhaltung von Gebäuden, die im Zeitpunkt der Leistung des Erhaltungsaufwands nicht zu einem Betriebsvermögen gehören und überwiegend Wohnzwecken dienen, abweichend von § 11 Abs. 2 des Gesetzes auf zwei bis fünf Jahre gleichmäßig verteilen.** [2]**Ein Gebäude dient überwiegend Wohnzwecken, wenn die Grundfläche der Wohnzwecken dienenden Räume des Gebäudes mehr als die Hälfte der gesamten Nutzfläche beträgt.** [3]**Zum Gebäude gehörende Garagen sind ohne Rücksicht auf ihre tatsächliche Nutzung als Wohnzwecken dienend zu behandeln, soweit in ihnen nicht mehr als ein Personenkraftwagen für jede in dem Gebäude befindliche Wohnung untergestellt werden kann.** [4]**Räume für die Unterstellung weiterer Kraftwagen sind stets als nicht Wohnzwecken dienend zu behandeln.**

(2) [1]**Wird das Gebäude während des Verteilungszeitraums veräußert, ist der noch nicht berücksichtigte Teil des Erhaltungsaufwands im Jahr der Veräußerung als Werbungskosten abzusetzen.** [2]**Das Gleiche gilt, wenn ein Gebäude in ein Betriebsvermögen eingebracht oder nicht mehr zur Einkunftserzielung genutzt wird.**

(3) **Steht das Gebäude im Eigentum mehrerer Personen, so ist der in Absatz 1 bezeichnete Erhaltungsaufwand von allen Eigentümern auf den gleichen Zeitraum zu verteilen.**

Einkommensteuer-Richtlinien: EStR 21.1–21.7/EStH 21.1–21.7

Übersicht

I. Gemeinsame Voraussetzungen

1. Allgemeines. Die Einkünfte aus VuV werden als Überschuss der Einnahmen über die WK ermittelt (§ 2 II 1 Nr 2). Für die Erfassung der Einnahmen und die Berücksichtigung der WK gilt das Zu- und Abflussprinzip (§ 11). 1

2. Ausland. Beschr StPfl erzielen Einkünfte aus VuV, wenn das zur Nutzung überlassene WG im Inl belegen, in ein inl Register eingetragen oder in einer inl Betriebsstätte oder Einrichtung verwertet wird (§ 49 I Nr 6; s § 49 Rz 109). – **Ausl Grundbesitz.** Das Besteuerungsrecht wird durch DBA idR dem **Belegenheitsstaat** zugewiesen; diese Einkünfte sind dann in Deutschland stfrei (Freistellungsmethode, ggf Progressionsvorbehalt, s BFH IX R 143/83 BStBl II 86, 287: Großbritannien; FG RhPf EFG 10, 1614, rkr: Frankreich; FG BaWü DStRE 15, 1293, NZB I B 83/14: Österreich). Einige DBA sehen aber ledigl **Anrechnung** der ausl Steuer auf die dt ESt vor (*Becker/Urbahns* Inf 99, 427, 429), zB **Spanien** (BFH IX R 72/85 BFH/NV 91, 369; *OFD Ffm* DStR 12, 1345), **Schweiz** (BFH I R 63/88 BFH/NV 90, 705). 2

3. Begriff der VuV. Im Kern setzt die VuV iSd § 21 eine **Nutzungsüberlassung** voraus (Rz 5 ff), die grds **zeitl beschränkt** sein muss (Rz 16). Zu Besonderheiten bei **Bodenschätzen** s Rz 18. 4

a) Nutzungsüberlassung. – aa) Schuldrechtl Vertrag. Typischerweise erfolgt die Nutzungsüberlassung auf der Grundlage eines Miet- oder Pachtvertrags. Auch Leasingverträge sind denkbar; idR werden Leasingeinnahmen aber zu anderen Einkunftsarten gehören (die meisten Leasinggeber sind gewerbl tätig; das Verleasen *bewegl* Gegenstände des PV fällt unter § 22 Nr 3). Zwar sind die §§ 535 ff, 581 ff BGB Ausgangspunkt für die Zuordnung zur Einkunftsart VuV. In Grenzfällen ist für die Rspr aber nicht die zivilrechtl Bezeichnung, sondern der **wirtschaftl Gehalt der Verträge** maßgebl, so dass der estl Begriff der VuV weiter ist als der zivilrechtl (BFH VIII R 78/70 BStBl II 74, 130: VuV trotz zivilrechtl Übereignung, zwischenzeitl Bodenschatzausbeute und anschließender Rückübereignung des GuB, s ausführl Rz 19; BFH VI R 145/99 BStBl II 02, 829: Zahlung des ArbG an den ArbN für die Unterstellung seines auch privat genutzten Dienstwagens in der Garage des ArbN; BFH IX R 43/03 BStBl II 04, 507: Gestattung der Anbringung von Verankerungen zwecks Bebauung eines Nachbar- 5 grundstücks). Dies ist verfassungsrechtl unbedenkl (BVerfG 1 BvR 883/86 DB 87, 2287).

7 **bb) Dingl Rechtsverhältnisse. – (1) Erbbaurecht.** Sowohl ein lfd Erbbauzins als auch eine Einmalzahlung ist beim Erbbaurechtsbesteller als Entgelt für die Nutzungsüberlassung des Grundstücks Einnahme aus VuV (BFH IX R 65/02 BStBl II 05, 159; BFH IX R 17/04 BStBl II 07, 112). Bei Vorauszahlungen gilt das Verteilungswahlrecht des § 11 I 3. Die Übernahme von Erschließungskosten durch den Erbbauberechtigten wird beim Erbbaurechtsbesteller als Einmalzahlung von Erbbauzins behandelt (zu BV s BFH I R 132/81 BStBl II 85, 617). Soweit der GuB allerdings bereits bebaut war und das Gebäude in das Eigentum des Erbbauberechtigten übergeht, wird idR ein Teil des Erbbauzinses als (nichtsteuerbares) Veräußerungsentgelt für das Gebäude anzusehen sein (BFH VIII R 102/78 BStBl II 82, 533 unter I.2.). Zu zahlreichen Einzelfragen iZm Erbbaurechten s § 6 Rz 89. – **(2) Nießbrauch.** Das Entgelt für deren Bestellung ist ebenfalls erfasst (BFH VIII R 54/74 BStBl II 79, 332; s Rz 71 ff). Gleiches gilt für **dingl Wohnrechte** oder Grunddienstbarkeiten.

8 **cc) Zwangsweise Nutzungsüberlassungen.** Zwang steht der Erfassung der Entschädigung bei den Einkünften aus VuV nicht entgegen (BFH VI 216/61 U BStBl III 63, 380: Beschlagnahme für die Wohnungseinweisung von Obdachlosen; BFH IX R 19/90 BStBl II 94, 640: öffentl-rechtl Besitzeinweisung).

9 **dd) Selbstnutzung einer Wohnung. – (1) Keine VuV mangels Nutzungsüberlassung.** Daher wird seit Auslaufen der früheren Sonderregelungen über die Nutzungswertbesteuerung (§ 21 II aF) der Tatbestand der Einkunftserzielung nicht mehr erfüllt. **Ausnahmen** gelten nur noch für das Bewohnen von Baudenkmalen in der LuF (§ 13 II Nr 2, IV; s § 13 Rz 81 ff); darüber hinaus wird die Selbstnutzung von Baudenkmalen oder Gebäuden in Sanierungsgebieten durch einen SA-Abzug subventioniert (§ 10f iVm §§ 7h, 7i).

10 **(2) Gemeinschaftl Nutzung durch den StPfl und eine andere haushaltszugehörige Person.** Dies steht der Selbstnutzung gleich. Auch wenn der StPfl hierfür Zahlungen erhält, führen diese nicht zu Einkünften aus VuV (für die „Vermietung“ an den **Ehegatten** BFH IV B 53/98 BFH/NV 99, 1078; für die „Vermietung“ an die **Lebensgefährtin** BFH IX R 122/86 BStBl II 91, 171; BFH IX R 100/93 BStBl II 96, 359; BFH IX B 55/01 BFH/NV 02, 345; BFH IX B 115/04 BFH/NV 05, 703: auch bei zwei abgeschlossenen Wohnungen im selben Haus; für die „Vermietung“ an ein **haushaltszugehöriges Kind** BFH IX R 39/99 BStBl II 00, 224 unter 4.; BFH IX R 16/04 BFH/NV 05, 1008 unter II.2.; für die „Vermietung“ einzelner Räume im selbstbewohnten Haus an die **Eltern** BFH IX B 112/03 BFH/NV 04, 1262; für die „Vermietung“ eines nicht abgeschlossenen Raums an den **pflegebedürftigen Vater** BFH IX B 50/07 BFH/NV 07, 1875). Dabei stellt ein gemeinsamer Wohnungszugang in Zweifelsfällen ein bedeutsames (aber nicht zwingendes) Beweisanzeichen für das Bestehen einer Haushaltsgemeinschaft dar (BFH IX B 90/11 BFH/NV 12, 234 Rz 8 mwN); Gleiches gilt für die fehlende Abgeschlossenheit der „vermieteten“ Wohnung (BFH IX B 172/02 BStBl II 03, 301: die an die Kinder überlassenen Räume haben keine Kochgelegenheit) und die Mitbenutzung von Durchgängen (BFH IX R 25/02 BFH/NV 04, 38: Zugang zur vermieteten Wohnung nur über die Küche der Vermieterwohnung mögl; BFH IX R 7/98 BFH/NV 04, 1270 unter II.3.: Zugang nur über den Flur im Wohnbereich der Vermieterwohnung).

11 **(3) Vermietung einzelner Räume an Haushaltsfremde.** Werden einzelne Räume der iÜ selbstgenutzten Wohnung an *nicht* haushaltszugehörige Personen zur *alleinigen* Benutzung vermietet, fallen die Einnahmen unter § 21 (zB BFH IX R 11/07 BFH/NV 08, 1462 unter II.2.b: Messezimmer). Bei Einnahmen (nicht: Einkünften) von höchstens 520 € im VZ sieht die *FinVerw* hier aber von der Besteuerung ab (EStR 21.2 I, Bagatellgrenze). Stehen derartige Räume zw zwei

Vermietungen vorübergehend leer und werden sie in dieser Zeit *nicht* selbstgenutzt, bleiben die auf diese Räume entfallenden WK abziehbar (BFH IX R 19/11 BStBl II 13, 376); nur der Anteil des StPfl an der Nutzung der Gesamtflächen erhöht sich.

ee) Wohnungsüberlassung zw geschiedenen Ehegatten iRe Unterhalts- 13 vereinbarung. Dies fällt nicht unter § 21 (BFH IX R 264/87 BStBl II 92, 1009; ebenso BFH IX B 165/05 BFH/NV 06, 738 für unentgeltl Überlassung an ein unterhaltsberechtigtes Kind). Es gibt aber verschiedene Möglichkeiten, gleichwohl iErg den idR gewünschten WK-Abzug zu erreichen: Zum einen kommt der SA-Abzug nach § 10 Ia Nr 1 in Betracht. Ferner haben die geschiedenen Ehegat-ten die Möglichkeit, einen ausdrückl Mietvertrag abzuschließen (BFH IX R 13/92 BStBl II 96, 214: kein § 42 AO). Außerdem können sie in einer Zugewinnausgleichsvereinbarung einen bestimmten Ausgleichsbetrag festlegen, der aber nicht ausgezahlt, sondern „abgewohnt" wird. Der Zugewinnausgleichsverpflichtete (Eigentümer der Wohnung) erzielt dann Einkünfte aus VuV (BFH IX R 34/04 BFH/NV 06, 1280).

ff) Einnahmen ohne Nutzungsüberlassung. Einnahmen fallen trotz beste- 14 henden Zusammenhangs mit einem Grundstück nicht unter § 21, wenn sie nicht für eine Nutzungsüberlassung (zumindest im wirtschaftl Sinne) gezahlt werden. Allerdings kann § 22 Nr 3 erfüllt sein.

Keine Einnahmen aus VuV (s auch die Beispiele in Rz 16): Entschädigung für die Erlaubnis der Mitbenutzung einer **Giebelmauer** (*HHR/Pfirrmann* § 21 Anm 300 „Giebelmauer" mwN); Entschädigung für faktische **Bausperre** durch eine Gemeinde (BFH VIII R 306/81 BStBl II 86, 252; BFH IX R 116/82 BFH/NV 88, 433); Entgelt für die Verpflichtung, das Grundstück nicht in einer bestimmten Weise zu nutzen (BFH VI 82/63 U BStBl III 65, 361: Warenhaus; allerdings § 22 Nr 3; mE anders, wenn das Entgelt dafür gezahlt wird, das Grundstück *gar nicht* zu nutzen); Entgelt für **Verzicht auf Einwendungen** gegen Nachbarbebauung (BFH VIII R 83/79 BStBl II 83, 404; BFH X R 42/91 BStBl II 95, 57; BFH IX B 85/03 BFH/NV 04, 41; BFH IX R 36/07 BFH/NV 08, 1657; allerdings § 22 Nr 3); ähnl bei Verzicht auf ein dingl Recht, das die Bebaubarkeit des Nachbargrundstücks einschränkt (BFH IX R 96/97 BStBl II 01, 391: nicht stbar); Entgelt für **Vorkaufsrecht** (BFH X R 42/91 BStBl II 95, 57: § 22 Nr 3; s auch § 22 Rz 150 „Vorkaufsrecht"; das Entgelt für ein Vor*miet*recht wäre aber Einnahme aus VuV). **Entschädigungen** fallen nur unter § 21, wenn sie für eine (ggf entgehende) Nutzungsüberlassung gezahlt werden (zB Entschädigung bei verspäteter Rückgabe der Mietsache nach § 546a BGB, Mietausfallversicherung), nicht aber bei Vermögenseinbußen (zB BFH IX R 333/87 BStBl II 94, 12; BFH IX R 36/86 BFH/NV 93, 472 und BFH IX R 1/14 BStBl II 15, 493: Entschädigung einer Feuerversicherung nur insoweit stbar, als sie WK (AfaA, Abrisskosten) ersetzt, sonst nicht; FG Mchn EFG 04, 1120, rkr: Entschädigung für Lärm- und Abgaseinwirkungen eines Straßenneubaus). – Für **Einnahmen aus VuV** genügt aber bereits die Duldung von Verankerungen auf dem eigenen Grundstück für Bauarbeiten auf dem Nachbargrundstück (BFH IX R 43/03 BStBl II 04, 507).

b) Zeitl Begrenzung der Nutzungsüberlassung. Für Miet- und Pachtver- 16 träge ist eine solche zeitl Begrenzung typisch. Sie ist im Regelfall erforderl, damit die Einnahmen aus dem Rechtsverhältnis von § 21 erfasst werden (Abgrenzung zur endgültigen Veräußerung, die im PV grds nicht steuerbar ist bzw ausnahmsweise unter § 23 fällt). In Grenzfällen zieht die Rspr aber weniger das Kriterium der vertragl Befristung der Nutzungsüberlassung heran, sondern unterscheidet danach, ob bei wirtschaftl Betrachtung noch **kein endgültiger Verlust der Herrschaftsgewalt über das überlassene WG** eintritt.

Beispiele: Trotz einer gewissen Nähe zur (Teil-)Veräußerung hat die Rspr einen endgültigen Verlust der Herrschaftsgewalt verneint (dh **VuV bejaht**) bei dauerhafter Übernahme der Verpflichtung samt Baulast, dem Nachbarn einen Kfz-Stellplatz zu überlassen (BFH VIII R 167/71 BStBl II 76, 62); Baulast oder Dienstbarkeit zur Duldung einer Ferngasleitung (BFH IV R 96/78 BStBl II 82, 643: Aufteilung), Kanalleitung (BFH XI R 20/96 BFH/NV 97, 336), Deichanlage (FG BBg EFG 14, 1674, rkr) oder Hochspannungsleitung (BFH IX R 19/90 BStBl II 94, 640; jedoch anders, wenn das Grundstück selbst nicht überspannt wird, sondern nur im Schutzstreifen der benachbarten Leitung liegt, s BFH X R 64/92 BStBl II 95,

640); dauerhafte Überlassung unterirdischer Hohlräume zur Einlagerung von Öl, Gas usw (BFH IV R 19/79 BStBl II 83, 203; allerdings bestand hier ein Rückübertragungsanspruch für den Fall der Nichtausübung des Rechts; anders bei dauerhafter Übertragung des Hohlraums ohne Rückübertragungsanspruch BFH IX R 25/13 BStBl II 14, 566); Überbaurente nach § 912 BGB (s *HHR/Pfirrmann* § 21 Anm 300 „Überbaurente"). – Hingegen wurde endgültiger Herrschaftsverlust angenommen (dh **VuV verneint**) bei Einräumung einer Dienstbarkeit zur Errichtung massiver U-Bahn-Bauwerke unter dem Grundstück (BFH VIII R 7/74 BStBl II 77, 796). Zu Entschädigungen für naturschutzrechtl Ausgleichsflächen s *Fuchs/Lieber* FR 05, 285.

18 **c) Besonderheiten bei Ausbeute von Bodenschätzen.** Die folgenden Erläut beziehen sich auf Bodenschätze, die zum **PV** gehören. Dies ist allerdings (abgesehen von gewerbl Abbauunternehmern) in der Praxis der Regelfall, und zwar auch dann, wenn der GuB iÜ zu einem luf BV gehört (s § 5 Rz 270 „Bodenschatz" (2) mwN). Zur **AfA/AfS** s § 7 Rz 190 ff. Dabei gilt die folgende **Differenzierung zw Vermögens- und Nutzungsebene:** Die **Nutzungsüberlassung** eines Grundstücks zum Abbau eines Bodenschatzes führt zu Einkünften aus VuV (Rz 19), die (endgültige) **Veräußerung** des Grundstücks zu einem nichtsteuerbaren Veräußerungserlös (Rz 20). Zu beiden Rechtssätzen gibt es aber Ausnahmen.

19 **aa) Ausbeutevertrag.** Die zeitl begrenzte Überlassung eines bodenschatzführenden Grundstücks gegen Entgelt an einen Dritten, der den Bodenschatz auf eigene Rechnung ausbeuten darf, führt zu Einkünften aus VuV (BFH IX R 60/82 BFH/NV 85, 74; BFH IX R 45/91 BStBl II 94, 840; BFH GrS 1/05 BStBl II 07, 508 unter C. II.2.c dd mwN). Dies gilt auch, soweit das Entgelt in einer Einmalzahlung besteht (RFH RStBl 38, 870) oder sich nicht nach der Vertragslaufzeit, sondern der Ausbeutemenge richtet (BFH IV 159/58 U BStBl III 59, 294). Das StRecht folgt damit dem Zivilrecht, das derartige Verträge als Pachtverträge ansieht (BGH V ZR 189/83 BGHZ 93, 142; BGH V ZR 444/98 WM 00, 536). Dies ist verfgem (BVerfG 1 BvR 114/75 HFR 78, 251; BVerfG 1 BvR 482/86 HFR 88, 178; BVerfG 1 BvR 583/86 NJW 93, 1189). – **Ausnahmsweise** kann ein Ausbeutevertrag aber als **Kaufvertrag über die Bodensubstanz** angesehen werden (Folge: keine Steuerbarkeit des Entgelts). Dies setzt voraus, dass Gegenstand des Vertrags nach seinem wirtschaftl Gehalt die Übertragung einer fest begrenzten Menge an Bodensubstanz ist (BFH IX R 64/98 BFH/NV 03, 1175 mwN). Trotz formaler Vereinbarung einer solchen (Kauf-)Vertragsklausel kann die Würdigung des wirtschaftl Gehalts der Vereinbarung aber zur Einordnung als Nutzungsüberlassung führen (zutr BFH IX R 6/12 BFH/NV 13, 907 iVm Vorinstanz FG SchlHol EFG 12, 840: umfangreiche Rekultivierungspflicht und weitere kaufvertragsuntypische Nebenpflichten des „Bodenschatzkäufers").

20 **bb) Kaufvertrag über das Grundstück.** Die hierfür erhaltene Gegenleistung ist grds nicht stbar (BFH X R 10/07 BFH/NV 10, 184 unter II.2.; ebenso für einen Kaufvertrag über eine Salzabbaugerechtigkeit BFH IX R 25/13 BStBl II 14, 566). Ist der Kaufvertrag jedoch mit einer **Rückübertragungspflicht** nach Beendigung der Ausbeute gekoppelt, muss das Vertragswerk bei wirtschaftl Betrachtung als zeitl begrenzter Pachtvertrag beurteilt werden (mE zutr BFH VIII R 78/70 BStBl II 74, 130; BFH IX R 60/82 BFH/NV 85, 74).

4. Einkunftserzielungsabsicht (Liebhaberei)

Schrifttum: Bis 2005 s 27. Aufl. – *Spindler* Einkünfteerzielungsabsicht bei VuV, DB 07, 185; *Stein* Verluste oder Liebhaberei bei Vermietung von Immobilien, Norderstedt 2008; *ders* Keine Liebhaberei bei Wohnraumvermietung auf Dauer? – Kritische Anm zur BFH-Rspr, DStZ 09, 768; *Falkner* Die Einkunftserziehungsabsicht im Spannungsfeld von Dogmatik und Praxis, DStR 10, 788; *Leisner-Egensperger* Zulässigkeit von Überschussprognosen bei Vermietungen?, DStZ 10, 790; *Heuermann* Können wir auf die Überschusserzielungsabsicht verzichten?, DStZ 10, 825; *Korn* Brennpunkte aus der Rspr und Verwaltungspraxis zu den Einkünften aus VuV, KÖSDI 1, 17397; *Stein* Gesetzgebungsvorbehalt einer unwiderleglichen

Vermutung, DStZ 11, 442; *Stein* Einige Gedanken zur Einkunftserzielungsabsicht bei der Vermietung von Immobilien, DStZ 11, 33, 114.

a) Prüfungssystematik. Abw von den allg Grundsätzen zur Einkunftserzielungsabsicht (s § 2 Rz 18), die eine einzelfallbezogene Betrachtung erfordern, typisiert der BFH bei VuV sehr stark. So ist die Einkunftserzielungsabsicht bei einer **auf Dauer angelegten Vermietung einer Wohnung** unwiderlegl zu **vermuten** (s Rz 27). – Damit darf eine Prüfung der Einkunftserzielungsabsicht nur dann noch überhaupt vorgenommen werden, wenn die unter § 21 fallende Betätigung entweder **keine auf Dauer angelegte Wohnungsvermietung** ist (Fallgruppe 1) oder es sich um eine atypische Fallkonstellation handelt, bei der trotz einer auf Dauer angelegten Wohnungsvermietung die Vermutung nicht anwendbar ist (Fallgruppe 2). Zur Fallgruppe 1 (keine auf Dauer angelegte Wohnungsvermietung) gehören Vermietungen von Objekten, die keine Wohnungen sind (zB Gewerbeobjekte, unbebaute Grundstücke; s Rz 30), aber auch solche Wohnungsvermietungen, die nicht auf Dauer angelegt sind (zB bei beabsichtigter Selbstnutzung oder kurzfristiger Veräußerung; s Rz 31). Die Fallgruppe 2 (zwar dauerhafte Wohnungsvermietung, aber atypische Fallkonstellation) gilt zB bei teilweise selbstgenutzten Ferienwohnungen (s Rz 37), bei verbilligter Überlassung (s Rz 46) oder Vermietung besonders aufwändiger Wohnungen (s Rz 47). Hier rechtfertigt sich die Prüfung der Einkunftserzielungsabsicht durch die Berührung der Privatsphäre (zutr *Wüllenkemper* EFG 07, 517; vollständig gegen die Prüfung von Einkunftserzielungsabsicht aber *Leisner-Egensperger* DStZ 10, 790; hiergegen wiederum zutr *Heuermann* DStZ 10, 825). – Sofern danach ausnahmsweise die Einkunftserzielungsabsicht zu prüfen ist, gelten auch bei der **Aufstellung der Überschussprognose** Besonderheiten im Vergleich zu den allg Grundsätzen (s Rz 51). – **Gewerbl Vermietung, § 15.** Hier gelten die allg Regeln zur Feststellung der Einkunftserzielungsabsicht (BFH III R 27/12 BStBl II 14, 372 Rz 14; zu vermieteten Ferienwohnungen des BV s auch Rz 44). Die dargestellte typisierende Rspr gilt nur, wenn eine Vermietungstätigkeit zu Einkünften aus VuV führt. – Zum WK-Abzug bei **leerstehenden Objekten** s Rz 128 ff; zur Rechtslage in Österreich s *Renner* DStZ 08, 601. 25

b) Objektbezogenheit der Prüfung. Sowohl die Prüfung, ob die Vermutungswirkung eingreift, als auch eine ggf durchzuführende Überschussprognose ist objektbezogen (dh für jedes einzelne Vermietungsobjekt gesondert) vorzunehmen (BFH IX B 97/03 BFH/NV 04, 196 unter II.1.b: eine Doppelhaushälfte wird unbefristet vermietet, die andere kurz nach Erwerb selbstgenutzt; BFH IX R 67/07 BStBl II 09, 370: getrennte Betrachtung trotz eines einheitl Mietvertrags über ein bebautes und ein unbebautes Grundstück; BFH IX R 39/08 BStBl II 09, 776: nur ein *Teil* eines Grundstücks wird vermietet; BFH IX R 12/07 BFH/NV 08, 1484 unter II.2.d: mehrere Ferienwohnungen im selben Gebäude; BFH IX R 54/08 BStBl II 10, 124, Anm *Kanzler* FR 10, 173: Differenzierung nach den einzelnen Etagen eines Wohn- und Geschäftshauses; BFH IX R 37/12 BStBl II 15, 631 Rz 12: Grundstück mit verpachteter Gaststätte einerseits und Ferienwohnungen andererseits). 26

c) Grundsatz bei auf Dauer angelegter Vermietung einer Wohnung. Die Einkunftserzielungsabsicht ist bei VuV zu vermuten (stRspr seit BFH IX R 80/94 BStBl II 98, 771). Der BFH leitet dies daraus ab, dass der Gesetzgeber Wohnungsvermietungen trotz Kenntnis davon, dass damit allenfalls erst nach sehr langer Zeit eine lfd Rendite zu erwirtschaften ist, uneingeschränkt unter § 21 I 1 Nr 1 fallen lässt. Es handelt sich (sofern kein atypischer Fall vorliegt) um eine **unwiderlegl Vermutung:** Nach der Rspr ist „ohne Prüfung" von der Einkunftserzielungsabsicht auszugehen (BFH IX R 97/00 BStBl II 02, 726 unter II.1.b); dem hat sich auch die *FinVerw* angeschlossen (*BMF* BStBl I 04, 933 Rz 1). Es bleibt auch dann bei der unwiderlegl Vermutung der Einkunftserzielungsabsicht, wenn die Wohnung an Angehörige vermietet wird (zu verbilligten Vermietungen s aber 27

Rz 46), Mietverträge mündl geschlossen werden (BFH IX R 35/05 BFH/NV 06, 1648), die Mieteinnahmen selbst bei Herausrechnung von AfA und Schuldzinsen nicht einmal die lfd Aufwendungen decken (BFH IX R 57/02 BStBl II 05, 388; vgl hierzu die Sachverhaltsdarstellung der Vorinstanz FG Köln EFG 03, 91), oder die Finanzierung durch LV erfolgt, mit denen zunächst tilgungsfreie Darlehen abgelöst werden sollen, so dass bis zur Tilgung hohe Schuldzinsen anfallen und rechnerisch kein Überschuss erzielbar ist (BFH IX R 10/04 BStBl II 05, 692 unter II.1.b: marktgängige Finanzierung; hierzu ausführ *Credo* DStZ 05, 741; zu Finanzierungen, bei denen der Schuldenstand planmäßig ansteigt, s aber Rz 49). Damit gibt es **im Normalfall der Wohnraumvermietung keine Liebhaberei.**

Stellungnahme. Zwar darf die Rspr keine (echten) unwiderlegl Vermutungen aufstellen; dies ist allein dem Gesetzgeber vorbehalten (BFH IV R 58/99 BStBl II 01, 393 unter 3.; BFH IX R 39/97 BStBl II 03, 569 unter II.3.b cc). Die dargestellte Rspr des IX. Senats des BFH wahrt iErg aber diese Grenze, indem sie atypische Fälle von der Vermutungswirkung ausnimmt (s Rz 36 ff). Die Vermutung gilt also nur für den *Regelfall.* Damit hält sich diese Rspr noch im Rahmen zulässiger Typisierung (krit allerdings *Credo* BB 05, 1819; *Stein* DStZ 09, 768; *Stein* DStZ 11, 442, 448 ff; *Stein* DStZ 13, 33). Sie ist zwar relativ großzügig, führt aber zu einer deutl Vereinfachung und zu einem Gewinn an Rechtssicherheit. Dies zeigt schon die stark zurückgehende Zahl der Streitverfahren in diesem Bereich. Mittlerweile hat sich auch der Gesetzgeber die dargestellte Rspr ausdrückl zu eigen gemacht (BT-Drs 17/5125, 38, zur Änderung des Abs 2; so auch *Heuermann* DStR 11, 2082, 2084).

30 **d) Einzelfallprüfung der Einkunftserzielungsabsicht.** Dies ist immer dann erforderl, wenn nicht der (Sonder-)Fall einer auf Dauer angelegten Wohnungsvermietung gegeben ist. – **aa) Vermietung anderer Objekte als Wohnungen.** Darunter fallen **unbebaute Grundstücke** (BFH IX B 2/03 BStBl II 03, 479; BFH IX R 9/06 BStBl II 08, 515; BFH IX R 30/07 BFH/NV 08, 1300; BFH IX R 67/07 BStBl II 09, 370; zum Abzug vorweggenommener WK s Rz 128), aber auch **Gewerbeobjekte** (BFH IX R 49/09 BStBl II 10, 1038 unter II.1.a; BFH IX R 7/10 BStBl II 13, 436 Rz 12; BFH IX R 2/13 BStBl II 14, 527 Rz 20; BFH IX R 31/14: auch bei Vermietung eines landwirtschaftl Anwesens zur Pensionspferdehaltung; anders jedoch BFH IX R 39/08 BStBl II 09, 776: keine Prognose erforderl bei Vermietung von Scheunen zum Unterstellen von Pferden und Wohnmobilen, mE unzutr) und **Sachinbegriffe** iSd § 21 I 1 Nr 2 (BFH IX R 51/07 BFH/NV 09, 157: bewegl Anlagevermögen einer Arztpraxis). – Diese **Rspr ist nicht aufgegeben,** obwohl der IX. Senat zwischenzeitl formuliert hatte, die für Einkunftserzielungsabsicht sprechende Vermutung gelte für alle in § 21 I 1 Nr 1 genannten Vermietungstätigkeiten (BFH IX R 39/08 BStBl II 09, 776, ebenso Anm *Heuermann* HFR 09, 886). Schon kurz darauf hat der BFH aber klargestellt, dass die Vermutung auf die Vermietung von *Wohnungen* beschränkt bleibt, allerdings zugunsten des *Vermieters* eines Wohnobjekts auch dann gilt, wenn der *Mieter* es nicht zu Wohnzwecken nutzt (BFH IX R 49/09 BStBl II 10, 1038).

31 **bb) Nicht auf Dauer angelegte Wohnungsvermietung.** Hier kann die Einkunftserzielungsabsicht ebenfalls nicht vermutet werden. Entscheidend ist, dass der StPfl schon bei Beginn der Vermietung deren baldige Beendigung ernsthaft in Betracht gezogen hat; es genügt hingegen nicht, wenn er aufgrund eines nachträgl Entschlusses auf die zwischenzeitl erkannte Unwirtschaftlichkeit der Vermietung reagiert (BFH IX B 100/13 BFH/NV 14, 516 Rz 7). – Ist die Prognose für die begrenzte Mietdauer positiv, können die Mieteinnahmen aber tatsächl nicht realisiert werden, bleiben die WK abziehbar (zutr FG Mster EFG 12, 1147, rkr: Mietbetrug).

32 **(1) Fallgruppen. – (a) Veräußerungsabsicht bei Mietvertragsschluss.** Die Einkunftserzielungsabsicht ist zu prüfen, wenn bei Abschluss des Mietvertrags über ein gerade erst errichtetes oder erworbenes Objekt die Absicht besteht, es anschließend zu veräußern (BFH IX R 70/98 BFH/NV 02, 635: ausdrückl Klausel im Mietvertrag; BFH IX B 180/09 BFH/NV 10, 883: auch wenn die Mietdauer

bis zum Verkauf immerhin 12 Jahre betragen soll; BFH IX B 46/08 BStBl II 08, 815: Immobilienfonds, der das Objekt ausweisl der von Beginn an bestehenden Verträge nach 20 Jahren veräußern will; nicht jedoch, wenn der Fonds unbefristet vermieten will und nach 20 Jahren ledigl dessen Liquidation vertragl mögl ist, s FG Hbg EFG 10, 842, rkr). Unschädl ist aber der allg Vorbehalt, das Grundstück bei geänderten äußeren Umständen zu veräußern (BFH IX R 11/02 BFH/NV 03, 155 unter II.2.b). – **(b) Selbstnutzungsabsicht.** Hier gilt dasselbe (BFH IX R 57/00 BStBl II 03, 695; BFH IX R 7/06 BFH/NV 07, 1847: jeweils ausdrückl Mietvertragsklauseln; BFH IX R 55/02 BFH/NV 04, 484: der StPfl erklärt, die Wohnung ab seiner Pensionierung in neun Jahren selbst nutzen zu wollen). Ledigl „indifferente" Überlegungen zu einer evtl späteren Selbstnutzung schaden aber nicht, wenn der Mietvertrag dazu nichts enthält (BFH IX R 63/07 BFH/NV 08, 1323 unter II.2.a; BFH IX R 54/07 BFH/NV 09, 150 unter II.2.b). – **(c) Objekt mit zeitl begrenzter Verfügbarkeit.** Dies ist zB gegeben, wenn der StPfl ein Gebäude, an dem ihm nur für 10 Jahre ein Erbbaurecht bestellt ist, vermietet (BFH IX R 24/07 BStBl II 10, 127 unter II.2.a) oder im Fall einer Untervermietung, wenn der Hauptmietvertrag jederzeit gekündigt werden kann (FG BBg EFG 10, 1128, rkr). – **(d) Rechtsnachfolge.** Der WK-Abzug entfällt auch dann, wenn der StPfl als Erwerber in einen vom Veräußerer wegen Selbstnutzungsabsicht befristeten Mietvertrag eintritt und in dem kurzen Zeitraum bis zur Selbstnutzung nur WK-Überschüsse erzielt (BFH IX R 13/12 BStBl II 13, 533). – **(e) Übergangsregelung der *FinVerw* für diese Fallgruppe.** S *BMF* BStBl I 04, 933 Rz 41 (Mietvertrag ab 1.1.04 oder Anschaffung ab 8.10.04).

(2) Indiz für fehlende Dauervermietungsabsicht. – (a) Fünf-Jahres-Frist. 33
Auch wenn beim Abschluss des Mietvertrags noch keine derartigen Beweisanzeichen für eine von Anfang an bestehende zeitl Begrenzung der Vermietungsabsicht erkennbar sind, ist die für Einkunftserzielungsabsicht sprechende Regelvermutung gleichwohl nicht anzuwenden, wenn der StPfl das Objekt in engem zeitl Zusammenhang mit der Anschaffung/Herstellung (idR **bis fünf Jahre**) **tatsächl veräußert, zur Selbstnutzung übergeht** (BFH IX R 47/99 BStBl II 03, 580; BFH IX R 99/00 BFH/NV 02, 1563; BFH IX R 18/04 BFH/NV 06, 1078; *BMF* BStBl I 04, 933 Rz 7–10; die Fünf-Jahres-Frist ist der Rspr zum gewerbl Grundstückshandel entlehnt) oder **unentgeltl überträgt** (FG Ddorf EFG 08, 377, rkr: Beteiligung an Immobilienfonds-KG). Dies soll auch dann gelten, wenn der StPfl an eine gewerbl PersGes veräußert, an der er mehrheitl beteiligt ist (BFH IX R 50/10 BStBl II 11, 704); mE unzutr, weil die Merkmale einer gewerbl PersGes dem Ges'ter zugerechnet werden und die Einkunftserzielungsabsicht einkunftsartenübergreifend zu beurteilen ist (s Rz 57; aA *Heuermann* StBP 11, 207). Für vermögensverwaltende PersGes wäre ohnehin anders zu entscheiden. – **(b) Widerlegung der Indizwirkung.** Dies ist mögl (BFH IX R 33/01 BFH/NV 02, 1565: Nachweis eines erst nach dem Mietvertrag gefassten Verkaufsentschlusses; BFH IX R 18/00 BFH/NV 03, 749 unter II.2.b: Verkauf nach knapp vier Jahren wegen Trennung der Eheleute; BFH IX R 54/07 BFH/NV 09, 150 unter II.2.c: Selbstnutzung aufgrund eingetretener schwerer Erkrankung des Ehegatten). Umgekehrt kann aber im Einzelfall auch eine kurz *nach* Ablauf der Fünf-Jahres-Frist durchgeführte Veräußerung Indizwirkung entfalten (BFH IX R 48/02 BFH/NV 04, 170: 5 Jahre 8 Monate; BFH IX B 139/05 BFH/NV 07, 1084). Ein Zwischenraum von 12 Jahren begründet aber keine Indizwirkung mehr (BFH IX R 74/00 BFH/NV 03, 752 unter II.3.). Je kürzer der Zeitabstand, desto stärker die Indizwirkung (BFH IX B 161/06 BFH/NV 07, 1477). Allein der Abschluss eines befristeten Mietvertrags (BFH IX R 1/04 BStBl II 05, 211, der Mietvertrag wurde hier allerdings nach Fristablauf fortgesetzt; BFH IX R 63/07 BFH/NV 08, 1323 unter II.2.a) oder eine nur kurz lfd Fremdfinanzierung stellen aber keine Indizien gegen eine auf Dauer angelegte Vermietung dar (aA *BMF* BStBl I 04, 933 Rz 6).

34 **(3) Mietkaufmodelle.** In der älteren Rspr sind vor allem Mietkaufmodelle (BFH IX R 111/86 BStBl II 87, 668) sowie **Rückkauf- oder Weiterverkaufsgarantien** (BFH IX R 71/93 BStBl II 95, 116; zu Immobilienfonds BFH IX R 19/04 BFH/NV 06, 1637) zum Anlass genommen worden, eine genaue Überschussprognose vorzunehmen. Diese Modelle haben wegen der vorstehend dargestellten Rspr heute in der Praxis allerdings keine Bedeutung mehr (glA *Spindler* DB 07, 185, 187).

36 **e) Atypische Fallkonstellationen trotz dauerhafter Wohnungsvermietung.** Hier spricht selbst dann keine Vermutung für die Einkunftserzielungsabsicht, wenn es sich um eine dauerhafte Wohnungsvermietung handelt, da Typisierungen immer nur für den typischen Fall gelten (zutr *Heuermann* DStR 11, 2082, 2083).

37 **aa) Ferienwohnungen.** Ausführl *FM Nds* DStR 10, 1842; *Ritzrow* EStB 10, 19, 64. Es ist zu unterscheiden zw auch selbstgenutzten (Rz 38 ff) und ausschließl vermieteten Ferienwohnungen (Rz 42 ff). – **Änderung der Vermietungsform:** Geht der StPfl wegen der Höhe der WK-Überschüsse, die in der teilweise selbstgenutzten Ferienwohnung entstehen, bereits nach wenigen Jahren zur Dauervermietung über, ist die Einkunftserzielungsabsicht auch für die Vorjahre *nicht* zu prüfen (BFH IX R 63/01 BFH/NV 03, 454 unter II.2.b; s aber auch Rz 54).

38 **(1) Zugleich selbstgenutzte und vermietete Ferienwohnungen.** Hier ist die Einkunftserzielungsabsicht konkret zu prüfen, weil eine derartige gemischte Nutzung nicht den typischen unter § 21 fallenden Sachverhalt darstellt (BFH IX R 97/00 BStBl II 02, 726 unter II.1.c) und die WK-Überschüsse hier auch aus privaten Gründen in Kauf genommen werden. Diese Grundsätze gelten auch für kurzfristig vermietete **Messezimmer** (BFH IX R 11/07 BFH/NV 08, 1462 unter II.2.b).

39 **(a) Selbstnutzung.** Dies bedeutet die Nutzung der Wohnung zu eigenen Wohn-/Ferienzwecken, aber auch ihre *unentgeltl* Überlassung an Dritte (BFH IX R 2/99 BFH/NV 02, 771). Es genügt, dass im Vertrag mit einer Vermietungsorganisation eine Selbstnutzung *vorbehalten* ist; eine tatsächl Selbstnutzung ist nicht erforderl (BFH IX B 15/02 BFH/NV 02, 1300; BFH IX B 140/03 BFH/NV 04, 957; BFH IX B 143/05 BFH/NV 06, 1281). Auch kommt es nicht darauf an, ob eine Selbstnutzung nach dem Vermittlungsvertrag nur zu unattraktiven Zeiten zulässig ist (BFH IX R 26/11 BStBl II 13, 613). Kurzfristige Aufenthalte zur Vornahme von Reparaturen oder anlässl eines Mieterwechsels sind keine Selbstnutzung (BFH IX R 97/00 BStBl II 02, 726 unter II.1.b); mehrtägige Aufenthalte oder die Begleitung durch Familienangehörige sind aber zumindest erläuterungsbedürftig (*BMF* BStBl I 04, 933 Rz 19). – **Feststellungslast für das Fehlen einer Selbstnutzung.** Sie liegt beim StPfl (BFH IX R 97/00 BStBl II 02, 726 unter II.1.b; zu Indizien *gegen* Selbstnutzung s *BMF* BStBl I 04, 933 Rz 17); widersprüchl Einlassungen gehen zu seinen Lasten (BFH IX R 12/07 BFH/NV 08, 1484 unter II.2.b). Die Festsetzung oder Nichtfestsetzung von ZweitwohnungSt ist zwar Indiz, allein aber kein Beweis für oder gegen Selbstnutzung (BFH IX R 85/00 BFH/NV 02, 767 unter II.2.; BFH IX R 26/02 BFH/NV 05, 688 unter II.4.a).

40 **(b) Abziehbare WK.** In voller Höhe abziehbar sind die ausschließl durch die Vermietung veranlassten Aufwendungen (zB Reinigung nach Vermietung, Werbung). Die übrigen Aufwendungen sind nach dem Verhältnis zw Vermietungs- und Selbstnutzungstagen aufzuteilen (ausführl BFH IX R 97/00 BStBl II 02, 726 unter II.1.e aa, bb; BFH IX R 26/11 BStBl II 13, 613 Rz 13); dieser Aufteilungsmaßstab behandelt **Leerstandszeiten** daher als „neutral". Aufteilbar soll neben AfA, Schuldzinsen und lfd Kosten auch die ZweitwohnungSt sein (BFH IX R 58/01 BStBl II 03, 287; mE unzutr, weil diese ausschließl durch die Selbstnutzung veranlasst ist). Kann der konkrete Umfang der (als solcher feststehenden) Selbstnutzung nicht festgestellt werden, sind die Aufwendungen für Leerstandszeiten zu 50% als WK abziehbar (BFH IX R 97/00 BStBl II 02, 726 unter II.1.e bb (4)).

(2) Ausschließl zur Vermietung bereitgehaltene Ferienwohnungen. – (a) Grundsatz bei Wohnungen im PV. Es gilt wieder die Vermutung der Einkunftserzielungsabsicht (BFH IX R 37/98 BStBl II 01, 705 unter II.3.; BFH IX R 97/00 BStBl II 02, 726; BFH IX R 18/02 BStBl II 03, 914; *BMF* BStBl I 04, 933 Rz 16); und zwar auch bei jahrelangen hohen WK-Überschüssen (BFH IX R 15/06 BStBl II 07, 256 unter II.1., Anm. *Heuermann* HFR 07, 336: „es müssen schon bessere Argumente vorgebracht werden, um den IX. Senat zu überzeugen"). Es kommt nicht darauf an, ob die Vermietung in Eigenregie oder durch eine Organisation erfolgt. 42

(b) Ausnahme bei nicht selbstgenutzten Ferienwohnungen des PV. Hier ist die Einkunftserzielungsabsicht gleichwohl zu prüfen, wenn die **ortsübl Vermietungszeit um mindestens 25 % unterschritten** wird, ohne dass Vermietungshindernisse (BFH IX B 109/05 BFH/NV 06, 719: zB Renovierung, höhere Gewalt) gegeben sind (BFH IX R 57/02 BStBl II 05, 388 unter II.2.c). Denn in einem solchen (nicht marktübl) Verhalten liegt wieder ein atypischer Sachverhalt, der die Typisierung (Vermutung der Einkunftserzielungsabsicht) ausschließt. Hintergrund dieser Ausnahme dürfte auch sein, dass in derartigen Fällen eine Selbstnutzung eben doch naheliegt, aber nicht nachgewiesen werden kann (*Hoffmann* EFG 07, 125). Maßgebl sind repräsentative statistische Daten für den jeweiligen Ort (ggf Zusammenfassung mehrerer Feriengemeinden), nicht aber Vergleichswohnungen im selben Gebäude (BFH IX R 12/07 BFH/NV 08, 1484 unter II.2.c) oder einzelne andere Wohnungen (BFH IX R 39/07 BStBl II 09, 138 unter II.1.c). Die Feststellungslast für die ortsübl Vermietungszeiten liegt beim StPfl (BFH IX R 39/07 BStBl II 09, 138 unter II.1.b). Eine Prognose ist ebenfalls erforderl, wenn **Selbstnutzung und Vermietung nur während der Saison** vorgesehen sind (BFH IX R 30/08 BFH/NV 10, 850: es fehle hier an einer auf Dauer angelegten Vermietung; mE nicht zwingend, sofern ein derartiges Vermieterverhalten ortsübl ist). 43

(c) Ferienwohnung im BV. Bei gewerbl Vermietung gelten diese Grundsätze nicht (BFH VIII B 67, 68/04 BFH/NV 05, 2181; BFH X B 146/05 BFH/NV 07, 1125 unter 3.b; BFH IV R 6/05 BFH/NV 07, 1492 unter II.1.c), was systematisch wenig überzeugend ist und nur damit erklärt werden kann, dass andere BFH-Senate nach wie vor Bedenken gegen die sehr stark typisierende Rspr des IX. Senats haben. Die Einkunftserzielungsabsicht ist dann nach den für § 15 geltenden Regeln (s § 15 Rz 24ff) im Einzelfall zu prüfen. Deshalb ist die Klärung der Einkunftsart stets vorrangig. 44

bb) Verbilligte Überlassung einer Wohnung. Dies stellt ebenfalls einen Umstand dar, der vom übl Verhalten der Marktteilnehmer abweicht. – **(1) Rechtslage ab VZ 2012.** Aufgrund § 21 II 2 wird bei einer auf Dauer angelegten Wohnungsvermietung die Einkunftserzielungsabsicht unterstellt („gilt als entgeltl"), wenn das **Entgelt mindestens 66 % der ortsübl Miete** beträgt (s auch Rz 158; zur Ermittlung dieser Quote s Rz 159). Eine Kürzung des WK-Abzugs unterbleibt. – Liegt das Entgelt unterhalb von 66 % der ortsübl Miete, ist zwar (bei vollem Ansatz der tatsächl Einnahmen) der WK-Abzug anteilig zu kürzen (§ 21 II 1). Auch in diesen Fällen ist aber die Einkunftserzielungsabsicht bei Dauervermietung unwiderlegl zu vermuten. Hierfür hat sich der Gesetzgeber die bisherige Rspr ausdrückl zu eigen gemacht (s BT-Drs 17/5125, 38). 46

(2) Rechtslage bis VZ 2011. Der gesetzl Schwellenwert für die Kürzung des WK-Abzug lag damals bei 56 % (bis VZ 2003: 50 %). War das vereinbarte Entgelt geringer, war die Einkunftserzielungsabsicht (bezogen auf den entgeltl Teil des Mietverhältnisses) zu vermuten (BFH IX R 48/01 BStBl II 03, 646 unter II.1.b aa); der WK-Abzug war aber anteilig zu kürzen. – War ein höheres Entgelt als 56 % der Marktmiete vereinbart, hat der BFH für die Einkunftserzielungsabsicht typisierend zusätzlich danach differenziert, ob ein Schwellenwert von 75 % erreicht wurde. Unterhalb dieses Werts war die für Einkunftserzielungsabsicht sprechende Regelvermutung nicht anzuwenden und daher eine konkrete Überschussprognose aufzustellen (zum Ganzen BFH IX R 48/01 BStBl II 03, 646). Bei positiver Prognose waren die WK in voller Höhe abziehbar. Bei negativer Prognose unterblieb der Ansatz der Einkünfte nicht etwa vollständig (so in allen anderen Fällen fehlender Einkunftserzielungsabsicht). Vielmehr war zur Vermeidung von Wertungswidersprüchen zu Abs 2 dann (bei Ansatz der negativen Einkünfte iÜ) eine Kürzung des WK-Abzugs vorzunehmen, so wie sie in Abs 2 für den Fall noch geringerer Einnahmen vorgeschrieben war. Krit zu dieser Rspr *Stein* DStZ 11, 80.

47 **cc) Vermietung besonders aufwändig gestalteter Objekte.** Dies erfordert eine Überschussprognose, wenn die Marktmiete den Wohnwert eines solchen Objekts offensichtl nicht angemessen widerspiegelt (BFH IX R 30/03 BStBl II 05, 386 unter II.2.b). Denn derartige Objekte werden **üblicherweise nicht fremdvermietet.** Ob ein solches Objekt gegeben ist, richtet sich nach den Kriterien, die für den Ansatz der Kostenmiete iRd früheren Nutzungswertbesteuerung selbstgenutzter Wohnungen entwickelt worden sind (BFH IX R 30/03 BStBl II 05, 386 unter II.2.b unter Verweis auf BFH IX R 35/92 BStBl II 95, 98 und *BMF* BStBl I 95, 150: zB Wohnfläche über 250 m^2 [so auch BFH IX B 36/07 BFH/NV 08, 1149 unter 2.c], Schwimmhalle, ao Grundstücksgröße in hochpreisigen Gebieten, aufwändige Gestaltung der Außenanlagen; s auch *OFD Mchn/Nbg* DStR 05, 1645; *OFD Ddorf/Mster* FR 05, 958). – Allein der Umstand, dass es sich um **historische Bausubstanz** handelt, soll zur Widerlegung der Vermutung der Einkunftserzielungsabsicht aber nicht ausreichen (BFH IX R 10/04 BStBl II 05, 692 unter II.1.c: alte Mühle als „typisches Liebhaberobjekt"; BFH IX R 3/05 BFH/NV 06, 525 unter II.1.b: historisches Gutshaus mit Park), weil sonst ein Wertungswiderspruch zu § 7i einträte (ausdrückl gesetzgeberische Entscheidung, derartige Vermietungen durch hohe Denkmal-AfA zu fördern). ME ist dies nicht zwingend, da die erhöhte AfA bei der Überschussprognose ohnehin außer Betracht bleibt (s Rz 55) und § 10g ausdrückl vorsieht, dass auch ohne Einkunftserzielungsabsicht eine Subventionierung vorgenommen wird (s § 10g Rz 1).

49 **dd) Finanzierungskonzepte, die steigende Schuldenstände vorsehen.** Solche Konzepte sind unübl, so dass die Vermutung der Einkunftserzielungsabsicht nicht gilt (BFH IX R 7/07 BStBl II 07, 873, Anm. *Thürmer* DStR 07, 1764: die Schuldzinsen werden ebenfalls fremdfinanziert, zudem besteht keinerlei erkennbares Finanzierungskonzept). Eine Finanzierung, die auf einem Darlehen basiert, das bis zur späteren Ablösung durch eine LV tilgungsfrei ist, ist hingegen kein außergewöhnl Umstand (s Rz 27). Dies soll selbst dann gelten, wenn bis zur (planmäßigen) Ablösung durch die LV auch die Schuldzinsen den Darlehensstand erhöhen (BFH IX R 15/04 BStBl II 05, 794; mE nur dann zutr, wenn die Ablösung deutl früher als das Laufzeitende übl Immobilienfinanzierungen geplant ist und auch tatsächl erfolgt); die Schuldzinsen für die Finanzierung der LV-Beiträge sind ebenfalls abziehbar (BFH IX R 62/07 BStBl II 09, 459).

51 **f) Vornahme der Überschussprognose.** Falls die in Rz 27 dargestellte, für den typischen Fall der Wohnungsvermietung geltende unwiderlegl Vermutung der Einkunftserzielungsabsicht ausnahmsweise nicht anwendbar ist, ist die Überschussprognose nach den folgenden Grundsätzen vorzunehmen. – **Rein objektive Prognose.** Die Überschussprognose ist bei VuV rein obj. Die Einkunftserzielungsabsicht fehlt bereits dann, wenn im maßgebl Zeitraum kein Totalüberschuss zu erwarten ist. Hingegen ist (anders als bei der Gewinnerzielungsabsicht iSd § 15) nicht zusätzl erforderl, dass der StPfl die WK-Überschüsse aus Gründen der Lebensführung in Kauf nimmt (BFH IX R 24/07 BStBl II 10, 127 unter II.1.a).

52 **aa) Prognosezeitraum.** Dieser beträgt 30 Jahre (BFH IX R 97/00 BStBl II 02, 726 unter II.1.e cc; *BMF* BStBl I 04, 933 Rz 34); was der übl Gesamtdauer von Immobilienfinanzierungen entspricht. Der 30-Jahres-Zeitraum gilt auch bei unbebauten Grundstücken (BFH IX R 9/06 BStBl II 08, 515). Ist eine Überschussprognose vorzunehmen, weil das Objekt in zeitl Zusammenhang mit dem

Erwerb veräußert worden ist oder selbstgenutzt wird (s Rz 31), umfasst der Prognosezeitraum jedoch nur die Zeit zwischen der Anschaffung/Herstellung einerseits und der Veräußerung bzw dem Beginn der Selbstnutzung andererseits (BFH IX R 84/97 BFH/NV 02, 769 unter II.2.; BFH IX R 57/00 BStBl II 03, 695 unter II.3.a). Aufgrund der in den ersten Jahren übl WK-Überschüsse dürfte daher die Einkunftserzielungsabsicht in dieser Fallgruppe idR zu verneinen sein.

bb) Maßgaben für die anzusetzenden Einnahmen und WK. – (1) Höhe der Einnahmen und WK. Sie sind grds nach dem **Durchschnitt der letzten fünf VZ** zu schätzen (BFH IX R 97/00 BStBl II 02, 726 unter II.1.e dd). Obj Umstände für künftige Änderungen können aber berücksichtigt werden (zB planmäßiges Sinken der Zinsbelastung). Künftige inflationsbedingte Erhöhungen sind nicht zu berücksichtigen (so ausdrückl BFH IX R 97/00 BStBl II 02, 726 unter II.1.e dd); bei „hinreichenden Anhaltspunkten" für künftige Einnahmensteigerungen soll aber eine Anpassung an die „allgemeine Preisentwicklung" mögl sein (so jetzt in einem obiter dictum BFH IX R 26/11 BStBl II 13, 613 Rz 13) Letzteres ist mE nur dann zutr, wenn *konkrete* Anhaltspunkte für eine künftige Mietsteigerung gegeben sind (ähnl nunmehr BFH IX R 31/14 Rz 18), wofür aber die vom BFH hier zugelassene Anknüpfung an die „Entwicklung in der Vergangenheit" gerade nicht ausreicht, zumal dies eine Kumulation mit dem 10%-Sicherheitszuschlag zu den Einnahmen darstellen würde. Umgekehrt ist (wie bei jeder Überschussprognose) auch keine Abzinsung von erst in ferner Zukunft anfallenden Überschüssen vorzunehmen. – Aus den tatsächl Kosten der ersten fünf Jahre sind **unvorhergesehene Mehrkosten** zwar nicht auszuscheiden (BFH IX B 162/05 BFH/NV 07, 878: historisches Gebäude); der StPfl kann aber darlegen, wie er auf die Mehrkosten reagiert hat. Hat der StPfl auf zu hohe WK-Überschüsse reagiert, ist ein Fünf-Jahres-Zeitraum maßgebl, der mit dem ersten Jahr der Umstellung der Bewirtschaftung beginnt (BFH IX R 97/00 BStBl II 02, 726 unter II.1.g; BFH IX R 34/97 BFH/NV 02, 768 unter II.2.). Ist der StPfl allerdings als Reaktion auf die Verluste noch in zeitl Zusammenhang zum Erwerb des Objekts zur typischen Dauervermietung einer Wohnung übergegangen, kann die Notwendigkeit einer Überschussprognose *von Beginn an* entfallen (s Rz 37). – Ob es zu einem Totalüberschuss kommt, hängt in der Praxis im Wesentlichen von der Höhe der Schuldzinsen ab; hier besteht daher die Möglichkeit, über eine schnellere Tilgung die Überschussprognose zu beeinflussen. – **Instandhaltungsaufwendungen** können iHd Höchstbeträge nach § 28 der II. BerechnungsVO geschätzt werden (BFH IX R 97/00 BStBl II 02, 726 unter II.1.e ee). 54

(2) AfA. Gebäude-AfA sind in der Prognoserechnung grds nach § 7 IV anzusetzen. AfA für Einrichtungsgegenstände richten sich nach der amtl AfA-Tabelle für das Gastgewerbe (BFH IX R 97/00 BStBl II 02, 726 unter II.1.e ee). – **Sonder-AfA** bleiben ebenso wie erhöhte und degressive AfA grds auch dann außer Betracht, wenn der StPfl sie tatsächl in Anspruch nimmt (BFH IX 80/94 BStBl II 98, 771 unter II.2.e; *BMF* BStBl I 04, 933 Rz 34). – **Ausnahme für Sonder-AfA.** Bei einer wegen **befristeter Vermietungstätigkeit** erforderl Prognose (Rz 31) wie folgt zu differenzieren: Die SonderAfA ist nicht in die Prognose einzubeziehen (was zugunsten des StPfl wirkt), wenn die begünstigten Aufwendungen (einschließl der RestwertAfA!) innerhalb der begrenzten Mietdauer *vollständig* abgeschrieben werden können (BFH IX R 24/07 BStBl II 10, 127 unter II.1.c: Zweck des FördG). Kommt es hingegen innerhalb des begrenzten Prognosehorizonts nicht zu einem vollständigen Verbrauch der Bemessungsgrundlage, ist die SonderAfA einzubeziehen (BFH IX R 57/00 BStBl II 03, 695 unter II.3.a; BFH IX B 172/04 BFH/NV 06, 720). 55

(3) Sicherheitszuschläge/-abschläge. Der IX. Senat will hier bei den Einnahmen einen Sicherheitszuschlag von 10% und bei den WK einen Sicherheitsabschlag von ebenfalls 10% vornehmen (BFH IX R 97/00 BStBl II 02, 726 unter II.1.f; *BMF* BStBl I 04, 933 Rz 34). Dies ist mE nicht gerechtfertigt und weicht 56 von den Grundsätzen ab, die für sonstige Überschuss- und Totalgewinnprognosen im EStRecht gelten. Der Satz von 2 × 10% ist zudem deutl zu hoch und verkehrt daher die meisten negativen Prognosen in ihr Gegenteil (krit auch *Wüllenkemper* EFG 10, 1045). Die übrigen Senate des BFH lehnen eine Übernahme dieser Grundsätze für die anderen Einkunftsarten daher zR ab (für die – strukturell vergleichbare – Überschussprognose bei Leibrenten zB BFH X R 25/01 BStBl II 06, 228, Anm *Kulosa* HFR 05, 103).

57 **(4) Nichtsteuerbare Veräußerungsgewinne.** Diese bleiben für die Prognose außer Betracht (BFH GrS 4/82 BStBl II 84, 751 unter C.IV.3.c aa (2); BFH IX R 80/94 BStBl II 98, 771 unter II.2.a). Sollte jedoch im Einzelfall ein stpfl Gewinn nach § 23 (Zehn-Jahres-Frist) anfallen, ist dieser mE einzubeziehen (glA *K/Mellinghoff* § 21 Rz 18; *Pezzer* StuW 00, 457, 466; *Thürmer* DB 02, 444, 449; *Heuermann* StuW 03, 101, 112 und DStZ 04, 9, 13; aA *BMF* BStBl I 04, 933 Rz 34). Denn allein die Aufspaltung eines Vorgangs in verschiedene Einkunftsarten darf die Überschussprognose nicht beeinflussen (glA zu § 18/§ 19 BFH XI R 46/01 BStBl II 03, 602 unter II.3.).

61 **5. Zurechnung der Einkünfte. – a) Grundsatz: Auftreten als Vermieter nach außen.** Einkünfte aus VuV sind demjenigen zuzurechnen, der den Tatbestand der Einkunftserzielung erfüllt. Dies ist derjenige, der die rechtl oder tatsächl Macht hat, eines der in § 21 genannten WG anderen entgeltl auf Zeit zur Nutzung zu überlassen und **Träger der Rechte und Pflichten eines Vermieters** (Verpächters) aus dem Rechtsverhältnis ist (BFH IX R 52/83 BStBl II 83, 605; BFH IX R 83/00 BStBl II 04, 898 unter II.2.a aa). Entscheidend ist für die Rspr das **Außenverhältnis** zum Mieter/Pächter (zB BFH IX R 22/04 BFH/NV 06, 2046). Nicht maßgebl ist hingegen, wer Eigentümer des überlassenen WG ist (BFH IX R 17/88 BFH/NV 93, 227; BFH IX R 10/13 BFH/NV 14, 836; zB bei Untervermietung oder Nießbrauch) oder ob der Vermieter zu seinem Handeln überhaupt berechtigt ist.

62 **b) Treuhand und ähnl Rechtsverhältnisse.** Wegen der Maßgeblichkeit des Auftretens nach außen stellt die Rspr auch bei **Treuhandverhältnissen** hohe Anforderungen für eine Zurechnung an den Treugeber (BFH IX R 269/87 BStBl II 94, 615 unter I.2.b; FG Ddorf EFG 15, 1811, Rev IX R 21/15: keine Zurechnung an die Eigentümer, wenn diese über eine ihnen gehörende GmbH vermieten, die allein als Vermieter auftritt; großzügiger aber *BMF* BStBl I 94, 604). Ist jedoch nach einem Erbfall anfängl unklar, wer der Erbe ist, und kehrt der zunächst als Vermieter Auftretende die vereinnahmten Mieten nach Klärung der Lage an den wahren Berechtigten aus, sind die Einkünfte von Beginn an dem wahren Berechtigten zuzurechnen (BFH IX R 26/99 BFH/NV 04, 476 unter II.4.a: wie Treuhand). – Vermietet der Eigentümer im eigenen Namen, steht es der Zurechnung an ihn nicht entgegen, wenn noch ein Wohnrecht eines Dritten besteht, das aber nicht ausgeübt wird und nur noch der Sicherung dienen soll (BFH IX R 13/05 BFH/NV 07, 406). – Bei **Zwangsverwaltung** sind die Einkünfte nicht dem Verwalter, sondern dem Eigentümer zuzurechnen (BFH IX R 53/98 BFH/NV 02, 1152; zum WK-Abzug von Beträgen, die bei Zwangsverwaltung an Gläubiger ausgekehrt werden, s BFH IX R 65–67/01 BFH/NV 03, 778). Gleiches gilt für **Testamentsvollstrecker** (zu § 15 BFH IV R 76/05 BStBl II 08, 858) und **Nachlasspfleger.** – Das Auftreten nach außen ist auch für die Zurechnung bei **Unterbeteiligungen an PersGesAnteilen** maßgebl (BFH IX R 155/89 BStBl II 92, 459; BFH IX R 30/94 BStBl II 97, 406), so dass Einkünfte aus VuV durch Unterbeteiligungen nur verlagert werden können, wenn der Unterbeteiligte nach außen in Erscheinung tritt (was idR aber nicht gewollt sein wird).

Bei **Restitution nach dem VermG** hat bis zur Bestandskraft des Rückübertragungsbescheids (§§ 18a, 34 I 1 Nr 1 VermG) allein der bisherige Verfügungsberechtigte, nicht aber der Restitutionsberechtigte die Rechtsstellung des Vermieters inne und erzielt Einkünfte aus VuV

(BFH IX R 66/03 BStBl II 05, 480 unter II.c; BFH IX B 27/08 BFH/NV 08, 1490 unter 2.b). Kehrt der bisherige Verfügungsberechtigte mit der Rückgabe des Grundstücks auch die seit dem 1.7.94 gezogenen Mieten gem § 7 VII 2 VermG an den Restitutionsberechtigten aus, gehören diese als tarifbegünstigte Entschädigung iSd § 24 Nr 1 Buchst a, § 34 zu den Einnahmen aus VuV (BFH IX R 66/03 BStBl II 05, 480); zugleich sind beim bisherigen Berechtigten WK bzw negative Einnahmen (s § 9 Rz 108) anzusetzen (BFH IX R 50/03 BStBl II 05, 456; *Heuermann* DB 05, 847). Ein Ausgleich, den der Restitutionsberechtigte dem bisherigen Verfügungsberechtigten für Instandsetzungs- und Modernisierungsaufwendungen zahlt (§ 7 I VermG), gehört zu den AK (BFH IX R 15/03 BStBl II 05, 477); beim bisherigen Verfügungsberechtigten handelt es sich mE jedenfalls dann um Einnahmen aus VuV, wenn die früheren Aufwendungen sofort abziehbare WK waren (Rückfluss früherer WK; s § 9 Rz 112). Aufwendungen des StPfl für den Versuch der Abwehr eines gegen ihn gerichteten Rückübertragungsanspruchs sollen keine WK sein (BFH IX R 50/08 BFH/NV 10, 622; s auch § 9 Rz 76). Auch die Pflicht zur Rückzahlung öffentl Darlehensmittel, in die der Restitutionsberechtigte eintritt, führt nicht zu WK (BFH IX B 157/07 BFH/NV 06, 727).

c) Personenmehrheiten. – aa) Voraussetzungen für eine gemeinsame Einkunftserzielung. Auch hier müssen die Ges'ter (Gemeinschafter) *gemeinsam* Träger der Rechte und Pflichten aus dem Mietverhältnis sein (BFH IX R 17/95 BStBl II 99, 360; BFH IX R 83/95 BFHE 190, 82). Allein die Stellung als Miteigentümer führt noch nicht zur Zurechnung anteiliger Einkünfte, wenn nach außen nur ein *anderer* Miteigentümer auftritt (BFH IX R 17/99 BFH/NV 03, 1045; BFH IX R 55/08 BFH/NV 10, 863). Auch ein internes Einverständnis mit dem Alleinhandeln des anderen reicht nicht aus; wohl aber ein Handeln als mittelbarer oder verdeckter Stellvertreter, sofern der Handelnde die Mietverträge mit Wissen und Wollen des Nichthandelnden abschließt und auf gemeinsame Rechnung tätig wird (BFH IX R 55/99 BFH/NV 02, 1556; zu einem solchen Fall FG Mchn EFG 06, 1887, best BFH IX B 137/06). Fehlt es an diesen Merkmalen, sind die Einkünfte allein demjenigen zuzurechnen, der nach außen auftritt. Sofern dieser nicht auch die gesamten AK/HK getragen hat (s zu diesem Kriterium § 7 Rz 35), kann dadurch die auf andere Ges'ter entfallende AfA steuerl verloren gehen (hierauf ist vor allem iZm der Trennung von Eheleuten zu achten)! Handelt nach außen hin eine KG, sind die Einkünfte auch dann allen Ges'tern zuzurechnen, wenn der Komplementär weder eine Einlage geleistet hat noch am Vermögen beteiligt ist (BFH IX R 103/85 BStBl II 87, 707). – Eine **Eigentümergemeinschaft nach dem WEG** ist nicht Einkunftserzielerin; vielmehr sind dies die einzelnen Wohnungseigentümer jeweils für sich (BFH IX R 56/08 BStBl II 10, 202). 64

bb) Einkünfteermittlung. Die Einkünfte werden auf der Ebene der Personenmehrheit (PersGes, Bruchteilsgemeinschaft) ermittelt (gesonderte und einheitl Feststellung). Bei PersGes muss die **Einkunftserzielungsabsicht** (sofern diese nicht zu vermuten ist, s dazu Rz 25 ff) sowohl auf der Ebene der PersGes als auch beim einzelnen Ges'ter gegeben sein (BFH IX R 76/07 BFH/NV 09, 1268 unter II.1. mwN). 65

(1) Verteilung gemeinschaftl erzielter Einkünfte. Grds sind §§ 743, 748 BGB maßgebl, also die zivilrechtl Eigentumsverhältnisse. Die Ges'ter bzw Miteigentümer können aber abw Vereinbarungen treffen, die steuerl zugrunde zu legen sind, wenn sie ihren Grund im Gemeinschaftsverhältnis haben, dh nicht privat veranlasst sind (zum Ganzen BFH IX R 245/87 BStBl II 92, 890; BFH IX R 83/95 BFHE 190, 82 unter 2.; BFH IX R 18/07 BFH/NV 09, 1247). Die **AfA** kann aber nicht abw von der Tragung der AK/HK zugerechnet werden (BFH VIII R 168/73 BStBl II 78, 674 unter 2.). Eine **ungeteilte Erbengemeinschaft** kann ebenfalls Einkünfte aus VuV erzielen; die Verteilung auf die Miterben erfolgt nach dem Verhältnis der Erbteile (*BMF* BStBl I 06, 253 Rz 6). Zur Erbauseinandersetzung s § 16 Rz 625. 66

(2) Persönl durch einen Ges'ter getragene Aufwendungen. Sie können als **SonderWK** festzustellen sein. Trägt ein Ges'ter ohne bes Vereinbarung Aufwendungen über seinen Anteil hinaus, steht ihm grds ein Ausgleichsanspruch zu; an 67 der steuerl Zurechnung nach Maßgabe des Miteigentumsanteils ändert sich daher nichts (BFH IX B 61/04 BFH/NV 05, 41). Derartige Aufwendungen sind dann aber ausnahmsweise dem sie tragenden Ges'ter allein zuzurechnen, wenn er weder eine Zuwendung an die MitGes'ter beabsichtigt noch ein durchsetzbarer Ausgleichsanspruch besteht (BFH IX R 59/01 BStBl II 05, 454: gilt auch zw nahen Angehörigen). Bei Aufwendungen anlässl der Beendigung der gemeinsamen Einkunftserzielung ist abzugrenzen, ob es sich um nachträgl SonderWK iRd der Gemeinschaft oder aber um vorweggenommene WK für eine künftige Einkunftserzielung in eigener Person handelt (BFH IX R 25/08 BFH/NV 09, 748).

69 **cc) Rechtsverhältnisse zw Ges'ter und PersGes. – (1) Nutzungsüberlassung an die PersGes.** Anders als bei § 15 I 1 Nr 2 gibt es bei VuV **kein „SonderBV".** Vermietet der Ges'ter der PersGes (Gemeinschaft) ein Grundstück, sind ihm diese Einkünfte daher *persönl* zuzurechnen, dh nicht in die Feststellungserklärung der PersGes einzubeziehen (BFH VIII R 194/78 BStBl II 81, 510 unter 1.d). Gleiches gilt für Darlehen, die der Ges'ter der PersGes gewährt. – **(2) „Verkauf" von WG des Ges'ters an eine vermögensverwaltende PersGes.** Hierdurch entstehen im Umfang der eigenen Beteiligung keine AK der PersGes (BFH IX R 18/06 BStBl II 08, 679: Bruchteilsbetrachtung; s auch § 6 Rz 31). – **(3) Nutzungsüberlassung an einen Ges'ter.** Vermietet eine Gemeinschaft eine Wohnung (entgeltl) an einen Miteigentümer und die übrigen Wohnungen an Dritte, erzielt der die Wohnung selbst nutzende Miteigentümer daraus keine Einkünfte aus VuV; ledigl die anderen Miteigentümer erzielen (anteilig) Einkünfte. In jedem Fall lässt die Überlassung dieser Wohnung an einen der Miteigentümer die Zurechnung der Einkünfte aus den *übrigen* Wohnungen nach dem Verhältnis der Eigentumsanteile unberührt (zum Ganzen BFH IX R 49/02 BStBl II 04, 929; BFH IX R 42/01 BFH/NV 05, 168; BFH IX R 14/04 BFH/NV 06, 2053; *OFD Ddorf* DB 05, 581; ausführl und mit Beispielen *BayLfSt* DStR 06, 2212 sowie *Paus* EStB 07, 298; *Paus* Inf 07, 68). – Beschränkt sich eine Zwei-Personen-GbR auf die Nutzungsüberlassung an einen ihrer Miteigentümer (ohne Vermietung an Dritte), ist keine einheitl und gesonderte Feststellung vorzunehmen, weil nur der andere Miteigentümer überhaupt Einkünfte erzielt (BFH IX R 83/00 BStBl II 04, 898). Anders ist dies aber, wenn Mieter ihrerseits eine *PersGes* ist, der einer der Miteigentümer angehört (BFH IX R 72/07 BStBl II 09, 231).

71 **d) Zurechnung bei Nießbrauch und anderen Nutzungsrechten.** Ausführl *Meyer/Hartmann* Inf 06, 789. – **aa) Überblick.** Auch hier sind die Einkünfte demjenigen zuzurechnen, der den Tatbestand der Einkunftsart VuV verwirklicht, also im Außenverhältnis Träger der Rechte und Pflichten eines Vermieters ist (allg hierzu s Rz 61; ausführl zum Ganzen Nießbrauchserlass *BMF* BStBl I 13, 1184). Eine ledigl rein rechnungsmäßige Beteiligung des Nießbrauchers an den Erträgen des Mietobjekts genügt daher nicht (BFH IX B 56/12 BFH/NV 12, 1959). – Bei *Wohnraum*miete tritt der Nießbraucher bereits kraft Gesetzes in einen bestehenden Mietvertrag ein (§ 567 iVm § 566 BGB), so dass ein rechtsgeschäftl Übergang der Vermieterstellung nicht erforderl ist; der Übergang muss dem Mieter aber mitgeteilt werden. Bei Bestellung eines **Nießbrauchs an einem Gesellschaftsanteil** setzt eine Zurechnung der Einkünfte an den Nießbraucher voraus, dass diesem kraft des Nießbrauchs eine Stellung eingeräumt ist, die der eines Ges'ters entspricht; allein der Nießbrauch an einem „Gewinnstammrecht" genügt dafür jedenfalls nicht (BFH IX R 78/88 BStBl II 91, 809). – Die praktische Bedeutung von Nießbrauchsgestaltungen ist in letzter Zeit tendenziell zurückgegangen. – Zu unterscheiden ist der **entgeltl bestellte Nießbrauch** (Rz 73), der unentgeltl **Zuwendungsnießbrauch** (Rz 74) und der **Vorbehaltsnießbrauch** (Rz 75). Dem (dingl) Nießbrauch gleichgestellt sind **schuldrechtl Nutzungsrechte** (Rz 77).

72 **bb) Nießbrauch zugunsten naher Angehöriger.** Bei diesem in der Praxis häufigen Fall sind die für Angehörigenverträge geltenden besonderen steuerl An-

forderungen zu beachten (s Rz 81 ff und § 4 Rz 520 „Angehörige"). Will ein Eigentümer durch Bestellung eines Nießbrauchs (oder eines schuldrechtl Nutzungsrechts) die Einkünfte aus dem WG auf ein Familienmitglied mit geringerem Steuersatz verlagern, beachtet er aber die hierfür geltenden Voraussetzungen nicht (zB zivilrechtl Wirksamkeit, Fremdvergleich, tatsächl Durchführung), sind die Einkünfte weiterhin ihm zuzurechnen (zB BFH IX R 11/97 BFH/NV 01, 586: bis zur Volljährigkeit befristete leihweise Nutzungsüberlassung einer vermieteten Wohnung an den gerade geborenen Sohn). Der BFH will es aber auch zw Eltern und Kindern zulassen, dass ein ausdrückl bis zur Volljährigkeit befristeter Nießbrauch konkludent verlängert wird (BFH IX R 69/04 BStBl II 07, 579 unter II.1.a; mE zweifelhaft).

cc) Entgeltl bestellter Nießbrauch. Der Eigentümer des WG erzielt Einkünfte aus der Nießbrauchsbestellung und kann (weiterhin) AfA von den AK/HK des WG vornehmen. Der Nießbraucher erzielt Einkünfte aus der Verwendung des WG und kann AfA auf die AK des Nießbrauchsrechts vornehmen (ausführl § 7 Rz 42 ff). 73

dd) Unentgeltl bestellter Zuwendungsnießbrauch. Hier erzielt allein der Nießbraucher Einkünfte. Auch zw Eltern und ihren minderjährigen Kindern steht eine freie Widerrufsmöglichkeit des Nießbrauchs der steuerl Anerkennung der Einkünfteverlagerung nicht entgegen, sofern sorgfältig darauf geachtet wird, dass nach außen im Namen der Kinder gehandelt wird (BFH IX R 54/00 BFH/NV 04, 1079). Die frühere Rspr hat Gestaltungsmissbrauch angenommen, wenn das minderjährige Kind als Zuwendungsnießbraucher das Grundstück sogleich wieder an die Eltern zurückvermietet (BFH IV R 36/90 BStBl II 91, 205); dies dürfte aber angesichts der neueren Rspr zur Übertragung von Grundstücken gegen Versorgungsleistungen mit anschließender Rückvermietung (BFH IX R 1201 BStBl II 04, 643) überholt sein. – **AfA** stehen allerdings weder dem Eigentümer des WG (mangels Einkunftserzielung) noch dem Nießbraucher (mangels Tragung der AK/HK) zu (s § 7 Rz 58), so dass der Zuwendungsnießbrauch aus steuerl Sicht idR nicht empfehlenswert ist. – Für einen durch **Vermächtnis** zugewendeten Nießbrauch gelten dieselben Regeln. 74

ee) Vorbehaltsnießbrauch. Hat sich der frühere Eigentümer des WG bei dessen unentgeltl Übertragung den Nießbrauch vorbehalten, erzielt er weiterhin die Einkünfte; auch stehen ihm unverändert die AfA zu (hierzu ausführl § 7 Rz 40). Der neue Eigentümer erzielt während des Bestehens des Nießbrauchs keine Einkünfte. Ausnahmsweise kann er aber Aufwendungen als vorab entstandene WK abziehen, wenn er diese im eigenen Interesse als zukünftiger Nutzer des WG getätigt hat und der Nießbrauch in naher Zukunft aufgehoben werden soll (BFH IX R 3/07 BFH/NV 09, 1251); nicht aber, wenn das Ende der Nießbrauchsbelastung nicht absehbar ist (BFH IX R 51/06 ZMR 08, 982). 75

ff) Schuldrechtl Nutzungsrechte. Die Zurechnung von Einkünften an einen Nutzungsberechtigten setzt nicht zwingend ein *dingl* Nutzungsrecht (Eintragung eines Nießbrauchs in das Grundbuch) voraus. Vielmehr kann durch rein schuldrechtl Nutzungsrechte grds dasselbe steuerl Ergebnis erzielt werden (*BMF* BStBl I 13, 1184 Rz 6 ff). Dies gilt auch im Verhältnis zw Eltern und ihren minderjährigen Kindern (BFH IX R 52/83 BStBl II 86, 605). § 567 BGB (Eintritt des Nießbrauchers in bestehende Wohnraummietverträge; s Rz 71) ist hier allerdings nicht anwendbar. Daher tritt ein schuldrechtl Berechtigter in die Stellung des Vermieters nur durch rechtsgeschäftl Vertragsübernahme (dh unter Mitwirkung der Mieter) ein (BFH IX R 22/04 BFH/NV 06, 2046: nicht eingetragener Nießbrauch; BFH IX R 24/11 BFH/NV 13, 1228 Rz 10). Ob bei unentgeltl zugewendeten Nutzungsrechten zw Angehörigen – entspr der Rspr zu § 21 II in der bis 1986 geltenden Fassung – eine „gesicherte Rechtsposition" erforderl ist, hat der BFH ausdrückl offen gelassen (BFH IX R 24/11 BFH/NV 13, 1228 Rz 12). Die von der 77

FinVerw in diesen Fällen bisher geforderte vertragl Mindestlaufzeit des Nutzungsrechts von einem Jahr (so noch *BMF* BStBl I 98, 914 Rz 7, offener nunmehr *BMF* BStBl I 13, 1184 Rz 7) hat jedenfalls keine Rechtsgrundlage (zutr BFH IX R 24/11 BFH/NV 13, 1228 Rz 12). ME ist ohnehin entscheidend, dass sich aus den Umständen die Ernsthaftigkeit der Zuwendung des Nutzungsrechts entnehmen lässt. Dies eröffnet Gestaltungsmöglichkeiten zur (ggf zeitl begrenzten) Einkünfteverlagerung.

78 **gg) Ablösung von Nutzungsrechten.** S ausführl § 6 Rz 140 „Abfindungen"; *BMF* BStBl I 13, 1184 Rz 55–67 mwN auf die Rspr. Zur Ermittlung der AfA-Reihen s *BayLfSt* DStR 11, 312 (dagegen ausführl *Meyer/Ball* DStR 11, 1211).

81 **6. Mietverträge zwischen Angehörigen.** S auch § 4 Rz 520 „Angehörige"; zu Besonderheiten beim Nießbrauch s Rz 71 ff. – **a) Allgemeine Grundsätze.** Es steht auch Angehörigen frei, ihre Rechtsverhältnisse untereinander steuerl möglichst günstig zu gestalten (BFH IX R 17/07 BStBl II 08, 502 unter II.1.a). Gleichwohl ist wegen des ggf **fehlenden Interessengegensatzes** eine besondere Prüfung erforderl, um zu klären, ob die Vereinbarung im Bereich der Einkunftserzielung oder eher im Privatbereich wurzelt (BFH IX R 69/94 BStBl II 97, 196). Dies ist verfrechtl zulässig (BVerfG 2 BvR 802/90 BStBl II 96, 34 unter B.I.1.). Daher legt die stRspr (BFH IX R 306/87 BStBl II 92, 75; BFH IX R 8/07 BFH/NV 08, 350 unter II.1.a; guter Überblick bei *Pezzer* DStZ 02, 850) Verträge zw nahen Angehörigen (zum Begriff s Rz 83) der Besteuerung grds nur dann zugrunde, wenn sie zivilrechtl wirksam abgeschlossen sind (s Rz 84), der Vertragsinhalt dem zw Fremden Üblichen entspricht (Rz 86 ff) und auch tatsächl durchgeführt wird (Rz 95). Dabei ist allerdings zu beachten, dass es sich bei diesen Kriterien nicht um starre Tatbestandsmerkmale handelt (BVerfG 2 BvR 802/90 BStBl II 96, 34 unter B.I.2.), sondern sie **nur indizielle Bedeutung** haben. Entscheidend ist immer die **Gesamtwürdigung der Umstände des Einzelfalls,** so dass nicht jede Abweichung vom Üblichen die steuerl Anerkennung des Vertrages ausschließt und Defizite in dem einen Bereich durch Erfüllung des Fremdvergleichs in anderen Bereichen kompensiert werden können (BFH IX R 69/94 BStBl II 97, 196). Die Gesamtwürdigung obliegt dem FG; der BFH prüft nur, ob das FG von zutr Kriterien ausgegangen ist und alle maßgebl Beweisanzeichen einbezogen hat (BFH IX R 8/07 BFH/NV 08, 350 unter II.1.a). In die Gesamtwürdigung können auch **Tatsachen außerhalb des konkreten VZ** einbezogen werden, soweit sie für diesen von Bedeutung sind (BFH IX B 116/00 BFH/NV 01, 778 unter 4. mwN; BFH IX R 8/07 BFH/NV 08, 350 unter II.1.b). Weist der Angehörigenvertrag nach Inhalt oder Durchführung **denselben Mangel wie ein mit einem Fremden geschlossener Vertrag** auf, verliert der Mangel an Gewicht (BFH IX R 68/99 BStBl II 02, 699 unter II.2.b: Formularverträge werden hinsichtl der Nebenkosten lückenhaft und teilweise widersprüchl ausgefüllt; BFH IX R 8/07 BFH/NV 08, 350 unter II.1.b).

83 **b) Begriff der nahen Angehörigen.** Die besondere Prüfung ist vor allem bei Verträgen mit dem **Ehegatten,** einem **Kind** (BFH IX R 8/07 BFH/NV 08, 350), einem **Elternteil** (BFH IX R 68/99 BStBl II 02, 699 unter II.1.a: auch wenn daneben noch der **Lebensgefährte** des Angehörigen Vertragspartner ist; für Stiefeltern/-kinder offen gelassen von BFH IX B 94/02 BFH/NV 03, 617) oder **Geschwistern** (BFH IX R 69/94 BStBl II 97, 196: auch **Verschwägerte**) des StPfl vorzunehmen. Die Grundsätze sind auch auf Verträge zw dem StPfl und einer **PersGes** (BFH VIII R 29/97 BStBl II 00, 386 unter 1.) oder **KapGes** (BFH IX B 186/01 BFH/NV 02, 1155 mwN) anzuwenden, die von einem der genannten Angehörigen beherrscht wird oder zu denen Ges'tern ausschließl Angehörige gehören, ohne dass aber einem einzigen eine beherrschende Stellung zukommt (BFH IX R 26/12 BFH/NV 14, 529). In Grenzfällen ist entscheidend, ob ein Näheverhältnis angenommen werden kann, das den Gleichklang wirtschaftl Interessen indi-

ziert (BFH IX B 94/02 BFH/NV 03, 617; BFH IX B 20/12 BFH/NV 12, 1308, betr Überlassung an Freundin des StPfl mit gemeinsamem Kind). – In seiner neueren Rspr verwendet der IX. Senat neben dem Begriff der „nahen Angehörigen" auch den der **„nahestehenden Personen"**, was eine deutl Erweiterung darstellt (zB BFH IX R 70/10 BFH/NV 13, 1067 Rz 16: Verhältnis zw dem StPfl und einer GmbH, die von den Eltern ihres Lebensgefährten beherrscht wird), ggf aber verfrechtl geboten sein kann (eine nachteilige Sonder-Rspr darf nicht auf die durch Art 6 GG geschützten Personen beschränkt sein).

c) Zivilrechtl Wirksamkeit. Ein Formmangel stellt vor allem bei klarer Zivil- 84
rechtslage ein starkes Indiz gegen die steuerl Anerkennung dar (BFH IX R 45/06 BStBl II 11, 20; *BMF* BStBl I 11, 37 Rz 2; jeweils betr Darlehensvertrag). Zwingend ist dies aber nicht (zu Darlehensverträgen BFH IX R 4/04 BStBl II 07, 294: zügige Heilung des Formmangels nach dessen Erkennen ist positiv zu würdigen). In Einzelfällen kann selbst eine **fehlende notarielle Beurkundung** (sofern sie iZm Mietverträgen ausnahmsweise erforderl ist) unschädl sein (BFH IX R 57/96 BStBl II 98, 108: ein nach DDR-Recht vereinbartes Wohnungsrecht kann nach dem komplexen Übergangsrecht des Einigungsvertrags nur durch notarielle Beurkundung aufgehoben werden, was die Parteien übersehen). – **Ergänzungspfleger.** Er ist zivilrechtl erforderl, wenn minderjährige Kinder beim Vertragsschluss durch ihre Eltern vertreten werden und der andere Vertragspartner ebenfalls ein Elternteil (§ 181 BGB), dessen Ehegatte oder ein Verwandter in gerader Linie ist (§§ 1629 II, 1795 I BGB). Ist das Erfordernis eines Ergänzungspflegers bereits zivilrechtl zweifelhaft, kann dem StPfl ein etwaiger Formmangel jedenfalls dann nicht angelastet werden, wenn er den Mangel unverzügl nach Kenntnisnahme nachträgl heilt und der Mietvertrag iÜ ernstl vereinbart und durchgeführt wird (BFH VIII R 29/97 BStBl II 00, 386 unter 2.: Vertrag mit FamilienPersGes). – **Schriftform.** Nach Auffassung des IX. Senats soll es nicht schaden, wenn ein Angehörigen-Mietvertrag nur mündl abgeschlossen wird, da die Schriftform zivilrechtl nicht erforderl sei (BFH IX R 80/97 BFH/NV 00, 429; BFH IX R 8/07 BFH/NV 08, 350 unter II.2.). ME ist dies nicht ganz zweifelsfrei, da aus § 550 BGB folgt, dass der Gesetzgeber die Schriftform als Regelfall ansieht und an ihre Nichtbeachtung besondere Rechtsfolgen knüpft (s *Palandt* § 550 BGB Rz 1). Jedenfalls aus Beweisgründen empfiehlt sich in der Praxis dringend die Schriftform (so auch BFH IX R 68/97 BFH/NV 01, 1551).

**d) Fremdvergleich hinsichtl des Vertragsinhalts. – aa) Klarheit und Ein- 86
deutigkeit der Vereinbarung.** In erster Linie müssen die **Hauptpflichten** (Nutzungsüberlassung einer konkret bestimmten Mietsache/Höhe der Miete) eindeutig geregelt sein (BFH IX R 38/97 BStBl II 98, 106 unter 2.). Daran fehlt es, wenn unklar bleibt, ob die im Vertrag genannte Miete die Nebenkosten enthält oder nicht (BFH IX B 50/04 BFH/NV 04, 1531; FG Mchn EFG 98, 1127, rkr; in beiden Fällen sprachen allerdings noch weitere Umstände gegen die Fremdüblichkeit) oder wenn als „Miete" die Überlassung eines „Geschäftswagens" vereinbart ist, ohne dessen Typ zu bezeichnen (BFH VIII R 33/11 BFH/NV 14, 151). Das **Fehlen einer Umlagevereinbarung über die Nebenkosten** steht der Anerkennung allein noch nicht entgegen, weil dann die gesetzl Regelung gilt, wonach der Vermieter die Nebenkosten trägt, und diese Regelung für sich genommen klar (wenn auch eher unübl) ist; dieser Umstand ist aber iRd Gesamtwürdigung zu berücksichtigen (BFH IX R 30/96 BStBl II 98, 349; BFH IX R 6/97 BFH/NV 01, 305 unter II.2.a). Stets gilt, dass **mehrere Unklarheiten,** die für sich allein noch nicht zur Versagung der Anerkennung führen würden, in ihrer Summe den Schluss zulassen können, dass keine ernsthafte Vereinbarung gewollt war (BFH IX R 68/97 BFH/NV 01, 1551). – War die Vereinbarung ursprüngl unklar, schadet dies nicht, wenn ihr Inhalt **durch die spätere eindeutige tatsächl Übung konkretisiert** wird (BFH IX R 68/99 BStBl II 02, 699 unter II.1.c unter Bezug-

nahme auf die gleichlautende Rspr des I. Senats zur vGA; BFH IX R 8/07 BFH/NV 08, 350 unter II.1.b).

87 **bb) Ernstlichkeit der Vereinbarung.** Daran fehlt es, wenn ein Scheingeschäft vorliegt (Rz 87) oder gegenläufige Zahlungspflichten begründet werden (Rz 88, zu Ausnahmen s Rz 91f). – **(1) Scheingeschäft (§ 41 II AO).** Dies ist der Fall, wenn der Vermieter dem Mieter die Miete im Vorhinein zur Verfügung stellt oder sie alsbald zurückzahlt, ohne dazu rechtl (zB wegen Unterhaltsbedürftigkeit; dazu Rz 91) verpflichtet zu sein (BFH IX R 23/94 BStBl II 97, 655; BFH IX R 7/98 BFH/NV 04, 1270 unter II.1. mwN; FG Ddorf EFG 10, 1415, rkr: Vermietung von Praxisräumen zw Ehegatten, wobei der Vermieter-Ehegatte dem einkommenslosen Mieter-Ehegatten die erforderl Geldbeträge zur Verfügung stellt). Eine solche Rückzahlung darf auch ohne förml Nachweis unterstellt werden, wenn der Angehörigen-Mieter seine Hauptwohnung an einem weit entfernten Ort unterhält, vom Vermieter nur eine Zweitwohnung anmietet und ihm nach Abzug der Miete kaum das Existenzminimum für seinen Lebensunterhalt verbleiben würde (BFH IX R 23/94 BStBl II 97, 655 unter 2.b).

88 **(2) Gestaltungsmissbrauch (§ 42 AO).** Es ist rechtsmissbräuchl , wenn die Parteien durch zivilrechtl mögl Gestaltungen zwar **wechselseitige Zahlungspflichten begründen,** damit ihre jeweilige Position aber weder tatsächl noch wirtschaftl verändern (BFH IX R 97, 98/90 BStBl II 94, 738: Ehegatten vermieten einander wechselseitig ihre Arztpraxen unmittelbar nach deren Errichtung zur Erlangung des VorStAbzugs; BFH IX R 17/07 BStBl II 08, 502 unter II.1.a: wechselseitige Darlehensgewährung; BFH IX B 43/07 BFH/NV 08, 811: **Überkreuzvermietung** zur Erlangung von SonderAfA nach dem FördG; FG Mster DStRE 11, 213, rkr: Eltern und deren Kind übertragen einander nach Ablauf der § 10 e-Frist die jeweils selbstgenutzte Eigentumswohnung, anschließend werden die Objekte wechselseitig vermietet; BFH IX R 18/12 BFH/NV 13, 1094: Eltern vermieten zwei Wohnungen eines 8-Familien-Hauses an ihre Kinder; eine dritte Wohnung in diesem Haus vermieten die Kinder an ihre Eltern; ausführl *Hofheinz* HFR 13, 785; BFH IX R 2/13 BStBl II 14, 527: die beiden Ges'ter einer Grundstücks-GbR vermieten die ihnen zur Alleinnutzung zugewiesenen Grundstücksteile jeweils an den anderen Ges'ter). – **Zulässige Gestaltungen.** Der StPfl vermietet ein Haus an seine Eltern; zugleich überlassen diese ihm das Nachbarhaus *unentgeltl* (BFH IX R 5/00 BStBl II 03, 509: keine gegenseitigen Zahlungspflichten; dazu *Heuermann* BB 03, 1465). Gleiches gilt, wenn einer der Mietverträge bereits seit längerer Zeit besteht und erst später der Vermieter eine andere, in seinem Eigentum stehende Wohnung an den StPfl überträgt und rückanmietet (BFH IX R 54/93 BStBl II 96, 158), oder wenn der StPfl das Objekt von einem Angehörigen erwirbt, an diesen zurückvermietet, der Kaufpreis als Darlehen gewährt wird und Miet- und Zinszahlungen dieselbe Höhe haben (FG BaWü EFG 05, 1943, rkr: keine wechselseitige Vermietung; aA – uE zu streng – FG Mster EFG 02, 737, rkr).

89 **(3) Weitere Fälle fehlender Ernstlichkeit.** Vermietung einer Einliegerwohnung an die im selben Ort wohnenden Eltern des StPfl, die dort dessen Kinder betreuen sollen (BFH IX R 33/89 BStBl II 92, 549); ggf anders aber bei Vermietung an die Eltern für Besuchsaufenthalte, wenn auf eine Trennung der Wohnsphären geachtet wird (BFH IX R 121/92 BFH/NV 95, 112).

91 **(4) Ausnahmen von der Nichtanerkennung gegenläufiger Zahlungen.** In den nachfolgend dargestellten Ausnahmefällen sind gegenläufige Zahlungen grds unschädl. Allerdings müssen die sonstigen Voraussetzungen für die Anerkennung von Angehörigenverträgen sowie die Einkunftserzielungsabsicht stets noch geprüft werden (zutr *OFD Ffm* DB 01, 2629). – **(a) Unterhaltsleistungen.** Nicht als Hin- und Herzahlen ist es anzusehen, wenn der Angehörige die Miete aus Unterhaltsleistungen zahlt, die er vom Vermieter erhalten hat (BFH IX R 13/92 BStBl II 96, 214: Vermietung an unterhaltsberechtigten geschiedenen Ehegatten; BFH IX R 85/93

BStBl II 97, 52 unter 1.b: unterhaltsberechtigter Elternteil; BFH IX R 8/07 BFH/NV 08, 350 unter II.1.b: unterhaltsberechtigtes Kind). Dies gilt selbst dann, wenn der unterhaltspflichtige Vermieter die Miete von vornherein von seinen Unterhaltsleistungen einbehält (BFH IX R 30/98 BStBl II 00, 223; BFH IX R 39/99 BStBl II 00, 224 unter 2.; krit Anm. *P. Fischer* FR 00, 206 und *Gosch* StBP 00, 94) oder dem unterhaltsberechtigten Mieter zuvor einen Geldbetrag geschenkt hat, aus dem dieser dann die Miete begleicht (BFH IX R 26/01 BFH/NV 04, 1378); ausführl zu diesen Modellen *Thürmer* DB 03, 1012. Es muss aber ein eindeutiger Mietvertrag abgeschlossen werden; die ausdrückl *unentgeltl* Überlassung führt nicht zum Abzug von WK aus VuV (BFH IX B 165/05 BFH/NV 06, 738). Auch darf der unterhaltsberechtigte Mieter nicht zum Haushalt des Vermieters gehören (s Rz 10).

(b) Stuttgarter Modell. Vereinbarungen sind nach der Rspr (BFH IX R 92
12/01 BStBl II 04, 643; dem folgend *OFD Mster* DB 04, 2242) nicht schon deshalb missbräuchl, weil der bisherige Eigentümer das Objekt zunächst gegen wiederkehrende Leistungen auf sein Kind überträgt (bei Vertragschluss vor 2008 Abziehbarkeit der dauernden Last beim Kind) und dann rückanmietet (Abziehbarkeit der WK-Überschüsse aus der Vermietung beim Kind). Dies eröffnet insb bei Notwendigkeit größerer Erhaltungsaufwendungen lukrative Gestaltungsmöglichkeiten (s *Busch/Trompeter* FR 05, 633; *Mayer/Geck* DStR 05, 1425, 1471; zu den damit verbundenen zivilrechtl Risiken aber *P. Fischer* FR 04, 716 mwN). Begründet wird dies damit, dass hier nur eines der Geschäfte auf der Nutzungsebene stattfindet, das andere aber auf der Vermögensebene (*Heuermann* StuW 04, 124). In diesen Fällen steht der Anerkennung des Mietvertrags auch nicht die parallele Existenz eines Wohnungsrechts entgegen (BFH IX R 44/98 BFH/NV 04, 1265), das allerdings nicht unentgeltl sein darf. Missbräuchl ist es aber, wenn ein unentgeltl Wohnrecht gegen dauernde Last aufgehoben wird und in Höhe desselben Betrags eine Miete vereinbart wird (BFH IX R 56/03 BStBl II 04, 648). Wegen der Einschränkung des SA-Abzugs auf BV für Neuverträge ab 2008 hat die Bedeutung dieser Gestaltungen abgenommen.

cc) Fremdüblichkeit des Vertragsinhalts. Auch der Vertragsinhalt muss im 94
Wesentlichen dem zw Fremden Üblichen entsprechen. Je mehr Unüblichkeiten zusammentreffen, desto eher spricht dies gegen die Anerkennung. – **Einzelfälle unübl Inhalte:** Den Eltern wird eine Wohnung im ansonsten vom Vermieter selbstgenutzten Zweifamilienhaus auf Lebenszeit vermietet; zugleich wird der Vater als Hausmeister für das Zweifamilienhaus angestellt (BFH IX R 30/01 BFH/NV 03, 465). Ist ein abgrenzbarer Teil des Entgelts unübl, ist nur dieser Teil der Besteuerung nicht zugrunde zu legen; iÜ bleibt der Vertrag aber steuerl zu beachten (BFH VIII R 29/97 BStBl II 00, 386 unter 3.: Pachtvertrag zw Kind und FamilienPersGes, wobei das lfd Entgelt angemessen ist, nicht jedoch der Verzicht der PersGes auf einen Wertausgleich für vorgenommene Einbauten). – **Einzelfälle nicht zu beanstandende Inhalte:** Die Vereinbarung einer „Warmmiete" (Verzicht auf Abrechnung von Nebenkosten) ist jedenfalls bei der Zimmervermietung an Studierende nicht unübl (BFH IX R 39/99 BStBl II 00, 224 unter 1.). Eine zugunsten des Angehörigen verbilligte Miete ist in den Fremdvergleich nicht einzubeziehen, sondern iRd Einkunftserzielungsabsicht (s Rz 46) zu prüfen (BFH IX R 8/07 BFH/NV 08, 350 unter II.1.b).

e) Tatsächl Durchführung entspr der Vereinbarung. Auch hinsichtl der 95
tatsächl Durchführung ist entscheidend auf die **Hauptpflichten** (Nutzungsüberlassung/Mietzahlung) abzustellen. – **aa) Mietzahlung.** Ein Mietverhältnis ist nicht anzuerkennen, wenn Mietzahlungen gar nicht feststellbar sind (BFH IX R 26/12 BFH/NV 14, 529) oder die erste Miete 10 Monate nach Mietbeginn geleistet wird (BFH IX R 306/87 BStBl II 92, 75), die Mietzahlungen schon in den ersten Monaten des Mietverhältnisses verspätet erfolgen und dann ganz eingestellt werden (BFH IX R 70/10 BFH/NV 13, 1067 Rz 17) oder wenn erst nach mehrjähriger

Nichtzahlung der Miete geltend gemacht wird, eine frühere Kaufpreisminderung solle als Mietvorauszahlung gelten (BFH IX B 152/01 BFH/NV 02, 1157). Problematisch sind auch Mietzahlungen, die in ihrer Höhe stark schwanken und von den Vereinbarungen abweichen, selbst wenn dies mit Zahlungsschwierigkeiten des Mieters begründet wird (BFH IX R 38/97 BStBl II 98, 106 unter 3.). – **Barzahlungen.** Zweifel an der tatsächl Durchführung der Mietzahlungspflicht können sich bei angebl Barzahlung trotz größerer räuml Entfernung zw den Wohnsitzen von Mieter und Vermieter ergeben (BFH IX B 94/02 BFH/NV 03, 617). Eine unregelmäßige Bargeld-Mietzahlung kann iRe Gesamtwürdigung aber dann als unschädl angesehen werden, wenn der nur zeitweilig in der Wohnung anwesende Angehörigen-Mieter die Zahlungen *vorschüssig* leistet (BFH IX R 69/94 BStBl II 97, 196 unter 2.b); auf nachschüssige Zahlungen ist diese Großzügigkeit mE nicht übertragbar. Leistet der Mieter (in Ausbildung befindl Sohn der Vermieter) die als Miete vereinbarten Barzahlungen nicht, führt auch eine zwei Jahre später erklärte rückwirkende Aufrechnung mit Unterhaltsansprüchen nicht zur Anerkennung des Mietverhältnisses (FG Mchn DStRE 12, 826, rkr). Sind regelmäßige Barzahlungen tatsächl nachgewiesen, steht das Fehlen von Quittungen der Anerkennung nicht entgegen (FG Ddorf EFG 98, 1012, rkr). – **Unüblichkeiten bei Bankzahlungen.** Allein der Umstand, dass der Mieter die Miete auf ein *eigenes* Bankkonto (mit Verfügungsbefugnis des Vermieters), auf ein Oder-Konto oder auf ein Konto des Vermieters, über das auch der Mieter verfügungsbefugt ist, überweist, schließt die tatsächl Durchführung zwar nicht aus (zu ArbVerh BVerfG 2 BvR 802/90 BStBl II 96, 34); dies darf aber iRd Gesamtwürdigung berücksichtigt werden (BFH IX B 186/01 BFH/NV 02, 1155). – **Mieterhöhungen.** Wird eine Wertsicherungsklausel vereinbart, aber fast 19 Jahre lang nicht durchgeführt, ist ihre rückwirkende Vollziehung nicht anzuerkennen (BFH III R 70/05 BFH/NV 08, 1139). – **Fehlende Nutzungsüberlassung.** Hieran scheitern Gestaltungen, in denen Vermieter und Mieter eine **Haushaltsgemeinschaft** bilden (s Rz 10 mwN).

96 **bb) Abweichungen vom Vertrag bei den Nebenkosten.** Sie stehen der Anerkennung für sich genommen nicht entgegen, sind aber iRd Gesamtwürdigung zu berücksichtigen (BFH IX R 30/96 BStBl II 98, 349; BFH IX R 73/97 BFH/NV 01, 594; hier zusätzl noch Barzahlung statt der vereinbarten Banküberweisung). Werden die Hauptpflichten aber vertragsgemäß erfüllt, spricht dies für die Anerkennung. Zudem ist zu berücksichtigen, dass es im Bereich der Nebenkosten bei privaten Vermietern auch ggü Fremden häufig zu Ungenauigkeiten kommt.

II. Einkünftetatbestände, § 21 I 1 Nr 1–4

101 **1. Vermietung und Verpachtung von unbewegl Vermögen, § 21 I 1 Nr 1.** – Zum **Begriff der VuV** s Rz 4 ff; danach ist grds eine zeitl begrenzte Nutzungsüberlassung erforderl (zu Besonderheiten bei der Ausbeutung von Bodenschätzen s Rz 18). – Nr 1 beschränkt sich auf **unbewegl Vermögen;** die VuV von bewegl WG fällt im PV unter § 22 Nr 3, bei gewerbl Vermietung unter § 15. Eine Ausnahme gilt aber für die VuV von Sachinbegriffen, die von § 21 I 1 Nr 2 erfasst wird (s Rz 102). – Unter den Begriff des unbewegl Vermögens fallen laut der *beispielhaften* Aufzählung in Nr 1 vor allem **Grundstücke** (iSv unbebauten Grundstücken), **Gebäude** und **Gebäudeteile** (zB einzelne Wohnungen); auch die Vermietung von Fassaden- oder Dachteilen (zB für die Erzeugung von Solarstrom durch *Dritte* oder für Werbezwecke) sowie die Vermietung von Dachflächen für **Mobilfunkstationen** (zutr FG Saarl EFG 10, 140, rkr: es handelt sich nicht um eine Entschädigung für angebl Strahlenbelastung, die nicht stbar wäre). Ferner sind **im Schiffsregister eingetragene Schiffe** erfasst (BFH X B 82/99 BFH/NV 00, 1186; BFH X B 118/99 BFH/NV 00, 1333: bei Segelyachten aber häufig Liebha-

berei); die VuV *nicht* eingetragener Schiffe fällt hingegen unter § 22 Nr 3. Gleichgestellt sind **Flugzeuge,** die in die Luftfahrzeugrolle eingetragen sind (BFH IX R 71/96 BStBl II 00, 467); jedoch § 15, wenn die Vermietung mit der Veräußerung aufgrund eines einheitl Geschäftskonzepts verklammert ist (BFH IV R 49/04 BStBl II 09, 289). Die VuV von **grundstücksgleichen Rechten** führt ebenfalls zu Einnahmen iSd Nr 1. Neben den im Gesetz ausdrückl genannten Rechten (Erbbaurecht, Mineralgewinnungsrecht) fallen hierunter zB Berg-, Fischerei- oder Apothekenrechte, soweit sie nicht iRe GewBetr verpachtet werden.

2. Vermietung und Verpachtung von Sachinbegriffen, § 21 I 1 Nr 2. 102
Ein Sachinbegriff ist gegeben, wenn **mehrere WG** funktionell und technisch so aufeinander abgestimmt sind, dass sie eine wirtschaftl Einheit bilden (aber ihre zivilrechtl und steuerl Selbständigkeit behalten, auch zB für die AfA). – *Beispiele:* Das bewegl BV bei Verpachtung eines aufgegebenen GewBetr; die Möbel einer möbliert vermieteten Wohnung (BFH IX R 73/01 BFH/NV 05, 192 unter II.1.); Großrechenanlagen (*Kantenwein/Melcher* FR 85, 233, 235); das gesamte Inventar einer Bibliothek, eines Archivs (BGH VI ZR 53/79 BGHZ 76, 219 unter B.II.3.) oder einer anderen Sammlung. Ein (ggf zusammengesetztes) WG, das nach der Verkehrsanschauung eine *einheitl Sache* bildet, ist hingegen kein Sachinbegriff (zB FG Nbg EFG 94, 970, rkr: Heißluftballon). – **Andere Einkunftsarten:** Die VuV *einzelner* bewegl WG (zB Wohnmobil, Segelboot) fällt unter § 22 Nr 3 (s § 22 Rz 130 ff). Häufig wird die Vermietung bewegl WG (einzelner WG oder Sachgesamtheiten) aber iRe GewBetr erfolgen.

3. Zeitl begrenzte Überlassung von Rechten, § 21 I 1 Nr 3. – a) Anwendungsbereich. 103
Der Tatbestand erfasst ua schriftstellerische, künstlerische und gewerbl **Urheberrechte** (zum Begriff s auch § 73a II EStDV), **gewerbl Erfahrungen** (Spezialwissen, das gesetzl nicht geschützt ist) sowie **Gerechtigkeiten** (zB Gewerbeberechtigungen wie Apothekenrechte) und **Gefälle** (Art 164 EGBGB: vor allem Rechte zum Sammeln von Naturalien). Da die gesetzl Aufzählung nur beispielhaft ist, ist auch eine Schadensersatzzahlung für die Verletzung eines **Gebrauchsmusters** erfasst (FG Mster EFG 14, 356, rkr). Darüber hinaus fällt die Überlassung von eigenen **Persönlichkeitsrechten** (Recht am eigenen Bild oder Namen; zB bei Werbeverträgen von Prominenten) unter Nr 3 (BFH I R 19/06 BStBl II 10, 398 unter II.1.b cc aaa), nicht aber die Erbringung von Dienstleistungen (zB Promotionauftritte, Pflicht zum Tragen von Kleidungsstücken mit Werbeaufdrucken, Erstellung von Gastkolumnen; s BFH I R 19/06 BStBl II 10, 398 unter II.1.b cc bbb), auch nicht das „Ausleihen" von Fußballspielern (BFH I R 86/07 BStBl II 10, 120; *BMF* BStBl I 10, 617).

b) Zeitl begrenzte Überlassung. Die endgültige Übertragung des Rechts 104
fällt nicht unter Nr 3 (Veräußerungsentgelt, das im PV nicht stbar ist). Für eine zeitl Begrenzung genügt es aber bereits, wenn bei Vertragsschluss noch ungewiss ist, ob und wann die Überlassung endet (BFH I R 54/75 BStBl II 78, 355; BFH IX R 57/99 BFH/NV 03, 1311 unter II.1.a aa).

c) Bedeutung. Bei **unbeschr StPfl** ist die Bedeutung der Nr 3 begrenzt, weil 106
idR andere Einkunftsarten vorrangig sein werden (§§ 15, 18 bei Überlassung der Rechte an *eigenen* Erfindungen bzw geistigen Leistungen). Nr 3 ist hier hauptsächl bei Überlassung solcher Rechte anwendbar, die der StPfl ihrerseits von einem *Dritten* erworben hat und dann weiter überlässt (BFH I R 41/92 BStBl II 93, 407 unter B.2.c). – Bei **beschr StPfl** hat Nr 3 hingegen größere Bedeutung, weil § 49 I Nr 6 die Verwertung von Rechten in einer inl Betriebsstätte den inl Einkünften zurechnet und wegen § 49 II der Vorrang der betriebl Einkunftsarten insoweit nicht gilt (ausführl, auch zur Abgrenzung zur Veräußerung, s § 49 Rz 109 ff mwN).

4. Veräußerung von Miet- und Pachtzinsforderungen, § 21 I 1 Nr 4. 107
Der Tatbestand erfasst solche Forderungen, die in einer Vermietungs-/Verpach-

tungstätigkeit iSd Nr 1–3 entstanden sind, aber mangels Zufluss noch nicht zu stpfl Einnahmen geführt haben. Die Vorschrift dient der Vermeidung von Umgehungen. Sie gilt ausdrückl auch dann, wenn die Einkünfte aus dem Forderungsverkauf mit im Veräußerungspreis für ein Grundstück enthalten sind. Voraussetzung ist, dass die Forderung im Zeitpunkt der Veräußerung bereits entstanden ist (BFH I R 199/84 BStBl II 86, 794 unter 1.8).

III. Einnahmen und Werbungskosten

111 **1. Einnahmen aus VuV. – a) Verweise.** Zur Behandlung von **Zuschüssen** s § 6 Rz 71 ff, zu erstatteter **USt** s Rz 117 „Umsatzsteuer". **Einmalzahlungen,** die für eine Nutzungsüberlassung von mehr als fünf Jahren im Voraus geleistet werden, können (Wahlrecht) gleichmäßig auf den Zeitraum verteilt werden, für den sie geleistet werden (§ 11 I 3; s § 11 Rz 30).

112 **b) Einnahmen aus Betriebs-/Nebenkosten, Kostenübernahmen.** Die estl Behandlung folgt dem **Bruttoprinzip. – aa) Betriebskosten.** Zahlt der Mieter Betriebskosten (zB Heizung, Strom, Wasser, Müllabfuhr) an den Vermieter (dh nicht direkt an einen Versorgungsbetrieb), gehören sie zu den Mieteinnahmen (BFH IX R 69/98 BStBl II 00, 197; BFH IX R 23/99 BFH/NV 00, 831; BFH IX B 44/99 BFH/NV 00, 179; BFH IX R 9/03 BStBl II 04, 225). Die entspr Aufwendungen des Vermieters sind im Abflusszeitpunkt WK.

113 **bb) Übernahme sonstiger Kosten.** Ist vereinbart, dass der Mieter anstelle oder neben der Miete Kosten *unmittelbar* zu tragen hat, die mit dem Objekt zusammenhängen (zB Reparaturen, Schuldzinsen), sind entspr Zahlungen des Mieters Einnahmen des Vermieters aus VuV, die bei ihm zugleich wieder als WK abfließen (BFH IX R 20/84 BFH/NV 89, 160; ebenso zur Kostenbeteiligung eines Pächters an Großreparaturen BFH IV B 22/94 BFH/NV 95, 591; zu fiktiven Einnahmen und WK aus einem zinslosen Mieterdarlehen BFH IX R 47/89 BFH/NV 95, 294). Die Übernahme von Erhaltungsaufwand durch den Mieter braucht aus Vereinfachungsgründen nicht berücksichtigt zu werden (EStR 21.5 III 6).

114 **cc) Mietereinbauten/Gebäude auf fremdem Grund und Boden.** Ist der Mieter zur Vornahme werterhöhender Aufwendungen/Einbauten verpflichtet oder berechtigt, spricht zunächst eine tatsächl Vermutung dafür, dass er daran wirtschaftl Eigentum erwirbt (BFH IX R 54/99 BFH/NV 04, 1088). Dann erzielt der Vermieter erst im Zeitpunkt der Rückgabe der Sache Einnahmen aus VuV iHd dann noch vorhandenen Werts der Einbauten; anschließend kann der Vermieter AfA von den nachträgl HK vornehmen (BFH VI 244/60 HFR 62, 161; BFH IX R 170/85 BStBl II 90, 310). Hat der Mieter seine Einbaupflicht nicht erfüllt, stellt eine entspr Ersatzzahlung an den Vermieter ebenfalls eine Einnahme dar (BFH VI R 316/66 BStBl II 69, 184). Wird der Vermieter hingegen sofort auch wirtschaftl Eigentümer der Einbauten, fließt ihm deren Wert bereits mit der Errichtung zu (ausführl BFH VIII R 30/82 BStBl II 83, 755).

117 **c) ABC der Einnahmen.**

Abstandszahlung des Mieters für vorzeitige Entlassung aus dem Mietverhältnis oder den Nichtantritt eines Mietverhältnisses wird zwar nicht für eine Nutzungsüberlassung gezahlt, gehört beim Vermieter aber als „Entschädigung für entgehende Einnahmen" (§ 24 Nr 1 Buchst a) zu den VuV-Einkünften und kann nach § 34 tarifbegünstigt sein (BFH VIII R 17/86 BStBl II 91, 76; BFH IX R 67/02 BFH/NV 05, 1044). – Abstandszahlung des **Eigentümers** an einen Wohnrechtsberechtigten für die vorzeitige Aufgabe des Wohnrechts führt beim Empfänger auch dann nicht zu VuV-Einnahmen, wenn sie sich nach dem Mietwert der Wohnung bemisst (BFH X R 140/88 BStBl II 90, 1026), wohl aber die Abstandszahlung des Eigentümers an den Hauptmieter für die vorzeitige Auflösung des

Hauptmietverhältnisses, die für den Hauptmieter zum Verlust des (wirtschaftl günstigen) Untermietverhältnisses führt (BFH IX R 10/03 BFH/NV 05, 843). Zu weiteren Abstandszahlungen des Vermieters s § 6 Anm 140 „Abfindungen".

Angehörige s Rz 81 ff.

Arbeitnehmer-Wohnung. Überlässt ein ArbG dem ArbN neben dem Barlohn auch eine Wohnung ohne gesondert berechnetes Entgelt, erzielt er gleichwohl Einkünfte aus VuV. Die Höhe der Mieteinnahme entspricht dem anteiligen Wert der Arbeitsleistung des ArbN (BFH VIII R 3/97 BStBl II 99, 213), der wiederum aus dem ortsübl Mietwert abzuleiten ist.

Baukostenzuschüsse (öffentl und private) s ausführl § 6 Rz 71 ff.

Bausparguthabenzinsen s Rz 165.

Bausperre s Rz 14.

Beschlagnahme s Rz 8.

Dienstbarkeit s Rz 14.

Disagio. Übernahme von Verbindlichkeiten durch den Käufer eines Objekts führt beim Veräußerer nicht etwa hinsichtl des noch nicht „verbrauchten" Disagios zu Einnahmen aus VuV (BFH IX R 44/01 BFH/NV 05, 188: keine Erstattung von Aufwendungen, sondern Veräußerungsentgelt).

Entschädigungen s Rz 14.

Erbbaurecht. Zur Behandlung der Einnahmen s Rz 7; zu zahlreichen weiteren Problemen s § 6 Rz 89 mwN.

Erstattung von WK s § 9 Rz 112 ff.

Grunddienstbarkeit s Rz 14.

Instandhaltungsrücklage. Zu Guthabenzinsen s Rz 165; zum WK-Abzug der Zuführungsbeträge s Rz 148.

Kaufpreisminderung wegen eines unentgeltl Nutzungsrechts, das noch bis einige Zeit nach Erwerb des Grundstücks läuft, ist keine Einnahme aus VuV (BFH IX R 72/88 BFH/NV 94, 163).

Kaufpreisraten. Langfristige *zinslose* Stundung eines Kaufpreises führt beim Erwerber zur Abzinsung des Kaufpreises und damit zu geringeren AK (s § 7 Rz 61 mwN). Beim Veräußerer sind die Zinsanteile Einnahmen aus KapVerm (BFH VIII R 163/71 BStBl II 75, 431; BFH VIII B 74/92 BFH/NV 93, 521); dies ist verfgemäß (BVerfG 2 BvR 335/93 HFR 93, 542).

Kaution. Die Zinsen sind estl dem Mieter zuzurechnen, also keine Einnahme des Vermieters. Soweit der Vermieter die Kaution nach Ende des Mietverhältnisses wegen eines Schadensersatzanspruchs einbehält, handelt es sich um Einnahmen aus VuV; die damit finanzierten Reparaturkosten sind WK.

Kostenübernahme/Mietereinbauten s Rz 113 f.

Nebenkosten s Rz 112.

Nießbrauch s Rz 71 ff.

Restitution nach § 7 VermG s Rz 62.

Rückabwicklung eines Kaufvertrages nach Erzielung von VuV-Einkünften s *BayLfS* DB 08, 2110: Rückerstattung Kaufpreis = estrechtl neutral, Erstattung der WK = Einnahmen aus VuV, Gegenrechnung mit vereinnahmten Mieten = negative Einnahmen aus VuV, Verzinsung Kaufpreis = Einnahmen aus KapVerm.

Sachleistungen anstelle von Barmiete sind VuV-Einnahmen (zur Bewertung s § 8 II), sofern sie ihre Grundlage im Nutzungsverhältnis haben. Dies gilt zB, wenn das Entgelt für die Nutzungsüberlassung in der Gewährung eines zinslosen Darlehens durch den Mieter besteht (BFH IX R 47/89 BFH/NV 95, 294: Mieteinnahmen iHd übl Zinsen, korrespondierend Abfluss fiktiver Schuldzinsen als WK).

Schadensersatzzahlungen können Einnahmen aus VuV sein (ausführl *HHR/Pfirrmann* § 21 Rz 85). Dies gilt vor allem dann, wenn sie durch das Nutzungsverhältnis veranlasst sind (zB BFH VI R 264/65 BStBl III 66, 395: Entgelt wegen übermäßiger Beanspruchung der Mietsache; BFH VI R 119/66 BStBl II 68, 309: Zahlung des Mieters für unterlassene Schönheitsreparaturen; BFH VI R 316/66 BStBl II 69, 184: Pächter zahlt für die Nichterfüllung seiner vertragl Pflicht zur Unterhaltung des Pachtgegenstands). Gleiches gilt, wenn die Zahlung WK ersetzen soll (BFH I R 166/69 BStBl II 71, 624: Erstattung von Bereitstellungszinsen, die anfallen, weil der Mieter verspätet auszieht; BFH IX R 189/85 BStBl II 94, 11: Zahlung einer Feuerversicherung, die AfaA oder Abbruchkosten ersetzen soll). Keine Einnahmen sind hingegen Zahlungen für Substanzschäden, sofern sie keine AfaA ausgleichen (zB FG Ddorf EFG 92, 338, rkr: Schäden durch Bauarbeiten auf dem Nachbargrundstück; FG Mchn EFG 04, 1120. rkr: Entschädigung für Lärm- und Abgasimmissionen einer neugebauten Straße).

Umlagen s Rz 112.

Umsatzsteuer. – ***(1)* USt-Grundsätze für VuV.** Vermietung ist stets unternehmerische Tätigkeit iSd § 2 UStG; langfristige Vermietung ist allerdings grds umsatzsteuerfrei (§ 4 Nr 12 UStG), damit entfällt auch ein VorStAbzug. Ein Verzicht auf die USt-Befreiung („Option") ist nur zulässig, wenn das Objekt an einen anderen Unternehmer für dessen Unternehmen vermietet wird und die Umsätze, die dieser Leistungsempfänger mit dem Grundstück erzielt, den VorStAbzug nicht ausschließen (§ 9 I, II UStG). Damit ist eine Option vor allem bei gewerbl Letztverwendung mögl; hingegen ist sie insb bei Letztverwendung des Objekts zu Wohnzwecken ausgeschlossen. Wird das Objekt sowohl ustpfl als auch privat (zB eigene Wohnzwecke) genutzt, ist die für das Gesamt-Grundstück anfallende VorSt nur abziehbar, soweit sie auf den ustpfl genutzten Teil entfällt (§ 15 Ib UStG; gem § 27 XVI UStG anwendbar bei Anschaffung/Herstellungsbeginn ab 1.1.2011). Bei sowohl ustpfl als auch umsatzsteuerfreier Verwendung eines Grundstücks ist die VorSt den jeweiligen Umsätzen wirtschaftl zuzurechnen; ggf ist zu schätzen (§ 15 IV UStG). Ändern sich die für den VorStAbzug maßgebenden Verhältnisse innerhalb von 10 Jahren nach der erstmaligen Verwendung des Grundstücks, ist der VorStAbzug zu berichtigen (§ 15a UStG). – ***(2)* Behandlung der USt und VorSt bei der Einkünfteermittlung.** Bei ustpfl Vermietung gehört die in den Mietzahlungen enthaltene USt zu den estpfl Einnahmen. Gezahlte VorStBeträge auf Eingangsleistungen sind WK; dies gilt auch dann, wenn die Eingangsleistungen AK/HK darstellen (§ 9b I). Diese WK sind estl stets im Zeitpunkt des *Abflusses* der VorStBeträge geltend zu machen, und zwar auch dann, wenn die ustl Voraussetzungen für den VorStAbzug (zB Erhalt einer ordnungsgemäßen Rechnung, Ausübung der Option) erst später erfüllt werden. Abziehbare VorSt aus AK/HK, die entgegen § 9b I nicht im Jahr ihres Abflusses als WK abgezogen worden ist, kann nicht in einem späteren Jahr estl geltend gemacht werden (BFH XI R 49/05 BStBl II 06, 712). – Die an das FA abgeführte USt-Zahllast ist WK, und zwar auch, soweit sie auf einer Berichtigung des VorStAbzugs (§ 15a UStG) infolge der *Veräußerung* des Grundstücks beruht (BFH IX R 55/90 BStBl II 93, 17; BFH IX R 105/89 BStBl II 93, 656: es handelt sich nicht etwa um estl unbeachtl Veräußerungskosten). USt-Erstattungen des FA sind im Zeitpunkt ihres Zuflusses Einnahmen (BFH VIII R 6/79 BStBl II 82, 755); dies gilt mE auch dann, wenn die Erstattung später an das FA zurückzuzahlen ist (glA *HHR/Pfirrmann* § 21 Anm 300 „Umsatzsteuer"; aA BFH IX R 12/89 BStBl II 91, 759: AdV-Gewährung; *OFD Köln* FR 93, 66).

Versicherungsentschädigung s Rz 14.

Vertragsstrafe eines Architekten oder Bauunternehmers wegen verspäteter Fertigstellung eines Mietwohngebäudes ist nicht etwa AK-Minderung, sondern Einnahme aus VuV, weil dadurch entgangene Mieteinnahmen ausgeglichen werden sollen.

Verzicht auf Mieteinnahmen oder Mieterhöhung kann nicht als Einnahme aus VuV fingiert werden (BFH IX B 24/12 BFH/NV 12, 1970: bei der Prüfung der Einkunftserzielungsabsicht sind keine fiktiven höheren Einnahmen zu berücksichtigen, wenn diese zwar erzielt werden *könnten,* wegen einer verbilligten Vermietung an Angehörige aber tatsächl nicht erzielt werden).

Verzugszinsen gehören zu Einnahmen aus VuV (s Rz 165).

Wohnrecht. Entgelt für Einräumung ist Einnahme aus VuV (s zum entgeltl eingeräumten Nießbrauch auch Rz 73). Verpflichtet sich der Erwerber eines unbebauten Grundstücks, hierauf ein Gebäude zu errichten und dem Veräußerer an einer der neuen Wohnungen ein unentgeltl lebenslanges dingl Wohnrecht zu bestellen, ist der Wert des Grundstücks allerdings nicht als Einnahme anzusetzen; vielmehr handelt es sich um einen Anschaffungsvorgang (BFH IX R 265/87 BStBl II 92, 718; BFH IX R 63/98 BFH/NV 01, 1257; *BMF* BStBl I 06, 392; *BMF* BStBl I 13, 1184 Rz 33).

Zuschüsse (s auch § 6 Rz 71 ff). Eine Zahlung, die eine Immobilienfonds-KG von einem zur Initiatorengruppe gehörenden Bauunternehmen zur Überbrückung von Mietausfällen erhält, soll auch dann sofort als Einnahme zu behandeln sein, wenn sie bei Erzielung künftig höherer Mieten rückzahlbar ist (FG Köln EFG 14, 996, Rev IX R 56/13); bei Zugrundelegung der in § 6 Rz 75 dargestellten Rspr ist dies mE zweifelhaft.

2. Werbungskosten. – a) Verweise. Allgemeines zu WK s Erläut zu § 9. Zu Schuldzinsen (§ 9 I 3 Nr 1) s ausführl § 9 Rz 132 ff; zu öffentl Abgaben (§ 9 I 3 Nr 2) s § 9 Rz 170 ff. Die spätere Erstattung von WK führt zu stpfl Einnahmen im Erstattungsjahr (BFH IX R 41/93 BStBl II 95, 704; BFH IX R 23/99 BFH/NV 00, 831 unter 1.a; s auch § 9 Rz 112 mwN). **121**

b) Anschaffungs- und Herstellungskosten. Diese wirken sich bei den Einkünften aus VuV im Wege der AfA (§ 9 I 3 Nr 7) aus. Ausführl zu **AK** s § 6 Rz 31 ff (mit ABC in § 6 Rz 140); ausführl zu **HK** s § 6 Rz 151 ff (zu GebäudeHK § 6 Rz 161–189, 211–216 mit ABC in § 6 Rz 220); dort auch die Abgrenzung zum **Erhaltungsaufwand.** Zu **anschaffungsnahen HK** (§ 6 I Nr 1a) s § 6 Rz 381 ff. **122**

c) Verteilung größeren Erhaltungsaufwands, § 82b EStDV (seit 1.1.2004). Eine Vorläufernorm war zuvor bis 1998 anwendbar gewesen (zur Entstehungsgeschichte s BFH IX R 152/89 BStBl II 93, 589). Maßgebend für den zeitl Anwendungsbereich der einzelnen Fassungen ist jeweils der Abschluss der Arbeiten (*Risthaus* DB 99, 1037). **124**

aa) Voraussetzungen. Zum einen muss es sich um **größere Aufwendungen für die Erhaltung von Gebäuden** handeln. Zum Begriff des Erhaltungsaufwands s § 6 Rz 188 mwN. Welche Aufwendungen als „größer" anzusehen sein sollen, wird im Gesetz nicht konkretisiert. Die Rspr ist hier großzügig (BFH IX R 66/91 BStBl II 93, 591: bejaht beim Einbau von zwei Fenstern für insgesamt 1440 DM). Mehrere kleinere Erhaltungsaufwendungen können zu einem größeren Betrag zusammengefasst werden. – Ferner darf das betroffene Gebäude **nicht zu einem BV gehören** und muss **überwiegend Wohnzwecken dienen.** Dies ist der Fall, wenn die Grundfläche der Wohnzwecken dienenden Räume mehr als die Hälfte der gesamten Nutzfläche beträgt (Abs 1 S 2; zur Zuordnung von Garagen s Abs 1 S 3, 4; näher zum Begriff der Wohnzwecke s 27. Aufl § 7 Rz 171). Die Rspr ver- **125**

langt eine *dauerhafte* Wohnnutzung, woran es bei Vermietung an wechselnde Feriengäste fehlt (BFH IX R 75/99 BFH/NV 01, 429). – Der weitere Abzug bleibt auch dann mögl, wenn das Gebäude in späteren Jahren des Verteilungszeitraums nicht mehr überwiegend Wohnzwecken dient.

126 **bb) Rechtsfolgen.** Zur besseren Ausnutzung der Tarifprogression hat der StPfl ein **Wahlrecht,** die größeren Erhaltungsaufwendungen abw vom Abflussprinzip auf 2–5 Jahre *gleichmäßig* zu verteilen. Maßgebl ist der Zeitpunkt der Zahlung der Aufwendungen; für größere Aufwendungen, die in Teilbeträgen vor wie nach dem Jahreswechsel bezahlt werden, gelten daher *zwei* Verteilungszeiträume. Der **unentgeltl Rechtsnachfolger** tritt in die Rechtsposition des Rechtsvorgängers ein; er kann die Verteilung fortsetzen (FG Mster EFG 94, 1088, rkr). Die Rspr des GrS des BFH zur Nichtvererblichkeit des Verlustabzugs (s dazu § 10d Rz 14) ist hierauf nicht übertragbar, weil es sich um die Verteilung entstandenen Aufwands handelt. – Bei **Veräußerung des Gebäudes** während des Verteilungszeitraums, Einbringung in ein BV oder Beendigung der Einkunftserzielung ist der noch nicht berücksichtigte Teil des Erhaltungsaufwands in diesem Jahr in voller Höhe abzuziehen (Abs 2). – Über den Zweck der Progressionsglättung hinaus räumt die Rspr den StPfl die Möglichkeit ein, durch § 82b EStDV den Abzug von Erhaltungsaufwendungen, die im Entstehungsjahr **versehentl nicht geltend gemacht worden** waren, in den Folgejahren noch anteilig nachzuholen (BFH IX R 152/89 BStBl II 93, 589: Bestandskraft des Vorjahrs; BFH IX R 99/89 BStBl II 93, 593: Festsetzungsverjährung des Vorjahrs); bei bestandskräftiger Schätzung des Entstehungsjahrs gilt dies aber nicht (BFH IX R 43/97 BFH/NV 97, 843). Die Vorschrift ermöglicht zudem (sowohl für StPfl als auch für FA) hinsichtl der noch nicht berücksichtigten Teilbeträge eine nachträgl Änderung der Entscheidung, ob bestimmte Aufwendungen HK oder Erhaltungsaufwand sind (BFH IX R 49/94 BFH/NV 97, 390). Nach bestandskräftigem *vollen* WK-Abzug im Entstehungsjahr ist eine Wahlrechtsausübung aber nicht mehr mögl (BFH IX B 50/06 BFH/NV 07, 1135).

128 **d) Vorab entstandene WK bei leerstehenden Objekten.** Ausführl *Stein* DStR 09, 1079; *Günther* EStB 09, 318; *Schallmoser* DStR 13, 501. – **aa) Endgültiger Entschluss zur Einkunftserzielung.** Hauptvoraussetzung für den Abzug vorab entstandener WK (allg dazu s § 9 Rz 94 ff) ist, dass der StPfl im Zeitpunkt des Entstehens der Aufwendungen einen **endgültigen Entschluss zur Einkunftserzielung** gefasst hatte. Es bleibt auch dann beim WK-Abzug, wenn dieser Entschluss später aufgegeben wird (BFH IX R 55/02 BFH/NV 04, 484). Die Entscheidung hängt sehr von den Umständen des Einzelfalls, den vorhandenen Beweismitteln und dem Sachvortrag des StPfl ab; die Rspr ist tendenziell großzügig und berücksichtigt auch die nachträgl Entwicklung (BFH IX R 89/00 BFH/NV 04, 1381). – **Prüfungssystematik.** Grundlegend für den Maßstab, der an das Vorbringen des StPfl anzulegen ist, ist die Unterscheidung zw Objekten, die noch niemals vermietet wurden (dann gelten strengere Anforderungen, weil die Einkunftserzielungsabsicht erst noch vom StPfl darzulegen ist, s Rz 129) und solchen Objekten, die zuvor bereits vermietet worden sind, aber aktuell leerstehen (dann ist die Betrachtung großzügiger, weil der Entschluss zur Einkunftserzielung feststeht; es ist nur noch zu prüfen, ob dieser Entschluss später weggefallen ist; s zu dieser Fallgruppe ausführl Rz 134 ff). – Auch diese Prüfung ist **objektbezogen** vorzunehmen (BFH IX R 18/08 BFH/NV 09, 1627: differenzierte Beurteilung bei drei Wohnungen im selben Haus geboten; s auch Rz 26).

129 **bb) Objekte, die zuvor niemals vermietet waren. – (1) Fehlende Einkunftserzielungsabsicht.** Dies gilt bei **Selbstnutzungsabsicht** (BFH X R 106/94 BStBl II 98, 15 unter II.2.b), **Veräußerungsabsicht** (BFH IX R 56/01 BFH/NV 05, 37: auch wenn der Verkauf später nicht vollzogen wird; zu Veräußerungskosten *nach* vorangegangener Vermietung s Rz 141 ff) und beim jahrelangen

Leerstehenlassen einer *neu errichteten* oder *zuvor selbstgenutzten* Wohnung ohne ernsthafte und nachhaltige Vermietungsbemühungen (BFH IX R 5/86 BStBl II 90, 1030). Anders als beim Leerstand nach vorangegangener Vermietung, wo eine daneben bestehende Veräußerungsabsicht nicht schadet (s Rz 135), steht eine solche Veräußerungsabsicht hier dem WK-Abzug entgegen, weil dies zeigt, dass der StPfl noch nicht *endgültig* zur Vermietung entschlossen ist (BFH IX R 1/07 BStBl II 09, 848; BFH IX R 7/10 BStBl II 13, 436 Rz 17). Erst recht gilt dies, wenn das Objekt im maßgebl Zeitraum „behelfsmäßig und zur Gewährleistung der Sicherheit" selbstgenutzt wird (BFH IX R 21/12 BFH/NV 13, 1778). Wandelt sich die ursprüngl Selbstnutzungsabsicht des StPfl während der Bauphase in eine Vermietungsabsicht, können die WK ab diesem Zeitpunkt abgezogen werden (aA FG Köln EFG 13, 355, rkr: Rückwirkung auf den Baubeginn). – **(2) Unbebaute Grundstücke.** Für neu erworbenen GuB, der mit einem zu vermietenden Gebäude bebaut werden soll, gelten dieselben Grundsätze (BFH IX R 30/89 BStBl II 91, 761: WK-Abzug bei brachliegendem Bauerwartungsland auch dann, wenn das Verfahren der Baureifmachung acht Jahre dauert; FG Mchn DStRE 10, 1233, rkr: kein WK-Abzug, wenn über sechs Jahre keine konkreten Planungen, sondern nur gelegentl Sondierungen für eine mögl Vermietung oder Bebauung vorgenommen werden). – **(3) Nachlasspflegschaft.** Hier kommt es auf die Einkunftserzielungsabsicht desjenigen an, der sich im Nachhinein als der Erbe (und damit Einkunftserzieler) erweist und nicht auf die Absicht des Nachlasspflegers (BFH XI R 46/06 BFH/NV 08, 1479). – **(4) Vergebl Aufwendungen.** S § 6 Rz 208 mwN (insb verlorene Vorauszahlungen während der Herstellungsphase, Schadensersatzzahlungen wegen Nichterfüllung des Kaufvertrags nach Scheitern der Finanzierung). Leitgedanke hierfür ist, dass der durch die ursprüngl Absicht zur Einkunftserzielung begründete Veranlassungszusammenhang fortwirkt, solange er nicht durch eine der Vermögenssphäre zuzuordnende neue Veranlassung (zB Selbstnutzung, nicht stbare Veräußerung) überlagert wird (BFH IX R 45/05 BStBl II 06, 803). Vergebl Aufwendungen auf den GuB sind allerdings nicht abziehbar (BFH IX R 37/09 BFH/NV 11, 36). – **(5) Instandsetzungskosten während einer Selbstnutzung.** Entstehen diese Kosten im Hinblick auf eine demnächst beabsichtigte Vermietung, typisiert die Rspr ebenso wie beim umgekehrten Fall der Instandsetzung *nach* Vermietung (s dazu Rz 146): Kosten, die noch während der Selbstnutzung entstehen, sind keine WK (BFH IX R 51/08 BFH/NV 09, 1259); dies gilt auch nach Aufgabe des Aufteilungs- und Abzugsverbots (*Pezzer* DStR 10, 93, 95).

(6) Einzelfälle kein WK-Abzug bei Leerstand vor erstmaliger Vermietung: Bei fünfjährigem Leerstand nach vorangegangener Selbstnutzung reichen ein einziges Inserat und eine einzige Besichtigung im Jahr für einen WK-Abzug auch dann nicht aus, wenn das Objekt im Folgejahr tatsächl vermietet wird (BFH IX R 1/07 BStBl II 09, 848); dies gilt erst recht, wenn die langjährig renovierte Wohnung nach Schaltung einiger weniger Inserate nicht vermietet, sondern selbstgenutzt wird (BFH IX R 27/14 BFHE 250, 489 Rz 47; FG Thür EFG 11, 796, rkr); nach Erwerb 8 Jahre Leerstand wegen Renovierung, danach sollen Vermietungen nur im Bekanntenkreis erfolgen (BFH IX B 102/05 BFH/NV 07, 32); nach Erwerb 11 Jahre Leerstand wegen langsamer Renovierung in Eigenleistung, danach Vermietung an den Sohn (FG Nds EFG 10, 1199, rkr); nach Erwerb 12 Jahre Leerstand wegen Renovierung (BFH IX B 117/10 BFH/NV 11, 598); bei einem Leerstand von 20 Jahren nach Erwerb ist auch ohne Verkaufsbemühungen von fehlender Einkunftserzielungsabsicht auszugehen (BFH X R 30/07 BFH/NV 11, 215 unter B.I.2); zu Nachweisproblemen s *Stein* DStR 09, 1079. – **Ausreichend** ist allerdings eine Kontaktaufnahme auf nahezu sämtl Mietgesuche in einem lokalen Anzeigenblatt, wenn die Wohnung nach 3½ Jahren tatsächl vermietet wird (BFH IX R 68/10 BStBl II 13, 367).

cc) Objekte, die nach vorangegangener Vermietung leerstehen. Hier 134
gelten im Ausgangspunkt zwar dieselben rechtl Grundsätze; das Regel-Ausnahme-Verhältnis stellt sich im Vergleich zu den noch niemals vermieteten Objekten aber gerade umgekehrt dar: Der Entschluss zur Erzielung von VuV-Einkünften muss endgültig gefasst sein (was in diesen Fällen aufgrund der vorangegangenen Vermie-

tung feststeht, so dass eine Indizwirkung zugunsten des StPfl besteht, s BFH IX R 3/10 BStBl II 11, 166 unter II.3.b) und darf später nicht weggefallen sein (BFH XI R 8/02 BFH/NV 03, 1315; BFH IX R 14/12 BStBl II 13, 729 Rz 12).

135 **(1) Ernsthafte und nachhaltige Vermietungsbemühungen.** Dies stellt das entscheidende Indiz dar (zB Werbemaßnahmen; nach Erfolglosigkeit von Eigenbemühungen ggf auch Einschaltung eines Maklers; s BFH IX R 14/12 BStBl II 13, 729 Rz 13f; *BMF* BStBl I 04, 933 Rz 26; weitere Einzelheiten s Rz 137 (e)). Für die Ernsthaftigkeit der Bemühungen trägt der StPfl die **Feststellungslast** (BFH IX R 102/00 BStBl II 03, 940; BFH IX R 14/12 BStBl II 13, 729 Rz 16); Beweisvorsorge ist also dringend anzuraten (s die Empfehlungen bei *Stein* DStR 09, 1079). Die Absicht, das leerstehende Gebäude abzureißen und das Grundstück neu zu bebauen, steht dem WK-Abzug nicht entgegen (BFH IX R 50/07 BFH/NV 08, 1111 unter II.2.). Der WK-Abzug bleibt in dieser Fallgruppe (s aber Rz 129 zu vorher nicht vermieteten Objekten) auch dann bestehen, wenn der StPfl *neben* der Vermietungsabsicht **auch mit Veräußerungsabsicht handelt** (BFH IX R 102/00 BStBl II 03, 940; BFH IX R 30/00 BFH/NV 04, 1382; betr Immobilienfonds BFH IX R 47/05 BFH/NV 07, 658), sofern die Veräußerungsabsicht nicht vorrangig ist (zu einem solchen Fall zutr BFH IX R 9/12 BFH/NV 13, 718). Abziehbar sind auch WK für Wohnungen, die zuvor vermietet waren, aber wegen einer behördl Nutzungsuntersagung dauerhaft leerstehen müssen (FG BBg EFG 08, 1371, rkr: StPfl erwirbt ein Objekt mit fünf Wohnungen, von denen drei nicht genehmigt sind).

136 **(2) Grenzen.** Besteht für das Objekt aufgrund seiner ungünstigen baul Gestaltung kein Markt, so dass es nicht vermietbar ist, muss der StPfl zielgerichtet darauf hinwirken, uU auch durch **baul Umgestaltungen** einen vermietbaren Zustand zu erreichen; bleibt er untätig, spricht dies für den Wegfall der Einkunftserzielungsabsicht (BFH IX R 54/08 BStBl II 10, 124; BFH IX R 49/09 BStBl II 10, 1038 unter II.1.a). Wird eine früher vermietete Wohnung mit einer noch nie vermieteten Wohnung zusammengefasst und steht das Gesamtobjekt leer, entfällt die Indizwirkung der früheren Vermietung (BFH IX R 3/10 BStBl II 11, 166 unter II.3.c aa); es gelten dann die Grundsätze lt Rz 129, Gleiches gilt, wenn zuvor vermietete Kleinwohnungen durch Entkernung zu größeren Einheiten zusammengelegt werden und dann jahrelang leerstehen (BFH IX R 46/13 BFH/NV 15, 668 Rz 22). Mit zunehmendem Zeitablauf verliert die Indizwirkung der früheren Vermietung zudem an Gewicht (zutr *Heine* HFR 11, 15). – Ist der **Vermietungsentschluss endgültig aufgegeben** (was sich spätestens am Abschluss eines bindenden Verkaufsvertrages dokumentiert), setzt ein erneuter WK-Abzug (zB nach Scheitern des Verkaufs) die Erfüllung der strengeren Anforderungen lt Rz 129 voraus, dh die Fassung eines endgültigen Entschlusses zur Vermietung (BFH IX R 56/01 BFH/NV 05, 37; BFH IX R 48/04 BFH/NV 05, 1299). Nach Wegfall der Einkunftserzielungsabsicht ist auch ein Abzug von Schuldzinsen (anders als im BV) nicht mehr mögl (BFH IX R 37/12 BStBl II 15, 631 Rz 20).

137 **(3) Einzelfälle kein WK-Abzug bei Leerstand nach vorangegangener Vermietung.** – ***(a)* Unrealistische Vermietungswünsche.** Der StPfl will eine in einem reinen Wohngebiet liegende Wohnung ausschließl an GewBetr vermieten, obwohl der Bebauungsplan dies ausschließt (FG Hess DStRE 10, 1485, rkr); 30-jähriger Teil-Leerstand eines Gewerbeobjekts, das ohne Einbau eines bisher fehlenden Aufzugs nicht vermietbar ist (BFH IX R 54/08 BStBl II 10, 124). – ***(b)* Langdauernde Renovierung in Eigenleistung.** Der StPfl darf das Tempo von Renovierungsarbeiten zwar selbst bestimmen und diese auch dann in Eigenleistung vornehmen, wenn dies die Dauer der Arbeiten erhebl verlängert (BFH IX R 30/05 BFH/NV 08, 202 unter II.2.a). Bei einer Renovierungsdauer von mehr als 10 Jahren ist der WK-Abzug aber idR zu versagen (BFH IX R 3/10 BStBl II 11, 166 unter II.3.c bb, ausführl Anm *Heuermann* StBP 11, 27; BFH IX R 27/14 BFHE 250, 489 Rz 47); ebenso bei neunjähriger völliger Untätigkeit nach Renovierungsbeginn (BFH IX R 46/13 BFH/NV 15, 668 Rz 25). – ***(c)* Wohnung im ansonsten selbstgenutzten Haus.** Bei 10-jährigem Leerstand einer Wohnung in einem iÜ selbstgenutzten Zweifamilienhauses ist das FA selbst bei Vorlage

(geringfügiger) Inserate nicht zur Berücksichtigung der WK-Überschüsse verpflichtet, wenn angesichts der starken Wohnungsnachfrage am Ort der Wohnung die Vermutung besteht, dass der StPfl die Inserate nur zum Schein geschaltet hat (BFH VIII R 51/09 BFH/NV 13, 365). Wird nach längerem Leerstand ein Teil der leerstehenden Wohnung für eigene gewerbl Zwecke des im selben Gebäude wohnenden StPfl mitgenutzt, kann dies negative Indizwirkung für die Einkunftserzielungsabsicht bei VuV haben (BFH IX R 38/12 BStBl II 13, 1013). Ohne derartige konkrete Feststellungen misst der BFH aber allein dem Umstand, dass sich die Wohnung im ansonsten selbstgenutzten Haus befindet, keine negative Indizwirkung bei (BFH IX R 68/10 BStBl II 13, 367 Rz 18). – ***(d)* Selbstnutzung nach hochpreisiger Modernisierung.** Auch wenn eine Wohnung zunächst vermietet worden ist, kann die Vermietungsabsicht sofort mit Auszug des letzten Mieters entfallen, wenn die Wohnung anschließend sehr hochwertig modernisiert und danach selbstgenutzt wird. Sofern der StPfl für die Zwischenzeit Vermietungsbemühungen nachweist, dürfen diese allerdings nur dann unberücksichtigt bleiben, wenn diese obj zum Schein unternommen wurden (BFH IX R 15/12 BFH/NV 13, 720: Indizien sind auch Art, Umfang und Abfolge der Renovierungsarbeiten; FG Hbg EFG 11, 2076, rkr: Grenzfall, aber mE zutr entschieden; FG Hbg DStRE 12, 1305, rkr: keine Scheinhandlung bei Beauftragung eines Maklers, Aufstellung eines Vermietungsschildes und Durchführung von Besichtigungsterminen). Eine solche Gestaltung kann sehr lukrativ sein, weil die hohen Modernisierungskosten als WK abgezogen werden können. – ***(e)* Zu geringe Vermietungsbemühungen.** Zwar steht es dem StPfl frei, die Art und Weise der Werbung selbst zu bestimmen, so dass auch die ausschließl Kontaktaufnahme auf Mietinserate und ergänzende „Mundpropaganda" ausreichen kann (BFH IX R 68/10 BStBl II 13, 367 Rz 17: tatsächl Vermietungserfolg in strukturschwachem Gebiet nach 3½ Jahren). Nach 7-jährigem Leerstand reicht aber allein die Vorlage einer großen Zahl an Inseraten nicht aus; der StPfl muss in einem derartigen Fall auch andere Vermietungsversuche unternehmen (zB Einschaltung eines Maklers, Zugeständnisse bei der Höhe der geforderten Miete, Abstriche bei den als Mieter akzeptablen Personen; BFH IX R 14/12 BStBl II 13, 729 Rz 21, allerdings betr Wohnung im ansonsten selbstgenutzten Haus und damit mE ohnehin Nähe zur Privatsphäre). Sind so gut wie keine ernsthaften Vermietungsbemühungen feststellbar und steht die Wohnung tatsächl mehrere Jahre leer, kann der WK-Abzug bereits im ersten Jahr nach Auszug des letzten Mieters entfallen (BFH IX R 39/11 BFH/NV 13, 540: Inserate werden erst nach bereits 6-jährigem Leerstand geschaltet, für die Zeit davor werden nur mündl Vermietungsversuche behauptet, auch hier allerdings Wohnung im ansonsten selbstgenutzten Haus; FG Nds EFG 07, 1770, rkr: eine Wohnung wird nach dreijährigem Leerstand ohne konsequente Vermietungsbemühungen an den GewBetr des Ehegatten vermietet; FG BaWü EFG 11, 2073, rkr: Wohnung im selbstgenutzten Haus, die nach Auszug des letzten Mieters saniert und anschließend ohne anzuerkennendes Mietverhältnis an ein Kind überlassen wird). Bei 10-jährigem Leerstand reichen zwei Inserate pro Jahr auch ohne eine Nähe zur Privatsphäre nicht aus (mE zutr FG Mchn EFG 09, 250, rkr). – ***(f)* Besonders lang andauernder Leerstand.** Ausnahmsweise kann auch allein die Länge des Leerstandszeitraums (ohne Zutun oder Verschulden des StPfl) zum Wegfall der Einkunftserzielungsabsicht führen. Voraussetzung ist, dass das betriebsbereite Objekt wegen fehlender Marktgängigkeit oder struktureller Vermietungshindernisse in absehbarer Zeit nicht wieder vermietet werden kann (BFH IX R 14/12 BStBl II 13, 729 Rz 12; BFH IX R 48/12 BStBl II 13, 693: 18-jähriger Leerstand einer sanierungsbedürftigen Stadtvilla in einem Ort in den neuen Bundesländern mit 50% Leerstandsquote). – ***(g)* Unbewohnbares Objekt.** Ist das Gebäude wegen seines desolaten Zustands unvermietbar und unternimmt der StPfl nichts zur Beseitigung dieses Zustands, fehlt es ebenfalls an der Einkunftserzielungsabsicht (FG Mster EFG 14, 635, rkr).

e) Nachträgl WK. Durch die Veräußerung des Objekts veranlasste Kosten können nicht abgezogen werden (BFH IX R 13/97 BStBl II 90, 775), und zwar auch dann nicht, wenn die Veräußerung letztl scheitert (BFH IX R 8/12 BStBl II 12, 781). – Die **lfd Kosten während des bestehenden Mietverhältnisses** können hingegen trotz des Veräußerungsentschlusses weiterhin abgezogen werden, und zwar auch dann, wenn der (fremde) Mieter keine Miete mehr zahlt (zutr FG Hess DStRE 07, 24, rkr). – Zu **Abrisskosten** und **AfaA** bei fehlender Vermietbarkeit des Gebäudes s § 7 Rz 123 (3). 141

aa) Vorfälligkeitsentschädigung. Sie ist nicht abziehbar (BFH IX R 8/85 BStBl II 90, 464; BFH IX B 136/03 BFH/NV 05, 43; BFH IX B 166/07 BFH/NV 08, 567; s auch § 9 Rz 137); und zwar auch dann, wenn der Resterlös aus der Veräußerung zur Finanzierung eines neuen VuV-Objekts verwendet wird 142

(BFH IX R 42/13 BStBl II 15, 633; dazu *Trossen* NWB 14, 2316; ebenso zu § 20 BFH VIII R 34/04 BStBl II 06, 265. Die anderslautende frühere Rspr (BFH IX R 34/01 BFH/NV 04, 1091) ist ausdrückl aufgegeben, wird von der *FinVerw* bei Veräußerungen vor dem 27.7.15 aber noch angewendet (*BMF* BStBl I 15, 581 Tz 2). Demggü sollen Kosten für den **Veräußerungsmakler** insoweit WK sein, als der Veräußerungserlös zur Finanzierung eines anderen VuV-Objekts eingesetzt wird (BFH IX R 22/13 BFH/NV 14, 1195; mE nicht zwingend). Eine **Zahlung für die Entlassung aus der Darlehenshaftung** soll abziehbar sein, wenn ein Ges'ter einer Immobilien-GbR sie im Vorfeld der Veräußerung einer notleidenden Immobilie leistet (BFH IX R 12/12 BFH/NV 14, 834; mE unzutr, da es sich wirtschaftl um eine teilweise Darlehenstilgung handelt).

143 **bb) Räumungskosten.** Sie gehören zu den nicht abziehbaren Veräußerungskosten, wenn das Grundstück geräumt übergeben werden soll (BFH IX R 151/86 BFH/NV 89, 485: Abfindung an Mieter; BFH IX R 16/11 BFH/NV 12, 1108: Beseitigung eines Öltanks; BFH IX R 21/11 BFH/NV 13, 22: Schadensersatz wegen einer Zwangsversteigerung, die mutwillig herbeigeführt wird, um einen für den Mieter günstigen Mietvertrag beenden zu können; FG Hess DStRE 07, 24, rkr: Zwangsräumung eines Mieters). Kosten einer **Teilungsversteigerung** werden nicht deshalb zu WK, weil der betreibende StPfl das Objekt hypothetisch auch selbst erwerben könnte (BFH IX R 41/12 BStBl II 13, 536).

144 **cc) Schuldzinsen.** Sie sind auch nach Veräußerung des Objekts insoweit weiterhin abziehbar, als der Veräußerungserlös nicht ausreicht, um das Darlehen zu tilgen (zu einer Veräußerung innerhalb der 10-Jahres-Frist des § 23 BFH IX R 67/10 BStBl II 13, 275; zu Veräußerungen außerhalb der 10-Jahres-Frist BFH IX R 45/13 BStBl II 15, 635; BFH IX R 40/14 DStR 16, 41). Die *FinVerw* wendet diese Entscheidungen jetzt an (*BMF* BStBl I 15, 581 Tz 1; ausführl § 9 Rz 147 ff).

146 **dd) Renovierungskosten.** Fallen in der Übergangszeit zw einem Mietverhältnis und einer anschließenden Veräußerung oder Selbstnutzung Renovierungskosten (auch Erhaltungsaufwendungen) an, typisiert die Rspr stark: Maßgebl ist der **Zeitpunkt der Entstehung der Kosten:** Renovierungskosten, die noch während der Laufzeit des letzten Mietverhältnisses anfallen, sind grds WK, auch wenn bereits Selbstnutzungs- oder Veräußerungsabsicht bestand (BFH IX R 15/96 BStBl II 01, 787; ebenso für Kosten eines Gutachtens über den Umfang einer durch Mieter verursachten Schadstoffbelastung BFH IX R 2/05 BStBl II 07, 941; anders jedoch BFH IX R 34/03 BStBl II 05, 343 und BFH IX R 80/07 BFH/NV 09, 1414 für Fälle, in denen die Instandsetzung Vertragspflicht des Veräußerers aus dem Verkaufsvertrag war). Kosten, die nach dem Auszug der letzten Mieter anfallen, werden hingegen typisierend der Privatsphäre zugerechnet (BFH IX R 81/93 BFH/NV 96, 53; BFH IX R 16/99 BFH/NV 03, 1043). Eine Ausnahme gilt hier nur für die Beseitigung mutwilliger Beschädigungen, die der Mieter verursacht hat, sowie für Kosten, die aus einer einbehaltenen Mietkaution finanziert werden (BFH IX R 48/96 BStBl II 01, 784 unter II.2.b). – Für **Abfindungen an Mieter** im Vorfeld einer **Selbstnutzung** gilt diese Typisierung nicht. Diese sind daher auch dann keine WK, wenn sie noch während der Laufzeit des Mietvertrags gezahlt werden (zutr BFH IX R 38/03 BStBl II 05, 760).

148 **f) ABC der Werbungskosten.** (S auch die Ausführungen zu AK und HK in § 6 Rz 35 ff).

Abbruchkosten s § 6 Rz 213 ff.

Ablösezahlungen für eine Stellplatzverpflichtung zählen zu den HK eines zu errichtenden Gebäudes (s § 6 Rz 211 mwN).

Abstandszahlungen des Eigentümers für die vorzeitige Räumung des Objekts durch Mieter oder andere Nutzungsberechtigte sowie Abfindungen für Nachbarrechte können AK, HK oder sofort WK sein (s ausführl § 6 Rz 140 „Abfindungen“ mwN).

Angehörige s Rz 81 ff.

Ankaufrecht. Eine Zahlung für die mehrjährige Bindung des Verkäufers an sein Angebot zum Verkauf eines Grundstücks soll zu sofort abziehbaren BA/WK beim Erwerber führen (BFH X R 136/87 BStBl II 92, 70). ME liegt darin ein Widerspruch zur Behandlung von Optionen (s § 6 Rz 140 „Optionen“).

Arbeitszimmer. Über § 9 V 1 gelten die Beschränkungen des § 4 V 1 Nr 6b entspr (FG Mster EFG 01, 739, rkr; s ausführl § 4 Rz 590 ff).

Ausgleichsbeiträge nach § 154 BauGB (Sanierungsgebiete) und § 8 BNatSchG s § 6 Rz 59.

Außenanlagen s § 6 Rz 211; zur AfA s § 7 Rz 28.

Bausparvertrag. Abschlussgebühren sind WK bei VuV, wenn der Abschluss des Bausparvertrages in einem engen wirtschaftl (nicht zwingend auch zeitl, s BFH VIII R 130/79 BStBl II 83, 554) Zusammenhang mit dem Erwerb oder der Errichtung eines VuV-Objekts (BFH VIII R 80/73 BStBl II 1975, 699; BFH VIII R 163/81 BStBl II 83, 355) oder der Ablösung eines Herstellungs-/Anschaffungsdarlehens steht (BFH IX R 12/00 BStBl II 03, 398). Zur Behandlung der Guthabenzinsen s Rz 165.

Beiträge zur Errichtung öffentl Anlagen (Straßen, Kanalisation, Versorgungsanschlüsse) s ausführl § 6 Rz 59 ff.

Betriebskosten (zB Heizung, Wasser, Müllabfuhr, Kanalisation, Straßenreinigung, Schornsteinfeger usw) sind beim Vermietungsobjekt WK. Werden diese Kosten umgelegt, so zählen die Umlagen zu den Einnahmen aus VuV (s Rz 112).

Dingl Belastung. Zahlungen zur Befreiung eines Grundstücks von einer dingl Belastung sind AK (s § 6 Rz 86 mwN).

Erbauseinandersetzung. Hier können AK anfallen (s Übbl § 6 Rz 131 ff; ausführl § 16 Rz 605 ff); sämtl mit diesen AK zusammenhängenden Schuldzinsen sind damit als WK abzugsfähig. Soweit Zinsen aber mit der Finanzierung von Verbindlichkeiten zusammenhängen, die nicht zu AK führen (zB Pflichtteilsverbindlichkeiten, Vermächtnisschulden), scheidet ein WK-Abzug aus.

Erbbaurecht s ausführl § 5 Rz 270 „Erbbaurecht“ und § 6 Rz 89 ff.

Erschließungskosten s § 6 Rz 59 ff.

Gartenanlage ist ein selbstständiges WG mit eigener AfA (s § 6 Rz 211 mwN).

Gutachten zur Feststellung der vom Mieter verursachten Beschädigungen des Gebäudes oder des Bodens führt zu WK (BFH IX R 2/05 BStBl II 07, 941).

Inserate, um Mieter (nicht aber Käufer) zu finden, führen zu WK.

Instandhaltungsrücklage bei Eigentümergemeinschaften nach dem WEG. Zwar sind die Beiträge beim Eigentümer bereits mit der Zahlung in die Rücklage abgeflossen. Ein WK-Abzug ist aber erst mögl, wenn der Verwalter Beträge aus der Rücklage tatsächl zur Bezahlung von Aufwendungen zur Einkunftserzielung verwendet (BFH IX R 119/83 BStBl II 88, 577: bei Verwendung für HK nur Abzug von AfA; BFH IX B 144/05 BFH/NV 06, 291; *Neufang/Eckhardt* StB 14, 186). Diese Grundsätze gelten auch im BV (BFH I R 94/10 BStBl II 12, 244). Sie werden nicht dadurch berührt, dass der Eigentümergemeinschaft durch die BGH-Rspr und § 10 VI, VII WEG eine Teilrechtsfähigkeit zuerkannt worden ist (BFH IX B 124/08 BFH/NV 09, 571; krit *Sauren* DStR 06, 2161, *Grürmann* DStR 09, 2087). War die Zuführung zur Rücklage unzutr als WK abgezogen worden, kommt ein erneuter WK-Abzug bei Begleichung der Reparaturkosten nicht in

Betracht, da der Aufwand steuerl bereits verbraucht ist. Bei Veruntreuung der Rücklage durch den Verwalter sind WK im Zeitpunkt der Kenntnisnahme von diesem Vorgang abgeflossen (FG RhPf EFG 13, 609, rkr; mE nicht zwingend, aber aus Vereinfachungsgründen vertretbar). – Findet zw der Zuführung zur Rücklage und der Verausgabung ein Eigentumswechsel statt, kann der neue Eigentümer WK abziehen, obwohl nicht er, sondern der Voreigentümer die Rücklage gespeist hatte. Wirtschaftl ist dieses Ergebnis gleichwohl zutr, weil der Käufer das in der Rücklage vorhandene Guthaben durch Zahlung eines höheren (nicht als WK abziehbaren) Kaufpreises abgegolten hat (so auch BFH IX B 124/08 BFH/NV 09, 571). – Die Einkünfte der WEG können nach der VO zu § 180 II AO gesondert und einheitl festgestellt werden, was aber im Ermessen des FA liegt (BFH IX R 119/83 BStBl II 88, 577).

Katastrophenschäden. Die *FinVerw* gewährt bei katastrophenbedingter Neuerrichtung von VuV-Objekten auf Antrag Sonder-AfA im Jahr der Fertigstellung und in den beiden Folgejahren bis zu 30% der HK neben der Normal-AfA (zB *FM Bay* DStR 13, 1288 Tz 4.3; zu agB s § 33 Rz 35 „Katastrophenschaden").

Kontoführungsgebühren sind als WK abzugsfähig, soweit sie auf mit dem Objekt zusammenhängende Kontobewegungen entfallen (Mieten, Rechnungsbegleichung; zu ArbN s BFH VI R 63/80 BStBl II 84, 560).

Maklerprovisionen für Vermittlung eines Mieters sind WK; Käuferprovisionen sind AK.

Mietausfallversicherung. Beiträge dazu sind WK.

Notbedarf für einen Schenker führt für den mit einem VuV-Objekt-Beschenkten nicht zum WK-Abzug (BFH IX R 13/97 BStBl II 01, 342; offen gelassen, ob eine Zahlung zur Abwendung der Rückgabe des Grundstücks nachträgl AK darstellen kann, was mE zu bejahen ist).

Prozesskosten teilen stets das Schicksal der Beträge, um die gestritten wird. Zu WK führen Prozesse wegen Erhaltungsaufwendungen oder Finanzierungskosten (BFH IV 385/58 BStBl III 66, 541; BFH IX R 47/08 BFH/NV 10, 396). Klagt der Vermieter Mieten ein, sind die Prozesskosten ebenfalls WK. Dies gilt auch für einen Räumungsprozess; allerdings nicht, wenn dieser der mieterfreien Veräußerung des Objekts dienen soll (BFH IX R 151/86 BFH/NV 89, 485). Sind die Prozesskosten durch die Anschaffung des Objekts veranlasst, handelt es sich um AK (BFH IX R 7/14 BFH/NV 15, 327: Kosten für die Abwehr der Inanspruchnahme eines unbebauten Grundstücks für den Straßenbau sind keine WK; FG RhPf EFG 95, 564, rkr: Prozesskosten wegen des Bebauungsplans für ein unbebautes Grundstück als AK des GuB); bei einem Zusammenhang mit der Herstellung sind es HK (s näher § 6 Rz 208 aE mwN). Ausnahmsweise können allerdings Prozesskosten zur Abwehr nachträgl HK (Abwehrkosten) sofort WK sein (zutr FG RhPf EFG 91, 466: Kosten zur Abwehr eines vom Nachbarn ausgesprochenen Verbots der Nutzung seiner Entwässerungsleitung, obwohl die Errichtung einer eigenen Versorgungsleitung zu HK führen würde). Kosten eines Folgeprozesses um die Anwaltskosten des ersten Rechtsstreits teilen ebenfalls das Schicksal der Kosten des Erstprozesses (BFH VIII R 102/79 BStBl II 84, 314 unter 4.).

Ratenkauf. Zur Ermittlung der AK und Finanzierungskosten (Aufteilung in Tilgungs- und Zinsanteil) s § 6 Rz 81.

Räumungskosten zur Freimachung eines Gebäudes oder Grundstücks sind wie Abfindungen zu behandeln (s § 6 Rz 140 „Abfindungen").

Reisekosten (Fahrtkosten, Mehraufwand für Verpflegung, Übernachtungskosten, sonstige Kosten) können als WK bei den Einkünften aus VuV abgezogen werden. Reisekosten, die iRd Anschaffung/Herstellung eines Objekts anfallen, sind allerdings AK/HK (s § 6 Rz 54 (5), § 6 Rz 211 „Fahrtkosten"); wird das Objekt jedoch nicht erworben, handelt es sich wiederum um WK.

Risiko-Lebensversicherung. Beiträge sind keine WK (BFH IX R 35/14); Nachweise zu älterer Rspr s 32. Aufl Rz 100.

Schönheitsreparaturen, die der Vermieter in der vermieteten Wohnung durchführen lässt, führen zu WK (BFH VI R 119/66 BStBl II 68, 309).

Schuldzinsen s ausführl § 9 Rz 131 ff.

Selbstgenutzte Wohnung. Mietzahlungen für die zu eigenen Wohnzwecken genutzte Wohnung sind auch dann keine WK, wenn sie anfallen, weil ein im Eigentum des StPfl stehendes, zuvor selbstgenutztes Objekt nunmehr vermietet wird (zutr BFH IX R 24/13 BFH/NV 14, 1197).

Stellplatzverpflichtung s § 6 Rz 211.

Steuerberaterkosten für die Ermittlung der Einkünfte aus VuV sind WK (BFH VI 207/62 S BStBl III 65, 410).

Umsatzsteuer s Rz 117 „Umsatzsteuer".

Versicherungsbeiträge s § 9 Rz 173.

Vorsteuer s Rz 117 „Umsatzsteuer".

Zweitwohnungsteuer bei gemischt genutzter Ferienwohnung s Rz 40 mwN.

IV. Ergänzende Regelungen, § 21 I 2, II, III

1. Sinngemäße Anwendung des § 15a (§ 21 I 2). – a) Zweck des Verweises. Er soll sicherstellen, dass WK-Überschüsse aus einer Beteiligung an einer vermögensverwaltenden KG (Einkünfte aus VuV) hinsichtl ihrer Ausgleichs- und Abzugsfähigkeit (§ 2 III, § 10d) ebenso behandelt werden wie Verluste aus einer Beteiligung an einer gewerbl tätigen KG (BT-Drs 8/4157 und 8/3648). § 15a bewirkt, dass über die tatsächl geleistete Einlage hinausgehende Verluste erst mit künftig anfallenden Überschüssen verrechnet werden dürfen. Ein Verlustanteil kann daher erst in dem VZ berücksichtigt werden, in dem er den Ges'ter bei wieder anfallenden Gewinnen wirtschaftl belastet, also nicht während des Bestehens eines negativen KapKto. Fehlt der KG die Überschusserzielungsabsicht, scheitert ein Abzug von WK-Überschüssen schon aus diesem Grund (*Groh* DB 84, 2428). 151

b) Anwendungsfragen. Unklarheiten folgen daraus, dass § 21 für eine Überschusseinkunftsart auf eine Regelung verweist, die die Ermittlung der Einkünfte durch Betriebsvermögensvergleich voraussetzt, und demgemäß viele der in § 15a verwendeten zentralen Begriffe (zB Entnahme, Einlage, KapKto, SonderBV) nicht ohne weiteres auf VuV übertragbar sind. Daher ist es geboten, (nur) für Zwecke der Ermittlung der Grenze, von der ab das Verlustausgleichsverbot eingreift, eine Art **fiktives steuerl Kapitalkonto** zu führen (*Herrmann* StuW 89, 106f). Begriff und Umfang dieses KapKtos müssen so weit wie mögl den zu § 15a entwickelten Grundsätzen entsprechen (s dazu § 15a Rz 83 ff). Das KapKto jedes Ges'ters ist selbstständig zu ermitteln. Ausgangspunkt sind die von ihm geleisteten Einlagen, die um spätere Einlagen sowie um positive Einkünfte der Vorjahre zu erhöhen und um die Entnahmen und negativen Einkünfte der Vorjahre zu vermindern sind (ausführl BFH IX R 72/92 BStBl II 97, 250 mwN; BFH IX R 52/13 BStBl II 15, 263 Rz 13). Bei einer Ges, die auch Einkünfte aus KapVerm erzielt, sind diese Einkünfte zur Berechnung des Ausgleichsvolumens einzubeziehen. Ebenso ist ein festgestellter verrechenbarer Verlust, der aus den Einkünften einer Immobilien-KG aus VuV stammt, mit späteren positiven Einkünften der KG aus einer stpfl Veräußerung des Grundstücks (§ 23) zu verrechnen. Dies verwirklicht die vom Gesetzgeber beabsichtigte Gleichstellung der vermögensverwaltenden KG mit der gewerbl KG, die ohnehin nur eine einzige Einkunftsart kennt (zutr BFH IX R 52/13 152

BStBl II 15, 263). – § 15a ist **keine Gewinnermittlungsvorschrift,** sondern trifft nur eine Regelung bezügl der Abzugs- und Ausgleichsfähigkeit von Verlusten (FG RhPf EFG 05, 1038, NZB VIII B 87/05 unzul). Es bleibt daher dabei, dass auch eine KG, die Einkünfte aus § 21 erzielt, diese als Überschuss der Einnahmen über die WK ermitteln muss, selbst wenn sie eine HB aufstellt.

155 **2. Sinngemäße Anwendung des § 15b.** S Kommentierung zu § 15b und *BMF* BStBl I 07, 542. Die Bedeutung derartiger Modelle (insb geschlossene Fonds) hat durch § 15b abgenommen. – Erfasst werden nur **modellhafte Gestaltungen.** Ein Bauherr, der unter Inanspruchnahme eines Architekten und von Bauhandwerkern ein Mietobjekt erstellt, ist daher im Ausgleich seiner Verluste nicht beschränkt. Gleiches gilt grds für den Erwerb einer Immobilie mit **Modernisierungszusage.** Denn die Übereignung eines nach einem bestimmten Plan modernisierten Gebäudes ist nur *eine* einheitl Leistung (*Beck* DStR 06, 63). Bei umfangreichem Nebenleistungskatalog, der wegen der hierfür in Rechnung gestellten „weichen Kosten" zu hohem sofortigen WK-Abzug führen soll, kann jedoch eine modellhafte Gestaltung gegeben sein (*BMF* BStBl I 07, 542 Rz 8, 9). – **Mietenpools** sind unschädl, da diese nicht die Investitionsphase, sondern die anschließende Vermietungsphase betreffen; daher ist auch die Vereinbarung der späteren Hausverwaltung nicht schädl (*Beck* DStR 06, 63).

158 **3. Verbilligte Überlassung zu Wohnzwecken, § 21 II.** Grundlegend *Müller* Einnahmeverzicht im EStRecht – insb durch verbilligte Wohnungsüberlassung an nahe Angehörige, Diss Mster/Ffm 2009. – **a) Rechtsentwicklung und Überblick.** Seit VZ 1987 bestimmt Abs 2, dass die Nutzungsüberlassung einer *Wohnung* zu *Wohnzwecken* in einen entgeltl und unentgeltl Teil aufzuteilen ist, wenn das Entgelt unterhalb eines bestimmten Schwellenwerts liegt. Dieser Wert lag zunächst bei 50% der Marktmiete und wurde ab VZ 2004 auf 56% angehoben. Zwischenzeitl hatte der BFH aber seine typisierende Rspr zur Einkunftserzielungsabsicht entwickelt (BFH IX R 48/01 BStBl II 03, 646), wonach diese bei dauerhafter Wohnraumvermietung zwar grds unwiderlegl zu vermuten war, bei einem Entgelt von weniger als 75% der Marktmiete aber eine Überschussprognose anzustellen war, die in diesem Fällen zumeist negativ ausging. Dann trat iErg ebenfalls die in Abs 2 angeordnete Kürzung des WK-Abzugs ein. Diese Rspr ist ungeachtet der späteren Gesetzesänderung für VZ bis 2011 weiter anzuwenden (BFH IX B 154/13 BFH/NV 14, 1363). Lag das Entgelt hingegen noch unterhalb des Schwellenwerts des Abs 2 (50/56%), unterstellte der BFH die Einkunftserzielungsabsicht, allerdings auf der Grundlage des gem Abs 2 gekürzten WK-Abzugs (s ausführl Rz 46). – Mit dem **StVerG** hat der Gesetzgeber **ab VZ 2012** (zur zeitl Anwendung zutr BFH IX B 154/13 BFH/NV 14, 1363; *Paintner* DStR 11, 1877, 1879; *Hilbertz* DStR 11, 2282, *Hilbertz* NWB 11, 4002, 4003; aA *Heuermann* DStR 11, 2082, 2084: VZ 2011) diese unterschiedl **Schwellenwerte auf 66 % vereinheitlicht. Unterhalb dieses Werts** ist zwar einerseits die Einkunftserzielungsabsicht zu unterstellen (dies beruht auf der bisherigen Rspr, die der Gesetzgeber ausdrückl in seinen Willen aufgenommen hat, vgl BT-Drs 17/5125, 38), andererseits aber der WK-Abzug anteilig zu kürzen. **Ab einer Miethöhe von 66 % der ortsübl Miete** ist sowohl die Einkunftserzielungsabsicht zu unterstellen (dies folgt aus Abs 2 S 2 nF und sollte den bisher von der Rspr angenommenen höheren Schwellenwert von 75% zugunsten der StPfl absenken) als auch der ungekürzte WK-Abzug zu gewähren (dies folgt aus Abs 2 S 1).

159 **b) Voraussetzungen.** Die begünstigende Wirkung des Abs 2 ist auf die Überlassung von **Wohnungen zu Wohnzwecken** beschränkt. Bei der Vermietung anderer Objekte oder bei einer Vermietung iRd Gewinneinkünfte (BFH X R 57/93 BFHE 185, 230 unter B.II.6.; BFH IV R 49/97 BStBl II 99, 652 unter 3.b) ist die Vorschrift nicht anwendbar. In diesen Fällen ist der WK-/BA-Abzug (sofern das Entgelt aus privaten Gründen hinter der Marktmiete zurück bleibt) auch dann

zu kürzen, wenn der Schwellenwert des Abs 2 überschritten ist (zutr *OFD Rhld* DStR 10, 651). – Die **ortsübl Marktmiete** (zu diesem Begriff ausführ *Söffing* DStZ 05, 369) umfasst nach Auffassung der *FinVerw* (EStR 21.3) auch die nach der BetriebskostenVO umlagefähigen Betriebskosten. Für die StPfl ist dies günstig, weil diese Kosten im Verhältnis zur Nettomiete durchaus hoch sein können, aber auch bei verbilligter Vermietung idR voll vom Mieter gezahlt werden. Maßgebend ist der örtl Mietspiegel; dabei kann zugunsten des StPfl der untere Rand einer ausgewiesenen Preisspanne angesetzt werden (BFH IX R 10/05 BStBl II 06, 71; *BayLfSt* DStR 08, 406; *Heuermann* DStR 11, 2082, 2085). Ist kein Mietspiegel vorhanden, kann eine Vergleichswohnung herangezogen werden (*BayLfSt* DStR 08, 406). Bei Möblierung ist ein Zuschlag vorzunehmen (FG Nds EFG 11, 628 unter I.1.c, rkr, Anm *Trossen* EFG 11, 630: AfA vom Zeitwert bei 10-jähriger Nutzungsdauer zzgl 4% kalkulatorische Zinsen). – Dieser Rechengröße ist das **Entgelt** für die Wohnraummiete ggü zu stellen. Dabei sieht der BFH grds die *vereinbarte,* nicht aber die *tatsächl gezahlte* Miete als maßgebl an (BFH IX R 88/94 BStBl II 97, 605 unter 1.a); mE aber anders, wenn die Nichtzahlung auf dem privaten Verhältnis zw Mieter und Vermieter beruht. – Abs 2 ist tatbestandl nicht auf **Mietverhältnisse zw nahen Angehörigen** beschränkt, sondern auch zw fremden Dritten anwendbar (BFH IX R 88/94 BStBl II 97, 605 unter 1.a). – Eine rückwirkende **Mieterhöhung** kann die Anwendung des Abs 2 für die Vergangenheit nicht ausschließen (FG Bbg EFG 97, 1514, rkr; FG Hbg EFG 99, 27, rkr). Eine (zivilrechtl unwirksame) Erhöhung über die Kappungsgrenze des § 558 III BGB hinaus (20/15%) steht aber auch zw nahen Angehörigen der Anerkennung des Mietverhältnisses nicht entgegen (*OFD Mster* DStR 04, 957).

c) Rechtsfolge. § 21 II ordnet eine anteilige Kürzung des WK-Abzugs an, **161**
wenn das Entgelt den Schwellenwert von 66% nicht erreicht (s auch Rz 158). Dann sind die (unübl niedrigen) Einnahmen in voller Höhe anzusetzen, die WK aber nur iHd Teils abzuziehen, der dem Verhältnis zw Entgelt und ortsübl Miete entspricht. – Im Umkehrschluss wird allerdings der *volle* WK-Abzug gewährt, wenn die Vermietung zwar teilentgeltl ist, das Entgelt aber mindestens den in Abs 2 genannten Schwellenwert erreicht. Auch wird in diesen Fällen die Einkunftserzielungsabsicht unterstellt, sofern zusätzl das Merkmal einer „auf Dauer angelegten" Wohnungsvermietung erfüllt ist (Abs 2 S 2). Gerade bei Vermietungen an Angehörige eröffnet dies gesicherte StSparmöglichkeiten (*Stein* DStZ 12, 19, 23: zusätzl Freibetrag iHv 1/3 der Marktmiete). – Die **Verfassungsmäßigkeit** dieser Begünstigung (die dem Rechtsgedanken des § 3c widerspricht) wird in der Rspr der nicht für § 21 zuständigen BFH-Senate krit gesehen (vgl BFH IV R 49/97 BStBl II 99, 652 unter 3.b); der zuständige IX. Senat hält die Vorschrift aber für verfgem (BFH IX R 48/01 BStBl II 03, 646 unter II.1.a cc; BFH IX B 102/08 BFH/NV 09, 146 unter 1.b).

4. Subsidiarität der Einkunftsart, § 21 III. § 21 ist ggü anderen Einkunfts- **163**
arten nachrangig. Dies gilt jedoch nicht im Verhältnis zu § 20 (s § 20 VIII und Rz 165) und § 22 Nr 1, 3, die speziellere Subsidiaritätsklauseln enthalten. – **a) Verhältnis zu Gewinneinkunftsarten.** In der Konkurrenz zu § 13 geht es vor allem um die Ausbeute von Bodenschätzen, die grds im PV stattfindet und daher zu § 21 gehört (s Rz 18). – Für das Verhältnis zu § 15 ist entscheidend, ob das vermietete Objekt zu einem gewerbl BV gehört (dann § 15, sonst § 21; ausführl zur Abgrenzung s § 15 Rz 46 ff).

b) Verhältnis zu § 19. Hier geht es vor allem um Fallgestaltungen, in denen **164**
ein ArbN einen Raum seiner Privatwohnung an den ArbG vermietet. Die Zahlung stellt ArbLohn dar, wenn die Nutzung der Räume in erster Linie den Interessen des ArbN dient (zB Nutzung eines zusätzl häusl Arbeitsplatzes). Hingegen fallen die Einnahmen unter § 21, wenn der Raum vor allem im Interesse des ArbG genutzt wird und dieses Interesse obj erkennbar über die Entlohnung des ArbN

hinausgeht (BFH VI R 25/02 BStBl II 06, 10; BFH IX R 4/05 BFH/NV 05, 2180). Die *FinVerw* sieht Letzteres als gegeben an, wenn dem ArbN keine Räume im Betrieb zur Verfügung stehen, der ArbG für die Unterbringung von ArbN auch Räume von fremden Dritten anmietet und über die Nutzungsbedingungen eine ausdrückl schriftl Vereinbarung besteht (*BMF* BStBl I 06, 4). Auch der IX. Senat fordert eine solche ausdrückl Nutzungsvereinbarung, weil es sonst an der erforderl Schaffung eines vom ArbVerh unabhängigen Rechtsverhältnisses fehle (BFH IX R 76/01 BFH/NV 06, 1810); ob der VI. Senat dem folgen würde, ist bisher unklar (s auch *v Bornhaupt* HFR 06, 1082). – **Folge der Zuordnung zu § 21** ist, dass die Abzugsbeschränkungen für **häusl ArbZimmer** nicht gelten; der StPfl kann die gesamte Aufwendungen für den vermieteten Raum als WK zu VuV abziehen (so auch *BMF* BStBl I 06, 4; zu Einzelheiten *Ballof* EStB 06, 301). In welchem Umfang auch die Kosten für die „Gemeinschaftsflächen" geltend gemacht werden können, ist noch nicht geklärt (s BFH IX B 131/11 BFH/NV 12, 415: jedenfalls eindeutige vertragl Regelung erforderl).

165 **c) Verhältnis zu § 20.** Hier stellt sich das Problem, dass sowohl § 20 (in Abs 8) als auch § 21 (in Abs 3) jeweils Subsidiaritätsklauseln enthalten. Auch wenn sich in der Rspr vereinzelt die Aussage findet, die (konkretere) Klausel des § 20 VIII setze sich ggü der allgemeinen des § 21 III durch, so dass die Zuweisung zu § 21 vorrangig sei (BFH IX R 57/89 BFH/NV 95, 106), entscheidet die Rspr letztl danach, wo im Einzelfall der Schwerpunkt der wirtschaftl Veranlassung liegt (grundlegend *Stuhldreier,* Zuordnung von Zinseinnahmen zu den einzelnen Einkünften, Diss 1996).

Einzelfälle: Bausparguthabenzinsen fallen grds unter § 20. Bei engem Zusammenhang mit der Erzielung von Mieteinnahmen ordnet die Rspr sie aber den Einnahmen aus VuV zu (BFH VIII R 188/79 BStBl II 83, 172: Guthabenzinsen während der Zwischenfinanzierung eines Bausparvertrags, die die Zuteilung des für die Immobilienfinanzierung einzusetzenden Bauspardarlehens beschleunigen soll; BFH VIII R 198/81 BStBl II 83, 297; krit *KSM/Drüen* § 21 Anm D 18). Dies soll stets gelten, wenn die Abschlussgebühr wegen des engen Zusammenhangs zur Finanzierung von Mietobjekten als WK bei § 21 abziehbar ist (BFH VIII R 163/81 BStBl II 83, 355), umgekehrt jedoch nicht, wenn der eine Ehegatte die VuV-Einkünfte erzielt und der andere den Bausparvertrag bespart (BFH VIII B 41/95 BFH/NV 96, 745). – Entspr sind Zinsen aus **zwischenzeitl Anlage eines VuV-Darlehens** (zB für baldige Reparaturen, bevorstehende Ablösung eines höher verzinsl Darlehens) Einnahmen aus VuV (so auch § 20 Rz 196). Demggü sind Einkünfte aus **Optionsgeschäften** auch dann nicht bei § 21 zu erfassen, wenn die für diese Geschäfte eingesetzten Mittel aus Mieteinnahmen stammen und die Erlöse in Mietobjekte reinvestiert werden sollen (BFH IX R 42/05 BStBl II 08, 26: Begründung einer neuen Einkunftsquelle, mit Abgrenzung zur Rspr zu Bausparzinsen; ebenso für **Finanztermingeschäfte iSd § 23** BFH IX R 13/14 BStBl II 15, 827). – **Verzugszinsen,** zB bei verspäteter Mietzahlung, zählen zu den Einnahmen aus VuV, da sie wirtschaftl mit den Mieteinnahmen in Zusammenhang stehen. – Zinsen aus einer **Instandhaltungsrücklage** gehören zu § 20.

171 **5. Besonderheiten bei Immobilienfonds und Bauherrenmodellen. – a) Typische Gestaltungen.** Die durch Rspr und *FinVerw* entwickelten Sonderregeln gelten zunächst für Bauherrenmodelle und **Gesamtobjekte** (zum Begriff s § 1 I 1 Nr 2 VO zu § 180 II AO). Die Einkünfte erzielt hier zwar nicht eine PersGes, sondern unmittelbar der einzelne StPfl; dieser ist aber mit anderen StPfl in gleichgerichtete Vertragswerke eingebunden (daher gesonderte Feststellung nach der VO zu § 180 II AO). – Bei **geschlossenen Immobilienfonds** schließen sich mehrere Anleger zu einer PersGes in der Rechtsform der GmbH & Co KG zusammen, die idR vermögensverwaltend tätig wird. Die K'tisten erzielen daher Einkünfte aus § 21. – **Offene Immobilienfonds** fallen nicht unter § 21. Es handelt sich um KapGes; die Anleger erzielen Einkünfte aus § 20 I Nr 1 (§ 2 InvStG; s *Kayser/Bujotzek* FR 06, 49). – Alle Gestaltungen haben seit der Einführung des **§ 15b** erhebl an Bedeutung verloren, weil sich hohe WK-Überschüsse in den Anfangsjahren nicht mehr sofort steuerl auswirken (s Rz 155).

b) Abgrenzung Herstellung/Erwerb. Traditionell geht das Bestreben der Initiatoren der genannten Modelle dahin, die Anleger als Hersteller (Bauherren) erscheinen zu lassen, weil der Umfang der sofort abziehbaren WK dann erhebl höher ist als bei Erwerbern. Rspr und *FinVerw* sehen Anleger, die ihre Beteiligung aufgrund eines vorformulierten Vertragswerks eingehen und sich bei den damit zusammenhängenden Rechtsgeschäften durch die Initiatoren vertreten lassen, nicht als Bauherren, sondern als Erwerber der WG der FondsGes an, sofern sie iRd Beitritts kein Preisrisiko tragen. Diese Rspr ist zu **Bauherrenmodellen** entwickelt worden (BFH IX R 197/84 BStBl II 90, 299; BFH IX R 70/86 BStBl II 90, 1024; BFH IX B 39/91 BStBl II 92, 883; *BMF* BStBl I 03, 546 Rz 1–4) und wurde dann auf **geschlossene Immobilienfonds** übertragen (BFH IX R 82/91 BStBl II 95, 166: KG; BFH IX R 10/96 BStBl II 01, 720: GbR). Nach dem für die Gestaltungspraxis maßgebl sog **„5. Bauherrenerlass"** (*BMF* BStBl I 03, 546 Rz 33 ff) stellt die *FinVerw* hohe Anforderungen an die Ausgestaltung von FondsGes, deren K'tisten im Einzelfall als Hersteller/Bauherren anzusehen sein sollen. In der Praxis sind Fondskonzepte, in denen Anleger ein derart hohes Preisrisiko tragen, nur schwer vermarktbar und werden daher kaum angeboten. Vom BFH anerkannt werden aber Modelle, in denen die Ges´ter zw verschiedenen Modernisierungsvarianten wählen können, selbst wenn sich auf der entscheidenden Ges'terversammlung sämtl Anleger vertreten lassen, sofern die Vertreter nicht eindeutig im Lager der Initiatoren stehen (BFH IX R 13/11 BFH/NV 12, 1422: uneingeschränkte Gestaltungsfreiheit der Anleger sei – wie ein Vergleich mit § 164 HGB zeige – nicht erforderl). 172

c) Zuordnung von Aufwendungen zu den AK/HK oder den sofort abziehbaren WK. Dies ist entscheidend für die Höhe der anfängl WK-Überschüsse. Ist der Anleger als Erwerber anzusehen, ordnet die **Rspr** grds sämtl modellbedingten Aufwendungen den AK zu (BFH IX R 10/96 BStBl II 01, 720: selbst bei Mietgarantien sowie Notar- und Gerichtskosten für die Eintragung von Grundpfandrechten; für einen geschlossenen Immobilienfonds in Form einer gewerbl geprägten GmbH & Co KG auch BFH IV R 40/97 BStBl II 01, 717: Eigenkapitalvermittlungsprovision; BFH IX B 148/10 BFH/NV 11, 1516: diese Frage ist geklärt). Dies gilt unabhängig von ihrer Bezeichnung (zB Vermittlungsprovision, Garantien). Zur Begründung greift die Rspr auf § 42 AO zurück; mE würde die (vorrangige) Auslegung des mit dem Vertragswerk wirklich Gewollten aber auch ohne Rückgriff auf § 42 AO zum selben Ergebnis führen. Mittlerweile ist diese Rspr auch auf *originär* gewerbl tätige FondsGes übertragen worden (BFH IV R 15/09 BStBl II 11, 706: Windkraftfonds; BFH IV R 8/10 BStBl II 11, 709: Schiffsfonds; s § 6 Rz 54). – Die **FinVerw** ist hier (jedenfalls derzeit noch) etwas großzügiger und lässt bei klarer vertragl Trennung der verschiedenen Aufwandspositionen Gebühren für eine Mietgarantie sowie Geldbeschaffungskosten für Fremdkapital zum sofortigen WK-Abzug zu (*BMF* BStBl I 03, 546 Rz 11–20, für geschlossene Immobilienfonds iVm Rz 40). Alle anderen Positionen ordnet auch die *FinVerw* den AK zu. 173

g) Sonstige Einkünfte (§ 2 Absatz 1 Satz 1 Nummer 7)

§ 22 Arten der sonstigen Einkünfte

Sonstige Einkünfte sind

1. **Einkünfte aus wiederkehrenden Bezügen, soweit sie nicht zu den in § 2 Absatz 1 Nummer 1 bis 6 bezeichneten Einkunftsarten gehören; § 15b ist sinngemäß anzuwenden. [2]Werden die Bezüge freiwillig oder auf Grund einer freiwillig begründeten Rechtspflicht oder einer gesetzlich unterhaltsberechtigten Person gewährt, so sind sie nicht dem Empfänger zuzurechnen; dem Empfänger sind dagegen zuzurechnen**

a) Bezüge, die von einer Körperschaft, Personenvereinigung oder Vermögensmasse außerhalb der Erfüllung steuerbegünstigter Zwecke im Sinne der §§ 52 bis 54 der Abgabenordnung gewährt werden, und

b) Bezüge im Sinne des § 1 der Verordnung über die Steuerbegünstigung von Stiftungen, die an die Stelle von Familienfideikommissen getreten sind, in der im Bundesgesetzblatt Teil III, Gliederungsnummer 611-4-3, veröffentlichten bereinigten Fassung.

[3] Zu den in Satz 1 bezeichneten Einkünften gehören auch

a) Leibrenten und andere Leistungen,

aa) die aus den gesetzlichen Rentenversicherungen, der landwirtschaftlichen Alterskasse, den berufsständischen Versorgungseinrichtungen und aus Rentenversicherungen im Sinne des § 10 Absatz 1 Nummer 2 Buchstabe b erbracht werden, soweit sie jeweils der Besteuerung unterliegen. [2] Bemessungsgrundlage für den der Besteuerung unterliegenden Anteil ist der Jahresbetrag der Rente.

[3] Der der Besteuerung unterliegende Anteil ist nach dem Jahr des Rentenbeginns und dem in diesem Jahr maßgebenden Prozentsatz aus der nachstehenden Tabelle zu entnehmen:

Jahr des Rentenbeginns	Besteuerungsanteil in %
bis 2005	50
Ab 2006	52
2007	54
2008	56
2009	58
2010	60
2011	62
2012	64
2013	66
2014	68
2015	70
2016	72
2017	74
2018	76
2019	78
2020	80
2021	81
2022	82
2023	83
2024	84
2025	85
2026	86
2027	87
2028	88
2029	89
2030	90
2031	91
2032	92
2033	93
2034	94
2035	95
2036	96
2037	97

Jahr des Rentenbeginns	Besteuerungsanteil in %
2038	98
2039	99
2040	100

[4]Der Unterschiedsbetrag zwischen dem Jahresbetrag der Rente und dem der Besteuerung unterliegenden Anteil der Rente ist der steuerfreie Teil der Rente. [5]Dieser gilt ab dem Jahr, das dem Jahr des Rentenbeginns folgt, für die gesamte Laufzeit des Rentenbezugs. [6]Abweichend hiervon ist der steuerfreie Teil der Rente bei einer Veränderung des Jahresbetrags der Rente in dem Verhältnis anzupassen, in dem der veränderte Jahresbetrag der Rente zum Jahresbetrag der Rente steht, der der Ermittlung des steuerfreien Teils der Rente zugrunde liegt. [7]Regelmäßige Anpassungen des Jahresbetrags der Rente führen nicht zu einer Neuberechnung und bleiben bei einer Neuberechnung außer Betracht. [8]Folgen nach dem 31. Dezember 2004 Renten aus derselben Versicherung einander nach, gilt für die spätere Rente Satz 3 mit der Maßgabe, dass sich der Prozentsatz nach dem Jahr richtet, das sich ergibt, wenn die Laufzeit der vorhergehenden Renten von dem Jahr des Beginns der späteren Rente abgezogen wird; der Prozentsatz kann jedoch nicht niedriger bemessen werden als der für das Jahr 2005;

bb) die nicht solche im Sinne des Doppelbuchstaben aa sind und bei denen in den einzelnen Bezügen Einkünfte aus Erträgen des Rentenrechts enthalten sind. [2]Dies gilt auf Antrag auch für Leibrenten und andere Leistungen, soweit diese auf bis zum 31. Dezember 2004 geleisteten Beiträgen beruhen, welche oberhalb des Betrags des Höchstbeitrags zur gesetzlichen Rentenversicherung gezahlt wurden; der Steuerpflichtige muss nachweisen, dass der Betrag des Höchstbeitrags mindestens zehn Jahre überschritten wurde; soweit hiervon im Versorgungsausgleich übertragene Rentenanwartschaften betroffen sind, gilt § 4 Absatz 1 und 2 des Versorgungsausgleichsgesetzes entsprechend. [3]Als Ertrag des Rentenrechts gilt für die gesamte Dauer des Rentenbezugs der Unterschiedsbetrag zwischen dem Jahresbetrag der Rente und dem Betrag, der sich bei gleichmäßiger Verteilung des Kapitalwerts der Rente auf ihre voraussichtliche Laufzeit ergibt; dabei ist der Kapitalwert nach dieser Laufzeit zu berechnen. [4]Der Ertrag des Rentenrechts (Ertragsanteil) ist aus der nachstehenden Tabelle zu entnehmen:

Bei Beginn der Rente vollendetes Lebensjahr des Rentenberechtigten	Ertragsanteil in %	Bei Beginn der Rente vollendetes Lebensjahr des Rentenberechtigten	Ertragsanteil in %
0 bis 1	59	19 bis 20	50
2 bis 3	58	21 bis 22	49
4 bis 5	57	23 bis 24	48
6 bis 8	56	25 bis 26	47
9 bis 10	55	27	46
11 bis 12	54	28 bis 29	45
13 bis 14	53	30 bis 31	44
15 bis 16	52	32	43
17 bis 18	51	33 bis 34	42

Bei Beginn der Rente vollendetes Lebensjahr des Rentenberechtigten	Ertragsanteil in %	Bei Beginn der Rente vollendetes Lebensjahr des Rentenberechtigten	Ertragsanteil in %
35	41	63	20
36 bis 37	40	64	19
38	39	65 bis 66	18
39 bis 40	38	67	17
41	37	68	16
42	36	69 bis 70	15
43 bis 44	35	71	14
45	34	72 bis 73	13
46 bis 47	33	74	12
48	32	75	11
49	31	76 bis 77	10
50	30	78 bis 79	9
51 bis 52	29	80	8
53	28	81 bis 82	7
54	27	83 bis 84	6
55 bis 56	26	85 bis 87	5
57	25	88 bis 91	4
58	24	92 bis 93	3
59	23	94 bis 96	2
60 bis 61	22	ab 97	1
62	21		

[5]Die Ermittlung des Ertrags aus Leibrenten, die vor dem 1. Januar 1955 zu laufen begonnen haben, und aus Renten, deren Dauer von der Lebenszeit mehrerer Personen oder einer anderen Person als des Rentenberechtigten abhängt, sowie aus Leibrenten, die auf eine bestimmte Zeit beschränkt sind, wird durch eine Rechtsverordnung bestimmt;

b) Einkünfte aus Zuschüssen und sonstigen Vorteilen, die als wiederkehrende Bezüge gewährt werden;

1a. Einkünfte aus Leistungen und Zahlungen nach § 10 Absatz 1a, soweit für diese die Voraussetzungen für den Sonderausgabenabzug beim Leistungs- oder Zahlungsverpflichteten nach § 10 Absatz 1a erfüllt sind;

2. Einkünfte aus privaten Veräußerungsgeschäften im Sinne des § 23;

3. Einkünfte aus Leistungen, soweit sie weder zu anderen Einkunftsarten (§ 2 Absatz 1 Satz 1 Nummer 1 bis 6) noch zu den Einkünften im Sinne der Nummern 1, 1a, 2 oder 4 gehören, z. B. Einkünfte aus gelegentlichen Vermittlungen und aus der Vermietung beweglicher Gegenstände. [2]Solche Einkünfte sind nicht einkommensteuerpflichtig, wenn sie weniger als 256 Euro im Kalenderjahr betragen haben. [3]Übersteigen die Werbungskosten die Einnahmen, so darf der übersteigende Betrag bei Ermittlung des Einkommens nicht ausgeglichen werden; er darf auch nicht nach § 10d abgezogen werden. [4]Die Verluste mindern jedoch nach Maßgabe des § 10d die Einkünfte, die der Steuerpflichtige in dem unmittelbar vorangegangenen Veranlagungszeitraum oder in den folgenden Veranlagungszeiträumen aus Leistungen im Sinne des Satzes 1 erzielt hat oder erzielt; § 10d Absatz 4 gilt entsprechend;

4. Entschädigungen, Amtszulagen, Zuschüsse zu Kranken- und Pflegeversicherungsbeiträgen, Übergangsgelder, Überbrückungsgelder, Sterbegelder, Versorgungsabfindungen, Versorgungsbezüge, die auf Grund des Abgeordnetengesetzes oder des Europaabgeordnetengesetzes, sowie vergleichbare

Bezüge, die auf Grund der entsprechenden Gesetze der Länder gezahlt werden, und die Entschädigungen, das Übergangsgeld, das Ruhegehalt und die Hinterbliebenenversorgung, die auf Grund des Abgeordnetenstatuts des Europäischen Parlaments von der Europäischen Union gezahlt werden. [2]Werden zur Abgeltung des durch das Mandat veranlassten Aufwandes Aufwandsentschädigungen gezahlt, so dürfen die durch das Mandat veranlassten Aufwendungen nicht als Werbungskosten abgezogen werden. [3]Wahlkampfkosten zur Erlangung eines Mandats im Bundestag, im Europäischen Parlament oder im Parlament eines Landes dürfen nicht als Werbungskosten abgezogen werden. [4]Es gelten entsprechend

a) für Nachversicherungsbeiträge auf Grund gesetzlicher Verpflichtung nach den Abgeordnetengesetzen im Sinne des Satzes 1 und für Zuschüsse zu Kranken- und Pflegeversicherungsbeiträgen § 3 Nummer 62,

b) für Versorgungsbezüge § 19 Absatz 2 nur bezüglich des Versorgungsfreibetrags; beim Zusammentreffen mit Versorgungsbezügen im Sinne des § 19 Absatz 2 Satz 2 bleibt jedoch insgesamt höchstens ein Betrag in Höhe des Versorgungsfreibetrags nach § 19 Absatz 2 Satz 3 im Veranlagungszeitraum steuerfrei,

c) für das Übergangsgeld, das in einer Summe gezahlt wird, und für die Versorgungsabfindung § 34 Absatz 1,

d) für die Gemeinschaftssteuer, die auf die Entschädigungen, das Übergangsgeld, das Ruhegehalt und die Hinterbliebenenversorgung auf Grund des Abgeordnetenstatuts des Europäischen Parlaments von der Europäischen Union erhoben wird, § 34c Absatz 1; dabei sind die im ersten Halbsatz genannten Einkünfte für die entsprechende Anwendung des § 34c Absatz 1 wie ausländische Einkünfte und die Gemeinschaftssteuer wie eine der deutschen Einkommensteuer entsprechende ausländische Steuer zu behandeln;

5. Leistungen aus Altersvorsorgeverträgen, Pensionsfonds, Pensionskassen und Direktversicherungen. [2]Soweit die Leistungen nicht auf Beiträgen, auf die § 3 Nummer 63, § 10a oder Abschnitt XI angewendet wurde, nicht auf Zulagen im Sinne des Abschnitts XI, nicht auf Zahlungen im Sinne des § 92a Absatz 2 Satz 4 Nummer 1 und des § 92a Absatz 3 Satz 9 Nummer 2, nicht auf steuerfreien Leistungen nach § 3 Nummer 66 und nicht auf Ansprüchen beruhen, die durch steuerfreie Zuwendungen nach § 3 Nummer 56 oder die durch die nach § 3 Nummer 55b Satz 1 oder § 3 Nummer 55c steuerfreie Leistung aus einem neu begründeten Anrecht erworben wurden,

a) ist bei lebenslangen Renten sowie bei Berufsunfähigkeits-, Erwerbsminderungs- und Hinterbliebenenrenten Nummer 1 Satz 3 Buchstabe a entsprechend anzuwenden,

b) ist bei Leistungen aus Versicherungsverträgen, Pensionsfonds, Pensionskassen und Direktversicherungen, die nicht solche nach Buchstabe a sind, § 20 Absatz 1 Nummer 6 in der jeweils für den Vertrag geltenden Fassung entsprechend anzuwenden,

c) unterliegt bei anderen Leistungen der Unterschiedsbetrag zwischen der Leistung und der Summe der auf sie entrichteten Beiträge der Besteuerung; § 20 Absatz 1 Nummer 6 Satz 2 gilt entsprechend.

[3]In den Fällen des § 93 Absatz 1 Satz 1 und 2 gilt das ausgezahlte geförderte Altersvorsorgevermögen nach Abzug der Zulagen im Sinne des Abschnitts XI als Leistung im Sinne des Satzes 2. [4]Als Leistung im Sinne des Satzes 1 gilt auch der Verminderungsbetrag nach § 92a Absatz 2 Satz 5 und der Auflösungsbetrag nach § 92a Absatz 3 Satz 5. [5]Der Auflösungsbetrag nach § 92a Absatz 2 Satz 6 wird zu 70 Prozent als Leistung nach Satz 1 erfasst. [6]Tritt nach dem Beginn der Auszahlungsphase zu Lebzeiten des Zulageberechtigten der Fall des § 92a Absatz 3 Satz 1 ein, dann ist

a) innerhalb eines Zeitraums bis zum zehnten Jahr nach dem Beginn der Auszahlungsphase das Eineinhalbfache,
b) innerhalb eines Zeitraums zwischen dem zehnten und 20. Jahr nach dem Beginn der Auszahlungsphase das Einfache
des nach Satz 5 noch nicht erfassten Auflösungsbetrags als Leistung nach Satz 1 zu erfassen; § 92a Absatz 3 Satz 9 gilt entsprechend mit der Maßgabe, dass als noch nicht zurückgeführter Betrag im Wohnförderkonto der noch nicht erfasste Auflösungsbetrag gilt. [7]Bei erstmaligem Bezug von Leistungen, in den Fällen des § 93 Absatz 1 sowie bei Änderung der im Kalenderjahr auszuzahlenden Leistung hat der Anbieter (§ 80) nach Ablauf des Kalenderjahres dem Steuerpflichtigen nach amtlich vorgeschriebenem Muster den Betrag der im abgelaufenen Kalenderjahr zugeflossenen Leistungen im Sinne der Sätze 1 bis 3 je gesondert mitzuteilen. [8]Werden dem Steuerpflichtigen Abschluss- und Vertriebskosten eines Altersvorsorgevertrages erstattet, gilt der Erstattungsbetrag als Leistung im Sinne des Satzes 1. [9]In den Fällen des § 3 Nummer 55a richtet sich die Zuordnung zu Satz 1 oder Satz 2 bei der ausgleichsberechtigten Person danach, wie eine nur auf die Ehezeit bezogene Zuordnung der sich aus dem übertragenen Anrecht ergebenden Leistung zu Satz 1 oder Satz 2 bei der ausgleichspflichtigen Person im Zeitpunkt der Übertragung ohne die Teilung vorzunehmen gewesen wäre. [10]Dies gilt sinngemäß in den Fällen des § 3 Nummer 55 und 55e. [11]Wird eine Versorgungsverpflichtung nach § 3 Nummer 66 auf einen Pensionsfonds übertragen und hat der Steuerpflichtige bereits vor dieser Übertragung Leistungen auf Grund dieser Versorgungsverpflichtung erhalten, so sind insoweit auf die Leistungen aus dem Pensionsfonds im Sinne des Satzes 1 die Beträge nach § 9a Satz 1 Nummer 1 und § 19 Absatz 2 entsprechend anzuwenden; § 9a Satz 1 Nummer 3 ist nicht anzuwenden. [12]Wird auf Grund einer internen Teilung nach § 10 des Versorgungsausgleichsgesetzes oder einer externen Teilung nach § 14 des Versorgungsausgleichsgesetzes ein Anrecht zugunsten der ausgleichsberechtigten Person begründet, so gilt dieser Vertrag insoweit zu dem gleichen Zeitpunkt als abgeschlossen wie der Vertrag der ausgleichspflichtigen Person, wenn die aus dem Vertrag der ausgleichspflichtigen Person ausgezahlten Leistungen zu einer Besteuerung nach Satz 2 führen.

Einkommensteuer-Durchführungsverordnung:

§ 55 *Ermittlung des Ertrags aus Leibrenten in besonderen Fällen*

(1) **Der Ertrag des Rentenrechts ist in den folgenden Fällen auf Grund der in § 22 Nr. 1 Satz 3 Buchstabe a Doppelbuchstabe bb des Gesetzes aufgeführten Tabelle zu ermitteln:**

1. **bei Leibrenten, die vor dem 1. Januar 1955 zu laufen begonnen haben. [2]Dabei ist das vor dem 1. Januar 1955 vollendete Lebensjahr des Rentenberechtigten maßgebend;**
2. **bei Leibrenten, deren Dauer von der Lebenszeit einer anderen Person als des Rentenberechtigten abhängt. [2]Dabei ist das bei Beginn der Rente, im Fall der Nummer 1 das vor dem 1. Januar 1955 vollendete Lebensjahr dieser Person maßgebend;**
3. **bei Leibrenten, deren Dauer von der Lebenszeit mehrerer Personen abhängt. [2]Dabei ist das bei Beginn der Rente, im Fall der Nummer 1 das vor dem 1. Januar 1955 vollendete Lebensjahr der ältesten Person maßgebend, wenn das Rentenrecht mit dem Tod des zuerst Sterbenden erlischt, und das Lebensjahr der jüngsten Person, wenn das Rentenrecht mit dem Tod des zuletzt Sterbenden erlischt.**

(2) [1] **Der Ertrag der Leibrenten, die auf eine bestimmte Zeit beschränkt sind (abgekürzte Leibrenten), ist nach der Lebenserwartung unter Berücksichtigung der zeitlichen Begrenzung zu ermitteln.** [2] **Der Ertragsanteil ist aus der nachstehenden Tabelle zu entnehmen.** [3] **Absatz 1 ist entsprechend anzuwenden.**

Beschränkung der Laufzeit der Rente auf . . . Jahre ab Beginn des Rentenbezugs (ab 1. Januar 1955, falls die Rente vor diesem Zeitpunkt zu laufen begonnen hat)	Der Ertragsanteil beträgt vorbehaltlich der Spalte 3 . . . Prozent	Der Ertragsanteil ist der Tabelle in § 22 Nr. 1 Satz 3 Buchstabe a Doppelbuchstabe bb des Gesetzes zu entnehmen, wenn der Rentenberechtigte zu Beginn des Rentenbezugs (vor dem 1. Januar 1955, falls die Rente vor diesem Zeitpunkt zu laufen begonnen hat) das . . .te Lebensjahr vollendet hatte
1	2	3
1	0	entfällt
2	1	entfällt
3	2	97
4	4	92
5	5	88
6	7	83
7	8	81
8	9	80
9	10	78
10	12	75
11	13	74
12	14	72
13	15	71
14–15	16	69
16–17	18	67
18	19	65
19	20	64
20	21	63
21	22	62
22	23	60
23	24	59
24	25	58
25	26	57
26	27	55
27	28	54
28	29	53
29–30	30	51
31	31	50
32	32	49
33	33	48
34	34	46
35–36	35	45
37	36	43
38	37	42
39	38	41
40–41	39	39
42	40	38
43–44	41	36
45	42	35
46–47	43	33

Beschränkung der Laufzeit der Rente auf . . . Jahre ab Beginn des Rentenbezugs (ab 1. Januar 1955, falls die Rente vor diesem Zeitpunkt zu laufen begonnen hat)	**Der Ertragsanteil beträgt vorbehaltlich der Spalte 3 . . . Prozent**	**Der Ertragsanteil ist der Tabelle in § 22 Nr. 1 Satz 3 Buchstabe a Doppelbuchstabe bb des Gesetzes zu entnehmen, wenn der Rentenberechtigte zu Beginn des Rentenbezugs (vor dem 1. Januar 1955, falls die Rente vor diesem Zeitpunkt zu laufen begonnen hat) das . . .te Lebensjahr vollendet hatte**
1	**2**	**3**
48	**44**	**32**
49–50	**45**	**30**
51–52	**46**	**28**
53	**47**	**27**
54–55	**48**	**25**
56–57	**49**	**23**
58–59	**50**	**21**
60–61	**51**	**19**
62–63	**52**	**17**
64–65	**53**	**15**
66–67	**54**	**13**
68–69	**55**	**11**
70–71	**56**	**9**
72–74	**57**	**6**
75–76	**58**	**4**
77–79	**59**	**2**
ab 80	**Der Ertragsanteil ist immer der Tabelle in § 22 Nr. 1 Satz 3 Buchstabe a Doppelbuchstabe bb des Gesetzes zu entnehmen.**	

Einkommensteuer-Richtlinien/Verwaltungsschreiben: EStR 22.1–22.9/EStH 22.1–22.10 – *BMF* 13.9.10 BStBl I 10, 681 (zu Vorsorgeaufwendungen und Altersbezügen; geändert durch *BMF* 19.8.13 BStBl I 13, 1087, Rz 190–269 (zu § 22 Nr 1 S 3 Buchst a) und *BMF* 10.1.14 BStBl I 14, 70. – *BMF* 31.3.10, BStBl I 10, 270 („5. Aufl"), abgelöst durch *BMF* 24.7.13, BStBl I 13, 1022 („6. Aufl"), Rz 121–189 (zu § 22 Nr 5); *BMF* 13.1.14 BStBl I 14, 97 (einzelne Änderungen)

Übersicht Rz

I. Grundaussage

Schrifttum (vor 2014 s Vorauflagen): *Myßen/Killat,* Renten, Raten, Dauernde Lasten, 15. Aufl, 2014 (zit *RRDL*); *Weber-Grellet,* Besteuerung wiederkehrender Bezüge (einschl Altereinkünfte), 2014, LdR 6/153. – *Musil,* Die Besteuerung der Renten mobiler ArbN, FR 14, 45; *Schrehardt,* BMF v 10.1. und 13.1.2014, DStR 14, 617; *Myßen/Fischer,* Stl Förderung der privaten Altersvorsorge, DB 14, 617; *Förster,* Aktuelle Rspr des BFH …, BetrAV 14, 352.

1. Besteuerungsgegenstand. – a) Tatbestände und Steuerbarkeit. Die §§ 22, 23 enthalten eine abschließende Aufzählung weiterer – subsidiärer – Besteuerungstatbestände und zwar: – ***(1)* Wiederkehrende Bezüge,** insb Leibrenten aus Altersrentenversicherungen (§ 22 Nr 1 S 3 Buchst a/aa), Erträge aus (nicht begünstigten) Rentenrechten (§ 22 Nr 1 S 3 Buchst a/bb) mit dem Ertragsanteil, Erträge aus Realsplitting (§ 22 Nr 1a iVm § 10 Ia Nr 1), Einkünfte aus Versorgungsleistungen (Vermögensübergabe; § 22 Nr 1a iVm § 10 Ia Nr 2), Einkünfte aus Zahlungen aus dem Versorgungsausgleich (§ 22 Nr 1a iVm § 10 Ia Nr 3, 4); Leibrenten als Gegenleistung für eine freiberufl Tätigkeit können unter §§ 18, 24 Nr 2 fallen (*RRDL*[15] Rz 1056). – ***(2)* Einkünfte aus privaten Veräußerungsgeschäften** iSd § 23 (§ 22 Nr 2). – ***(3)* Einkünfte aus sonstigen Leistungen,** zB Einkünfte aus gelegentl Vermittlungen und aus der Vermietung bewegl Gegenstände (§ 22 Nr 3). – ***(4)* Abgeordnetenbezüge** (§ 22 Nr 4). – ***(5)* Leistungen aus Altersvorsorgeverträgen** und aus betriebl Altersversorgung (§ 22 Nr 5). – Zusammengefasst werden also von § 22 erfasst: Rentenbezüge, Transferbezüge (nach Maßgabe des Korrepondenzprinzips) und Leistungsbezüge (Veräußerungserlöse, sonstige Leistungen; Abgeordnetentätigkeit). 1

Das **gemeinsame Band** (und die Besteuerungslegitimation) aller Einkunftstatbestände des EStG ist die **Leistung;** das EStG besteuert (entgeltl) Leistungen. Diese Aussage gilt für gewerbl Einkünfte, für Einkünfte aus nichtselbständiger Tätigkeit und auch für alle anderen Einkunftsarten, eben auch für Renten und für „sonstige Leistungen". Renteneinkünfte sind daher (nur) **stbar,** wenn sie auf **Leistungen** beruhen; die äußere Form der Wiederholung ist nicht maßgebl (*Weber-Grellet* FR 15, 48).

2 **b) Einkunftserzielungsabsicht.** Auch § 22 verlangt (bei WK-Überschuss) nach der BFH-Rspr eine Einkunftserzielungsabsicht in Gestalt eines Total-Überschusses (Ausführl zur Überschussprognose BFH X R 25/01 BStBl II 06, 228; BFH IX R 23/03 BStBl II 06, 248; *Kulosa* HFR 05, 103; BFH X R 18/11 BStBl II 14, 15); einheitl Beurteilung von Leib- und Bonusrente (BFH X R 3/06 BStBl II 06, 870), voraussichtl Einnahmen des überlebenden Ehegatten sind einzubeziehen (BFH X R 29/02 DStR 05, 326); Kündigungsmöglichkeit des Rentenversicherers allein nicht schädl (BFH X R 2/07 BFH/NV 10, 1251); zu fremdfinanzierter Rente s Rz 91. Ein weiteres subj Element wie bei der Liebhaberei (§ 15 Rz 24f) wird nicht verlangt (*Weber-Grellet* DStR 12, 1253/6; zu § 23s dort Rz 2.

3 **2. Übersicht über die Rentenbesteuerung. – a) Neuregelung.** Die Besteuerung der Renten ist durch das AltEinkG vom 5.7.2004 neu geregelt worden (*Weber-Grellet* LdR 6/153 A III); die Neuregelung ist seit dem 1.1.2005 in Kraft. Anlass waren Entscheidungen des BVerfG, die die ungleichmäßige Besteuerung von Alterseinkünften gerügt hatten. Zugrunde liegt dem AltEinkG das **„Drei-Schichten-Modell"** der Rürup-Kommission: ***1. Schicht:*** Basisversorgung (Versorgung durch gesetzl RV, durch die landwirtschaftl Alterskassen, die berufsständischen Versorgungseinrichtungen und die kapitalgedeckte Altersversorgung in Gestalt einer privaten Basis-Rente, die sog. Rürup-Rente) – im Grundsatz Vollbesteuerung. – ***2. Schicht:*** Zusatzversorgung (betriebl Altersvorsorge und Riester-Rente) – im Grundsatz Vollbesteuerung. – ***3. Schicht:*** Kapitalanlageprodukte (können, müssen aber nicht der Alterssicherung dienen) – im Grundsatz Ertragsanteilsbesteuerung.

lEinz BFH X R 37/08 BStBl II 11, 628; BFH X R 19/09 BFH/NV 11, 1489: *1. Schicht:* Basisversorgung (gesetzl Rente und „Rürup" [monatl lebenslange Rente; nicht vor 60/62, zur Anhebung der Altersgrenze s *BMF* BStBl I 12, 238; nicht vererbbar/nicht veräußerbar]; § 10 Rz 63); *2. Schicht:* Betriebsrente und „Riester" (§ 10a Rz 1; § 22 Nr 5; Rz 125; *Weißflog* SteuerStud 10, 628); *3. Schicht:* private ungeförderte Rente (Kapitalanlageprodukte). Werden die Voraussetzungen des 10 I Nr 2 S 1 Buchst b (s § 10 Rz 63) also nicht erfüllt, bleibt es bei der Ertragsanteilsbesteuerung (§ 22 Nr 1 S 3 Buchst a/bb S 4; Rz 94; *Förster* BetrAV 14, 353).

Ende 2013 bestanden 15,89 Mio **Riesterverträge;** die Altersvorsorgekonten (Eigenbeiträge und Zulagen) betrugen Ende 2012 insgesamt 56 Mrd € (*Kröger* BetrAV 14, 373).

Ab 2005 wird – bei steuerl begünstigten Renten – der Besteuerungsanteil zunächst auf 50% festgesetzt; damit wird praktisch die Rückzahlung des stfreien ArbG-Anteils erfasst, so dass eine Sofortbesteuerung von 50% mögl ist. Bis zum Jahr 2020 wird der Besteuerungsanteil jährlich um 2% erhöht, ab 2021 um 1%, so dass die volle Steuerbarkeit erst im Jahr 2041 erreicht wird. Der Besteuerungsanteil bleibt nach dem sog. Kohortenprinzip unverändert. Der stfreie Anteil wird festgeschrieben, Erhöhungen entfallen auf den steuerbaren Anteil (§ 22 Nr 1 S 3 Buchst a/aa S 3 und 5). Erfasst werden grds alle Zahlungen aus der jeweiligen Versicherung, soweit sie nicht ausdrückl stfrei gestellt worden sind. Der Abzug der entspr Aufwendungen ist beschränkt (§ 10 III 1), ab 2005 zunächst 60%, jedes Jahr steigt dieser Anteil um 2%, so dass 2025 der volle Abzug von 100% vorgenommen werden kann; 2015 betrug der Höchstbetrag 80 vH von 22 172 €. – **Rentenbeiträge** sind SA, keine WK (Rz 89). – Entspr wird der Vorwegabzug von Vorsorgeaufwendungen durch Selbständige ab 2011 sukzessive abgebaut.

b) Grundsätze der Rentenbesteuerung nach dem AltEinkG. – aa) Grundsatz der nachgelagerten Vollbesteuerung. Das AltEinkG beruht auf dem Prinzip der nachgelagerten Besteuerung, dem die Annahme einer „intertemporalen Korrespondenz" zugrunde liegt. Die Einzahlungen in die Rente sind sofort abziehbar, die Auszahlungen werden später bei Zufluss besteuert; steuerl sind also – entspr der Funktion von Altersrenten – die Einzahlungsphase und die Auszahlungsphase getrennt. – Dem Grundsatz nach ordnet der Gesetzgeber die Rentenbezüge als „normale" Einkunftsart ein (Grundsatz der vollen nachgelagerten Besteuerung). Prinzipiell sind alle „Erwerbsaufwendungen" vorab abzuziehen (s aber § 10 III; Rz 89); nach Rentenbeginn sind alle späteren Einnahmen zu erfassen, auch einmalige Kapitalauszahlungen als „andere Leistungen". Wegen der Doppelnatur der „Rentenerwerbsaufwendungen" hat der Gesetzgeber diese als SA eingeordnet und der Höhe nach begrenzt. 4

bb) Grundsatz der Besteuerung nach Maßgabe der Vorbelastung. Die Vollbesteuerung kommt nur zum Zuge, wenn die entspr Aufwendungen in der Aufbauphase steuerl entlastet worden sind. In der Aufbauphase nicht steuerl begünstigte (also aus dem versteuerten Einkommen finanzierte) Renten, die auf ungeförderten Beiträgen beruhen, werden weiterhin nur mit dem **Ertragsanteil** erfasst, also keine nachgelagerte Vollbesteuerung, sondern Besteuerung nur des Ertragsanteils. Die Ertragsanteilsbesteuerung nach § 22 Nr 1 S 3 Buchst a/bb kommt insb für Renten in Betracht, deren Beiträge nicht nach § 10 Abs. 1 Nr 2 S 1 Buchst b abgezogen werden konnten, zB Leistungen aus umlagefinanzierten Versorgungseinrichtungen. 5

cc) Altersvorsorge; betriebl Altersversorgung. In zu § 22 Nr 1 S 3 Buchst a vergleichbarer Weise regelt § 22 Nr 5 die Besteuerung von Leistungen aus Altersvorsorgeverträgen und aus betriebl Altersversorgung: Beruhen die Leistungen (zB in Zusammenhang mit einer Riesterrente oder mit Leistungen iRd betriebl Altersvorsorge) auf entlasteten bzw geförderten Beiträgen, werden die Renten nach § 22 Nr 5 S 1 voll besteuert. – Beruhen die Leistungen hingegen auf nicht geförderten Beiträgen, ist nach § 22 Nr 5 S 2 die Besteuerung abw vom Grundsatz der vollen nachgelagerten Besteuerung nach der Art der Leistung vorzunehmen; soweit die Leistungen nicht auf Beiträgen nach § 3 Nr 55b, Nr 55c, Nr 63, § 10a oder Abschnitt XI beruhen, ist *(1)* bei lebenslangen Renten sowie bei Berufsunfähigkeits-, Erwerbsminderungs- und Hinterbliebenenrenten Nr 1 S 3 Buchst a [wohl Doppelbuchst bb; BFH X R 43/11 DStRE 16, 79 Rz 41] entspr anzuwenden, *(2)* bei Leistungen aus Versicherungsverträgen, Pensionsfonds, Pensionskassen und Direktversicherungen, die nicht solche nach Buchst a sind (also Kapitalauszahlungen), ist § 20 Abs. 1 Nr 6 entspr anzuwenden (also wohl der Gesamt-Unterschiedsbetrag), und *(3)* unterliegt bei anderen Leistungen (wohl variable Leistungen, Teilauszahlungen, zB Überschussbeteiligung), der Unterschiedsbetrag zwischen der Leistung und der Summe der auf sie entrichteten Beiträge der Besteuerung. In welchem Umfang die Leistungen in der Auszahlungsphase besteuert werden, richtet sich demnach danach, ob die in der Ansparphase eingezahlten Beiträge in vollem Umfang, teilweise oder gar nicht gefördert worden sind; ggfs. sind die entspr Leistungen aufzuteilen. 6

dd) Systematisch unterschiedl Ansatz. Während Nr 5 an die konkrete Vorbelastung (Beitragsent- bzw -belastung) anknüpft und ggf eine Aufteilung verlangt, stellt Nr 1 typisierend auf die Art der Rente ab; nur für 10 Jahre lang geleistete Überbeiträge erlaubt § 22 Nr 1 S 3 Buchst a/bb (ausnahmsweise) die Differenzierung nach ent- und belasteten Beiträgen: Im Bereich der Basisversorgung wird die Entlastung unterstellt, so dass die generelle Vollbesteuerung legitimiert ist; im Bereich der Zusatzversorgung wird hingegen konkret darauf abgestellt, ob die Zuflüsse auf entlasteten Beiträgen beruhen. – Das bedeutet, dass alle Renten, die die Voraussetzungen des § 22 Nr 1 S 3 Buchst a/aa erfüllen, unabhängig von ihrer 7

Vorbelastung voll (und nicht nur mit dem Ertragsanteil) zu besteuern sind; eine übermäßige Besteuerung ist dann nach den „Doppelbesteuerungsgrundsätzen" zu prüfen; stellt sich dabei heraus, dass die nicht entlasteten Beiträge die stfreien Rentenzuflüsse übersteigen, ist die steuerbare Rente iHd Differenzbetrags nur mit dem Ertragsanteil zu erfassen.

8 **3. Subsidiarität.** Bestimmte wiederkehrende Einnahmen werden vorrangig nach § 2 I Nr 1–6 besteuert, zB alle betriebl wiederkehrenden Bezüge (vgl § 4 Rz 75, 410; § 16 Rz 221; *Weber-Grellet* LdR 6/153 C); § 18 (FG SchlHol DStRE 15, 141, Rev VIII R 21/14); ArbLohn (§ 19; FG Köln EFG 14, 1391, Rev X R 39/14), Zinsen aus KapVerm (§ 20), Mieten (§ 21). § 22 tritt grds hinter alle anderen Einkunftsarten zurück, so Nr 1 S 1 (Rz 50 ff), Nr 3 S 1 (Rz 131), Nr 2 iVm § 23 (§ 23 Rz 1), auch bei Besteuerung über § 24 Nr 2 (BFH IV R 174/73 BStBl II 76, 487; FG SchlHol EFG 14, 1191, Rev VIII R 21/14). **Ausnahmen:** *(1)* Ab VZ 1994 tritt § 17 hinter § 23 I Nr 2 gem § 23 II 2 zurück (s dort Rz 1; vor 1994 abw Rspr s 16./19. Aufl mN); ab VZ 2009 ist § 23 II 2 aufgehoben; – *(2)* **§ 22 Nr 5 nF** (Sonderregel; Rz 125).

9 **4. Abschließende Aufzählung.** § 22 enthält eine abschließende Aufzählung der „sonstigen" Besteuerungstatbestände, die jedoch ihrerseits nur beispielhaft ausgefüllt sind (vgl Gesetzeswortlaut § 22 Nr 1 S 3 „auch", Nr 3 „zB").

10 **5. Verfassungsmäßigkeit.** Der BFH hat in zahlreichen Entscheidungen die Verfassungsmäßigkeit der Regelungen bejaht; weder die Altregelung, die Übergangsregelung noch die Neuregelung sind angreifbar (vgl BFH X R 15/07 BStBl II 09, 710, BFH X R 34/07 DStRE 10, 85; BFH VI R 83/10 BStBl II 13, 573; BFH X B 242/12 BFH/NV 13, 1576; FG BBg EFG 15, 1439, Rev X R 2/15; *Weber-Grellet* DStR 12, 1253/5); das BVerfG hat entspr VerfBeschw zurückgewiesen (ua BVerfG 29.11.15 2 BvR 2683/11 DStR 15, 2757; dazu *Weber-Grellet* FR 16, 85). Zu beachten ist aber das Verbot der Doppelbesteuerung; iEinz Rz 90.

II. Private wiederkehrende Bezüge; Arten und Begriffe

Schrifttum (Auswahl; vor 2012 s Vorauf1): *Myßen/Killat,* Renten, Raten, Dauernde Lasten, 15. Aufl 2014. – *Weber-Grellet,* Rentenbesteuerung im Lichte der neueren BFH-Rspr, DStR 12, 1253.

11 **1. Wiederkehrende Bezüge (Oberbegriff). – a) Bezüge.** Das sind Einnahmen in Geld oder Geldeswert einschließl Zuschüssen und sonstigen Vorteilen (§ 22 Nr 1 S 3 Buchst b; Rz 99; EStH 22.1). Zu unterscheiden sind Renten (Rz 20), dauernde Lasten (Rz 47) und (Kaufpreis-)Raten (Rz 14). Die Steuerbarkeit wiederkehrender Bezüge folgt nicht aus ihrer äußeren Form (*RRDL* Rn 57; Rz 1); die regelmäßige Wiederkehr von Bezügen (etwa von Ehegatten-Unterhaltszahlungen) als solche reicht nicht aus (BFH X R 18/03 BStBl II 04, 1047). – Zu unterscheiden ist zw der unentgeltl Vermögensübertragung und entgeltl wiederkehrenden Leistungen im Austausch mit einer Gegenleistung; diese sind generell in einen Zins- und einen Tilgungsanteil zu zerlegen (*HHR* Anm 172; *Brandenberg* NWB 3, 14089).

12 **b) Vermögenswerte Zuflüsse.** Solche sind zB: Geld, freie Kost und Wohnung (dazu Rz 48), Strom, Wasser, Heizung (BFH X R 14/89 BStBl II 93, 23 mwN), Kleidung, Übernahme der KV, der Steuern und sonstiger Aufwendungen. Zu Altenteilsleistungen s Rz 105; zu Grabpflegekosten s BFH XI R 10/85 BFH/NV 92, 295; zu Wohnungsinstandhaltung BFH X B 198/97 BFH/NV 98, 1467: abl zur Übernahme öffentl Lasten, die der Übernehmer als Eigentümer schuldet. Zu Schuldzinsen s – zR abl – BFH X R 120/98 DStR 02, 77. Die **eigene Arbeitsleistung** zählt mangels Aufwendungen nicht dazu, so dass wiederkehrende persönl Dienstleistungen des Verpflichteten weder bei den Bezügen iSv § 22 Nr 1 noch bei den Aufwendungen iSv (jetzt) § 10 Ia Nr 2 erfasst werden (glA BFH IV R 174/80 BStBl II 84, 97 zu 2b, str; vgl auch BFH XI R 9/84 BStBl II 91, 794: kapitalisierte Pflegeverpflichtung keine AK). Anders aber bei Gestellung einer

fremden Arbeitskraft (glA BFH X R 35/89 BStBl II 92, 552). – Die **Bewertung** der Sachbezüge erfolgt grds durch Schätzung der tatsächl Werte (§ 8 II; vgl auch § 10 Rz 146; ältere Rspr s 34. Aufl).

c) Wiederkehrend. Das sind Bezüge, die auf Grund eines einheitl Entschlusses oder eines einheitl Rechtsgrundes wiederholt (dh wohl entspr § 11 Rz 25 mehr als einmal, str) mit einer gewissen Regelmäßigkeit erbracht werden (zB BFH VIII R 79/91 BStBl II 95, 121; *RRDL* Rn 26f; *Blümich/Nacke* Rz 29). Auch einmalige Zahlungen (iRe Rente) können erfasst werden (BFH X B 142/09 BFH/NV 10, 1275; BFH VIII R 38/10 DStR 15, 1371 – „Schweizer Vorbezug"; Rz 92). – Weitere notwendige Begriffsvoraussetzungen bestehen nicht (*HHR* Anm 113f), also nicht: *(1)* Mindestdauer (BFH IX R 35/13 BStBl II 15, 795; *RRDL* Rn 18), *(2)* Leistungsverpflichtung (Einschränkung: § 22 Nr 1 S 2, § 12 Nr 2, s Rz 66, und § 9 I Nr 1, § 10 Ia Nr 2), *(3)* Gleichmäßigkeit der Leistungen (Ausnahme: Renten, Rz 23), *(4)* Stammrecht. 13

d) Nicht wiederkehrend. Kaufpreisraten (bei fest vereinbartem, aber gestundeten Kaufpreis; Rz 71, 97; § 10 Rz 147) und andere (berechenbare) Kapitalzahlungen (Kapitalrückzahlungen) im „Vermögensbereich", die in wiederkehrende Leistungen zerlegt („gestreckt") werden, sind *keine* wiederkehrenden Bezüge in diesem Sinne (Rz 71 ff, BFH X R 39/98 02, 246; *Stoll* aaO Rz 59f, 1009 ff; *RRDL* Rn 46; *HHR* Anm 359), also nicht nach § 22 stbar. 14

Beispiele: *(1)* Ratenweise Darlehensrückzahlung. – *(2)* Raten- oder rentenweise Auszahlung einer Erbschaft oder sonstiger Vermögensansprüche (BFH X R 187/87 BStBl II 93, 298) oder Verzicht auf Erb-, Pflichtteils- oder Vermächtnisansprüche gegen Ratenzahlung (BFH X R 132/95 BStBl II 00, 82; BFH VIII R 43/06 BStBl II 10, 818). Wiederkehrende Bezüge unter Verzicht auf Erbansprüche in Übergabeverträgen können als Gleichstellungsgelder in den Einkünftebereich fallen (Veräußerungsvorgang – fragl, ob anschließende Besteuerung nach § 22 Nr 1) oder als Versorgungsleistungen in den privaten Unterhaltsbereich (s zu Altenteils- und Vermögensübergabeverträgen Rz 105). – *(3)* Wiederkehrende Tilgung einer Zugewinn-Ausgleichsforderung BFH VIII R 59/89 II 92, 809). – *(4)* Renteneinkauf des geschiedenen Ehegatten (§ 1587b III aF BGB, s Rz 115). – *(5)* Zu LV-Leistungen s Rz 51. – *(6)* Entgeltl Wohnrechtserwerb s BFH X R 11/84 BStBl II 90, 13; Erbbauzinszahlungen s BFH X R 43/89 BStBl II 91, 175 (s § 21 Rz 7). Nießbrauchsablösung außerhalb der Vermögensübergabe gegen Versorgungsleistungen s BFH X R 91/89 BStBl II 96, 666; *BayLfSt* DStR 11, 312; krit *Meyer/Ball* DStR 11, 1211; Rz 105. – *(7)* Mindestrenten sind grds Kaufpreis (s Rz 102 zu Abgrenzung von Kaufpreisraten zur verlängerten Leibrente, zu abgekürzten Leibrenten s Rz 43, zu anderen stbaren Kapitalrenten Rz 51). Die Gegenleistung übersteigende Zahlungen fallen nach Ansicht des X. Senats auch nicht mehr unter § 22 Nr 1 und (jetzt) § 10 Ia Nr 2 (s Rz 74). – *(8)* Trustausschüttungen als wiederkehrende Bezüge (*Birnbaum/Lohbeck/Pöllath* FR 07, 479/84).

2. Renten. – a) Begriff. Renten sind wiederkehrende gleichmäßige aleatorische Leistungen, die Geld oder vertretbare Sachen zum Gegenstand haben und sich auf einen „besonderen Verpflichtungsgrund" (§ 9 I Nr 1, § 10 Ia Nr 2) bzw auf ein „Rentenrecht" (§ 22 Nr 1 S 3a bb) zurückführen lassen (*Stoll* aaO Rz 15; *Meyering* StuB 08, 675; *Blümich/Nacke* Rz 35), zB Gesetz, VA, Vertrag, letztwillige Anordnung. – Bei Renten steht – im Unterschied zu Raten (Teilzahlungen eines gestundeten Kaufpreises) – wegen ihres **aleatorischen Charakters** (ganz bei der Leibrente, partiell bei der Zeitrente) der insgesamt zu entrichtende Betrag nicht fest. Nach hM müssen Renten eine bestimmte Mindestlaufzeit aufweisen (mE zweifelhaft, da das Zeitmoment irrelevant ist); diese liegt, soweit nicht eine Leibrente auf Lebenszeit läuft, idR bei 10 Jahren (vgl zu sog Zeitrenten BFH VI 12/62 U BStBl III 63, 563, s aber auch Rz 40; zu dauernden Lasten nach § 10 Ia Nr 2 BFH VI 102/64 HFR 65, 504). Zur Abkürzung einer Leibrente s Rz 43, zur Verlängerung Rz 46. – **Schriftform** nach § 761 BGB (Leibrente) oder notarielle Beurkundung nach § 518 BGB (Schenkung) sind für das StRecht unbeachtl (§ 41 AO; *KSM/Fischer* § 22 B 27; aA BFH VI 12/62 U BStBl III 63, 563). – Renten iSd § 22 sind in erster Linie (auch abgekürzte und verlängerte; Rz 100, 102) **Leib-** 20

renten. Bei (veräußerungs- oder darlehensähnl) sog **„Veräußerungsrenten/Gegenleistungsrenten"** (vgl § 29 Ziff 1 öEStG; auch sog Zeitrenten) wie auch bei anderen wiederkehrenden Leistungen (*RRDL* Rz 588f) ist ggf ein stbarer Zinsanteil herauszurechnen. Renteneinkünfte auch bei Finanzierung der Rente durch Dritte; keine mittelbare Rentenschenkung (FG BBg EFG 09, 749, rkr).

Die zivilrechtl Voraussetzung eines einheitl **Rentenstammrechts** (*Palandt* § 759 BGB Rz 7) ist strechtl eher unbedeutend (BFH X R 15/85 BFH/NV 1990, 227). Die unterschiedl Behandlung von Renten und dauernden Lasten beruht vorrangig auf dem Umstand, dass bei ungleichmäßigen Leistungen ein einheitl Zinsanteil nicht berechnet werden kann und damit auch eine Ausgrenzung des vermögensumschichtenden Teils nicht mögl ist.

Beispiele: Vertragl Rentenansprüche (Hausverkauf, LV, schenkweise eingeräumter Versorgungsanspruch). – Einheitl **private Berufsunfähigkeitsrente** trotz fortlaufender Gesundheitsprüfung (BFH X R 17/04 BFH/NV 05, 1259). – **Testamentarische** Ansprüche (BFH VI R 168/73 BStBl II 75, 882). – **Gesetzl** Ansprüche können nach neuerer Rspr unabhängig von der Begründung eines Rentenstammrechts unter § 22 fallen, wenn sie ihren Rechtsgrund in Leistungen des StPfl haben (wie etwa **Sozialversicherungs- mit Hinterbliebenenrenten,** s Rz 42); vgl BFH GrS 1/90 BStBl II 92, 78, zu C II 2; BFH X R 1/99 BFH/NV 02, 1436.

21 **b) Rentenarten.** Ab 2005 sind **drei Gruppen** zu unterscheiden: – ***(1)*** **Leibrenten aus gesetzl RV,** aus luf Alterskassen, aus berufsständischen Versorgungseinrichtungen und Leistungen aus kapitalgedeckter betriebl Altersversorgung (sog Rürup-Rente), Rz 91; – ***(2)*** **Leistungen aus Altersvorsorgeverträgen,** zB Riester-Rente; zertifizierter Altersvorsorgevertrag (LV, Investmentfonds-, Banksparpläne), Rz 125; – ***(3)*** **sonstige Leibrenten,** insb Leibrenten, zB umlagefinanzierte VBL-Renten; private RV; Rz 94. – **Schadenersatzrenten** zum Ausgleich vermehrter Bedürfnisse (BFH X R 31/07 BStBl II 09, 651) und **Schmerzensgeldrenten** sind nicht stbar (Rz 52; FG Nbg EFG 15, 931, Rev VI R 11/15; *RRDL* Rn 2361f). Renten aus der gesetzl Unfallversicherung (zB Berufsgenossenschaftsrente), Kriegs- und Schwerbeschädigtenrenten, Wiedergutmachungsrenten sind stfrei. – Zur **Betriebsveräußerungsrente** s Rz 72. **Betriebl Versorgungsrenten** werden (in voller Höhe) nach § 24 Nr 2 erfasst (BFH VIII R 11/96 BFH/NV 98, 835; *RRDL* Rn 971; *Weber-Grellet* LdR 6/153 C III). Zur Problematik **grenzüberschreitender betriebl Alterseinkünfte** *Richter* IStR 08, 546; *Weber-Grellet* LdR 6/153 A III 3f).

22 **c) Inhalt der Verpflichtung.** Rentenerträge müssen fortlaufend in Gestalt gleichmäßiger Leistungen von Geld oder vertretbaren Sachen wiederkehren (zB BFH X R 1/00 BFH/NV 2002, 1438); ein Wohnrecht kann daher keine Rente sein.

23 **d) Gleichmäßigkeit der Leistungen. – aa) Grundsatz.** Nur der Höhe nach gleich bleibende und in gleichmäßigen Zeitabständen zu erbringende Leistungen sind Renten. Maßgebl ist nicht die tatsächl Zahlung, sondern die Fälligkeit nach dem zugrunde liegenden Rechtsverhältnis, das zB Monatsraten von gleich bleibend 100 € vorsehen muss, die auch später keiner grundlegenden Änderung unterliegen dürfen. Das wird idR bei Geldleistungen und weniger bei Naturalleistungen in Betracht kommen; auch nicht bei der Höhe nach schwankenden fondsgebundenen „Renten" (so aber *Goverts/Schubert* DB 06, 1978). Die Rente kann für die Zukunft in eine dauernde Last umgewandelt werden (BFH X R 135/98 BStBl II 04, 24).

24 **bb) Unschädl Änderungsmöglichkeiten.** Die Entstehung oder der Fortbestand der Rente kann – im Gegensatz zu den Einzelleistungen – von besonderen Bedingungen abhängig gemacht werden (ältere Rspr s 34. Aufl).

25 **cc) Wertsicherungsklauseln.** Der Rentencharakter und die Gleichmäßigkeit des inneren Wertes der Rente werden nicht in Frage gestellt (BFH VI R 375/69 BStBl II 73, 680; *BMF* BStBl I 04, 922 Rz 48); so können die einzelnen Zah-

lungen an die Entwicklung der allg Lebenshaltungskosten (BFH VIII R 69/78 BStBl II 80, 501), an die Gehaltsentwicklung bestimmter Berufsgruppen oder Personen (zB BFH X R 85/94 BStBl II 97, 284) oder an die Anpassung der Sozialversicherungsrenten (BFH VI R 118/79 BStBl II 81, 265) geknüpft werden. Versorgungsverträge s Rz 28.

Automatische Gleitklauseln bedurften bis Ende 1999 häufig der **Genehmigung** der Bundesbank (vgl § 3 S 2 Währungsgesetz und 16. Aufl mwN); ab 1999 ist für noch nicht genehmigte Klauseln das Bundesamt für Wirtschaft und Ausfuhrkontrolle zuständig (§§ 2, 7 PreisklauselVO; ausführl *Wilkens* NWB F 21, 1365, auch zu Ausnahmen). Die Anpassung von Sozialversicherungsrenten und die Anrechnung solcher Renten ist ebenfalls unschädl (BFH VI R 118/79 BStBl II 81, 265). Unvorhergesehene Unregelmäßigkeiten in der Zahlweise müssen den Rentencharakter nicht in Frage stellen; so waren etwa Nachzahlungen aus der Sozialversicherung mit dem Ertragsanteil zu versteuern (BFH VIII R 184/72 BStBl II 76, 452; Rz 89). – Leibrente auch, wenn die Rentenleistungen materiell-rechtl von Voraussetzungen abhängig sind, die einer Wertsicherungsklausel entsprechen, selbst bei Bezugnahme auf § 323 ZPO (BFH X B 162/06 BFH/NV 07, 1501; ausführl *Risthaus* DB 07, 2109).

dd) Schädl Änderungsmöglichkeiten. Keine Rente (sondern dauernde Last) liegt vor bei *(1)* Abhängigkeit der Leistungen von variablen Bemessungsgrößen wie Umsatz oder Gewinn, Pacht- oder Mieteinnahmen (BFH IX R 46/88 BStBl II 95, 169), *(2)* bei sonstigen bedingten Einzelleistungen, die von außerhalb des Rentenvertrages liegenden Umständen abhängen (ältere Rspr s 34. Aufl). 26

ee) Abänderungsmöglichkeit nach § 323 ZPO. Hier unterscheidet die Rspr folgende Fälle: – **(1) Unterhaltsverträge.** Für Verträge ohne echte Gegenleistung (allenfalls Motiv) ergibt sich die Änderungsmöglichkeit unmittelbar aus § 323 ZPO. Eine Leibrente setzt daher den ausdrückl Ausschluss dieser Änderungsmöglichkeit voraus (zB BFH VI R 48/73 BStBl II 75, 881); anderenfalls entfallen die Abziehbarkeit/Steuerbarkeit nach § 12 Nr 2/§ 22 Nr 1 S 2 ganz (*RRDL* Rn 81f). 27

(2) Bei **Vermögensübergabeverträgen** reicht nach GrS 1/00 BStBl II 04, 95 die Bezugnahme auf § 323 ZPO aus (BFH X B 162/06 BFH/NV 07, 1501). Die Änderungsmöglichkeit kann sich wohl auch aus dem Vertragsinhalt, zB der **Rechtsnatur eines Versorgungsvertrages nach Vermögensübergabe** ergeben (BFH X R 11/03 BFH/NV 04, 1389; BFH X B 75/12 BFH/NV 13, 1574; dazu Rz 105); auch dann dauernde Last, wenn nur Sonderfälle wie Heimunterbringung ausgeschlossen sind (FG RhPf 1 K 2355/13 juris, Rev X R 8/14). 28

e) Möglichkeit der Aufspaltung wiederkehrender Bezüge. Der (Leib-) Rentencharakter einzelner Leistungsteile kann gesondert zu beurteilen sein, auch wenn sie auf derselben Rechtsgrundlage beruhen. Geldleistungen können unter den Rentenbegriff fallen, während Naturalleistungen idR dauernde Lasten darstellen (zB BFH VI R 108/77 BStBl II 80, 573). Selbst auf Geld beschr Leistungen können in Ausnahmefällen aufzuteilen sein (BFH VIII R 69/78 BStBl II 80, 501; s aber FG BaWü EFG 86, 557, rkr). Voraussetzung ist jedoch, dass es sich nach der Art der Vereinbarung nicht um eine – schwankende – Gesamtleistung, sondern um trennbare Einzelleistungen handelt (zB BFH IX R 16/83 BFH/NV 88, 294). Das gilt auch für Wohnrechtsnebenkosten (BFH XI R 1/88 BFH/NV 91, 678). Nur **geringfügige Taschengeldnebenleistungen** bis 50 € monatl zieht die Rspr zu den dauernden Lasten (BFH GrS 1/90 BStBl II 92, 78 unter C I 4c). Die Aufteilung einer Versorgungsrente in eine Veräußerungs- und eine Unterhaltsrente lehnt die Rspr dagegen grds ab (s Rz 70 ff). Bei Vermögensübergabe gegen Versorgungsleistungen (zB Altenteil) grds keine Aufspaltung – voller Abzug/Besteuerung als dauernde Last, auch iHd Geldanteils. **Teilentgeltl Vermögensübertragungen** s *BMF* BStBl I 04, 922 Rz 50 (grds Aufteilung wie bei vorweggenommener Erbfolge, *BMF* BStBl I 93, 80; Ausnahme bei unentgeltl Übertragungen, *BMF* BStBl I 04, 922 Rz 50). – Keine Aufspaltung bei Zusatzleistung im Fall der Pflegbedürftigkeit, also einheitl dauernde Last (FG Köln EFG 09, 1206, rkr). 30

40 **3. Zeitrente.** Das sind wiederkehrende Bezüge, die nicht auf Lebenszeit, sondern – ähnl Kaufpreisraten, Rz 14 – auf festgelegte Dauer zu entrichten sind (*Meyering* StuB 08, 675/6). Ihnen fehlt idR der Wagnischarakter einer Leibrente. Zur Abgrenzung von abgekürzten Leibrenten s Rz 43, 110, von verlängerten Leibrenten Rz 46, zur Besteuerung s Rz 85. – Wahlrecht zur Sofortbesteuerung nach EStR 16 XI (*Brandenberg* NWB 3, 14089). – Der Begriff ist eher überflüssig (*KSM/Fischer* § 22 B 95, 101; offen BFH X R 187/87 BStBl II 93, 298).

41 **4. Leibrente. – a) Allgemeines.** Keine Definition im EStG oder BGB. Ihr besonderer Charakter (Versorgung des Empfängers) liegt darin, dass sie auf die unbekannte Lebenszeit eines Menschen, meist des Empfängers (vgl aber § 55 I Nr 2, 3 EStDV), zugesagt wird (vgl BFH GrS 1/90 BStBl II 92, 78; EStR 22.3; *RRDL* Rn 1418f). Dadurch wird die Mindestlaufzeit von 10 Jahren ersetzt (dazu Rz 20); Nebenbestimmungen zur Verkürzung oder Verlängerung der Laufzeit sind jedoch mögl (Rz 43–46). Die übrigen Rentenvoraussetzungen müssen nach bisher hM gegeben sein (Rz 20); zur Bedeutung der „Gegenleistung" s Rz 70 und § 10 Rz 147. – § 22 Nr 1 S 3 Buchst a erfasst auch **„andere Leistungen"** (auf Veranlassung des FinA, BT-Drs 15/3004, 19), Teilkapitalisierungen (BFH X R 3/12 BStBl II 14, 58, aber ggf § 34; BFH X R 11/12 BFH/NV 14, 328; BFH X R 21/12 juris; FG RhPf EFG 15, 1441, Rev X R 23/15; *BMF* BStBl I 14, 70 Rz 205), Sterbegelder (aA FG BaWü 4 K 1203/1, juris, Rev X R 13/14; s auch § 22 Nr 4), nicht aber Rentennachzahlungszinsen (Vorrang des § 20; BFH VIII R 18/12 DStR 15, 2276; § 20 Rz 101).

42 **b) Einzelfälle.** § 22 Nr 1 erfasst alle beim Empfänger in den privaten Bereich fallenden Leibrenten, entgeltl und unentgeltl erworbene, gesetzl, testamentarische und vertragl, öffentl-rechtl und privatrechtl Versorgungs- und Veräußerungsrenten sowie einzelne Schadensrenten (s Rz 51); Nr 1 erfasst auch **Erwerbsminderungsrenten** und Hinterbliebenenrenten, die bisher nach § 55 II EStDV besteuert wurden; Grund ist die steuerl Entlastung der Beiträge (BFH X R 54/09 BStBl II 11, 910; BFH X R 1/10 BStBl II 11, 915; BFH X B 7/10 BFH/NV 12, 20; BFH X B 48/11 BFH/NV 13, 532; BR-Drs 2/04, 68; *Weber-Grellet* DStR 12, 1253/9). Hinterbliebenenrenten unterfallen nicht der Eigentumsgarantie (BFH X B 177/98 BFH/NV 09, 572). – Die Leistung kann beim Geber in den Bereich anderer Einkünfte, beim Empfänger in den privaten Bereich fallen.

Beispiele: Sozialversicherungsrenten (*FinVerw* DStR 99, 236; NWB F 3, 10745; zur rückwirkenden Bewilligung vgl FG Nds EFG 14, 1481, Rev X R 30/14; EStR 32b IV); **Hinterbliebenenrenten** (BFH X R 16/85 BStBl II 89, 551, Anm *oV* HFR 89, 547). Unter § 22 fallen das **Altersruhegeld** (vorgezogenes – s Rz 44) von Arbeitern und Angestellten, die eigene Beiträge geleistet haben (vgl BFH X R 105/95 BStBl II 96, 650 zu Bundesbahnrenten, Rz 53 zur Abgrenzung von § 19), **Rente aus privater LV oder Unfallversicherung** (BFH X B 132/10 BFH/NV 11, 1136; s aber Rz 51 mwN). Wiederkehrende Leistungen bei Vermögensübertragungen s Rz 105. Realsplitting s Rz 103. Versorgungsausgleich s Rz 115. Zu **DDR-Renten** s Zusammenstellung bei *BMF* BStBl I 93, 411, DB 93, 1591 und DStR 94, 428; zu Steuerfreiheit BStBl I 97, 728, Rz 58.

43 **5. Abgekürzte Leibrente, § 22 Nr 1 S 3 Buchst a/bb S 5; § 55 II EStDV. – aa) Begriff.** Rente auf Lebenszeit, höchstens aber auf eine bestimmte Zahl von Jahren (BFH X R 17/04 BFH/NV 05, 1259; BFH X B 74/05; nv; BFH X B 151/11 BFHNV 13, 534 (zu privater Berufsunfähigkeitsrente); EStR 22.4 V; *Meyering* StuB 08, 675/7). Die Höhe des jeweiligen Ertragsanteils wurde durch AltEinkG gesenkt (BStBl I 04, 554/68). Str ist, ob die Laufzeit mindestens 10 Jahre betragen muss; zR abl BFH X R 1/92 BStBl II 94, 353. **Rechtsfolgen** Rz 100; Abgrenzung zu Zeitrente s Rz 40, BFH IX R 2/82 BStBl II 86, 261. – Die **Erwerbsunfähigkeitsrente/Erwerbsminderungsrente** (aus der gesetzl RV) wird von § 22 Nr 3 Buchst a/aa erfasst (Rz 42); zur Fortsetzung (als Altersrente) *BMF* BStBl I 13, 1087 Rz 224; zur Nachzahlung Rz 90. Der Rentenbescheid ist kein Grundlagenbescheid für die Rentenbezugsdauer (BFH X R 34/06 BFH/NV 09, 1826).

bb) Beispiele: Invalidenrenten (Erwerbs-/Berufsunfähigkeitsrenten von Arbeitern/Angestellten; BFH X R 17/04 BFH/NV 05, 1259: Ertragsanteilsberechnung). Zu Umwandlung in Altersrente s *FinVerw* DB 94, 606; EStR 22.3 VII; nach BFH X R 60/90 BStBl II 91, 89 auch Zusatzrenten. **Nicht** vorgezogenes **Altersruhegeld** (BFH X R 56/90 BStBl II 91, 688) oder **Altersrente wegen Arbeitslosigkeit/Knappschaftsruhegeld** (BFH X R 90/98 BStBl II 02, 191); keine Änderung durch die **Reform der Erwerbsminderungsrenten** ab 2001 (RRG BGBl I 00, 1827, § 43 SGB VI; *Marschner* NWB F 27, 5231; *Leopold* BB 01, 208). Ebenso grds **nicht Waisenrente;** „große" (erhöhte) **Witwenrente** (BFH X R 8/85 BFH/NV 90, 284, FG Bln EFG 05, 1440, rkr; offen zur „kleinen" Witwenrente EStR 22.3 VIII; FG BaWü EFG 99, 956, rkr, zu Sterbevierteljahrrente); bei Wiederaufleben nach Wegfall grds kein neuer Rentenbeginn (BFH X R 97/89 II 91, 686; FG Mster EFG 99, 1182, rkr). **Ausnahme:** Abgekürzte Leibrente, wenn Verlängerung nach feststehender Dauer aller Voraussicht nach ausscheidet (BFH X R 33/97 BStBl II 00, 672; dazu EStR 22.4 VI). Kinderzuschuss aus gesetzl RV ist seit 1.7.77 stfrei (§ 3 Nr 1b), nicht aber Kinderzuschuss aus Versorgungswerk (BFH X R 11/10 DStR 12, 455. – **DDR-Renten** s Rz 42. 44

6. Verlängerte Leibrente. Bei einer lebenslängl Rente mit Mindestlaufzeit ist die Rente an die Erben zu zahlen, wenn der Berechtigte vorher stirbt (*HHR* Anm 274). Diese häufig iVm Vermögensübertragungen gewählte Rentenform hat Ähnlichkeit mit Kaufpreisraten. **Besteuerung** s Rz 102. 46

7. Dauernde Lasten. – a) Ungleichmäßige Leistungen. Das sind (rentenähnl) wiederkehrende Leistungen, die sich auch auf einen besonderen Verpflichtungsgrund zurückführen lassen, die aber **ungleichmäßig** oder abänderbar sind (BFH X B 75/12 BFH/NV 13, 1574; *RRDL* Rn 568) und/oder deren Leistungsinhalt nicht zwingend in Geld oder vertretbaren Sachen besteht (*Stoll* aaO Rz 32 ff), zB Altenteilsverpflichtung, Wohnrecht (§ 10 Rz 147), Zuwendungsnießbrauch oder bei Schwankungen, die über die von Wertsicherungsklauseln hinausgehen, wie zB Mieterträge. Wegen der Unmöglichkeit, einen Zinsanteil herauszurechnen, werden dauernde Lasten in voller Höhe besteuert (Rz 81). Die bloße Wiederkehr begründet keine dauernde Last (FG BaWü EFG 14, 751, rkr; Rz 1, 11). – Dauernde Lasten sind traditionell auf bestimmte Versorgungsleistungen beschränkt; Verpflichtungen aus Dauerschuldverhältnissen, wie zB Zinszahlungen, Kaufpreisraten, Mieten werden mE nicht erfasst (zu Schuldzinsen BFH X R 120/98 BStBl II 02, 413); zur Besteuerung s Rz 81. 47

b) Wohnrecht. Eine unentgeltl Wohnungsüberlassung zur Nutzung kann grds Gegenstand einer dauernden Last sein (s auch BFH X R 50/98 BFH/NV 00, 1089; *FinVerw* DStR 98, 1427; DB 02, 177 zu Erhaltungsaufwand). Der Besteller muss dafür nach hM ein steuerl nicht dem Empfänger zuzurechnendes Nutzungsrecht wiederkehrend zuwenden (*Beispiel:* Altenteilslasten, s BFH X R 91/92 BStBl II 95, 836); zu beachten sind die Einschränkungen der §§ 12 Nr 2, 22 Nr 1 S 2 (dazu Rz 66, zB Überlassung an Kinder). 48

III. Besteuerung privater wiederkehrender Bezüge, § 22 Nr 1, Nr 1a

1. Grundsätze. – a) Steuerbarkeit. Renten sind mE nur stbar, wenn sie auf **Leistungen** beruhen. Das gemeinsame Merkmal aller Einkunftstatbestände ist die Anknüpfung an bestimmte Leistungen (§ 2 Rz 3); diese Anknüpfung gilt auch für § 22 Nr 1 und Nr 5. Die äußere Form der Wiederkehr ist nicht entscheidend. Die weitere Frage nach dem Erfassungsumfang (Voll- oder Ertragsanteilsbesteuerung) ist abhängig von der Vorbelastung bzw Förderung während der Aufbauphase. Durch das AltEinkG ist die Altersrentenbesteuerung neu geregelt worden; zugrunde liegt dem AltEinkG das „Drei-Schichten-Modell" der Rürup-Kommission. Das AltEinkG beruht auf dem Prinzip der nachgelagerten Besteuerung, dem die Annahme einer „intertemporalen Korrespondenz" zugrunde liegt. Zweites tragendes Prinzip ist die Besteuerung der Renten nach Maßgabe der Vorbelastung. Die Übergangsregelung und die Neuregelung verstoßen nicht gegen Verfassungsrecht, 50 soweit das sog. Verbot der Doppelbesteuerung (mE Verbot der inkongruenten Besteuerung) beachtet wird (BFH VIII R 23/08 BFH/NV 12, 560; iEinz Rz 5, 91).

51 **b) Systematisierung.** Renten sind mE nur stbar, wenn sie auf Leistungen beruhen (*Weber-Grellet* DStR 12, 1253/8; *Weber-Grellet* LdR 6/153 A II). Die äußere Form der Wiederkehr ist nicht entscheidend. Die weitere Frage nach dem Umfang der Erfassung (Voll- oder Ertragsanteilsbesteuerung) ist abhängig von der Vorbelastung bzw. Förderung während der Aufbauphase. Danach gilt: ***(1)*** **Prototyp:** Rente aus gesetzl RV. – Auch der – in der Vergangenheit zeitlich begrenzt mögl – freiwilliger Eintritt in die Pflichtversicherung bei der BfA führt zur Besteuerung als Leibrente aus gesetzl RV mit einem Besteuerungsanteil von 50 vH – ***(2)*** **Rürup-Rente:** stbar, Besteuerungsanteil (§ 22 Nr 1 S 3 Buchst a/aa). – ***(3)*** **Gegenleistungsrente** (Rente gegen Geld oder Grundstück): stbar, Ertragsanteil; – ***(4)*** **Private Unterhaltsrente:** nicht stbar (keine Leistung), nicht absetzbar. – ***(5)*** **Schadenersatzrente:** mE abhängig vom Rechtsgrund. Rente aus einer privaten Unfallversicherung stbar; nicht stbar hingegen ist eine **Schadenersatzrente** wegen Tötung des Ehegatten. – ***(6)*** **Erziehungsrente** (der gesetzl RV): stbar, Besteuerungsanteil (BFH X R 35/11 BStBl II 14, 557; *Schuster* jurisPR-StR 47/13 Anm 3). – ***(7)*** **Mindestzeitrente:** Leibrente mit Mindestzeit: Leibrente oder Kaufpreisrate, abhängig von der Laufzeit, ggfs Ertragsanteil. – ***(8)*** Rente aus gesetzl RV wegen **verminderter Erwerbsfähigkeit:** stbar, Besteuerungsanteil. – ***(9)*** **Private Berufsunfähigkeitsrente;** stbar, Ertragsanteil. Im Geltungsbereich des AltEinkG ab dem Jahr 2005 geleistete Leibrenten aus einer privaten Berufsunfähigkeitsrente sind nach § 22 Nr 1 S 3 Buchst a/bb zu besteuern. Diese Zahlungen sind nicht deshalb stfrei, weil die Versicherung wegen der Berufsunfähigkeit als Bestandteil einer vor dem 1.1.2005 abgeschlossenen Kapital-LV mit einer Mindestlaufzeit von zwölf Jahren abgeschlossen worden ist. – ***(10)*** **Mehrbedarfsrente,** die andere steuerbare Einkünfte ersetzt, ist stbar, mit Ertragsanteil. – ***(11)*** Regelmäßige Zahlungen für **Erbteilsverzicht/Pflichtteilsverzicht** sind nicht stbar. – ***(12)*** **LV-Rente.** Renten aus LV sind, da sie auf vertragl Leistungen beruhen, stbar, werden aber nur mit dem Ertragsanteil erfasst; das ist systemgerecht, da ein SA-Abzug nur noch bei Risiko-Todesfallversicherungen mögl ist; das für bis 2004 abgeschlossene Verträge geltende LV-Privileg ist entfallen. Altverträge sind weiterhin nur nach § 20 I Nr 6 aF zu besteuern. – ***(13)*** **Versorgungsausgleich.** Nach der an das VersAusglG angepassten Fassung des § 22 Nr 1a sind Einkünfte aus Ausgleichszahlungen iRd Versorgungsausgleichs zu erfassen, soweit bei der ausgleichspflichtigen Person die Voraussetzungen für den SA-Abzug nach § 10 Abs. 1a Nr 3, 4 erfüllt sind (Rz 115).

52 **c) Einzelfälle aus der Rspr.** – ***(1)*** **Leibrenten** iSd § 22 Nr 1 S 3 Buchst a/aa waren bis 2004/vor 2005 mit ihrem Ertragsanteil zu besteuern (korrespondierend mit WK/SA; BFH X B 57/10 BFH/NV 11, 1128), ab 2005 mit dem Besteuerungsanteil (Rz 90), der von 50 bis auf 100 vH im Jahr 2040 steigt. – *BMF* BStBl I 08, 390 Rz 90 ff unterscheidet Leistungen aus **gesetzl RV** aus **landwirtschaftl Alterskassen,** aus **berufständischen Versorgungseinrichtungen** und aus RV iSd **§ 10 I Nr 2b** (zB Rürup-Rente; § 10 Rz 8; *BMF* BStBl I 08, 390 Rz 100f). Zu stfreien Leistungen *BMF* BStBl I 08, 390 Rz 92f, 99f. – ***(2)*** Die Besteuerung von Leistungen aus **Altersvorsorgeverträgen** (§ 22 Nr 5) hängt von dem Umfang der Förderung ab (Rz 125f). – ***(3)*** Sonstige Renten iSd § 22 Nr 1 S 3 Buchst a bb) (keine abzugsbegünstigte Altersvorsorge; Rz 94) und abgekürzte Leibrenten (§ 55 II EStDV) werden weiterhin mit ihrem Ertragsanteil erfasst (Rz 94; keine AbgeltungSt; krit *Dinkelbach* DB 09, 870/4); der Kapitalanteil ist ledigl Vermögensrückzahlung; *BMF* BStBl I 08, 390 Rz 107f; so auch *BayLfSt* DStR 08, 2110 zu (Sofort-)Rente mit fondsgebundener Kapitalanlage. – Bei Versicherungsausgleich Auskunftsanspruch (BR-Drs 318/10, 80). – ***(4)*** **Versorgungsrente:** – ***(a)*** **Betriebl Versorgungsrenten** werden (in voller Höhe) nach § 24 Nr 2 erfasst (BFH VIII R 11/96 BFH/NV 98, 835; *RRDL* Rn 971); – ***(b)*** **außerbetriebl/private Versorgungsrente** (dazu BFH IV R 58/85 BFH/NV 1987, 770; BFH XI R 46/89 BFH/NV 1992, 728; *RRDL* Rz 958; Rechtsfolge: Ansatz des Ertragsanteils (BFH IV R 71/82, nv). – ***(5)*** Reine

Unterhaltsrente (Differenzierung zw Versorgung und Unterhalt; zB für behinderte Tochter, auch bei Verzicht auf Pflichtteilsansprüche): nicht stbar (weder Ertrag noch Zins; BFH VIII R 43/06 BStBl II 10, 818); ebenso **Schadenersatzrenten** und **Schmerzensgeldrenten.** – ***(6)*** **Erziehungsrente** (nach § 47 SGB VI) aus gesetzl RV stbar mit Besteuerungsanteil (BFH X R 35/11 BStBl II 14, 557); – ***(7)*** Rente für **Vermögensübertragung:** nach § 22 Nr 1 S 3a/bb, Rz 110. – ***(8)*** **Veräußerungsrenten/Gegenleistungsrenten** auf Zeit („Zeitrenten") als Veräußerungsleibrente (HHR Anm 172f) oder als Kaufpreisraten (Rz 14, 20, 40, 70f, 97): Der Empfänger der Bezüge (Veräußerer) besteuert den Zinsanteil nach § 22 Nr 1; der Zahler (Erwerber) kann ggf den Zinsanteil absetzen, als WK nach § 9 I Nr 1 S 2, oder als BA (im Umfang der Barwertminderung, EStH 4.5. IV 2, 3; BFH X R 32, 33/01 BStBl II 11, 675); vgl Rz 77, 87; der Barwert (Gesamtwert dieser Raten abzügl Zinsanteil) bildet die AK. – Zur Betriebsveräußerungsrente Rz 72. – ***(9)*** **Dauernde Lasten** (nach Maßgabe des Korrespondenzprinzips) in voller Höhe (Rz 47, 81). – ***(10)*** Abfindungszahlung (Rz 60). – Zu WK Rz 124, 129; instruktiv BFH X R 2/06 BStBl II 08, 99.

d) Geltungsbereich des § 22 Nr 1. – ***(1)*** **Keine betriebl Bezüge.** Nur private Bezüge fallen unter § 22. Dazu können uU Bezüge aus einer Betriebsveräußerung gehören § 16 (Rz 221), nicht betriebl veranlasste Altersrenten (§ 4 Rz 88). Die Besteuerung betriebl wiederkehrender Bezüge richtet sich nach den allg Gewinnermittlungsvorschriften §§ 4ff (vgl § 4 Rz 75; *Stoll* aaO Rz 85ff). – Zur Beteiligung an **StStundungsmodellen** s § 15b (begrenztes Verlustabzugsverbot; *Blümich/Nacke* Rz 23; zur Anwendung § 52 Abs 30; *Melchior* DStR 06, 12/3; *Söffing* DStR 06, 1585). – ***(2)*** **Verhältnis zu § 19.** ArbLohn liegt vor, wenn der Empfänger die Bezüge – abgesehen von der Dienstleistung – ohne ins Gewicht fallende Eigenbeträge erhält *Beispiele:* Pension des Beamten mit Ruhegehaltserhöhung nach § 14a BeamtVG (FG BaWü EFG 95, 620, rkr), Bundesbahnrenten (BFH X R 105/95 BStBl II 96, 650; FG Mchn EFG 96, 1221, rkr; zum Bundeszuschuss s BFH VI R 159/99, BFH/NV 01, 1182: kein ArbLohn), Ruhegeldzahlungen der Stadt Hamburg (FG Hbg EFG 2000, 626, rkr), Vorruhestandsbezüge (s bei § 3), Leistungen aus betriebl Pensionszusagen, unabhängig von Rückdeckungsversicherungen oder Pensionsrückstellungen beim ArbG (vgl BFH VI R 46/96 BStBl II 97, 127 mwN, § 19 Rz 51), Unterstützungskassen (§ 4d; beachte jedoch § 3 Nr 66 nF iVm § 22 Nr 5). Zahlungen aus Pensionskasse (§ 4c), Pensionsfonds (§ 4e) oder DirektVers (§ 4b) beruhen idR auf (früher) versteuertem ArbLohn (§ 4b Rz 1). Sie sind daher Bezüge iSv § 22 Nr 1, die auf eigene Beitragsleistung zurückgehen (beachte aber nachgelagerte Besteuerung nach § 22 Nr 5 nF iVm § 3 Nr 63, §§ 79, 82 II, § 10a; dazu Rz 125ff). 53

e) Stfreie Bezüge (Beispiele). § 3 Nr 1 – Rente aus gesetzl Unfallversicherung. § 3 Nr 1a – Schweizer Geburtengeld (BFH X R 31/08 BFH/NV 09, 1625); § 3 Nr 7–9 – Versorgungs-, LAG- oder Wiedergutmachungsrente; § 3 Nr 11 und 44 (vgl auch § 3 Nr 2, 37) – öffentl Ausbildungsbeihilfen (zB nach BAföG, AFG, AufstiegsfördG); § 3 Nr 24 – KiGeld; § 3 Nr 58 – Wohngeld; § 3 Nr 67 – Erziehungsgeld/-leistungen; Altersübergangsgeld – Ausgleichsbeträge s § 3 Rz 6, 10 (*BMF* BStBl I 95, 133). S zur Frage der Steuerbarkeit Rz 51. 58

f) Zeitpunkt. Maßgebl ist der **Zufluss** (§ 11 I; Einzelfälle § 11 Rz 50). § 11 I 2 kann einschlägig sein. – Zur Bemessung des Ertrags- bzw des stfreien Anteils (Rz 93) ist auf die Entstehung des Rentenanspruchs abzustellen (BFH VIII R 184/72 BStBl II 1976, 452). 59

g) Ablösung wiederkehrender Bezüge. Der Abfindungsbetrag fällt nicht – auch nicht über § 24 Nr 1a – unter § 22 Nr 1, wenn er bei ursprüngl einmaliger Zahlung nicht stbar gewesen wäre, vgl Rz 14, 51, 84; § 3 Rz 23; evtl aber § 20 II 2 idF UntStRefG („Einlösung"); § 20 Rz 148. – Zur Ablösung einer Rentenverpflichtung BFH X R 2/06 BStBl II 08, 99. 60

Beispiel: Fällt eine LV-Rente unter § 22 (s Rz 51), ist ihre Ablösung in einem Betrag ggf nach § 20 zu erfassen (§ 20 Rz 92f).

2. Bezüge nach § 22 Nr 1 S 1 und S 2. – a) Wiederkehrende Bezüge, § 22 Nr 1 S 1. Besteuerung wiederkehrender Bezüge im Privatbereich beim Empfänger der Leistungen gem § 22 Nr 1 (Rz 89f); Abzug von Renten und dau- 65 ernden Lasten beim Geber, je nach wirtschaftl Zusammenhang als BA (§ 4 IV, s § 4 Rz 75, 410), WK (§ 9 I Nr 1) oder SA (§ 10 Ia Nr 2). Zurechnung an beide **Altenteiler-Ehegatten** s BFH X R 48/92 BStBl II 94, 107.

66 **b) Freiwillige und andere nicht stbare Bezüge, § 22 Nr 1 S 2 HS 1,** insb Unterhaltsbezüge iSv § 12 Nr 2 (*HHR* Anm 232f): Die Besteuerung beim Empfänger entfällt, wenn die Bezüge freiwillig oder auf Grund einer freiwillig begründeten Rechtspflicht gezahlt werden (BFH X R 12/05 BStBl II 06, 797; BFH VIII R 43/06 BStBl II 10, 818; BFH VIII R 57/10 BStBl II 14, 56 bei monatl Zahlungen für Verzicht auf Erb-/Pflichtteilsrechte; Rz 83); mE Korrespondenz zu § 12 Nr 2 (§ 12 Rz 35f). – Die Nichtsteuerbarkeit nur bei unbeschr StPflicht des Gebers ist durch JStG 2009 gestrichen (BReg BT-Drs 16/10189, 67); die Neuregelung trägt auch europarechtl Bedenken Rechnung (dazu FG Hbg EFG 08, 768, rkr; *Blümich/Nacke* Rz 81). – Die **Vermächtnisrente** (auch nach Pflichtteilsverzicht) enthält keinen Zinsanteil (= niedrigeres Vermächtnis) und ist nicht stbar (BFH VIII R 35/07 BFH/NV 10, 1793), auf der anderen Seite kein SA-Abzug (FG Mchn EFG 12, 833, rkr). – Nicht stbar ist das Schweizer Geburtengeld, auch § 32b nicht anwendbar (BFH X R 31/08 BFH/NV 09, 1625).

68 **c) Bezüge von Körperschaften, § 22 Nr 1 S 2 HS 2.** Mit Einführung des **Teileinkünfteverfahrens** werden – wie bisher – Leistungen einer *kst-befreiten* Körperschaft voll als Bezüge des Empfängers erfasst (§ 3 Nr 40i greift insoweit nicht); zur Rechtslage bis VZ 2001s 31. Aufl. – Durch stpfl Körperschaften, Personenvereinigungen oder Vermögensmassen iSv § 1 KStG außerhalb der Erfüllung steuerbegünstigter Zwecke iSv §§ 52–54 AO geleistete **wiederkehrende Bezüge** iSv § 22 Nr 1 unterliegen der KSt; um die volle Einmalbesteuerung zu erreichen, werden diese Bezüge beim Empfänger zur Hälfte bzw (ab 2009) zu 60 vH besteuert (§ 3 Nr 40i; fragl bezügl stfreier Veräußerungsgewinne des Gebers). Die Notwendigkeit der unbeschr StPflicht ist durch JStG 2009 gestrichen (BReg BT-Drs 16/10189, 67). Zur Besteuerung sog *Destinatszahlungen* („Ausschüttungen") im Jahr 2001 (§ 22 mit § 3 Nr 40) BFH X R 62/08 BStBl II 14, 320, BFH X R 31/13 BStBl II 15, 540; zum (Nicht-)Abzug BFH I R 102/10 DStR 12, 281. – Bezüge von gemeinnützigen Stiftungen (§ 22 Nr 1 S 2 HS 2 Buchst a) sind vom Empfänger mit dem Ertragsanteil zu versteuern (BFH X R 41/12 FR 15, 44; *Fischer* jurisPR-StR 2/15 Anm 2; *Weber-Grellet* FR 15, 48; allg *Wystrcil* Die Besteuerung von Destinatärleistungen …, 2014). Zum **Konkurrenzverhältnis** zu § 20 I Nr 9 nF vgl *Kirchhain* BB 06, 2387; *RRDL* Rn 131; § 20 Rz 114.

70 **3. Veräußerungsrente. – a) Relevanz.** Die Frage der Veräußerung ist relevant für *(1)* die steuerl Beurteilung als Veräußerungs-, Versorgungs- bzw Unterhaltsleistungen, *(2)* die Zurechnung (Einschränkung der Abziehbarkeit nach (jetzt) § 10 Ia Nr 2 durch § 12 Nr 2 und der Besteuerung nach § 22 Nr 1 S 1 durch S 2; § 12 Rz 35) und *(3)* die Höhe (dauernde Last oder Leibrente, § 9 I Nr 1, § 10 Ia Nr 2, § 22 Nr 1a, s Rz 47).

71 **b) Veräußerungsleistungen. – aa) Voraussetzungen.** Diese sind anzunehmen bei Ausgeglichenheit von Leistung und Gegenleistung, ohne Wahlmöglichkeit bei Abstandszahlungen oder Ratenzahlungen (s Rz 14) an den Vermögensübergeber, Leistungen bei Ausgleichszahlungen oder Gleichstellungsgeldern an Dritte sowie Leistungen bei Übernahme von Verbindlichkeiten (s § 16 Rz 46, 67, § 6 Rz 140ff, *BMF* BStBl I 93, 62 und 80 und *BMF* BStBl I 04, 922 Rz 50ff, BFH GrS 4–6/89 BStBl II 90, 847 mit Abgrenzung unter C II 3 zu BV), auch solche bei Verrentung eines Kaufpreises (BFH X R 12/01 BStBl II 04, 211) und bei Erbverzicht gegen feste wiederkehrende Leistungen (BFH X R 132/95 BStBl II 00, 82; Rz 14). –. Die Rspr prüft in erster Linie nach den getroffenen Vereinbarungen, ob der Gedanke des Leistungsaustauschs (Veräußerung, Leistung um der Gegenleistung willen, Vermutung bei Fremden oder der private Versorgungs-/Unterhaltsgedanke im Vordergrund steht (BFH X R 2/06 BStBl II 08, 99).

Kein Veräußerungsentgelt durch Versorgungsleistungen (s Rz 105) oder **Vorbehalt von Nutzungsrechten** auf Lebenszeit des Übergebers. Umgekehrt nach BFH X R 39/98 BStBl II 02, 246 grds Veräußerung und keine wiederkehrenden Bezüge und kein SA-Abzug bei Veräußerungsraten und Leibrenten mit Höchst- oder Mindestlaufzeit ohne Rücksicht auf Wertgleichheit, auch nicht bei Angehörigen (s auch § 4 Rz 76). **Ausnahme:** Versorgungsleistungen, wenn sich der Versorgungszweck aus besonderen Umständen ergibt, zB die Höchst- oder Mindestlaufzeit der Lebenserwartung entspricht (Rz .

Fall (BFH X R 55/99 BStBl II 04, 706): Erwirbt ein StPfl von seinem 85-jährigen Vater ein Grundstück und ist – neben typischen Altenteilsleistungen – „als Gegenleistung" ein „restl Kaufpreis" über 122 500 DM in monatl Raten von 500 DM zu zahlen, der beim Tode des Vaters dem StPfl als schenkweise zugewendet gilt, ist Unentgeltlichkeit und damit eine private Versorgungsrente zu vermuten, und damit keine Anschaffung iSd § 10e.

bb) Rechtsfolgen. Beim **Veräußerer** entsteht uU ein Veräußerungsgewinn (im PV zB nach §§ 17, 23); Besteuerung eines Raten-Zinsanteils als KapEinkünfte (§ 20 I Nr 7, ggf § 20 III, s Rz 76 zur Höhe). Übersteigende wiederkehrende Bezüge sind weder SA noch wiederkehrende Bezüge nach § 22 Nr 1 (§ 12 Nr 2; *BMF* BStBl I 04, 922 Rz 50). – Der **Erwerber** hat AK iHd Baranteils seiner Zahlungen und kann nur noch einen Zinsanteil im Einkünftebereich als BA (§ 4 IV; EStH 4.5 IV 2, 3) bzw als WK (§ 9 I Nr 1 S 2) abziehen (s *BMF* BStBl I 04, 922 Rz 50 ff; zu Zerlegung einer dauernden Last iSv § 9 I Nr 1 ohne Wertverrechnung mit AK-Teil s BFH IX R 110/90 BStBl II 95, 47; im Privatbereich kein SA-Abzug (BFH X R 32–33/01 BStBl II 11, 675). – Die sog **Wertverrechnungslehre** (Steuerbarkeit nach Übersteigen des Werts der Gegenleistung) ist – was in Teilen des Schrifttums immer noch verkannt wird – aufgegeben (BFH X R 39/98 BStBl. II 02, 246 unter II.5.c; *Weber-Grellet* Stbg 98, 14/6; § 10 Rz 147). Bei einer **Betriebsveräußerungsrente** hat der StPfl ein Wahlrecht (nachträgl Einkünfte nach Überschreiten des KapKtos oder Besteuerung des Veräußerungsgewinns und des Ertragsanteils hinsichtl der lfd Rentenzahlungen; BFH XI B 56/06 BFH/NV 07, 1306; *RRDL* Rn 635; Rz 85; EStR 16 XI; § 16 Rz 221 ff; zu § 17s dort Rz 205/6). Keine nachträgl Änderung der AK (BFH IX R 46/88 BStBl II 95, 169; s auch § 4 Rz 77). 72

c) Zerlegung des Entgelts in Kapitalanteil und Zinsanteil. Allen (entgeltl) Vermögensumschichtungen iwS (mit Ausnahme der Vermögensübergabe gegen Versorgungsleistungen iSv Rz 105) auch in Leibrentenform vereinbarte wiederkehrende Leistungen *von Beginn an* in einen steuerneutralen Kapitalanteil und einen Zinsanteil, der grds weder als SA abziehbar und noch als Zins abziehbar ist (BFH X R 39/98 BStBl II 02, 246; § 10 Rz 147 „Gegenleistung" mwN; *RRDL* Rn 556) und nicht nach § 22 Nr 1, sondern nach § 20 I Nr 7 zu versteuern ist. Besteuerung wiederkehrender Pflichtteilsbezüge nach § 20 I Nr 7, s BFH X R 132/95 BStBl II 00, 82. **Zinsanteil** grds 5,5 vH (BFH X R 34/89 BStBl II 96, 663; uU vereinfachte Berechnung wie § 22 Nr 1 S 3a, s BFH X R 1–2/90 BStBl II 96, 680). Damit entfällt die anschließende Besteuerung nach § 22 Nr 1. 76

Fall (BFH X R 39/98 BStBl II 02, 246): Erwerb eines Grundstücks; Gegenleistung Barzahlung iHv 440 000 sowie Leibrente iHv monatl 1500 DM: Der Ertragsanteil der Leibrente, die als Gegenleistung für den Erwerb eines nicht ertragbringenden WG gezahlt wird, ist als pauschalierter privater Zinsanteil keine SA iSd § 10. – Zu Bedenken gegen diese Einschränkung s § 10 Rz 147 „Gegenleistung", § 12 Rz 35, § 9 Rz 98 mwN. Die **FinVerw** hat sich der Rspr angeschlossen (*BMF* BStBl I 04, 922 Rz 57; vgl *Wacker* NWB F 3, 9 933/-67 [3.2.97]).

d) Veräußerungen iZm Vermögensnachfolge. – *(1)* **Vorweggenommene Erbfolge** (BFH GrS 1/90 BStBl II 92, 78, BFH GrS 4–6/89 BStBl II 90, 847). Vom Vermögensübernehmer zugesagte Versorgungsleistungen sind kein Veräußerungsentgelt und **keine AK.** Hingegen führen sog Gleichstellungsgelder zu Veräußerungsentgelt und zu **AK** (BFH X B 24/13 BFH/NV 14, 845). Zum Veräußerungsentgelt und zu den AK gehören auch die Übernahme von Verbindlichkeiten und die Zusage einer Abstandszahlung. – *(2)* **Erbauseinandersetzung** (BFH GrS 2/89 BStBl II 90, 837). Abfindungszahlungen eines Erben iRd Erbauseinandersetzung und Aufwendungen für den Erwerb des Erbteils eines Miterben führen beim Leistenden grds zu AK und beim weichenden Miterben zu Veräußerungserlös. – *(3)* **Vermächtniserfüllung** (BFH IX R 104/90 BFH/NV 1995, 384): keine AK. – *(4)* **Schenkungsversprechen** (BFH X R 2/06 BStBl II 08, 99): wie erbrechtl Verpflichtungen; keine AK und auch keine Veräußerungskosten. – *(5)* **Hausübertragung gegen Rente** (BFH X R 32, 33/01 BStBl II 11, 675; vom Ehemann auf -frau): Beim Mann § 22 Nr 1 S 3 Buchst a/bb; bei Frau: AK iHd Barwerts der Rente; Ertragsanteil der Leibrente insoweit BA, als er anteilig auf das Arbeitszimmer entfällt; kein SA Abzug. 77

81 **4. Besteuerung dauernder Lasten.** Sofern sie keine Renten sind (s Rz 20, 47): Beim Geber BA, WK oder SA in voller Höhe. Beim Empfänger Besteuerung nach § 22 Nr 1 in voller Höhe. *Ausnahme:* § 12 Nr 2, § 22 Nr 1 S 2 (s Rz 66). Vgl auch ABC bei § 10 Rz 147, zu Veräußerungsgeschäften Rz 70 ff, zu Versorgungsleistungen gegen Vermögensübergabe Rz 105; zur Umwandlung einer dauernden Last in eine Leibrente BFH X B 69/10 BFH/NV 11, 1330. – **Einzelfälle:**

– Beerdigungskosten keine dauernde Last beim Alleinerben (BFH X R 32/09 DStR 10, 971).
– Beerdigungskosten sind dauernde Last beim Vermögensübernehmer, wenn ein Dritter Erbe ist (BFH X R 17/09 BStBl II 10, 544).
– Keine dauernde Last ist das Entgelt für Nutzungsüberlassung (BFH X R 32–33/01 DStR 10, 2256).
– Aufwendungen für die Erneuerung eines Tanklagers kann der Vermögensübernehmer ggf als dauernde Last abziehen (BFH X R 32/02 BFH/NV 04, 1248), ebenso die Instandhaltungskosten der Wohnung (BFH X R 50/98 BFH/NV 00, 1089).
– Erfüllung von Pflichtteilsrechten keine dauernde Last (BFH X R 3/95 BFH/NV 00, 414).

85 **5. Besteuerung sog Zeitrenten.** Begriff s Rz 40. – **a) Entgeltl „Zeitrenten".** Beispiel: feste Gegenleistung für die Hingabe eines WG. Die Rspr behandelt die Zeitrente im Privatbereich grds ohne Rücksicht auf die Laufzeit nicht als wiederkehrende Bezüge, sondern als **Kaufpreisraten** (BFH X R 44/93 BStBl II 96, 676; BFH X R 58/92 BStBl II 96, 672; *BMF* BStBl I 04, 922 Rz 58 ff, s auch Rz 14, 71 ff, 85; s aber zu Betriebsrente BFH IV R 137/82 BStBl II 84, 829: Bei Veräußerung eines Teilbetriebs gegen Zeitrente (Laufzeit 25 Jahre) besteht ein Wahlrecht zw tarifbegünstigter Besteuerung eines Veräußerungsgewinns und einer nichttarifbegünstigten Besteuerung nachträgl Einkünfte aus GewBetr). – **Mindestzeitrente** (Veräußerung eines Grundstücks zum Preis von 100 T + monatl Leibrente von 500, mindestens für 10 Jahre): Gleichstellung mit Leibrente („verlängerte Leibrente"), wenn die durchschnittl Lebensdauer die Mindestlaufdauer übersteigt (BFH IX R 56/07 BStBl II 10, 24: „Überwiegen der Wagniskomponente").

86 **aa) Empfänger der Bezüge.** Er besteuert als Veräußerer den Zinsanteil nach § 20 I Nr 7 (vgl Rz 76; § 20 Rz 99 ff); daneben kann im PV ausgehend vom Barwert der Kapitalforderung ein Veräußerungsgewinn/-verlust nach §§ 17, 23 anfallen.

87 **bb) Geber.** Er kann im privaten Einkünftebereich (zB Hauskauf) den Zinsanteil als WK absetzen (§ 9 I Nr 1); der Barwert (Gesamtwert der Raten abzügl Zinsanteil) bildet die AK, die sich uU über die AfA nach § 9 I Nr 7 steuerl auswirken können. Zu Veräußerungsgewinnen s § 23 Rz 93, 94; zur Veräußerung einer § 17-Beteiligung s *BMF* BStBl I 04, 922 Rz 56. – IX R 4/14 + Anm in FR

88 **b) Unentgeltl „Zeitrenten".** Ob sie § 22 Nr 1 unterliegen (bej 20. Aufl; EStH 22.1/22.3: in voller Höhe) und als SA § 10 Ia abziehbar sind, ist str (vgl Rz 40; § 10 Rz 147).

6. Besteuerung von Leibrenten; Altersbezüge, § 22 Nr 1 S 3 Buchst a/aa

Schrifttum [Auswahl; vor 2012 s Vorauflagen]: *Myßen/Killat,* Renten, Raten, Dauernde Lasten, 15. Aufl 2014 (zitiert *RRDL*) Rn 1236 ff; *Dreher,* Das AltEinkG, Diss jur 2007. – *Suttner/Wiegand,* … Lohnt sich die Rürup-Rente?, StuW 12, 3; *Förster,* Aktuelle Rspr, BetrAV 14, 352.

Verwaltung: EStR 22.3; *BMF* BStBl I 08, 390 Rz 88–159 (AltEinkG).

89 **a) Nachgelagerte Besteuerung. – aa) Prinzipien.** § 22 Nr 1 S 3 Buchst a/aa idF AltEinkG (Rz 4, 5) erfasst Renten, die auf steuerl entlasteten Beiträgen beruhen, prinzipiell nach dem Prinzip der nachgelagerten Besteuerung in voller Höhe (Jahresbetrag; *BMF* BStBl I 13, 1087 Rz 217), andere Renten (Buchst bb) weiterhin mit dem (geänderten) **Ertragsanteil** (*BMF* BStBl I 13, 1087 Rz 212 f). Die Neuregelung beruht auf zwei Prinzipien, dem Grundsatz der nachgelagerten Vollbesteuerung (Abzug der Aufwendungen – der „AK" – in der Aufbauphase,

Einnahmen in der Auszahlungsphase) und dem Grundsatz der Besteuerung nach Maßgabe der Vorbelastung (Rz 4, 5). Altersrenten bilden einen selbständigen Steuertatbestand (nicht mehr nur besondere Form der KapEinkünfte). – Zur Rechtslage bis 2004s 23. Aufl; zur Neuregelung und deren Prinzipien *Weber-Grellet* DStR 04, 1721; *KSM/Söhn* § 10 E 261; zu Belastungswirkungen *Stein/Jungblut* DStR 05, 5. – Zur Meldepflicht aller stpfl Auszahlungen an die ZfA (Zulagenstelle für Altersvermögen) s § 22a Rz 2.

Das Prinzip der nachgelagerten Besteuerung, das die fragl Renten in den Einkunftsbereich überführt, hat systematische Auswirkungen: Auszahlungen sind in voller Höhe Einnahmen, Einzahlungen (Versicherungsbeiträge) sind im Prinzip (vorweggenommene) WK, aber weiterhin dem **SA-Bereich** (zB § 10 III, § 10a) zugeordnet (*Weber-Grellet* DStR 04, 1721/3: Doppelnatur; ausführl BFH X B 166/05 BStBl II 06, 420; BFH X B 94/11 BFH/NV 12, 220; Rz 124; *KSM/Söhn* § 10 E 265, E 276 (eigentl WK); aA – für vorrangige [vorweggenommene] WK –*Intemann/Cöster* DStR 05, 1921 (in Übergangszeit iVm § 3c); *Birk/Wernsmann* aaO (vor Rz 89), 240; für die Anwendung des obj Nettoprinzips *Heuermann* DB 06, 688. – Ggf vorläufige Festsetzung *BMF* BStBl I 14, 1571. – **Rentenbeiträge** können daher nicht als (vorweggenommene) WK abgezogen werden (BFH X B 51/11 BFH/NV 12, 1442). – Zur alten Rechtslage (bis 2004) BFH X R 45/02 BStBl II 07, 574; auch BFH X R 15/07 BStBl II 09, 710); zum WK-Abzug iE Rz 124.

§ 22 Nr 1 S 3 Buchst a/aa erfasst alle Leistungen unabhängig davon, ob sie als Rente oder Teilrente (z. B. Altersrente, Erwerbsminderungsrente, Hinterbliebenenrente als Witwen- oder Witwerrente, Waisenrente oder Erziehungsrente) oder als einmalige Leistung (zB Sterbegeld oder Abfindung von Kleinbetragsrenten) ausgezahlt werden (*BMF* BStBl I 13, 1087 Rz 195; *BMF* BStBl I 14, 70 Rz 204).

bb) Besteuerungsanteil. Der Besteuerungsanteil beträgt bei Rentenbeginn bis 90
zum Jahr 2005 50 vH (BFH X R 1/09 BFH/NV 10, 1803; BFH X B 113/11 BFH/NV 13, 929), auch bei Erwerbsminderungsrente (BFH X R 19/09 BFH/NV 11, 1489); er steigt bis 2020 um 2 vH jährl und ab 2020 um 1 vH, so dass erst 2040 die volle Besteuerung erreicht wird (§ 22 Nr 1 S 3 Buchst a/aa **S 3;** BR-Drs 2/04, 69; *BMF* BStBl I 08, 390 Rz 114f).

Beispiel: Bei Eintritt in den Ruhestand im Jahr 2008 beträgt der Besteuerungsanteil 56% (§ 22 Nr 1 S 3 Buchst a/aa S 3). – Nach § 10 III sind im Jahr 2008 max 66% von 20 000 € (= 13 200 €) der Einzahlungen abziehbar.

(1) Verfassungsmässigkeit. BVerfG 29.11.15 2 BvR 2683/11 DStR 15, 2757 (dazu *Weber-Grellet* FR 16, 85) hält die Neuregelung (auch die Übergangsregelung) unter Vermeidung mögl **„Doppelbesteuerung"** (nicht wenn stfreie Einnahmen die nicht abgesetzten Beiträge übersteigen; Ermittlung nach Nominalwerten; BFH X B 168/14 BFH/NV 15, 1369) grds für verfgemäß (so auch stRspr, zB BFH X R 15/07 BStBl II 09, 710; iEinz 34. Aufl). – **(2)** Nach 2004 ausgezahlte **Rentennachzahlungen,** die Zeiträume vor dem 1.1.05 betreffen, sind nach neuem Recht zu besteuern (BFH X R 17/10 BFH/NV 11, 1501); entscheidend ist allein der Auszahlungszeitpunkt (nun auch *OFD Ffm* StEK EStG § 22 Nr 244); Begrenzung des Abzugs gem § 10 III verstößt nicht gegen das obj Nettoprinzip (*Weber-Grellet* FR 16, 85).

b) Rentenarten. § 22 Nr 1 S 3 Buchst a/aa erfasst sämtl Renten – *(1)* aus ge- 91
setzl RV (*BMF* BStBl I 13, 1087 Rz 196-9; auch bei freiwilligen Beiträgen; BFH X R 52/08 BFH/NV 10, 1253), – *(2)* aus landwirtschaftl Alterskassen (*BMF* BStBl I 13, 1087 Rz 200-1; zur Verfmäßigkeit (vor AltEinkG) BFH X R 29/07 BFH/NV 08, 1834), – *(3)* aus berufsständischen Versorgungseinrichtungen (zB Versorgungswerke der Apothekerkammern; *BMF* BStBl I 13, 1087 Rz 202-5, – *(4)* vergleichbare Renten aus privaten Versicherungen iSd § 10 I Nr 2 Buchst b) (kapitalgedeckte Altersversorgung; *BMF* BStBl I 13, 1087 Rz 206-11; sog **Rürup-Rente** [Basis-Rente]; dazu BFH X R 37/08 BStBl II 11, 628; keine Zulagen wie bei Riester-Rente, aber teilweise steuerl Absetzbarkeit der Beiträge), auch Renten wegen verminderter Erwerbsfähigkeit und Hinterbliebenenrenten (*BMF* BStBl I

13, 1087 Rz 195), auch unselbstständige Teile und einmalige Leistungen (*BMF* BStBl I 13, 1087 Rz 200; *BMF* I 14, 70 Rz 204).

Zu den Anforderungen an die **Rürup-Rente** (Basisrentenprodukt; insb für Selbstständige) iEinz *BMF* BStBl I 13, 1087 Rz 206ff (insb eigene Beiträge, Rentenzahlungen, keine schädl Absicherungen – 50%-Grenze; § 10 Rz 8). – Zur **fremdfinanzierten Leibrente** („Rüruprente auf Pump"; Problem: Einkunftserzielungsabsicht; Umfang des WK-Abzugs) vgl *Paus* DStZ 05, 554.

92 **c) Ausl Renten. – (1) Grundsatz.** Unbeschr StPfl haben Renten ausl Rentenversicherungen im Inl zu versteuern; ob die Rente nach § 22 Nr 1 S 3 Buchst a/aa oder bb zu erfassen ist, richtet sich nach allg Regeln (Rz 51; zur Rentenbesteuerung „mobiler ArbN" s *Musil* FR 14, 45; *Janker/Kelwing* BetrAV 15, 33). **DBA** können Sonderregelungen vorsehen (zB Kassen-, Förderstaatsprinzip; *Portner* IStR 15, 633; *Förster* FS Wassermeyer 2015, 399; zum DBA-Türkei ausführl *BMF* 11.12.14 IStR 15, 107). Bei beschr StPfl richtet sich die Besteuerung nach § 49 I Nr 7. – **(2) Einzelheiten. Auslandsrentner** können zur Sicherung des Grundfreibetrags und zur Wahrung etwa der Riester-Vorteile ggf gem § 1 III einen Antrag auf unbeschr StPfl stellen. – Renten (an nicht im Inl ansässige StPfl) sollen im **Förderstaat** erfasst werden (§ 49 I Nr 7); entspr haben auch beschr StPfl Renteneinkünfte zu versteuern, etwa ein StPfl mit Sitz in Liechtenstein (FG Köln EFG 12, 1675; aufgehoben durch BFH I R 43/12 juris) oder ein in Brasilien wohnender Renter bezieht dt SozVersRente (weitere Beispiele bei *Förster* FS Wendt 2015, 817/28). – Ruhegelder (aus Direktzusage) sind § 19-Einkünfte; keine beschr StPfl (*Portner* BB 15, 854). – Verlegt ein StPfl, der während seiner Erwerbsphase steuerbegünstigt Beiträge für eine Riester- oder Rürup-Rente geleistet hat, seinen Wohnsitz ins Ausl, so kann Deutschland die Rentenbezüge während der Auszahlungsphase regelmäßig nicht mehr besteuern (*Wernsmann/Nippert* FR 05, 1123). § 95 II sieht für diesen Fall der Wegzugsbesteuerung eine Stundungsregelung vor (§ 95 Rz 2). – Unter § 22 Nr 1 S 3 Buchst a/aa (entspr § 10 I Nr 3a) fällt auch niederländisches Arbeitslosengeld (BFH I R 18/13 DStRE 15, 257). – Auszahlungen aus **US-Altersversorgungsplan** können ihrer Art nach gem a/aa erfasst werden (eher aA *Portner* BB 14, 1175). – Die Erfassung einer dänischen Rente nach § 32b mit einem Anteil von 50 vH ist – im Hinblick auf stfreie ArbG-Leistungen – gerechtfertigt (BFH X R 37/08 BStBl II 11, 628).

(3) Besteuerung von Ruhestandszahlungen von internationalen Organisationen (häufig Versorgungsbezüge iSd § 19 II): NATO (BFH X R 29/05 BStBl II 07, 402; BFH X B 192/12 BFH/NV 14, 337); ESA (BFH X B 172/14 BFH/NV 15, 1390; *Fischer* jurisPR-StR 50/15 Anm 3); Europäisches Patentamt (FG Mchn EFG 15, 1192; BFH I R 38/14 BFH/NV 16, 180); UN (FG BBg EFG 15, 1278, Rev X R 50/14; *Richter* IStR 07, 202.). – *BMF* DStR 15, 2287; *OFD Ffm* IStR 15, 290 zu NATO/OECD pp. – Zum finanzierten „Rentenkauf" (mit Modellen) *OFD Ddorf* FR 05, 1054; Rz 124.

(4) Schweizer Renten. Schweizer Altersrente unterfällt (wegen eigener Beiträge) nicht dem Kassenstaatsprinzip (BFH I R 92/09 BFH/NV 11, 695; BFH I R 83/11 IStR 14, 893) und ist in Deutschland zu versteuern. Grds ist zw öffentlich-rechtl und privatrechtl Kassen, zw obligatorischen und überobligatorischen Leistungen sowie zw laufenden und Einmalzahlungen zu unterscheiden (*Werth* IStR 15, 900). Bei öffentl-rechtl Schweizer Pensionskasse fallen obligatorische und überobligatorische **Leistungen** unter Buchst a/aa (BFH X B 142/09 BFH/NV 10, 1275 mwN; BFH X R 33/10 BStBl II 14, 103; BFH I R 83/11 BFH/NV 15, 20); bei privatrechtl Kasse sind obligatorische Leistungen nach Buchst a/aa und überobligatorische nach § 20 I 1 Nr 6 (§ 20 Rz 98) / § 22 Nr 5 zu erfassen (BFH X R 43/11 DStRE 16, 79; *Levedag* IWB 15, 553/9; *Portner* BB 15, 1952; *Werth* IStR 15, 900). – **Abfindungen** von Renten, Vorbezügen und Austrittsleistungen sind stets andere Leistungen iSd § 22 (*Levedag* IWB 15, 553/9). Kapitalabfindung bei Grenzgängeraustritt ist nicht nach § 3 Nr 3 stfrei (BFH X R 33/10 BStBl II 14, 103). – Der VIII. Senat hat mehrere Varianten der **Einmalauszahlung** entschieden (BFH VIII R 38/10 DStR 15, 1371; BFH VIII R 39/10 DStRE 15, 908: Kapitalabfindung aus Schweizer Pensionskasse: § 22; BFH VIII R 40/11 DStRE 15, 897: Austrittsleistung wegen ArbGeb-Wechsel: nicht stbar; BFH VIII R 31/10 DStRE 15, 844; *Levedag* HFR 15, 736, 747: Austrittsleistung wegen Verlassens der Schweiz: § 20).

d) Stfreier Teil der Rente. Dieser ergibt sich in der Übergangszeit als Unterschiedsbetrag zw dem Jahresbetrag der Rente und dem der Besteuerung unterliegenden Teil der Rente; er bleibt für die gesamte Laufzeit der Rente unverändert (§ 22 Nr 1 S 3 Buchst a/aa **S 4, 5;** BT-Drs 15/2150, 40, 41); Festschreibung ab 2006. Rentenerhöhungen sind daher voll stpfl; (FG BaWü EFG 12, 123, rkr); zur Berechnung auch *BMF* BStBl I 13, 1087 Rz 219 f. 93

Beispiel: A geht im September 2005 in Rente. Diese beträgt monatl 3000 €. Zum 1.1.2006 wird die Rente auf 3100 € und zum 1.1.2007 auf 3200 € erhöht. **Steuerlast 2005:** 4 × 3000 € = 12 000 € × 50 vH Besteuerungsanteil = 6000 €; abzügl WK-Pauschale (§ 9a I Nr 3) 102 €; zu versteuern 5898 €. **Steuerlast 2006:** 12 × 3100 € = 37 200 € × 50 % Besteuerungsanteil = 18 600 € (= konstanter stfreier Teil für die Folgejahre); abzügl WK-Pauschale 102 €; zu versteuern 18 498 €. **Steuerlast 2007:** 12 × 3200 € = 38 400 € abzügl konstanter stfreier Teil 18 600 €, abzügl WK-Pauschale 102 €; zu versteuern 19 698 €.

Bei regelmäßigen Anpassungen bleibt der stfreie Anteil unverändert (BFH X B 113/11 BFH/NV 13, 929; *BMF* BStBl I 13, 1087 Rz 217, 223). Wird der Jahresbetrag aus anderen Gründen (zB Wechsel zw Teil- und Vollrente; Währungsschwankungen bei ausl Rente, schwankende Bemessungsgrundlage; nachträgl Gewährung der sog Mütterrente) verändert (mE auch im Jahr des Wegfalls derRente), ist eine entspr verhältnismäßige Anpassung vorzunehmen (§ 22 Nr 1 S 3 Buchst a/aa **S 6, 7;** FG Köln EFG 14, 192, Rev X R 53/13; *BMF* BStBl I 13, 1087 Rz 232; *FinMin SH* DStR 15, 481, 1450).

Beispiel: Rentenbeginn 2006; Rente 2007 10 000 €; Besteuerungsanteil 5200 €; der stfreie Anteil der Rente beträgt 4800 €, der sich auch bei Rentenerhöhungen nicht verändert. Die Rente wird ab Dezember 2010 auf 15 000 € angehoben (Wechsel zur Vollrente). Der neue stfreie Anteil errechnet sich wie folgt: Neuer stfreier Anteil = alter stfreier Anteil × 15 000 €: 10 000; = 7200 €. Der neue stfreie Anteil ist ab 2011 maßgebl.

Folgen mehrere Renten aus derselben Versicherung nach, ist für die neue Rente der stfreie Teil neu zu berechnen; allerdings richtet sich der Vom-Hundert-Satz nicht nach dem Jahr des Rentenbeginns, sondern ist um die Jahre der Laufzeit der früheren Rente (zB Erwerbsminderungsrente) zu vermindern (§ 22 Nr 1 S 3 Buchst a/aa **S 8;** BT-Drs 15/2150, 41; *BMF* BStBl I 13, 1087 Rz 224f).

Beispiel: wie zuvor; im Jahr 2011 folgt eine neue Rente mit einem Jahresbetrag von 10 000 €. Der Besteuerungsanteil beträgt nicht 62 vH, sondern ergibt sich nach dem vH des Jahres 2006 (2011 . /. 5 Jahre Laufzeit von Rente 1).

7. Andere Renteneinkünfte, § 22 I Nr 1 S 3 Buchst a/bb. – a) Renten aufgrund nicht entlasteter Beiträge, § 22 Nr 1 S 3 Buchst a/bb. Die Vorschrift erfasst Renten, die nicht unter a/aa fallen und die Erträge des Rentenrechts enthalten, typischerweise private RV, die die Voraussetzungen des § 10 I Nr 2 Buchst b nicht erfüllen (BFH X R 54/09 BStBl II 11, 910; BFH X R 18/10 BStBl II 14, 15). – Erwerbsminderungsrenten der gesetzl RV werden daher von a/bb nicht erfasst (BFH X R 54/09 BStBl II 11, 910). – Renten, die **nicht** der **abzugsbegünstigten Altersvorsorge** zuzuordnen sind (zB kapitalisierbare Leibrenten-, private RV; Rz 91), werden weiterhin nur mit dem **Ertragsanteil** besteuert (§ 22 Nr 1 S 3 Buchst a/bb; *BMF* BStBl I 13, 1087 Rz 212 ff; EStR 22.4 auch zu Erhöhungen/Herabsetzungen, Erwerbsminderungsrenten), da die entspr Rentenbeiträge aus versteuertem Einkommen zu leisten waren, die Beiträge zu ihrer Entstehung also nicht als Vorsorgeaufwendungen abgezogen werden konnten (BT-Drs 15/2150, 41; BR-Drs 2/04, 70f), zB Renten aus vor 2005 abgeschlossenen privaten Verträgen, LV-Renten, die nicht § 10 I Nr 2 Buchst b erfüllen, entspr Berufsunfähigkeitsrenten (BFH X B 241/10 BFH/NV 12, 31), Veräußerungsleibrenten, Vermögensübergabe-Renten; **Betriebsrente** aus (lohn-)versteuerten Beiträgen, Garantierente (einschließl Überschussbeteiligung) aus privater RV (BFH X R 18/11 BStBl II 14, 15; EStH 22.4). 94

Einzelfälle: VdBS-Rente (BFH X R 10/18 BStBl II 14, 25); **VBL-Rente** (FG Nds DStRE 14, 650, rkr). – ME sind VBL-Renten und GRV-Renten zwei verschiedene Renten (nicht ganz eindeutig BFH X B 12/13 BFH/NV 14, 874). – Zu ausl Renten s Rz 92.

95 **b) Überbeiträge.** Mit dem Ertragsanteil sind – wegen der Gefahr der Doppelbesteuerung (BFH X R 52/08 BFH/NV 10, 1253) – auf Antrag auch solche Renten zu besteuern, für die in der Zeit bis zum 31.12.04 mehr als die Höchstbeträge zur gesetzl RV aufgewendet wurden („Luxusbestandsrenten"); § 22 Nr 1 S 3 Buchst a/bb **S 2** („Escape-Klausel"; **Öffnungsklausel;** iEinz *BMF* BStBl I 13, 1087 Rz 238–269) ist verfgemäß (iEinz [auch zur Aufteilung – „soweit"] BFH X R 29/09 BStBl II 11, 591; BFH X R 1/09 BFH/NV 10, 1803; BFH VIII R 23/08 BFH/NV 12, 560; BFH X B 217/12 BFH/NV 14, 41), zB bei sehr hohen Beiträgen an ein berufsständisches Versorgungswerk (FinA BT-Drs 15/3004, 13; FG Mchn EFG 14, 1089, Rev X R 12/14); zum Verfahren (Bescheinigung der Versorgungsträger) *FinVerw* DStR 06, 1599; *BMF* BStBl I 08, 390 Rz 159; zur Zuordnung der Beiträge s BFH X R 11/12 BFH/NV 14, 328; BFH X R 40/13 juris, mwN. – Für die (verfrechtl nicht zu beanstandende) **10 Jahres-Frist** gilt nicht das sog In-Prinzip (BFH X R 53/08 BStBl II 11, 567; BFH X R 58/08 BStBl II 11, 579; jetzt auch *BMF* BStBl I 13, 1087 Rz 238–269); maßgebl ist die sachl Zuordnung. Auch mittelbar beitragsabhängige Zahlungen sind ggf zu berücksichtigen (FG Ddorf EFG 10, 793, rkr). Fiktive Beiträge (auf Grund einer Beamtenversorgung) sind nicht einzubeziehen (BFH X R 29/09 BStBl II 11, 591; FG SchlHol EFG 12, 695, rkr). Maßgebl Höchstbetrag ist der zur RV-West (*BMF* BStBl I 13, 1087 Rz 241); nach dem Wortlaut besteht keine Beschränkung auf die Zahlungen an die RV-West, evtl nach dem Zweck (FG SachsAnh EFG 08, 1707, rkr); als Ertragsanteil gilt der Unterschiedsbetrag zw dem Jahresbetrag der Rente und dem gleichmäßig verteilten Kapitalwert. Der niedrigere Diskontierungsfaktor unterstellt einen KapErtrag von 3 vH/pa (*Nüssgens* Inf 04, 535/8; BR-Drs 2/04, 71); der Ertragsanteil ist der Tabelle des § 22 Nr 1 S 3 Buchst a/ bb **S 3, 4** zu entnehmen.

Beispiel: Beginnt die Rente im 45. Lebensjahr des Berechtigten, beträgt der Ertragsanteil 34%, beginnt die Rente erst im 80. Lebensjahr, beträgt der Ertragsanteil nur 8%, da der rückzuzahlende Kapitalanteil ungleich höher ist.

96 **c) Ermittlung des Ertragsanteils.** Der Ertragsanteil wird *einmalig* zum Zeitpunkt des Beginns der jew Rente ermittelt und in den Folgejahren unverändert bis zum Ende der Zahlungen fortgeführt. – Erhöhungen der Rentenzahlungen bei geplanter Überschussbeteiligung (Bonusrente) sind Erträge dieser Rente (BFH X R 47/09 BStBl II 13, 159: kein neuer Ertragsanteil; EStR 22.4 I). – Geschiedene trifft eine Auskunftspflicht nach § 22 Nr 1 S 3 Buchs a/bb S 2 letzter Satzteil idF VAStrRefG).

97 **d) Weitere Einzelheiten. – aa) Beim Geber.** Bei ihm ist nach dem eindeutigen Wortlaut der §§ 9 I 3 Nr 1 S 2 die Leibrente entspr nur mit dem Ertragsanteil abziehbar (verfgemäß; s Rz 90).

98 **bb) Veräußerungsgewinn nach § 23.** Bei Veräußerung eines WG gegen Leibrente wird die Differenz zw Rentenzahlungen und Ertragsanteil als Veräußerungspreis angesetzt (s *BMF* BStBl I 04, 922 Rz 56/57).

99 **cc) Besteuerung von wiederkehrenden Zuschüssen und sonstigen Vorteilen, § 22 Nr 1 S 3 Buchst b.** Die Regelung soll ledigl den Anwendungsbereich der Nr 1 klarstellen. Da allein die äußere Form der Wiederkehr zur Besteuerung nicht ausreicht, dürfte der Anwendungsbereich der Regelung eher gering sein; unentgeltl Studien- und Ausbildungsbeihilfen werden mE jedenfalls nicht erfasst.

100 **8. Abgekürzte und verlängerte Leibrenten. – a) Abgekürzte Leibrenten.** Zu Begriff und Voraussetzungen s Rz 43; *BMF* BStBl I 13, 1087 Rz 214, 237; EStR 22.4 V). Bei Gegenleistung idR Veräußerungsvorgang (s Rz 71). IÜ Besteu-

erung nach § 22/§ 55 II EStDV, soweit keine Unterhaltsleistungen vorliegen (s auch Rz 51). Die neue **Tabelle** des **§ 55 II EStDV** (ab 1.1.05, auch für „Altrenten“) stellt die nach der zeitl Begrenzung (Spalten 1, 2) und der Lebenserwartung (Spalte 3 und § 22 Nr 1 Buchst a) ermittelten Ertragsanteile ggü. Anzusetzen ist jeweils der niedrigere Prozentsatz (vgl Spalte 3).

Beispiel: Rente auf Lebenszeit, höchstens auf 15 Jahre. Ertragsanteil Spalte 2: 16 vH. Bei Lebensalter zu Rentenbeginn von 69 Jahren (oder älter) ergibt sich ein Ertragsanteil von 15 vH (oder weniger) nach Spalte 3 iVm § 22 Nr 1, maßgebl also 15 vH; bei Lebensalter von 64 Jahren (oder jünger) ein solcher von exakt 16 vH nach § 55 EStDV.

Beträgt die Laufzeit einer abgekürzten Leibrente nicht volle Jahre, ist sie nach EStR 22.4 IV aus Vereinfachungsgründen zugunsten des StPfl auf volle Jahre abzurunden (s FG Mster EFG 96, 231, rkr). **Laufzeitänderung/Gesamtlaufzeit** Berufs-/Erwerbsunfähigkeitsrente vgl BFH X R 97/89 BStBl II 91, 686; FG Köln EFG 02, 759, rkr; FG Nbg DStRE 02, 715, rkr. Überleitung von DDR-Invalidenrente s BFH X R 40/98 BStBl II 02, 6.

b) Verlängerte Leibrenten. Zu Begriff s Rz 46. Keine gesetzl Regelung. Aufteilung in eine Zeit- und eine Leibrente scheidet aus. Bei längerer Mindestdauer keine Leibrente (Rz 90), sondern Zeitrente bzw Kaufpreis in Raten (s Rspr Rz 71; BFH X R 58/92 BStBl II 96, 672; *BMF* BStBl I 04, 922 Rz 59). Ebenso (Kaufpreis) nach BFH X R 75/97 BStBl II 02, 650 bei Mindestrente trotz höherer Lebenserwartung (zutr; glA *BMF* BStBl I 04, 922 Rz 59). 102

9. Realsplitting, § 22 Nr 1a iVm § 10 Ia Nr 1 idF ZK-AnpG. Begriff und Einzelheiten s § 10 Rz 131. Es handelt sich um eine betragsmäßig begrenzte Zurechnungsregelung für Unterhaltsleistungen geschiedener oder getrennt lebender Ehegatten (Ausnahme zu § 22 Nr 1 S 2, § 12 Nr 2), die wiederkehrend oder einmalig erbracht werden können. Die Regelungen des § 10 Ia Nr 1 und des § 22 Nr 1a beruhen auf dem sog **Korrespondenzprinzip** (FinA BT-Drs 18/3441, 56); verfahrensrechtl sind die Regelungen aber voneinander unabhängig; die Stbarkeit beim Empfänger hängt nicht davon ab, ob und inwieweit der SA-Abzug beim Geber tatsächl zu einer StMinderung geführt hat (BFH X R 49/07 BFH/NV 10, 1790; *FinVerw* DStR 03, 1396). Durch das ZK-AnpG (BGBl I 14, 2417) hat der Gesetzgeber in § 10 Ia die SA-Abzugstatbestände, bei denen der Abzugstatbestand des Leistenden mit einer Besteuerung beim Leistungsempfänger korrespondiert, zusammengefasst (*Wernsmann/KSM* § 22 C 17); die Zusammenfassung ermögliche eine übersichtlichere Darstellung für den Rechtsanwender und diene damit der Rechtsklarheit (FinA BT-Drs 18/3441, 55). Wegen der Einzelheiten wird daher auf § 10 Rz 131 ff verwiesen sowie auf die 33. Aufl. 103

10. Vermögensübergabe gegen (private) Versorgungsleistung, § 22 Nr 1a iVm § 10 Ia Nr 2 idF ZK-AnpG. Erfasst werden Einkünfte aus Versorgungsleistungen (zur Abgrenzung Rente/dauernde Last s Rz 28). Die am Modell der Hof- und Betriebsübergabe (Art 96 EGBGB: Altenteilsvertrag) entwickelte Übergabe sog existenzsichernden und zur generationenübergreifenden Nachfolge („Weiterführung im Nachfolgeverbund“; dazu FG Mchn EFG 14, 534, Rev X R 10/14: auch Onkel) geeigneten Vermögens gegen nicht kfm abgewogene Versorgungsleistungen führt neben den steuerl Wirkungen der Vermögensübergabe beim Übergeber in vollem Umfang zu wiederkehrenden Bezügen (§ 22 Nr 1) und korrespondierend beim Übernehmer zum SA-Abzug (§ 10 Ia Nr 2; *Wernsmann/KSM* § 22 C 42). Wegen der Einzelheiten wird auf § 10 Rz 138 ff verwiesen sowie auf die 33. Aufl. – Die Versorgungsleistung, die von einem EU-beschr StPfl bezogen wird, soll nicht stpfl sein (*BMF* DStR 16, 64 – Reaktion auf EuGH C-559/13 – *Grünewald*). 105

11. Ausgleichszahlungen iRd Versorgungsausgleichs, § 22 Nr 1a iVm § 10 Ia Nr 3, 4. Erfasst werden Versorgungsausgleichsleistungen (*Wernsmann/* 115

KSM § 22 C 44f). Der Gesetzgeber hat die Regelungen zum Abzug von Ausgleichszahlungen iRe Versorgungsausgleichs neu geordnet. Die steuerl Regelungen zur internen und externen Teilung sind inhaltl unverändert nunmehr in § 10 Ia Nr 4 enthalten. § 10 Ia Nr 3 ist ein neuer Abzugstatbestand für Ausgleichszahlungen zur Vermeidung des Versorgungsausgleichs nach einer Ehescheidung bzw der Auflösung einer Lebenspartnerschaft (§ 6 I 2 Nr 2 VersAusglG; §§ 1408 II, 1587 BGB). Damit werde in diesem Bereich ein bestehendes Regelungsdefizit beseitigt (FinA BT-Drs 18/3441, 56); auf diese Weise werde eine steuerl Gleichbehandlung aller Ausgleichszahlungen erreicht. Die Neuregelung gilt erstmals für im VZ 2015 geleistete Aufwendungen. – Wegen der Einzelheiten wird auf § 10 Rz 150ff verwiesen sowie auf die 33. Aufl (zur alten Rechtslage noch FG Köln DStRE 15, 841, Rev X R 41/14; FG Hess DStRE 15, 72, Rev X R 48/14; mE war – nach allg Grundsätzen – auch das Surrogat zu erfassen).

12. Werbungskosten; Freibeträge. Zum WK-Begriff s § 9 § 20 Rz 211ff.

123 *(1)* **Altes Recht (für VZ vor 2005).** Die Aufwendungen zum Erwerb der Rentenanwartschaft (Renteneinzahlungen) waren bis dato keine WK, da sie nicht zum Nutzungsbereich, sondern zum steuerl irrelevanten Vermögensbereich gehörten (iEinz 31. Aufl; auch **keine AfA** auf das – nicht abnutzbare – **Rentenstammrecht.**

124 *(2)* **Allgemeine Grundsätze.** Aufwendungen zum Erwerb und zur Finanzierung von wiederkehrenden Bezügen können, sofern das Gesetz keine besondere Regelung trifft (zB § 10 III, § 10a), WK sein. – *(3)* **Zuordnung zu SA.** Bei **nachgelagerter Besteuerung** (§ 22 Nr 1 S 3a aa; § 22 Nr 5) sind die entspr Beiträge der Sache nach WK, die der Gesetzgeber aber nach wie vor dem SA-Bereich (zB § 10 III, § 10a) zugeordnet hat (BFH X B 166/05 BStBl II 06, 420; *Weber-Grellet* DStR 04, 1721/3; *Fischer* FR 07, 76; aA FG Nds EFG 05, 1184 PKH: vorrangiger WK-Abzug; krit auch *KSM/Söhn* § 10 E 325f: Verletzung des Gebots der Folgerichtigkeit; ggf Ruhen des Verfahrens (*FinVerw* DStR 06, 1371/2). – **RV-Beiträge** (einschließl Nach- und Sonderzahlungen) sind daher nicht als WK, sondern (begrenzt) als **SA** abziehbar (BFH X R 34/07 DStRE 10, 85; BFH X R 6/08 BStBl II 10, 282; BFH X R 28/07 BStBl II 10, 348; dazu *Risthaus* DB 10, 137; Rz 90); zu Versorgungsausgleich vgl § 10 Rz 150f. Zu § 10 III s BVerfG 2 BvL 1/06 DStR 08, 604: Auch Beiträge zu privaten Versicherungen für den Krankheits- und Pflegefall sind Teil des estrechtl zu verschonenden Existenzminimums (nach Maßgabe des sozialhilferechtl gewährleisteten Leistungsniveaus). – Zur weiteren Benachteiligung von sozialversicherungspflichtigen ArbN *Wesselbaum-Neugebauer* FR 07, 683. – *(4)* **Nebenkosten.** Auch (Neben-)Kosten der **Begründung** des „Rentenstammrechts" sind entspr zuzuordnen, zB Eintragungskosten, Notarkosten, **Provisionen** (BFH VIII R 29/00 BStBl II 06, 223). – **Gebühren für Kombiprodukte** sind aufzuteilen (BFH X R 34/04 BFH/NV 07, 682). – **Kreditvermitt** idR iHv 2 vH des Darlehensbetrags abziehbar (BFH X R 19/03 BStBl II 06, 238; FG Mster EFG 07, 1010, rkr; FG Mchn EFG 07, 1675, rkr; *BMF* BStBl I 03, 546 Rz 22; *OFD Mster* DB 07, 1716; zT aA *Söffing* DB 02, 1733). – *(5)* **Rechtsverfolgungskosten (Prozesskosten).** Diese können durch die Erwerbung von Einnahmen veranlasst sein (§ 9 I 1: WK), etwa die Kosten eines Zivilprozesses über eine Erhöhung nach § 323 ZPO oder Beratungskosten wegen der gesetzl RV (ohne Kürzung auf Ertragsanteil, *BMF* BStBl I 98, 126; FG Nds EFG 13, 1834, rkr) oder Gewerkschaftsbeiträge (*FinVerw* DB 02, 2409); vgl § 4 Rz 520 „Rechtsverfolgungskosten".

(6) **Finanzierungskosten.** Diese sind WK, soweit sie auf die eigene Rente entfallen (BFH X R 15/05 BStBl II 07, 390: kein Drittaufwand). **Schuldzinsen** bei § 22 Nr 1 sind WK (keine AK; Sonderfall BFH X R 54/99 BFH/NV 05, 677 betr „Verbund-Renten-Plan"). BFH X R 37/86 BStBl II 91, 398 berücksichtigt Kreditzinsen zur Nachentrichtung freiwilliger Angestelltenversicherungsbeiträge in voller Höhe als vorweggenommene WK; ebenso bei Leibrenten *FinVerw* DStR 96, 827; BFH VIII R 29/00 BStBl II 06, 223. – Abzug bei Renten-Einmalbetrag für Ehefrau, wenn Verpflichtung zur Freistellung von Zinsaufwendungen im

Innenverhältnis (BFH X R 36/05 DStR 08, 2204). Die später erzielbaren Einnahmen müssen die Zinsen nominal übersteigen (s BFH X R 151/97 BFH/NV 00, 1097; BFH X R 23/95 BStBl II 00, 267: Einmalbetrag zur AuslandsLV [ausführl *OFD Rhl* StEK EStG § 20 Nr 390]; glA BFH VIII R 29/00 BStBl II 06, 223: „Sicherheits-Kompakt-Rente" (zur Abgrenzung AK/WK BFH VIII R 108/03 BFH/NV 07, 428: iR Anschaffungsnebenkosten [Kreditvermittlungsgebühr] von 2 vH der Darlehenssumme; *OFD Mster* DB 07, 1716; FG Mchn DStRE 10, 278, rkr); BFH X R 25/01 BStBl II 06, 228: „Maxima-Rente"; ähnl BFH IX R 23/03 BStBl II 06, 248; ausführl *FinVerw* FR 05, 1054; *Meyer-Scharenberg* DStR 00, 670; *Jung* INF 00, 559; *Horlemann* FR 00, 1314). Vgl auch § 20 Rz 11, 29. Aufl Rz 253 „Schuldzinsen". – ***(7)*** **WK-Pauschbetrag.** Dieser ist nach § 9a I 1 Nr 3 (102 € pro Person, auch bei Ehegatten) beschränkt auf Einkünfte iSv § 22 Nr 1, 1a, 1b, 1c und 5 (s § 9a Rz 5). Zur Nichtgewährung des **Sparer-Freibetrags** bei privaten Leibrenten s BFH X R 32–33/01 BStBl II 11, 675 (vgl zu § 22 Nr 5 auch Rz 126), bei SV-Renten ebenfalls nicht (BFH X R 1/00 BFH/NV 02, 1438).

IV. Leistungen aus Altersvorsorgeverträgen und betriebl Altersversorgung, § 22 Nr 5

Schrifttum (Auswahl; s auch Vorauflagen): *RRDL* [vor Rz 1] Rn 1621 ff. – *Dommermuth,* Die Eigenheimrente, DStR 10, 1816; *Weber-Grellet,* Rentenbesteuerung im Lichte der neueren BFH-Rspr, DStR 12, 1253.

Verwaltung (ältere Anweisungen s Vorauflagen): *BMF* BStBl I 10, 270 Rz 114–158 (steuerl Förderung der privaten Altersvorsorge und der betriebl Altersversorgung, neu gefasst durch *BMF* BStBl I 13, 1022 Rz 121–189, 401; *BMF* BStBl I 14, 97; *BMF* BStBl I 09, 489/91 (zu § 22 Nr 5 S 7; amtl Muster mit Erläut); *BMF* BStBl I 12, 238 (Anhebung der Altersgrenzen); *BMF* BStBl I 12, 311 (Aufteilung von Leistungen).

1. Allgemeines. – ***(1)*** **Überblick; Systematik.** Der (durch das JStG 2007 neu gefasste) **§ 22 Nr 5** bestimmt die volle **nachgelagerte Besteuerung** für Leistungen der sog **externen betriebl Altersversorgung** (*Weber-Grellet* LdR 6/153 A III 3; B VII), also *(a)* bei (begünstigten) Leistungen aus Altersvorsorgeverträgen iSd § 82 („Riester-Rente") und *(b)* bei Leistungen (Betriebsrenten) aus Pensionsfonds (§ 4e), Pensionskassen (§ 4c) und DirektVers (§ 4b); diese korrespondiert mit der **steuerl Abziehbarkeit** der Beiträge, Zahlungen, Erträge und Wertsteigerungen in der Ansparphase (zum Prinzip s Rz 1; *Niermann/Risthaus* DB Beil 4/08, 55f), auch bei privater Fortführung (*BayLfSt* DStR 07, 1208; *BMF* BStBl I 13, 1022 Rz 121f, 372f); zur bisherigen Regelung s 25. Aufl. Die Leistungen werden nach Nr 5 S 1 (erst) in der Auszahlungsphase besteuert (*BMF* BStBl I 13, 1022 Rz 121; BFH X R 41/13 DStRE 15, 1365; *Myßen* DB 15, 2967); es sei denn, das Altervorsorgevermögen wurde schädl verwendet (*BMF* BStBl I 13, 1022 Rz 190). Der Umfang der Besteuerung der Leistungen in der Auszahlungsphase richtet sich danach, ob und inwieweit die Beiträge in der Ansparphase stfrei gestellt (§ 3 Nr 63 und 66), nach § 10a oder §§ 79 ff (SA-Abzug und Altersvorsorgezulage) gefördert worden sind oder durch stfreie Zuwendungen nach § 3 Nr 56 erworben wurden (*BMF* BStBl I 10, 270 Rz 117). – Waren die Beiträge **nicht begünstigt,** gilt Nr 5 S 2 (Rz 127). – Liegen den Leistungen geförderte und nicht geförderte Beiträge zugrunde, ist aufzuteilen (*BMF* BStBl I 12, 311; *Weber-Grellet* DStR 12, 1253). – Die Übertragung von Altersvorsorgevermögen auf einen anderen Altersvorsorgevertrag führt grds zu stpfl Zufluss (*BMF* BStBl I 13, 1022 Rz 144 ff mit Ausnahmen). – ***(2)*** **Abschließende Regelung.** § 22 Nr 5 ist ggü anderen Vorschriften **lex specialis** für Leistungen aus Altersvorsorgeverträgen sowie für Leistungen aus Pensionsfonds, Pensionskassen und DirektVers; die AbgeltungSt findet keine Anwendung (*BMF* BStBl I 10, 270 Rz 114); die steuerrechtl Beurteilung dieser Produkte ist *abschließend* in § 22 Nr 5 geregelt, also Vorrang ggü § 20 I Nr 6, § 2 I InvStG. In der Ansparphase findet kein Zufluss statt (daher auch kein Sparer-Pauschbetrag, § 20 IX); ledigl der WK-Pauschbetrag nach § 9a I 1 Nr 3 kommt einmal zum Ansatz. – **Kein KapEStAbzug** nach §§ 43 ff: In der Ansparphase keine KapErträge, in der Auszahlungsphase Vorrang des § 22 Nr 5 (*BMF* BStBl I 125

10, 270 Rz 116). – *(3)* **Verfassungsmäßigkeit.** Die nachgelagerte Besteuerung basiert auf dem Grundsatz der Besteuerung nach der Leistungsfähigkeit (*Weber-Grellet* DStR 12, 1253). Der Leistungsempfänger erwirbt in der Ansparphase mit den geleisteten Altersvorsorgeaufwendungen einen Versicherungsschutz. Erst mit dem Renteneintritt werden die Beitragszahlungen zu einem strechtl relevanten „vermögenswerten Recht". Die späteren Altersbezüge sind zwar beitragsbezogen, enthalten jedoch keine Rückzahlungen von Beiträgen.

126 **2. Einzelheiten, § 22 Nr 5 S 1–3. – a) Erfasste Leistungen (S 1).** Satz 1 erfasst die Leistungen aus Altersvorsorgeverträgen (iSd § 82), aus Pensionsfonds, Pensionskassen und DirektVers **in voller Höhe.** Erfasst werden auch Bonuszahlungen (*BMF* BStBl I 10, 270 Rz 156) und gem § 3 Nr 56 geförderte Leistungen. – Für die Einordnung nach § 22 Nr 5 ist unerhebl, ob die Beiträge, auf denen die Leistungen beruhen, steuerl gefördert wurden, ob es sich um Leistungen aus kapitalgedeckten oder umlagefinanzierten Versorgungseinrichtungen handelt (BT-Drs 16/2712, 50) oder ob der Vertrag ganz oder teilweise privat fortgeführt wurde (zB § 1b V1 Nr 2, § 2 II BetrAVG). – Nicht erfasst werden Rückzahlungen an den ArbG (*BayLfSt* DStZ 08, 194: BE).

127 **b) Abweichungen vom Grundsatz der (vollen) nachgelagerten Besteuerung, § 22 Nr 5 S 2 Buchst a–c.** *Soweit* die Leistungen auf **nicht geförderten** Beiträgen (dazu *BMF* BStBl I 09, 489/93; *BMF* BStBl I 10, 270, Rz 134) beruhen, gilt Folgendes (s auch *Blümich/Nacke* Rz 186f; *HHR* Anm 497f): – *(1)* **Renten.** Leistungen in Form einer lebenslangen Rente oder eine Berufsunfähigkeits-, Erwerbsminderungs- und Hinterbliebenenrente werden grds (nur) mit dem (neuen) Ertragsanteil (§ 22 Nr 1 S 3 Buchst a bb) erfasst (*HHR* § 22 Anm 301f; *Rürup/Myßen* vor § 10a Rz 1, 224; *Heubeck/Seybold* DB 07, 592); das gilt auch für eine Unfallrente (*BMF* BStBl I 09, 1275/6). – *(2)* **Kapitalauszahlungen.** Bei anderen Leistungen aus Versicherungsverträgen, Pensionsfonds, Pensionskassen und DirektVers treten die Rechtsfolgen des **§ 20 I Nr 6** in der jeweils bei Vertragsschluss geltenden Fassung ein. – *(3)* **Sonstige Fälle.** In allen anderen Fällen (zB Zeitrente) ist der Unterschiedsbetrag zw der Leistung und der Summe der Beiträge zu erfassen, ggf hälftig (§ 20 I Nr 6 S 2). – *(4)* **Altersvorsorgevermögen, § 22 Nr 5 S 3.** Die schädl Verwendung (auch bei Beendigung der Zulageberechtigung; *BMF* BStBl I 13, 1022 Rz 228f) von gefördertem Altersvorsorgevermögen wird wie eine Leistung aus ungeförderten Beiträgen nach S 2 behandelt; daneben sind die Zulagen und die StErmäßigungen zurückzuzahlen (*BMF* BStBl I 13, 1022 Rz 190f, 208f). Vom ausgezahlten Vermögen sind die Eigenbeträge und die Altersvorsorgezulagen abzuziehen (BT-Drs 16/2712, 51; *BMF* BStBl I 13, 1022 Rz 190f, 218). – Bei nachträgl Änderungen der Vertragsbedingungen gilt das Altersvorsorgevermögen als zugeflossen (*BMF* BStBl I 13, 1022 Rz 183).

Im Einzelnen (nach *BMF* BStBl I 13, 1022 Rz 121 ff): der Umfang der Besteuerung in der Auszahlungsphase bestimmt sich danach, inwieweit die Beiträge in der Ansparphase stfrei gestellt waren (nach § 3 Nr 56, 63, 66, nach § 10a, nach Abschn XI; zur Abgrenzung geförderter und nicht geförderter Beiträge *BMF* BStBl I 13, 1022 Rz 126f mit Erläut):

(1) **§ 22 Nr 5 S 1.** Leistungen aus Altersvorsorgevertrag iSd § 82, Pensionsfonds, Pensionskasse oder DirektVers, soweit die Leistungen auf gefördertem Kapital beruhen. Die bescheinigten Leistungen unterliegen in vollem Umfang der Besteuerung.

(2) **§ 22 Nr 5 S 1 iVm § 52 Abs 34c aF (in Nr 1 nicht enthalten).** Leistungen aus einem Pensionsfonds, wenn lfd Versorgungsleistungen auf Grund einer Versorgungszusage in Form einer Direktzusage oder aus einer Unterstützungskasse bezogen wurden und die Ansprüche stfrei nach § 3 Nr 66 auf einen Pensionsfonds übertragen wurden. Die bescheinigten Leistungen unterliegen in vollem Umfang der Besteuerung. Das FA gewährt jedoch einen Pauschbetrag für WK nach § 9a S 1 Nr 1 sowie ggf den Versorgungsfreibetrag und den Zuschlag zum Versorgungsfreibetrag nach § 19 II, soweit diese nicht anderweitig aufgebraucht sind (*BMF* BStBl I 13, 1022 Rz 384).

(3) **§ 22 Nr 5 S 2 Buchst a iVm § 22 Nr 1 S 3 Buchst a aa.** Leistungen aus einem Pensionsfonds, einer Pensionskasse oder einer DirektVers, soweit sie auf nicht gefördertem

Kapital beruhen. Die der Leistung zu Grunde liegende Versorgungszusage wurde nach dem 31.12.04 erteilt (Neuzusage) und die Voraussetzungen des § 10 I Nr 2 Buchst b werden erfüllt. Die Besteuerung erfolgt nach § 22 Nr 5 S 2 Buchst a iVm § 22 Nr 1 S 3 Buchst a aa (Kohorte).

(4) **§ 22 Nr 5 S 2 Buchst a iVm § 22 Nr 1 S 3 Buchst a bb.** Lebenslange Leibrente aus einem Altersvorsorgevertrag iSd § 82, einem Pensionsfonds, einer Pensionskasse oder einer DirektVers, soweit sie auf nicht gefördertem Kapital beruht (*BMF* BStBl I 13, 1022 Rz 139). Bei der betriebl Altersversorgung wurde die der Leibrente zu Grunde liegende Versorgungszusage vor dem 1. Januar 2005 erteilt (Altzusage; § 10 I Nr 3 Buchst b) oder die Voraussetzungen des § 10 I Nr 2 Buchst b werden nicht erfüllt. Die Rente unterliegt der Besteuerung mit dem Ertragsanteil (§ 22 Nr 5 S 2 Buchst a iVm § 22 Nr 1 S 3 Buchst a bb); zur Änderung der Altersgrenze *BMF* BStBl I 12, 238.

(5) **§ 22 Nr 5 S 2 Buchst a iVm § 22 Nr 1 S 3 Buchst a bb S 5 iVm § 55 II EStDV.** Abgekürzte Leibrente (Berufsunfähigkeits-, Erwerbsminderungs- und Hinterbliebenenrente; *BMF* BStBl I 13, 1022 Rz 142) aus einem Altersvorsorgevertrag iSd § 82, einem Pensionsfonds, einer Pensionskasse oder einer DirektVers, soweit sie auf nicht gefördertem Kapital beruht. Bei der betriebl Altersversorgung wurde die der abgekürzten Leibrente zu Grunde liegende Versorgungszusage vor dem 1.1.05 erteilt (Altzusage; § 10 I Nr 3 Buchst b) oder die Voraussetzungen des § 10 I Nr 2 Buchst b werden nicht erfüllt. Die abgekürzte Leibrente unterliegt der Besteuerung mit dem Ertragsanteil. Der Ertragsanteil ergibt sich aus der Tabelle in § 55 II EStDV.

(6) **§ 22 Nr 5 S 2 Buchst b iVm § 20 I Nr 6 ggf iVm § 52 Abs 36 S 5 aF.** Andere Leistungen (insb Kapitalauszahlungen) aus einem Altersvorsorgevertrag iSd § 82, einem Pensionsfonds, einer Pensionskasse oder einer DirektVers (Versicherungsvertrag), soweit sie auf nicht gefördertem Kapital beruhen (*BMF* BStBl I 13, 1022 Rz 140). Wenn der Versicherungsvertrag, der die Voraussetzungen des § 10 I Nr 2 Buchst b in der am 31.12.04 geltenden Fassung erfüllt, vor dem 1.1.05 abgeschlossen wurde und die Auszahlung vor Ablauf von 12 Jahren seit Vertragsabschluss erfolgt, werden die rechnungsmäßigen und außerrechnungsmäßigen Zinsen bescheinigt. Wenn der Versicherungsvertrag nach dem 31.12.04 abgeschlossen wurde, enthält die Mitteilung den Unterschiedsbetrag zw der Versicherungsleistung und der Summe der auf sie entrichteten Beiträge oder – wenn die Auszahlung erst nach Vollendung des 60. Lebensjahrs erfolgt und der Vertrag im Zeitpunkt der Auszahlung mindestens 12 Jahre bestanden hat – die Hälfte dieses Unterschiedsbetrags. Der bescheinigte Betrag unterliegt in diesem Umfang der Besteuerung.

(7) **§ 22 Nr 5 S 2 Buchst c.** Bescheinigt werden die auf nicht gefördertem Kapital beruhenden Leistungen, die nicht bereits nach § 22 Nr 5 S 2 Buchst a oder b erfasst werden (zB Leistungen, die auf ungefördertem Kapital beruhen, aus zertifizierten Bank- oder Investmentfondssparplänen; *BMF* BStBl I 13, 1022 Rz 141). Hierbei ist der Unterschiedsbetrag zw den Leistungen und der Summe der auf sie entrichteten Beiträge anzusetzen. Wenn die Auszahlung erst nach Vollendung des 60. Lebensjahrs erfolgt und der Vertrag im Zeitpunkt der Auszahlung mindestens 12 Jahre bestanden hat, ist die Hälfte des Unterschiedsbetrags anzusetzen (zur Anhebung der Altersgrenze *BMF* BStBl I 12, 238). Die bescheinigten Leistungen unterliegen in diesem Umfang der Besteuerung.

(8) **§ 22 Nr 5 S 3.** S *BMF* BStBl I 13, 1022 Rz 217. – *(a)* iVm S 2 Buchst a iVm § 22 Nr 1 S 3 Buchst a bb; *(b)* iVm S 2 Buchst a iVm § 22 Nr 1 S 3 Buchst a bb S 5 iVm § 55 II EStDV; *(c)* iVm S 2 Buchst b iVm § 20 I Nr 6 ggf iVm § 52 Abs 36 S 5 aF; *(d)* iVm S 2 Buchst c: Das ausgezahlte geförderte Altersvorsorgevermögen (= Kapital, das auf nach § 10a oder Abschnitt XI geförderten Altersvorsorgebeiträgen und den gewährten Altersvorsorgezulagen beruht) wurde steuerschädl iSd § 93 I S 1 und 2 verwendet. In welchem Umfang eine Besteuerung erfolgt, richtet sich in Anwendung des § 22 Nr 5 S 2 nach der Art der ausgezahlten Leistung; siehe oben (4)–(7). Als Leistung iSd § 22 Nr 5 S 2 gilt das ausgezahlte geförderte Altersvorsorgevermögen nach Abzug der Zulagen iSd Abschnitts XI.

(9) **§ 22 Nr 5 S 4.** Wird beim sog **Zwischenentnahmemodell** (*BMF* BStBl I 13, 1022 Rz 232 ff) der Altersvorsorge-Eigenheimbetrag verspätet zurückgezahlt oder die eigene Wohnnutzung aufgegeben, liegt eine steuerschädl Verwendung nach § 92a III oder IV S 1 und 2 vor, wenn die Nutzung zu eigenen Wohnzwecken vor der vollständigen Rückzahlung des Altersvorsorge-Eigenheimbetrags endet oder wenn ein Zahlungsrückstand von mehr als 12 Monaten eingetreten ist. Der bescheinigte Betrag setzt sich zusammen aus den Zuwächsen (zB Zinserträge und Kursgewinne), die in dem bei der stschädl Verwendung noch ausstehenden Rückzahlungsbetrag enthalten sind (§ 22 Nr 5 S 4 Hs 1) und dem Vorteil, der sich durch die zinslose Nutzung des noch nicht zurückgezahlten Altersvorsorge-Eigenheimbetrags ergibt. Dieser Vorteil wird mit 5% (Zins und Zinseszins) für jedes volle Kj der Nutzung berechnet

(§ 22 Nr 5 S 4 Hs 2). Der bescheinigte Betrag unterliegt in diesem Umfang der Besteuerung (Einzelheiten *BMF* BStBl I 13, 1022 Rz 173, 175, 232 ff; *BMF* BStBl I 14, 554).

128 ***(10)* Wohn-Riester.** Das ist ein staatl Kredit mit jährl Teilauszahlung und Rückzahlung durch Steuern (Förderung der selbstgenutzten Immobilie als Altersvorsorge; iEinz *Dommermuth* DStR 10, 1816); **Besteuerung des Wohnförderungskontos (§ 92a II)** nach **§ 22 Nr 5 S 5, 6 idF EigRentG** (zum „Wohn-Riester" *Myßen/Fischer* NWB 3, 15117; *Merker* SteuerStud 08, 494; Hegemann/*Moll* Stbg 08, 373; *Risthaus* DB Beil 6/08). Das im Wohneigentum gebundene steuerl geförderte **Altersvorsorgekapital** wird nach § 22 Nr 5 nachgelagert besteuert und zu diesem Zweck in einem Wohnförderkonto erfasst (*BMF* BStBl I 13, 1022 Rz 161 ff); Verwendung (Entnahme) des geförderten Kapitals für Wohnung, § 92a: *(a)* Der StPfl kann das Wohnförderkonto in der Auszahlungsphase planmäßig verteilt versteuern; *(b)* er hat auch die Möglichkeit einer **einmaligen Besteuerung** (§ 22 Nr 5 S 5; Ansatz des Werts des Wohnförderkontos nur zu 70 vH bei der Ermittlung des zvE). – *(c)* Für den Fall, dass die Begünstigungsvoraussetzungen (zB die Selbstnutzung) vorzeitig entfallen, ist der noch nicht erfasste Auflösungsbetrag *(aa)* mit dem $1^1/_2$-fachen (bei Wegfall bis zum 10. Jahr; BT-Drs 16/9670, 6) oder *(bb)* mit dem 1-fachen (bei Wegfall zw dem 10 und dem 20. Jahr zu versteuern („Strafsteuer"); § 22 Nr 5 S 6 (*BMF* BStBl I 14, 554). – Keine Erfassung wg Tod des Zulageberechtigten (JStG 10; BR-Drs 318/10, 80).

Beispiel: Ein 42-jähriger Riester-Sparer entnimmt im Jahr 2020 20 000 €. Im Jahr 2040 (mit 62 Jahren) muss er das Geld zzgl 2% Zinsen versteuern; das Wohngeldkonto beträgt 29 718. – ***Lösung:*** *(1)* in (23) Jahresraten (ab 2040 bis zum Alter von 85; § 92a II) à 1292 jährl oder – *(2)* Sofortversteuerung von 20 802 (70 vH von 29 718 (= 20 000 Entnahme + 9718 Zinsen); weitere Beispiele *BMF* BStBl I 10, 270, Rz 137, 144, 152/*BMF* BStBl I 13, 1022 Rz 164, 178).

(11)* § 22 Nr 5 S 7.** S 7 regelt Mitteilungspflichten des Anbieters über den erstmaligen Leistungsbezug nach S 1 und 2, über Änderungen des Leistungsbetrags im Vergleich zum Vorjahr, über den Bezug von Leistungen nach S 3 und 4. Die Bescheinigung muss (ab 2007) die zugeflossene Leistung den Sätzen 1 bis 4 zuteilen; amtl Muster in BStBl I 11, 6/8; *BMF* BStBl I 14, 97 Rz 188. – Mit Schrb v 14.8.14, BStBl I 14, 1168 hat das BMF ein neues Vordruckmuster für die Mitteilung nach § 22 Nr 5 S 7 bekannt gemacht. – ***(12) Zur bisherigen Mindestentnahmegrenze s 33. Aufl. – ***(13)* § 22 Nr 5 S 8.** S 8 stellt (zur Vermeidung von Verwerfungen im Förderverfahren) die Besteuerung der **Provisionserstattung** (ab VZ 2009) beim Anleger als Einkunft nach § 22 Nr 5 sicher (BT-Drs 16/10189, 68/9; *HHR* Anm 508; *BMF* BStBl I 13, 1022 Rz 185). – ***(14)* Einzelheiten.** § 22 Nr 5 S 9 (JStG 10, BR-Drs 318/10, 80) regelt den Verteilungsschlüssel bei VersAusgleich; entspr Anwendung bei § 3 Nr 55, 55e (S 10). § 22 Nr 5 S 11 regelt die Anwendung der §§ 9a, 19 II bei Übertragung auf Pensionsfonds (allg s Rz 129), § 22 Nr 5 S 12 den Zeitpunkt des Vertragsabschlusses bei Teilung (bisher § 52 Abs 34c, 38 S 4; geändert durch Kroat-AnpG v. 25.7.14).

129 **3. Werbungskosten; WK-Pauschbetrag, § 9a I 1 Nr 3.** Die Beiträge können (im Hinblick auf die anderweitige Förderung) in der Ansparphase nicht als WK abgezogen werden (Rz 125). Schuldzinsen zur Finanzierung der Beiträge können ggf WK sein (Rz 124). – Für als sonstige Bezüge zu versteuernden Leistungen nach § 22 Nr 5 wird ein WK-Pauschbetrag nach § 9a I 1 Nr 3 gewährt, *nicht* hingegen der Pauschbetrag gem § 9a I 1 Nr 1 oder der Versorgungsfreibetrag nach § 19 II. Dies gilt grds auch in Fällen der Übernahme von Direktzusagen/„Anspruch" gegen Unterstützungskassen gem § 3 Nr 66 nF durch Pensionsfonds; Ausnahme: § 52 Abs 34b S 1 aF: „Bestandsrentner" mit Leistungen vor 2002 (vgl *Niermann* DB 01, 1380/2).

V. Einkünfte aus Leistungen, § 22 Nr 3

Schrifttum (Auswahl): *Krey,* Besteuerung sonstiger Leistungen, Diss 2011; *Kubicki,* Die Dogmatik des § 22 Nr 3 …, Diss 2011. – *Becker* StuW 1936 Sp 1669 ff; *Ismer* Glück im Spiel – Pech für die Dogmatik? FR 07, 235; *Marx,* Das Markteinkommenskonzept … – Zur Steuerbarkeit von Preisgeldern …, DStZ 14, 282.

130 **1. Funktion.** § 22 Nr 3 ist die „estrechtl Grundnorm" und schließt das System der Einkunftsarten (s Rz 1). Prinzipiell werden – bis auf nicht stbare Veräußerungen – alle Leistungsentgelte erfasst. § 22 Nr 3 ist **verfgemäß** (BVerfG DStZ/E 86,

334). ESt- und auch USt-rechtl werden Leistungen besteuert; § 22 Nr 3 falsifiziert die sog Markteinkommenstheorie.

2. Leistung. – **a) Begriff.** § 22 Nr 3 erfasst nach (zutr) BFH-Rspr entgeltl Leistungen im Privatbereich, die keine (§ 17, § 20 II, § 23 zugeordneten) Veräußerungen und auch nicht veräußerungsähnl sind (BFH IX R 25/05 BFH/NV 07, 657; BFH IX R 65/10 BFH/NV 13, 1085; EStH 22.8; *Wernsmann/KSM* § 22 E 41 f), daher keine Erfassung der Ausgleichszahlung wegen der Entwertung einer zwischenzeitl veräußerten Kapitalbeteiligung). Leistung und Gegenleistung müssen synallagmatisch verknüpft sein (BFH IX R 46/09 BStBl II 12, 310; BFH IX R 35/13 BStBl II 15, 795). – § 22 Nr 3 ist subsidiär ggü anderen Einkunftsarten (Rz 1; zu VuV BFH IX R 43/03 BStBl II 04, 507) und ggü den anderen Tatbeständen des § 22; zur ustl Leistung § 3 IX UStG. – Zur Einkunftserzielungsabsicht s Rz 2, 146 (ferner *Wernsmann/KSM* § 22 E 93; abl *Falkner* DStR 10, 788/92). Nach den Beispielen in Nr 3 S 1 (gelegentl Vermittlung, Vermietung bewegl Sachen) und in Abgrenzung zu § 15 sind nachhaltige Tätigkeit und Beteiligung am allg wirtschaftl Verkehr nicht erforderl; eine entgeltl selbständige Betätigung kann genügen (so auch *Kubicki* aaO (vor Rz 130), 98); der Entgeltcharakter fehlt zB bei Kartenspiel mit eher symbolischem Geldeinsatz. – „Positiver **Erwartungswert**" und Erwerbswirtschaftlichkeit sind irrelevant (aA *Ismer* FR 07, 235/40; FR 13, 66). 131

b) Bestimmte Leistungen. Die Leistung selbst braucht nicht wirtschaftl Art zu sein (s Rz 150 „Prostitution"). Sie kann im Tätigkeitsbereich (s Rz 150 „Tätigkeitsvergütungen") oder im Bereich der Nutzung des Vermögens liegen (s Rz 136, 150); Leistungen, die – im Unterschied zum Nutzungs- und Tätigkeitsbereich (Rz 136) – den Vermögensbereich berühren, sind ausgenommen (zB BFH III R 56/85 BStBl II 90, 1054; BFH XI R 26/02 BStBl II 04, 218; s Rz 150 „Veräußerung"). Tatsächl Leistungserbringung oder gar Leistungserfolg sind nicht erforderl, nicht einmal Leistungsabsicht (Definition s Rz 131); es genügt das Versprechen bzw Inaussichtstellen einer Leistung derart, dass *dafür* (s Rz 133) ein Entgelt gezahlt wird, weil der *Zahlende* mit einer Leistung rechnet (zB Zahlung für fingierte oder absprachemäßig unterlassene Leistung, Erfolgszahlung für nur vorgespielte Leistung oder betrügerische Nichtleistung; BFH IX R 39/01 DStRE 04, 819). 132

c) Verhältnis Leistung/Entgelt. Die Zahlung muss als wirtschaftl Gegenleistung durch die Leistung veranlasst sein (BFH IX R 46/09 BStBl II 12, 310); zu nachträgl Zahlung für „Freundschaftsdienst" BFH IX R 13/02 BStBl II 05, 44), aber nicht unbedingt auf Grund eines gegenseitigen Vertrages (BFH IX R 74/98 BFH/NV 02, 643). § 22 Nr 3 erfasst auch Entgelt für **verbotene Leistung** (§ 40 AO; s Rz 150 „Schmier- und Bestechungsgeld"). Freiwilligkeit der Leistung ist nicht notwendig. *Beispiel:* Entschädigung für Beschlagnahme und Gebrauch eines WG (s BFH VI 216/61 U BStBl III 63, 380 mit Abgrenzung; BFH X R 45/91 BFH/NV 95, 387). 133

Entschädigungen für **hoheitl Eingriffe** in das Eigentumsrecht fallen nach BFH X R 64/92 BStBl II 95, 640 auch bei Mitwirkung der StPfl nicht unter § 22 Nr 3 (so auch FG BBg EFG 14, 1674, rkr). Die mehr oder weniger zufällige Zahlung gelegentl einer aus rechtl, staatspolitischen, moralischen, sportl, spielerischen oder sonstigen nicht wirtschaftl Gründen erbrachten Leistung wird nicht besteuert. *Beispiele:* Entschädigung des ehrenamtl Richters (nicht jede ehrenamtl Tätigkeit, s *BMF* FR 96, 328; vgl zu Wasserwacht-Rettungsschwimmern *FinVerw* StEd 00, 393: § 22 Nr 3), Pflegegeld bei familiärer Verpflichtung (s Rz 150), Erbeinsetzung für gelegentl Hilfeleistung, Spendensammeltätigkeit (FG RhPf EFG 95, 311, rkr); Minderung Grundstückskaufpreis wegen Mitarbeit der Kinder bei Gebäudeerstellung (FG Nbg EFG 98, 1133, rkr); s auch Rz 150 „Belohnungen", „Preise", „Risikogeschäfte", „Spielgewinne", „Vermittlung", „Verzicht". Nicht unter § 22 fällt auch die **Aneignung ohne Wissen und Willen** des Berechtigten (Veruntreuung, Diebstahl, Unterschlagung oä, s BGH HFR 90, 521).

d) Zeitl Voraussetzungen. Die Dauer einer Tätigkeit ist ohne Bedeutung. So ist etwa die einmalige Vermittlungstätigkeit typisch für eine nichtgewerbl Leistung 134 iSd § 22 Nr 3 (BFH IX R 39/06 BStBl II 08, 469; BFH IX B 22/14 BFH/NV 14, 1540 – Fernseh-Preisgelder; einschr *BMF* BStBl I 08, 645), soweit sie nicht nachhaltig iSv § 15 II erbracht werden.

136 **3. Abgrenzung Vermögensbereich/Nutzungsbereich. – a) Grundsatz.** Entscheidend ist, ob das Entgelt als Ausgleich für den endgültigen Verlust eines WG in seiner Substanz (§ 23) oder für die Gebrauchsüberlassung zur Nutzung, den Verzicht auf eine Nutzungsmöglichkeit oder deren Beschränkung etwa durch die „Belastung" (s Rz 150) gezahlt wird, während der Vermögenswert, aus dem die Nutzungen fließen, in seiner Substanz erhalten bleibt (§ 22 Nr 3 oder § 21), vgl BFH VIII R 97/73 BStBl II 77, 26; BFH IX R 25/13 BStBl II 14, 566 (krit *Wernsmann/KSM* § 22 E 83f). Die Abgrenzung erfolgt nach der Art des WG und dem wirtschaftl Gehalt der Vereinbarung. Die zivilrechtl Form der Vereinbarung ist nicht entscheidend. Die Nutzung kann im Einzelfall beruhen auf einem obligatorischen oder dingl Recht (Miete, Pacht, Nießbrauch, Lizenz, Dienstbarkeit), auf der Überlassung sonstiger Verwertungsrechte (vgl Rz 150 „Patent"), Erfahrungen, Kenntnisse und Fähigkeiten, Pläne, Muster, Verfahren (Know-how, vgl § 49 I Nr 9) oder aber auf einer Beschlagnahme (s Rz 133). Beispiele s Rz 139. Im Einzelfall kann die Bestellung einer Dienstbarkeit auch zur Übertragung des wirtschaftl Eigentums im Vermögensbereich führen (s Rz 137, 150 „Veräußerungsvorgänge"). Andererseits beurteilt die Rspr uU selbst Kaufverträge als Nutzungsüberlassungen (s Rz 150 „Belastung" b).

137 **b) Unterschiedl Beurteilung beim Eigentümer und sonstigen Nutzungsberechtigten.** Die Übertragung von Vermögenswerten liegt im Vermögensbereich (zum Begriff WG s § 23 Rz 12). Die Rspr geht davon aus, dass beim Eigentümer grds nur der Eigentumsverlust in den Vermögensbereich fällt (BFH VIII R 7/74 BStBl II 77, 796; zu U-Bahn), nicht dagegen sonstige Wertminderungen durch „Belastung", „Verzicht" auf eine Nutzung, Bestellung eines „Vorkaufsrechts" oder einer Lizenz (s Stichworte Rz 150, auch „Patent" b).

139 **c) Nutzungsüberlassung.** Diese verlangt begriffl eine zeitl Begrenzung (vgl zB § 21 I Nr 3; s auch § 49 Rz 113). Eine gesetzl Ausnahme von diesem Grundsatz scheint § 49 I Nr 9 wiederzugeben (vgl zur Überlassung von Know-how im Nutzungsbereich § 49 Rz 125). Die Rspr dehnt Nutzungsverhältnisse allg aus auf langfristige, ja selbst zeitl unbegrenzte oder dauernde Gebrauchsüberlassungen, *soweit* deren tatsächl Dauer ungewiss ist und die Rückübertragung nicht aus rechtl (Vereinbarung) oder tatsächl Gründen (Wertverzehr) endgültig ausgeschlossen ist. Die zeitl Begrenzung des Rechts durch Gesetz (zB § 10 PatG) oder Vertrag steht der Annahme eines WG und damit der Weiterübertragung im Vermögensbereich nicht entgegen (str). Reine Verwertungsrechte sind selbstständige WG, deren Wertverzehr während der Nutzungsdauer die Annahme eines Nutzungsrechts ausschließt (Veräußerung); anders soll es bei Grundstücksausbeuteverträgen sein, bei denen der Wert des Grundstücks ohne Bodenschatz erhalten bleibt; s Beispiele Rz 150 „Belastung" b, „Mieterabfindung" und „Patente" b.

140 **d) Aufteilung; Änderung.** Wird ein Entgelt teils für Vermögensverluste, teils als Nutzungsentschädigung gezahlt, ist es – ggf im Schätzungswege – aufzuteilen (s Rz 150 „Mieterabfindung"; BFH IX R 65/10 BFH/NV 13, 1085). Bei nachträgl Anrechnung eines Nutzungsentgelts auf Kaufpreis nach BFH X R 42/91 BStBl II 95, 57 rückwirkender Wegfall der Besteuerung nach § 22 Nr 3 im Zeitpunkt der Kaufverpflichtung (§ 175 I 1 Nr 2 AO).

142 **4. Art des Leistungsentgelts.** Dieses kann in Geld oder Sachwerten bestehen. Höhe und wirtschaftl Zusammenhang mit der Leistung (vgl Rz 133) sind unabhängig von der Bezeichnung nach den Umständen des Einzelfalles zu ermitteln. Das Entgelt kann einmalig und wiederkehrend erbracht werden (soweit es nicht unter § 22 I Nr 1 fällt), vgl BFH X R 91/90 BStBl II 92, 1017.

5. Zeitpunkt der Versteuerung. Für Einnahmen und WK ist grds der Zeitpunkt der Zahlung maßgebend (§ 11; s auch Rz 150 „Vorkaufsrecht"). Das führt bei *einmaligen* Leistungen iZm dem Verlustausschluss (Rz 146) zu einem nach dem Gesetz kaum lösbaren Konflikt, der durch die Freigrenze (Rz 147) noch verstärkt wird; unstr ist, dass der Abzug von in früheren oder späteren Jahren in diesem Rahmen anfallenden WK daran nicht scheitern darf (BFH IX R 33/07 BFH/NV 09, 1253). – § 22 Nr 3 S 3 steht der Verlustberücksichtigung nicht entgegen. **Vorab entstandene WK** sind entgegen § 11 II nicht im Jahr der Zahlung abziehbar (zunächst Ausschluss durch § 22 Nr 3 S 3). Sie mindern nach zutr hM die im Zuflusszeitpunkt zu versteuernden Einnahmen für die einmalige Leistung iSv § 22 Nr 3 (*Blümich/Nacke* Rz 172). Dies soll nach BFH X S 22/96 BFN/NV 98, 703 auch für bereits jetzt feststehende, später zu leistende **negative Einnahmen** (Rückzahlungen) und **nachträgl WK** gelten (str wegen § 11 II), auch für unvorhergesehene spätere WK (kein Abzug im Zahlungsjahr – Berichtigung im Zuflussjahr nach § 175 I 1 Nr 2 AO). Anders aber BFH IX R 73/96 BFH/NV 01, 25 bei **nachträgl Rückzahlungsverpflichtung** für *regelmäßig erhaltene* Bestechungsgelder: Abzug gem § 11 II erst im Zahlungsjahr (zust *Fischer* FR 00, 775). Die Problematik ist durch die Verlustvortragsmöglichkeit in § 22 Nr 3 S 4 entschärft (Rz 146). § 22 Nr 3 S 2, 3 (wie § 23 III 8, 9) sind stets zu beachten. 143

6. Werbungskosten. – ***(1)* Begriff WK.** S § 9 Rz 2. Abziehbar sind nur durch Einnahmen veranlasste Aufwendungen (vgl BFH X R 58/91 BStBl II 94, 516 mit fragl Aufteilung, s *Paus* FR 94, 741). Die Rückzahlung von Bestechungsgeldern (Rz 150) führt zu WK, nicht aber dessen Weiterleitung an den Geschädigten zur Wiedergutmachung (BFH IX R 26/14 BStBl II 15, 1019; krit *Bode* FR 15, 1146). – ***(2)* Pauschbetrag** sieht das Gesetz nicht vor. – ***(3)* Vermögensverluste** im privaten Bereich sind grds keine WK (FG BaWü EFG 11, 513, rkr; Ausnahmen: § 9 I Nr 7 iVm § 7 – AfA – oder Verluste iZm der Erzielung von Einkünften, s § 9 Rz 56, § 11 Rz 50 „Verlust"). Dies gilt mE auch für „Risikogeschäfte" (str, s unter Rz 150). 145

7. Verlustausgleich, § 22 Nr 3 S 3–4. Ab 1999 aus Leistungen entstandene Verluste sind **nur** mit denselben Einkünften (auch aus anderen „Einkunftsquellen" iSv § 22 Nr 3; nicht mit Einkünften nach § 23 I 1 Nr 4 aF; BFH IX 23/06 DStR 07, 1076; BFH IX R 46/12 BFH/NV 14, 1025) im lfd VZ (S 3) oder nach Maßgabe des § 10d (S 4) ausgleichbar; § 10d IV idF JStG 2007 (gesonderte Feststellung) gilt entspr (soweit am 1.1.07 Feststellungsfrist noch nicht abgelaufen); die Regelung ist verfgemäß (BFH IX R 42/05 BStBl II 08, 26; BFH IX R 8/14 BFH/NV 15, 830; BFH IX R 26/14 BStBl II 15, 1019). Im Einzelfall wird der Abzug jedoch oft daran scheitern, dass bei gelegentl Vermietung die **Einkünfteerzielungsabsicht** (Rz 131) fehlt (so auch BVerfG DStZ 98, 1743; BFH IX R 77/98 BFH/NV 00, 1081; BFH X B 82/99 BFH/NV 00, 1186; FG MeVo EFG 07, 10, rkr: Segelyacht). Vgl zur Problematik auch § 23 Rz 97. Zum Verlustausgleich bis VZ 98 s 31. Aufl. 146

Altverluste aus **Stillhaltergeschäften** (bisher von § 22 Nr 3 erfasst) konnten (nach S 5, 6 idF JStG 2009) übergangsweise (letztmals bis VZ 2013) mit Einkünften aus § 20 I Nr 11 verrechnet werden; die Regelung ist durch das Kroat-AnpG v 25.7.14 aufgehoben worden (BT-Drs 18/1529, 54); Einzelheiten s 33. Aufl.

8. Freigrenze, § 22 Nr 3 S 2. Erreichen oder übersteigen die Einkünfte den Betrag von 256 €, sind sie voll zu versteuern. Nach wohl hM sind Einkünfte aus mehreren Leistungsgeschäften iSv § 22 Nr 3 zu addieren bzw zu saldieren. 147

9. ABC der sonstigen Leistungen. 150

Abtretung eines Anspruchs aus Mietverhältnis (BFH IX R 10/11 BFH/NV 13, 715).

Andienungsrecht wie Vorkaufsrecht (s dort; BFH VI R 4/05 BStBl II 08, 826).

Auslobung s „Belohnungen".

Avalprovisionen (auch für Dritte) sind stbar, nach § 22 Nr 3 oder ggf nach § 22 Nr 1 (BFH IX R 35/13 BStBl II 15, 795; *Tauser/Keller* BB 15, 2135).

Belastungen. a) Beispiele für von § 22 Nr 3 erfasste Belastungen im Nutzungsbereich (s auch Rz 136, 137): „Veräußerung" einer *Kiesgrube* uä *Bodenschätze* (BFH GrS 1/05 BStBl II 07, 508); BFH IX R 64/98 BFH/NV 03, 1175: Ausbeutevertrag ausnahmsweise Kaufvertrag), Kaufvertrag über Quellengrundstück als unbefristetes *Wasserentnahmerecht* (BFH VI 331/64 BStBl II 68, 30); weitere Beispiele (aus älterer Rspr) 27. Aufl. Sonstige Belastungen s „Patent", „Risikogeschäfte", „Verzicht" a, „Vorkaufsrecht". – **b) Beispiele für (nicht stbare) Belastungen im Vermögensbereich** s „Veräußerung", „Verzicht". Kaufvertrag nur bei einmaliger Lieferung begrenzter Menge (BFH IV R 19/79 BStBl II 83, 203).

Belohnungen können unter § 22 Nr 3 fallen, wenn sie als Gegenleistung für eine Leistung (Rz 131f) gezahlt werden (zur unzutr Kritik *Koch* Gewinnspiele im StR, 2006, 281). Nicht stbar sind Belohnungen für Hinweise zur Ergreifung eines Straftäters auf Grund zufälliger Wahrnehmungen (FG Ddorf EFG 69, 120, rkr), *Finderlohn* oä; Leistungen, bei denen die Leistungsverpflichtung unabhängig von der Gegenleistung besteht (§ 965 BGB). Anders kann es sein, wenn zeit- und kostenaufwändige Nachforschungen angestellt werden (Polizeispitzel, § 15 oder § 22 Nr 3). Ebenso im Falle der *Auslobung* (§ 657 BGB), da hier die Belohnung für eine bestimmte Handlung versprochen wird.

Berufsaktionär. Die iZm entspr Aktivitäten erzielten Einnahmen fallen zumindest unter § 22 Nr 3.

Beschlagnahme s Rz 133.

Bestechungsgelder s „Schmiergelder".

Bindungsentschädigung ist stbar (FG Hess EFG 10, 863, rkr); nicht veräußerungsähnl (Rz 131).

Bürgschaft s „Risikogeschäfte".

Darlehen. Vermittlungsgebühr und Entgelt für Sachdarlehen: uU § 22 Nr 3 (zu Wertpapierleihe *BMF* DStR 90, 713; *Häuselmann* NWB F 3, 8707).

Diebstahlserträge s Rz 133 (kein § 22 Nr 3).

Differenzgeschäfte/Devisentermingeschäfte. Private Erträge waren bisher mangels Leistungsaustausch nicht stbar (BFH IX R 65/86 BStBl II 88, 248, BFH VIII R 5/02 BStBl II 05, 739); nunmehr § 20 Rz 131 ff.

Dirnenlohn s „Prostitution" und „Zuhälterei".

Duldung s „Belastung", „Verzicht" und Rz 131.

Enteignung und enteignungsgleiche Eingriffe fallen auch bei formaler Zustimmung nicht unter § 22 Nr 3 (s Rz 133, BFH X R 64/92 BStBl II 95, 640).

Entschädigung/Schadenersatz für Eingriffe in das Eigentumsrecht fallen nicht unter § 22 Nr 3 (Rz 133; FG Mchn EFG 04, 1120, rkr und FG Ddorf 7 K 3460/14 E, rkr, zu Entschädigung wegen Verkehrs-/Fluglärms: ‚veräußerungsähnl', mE keine Leistung; Rz 131); wohl aber nach FG Mster EFG 09, 577, rkr, Entschädigung für naturschutzrechtl Ausgleichsflächen („Nicht-Nutzungsentschädigung"; aA *Fuchs/Lieber* FR 05, 285); ebenso Nutzungsentschädigungen (Rz 140); s „Verzicht". – Ersatz für Wertverlust/Beschädigung durch angrenzende Bebauung ist mE daher nicht stbar (aA BFH IX R 36/07 BFH/NV 08, 1657); ebenso Entschädigungen für Heimerziehungsopfer (*OFD Rhl* StEK EStG § 22 Nr 247); zum WK-Abzug s Rz 145.

Erfolgsbeteiligung am Prozessausgang (BFH IX R 47/07 BFH/NV 08, 2001; FG Nds EFG 06, 272); mE mit Normzweck (Rz 131) vereinbar.

Erpressung. Das kassierte Lösegeld fällt unter § 22 Nr 3 (FG Mster EFG 66, 409, rkr). Rückzahlung s Rz 143.

Finderlohn s „Belohnungen".

Fussballschiedsrichter erbringen sonstige Leistungen (*OFD Ffm* StEK EStG § 22 Nr 245).

Grundschuldrealisierung durch Versteigerung nicht stbar (BFH VIII R 28/09 BStBl II 12, 496).

Informationsweitergabe fällt unter § 22 Nr 3 (BFH VIII R 73/79 BStBl II 83, 201; BFH IX R 53/02 BStBl II 05, 167).

Kaufvertrag als Nutzungsüberlassung s unter „Belastungen" b.

Kick-Back-Zahlungen (Provisions-Beteiligung) sind Bestechungsgelder (BGH 5 StR 299/03 BFH/NV Beil 05, 127; iEinz *Witte/Hillebrand* DStR 09, 1759).

Know-how s unten „Patente", Rz 136/7, § 49 Rz 125 zu § 49 I Nr 9.

Leihgeschäfte sind bei Entgelt „Vermietung" oder „Darlehen".

Lösegeld s „Erpressung".

Lotteriegewinne s „Spielgewinne".

Meisterbriefüberlassung gegen Entgelt (FG Mster EFG 13, 1345, NZB IX B 86/13).

Mieterabfindungen. Die Aufgabe des Mietrechts liegt beim Mieter grds im nicht stbaren Vermögensbereich (BFH IX R 89/95 BFH/NV 00, 423; Rz 137; zu Ausbau-Abfindung FG Bln EFG 93, 231, rkr). Dadurch ist nicht ausgeschlossen, dass Mieter stpfl Abfindungen beziehen, zB für Weitervermittlung der Wohnung, Vorschlag eines Nach-Mieters oder Ausfall von Einnahmen (s „Verzicht").

Mitnahmevergütung. Die Vergütung für die Mitnahme im PKW fällt unter § 22 Nr 3 (BFH X R 58/91 BStBl II 94, 516 mit fragl WK-Aufteilung, s *Paus* FR 94, 741; *Schmidt-Liebig* FR 95, 100 zu gelegentl entgeltl Mitnahme).

Nießbrauch. Ablösungszahlungen liegen entgegen *BMF* BStBl I 84, 561, Rz 35, 43 im Vermögensbereich (s *BMF* BStBl I 13, 1184, Rz 58 und 64).

Option s „Risikogeschäfte", „Vorkaufsrecht", „Differenzgeschäfte"; § 20 Rz 135.

Patente (uä Schutzrechte). – **a) Veräußerung** (soweit rechtl mögl) liegt im Vermögensbereich (BFH XI R 26/02 BStBl II 04, 218). Jedes Patent ist ein selbstständig veräußerbares WG (BFH XI R 26/02 BStBl II 04, 218). Veräußerung durch den freiberufl Erfinder selbst fällt unter § 18 (vgl BFH IV 291/64 BStBl III 67, 310, § 4 Rz 263). Alleinvertriebsrecht s BFH I R 130/84 BStBl II 89, 101. – **b) Bestellung von Verwertungsrechten** liegt idR im Nutzungsbereich (s § 21 I Nr 3, § 49 I Nr 6, 9).

Beispiele: *Lizenzen* (BFH III B 9/87 BStBl II 88, 537 mwN), *Verlagsrechte* (auch ohne zeitl Begrenzung, zu § 15 I Nr 2 BFH I R 163/77 BStBl II 79, 757, unter 3), *Warenzeichenrechte* bzw ab 1995 *Markenrechte* (BGBl I 95, 3082, BStBl I 95, 159; vgl auch BFH I R 130/84 BStBl II 89, 101). **Ausnahmen:** Vermögensübertragung mit Ausschluss der Rückübertragung (s Rz 139); Erschöpfung des wirtschaftl Werts während der Nutzungsdauer (vgl „Belastung" b und Rz 136/7).

Pfandflaschen s „Tätigkeitsvergütungen".

Pflegegeld, das nicht nach § 3 Nr 1a, Nr 11 stfrei ist, kann nach § 15, § 18 oder § 19 stpfl sein. Gelegentl Pflegeleistungen werden idR nicht um des Entgelts willen, sondern aus sittl Verpflichtung erbracht und sind dann nicht nach § 22 Nr 3 stpfl (BFH IX R 88/95 BStBl II 99, 776; fragl ob mit BFH IX R 13/02 BStBl II 05, 44 vereinbar. S auch § 3 Nr 36 „Pflegeversicherung"); zu (Kinder-) Tagespflege *BMF* BStBl I 08, 17.

Pflichtteilsverzicht. Zahlungen der Eltern an Kind sind (wegen Veräußerungsähnlichkeit: Aufgabe einer Rechtsposition) nicht stbar (BFH VIII R 43/06 BStBl II 10, 818).

Preise (s auch „Belohnung" und Rz 133). – ***(1)* Grundsatz.** Preise können in den Bereich der Einkünfte fallen, wenn sie nicht als persönl Ehrung in Anerkennung des Lebenswerkes oder einer bestimmten Forschungstätigkeit, sondern für eine konkrete Einzelleistung, wie zB die Herstellung eines Films, verliehen werden *Marx* DStZ 14, 282, unter IV.1.: „marktmäßige Austauschbeziehung"). Selbst dann kann es am Verhältnis Leistung und Gegenleistung fehlen. Vielfach hat das Entgelt Nähe zu einer anderen Einkunftsart (vgl § 4 Rz 460 „Preise"; FG Nbg EFG 14, 1187, rkr: § 19). – ***(2)* Sportl Veranstaltungen.** Gewinnpreise sind bei Amateuren idR nicht stbar (vgl § 19 Rz 15, § 49 Rz 39; *Enneking/Denk* DStR 96, 450; Fußballer s *FinVerw* DStR 92, 682 und 822). Bei hohen Gewinnchancen und Wiederholungsabsicht kann eine wirtschaftl Leistung iSv Rz 132 anzunehmen sein. – ***(3)* Wissenschaftl Preise** können ‚vorweggenommene Einnahmen' sein (so *Krumm* FR 15, 639). – ***(4)* Gelegentl Teilnahme an Rundfunk-/Fernsehquiz** ist keine Leistung iSv § 22 Nr 3 (StEK § 22 Nr 23; *Ismer* FR 07, 235); anders bei Entgelt für schauspielerische Leistung (BFH IX R 39/06 BStBl II 08, 469 – Fernseh-Preisgelder; einschr *BMF* BStBl I 08, 645; s Rz 138) oder bei Dauerpräsenz (zB „Big Brother", „Die Farm"; zutr BFH IX R 6/10 BStBl II 12, 581; BFH IX B 22/14 BFH/NV 14, 1540; FG Mster DStRE 15, 1111, rkr; ähnl *Ismer* FR 13, 66; krit *Binnewies* DStR 12, 1586; Rz 131) oder „Die Farm" (FG Mster EFG 14, 638, rkr). – ***(5)* Gewinne aus Preisausschreiben** sind idR kein Entgelt für eine Leistung. Ausnahme: Entwurf eines Markenzeichens, eines Werbeslogans, einer Filmmusik; zu (betriebl) Losgewinnen BFH X R 8/06 DStR 08, 2358; BFH X R 25/07 DStR 08, 2359. – ***(6)* Leistungen, die ein Schutzrecht** begründen, können unter § 22 Nr 3 fallen.

Prostitution. Dirnenlohn fällt unter § 15 EStG (BFH GrS 1/12 BStBl II 13, 441, früher (aA früher BFH VI R 164/68 BStBl II 70, 620). Das schließt unselbständige Tätigkeit in Bordellen oÄ nicht aus (FG Mster EFG 96, 440, rkr). Vergewaltigungsentschädigung ist kein Entgelt für Leistung iSv § 22 Nr 3. S auch „Zuhälterei"; § 15 Rz 45.

Provisionen s „Vermittlung".

Prozesskostenbeteiligung kann bei Prozesserfolg zum Empfang einer sonstigen Leistung führen (BFH IX R 33/07 BFH/NV 09, 1253).

Rettungsdienste s Rz 133; *FinVerw* StEd 00, 393 (Wasserwacht: § 22 Nr 3), § 3 Rz 91.

Reugeld wegen Rücktritt vom Vertrag kein § 22 Nr 3 (BFH IX R 32/04 DStR 06, 2075; s „Vorkaufsrecht"); bloße Folgevereinbarung eines nicht stbaren Grundstückskaufs.

Risikogeschäfte gegen Entgelt. – ***(1)* Besteuerung des Entgelts** ist umstritten. Die Verwaltung wendet § 22 Nr 3 an (zB *BMF* BStBl I 01, 986); die Rspr hat das zR bestätigt. *Beispiele:* Option aus Börsentermingeschäften (BFH IX R 2/02 BStBl II 03, 752; BFH IX R 10/12 BFH/NV 14, 1020; BFH IX R 46/12 BFH/NV 14, 1025; weitere Beispiele 27. Aufl; zu § 23 I 1 Nr 4 aF s *Heuermann* DB 03, 1919/22; *Schultze ua* DStR 03, 2103), Grundstückbelastung mit Hypothek für fremde Schuld. Es handelt sich um eine Art der Vermögensnutzung. Der StPfl nimmt das Verlustrisiko um des Entgelts willen in Kauf (vgl auch BFH I R 61/96 BStBl II 98, 270). Hier liegt der Unterschied zum „Spiel-, Wett-, Lotteriegewinn". – ***(2)* Vermögensverluste** sind idR keine WK (s Rz 145 und § 20 Rz 4). Dieser Grundsatz wird folgerichtig auf Risikogeschäfte angewandt (zu Optionsverlusten BFH X R 197/87 aaO; *BMF* BStBl I 01, 986 Rz 25, 27; zu Bürgschaftsverlusten BFH I 53/63 aaO; FG Bln EFG 01, 821, rkr; s auch § 20 Rz 4). Vermögensnutzungen sind idR mit Risiko verbunden. Gleichwohl fällt auch bei riskanten Darlehensgewährungen der Verlust im PV nicht unter WK (s BFH VIII R 37/99 BFH/NV 00, 1342). Ein erhöhtes Risiko mag sich in einer höheren Gegenleistung niederschlagen; es führt jedoch auch bei § 22 Nr 3 nicht dazu, dass der Vermögensverlust den Charakter von WK annimmt.

Schadenersatz s Entschädigung.

Schenkungen iRe Schenkkreises können unter Nr 3 fallen (FG Mster EFG 10, 1691, rkr).

Schmier- und Bestechungsgelder (auch für illegales Tun oder Unterlassen) können unter § 22 Nr 3 fallen (BFH IX R 26/14 BStBl II 15, 1019 mwN; § 40 AO). Zur Rückzahlung s Rz 143, zur Weiterleitung an den Geschädigten s Rz 145.

Schöffenentschädigung nicht stbar (*Pfab/Schießl* FR 11, 795).

Spielgewinne (auch Sport-, Wett- und Lotteriegewinne) werden grds nicht besteuert, da es am Verhältnis Leistung/Gegenleistung fehlt (Rz 133). Bei Berufs- und Falschspielern mE zweifelhaft (glA FG Bln EFG 91, 319; zu USt BFH V R 20/91 BStBl II 94, 54; grds *Krey,* Besteuerung sonstiger Leistungen, Diss 2011: für Unterscheidung von Glücks- und Geschicklichkeitsspielen); zu (Turnier-) Pokerspiel BFH X R 43/12 DStR 15, 2651: gewerbl. – Vgl „Preise“ b, „Risikogeschäfte“, „Differenzgeschäft“.

Stillhalterprämien s § 20 Rz 119 und 26. Aufl. – Zur Besteuerung nach altem Recht FG Hbg EFG 09, 34; BFH I R 38/12 juris.

Streikunterstützung ist nicht nach § 22 Nr 3 stbar (BFH X R 161/88 BStBl II 91, 337); zu § 22 Nr 1s Rz 50.

Tätigkeitsvergütungen (Rz 132). § 22 Nr 3 erfasst zB das Entgelt für den gelegentl Auftritt eines *Amateurmusikers,* die Veröffentlichung eines *Reiseberichtes* oder von Memoiren, für ein Privatinterview (einschließl „Verzicht“), das Einsammeln und die Rückgabe von *Pfandflaschen* (BFH I R 203/71 BStBl II 73, 727 mit Abgrenzung zum Käufer, der Pfandeinsatz im Vermögensbereich zurückerhält), Tätigkeit als vermeintl Hoferbe (BFH VI R 50/05 BStBl II 08, 868); eine sonst nicht stpfl *Werbetätigkeit* (BFH I 151/63 BStBl III 66, 632), die *Beihilfe zu einer Straftat,* Abgeordnetenbezüge über § 22 Nr 4 hinaus (Rz 162), Schiedsrichterspesen (*FinVerw* FR 96, 433), Turnierrichter (FG Nbg EFG 15, 1425, NZB VIII B 57/15), Testhonorare (FG RhPf EFG 96, 979, rkr). ME keine Leistung ist die Teilnahme an einer Qualifizierungsmaßnahme (aA FG Thür EFG 06, 1493), die entspr Alimentation keine Vergütung. Vgl „Belohnung“, „Erpressung“, „Mitnahmevergütung“, „Preise“, „Prostitution“; „Schmiergelder“, „Vermittlung“, „Verzicht“, „Weitergabe“, „Zuhälterei“. Zu *Betreuerentschädigung* gem § 1835a BGB s FinVerw DB 03, 1601; § 18 Rz 141.

Telefonsex s „Prostitution“ (idR § 15).

Testamentsvollstreckung. Die nur gelegentl oder einmalige Testamentsvollstreckung, die nicht unter § 18 I Nr 3 fällt (§ 18 Rz 140), dürfte unter § 22 Nr 3 fallen (Rz 131, 134; BFH XI B 64/05 BFH/NV 06, 1331; *Feiter* DStR 06, 484).

Tipps s Informationsweitergabe.

Unterlassung s „Belastung“, „Verzicht“ und Rz 131.

Unterschlagung/Untreue: Nicht § 22 Nr 3, s Rz 133.

Veräußerungsvorgänge. § 22 Nr 3 erfasst weder Veräußerungen noch veräußerungsähnl Vorgänge. Die entgeltl Übertragung eines WG auf eine dritte Person fällt unter § 22 Nr 2, 23 (BFH IX R 20/05 BFH/NV 06, 1079; s Rz 132, 136, § 23 Rz 12); **veräußerungsähnl Vorgänge** sind Vermögenseinbußen, die nicht im Nutzungsbereich liegen und bei denen kein WG auf Dritte übertragen wird.

Beispiele: Entschädigung für *Vermögensverluste* und lfd *Aufwendungen* (s „Mieterabfindung", „Verzicht" c); entgeltl Erbverzicht (s BFH X R 132/95 BStBl II 00, 82); Verzicht auf Anteilsübertragung (BFH IX R 35/12 BStBl II 13, 578). – Zustimmung eines GbR-Ges'ters zur Veräußerung keine sonstige Leistung (BFH IX R 19/07 BFH/NV 08, 1820); aA (also stbar) FG RhPf EFG 07, 764, aufgehoben durch BFH IX R 97/07 BFH/NV 09, 9.

Die Veräußerung einer Zufallserfindung wird § 22 Nr 3 zugeordnet (BFH IV R 29/97 BStBl II 98, 567, str).

Vermietung bewegl Gegenstände fällt im PV grds nicht unter § 21, sondern unter § 22 Nr 3. *Beispiel:* Vermietung des Privat-PKW/Wohnwagens für Urlaubsfahrten (BFH XI R 44/95 BStBl II 98, 774); Wohnmobilvermietung (BFH IX R 60/03 BFH/NV 05, 327); „Container-Leasing" (FG BaWü EFG 10, 486, rkr; *LfSt Bay* StEK EStG § 22 Nr 246). ***Ausnahmen*** (außer § 15): § 21 I Nr 1 erfasst nicht nur im Schiffsregister erfasste Schiffe, sondern auch in die Luftfahrzeugrolle eingetragene Flugzeuge (s BFH IX R 71/96 BStBl II 00, 467; *Höhmann* DStR 97, 601: Abgrenzung zu § 15; zu nicht registrierten Seeschiffen *Delp* Inf 93, 532).

Vermittlungsprovisionen fallen unter § 22 Nr 3, zB gelegentl Vermittlung einer Wohnung, eines Auftrags, einer Mitgliedschaft (BFH IX R 1/06 BFH/NV 07, 2263) oder eines „Darlehens", Grundstückskaufs, Anteilsveräußerung (FG RhPf 1 K 1294/04, Rev IX R 6/07). Auch Provisionen für **eigene Vertragsabschlüsse** als Versicherungsvertreter („Eigenprovision") werden von § 22 Nr 3 erfasst (BFH X R 94/96 BStBl II 98, 619; glA FG Hbg DStRE 03, 210, rkr). Nicht erfasst wird mangels Vermittlungstätigkeit die an den Versicherungsnehmer selbst „weitergeleitete Provision" (BFH IX R 23/03 BStBl II 06, 248) oder der (als Provision deklarierte) AK-Rückfluss (BFH IX R 46/03 BStBl II 04, 1046). – Zu kreuzweiser Vermittlung als sonstige Leistung BFH IX R 25/05 BFH/NV 07, 657; ähnl zu ringweiser Vermittlung BFH IX R 29/08 BFH/NV 10, 195 (kein WK-Abzug der weitergeleiteten Provision; Einkommensverwendung). – Bei ringweiser **Vermittlung** von LV ist die vereinnahmte Provision nicht um den weitergeleiteten Betrag als WG zu mindern (BFH IX R 29/08 BFH/NV 11, 195).

Vermögensverluste s Risikogeschäfte und Rz 145.

Verzicht. – ***(1)*** **Nach § 22 Nr 3 steuerbare Einkünfte im Nutzungsbereich** bei Verzicht auf: – *Nachbarrechte* (BFH X R 124/94 BStBl II 98, 133; zur Abgrenzung vom Vermögensverlust s jedoch BFH IX R 96/97 BStBl II 01, 391: betr Verzicht auf altrechtl Dienstbarkeit; zust *Fischer* FR 01, 646; – *Mindestabstand des Nachbargebäudes von der Grundstücksgrenze* (BFH VIII R 97/73 BStBl II 77, 26, *Littmann* DStR 77, 105, FG Saarl EFG 81, 456, rkr), – *Widerspruch gegen Lärm-, Geruchs- und Sichtbelästigungen,* auch wenn der Unterlassungsanspruch str ist (BFH VIII R 162/74, nv, FG Ddorf EFG 92, 338; zu Aufteilung Rz 140; FG Mster EFG 03, 1090, rkr), – Durchführung einer *Bürgerinitiative* (BFH IX R 183/84 BStBl II 86, 890), – *Widerspruchsrecht gegen die Eintragung eines ähnl Warenzeichens* (BFH VIII R 34/78 BStBl II 80, 114), – *Ausbeutung von Bodenschätzen* (BFH VI R 265/66, nv; dagegen BFH IX R 20/05 BFH/NV 06, 1079 für Verzicht auf Abbau-Anwartschaftsrecht: veräußerungsähnl), – *Veräußerung eines WG oder eine bestimmte Art der Nutzung* (zB keine Bebauung, keine Nutzung für gewerbl Zwecke, BFH VIII R 167/71 BStBl II 76, 62), – künftig entgehende Einnahmen (§ 24 Nr 1a, BFH I R 151/78 BStBl II 82, 566, unter 2), – auf Vorkaufsrecht (BFH VI R 4/05 BStBl II 08, 826). – Der Verzicht auf Wohnnutzung soll veräußerungsähnl sein (FG Mchn EFG 07, 1603, rkr; mE nicht zwingend). – ***(2)*** **Im Tätigkeitsbereich** kann Verzichtsentgelt unter § 22 Nr 3 fallen, zB Verzicht auf Ausübung einer bestimmten Tätigkeit, eines Wettbewerbs oÄ (BFH XI R 43/94 BStBl II 96, 516; BFH IX R 76/99 BFH/NV 03, 1162; BFH IX R 65/10 BFH/NV 13, 1085: Verzicht auf „Stören eines Börsengangs"), Fortführung einer Klage (FG Köln EFG 15, 1540, NZB IX B 83/15 „räuberischer Aktionär"). – ***(3)*** **Im Vermögensbereich** ist das Entgelt für den Verzicht nicht stbar. Beispiele: Verzicht auf *Wohnrecht*

(BFH I 343/62 HFR 65, 539), auf Verkaufsrecht (vgl zu Telekom-Bonusaktien zutr *Gondert/Schimmelschmidt* DB 99, 1570), auf *Rückkaufsanspruch* (BFH VIII R 72/76 BStBl II 79, 298), auf *Erbrecht* oder erbrechtl Zahlungsansprüche (BFH X R 132/95 BStBl II 00, 82), auf *Nachbarrechte* (BFH IX R 63/02 BStBl II 04, 874); auf „Vorkaufsrecht"; vgl auch BFH IX R 116/82 BFH/NV 88, 433 zu Bausperre; auf Ausübung eines Veräußerungs-Vetorechts.

Vorkaufsrecht. – *(1)* **Entgelt für die Bestellung** ist Ausfluss des Eigentumsrechts im Nutzungsbereich und kein Teil des Verkaufspreises (§ 22 Nr 2 – selbstständiges WG, s oben „Risikogeschäfte"). § 22 Nr 3 ist unabhängig davon anzuwenden, ob das Recht ausgeübt wird (BFH I R 290/81 BStBl II 85, 264; *Heuer* StuW 92, 313). Wird das Entgelt auf den späteren Kaufpreis angerechnet, entfällt § 22 Nr 3 rückwirkend (BFH X R 42/91 BStBl II 95, 57: § 175 I 1 Nr 2 AO). – *(2)* Der **Verzicht auf Übertragung** des erworbenen Rechts gegen Entgelt liegt im Vermögensbereich, da sich der Vermögenswert auf das Vorkaufsrecht beschränkt (BFH VIII R 72/76 BStBl II 79, 298; FG Saarl EFG 94, 1001). Gleiches gilt für **Vertragsstrafenzahlung** (FG Hbg EFG 92, 337, rkr). – *(3)* **Erlangung** des Vorkaufsrechts begründet **keinen Zufluss** (FG BaWü EFG 98, 197, rkr).

Wettbewerbsabrede kann (bei eigenständiger Bedeutung) sonstige Leistung sein (BFH X R 61/06 BFH/NV 08, 1491); Wettbewerbsverbot s „Verzicht" b (uU § 22 Nr 3).

Wettgewinne s „Spielgewinne".

Zuhälterei. ME genügt jede, nicht nur aktive Schutzgewährung gegen Beteiligung am Dirnenlohn (s aber FG Nbg EFG 79, 339, rkr). Zuhälter und Dirne erzielen keine gemeinschaftl Einkünfte (FG Hbg EFG 83, 129, rkr).

Zusage zu weiterer Mitarbeit soll keine Leistung sein, zumindest wenn „unverbrieft" (BFH VIII B 26/06 BFH/NV 07, 1113).

VI. Abgeordnetenbezüge, § 22 Nr 4

Schrifttum: *Stalbold* Die stfreie Kostenpauschale ..., 2004. – *Drysch,* Die stfreie Kostenpauschale ..., DStR 08, 1217; *Desens,* Steuerprivilegien für Abgeordnete verfassungsrechtl nicht angreifbar? DStR 09, 727.

1. Ursprung. Die Vorschrift geht auf das sog Diäten-Urt des BVerfG zurück **160**
(BVerfGE 40, 296; *Wernsmann/KSM* § 22 F 10).

2. Persönl Geltungsbereich. Erfasst werden **Bundestagsabgeordnete,** **161**
Landtagsabgeordnete, Abgeordnete des **Europaparlaments;** nicht hingegen **ehrenamtl Mitglieder kommunaler Vertretungen** (sie erzielen selbstständige Einkünfte iSv § 18 I Nr 3, vgl zu Bürgermeister in NRW BFH IV R 41/85 BStBl II 88, 266; s auch Rz 163) sowie **kommunale Wahlbeamte,** wie Landräte, Bürgermeister als Verwaltungsspitze (zB in Bayern), berufsmäßige Gemeinderatsmitglieder (ArbN). Steuerfreiheit von Aufwandsentschädigungen und Reisekostenvergütungen dieser Personen s § 3 Nr 12, 13.

3. Sachl Geltungsbereich. Nur die nach einem Abgeordnetengesetz iSv **162**
Rz 161 gezahlten Bezüge sind Einkünfte iSv § 22 (FG Köln EFG 01, 497). Nach diesen Gesetzen gezahlte Aufwandsentschädigungen sind gem § 3 Nr 12 stfrei. Die Regelung ist nicht verfwidrig; keine Übertragung auf andere StPfl (BVerfG 2 BvR 2227/08 DStRE 10, 1058; BFH X R 43/05 BFH/NV 11, 772). Die Besteuerung der übrigen Einkünfte eines Abgeordneten (als Beamter, Rechtsanwalt oÄ) ändert sich nicht. Sonstige iZm der parlamentarischen Tätigkeit gezahlte Bezüge können unter § 22 Nr 1 S 1, S 3a oder Nr 3 fallen (allg *Lohr* DStR 97, 1230; glA FG Bln DStRE 02, 1168: zusätzl Funktionsentgelt; zur Abfindung beim Ausscheiden; *FinVerw* FR 94, 376 – und BVerfG HFR 93, 127 – zu § 34 III; *BMF* DB 05, 1658 zu EU-Parlamentarier-Altersversorgung). Wahlkampfzuschüsse sind nicht stbar

(glA *Bö* FR 83, 115). – Auf Versorgungsbezüge wird der Versorgungsfreibetrag gewährt (§ 19 II; § 22 Nr 4 S 4b); weiterhin statuiert Nr 4 S 4 die entspr Geltung von § 3 Nr 62, § 34 I, § 34c I.

163 **4. Werbungskosten.** § 22 Nr 4 S 2 schließt – über § 3c hinausgehend – *alle* durch das Mandat veranlassten Aufwendungen vom Abzug als WK aus (BFH IV R 41/85 BStBl II 88, 266; FG Nds EFG 01, 1048, rkr). **Partei- und Fraktionsbeiträge** sind SA, § 10b II, keine WK (BFH IX R 255/87 BStBl II 88, 435; BVerfG HFR 88, 532). **Wahlkampfkosten** sind gem S 3 nicht als WK absetzbar (BFH X B 212/92 BFH/NV 94, 175). Für hauptamtl kommunale Wahlbeamte (Rz 161) gilt BFH VI R 198/71 BStBl II 74, 407 weiter (WK/BA trotz § 12, so BFH IV R 15/95 BStBl II 96, 431). – Die Aufwendungen eines Abgeordneten für die Durchführung eines Wahlprüfungsverfahrens sind WK (FG BBg EFG 12, 1725, rkr).

164 **5. Anwendbare Vorschriften.** § 22 Nr 4 S 4 soll die Besteuerung der Abgeordnetenbezüge der des ArbLohns anpassen: **Buchst a** lässt ab 1987 die gesamten gesetzl Sozialversicherungs-Nachversicherungsbeiträge, ab 1995 auch Pflegeversicherungszuschüsse stfrei. Änderungen ab 1993 bei der Vorwegabzugskürzung. § 10c ist nicht anwendbar. – **Buchst b** stellt sicher, dass nur der Versorgungsfreibetrag nach Maßgabe des § 19 II 3 berücksichtigt wird (BT-Drs 15/2150, 42). – Nach **Buchst c** ist auf Übergangsgeld/Versorgungsabfindung § 34 I anwendbar. – **Buchst d** enthält die aufgrund des neuen Abgeordnetenstatuts des Europäischen Parlaments erforderl Regelungen für Bezüge aus dem Haushalt der EU und zur Anrechnung der von der EU auf diese Einkünfte erhobenen GemeinschaftsSt (FinA BT-Drs 16/11108, 21).

§ 22a Rentenbezugsmitteilungen an die zentrale Stelle

(1) [1] **Die Träger der gesetzlichen Rentenversicherung, die landwirtschaftliche Alterskasse, die berufsständischen Versorgungseinrichtungen, die Pensionskassen, die Pensionsfonds, die Versicherungsunternehmen, die Unternehmen, die Verträge im Sinne des § 10 Absatz 1 Nummer 2 Buchstabe b anbieten, und die Anbieter im Sinne des § 80 (Mitteilungspflichtige) haben der zentralen Stelle (§ 81) bis zum 1. März des Jahres, das auf das Jahr folgt, in dem eine Leibrente oder andere Leistung nach § 22 Nummer 1 Satz 3 Buchstabe a und § 22 Nummer 5 einem Leistungsempfänger zugeflossen ist, unter Beachtung der im Bundessteuerblatt veröffentlichten Auslegungsvorschriften der Finanzverwaltung folgende Daten zu übermitteln (Rentenbezugsmitteilung):**

1. **Identifikationsnummer (§ 139b der Abgabenordnung), Familienname, Vorname und Geburtsdatum des Leistungsempfängers.** [2] **Ist dem Mitteilungspflichtigen eine ausländische Anschrift des Leistungsempfängers bekannt, ist diese anzugeben.** [3] **In diesen Fällen ist auch die Staatsangehörigkeit des Leistungsempfängers, soweit bekannt, mitzuteilen;**
2. **je gesondert den Betrag der Leibrenten und anderen Leistungen im Sinne des § 22 Nummer 1 Satz 3 Buchstabe a Doppelbuchstabe aa, bb Satz 4 und Doppelbuchstabe bb Satz 5 in Verbindung mit § 55 Absatz 2 der Einkommensteuer-Durchführungsverordnung sowie im Sinne des § 22 Nummer 5 Satz 1 bis 3.** [2] **Der im Betrag der Rente enthaltene Teil, der ausschließlich auf einer Anpassung der Rente beruht, ist gesondert mitzuteilen;**
3. **Zeitpunkt des Beginns und des Endes des jeweiligen Leistungsbezugs; folgen nach dem 31. Dezember 2004 Renten aus derselben Versicherung einander nach, ist auch die Laufzeit der vorhergehenden Renten mitzuteilen;**
4. **Bezeichnung und Anschrift des Mitteilungspflichtigen;**

5. die Beiträge im Sinne des § 10 Absatz 1 Nummer 3 Buchstabe a Satz 1 und 2 und Buchstabe b, soweit diese vom Mitteilungspflichtigen an die Träger der gesetzlichen Kranken- und Pflegeversicherung abgeführt werden;
6. die dem Leistungsempfänger zustehenden Beitragszuschüsse nach § 106 des Sechsten Buches Sozialgesetzbuch;
7. ab dem 1. Januar 2017 ein gesondertes Merkmal für Verträge, auf denen gefördertes Altersvorsorgevermögen gebildet wurde; die zentrale Stelle ist in diesen Fällen berechtigt, die Daten dieser Rentenbezugsmitteilung im Zulagekonto zu speichern und zu verarbeiten.

[2] Die Datenübermittlung hat nach amtlich vorgeschriebenem Datensatz durch Datenfernübertragung zu erfolgen. [3] Im Übrigen ist § 150 Absatz 6 der Abgabenordnung entsprechend anzuwenden.

(2) [1] Der Leistungsempfänger hat dem Mitteilungspflichtigen seine Identifikationsnummer mitzuteilen. [2] Teilt der Leistungsempfänger die Identifikationsnummer dem Mitteilungspflichtigen trotz Aufforderung nicht mit, übermittelt das Bundeszentralamt für Steuern dem Mitteilungspflichtigen auf dessen Anfrage die Identifikationsnummer des Leistungsempfängers; weitere Daten dürfen nicht übermittelt werden. [3] In der Anfrage dürfen nur die in § 139b Absatz 3 der Abgabenordnung genannten Daten des Leistungsempfängers angegeben werden, soweit sie dem Mitteilungspflichtigen bekannt sind. [4] Die Anfrage des Mitteilungspflichtigen und die Antwort des Bundeszentralamtes für Steuern sind über die zentrale Stelle zu übermitteln. [5] Die zentrale Stelle führt eine ausschließlich automatisierte Prüfung der ihr übermittelten Daten daraufhin durch, ob sie vollständig und schlüssig sind und ob das vorgeschriebene Datenformat verwendet worden ist. [6] Sie speichert die Daten des Leistungsempfängers nur für Zwecke dieser Prüfung bis zur Übermittlung an das Bundeszentralamt für Steuern oder an den Mitteilungspflichtigen. [7] Die Daten sind für die Übermittlung zwischen der zentralen Stelle und dem Bundeszentralamt für Steuern zu verschlüsseln. [8] Für die Anfrage gilt Absatz 1 Satz 2 und 3 entsprechend. [9] Der Mitteilungspflichtige darf die Identifikationsnummer nur verwenden, soweit dies für die Erfüllung der Mitteilungspflicht nach Absatz 1 Satz 1 erforderlich ist.

(3) Der Mitteilungspflichtige hat den Leistungsempfänger jeweils darüber zu unterrichten, dass die Leistung der zentralen Stelle mitgeteilt wird.

(4) [1] Die zentrale Stelle (§ 81) kann bei den Mitteilungspflichtigen ermitteln, ob sie ihre Pflichten nach Absatz 1 erfüllt haben. [2] Die §§ 193 bis 203 der Abgabenordnung gelten sinngemäß. [3] Auf Verlangen der zentralen Stelle haben die Mitteilungspflichtigen ihre Unterlagen, soweit sie im Ausland geführt und aufbewahrt werden, verfügbar zu machen.

(5) [1] Wird eine Rentenbezugsmitteilung nicht innerhalb der in Absatz 1 Satz 1 genannten Frist übermittelt, so ist für jeden angefangenen Monat, in dem die Rentenbezugsmitteilung noch aussteht, ein Betrag in Höhe von 10 Euro für jede ausstehende Rentenbezugsmitteilung an die zentrale Stelle zu entrichten (Verspätungsgeld). [2] Die Erhebung erfolgt durch die zentrale Stelle im Rahmen ihrer Prüfung nach Absatz 4. [3] Von der Erhebung ist abzusehen, soweit die Fristüberschreitung auf Gründen beruht, die der Mitteilungspflichtige nicht zu vertreten hat. [4] Das Handeln eines gesetzlichen Vertreters oder eines Erfüllungsgehilfen steht dem eigenen Handeln gleich. [5] Das von einem Mitteilungspflichtigen zu entrichtende Verspätungsgeld darf 50 000 Euro für alle für einen Veranlagungszeitraum zu übermittelnden Rentenbezugsmitteilungen nicht übersteigen.

Einkommensteuer-Richtlinien: EStH 22a

Schrifttum: *Risthaus* DB Beil Nr 2/05, 30; *Stahl* KÖSDI 05, 14707/12; *Stosberg*, BetrAV 06, 117; *Killat-Risthaus* DB 10, 2304/9. – **Verwaltung** (ältere s Voraufl): *BMF* BStBl I 10, 681, Rz 223–247 (aufgehoben); *BMF* BStBl I 11, 1223 (Rentenbezugsmitteilungsverfahren).

1 **1. Einführung.** § 22a wurde durch das AltEinkG v 5.7.04 (BGBl I, 1427) in das EStG eingefügt. Durch JStG 2007 wurde die Meldefrist auf den 1.3. des Jahres festgelegt. Die JStG 10-Änderungen sollen die bürokratischen Lasten mindern und die Vollständigkeit der Angaben sichern (BT-Drs 17/3449, 4).

2 **2. Meldung.** Die Träger der jeweiligen Einrichtung haben der zentralen Stelle (**§ 81;** DRV Bund) eine förml Rentenbezugsmittlung zu übermitteln (BT-Drs 15/2150, 42; BR-Drs 2/04, 72: Meldeverfahren im Unterschied zum StAbzugsverfahren), deren Inhalt sich aus Abs 1 ergibt (*BMF* BStBl I 08, 390 Rz 163f; iE *BMF* BStBl I 11, 1223/40 mit Übersicht über die einzelnen § 22 – Tatbestände). Gem § 22a I Nr 7 idF Kroat-AnpG sind Verträge über gefördertes Altersvorsorgevermögen gesondert zu melden; die zentrale Stelle darf die Daten verarbeiten. Die DRV Bund (§ 81) erhält (erstmals für 04, bis 31.5.05) eine Datei über sämtl, einem StPfl zugeflossene Altersbezüge (*Stahl* KÖSDI 05, 14707/12). – Der Leistungsempfänger ist zu unterrichten (Abs 3; *BMF* BStBl I 08, 390 Rz 182). Dieser hat dem Mitteilungspflichtigen seine IdentifikationsNr (§ 139b AO; *BMF* BStBl I 08, 390 Rz 181; zur VerfMäßigkeit s BFH II R 49/10 DStR 12, 283) mitzuteilen (iEinz Abs 2). II 4–9 präzisiert das Anfrageverfahren in datenschutzrechtl Hinsicht (FinA BT-Drs 16/7036, 17). Nach § 52 Abs 38a aF kann das BZSt – mangels Nr-Vergabe – den Zeitpunkt der erstmaligen Übermittlung bestimmen (*BMF* BStBl I 08, 161). – Die (zunächst vorgesehene ausnahmsweise) Übermittlung der Daten auf amtl Vordruck ist unzul (*BMF* BStBl I 07, 474). – Mit Schrb v 28.10.08 hat das BMF für die VZ 05–08 die Rentenbezugsmitteilungen zw 1.10.09 und 31.12.09 angefordert (BStBl I 08, 955; zu den Schwierigkeiten der Umsetzung *Killat-Risthaus* DB 10, 2304/99; für die Rentenbezugsmitteilungen ab VZ 09 gilt die in § 22a I 1 genannte Frist (1.3. des Folgejahrs).

3 **3. Gesetzgebungsverfahren.** Der BRat hatte bezweifelt, ob das **Rentenbezugsmitteilungsverfahren** der richtige Weg sei, die verfrechtl notwendige Verifikation der steuerl Erfassung von Altersbezügen sicherzustellen. Der BRat hatte auch die Prüfung angeregt, ob nicht ein gesondertes Feststellungsverfahren für die viele Jahre geltenden Besteuerungsmerkmale (zB stfreier Renten betrag; Altersentlastungshöchstbetrag) angezeigt sei (BT-Drs 15/3004, 6). Zu prüfen war auch (bisher ohne Ergebnis) – unter Beteiligung des Bundesbeauftragten für Wirtschaftlichkeit in der Verwaltung –, ob ein (abgeltendes) Quellenabzugsverfahren geschaffen werden kann (BT-Drs 15/3004, 6, 9).

4 **4. Überprüfung.** Die zentrale Stelle wird durch Abs 4 idF JStG 2009 ermächtigt, die Pflichterfüllung durch den Mitteilungspflichtigen mit den Mitteln der AO zu prüfen (BT-Drs 16/10189, 69).

§ 23 Private Veräußerungsgeschäfte

(1) [1]**Private Veräußerungsgeschäfte (§ 22 Nummer 2) sind**

1. Veräußerungsgeschäfte bei Grundstücken und Rechten, die den Vorschriften des bürgerlichen Rechts über Grundstücke unterliegen (z. B. Erbbaurecht, Mineralgewinnungsrecht), bei denen der Zeitraum zwischen Anschaffung und Veräußerung nicht mehr als zehn Jahre beträgt. [2]Gebäude und Außenanlagen sind einzubeziehen, soweit sie innerhalb dieses Zeitraums errichtet, ausgebaut oder erweitert werden; dies gilt entsprechend für Gebäudeteile, die selbständige unbewegliche Wirtschaftsgüter sind, sowie für Eigentumswohnungen und im Teileigentum stehende Räume. [3]Ausgenommen sind Wirtschaftsgüter, die im Zeitraum zwischen Anschaffung oder Fertigstellung und Veräußerung ausschließlich zu eigenen Wohn-

zwecken oder im Jahr der Veräußerung und in den beiden vorangegangenen Jahren zu eigenen Wohnzwecken genutzt wurden;

2. Veräußerungsgeschäfte bei anderen Wirtschaftsgütern, bei denen der Zeitraum zwischen Anschaffung und Veräußerung nicht mehr als ein Jahr beträgt. [2]Ausgenommen sind Veräußerungen von Gegenständen des täglichen Gebrauchs. [3]Bei Anschaffung und Veräußerung mehrerer gleichartiger Fremdwährungsbeträge ist zu unterstellen, dass die zuerst angeschafften Beträge zuerst veräußert wurden. [4]Bei Wirtschaftsgütern im Sinne von Satz 1, aus deren Nutzung als Einkunftsquelle zumindest in einem Kalenderjahr Einkünfte erzielt werden, erhöht sich der Zeitraum auf zehn Jahre.

[2]Als Anschaffung gilt auch die Überführung eines Wirtschaftsguts in das Privatvermögen des Steuerpflichtigen durch Entnahme oder Betriebsaufgabe. [3]Bei unentgeltlichem Erwerb ist dem Einzelrechtsnachfolger für Zwecke dieser Vorschrift die Anschaffung oder die Überführung des Wirtschaftsguts in das Privatvermögen durch den Rechtsvorgänger zuzurechnen. [4]Die Anschaffung oder Veräußerung einer unmittelbaren oder mittelbaren Beteiligung an einer Personengesellschaft gilt als Anschaffung oder Veräußerung der anteiligen Wirtschaftsgüter. [5]Als Veräußerung im Sinne des Satzes 1 Nummer 1 gilt auch

1. die Einlage eines Wirtschaftsguts in das Betriebsvermögen, wenn die Veräußerung aus dem Betriebsvermögen innerhalb eines Zeitraums von zehn Jahren seit Anschaffung des Wirtschaftsguts erfolgt, und
2. die verdeckte Einlage in eine Kapitalgesellschaft.

(2) **Einkünfte aus privaten Veräußerungsgeschäften der in Absatz 1 bezeichneten Art sind den Einkünften aus anderen Einkunftsarten zuzurechnen, soweit sie zu diesen gehören.**

(3) **[1]Gewinn oder Verlust aus Veräußerungsgeschäften nach Absatz 1 ist der Unterschied zwischen Veräußerungspreis einerseits und den Anschaffungs- oder Herstellungskosten und den Werbungskosten andererseits. [2]In den Fällen des Absatzes 1 Satz 5 Nummer 1 tritt an die Stelle des Veräußerungspreises der für den Zeitpunkt der Einlage nach § 6 Absatz 1 Nummer 5 angesetzte Wert, in den Fällen des Absatzes 1 Satz 5 Nummer 2 der gemeine Wert. [3]In den Fällen des Absatzes 1 Satz 2 tritt an die Stelle der Anschaffungs- oder Herstellungskosten der nach § 6 Absatz 1 Nummer 4 oder § 16 Absatz 3 angesetzte Wert. [4]Die Anschaffungs- oder Herstellungskosten mindern sich um Absetzungen für Abnutzung, erhöhte Absetzungen und Sonderabschreibungen, soweit sie bei der Ermittlung der Einkünfte im Sinne des § 2 Absatz 1 Satz 1 Nummer 4 bis 7 abgezogen worden sind. [5]Gewinne bleiben steuerfrei, wenn der aus den privaten Veräußerungsgeschäften erzielte Gesamtgewinn im Kalenderjahr weniger als 600 Euro betragen hat. [6]In den Fällen des Absatzes 1 Satz 5 Nummer 1 sind Gewinne oder Verluste für das Kalenderjahr, in dem der Preis für die Veräußerung aus dem Betriebsvermögen zugeflossen ist, in den Fällen des Absatzes 1 Satz 5 Nummer 2 für das Kalenderjahr der verdeckten Einlage anzusetzen. [7]Verluste dürfen nur bis zur Höhe des Gewinns, den der Steuerpflichtige im gleichen Kalenderjahr aus privaten Veräußerungsgeschäften erzielt hat, ausgeglichen werden; sie dürfen nicht nach § 10d abgezogen werden. [8]Die Verluste mindern jedoch nach Maßgabe des § 10d die Einkünfte, die der Steuerpflichtige in dem unmittelbar vorangegangenen Veranlagungszeitraum oder in den folgenden Veranlagungszeiträumen aus privaten Veräußerungsgeschäften nach Absatz 1 erzielt hat oder erzielt; § 10d Absatz 4 gilt entsprechend.**

Einkommensteuer-Richtlinien/Verwaltungsschreiben: EStH 23 – BMF *BStBl I 04, 1034 (bedingter Wertpapiererwerb, zB Optionen);* OFD Mster *DB 05, 1027 (Verlustabzug);* BMF

BStBl I 05, 609 (z Verfahren); BMF *BStBl I 06, 8 (Bezugsrechte);* BMF *BStBl I 06, 508 (Jahresbescheinigung gem § 24c);* BayLfSt *DStR 11, 312 (Ablösung eines Vorbehaltsnießbrauchs);* OFD Ffm *DStR 15, 2554 (vermögensverwaltende PersGes)*

Übersicht Rz

Schrifttum (vor 2012s Voraufl): *Engel,* Vermögensverwaltende PersGes im ErtragStRecht[2], 2014. – *Heuermann,* Entwicklungslinien stbarer Veräußerungen von PV, DB 13, 718.

I. Allgemeines

1 **1. Grundaussage. – a) Private Veräußerungsgewinne.** § 23 I definiert den Besteuerungsgegenstand (Anschaffung und Veräußerung bestimmter identischer WG innerhalb bestimmter Fristen), § 23 II enthält eine Konkurrenzklausel, § 23 III regelt die Gewinn-/Verlustermittlung. Im Unterschied zum betriebl Bereich wurden private Veräußerungsgewinne nur ausnahmsweise besteuert: Veräußerung einer relevanten Beteiligung an einer KapGes (§ 17) sowie Veräußerung eines WG innerhalb bestimmter Fristen (§ 23); Erweiterung durch § 20 II (§ 20 Rz 126); gesetzgeberische Tendenz zur Aufgabe der Trennung von Nutzungs-/Einkünftebereich und Vermögensbereich. Zweck des § 23 ist es, innerhalb der „Spekulationsfrist" im PV des StPfl realisierte Werterhöhungen eines bestimmten WG der ESt zu unterwerfen; das erworbene WG muss mit dem veräußerten WG identisch sein (BFH IX R 41/10 BFH/NV 11, 1850). Der An- und Verkauf innerhalb bestimmter Fristen indiziert eine gewisse Nähe zur Gewerblichkeit und legitimiert die Regelung; nicht tragfähig ist indes der (der ursprüngl Konzeption der ESt entspr) Schutz der Privatsphäre. – Die §§ 19–22 erfassen im Grundsatz die Früchte des Vermögens („Nutzungsbereich"), § 23 das Vermögen selbst. – Die Neuregelung der einheitl Besteuerung von KapErträgen und privaten Veräußerungsgeschäften aus Kapitalanlagen in § 20 idF UntStRefG hat zu erhebl Änderungen des § 23 ggü dem bisherigen Recht und zu „Verschiebungen" in den Bereich des § 20 geführt, insb der von Wertpapieren aus Abs I Nr 2 und zum Wegfall von Abs I Nr 3 und 4 aF (Rz 7). – § 23 ist nunmehr vollumfängl subsidiär (RegEntw BT-Drs 220/07, 95). – Die Neuregelung durch das UntStRefG ist auf nach dem 31.12.08 abgeschlossene Verträge und vergleichbare Rechtsakte anzuwenden (§ 52a XI idF 2013). – Ggf ist der Gewinn nach § 180 AO festzustellen (BFH IX B 10/15 BFH/NV 15, 1077 mwN; IEinz *OFD Ffm* DStR 15, 2554).

b) Zeitl Beschränkung; Nämlichkeit. § 23 erfasst Werterhöhungen von WG innerhalb einer bestimmten Frist (zB BFH X R 4/84 BStBl II 89, 652). Die zeitl Beschränkung und damit die Ungleichbehandlung zum BV ist nach BVerfGE 26, 302 BStBl II 70, 156 grds **verfmäßig,** wohl auch nach BVerfG DStR 98, 1743 zu § 22 Nr 3 S 3 aF (s Rz 98; § 22 Rz 146), unabhängig von Mängeln im Gesetzesvollzug (s Rz 10). – Der Tatbestand erfasst die Veräußerung **des näml Objekts** nach vorausgegangener Anschaffung (BFH XI R 26/02, BFH/NV 04, 2189; partielle Nämlichkeit mögl (BFH IX R 31/12 BStBl II 13, 1011); Voraussetzung für die Besteuerung sind daher Anschaffung bzw nach StEntlG 99 ff gleichgestellte Vorgänge (s Rz 31 ff) und Veräußerung (Rz 50) von WG des PV (Rz 1, 12) innerhalb einer bestimmten Frist (Rz 9), grds im Inl wie im Ausl (FG Ddorf EFG 90, 430, rkr; *Meier* FR 91, 110), also auch ‚ausl WG' (BFH IX B 54/15 BFH/NV 16, 194). 2

c) Einkünfteerzielungsabsicht. Diese ist (mangels „Typizität" der Betätigung) nicht notwendig (*Korn/Carlé* Rz 41.1; *Walter/Stümper* DB 01, 2271; *KSM/Wernsmann* § 23 A 3; *Musil*/HHR Anm 82; *Falkner* DStR 10, 788/91: Besteuerung von Einzelakten; BFH IX R 29/06 BStBl II 09, 296) bzw durch Zeiträume objektiviert (BFH IX R 8/12 BStBl II 12, 781); Art und Motive der Veräußerung sind irrelevant; kompensiert wird dies durch die Verlustverrechnungsbeschränkung des Abs 3 S 7, 8 (FG Köln EFG 15, 217, NZB IX B 136/14; Rz 97). Die Begriffe **Anschaffung** und **AK** sind iSd § 6 und § 255 I HGB auszulegen (BFH IX R 5/02 BStBl II 04, 987; Rz 75). 3

2. Gesetzesänderungen. Änderung 1999 durch StEntlG 99 ff, Änderungen ab VZ 2000 durch StBereinG 99, Änderungen ab VZ 2002 durch StSenkG, Änderungen durch UntStRefG (ab 2009; Einführung der AbgeltungSt); iEinz s 34. Aufl. 4

3. Persönl Geltungsbereich. Bei Veräußerung von Grundstücken und grundstücksgleichen Rechten und – ab 1994 bis 2008 – von Beteiligungen iSv § 17 genügt die beschr StPfl (§ 49 I Nr 8). Bei anderen WG muss der Veräußerer im Zeitpunkt der Veräußerung unbeschr stpfl sein (BFH VI R 67/58 U BStBl III 59, 346). Grds muss **Personenidentität** zw Erwerber/Veräußerer bestehen (Ehegatteneinkünfte sind getrennt zu prüfen, vgl BFH X R 88/95 BStBl II 98, 343; Rz 15, 90, 97; unentgeltl Erwerb s Rz 40 ff; Erbengemeinschaften mit verschiedenen Miterben s Rz 41; gesellschaftsrechtl Vorgänge s Rz 46, 47). 8

4. Veräußerungsfristen; Haltefristen. Die Besteuerung von Gewinnen nach § 23 ist von der Veräußerung innerhalb bestimmter Fristen abhängig; zur Berechnung der maßgebl Zeitpunkte s Rz 21. Die Fristeinhaltung muss feststehen (keine Fiktion, s BFH X R 49/90 BStBl II 94, 591 zu Wertpapieren; ggf Feststellungslast des FA). Die Fristen für die einzelnen Veräußerungsvorgänge sind unterschiedl lang und haben sich für Veräußerungen **ab 1.1.1999** rückwirkend (unabhängig von ihrem vorherigen Ablauf) wesentl verlängert, auch für unentgeltl Rechtsnachfolger (s Rz 40, 43). Die **Verlängerung auf 10 Jahre** war in Fällen, in denen die Zwei-Jahres-Frist noch nicht abgelaufen war, nicht verfwidrig (BFH IX B 116/03 BStBl II 04, 1000), keine Irrtumsanfechtung (BFH IX B 72/09 BFH/NV 2010, 932). **Fristenberechnung** s § 108 AO, §§ 187 I, 188 II, III BGB. 9

Nach BVerfG 2 BvL 14/02, 2 BvL 2/04, 2 BvL 13/05 BStBl II 11, 76: § 23 I 1 Nr 1 iVm § 52 Abs 39 S 1 idF StEntlG 99 ist verfwidrig, soweit im Veräußerungsgewinn Wertsteigerungen steuerl erfasst werden, die bis zur Verkündung des StEntlG 99 ff (31.3.99) entstanden waren und stfrei realisiert worden sind oder stfrei hätten realisiert werden können, soweit also die Zweijahresfrist bereits abgelaufen war (so bereits *Weber-Grellet* FR 04, 361; ähnl FG Hess EFG 10, 959; allg § 2 Rz 41; *Eich* BeSt 10, 35); zur bisherigen Rechtslage s 29. Aufl. – Daraus folgt, dass nach dem 31.3.99 entstandene Wertsteigerungen auch dann zu erfassen sind, wenn das Objekt vor dem 31.3.99 erworben worden ist. Das BMF hat sich nunmehr dem BFH (ua BFH IX R 51/13 BFH/NV 14, 1533) angeschlossen: Der Wertzuwachs ist (bei

Anschaffung vor und Veräußerung nach dem 31.3.99) dem jeweiligen Zeitraum zuzuordnen; alle (Sonder-) Abschreibungen sind dem Berücksichtigungszeitraum zuzuordnen; Veräußerungs-WK sind in vollem Umfang abzuziehen (*BMF* BStBl I 15, 464 mit Beispielen; zur bisherigen Rechtslage s 34. Aufl).

Keine Anwendung des § 23 I 2 auf Entnahmen vor dem 1.1.99 (BFH IX R 5/06 BStBl II 07, 179; BFH IX R 27/06 BFH/NV 07, 227). – Die BVerfG-Grundsätze gelten auch im Hinblick auf die Fristverlängerung von 6 auf 12 Monate bei Wertpapieren (FG Köln EFG 13, 781, rkr).

10 **5. Verfassungsmäßigkeit. – a) Strukturelles Erhebungsdefizit.** Nach BVerfG 2 BvL 17/02 BStBl II 05, 56 entsprach die Besteuerung von Spekulationsgewinnen aus privaten Wertpsapiergeschäften in den VZ 97 und 98 nicht den Anforderungen des Art 3 I GG. Ab 1999 ist die Regelung verfgemäß (BFH IX R 49/04 BStBl II 06, 178; BFH IX B 219/07 BStBl II 08, 382; BGH 5 StR 162/07 DStR 08, 144; BVerfG 2 BvR 294/06 DStR 08, 197 (zu IX R 49/04); **für Verfwidrigkeit auch ab 1999** – wegen unzureichender Änderung des „normativen Umfelds" bis 2003 – FG Hess DStRE 08, 20; *Birk* StuW 04, 277; wN (auch zu 1996/7) in 27. und 34. Aufl.

11 **b) Verfahren.** Kein Vorläufigkeitsvermerk mehr (vgl *BMF* BStBl I 14, 1571). – Keine Änderung bestandskräftiger Bescheide allein wegen BVerfG 2 BvL 17/02 BStBl II 05, 56 (BFH IX R 45/08 BStBl II 09, 891).

II. Tatbestände, § 23 I

12 **1. Veräußerungsgeschäfte, § 23 I. – a) Grundsatz.** § 23 findet grds Anwendung auf **alle WG des PV** (abnutzbare wie nicht abnutzbare) inner- und außerhalb des Einkünftebereichs, zB Kunstgegenstände, private Pkw, Antiquitäten, Münzen; zu WG des tägl Gebrauchs (auch Kfz) Rz 27. Den **Begriff WG** verwendet § 23 im gleichen Sinne wie die Gewinnermittlung §§ 4 ff (BFH VIII R 72/76 BStBl II 79, 298 zum Rückkaufsrecht mit Beispielen; § 5 Rz 94). Ausdrückl aufgeführt sind **Grundstücke,** Grundstücksrechte (Nr 1) und **andere WG** (Nr 2). Maßgebl für die Veräußerung (insb den Zeitpunkt) ist das schuldrechtl Geschäft (BFH IX R 18/13 BStBl II 14, 826); für Anschaffung Rz 32 mwN). Der entgeltl **Verzicht auf Abwehrrechte** ist kein Fall des § 23 (BFH IX R 63/02 DStRE 04, 1211). Für die Veräußerung von WG gegen **Fremdwährung** gilt das (auch in § 20 IV 1 Hs 2 normierte) Zeitbezugsverfahren (BFH IX R 11/13 BStBl II 14, 385; BFH IX B 54/15 BFH/NV 16, 194). – Zu Zero-Bonds s § 20 Rz 21, 101 mwN; zu **Differenzgeschäften** s Rz 29; zu Gebäuden, **Erbbaurechten** und **Bodenschätzen** s Rz 16, 20; zu **GesAnteilen** s Rz 47.

13 **b) Besonderheiten bei Grundstücken** (s auch Rz 16 ff). **GuB** und **Gebäude** sind zwar zwei verschiedene WG. § 23 beruht jedoch auf BGB-Recht und behandelt Gebäude grds als wesentl Bestandteile des GuB (§ 94 BGB). Ausnahme: Erbbaurecht mit errichtetem Gebäude (§ 95 I 2 BGB). Daher läuft für die isolierte Gebäudeherstellung keine besondere Frist nach § 23 I Nr 1 S 1. § 23 I Nr 1 S 2 zieht hergestellte Gebäude ledigl seit 1999 in die Berechnung eines Bodenveräußerungsgewinns ein (Reaktion auf die RsprÄnderung seit BFH VIII R 202/72 BStBl II 77, 384). Bei Veräußerung unter Nießbrauchsvorbehalt wird das „WG der Nutzung" zurückbehalten (RFH RStBl 28, 330; *Kessler/Mirbach* DStR 15, 926).

14 **c) Ausnahmen.** Ausgenommen sind nach **§ 23 I 1 Nr 1 S 3** selbst genutzte Wohngebäude (s Rz 18).

15 **d) Identität des angeschafften und veräußerten WG.** Für jedes einzelne WG sind die Voraussetzungen des § 23 gesondert zu prüfen (zur Teilbarkeit und Veränderung BFH X R 4/84 BStBl II 89, 652 – Grundstücksparzellierung bzw Ausbau), und zwar in der Person des veräußernden Eigentümers (vgl zu Ehegatten BFH X R 88/95 BStBl II 98, 343). Wirtschaftl Identität ist ausreichend (BFH IX

R 70/96 BStBl II 00, 262). **Restitutionanspruchs-Erwerb** und entspr Grundstückanschaffung sind gleichzustellen (BFH IX R 41/09 BFH/NV 10, 1271). – **Patente** für verschiedene Länder sind unterschiedl WG (BFH I R 20/74 BStBl II 76, 666).

2. Einzelne Wirtschaftsgüter, § 23 I 1 Nr 1, 2. – a) Grundstücke. Erfasst werden – ***(1)*** Grundstücke und **grundstücksgleiche Rechte** (zB Erbbaurechte; Bergrechte, § 4 VI BBergG, früher Mineralgewinnungsrecht), auch ausl Grundstücke (BFH IX B 54/15 BFH/NV 16, 194); nicht zB ein Kiesvorkommen (vgl BFH GrS 1/05 BStBl II 07, 508); – ***(2)*** während des Zeitraums erstellte Gebäude und Außenanlagen (§ 23 I Nr 1 S 2; Rz 17), – ***(3)*** auch Wohn-/Teileigentum (Bruchteilseigentum an Grundstück als grundstücksgleiches Recht iSd § 23; *HHR* Anm 89; aA für Zivilrecht *Palandt* Überblick vor § 873 Rz 3); – ***(4)*** offen gelassen für Verwertung einer Grundschuld (BFH VIII R 28/09 BStBl II 12, 496). 16

aa) Gebäude als Bewertungsfaktor. Ab VZ 1999 werden innerhalb der Veräußerungsfrist fertiggestellte (selbst hergestellte) **Gebäude** grds auch ohne Gebäudeanschaffung in den Veräußerungsgewinn aus GuB einbezogen; Gebäude werden aber – selbst bei Anschaffung – nicht isoliert erfasst („sind einzubeziehen"); sie sind nur „Bewertungsfaktor" (so auch *Musil*/HHR Anm 122). Ist die Grundstücksveräußerung nicht stbar, entfällt die „Gebäudebesteuerung". *Schrifttum* zu Änderung durch § 23 I Nr 1 idF StEntlG 99 ff und StBereinG 99 s 27. Aufl; *BMF* BStBl I 00, 1383. Zur Rechtslage vor VZ 99s 31. Aufl. 17

Str ist, ob die Gebäudeerstellung in die Berechnung eines Veräußerungsgewinns eines **Erbbaurechts** einzubeziehen ist (so *BMF* BStBl I 00, 1383 Rz 14/5 mit Ausweichregelung; s Rz 20, *Paus* NWB F 3, 12085).

bb) Ausnahme bei selbst genutztem Wohneigentum, § 23 I 1 Nr 1 S 3. Abw von § 23 I S 1 und 2 liegt kein Veräußerungsgeschäft vor, wenn ein bebautes Grundstück (unbebautes Bauland dient auch bei Freizeitnutzung nicht Wohnzwecken) veräußert wird, soweit es im Jahr der Veräußerung (unabdingbar) und in den beiden vorangegangenen (vollen) Kalenderjahren zu eigenen Wohnzwecken (*BMF* BStBl I 00, 1383 Rz 25 lässt offenbar im 2. vorangegangenen Jahr teilw Eigennutzung ausreichen) oder aber bei späterer Gebäudefertigstellung bis zur Veräußerung *ausschließl* zu eigenen Wohnzwecken (auch des Rechtsvorgängers) genutzt war. Eigene Wohnzwecke setzen *persönl* Nutzung als (rechtl oder wirtschaftl) *Eigentümer* voraus (FG Mster EFG 07, 1605, rkr); bereits mit Bezugsbeginn (BFH IX R 18/03 BFH/NV 06, 936); die vorangegangene Nutzung als Mieter reicht dazu nicht aus (vgl auch zu Rechtslage vor 1999 BFH IX R 1/01 BFH/NV 03, 1171). *Sachl* muss das Objekt bestimmt und geeignet sein, Menschen auf Dauer Aufenthalt und Unterkunft zu ermöglichen. **Arbeitszimmer** (auch im PV) ebenso wie andere betriebl genutzte Räume dienen nicht Wohnzwecken (*BMF* BStBl I 00, 1383 Rz 16, 21); der auf das Arbeitszimmer entfallende Gewinn ist daher ggf gem § 23 I 1 Nr 1 zu besteuern (FG Mster EFG 04, 45, rkr); iÜ greift ggf die Ausnahme des § 23 I 1 Nr 1 S 3. 18

Nach dem Gesetzeswortlaut ist auch die Veräußerung einer nur zeitweise, auch kurzfristig eigengenutzten **Zweitwohnung** in vollem Umfang begünstigt (was Sinn und Zweck der Ausnahme – Freistellung zwingender Wohnsitzwechsel – kaum entspricht und bedenkl Schlupflöcher bei der 2. Alt von § 23 I Nr 1 S 3 bietet, vgl *Risthaus* DB Beil 13/00, 25; aA *Blümich/Glenk* Rz 54). Ein **Zweifamilienhaus** enthält zwei Wohngebäude (*BMF* I 00, 1383, Rz 27). **Miet-Ferienwohnungen** dienen jedoch nicht Wohnzwecken (s *BMF* BStBl I 00, 1383 Rz 22, auch zu Zweitwohnung, doppelter Haushaltsführung; EStR 7.2 I 3, str). **Vermietung** ist auch kurzfristig schädl, zwangsläufiges vorübergehendes **Leerstehen** vor Bezug oder Veräußerung hingegen nicht (glA *BMF* BStBl I 00, 1383 Rz 25, Anm *Risthaus* DB Beil 13/00). **Unentgeltl Mitbenutzung** durch unterhaltsberechtigte Kinder ist unschädl, ebenso nach *BMF* BStBl I 00, 1383 Rz 22, 23 – über § 10e I 3, § 4 II EigZulG hinaus – die unentgeltl Aufnahme von Angehörigen und sonstigen Dritten in die eigene Wohnung (dazu zR kritisch *Risthaus* DB 00 Beil 13; *HHR* Anm 130). Nach *BMF* unschädl ist auch die isolierte unentgeltl Überlassung eines ganzen Wohngebäudes (Wohnung, Gebäude) an kindergeldberechtigte Kinder (Studentenwohnung; Anschluss an BFH X R 94/91 BStBl II 94, 544 zu § 10e). Schädl ist die unentgeltl Wohnungsüberlassung an sonstige Personen und die **Vermietung an Kinder und andere Angehörige** (keine *eigenen* Wohnzwecke; ebenso Altenteilerwohnung). Bei den Ausnahmen in S 3 stellt das Gesetz entgegen S 2 nicht auf **Gebäude,** sondern auf eigengenutzte **WG** ab: Aufteilung eines Gebäudes mit anteiligem GuB gem § 4 Rz 194, EStR 4.2 IV, VI. Der **GuB-Anteil** ist nur zu dem Teil begünstigt, wie er für ein Gebäude übl ist (ähnl wie bei stfreier Entnahme nach § 52 XV aF; BFH IV R 22/00 BStBl II 01, 762, *BMF* BStBl I 97, 630; *Rosarius* Inf 01, 673/710; die vom *BMF* in der LuF anerkannten 1000 qm dürften jedoch idR auch bei einem derartigen Hausgarten den übl Rahmen im PV sprengen; eine Parzellierungsmöglichkeit muss ausgeschlossen sein; vgl auch *BMF* BStBl I 00, 1383 Rz 17 ff). Ein nur mit einem Gartenpavillon bebautes Nachbargrundstück dient nicht eigenen Wohnzwecken (BFH IX R 48/10 BStBl II 11, 868), wohl aber eine Garage oder ein Weinkeller (FG Köln, EFG 14, 2143, rkr).

Probleme bestehen *(1)* bei **räuml Verlagerung** eines Nutzungsteils im Gebäude s § 4 Rz 302 und *BMF* BStBl I 00, 1383 Rz 27, Anm *Risthaus* DB Beil 13/00; *(2)* bei neuem WG durch **Nutzungsänderung** (Eigennutzung einer bisher vermieteten oder Angehörigen überlassenen Wohnung) s *Hartmann/Meyer* FR 99, 1089/91. – Das Merkmal **„ausschließlich"** (S 3) bezieht sich mE nach Sinn und Zweck der Norm auf beide Alternativen; bei kurzfristigem Besitz ausschließl Nutzung zu eigenen Wohnzwecken, bei längerfristigem Besitz ausschließl Nutzung (nur) im Jahr der Veräußerung und den beiden vorangegangenen Jahren; die vorherige anderweitige Nutzung ist unschädl (aA *Korn/Carlé* Rz 33; aA 24. Aufl); zu Bedenken bei unbedeutender Eigennutzung einer Zweitwohnung s oben). Die Freistellung des ausschließl eigenbewohnten **Gebäudeteils** ist dadurch nicht betroffen. Aufteilung (s Rz 71): Die anteilige schädl Gebäudenutzung ist gem §§ 43 und 44 der 2. BerechnungsVO nach dem Verhältnis zur gesamten Gebäudenutzfläche zu ermitteln und schlägt zum selben Anteil auf den GuB durch. Problematik bei teilweiser Einbeziehung des GuB (Miteigentum; teilweise unentgeltl Erwerb) s *BMF* BStBl I 00, 1383 Rz 24 unter Verweisung auf EStR 21.6, dazu *Risthaus* DB Beil 13/00; *Hartmann/Meyer* FR 99, 1089/93.

19 **cc) Beispiele.** Grundstückkauf 1994; Gebäudeherstellung 1996–1998; bei Veräußerung 1999 wegen Versetzung ohne ausschließl Eigennutzung Veräußerungsgewinn – wobei die Nutzung des GuB vor 1996 unschädl ist; sonst § 23 I Nr 1 S 3 (1. Alt); bei Veräußerung im Januar 2002 genügt die ausschließl Nutzung zu eigenen Wohnzwecken ab Dezember 2000 (nach *BMF* BStBl I 00, 1383 Rz 25 nicht volle Kalenderjahre; 2. Alt).

20 **dd) Bodenschätze ua.** Diese sind, soweit weder Teil des Bodens noch Mineralgewinnungsrecht (§ 23 I Nr 1; Rz 16), andere WG iSd § 23 I Nr 2 (BFH VIII R 148/78 BStBl II 81, 794; aA FG Mchn EFG 07, 188, rkr), etwa ein Kiesvorkommen (BFH GrS 1/05 BStBl II 07, 508), Salzabbaugerechtigkeit (BFH IX R 25/13 BStBl II 14, 566). – **Wohnrecht und Wohnungseigentum** s BFH VI R 67/66 BStBl III 67, 685; zu Sondereigentum – GbR BFH IV B 82/98 BFH/NV 99, 1446. **Zweckgebundene Geldschenkung** als Grundstücksschenkung s Rz 43. **Erbbaurechte** als Grundstücke s *BMF* BStBl I 00, 1383 Rz 14. Mit Erbbaurecht belastetes Grundstück ist teilweise identisch mit Grundstück nach Ablösung (BFH IX R 31/12 BStBl II 13, 1011), offen gelassen für Abbauanwartschaftsrecht (BFH IX R 20/05 BFH/NV 06, 1079). Zur Bestellung s Rz 36.

21 **ee) Veräußerungsfrist, § 23 I 1 Nr 1 und S 5.** Beträgt bei **Grundstücken** und Grundstücksrechten die Frist zw Anschaffung im PV (oder Entnahme aus BV, s Rz 33) und Veräußerung im PV oder BV oder verdeckter Einlage in eine KapGes (s Rz 52) mehr als *zehn* Jahre (nach § 23 I Nr 1a aF vor 1999 *zwei* Jahre), entfällt die Steuerbarkeit. *Beispiel:* Anschaffung 31.8.1999, unschädl Veräußerung bzw Einlage in KapGes frühestens ab 1.9.2009 (s aber zu Verfwidrigkeit bei Anschaffung vor 1999/1997 Rz 3 mwN). Grds maßgebend sind die **obligatorischen Verträge** (stRspr; BFH X R 49/01 BStBl II 03, 751; BFH IX R 14/03 BStBl II 06, 513: Normzweck, Rechtssicherheit; BFH IX R 55/13 BStBl II 15, 265; BFH

IX R 23/13 BStBl II 15, 487; *Musil*/HHR Anm 51), auch ein formunwirksamer, aber vollzogener Vertrag (BFH IX R 49/91 BStBl II 94, 687). Ein nach § 158 I BGB aufschiebend bedingtes Rechtsgeschäft ist bindend (was mE aber nichts über den Zeitpunkt des Eintritts der Wirksamkeit sagt; s auch § 5 Rz 314); der außerhalb der Veräußerungsfrist liegende Zeitpunkt des Eintritts der aufschiebenden Bedingung soll insoweit für § 23 I 1 Nr 1 unerhebl sein (BFH IX R 23/13 BStBl II 15, 487; *Schießl* HFR 15, 471; *Mirbach/Riedel* FR 15, 272). – Hingegen ist bei Genehmigung deren Zeitpunkt maßgebl (BFH IX B 154/05 BFH/NV 07, 31); nicht maßgebl ist der Zufluss (FG Ddorf, EFG 11, 447, rkr).

b) Andere Wirtschaftsgüter, § 23 I 1 Nr 2. Der Zeitraum zur Anschaffung und Veräußerung muss weniger als ein Jahr betragen (Ausnahme s Rz 28). – **aa) Altregelung.** Mit dem bisherigen S 1 der Nr 2 wurde insb die Veräußerung von **Wertpapieren** erfasst (*BMF* BStBl I 04, 1034; dazu *Steinlein* DStR 05, 456; *Rohde/Scholze* StuB 05, 295). Da deren Besteuerung nunmehr (ab 2009; Rz 7) in § 20 II geregelt ist, entfällt die Regelung zu Wertpapieren im bisherigen Satz 1. – Zu **Wertpapieren** (Aktien, Bonusaktien, Treueaktien, Gratisaktien, Optionen, Bezugsrechte) s 26., 27. Aufl, 31. Aufl. – Bisher war eine Verrechnung von Optionsverlusten mit Stillhalterprämien nicht mögl (BFH IX R 10/12 BFH/NV 14, 1020; § 20 Rz 135 ff). – Bei Veräußerungsgeschäften, bei denen § 23 I 1 Nr 2 in der bis zum 31.12.08 anzuwendenden Fassung nach dem 31.12.08 Anwendung findet, ist § 3 Nr 40 in der bis zum 31.12.08 geltenden Fassung weiterhin anzuwenden (§ 52 Abs 31 S 2). 22

bb) Weiterhin erfasste WG. Andere WG sind alle sonstigen privaten Wertgegenstände wie Schmuck, Gemälde, Briefmarken, Münzen uÄ, grds auch Internet-Domain (FG Köln EFG 10, 1216, rkr), Edelmetalle (BFH IX R 29/06 BStBl II 09, 296 [Kfz]; BFH IX R 62/10 BStBl II 12, 564; *Musil*/HHR Anm 146); Xetra-Gold (BFH VIII R 35/14 BStBl II 15, 834: wie börsengehandelte Rohstoffe; § 20 Rz 134). – Wertpapiere sind keine anderen WG (Vorrang des § 20; *Musil*/HHR Anm 141); ebenso sind **Kapitalforderungen** nunmehr nach § 20 zu erfassen, nicht aber **Fremdwährungsguthaben** (Schluss aus § 23 I 1 Nr 2 S 3; *BMF* BStBl I 16, 85 Rz 39; *Delp* DB 15, 1919; aA FG Hbg EFG 09, 1103). Zur Ermittlung des Veräußerungsgewinns bei Fremdwährungsbeträgen wird als Verwendungsreihenfolge die (bei Einführung der AbgeltungSt abgeschaffte) **Fifo-Methode** (First in – first out) wieder aufgenommen (S 3 idF Kroat-AnpG). Danach gilt, dass die zuerst angeschafften Fremdwährungsbeträge zuerst veräußert wurden; die Regelung dient der Vereinfachung (BT-Drs 18/1529, 54). – **Keine Steuerbarkeit von WG des tägl Gebrauchs** (§ 23 I Nr 2 S 2 idF JStG 10, Geltung ab 14.12.10; gegen BFH IX R 29/06 BStBl II 09, 296; BR-Drs 318/10, 81; zur früheren Rechtslage iEinz 28. Aufl); das sind etwa Möbel, Hausrat, Fahrräder, Lebensmittel (*Paus* FR 13, 498); mE auch Pkw. – Der tatsächl Gebrauch ist mE unerhebl; entscheidend ist die Art des WG. 27

cc) Zur Einkünfteerzielung genutzte WG, § 23 I 1 Nr 2 S 4. S 4 dient der Vermeidung von Steuersparmodellen. Zu deren Vermeidung wurde für diese WG die Veräußerungsfrist auf zehn Jahre angehoben; zur Anwendung § 52 Abs 31 S 2: für Geschäfte nach 31.12.08. 28

Beispiel (für die Altkonstellation): Anschaffung von Containern, (moderate) Vermietung an eine Reederei für zB sieben Jahre und anschließende Veräußerung unter Erzielung eines stfreien Veräußerungsgewinns (FG BaWü EFG 10, 486, rkr).

c) Veräußerungen vor Erwerb; Termingeschäfte *(bisher § 23 I 1 Nr 3, 4).* Unter der bisherigen Nr 3 wurden Veräußerungen vor Erwerb erfasst, insb Baisse-Spekulationen mit Wertpapieren; die bisherige Nr 4 erfasste Gewinne aus Termingeschäften. Die bisherigen Nr 3 und 4 entfallen, da die Besteuerung derartiger Geschäfte nunmehr von § 20 erfasst wird (IEinz 26. Aufl, 31. Aufl; § 20 Rz 131 ff). – **Verfall** eines Knock-out-Terminkontrakts (durch Schwellenüberschreitung oder Zeitablauf) erfüllt nicht den Tatbestand des § 23 I 1 Nr 4 aF (BFH IX R 20/14 BB 16, 167, stRspr [fehlender Beendigungstatbestand]; zT aA FG Hess 29

EFG 11, 448, rkr; anders auch FG BaWü EFG 14, 763, rkr; FG Ddorf RdF 15, 341, Rev IX R 39/15); anders (nunmehr) der Verfall einer Eurex-Option (BFH IX R 12/11 BFH/NV 13, 28; § 20 Rz 133). – Zur Ein-Jahres-Frist bei Swap-Geschäften FG Sachs EFG 11, 1063, rkr.

31 **3. Anschaffung und gleichgestellte Vorgänge, § 23 I 2–4. – a) Definition.** Der Begriff **Anschaffung** ist das grundlegende Besteuerungsmerkmal für § 23: *Entgeltl* Erwerb eines WG als (rechtl oder wirtschaftl) Eigentümer von einem Dritten, auch bei Rechtsnachfolge (s Rz 40 ff). Der Vorgang der Anschaffung ist wirtschaftl zu verstehen (BFH IX R 5/02 BStBl II 04, 987, zB Durchgriff auf die im Erbanteil enthaltenen WG). Die Erwerbshandlung muss nach der Rspr „wesentl vom Willen des StPfl abhängen" (dazu Rz 56). Das Entgelt kann in einer geldwerten Gegenleistung bestehen (zB geldwerte Sachzuwendung als ArbLohn = Anschaffung, s *Herzig* DB 99, 1; EStH 23). – Die Aufnahme eines **Fremdwährungsdarlehens** ist keine Anschaffung iSd § 23 I 1 Nr 2 (BFH VIII R 58/07 BStBl II 11, 491). Bei Erwerb nicht börsennotierter und nicht handelbarer Wandelschuldverschreibungen ist bei Wandelung der Schuldverschreibungen in Aktien der Zeitpunkt der Wandelung maßgebl (BFH IX R 55/13 BStBl II 15, 265, *Schießl* HFR 15, 249; *Haisch* RdF 15, 165; nunmehr § 20 II).

32 **b) Zivilrechtl Terminologie.** Diese ist zu eng (BFH IX R 1/01 BFH/NV 03, 1171). Maßgebend ist grds der vorangehende Zeitpunkt des Verpflichtungsgeschäftes, der schuldrechtl Vereinbarung, nicht des dingl Rechtsgeschäftes (auch § 52 Abs 39 S 1 (2006) stellt auf den obligatorischen Vertrag ab; Rz 21 mwN; *Musil*/HHR Anm 51; *KSM/Wernsmann* § 23 A 6; aA *Korn/Carlé* Rz 27).

Beispiele: Abschluss des Kaufvertrags, (Verpflichtung zur) Abtretung einer Forderung (Rechtskauf), Abgabe des Meistgebots bei Zwangsversteigerung (BFH X R 4/84 BStBl II 89, 652; FG Hess EFG 93, 787, rkr), Tausch (vgl Rz 71; BFH IX R 36/09 BStBl II 10, 792; *BMF* BStBl I 04, 1034 Rz 24), Wiederkaufsrechtsausübung (§ 497 I 1 BGB, BFH VIII R 3/79 BStBl II 82, 459).

33 **c) Entnahme als Anschaffung, § 23 I 2.** Entnahmen gelten als Anschaffung (§ 23 I 2; *BMF* BStBl I 00, 1383 Rz 33; *FinVerw* DStR 02, 1266; *Musil*/HHR 222); die Regelung dient der Erfassung von Wertsteigerungen bei Veräußerung nach einer Entnahme und ggf der Entnahmewertkorrektur.

Anderenfalls könnte der StPfl sonst uU die Besteuerung eines Veräußerungsgewinns (und damit jegl Besteuerung) vermeiden (vgl *FinVerw* DStR 02, 1266 zu Sonderfällen, auch zu TW § 55); er hat keinen Anspruch auf Überprüfung des Entnahmewertes durch das FA (etwa aus Progressionsgründen, weil die Besteuerung im Entnahmejahr günstiger wäre). Das stellt § 23 III 3 idF StBereinG 99 klar („angesetzte" statt „anzusetzende" Wert).

Als Anschaffung gilt auch die **Betriebsaufgabe** („Totalentnahme"). – Entnahmen (= Anschaffung) vor 1999 werden nicht erfasst (BFH IX R 27/06 BFH/NV 07, 227; *Korn/Carle* Rz 61; nun auch *BMF* BStBl I 07, 262). – Parallele zu BFH IX R 46/02 BStBl II 04, 284 – BVerfG-Vorlage; dazu iEinz Rz 3.

36 **d) Keine Anschaffungsvorgänge.** Das sind (vor und ab 1999): *(1)* **Erwerb kraft Gesetzes** oder eines entspr Hoheitsaktes (BFH VIII R 23/75 BStBl II 77, 712; BFH IX R 36/09 BStBl II 10, 792; *BMF* BStBl I 04, 1034, Rz 35; zu **Enteignungsvorgängen** mit Zwangserwerb eines ErsatzWG Rz 55 ff; zur bloßen Rückübertragung enteigneter DDR-Grundstücke *BMF* BStBl I 93, 18; zu Mauergrundstücken § 2 III MauerG, BGBl I 96, 980, *FinVerw* FR 96, 763); *(2)* **Kapitalherabsetzung** (*BMF* BStBl I 04, 1034 Rz 36); *(3)* **unentgeltl Erwerb** (ab 1999 eigenes Besteuerungsmerkmal, § 23 I 3, s Rz 40 ff); *(4)* **isolierte Herstellung** (BFH X R 55/01 BFH/NV 05, 517: keine „Nämlichkeit"; auch bei Gebäuden ab 1999 nur iZm angeschafftem GuB, § 23 I Nr 1 S 2, s Rz 13, 16, 80); *(5)* **Wertpapierumtausch** (*BMF* BStBl I 04, 1034 Rz 37; Rz 46); *(6)* Bestellung eines Erbbaurechts, aber vorangegangener Grundstückserwerb mit nachfolgender Abspaltung (FG Köln EFG 15, 1528, Rev IX R 25/15); *(7)* Entstehung neuer WG (Kalb, Fohlen; dazu BFH III R 143/93 BStBl II 97, 575; zur Abspaltung *Weber-Grellet* FR 07, 515/8; BB 11, 43).

e) Sonderfälle mit Formfragen. Eine Anschaffung oder Veräußerung liegt vor, wenn die Vertragspartner innerhalb der Frist Verhältnisse schaffen, die wirtschaftl einem Kaufvertrag gleichstehen, vor allem, wenn besondere Umstände hinzutreten, die wirtschaftl Eigentum verschaffen. Die dingl Übereignung – durch dieselbe Person, s zu Ehegatten Rz 15 – muss nachfolgen, hat nur keine Bedeutung für die Fristenberechnung (vgl BFH X R 88/95 BStBl II 98, 343). 37

Beispiele: Unvollständig beurkundeter *Grundstückskaufvertrag* (BFH X R 49/91 BStBl II 94, 687, auch zu nachträgl Kaufpreiserhöhung, mit Abgrenzung zu fehlender Beurkundung; s auch Genehmigung Rz 48); bindendes *Verkaufsangebot* (BFH IV R 95/90 BStBl II 92, 553) bei Formwahrung (zB § 313 BGB, BFH VIII R 84/71 BStBl II 72, 452, auch zur Einräumung eines *Vorkaufsrechts;* vergleichsweise Angebotsannahme s FG BaWü EFG 94, 1002, rkr); *Vorvertrag* (BFH VIII R 16/83 BStBl II 84, 311 mit Abgrenzung BFH IX B 5/00 BFH/NV 00, 1238 zu nicht konkretisiertem Verkaufsangebot; FG Köln EFG 06, 499, rkr); *Eigenbesitz* vor Kaufvertrag (BFH VI R 127/66 BStBl II 68, 142); ebenso bei Vorwegnahme des *dingl Rechtsgeschäftes* (BFH VIII R 63/68 BStBl II 74, 606), das dann unabhängig vom wirtschaftl Eigentum den maßgebl Zeitpunkt bestimmt.

f) Unentgeltl Erwerb mit Abgrenzungen, § 23 I 3. Unentgeltl Erwerb ist eine Anschaffung, ohne dass der Erwerber dafür eine Gegenleistung erbringt (*Musil/HHR* Anm 231); Abspaltung ist mE kein unentgelt Erwerb, sondern eine partielle Fortsetzung der vorangegangenen Vollanschaffung (aA FG Köln EFG 15, 1528, Rev IX R 25/15; Rz 36). – **aa) Erbfall.** Der Eintritt des Rechtsnachfolgers in die Position des Vorgängers (§ 1 Rz 14) ist kein entgeltl Erwerb und damit keine Anschaffung iSd EStG (§ 1922 BGB, vgl zuletzt BFH GrS 2/89 BStBl II 90, 837 mwN). § 23 soll jedoch erfüllt sein, wenn zw Anschaffung durch den Erblasser und Veräußerung durch den oder die Erben die Veräußerungsfrist noch nicht abgelaufen ist (ab 1999 für Einzelrechtsnachfolger durch § 23 I 3 ausdrückl normiert). 40

bb) Erbauseinandersetzung. Die Rspr hatte früher ausnahmslos unentgeltl Erwerb angenommen (sog Einheitsthese, s 5. Aufl); BFH **GrS** 2/89 BStBl II 90, 837 unterscheidet zw Erbauseinandersetzung (im BV wie im PV) und Erbfall. Bei Realteilung ohne Ausgleichszahlung erwirbt jeder Miterbe unentgeltl vom Erblasser. Soweit jedoch ein Miterbe dem anderen für die Zuteilung eines WG einen Ausgleich zahlt, weil er mehr erlangt als seinem Erbanteil entspricht, erwirbt er das WG entgeltl (Anschaffung bzw Veräußerung auch iSv § 23). Das gilt (über BFH IX R 49/83 BStBl II 85, 722 hinaus) unabhängig davon, ob er den Zuzahlungsbetrag aus dem Nachlassvermögen oder aus seinem sonstigen Vermögen oder durch Schuldübernahme erbringt (iEinz s § 16 Rz 590 ff mwN). – Zur Berechnung eines Veräußerungsgewinns verweist BFH GrS 2/89 auf BFH IX R 15/84 BStBl II 88, 250. – **Erbausschlagung** gegen Abfindung kann zur StPfl führen (s *Zimmermann* ZEV 01, 5; *Tiedtke/Wälzholz* BB 01, 234). 41

cc) Weiterübertragungen nach anderen Vermögensauseinandersetzungen. Anschaffung (und Veräußerung) iSv § 23 liegen vor: *(1)* bei gegen Abfindung *entgeltl weiterübertragene* WG nach **Schenkung** im Wege der vorweggenommenen Erbfolge (BFH VIII R 192/74 BStBl II 77, 382 mit Abgrenzung zur Höhe in BFH IX R 15/84 BStBl II 88, 250 – Realteilung mit Spitzenausgleich – unter 2; s auch Rz 44; *Söffing* DB 91, 828/836; *Fellmeth* BB 91, 2184; zu BV § 16 Rz 551 ff) oder nach (unentgeltl) Auflösung einer **Zugewinngemeinschaft** (BFH VIII R 175/74 BStBl II 77, 389 und BFH X R 48/99 BStBl II 03, 282; s auch BFH X B 92/98 BFH/NV 99, 173), – *(2)* bei Veräußerung eines entgeltl erworbenen Miterbenanteils (BFH IX R 5/02 BStBl II 04, 987), – *(3)* bei **Erwerb aus Erbschaftsmitteln** (BFH VI 82/61 U BStBl III 62, 387). Nur die iRd Vermögensauseinandersetzung übertragenen WG im Umfang der eigenen Miteigentumsanteile sind nicht angeschafft. Dasselbe gilt für Vermögensübertragungen nach **Scheidung** (*FinVerw* DB 01, 1533; FR 01, 322; *Tiedtke* DB 03, 1471; *Tiedtke/Wälzholz* DStZ 02, 9; aA *Sagmeister* DStR 11, 1589); – *(4)* bei (teilentgeltl) Anschaffung iRe Kaufrechtsvermächtnisses (BFH IX R 63/10 BStBl II 11, 873). 42

Dagegen beruht die Erfüllung von **Vermächtnis-, Pflichtteils-, Erbersatz- oder Zugewinnausgleichsschulden** selbst auf einem unentgeltl Geschäft (zB BFH IV B 96/00 BFH/NV 01, 1113; *BMF* BStBl I 93, 62 Rz 37, 67 ff; zu Erbstreit BFH IV R 15/96 BStBl II 97, 535; str, s § 16 Rz 599, *Tiedtke* DB 03, 1471).

43 **dd) Schenkung.** Der unentgeltl Erwerb ist keine Anschaffung (§ 23 I 3). Bisher war zweifelhaft, ob wie beim Erbfall die Zeit seit Anschaffung durch den Schenker dem Beschenkten zugerechnet werden konnte. ME entfiel hier jedes Veräußerungsgeschäft; es fehlte eine § 17 I 5 entspr Regelung (str; s 21. Aufl mwN). Für Veräußerungen ab 1999 wird nach § 23 I 3 dem unentgeltl Einzelrechtsnachfolger die Anschaffung (Entnahme, Anteilsentstrickung) des Rechtsvorgängers für die Fristberechnung zugerechnet Damit ist auch die – fragl – Rspr zur **zweckgebundenen Geldschenkung** für WG-Erwerb (nach FG BaWü EFG 93, 787, rkr, wie bei WG-Schenkung keine WG-Anschaffung) gegenstandslos. Bei **gemischter Schenkung** konnte bisher ein Veräußerungsgewinn nur hinsichtl des entgeltl erworbenen Teils anfallen (s BFH GrS 4–6/89 BStBl II 90, 847, § 16 Rz 35 ff und hier 10. Aufl mwN); Aufspaltungstheorie wie § 17 Rz 106, nicht Einheitstheorie wie § 16 Rz 58; Frist ab Anschaffung durch Erwerber, nach § 23 I 3 ggf anteilig auch – mit anderer Veräußerungsfrist ab Anschaffung durch Schenker – hinsichtl des geschenkten Teils (Aufteilung s Rz 71; *Korn/Carlé* Rz 65).

44 **ee) Vorweggenommene Erbfolge.** Diese ist ein Sonderfall der Schenkung. Unproblematisch ist die Schenkung ohne Auflagen; es gilt Rz 43. Gleiches gilt nach BFH GrS 4–6/89 BStBl II 90, 847 bei Vermögensübertragung (BV und PV!) gegen lfd Versorgungsbezüge (vgl § 22 Rz 105). Darüber hinaus führen Abstandszahlungen an den Vermögensübergeber, Ausgleichszahlungen und Gleichstellungsgelder an Dritte ohne entspr Gegenleistungen sowie die Übernahme von Verbindlichkeiten nach GrS aaO grds zu entgeltl Anschaffungs- und Veräußerungsvorgängen (s Rz 42; § 22 Rz 71, § 16 Rz 45; Übergangsregelung *BMF* BStBl I 93, 62 Rz 96 und I 93, 80 Rz 48; *Märkle/Franz* BB Beil 5/91; *Paus* FR 91, 69). Das gilt auch für die Neuregelung ab 1999 (s *BMF* BStBl I 00, 1383 Rz 30). – Zu Freianteilen an KapGes 31. Aufl.

46 **g) Gesellschaftsrechtl Vorgänge.** (*Steinlein* DStR 05, 456/9; *BMF* BStBl I 04, 1034 Rz 27 ff) Diese schließen die Annahme einer Anschaffung nicht aus (vgl auch zur Veräußerung Rz 51, § 17 Rz 97). ***Beispiele:*** – ***(1)*** Übernahme von Stamm- oder Grundkapital bei Gesellschaftsgründung (zur GmbH BFH VIII R 61/72 BStBl II 76, 64, str, s *Holler/Gold* DStR 01, 1 mwN); – ***(2)*** **Kapitalerhöhung** (§ 20 Rz 72). Zum Bezug junger Aktien gegen Zuzahlung BFH VI 144/64 BStBl III 67, 554, sowie – ohne Zuzahlung – BFH IX R 100/08 BStBl II 01, 345, Anm *Fischer* FR 01, 544. In anderen Fällen zweifelhaft, vgl § 17 Rz 104; – ***(3)*** **Vermögensübertragungen** von der **KapGes** in das PV des G'ters; dabei sind vGA den AK hinzuzurechnen (*Musil/HHR* Anm 276). – ***(4)*** **Vermögensübertragungen** von der PerGes in das PV des G'ters (vgl BFH IV R 136/77 BStBl II 81, 84, § 15 Rz 668); umgekehrt s Rz 51. – ***(5)*** **Realteilung.** Die Möglichkeit der gewinnneutralen „Realteilung" einer PersGes (s § 16 Rz 530 ff) entfällt bei Übernahme der WG in das PV (BFH I R 247/74 BStBl II 78, 305; ab 1999 s auch § 16 III 2; uU Entnahme iSv § 23 I 2, s Rz 33). Daher Veräußerung durch die Ges und Anschaffung durch den G'ter; bei Realteilung sonstiger Eigentümergemeinschaften keine Anschaffung iHd eigenen Anteils (s BFH IX R 15/84 BStBl II 88, 250), iÜ (teil-)entgeltl (BFH IX R 5/02 BStBl II 04, 987). – ***(6)*** Erwerb durch **Teilungsversteigerung** ist iHd eigenen GbR-Anteils keine Anschaffung (FG Köln EFG 04, 1181, rkr – Bruchteilsbetrachtung; ähnl BFH XI R 47, 48/03 DStRE 05, 8). – ***(7)*** **Liquidation** und Kapitalherabsetzung sind keine Veräußerung (*BMF* BStBl I 04, 1034 Rz 35/6; § 17 Rz 179). – ***(8)*** **Umwandlung.** Bei **Verschmelzung** und **Spaltung** entsteht kein Veräußerungsgewinn; bei Weiterveräußerung beginnt neue Frist (*BMF* BStBl I 04, 1034 Rz 27, 30; BFH IX R

71/07 BStBl II 09, 13; *Steinlein* DStR 05, 456/9) mit Abschluss des Verschmelzungsvertrags (FG Mchn EFG 12, 409, rkr). Umwandlung von Vorzugsaktien in Stammaktien (**Gattungswechsel;** zB SAP 2000) ist keine Veräußerung (*BMF* BStBl I 04, 1034 Rz 37). – ***(9)*** **Einbringung** von KapGesAnteilen wie auch der umgekehrte Vorgang („spin-off") sind Veräußerungen (BFH IX R 41/10 BFH/NV 11, 1850; FG Mchn EFG 14, 1089, Rev X R 12/14; *BMF* BStBl I 04, 1034 Rz 33/4), nicht vor 2009 (FG Nbg DStRE 14, 600, Rev VIII R 47/13; sa § 20 Rz 34). – ***(10)*** Die **Abfindung** von Minderheitsges'tern bei Übernahme ist Veräußerungsgewinn (*BMF* BStBl I 04, 1034 Rz 40).

h) Gesellschaftsanteil an PersGes, § 23 I 4. § 23 I 4 setzt ab 1994 die Beteiligung mit den jeweiligen WG gleich (bruchteilsmäßiger Durchgriff durch die vermögensverwaltende PersGes; dazu *Wacker* DStR 05, 2014/6; *OFD Ffm* DStR 15, 2554) und gilt grds bei jeder Anschaffung/Veräußerung einer nichtgewerbl unmittelbaren oder mittelbaren GesBeteiligung mit Wirkung für alle WG der Ges; eine schädl Veräußerungsfrist bemisst sich nach den einzelnen WG. ME erfasst der – nicht geglückte – Gesetzeswortlaut auch die eigentl Zielgruppe der **Mischfälle,** näml die Anschaffung von WG durch die Ges und Veräußerung der GesBeteiligung (und umgekehrt; glA zB FG Ddorf EFG 15, 522, rkr; *Musil/HHR* Anm 241; *Schießl* DStR 14, 512; *Wüllenkemper* EFG 15, 524/5; aA *Engel* aaO (vor Rz 1, 284), und damit auch die Fälle der Grundstücksveräußerung durch die Ges bei erworbenen GesBeteiligungen, unabhängig vom Zeitpunkt der Grundstücksanschaffung durch die Ges. Bei anderer Auslegung würde die Vorschrift nahezu leer laufen (s auch BFH X B 146/93 BFH/NV 94, 869). Auch nach § 23 I 4 liegt bei Erwerb eines Gesamtobjekts durch einen Miteigentümer in Höhe seines eigenen Miteigentumsanteils keine Neuanschaffung vor (FG Hess EFG 93, 787, rkr). Fragl ist, ob bei Erwerb/Veräußerung von **GesAnteilsbruchteilen** die Grundsätze für KapGesAnteile oder des § 16 gelten (s dort Rz 417, abl *Peter* DStR 99, 1337). Bei **Erbanteilsveräußerung** ist § 23 I 4 entspr anzuwenden (iE BFH IX R 5/02 BStBl II 04, 987; aA 24. Aufl; *Tiedtke/Wälzholz* ZEV 04, 296; *Korn/Carlé* Rz 19.1.; s Rz 41). – Der Gewinn ist **einheitl festzustellen, wenn** Ges/Gemeinschaft anschafft *und* veräußert; nicht einheitl aber, wenn die Einkünfte nicht von der Ges/Gemeinschaft erzielt werden, zB wenn nur bei einem Ges'ter die Haltefrist noch nicht abgelaufen war (Bruchteilsbetrachtung; BFH IX R 9/13 DStR 14, 515; BFH IX B 10/15 BFH/NV 15, 1077; FG Ddorf DStRE 16, 20, Rev IX R 10/15; *OFD Ffm* DStR 15, 2554 Rz 5, 6). 47

i) Genehmigungsbedürftigkeit des Rechtsgeschäfts. Zivilrechtl wirkt eine später erteilte Genehmigung idR auf den Zeitpunkt der Vornahme des Rechtsgeschäfts zurück und berührt die Wirksamkeit des ursprüngl Kaufvertrages als Anschaffungsgeschäft nicht (§ 184 BGB). Welche Bedeutung dies für die Wirksamkeit einer Anschaffung bzw Veräußerung im StRecht hat, ist nicht abschließend geklärt (vgl 20. Aufl mwN). Die hM grenzt die nachträgl Genehmigung durch einen nicht am Vertrag beteiligten Dritten ab von der Genehmigung durch einen Vertragspartner. Im ersten Falle (zB behördl Genehmigung, auf deren Erteilung die Vertragspartner keinen Einfluss haben) wird die Rückwirkung idR bejaht (vgl etwa FG Bbg EFG 98, 1683, rkr; *Götz* FR 01, 288); das erscheint zutr, jedenfalls wenn die Genehmigung innerhalb der Veräußerungsfrist erteilt wird. Im zweiten Fall hat BFH IV R 150/76 BStBl II 81, 435 die nachträgl Genehmigung eines Angehörigenvertrages durch den volljährig gewordenen Vertragspartner unter bestimmten Voraussetzungen akzeptiert (s auch Rz 37 und FG BaWü EFG 94, 1002, rkr, zu Formheilung). 48

j) Rücktritt. Rückübertragung kann Rückabwicklung (BFH IX R 21/14 BFH/NV 15, 1567; BGH III ZR 57/14 DStR 15, 2787; *Podewils* jurisPR-StR 49/15 Anm 3), aber auch neues (Veräußerungs-) Geschäft sein (FG Mchn EFG 15, 1447, Rev IX R 27/15). Bei Rücktritt vom Ankaufvertrag oder Rückabwicklung wegen irreparabler Vertragsstörungen sind der Erwerb und die anschließende Herausgabe keine (vollendete) Veräußerung (BFH IX R 47/04 BStBl II 07, 162), ebenso bei gescheiterter Veräußerung (BFH IX R 8/12 BStBl II 12, 781; EStH 49

23); zu Wiederkauf/Rückkauf FG RhPf EFG 93, 232, rkr, FG Mster EFG 13, 356, rkr. Das schließt nicht aus, dass bei Vertragswiederholung nach Fristablauf uU der erste Vertrag maßgebend ist (glA FG Bbg EFG 98, 1585, rkr; vgl auch BFH X R 88/95 BStBl II 98, 343), aber nur bei Personengleichheit (abl zu zweitem Ankaufsvertrag einer Erbengemeinschaft mit neuem Miterben FG Nbg EFG 99, 1126, rkr). – Werden bei **Rückabwicklung** auch die StVorteile rückabgewickelt, kann der Schädiger diese nicht schadensmindernd anrechnen (BGH XI ZR 495/12 DB 14, 530; FG BaWü EFG 15, 641, Rev IX R 45/14; *Weber-Grellet* DB 07, 2740; *Jooß* DStR 14, 6; *Berninghaus* DStR 14, 624).

50 **4. Veräußerung, § 23 I 5.** Diese ist unentbehrl Besteuerungsmerkmal des § 23. – **a) Begriff.** Entgeltl Übertragung des angeschafften WG auf einen Dritten (BFH IX R 7/04 DStR 06, 2206); entgeltl Geschäfte beim Anschaffenden sind idR auch solche beim Veräußernden; EStH 23. Übertragung des wirtschaftl Eigentums genügt (BFH I R 42/12 BStBl II 15, 4; FG Mster EFG 14, 2027, Rev IX R 21/14); s auch § 22 Rz 150 „Belastung". – Subj Voraussetzungen s Rz 55. Die Begriffsbestimmung weicht ab vom Zivilrecht (vgl Rz 32 zur Bedeutung des Verpflichtungsgeschäftes), teilweise auch von § 17 (s dort Rz 96); das betrifft in erster Linie die Fristberechnung (s Rz 21f).

51 **b) Beispiele.** Kaufvertrag (Angebot, Vorvertrag, s Rz 37), Tausch (Rz 32), Verpflichtung zur Abtretung eines Rechts (zum Meistgebotsanspruch aus einer Zwangsversteigerung BFH VIII R 30/74 BStBl II 77, 827, zum Rückkaufsanspruch Rz 12), Baulandumlegung (FG Hess EFG 09, 109, rkr); nicht aber Zwangsumlegung (s Rz 36, 57); (s auch § 22 Rz 150 „Belastung"), Bestellung eines Erbbaurechts (FG Mchn EFG 11, 1034, Rev Kl IX R 11/11); nicht bei Auseinandersetzung einer stillen Beteiligung (BFH IX R 7/04 DStR 06, 2206: keine entgeltl Übertragung), nicht bei gleichzeitigem Verkaufs- und Kaufauftrag ohne Kursrisiko (FG Hbg EFG 04, 1775: Missbrauch; ähnl FG SchlHol DStRE 06, 1462, rkr), anerkannt bei kurzfristigem Wiedererwerb (BFH IX R 55/07 BFH/NV 10, 387; Rz 97). Die **Einbringung von WG des PV** gegen Gewährung von GesRechten in eine **KapGes** (§ 20 UmwStG) oder eine **PersGes** (BFH I R 77/06 DStR 08, 2001) ist begriffl eine Veräußerung (*Brunsbach/Mock* BB 13, 1051; *Kraft* FR 13, 825/30). Auch bei der PersGes liegt keine (anteilige) Einlage iSv § 6 I Nr 5a vor, sondern Tausch (vgl BFH VIII R 69/95 BStBl II 00, 230, *BMF* BStBl I 00, 462, 04, 1190; § 15 Rz 664, *Kraft/Bräuer* DStR 99, 1603; *Grammel/Breuch* DStR 08, 1167/9). Unentgeltl **Einlagen** s Rz 52; Übertragung Ges – G'ter s Rz 46; Erbvorgänge s Rz 40. – Bei **teilentgelt Anschaffung** Aufteilung geboten (BFH IX R 63/10 BStBl II 11, 873 – sog Trennungstheorie, im Unterschied zur betriebl „Einheitstheorie").

52 **c) Veräußerungsfiktion für Einlagen, § 23 I 5.** Die Veräußerungsfiktionen gelten **nur** für WG iSv § 23 I 1 Nr 1, also insb für **Grundstücke;** die Einlage sonstiger WG wird ebenso wenig erfasst wie die Einlage hergestellter WG (s Rz 36, 80; *Seitz* DStR 01, 277/282; *Drefahl* StBP 02, 309). Die Fiktion gilt bei **Nr 2** (verdeckte Einlage) ohne weitere Voraussetzungen, da das WG endgültig aus der Zurechnung beim einlegenden StPfl ausscheidet. – Materielle Korrespondenz besteht durch § 8 III 3–6 KStG für nach dem 18.12.06 getätigte verdeckte Einlagen, zB auch bei Unterpreis-Veräußerung (§ 5 Rz 204). – Bei **Nr 1** ist die Besteuerung der zw Anschaffung und Einlage angesammelten stillen Reserven abhängig von einer späteren **Veräußerung** *dieses WG* aus dem BV, bei Grundstücken innerhalb von 10 Jahren (nur solche Umgehungsvorgänge sollen ausgeschlossen werden, wohl auch nach Betriebseröffnung und bei Betriebsveräußerung – str –, fragl bei sonstiger Entstrickung aus dem BV; vgl Einzelfälle *BMF* BStBl I 00, 1383 Rz 2–8 und 35, Anm *Risthaus* DB Beil 13/00; abl *Drefahl* StBP 02, 309; zu Veräußerung nach Entnahme ins PV *Musil*/HHR Anm 247; s auch *FinVerw* DStR 03, 1880). – **Zwischenzeitl Einlage/Entnahme** wohl unerhebl für 10-Jahresfrist; Gewinnberechnung: Differenz zw Veräußerungserlös und AK abzügl Entnahme-/Einlagewert-Differenz (BFH IX R 66/10 BStBl II 13, 1002; *BMF* BStBl I 00, 1383 Rz 35, *FinVerw* DStR 03, 1880). – Zum Zeitpunkt der Versteuerung s § 23 III 7 (Rz 92).

54 **d) Keine Veräußerungen.** Das sind (außer Rz 29, 41, 46): Zerstörung oder Verlust eines WG, Verzicht auf Optionsrecht, Einziehung einer Forderung (FG

Hess EFG 15, 128, rkr; krit auch *Musil*/HHR Anm 142; diff *Meyer-Scharenberg* DStR 06, 1437/9; aA BFH VI 133/60 U BStBl III 62, 127); offen zum Verbrauch BFH IX R 7/04 DStR 06, 2206. „Veräußerungsähnl Vorgänge" ohne Veräußerungsgeschäft iSv Rz 51 sind weder nach § 23 noch nach § 22 Nr 3 zu versteuern. Vorgänge im Nutzungsbereich fallen nicht unter § 23 (§ 22 Rz 136, 150 „Belastung"). Zu Termingeschäften s Rz 29. Vertragsrücktritt s Rz 49; Genehmigung s Rz 48.

5. Subjektive Voraussetzungen. – a) Motiv einer Veräußerung. Dieses ist nach dem Gesetzeswortlaut **unerhebl;** eine Veräußerungsabsicht braucht nicht vorzuliegen (s Rz 2). Die Veräußerung braucht nicht einmal vom Willen des StPfl getragen zu sein. Die Annahme eines „Spekulationsgeschäftes" entfällt, wenn die Veräußerung eines Grundstücks und die Anlage des Veräußerungserlöses das Bild einer Einheit im Wesen einer der freien Entschließung des StPfl entzogenen Auswechslung von WG – ohne wesentl Besser- oder Schlechterstellung des StPfl – ergeben (BFH IX R 36/09 BStBl II 10, 792). **Veräußerungen unter Zwang** (selbst eine Enteignung) fallen daher grds unter § 23 (aA *Korn/Carlé* Rz 52.5.; *KSM/Wernsmann* § 23 B 202 ‚Enteignung'); Ausnahme s Rz 56, 57. 55

Beispiele: Enteignung gegen Entschädigung ohne Ersatzbeschaffung (vgl BFH VIII R 96/70 BStBl II 73, 445, str), Zwangsversteigerung (vgl BFH I R 43/67 BStBl II 70, 310), Pfandveräußerung, Aktienzwangsverkauf (Squeeze Out von Minderheitsaktionären, s *BMF* BStBl I 04, 1034 Rz 40; *Strunk/Jahn* NWB F 3, 12157; aA *Waclawi* DStR 03, 447); Veräußerung wegen Krankheit (BFH VI R 319/67 BStBl II 69, 705), Zahlungsunfähigkeit, Trennung von Ehegatten, Versetzung oä (Ausnahme – unabhängig von Zwangslage – s Grundstücksveräußerung § 23 I 1 Nr 1 S 3, oben Rz 18).

b) Ausnahme bei Zwangstausch. – aa) Teleologische Reduktion. Der Veräußerungsgrund ist nur von Bedeutung, wenn der StPfl gezwungen ist (Rz 57), ein WG durch ein anderes zu ersetzen. Eine solche Ersatzbeschaffung behandelt die Rspr ausnahmsweise nicht als Veräußerung iSv § 23 (dh kein Veräußerungsgewinn) und nicht als Neuanschaffung iSv § 23 (dh die Veräußerungsfrist läuft seit dem Zeitpunkt der Anschaffung des *ersetzten* WG weiter; dessen AK sind maßgebl), wenn ein zeitl und sachl Zusammenhang besteht. Zudem müssen die WG im Wesentl dieselbe oder eine entspr Aufgabe erfüllen; die Auswechslung darf nicht zur bedeutsamen Besser- oder Schlechterstellung des StPfl führen (Art-, Wert- und Funktionsähnlichkeit; vgl BFH X R 3/92 DStR 95, 1301). 56

bb) Keine freie Entscheidung. Die Möglichkeit einer freien Willensentscheidung muss ausgeschlossen sein (Zwang zur Ersatzbeschaffung). Die Rspr ist eher kleinl. Eine *künftig drohende* Enteignung reicht nicht; sie muss unmittelbar bevorstehen (BFH VIII R 96/70 BStBl II 73, 445 mit Beispielen). Es muss sich um *rechtl,* nicht nur um *wirtschaftl* Zwang handeln (BFH VIII R 134/71 BStBl II 77, 209 mit Abgrenzung zur Rücklage für Ersatzbeschaffung im BV gem EStR 6.6). Keine Anschaffung/Veräußerung idR auch bei Austausch im **Umlegungsverfahren,** BFH IX R 36/09 BStBl II 10, 792; *Jäschke* DStR 06, 1349/51; vgl auch BFH X R 3/92 DStR 95, 1301 mit Abgrenzung zur Mehrzuteilung. Fragl bei Rückerwerb des WG wegen Wegfalls des Enteignungsgrundes (*Lothmann* DB 86, 2626). 57

III. Konkurrenzklausel, § 23 II

1. Subsidiarität. Voraussetzung ist, dass die Einkünfte nicht unter eine andere Einkunftsart fallen **(§ 23 II).** – *(1)* **Veräußerung von BV** unterliegt der Gewinnermittlung nach §§ 4 ff; § 23 ist nicht anwendbar (**§ 23 II;** BFH IX R 20/05 BFH/NV 06, 1079). Bei Zusammenhang mit mehreren Einkunftsarten ist uU **Aufteilung** geboten (offen nach BFH VIII R 29/01 BFH/NV 07, 689; einschr *KSM/Wernsmann* § 23 C 12). Die Annahme eines gewerbl Grundstückshandels kann uU günstiger sein wegen Tarifentlastung gem § 32c aF bzw GewStAnrech- 65 nung gem § 35 sowie Verlustabzugsmöglichkeit. – Zur Behandlung einer LuF-Wohnung des **LuF** (§ 13 II Nr 2) s 31. Aufl. – ***(2)*** Das **Verhältnis des § 23 zu § 17** hat sich mehrfach geändert (s 22. Aufl, 31. Aufl), nunmehr Vorrang des § 17 (und ggf des § 20; *KSM/Wernsmann* § 23 A 7); zum Nebeneinander von § 17 und § 23 (bei Anteilen aus Kapitalerhöhung) und zum Wegfall des § 23 II 2 aF (Vorrang des § 23 für Veräußerungen bis 31.12.08) s BFH IX R 16/14 BFH/NV 15, 670. – ***(3)*** Einnahmen aus Finanztermingeschäften gehören nicht allein deswegen zu § 21, weil sie der Finanzierung von Gebäude-AK gedient haben (BFH IX R 13/14 BStBl II 15, 827; *Haisch* RdF 15, 256). – ***(4)*** Zum Verhältnis zu § 22s Rz 94.

66 **2. Investmentanteile.** – ***(1)*** Die **Veräußerung von Investmentfondsanteilen** durch Privatanleger fiel zunächst grds unter § 23 (glA FG BaWü EFG 15, 720, Rev IX R 3/15; *Schultze* DStR 03, 1475; *Witt/Tiede* DStR 04, 1021; aA *Meinhardt* DStR 03, 1234), nunmehr § 20 II (§ 8 V InvStG; *Trencsik* StuW 14, 286/90). – Stfreie Veräußerung von **Leasingsfonds-Objekten** s *BMF* BStBl I 09, 515. – ***(2)*** **Ausschüttungen und ausschüttungsgleiche Erträge** des Investmentfonds an den Privatanleger fallen als Dividenden unter die Besteuerung nach § 20, unabhängig davon, ob darin stpfl oder stfreie Veräußerungserträge des Fonds iSv § 23 enthalten sind (§§ 1 III 2, 3 InvStG); vgl dazu § 20 Rz 215 und 22. Aufl; UntStRefG-Neuregelung für Erträge ab 2009 (§ 18 I InvStG).

IV. Gewinnermittlung, § 23 III

Schrifttum: *Musil,* Einkünfte aus Veräußerungsgeschäften, DStJG 34 (2011), 237.

70 **1. Höhe der Einkünfte, § 23 III 1–4; Werbungskosten. – a) Grundsatz, § 23 III 1.** Ausgangsgröße ist die Differenz zw Veräußerungspreis einerseits und AK/HK und WK (Rz 82) andererseits. **Sondervorschriften** enthalten § 23 III 2–5. Für die Einkünfte gem § 23 I 1 Nr 2–4 war eine Jahresbescheinigung auszustellen (§ 24c; *BMF* BStBl I 06, 508); abgeschafft durch UntStRefG ab 2009.

71 **b) Veräußerungspreis. – aa) Gegenleistung.** Veräußerungspreis iSv § 23 III 1 ist jede Gegenleistung, die der Veräußerer in Geld oder Geldeswert für das WG erhält, auch nachträgl, jedenfalls bei vorheriger Begründung einer Erhöhung/Herabsetzung (BFH VIII B 143/94 BStBl II 94, 687; § 17 Rz 135, 140), zB auch Kompensationszahlungen wegen Wertverlustes des Grundstück-Sondervermögens ‚gi' (*BMF* DStR 06, 847), nicht die Umweltprämie (*Martini/Roth* FR 09, 846). – Beim **Tausch** bemisst sich der *Veräußerungspreis* (wie bei § 17, s dort Rz 138, und abw vom Tausch im BV und abw von den AK) nach dem gemeinen Wert der *empfangenen* Gegenleistung und nicht des hingegebenen WG (*BMF* BStBl I 04, 1034 Rz 24/5; vgl auch zur Auswirkung von § 6 VI 1 *FinVerw* FR 04, 1125). „Veräußerungspreis" bei Termin-/Differenzgeschäften s § 23 III 5 (Rz 78). – **Aufteilung** bei teils entgeltl erworbenen und nur teils zu eigenen Wohnzwecken genutzten Grundstücken (BFH IX R 63/10 BStBl II 11, 873; *BMF* BStBl I 00, 1383 Rz 30, *Risthaus* DB Beil 13/00. – Nicht zum Veräußerungspreis gehören erstattete Finanzierungsaufwendungen (BFH IX R 51/03 BFH/NV 05, 1262).

72 **bb) Ersatzwert bei Einlagen** iSv § 23 I 5 als Veräußerungsfiktion **(§ 23 III 2).** S zunächst Rz 52. Bei Grundstückseinlagen in eigenes BV ist der im BV nach § 6 I Nr 5 tatsächl angesetzte Wert maßgebl (grds TW, uU AK/HK, § 6 I Nr 5 S 1 HS 2, uU Verlust im PV durch AfA nach § 6 I Nr 5 S 2 – § 23 III 4 betrifft nur AK/HK – mit Ausgleich im BV und begrenztem Verlustabzug im PV nach § 23 III 8, s Rz 97). Bei verdeckten Einlagen in KapGes ist wie in § 17 II 2 der gemeine Wert anzusetzen.

75 **c) Anschaffungskosten iSv § 23 III. – aa) Begriff** (s auch Rz 31, § 6 Rz 81, § 17 Rz 156, § 255 HGB). AK sind zunächst alle Aufwendungen, die er-

forderl sind, um das WG zu erwerben und (in betriebsbereitem Zustand) in die eigene Verfügungsmacht zu überführen. Vgl zur einheitl Begriffsbestimmung BFH IX R 100/97 BStBl II 01, 345 (anders bei Begriff Anschaffung, s Rz 36). **Beispiele für AK:** Kosten für Beratung, Notar, Makler, Grundbuch, Besichtigungsfahrten des erworbenen WG (nicht anderer WG, vgl BFH VIII R 195/77 BStBl II 81, 470, auch keine WK iSv § 23), Börsenumsatzsteuer, Zeitungsannoncen uÄ. Schuldzinsen sind keine AK (vgl zu WK Rz 82). VGA s Rz 77. Bei nur teilweise entgeltl Erwerb bestehen nur insoweit AK und kann nur insoweit ein Veräußerungsgewinn entstehen (BFH IX R 5/02 BStBl II 04, 987); zu AK bei Nießbrauchsablösung *BayLfSt* DStR 11, 312 (krit *Meyer/Ball* DStR 11, 1211).

bb) Mieterzuschüsse. Sie mindern die AK, nicht aber Eigenheim- und Investitionszulage, § 9 InvZulG, § 16 EigZulG, sowie Abzugsbeträge nach §§ 10a, e, f, g, h oder § 7 FördG (s *BMF* BStBl I 00, 1383 Rz 28 und 40). Eine Fremdfinanzierung mit Grundstücksbelastung lässt die AK unberührt. Übernommene Nießbrauchslasten mindern die AK (vgl *Hartmann/Meyer* FR 01, 757). Beim **Tausch** (Rz 71) bemessen sich die *AK* wie im BV und abw vom Veräußerungspreis nach dem gemeinen Wert des *hingegebenen* WG. Maßgebend ist die Verpflichtung im Zeitpunkt der Anschaffung, nicht die Art der Zahlung. Die Erhöhung von unter Angehörigen vereinbarten AK auf eine bei **Fremdvergleich** übl Gegenleistung scheidet aus (s BFH IX R 78/98 BStBl II 01, 756, Anm *Rätke* StuB 02, 174). Beim **unentgeltl Erwerb** iSv § 23 I S 3 (s Rz 40) sind die AK des Rechtsvorgängers zugrunde zu legen. Wertermittlung von TeilAK s BFH IX R 130/90 BStBl II 96, 215. AK bei **Kapitalerhöhung** s BFH IX R 100/97 BStBl II 01, 345 (Aufspaltung in Stammaktien, Bezugsrechte und Gratisaktien auch im PV). – Zu unentgeltl **Bonusaktien** (zB Telekom) s 26. Aufl Rz 23; 31. Aufl. 76

cc) Fiktive AK, § 23 III 3 (s Rz 31f; zu Besteuerungszeitpunkt Rz 92). In Fällen der Entnahme aus dem BV bzw der Entstrickung von KapGesAnteilen ist an Stelle der AK grds der TW nach § 6 I Nr 4 bzw nach § 16 III 7 der gemeine Wert anzusetzen (vgl *Müller* FR 01, 681). Entscheidend ist der **tatsächl angesetzte Wert** (*KSM/Wernsmann* § 23 D 33). Bei Entnahme zum Buchwert (zB nach § 52 XV 4 und 6 aF) ist grds dieser Wert anzusetzen; s aber Billigkeitsregelung *BMF* BStBl I 00, 1383 Rz 34/33: Bei stfreien Entnahmegewinnen und Entnahmen vor 1999 ist der damals nicht besteuerte Entnahmewert maßgebend (fragl ist, ob stfreie Entnahmegewinne ab 1999, zB nach § 13 IV, V, bei Veräußerung im PV auf diese Weise nachversteuert werden können, vgl *Risthaus* DB Beil 13/00 zu Rz 34; *Müller* FR 01, 681). Erfasste **vGA** erhöhen den Wert, um Doppelbesteuerung zu vermeiden. 77

d) Herstellungskosten, § 23 III. Das sind grds nur nachträgl HK auf ein *angeschafftes* WG (*KSM/Wernsmann* § 23 D 16). Ausnahme bei nach dem 31.12.98 veräußerten Gebäuden: Nach § 23 I Nr 1 S 2 iVm § 23 III 1 sind die HK eines innerhalb von 10 Jahren seit Anschaffung des Grundstücks neu hergestellten Gebäudes in die Berechnung des Veräußerungsgewinns für das Grundstück einzubeziehen (vgl Rz 17 und 84). HK sind den AK hinzuzuschlagen und ab 31.7.1995 um **AfA** zu mindern (s Rz 84). Als WK bei VuV abziehbarer Erhaltungsaufwand mindert den Veräußerungsgewinn ebenso wenig wie Abzüge nach §§ 10e–i oder **eigene Arbeitsleistung** (mit der Folge der nachträgl Besteuerung der Eigenleistungen und unentgeltl Fremdleistungen; s BFH VI R 319/67 BStBl II 69, 705 mit Hinweis auf Erlass in Härtefällen, § 227 AO – abl BFH X R 66/92 BFH/NV 95, 391; fragl ist bereits die Tatbestandserfüllung, glA *HHR* Anm 283). 78

e) Werbungskosten. Begriff s EStH 23; *Warnke* DStR 98, 1073; § 9 Rz 2 (allg); § 20 Rz 211 f. Kein Pauschbetrag für § 23. WK sind nur die vom Veräußerer getragenen, iZm dem Veräußerungsvorgang *„Veräußerungsgeschäft"* angefallenen Aufwendungen (eigentl **Veräußerungskosten;** vgl grundlegend BFH X R 65/95 BStBl II 97, 603 mwN, Anm *oV* HFR 97, 742; *Musil* DStJG 34 (2011), 237/41); **keine WK** sind Aufwendungen iZm der Anschaffung (AK s Rz 75); zu Vermögensverwaltungsgebühren ausführl *FinMin NRW* DB 04, 2450. Ggf Aufteilung von Veräußerungskosten § 17/§ 23 (s FG Köln EFG 02, 25). 82

Beispiele für WK: Veräußerungskosten für Makler, Notar, Grundbucheintragungen; Bauvertrags-Abstandszahlungen (FG BaWü EFG 88, 517, rkr); WK zw Vermietung und Veräußerung, s auch § 17 Rz 150. **Schuldzinsen** können WK darstellen beim Erwerb von WG, die nicht der Einkünfteerzielung dienen, wenn ein wirtschaftl Zusammenhang mit Veräußerungsgeschäft besteht (BFH VIII R 281/83 BStBl II 1989, 16), also ab Verkaufsentschluss (BFH X R 22/00 BStBl II 05, 91); ebenso **Vorfälligkeitsentschädigungen** (BFH IX R 42/13 BFH/NV 14, 1254). – Nach BFH IX R 67/10 BStBl II 13, 275 ist – wegen der Erweiterung der § 23-Steuerbarkeit – der Abzug nachträgl Schuldzinsen auch bei § 21-Einkünften mögl (iE *Schallmoser* DStR 13, 501; BFH IX R 45/13 DStR 14, 996), nach *BMF* BStBl I 13, 508 (teilweise Nichtanwendung) nur bei Veräußerung innerhalb der 10-Jahres-Frist und bei Beachtung des Vorrangs der Schulentilgung. – **Keine WK** sind Zinsen für Gebäudeeigennutzung (BFH X R 150/88 BFH/NV 91, 237; FG BaWü EFG 95, 621, rkr; str, s oben), Aufwand auf anderes WG/neues Gebäude (zu Planungskosten – WK § 21 oder § 23 – BFH X R 65/95 BStBl II 97, 603; s § 20 29. Aufl Rz 253 „Schuldzinsen", § 16 Rz 300, § 17 Rz 152). Auch Verluste aus **Devisentermingeschäften** führten nicht zu WK aus VuV (BFH IX R 42/05 BStBl II 08, 26). – **Zeitpunkt** des Abzugs s Rz 92, 95.

84 **f) Abschreibungen auf das WG, § 23 III 4.** Für nach dem *31.7.1995 angeschaffte* WG (§ 23 III 2 idF JStG 96 = § 23 III 4 idF des StBereinG 99) mindern sich die AK/HK um AfA jeder Art (Normal-, erhöhte AfA, SonderAfA) in dem Umfang, in dem sie tatsächl bei der Ermittlung anderer Einkünfte abgezogen wurden (*BMF* BStBl I 00, 1383 Rz 38). Früher blieb die AfA bei der Ermittlung eines Veräußerungsgewinns unberücksichtigt. – Die AK/HK mindern sich auch auf die auf Arbeitszimmer entfallende AfA; anders wenn die Aufwendungen nach § 4 V Nr 6b/§ 9 V nicht oder nur begrenzt abziehbar waren (*BMF* BStBl I 00, 1383 Rz 39). Nicht rückgängig gemacht werden andere WK aus VuV (zB Erhaltungsaufwand, auch nicht bei Verteilung auf mehrere Jahre nach § 82b EStDV bis 1998 und ab 2004) oder wie SA abziehbare Abzugsbeträge nach §§ 10e–10i oder andere Vergünstigungen (s § 4 Rz 520 ‚Steuervergünstigungen'). – Nachträgl HK auf nach dem 31.7.95 angeschaffte WG sind seitdem in die Berechnung des Veräußerungsgewinns und in die AfA-Kürzung einzubeziehen. Bei erst ab 1999 nach § 23 I S 1 Nr 1 S 2 einzubeziehenden **Gebäude-HK** gilt dies erst ab Fertigstellung nach dem 31.12.1998 (Klarstellung in § 52 Abs 39 S 4 idF StBereinG 99; s vorher *Meyer/Ball* FR 99, 925). – Durch III 4 idF JStG ist (für Anschaffungen nach dem 31.12.08; § 52 Abs 31 S 4) auch bei der Gewinnermittlung nach § 23 III der „fiktive Buchwert" anzusetzen (BT-Drs 16/10189, 69).

88 **g) Beispiel.** Anschaffung eines bebauten Grundstücks im Januar 02, Kaufpreis 150 000 €, Nebenkosten für Makler usw 10 000, nachträgl HK 40 000, Erhaltungsaufwand 20 000, eigene Arbeitsleistung 15 000, AfA 3000 jährl. Veräußerung im Dezember 03 für 300 000 €, Nebenkosten für Makler usw 1000. **Veräußerungsgewinn 03:** 105 000 € (Veräußerungspreis 300 000 ./. (AK/HK 200 000 ./. AfA Gebäude 6000) ./. Veräußerungskosten 1000).

90 **2. Freigrenze, § 23 III 5.** Einkünfte unter 512 €, nach UntStRefG unter 600 € bleiben stfrei (vor 2002 1000 DM). Ab diesem Betrag sind sie voll zu versteuern. Gesamtgewinn iSv § 23 III 5 ist der Saldo aller miteinander verrechneten Veräußerungsgewinne. Die Freigrenze ist nach dem eindeutigen Gesetzeswortlaut auf das *Kj* bezogen und wird für einen in Raten zufließenden Veräußerungsgewinn uU *mehrfach* gewährt. Bei zusammenveranlagten **Ehegatten** steht die Freigrenze jedem nur für die eigenen Einkünfte zu; positive Einkünfte über die Freigrenze hinaus sind jedoch mit entspr Verlusten des anderen Ehegatten auszugleichen (so jetzt *BMF* BStBl I 00, 1383 Rz 41 im Anschluss an BFH IV R 116/87 BStBl II 89, 787 zu § 15 IV, bisher str; s auch Rz 97; *Musil/HHR* Anm 316). Die Freigrenze des § 23 III 5 ist *vor* Verlustrücktrag nach § 23 III 9, § 10d zu berücksichtigen; der Verlustrücktrag mindert also nicht den für die Bestimmung der Freigrenze maßgebl Betrag (BFH IX R 13/03 BFH/NV 05, 1254; *BMF* BStBl I 04, 1034 Rz 52; *OFD Mster* DB 07, 2565; *Schultze/Janssen* FR 02, 568; *Wernsmann/Dechant* FR 04, 1272; aA 24. Aufl; *HHR* Anm 321).

3. Zeitpunkt der Versteuerung, § 23 III 6. – a) Zu- und Abflussprinzip. – **(1)** Grds gilt **§ 11** (BFH VIII R 76/69 BStBl II 74, 540; *BMF* BStBl I 04, 1034 Rz 50), abw von § 17. So ergeben sich vor allem bei Wertpapieren Steuerungsmöglichkeiten durch die Vielfalt der Finanzinnovationen (vgl *Häuselmann* DStR 01, 597 und § 20 Rz 126). Zahlung auf Notaranderkonto ist idR noch kein Zufluss (s § 11 Rz 50, *FinVerw* DB 98, 2041, FG Bbg EFG 98, 1585, rkr; FG Hbg EFG 09, 1642, rkr). – **(2) Ausnahmen (§ 23 III 6).** – *(a)* Bei **Einlage in BV** ist die Besteuerung nach **§ 23 I 5** Nr 1 abhängig von der Veräußerung im BV, nur bei Veräußerung von Grundstücken innerhalb von 10 Jahren (s Rz 52, 72). Daher Besteuerung im PV nach § 23 erst im Zeitpunkt des Zuflusses des Veräußerungspreises im BV, auch bei späterem Zufluss (Betriebsgewinn = Veräußerungserlös ./. Einlagewert). – *(b)* Bei **verdeckter Einlage in KapGes (§ 23 I 5 Nr 2)** erfolgt die Besteuerung im Einlagezeitpunkt unabhängig von einer Veräußerung. – *(c)* Vor Veräußerung gewährter Schulderlass ggf unabhängig vom Zufluss des Veräußerungspreises zu berücksichtigen (FG Hess EFG 11, 52, rkr). 92

b) Ratenverkauf. S *Hartmann/Meyer* StBP 00, 214/6; *BMF* BStBl I 96, 1508 Rz 48. *Beispiel:* Grundstückskauf im Jahr 2002 für 100 000 €, Verkauf im Jahr 2003 für 110 000 € (+ Zinsen). Zahlung im Jahr 2003: 100 500 € (stfrei; unter AK + Freigrenze), im Jahr 2004: 512 € (voll stpfl, da über der bisherigen Freigrenze), im Jahr 2005: 8488 € (voll stpfl); im Jahr 2006 500 € (stfrei; unter der bisherigen Freigrenze). In den Raten enthaltene Zinsen wären herauszurechnen und nach § 20 I Nr 7 zu versteuern (Abzinsung s § 20 Rz 102, 103; *BMF* BStBl I 96, 1508 Rz 49). 93

c) Verkauf gegen Leibrente. Bei Leibrenten sind die einzelnen Zahlungen in einen Kapital- und einen Ertragsanteil zu zerlegen. Der nach § 22 ermittelte Ertragsanteil wird nach § 22 besteuert, der Kapitalanteil als Differenz zum Gesamtwert nach § 23 (wie Beispiel Rz 93; vgl § 22 Rz 94; *BMF* BStBl I 96, 1508; *KSM/Wernsmann* § 23 C 44, D8). 94

d) WK-Abzug. WK (Rz 82) sind abw von § 11 II im Zeitpunkt der Veräußerung abziehbar (BFH X R 6/91 BStBl II 91, 916; BFH IX B 207/07 BFH/NV 08, 2022; *Musil* DStJG 34 (2011), 237/42); das gilt auch, wenn sie vor dem VZ abfließen oder mit Sicherheit nach dem VZ anfallen (BFH X R 91/90 BStBl II 92, 1017), ggf Berichtigung nach § 175 I Nr 2 (s § 22 Rz 143). 95

Schrifttum: *Röder,* Das System der Verlustverrechung im deutschen StR, 2010, 43.

4. Verlustausgleich, § 23 III 7–8. – a) Beschränkung. Verluste aus privaten Veräußerungsgeschäften sind (ab VZ 99) *nur* mit entspr „Gewinnen" auszugleichen (FG Mster EFG 11, 1702, rkr) – im lfd VZ (III 7) oder nach Maßgabe des § 10d (III 8); zur Legitimation Rz 2, 3; daher Abzug von Gesamtbetrag der Einkünfte (FG Mchn EFG 09, 243, rkr; FG BBg DStRE 12, 216, rkr; *KSM/Wernsmann* § 23 F 5; offen gelassen in BFH III R 66/11 BFH/NV 13, 529). Begrenzung galt nicht bei § 17 AuslInvG auf der Fondsebene (BFH VIII R 45/09 BStBl II 13, 479). – Verluste nach § 23, die ab 1.1.09 entstehen, können nicht mit § 20 II-Gewinnen verrechnet werden (Klarstellung durch JStG 10; BR-Drs 318/10, 82). Kein Abzug von im EU-Ausland erzielten Verlusten (FG Ddorf EFG 12, 1150, rkr; fragl). – Ehegatten können ggfs Veräußerungsgewinne des einen mit Veräußerungsverlusten des anderen ausgleichen (FG Köln EFG 12, 1741, Rev IX R 29/12, unter Hinweis auf § 26b; iErg auch BFH IV R 116/87 BStBl II 89, 787, zu § 15 II aF; *BMF* I 00, 1383 Rz 41; aA 31. Aufl, *Schoor* VW 97, 1230). – Gezielte Verlustrealisierung (mit Wiederkauf) ist kein Missbrauch (BFH IX R 60/07 BStBl II 09, 999; BFH IX R 40/09 BStBl II 11, 427; *Ebner* NWB 09, 534; *Fischer* FS Spindler, 2011, 619). – Der beschr Verlustausgleich ist verfgemäß (BFH IX R 45/04 BFH/NV 07, 1473; BFH X B 171/14 BFH/NV 15, 1243); FG Saarl EFG 14, 1592, rkr; krit *KSM/Wernsmann* § 23 F 15). – Eine **gesonderte Verlustfeststellung** ist nach § 10d IV idF JStG 2007 (als Reaktion auf BFH IX R 21/04 BStBl II 07, 158) ab 2007 ge- 97 boten in Fällen, in denen am 1.1.07 die Feststellungsfrist noch nicht abgelaufen ist (BFH IX R 19/08 BFH/NV 09, 584; BFH/NV 2015, 1243geringere Verluste im ESt-Bescheid sind unerhebl (BFH IX R 44/07 BStBl II 10, 31; BFH VIII R 28/11 BStBl II 15, 276; *BayLfSt* DStR 08, 104); wN s 28. Aufl; zur nachträgl Feststellung *BayLfSt* DStR 08, 872, DStR 10, 651 (zu BFH IX R 90/07 BStBl II 09, 816. Zur bisherigen Handhabung *FinVerw* DStR 02, 1529, *BMF* BStBl I 04, 1097; zur Bedeutung für das **Halb-/Teileinkünfteverfahren** s Rz 6, 7. – Bisher nicht festgestellte Verluste sind in den ersten offenen Bescheid einzubeziehen (BFH IX R 53/07 BFH/NV 09, 364). – VuV-Verluste einer vermögensverwaltenden PersGes können entspr § 15a mit § 23-Gewinnen verrechnet werden (BFH IX R 52/13 DB 15, 164; *FinMin SH* DStR 14, 802: keine AdV).

98 **b) Altverluste aus privaten Veräußerungsgeschäften.** Diese konnten übergangsweise – für fünf Jahre bis **VZ 2013** – gem § 23 III 9, 10 aF vorrangig mit Gewinnen aus privaten Veräußerungsgeschäften und iÜ mit Erträgen aus Kapitalanlagen iSd § 20 II verrechnet werden (Klagen anhängig; *OFD NRW* KurzInfo ESt 6/15). – Da § 23 III 9 und 10 aF letztmals für den VZ 2013 anzuwenden sind, sind diese Sätze durch Kroat-AnpG v 25.7.14 aufgehoben worden; Einzelheiten s 33. Aufl. – Zur Rechtslage bis VZ 98s 23. Aufl, 31. Aufl.

h) Gemeinsame Vorschriften

§ 24 Entschädigungen, Nutzungsvergütungen u. Ä.

Zu den Einkünften im Sinne des § 2 Absatz 1 gehören auch

1. Entschädigungen, die gewährt worden sind
   a) als Ersatz für entgangene oder entgehende Einnahmen oder
   b) für die Aufgabe oder Nichtausübung einer Tätigkeit, für die Aufgabe einer Gewinnbeteiligung oder einer Anwartschaft auf eine solche;
   c) als Ausgleichszahlungen an Handelsvertreter nach § 89b des Handelsgesetzbuchs;

2. Einkünfte aus einer ehemaligen Tätigkeit im Sinne des § 2 Absatz 1 Satz 1 Nummer 1 bis 4 oder aus einem früheren Rechtsverhältnis im Sinne des § 2 Absatz 1 Satz 1 Nummer 5 bis 7, und zwar auch dann, wenn sie dem Steuerpflichtigen als Rechtsnachfolger zufließen;

3. Nutzungsvergütungen für die Inanspruchnahme von Grundstücken für öffentliche Zwecke sowie Zinsen auf solche Nutzungsvergütungen und auf Entschädigungen, die mit der Inanspruchnahme von Grundstücken für öffentliche Zwecke zusammenhängen.

Einkommensteuer-Richtlinien/Verwaltungsschreiben: EStR 24.1, 24.2/EStH 24.1, 24.2 – *BMF* BStBl I 13, 1326.

Übersicht Rz

I. Allgemeines

1 **1. Systematik.** § 24 regelt die Besteuerung bestimmter Einnahmen beim Empfänger; für die Bilanzierung und steuerl Behandlung beim Verpflichteten bzw Leistenden ist die Vorschrift ohne Bedeutung. Wegen der unterschiedl Tarifermäßigungen nach § 34 I und III kann es auf die Abgrenzung Veräußerungsgewinne (§ 34 II Nr 1)/Entschädigungen (§ 34 II Nr 2) ankommen (vgl Rz 42).

2 **2. Einkunftsart.** Durch § 24 wird die StPfl der dort aufgezählten Entschädigungen zunächst positiv klargestellt. Nach § 2 I 2 gehört § 24 zu den Vorschriften, nach denen es sich bestimmt, zu welcher Einkunftsart die Einkünfte im Einzelfall gehören. Daraus und aus dem Wort „auch" in § 24 ist zu entnehmen, dass die in der Vorschrift genannten Einnahmen **keine neue selbstständige Einkunftsart** bilden (zu § 24 Nr 2s Rz 50ff). Die Entschädigung muss zu den Einkünften des § 2 I gehören; es kommt nicht darauf an, ob die Entschädigung unter die näml Einkunftsart fällt wie die „ursprünglichen" Einnahmen, wenn sie erzielt worden wären (BFH XI R 43/94 BStBl II 96, 516). Entschädigungen können auch Einkünfte iSd § 22 Nr 3 sein (s Rz 39). Da Entschädigungen Einkünfte sein müssen, fallen Ersatzleistungen, die für den Verlust (zB aufgrund DBA) **nichtsteuerbarer Einkünfte** erlangt werden, nicht unter den Entschädigungsbegriff (BFH VIII R 79/91 BStBl II 95, 121: Mehrbedarfsrenten nach § 843 BGB).

3 **3. Außerordentl Einkünfte.** Die Entschädigung soll nicht unter weitergehenderen Voraussetzungen den Einkünften zugerechnet werden als die entgangene oder entgehende Einnahme, an deren Stelle sie tritt (vgl BFH VIII R 306/81 BStBl II 86, 252 zur Enteignungsentschädigung für PV). Einkünfte, die unter § 24 fallen, bilden eine **besondere Art von Einkünften innerhalb der Einkunftsart,** zu der sie gehören (BFH IV 228/58 S BStBl III 60, 72). Dadurch fungiert § 24 als eine **Vorschaltbestimmung zu § 34 II,** die es ermöglicht, die in § 24 Nr 1, Nr 3 aufgeführten (ao) Einkünfte nach einem ermäßigten Steuersatz zu besteuern, sofern die weiteren Tatbestandsmerkmale des § 34 II Nr 2 (zusammengeballter Zufluss; Rz 12) und Nr 3 (Nachzahlung für mehr als drei Jahre) erfüllt sind.

II. Entschädigungen, § 24 Nr 1

4 **1. Entschädigungsbegriff. – a) Allgemeines.** Der Begriff der Entschädigung, den § 24 Nr 1 für die Buchst a und b verwendet, ist im Gesetz nicht umschrieben. Er ist dem allg Sprachgebrauch, dem Sinnzusammenhang der Norm und ihrem Zweck zu entnehmen. Der Begriff der Entschädigung wird für alle Fälle des § 24 Nr 1 dahingehend aufgefasst, dass der StPfl die Ersatzleistung als *Ausgleich für einen Schaden* in Gestalt des *Verlustes* oder der *Verringerung von Einnahmen* oder einer *Einnahmemöglichkeit* erhält, also für eine Beeinträchtigung seiner Rechtsgüter (BFH IX R 67/02 BFH/NV 05, 1044 zu 1a). Allein darin liegt der Schaden; daher ist unerhebl, wenn das schädigende Ereignis zugleich anderweitige Vorteile für den StPfl auslöst; ein Vorteilsausgleich ist nicht vorzunehmen (BFH IV R 12/06 DStR 09, 846). Für Nr 1c ergibt sich die Rechtsfolge aus der Verweisung auf § 89b HGB. Entschädigung iSd § 24 Nr 1 ist **Schadenersatz** nur, wenn er wegen Verletzung der Erwerbsgrundlage geleistet wird **(Kompensation für weggefallene oder verschlechterte Einnahmeposition);** Schadenersatz wegen anderer Rechtsgüter (Gesundheit, Leben, Eigentum) ist nicht stbar (s § 3); das gilt auch für Ersatzleistungen gem § 15 II AGG (*Cornelius ua* BB 07, 496).

5 **b) Unterschiedl Anforderungen § 24 Nr 1a, 1b.** Die tatbestandl Differenzierung des Entschädigungsbegriffs beruht nach Rspr auf dem unterschiedl Gesetzeswortlaut. Bei Nr 1a muss Ersatz für **unfreiwillige Einnahmeverluste** erlangt sein, während es bei Nr 1b auf die Unfreiwilligkeit nicht ankommt, sondern allein auf einen **Ersatz für Einnahmeverluste** wegen Aufgabe oder Nichtausübung

einer Tätigkeit (BFH VI R 28/84 BStBl II 87, 106). Ein weiterer Unterschied ergibt sich daraus, dass bei Nr 1a – anders als bei Nr 1b – für die Entschädigungsleistung eine **neue Rechts- oder Billigkeitsgrundlage** begründet worden sein muss (s Rz 6ff). Zur Zusammenballung s Rz 12.

2. Entschädigungen nach § 24 Nr 1a. – a) Grundsätze. Die Entschädigung muss den Ersatz von Einnahmen ausgleichen; nicht erfasst wird der Ausgleich von Ausgaben (BFH IX R 58/10 BStBl II 12, 286; *Bode* FR 12, 371; *L. Fischer* HFR 12, 285: anders bei *pauschalem* Einnahmenersatz; mE fragl; vgl Rz 17; s auch Rz 15, 31). Ursprüngl wurde Nr 1a für die Gewinneinkunftsarten wegen der Möglichkeit bilanzieller Gewinnabgrenzung nicht angewendet (RFH RStBl 44, 641); diese Einschränkung gab BFH IV 223/58 BStBl III 60, 72 auf. Seit BFH IV R 43/74 BStBl II 79, 9/12; VI R 107/77 BStBl II 79, 176/7 steht der Anwendung des § 24 Nr 1a auch nicht mehr entgegen, wenn der StPfl insofern an der Entstehung des Schadens in Gestalt des Einnahmeausfalls mitwirkt, als er **Vereinbarungen** (zB Prozessvergleich) über eine Ausgleichsleistung und deren Höhe trifft, sofern der StPfl dabei unter einem nicht unerhebl rechtl, wirtschaftl oder tatsächl Druck handelt, sich also in einer nicht von ihm, sondern vom Leistenden herbeigeführten **Zwangslage** befindet (BFH IX R 67/02 BFH/NV 05, 1044); nach BFH IX R 28/11 BStBl II 12, 569 (betr Abfindung für Erfindervergütungen) reicht hierfür auch eine gütl Einigung mit dem ArbG in „konfligierender Interessenlage" (EStH 24.1). Es darf sich nicht um zur laufenden Einkünfteerzielung gehörende, sondern es muss sich um **ungewöhnl Vorgänge** handeln (vgl BFH XI R 51/00 BStBl II 02, 516; Rz 14). Keine Entschädigung iSd Nr 1a sind jedenfalls Leistungen, die als **Erfüllung** durch Aliud-Leistung oder **Schadenersatz wegen Nichterfüllung** eines schuldrechtl Vertrages erlangt werden (Rz 8; BFH XI R 51/00 BStBl II 02, 516: Auflösung des ArbVerh durch den ArbG wegen Übernahme eines politischen Amtes; BFH IV R 23/02 BStBl II 04, 876: Abfindung eines Drehbuchautors). Deshalb setzt eine Entschädigung nach Nr 1a voraus, dass diese auf einer **neuen Rechts- und Billigkeitsgrundlage** beruht (s Rz 20; BFH IX R 67/02 BFH/NV 05, 1044). Zw Schadensentstehung und Entschädigung muss ein **unmittelbarer Zusammenhang** bestehen (BFH VIII R 17/86 BStBl II 91, 76; XI R 10/92 BStBl II 93, 497); die Entschädigung muss dem (teilweisen) Ausgleich des Schadens (Einnahmeausfall) dienen; sie darf nicht aus anderen Gründen gezahlt werden (BFH IX R 45/91 BStBl II 94, 840). Ein unmittelbarer Zusammenhang ist aber auch dann zu bejahen, wenn der StB/RA aufgrund einer Falschberatung eine entgangene Mehrentschädigung auszugleichen hat (FG Nds EFG 12, 1666, rkr; s auch Rz 10). **Soziale Zusatzleistungen** ändern den Charakter der Hauptleistung als Entschädigung nicht (BFH XI R 11/04 BFH/NV 05, 1772; FG Mster EFG 14, 356, rkr). Wird teils eine Erfüllungsleistung (zB Gehalts- oder Tantiemenachzahlung) und teils Entschädigung als Gesamtleistung (zB **Pauschalabfindung** aller Ansprüche) erbracht, ist diese ggf im Schätzungswege **aufzuteilen** (Rz 17; BFH XI B 99/98 BFH/NV 00, 712). 6

b) Beendigung der bisherigen Rechtsgrundlage; Abgrenzung. Die Begründung einer neuen Rechts- oder Billigkeitsgrundlage bedeutet, dass die bisherige „Einkunftsquelle" weggefallen sein muss (BFH XI R 54/00 BStBl II 02, 181: Ausgleichszahlung des bisherigen ArbG bei Fortsetzung des ArbVerh gem **§ 613a BGB** mit einem anderen ArbG keine Entschädigung; vgl BFH XI R 18/05 BFH/NV 07, 2104). Das bedeutet aber nicht, dass zB ein zu Grunde liegendes ArbVerh in vollem Umfange beendet werden muss (ausführl BFH IX R 3/09 DStR 09, 2418; Rz 27 „Änderung des Arbeitsvertrages"). Erfüllung bereits verdienter Ansprüche ist für den Empfänger keine Entschädigung. Leistungen, die vereinbart werden, weil ein Anstellungsvertrag nicht verlängert wird, sind keine Entschädigung (BFH IX R 84/07 BFH/NV 09, 130). Gleiches gilt für die Vertragsstrafe eines RA (FG Hess EFG 13, 37, rkr). Soweit noch nicht entstandene Ansprüche 7 oder Anwartschaften abgegolten werden, liegt bei Beendigung des bisherigen Rechtsverhältnisses regelmäßig eine Entschädigung vor. **Abfindungen,** die zum Wegfall der zugesagten **betriebl Altersversorgung** führen, sind deshalb grds Entschädigungen iSd § 24 Nr 1a (s Rz 17). Keine Entschädigung iSd § 24 Nr 1a liegt dagegen vor, wenn ein **(künftiger) Tantiemeanspruch** eines Geschäftsführers abgefunden wird, das ArbVerh aber uneingeschränkt fortbesteht (BFH XI R 50/99 BStBl II 02, 347), was nicht der Fall ist, wenn der vormalige Ges'tergeschäftsführer noch als angestellter Berater tätig wird (BFH XI R 4/02 BStBl II 03, 748). Unschädl ist es, wenn die Entschädigung bereits – zB für den Fall ao Kündigung seitens des ArbG – **im Anstellungsvertrag** vereinbart ist (BFH VIII B 117/07, juris; XI R 9/02 BStBl II 04, 349; *BMF* BStBl I 98, 1512 Tz 3 Satz 5).

8 **c) Erfüllung; Ersatzleistung; Abgrenzung.** Ein Schaden tritt ein, wenn sich die wirtschaftl Lage des StPfl durch den Fortfall einer „Einkunftsquelle" (vgl § 2 Rz 3, 54) oder die anderweitige Beeinträchtigung der Ertragsgrundlage obj verschlechtert (BFH VI 381/65 BStBl III 67, 2; BFH IV R 43/74 BStBl II 79, 9 zu 1c/bb). Zahlungen in Erfüllung eines **fortbestehenden Anspruchs** sind also keine Entschädigung iSd § 24 Nr 1a (BFH XI R 17/02 BStBl II 04, 264 mwN zu Arbeitslohn/Entschädigung; BFH IX R 55/05 BFH/NV 08, 1666 zu **Übergangszahlungen**). Um eine Entschädigung handelt es sich daher auch nicht, wenn sich nur die **Zahlungsmodalität** geändert hat, zB Ausgleichszahlung für Wegfall übertarifl Zulagen (BFH XI B 45/04 BFH/NV 05, 1812; s aber Rz 40: Abfindung für Umsetzung auf niedriger bezahlte Arbeitsstelle Entschädigung nach § 24 Nr 1b), Kapitalisierung von Gehaltsansprüchen (BFH VI R 168/83 BFH/NV 87, 574). Zahlungen auf Grund eines s über ein streitiges Rechtsverhältnis (BFH VIII R 183/73 BStBl II 75, 634); diff BFH I R 84/92 BFH/NV 94, 23 für Abfindung von **Lizenzansprüchen;** anders BFH III R 22/14 BFH/NV 16, 26 für Pacht*entschädigung;* BFH VIII R 2/13 DStR 15, 2375: Entschädigung für öffentl Förderansprüche; zutr).

9 **d) Neue Rechtsgrundlage.** Als solche kommen in Betracht: *Vertrag* (BFH VI R 86/77 BStBl II 80, 393), insb *Prozessvergleich* (BFH III R 22/14 BFH/NV 16, 26, *Betriebsvereinbarungen* (Sozialpläne; s auch Rz 15, 39 *Wettbewerbsverbot*), *Rationalisierungsschutzabkommen* und arbeitsgerichtl *Urteile.* Als Billigkeitsgrundlage können eine sittl Verpflichtung, der Grundsatz von *Treu und Glauben* (§ 242 BGB) oder die arbeitsrechtl Fürsorgepflicht des ArbG dienen (*von Schilling* FR 78, 584).

10 **e) Drittleistungen.** Entschädigungen iSd § 24 Nr 1 können auch von Dritten geleistet werden (BFH VI R 273/67 BStBl II 71, 138); **Streikunterstützung** durch Gewerkschaft (Rz 27); Abfindung der Pensionsansprüche des Ges'tergeschäftsführers durch Käufer der Anteile einer GmbH (BFH IX R 64/01 BFH/NV 05, 191); Zuwendungen eines Aktionärs an AG-Vorstandsmitglied (BFH VIII R 109/76 BStBl II 81, 707); **Aufwandsentschädigung** für den Präsidenten eines Berufsverbands (BFH III R 241/84 BStBl II 88, 615); Ersatz des StB/RA für wegen Falschberatung entgangene Mehrentschädigung (FG Nds EFG 12, 1666, rkr; Rz 6).

11 **3. Höhe.** Die Entschädigung braucht nicht allein in Geld, sondern kann auch in Sachleistungen bestehen (BFH IV R 12/06 DStR 09, 846). Der Höhe nach ist die Entschädigung nicht auf einen angemessenen oder billigen Betrag begrenzt (BFH VI R 67/74 BStBl II 76, 490); uU kann es gerechtfertigt sein, auch dann noch eine Entschädigung anzunehmen, wenn sie höher ist als die entspr entgehende oder entgangene Einnahme, zB wenn der Verlust sozialer Besitzstände mit abgegolten werden soll. Bei der Frage der Angemessenheit der Entschädigung kommt es nicht darauf an, inwieweit es dem entschädigten StPfl gelungen ist, zB bei vorzeitigem Ausscheiden aus dem ArbVerh, anderweitig Einnahmen zu erzielen. Es ist Sache des ArbG, im Wege des Vorteilsausgleichs diesem Umstand Rechnung zu tragen (BFH VI R 142/72 BStBl II 74, 714).

4. Zusammenballung. Für die Frage, ob die Entschädigungen iSd § 24 Nr 1 dem **ermäßigten Steuersatz** unterliegen, kommt es nach § 34 entscheidend darauf an, dass es sich um eine Zusammenballung von Einnahmen handelt, die sich bei normalem Ablauf auf mehrere Jahre verteilt hätten. S § 34 Rz 15 ff. 12

5. Abzugsfähige Aufwendungen; Ermittlung. Aus der Zugehörigkeit zu den Einkünften (Rz 2, 3) folgt, dass die um BA/WK geminderten Beträge anzusetzen sind (BFH III R 186/81 BFH/NV 86, 400). BA/WK sind im Jahr ihrer Entstehung (Abfluss/Passivierung) abzuziehen. In dem VZ, in dem die Einkünfte iSd § 24 versteuert werden, wird der besondere Steuersatz des § 34 I ledigl auf die um die früheren Abzüge verminderten Entschädigungen etc angewendet; der darüber hinausgehende Einkunftsbetrag unterliegt dem allg, nicht dem ermäßigten Steuersatz (BFH IV R 5/03 BStBl II 05, 215). Werden iZm der Begründung der Entschädigungsverpflichtung WG veräußert, gehören die **Veräußerungskosten** zu den abzuziehenden Aufwendungen (zB Maklerprovision, Grundbuch- und Notarkosten, GrESt). Dazu gehört aber nicht die rechnerisch auf die Entschädigung entfallende GewSt (BFH IV R 236/80 BStBl II 84, 347; mE fragl; aA 30. Aufl). 13

6. Entschädigungen bei Gewinneinkünften; § 24 Nr 1a. – a) Einkunftsarten. Entschädigungen als Ersatz für entgangene/entgehende Einnahmen können grds bei allen Einkunftsarten, also auch bei den Gewinneinkünften des § 2 II in Betracht kommen (Rz 6). Nicht hierzu zählen aber Zuflüsse, die sich aus zur lfd Einkünfteerzielung gehörenden Geschäftsvorfällen ergeben, wie zB Schadenersatz wegen Nichterfüllung oder Erfüllung durch Aliud-Leistung (Rz 6). Welche *Hilfsgeschäfte* zur lfd Geschäftstätigkeit gehören, lässt sich nicht abstrakt, sondern nur nach den Umständen des Einzelfalles entscheiden (BFH III R 241/84 BStBl II 88, 615: abl für Verbandstätigkeit). Da Gewerbetreibende und Freiberufler – anders als nichtselbständig Tätige – eine Vielzahl einkunftsveranlasster Verträge (Geschäftsbeziehungen) unterhalten, gehört auch deren kündigungsbedingte Entschädigung idR zur lfd Geschäftstätigkeit (Einzelfälle s Rz 15). Entschädigungen iSv § 24 Nr 1a sind deshalb bei Gewinneinkünften nur zu bejahen, wenn weitere außergewöhnl über die Vertragskündigung hinausgehende Umstände vorliegen. Letzteres hat der BFH VIII R 48/09 BStBl II 13, 155 (mE zutr) bei Entschädigung eines RA-Beratervertrag angenommen, der arbeitnehmerähnl ausgestaltet und für den RA eine wesentl Erwerbsquelle war (s auch Rz 15 „Beratervertrag"). – Die Leistung muss bestimmt sein, einen aus der Sphäre des Ersatzleistenden herrührenden Schaden auszugleichen (Rz 17). Das ist der Fall, wenn der StPfl für ein zum (luf) BV gehörendes Grundstück bei einem Sandausbeutevertrag neben dem Förderzins auch Ersatzleistungen für konkrete Schäden wie zB für Ertragsausfall oder Verletzung der Mutterbodenoberfläche (BFH IX R 45/91 BStBl II 94, 840) oder Aussolung von Salzstöcken (BFH IV R 19/79 BStBl II 83, 203) erhält. Zur **lfd Geschäftstätigkeit** gehören: Einkommensergänzung für Notare (FG SachsAnh EFG 15, 31, rkr), Beendigung eines Sukzessivlieferungsvertrags (BFH IV R 19/96 BFH/NV 99, 308); Entgelt für Veräußerung eines Zuckerrübenlieferrechts (BFH IV R 64/00 BStBl II 02, 658); Ausgleichszahlung zur Abwicklung eines Werkvertrages (BFH IV B 31/01 BFH/NV 02, 776); Vertragsstrafe für Nichtaufnahme einer Bürogemeinschaft (FG Hess EFG 13, 37); Änderung eines Drehbuch-Autorenvertrags von Sendevergütung in „buy-out"-Vergütung (BFH IV R 23/02 BStBl II 04, 876). 14

b) ABC der Entschädigungen bei Gewinneinkünften. Architektenhonorar. Erhält ein Architekt anstelle seiner vertragl Honoraransprüche eine Ausgleichszahlung, weil ein von ihm geplantes Bauprojekt nicht durchgeführt wird, ist die Entschädigung keine Ersatzleistung für entgangene/entgehende Einnahmen. Die Abwicklung eines Architektenvertrages gehört unmittelbar zu den sich auf die Berufstätigkeit eines Architekten beziehenden Geschäften (BFH IV R 149/77 15

BStBl II 79, 66). Auch das um ersparte Aufwendungen gekürzte Honorar ist keine Entschädigung (BFH IV R 228/83 BStBl II 87, 25). Vgl FG Hbg EFG 71, 285, rkr: Abfindung einer Architektenbindung; FG Bln EFG 77, 371: Entschädigung für die Nicht-Ausübung oder Übertragung einer Baubetreuung; s auch *Beratervertrag* und *Rahmenvertrag.*

Aufwandsentschädigung s *Kammerpräsident.*

Bauunternehmer. Abfindung für Nichtdurchführung eines Bauauftrags an Bauunternehmer ist keine Entschädigung (BFH IV R 153/77 BStBl II 79, 69).

Beförderungszuschuss für Schülerbeförderung durch einen Linienbusunternehmer: keine Entschädigung iSd Nr 1a (BFH IV R 109/84 BStBl II 86, 806).

Beratervertrag. Seine Beendigung gehört grds zur lfd Geschäftstätigkeit (Rz 14). Anders aber, wenn nach unberechtigter Kündigung durch Auftraggeber ein RA-Beratervertrag entschädigt wird, der *arbeitnehmerähnl* ausgestaltet (feste Vergütung, Kündigungsschutz etc) und für den RA eine (*nicht:* „die") *wesentl Erwerbsquelle* war; Letzteres setzt weder einen festen Umsatzanteil noch einen Umsatzeinbruch nach Kündigung voraus (BFH VIII R 48/09 BStBl II 13, 155; zutr). S auch *Rahmenvertrag, Architektenhonorar;* § 34 Rz 12–14.

Betriebsverlegung s Rz 38.

„Buy-out"-Vergütungen, die ein **Drehbuchautor** auf Druck seines Auftraggebers anstelle von Sendevergütungen erhält, sind Erfüllungsleistungen und keine Entschädigung (BFH IV R 23/02 BStBl II 04, 876; vgl Rz 6).

Erstattung von BA ist keine Entschädigung iSd § 24 Nr 1, da dies zu den lfd Geschäftsvorfällen gehört (Rz 14); glA BFH IV B 151/01 BFH/NV 03, 1040 für Erstattung zuviel gezahlter **Milchabgabe** nach der Milch-Garantiemengen-VO. S auch BFH IX R 58/10 BStBl II 12, 286 (Rz 6).

Ertragsausfall. Ersatz des Ertragsausfalls und anderer konkreter Schäden im (landwirtschaftl) BV ist Entschädigung iSd § 24 Nr 1a (BFH IV R 19/79 BStBl II 83, 203, 208, s auch Rz 14 und „Land- und Forstwirtschaft").

Handelsvertreter. Ausgleichszahlungen nach § 89b HGB sind Teil des gewstpfl Gewinns (zu § 24 Nr 1c s Rz 44). Eine Entschädigung aus dem Verlust der Rechte aus § 87 II HGB (Bezirksprovision, Kundenschutz) kann eine Entschädigung iSd § 24 Nr 1a sein (BFH I 235/63 BStBl III 66, 624); ebenso Ausgleich für Provisionskürzungen (FG Mchn EFG 13, 863, Rev X R 12/13; s auch Rz 44); nicht aber Leistungen aus LV (FG Nds EFG 14, 1310, Rev X R 33/14). Wird der **Bezirk,** in dem ein **Versicherungsvertreter** tätig werden darf, eingeschränkt und erhält er hierfür eine Entschädigung, ist diese gem § 24 Nr 1b begünstigungsfähig, soweit sie für die Nicht-Ausübung der Tätigkeit außerhalb des verkleinerten Bezirks gezahlt wird (BFH XI R 7/00 BStBl II 01, 541; BFH X R 55/04 BFH/NV 06, 1641 auch zur Berechnung der begünstigten Entschädigung).

Immobilienmakler. Die Zahlung, die ein Immobilienmakler nach Aufhebung eines Geschäftsbesorgungsvertrages durch einen Vergleich erhält, nachdem das Bauvorhaben nicht verwirklicht werden konnte, ist keine steuerbegünstigte Entschädigung (FG Bln EFG 79, 231, rkr).

Investitionsförderung. Vergleich kann Entschädigung (§ 24 Nr 1a) sein (BFH VIII R 2/13 BStBl II 15, 1015).

Kammerpräsident. Entschädigungen, die eine öffentl-rechtl Berufsvertretung (Kammer) ihrem Präsidenten als Aufwendungsersatz und zum Ausgleich für entgehende Einnahmen zahlt, gehören zu den lfd Einnahmen des GewBetr des Empfängers (BFH III R 241/84 BStBl II 88, 615).

Konkurrenzverzicht. Das Entgelt für einen Konkurrenzverzicht kann dann als eine Entschädigung mit dem ermäßigten Steuersatz besteuert werden, wenn es dazu bestimmt ist, den Verlust zu erwartender Einnahmen auszugleichen. Dabei genügt es, dass der Verlust mit hinreichender Wahrscheinlichkeit zu erwarten ist (BFH III R 186/81 BFH/NV 86, 400); s auch *Wettbewerbsverbot.*

Krankheit. Ein für die Annahme eines schädigenden Ereignisses erforderl rechtl, wirtschaftl oder tatsächl Druck (s Rz 6) ist nicht gegeben, wenn der StPfl durch *eigene* Krankheit veranlasst wird, seinen Betrieb durch Veräußerung von Kunden bzw Mandaten zu verkleinern (BFH IV R 121/83 BFH/NV 87, 571).

Land- und Forstwirtschaft. Entschädigungen für die Inanspruchnahme von luf Grundbesitz für den Bau und Betrieb von **Hochspannungsleitungen** können als Entschädigungszahlungen für entgehende Einnahmen iSd Nr 1a angesehen werden (OFD Mster v 11.10.79, StEK EStG § 24 Nr 36). Eine bergbaurechtl sog **Schieflagenentschädigung,** die als Ausgleich für die Wertminderung eines zum luf BV gehörenden Wohnhauses gezahlt wird, fällt nach BFH X B 147/97 BFH/NV 99, 40 entgegen FG Mster EFG 97, 289 nicht unter § 24 Nr 1a, weil kein Einnahmeausfall, sondern Wertverlust abgegolten werde; Ergebnis im Streitfall zutr, weil sich andernfalls eine Doppelbegünstigung wegen der Möglichkeit der **TW-AfA** gem § 6 I Nr 1 S 1 ergeben hätte (vgl Rz 42); s auch *Ertragsausfall* und *Lieferrecht;* § 13 Rz 165.

Lieferrecht s Rz 14.

Marken. Nach dem MarkenG sind die früheren Warenzeichen, jetzt Marken (vgl § 157 MarkenG). Erhält ein StPfl für den Verzicht auf seinen Widerspruch gegen die Eintragung eines seinem Warenzeichen ähnl Warenzeichens in die Warenzeichenrolle eine Zahlung, liegt keine Entschädigung iSd § 24 Nr 1a oder b vor, sondern **sonstige Einkünfte (§ 22 Nr 3)** (BFH VIII R 34/78 BStBl II 80, 114). Auch nach der Änderung der Rspr durch BFH XI R 43/94 BStBl II 96, 516 (Rz 6) wäre nicht von einer Entschädigung auszugehen, weil die Zahlung Gegenleistung für die Zulassung von Wettbewerb und damit typische BE ist (s Rz 14).

Oberflächenentschädigung s Rz 14.

Omnibusunternehmer. Eine Entschädigung, die ein Omnibusunternehmer dafür erhält, dass er unter dem Druck wirtschaftl Verhältnisse den Betrieb von Omnibuslinien aufgibt, ist Entschädigung (BFH I 84/63 U BStBl III 65, 480).

Pachtabstandszahlungen, die als Ausgleich für die vorzeitige Aufhebung eines langfristigen Pachtvertrages erlangt werden, gehören zu den Entschädigungen nach § 24 Nr 1a (BFH I R 151/78 BStBl II 82, 566).

Pensionsabfindung. Stimmt ein GmbH-Ges'ter, der auch Geschäftsführer ist, der Abfindung seiner Altersversorgungsansprüche zu, um dadurch dazu beizutragen, die Insolvenz der GmbH zu vermeiden, handelt er unter einem Druck, bei dem auch ein fremder ArbN die Abfindung vereinbaren würde, so dass eine Entschädigung iSd § 24 Nr 1a vorliegt (FG Hbg III 222/04, juris, rkr); s auch *Versorgungsrente* und Rz 20, 24–26.

Produktionseinstellung. Die für die freiwillige Einstellung eines nicht mehr rentablen Produktionszweigs von einem Konkurrenzunternehmen gezahlte Abfindung ist nach BFH IV 22/64 BStBl II 69, 69 keine Entschädigung. Nachdem BFH IV R 43/74 BStBl II 79, 9 (Rz 6) nicht mehr darauf abstellt, ob der Schaden gegen den Willen des StPfl eingetreten ist, erscheint eine andere Auffassung geboten, wenn die Vereinbarung unter erhebl Druck der Konkurrenz erfolgt ist.

Prozesszinsen s *Verzugszinsen.*

Rahmenvertrag, durch den sich ein **RA** für die Zusage der Übertragung aller bei einem Mandanten anfallenden Beitreibungssachen seinerseits verpflichtet, nicht beitreibbare erstattungsfähige Honorarforderungen dem Mandanten ggü nicht geltend zu machen, gehört zu den die Berufstätigkeit des RA betr Geschäften. Kündigt der Mandant einen solchen Vertrag und fällt infolgedessen die Verpflichtung weg, die Gebühren nicht geltend zu machen, liegt in der Zahlung der Gebühren für alle bei Vertragsbeendigung noch lfd Beitreibungssachen innerhalb kurzer Zeit keine Entschädigung (BFH IV R 14/78 BStBl II 79, 71). S auch *Architektenhonorar* und *Beratervertrag.*

Sukzessivlieferungsvertrag. Schadenersatz wegen Nichterfüllung keine Entschädigung iSd § 24 Nr 1a (BFH IV R 126/85 BStBl II 90, 155).

Versicherungsvertreter s *Handelsvertreter.*

Versorgungsrente. Die Ablösung einer Versorgungsrente der GmbH ggü dem Anteilseigner und vormaligen Geschäftsführer ist Entschädigung, wenn dieser unter dem Druck steht, die GmbH-Anteile andernfalls nicht verkaufen zu können (BFH XI 55/04 BFH/NV 06, 2042); s auch *Pensionsabfindung* und Rz 6, 16–25.

Vertragsstrafe s Rz 7, 14, 36.

Verzugszinsen. Keine Entschädigung iSd § 24 Nr 1a, da Entgelt für erzwungene Kapitalüberlassung (BFH VI R 88/91 BFH/NV 93, 165 mwN).

Warenzeichen s *Marken.*

Wettbewerbsverbot. Das Entgelt für die selbstständige Verpflichtung zur Unterlassung von Wettbewerb ist Entschädigung, obwohl als Entgelt für eine vertragl Hauptleistung Einnahme nach § 22 Nr 3 (BFH XI R 43/94 BStBl II 96, 516; s auch Rz 39).

Zeitschriftengroßhändler. Eine Zahlung zum Ausgleich des unterschiedl Umsatzvolumens im Zuge einer sog Gebietsbereinigung zw zwei Zeitschriftengroßhändlern kann eine Entschädigung iSd § 24 Nr 1a sein (BFH III R 186/81 BFH/NV 86, 400, vgl auch *Konkurrenzverzicht* und Rz 39).

16 **7. Entschädigungen bei nichtselbstständiger Tätigkeit; § 24 Nr 1a. – a) Entlassungsentschädigungen (Einzelfälle).** *BMF* BStBl I 13, 1326. Grds gelten die allg Voraussetzungen des § 24 (Rz 4–6). § 24 Nr 1a setzt nicht die vollständige **Beendigung des ArbVerh** (s Rz 27 „Arbeitsvertragsänderung"), jedoch den **Zufluss** der Entschädigung voraus (BFH IX B 131/10 BFH/NV 11, 784; Umwandlung einer Versorgungszusage). Der ArbN darf an der Auflösung des ArbVerh mitwirken (zB durch Abschluss eines **Vergleichs;** Rz 9); erforderl ist aber, dass der ArbN bei der einverständl Auflösung des Dienst- oder ArbeitsVerh unter einem nicht unerhebl **rechtl, wirtschaftl oder tatsächl Druck** gestanden hat (Zwangslage; s Rz 6). Dies ist anzunehmen, wenn der ArbG die Auflösung oder Einschränkung des DienstVerh – zB durch Kündigung – „veranlasst" hat, auch wenn die Entschädigung für diesen Fall bereits im Anstellungsvertrag vereinbart war (Rz 7). Anderes gilt, wenn der ArbN das ArbVerh aus eigenem Antrieb beendet (FG Mchn DStRE 14, 1180, rkr) oder ihm ein **Wahlrecht** auf Barwertzahlung statt lfd Bezüge eingeräumt ist und bei der Entscheidung für die Abfindung vom ArbG kein erhebl Druck ausgeübt wird (BFH XI R 12/00 BFH/NV 03, 1630; Rz 6, 24, 25). Der ArbG muss also für die Auflösung oder Einschränkung des DienstVerh die entscheidenden Ursachen gesetzt haben, wobei dem ArbN im Hinblick auf dieses Verhalten eine weitere Zusammenarbeit mit dem ArbG nicht mehr zugemutet werden kann. Für eine Veranlassung durch den ArbG ist es nicht ausreichend, wenn der ArbN das ArbVerh kündigt, um zu erreichen, dass es als TeilzeitArbVerh fortgeführt wird, er aber nur eine Entschädigung erlangt (BFH XI R 7/90 BFH/NV 92, 305). Grds ist **zusammengeballter Zufluss** der Entschädigung erforderl (Rz 12; § 34 Rz 15ff); zum Ausgleich von Verdienstausfall bei **Unfallschäden** s § 34 Rz 17. Werden anlässl der Beendigung eines ArbVerh **mehrere Entschädigungen** vereinbart, sind sie einheitl zu beurteilen (BFH XI R 55/03 BStBl II 04, 1055). Sozial motivierte (zB auf einem **Sozialplan** beruhende) spätere

Nachzahlungen sind unschädl (Rz 6, 7; § 34 Rz 19); ebenso Fehlerkorrekturen (BFH XI R 22/02 BFH/NV 04, 1226: nachträgl Berücksichtigung der Altersversorgung).

aa) Schadensausgleich. Die Entschädigung muss dazu bestimmt sein, den durch den Wegfall der Einnahmen erlittenen Schaden auszugleichen (BFH VI R 177/68 BStBl II 70, 784; Rz 5). Hieraus folgt, dass Erfüllung bis zur **rechtswirksamen Auflösung des ArbVerh** entstandener Ansprüche auf Gehalt, Tantieme, Weihnachtsgeld, Urlaubsgeld keine Entschädigung iSd § 24 Nr 1a ist (Rz 6, 7, 8); dies gilt auch dann, wenn die Ansprüche noch nicht fällig sind (BFH IV R 61/84 BFH/NV 87, 498). Soweit eine **Pauschalabfindung** Erfüllungsleistungen (zB Gehalts- oder Tantiemenachzahlung) und Entschädigung als Gesamtleistung enthält, ist sie im Schätzungswege **aufzuteilen** (BFH XI B 99/98 BFH/NV 00, 712). Soweit sie Erfüllung sind, sind sie weder stfrei, noch nach dem ermäßigten Tarif zu besteuern (vgl BFH XI R 51/95 BStBl II 96, 416). 17

bb) Dauer des ArbVerh. Bedeutsam ist der **Zeitpunkt,** zu dem das ArbVerh zivilrechtl beendet wurde. Mit dem Wirksamwerden der Auflösung des ArbVerh endet das **Recht des ArbN auf Entlohnung,** so dass darüber hinaus gezahlte Beträge keine Abgeltung bereits vertragl erlangter Ansprüche sein können (BFH VI R 165/77 BStBl II 80, 205). Kann ein ArbVerh nur unter Einhaltung der gesetzl Kündigungsfrist gekündigt werden, so ist bei **vorzeitiger einvernehml Beendigung** des ArbVerh die Vereinbarung einer Entschädigung iSd § 24 Nr 1a zum Ausgleich der Ansprüche des ArbN für die Zeit bis zum Ablauf der Kündigungsfrist mögl. – Bei **Fortsetzung des bisherigen ArbVerh,** wenn auch in veränderter Form (zB gem **§ 613a BGB**) fortgesetzt (s Rz 7), sind Abfindungen oder andere Zahlungen des ArbG grds keine Entschädigung iSd § 24 Nr 1a (BFH XI B 23/07 BFH/NV 08, 376), so zB das Entgelt für die **Herabsetzung einer Pensionszusage,** während das ArbVerh fortbesteht (BFH XI B 182/03 BFH/NV 05, 1283). Management-buy-out ist keine Fortsetzung des ArbVerh (s Rz 27). 18

cc) Arbeitsplatzwechsel; Pensionsabfindung. Wechselt ein ArbN sein ArbVerh und entschädigt ihn der neue ArbG für den Verlust seiner Pensionsanwartschaftsrechte aus dem früheren ArbVerh, fließt ihm der Entschädigungsbetrag als Einnahme aus dem neuen ArbVerh zu (BFH XI R 33/91 BStBl II 93, 447). – Kann eine ArbN nach **Eheschließung** das ArbVerh nicht fortsetzen, weil sie zur Herstellung der ehel Lebensgemeinschaft ihren Wohnsitz verlegt, ist die Kündigung durch die ArbN, nicht durch den ArbG veranlasst (BFH X R 46/86 BStBl II 90, 1020; XI R 7/90 BFH/NV 92, 305). 20

dd) Änderungskündigung. Einmalige Leistungen des ArbG an einen ArbN aus Anlass einer Änderungskündigung können Entschädigungen iSd § 24 Nr 1a sein. Zahlungen nach dem **Altersteilzeitgesetz** (§ 3 I Nr 1a, b AFG) sind nach § 3 Nr 28 steuerfrei (*Offerhaus* FR 89, 138), aber keine Entschädigungen iSd § 24; dasselbe gilt für das **Übergangsgeld** gem § 62 III Nr 2b BAT (BFH VI R 38/88 BFH/NV 91, 88). – Neben einer Entschädigung iSd § 24 Nr 1a können in späteren VZ weitere Leistungen erbracht werden (zB aus Fürsorgegesichtspunkten), so dass die Zahlungen jeweils selbstständig zu beurteilen sein können (BFH XI B 108/97 BFH/NV 98, 1082; *BMF* BStBl I 98, 1512 Rz 5). 22

ee) Grundstückserwerb. Übernimmt der ArbN vom ArbG unter Verzicht auf Sachbezüge und Ruhegehalt ein Grundstück, erhält er keine Entschädigung iSd § 24 Nr 1a. Die allg Erwägung, der (private) ArbG könne zahlungsunfähig werden, lässt den ArbN nicht unter einem „nicht unerhebl rechtl, wirtschaftl oder tatsächl Druck" handeln (FG Nds EFG 81, 129; FG Hbg EFG 93, 33). 23

b) Kapitalisierung von Altersversorgungsansprüchen. Sie kann Entschädigung iSd § 24 Nr 1a bedeuten. Entspr der allg Voraussetzung für die Annahme einer Entschädigung (vgl Rz 5ff) muss die Kapitalisierung auf einem **Wegfall der** 24

bisherigen Rechtsgrundlage beruhen, denn nur dann handelt es sich um einen außergewöhnl Vorgang (BFH IV R 43/74 BStBl II 79, 9; Rz 6, 7). Der ArbN befindet sich regelmäßig in einer **Zwangslage** (Rz 6), die zur Annahme eine Entschädigung führt, wenn er wegen drohender Zahlungsunfähigkeit **(Insolvenz)** des ArbG oder Verlust des Arbeitsplatzes der Abfindung von Ansprüchen auf **betriebl Altersversorgung** zustimmt.

25 **aa) Fallgruppen.** Es ist zu unterscheiden – ***(1)*** Die (auch nicht wahlweise vorgesehene) Kapitalisierung erfolgt **auf Wunsch des ArbG** wegen der bevorstehenden Liquidation des Unternehmens (BFH VI R 86/77 BStBl II 80, 393; FG RhPf EFG 76, 495). – ***(2)*** Der ArbG macht bei der **Liquidation** seines Unternehmens von dem im Versorgungsvertrag eingeräumten Recht Gebrauch, lfd Ruhegehaltsbezüge durch Kapitalisierung abzulösen (BFH VI R 63/75 BStBl II 78, 375). – ***(3)*** Ruhegehaltsbezüge werden auf **Wunsch** oder auf Grund eines **Wahlrechts des ArbN** kapitalisiert (BFH VI 256/60 U BStBl III 62, 87; FG Nds EFG 81, 129). - Eine Entschädigung iSd § 24 Nr 1a liegt nur in der Fallgruppe (1) vor (so auch BFH XI R 21/88 BFH/NV 92, 646). Der Eintritt eines Schadens ist zu bejahen, da der ArbN durch die vom ArbG veranlasste Kapitalisierung mit der Unsicherheit belastet wurde, ob der Kapitalbetrag zum Lebensunterhalt ausreichen wird und ob künftige Rentenanpassungen entspr der in den Folgejahren eintretenden Steigerung des Lebenshaltungskostenindexes bei der Kapitalisierung hinreichend berücksichtigt wurden (vgl *von Bornhaupt* BB 80, Beil 7; Anm zu BFH VI R 63/75 BStBl II 78, 375). Zwar sprechen diese Erwägungen in der Fallgruppe (2) auch für eine Entschädigung; jedoch fehlt es in solchen Fällen an der Voraussetzung, dass die Entschädigung auf einer anderen Rechts- oder Billigkeitsgrundlage beruhen muss (Rz 6, 7). Sie beruht vielmehr auf dem vertragl Wahlrecht des ArbG. In der Fallgruppe (3) scheitert eine Entschädigung daran, dass die Kapitalisierung nicht durch den ArbG veranlasst wurde (vgl BFH XI R 62/92 BFH/NV 93, 721 iErg zutr). Der Annahme einer Entschädigung steht aber nicht entgegen, wenn Eintritt des Schadens (vertragl Beendigung des ArbVerh auf Druck des ArbG und Begründung von Ausgleichsansprüchen) eine **Kapitalabfindung** anstelle von Einzelzahlungen vereinbart wird (BFH XI R 4/02 BStBl II 03, 748).

26 **bb) Beispiele:** Abfindung, die der **Pensionssicherungsverein** gem § 8 II BetrAVG bei **Konkurs** eines ArbG anstelle einer Betriebspension zahlt (BFH XI R 8/93 BStBl II 94, 167); Abfindung von Versorgungsansprüchen eines Ges'tergeschäftsführers bei **drohender Insolvenz** des ArbG (BFH IV B 55/95 BFH/NV 96, 737) oder bei Gelegenheit der **Veräußerung** von **GmbH-GesAnteilen,** wenn der Käufer es ablehnt, die Pensionsverpflichtung zu übernehmen (BFH XI R 53/01 BStBl II 03, 177; BFH XI R 4/02 BStBl II 03, 748; BFH IX R 64/01 BFH/NV 05, 191 mwN; zu Gestaltungen (zB Vereinbarung einer Rente) *Daragan* DStR 03, 1870); Abfindung, die der Betriebsleiter zahlt, wenn der ArbN, durch den Tod des bisherigen Ges'tergeschäftsführers MehrheitsGes'ter der ArbG-Ges geworden ist und der Betriebsleiter, der fachl allein in der Lage ist, den Betrieb fortzuführen, auf dem Ausscheiden des ArbN und Übernahme der Beteiligung besteht; aA FG Nds EFG 00, 917, rkr, weil die Beendigung des ArbVerh mit der Veräußerung der Beteiligung im Zusammenhang stehe; Abfindung einer **Pensionsanwartschaft** bei der vom ArbG veranlassten Beendigung des ArbVerh (BFH XI R 51/00 BStBl II 02, 516 mwN); eine nach Eintritt des Schadens (= vertragl Beendigung des ArbVerh auf Druck des ArbG und Begründung von Ausgleichsansprüchen) getroffene Vereinbarung einer **Kapitalabfindung** an Stelle von Einzelzahlungen steht der Annahme einer Entschädigung nicht entgegen (BFH XI R 12/00 BFH/NV 03, 1630); das gilt auch, wenn dem ArbG das Recht zur Abfindung von Pensionsansprüche im Falle **ao Kündigungen** schon nach dem Anstellungsvertrag zustand (**Kapitalwahlrecht;** s Rz 6 mwN); ein dem ArbN vom ArbG für den Fall der **vorzeitigen Pensionierung** angebotenes Versorgungskapital ist Entschädigung iSv Nr 1a (*Giloy* BB 83, 957 mwN); aber Entschädigung verneint, wenn der ArbN (Vorstandsmitglied) anlässl der auf Kündigung des ArbG beruhenden Beendigung des ArbVerh eine zugesagte Pension kapitalisiert erhält (BFH XI R 21/88 BFH/NV 92, 646; mE bedenkl). Abgeltung von **Pensionsanwartschaften,** die durch die Aufhebung des DienstVerh wegfallen (BFH I R 198/72 BStBl II 74, 486; BFH VI R 86/77 BStBl II 80, 393; BFH IV B 55/95 BFH/NV 96, 737; *Niermann* DB 84, 1855;

anders BFH VI R 4/85 BFH/NV 90, 429: Entschädigung verneint wegen fehlenden Drucks des ArbG bzw fehlender Gefährdung des Anspruchs). Eine vom ArbN nicht zu vertretende **Zwangslage** liegt auch vor, wenn der Arbeitsplatz aus **Rationalisierungsgründen** wegfällt und ein Umzug zu einem entfernt liegenden – vom ArbG angebotenen – Arbeitsplatz unzumutbar ist (BFH VI R 161/76 BStBl II 77, 718; BFH VI R 135/84 BStBl II 88, 525, 529).

c) ABC der Entschädigungsleistungen an Arbeitnehmer. Abfindung für 27
Beendigung des ArbVerh. Übt eine Stewardess eine ihr nach dem Arbeitsvertrag zustehende Option, mit Erreichen eines bestimmten Lebensalters aus dem ArbVerh gegen Zahlung einer Abfindung auszuscheiden, bei Erreichen der Altersgrenze aus, fällt die Abfindung unter § 24 Nr 1b (BFH VI R 28/84 BStBl II 87, 106; Rz 55ff). Wird die Abfindung vom neuen ArbG geleistet, fällt sie nicht unter § 24 Nr 1a (BFH XI R 33/91 BStBl II 93, 447). Wird eine Entschädigung für den Verlust des Arbeitsplatzes gezahlt und zusätzl ein Zuschuss zum Arbeitslosengeld, ändern solche **sozialen Zusatzleistungen** nicht den Charakter der Hauptleistung als Entschädigung (BFH XI R 43/99 BFH/NV 02, 717; BFH XI R 22/03 BFH/NV 04, 1226); s auch *Zusatzleistungen, Urlaub* und Rz 6.

Abfindung von Ruhegehaltsansprüchen bei fortbestehendem ArbVerh keine Entschädigung iSd § 24 Nr 1a (BFH XI B 182/03 BFH/NV 05, 1283).

Abgeltung von ArbN-Erfindervergütungen ist auch dann Entschädigung, wenn der ArbN dem Verlangen des ArbG auf Abfindung nachgibt (BFH IX R 28/11 BStBl II 12, 569; EStH 24.1; Rz 6).

Altersrente. Die Nachzahlung einer Altersrente aus der Bundesversicherungsanstalt für Angestellte ist keine Entschädigung iSd § 24 Nr 1a (BFH VI R 177/68 BStBl II 70, 784).

Anteilsveräußerung, die freiwillig geschieht, schließt den Verlust der Geschäftsführerstellung auf Druck des Erwerbers nicht aus (Rz 26; BFH XI R 18/02 BFH/NV 04, 253).

Arbeitsvertragsänderung. Teilabfindung wegen unbefristeter Reduzierung der Wochenarbeitszeit ist eine Entschädigung iSv § 24 Nr 1a, wenn der ArbN bei der Vertragsänderung unter rechtl, wirtschaftl oder tatsächl Druck gehandelt hat (BFH IX R 3/09 BStBl II 10, 1030; *Heuermann* HFR 10, 27).

Ausgleichszahlungen. Wird eine Zahlung vom bisherigen ArbG für das Unterlassen der Abwerbung von ArbN versprochen, ist eine Ausgleichszahlung des neuen ArbG als Ersatz für die nicht erlangte Leistung des bisherigen ArbG keine Entschädigung (BFH XI B 40/04 BFH/NV 06, 274). Wird hingegen die vertragl Zusage auf Wiedereinstellung nicht eingehalten, ist eine dafür erlangte Ausgleichszahlung Entschädigung iSd § 24 Nr 1a (BFH XI R 46/04 BStBl II 06, 158).

Aussperrungsunterstützungen s *Streikunterstützungen.*

Beförderung. Entschädigung eines Beamten wegen pflichtwidrig unterlassener Beförderung ist nach § 24 Nr 1a zu beurteilen (FG Köln EFG 89, 640).

Betriebsveräußerung. Die erforderl Beendigung des bisherigen ArbVerh tritt nicht ein, wenn das ArbVerh gem § 613a BGB nach Betriebsveräußerung oder gesellschaftsrechtl Ausgliederung (Umwandlung, Spaltung) mit einem neuen ArbG fortgesetzt wird (BFH XI R 1/99 BFH/NV 00, 1195); vgl *Konzern.*

Dienstwohnung. Die einmalige Zahlung eines Entgelts an einen ArbN für die Nicht-Gewährung einer ihm vertragl zustehenden Dienstwohnung kann eine Entschädigung sein (StRK EStG § 24 Nr 50).

Ehrenamtl Richter erhalten keinen ArbLohn (so § 19 Rz 15 „Ehrenamt") und keine Entschädigung iSv § 24 Nr 1a (*Pfab ua* FR 11, 795).

Gehaltsnachzahlung an einen im Wiederaufnahmeverfahren freigesprochenen Beamten ist eine Entschädigung (FG Mchn EFG 73, 268, rkr). Dasselbe gilt für **Schadenersatz** wegen pflichtwidriger Nichtbeförderung eines Beamten (FG Köln

EFG 89, 640, rkr). Keine Entschädigung ist die Lohnnachzahlung nach einem Arbeitsgerichtsprozess (BFH XI R 52/88 BStBl II 93, 507); s auch Rz 8. Wird anlässl der vertragl Beendigung eines ArbVerh eine „Entschädigung" vereinbart, ist diese nicht nach § 24 Nr 1a begünstigt, wenn damit **bereits erdiente Tantiemeansprüche** abgegolten werden, auf die ein Erfüllungsanspruch bestand (BFH XI R 33/06 BFH/NV 08, 361).

Gesellschaftergeschäftsführer. Vgl Rz 24–26. Ein Ges'tergeschäftsführer, dem eine Pensionszusage gem § 6a erteilt worden ist, wird idR keinen Käufer für die GesAnteile finden, der bereit ist, die Versorgungsverpflichtung zu übernehmen. Er befindet sich, wenn er die Anteile veräußern will oder muss in der Zwangslage, keinen – auch nach Verrechnung des TW der Verpflichtung – angemessenen Preis erzielen zu können. Deshalb wertet die Rspr den Verzicht auf die Versorgungsansprüche gegen Abfindung als Entschädigung iSd § 24 Nr 1a (BFH XI R 4/02 BStBl II 03, 748). Die Steuerermäßigung ist nach der Fünftelregelung des § 34 I stark eingeschränkt; vorteilhafter mag deshalb die Abfindung durch einen **RV-Anspruch** mit „nachgelagerter" Besteuerung erscheinen, s dazu *Daragan* DStR 03, 1870. – Eine Abfindung für die Auflösung des Anstellungsvertrages mit einer Komplementär-GmbH kann eine Entschädigung iSd § 24 Nr 1a auch dann sein, wenn die GmbH-Ges'tergeschäftsführerin einer MUerschaft ist, an der der Geschäftsführer minderheitsbeteiligt ist (BFH IV R 94/06 DStR 09, 1237; mE unzutr; s § 16 Rz 584); offen ist, wie der Fall eines unmittelbar bei der MUerschaft beschäftigten MUers zu beurteilen ist (*Wendt* BFH/PR 09, 462).

Insassenunfallversicherung. Zahlungen zum Ausgleich des Personenschadens, die auf Grund einer für einen betriebl Pkw abgeschlossenen Insassen-Unfallversicherung an die Erben eines tödl verunglückten ArbN geleistet werden, sind keine Entschädigung iSd § 24 Nr 1a, sondern stfrei (BFH III R 135/79 BStBl II 82, 496); anders **Tagegelder,** die Einnahmeausfälle ausgleichen sollen (BFH VI R 216/72 BStBl II 76, 694).

Konzern. Wird ein ArbN auf Veranlassung der KonzernmutterGes zu einer anderen KonzernGes versetzt und wird er ArbN dieser Ges, hängt die Frage, ob damit sein (bisheriges) ArbVerh endet (Rz 7) und Sonderzahlungen als Abfindungen iSd § 24 Nr 1a zu qualifizieren sind, davon ab, ob die wesentl Arbeitsbedingungen unverändert geblieben sind (BFH XI R 1/99 BFH/NV 00, 1195; XI B 27/01 BFH/NV 01, 1551); s auch Rz 19, 20, 26 mwN. Erhebl Druck auf den ArbN Rz 6) kann vorliegen, wenn der ArbN seiner **Versetzung im Betrieb** (uU nach Änderungskündigung oder deren Androhung) oder seiner **Umsetzung im Konzern** (unter formeller Beendigung seines ArbVerh und Begründung eines neuen ArbVerh zu der anderen KonzernGes) zustimmt, auch wenn nach den Umständen wirtschaftl von einer Fortsetzung des ArbVerh auszugehen ist (bej BFH XI R 1/99 BFH/NV 00, 1195; Umstände des Einzelfalles entscheidend: BFH XI B 27/01 BFH/NV 01, 1551; vgl *BdF* v 13.2.86 BB 86, 512; *Seitrich* BB 87, 378).

Kündigung. Abfindungsvereinbarung anlässl Kündigung des ArbVerh durch den ArbG, auf Grund derer dem ArbN der Kapitalwert eines Nutzungsrechts an einer Dienstwohnung als Entschädigung zufließt, die er vom ArbG kauft (BFH VI R 135/84 BStBl II 88, 525). Anders wenn nach Kündigung seitens ArbG durch Prozessvergleich vor dem **Arbeitsgericht** die Verpflichtung zur Zahlung einer früher zugesagten Rente bestätigt wird (FG Nds EFG 91, 453). Bei Kündigung durch den ArbN keine Entschädigung, wenn der neue ArbG die Entschädigung mit der Verpflichtung zur Beteiligung an einer ArbN-GmbH verbindet, auch wenn Rechte aus § 616a BGB abgefunden werden sollen (BFH XI R 18/05 BFH/NV 07, 2104; s Rz 7).

Management-buy-out. Ein in diesem Zusammenhang ausgesprochener Darlehnsverzicht des früheren ArbG ist Entschädigung iSd § 24 Nr 1a, wenn der

ArbN die Tätigkeit für den bisherigen ArbG einstellt und dessen Geschäftsbetrieb erwirbt (BFH XI R 52/05 BFH/NV 07, 1857).

Optionsfristverlängerung iRd Aufhebungsvertrages ist keine Entschädigung (FG Hbg DStRE 09, 912).

Pensionsabfindung ist bei Kündigung des ArbVerh durch den ArbN keine Entschädigung nach § 24 Nr 1a, wenn die Kündigung auf der privat (durch die Eheschließung) veranlassten Wohnsitzverlegung beruht (BFH X R 46/86 BStBl II 90, 1020). Zur Abfindung von Pensionsansprüchen auf Veranlassung des ArbG s Rz 7, 24–26.

Streikunterstützungen unterliegen nach BFH X R 161/88 BStBl II 91, 337 nicht der ESt.

Unfallentschädigung des ArbN kann § 24 Nr 1a sein (FG Nds EFG 12, 1666, rkr; dazu Rz 9, 10; s auch Rz 32, 33).

Urlaub. Erhält der StPfl aus Anlass der Beendigung seines ArbVerh eine Abfindung, mit der auch Urlaubsansprüche abgegolten werden, ist nach FG Köln (EFG 00, 173) eine einheitl Entschädigung iSd § 24 Nr 1a anzunehmen, wenn der StPfl dem zustimmt, um eine fristlose Kündigung zu vermeiden. Dem ist mE nicht zuzustimmen; vielmehr liegt, soweit die Abfindung rechnerisch auf die Urlaubsansprüche entfällt, lfd Arbeitsentgelt vor (s Rz 7 und unter *Abfindung*).

Verkaufsprämie. Eine Ausgleichszahlung aus Anlass der – *vertragl zugelassenen* – Einschränkung der Verkaufsprämie eines Gebietsverkaufsleiters ist keine (begünstigungsfähige) Entschädigung iSd § 24 Nr 1a (FG BaWü EFG 88, 177, rkr).

Vorzeitige Vertragsbeendigung gegen Entschädigung begünstigt, auch wenn weitere Leistungen vereinbart werden (FG Nds EFG 91, 85).

Wahlrecht des Leistungsempfängers schließt die Annahme einer Entschädigung iSd § 24 Nr 1a aus; s Rz 26.

Zusatzleistungen, soziale (s auch Rz 6). Werden neben einer Entschädigung soziale Zusatzleistungen gewährt, ändert dies an dem Charakter der Hauptleistung als Entschädigung nichts (BFH XI R 23/02 BFH/NV 03, 1489: nachträgl **Jubiläumszuwendung;** BFH XI R 1/02 BFH/NV 03, 769: nachträgl PKW-Überlassung), sofern diese nicht die Entschädigung betragsmäßig annähernd erreichen (BFH XI R 2/01 BFH/NV 02, 715). Entschädigung, aber kein ermäßigter Steuersatz nach § 34 I, wenn **Vorruhestandsgelder** über mehr als einen VZ hinaus gezahlt werden (BFH XI R 55/03 BStBl II 04, 1055). Unschädl für Vorliegen einer Entschädigung ist die auf Grund **Sozialplans** sich ergebende spätere Erhöhung der Entschädigung (BFH XI R 33/02 BStBl II 04, 715) oder **Fehlerkorrekturen** (BFH XI R 22/03 BFH/NV 04, 1226; vgl auch Rz 16 mwN; § 34 Rz 19).

8. Entschädigungen bei anderen Einkunftsarten; § 24 Nr 1a. – a) Einkünfte aus KapVerm. – aa) Grundsatz. Im Bereich des § 20 sind steuerbegünstigte Entschädigungen selten. Die Rspr hat sich im Wesentlichen mit der Frage befasst, ob die Nachzahlung unterlassener Zinszahlungen für einen längeren Zeitraum (BFH VIII R 64/78 BStBl II 81, 6) oder Verzugszinsen, soweit sie die gesetzl Verzugszinsen übersteigen (BFH VIII R 39/79 BStBl II 82, 113), als Entschädigungen iSd § 24 Nr 1a zu behandeln sind. Beides hat der BFH verneint. 28

bb) Einzelfälle: Nach BFH VIII R 64/78 BStBl II 81, 6 handelt es sich bei der **Nachzahlung unterlassener Zinszahlungen** für einen längeren Zeitraum nicht um eine Entschädigung, da Zahlungen, die bürgerl-rechtl Erfüllungsleistungen eines Rechtsverhältnisses sind, nicht zu den Entschädigungen als Ersatz für entgehende oder entgangene Einnahmen rechnen. Das gilt auch für den Fall, dass die Hauptleistung stfrei ist (zB nach § 3 Nr 8). Gleiches gilt für **Verzugszinsen,** unabhängig davon, ob sie über die gesetzl Verzugszinsen (§ 288 I BGB; § 352 I HGB) hinausgehen (BFH VIII R 79/91 BStBl II 95, 121) und für **Prozesszinsen** 29

wegen StErstattungsforderung (BFH VI R 88/91 BFH/NV 93, 165). Zahlt eine **GmbH** einem ihrer **Ges'ter** einen Betrag zur Abgeltung von der Höhe nach noch nicht festgestellten Gewinnansprüchen, gehört der Betrag zu den Einnahmen aus KapVerm (RFH RStBl 29, 610). Scheidet ein (typischer) **stiller Ges'ter** unter erhebl wirtschaftl Druck des Unternehmers aus einer HandelsGes aus, kann ein über den Betrag der stillen Einlage hinausgehender Abfindungsbetrag Entschädigung iSd § 24 Nr 1a sein; ebenso bei Kündigung von Genussrechten (BFH VIII R 4/12 BStBl II 15, 647). Kein erhebl wirtschaftl Druck, sondern Handeln aus eigenem Antrieb ist gegeben, wenn der stille Ges'ter ausscheidet, weil ihm die Geschäftsführung zu riskant erscheint (BFH VIII R 126/82 BStBl II 84, 580 zu 3/a. **Freiaktien** sind zwar Einkünfte aus KapVerm, aber keine Entschädigung für früher nicht ausgeschüttete Gewinnanteile (RFH RStBl 40, 570).

31 **b) Vermietung und Verpachtung. Abstandszahlungen** eines (künftigen) Mieters für die Entlassung aus einem Mietvorvertrag sind Entschädigungen iSd § 24 Nr 1a (BFH VIII R 17/86 BStBl II 91, 76; IX R 32/90 BFH/NV 94, 308); desgleichen Abfindungszahlungen des Eigentümers an den Mieter zwecks anderweitiger Vermietung (BFH IX R 10/03 BFH/NV 05, 843; IX R 67/02 BFH/NV 05, 1044) und **Versicherungsleistungen** für Mietausfall infolge Zerstörung eines Gebäudes durch Brand (BFH IX R 36/86 BFH/NV 93, 472). Die **Nachzahlung von Pacht** für mehrere Jahre ist keine Entschädigung iSd § 24 Nr 1a (FG Hbg EFG 83, 235; s auch Rz 8). Ersatz für entgangene Mieteinnahmen, der nach dem **VermögensG** als Teil der Entschädigung für Vermögensverluste gewährt wird, ist Entschädigung iSd Nr 1a (BFH IX R 66/03 BStBl II 05, 480; *OFD Chemnitz* StEK, EStG, § 21, Nr 294: Entschädigung iSd § 24 Nr 1a); so auch bei Vermietung eines Grundstücks durch FinVerw bei unklarer Vermögenslage und Auskehrung der Mieterträge nach Klärung der Rechtslage (BFH IX B 5/07 BFH/NV 07, 1628). Keine Entschädigung bei Ausgleich von VorSt-Rückzahlung, BFH IX R 58/10 BStBl II 12, 286 (s auch Rz 6, 15 „Erstattung von BA").

32 **c) Entschädigungen iZm Renten.** Eine Rente, die die Witwe oder die sonstigen Hinterbliebenen erhalten, stellt keinen Ersatz für das Einkommen des Mannes aus der Ausübung seines Berufes dar. Die Hinterbliebenen haben kein eigenes Einkommen aus berufl Tätigkeit gehabt, das zu ersetzen ist (BFH IV 335/65 BStBl III 66, 458). Werden die Hinterbliebenen dafür entschädigt, dass sie ihren Ernährer durch einen **Unfall** verloren haben, ist die Entschädigung stfrei, wenn sie in einer Summe oder als Abfindung für eine Rente gezahlt wird (RFH RStBl 37, 110). **Mehrbedarfsrenten** § 843 I BGB sind nicht stbar sind und fallen deshalb nicht unter § 24 (BFH VIII R 79/91 BStBl II 95, 121; *Gosch* StBp 95, 117; überholt: BFH VIII R 9/77 BStBl II 79, 133). Das gilt auch für Schadenersatzrenten nach § 844 II BGB. Dem steht, worauf die Entscheidung hinweist, nicht entgegen, dass der Verpflichtete berechtigt sein konnte, seine Zahlungen nach § 10 I Nr 1a (aF) als dauernde Last abzuziehen. Da § 24 Nr 1a nur Einkünfte erfasst, die einen Ersatz für andere stpfl Einkünfte darstellen, muss auch die Ersatzleistung, selbst wenn sie in wiederkehrenden Leistungen erbracht wird, stfrei bleiben, wenn die Grundleistung nicht stpfl ist (BFH VIII R 79/91 BStBl II 95, 121 zu II 1c); unerhebl ist auch, dass nach der Rspr zum **Wettbewerbsverbot** (Rz 39) eine Entschädigung nach Nr 1b ein selbständiges WG sein kann. Dasselbe dürfte für die nach § 845 BGB zu zahlenden Renten gelten, die nicht an die Stelle finanzieller Unterhaltsleistungen, sondern gesetzl geschuldeter Arbeitsleistungen treten.

34 **e) Aufwands-/Verdienstausfallentschädigung.** Im Gegensatz zur Aufwandsentschädigung ist eine Verdienstausfallentschädigung, die einem ehrenamtl tätigen Gemeindebürger (Stadtrat) für die Nachteile gewährt wird, die durch die Teilnahme an Sitzungen usw entstehen und die entweder nur durch das Nachholen versäumter Arbeit oder durch das Heranziehen einer Hilfskraft ausgeglichen werden können, nicht stfrei. Sie ist der Einkunftsart zuzurechnen, bei der der Verdienstaus-

fall eingetreten ist (FG Nbg EFG 81, 89). Sie fällt auch unter § 24 Nr 1a; jedoch ist § 34 I nur anwendbar, wenn eine Zusammenballung vorliegt (s § 34 Rz 12–20). Zu weiteren Erläuterungen s § 3.

9. Entschädigungen nach § 24 Nr 1b. – a) Gewinnbeteiligung; Anwartschaft. Nr 1b setzt (nur) die Aufgabe bzw die Nicht-Ausübung einer Tätigkeit voraus. Eine Tätigkeit wird „aufgegeben", wenn sie endgültig nicht mehr ausgeübt wird, dh wenn sie (zeitweilig) ruht (BFH VI R 67/74 BStBl II 76, 490). Tatbestandsalternative ist die Aufgabe einer Gewinnbeteiligung bzw einer Anwartschaft auf eine Gewinnbeteiligung. In Betracht kommen ledigl gesellschaftsrechtl Gewinnbeteiligungen, nicht auch solche auf schuldrechtl Grundlage (BFH XI R 50/99 BStBl II 02, 347; Rz 41, 42); eine MUerschaft ist aber nicht erforderl (BFH aaO). 35

b) Zweckrichtung. Für eine Entschädigung iSd Nr 1b kommt es allein darauf an, dass die in der Vorschrift aufgeführten Einkünfteausfälle eintreten und dass dafür, also zweckgerichtet (*HHR* § 24 Rz 48: final) ein Ausgleich geleistet wird; dies ist bei einer Vertragsstrafe für eine verhinderte Bürogemeinschaft zu verneinen (FG Hess EFG 13, 37, rkr). Die Entschädigungspflicht beruht regelmäßig auf einem Vertrag zw StPfl und Zahlendem. Weil die Entschädigung nach Nr 1b als Ersatz „für" entgehende oder entgangene Einnahmen geleistet werden müssen, gelten – anders als für Nr 1a – die Erfordernisse unfreiwilliger oder erzwungener Entstehung des Entschädigungsanspruchs und einer *neuen* Rechts- oder Billigkeitsgrundlage (Rz 6ff) nicht (BFH XI R 10/92 BStBl II 93, 497). Es kommt auch nicht darauf an, ob die Entschädigung sich derselben Einkunftsart zuordnen lässt, wie die früheren Einkünfte (zB für ein selbstständiges Wettbewerbsverbot s Rz 39). 36

Für die **Abgrenzung** zw § 24 Nr 1a und 1b besteht keine klare Trennungslinie (BFH IV R 43/74 BStBl II 79, 9); s auch *Hutter* DStZ 96, 641; *Gosch* StBp 96, 275; *Weber-Grellet* DStR 96, 1993, jeweils mwN. 37

c) Betriebsverlegung. Eine bloße Betriebsverlegung ist keine Einstellung der Tätigkeit (BFH IV 365/62 U BStBl III 65, 12); eine Zahlung wegen zeitweiliger Nichtnutzbarkeit des Kundenstamms kann aber Entschädigung iSd Nr 1a sein (vgl BFH VIII R 159/83 BFH/NV 88, 227). 38

d) Wettbewerbsverbot. Eine Abfindung, die durch Ausübung einer im ArbVertrag begründeten Option zur Vertragsbeendigung entsteht und mit einem Wettbewerbsverbot verbunden ist, ist Entschädigung nach Nr 1b (BFH VI R 28/84 BStBl II 87, 106); ebenso BFH VI R 230/83 BStBl II 87, 386 für ein im ArbVertrag begründetes Wettbewerbsverbot, für das nach Beendigung des ArbVerh eine **Karenzentschädigung** gezahlt wird. Auch Entgelte für vertragl begründete umfassende, also eine selbständige Unterlassungspflicht begründende Wettbewerbsverbote, die zu Einkünften iSd § 22 Nr 3 führen, sind Entschädigungen iSd Nr 1b (BFH IX R 86/95 BStBl II 99, 590; IX R 76/99 BFH/NV 03, 1161; *Weber-Grellet* DStR 96, 1993; *Hutter* DStZ 96, 641; *Gosch* StBp 96, 275); das Erfordernis zeitl Begrenzung des Wettbewerbsverbots, auf das der BFH mit abstellt, ist mE verfehlt. Zum Wettbewerbsverbot bei Betriebsveräußerung s Rz 42. 39

e) Tätigkeitseinstellung des ArbN (vgl Rz 35). Der Leistende muss ein Interesse an der Unterlassung der (bisherigen) Einkünfteerzielungstätigkeit des Empfängers haben (BFH XI R 21/88 BFH/NV 92, 646). Eine Abfindung für die **Aufgabe einer Tätigkeit** liegt deshalb dann vor, wenn es dem ArbG nicht nur auf die Beendigung des ArbVerh (dazu FG Mchn DStRE 14, 1180, rkr), sondern – zB aus Wettbewerbsgründen – darauf ankommt, dass der ArbN seine Tätigkeit überhaupt aufgibt; *Beispiel:* Abfindung nach dem Tarifvertrag für frühzeitiges Ausscheiden aus dem Dienst (BFH VI R 28/84 BStBl II 87, 106). Die Aufnahme einer Tätigkeit für einen anderen ArbG ist strechtl unschädl. – Abfindungen, die ArbN auf Grund **rationalisierungsbedingter Umsetzung** auf Arbeitsplätze mit 40 geringer entlohnter Tätigkeit innerhalb des Betriebs gezahlt werden, können Entschädigungen iSd Nr 1b sein (vgl auch Rz 26 aE); (*Beispiel:* Entschädigung bei Umsetzung von Druckern in der Druckindustrie auf geringer entlohnte Arbeitsplätze; *BdF* v 28.12.78 StEK EStG § 24b Nr 2).

41 **f) Kapitalvermögen.** Eine Zahlung für die **Aufgabe einer (typischen) stillen Beteiligung** ist Entschädigung iSd Nr 1b, wenn dem Unternehmer ggü dem stillen Ges'ter kein Kündigungs- oder Auflösungsrecht zustand und die Zahlung nicht der Abgeltung anderer Forderungen des stillen Ges'ters galt (BFH VIII R 126/82 BStBl II 84, 580 zu 3. b); ebenso BFH VIII B 156/94 BFH/NV 96, 125 zur Abfindung einer ererbten stillen Beteiligung.

42 **g) Abgrenzung von Veräußerungsgewinnen.** Bei den **unternehmerischen Einkünften** haben die Vorschriften der §§ 14, 16, 17 und 18 III Vorrang vor § 24 Nr 1 (BFH IV 360/60 U BStBl III 62, 220). Daher handelt es sich nicht um eine Entschädigung für die Aufgabe einer Tätigkeit, wenn ein ausscheidender Ges'ter einer PersGes eine sein KapKto übersteigende Abfindung mit der Maßgabe erhält, innerhalb eines bestimmten Zeitraums jeden Wettbewerb zu unterlassen (RFH RStBl 32, 681), weil insoweit idR § 16 eingreift (vgl § 16 Rz 271 mwN). Das Entgelt für **Konkurrenzverzicht** oder **Wettbewerbsverbot** kann aber dann als eine Entschädigung iSd § 24 Nr 1b mit dem ermäßigten Steuersatz versteuert werden, wenn es dazu bestimmt ist, den Verlust zu erwartender Einnahmen auszugleichen (Rz 39; s auch BFH VIII R 38/72 BStBl II 77, 198). Dies kann wegen der unterschiedl Rechtsfolgen, die sich nach § 34 I, III ergeben können, bedeutsam sein. Keine Entschädigung ist das Entgelt für die Veräußerung eines **Milchlieferungsrechts** (BFH IV B 91/06 BFH/NV 07, 1853); anders mE die Milchaufgabevergütung, wenn die Milchproduktion aufgegeben wird (vgl BFH IV R 42/99 BStBl II 03, 67 zu 3).

43 **h) Übergangsgelder.** Gelder, die dem Angehörigen eines freien Berufs bei Beendigung eines Ehrenamtes in einer Standesorganisation als Ausgleich für die (noch) fortwirkenden Beeinträchtigung seiner Praxis durch die ehrenamtl Tätigkeit gezahlt werden, fallen unter § 24 Nr 1b (*Balmes* Inf 85, 177).

44 **10. Ausgleichszahlungen an Handelsvertreter, § 24 Nr 1c.** Ausgleichszahlungen nach § 89b HGB gehören beim Empfänger zum lfd, der GewSt unterliegenden Gewinn (nicht zum Veräußerungsgewinn iSd § 16), auch wenn ihre Gewährung mit der Aufgabe des Betriebs (BFH XI B 73/95 BFH/NV 96, 169) oder der Beendigung der Tätigkeit zusammenfällt (§ 16 Rz 325; BFH IV R 37/08 BFH/NV 11, 1120: Versicherungsvertreter; BFH X B 56/11 BFH/NV 12, 1331: § 89b nF; dazu Rz 45); andere Abfindungen können Entschädigungen nach § 24 Nr 1a oder b sein (vgl Rz 15 *Handelsvertreter*). § 24 Nr 1c hat deshalb allein die Bedeutung, die Anwendbarkeit eines ermäßigten EStTarifs (§ 34 II Nr 2) zu ermöglichen. Vorabentschädigungen/Vorauszahlungen für Ausgleichsansprüche gem § 89b HGB (dazu *BH* HGB § 89b Rz 70) sind mangels zusammengeballten Zuflusses nicht nach § 34 tarifbegünstigt (BFH I R 250/83 BStBl II 88, 936; aA FG Mchen EFG 13, 863, Rev X R 12/13; s auch Rz 15). Auch die Entschädigung gem § 24 Nr 1c unterfällt nur bei Zahlung in einem Betrag § 34 I (Rz 12; § 34 Rz 17ff). Um eine Ausgleichszahlung iSv § 24 Nr 1c handelt es sich nur dann, wenn die Zahlung ihre **Rechtsgrundlage** in § 89b HGB oder seiner analogen Anwendung (BFH VIII R 21/97 BStBl II 00, 220) hat.

45 **a) § 89 HGB.** Der Anspruch nach § 89b HGB setzt voraus, dass der Unternehmer nach Ende des Vertretervertrages aus der Geschäftsverbindung mit vom Handelsvertreter geworbenen neuen Kunden erhebl Vorteile hat (§ 89 I 1 Nr 1 HGB). Nach der ausdrückl Regelung in § 89b I 1 Nr 2 HGB aF musste der Handelsvertreter infolge der Vertragsauflösung **Provisionen verlieren.** Aufgrund der Änderung des § 89b HGB (Anpassung an EU-Handelsvertreterrichtlinie) ist diese

Voraussetzung (nur noch) ein hervorgehobener Aspekt der Billigkeitsprüfung gem § 89 I 1 Nr 2 HGB nF (s iEinz MünchKommHGB § 89b Rz 92ff; *Korte* DB 11, 2761). Die (Vermittlungs-/Abschluss-)Provisionen müssen ihre Grundlage haben in älteren (in der Vertragszeit zustande gekommenen) Abschlüssen oder in künftigen Abschlüssen mit von dem Handelsvertreter geworbenen Kunden. Nicht dazu gehören Provisionen für andere Tätigkeiten, zB Inkasso, Bestandspflege und Verwaltung. – § 24 Nr 1c greift auch bei **analoger Anwendung** des § 89b HGB ein (BFH VIII R 21/97 BStBl II 00, 220). Gem § 89b V HGB gilt dies auch für **Versicherungsvertreter** (BFH IV R 37/08 BFH/NV 11, 1120) und – wie aus § 92 V HGB ableitbar – auch für **Bausparkassenvertreter,** für Ausgleichszahlungen, die ein **Kommissionsagent** oder ein **Eigenhändler** erhält (BFH IV R 76/70 BStBl II 74, 295). Die Voraussetzungen des § 24 Nr 1c sind auch gegeben, wenn der Ausgleichsanspruch auf einer dem § 89b HGB entspr Vorschrift **ausl Rechts** beruht (FG Ddorf EFG 97, 668) oder wenn **Kfz-Vertragshändler** analog § 89b HGB eine Ausgleichszahlung erhält (BFH VIII R 21/97 BStBl II 00, 220). Um eine begünstigte Ausgleichszahlung iSd § 89b HGB handelt es sich nicht, wenn ein Nachfolgevertreter auf Grund eines selbstständigen Vertrages mit seinem Vorgänger dessen Handelsvertretung oder Teile davon gegen Zahlung einer bestimmten Geldsumme erwirbt (BFH X R 86/91 BFH/NV 93, 412). Leistet ein Unternehmer dem ausscheidenden Handelsvertreter eine Zahlung, die der Entschädigung für den Verlust aus Rechten gem § 87 II HGB (Bezirksprovision, Kundenkreis) dient, dann ist das gleichfalls keine Ausgleichszahlung, kann aber nach § 24 Nr 1a begünstigt sein (Rz 15 *Handelsvertreter*).

b) Wettbewerbsverbot. Eine Ausgleichszahlung nach Nr 1c liegt auch dann nicht vor, wenn der Unternehmer dem Handelsvertreter für ein Wettbewerbsverbot (§ 90a HGB) eine Entschädigung zahlt. Diese fällt allerdings unter § 24 Nr 1b (Rz 39; BFH XI R 43/94 BStBl II 96, 516). 47

c) Betriebl Altersversorgung. Wird einem Handelsvertreter betriebl Altersversorgung in Gestalt einer Betriebsrente gewährt (vgl § 17 I 2 BetrAVG), liegen insoweit grds nachträgl Einkünfte iSd § 24 Nr 2 vor, soweit dadurch der Ausgleichsanspruch entfällt (vgl § 89b I Nr 2 HGB nF); so BFH IV R 174/73 BStBl II 76, 487; s auch Rz 75; zweifelnd *Blencke* StRK Anm EStG § 24 Nr 2 R 11. Zur Ermittlung des Betrages einer Entschädigung iSd § 24 Nr 1c sind die mit der Entschädigung in unmittelbarem Zusammenhang stehenden **BA/WK** abzuziehen; s dazu Rz 13. 48

III. Nachträgliche Einkünfte, § 24 Nr 2

1. Zweck der Vorschrift. § 24 Nr 2 schließt es aus, von der Besteuerung abzusehen, weil eine Einkünfteerzielungstätigkeit aufgegeben oder ein Rechtsverhältnis, das der Einkünfteerzielung diente, beendet ist und Einnahmen erst nachträgl eingehen; insofern grenzt die Vorschrift die sachl StPfl ab. 50

a) Konstitutive Wirkung. Für nachträgl Einkünfte begründet § 24 Nr 2 ferner die **subj StPfl des Rechtsnachfolgers** (s dazu Rz 66ff). Zum Ausschluss der *Verlustverrechnung* s Rz 52. Grds schuldet ESt nur, wer den gesetzl Einkünfteerzielungstatbestand verwirklicht hat (§ 2 Rz 18, 19). Stirbt der StPfl, bevor ihm die Einnahmen, die mit einer Tätigkeit oder auf Grund eines Rechtsverhältnisses erzielt werden sollten, zugeflossen sind (§ 11 I 1, also in den Fällen des § 2 I Nr 4–7 und des § 2 I Nr 1–3 bei Gewinnermittlung nach § 4 III oder § 13a VI), hat er den Tatbestand (noch) nicht verwirklicht. Fließen die Einnahmen aus der ehem Tätigkeit oder dem früheren Rechtsverhältnis dem Rechtsnachfolger (s Rz 68ff) des Verstorbenen zu, hat auch er den Tatbestand der Einkünfteerzielung nicht verwirklicht. Diese **Besteuerungslücke** schließt § 24 Nr 2 dadurch, dass die Verwirklichung von Tatbestandsmerkmalen durch den Rechtsvorgänger dem Rechts- 51 nachfolger zugerechnet wird (BFH GrS 2/04 BStBl II 08, 608: „Tatbestandsverklammerung"; *Heinicke* DStJG 10 [1987], 102; enger FG Köln EFG 15, 1923, rkr, s Rz 69); dadurch unterscheidet sich § 24 Nr 2 von § 45 AO, der Entstehung der Steuerschuld in der Person des Rechtsvorgängers voraussetzt. Fließt dem Erben der Veräußerungserlös aus der vom Erblasser als MUer durch Ges'terbeschluss mitveranlassten Anteilsveräußerung zu, ist der Erbe zwar Steuerschuldner iSd § 24 Nr 2, es handelt sich aber bei der darauf entfallenden Steuer um eine **Erbfallschuld** des Erblassers, so dass die Begrenzung der **Erbenhaftung** nicht ausgeschlossen ist (BFH VII R 118/95 BStBl II 1998, 705).

52 **b) Ergänzungsfunktion.** Sie bedeutet, dass § 24 Nr 2 **subsidiär** gilt im Verhältnis zu den allg Grundsätzen der Tatbestandsverwirklichung als Voraussetzung der Entstehung der ESt (vgl § 2 Rz 18), des Rückwirkungsverbots (§ 2 Rz 41) und der Unbeachtlichkeit der Einkommensverwendung für die Besteuerung (§ 12); vgl *Heinicke* DStJG 10 (1987), 108, 109. BFH GrS 2/04 BStBl II 08, 608 beschränkt § 24 Nr 2 auf Fälle der gespaltenen Tatbestandsverwirklichung (Rz 51) und **verneint** eine analoge Anwendung auch für den **Verlustübergang im Erbfall.** Dies ist mE vor allem wegen des Bruchs mit einer jahrzehntelangen Rspr, also deren Stetigkeit, zu kritisieren. Zu weiteren Kritikpunkten s § 10d Rz 14 sowie hier 30. Aufl (indirekte Diskriminierung älterer Menschen in ihrer Berufswahl/-ausübung). Zu § 15a s aber dort Rz 234 und § 16 Rz 590.

53 **2. Einkünfte aus ehemaliger Tätigkeit.** Sie sind bzgl der in § 2 I Nr 1–4 genannten Einkunftsarten mögl. Es besteht Identität mit der Einkunftsart, zu der die aufgegebene Tätigkeit gehörte. Einkünfte aus einer ehem Tätigkeit liegen dann vor, wenn die Einkünfte in wirtschaftl Zusammenhang mit der ehem Tätigkeit stehen, insb ein Entgelt für die iRd ehem Tätigkeit von dem StPfl erbrachten Leistungen darstellen (BFH IV R 174/73 BStBl II 76, 487). Hierzu können als nachträgl BE auch nach BetrAufgabe/-veräußerung **zurückbehaltene** (Honorar-)**Forderungen** gehören (iEinz § 16 Rz 125, § 18 Rz 232). Nachträgl Zahlungen unter Ges'tern oder deren Rechtsnachfolgern für eine in vorangegangenen Jahren **unrichtige Gewinnverteilung** können auch dann Einkünfte aus ehem gewerbl Tätigkeit sein, wenn der StAnspruch für den ursprüngl Gewinnanteil verjährt ist (FG BaWü EFG 72, 171).

54 **a) Gewinnänderung. Vermindert** sich nach Betriebsaufgabe/-veräußerung eine **Verbindlichkeit,** für die während des Bestehens des Betriebs als Rückstellung bilanziert wurde, erhöht der Minderungsbetrag nachträgl den Veräußerungsgewinn (BFH GrS 2/92 BStBl II 93, 897). Entsprechendes gilt, wenn der **Veräußerungspreis** sich nachträgl ändert (Rz 56f). Der Veräußerungsgewinn ist neu zu ermitteln und ggf die Veranlagung des Jahres der Betriebsaufgabe/-veräußerung nach § 175 I 1 Nr 2 AO zu ändern. IEinz s § 16 Rz 350 ff. Wird allerdings für den Gewinn aus der Veräußerung eines Betriebes (Schiff) eine Rücklage nach **§ 6b** gebildet, führt die spätere Auflösung der Rücklage zu (nicht tarifbegünstigten) nachträgl Einkünften gem § 24 Nr 2 (BFH IV R 150/78 BStBl II 82, 348).

55 **b) Renten.** Erhält ein früherer RA eine **betriebl Versorgungsrente,** liegen insoweit nachträgl Einkünfte iSd § 18 vor (Rz 53; BFH v 22.3.06 XI R 60/03). Wird bei der Auflösung eines Handelsvertreterverhältnisses hinsichtl der bereits vermittelten, aber noch nicht ausgeführten Geschäfte vereinbart, dass der Provisionsanspruch geteilt wird und der **Handelsvertreter** seinen Anteil bei Ausführung des Geschäfts erhält, hat er den Betrag bei Zufluss als nachträgl lfd BE zu versteuern, also keine Aktivierung iVm Besteuerung nach §§ 16, 34 (FG SchlHol EFG 80, 394; Rz 70). **Versorgungsanwartschaftsrechte** (§ 17 I 2 BetrAVG) eines Handelsvertreters dürfen nicht aktiviert werden; die Versorgungsleistungen sind lfd nachträgl Einkünfte (BFH I R 44/83 BStBl II 89, 323; FG Köln EFG 89, 175; s auch Rz 69), nicht aber Leistungen aus LV (FG Nds EFG 14, 1310, Rev X R 33/14). – Bezüge aus **betriebl Hinterbliebenenversorgung** (MUer einer Pers-

Ges) sind Sondervergütungen iSd § 15 I Nr 2 (s § 15 Rz 574/85). Scheidet ein Ges'ter aus einer **PersGes** gegen Abfindung aus und besteht Streit über die Höhe der Abfindung, führt auf vergleichsweiser Beilegung des Streits beruhende nachträgl **Erhöhung der Abfindung** nicht zu nachträgl Einkünften, sondern ist Teil des Veräußerungsgewinns (BFH GrS 2/92 BStBl II 93, 897; *Bordewin* FR 94, 555; Rz 54). – Wird einem RA für seine **Beratungstätigkeit** eine bis zu seinem bzw seiner Ehefrau Tod zu zahlende **Leibrente** zugesagt, gehören die einzelnen Zahlungen zu den nachträgl freiberufl Einkünften (BFH IV R 61/85 BStBl II 87, 597).

c) Art des Entgelts. Wird ein Betrieb gegen **lfd Bezüge** veräußert, stellen diese lfd Bezüge nachträgl Einkünfte iSd § 24 Nr 2 dar. Wird dagegen ein Betrieb gegen **festen Kaufpreis** und **Leibrente** veräußert, wird für den durch den festen Kaufpreis realisierten Veräußerungsgewinn die Tarifvergünstigung des § 34 gewährt. Dem Veräußerer steht ein Wahlrecht hinsichtl der Besteuerung bei Veräußerung gegen lfd Bezüge zu (iEinz § 16 Rz 221ff mwN). 57

d) Erweiterte Honorarverteilung. Bezüge eines **Kassenarztes** aus sog erweiterter Honorarverteilung der kassenärztl Vereinigung gehören zu den nachträgl Einkünften aus selbstständiger Arbeit, auch wenn der Arzt als Kassenarzt nicht mehr tätig ist (BFH IV R 112/71 BStBl II 77, 29; FG SchlHol EFG 14, 1191, Rev VIII R 21/14). 58

e) ArbN. Rechtsnachfolger von ArbN gelten selbst als ArbN, soweit sie Bezüge aus dem früheren DienstVerh ihres Rechtsvorgängers erhalten (§ 19 I Nr 2, II). S auch § 19 Rz 50 „Früheres DienstVerh". Einkünfte aus einem **ehemaligen ArbVerh** liegen nicht vor, wenn der ArbG zur Abgeltung von Gehaltsansprüchen eine Forderung an Zahlung Statt (§ 364 BGB) mit der Folge des Erlöschens des Schuldverhältnisses an den ArbN abtritt. Wenn der ArbN später mehr als den für die abgetretene Forderung angesetzten Wert erhält, ist das auf die Höhe des ArbLohnes ohne Einfluss. Hierbei handelt es sich um einen Vorgang im Bereich des Vermögens des ArbN (BFH VI 137/65 BStBl III 66, 394). Wird dem ArbN von seinem ArbG ein **Optionsrecht** auf spätere Zahlungen eingeräumt, das beim Tode des ArbN auf seine **Witwe** übergehen soll, ist die Witwe Rechtsnachfolgerin hinsichtl der Optionsberechtigung, auch wenn sie nicht Erbin des ArbN wird; auch wenn sie das Optionsrecht den Erben zur Ausübung abtritt, hat sie den Zufluss gem § 24 Nr 2, § 19 I Nr 3 EStG, § 1 I 2 LStDV zu versteuern (*Heinicke* DStJG 10 [1987], unter III 5 Fn 43, 63). 60

3. Einkünfte aus ehemaligem Rechtsverhältnis. – a) Grundsätze. Sie betreffen die in § 2 I Nr 5–7 genannten Einkunftsarten; dies sind vor allem Einkünfte aus früheren Miet- oder Pachtverhältnissen oder einem früher vorhandenen KapVerm. 63

b) Einzelfälle. Die isolierte **Abtretung von Mietforderungen** ändert nichts daran, dass der Zedent (Abtretende) diese als Einkünfte bezieht, wenn sie dem Zessionar (Abtretungsempfänger) zufließen (s Rz 66; s auch § 21 I Nr 4 für im Veräußerungserlös enthaltene Mietzinsforderungen; BFH I R 190/81 BStBl II 86, 815). Anders kann dies zu beurteilen sein, wenn die Abtretung mit der Übertragung des zur Erzielung von Einkünften nach § 20 eingesetzten **KapVerm** einhergeht. Insoweit ist (zB bei Aktien) § 20 V zu beachten; s hierzu sowie zur Frage, ob iÜ die KapEinkünfte besitzanteilig zuzurechnen sind § 20 Rz 166ff sowie hier (bis 30. Aufl). 64

4. Zufluss beim Rechtsnachfolger. § 24 Nr 2 findet auch Anwendung, wenn die unter Rz 53–64 genannten Einkünfte einem Rechtsnachfolger zufließen (Rz 51). Rechtsnachfolger ist jeder Gesamt- und Einzelrechtsnachfolger (Erbe, Zessionar, Berechtigter aus einem Vertrag zu Gunsten Dritter, FG Hbg EFG 92, 265; BFH VIII B 111/93 BStBl II 94, 455; BFH X R 14/94 BStBl II 96, 287/9), 66 dem die Einkünfte (Einnahmen) nach dem Tode des bisherigen StPfl zufließen (zum Zufluss s § 8 Rz 7, 8); Rechtsnachfolger iSd § 24 Nr 2 ist nicht, wem Einnahmen kraft – entgeltl oder unentgeltl – Rechtsgeschäfts unter Lebenden während der Lebenszeit des früheren Rechtsinhabers zufließen. Weitergehend BFH IV R 174/73 BStBl II 76, 487, 489 zu 2; VIII R 160/81 BStBl II 82, 540 zu 4b: Auch während der Lebenszeit des Veräußernden können einzelne Übertragungen (Abtretung, Vertrag zu Gunsten Dritter) für die Zeit vor Übertragung – also gleichsam rückwirkend – Erträge dem Erwerber als Rechtsnachfolger zugerechnet werden; s Rz 64.

67 **a) Abgrenzung.** Die Einbeziehung des Zuflusses an den Rechtsnachfolger in § 24 Nr 2 (s Rz 51) ändert nichts daran, dass der StPfl sich zu seinen Lebzeiten nicht durch vertragl Gestaltungen seiner StPfl entziehen kann. Deshalb machen Rechtserwerbe unter Lebenden den Erwerber nicht zum Rechtsnachfolger des Veräußerers, soweit der Erwerb bereits vor dem Veräußerungsakt begründete Steueransprüche betrifft (s oben Rz 51, 52 sowie *Heinicke* DStJG 10 [1987], unter III 5, 6).

68 **b) Rechtsfolge.** Dem Rechtsnachfolger zufließende nachträgl Einkünfte sind ihm als **eigene Einkünfte** zuzurechnen, dh sie gehen in den Gesamtbetrag der von ihm erzielten Einkünfte ein; die vom Rechtsvorgänger (zB Erblasser) erzielten Einkünfte werden nicht nachträgl erhöht (*Stadie* Persönl Zurechnung, 75f mwN). Hinsichtl der Bestimmung der Einkunftsart ist auf die Verhältnisse des Rechtsvorgängers abzustellen (BFH X R 14/94 BStBl II 96, 287). Der Tod eines Unternehmers hat nicht zur Folge, dass das BV bei seinen Erben in das PV übergeht (s § 6 III; BFH IV R 29/91 BStBl II 93, 36).

69 **c) Einzelfälle. Veräußert** der Erbe die vom Erblasser als freiberufl Erfinder entwickelten **Patente** gegen Leibrente, ist die Rente, soweit sie den Buchwert der Patente übersteigt, als lfd Betriebseinnahme (§§ 18 I, 24 Nr 2), nicht aber als private Veräußerungsrente nur mit dem Ertragsanteil zu versteuern. Etwas anderes gilt nur, wenn die Patente durch Entnahme vor der Veräußerung in das PV überführt worden waren. Veräußert der Erbe WG des ererbten BV, erzielt er gleichfalls Einkünfte der näml Einkunftsart, also bei Verkauf von **Bildern,** die ein künstlerisch tätiger Maler geschaffen hat, solche iSd §§ 18, 24 Nr 2 (BFH IV R 16/92 BStBl II 93, 716). Zu den nachträgl Einnahmen gehören auch die nach dem Tode eines Freiberuflers eingehenden **Honorare/Gewinnanteile** (RStBl 30, 269; RStBl 30, 581; FG Ddorf EFG 14, 266 rkr: entgeltl Übertragung/Verzicht auf Urheberrechte); ebenso Verwertungsentgelte zB von der **GEMA** oder der **VG-Wort** (BFH IV R 62/93 BStBl II 95, 413). Insgesamt **aA** aber FG Köln EFG 15, 1923, rkr: § 18 nur, wenn Einkünfte ledigl nach Erbfall zufließen, § 15 hingegen bei eigener Erfüllungsleistung/Verwertungshandlung der Erben.

72 **5. Nachträgl BA und WK. – a) Grundsätze.** Unter § 24 Nr 2 fallen nicht nur Einnahmen, sondern auch nachträgl anfallende BA/WK (s auch § 4 Rz 486ff; § 9 Rz 40ff; § 20 Rz 214). Nachträgl Veränderungen, die sich dadurch ergeben, dass der Veräußerungs-/Aufgabegewinn zu hoch oder zu niedrig ermittelt worden sind, werden als rückwirkende Ereignisse aufgefasst, die eine Änderung des Gewinns iSd § 16 und der diesbezügl Bescheide rechtfertigen (Rz 54f; § 16 Rz 352ff). Sind Verbindlichkeiten in die **Schätzung des Gewinns** eines früheren Wj eingegangen, ist ihr Abzug als BA nach Einstellung des Betriebs im Jahr der Zahlung ausgeschlossen (BFH X B 168/95 BFH/NV 97, 348). Zu „nachträgl" BV (Forderungen, Verbindlichkeiten, schwebende Geschäfte) nach Betriebsaufgabe s § 16 Rz 350, 360; 371ff. Insb auf „zurückbehaltene", ehemals betriebl veranlasste Schulden gezahlte **Zinsen** können **als nachträgl BA** abzugsfähig sein (s auch Rz 73). Das gilt im Falle der **Betriebsaufgabe/-veräußerung,** soweit die Schulden nicht aus dem Erlös des verwerteten BV und durch Einsatz zurückbehaltener WG getilgt werden konnten, weil dann der betriebl Zusammenhang zur Entste-

hung der Schuld (noch) nicht gelöst ist (BFH X R 15/04 BStBl II 07, 642). Das gilt für **SonderBV** nur soweit, als den MUer auch die Verbindlichkeiten (nur) persönl trafen (BFH X R 60/99 BFH/NV 03, 900). Wird ein WG des (ehemaligen) SonderBV nach Betriebsbeendigung durch Vermietung genutzt, sind Schuldzinsen aus vormaligen Betriebsschulden, für die der (ehemalige) MUer als **Bürge** haftet nachträgl BA iSd § 24 Nr 2, auch wenn eine Umschuldung vorgenommen wurde (BFH X R 60/99 BFH/NV 03, 900). Bei **Einbringung** eines **Einzelunternehmens** in eine PersGes ergeben sich aus § 24 Nr 2 keine Einschränkungen des Schuldzinsenabzugs, weil die Tätigkeit des bisherigen Einzelunternehmers nicht beendet wird (BFH XI R 26/98 BFH/NV 00, 11; Rz 74). Wird ein Betrieb zunächst mit Gewinnerzielungsabsicht geführt, ergibt aber die Entwicklung, dass ein Totalgewinn nicht erzielbar ist, so dass nunmehr ein sog **Liebhabereibetrieb** (s § 2 Rz 22) vorliegt, können Zahlungen auf Kreditzinsen zur Finanzierung des Betriebes als BA abziehbar sein, wenn sie entweder auf die Betriebszeit entfallen oder aus Betriebsmitteln – einschließl evtl Veräußerungserlöse – nicht beglichen werden konnten (BFH XI R 58/04 BFH/NV 07, 434; vgl Rz 53).

b) Einzelfragen. Bestehen hinsichtl des Verwertungserlöses **Auszahlungshindernisse** oder hinsichtl des zurückbehaltenen Aktivvermögens **Verwertungshindernisse,** gehören die wegen der deshalb **verzögerten Tilgung** der Schulden entstehenden **Zinsen** ebenfalls zu den nachträgl BA (BFH X R 15/04 BStBl II 07, 642: Unterbleibt bei Betriebsaufgabe Veräußerung des Wohnhauses zwecks Schuldentilgung für betriebl Räume, soll kein obj Verwertungshindernis vorliegen; mE fragl). Das gilt auch, wenn bei Betriebsveräußerung der Rentenberechtigte der Ablösung einer bei Betriebserwerb begründeten **Rentenverpflichtung** nicht zustimmt, so dass der Zinsanteil (= Rentenzahlungen minus Barwertminderung) BA bleibt (BFH XI R 46/98 BStBl II 00, 120). Auch im Falle der **Betriebsveräußerung** (BFH III R 87/96 BStBl II 99, 313), der **Veräußerung eines PersGes-Anteils** (BFH VII K 8/84 BStBl II 85, 323) oder der **Einbringung** eines Einzelunternehmens gegen Gewährung von GesRechten in eine GmbH unter Zurückbehaltung betriebl Verbindlichkeiten (BFH VIII R 5/96 BStBl II 99, 209) sind die Zinsen für die verbliebenen Verbindlichkeiten abzugsfähig. Zu weiteren Einzelfragen s § 16 Rz 371. Nachträgl WK aus **VuV** liegen auch vor, wenn das Besitzunternehmen einer **BetrAufsp** nach Betriebsaufgabe der BetriebsGes deren Verbindlichkeiten, zu deren Besicherung Grundpfandrechte auf Grundstücken des Besitzunternehmens eingetragen sind, nach **Umschuldung** iRe nunmehr aufgenommenen Vermietungstätigkeit Zins- und Tilgungsleistungen erbringt (BFH X R 104/98 BFH/NV 02, 163). Keine nachträgl BA sind nach BFH XI R 98/96 BStBl II 98, 144 **Schuldzinsen** für einen sich bei der **Übertragung eines Betriebes** ergebenden Ausgleichsbetrag zu Lasten des Übertragenden, weil die Verbindlichkeit nicht während der Inhaberzeit des Übertragenden begründet wurde, sondern anlässl der Veräußerung entstanden sei. Wird die Entstehung der Ausgleichsschuld in einem solchen Fall dadurch vermieden, dass bei der Zurückbehaltung des Grundstücks die für dessen Anschaffung eingegangenen Kreditverpflichtungen gleichfalls zurückbehalten werden und wird das Grundstück durch Vermietung genutzt, so bleiben die Schuldzinsen abzugsfähig, weil sich für den StPfl wirtschaftl nichts Wesentliches ändert (BFH X R 96/95 BStBl II 99, 353). Der (ehem) Ges'ter einer **liquidierten PersGes** kann Zinsen für Verbindlichkeiten der PersGes und solche, die mit seinem (ehem) **SonderBV** wirtschaftl zusammenhängen, als nachträgl BA abziehen, wenn und soweit die Zinsverbindlichkeiten in der Liquidationsbilanz nicht berücksichtigt sind; da ihm sein SonderBV bei der Liquidation der PersGes zurückzugeben ist, darf er die Zinsen für Verbindlichkeiten der Ges, deren Tilgung für den Ges'ter BA wären, auch abziehen, wenn er die WG seines SonderBV zur Tilgung dieser Schuld nicht einsetzt (BFH VIII R 18/92 BStBl II 96, 291). Nach BFH GrS 2/92 BStBl II 93, 897 ergibt sich bei Wertminderung der Forderung aus 73 der Betriebsveräußerung eine **rückwirkende Minderung** des Veräußerungsgewinns (s Rz 54ff). – Zu Schulden, die vom früheren Betriebsinhaber oder vom Ges'ter (MUer) **zurückbehalten** werden, s BFH XI R 26/98 BFH/NV 00, 11; VIII R 150/79; VIII R 2/81 BStBl II 82, 321; 85, 323).

75 **c) Überschusseinkünfte.** Dazu, ob Aufwendungen, die nach Aufgabe der auf Einkunftserzielung gerichteten Tätigkeit entstehen, als **nachträgl WK** zu berücksichtigen sind, s ausführl § 9 Rz 40ff. Zur geänderten Rspr bei Veräußerung von Beteiligungen iSv **§ 17** (Schuldzinsen wie BA als WK abziehbar) s § 20 Rz 214. Zur **Umwidmung** von Darlehen s § 9 Rz 82.

IV. Nutzungsvergütungen für Inanspruchnahme von Grundstücken zu öffentl Zwecken, § 24 Nr 3

80 **1. Allgemeines.** Die Vorschrift erweitert nicht die Steuerbarkeit (FG BBg DStRE 15, 850 rkr, mwN), sondern grenzt die Entschädigungen und Vergütungen nebst zugehöriger Zinsen aus der entspr Einkunftsart aus, um insoweit die ermäßigte Besteuerung nach § 34 I zu ermöglichen. Nutzungsvergütung idS ist auch eine auf Grund eines Besitzeinweisungsbeschlusses zu leistende Entschädigung für Eigentumsbeschränkungen (BFH IX R 19/90 BStBl II 94, 640).

81 **2. Inanspruchnahme.** Der Begriff der Inanspruchnahme für öffentl Zwecke ist nicht eng auszulegen. Ein formelles **Enteignungsverfahren** ist nicht Voraussetzung. Der Grunderwerb kann sich auch durch einen Kaufvertrag vollziehen. Es muss nur feststehen, dass der **Erwerb öffentl Zwecken** dient (BFH VI 366/65 BStBl III 66, 460; IV R 143/82 BStBl II 85, 463: Nutzungsvergütung für die Abtretung von Straßenland) und für den Abschluss des Vertrages, dass einseitiges hoheitl Handeln oder zumindest hoheitl Druck maßgebl war (BFH VIII R 22/95 BStBl II 98, 560). Die vom Zeitpunkt der vorzeitigen Besitzeinweisung an zu zahlenden Zinsen für eine **Enteignungsentschädigung** gehören zu den Einkünften aus KapVerm, wenn der Enteignungsberechtigte zu diesem Zeitpunkt wirtschaftl Eigentum am Grundstück erlangt (BFH VIII R 120/76 BStBl II 80, 570).

§ 24a Altersentlastungsbetrag

[1] Der Altersentlastungsbetrag ist bis zu einem Höchstbetrag im Kalenderjahr ein nach einem Prozentsatz ermittelter Betrag des Arbeitslohns und der positiven Summe der Einkünfte, die nicht solche aus nichtselbständiger Arbeit sind. [2] Bei der Bemessung des Betrags bleiben außer Betracht:

1. **Versorgungsbezüge im Sinne des § 19 Absatz 2;**
2. **Einkünfte aus Leibrenten im Sinne des § 22 Nummer 1 Satz 3 Buchstabe a;**
3. **Einkünfte im Sinne des § 22 Nummer 4 Satz 4 Buchstabe b;**
4. **Einkünfte im Sinne des § 22 Nummer 5 Satz 1, soweit § 22 Nummer 5 Satz 11 anzuwenden ist;**
5. **Einkünfte im Sinne des § 22 Nummer 5 Satz 2 Buchstabe a.**

[3] Der Altersentlastungsbetrag wird einem Steuerpflichtigen gewährt, der vor dem Beginn des Kalenderjahres, in dem er sein Einkommen bezogen hat, das 64. Lebensjahr vollendet hatte. [4] Im Fall der Zusammenveranlagung von Ehegatten zur Einkommensteuer sind die Sätze 1 bis 3 für jeden Ehegatten gesondert anzuwenden. [5] Der maßgebende Prozentsatz und der Höchstbetrag des Altersentlastungsbetrags sind der nachstehenden Tabelle zu entnehmen:

Das auf die Vollendung des 64. Lebensjahres folgende Kalenderjahr	Altersentlastungsbetrag	
	in % der Einkünfte	Höchstbetrag in Euro
2005	40,0	1900
2006	38,4	1824
2007	36,8	1748
2008	35,2	1672
2009	33,6	1596
2010	32,0	1520
2011	30,4	1444
2012	28,8	1368
2013	27,2	1292
2014	25,6	1216
2015	24,0	1140
2016	22,4	1064
2017	20,8	988
2018	19,2	912
2019	17,6	836
2020	16,0	760
2021	15,2	722
2022	14,4	684
2023	13,6	646
2024	12,8	608
2025	12,0	570
2026	11,2	532
2027	10,4	494
2028	9,6	456
2029	8,8	418
2030	8,0	380
2031	7,2	342
2032	6,4	304
2033	5,6	266
2034	4,8	228
2035	4,0	190
2036	3,2	152
2037	2,4	114
2038	1,6	76
2039	0,8	38
2040	0,0	0

Einkommensteuer-/Lohnsteuer-Richtlinien: EStR 24a/EStH 24a/LStH 24a

1. Allgemeines. Der Altersentlastungsbetrag soll bei der Besteuerung solcher Einkünfte einen Ausgleich schaffen, die nicht wie zB Versorgungsbezüge (§ 19 II), Leibrenten (§ 22 Nr 1 S 3 Buchst a) und Versorgungsbezüge der Abgeordneten (§ 22 Nr 4 S 4 Buchst b) begünstigt sind. Daher sind die vorbezeichneten Bezüge, um sie nicht nochmals zu begünstigen, auch nicht in die Bemessungsgrundlage zur Berechnung des Altersentlastungsbetrages einzubeziehen (S 2). Zur Berührung zum Progressionsvorbehalt s BFH I R 179/86 BStBl II 90, 906. Krit zur Berechtigung des Altersentlastungsbetrags *Seer* StuW 96, 323, 332. – Der Altersentlastungsbetrag wird in den Jahren 2005 bis 2040 abgeschmolzen. Im Gegensatz zur Abschmelzung des Vorsorgefreibetrages (§ 19 II) wird hier aber kein zeitlebens feststehender Betrag ermittelt, da die zu Grunde liegenden Einkünfte hier stärker schwanken. Der Vom-Hundert-Satz und der Höchstbetrag stehen aber zeitlebens 1 fest, wobei auf das dem Jahr der Vollendung des 64. Lebensjahres folgende Jahr abgestellt wird. Die Werte sind der Tabelle des § 24a zu entnehmen.

2 **2. Anwendungsbereich.** § 24a gilt ab VZ 2009 auch für **beschr StPfl** (§ 50 I 3). Ein am 1.1. geborener StPfl vollendet das Lebensjahr bereits mit Ablauf des 31.12. (§§ 187 II 2, 188 II BGB). Auch bei **zusammen veranlagten Ehegatten** ist der Altersentlastungsbetrag nur demjenigen Ehegatten für seine eigenen Einkünfte zu gewähren, der die Voraussetzungen hierfür erfüllt (S 4); Gleiches gilt für LPart (§ 2 VIII nF). Die Berechnung ist für jeden Ehegatten/LPart gesondert durchzuführen. Durch entspr ernstl gewollte und tatsächl durchgeführte Vereinbarungen können Ehegatten/LPart die volle Ausnutzung des Altersentlastungsbetrages erreichen (*Bockholt* DB 77, 1773; s FG Nbg EFG 80, 339: Kapitaleinkünften bei Zugewinngemeinschaft; BFH X R 48/92 BStBl II 94, 107: Hofübergabe gegen wiederkehrende Bezüge an beide Ehegatten).

3 **3. Bemessungsgrundlage.** Hierzu gehören der ArbLohn (außer § 19 II) zuzügl der positiven Summe der Einkünfte (außer § 22 Nr 1 S 3 Buchst a, § 22 Nr 4 S 4 Buchst b, § 22 Nr 5 S 1 iVm S 11) die nicht zu den Einkünften aus nicht selbstständiger Arbeit zählen. Der Altersentlastungsbetrag betrug bis VZ 2004 40 vH der Bemessungsgrundlage, höchstens 1908 € im Kj. Ab 2005s Tabelle des § 24a.

4 **a) Arbeitslohn.** Es wird aus Vereinfachungsgründen nicht an die Einkünfte aus nicht selbstständiger Arbeit, sondern an den ArbLohn angeknüpft (*Richter* FR 75, 189); dies ist der BruttoArbLohn ohne Abzug irgendwelcher WK oder Freibeträge. Bei der Nettolohnvereinbarung (§ 39b Rz 10ff) ist daher auf den Bruttobetrag hochzurechnen (aA *HHR* § 24a Rz 13). Nach zutr hM gehören stfreie Zuwendungen nicht zum ArbLohn iSd § 24a (*HHR* § 24a Rz 8; *Stuhrmann* BB 75, 211). Auch pauschal versteuerter ArbLohn (§§ 40–40b) bleibt außer Ansatz (*HHR* § 24a Rz 16). Negative Einnahmen mindern den ArbLohn nur dann, wenn es sich um zurückgezahlten ArbLohn des lfd Kj handelt. Bezieht sich die Rückzahlung dagegen auf ArbLohn früherer Jahre, so wird die Bemessungsgrundlage nicht berührt (glA *HHR* § 24a Rz 16, mwN).

5 **b) Andere Einkünfte.** Die zweite Komponente der Bemessungsgrundlage ist die **positive Summe** der anderen Einkünfte. Es heißt im Gesetz nicht die Summe der positiven anderen Einkünfte; daher werden die positiven Einkünfte mit den negativen verrechnet (FG RhPf EFG 77, 426). Eine positive Summe erhöht die Komponente zu Rz 4; eine negative Summe bewirkt nicht etwa eine Minderung dieser Komponente. Es sind die Einkünfte (nicht der Gesamtbetrag der Einkünfte) zu ermitteln. Dies hat zur Folge, dass Freibeträge, die erst nach der Ermittlung der Einkünfte zu berücksichtigen sind (§ 13 III), die Bemessungsgrundlage nicht mindern (s § 13 Rz 171; *HHR* § 24a Rz 20; *Kübler* DStZ 88, 278). Aus dem gleichen Grund sind auch tarifbegünstigte Einkünfte iSd § 34 in die Bemessungsgrundlage einzubeziehen (BFH IV R 68/04 BFH/NV 06, 723). Zur Ermittlung der positiven Summe der anderen Einkünfte während der Geltung des § 2 III idF StEntlG 99ff s BFH III R 83/04 BStBl II 06, 511.

6 **c) Abgrenzungen. Stfreie Veräußerungsgewinne** sind bei der Ermittlung der Einkünfte abzuziehen (BFH VIII R 147/71 BStBl II 76, 360); sie mindern daher ebenso wie stfreier ArbLohn die Bemessungsgrundlage. Das Gleiche galt für den **Sparer-Freibetrag** (§ 20 IV; FG Hess EFG 85, 72) und muss für den Sparer-Pauschbetrag (§ 20 IX) gelten, soweit dieser sich bei in die Veranlagung einzubeziehende KapEinkünfte auswirkt. Letzteres ist für die nach den §§ 32d, 43 V abgegoltenen KapErträge zu verneinen (§ 2 V b; FG Mchn EFG 14, 2118, rkr; FG Mster EFG 12, 1464; EStR 24a I 2). Zur Anrechnung des WK-Pauschbetrages bei Einkünften aus § 22s EStR 24a. I 3. Nicht zur Bemessungsgrundlage gehören die Einkünfte, die nicht zur Veranlagung führen, weil sie **unter 410 €** liegen (§ 46 II

Nr 1). Der **Verlustabzug** (§ 10d) berührt, da er sich nicht bei der Ermittlung der Einkünfte auswirkt (§ 2 IV), die Bemessungsgrundlage nicht; anders jedoch bei Verlustverrechnung nach § 23 III 8, § 15 IV 2, 7, § 15a II, § 15b I 2 (FG BBg EFG 11, 2164).

4. Verhältnis zu anderen Vorschriften. Zur Berücksichtigung des Altersentlastungsbetrages bei Anwendung anderer Vorschriften s EStR 24a II aF/nF. Der Altersentlastungsbetrag wird bei der Ermittlung des Gesamtbetrages der Einkünfte von der Summe der Einkünfte abgezogen. Hat ein StPfl neben anderen auch tarifbegünstigte Einkünfte iSd § 34, wirkt der Abzug des Altersentlastungsbetrages sich nur soweit mindernd auf die tarifbegünstigten Einkünfte aus, als er die anderen Einkünfte übersteigt. Sind die anderen Einkünfte ausschließl nach § 24a S 2 außer Betracht bleibende Versorgungsbezüge oder Einkünfte, wirkt sich der Abzug des Altersentlastungsbetrages ebenfalls zunächst auf diese Einkünfte aus, so dass die Tarifbegünstigung soweit wie möglich zum Zuge kommt (*Richter* FR 75, 189; *HHR* § 24a Rz 8). 7

§ 24b Entlastungsbetrag für Alleinerziehende

(1) [1]**Allein stehende Steuerpflichtige können einen Entlastungsbetrag von der Summe der Einkünfte abziehen, wenn zu ihrem Haushalt mindestens ein Kind gehört, für das ihnen ein Freibetrag nach § 32 Absatz 6 oder Kindergeld zusteht.** [2]**Die Zugehörigkeit zum Haushalt ist anzunehmen, wenn das Kind in der Wohnung des allein stehenden Steuerpflichtigen gemeldet ist.** [3]**Ist das Kind bei mehreren Steuerpflichtigen gemeldet, steht der Entlastungsbetrag nach Satz 1 demjenigen Alleinstehenden zu, der die Voraussetzungen auf Auszahlung des Kindergeldes nach § 64 Absatz 2 Satz 1 erfüllt oder erfüllen würde in Fällen, in denen nur ein Anspruch auf einen Freibetrag nach § 32 Absatz 6 besteht.** [4]**Voraussetzung für die Berücksichtigung ist die Identifizierung des Kindes durch die an dieses Kind vergebene Identifikationsnummer (§ 139b der Abgabenordnung).** [5]**Ist das Kind nicht nach einem Steuergesetz steuerpflichtig (§ 139a Absatz 2 der Abgabenordnung), ist es in anderer geeigneter Weise zu identifizieren.** [6]**Die nachträgliche Vergabe der Identifikationsnummer wirkt auf Monate zurück, in denen die Voraussetzungen der Sätze 1 bis 3 vorliegen.**

(2) [1]**Gehört zum Haushalt des allein stehenden Steuerpflichtigen ein Kind im Sinne des Absatzes 1, beträgt der Entlastungsbetrag im Kalenderjahr 1908 Euro.** [2]**Für jedes weitere Kind im Sinne des Absatzes 1 erhöht sich der Betrag nach Satz 1 um 240 Euro je weiterem Kind.**

(3) [1]**Allein stehend im Sinne des Absatzes 1 sind Steuerpflichtige, die nicht die Voraussetzungen für die Anwendung des Splitting-Verfahrens (§ 26 Absatz 1) erfüllen oder verwitwet sind und keine Haushaltsgemeinschaft mit einer anderen volljährigen Person bilden, es sei denn, für diese steht ihnen ein Freibetrag nach § 32 Absatz 6 oder Kindergeld zu oder es handelt sich um ein Kind im Sinne des § 63 Absatz 1 Satz 1, das einen Dienst nach § 32 Absatz 5 Satz 1 Nummer 1 und 2 leistet oder eine Tätigkeit nach § 32 Absatz 5 Satz 1 Nummer 3 ausübt.** [2]**Ist die andere Person mit Haupt- oder Nebenwohnsitz in der Wohnung des Steuerpflichtigen gemeldet, wird vermutet, dass sie mit dem Steuerpflichtigen gemeinsam wirtschaftet (Haushaltsgemeinschaft).** [3]**Diese Vermutung ist widerlegbar, es sei denn, der Steuerpflichtige und die andere Person leben in einer eheähnlichen oder lebenspartnerschaftsähnlichen Gemeinschaft.**

(4) **Für jeden vollen Kalendermonat, in dem die Voraussetzungen des Absatzes 1 nicht vorgelegen haben, ermäßigt sich der Entlastungsbetrag nach Absatz 2 um ein Zwölftel.**

Übersicht

Einkommensteuer-/Lohnsteuer-Richtlinien/Verwaltungsschreiben: EStH 24b/LStH 24b – *BMF* BStBl I 04, 1042 (Anwendungsschreiben)

1 **1. Bedeutung; Aufbau.** Der Entlastungsbetrag von 1908 € (ab VZ 2015) für Alleinerziehende ist ein steuerl Freibetrag, der von der Summe der Einkünfte abgezogen wird. Er soll die typischerweise höheren Lebensführungskosten alleinstehender StPfl berücksichtigen, die einen gemeinsamen Haushalt nur mit ihren Kindern führen (BT-Drs 15/1751, 6). Es handelt sich um eine **Sozialzwecknorm** (Rz 3), die den abgeschafften Haushaltsfreibetrag (§ 32 VII aF) ersetzt. – **§ 24b I** enthält neben Tatbestand und Rechtsfolge des Entlastungsbetrags eine Fiktion für die Zuordnung von Kindern. **§ 24b II** legt die Höhe fest. **§ 24b III** definiert das Tatbestandsmerkmal „allein stehend". Gem **§ 24b IV** erfolgt die Berücksichtigung monatsweise.

Dem **Bundesrechnungshof** zufolge sollte die Regelung aufgehoben werden; die FinVerw könne nicht überprüfen, ob der Betrag zu Recht gewährt werde (*BRH,* Bemerkungen 2006, S 30). Die nunmehr erforderl Angabe der IdNr (Rz 13) soll hier Abhilfe schaffen (BT-Drs 18/5244, 29). – Die Einordnung als Sozialzwecknorm ist insoweit problematisch, als der bewirkte Steuervorteil mit dem persönl Steuersatz steigt und somit besser Verdienende stärker entlastet. Der durchschnittl Vorteil liegt bei 360 € im Jahr (*BRH* aaO). – Zur Situation Alleinerziehender s *BReg* Familienreport 2011, S 27 ff. Zur Nichtgewährung des **Splittingvorteils** für (verwitwete) Alleinerziehende s BFH III B 2/13 BFH/NV 13, 1406, mwN; FG Nds EFG 15, 130 Rev III R 36/14; *Kanzler* NWB 14, 549.

2 **2. Persönl Anwendungsbereich.** § 24b gilt für unbeschr (§ 1 I, II) und fiktiv unbeschr StPfl (§ 1 III), s § 50 I 3 (krit *Korn* § 24b Rz 15; *Paus* EStB 14, 100).

3 **3. Rechtsentwicklung; zeitl Anwendungsbereich.** Mit Gesetz v 16.7.15 ist der Entlastungsbetrag auf 1908 € **erhöht** und zusätzl nach der Anzahl der Kinder gestaffelt worden (Rz 15); erstmals sind Regelungen zur Identifizierung des Kindes bzw der Kinder geschaffen worden (Rz 13). Beides gilt **ab VZ 2015** (Nachholung beim LSt-Abzug in 12/2015, § 52 Abs 37b S 1, 2). S iÜ 34. Aufl Rz 3.

4 **4. Verfassungsmäßigkeit.** Die Regelung verstößt weder gegen Art 3 I GG noch gegen Art 6 I GG (BVerfG 2 BvR 310/07 BStBl II 09, 884, mwN; BFH III R 4/05 BStBl II 07, 637; FG Nds EFG 12, 305, Rev VIII R 49/11; *Blümich* § 24b Rz 3; krit: *Schulenburg* DStZ 07, 428). Soweit der BFH in Bezug auf **Zusammenveranlagte** verfrechtl Zweifel geäußert hatte, wenn diese wie Alleinerziehende ein Kind betreuen, ist das BVerfG dem nicht gefolgt (BVerfG aaO, II.2.a.bb: Typisierungsbefugnis des Gesetzgebers – Beschwerde zum EGMR unzul).

Anders als § 32 VII (aF) gilt der Entlastungsbetrag nach § 24b nur für „echte" Alleinstehende mit Kindern (Anteil 2013: ca $^1/_5$ aller Haushalte, s *Statistisches Bundesamt* Pressemitteilung v 20.10.14). Diese tragen statistisch mit Abstand das größte Armutsrisiko (s BReg 4. Armutsbericht, BT-Drs 17/12650, S 111). Es ist daher **dem Grunde nach** gerechtfertigt, sie stärker zu entlasten. Der Einwand, Alleinerziehende würden ohnehin wegen des Grund- und anderer Freibeträge steuerl nicht belastet, verfängt nicht; denn § 24b will nicht das Existenzminimum sichern, sondern Mehraufwand berücksichtigen (BT-Drs 15/3339, 11f). **Der Höhe nach** ist der Gesetzgeber nicht an die Vorgaben gebunden, die für das Existenzminimum und die entspr Freibeträge gelten. Es handelt sich um eine Stützungsmaßnahme außerhalb des subj Nettoprinzips, hinsichtl derer der Gesetzgeber weitgehende Gestaltungsfreiheit hat (vgl § 31 Rz 8 mwN; BFH III B 68/12 BFH/NV 13, 362; *Ross* DStZ 04, 437; aA *v Proff zu Irnich* DStR 04, 1904; s auch *Broer* DStZ 12, 792).

5. Verhältnis zu anderen Vorschriften. Der Entlastungsbetrag wird neben den Freibeträgen für Kinder **(§ 32)** bzw KiGeld oder anderen kinderbedingten Entlastungen wie **§ 33b V** (Pauschbetrag für behinderte Kinder) und **§ 10 I Nr 5, 8** (bis VZ 2011: **§ 9c**) gewährt. Zu **§ 10d** s dort Rz 18. Zum Bezug von Elterngeld s **§ 4 BEEG** und *Borth* FamRZ 15, 1079. 5

6. Entlastungsbetrag, § 24b I. An drei Tatbestandsmerkmale knüpft der Entlastungsbetrag an: **Allein stehend,** mindestens ein **Kind** und **Haushaltszugehörigkeit** des Kindes. Der Begriff „allein stehend" wird in § 24b III definiert (s Rz 16ff). Der StPfl braucht (anders als nach § 9c I aF) nicht erwerbstätig zu sein. 7

a) Zu berücksichtigende Kinder. Mindestens *ein* Kind muss der StPfl haben, für das ihm ein Freibetrag nach § 32 VI oder KiGeld (§ 63) zusteht. Dabei muss es sich gem § 24b I 1 weder um ein Kind iSd § 32 I handeln, noch um ein Kind unter 18 Jahren. Daher können auch volljährige Kinder und neben leibl Kindern auch Stief-, Adoptiv-, Pflege- und Enkelkinder (wegen § 32 VI 7) berücksichtigt werden. 8

b) Haushaltszugehörigkeit des Kindes. Der StPfl muss einen **Haushalt** führen, dessen Kosten er (im Wesentlichen) trägt. Beiträge des Kindes sind grds unschädl (s auch FG Hbg EFG 07, 414, bestätigt durch BFH III R 104/06, BFH/NV 08, 545); denn den Gesetzesmaterialien zufolge beruht die Regelung auf der *typisierenden* Annahme, dass sich nach § 24b I zu berücksichtigende Kinder finanziell nicht in nennenswertem Umfang an der Haushaltsführung beteiligen (BT-Drs 15/3339, 11). 9

aa) Obhut. Das Kind muss sich in der Obhut des StPfl befinden (Versorgung, Pflege, Erziehung etc, vgl *BMF* BStBl I 04, 1042, II.1). Sorgerecht wird nicht vorausgesetzt, ebenso wenig Meldung beim StPfl (s aber Rz 12). Auswärtige Unterbringung (zB Internat) schließt Haushaltszugehörigkeit nicht aus, solange das Kind nicht persönl und finanziell unabhängig auf Dauer einen eigenen Haushalt führt oder in Wohngemeinschaft mit anderen Personen lebt. 10

bb) Vermutungsregelung, § 24b I 2. Die Haushaltszugehörigkeit ist gem § 24b I 2 (ohne weitere Prüfung durch das FA) anzunehmen, wenn das Kind beim StPfl gemeldet ist. Meldung mit dem Hauptwohnsitz wird nicht (mehr) verlangt; Nebenwohnsitz genügt (s auch FG BBg EFG 08, 1959). Es handelt sich um eine **unwiderlegbare Vermutung** zugunsten des StPfl (so jetzt auch BFH III R 9/13 BStBl II 15, 926 mwN: Typisierungsbefugnis des Gesetzgebers, Verstoß gegen Melderecht unbeachtl). 11

cc) Konkurrenzklausel, § 24b I 3. Ist das Kind bei mehreren StPfl gemeldet, wird der Entlastungsbetrag gleichwohl nur einmal gewährt. Er steht gem § 24b I 3 dem Elternteil zu, der das Kind iSd § 64 II 1 in seinen Haushalt aufgenommen hat; dass der Betreffende tatsächl KiGeld erhält, wird nicht vorausgesetzt (vgl BFH III R 79/08 BStBl II 11, 30). – Bei **mehrfacher** (Meldung *und*) **Haushaltsaufnahme** ist der Entlastungsbetrag grds dem Elternteil zu gewähren, der ihn beantragt hat (tatbestandl Voraussetzungen der §§ 24b I 3, 64 II 1 sind erfüllt; so iErg auch BFH III R 79/08 BStBl II 11, 30 mwN: Wahlrecht, allerdings mit Ausnahme bei Berücksichtigung nach § 38b I 2 Nr 2). Nur wenn *beide* Elternteile den Entlastungsbetrag beantragen, entsteht ein gesetzl Wertungswiderspruch (keine Mehrfachgewährung); nur in *diesem* Fall ist daher auf die **überwiegende Betreuung** und auf den Lebensmittelpunkt abzustellen (§ 63 Rz 5) und ggf § 64 II 2, 3 entspr heranzuziehen (BFH aaO: *keine* Aufteilung; aA *Mandla* DStR 11, 1642). – Wird das Kind **in annähernd gleichem Umfang** von beiden Eltern betreut, ist dem 12

BFH (aaO) zufolge darauf abzustellen, wem das KiGeld ausgezahlt wird (zutr Kritik von *Greite* FR 10, 998: „Windhundprinzip").

13 **dd) Identifizierung des Kindes, § 24b I 4–6 nF.** Der Entlastungsbetrag wird mit Wirkung ab VZ 2015 grds nur noch nach Identifizierung des Kindes durch Angabe der IdNr (§ 139b AO) gewährt (§ 24b I 4); es handelt sich um ein gesetzl Tatbestandsmerkmal, das Doppelberücksichtigung von Kindern ausschließen soll (vgl BT-Drs 18/5244, 29). Ein Kind, für das (noch) keine IdNr vergeben worden ist, weil es nicht unter § 139a II AO fällt, muss gem § 24b I 5 auf andere Weise identifiziert werden (ausl Geburtsurkunde, Ausweis oÄ). Wird die IdNr nachträgl vergeben, egal aus welchem Grund, wirkt dies auf Vormonate zurück (§ 24b I 6).

14 **c) Rechtsfolge.** Der Entlastungsbetrag wird von der Summe der Einkünfte abgezogen (§ 2 III 1) und kann nicht übertragen werden. Die Gewährung setzt nicht voraus, dass konkrete (Mehr-)Aufwendungen entstanden sind bzw nachgewiesen werden; denn es wird ein (nur) typisierter Mehraufwand abgegolten (s Rz 4).

15 **7. Höhe, § 24b II nF.** Ab **VZ 2015** beträgt der Entlastungsbetrag bei einem Kind 1 908 €; er erhöht sich für jedes weitere Kind um 240 €. Es handelt sich um Jahresbeträge, die ggf ermäßigt werden (Rz 25). Bis **VZ 2014** galt unabhängig von der Anzahl der Kinder ein Entlastungsbetrag von 1 308 €.

16 **8. Begriff „Allein stehend", § 24b III.** Nach der Legaldefinition des § 24b III 1 ist ein StPfl allein stehend, wenn er nicht die Voraussetzungen des Ehegatten-Splitting gem § 26 I erfüllt (Ausnahme: Verwitwete) *und* nicht in Haushaltsgemeinschaft mit einer anderen volljährigen Person lebt (Ausnahme: Personen, die bei ihm steuerl als Kind berücksichtigt werden).

17 **a) Kein Ehegatten-Splitting, § 24b III 1.** Gem § 24b III 1 darf der StPfl die in § 26 I genannten *Voraussetzungen* für die Anwendung des Splitting-Verfahrens nicht erfüllen. Daraus folgt mE zweierlei: *(1.)* Es kommt nicht darauf an, ob der StPfl auch tatsächl nach dem Splitting-Tarif besteuert wird. – *(2.)* Da es für die Anwendung des Splitting-Verfahrens genügt, dass die in § 26 I genannten Voraussetzungen zu einem beliebigen Zeitpunkt des VZ (sämtl) vorgelegen haben (s § 26 Rz 5), muss dies genügen, um die Anwendung des § 24b auszuschließen.

18 **aa) Begünstigte StPfl.** Somit kommt der Entlastungsbetrag grds nur StPfl zu, die *(1.)* unverheiratet/unverpartnert sind, *(2.)* zwar verheiratet/verpartnert sind, aber dauernd von ihrem Ehegatten/LPart getrennt leben, oder *(3.)* deren Ehegatte/LPart nicht unbeschr stpfl ist, wobei die jeweilige Voraussetzung für den **gesamten VZ** vorgelegen haben muss. Ausgeschlossen sind hingegen StPfl, die für den betr VZ nach dem Splitting-Verfahren veranlagt werden oder werden könnten. Das trifft grds auch StPfl, die (erst) im Laufe des VZ heiraten oder eine LPart begründen, und ebenso StPfl, denen nach einer **Scheidung** im Laufe des VZ die Veranlagungswahlrechte des § 26 I und damit der Splittingtarif (noch) zur Verfügung stehen (s § 32a Rz 15). Eine Zwölftelung nach § 24b IV (Rz 25) ist mE (nur) in diesem Fall wegen des systematischen Zusammenspiels der §§ 24b III 1, 26 I nicht mögl; die Voraussetzungen des § 26 I liegen entweder für den gesamten VZ vor oder aber überhaupt nicht (so wohl auch BFH III R 4/05 BStBl II 07, 637 unter II.2.d; glA *BMF* BStBl I 04, 1042, II.2; *Plenker/Schaffhausen* DB 04, 2440/42; aA *v Proff zu Irnich* DStR 04, 1904). – Zu **§ 26c aF** s 34. Aufl Rz 18 und FG BaWü EFG 14, 1395, Rev III R 17/14, mwN.

19 **bb) Verwitwetensplitting.** Bei dessen Anwendung (s § 32a Rz 14) ist der Entlastungsbetrag ebenfalls zu gewähren. Da dies in § 24b III 1 ausdrückl geregelt ist (ohne Anknüpfung an § 26 I), kommt für das Todesjahr des Ehegatten/LPart eine Zwölftelung (ab Todesmonat) nach § 24b IV in Betracht. Zum LStAbzug s Rz 26.

20 **b) Haushaltsgemeinschaft, § 24b III 2.** Eine Haushaltsgemeinschaft mit anderen *volljährigen* Personen steht der Gewährung des Entlastungsbetrags grds entge-

gen. Definiert wird „Haushaltsgemeinschaft" in § 24b III 2 als **gemeinsames Wirtschaften.** Auf die Dauer des Zusammenlebens kommt es nicht an. Gleichwohl ist der nicht nur vorübergehende Aufenthalt in der Wohnung des StPfl (nur) ein Indiz für gemeinsames Wirtschaften. Vorübergehende außerhäusl Aufenthalte wegen Krankheit, Urlaub uÄ heben eine Haushaltsgemeinschaft nicht auf (vgl *BMF* BStBl I 04, 1042, II.3.a).

aa) Finanzielle oder tatsächl Beteiligung am Haushalt. Vor allem **ehe- und lebenspartnerschaftsähnl Lebensgemeinschaften** sollen damit ausgeschlossen werden, da für diese eine finanzielle oder tatsächl Beteiligung des Partners am Haushalt typisch ist (s auch Rz 23). Schädl kann jedoch ebenso eine Wohngemeinschaft des StPfl **mit anderen Verwandten** (zB Eltern oder Geschwistern) oder **sonstigen Personen** sein. Obj unbillig ist es allerdings, wenn Alleinerziehenden der Entlastungsbetrag wegen einer Haushaltsgemeinschaft mit **pflegebedürftigen Angehörigen** versagt wird (s auch BFH III R 26/10 BStBl II 12, 815). 21

Dieser Auffassung ist grds auch die **FinVerw,** die jedoch voraussetzt, dass *(1.)* der Angehörige aufgrund seiner Pflegebedürftigkeit (Pflegestufe I–III nach § 14 SGB XI oder Blindheit) gehindert ist, sich *tatsächl* am Haushalt zu beteiligen, und *(2.)* eine *finanzielle* Beteiligung am Haushalt daran scheitert, dass die Mittel des Angehörigen den Grenzbetrag des § 32 IV 2 aF nicht übersteigen (VZ 2010–2011: 8004 € im Kj; ab VZ 2012 wird man sich wohl am Grundfreibetrag des § 32a I 2 Nr 1 orientieren können) und kein oder nur geringes Vermögen iSv § 33a I vorhanden ist (*BMF* BStBl I 04, 1042, II.3.a). Die FinVerw lässt damit mE den **pflegerischen Mehraufwand** außer Betracht, der dazu führen kann, dass selbst bei Überschreiten dieser Grenze eine ausgewogene Teilhabe am gemeinsamen Wirtschaften nicht mögl ist (vgl auch § 32 Rz 41ff).

Nach der Begründung des Finanzausschusses (BT-Drs 15/3339, 12) sollen ferner **Wohngemeinschaften mit Studierenden** (WG) schädl sein. Dies setzt aber nach Sinn und Zweck des Entlastungsbetrags ein gemeinsames Wirtschaften in *allen* Bereichen voraus (Unterkunft und Verpflegung), also eine ausgewogene Beteiligung, nicht nur einen rechnerischen Abgleich (glA *Littmann* § 246 Rz 79 und *Korn* § 24b Rz 28). Nach aA (*BMF* BStBl I 04, 1042, II.3.a) genügt bereits ein gemeinsamer Teilbereich wie zB die gemeinsame Nutzung eines Kühlschranks.

bb) Volljährige Kinder. Unschädl ist nach § 24b III 1 letzter HS eine Haushaltsgemeinschaft mit volljährigen Kindern, für die dem StPfl ein **Freibetrag** nach § 32 VI oder **KiGeld** zusteht; es genügt der Kinder- *oder* der Betreuungsfreibetrag (vgl § 32 Rz 83). Unschädl ist auch, wenn zum Haushalt Kinder iSd § 63 I 1 gehören, die im maßgebl Zeitraum einen Dienst nach § 32 V 1 geleistet haben (Grundwehr-/Zivildienst etc, s § 32 Rz 68ff). In allen anderen Fällen schließt eine Haushaltsgemeinschaft mit volljährigen Kindern den Entlastungsbetrag aus (verfgemäß, s BFH III R 104/06, BFH/NV 08, 545, VerfBeschw nicht angenommen). 22

cc) Vermutungsregelung. Gemeinsames Wirtschaften wird nach **§ 24b III 2** vermutet, wenn die andere Person mit Haupt- oder Nebenwohnsitz in der Wohnung des StPfl gemeldet ist (kann aber auch ohne Meldung aus anderen Gründen angenommen werden, s Rz 20). Es handelt sich um eine **widerlegbare Vermutung;** den Gesetzesmaterialien zufolge soll es idR genügen, wenn der StPfl glaubhaft macht oder versichert, dass keine Haushaltsgemeinschaft besteht (BT-Drs 15/3339, 12). Allerdings hat das FG Nds (EFG 10, 1035) eine entspr Versicherung eines verwitweten StPfl mit schriftl Bekundung des (vollzeitbeschäftigten) volljährigen Sohnes nicht genügen lassen. Der BFH hat diese Entscheidung bestätigt (BFH III R 26/10 BStBl II 12, 815) und festgestellt, dass im Falle des Zusammenlebens mit einer volljährigen Person von Synergieeffekten in Bezug auf die Haushaltsführung ausgegangen werden *könne* (Erledigung der Hausarbeit, Kinderbetreuung, tägl Einkäufe und abwechselnde Anschaffung gemeinsam genutzter Gegenstände), die ein gemeinsames Wirtschaften vermuten ließen; ein „Wirtschaften aus einem 23

Topf" werde nicht vorausgesetzt (kein Rückgriff auf § 39 XII SGB XII oder § 9 V SGB II). ME ist dies aber **nicht zwingend;** je nach Umständen des Einzelfalles können Dritte (insb auch volljährige Kinder) eher noch eine zusätzl Belastung für den StPfl sein, mit der Folge, dass der Entlastungsbetrag zu gewähren ist (s auch Rz 21; ebenso *Littmann* § 246 Rz 87). – Leben der StPfl und die andere Person in einer **ehe- oder lebenspartnerschaftsähnl Gemeinschaft,** so handelt es sich nach **§ 24b III 3** um eine unwiderlegbare Vermutung. Als Indiz für eine solche Gemeinschaft gelten (ua): dauerhaftes Zusammenleben (mehr als ein Jahr), Versorgung gemeinsamer Kinder oder Angehöriger im selben Haushalt, gemeinsame Kontoführung, Antrag nach § 33a I für den Lebenspartner etc (s *BMF* BStBl I 04, 1042, II.3.c).

25 **9. Ermäßigung des Entlastungsbetrags, § 24b IV.** Der Entlastungsbetrag (§ 24b II) wird für jeden vollen Kalendermonat, in dem die Voraussetzungen des § 24b I (zB wegen einer schädl Haushaltsgemeinschaft) nicht vorgelegen haben, um ein Zwölftel gekürzt (Monatsprinzip, wie § 32 IV 7). Kürzungsmonate sind nur Kalendermonate, in denen an *keinem* Tag die Voraussetzungen des § 24b I vorgelegen haben; „angebrochene" Kalendermonate lösen keine Kürzung aus.

Die Formulierung der Regelung ist nach Einführung einer Staffelung bei mehreren Kindern gem § 24b II nF etwas unpräzise. Gekürzt wird mE nicht in jedem Fall „der Entlastungsbetrag" iSv § 24b II 1, sondern ggf **nur der Erhöhungsbetrag** iSv § 24b II 2, etwa bei Haushaltszugehörigkeit eines Kindes während des gesamten Kj und eines zweiten Kindes für 6 Monate (dann: 1 908 € + 120 €).

26 **10. Verfahren.** § 24b wird im **LStAbzug** durch Eintrag der **LStKlasse II** berücksichtigt (§ 38b I 2 Nr 2, § 39b II 5 Nr 4: automatisch für *ein* Kind; § 39a I 1 Nr 4a: auf Antrag für weitere Kinder, gem § 39a I 3 für jeweils 2 Kj; s auch *Seifert* Stbg 15, 389; *ders* DStZ 16, 36, 37f). Ändern sich die Verhältnisse, muss der StPfl auch die Eintragung umgehend ändern lassen (§ 39 V 1). Der ArbG darf den LStJA nicht durchführen, § 42b I 3 Nr 3. – Für **Verwitwete** (Rz 19) wird ein Freibetrag eingetragen (§ 39a I 1 Nr 8, II 4); s § 39a Rz 8. – Zur **nachträgl Berücksichtigung** nach § 173 I Nr 2 AO s BFH III R 12/12 DStR 13, 1727.

III. Veranlagung

§ 25 Veranlagungszeitraum, Steuererklärungspflicht

(1) **Die Einkommensteuer wird nach Ablauf des Kalenderjahres (Veranlagungszeitraum) nach dem Einkommen veranlagt, das der Steuerpflichtige in diesem Veranlagungszeitraum bezogen hat, soweit nicht nach § 43 Absatz 5 und § 46 eine Veranlagung unterbleibt.**

(2) *(weggefallen)*

(3) [1] **Die steuerpflichtige Person hat für den Veranlagungszeitraum eine eigenhändig unterschriebene Einkommensteuererklärung abzugeben.** [2] **Wählen Ehegatten die Zusammenveranlagung (§ 26b), haben sie eine gemeinsame Steuererklärung abzugeben, die von beiden eigenhändig zu unterschreiben ist.**

(4) [1] **Die Erklärung nach Absatz 3 ist nach amtlich vorgeschriebenem Datensatz durch Datenfernübertragung zu übermitteln, wenn Einkünfte nach § 2 Absatz 1 Satz 1 Nummer 1 bis 3 erzielt werden und es sich nicht um einen der Veranlagungsfälle gemäß § 46 Absatz 2 Nummer 2 bis 8 handelt.** [2] **Auf Antrag kann die Finanzbehörde zur Vermeidung unbilliger Härten auf eine Übermittlung durch Datenfernübertragung verzichten.**

Einkommensteuer-Durchführungsverordnung:

§ 56 *Steuererklärungspflicht*

[1] **Unbeschränkt Steuerpflichtige haben eine jährliche Einkommensteuererklärung für das abgelaufene Kalenderjahr (Veranlagungszeitraum) in den folgenden Fällen abzugeben:**

1. **Ehegatten, bei denen im Veranlagungszeitraum die Voraussetzungen des § 26 Abs. 1 des Gesetzes vorgelegen haben und von denen keiner die Einzelveranlagung nach § 26a des Gesetzes wählt,**
   a) **wenn keiner der Ehegatten Einkünfte aus nichtselbständiger Arbeit, von denen ein Steuerabzug vorgenommen worden ist, bezogen und der Gesamtbetrag der Einkünfte mehr als das Zweifache des Grundfreibetrages nach § 32a Absatz 1 Satz 2 Nummer 1 des Gesetzes in der jeweils geltenden Fassung betragen hat,**
   b) **wenn mindestens einer der Ehegatten Einkünfte aus nichtselbständiger Arbeit, von denen ein Steuerabzug vorgenommen worden ist, bezogen hat und eine Veranlagung nach § 46 Absatz 2 Nummer 1 bis 7 des Gesetzes in Betracht kommt;**
   c) *(weggefallen)*
2. **Personen, bei denen im Veranlagungszeitraum die Voraussetzungen des § 26 Absatz 1 des Gesetzes nicht vorgelegen haben,**
   a) **wenn der Gesamtbetrag der Einkünfte den Grundfreibetrag nach § 32a Abs. 1 Satz 2 Nr. 1 des Gesetzes in der jeweils geltenden Fassung überstiegen hat und darin keine Einkünfte aus nichtselbständiger Arbeit, von denen ein Steuerabzug vorgenommen worden ist, enthalten sind,**
   b) **wenn in dem Gesamtbetrag der Einkünfte Einkünfte aus nichtselbständiger Arbeit, von denen ein Steuerabzug vorgenommen worden ist, enthalten sind und eine Veranlagung nach § 46 Abs. 2 Nr. 1 bis 6 und 7 Buchstabe b des Gesetzes in Betracht kommt.**
   c) *(weggefallen)*

[2] **Eine Steuererklärung ist außerdem abzugeben, wenn zum Schluss des vorangegangenen Veranlagungszeitraums ein verbleibender Verlustabzug festgestellt worden ist.**

§ 60 *Unterlagen zur Steuererklärung*

(1) [1] **Der Steuererklärung ist eine Abschrift der Bilanz, die auf dem Zahlenwerk der Buchführung beruht, im Fall der Eröffnung des Betriebs auch eine Abschrift der Eröffnungsbilanz beizufügen, wenn der Gewinn nach § 4 Abs. 1, § 5 oder § 5a des Gesetzes ermittelt und auf eine elektronische Übermittlung nach § 5b Abs. 2 des Gesetzes verzichtet wird.** [2] **Werden Bücher geführt, die den Grundsätzen der doppelten Buchführung entsprechen, ist eine Gewinn- und Verlustrechnung beizufügen.**

(2) [1] **Enthält die Bilanz Ansätze oder Beträge, die den steuerlichen Vorschriften nicht entsprechen, so sind diese Ansätze oder Beträge durch Zusätze oder Anmerkungen den steuerlichen Vorschriften anzupassen.** [2] **Der Steuerpflichtige kann auch eine den steuerlichen Vorschriften entsprechende Bilanz (Steuerbilanz) beifügen.**

(3) [1] **Liegt ein Anhang, ein Lagebericht oder ein Prüfungsbericht vor, so ist eine Abschrift der Steuererklärung beizufügen.** [2] **Bei der Gewinnermittlung nach § 5a des Gesetzes ist das besondere Verzeichnis nach § 5a Abs. 4 des Gesetzes der Steuererklärung beizufügen.**

(4) [1] **Wird der Gewinn nach § 4 Abs. 3 des Gesetzes durch den Überschuss der Betriebseinnahmen über die Betriebsausgaben ermittelt, ist die Einnah-**

menüberschussrechnung nach amtlich vorgeschriebenem Datensatz durch Datenfernübertragung zu übermitteln. ²Auf Antrag kann die Finanzbehörde zur Vermeidung unbilliger Härten auf eine elektronische Übermittlung verzichten; in diesem Fall ist der Steuererklärung eine Gewinnermittlung nach amtlich vorgeschriebenem Vordruck beizufügen. ³§ 150 Abs. 7 und 8 der Abgabenordnung gilt entsprechend.

Einkommensteuer-Richtlinien/Verwaltungsschreiben: EStR 25/EStH 25 – BMF-Schreiben DStR 11, 1906 betr Elektronische Übermittlung von Bilanzen sowie Gewinn- und Verlustrechnungen (E-Bilanz); Beck AO-Handbuch 2015, § 150 mit StDatenübermittlungsVO und Anwendungsschreiben v 16.11.11

Übersicht Rz

Schrifttum: *Scholtz* Der Veranlagungszeitraum bei der Einkommensteuer, DStZ 82, 487; *Stadie* Die persönl Zurechnung von Einkünften, 1983; *Schick* Die StErklärung, StuW 88, 301; *Bergan/Martin* Die getrennte Veranlagung als Steuersparmodell?, DStR 06, 645; *Bergan/Martin* Die elektronische Bilanz, DStR 10, 1755; *Geberth/Burlein* E-Bilanz – Das Einführungsschreiben, Taxonomie und der FAQ sind veröffentlicht, DStR 11, 2013; *Schwarz* Rückwirkung von Gesetzen, JA13, 683; *Wacker* Die elektronische StErklärung als Haftungs- und Gebührenfalle für den StBer, DStR 13, 2025; *Siesenop,* Grundzüge der Abgabenordnung JuS 15, 411.

I. Abschnittsbesteuerung

1 **1. Abschnittsbesteuerung; Steuerschuldverhältnis; Entstehung.** Die Neufassung des **§ 25 I** durch Gesetz v 14.8.07, BGBl I, 1912 ist anwendbar ab VZ 09 (§ 52a Abs 13 EStG 2011). **§ 25 III** wurde mit Wirkung ab VZ 13 neugefasst (Gesetz v 1.11.11 BGBl I, 2131, § 52 Abs 68 S 1 EStG 13). **§ 25 IV** gilt erstmals für StErklärungen, die für den VZ 11 abzugeben sind (Art 1d Gesetz v 20.12.08, BGBl I, 2850; § 52 Abs 39 EStG 11/13). § 26 und § 26a wurden – wie § 25 III – mit Wirkung ab VZ 13 geändert (§ 52a Abs 13; s § 26 Rz 1). Zur Rechtsentwicklung *Blümich/Heuermann* EStG, § 25 Rz 5; *Lademann/Hettler* EStG, Lfg Dez 2012, § 25 Rz 1, insb § 26 Rz 1). – §§ 25 ff enthalten die Ausgestaltung der **Abschnittsbesteuerung** des § 2 VII und VIII. Nach § 25 iVm § 43 V und § 46 II (vgl § 50 Rz 6) bestimmt sich, ob zu veranlagen ist, nach §§ 26 ff wie dies zu geschehen hat (*Bergan/Martin* DStR 06, 645). Ansprüche aus dem (jeweiligen) **Steuerschuldverhältnis** entstehen mit der Verwirklichung des gesetzl Tatbestandes

(§§ 37, 38 AO). Die ESt wird aber nicht als lfd Anteil an einzelnen Geschäftsvorfällen erhoben, sondern – ledigl aus Gründen der Praktikabilität – in jährl Abschnitten nachträgl (§ 2 VII). Die grds tatbestandl Anknüpfung an den einzelnen steuerrelevanten Geschäftsvorfall wird vom BVerfG zögernd zum Schutz **(Dispositionsschutz)** gegen (unecht) zurückwirkende Steueränderungsgesetze herangezogen (*Schwarz* JA 13, 683/6; vgl § 2 Rz 41, 42; BVerfG v 10.10.2012 1 BvL 6/07, BStBl II 12, 932, Rz 64, 70 ff; v 17.12.2013 1 BvL 5/08 Rz 42). Die ESt, dh der Anspruch des Fiskus auf Zahlung der ESt, entsteht nach § 36 I mit dem Ablauf des VZ, der dem Kj entspricht(§ 2 Rz 69), also ohne weiteres Zutun des StPfl; deshalb enthält § 36 I kein Tatbestandsmerkmal iSd § 38 AO, sondern eine **Fristenregelung mit Organisationscharakter** (vgl *Schwarz* JA 13 683 Fn 2 mwN). Bestand die StPfl nur während eines Teils des Kj, ist die ESt gleichwohl als Jahressteuer festzusetzen (§ 2 VII 1, 2); zum Ermittlungszeitraums Rz 13–15. Die Abschnittsbesteuerung bedeutet auch, dass es keinen **Vertrauensschutz** hinsichtl des Fortbestandes einer Rechtsauffassung gibt, die das FA der StFestsetzung eines früheren Jahres(VZ) zugrunde gelegt hat (BFH VIII R 11/11 BFH/NV 13, 117 Rz 41 ff).

2. Einkunftsgrenzen, § 56 EStDV. StErklärungen sind von **unbeschr StPfl** 2
(§ 1 I, III, § 1a EStG) insb abzugeben, sofern die Voraussetzungen des § 56 EStDV erfüllt sind; zu Grenzpendlern s Rz 12. **Beschr StPfl** sind zur StErklärung verpflichtet, wenn die Steuer nicht durch den StAbzug als abgegolten gilt (§ 50 II). **Erweitert beschr StPfl** (§ 2 I AStG) haben ihre sämtl im abgelaufenen VZ erzielten Einkünfte zu erklären. Soweit dem QuellenSt-Abzug mit Abgeltungswirkung unterliegende KapEinkünfte (Rz 3) erzielt wurden, kann ein Antrag auf Einbeziehung in die Veranlagung nach § 32d III oder VI gestellt werden (sog **Günstigerprüfung).**

3. Bemessungsgrundlage der Steuerfestsetzung. Das **bezogene Ein-** 3
kommen (§ 2 IV, § 25 I) ergibt sich aus der Summe der von dem StPfl im VZ erzielten Einkünfte (vgl § 2 II) und der nach § 2 III–V vorzunehmenden Abzüge. Bezogen bedeutet nicht zugeflossen, sondern allgemein zeitl Zuordnung nach den Regeln der Einkunftsart, zB § 4a, § 11 (BFH IV R 5/11, Rz 21, DStR 14, 1964; BFH I R 48/11 Rz 19, DStR 14, 6). Aus dem Einkommen (§ 2 IV) wird das zu versteuernde Einkommen (§ 2 V) und die tarifl ESt gem § 32a I, V abgeleitet. Die **festzusetzende ESt** ergibt sich nach Abzug bzw Hinzurechnung der in § 2 VI genannten Positionen; Einzelheiten s EStR 2. **Fällig** wird die (veranlagte) ESt einen Monat nach Erlass des StBescheides, soweit sie nicht durch Vorauszahlungen, QuellenSt-Abzüge (LSt, KapESt, §§ 38 ff, § 43, § 32d IV) und andere Verrechnungsbeträge gedeckt ist (§ 36 IV 1).

II. Steuererklärungspflicht

1. Steuererklärungspflicht. – a) Mitwirkung; Datenfernübertragung. Der 4
StPfl ist verpflichtet, an einer durchzuführenden Veranlagung durch StErklärung mitzuwirken (vgl § 90 AO), kann sich aber beraten/vertreten lassen (§ 150 AO, §§ 1 ff StDÜV, BStBl I 03, 162 = *Elster,* § 3 StBerG). Die Steuererklärungspflicht ist in §§ 149 bis 153 AO und in § 25 III, IV, §§ 56, 60 EStDV näher geregelt. § 25 III nF (s Rz 1) berücksichtigt den Wegfall des § 26c (ab 2013). Im **Strafverfahren** schränkt § 393 AO die Erzwingbarkeit von Erklärungspflichten ein (vgl *Franzen/Gast/Joecks,* Steuerstrafrecht, § 393 Rz 6, 17; OLG Hbg DStR 97, 1273). Unabhängig von der durch Einzelgesetz bestimmten Erklärungspflicht (zB § 25 I, III) ist nach § 149 I 2 AO auch derjenige zur Abgabe einer StErklärung verpflichtet, den das FA – nach pflichtgemäßem Ermessen – dazu auffordert. Die StErklärung ist vom StPfl zur **Wahrheitsversicherung** zu unterschreiben (§ 150 II AO); das FA darf die Unterschrift auch mehrfach (auf einzelnen Teilen der StErklärung) verlangen (FG Bln EFG 94, 4, rkr; aA FG Brem EFG 93, 560, rkr). Liegen die Voraussetzungen einer Veranlagung gem § 46 II Nr 2–8 vor, ist die StErklärung schriftl

(auf amtl Vordruck) abzugeben. Erzielt der StPfl **Gewinneinkünfte** (§ 2 I Nr 1–3), ohne dass § 46 II Nr 2–8 eingreift, sind ab **VZ 2011** (§ 52 Abs 39 EStG 11) StErklärungen grds (§ 25 IV 2) mittels Datensatzes durch Datenfernübertragung abzugeben (§ 150 VI AO; StDÜV, BStBl I 03, 162: *Elster*). Zur Datenfernübertragung von **Bilanzen** und GuV s § 5b. Die (elektronische) StErklärung ist mit einer „qualifizierten elektronischen Signatur" (an Stelle der Unterschrift) zu versehen (§ 150 VII AO; *Wacker* DStR 13, 2025). – Zur StErklärungspflicht bei gesonderten Feststellungen s § 181 AO. Zur Ausübung des Veranlagungswahlrechts im Erbfall s § 26 Rz 15, im Insolvenzverfahren oder bei Pfändung s § 26 Rz 17. Zur Verschuldenszurechnung s § 26b Rz 17.

5 **b) Form der Erklärung; Datensatz.** StErklärungen sind **bis VZ 2010** nach amtl vorgeschriebenen **Vordruck,** also schriftl abzugeben (§ 150 I 1 AO); Kopien reichen aus (BFH VI R 15/02 BFH/NV 06, 1980); der amtl Vordruck ist auch zu verwenden, wenn die Erklärung zur Niederschrift beim FA errichtet wird (§ 151 AO). **Ab VZ 2011** (s Rz 1) sind StErklärungen und Bilanzen, wenn Einkünfte iSd § 2 I 1 Nr 1–3 erzielt werden, grds durch Datenfernübertragung zu übermitteln (§ 25 IV, § 5b iVm § 150 VII AO; Rz 4; *Bergan/Martin* DStR 10, 1755; zu Übergangsregelungen s Rz 4 und § 5b; zur Haftung des Beraters bei Datenfernübertragung s BFH III R 12/12 DStR 13, 10; krit *Wacker* DStR 13, 2025; § 5 StDÜV). Sofern auf Antrag (§ 25 IV 2) auf Datenfernübertragung verzichtet wird, sind die Erklärungen wie bisher schriftl nach amtl Muster abzugeben (§ 60 I 1 EStDV nF; § 150 VII, VIII AO nF). Ein **Antrag auf Veranlagung** (§ 46 II Nr 8) muss durch Abgabe einer StErklärung gestellt werden (§ 46 II Nr 8 S 2; FG BaWü 9 K 2505/14 EFG 15, 1815: elektronische Abgabe ohne Authentifizierung unwirksam, Rev BFH VI R 104/15), von **Ehegatten,** die Zusammenveranlagung wählen (§ 26 I 1, § 26b), gemeinsam (§ 25 III 2; BFH IV R 192/85 BStBl II 87, 540). Eine auf Zusammenveranlagung gerichtete Klage ist eine **Verpflichtungsklage** (BFH XI R 20/97 BFH/NV 98, 701).

6 **c) Unterschrift.** Die StErklärung muss **bis VZ 2010** grds vom StPfl unterschrieben werden (§ 25 III; Ausnahmen: § 150 III AO). Eine *eigenhändige* Unterschrift liegt nicht vor, wenn der StB einen Unterschriftszettel mit der Unterschrift des StPfl auf die ausgefüllte StErklärung klebt (BFH VI R 80/81 BStBl II 84, 13). Übermittlung per **Fax** reicht aus, wenn das Original handschriftl unterzeichnet ist und nachgereicht wird (BFH VI R 82/13 Rz 15, 17 DStR 15, 8; vgl BFH VIII R 38/08, BStBl II 10, 1017). Fehlt die eigenhändige Unterschrift, ist die StErklärung unwirksam, so dass die **Festsetzungsfrist** nicht nach § 170 II 1 Nr 1 AO, sondern nach § 169 II 1 AO zu berechnen ist (BFH X R 84/95 BStBl II 99, 203). Ein gleichwohl ergehender Steuerbescheid ist wirksam. Der Mangel der Unterschrift wird durch die wirksame Zustellung der Einspruchsentscheidung geheilt, jedenfalls wenn ledigl die Unterschrift *eines* Ehegatten fehlt (BFH IX R 54/89 BStBl II 02, 455; BFH X B 63/01 BFH/NV 02, 504). Für **Kinder** und andere nicht geschäftsfähige Personen handeln bei Abgabe der StErklärung ihre gesetzl Vertreter (vgl §§ 79–81 AO). Unterzeichnung durch einen **Bevollmächtigten** ist nur unter den Voraussetzungen des § 150 III AO zulässig, es ist aber ein auf das Vollmachtsverhältnis hinweisender Zusatz (zB iV) oder die Beifügung einer Vollmacht des StPfl (BFH VI R 66/98 BStBl II 02, 455) erforderl; andernfalls liegt keine wirksame eigenhändige Unterschrift vor (BFH VI R 45/97 BStBl II 98, 54). Ab **VZ 2011** ist StErklärung und Bilanzvorlage mittels **Datenfernübertragung** unter Verwendung einer qualifizierten **elektronischen Signatur** nach dem Signaturgesetz vorgeschrieben (Rz 4).

7 **d) Fristen.** Die Frist zur Abgabe der ESt-Erklärung beträgt seit 1980 grds 5 Monate nach Ablauf des Kj (§ 149 II 1 AO); bei Einkünften iSd §§ 13 ff, wenn der Gewinn nach einem abw Wj ermittelt wird (§ 4a), endet die Frist nicht vor Ablauf von 5 Monaten nach dem Ende des Wj (§ 149 II 2; Art 97 § 10a III

EGAO). Die Frist für **Antragsveranlagung** ist ab 2008 weggefallen (*K/Eisgruber* EStG § 46 Rz 30); zum Antrag s Rz 5. Der Antrag kann bis zum Ablauf der **Festsetzungsfrist** (*Siesenop* JuS 15, 411/3) gestellt werden (FG Nds 2 K 113/14 EFG 15, 701, Rev BFH VI R 43/15;). Auf die Festsetzungsfrist (§ 169 II Nr 2, S 2 und 3, § 170 I, II Nr 1 AO, § 37 I) ist § 170 II Nr 1 AO bei der Antragsveranlagung nicht (analog) anwendbar (BFH VI R 16/11 BFH/NV 13, 340).

2. Folgen der Nicht-Abgabe der Steuererklärung. Das FA kann die Abgabe der StErklärung erzwingen (§§ 328 ff AO; wegen Verspätungszuschlägen s § 152 AO). Das FA kann einen StBescheid mit **geschätzten Besteuerungsgrundlagen** erlassen (§ 162 AO); dies ist der regelmäßig für das FA praktikablere Weg; es kann den Schätzungsbescheid im Einspruchsverfahren ändern (BFH VI R 15/05 BFH/NV 06, 1944). Die **Verpflichtung zur Steuererklärung** und ihre Erzwingbarkeit erlöschen nicht durch Erlass eines Schätzungsbescheids (§ 149 I 4 AO). Zur **Verschuldenszurechnung** bei Zusammenveranlagung s § 26b Rz 17 mwN. 8

III. Veranlagungsverfahren

1. Verpflichtung zur Veranlagung. Das zuständige FA (§ 19 AO) ist verpflichtet, eine Veranlagung durchzuführen; darauf hat der StPfl einen rechtl verfolgbaren **Anspruch** (§ 25 I, § 155 I AO; BFH IV 209/58 U BStBl III 59, 348; BFH VI 52/65 U BStBl III 66, 46), soweit nicht nach anderen Vorschriften eine Veranlagung unterbleibt (§§ 43 V, 46). Das gilt auch, wenn ein **Antrag** auf Veranlagung in Form einer StErklärung vor Eintritt der Festsetzungsverjährung (BFH VI R 53/10 BStBl II 11, 746 und VI R 86/10 BFH/NV 11, 1515) gestellt wird (§ 46 II Nr 8 ab EStG 08); zum Wegfall der Antragsfrist des § 46 II Nr 8s § 52 Abs 55j S 4. Auf das Vorliegen der Antragsvoraussetzungen kommt es nicht an, wenn das FA bereits einen **Schätzungsbescheid** erlassen hat (BFH VI R 15/05 BStBl II 06, 912). Ohne Antrag ist ein StPfl einzeln zu veranlagen, wenn dessen Ehegatte getrennte Veranlagung wählt, obwohl die Voraussetzungen für eine Zusammenveranlagung (§ 26 I) vorliegen (BFH VI R 80/04 BStBl II 07, 11; zweifelnd, evtl Analogie zu § 46 II Nr 3a: *Bergan/Martin* DStR 06, 645). 9

2. Verfahren des Finanzamts. – a) Prüfungspflicht. Das FA ist berechtigt und verpflichtet, die StErklärungen –auch zugunsten des StPfl – zu überprüfen und eine Entscheidung über den Erlass eines StBescheids zu treffen (§§ 85 ff, 155 ff AO). Das FA kann, da die Besteuerungsgrundlagen bei jeder Veranlagung selbstständig zu ermitteln sind, auch jeder Veranlagung eine **gewandelte Rechtsauffassung** zu Grunde legen (BFH VIII R 11/11 BFH/NV 13, 117 Rz 41 ff, mwN; BFH GrS 1/10, BStBl II 13, 317 zum Verhältnis von Abschnittsbesteuerung und Bilanzberichtigung), sofern es nicht durch verbindl Zusagen (§ 204 AO) oder verbindl Auskünfte (§ 89 II AO) gebunden ist, auf die freil auch nicht wirkl Verlass ist (vgl BFH IX R 28/98, BStBl II 02, 714 oder FG Mchn 1 V 3932/09 EFG 10, 1209, Beschwerde erfolglos BFH IV B 34/10, BFH/NV 11, 241). In gewissem Umfang ergibt sich bei gewandelter Rechtsauffassung Vertrauensschutz aus § 176 AO. 10

Auch bei der Abgrenzung von **Liebhaberei** und Einkünfteerzielung, namentl bei der sog Totalgewinnprognose ist das Prinzip der Abschnittsbesteuerung zu beachten, dh spätere Erkenntnisse, die nicht § 173 I Nr 1 AO genügen, dürfen nicht zu einer nachträgl Änderung der StFestsetzung führen. Aus Gründen des **Bilanzenzusammenhangs** können sich aber in späteren Jahren (nachträgl) Korrekturen des Gewinns ergeben, die in diesen späteren Jahren zu steuerl Auswirkungen führen (BFH IV R 25/04 BStBl II 08, 171; § 4 Rz 700, 709). 11

b) Grenzpendler. Bezieht ein **unbeschr StPfl** Einkünfte aus unselbstständiger Arbeit im Ausl, ist die *Veranlagung* (§ 25) davon abhängig, ob er in Deutschland aufgrund eines DBA (vgl DBA-MA Art 15–19) stpfl ist, etwa als sog Grenzpendler (vgl *Vogel/Lehner* DBA, Art 15). Nach § 2 II AO können dazu Konsultationsver- 12 einbarungen mit Anliegerstaaten (zB für Grenzpendler) als RechtsVO ergehen, so dass sie auch für die Gerichte verbindl sind, sofern die Ermächtigungsgrundlage ausreicht, was mE der Fall ist. Der **Härteausgleich** ist analog § 46 III, V auch vorzunehmen, wenn der LSt-Abzug vom ArbG im Ausl (Schweiz) nicht vorgenommen worden ist (BFH I B 69/13 BStBl II 15, 793). Ein besonderer Grenzpendlerfall liegt vor, wenn Ehegatten ihre Einkünfte (nahezu) vollständig in Deutschland erzielen, sie aber in der Schweiz wohnen (§ 26 I 1, § 1 III, § 1a I Nr 2); der Freizügigkeitsgrundsatz (Art 11 I FZA EU-CH) und das aus Art 3 GG folgende **Diskriminierungsverbot** gebieten die beantragte Zusammenveranlagung nach §§ 26, 26b; so auch EuGH v 28.2.13 C-425/11, BStBl II 13, 896 auf Vorabentscheidungsersuchen FG BaWü 3 K 3752/10 *BeckRS* 2011, 96338; s zur **gemeinschaftskonformen Auslegung** des § 1a § 26 Rz 10.

13 **3. Veranlagungszeitraum. – a) Kalenderjahr; Ermittlungszeitraum.** Bei **persönl StPfl während des ganzen Kj** ist das in dieser Zeit bezogene Einkommen (Rz 1) der Veranlagung zu Grunde zu legen. Besteht die StPfl (etwa wegen Geburt, Tod, Ein- oder Auswanderung) nur während eines Teils des Kj ergibt sich ein abgekürzter Ermittlungszeitraum (BFH II R 15/11 BStBl II 12, 790 Rz 21). Das folgte bis 1995 aus § 2 VII 3 (aF), ergibt sich aber auch aus dem Grundsatz der Tatbestandsmäßigkeit der Besteuerung (Rz 1, § 2 Rz 18 ff). Das Kj bleibt VZ (BFH VI R 162/81 BStBl II 84, 587 *Scholtz* DStZ 82, 486, 488). § 2 VII 3 schreibt vor, dass die während der **beschr StPfl** erzielten inl Einkünfte den während der unbeschr StPfl erzielten Einkünften hinzuzurechnen sind, so dass bei **Wechsel der Art der StPfl** ein einheitl (zusammengesetzter) Ermittlungszeitraum entsteht (FG BaWü 4 K 4095/10, EFG 12, 1474); zu ausl Einkünften beschr StPfl s § 26 Rz 26. Ist der Zeitraum der beschr und der unbeschr StPfl zusammen kürzer als ein Jahr, findet – wie bisher – eine Umrechnung auf einen kalkulatorischen Jahresbetrag nicht statt. Zum Ausschluss bzw (teilweise) Abzug von Pauschbeträgen s § 50 Rz 14–22. Außerhalb des Ermittlungszeitraums liegende Tatsachen können zur rechtl Würdigung herangezogen werden (vgl § 15 Rz 30; § 2 Rz 18). Für **beschr StPfl** richtet sich die Erklärungspflicht nach § 50 I, soweit der Abgeltungsgrundsatz nicht eingreift (s § 50 Rz 26 ff; 34, 36).

14 **b) Veranlagungszeitpunkt bei Beendigung der subj StPfl.** Die Veranlagung kann sofort erfolgen, wenn die **StPfl vor Ablauf des Kj endet;** das ergibt sich mE trotz Streichung des § 25 II durch das JStG 96 aus der Natur der Sache; das gilt allerdings nicht, wenn eine Zusammenveranlagung (§ 26b) vorzunehmen ist und die unbeschr StPfl des anderen Ehegatten bis zum Ende des VZ fortbesteht, ferner nicht bei Wechsel der Art der StPfl (s Rz 13).

15 **c) Abweichendes Wirtschaftsjahr.** Endet die persönl StPfl im Falle der Ermittlung der Einkünfte durch Vermögensvergleich nach einem vom Kj abw Wj, so ist ein RumpfWj zu bilden; auch wenn der StPfl verstorben ist, ist ihm der Gewinn des im Kj abgelaufenen vollen Wj und des RumpfWj zuzurechnen, so dass der Ermittlungszeitraum mehr als 12 Monate umfassen kann (BFH I R 64/68 BStBl II 70, 838; BFH I R 100/71 BStBl II 73, 544).

§ 26 Veranlagung von Ehegatten

(1) [1] **Ehegatten können zwischen der Einzelveranlagung (§ 26a) und der Zusammenveranlagung (§ 26b) wählen, wenn**

1. beide unbeschränkt einkommensteuerpflichtig im Sinne des § 1 Absatz 1 oder 2 oder des § 1a sind,

2. sie nicht dauernd getrennt leben und

3. bei ihnen die Voraussetzungen aus den Nummern 1 und 2 zu Beginn des Veranlagungszeitraums vorgelegen haben oder im Laufe des Veranlagungszeitraums eingetreten sind.

[2]**Hat ein Ehegatte in dem Veranlagungszeitraum, in dem seine zuvor bestehende Ehe aufgelöst worden ist, eine neue Ehe geschlossen und liegen bei ihm und dem neuen Ehegatten die Voraussetzungen des Satzes 1 vor, bleibt die zuvor bestehende Ehe für die Anwendung des Satzes 1 unberücksichtigt.**

(2) [1]**Ehegatten werden einzeln veranlagt, wenn einer der Ehegatten die Einzelveranlagung wählt.** [2]**Ehegatten werden zusammen veranlagt, wenn beide Ehegatten die Zusammenveranlagung wählen.** [3]**Die Wahl wird für den betreffenden Veranlagungszeitraum durch Angabe in der Steuererklärung getroffen.** [4]**Die Wahl der Veranlagungsart innerhalb eines Veranlagungszeitraums kann nach Eintritt der Unanfechtbarkeit des Steuerbescheids nur noch geändert werden, wenn**

1. **ein Steuerbescheid, der die Ehegatten betrifft, aufgehoben, geändert oder berichtigt wird und**
2. **die Änderung der Wahl der Veranlagungsart der zuständigen Finanzbehörde bis zum Eintritt der Unanfechtbarkeit des Änderungs- oder Berichtigungsbescheides schriftlich oder elektronisch mitgeteilt oder zur Niederschrift erklärt worden ist und**
3. **der Unterschiedsbetrag aus der Differenz der festgesetzten Einkommensteuer entsprechend der bisher gewählten Veranlagungsart und der festzusetzenden Einkommensteuer, die sich bei einer geänderten Ausübung der Wahl der Veranlagungsarten ergeben würde, positiv ist.** [2]**Die Einkommensteuer der einzeln veranlagten Ehegatten ist hierbei zusammenzurechnen.**

(3) **Wird von dem Wahlrecht nach Absatz 2 nicht oder nicht wirksam Gebrauch gemacht, so ist eine Zusammenveranlagung durchzuführen.**

Einkommensteuer-Richtlinien/Verwaltungsschreiben: EStR 26/EStH 26 – *OFD Frankfurt* v 12.8.2011 DStR 12, 35 zum Wahlrecht der Ehegatten für Getrennt- oder Zusammenveranlagung innerhalb eines Insolvenzverfahrens

Übersicht

Schrifttum (Schrifttum vor 1998 s 19. Aufl; bis 2003 s 30. Aufl); bis 2012 s 32. Aufl. – *Laule* Der Schutz von Ehe und Familie in der Rspr des BFH, StuW 62, Sp 355; *Nebe* Die Wahl der Veranlagungsart bei der ESt, DStR 70, 526; *Kieschke* Kinder im EStRecht und Ehegattenbesteuerung ab 1975, DB 74, 1736; *Lietmeyer* Auswirkungen des Ehegattensplitting, DStZ 82, 126; *Gerz* Veranlagungsformen ab dem Veranlagungszeitraum 2013, SteuK 2013, 5; *Schöler* Verlustvortrag und Zusammenveranlagung in der Insolvenz des Ehegatten, DStR 2013, 1453; DStR 14, 2349; *Sanders* Ehegattensplitting vor dem BVerfG, NJW 2013, 2236; *Neufang/Neufang* Veranlagung von Ehegatten ab 2013 und Steuerschuldnerschaft, StB 2014, 145; *Sandweg* Der Splittingtarif nach § 32a Abs 5 – Relikt aus alten Zeiten oder ausgewogene Berücksichtigung der steuerl Leistungsfähigkeit, DStR 14, 2097; *Schöler* Noch einmal: Der Zugriff des Insolvenzverwaltes auf den Verlustvortrag des nicht-insolventen Ehegatten DStR 14, 2349; Das Veranlagungswahlrecht von Ehegatten im Insolvenzfall, *Perleberg-Köbel* NZFam 14, 1080 .

I. Allgemeines; eingetragene Lebenspartner

1 **1. Verfassungsmäßigkeit. – a) Frühere Haushaltsbesteuerung.** Sie war in § 26 idF des EStG v 17.1.52 (BGBl I, 33) geregelt. Das BVerfG verwarf § 26 aF, weil die Vorschrift dem Grundsatz der **Individualbesteuerung** widerspreche (BVerfG 1 BvL 4/54 BStBl I 57, 193). §§ 25–26b wurden neugefasst; sie sind verfgemäß (BVerfG 1 BvR 620/78, BStBl II 82, 717); durch die Einfügung des § 2 VIII ist die Verfmäßigkeit auch hinsichtl der Behandlung von LPart (rückwirkend s § 52 Abs 2a idF des Gesetzes v 15.7.13, BGBl I, 2397) gegeben (s Rz 2 mwN). Zu Alleinerziehenden s Rz 5 aE. – Das **StVerG 2011** (v 1.11.11 BGBl I, 2131, BStBl I, 986, § 52 Abs 68 S 1 EStG 13) hat mit Wirkung ab **VZ 2013** §§ 26, 26a, § 32a (s § 25 Rz 1) geändert und § 26c ab VZ 2013 gestrichen. Die Streichung des § 26 I 3 aF hängt mit dem Wegfall des § 26c zusammen; beide Vorschriften ermöglichten nach dem Tod eines Ehegatten die Zusammenveranlagung mit dem Verstorbenen, auch wenn der überlebende Ehegatte wieder geheiratet hatte. Nach der Gesetzesänderung kommt es auf die nach hM mögl Meinungsverschiedenheiten unter den Erben über die Wahl der Veranlagungsart nicht mehr an (vgl Rz 16). Der überlebende Ehegatte kann nach erneuter Eheschließung nurmehr Zusammenveranlagung mit dem zweiten Ehegatten erreichen (§ 26 I 1 Nr 3 S 2); die Erben des verstorbenen Ehegatten können Einzelveranlagung mit Splitting erreichen (§ 32a VI Nr 2 nF). § 26c wurde dadurch entbehrl. In **gültiger Ehe** lebende unbeschr StPfl/LPart (Rz 2, 6, 9) können ab **VZ 2013** nach § 26 II nF nur noch zw Einzelveranlagung oder Zusammenveranlagung wählen (Rz 14). Es widerspricht nicht dem GG, dass verschiedengeschlechtl Partner einer eheähnl Lebensgemeinschaft mit einem gemeinsamen Kind nicht gem § 26 Zusammenveranlagung wählen können (BFH III B 28/13 BFH/NV 14, 174).

2 **b) Eingetragene Lebenspartner.** Die **Zusammenveranlagung** ist mit der **Splitting-Besteuerung** (§ 26b) verbunden; die Einkünften der beteiligten StPfl werden zusammengerechnet, ein gemeinsames Einkommen ermittelt (§ 26b Rz 8 ff) und die ESt (gem § 32a I, V) errechnet. Sind die Einkünfte der beteiligten StPfl unterschiedl hoch, ergibt sich infolge der Einkünftezusammenrechnung (§ 26b Rz 2–10) idR durch **Progressionsmilderung** eine niedrigere Steuer als bei Einzelveranlagung. Neben der Ehe für verschiedengeschlechtl Personen ist für gleichgeschlechtl Personen die ***eingetragene Lebenspartnerschaft*** durch das LPartG (als Teil des LpartDisBG v 16.2.2001, BGBl I, 266; in Kraft getreten am 1.8.01 gem Art 5 LpartDisBG) geschaffen worden. . Im Hinblick auf BVerfG (v 7.5.2013 2 BvR 909/06 , DStR 13, 1228; zur BVerfG-Rspr s *Sanders* NJW 13, 2236),

1.8.2001) ist **§ 2 VIII** (Gesetz v 15.7.13, BGBl I, 2397) eingefügt worden. § 2 VIII ist auf alle Fälle anzuwenden, in denen am 1.8.01, die ESt noch **nicht bestandskräftig** festgesetzt war (s Rz 1). § 2 VIII gilt nicht für Fälle aus der Zeit vor Inkrafttreten des LPart am 1.8.01 (BFH III R 14/05 Rz 12, BStBl II 14, 829, DStR 14, 1538); das gilt auch für nicht verpartnerte Personen (BFH III B 28/13, BFH/NV 14, 1741). Zufolge § 2 VIII sind die für Ehegatten und Ehen geltenden Regelungen des EStG auf Lebenspartner und Lebenspartnerschaften anzuwenden. LPart können danach – wie Ehegatten – gem § 26 Einzel- oder Zusammenveranlagung (§ 26b iVm § 32a V) wählen (Rz 5, 14). Da § 2 VIII über die og Entscheidung des BVerfG hinausgeht (vgl § 2 Rz 71), ist mE auch § 32a VI für LPart anwendbar (Rz 14; vgl § 2 Rz 72).

2. Außergewöhnl Belastungen. Nach dem System des EStG verdrängen die 3
Vorschriften über die Ehegattenbesteuerung die allg Vorschriften über den Unterhaltsabzug als leges speciales, und zwar auch dann, wenn die Ehegatten die getrennte Veranlagung wählen (BFH GrS 1/87 BStBl II 1989, 164). Ehegatten können deshalb Aufwendungen für den übl Lebensunterhalt des anderen nicht getrennt lebenden, unbeschr stpfl Ehegatten (s § 26a Rz 7 zu beschr StPfl) nicht nach § 33a EStG als agB abziehen (BFH GrS 1/87 aaO); das gilt wegen § 5 LPartG auch für LPart. Bisher konnten LPart die Unterhaltsaufwendungen gem § 33a (bis zur Einfügung des § 2 VIII; Rz 1, 2) geltend machen (§ 33a Rz 13; BFH III R 8/04 BStBl II 06, 833). Sie wurden stets einzeln veranlagt (BFH III R 8/04 BFH/NV 06, 1966; zur geänderten Rechtslage s Rz 2). Werden (nach altem Recht ergangene) **Einzelveranlagungsbescheide** von LPart für die Zeit ab 1.8.01 geändert (s Rz 2), fällt ein Abzugsbetrag nach § 33a weg, auch wenn nicht (nachträgl) Zusammenveranlagung gewählt wird (vgl BFH III B 129/11 BFH/NV 12, 1452).

3. Soziale Funktion; Alternativen zum Splitting. Die Splittingbesteuerung 4
knüpft an die intakte Durchschnittsehe an (BFH VIII R 90/98 BFH/NV 02, 1137; zu den steuerl Wirkungen *Sandweg* DStR 14, 2097). Bei Abschaffung des Splitting würden sich ungleiche und deshalb verfwidrige StBelastungen insofern ergeben, als Bezieher insb von gewerbl Einkünften durch vertragl Gestaltungen splittingähnl Entlastungen herbeiführen könnten (§ 26a Rz 5; *Richter/Steinmüller* FR 02, 812). Es sind freil andere Systeme denkbar, die den Vorgaben der Art 3 und 6 GG genügen und der Schutzfunktion des Art 6 GG vor allem für die Familie besser gerecht werden, zB ein **Realsplitting** mit realitätsnaher (typisierter) Berücksichtigung der gesetzl Unterhaltslasten (s Düsseldorfer Tabelle). In der unzureichenden Berücksichtigung der von Rechts wegen tatsächl bestehenden **Unterhaltslasten** (s Düsseldorfer Tabelle), die sowohl zw den Ehegatten/LPart als auch ggü Kindern zu erfüllen sind, liegt der schwerwiegendste Mangel des derzeitigen Systems der Familienbesteuerung; so auch *Mössner* DWS Bd 14 (2008), S 3 ff; denn die Ehe ist in erster Linie *Lebens- und Reprokuktionsgemeinschaft* (anders BVerfG 2 BvR 909/06 BVerfGE 133, 377 Rn 94, DStR 13, 1228, Rn 94: *(ledigl)* „Gemeinschaft des Erwerbs und Verbrauchs"), daneben auch *Wirtschaftsgemeinschaft* (*P. Kirchhof* FPR 03, 387) und *Unterhaltsgemeinschaft* (eingehend *Mössner* DWS Bd 14(2008), 17 ff) und damit die historisch effektivste *Sozialgemeinschaft* (*P. Kirchhof* FPR 03, 387), die den Staat bei der Daseinvorsorge im Sozialbereich entlastet. Deshalb ist es nach Art 3 und 6 GG mE geboten ist, gesetzl Unterhaltslasten grds in ***vollem*** *Umfang* steuermindernd zu berücksichtigen (zur Reformdebatte s auch *Winhard* DStR 06, 1729; *Prinz* FR 10, 105; *Seiler* FR 10, 113; *Sacksofsky* FR 10, 119; *Jachmann* FR 10, 123).

II. Zusammenveranlagung

1. Veranlagungsarten. Die Veranlagungsarten sind **ab VZ 2013** reduziert 5
worden. LPart können die Veranlagungsarten nach §§ 25, 26 aF/nF wie Ehegatten

wählen (Rz 2). Für die ab VZ 2013 gegebenen Wahlmöglichkeiten s Rz 14–17, auch zu Sonderfällen. Zu den Veranlagungsarten **bis VZ 2012** s Rz 18 und bis 32. Aufl. **Alleinerziehenden** wird der Splittingtarif nicht gewährt (BFH III B 121/03 BFH/NV 05, 46; BFH v 27.5.13 III B 2/13; mE verfrechtl bedenkl, weil das BVerfG den Familienbegriff in seiner Rspr (s Rz 2 mwN) auch auf sog **Halb-Familien** ausgedehnt hat und diese somit gleichfalls unter Art 6 GG fallen; iErg auch *Wagner* Anm zu FG Nds 7 K 114/10, EFG 14, 928.

6 **2. Voraussetzungen der Gewährung des Splittingtarifs.** Die drei Voraussetzungen des § 26 I 1 zur Besteuerung nach dem Splittingverfahren (§ 32a V): – *(a)* Bestehen einer (zivilrechtl gültigen) **Ehe** (Rz 7 ff) oder LPart (Rz 6 ff), – *(b)* **unbeschr StPfl** (Rz 9) und – *(c)* **kein dauerndes Getrenntleben** (Rz 10–12) – müssen zu einem beliebigen Zeitpunkt des VZ sämtl gleichzeitig vorgelegen haben (§ 26 I 1).

7 **a) Gültige Ehe/Lebenspartnerschaft. – aa) Deutsches Recht.** Die §§ 26 bis 26b knüpfen für das Bestehen einer gültigen Ehe an das dt Zivilrecht einschließl des dt Internationalen Privatrechts (zB Art 13 EGBGB) an (BFH VI 115/55 U BStBl III 57, 300; BFH X R 163/94 BFH/NV 99, 24/5; *List* DStR 97, 1101/2). Die freien Ehen **rassisch und politisch Verfolgter** werden auf Grund des Gesetzes v 23.6.1950, BGBl I, 226, rückwirkend als rechtswirksam anerkannt. Die Gültigkeit und Bestehen einer LPart bestimmt sich nach §§ 1, 15 LPartG. Eine eheähnl Lebensgemeinschaft ist keine Ehe/LPart; analoge Anwendung der §§ 25 ff nicht zulässig (BFH III B 6/12, BFH/NV 12, 1144). LPart können (auch rückwirkend bis 1.8.2001) nur in Fällen, in denen die ESt noch nicht bestandskräftig festgesetzt ist (Rz 2 mwN), die Veranlagungswahlrechte gem § 26 aF/nF ausüben (BFH III R 14/05 BStBl II 14, 1538).

8 **bb) Staatsangehörigkeit. Deutsche** sind Ehegatten, wenn sie eine nach dt Zivilrecht wirksame Ehe geschlossen haben (§ 1310 BGB, Art 13 EGBGB), die weder aufgehoben (§ 1313 BGB) noch geschieden (§ 1564 BGB) worden ist; so auch BFH VI R 16/97 BStBl II 98, 473 mit eingehender Begründung für den Fall einer **Doppelstaatsangehörigkeit** (vgl a Art 5 I 2 EGBGB). Für **Ausländer** ist deren Heimatrecht maßgebend, auch wenn sie im Inl heiraten (Art 13 EGBGB); für **Staatenlose** s Art 5 II EGBGB. Von Ausländern im Ausl geschlossene **zweite Ehen** sind für die §§ 26 ff jedenfalls dann ohne Verstoß gegen Art 30 EGBGB anzuerkennen, wenn der erste Ehegatte nicht ebenfalls unbeschr estpfl ist (BFH VI R 56/82 BStBl II 86, 390). Die LPart kann von natürl Personen gleichen Geschlechts unter den selben Voraussetzungen begründet werden wie die Ehe von verschiedengeschlechtl Personen (*Palandt* BGB, 74. Aufl 2013), LPartG Einl Rz 1, 2).

9 **cc) Ehescheidung; Aufhebung; Verschollenheit; Tod.** Eine **Ehe,** die nach §§ 1313, 1314 BGB aufgehoben werden kann, ist bis zur gerichtl Rechtskraft (§ 45 FamFG) der Aufhebungserklärung (§ 1313 BGB) gültig und für eine Zusammenveranlagung ausreichend (so zum früheren § 23 EheG FG Ddorf EFG 83, 504, rkr). Der Ehescheidung enspricht für LPart die Aufhebung (§ 15 LPartG). Ein **Scheidungsantrag** (§ 1564 BGB)kann idR nur nach Ablauf eines **Trennungsjahrs** (§ 1567, s aber § 1565 II BGB, § 15 II 1 Buchst a LPartG) gestellt werden. Die Voraussetzung des Nicht-Dauernd-Getrennt-Lebens (§ 26 I 1 Nr 2) ist idR aber bereits bei einem gescheiterten **Versöhnungsversuch** erfüllt, während dieser das familienrechtl Trennungsjahr nicht unterbricht (§ 1567 II BGB; s Rz 12). Die Trennungsvoraussetzungen eines (zulässigen) Scheidungsantrags und des *Nicht-Dauernd-Getrennt-Leben* decken sich also nicht. Unterschiede ergeben sich hinsichtl der tendenziell entgegengesetzten Voraussetzungen von Ehescheidung und Zusammenveranlagung auch durch die **Vermutung** gegen Dauernd-Getrennt-Leben (Rz 11) und daraus, dass die obj Beweislast für die Feststellung, dass kein *Nicht-Dauernd-Getrennt-Leben* vorliegt, beim FA liegt (Rz 11). Wird ein **Verschollener**

für tot erklärt, so gilt strechtl als Todestag der Tag, an dem der Beschluss rechtskräftig wird (§ 49 AO; vgl BFH IV 305/53 U BStBl III 54, 78; BFH III 30/56 U BStBl III 56, 373). Wird ledigl der **Zeitpunkt des Todes** nach §§ 39, 45 VerschollenheitsG festgestellt, ist dieser Zeitpunkt auch für das StRecht maßgebl (BFH III 127/53 S BStBl III 53, 237). Bis zu dem für die Toterklärung maßgebl Zeitpunkt bzw bis zur Feststellung des Zeitpunktes des Todes gilt die Ehe als fortbestehend; auch wird bis dahin kein dauerndes Getrenntleben angenommen (vgl EStR 26 I 4).

b) Unbeschränkte Steuerpflicht. Sie ist nach § 1 I, II, § 1a zu beurteilen 10 (BFH I R 78/07, BStBl II 09, 708) und muss bei beiden Ehegatten/LPart gegeben sein (BFH III B 145/07, BeckRS 2008, 25014191). Beruht die StPfl auf § 1 I, greift § 1 III 2–4 nicht ein (BFH I R 28/10, BFH/NV 11, 341). Die **Wesentlichkeitsgrenzen** des § 1 III 2–4 haben nur Bedeutung, wenn ein Ehegatte/LPart auf Antrag gem § 1 III 1 als unbeschr stpfl behandelt und Zusammenveranlagung gewählt wird (BFH I R 80/09, BFH/NV 11, 336; BFH I R 28/10, BFH/NV 11, 341); zur Ermittlung der Wesentlichkeitsgrenzen vgl FG Köln 1 K 4165/09 EFG 13, 763; 1 K 3219/11 EFG 13, 1307). Zu den EU-/EWR-Staaten (s § 1a I 1) gehört nicht die Türkei (§ 1a Rz 3–6). Die Wesentlichkeitsgrenzen gelten auch für fiktiv unbeschr StPfl (§ 1a I Nr 2); ob die Einkunftsgrenzen des § 1 III überschritten sind, ergibt sich in Zusammenveranlagungsfällen aus der Zusammenrechnung der Grundfreibeträge (BFH I R 16/14 BStBl II 15, 957; Anm BFH/NV; *Schütz* Steuk 15, 487; vgl auch FG Bln-Bbg 6 K 6279/12, EFG 15, 104) . Ehegatten/LPart, die in der Schweiz wohnen und ledigl in Deutschland stpfl Einkünfte erzielen, sind (im Wege **gemeinschaftkonformer Auslegung** des § 1a) als unbeschr StPfl zu behandeln (FG BaWü 3 K 825/13; s zur EuGH-Rspr § 25 Rz 12). Zur Rückwirkung des § 1a I idF des JStG 08s § 52 II. Zum **Wohnsitzbegriff** s BFH III R 89/06 BFH/NV 08, 351. – **Konsulatsbeamte** eines ausl Staates sind zufolge Art 49 I des Wiener Übereinkommens über konsularische Beziehungen (WÜK; BGBl II 69, 1585; 71, 1285) beschr stpfl; sie können aber durch Mitteilung ihres Missionschefs ihre Exterritorialität insoweit aufgeben, dass sie als im Inl ansässig gelten und dann unbeschr stpfl sind (BFH I R 119/95 BFH/NV 97, 664).

c) Kein dauerndes Getrenntleben. Ehegatten/LPart leben *nicht* dauernd ge- 11 trennt, wenn zw ihnen ehel/partnerschaftl Lebensgemeinschaft besteht (vgl §§ 1353, 1567 BGB, LPartG 15). Diese setzt wenigstens das (Fort-)Bestehen einer **Wirtschaftsgemeinschaft** – als Rest einer mögl weitergehenden Lebensgemeinschaft, die weiterhin angestrebt werden muss (§ 1567 BGB) – voraus (BFH I R 64/06 BFH/NV 07, 1893). Der Wille zur Fortsetzung der Wirtschaftsgemeinschaft muss bei beiden Ehegatten (noch) vorhanden sein (BFH III BStBl II 129/01 BFH/NV 02, 483). Wirtschaftsgemeinschaft besteht, wenn die Ehegatten die sie berührenden wirtschaftl Fragen gemeinsam erledigen und gemeinsam über die Verwendung des Familieneinkommens entscheiden (BFH VI R 206/68 BStBl II 72, 173). Ein Getrenntleben iSd § 1567 BGB schließt nach hM ein dauerndes Getrenntleben des § 26 idR ein (BFH VI R 190/82 BStBl II 86, 486); aA *Traxel* BB 95, 1217, der zutr darauf hinweist, dass Wirtschaftsgemeinschaft auch bei beabsichtigter Scheidung bestehen könne, und dass dies mit dem Zweck des scheidungsrechtl **Trennungsjahrs** (§ 1566 I BGB) in Einklang stehe. § 1567 II BGB gilt iRd § 26 nicht entspr; vielmehr kommt es allein auf die tatsächl Umstände des Einzelfalles an (BFH VI B 93/97 BFH/NV 98, 163). Kein dauerndes Getrenntleben, wenn ein Ehegatte krankheitsbedingt in einem **Pflegeheim** lebt und der andere mit einer neuen Lebensgefährtin zusammenlebt (FG Nds 13 K 225/14 EFG 15, 1945, Rev BFH III R 15/15).

Einzelfälle: Ob **dauerndes Getrenntleben** vorliegt, ist anhand äußerer, nachprüfbarer 12 Umstände zu entscheiden (BFH III R 71/07 BFH/NV 10, 2042; BFH III B 113/11 BFH/NV 13, 726 zum Umfang der gerichtl Überprüfungspflicht). Leben die Ehegatten nicht räuml getrennt, spricht eine **Vermutung** gegen dauerndes Getrenntleben (BFH VI R 206/68 BStBl II 72, 173; s aber BFH VI R 184/66 BStBl III 67, 110); die objektive **Beweislast** für Nicht-Dauernd-Getrennt-Leben liegt beim FA (vgl FG Hbg 00, 682, rkr). Bei räuml Trennung ist der Fortbestand der Wirtschaftsgemeinschaft – an Hand äußerer Umstände – zu ermitteln (BFH VI 42/65 BStBl III 67, 84; BFH III R 71/07 BFH/NV 10, 2042) und zwar ohne Bindung an familiengerichtl Entscheidungen (BFH III B 204/09, BFH/NV 11, 638). Haben die früher zusammenlebenden Ehegatten/LPart **getrennte Haushalte** begründet, wird durch längere Besuche und gemeinsame Urlaubsreisen keine ehel Lebensgemeinschaft begründet (FG Köln EFG 93, 379, rkr). Leben die Ehegatten räuml getrennt und fehlt der Wille, die häusl Gemeinschaft wiederherzustellen, reicht die gemeinschaftl Entscheidung beide Ehegatten berührender finanzieller Fragen, der Fortbestand der Gütergemeinschaft oder die fortlaufende Gewährung von Unterhalt für die Annahme eines nur vorübergehenden Getrenntlebens nicht aus (vgl § 1567 BGB; BFH VI R 184/66 BStBl III 67, 110; BFH VI R 150/69 BStBl II 73, 640). Ein (gescheiterter) **Versöhnungsversuch** unterbricht – entgegen § 1567 II BGB – das „dauernde" Getrenntleben (BFH III B 5/06 BFH/NV 07, 458; *Bergmann* BB 84, 590; *W. Müller* DStZ 97, 86); zum Nachweis ist grds der andere Ehegatte als Zeuge zu hören, auch wenn ein dahingehender Beweisantrag nicht gestellt worden ist (BFH III B 5/06 BFH/NV 07, 458). Der Wille, eine über die Wirtschaftsgemeinschaft hinausgehende Lebensgemeinschaft herzustellen, fehlt nicht deswegen, weil die Ehegatten für längere Zeit getrennt leben (zeitweise berufl **Tätigkeit im Ausland;** vgl FG BaWü EFG 93, 422, rkr; Verbüßung einer längeren **Freiheitsstrafe,** langjähriger **Krankenhausaufenthalt, Verschollenheit** (FG Köln, EFG 84, 551, rkr); es kommt vielmehr darauf an, ob sie gewillt sind, die volle Lebensgemeinschaft wiederherzustellen (BFH VI 42/65 BStBl III 67, 84). Hat ein Ehegatte neben seinem Ehegatten einen weiteren Lebenspartner, mit dem gleichfalls ein gemeinsamer Haushalt besteht, so soll dies nach BFH IX B 47/97 BFH/NV 98, 585 die Annahme des Nicht-Dauernd-Getrenntlebens nicht ausschließen.

13 **d) Feststellung von Amts wegen.** Die Feststellung, dass die Ehegatten/LPart nicht dauernd getrennt gelebt haben, ist von Amts wegen zu treffen (§ 88 I AO, § 76 I FGO). Auch bei unsubstantiiertem Vortrag über die Umstände, aus denen sich das *Nicht-Dauernd-Getrenntleben* ergibt, ist das FG seiner Amtsermittlungspflicht zufolge gehalten, den oder die Kläger durch gezielte Fragen, insb zur gemeinsamen Wirtschaftsführung und des persönl Umgangs zu näheren Darlegungen zu veranlassen; Anträge auf Vernehmung des/der Ehegatten darf es insoweit nicht übergehen (BFH V B 64/96 BFH/NV 97, 139). Zur Beweislast s Rz 9. Haben diese im **Ehescheidungs-/Aufhebungsverfahren** vorgetragen, in dem Kj getrennt gelebt zu haben, so liegt darin ein gewichtiges Indiz für dauerndes Getrenntleben iSd § 26. Verwertung des Inhaltes der Scheidungsakte ist verfahrensrechtl zulässig (BFH III B 112/02 BFH/NV 04, 210). Eine rechtl Bindung an die im Ehescheidungsverfahren abgegebenen Erklärungen besteht allerdings nicht (BFH VI R 190/82 BStBl II 86, 486; *OFD Mster* DStR 87, 629); auch nicht nach Treu und Glauben (so iErg auch *Rößler* FR 85, 395f).

III. Wahlrechte und Wahlrechtsausübung

14 **1. Wahlrechte ab VZ 2013. – a) Veranlagungsarten von Ehegatten/LPart.** Das StVerG 2011 (BStBl I, 986) hat die Zahl der Veranlagungsarten ab VZ 2013 vermindert. **Ab VZ 2013** kommen noch folgende Veranlagungsarten in Betracht (*Gerz* Steuk 2013, 5): – ***(1)*** **Einzelveranlagung.** Mit Grundtarif (§§ 25, 32a I). – ***(2)*** Ehegatten/LPart-Veranlagung: ***(a)*** **Einzelveranlagung auf Antrag** mit Grundtarif (§§ 26 I 1, 26a, 32a I, § 2 VIII); ***(b)*** **Zusammenveranlagung.** Mit Splittingtarif (§§ 26 I 1, § 26b, 32a V, § 2 VIII). Wird die Wahl nicht (wirksam) erklärt, ist (bei Vorliegen der übrigen Voraussetzungen des § 26 I 1) Zusammenveranlagung durchzuführen (§ 26 III). Ehegatten/LPart, die die Voraussetzungen des § 26 I 1 nicht erfüllen, werden einzeln nach § 25 veranlagt (Rz 27). – ***(3)*** **Verwitwete.** Veranlagung nach § 25 iVm § 32a VI 1 Nr 1. – ***(4)*** **Geschiedene/Verstorbene.** Veranlagungsart gem § 25 iVm § 32a VI 1 Nr 2; dies gilt mE auch für LPart, obwohl das BVerfG insoweit explizit keine Entscheidung getroffen hat;

s aber Rz 2, § 2 Rz 71, 72. Zur Form der Wahlausübung auch für LPart s § 25 Rz 5–8, zur Verschuldenszurechnung auch für LPart s § 26b Rz 17.

b) Splitting-Besteuerung aus Billigkeitsgründen, § 32a V, VI. Daneben lässt § 32a V, VI aus Billigkeitsgründen in folgenden Fällen Besteuerung nach dem Splitting-Verfahren zu (*Gerz* SteuK 2013, 5; *Ebner/Quinten/Kohl* NWB 13, 273/4): – ***(1)*** **Witwen-Splitting.** Ein verwitweter StPfl kann in dem **auf den Tod seines Ehegatten folgenden Jahr** (VZ), wenn beide **im Zeitpunkt des Todes** die Voraussetzungen des § 26 I 1 erfüllt haben (vgl BFH VI R 55/97 BStBl II 98, 350) mit seinem zu versteuernden Einkommen nach dem Splittingverfahren besteuert werden (§ 32a VI Nr 1). – ***(2)*** **Scheidungssplitting.** Der Ehegatte einer durch Scheidung aufgelösten ersten Ehe kann, wenn er seinerseits nicht nach § 26 I 1 einzeln veranlagt wird (§ 32a VI 2), mit seinen Einkünften nach dem Splittingverfahren besteuert werden (§ 25, § 32a VI Nr 2), wenn er mit seinem geschiedenen Ehegatten **im Jahr der Scheidung** (s Rz 5 ff) die Voraussetzungen des § 26 I 1 erfüllt hat (vgl Rz 6, 9, 10), insb also von diesem nicht während des ganzen Jahres dauernd getrennt gelebt hat (§ 32a VI Nr 2 Buchst a) und der bisherige Ehegatte mit seinem neuen Ehegatten die Voraussetzungen des § 26 I 1 erfüllt (§ 32a VI Nr 2 Bucht b und c). § 26c ist ab VZ 2013 weggefallen (Rz 1). 15

c) Wahl der Veranlagungsart im Todesfall. Nach stRspr des BFH ist der Erbe bzw die nach Quoten ermittelte Mehrheit einer Erbengemeinschaft befugt, das Wahlrecht auch für zurückliegende Zeiten vor dem Tode des Erblasser-Ehegatten auszuüben (BFH VI 175/63 U BStBl III 65, 86; BFH III R 59/06 BStBl II 07, 770), da das Wahlrecht des § 26 I kein höchstpersönl, sondern ein vererbl Recht sei (BFH III R 59/06 BStBl II 07, 77 unter Berufung auf BGH IX ZR 8/06 NJW 07, 2556/7; *Blümich/Heuermann,* EStG, § 26 Rz 78 mwN; **aA** *Frye* FR 071109; *Felix* FS *Friauf* 1996, S 849 mwN; *Frotscher/Stolterfoht* EStG § 26 Rz 22; *Kirchhof/Seiler* EStG, 11. Aufl, § 26 Rz 32). Die Rspr überzeugt nicht: Das Recht, gemeinsam Zusammenveranlagung (§ 26b) wählen zu können, ist nach dem Wortlaut des Gesetzes allein den Ehegatten vorbehalten. Das Wahlrecht eines jeden Ehegatten auf Wahl der Veranlagungsart ist eine in einen abgelaufenen VZ zurückwirkende, die Besteuerung beeinflussende Gestaltungsmöglichkeit, dh sie wirkt in die Zeit zurück, in der die Ehe noch bestand. Deshalb erscheint es im Hinblick auf die Schutzfunktion des Art 6 sachgerecht, dem längerlebenden Ehegatten das Wahlrecht zuzusprechen (eingehend *Frye* FR 07, 1109 mwN; *Felix* aaO). Der BFH III R 59/06 (BStBl II 07, 77) zu Grunde liegende Sachverhalt hätte über § 226 BGB befriedigender gelöst werden können (*Kirchhof/Seiler* EStG, § 26 Rz 31). 16

d) Wahlrechtsausübung bei Insolvenz oder Pfändung. Im **Insolvenzverfahren** über das Vermögen eines Ehegatten/LPart verliert dieser das Recht zur Wahl der Veranlagungsart (Rz 14, § 25 Rz 5); das Wahlrecht geht auf den **Insolvenzverwalter** (§ 80 I InsO) über (FG Köln 14 K 2679/12, BeckRs 15, 95942 mwN; BFH III B 114/09 BFH/NV 11, 1142; BGH XII ZR 67/09 NJW 11, 2725, so auch BFH III B 114/09, BFH/NV 11, 1142; ferner OFD *Frankfurt* v 12.8.11 DStR 12, 35; vgl *Farr* BB 06, 1302 unter I). Der Insolvenzverwalter kann von dem (anderen) Ehegatten/LPart **Zustimmung zur Zusammenveranlagung** verlangen, ggfunter Freistellung von den damit für diesen verbundenen Vermögensnachteilen (Rz 22). Da der **Verlustvortrag** kein Vermögenswert ist (BGH IX ZR 240/07, DStR 11, 277/8), gilt dies grds nicht, für den Verlustvortrag nach § 10d II des Ehegatten/LPart (OLG Schleswig v 23.5.14 10 UF 63/13, *Schöler* DStR 13, 1453/7; DStR 14, 2349; *Perleberg-Köbel* NZFam 14, 1080). Bei Pfändung eines **StErstattungsanspruchs** ist der **Pfandgläubiger** nicht zur StErklärung (BFH VII R 114/97 BStBl II 99, 84) und nicht zur **Wahl der Veranlagungsart** berechtigt (BFH VII R 109/98 BStBl II 00, 573); vgl *Mork/Heß* ZInsO 07, 314. 17

18 **2. Wahlmöglichkeit bis VZ 2012.** S 34. Auflage.

19 **3. Vorteilhaftigkeit.** Die Wahl der **Zusammenveranlagung** nach § 26b ist idR **vorteilhaft,** wenn die Ehegatten/LPart unterschiedl hohe Einkünfte erzielen. (Getrennte bzw) **Einzelveranlagung** ist idR vorteilhafter, wenn die Besteuerung ao Einkünfte (§ 34 II) auf § 34 I beruht oder ein Ehegatte stfrei Einkünfte erzielt und ein positiver **Progressionsvorbehalt** (§ 32b) zu beachten ist (dazu FG Köln 4 K 2001/13 EFG 14, 766) oder ein **Verlustrücktrag** (§ 10d) in Betracht kommt. Regelmäßig ist eine Vergleichsberechnung erforderl; *Hagen/Schynol* DStR 99, 1430; *Korezkij* BB 00, 122; zu den Auswirkungen des Ehegattensplitting s *Lietmeyer* DStZ 82, 126; *Schaffhausen/Plenker* DB 09, 2178.

20 **4. Vorauszahlungen.** Die Wahl der Veranlagungsart ist auch für die Vorauszahlungen gem § 37 III 2 bedeutsam. Der StPfl kann Anpassung, auch Herabsetzung der Vorauszahlungen beantragen, zB im Hinblick auf die beabsichtigte geänderte Wahl der Veranlagungsart, weil diese für jedes Jahr (erneut) zu wählen ist (§ 26 I; § 37 Rz 5, 17). Zur Wahl der **LSt-Klassen** s § 38b III und zum Faktorverfahren s § 39f.

21 **5. Erstattungsansprüche.** Ein sich ergebender Erstattungsanspruch (§ 37 II AO) steht zusammen veranlagten Ehegatten/LPart nicht als Gesamtgläubigern zu, sondern dem Ehegatten/LPart, auf *dessen Rechnung* geleistet worden ist; bei **intakter Ehe/LPart** *unterstellt* (mE zu Unrecht; § 26b Rz 21) die Rspr dem Zahlenden die Absicht, auch auf die StSchuld des anderen Ehegatten/LPart zahlen zu wollen, so dass ein Erstattungsanspruch beiden Ehegatten/LPart zur Hälfte zustehen soll (BFH VII R 18/08 BStBl II 09, 38; mit zutr Kritik *Pahlke/König,* AO 2. Aufl, § 37 Rz 33, 34). Soll für **StErstattungen** erreicht werden, dass sie an den zurückfließen, der gezahlt hat, ist – nach der Rspr – ***vor*** Zahlung ein Hinweis an das FA erforderl (dazu *Neufang* StB 14, 145/6), dass die StSchuld des Zahlenden getilgt werden soll (BFH VII R 16/05 BStBl II 06, 453); die Leistung eines Ehegatten an das FA wirkt gleichwohl im Verhältnis zum FA auch zu Gunsten des anderen Ehegatten (vgl *Kaufmann* INF 94, 449 mwN). Wegen des Zusammentreffens von Erstattungsanspruch aus der Zusammenveranlagung mit anderweitigen StSchulden eines Ehegatten s § 26b Rz 21, 22.

22 **6. Wahlausübung; Unwirkamkeit; Verpflichtung zur Zustimmung.** Die Wahl der Veranlagungsart (Rz 14 ff) wird in der **StErklärung** ausgeübt (§ 25 Rz 5, 6) und kann bis zur **Unanfechtbarkeit** der StFestsetzung, bei gerichtl Anfechtung nur bis zum Schluss der mündl Verhandlung vor dem FG, auch geändert werden (BFH III R 40/10 BFH/NV 13, 193; s auch Rz 23, 25). Beantragt ein Ehegatte/LPart gegen den Willen des anderen, ohne dass sich eine steuerl oder wirtschaftl Auswirkung ergibt, getrennte Veranlagung, ist der Antrag unwirksam (BFH III R 103/87 BStBl II 92, 297; *OFD Frankfurt* DB 03, 852; *Schöler* DStR 13, 145/4/5; aA *Tiedtke* FPR 03, 400). Dies entspricht dem Rechtsgedanken des § 226 BGB **(Schikaneverbot).** Sind eigene Vermögensinteressen des anderen Ehegatten betroffen, kann dieser gleichwohl zur **Zustimmung** zur Zusammenveranlagung verpflichtet sein, wenn er von den mit der Zusammenveranlagung verbundenen Nachteilen (zB Verbrauch eines Verlustvortrages iSd § 10 II) freigestellt wird (*Schöler* DStR 13, 1453/6 mwN). **Missbrauch** iSd § 42 AO und damit Unwirksamkeit der Wahl liegt vor, wenn die Wahl getrennter Veranlagung iZm zivilrechtl Gestaltungen dazu dient, die StErhebung auszuschließen oder zu erschweren (BFH III R 66/98 BFH/NV 05, 186; FG BaWü 2 K 73/06, EFG 08, 1511). Die Zivilgerichte behandeln eine allein zwecks Benachteiligung des Vollstreckungsgläubigers geänderte Wahl der LSt-Klasse durch den Vollstreckungsschuldner als unwirksam (*Ernst* DStR 00, 1904 mwN). – Die **Wahl getrennter Veranlagung** ist jedenfalls gerechtfertigt, wenn sich für den StPfl dadurch eine höhere Erstattung als bei Zusammenveranlagung ergibt oder er durch die Wahl Auseinandersetzungen mit seinem (vormaligen) Ehegatten über die Verteilung des Erstattungsbetrages

vermeiden will (BFH VI R 139/78 BStBl II 82, 156). Die Wahl getrennter Veranlagung ist nicht allein deshalb unwirksam, weil sich für den anderen Ehegatten eine niedrigere Erstattung oder eine Nachzahlung ergibt. Erscheint die Verweigerung der Zustimmung durch die Interessen des Weigernden nicht gedeckt, kann die **Zustimmung** durch Antrag beim **großen Familiengericht** gem § 266 I Nr 2 FamFG (früher: Klage gem § 894 ZPO) herbeigeführt werden, *Zöller/Lorenz* ZPO, 28. Aufl, § 266 FamFG, Rz 14; BGH XII ZR 288/00, NJW 02, 2319 für geschiedene Eheleute unter – (aufgrund konkludentem Rückforderungsverzicht) eingeschränkter – Übernahme der StLast; dazu *Tiedtke* FPR 03, 400; BGH XII ZR 250/04, DStR 07, 1408 für getrennt lebende Ehegatten.

7. Geänderte Wahl einer Veranlagungsart. – a) Ab VZ 2013. Die Wahl der Veranlagungsart, die in der StErklärung zu treffen ist (§ 25 Rz 5, 6), wird für die **VZ ab 2013** mit dem Eintritt der Unanfechtbarkeit des StBescheids grds bindend (§ 26 II 4 nF; *Neufang* StB 14, 145/6). Das bedeutet, dass nach Ablauf der **Einspruchsfrist** oder – bei Anfechtung des StBescheids beim FG – nach Beendigung der **mündl Verhandlung** (Rz 25) die Veranlagungsart nicht mehr abweichend gewählt werden kann. Wahländerung ist also weiterhin im **Einspruchs- und Klageverfahren** mögl. Sie kommt aber auch nicht in Betracht, wenn der StBescheid vorläufig oder unter dem Vorbehalt der Nachprüfung ergangen ist, aber nicht angefochten wurde. Die Wahl der Veranlagungsart kann nach Eintritt der **Unanfechtbarkeit** nur noch geändert werden, wenn ein StBescheid, der die Ehegatten betrifft, (a) *geändert* (vgl § 26 II 4 Nr 1) wird, und (b) die geänderte Wahl bis zur Unanfechtbarkeit des neuen Bescheids schriftl, elektronisch oder zur Niederschrift mitgeteilt wird (§ 26 II Nr 2 nF), und (c) „der Unterschiedsbetrag aus der Differenz" der (bislang) festgesetzten und der festzusetzenden ESt „positiv ist" (§ 26 II Nr 3), dh wenn sich durch den Änderungsbescheid eine niedrigere Steuer, als zuvor festgesetzt, ergibt,? (so auch *Kirchhof/Seiler,* EStG 11. Aufl, § 26 Rz 27a). Soweit eine Wahländerung zulässig ist, bleibt das FA jenseits der Grenze des § 26 II Nr 3 an die bisherige (tatsächl und rechtl) Würdigung der von der Änderungsbefugnis nicht betroffenen Besteuerungsmerkmale gebunden (BFH III R 15/10 BFH/NV 13, 1071 Rz 17; BFH III R 60/03 BFH/NV 06, 933; BFH R 60/03 BFH/NV 05, 564). Wird wegen inzwischen eingetretener Trennung von Ehegatten/LPart statt Zusammenveranlagung getrennte Veranlagung – etwa im Rechtsbehelfsverfahren – gewählt, sind wegen des Wechsels der Veranlagungsart auch die **Zinsen** (§ 233a V AO) neu zu berechnen (FG Sachs 2 K 2225/08, EFG 11, 1046 rkr; BFH IIII B 50/15 DStRE 15, 1391). 23

b) Bis VZ 2012. Die Wahl der Veranlagungsart kann für VZ bis 2012 (s Rz 18) bis zur Bestandskraft der Zusammenveranlagungsbescheide oder – bei getrennter Veranlagung bzw besonderer Veranlagung nach § 26c – eines dieser beiden Bescheide geändert werden (BFH III R 5/13 BFH/NV 15, 811); sofern der „andere" Bescheid bestandskräftig ist, ist er gleichwohl zu ändern, da in der geänderten Wahl für diesen ein **rückwirkendes Ereignis** gem § 175 I 1 Nr 2 S 2 liegt (BFH III R 22/02 BFH/NV 05, 1657). Sachl sind der StPfl wie auch das FA bei geänderter Wahl der Veranlagungsart an die **tatsächl und rechtl Würdigung der Besteuerungsmerkmale** gebunden (BFH III R 15/10 BFH/NV 13, 1071 Rz 17; BFH III R 49/05 BFH/NV 06, 933), wie sie dem durch die geänderte Wahl *insoweit* rechtswidrigen und deshalb zu ändernden Bescheid zugrunde liegt; denn nach § 177 II AO ist ein Bescheid nur insoweit zu ändern, wie der Grund dazu reicht (BFH III R 60/03 BStBl II 05, 564). Haben beide Ehegatten ursprüngl *eine* Erklärung abgegeben, kann der auf getrennte Veranlagung gerichtete Antrag eines Ehegatten wegen Verstoßes gegen das **Willkürverbot** unwirksam sein (vgl Rz 22). Beim Wechsel zur getrennten Veranlagung ist der andere Ehegatte gem § 60 III FGO **beizuladen** (BFH III S 87/04 BFH/NV 05, 351). Zeitl ist neben der **Festsetzungsfrist** (Rz 17), die bis zum bestandskräftigen Abschluss des Ver- 24 fahrens über den Änderungsantrag nicht abläuft (BFH III R 22/02 BFH/NV 05, 1657; BFH III R 48/03 BStBl II 05, 865) auch § 46 II Nr 8 zu beachten. Ist **Festsetzungsverjährung** ggü einem Ehegatten bereits eingetreten, kann gegen ihn ein StBescheid nicht mehr ergehen (BFH X R 42/05 BFH/NV 06, 1536). Die Setzung einer **Frist mit ausschließender Wirkung** (§ 364b AO, § 65 II 2 FGO) steht einer Wahlrechtsänderung nicht entgegen (FG BaWü EFG 00, 1043). Das Ehegattenwahlrecht der Veranlagungsart wird durch die Änderungsvorschriften der AO nicht begrenzt (BFH III ERS 4/97 BFH/NV 99, 160, BFH XI R 31/96 BFH/NV 99, 1333). Ehegatten können damit noch getrennte Veranlagung wählen, wenn nach Erledigung eines Rechtsstreits in der Hauptsache Änderungsbescheide ergehen, indem sie diese anfechten und getrennte Veranlagung beantragen (BFH III R 49/00 BStBl II 02, 408; *Lohse/Madle* DStR 00, 851/2 mwN).

25 **c) Keine Änderung im Revisionsverfahren.** Die Wahl kann im außergerichtl Rechtsbehelfsverfahren und im finanzgerichtl Verfahren bis zum Schluss der mündl Verhandlung vor dem FG geändert werden; im Revisionsverfahren kann dies nicht mehr wirksam geschehen, da die Ermittlung des Erklärungsinhalts eine unter § 118 II FGO fallende, den BFH als Revisionsgericht bindende Tatsachenfeststellung des FG ist, die der BFH nicht treffen kann (BFH VI 48/55 U BStBl III 57, 227; aA *Rößler* FR 85, 398).

26 **8. Einbeziehung vor Eheschließung/Lebenspartnerschaft erzielter Einkünfte.** Die erzielten Einkünfte werden auch dann in die gewählte Veranlagung einbezogen, wenn sie in dem VZ, aber vor der Schließung der Ehe/LPart oder nach deren Auflösung (zB Tod des anderen Ehegatten/LPart, Scheidung/Aufhebung) erzielt worden sind. Wegen des VZ bei Tod eines Ehegatten s § 25 Rz 13.

27 **9. Zusammentreffen beschr und unbeschr StPfl.** War ein Ehegatte/LPart im Kj zeitweise beschr stpfl, sind die während dieses Zeitraums erzielten *ausl* Einkünfte nicht in eine Veranlagung nach § 26a oder § 26b einzubeziehen. Daran hat die Änderung des § 2 VII 3 durch das JStG 96 nichts geändert. § 2 VII 3 schreibt ledigl die Zusammenrechnung der während der beschr StPfl erzielten *inl* Einkünfte mit den während der unbeschr StPfl erzielten *inl* Einkünften vor (s § 25 Rz 13).

28 **10. Veranlagung von Ehegatten/LPart als Einzelpersonen.** Ehegatten/LPart (Rz 2, 14), die nicht unter § 26 I 1 fallen oder die besondere Veranlagung nach § 26c (bis VZ 2012) gewählt haben, werden wie Einzelpersonen (§ 25) nach dem Grundtarif (Rz 13), ggf nach § 32a VI (Rz 14, 15) und ohne die auch bei getrennter Veranlagung mögl Aufteilung von SA und agB (vgl § 26a II aF/nF § 61 EStDV) veranlagt.

§ 26a Einzelveranlagung von Ehegatten

(1) [1] **Bei der Einzelveranlagung von Ehegatten sind jedem Ehegatten die von ihm bezogenen Einkünfte zuzurechnen.** [2] **Einkünfte eines Ehegatten sind nicht allein deshalb zum Teil dem anderen Ehegatten zuzurechnen, weil dieser bei der Erzielung der Einkünfte mitgewirkt hat.**

(2) [1] **Sonderausgaben, außergewöhnliche Belastungen und die Steuerermäßigung nach § 35a werden demjenigen Ehegatten zugerechnet, der die Aufwendungen wirtschaftlich getragen hat.** [2] **Auf übereinstimmenden Antrag der Ehegatten werden sie jeweils zur Hälfte abgezogen.** [3] **Der Antrag des Ehegatten, der die Aufwendungen wirtschaftlich getragen hat, ist in begründeten Einzelfällen ausreichend.** [4] **§ 26 Absatz 2 Satz 3 gilt entsprechend.**

(3) **Die Anwendung des § 10d für den Fall des Übergangs von der Einzelveranlagung zur Zusammenveranlagung und von der Zusammenveranlagung zur Einzelveranlagung zwischen zwei Veranlagungszeiträumen, wenn bei**

beiden Ehegatten nicht ausgeglichene Verluste vorliegen, wird durch Rechtsverordnung der Bundesregierung mit Zustimmung des Bundesrates geregelt.

Einkommensteuer-Durchführungsverordnung

§ 61 *Antrag auf hälftige Verteilung von Abzugsbeträgen im Fall des § 26a des Gesetzes*

Können die Ehegatten den Antrag nach § 26a Absatz 2 des Gesetzes nicht gemeinsam stellen, weil einer der Ehegatten dazu aus zwingenden Gründen nicht in der Lage ist, kann das Finanzamt den Antrag des anderen Ehegatten als genügend ansehen.

§ 62d *Anwendung des § 10d des Gesetzes bei der Veranlagung von Ehegatten*

(abgedruckt bei § 10d)

Einkommensteuer-Richtlinien: EStR 26a/EStH 26a

Übersicht

Schrifttum: s bei § 26.

1 **1. Bedeutung der getrennten Veranlagung.** Bei der getrennten Veranlagung wird das Einkommen jedes Ehegatten/LPart nach dem Grundtarif (vgl § 32a I) und nicht wie bei der Zusammenveranlagung (§ 26b) nach dem „niedrigeren" Splittingverfahren (vgl § 32a V) versteuert. In bestimmten Sonderfällen führt die getrennte Veranlagung zu einer niedrigeren Steuer (s dazu § 26 Rz 19). Zur sozialen Funktion der Veranlagungswahlrechte und den zivilrechtl Rückwirkungen des Splittingverfahrens s § 26 Rz 4. Urprüngl (1958), als die Vorschrift geschaffen wurde, schloss § 26a I 3 aF (BStBl I 58, 412) Einkommensminderungen durch Vereinbarungen (Arbeitsverträge) unter Ehegatten aus; dieses Verbot wurde durch das BVerfG 1 BvL 32/57, 1 BvR 232/60, BStBl I 62, 492, 506 aufgehoben (zur Rechtsentwicklung s *Lademann/Hettler,* EStG, § 26a Rz 1–5i); zum Abschluss von Arbeits- und Gesellschaftsverträgen s Rz 5. Wegen der **Veranlagungswahlrechts** für **VZ ab 2013** s § 26 Rz 14–17, für **VZ bis 2012** s § 26 Rz 18. Die wichtigste Änderung der **Neufassung** des § 26a (s § 26 Rz 1, 14) liegt darin, dass die (freie) Verteilung nach § 26a II aF für Kinderbetreuungskosten und agB entfällt, aber hälftige Teilung gewählt werden kann (Rz 7); hinzu gekommen ist die Einbeziehung gleichgeschlechtl Paare in die Veranlagungswahlrechte, wenn sie verpartnert sind (§ 26 Rz 2 mwN).

2 **2. Verfassungsmäßigkeit.** Nach BVerfG 1 BvL 4/54 BStBl I 57, 193 wird das EStRecht vom Grundsatz der Individualbesteuerung beherrscht. Diesem Grundsatz wird § 26a gerecht; insb ist § 26a I 2 verfmäßig (BVerfG 1 BvL 34/57, BStBl I 59, 204). Dasselbe folgt für § 26a II aus BVerfG 1 BvL 30/69 BStBl II 72, 325 (vor allem unter C I. 2b).

3 **3. Wahl der Veranlagungsart.** Zur Wahl der Veranlagungsart ab **VZ 2013** s § 26 Rz 14–17 bis **VZ 2012** s § 26 Rz 18. Zur Form der Wahlrechtsausübung s § 25 Rz 4–7. Verweigert ein Ehegatte/LPart (nach Trennung oder Scheidung/

Aufhebug) seine **Zustimmung** zur Zusammenveranlagung für ein zurückliegendes Jahr ohne eigenes steuerl Interesse an der getrennten Veranlagung, kann dies die **Unwirksamkeit** seiner abw Wahlerklärung zur Folge haben (vgl iEinz § 26 Rz 22; zur Wahländerung § 26 Rz 23, 24). In anderen Fällen muss die Zustimmung durch Antrag beim Großen Familiengericht (§ 266 I Nr 2 FamFG) herbeigeführt werden (Rz 21; BGH XII ZR 288/00, NJW 02, 2319).

4 **4. Verhältnis zu § 1356 BGB aF.** § 26a I 1 wiederholt die Regelungen des § 2 I 1 und des § 25 I. § 26a I 2 war wegen § 1356 BGB aF erforderl; denn nach dieser (heute nicht mehr geltenden) Regelung war jeder Ehegatte verpflichtet, im Beruf oder Erwerbsgeschäft des anderen mitzuarbeiten, soweit dies nach den Verhältnissen, in denen die Ehegatten lebten, übl war; zu § 1356 BGB nF s *Palandt* § 1356 Rz 6 ff. Daraus hätte gefolgert werden können, die Mitarbeit im Geschäft des Ehegatten ledigl in Erfüllung dieser Verpflichtung führe dazu, dass der mitarbeitende Ehegatte die Einkünfte – teilweise – erziele. Einer solchen Auslegung beugte § 26a I 2 vor. Das BVerfG entschied, dass trotz § 1356 BGB aF Ehegattenarbeitsverträge mit der Folge mögl sind, dass der als ArbN mitarbeitende Ehegatte *eigene* Einkünfte aus nichtselbstständiger Arbeit erzielt (BVerfG 1 BvL 32/57 BStBl I 62, 492; 1 BvR 232/60 BStBl I 62, 506). Entsprechendes gilt für Arbeitsverträge zw einem Ehegatten und einer PersGes, die vom anderen Ehegatten beherrscht wird (vgl BFH VI R 140/66 BStBl II 68, 494).

5 **5. Ehegatten-/LPart-Arbeits- und Gesellschaftsverträge.** Seit der Beseitigung der Haushaltsbesteuerung im Jahre 1958 (§ 26 Rz 1) hat der Abschluss eines Arbeitsvertrages zur Regelung der Mitarbeit eines Ehegatten im Geschäft des anderen Ehegatten infolge der Möglichkeit, WK (zB § 9a) und in erweitertem Umfang SA geltend zu machen, über die Anwendung des Splittingtarifs bei der Zusammenveranlagung hinaus steuermindernde Wirkung; Entsprechendes gilt für LPart. Es ist auch mögl, MUerschaften zw Ehegatten/LPart zu begründen; dann ergibt sich – wenn keine weiteren Einkünfte erzielt werden – bei gleichmäßiger Gewinnverteilung auch bei getrennter Veranlagung eine Steuerersparnis iHd Auswirkung des Splittingtarifs. Hinzu kommt uU eine vermögensmäßige Absicherung des „mitarbeitenden" Ehegatten/LPart.

6 **6. Eheliches/lebenspartnerschaftl Güterrecht.** Für LPart gelten für den Güterstand §§ 6, 7 LPartG, die dem ehel Güterrecht weitgehend entsprechen. Zur Fortgesetzten Gütergemeinschaft s § 28. Ob das **Güterrecht** für die Zurechnung der Einkünfte bei den Ehegatten/LPart bedeutsam wird, ist Frage des Einzelfalls s § 2 Rz 30.

7 **7. Sonderausgaben; außergewöhnl Belastungen.** SA (§§ 10–10b) werden grds nur bei der Veranlagung des Ehegatten/LPart abgezogen, der sie geleistet hat (EStR 26a I; § 26 Rz 2); zur Verteilung s Rz 8. Der an den anderen getrennt lebenden Ehegatten/LPart geleistete Unterhalt ist keine agB (§ 26 Rz 3), anders wenn die Ehegatten/LPart nicht getrennt leben, der empfangende Ehegatte/LPart aber nicht unbeschr stpfl ist, weil ihnen die Zusammenveranlagung versagt bleibt (BFH GrS 1/87, BStBl II 89, 164, 168). – SA iSd § 9c (aufgehoben), ab VZ 2012 § 10 I Nr 5 und nach § 10 I Nr 5 und 8 wurden grds halbiert (§ 26a II 1 aF). – Nach § 26a II nF (ab **VZ 2013;** § 52 Abs 68 S 1; § 25 Rz 1) werden SA, agB und Abzugsbeträge gem § 35a grds dem Ehegatten zugerechnet, der sie wirtschaftl getragen hat; es kann **hälftiger Abzug** beantragt werden (Rz 8). Beim Abzug von agB wird bei **Einzelveranlagung** von Ehegatten/LPart die **zumutbare Eigenbelastung** (§ 33 III) nach dem **Gesamtbetrag der Einkünfte des jeweiligen Ehegatten/LPart** bestimmt und nicht (wie bisher) nach dem Gesamtbetrag der Einkünfte beider Ehegatten; das folgt aus Änderung des § 26a II 1 nF ggü § 26 II 1 aF. Die Steuerermäßigung für **haushaltsnahe Dienstleistungen** (§ 35a) können von Ehegatten/LPart unabhängig von der Veranlagungsart nur einmal in Anspruch genommen werden (BFH VI R 60/09 BFH/NV 10, 2183).

8 **8. Verteilung, § 26a II.** Die für SA, agB, Abzugsbeträge nach § 35a mögl hälftige Zurechnung gem § 26a II 2, 3 nF (bis VZ 2012: § 26a II aF: betragsmäßig eine abw Verteilung) setzt einen **gemeinsamen Antrag** der Ehegatten/LPart in

der StErklärung voraus. Bei Verhinderung aus zwingenden Gründen kann das FA den Antrag eines Ehegatten für ausreichend ansehen (§ 61 EStDV). Die ab **VZ 2013** nach § 26a II 2 (§ 25 Rz 1, 5–7) statt beim Leistenden (Rz 7) mögl hälftige Zurechnung der og Beträge bedeutet uU erhebl Vereinfachung der StErklärung; es wird näml der **Nachweis** erspart, welcher der Ehegatten die Belastungen tatsächl *wirtschaftl* getragen hat (Nachweis der Rechtsverpflichtung und der Zahlung). Beim Übergang zu getrennter Veranlagung ist der Behinderten-Pauschbetrag für ein gemeinsames Kind bei beiden Elternteilen stets hälftig abzuziehen (§ 3b V; BFH v 19.4.2012 BFH III R 1/11).

§ 26b Zusammenveranlagung von Ehegatten

Bei der Zusammenveranlagung von Ehegatten werden die Einkünfte, die die Ehegatten erzielt haben, zusammengerechnet, den Ehegatten gemeinsam zugerechnet und, soweit nichts anderes vorgeschrieben ist, die Ehegatten sodann gemeinsam als Steuerpflichtiger behandelt.

Einkommensteuer-Richtlinien/Verwaltungsschreiben: EStR 26b/EStH 26b – *FinMin* Schleswig-Holstein v 23.3.2011 VI 303 – S 2225 – 033, DStR 11, 1427 zu Auswirkungen des BFH-Beschlusses v 17.12.2007 GrS 2/04 BStBl II 08, 608 auf Verlustausgleich und andere Verlustverrechnungskreise

Übersicht Rz

Schrifttum: Bis 1984 s 7. Auflage, bis 2013 s 32. Aufl. – *Viefhues* Einkommensbestimmung des geschiedenen wiederverheirateten unterhaltspflichtigen Ehegatten FPR 08, 74; *Tischler* Übersicht zu den Problemen bei einer fiktiven Einkommensberechnung unter Außerachtlassung oder Hinzurechnung von Steuervergünstigungen aus steuerrechtl Sicht, FPR 08, 79; *Elden* Steuererstattungen oder -nachzahlungen bei Ehegatten, FamFR 2010, 368.

I. Zusammenrechnung der Einkünfte

1. Geltungsbereich und Anwendungsvoraussetzungen. § 26b gilt seit dem 1.1.1975 (EStRG v 5.8.1974, BStBl I, 530). Die **Voraussetzungen der Zusammenveranlagung** sind in § 26 geregelt (VerfMäßigkeit s § 26 Rz 1, StErklärungspflicht s § 25 Rz 4 ff, Splittingtarifvoraussetzungen s § 26 Rz 5 ff, Wahl der Veranlagungsart s § 26 Rz 14–18). Sind die Voraussetzungen einer Zusammenveranlagung erfüllt, regelt § 26b die Zusammenrechnung und Zurechnung der erzielten Einkünfte, § 32a I, V – ledigl – die Berechnung der ESt. § 26b gilt für Ehegatten und **eingetragene LPart** (§ 26 Rz 2, 14 ff). Für Ehegatten/LPart, die ihre 1

Einkünfte im Inl erzielen, aber einer oder beide im Ausl (Schweiz) wohnen und tägl zur Arbeitsstätte pendeln **(Grenzpendler),** versagte die FinVerw die Anwendung der Zusammenveranlagung; darin sieht der EuGH einen Verstoß gegen das europarechtl Diskriminierungsverbot s dazu Rz § 25 Rz 12, § 26 Rz 10. Bei Ehegatten mit Einkünften unterschiedl Höhe führt die Zusammenveranlagung nach § 26b idR zu einer niedrigeren ESt als die getrennte Veranlagung (§ 26 Rz 19).

2 **2. Zusammenrechnung und Zurechnung der Einkünfte.** § 26b berührt weder die subj StPfl des einzelnen Ehegatten (§ 1 I, II; § 1 III) noch die Einkünfteerzielung (§ 26a Rz 4, 5) durch den jeweiligen Ehegatten (BFH IX R 14/00 BFH/NV 03, 468). Demgemäß sind die Einkünfte jedes Ehegatten vor der Zusammenrechnung getrennt zu ermitteln (EStR 26b I; BFH IX R 1/06 BFH/NV 07, 2264). Die Zusammenrechnung gilt auch für positive und negative Einkünfte nach § 15 bei Anwendung des § 35 (BFH III R 69/10 BStBl II 13, 201). Der den Bereich der Einkünfteerzielung und -ermittlung betr Grundsatz der **Individualbesteuerung** wird von § 26b insofern modifiziert, als **Einkünftezurechnung ohne Einkünfteerzielung,** also ohne Tatbestandsverwirklichung (§ 38 AO; § 2 Rz 18 ff) angeordnet wird, und zwar soweit ein Ehegatte geringere Einkünfte als der andere erzielt. Daraus ergeben sich mE aber keine verfrechtl Bedenken, da die StSchuldnerschaft (§ 44 AO) durch Wahl getrennter Veranlagung vermieden und weil die Inanspruchnahme gem §§ 268 ff AO beschränkt bzw ausgeschlossen werden kann. Ähnl Fragen stellen sich für § 24 Nr 2 für die Einkünftezurechnung beim Rechtsnachfolger.

3 **3. Gleichartigkeit von Einkünften.** Die Zusammenveranlagung wird vielfach als Zusammenfassung der Einkommen behandelt (vgl BFH IX R 13/81 BStBl II 87, 297, zu § 173 AO). BFH IV R 32/86 BStBl II 88, 827 hat dagegen das Gebot, den Freibetrag nach § 13 III der zusammenveranlagten Ehegatten bei der Ermittlung des Gesamtbetrags der Einkünfte zu berücksichtigen, dahin aufgefasst, dass vorhandene **Einkünfte** beider Ehegatten aus LuF vorher **zusammenzurechnen** und ggf zu saldieren sind (BFH III R 7/14 Rz 23, DStR 15, 2058). Nach diesem Verständnis der §§ 26b, 2 III bewirkt die Zusammenveranlagung, dass **gleichartige Einkünfte** der Ehegatten zusammengerechnet werden (Rz 8); anders bei § 35 BFH III R 7/14 Rz 23–26, DStR 15, 2058; § 35 Rz 1.

4 **4. Verrechnung beschr ausgleichsfähiger Verluste.** Dies (Rz 3) gestattet auch die Verrechnung von nur beschr ausgleichsfähigen Verlusten des § 15 IV und des § 2a (s § 2a Rz 41; bezügl gewerbl Tierhaltung bei § 15 Rz 896 unter d; BFH IV R 116/87 BStBl II 89, 787. Ab 11.11.05 ist § 15b zu beachten (§ 15b Rz 1, 18). Zum Verlustausgleich s Rz 10. Zur Verlustverrechnung nach Beseitigung der Vererblichkeit von Verlusten durch BFH GrS 2/04 BStBl II 08, 608s FM *Schl-Hol* DStR 11, 1427.

5 **5. Altersentlastungsbetrag.** Dieser ist für jeden Ehegatten (bis VZ 2039) gesondert zu berechnen (§ 24a S 4). Alle anderen Abzüge sind nach der Bildung des Gesamtbetrags der Einkünfte (§ 2 III) abzuziehen.

6 **6. Arbeits- und Gesellschaftsverträge.** Verträge, die für die Erzielung von Einkünften bedeutsam sind, können unbeschadet der Zusammenveranlagung zw Ehegatten geschlossen und durchgeführt werden (vgl § 26a Rz 1, 5, § 4 Rz 520 *Angehörige*). Insb können auch mit steuerl Wirkung **Nutzungsrechte** zu Gunsten eines Ehegatten/LPart an WG des anderen Ehegatten/LPart begründet werden. Sofern Ehegatten/LPart zB **als MUer** eines Betriebes oder Miteigentümer gemeinsame Einkünfte erzielen, ist grds deren **gesonderte und einheitl Feststellung** durchzuführen; ebenso uU wenn die gemeinschaftl Einkünfteerzielung auf **Gütergemeinschaft** oder auf Errungenschaftsgemeinschaft beruht (BFH I B 16/71 BStBl II 71, 730; BFH IV R 50/72 BStBl II 77, 201). In **Fällen von geringer Bedeutung** kann die Feststellung unterbleiben (§ 180 III Nr 2 AO), zB gemein-

same Mieteinkünfte von Ehegatten, bei gemeinsamem Betrieb einer kleinen LuF (BFH VIII R 253/71 BStBl II 76, 305; BFH IV R 136/83 BStBl II 85, 576); bei Beteiligung einer Person (BFH IV R 14/00, BStBl II 01, 798). Ein Fall von geringer Bedeutung liegt aber nicht vor, wenn streitig ist, ob überhaupt Einkünfte erzielt worden sind, oder wenn ein für die Besteuerung wesentl Tatbestandsmerkmal streitig ist (BFH X R 64/92 BStBl II 95, 640/3). IÜ ist der **Güterstand** für die Zusammenveranlagung bedeutungslos.

7. Freibeträge; Pauschbeträge. Soweit sie die Einkünfteermittlung betreffen, 7
können sie – wie bei getrennter Veranlagung – von jedem Ehegatten in Anspruch genommen werden (zB § 9a, s Rz 8; vgl BFH IV 239/59 S BStBl III 61, 466). Zum Freibetrag für LuF und zum Altersentlastungsbetrag s Rz 4. Zu SA, agB sowie § 35a s § 26a Rz 7, 8.

8. Behandlung als (ein) StPfl. Erst nach der Zusammenrechnung der Ein- 8
künfte setzt die Behandlung der Ehegatten als (ein) StPfl gem § 26b ein (BFH VIII B 49/07, BFH/NV 08, 1158). Das bedeutet, dass nur *ein* Gesamtbetrag der Einkünfte (§ 2 III), nur *ein* Einkommen (§ 2 IV) und nur *ein* zu versteuerndes Einkommen (§ 2 V) gebildet wird (BFH IV R 124/77 BStBl II 80, 645; BFH I R 121/79 BStBl II 83, 34; vgl auch BFH VI R 148/01 BFH/NV 04, 527 zur Auswirkung auf das Verfahrensrecht). Die Zusammenrechnung der Einkünfte hat zur Folge, dass die positiven und negativen Einkünfte beider Ehegatten horizontal und vertikal addiert bzw saldiert werden (Rz 2, 10; § 2 Rz 57 ff; *Blümich/Heuermann* § 26b Rz 13).

9. Einheit des Einkommens. Diese sog Einheit des Einkommens der Ehe- 9
gatten/LPart hat zur Folge: – ***(1)*** **Spenden,** § 10b. Soweit sie wie SA vom Gesamtbetrag der Einkünfte abgezogen werden, sind nur abziehbar, wenn sie wirtschaftl nicht dem anderen Ehegatten zugute gekommen sind (BFH X R 191/87 BStBl II 91, 690); – ***(2)*** **Pausch-, Frei- und Höchstbeträge,** zB § 10c, § 32 VI, § 33b Rz 28f, wenn sie die Ermittlung der Einkünfte nicht berühren, können von den Ehegatten/LPart auch in Anspruch genommen werden, wenn nur einer von ihnen die Voraussetzungen dafür erfüllt und wenn nur einer (nicht notwendig derselbe) von ihnen Einkünfte erzielt (BFH VI R 300/66 BStBl III 67, 596). – ***(3)*** **Einmalbeanspruchung.** Die fragl Abzüge können nur einmal von beiden Ehegatten/LPart zusammen in Anspruch genommen werden (vgl BFH VI R 60/09 BFH/NV 10, 2183 zu § 35a bei mehreren Wohnungen), wenn nicht das Gesetz ausdrückl eine abw Regelung trifft (zB Verdoppelung für beide Ehegatten/LPart wie in § 10 III 2, § 10c 2, § 20 IX, § 32 VI 2); – ***(4)*** Der **Progressionsvorbehalt,** § 32b. Er greift auch ein, wenn nur ein Ehegatte/LPart im Inl stpfl Einkünfte erzielt hat (vgl § 32a V), während der andere Ehegatte/LPart im Inl zwar subj stpfl ist, aber seine Einkünfte auf Grund eines DBA im Inl nicht der Besteuerung unterliegen (BFH I R 121/79 BStBl II 83, 34). Zur Vorteilhaftigkeit der Zusammenveranlagung bei Anwendung des § 32b s § 26 Rz 19.

10. Verlustausgleich; Verlustabzug. Durch die **Zusammenrechnung der** 10
Einkünfte werden negative Einkünfte (Verluste) des einen Ehegatten/LPart mit positiven Einkünften des anderen Ehegatten/LPart ausgeglichen; zur Reihenfolge der Zusammenrechnung vgl Rz 2–5, § 2 Rz 57 ff. Zum Verlustabzug s § 10d Rz 15.

II. Steuerfestsetzung; Rechtsbehelfe

1. Steuerfestsetzung. – a) Bescheide. Grds ist seit 1986 (zum früheren 11
Recht s BFH IV R 82/84 BStBl II 86, 545; BFH III R 230/83 BStBl II 87, 836 unter II. 2b, bb) die Bekanntgabe einer Ausfertigung des Zusammenveranlagungsbescheids an die gemeinsame Anschrift (Rz 17) ausreichend (§ 122 VII 1 AO). Es können aber auch **Einzelbescheide** ergehen (BFH IX R 57/98 BFH/NV 00,

678). **Festsetzungsverjährung** tritt für jeden Ehegatten/LPart gesondert ein (BFH X R 42/05 BStBl II 07, 220; BFH VIII B 49/07 BFH/NV 08, 1158; *Blümich/Heuermann* § 26b Rz 47), schließt also die Änderbarkeit dem anderen Ehegatten/LPart ggü nicht aus (BFH VI R 41/05 BFH/NV 08, 1136; vgl Rz 17 und § 25 Rz 8).

12 **b) Bekanntgabe.** Die Bekanntgabe einer Ausfertigung ist ausreichend, wenn die Ehegatten/LPart eine **gemeinsame Anschrift** haben. Beantragt einer von ihnen Einzelbekanntgabe oder ist dem FA bekannt, dass zw ihnen ernstl Meinungsverschiedenheiten bestehen (vgl § 122 VII 2 AO), kann auch ein zusammengefasster Bescheid nur wirksam bekannt gegeben werden, wenn jedem Ehegatten eine Ausfertigung des Bescheids übersandt wird. – Haben die Ehegatten/LPart **keine gemeinsame** Anschrift und sind sie mit der Bekanntgabe an einen von ihnen einverstanden, wirkt die Bekanntgabe an einen von ihnen für und gegen alle (§ 122 VI AO). Dafür wird angenommen, dass in der Unterzeichnung des StErklärungsvordrucks eine gegenseitige **Bevollmächtigung** zum Empfang von StBescheiden liegt (BFH III R 230/83 BStBl II 87, 836 unter II.2b, bb). Dieses Verfahren kommt vor allem in Betracht, wenn die Voraussetzungen des § 122 VII AO mangels gemeinsamer Anschrift nicht vorliegen. Dies hindert bei abw tatsächl Verhältnissen eine Wiedereinsetzung nach § 110 AO nicht (ähnl BGH VersR 85, 1185). Die Bekanntgabe nach § 122 VII AO (Rz 16–18), evtl § 122 VI (Rz 19) ist auch zulässig, wenn mit zusammengefassten Bescheiden auch **steuerl Nebenleistungen** (§ 3 IV AO) angefordert werden (§ 155 III AO).

13 **c) Schätzungsfälle.** Die Bekanntgabe gem § 122 VII AO ist auch in Schätzungsfällen zulässig.

14 **d) Bekanntgabeadressat in Erbfällen.** Bei einem zusammengefassten Bescheid, der an den überlebenden **Ehegatten/LPart** und dessen **Kind(er)** als Erbe(n) ergehen soll, sind diese Personen Bescheidadressaten, nicht der zusammenveranlagte **verstorbene Ehegatte/LPart** (BFH X R 47/88 BStBl II 93, 174 mwN; *BMF* BStBl I 86, 458, 462, 468), auch wenn die Rspr die Erwähnung des verstorbenen Ehegatten/LPart mit dem Zusatz zH „des *(Erben)* X" als ausreichend duldet (BFH IV R 204–205/82 BStBl II 84, 784).

15 **2. Rechtsbehelfsverfahren.** Jeder Ehegatte/LPart kann die StFestsetzung selbstständig (ohne Mitwirkung des anderen) **anfechten.** Die Voraussetzungen des Wirksamwerdens (§ 124 I, § 122 VII AO) und der Erhebung von Rechtsbehelfen ergeben sich für jeden Ehegatten/LPart gesondert (§§ 350, 355 I 1, 348 AO, § 45 FGO). Nach ständiger Rspr ist **Hinzuziehung** gem § 360 III AO bzw **Beiladung** nach § 60 III FGO trotz § 155 V AO nicht erforderl, da die Entscheidung über den Rechtsbehelf beiden Ehegatten/LPart ggü nicht einheitl zu ergehen brauche (BFH VI R 41/05 BFH/NV 08, 1136 unter II 3 mwN; *Blümich/Ettlich,* EStG, § 26b Rz 45; **zweifelnd:** BFH III B 74/02 BFH/NV 03, 195), dh es können sich im Einspruchs- oder Klageverfahren **unterschiedl Steuerfestsetzungen** ergeben. Eine Ausnahme macht der BFH, wenn Streit darüber besteht, ob eine getrennte oder eine Zusammenveranlagung durchzuführen ist (BFH III S 8/04 BFH/NV 05, 351; *Blümich/Ettlich,* EStG, § 26 Rz 33). Wie verfehlt die Rspr ist, die die Beiladung des anderen Ehegatten/LPart für nicht notwendig erachtet, zeigt BFH X R 27/04 BFH/NV 14, 1494. Unterschiedl hohe StFestsetzungen von zusammenveranlagten Personen sollte es nicht geben; das ist der Sinn des § 26b. Auch eine Aufteilungsantrag nach § 268 AO hilft oft nicht, weil er nur für noch offene StForderungen wirkt.

16 **3. Bevollmächtigung.** Die in der Unterzeichnung einer gemeinsamen StErklärung liegende wechselseitige Bevollmächtigung der Ehegatten (Rz 12, vgl aber Rz 18) berechtigt zum Empfang des Zusammenveranlagungsbescheids. Sie berechtigt auch zur Einlegung von Rechtsmitteln (str; *Pahlke/Koenig* AO, § 350 Rz 16;

BFH IV 48/65 BStBl II 70, 839; BFH VI R 149/84 BStBl II 87, 852: Klage der Ehefrau, Minderung der Einkünfte des Ehemannes; aA *Blümich/Heuermann* § 26b Rz 44). Die StErklärungsvordrucke sehen in jüngerer Zeit entspr Angaben vor (zur notwendigen schriftl Vollmacht s BFH I R 367/83 BStBl II 88, 242). Für das Klageverfahren ergibt sich dies aus § 62 III 1 FGO, der schriftl Erteilung einer Prozessvollmacht vorschreibt. Erhebt der eine Ehegatte (auch) für den anderen einen Rechtsbehelf, kann der Vertretene dies jedenfalls genehmigen, zB durch nachträgl Erteilung der Vollmacht.

4. Bescheidänderung; Verschuldenszurechnung. Werden sog **neue Tatsachen** bekannt, die eine Änderung der StFestsetzung rechtfertigen (§ 173 I AO), kann der ursprüngl StBescheid auch insoweit geändert werden, als er sich gegen den Ehegatten/LPart richtet, bezügl dessen neue Tatsachen nicht vorliegen, da beide StPfl nur ein Einkommen beziehen (BFH IV R 121/68 BStBl II 69, 273; BFH IV R 124/77 BStBl II 80, 645; s auch oben Rz 15. Bei der StErklärung (§ 25 Rz 4 ff) bezieht sich die **Erklärung jedes Ehegatten/LPart** nur auf die Tatsachen seiner Wissenssphäre und seiner Einkünfteerzielung (BFH IX R 40/00 BStBl II 02, 501; vgl § 26b Rz 19). Ehegatten (und wegen § 2 VIII auch LPart, § 26 Rz 2), die nach § 26b als *(ein)* **StPfl** (BFH VIII B 49/07 BFH/NV 08, 1158) behandelt werden, müssen sich aber grobes Verschulden des anderen am nachträgl Bekanntwerden steuermindernder Tatsachen (§ 173 I Nr 2 AO) als eigenes Verschulden anrechnen lassen (BFH I R 62/95 BStBl II 97, 115; BFH IX R 40/00 BStBl II 02, 501 unter II 1d: Abgrenzung zum **Strafrecht;** BFH IV R 192/85 BStBl II 87, 540 und BFH X R 56/98 BStBl II 01, 60: **Verspätungszuschlag** auch gegen den einkommenslosen Ehegatten; BFH VII R 32, 33/99 BStBl II 01, 133 zur **Zahlungsverjährung;** vgl auch § 26b Rz 11 mwN zur **Festsetzungsverjährung**). Gleichwohl bezieht sich die **Erklärung jedes Ehegatten/LPart** nur auf die Tatsachen seiner Wissenssphäre und seiner Einkünfteerzielung, so dass die unrichtigen Angaben eines Ehegatten dem anderen auch bei Kenntnis der Unrichtigkeit nicht mit der Folge der Strafbarkeit wegen **Steuerhinterziehung** zugerechnet werden, sofern er sich an der Tat nicht beteiligt (BFH IX R 40/00 BStBl II 02, 501; IX B 41/10 BFH/NV 10, 2239). 17

5. Aufteilung im Rechtsbehelfsverfahren. Das gesetzl Gebot, bei der Zusammenveranlagung nur einen Gesamtbetrag der Einkünfte, nur ein Einkommen und nur ein zu versteuerndes Einkommen zu bilden (s Rz 8), gilt auch für das Rechtsbehelfsverfahren. Im Aufteilungsverfahren (§§ 268 ff AO; zur Berechnung *Neufang* StB 14, 145/6) hält auch der BFH die **Beiladung** (§ 60 III FGO) des nicht klagenden Ehegatten/LPart für notwendig (BFH III B 74/02 BFH/NV 03, 195). Das verfrechtl gebotene Aufteilungsverfahren (vgl BVerfG 1 BvL 29/57 BStBl I 61, 55, 61 zur Vermögensaufteilung im Lastenausgleich) bietet nicht immer Abhilfe gegen unterschiedl hohe StFestsetzungen ggü Ehegatten/LPart; denn aufzuteilen ist ledigl die (noch nicht getilgte) **rückständige Steuer** (§ 269 II 2, § 270 AO; BFH VI S 4/04 BFH/NV 04, 1624; vgl auch BFH VII R 42/10, BStBl II, 607). Hat der den Aufteilungsantrag stellende Ehegatte/LPart „zu viel" bezahlt, geht der Aufteilungsantrag ins Leere; Erstattung kann er wegen der gegen ihn wirkenden „zu hohen" StFestsetzung nicht erlangen. Kein Anfechtungsrecht steht dem einen Ehegatten/LPart gegen einen **Feststellungsbescheid** zu, der Einkünfte des anderen Ehegatten/LPart betrifft, die gem § 180 I Nr 2a AO festgestellt werden (BFH VIII R 218/85 BFH/NV 89, 354); anders, wenn der StPfl seinen verstorbenen Ehegatten/LPart beerbt hat und die Erbschaft nicht ausgeschlagen hat (BFH X B 117/04). 18

6. Gesamtschuld und Haftungsbeschränkung. – a) Gesamtschuldner. Mit der gemeinsamen StErklärung übernimmt der Ehegatte/LPart grds (s aber Rz 17) keine Gewähr für die Richtigkeit der Angaben des anderen, so dass er nicht nach § 71 AO für den anderen haftet (BFH IX R 40/00 BStBl II 02, 501; vgl auch 19

§ 25 Rz 4); Verlängerung der Festsetzungsfrist wegen StHinterziehung ist aber mögl (BFH IX B 41/10 BFH/NV 10, 2239). Zusammenveranlagte Ehegatten/LPart sind aber wegen der gemeinsamen Veranlagung **Gesamtschuldner** (§ 44 I AO). Jeder von ihnen schuldet die gesamte festgesetzte Steuer, sofern ein die Steuer festsetzender Bescheid ihm ggü wirksam bekannt gegeben worden ist; zu Erstattungen s Rz 21 und § 26 Rz 21. Die Leistung eines Ehegatten/LPart an das FA wirkt im Verhältnis zum FA auch zu Gunsten des anderen Ehegatten/LPart (BFH VII B 311/05 BFH/NV 06, 1445).

20 **b) Ausgleichsansprüche.** Jeder Ehegatte/LPart kann seine **Haftung für die Steuerschuld** auf den auf ihn rechnerisch entfallenden Anteil begrenzen (§§ 268 ff AO), soweit die StSchuld noch nicht getilgt ist. **Aufteilungsmaßstab** ist das Verhältnis der Beträge, die sich bei fiktiver getrennter Veranlagung für jeden Ehegatten unter Zugrundelegung der Besteuerungsgrundlagen ergäben. Aufgeteilt wird nur die **Schuld,** die **noch nicht** (zB durch Vorauszahlungen) **getilgt** ist (§ 270 AO; BFH VI S 4/04 BFH/NV 04, 1624; *Zöllner* in *Pahlke/König* AO § 268 Rz 11). Die Aufteilung wird vom FA auf **Antrag** durchgeführt (vgl §§ 268 ff AO). Hat ein Ehegatte/LPart keine oder so geringe Einkünfte erzielt, dass sich bei getrennter Veranlagung für ihn keine StSchuld ergeben hätte, führt der Antrag praktisch zu der Freistellung von der Inanspruchnahme für die festgesetzte Steuer. Die Aufteilung hindert ledigl die Zwangsvollstreckung über den auf den StPfl entfallenden Aufteilungsbetrag hinaus. Sie ist allerdings bei einer Aufrechnung ggü den Ehegatten/LPart zu berücksichtigen (BFH VII R 66/87 BStBl II 88, 406). Die StFestsetzung als solche bleibt davon unberührt. Aufteilungsmaßstab ist gem § 270 AO die Steuer, die sich bei **getrennter Veranlagung** ergeben hätte (BFH VI S 4/04 BFH/NV 04, 1624). Derselbe Maßstab gilt auch für die Berechnung von **zivilrechtl Ausgleichsansprüchen** nach § 426 BGB (BGH XII ZR 111/03 DStR 06, 1455), also nicht allein nach dem Verhältnis der Einkünfte, sondern auch nach den SA und agB (*Witt* DStR 07, 56/9). Zur Einkommensermittlung für Zwecke der Berechung von **Unterhaltsansprüchen** s *Viefhues* FPR 08, 74; *Tischler* FPR 08, 79, *Schürmann* FamRZ 08, 323, wobei die ab 1.1.08 geänderte Unterhaltsrangfolge gem § 1609 BGB nF zu beachten ist. Der Verspätungszuschlag der zusammenveranlagten Ehegatten/LPart kann ebenfalls aufgeteilt werden (§ 276 IV AO; BFH VIII R 39/83 BStBl II 87, 590).

21 **c) Erstattung.** Zusammenveranlagte Ehegatten sind **Gesamtschuldner** (§ 44 AO, § 426 BGB). FinVerw und Rspr *unterstellen* (s dazu § 26 Rz 21)bei „intakter Ehe" dem zahlenden Ehegatten die Absicht, auch auf die StSchuld des anderen Ehegatten zahlen zu wollen und folgern daraus, dass den Ehegatten ein **Erstattungsanspruch** zu gleichen Teilen zusteht (vgl FG Köln 11 K 2623/09 EFG 13, 1379 Rev VII R 26/13; BFH VII R 42/10 BStBl II 11, 607; BFH VII R 18/08 BStBl II 09, 8; BFH VII R 16/05, BFH/NV 06, 648; BFH VII R 117/95, BFH/NV 97, 482; dagegen zutr *Pahlke/Koenig* AO, § 37 Rz 33, 34); es wird auch übersehen, dass im Regelgüterstand der **Zugewinngemeinschaft** grds Vermögenstrennung (§ 1363 II BGB) besteht und dass bei Gütertrennung oder modifizierter Zugewinngemeinschaft regelmäßig stärker divergierende Vermögensinteressen bestehen (vgl OLG Dresden 24 UF 800/09, BeckRS 2010, 17602; *Elden* FamFR 10, 365). Die Rspr misst dem Umstand, von wessen Konto die Zahlung (Abbuchung) erfolgt ist, mE zu Unrecht keine ausreichende Bedeutung bei (*Pahlke/Koenig* AO, § 37 Rz 34). Naheliegend und mE allein sachgerecht wäre es, grds Zahlung auf Rechnung des Kontoinhabers anzunehmen (so iErg auch *Pahlke/Koenig* AO, § 37 Rz 34; *Paus* FR 98, 143), zumal das FA sich bei Unklarheiten durch Auszahlung des Erstattungsbetrages an einen Ehegatten/LPart beiden ggü befreien kann (§ 36 IV 3). Bei **Pfändung** von Erstattungsansprüchen ist der Pfändungspfandgläubiger erstattungsberechtigt (vgl § 26 Rz 17). Bei **Insolvenz** eines Ehegatten/LPart kann der Insolvenzverwalter einen Erstattungsanspruch geltend

machen (vgl § 26 Rz 17). Die Höhe des **Erstattungsanspruchs** jedes Ehegatten/LPart bestimmt sich nach dem **Verhältnis der** von den Ehegatten geleisteten **Zahlungen** (BFH VII R 82/94 BStBl II 95, 492; BFH VII S 30/90 BFH/NV 92, 145; weitergehend – rechtsanaloge Anwendung der §§ 270, 273, 276 VI AO – *Stadie* BB 77, 979 mit Beispielen). Zur Inanspruchnahme für während der Ehe begründeter StSchulden nach Trennung oder Scheidung s *Heimann* FPR 06, 487.

d) Verrechnung mit anderweitigen Verbindlichkeiten. Die Zusammenveranlagung führt nicht zu einer Einschränkung einer bestehenden vermögensrechtl Trennung zw den Ehegatten/LPart, wie sie beim **Güterstand** der Zugewinngemeinschaft (§ 1363 II BGB) oder der Gütertrennung gegeben ist. Trifft ein Überschuss aus der Zusammenveranlagung mit anderweitig begründeten StSchulden eines Ehegatten/LPart zusammen, kann der andere Ehegatte/LPart den auf ihn entfallenden Teil des Überschusses, also den ihm zustehenden Erstattungsanspruch geltend machen. Das FA kann insoweit nicht mit den gegen den anderen Ehegatten/LPart bestehenden Forderungen **aufrechnen** (BFH VII R 55/80 BStBl II 83, 162; vgl auch BFH VII R 16/05 BStBl II 06, 453). 22

§ 26c *[aufgehoben] Besondere Veranlagung für den Veranlagungszeitraum der Eheschließung*

Anmerkung: § 26c EStG ist durch Art 1 Nr 16 StVerG 2011 (BStBl I 2011, 986) mit Wirkung ab VZ 2013 aufgehoben worden (§ 52 Abs 1, 68 EStG 2011).– Zu den Erläuterung s 32. Aufl. 2012. – Der Entlastungsbetrag für Alleinerziehende gem § 24b kann im Rahmen der besonderen Veranlagung – zeitanteilig – bis zum Monat der Eheschließung beansprucht werden (FG Köln 6 K 2901/13, DStR 15, 531 Rev BFH III R 17/14). 1

§ 27 *(weggefallen)*

§ 28 Besteuerung bei fortgesetzter Gütergemeinschaft

Bei fortgesetzter Gütergemeinschaft gelten Einkünfte, die in das Gesamtgut fallen, als Einkünfte des überlebenden Ehegatten, wenn dieser unbeschränkt steuerpflichtig ist.

Schrifttum: *Stadie* Die persönl Zurechnung von Einkünften, 1983; *App* Die fortgesetzte Gütergemeinschaft im Einkommensteuerrecht und im Erbschaftsteuerrecht, BWNotZ 93, 11, *Kanzler* Die Besteuerung von Ehe und Familie, DStJG 24 (2001), 417.

1. Fortgesetzte Gütergemeinschaft. Die Ehegatten können durch Ehevertrag vereinbaren, dass die Gütergemeinschaft nach dem Tode eines Ehegatten zw dem überlebenden Ehegatten und den gemeinschaftl Abkömmlingen fortgesetzt wird (§ 1483 I 1 BGB). Die Anwendung des § 28 kommt auf LPart nicht in Betracht, weil die LPart keine gemeinsamen Abkömmlinge (§ 1483 I BGB) haben können. Hinsichtl des **Gesamtgutes** ist die fortgesetzte Gütergemeinschaft eine **Gesamthandsgemeinschaft;** daneben ist noch Sondergut und Vorbehaltsgut je des Mannes und der Frau mögl. Lehnt der überlebende Ehegatte die Fortsetzung der Gütergemeinschaft nicht ab (§ 1484 BGB), wird sie mit den gemeinschaftl Abkömmlingen fortgesetzt, die bei gesetzl Erbfolge als Erben berufen wären. Der Anteil des verstorbenen Ehegatten am Gesamtgut gehört dann nicht zum Nachlass (§ 1483 I 3 BGB). Die gemeinschaftl Abkömmlinge treten an die Stelle des verstorbenen Ehegatten (§ 1487 BGB), so dass sich **zivilrechtl kein Erbfall** vollzieht. **Erbschaftstrechtl** ist dieser Rechtsübergang aber dem **Erwerb von Todes wegen** gleichgestellt (§ 4 II 2 ErbStG). Dem überlebenden Ehegatten steht das alleinige Verwaltungsrecht bezügl des Gesamtgutes zu, nicht dagegen das Recht der 1 (alleinigen) Nutznießung (§ 1487 BGB). Die Erträgnisse des Gesamtgutes stehen vielmehr den an der fortgesetzten Gütergemeinschaft Beteiligten gemeinschaftl zu. Ausführl zur Fortgesetzten Gütergemeinschaft *Lademann/Hiller,* EStG, § 28.

2 **2. Steuerrechtl Beurteilung.** § 28 verstößt nicht gegen das GG (BFH IV R 177/69 BStBl II 73, 638; aA *Stadie* Persönl Zurechnung S 125). Die Einkünfte, die unter Verwendung der zu dem Gesamtgut gehörenden WG erzielt werden, werden **dem überlebenden Ehegatten allein zugerechnet.** Insofern schreibt § 28 eine andere Zurechnung vor, als sie zivilrechtl und wirtschaftl an sich nahe läge, da sie dem verwaltungsberechtigten überlebenden Ehegatten nicht als eigene Vermögenswerte verbleiben, sondern in das Gesamtgut übergehen und dadurch von den beteiligten Abkömmlingen miterworben werden. Gehört zum Gesamtgut ein BV, so ist die Übertragung eines zu dem BV gehörenden WG auf einen der an der fortgesetzten Gütergemeinschaft beteiligten Abkömmlinge **keine Entnahme,** da dieser **MUer** ist (BFH VI R 238/64 BStBl III 66, 505). Vereinbaren die fortgesetzten Gütergemeinschafter im Innenverhältnis einen Verzicht auf das alleinige Verwaltungsrecht des überlebenden Ehegatten, so ist § 28 nicht anzuwenden, sondern die Einkünfte sind nach allg Grundsätzen zuzurechnen (RFH RStBl 37, 96). Das gilt auch, wenn ledigl Verteilung der Einkünfte auf die Mitglieder der Gemeinschaft vereinbart wird (BFH VI R 238/64 BStBl III 66, 505). Der sich bei Betriebsveräußerung oder Auseinandersetzung einer fortgesetzten Gütergemeinschaft ergebende Gewinn ist nicht dem überlebenden Ehegatten zuzurechnen, sondern allen an dem Gesamtgut Beteiligten (BFH IV R 41/91 BStBl II 93, 430/2). Ist der überlebende Ehegatte nicht unbeschränkt, sondern beschr stpfl, ist § 28 ebenfalls nicht anwendbar, und die aus dem Gesamtgut stammenden Einkünfte sind nach allg Grundsätzen zuzurechnen.

§§ 29, 30 *(weggefallen)*

IV. Tarif

§ 31 Familienleistungsausgleich

[1]Die steuerliche Freistellung eines Einkommensbetrags in Höhe des Existenzminimums eines Kindes einschließlich der Bedarfe für Betreuung und Erziehung oder Ausbildung wird im gesamten Veranlagungszeitraum entweder durch die Freibeträge nach § 32 Absatz 6 oder durch Kindergeld nach Abschnitt X bewirkt. [2]Soweit das Kindergeld dafür nicht erforderlich ist, dient es der Förderung der Familie. [3]Im laufenden Kalenderjahr wird Kindergeld als Steuervergütung monatlich gezahlt. [4]Bewirkt der Anspruch auf Kindergeld für den gesamten Veranlagungszeitraum die nach Satz 1 gebotene steuerliche Freistellung nicht vollständig und werden deshalb bei der Veranlagung zur Einkommensteuer die Freibeträge nach § 32 Absatz 6 vom Einkommen abgezogen, erhöht sich die unter Abzug dieser Freibeträge ermittelte tarifliche Einkommensteuer um den Anspruch auf Kindergeld für den gesamten Veranlagungszeitraum; bei nicht zusammenveranlagten Eltern wird der Kindergeldanspruch im Umfang des Kinderfreibetrags angesetzt. [5]Satz 4 gilt entsprechend für mit dem Kindergeld vergleichbare Leistungen nach § 65. [6]Besteht nach ausländischem Recht Anspruch auf Leistungen für Kinder, wird dieser insoweit nicht berücksichtigt, als er das inländische Kindergeld übersteigt.

Einkommensteuer-Richtlinien/Verwaltungsschreiben: EStR 31/EStH 31 – *BZSt* BStBl I 14, 922 idF von BStBl I 15, 584 (Dienstanweisung KiGeld – DA-KiGeld 2015)

Übersicht

Schrifttum (allg): s 30. Aufl und 34. Aufl.

1 **1. Bedeutung; Aufbau.** Die steuerl Freistellung des Familienexistenzminimums und zwangsläufiger kindbedingter Aufwendungen ist verfrechtl geboten (BVerfG 2 BvL 42/93 BVerfGE 99, 246/259f; BVerfG 2 BvR 167/02 BVerfGE 112, 164/175; BVerfG 2 BvL 3/05 DStRE 10, 98). **§ 31 S 1** knüpft an dieses Gebot an und bestimmt, dass die Freistellung des Existenzminimums von Kindern auf zweierlei Art erfolgen kann: durch **Freibeträge** (§ 32 VI) oder durch **KiGeld** (§§ 62ff). Wirtschaftl schlechter gestellte Familien sollen zudem durch das KiGeld gefördert werden; das KiGeld erfüllt daher eine Doppelfunktion, es ist familienfördernde **Sozialleistung (§ 31 S 2)** und monatl gezahlte **Steuervergütung (§ 31 S 3).** Bei der EStVeranlagung wird die für den StPfl günstigste Lösung von Amts wegen berücksichtigt **(sog Günstigerprüfung, § 31 S 4).** Ansprüche auf andere kindbedingte Leistungen nach § 65 oder auf ausl KiGeld werden in die Günstigerprüfung grds einbezogen **(§ 31 S 5, 6).**

2 **2. Persönl Anwendungsbereich.** § 31 gilt wie § 32 für unbeschr StPfl (§ 1 I-III, s § 32 Rz 2). Bei einem Wechsel zw unbeschr und beschr StPfl während des Kj wird nur *eine* Veranlagung durchgeführt (§ 2 VII); deshalb ist für diesen VZ auch eine Günstigerprüfung nach § 31 S 4 durchzuführen (s auch *HHR* § 31 Anm 2). Zur Gleichstellung von **LPart** gem § 2 VIII s BFH VI R 76/12 BStBl II 14, 36.

3 **3. Neuere Rechtsentwicklung; zeitl Anwendungsbereich.** Zur Diskussion um die Ablösung des geltenden Systems durch ein sog **Familiensplitting** s *Leisner-Egensperger* FS P. Kirchhof, S 1903 (1909); ferner FG Nds EFG 14, 926 (verfrechtl nicht geboten), Rev III R 62/13. S iÜ *Reimer* NJW 12, 1927, *Blümich* Rz 10ff und *HHR* § 31 Anm 2.

4 **4. Verfassungsmäßigkeit.** Nach der Rspr werden weder Art 2 I GG noch Art 3 I GG dadurch verletzt, dass die **Günstigerprüfung** nach § 31 S 4 idF ab VZ 2004 allein darauf abstellt, ob ein *Anspruch* auf KiGeld besteht (s Rz 10f), unabhängig davon, ob der StPfl tatsächl KiGeld erhalten hat (BFH V R 59/10 BStBl II 13, 228: Gestaltungsfreiheit des Gesetzgebers; BFH III R 29/12 BFH/NV 13, 723: Obliegenheit des StPfl). Ebenfalls verfgemäß ist, dass die **Vergleichsrechnung bei mehreren Kindern** für jedes Kind gesondert durchgeführt wird (s Rz 13), insb bei ao Einkünften nach § 34 I (BFH III R 50/08 BFH/NV 12, 1429). – Problematisch an § 31 ist hingegen die in der Doppelfunktion des KiGelds zum Ausdruck kommende **Verbindung** von **Sozialrecht** und **Steuerrecht** und der Umstand, dass Familien mit Kindern zunächst so besteuert werden, als hätten sie keine Kinder, und dann **KiGeld als Sozialleistung** erhalten (so zutr *Tipke,* Steuerrechtsordnung II, 2. Aufl, S 809f, 823ff; *Tipke LB* § 8 Rz 94ff; s auch *D. Felix* DStJG Bd 29, 152ff; *HHR* § 31 Anm 10, mwN; *Jachmann* BB 08, 591/3; aA *Littmann* Rz 49, 145; s ferner § 62 Rz 2). Dabei genügen die einschlägigen gesetzl Bestimmungen immer weniger dem verfrechtl Grundsatz der **Normen-**

klarheit (s BVerfG 1 BvL 1/01, 1 BvR 1749/01, NJW 03, 2733). Gleichwohl hält das **BVerfG** dieses System für **verfgemäß** (BVerfG 2 BvR 167/02 BVerfGE 112, 164; BVerfG 2 BvR 1375/03, DStRE 04, 1345).

5 **5. Verhältnis zu anderen Vorschriften.** **§ 32** (Freibeträge) und **§§ 62 ff** (KiGeld) werden durch § 31 zu *einem* System des Familienleistungsausgleichs verbunden. Die Günstigerprüfung nach § 31 S 4 ist der Angelpunkt dieses Systems. Sie bestimmt, welches der beiden Institute letztl zur Anwendung kommt. – Sonderberechnungen nach **§§ 32b II, 34 I, 34b** und **34c** müssen ohne die Hinzurechnung von KiGeld nach § 31 S 4 HS 1 durchgeführt werden; denn das KiGeld erhöht die tarifl ESt (s Rz 12). Zur **AbgeltungSt** s Rz 12. Zu **§ 40** (pauschale LSt) s BFH VI R 48/03 BStBl II 07, 844. Zum **BKGG** s § 62 Rz 1 (BVerfG 1 BvR 1765/09 HFR 11, 812: unterschiedl Verfahrensregelungen verfgemäß).

7 **6. Freistellung des Existenzminimums, § 31 S 1.** Die Regelung hat neben § 31 S 4 keinen eigenständigen Gehalt. Sie bekräftigt (nur) programmatisch, dass die Freistellung *entweder* durch den Abzug von Freibeträgen nach § 32 VI *oder* durch die Zahlung von KiGeld nach Abschnitt X (§§ 62 ff) erfolgt. Damit werden KiGeld und Freibeträge, anders als nach dem bis 1996 geltenden dualen System, nicht mehr nebeneinander gewährt (was sich aber ohnehin aus § 31 S 4 ergibt). – **Vorgaben zur Höhe** des zu berücksichtigenden Existenzminimums enthält § 31 S 1 nicht; diese richtet sich allein nach § 32 (s auch BVerfG 2 BvL 5/00 BVerfGE 110, 412; § 32 Rz 3).

8 **7. Förderung der Familie, § 31 S 2.** Ergibt die Günstigerprüfung (§ 31 S 4), dass die steuerl Wirkung des KiGelds die Wirkung der Freibeträge nach § 32 VI übersteigt, ist das KiGeld (nur) insoweit Sozialleistung (sog **Förderanteil;** vgl auch BFH III B 167/06 BFH/NV 07, 865; FG Mster EFG 11, 1727, rkr mwN: Rückgriff auf sozialhilferechtl Maßstäbe nur eingeschränkt mögl; zur Bedeutung s auch *BReg* BT-Drs 16/2213, 9 und 30. Aufl Rz 9). Es verbleibt dem StPfl zur „Minderung des Familienaufwands" (§ 6 SGB I) und wird *nicht* nach § 31 S 4 HS 1 der tarifl ESt hinzugerechnet. StPfl, die aufgrund niedrigen Einkommens auch ohne Berücksichtigung der Freibeträge keine ESt zahlen, erhalten KiGeld in voller Höhe als Familienförderung.

Soweit das KiGeld Sozialleistung ist, unterliegt es nicht dem Gebot, das Existenzminimum zu sichern (BFH VIII R 92/98 BStBl II 02, 596); es muss weder in einer bestimmten Relation zu den Freibeträgen stehen (BVerfG 2 BvR 1375/03 DStRE 04, 1345) noch in einer bestimmten Höhe gezahlt werden (BVerfG 2 BvL 5/00 BVerfGE 110, 412; BFH III R 55/03 BStBl II 06, 291; FG Nds EFG 07, 1785 mit Anm *Siegers*).

9 **8. Monatl Steuervergütung, § 31 S 3.** Das KiGeld wird als monatl Steuervergütung iSd § 37 I AO gezahlt (vgl zB XI R 42/11 BStBl II 14, 840; s auch § 62 Rz 4). Es ist Vorausleistung auf die Entlastung, die der Ansatz der Freibeträge nach § 32 bei der EStVeranlagung bewirken soll, und demzufolge selbst **nicht steuerbar.**

10 **9. Günstigerprüfung, § 31 S 4. – a) Überblick.** Ob der Anspruch auf KiGeld (Rz 11) die steuerl Freistellung iSd § 31 S 4 HS 1 vollständig bewirkt, ermittelt das FA von Amts wegen durch eine Vergleichsrechnung (Rz 12), bei mehreren Kindern für jedes Kind gesondert (Rz 13); zum **Prüfungszeitraum** s Rz 14. Bei Zusammenveranlagung gehen die Freibeträge beider Ehegatten/LPart und der (volle) Anspruch auf KiGeld in *eine* Vergleichsrechnung ein; bei nicht zusammenveranlagten Eltern und in Übertragungsfällen wird der Anspruch auf KiGeld nach der Verteilung der Kinderfreibeträge berücksichtigt (Rz 15).

Sind für ein Kind **Freibeträge** abzuziehen, **ohne** dass ein **Anspruch auf KiGeld** besteht, bleibt es bei der Rechtsfolge des § 32 VI; es wird *keine* Günstigerprüfung durchgeführt (zB: Auslandskinder, vgl BFH III B 209/08 BFH/NV 09, 1630). Entspr gilt im umgekehrten Fall für Eltern, die nicht unbeschr stpfl sind, daher keine Freibeträge erhalten (§ 32 Rz 7) und KiGeld nach BKGG beziehen (§ 62 Rz 1). – Zum für VZ 2009 gem § 66 I 2 einmalig gezahlten **„Kinderbonus"** iHv 100 € s 34. Aufl § 31 Rz 10.

b) Anspruch auf KiGeld. Maßgebl für die Günstigerprüfung ist seit VZ 2004 der *Anspruch* des StPfl auf KiGeld nach § 62 (BFH V R 59/10 BStBl II 13, 228: verfgemäß). Es kommt nicht darauf an, ob KiGeld beantragt wurde, in welcher Höhe, wann oder an wen es gezahlt worden ist, ob es zurückgefordert wird und ob der Anspruch verfahrensrechtl noch durchgesetzt werden kann (EStR 31 II; vgl auch BFH aaO; BFH III R 82/09 BStBl II 13, 226; zum Bezug von Differenz-KiGeld in nur geringer Höhe s FG BaWü EFG 11, 712, rkr). Ist KiGeld allerdings bestandskräftig abgelehnt worden, weil verfwidrig **Sozialversicherungsbeiträge** als Einkünfte des Kindes erfasst worden sind (s § 32 Rz 52), werden die dem StPfl zukommenden Freibeträge **ohne Günstigerprüfung** berücksichtigt (s *BMF* BStBl I 05, 1027). **11**

KiGeld wird von den Familienkassen festgesetzt und gezahlt (§§ 70 ff), die Günstigerprüfung jedoch vom FA durchgeführt. Um widersprüchl Entscheidungen zu vermeiden, sieht EStR 31 IV ein **Abstimmungsverfahren** vor (s auch DA-KiGeld 2015 O 43. Eine StFestsetzung soll ggf bis zur Klärung der Streitfrage unter Vorbehalt (§ 164 AO) erfolgen. Der Bescheid der Familienkasse (Festsetzung von KiGeld oder Ablehnung) entfaltet **keine Tatbestandswirkung** (BFH III R 82/09 BStBl II 13, 226). – Zur Änderung eines bestandskräftigen EStBescheids nach rückwirkender Gewährung von KiGeld s Rz 19.

c) Vergleichsrechnung, § 31 S 4 HS 1. Zunächst muss die tarifl ESt ermittelt werden, und zwar sowohl bezogen auf das zu versteuernde Einkommen des StPfl als auch bezogen auf das *um die zu berücksichtigenden Freibeträge geminderte* zu versteuernde Einkommen. Die **Differenz** zw beiden StBeträgen ist die „steuerl Wirkung" der Freibeträge iSd § 31 S 4 HS 1 (s Rechenbeispiel Rz 13). – Ist der Differenzbetrag *höher* als der Anspruch des StPfl auf KiGeld (für VZ 2009 einschließl „Kinderbonus", s Rz 10), erfolgt die volle gebotene steuerl Freistellung des Existenzminimums (erst) mit der **Veranlagung;** dh die dem StPfl zustehenden Freibeträge werden nach § 32 VI vom Einkommen abgezogen und der Anspruch auf KiGeld (einschließl „Kinderbonus", s Rz 10) wird der ermittelten tarifl ESt hinzugerechnet (§ 2 VI 3). Die Hinzurechnung ist notwendig, weil das jeweilige Kind sonst doppelt berücksichtigt würde. – Ist der Differenzbetrag hingegen *niedriger* als der Anspruch auf KiGeld oder *genauso hoch,* dann ist die gebotene steuerl Freistellung bereits vollständig **durch das KiGeld bewirkt.** Die Freibeträge nach § 32 VI werden bei der Veranlagung nicht mehr berücksichtigt; die tarifl ESt wird nicht um den Anspruch auf KiGeld erhöht. – Kapitalerträge, die (ab VZ 2009) der **AbgeltungSt** (§ 32d I oder § 43 V) unterliegen, bleiben bei der Günstigerprüfung unberücksichtigt (§ 2 V b, s dort Rz 65). **12**

d) Mehrere Kinder. Die Vergleichsrechnung wird für jedes Kind gesondert durchgeführt, und zwar beginnend mit dem ältesten Kind (Wortlaut des § 32 VI 1: „für *jedes* ... Kind"; so auch BFH III R 86/07 BStBl II 11, 259; BFH III R 50/08 BFH/NV 12, 1429: verfgemäß, auch bei Besteuerung ao Einkünfte gem § 34 I; glA EStH 31; krit *Siegel* DStZ 10, 859). Für jedes weitere Kind muss das zu versteuernde Einkommen, das als Ausgangsgröße in die jeweilige Vergleichsrechnung eingeht, (nur dann) um die Freibeträge für das ältere Kind gemindert werden, wenn die vorherige Vergleichsrechnung zum Abzug von Freibeträgen geführt hat. **13**

Beispiel: StPfl mit zwei Kindern (12 und 9 Jahre) werden zusammenveranlagt (VZ 2016); das zu versteuernde Einkommen beträgt 66 000 €. – *Vergleichsrechnung für das erste Kind:* die Steuer aus dem ungeminderten Einkommen (66 000 €) beträgt 12 856 €; die Steuer aus dem Einkommen abzgl der Freibeträge (66 000 € ./. 7248 € = 58 752 €) beträgt 10 546 €; die StDifferenz beträgt (12 856 € ./. 10 546 € =) 2310 €. Ggü dem KiGeldAnspruch von 2280 € ist der Abzug der Freibeträge somit günstiger. – *Vergleichsrechnung für das zweite Kind:* die Steuer aus dem um die Freibeträge für das erste Kind geminderten Einkommen (66 000 € ./. 7248 € = 58 752 €) beträgt 10 546 €; die Steuer aus dem geminderten Einkommen abzgl der Freibeträge für das zweite Kind (58 752 € ./. 7248 € = 51 504 €) beträgt 8354 €; die StDifferenz beträgt (10 546 € ./. 8354 € =) 2192 €. Der KiGeldAnspruch von 2280 € ist damit günstiger als der Abzug der Freibeträge. – Ergebnis: Nur für das erste Kind werden bei der Veranlagung Freibeträge abgezogen; das für dieses Kind bezogene KiGeld iHv 2280 € wird der tarifl ESt hinzugerechnet. Für das zweite Kind erfolgt die gebotene Freistellung des Existenzminimums allein durch „sein" KiGeld (keine Hinzurechnung).

14 **e) Jahresprinzip.** Seit VZ 2007 ist die Günstigerprüfung gem § 31 S 1 und 4 idF des JStG 2007 **bezogen auf den gesamten VZ** durchzuführen (materielle Gesetzesänderung, nicht bloß „redaktionelle Klarstellung", s 30. Aufl Rz 14, auch zur Rechtslage bis VZ 2006; zur praktischen Relevanz s BFH VIII R 65/99 BStBl II 03, 593).

15 **f) Umfang des Kinderfreibetrags, § 31 S 4 HS 2. – aa) Keine Zusammenveranlagung.** Werden Eltern nicht zusammenveranlagt, erfolgt die Vergleichsrechnung für jeden Elternteil gesondert. Die Freibeträge nach § 32 VI werden in dem Umfang berücksichtigt, in dem sie dem betr Elternteil zustehen; der KiGeld-Anspruch wird „im Umfang des Kinderfreibetrags" berücksichtigt, dh idR **jeweils zur Hälfte** (Halbteilungsgrundsatz als Grundprinzip des Familienleistungsausgleichs, BFH III R 45/06 BFH/NV 09, 556 mwN). Unerhebl ist, welcher Elternteil das KiGeld tatsächl erhalten hat (zumeist der Elternteil, der das Kind in seinen Haushalt aufgenommen hat, § 64 II 1; ggf das Kind selbst oder ein Sozialhilfeträger, § 74 I; s auch BFH III B 98/13 BFH/NV 14, 519). Ein (zivilrechtl) **Verzicht** auf Anrechnung des hälftigen KiGelds auf den Kindesunterhalt wirkt sich auf die Günstigerprüfung nicht aus (BFH VIII R 86/98 BStBl II 05, 332).

16 **bb) Übertragung von Freibeträgen.** Hat ein Elternteil seinen Kinderfreibetrag auf den anderen Elternteil übertragen (§ 32 Rz 83 ff), wird dem anderen Elternteil das gesamte KiGeld für die betr Monate zugerechnet (s BFH VIII R 88/98 BStBl II 05, 594). Ist nur der Betreuungsfreibetrag übertragen worden (s § 32 Rz 83), bleibt es bei der jeweils hälftigen Zurechnung. Der gesamte Anspruch auf KiGeld wird einem Elternteil darüber hinaus in den Fällen des § 32 VI 3 Nr 1 zugerechnet, wenn der andere **Elternteil verstorben** oder **nicht unbeschr estpfl** ist (s BFH III B 26/05 BFH/NV 06, 1089). – Ist der Kinderfreibetrag auf **Stief- oder Großeltern** übertragen worden (§ 32 Rz 95), muss für diese eine Günstigerprüfung durchgeführt werden, in die der entspr Anteil des KiGeld-Anspruchs einbezogen wird (s EStR 31 III 1). Beim Übertragenden verbleibt kein Kinderfreibetrag, so dass auch kein Anspruch auf KiGeld verrechnet wird.

18 **10. Vergleichbare Leistungen, § 31 S 5, 6.** Kindergeldähnl Leistungen iSd **§ 65** einschließl **ausl KiGeld** fließen in die Günstigerprüfung mit ein. Maßgebl ist wiederum nur, ob der StPfl einen *Anspruch* auf die betr Leistung hat (vgl Rz 11). Es kommt nicht darauf an, ob ihm das ausl KiGeld zugeflossen ist oder ob es seine zivilrechtl Unterhaltspflicht gemindert hat (BFH III R 86/09 BStBl II 13, 855: Vermeidung einer Doppelberücksichtigung des Kinderexistenzminimums; BFH VIII R 95/02 BFH/NV 03, 1306, VerfBeschw nicht angenommen). – Berücksichtigt werden alle in § 65 I genannten und ggf nach §§ 65 II, 66 aufgestockten Leistungen (s iEinz § 65 Rz 2 ff). Das betrifft auch KiGeld, das nach zwischenstaatl Abkommen gezahlt wird, sog **Vertrags-KiGeld** (§§ 65 I Nr 3, 72 VIII). – Wird nach ausl Recht ein höheres als in § 66 vorgesehenes KiGeld gezahlt, beschränkt sich die Verrechnung auf die Höhe des § 66 (§ 31 S 6).

19 **11. Verfahren.** Zur Geltung der AO s § 62 Rz 4 (anstelle des SGB X; BFH III B 72/11 BFH/NV 12, 379: keine Anwendung sozialrechtl Vertrauensschutzregelungen; vgl auch BFH III R 45/10 BStBl II 13, 1028: Festsetzungsverjährung gem §§ 169 ff AO). Ein bestandskräftiger EStBescheid kann geändert werden, soweit ein KiGeldAnspruch nachträgl bejaht oder verneint wird (§ 175 I 1 Nr 2 AO; s auch *HHR* § 31 Rz 33; aA *Littmann* § 31 Rz 250; s aber BFH III R 90/07 BStBl II 11, 543: keine Änderung des SolZ). – Eltern ohne Anspruch auf KiGeld können Kinderfreibeträge auf der **LStKarte** eintragen lassen (§ 39a I Nr 6, s dort Rz 6).

§ 32 Kinder, Freibeträge für Kinder

(1) Kinder sind

1. im ersten Grad mit dem Steuerpflichtigen verwandte Kinder,

2. Pflegekinder (Personen, mit denen der Steuerpflichtige durch ein familienähnliches, auf längere Dauer berechnetes Band verbunden ist, sofern er sie nicht zu Erwerbszwecken in seinen Haushalt aufgenommen hat und das Obhuts- und Pflegeverhältnis zu den Eltern nicht mehr besteht).

(2) [1] **Besteht bei einem angenommenen Kind das Kindschaftsverhältnis zu den leiblichen Eltern weiter, ist es vorrangig als angenommenes Kind zu berücksichtigen.** [2] **Ist ein im ersten Grad mit dem Steuerpflichtigen verwandtes Kind zugleich ein Pflegekind, ist es vorrangig als Pflegekind zu berücksichtigen.**

(3) **Ein Kind wird in dem Kalendermonat, in dem es lebend geboren wurde, und in jedem folgenden Kalendermonat, zu dessen Beginn es das 18. Lebensjahr noch nicht vollendet hat, berücksichtigt.**

(4) [1] **Ein Kind, das das 18. Lebensjahr vollendet hat, wird berücksichtigt, wenn es**

1. noch nicht das 21. Lebensjahr vollendet hat, nicht in einem Beschäftigungsverhältnis steht und bei einer Agentur für Arbeit im Inland als Arbeitsuchender gemeldet ist oder

2. noch nicht das 25. Lebensjahr vollendet hat und

a) für einen Beruf ausgebildet wird oder

b) sich in einer Übergangszeit von höchstens vier Monaten befindet, die zwischen zwei Ausbildungsabschnitten oder zwischen einem Ausbildungsabschnitt und der Ableistung des gesetzlichen Wehr- oder Zivildienstes, einer vom Wehr- oder Zivildienst befreienden Tätigkeit als Entwicklungshelfer oder als Dienstleistender im Ausland nach § 14b des Zivildienstgesetzes oder der Ableistung des freiwilligen Wehrdienstes nach § 58b des Soldatengesetzes oder der Ableistung eines freiwilligen Dienstes im Sinne des Buchstaben d liegt, oder

c) eine Berufsausbildung mangels Ausbildungsplatzes nicht beginnen oder fortsetzen kann oder

d) ein freiwilliges soziales Jahr oder ein freiwilliges ökologisches Jahr im Sinne des Jugendfreiwilligendienstegesetzes oder einen Freiwilligendienst im Sinne der Verordnung (EU) Nr. 1288/2013 des Europäischen Parlaments und des Rates vom 11. Dezember 2013 zur Einrichtung von „Erasmus+", dem Programm der Union für allgemeine und berufliche Bildung, Jugend und Sport, und zur Aufhebung der Beschlüsse Nr. 1719/2006/EG, Nr. 1720/2006/EG und Nr. 1298/2008/EG (ABl. L 347 vom 20.12.2013, S. 50) oder einen anderen Dienst im Ausland im Sinne von § 5 des Bundesfreiwilligendienstgesetzes oder einen entwicklungspolitischen Freiwilligendienst „weltwärts" im Sinne der Richtlinie des Bundesministeriums für wirtschaftliche Zusammenarbeit und Entwicklung vom 1. August 2007 (BAnz. 2008 S. 1297) oder einen Freiwilligendienst aller Generationen im Sinne von § 2 Absatz 1a des Siebten Buches Sozialgesetzbuch oder einen Internationalen Jugendfreiwilligendienst im Sinne der Richtlinie des Bundesministeriums für Familie, Senioren, Frauen und Jugend vom 20. Dezember 2010 (GMBl S. 1778) oder einen Bundesfreiwilligendienst im Sinne des Bundesfreiwilligendienstgesetzes leistet oder

3. wegen körperlicher, geistiger oder seelischer Behinderung außerstande ist, sich selbst zu unterhalten; Voraussetzung ist, dass die Behinderung vor Vollendung des 25. Lebensjahres eingetreten ist.

[2]Nach Abschluss einer erstmaligen Berufsausbildung oder eines Erststudiums wird ein Kind in den Fällen des Satzes 1 Nummer 2 nur berücksichtigt, wenn das Kind keiner Erwerbstätigkeit nachgeht. [3]Eine Erwerbstätigkeit mit bis zu 20 Stunden regelmäßiger wöchentlicher Arbeitszeit, ein Ausbildungsdienstverhältnis oder ein geringfügiges Beschäftigungsverhältnis im Sinne der §§ 8 und 8a des Vierten Buches Sozialgesetzbuch sind unschädlich.

(5) **[1]In den Fällen des Absatzes 4 Satz 1 Nummer 1 oder Nummer 2 Buchstabe a und b wird ein Kind, das**

1. den gesetzlichen Grundwehrdienst oder Zivildienst geleistet hat, oder
2. sich anstelle des gesetzlichen Grundwehrdienstes freiwillig für die Dauer von nicht mehr als drei Jahren zum Wehrdienst verpflichtet hat, oder
3. eine vom gesetzlichen Grundwehrdienst oder Zivildienst befreiende Tätigkeit als Entwicklungshelfer im Sinne des § 1 Absatz 1 des Entwicklungshelfer-Gesetzes ausgeübt hat,

für einen der Dauer dieser Dienste oder der Tätigkeit entsprechenden Zeitraum, höchstens für die Dauer des inländischen gesetzlichen Grundwehrdienstes oder bei anerkannten Kriegsdienstverweigerern für die Dauer des inländischen gesetzlichen Zivildienstes über das 21. oder 25. Lebensjahr hinaus berücksichtigt. [2]Wird der gesetzliche Grundwehrdienst oder Zivildienst in einem Mitgliedstaat der Europäischen Union oder einem Staat, auf den das Abkommen über den Europäischen Wirtschaftsraum Anwendung findet, geleistet, so ist die Dauer dieses Dienstes maßgebend. [3]Absatz 4 Satz 2 und 3 gilt entsprechend.

(6) **[1]Bei der Veranlagung zur Einkommensteuer wird für jedes zu berücksichtigende Kind des Steuerpflichtigen ein Freibetrag von 2304 Euro *[VZ 2015:* 2256 Euro*]* für das sächliche Existenzminimum des Kindes (Kinderfreibetrag) sowie ein Freibetrag von 1320 Euro für den Betreuungs- und Erziehungs- oder Ausbildungsbedarf des Kindes vom Einkommen abgezogen. [2]Bei Ehegatten, die nach den §§ 26, 26b zusammen zur Einkommensteuer veranlagt werden, verdoppeln sich die Beträge nach Satz 1, wenn das Kind zu beiden Ehegatten in einem Kindschaftsverhältnis steht. [3]Die Beträge nach Satz 2 stehen dem Steuerpflichtigen auch dann zu, wenn**

1. der andere Elternteil verstorben oder nicht unbeschränkt einkommensteuerpflichtig ist oder
2. der Steuerpflichtige allein das Kind angenommen hat oder das Kind nur zu ihm in einem Pflegekindschaftsverhältnis steht.

[4]Für ein nicht nach § 1 Absatz 1 oder 2 unbeschränkt einkommensteuerpflichtiges Kind können die Beträge nach den Sätzen 1 bis 3 nur abgezogen werden, soweit sie nach den Verhältnissen seines Wohnsitzstaates notwendig und angemessen sind. [5]Für jeden Kalendermonat, in dem die Voraussetzungen für einen Freibetrag nach den Sätzen 1 bis 4 nicht vorliegen, ermäßigen sich die dort genannten Beträge um ein Zwölftel. [6]Abweichend von Satz 1 wird bei einem unbeschränkt einkommensteuerpflichtigen Elternpaar, bei dem die Voraussetzungen des § 26 Absatz 1 Satz 1 nicht vorliegen, auf Antrag eines Elternteils der dem anderen Elternteil zustehende Kinderfreibetrag auf ihn übertragen, wenn er, nicht jedoch der andere Elternteil, seiner Unterhaltspflicht gegenüber dem Kind für das Kalenderjahr im Wesentlichen nachkommt oder der andere Elternteil mangels Leistungsfähigkeit nicht unterhaltspflichtig ist. [7]Eine Übertragung nach Satz 6 scheidet für Zeiträume aus, für die Unterhaltsleistungen nach dem Unterhaltsvorschussgesetz gezahlt werden. [8]Bei minderjährigen Kindern wird der dem Elternteil, in dessen Wohnung das Kind nicht gemeldet ist, zustehende Freibetrag für den Betreuungs- und Erziehungs- oder Ausbildungsbedarf auf Antrag des anderen Elternteils

auf diesen übertragen, wenn bei dem Elternpaar die Voraussetzungen des § 26 Absatz 1 Satz 1 nicht vorliegen. [9]Eine Übertragung nach Satz 8 scheidet aus, wenn der Übertragung widersprochen wird, weil der Elternteil, bei dem das Kind nicht gemeldet ist, Kinderbetreuungskosten trägt oder das Kind regelmäßig in einem nicht unwesentlichen Umfang betreut. [10]Die den Eltern nach den Sätzen 1 bis 9 zustehenden Freibeträge können auf Antrag auch auf einen Stiefelternteil oder Großelternteil übertragen werden, wenn dieser das Kind in seinen Haushalt aufgenommen hat oder dieser einer Unterhaltspflicht gegenüber dem Kind unterliegt. [11]Die Übertragung nach Satz 10 kann auch mit Zustimmung des berechtigten Elternteils erfolgen, die nur für künftige Kalenderjahre widerrufen werden kann.

Einkommensteuer-/Lohnsteuer-Richtlinien/Verwaltungsschreiben: EStR 32.1–32.13/EStH 32.1–32.13; LStH 32 – *BZSt* BStBl I 14, 922 idF von BStBl I 15, 584 (Dienstanweisung KiGeld – DA-KiGeld 2015; bislang *BZSt* DA-FamEStG 2013, BStBl I 13, 882, mit anderer Gliederung); BZSt BStBl I 13, 1143 (verheiratete Kinder mit eigenen Kindern). *BMF* BStBl I 10, 1346 (behinderte Kinder); *BMF* BStBl I 12, 40 (Auswirkungen der StVerG 2011); *BMF* BStBl I 13, 845 (Übertragung der Freibeträge); *BMF* BStBl I 14, 109 (LPart und Freibeträge für Kinder).

Übersicht

I. Allgemeines

1 **1. Bedeutung; Aufbau.** § 32 knüpft an § 31 an (s § 31 Rz 1) und regelt die estl Freistellung des Familienexistenzminimums durch Freibeträge. Die Vorschrift trägt der geminderten Leistungsfähigkeit von StPfl durch Kinder Rechnung. Sie geht von **typischen Unterhaltssituationen** aus, die tatbestandl abschließend umschrieben werden (minderjährige Kinder, behinderte Kinder, Kinder in der Berufsausbildung etc). – **§ 32 I** definiert den Begriff „Kind". **§ 32 II** gibt vor, wie die Konkurrenz mehrerer Kindschaftsverhältnisse aufzulösen ist. **§ 32 III** behandelt die Berücksichtigung von Kindern bis zur Vollendung des 18. Lebensjahrs. **§ 32 IV und V** benennen die Voraussetzungen, unter denen Kinder über diesen Zeitpunkt hinaus berücksichtigt werden. **§ 32 VI** legt die Höhe der Freibeträge fest und normiert die Möglichkeit ihrer Übertragung.

2 **2. Persönl Anwendungsbereich.** § 32 gilt für **unbeschr StPfl** (§ 1 I, II) und für sog **fiktiv unbeschr StPfl,** die einen Antrag gem § 1 III gestellt haben (§ 1 Rz 40 ff). Bei **beschr StPfl** schließt § 50 I 3 die Anwendung des § 32 aus. Bei einem Wechsel zw unbeschr und beschr StPfl während des Kj (§ 2 VII 3) werden Freibeträge für die Monate gewährt, in denen zumindest teilweise unbeschr StPfl vorlag (Monatsprinzip, Rz 20; s auch BFH V R 43/11 BStBl II 13, 491; EStR 32.3), zB bei Wegzug während des Kj (BFH VIII R 111/01 BFH/NV 04, 331). Unbeschr StPfl des Kindes wird nicht vorausgesetzt (§ 32 VI 4, s Rz 80). – Zur Gleichstellung von **LPart** gem § 2 VIII s BFH VI R 76/12 BStBl II 14, 36 und *BMF* BStBl I 14, 109.

3 **3. Neuere Rechtsentwicklung; zeitl Anwendungsbereich.** Mit Gesetz v 16.7.15 (BGBl I 15, 1202) sind die Kinderfreibeträge für VZ 2015 und ab VZ 2016 angehoben worden; eine zunächst angekündigte Anhebung für 2014 ist unterblieben (s Rz 4). S iÜ 34. Aufl Rz 3 und *Blümich* Rz 4.

4 **4. Verfassungsmäßigkeit.** Bezugsgröße für die steuerl Freistellung des Existenzminimums von Kindern ist der im Sozialhilferecht anerkannte **Mindestbedarf;** dieser darf nicht unterschritten werden (BVerfG 2 BvL 5/91 BVerfGE 87, 153, 169; BVerfG 2 BvR 1057/91 BVerfGE 99, 216, 233; s auch BFH X R 20/04 BStBl II 06, 431; zu Kritik im Hinblick auf die nicht mehr verbrauchsbezogen ermittelten Sozialhilfesätze s *HHR* § 31 Anm 25, mwN). – Nach dem 9. Existenzminimumbericht v 7.11.12 hätte der Kinderfreibetrag **für VZ 2014 auf wenigstens 4440 € angehoben** werden müssen (BT-Drs 17/11425, 7); eine (rückwirkende) Umsetzung wurde zwar zunächst angekündigt (s BT-Drs 18/3813, S 3f), ist aber tatsächl nicht erfolgt (zu Musterverfahren s unten: Kritik). Nach dem

10. Existenzminimumbericht ist der Kinderfreibetrag für **VZ 2015** auf wenigstens **4512 €** und für **VZ 2016** auf wenigstens **4608 €** anzuheben (BT-Drs 18/3893, S 8). Die gesetzl Umsetzung ist mit Gesetz v 16.7.15 erfolgt (Rz 3). – Die **Absenkung der Altersgrenze** in § 32 IV und V durch das StÄndG 2007 ist als (mE verfehlte) politische Entscheidung verfrechtl nicht zu beanstanden (s Rz 35). – Zur mögl Auswirkung einer **USt-Erhöhung** s BVerfG 1 BvR 2129/07 BFH/NV 2008, Beilage 2, 166 mwN (ggf Anpassung erforderl).

Kritik: Die BReg verhält sich **widersprüchl.** Als Autorin des 9. Existenzminimumberichts hat sie selbst festgestellt, dass der für **VZ 2014** geltende Kinderfreibetrag von 4368 € **um 72 € zu niedrig** ist (s oben). Nunmehr wird unter Hinweis auf BFH III B 74/13 DStRE 14, 917 vorgebracht, dass die Berechnung des Freibetrags *möglicherweise* fehlerhaft erfolgt sei (so die finanzpolitische Sprecherin der Union, s FAZ vom 9.5.15, S 21). Wer sich dennoch auf den 9. Existenzminimumbericht berufen möchte, muss überlegen, ob er den Rechtsweg beschreitet. Beim FG München ist bereits ein **Musterverfahren** anhängig (Az 8 K 2426/15). Die FÄ veranlagen wegen der kinderbezogenen Freibeträge ohnehin **ab VZ 2001 vorläufig** (*BMF* BStBl I 15, 786, Nr 6 – neuerdings auch hinsichtl SolZ und KiSt). Das schließt, jedenfalls vordergründig, auch den VZ 2014 mit ein; sollte dies in Frage gestellt werden, ist zu berücksichtigen, dass hier **Unklarheiten** im Zweifel zu Lasten des FA gehen (s *T/K* § 165 AO Rz 35). Bemerkenswert ist zudem, dass die BReg im 10. Existenzminimumbericht selbst noch einmal darauf hinweist, dass die ermittelten Existenzminima ohnehin nur statistisch belegte **Mindestbeträge** darstellen und dass höhere steuerl Freibeträge im Wege politischer Entscheidung mögl sind (BT-Drs 18/3893, S 8). Umso unverständlicher ist das Verhalten in Bezug auf den VZ 2014. S iÜ zur VerfMäßigkeit des **Familienleistungsausgleich ab VZ 2001** Nachweise in der 34. Aufl Rz 4; krit auch *Haupt/Becker* DStR 15, 1529: Vorgaben des BVerfG werden verfehlt.

5. Verhältnis zu anderen Vorschriften. § 32 I definiert den Begriff des „Kindes" für das ESt-Recht einschließl des KiGeld-Rechts (§ 63 I 1 Nr 1). An die Rechtsfolgen des § 32 VI (Gewährung von Freibeträgen) knüpfen andere steuerl Vergünstigungen an (s Rz 101). – Ob das Existenzminimum des Kindes durch Freibeträge (§ 32) oder durch KiGeld (§§ 62 ff) berücksichtigt wird, richtet sich nach **§ 31 S 4;** gleichwohl sind zunächst die Voraussetzungen für eine Berücksichtigung nach § 32 I bis V zu prüfen (wegen § 63 I 2; s iEinz § 31 Rz 12 ff). – Unterhaltsleistungen für Kinder, für die kein Kinderfreibetrag gewährt wird, können nach **§ 33a** zu berücksichtigen sein; § 33a I und § 32 schließen einander aus (§ 33a Rz 23). – Die Berücksichtigung von Freibeträgen bei den **ZuschlagSt** richtet sich nach **§ 51a II** (s auch BFH III R 90/07 BStBl II 11, 543). Zu KapErträgen, die (ab VZ 2009) der **AbgeltungSt** (§ 32d I oder § 43 V) unterliegen, s Rz 51 und § 2 Rz 65. – **DA-KiGeld 2015** und **DA-FamEStG** sind (ledigl) norminterpretierende VerwVorschriften, die die Gerichte nicht binden (vgl zB BFH XI R 7/12 BStBl II 14, 37, mwN). – S iÜ Rz 101. 5

II. Tatbestände des Familienleistungsausgleichs, § 32 I–V

1. Begriff „Kind", § 32 I, II. – a) Eigene und angenommene Kinder, § 32 I Nr 1. Im ersten Grad verwandte Kinder iSd § 32 I Nr 1 sind leibl Kinder (§§ 1589, 1591 ff BGB) und Adoptivkinder (§§ 1741 ff, 1754 BGB). Stiefkinder und Enkelkinder werden nicht berücksichtigt (vgl auch BFH III R 73/09 BStBl II 12, 463, Rz 20). 8

aa) Nachweis. Das Kindschaftsverhältnis muss durch **öffentl Urkunden** nachgewiesen werden (zB Lebensbescheinigung, Beleg über Bezug von KiGeld; s FG Mchn EFG 98, 371, rkr; zu Mitwirkungspflichten s FG Mster EFG 08, 764, rkr). Zw nicht-ehel und ehel Kindern wird seit 1.7.98 nicht mehr unterschieden (s *Palandt* Einf v § 1591 Rz 1). Dass der StPfl das Kind in seinen Haushalt aufgenommen oder unterhalten hat, wird (anders als bei Pflegekindern) nicht vorausgesetzt. Zu Heirat des Kindes s Rz 24. 9

10 **bb) Zuordnung nach Zivilrecht.** Die Zivilrechtslage ist für die Kinderzuordnung maßgebl, der Rspr zufolge auch **rückwirkend.** Das soll positiv bei Anerkennung der Vaterschaft durch den wirkl Vater gelten (BFH III R 68/04 BStBl II 08, 350) wie negativ bei erfolgreicher Anfechtung (rückwirkende Beseitigung der kindbedingten Vergünstigungen, FG Nds EFG 04, 164, rkr). Da idR Ersatzansprüche gegen den wirkl Vater des Kindes bestehen (§ 1607 III 2, § 1613 II Nr 2 BGB; vgl BGH XII ZR 144/06 NJW 08, 2433), hat der Scheinvater der Rspr zufolge nicht zwingend einen Anspruch auf Billigkeitsmaßnahmen nach §§ 163, 227 AO (BFH IX B 192/03 BFH/NV 2005, 1490).

Gleichwohl sollte Folgendes bedacht werden: Hat der Scheinvater zunächst Unterhalt geleistet (wie im Fall des FG Nds EFG 04, 164, rkr), ist seine wirtschaftl Leistungsfähigkeit tatsächl gemindert worden. Ersatzansprüche nach dem BGB wirken nicht auf frühere Jahre zurück, sondern steigern (soweit der wirkl Vater überhaupt zahlt) die Leistungsfähigkeit im Zeitpunkt ihrer Erfüllung. Beides *kann und muss* mE im Rahmen einer abw Festsetzung (§ 163 AO) bzw eines Erlasses (§ 227 AO) berücksichtigt werden. – Zur Alternative einer Berücksichtigung als Pflegekind s FG Mster EFG 08, 764, rkr.

11 **cc) Adoption.** Mit der Annahme eines Minderjährigen erlischt das Verwandtschaftsverhältnis zu den leibl Eltern, bei Annahme des Kindes des Ehegatten/LPart nur das Verwandtschaftsverhältnis zum anderen Elternteil (§§ 1754, 1755 BGB). Wird ein **Volljähriger** adoptiert, so bleibt er mit den leibl Eltern verwandt (§ 1770 II BGB; Ausnahme § 1772 BGB). Eine Doppelberücksichtigung wird nach § 32 II ausgeschlossen (Rz 18).

12 **b) Pflegekinder, § 32 I Nr 2.** Die Vorschrift enthält eine eigenständige Legaldefinition des Begriffs „Pflegekind", die von § 15 I Nr 8 AO abweicht (s auch DA-KiGeld 2015 A 10). Die einzelnen Merkmale bedingen sich zT gegenseitig und lassen sich nur schwer voneinander abgrenzen. Gleichwohl handelt es sich um echte Tatbestandsmerkmale, nicht nur um erläuternde, beispielhafte Attribute (vgl BFH III R 15/09 BStBl II 12, 739).

13 **aa) Familienähnl Band.** Das Pflegekind muss wie ein eigenes Kind versorgt und erzogen werden (BFH III R 14/94 BStBl II 95, 582, 584; s auch BFH III R 15/09 BStBl II 12, 739: Autoritätsverhältnis mit Aufsichts-, Erziehungs- und Betreuungsmacht der Pflegeeltern, Einbindung in das Familienleben). Pflegegeld ist unschädl (BFH VI R 53/82 BStBl II 86, 14). Aufnahme in **Adoptionsabsicht** genügt idR (EStR 32.2 I 3), ist aber nicht zwingend (BFH III R 95/93 BStBl II 96, 63). Ein **Altersunterschied** wie zw leibl Eltern und Kindern muss nicht bestehen (EStR 32.2 III; DA-KiGeld 2015 A 10.3 II). Das Höchstalter des Pflegebefohlenen hängt von dem tatsächl Bedürfnis nach Personensorge ab (ähnl FG Mster EFG 02, 150, rkr). – Zu **Volljährigen** kann ein Pflegekindschaftsverhältnis idR nur bei Hilflosigkeit oder Behinderung *begründet* werden (BFH III R 15/09 BStBl II 12, 739: Unfähigkeit zur eigenen Lebensgestaltung, Entwicklungsstand dem eines noch Minderjährigen vergleichbar; BFH III R 53/02 BFH/NV 05, 1547; FG Nds EFG 05, 1786, rkr; einschr – mit guten Gründen und mE zutr – für ein *fast* volljähriges, „entwurzeltes und alleingelassenes" Kind: FG Nds EFG 13, 1859, rkr), es sei denn, die familiäre Beziehung geht auf früheste Kindheit zurück (zB: Onkel und Tante, FG BaWü EFG 01, 1454, rkr). Trotz der Behinderung muss aber die Möglichkeit bestehen, auf die zu pflegende Person erzieherisch einzuwirken (BFH III R 15/09 BStBl II 12, 739: sonst nur „Kostgänger"). Dagegen wird ein *bestehendes* Pflegekindschaftsverhältnis durch den Eintritt der Volljährigkeit nicht berührt (zutr FG Köln EFG 08, 1565, rkr). Zw **Geschwistern** ist ein Pflegekindschaftsverhältnis nicht grds ausgeschlossen (zB nach Tod der Eltern), etwa bei entspr Altersunterschied, Erwerbsunfähigkeit oder Behinderung bzw Hilflosigkeit des Pflegebefohlenen (BFH VI R 187/74 BStBl II 77, 832; BFH VIII R 50/03 BStBl II 10, 1052; s aber BFH III B 46/06 BFH/NV 07, 25) oder der Eltern (FG Köln EFG 03, 171, rkr). **Partnerschaftl Beziehung** schließt mE Pflegekindschafts-

verhältnis aus, da der StPfl den Partner nicht „wie ein eigenes Kind versorgt und erzieht" (daher zweifelhaft: FG Nds EFG 10, 225, aufgehoben durch BFH III R 70/09 BFH/NV 12, 1446).

Familienähnl Band bejaht: für volljährige behinderte Schwester nach dem Tod der Eltern (FG Mchn EFG 13, 910, rkr); Hilfe zur Erziehung in Vollzeitpflege (§§ 27, 33 SGB VIII) oder Eingliederungshilfe (§ 35a II Nr 3 SGB VIII), s EStR 32.2 I 1. – **Verneint:** Aufnahme in „sozialpädagogische Fachfamilie" (sonstige betreute Wohnform iSd § 34 SGB VIII, s BFH III R 92/06 BStBl II 10, 345: Tatbestandswirkung der sozialrechtl Einordnung, VerfBeschw nicht angenommen); Aufnahme eines deutl älteren Behinderten, der durch Dritte versorgt und betreut wird (FG Mchn EFG 09, 1208, rkr); Freundin des Stiefsohnes (FG Hbg EFG 02, 993, rkr); Au-pair; Unterbringung bei Lehrherrn; Verpflichtung iRe Vermögensübertragung (BFH VI 172/65 HFR 66, 209). – Zur Aufnahme einer 47-jährigen geistig Schwerbehinderten s ausführl BFH III R 15/09 BStBl II 12, 739.

bb) Berechnung auf längere Dauer. Die Beziehung muss auch zeitl darauf angelegt sein, familienähnl Bande entstehen zu lassen. Die **Absicht der Pflegeeltern** entscheidet (BFH III R 14/94 BStBl II 95, 582), nicht die tatsächl Dauer (DA-KiGeld 2015 A 10.3 V). Unbegrenzte Aufnahme wird nicht verlangt, auch nicht Aufnahme bis zur Volljährigkeit; idR genügen **zwei Jahre** (BFH III R 15/09 BStBl II 12, 739; s auch FG Nds EFG 13, 1859, rkr: bis zum Abschluss der Ausbildung); doch können im Einzelfall auch längere Zeiträume erforderl sein (s BFH XI B 120/13 BFH/NV 14, 686) bzw bei kleineren Kindern auch kürzere Zeiträume genügen (FG Berlin EFG 06, 1180, rkr; FG Köln EFG 02, 100, rkr – mE zutr; anders noch BFH VI 394/65 BStBl II 68, 674). Eine zwar nicht kalendarisch festgelegte, aber absehbare Beendigung der Pflegekindschaft auf Grund geänderter Verhältnisse ist unschädl (BFH III R 95/93 BStBl II 96, 63; ähnl *HHR* Rz 46). Dagegen begründen kurzzeitige Übergangslösungen keine auf Dauer berechnete Beziehung (zB Ferienkinder, Pflege wegen Krankheit der Eltern oder auswärtigen Schulbesuchs). Zu **Bereitschaftspflege** s FG SachsAnh EFG 08, 1895, rkr. 14

cc) Aufnahme in den Haushalt der Pflegeeltern. Das Tatbestandsmerkmal „familienähnl Band" soll dies noch nicht beinhalten (BFH GrS 6/70 BStBl II 71, 274). Der BFH-Rspr zufolge muss das Kind in die Familiengemeinschaft mit einem dort begründeten Betreuungs- und Erziehungsverhältnis aufgenommen worden sein (zB BFH III B 96/09 BFH/NV 11, 788 mwN: örtl gebundenes Zusammenleben); daneben müssen Voraussetzungen materieller Art (Versorgung, Unterhaltsgewährung) und immaterieller Art (Fürsorge, Betreuung) erfüllt sein; diese drei Merkmale können zwar je nach Einzelfall unterschiedl ausgeprägt sein, müssen aber alle vorliegen (BFH aaO). 15

Gleichwohl ist mE **keine enge Auslegung** geboten; auch für Pflegekinder gilt zB § 32 V Nr 3 (Entwicklungshelfer). Entspr steht auch **Heimunterbringung** einer Haushaltsaufnahme nicht entgegen (BFH VI B 67/12 BFH/NV 12, 2023, mwN); Internatsaufenthalt ist unschädl (BFH VI R 187/74 BStBl II 77, 832), ebenso mehrmonatiger Aufenthalt bei Großeltern (BFH VI B 13/12 ZSteu 12, R1161), uU auch **eigene Wohnung** in unmittelbarer Nähe bei Versorgung durch den StPfl (FG Thür EFG 08, 460, rkr; ebenso: FG Mchn EFG 13, 910, rkr: bis zur vollstationären Aufnahme des Kindes; Abgrenzung: FG Hess EFG 09, 416, rkr; vgl auch BFH III B 86/10 BFH/NV 11, 805; s aber FG Köln EFG 11, 1435, rkr: kein familienähnl Band nach Bezug einer eigenen Wohnung), nicht hingegen dauerhafte Unterbringung in einer geschlossenen Abteilung (FG Mster EFG 96, 922, rkr) oder einem Heim (FG Hbg EFG 06, 1849, rkr).

dd) Personensorge. Es darf kein Obhuts- und Pflegeverhältnis mehr zu den Eltern des Kindes bestehen (verneint für Stiefkind bei gemeinsamem Haushalt mit dem leibl Elternteil: BFH III R 85/03 BFH/NV 07, 1855; BFH X R 60/91 BStBl II 94, 26). Das Personensorgerecht muss tatsächl und kontinuierl von den Pflegeeltern ausgeübt werden, nicht von den leibl Eltern (bzw dem betr Elternteil). Endgültige Beendigung ohne Aussicht auf Wiederaufnahme wird nicht vorausgesetzt (BFH III R 14/94 BStBl II 95, 582). **Gelegentl Besuche** und Kontakte der leibl Eltern sind unschädl, wenn unter Berücksichtigung des Kindesalters von den 16 seltenen Besuchen auf die aufgegebene Personensorge geschlossen werden kann (BFH III R 108/89 BStBl II 92, 20; gem BFH III R 14/94 BStBl II 95, 582 ggf auch rückwirkende Beurteilung; mE nicht bei unvorhergesehener Entwicklung). Rechtl **Übertragung der elterl Sorge** ist nicht erforderl (BFH III R 14/94 BStBl II 95, 582), bei Familienpflege iSd §§ 33, 44 SGB VIII aber vielfach gegeben (§ 1630 III BGB); jedenfalls indiziert die Übertragung die tatsächl Ausübung. Dagegen sind Vereinbarungen über den Bezug des KiGelds insoweit ohne Bedeutung (BFH III B 176/11 BFH/NV 12, 1304).

Kein Obhuts- und Pflegeverhältnis zu den leibl Eltern: **dreijähriges Kind,** das von den Eltern weniger als einmal monatl besucht wird (BFH III R 14/94 BStBl II 95, 582); **nicht schulpflichtiges Kind,** wenn der Kontakt seit einem Jahr abgebrochen ist, **bei Schulpflicht** seit zwei Jahren (BFH III R 95/93 BStBl II 96, 63; BFH III B 176/11 BFH/NV 12, 1304: keine Überlagerung durch private Vereinbarung). Bei einem **fast volljährigen Kind** sollen gelegentl Kontakt (alle zwei Monate) mit dem Vater Pflegekindschaft ausschließen (BFH III R 44/05 HFR 07, 135 mit Anm *Grube;* vgl auch FG Mster EFG 07, 1180, rkr); das FG Nds hat diese Aussage mit guten Gründen eingeschränkt: Obhuts- und Pflegeverhältnis ist mehr als nur Kontakt (s FG Nds EFG 13, 1859, rkr). – Leben die Eltern zusammen mit dem Kind **im Haushalt einer anderen Person** (Großeltern, Geschwister, Lebensgefährte), kann zu dieser Person kein Pflegekindschaftsverhältnis begründet werden, soweit die Eltern(-teile) sich regelmäßig, wenn auch in geringem Umfang, um das Kind kümmern (s BFH VI R 94/88 BStBl II 89, 680); das gilt auch bei fehlendem Einkommen und Schulausbildung der Mutter (BFH III R 45/91 BFH/NV 93, 535). Zur Möglichkeit, bei Aufnahme durch Stief- oder Großeltern die Freibeträge gem § 32 VI 10 zu übertragen, s Rz 95. – **Bejaht** wird Pflegekindschaft bei Unmöglichkeit der Pflege durch Eltern(teil) wegen **eigener Pflegebedürftigkeit** oder **schwerer Erkrankung** (BFH VI R 94/88 BStBl II 89, 680), evtl auch bei beschr Personensorgerecht (BFH VI R 49/88 BFH/NV 90, 95).

17 **ee) Nicht zu Erwerbszwecken.** § 32 I Nr 2 idF des StÄndG 03 (BGBl I 03, 2645) lässt es genügen, dass das Kind nicht zu Erwerbszwecken, dh nicht als Kostkind aufgenommen worden ist. Die Regelung ist rückwirkend anzuwenden, auch auf Bescheide über KiGeld (BFH VIII R 50/03 BStBl II 10, 1052). **Kostkinder** werden idR bei mehr als 6 *aufgenommenen* Kindern angenommen (EStR 32.2 I 5). Kinder, die in Einrichtungen iSd § 34 SGB VIII untergebracht sind („Kinderhauskinder"), sind Kostkinder (BFH XI R 11/98 BStBl II 99, 133; BFH XI R 9/98 BFH/NV 99, 600; Abgrenzung zu Pflegestelle iSd § 33 SGB VIII s FG Hess 2 K 936/08, Rev III R 25/15). Dagegen sind Kinder, die in Vollzeitpflege (§§ 27, 33 SGB VIII) oder über Eingliederungshilfe (§ 35a SGB VIII) in eine Familie aufgenommen werden, Pflegekinder, wenn das Pflegeverhältnis auf Dauer angelegt ist.

Pflegegeld und Erziehungsbeiträge sind unschädl, soweit sie die landesrechtl festgelegten pauschalen Sätze (§ 39 SGB VIII) nicht erhebl übersteigen (BFH VI R 106/98 BFH/NV 00, 448; BFH III R 92/06 BStBl II 10, 345, VerfBeschw nicht angenommen; FG Nds EFG 13, 1859, rkr). Eine darüber hinausgehende **Erstattung von Personal- und Sachkosten** ist schädl (BFH III R 92/06 aaO: sog Fachfamilie mit Zwischenschaltung eines Erziehungsvereins fällt unter § 34 SGB VIII), ebenso ein von den leibl Eltern gezahltes höheres Entgelt, das zusätzl die Betreuungsdienste nach marktwirtschaftl Gesichtspunkten entlohnt (BFH III R 108/89 BStBl II 92, 20; ähnl BFH VIII R 77/99 BFH/NV 03, 1294).

18 **c) Konkurrenzen, § 32 II.** Eine Konkurrenz zw leibl Eltern und Adoptiveltern wird zu Gunsten der **Adoptiveltern,** zw leibl oder Adoptiveltern und Pflegeeltern zu Gunsten der **Pflegeeltern** aufgelöst. § 32 II 1 greift ein im Fall der Adoption Volljähriger (wegen § 1770 II BGB, s Rz 11). Vorrangig berücksichtigt wird auch eine Einzelperson, der ggü das Kind Adoptiv- oder Pflegekind ist (vgl FG Köln EFG 08, 1565, rkr). Bei Adoption Minderjähriger (§ 1755 I BGB) sollte man eine **Doppelberücksichtigung** im Monat der Adoption mE dadurch vermeiden, dass § 32 II 1 nach Sinn und Zweck der Regelung zugunsten der Adoptiveltern entspr herangezogen wird (str, aA *Littmann* Rz 282f, mwN; *Blümich* Rz 24).

19 **2. Kinder unter 18 Jahren; Monatsprinzip, § 32 III. – a) Eigenständiger Tatbestand.** Kinder unter 18 Jahren, die lebend geboren wurden (EStH 32.3:

Personenstandsregister der Standesämter), werden berücksichtigt, ohne dass weitere Voraussetzungen erfüllt sein müssen. Es handelt sich um einen eigenständigen Tatbestand. Einkünfte und Bezüge des Kindes waren bis zur Vollendung des 18. Lebensjahres auch bislang schon ohne Bedeutung (BFH VI R 162/98 BStBl II 00, 459; krit *Kanzler* FR 01, 921/32). Ob das Kind einer Erwerbstätigkeit nachgeht, ist unerhebl; § 32 IV 2 und 3 gelten ausdrückl nur für die Fälle des § 32 IV 1 Nr 2. – Vermisste Kinder werden bis zum vollendeten 18. Lebensjahr berücksichtigt (EStR 32.3, DA-KiGeld 2015 A 6 IV). Unbeschr StPfl des Kindes ist nicht erforderl (zu Auslandskindern: Rz 80). Zum **Altersnachweis** s BFH III R 62/07 BFH/NV 10, 616: tatsächl Alter maßgebl.

b) Monatsprinzip. Die Berücksichtigung erfolgt abw vom Jahressteuerprinzip (§ 2 VII 1) monatsweise, dh von dem Monat an, in dem das Kind geboren wurde, bis zu dem Monat (einschließl), zu dessen Beginn es das 18. Lebensjahr noch nicht vollendet hat. Ein am 1.5.95 geborenes Kind wird bis einschließl April 13 berücksichtigt; ein am 2.5.95 geborenes Kind bis einschließl Mai 13, da es zu Beginn des Monats Mai das 18. Lebensjahr noch nicht vollendet hat (§ 108 I AO iVm §§ 187 II 2, 188 II BGB; krit *Steck* NWB 13, 2639: verfwidrige Ungleichbehandlung). Ausdrückl geregelt ist das Monatsprinzip (nur) in § 32 III; es gilt aber **ebenso für § 32 IV und V** (s auch § 32 VI 5, § 66 II; BFH VIII R 65/99 BStBl II 03, 593). Sind die jeweiligen Voraussetzungen **nur an einem Tag des Monats** erfüllt, ist dieser als **Zählmonat** zu berücksichtigen (vgl BFH III R 51/08 BFH/NV 12, 1765). Bei mehrfachem Wechsel ist ggf Missbrauch zu prüfen. 20

3. Kinder zw 18 und 25 Jahren, § 32 IV 1 Nr 1 und 2. Kinder, die zu Beginn des jeweiligen Zählmonats das 18., aber noch nicht das 21. Lebensjahr vollendet haben, werden berücksichtigt, wenn sie zumindest an einem Tag des Monats (Rz 20) den Tatbestand des § 32 IV 1 Nr 1 *oder* einen der Tatbestände der Nr 2 erfüllen. Kinder, die das 21., aber noch nicht das 25. Lebensjahr vollendet haben, werden (nur) berücksichtigt, wenn sie zumindest an einem Tag des Monats einen der in § 32 IV 1 Nr 2 genannten Tatbestände erfüllen. Zur **Absenkung der Altersgrenze** (einschließl Übergangsrecht) s Rz 35; zur **Typisierungsbefugnis** des Gesetzgebers s BFH III R 41/07 BStBl II 12, 681 (keine verfrechtl Bedenken, keine Analogien). – Weitere Voraussetzung war bis VZ 2011, dass **eigene Einkünfte/Bezüge** des Kindes die in § 32 IV 2–10 aF geregelte Freigrenze nicht überschreiten durften (Rz 60); mit Wirkung ab VZ 2012 sind diese Regelungen durch die Erwerbstätigkeitsbestimmungen des § 32 IV 2–3 ersetzt worden (Rz 48 ff). Nach Vollendung des 25. Lebensjahrs ist eine Berücksichtigung nur noch iRd § 32 IV 1 Nr 3, V (Rz 38, 68) oder ggf nach § 33a I mögl. 21

a) „Typische Unterhaltssituation", Rspr-Änderung. Kinder über 18 Jahre wurden nach der (wiederholt geänderten und modifizierten) Rspr des BFH grds nur dann iRd § 32 IV 1 Nr 1 und 2 berücksichtigt, wenn zusätzl zu den übrigen tatbestandl Voraussetzungen auch das ungeschriebene Tatbestandsmerkmal einer sog *typischen Unterhaltssituation* erfüllt war (BFH VI R 13/99 BStBl II 00, 522); die Rspr verneinte dies im Falle einer *Vollzeiterwerbstätigkeit* oder einer *Heirat* des Kindes (s iEinz 29. Aufl Rz 22f). Diese Rspr hat der BFH inzwischen (wieder) aufgegeben (s BFH V R 27/14 DStR 15, 1731 mwN); mE zutr, denn das Gesetz bestimmt in § 32 IV selbst ausdrückl und abschließend, wann eine typische Unterhaltssituation vorliegt, mit der Folge, dass es neben den dort festgelegten Voraussetzungen **keine zusätzl ungeschriebenen Tatbestandsmerkmale** gibt. 22

S BFH III R 66/10 BFH/NV 12, 1301, zu **Vollzeiterwerbstätigkeit** (zur geänderten Rechtslage ab VZ 2012 s Rz 48 f) und BFH III R 24/12 BStBl II 13, 866, zu **Heirat** (s auch BFH III R 22/13 BStBl II 14, 257; anders noch BFH III R 8/08 BStBl II 12, 639, wenn es dort unter II. 2. a heißt, dass nach der Eheschließung des Kindes *grds kein KiGeld-Anspruch* der Eltern mehr besteht). Dasselbe gilt bei Unterhaltsansprüchen einer nicht verheirateten Tochter gegen den Vater ihres Kindes gem § 1615l BGB (s BFH III R 37/13 BStBl II 15, 151).

25 **b) Kinder ohne Beschäftigung bis 21 Jahre, § 32 IV 1 Nr 1.** Hierzu zählen Kinder, die zu Beginn des jeweiligen Zählmonats (Rz 20) das 18., aber noch nicht das 21. Lebensjahr vollendet haben. Seit VZ 03 muss das Kind nur noch an einem Tag des Zählmonats **in keinem Beschäftigungsverhältnis** gestanden haben *und* bei einer Agentur für Arbeit im Inl **als Arbeitssuchender gemeldet** gewesen sein. Eine entspr Meldung bei einer nach dem SGB II für die Grundsicherung von Arbeitsuchenden zuständigen Stelle steht dem gleich; es ist Aufgabe der zuständigen Stelle, solche Meldungen an die Familienkasse weiterzuleiten (BFH VI R 98/10 BStBl II 13, 443: ARGE; s aber auch BFH III R 68/10 BStBl II 12, 686: kein sozialrechtl Herstellungs- oder Folgenbeseitigungsanspruch bei fehlendem Hinweis der Familienkasse). Entscheidend ist, ob sich das Kind tatsächl gemeldet hat (s BFH VI R 10/14 BStBl II 15, 940: keine positive oder negative Tatbestandswirkung der Registrierung, nur Indiz). Gem DA-KiGeld 2015 A 13 II 3 genügt der Nachweis der Arbeitslosigkeit oder des Bezugs von **Arbeitslosengeld** (vgl FG SachsAnh EFG 09, 1763 und 1756; zu irrtüml erteilter Bescheinigung s FG Saarl EFG 09, 38), nicht aber der **Bezug von ALG II** (BFH III R 78/08 BFH/NV 12, 204; BFH III B 187/10 BFH/NV 12, 1104: Betreuung des eigenen Kindes). Bei Kindern in EWR-Staaten oder der Schweiz gilt eine entspr Meldung dort. – Die übrigen Merkmale der Arbeitslosigkeit iSd § 119 I SGB III aF bzw § 138 I und III SGB III (Eigenbemühungen, Verfügbarkeit) müssen nicht mehr vorliegen. Sie können wegen des geänderten Wortlauts der Vorschrift auch nicht (zB über § 15 SGB III) in das Tatbestandsmerkmal „als Arbeitssuchender gemeldet" hineingelesen werden, sondern werden ebenso wie Arbeitsfähigkeit, Arbeitsbereitschaft etc bei Vorliegen der in § 32 IV 1 Nr 1 genannten Voraussetzungen *typisierend* unterstellt (so auch BFH VI R 10/14 BStBl II 15, 940 mwN). – Ein Verstoß gegen Mitwirkungspflichten nach § 38 SGB III schloss nach früherem Recht eine Berücksichtigung nach § 32 IV 1 Nr 1 aus, ebenso eine spätere (automatische) Löschung des Kindes als Arbeitssuchender (s BFH III R 91/07 BStBl II 10, 47; weitere Nachweise s 34. Aufl Rz 25); die hierzu ergangene Rspr ist überholt (vgl BFH VI R 10/14 BStBl II 15, 940). Die frühere dreimonatl Meldepflicht ist mit § 38 SGB III nF zum 1.1.09 entfallen. Es kommt nunmehr darauf an, ob die Agentur für Arbeit das Kind **aus der Vermittlung abgemeldet** und dies auch wirksam bekannt gegeben hat. Die Bekanntgabe ist allerdings nicht konstitutiv (s BFH XI R 46/14 BFH/NV 15, 1242); fehlt es an der Bekanntgabe bzw kann diese nicht nachgewiesen werden, muss geprüft werden, ob das arbeitsuchende Kind eine **Pflichtverletzung** begangen hat, welche die Agentur für Arbeit zur Einstellung der Vermittlung berechtigt hat (BFH III R 19/12 BStBl II 15, 29 mwN); liegt keine Pflichtverletzung vor, besteht der Anspruch auf KiGeld fort, ggf bis zum Erreichen des 21. Lebensjahres (BFH aaO).

Unschädl: Tätigkeit von weniger als 15 Stunden wöchentl – gelegentl Abweichung von geringer Dauer unschädl (§ 138 III SGB III bzw § 119 III SGB III aF; s auch BFH III R 9/14 BStBl II 15, 653); geringfügige nichtselbständige Beschäftigung iSd § 8 SGB IV (DA-KiGeld 2015 A 13.1 I 2); dem BFH zufolge gilt die Einkunftsgrenze des § 8 SGB IV von (früher) 400 € bzw (jetzt) 450 € nicht für selbständige Betätigungen (BFH III R 9/14 BStBl II 15, 653, Rz 17f). – Zu **privatem Arbeitsvermittler** s FG Bbg EFG 07, 201, rkr. Zur Berücksichtigung bei **Erkrankung** oder **Mutterschutz** s DA-KiGeld 2015 A 13.2. Zur **fehlenden Arbeitsgenehmigung** eines Ausländers s BFH III R 24/08 BStBl II 12, 208. – Unterhaltsaufwendungen an arbeitslose Kinder über 21 können ggf **nach § 33a I** abgezogen werden.

26 **c) Kinder in Berufsausbildung, § 32 IV 1 Nr 2 Buchst a. – aa) Begriff.** Berufsausbildung ist jede ernstl betriebene Vorbereitung auf einen künftigen Beruf. Es handelt sich um einen eigenständigen Begriff, der grds **weit auszulegen** ist (vgl BFH III R 85/08 BStBl II 10, 298); auf die deutl engeren Begrifflichkeiten des § 32 IV 2 darf hier nicht zurückgegriffen werden (BFH III R 52/13 BStBl II 15, 152; s auch Rz 49; ebenso *BMF* BStBl I 11, 1243 Rz 21). Erfasst werden alle Maßnahmen, bei denen Kenntnisse, Fähigkeiten und Erfahrungen erworben wer-

den, die als Grundlage für die Ausübung des angestrebten Berufs geeignet sind (stRspr, BFH III R 41/07 BStBl II 12, 681 mwN; BFH III R 26/06 BStBl II 10, 296: Ausbildungs-/Studienordnung nicht zwingend erforderl), unabhängig davon, ob es sich um eine **Erst- oder Zweitausbildung** handelt (BFH III R 52/13 BStBl II 15, 152), darüber hinaus aber auch Maßnahmen zur weiteren **Qualifizierung** im Anschluss an eine abgeschlossene Ausbildung (BFH III R 80/08 BFH/NV 10, 1431: strengere Anforderungen an den Nachweis), zur **Verbesserung** der berufl Stellung (BFH III R 23/08 BFH/NV 10, 1264 mwN) oder zur Ermöglichung eines **Berufswechsels** (BFH III R 3/08 BFH/NV 10, 1262). Die Abgrenzungskriterien WK/SA sind nicht maßgebl (BFH VIII B 151/03 BFH/NV 04, 929). Die einzelnen Bildungsmaßnahme müssen weder angemessen noch notwendig sein (vgl auch *Palandt* § 1610 Rz 18 ff; krit *D. Felix* DStJG 29 [2006], 160 ff). **Mehrere** an sich selbständige **Ausbildungsmaßnahmen** können *eine* Berufsausbildung iSd Vorschrift sein (vgl BFH VI R 9/15 DStR 15, 2601: jedenfalls bei engem sachl Zusammenhang der einzelnen Ausbildungsabschnitte); dabei kommt es in erster Linie auf die (nachvollziehbare) Vorstellung des Kindes bzw der Eltern an (wegen Art 12 GG), die im Zweifelsfall von den Eltern dargelegt werden muss (s BFH aaO: obj Beweisanzeichen). Ob das Kind den Beruf später tatsächl auch ausüben will, ist nach BFH III R 41/13 BStBl II 14, 717 unerhebl. – **Vollzeiterwerbstätigkeit** neben einer ernsthaft betriebenen Berufsausbildung war grds unschädl (BFH III R 62/08 BFH/NV 10, 871: berufsbegleitendes Fachhochschulstudium; BFH III R 68/08 BFH/NV 10, 872; s auch Rz 22 f); **ab VZ 2012** gilt dies nur für eine erstmalige Berufsausbildung (s Rz 48 f). – Das negative Merkmal „kein Dauerberuf" hat die Rspr in dem Sinne zutr aufgegeben, dass auch **Dienstverhältnisse,** die idR als Dauerberuf ausgeübt werden, jedenfalls dann Berufsausbildung iSd § 32 IV 1 Nr 2 Buchst a sind, wenn sie nachweisbar einem Berufsziel und damit der Ausbildung dienen (BFH VIII R 30/03 BFH/NV 04, 1223: Promotion; BFH III R 41/13 BStBl II 14, 717: Reserveoffiziersanwärter). Allerdings muss die **Erlangung berufl Qualifikationen** im Vordergrund stehen, nicht die Erbringung von Arbeitsleistungen (BFH III R 41/13 BStBl II 14, 717; zu den maßgebl Abgrenzungskriterien s BFH III R 6/15 DStRE 15, 1492). Dies kann bei Nachweis der weiteren Ausbildungsabsicht ua bei Gesellen, Volontären und ausbildungsdienl Praktika der Fall sein (BFH V R 60/10 BFH/NV 13, 531: keine festen zeitl Mindestanforderungen; FG Köln EFG 04, 1848, rkr; FG SachsAnh EFG 09, 1757, rkr; einschränkend für Praktikum *nach* Berufsausbildung: FG Mster EFG 11, 2169, rkr). – Ein Kind in der Berufsausbildung wird auch dann nach § 32 IV 1 Nr 2 Buchst a berücksichtigt, wenn es gleichzeitig **Zivildienst/Wehrdienst** oÄ leistet (BFH VIII R 61/01 BStBl II 02, 807; BFH VIII R 19/02 BStBl II 07, 247: Unteroffiziersanwärter; BFH III R 77/06 BFH/NV 10, 28: zusätzl freiwilliger Wehrdienst; zu der daraus uU resultierenden Berücksichtigung über das 25. Lebensjahr hinaus s BFH XI R 12/12 BStBl II 14, 39 und Rz 68). Die Ausbildung muss die ausgeübte Berufstätigkeit **zeitl nicht überwiegen** (BFH III R 3/08 BFH/NV 10, 1262; BFH VI R 33/98 BStBl II 99, 701); zB Promotion neben Teilzeit (BFH VIII R 65/03 BFH/NV 04, 1522).

Ausbildung: Schule (BFH III B 98/12 BFH/NV 13, 192, mwN), zB Grund-, Haupt-, Ober-, Fach- und Hochschule; selbständige Vorbereitung eines Nichtschülers auf ausl Externprüfung (BFH III B 98/12 BFH/NV 13, 192: strenge Anforderung an Nachweis) oder **Abitur** nach Ausbildung im Ausl (BFH III R 26/06 BStBl II 10, 296); **Berufsschule** zur Erfüllung der Schulpflicht (BFH III R 93/08 BStBl II 10, 1060: auch bei weniger als 10 Wochenstunden, tendenziell aA wohl DA-KiGeld 2015 A 14.3 III; s auch FG Mchn EFG 10, 1234, rkr); **Weiterbildungskolleg/Abendgymnasium** (BFH III R 68/08 BFH/NV 10, 872); **Selbststudium** (FG Saarl EFG 09, 417, rkr); **Abiturfernlehrgang** (FG SchlHol EFG 07, 1786); **Praktika,** auch außerhalb eines fest umschriebenen Prüfungsgangs (BFH VI R 16/99 BStBl II 99, 713; ähnl FG RhPf DStRE 03, 594, rkr); nicht/gering entlohntes **Volontariat** (BFH VI R 50/98 BStBl II 99, 706; Abgrenzung FG Nds EFG 99, 901, rkr); **Soldat** auf Zeit (BFH III R 41/13 BStBl II 14, 717: Reserveoffiziersanwärter; BFH VIII R 58/01 27

BStBl II 02, 523: Offiziersanwärter), uU auch als Mannschaftsdienstgrad (BFH VI R 72/11 BStBl II 12, 895: Ausbildung zum Kraftfahrer; s auch BFH III R 53/13 BStBl II 15, 282, mwN), nicht aber bei nur verwendungsbezogenen Lehrgängen (BFH III R 6/15 DStRE 15, 1492; FG Nds EFG 15, 2181, Rev V R 32/15) und nur bis zum Bestehen zB der Feldwebelprüfung (BFH III R 37/14 DStRE 15, 1226); **juristisches Repetitorium** vor Aufnahme eines Jura-Studiums (FG RhPf EFG 13, 1772, rkr); **firmeninterne Aus-/Fortbildung** (FG Ddorf EFG 00, 1338, rkr; s auch FG Thür EFG 10, 1794); „konsekutives" **Masterstudium** (vgl BFH VI R 9/15, DStR 15, 2601); **Referendariat** (BFH VIII R 20/02 BFH/NV 05, 36); **Fremdsprachenassistent** (BFH VI R 11/99 BStBl II 00, 199; Abgrenzung s BFH VIII R 79/99 BStBl II 03, 843); **Promotion** (BFH III R 29/08 BFH/NV 10, 627), auch mit Doktorandenvertrag bei arbeitnehmertypischer Vergütung (BFH VIII R 30/03 BFH/NV 04, 1223); Musterberechtigung für **Verkehrsflugzeugführer** (BFH III R 23/08 BFH/NV 10, 1264); Schulung zur **Flugbegleiterin** (FG Köln EFG 10, 1232, rkr); **Noviziat/Postulat** in einer Ordensgemeinschaft (FG Nds 16 K 283/12, BeckRS 2014, 94009: Verzicht auf Vermögen und Erwerb steht Annahme eines Berufs nicht entgegen); **Fernlehrgang** (FG Mchn EFG 08, 960, rkr); **theologisch-sozialer Lehrgang** von 11 Monaten (FG BaWü EFG 10, 1050); Besuch einer **Jüngerschaftsschule** (FG BaWü EFG 12, 934); **Meditationslehrer** (FG Mchn EFG 09, 1297); Vorbereitung eines **Behinderten** auf Erwerbstätigkeit (DA-KiGeld 2015 A 14.4; s aber BFH XI R 17/14 BeckRS 2015, 96151: zutr verneint für mehrjähriges Praktikum auf einem Reiterhof); Qualifizierungsmaßnahmen nach § 19 BSHG, jetzt **§ 3 SGB II** (BFH VIII R 75/02 BFH/NV 03, 1420; DA-KiGeld 2015 A 14.6 IV); **Au-pair-Tätigkeit** bei fachl autorisiertem Sprachkurs von *mindestens 10 Stunden* pro Woche (BFH VI R 143/98 BStBl II 99, 710; BFH VI R 102/10 BFH/NV 13, 366: Durchschnittsbetrachtung; s auch *Ritzrow* EStB 13, 346), ggf auch weniger bei übl Vorbereitung auf anerkannten Abschluss (BFH VI R 143/98 BStBl II 99, 710; BFH III B 39/06 BFH/NV 06, 2256 mwN; abl für 6 Stunden: BFH III R 58/08 BStBl II 12, 743; s auch BFH III R 82/10 BFH/NV 12, 1588); **Auslandsaufenthalt** mit Collegebesuch (BFH VI R 4/99 BFH/NV 00, 26; s auch BFH VI R 34/98 BStBl II 99, 705); **Sprachenschule** im Ausl (BFH VI R 102/10 BFH/NV 13, 366: idR mind zehn Wochenstunden oder entspr Blockunterricht; BFH VI R 187/98 BFH/NV 00, 38; *Ritzrow* EStB 13, 346); zu **Freiwilligendienst** mit Sprachunterricht s BFH III R 78/09 BFH/NV 12, 940. – Bei **Trainee-Programmen** muss einzelfallbezogen geprüft werden, ob es sich *noch* um Ausbildung oder *schon* um (ggf gering entlohnte) Berufsausübung handelt (vgl FG Mster EFG 09, 357, bestätigt durch BFH III R 88/08 BFH/NV 11, 26). – **Keine Ausbildung:** Bewerbungstraining (FG Mchn EFG 07, 1956, rkr, mwN); Geschichtskurs (BFH VIII R 83/00 BStBl II 02, 469; krit *Greite* FR 02, 739); freiwilliges soziales Jahr (BFH III R 3/03 BStBl II 06, 294; s aber Rz 34), auch dann nicht, wenn es für den Zugang zu einer Berufsausbildung förderl ist (BFH III R 11/09 BFH/NV 11, 1325); Besuch eines islamischen Mädchenkollegs (FG BaWü EFG 13, 1049: kein Abschluss, keine Berufsvorbereitung); Programme, die ledigl allg soziale Kompetenz fördern (zB „up the people", FG Mster EFG 03, 783, rkr); „Outback-Farmtraining" in Australien (BFH III B 74/08 BFH/NV 09, 909). – S iÜ auch **DA-KiGeld 2015 A 14.2.**

28 **bb) Beginn; Unterbrechung.** Berufsausbildung beginnt mit der tatsächl Aufnahme (FG Köln EFG 01, 1057, rkr). **Ferien** gehören zur Ausbildungszeit, ebenso **Erkrankung** (Ausnahme: schwerwiegende Krankheit, die ein Erreichen des Ausbildungsziels voraussichtl verhindert, s BFH VIII R 47/02 BStBl II 03, 848). – Durch **Mutterschaft** wird die Ausbildung bis zum Ablauf des Monats, in dem die Schutzfrist des § 6 MuSchG endet (ggf zuzügl 4-Monatsfrist, s Rz 30), nicht unterbrochen (BFH III R 69/04 BFH/NV 06, 2067; DA-KiGeld 2015 A 14.11 III; mE zu eng: FG RhPf DStRE 06, 663, rkr). Vom Ende der Schutzfrist an kann eine Übergangszeit (Rz 30) bis zum Semesterbeginn gerechnet werden, wenn das Studium im folgenden Semester fortgesetzt wird (BFH VIII R 56/01 BStBl II 04, 123). Ein Kind befindet sich nicht in Berufsausbildung, wenn es sich wegen **Betreuung des eigenen Kindes** nicht um einen Ausbildungsplatz bemüht (EStR 32.7 IV; ähnl FG Köln EFG 02, 412, rkr) oder die Ausbildung nach **§§ 15, 20 I BErzGG** unterbricht (BFH VIII R 47/02 BStBl II 03, 848; BFH III R 79/06 BFH/NV 10, 614, VerfBeschw nicht angenommen). Ein wegen Mutterschaft beurlaubtes Kind muss nach Ablauf der Schutzfrist in den Beurlaubungssemestern seine Prüfungen/Prüfungsvorbereitungen fortsetzen (BFH VIII R 89/01 BFH/NV 02, 1150; BFH VIII R 77/02 BFH/NV 05, 525; Abgrenzung: BFH VIII R 23/02

BStBl II 04, 999). – Zu **Untersuchungshaft** s BFH III R 69/04 BFH/NV 06, 2067: vorübergehende Unterbrechung der Ausbildung unschädl (aA: DA-KiGeld 2015 A 14.10 VIII); diff BFH XI R 50/10 BStBl II 13, 916 für den Fall der (letztl) dauerhaften Inhaftierung (schädl); zu wiederholter Inhaftierung: FG SachsAnh EFG 08, 1393, rkr (schädl).

cc) Ende. Die Berufsausbildung endet, wenn das Kind sein Berufsziel erreicht hat (s BFH III R 37/14 DStRE 15, 1226: Abgrenzung bei mehraktiger Ausbildung) oder die Ausbildung nicht mehr ernsthaft betreibt (s auch FG BaWü EFG 11, 1262: fristlose Kündigung durch ArbG). Erreicht ist das Berufsziel idR mit Bekanntgabe der Prüfungsergebnisse (BFH VIII R 44/04 BFH/NV 05, 1039), auch bei verspäteter Bekanntgabe (FG Nds EFG 01, 1299, rkr), bei Handwerksberufen mit bestandener Gesellenprüfung, bei anderen Lehrberufen mit der Gehilfenprüfung. Zur Beendigung des Studiums bei Antrag auf Exmatrikulation s FG RhPf DStRE 07, 1013. Sind **Nachprüfungen** vorgesehen, kommt es auf diese an (offen gelassen von BFH VIII R 90/01 BFH/NV 02, 1023) bzw auf das endgültige Nichtbestehen (FG Hess DStRE 06, 1452), ebenso bei **Wiederholungsprüfung,** auch wenn sie außerhalb des Ausbildungsverhältnisses erfolgt (ernsthafte Prüfungsvorbereitung wird bei Bestehen der Prüfung unterstellt, s BFH III R 85/08 BStBl II 10, 298; BFH III R 70/07 BFH/NV 10, 617). Das Kind kann sich **erneut in Berufsausbildung** begeben, wenn ein gehobener/andersartiger Beruf angestrebt wird (BFH IV 329/64 BStBl II 70, 450) oder außerhalb eines fest umschriebenen Bildungsplans Zusatzkenntnisse erworben (BFH VI R 33/98 BStBl II 99, 701) bzw Fortbildungsmaßnahmen ergriffen werden (BFH VI R 121/98 BStBl II 01, 107; s aber auch FG Mster EFG 11, 2169, rkr: Praktikum nach Grafikdesign-Ausbildung nicht anerkannt). S iÜ auch DA-KiGeld 2015 A 14.10 und zur Berufsausbildung **behinderter Kinder** A 14.4. 29

Zur Fortsetzung/Vertiefung des Studiums mangels Anstellung s BFH III R 80/08 BFH/NV 10, 1431. Die Aufnahme einer gewerbl Tätigkeit nach Abschluss der Ausbildung soll einen weiteren Ausbildungswillen auch dann ausschließen, wenn das Kind nur (sehr) geringe Einkünfte erzielt (FG BBg DStRE 08, 157, mE nicht verallgemeinerungsfähig).

d) Kinder in Übergangszeiten, § 32 IV 1 Nr 2 Buchst b. Die zeitl Beschränkung auf **höchstens vier Monate** ist verfgemäß (BFH III R 5/07 BStBl II 12, 678, mwN; BFH III R 41/07 BStBl II 12, 681). Die vier Monate können auch in **zwei VZ** fallen. Erfasst werden Zeiten zw zwei Ausbildungsabschnitten sowie Zeiten zw einem Ausbildungsabschnitt und der Ableistung des gesetzl Wehr-, Zivil- bzw Ersatzdienstes oder eines freiwilligen Wehrdienstes nach § 58b SoldatenG (aufgrund der Änderung durch das ZK-AnpG jedenfalls ab VZ 2015; wegen § 58f SoldatenG aber wohl schon früher, s FG SchlHol EFG 15, 734, rkr; FG Mchn EFG 15, 823, rkr). Ob die Ausbildung nach dem Dienst fortgesetzt werden soll, ist unerhebl (BFH III R 23/06 BStBl II 08, 664; *Greite* FR 07, 610; aA – mit mE guter Begründung – FG BaWü EFG 06, 56, rkr). Es zählen nur volle zusammenhängende Kalendermonate (BFH VIII R 105/01 BStBl II 03, 847); „angebrochene" Monate werden ohnehin berücksichtigt (Monatsprinzip, Rz 20; DA-KiGeld 2015 A 15 I 4f: endet ein Ausbildungsabschnitt im Juli, muss der nächste spätestens im Dezember beginnen). Durch **Vollzeiterwerbstätigkeit** wird eine Berücksichtigung auch hier nicht ausgeschlossen (BFH III R 34/09 BStBl II 10, 982; s auch Rz 22). – Bei einer **Übergangszeit von mehr als vier Monaten** entfällt die Berücksichtigung vollständig, dh auch für die ersten vier Monate (ausführl BFH III R 5/07 BStBl II 12, 678, und BFH III R 41/07 BStBl II 12, 681 – beide mwN; ebenso BFH III R 68/10 BStBl II 12, 686). Es handelt sich um eine *stark typisierende Vorschrift* (s auch BFH III R 57/10 BFH/NV 11, 1316: vereinfachende Auffangnorm), die bei längeren Unterbrechungen auch nicht analog angewendet werden kann (BFH III R 5/07 BStBl II 12, 678, Rz 18 ff: keine Regelungslücke; aA *Greite* FR 12, 645: gleichheitswidriger Begünstigungsausschluss). 30

Unerhebl ist, ob der StPfl mit der Fristüberschreitung rechnen musste (FG Mster EFG 11, 1810, rkr) oder ob das Kind hieran eine Schuld trifft (FG Hess EFG 98, 104, rkr). Hat sich das Kind während einer Übergangszeit von mehr als vier Monaten **um einen Ausbildungsplatz bemüht** (Rz 31), kommt eine Berücksichtigung nach § 32 IV 1 Nr 2 Buchst c in Betracht. – Die Übergangszeit beginnt dem BFH zufolge auch dann mit Abschluss des unmittelbar vorangegangenen Ausbildungsabschnitt, wenn das Kind zu diesem Zeitpunkt das **18. Lebensjahr noch nicht vollendet** hat (s BFH III R 54/13 DStRE 15, 1037; aA s 34. Aufl Rz 30).

Wehrdienst beginnt mit Dienstantritt (BFH XI R 7/12 BStBl II 14, 37: bei Einberufung im Laufe eines Monats ist für diesen Monat noch KiGeld zu zahlen), Zivildienst mit der Tätigkeitsaufnahme, Berufsausbildung durch Studium mit dem offiziellen Semesterbeginn (FG Hess EFG 03, 1483, rkr). Die Ferienzeit zw zwei Ausbildungsabschnitten gehört zur Ausbildung (keine Übergangszeit, Rz 28). Zur Berechnung s EStH 32.6.

31 **e) Kinder ohne Ausbildungsplatz, § 32 IV 1 Nr 2 Buchst c. – aa) Allgemeines.** Kinder, die erfolglos einen Ausbildungsplatz suchen, werden so behandelt wie Kinder, die einen Ausbildungsplatz gefunden haben; in beiden Fällen geht das Gesetz typisierend von einer vergleichbaren Unterhaltssituation aus (BT-Drs 10/2884, 102). Die Berücksichtigung ist (anders als bei § 32 IV 1 Nr 2 Buchst b) **nicht auf vier Monate beschränkt** (BFH III R 23/08 BFH/NV 10, 1264 mwN). Vollzeiterwerbstätigkeit schließt Berücksichtigung nach § 32 IV 1 Nr 2 Buchst c grds nicht aus (BFH III R 34/09 BStBl II 10, 982, s Rz 22), und zwar auch dann nicht, wenn sich ein bereits erwerbstätiges Kind zu einer neuen Berufsausbildung entschließt (BFH III R 9/12 DStRE 13, 1295); dasselbe gilt für die Ableistung eines gesetzl Pflichtdienstes (BFH III R 70/11 BFH/NV 13, 128). Zur geänderten Rechtslage ab VZ 2012 s Rz 48f. – Vorausgesetzt wird, dass ein **Ausbildungsplatz fehlt** und dass sich das Kind um einen solchen **ernsthaft bemüht** (s BFH VI R 10/14 BStBl II 15, 940, mwN; DA-KiGeld 2015 A 16), ferner dass ein Ausbildungsplatz auch angetreten werden kann (BFH III R 24/08 BStBl II 12, 210: ausländerrechtl Hindernisse). Kann eine Ausbildung nur zu bestimmten Zeiten begonnen werden (zB Studium), muss sich das Kind für den nächstmögl Termin bewerben (BFH III R 70/11 BFH/NV 13, 128; zur Wirkung der Nichtannahme eines angebotenen Ausbildungsplatzes s BFH XI R 14/12 BFH/NV 15, 322). Auf andere Tatbestände wie zB Wehr- oder Ersatzdienst ist § 32 IV 1 Nr 2 Buchst c nicht analog anwendbar (BFH III R 5/07 BStBl II 12, 678: keine planwidrige Unvollständigkeit des Gesetzes; BFH III R 41/07 BStBl II 12, 681).

32 **bb) Wartezeiten.** Ein Ausbildungsplatz fehlt auch dann, wenn er dem Kind bereits zugesagt worden ist, das Kind ihn aber aus schul-, studien- oder betriebsorganisatorischen Gründen erst später antreten kann (BFH III R 34/09 BStBl II 10, 982 mwN; BFH III R 50/10 BFH/NV 11, 3129), zB wenn es den Semesterbeginn abwarten muss (FG SachsAnh EFG 00, 797, rkr; ähnl FG Bln EFG 01, 1301, rkr). Eine während der Wartezeit aufgenommene Vollzeiterwerbstätigkeit ist unschädl (BFH V R 27/14 DStR 15, 1731 mwN). Zu Studienplätzen, die durch die **ZVS/SfH** vergeben werden, s FG RhPf DStRE 07, 693 (bestätigt durch BFH III B 33/07 BFH/NV 08, 786).

33 **cc) Ernsthaftes Bemühen.** Das Bemühen um einen Ausbildungsplatz muss glaubhaft gemacht und ggf belegt werden; pauschale Angaben genügen nicht (BFH VI R 10/14 BStBl II 15, 940). Ernsthaftes Bemühen **beginnt** (jedenfalls) mit der Bewerbung (BFH III S 9/07 BFH/NV 07, 2114), uU auch schon früher (vgl FG Mchn 9 K 991/07 BeckRS 2007, 26024290). Es wird durch vorübergehende Krankheit nicht ausgeschlossen (FG Ddorf EFG 98, 105, rkr; ähnl FG Nds EFG 04, 1463, rkr; zu den erforderl Feststellungen s auch BFH XI R 14/12 BFH/NV 15, 322). Ein Bemühen ist unbeachtl, wenn das Kind obj die Voraussetzungen für den angestrebten Ausbildungsplatz nicht erfüllt (BFH VIII R 71/99 BFH/NV 04, 473; s auch BFH III B 52/08 BFH/NV 10, 34: fehlende Arbeitserlaubnis); stellt

sich dies allerdings erst nach Abschluss eines Beratungsprozesses heraus, entfällt das Bemühen nicht rückwirkend (FG Mster EFG 05, 1058, rkr). – Ernsthaftes Bemühen **endet,** wenn das Kind die Ausbildung verschiebt (BFH VIII R 79/99 BStBl II 03, 843; FG SchlHol EFG 04, 1701, rkr; einschr für zusätzl freiwilligen Wehrdienst: BFH III R 77/06 BFH/NV 10, 28; zum maßgebl Zeitpunkt s auch BFH XI R 38/11 BFH/NV 13, 1774) oder ein eigenes Kind zu betreuen hat (BFH III R 83/08, BFH/NV 10, 619, außerhalb des **Mutterschutzes;** während des Mutterschutzes wird das Kind weiterhin berücksichtigt, BFH III R 58/12 BStBl II 14, 834; s auch Rz 28).

Nachweise: Eine Meldung als Ausbildungsplatzsuchender bei der **Agentur für Arbeit** ist Indiz für ernsthaftes Bemühen (BFH VI R 10/14 BStBl II 15, 940). Die Wirkung der Meldung ist nach § 38 IV SGB III nF nicht mehr auf drei Monate beschränkt; die zu § 38 SGB III aF ergangene Rspr ist überholt (BFH aaO; s auch Rz 25). Bestätigung der Agentur ist kein Grundlagenbescheid, aber eine öffentl Urkunde mit besonderem Beweiswert (BFH III R 30/08 BStBl II 12, 411: kann widerlegt werden); Beweisvorsorgepflicht des StPfl (BFH III R 106/07 BFH/NV 09, 368); Meldung als „ratsuchend" genügt nicht (BFH III R 68/10 BStBl II 12, 686); zum Beweiswert einer für den RV-Träger bestimmten Bescheinigung s BFH III R 58/09 BFH/NV 11, 1127. – **Weitere Möglichkeiten:** aufgegebene Zeitungsannoncen, Bewerbungsschreiben (ggf mit Zwischennachrichten oder Absagen, auch per Email, s BFH VI R 72/11 BStBl II 12, 895), Brief an ZVS/SfH (BFH III R 84/07 BFH/NV 10, 853), konkrete Angaben zu Telefongesprächen (s BFH III R 66/05 BStBl II 09, 1005). Auch solche Nachweise sollen dem BFH (aaO) zufolge idR nur für drei Monate wirken (s auch BFH VI R 72/11 BStBl II 12, 895); strenger FG Mchn EFG 08, 956: nur für einen Monat (BFH III R 109/07 BFH/NV 09, 391: vertretbar, aber nicht zwingend). – **Unzureichend:** *eine* nachweisbare Bewerbung innerhalb von 10 Monaten (FG BaWü EFG 11, 2171, rkr; FG Nds EFG 09, 2042, rkr); *eine* Bewerbung pro Monat bei einem 20jährigen mit einem vier Jahre zurückliegenden Hauptschulabschluss (FG BBg EFG 14, 560, rkr).

f) Kinder in freiwilligen Diensten, § 32 IV 1 Nr 2 Buchst d. Berücksichtigt werden auch Kinder (unter 25 Jahren), die einen der in § 32 IV 1 Nr 2 Buchst d ausdrückl genannten Freiwilligendienste ableisten (s iEinz auch DA-KiGeld 2015 A 17); zu den Erweiterungen der Vorschrift durch das **BeitrRLUmsG** s *BZSt* BStBl I 11, 579. Auf andere Dienste ist die Regelung *nicht* entspr anwendbar (s BFH III R 53/13 BStBl II 15, 282: keine planwidrige Lücke, kein Verstoß gegen Art 3 I GG;). Für Dienste, die vor dem 1.6.08 vereinbart *und* begonnen wurden, haben gem § 52 Abs 50 Sätze 4, 5 aF die bisherigen gesetzl Grundlagen fortgegolten (s unten). – Wer **Träger eines Dienstes** nach dem JFDG sein kann und welche Förmlichkeiten zu berücksichtigen sind, ist in §§ 10 und 11 JFDG geregelt (s auch FG Köln EFG 09, 1238, rkr). Dienste iRd EU-Programms setzen eine Bewilligung durch die Deutsche Nationalagentur oder die Kommission voraus (s FG Mchn EFG 04, 823, rkr). Zur Anerkennung von Diensten iRd BMZ-Programms „weltwärts" s iEinz www.weltwaerts.de. – Die Ableistung der genannten Dienste kann **nicht gleichzeitig als Berufsausbildung iSd § 33a** gewertet werden (BFH III R 3/03 BStBl II 06, 294). Ein „freiwilliges Jahr" im Unternehmen (sog Modellversuch) fällt nicht unter die Regelung (FG Saarl EFG 00, 19, rkr). Ein Dienst, der die Voraussetzungen des § 32 IV 1 Nr 2 Buchst d nicht erfüllt, kann ggf als **Praktikum** nach § 32 IV 1 Nr 2 Buchst a berücksichtigt werden (DA-KiGeld 2015 A 17.1 II 3; s auch BFH 78/09 BFH/NV 12, 940). 34

Einzelheiten zu sozialen oder ökologischen Diensten regelten zunächst die Gesetze zur Förderung eines freiwilligen sozialen bzw ökologischen Jahres, **FSJG** und **FÖJG.** Beide Gesetze haben einen Dienst im Ausl zugelassen (jeweils § 3 I). Zu den Voraussetzungen s FG Mchn EFG 08, 304 (rkr) und BFH III R 62/06 BFH/NV 09, 747; zu Trägern/Organisatoren mit Sitz im Ausl s FG Nds EFG 08, 225 (rkr). – **Kein freiwilliger Dienst iSd § 32 IV 1 Nr 2 Buchst d:** freiwilliger Wehrdienst (BFH III R 53/13 BStBl II 15, 282: kann aber Berufsausbildung iSd § 32 IV 1 Nr 2 Buchst a sein); „Missionarin auf Zeit" (BFH III R 11/09 BFH/NV 11, 1325); „Aktion Sühnezeichen Friedensdienste e. V." (BFH III R 33/07 BStBl II 09, 1010); zu Freiwilligendiensten aller Generationen s BFH III R 68/11 BFH/NV 13, 108: Voraussetzungen des § 2 I a SGB VII müssen erfüllt sein.

35 **g) Altersgrenze; Übergangsregelung.** Zur Abmilderung der sich aus der Verkürzung der Bezugsdauer von 27 auf 25 Jahre ab VZ 2007 ergebenden Härten wurde in § 52 XL 4 aF eine Übergangsregelung geschaffen: Für Kinder, die im VZ 2006 das 25. oder 26. Lebensjahr vollendet haben (bis 1.1.1982 einschließl geboren), galt die bisherige Bezugsdauer von **27 Jahren** weiter. Für Kinder, die im VZ 2006 das 24. Lebensjahr vollendet haben (vom 2.1.1982 bis 1.1.1983 einschließl geboren), galt eine Bezugsdauer von **26 Jahren.** Nur für Kinder, die ab dem 2.1.1983 einschließl geboren sind, gilt die neue Bezugsdauer von **25 Jahren.** Dies ist verfgemäß (BFH III R 35/09 BStBl II 11, 176, VerfBeschw nicht angenommen; BFH III R 83/09 BStBl II 14, 1010; s auch Rz 3); weitere VerfBeschw sind nicht zur Entscheidung angenommen worden.

38 **4. Behinderte Kinder, § 32 IV 1 Nr 3.** Soweit sie das 18. Lebensjahr vollendet haben, können sie unter bestimmten Voraussetzungen auch über das 25. Lebensjahr hinaus berücksichtigt werden, ggf bis an ihr Lebensende (bzw das der Eltern). S auch *BMF* BStBl I 10, 1346.

39 **a) Behinderung.** Behindert ist ein Mensch, wenn seine körperl Funktion, geistige Fähigkeit oder seelische Gesundheit mit hoher Wahrscheinlichkeit länger als sechs Monate von dem für das Lebensalter typischen Zustand abweicht und daher seine Teilhabe am Leben in der Gesellschaft beeinträchtigt ist (§ 2 I SGB IX); diese Legaldefinition ist wegen der Verknüpfung von ESt und Sozialrecht (vgl § 33b II und III) auch iRd EStG maßgebl (so zutr zu § 33: BFH VI R 31/14 DStR 15, 2843 mwN; s auch BFH III R 5/08 BStBl II 12, 891; aA offenbar FG Köln EFG 15, 821, Rev III R 44/14, zu acht- bzw zwölftägiger Behinderung). Es kommt zudem nicht auf die festgestellte, sondern auf die zu erwartende Beeinträchtigung an (BFH VI R 31/14 DStR 15, 2843, Rz 22). Erfasst werden körperl, geistige und seelische Behinderungen, angeborene und später zugezogene (zB durch Arbeitsunfall, BFH III R 5/08 BStBl II 12, 891), ferner Suchtkrankheiten wie Drogenabhängigkeit und Alkoholismus (BFH VIII R 62/99 BStBl II 02, 738). – Der **Nachweis** wird idR durch Vorlage eines Schwerbehindertenausweises oder einer entspr Bescheinigung geführt (s *BMF* BStBl I 10, 1346; DA-KiGeld 2015 A 18.2). Die Bescheinigung bindet das FA. Fehlt ein Bescheid, zB weil das Kind verstorben ist, kann der Nachweis in anderer Form erbracht werden (s auch BFH V R 39/11 BFH/NV 12, 1584 mwN). DA-KiGeld 2015 A 18.2 I 2 verzichtet auf den Schwerbehindertenausweis, wenn Zeugnisse des behandelnden Arztes oder Gutachten vorliegen; diese müssen nicht notwendig von einem Amtsarzt stammen, jedoch so aussagekräftig sein, dass sie ggf amtsärztl überprüft werden können (zu Drogenabhängigen s BFH VIII R 62/99 BStBl II 02, 738; zu einer – behaupteten – seelischen Behinderung s BFH III R 47/08 BFH/NV 12, 939: kein Anscheinsbeweis; s iÜ auch FG RhPf 5 K 1345/09 BeckRS 2011, 94444: „ärztl Befundbericht"). Das gilt auch bei Kindern in Kranken- oder Pflegeanstalten; die Bestätigungen gelten jeweils für 5 Jahre. Die Verwertung eines im sozialgerichtl Verfahren eingeholten Gutachtens ist zulässig (BFH III S 35/11 BFH/NV 12, 1596; s auch BFH III B 140/11 BFH/NV 13, 38: Einholung eines Zweitgutachtens als Ermessensentscheidung). Zu anderen Behinderungen s FG Nds EFG 01, 1060, rkr.

40 **b) Existenzieller Lebensbedarf.** Zum Selbstunterhalt außerstande ist das Kind, wenn seine eigenen finanziellen Mittel nicht genügen, den sog existenziellen Lebensbedarf zu decken (vgl BFH III R 105/07 BStBl II 10, 1057); nur dann erwächst den Eltern zusätzl Aufwand, der ihre Leistungsfähigkeit mindert. Der von der Rspr entwickelte Vergleichsmaßstab „Lebensbedarf" umfasste bis VZ 2011 einen § 32 IV 2 aF entlehnten (Jahres-)**Grundbedarf** von 8004 € (also monatl 667 €, vgl BFH III R 31/13 BStBl II 15, 1017) und einen behinderungsbedingten **Mehrbedarf** (vgl BFH VI R 182/98 BStBl II 00, 79). Der Lebensbedarf wird in einer Vergleichsrechnung den finanziellen Mitteln des Kindes ggü gestellt (s Rz 45). Da § 32 IV 2 aF **ab VZ 2012** nicht mehr gilt, liegt es mE nahe, nunmehr

von einem Grundbedarf iHd jeweiligen Grundfreibetrags (§ 32a I 2) auszugehen, aktuell also 8652 € (s auch DA-KiGeld 2015 A 18.4 II).

aa) Mehrbedarf; Mehraufwand. Er umfasst alle mit der Behinderung unmittelbar und typischerweise zusammenhängenden agB (s § 33b Rz 8; BFH VI R 101/10 BStBl II 15, 651: alle Aufwendungen, die gesunde Kinder nicht haben). Dazu gehören auch eigene Betreuungsleistungen der Eltern (BFH III R 37/07 BStBl II 09, 928; DA-KiGeld 2015 A 18.4 V 3), Kosten einer Begleitperson im Urlaub (BFH III R 58/98 BStBl II 02, 765) und angemessene Mehraufwendungen für Fahrten (BFH VIII R 59/01 BFH/NV 04, 1715). Der Stundensatz für eigene Betreuungsleistungen beträgt aktuell 9 € (DA-KiGeld 2015 A 18.4 V 4). 41

(1) Ermittlung/Schätzung. Werden Aufwendungen **nicht iEinz nachgewiesen,** ist von einem Mehrbedarf iHd **Behinderten-Pauschbetrags** (§ 33b III) auszugehen (BFH III R 105/07 BStBl II 10, 1057; BFH VIII R 17/02 BStBl II 03, 88). Der Ansatz weiterer Aufwendungen ist damit ausgeschlossen (BFH VIII R 50/03 BStBl II 10, 1052); Ausnahme: Fahrtkosten (s BFH VIII R 18/02 BFH/NV 05, 691). Leistungen Dritter sind ggf gegenzurechnen (DA-KiGeld 2015 A 18.6; s aber BFH VI R 101/10 BStBl II 15, 651: nicht bei Rückgriff gegen die Eltern). Wird Blindengeld gezahlt, ist in dieser Höhe ein Mehraufwand anzunehmen, wenn das Blindengeld den Behinderten-Pauschbetrag übersteigt (BFH III R 71/05 BStBl II 2010, 1054). Alternativ kann ein Mehrbedarf, der dem Grunde nach feststeht, der Höhe nach **pauschal geschätzt** werden (BFH VI R 101/10 BStBl II 15, 651), zB durch Ansatz der Kosten fremder Dienstleister an Stelle der Hilfeleistungen der Eltern oder behinderungsbedingter Fahrtkosten mit Km-Pauschale (BFH VIII R 50/03 BStBl II 10, 1052; BFH VIII B 239/04 BFH/NV 05, 878). Der zusätzl Aufwand muss von den Eltern dargetan werden (s FG Nds EFG 04, 905, rkr: großzügiger Maßstab; FG Mchn EFG 12, 2029, rkr: kein Einzelnachweis, keine Aufzeichnungspflichten). 42

(2) Teil-/vollstationäre Unterbringung. Bei **teilstationärer** Unterbringung besteht ein Mehrbedarf iHd aufgewendeten Heimkosten (Eingliederungshilfe abzgl Sachbezugswerte). Ein darüber hinaus gehender Mehrbedarf, zB für Pflegeleistungen im häusl Bereich, kann ebenfalls geschätzt werden und ist mindestens iHd gezahlten Pflegegeldes zu berücksichtigen (§ 37 SGB XI – BFH VIII R 50/03 BStBl II 10, 1052, s dort auch zu weiteren Aufwendungen für Arznei- und Stärkungsmittel, Wäsche, Erholung oder Fahrtkosten; BFH III R 53/10 BStBl II 14, 391 für hilfloses Kind mit eigenem Haushalt). Bei **vollstationärer** Unterbringung umfasst der Mehrbedarf ebenfalls Heim- und Werkstattkosten, idR die geleistete Eingliederungshilfe abzügl Sachbezug für Verpflegung, ohne Kürzung des Sachbezugs der Unterkunft (BFH VI R 89/99 BStBl II 00, 580). Sowohl bei voll- als auch bei teilstationärer Unterbringung gelten die Ansätze der Heimkosten als Einzelnachweis der behinderungsbedingten Mehrkosten (BFH VI R 182/98 BStBl II 00, 79). In beiden Fällen ist der zusätzl Ansatz des Behinderten-Pauschbetrags unzul (BFH III R 53/10 BStBl II 14, 391, mwN). 43

bb) Finanzielle Mittel des Kindes. Die eigenen finanziellen Mittel setzen sich aus dem verfügbaren Einkommen des Kindes und sämtl Leistungen Dritter zusammen (DA-KiGeld 2015 A 18.4 II 3 und A 18.6 I 2: nur tatsächl Leistungen); das Kindesvermögen gehört nicht dazu (kein Erwerbsbezug: BFH VIII R 17/02 BStBl II 03, 88; BFH VIII R 51/01 BStBl II 03, 91). Berücksichtigt werden neben allg Einkünften und Bezügen auch **behinderungsbedingte Bezüge** (abzügl Kostenpauschale), zB von Dritten ersetzte Heimkosten, Werkstattkosten, Erwerbsunfähigkeitsrente (teils Einkunft, teils Bezug), Taschengeld, Werkstattlohn, Krankentagegeld, Eingliederungshilfe als erweiterte Hilfe nach § 43 BSHG (alt) bzw § 53 SGB XII (neu) und das dem Kind gezahlte Pflegegeld (§ 37 SGB XI) sowie der Fahrtkostenersatz, evtl nach Abzug der allg Unterhaltshilfe nach Maßgabe der SachBezV (BFH VI R 40/98 BStBl II 00, 75) bzw der **SvEV** (ab 1.1.07), ferner 44

Sozialhilfe, soweit sie von den Eltern nicht zurückverlangt wird (BFH VI R 101/10 BStBl II 15, 651; BFH VIII R 32/02 BStBl II 04, 588, mit Einzelheiten zur Berechnung; s auch FG BBg EFG 11, 1264, rkr) und **Elterngeld** (BFH III R 31/13 BStBl II 15, 1017); zu **ALG II** und **Einstiegsgeld** nach § 16b SGB II s BFH III R 35/11 BStBl II 13, 1037; zu **Schmerzensgeldrente** s FG Nbg EFG 15, 931, Rev III R 28/15. – Diese Grundsätze gelten auch in den Abzweigungsfällen des § 74 I (BFH VIII R 32/02 BStBl II 04, 588). Zum Zufluss nachgezahlter **Grundsicherung** s BFH XI R 51/10 BFH/NV 13, 1088.

IErg werden die behinderungsbedingten Bezüge wie Pflegegeld, Blindengeld und Leistungen nach dem SGB XII (früher: BSHG) *zweimal* (gegenläufig) angesetzt: einmal beim Lebensbedarf (als *typisierter Mehrbedarf*) und ein weiteres Mal bei den eigenen finanziellen Mitteln des Kindes. Das ist sachgerecht, weil diese Bezüge die Unfähigkeit des Kindes zum Selbstunterhalt nicht in Frage stellen, sondern im Gegenteil bestätigen. IdR werden den Eltern des behinderten Kindes auch bei einer Heimunterbringung finanzielle Belastungen verbleiben. Da somit viele behinderungsbedingte Bezüge **auf beiden Seiten der Vergleichsrechnung** berücksichtigt werden, wirken sich iErg vor allem Werkstattlohn, Verpflegung (SvEV), Erwerbsunfähigkeitsrente und Sozialhilfe auf die eigenen finanziellen Mittel aus.

45 **cc) Vergleichsrechnung.** Die Prüfung, ob das Kind zum Selbstunterhalt imstande ist, erfolgt monatsbezogen (**Monatsprinzip,** BFH III R 31/13 BStBl II 15, 1017; s auch DA-KiGeld 2015 A 18.4 I 3). **Vereinfachend** gilt: Übersteigen die Einkünfte und Bezüge des Kindes (ohne behinderungsbedingte Bezüge) nicht den Grundfreibetrag des § 32a I 2 (Grundbedarf, Rz 40), ist davon auszugehen, dass das Kind außerstande ist, sich selbst zu unterhalten (DA-KiG 2015 A 18.4 III, ähnl auch BFH aaO, Rz 13 aE;).

Das BZSt stellt auf seiner Homepage einen **Berechnungsvordruck** „Erklärung zum verfügbaren Nettoeinkommen des volljährigen behinderten Kindes" zur Verfügung (unter: Steuern National – Kindergeld (Fachaufsicht) – Kindergeldberechtigte – Formulare – „Erklärung - KG 4f"). Zur **Ermittlung** s DA-KiGeld 2015 A 18.4; zur Berücksichtigung verspätet zugeflossener **Nachzahlungen** s BFH III R 35/11 BStBl II 13, 1037.

46 **c) Ursächlichkeit.** Dass die Behinderung für die mangelnde Fähigkeit zum Selbstunterhalt ursächl ist, wird bei dem Merkmal „hilflos" (H) stets, bei einem Grad der Behinderung von 50 oder mehr grds nur bei Hinzutreten besonderer Umstände angenommen; allerdings steigt mit dem Grad der Behinderung die Vermutung für die Ursächlichkeit (vgl BFH III R 46/08 BFH/NV 12, 730). Ein Grad der Behinderung von weniger als 50 spricht hingegen zunächst grds gegen die Annahme einer Ursächlichkeit (BFH III R 105/07 BStBl II 10, 1057: jeweils *widerlegbare* Vermutungen). Die besonderen Umstände können in der stationären Unterbringung oder in einem verzögerten Abschluss der Ausbildung zu sehen sein oder darin, dass das Kind durch die Behinderung bedingt keine Anstellung findet (BFH VIII R 10/03 BFH/NV 04, 784; FG Sachs EFG 05, 391, rkr). S auch DA-KiGeld 2015 A 18.3 – **Mitursächlichkeit** genügt; sie muss allerdings erhebl sein (BFH III R 105/07 BStBl II 10, 1057: konkrete Einzelfallbetrachtung; BFH III R 72/06 BFH/NV 09, 1975). Trifft dies nicht zu, wird das Kind gleichwohl berücksichtigt, wenn die Einkünfte den Lebensbedarf nicht decken (BFH III R 50/07 BStBl II 11, 38; BFH III R 29/09 BStBl II 12, 892). Unmaßgebl ist, ob das Kind trotz Behinderung eine normale Berufsausbildung erhalten hat (BFH VI B 178/01 BFH/NV 02, 843) oder tatsächl einer Erwerbstätigkeit nachgeht (allenfalls Indiz, vgl auch BFH III R 29/09 BStBl II 12, 892, mit Fallgruppenbildung; FG Köln EFG 09, 413, rkr; FG Saarl EFG 10, 657, rkr). Dauerhaftes erfolgloses Bewerben spricht idR für eine erhebl Mitursächlichkeit (BFH III R 46/08 BFH/NV 12, 730); die (nur) theoretische Möglichkeit, eine Erwerbstätigkeit aufzunehmen, ist unschädl (BFH III R 16/07 BFH/NV 09, 1639). Die **obj Beweislast** trägt aber gleichwohl der StPfl (BFH III R 61/08 BStBl II 12, 141).

Zum Gutachtendienst der Agentur für Arbeit s DA-KiGeld 2015 A 18.3 III und *BMF* BStBl I 10, 1346. – **Mitursächlichkeit bejaht:** Ausbildung in einem „Werkerberuf", der nur

Tätigkeiten auf einem „Behindertenarbeitsmarkt" ermöglicht (FG Nbg EFG 12, 712, rkr). – **Keine Ursächlichkeit** liegt vor, wenn das behinderte Kind wegen einer strafrechtl Verurteilung in Untersuchungs- oder Strafhaft oder in einem psychiatrischen Krankenhaus untergebracht ist und schon aufgrund der **Freiheitsbeschränkung** keiner Erwerbstätigkeit nachgehen kann (BFH XI R 24/13 BStBl II 14, 1014; BFH III B 47/08 BFH/NV 09, 929; BFH VI B 86/12 BFH/NV 13, 371); ebenso für Maßregelvollzug: FG RhPf EFG 10, 658 (rkr). – Zu der Frage, ob der Feststellung der Schwerbehinderteneigenschaft Bindungswirkung iSd **§ 171 X AO** zukommt s FG Sachs 5 K 1995/09 (Kg), Rev XI R 3/13.

d) Altersgrenze. Die Behinderung, nicht aber die Unfähigkeit, sich selbst zu unterhalten (s auch BFH III R 61/08 BStBl II 12, 141), muss bis einschließl VZ 2006 vor Vollendung des 27. Lebensjahres eingetreten sein, von VZ 2007 an vor Vollendung des 25. Lebensjahres (s Rz 2). Hierzu ist in § 52 Abs 40 S 8 aF bzw § 52 Abs 32 S 1 eine **Übergangsregelung** geschaffen worden: Die Altersgrenze von 25 Jahren gilt für Kinder, bei denen die Behinderung nach dem 31.12.06 eingetreten ist. Für Kinder, bei denen die Behinderung vor dem 1.1.07 eingetreten ist, gilt weiterhin eine Altersgrenze von 27 Jahren. – Die Altersgrenze ist nicht verlängerbar, auch nicht durch einen abgeleisteten Wehrdienst (BFH III R 86/03 BStBl II 05, 756). 47

5. Erwerbstätigkeit, § 32 IV 2, 3. – a) Erwerbstätigkeit vor Abschluss einer Erstausbildung. Ein volljähriges Kind, das einen der Tatbestände des § 32 IV 1 Nr 2 Buchst a–d erfüllt und noch *keine* Erstausbildung abgeschlossen hat, wird bis zur Vollendung des 25. Lebensjahres **ohne weitere Voraussetzung** estl berücksichtigt. Ob bzw in welchem Umfang das Kind einer Erwerbstätigkeit nachgeht, ist mit Wirkung ab VZ 2012 unerhebl, solange der Umfang der Erwerbstätigkeit nicht die Ernsthaftigkeit der Ausbildung oder der Ausbildungsplatzsuche in Frage stellt (vgl Rz 26 und 31). Ebenfalls unerhebl ist, in welcher Höhe dem Kind Einkünfte und Bezüge zufließen (s auch DA-KiGeld 2015 A 19.2.1 I mit Beispiel); die streitanfälligen Bestimmungen in § 32 IV 2–10 aF (s Rz 60) sind weggefallen. Von der Neuregelung nicht erfasst werden Kinder ohne Beschäftigung iSd § 32 IV 1 Nr 1 (die ohnehin in keinem Beschäftigungsverhältnis stehen dürfen, s Rz 25) und behinderte Kinder iSd § 32 IV 1 Nr 3 (für die auch § 32 IV 2–10 aF nicht galt). Das *BMF* hat hierzu ein ausführl **Anwendungsschreiben** erlassen (*BMF* BStBl I 11, 1243 und ergänzend *BZSt* BStBl I 12, 40; s auch *Bering/Friedenberger* NWB 12, 278). – Während die Freigrenze in § 32 IV 2 aF ein Jahresgrenzbetrag war (s Rz 50), gilt für die neue Regelung das **Monatsprinzip** (Rz 20): Es genügt, wenn die Voraussetzungen für die Berücksichtigung des Kindes an *einem* Tag des Monats erfüllt sind (so auch *BMF* aaO, Rz 31). 48

Der Verzicht auf die Einkommensüberprüfung (auch) bei volljährigen Kindern (zu Minderjährigen s Rz 19) führt zu einer erhebl **Vereinfachung** des Verfahrens und zu einer Entlastung von Eltern, Kindern, FÄ und Familienkassen. Die bislang begünstigten Fälle sollen ohne weitere Prüfung auch künftig berücksichtigt werden; die mit der Neuregelung verbundene Erweiterung der Gewährung von Freibeträgen bzw KiGeld fällt angebl nicht ins Gewicht (vgl BT-Drs 17/5125, 41). S aber die **Kritik** von *Reiß* FR 11, 462, und *D. Felix* NJW 12, 22/25: kein Bezug mehr zum gesetzl Ziel der Familienförderung und der Sicherung des Existenzminimums. Zu den Unterschieden s auch *Wendl* FR 14, 167.

b) Erwerbstätigkeit nach Abschluss einer Erstausbildung. Kinder, die eine erste berufl Ausbildung abgeschlossen haben, werden gem § 32 IV 2 und 3 nur noch dann berücksichtigt, wenn sie entweder überhaupt keiner Erwerbstätigkeit nachgehen (S 2) oder wenn es sich um eine unschädl Tätigkeit handelt (S 3, s Rz 55). – Die Regelung in **§ 32 IV 2** knüpft an den **Abschluss** einer erstmaligen Berufsausbildung oder eines Erststudiums an. Die Begrifflichkeiten sind hier nach Wortlaut und Zielsetzung (zugunsten des StPfl) sehr viel enger auszulegen als etwa das Tatbestandsmerkmal „Berufsausbildung" in § 32 IV 1 Nr 2 Buchst a (Rz 26; s auch BFH V R 27/14 DStR 15, 1731; ebenso: DA-KiGeld 2015 A 19.2.1 I 3 ff. 49

Es wäre unter **systematischen Gesichtspunkten** sicherl grds erstrebenswert, § 32 IV 2 und § 12 Nr 5 im Zusammenhang zu sehen und die **Auslegung der Tatbestandsmerkmale** aufeinander abzustimmen: Die (typisierende) Berücksichtigung der Kosten einer berufl Erstausbildung und eines Erststudiums würde grds über die Eltern iRd Familienleistungsausgleichs erfolgen und die (individuelle) Berücksichtigung weiterer Ausbildungskosten durch den Abzug von BA/WK beim Kind. Das würde allerdings (neben höheren Freibeträgen) ein in sich stimmiges System des Familienleistungsausgleichs voraussetzen. Daran fehlt es nach wie vor (s dazu einerseits die neue BFH-Rspr zu § 12 Nr 5: tendenziell engeres Verständnis des Begriffs „Berufsausbildung", § 12 Rz 58, und andererseits die berechtigte Kritik von *Reiß* FR 11, 462, und ebenso *D. Felix* NJW 12, 22, 26f). Den auch **vom BFH geforderten grundlegenden Systemwechsel** (BFH VI R 38/10 BStBl II 12, 561, Rz 22) hat der Gesetzgeber bislang nicht herbeigeführt. Es war daher nicht zu erwarten, dass sich die Rspr nach Neufassung der genannten Vorschriften – mangels systematischer Geschlossenheit – für einen Gleichlauf der Tatbestandsmerkmale entscheiden würde (s auch BFH III R 52/13 BStBl II 15, 152).

50 **aa) Erstmalige Berufsausbildung.** Eine Berufsausbildung in diesem Sinne liegt daher nur dann vor, wenn die (abgeschlossenen) Ausbildungsmaßnahmen dem Kind *alle* notwendigen fachl Fertigkeiten und Kenntnisse vermitteln, die es für die Ausübung des *von ihm angestrebten* Berufs benötigt (BFH III R 52/13 BStBl II 15, 152, mwN: Entscheidungsspielraum der Eltern und des Kindes). Auch eine **„mehraktige" Ausbildung** ist, wenn die einzelnen Maßnahmen zeitl und inhaltl aufeinander abgestimmt sind, nur *eine* Berufsausbildung iSd § 32 IV 2 (BFH V R 27/14 DStR 15, 1731, s auch Rz 51). Sonstige Fortbildungs- und allg Qualifizierungsmaßnahmen wie Sprach- oder Computerkurs etc lassen den Anspruch auf Freibeträge bzw KiGeld *nicht* entfallen. **Erstmalig** ist die Berufsausbildung, wenn ihr weder eine andere abgeschlossene Berufsausbildung noch ein Erststudium vorausgegangen sind. Eine vorangegangene berufl Tätigkeit *ohne* entspr Ausbildung ist unschädl (s *BMF* BStBl I 11, 1243 Rz 6f, auch zu Ausbildung im Ausl).

51 **bb) Erststudium.** S allg § 12 Rz 59 und *BMF* BStBl I 11, 1243 Rz 8ff (auch zu Studienwechsel und -unterbrechung; ferner DA-KiGeld 2015 A 19.2.3). Das **„und"** zw den beiden Tatbestandsmerkmalen ist mit dem AhRLUmsG durch ein **„oder"** ersetzt worden, war aber auch bislang schon iSv „und ebenso" zu verstehen (vgl BT-Drs 17/6146: Angleichung an § 12 Nr 5; s jetzt auch BFH III R 52/13 BStBl II 15, 152, mwN). Ist eine der beiden Erstausbildungsalternativen abgeschlossen, kommt eine Berücksichtigung nur noch in Betracht, wenn das Kind keiner Erwerbstätigkeit nachgeht (vgl FG Ddorf EFG 13, 1939, rkr). Allerdings endet ein **duales Studium** idR erst mit Erreichen des angestrebten akademischen Grades; die integrierte Berufsausbildung ist keine *abgeschlossene* und daher unschädl (s BFH III R 52/13 BStBl II 15, 152).

Beispiele – (unschädl) Erststudium bejaht: Bachelorstudium Steuerrecht mit studienintegrierter Ausbildung zum **Steuerfachangestellten** (BFH I R 52/13, BStBl II 15, 152 – FG Mster EFG 13, 1055, rkr, hat in einem ähnl Fall ein Ausbildungsdienstverhältnis iSv § 32 IV 3 angenommen; ebenso FG Mster EFG 14, 1117, rkr, mit Anm *Reuß,* mwN); Bachelorstudium Wirtschaftsinformatik mit berufspraktischer Ausbildung zur **Fachinformatikerin** (BFH XI R 1/14 BFH/NV 15, 1378). – **Erststudium verneint:** berufsbegleitendes Studium „Betriebswirt (VWA)" nach Ausbildung zur **Kauffrau im Gesundheitswesen** (FG RhPf EFG 15, 1537, mit Anm *Bauhaus,* Rev III R 14/15), obwohl das FG einen engen zeitl und sachl Zusammenhang ausdrückl bejaht hat; daher hätte man hier den Fall unter Berücksichtigung des Entscheidungsspielraums der Eltern und des Kindes (Art 12 GG; s Rz 50) mit guten Gründen auch anders entscheiden können und es bleibt abzuwarten, ob der BFH dem folgt; letztl kann es mE nicht darauf ankommen, welche integrierten Ausbildungen am Markt angeboten werden.

52 **cc) Erwerbstätigkeitsbegriff.** Dies ist eine entgeltl Tätigkeit, die den Lebensunterhalt des Kindes sicherstellen soll (vgl BFH VI R 143/73 BStBl II 75, 537) und den Einsatz der persönl Arbeitskraft voraussetzt (s auch FG RhPf EFG 14, 930, rkr). Es kann sich um eine luf, eine gewerbl, eine selbständige oder eine nichtselbständige Arbeit handeln. Dagegen ist Vermögensverwaltung (Einkünfte aus VuV, KapVerm oder Renten) keine Erwerbstätigkeit in diesem Sinne. Freiwillige

Dienste iSd § 32 IV 1 Nr 2 Buchst d können schon aus systematischen Gründen keine Erwerbstätigkeit iSd § 32 IV 2 sein. S iÜ auch *BMF* BStBl I 11, 1243 Rz 23.

c) Unschädl Erwerbstätigkeit, § 32 IV 3. Der Anspruch auf Freibeträge bzw KiGeld bleibt auch nach Abschluss einer berufl Erstausbildung bestehen bei einer **Erwerbstätigkeit von bis zu 20 Stunden** regelmäßiger wöchentl Arbeitszeit; maßgebl ist die *durchschnittl* wöchentl Arbeitszeit (zutr *BMF* BStBl I 11, 1243, Rz 24 mit Beispiel; DA-KiGeld 2015 A 19.3). Wird die 20-Stunden-Grenze auch nur geringfügig überschritten, kann das Kind nicht berücksichtigt werden (so wohl zutr FG Ddorf EFG 13, 1939, rkr – gesetzl Typisierung, kein Billigkeitsspielraum). – Unschädl ist auch ein **Ausbildungsdienstverhältnis,** wenn also die Ausbildung des Kindes Gegenstand und Ziel eines DienstVerh und mithin verpflichtender Gegenstand des ArbVertrags ist (so jetzt auch BFH III R 37/14 DStRE 15, 1226, mwN; vgl auch BFH VI R 14/12, BStBl II 13, 449: DienstVerh muss durch den Ausbildungszweck geprägt sein). – Unschädl ist schließl auch eine **geringfügige Beschäftigung** iSd §§ 8, 8a SGB IV. Bei Erwerbstätigkeit in ausbildungsfreien Zeiten (zB Semesterferien etc) sollten die Grenzen einer sog kurzfristigen Beschäftigung eingehalten werden (§ 8 I Nr 2 SGB IV: Begrenzung auf längstens zwei Monate oder 50 Tage, vgl auch *BMF* BStBl I 11, 1243, Rz 27); innerhalb dieser Grenzen bleibt der Anspruch auf Freibeträge bzw KiGeld auch für die Monate der kurzfristigen Beschäftigung bestehen. 53

Beispiele – Ausbildungsdienstverhältnis bejaht: Berufsausbildungsverhältnisse gem § 1 III und §§ 4–52 BBiG (DA-KiGeld 2015 A 19.3.2 I 3); Finanzanwärter, Referendare, Lehramtskandidaten oder Zeitsoldaten während der militärischen Ausbildung oder eines Studiums, sofern dies Bestandteil der Ausbildung ist (vgl BFH VI R 144/83 BStBl II 85, 89 mwN; s auch LStH 9.2). Zu Praktikum und Volontariat s *BZSt* BStBl I 12, 40, Tz 2.3 (aE). – **Ausbildungsdienstverhältnis verneint:** Tätigkeit als wissenschaftl Mitarbeiter neben Promotion (FG Mster EFG 14, 2051, rkr: bloßes zeitl Nebeneinander von Ausbildung und DienstVerh genügt nicht); Ausbildung zum Nachschubunteroffizier (FG Mster EFG 15, 1722, Rev III R 20/15: keine Prägung des DienstVerh durch die Ausbildung, nur für 3,5 Monate Lehrgänge während eines Zeitraums von 19 Monaten).

6. Rechtslage bis VZ 2011, § 32 IV 2–10 aF. Für eigene Einkünfte und Bezüge des Kindes galt bis einschließl VZ 2011 (nur für Kinder ab 18 Jahren und nur in den Fällen des § 32 IV 1 Nr 1 und 2) ein **Grenzbetrag von 8004 €** (bis VZ 2009: 7680 €). Wurde dieser Grenzbetrag überschritten, entfielen die Freibeträge bzw das KiGeld sowie andere kindbedingte Ermäßigungen. Hinsichtl der Erläuterungen wird auf die 32. Aufl (Rz 51 ff) verwiesen; zu Nachträgen s 34. Aufl Rz 51. 60

7. Kinder über 21/25 Jahre, § 32 V. – a) Allgemeines. Eltern erhalten für Zeiten, in denen Kinder **Grundwehrdienst, Zivildienst** oÄ geleistet haben, idR weder Kinderfreibetrag noch KiGeld; § 32 IV 1 greift nicht ein (verfgemäß: BFH VI B 176/00 BStBl II 2001, 675; BFH VIII B 248/02 BFH/NV 03, 1182). Zum Ausgleich werden diese Kinder im Fall des § 32 IV 1 Nr 1 (ohne Beschäftigung) über das 21. Lebensjahr und im Fall des § 32 IV 1 Nr 2 Buchst a und b (Berufsausbildung, Übergangszeiten) über das 25. Lebensjahr hinaus berücksichtigt. Diese Aufzählung ist abschließend (BFH VIII R 68/01 DStRE 03, 146; FG Mster EFG 10, 1706 mwN: verfgemäß, rkr). In den Fällen des § 32 IV 1 Nr 2 Buchst c und d kommt eine Verlängerung nicht in Betracht. Die Regelung gilt gem § 52 Abs 32 S 2 nur noch, wenn das Kind den Dienst oder die entspr Tätigkeit vor dem 1.7.11 angetreten hat. S iÜ auch DA-KiGeld 2015 A 20. – Ein Kind, das Wehrdienst oder Zivildienst leistet, kann zugleich iSd § 32 IV 1 Nr 2 Buchst a für einen Beruf ausgebildet werden (s Rz 26). Das schließt eine Verlängerung der Berücksichtigung nach § 32 V nicht aus (BFH XI R 12/12 BStBl II 14, 39: gesetzl Typisierung, Bevorzugung ggü anderen KiGeld-Berechtigten verfrechtl unbedenkl; so jetzt auch DA-KiGeld 2015 A 20 III 2; aA noch DA-FamEStG 2013 63.5 III 4). 68

b) Zu berücksichtigende Dienste. – aa) Grundwehrdienst; Zivildienst, § 32 V 1 Nr 1 und V 2. Was bislang Grundwehrdienst war, ergibt sich aus § 5 69

WehrPflG, was Zivildienst war, aus §§ 24ff ZivildienstG. Ein entspr **ausl Dienst** ist ebenfalls zu berücksichtigen (vgl FG Ddorf EFG 97, 1474, rkr). Mit § 32 IV 1 Nr 2 Buchst d (freiwilliges soziales Jahr) steht die Regelung hinsichtl des ausl Zivildienstes in einer **Gesetzeskonkurrenz** mit der Folge, dass eine Verlängerung nach § 32 V 1 ausscheidet, wenn das Kind für die Dauer des Dienstes hinsichtl des Kinderfreibetrags oder KiGelds berücksichtigt worden ist (BFH III B 147/13 BFH/NV 14, 1035).

70 **bb) Freiwilliger Wehrdienst, § 32 V 1 Nr 2.** Ein freiwilliger Wehrdienst wird nur bei Verpflichtung von nicht mehr als drei Jahren berücksichtigt und nur, wenn er *anstelle* des gesetzl Grundwehrdienstes geleistet worden ist (s FG Mster EFG 15, 574, rkr: nicht bei nach dem 1.7.11 geleisteten Diensten). Zum Begriff s §§ 6b, 7 WehrPflG. Zum Nacheinander von Grundwehrdienst und freiwilligem Wehrdienst s FG SachsAnh EFG 09, 1318, rkr.

71 **cc) Entwicklungshelfer, § 32 V 1 Nr 3.** Vorausgesetzt wird eine Verpflichtung für zwei Jahre ggü einem anerkannten Träger des Entwicklungsdienstes und eine Tätigkeit in Entwicklungsländern ohne Erwerbsabsicht (§ 1 I EntwHG); Aufzählung der Träger in EStH 32.11. Die Verwaltung berücksichtigt zudem nach ausl Rechtsvorschriften abgeleistete Entwicklungsdienste (DA-KiGeld 2015 A 20 V).

72 **c) Dauer der Berücksichtigung.** Die Dauer einer Berücksichtigung über das 21./25. Lebensjahr hinaus richtet sich nach der tatsächl Dauer des betr Dienstes; das gilt auch dann, wenn im ersten Monat des Dienstes noch Kindergeld bezogen wurde, weil der Dienst nicht am Monatsersten begann (BFH III R 4/10 BStBl II 10, 827; BFH III R 88/07 BFH/NV 09, 132). Höchstgrenze für alle in § 32 V 1 genannten Verlängerungstatbestände ist die gesetzl vorgesehene Dauer des inl Grundwehrdienstes und des Zivildienstes (zuletzt je **6 Monate,** § 5 I a WehrPflG/ § 24 II ZivildienstG; s auch DA-KiGeld 2015 A 20 IV). Bei **ausl Dienst** (s Rz 69) wird höchstens die Dauer des inl Dienstes angerechnet. Letzteres gilt nicht für entspr Dienste in einem Staat der EU oder des EU-Wirtschaftsraums (§ 32 V 2); die Differenzierung ist mE bedenkl (Art 3 I GG). Die Verlängerung kann sich auf die Zeit nach dem 21. und dem 25. Lebensjahr verteilen (BFH VIII R 68/01 BFH/NV 03, 460).

73 **d) Erwerbstätigkeit, § 32 V 3.** Auch für die Verlängerungstatbestände sind hinsichtl einer Erwerbstätigkeit des Kindes die Regelungen des **§ 32 IV 2 und 3** zu berücksichtigen. Bis VZ 2011 galt hier ebenfalls die Höchstgrenze von 8004 € für eigene Einkünfte/Bezüge, § 32 IV 2 bis 10 aF (Rz 60).

III. Rechtsfolge, § 32 VI

76 **1. Freibeträge; Abzug vom Einkommen, § 32 VI 1–5.** Die Unterscheidung von zwei Freibeträgen ist historisch bedingt (s *Blümich* Rz 8f). Der **Kinderfreibetrag** (2304 €) berücksichtigt das sächl Existenzminimum des Kindes, der sog **Betreuungsfreibetrag** (1320 €) den darüber hinausgehenden Bedarf für Betreuung, Erziehung, Ausbildung. Zur erforderl Anpassung für VZ 2014 s Rz 4. – Beide Freibeträge typisieren den gewöhnl kindbedingten Mehraufwand (vgl BFH VI R 16/10 BStBl II 11, 1012: atypischer, zB behinderungsbedingter Mehraufwand muss zusätzl berücksichtigt werden); auf die tatsächl Aufwendungen des StPfl kommt es nicht an. Es sind **Jahresbeträge,** die vom Einkommen (§ 2 V) des jeweiligen Elternteils abgezogen werden, wenn dies günstiger ist als der Anspruch auf KiGeld, § 31 S 4 (s § 31 Rz 10ff).

77 **a) Einfache Freibeträge, § 32 VI 1.** Grds werden sowohl Kinderfreibetrag als auch Betreuungsfreibetrag **jedem Elternteil für jedes Kind** gewährt, das nach § 32 I bis V zu berücksichtigen ist, unabhängig davon, bei welchem Elternteil das Kind lebt bzw gemeldet ist. IErg gilt dies jedoch nur für Eltern, die die Voraussetzungen der Ehegattenbesteuerung (§ 26 I 1) nicht erfüllen (dh nicht verheiratete,

dauernd getrennt lebende oder geschiedene Eltern), und für Eltern, bei denen eine Zusammenveranlagung gem § 26a (oder § 26c aF) nicht durchgeführt wird.

b) Verdoppelung bei Zusammenveranlagung, § 32 VI 2. Bei Ehegatten/ 78
LPart, die nicht dauernd getrennt leben (§ 26 I 1) und zusammen zur ESt veranlagt werden (§ 26b), werden die Freibeträge zusammengefasst; der Ausdruck „verdoppeln" ist mE missverständl. Die Ehegatten/LPart erhalten – gemeinsam – *einen* Kinderfreibetrag von 4608 € und *einen* Betreuungsfreibetrag von 2640 €. Das Kind muss zu beiden Ehegatten/LPart in einem Kindschaftsverhältnis iSv § 32 I 1 Nr 1 oder 2 stehen (nicht notwendig in demselben; zur Adoption durch LPart s *BMF* BStBl I 14, 109).

c) Verdoppelung in sonstigen Fällen, § 32 VI 3. Ein *einzelner StPfl* erhält 79
doppelte Freibeträge für Kinder iSv § 32 I 1 Nr 1 oder 2 zum einen dann, wenn der andere Elternteil verstorben oder nicht unbeschr stpfl ist (§ 32 VI 3 Nr 1; vgl BFH III R 86/09 BStBl II 13, 855: Mutter lebt in Norwegen). Die Regelung gilt mE nicht nur für Ehegatten/LPart, sondern allg für Elternteile (s auch BFH VIII R 110/01 BFH/NV 03, 31). Zum andern werden die Freibeträge verdoppelt, wenn ein StPfl allein das Kind angenommen (Rz 11) oder ein Pflegekindschaftsverhältnis (Rz 12ff) begründet hat (§ 32 VI 3 Nr 2; s auch s *BMF* BStBl I 14, 109 zu LPart). Dem gleichgestellt sind nach EStR 32.12 Fälle, in denen der Aufenthalt des anderen Elternteils unbekannt ist oder der Vater eines Kindes nicht festgestellt werden kann bzw von der Mutter nicht benannt wird (*OFD Hannover* DB 97, 2198; aA FG Thür EFG 98, 1414, rkr). Das gilt auch bei künstl Befruchtung, wenn der biologische Vater anonym geblieben ist (*BMF* BStBl I 14, 109). Zur Möglichkeit einer **Doppelberücksichtigung** s Rz 81.

d) Auslandskinder, § 32 VI 4. Die Freibeträge können **gekürzt** werden, 80
wenn das zu berücksichtigende Kind nicht nach § 1 I oder II unbeschr stpfl ist, dh wenn es insb weder Wohnsitz (§ 8 AO) noch gewöhnl Aufenthalt (§ 9 AO) im Inl hat. Kinder, die sich **zur Ausbildung ins Ausl** begeben, behalten den inl Wohnsitz in der Wohnung der Eltern bei, wenn sie dort den überwiegenden Teil ihrer ausbildungsfreien Zeit verbringen (BFH III R 10/14 BStBl II 15, 655, mwN; krit Anm *Dziadkowski* IStR 15, 144, 147). Nur gelegentl Besuche genügen zwar nicht (BFH aaO: 2–3 Wochen pro Jahr). Es wird aber auch nicht verlangt, dass das Kind den *weit* überwiegenden Teil der ausbildungsfreien Zeit im Inland verbringt (BFH III R 38/14 DStRE 15, 1363: Zusammenschau der tatsächl Umstände; aA DA-KiGeld 2015 A 21.1 III). Ob dem StPfl oder dem Kind entspr Heimreisen finanziell mögl sind, ist unerhebl (FG Köln EFG 07, 1174, rkr); auch iÜ kommt es nicht auf subj Momente oder Absichten an (BFH III R 10/14 BStBl II 15, 655; s auch FG Mchn EFG 15, 993, Rev XI R 8/15: bloße Rückkehrmöglichkeit/-absicht bei zweijährigem Auslandsaufenthalt genügt nicht). – Nach § 1 II unbeschr stpfl sind zB die mit ihren Eltern im Ausl lebenden Diplomatenkinder (§ 1 Rz 35). Zu Kindern, die **im Ausl geboren** werden, s DA-KiGeld 2015 A 21.1 IV. – Der **Nachweis** der unbeschr StPfl des Kindes obliegt dem StPfl, der die (ungekürzten) Freibeträge in Anspruch nehmen möchte, und kann durch eine Lebensbescheinigung der ausl Heimatbehörde erbracht werden, bei Kindern über 18 Jahren in Ausbildung durch entspr Schul- oder Studienbescheinigungen oÄ. – Die Kürzung der Freibeträge gem den Verhältnissen des Wohnsitzstaates richtet sich nach der **Ländergruppeneinteilung des BMF** (BStBl I 13, 1462). Verfrechtl Bedenken bestehen insoweit nicht (BVerfG 2 BvR 288/92 NJW 93, 3318 zum funktionsgleichen § 33a II aF). Zum **LStAbzug** für Auslandskinder s Rz 100.

e) Ermäßigung der Freibeträge, § 32 VI 5. Obwohl es sich bei den Freibe- 81
trägen um Jahresbeträge handelt (s Rz 76), werden die Voraussetzungen für ihre Gewährung monatsweise geprüft und die Freibeträge ggf gekürzt, für jeden Monat um ein Zwölftel. Das ist zB der Fall, wenn ein zunächst unbeschr stpfl Elternteil im Laufe des VZ beschr stpfl wird (BFH VIII R 111/01 BFH/NV 04, 331) oder

das Kind seine Ausbildung beendet und eine Erwerbstätigkeit aufnimmt. – Auch hier gilt das **Monatsprinzip** (s Rz 20); dh eine Kürzung darf nur dann erfolgen, wenn die in § 32 VI 1 bis 4 genannten Voraussetzungen an *keinem* Tag des Monats vorliegen.

Im Fall des § 32 VI 3 Nr 1 kann dies zu **Doppelberücksichtigungen** führen, da die Konkurrenzregelung des § 32 II nur für Adoption und Pflegekindschaft gilt, nicht aber für verstorbene oder beschr stpfl gewordene Elternteile (str, aA *HHR* Anm 176; *Heuermann* DStR 00, 1546/50). Leben zB die Eltern dauernd getrennt und ist der Vater vom 10.5. an nur noch beschr stpfl, wird das Kind für diesen Monat beim Vater nach § 32 VI 1 (noch) mit einem Zwölftel der *einfachen* Freibeträge berücksichtigt und bei der Mutter nach § 32 VI 3 Nr 1 (bereits) mit einem Zwölftel der *doppelten* Freibeträge.

83 **2. Übertragung auf den anderen Elternteil, § 32 VI 6–9. – a) Reichweite.** Sowohl Kinderfreibetrag als auch Betreuungsfreibetrag können auf den anderen Elternteil übertragen werden. Es handelt sich um jeweils *eigenständige Tatbestände* mit unterschiedl Voraussetzungen; dh der Betreuungsfreibetrag muss nicht zusammen mit dem Kinderfreibetrag übertragen werden (BT-Drs 14/6160, 12; BFH III R 71/04 BStBl 08, 352; FG Mster EFG 13, 1917, rkr; aA *BMF* BStBl I 13, 845, Rz 5). Eine isolierte Übertragung kann zu einer Verdoppelung der sog Kinderadditive bei § 33 III führen (zumutbare Eigenbelastung, Rz 101); isolierte Übertragung des Betreuungsfreibetrags kann den Empfänger besser stellen, weil insoweit kein KiGeld angerechnet wird (§ 31 Rz 15f; *Paus* DStZ 04, 875). Zum Behinderten-Pauschbetrag s § 33b Rz 29. Zur Übertragung im LStAbzugsverfahren s Rz 100; zur Wirkung der Übertragung auf andere kinderbedingte Ermäßigungen s Rz 101.

84 **b) Kinderfreibetrag, § 32 VI 6, 7.** Die Übertragung des Kinderfreibetrags setzt voraus, dass die Eltern unbeschr stpfl sind (s Rz 7) und den Tatbestand der Ehegattenbesteuerung (§ 26 I 1) *nicht* erfüllen. Erfasst werden damit getrennt lebende oder geschiedene Ehegatten/LPart sowie Eltern nichtehel Kinder, nicht jedoch Ehegatten/LPart, die nach § 26a (oder § 26c aF) veranlagt werden (da beide Vorschriften ihrerseits an die Voraussetzungen des § 26 I 1 anknüpfen; s auch BFH III R 10/05 BFH/NV 07, 662: verfgemäß). Der Elternteil, der die Übertragung des (weiteren) Kinderfreibetrags beantragt, muss seiner **Unterhaltspflicht** für das Kj **im Wesentlichen nachgekommen** sein, nicht jedoch der andere Elternteil. Zustimmung des anderen Elternteils ist nicht erforderl. Eine einvernehml Übertragung, ohne Verletzung der Unterhaltspflicht, ist nicht mögl (s auch BFH III B 188/06 BeckRS 2007, 25012593).

85 **aa) Unterhalt.** Unterschieden wird zw Betreuungs- und Barunterhalt (§ 1606 III BGB). Beide sind gleichwertig; denn sie mindern gleichermaßen die steuerl Leistungsfähigkeit des jeweiligen Elternteils (vgl BVerfG 2 BvR 1057/91 BStBl II 99, 182; BFH VI R 123/95 BFH/NV 98, 568). **Betreuungsunterhalt** wird durch Erziehung und tatsächl Versorgung des Kindes mit Nahrung, Kleidung, Wohnung, Pflege bei Krankheit etc erbracht, **Barunterhalt** durch Leistung der hierfür erforderl Geldmittel. Die Übertragung des Kinderfreibetrags wird idR wegen Verletzung der Barunterhaltspflicht beantragt, kommt aber auch bei einer Verletzung der Unterhaltspflicht durch den betreuenden Elternteil in Betracht (s Rz 88). – **Unterhaltsbedürftigkeit des Kindes** wird vorausgesetzt (§ 1602 BGB; s auch BFH III R 57/00 BFH/NV 06, 1815); die Bedürftigkeit ist nicht nach dem Monatsprinzip, sondern für das Kj zu prüfen. Ebenfalls vorausgesetzt wurde bis VZ 2011 die **Leistungsfähigkeit der Eltern** (§ 1603 BGB; vgl BFH III B 227/08 BFH/NV 10, 639 mwN, und BFH VI R 107/96 BStBl II 98, 329: keine Übertragung, wenn der andere Elternteil selbst nicht leistungsfähig ist oder anderen vorrangig Unterhalt leisten muss). Mit Wirkung **ab VZ 2012** steht nach **§ 32 VI 6** die mangelnde Leistungsfähigkeit des anderen Elternteils einer Übertragung des Kinderfreibetrags nicht mehr entgegen (vgl auch BT-Drs 17/

6146, 19: Entlastung nur desjenigen Elternteils, der allein für den Unterhalt des Kindes aufkommt). Steht die mangelnde Leistungsfähigkeit eines Elternteils gem § 1603 I BGB fest, kann dieser die Übertragung nicht durch freiwillige Leistungen verhindern (zutr BMF BStBl I 13, 845, Rz 4); denn es handelt sich um gleichwertige Tatbestandsalternativen. Gem **§ 32 VI 7 nF** scheidet eine Übertragung *für* Zeiträume aus, für die Leistungen nach dem UnterhVorschussG gezahlt werden (ohne Rücksicht auf die Höhe der Zahlungen). Der bisherige Wortlaut „in denen Unterhaltsleistungen … gezahlt werden", ist mit dem Kroat-AnpG entspr *BMF* BStBl I 13, 845 geändert worden (zum maßgebl Zeitraum s auch Rz 87).

bb) Unterhaltspflicht. Umfang und Dauer der Unterhaltspflicht bestimmen sich nach Zivilrecht (s dazu *Palandt* § 1610 Rz 1 ff). Ob die Eltern oder das Kind während des ganzen Kj unbeschr stpfl gewesen sind, ist insoweit ohne Belang (EStR 32.13 III 3). Der Umfang des **Betreuungsunterhalts** richtet sich nach den individuellen Lebensumständen. Die Höhe des **Barunterhalts** kann sich aus Vereinbarungen, Urteilen, Vergleichen etc ergeben (einschr FG Saarl EFG 90, 354, rkr), auch rückwirkend (FG Bbg EFG 01, 1049, rkr). Hilfsweise gelten die Richtsätze der Düsseldorfer Tabelle uä regionaler Tabellen (EStR 32.13 I 2; FG RhPf EFG 98, 1470, rkr). 86

cc) Wesentl Unterhaltsbeitrag. – (1) Barunterhalt. Diesen leistet der barunterhaltspflichtige Elternteil, wenn er seiner Verpflichtung mindestens zu 75 vH nachkommt (relative Grenze – s BFH VI R 148/97 BFH/NV 00, 1194; EStR 32.13 II). Unbeachtl ist, ob es sich um einen verhältnismäßig geringfügigen Beitrag handelt (BFH VI R 129/95 BStBl II 98, 435) oder um einen Beitrag, der niedriger als nach der Düsseldorfer Tabelle festgesetzt wurde (BFH VI R 21/97 BFH/NV 98, 437). **Nicht der Zeitpunkt** der Leistung ist maßgebl, sondern der Zeitraum, *für* den geleistet worden ist; § 11 II gilt nicht, so dass ggf auch Zahlungen nach Ablauf des VZ zu berücksichtigen sind (BFH III R 7/90 BStBl II 93, 397). Reicht die Unterhaltsleistung für mehrere minderjährige Kinder nicht aus, ist von einer gleichmäßigen Verteilung auszugehen (§§ 1603 II 1, 1609 I BGB). Dies gilt mE auch bei abw Tilgungsbestimmung (§ 362 I BGB), weil das nicht bedachte Kind einen Bereicherungsanspruch hätte. Bei Zahlung von Unterhalt für mehrere Jahre gelten die §§ 366, 367 BGB (s auch FG BaWü EFG 94, 839, rkr). 87

(2) Betreuungsunterhalt. Der Elternteil, in dessen Obhut sich ein **minderjähriges Kind** befindet, leistet seinen Unterhalt zu 100 vH durch Betreuung (§ 1606 III 2 BGB; BGH XII ZR 161/04 NJW 07, 1882). Es kommt daher nicht darauf an, ob dieser Elternteil leistungsfähig iSd § 1603 BGB ist (zutr FG BBg EFG 15, 1814, Rev III R 18/15), so dass idR kein Übertragungsrecht des zahlenden Elternteils besteht (FG RhPf EFG 93, 790, rkr; FG Mster EFG 91, 128, rkr, für Heimunterbringung; s *Kanzler* DStR 90, 405). – Zur Erfüllung der Unterhaltspflicht **durch Dritte** s *Palandt* § 1606 Rz 8. 88

Bei **volljährigen Kindern** scheidet eine Betreuungspflicht aus; beide Elternteile sind hier grds (entspr ihrer Leistungsfähigkeit) barunterhaltspflichtig (s BGH XII ZR 34/00 NJW 02, 2026; *Palandt* § 1606 Rz 11 f). Kommt der Elternteil, der das Kind bis zum Eintritt der Volljährigkeit betreut hat, seiner Barunterhaltspflicht nicht nach oder ist er nicht leistungsfähig iSd § 1603 BGB, kann der andere Elternteil die Übertragung des Freibetrags verlangen (anders noch zum alten Recht BFH VI R 124/95 BFH/NV 00, 553; s auch Voraufl).

(3) Freistellung von der Unterhaltsverpflichtung. Wird ein Elternteil von dem anderen gegen Entgelt von seiner Unterhaltsverpflichtung freigestellt, leistet er seinen Unterhalt *durch* den anderen Elternteil. Entgeltlichkeit ist bereits dann anzunehmen, wenn sich die Elternteile in einer Scheidungsfolgenvereinbarung ggf unter Verzicht auf einen genauen Zugewinnausgleich vermögensrechtl auseinandersetzen und dabei auch den Wert der Unterhaltsverpflichtung einbeziehen (BFH III R 137/93 BStBl II 97, 21; BFH VI B 188/96 BFH/NV 99, 172). Der Wille, sich zu vergleichen, spricht für Entgeltlichkeit (BFH III R 57/00 BFH/NV 06, 89

1815; BFH VIII R 11/04 BFH/NV 05, 343; s auch FG Mster EFG 13, 1917, rkr, zu Vereinbarung über Trennungsunterhalt).

90 **(4) Maßgeblicher Zeitraum.** Ob ein Elternteil im Kj seiner Unterhaltspflicht im Wesentlichen nachgekommen ist, bemisst sich nach dem Zeitraum, für den Unterhalt tatsächl geschuldet wird (EStR 32.13 III 2). Endet die Unterhaltspflicht etwa dadurch, dass das Kind eine Erwerbstätigkeit aufnimmt und nicht mehr bedürftig ist, werden die verbleibenden Monate bei der Ermittlung der 75 vH-Grenze nicht berücksichtigt (Beispiele s EStH 32.13). Das gleiche gilt, wenn der Unterhaltspflichtige stirbt.

91 **dd) Verfahren.** Nur auf **Antrag** wird der Kinderfreibetrag übertragen. Antragsberechtigt ist nur der Ehegatte/LPart, der seiner Unterhaltspflicht nachkommt. Der Antrag ist an das WohnsitzFA zu richten, nicht an die Familienkasse, und kann bis zur Bestandskraft des EStBescheids gestellt und zurückgenommen werden (FG BaWü EFG 93, 32, rkr; s auch *Paus* DStZ 04, 875). **In strittigen Übertragungsfällen** soll der andere Elternteil gehört (EStR 32.13 IV 5) und ggf nach § 174 IV, V AO hinzugezogen werden (EStR 32.13 IV 9). Im Gerichtsverfahren ist der andere Elternteil nicht notwendig beizuladen (BFH VI B 301/98 BStBl II 01, 729; *Pust* HFR 01, 1084). Fehlerhafte Doppelberücksichtigung kann nach § 174 II AO bereinigt werden (FG Nds EFG 97, 1313, rkr). Die Entscheidung des FA ist ein eigenständiger VA und muss beiden Eltern bekanntgegeben werden (FG Brem EFG 94, 879/86, rkr; *HHR* Anm 187; str, aA *Blümich* Rz 142).

92 **c) Betreuungsfreibetrag, § 32 VI 8, 9. – aa) Allgemeines.** Die Übertragung des Betreuungsfreibetrags setzt voraus, dass das Kind **minderjährig** und nur in der Wohnung eines Elternteils **gemeldet** ist und dass dieser Elternteil die Übertragung **beantragt** (zum Antrag s Rz 91 und FG BaWü EFG 11, 1703: rückwirkendes Ereignis iSv § 175 I 1 Nr 2 AO, bestätigt durch BFH VI R 100/10, nv), ferner dass die Eltern den **Tatbestand der Ehegattenbesteuerung** (§ 26 I 1) *nicht* erfüllen. Wie bei § 32 VI 6 HS 1 ist die Zustimmung des anderen Elternteils nicht erforderl und eine einvernehml Übertragung nicht mögl. Auf eine **Verletzung der Unterhaltspflicht** kam es ursprüngl nicht an (verfgemäß nach BFH III R 71/04 BStBl II 08, 352; BFH III R 42/07 BStBl II 13, 194; krit *Greite* FR 12, 684). Das hat sich mit Wirkung **ab VZ 2012** durch § 32 VI 9 geändert (vgl BT-Drs 17/6146, 19: Grundsatz der hälftigen Teilung der Freibeträge, wenn beide Elternteile den Betreuungs- und Erziehungsbedarf des Kindes sicherstellen; s auch BFH III R 42/07 BStBl II 13, 194: Anpassung an veränderte gesellschaftl Realitäten). – Eine **regelmäßige Betreuung** in einem **nicht unwesentl Umfang** wird man mE in Anlehnung an das Tatbestandsmerkmal „wesentlicher Unterhaltsbeitrags" in § 32 VI 6 (s Rz 87) im Zweifel bei einer Betreuung von 25% (oder auch durchschnittl an 2 von 7 Tagen) annehmen können. Die Gleichwertigkeit von Bar- und Betreuungsunterhalt (s Rz 85) gilt auch hier. **Kinderbetreuungskosten** (s *BMF* BStBl I 13, 845 Rz 8: alle Aufwendungen für Betreuung, Erziehung oder Ausbildung des Kindes bis zur Vollendung des 18. Lebensjahres, weiter als § 10 I Nr 5) berechtigen im Zweifel nur dann zu einem Widerspruch nach § 32 VI 9, wenn sie eine Betreuung des Kindes in einem vergleichbaren Umfang ermöglichen.

93 **bb) Meldung.** Maßgebl ist das Melderegister, und zwar bezogen auf den Tag des Eingangs der melderechtl An- oder Ummeldung (BFH III R 42/07 BStBl II 13, 194: sachl gerechtfertigt); eine nach Ablauf des VZ vorgenommene, nachträgl Meldung wird nicht berücksichtigt (BFH III R 125/93 BStBl II 96, 91). Die Auskunft der Meldebehörde an das FA ist kein VA und damit auch kein Grundlagenbescheid, der eine Änderung nach § 171 X AO ermöglichen würde (ebenso *Littmann* § 32 Rz 931; aA *KSM* Rz E 8). Ist das Kind bei keinem Elternteil oder bei beiden gemeldet, scheidet eine Übertragung aus.

94 **cc) Minderjährigkeit.** Vollendet das Kind im VZ das 18. Lebensjahr, scheidet eine Übertragung für die Monate, in denen das Kind an keinem Tag minderjährig

gewesen ist, nach EStR 32.13 IV 6 aus. Soweit **§ 1603 II 2 BGB** volljährige, unverheiratete **Schulkinder unter 21 Jahren,** die im Haushalt des antragsberechtigten Elternteils leben, minderjährigen Kindern gleichstellt, sollte dies mE auch bei § 32 VI 8 berücksichtigt werden; denn die Unterhaltssituation verändert sich in diesem Fall mit der Vollendung des 18. Lebensjahres typischerweise nicht.

3. Übertragung auf Stief- oder Großelternteil, § 32 VI 10, 11. Die Aufnahme eines Kindes durch Stief- oder Großeltern mindert deren Leistungsfähigkeit. Daher können Freibeträge auch in diesem Fall übertragen werden (BT-Drs 13/1558, 156); zum Anspruch auf KiGeld s § 63 I 1 Nr 2 und 3, § 64 II. Das schließt die Übertragung auf einen LPart als Stiefelternteil ein (§ 2 VIII, vgl auch die Antwort der BReg in BT-Drs 17/14343, S 5 und jetzt *BMF* BStBl I 14, 109). Darüber hinaus kommt mit Wirkung ab VZ 2012 eine Übertragung auch dann in Betracht, wenn die Großeltern mit einer konkreten Unterhaltsverpflichtung belastet sind (s auch BT-Drs 17/6146, 19). Nachweise s *BMF* BStBl I 13, 845, Rz 14. 95

a) Haushaltsaufnahme. Es kann sich auch um einen gemeinsam mit dem leibl Elternteil geführten Haushalt handeln. Auf die Erfüllung der Unterhaltspflicht (§ 32 VI 6 HS 1) oder die Meldung des Kindes (§ 32 VI 6 HS 2) kommt es insoweit nicht an. Das gilt gleichermaßen für die Übertragung von Kinder- und Betreuungsfreibeträgen. **Übertragbar** sind **alle Freibeträge,** die „den Eltern nach den Sätzen 1 bis 9" zustehen. Das schließt einerseits eine Übertragung zwischen Stief- und Großelternteilen aus. Andererseits ist die Übertragung nicht auf die Fälle des § 32 VI 6 beschränkt, sondern erfasst auch die (doppelten) Freibeträge nach § 32 VI 2 und 3 (glA *Blümich* Rz 157; aA *HHR* Anm 193). Eine „Kettenübertragung" ist mE dergestalt mögl, dass der nach § 32 VI 6 empfangende Elternteil seinerseits die Freibeträge nach § 32 VI 10 auf Stiefelternteil oder Großeltern überträgt. – Nicht erforderl ist eine Übertragung, wenn Stief- oder Großeltern mit der Aufnahme des Kindes **Pflegeeltern** iSd § 32 I Nr 2 werden (s Rz 16 aE); denn dann stehen ihnen die Freibeträge aus eigenem Recht zu. Entsprechendes gilt bei **Adoption** eines Kindes (Rz 11). Sollen Freibeträge für ein **Auslandskind** (Rz 80) übertragen werden, müssen Stief- oder Großeltern selbst unbeschr stpfl sein, ggf nach § 1 III. Das Kind der Partnerin einer **gleichgeschlechtl Lebensgemeinschaft** war bislang nicht Stiefkind der anderen Partnerin (BFH VIII R 88/00 BFH/NV 04, 1103, VerfBeschw nicht angenommen, s auch Rz 8); zur Gleichstellung von **LPart** gem § 2 VIII s aber jetzt BFH VI R 76/12 BStBl I 14, 36. Adoption ist mögl (§ 9 VII LPartG; s auch *Bültmann* StuW 04, 131). – Eine **konkrete Unterhaltsverpflichtung** ggü dem Enkelkind besteht nach §§ 1601, 1606 BGB vor allem dann, wenn die Eltern des Kindes selbst nicht leistungsfähig sind (vgl *Palandt* § 1601 Rz 19 und § 1606 Rz 1 ff). 96

b) Anspruch auf Übertragung. Mit oder ohne **Zustimmung** des berechtigten Elternteils kann die Übertragung erfolgen (s Wortlaut des § 32 VI 11: „auch"). Stief- oder Großeltern haben daher einen materiell-rechtl Anspruch auf Übertragung der Freibeträge, ggf auch gegen den Willen der Eltern (*HHR* Anm 194), wenn sie ein Kind in ihren Haushalt aufgenommen haben oder für dieses Kind unterhaltspflichtig sind. – Eine nach § 32 VI 11 erteilte Zustimmung bindet den berechtigten Elternteil und kann nur für die Zukunft widerrufen werden. 97

c) Antrag. Nur auf Antrag werden die Freibeträge übertragen. Antragsberechtigt ist der aufnehmende bzw unterhaltsleistende Stief- oder Großelternteil, der den Antrag bei dem für ihn zuständigen FA stellen muss. EStR 32.13 IV gilt sinngemäß. 98

4. Lohnsteuerabzug. Kinder- und Betreuungsfreibetrag werden für den Abzug von LSt idR nicht mehr berücksichtigt (s auch § 38b Rz 2; ebenfalls nicht bei § 40, s BFH VI R 48/03 BStBl II 07, 844). Etwas anderes gilt ledigl für **Auslandskinder,** für die kein KiGeld gezahlt wird (§ 39a I Nr 6; s auch § 39a Rz 6, 100

§ 62 Rz 8). Darüber hinaus werden die Freibeträge nach § 51a für ZuschlagSt **(KiSt** und **SolZ)** angesetzt, und zwar unabhängig von der Dauer des Berücksichtigungszeitraums mit dem Jahresbetrag (*Plenker* DB 96, 2095).

101 **5. Kindbedingte Vergünstigungen außerhalb des § 32.** Die folgenden Vorschriften gewähren weitere steuerl Vergünstigungen, soweit dem StPfl für ein Kind ein Freibetrag nach § 32 VI oder KiGeld zusteht: **§ 10 I Nr 2 Buchst b** (Vorsorgeaufwendungen), **Nr 3 S 2** (KV-Beträge) und **Nr 9** (Schulgeld), **§ 24b** (Entlastungsbetrag für Alleinerziehende; weitere Voraussetzung: Haushaltszugehörigkeit), **§ 33 III** (zumutbare Eigenbelastung), **§ 33a II** (auswärtige Unterbringung), **§ 33b V** (Behinderten- oder Hinterbliebenen-Pauschbetrag) sowie **§ 9 V EigZulG** (nur noch Altfälle, § 19 IX EigZulG; allerdings gilt nach dem neuen § 19 X EigZulG die Altersgrenze von 27 Jahren weiter). Da nur *ein* Freibetrag nach § 32 VI verlangt wird, genügt es, wenn der StPfl entweder den Kinder- oder den Betreuungsfreibetrag erhält; die Übertragung (Rz 83 ff) nur *eines* Freibetrags ist insoweit unschädl. **§ 10 I Nr 5** setzt (wie 9c aF, Kinderbetreuungskosten) ein Kind iSd § 32 I und Haushaltszugehörigkeit voraus. Schließl sind die Freibeträge nach § 32 VI bei den ZuschlagSt nach **§ 51a** zu berücksichtigen. – Für das **Elterngeld** definiert § 1 BEEG die Anspruchsberechtigung ohne Rückgriff auf § 32.

§ 32a Einkommensteuertarif

(1) *[Fassung VZ 2016]* [1]**Die tarifliche Einkommensteuer in den Veranlagungszeiträumen ab 2016 bemisst sich nach dem zu versteuernden Einkommen.** [2]**Sie beträgt vorbehaltlich der §§ 32b, 32d, 34, 34a, 34b und 34c jeweils in Euro für zu versteuernde Einkommen**

1. bis 8652 Euro (Grundfreibetrag): 0;
2. von 8653 Euro bis 13 669 Euro: (993,62 · y + 1400) · y;
3. von 13 670 Euro bis 53 665 Euro: (225,40 · z + 2397) · z + 952,48;
4. von 53 666 Euro bis 254 446 Euro: 0,42 · x – 8394,14;
5. von 254 447 Euro an: 0,45 · x – 16 027,52.

[3]**Die Größe „y" ist ein Zehntausendstel des den Grundfreibetrag übersteigenden Teils des auf einen vollen Euro-Betrag abgerundeten zu versteuernden Einkommens.** [4]**Die Größe „z" ist ein Zehntausendstel des 13 669 Euro übersteigenden Teils des auf einen vollen Euro-Betrag abgerundeten zu versteuernden Einkommens.** [5]**Die Größe „x" ist das auf einen vollen Euro-Betrag abgerundete zu versteuernde Einkommen.** [6]**Der sich ergebende Steuerbetrag ist auf den nächsten vollen Euro-Betrag abzurunden.**

(1) *[Fassung VZ 2015]* [1]**Die tarifliche Einkommensteuer im Veranlagungszeitraum 2015 bemisst sich nach dem zu versteuernden Einkommen.** [2]**Sie beträgt vorbehaltlich der §§ 32b, 32d, 34, 34a, 34b und 34c jeweils in Euro für zu versteuernde Einkommen**

1. bis 8472 Euro (Grundfreibetrag): 0;
2. von 8473 Euro bis 13 469 Euro: (997,6 . y + 1400) . y;
3. von 13 470 Euro bis 52 881 Euro: (228,74 . z + 2397) . z + 948,68;
4. von 52 882 Euro bis 250 730 Euro: 0,42 . x – 8261,29;
5. von 250 731 Euro an: 0,45 . x – 15 783,19.

[3]**Die Größe „y" ist ein Zehntausendstel des den Grundfreibetrag übersteigenden Teils des auf einen vollen Euro-Betrag abgerundeten zu versteuernden Einkommens.** [4]**Die Größe „z" ist ein Zehntausendstel des 13 469 Euro übersteigenden Teils des auf einen vollen Euro-Betrag abgerundeten zu versteuernden Einkommens.** [5]**Die Größe „x" ist das auf einen vollen Euro-Betrag abgerundete zu versteuernde Einkommen.** [6]**Der sich ergebende Steuerbetrag ist auf den nächsten vollen Euro-Betrag abzurunden.**

(2) bis (4) *(weggefallen)*

(5) **Bei Ehegatten, die nach den §§ 26, 26b zusammen zur Einkommensteuer veranlagt werden, beträgt die tarifliche Einkommensteuer vorbehaltlich der §§ 32b, 32d, 34, 34a, 34b und 34c das Zweifache des Steuerbetrags, der sich für die Hälfte ihres gemeinsam zu versteuernden Einkommens nach Absatz 1 ergibt (Splitting-Verfahren).**

(6) [1] **Das Verfahren nach Absatz 5 ist auch anzuwenden zur Berechnung der tariflichen Einkommensteuer für das zu versteuernde Einkommen**

1. bei einem verwitweten Steuerpflichtigen für den Veranlagungszeitraum, der dem Kalenderjahr folgt, in dem der Ehegatte verstorben ist, wenn der Steuerpflichtige und sein verstorbener Ehegatte im Zeitpunkt seines Todes die Voraussetzungen des § 26 Absatz 1 Satz 1 erfüllt haben,

2. bei einem Steuerpflichtigen, dessen Ehe in dem Kalenderjahr, in dem er sein Einkommen bezogen hat, aufgelöst worden ist, wenn in diesem Kalenderjahr

a) der Steuerpflichtige und sein bisheriger Ehegatte die Voraussetzungen des § 26 Absatz 1 Satz 1 erfüllt haben,

b) der bisherige Ehegatte wieder geheiratet hat und

c) der bisherige Ehegatte und dessen neuer Ehegatte ebenfalls die Voraussetzungen des § 26 Absatz 1 Satz 1 erfüllen.

[2] **Voraussetzung für die Anwendung des Satzes 1 ist, dass der Steuerpflichtige nicht nach den §§ 26, 26a einzeln zur Einkommensteuer veranlagt wird.**

Einkommensteuer-Richtlinien: EStH 32a

Übersicht

Schrifttum (allg): bis 2014 s 34. Aufl. – *Djanani/Grossmann* StuW 15, 33 (Kalte Progression aufgrund fehlender Inflationskorrektur); *Maiterth/Chirvi* StuW 15, 19 (Ehegattensplitting aus Sicht der Steuerwissenschaft).

1. Bedeutung; Aufbau. § 32a legt die Höhe des **Grundfreibetrags** fest, mit 1 dem das sächl Existenzminimum des StPfl von der ESt freigestellt wird, und regelt die **Ermittlung der tarifl ESt** ausgehend von der Bemessungsgrundlage des zu versteuernden Einkommens iSd § 2 V 1. – **§ 32a I** enthält die Formeln zur Berechnung der tarifl ESt nach dem Grundtarif. **§ 32a V, VI** legen fest, wie und unter welchen Voraussetzungen die tarifl ESt nach dem Splitting-Tarif zu ermitteln ist.

2. Persönl Anwendungsbereich. Der Tarif des § 32a gilt uneingeschränkt nur 2 für **unbeschr StPfl** (§ 1 I bis III, § 1a). Die Veranlagung **beschr StPfl** erfolgt ohne Berücksichtigung des Grundfreibetrags (s § 50 Rz 11; BVerfG 2 BvR 1178/07 IStR 2010, 327; FG BaWü EStG 12, 1932, rkr, mwN: vereinbar mit Verfassungs- und Unionsrecht) und des Ehegattensplittings (§§ 26, 50 I 3; s jetzt aber EuGH C-425/11 BStBl II 13, 896: Splittingtarif auch für deutschen Grenzgänger mit Wohnsitz in der Schweiz, mit Anm *Sunde* IStR 13, 568; vgl auch § 25 Rz 12). Zur Steuerberechnung bei fiktiv unbeschr StPfl s § 1a Rz 15 ff und speziell zur Ehegattenveranlagung § 1a Rz 20 ff mwN.

3. Neuere Rechtsentwicklung; zeitl Anwendungsbereich. Mit Gesetz 3 vom 16.7.15 (BGBl I 15, 1202) ist der Grundfreibetrag **für VZ 2015 auf 8472 €**

und **für VZ 2016 auf 8652 €** angehoben worden; damit werden die Vorgaben des 10. Existenzminimumberichts umgesetzt (Rz 4). Zum Ausgleich der für die Jahre 2014 und 2015 eingetretenen „kalten Progression" sind die übrigen Tarifeckwerte ab VZ 2016 **um 1,482 % nach rechts** verschoben worden. Die sich daraus für die StPfl ergebenden Entlastungen betragen zwischen 26 € und 260 € (s iEinz *Hechtner* NWB 15, 1755; zu weiteren Aspekten der „kalten Progression" s *Djanani/Grossmann* StuW 15, 33). Der Eingangssteuersatz beträgt weiterhin 14 %, der Spitzensteuersatz 45 %. S iÜ 34. Aufl und *Blümich* Rz 7 ff.

4 **4. Verfassungsmäßigkeit.** § 32a ist verfgemäß: Die konkrete Ausgestaltung des EStTarifs ist eine politische Entscheidung, die sich weitgehend richterl Kontrolle entzieht (BVerfG 2 BvL 2/99 BVerfGE 116, 164 mwN). Im Hinblick auf die Privatnützigkeit des Einkommens muss nur gewährleistet sein, dass auch im oberen Bereich des Tarifs dem StPfl „nach Abzug der Steuerbelastung ein (absolut und im Vergleich zu anderen Einkommensgruppen betrachtet) hohes, frei verfügbares Einkommen bleibt" (BVerfG aaO). Dabei wird die Intensität der Steuerbelastung nicht allein durch die Höhe des Steuersatzes bestimmt, sondern durch das Zusammenspiel von **Steuersatz *und* Bemessungsgrundlage** (BVerfG 2 BvR 2194/99 BVerfGE 115, 97). Eine allg verbindl, absolute Belastungsobergrenze in der Nähe einer hälftigen Teilung lässt sich aus Art 14 I 1 GG nicht herleiten (**kein Halbteilungsgrundsatz,** BVerfG aaO; so bereits BFH XI R 77/97 BStBl II 99, 771; s auch *HHR* Rz 9 mwN). – Die **Grundfreibeträge** müssen das Existenzminimum des StPfl und seiner Familie abdecken (BVerfG 2 BvR 5, 8, 14/91 BStBl II 93, 413). Ihre Höhe richtet sich danach, was der Staat Bedürftigen an Sozialhilfe zur Verfügung stellt (s auch § 32 Rz 4). Eine Toleranzgrenze von 15 vH ist nach BVerfG 2 BvL 42/93 (BStBl II 99, 174) *nicht* mehr gestattet. Der **10. Existenzminimumbericht** der BReg v 30.1.2015 (BT-Drs 18/3893) kommt zu dem Ergebnis, dass das stfrei zu stellende sächl Existenzminimum eines allein stehenden Erwachsenen 8472 € für 2015 und 8652 € für 2016 beträgt und das eines Ehepaares 14 472 € (für 2016). Die für 2015 und 2016 geltenden Grundfreibeträge entsprechen damit den verfrechtl Anforderungen. – Zur Gleichstellung **eingetragener LPart** s Rz 9 und § 2 Rz 71 ff.

Zur VerfMäßigkeit des Grundfreibetrags für VZ 2005 ist ein **Verfahren vor dem BVerfG** anhängig (BFH X R 34/07 BStBl II 10, 414: verfgemäß, VerfBeschw 2 BvR 288/10); weitere Verfahren sind ausgesetzt: für VZ 2000 bis 2004: FG SchlHol EFG 09, 485, Rev III R 1/09; FG Hbg EFG 10, 109, Rev X R 38/09; für VZ 2006: BFH X B 48/11 BFH/NV 13, 532; für VZ 2011: BFH III B 74/13 BFH/NV 14, 1032. Die FÄ veranlagen insoweit **vorläufig,** s *BMF* BStBl I 15, 786, Nr 7 (alle VZ ab 2001). Zum Existenzminimum von Kindern s § 32 Rz 4. – Weitere Nachweise s 34. Aufl Rz 4.

5 **5. Verhältnis zu anderen Vorschriften.** Da § 32a an das zu versteuernde Einkommen anknüpft, müssen vor Ermittlung der tarifl ESt zunächst die Bestimmungen zur Ermittlung der Bemessungsgrundlage nach **§§ 32, 33 bis 33b** berücksichtigt werden (§ 2 IV, V); ab VZ 2009 ist **§ 2 Vb** zu beachten (s § 2 Rz 64). Durch die besonderen Steuersätze der **§§ 32b, 32d, 34, 34a, 34b, 34c V** wird § 32a verdrängt (§ 32a I 2), ebenso durch **§§ 50a II;** durch **§ 50 I 2** wird § 32a modifiziert. Die **§§ 32c (nur VZ 2007), 34c I, 34e, 34f, 34g und 35** ermäßigen (ggf) die tarifl ESt, während **§ 31 S 4** sie erhöht; diese Regelungen schließen sich also ihrerseits an die Berechnung nach § 32a an. Zum Verhältnis der §§ 32a, 32b zu § 34 vgl auch BFH VI R 44/07 BStBl II 11, 21.

Zu **§ 10d** s BFH IX B 207/08 BFH/NV 09, 920, mwN (Verlustvortrag bei Einkommen unterhalb des Grundfreibetrags). Zu **§§ 50, 50a aF** s BFH I R 87/03, BStBl II 08, 22 (VerfBeschw nicht angenommen) und BFH I B 90/08, BFH/NV 09, 393.

8 **6. Aufbau des Tarifs; Bemessungsgrundlage, § 32a I.** Seit VZ 2007 gilt ein linear-progressiver EStTarif mit 5 Tarifzonen. Ausgangsgröße der Berechnung ist das auf den vollen Eurobetrag abgerundete **zu versteuernde Einkommen** nach § 2 V 1 (§ 32a I 3 bis 5). Der sich ergebende Steuerbetrag ist ebenfalls auf

den nächsten vollen Eurobetrag abzurunden (§ 32a I 6). Die EStTabellen wurden ab VZ 2001 abgeschafft. – Die fünf Tarifzonen sind ab VZ 2016 wie folgt aufgebaut (Angaben gerundet):

- **Nullzone** (§ 32a I 2 Nr 1): Für Einkommen bis zur Höhe des **Grundfreibetrags** von **8652 €** beträgt die ESt 0 €;
- **untere Progressionszone** (§ 32a I 2 Nr 2): Einkommen von **8653 €** bis **13 669 €** unterliegen einem linear steigenden Grenzsteuersatz von 14% bis 24% (linear-progressiver Tarif); der Durchschnittssteuersatz steigt von 0% auf 7%;
- **obere Progressionszone** (§ 32a I 2 Nr 3): Einkommen von 13 670 € bis 53 665 € unterliegen einem ebenfalls linear ansteigenden Grenzsteuersatz von 24% bis 42%; der Durchschnittssteuersatz steigt von 7% auf 26%;
- **untere Proportionalzone** (§ 32a I 2 Nr 4): Für Einkommen von **53 666 €** bis **254 446 €** gilt ein konstanter Grenzsteuersatz von 42% (linearer Tarif); der Durchschnittssteuersatz steigt von 26% auf 39%;
- **obere Proportionalzone** (§ 32a I 2 Nr 5): Für Einkommen ab **254 447 €** gilt ein konstanter Grenzsteuersatz von 45%; der Durchschnittssteuersatz strebt von 39% gegen 45%.

Beispiel (VZ 2016): Bei einem zu versteuernden Einkommen von 45 000 € wird die ESt nach § 32a I 2 Nr 3 ermittelt. Der Wert „z" beträgt gem § 32a I 4: (45 000 € - 13 669 €) / 10 000 = 3,1331. Die tarifl ESt beträgt: (225,40 × 3,1331 + 2397) × 3,1331 + 952,48 = 10 675 €. Das ergibt einen Durchschnittssteuersatz von 24% bei einem Grenzsteuersatz von 38% (dh: steigt das Einkommen um 1 €, erhöht sich die ESt rechnerisch um 0,38€). – Zu anderen **Tarifmodellen** s *Blümich* § 32 Rz 4 ff.

7. Splittingverfahren, § 32a V. – a) Zusammenveranlagung. Voraussetzung für die Anwendung des Splittingtarifs ist die Zusammenveranlagung nach 9
§§ 26, 26b (s § 26 Rz 13 ff). Der Splittingtarif geht idealtypisch von einer intakten Ehe bzw. Partnerschaft aus, in der beide Ehegatten/LPart an den Einkünften und Lasten des anderen zur Hälfte teilhaben. Die Sondertarifvorschriften der §§ 32b, 34, 34b und 34c sind auch hier vorrangig zu beachten. – **Alleinerziehende** haben keinen Anspruch auf den Splittingtarif (BFH III B 2/13 BFH/NV 13, 1406; FG Nds EFG 15, 130, Rev III R 36/14; krit *Kanzler* NWB 14, 549, insb zu verwitweten Alleinerziehenden).

Nach bislang geltendem Recht konnten Partner **eheähnl Lebensgemeinschaften** nicht zusammenveranlagt werden; eine Anwendung des Splittingtarifs war ausgeschlossen. Zur Entwicklung der Rspr und zur Kritik der bisherigen Rechtslage s 32. Aufl. – Das BVerfG hat den **Ausschluss eingetragener LPart** für **verfwidrig** erklärt (BVerfG 2 BvR 909/06 DStR 13, 1228). Der Gesetzgeber hat daraufhin rückwirkend mit **§ 2 VIII** Lebenspartnerschaften mit der Ehe vollständig gleichgestellt (s § 2 Rz 71 ff).

b) Bedeutung. Das BVerfG betrachtet Ehegatten und LPart als Erwerbsgemeinschaft (BVerfG 2 BvR 909/06 DStR 13, 1228, Rz 94f) und das Ehegattensplitting dementspr nicht als Vergünstigung, sondern wegen der Teilhabe beider Ehegatten/LPart am Einkommen zutr als Ausformung des Leistungsfähigkeitsprinzips (*Homburg* StuW 00, 261; *Scherf* StuW 00, 269). 10

Zur Diskussion um die Ersetzung des Ehegatten-Splitting durch ein Familien-Splitting s *Maiterth/Chirvi* StuW 15, 19; *Leisner-Egensperger* FS P. Kirchhof, S 1903 (1909); *Jachmann* DB 08, 591; *dies* FR 10, 123; *Winhard,* DStR 06, 1729; ferner BFH III B 115/10 BFH/NV 12, 942 und BFH III B 2/13 BFH/NV 13, 1406 (Familiensplitting iSd grds Berücksichtigung von Unterhaltslasten in tatsächl Höhe verfrechtl nicht geboten). Zur Ehe als Unterhaltsgemeinschaft s *Lang* StRO II (2. Aufl), S 813 ff mwN.

c) Wirkung. Im Splitting-Verfahren wird zunächst das gemeinsam zu versteu- 11
ernde Einkommen der Ehegatten/LPart (§ 26b) halbiert. Sodann wird für diesen Betrag die tarifl ESt nach Maßgabe des § 32a I ermittelt und der sich daraus ergebende StBetrag verdoppelt. Sind die Einkommen beider Ehegatten/LPart gleich hoch, ergibt sich durch das Splitting-Verfahren kein Vorteil ggü dem regulären Tarif bei getrennter Veranlagung. Bei unterschiedl hohen Einkommen der Ehegat-

ten/LPart tritt regelmäßig eine StEntlastung ein, die umso größer ist, je weiter die Einkommen beider Ehegatten/LPart voneinander differieren. IdR ist die Zusammenveranlagung günstiger als die getrennte (s § 26 Rz 18). Zu § 35 s dort, Rz 55.

Beispiel (VZ 2016): Bei einem gemeinsam zu versteuernden Einkommen der Ehegatten/LPart von 50 000 € erfolgt die Steuerberechnung auf der Grundlage eines Betrags von (50 000 € / 2 =) 25 000 € und richtet sich daher nach § 32a I 2 Nr 3. Der Wert „z" beträgt gem § 32a I 4: (25 000 € - 13 669 €) / 10 000 = 1,1331. Die tarifl ESt beträgt das Zweifache von: (225,40 × 1,1331 + 2397) × 1,1331 = 3957 €, also 7914 € (Durchschnittssteuersatz: 15,83 %). – Zum Vergleich: Die ESt auf 50 000 € beliefe sich ohne Splittingtarif auf 12 636 € (Durchschnittssteuersatz: 25,27 %).

14 **8. Erweiterte Anwendung des Splittingverfahrens, § 32a VI. – a) Verwitwetensplitting, § 32a VI 1 Nr 1.** Stirbt ein Ehegatte/LPart, sollen für das Todesjahr und das folgende Jahr die Härten gemildert werden, die in dem Übergang vom Splitting-Verfahren zur Besteuerung nach dem Grundtarif liegen („Gnadensplitting"; s auch § 26 Rz 14; krit *HHR* Rz 32 mwN). Im *Zeitpunkt des Todes* dürfen die Ehegatten/LPart nicht getrennt gelebt haben (s auch BFH VI R 55/97 BStBl II 98, 350). S auch EStH 32a.

Es kommt nach dem Wortlaut des § 32a VI 1 Nr 1 nicht darauf an, ob für das Todesjahr Zusammenveranlagung gewählt worden ist. Die besondere Veranlagung nach § 26c aF schließt den Splittingtarif nicht aus (§ 26c Rz 5). Zu Heirat/Verpartnerung des überlebenden Ehegatte/LPart im Todesjahr und Scheidung im gleichen Jahr s EStH 32a: Verwitwetenstatus lebt wieder auf; BFH VI 78/62 U BStBl III 65, 590. – Zum Entlastungsbetrag für (verwitwete) **Alleinerziehende** s § 39a Rz 8.

15 **b) Splitting nach Auflösung der Ehe/LPart, § 32a VI 1 Nr 2.** Ist eine Ehe/LPart aufgelöst worden (Tod, Scheidung, Aufhebung, Nichtigkeitserklärung etc), ist das Splitting-Verfahren unter den in § 32a VI 1 Nr 2 genannten Voraussetzungen im Jahr der Auflösung ebenfalls anzuwenden.

16 **c) Einzelveranlagung, § 32a VI 2.** Wird der StPfl einzeln veranlagt, schließt das den Splittingvorteil aus; für eine Veranlagung nach § 26c II aF galt das nicht (s auch *Kübler* DStZ 92, 400).

§ 32b Progressionsvorbehalt

(1) [1]**Hat ein zeitweise oder während des gesamten Veranlagungszeitraums unbeschränkt Steuerpflichtiger oder ein beschränkt Steuerpflichtiger, auf den § 50 Absatz 2 Satz 2 Nummer 4 Anwendung findet,**

1. a) **Arbeitslosengeld, Teilarbeitslosengeld, Zuschüsse zum Arbeitsentgelt, Kurzarbeitergeld, Insolvenzgeld, Übergangsgeld nach dem Dritten Buch Sozialgesetzbuch; Insolvenzgeld, das nach § 170 Absatz 1 des Dritten Buches Sozialgesetzbuch einem Dritten zusteht, ist dem Arbeitnehmer zuzurechnen,**
   b) **Krankengeld, Mutterschaftsgeld, Verletztengeld, Übergangsgeld oder vergleichbare Lohnersatzleistungen nach dem Fünften, Sechsten oder Siebten Buch Sozialgesetzbuch, der Reichsversicherungsordnung, dem Gesetz über die Krankenversicherung der Landwirte oder dem Zweiten Gesetz über die Krankenversicherung der Landwirte,**
   c) **Mutterschaftsgeld, Zuschuss zum Mutterschaftsgeld, die Sonderunterstützung nach dem Mutterschutzgesetz sowie den Zuschuss bei Beschäftigungsverboten für die Zeit vor oder nach einer Entbindung sowie für den Entbindungstag während einer Elternzeit nach beamtenrechtlichen Vorschriften,**
   d) **Arbeitslosenbeihilfe nach dem Soldatenversorgungsgesetz,**
   e) **Entschädigungen für Verdienstausfall nach dem Infektionsschutzgesetz vom 20. Juli 2000 (BGBl. I S. 1045),**

f) Versorgungskrankengeld oder Übergangsgeld nach dem Bundesversorgungsgesetz,
g) nach § 3 Nummer 28 steuerfreie Aufstockungsbeträge oder Zuschläge,
h) Leistungen an Nichtselbständige nach § 6 des Unterhaltssicherungsgesetzes,
i) *(weggefallen)*
j) Elterngeld nach dem Bundeselterngeld- und Elternzeitgesetz,
k) nach § 3 Nummer 2 Buchstabe e steuerfreie Leistungen, wenn vergleichbare Leistungen inländischer öffentlicher Kassen nach den Buchstaben a bis j dem Progressionsvorbehalt unterfallen, oder

2. ausländische Einkünfte, die im Veranlagungszeitraum nicht der deutschen Einkommensteuer unterlegen haben; dies gilt nur für Fälle der zeitweisen unbeschränkten Steuerpflicht einschließlich der in § 2 Absatz 7 Satz 3 geregelten Fälle; ausgenommen sind Einkünfte, die nach einem sonstigen zwischenstaatlichen Übereinkommen im Sinne der Nummer 4 steuerfrei sind und die nach diesem Übereinkommen nicht unter dem Vorbehalt der Einbeziehung bei der Berechnung der Einkommensteuer stehen,
3. Einkünfte, die nach einem Abkommen zur Vermeidung der Doppelbesteuerung steuerfrei sind,
4. Einkünfte, die nach einem sonstigen zwischenstaatlichen Übereinkommen unter dem Vorbehalt der Einbeziehung bei der Berechnung der Einkommensteuer steuerfrei sind,
5. Einkünfte, die bei Anwendung von § 1 Absatz 3 oder § 1a oder § 50 Absatz 2 Satz 2 Nummer 4 im Veranlagungszeitraum bei der Ermittlung des zu versteuernden Einkommens unberücksichtigt bleiben, weil sie nicht der deutschen Einkommensteuer oder einem Steuerabzug unterliegen; ausgenommen sind Einkünfte, die nach einem sonstigen zwischenstaatlichen Übereinkommen im Sinne der Nummer 4 steuerfrei sind und die nach diesem Übereinkommen nicht unter dem Vorbehalt der Einbeziehung bei der Berechnung der Einkommensteuer stehen,

bezogen, so ist auf das nach § 32a Absatz 1 zu versteuernde Einkommen ein besonderer Steuersatz anzuwenden. [2] Satz 1 Nummer 3 gilt nicht für Einkünfte

1. aus einer anderen als in einem Drittstaat belegenen land- und forstwirtschaftlichen Betriebsstätte,
2. aus einer anderen als in einem Drittstaat belegenen gewerblichen Betriebsstätte, die nicht die Voraussetzungen des § 2a Absatz 2 Satz 1 erfüllt,
3. aus der Vermietung oder der Verpachtung von unbeweglichem Vermögen oder von Sachinbegriffen, wenn diese in einem anderen Staat als in einem Drittstaat belegen sind, oder
4. aus der entgeltlichen Überlassung von Schiffen, sofern diese ausschließlich oder fast ausschließlich in einem anderen als einem Drittstaat eingesetzt worden sind, es sei denn, es handelt sich um Handelsschiffe, die
   a) von einem Vercharterer ausgerüstet überlassen oder
   b) an in einem anderen als in einem Drittstaat ansässige Ausrüster, die die Voraussetzungen des § 510 Absatz 1 des Handelsgesetzbuchs erfüllen, überlassen oder
   c) insgesamt nur vorübergehend an in einem Drittstaat ansässige Ausrüster, die die Voraussetzungen des § 510 Absatz 1 des Handelsgesetzbuchs erfüllen, überlassen

   worden sind, oder
5. aus dem Ansatz des niedrigeren Teilwerts oder der Übertragung eines zu einem Betriebsvermögen gehörenden Wirtschaftsguts im Sinne der Nummern 3 und 4.

[3] § 2a Absatz 2a und § 15b sind sinngemäß anzuwenden.

(1a) **Als unmittelbar von einem unbeschränkt Steuerpflichtigen bezogene ausländische Einkünfte im Sinne des Absatzes 1 Nummer 3 gelten auch die ausländischen Einkünfte, die eine Organgesellschaft im Sinne des § 14 oder des § 17 des Körperschaftsteuergesetzes bezogen hat und die nach einem Abkommen zur Vermeidung der Doppelbesteuerung steuerfrei sind, in dem Verhältnis, in dem dem unbeschränkt Steuerpflichtigen das Einkommen der Organgesellschaft bezogen auf das gesamte Einkommen der Organgesellschaft im Veranlagungszeitraum zugerechnet wird.**

(2) [1]**Der besondere Steuersatz nach Absatz 1 ist der Steuersatz, der sich ergibt, wenn bei der Berechnung der Einkommensteuer das nach § 32a Absatz 1 zu versteuernde Einkommen vermehrt oder vermindert wird um**
1. **im Fall des Absatzes 1 Nummer 1 die Summe der Leistungen nach Abzug des Arbeitnehmer-Pauschbetrags (§ 9a Satz 1 Nummer 1), soweit er nicht bei der Ermittlung der Einkünfte aus nichtselbständiger Arbeit abziehbar ist;**
2. **im Fall des Absatzes 1 Nummer 2 bis 5 die dort bezeichneten Einkünfte, wobei die darin enthaltenen außerordentlichen Einkünfte mit einem Fünftel zu berücksichtigen sind.** [2]**Bei der Ermittlung der Einkünfte im Fall des Absatzes 1 Nummer 2 bis 5**
   a) **ist der Arbeitnehmer-Pauschbetrag (§ 9a Satz 1 Nummer 1 Buchstabe a) abzuziehen, soweit er nicht bei der Ermittlung der Einkünfte aus nichtselbständiger Arbeit abziehbar ist;**
   b) **sind Werbungskosten nur insoweit abzuziehen, als sie zusammen mit den bei der Ermittlung der Einkünfte aus nichtselbständiger Arbeit abziehbaren Werbungskosten den Arbeitnehmer-Pauschbetrag (§ 9a Satz 1 Nummer 1 Buchstabe a) übersteigen;**
   c) **sind bei Gewinnermittlung nach § 4 Absatz 3 die Anschaffungs- oder Herstellungskosten für Wirtschaftsgüter des Umlaufvermögens im Zeitpunkt des Zuflusses des Veräußerungserlöses oder bei Entnahme im Zeitpunkt der Entnahme als Betriebsausgaben zu berücksichtigen.** [2]**§ 4 Absatz 3 Satz 5 gilt entsprechend.**

(3)* [1]**Die Träger der Sozialleistungen im Sinne des Absatzes 1 Nummer 1 haben die Daten über die im Kalenderjahr gewährten Leistungen sowie die Dauer des Leistungszeitraums für jeden Empfänger bis zum 28. Februar des Folgejahres nach amtlich vorgeschriebenem Datensatz durch amtlich bestimmte Datenfernübertragung zu übermitteln, soweit die Leistungen nicht auf der Lohnsteuerbescheinigung (§ 41b Absatz 1 Satz 2 Nummer 5) auszuweisen sind; § 41b Absatz 2 und § 22a Absatz 2 gelten entsprechend.** [2]**Der Empfänger der Leistungen ist entsprechend zu informieren und auf die steuerliche Behandlung dieser Leistungen und seine Steuererklärungspflicht hinzuweisen.** [3]**In den Fällen des § 170 Absatz 1 des Dritten Buches Sozialgesetzbuch ist Empfänger des an Dritte ausgezahlten Insolvenzgeldes der Arbeitnehmer, der seinen Arbeitsentgeltanspruch übertragen hat.**

Einkommensteuer/Lohnsteuer-Richtlinien: EStR 32b/EStH 32b; LStH 32b

Übersicht

* § 32b III soll an die geplante zentrale Datenübermittlungsregelung § 93c AO angepasst werden (§ 32b III–V idF Gesetzesentwurf zur Modernisierung des Besteuerungsverfahrens).

1. Sinn und Zweck von § 32b; Tarifprogression. Die ESt bemisst sich ab einer bestimmten Höhe des zu versteuernden Einkommens (Proportionalzone) nach einem progressiven StTarif (s § 32a Rz 8). Bleiben daher bestimmte Einkünfte bei der Besteuerung außer Ansatz, bewirkt das nicht nur den StAusfall für *diese* Einkünfte, sondern darüber hinaus die Anwendung eines niedrigeren StSatzes auf die *übrigen* Einkünfte. (Nur) diese weitere Folge soll über § 32b ausgeschlossen werden, um die Besteuerung nach Leistungsfähigkeit sicherzustellen (BFH VI R 19/84 BStBl II 87, 856). Der StSatz für die übrigen (stpfl) Einkünfte wird so bemessen „wie wenn die … steuerbefreiten Einkünfte die Steuer iRd inl unbeschr StPflicht getragen hätten" (BFH I R 146/68 BStBl II 70, 755 zu DBA). Es erfolgt eine Veranlagung (nur) mit den stpfl Einkünften nach der fiktiven prozentualen StBelastung, die sich unter Einbeziehung der stfreien Einkünfte ergäbe (BFH I R 151/78 BStBl II 82, 566 unter 2). Das gilt auch für zu versteuernde Einkommen über 0 (sonst keine Auswirkung) unter dem **Grundfreibetrag** des § 32a I 2 (keine sachl StBefreiung, vgl Wortlaut des § 32a I 2; glA zu § 32b I Nr 1 BFH III R 50/00 BStBl II 01, 778 sowie Rspr 20. Aufl; Bedenken zu § 32b I Nr 3 nach EuGH Rs C-168/11 DStR 13, 518 zu § 34c s *Ismer* IStR 13, 297). Eine ähnl Vorschrift enthält der Auslandstätigkeitserlass (s § 34c V mit Rz 23). 1

2. Allgemeine Berechnungsgrundsätze, § 32b II. – a) Steuersatzberechnung. Es erfolgt eine **2-Stufen-Berechnung** (zu versteuerndes Einkommen für die Veranlagung; Einbeziehung des stfreien Einkommens zur StSatzerhöhung). Die Auswirkungen beschränken sich auf die Veranlagung im jeweiligen VZ (Wegfall der früheren Schattenveranlagung s Einleitungssatz § 32b II ab 1996, 32. Aufl). Der **Hinweis auf § 32a** in § 32b II soll klarstellen, dass die Berechnung des durchschnittl StSatzes nach der tarifl ESt ohne StEermäßigungen nach §§ 34c–35b erfolgt. **Einzelheiten** zu § 32b II Nr 1, 2s Rz 24ff, 42 ff. – **Tabelle** s Rz 29. 2

b) Ermittlung der stfreien Einkünfte/Leistungen. – aa) Begriff Einkünfte. Nach § 32b II ist das zu versteuernde Einkommen rechnerisch zu vermehren oder zu vermindern um stfreie Leistungen (= Einnahmen) nach § 32b I 1 Nr 1 und um stfreie Einkünfte nach § 32b I Nr 2–5 (s Rz 13). „Einkünfte" sind solche iSv § 2 II (BFH I B 73/01 BFH/NV 02, 1295), dh im Inl stbare Einnahmen/BE abzügl WK/BA, ohne Abzug von SA (vgl BFH X R 15/09 BStBl II 12, 325) oder ausl ESt (FG Mchn EFG 05, 117, rkr); s auch Rz 33. Sie sind ohne ausdrückl abw DBA-Regelung nach Art, Höhe, persönl und sachl Zurechnung nach **dt Recht** zu ermitteln (zB BFH I R 59/05 BStBl II 07, 75; BFH I R 61/13, nv; BFH I R 62/13, DStR 16, 113), bei beschr StPfl ggf nach §§ 49ff (vgl zur Gewinnermittlungsart BFH I R 32/90 BStBl II 92, 94). Gewinnaufteilung und BA-Zurechnung bei ausl Betriebsstätten erfolgt nach wirtschaftl Zusammenhang (entspr § 34d Rz 4, § 50 Rz 29ff). 3

bb) Steuerfreiheit bzw fehlende inl Steuerbarkeit. S Rz 1, 13, 33. 4

cc) Außerordentl Einkünfte, § 32b II Nr 2 S 1. § 32b II Nr 2 zieht ao Einkünfte iSv § 32b I 1 Nr 2–5, § 34 in Anlehnung an die Verteilung nach § 34 I mit einem Fünftel in den Progressionsvorbehalt ein. Grds sind Progressionseinkünfte bei der StSatzBerechnung nach § 34 I erhöhend zu berücksichtigen (BFH IX R 5

93/07 BStBl II 10, 1032 mit Anm 32. Aufl). **Grenze:** Wenn das nach § 34 I 2, 3 „verbleibende zu versteuernde Einkommen" negativ ist, sind die dem Progressionsvorbehalt unterliegenden Bezüge nur bis zu einem positiven Differenzbetrag zu berücksichtigen. **Grund:** Es darf keine höhere StBelastung entstehen als bei angenommener StPfl der Progressionseinkünfte (BFH IX R 23/11 BStBl II 13, 375; 32. Aufl mwN; EStH 34.2 Beispiel 4, § 34 Rz 56). **Verluste** sind entspr § 34 nicht als ao Einkünfte zu fünfteln (BFH I R 34/11 BStBl II 12, 405 mwN; str, s *Kempermann* FR 12, 536).

6 **c) Verluste/negativer Progressionsvorbehalt.** Einkünfte iSv § 2 können positiv oder negativ sein. Verluste beeinflussen zwar bei Besteuerungsrecht des anderen Staates nicht das zu versteuernde Einkommen (§ 2a Rz 1, 46). Sie können jedoch den StSatz der inl Einkünfte mindern, der auf Grund des (hier negativen) Progressionsvorbehalts bis auf Null sinken kann (Wortlaut § 32b II, s auch BFH I R 109/68 BStBl II 70, 660; zu vorab entstandenen WK/BA s Rz 2). § 10d ist nicht (mehr) anwendbar (s Rz 7). **Voraussetzung** ist nur, dass der Verlustabzug nicht gesetzl ausgeschlossen ist (zB durch §§ 2a I, II, 15 IV, 15a, b, soweit diese Vorschriften anwendbar sind; s BFH I R 35/10 BStBl II 11, 494 zu § 2a). **EG-Verluste** s EuGH-Rspr 31. Aufl sowie *Gesetzesänderungen* § 32b I 1 Nr 5 (Rz 38) und § 32b I 1 Nr 3 und I S 2, 3 (Rz 34, 45).

10 **3. Allg Verfahrensfragen; Veranlagung.** Während der Progressionsvorbehalt früher schon beim LStJA berücksichtigt werden konnte, geschieht dies nun auch bei ArbN ausschließl durch für diese Fälle (über 410 € hinaus) vorgeschriebene **Veranlagung gem § 46 II Nr 1** bzw bei negativem Vorbehalt über einen – nunmehr unbefristeten – Veranlagungsantrag nach **§ 46 II Nr 8.** Der ArbG hat von ihm ausbezahlte Leistungen iSv § 32b I auf dem Lohnkonto/der LStKarte gesondert aufzuzeichnen. Die übrigen Leistungen ergeben sich idR aus Bescheinigungen/Fernübertragung des Leistungsträgers (§ 32b III, s Rz 27, 28).

12 **4. Persönl Anwendungsbereich, § 32b I 1 (Einleitungs-HS).** Der Progressionsvorbehalt gilt für alle im VZ ganz oder zeitweise nach § 1 I – III bzw § 2 VII 3 **unbeschr StPfl** sowie für bestimmte im Inl veranlagte **beschr stpfl ArbN** iSv § 50 II 2 Nr 4 (nicht jedoch für veranlagte beschr stpfl Gewerbetreibende nach § 50 II 2 Nr 1). Grund: Weitergewährung des Grundfreibetrags nur für ArbN, § 50 I 2; s Rz 37. Unbeschr StPfl entsteht idR durch Inlandswohnsitz, auch in einem Teil des VZ (§ 2 VII 3, Rz 30). **Doppelwohnsitz** genügt nach neuerer Rspr; die Ansässigkeit ist unerhebl (BFH I R 63/00 BStBl II 03, 302: § 32b I 1 Nr 3 greift auch für Zeitabschnitte ohne Inlandsansässigkeit; s auch Rz 30). Bei Zusammenveranlagung ist § 32b auf das Gesamteinkommen anzuwenden (BFH I R 121/79 BStBl II 83, 34). § 32b gilt grds nicht für **KSt-Pflichtige** (hM, fixer StTarif ohne Progression), wohl aber für inl **Pers Ges'ter** einer AuslandsGes vom Typ einer dt PersGes (BFH I R 110/05 BStBl II 07, 521: Stfreie Gewinne sind den Ges'tern unabhängig von der Auslandseinordnung als juristische Person und unabhängig von einer Ausschüttung zuzuordnen, ggf durch Feststellungsbescheid, § 180 V Nr 1 AO, BFH I R 75/14 BFH/NV 15, 1687). Organschaftseinkünfte s § 32b Ia, Rz 40.

13 **5. Sachl und zeitl Anwendungsbereich (Überblick), § 32b I, Ia.** § 32b I enthält keinen allg Progressionsvorbehalt für alle stfreien Bezüge, sondern bildet nur für die dort näher bezeichneten Leistungen/Einkünfte eine (deklaratorische oder konstitutive) Rechtsgrundlage, um diese in die Berechnung des StSatzes einzubeziehen (zB BFH I R 80/98 BFH/NV 00, 832). Die Vorschrift umfasst mehrere unsystematisch aufgebaute, sich zT überschneidende unterschiedl Fallgruppen: § 32b gilt für stfreie Leistungen nach § 32b I 1 Nr 1 und für im Inl stfreie oder nicht stbare Einkünfte iSv § 32b I 1 Nr 2–5. Bei StFreiheit nach beiden Vorschriften gilt die weitergehende Befreiung (s Rz 22).

6. Steuerfreie Sozialleistungen, § 32b I 1 Nr 1, II Nr 1, III. – a) Rechtsentwicklung. Zur Sicherstellung der Besteuerung nach der Leistungsfähigkeit (s Rz 1) nimmt der Gesetzgeber seit 1982 aus Gleichbehandlungsgründen zunehmend nach § 3 stfreie Sozialleistungen in die StSatzberechnung auf. Dies ist verfgemäß (BFH VI B 199/04 BFH/NV 05, 2002; BVerfG BStBl II 95, 758). Lfd Änderungen passen § 32b an die Änderungen von § 3 an, vor allem zur Einbeziehung ausl EU-Leistungen (§ 32b I 1 Buchst k/§ 3 Nr 2 Buchst e). 20

b) Leistungen iSv § 32b I 1 Nr 1. Die sachl Aufzählung in § 32b I 1 Nr 1 ist *abschließend,* so dass etwa nach BFH stfreie **Streikunterstützungen** bislang nicht betroffen sind (bedenkl); s auch Rz 23 „Krankengeld". § 32b Nr 1 erfasst stbare, aber nach inl Recht (idR § 3) stfreie Einnahmen iSv §§ 18, 19 oder § 22 Nr 1 (Bruttoansatz, s Rz 24). Zur Einbeziehung stfreier **ausl Leistungen** vgl BFH I R 152/94 BStBl II 97, 358 zu französischer Invalidenrente: Die StFreiheit nach § 3 Nr 6 ist weitergehend und daher vorrangig vor DBA uä StFreiheit nach 32b I Nr 2–5, Leistungen nach § 3 Nr 6 fehlen in § 32b I Nr 1, daher kein Progressionsvorbehalt (s Rz 13). StFreiheit ausl EU-Lohnersatzleistungen nach § 3 Nr 2 Buchst e s § 32b I 1 Nr 1k. 22

Einzelne stfreie Leistungen iSv § 32b I 1 (s Gesetzeswortlaut und § 3): 23

Buchstabe a

- **Arbeitslosengeld** s §§ 136 ff, 162 SGB III (fragl §§ 19 ff SGB II Arbeitslosengeld II an Bedürftige). VerfMäßigkeit s BFH VI B 96/07 BFH/NV 09, 166. Zuschüsse zum Arbeitsentgelt (§ 417 SGB III aF) und Arbeitslosenhilfe (§ 190 ff SGB III aF) sind entfallen.
- **Kurzarbeitergeld** s §§ 95 ff, 101 III, 103, 111 SGB III. Nicht einzubeziehen sind tarifvertragl Zuzahlungen zum Kurzarbeitergeld.
- **Winterausfallgeld** (Schlechtwettergeld) ist aufgehoben; Zuschuss- und Mehraufwands-Wintergeld (§ 102 II, III SGB III) fallen nicht unter § 32b (*FinVerw* DB 07, 1613).
- **Insolvenzgeld** s §§ 165 ff SGB III, Rz 28, auch zu Forderungsübergang.
- **Übergangsgeld** s §§ 119 ff SGB III; nach *FinVerw* auch solches iSv SGB IX (EStR 32b I 2; str, aA *HHR* Anm 70).
- **Gründungszuschüsse** (§ 57 III SGB III) fallen wie vorher Existenzgründungszuschüsse und Überbrückungsgeld nicht unter § 32b.

Buchstaben b, c

- **Lohnersatzleistungen** nach SGB V (KV), VI (RV), VII (Unfallvers), nach RVO und KVLG, soweit nach § 3 stfrei. **Krankengeld** als Lohnersatz aus *gesetzl* KV s BFH X R 59/06 BFH/NV 09, 739; EStR 32b I 3; zu Krankengeld an Selbständige BFH X R 53/06 BStBl II 09, 376; s auch BFH III R 36/13 BStBl II 15, 563; abl zu anderen nicht stbaren KV-Leistungen (Schweizer Geburtengeld) BFH X R 31/08 BFH/NV 09, 1625 mit Abgrenzung FG Saarl EFG 14, 1799, rkr zu Luxemburger Leistungen; zu Verdienstausfallentschädigung BFH VI R 109/00 BStBl II 06, 17 (s aber *FinVerw* DB 06, 530 und 868). **Vergleichbare Leistungen** müssen sich aus den zitierten Gesetzen ergeben und vorübergehend ArbLohn ersetzen (zB aus Künstler-SV oder häusl Krankenpflege, s *FinVerw* DB 06, 530).
- **Mutterschaftsgeld** s § 3 Nr 1d, § 200 RVO, § 29 KVLG (Buchst b), zu Mutterschaftsgeld und ArbG-Zuschuss s §§ 13, 14 MuSchG und beamtenrechtl Vorschriften.

Buchstaben d–f

- **Arbeitslosenbeihilfe nach SVG** fällt unter Buchst **d** (nicht Überbrückungsbeihilfen nach SVG/ZivildienstG), **Entschädigung für Verdienstausfall gem § 56 IfSG** unter Buchst **e, Versorgungskrankengeld/Übergangsgeld** nach BVG unter Buchst **f.**

Buchstaben g–k

Buchst **g** erfasst alle nach § 3 Nr 28 stfreien **Aufstockungsbeträge** und **Zuschläge,** Buchst **h Verdienstausfallentschädigung** nach §§ 2 Nr 3, 13 USG (nicht nach § 35 ZivildienstG). Buchst **i** (Vorruhestandsgeld) ist entfallen. Buchst **j:** Anders als vorher das Erziehungsgeld unterliegt nach § 3 Nr 67 Buchst b stfreies **Elterngeld** voll dem Progressionsvorbehalt (*FinVerw* DStR 09, 106; zu Sockelbetrag BFH VI B 31/09 BStBl II 11, 382, VerfBeschw 2 BvR 2604/09 erfolglos). Abzüge s Rz 25. Buchst **k:** Folgevorschrift zur „klarstellenden" Einbeziehung von EU-Leistungen in die StFreiheit nach § 3 Nr 2 Buchst e.

c) Berechnung, § 32b II Nr 1. – aa) Einnahmen. Anders als § 32b I 1 Nr 2–5 stellt Nr 1 nicht auf Einkünfte ab, sondern auf einzelne im Kj zugeflossene **Brutto**-Leistungsbeträge. Zeitl gilt **§ 11 I,** auch bei Leistungen für im Jahr vor 24

Inkrafttreten einer Progressionsvorschrift verwirklichte Sachverhalte. Umgekehrt erfolgt **keine Kürzung** gesetzl zustehender Leistungen um an Dritte gezahlte Abtretungsbeträge (Insolvenzverfahren s Rz 28) oder Versichertenanteile (vgl zu Beiträgen zur Arbeitslosenversicherung auch ohne SA-Abzug BFH X R 15/09 BStBl II 12, 325, VerfBeschw 2 BvR 598/12 – vorläufige Veranlagung, *BMF* BStBl I 15, 786 –; zu Rentnerleistungen s EStR 32b IV; zu SV-Beiträgen auf Lohnersatzleistungen/Insolvenzgeld BFH VI R 78/06 BFH/NV 09, 1110).

25 **bb) Abzüge, § 32b II Nr 1.** Von der Summe dieser Bruttobeträge ist – *unabhängig von der Einkunftsart, also auch zB bei Eink iSv § 18* – nur der nicht bei der Ermittlung aus nichtselbstständiger Arbeit abziehbare Teil des **ArbN-Pauschbetrags** iSv § 9a S 1 Nr 1a abzusetzen, keine übersteigenden WK, BA oder sonstigen Abzüge (Zweifel s 30. Aufl, *Heuermann* DStR 95, 1662). Danach sind stfreie Lohnersatzleistungen nur dann um den ArbN-Pauschbetrag zu kürzen, wenn der StPfl bei eigenen Einkünften iSv § 19 nicht höhere WK geltend gemacht hat (BFH III R 61/12 BStBl II 15, 182, VerfBeschw 2 BvR 3057/14; aA noch FG Nds EFG 12, 1153 mit guten Gründen: Kein doppelter Abzug wegen Gleichstellung mit anderen Einkünften ohne derartige Kürzung, s auch *Gebhardt* EStB 15, 148).

26 **d) Rückzahlung von Leistungen durch den StPfl in späteren VZ.** *Beispiel:* Lohnnachzahlung nach Prozess, vgl BFH XI R 52/88 BStBl II 93, 507. Gem EStR 32b III sind bezogene Leistungsbeträge iSv § 32b I 1 Nr 1 auch ohne Gleichartigkeit im Kj der Rückzahlung zu kürzen, sonst negativer Progressionsvorbehalt, selbst ohne positive Auswirkung in Vorjahren und ohne negative Auswirkung im Rückzahlungsjahr. Das ist nicht zwingend, jedoch bestätigt durch BFH I R 153/94 BStBl II 96, 201 (zu Rückwärtsberichtigung über § 175 I Nr 2 AO, Begründung: Sachl Regelungszusammenhang von § 32b I 1 Nr 1 mit § 2 I/§ 3/§ 11). Rückzahlung von Arbeitslosengeld durch ArbG s FG Bbg EFG 05, 1056, rkr; Rückzahlung durch rückwirkende Rentenbewilligung s EStR 32b IV, BFH X R 46/01 BFH/NV 03, 99. Zur rückwirkenden Verrechnung zw Sozialleistungsträgern s *BMF* BStBl I 13, 922.

27 **e) Bescheinigung der SV-Träger, § 32b III idF ab 2012.*** – ***(1)* Datenfernübertragung, § 32b III 1, 2.** Ab 2012 erfolgt eine allg Datenfernübertragung aller Angaben iSv § 32b I durch die Bundesagentur für Arbeit, über die der Empfänger zu informieren ist (soweit sich diese nicht aus der LSt-Bescheinigung ergeben). – ***(2)* Insolvenzgeldauszahlung an Dritte, § 32b III 3.** Nach § 170 (vor 1.4.2012 § 183) SGB III haben inl, durch Insolvenz des ArbG arbeitslos gewordene ArbN Anspruch auf Zahlung des offenen Arbeitsentgelts durch die Arbeitsverwaltung für einen Zeitraum von 3 Monaten vor Eröffnung eines Insolvenzverfahrens, Ablehnung der Verfahrenseröffnung oder vollständiger Beendigung der Betriebstätigkeit ohne Insolvenzverfahren. Insolvenzgeld wird stfrei gezahlt, unterliegt aber dem Progressionsvorbehalt (§ 32b I 1 Nr 1 Buchst a). Der ArbN kann den Anspruch vor Antragstellung an Dritte abtreten. Das Insolvenzgeld ist dann an den Dritten auszuzahlen, steuerl jedoch dem ArbN als stpfl Empfänger zuzurechnen (§ 32b I 1 Buchst a HS 2; s auch BFH VI R 66/03 BStBl II 08, 375, *FinVerw* DStR 08, 2266), und zwar auch bei Vorwegzahlung an ihn durch den Dritten als Insolvenzgeld (§ 11 I, BFH VI R 4/11 BStBl II 12, 596; *FinVerw* DStR 13, 811).

28 **f) Tabelle.** Seit **2004** ist die tarifstufenweise Berechnung ersetzt durch zahlengenaue Ermittlung nach § 32a I (Streichung von § 32a II-IV aF).

30 **7. Wechselnde bzw zeitl begrenzte StPfl, § 32b I 1 Nr 2.** Die Aufnahme dieses Personenkreises ist eine Folge von **§ 2 VII 3. Im VZ des Wechsels der**

---

* S Fn zu § 32b III.

StPfl werden danach seit 1996 nicht mehr zwei, sondern nur noch eine Veranlagung durchgeführt (s § 1 Rz 78, § 2 Rz 69). Die unbeschr stpfl und ggf die nach § 49 beschr stpfl Einkünfte werden zusammengerechnet und bilden die Bemessungsgrundlage für die EStVeranlagung als unbeschr StPfl. Die nicht im Inl stbaren positiven und negativen (s Rz 5) **Auslandseinkünfte** iSv § 34d (und nur diese) *aus dem Zeitraum der beschr StPfl* bestimmen aus Gleichbehandlungsgründen über den Progressionsvorbehalt den StSatz. BFH I R 63/00 BStBl II 03, 302 legt § 32b I 1 Nr 2 wörtl aus und erfasst alle Fälle der zeitweise unbeschr StPfl, unabhängig von der persönl StPfl in der restl Zeit und der Erzielung sonstiger im Inl stpfl Einkünfte in diesem VZ sowie unabhängig von **DBA-Regelungen,** soweit diese nicht die Anwendung von § 32b *ausdrückl ausschließen.* Vgl auch Rz 12; FG BaWü EFG 12, 1474, rkr; *FinVerw* DB 12, 1955; BFH I R 19/03 BStBl II 04, 549 (kein Verstoß gegen Verfassungs-, DBA- oder EG-Recht – s aber Rz 34); glA zu Wohnsitzverlegung in der **EG** (vor 2008) BFH I R 40/01 BStBl II 02, 660; zu negativem Vorbehalt (WK) BFH I R 59/05 BStBl II 07, 756; zu teilweiser StFreiheit BFH I R 25/08 BStBl II 10, 536. Dagegen werden Freistellungen nach **sonstigen zwischenstaatl Übereinkommen** nur bei *ausdrückl Vorbehalt* von § 32b berücksichtigt (s Klarstellung im JStG 2007; s auch § 32b I 1 Nr 4 mit Trennung von Nr 3). Die unbeschr und die beschr stpfl Einkünfte werden gesondert nach dt Recht berechnet (vgl Rz 2, 43), dh beschr stpfl Einkünfte nach §§ 49 ff. Außerordentl Einkünfte iSv § 34s Rz 4. Unbeachtl sind die StPfl und die tatsächl Besteuerung im Ausl.

8. Steuerfreiheit nach DBA, § 32b I 1 Nr 3. Persönl Anwendungsbereich (§ 32b I Einleitungssatz) s Rz 12. Einkünfteberechnung (§ 32b II Nr 2) s Rz 43. – **a) Anwendungsbereich.** – **(1) Allgemeines.** § 32b I 1 Nr 3 betrifft nach DBA stfreie Einkünfte iSv § 2 I. Das sind auch nach Streichung dieses Tatbestandsmerkmals ab 1996 nur *ausl* Einkünfte (§ 34d), bei denen – anders als bei sonstigen zwischenstaatl Übereinkommen – ein Progressionsvorbehalt *nicht ausdrückl ausgeschlossen* ist (§ 32b I 1 Nr 3 entgegen Nr 4, 5; s auch BFH-Rspr Rz 30; BFH X R 37/08 BStBl II 11, 628 mwN – kein Ausschluss durch Zuteilungsfreistellung). Inzwischen schließt kein dt DBA Progressionsvorbehalte aus. § 32b hat insoweit nur deklaratorischen Charakter. Ohne DBA oder bei DBA ohne StBefreiung ist § 32b I 1 Nr 3 nicht anwendbar (s 23. Aufl), auch nicht bei DBA-bestätigender weitergehender **innerstaatl StBefreiung,** die nicht unter § 32b fällt (zu nach § 3 Nr 6 und DBA stfreier französischer Invalidenrente BFH I R 152/94 BStBl II 97, 358, zu EuropalehrerVO s BFH I R 80/98 BFH/NV 00, 832). Ob das Ausl die Einkünfte besteuert oder nicht, ist – ohne DBA-Regelung – grds unerhebl (s auch BFH I R 14/02 BStBl II 04, 260; s aber § 50d, § 1 Rz 83). Auch DBA-Ansässigkeit ist nicht erforderl (BFH I R 17/06 BFH/NV 07, 1638, *FinVerw* DB 12, 1955). Die Beschränkung von § 3 Nr 64 auf inl Kassen (stfrei ohne Progressionsvorbehalt) und die Erfassung solcher aus dem EG-Ausl gezahlten und dort stfreien Kaufkraftzuschläge gem § 32b ist nicht EGwidrig (EuGH Rs C-240/10 DStRE 12, 688 – s aber Rz 34). Eine Sonderregelung enthält Abschn IV **Auslandstätigkeitserlass** (BStBl I 83, 470, s § 34c V, dort Rz 19; str). Stfreie **ausl Investmenterträge** sind in gleicher Weise bei Besteuerung der übrigen Einkünfte zu berücksichtigen (§ 4 I InvStG; *BMF* IStR 11, 83; Rz 34). – **(2) Ausl Einkünfte** sind solche iSv § 32d. Dabei ist für jede DBA-Einkunftsquelle auf die jeweilige Katalognummer abzustellen. Fragl ist, ob Einkünfte aus einzelnen DBA-Quellen weiter zerlegt und unterschiedl behandelt werden können (s § 34d Rz 4). 33

b) EU/EWR-Einschränkung ab 2008, § 32b I S 2, 3. Schrifttum: *Gebhardt/Quilitzsch* IStR 10, 390; *Holthaus* DStZ 09, 188; *Wichert* NWB 09, 532; *Wittkowski/Lindscheid* IStR 09, 225 und 621 entgegen *Goebel/Schmidt* IStR 09, 620; *Hechtner* DStZ 09, 47, auch zu § 4 I 2 InvStG (Rz 33); zu Betriebsstätten und § 2 34

I 2 AStG *Schmidt/Heinz* IStR 09, 43. – *(1)* **Rechtsentwicklung.** Die EuGH-Rspr hatte die EG-Rechtmäßigkeit der Verlustabzugsbeschränkungen und damit des *negativen* Progressionsvorbehalts im EU-Bereich in Frage gestellt (Rs C-152/03 Fall *Ritter-Coulais* DStR 06, 362). Daraufhin wurde zunächst für alle Einkünfte die Beschränkung auf *positive* Progressionsvorbehalte in § 32b I Nr 5 aF gestrichen (s Rz 38). Darüber hinaus räumt **§ 32b I S 2** idF JStG 2009 im Anschluss an die Änderungen in § 2a I, II, II a (s Rspr § 2a Rz 13, 46, 51) etwaige weitere Bedenken durch **allg Streichung des Progressionsvorbehalts** (nur) **nach § 32b I 1 Nr 3** für *einzelne negative wie positive,* nach DBA stfreie Einkünfte **in anderen als Drittstaaten** aus, dh in EU-Mitgliedsstaaten sowie in den EWR-Staaten Island, Norwegen und Liechtenstein (s 32. Aufl). – *(2)* **Zeitl Anwendung** bereits ab 2008 (§ 52 Abs 43a aF). – *(3)* **Betroffene Einkünfte.** Sie sind in § 32b I 2 abschließend aufgeführt – für diese Einkünfte in *Drittstaaten* und für andere Einkünfte im EU-Raum gilt der – positive und negative – Progressionsvorbehalt nach § 32b I 1 Nr 5 fort. Die Beschränkung ist nicht EUwidrig (FG Hbg EFG 14, 1000, rkr). **§ 32b I 2** übernimmt *einzelne* (eher verlustträchtige) Einkünfte iSv § 2a I, II: – **Nr 1 (LuF)** entspr § 2a I Nr 1 (s § 2a Rz 11 mwN; BFH I R 68/12 BStBl II 14, 875). – **Nr 2 (gewerbl Betriebsstätten)** entspr § 2a I Nr 2, II 1 (s § 2a Rz 12 ff). Der vom Wortlaut her miss- bzw unverständl und eher überflüssige Verweis auf den nur für aktive Drittstaatenverluste geltenden § 2a II 1 in § 32b I Nr 2 lässt jedoch **Fragen** offen: – Gilt die Ausnahme für Gewinne und Verluste? (wohl zutr, so auch Gesetzesbegründung BR-Drs 545/08, obwohl § 2a II 1 nur Verluste betrifft); – gilt sie für passive und *aktive* Tätigkeiten iSv § 2a II 1? (fragl, § 2a II 1 nimmt nur aktive Tätigkeiten aus; die doppelte Negation in § 32b I Nr 2 HS 2 scheint daher als Rückausnahme nur passive Einkünfte zu erfassen und den – negativen und positiven – Vorbehalt für aktive EU-Einkünfte beizubehalten; so zutr FG Köln EFG 15, 2068 mit Anm *Wendt,* rkr, FG Mster EFG 14, 1003, rkr); – gilt der negative Vorbehalt für Drittstaatenverluste und Verluste aus EU-Staaten ohne DBA-Aktivitätsklausel fort? (wohl ja, die Verweisung bezieht sich sicher nicht auf den Ausübungsort Drittstaat, sondern auf die dort aufgezählten Tätigkeiten; nach Wortlaut § 32b I 2 Nr 2 würden sonst aktive Drittstaatenverluste günstiger behandelt als EU-Verluste). Problematik s Schrifttum oben; zu verfassungs- und EG-rechtl Bedenken und DBA-Auswirkung s *HHR* § 32b Anm 129; *Gebhardt/Quilitzsch* IStR 10, 390. – **Nr 3 (VuV)** entspr § 2a I Nr 6a (s § 2a Rz 33). – **Nr 4 (Schiffsüberlassung)** entspr § 2a I Nr 6b (s § 2a Rz 34). – **Nr 5 (TW-AfA uä Wertminderungen nach Nr 3 und 4)** entspr § 2a I Nr 6c (s § 2a Rz 36). – *(4)* **§ 32b I 3/§ 15b** s Rz 46.

35 **9. Sonstige zwischenstaatl Übereinkommen, § 32b I 1 Nr 4.** Das sind vor allem Privilegienprotokolle und Sitzstaatabkommen mit internationalen Organisationen oder Übereinkommen über diplomatische oder konsularische Beziehungen (s Übersicht *BMF* BStBl I 13, 404). Die Trennung von Nr 3 und Nr 4 soll klarstellen, dass unterschiedl Vorbehalte bestehen. Anders als bei DBA (Nr 3, s Rspr Rz 30, 33) führt die StFreiheit über Nr 4 nur dann zur Einbeziehung stfreier Einkünfte in den Progressionsvorbehalt, wenn das Abkommen dies *ausdrückl vorsieht.* Allg und sachl beschränkte Ermächtigungen sind ausreichend. NATO-Angehörige s FG BaWü EFG 96, 931, rkr; Europäisches Patentamt s FG München EFG 15, 133, rkr. IÜ gelten die DBA-Grundsätze (s Rz 33) ohne Einschränkungen nach § 32b I 1 S 2, 3. Es handelt sich wie bei DBA um unmittelbar geltendes Recht, das § 32b vorgeht, aber nicht zwingend ist (§ 2 AO, BFH I R 186/76 BStBl II 80, 53).

37 **10. Steuerpflicht nach anderen Vorschriften (§ 1 III/§ 1a/§ 50 II S 2 Nr 4, S 7, § 32b I 1 Nr 5). – a) Personenkreis.** S zunächst Rz 12 und 34. Aufl mwN. § 32b I 1 Nr 5 erfasst in erster Linie Personen, die keinen Wohnsitz oder gewöhnl Aufenthaltsort im Inl haben, aber mit ihren inl Einkünften als unbeschr

stpfl behandelt (Grenzpendler, § 1 III, deren zusammen veranlagte Ehegatten, § 1a) oder als beschr StPfl auf Antrag mit Grundfreibetrag zur ESt veranlagt werden (§ 50 II 2 Nr 4), und die daneben im Inl nicht stpfl ausl Einkünfte erzielen. Dieser Personenkreis soll hinsichtl des StSatzes nicht besser stehen als StInländer. Die isolierte Erstreckung auf EU/EWR-ArbN, die nicht unter § 1 III fallen, ist eine unwillige Folgereaktion des Gesetzgebers auf die Anordnung des EuGH im *Fall Schumacker* (s § 1 Rz 5). – **Nicht erfasst** werden dagegen nach wie vor *beschr stpfl NichtEU/EWR-ArbN* und alle *NichtArbN,* die nicht unter § 1 III/§ 50 II S 2 Nr 4, S 7 nF fallen und ohne StAbzug nach § 50 I 1–3 veranlagt werden (zB Gewerbetreibende, Vermieter), sowie solche, die einem StAbzug nach § 50a unterliegen (zB Sportler, Künstler oder StPfl mit KapEinkünften iSv § 49 I Nr 5), auch bei Erstattungsanspruch nach § 50 V 2 Nr 3 aF oder § 50d. Grund: Objektsteuerartige Besteuerung (s § 49 Rz 1). Dazu hat sich der EuGH bisher nicht geäußert. Die Rechtsentwicklung scheint noch nicht abgeschlossen.

b) Sachl Umfang. § 32b I 1 Nr 5 erfasst primär die hier bezeichneten, im Inl nicht stbaren bzw bei Ermittlung des hier zu versteuernden Einkommens nach DBA oder sonstigen zwischenstaatl Abkommen nicht zu berücksichtigenden **Auslandseinkünfte.** Nach § 32b I 1 Nr 5 gilt dies auch für nach DBA stfreie Inlandseinkünfte, die einem inl **StAbzug** unterliegen und nicht in eine Veranlagung einbezogen werden. Die missverständl Negation „nicht" bezieht sich offenbar nur auf „der deutschen Einkommensteuer unterliegen" und nicht auf „einem Steuerabzug unterliegen" (s auch BR-Drs 622/06 S. 18). Anders als bei DBA-StFreiheit (§ 32b I 1 Nr 3; s Rz 33) werden nach sonstigen zwischenstaatl Übereinkommen stfreie Einkünfte gem § 32b I 1 Nr 2, 4, 5 – auch im EU-Bereich – nach wie vor nur dann erfasst, wenn dies *ausdrückl* darin vereinbart ist (s Rz 35). **Sonstige stfreie Inlandseinkünfte** (zB nach § 3) sind nur über § 32b I 1 Nr 1, II Nr 1 einzubeziehen (wie Rz 33). § 32b I Nr 5 gilt für positive und negative Einkünfte. 38

c) Nachweise. Auslandseinkünfte der Grenzpendler (und deren Ehegatten/LPart, § 1a I Nr 2) sind über die vorzulegende Bescheinigung bekannt (§ 1 III 5, s § 1 Rz 57); bei veranlagten EU-ArbN wird idR die StErklärung genügen. **Einkünfteberechnung** s Rz 43. 39

11. Steuerfreie Organerträge, § 32b Ia. Organerträge aus Betriebsstätten in DBA-Staaten rechnen nicht zum Gewinn der OrganGes iSv § 14 KStG und sind daher auch nicht dem Organträger als Einkommen zuzurechnen. Ein Anwendungsfall des § 15 Nr 2 KStG (internationales Schachtelprivileg) ist nicht gegeben, da die OrganGes Betriebsstätteneinkünfte und nicht Gewinnanteile aus der ausl Gesellschaftsbeteiligung bezieht. Hätte der Organträger diese stfreien Einkünfte als Einzelunternehmer oder PersGes in einer eigenen Betriebsstätte erzielt, wäre der Progressionsvorbehalt bei ihm zu beachten (bei KapGes als Organträger ohne progressiven StTarif grds nicht). Die Gesetzesänderung ab 1999 soll verhindern, dass diese Folge durch Einschaltung einer OrganGes umgangen wird. Nach § 32b Ia sind solche stfreien Beteiligungserträge der OrganGes einem unbeschr stpfl Organträger für Zwecke des Progressionsvorbehalts als unmittelbar bezogen zuzurechnen, bei PersGes ggf den unbeschr stpfl Ges'tern anteilig. 40

12. Berechnung des besonderen StSatzes, § 32b II Nr 2 – a) § 32b II Nr 2 S 1. Zusammenfassung der **Einkünfte iSv § 32b I Nr 2–5** (s oben Rz 30 ff) unter Fünftelung der ao Einkünfte iSv § 34 (dazu Rz 5). 42

b) Einkünfteberechnung. § 32b II Nr 2 stellt auf die nach dt Recht zu ermittelnden Nettoeinkünfte ab (s Rz 3). **Stfreie Einkünfte** (s Rz 13): Die StFreiheit nach DBA gehört zum Gesetzestatbestand; das gilt auch für (nur) im Ausl stfreie Einkünfte (s aber § 50d); dagegen zählen nach § 3 oder sonstigen inl Vorschriften stfreie ausl Einkünfte zu den Einkünften iSv § 32b. Der *Abgeltungsteuer* unterliegende **KapEinkünfte** (§ 32d) sind nicht anzusetzen (§ 2 Vb, *Kähling/Gühne* 43

NWB 11, 226). Abziehbar sind BA/WK nach EStG, iRv nicht abgegoltenen KapEinkünften auch der Sparer-Pauschbetrag nach § 20 IX. **§ 12** ist zu beachten; ebenso **§ 3c** (wobei allerdings der Ausgabenabzug nicht schon wegen der DBA-StFreiheit entfällt); *vorab entstandene BA/WK* für zukünftige Auslandstätigkeit mindern den StSatz nach § 32b II Nr 2 auch bei künftigem Wegfall der StPfl (BFH I R 59/05 BStBl II 07, 756).

44 **c) ArbN-Pauschbetrag, § 32b II Nr 2 S 2 Buchst a, b.** Ab 2007 ist die frühere Rspr zum vollen WK-Abzug neben dem ArbN-Pauschbetrag (s 31. Aufl Rz 3) überholt. Der ArbN-Pauschbetrag ist wie bei § 32b II Nr 1 *unabhängig von der Art der Einkünfte* (zB auch bei **§** 15) zu gewähren, soweit er nicht Einkünfte iSv § 19 gemindert hat **(Buchst a),** unabhängig von einem BA-Abzug (s Rz 25). WK iZm § 19 sind nur abziehbar, soweit sie *insgesamt* den ArbN-Pauschbetrag übersteigen **(Buchst b).**

45 **13. Ausschluss von Progressionsverlusten.** – **a) § 32b II Nr 2 Buchst c, § 4 III.** Die Regelung soll StManipulationen über ausl „Goldfälle" nach § 4 III verhindern („double-dip-Effekt"). Das Modell funktionierte so: Im Inl unbeschr StPfl mit hohen Einkünften beteiligen sich an ausl gewerbl geprägter PersGes ohne inl Buchführungspflicht, deren Einkünfte nach DBA im Inl stfrei sind. Die Ges erwirbt WG des UV, die nicht unter die Abzugsbeschränkung des § 4 III 4 fallen und ohne körperl Übergabe übereignet werden (zB Edelmetalle, Holz, Kunstgegenstände uÄ, s § 4 Rz 374 mwN; FG Mster EFG 14,753, Rev I R 14/14; *Mann/Stahl* DStR 15, 1425; 34. Aufl mwN). Damit konnten sich Anschaffungsverluste über den negativen Progressionsvorbehalt nach § 11 II sofort voll auswirken, anders als später anfallende Gewinne durch Veräußerung, Entnahme, soweit sich der StPfl bereits in der höchsten Progressionsstufe befand. Um dem zu begegnen und die Besteuerung nach der Leistungsfähigkeit zu sichern, erweitert § 32b II Nr 2 Buchst c den Anwendungsbereich des § 4 III 4, 5 für Zwecke des Progressionsvorbehalts, so dass Anschaffungsverluste zunächst nur aufzuzeichnen sind und sich über den Progressionsvorbehalt erst bei Veräußerung/Entnahme durch Gewinnverrechnung auswirken.

46 **b) § 32b I 3/§ 15 b.** Die Ausdehnung im AIFM-StAnpG auf nach § 15b nicht abziehbare gewerbl Verluste beruht auf der unterschiedl FG-Rspr zur Frage, ob ohne DBA-Freistellung § 15b den negativen Progressionsvorbehalt ausschließt (s § 15b Rz 6). Das soll die Ergänzung in § 32b I Satz 3 sicherstellen (s schon *BMF* BStBl I 07, 54 Rn 24).

47 **c) Zeitl Anwendung** s § 52 Abs 33 (UV § 4 III bei Anschaffung nach 28.2.2013, UV § 15b rückwirkend auf alle offenen Fälle vertretbar wegen rechtl Unsicherheit). **Verfahrensfragen** s *Dißars* NWB 15, 3170.

§ 32c *(aufgehoben)*

§ 32d Gesonderter Steuertarif für Einkünfte aus Kapitalvermögen

(1) [1]**Die Einkommensteuer für Einkünfte aus Kapitalvermögen, die nicht unter § 20 Absatz 8 fallen, beträgt 25 Prozent.** [2]**Die Steuer nach Satz 1 vermindert sich um die nach Maßgabe des Absatzes 5 anrechenbaren ausländischen Steuern.** [3]**Im Fall der Kirchensteuerpflicht ermäßigt sich die Steuer nach den Sätzen 1 und 2 um 25 Prozent der auf die Kapitalerträge entfallenden Kirchensteuer.** [4]**Die Einkommensteuer beträgt damit $(e - 4q) : (4 + k)$.** [5]**Dabei sind „e" die nach den Vorschriften des § 20 ermittelten Einkünfte, „q" die nach Maßgabe des Absatzes 5 anrechenbare ausländische Steuer und „k" der für die Kirchensteuer erhebende Religionsgesellschaft (Religionsgemeinschaft) geltende Kirchensteuersatz.**

(2) **Absatz 1 gilt nicht**

1. für Kapitalerträge im Sinne des § 20 Absatz 1 Nummer 4 und 7 sowie Absatz 2 Satz 1 Nummer 4 und 7,

a) wenn Gläubiger und Schuldner einander nahe stehende Personen sind, soweit die den Kapitalerträgen entsprechenden Aufwendungen beim Schuldner Betriebsausgaben oder Werbungskosten im Zusammenhang mit Einkünften sind, die der inländischen Besteuerung unterliegen und § 20 Absatz 9 Satz 1 zweiter Halbsatz keine Anwendung findet,

b) wenn sie von einer Kapitalgesellschaft oder Genossenschaft an einen Anteilseigner gezahlt werden, der zu mindestens 10 Prozent an der Gesellschaft oder Genossenschaft beteiligt ist. [2]Dies gilt auch, wenn der Gläubiger der Kapitalerträge eine dem Anteilseigner nahe stehende Person ist, oder

c) soweit ein Dritter die Kapitalerträge schuldet und diese Kapitalanlage im Zusammenhang mit einer Kapitalüberlassung an einen Betrieb des Gläubigers steht. [2]Dies gilt entsprechend, wenn Kapital überlassen wird

aa) an eine dem Gläubiger der Kapitalerträge nahe stehende Person oder

bb) an eine Personengesellschaft, bei der der Gläubiger der Kapitalerträge oder eine diesem nahe stehende Person als Mitunternehmer beteiligt ist oder

cc) an eine Kapitalgesellschaft oder Genossenschaft, an der der Gläubiger der Kapitalerträge oder eine diesem nahe stehende Person zu mindestens 10 Prozent beteiligt ist,

sofern der Dritte auf den Gläubiger oder eine diesem nahe stehende Person zurückgreifen kann. [3]Ein Zusammenhang ist anzunehmen, wenn die Kapitalanlage und die Kapitalüberlassung auf einem einheitlichen Plan beruhen. [4]Hiervon ist insbesondere dann auszugehen, wenn die Kapitalüberlassung in engem zeitlichen Zusammenhang mit einer Kapitalanlage steht oder die jeweiligen Zinsvereinbarungen miteinander verknüpft sind. [5]Von einem Zusammenhang ist jedoch nicht auszugehen, wenn die Zinsvereinbarungen marktüblich sind oder die Anwendung des Absatzes 1 beim Steuerpflichtigen zu keinem Belastungsvorteil führt. [6]Die Sätze 1 bis 5 gelten sinngemäß, wenn das überlassene Kapital vom Gläubiger der Kapitalerträge für die Erzielung von Einkünften im Sinne des § 2 Absatz 1 Satz 1 Nummer 4, 6 und 7 eingesetzt wird.

[2]Insoweit findet § 20 Absatz 6 und 9 keine Anwendung;

2. für Kapitalerträge im Sinne des § 20 Absatz 1 Nummer 6 Satz 2. [2]Insoweit findet § 20 Absatz 6 keine Anwendung;

3. auf Antrag für Kapitalerträge im Sinne des § 20 Absatz 1 Nummer 1 und 2 aus einer Beteiligung an einer Kapitalgesellschaft, wenn der Steuerpflichtige im Veranlagungszeitraum, für den der Antrag erstmals gestellt wird, unmittelbar oder mittelbar

a) zu mindestens 25 Prozent an der Kapitalgesellschaft beteiligt ist oder

b) zu mindestens 1 Prozent an der Kapitalgesellschaft beteiligt und beruflich für diese tätig ist.

[2]Insoweit finden § 3 Nummer 40 Satz 2 und § 20 Absatz 6 und 9 keine Anwendung. [3]Der Antrag gilt für die jeweilige Beteiligung erstmals für den Veranlagungszeitraum, für den er gestellt worden ist. [4]Er ist spätestens zusammen mit der Einkommensteuererklärung für den jeweiligen Veranlagungszeitraum zu stellen und gilt, solange er nicht widerrufen wird, auch für die folgenden vier Veranlagungszeiträume, ohne dass die Antragsvoraussetzungen erneut zu belegen sind. [5]Die Widerrufserklärung muss dem Finanzamt spätestens mit der Steuererklärung für den Veranlagungszeitraum zugehen, für den die Sätze 1 bis 4 erstmals nicht mehr angewandt

werden sollen. [6]Nach einem Widerruf ist ein erneuter Antrag des Steuerpflichtigen für diese Beteiligung an der Kapitalgesellschaft nicht mehr zulässig;

4. für Bezüge im Sinne des § 20 Absatz 1 Nummer 1 und für Einnahmen im Sinne des § 20 Absatz 1 Nummer 9, soweit sie das Einkommen der leistenden Körperschaft gemindert haben; dies gilt nicht, soweit eine verdeckte Gewinnausschüttung das Einkommen einer dem Steuerpflichtigen nahe stehenden Person erhöht hat und § 32a des Körperschaftsteuergesetzes auf die Veranlagung dieser nahe stehenden Person keine Anwendung findet.

(3) [1]**Steuerpflichtige Kapitalerträge, die nicht der Kapitalertragsteuer unterlegen haben, hat der Steuerpflichtige in seiner Einkommensteuererklärung anzugeben. [2]Für diese Kapitalerträge erhöht sich die tarifliche Einkommensteuer um den nach Absatz 1 ermittelten Betrag.**

(4) **Der Steuerpflichtige kann mit der Einkommensteuererklärung für Kapitalerträge, die der Kapitalertragsteuer unterlegen haben, eine Steuerfestsetzung entsprechend Absatz 3 Satz 2 insbesondere in Fällen eines nicht vollständig ausgeschöpften Sparer-Pauschbetrags, einer Anwendung der Ersatzbemessungsgrundlage nach § 43a Absatz 2 Satz 7, eines noch nicht im Rahmen des § 43a Absatz 3 berücksichtigten Verlusts, eines Verlustvortrags nach § 20 Absatz 6 und noch nicht berücksichtigter ausländischer Steuern, zur Überprüfung des Steuereinbehalts dem Grund oder der Höhe nach oder zur Anwendung von Absatz 1 Satz 3 beantragen.**

(5) [1]**In den Fällen der Absätze 3 und 4 ist bei unbeschränkt Steuerpflichtigen, die mit ausländischen Kapitalerträgen in dem Staat, aus dem die Kapitalerträge stammen, zu einer der deutschen Einkommensteuer entsprechenden Steuer herangezogen werden, die auf ausländische Kapitalerträge festgesetzte und gezahlte und um einen entstandenen Ermäßigungsanspruch gekürzte ausländische Steuer, jedoch höchstens 25 Prozent ausländische Steuer auf den einzelnen Kapitalertrag, auf die deutsche Steuer anzurechnen. [2]Soweit in einem Abkommen zur Vermeidung der Doppelbesteuerung die Anrechnung einer ausländischen Steuer einschließlich einer als gezahlt geltenden Steuer auf die deutsche Steuer vorgesehen ist, gilt Satz 1 entsprechend. [3]Die ausländischen Steuern sind nur bis zur Höhe der auf die im jeweiligen Veranlagungszeitraum bezogenen Kapitalerträge im Sinne des Satzes 1 entfallenden deutschen Steuer anzurechnen.**

(6) [1]**Auf Antrag des Steuerpflichtigen werden anstelle der Anwendung der Absätze 1, 3 und 4 die nach § 20 ermittelten Kapitaleinkünfte den Einkünften im Sinne des § 2 hinzugerechnet und der tariflichen Einkommensteuer unterworfen, wenn dies zu einer niedrigeren Einkommensteuer einschließlich Zuschlagsteuern führt (Günstigerprüfung). [2]Absatz 5 ist mit der Maßgabe anzuwenden, dass die nach dieser Vorschrift ermittelten ausländischen Steuern auf die zusätzliche tarifliche Einkommensteuer anzurechnen sind, die auf die hinzugerechneten Kapitaleinkünfte entfällt. [3]Der Antrag kann für den jeweiligen Veranlagungszeitraum nur einheitlich für sämtliche Kapitalerträge gestellt werden. [4]Bei zusammenveranlagten Ehegatten kann der Antrag nur für sämtliche Kapitalerträge beider Ehegatten gestellt werden.**

Einkommensteuer-Richtlinien/Verwaltungsschreiben: EStR 32d/EStH 32d – *BMF* BStBl I 16, 85 (Einzelfragen zur AbgeltungSt), Rz 132–151; *BayLfSt* DStR 15, 1506 (nachträgl KapEStAnrechnung)

Schrifttum (Aufsätze vor 2013 s Vorauflagen): *Intemann/Zöller,* Handbuch privater KapEinkünfte 2015, Rz 20f; *Treml,* Die Bruttobesteuerung bei der AbgeltungSt …, 2014. – *Worgulla,* Bruttobesteuerung …, FR 13, 921; *Seifert,* Aktuelle Entwicklungen …, GStB 13, 362; *Weber-Grellet,* Die Funktion der KapESt im System der AbgeltungSt, DStR 13, 1357/1412;

Korn, (Un-)Geklärte Fragen zur AbgeltungSt, kösdi 14, 18818; *Moritz/Strohm,* AbgeltungSt bei nahe stehenden Personen und Ges'terfremdfinanzierung, DB 14, 2306; *Levedag,* Finanzierung ... im Bereich der AbgeltungSt, GmbHR 15, 57; *Werth,* Erste BFH-Rspr zur AbgeltungSt, DStR 15, 1343.

Übersicht

1. Grundaussage. § 32d hat zentrale Bedeutung für die **gesonderte** estrechtl Behandlung der KapVerm-Einkünfte (gesonderter StTarif; AbgeltungSt und deren Nichtanwendung; Pflichtveranlagung/Wahlveranlagung; Anrechnung ausl Steuer; *Weber-Grellet* DStR 13, 1357/63). Steuerabgegoltene KapErträge werden grds nicht weiter berücksichtigt (§ 2 V b 1; § 2 Rz 65). Für Zwecke außerstl Normen sind stabgegoltene KapErträge zu berücksichtigen (§ 2 V a). Zu Belastungswirkungen § 20 Rz 197; *Hechtner/Hundsdoerfer* StuW 09, 23. – Geltung: ab VZ 09 (§ 52a XV idF UntStRefG). 1

2. StTarif für KapVerm-Einkünfte, § 32d I. Satz 1 legt fest, dass die ESt für Einkünfte aus KapVerm iSd § 20 grds 25% der Bemessungsgrundlage beträgt (zur VerfMäßigkeit FG Nbg EFG 12, 1054, rkr; FG Nbg 3 K 448/13 juris); tarifl Steuerermäßigungen (wie § 35a, § 35b) können ESt nach § 32d I nicht mindern (*BMF* BStBl I 16, 85 Rz 132). Die Norm ist Teil des Konzepts der AbgeltungSt (eingeführt durch UntStRefG 07; BStBl I 07, 630; § 20 Rz 204f; § 43 Rz 5). Von diesem (die Einkommensteuer abgeltenden) StSatz sind die KapErträge ausgenommen, die auf Grund der Subsidiaritätsregel des § 20 VIII zu den Einkünften aus LuF, GewBetr, selbständiger Arbeit oder VuV gehören. – Satz 2 stellt klar, dass die nach Maßgabe des Abs 5 anrechenbare ausl QuellenSt die ESt nach S 1 mindert, auch bei Treuhandkonten pp (*BMF* 13.6.08 DStR 08, 1236/8). Hingegen ist auf KapEinkünfte, die unter § 20 VIII fallen, also vorrangig anderen Einkunftsarten zuzuordnen sind, der allg EStTarif anzuwenden; für sie gelten – abw von § 20 VI – die allg estrechtl Verlustverrechnungs- und Verlustausgleichsregeln und die allg estrechtl Regelungen des WK-Abzugs; die Regelungen des Sparer-Pauschbetrags (§ 20 IX) sind nicht anzuwenden. – Zum Fehlen einer § 3 Nr 40 S 1 Buchst d S 2, 3 vergleichbaren Regelung für die AbgeltungSt *Dinkelbach* DB 09, 870/4. – S iEinz zu Gebührenmodellen, Verlustverrechnungsstrategien, steuerschonenden Kapitalanlagen, Erträgen aus Investmentfonds *Delp* steuer-journal 19/09, 19. 2

3. Kirchensteuer. – a) Ersatz des SA-Abzugs. Nach I 3 ermäßigt sich die ESt um 25% der auf die KapErträge entfallenden KiSt (§ 43 Rz 62; iEinz *Hofrichter* SteuK 10, 177). Sinn dieser Regelung ist es, die gezahlte KiSt auf KapErträge, die grds nach § 10 I Nr 4 als SA abziehbar ist (§ 10 Rz 95), bereits iRd gesonderten Steuerfestsetzung des § 32d pauschal zu berücksichtigen (dazu *Kußmaul/Meyering* DStR 08, 2298; *Arps-Aubert* DStR 11, 1548). Die Regelung sichert die Gleichbehandlung mit dem KapEStAbzug unterfallenden KapErträgen, bei denen die gezahlte KiSt gem § 43a I 2 beim StAbzug berücksichtigt wird (§ 43 Rz 62; § 43a Rz 1). 3

b) Berechnung. Die mathematische Formel in den Sätzen 4 und 5 stellt für alle Fälle der KapEinkünfte, unabhängig ob eine QuellenSt oder KiSt zu berücksichtigen ist, die Berechnungsgrundlage für die Ermittlung der ESt dar (*Weber-Grellet* DStR 13, 1357/61; krit *Rüd* DStR 13, 1220). Dies ist insb für die Berechnung der zutr ESt im KapEStAbzugsverfahren notwendig. 4

Beispiel für die Berechnung der ESt: A erzielt KapEinkünfte iHv 4000 €. Die anrechenbare ausl QuellenSt beträgt 600 €. Für A ist ein KiStSatz von 8% maßgebend. – Die ESt beträgt: **Bemessungsgrundlage:** 4000 € – (4 × 600 €) = 1600 € (damit ist die ausl Steuer hochgeschleust). **Steuerberechnung:** Die Steuerbelastung ergibt sich durch den Quotienten von 4,08 (25%; Minderung der ESt um 25% der KiSt); 1600 : 4,08 = 392,16 € ESt. – KiSt 392,16 € × 8% = 31,37 €. – **Kontrolle:** 31,37 × 25% = 7,84 (= EStMinderungsbetrag; statt 400 nur 392,16 €).

6 **4. Ausnahmen (kein gesonderter StTarif), § 32d II. – a) Verhinderung missbräuchl Inanspruchnahme.** Abs 2 legt als Ausnahme zu Abs 1 den Kreis solcher KapErträge fest, die nicht unter den abgeltenden StSatz von 25% fallen, sondern für die gemeinsam mit den Einkünften aus den anderen Einkunftsarten der progressive EStTarif gilt (*Weber-Grellet* DStR 13, 1357/63). Durch das JStG 2008 ist § 32d II Nr 1 Buchst c (s Rz 11) geändert und eine weitere Ausnahme als § 32d II Nr 3 (Rz 12) normiert worden. Die Ausnahme ist geboten, um Gestaltungen zu verhindern, bei denen auf Grund der StSatzspreizung betriebl Gewinne zB in Form von Darlehenszinsen abgesaugt werden und so die Steuerbelastung auf den AbgeltungSt-Satz reduziert wird (*Watrin/Wittkowski/Strohm* GmbHR 07, 785/90). Unternehmerische Entscheidungen über die Finanzierungsstruktur eines Unternehmens sollen steuerl unverzerrt bleiben (Beitrag zur Finanzierungsneutralität); krit im Hinblick auf Administrierbarkeit *Zentraler Kreditausschuss* FinA Prot 16/57, 246/7. Verluste aus Einkünften nach § 32d I dürfen nicht mit solchen nach § 32d II verrechnet werden (EStR 32d I).

Die unterschiedl Behandlung der einzelnen KapErträge wird iÜ damit gerechtfertigt, dass es ein grundlegendes Ziel der Einführung eines abgeltenden StSatzes für KapErträge sei, die Attraktivität und die Wettbewerbsfähigkeit des dt Finanzplatzes zu verbessern, um den Kapitalabfluss ins Ausl zu bremsen, nicht jedoch, das Eigenkapital in die privilegiert besteuerte private Anlageebene zu verlagern und durch Fremdkapital zu ersetzen.

7 **b) Umfang der Ausnahmeregelung.** Unter § 32d II Nr 1 fallen Einkünfte gem § 20 I Nr 4 und Nr 7 sowie § 20 II 1 Nr 4 und Nr 7, also insb Einkünfte aus partiarischen Darlehensvereinbarungen, aus stillen Beteiligungen und aus sonstigen Kapitalforderungen, sofern zw Gläubiger und Schuldner besondere Beziehungen bestehen. Bei diesen Fallgestaltungen besteht grds die Gefahr, die StSatzspreizung auszunutzen, ohne dem Sinn und Zweck der Einführung des abgeltenden StSatzes zu entsprechen (dazu *Dinkelbach* DStR 11, 941/5, auch zur fehlenden Einbeziehung von § 20 I Nr 5 und 8). Es sollen Gestaltungen verhindert werden, mit deren Hilfe betriebl Gewinne in private KapErträge „umgewandelt" werden. § 20 VI, IX finden – wegen der Nichtgeltung der AbgeltungSt – insoweit (natürl) keine Anwendung (§ 32d II Nr 1 S 2). Die Anwendung des Sparer-Pauschbetrags wird mE aber (durch die Tarifregelung des § 32d) nicht ausgeschlossen (§ 20 Rz 206); der Wortlaut des § 32d II Nr 1 S 2 ist insoweit zu weit geraten, zumal auch § 20 IX 1 Hs 1 keine Einschränkung für bestimmte KapEinkünfte enthält. – Keine AbgeltungSt bei **Altersvorsorgeprodukten** (Riester-Rente, Rürup-Rente; betriebl Altersversorgung; NWB 08, 2875; s § 22 Rz 91, 125).

8 **aa) Kein gesonderter StTarif bei Erträgen von nahe stehenden Personen, § 32d II Nr 1 Buchst a.** Ein derartiges Verhältnis liegt nach der Rspr dann vor, wenn Gläubiger und Schuldner unmittelbar oder mittelbar einem beherrschenden Einfluss ausgesetzt sind (BFH VIII R 9/13 BStBl II 14, 986; FG Mchn EFG 15, 1714, rkr; *Werth* DStZ 14, 670; *Moritz/Strohm* DB 14, 2306; *Moritz* GStB 14, 409; *Levedag* GmbHR 15, 57/61; *Gläser/Zöller* DStR 15, 497). Nach BT-Drs 16/4811, 61 werden folgende Fälle erfasst: *(1)* beherrschender Einfluss oder *(2)* außerhalb der Geschäftsbeziehung begründeter Einfluss oder *(3)* wirtschaftl Interesse an den Einkünften des anderen. § 15 AO und § 1 II AStG sind nicht ausreichend (§ 32d als autonome Regelung). Der BFH argumentiert in den Fällen *(1)– (3)* mit dem sog Fremdvergleich und mit dem Topos „missbräuchl Gestaltung" (BFH VIII R 44/13 BStBl II 14, 992; BFH VIII R 35/13 BStBl II 14, 990). Auch

das BMF stellt nunmehr auf ein Beherrschungsverhältnis ab (*BMF* BStBl I 16, 85 Rz 136). – Für zusammenveranlagte Eheleute ist der AbgeltungStSatz bei fehlender fremdübl Gestaltung nicht anzuwenden (BFH VIII R 8/14 BStBl II 15, 397; mE Fall *(3);* krit *Podewils* jurisPR-StR 18/15 Nr 4*)*.

Die Nichtanwendung (zur Verhinderung der StSatzspreizung) setzt weiter voraus, dass die korrespondierenden Aufwendungen (zB Darlehenszinsen) beim Schuldner zu BA/WK führen (JStG 10; gesetzl Grundlage für *BMF* BStBl I 16, 85 Rz 134).

Beispiel: Gewerbetreibender (Schuldner) nimmt bei Ehefrau Kredit auf und setzt die Zinsen ab. Entlastung Ehemann max 45%, Belastung Ehefrau 25%. Das soll verhindert werden.

bb) Kein gesonderter StTarif bei Ges'terfremdfinanzierung, § 32d II 9
Nr 1 Buchst b. Die Abgeltungswirkung tritt bei solchen Erträgen nicht ein, die von KapGes oder einer Genossenschaft gezahlt werden, an denen der StPfl (oder ihm nahe stehende Pers) zu mindestens 10 vH beteiligt ist (BFH VIII R 23/13 BStBl II 14, 884; FG Mster EFG 14, 1005, Rev VIII R 15/14: verfgemäß; FG Mster EFG 14, 1793, Rev VIII R 49/14: verfgemäß; *Levedag* GmbHR 15, 57/62). Mittelbare Beteiligung reicht uU aus (FG RhPf EFG 15, 405, Rev VIII R 1/15; FG RhPf EFG 15, 1711, Rev VIII R 27/15: nur bei beherrschendem Einfluss). Das gilt nach S 2 auch, wenn eine dem Anteilseigner nahe stehende Person Gläubiger der KapErträge ist (zur „nahe stehenden Person" s BFH VIII R 31/11 BStBl II 14, 995; Rz 8).

cc) Kein gesonderter StTarif bei Back-to-Back-Finanzierungen, § 32d 10
II Nr 1 Buchst c. Die Regelung soll gestalterische back-to-back-Finanzierungen zur Umqualifizierung von progressiv besteuerten Einkünften in solche Einkünfte, die dem AbgeltungSt-Satz unterliegen, verhindern (dazu *Schulz/Vogt* DStR 08, 2189/949. Die ursprüngl Fassung war zu weit geraten und erfasste auch übl Geschäfte im Rahmen normaler Hausbankbeziehungen (krit zB *Zentraler Kreditausschuss* FinA Prot 16/57, 247).

Grundfall: A hat bei der Bank B ein betriebl Darlehen aufgenommen; gleichzeitig unterhält er bei dieser ein privates Einlagekonto. – Die gezahlten Zinsen entlasten das Einkommen progressiv; hingegen werden die erhaltenen Zinsen nur linear besteuert.

Nach den Änderungen durch das JStG 2008 (*Knebel ua* DB 07, 2733/6; *Strahl* DStR 08, 9/11; *Schnitger* IStR 08, 124/5; *Neumann/Stimpel* FR 08, 57) tritt keine Abgeltung ein, wenn bei dem StPfl (Gläubiger) und einem Dritten (zB Bank) Kapitalanlage und Kapitalüberlassung (für betriebl Zwecke oder solche iSd § 2 I 1 Nr 4, 6 und 7) in einem Zusammenhang stehen (zur Begründung FinA BT-Drs 16/7036, 18; *Strahl* KÖSDI 07, 15830/40). Das gilt nach S 2 auch, wenn Kapital überlassen wird ***(1)*** an eine dem StPfl nahe stehende Person, ***(2)*** an eine PersGes, bei der der StPfl (oder eine nahe stehende Person) MUer ist (zu diesem Modell *Kollruss* GmbHR 07, 1133), ***(3)*** an eine KapGes, bei der der StPfl (oder eine nahe stehende Person) zu mindestens 10 vH beteiligt ist. – Ein **Zusammenhang (Buchst c S 3)** besteht, wenn Aufnahme und Anlage auf einem **einheitl Plan** (Gesamtplan) beruhen, zB bei zeitl Zusammenhang oder verknüpfter Zinsvereinbarung (etwa feste Koppelung an bestimmten Referenzzinssatz; FinA BT-Drs 16/7036, 19); kein Zusammenhang bei marktübl Vereinbarung (zB Vereinbarung mit vergleichbaren Kunden bei isolierter Kreditgewährung/Kapitalanlage; Einhaltung des Rahmens der EWU-Zinsstatistik; FinA BT-Drs 16/7036, 19) oder fehlendem Belastungsvorteil.

c) LV-Leistungen, § 32d II Nr 2. Die Regelung bestimmt, dass die Leistun- 11
gen aus LV, bei denen gem § 20 I Nr 6 S 2 nur die **Hälfte des Unterschiedsbetrags** zw der Versicherungsleistung und den geleisteten Beiträgen als Ertrag anzusetzen ist, nicht unter den abgeltenden StSatz von 25% fallen, sondern gemeinsam mit den Einkünften aus den anderen Einkunftsarten der progressive

EStTarif gilt. Dies gilt in den Fällen, in denen die Versicherungsleistung nach Vollendung des 60. Lebensjahres und nach Ablauf von 12 Jahren nach Vertragsabschluss ausgezahlt wird (*Wagner* FinA 57. Sitzung; 7.5.07, 63).

Die Ausnahme ist zur Vermeidung von Wettbewerbsverzerrungen gerechtfertigt, da der Wertzuwachs – bei Anwendung des AbgeltungSt-Satzes – bei diesen Leistungen ledigl iHv höchstens 12,5% besteuert würde (*Rengier* DB 07, 1771/3). Damit würde ohne sachl Grund eine steuerrechtl Begünstigung von LV-Leistungen ggü anderen Anlageprodukten erfolgen. Da diese Erträge dem allg EStTarif unterfallen, gelten für sie abw von § 20 VI die allg estrechtl Verlustverrechnungs- und Verlustausgleichsregeln (Abs 2 Nr 2 S 2); § 20 IX bleibt anwendbar.

12 **d) Option zur Regelbesteuerung bei Gewinnausschüttungen aus unternehmerischer Beteiligung, § 32d II Nr 3.** Die Vorschrift erfasst die Fälle, in denen eine Beteiligung aus unternehmerischen Interesse erworben wird (zB bei „management buy out" oder bei Anteilerwerb an einer BerufsträgerKapGes; FinA BT-Drs 16/7036, 20; *BMF* BStBl I 16, 85 Rz 138; *K/vonBeckerath* § 20 Rz 27; *Blümich/Treiber* Rz 140; *Korn/Strahl* KÖSDI 10, 17201; *Ronig* DB 10, 128/33; *Elser/Bindl* FR 10, 360; *Korn* kösdi 14, 1818/21; wN 29. Aufl) und ermöglicht dem StPfl, der an einer KapGes beteiligt ist (zu mindestens 25% [BFH VIII R 48/12 BStBl II 15, 270] oder zu 1% und berufl (bisher auch nichtselbständige) Tätigkeit in der Ges; BFH VIII R 3/14 BStBl II 15, 892; *Hoheisel/Tippelhofer* StuB 16, 16), die Option zur Regelbesteuerung (S 1, 2); Beteiligung zu irgendeinem Zeitpunkt im VZ reicht aus (*BMF* BStBl I 16, 85 Rz 139). Option und Widerruf sind an bestimmte Voraussetzungen geknüpft (S 3–5); der Antrag ist spätestens mit Abgabe der EStErklärung zu stellen (BFH VIII R 50/14 BStBl II 15, 894); Antrag nach Satz 4 ersetzt natürl nicht Beteiligung (EStÄR 2012 32d III 9). Ein verspäteter Antrag ist unwirksam (FG Hess 4 K 1617/13, juris, Rev VIII R 33/15), ein erneuter Antrag unzul (S 6). Nach Widerruf ist dem StPfl die erneute Option verwehrt; der Antrag kann für die Anteile an der jeweiligen Beteiligung nur einheitl gestellt werden (FinA BT-Drs 16/7036, 20/1). – Nach Satz 2 sind § 3 Nr 40 S 2, § 20 VI, IX nicht anwendbar (insoweit also Geltung des Teileinkünfteverfahrens, unbeschr Verlustausgleich, WK-Abzug; auf diese Weise hat der StPfl vor allem die Möglichkeit, seine Finanzierungskosten nach Maßgabe des Teileinkünfteverfahrens abzusetzen (*Korn* DStR 09, 2509/11). Im VZ, für den der Abzug begehrt wird, muss eine ausreichend hohe Beteiligung bestehen (EStÄR 2012 32d III; *OFD Mster* StEK EStG § 32d Nr 20; ähnl zu § 23 *BMF* BStBl I 13, 508). (Spätere) nachträgl WK könnten bei wirksamer Option noch mögl sein (entspr BFH VIII R 20/08 BStBl II 10, 787; BFH IX R 67/10 BStBl II 13, 275; *Moritz/Strohm* BB 12, 3107/10; s auch § 32d II Nr 3 S 4); das ist nicht der Fall, wenn keine KapErträge aus der Beteiligung mehr fließen und ein Auflösungsverlust iSd § 17 II, IV bereits früher angesetzt war (BFH VIII R 48/12 BStBl II 15, 270; *Levedag* HFR 15, 663) oder wenn die Option mangels Beteiligung unwirksam ist (*OFD NRW* DB 15, 1014 = FR 15, 478 – mit Beispiel). – Zum Zinsabzug nach Anteilsveräußerung s auch § 17 Rz 16.

13 **e) Materielle Korrespondenz zur leistenden Körperschaft, § 32d II Nr 4 idF JStG 10; ab VZ 2011.** § 8b I 2ff KStG und § 3 Nr 40 Buchst d S 2 stellen sicher, dass das Teileinkünfteverfahren dem Ges'ter nur zugute kommt, soweit die vGA das Einkommen der leistenden Körperschaft nicht gemindert hat (= materiellrechtl Korrespondenz). Der Betrag der vGA ist dann auf der Ebene der Körperschaft mit KSt (derzeit 15 vH) und auf der Ebene des Ges'ters mit ESt (ab 2009 regelmäßig in Form der AbgeltungsSt) belastet. Abs 2 Nr 4 stellt die materielle Korrespondenz zw Ges und Ges'ter iRd AbgeltungsSt her (BR-Drs 318/10, 82).

14 **5. Veranlagung nicht kapestpfl Erträge, § 32d III.** Satz 1 stellt klar, dass KapErträge, die nicht der KapESt unterlegen haben (zB Veräußerungsgewinne aus

GmbH-Anteilen [soweit nicht § 17 vorgeht], Privatdarlehen oder ausl Zinseinkünfte (dazu BFH I R 81/09 DB 10, 1322); *Fuhrmann/Demuth* KÖSDI 09, 16613/6) in der Veranlagung gem §§ 25ff zu berücksichtigen sind, so dass der StPfl diese in seiner EStErklärung anzugeben hat (Besteuerungskontrolle; *Delp* DB 15, 1919/20). Satz 2 legt den Betrag (grds 25% der Erträge) fest, um den sich nach § 2 VI 1 die tarifl ESt zur Ermittlung der festzusetzenden Steuer erhöht.

6. Antragsveranlagung, § 32d IV. Abs 4 gewährt dem StPfl für KapEinkünfte, die der KapESt unterlegen haben, das **Wahlrecht,** diese iRd Veranlagung geltend zu machen, um beim KapEStAbzug nicht berücksichtigte Umstände zu erfassen (*BMF* BStBl I 16, 85 Rz 145; FG BBg EFG 14, 1680, Rev VIII R 27/14; FG Mster EFG 15, 399, Rev VIII R 5/15); es bleibt aber (insoweit) bei der Anwendung des gesonderten Tarifs. § 32d IV ermöglicht die Einbeziehung von **Verlustverrechnungen** gem § 43a III, auch gem § 20 VI (FG Ddorf EFG 15, 1445, Rev VIII R 23/15; *Delp* DB 15, 1919/24: gegen bankbezogene Verrechnung; aA *BMF* BStBl I 10, 94, Rz 118; FG Mster EFG 15, 399, Rev VIII R 5/15: Verrechnung von Altverlusten nicht zul (krit *Hahne* BB 15, 808). In Betracht kommt eine Antragsveranlagung insb *(1)* bei nicht ausgeschöpftem Sparer-Pauschbetrag (§ 20 Rz 206), wenn kein Freistellungsauftrag (§ 44a Rz 10) erteilt wurde, *(2)* in den Fällen des § 43a II 7 (Ansatz von AK; Ersatzbemessungsgrundlage; § 43a Rz 2), *(3)* bei Verlustverrechnung (§ 43a III, § 20 VI; *Schlottbohm* NWB-EV 11, 362/4), *(4)* bei Abzug ausl Steuer, *(5)* zur Überprüfung des Steuereinbehalts, zB bei Vorrang des § 17 (*BMF* 16.12.14 DStR 15, 75); *(6)* bei Abzug von KiSt (*KSM/Petersen* § 51a Rz C 118f). – Die Aufzählung der Tatbestände ist nicht abschließend. Dies verdeutlicht die Anführung des Wortes „insbesondere". So kann der StPfl ua in den Fällen, in denen beim KapEStAbzug der steuermindernde Effekt der KiStZahlung noch nicht berücksichtigt wurde (zB bei Dividendenausschüttungen), diesen iRd Veranlagung nachholen, wenn er den KiStAbzug durch sein depotführendes Institut nicht beantragt hat. Macht er diese Einkünfte in der Veranlagung geltend, erfolgt entspr der Regelung in § 32d III S 2 eine Erhöhung der tarifl ESt um 25% der – durch die Tatbestände dieses Absatzes geminderten – Einkünfte. Da die KapESt auf die hier geltend gemachten Einkünfte höher ist als der bei der Steuerfestsetzung zugrunde gelegte Betrag, wird die KapESt gem § 36 II Nr 2 auf die ESt angerechnet (*Ronig* DB 10, 128/33). Dies kann zu einer EStErstattung führen. – Zur Korrektur ist nur die Vorlage der entspr Unterlagen notwendig (*BMF* 13.6.08 DStR 08, 1236/7). Das Wahlrecht ist nicht fristgebunden, aber von Bestandskraft erfasst (FG BBg EFG 14, 1680, Rev VIII R 27/14), nach BMF so lange, wie Änderung mögl ist (*BMF* BStBI I 16, 85 Rz 145; *BayLfSt* DStR 15, 1506); nachträgl Wahlrechtsausübung kein Fall des § 173 AO (*FinMin NRW* DB 14/11 M 12). 16

7. Steueranrechnung, § 32d V. – a) Anrechnung im Ausl anfallender QuellenSt. Abs 5 regelt nunmehr eigenständig und nicht mehr nach § 34c (BT-Drs 16/1089, 70) die Berücksichtigung der im Ausl anfallenden QuellenSt auf ausl KapErträge, die beim KapEStAbzug bereits nach § 43a III das Depot führende Kreditinstitut anrechnen kann (*Nacke* StuB 09, 55/62; *Hofrichter* SteuK 10, 177; zur Berechnung iEinz *Hechner* BB 09, 76; *BMF* BStBl I 16, 85 Rz 201ff; *OFD Ffm* StEK EStG § 32d Nr 17). – Die allg Regelungen zur (ausl) QuellenSt-Anrechnung finden keine Anwendung. Der Regelungsgehalt der Norm wird eigenständig formuliert; die sog per-country-limitation gilt nicht (*Hechner* BB 09, 76); es gilt die overall-limitation, die zu einer Zusammenrechnung führt. Die Steueranrechnung ist auf die Höhe der anfallenden AbgeltungSt begrenzt (*Hahne/Krause* DStR 08, 1724/7f; *Haarmann* FS Herzig 2010, 422/32). – Nach S 2 gilt S 1 auch für die Anrechnung fiktiver ausl QuellenSt (für bestimmte Entwicklungs- und Schwellenländer; Verrechnung von Anrechnungsüberhängen); **kein KapEStAbzug** (*BMF* 15.8.08 EStB 09, 21 Nr 1); diese ergibt sich aus der Bemessungsgrundlage und 18 dem fiktiven QuellenSt-Satz. Der Anrechnungsanspruch setzt voraus, dass überhaupt ESt anfällt; ggf ist der Zufluss gezielt zu beeinflussen. – S 3 stellt klar, dass durch die Anrechnung die dt Steuer bis auf 0 reduziert werden kann, es aber zu keiner Erstattung kommt. – JStG-Änderungen ab VZ 2009 (§ 52a XV idF 2013).

Beispiel: s Rz 4. – Unbeschr (konfessionsloser) StPfl bezieht aus NichtDBA-Staat Dividenden von 200 (QuellenSt 15 %) und Zinsen von 200 (QuellenSt 30 %). Keine weitere Steuer auf Zinsen; max 50 anrechenbar; für Dividenden noch Steuer von 20. Insgesamt fallen Steuern von 110 (30, 60, 20) an. Vor der Anrechnung ist der Verlustverrechnungstopf (§ 43a Rz 3) zu berücksichtigen; ggf entsteht auf eine Zinszahlung keine AbgeltungSt; es entsteht keine dt Steuer, auf die die ausl Steuer angerechnet werden könnte (Verlust des Anrechnungspotenzials).

19 **b) DBA-Fälle.** In DBA-Fällen ist S 1 sinngemäß anzuwenden, soweit in einem DBA die Anrechnung einer ausl Steuer vorgesehen ist. Es ist also vorrangig dem DBA zu entnehmen, wer zur Anrechnung befugt ist, was ausl Einkünfte sind und welche ausl Steuer angerechnet werden kann. – Vorrang von § 14 II ZIV (EU-Zinsquellensteuer; *BMF* BStBl I 16, 85 Rz 148).

21 **8. Wahlrecht zur Besteuerung nach allg Tarif, § 32d VI. – a) Günstigerprüfung.** Nach Abs 6 S 1 kann der StPfl wählen, seine Einkünfte aus KapVerm abw von § 32d den allg estrechtl Regelungen zur Ermittlung der tarifl ESt zu unterwerfen; dabei bleibt es beim Nichtabzug der tatsächl WK nach § 20 IX 1 HS 2 (FG RhPf EFG 13, 932, rkr; so auch *KSM* § 10b Rz B 375; *Fuhrmann* KÖSDI 12, 17977/87; *Weber-Grellet* DStR 13, 1357/63; § 20 Rz 204). Mit dieser Möglichkeit können StPfl, deren persönl StSatz niedriger als der AbgeltungSt-Satz ist, ihre Einkünfte aus KapVerm diesem niedrigeren StSatz unterwerfen. Günstiger ist die Einbeziehung in die allg Veranlagung, wenn die sich daraus ergebende ESt niedriger ist als die Summe aus ESt nach § 32d und aus der ESt ohne KapEinkünfte. Das kann zB bei Anwendung des Teileinkünfteverfahrens der Fall sein (§ 20 Rz 197); auch zur Verrechnung von Altverlusten (FG Mster EFG 15, 399, Rev VIII R 5/15; *Strauch* DStR 10, 254). Abs 6 S 1 idF JStG 10 stellt klar, dass nicht auf die festgesetzte ESt, sondern auf die gesamte Steuerbelastung einschl Zuschlagsteuer abzustellen ist. Nach **§ 32d VI 2 nF** ist die Anrechnungsmethode auch im Fall des § 32d VI 1 anwendbar (BT-Drs 6/10189, 70); abzustellen ist (abw von § 34c) auf die durch die KapErträge zusätzl verursachte Steuer (FG Saarl EFG 13, 1920, rkr). – Führt der Antrag nicht zu einer niedrigeren Steuer, gilt er als nicht gestellt (*BMF* BStBl I 16, 85 Rz 149f). – § 20 IX findet Anwendung (BFH VIII R 13/13 BStBl II 15, 393; § 20 Rz 205).

Fall: Der StPfl hat einen Verlustvortrag aus VuV von 600 T. Er erzielt Einkünfte nach § 20 aus ‚Darlehen A' an nahe Angehörige von 25 T und weitere Zinseinkünfte von 30 T aus Festgeldanlagen. Das FA besteuert alle Zinseinkünfte im VZ-Bescheid mit 25 vH. Zu Recht? – **(1)** Keine Abgeltung nach § 32d I für die Zinsen aus ‚Darlehen A' (§ 32d II Nr 1 Buchst a), damit keine Geltung des § 20 VI, IX (§ 32d II Nr 1 S 2); – **(2)** keine Verrechnung von KapVermVerlusten mit anderen Einkünften (§ 20 VI 1), unabhängig davon, ob die KapEinkünfte der AbgeltungSt unterliegen (§ 20 Rz 186); – **(3)** aber: Der Antrag auf Günstigerprüfung kann den Weg zu einem Verlustausgleich von positiven KapVermEinkünften und negativen anderen Einkünften ermöglichen (s oben); – **(4)** bei der Berechnung von Vorauszahlungen werden sämtl Einnahmen aus KapVerm sowie die anzurechnenden StAbzugsbeträge nicht berücksichtigt (*OFD Koblenz* S 2319 23.2.10 Rz 5.3; aA *FinMin SchlHol* StEK EStG § 32d Nr 11 (5.5.10): Günstigerprüfung auf Antrag).

22 **b) Antrag.** Der StPfl kann den Antrag bis zur Unanfechtbarkeit des Steuerbescheides stellen (BFH VIII R 14/13 BStBl II 15, 806), nach BMF so lange, wie Änderung mögl ist (*BMF* BStBl I 16, 85 Rz 145; *BayLfSt* DStR 15, 1506; Rz 17); auch Verlustrücktrag kann Wahlmöglichkeit eröffnen (§ 10d I 3). Das FA prüft iRd Steuerfestsetzung von Amts wegen, ob die Anwendung der allg Regelungen (insb unter Berücksichtigung des Grundfreibetrags und des Altersentlastungsbetrags; FG Ddorf 15 K 2784/09 F DStR 11, 112) zu einer niedrigeren StFestsetzung führt **(Günstigerprüfung).** Sollte dies nicht der Fall sein, zB weil der persönl StSatz des

StPfl über dem AbgeltungStSatz liegt, gilt der Antrag als nicht gestellt. Insofern bleibt es hinsichtl der Einkünfte aus KapVerm bei einer Berechnung der ESt für die KapEinkünfte nach Abs 3 sowie Abs 4 oder bei einer Abgeltung der ESt nach § 43 V, also bei einer Steuer von 25%.

c) Einheitl Wahlausübung. Abs 6 S 3 stellt klar, dass die Wahlmöglichkeit des Satzes 1 für den jeweiligen VZ nur einheitl für sämtl KapErträge geltend gemacht werden kann. Damit wird verhindert, dass die Bezieher hoher KapEinkünfte, die keine oder nur geringe andere Einkünfte haben, ledigl einen Teil ihrer KapEinkünfte in die allg EStBerechnung einbeziehen. Abs 6 S 4 erstreckt die Regelung des S 3 auf zusammenveranlagte Eheleute. 23

§ 33 Außergewöhnliche Belastungen

(1) **Erwachsen einem Steuerpflichtigen zwangsläufig größere Aufwendungen als der überwiegenden Mehrzahl der Steuerpflichtigen gleicher Einkommensverhältnisse, gleicher Vermögensverhältnisse und gleichen Familienstands (außergewöhnliche Belastung), so wird auf Antrag die Einkommensteuer dadurch ermäßigt, dass der Teil der Aufwendungen, der die dem Steuerpflichtigen zumutbare Belastung (Absatz 3) übersteigt, vom Gesamtbetrag der Einkünfte abgezogen wird.**

(2) [1] **Aufwendungen erwachsen dem Steuerpflichtigen zwangsläufig, wenn er sich ihnen aus rechtlichen, tatsächlichen oder sittlichen Gründen nicht entziehen kann und soweit die Aufwendungen den Umständen nach notwendig sind und einen angemessenen Betrag nicht übersteigen.** [2] **Aufwendungen, die zu den Betriebsausgaben, Werbungskosten oder Sonderausgaben gehören, bleiben dabei außer Betracht; das gilt für Aufwendungen im Sinne des § 10 Absatz 1 Nummer 7 und 9 nur insoweit, als sie als Sonderausgaben abgezogen werden können.** [3] **Aufwendungen, die durch Diätverpflegung entstehen, können nicht als außergewöhnliche Belastung berücksichtigt werden.** [4] **Aufwendungen für die Führung eines Rechtsstreits (Prozesskosten) sind vom Abzug ausgeschlossen, es sei denn, es handelt sich um Aufwendungen ohne die der Steuerpflichtige Gefahr liefe, seine Existenzgrundlage zu verlieren und seine lebensnotwendigen Bedürfnisse in dem üblichen Rahmen nicht mehr befriedigen zu können.**

(3) [1] **Die zumutbare Belastung beträgt**

bei einem Gesamtbetrag der Einkünfte	**bis 15 340 EUR**	**über 15 340 EUR bis 51 130 EUR**	**über 51 130 EUR**
1. bei Steuerpflichtigen, die keine Kinder haben und bei denen die Einkommensteuer			
a) nach § 32a Absatz 1,	**5**	**6**	**7**
b) nach § 32a Absatz 5 oder 6 (Splitting-Verfahren)	**4**	**5**	**6**
zu berechnen ist;			
2. bei Steuerpflichtigen mit			
a) einem Kind oder zwei Kindern,	**2**	**3**	**4**
b) drei oder mehr Kindern	**1**	**1**	**2**
	Prozent des Gesamtbetrags der Einkünfte.		

[2] **Als Kinder des Steuerpflichtigen zählen die, für die er Anspruch auf einen Freibetrag nach § 32 Absatz 6 oder auf Kindergeld hat.**

(4) **Die Bundesregierung wird ermächtigt, durch Rechtsverordnung mit Zustimmung des Bundesrates die Einzelheiten des Nachweises von Aufwendungen nach Absatz 1 zu bestimmten.**

Einkommensteuer-Durchführungsverordnung:

§ 64 *Nachweis von Krankheitskosten*

(1) **Den Nachweis der Zwangsläufigkeit von Aufwendungen im Krankheitsfall hat der Steuerpflichtige zu erbringen:**

1. durch eine Verordnung eines Arztes oder Heilpraktikers für Arznei-, Heil- und Hilfsmittel (§§ 2, 23, 31 bis 33 des Fünften Buches Sozialgesetzbuch);

2. durch ein amtsärztliches Gutachten oder eine ärztliche Bescheinigung eines Medizinischen Dienstes der Krankenversicherung (§ 275 des Fünften Buches Sozialgesetzbuch) für

a) eine Bade- oder Heilkur; bei einer Vorsorgekur ist auch die Gefahr einer durch die Kur abzuwendenden Krankheit, bei einer Klimakur der medizinisch angezeigte Kurort und die voraussichtliche Kurdauer zu bescheinigen,

b) eine psychotherapeutische Behandlung; die Fortführung einer Behandlung nach Ablauf der Bezuschussung durch die Krankenversicherung steht einem Behandlungsbeginn gleich,

c) eine medizinisch erforderliche auswärtige Unterbringung eines an Legasthenie oder einer anderen Behinderung leidenden Kindes des Steuerpflichtigen,

d) die Notwendigkeit der Betreuung des Steuerpflichtigen durch eine Begleitperson, sofern sich diese nicht bereits aus dem Nachweis der Behinderung nach § 65 Absatz 1 Nummer 1 ergibt,

e) medizinische Hilfsmittel, die als allgemeine Gebrauchsgegenstände des täglichen Lebens im Sinne von § 33 Absatz 1 des Fünften Buches Sozialgesetzbuch anzusehen sind,

f) wissenschaftlich nicht anerkannte Behandlungsmethoden, wie z. B. Frisch- und Trockenzellenbehandlungen, Sauerstoff-, Chelat- und Eigenbluttherapie.

2 **Der nach Satz 1 zu erbringende Nachweis muss vor Beginn der Heilmaßnahme oder dem Erwerb des medizinischen Hilfsmittels ausgestellt worden sein;**

3. durch eine Bescheinigung des behandelnden Krankenhausarztes für Besuchsfahrten zu einem für längere Zeit in einem Krankenhaus liegenden Ehegatten oder Kind des Steuerpflichtigen, in dem bestätigt wird, dass der Besuch des Steuerpflichtigen zur Heilung oder Linderung einer Krankheit entscheidend beitragen kann.

(2) **Die zuständigen Gesundheitsbehörden haben auf Verlangen des Steuerpflichtigen die für steuerliche Zwecke erforderlichen Gesundheitszeugnisse, Gutachten oder Bescheinigungen auszustellen.**

Einkommensteuer/Lohnsteuer-Richtlinien/Verwaltungsschreiben: EStR 33.1–33.4/EStH 33.1–33.4; LStH 33. – *BMF* BStBl I 02, 1389 (krankheits-/behinderungsbedingte Unterbringung naher Angehöriger); *BMF* BStBl I 03, 360 (vollstationäre Unterbringung erwachsener behinderter Kinder); *BMF* BStBl I 11, 1286 (Prozesskosten, Nichtanwendungserlass); *BMF* BStBl I 13, 769 (Hochwasserschäden)

Übersicht

I. Allgemeines

1. Bedeutung. § 33 ist **keine Tarifvorschrift.** Wenn die Vorschrift auch im EStG unter „IV. Tarif" angesiedelt ist, so ist sie ihrem Rechtscharakter nach mit den SA verwandt. Die agB wird ebenso wie die SA vom Gesamtbetrag der Einkünfte abgezogen (§ 2 IV). **§ 10d** gilt für die agB nicht, was bei enormen Schäden (zB Flutkatastrophe), die über den Gesamtbetrag der Einkünfte hinausgehen, zum Verlust von Abzugsmöglichkeiten führt (s BFH IX B 191/09 BFH/NV 10, 1270); dies sollte vom Gesetzgeber oder aber im Einzelfall über § 163 AO (s Rz 5) korrigiert werden. – Die agB soll den Fällen Rechnung tragen, in denen das Existenzminimum des § 32a I Nr 1 durch außergewöhnl Umstände im Bereich der privaten Lebensführung höher liegt als im Normalfall (*Tipke/Lang* LB § 9 Rz 718 ff; s auch BFH VI R 61/12 BStBl II 14, 458: Treppenlift). Dies hat Auswirkung auf die Auslegung des § 33 (aA *KSM* § 33 A 12). Während das Gesetz die gewöhnl (normalen) Lebensaufwendungen durch den Grundfreibetrag (§ 32a I Nr 1), den sog Familienleistungsausgleich (§ 31) und durch SA (§ 10) für abgegolten ansieht (BFH VI R 85/13 BStBl II 15, 586), soll § 33 *darüber hinausgehende* **zwangsläufige** und **existenziell notwendige private Aufwendungen** erfassen, die sich wegen ihrer Außergewöhnlichkeit einer Typisierung entziehen (BFH VI R 31/14 BStBl II 16, 40 mwN; s auch *Geserich* DStR 13, 1861/6; krit *Jakob/Jüptner* StuW 83, 208; anderer Ansatzpunkt *KSM* § 33 A 1 ff, B 44 ff: Trennung der disponiblen von der nicht disponiblen Einkommensverwendung; iÜ vgl Rz 14). § 12 kann der Anwendung der §§ 33–33c nicht entgegenstehen (s Wortlaut des § 12). Der BFH hat § 33 mitunter als eine den §§ 131 RAO und 163, 227 AO wesensverwandte Regelung aufgefasst, die dazu dienen soll, unzulässige Härten bei der Besteuerung zu vermeiden (BFH VI R 37/76 BStBl II 79, 558; dagegen zu Recht *HHR* § 33 Rz 8, mwN; *KSM* § 33 A 7 ff, ausführl zum Verhältnis des § 33 zu den Billigkeitsvorschriften der AO). Dies bedeutet also nicht, dass die Entscheidung nach § 33 eine Ermessensentscheidung wäre. Der StPfl hat bei Vorliegen der Vor- 1 aussetzungen des § 33 einen **Rechtsanspruch** auf die Steuerermäßigung (s auch *Kanzler* NWB 11, 249). Die Entscheidung des FA ist vom FG in vollem Umfang überprüfbar; sind die Voraussetzungen des § 33 nicht erfüllt, so kann dennoch eine Billigkeitsmaßnahme nach §§ 163, 227 AO in Betracht kommen (BFH III R 191/90 BStBl II 92, 293).

Bei § 33 geht es um die Erfassung der **subj Leistungsfähigkeit** (*Jakob/Jüptner* StuW 83, 206) und letztl um die Frage, ab wann der Einzelne Anspruch auf die Solidarität der staatl Gemeinschaft hat (glA *Crezelius* LB § 9 Rz 31). Ist das allg Lebensrisiko betroffen, so hat der StPfl die damit zusammenhängenden Kosten selbst zu tragen (*Rasenack* DB 83, 1272, mit Anleihen an Gedankengänge aus dem zu Art 14 GG entwickelten Entschädigungsrecht). Eine Einzelfall-Rspr wird sich nicht vermeiden lassen. Zur VerfMäßigkeit des § 33 s *HHR* § 33 Rz 9. – Zur **Rechtsentwicklung** s *HHR* Rz 2 und *Blümich* § 33 Rz 2 ff. Zu **Reformüberlegungen** s *Steger,* Die agB im Steuerrecht (Diss 2007), S 54 ff, und *HHR* Rz 3. Zur Regelung der agB in anderen europäischen Staaten s *KSM* § 33 A 52 ff.

2 **2. Persönl Anwendungsbereich.** § 33 gilt für unbeschr StPfl (§ 1 I–III); beschr StPfl können keine agB geltend machen (§ 50 I 3). – Für **Ehegatten** galt gem §§ 26, 26a II 1 aF bislang, dass die Ausgaben des einen ohne weiteres auch als solche des anderen anzusehen sind, ohne dass es darauf ankommt, wer von beiden die Ausgaben getragen hat (BFH VI R 98/77 BStBl II 81, 158; BFH VIII R 12/66 BStBl II 72, 757; s auch Rz 4). IRd § 26c aF waren aber die agB jeweils nur bei dem Ehegatten zu berücksichtigen, dem sie erwachsen sind. Zur Rechtslage ab VZ 2013 s § 26a Rz 7 f.

3 **3. Konkurrenzen; Verfahren.** In sachl Hinsicht ist § 33 durch **§ 33a IV** für typische Unterhaltsleistungen (dazu BFH III R 42/99 BStBl II 02, 473) **eingeschränkt** (s Rz 35 „Unterhalt" und § 33a Rz 56, auch zur Ablösung von Unterhaltszahlungen; s ferner *BMF* BStBl I 02, 1389 zur Abgrenzung von typischem Unterhalt und anderen agB; s weiter bis VZ 2012 *BMF* BStBl I 03, 360 zu Aufwendungen der Eltern von vollstationär untergebrachten erwachsenen Behinderten). – Zum **Konkurrenzverhältnis** zw § 33 und **§ 33b** s dort Rz 4 und BFH VI R 7/09 BStBl II 10, 280. Zu **§ 33c** aF s BFH III B 4/01 BFH/NV 02, 1432; zu **§ 4f** aF bzw **§ 9c** aF und **§ 10 I Nr 7 und 9** s Rz 4. Zu **§ 35a** s § 35a Rz 25: Wahlrecht (s auch BFH VI R 12/12 BStBl II 14, 970). – Die Steuerermäßigung nach § 33 wird auf **Antrag** des StPfl oder seines Erben gewährt. Der Antrag kann noch vor dem FG bis zum Schluss der mündl Verhandlung, allerdings nicht mehr im Revisionsverfahren, gestellt oder zurückgenommen werden (BFH I R 120/91 BStBl II 93, 738). Erkennen FA oder FG, dass der StPfl eine agB beantragen könnte, so haben sie hierauf aufmerksam zu machen. Die **Nachholung eines Antrags** ist *für sich allein* (weil bloße Verfahrenshandlung) keine Tatsache iSd § 173 I Nr 2 AO, die zu einer Aufhebung oder Änderung eines bestandskräftigen, nicht unter dem Vorbehalt der Nachprüfung stehenden EStBescheids führen kann. Wohl aber ist der der Steuervergünstigung zu Grunde liegende Sachverhalt eine Tatsache iSd § 173 I Nr 2 AO (ausführl BFH III R 24/02 BStBl II 04, 394 mwN; s auch BFH VI R 58/07 BStBl II 10, 531: keine Änderung, wenn StB Krankheitskosten vergisst). – VAe anderer Behörden können das FA von vornherein nicht binden, sofern nicht unmittelbar über Besteuerungsgrundlagen vorab entschieden wird (BFH III R 69/87 BStBl II 91, 755: Asylberechtigung sagt nichts darüber aus, ob die Flucht zwangsläufig war). Umgekehrt erzeugt eine Entscheidung über die agB in einem EStBescheid keine Bindungswirkung für Leistungen nach dem BAföG (BFH III R 49/93 BStBl II 96, 654).

4 **4. Ausgeschlossene Aufwendungen, § 33 II 2–4.** Aufwendungen, die ihrer Natur nach **BA, WK oder SA** sind, können als agB nicht berücksichtigt werden. Nach zutr hM bleiben diese Aufwendungen als agB auch insoweit außer Betracht, als sie sich steuerl als BA, WK oder SA *nicht* auswirken (BFH III R 191/90 BStBl II 92, 293, beschr abzugsfähige SA); hier kann im Einzelfall aber ein Erlass nach § 163 AO in Betracht kommen (s BFH III R 191/90 BStBl II 92, 293,

Krankenversicherungsbeiträge; vgl auch *Sunder-Plassmann* DStR 92, 1302). – § 33 II 2 gilt auch bei Aufwendungen des einen **Ehegatten/LPart** für den anderen, in dessen Person die Verpflichtung betriebl veranlasst ist (BFH VIII R 12/66 BStBl II 72, 757, mwN), nicht aber bei Aufwendungen der Eltern für ihre Kinder (FG RhPf EFG 82, 28, rkr). Offen ist, ob § 33 II 2 auch für Leistungen gilt, die der Art nach SA einer dritten Person sind, die der StPfl für diese im abgekürzten Zahlungsweg leistet (BFH III R 42/99 BStBl II 02, 473, Nachzahlungen zur Rentenversicherung; dazu *Hettler* HFR 02, 703). Durch Antrag auf Realsplitting (§ 10 I Nr 1) werden die gesamten Unterhaltsleistungen zu SA umqualifiziert und sind damit, auch soweit sie über den Höchstbetrag (13 805 €) hinausgehen, nicht als agB abziehbar (BFH III R 23/98 BStBl II 01, 338, auch bei Nachzahlungen für frühere Jahre; evtl hier aber Billigkeitsmaßnahmen; krit *Paus* DStZ 01, 591; s auch *Kanzler* FR 01, 435). – Für **Berufsausbildungskosten** (§ 10 I Nr 7) und für **Schulgeldzahlungen** (§ 10 I Nr 9; bedeutsam für krankheitsbedingte Internatsunterbringung, s Rz 35 „Internat" und „Therapie") gilt das Abzugsverbot *nur der Höhe nach.* – **Diätkosten** sind ausnahmslos nicht als agB abzugsfähig, auch wenn sie mit einer Krankheit in Zusammenhang stehen und eine medikamentöse Behandlung ersetzen (ausführl: BFH III R 48/04 BStBl II 07, 880 mwN zu Zöliakie, VerfBeschw nicht angenommen; Anm *Greite* HFR 07, 1203); zur Abgrenzung zw Arzneimittel und Diätverpflegung s BFH VI R 89/13 BStBl II 15, 703. – Mit dem AhRLUmsG hat der Gesetzgeber den Abzug von **Prozesskosten** als agB wieder eingeschränkt; s Rz 35 „Prozesskosten". – **Zu § 33a IV** s § 33a Rz 5 ff.

5. Zeitpunkt des Abzugs als agB. Für § 33 gilt das **Belastungsprinzip** 5
(dazu und zur Vorteilsanrechnung s Rz 12, 13). Nach zutr Rspr (BFH VI R 67/79 BStBl II 82, 744) wird hierdurch aber nur die Höhe des Abzugsbetrags beeinflusst, nicht der Abzugszeitpunkt. Dieser richtet sich nach § 11 II, dh, die agB ist im VZ der Verausgabung – ggf vermindert um zu erwartende Ersatzleistungen (Anm HFR 83, 13) – steuermindernd zu berücksichtigen (s auch BFH X R 23/12 BStBl II 14, 684, unter II.3). Dies gilt auch, wenn die Aufwendungen aus einem **Darlehen** bestritten werden (BFH VI R 41/05 BStBl II 11, 389, mwN; BFH III B 155/96 BFH/NV 98, 850, BAföG; FG Mchn EFG 08, 455, rkr). Der Auffassung der FinVerw, dass die Aufwendungen ggf über einen längeren Zeitraum **(Nutzungsdauer)** zu verteilen sind, ist der BFH nicht gefolgt (BFH VI R 7/09 BStBl II 10, 280; s auch *Kanzler* FR 02, 1139, mwN; *Eschenbach* DStZ 08, 133). Dies kommt allenfalls (zugunsten und auf Antrag des StPfl) gem § 163 AO dann in Betracht, wenn ein zu geringer Gesamtbetrag der Einkünfte im VZ der Verausgabung dem vollen Abzug der Aufwendungen entgegensteht (BFH aaO, Rz 20; s auch *Kanzler* FR 12, 1133 [1134], und jetzt FG Saarl EFG 13, 1927, rkr: Verteilung auf bis zu 5 Jahre; aA FG BaWü EFG 15, 1207, Rev VI R 36/15). – Zu **missbräuchl Gestaltung** bei Vorauszahlung von Krankheitskosten zur Kompensation einer Abfindung s FG Mchn EFG 14, 1683, rkr.

II. Berücksichtigung außergewöhnl Belastungen

1. Begriff „außergewöhnl Belastung". – a) Aufwendungen. Unter diesen 6
Begriff fallen nur bewusste und gewollte Vermögensverwendungen **(Ausgaben),** also Geldausgaben und Zuwendungen von Sachwerten (BFH III R 26/89 BFH/NV 91, 669; nicht aber gebrauchte Kleidung, FG Hess EFG 85, 350, rkr), auch wenn sie aus geschenkten Mitteln stammen (Anm HFR 89, 19). **Entgangene Einnahmen** (zB Verdienstausfall infolge Krankheit) sind ebenso wenig Ausgaben (BFH III B 26/95 BFH/NV 96, 128, mwN; BFH VI B 43/09 BFH/NV 10, 852) wie selbst erbrachte Pflegeleistungen (FG Mster EFG 15, 1198, rkr) oder reine **Vermögensverluste,** die ohne den Willen des StPfl eintreten (zB durch Diebstahl, Brand, Unfall; zu Wasserschaden im Haus s BFH III R 27/92 BStBl II 95, 104; FG Nds EFG 98, 319, rkr, Kfz-Diebstahl; FG BaWü EFG 06, 1318, rkr, ver-

untreutes Geld; *HHR* § 33 Rz 34 „Schäden"; krit *Jakob/Jüptner* StuW 83, 208, Fn 28; aA *Seitrich* BB 90, 470: Einbeziehung unfreiwilliger Verluste); von den Vermögensverlusten sind die Schadensbeseitigungskosten zu unterscheiden (s Rz 11). Zu **„Betrugsverlusten"** s Rz 35. Ausgaben infolge einer **Erpressung** sind, wenn auch erzwungen, so doch willentl erfolgt; sie können daher unter § 33 fallen (s Rz 35 „Lösegeld"; vgl auch FG Ddorf EFG 09, 182, rkr). Stellt sich der Vermögensverlust als (vorauskalkulierter) Einsatz für einen nach § 33 begünstigten Zweck dar, so kann hierin durchaus im Einzelfall eine Ausgabe erblickt werden. Auch der **Verzicht auf eine Forderung** kann entgegen FG Nds (EFG 67, 233, rkr) eine Aufwendung iSd § 33 I darstellen (*Littmann* § 33 Rz 69; *HHR* § 33 Rz 34 „Forderungsverzicht"), nicht aber die Hingabe eines Darlehens (BFH VI B 113/08, BFH/NV 09, 1631) oder der Verlust der Darlehensforderung wegen Zahlungsunfähigkeit eines Schuldners (FG Nbg EFG 67, 405, rkr; FG Ddorf EFG 67, 560, rkr). Ist infolge reiner Vermögensverluste (Diebstahl, Zahlungsunfähigkeit des Schuldners) die Festsetzung oder Erhebung der ESt im Einzelfall unbillig, so kann allenfalls über §§ 163, 227 AO geholfen werden, nicht über § 33.

7 **b) Einkommensbelastung; Vermögensbelastung.** Nach früherer BFH-Rspr und hM in der Literatur konnten unter § 33 nur Aufwendungen fallen, die regelmäßig aus dem Einkommen bestritten wurden. Diese Rspr (s dazu 13. Aufl) ist durch BFH III R 27/92 BStBl II 95, 104 mit überzeugenden Gründen aufgegeben worden (Lösung über die Auslegung des Tatbestandsmerkmals „Außergewöhnlichkeit", s Rz 15 und *Sunder-Plassmann* DStR 93, 1164 f; *Brockmeyer* DStZ 98, 216).

8 **c) Vorhandensein eigenen Vermögens.** Auf das Vorhandensein eigenen Vermögens des StPfl bzw die Höhe kommt es nicht an (*HHR* § 33 Rz 46). § 33 III ist mE in Bezug auf die finanziellen Verhältnisse des StPfl abschließend.

9 **d) Gegenwertlehre. – aa) Rechtsprechungswandel.** Nach bislang hM und ständiger Rspr des BFH (s dazu *Brockmeyer* DStZ 98, 215) konnten Aufwendungen nicht als agB berücksichtigt werden, wenn der StPfl einen Gegenwert oder nicht nur vorübergehende Vorteile erlangt hatte (s BFH III R 10/04 BFH/NV 06, 931 mwN): Von einer Belastung, deren Berücksichtigung bei der Besteuerung offensichtl eine Härte wäre, könne (so BFH VI 23/65 S BStBl III 65, 441) nicht gesprochen werden, wenn Gegenstände angeschafft würden, die von bleibendem oder doch länger dauerndem Wert und Nutzen seien und die eine gewisse Marktgängigkeit besäßen (vgl BFH III R 10/04 BFH/NV 06, 931, mwN; s auch BVerfG 1 BvR 512/65 BStBl III 67, 106: verfgemäß). – Der seit 2009 für agB (wieder) allein zuständige VI. Senat des BFH hat die Gegenwertlehre zwar nicht ausdrückl aufgegeben; er hat aber ihre **Bedeutung stark eingeschränkt:** Auf die Erlangung eines Gegenwertes kommt es jedenfalls dann nicht mehr an, wenn die betroffenen Aufwendungen „stark unter dem Gebot der sich aus der Situation ergebenden Zwangsläufigkeit" stehen (BFH VI R 7/09 BStBl II 10, 280; Rz 35 „Behinderung"). Während BFH VI R 7/09 noch darauf abgestellt hat, dass es sich um ein nicht vorhersehbares Ereignis (Schlaganfall) gehandelt hatte, das den Eintritt einer schwerwiegenden Folge (Behinderung) nach sich zog und ein schnelles Handeln (Umbaumaßnahmen) erforderl machte, und dass keine zumutbaren Handlungsalternativen bestanden (zB Suche einer behindertengerechten Wohnung), hat er nunmehr klargestellt, dass es auf diese Gesichtspunkte nicht ankommt (BFH VI R 16/10 BStBl II 11, 1012). IÜ muss sich der StPfl nur einen „realen", also *bezifferbaren* Gegenwert anrechnen lassen, der ggf durch einen Sachverständigen festzustellen ist (BFH VI R 7/09 BStBl II 10, 280; s auch *Kanzler* NWB 10, 9). – Zur Kritik der Gegenwertlehre s iÜ *HHR* § 33 Rz 39: unzulässige Einschränkung des gesetzl Tatbestands; *KSM* § 33 Rz B 34–38; *Eschenbach* DStZ 08, 133.

10 **bb) Verlorener Aufwand.** Ungeachtet der Gegenwertlehre hat die Rspr auch bisher schon über die Berücksichtigung eines „verlorenen Aufwands" Korrekturen zugelassen. Dieser Gedanke ist durch BFH III R 27/92 BStBl II 95, 104 für den

Fall eines Wasserschadens am selbst bewohnten Einfamilienhaus fortentwickelt worden: Handelt es sich nicht um einen Fall der Vermögensumschichtung, sondern um den **Ausgleich eines endgültigen Verlustes** in einem existenziell wichtigen Bereich (zB Wohnung oder Haus, vgl BFH VI R 21/11 BStBl II 12, 574, Rz 26; nicht aber bei Brandschaden am Geräteschuppen, s FG Nds EFG 96, 180, rkr, zutr) auf Grund eines außergewöhnl Ereignisses (s Rz 14 ff), so entsteht durch die Schadensbeseitigung dem Grunde nach ein verlorener Aufwand, der ohne Rücksicht auf einen erlangten Gegenwert als agB geltend gemacht werden kann, sofern keine Anhaltspunkte für ein eigenes (ursächl) Verschulden (s Rz 18) des StPfl erkennbar und realisierbare Ersatzansprüche gegen Dritte nicht gegeben sind (s Rz 21, auch zum Abschluss von Versicherungen). Dies gilt ebenso bei Aufwendungen für die Beseitigung umweltbedingter Schäden (BFH III R 6/01 BStBl II 02, 240; *Hettler* HFR 02, 206; BFH III R 52/99 BStBl II 02, 592). – Bei Schäden an Vermögensgegenständen ist besonders darauf zu achten, ob bei der Schadensbeseitigung Werterhöhungen zufließen (also Prüfung der Höhe nach). Wertverbesserungen sind im Wege des **Vorteilsausgleichs** anzurechnen (s BFH III R 27/92 BStBl II 95, 104, unter 4. der Gründe: Tapeten in einem elf Jahre alten Haus; s auch BFH VI R 16/09 BStBl II 11, 966: Anschaffung neuer Möbel bei Asthma). Zu beachten ist ferner, dass der zerstörte oder beschädigte Vermögensgegenstand in Größe und Ausstattung nicht erhebl über das Notwendige und Übliche hinausgehen darf; daher kann über § 33 nicht die Wiederherstellung eines *Luxuszustands,* sondern nur eines *Normalzustands* berücksichtigt werden (FG Mchn DStRE 00, 22, rkr, Schäden am Nebenwohnsitz).

cc) Ausnahmen von der Gegenwertlehre. Von der Anwendung der Gegenwertlehre wurde darüber hinaus ohnehin abgesehen bei der steuerl Beurteilung von Aufwendungen für **anzuerkennende medizinische Hilfsmittel,** die nur dem Kranken dienen (BFH III R 54/90 BStBl II 91, 920; Anm *Kanzler* FR 91, 727; nicht bei Gegenständen der allg Lebensführung, BFH III R 74/87 BStBl II 92, 290), und für die **Wiederbeschaffung von Hausrat und Kleidung,** wenn der Verlust auf einem unabwendbaren Ereignis beruht (gegen dieses Merkmal *HHR* § 33 Rz 74) und Gegenstände angeschafft worden sind, die zur angemessenen Auffüllung von Hausrat und Kleidung üblicherweise notwendig sind (zuletzt BFH III R 8/95 BStBl II 99, 766 mwN). 11

Diese Ausnahmen sind aber auf einen engen Kreis von besonders schwerwiegenden, aus dem normalen Geschehensablauf weit herausragenden Ereignissen beschränkt worden (höhere Gewalt: zB Brand, Hochwasser, Unwetter, Kriegseinwirkung, Vertreibung, politische Verfolgung; s Rz 35 „Hausrat“ und *BMF* BStBl I 13, 769, VI.); nicht, wenn das Heimatland aus berufl oder wirtschaftl Gründen verlassen wurde und nun die *Rückkehr* Gefahren für Leib und Leben mit sich brächte (BFH III R 69/87 BStBl II 91, 755, Asylberechtigter). Ob auch Diebstahl von Hausrat oder Kleidung ohne Einschränkung als unabwendbares Ereignis angesehen werden kann, hat BFH VI R 67/70 (BStBl II 74, 335) angezweifelt. BFH VI R 185/74 (BStBl II 76, 712) hat eine Ausnahme von der Gegenwertlehre bei Aufwendungen für die Wiederbeschaffung von im Urlaub entwendeten Kleidungsstücken abgelehnt. Verluste iZm **Vermögensanlagen** s Rz 35 „Betrugsverlust“.

e) Ausgabenersatz. Legt der StPfl eine Ausgabe ledigl vor und erhält er sie von dritter Seite ersetzt (zB Krankenversicherung, Beihilfe, Schadensersatz nach Unfall), so handelt es sich nur um eine *vorübergehende* Belastung. Nach Sinn und Zweck des § 33 sind aber nur solche Aufwendungen abzugsfähig, die den StPfl *endgültig* belasten. Soweit der StPfl von dritter Seite einen Aufwendungsersatz erhält, scheidet daher nach zutr hM ein Abzug als agB aus (**Belastungsprinzip,** ständige Rspr, s BFH III R 8/95 BStBl II 99, 766 mwN; *HHR* § 33 Rz 42; *Brockmeyer* DStZ 98, 215 f). Das gilt allerdings nur dann, wenn (stfreie) Ersatzleistung und Aufwand **auf dem näml Ereignis** beruhen; anzurechnen sind nur Vorteile in Geld oder Geldeswert, die der StPfl erhält, um die entstandenen außergewöhnl Aufwendungen auszugleichen (BFH VI R 8/10 BStBl II 11, 701 mwN). 12

Beispiele: Pflegegeld aus einer ergänzenden Pflege-KV ist auf die als agB geltend gemachten Pflegekosten anzurechnen (BFH VI R 8/10 BStBl II 11, 701). Leistungen aus einer **Krankentagegeldversicherung** (Ausgleich für Verdienstausfall) sind *nicht* auf die Krankheitskosten anzurechnen; Leistungen aus einer **Krankenhaustagegeldversicherung** sind dagegen auf die Krankenhauskosten (nicht dagegen zB auf Kosten für eine ambulante Behandlung) anzurechnen (BFH VI R 242/69 BStBl II 72, 177). Sind dem StPfl die Mittel zur Begleichung seiner Aufwendungen geschenkt worden, erfolgt keine Vorteilsanrechnung (BFH VI R 242/69 BStBl II 72, 177). Das Gleiche gilt, wenn die vertragsgemäße Erstattung von Aufwendungen zu stpfl Einnahmen beim StPfl führt (BFH VI R 63/73 BStBl II 75, 632). Mit diesen Entscheidungen lassen sich die Grundsätze von BFH VI 26/64 U BStBl III 64, 547, wonach sämtl Krankheitskosten eines VZ ein einheitl Komplex sind und sich der StPfl einen Überschuss aus einem Krankheitsfall auf Verluste aus einem anderen Krankheitsfall anrechnen lassen muss, nicht mehr zu vereinbaren. Dennoch hat sich der BFH von dieser Rspr nicht distanziert, sondern die Grundsätze noch für zutreffend gehalten (BFH VI R 242/69 BStBl II 72, 177 – wie hier auch *K/Mellinghoff* § 33 Rn 13).

13 Str ist, ob eine **Vorteilsanrechnung** auch vorzunehmen ist, wenn der Ersatz von Aufwendungen erst **in einem späteren VZ** geleistet wird bzw bereits in einem **vorangehenden VZ** geleistet worden ist. Nach zutr hM sind auch in diesen Fällen die zufließenden Ersatzleistungen auf die Aufwendungen anzurechnen, da das Abflussprinzip des § 11 II *insoweit* (s Rz 5) durch das für § 33 geltende Belastungsprinzip ausgeschaltet wird (BFH III R 8/95 BStBl II 99, 766, Anrechnung Hausratsversicherung). Eine Abzinsung von Erstattungsleistungen oder Ausgabenrückflüssen kommt nicht in Betracht (FG Mster EFG 87, 186, rkr). Ist die Erstattung bei Durchführung der Veranlagung bereits erfolgt, so bestehen bezügl der Vorteilsanrechnung keine verfahrensmäßigen Schwierigkeiten. Steht die Erstattung aber bei Durchführung der Besteuerung noch aus und ist sie der Höhe nach ungewiss, so empfiehlt es sich, die Höhe der Erstattung zu schätzen und den Steuerbescheid unter dem Vorbehalt der Nachprüfung bzw vorläufig zu erlassen (§§ 164, 165 AO, s *Seitrich* FR 84, 525 f; FG Mster EFG 87, 186, rkr, Lösegeldrückfluss; aA *HHR* § 33 Rz 40: Berücksichtigung im Jahr der Erstattung). Ist der Steuerbescheid ohne Vorbehalt der Nachprüfung ergangen und stellt sich später heraus, dass die Erstattung bei der Besteuerung unzutr geschätzt worden ist, kann der Bescheid nach § 175 I 1 Nr 2 AO geändert werden (FG Mchn EFG 15, 408, Rev VI R 72/14; FG Köln EFG 88, 422, rkr, mwN; *Blümich* § 33 Rz 71). Das Gleiche gilt, wenn der StPfl bei Erlass des Bescheids nicht mit einer Erstattung gerechnet hat und der volle Ausgabenbetrag als agB abgesetzt worden ist. Es gilt ferner, wenn eine agB im Hinblick auf eine sicher erwartete Erstattung nicht abgesetzt worden ist, die Erstattung im Folgejahr aber ausbleibt. In all diesen Fällen ist die Erstattung oder deren Ausbleiben ein Ereignis, das sich steuerl auf die Belastung des früheren VZ auswirkt (ebenso *HHR* § 33 Rz 40, mwN; *Stuhldreier* DStZ 84, 610; ähnl Problematik bei der **KiSt im SA-Bereich,** BFH XI R 10/04 BStBl II 04, 1058; BFH XI R 28/04 BFH/NV 05, 321).

14 **f) Außergewöhnlichkeit. – aa) Sonderaufwand.** Aufwendungen des StPfl sind nach § 33 nur abzugsfähig, wenn es sich um größere Aufwendungen handelt, als sie der überwiegenden Mehrzahl der StPfl gleicher Einkommensverhältnisse, gleicher Vermögensverhältnisse und gleichen Familienstandes entstehen (zur verunglückten Legaldefinition s *KSM* § 33 B 41). Durch das Tatbestandsmerkmal **„größere"** soll nicht etwa ausgedrückt werden, dass es auf die Höhe der Aufwendungen ankommt (*Tipke* StuW 75, 347). Vielmehr ist § 33 so zu verstehen, dass Aufwendungen abzugsfähig sind, die „der überwiegenden Mehrzahl der StPfl" nicht entstehen (zB BFH III R 11/91 BStBl II 92, 821 mwN, Kosten der Eheschließung keine agB). Dh, einer kleinen Minderheit müssen Sonderaufwendungen erwachsen. Dabei sind nicht etwa Belastete mit anderen ähnl Belasteten, sondern Belastete mit Unbelasteten zu vergleichen (*HHR* § 33 Rz 51). Da globale Katastrophen (Ozonloch, Reaktorunfall etc) nahezu alle StPfl treffen, fehlt insoweit das Merkmal der Außergewöhnlichkeit (*Kanzler* FR 93, 698).

§ 33 soll in Ergänzung des § 32a und des § 10 sicherstellen, dass die **Besteuerung erst jenseits des Existenzminimums** einsetzt (es geht um die Abschichtung ggü gewöhnl Aufwendungen, *Jakob/Jüptner* StuW 83, 210; *KSM* § 33 B 47 ff: Aufwendungen müssen indisponibel – also notwendig – und atypisch sein; die „Zwangsläufigkeit" soll der Außergewöhnlichkeit immanent sein). Daher sind sämtl übl Aufwendungen der Lebensführung aus dem Anwendungsbereich des § 33 ausgeschlossen (BFH VI R 74/10 BStBl II 12, 577, Rz 13; BFH VI R 62/08 BStBl II 10, 965: existenzieller Wohnbedarf). Wird mehr als nur eine kleine Minderheit von StPfl mit gewissen Ausgaben belastet, so sind dies übl Aufwendungen, die durch den **Grundfreibetrag** unabhängig davon abgegolten sind, ob dieser zu niedrig bemessen ist. Ferner können nur solche Aufwendungen unter § 33 fallen, die existenziell erforderl sind, aber weder durch den Grundfreibetrag noch durch § 10 erfasst werden (*Tipke* StuW 74, 347). Dies können nur Aufwendungen sein, die bereits der Art nach als außergewöhnl in Erscheinung treten (BFH VI R 120/73 BStBl II 75, 482, Umzug als alltägl Ereignis; BFH III R 12/92 BStBl II 95, 774, ebenso Erwerb eines Einfamilienhauses).

bb) Anknüpfungspunkt. Da die Aufwendungen stets Folge eines Ereignisses sind, ist es kaum vorstellbar, dass sie ohne Rückgriff auf das Ereignis als außergewöhnl charakterisiert werden können. Es ist daher der hM darin zu folgen, dass auch das die Aufwendungen auslösende Ereignis außergewöhnl sein muss (glA *KSM* § 33 B 42; *Blümich* § 33 Rz 83; aA *HHR* § 33 Rz 30). Bei Auslegung des § 33 im vorstehenden Sinne kann auf die Gegenwertlehre verzichtet werden (Rz 9). So sind die Aufwendungen jung verheirateter Eheleute für die Einrichtung des Hausstandes nicht wegen des Erhalts eines Gegenwerts vom Abzug als agB ausgeschlossen (so BFH VI 23/65 S BStBl II 65, 441), sondern weil die Einrichtung eines Hausstandes ebenso wie die Aufwendungen für die Wohnungsbeschaffung (BFH VI R 120/73 BStBl II 75, 482; BFH VI R 175/75 BStBl II 78, 526) regelmäßig typische und damit nicht außergewöhnl Lebenshaltungskosten sind (aA *HHR* § 33 Rz 73). 15

Weitere Beispiele: Wiederbeschaffung eines durch Unfall zerstörten Pkw (BFH VI R 84/70 BStBl II 74, 104) bzw Austausch des Getriebes (FG Köln EFG 09, 1299, rkr), Einbau von Schalldämmfenstern (BFH VI R 62/74 BStBl II 76, 194), Neuanschaffung von Gasgeräten nach Umstellung der Versorgung auf Erdgas (BFH VI R 67/70 BStBl II 74, 335) und Rückabwicklung eines Grundstückkaufvertrags (BFH III R 12/04 BFH/NV 05, 1287) bleiben nicht wegen des Erhalts eines Gegenwerts nach § 33 unberücksichtigt, sondern die hiermit verbundenen Aufwendungen stellen deshalb **keine agB** dar, weil es sich um **typische Vorgänge der Lebensführung** handelt. Das gilt aber uU nicht für außergewöhnl Schäden am selbst bewohnten Haus (s iEinz Rz 35 „Baumangel" und „Umweltbeeinträchtigung").

Die hier vertretene Auslegung des § 33 erfordert in jedem Einzelfall eine **soziale Wertung** dahingehend, ob die Aufwendungen und das sie auslösende Ereignis außerhalb der **normalen Lebensführung** liegen, so dass nach Sinn und Zweck des § 33 eine steuermindernde Berücksichtigung angemessen erscheint. Diese soziale Wertung wird sich den sich stets verändernden sozialen Verhältnissen anpassen müssen; eine kasuistische Rspr wird sich nicht vermeiden lassen. Die Begründung wird dem StPfl aber eher einleuchten als die Gegenwertlehre.

2. Zwangsläufigkeit. Die außergewöhnl Aufwendungen müssen **dem Grunde nach** zwangsläufig sein. Das sind sie dann, wenn der StPfl sich ihnen aus rechtl, tatsächl oder sittl Gründen nicht entziehen kann; dh die Gründe müssen von außen auf die Entschließung der StPfl so einwirken, dass er ihnen nicht ausweichen kann (BFH III R 23/05 BStBl II 07, 41 mwN). – Bei **Krankheitskosten** wird immer Zwangsläufigkeit unterstellt (s Rz 35 „Krankheitskosten"). – Zu den unterschiedl Anforderungen an die Zwangsläufigkeit iSd § 33 II und des § 33b VI s BFH III R 265/94 BStBl II 97, 558 und Anm HFR 97, 577. 16

a) Nicht-Entziehen-Können. – aa) Maßstab. Str ist, nach welchem Maßstab zu beurteilen ist, ob sich der StPfl den Aufwendungen aus den vorgenannten Gründen entziehen kann (s zum einen FG Mster EFG 95, 529, rkr: nach *inl* Maßstäben, wie § 33a I 6 letzter HS; *Blümich* § 33 Rz 91; dagegen allerdings BFH VI R 61/08 BStBl II 10, 621, Rz 14: kein Rückgriff auf die „Sondervorschrift" des 17

§ 33a I 3; s auch *Kanzler* FR 93, 694; *HHR* § 33 Rz 178; *KSM* § 33 A 15, C 7: rechtl Verpflichtung nach deutschem IPR, sittl Verpflichtung nach dem Maßstab, an den sich der Ausländer sittl gebunden fühlt). Die Zwangsläufigkeit ist jedenfalls nicht schon dann gegeben, wenn der StPfl sich subj verpflichtet gefühlt hat, obwohl er es nach der Verkehrsanschauung nicht gewesen ist (BFH III R 59/97 BStBl II 98, 605 mwN). Ist der StPfl aber infolge eines entschuldbaren Irrtums von einem Sachverhalt ausgegangen, bei dessen Vorliegen die Aufwendungen zwangsläufig gewesen wären, so kann eine Anwendung des § 33 in Betracht kommen (*HHR* § 33 Rz 177; zur Anerkennung agB in einer „notstandsähnl Zwangslage" s auch BFH VI R 11/09 BStBl II 11, 119). Die Zwangsläufigkeit ist zu verneinen, wenn der StPfl die Möglichkeit hatte, den Aufwendungen auszuweichen (BFH III R 36/01 BStBl II 04, 47 mwN). Daher ist stets danach zu fragen, ob das *Ereignis,* dessen Folge die Aufwendungen oder die Verpflichtung zur Bestreitung der Aufwendungen sind, für den StPfl zwangsläufig war.

S *Jakob/Jüptner* (StuW 83, 209 ff, 212) zu **Kausalitätsfragen:** Entscheidend ist die **wesentl Ursache,** die zu den Aufwendungen führt (BFH VI R 17/14 BStBl II 15, 800). Grds aA *HHR* § 33 Rz 180 ff: Nur die Aufwendungen, nicht das ihnen zu Grunde liegende Ereignis, müssen zwangsläufig sein; der Entschluss, Aufwendungen zu leisten, muss durch zwingende rechtl, tatsächl oder sittl Gründe, die auf den Willen des StPfl einwirken, bestimmt sein. Überzeugend gegen *HHR: KSM* § 33 C 14, zugleich gegen eine Überbewertung von Kausalitätsfragen s C 15–18: zu fragen sei stets, ob ein außergewöhnl, atypischer Sachverhalt die subj Leistungsfähigkeit mindere, ohne dass dem StPfl ein Vorwurf gemacht werden könne.

An der Zwangsläufigkeit fehlt es, wenn sich der StPfl bewusst und auf Grund freier Entscheidung in eine bestimmte Situation begeben und die damit verbundenen Folgen in Kauf genommen hat (*Littmann* § 33 Rz 135 ff), wie dies zB beim Abschluss von Verträgen und den damit uU verbundenen nachteiligen Folgen der Fall ist (s Rz 35 „Betrugsverluste").

18 **bb) Verschulden.** Des Weiteren ist die Zwangsläufigkeit zu verneinen, wenn der StPfl durch **schuldhaftes sozial inadäquates Verhalten** selbst die Ursache für die Aufwendungen gesetzt hat und wenn sich diese bei sozial adäquatem Verhalten hätten vermeiden lassen (ähnl auch *Littmann* § 33 Rz 141; krit zur Sozialadäquanz und zur Berücksichtigung mögl Alternativverhaltens *Jakob/Jüptner* StuW 83, 210, 241 f; aA *HHR* § 33 Rz 184–186, die danach fragen, ob die Inanspruchnahme des § 33 missbräuchl ist). **Grobfahrlässiges** oder **vorsätzl Verhalten** schließt Zwangsläufigkeit stets aus (BFH VI 272/61 S BStBl III 63, 499). Demgegenüber soll nach Anm HFR 86, 580 eine agB nicht von vornherein allein wegen des Grades der Fahrlässigkeit abzulehnen sein, da die Einschränkung der steuerl Leistungsfähigkeit unabhängig vom Fahrlässigkeitsgrad eintritt; es soll auch hier danach gefragt werden, ob sich die Inanspruchnahme einer agB als rechtsmissbräuchl erweist (glA *HHR* § 33 Rz 186, 300 „Schadensersatz"; mE wird durch diese Abgrenzung die Problematik nur verlagert, die Ergebnisse bleiben die Gleichen). **Leichte Fahrlässigkeit** iSe auch bei gewissenhaften Menschen vorkommenden, nicht ins Gewicht fallenden Außerachtlassens der im Verkehr erforderlichen Sorgfalt schließt die Zwangsläufigkeit nicht aus (grds BFH VI R 41/79 BStBl II 82, 749; krit *Jakob/Jüptner* StuW 83, 211, Fn 44). ME kann auch auf die im Zivilrecht entwickelten Grundsätze „gefahrgeneigter Arbeit" zurückgegriffen werden (glA wohl *KSM* § 33 C 21, 28; *Brockmeyer* DStZ 98, 218). Zu Nachweisfragen s *Sunder-Plassmann* DStZ 95, 194.

19 **cc) Straftat; Sittenwidrigkeit.** Strafbares oder sittenwidriges Tun ist nicht zwangsläufig; damit zusammenhängende Aufwendungen sind somit nicht abzugsfähig. Auch **Geldstrafen** und **Geldbußen** können nicht gem § 33 berücksichtigt werden. Eine Ausnahme wird man mit FG Brem (EFG 80, 183, rkr) zulassen können, wenn und soweit eine von einem ausl Gericht verhängte Geldstrafe nach deutschem Rechtsempfinden als offensichtl Unrecht erscheint.

20 **dd) Verzicht.** Beim Verzicht auf **Geltendmachung eines Ersatzanspruchs** (zB wegen Beitragsrückerstattung, FG Hbg DStRE 05, 191, rkr) verlieren die Aufwendungen den Charakter der Zwangsläufigkeit, es sei denn, die Geltendmachung des Ersatzanspruchs ist unzumutbar; ggü der Krankenkasse sind die Kosten schriftl geltend zu machen (BFH III R 91/89 BStBl II 92, 137, mE hätte zurückverwiesen werden müssen; zu Recht krit *Richter* DStR 92, 136; s auch BFH III R 48/93 BFH/NV 95, 24: Beihilfeanspruch muss geltend gemacht werden). Die Geltendmachung des Ersatzanspruchs kann unbillig sein, wenn nachteilige Auswirkungen auf das Fortkommen des StPfl zu befürchten sind; gerichtl Verfolgung des Anspruchs ist wegen des Prozessrisikos wohl nicht zu verlangen (s auch Anm HFR 92, 237).

21 **ee) Abschluss einer Versicherung.** Die Zwangsläufigkeit kann grds nicht damit abgelehnt werden, dass der StPfl durch Abschluss einer Versicherung die Aufwendungen hätte abwälzen können. Der Verzicht auf Abschluss einer Versicherung ist idR nicht sozial inadäquat. Etwas anderes gilt für Schäden an eigenen Vermögensgegenständen (Haus, Hausrat); hier wird die Zwangläufigkeit verneint, wenn der StPfl eine **übl und zumutbare** Versicherung nicht abgeschlossen hat (stRspr, ausführl BFH III R 36/01 BStBl II 04, 47 mwN; ebenso *BMF* BStBl I 02, 960, nicht aber für Elementarversicherung). Übl sind jedenfalls Feuer-, Sturm- und Hausratversicherung (zu Reisegepäckversicherung s FG BaWü EFG 08, 379, rkr). Dieser Rspr ist zuzustimmen, da sie dem veränderten Verhalten der Mehrheit der StPfl gerecht wird (ausführl *Steinhauff* HFR 04, 122). Zu beachten ist, dass auch bei Unterversicherung die Zwangsläufigkeit ausscheiden kann. S auch Rz 35 „Schadensersatz".

22 **ff) Aufwendungen zu Gunsten Dritter.** Bei Aufwendungen zu Gunsten Dritter muss geprüft werden, ob die unterstützte Person über eigenes, nicht nur geringfügiges Vermögen verfügt. Ist das der Fall, sind die Aufwendungen des StPfl idR nicht zwangsläufig (s BFH III R 25/01 BStBl II 03, 299 mwN). Volljährige Kinder sind grds verpflichtet, auch den **Vermögensstamm** einzusetzen (Umkehrschluss aus § 1602 BGB, s BFH VI R 61/08 BStBl II 10, 621); doch kann dies im Einzelfall unzumutbar sein (BFH aaO: maßvolle Altersvorsorge eines volljährigen behinderten Kindes, kein Rückgriff auf § 33a I 3). – Allg ist auch zu fragen, ob der Dritte die Aufwendungen nicht durch **Kreditfinanzierung** selbst hätte aufbringen können (BFH III R 209/81 BStBl II 87, 432) oder durch **Beleihung** seines Vermögens (FG Hbg EFG 98, 663, rkr; FG Hess EFG 02, 833, rkr; aber: keine Verpflichtung zur Beleihung einer „maßvollen" Unfallversicherung, s BFH III R 97/06 BFH/NV 09, 728). – Hat der Dritte die Aufwendungen durch **eigenes Verhalten** verursacht und stünde dies einer Anwendung des § 33 in seiner Person entgegen, soll die zwangsläufige Übernahme der Aufwendungen durch den StPfl gleichwohl mögl sein (BFH III R 145/85 BStBl II 90, 895, unter II, mwN).

Für den entschiedenen Fall mag dies iErg zutr sein; zu bedenken ist aber, dass das eigene Verhalten des Dritten derart sozialwidrig sein kann, dass eine Unterstützung durch den StPfl nicht mehr erwartet werden kann. Ist eine frühere **Vermögensübertragung** durch den Dritten an den StPfl ursächl für die Unterstützungsbedürftigkeit, so ist die Unterstützung durch den StPfl nicht zwangsläufig (BFH VI B 146/08, BFH/NV 10, 637; ausführl BFH III R 38/95 BStBl II 97, 387, Anm HFR 97, 485; *Dürr* INF 97, 353; *Paus* BB 97, 2559). Gleiches gilt, wenn Angehörige auf Grund eines strechtl nicht anerkannten Arbeitsvertrages für den StPfl tätig waren (BFH III R 81/96 BFH/NV 98, 293) oder wenn der StPfl im Haus der unterstützten Person kostenlos wohnt (FG Saarl EFG 98, 1588, rkr; FG Mchn EFG 98, 569, rkr, gemeinsame Haushaltsführung zwischen Eltern und Kind).

23 **b) Rechtl Gründe.** Rechtl Gründe können sich aus Gesetz, Verwaltungsakt oder Vertrag ergeben. Es ist aber stets zu untersuchen, ob die rechtl Verpflichtung die Folge eines vorhergehenden Verhaltens des StPfl ist. Die rechtl Gründe dürfen vom StPfl nicht selbst gesetzt sein (BFH III R 178/80 BStBl II 86, 745). Ist das vorhergehende Verhalten des StPfl selbst nicht zwangsläufig, so kann die sich hier-

aus ergebende rechtl (insb vertragl) Verpflichtung nicht zur agB des StPfl führen (zB BFH VI R 271/68 BStBl II 71, 628; *KSM* § 33 C 3; s auch Rz 17). Verpflichtungen auf Grund rechtsgeschäftl Vereinbarung können daher für sich allein eine Zwangsläufigkeit nicht begründen; es muss aus anderen Gründen eine Zwangsläufigkeit zu gerade dieser Leistung hinzutreten (BFH III R 59/97 BStBl II 98, 605).

24 **c) Tatsächl Gründe.** Zu den tatsächl Gründen gehören unabwendbare Ereignisse wie zB Katastrophen, Krieg, Vertreibung, nicht selbst verschuldeter Unfall, Krankheit, Tod, Erpressung. Es wird sich regelmäßig um Aufwendungen des StPfl für sich selbst handeln. Ob die Unterstützung dritter Personen aus tatsächl Gründen zwangsläufig sein kann, ist zweifelhaft; es kommt insoweit wohl nur eine Zwangsläufigkeit aus rechtl oder sittl Gründen in Betracht (offen gelassen in BFH III R 205/82 BStBl II 90, 294; aA BFH VI R 271/68 BStBl II 71, 628, Unterhalt und Berufsausbildung für Lebensretter; es handelte sich entgegen BFH nicht um tatsächl, sondern um sittl Gründe; krit auch *Jakob/Jüptner* StuW 83, 212, und *KSM* § 33 C 5).

25 **d) Sittl Gründe. – aa) Vergleichbare Zwangslage.** Eine Zwangsläufigkeit aus sittl Gründen setzt voraus, dass nach dem Urteil billig und gerecht denkender Menschen ein StPfl sich zu der Leistung verpflichtet halten kann (BFH VI R 51/09 BStBl II 10, 794 mwN). Dabei reicht es nicht aus, dass die Leistung menschl verständl ist; vielmehr muss die Sittenordnung das Handeln gebieten (BFH III R 23/02 BStBl II 04, 267 mwN). Allein das subj Gefühl, verpflichtet zu sein, genügt nicht (glA *HHR* § 33 Rz 190). Die sittl Verpflichtung muss den StPfl individuell oder eine kleine Minderheit der StPfl treffen; sie muss einer Rechtspflicht gleichkommen oder zumindest ähnl sein (ausführl BFH III R 265/94 BStBl II 97, 558). Daher begründet die **allg sittl Verpflichtung,** in Not geratenen Mitbürgern zu helfen, keine Zwangsläufigkeit iSd § 33 (BFH VI R 320/65 BStBl III 66, 534; FG Köln EFG 85, 122, rkr, fremde Familie in Indien). Das Gleiche gilt für **Anstandspflichten, Übungen** und **Sitten** (BFH VI R 76/66 BStBl III 67, 364, Trauerkleidung; BFH VI 303/57 U BStBl III 58, 296, Kosten einer Hochzeitsfeier). Entscheidend ist, ob die Unterlassung der zu beurteilenden Handlung Nachteile iSv Sanktionen im sittl moralischen Bereich oder auf gesellschaftl Ebene zur Folge haben kann, ob das Unterlassen also als **moralisch anstößig** empfunden wird; dabei sind insb die persönl Beziehungen zw den Beteiligten, die Einkommens-/Vermögensverhältnisse sowie die jeweilige konkrete Lebenssituation zu bewerten (ausführl BFH III R 208/82 BStBl II 87, 715).

26 **bb) Angehörige; nahestehende Personen.** Sittl Verpflichtungen sind insb zwischen Familienangehörigen bedeutsam, die gegenseitig nicht gesetzl unterhaltsverpflichtet sind (zB Geschwister). Voraussetzung für eine sittl Verpflichtung ist aber, dass der Angehörige sich in einer akuten Notlage befindet (*Littmann* § 33 Rz 175); dies ist nicht der Fall bei Nachentrichtung von Rentenversicherungsbeiträgen durch ein Kind für die Eltern (FG Mchn EFG 98, 1467, rkr); ebenso nicht bei Übernahme hoher Kosten für Naturheilbehandlung krankenversicherter Eltern durch Kinder (BFH III R 25/01 BStBl II 03, 299). Solange der Angehörige gegen andere Personen Unterhaltsansprüche geltend machen kann, ist seine Unterstützung nicht zwangsläufig (FG Hess EFG 94, 526, rkr). Eine über den gesetzl Unterhaltsanspruch hinausgehende sittl Verpflichtung zur Schenkung zB eines PKW besteht auch ggü einem körperbehinderten Kind nicht (BFH III R 209/81 BStBl II 87, 432); etwas anderes soll aber für Führerscheinkosten gelten (BFH III R 9/92 BStBl II 93, 749; s dazu Rz 15). Scheiden bei einem rechtl geregelten Unterhaltsverhältnis rechtl Gründe für die Zwangsläufigkeit aus, so sollen regelmäßig auch sittl Gründe nicht in Betracht kommen (FG Hbg EFG 90, 634, rkr); dies ist nicht zweifelsfrei, denn BFH III R 145/85 BStBl II 90, 895 (unter II) lässt die Frage der rechtl Gründe dahingestellt und bejaht sittl Gründe. Zu Aufwendungen für die Strafverteidigung eines volljährigen Kindes s BFH III R 23/02 BStBl II 04,

267. – Auch ggü **Nicht-Angehörigen** kann sich eine sittl Verpflichtung zur Unterstützung ergeben. Da jedoch die allg sittl Verpflichtung zur Hilfe in Notfällen nicht ausreicht (*FinVerw* FR 95, 592, Aufnahme von Personen aus Katastrophen- oder Kriegsgebieten), muss zwischen dem StPfl und dem Nicht-Angehörigen ein besonderes Pflichtverhältnis vorliegen, auf Grund dessen die Notlage eine Hilfe gerade des StPfl erfordert (*HHR* § 33 Rz 190; BFH IV 342/53 U BStBl III 54, 188, langjährige arbeitsunfähige Hausgehilfin; s auch Rz 35 „Nachlassverbindlichkeiten"). Zur sittl Verpflichtung innerhalb einer **nicht-ehel Lebensgemeinschaft** s Rz 35 „Lebensgemeinschaft". Sind gesetzl unterhaltsverpflichtete Personen vorhanden, so ist die Unterstützung durch einen nicht unterhaltsverpflichteten StPfl nur bei Vorliegen besonderer Umstände aus sittl Gründen zwangsläufig. BFH VI R 98/72 BStBl II 75, 629 bejaht eine sittl Verpflichtung ggü der schwangeren Schwiegertochter, ohne dass diese zunächst ihren unterhaltsverpflichteten Vater verklagt hatte (Ausnahmefall).

Kritik: Es fragt sich nach wie vor, ob nicht als Folge des VereinsförderungsG (BStBl I 89, 499), wonach ua auch Tierzucht, Pflanzenzucht bis hin zum Modellflug und Hundesport als förderungswürdig mit der Folge des Spendenabzugs als SA gelten, der Begriff der Zwangsläufigkeit in § 33 eine andere Gewichtung erfahren müsste. Kann es angehen, Spenden an die vorgenannten Vereinsbetätigungen steuerl zu begünstigen, bei der Unterstützung von Verwandten hingegen im Rahmen des § 33 strenge Maßstäbe anzulegen?

3. Notwendigkeit; Angemessenheit. Sind Aufwendungen dem Grunde nach zwangsläufig, so kommt ein Abzug als agB nur insoweit in Betracht, als sie auch der **Art und Höhe nach zwangsläufig,** näml „den Umständen nach notwendig sind" und „einen angemessenen Betrag nicht übersteigen" (nach *KSM* § 33 C 32f deklaratorische Tatbestandsmerkmale; grds aA *HHR* § 33 Rz 196: der Begriff „notwendig" soll sich nur auf die Bedürftigkeit Dritter beziehen, zu deren Gunsten Aufwendungen geleistet werden; mE fehlt es an der Zwangsläufigkeit, wenn ein unterstützter Dritter nicht der Unterstützung bedarf, weil er sich selbst helfen kann). Die Frage der Notwendigkeit ist unter Berücksichtigung der Umstände des Falles zu beurteilen. So kann es zB bei der Unterstützung einer dritten Person unter dem Gesichtspunkt der Notwendigkeit ausreichen, ihr mit einem Darlehen über die Not zu helfen, anstatt den Unterstützungsbetrag endgültig hinzugeben (glA BFH III R 262/83 BStBl II 89, 280; s Rz 22). – Sind die Aufwendungen der Art nach notwendig, so sind sie dennoch nur insoweit abzugsfähig, als sie einen **angemessenen Betrag** nicht übersteigen; dh nur der angemessene Teil des Betrags ist abzugsfähig. Die Angemessenheit ist nach obj Merkmalen zu bestimmen (*HHR* § 33 Rz 197), und zwar für besser verdienende StPfl in gleicher Weise wie für Normalverdiener (FG Nbg EFG 84, 178, rkr). 27

Bei **Krankheitskosten** ist kein strenger Maßstab anzulegen. Angemessenheit und Notwendigkeit sind hier nur dann nicht mehr gegeben, wenn ein für jedermann offensichtl Missverhältnis zwischen dem erforderl und dem tatsächl Aufwand vorliegt (BFH VI R 20/12 BStBl II 14, 456, mwN; s auch BFH VI R 77/78 BStBl II 81, 711, Frischzellenbehandlung). **Fahrtkosten,** die zu den unmittelbaren Krankheitskosten zählen, sind auch dann in voller Höhe zu berücksichtigen, wenn bei Benutzung öffentl Verkehrsmittel geringere Kosten entstanden wären. Entscheidend ist die Zumutbarkeit der Benutzung öffentl Verkehrsmittel; dies gilt mE auch im Nahverkehrsbereich (aA BFH III R 208/81 BStBl II 87, 427; s aber BFH III R 5/98 BStBl II 99, 227 mwN; ferner FG RhPf EFG 98, 1333, rkr, Unfallkosten). Vgl auch Rz 35 „Anrechnung".

4. Zumutbare Belastung, § 33 III. Der StPfl muss entspr seiner steuerl Leistungsfähigkeit einen Teil der Belastung selbst tragen. Diese **Zuzahlungen** sind **verfgemäß,** soweit dem StPfl ein verfügbares Einkommen verbleibt, das über dem Regelsatz für das Existenzminimum liegt (BFH VI R 32/13 DStR 16, 43, ausführl und mwN; s auch FG BaWü EFG 15, 648, Rev VI R 75/14: keine verfwidrige Bevorzugung von Beamten). Bemessungsgrundlage für die zumutbare Belastung ist der Gesamtbetrag der Einkünfte (§ 2 III). Kapitalerträge, die (ab VZ 2009) der **AbgeltungSt** (§ 32d I oder § 43 V) unterliegen, fließen bis VZ 2011 in die Be- 28 messungsgrundlage mit ein (§ 2 Vb, vgl § 2 Rz 65). Stfreie Einnahmen und stfreie Veräußerungsgewinne bleiben unberücksichtigt (BFH VIII R 147/71 BStBl II 76, 360); sie können die Bemessungsgrundlage nicht erhöhen. Auch stfreie, aber dem Progressionsvorbehalt (§ 32b) unterliegende **ausl Einkünfte** bleiben außer Ansatz (BFH VI R 105/75 BStBl II 78, 9). Die **Zurechnung von Kindern** knüpft an den Erhalt des Freibetrags nach § 32 VI an. – Bei **getrennter Veranlagung** richtet sich die Ermittlung der zumutbaren Belastung nach § 26a II 1; sie erfolgt bis VZ 2012 auf der Grundlage des Gesamtbetrags der Einkünfte *beider* Ehegatten (vgl BFH VI R 59/08 BStBl II 09, 808; s auch *Kanzler* FR 09, 921) und ab VZ 2013 nach dem Gesamtbetrag der Einkünfte des jeweiligen Ehegatten/LPart (s § 26a Rz 7).

29 **5. Nachweis von Aufwendungen, § 33 IV. – a) Ermächtigungsgrundlage.** Mit dem StVerG 2011 (BGBl I 11, 2131) ist die BReg ermächtigt worden, durch **Rechtsverordnung** die Einzelheiten des Nachweises von Aufwendungen nach § 33 I zu bestimmen. Entspr Regelungen enthält in Bezug auf den Nachweis (nur) von **Krankheitskosten** der ebenfalls neu gefasste **§ 64 EStDV;** dieser ist gem § 84 IIIf EStDV in allen noch offenen Fällen anzuwenden.

30 **b) Hintergrund.** Ursprüngl verlangte die Rspr regelmäßig bei Krankheitskosten, die nicht durch die eigentl Heilbehandlung verursacht worden waren, oder bei alternativen Behandlungsmethoden, dass der StPfl die medizinische Notwendigkeit der jeweiligen Maßnahme durch Vorlage eines *im Vorhinein* ausgestellten amts- oder vertrauensärztl Gutachtens oder Attestes oder durch Bescheinigungen eines anderen öffentl-rechtl Trägers belegte (**formalisiertes Nachweisverlangen,** s iEinz BFH VI R 17/09 BStBl II 11, 969 mwN, und 29. Aufl, Rz 35 „Krankheitskosten"). Der BFH hatte diese Rspr aufgegeben und auf die allg Beweisregeln verwiesen: Ob die jeweiligen Maßnahmen zwangsläufig seien, unterliege der **freien Beweiswürdigung** des FG, das sich idR eines Sachverständigen werde bedienen müssen (s iEinz BFH VI R 17/09 BStBl II 11, 969, Rz 24).

Beispiele: krankheitsbedingter Aufenthalt in **Seniorenheim** (BFH VI R 38/09 BStBl II 11, 1010); **Heilkur** eines Kinder mit Neurodermitis und Asthma (BFH VI R 88/10 BFH/NV 12, 35); Einbau eines **Treppenlifts** bei Gehbehinderung (BFH VI R 14/11 BFH/NV 12, 39); **Besuchsfahrten** zu kranken nahen Angehörigen (BFH VI R 20/11 BFH/NV 12, 38); **Kuraufenthalt** und **alternative Behandlungsmethoden** (BFH VI R 49/10 BFH/NV 12, 33); **Legasthenie** (BFH VI R 17/09 BStBl II 11, 969); medizinisch indizierte Unterbringung im **Internat** (BFH VI R 37/10 BStBl II 13, 783) oder in **sozial-therapeutischer Einrichtung** (BFH VI R 14/09 BStBl II 11, 1011); Anschaffung neuer Möbel bei **Asthma** (BFH VI R 16/09 BStBl II 11, 966).

31 **c) Form des Nachweises.** Gegen diese Rspr richten sich § 33 IV und § 64 EStDV. Zwar genügt gem § 64 I Nr 1 EStDV als Nachweis der Zwangsläufigkeit von **Aufwendungen im Krankheitsfall** idR die Verordnung eines Arztes oder Heilpraktikers iSd §§ 2, 23, 31–33 SGB V (wie bisher, s EStR 33.4 I 1; Rz 35 „Krankheitskosten"). Allerdings wird in § 64 I Nr 2 EStDV für bestimmte Aufwendungen (wieder) ein **im Voraus** erstelltes Gutachten oder Attest verlangt.

32 **aa) Qualifizierter Nachweis.** Dies gilt für Bade-/Heilkuren, psychotherapeutische Behandlungen, medizinisch erforderl auswärtige Unterbringung bei Kindern mit Legasthenie oder anderen Behinderungen, Betreuung durch Begleitperson, allg Gebrauchsgegenstände als medizinische Hilfsmittel und wissenschaftl nicht anerkannte Behandlungsmethoden (s auch *Geserich* DStR 12, 1490, 1493). Anderweitige Nachweise oder bloße Glaubhaftmachung scheiden in diesen Fällen aus (BFH VI R 85/13 BStBl II 15, 586; s auch FG Mster EFG 12, 702, rkr, zu diversen Gutachten und Bescheinigungen; zu der Möglichkeit, den Beweiswert eines amtsärztl Gutachtens zu erschüttern und eine erneute Begutachtung vorzunehmen, s *Geserich* DStR 12, 1490, 1493). Fehlt der Nachweis, können die Aufwendungen nicht berücksichtigt werden (vgl BFH VI R 74/10 BStBl II 12, 577: Kuraufenthalt,

Medikamente etc; FG Hbg EFG 12, 1671, rkr: Badekur). Ungeachtet dessen sollen die **vereinfachenden Verwaltungsregelungen** in EStR 33.4 I für andauernde Erkrankungen, Sehhilfen und Augen-Laser-OP weiter gelten (vgl BT-Drs 17/6272, 10).

bb) Fallgruppen. Zur Unterscheidung zw **Hilfsmitteln** im engeren und weiteren Sinne gem § 64 I Nr 2 Buchst e EStDV iVm § 33 I SGB V s BFH VI R 61/12 BStBl II 14, 458 (Treppenlift kein Gebrauchsgegenstand des tägl Lebens). – Für den Begriff **„Behinderung"** ist auch iRd EStG auf die Legaldefinition des § 2 I SGB IX abzustellen (s § 32 Rz 39; ausführl auch BFH VI R 31/14 BStBl II 16, 40 mwN). Zu Kindern/Jugendlichen, die Eingliederungshilfe nach § 35a I SGB VIII erhalten, und zur Feststellung einer seelischer Behinderung s BFH aaO; zu ADHS s BFH VI R 85/13 BStBl II 15, 586. – Zur Auslegung des Begriffs **medizinischen Hilfsmittel** s BFH VI R 61/12 BStBl II 14, 458 mwN (Treppenlift ist kein Hilfsmittel; aA FG BBg EFG 15, 923, rkr: Definition des BFH zu eng). – Eine Behandlungsmethode ist **wissenschaftl anerkannt,** wenn sie von „der großen Mehrheit der einschlägigen Fachleute" befürwortet wird und wenn Konsens hinsichtl ihrer Zweckmäßigkeit besteht; maßgebl ist der Zeitpunkt der Behandlung (s BFH VI R 68/14 BStBl II 15, 803 mwN). Die Feststellung obliegt dem FG; es kann sich auf allg zugängl Fachgutachten stützen, auf von anderen Gerichten herangezogene Gutachten (Hinweispflicht) und ggf auf Sachverständigengutachten (BFH aaO, Rz 16). Zu wissenschaftl **umstrittenen Behandlungsmethoden** s BFH VI R 51/13 BStBl II 15, 9 (Liposuktion, ggf Sachverständigen-Gutachten erforderl) und BFH VI R 27/13 BStBl II 14, 824, mwN (Heileurythmie, als „besondere Therapierichtung" iSd § 2 I 2 SGB V anerkannt; s auch FG RhPf EFG 14, 279, rkr: gilt nicht für Bioresonanztherapie). 33

cc) Konstitutive und abschließende Regelung. Die Regelung in § 64 EStDV ist in Anbetracht der geänderten BFH-Rspr konstitutiv. Die Aufzählung in § 64 I Nr 2 EStDV ist abschließend (BFH VI R 61/12 BStBl II 14, 458: wortgetreue Auslegung, keine teleologische Extension); die gesteigerten Nachweiserfordernisse sind **nicht übertragbar** auf andere Krankheitsaufwendungen iSd § 33 I sowie auf Aufwendungen, die *nicht* durch Krankheit verursacht sind (vgl BFH VI R 21/11 BStBl II 12, 574, zu Gebäudesanierung wegen Schadstoffbelastung; s auch *Geserich* DStR 12, 1490, 1493). In diesen Fällen gelten die allg Grundsätze der freien Beweiswürdigung (BFH VI R 47/10 BStBl II 12, 570, Rz 16 f; s auch Rz 33 mwN). 34

Zur **Kritik** in Bezug auf die **rückwirkende Anwendung** des § 64 EStDV in allen noch offenen Verfahren s *Kanzler* NWB 11, 2425, und 31. Aufl Rz 34. Der BFH hat jedoch wiederholt entschieden, dass die rückwirkende Verordnung hinreichend bestimmt ist und weder gegen das Rückwirkungsverbot noch gegen den Grundsatz der Verhältnismäßigkeit verstößt (BFH VI R 31/14 BStBl II 16, 40, Rz 15 mwN; s auch *Geserich* DStR 12, 1490; *ders* FR 11, 1067/71; *HHR* Rz 230; krit dagegen *Bilsdorfer* NJW 12, 3264; *Haupt* DStR 12, 1541). Ob dies auch für die Zeit nach Änderung der unter Rz 33 aufgeführten Rspr gilt, hat der BFH offen gelassen; dies wir aber im Zweifel zu bejahen sein (so die wohl zutr, wenn auch ernüchternde Einschätzung von *HHR/Kanzler* § 33 Rz 232 aE; s auch *Schmitz-Herscheidt* NWB 12, 2924).

III. ABC der außergewöhnlichen Belastungen

Abfindungen im Rahmen einer **Vermögensauseinandersetzung** (zB Erbauseinandersetzung oder nach Ehescheidung) sind keine agB (BFH X R 23/08 BFH/NV 10, 1807 mwN; BFH VI B 167/09 BStBl II 10, 747: unabhängig von den Vermögensverhältnissen; BFH III R 11/93 BStBl II 94, 240: keine Aufwendungen; BFH III R 59/97 BStBl II 98, 605: nicht zwangsläufig); zu Unterhaltsabstandszahlungen s „Versorgungsausgleich". – Die Abfindung an den Vormieter kann nur dann eine agB darstellen, wenn der **Wohnungswechsel** wegen Krankheit zwangsläufig war (BFH VI 102/65 U BStBl III 66, 113). Die Abfindung an 35 den Mieter durch den Hauseigentümer, der die Wohnung selbst nutzen will, ist regelmäßig keine agB (s Rz 23). Vgl iÜ auch § 33a Rz 56.

Abgaben (öffentl-rechtl) treffen in der einen oder anderen Form nahezu jeden Bürger. Ihnen fehlt die Außergewöhnlichkeit.

Adoption. Der Entschluss, ein Kind zu adoptieren, beruht nach stRspr immer, auch bei sog primärer Sterilität, auf einer freien Willensentscheidung des StPfl. Aufwendungen, die damit zusammenhängen, werden daher als nicht zwangsläufig angesehen und sind – anders als die Kosten einer künstl Befruchtung (s dort) – auch nicht als Krankheitskosten zu berücksichtigen (BFH VI R 60/11 BStBl II 15, 695 mwN, VerfBeschw 2 BvR 1208/15; anders noch die Ankündigung des VI. Senats in seinem Vorlagebeschluss: BFH VI R 60/11 BStBl II 13, 868; s auch Anm *Geserich* NWB 15, 2120; aA *Endert* DStR 15, 2472: Zwangsläufigkeit aus tatsächl Gründen).

Kritik: Die unterschiedl Behandlung der Kosten von Adoption und künstl Befruchtung wird dem Laien nur schwer zu vermitteln sein; denn auch eine künstl Befruchtung beruht auf einer freien Willensentscheidung des StPfl. Allerdings hat der BFH Maßnahmen zur Behebung von Empfängnis- und Zeugungsfähigkeit in Anlehnung an die Rspr von BSG, BVerwG und BGH als „Heilbehandlung im weiteren Sinne" anerkannt (s BFH VI R 43/10 BStBl 11, 414, und BFH III R 47/05 BStBl II 07, 871, beide mwN). Das hat zur Folge, dass in diesen Fällen die Zwangsläufigkeit wie auch sonst bei Krankheitskosten schlicht unterstellt wird (s unten: „Krankheitskosten"). Die Adoption ist dagegen **keine „Heilbehandlung"**, sondern ein zivilrechtl Vorgang, der an der Hürde der Zwangsläufigkeit gescheitert ist. Zwingend ist das allerdings nicht. Erkennt man an, dass das Zusammenleben mit Kindern nicht nur eine Frage der „gestaltbaren Lebensführung" ist und der „Verwirklichung eines individuellen Lebensplans" dient (so BFH VI R 60/11 BStBl II 13, 868, Rz 16), sondern den **„Kernbereich des menschlichen Lebens"** betrifft (vgl BFH III R 31/00 BStBl II 02, 382 zum Umgangsrecht eines Vaters mit seinem nichtehel Kind), hätte man die Frage hier mit guten Gründen anders und auch vom Ergebnis her stimmiger beantworten können.

Allergiker. Kosten für ein Bettsystem können agB sein, Kosten eines Staubsaugers mit besonderem Filter nicht (FG Köln EFG 03, 1701, rkr). S auch „Umweltbeeinträchtigungen".

Altersheim. – ***(1)*** Aufwendungen eines StPfl für seine **altersbedingte Unterbringung** in einem Alters-/Pflegeheim oÄ sind grds **nicht außergewöhnl.** Es handelt sich um typische Kosten der Lebensführung, die durch den Grundfreibetrag abgegolten sind (BFH VI R 51/09 BStBl II 10, 795 mwN). Zur Berücksichtigung als haushaltsnahe Dienstleistung s § 35a Rz 12; zur Berücksichtigung als Unterhaltsleistung s § 33a Rz 9. – ***(2)*** Ist die Unterbringung **durch Krankheit veranlasst,** handelt es sich bei den Aufwendungen um Krankheitskosten, die nach allg Grundsätzen als **agB** zu berücksichtigen sind (BFH VI R 20/12 BStBl II 14, 456; BFH VI R 14/10 BStBl II 12, 876 mwN: keine Aufteilung in Unterhaltskosten iSv § 33a und Krankheitskosten iSv § 33; BFH VI R 38/09 BStBl II 11, 1010 mwN; s auch EStR 33.3 I 1 iVm II 2). Ein amtsärztl Attest ist nach neuerer Rspr nicht zwingend erforderl (BFH VI R 38/09 aaO); zu § 64 EStDV s Rz 29 ff. Dabei kann ein Heimaufenthalt auch dann krankheitsbedingt sein, wenn keine zusätzl Pflegekosten entstanden sind und kein Merkzeichen „H" oder „Bl" im Schwerbehindertenausweis festgestellt ist (Rspr-Änderung, s BFH VI R 38/09 aaO; entgegen BFH III R 12/07 BFH/NV 09, 1102). Anzusetzen sind auch die Unterbringungskosten abzügl einer **Haushaltsersparnis** (BFH VI R 51/09 BStBl II 10, 794 mwN; EStR 33.3 II/EStH 33.1–33.4 „Haushaltsersparnis"). Diese kann entspr § 33a I auf 8652 € (VZ 2015: 8472 €) geschätzt werden (vgl BFH aaO und BFH III R 39/05 BStBl II 07, 764). Eine zusätzl Gewährung des **Pauschbetrags nach § 33a III 2 Nr 2** ist ausgeschlossen (BFH VI R 20/12 BStBl II 14, 456: keine Doppelberücksichtigung). Der Abzug einer Haushaltsersparnis kann unterbleiben, wenn der StPfl seinen Haushalt (noch) nicht aufgelöst hat, ohne dass ihm dies vorgeworfen werden kann (vgl BFH VI R 51/09 BStBl II 10, 794 mwN; s auch FG

RhPf DStRE 13, 1429, rkr: kein Ansatz der Mietzahlungen als agB). Das **Pflegegeld** aus einer ergänzenden Pflege-KV ist auf die als agB geltend gemachten Pflegekosten anzurechnen (BFH VI R 8/10 BStBl II 11, 701, s auch Rz 12; zu Pflegezulage gem § 35 BVG s BFH III R 15/00 BStBl II 03, 70, Anm *Hettler* HFR 02, 890). – *(3)* Wird der StPfl (erst) **während einer altersbedingten Unterbringung** krank oder pflegebedürftig (auch Altersgebrechen), können jedenfalls die *dadurch* veranlassten Krankheits-/Pflegekosten agB sein, wenn sie gesondert in Rechnung gestellt werden und von den normalen Unterbringungskosten abgrenzbar sind (BFH III R 39/05 BStBl II 07, 764 mwN: Pflegesätze der Pflegestufe 0, Anm *Dürr* BFH-PR 07, 377; BFH III R 64/06 BFH/NV 08, 200; BFH III R 12/07 BFH/NV 09, 1109). Nicht berücksichtigt werden bislang die normalen Unterbringungskosten sowie von allen Heimbewohnern zu entrichtende Pauschalentgelte für Pflegeleistungen im Krankheitsfall (BFH III R 15/00 BStBl II 03, 70 mwN). Allerdings deutet sich hinsichtl der Unterbringungskosten möglicherweise ein **Rspr-Wandel** ab (s BFH VI R 51/09 BStBl II 10, 794, Rz 17: ausdrückl offen gelassen). Soweit die *FinVerw* für Pflegeleistungen den Nachweis der Pflegebedürftigkeit durch Einstufung in die Pflegestufen nach dem PflegeVG verlangt (BMF BStBl I 03, 89, Nicht-Anwendung von BFH III R 15/00 BStBl II 03, 70), ist dies nicht durch das Gesetz gedeckt. Ein ärztl Attest genügt mE (glA FG Mchn EFG 05, 442, rkr); zu § 64 EStDV s Rz 29 ff (vgl auch BFH VI R 38/09 BStBl II 11, 1010). – *(4)* Die Aufwendungen des nicht pflegebedürftigen StPfl, der mit seinem **pflegebedürftigen Ehegatten/LPart** in ein Heim übersiedelt, sind nicht zwangsläufig (BFH VI R 51/09 BStBl II 10, 795). – *(5)* Aufwendungen für die **Unterbringung eines Dritten** in einem Wohnheim sind durch § 33a I abgegolten; denn es handelt sich um typische Kosten der Lebensführung (also typische Unterhaltskosten, s § 33a Rz 9). AgB entstehen allerdings auch hier, wenn die Heimunterbringung krankheitsbedingt ist (BFH VI R 207/71 BStBl II 73, 442), oder bei Heimunterbringung wegen Pflegebedürftigkeit infolge eines Unfalls (BFH IV 213/64 U BStBl III 65, 407). Zur Berechnung der abziehbaren Aufwendungen s *BMF* BStBl I 02, 1389 (mit ausführl Berechnungsbeispielen zum Zusammenspiel zw § 33a I und § 33). – S iÜ auch „Besuchsreisen“, „Heimunterbringung“ und „Pflege eines Angehörigen“. – Konkurrenz zu § 33b s dort Rz 4.

Angehörige. Übl Unterhaltsleistungen unterliegen der Regelung des § 33a I. Andere Unterstützungsleistungen (insb Krankheitskosten) können unter § 33 fallen (vgl § 33a Rz 9; ferner „Altersheim“, „Besuchsreisen“, „Ehegatten/LPart“, „Kinder“, „Krankheitskosten“ und Rz 3). Nicht zwangsläufig ist Unterhalt an zukünftige Schwiegertochter (BFH III R 44/89 BFH/NV 92, 27).

Arbeitslosigkeit s „Schuldentilgung“.

Asylberechtigter. Sog „Nachfluchtgründe“ erwachsen nicht zwangsläufig (BFH III R 69/87 BStBl II 91, 755). S auch „Hausrat“.

Ausbildung. S „Studium“; § 32 Rz 26 ff und § 33a Rz 11. – Die Berufsausbildung beruht regelmäßig auf der freien Entschließung des StPfl, so dass die Aufwendungen nicht zwangsläufig sind (BFH III R 126/86 BStBl II 90, 738, mwN), erst recht dann nicht, wenn die bisherige Ausbildung zur Existenzsicherung ausreicht (BFH VI R 345/69 BStBl II 73, 478). – Die Finanzierung der Ausbildung **anderer Personen** (zB Neffe, s FG Köln EFG 89, 61, rkr; Onkel, s FG BaWü DStRE 98, 589, rkr) ist idR nicht zwangsläufig (BFH III B 122/86 BStBl II 88, 534, Sprachkurs; BFH III R 262/83 BStBl II 89, 280, und BFH III R 26/89 BFH/NV 91, 669, Hochschulstudium volljähriger Geschwister), ebenfalls nicht bei Verlobten (BFH VI R 196, 197/66 BStBl III 67, 308), Ehegatten (BFH III 319/63 BStBl II 67, 596; verfgemäß, s BVerfG 1 BvR 843/88 HFR 90, 43), bei einem Kind mit abgeschlossener Berufsausbildung (BFH VI 306/58 S BStBl III 59, 382) oder bei „Hochbegabung“ (FG Köln EFG 09, 1234, rkr; s aber FG RhPf EFG 14, 1881, Rev VI R 45/14: Vermeidung einer seelischen Behinderung); anders allerdings BFH VI R 244/80 BStBl II 84, 527 zu Unterhaltsleistungen an Geschwister, die noch die Schule besuchen. – S ferner § 33a Rz 13, 18 ff.

Aussteuer. Aufwendungen hierfür sind weder aus rechtl noch aus sittl Gründen zwangsläufig, auch dann nicht, wenn die Eltern ihrer Tochter keine Berufsausbildung gewährt haben (BFH III R 141/86 BStBl II 87, 779; zu mögl Ausnahmen s *Anm* HFR 87, 613).

Auswanderung. Die durch eine Auswanderung verursachten Kosten sind grds nicht zwangsläufig. Das Gleiche gilt für Kosten, die für die nachträgl Legalisierung einer nicht genehmigten Auswanderung anfallen (BFH VI R 42/75 BStBl II 78, 147; FG BaWü EFG 93, 656, rkr; Ausnahme FG Nbg EFG 82, 247, rkr). Ausnahmsweise können die Kosten zur Erlangung einer Ausreiserlaubnis dann zwangsläufig sein, wenn der Ausreisende unter erhebl Repressalien zu leiden hat (FG BaWü EFG 92, 271, rkr, ausführl zur gesamten Problematik; FG RhPf EFG 94, 930, bestätigt). Vgl auch „Fluchthilfe", „Vertriebene".

Badekur s „Heilkur".

Baumangel. Keine agB, auch nicht bei Gesundheitsgefährdung und/oder Insolvenz des Bauunternehmers (BFH III B 37/05 BFH/NV 06, 2057; BFH VI B 140/08 BFH/NV 09, 762 mwN; krit *Loschelder* EStB 09, 211; zur Abgrenzung vgl BFH VI R 21/11 BStBl II 12, 574 Rz 16). S auch „Umweltbeeinträchtigung".

Beerdigungskosten (Erwerb und Herrichtung der Grabstätte, Sarg, Kränze, Transport, Gebühren usw) sind Nachlassverbindlichkeiten (§ 1968 BGB) und treffen den Erben als denjenigen, dem das Vermögen des Erblassers zufällt. Sie belasten das übernommene Vermögen, nicht den Erben als estpfl Person (kein Bezug zum Existenzminimum des Erben; s auch FG Mster EFG 14, 44, rkr). Daher scheidet ein Abzug der Aufwendungen als agB von vornherein insoweit aus, als sie aus dem Nachlass (Verkehrswerte, FG Saarl EFG 93, 83, rkr) bestritten werden können (BFH X R 14/85 BStBl II 89, 779, unter 2d); dies gilt auch im Falle einer vorweggenommenen Erbfolge (FG Mchn EFG 99, 703, rkr; FG Mster EFG 99, 608, rkr). Ist der Nachlass überschuldet, hat der Erbe die Möglichkeit, die Erbschaft auszuschlagen, so dass ihn keine rechtl Verpflichtung zur Begleichung der Beerdigungskosten trifft; es kann allenfalls eine **sittl Verpflichtung** zu ihrer Übernahme (nicht auch der übrigen Verbindlichkeiten, s aber „Nachlassverbindlichkeiten") in Betracht kommen (s BFH III R 208/82 BStBl II 87, 715, ausführl). Eine **rechtl Verpflichtung,** die Kosten der Beerdigung (also nur die unmittelbaren Bestattungskosten, s Anm HFR 88, 212) zu tragen, kann sich aus § 1615 II BGB für den Unterhaltspflichtigen ergeben. Soweit Beerdigungskosten durch Sterbegelder oder Versicherungen auf den Todesfall gedeckt werden, scheidet der Abzug als agB aus (ausführl BFH III R 93/87 BStBl II 91, 140; krit *Paus* FR 91, 262). Zu den (ggf) abziehbaren Beerdigungskosten gehören auch die **Überführungskosten** (FG Ddorf DStRE 00, 858, rkr, Mutter des StPfl). – Wenn auch die Ausgestaltung der Beerdigung zu den höchstpersönl Angelegenheiten des Kostenträgers gehört, so ist bezügl der Höhe der Aufwendungen stets nach der **Angemessenheit** zu fragen (BFH VI R 37/76 BStBl II 79, 558; FG Bln EFG 82, 467, rkr); die *FinVerw* geht ab VZ 1999 von einer Angemessenheitsgrenze für Beerdigungskosten von 7500 € aus (*OFD Berlin* ZEV 04, 459). – Den **Nicht-Erben** trifft idR keine sittl Pflicht, die Beerdigungskosten zu tragen (FG Köln EFG 92, 252, rkr; Ausnahmefall: FG Saarl EFG 97, 78, rkr, vermögenslose Schwester).

Nicht abzugsfähig: Aufwendungen für Trauerkleidung (BFH VI R 76/66 BStBl III 67, 364), Grabpflege, Erneuerung des Grabmals (FG Nbg EFG 79, 600, rkr), Doppelgrab (FG Mster EFG 05, 1359, rkr), Umbettung (FG Ddorf EFG 71, 338, bestätigt), Traueressen (BFH III R 242/83 BStBl II 88, 130: keine sittl Verpflichtung; s auch BFH VI R 177/60 U BStBl III 62, 31, für Ehefrau), Reisekosten für Teilnahme an Beerdigung eines nahen Angehörigen (BFH III R 42/93 BStBl II 94, 754), nicht einmal bei großen Entfernungen (BFH VI R 37/76 BStBl II 79, 558, Flugreise in USA). Nach § 13 I Nr 10 ErbStG stfrei von Todes wegen erworbene Gegenstände sind für die Berechnung des Werts des Nachlasses zu berücksichtigen (FG Hess EFG 80, 601, rkr).

Behinderung. Zum Begriff s Rz 33 und § 32 Rz 39 (s auch „Fahrtkosten Behinderter", „Heimunterbringung", „Urlaub"). Der behindertengerechten Umbau einer Wohnung oder eines Hauses kann zu agB führen, ohne dass sich der StPfl eine Wertsteigerung als „Gegenwert" anrechnen lassen muss (**Rspr-Änderung,** s Rz 9; vgl auch *Loschelder* EStB 10, 255). Das gilt auch bei einem **Neubau** (BFH VI R 16/10 BStBl II 11, 1012). Mehrkosten für ein größeres Grundstück sind hingegen keine agB (BFH VI R 42/13 BStBl II 14, 931: keine Zwangsläufigkeit). Zum förml Nachweis der Zwangsläufigkeit der Aufwendungen s jetzt EStR 33.4 V. Zur Verteilung des Aufwands auf mehrere Jahre s Rz 5 und FG Saarl EFG 13, 1927, rkr. Die Berücksichtigung der Kosten einer **Haushaltshilfe** richtet sich nach § 35a (FG Nds EFG 13, 1341, rkr.).

Beispiele – anerkannt: Einbau einer Rollstuhlrampe, Badvergrößerung, Umbau des Schlafzimmers und Türverbreiterungen wegen Behinderung nach Schlaganfall (BFH VI R 7/09 BStBl II 10, 280; ähnl bereits FG RhPf EFG 08, 215, rkr); Einbau von Treppenlift bei Gehbehinderung (BFH VI R 14/11 BFH/NV 12, 39) oder Treppenschräglift nach unfallbedingter Querschnittslähmung des volljährigen Kindes (BFH III R 97/06 BFH/NV 09, 728). – **Nicht anerkannt:** behindertengerechter Umbau einer Motoryacht (BFH VI R 30/14 BStBl II 15, 775: frei gewähltes Konsumverhalten, Abgrenzung zur behindertengerechten Ausgestaltung des individuellen und existenziell wichtigen Wohnumfelds).

Berufsausbildung s „Ausbildung" und § 12 Rz 56ff.

Besuchsreisen zu auswärts wohnenden Angehörigen sind grds durch Familienleistungsausgleich und Grundfreibetrag abgegolten (BFH III R 28/05 BStBl II 08, 287, Anm *Greite* FR 08, 240; BFH VI B 147/08, BFH/NV 09, 930) und können nur unter ganz besonderen Umständen als zwangsläufig und außergewöhnl angesehen werden, zB bei Fahrten, die über die Anzahl normaler Besuchsfahrten hinausgehen und zur Krankenbetreuung erforderl sind (s BFH VI R 20/11 BFH/NV 12, 38; BFH III R 60/88 BStBl II 90, 958; BFH III R 27/02 BFH/NV 05, 1248); bei der Gesamtbewertung sind ua der erforderl Umfang der Pflegeleistungen und die Höhe der Aufwendungen zu berücksichtigen (ausführl BFH III R 265/94 BStBl II 97, 558). – Zu **Nachweisen** gem § 64 II EStDV s Rz 34. Zur **Sachaufklärungspflicht** des FG bei nicht aussagekräftigem ärztl Attest: BFH VI B 97/10 BFH/NV 11, 640. S iÜ auch „Fahrtkosten"; *BMF* BStBl I 03, 360.

Beispiele – nicht anerkannt: Besuch der Kinder zur Ausübung der gesetzl Umgangsverpflichtung gem § 1684 I BGB (BFH VI B 60/10 BFH/NV 11, 876; BFH III R 28/05 BStBl II 08, 287, s auch „Kinder"); Fahrten ins Ausland zur Pflege des Kontakts mit Enkelkindern (BFH VI R 60/07 BFH/NV 09, 1111); Familienheimfahrten eines Wehrpflichtigen zur schwangeren Ehefrau (BFH VI B 74/69 BStBl II 70, 210); Besuchsfahrten zu der in mehrmonatiger Kur weilenden Ehefrau (BFH VI R 132/72 BStBl II 75, 536); Wochenendfahrten der allein stehenden Mutter zu ihrem Kind (BFH III R 23/88 BFH/NV 92, 172); Besuchsfahrten zu inhaftiertem Ehemann oder Kind (BFH III R 63/85 BStBl II 90, 894; BFH III R 145/85 BStBl II 90, 895); Besuchsfahrten/Telefonate zu/mit hochbetagten Eltern (FG Hess EFG 97, 76, rkr); hohe Reisekosten bei lebensbedrohender Erkrankung der Eltern (FG Hbg EFG 82, 522, rkr); Besuchsfahrten ins Pflegeheim (BFH III R 2/86 BFH/NV 91, 231; FG BaWü EFG 08, 945, rkr: auch nicht bei Entfernung von 500 km). – **Anerkannt:** schwer kranker Vater (BFH VI R 20/11 BFH/NV 12, 38); Ehefrau unheilbar krank (FG Nbg EFG 79, 126, rkr); Besuch des kranken Kindes durch die Eltern für dessen Genesung unentbehrl (FG RhPf EFG 77, 480, rkr; FG Bln EFG 79, 26, rkr; grds zur Abzugsfähigkeit medizinisch veranlasster Besuchsfahrten BFH VI R 158/80 BStBl II 84, 484); Besuch zur Verhinderung seelischer Schäden (FG Mster EFG 86, 239, rkr); Hilfe für schwerkranken Lebensgefährten (FG BaWü EFG 93, 657, rkr). – Zum Zusammentreffen von zwangsläufigen und nicht zwangsläufigen Reisezwecken s FG Saarl EFG 83, 67, rkr.

Betreuungskosten. Es ist zu unterscheiden zw Personensorge (ggf agB) und Vermögenssorge (idR BA/WK, s *FinVerw* DB 97, 1205). Zur Vergütung für „Vormund" s dort. S auch „Ehrenamt".

Betrugsverluste sind nicht zwangsläufig (Rz 17 und 23) und daher keine agB, zB beim Kauf eines Einfamilienhauses (BFH III R 12/92 BStBl II 95, 774) oder bei Veruntreuung durch RA (BFH VI B 18/09 BFH/NV 10, 206).

Bürgschaft. Aufwendungen aus der Inanspruchnahme einer Bürgschaft können nur dann als zwangsläufig angesehen werden, wenn die Übernahme der Bürgschaft selbst zwangsläufig (BFH IV 602/53 U BStBl III 54, 357; BFH VI 80/55 U BStBl III 57, 385) und nicht anfechtbar war (FG Hess EFG 88, 568, rkr). Leistungen aus freiwillig übernommenen Bürgschaften sind niemals zwangsläufig; auch nicht bei Bürgschaft für betriebl Schulden des Ehegatten (FG Mster EFG 76, 927, rkr; FG Köln EFG 95, 719, rkr). Dass die Übernahme der Bürgschaft menschl verständl ist, reicht zur Annahme einer sittl Verpflichtung nicht aus (BFH VI R 142/75 BStBl II 78, 147; BFH IV 287/60 U BStBl III 64, 299; BFH VI 306/60 U BStBl III 62, 63). S auch „Schuldentilgung".

Darlehen. Zum Verzicht auf Darlehensforderung s Rz 6. Zum Abzugszeitpunkt bei Zahlung aus zwangsläufigem Darlehen s Rz 5. S auch „Schuldentilgung". – Darlehensverluste sind idR keine agB (FG BaWü EFG 97, 409, rkr; FG Nbg DStRE 07, 89, rkr, BAföG; Mchn EFG 08, 455, rkr, Schulden nach Arbeitslosigkeit). Das gilt auch für Umschuldung eines Erwerbsdarlehens (BFH III R 54/03 BFH/NV 05, 1529, freie Entscheidung zur Lebensführung und -gestaltung).

Denkmalschutz s §§ 10f und 10g.

Detektivkosten zur Beschaffung von Material für Ehescheidung oder Unterhaltsprozess sind grds nicht abzugsfähig (BFH III R 88/90 BStBl II 92, 795; BFH III R 2/91 BFH/NV 93, 356; FG RhPf DStRE 08, 347, rkr; aA: *Müller* DStZ 93, 459), wohl aber zur Abwehr einer Bedrohung (FG Hess EFG 89, 576, rkr).

Diätkosten. § 33 II 3, Rz 4 aE.

Diebstahl s Rz 6, 11. Aufwendungen zur Diebstahlsicherung sind nicht abziehbar (FG Hbg EFG 98, 1335, rkr).

Doktortitel. Kosten zur Erlangung des Titels sind keine agB (BFH VI R 297/66 BStBl III 67, 789), auch nicht bei nochmaliger Promotion eines Ausländers (FG Ddorf EFG 78, 422, rkr); diff *HHR* § 33 Rz 300 „Promotionskosten". S auch § 19 Rz 60 „Doktortitel".

Doppelte Haushaltsführung s zunächst § 33 II 2 (Rz 4). Müssen Ehegatten/LPart aus gesundheitl Gründen einen doppelten Haushalt führen, kann die Zwangsläufigkeit in Ausnahmefällen bejaht werden (*Blümich* § 33 Rz 280 „Doppelte Haushaltsführung"; s aber BFH VI R 167/79 BStBl II 82, 297, unter III 1; zweifelnd Anm HFR 88, 214; s ferner „Krankheitskosten"). Leben Ehegatten/LPart dauernd getrennt, so sind die Aufwendungen des StPfl für seinen eigenen Haushalt typische, nicht von § 33 erfasste Lebenshaltungskosten; Aufwendungen für den Haushalt des getrennt lebenden Ehegatten/LPart sind über § 33a I zu erfassen (s aber auch BFH VI 14/54U BStBl III 58, 329). Kosten für den Unterhalt einer Zweitwohnung sind regelmäßig nicht zwangsläufig (FG Hbg EFG 74, 310, rkr), auch nicht wegen Krankheit des Kindes (FG Nbg EFG 92, 399, rkr).

Eheähnliche Lebensgemeinschaft s § 33a Rz 20 und „Lebensgemeinschaft".

Ehegatten/LPart. S auch „Hochzeit". Bei agB von Ehegatten kam es nicht darauf an, wer die Aufwendungen getragen hat (s Rz 2 und 4); zur Rechtslage ab VZ 2013 s § 26a Rz 7. Zu Unterhaltsleistungen s § 33a Rz 19; zur Finanzierung des Studiums des Ehemannes durch Ehefrau s „Berufsausbildung".

Ehescheidung. – *(1)* Da die Ehe nur durch Urteil geschieden werden kann (§ 1564 BGB), sind die mit dem Gerichtsverfahren zusammenhängenden Kosten (Gerichts- und Anwaltskosten für Scheidung und Versorgungsausgleich) nach stRspr unabhängig von der Schuldfrage bislang immer als **zwangsläufig** angesehen und damit als agB berücksichtigt worden. Aus § 33 II 4 – mit Wirkung **ab VZ**

2013 – ergäbe sich im Zweifel nichts anderes, da es um „lebensnotwendige Bedürfnisse" des StPfl geht und der Gesetzgeber nur die Folgen der geänderten BFH-Rspr beseitigen wollte (so jetzt auch FG RhPf EFG 15, 39, Rev VI R 66/14; FG Mster EFG 15, 221, Rev VI R 81/14 ua; s auch „Prozesskosten"). Allerdings hat das FG Nds jetzt unter Auswertung statistischer Daten entschieden, dass Scheidungskosten aufgrund der hohen **Scheidungsrate in Deutschland** im VZ 2013 (auf jede zweite Eheschließung kommt eine Scheidung) nicht mehr außergewöhnl und daher nicht mehr als agB zu berücksichtigen sind (FG Nds EFG 15, 725, Rev BFH VI R 19/15). Dieser Befund ist kaum von der Hand zu weisen; eine „kleine Minderheit" (vgl Rz 14) ist das jedenfalls nicht. – ***(2)*** Alle weiteren mit der Scheidung zusammenhängenden Kosten sind nach erneut geänderter BFH-Rspr zu den Kosten eines Zivilprozesses (BFH VI R 17/14 BStBl II 15, 800; s unten: „Prozesskosten") ohnehin nicht als agB abziehbar, so zB die Kosten für **Scheidungsfolgesachen** (vermögensrechtl Regelungen, Ehegatten-/Kindesunterhalt, Umgangs- und Sorgerecht; ausführl: BFH III R 27/04 BStBl II 06, 492; s 34. Aufl Rz 35 „Ehescheidung" mwN). Sie sind schon deshalb nicht zwangsläufig, weil sie nur kraft Antrags eines der Ehegatten in den prozessualen Zwangsverband fallen und die Ehegatten sich auch außergerichtl einigen können (aA wegen der zeitweise geänderten BFH-Rspr: FG Köln EFG 15, 817, Rev VI R 15/15; FG Mster EFG 15, 37, Rev VI R 81/14 ua; einschr FG Saarl EFG 15, 818, Rev VI R 5/15). **Ab VZ 2013** schließt zudem § 33 II 4 eine Berücksichtigung solcher weiteren Kosten als agB aus.

Unklar war bislang noch, ob auch die auf den **Versorgungsausgleich von Rentenanwartschaften** entfallenden Gerichts- und Anwaltskosten als agB abziehbar sind (eher dafür *Dürr* INF 05, 808; anders wohl *Jäger* HFR 06,35). Sämtl weiteren Aufwendungen iZm der Trennung sind jedenfalls nicht abziehbar: Detektiv (BFH VI R 22/72 BStBl II 75, 1119); Wertgutachten (FG Hess EFG 13, 1844); Kosten für Getrenntleben während des Scheidungsverfahrens (FG Brem EFG 80, 443, rkr). Zu Kosten eines Mediationsverfahrens bei Streit über das Umgangsrecht s BFH III S 16/03 BFHReport 04, 738.

Ehrenamt. Die Übernahme ist nie zwangsläufig (FG RhPf EFG 68, 66, rkr); zur ehrenamtl Betreuung eines Familienmitglieds s FG BBg EFG 08, 1380, rkr, und FG Hess FamRZ 11, 1764.

Einbürgerungskosten erwachsen idR nicht zwangsläufig (FG BaWü EFG 83, 163, rkr). S auch „Auswanderung" und § 12 Rz 25.

Entbindungskosten s „Geburt".

Entführung s „Lösegeld".

Erholungsreise s „Heilkuren".

Erpressungsgeld kann als agB abziehbar sein, aber nicht, wenn der StPfl den Erpressungsgrund zurechenbar selbst gelegt hat (BFH III R 31/02 BStBl II 04, 867). S auch „Lösegeld".

Fahrstuhl s „Krankheitskosten".

Fahrtkosten (allgemein) sind (soweit sie nicht ohnehin zu BA oder WK gehören, § 33 II 2) idR nicht zwangsläufig; s auch „Besuchsreisen". – **Mittagsheimfahrten** sind nach der Rspr des BFH auch dann nicht zwangsläufig, wenn sie der StPfl auf ärztl Anraten (zB zur Bettruhe) unternimmt (BFH VI R 30/73 BStBl II 75, 738, mwN). Dienen die Mittagsheimfahrten der Einnahme von Diätkost (§ 33 II 3) oder allg der Erhaltung der Gesundheit, so ist dem BFH iErg zu folgen. Wird dagegen die Notwendigkeit einer mittägl Bettruhe als Heilbehandlungsmethode nachgewiesen, dürften die Fahrtkosten zwangsläufig erwachsen (wohl glA *KSM* § 33 C 63 „Mittagsheimfahrten"); s aber Rz 34. Ist die Mittagsheimfahrt nicht zwangsläufig, so sind auch Aufwendungen zur Beseitigung eines Kfz-Schadens nicht zwangsläufig, der sich während der Mittagsheimfahrt ereignet hat (BFH VI R 250/68 BStBl II 70, 680, iErg zutr). – Werden gesunde **Kinder** wegen der Verkehrsgefahren mit einem Pkw zur Schule gefahren, sind die dadurch entstehenden Kosten nicht nach § 33 abzugsfähig (s auch BFH VI 332/65 BStBl III 66, 506). Dasselbe gilt bei einem Kind mit Entwicklungsstörungen für Fahrtkosten nach Schulwechsel aus pädagogischen (nicht medizinischen) Gründen (FG Nds EFG 06, 1842, rkr). – S auch „Besuchsreisen" und Rz 30.

Fahrtkosten Behinderter. S auch „Fahrtkosten (allg)" und „Krankheitskosten" sowie EStH 33.1–33.4 „Fahrtkosten behinderter Menschen"; krit *Wüllenkemper* EFG 14, 761 mwN, auch zur Entwicklungsgeschichte. – Kfz-Kosten, die Behinderten infolge der Behinderung in höherem Maße als nicht Behinderten erwachsen, sind wie folgt abzugsfähig: – ***(1)*** Bei einem Grad der Behinderung von mindestens 80 vH oder bei einem Grad der Behinderung von mindestens 70 vH aber weniger als 80 vH *und* erhebl Beeinträchtigung der Beweglichkeit im Straßenverkehr (Geh- und Stehbehinderung) können Kfz-Kosten für 3000 km pro Jahr geltend gemacht werden (Merkzeichen G im Ausweis, BFH III B 171/03 BFH/NV 04, 1404 mwN). – ***(2)*** Bei einem geringeren Behinderungsgrad als 70 vH hat der StPfl nachzuweisen, dass Kfz-Aufwendungen durch die Körperbehinderung verursacht worden sind (BFH VI R 158/72 BStBl II 75, 825 mwN; vgl auch BFH VI 224/63 U BStBl III 64, 307, agB abgelehnt bei Erwerbsminderung von 40 vH). – ***(3)*** Ist ein StPfl so gehbehindert, dass er sich außerhalb des Hauses nur mit Hilfe eines Kfz bewegen kann (Nachweis: Merkzeichen aG, Bl oder H im Ausweis), sind grds nahezu sämtl privaten Kfz-Kosten als agB abzugsfähig, in angemessenem Rahmen also auch die Kosten der Erholungs-, Freizeit- oder Besuchsfahrten (auch Unfallkosten auf Urlaubsreise, wenn die Fahrt als angemessen einzustufen war, ausführl BFH III R 30/88 BStBl II 92, 179; s auch Anm HFR 92, 178; gegen BFH: *Paus* DStZ 92, 379; krit *Wüllenkemper* EFG 14, 761; *Kanzler* FR 92, 115, wegen Abgrenzung § 33 zu § 33b). Zu **Fahrtkosten mit einem behinderten Kind** s FG Hess EFG 05, 877, rkr (Glaubhaftmachung) und BFH III B 154/06 BFH/NV 08, 780 (keine Berücksichtigung von allg Familienfahrten, die nicht vornehml im Interesse des behinderten Kindes untergenommen werden). Bei Privatfahrten mit dem Kfz von mehr als 15 000 km ist die **Grenze der Angemessenheit** idR überschritten (BFH III R 31/03 BStBl II 04, 453, mwN; BFH VI B 11/10 BFH/NV 10, 1631). Ausnahmen gelten uU bei außerordentl Gehbehinderung (berufsqualifizierende Ausbildung); daneben sind dann aber für sonstige Privatfahrten nur noch 5000 km anzuerkennen (BFH III R 6/99 BStBl II 02, 198). Kfz-Kosten werden in sämtl Fällen (*Dürr* HFR 05, 34) **nur mit den Kilometerpauschbeträgen** iHv 0,30 € je km zum Abzug zugelassen (BFH III R 31/03 BStBl II 04, 453, Anm *Jaeger* HFR 04, 450; BFH III R 16/02 BStBl II 05, 23, Arztbesuche; s auch FG BaWü EFG 14, 759, rkr: kein Sofortabzug für Leasingsonderzahlung, Anm *Wüllenkemper;* FG Nds EFG 15, 132, Rev VI R 60/14: Kfz-Motorschaden führt nicht zu agB). Dies gilt auch bei *sehr geringer Fahrleistung* sowie für notwendige Fahrten zu Ärzten oder Kliniken (BFH III R 105/06 BFH/NV 08, 1141); hier können aber tatsächl entstandene Kosten für öffentl Verkehrsmittel (ggf Taxi) zum Abzug zugelassen werden (BFH III R 31/03 BStBl II 04, 453). Daneben sind die Kosten für eine behindertengerechte Umrüstung des Kfz abziehbar (s BFH III R 95/96 BFH/NV 98, 1072; FG Mchn EFG 98, 568, rkr). Abzugsfähig können auch die Kosten für den Führerschein sein (BFH III R 9/92 BStBl II 93, 749, lässt den Abzug sämtl Kosten zu; nicht zweifelsfrei, es dürften wohl nur die durch die Behinderung verursachten *Mehr*kosten abzugsfähig sein). – ***(4)*** Die vorbezeichneten Kfz-Kosten sind **neben den Pauschbeträgen** des § 33b abzugsfähig (insoweit aber zumutbare Belastung). Sind die Kosten einem StPfl entstanden, auf den der Pauschbetrag gem § 33b V übertragen worden ist, können die Kfz-Kosten ebenfalls neben dem Pauschbetrag abgezogen werden (BFH III R 9/92 BStBl II 93, 749, mwN, Führerscheinkosten; FG SchlHol EFG 84, 123, rkr, Kfz-Kosten für die Urlaubsreise eines gehunfähigen Kindes). – ***(5)*** Aufwendungen für **Reisebegleiter** können, wenn die Notwendigkeit ständiger Begleitung nachgewiesen ist (zB Schwerbehindertenausweis, FG BaWü EFG 04, 1123, rkr), bis zu 767 € abziehbar sein (BFH III R 58/98 BStBl II 02, 765); die Kostenbegrenzung gilt nur für Urlaubsbegleitung, nicht für Krankenfahrten (BFH III B 156/02 BFH/NV 04, 41). Handelt es sich bei dem „Reisebegleiter" um den eigenen Ehegatten/LPart, fehlt es im Zweifel an behinderungsbedingtem *Mehr*-Aufwand (s BFH VIII R 51/10 BStBl II 13, 808: Kosten der allg Lebensführung des mitreisenden Ehegatten). Zum **Nachweis** ab VZ 2011 gem § 64 I Nr 2 Buchst d EStDV s Rz 34.

Fluchthilfe. Aufwendungen für die Flucht eines **Angehörigen** aus einem anderen Staat können nur dann zwangsläufig sein, wenn für den Angehörigen unmittelbare Gefahr für Leib, Freiheit und Leben droht (FG Hess EFG 78, 431, bestätigt, EFG 82, 593; FG Ddorf EFG 79, 335, rkr). Mit FG Bln (EFG 79, 180, rkr) wird man verlangen müssen, dass der Angehörige als politischer Flüchtling anerkannt wird. Die freigekaufte Person darf sich nicht leichtfertig in Gefahr begeben haben (FG Hess EFG 91, 195 rkr). Die Aufwendungen müssen zumindest glaubhaft gemacht werden. IÜ wird es nicht zwangsläufig sein, dass der StPfl die Gelder für die Fluchthilfe endgültig verausgabt. Es kann erwartet werden, dass der geflohene Angehörige nach Arbeitsaufnahme im Inl die Gelder zurückzahlt (§ 670 BGB; FG BaWü EFG 89, 350, rkr; *KSM* § 33 C 63 „Fluchthilfe"; aA *HHR* § 33 Rz 72). Der Verzicht auf die Aufwendungen wird regelmäßig nicht zwangsläufig sein. Als agB können daher für den die Flucht finanzierenden Angehörigen allenfalls Zinsaufwendungen abzugsfähig sein (FG Mster EFG 84, 287, bestätigt). Bei **Nicht-Angehörigen** sind Unterstützungsleistungen für eine aus einem Bürgerkriegsland geflohene befreundete Person idR nicht zwangsläufig (FG Nds EFG 96, 763, rkr). S auch „Auswanderung".

Geburt. Entbindungskosten (Arzt, Hebamme, Krankenhaus, Arznei) sind wie Krankheitskosten abzugsfähig. Sämtl sonstigen Kosten für das Kind, zB Erstlingsausstattung für erstes oder weitere Kinder (BFH VI 168/63 U BStBl III 64, 302; HFR 65, 501) oder Zwillinge (BFH VI R 125/69 BStBl II 70, 242), sind nicht abzugsfähig (Abgeltung durch Kindergeld und Freibeträge). Auch die Aufwendungen für Umstandskleidung sowie für die Beschaffung einer größeren Wohnung sind als übl Lebenshaltungskosten nicht abzugsfähig. Die Einlagerung von Nabelschnurblut ist nicht zwangsläufig (BFH III B 112/06 BFH/NV 08, 355).

Geldstrafen/Geldbußen sind nicht abzugsfähig (ausführl *HHR* § 33 Rz 131 „Strafe"; s aber *KSM* § 33 C 29). Ausnahmefall: FG Brem EFG 80, 183, rkr. S auch Rz 20 und „Prozesskosten".

Gesundheitsgefährdung s „Umweltbeeinträchtigung".

Gruppentherapie s „Therapie".

Haartransplantation. Kosten hierfür und für Haartoupet sind idR nicht abziehbar (FG BaWü EFG 98, 1589, rkr; FG Nds EFG 00, 496, rkr).

Haus s „Baumangel" und „Umweltbeeinträchtigung".

Haushaltshilfe s § 35a Rz 4 und hier: „Kinder".

Hausrat. Aufwendungen für die Anschaffung von Hausrat und Kleidung (BFH VI R 237/71 BStBl II 74, 745, Geschirrspülmaschine) sind idR nicht als agB abzugsfähig, auch nicht bei erstmaliger Einrichtung einer Wohnung (BFH IV 243/52 U BStBl III 53, 126; BFH VI 23/65 S BStBl III 65, 441; BVerfG in BStBl III 67, 106). Die Rspr ist iErg zutr, die Begründung (Gegenwertlehre) allerdings zweifelhaft (Rz 10, 15; *Jakob/Jüptner* StuW 83, 208 f). Wiederbeschaffung von Hausrat nach einer Scheidung ist ebenfalls nicht begünstigt (s auch „Ehescheidung"). – Ist notwendiger Hausrat infolge **unabwendbarer Ereignisse** (Krieg, Naturkatastrophe, Brand, politische Verfolgung uä) verloren gegangen, können die

Kosten der Wiederbeschaffung hingegen eine agB begründen (BFH III R 248/83 BStBl II 88, 814, Spätaussiedler; BFH III R 69/87 BStBl II 91, 755 mwN; s auch Rz 11 sowie EStR 33.2 und BStBl I 13, 769, VI.; ferner: FG Nbg EFG 94, 249, rkr, Kriegseinwirkung; FG Nbg EFG 84, 178, rkr, Angemessenheit der Wiederbeschaffung; FG Ddorf EFG 94, 706, rkr, zum zeitl Moment der Wiederbeschaffung; FG Nbg EFG 90, 585, rkr, Farbfernseher; FG BaWü EFG 96, 1224, rkr, zum Nachweis; *KSM* § 33 B 69 ff; *Blümich* § 33 Rz 267 ff). Zu den Obergrenzen für die Prüfung der Angemessenheit s FG Hess EFG 96, 762, rkr. Leistungen aus einer **Hausratsversicherung** sind gegenzurechnen (BFH III R 8/95 BStBl II 99, 766; s auch Rz 21 zum Abschluss von Versicherungen), ebenso Entschädigungen und Beihilfen aus öffentl Mitteln (FG BaWü EFG 98, 1334, rkr). – S auch „Asylberechtigter", „Auswanderung", „Katastrophenschaden", „Umweltbeeinträchtigungen" und „Vertriebene".

Hausratversicherung. Zur Anrechnung von Leistungen aus einer Hausratversicherung s FG Hbg EFG 81, 20, rkr, und iÜ Rz 21.

Heilkuren. Aufwendungen für Heilkuren sind als agB zu berücksichtigen, wenn die Kur aufgrund einer **Erkrankung** medizinisch angezeigt ist (BFH VI R 88/10 BFH/NV 12, 35: heilklimatischer Kur eines Kindes mit Asthma und Neurodermitis; BFH VI R 49/10, BFH/NV 12, 33: alternative Behandlungsmethoden, s jetzt § 64 I Nr 2 Buchst f EStDV). An der bisherigen Rspr, dass die Kur zur Heilung und Linderung einer Krankheit notwendig sein muss und eine andere Behandlung nicht oder kaum Erfolg versprechend erscheinen darf, hält der BFH nicht mehr fest (BFH VI R 88/10 BFH/NV 12, 35). Nach wie vor sind aber die Kosten abzugrenzen von Aufwendungen für (auch) der Gesundheit und der Erhaltung der Arbeitskraft dienenden Badekuren oder Erholungsreisen (BFH VI R 96/88 BFH/NV 93, 19, Kneippkur eines Gesunden; BFH VI R 218/77 BStBl II 80, 295; BFH VI R 256/69 BStBl II 72, 534). Die Kosten des Kuraufenthalts von **Kindern** werden grds nur dann als agB anerkannt, wenn das Kind während der Kur in einer Kurklinik untergebracht wurde oder nachgewiesen wird, dass und warum der Kurerfolg ausnahmsweise auch bei einer anderweitigen Unterbringung erreicht werden kann; im letztgenannten Fall ist bei minderjährigen Kindern die Notwendigkeit einer Begleitperson offenkundig (BFH VI R 88/10 BFH/NV 12, 35). – Zum allg **Nachweis** der Notwendigkeit der Kur gem § 64 I Nr 2 Buchst a EStDV (auch Vorsorgekur) s Rz 34, auch zur Fortgeltung der Erleichterung nach EStR 33.4 I. Eine Bescheinigung für eine Inlandkur reicht nicht für eine Kur im Ausland (FG BaWü EFG 97, 172, rkr). – Der StPfl muss am Kurort idR unter durchgehender (FG Brem EFG 93, 32, rkr) ärztl Aufsicht stehen (BFH III R 95/85 BStBl II 88, 275, mwN; Ausnahme uU bei Klimakuren, BFH III R 64/85 BFH/NV 88, 149; s aber FG Ddorf EFG 92, 341, rkr, zutr). – Gegen eine Heilkur und für einen Erholungsurlaub kann schon der **äußere Ablauf** der Reise sprechen (zB: gesamte Familie ist anwesend oder die Reise wird normalerweise von Reisebüros für Erholungssuchende vermittelt; BFH VI R 256/69 BStBl II 72, 534, Reise nach Mallorca bei Heuschnupfen; s auch FG BaWü EFG 96, 379, rkr). – Abzugsfähig sind die **Kosten** der Hin- und Rückfahrt iHd Kosten für öffentl Verkehrsmittel (so BFH III R 102/89 BStBl II 91, 763, aE; s dazu aber Rz 30; FG Nds EFG 91, 194, rkr, Unfallkosten). Arzt- und Kurmittel sind in der tatsächl entstandenen Höhe, Unterkunftskosten bei Hotel oder Privatquartieren in angemessener Höhe abzugsfähig, Trinkgelder jedoch nicht (s „Trinkgelder"); s ferner „Krankheitskosten" (3). Verpflegungskosten sind um die Haushaltsersparnis von $^1/_5$ zu kürzen (EStR 33.4 III; BFH III R 102/89 BStBl II 91, 763, aE). Die Notwendigkeit einer **Begleitperson** ist durch ärztl Attest nachzuweisen, außer bei offenkundiger Notwendigkeit (BFH III R 35/97 BStBl II 98, 298; BFH VI R 88/10 BFH/NV 12, 35: bei minderjährigen Kindern idR zu bejahen); s jetzt § 64 I Nr 2 Buchst d EStDV (Rz 34). – Aufwendungen des StPfl für **Besuch** des in Kur befindl Ehegatten sind grds keine agB (BFH VI R 132/72 BStBl II 75, 536; s iEinz „Besuchsreisen", aber auch § 64 I 1 Nr 3 EStDV). Zur Anrechnung von Ersatzleistungen und Geltendmachung von Ersatzansprüchen s Rz 12ff und 21.

Heimunterbringung eines Schwerbehinderten kann wegen selbst getragener Kosten zum Abzug führen (BFH III R 24/01 BStBl II 02, 567, betreute Wohngemeinschaft). Zum Erfordernis eines **amtsärztl Attestes** gem § 64 I 1 Nr 2 Buchst c bei auswärtiger Unterbringung eines Kindes des StPfl s auch Rz 29ff. Die Zwangsläufigkeit der Unterbringung galt bislang als nachgewiesen, wenn die Kosten vom Sozialhilfeträger übernommen wurden. Zum Ansatz einer **Haushaltsersparnis** s einerseits FG Hbg EFG 10, 1512 und andererseits FG Köln EFG 15, 1096 (kein Ansatz bei nur vorübergehender Unterbringung, mwN). Daneben kommt der Pauschbetrag nach § 33b III 3 nicht zum Abzug (BFH III R 38/02 BStBl II 05, 271). Zum Abzug der Aufwendungen von Eltern volljähriger behinderter Menschen in vollstationärer Heimunterbringung nach § 33 oder (dh anstelle, nicht *neben*) nach § 33b V und VI s *BMF* BStBl I 03, 360. S auch „Altersheim".

Heizkosten. Heizkosten für Baudenkmal sind keine agB (FG Mster EFG 10, 703, rkr).

Hochzeit. Aufwendungen für eine Hochzeitsfeier sind nicht abzugsfähig (BFH VI 303/57 U BStBl III 58, 296), auch nicht dann, wenn der Ehegatte/LPart aus dem Ausl stammt und zusätzl Kosten anfallen (BFH III R 11/91 BStBl II 92, 821: Reise nach Moskau; FG BBg EFG 12, 2287: Anreise aus Kanada), ebenso wenig Aufwendungen für Geschenke oder Reisen zur Feier eines Dritten. Das Gleiche gilt für Verlobungsgeschenke (BFH VI R 51/66 BStBl III 67, 758).

Insolvenz. Erneute Zahlung zur Abwendung eines Insolvenzverfahrens nach Veruntreuung der zunächst erbrachten Zahlung durch RA ist keine agB (vgl BFH VI B 18/09 BFH/NV 10, 206). Die Kosten des Insolvenzverfahrens sind ebenfalls nicht als agB abziehbar (*Rößler* FR 99, 1357; aA *Müller* DStZ 99, 645; s aber § 19 Rz 60 „Insolvenzverfahren").

Integrationskurs s „Sprachkurse".

Internat. S auch § 33a II, IV. Kosten der Unterbringung eines körperl und geistig gesunden Kindes in einem Internat fallen nicht unter § 33 (BFH X R 48/09 BStBl II 12, 200). Das gilt auch für schwer erziehbares Kind, da soziale oder pädagogische Gründe für den Internatsbesuch nicht genügen (BFH IX R 52/03 BFH/NV 06, 281; BFH III B 169/03 BFH/NV 05, 699), ebenso bei Hochbegabung (BFH X R 48/09 BStBl II 12, 200; BFH X R 43/10 BFH/NV 12, 1947; FG Mster EFG 03, 1084, rkr) und auch dann, wenn es darum geht, ein Kind aus der heimischen Drogenszene zu entfernen (FG Brem EFG 94, 525, rkr – da Drogenabhängigkeit eine Behinderung darstellt [s § 33b Rz 13], wären die Aufwendungen bei Vorliegen eines entspr *vorab* erstellten amtsärztl Attestes im Zweifel zu berücksichtigen gewesen). – Eine agB liegt allerdings vor, wenn die Internatsunterbringung wegen **Krankheit** des Kindes medizinisch indiziert ist (BFH VI R 37/10 BStBl II 13, 783). Zum **Nachweis** der medizinischen Indikation gem § 64 I 1 Nr 2 Buchst c EStDV s Rz 34. – Aufwendungen eines **minderjährigen Halbwaisen** für die eigene Internatsunterbringung sind nicht zwangsläufig (BFH III R 126/86 BStBl II 90, 738; zu Internatsunterbringung eines Vollwaisen s Anm HFR 90, 628). S iÜ auch „Kinder" und „Therapie".

Kaskoversicherung s „Versicherung".

Katastrophenschaden s Rz 10 sowie „Hausrat", „Umweltbeeinträchtigung" und § 21 Rz 100 „Katastrophenschäden". Sturmschaden an Grundstücksmauer führt zu keiner agB (FG RhPf DStRE 08, 86). Die Kosten der Instandsetzung des infolge eines unabwendbaren Ereignisses beschädigten notwendigen Hausrats können als agB abgezogen werden. Umfassend *Grube* DStZ 00, 469.

Kinder. Zu Unterhalt, Berufsausbildung, Betreuung s § 10 I Nr 5 und 9 (früher: § 4f bzw § 9c) und § 33a I und II; s ferner „Ausbildung", „Besuchsreisen" „Geburt", „Heilkuren", „Internat", „Privatschule". Neben den nach § 33a I bis III abzugsfähigen Aufwendungen werden Kosten der auswärtigen Unterbringung eines Kindes nach § 33 nur berücksichtigt, wenn die auswärtige Unterbringung (im Heim oder bei Verwandten) wegen Krankheit oder körperl bzw geistiger Gebrechen notwendig ist (BFH X R 48/09 BStBl II 12, 200; BFH VI R 125/74 BStBl II 75, 607; BFH VI 215/63 U BStBl III 65, 169). Aufwendungen für **Besuchsfahrten** zur Pflege des Eltern-Kind-Verhältnisses sind auch nach Wegfall des § 33a I a mangels Außergewöhnlichkeit nicht abziehbar (BFH III R 208/94 BStBl II 97, 54; BFH VI R 115/96 BFH/NV 01, 1110, VerfBeschw nicht angenommen, NVwZ-RR 04, 2; s aber BFH III R 141/95 BFH/NV 04, 1635: offen gelassen, VerfBeschw nicht angenommen), auch nicht zur Ausübung der gesetzl Umgangsverpflichtung gem § 1684 I BGB (BFH VI B 111/11 BFH/NV 12, 1434: kein „Gleichklang" von Steuerrecht und Sozialhilferecht; BFH III R 28/05 BStBl II 08, 287: trotz besonders hoher Besuchsaufwendungen; BFH III R 30/06 BFH/NV 08, 539, Flugkosten nach Spanien) und auch nicht bei Verhaltensauffälligkeit des Kindes (FG Nds EFG 95, 122, rkr). Nachweis: § 64 I 1 Nr 3 EStDV.

Kleidung. Ausgaben für Neuanschaffung oder Änderung bürgerl Kleidung sind grds nicht außergewöhnl, da es sich idR nicht um unmittelbare Krankheits-, sondern um Folgekosten handelt (zB BFH VI 203/61 U BStBl III 63, 381, Mehraufwand wegen Körpergröße; FG Mchn EFG 00, 872, rkr, nach Geschlechtsumwandlung; FG Mchn EFG 06, 119, bestätigt durch BFH III R 63/06 BFH/NV 08, 544, Bekleidung, Schuhe und Perücke bei Transsexualität; BFH III B 63, 64/85 BFH/NV 88, 438, Aufwendungen nach Krebserkrankung). Anders aber bei Wiederbeschaffung zB nach einer Hochwasserkatastrophe (vgl *BMF* BStBl I 13, 769, VI.); s auch Rz 15.

Kosmetische Operation ist nur dann zwangsläufig, wenn sie zB infolge psychischer Erkrankung unumgängl ist (FG BaWü EFG 79, 125, rkr; FG Köln EFG 97, 16, rkr); zum Nachweis s Rz 29 ff (vgl auch BFH III B 57/06 BFH/NV 07, 438, Fettabsaugung).

Kraftfahrzeugkosten s „Fahrtkosten", „Unfall".

Krankenversicherungsbeiträge. § 33 II 2. Die vom StPfl an die geschiedene Ehefrau erstatteten Krankenversicherungsbeiträge sind Unterhaltsaufwendungen, dh keine agB (BFH VI R 206/70 BStBl II 74, 86).

Krankheitskosten. – ***(1)*** Aufwendungen für typische **Berufskrankheiten** uä sind vorrangig als WK oder BA abzugsfähig (§ 33 II 2, BFH VI R 36/13 BeckRS 2015, 96141; s auch § 4 Rz 520 „Krankheitskosten" und § 19 Rz 60 „Berufskrankheit"). – ***(2)*** IÜ geht der BFH in stRspr davon aus, dass Krankheitskosten **immer zwangsläufig** sind, unabhängig davon, wie es zu der Krankheit gekommen ist (BFH VI R 31/14 BStBl II 16, 40 mwN), also auch bei eigenem Verschulden des StPfl (BFH VI R 77/78 BStBl II 81, 711; s auch Rz 19). Auf Erstattungsrichtlinien der Krankenkassen oder Beihilfevorschriften kommt es nicht an (zutr FG BBg EFG 08, 544, rkr). Berücksichtigt werden allerdings nur Aufwendungen, die zur Heilung einer Krankheit (zB Medikamente, Operation) oder mit dem Ziel getätigt werden, die Krankheit erträgl zu machen (zB Aufwendungen für einen Rollstuhl; BFH VI R 11/09 BStBl II 11, 119). Zu den einzelnen Anforderungen an den **förml Nachweis** der Zwangsläufigkeit s § 64 EStDV und Rz 29 ff. Unterschieden wird wie folgt: – ***(a)*** Aufwendungen für die **eigentl Heilbehandlung** werden ohne weiteres als agB berücksichtigt (s BFH VI R 27/13 BStBl II 14, 824, mwN: kein unzumutbares Eindringen in die Privatsphäre); dass sie dem Grunde und der Höhe nach zwangsläufig sind, wird typisierend unterstellt, wenn sie nach allg Erkenntnis medizinisch indiziert sind (vgl BFH VI R 17/09 BStBl II

11, 969 mwN: nach „den Erkenntnissen und Erfahrungen der Heilkunde und nach den Grundsätzen eines gewissenhaften Arztes"; BFH VI R 20/12 BStBl II 14, 456: „adäquater Zusammenhang" und „nicht außerhalb des Üblichen"; zu sog „Krankheitsfolgekosten" s unten: (4)). – ***(b)*** Dagegen bleiben Aufwendungen für Maßnahmen, die typischerweise ledigl der **Vorbeugung oder Erhaltung der Gesundheit** dienen, als Kosten der allg Lebensführung (s Rz 14) grds unberücksichtigt; nur in besonders gelagerten Fällen können solche Aufwendungen zu agB führen. – ***(c)*** Eine dritte Gruppe bilden **nicht anerkannte Heilmethoden** oder sonstige Maßnahmen, bei denen die medizinische Indikation nur schwer zu beurteilen ist (vgl BFH VI R 49/10 BFH/NV 12, 33: Sauerstofftherapie und Wasserionisierung; s auch „Besuchsreisen" und Rz 33). – ***(d)*** Schließlich hat der BFH in einer **notstandsähnl Zwangslage** bei fortgeschrittener schwerer Erkrankung mit nur noch begrenzter Lebenserwartung Aufwendungen für nicht anerkannte Heilmethoden anerkannt; diese müssen allerdings von Personen vorgenommen werden, die zur Heilkunde zugelassen sind (s BFH VI R 11/09 BStBl II 11, 119: immunbiologische Krebsabwehrtherapie; krit *Paus* DStZ 11, 150). Ob hierfür wegen § 64 EStDV noch Raum ist, bleibt abzuwarten; argumentieren ließe sich uU, dass der BFH nicht auf eine medizinische Indikation abgestellt hat, sondern auf die konkrete „Ausweglosigkeit der Lebenssituation" (abl für Reiki bzw Fernreiki: FG Sachs 1 K 781/11, Rev VIII R 52/13).

Beispiele für abzugsfähige Krankheitskosten: Arzt- und Heilpraktikerkosten (es besteht freie Arztwahl unabhängig davon, ob die Krankenkasse erstattet, FG Mchn EFG 00, 433, rkr; FG Mster EFG 05, 608, rkr; zur Angemessenheit der Kosten bei Heilpraktikerbehandlung s FG Köln EFG 05, 1938, rkr); ggf Aufwendungen zur Behandlung einer Lese- und Rechtschreibschwäche (BFH VI R 17/09 BStBl II 11, 969); Anschaffung neuer Möbel bei Asthma (BFH VI R 16/09 BStBl II 11, 966: ohne Anrechnung eines Gegenwerts, aber Vorteilsausgleich); Praxisgebühr (*FinVerw* DB 04, 2782; offen gelassen von BFH X R 41/11 BStBl II 12, 821); Unterbringung in einer dafür vorgesehene Einrichtung (BFH VI R 20/12 BStBl II 14, 456, mwN; auch für ein Heim/Sanatorium der Christlichen Wissenschaft, BFH VI R 43/76 BStBl II 79, 646) ohne Ansatz einer Haushaltsersparnis (entspr BFH VI R 138/77 BStBl II 81, 23 und BFH VI R 196/77 BStBl II 81, 25); Arzneimittel, auch nicht rezeptpflichtige (Notwendigkeit muss durch ärztl Verordnung nachgewiesen werden, BFH III R 60/88 BStBl II 90, 958; BFH III R 70/88 BFH/NV 91, 386); uU auch nicht zugelassene Medikamente (FG Mchn EFG 02, 404, rkr); sämtl notwendigen Heilmittel und Hilfsmittel wie zB Brillen, Bruchbänder, Krankenfahrstuhl, Zahnprothesen (unabhängig vom Material, FG Bln EFG 81, 293, rkr), auch Zahnimplantate (FG BBg EFG 08, 544, rkr); sonstige Prothesen, Hörgeräte, ggf auch Sportaufwendungen (höhere Anforderungen an den Nachweis, s oben, und unter ärztl Leitung und Aufsicht, BFH III R 67/96 BStBl II 97, 732); Mehrkosten bei Heimdialyse (*FinVerw* FR 96, 570). Bei Augenoperation mittels Laser konnte bislang medizinische Indikation unterstellt werden (vgl EStR 33.4 I 2: kein amtsärztl Attest erforderl; aA FG Ddorf EFG 06, 973, rkr; s auch *Apitz* DStZ 07, 222). Ob Fettleibigkeit (Adipositas) eine Krankheit darstellt und damit zusammenhängende Aufwendungen abgezogen werden können, ist Tatfrage (BFH III B 37/06 BFH/NV 07, 1865; s auch FG SchlHol EFG 13, 1846, rkr; zu Liposuktion s auch BFH VI R 51/13 BStBl II 15, 9: ggf Sachverständigen-Gutachten erforderl). – **Nicht anerkannt:** Doppelbett mit einseitig verstellbarem Rahmen (FG BaWü EFG 13, 1125) und Wasserbett (FG Mchn EFG 08, 380, rkr); Kosten für medizinische Fachliteratur (BFH III R 106/93 BStBl II 96, 88; zutr krit *Woerner* BB 96, 464; *Rößler* DStZ 96, 216); Besuch bei einem Wunderheiler (FG Ddorf EFG 98, 316, rkr; FG Bln EFG 90, 63, rkr; BFH III R 38/86 BFH/NV 91, 27). Zu Fahrtkosten s Rz 30 aE; s auch „Trinkgelder".

(3) Mitunter wird nach der Rspr auch unterschieden zwischen den ohne weiteres (s oben: 2 (a)) anzuerkennenden **unmittelbaren Krankheitskosten** und den idR nicht abzugsfähigen mittelbaren Aufwendungen bzw sog **Krankheitsfolgekosten** (BFH III R 18/97 BFH/NV 98, 448), die nur gelegentl oder als Folge einer Krankheit entstehen (zB BFH VI R 149/75 BStBl II 79, 78, aE; BFH VI R 167/79 BStBl II 82, 297, unter III aE, Umzug zur Linderung eines Bronchialleidens, s auch „Heilkuren" (2)). Der BFH vertritt aber keine strikte Trennung, sondern lässt Ausnahmen zu (BFH III B 27/01, BFH/NV 01, 1562). Zu den **unmittelbaren Krankheitskosten** gehören zB auch unumgängl Fahrtkosten zur

Krankenbehandlung (ausführl BFH III R 5/98 BStBl II 99, 227, auch zu Leerfahrten), Pflegekosten eines infolge Unfalls gebrechl StPfl, Kosten für Begleiter einer hilflosen Person (FG BaWü DStRE 05, 568, rkr, zum Nachweis der Begleitbedürftigkeit), Rollstuhl, Aufzug und Bewegungsbad für gelähmten Sohn (FG RhPf EFG 79, 231, rkr; s auch Rz 4), Bestrahlungsgerät (FG RhPf EFG 89, 60, rkr), Blindencomputer (FG Sachs EFG 01, 440, rkr), Unterbringung am Behandlungsort bei auswärtiger Behandlung (FG RhPf EFG 81, 21, rkr); s ferner „Besuchsreisen", „Internat". – Bei **Hilfsmitteln,** die nicht ausschließl von dem Kranken benutzt werden, ist § 64 I 1 Nr 2 Buchst e EStDV zu berücksichtigen (Rz 32f).

Nicht anerkannt ferner: Mehraufwendungen für Gasthausessen des StPfl während des Krankenhausaufenthaltes der Ehefrau (FG Ddorf EFG 77, 17, rkr); Aufwendungen für die Anschaffung einer Geschirrspülmaschine mit Rücksicht auf die Krankheit der Ehefrau (BFH VI R 237/71 BStBl II 74, 745; s auch Rz 9, 15); Kosten für Bau (FG RhPf DStRE 07, 413, rkr) und Unterhalt eines eigenen Schwimmbads (FG Nds EFG 76, 184, rkr); Aufwendungen zur Befriedigung einer Sucht (FG BaWü EFG 95, 262, rkr, Esskrankheit; FG Mster EFG 01, 1204, rkr, Spielsucht; s auch „Therapie"); Kosten für eine Zweitwohnung in Davos (BFH III R 296/84 BStBl II 88, 137) oder für sonstige doppelte Haushaltsführung (FG Mster EFG 98, 1588, rkr); Kosten für Telefon und Fernsehgerät im Krankenhaus (BFH III R 18/97 BFH/NV 98, 448); Kosten für Liege- und Elektrosessel (BFH III R 27/97 BFH/NV 98, 571). S auch „Besuchsreisen".

(4) Zur Anrechnung der **Leistung Dritter** s Rz 12. – ***(5)*** Krankheitskosten, die nur deshalb in außergewöhnl Höhe entstehen, weil es die **wirtschaftl Verhältnisse** dem StPfl erlauben, sich einer besonders kostspieligen ärztl Behandlung zu unterziehen, die der überwiegenden Mehrzahl der StPfl nicht zugängl ist, sind gleichwohl grds angemessen und notwendig. Die Krankheitsbekämpfung ist eine höchstpersönl Angelegenheit des StPfl, in die die FinVerw regelmäßig nicht eingreifen sollte. Dafür fehlt ihr auch die nötige Sachkunde (so auch BFH VI R 77/78 BStBl II 81, 711; s auch Rz 30 und *Blümich* Rz 170). Ausnahmen können sich allerdings bei **offensichtl Missverhältnissen** ergeben (BFH VI R 20/12 BStBl II 14, 456, mwN; nicht mehr angemessen iSd § 33 II 1).

Künstliche Befruchtung. Aufwendungen für künstl Befruchtung werden berücksichtigt, wenn die Befruchtung in Übereinstimmung mit den Richtlinien der ärztl Berufsordnung vorgenommen worden ist, und zwar gleichermaßen bei verheirateten wie bei unverheirateten Frauen (BFH III R 47/05 BStBl II 07, 871; Anm *Görke* HFR 07, 1117; s ferner: BFH III R 84/96 BStBl II 97, 805, Empfängnisunfähigkeit der Frau; FG Ddorf EFG 03, 1786, rkr: Zeugungsunfähigkeit des Mannes; FG Nds EFG 10, 574, rkr: 44-jährige Frau). Dass zunächst die KV auf Erstattung der Aufwendungen verklagt wird, verlangt die Rspr nicht (BFH III R 30/07 BFH/NV 08, 1309). S iÜ auch *Ritzrow* EStB 12, 63. – Für den Fall einer **gleichgeschlechtl Partnerschaft** hat jetzt das FG Mster die Berücksichtigung von Aufwendungen für eine künstl Befruchtung als **agB abgelehnt,** obwohl die StPfl aufgrund primärer Sterilität ohne medizinischen Eingriff nicht schwanger werden konnte (FG Mster EFG 15, 2071, Rev VI R 47/15).

Kritik: Das FG Mster hat die **Zwangsläufigkeit** der Aufwendungen verneint und dies damit begründet, dass die Kinderlosigkeit der StPfl „nicht unmittelbare und ausschließl Folge ihrer krankheitsbedingten Unfruchtbarkeit" gewesen sei; sie sei zugleich maßgebl in der gleichgeschlechtl Partnerschaft begründet, weil in dieser „die Zeugung eines Kindes auf natürlichem Wege ausgeschlossen" sei. Das ist schlicht falsch; auch bei lesbischen Partnerschaften ist die Zeugung eines Kindes **auf natürl Wege** mit Hilfe einer Samenspende ohne medizinische Unterstützung mögl und durchaus übl (s www.profamilia.de, unter: Erwachsene/Kinderwunsch/Gleichgeschlechtliche Paare und Kinderwunsch). Es ist daher kein Grund ersichtl, warum lesbische Paare, die wegen Unfruchtbarkeit des einen Partners auf einen medizinischen Eingriff angewiesen sind, anders behandelt werden sollten als heterosexuelle Paare. Soweit die ärztl Standesrichtlinien eine künstl Befruchtung nur bei heterosexuellen Paaren zulassen, ist dies mE mit Art 3 GG und im Falle einer LPart auch mit § 2 VIII nicht vereinbar.

Weitere Beispiele - agB anerkannt: Kosten für das Einfrieren des Spermas des Ehemanns (FG Mchn EFG 02, 1042, rkr); heterologe künstl Befruchtung nach anonymer Samenspende (BFH VI R 43/10 BStBl II 11, 414); – **agB nicht anerkannt:** künstl Befruchtung in Österreich, nicht den inl gesetzl Vorgaben entspr (FG BaWü 8 K 1792/13, Rev VI R 34/15, mE zweifelhaft); Eizellenspende einer anderen Frau (FG BBg EFG 15, 925, Rev VI R 20/15: in Deutschland verbotene Behandlung, mit ausführl Anm *V. Wendt*); künstl Befruchtung nach vorangegangener freiwilliger Sterilisation (BFH III R 68/03 BStBl II 05, 566); Kosten einer Leihmutter (FG Ddorf EFG 03, 1548, rkr). – Zur Behandlung der Kosten in der gesetzl KV s *von der Tann* NJW 15, 1850.

Kuren s „Heilkur".

Lärmschutz. Einbau von Schalldämmfenstern ist keine agB (BFH VI R 62/74 BStBl II 76, 194); s auch Rz 9f, 14f.

Lebensgemeinschaft. Zur gesetzl Gleichstellung von LPart s § 2 VIII. Allein das Bestehen einer nicht-ehel Lebensgemeinschaft (auch bei Verlobten, BFH III B 3/97, BFH/NV 00, 560) führt nicht zur Zwangsläufigkeit der Unterhaltsleistungen für den anderen Partner aus sittl Gründen; es müssen andere gewichtige Umstände (zB Pflegedienste, Betreuung gemeinsamer Kinder, Schwangerschaft) hinzutreten. Die Bedürftigkeit muss gemeinschaftsbedingt sein (BFH III R 102/87 BStBl II 90, 886 mwN; BFH III R 52/89 BFH/NV 91, 814; BFH III R 3/99 BFH/NV 01, 1233). Unterhaltsaufwendungen für den arbeitslosen Partner einer nicht-ehel Lebensgemeinschaft können dann als agB abzugsfähig sein, wenn wegen des anzurechnenden Einkommens des StPfl keine Arbeitslosenhilfe gezahlt wird (BFH III R 38/92 BStBl II 94, 442); soweit die Kürzung der Arbeitslosenhilfe ausgeglichen wird, sind die Zahlungen idR nicht unangemessen (BFH III R 62/93 BStBl II 94, 897).

Legasthenie s „Therapie".

Lernmittel. Aufwendungen sind nicht außergewöhnl und werden zudem durch Freibeträge nach § 32 VI und KiGeld bzw § 33a I, II (s § 33a IV) berücksichtigt.

Logopädische Therapie s „Therapie".

Lösegeld. Zahlungen sind weder als BA noch als WK, wohl aber als agB abzugsfähig (BFH III R 27/92 BStBl II 95, 104, 107), ohne dass § 160 AO der Anerkennung entgegensteht (glA *HHR* § 33 Rz 300 „Lösegeldzahlungen"; s auch § 4 Rz 520 und § 19 Rz 60). Lösegeldrückflüsse in späteren Jahren mindern idR die agB des Jahres der Lösegeldzahlung (Belastungsprinzip, s Rz 12; FG Mster EFG 87, 186, rkr). S auch „Detektivkosten" und „Erpressungsgeld".

Makler. Gebühren für eine Wohnungsvermittlung können eine agB darstellen, wenn der Umzug zwangsläufig ist; s „Umzug".

Miete. Zusätzl Mietzahlungen nach Zwangsräumung des eigenen Hauses wegen Einsturzgefahr können als verlorener Aufwand zu einer agB führen (BFH VI R 62/08 BStBl II 10, 965, auch zur Dauer). Entgangene Mieteinnahmen sind hingegen keine Aufwendungen und daher keine agB (BFH VI B 43/09 BFH/NV 10, 852; s auch Rz 6).

Nachhilfestunden s § 10 Rz 112 und § 35a Rz 5; iRd § 33 kein Abzug, es sei denn ausnahmsweise als Krankheitskosten.

Nachlassverbindlichkeiten s „Beerdigung" und „Erbausgleich". Ein Abzug als agB kommt grds nur dann in Betracht, wenn die Zahlungen nicht aus dem Nachlass geleistet werden können *und* Zwangsläufigkeit in der Person des Erben begründet ist (FG Nds EFG 82, 349, rkr). Dies kann der Fall sein, wenn der Sohn als Alleinerbe Nachlassverbindlichkeiten erfüllt, die auf existentiellen Bedürfnissen der in Armut verstorbenen Eltern beruhen oder mit deren Tod zusammenhängen, zB Aufwendungen für Miete, Strom, Telefon, nicht aber für die Rückzahlung von Renten oder Pensionen (BFH III R 208/82 BStBl II 87, 715). Eine in der Person des Erblassers begründete Zwangsläufigkeit reicht ansonsten nicht aus; etwas anderes gilt auch nicht, wenn der Erbe der überlebende Ehegatte ist (BFH III R 86/95 BFH/NV 96, 807, Zinsen für kreditfinanzierte Krankheitskosten; grds aA *HHR* § 33 Rz 300 „Nachlassverbindlichkeiten"). Kosten für Ergänzungspfleger bei Erbauseinandersetzung sind nicht abziehbar (BFH III R 39/97 BStBl II 00, 69).

Partnerschaftsvertrag s „Lebensgemeinschaft" und § 33a Rz 20 f.

Persönlichkeitsentwicklung. Aufwendungen hierfür sind grds keine agB; ggf muss geprüft werden, ob Krankheitskosten vorliegen.

Pflege eines nahen Angehörigen. Wird der Pflege-Pauschbetrag nach § 33b VI nicht in Anspruch genommen, können Aufwendungen für die Pflege als agB nach § 33 abziehbar sein; dazu gehören auch die Kosten einer ambulanten Pflegekraft. Ein Abzug kommt aber nur insoweit in Betracht, als der Unterhaltsempfänger die Pflegekosten selbst nicht tragen kann. Hierbei kommt der Anrechnungsbetrag des § 33a I 5 nicht zum Ansatz. Vielmehr sind die eigenen Einkünfte und Bezüge des Unterhaltsempfängers nach Kürzung um Pauschbeträge iHv 102 € und 180 € weiter um das steuerl Existenzminimum zu verringern. Der sich danach ergebende überschießende Betrag kann vom Unterhaltsempfänger selbst für die Pflege aufgebracht werden; gehen die Pflegeaufwendungen des StPfl darüber hinaus, so sind sie insoweit als agB abziehbar (*BMF* BStBl I 02, 1389). S auch „Altersheim" und „Heimunterbringung".

Pflegeheim s „Altersheim".

Pilgerfahrt ist nicht – sittl (s Rz 25) – zwangsläufig.

Politische Tätigkeit ist nicht zwangsläufig.

Privatschule. Es handelt sich um typische Kosten der Berufsausbildung (§ 33a I, II), die nicht nach § 33 abzugsfähig sind (BFH III R 28/05 BStBl II 08, 287). Etwas anderes kann nur gelten, wenn es sich um unmittelbare Krankheitskosten handelt (ausführl und mwN BFH III B 216/96 BStBl II 97, 752; dazu auch FG Köln EFG 98, 318, rkr). Vgl auch „Internat", „Legasthenie" und EStR 33.4 II.

Promotion s „Doktortitel".

Prozesskosten. S auch „Ehescheidung". – ***(1)*** Soweit die Aufwendungen ihrer Natur nach **BA** oder **WK** sind, ist eine Berücksichtigung als agB ausgeschlossen (§ 33 II 2, s Rz 4). Das gilt auch dann, wenn die Aufwendungen einem Abzugsverbot unterliegen (zB § 4 V 1 Nr 10; BFH X R 23/12 BStBl II 14, 684, unter II.3.). – ***(2)*** **Prozesskosten ab VZ 2013.** Durch das AhRLUmsG sind Prozesskosten mit Wirkung ab VZ 2013 gem § 33 II 4 nF mit einem generellen **Abzugsverbot** belegt worden. Berücksichtigt werden nur noch solche Aufwendungen, ohne die der StPfl Gefahr liefe, seine **Existenzgrundlage** zu verlieren und seine **lebensnotwendigen Bedürfnisse** in dem übl Rahmen nicht mehr befriedigen zu können. Mit dieser Formulierung hat der Gesetzgeber an die frühere BFH-Rspr zu § 33 angeknüpft (s BFH III R 224/94 BStBl II 96, 596), um der vorübergehend geänderten BFH-Rspr (s unten: *(3)*) entgegenzuwirken. Ob damit auch die frühere BFH-Rspr „gesetzl festgeschrieben" worden ist (so *Paintner* DStR 13, 1629/33) oder ob nach der neuen gesetzl Formulierungen die Voraussetzungen für die Anerkennung von Prozesskosten als agB enger gefasst worden sind (so *Heim* DStZ 14, 165), ist offen; mE sollte im Zweifel versucht werden, § 33 II 4 nF (ggf im Wege der teleologischen Reduktion) so auszulegen, dass die nach der bisherigen und wieder aktuellen Rspr (s unten *(3)*) anerkannten Aufwendungen auch weiterhin berücksichtigt werden (vgl BR-Drs 302/12, S 34 zu JStG 2013: Beschränkung auf „den bisherigen engen Rahmen"; glA *Spieker* NZFam 14, 537; s ausführl auch *Kanzler* FR 14, 209: erhebl Zweifel an der VerfMäßigkeit des Abzugsverbots). – ***(3)*** **Prozesskosten bis VZ 2012.** – ***(a)*** **Zivilprozess.** Nach geänderter BFH-Rspr waren die Kosten eines Zivilprozesses wegen der sich aus dem

Gewaltmonopol ergebenden Notwendigkeit, streitige Ansprüche gerichtl durchzusetzen oder abzuwehren, grds als rechtl zwangsläufig anzusehen (BFH VI R 42/10 BStBl II 11, 1015; s iEinz zu den entschiedenen Fällen 34. Aufl Rz 35 „Prozesskosten"). Diese Ansicht ist überholt; denn der BFH hat seine **Rspr erneut geändert** (s *Geserich* NWB 15, 2634: „Rolle rückwärts") und ist zu dem ursprüngl Grundsatz zurückgekehrt, dass die Kosten eines Zivilprozesses im Allgemeinen **keine agB** sind; nur ausnahmsweise können agB vorliegen, wenn die Existenz des StPfl bedroht oder der Kernbereich menschl Lebens berührt ist (BFH VI R 17/14 BStBl II 15, 800; s auch FG Ddorf DStRE 15, 1495, Rev VI R 70/14: existenzielle Bedeutung einer Erbstreitigkeit). Abzustellen ist auch insoweit darauf, ob das Ereignis, das die Führung eines Zivilprozesses adäquat verursacht hat, für den StPfl zwangsläufig gewesen ist (BFH X R 34/12 BFH/NV 16, 22). Zu den Voraussetzungen s iEinz zusammenfassend BFH III R 24/03 BStBl II 04, 726, und BFH III R 50/06 BFH/NV 09, 553, mwN sowie 30. Aufl Rz 35 „Prozesskosten". – ***(b)* Strafprozess.** Strafbare Handlungen sind als *schuldhaftes sozial inadäquates Verhalten* (Rz 18 und 20) **nicht zwangsläufig;** eine Inanspruchnahme des § 33 wäre in solchen Fällen idR rechtsmissbräuchl (so *HHR* § 33 Rz 186). Daher ist im Falle einer Verurteilung wegen einer vorsätzl Tat die Abzugsfähigkeit zu verneinen (BFH IX R 5/12 BStBl II 13, 806; s auch FG BaWü 10 K 1078/12, Rev VI R 61/13; ebenso für Disziplinarverfahren: FG Mster EFG 13, 425, rkr, mit Anm *Henningfeld;* zu teilweisem Freispruch s BFH VI 231/63 U BStBl III 64, 331).

Da im Falle eines **Freispruchs** der Angeklagte die Kosten nur zu tragen hat, wenn für deren Entstehung sein schuldhaftes Verhalten ursächl war (§ 467 StPO), kommt eine Berücksichtigung der Kosten als agB ohnehin nicht in Betracht (*Seitrich* BB 85, 724), auch nicht bei Einstellung des Strafverfahrens gem § 153a II StPO (BFH III R 177/94 BStBl II 96, 197; zu mögl Ausnahmen s *Depping* DStZ 96, 588). Bei **Honorarvereinbarungen** fehlt es jedenfalls an der Notwendigkeit (Rz 30) der Aufwendungen (s BFH VI B 133/14 BFH/NV 15, 1247 mwN). **Aufwendungen der Eltern** für die *Gerichtskosten* eines Strafprozesses ihres Kindes sind grds keine agB (BFH VI R 86/71 BStBl II 74, 686); anders für im Rahmen der BRAGO/RVG liegende *Anwaltskosten* (ausführl BFH III R 145/85 BStBl II 90, 895), aber allenfalls für heranwachsende Kinder, die dem Jugendstrafrecht unterliegen (BFH III R 23/02 BStBl II 04, 267); nicht bei sonstigen nahen Verwandten (BFH III R 5/01 BFH/NV 02, 778; FG Bln EFG 05, 44, rkr). Die Berücksichtigung von Kosten zur Vorbereitung eines Wiederaufnahmeverfahrens betr ein volljähriges Kind hat der BFH abgelehnt (BFH III S 3/05 BFH/NV 05, 1281). Aufwendungen für eine Nebenklage erwachsen nicht zwangsläufig (FG Nds EFG 95, 717, rkr).

(c) Verfahren vor dem **Finanzgericht** und dem **Verwaltungsgericht** sind ebenfalls grds nicht zwangsläufig (hM). Kosten einer Klage vor den **Verwaltungsgerichten** auf Zulassung zum Studium waren als Ausbildungskosten nur im Rahmen des § 33a II abzugsfähig (BFH VI R 40/83 BStBl II 85, 135; iErg glA *Seitrich* BB 85, 727). Das FG Ddorf hat das im Hinblick auf die zeitweise geänderte BFH-Rspr anders gesehen und auch solche Aufwendungen als agB anerkannt (FG Ddorf EFG 13, 701, Rev VI R 9/13; ebenso FG Mster EFG 14, 357, rkr; s auch *Kanzler* FR 11, 822, 823). **Ab VZ 2013** gilt ohnehin auch insoweit § 33 II 4 nF. – Kosten eines Prozesses, mit dem das Aufenthaltsrecht für den Lebensgefährten erstritten werden soll, werden der frei gestaltbaren Lebensführung zugerechnet, also keine agB (BFH III R 23/05 BStBl II 07, 41; mE zweifelhaft, auch im Hinblick auf § 33 II 4 nF, da der Prozess den Kernbereich des menschl Lebens betrifft). – ***(d)* Verfassungsbeschwerde.** Kosten können als agB abziehbar sein, wenn es um die Beseitigung einer existenziellen oder den Kernbereich des menschl Lebens berührenden Beeinträchtigung geht (BFH III R 31/00 BStBl II 02, 382, Umgangsrecht mit Kind). – Zur Abwehr von „Umweltbeeinträchtigungen" s dort.

Reisekosten s „Besuchsreisen" und „Urlaub".

Rentenversicherung s zunächst § 33 II 2. Bei Nachzahlungen zur Rentenversicherung der Eltern scheidet eine sittl Verpflichtung jedenfalls dann aus, wenn der

Elternteil bereits Rentenansprüche in einer Höhe besitzt, die den Unterhalt sowohl gegenwärtig als voraussichtl auch in Zukunft gesichert erscheinen lässt (BFH III R 42/99 BStBl II 02, 473; *Hettler* HFR 02, 703).

Sanierungsaufwand s „Umweltbeeinträchtigungen".

Schadensersatz s auch „Unfall" und Rz 18 (Verschuldensgrad). Die Ersatzleistungen aus einem vorsätzl oder grob fahrlässig (zB Trunkenheitsfahrt) verursachten Schaden (Deliktshaftung) sind nicht zwangsläufig. In Fällen der *Gefährdungshaftung* wird mit *Blümich* (§ 33 Rz 98f) gegen *HHR* (§ 33 Rz 188 „Gefährdungshaftung") auch bei schuldlosem Verhalten des StPfl die Zwangsläufigkeit zu verneinen sein. Der StPfl nimmt in diesen Fällen (zB Tierhalterhaftung) ein Risiko bewusst in Kauf; er hat die Folgen selbst zu tragen. IÜ wird man die Zwangsläufigkeit hier auch dann verneinen müssen, wenn der StPfl den Abschluss von Haftpflichtversicherungen unterlassen hat, selbst wenn der StPfl dem Gefährdungstatbestand nicht ausweichen konnte (ähnl *KSM* § 33 C 63 „Schadensersatz"; zT aA FG Hess EFG 76, 338, rkr; zweifelnd *Sunder-Plassmann* DStR 93, 1165). Auch die Kosten der Reparatur eines auf einer Privatfahrt unverschuldet beschädigten geliehenen Pkw sind nicht abzugsfähig (BFH VI R 143/71 BStBl II 74, 105). Etwas anderes kann aber gelten, wenn die Fahrt selbst zwangsläufig war (FG Ddorf EFG 80, 284, rkr); s auch *Jakob/Jüptner* StuW 83, 212. Erfüllung von Schadensersatzansprüchen durch die Eltern für ihre Kinder führt nicht zum Abzug (FG Bbg EFG 98, 317, rkr). Schadensersatz nach Wirtshausgerangel s FG Hess EFG 01, 1051, rkr (iErg zutr.).

Schadstoffbelastung s „Umweltbeeinträchtigungen".

Schalldämmfenster s „Lärmschutz".

Scheidung s „Ehescheidung".

Schuldentilgung. Das Eingehen einer Schuld stellt noch keine agB dar (keine Aufwendungen, s Rz 6). Fremdfinanzierte Aufwendungen, die ihrer Art nach eine agB darstellen, sind nicht erst im Jahr der Tilgung der Schuld, sondern bereits **im VZ der Verausgabung** zu berücksichtigen (BFH III B 155/96 BFH/NV 98, 850; BFH III R 60/88 BStBl II 90, 958 mwN; s auch Rz 5). War dagegen schon die Schuldaufnahme nicht zwangsläufig, so ist die Tilgung auch dann keine agB, wenn der StPfl infolge Verschlechterung seiner Vermögensverhältnisse durch die Tilgungsleistungen in Schwierigkeiten gerät (BFH VI 80/55 U BStBl III 57, 385); hier kann nur ein Erlass gem §§ 163, 227 AO geboten sein (in Ausnahmefällen: s *KSM* § 33 C 60). Gleiches gilt für Vorfälligkeitsentschädigungen (BFH III R 54/03 BFH/NV 05, 1529) und allg für Rückabwicklung von Verträgen (BFH III R 12/04 BFH/NV 05, 1287). Tilgungsleistungen auf betriebl oder berufl veranlasste Schulden können schon wegen § 33 II 2 nicht als agB abgezogen werden. – S iÜ auch „Bürgschaft", „Schuldzinsen" und „Insolvenzverfahren".

Beispiele – Zwangsläufigkeit verneint: Schuldentilgung für Kind (FG RhPf DStRE 10, 725, rkr) und für frühere Ehefrau (FG Nds EFG 03, 622, rkr); finanzielle Hilfe für einen Bekannten (BFH IV 602/53 U BStBl III 54, 357); Darlehensaufnahme für höheren Lebensstandard (Einfamilienhaus, BFH VI R 80/55 U BStBl III 57, 385); Begleichung von Nachlassschulden und Finanzierung von Spekulationsgeschäften (BFH VI 290/57 U BStBl III 58, 290); Übernahme von EStSchulden (FG Ddorf EFG 02, 1094, rkr); Tilgung eines Studiendarlehens (BFH VI 133/63 U BStBl III 64, 330; FG Mster EFG 96, 1224, rkr); Tilgung der Schulden einer GmbH durch den alleinigen Gesellschafter-Geschäftsführer (BFH VI R 63/71 BStBl II 74, 516; s auch BFH IX R 89/94 BStBl II 97, 772); Darlehensaufnahme zur Finanzierung von Lebenshaltungskosten (FG Mchn EFG 83, 412, rkr); Tilgung von Vereinsschulden durch Vorstand (FG Köln EFG 83, 412, rkr); durch Betrug entstandener Schaden (FG RhPf EFG 85, 552, rkr); Darlehenstilgung für Existenzgründung des früheren Ehegatten (FG BaWü EFG 92, 274, rkr); Inanspruchnahme aus Sicherung eines Kredits für Angehörigen (FG Nbg EFG 92, 731, rkr). – **Zwangsläufigkeit bejaht:** Schuldentilgung zur Abwendung des Konkurses (FG Mster EFG 78, 592, rkr, zweifelhaft), Schuldentilgung für verunglückten Sohn

(FG BaWü EFG 79, 549, rkr, zweifelhaft, Sonderfall). – Zu Verschuldung als Folge lang anhaltender Arbeitslosigkeit s FG Mchn EFG 83, 412, rkr und FG Nbg EFG 85, 243, rkr (kein Abzug, wenn Schulden nicht eindeutig durch Arbeitslosigkeit verursacht sind; s auch FG Ddorf EFG 93, 235, rkr); achtmonatige Arbeitslosigkeit reicht keinesfalls aus (BFH X B 47/93 BFH/NV 94, 707).

Schuldzinsen können eine agB darstellen, wenn die Schuldaufnahme (s oben, „Schuldentilgung") zwangsläufig war (BFH III R 60/88 BStBl II 90, 958).

Schule s „Internat" und „Privatschule".

Schwangerschaft. Aufwendungen für Schwangerschaftsverhütung sind nicht außergewöhnl (FG RhPf EFG 00, 434, rkr). Medizinische oder soziale Indikation, die eine Zwangslage voraussetzt, kann zur Anwendung des § 33 führen (enger wohl FG Bln EFG 91, 129, rkr).

Sprachkurse. Aufwendungen sind idR keine agB; etwas anderes kann für **Integrationskurse** bei entspr Nachweis gelten, s EStR 33.4 VI.

Steuerberatungskosten sind keine agB (BFH X R 10/08 BStBl II 10, 617; BFH X R 10/10 BFH/NV 11, 977).

Strafen s Rz 20 und „Geldstrafe" sowie „Prozesskosten".

Strafgefangener. Unterstützungsleistung an einsitzenden Sohn kann als agB abgezogen werden (BFH III R 305/84 BStBl II 89, 233). S auch „Besuchsreisen".

Studium s auch „Ausbildung". Studiengebühren sind für die Eltern keine agB (BFH VI R 63/08 BStBl II 10, 341). Kosten eines Auslandsstudiums sind durch § 33a II abgegolten (FG Hess EFG 81, 294, rkr). IÜ sind Aufwendungen für ein Auslandsstudium auch bei numerus-clausus-Fächern nicht zwangsläufig (BFH III B 165/86 BFH/NV 87, 501). Prozesskosten zur Zulassung zum Studium s „Prozesskosten". Tilgung eines BAföG-Darlehens s Rz 5.

Sturmschaden s „Katastrophenschaden".

Therapie. Aufwendungen zur Behandlung einer **Lese- und Rechtschreibschwäche (Legasthenie)** können als Krankheitskosten abzugsfähig sein, wenn der Zustand krankheitsbedingt ist und die Aufwendungen zum Zwecke der Heilung oder Linderung getätigt werden; das schließt ggf die Kosten einer auswärtigen Internatsunterbringung mit ein (BFH VI R 17/09 BStBl II 11, 969 mwN und mit Abgrenzung zu § 10 I Nr 9 und § 33a). Das Gleiche gilt für die Kosten einer **logopädischen Therapie** (BFH III R 118/95 BFH/NV 97, 337; s aber FG Köln EFG 12, 1754, rkr: Besuch einer Logopädieschule *ohne* Therapie). – Zu den Anforderungen an den **förml Nachweis** der medizinischen Indikation der psychotherapeutische Behandlung gem § 64 I Nr 2 Buchst b EStDV s zunächst Rz 29 ff (vgl auch FG Mster EFG 12, 702, rkr: andere Nachweise nicht anerkannt); mE fallen *physio*therapeutische Maßnahmen unter § 64 I Nr 1 EStDV, nicht unter § 64 I Nr 2 Buchst b. Bei auswärtiger Unterbringung ist § 64 I Nr 2 Buchst c zu beachten. Für Delfintherapie bei einem autistischen Kind (FG Ddorf EFG 06, 415, rkr; BFH III B 205/06 BFH/NV 08, 368) oÄ gilt § 64 I Nr 2 Buchst f.

Tierhaltung ist idR nicht zwangsläufig (FG Ddorf EFG 98, 950, rkr mwN, Reitpferd). Schadensaufwendungen sind auch dann nicht abzugsfähig, wenn die Tierhaltung zwar zwangsläufig war, der StPfl aber keine Versicherung abgeschlossen hat (glA *Blümich* § 33 Rz 296 „Tierhalterhaftung"; aA FG Hess EFG 76, 338, rkr), oder wenn schon die Übernahme der Tieraufsicht nicht zwangsläufig war (FG Hess EFG 84, 402, rkr). S auch „Schadensersatz".

Todesfall s „Beerdigung".

Trinkgelder sind in keinem Fall abziehbar (BFH VI R 74/10 BStBl II 12, 577, Kuraufenthalt; BFH III R 32/01 BStBl II 04, 270; s auch *BMF* BStBl I 04, 527).

Umweltbeeinträchtigung. Kosten der **Beseitigung** sind *außergewöhnl,* wenn den StPfl *(1)* kein Verschulden an der Beeinträchtigung trifft, *(2)* die Beeinträchtigung im Falle eines Grundstückserwerbs zunächst nicht erkennbar war, *(3)* realisierbare Ersatzansprüche gegen Dritte nicht bestehen und es sich *(4)* nicht um übl Instandsetzungs- und Modernisierungsmaßnahmen oder dem gewöhnl Wertverzehr geschuldete Baumaßnahmen handelt (vgl BFH VI R 21/11 BStBl II 12, 574, Rz 15; s auch EStH 33.1–33.4). Die Aufwendungen sind *zwangsläufig,* wenn der StPfl entweder rechtl verpflichtet ist, die Beeinträchtigung zu beseitigen, oder aber eine Gesundheitsbeeinträchtigung konkret zu befürchten ist und eine Sanierung unerlässl erscheint (Ersteres mag sich aus Letzterem ergeben; zur Feststellung einer konkreten Gesundheitsgefährdung durch Asbest s BFH VI R 47/10 BStBl II 12, 570, Rz 11 f). Die Gesundheitsgefährdung musste bislang (regelmäßig) durch ein *vor* Durchführung der Sanierung erstelltes amtl **Gutachten** nachgewiesen werden; im Einzelfall konnte ein nachträgl Gutachten genügen. Allerdings hat der BFH seine diesbezügl **Rspr inzwischen geändert** (BFH VI R 17/09 BStBl II 11, 969 mwN); es gelten die allg Beweisregeln (BFH VI R 47/10 BStBl II 12, 570, Rz 16 f; s auch Rz 30). § 64 EStDV nF greift hier mE nicht ein (so jetzt auch BFH VI R 21/11 BStBl II 12, 574: Gebäudesanierung betrifft nicht allg Gebrauchsgegenstand des tägl Lebens iSd § 64 I Nr 2 S 1 Buchst e EStDV iVm § 33 I SGB V; *Geserich* DStR 12, 1490 [1493]). Die Beweislast trifft den StPfl; ein vom ihm vorgelegtes Gutachten oder Attest ist als Privatgutachten zu behandeln (BFH aaO). Zur Notwendigkeit, im finanzgerichtl Verfahren einen **Sachverständigen** hinzuzuziehen, s BFH VI R 47/10 BStBl II 12, 570 (Rz 19 f). Ggf sind auch Finanzierungskosten zu berücksichtigen (vgl *Kanzler* FR 12, 1133, auch zu der Möglichkeit, angefallene Aufwendungen auf mehrere Jahre zu verteilen; s dazu auch FG Saarl EFG 13, 1927, rkr). – Unerlässl ist die Beseitigung vor allem dann, wenn sie die Wohnung, das Wohnhaus oder auch das Hausgrundstück des StPfl betrifft (s iEinz BFH III R 56/04, BFH/NV 08, 937). Eine ordnungsgemäße Entsorgung ist nachzuweisen. Wertverbesserungen sind im Wege des Vorteilsausgleichs (Rz 10) anzurechnen. – An der Außergewöhnlichkeit kann es fehlen, wenn die Beeinträchtigung auf einen **Baumangel** zurückgeht (BFH III R 6/01 BStBl II 02, 240; zur Abgrenzung s BFH VI R 21/11 BStBl II 12, 574, Rz 16; vgl auch „Baumangel"). – Vgl iÜ *Bleschick* NWB 12, 2294 (auch zum Nebeneinander von agB und haushaltsnahen Dienstleistungen gem § 35a); *Hettler* DB 02, 1848.

Beispiele: – **Dioxinbelastetes Grundstück** (BFH III R 56/04 BFH/NV 08, 937: agB, auch wenn sich die Grenzwertüberschreitung erst nachträgl herausgestellt hat); **Asbestsanierung** (BFH III R 6/01 BStBl II 02, 240; s aber auch BFH VI R 47/10 BStBl II 12, 570 zum Nachweis einer *konkreten* Gesundheitsgefährdung) bzw **asbesthaltige Heizung** (BFH III B 11/06 BFH/NV 07, 1108; FG Saarl EFG 02, 197, rkr); **Mobilfunkwellen** (BFH III B 137/06, BFH/NV 07, 893: keine agB; ebenso FG RhPf EFG 07, 929, rkr) und **Elektrosmog** (FG Köln EFG 12, 1345: agB anerkannt); **Lärmschutzwand** (FG Nbg EFG 06, 974, rkr); **Schimmelpilz** (*FinVerw* DB 05, 1822: nicht abziehbar) und **„Echter Hausschwamm"** (BFH VI R 70/10 BStBl II 12, 572: abziehbar); **Feuchtigkeits-/Grundwasserschäden** im Kellergeschoss (FG Hess EFG 03, 1480, rkr: keine agB); **Hausanhebung** bei gestiegenem Grundwasser nach Beendigung des Braunkohleabbaus (FG Ddorf EFG 06, 1905, rkr: nicht abziehbar); Beseitigung von 67 Birken bei **Pollenallergie** (BFH III R 28/06, BFH/NV 07, 1841: abziehbar); **Formaldehydemissionen** bei gesundheitsgefährdender Grenzwertüberschreitung (BFH III R 52/99 BStBl II 02, 592; FG Ddorf EFG 02, 1388, rkr, mit Anm *Siegers*). – **Abwehrkosten** zur Verhinderung der Ansiedlung luftverschmutzender Industrie (Prozesskosten) sind nach FG Ddorf EFG 74, 366 (rkr) keine agB; mE zweifelhaft, wenn eine Gesundheitsbeeinträchtigung konkret zu befürchten ist.

Umzug. Privat veranlasste (§ 33 II 2) Umzugskosten sind typische Kosten der Lebensführung, die unabhängig von der Art der Wohnungskündigung nicht als agB abzugsfähig sind (BFH VI B 66/08 BFH/NV 09, 149 mwN; BFH VI R 175/75 BStBl II 78, 526; BFH VI R 120/73 BStBl II 75, 482), auch Umzug von Verlobten mit Ziel der Eheschließung oder von Ehegatten zur Überwindung räuml Trennung (FG Bln EFG 79, 180, rkr; FG RhPf EFG 85, 298, rkr) sowie Umzug nach Ehescheidung (FG Nds EFG 80, 602, rkr). Umzugskosten (Mietabfindung) können ausnahmsweise als agB anerkannt werden, wenn der Umzug wegen einer **Krankheit** zwingend erforderl ist (BFH VI 102/65 U BStBl III 66, 113; FG Ddorf DStRE 00, 243, rkr; FG RhPf EFG 04, 319, rkr, aber nicht für Ausstattungskosten). S auch „Doppelte Haushaltsführung" und § 19 Rz 60 „Umzugskosten". Für Anerkennung einer agB in weiterem Umfang *HHR* § 33 Rz 300.

Unfall. – *(1)* Aufwendungen zur Beseitigung **eigener gesundheitl Schäden** sind als Krankheitskosten abzugsfähig (s „Krankheitskosten"). – *(2)* **Eigene Sachschäden** stellen für sich allein unstreitig keine Aufwendungen dar (Rz 6; FG Ddorf EFG 80, 284, rkr, kein merkantiler Minderwert, zutr; glA *N. Meier* DStR 85, 517), so dass eine agB allenfalls bei der Schadensbeseitigung in Betracht kommen kann. Nach der Rspr des BFH können nur die Aufwendungen für die Wiederbeschaffung oder Instandsetzung infolge höherer Gewalt usw (Rz 11 und „Hausrat") untergegangener lebensnotwendiger Haushaltsgeräte als agB anerkannt werden. Dies gilt nicht für einen auf einer Privatfahrt unverschuldet beschädigten **Pkw** (BFH VI R 84/70 BStBl II 74, 104; BFH VI R 143/71 BStBl II 74, 105; BFH VI R 250/68 BStBl II 70, 680, Kfz-Unfall auf Mittagsheimfahrt; FG SchlHol EFG 83, 291, bestätigt, Unfall auf Fahrt zur Kur; weitergehend FG Ddorf EFG 80, 284, rkr, bei Unfall auf zwangsläufiger Fahrt, zutr; glA *N. Meier* DStR 85, 517); ebenso nicht bei Sachschaden nach Schulwegunfall (BFH III R 1/91 BFH/NV 92, 302); ferner nicht bei Flugunfall eines Hobbypiloten (BFH III B 158/03 BFH/NV 04, 1635). Zu einer Abzugsfähigkeit der Wiederbeschaffungskosten eines Pkw kommt man auch nicht bei einem Schwerbehinderten, der den Pkw dringend benötigt. Die Wiederbeschaffungskosten wirken sich steuerl im Rahmen des Abzugs der Fahrtkosten (s dort) aus. – *(3)* Zur Abzugsfähigkeit von **Drittschäden** (Personen- und Sachschäden) s „Schadensersatz".

Unterhalt. Typische Unterhaltsleistungen sind jenseits des Ehegattensplitting (betragsmäßig begrenzt) grds nur iRd § 33a I und in Wege des Realsplittings gem § 10 I Nr 1 abzugsfähig (s § 33a Rz 56, § 10 Rz 131; vgl BFH VI B 120/11 BFH/NV 12, 1438), auch bei Nachzahlung für Vorjahre und Kapitalabfindungen (BFH III R 57/05 BStBl II 09, 365; BFH III B 73/06 BFH/NV 08, 22: kein Billigkeitserlass). Nach § 33a I sind Unterhaltsaufwendungen nur abziehbar, wenn der Empfänger nach inl Recht gesetzl unterhaltsberechtigt ist; für Unterhalt an andere Personen kann ein Abzug nicht aus § 33 abgeleitet werden (BFH III R 53/98 BFH/NV 03, 20; BFH III R 57/99 BStBl II 03, 187; BFH VI S 14/03 BFH/NV 05, 1067, Geschwister, krit *Paus* DStZ 03, 461; BFH III B 28/07 BFH/NV 08, 1320). Vgl auch „Ablösung" und „Kinder"; s iÜ § 33a Rz 9, *Hettler* DB 03, 356.

Urlaub ist nicht zwangsläufig; ebenso nicht Mehrkosten für den Rückflug, weil der Veranstalter in Konkurs gefallen ist oder weil bestimmte Flugrouten ausfallen (FG Nds EFG 94, 248, rkr). Kosten des Urlaubs mit behinderten Kindern bzw Ehegatten/LPart sind keine agB, wenn sich der Urlaub im Wesentlichen nicht von einem übl Urlaub unterscheidet (BFH III R 22/04, BFH/NV 06, 1265: Campingurlaub).

Verlobung s „Hochzeit".

Vermögensverlust s „Darlehen", „Hausrat" sowie Rz 6, 10.

Verschuldung s „Schuldentilgung".

Versicherung. Versicherungsbeiträge sind grds nicht als agB abzugsfähig. Atypische Lebenssachverhalte können allenfalls über Billigkeitsmaßnahmen (§§ 163, 227 AO) berücksichtigt werden (BFH III R 191/90 BStBl II 92, 28). Zur Obliegenheit, agB durch Abschluss einer Versicherung zu vermeiden, s Rz 21, iÜ „Schadensersatz".

Versorgungsausgleich. Zahlungen zwecks Versorgungsausgleichs dienen der Vermögensauseinandersetzung (s „Abfindungen"), nicht der Abgeltung normaler Unterhaltsansprüche; sie sind nicht nach § 33 abzugsfähig (BFH X R 23/08 BFH/

NV 10, 1807; aA *HHR* § 33 Rz 150f). Das gilt auch für Zahlungen zur Begründung einer Rentenanwartschaft als Versorgungsausgleich (FG Köln EFG 96, 1153, rkr). S iÜ § 33a Rz 56.

Veruntreuung s „Betrugsverluste".

Vormundschaft. Kosten für Vormundschaft zur Vermögenssorge sind als BA/WK, nicht aber als agB abziehbar (BFH III R 39/97 BStBl II 00, 69).

Wehrdienst. Zahlungen zur Abgeltung des (ausl) Wehrdienstes sind nicht als agB abzugsfähig (BFH VI R 45/84 BStBl II 86, 459).

Wiederbeschaffung s „Hausrat".

Wohnungskosten s „Abfindung", „Hausrat", „Makler", „Miete", „Umzug". Eine Fehlbelegungsabgabe führt nicht zu agB (FG Köln EFG 02, 1446, rkr).

Zugewinnausgleich (§§ 1377 ff BGB) dient der Aufteilung des während der Ehe erworbenen Vermögens. Es handelt sich nicht um eine existentiell notwendige private Aufwendung (s Rz 1). Eine agB scheidet aus (FG Nbg EFG 65, 585, rkr), auch für Verzugszinsen (FG Hbg EFG 88, 368, rkr). S auch „Ehescheidung".

Zweitwohnung. Kosten sind keine agB (FG Hbg EFG 74, 310, rkr).

Zwilling s „Geburt".

§ 33a Außergewöhnliche Belastung in besonderen Fällen

(1) [1]**Erwachsen einem Steuerpflichtigen Aufwendungen für den Unterhalt und eine etwaige Berufsausbildung einer dem Steuerpflichtigen oder seinem Ehegatten gegenüber gesetzlich unterhaltsberechtigten Person, so wird auf Antrag die Einkommensteuer dadurch ermäßigt, dass die Aufwendungen bis zu 8652 Euro *[VZ 2015:* 8472 Euro*]* im Kalenderjahr vom Gesamtbetrag der Einkünfte abgezogen werden.** [2]**Der Höchstbetrag nach Satz 1 erhöht sich um den Betrag der im jeweiligen Veranlagungszeitraum nach § 10 Absatz 1 Nummer 3 für die Absicherung der unterhaltsberechtigten Person aufgewandten Beiträge; dies gilt nicht für Kranken- und Pflegeversicherungsbeiträge, die bereits nach § 10 Absatz 1 Nummer 3 Satz 1 anzusetzen sind.** [3]**Der gesetzlich unterhaltsberechtigten Person gleichgestellt ist eine Person, wenn bei ihr zum Unterhalt bestimmte inländische öffentliche Mittel mit Rücksicht auf die Unterhaltsleistungen des Steuerpflichtigen gekürzt werden.** [4]**Voraussetzung ist, dass weder der Steuerpflichtige noch eine andere Person Anspruch auf einen Freibetrag nach § 32 Absatz 6 oder auf Kindergeld für die unterhaltene Person hat und die unterhaltene Person kein oder nur ein geringes Vermögen besitzt; ein angemessenes Hausgrundstück im Sinne von § 90 Absatz 2 Nummer 8 des Zwölften Buches Sozialgesetzbuch bleibt unberücksichtigt.** [5]**Hat die unterhaltene Person andere Einkünfte oder Bezüge, so vermindert sich die Summe der nach Satz 1 und Satz 2 ermittelten Beträge um den Betrag, um den diese Einkünfte und Bezüge den Betrag von 624 Euro im Kalenderjahr übersteigen, sowie um die von der unterhaltenen Person als Ausbildungshilfe aus öffentlichen Mitteln oder von Förderungseinrichtungen, die hierfür öffentliche Mittel erhalten, bezogenen Zuschüsse; zu den Bezügen gehören auch steuerfreie Gewinne nach den §§ 14, 16 Absatz 4, § 17 Absatz 3 und § 18 Absatz 3, die nach § 19 Absatz 2 steuerfrei bleibenden Einkünfte sowie Sonderabschreibungen und erhöhte Absetzungen, soweit sie die höchstmöglichen Absetzungen für Abnutzung nach § 7 übersteigen.** [6]**Ist die unterhaltene Person nicht unbeschränkt einkommensteuerpflichtig, so können die Aufwendungen nur abgezogen werden, soweit sie nach den Verhältnissen des Wohnsitzstaates der unterhaltenen Person notwendig und angemessen sind, höchstens jedoch der Betrag, der sich nach den Sätzen 1 bis 5 ergibt; ob der Steuerpflichtige zum Unterhalt gesetzlich verpflichtet ist, ist nach inländi-**

schen Maßstäben zu beurteilen. [7] Werden die Aufwendungen für eine unterhaltene Person von mehreren Steuerpflichtigen getragen, so wird bei jedem der Teil des sich hiernach ergebenden Betrags abgezogen, der seinem Anteil am Gesamtbetrag der Leistungen entspricht. [8] Nicht auf Euro lautende Beträge sind entsprechend dem für Ende September des Jahres vor dem Veranlagungszeitraum von der Europäischen Zentralbank bekannt gegebenen Referenzkurs umzurechnen. [9] Voraussetzung für den Abzug der Aufwendungen ist die Angabe der erteilten Identifikationsnummer (§ 139b der Abgabenordnung) der unterhaltenen Person in der Steuererklärung des Unterhaltsleistenden, wenn die unterhaltene Person der unbeschränkten oder beschränkten Steuerpflicht unterliegt. [10] Die unterhaltene Person ist für diese Zwecke verpflichtet, dem Unterhaltsleistenden ihre erteilte Identifikationsnummer (§ 139b der Abgabenordnung) mitzuteilen. [11] Kommt die unterhaltene Person dieser Verpflichtung nicht nach, ist der Unterhaltsleistende berechtigt, bei der für ihn zuständigen Finanzbehörde die Identifikationsnummer der unterhaltenen Person zu erfragen.

(2) [1] **Zur Abgeltung des Sonderbedarfs eines sich in Berufsausbildung befindenden, auswärtig untergebrachten, volljährigen Kindes, für das Anspruch auf einen Freibetrag nach § 32 Absatz 6 oder Kindergeld besteht, kann der Steuerpflichtige einen Freibetrag in Höhe von 924 Euro je Kalenderjahr vom Gesamtbetrag der Einkünfte abziehen. [2] Für ein nicht unbeschränkt einkommensteuerpflichtiges Kind mindert sich der vorstehende Betrag nach Maßgabe des Absatzes 1 Satz 6. [3] Erfüllen mehrere Steuerpflichtige für dasselbe Kind die Voraussetzungen nach Satz 1, so kann der Freibetrag insgesamt nur einmal abgezogen werden. [4] Jedem Elternteil steht grundsätzlich die Hälfte des Abzugsbetrags nach den Sätzen 1 und 2 zu. [5] Auf gemeinsamen Antrag der Eltern ist eine andere Aufteilung möglich.**

(3) [1] **Für jeden vollen Kalendermonat, in dem die in den Absätzen 1 und 2 bezeichneten Voraussetzungen nicht vorgelegen haben, ermäßigen sich die dort bezeichneten Beträge um je ein Zwölftel. [2] Eigene Einkünfte und Bezüge der nach Absatz 1 unterhaltenen Person, die auf diese Kalendermonate entfallen, vermindern den nach Satz 1 ermäßigten Höchstbetrag nicht. [3] Als Ausbildungshilfe bezogene Zuschüsse der nach Absatz 1 unterhaltenen Person mindern nur den zeitanteiligen Höchstbetrag der Kalendermonate, für die sie bestimmt sind.**

(4) **In den Fällen der Absätze 1 und 2 kann wegen der in diesen Vorschriften bezeichneten Aufwendungen der Steuerpflichtige eine Steuerermäßigung nach § 33 nicht in Anspruch nehmen.**

Einkommensteuer-/Lohnsteuer-Richtlinien/Verwaltungsschreiben: EStR 33a.1–33a.3/EStH 33a.1–33a.3; LStH 33a. – *BMF* BStBl I 10, 582 (Allg Hinweise); *BMF* BStBl I 10, 588 (Unterhaltsaufwendungen für Personen im Ausl)

Übersicht

Schrifttum (Auswahl): *Hillmoth,* Unterhaltsaufwendungen an im Ausl lebende Personen, INF 06, 257; *Myßen/Wolter,* BürgEntlG KV: Änderungen mit Auswirkungen auf den privaten Bereich, NWB 09, 3900; *Geserich* Unterhaltsaufwendungen als agB, DStR 11, 294; *Hölscheidt,* Ausbildungsfreibetrag und Verfassungsrecht, NWB 11, 1782; *Loschelder* Unterhaltsaufwendungen als agB, EStB 11, 151.

I. Allgemeines

1 **1. Bedeutung; Aufbau.** § 33a regelt typisierend und abschließend die Berücksichtigung bestimmter, besonders häufig vorkommender Aufwendungen als agB. Dass es sich (gleichwohl) um *außergewöhnl* Aufwendungen handelt, wird vom Gesetz unterstellt. Die Vorschrift dient der Verwirklichung des **subj Nettoprinzips.** Sie behandelt Aufwendungen, die dem StPfl zwangsläufig zur Abdeckung des Existenzminimums anderer Personen erwachsen und weder über den Familienleistungsausgleich noch über die Ehegattenveranlagung berücksichtigt werden, zutr als

nicht verfügbares und daher nicht dem Steuerzugriff unterliegendes Einkommen. Die Aufwendungen werden, anders als nach § 33, ohne Anrechnung einer zumutbaren Eigenbelastung vom Gesamtbetrag der Einkünfte abgezogen. – Die Vorschrift enthält zwei eigenständige Tatbestände: **§ 33a I** betrifft den Abzug von Aufwendungen für den **Unterhalt** und die **Berufsausbildung** eines Dritten, für den *kein* Anspruch auf Kinderfreibeträge oder KiGeld besteht (Höchstbetrag: 8652 €; VZ 2015: 8472 €). **§ 33a II** berücksichtigt *zusätzl* zu Kinderfreibeträgen oder KiGeld den Sonderbedarf, der durch die **auswärtige Unterbringung** eines volljährigen, in der Berufsausbildung befindlichen Kindes entsteht (Freibetrag: 924 €). **§ 33a III** legt fest, dass das Vorliegen der tatbestandl Voraussetzungen in beiden Fällen monatsweise geprüft werden muss. **§ 33a IV** schließt eine Berücksichtigung der jeweiligen Aufwendungen nach § 33 aus.

§ 33a II ist ggü 33a I lex specialis, soweit es um Aufwendungen für die Berufsausbildung eines Kindes geht (BFH III B 180/96 BFH/NV 98, 960 mwN). Dies gilt mE allerdings nur, sofern § 33a II tatbestandl erfüllt ist. Ansonsten ist der Abzug nach Maßgabe des § 33a I 1 mögl.

2. Neuere Rechtsentwicklung; zeitl Anwendungsbereich. Der Höchstbe- 2
trag in § 33a I 1 ist durch Gesetz v 16.7.15 entspr dem erhöhten Grundfreibetrag (§ 32a) für VZ 2015 auf 8472 € und für VZ 2016 auf 8652 € angehoben worden (Rz 18). S iÜ 34. Aufl Rz 2 und *HHR* Rz 2.

3. Verfassungsmäßigkeit. Nach BVerfG 1 BvR 1474/88 (DStRE 97, 152) 3
müssen zwangsläufige **Unterhaltsleistungen** mindestens iHd Existenzminimums berücksichtigt werden; dieser Anforderung wird § 33a I 1, der sich am Grundfreibetrag (§ 32a I) orientiert, gerecht. Zu den aktuellen **Vorgaben des 10. Existenzminimumberichts** s § 32a Rz 4. – Dass Unterhalt für in Ausbildung befindl Kinder, die die Altersgrenze des § 32 IV 1 Nr 2 überschritten haben, nur nach § 33a I berücksichtigt wird, ist verfgemäß (BFH III R 35/09 BStBl II 2011, 176 mwN, VerfBeschw nicht angenommen; krit *Horlemann* DStR 11, 503). – Aufwendungen für die **Berufsausbildung** von Kindern entstehen dem BVerfG zufolge nicht mit der gleichen Zwangsläufigkeit wie Unterhaltsleistungen; sie müssen daher nicht iHd tatsächl Aufwands berücksichtigt werden (BVerfG 2 BvR 660/05 NJW 06, 1866 mwN; BFH III B 56/07 BFH/NV 08, 951). Seit VZ 2002 erfolgt die Berücksichtigung vor allem durch den Ansatz eines gemeinsamen Freibetrags für Betreuung und Erziehung bzw Ausbildung gem § 32 VI. Dagegen deckt § 33a II zutr nur den **Sonderbedarf** der auswärtigen Unterbringung eines volljährigen Kindes. Beide Vorschriften müssen im Zusammenhang gesehen werden (BFH VI R 63/08 BStBl II 10, 341: keine isolierte Betrachtung der Verfassungsmäßigkeit; s auch BFH III R 111/07 BStBl II 11, 281, VerfBeschw nicht angenommen; krit *Hölscheidt* NWB 11, 1782). Die Beschränkung auf volljährige Kinder ist ebenfalls verfgemäß (FG BBg EFG 09, 1118, rkr; FG Köln EFG 09, 1234, rkr). Die *FinVerw* veranlagt vorläufig (*BMF* BStBl I 12, 1174).

4. Verhältnis zu anderen Vorschriften. § 33a schließt **§ 33** aus (§ 33a IV, s 4
Rz 56). – Bestehen für den Unterhaltenen Ansprüche auf Freibeträge gem **§ 32 VI** oder auf KiGeld **(§§ 62 ff),** können die Aufwendungen nicht nach § 33a I berücksichtigt werden (§ 33a I 4, Rz 23); dagegen kommt § 33a II (immer nur) *neben* diesen Vorschriften zur Anwendung (s Rz 45). – Aufwendungen, die **BA, WK** oder **SA** sind, bleiben außer Betracht; § 33 II 2 gilt auch für § 33a. – **Ehegattenveranlagung** nach §§ 25 ff, 32a V verdrängt § 33a I, auch bei Wahl der getrennten Veranlagung (Prinzip der Verbrauchergemeinschaft; BFH GrS 1/87 BStBl II 89, 164; BFH III B 129/11 BFH/NV 12, 1452), auch im Jahr der Trennung (BFH III R 166/86 BStBl II 89, 658). Dem *BMF* zufolge hinderte dagegen § 26c aF einen Abzug nach § 33a nicht (BStBl I 10, 588 Rz 2). – Unterhaltsleistungen an den **geschiedenen** oder **dauernd getrennt** lebenden Ehegatten/LPart können nach § 33a I berücksichtigt werden, wenn nicht der Abzug als SA (be-

grenztes Realsplitting, § 10 I Nr 1, s § 10 Rz 131) beantragt wird oder aber der Ehegatte/LPart nicht zustimmt (vgl BFH X R 49/07 BFH/NV 10, 1790). Der Abzug als SA wirkt sich für den StPfl günstiger aus, da der Abzugsbetrag höher ist (13 805 €) und eine Anrechnung von Einkünften und Bezügen sowie eine Berücksichtigung von Vermögen des unterstützten Ehegatten/LPart unterbleiben. – Ist der unterstützte Ehegatte/LPart **nicht unbeschr stpfl** und greift auch die Fiktion des § 1a I Nr 1 nicht ein, kommt nur § 33a I in Betracht (BFH IX R 4/83 BStBl II 86, 603); dies ist verfgemäß (BVerfG 1 BvR 840/86 HFR 88, 35).

5 **5. Verfahren.** Nur auf **Antrag** werden die Abzugsbeträge des § 33a gewährt (BFH III 24/02 BStBl II 04, 394: ggf konkludent). Für § 33a I ist dies explizit in Satz 1 geregelt; für § 33a II („kann … abziehen") ergibt sich das aus dem Regelungszusammenhang. Antragstellung ist auch nach Bestandskraft des Steuerbescheids mögl (BFH III R 24/87 BStBl II 92, 65), wenn der Bescheid noch geändert werden kann.

S aber BFH III R 107/06 BFH/NV 09, 545: keine Änderung nach § 173 I Nr 2 AO, wenn der StPfl rechtsirrtüml keine Angaben zu Unterhaltsaufwendungen macht. S ferner FG Köln EFG 07, 427, rkr: nachträgl Änderung der KiGeldfestsetzung ist kein rückwirkendes Ereignis iSd § 175 I 1 Nr 2 AO.

II. Unterhalt und Berufsausbildung, § 33a I

6 **1. Persönl Anwendungsbereich.** § 33a I setzt **unbeschr StPfl** gem § 1 I, II oder III voraus; auf **beschr StPfl** ist die Regelung nicht anzuwenden (§ 50 I 3).

7 **2. Grundtatbestand; Höchstbetrag, § 33a I 1. – a) Überblick.** Der sachl Anwendungsbereich des § 33a I erstreckt sich gleichermaßen auf Aufwendungen für den Unterhalt und solche für die Berufsausbildung eines Dritten; es genügt, wenn eine der beiden Alternativen gegeben ist („und" iSv „und ebenso"). Dass die Aufwendungen außergewöhnl sind, wird typisierend unterstellt (s Rz 1); ebenfalls unterstellt wird Zwangsläufigkeit (vgl § 33 II), wenn eine „gesetzl Unterhaltsberechtigung" besteht (s Rz 12 ff). – Zum Monatsprinzip s Rz 53.

8 **b) Aufwendungsbegriff.** Aufwendungen sind bewusste und gewollte Vermögensverwendungen in Form von Geld oder Sachwerten (Ausgaben, s iEinz § 33 Rz 6). Sachaufwendungen sind entspr § 15 II BewG mit den übl Mittelpreisen des Verbrauchsorts anzusetzen (zB ortsübl Mietzins bei unentgeltl Wohnungsüberlassung zu Unterhaltszwecken, s BFH IX R 74/90 BFH/NV 94, 474; vgl auch BFH VI R 29/09 BStBl II 11, 116). Bei Aufnahme des Dritten in den eigenen Haushalt unterstellt die FinVerw Leistungen iHd Höchstbetrags (EStR 33a.1 I 5). – Die Aufwendungen müssen dem StPfl **erwachsen,** dh er muss damit belastet sein. Daran fehlt es, wenn das Geld zurückgezahlt bzw der Sachwert zurückgegeben wird. Bestandskräftige Bescheide sind ggf nach **§ 175 I 1 Nr 2 AO** zu ändern (s § 33 Rz 13).

Kreditfinanzierte Aufwendungen sind bei ihrer Zahlung abziehbar (BFH III R 176/86 BFH/NV 91, 367). Kein Unterhaltsaufwand liegt vor, wenn der StPfl zwar Geld aufwendet, gleichzeitig aber kostengünstig im elterl Haushalt leben kann (FG Mchn EFG 98, 569, rkr), ebenso wenig bei verunglückten Angehörigenverträgen (BFH III R 81/96 BFH/NV 98, 293). Hat der StPfl vom Empfänger Vermögen übertragen bekommen und kommt er deshalb für den Unterhalt des Übertragenden auf, können Versorgungsleistungen vorliegen (§ 10 Rz 139 „Dauernde Lasten"). BFH III R 38/95 BStBl II 97, 387 nimmt bei einem solchen Vorgang Unterhaltsleistungen an, verneint aber deren Zwangsläufigkeit (zu § 33a I aF).

9 **c) Unterhalt. – aa) Typische Unterhaltsaufwendungen.** Die Typisierung (Rz 1) erfasst nur die Mehrbelastung, die durch den *regelmäßigen* Grundbedarf eines Dritten entsteht. Daher fallen nur typische Unterhaltsaufwendungen unter § 33a I. Das sind insb Aufwendungen für Ernährung, Kleidung, Wohnung, Hausrat und notwendige Versicherungen (BFH III R 57/05 BStBl II 09, 365). Der Unterhaltsbegriff des § 33a I ist damit enger als der des § 1610 II BGB, der auch sonstige,

besondere Unterhaltsaufwendungen wie Krankheits- und Pflegekosten einschließt (vgl BFH VI R 14/10 BStBl II 12, 876 mwN; *HHR* § 33a Rz 28: Parallele zur zivilrechtl Unterscheidung von lfd Unterhalt und Sonderbedarf, zB gem § 1613 II BGB). Diese (teleologische) Beschränkung des sachl Anwendungsbereichs ist für den StPfl von Vorteil; denn **atypische Unterhaltsaufwendungen** können ggf *neben* den typischen Aufwendungen (zusätzl) nach § 33 als agB geltend gemacht werden (s BFH VI R 14/10 BStBl II 12, 876: keine Aufteilung). – Die **Abgrenzung** zw typischen und atypischen Unterhaltsaufwendungen richtet sich nach Anlass und Zweck der jeweiligen Leistung. Unerhebl ist, ob der StPfl die Aufwendungen freiwillig oder unfreiwillig übernimmt und ob mit den Zuwendungen ein einfacher Lebensstil oder gehobene Ansprüche finanziert werden (vgl BFH III R 57/05 BStBl II 09, 365; BFH III B 209/90 BFH/NV 1991, 308).

Weitere Beispiele – typische Unterhaltsaufwendungen: unentgeltl Wohnungsüberlassung als geldwerte Sachleistung (BFH XI R 42/04, BFH/NV 07, 1283); Kindergarten; KV-Beiträge (ständige Rspr, s BFH III B 5/98 BFH/NV 98, 1352 mwN); Studiengebühren (BFH VI R 63/08 BStBl II 10, 341); Unterbringung im Altenheim aus Altersgründen (BFH III R 15/00 BStBl II 03, 70; BFH VI R 14/10 BStBl II 12, 876 mwN); Rückzahlung von Sozialhilfe (FG Hbg EFG 79, 126, rkr); Bücher bei Nachweis eines konkreten berufl Bedürfnisses (BFH III R 45/87 BStBl II 91, 74). – **Keine typischen Unterhaltsaufwendungen:** Krankheitskosten (BFH III R 111/86 BStBl II 91, 62); Unfallkosten; Wiederbeschaffung von Hausrat; Aufwendungen für größere Haushaltsgeräte (BFH VIII R 42/87 BStBl II 91, 340; vgl auch BFH III R 30/87 BStBl II 91, 73); RA-Kosten (FG Köln EFG 05, 1762, rkr); Unterbringung in einem (Altenpflege-)Heim wegen Krankheit/Pflegebedürftigkeit (BFH VI R 14/10 BStBl II 12, 876). – Bei *Krankheit* (ggf neben Pflegebedürftigkeit) als Grund für die **Heimunterbringung** gibt die Rspr unter Ansatz einer Haushaltsersparnis der Berücksichtigung nach § 33 den Vorrang; bei *Pflegebedürftigkeit* galt bis VZ 2008 anteilig für die Dienstleistungen § 33a III aF, soweit tatbestandl erfüllt (BFH III R 15/00 BStBl II 03, 70); ebenso für Aufwendungen iHd Haushaltsersparnis und sonstige Kosten der Lebensführung (*BMF* DB 02, 2683).

bb) Zeitl Zuordnung. Typischer Unterhalt ist **laufender Unterhalt;** dh er 10
muss dem Unterhaltenen grds in dem Zeitraum, für den er gezahlt wird, tatsächl zur Deckung seines Bedarfs zur Verfügung stehen. Es kommt zwar einerseits nicht darauf an, ob die Aufwendungen regelmäßig oder einmalig anfallen und ob sie für den aktuellen Bedarf oder zur Abgeltung eines künftigen Bedarfs bestimmt sind (BFH III R 57/05 BStBl II 09, 365; BFH VI R 132/80 BStBl II 82, 21: einmalige Zahlung zu Beginn des Kj für das gesamte Kj zulässig). Andererseits können Unterhaltsleistungen nach der Rspr idR nicht auf Monate *vor* dem Zahlungsmonat zurückbezogen werden (BFH VI R 40/09 BStBl II 11, 164; BFH III R 63/89 BFH/NV 92, 101), ausgenommen nachweisl fremdfinanzierter Unterhalt (BFH III R 49/03 BStBl II 05, 483). Wird zB erst im Laufe des Jahres eine Zahlung geleistet, die den Unterhalt für das gesamte Jahr abdecken soll, kommt es grds zu einer **Kürzung** des anrechenbaren Höchstbetrags gem § 33a III (BFH VI R 40/09 BStBl II 11, 164; s auch Rz 53 ff). Ansonsten können auch gelegentl Zahlungen begriffl als Unterhaltszahlungen angesehen werden (BFH VI R 140/80 BStBl II 81, 713). Zahlungen, die auch für das Folgejahr geleistet werden, werden der Rspr zufolge im VZ der Leistung nur anteilig und im folgenden VZ wegen des Prinzips der Abschnittsbesteuerung überhaupt nicht berücksichtigt (BFH VI R 16/09 BStBl II 11, 966 Rz 22; BMF BStBl I 10, 588 Rz 25; mE zweifelhaft – s auch *HHR* § 33a Rz 29; ebenso FG Nbg 5 K 487/11, allerdings ist das Urt aufgehoben worden, ohne dass sich der BFH zu dieser Frage geäußert hat, s BFH VI R 32/14 BFH/NV 15, 1248; Anm *Geserich* HFR 15, 934). – Zu Vereinfachungsregelungen der FinVerw s *BMF* BStBl I 10, 588 Rz 26 (s auch BFH VI R 16/09 BStBl II 11, 966, Rz 24: Selbstbindung der Verwaltung). – Zu Zahlungen ins Ausl bei gelegentl Familienheimfahrten s Rz 42.

d) Berufsausbildung. Dies ist jede ernstl betriebene Vorbereitung auf einen 11
künftigen Beruf (wie bei § 32 IV 1; s iEinz dort, Rz 26 ff). Die Berufsausbildungs-

kosten können nicht in typische, nur von § 33a erfasste, und atypische aufgeteilt werden, die nach § 33 abzugsfähig wären (BFH III R 66/99 BStBl II 02, 198). Im Unterschied zu Unterhaltszahlungen können Ausbildungsaufwendungen im Kj auf Monate vor der Zahlung zurückbezogen werden (FG BaWü EFG 93, 658, rkr). – Aufwendungen für eine zweite Berufsausbildung sind (anders als bei der ersten) nicht ohne weiteres zwangsläufig (FG Mster EFG 02, 1306, rkr mwN; FG RhPf DStRE 02, 11, rkr); anders uU aber bei Berufsausbildung nach Abbruch einer vorhergehenden Berufsausbildung (FG Hbg EFG 83, 127, rkr) oder mE dann, wenn ein bestimmtes Ausbildungsziel nachvollziehbar in mehreren Schritten angestrebt wird. Die vorübergehende Unterbrechung der Berufsausbildung ist unschädl (FG Nbg EFG 91, 686, rkr; s auch Rz 46 und § 32 Rz 28).

12 **e) Gesetzl unterhaltsberechtigte Person. – aa) Maßgeblichkeit des Zivilrechts.** Ob eine Person ggü dem StPfl gesetzl unterhaltsberechtigt ist, richtet sich nach Zivilrecht. Der BFH-Rspr lehnt sich eng an die unterhaltsrechtl Vorschriften des BGB an (§§ 1601 ff BGB). Es genügt nicht (mehr), dass eine gesetzl Unterhaltsverpflichtung nur dem Grunde nach besteht (abstrakte Betrachtungsweise, so iErg noch BFH III R 26/05 BStBl II 07, 108; s iEinz 29. Aufl Rz 19; vgl auch EStR 33 a.1 I 4: Verwaltungsvereinfachung). Vielmehr muss zusätzl die **konkrete Bedürftigkeit** der unterhaltenen Person nachgewiesen werden (BFH VI R 29/09 BStBl II 11, 116; vgl dazu *Geserich* DStR 11, 294; *Loschelder* EStB 11, 151; s Rz 14 und 40). Weitere Voraussetzungen sind die eigene Leistungsfähigkeit des StPfl und das Fehlen vorrangiger Unterhaltsverpflichtungen Dritter. Ledigl auf die konkrete Höhe des jeweiligen Unterhaltsanspruchs kommt es nicht an (BFH aaO). Die geänderte Rspr gilt nicht nur für ausl, sondern auch für inl Sachverhalte (BFH III R 48/08 BStBl II 11, 975). – Unterhaltszahlungen aufgrund **tatsächl oder sittl Verpflichtung** berechtigen (abgesehen von § 33a I 3) nicht zum Abzug nach § 33a I.

13 **bb) Unterhaltspflichten.** Unterhaltsverpflichtet müssen der StPfl *oder* sein Ehegatte/LPart sein. Maßgebl ist der **zivilrechtl Bestand** eines Eheverhältnisses bzw einer LPart; die estl Voraussetzungen für eine Ehegattenveranlagung (vgl § 26 I 1) müssen nicht vorliegen (BFH VI R 13/10 BStBl II 11, 965: Unterhaltszahlung an Schwiegermutter bei Getrenntleben; Anm *Kanzler* FR 12, 92). – Unterhaltspflichten bestehen zw **Ehegatten** (§§ 1360 ff BGB; s aber Rz 4: Vorrang der Ehegattenveranlagung), **LPart** (§ 5 LPartG) und ggü **Verwandten in gerader Linie** (zB Kinder, Enkelkinder, Eltern, Großeltern, §§ 1601, 1589 BGB), auch bei Adoption (§ 1754 I BGB). Keine Unterhaltspflichten bestehen ggü Verwandten in der Seitenlinie (zB Geschwister, Tante, Onkel etc; vgl auch BFH VI B 79/11 BFH/NV 12, 235 mwN), Stiefkindern/-eltern und Verschwägerten (§ 1590 BGB). – Eine Unterhaltspflicht des Kindsvaters ggü der Mutter des nicht-ehel Kindes und umgekehrt folgt aus § 1615l BGB; zur Rangfolge s BFH III R 30/02 BStBl II 04, 943. – Zur Berücksichtigung gleichgestellter Personen: Rz 20 ff. Zur Bestimmung der Unterhaltspflicht nach inl Maßstäben: Rz 33.

14 **cc) Bedürftigkeit des Unterhaltenen. – (1) Konkrete Betrachtungsweise.** Der Unterhaltene muss grds außerstande sein, sich selbst zu unterhalten (§ 1602 BGB). Zivilrechtl setzt das **Vermögenslosigkeit** und **fehlendes Einkommen** voraus. Spezielle Regelungen enthalten § 33a I 4 und 5 (s iEinz Rz 24 und 25 ff), die aber nach BFH-Rspr die zivilrechtl Bestimmungen nur ergänzen, nicht ersetzen (BFH VI R 29/09 BStBl II 11, 116). Daher ist zusätzl zu prüfen, ob eine sog **Erwerbsobliegenheit** besteht. IdR muss jeder Volljährige, der nicht in Ausbildung ist, für seinen Lebensbedarf selbst aufkommen (Prinzip der Eigenverantwortung, s BFH VI R 5/14 DStR 15, 2280). Wer die *Möglichkeit* hat, Einkünfte zu erzielen, ist nicht bedürftig. **Ausnahmen** gelten bei besonderen Umständen wie Krankheit, Behinderung, Alter (ab vollendetem 65. Lebensjahr), Erziehung oder Betreuung von Kindern unter 6 Jahren, Studium und Berufsausbildung, Pflege

behinderter Angehöriger (vgl *BMF* BStBl I 10, 588 Rz 9, auch zu Früh-Rentenbezug), mE auch bei Angehörigen in Kriegs- und Katastrophengebieten, schließl bei Arbeitslosigkeit trotz ernsthafter Bemühung um eine Beschäftigung (BFH VI R 29/09 BStBl II 11, 116 Rz 11). Es werden nur **tatsächl Hinderungsgründe** berücksichtigt; ein Bereitstehen für *eventuelle* Pflegeeinsätze bei behinderten Angehörigen („Pflege auf Abruf") genügt nicht (BFH VI R 5/14 DStR 15, 2280). – Dagegen kommt es bei Unterhaltszahlungen an den (auch ausl) haushaltsführenden **Ehegatten/LPart** in einer intakten Ehe auf dessen Bedürftigkeit nicht an; insb besteht hier **keine Erwerbsobliegenheit** (ehel Rollenverteilung). Ausnahme: in Notfällen, wenn die Arbeitskraft des anderen Ehegatten/LPart zur Deckung des Familienunterhalts nicht ausreicht (s BFH VI R 5/09, BStBl II 11, 115 mwN).

(2) Arbeitslosigkeit; Landwirtschaft. Zivilrechtl müssen bei Arbeitslosigkeit notfalls auch *berufsfremde* und *einfachste* Arbeiten angenommen werden, bei Ausbildung ggf auch Nebentätigkeiten; bei langanhaltender Arbeitslosigkeit ist einem Erwachsenen *jeder* Ortswechsel und *jedwede* Arbeit zumutbar (s iEinz *Palandt* § 1602 Rz 5). Das muss konsequenterweise auch für § 33a gelten (so jetzt auch BFH VI R 5/14 DStR 15, 2280). Erwerbsbemühungen sind nachzuweisen; andernfalls sind die *erzielbaren Einkünfte* zu berücksichtigen, ggf im Schätzungswege (BFH aaO, Rz 26f). – Bei landwirtschaftl tätigen (ausl) Angehörigen wird zudem *widerlegbar* vermutet, dass diese (ggf einschließl ihrer Kinder etc) nicht bedürftig sind, soweit Landwirtschaft in einem für das jeweilige Land übl Umfang und Rahmen betrieben wird (BFH VI R 29/09 BStBl II 11, 116 Rz 16; BFH VI R 40/09 BStBl II 2011, 164; und BFH III R 206/82, BStBl II 87, 599). 15

Stellungnahme: Die BFH-Rspr ist mit ihrer engen Anlehnung an das BGB gut begründet und dogmatisch überzeugend hergeleitet. Gleichwohl bleibt ein gewisses Unbehagen: Wie soll ein StPfl, dessen Angehörige im Ausl in Verhältnissen leben, die mit den hiesigen nicht zu vergleichen sind, den (Negativ-)Beweis führen, dass seine volljährigen Kinder *keine* Anstellung gefunden haben, obwohl sie bereit wären, jede Arbeit anzunehmen (zumal die FinVerw Bestätigungen der Heimatbehörden nicht bzw nur bedingt akzeptiert, s etwa *BMF* BStBl I 10, 588 Rz 9; *BayLfSt* IStR 10, 924)? Wie soll der StPfl belegen, dass *niemand* sonst seinen Eltern Unterhalt zahlt? Vom StPfl darf nur verlangt werden, was auch tatsächl mögl, zumutbar und verhältnismäßig ist (BFH VI R 32/14 BFH/NV 15, 1248, Rz 14 mwN). ME wird man daher die Anforderungen **trotz § 90 II AO nicht überspannen** dürfen (s jetzt aber BFH VI R 5/14 DStR 15, 2280, Rz 27: gesteigerte Mitwirkungspflichten gem § 90 II AO bejaht; ebenso BFH VI R 32/14 BFH/NV 15, 1248: Vorlage von vollständig ausgefüllten Unterhaltsbescheinigungen, ggf Beweiserleichterungen in Ausnahmesituationen wie zB Bürgerkrieg; s zum Bedürftigkeitsnachweis auch Rz 39f); man sollte auch prüfen, ob nicht nach den **allg Regeln des Negativbeweises** einer glaubhaften und nachvollziehbaren Schilderung des StPfl zu folgen ist, wenn nicht das FA seinerseits substantiiert Tatsachen oder Umstände vorträgt, die *für* das Vorliegen eines Verstoßes gegen Erwerbsobliegenheiten etc sprechen (vgl allg BFH V R 48/04 BStBl II 09, 315 mwN; s auch *KSM* § 33a Rn A 118).

cc) Leistungsfähigkeit des StPfl. Allg Voraussetzung jeder Unterhaltsverpflichtung ist die eigene Leistungsfähigkeit (§ 1603 BGB, s BFH III R 23/07 BStBl II 09, 363). Nur insoweit ist der StPfl unterhaltspflichtig, als ihm genügend Mittel zum Bestreiten des eigenen Lebensbedarfs (ggf einschließl seiner Familie) verbleiben, sog **Opfergrenze** (vgl BFH III R 26/05 BStBl II 07, 108; BFH III R 214/94 BStBl II 98, 292 mwN; ferner: *BMF* BStBl I 10, 582 Rz 11). Die Opfergrenze gilt wegen der vorrangigen Unterhaltsberechtigung **nicht für Leistungen an Ehegatten/LPart** und **minderjährige Kinder** (BFH VI R 64/08 BStBl II 10, 343: sozialrechtl Bedarfsgemeinschaft, Aufteilung nach Köpfen), gleichermaßen nicht für Leistungen an die mit dem StPfl in Haushaltsgemeinschaft lebende **mittellose Lebenspartnerin** (BFH III R 23/07 BStBl II 09, 363) und an die durch § 1615l BGB gleichgestellte **nichtehel Kindesmutter** (BFH VI R 64/08 BStBl II 10, 343, auch zur Berücksichtigung des Mindestunterhaltsbedarfs eines zum Haushalt gehörenden unterhaltsberechtigten Kindes). – **Berechnung:** Die Opfergrenze ermittelt sich nach einem bestimmten vH-Satz des **Nettoeinkommens** im Unter- 16 stützungszeitraum; sie beträgt 1% je volle 500 € Nettoeinkommen, höchstens 50% (s *BMF* BStBl I 10, 582 Rz 11 mit Beispiel). Diese Höchstgrenze ist zu kürzen um je 5 Prozentpunkte für den Ehegatten/LPart und für jedes Kind, für das ein Kinderfreibetrag, KiGeld oÄ gewährt wird, höchstens um 25 Prozentpunkte. Für Kinder den gleichen vH-Satz anzuwenden wie für Erwachsene, entspricht BFH III R 39/92 BStBl II 94, 731. – Bei der Ermittlung des Nettoeinkommens sind alle stpfl und stfreien Einnahmen (zB KiGeld und vergleichbare Leistungen, Arbeitnehmerzulagen nach § 13 5. VermBG) sowie etwaige Steuererstattungen anzusetzen. Davon abzuziehen sind die gesetzl Lohnabzüge (LSt, KiSt, Sozialabgaben) und WK (ggf einschließl Mehraufwendungen für doppelte Haushaltsführung). Diese Berechnungsmethode hat der BFH für zutr erachtet (BFH III R 21/88 BFH/NV 92, 375) und zwar auch für den Fall, dass **beide Ehegatten** Einkünfte bezogen haben und nicht dauernd getrennt leben (BFH III R 246/83 BStBl II 87, 130; s auch *BMF* BStBl I 10, 582 Rz 12 mit Beispiel). Bei **Selbständigen** ist die Berechnung auf der Grundlage eines Dreijahreszeitraums vorzunehmen (BFH VI R 31/11 BStBl II 12, 769; ggf unter Berücksichtigung der drei dem Unterhaltszeitraum vorausgegangenen Kj, vgl Anm *Kanzler* FR 12, 967 unter Hinweis auf BGH XII ZR 217/01 NJW-RR 04, 1227). **Steuervoraus- und -nachzahlungen** sind in dem Jahr zu berücksichtigen, in dem sie geleistet wurden (BFH VI R 31/11 BStBl II 12, 769; zum Einsatz einer „Steuerrücklage" s FG Nds 16 K 10187/14, Rev VI R 21/15). Steuerrechtl **zulässige Gewinnminderungen** sind zu **korrigieren,** soweit tatsächl keine Mittel abgeflossen sind (BFH VI R 34/10 BStBl II 14, 619: Investitionsabzugsbetrag gem § 7g; entgegen *BMF* BStBl I 10, 582 Rz 10). – Der Saldo zw Sparbuchabhebungen und -einzahlungen sowie Mittel aus einer Kreditaufnahme erhöhen das Nettoeinkommen iSd Opfergrenze jedenfalls dann nicht, wenn es sich um StPfl mit nur geringem Vermögen handelt (BFH III R 19/85 BStBl II 87, 127; Anm HFR 87, 128). Der FinVerw folgend setzt BFH III R 214/94 BStBl II 98, 292 den **ArbN-Pauschbetrag** nach § 9a Nr 1 für die Opfergrenze auch dann an, wenn der StPfl tatsächl keine WK hat.

17 **dd) Unterhaltsverpflichtungen Dritter.** Sind andere Personen vorrangig unterhaltsverpflichtet (zB §§ 1606, 1608 BGB), entfällt die Unterhaltsverpflichtung des StPfl (s auch BFH VI R 29/09 BStBl II 11, 116). Im Falle anteiliger Mitverpflichtung (zB § 1606 III BGB) wird die Unterhaltspflicht des StPfl entspr reduziert; doch dürfte dies, da es auf die konkrete Höhe des jeweiligen Unterhaltsanspruchs nicht ankommen soll (s Rz 13), nur dann von Bedeutung sein, wenn der Mit-Verpflichtete auch tatsächl Unterhalt leistet (§ 33a I 7).

18 **f) Rechtsfolge.** Die Unterhaltsleistungen werden auf Antrag (Rz 5) bis zu einem **Höchstbetrag** von **8652 €** (VZ 2015: 8472 €) vom Gesamtbetrag der Einkünfte abgezogen (§ 2 IV). KapErträge nach § 32d I und § 43 V waren bis VZ 11 mit einzubeziehen (§ 2 V b 2 aF, s § 2 Rz 65). Ein Verlustabzug nach § 10d ist vorrangig vorzunehmen (§ 10d I 1, s dort Rz 17). Eine zumutbare Belastung iSd § 33 III wird nicht angerechnet (BFH VI R 16/09 BStBl II 11, 966). Auf den Abzug besteht ein **Rechtsanspruch** („wird ... ermäßigt").

19 **3. Erhöhung durch KV-/PflV-Beiträge, § 33a I 2.** Hat der StPfl für die unterhaltene Person KV- und PflV-Beiträge iSv § 10 I Nr 3 aufgewandt, erhöht sich der Höchstbetrag entspr (vgl BVerfG 2 BvL 1/06 NJW 08, 1868). Ob der StPfl selbst die Beiträge zahlt, entweder aufgrund eigener Verpflichtung oder bei abgekürztem Zahlungsweg, oder ob er der unterstützten Person das Geld zur Zahlung eigener Beiträge überlässt, ist nach dem Gesetzeswortlaut unerhebl (so auch *Myßen/Wolter* NWB 09, 3900/4 mit Beispielen). Eine Erhöhung tritt allerdings nur dann ein, wenn die Beiträge beim StPfl nicht bereits als SA zu berücksichtigen sind (Satz 2 HS 2; keine Doppelberücksichtigung, vgl BT-Drs 16/12254, 26).

20 **4. Gleichgestellte Personen, § 33a I 3.** Unterhaltsleistungen an sonstige Personen können abgezogen werden, *wenn* aufgrund der Zahlungen zum Unterhalt

bestimmte öffentl Mittel gekürzt werden (bis VZ 2000: „soweit“; s auch BFH III R 11/03 BStBl II 04, 1051). Nach geltendem Recht kommt es nur noch auf die Kürzung als solche an, nicht auf die Höhe (einheitl Höchstbeträge für Leistungen an Unterhaltsberechtigte und Gleichgestellte). Erfasst werden insb Leistungen an Verwandte und Verschwägerte, die mit dem StPfl in Haushaltsgemeinschaft leben, oder an Partner einer ehe-/lebenspartnerschaftsähnl Gemeinschaft.

Unterhaltsleistungen an Personen mit einer **Aufenthaltserlaubnis nach § 23 AufenthG** können dem BMF zufolge unabhängig von einer gesetzl Unterhaltsverpflichtung berücksichtigt werden, wenn der StPfl eine Verpflichtungserklärung nach § 68 AufenthG abgegeben hat und sämtl Kosten für den Unterhalt übernimmt (s *BMF* BStBl I 15, 474).

a) Gekürzte öffentl Mittel. Zum Unterhalt bestimmte öffentl Mittel sind vor allem: Grundsicherung für Arbeitssuchende nach dem SGB II wie **Arbeitslosengeld II** und **Sozialgeld** bzw (bis 31.12.04) *Arbeitslosenhilfe* nach dem SGB III und ebenso **Sozialhilfe** nach §§ 20, 36 SGB XII (früher: § 122 BSHG). Die Kürzung dieser Mittel nach Sozialrecht beruht auf der Vermutung, dass Hilfebedürftige auch jenseits gesetzl Unterhaltsverpflichtungen von Personen unterstützt werden, mit denen sie eine Bedarfsgemeinschaft bilden (§ 7 III SGB II), in Haushaltsgemeinschaft (vgl § 9 V SGB II) oder ehe-/lebenspartnerschaftsähnl Gemeinschaft leben (§§ 20, 36 SGB XII; ferner bis 31.12.04: § 193 II SGB III). An diesen Umstand (Zwangslage) knüpft die Berücksichtigung der jeweiligen Unterhaltsleistungen als agB nach § 33a I 3 an. – Erfasst werden auch Fälle, in denen wegen Drittleistungen kein Anspruch auf staatl Fürsorgeleistungen besteht und ein entspr **Antrag überhaupt nicht gestellt** worden ist (s BR-Drs 399/01, 44; BFH III R 23/07 BStBl II 09, 363), weil zB ein unterhaltener ausl Lebenspartner damit rechnen muss, bei Inanspruchnahme von Sozialhilfe keine Aufenthaltsgenehmigung zu erhalten und ausgewiesen zu werden (BFH III R 23/05 BStBl II 07, 41). 21

b) Prüfung von Amts wegen. Den Kürzungstatbestand haben die FÄ zu prüfen, und zwar nur dem Grunde nach (s Rz 20) und nach sozialrechtl Kriterien (*BMF* BStBl I 10, 582 Rz 3). Eine Kürzungsbescheinigung der zuständigen Behörde muss bei ehe-/lebenspartnerschaftsähnl Lebensgemeinschaften sowie bei Haushaltsgemeinschaft mit Verwandten/Verschwägerten nicht vorgelegt werden. Die unterstützte Person hat aber darzutun, dass sie in Lebens-/Haushaltsgemeinschaft mit dem StPfl lebt, über welche Einkünfte oder Bezüge und über welches Vermögen sie verfügt und ggf dass bzw warum sie keinen Antrag gestellt und keine zum Unterhalt bestimmten öffentl Mittel erhalten hat. Die Beweiserleichterung in EStR 33a.1 I 5 (Rz 38) und die sog Opfergrenze (Rz 16) gelten auch hier (vgl *BMF* BStBl I 10, 582 Rz 8). 22

5. Kein Anspruch auf Freibetrag oder KiGeld, § 33a I 4 HS 1. Weder der unterstützende StPfl noch andere Personen dürfen für den Unterstützten Anspruch auf einen Freibetrag nach § 32 VI bzw KiGeld haben (Ausschluss einer doppelten estl Berücksichtigung des Grundbedarfs des Unterhaltenen; BFH VI B 120/11 BFH/NV 12, 1438, Rz 8 mwN: verfgemäß). Schädl sind auch nach ausl Recht gezahlte kindergeldähnl Leistungen iSd § 65 I (BFH III R 32/02 BStBl II 04, 275; vgl § 31 Rz 18). Da für KiGeld und Freibeträge nach § 32 VI das Monatsprinzip gilt (§ 32 Rz 20) und § 33a ebenfalls diesem folgt (§ 33a III), müssen diese Voraussetzungen ggf **monatsbezogen geprüft** werden, zB dann, wenn das Kind (erst) im Laufe des VZ die Altersgrenze von 18 Jahren überschreitet oder zum Wehrdienst eingezogen wird (s BFH III B 43/05 BFH/NV 06, 2056). Ob der Anspruch geltend gemacht wird bzw sich steuerl auswirkt, ist unerhebl (BFH III R 66/90 BStBl II 92, 900; FG Nbg 4 K 1977/2007 juris, rkr; vgl auch § 31 Rz 11). Auf § 33 ist § 33a I 4 HS 1 nicht anwendbar (BFH VI B 120/11 BFH/NV 12, 1438, Rz 10: Sonderbestimmung). 23

6. Eigenes Vermögen des Unterstützten, § 33a I 4 HS 2. Hat der Unterhaltene eigenes Vermögen, ist er nicht bedürftig (keine Zwangsläufigkeit, gesetzl 24

Typisierung, s BFH VI R 65/08 BStBl II 10, 628 mwN). Unabhängig von der Anlageart kommt es auf den **Verkehrswert** des Vermögens an (BFH aaO), auch bei Hausgrundstücken und Wohnraum etc (BFH VI R 35/09 BStBl II 11, 267 mwN). Entgegen BFH (aaO) bleibt allerdings ein **angemessenes Hausgrundstück** iSv § 90 II Nr 8 SGB XII, das der Unterhaltsempfänger alleine oder zusammen mit Angehörigen bewohnt, gem § 33a I 4 HS 2 nF unberücksichtigt (BR-Drs 302/12, S 36: Anwendung der im Sozialrecht geltenden Verschonungsregelung auch im Steuerrecht; s EStR 33 a.1 II). – Nießbrauchsvorbehalt und (wirksame) Verfügungsbeschränkungen/-verbote mindern den Verkehrswert (BFH III R 48/05 BStBl II 09, 361). **Unschädl Vermögen** nimmt die FinVerw bis zu einem Verkehrswert von 15 500 € an (s EStR 33a.1 II); der BFH hat dies wiederholt gebilligt, auch wenn der Wert seit 1975 (damals: 30 000 DM) nicht erhöht worden ist (vgl BFH VI R 65/08 BStBl II 10, 628; BFH VI B 142/09 BFH/NV 10, 1441, unter Hinweis auf § 12 II SGB 2; für VZ 2012 s FG Mster EFG 15, 1534, rkr). Auch dieser Wert mindert sich ggf nach der **Ländergruppeneinteilung** (BFH VI R 35/09 BStBl II 11, 267; BFH VI R 40/09, BStBl II 2011, 164). – Maßgebl ist das **Nettovermögen** des Unterhaltenen, dh Schulden mindern das Vermögen (BFH VI R 65/08 BStBl II 10, 628 mwN). Zu Schulden des Unterstützten ggü den eigenen Eltern s FG Ddorf EFG 14, 2041, rkr (nicht anerkannt).

Ertragloses Vermögen ist zu berücksichtigen, selbst wenn es als Rücklage für künftigen Unterhalt gedacht ist (BFH III R 68/96 BStBl II 98, 241; s auch FG Hbg EFG 08, 686, rkr). Zur Bedeutung von **Bodenrichtwerten** s BFH VI R 65/08 BStBl II 10, 628.

25 **7. Anrechnung eigener Einkünfte und Bezüge, § 33a I 5.** Der Höchstbetrag von 8652 € (ggf zuzügl KV- und PflV-Beiträge, s Rz 19) wird um den Betrag gekürzt, um den die eigenen Einkünfte und Bezüge des Unterhaltenen 624 € im Kj übersteigen, sog **anrechnungsfreier Betrag.** Dieser Betrag ist verfgemäß (BFH X R 61/01 BStBl II 08, 16). Beispielrechnung s EStH 33a.1.

26 **a) Einkünfte.** Der Begriff „andere Einkünfte“ entspricht der Legaldefinition des § 2 II 1 (BFH VI R 45/13 BStBl II 15, 928 mwN: einheitl Auslegung von Grundbegriffen des ESt-Rechts). Verlustabzüge nach § 10d, SA und agB mindern die Einkünfte des Unterhaltsempfängers daher nicht. Ab VZ 2010 sind auch keine weiteren Abzüge vorzunehmen; dies gilt insb auch für Pflichtbeiträge des Unterhaltsempfängers zur gesetzl SV, also gesetzl geschuldete Beiträge zu RV und ArblV sowie für Beiträge zur gesetzl KV und PflV, soweit diese nicht über § 33a I 2 berücksichtigt werden (BFH aaO; BFH VI R 66/13 BFH/NV 15, 1569).

Die mit der Voraufl vertretene gegenteilige Auffassung wird aufgegeben. Zutr weist der BFH darauf hin, dass der Wortlaut der Regelung eindeutig ist und dass es nach Wegfall der Verweisung auf § 32 IV 2 aF keinen positivrechtl Anknüpfungspunkt mehr für eine Kürzung der anzurechnenden Einkünfte um „nicht verfügbare“ Einkünfte gibt. Eine unnötige Verkomplizierung der Regelung wird so ebenfalls vermieden. Allerdings ist gegen BFH VI R 45/13 BStBl II 15, 928 **VerfBeschw eingelegt** worden, Aktz: 2 BvR 1853/15. – KapErträge, die (ab VZ 2009) der **AbgeltungSt** (§ 32d I oder § 43 V) unterliegen, wurden bis VZ 2011 als Einkünfte berücksichtigt (§ 2 Vb 2 Nr 2 aF, s § 2 Rz 65).

27 **b) Bezüge. – aa) Begriff.** Erfasst werden alle Einnahmen in Geld oder Geldeswert, die nicht stbar oder (zB nach §§ 3, 3b) stfrei sind und daher iRd estrechtl Einkunftsermittlung nicht erfasst werden, sofern sie zur Bestreitung des Unterhalts bestimmt oder geeignet sind (vgl BFH VI R 60/08 BFH/NV 09, 1418 mwN). Die letztgenannte Voraussetzung wird man mE auch nach Streichung der Verweisung auf § 32 IV 2 aF ab VZ 2010 (s Rz 26) aus dem Sinn und Zweck der Regelung herauslesen können (glA *HHR* Rz 96; wohl aA *K/Mellinghoff* § 33a Rz 21). So sind etwa zweckgebundene Bezüge, die dem Unterhaltsberechtigten für seinen übl Lebensunterhalt tatsächl nicht zur Verfügung stehen und seine wirtschaftl Leistungsfähigkeit nicht erhöhen, nach wie vor nicht anzurechnen (vgl zum alten Recht BFH III R 28/99 BStBl II 02, 753 mwN). – Die in § 33a I 5 HS 2 genannten Freibeträge, stfreien Einkünfte und Absetzungen sind gem § 33a I 5 HS 2 als

Bezüge zu werten (s 32. Aufl § 32 Rz 54); die bisherige Verweisung auf § 32 IV 4 aF ist wegen des Wegfalls dieser Bestimmung (s § 32 Rz 2 und 51) durch den entspr Regelungsinhalt ersetzt worden.

(1) Bezüge iSd § 33a I. Vorrangige **Unterhaltsansprüche** gegen Dritte (BFH III R 48/05 BStBl II 09, 361 mwN); nach **DBA** stfreie Einkünfte; bei **Wehrpflichtigen** Wehrsold, Weihnachts-/Entlassungsgeld (s dazu auch Rz 79), Sachbezugswert von Gemeinschaftsunterkunft/-verpflegung sowie Mietbeihilfen nach §§ 7a, 15 USG (s BFH III B 43/05 BFH/NV 06, 2056; ferner *OFD Ffm* DB 03, 1145, auch zu Zivildienst); **Arbeitnehmersparzulage** gem § 13 des 5. VermBG; **Lohnersatzleistungen** (Arbeitslosengeld/-hilfe, Kranken-/Mutterschaftsgeld); pauschal versteuerter ArbLohn (BFH III R 131/85 BStBl II 90, 885). – **Altersbezüge** (Rente, Pension) sind in vollem Umfang anzurechnen: der Ertragsanteil zählt zu den Einkünften, der Kapitalanteil zählt zu den Bezügen (BFH VI R 60/08 BFH/NV 09, 1418 mwN). Die Anrechnung erfolgt ohne Kürzung durch den Versorgungsfreibetrag des § 19 II (BFH III R 175/86 BStBl II 88, 939). **Ausbildungsbeihilfen,** die die unterstützte Person aus öffentl Mitteln erhalten hat, sind nach § 33a I 5 ohne Freibetrag anzurechnen; s aber auch Rz 50. Das gilt für BAföG und mE auch für ausl Ausbildungsbeihilfen (aA FG RhPf EFG 99, 1284, rkr; *HHR* § 33a Rz 97). Wegen der gesonderten Anrechnung ist bei Ausbildungsbeihilfen keine Saldierung mit negativen Einkünften oder Bezügen mögl (BFH III R 22/01 BStBl II 02, 802). 28

(2) Keine Bezüge iSd § 33a I. Tatsächl Aufwand abgeltende stfreie Einnahmen nach § 3 Nr 12, 13, 26 (FM Nds DB 90, 152) oder Sozialhilfeleistungen für Krankheit, Pflege und Mehrbedarf (BFH III R 253/83 BStBl II 88, 830) oder Telefonhilfe (BFH III R 175/86 BStBl II 88, 939) – letzteres allerdings ausdrückl offen gelassen von BFH VI R 60/08 BFH/NV 09, 1418; s auch EStH 33a.1; Erziehungsgeld nach dem BErzGG (BFH III R 37/93 BStBl II 95, 527). 29

bb) Abzüge. Zu kürzen sind die Bezüge des § 33a I 5 aus Vereinfachungsgründen um 180 € pro Kj (vgl auch BMF BStBl I 10, 582 Rz 11 Beispiel 4), wenn nicht höhere Aufwendungen nachgewiesen oder glaubhaft gemacht werden, die in wirtschaftl Zusammenhang mit der Erzielung der Bezüge stehen. Solche können in Rechtsstreitkosten oder Kontoführungskosten, nicht jedoch in Kosten der Heimfahrten bei Wehrsoldempfängern gesehen werden (FG Hess EFG 94, 105, rkr). Pauschbeträge nach § 33b können ebenfalls nicht abgezogen werden (FG Mster EFG 89, 183, rkr). Ebenso wenig findet eine Kürzung der anrechenbaren Bezüge oder Einkünfte wegen zwangsläufiger Kosten der Lebensführung infolge Krankheit oder Behinderung des Empfängers statt (BFH III R 111/86 BStBl II 91, 62). Der Grenzbetrag von 624 € stellt anders als bei § 32 weder ganz noch teilweise ein (Familien-)Existenzminimum dar. Dies hindert aber nicht, die Kürzung von Sozialhilfe für die Haushaltsgemeinschaft wegen einer Rente eines ihrer Mitglieder zu berücksichtigen und bei den Einkünften des unterstützten Rentenempfängers nur die verminderte Rente anzusetzen (BFH III R 28/99 BStBl II 02, 753). 30

c) Berechnung. Bei der Ermittlung der gegenzurechnenden Einkünfte und Bezüge ist jede unterstützte Person für sich zu beurteilen. Für mittelbar unterstützte Kinder der unmittelbar unterstützten Person kann nicht je ein zusätzlicher Grenzbetrag von 624 € angesetzt werden (BFH III R 66/90 BStBl II 92, 900: keine „Mehrfachberücksichtigung"). Andererseits sind Einkünfte von berufstätigen Kindern nicht dem Elternteil zuzurechnen, mit dem sie in einem Haushalt leben (BFH VI 308/60 U BStBl III 61, 311). – Hat der Unterhaltsempfängers ein eigenes Kind, sind seine Einkünfte und Bezüge nur dann um **Unterhaltszahlungen** zu kürzen, wenn eine gesetzl Pflicht zu entspr Zahlungen besteht (Barunterhaltsverpflichtung, vgl BFH VI B 136/11 BFH/NV 12, 1429). – Ist der **Unterhaltsempfänger verheiratet/verpartnert,** sind bei der Berechnung seiner Einkünfte und Bezüge in intakter Ehe/LPart die Einkünfte der Ehegatten/LPart zusammenzuzählen und danach zu halbieren (BFH III R 28/02 BFH/NV 04, 1631; BFH VI B 18/11 BFH/NV 11, 2062). Dabei ist von einem Zufluss iHd Nettoeinkommens auszugehen (BFH III R 28/91 BFH/NV 93, 598; EStH 33a.1), und zwar auch dann, wenn die Unterhaltspflicht nur im Verhältnis zu einem der beiden Ehegat- 31 ten/LPart besteht; der als agB abziehbare Betrag ergibt sich bei entspr hohen Zahlungen aus der Differenz zw den gegenzurechnenden Einkünften oder Bezügen und dem Höchstbetrag von 8354 € (vgl BFH III R 25/03 BFH/NV 05, 523; s auch *BMF* BStBl I 10, 582 Rz 12 mit Beispiel). – **Unerhebl** ist, ob der Unterstützte in der **Verfügungsbefugnis** über die Einkünfte oder die zur Bestreitung des Unterhalts bestimmten oder geeigneten Bezüge beschränkt ist (BFH III R 111/86 BStBl II 91, 62; einschr für altes Recht BFH III R 28/02 BFH/NV 04, 1631; s auch FG Ddorf EFG 09, 1116, rkr). Das gilt auch für Renteneinkünfte, die vom Sozialamt einbehalten werden (BFH VI R 60/08 BFH/NV 09, 1418).

32 **8. Im Ausland lebende Angehörige, § 33a I 6. – a) Ausländische Verhältnisse.** Für nicht unbeschr stpfl unterstützte Personen sind nach § 33a I 6 die Beträge des § 33a I 1 und 5 (ebenso § 33a II 3) nach den Verhältnissen des Wohnsitzstaates (Durchschnittslöhne) zu modifizieren; dies auch dann, wenn die betr Personen ihre Verwandten im Inl besuchen (BFH III R 10/02 BStBl II 03, 714). Diese Regeln gelten auch bei höherer Unterhaltsverpflichtung (relatives Existenzminimum, BFH III B 71/95 BFH/NV 97, 398). Die in S 1 und 5 genannten Beträge dürfen aber nicht überschritten werden (§ 33a I 6). S dazu die verfgemäße (BFH III R 10/02 BStBl II 03, 714 mwN) **Ländergruppeneinteilung** des *BMF* (BStBl I 13, 1462 und 11, 961). Auf die konkreten Lebenshaltungskosten am Wohnort des Unterhaltenen kommt es nicht an (BFH I R 60/05 BStBl II 07, 106; BFH VI R 28/10 BStBl II 11, 283). – Wenn sich Angehörige besuchsweise beim StPfl im Inl aufhalten, können die Unterhaltsaufwendungen je Tag mit $^{1}/_{30}$ des Monatsbetrags, ab VZ 2016 mit 24,03 € (8652 €/12 Monate/30 Tage) angesetzt werden (s BFH III R 10/02 BStBl II 03, 714; EStH 33a.1). – Zu **Nachweisen** s Rz 37 ff.

33 **b) Inländische Maßstäbe.** Die Unterhaltspflicht bestimmt sich nach inl Maßstäben (BFH III R 8/01 BStBl II 02, 760; BFH III R 53/98 BFH/NV 03, 20). Aufwendungen aufgrund einer ledigl nach ausl Recht bestehenden Unterhaltspflicht sind nicht zwangsläufig iSd § 33a I, und zwar der Rspr zufolge auch dann nicht, wenn die Unterhaltspflicht nach internationalem Privatrecht im Inl verbindl ist (BFH VI R 13/10 BStBl II 11, 965; BFH VI S 14/03 BFH/NV 05, 1067: Unterhalt an im Ausl lebende Brüder); dies ist verfgemäß und europarechtskonform (BVerfG 2 BvR 1683/02, HFR 05, 777; str, aA *Paus* DStZ 03, 306; *Tipke* LB § 8 Rn 738; *KSM* § 33a Rn A 107 f, B 78 ff mwN; s dagegen auch BFH VI R 16/97 BStBl II 98, 473). Zu Mehr-Ehe s BFH VI R 56/82 BStBl II 86, 390 (offengelassen; aA FG Mster EFG 93, 380).

34 **9. Mehrere Unterhaltsleistende, § 33a I 7.** Der Höchstbetrag ist entspr dem Anteil am Gesamtbetrag der Leistungen aufzuteilen. Die Verpflichtungen nach § 33a I 1 und 3 werden dabei gleichbehandelt. Zur Kürzung kommt es nach Sinn und Zweck der Regelung aber nur, wenn alle StPfl die Voraussetzungen für eine Berücksichtigung von Aufwendungen nach § 33a I erfüllen (BFH III R 212/81, BStBl II 86, 805); ob auch alle Unterhaltsleistenden die getragenen Aufwendungen steuerl geltend machen, ist dagegen unerhebl (vgl FG Mster EFG 15, 453, rkr; *HHR* § 33a Rz 113).

35 **10. Mehrere Unterhaltene. – a) Getrennt ermittelte Abzugsbeträge.** Der nach § 33a I abzugsfähige Betrag und die anrechenbaren Einkünfte/Bezüge sind für jede unterhaltene Person getrennt zu ermitteln. Das gilt auch dann, wenn mehrere vom StPfl unterhaltene Personen in einem **gemeinsamen Haushalt** wohnen (Ausnahme: Ehegatten/LPart, Rz 31). Grds unerhebl ist, an welchen Angehörigen welche Teilbeträge überwiesen worden sind (BFH VI R 29/09 BStBl II 11, 116). Die Leistungen sind zusammenzurechnen und idR nach Köpfen aufzuteilen (vgl BFH III R 49/03 BStBl II 05, 483; BFH III R 39/92 BStBl II 94, 731; s auch *Geserich* DStR 11, 294;); dabei sind ggf auch unterhaltene Personen einzubeziehen, die nicht unterhaltsberechtigt sind (BFH III R 28/99, BStBl II 02, 753).

b) Kindergeld. Gehören zu der Haushaltsgemeinschaft auch Kinder, für die der StPfl KiGeld bezogen hat, können allg Unterhaltsleistungen für andere Personen der Hausgemeinschaft nur insoweit angenommen werden, als die Zahlungen des StPfl insgesamt den Betrag des empfangenen KiGelds übersteigen (BFH III R 261/83 BStBl II 89, 278). 36

c) Opfergrenze. Übersteigt der einer Haushaltsgemeinschaft einheitl zur Verfügung gestellte Betrag den nach der Opfergrenze für den eigenen bzw den Unterhalt der Kinder und des Ehegatten/LPart zurückzubehaltenden Betrag (Rz 23; BFH III R 149/85 BFH/NV 90, 225), ist nur der danach verwendbare Teil der Gesamtzahlung auf die nicht privilegierten Empfänger der Haushaltsgemeinschaft (zB Eltern) aufzuteilen (BFH III R 258/83 BStBl II 89, 1009). 37

11. Nachweise; Fremdwährungen, § 33a I 8–11. – a) Allgemeines. Die Steuervergünstigungen des § 33a I können nur in Anspruch genommen werden, wenn ihre Voraussetzungen im Einzelfall nachgewiesen oder glaubhaft gemacht werden (Beweiserleichterung bei Haushaltszugehörigkeit s EStR 33a.1 I 5: Aufwand = Höchstbetrag). Dabei trägt der StPfl die obj **Beweislast/Feststellungslast** für die die Steuerermäßigung begründenden Tatsachen (BFH III R 49/03 BStBl II 05, 483). – Der Nachweis über die geleisteten Zahlungen ist grds durch **Überweisungsbelege** zu erbringen, die auf den Namen der unterstützten Person oder einer Person aus der unterstützten Haushaltsgemeinschaft lauten. Bei Überweisungen auf Konten Dritter ist durch Bankbescheinigung nachzuweisen, dass die unterstützte Person Kontovollmacht hatte und wann, in welcher Höhe und von wem Abhebungen vorgenommen worden sind. – Zum Referenzkurs für die Umrechnung **nicht auf Euro lautender Beträge** gem § 33a I 8 s *BMF* BStBl I 14, 1325 und BStBl I 15, 772. – Die neuen Regelungen zur Angabe der **Identifikationsnummer** (§ 139b AO) in **§ 33a I 9–11** dienen der Missbrauchsvermeidung (s BT-Drs 18/1529, 65). Sie gelten ab VZ 2015. Betroffen sind nur Unterhaltsleistungen an Personen, die selbst unbeschr oder beschr stpfl sind (§ 1). Unterhaltsempfänger, die nicht im Inl stpfl sind, sind hiervon nicht betroffen; insoweit sind aber gleichwohl die allg Mitwirkungs- und Beweisvorsorgepflichten (Rz 39 ff) zu beachten. 38

b) Zahlungen ins Ausland. Verhältnisse außerhalb Deutschlands können vom FA idR ohne besondere Mitwirkung des StPfl entweder gar nicht oder nur unter unverhältnismäßigen Schwierigkeiten ermittelt werden. Daher besteht bei Unterhaltsleistungen ins Ausl gem § 90 II AO für den StPfl eine erhöhte **Mitwirkungs- und Beweisvorsorgepflicht** (BFH VI R 32/14 BFH/NV 15, 1248 mwN; *BMF* BStBl I 10, 588 Rz 3 ff; s aber auch Rz 15 aE). 39

aa) Bedürftigkeitsnachweis. Ausl StPfl, die Angehörige im Heimatland unterstützen, haben amtl, ins Deutsche übersetzte Bescheinigungen vorzulegen (FG Hess EFG 99, 1284, rkr). Diese sollen konkrete Angaben zur Unterstützungsbedürftigkeit des Unterhaltsempfängers enthalten: Name, Alter, Anschrift, Beruf, Verwandtschaftsverhältnis zum StPfl, Art und Umfang der eigenen Einnahmen und des eigenen Vermögens des Unterstützten, Unterhaltspflicht anderer Personen und Höhe ihrer Unterstützung bzw Gründe für die unterlassene Unterstützung, ab wann und aus welchen Gründen der Unterstützte nicht selbst für seinen Unterhalt aufkommen konnte (*BMF* BStBl I 10, 588 Rz 5; FG BaWü EFG 94, 106, rkr). Dem BFH zufolge hat das *BMF* damit den Rechtsbegriff der „erforderl Beweismittel" iSd § 90 II AO zutr, aber nicht abschließend konkretisiert (BFH III R 49/03 BStBl II 05, 483). Bei widersprüchl Angaben entfällt die Glaubwürdigkeit der Bescheinigung (BFH VI R 16/09 BStBl II 11, 966, auch zur Beweiswürdigung durch das FG, insb zur Verwertung statistischer Daten). 40

Zweisprachige Unterhaltserklärungen in den gängigsten Sprachen findet man im Internet als PDF-Datei: www.formulare-bfinv.de (unter: *Formularcenter, Formulare A–Z, Unterhaltserklärungen*). Die Bescheinigungen sind vollständig und detailliert auszufüllen (vgl auch BFH III R 49/03 BStBl II 05, 483: zumutbare Anforderung). – Zum **Stellenwert amtl**

Unterhaltsbescheinigungen s FG Ddorf EFG 09, 478, rkr; *BayLfSt* IStR 10, 924; s auch BFH III R 176/86 BFH/NV 91, 367: amtl Bescheinigung über die Beschäftigungslosigkeit ohne nähere zeitl Angaben zu den berufl/finanziellen Verhältnissen des Empfängers genügt nicht. Zu Beweiserleichterungen bei **Bürgerkrieg** s FG Hbg EFG 95, 823, rkr. Zu Beweisregeln bei **LuF** s BFH III R 206/82 BStBl II 87, 599. Zum Nachweis einer **erfolglosen Arbeitssuche** in Jugoslawien s FG Hess EFG 91, 196, rkr. Zu **Auslandskindern** s Rz 12, 43 ff. Zum Nachweis bei **Unterhalt durch weitere Personen** s BFH VI R 123/77 BStBl II 78, 340.

41 **bb) Banküberweisungen.** Grds sind die entspr Belege vorzulegen. Bei Weiterleitung von inl Konten ausl Banken ins Ausl muss der **Zahlungsfluss lückenlos belegt** sein. Dazu genügt neben dem Einzahlungsnachweis auf das inl Konto anstelle der Weiterleitungsbescheinigung der ausl Bank auch deren Bestätigung, dass auftragsgemäß an den Empfänger überwiesen oder ausbezahlt worden ist (*BMF* BStBl I 10, 588 Rz 10; s auch FG BaWü EFG 96, 25, rkr). Nach BFH III R 21/88 BFH/NV 92, 375 genügt eine Bestätigung der ausl Bank, dass die Eltern des StPfl von dessen Devisenkonto monatl bestimmte Beträge abgehoben haben, allein nicht. Unzureichend ist auch eine Kreditaufnahme ohne nachgewiesenen Zusammenhang mit Unterstützungszahlungen (BFH III R 176/86 BFH/NV 91, 367).

42 **cc) Übergabe von Bargeld.** Bei der Bargeldübergabe an Angehörige oder einen Bekannten zur Überbringung an die unterstützte Person sind (insb im Ausl) wegen der oft schwer überschaubaren Verhältnisse an den Nachweis bzw die Glaubhaftmachung **erhöhte Anforderungen** zu stellen (BFH III R 50/03 BFH/NV 05, 1009). Zeugenbeweis durch Vernehmung naher Angehöriger ist idR nicht ausreichend (BFH III R 49/03 BStBl II 05, 483). Nach BFH VI R 266/80 BStBl II 82, 772 reicht eine Bestätigung des Gemeindevorstehers nicht aus, Bestätigungen der unterstützten Personen jedenfalls dann nicht, wenn sie im Widerspruch zu festgestellten Abhebungen stehen; s iÜ BFH III B 97/99 BFH/NV 00, 1203. – Bei **Heimfahrten** des StPfl zu seiner Familie (und nur dann: BFH III R 39/03 BStBl II 05, 24) wird auf einen Nachweis verzichtet, wenn für Unterhalt des Ehegatten/LPart, der Kinder oder anderer am Ort des Ehegattenhaushalts lebender Angehöriger ledigl die Mitnahme *eines* Nettomonatslohns geltend gemacht wird, jährl höchstens der vierfache Nettomonatslohn. Daneben können noch zusätzl nachgewiesene Zahlungen berücksichtigt werden, wobei der vierfache Nettolohn den (Gesamt-)Höchstbetrag bildet (BFH III R 22/93 BStBl II 95, 114; *BMF* BStBl I 97, 826 Tz 4, und BStBl I 06, 217 Rz 15 f).

III. Auswärtig untergebrachte Kinder, § 33a II

43 **1. Persönl Anwendungsbereich.** § 33a II setzt ebenfalls **unbeschr StPfl** gem § 1 I, II oder III voraus und ist auf **beschr StPfl** nicht anzuwenden (§ 50 I 3).

44 **2. Volljähriges Kind in der Berufsausbildung, § 33a II 1. – a) Ausbildungsfreibetrag.** Der sog Ausbildungsfreibetrag berücksichtigt einen *typisierten* Mehrbedarf: Ist ein volljähriges, in der Berufsausbildung befindl Kind auswärtig untergebracht, kommt es auf einen *tatsächl* (Mehr-)Aufwand nicht an (kein Aufwandsnachweis erforderl). Die Gründe der auswärtigen Unterbringung sind unerhebl; insb muss diese nicht durch die Berufsausbildung veranlasst sein. Zwangsläufigkeit der auswärtigen Unterbringung wird vom Gesetz ebenso unterstellt wie Zwangsläufigkeit der Berufsausbildung. – Für **jedes Kind,** das die Voraussetzungen des § 33a II 1 erfüllt, wird ein eigener Freibetrag gewährt. Zur Nicht-Berücksichtigung **minderjähriger Kinder** s Rz 3.

45 **b) Berücksichtigungsfähige Kinder.** Der StPfl muss Anspruch auf *einen* Freibetrag nach § 32 VI *oder* auf KiGeld für ein **volljähriges Kind** haben (s § 32 Rz 21 ff). Es muss sich weder um ein eigenes Kind des StPfl iSd § 32 I (§ 32 Rz 8) handeln, noch müssen die genannten Voraussetzungen kumulativ erfüllt sein. Es genügt, wenn dem StPfl entweder der Kinder- oder der Betreuungsfreibetrag zu-

steht (ggf auch ohne KiGeld); die Übertragung nur eines Freibetrags auf den anderen Elternteil ist insoweit unschädl (vgl § 32 Rz 101). Ferner begünstigt § 33a II auch Groß- und Stiefeltern, wenn auf sie ein Freibetrag gem § 32 VI 10 übertragen wurde oder ihnen gem § 63 I Nr 2 bzw 3 KiGeld zusteht (vgl *K/Mellinghoff* Rz 50; *Ross* DStZ 97, 140). Ob sich der Freibetrag des § 32 VI auswirkt oder das KiGeld tatsächl gezahlt worden ist, ist unmaßgebl („Anspruch auf …"). Da sowohl für § 32 VI als auch für § 33a II das Monatsprinzip gilt, müssen diese Voraussetzungen monatsweise erfüllt sein (s Rz 55).

c) Berufsausbildung. Begriff: s Rz 11 und § 32 Rz 26 ff; auch hier gelten dieselben Grundsätze wie bei § 32 IV 1 (BFH III R 3/03 BStBl II 06, 294; s § 32 Rz 26 ff); insb ist ein freiwilliges soziales Jahr keine Berufsausbildung (BFH VI B 1/14 BFH/NV 15, 332 mwN). Unterrichts- und vorlesungsfreie Zeiten rechnen zu den Ausbildungszeiten (BFH III R 7/93 BStBl II 97, 30), ebenso unvermeidl **Unterbrechungszeiten:** Urlaub, Krankheit, Zeiten zw aufeinander aufbauenden Ausbildungen wie zB Schulausbildung und Studium (FG Hess EFG 97, 889, rkr) und sonstige zwangsläufige Wartezeiten, die auf keinen geänderten Ausbildungsplan schließen lassen (s auch BFH III R 207/94 BStBl II 97, 430). 46

d) Auswärtige Unterbringung. Jede Unterbringung **außerhalb des elterl Haushalts** ist eine „auswärtige Unterbringung", zB in einer Ganztagspflegestelle (BFH VI R 203/68 BStBl II 71, 627), in einer weiteren Wohnung des StPfl (BFH X R 94/91 BStBl II 94, 544) oder des Kindes, auch am selben Ort (FG Ddorf EFG 93, 663, rkr; BFH VI R 174/72 BStBl II 75, 488; vgl auch BFH X R 24/99 BStBl II 02, 244: engerer Haushaltsbegriff als bei § 34f). Entscheidend ist für § 33a II, ob das Kind noch am hauswirtschaftl Leben des elterl Haushalts teilnimmt oder nicht, wie zB bei räuml Selbstständigkeit des Kindes (BFH VI R 47/79 BStBl II 83, 109) und hauswirtschaftl Ausgliederung (BFH III R 259/83 BStBl II 88, 138). Nicht ausgegliedert ist ein Kind, das zum Übernachten in den Haushalt des StPfl zurückkehrt, die Mahlzeiten im Haushalt des StPfl einnimmt (FG Hbg EFG 82, 248, rkr) oder wochentags bei der rund 500 m entfernt wohnenden Großmutter untergebracht ist (BFH III R 259/83 BStBl II 88, 138). Leben die Eltern dauernd getrennt oder sind sie geschieden und lebt das Kind im Haushalt eines Elternteils, ist es auch aus Sicht des anderen Elternteils nicht auswärtig untergebracht (BFH III R 48/87 BFH/NV 88, 778). Dies gilt auch bei Aufenthalt in einem ausl Familienhaushalt (BFH III R 107/88 BStBl II 90, 898). – Die auswärtige Unterbringung erfordert eine **gewisse Dauer;** sie muss darauf angelegt sein, die räuml Selbstständigkeit des Kindes während der Ausbildung oder eines bestimmten Ausbildungsabschnitts zu gewährleisten (glA EStR 33a.2 III). – Der Freibetrag wird **ab dem Monat** gewährt, in dem eine auswärtige Unterbringung beginnt (FG BaWü EFG 88, 313, rkr). 47

Ein sechswöchiges Praktikum begründet noch keine auswärtige Unterbringung (vgl BFH III R 25/93 BStBl II 94, 699; anders mE ggf bei langfristigem Praktikum); ebenso wenig eine Klassenfahrt oder ein dreiwöchiger Sprachkurs im Ausl (BFH III R 304/84 BStBl II 90, 62). – Durch **besuchsweise Aufenthalte** während der Ferien bei den Eltern wird weder die Ausbildung noch die auswärtige Unterbringung unterbrochen (BFH III R 22/92 BStBl II 94, 887). Wochenendbesuche sind ebenfalls unschädl (vgl BFH VI R 203/68 BStBl II 71, 627). Bei **krankheitsbedingter** auswärtiger (Internats-)Unterbringung ist nicht § 33a II anzuwenden, auch nicht teilweise, sondern § 33 (BFH III R 8/91 BStBl II 93, 278).

e) Rechtsfolge. Der **Freibetrag von 924 € je Kj** wird auf Antrag (Rz 5) vom Gesamtbetrag der Einkünfte abgezogen (§ 2 IV). Auf den Abzug besteht ein **Rechtsanspruch** („wird … ermäßigt"). KapErträge nach § 32d I und § 43 V waren bis VZ 2011 mit einzubeziehen (§ 2 Vb 2 aF, s § 2 Rz 64). Ein Verlustabzug nach § 10d ist vorrangig vorzunehmen (§ 10d I 1, s dort Rz 17). – Der Freibetrag wird für alle Monate gewährt, in denen das auswärtig untergebrachte Kind bereits 18 Jahre alt ist (s Rz 53). Ein am 1. des Monats geborenes Kind vollendet das 18. Lebensjahr mit Ablauf des Vormonats (§§ 187 II, 188 II BGB; s *Palandt* § 187 48

Rz 3); für den Vormonat ist also gem § 33a III 1 ebenfalls der Freibetrag zu gewähren.

49 **3. Verminderung des Freibetrags, § 33a II 2 aF.** Die Anrechnung eigener Einkünfte und Bezüge des Kindes ist **mit Wirkung ab VZ 2012** entfallen (wie § 32 IV 2–9 aF, s dort Rz 60; s auch BT-Drs 17/5125, 42). Die alte Regelung gilt noch bis einschließl VZ 2011 fort; hinsichtl der Erläuterungen s 32. Aufl (Rz 49 f).

51 **4. Im Ausland lebende Kinder, § 33a II 2 nF.** Ist das volljährige Kind nicht unbeschr estpfl, mindern sich die in § 33a II 1 und 2 genannten Beträge entspr § 33a I 6 gem der **Ländergruppeneinteilung** des BMF (s Rz 32). Verlegt ein Auslandskind im Laufe des Jahres seinen Wohnsitz ins Inl oder umgekehrt (BFH VI R 107/99 BStBl II 01, 294), so wird (nur) der Teil des Ausbildungsfreibetrags, der auf die Ausbildungszeit im Ausl entfällt, entspr gekürzt.

52 **5. Mehrere Unterstützende; Aufteilung, § 33a II 3–5.** § 33a II 3 gewährleistet, dass der Ausbildungsfreibetrag auch dann **insgesamt nur einmal** gewährt wird, wenn *mehrere* Personen für dasselbe Kind die Voraussetzungen des § 33a II 1 erfüllen. Verheiratete zusammenlebende Eltern (§ 26 I 1) erhalten den Freibetrag daher auch bei **Zusammenveranlagung** nur einmal (keine Verdoppelung wie bei § 32 VI 2). Bei **getrennter Veranlagung** gilt § 26a II nF (s § 26a Rz 7). Wegen dieser Spezialvorschrift regelt § 33a II 4 mE nur noch die Aufteilung des Freibetrags bei **geschiedenen/dauernd getrennt lebenden Eltern** sowie **Eltern unehel Kinder:** Grundsatz ist die Halbteilung; einvernehml ist aber jede andere Aufteilung zulässig (§ 33a II 5; wie bei § 26a II 1). Eine solche kann auch zivilrechtl beansprucht werden, wenn der abgebende Elternteil dadurch keine steuerl Nachteile erleidet (s BFH III B 90/05 BFH/NV 07, 1119). Scheidet ein Elternteil wegen der Übertragung oder des Verlusts aller Freibeträge des § 32 VI und des KiGelds aus, erfüllt er nicht (mehr) die Voraussetzungen des § 33a II 1, so dass kein Fall des § 33a II 3 vorliegt; der andere Elternteil erhält den vollen Ausbildungsfreibetrag. – Bei **Veranlagung nach § 26c aF** war mE mangels ausdrückl Regelung in § 26c ebenfalls Übertragung in beliebiger Quote mögl, wenn beide Elternteile die Voraussetzung des § 32 VI erfüllt haben (glA *K/Mellinghoff* § 33a Rz 38). Auf den Nachweis tatsächl Aufwendungen kommt es in allen Fällen nicht mehr an (Rz 46). – Befinden sich **mehrere Kinder** in Ausbildung, kann der Ausbildungsfreibetrag für jedes Kind gesondert übertragen oder beibehalten werden. – **Verfahrensrechtl** s § 61 EStDV und AEAO Vor §§ 172 bis 177 Nr 8.

Durch den eigenständig übertragbaren Freibetrag für Betreuungs- und Erziehungs- oder Ausbildungsbedarf (§ 32 Rz 83) besteht grds die Möglichkeit einer Mehrfachberücksichtigung. Gleichwohl ging der Gesetzgeber des (1.) FamFördG davon aus, dass solche Fälle nicht mehr auftreten (BR-Drs 476/99, 25), und beseitigte die bis zum VZ 1999 gesetzl geltende Quotelung bei konkurrierenden Elternpaaren. Die dadurch entstandene Regelungslücke ist mE wie nach altem Recht durch eine Quotelung zu schließen, wenn nicht sämtl Elternteile etwas anderes beantragen (glA *HHR* § 33a Rz 135).

IV. Zeitanteilige Kürzung der Beträge, § 33a III

53 **1. Monatsprinzip, § 33a III 1.** Für *alle* in § 33a I und II genannten Beträge gilt abweichend vom Jahressteuerprinzip (§ 2 VII 1) das Monatsprinzip (wie bei § 32; s dort Rz 20). Dies betrifft den Höchstbetrag gem § 33a I 1, den Freibetrag gem § 33a II 1 und die anrechnungsfreien Beträge gem § 33a I 5 und II 2 (vgl BFH III B 185/94 BFH/NV 95, 971). Eine Ermäßigung nach § 33a III 1 tritt nur für Monate ein, in denen **an keinem Tag** die Voraussetzungen des § 33a I bis III erfüllt gewesen sind; dh Wechselmonate sind keine Kürzungsmonate. Eine nach § 33a III 1 gebotene Kürzung kann nicht durch Antragsbeschränkung vermieden werden (FG Mster EFG 93, 662, rkr). – Das Monatsprinzip greift auch dann ein, wenn der StPfl nur für einen Teil des Kj unbeschr stpfl ist. Ändern sich die Verhältnisse während des Monats, so dass (zB wegen der Ländergruppeneinteilung,

s Rz 32) für einen Monat unterschiedl hohe Beträge gelten, ist zugunsten des StPfl der jeweils höhere Betrag anzusetzen (EStR 33a.3 I).

2. Eigene Einkünfte und Bezüge, § 33a III 2. Kommt es zu einer zeitanteiligen Kürzung nach § 33a III 1, bleiben eigene Einkünfte und Bezüge des Unterhaltenen bzw des Kindes, die auf die Kürzungsmonate entfallen, bei der Minderung nach § 33a I 5 bzw (bis VZ 2011) nach § 33a II 2 aF unberücksichtigt. „Entfallen" meint **wirtschaftl Zuordnung** (s 32. Aufl § 32 Rz 61, mit Beispielen; BFH III R 48/89 BStBl II 91, 716). Die FinVerw rechnet eigene Einkünfte des Unterstützten nach § 19, § 22 und Bezüge nach dem Verhältnis der im jeweiligen Zeitraum zugeflossenen Beträge zu (unter entspr Berücksichtigung von Erwerbsaufwendungen); andere Einkünfte werden mit jeweils $^1/_{12}$ pro Monat berücksichtigt (EStR 33a.3 II). Diese vereinfachende Regelung kommt aber nur dann zur Geltung, wenn bzw soweit der StPfl nicht eine anderweitige wirtschaftl Zuordnung nachweist (glA FG BaWü EFG 94, 1052, rkr). – Einkünfte und Bezüge, die **außerhalb des Ausbildungs-/Unterstützungszeitraums** anfallen, sind ohnehin unschädl und bleiben unberücksichtigt. Zum Begriff „Ausbildungszeitraum" s Rz 46. 54

3. Ausbildungshilfen, § 33a III 3. Ausbildungshilfen gem § 33a I 5 und (bis VZ 2011) II 2 aF mindern die zeitanteiligen Höchstbeträge nur bezogen auf diejenigen Kalendermonate, für die sie gezahlt worden sind. Diese Regelung wirkt sich zum einen dann zugunsten des StPfl aus, wenn ein zeitl begrenzter Ausbildungszuschuss erst im Laufe des Kj gewährt wird oder ausläuft. Zum andern greift sie ein, wenn der Unterstützte während des Kj unterschiedl hohe Zuschüsse erhält, zB weil er einen Teil seiner Ausbildungszeit im Ausl verbringt (s BFH III R 5/05 BStBl II 08, 354). 55

V. Abgrenzung zu § 33, § 33a IV

1. Vorrang des § 33 a. Im Verhältnis zu § 33 regeln § 33a I und II den Abzug von typischen (übl) Unterhaltsaufwendungen und von Berufsausbildungskosten abschließend (vgl BFH VI R 63/08 BStBl II 10, 341). Für diese Aufwendungen kann daher weder anstelle noch über den Rahmen des § 33a hinaus eine Steuerermäßigung nach § 33 in Anspruch genommen werden (vgl BFH X R 48/09 BStBl II 12, 200). Dies ist verfgemäß (s BFH III R 8/91 BStBl II 93, 278). § 33a IV bedeutet also nicht, dass im Umkehrschluss die Aufwendungen für den Unterhalt oder die Berufsausbildung nach § 33 zu beurteilen sind, wenn sie für Nicht-Unterhaltsberechtigte erfolgen (glA BFH III R 8/01 BStBl II 02, 760) oder wenn Unterhaltsleistungen aus anderen Gründen nicht nach § 33a abziehbar sind. Ausnahmen gelten bei anderweitig verursachten (zB behinderungsbedingten) Mehrkosten (BFH III R 6/99 BStBl II 02, 198). Zu Prozesskosten zur Erlangung eines Studienplatzes s FG Ddorf EFG 13, 701, Rev VI R 9/13. – **§ 33a I 4** ist auf § 33 nicht anwendbar (BFH VI R 61/08 BStBl II 10, 621). 56

2. Ablösung künftiger Unterhaltsleistungen. Kapitalabfindungen zur freiwilligen Ablösung künftiger Unterhaltsleistungen sind grds übl Unterhaltszahlungen, die nicht nach § 33, sondern gem § 33a nur mit einem Jahresabzugsbetrag berücksichtigt werden, weil es für die Zusammenballung an der Zwangsläufigkeit fehlt (BFH VI R 47/69 BStBl II 71, 325). Das gilt der Rspr zufolge auch dann, wenn es sich um eine unfreiwillige Ablösung handelt, zB um die Zahlung auf den Kapitalabfindungsanspruch nach § 1585 II BGB (BFH III R 57/05 BStBl II 09, 365; aA s 27. Aufl: Höchstbeträge der betroffenen Jahre werden addiert; krit hierzu *Dürr* BFH/PR 09, 3). Für eine **Nachzahlung** soll es idR an der Zwangsläufigkeit der Höhe nach fehlen, wenn der Zahlende die Zusammenballung durch Zahlungseinstellung und dergleichen verursacht hat (BFH III R 59/97 BStBl II 98, 605; vgl auch BFH III B 73/06 BFH/NV 08, 22: kein Billigkeitserlass); s aber zur Abgren- 57 zung zutr FG BaWü EFG 86, 124, rkr, betr BAföG-Rückzahlung. Wird für die Unterhalts(nach)zahlung Realsplitting nach **§ 10 I Nr 1** beantragt, werden die Zahlungen auch über den Höchstbetrag hinaus zu SA umqualifiziert, so dass §§ 33, 33a nicht anwendbar sind (BFH III R 23/98 BStBl II 01, 338). Keine Unterhaltsleistungen, sondern eine Vermögensumschichtung ist im Versorgungsausgleich zu sehen (BFH X R 128/90 BStBl II 93, 867).

§ 33b Pauschbeträge für behinderte Menschen, Hinterbliebene und Pflegepersonen

(1) [1]Wegen der Aufwendungen für die Hilfe bei den gewöhnlichen und regelmäßig wiederkehrenden Verrichtungen des täglichen Lebens, für die Pflege sowie für einen erhöhten Wäschebedarf können behinderte Menschen unter den Voraussetzungen des Absatzes 2 anstelle einer Steuerermäßigung nach § 33 einen Pauschbetrag nach Absatz 3 geltend machen (Behinderten-Pauschbetrag). [2]Das Wahlrecht kann für die genannten Aufwendungen im jeweiligen Veranlagungszeitraum nur einheitlich ausgeübt werden.

(2) Die Pauschbeträge erhalten

1. behinderte Menschen, deren Grad der Behinderung auf mindestens 50 festgestellt ist;

2. behinderte Menschen, deren Grad der Behinderung auf weniger als 50, aber mindestens auf 25 festgestellt ist, wenn

a) dem behinderten Menschen wegen seiner Behinderung nach gesetzlichen Vorschriften Renten oder andere laufende Bezüge zustehen, und zwar auch dann, wenn das Recht auf die Bezüge ruht oder der Anspruch auf die Bezüge durch Zahlung eines Kapitals abgefunden worden ist, oder

b) die Behinderung zu einer dauernden Einbuße der körperlichen Beweglichkeit geführt hat oder auf einer typischen Berufskrankheit beruht.

(3) [1]Die Höhe des Pauschbetrags richtet sich nach dem dauernden Grad der Behinderung. [2]Als Pauschbeträge werden gewährt bei einem Grad der Behinderung

von 25 und 30	**310 Euro,**
von 35 und 40	**430 Euro,**
von 45 und 50	**570 Euro,**
von 55 und 60	**720 Euro,**
von 65 und 70	**890 Euro,**
von 75 und 80	**1060 Euro,**
von 85 und 90	**1230 Euro,**
von 95 und 100	**1420 Euro.**

[3]Für behinderte Menschen, die hilflos im Sinne des Absatzes 6 sind, und für Blinde erhöht sich der Pauschbetrag auf 3700 Euro.

(4) [1]Personen, denen laufende Hinterbliebenenbezüge bewilligt worden sind, erhalten auf Antrag einen Pauschbetrag von 370 Euro (Hinterbliebenen-Pauschbetrag), wenn die Hinterbliebenenbezüge geleistet werden

1. nach dem Bundesversorgungsgesetz oder einem anderen Gesetz, das die Vorschriften des Bundesversorgungsgesetzes über Hinterbliebenenbezüge für entsprechend anwendbar erklärt, oder

2. nach den Vorschriften über die gesetzliche Unfallversicherung oder

3. nach den beamtenrechtlichen Vorschriften an Hinterbliebene eines an den Folgen eines Dienstunfalls verstorbenen Beamten oder

4. nach den Vorschriften des Bundesentschädigungsgesetzes über die Entschädigung für Schäden an Leben, Körper oder Gesundheit.

[2] **Der Pauschbetrag wird auch dann gewährt, wenn das Recht auf die Bezüge ruht oder der Anspruch auf die Bezüge durch Zahlung eines Kapitals abgefunden worden ist.**

(5) [1] **Steht der Behinderten-Pauschbetrag oder der Hinterbliebenen-Pauschbetrag einem Kind zu, für das der Steuerpflichtige Anspruch auf einen Freibetrag nach § 32 Absatz 6 oder auf Kindergeld hat, so wird der Pauschbetrag auf Antrag auf den Steuerpflichtigen übertragen, wenn ihn das Kind nicht in Anspruch nimmt.** [2] **Dabei ist der Pauschbetrag grundsätzlich auf beide Elternteile je zur Hälfte aufzuteilen, es sei denn der Kinderfreibetrag wurde auf den anderen Elternteil übertragen.** [3] **Auf gemeinsamen Antrag der Eltern ist eine andere Aufteilung möglich.** [4] **In diesen Fällen besteht für Aufwendungen, für die der Behinderten-Pauschbetrag gilt, kein Anspruch auf eine Steuerermäßigung nach § 33.**

(6) [1] **Wegen der außergewöhnlichen Belastungen, die einem Steuerpflichtigen durch die Pflege einer Person erwachsen, die nicht nur vorübergehend hilflos ist, kann er anstelle einer Steuerermäßigung nach § 33 einen Pauschbetrag von 924 Euro im Kalenderjahr geltend machen (Pflege-Pauschbetrag), wenn er dafür keine Einnahmen erhält.** [2] **Zu diesen Einnahmen zählt unabhängig von der Verwendung nicht das von den Eltern eines behinderten Kindes für dieses Kind empfangene Pflegegeld.** [3] **Hilflos im Sinne des Satzes 1 ist eine Person, wenn sie für eine Reihe von häufig und regelmäßig wiederkehrenden Verrichtungen zur Sicherung ihrer persönlichen Existenz im Ablauf eines jeden Tages fremder Hilfe dauernd bedarf.** [4] **Diese Voraussetzungen sind auch erfüllt, wenn die Hilfe in Form einer Überwachung oder einer Anleitung zu den in Satz 3 genannten Verrichtungen erforderlich ist oder wenn die Hilfe zwar nicht dauernd geleistet werden muss, jedoch eine ständige Bereitschaft zur Hilfeleistung erforderlich ist.** [5] **Voraussetzung ist, dass der Steuerpflichtige die Pflege entweder in seiner Wohnung oder in der Wohnung des Pflegebedürftigen persönlich durchführt und diese Wohnung in einem Mitgliedstaat der Europäischen Union oder in einem Staat belegen ist, auf den das Abkommen über den Europäischen Wirtschaftsraum anzuwenden ist.** [6] **Wird ein Pflegebedürftiger von mehreren Steuerpflichtigen im Veranlagungszeitraum gepflegt, wird der Pauschbetrag nach der Zahl der Pflegepersonen, bei denen die Voraussetzungen der Sätze 1 bis 5 vorliegen, geteilt.**

(7) **Die Bundesregierung wird ermächtigt, durch Rechtsverordnung mit Zustimmung des Bundesrates zu bestimmen, wie nachzuweisen ist, dass die Voraussetzungen für die Inanspruchnahme der Pauschbeträge vorliegen.**

Einkommensteuer-Durchführungsverordnung:

§ 65 *Nachweis der Behinderung*

(1) **Den Nachweis einer Behinderung hat der Steuerpflichtige zu erbringen:**

1. **bei einer Behinderung, deren Grad auf mindestens 50 festgestellt ist, durch Vorlage eines Ausweises nach dem Neunten Buch Sozialgesetzbuch oder eines Bescheides der nach § 69 Absatz 1 des Neunten Buches Sozialgesetzbuch zuständigen Behörde,**
2. **bei einer Behinderung, deren Grad auf weniger als 50, aber mindestens 25 festgestellt ist,**
   a) **durch eine Bescheinigung der nach § 69 Absatz 1 des Neunten Buches Sozialgesetzbuch zuständigen Behörde auf Grund eines Feststellungsbescheids nach § 69 Absatz 1 des Neunten Buches Sozialgesetzbuch, die eine Äußerung darüber enthält, ob die Behinderung zu einer dauernden**

Einbuße der körperlichen Beweglichkeit geführt hat oder auf einer typischen Berufskrankheit beruht, oder,

b) **wenn ihm wegen seiner Behinderung nach den gesetzlichen Vorschriften Renten oder andere laufende Bezüge zustehen, durch den Rentenbescheid oder den die anderen laufenden Bezüge nachweisenden Bescheid.**

(2) [1] **Die gesundheitlichen Merkmale „blind" und „hilflos" hat der Steuerpflichtige durch einen Ausweis nach dem Neunten Buch Sozialgesetzbuch, der mit den Merkzeichen „Bl" oder „H" gekennzeichnet ist, oder durch einen Bescheid der nach § 69 Absatz 1 des Neunten Buches Sozialgesetzbuch zuständigen Behörde, der die entsprechenden Feststellungen enthält, nachzuweisen.** [2] **Dem Merkzeichen „H" steht die Einstufung als Schwerstpflegebedürftiger in Pflegestufe III nach dem Elften Buch Sozialgesetzbuch, dem Zwölften Buch Sozialgesetzbuch oder diesen entsprechenden gesetzlichen Bestimmungen gleich; dies ist durch Vorlage des entsprechenden Bescheides nachzuweisen.**

(3) **Der Steuerpflichtige hat die Unterlagen nach den Absätzen 1 und 2 zusammen mit seiner Steuererklärung oder seinem Antrag auf Lohnsteuerermäßigung der Finanzbehörde vorzulegen.**

(4) [1] **Ist der behinderte Mensch verstorben und kann sein Rechtsnachfolger die Unterlagen nach den Absätzen 1 und 2 nicht vorlegen, so genügt zum Nachweis eine gutachtliche Stellungnahme der nach § 69 Absatz 1 des Neunten Buches Sozialgesetzbuch zuständigen Behörde.** [2] **Diese Stellungnahme hat die Finanzbehörde einzuholen.**

Einkommensteuer-/Lohnsteuer-Richtlinien: EStR 33b/EStH 33b/LStH 33b

Übersicht

Schrifttum (Auswahl): *Best,* Abgeltungswirkung des Behindertenpauschbetrags bei Aufwendungen für Maßnahmen der Behandlungspflege (§ 37 II SGB V), DStZ 11, 719; *Dziadkowski,* Zur unterbliebenen Anpassung der Behinderten-Pauschbeträge in § 33b im StVereinfG 2011, FR 11, 224; *ders,* Plädoyer für eine verfassungskonforme Regelung des § 33b EStG, FR 04, 575; *Kube,* Komplementarität und Eigenständigkeit – Zum Verhältnis zwischen Steuerrecht und Sozialrecht am Beispiel von § 33b Abs 6 EStG, NZS 04, 458.

I. Allgemeines

1. Bedeutung; Aufbau. § 33b sieht für bestimmte agB Pauschbeträge vor, die das Besteuerungsverfahren **vereinfachen** sollen (zulässige Typisierung im Bereich des subj Nettoprinzips). – **§ 33b I–III** regeln die pauschale Berücksichtigung lfd typischer Mehraufwendungen bei Behinderungen. **§ 33b IV** enthält einen Pauschbetrag für die Bezieher von Hinterbliebenenbezügen (Billigkeitsregelung). Gem **§ 33b V** können beide Pauschbeträge auf Dritte übertragen werden. **§ 33b VI** sieht einen weiteren Pauschbetrag für den Fall der persönl Pflege hilfloser Personen vor. **§ 33b VII** ermächtigt die BReg, die Voraussetzungen des Nachweises durch RechtsVO zu regeln; hiervon hat die BReg mit § 65 EStDV Gebrauch gemacht. 1

2. Neuere Rechtsentwicklung; zeitl Anwendungsbereich. Mit dem **AhRLUmsG** ist § 33b VI 5 neu gefasst worden (s Rz 37). S iÜ zur Rechtsentwicklung 32. Aufl Rz 2 und *Blümich* § 33b Rz 2. 2

3. Verfassungsmäßigkeit. Die Bestimmung ist verfgemäß, da StPfl, die behindert sind, aber die Voraussetzungen der Pauschalierung (insb § 33b III) nicht erfüllen, ihre tatsächl Aufwendungen als agB nach § 33 geltend machen können. Dementsprechend hat das BVerfG hinsichtl der **Höhe des Behindertenpauschbetrags** keinen Anpassungsbedarf gesehen, obwohl der Betrag seit 1975 unverändert geblieben ist (BVerfG 2 BvR 1372/95, DStZ 96, 112, betr 1988–1990; BFH III B 84/01 BFH/NV 03, 1164, betr 1998, VerfBeschw nicht angenommen). 3

Gleichwohl müssten die Pauschalen in regelmäßigen Abständen den tatsächl Verhältnissen angepasst werden, wenn § 33b seine Funktion als Vereinfachungsregelung tatsächl erfüllen soll; andernfalls werden die StPfl mehr oder weniger gezwungen, eher doch den Einzelnachweis gem § 33 zu führen. Die Kritik von *Dziadkowski* (FR 11, 224) ist daher berechtigt.

4. Verhältnis zu anderen Vorschriften/der Pauschbeträge zueinander. Der StPfl kann Aufwendungen, die von § 33b erfasst werden, einzeln nachweisen und, anstatt die Pauschalierung zu wählen, nach **§ 33** geltend machen (Wahlrecht); Aufwendungen, die nicht von der Pauschalierung erfasst werden, können zusätzl (neben den Pauschbeträgen) geltend gemacht werden. **§ 33a** ist neben § 33b mögl, ebenso **§ 35a II** neben § 33b VI (so zutr *Plenker* DB 10, 365 in Bezug auf *BMF* BStBl I 10, 140 Rz 29, jetzt BStBl I 14, 75 Rz 33; s auch § 35a Rz 11); § 33b I schließt § 35a II aus (keine Doppelberücksichtigung, § 35a Rz 25; s auch BFH VI R 12/12 BStBl II 14, 970). IRd Verlustabzugs nach **§ 10d** werden die Pauschbeträge nicht berücksichtigt (vgl auch § 33 Rz 1). S iEinz auch Rz 8 ff, 31 und 39; zu Gestaltungsmöglichkeiten: *KSM* Rz A 70 ff. – Liegen die Voraussetzungen für **mehrere Pauschbeträge** vor (zB für Behinderte und für Hinterbliebene), sind diese nebeneinander zu gewähren (EStR 33b I). 4

5. Persönl Anwendungsbereich. Die Pauschbeträge gelten für **unbeschr StPfl** (§ 1 I, II) und für StPfl mit im Wesentlichen inlandsbesteuerten Einkünften, wenn sie einen Antrag nach § 1 III gestellt haben. Für **beschr StPfl** schließt § 50 I 3 die Anwendung des § 33b aus (s auch BFH III R 15/04 BStBl II 05, 828). 6

II. Zu berücksichtigende Pauschbeträge

1. Behinderten-Pauschbetrag. – a) Typischer Mehraufwand, § 33b I. Mit dem Pauschbetrag sollen alle lfd, typischen und mit der Behinderung unmittelbar zusammenhängenden Mehraufwendungen des StPfl **ohne Einzelnachweis** 8 abgegolten werden. Entstehen daneben weitere, unregelmäßige, außerordentl, atypische, mit der Behinderung nur mittelbar zusammenhängende Kosten, können diese **neben dem Pauschbetrag** nach § 33 geltend gemacht werden (vgl auch BFH VI R 7/09 BStBl II 10, 280).

9 **aa) Abgrenzung, § 33b I 1. – (1) Umfang.** Für die bis VZ 2007 geltende Gesetzesfassung ergab sich diese Unterscheidung aus der Funktion des Behinderten-Pauschbetrags (s BFH III R 58/98 BStBl II 02, 765; BFH VI R 192/67 BStBl II 68, 437; krit: *HHR* Rz 32). Mit Wirkung ab **VZ 2008** ist dies ausdrückl und konkretisiert in § 33b I geregelt. Die Pauschalierung deckt (nur noch) Kosten für die häusl Hilfe, Pflege- und Heimkosten sowie Aufwendungen für erhöhten Wäschebedarf ab. Sonstige Aufwendungen werden von der Typisierung nicht erfasst und sind durch die Pauschalierungsregelung nicht abgegolten, auch wenn sie mit der Behinderung zusammenhängen (vgl BR-Drs 544/07, 71: Aufwendungen für Heilbehandlungen, Kuren, Arzneimittel und bestimmte Kfz-Kosten etc; gegen eine Einbeziehung von Maßnahmen der Behandlungspflege iSd § 37 II SGB V: *Best* DStZ 11, 719). S auch EStR 33b I.

Beispiele: Zusätzl zum Pauschbetrag sind nach § 33 ggf zu berücksichtigen: Kosten einer **Operation** (BFH VI 313/64 BStBl III 67, 457); Aufwendungen für **Heilkuren** (BFH III R 95/85 BStBl II 88, 275); **Kfz-Kosten** Schwerbehinderter, die in ihrer Geh- und Stehfähigkeit erhebl beeinträchtigt sind, und zwar nicht nur unvermeidbare Fahrten zur Erledigung privater Angelegenheiten, sondern in angemessenem Rahmen auch die Kosten für Erholungs-, Freizeit- und Besuchsfahrten (BFH III R 16/02, BStBl II 05, 23: bis zu 15 000 km im Jahr, allerdings nur iHd Km-Pauschbeträge; ebenso BFH VI B 11/10 BFH/NV 10, 1631; BFH III R 105/06 BFH/NV 08, 1141: auch bei geringer Fahrleistung; s § 33 Rz 35 „Fahrtkosten Behinderter"), ebenso **Führerscheinkosten** Gehbehinderter (BFH III R 9/92 BStBl II 93, 749); Kosten für eine notwendige **Begleitperson** bei Urlaubsreisen iHv bis zu 767 € (vgl BFH III R 58/98 BStBl II 02, 765; Abgrenzung: FG Mchn EFG 08, 45, rkr). – Dagegen kann bei behinderungsbedingter **Unterbringung in einer Heil-/Pflegeanstalt** entweder (nur) der Pauschbetrag nach § 33b oder der Einzelnachweis nach § 33 berücksichtigt werden, nicht beides (BFH III R 38/02 BStBl II 05, 271; BFH VI R 40/98, BStBl II 00, 75); das gilt auch für die **freiwillige Ablösung** von zukünftigen lfd Kosten für die Anstaltsunterbringung eines pflegebedürftigen Kindes (BFH VI R 106/78 BStBl II 81, 130). Der erhöhte Pauschbetrag wegen **Hilflosigkeit** (nach § 33b II 3) deckt alle pflegebedingten Aufwendungen ab (BFH VI R 291/67 BStBl II 68, 647; EStR 33.3 IV); für Blindenhund bei Merkmal „B" s FG Mchn EFG 85, 390, rkr (mE hinsichtl der Neufassung des § 33b I zweifelhaft); anders für Blindencomputer: FG Sachs EFG 01, 440, rkr. – Bei § 33 genügt für die Annahme von Pflegebedürftigkeit das Vorliegen einer der drei Pflegestufen (*OFD Ffm* DB 99, 1141; FG Nds EFG 97, 881, rkr). Zu Besuchsfahrten etc s *BMF* BStBl I 03, 360. **Umzugskosten** eines erhebl Geh- und Stehbehinderten in eine Erdgeschosswohnung sollen durch den Pauschbetrag abgegolten sein (FG Hess EFG 72, 540, rkr, mE unzutr); nicht aber **behinderungsbedingte Umbaumaßnahmen** (vgl BFH VI R 7/09 BStBl II 10, 280). – Ferner sind Kosten für eine **Haushaltshilfe** gem § 33a III 1 und Aufwendungen für die **Heimunterbringung** gem § 33a III 2 neben den Pauschbeträgen des § 33b abzugsfähig.

10 **(2) Wahlrecht.** Der StPfl kann auf die Anwendung des § 33b verzichten und Aufwendungen im Rahmen des § 33 einzeln nachweisen oder glaubhaft machen (BFH III R 16/89 BStBl II 95, 408). Sinnvoll ist dies, wenn die Aufwendungen die Pauschalen des § 33b III übersteigen oder die Voraussetzungen des § 33b II nicht erfüllt sind; die zumutbare Belastung nach § 33 III ist insoweit zu berücksichtigen. Das Wahlrecht gilt auch für den erhöhten Pauschbetrag wegen Hilflosigkeit oder Blindheit nach § 33b III 3 (BFH VI R 106/78 BStBl II 81, 130).

11 **bb) Einheitl Ausübung, § 33b I 2.** Verzichtet der StPfl auf die Pauschalierung, so gilt dies bezogen auf den jeweiligen VZ für alle mit dem Pauschbetrag abgegoltenen Aufwendungen (vgl BFH VI B 20/11 BFH/NV 11, 1863). Ein **Teilverzicht** ist **nicht möglich.** Der StPfl kann also nicht zB Pflegekosten iRd § 33 geltend machen und hinsichtl des erhöhten Wäschebedarfs den Pauschbetrag beanspruchen (vgl auch BR-Drs 544/07, 71). Allerdings kann das Wahlrecht in jedem VZ erneut ausgeübt werden.

b) Anspruchsberechtigung, § 33b II. Die Pauschalierung knüpft sowohl dem Grunde (Rz 14 ff) als auch der Höhe nach (Rz 18 ff) an den **Grad der Behinderung** des StPfl an und unterscheidet zw Schwer- und Minderbehinderten; dies ist verfrechtl zulässig (s BFH III R 21/00 BFH/NV 01, 435). Zu nachträgl Änderungen s Rz 20; zur Berücksichtigung **Hilfloser/Blinder** s Rz 19. 12

aa) Behinderung. Behindert ist ein Mensch, wenn seine körperl Funktion, geistige Fähigkeit oder seelische Gesundheit mit hoher Wahrscheinlichkeit länger als sechs Monate von dem für das Lebensalter typischen Zustand abweicht und daher seine Teilhabe am Leben in der Gesellschaft beeinträchtig ist (§ 2 I SGB IX). Erfasst werden körperl und geistige Behinderungen, angeborene und später zugezogene, ferner Suchtkrankheiten wie Drogenabhängigkeit und Alkoholismus (s auch § 32 Rz 39). 13

bb) Grad der Behinderung. Maßgebl ist der festgestellte Grad der Behinderung; die Feststellung richtet sich nach § 69 SGB IX (zum Nachweis s Rz 41 f). Treffen bei einem StPfl mehrere Arten von Behinderung zusammen, ist gleichwohl nur ein Pauschbetrag zu gewähren, der sich nach dem *höchsten* Grad der Behinderung richtet. 14

(1) Schwerbehinderte. StPfl mit einer dauernden Behinderung von mindestens 50 vH, haben gem § 33b II Nr 1 allein wegen des Grades ihrer Behinderung Anspruch auf den Pauschbetrag. 15

(2) Minderbehinderte *mit* Rentenansprüchen. StPfl mit einer dauernden Behinderung von weniger als 50 vH, aber mehr als 25 vH werden gem § 33b II Nr 2 Buchst a berücksichtigt, wenn ihnen *wegen der Behinderung* (Kausalzusammenhang) nach gesetzl Vorschriften Renten oder andere Bezüge zustehen. Erfasst werden davon nur StPfl, denen die öffentl Hand gesetzl Leistungen aus der Beschädigtenversorgung zahlt (nach BVG oder entspr Vorschriften, s iEinz BFH III R 21/00 BFH/NV 01, 435, mwN). 16

Entspr Vorschriften sind: §§ 80 ff SVG, §§ 537 ff, 570 ff RVO bzw (nunmehr) §§ 56 ff SGB VII, § 35 BeamtVG. – **Nicht erfasst werden:** Ruhebezüge eines minderbehinderten, wegen Dienstunfähigkeit in den Ruhestand versetzten Beamten (BFH III R 21/00 BFH/NV 01, 435); Bezüge aus einer Erwerbsunfähigkeitsrente (FG Nds EFG 05, 1774).

(3) Minderbehinderte *ohne* Rentenansprüche. Andere StPfl werden gem § 33b II Nr 2 Buchst b berücksichtigt, wenn bei ihnen *Folge* der Behinderung eine dauernde Einbuße der körperl Beweglichkeit (mehr als 6 Monate, s Rz 13) oder *Ursache* der Behinderung eine typische Berufskrankheit ist. Was eine typische Berufskrankheit ist, folgt aus § 9 SGB VII; zum Kausalzusammenhang zw Erkrankung und Behinderung s BFH VI 150/64 U BStBl III 65, 358. 17

c) Anspruchshöhe, § 33b III. – aa) Staffelung. Die Pauschbeträge sind nach dem dauernden Grad der Behinderung des StPfl gestaffelt (§ 33b III 1 und 2); die Staffelung ist verfkonform (BFH VI R 158/90 BFH/NV 98, 441). **Dauernd** ist ein Grad der Behinderung, wenn er für mehr als sechs Monate bestanden hat (s Rz 13). Stirbt der StPfl vor Ablauf dieser Zeitspanne, kann ggf von der „erwarteten" Dauer ausgegangen werden (s FG Hbg EFG 02, 280, rkr). – Es handelt sich um **Jahresbeträge,** die (anders als nach § 33a III) auch dann vollständig beansprucht werden können, wenn die Voraussetzungen nicht während des ganzen Kj vorgelegen haben (keine zeitanteilige Kürzung, s BFH VI R 107/76 BStBl II 79, 260). Ändert sich der Grad der Behinderung im Laufe des Kj, richtet sich der Pauschbetrag nach dem im Kj festgestellten höchsten Grad. 18

Die Staffelung ist nicht mit dem Sozialrecht abgestimmt: Da nach § 69 I 4 und 6 SGB IX Feststellungen nur in Zehnergraden und erst ab einem Behinderungsgrad von 20 vH getroffen werden (s auch § 56 SGB VII und § 31 BVG), kann der Pauschbetrag von 310 € erst bei einer Behinderung von 30 vH eingreifen.

bb) Hilfslose; Blinde. Einen **erhöhten Pauschbetrag** iHv 3700 € erhalten Hilflose und Blinde gem § 33b III 3. Wer hilflos ist, bestimmt sich nach § 33b VI 3 19 und 4 (Rz 34). Blind iSd § 33b III 3 ist ein StPfl nicht nur dann, wenn er überhaupt nichts mehr sieht, sondern bei einer Sehschärfe von $^{1}/_{50}$ oder weniger (§ 72 V SGB XII). Gehörlose können den erhöhten Pauschbetrag nicht beanspruchen (FG Bln EFG 87, 248, rkr).

20 **cc) Änderung; nachträgl Festsetzung.** Wird der dauernde Grad der Behinderung nach Bestandskraft des EStBescheids erstmals mit Wirkung für die Vergangenheit festgesetzt oder mit Wirkung für die Vergangenheit geändert, ist der EStBescheid gem § 175 I 1 Nr 1 AO zu ändern. Denn der Bescheid, der den Grad der Behinderung festsetzt, ist Grundlagenbescheid iSd § 171 X AO (BFH III R 35/87 BStBl II 91, 717); § 175 II 2 AO ist nicht anwendbar (s auch *Loose* in T/K § 175 AO Rz 48). Die Änderung ist unabhängig davon vorzunehmen, ob der StPfl für das Jahr des bestandskräftigen EStBescheids bereits einen Antrag nach § 33b gestellt hatte; ebenso ist unerhebl, ob der Grundlagenbescheid bei der StFestsetzung bereits vorlag.

22 **2. Hinterbliebenen-Pauschbetrag, § 33b IV.** Begünstigt sind nur Hinterbliebene, denen auf Grund der in § 33 IV genannten Gesetze (s auch EStH 33b) Hinterbliebenenbezüge gewährt werden. Die Bezüge sind dem Grunde nach durch amtl Unterlagen (zB Rentenbescheid) nachzuweisen (§ 65 III EStDV). Der Pauschbetrag ist personenbezogen, so dass er ggf beiden Ehegatten/LPart zu gewähren ist, wenn beide die Voraussetzungen des § 33 IV erfüllen.

24 **3. Übertragung der Pauschbeträge, § 33b V. – a) Pauschbetrag des Kindes, § 33b V 1.** Eine Übertragung der Pauschbeträge nach § 33b I–IV kommt in Betracht, wenn diese einem Kind zustehen und das Kind sie nicht selbst in Anspruch nimmt. Das Kind muss seinerseits *alle* Voraussetzungen für die Inanspruchnahme des jeweiligen Pauschbetrags erfüllen und insb selbst unbeschr stpfl bzw als unbeschr stpfl zu behandeln sein (s Rz 6; vgl BFH III R 15/04 BStBl II 05, 828 – zur mögl Kollision mit Europarecht s *KSM* Anm D 9).

25 **aa) Übertragungsempfänger.** Empfänger kann nur ein StPfl sein, der seinerseits unbeschr stpfl ist (gem § 1 I bis III, s Rz 6) und dem für das betr Kind ein Anspruch auf einen Freibetrag nach § 32 VI oder KiGeld zusteht. Demnach muss es sich nicht notwendig um die leibl Eltern oder Adoptiveltern des Kindes handeln; auch auf Groß- oder Stiefeltern(teile) können die Pauschbeträge übertragen werden (vgl § 32 VI 10, § 32 Rz 95 f; zur Folge der Übertragung – nur – des Kinderfreibetrags auf den anderen Elternteil s § 32 Rz 101).

26 **bb) Antragsrecht.** Die Übertragung erfolgt auf Antrag. Dabei kann es sich nur um den Antrag des StPfl handeln; denn die Interessen des Kindes werden ausreichend dadurch geschützt, dass eine Übertragung tatbestandl nur zulässig ist, wenn das Kind die Pauschbeträge (tatsächl) selbst nicht geltend macht. Ob das Kind einer Übertragung (ausdrückl/konkludent) zustimmt bzw nicht widerspricht, muss daher mE nicht zusätzl geprüft werden (aA *KSM* § 33b Anm D 3; *K/Mellinghoff* § 33b Rz 11; *Blümich* § 33b Rz 86; diff *HHR* § 33b Rz 90).

27 **cc) Rechtsfolge.** Der Pauschbetrag kann **nur vollständig,** nicht teilweise vom Kind auf eine andere Person übertragen werden. Er kann auch nicht von den Eltern auf ein Kind übertragen werden (FG Mster EFG 90, 111, rkr; ähnl auch BFH III B 43/87 HFR 89, 429, allerdings zu § 33b V aF). Die Regelung gilt zudem ausdrückl nur für den Behinderten- und den Hinterbliebenen-Pauschbetrag. Auf andere Pauschbeträge bzw auf vergleichbare Fälle der Übernahme pauschal berücksichtigter Aufwendungen durch Dritte kann sie **nicht entspr angewendet** werden (BFH III R 15/04 BStBl II 05, 828).

28 **b) Konkurrenz mehrerer Elternteile, § 33b V 2–4.** Eine Konkurrenzsituation kann überhaupt nur dann entstehen, wenn die Eltern nicht zusammenveranlagt werden, da sie andernfalls als *ein* StPfl behandelt werden (§ 26b). Betroffen sind somit grds Eltern, die nach § 26a (oder § 26c aF) veranlagt werden, sowie

Eltern, die die Voraussetzungen des § 26 nicht erfüllen, weil sie getrennt leben, unverheiratet oder geschieden sind. Des Weiteren müssen beide Eltern einen Antrag auf Übertragung gestellt haben; denn grds kann jeder Elternteil (unabhängig vom anderen) anstelle des anteiligen Pauschbetrags den Abzug der ihm tatsächl entstandenen Aufwendungen nach § 33 wählen.

aa) Aufteilung. Grundregel ist die **hälftige Aufteilung** des Pauschbetrags auf beide Elternteile (§ 33b V 2). Das setzt allerdings voraus, dass der Kinderfreibetrag nicht auf den anderen Elternteil übertragen worden ist (so ausdrückl die Neufassung durch das StVereinfG 2011; s auch BT-Drs 17/6146, 19; *BMF* BStBl I 13, 845). – Seit VZ 2000 können die Eltern gem § 33b V 3 gemeinsam eine **anderweitige Aufteilung** beantragen (verfahrensrechtl s AEAO Vor §§ 172 bis 177, Nr 8; FG Saarl EFG 03, 1449, rkr). Bei getrennter Veranlagung (§ 26a aF) ist allerdings der Pauschbetrag auch dann, wenn er auf Antrag der Eltern vollständig einem von ihnen übertragen wurde, bei beiden Elternteilen je zur Hälfte abzuziehen; § 26a II geht als spezielle Zuordnungsregel dem § 33b V 2 vor (so BFH III R 1/11 BStBl II 12, 861; aA 31. Aufl: redaktionelles Versehen). Ob dies anders zu entscheiden wäre, wenn der getrennt lebende Ehegatte/LPart nicht der Elternteil des behinderten Kindes ist (vgl FG Nds DStRE 09, 1303, rkr), hat der BFH offen gelassen. – Ab **VZ 2013** werden agB gem § 26a II nF bei dem Elternteil berücksichtigt, der sie wirtschaftl getragen hat; auf übereinstimmenden Antrag ist eine hälftige Aufteilung mögl (§ 26a Rz 9). 29

bb) Rechtsfolge. Auch bei abw Aufteilung nach § 33b V 3 besteht **keine Möglichkeit,** die Aufwendungen **nach § 33** geltend zu machen (§ 33b V 4). – Im LStErmäßigungsverfahren (§ 39a I Nr 4) und bei Festsetzung der EStVorauszahlungen ist eine andere Aufteilung der Pauschbeträge zu berücksichtigen. Zur Veranlagung bei Bezug von Einkünfte aus nichtselbständiger Arbeit s § 46 Rz 21. 30

c) Verhältnis zu anderen Vorschriften. Aufwendungen des StPfl für das behinderte Kind, die nicht durch den Pauschbetrag abgegolten sind (Rz 8 f), können gem §§ 33, 33a und 35a *neben* dem übertragenen Pauschbetrag geltend gemacht werden (BFH VI R 61/08 BStBl II 10, 621, Heimunterbringung; BFH VI R 158/72 BStBl II 75, 825, Kraftfahrzeugkosten; FG SchlHol EFG 81, 132, rkr, Freibetrag für auswärtige Unterbringung zur Berufsausbildung gem § 33a II 1; s auch EStR 33b II). Wird der erhöhte Pauschbetrag für ein **hilfloses Kind** auf den StPfl übertragen, kann er daneben nicht mehr die Kosten für die Unterbringung in einer Heil- und Pflegeanstalt nach § 33 geltend machen (BFH VI R 291/67 BStBl II 68, 647). 31

4. Pflege-Pauschbetrag, § 33b VI. Der Pflege-Pauschbetrag soll die Versorgung Pflegebedürftiger in ihrer gewohnten Umgebung fördern. Zu diesem Zweck unterstellt das Gesetz Aufwendungen der Pflegeperson, die nicht nach § 33 iEinz nachgewiesen oder glaubhaft gemacht werden müssen (Wahlrecht), sondern ohne Aufzeichnungen und Belege (pauschal) geltend gemacht werden können (BFH III R 102/96 BStBl II 1998, 20). – Der Pauschbetrag von 924 € ist ein **Jahresbetrag** (s Rz 18; aA FG BaWü EFG 98, 1334, rkr). 33

a) Pflegebedürftigkeit. Pflegebedürftig ist gem § 33b VI 1, wer nicht nur vorübergehend (mehr als 6 Monate, Rz 13) hilflos ist. **„Hilflosigkeit"** wird in § 33b VI 3 und 4 definiert; Behinderung wird nicht vorausgesetzt. Gem § 33b VI 4 genügt auch die Notwendigkeit der Überwachung, der Anleitung oder der ständigen Bereitschaft zur Hilfeleistung. Einstufung in Pflegestufe III als schwerstpflegebedürftig nach § 15 I 1 Nr 3 SGB XI steht der Hilflosigkeit gleich (Rz 43). – Zu den **regelmäßig wiederkehrenden Verrichtungen** des tägl Lebens, für die fremde Hilfe erforderl sein muss, gehören Aufstehen und Zubettgehen, An- und Ausziehen, Körperpflege, Essen und Trinken (einschließl Zubereitung), Verrichten der Notdurft sowie psychische Erholung, geistige Anregung und Kommunikation. 34

Vgl BSG B 9 SB 1/02 R BFH/NV 2004, Beilage 2, 189: Betreuungsaufwand von mindestens **2 Stunden tägl** für mindestens **drei alltägl Verrichtungen** (krit *Kube* NZS 04, 458; s auch *KSM* Anm E 16 ff); nicht dazu gehören sonstige hauswirtschaftl Arbeiten (vgl *K/Mellinghoff* Rz 22). Informativ: LSG BBg, L 11 SB 150/08 juris. – Ein **Kleinkind** ist nur dann hilflos iSd § 33b III, wenn eine *besondere* „Wartungs- und Pflegebedürftigkeit" vorliegt, die die bei Kindern derselben Altersstufe regelmäßig bestehende Hilflosigkeit dauernd wesentl übersteigt; dies muss nachgewiesen werden (BFH VI R 107/76 BStBl II 79, 260).

35 **b) Zwangsläufigkeit.** Wegen der Einordnung des Aufwands als agB und der Bezugnahme auf § 33 in § 33b VI 1 verlangt die Rspr, dass es sich um zwangsläufige Aufwendungen handeln muss (BFH III R 4/95 BStBl II 97, 199; zutr die Kritik von *KSM* Anm E 7 f). Wegen der Zielsetzung der Pauschalierung (Rz 33) sollen hieran jedoch keine allzu hohen Anforderungen gestellt werden (s auch BFH III B 85/04 BFH/NV 05, 1048). Zwangsläufigkeit ist bei Angehörigen in Form sittl Verpflichtung stets gegeben, wird aber auch indiziert, wenn Aufwendungen und Pflege durch Dritte geleistet werden, die zu dem Pflegebedürftigen (nur) in einer engen persönl Beziehung stehen, zB bei Nachbarschaftshilfe (zu eng: BFH III R 4/95 BStBl II 97, 199).

36 **c) Keine Einnahmen.** Nach § 33b VI 1 letzter HS darf der StPfl für die Pflege keine Einnahmen (§ 8) erhalten. Schädl sind grds Einnahmen jedweder Art, ohne dass es darauf ankommt, in welcher Höhe sie dem StPfl zufließen und ob es sich um (ggf stfreie, § 3 Nr 36) Pflegevergütung oder um Aufwendungsersatz handelt (BFH III R 42/00 BStBl II 02, 417; s auch *BMF* BStBl I 14, 75 Rz 43, Beispiel 6); Ausnahme: Beiträge zu RV, KV und PflV des StPfl, die die Pflegekasse übernimmt (EStR 33b VII). Eine Weiterleitung des Pflegegeldes an die Pflegeperson ist jedoch unschädl, wenn diese die Mittel ledigl treuhänderisch verwaltet und deren tatsächl Verwendung für den Pflegebedürftigen nachweist (BFH aaO; BFH III R 98/06 BFH/NV 09, 131). Wird das **Pflegegeld** iSd § 3 Nr 36 an **Eltern eines behinderten Kindes** gezahlt, handelt es sich gem § 33b VI 2 idF des StÄndG 03 (BGBl I, 2645) von vornherein nicht um schädl Einnahmen.

Die Regelung soll Eltern behinderter Kinder den Nachweis der treuhänderischen Verwendung des Pflegegelds ersparen (BT-Drs 15/1945, 9). Andere Pflegepersonen können eine treuhänderische Verwendung des Pflegegelds vereinfacht nachweisen (OFD Ddorf DB 04, 958; s auch EStH 33b).

37 **d) Persönl Pflege; Dauer; Ort, § 33b VI 5.** Die Pflege muss **durch den StPfl persönl** erfolgen, der sich jedoch der Mithilfe einer anderen Person bedienen darf (zB ambulante Pflegekraft); auch ist es unschädl, wenn der Pflegebedürftige zusätzl eine angestellte Hilfe hat (zu § 35a s Rz 4). – Eine **Mindestpflegedauer** bestimmt das Gesetz nicht. Aus dem Erfordernis der Pflege eines ständig auf fremde Hilfe angewiesenen Pflegebedürftigen folgt aber, dass die Pflegeperson insoweit planmäßig den Ersatz einer Dritthilfe (nicht Kosten) in nicht nur untergeordnetem Umfang bewirken soll. Ob es für den gesamten VZ dazu kommt, ist nicht entscheidend. Als nicht ledigl untergeordnet **(mehr als 10 vH)** ist zB die Pflege eines Kindes an den Wochenenden durch die Eltern anzusehen, auch wenn sich das Kind während der Woche in einem Heim befindet (FG Mchn EFG 95, 722, rkr; *Kanzler* FR 92, 669/74; aA *Blümich* § 33b Rz 126). – Die Pflege muss bislang **im Inland** (§ 1 Rz 31) erfolgen (BT-Drs 11/21257, 152: Missbrauchsabwehr). Mit dem **AhRLUmsG** ist der sachl Anwendungsbereich der Vorschrift auf Pflegeleistungen im gesamten **EU-/EWR-Ausland** ausgeweitet werden (s BT-Drs 17/10000, S 68 zu JStG 2013: EU-Rechtstauglichkeit, Anerkennung einer im Ausl festgestellten Schwerbehinderung durch inl deutsche Behörden). – Die Pflege muss entweder in der **Wohnung** des Pflegebedürftigen oder in der Wohnung der Pflegeperson erfolgen. Der Wohnungsbegriff ist dem Gesetzeszweck entspr weit aufzufassen (s *Kanzler* FR 92, 669) iSe Bleibe, eines Zimmers in einer anderen Wohnung, auch einer „Wohnung" im Altenheim (s auch *KSM* Anm E 5 f); es soll ledigl

sichergestellt werden, dass die persönl (häusl) Pflege begünstigt wird, nicht der Krankenbesuch (enger: *Blümich* Rz 122).

e) Mehrere Pflegepersonen, § 33b VI 6. Bei Pflege durch mehrere Personen (gleichzeitig oder nacheinander) ist der Pauschbetrag **nach Köpfen aufzuteilen** (BFH III R 34/07 BFH/NV 08, 1827). Das gilt unabhängig davon, ob sich der (anteilige) Pauschbetrag bei den einzelnen Personen estl auswirkt (BFH III VI R 102/96 BStBl II 98, 20) bzw ob diese den Pauschbetrag geltend machen (BFH III R 34/07 BFH/NV 08, 1827). Weitergeleitetes Pflegegeld oder sonstige **Einnahmen** sind auch in diesem Fall schädl (Rz 36). Erhält jedoch nur *ein* StPfl schädl Einnahmen, steht der Pauschbetrag in voller Höhe der anderen Pflegeperson zu (vgl BFH III R 98/06 BFH/NV 09, 131: nur diese erfüllt die Voraussetzungen der Sätze 1 bis 5); die Beweislast trifft den StPfl (BFH III B 89/07 BFH/NV 08, 1328). Pflegt eine Person **mehrere Pflegebedürftige** persönl, so steht ihr der Pauschbetrag mehrfach zu. 38

f) Konkurrenz. Der Pauschbetrag soll Aufwendungen abgelten, die der Pflegeperson *infolge der Pflegetätigkeit* erwachsen; weitere Aufwendungen, die *nicht* infolge der Pflegetätigkeit erwachsen sind, können nach §§ 33 I, 33a neben § 33b VI abgezogen werden (zB Kosten der Unterbringung in einer Tagesstätte während der Arbeits-/Urlaubszeit der Pflegeperson; s auch BFH VI R 7/09 BStBl II 10, 280; BFH VI R 16/10 BStBl II 11, 1012). – Bei Nachweis der von § 33b VI erfassten Aufwendungen kann anstelle des Pauschbetrags der Abzug nach § 33 I gewählt werden. Dabei gelten die regulären (im Verhältnis zu Rz 35 strengeren) Anforderungen an den Nachweis der Zwangsläufigkeit gem § 33 II (FG Brem EFG 05, 365, rkr). – Der Pauschbetrag nach § 33b V kann neben einem gem § 33b VI übertragenen Pauschbetrag abgezogen werden (FG Nbg EFG 94, 333, rkr; EStR 33b VI); denn die Übertragung nach § 33b V hängt nicht davon ab, wer die Aufwendungen trägt. Der Abzug nach § 33b VI ist auch dann mögl, wenn ein **Ehegatte/LPart** den anderen pflegt und dieser den Behinderten-Pauschbetrag nach § 33b III in Anspruch nimmt; bei getrennter Veranlagung greift § 26a II (aF) insoweit nicht ein (glA *Kanzler* FR 92, 669/75). – Die dem Pflegebedürftigen zustehenden Beträge (§§ 33 I, 33a III, 33b) werden nicht beeinträchtigt (aA zu § 33a III 2: *Kanzler* FR 92, 669). Zum Verhältnis § 33b VI/§ 33 s BFH III R 265/94 BStBl II 97, 558; *OFD Ffm* DB 00, 2298. 39

5. Nachweis, § 33b VII. – a) Zwingende Vorgaben (§ 65 EStDV). 41
Rechtsgrundlage: § 33b VII, § 65 EStDV (zur Reichweite s BFH VI B 143/14 BFH/NV 15, 975); s ferner EStH 33b und AusweisVO bzw SchwbAwVO. Der Nachweis der Behinderung kann grds nur nach den Vorgaben des § 65 EStDV erbracht werden (vgl BFH III R 9/02 BStBl II 03, 476). Der StPfl muss sich den Nachweis selbst beschaffen, das FA muss ihn ggf unterstützen (FG Hbg EFG 82, 412, rkr). Zum Nachweis nach dem Tode des Behinderten s § 65 IV EStDV, FG Hbg EFG 02, 280, rkr. – Gem § 65 III EStDV hat der StPfl die Nachweise dem FA mit der Steuererklärung oder dem LStErmäßigungsantrag vorzulegen. Die zuständigen Behörden haben auf Verlangen des StPfl die für steuerl Zwecke erforderl Bescheinigungen auszustellen (vgl BSG B 9 SB 1/11 R BeckRS 2012, 68057: ggf auch rückwirkend). Eine **gutachterl Stellungnahme** ist ausreichend, wenn durch das förml Nachweisverfahren das Wohl des Kindes gefährdet würde (vgl auch § 32 Rz 39). – Mit dem StVerfModG soll § 65 III EStDV geändert und ein neuer IIIa eingefügt werden; die Erbringung von Nachweisen soll **erleichtert** und zudem eine **elektronische Übermittlung** durch die zuständigen Behörden geregelt werden (s BR-Drs 631, 15, S. 42 f und 131 f: Ermöglichung einer maschinellen Bearbeitung).

Ein in einem **EU/EWR-Staat** ansässiges Kind (Rz 1) bzw sein Erziehungsberechtigter kann sich an das zuständige Auslandsversorgungsamt wenden und nach Vorlage von Befunden einen Feststellungsbescheid über den Grad der Behinderung erlangen (*BMF* BStBl I 97, 1016;

EStH 33b). Zur Bedeutung der **„Anhaltspunkte für ärztl Gutachtertätigkeit"** als antizipiertes Sachverständigengutachten und ab 2009 den **„Versorgungstechnischen Grundsätzen"** s *KSM* Anm A 57.

42 **b) Bindungswirkung.** An den Inhalt der Bescheinigungen der zuständigen Behörden sind FA und FG gebunden, auch hinsichtl des Zeitpunktes des Eintritts der Erwerbsunfähigkeit (FG RhPf EFG 87, 407, rkr; aA FG Bln EFG 84, 359: freie Beweiswürdigung). Der durch bestandskräftige Neufeststellung herabgesetzte Grad der Behinderung auf den Neufeststellungszeitpunkt ist für die Besteuerung bindend, auch wenn der Schwerbehindertenausweis bis zur Bestandskraft fortgilt (s BFH III R 167/86 BStBl II 90, 60). Zur Ausschließlichkeit der Bindungswirkung und Grundlagenbescheidsfunktion s BFH III R 244/83 BStBl II 88, 436.

43 **c) Nachweismöglichkeiten.** – ***(1)*** **Schwerbehinderte.** Ausweis nach § 69 V iVm § 2 II SGB IX oder durch einen Bescheid der für die Durchführung des BVG zuständigen Behörde. § 65 I Nr 1 EStDV stellt dies (mE wegen BFH III R 167/86 BStBl II 90, 60) klar. – ***(2)*** **Minderbehinderte iSd § 33b II Nr 2 Buchst a.** Rentenbescheid oder entspr Bescheid des Versorgungsamtes bzw eines Trägers der gesetzl Unfallversicherung (§ 65 I Nr 2 Buchst b EStDV). Der auf Berufsunfähigkeit gestützte Rentenbescheid eines Trägers der gesetzl RV der Arbeiter und Angestellten genügt nicht (BFH VI R 199/67 BStBl II 68, 606; FG Nds EFG 05, 1774, rkr), ebenso wenig das Ruhegehalt eines vorzeitig wegen Dienstunfähigkeit in den Ruhestand versetzten behinderten Beamten (s BFH III R 21/00 BFH/NV 01, 435, auch allg zu Rentenbescheiden). – ***(3)*** **Minderbehinderte iSd § 33b II Nr 2 Buchst b.** Bescheinigung des Versorgungsamtes, § 69 I SGB IX (§ 65 I Nr 2 Buchst a EStDV). Da das Merkmal der äußerl Erkennbarkeit der dauernden Einbuße der körperl Beweglichkeit ab VZ 1995 weggefallen ist (Rz 3), muss die Bescheinigung sich insoweit nur zur dauernden Einbuße der körperl Beweglichkeit oder Ursächlichkeit einer Berufskrankheit äußern (§ 65 I Nr 2 Buchst a EStDV iVm § 69 IV SGB IX). Dabei genügt es, wenn die Behinderung, die zur Einbuße der körperl Beweglichkeit führt, nur zusammen mit einer anderen Behinderung die 25 vH erreicht (ähnl *OFD Ffm* DB 96, 1445). – ***(4)*** **Hilflose.** Die dafür erforderl Nachweise bestimmen sich nach § 65 I, II EStDV: Ausweis nach § 69 V SGB IX (Merkmal „H") oder Bescheid der für die Durchführung des BVG zuständigen Behörde (BFH III B 109/00 BFH/NV 01, 1116). Dem Kennzeichen „H" steht die Einstufung als Schwerstpflegebedürftiger in Pflegestufe III nach dem SGB XI, dem SGB XII oder diesen entspr gesetzl Bestimmungen gleich (BFH III R 9/02 BStBl II 03, 476); dies ist durch Vorlage des entspr Bescheides nachzuweisen (§ 65 II 2 EStDV). – ***(5)*** **Blinde.** Durch einen Ausweis nach § 69 V SGB IX (Merkmal „Bl") oder einen Bescheid der für die Durchführung des BVG zuständigen Behörde (§ 65 I Nr 1, II EStDV).

§ 34 Außerordentliche Einkünfte

(1) [1] **Sind in dem zu versteuernden Einkommen außerordentliche Einkünfte enthalten, so ist die auf alle im Veranlagungszeitraum bezogenen außerordentlichen Einkünfte entfallende Einkommensteuer nach den Sätzen 2 bis 4 zu berechnen.** [2] **Die für die außerordentlichen Einkünfte anzusetzende Einkommensteuer beträgt das Fünffache des Unterschiedsbetrags zwischen der Einkommensteuer für das um diese Einkünfte verminderte zu versteuernde Einkommen (verbleibendes zu versteuerndes Einkommen) und der Einkommensteuer für das verbleibende zu versteuernde Einkommen zuzüglich eines Fünftels dieser Einkünfte.** [3] **Ist das verbleibende zu versteuernde Einkommen negativ und das zu versteuernde Einkommen positiv, so beträgt die Einkommensteuer das Fünffache der auf ein Fünftel des zu versteuernden Einkommens entfallenden Einkommensteuer.** [4] **Die Sätze 1 bis 3 gelten nicht für**

außerordentliche Einkünfte im Sinne des Absatzes 2 Nummer 1, wenn der Steuerpflichtige auf diese Einkünfte ganz oder teilweise § 6b oder § 6c anwendet.

(2) **Als außerordentliche Einkünfte kommen nur in Betracht:**

1. **Veräußerungsgewinne im Sinne der §§ 14, 14a Absatz 1, der §§ 16 und 18 Absatz 3 mit Ausnahme des steuerpflichtigen Teils der Veräußerungsgewinne, die nach § 3 Nummer 40 Buchstabe b in Verbindung mit § 3c Absatz 2 teilweise steuerbefreit sind;**
2. **Entschädigungen im Sinne des § 24 Nummer 1;**
3. **Nutzungsvergütungen und Zinsen im Sinne des § 24 Nummer 3, soweit sie für einen Zeitraum von mehr als drei Jahren nachgezahlt werden;**
4. **Vergütungen für mehrjährige Tätigkeiten; mehrjährig ist eine Tätigkeit, soweit sie sich über mindestens zwei Veranlagungszeiträume erstreckt und einen Zeitraum von mehr als zwölf Monaten umfasst.**
5. *(aufgehoben)*

(3) [1] **Sind in dem zu versteuernden Einkommen außerordentliche Einkünfte im Sinne des Absatzes 2 Nummer 1 enthalten, so kann auf Antrag abweichend von Absatz 1 die auf den Teil dieser außerordentlichen Einkünfte, der den Betrag von insgesamt 5 Millionen Euro nicht übersteigt, entfallende Einkommensteuer nach einem ermäßigten Steuersatz bemessen werden, wenn der Steuerpflichtige das 55. Lebensjahr vollendet hat oder wenn er im sozialversicherungsrechtlichen Sinne dauernd berufsunfähig ist.** [2] **Der ermäßigte Steuersatz beträgt 56 Prozent des durchschnittlichen Steuersatzes, der sich ergäbe, wenn die tarifliche Einkommensteuer nach dem gesamten zu versteuernden Einkommen zuzüglich der dem Progressionsvorbehalt unterliegenden Einkünfte zu bemessen wäre, mindestens jedoch 14 Prozent.** [3] **Auf das um die in Satz 1 genannten Einkünfte verminderte zu versteuernde Einkommen (verbleibendes zu versteuerndes Einkommen) sind vorbehaltlich des Absatzes 1 die allgemeinen Tarifvorschriften anzuwenden.** [4] **Die Ermäßigung nach den Sätzen 1 bis 3 kann der Steuerpflichtige nur einmal im Leben in Anspruch nehmen.** [5] **Erzielt der Steuerpflichtige in einem Veranlagungszeitraum mehr als einen Veräußerungs- oder Aufgabegewinn im Sinne des Satzes 1, kann er die Ermäßigung nach den Sätzen 1 bis 3 nur für einen Veräußerungs- oder Aufgabegewinn beantragen.** [6] **Absatz 1 Satz 4 ist entsprechend anzuwenden.**

Einkommensteuer-/Lohnsteuer-Richtlinien/Verwaltungsschreiben: EStR 34.1–34.5/EStH 34.1–34.5/LStH 34–*BMF* BStBl I 13, 1326

Übersicht Rz

Schrifttum: Bis 1999 18. Aufl, bis 2000 24. Aufl, bis 2007 29. Aufl; *Eggesiecker/Ellerbeck* Fünftelregelung und Progressionsvorbehalt, DStR 07, 1281; *Siegel* Zur Konstruktion eines verfmäßigen § 34 EStG, DStR 07, 978; *ders* Verfwidrige Wirkungen der §§ 34 und 32b EStG, FR 10, 445; *Hechtner/Siegel* Grenzsteuersätze im Tarifgeflecht der §§ 32a, 32b und 34 I EStG – Sinkende ESt bei steigenden Einnahmen mögl, DStR 10, 1593.

Verwaltung: *BMF* BStBl I 13, 1326.

I. Zweck; Rechtsentwicklung; Verfassungsfragen

1 **1. Zweck.** Zur Einkommensbesteuerung werden lfd und einmalige Einkünfte zusammengerechnet und grds einem einheitl Steuersatz unterworfen. Dies kann zu Härten führen, wenn lfd bezogene Einkünfte (zB aus nicht selbstständiger Arbeit) mit ao, nicht regelmäßig erzielbaren Einkünften (zB Veräußerungsgewinne; Einkünfte oder Vergütungen für mehrere Jahre, die in einer Summe zufließen) in einem VZ zusammentreffen (§ 34 II; Veräußerungsgewinne) und dadurch auch die lfd Einkünfte von der durch die ao Einkünfte ausgelösten Progressionswirkung erfasst und entspr höher besteuert werden, ohne dass eine nachhaltige Erhöhung der Leistungsfähigkeit eingetreten ist (BFH X R 9/12 BFH/NV 13, 1918). Hinzu kommt, dass die Veräußerungsgewinne, die bei der Veräußerung oder Aufgabe eines (gewerbl, luf, freiberufl) Betriebes entstehen, häufig auf der Aufdeckung stil-

ler Reserven beruhen, die während eines längeren Zeitraumes angesammelt worden sind (so insb der Geschäftswert). Es kann deshalb unbillig sein, einmalig auftretende ao Einkünfte einer erhöhten Steuerbelastung zu unterwerfen (vgl *Juchum* DB 00, 343). Um die **Progressionswirkung** zu mildern, gestattet § 34 die Besteuerung mit ermäßigtem Steuersatz. § 34 I, III sind daher **Tarifvorschriften,** die keine neue Einkunftsart schaffen, sondern voraussetzen, dass die ao Einkünfte unter eine der Einkunftsarten des § 2 I fallen.

2. Rechtsentwicklung. Zu den Änderungen ab VZ 1989, ab VZ 1990 und ab VZ 1999 die Hinweise in Rz 3, 4 der 27. Aufl; Stichworte: Veränderte Höchstgrenzen für die Versteuerung ao Einkünfte (BFH IX R 81/06 BStBl II 12, 658; grds kein Vertrauensschutz); allg Einführung der Fünftel-Regelung; Wegfall der Besteuerung der Veräußerungsgewinne mit einem ermäßigten Steuersatz für die VZ 1999 und 2000 (*FinVerw* DStR 11, 1667: uU Vertrauensschutz); Wiedereinführung ab VZ 2001; Einführung eines unwiderrufl Antrages und dessen Wegfall. Die Aufzählung vermittelt ein Bild der Orientierungslosigkeit des Gesetzgebers. Die *jetzige* Regelung gilt ab 2001 mit weiter unten erläuterten Änderungen. Durch StVerG 11 wurde § 34 II Nr 5 (Holznutzungen) aufgehoben und die entspr Tarifbegünstigung ausschließl und abschließend in § 34b nF geregelt (s dort). 2

3. Verfassungsfragen. Der Wegfall des „halben" Steuersatzes zu Gunsten der sog Fünftelregelung durch das StEntlG 1999/2000/2002 war verfwidrig, soweit die Entschädigung noch vor Verkündung des Gesetzes am 31.3.1999 zugeflossen war. Bei späterem Zufluss war das Vertrauen des StPfl dann nicht geschützt, wenn die Entschädigung nach Einbringung der Neuregelung in den BTag (9.11.98) vereinbart (ebenso zu Kanzleiverkauf FG Hbg DStRE 12, 1440) *oder* aber die Vereinbarung bereits in 1997 oder früher getroffen worden war. IÜ stellt es keinen Rechtsmissbrauch dar, wenn StPfl darum bemüht sind, die Vorteile geltenden Rechts mit Blick auf mögl Nachteile einer drohenden Gesetzesänderung noch schnell zu nutzen (ausführl BVerfG 2 BvL 1/03 ua DStR 10, 1736). Die Aussetzung der Besteuerungsmöglichkeit mit dem „halben" Steuersatz und deren Wiedereinführung ab VZ 2001 war hingegen nicht verfwidrig (BFH VIII R 109/03; IV R 37/08 BFH/NV 10, 1266; 11, 1120); Gleiches gilt für die Beschränkung auf Veräußerungsgewinne gem § 34 II Nr 1 (BFH IX B 83/12 BFH/NV 13, 31; BFH IX R 56/09 BStBl II 11, 409). Verfgemäß ist bei zutr Gesamtbetrachtung aller Einkünfte auch die Fünftelregelung selbst (BFH IX B 74/15 BFH/NV 16, 193; FG BaWü EFG 15. 415, rkr mwN; zweifelnd Zimmermann, aaO; aA *Bareis* FR 15, 577; *Siegel* DB 15, 1419). 3

II. Außerordentliche Einkünfte, § 34 II

1. Obj und subj Anwendungsbereich; Realisationszeitpunkt. a) Allgemeines. Die Tarifvergünstigung des § 34 kann nicht nur von unbeschr StPfl, sondern auch von **beschr StPfl** in Anspruch genommen werden (s zur Rechtsentwicklung – einschließl § 52 Abs 47 aF betr EG-/EWR-Staatsangehörige – § 50 Rz 19 sowie hier 30. Aufl). – Die ermäßigten StSätze stehen jedem StPfl (§ 26a Rz 3; § 26b Rz 2) bis zur Begünstigungsgrenze zu, also auch für jeden der beiden **Ehegatten bei Zusammenveranlagung,** da § 34 an die von dem jeweiligen StPfl erzielten und gesondert zu ermittelnden Einkünfte anknüpft. – Auch den **Erben** steht die Vergünstigung des § 34 zu, wenn bei ihnen zB der Veräußerungsgewinn anfällt, wobei den Erben die persönl Voraussetzungen des Erblassers zuzurechnen sind; dies gilt auch, wenn die Erben den Betrieb nicht fortführen, sondern ihn sofort abwickeln; denn dann erzielen die Erben den Veräußerungsgewinn aus einer ehemaligen Tätigkeit des Erblassers (*KSM* § 34 C 54, 55, mwN). – § 34 ist auf **kstpfl** Personen **nicht** anwendbar (BFH IV R 93/89 BStBl II 91, 455/7), auch wenn der Sache nach ein Betriebsveräußerungs- oder Betriebsaufgabegewinn vorliegt. 4

b) Einzelfragen. Die Steuersatzermäßigung gem § 34 III kann für Veräußerungsgewinne auf **Antrag** gewährt werden, die ab 1.1.2001 realisiert werden 5

(Rz 25); maßgebl ist der Zeitpunkt des Übergangs des **wirtschaftl Eigentums** auf den Erwerber; dafür ist das Zustandekommen des Verpflichtungsgeschäfts (zB Kaufvertrag) allein nicht maßgebend (vgl § 39 AO). Von jedem StPfl kann die Steuersatzermäßigung nach § 34 III 4 nur „einmal im Leben" in Anspruch genommen werden. Nach § 34 III 5 werden dabei mehrere in einem VZ erzielte Veräußerungsgewinne gesondert betrachtet, so dass § 34 III nur für einen von ihnen in Anspruch genommen werden kann (Rz 55). Steuerermäßigungen nach § 34 für VZ vor 2001 werden nicht angerechnet (§ 52 Abs 47 aF). Die **Tarifglättung** gem § 34 I kann in jedem VZ erneut in Anspruch genommen werden, in dem der StPfl ao Einkünfte iSd § 34 II erzielt hat.

6 **2. Bedeutung der Einkunftsart; Verluste.** Nur für die in § 34 II genannten Einkünfte können die Tarifermäßigungen gem § 34 I oder gem § 34 III (2001) angewendet werden; liegen keine solchen Einkünfte vor, ist die Anwendung eines ermäßigten Tarifs ausgeschlossen (BFH VII B 114/91 BFH/NV 93, 165/7). **Verluste** (zB Veräußerungsverluste; BFH I R 34/11 BStBl II 12, 405) unterliegen naturgemäß keiner begünstigten Besteuerung; sie sind aber iRd Verlustausgleichs zu berücksichtigen (s Rz 58). – § 34 gilt grds für sämtl Einkunftsarten (EStR 34.1. (1)); für Vergütungen aus mehrjähriger Tätigkeit (§ 34 II Nr 4) bei Gewinneinkünften s EStH 34.4. Allerdings kann § 34 nicht zur Anwendung kommen, sofern sich andernfalls eine **Doppelbegünstigung** ergäbe, zB wenn § 24 Nr 1 mit der Möglichkeit der Teilwertabschreibung zusammentrifft (vgl § 24 Rz 15 LuF).

10 **3. Abgrenzbarkeit ao/lfd Einkünfte derselben Einkunftsart.** Werden Einkünfte erzielt, die als ao Einkünfte „in Betracht kommen", sind sie mit den lfd (nicht ao) Einkünften zu ermitteln, sofern nicht, wie zB für Veräußerungsgewinne, ihre gesonderte Ermittlung gesetzl vorgeschrieben ist (vgl § 16 II). Die Begünstigung ao Einkünfte erfordert daher ihre Abgrenzung von lfd erzielten Einkünften derselben Einkunftsart, insb derselben „Einkunftsquelle". Insofern handelt es sich bei ao Einkünften um eine **besondere Art von Einkünften iRe Einkunftsart** (BFH IV R 23/93 BStBl II 95, 467/70). Die Abgrenzbarkeit ggü den aus lfd (übl) Vorgängen erzielten Einkünften ergibt sich daraus, dass die in § 34 II aufgezählten (mögl) Arten ao Einkünfte jeweils nur unter besonderen Voraussetzungen angenommen werden können (BFH X R 52/90 BStBl II 94, 838, Veräußerung; Beendigung des ArbVerh s § 24 Rz 7, Rz 27 Kündigung; vgl iÜ § 24 Rz 3–10).

12 **4. Außerordentlichkeit der begünstigten Einkünfte. – a) Grundsätze.** Nach § 34 II kommen als ao Einkünfte nur die in der Vorschrift genannten Veräußerungsgewinne (also nicht solche iSv § 17), Entschädigungen, Nutzungsvergütungen und Zinsen in Betracht; nicht begünstigungsfähig sind nachträgl Einkünfte gem § 24 Nr 2. Es ist daher im Einzelfall zu prüfen, ob die in § 34 II aufgeführten Einkünfte als ao zu qualifizieren sind (vgl BFH IV 223/58 S BStBl III 60, 72). Diese Prüfung bezieht sich allein darauf, ob die (Teil-)Einkünfte des § 34 II tatsächl in einem VZ zur ESt heranzuziehen sind, ob also – vereinfacht formuliert – ein zusammengeballter Zufluss vorliegt, der geeignet ist, eine infolge der Progressionswirkung des Tarifs prozentual höhere steuerl Belastung des gesamten Einkommens auszulösen (vgl BFH I R 180/73 BStBl II 75, 485; BFH XI R 63/89 BFH/NV 93, 23). Es kommt aber nicht darauf an, ob bei über mehrere Jahre verteilter Erzielung der fragl Einkünfte tatsächl eine niedrigere Steuerbelastung eingetreten wäre.

13 **b) Abgrenzungen.** Auch bei der **Einbringung** eines (Teil-)Betriebs oder eines MUeranteils in eine PersGes nach § 24 I UmwStG ist Voraussetzung für die ermäßigte Besteuerung des Einbringungsgewinns, dass alle stillen Reserven aufgedeckt worden sind (§ 24 III 2 UmwStG; BFH XI B 194/01 BFH/NV 03, 1420). Zutr verneint BFH I R 183/94 BStBl II 96, 342 die Anwendbarkeit des § 34 I aF für einen Veräußerungsgewinn iSd § 20 V 1 UmwStG 77 bei Zurückbehaltung von **SonderBV** im Rahmen einer **BetrAufsp.** Gleiches gilt, wenn zum **SonderBV**

gehörende Grundstücke anlässl der Veräußerung eines KG-Anteils vom Veräußernden unter **Fortführung der Buchwerte** in einen anderen ihm gehörenden Betrieb überführt werden (BFH VIII R 76/87 BStBl II 91, 635; ebenso BFH VIII R 39/92 BStBl II 96, 409 zur Zurückbehaltung von Grundstücken.

5. Zusammenballung von Einkünften. S *BMF* BStBl I 11, 1326. § 34 I be- 15
zweckt, erhöhte Steuerbelastungen infolge Zusammenballung *nur* (BFH I R 57/79 BStBl II 83, 312) der in § 34 II genannten Arten von Einkünften abzumildern (BFH XI R 46/97 BStBl II 98, 787), ohne dass es allerdings darauf ankommt, ob durch die zusammengeballte Erfassung von Einnahmen tatsächl ein höherer Steuersatz **(Progressionswirkung)** zur Anwendung kommen würde als bei verteilter Erfassung in mehreren VZ (BFH IX R 33/13 BFH/NV 14, 1358). Daher ist die Gewährung der Tarifermäßigung grds (s aber § 16 Rz 262) davon abhängig, ob die begünstigungsfähigen Einkünfte steuerl jeweils **in einem VZ** steuerl zu erfassen sind (sog **Zusammenballung;** Entlassungsentschädigung s BFH XI B 169/06 BFH/NV 07, 1648; Entschädigung zur Ablösung eines **Pacht-/Mietrechts** s BFH IX R 67/02 BFH/NV 05, 1044; Entschädigung für ein **Wettbewerbsverbot** s BFH XI R 43/94 BStBl II 96, 516; § 24 Rz 39; **Honorarnachzahlung:**FG Köln EFG 14, 1883, Rev VIII R 13/14; *FinVerw* DB 14, 2018; Verfahrensruhe; Genussrechtsabfindung: BFH IV R 47/12 BStBl II, 15, 647). Ausreichend ist, wenn die zunächst in Teilbeträgen zahlbare Entschädigung nachträgl, aber in dem VZ, in dem die ursprüngl Vereinbarung abgeschlossen wurde, vertragl zu einer einheitl Entschädigung zusammengefasst wird (BFH XI R 12/00 BStBl II 04, 449). Einer Zusammenballung steht nicht entgegen, wenn für die Folgejahre aufgrund eines eigenständigen Beratervertrages Zahlungen fließen; denn diese Gegenleistung für zu erbringende Beratungsleistungen gleicht nicht den Schaden aus der Aufhebung des Anstellungsvertrages aus (BFH IV R 94/06 DStRE 09, 1237).

a) Abgrenzungen. Bei der Frage, ob zusammengeballter **Zufluss in *einem*** 16
VZ vorliegt, ist allein auf die stpfl Einkünfte abzustellen; nichtsteuerbare Einkünfte bleiben außer Betracht (BFH XI R 44/91 BStBl II 93, 52). Liegt zwar ein Zufluss in einem Kj vor, tritt aber infolge Verteilung auf zwei VZ (§ 4a II Nr 1) die Progressionswirkung nicht (in vollem Umfang) ein, kann die Tarifermäßigung nicht in Anspruch genommen werden (BFH IV 210/61 BStBl II 68, 411). Wird in einem Jahr ein Entschädigungsbetrag gezahlt, der dazu bestimmt ist, entgangene Einnahmen ledigl eines Jahres abzugelten, so ist der ermäßigte Steuersatz nur anzuwenden, wenn die Entschädigung im Jahr ihrer steuerl Erfassung mit anderen erhebl lfd Einkünften des StPfl zusammentrifft (BFH XI R 71/94 BFH/NV 96, 204; FG SchlHol EFG 13, 688).

b) Entschädigungen. Wird eine Entschädigung iSd § 24 Nr 1a nach Beendi- 17
gung eines ArbVerh zum einen durch **Fortzahlung der lfd Bezüge** für eine bestimmte Zeit des Beendigungsjahres gewährt und zum anderen im Folgejahr eine Entschädigung für den Verlust des Arbeitsplatzes geleistet, kommt die Tarifermäßigung nicht zum Zuge (BFH XI R 19/00 BFH/NV 01, 431); ebenso bei monatlichen Renten und Einmalabfindung für nachvertragl Geheimhaltung (FG Kln EFG 13, 865, rkr). Gleiches soll gelten, wenn eine Einmalzahlung gem Aufhebungsvertrag gezahlt wird und in späteren Jahren Vorruhestandszahlungen folgen (FG Hbg EFG 09, 123). Auch Vorabentschädigungen auf einen künftigen Abfindungsanspruch sind nicht tarifbegünstigt (BFH I R 250/83 BStBl II 88, 936). Wird eine **Entlassungsentschädigung** für einen Teil des Jahres in diesem VZ geleistet und erzielt der StPfl im selben VZ aus einem neuen ArbVerh Einkünfte, so dass sich zusammen höhere Einkünfte als bei Fortsetzung des ursprüngl ArbVerh ergeben, liegt eine Zusammenballung von Einkünften vor (BFH XI R 13/97 BStBl II 97, 753); das ist aber nicht der Fall, wenn sich keine höheren Einkünfte als bei Fortsetzung des Vertragsverhältnisses ergeben (BFH XI R 46/97 BStBl II 98, 787; BFH IX R 33/13 BFH/NV 14, 1358); dabei kommt es idR nur auf die Lohnein-

künfte des betr Jahres und nicht des Vorjahres an (BFH IX R 85/07, BFH/NV 09, 558); insb, wenn die Einnahmesituation des Vorjahres durch besondere Verhältnisse geprägt war; FG können auch iRd tatrichterl Gesamtwürdigung die Verhältnisse mehrerer Vorjahre einbeziehen (BFH IX R 31/09 BStBl II 11, 28). Daher sind auch negative Einkünfte aus einem vom ArbN aufgenommenen GewBetr nicht in die Berechnung einzubeziehen (FG Thür EFG 10, 1789; s aber Beitrittsaufforderung BFH IX R 9/10 BFH/NV 11, 1320). S insgesamt mit Beispiel *BMF* BStBl I 13, 1326 Rz 9ff; FG Sachs EFG 13, 1992, rkr: Berücksichtigung von Arbeitslosengeld. Werden aus **sozialen** Gründen **Entschädigungszusatzleistungen** in späteren Jahren vom ArbG erbracht, verliert eine zuvor gezahlte Entlassungsentschädigung dadurch noch nicht ihren Charakter als Entschädigung iSd § 24 Nr 1a; diese Milderung der gesetzl Abgrenzung leitet der BFH zutr aus dem verfrechtl **Verhältnismäßigkeitsgrundsatz** ab (Überbrückung der Arbeitslosigkeit BFH XI R 43/99 BFH/NV 02, 717; späterer günstigerer Sozialplan BFH XI R 33/02 BStBl II 04, 715; Zuzahlung zum Arbeitslosengeld BFH XI R 11/04 BFH/NV 05, 1772), zumal das Erfordernis der Zusammenballung kein gesetzl Tatbestandsmerkmal ist; s iEinz *BMF* BStBl I 13, 1326 Rz 14. Daher ist auch nicht schädl, wenn zu einer Hauptentschädigungsleistung eine in einem **anderen VZ** zufließende **minimale Teilleistung** hinzu kommt (BFH IX R 11/09 BStBl II 11, 27), die betragsmäßig nur einen ergänzenden Zusatz zur Hauptleistung bildet (BFH IX R 28/13 BFH/NV 14, 1514; BFH IX R 46/14 DStR 15, 2658: Teilleistung geringer als StEntlastung der Hauptleistung; dazu *Ratschow* BFH/PR 16, 36; *BMF* BStBl I 13, 1326 Rz 8). Etwas anderes gilt, wenn eine Gesamtabfindung vertragsgem auf zwei VZ aufgeteilt wird (FG Thür EFG 12, 1068, rkr; BFH IX R 29/14 BFH/NV 15, 1354: auch bei Insolvenz des ArbG), die Zusatzzahlungen annähernd die Höhe der Entschädigung erreichen (BFH XI R 2/01 BFH/NV 02, 715; vgl § 24 Rz 6), bei Abfindung zuzügl bis zum Ende des Folgejahrs gewährter Sachleistungen (BFH XI R 23/03 BFH/NV 04, 1227) oder bei Abfindungen in *drei* VZ (FG Nds DStRE 12, 466). Wird als Ersatz für die wegen **Unfalls** entgangenen Einnahmen für jeweils mehrere Jahre unterschiedl Zeiträume betr je eine Entschädigung vereinbart, steht der Anwendung des § 34 nicht entgegen, wenn die Zahlungen der Summe der Entschädigungen nicht in einem Jahr erfolgen (BFH XI R 40/02 BStBl II 04, 716). Ist die Zahlung einer Entschädigung iSd § 24 Nr 1 in einem bestimmten VZ vereinbart, gehen die Zahlungen aber aus Gründen, die der Empfänger nicht zu vertreten hat (Notlage; Zahlungsschwierigkeiten des Zahlungsverpflichteten), in verschiedenen VZ ein, ist ihm gleichwohl die Tarifermäßigung, und zwar in beiden VZ, zu gewähren (BFH VI 87/55 U BStBl III 57, 104; vgl auch BFH XI R 67/92 BFH/NV 94, 224; *BMF* BStBl I 13, 1326, Rz 8). Der Annahme einer Zusammenballung steht auch nicht entgegen, wenn einem ArbN neben Entschädigung in Geld noch für drei Monate die weitere Benutzung seines bisherigen Dienstwagens gestattet wird, soweit der Wert der PKW-Nutzung im Verhältnis zur Abfindungssumme äußerst geringfügig ist. Diese ausnahmsweise Ausdehnung des Anwendungsbereiches des § 34 I ist durch den **Billigkeitscharakter** der Vorschrift gedeckt. Zu Berechnungsfehlern und Nachzahlungen aufgrund RStreits s *BMF* aaO, Rz 18f.

18 **c) Bilanzierung.** Werden Einkünfte iSd § 34 II wegen Gewinnermittlung nach **§ 4 I, § 5** in einem Jahr versteuert, ist die Tarifermäßigung nach § 34 I auch zu gewähren, wenn sie in mehreren Jahren infolge Stundung (Ratenzahlung) zufließen (BFH XI B 56/06 BFH/NV 07, 1306; § 16 Rz 220, 249, 250), nicht aber bei **Einnahmeüberschussrechnung** des Empfängers (BFH XI B 93/00 BFH/NV 01, 1020; aA *Graf* FR 90, 324: partielle Bilanzierung und Gewinnfeststellung).

19 **d) Nachträgl Änderungen.** Die Tarifermäßigung ist zu gewähren, wenn sich die Höhe des Veräußerungsgewinns **nachträgl erhöht** (zB nach Streit zw Veräußerer und Erwerber über die Bewertung des veräußerten BV; § 24 Rz 54, 72).

Nicht mehr zum begünstigten Veräußerungsgewinn gehören nachträgl Abfindungen, die für nach der Veräußerung eingetretene Wertsteigerungen des veräußerten BV gezahlt werden; es liegen vielmehr nachträgl Einkünfte iSd **§ 24 Nr 2** vor, die nicht unter § 34 II fallen (FG Mchn EFG 85, 299).

e) Wahlrecht. Bei Betriebsveräußerungen gegen Gewährung wiederkehrender Bezüge (zB **Leibrenten, Zeitrenten**) hat der StPfl ein Wahlrecht, ob er den Veräußerungsgewinn (Barwert der Leibrente abzügl Buchwert des KapKtos und Veräußerungskosten) sofort versteuert und dafür die Tarifbegünstigung nach § 34 I oder § 34 III in Anspruch nimmt oder ob er die einzelnen Rentenzahlungen nach § 24 Nr 2, sobald und soweit diese insgesamt den Buchwert iSd § 16 II 2 zuzügl der Veräußerungskosten übersteigen, als nachträgl lfd Einkünfte versteuert (§ 16 Rz 221). 20

6. Veräußerungsgewinne, § 34 II Nr 1, III. – a) Zweck; Inkrafttreten; letztmalige Anwendung auf Veräußerungsgewinne iSd § 17. Die Neufassung von § 34 II Nr 1, III gilt erstmals für Veräußerungen ab 2001 (§ 52 Abs 47 aF), geändert ab 2004 dahin, dass nicht mehr der halbe Durchschnittssteuersatz, sondern 56% desselben maßgebend sind. § 34 ist zu einer **Sozialzwecknorm** umgestaltet worden (BFH X B 28/02 BFH/NV 03, 471). Der Umfang der begünstigungsfähigen Veräußerungsgewinne wurde durch § 34 II Nr 1 demgemäß eingeschränkt. Ausgenommen sind **Veräußerungsgewinne iSd § 17,** was weder europarechts- noch verfwidrig ist (BFH IX R 46/09 DStR 11, 16). Soweit Anteile an KapGes zum BV eines Personenunternehmens gehören, ist der auf sie entfallende Anteil am Veräußerungsgewinn des Personenunternehmens Teil des begünstigungsfähigen Veräußerungsgewinns, wenn nicht die Ausnahmeregelung des § 34 II Nr 1 eingreift und die Gewinne dem Halb-/Teileinkünfteverfahren unterliegen (*Hagen/Schynol* DB 01, 397, 401). Ausgenommen ist der stpfl Teil von Veräußerungsgewinnen iSd §§ 14, 14a I, 16 und 18 III, die nach § 3 Nr 40 Buchst b iVm § 3c teilweise steuerbefreit sind (Rz 28). Da die ausgenommenen Veräußerungsgewinne nach dem ab 2001/2009 geltenden **Halb-/Teileinkünfteverfahren** teilweise stfrei bleiben, sollte eine Doppelermäßigung vermieden werden. Ferner wurden zwecks Vermeidung von Missbräuchen weitere einschr Voraussetzungen in § 34 III eingefügt (Mindestalter; einmalige Inanspruchnahme; Betragsgrenze). § 34 II Nr 1 aF galt bei Veräußerung von Anteilen an KapGes, wenn die KapGes ein dem Kj entspr Wj hatte, noch für Veräußerungen im Jahr 2001. Hatte die KapGes ein abw Wj, galt § 34 II Nr 1 aF für Veräußerungen, die in das abw Wj 01/02 fielen (s 34 Aufl). 25

b) Begünstigte Veräußerungsgewinne. Begünstigt werden Gewinne aus der Veräußerung/Aufgabe (einschließl Realteilung einer PersGes vgl BFH IV B 102/05 BFH/NV 07, 902) von **Betrieben, Teilbetrieben, MUeranteilen** gem §§ 14, 14a I, III (s Rz 32), §§ 16, 18 III (zur Veräußerung des Teils eines MUeranteils s § 16 Rz 408–416) sowie der Einbringung von BV und GesAnteilen (s Rz 28) und einbringungsgeborener Anteile (§ 21 I 2 UmwStG aF). Nicht dazu gehört aber der nach § 2a III 3 hinzuzurechnende Gewinn aus der Veräußerung einer ausl **Betriebsstätte** (BFH IV R 128/86 BStBl II 89, 543; BFH III R 93/88 BFH/NV 90, 282). **Veräußerung eines MUeranteils** bezügl einer KG I ist auch dann tarifbegünstigt, wenn gleichzeitig MUeranteile der KG I an der OberGes KG III zu Buchwerten in das Gesamthandsvermögen einer KG III ausgegliedert werden (BFH IV R 49/08 BStBl II 10, 726; s dazu § 16 Rz 161, 390/5, 401). Kein begünstigungsfähiger Veräußerungsgewinn ist der Gewinn aus der Veräußerung von zum UV gehörenden Grundstücken eines gewerbl Grundstückshandels (s § 16 Rz 342). **Verluste** sind iRd Verlustausgleichs zu berücksichtigen (s Rz 5, 58). 26

c) Gewinnübertragung nach §§ 6b, 6c. Wendet der StPfl auf einen Veräußerungsgewinn – auch nur teilweise – § 6b oder § 6c an, sind die Ermäßigungen nach § 34 I oder III nicht zu gewähren (§ 34 III 6 iVm I 4; BFH XI R 16/05 BFH/ 27

NV 07, 1293). *Ausnahme:* Rücklage nach § 6b X für Gewinne aus (KapGes-) Anteilsveräußerungen, die aufgrund des Teileinkünfteverfahrens ohnehin nicht zu den ao Einkünften gehören (arg § 34 II Nr 1; zutr FG Mster EFG 16, 20, Rev IV R 48/15; § 16 Rz 108).

28 **d) Ausschluss teilweise steuerbefreiter Gewinnbestandteile; Aufteilung, § 34 II Nr 1.** Nach Nr 1 ist die Ermäßigung für den stpfl Teil von Veräußerungsgewinnen ausgeschlossen, *soweit* für diese die teilweise Steuerbefreiung nach § 3 Nr 40 Buchst b eingreift **(Teileinkünfteverfahren);** wegen des Zwecks s Rz 25. Von der aus § 3 Nr 40 Buchst b sich ergebenden Einschränkung sind zB folgende Veräußerungsgewinne betroffen: – ***(1)*** Soweit zu dem veräußerten BV Anteile an Körperschaften gehörten, deren Leistungen beim Empfänger zu Einnahmen iSd § 20 I Nr 1 führen. – ***(2)*** Aus der Veräußerung einer 100%igen Beteiligung an einer KapGes (vgl § 16 I Nr 1 S 2). – ***(3)*** Veräußerung von einbringungsgeborenen Anteilen an KapGes (vgl § 21 I UmwStG aF); zweifelhaft ist, ob § 3 Nr 40 Buchst b und damit auch die Einschränkung des § 34 II Nr 1 in den Fällen des § 21 II UmwStG aF eingreift, weil § 3 Nr 40 Buchst b nur von Veräußerungen spricht. Wegen der Rechtsfolgeverweisung auf § 21 I UmwStG aF müssen diese Fälle unter § 3 Nr 40 Buchst b gerechnet werden, so dass die Einschränkung des § 34 II Nr 1 eingreift. – ***(4)*** Aus **Realteilungen,** soweit sich im BV Beteiligungen an KapGes befinden. – ***(5)*** Einbringungen eines Betriebs, Teilbetriebs, MUeranteils gem §§ 20, 24 UmwStG, Verschmelzung oder Spaltung einer PersGes, soweit sich im BV Anteile an KapGes befinden. – ***(6)*** Auch luf und freiberufl Veräußerungsgewinne können wegen der Verweisung in § 14, § 18 III auf § 16 und der sich daraus ergebenden entsprechenden Anwendbarkeit des § 3 Nr 40 Buchst b unter die Einschränkung des § 34 II Nr 1 fallen, soweit zu dem veräußerten BV Anteile an KapGes gehörten.

29 **e) Teileinkünfteverfahren.** Bei eine Veräußerungsgewinn (§ 16), der sowohl dem Teileinkünfteverfahren unterliegende als auch in voller Höhe zu besteuernde Gewinne enthält, ist der Kaufpreis aufzuteilen (s dazu FG Köln EFG 12, 63, rkr; § 15 Rz 462) und der Freibetrag gem § 16 IV für Zwecke der Ermittlung der nach § 34 I, III ermäßigt zu besteuernden Gewinne vorrangig mit den dem Teileinkünfteverfahren unterliegenden Gewinnen zu verrechnen (Meistbegünstigung, BFH X R 61/08 BStBl II 10, 1011; gegen *BMF* BStBl I 06, 7, II; s auch § 16 Rz 587).

32 **7. Einkünfte aus LuF.** IRd LuF werden auch Gewinne aus der Veräußerung oder Aufgabe eines (Teil-)Betriebs begünstigt, nicht aber Einzelveräußerungsgewinne. Zu Einzelheiten s § 14. Wegen Veräußerungsgewinnen bei gewerbl Tierzucht und gewerbl Tierhaltung s Rz 51.

35 **8. Begünstigte Entschädigungen, § 34 II Nr 2.** Hierzu gehören – zusammengeballten Zufluss vorausgesetzt – Ersatzleistungen für entgangene oder entgehende Einnahmen (§ 24 Nr 1a), für die Aufgabe oder Nicht-Ausübung einer Tätigkeit (zB Wettbewerbsunterlassung), für die Aufgabe einer Gewinnbeteiligung oder einer Anwartschaft auf eine solche (§ 24 Nr 1b) und Ausgleichszahlungen an Handelsvertreter nach § 89b HGB (§ 24 Nr 1c), nicht aber nachträgl Einkünfte iSd § 24 Nr 2 (FG Mchn EFG 85, 299). Die Erfüllung der Tatbestände des § 24 Nr 1 ist Voraussetzung für die Anwendbarkeit des § 34 I. Wegen der Voraussetzungen, unter denen Entschädigungen nach § 24 Nr 1a–c anzunehmen sind, s daher die Erl zu § 24. Begünstigungsfähige Entschädigungen können sowohl im Bereich der **Gewinneinkünfte** als auch der übrigen Einkünfte erzielt werden. Die **Höhe einer Entschädigung** iSd § 24 Nr 1, auf die der ermäßigte Steuersatz des § 34 I anzuwenden ist, ergibt sich durch Abzug der mit der Entschädigung im unmittelbaren Zusammenhang stehenden BA/WK von dem vereinbarten bzw geleisteten Entschädigungsbetrag (BFH IV R 262/69 BStBl II 70, 421).

9. Nutzungsvergütungen; Zinsen, § 34 II Nr 3. Soweit sie für einen Zeitraum von **mehr als drei Jahren nachgezahlt** werden, gehören ebenfalls zu den begünstigungsfähigen ao Einkünften. Nachzahlungen sind in vollem Umfang begünstigt, also nicht nur, soweit sie auf den drei Jahre übersteigenden Zeitraum entfallen (BFH IV R 143/82 BStBl II 85, 463). Nutzungsvergütungen für künftige Nutzungen sind nicht begünstigt (BFH IX R 19/90 BStBl II 94, 640/2). 36

10. Vergütungen für mehrjährige Tätigkeit, § 34 II Nr 4. – a) Überblick. Zur Rechtsentwicklung s 27. Aufl; BFH X R 10/12 BStBl II 14, 668. – Die Vorschrift, die der bei geballtem Zufluss progressionsbedingten steuerl Mehrbelastung begegnen will, ist **verfgemäß** (BFH VI R 104/92 BStBl II 93, 795). Eine bewusste Vorteilszuwendung seitens des Leistenden ist nicht Voraussetzung für die Anwendung der Vorschrift (BFH VI R 176/80 BStBl II 83, 642: nicht erkannte Unter-Preislieferung). Auch ein Rechtsanspruch braucht nicht zu bestehen (BFH VI R 258/68 BStBl II 71, 802). 37

b) Einkunftsarten. Nach der jüngeren Rspr ist § 34 II Nr 4 auch für bilanzierende **Gewinnbetriebe** (§ 2 I Nr 1–3) anwendbar (s iEinz einschließl Kritik Rz 46). – Hauptsächl Anwendungsgebiet des § 34 II Nr 4 sind jedoch die Einkünfte aus **nicht selbstständiger Arbeit** (EStR 34.4. II; Rz 44). – Die Norm fand auf Einkünfte aus **VuV** bei Nachzahlung von Nutzungsvergütungen (BFH VI 216/61 U BStBl III 63, 380; FG Saarl EFG 93, 236) und aus **KapVerm** bei nachträgl Eingang von Zinsen für mehrere Jahre (BFH VI 142/65 BStBl III 66, 462) **keine** Anwendung. Dies ist zwar insoweit fragl, als sich auch hier ein Progressionsanstieg ergeben kann (s *Kirchhof/Mellinghof,* EStG, § 34 Rz 27; BFH VI R 69/06 BStBl II 10, 69 für Zertifikate). Jedoch hat die Rspr § 34 II Nr 4 für Erstattungszinsen (§ 233a AO) abgelehnt (BFH VIII R 36/10 BStBl II 14, 168: kein atypischer Vorgang; zutr; s auch Rz 40). Wegen Nachzahlungen von Leibrenten s Rz 44. Eine (nachträgl gezahlte) Vergütung für mehrjährige Tätigkeit unterscheidet sich von den Entschädigungen nach § 24 Nr 1a und 1b dadurch, dass letztere dazu dienen, einen eingetretenen oder drohenden Schaden aus dem Wegfall von Einkünften auszugleichen (vgl zu Nr 1a: BFH VI R 107/77 BStBl II 79, 176 zu Nr 1b: BFH VI R 67/74 BStBl II 76, 490). 38

c) Vergütung für mehrjährige Tätigkeit. aa) Grundsätze. Beides ist Voraussetzung der ermäßigten Besteuerung. Zur **Vergütung** gehören nach BFH X R 10/12 BStBl II 14, 668 (betr erstattene USt) nicht nur Leistungsentgelte, sondern alle iRd jeweiligen Einkunftsart erzielten wirtschaftl Vorteile (aA BFH VIII R 36/10 BStBl II 14, 168 betr Erstattungszinsen). Eine **mehrjährige Tätigkeit** liegt nach § 34 II Nr 4 HS 2 (anwendbar ab VZ 07) nur vor, wenn sie länger als zwölf Monate dauert (und sich über wenigstens zwei VZ erstreckt); aA zuvor, jetzt aber überholt BFH VI R 46/99 BStBl II 05, 289. Dabei muss der StPfl in den Jahren, auf die die Einkünfte verteilt werden, mit Einkünfteerzielungsabsicht tätig gewesen sein (BFH I R 98/92 BFH/NV 94, 775). Auch eine bloße **Nachzahlung** verdienter Vergütungen reicht deshalb zur Annahme einer Vergütung für mehrjährige Tätigkeit aus, wenn der Nachzahlungszeitraum sich auf zwei Kj (VZ) erstreckt und länger als zwölf Monate gedauert hat. Nicht ausreichend ist eine *allein* aus anderem Anlass gewährte Zuwendung nach mehrjähriger Tätigkeit (zB **Firmenjubiläum**); wird die Zuwendung aber auch nach der Dauer der Betriebszugehörigkeit bemessen, kann *insoweit* ein Entgelt für mehrjährige Tätigkeit gegeben sein (BFH VI R 43/86 BStBl II 87, 820). Keine Zahlung für mehrjährige Tätigkeit ist die Prämie für einen betriebl **Verbesserungsvorschlag,** wenn sie nach künftigen Vorteilen des ArbG bemessen ist (BFH VI R 51/96 BStBl II 97, 222). Wird eine Tantieme für ein **vom Kj abw Wj** gezahlt, soll die Ermäßigung nach BFH VI 211/65 BStBl III 66, 545 im Hinblick auf den Zweck des § 34 II Nr 4 nicht zum Zuge kommen; diese Einschränkung gilt jedenfalls dann nicht, wenn die Nachzahlung Entgelt für einen Zeitraum von mehr als zwölf Monaten ist 40 (s jetzt § 34 II Nr 4 HS 2). Auch Wertzuflüsse auf Grund der Ausübung von **Optionen** (zB auf Bezug von **Aktien**) sind grds Vergütungen für mehrjährige Tätigkeit, wenn der Bezugszeitpunkt entspr aufgeschoben ist, weil mit der Option idR ein längerfristiger Leistungsanreiz ausgelöst werden soll (BFH I R 100/98 BStBl II 01, 509; BFH VI R 62/05 BStBl II 08, 294; FG Hbg EFG 09, 115). Dabei sind die Optionsrechte, wenn sie zB Jahr für Jahr neu eingeräumt werden, gesondert zu betrachten, so dass der Mindestzeitraum von zwölf Monaten für jede Optionsmöglichkeit gesondert erfüllt sein muss. Das ArbVerh muss nach Einräumung des Optionsrechts noch wenigstens zwölf Monate bestanden haben (BFH VI R 62/05 aaO; BFH VI R 70/06 BFH/NV 08, 1828), es sei denn, die Rechte sind auch für frühere Arbeitsleistungen eingeräumt worden (BFH VI R 136/01 BStBl II 07, 456); es kommt aber nicht darauf an, ob das ArbVerh bei späterer Optionsausübung noch besteht (BFH I R 100/98 aaO). Zur Frage der Zusammenballung bei Ausübung von Optionen s Rz 42. Auch ArbLohnzufluss im **Schadensfall** aus einer vom ArbG finanzierten **Unfallversicherung** kann als Vergütung für mehrjährige Tätigkeit anzusehen sein (BFH VI R 9/05 BStBl II 09, 385), sofern die als Lohn zufließenden Beiträge einen Zeitraum von mehr als 12 Monaten betreffen.

41 **bb) ArbN.** Bei Einkünften aus **nicht selbstständiger Arbeit** muss die Zahlung auf einem ArbVerh beruhen und für mehrere Jahre geleistet werden, ohne dass es allerdings darauf ankommt, ob der Empfänger tatsächl eine Arbeitsleistung erbringt (BFH VI R 66/67 BStBl II 70, 683: **Vorauszahlung** von ArbLohn bei Arbeitsvertragsauflösung). Begünstigt sind auch **(Gehalts-)Nachzahlungen** für mehrere Jahre, wenn sich eine Kündigung des ArbVerh durch den ArbG als unwirksam erweist (BFH VI R 104/92 BStBl II 93, 795) sowie Nachzahlungen aus der betriebl **Altersversorgung** (Betriebsrenten); Gleiches gilt wennn Versorgungskapital der Witwe des ArbN ausbezahlt wird (FG Mchn EFG 15, 1200, rkr). Unerhebl ist, ob der StPfl auf die Zahlungen einen Rechtsanspruch hat, sofern diese nur auf dem ArbVerh beruhen und für ihre Erbringung wirtschaftl vernünftige Gründe bestehen; diese können auch in der ArbG-Sphäre liegen (BFH VI R44/13 BStBl II 15, 890). Deshalb sind auch Zahlungen auf freiwillig vereinbarter Abfindung von **Pensionsanwartschaften** begünstigt, selbst wenn sie an den neuen ArbG zwecks Übernahme der Pensionsverpflichtung geleistet werden (BFH VI R 6/02 BStBl II 07, 581).

42 **d) Zeitpunkt der Zahlung.** Aus dem Zweck des § 34 II Nr 4, die Progressionswirkung des EStTarifs zu mildern (Rz 37), folgt, dass die Vorschrift grds nur anzuwenden ist, wenn die **Zahlung** für die mehrjährige Tätigkeit **in einem VZ** geleistet wird. Eine Gehaltszahlung für frühere Jahre ist nach § 38a I 3 im Zuflussjahr zu versteuern (BFH VI R 104/92 BStBl II 93, 795); zu Fälligkeitsabreden s BFH IX R 1/09 BStBl II 10, 746. Unschädl ist es, wenn Zahlungen *innerhalb eines VZ* in mehreren Teilbeträgen erbracht werden (BFH VI R 338/67 BStBl II 70, 639). Ausnahmsweise kann die Zahlung in zwei VZ eingehen, wenn der Betrag für die mehrjährige Tätigkeit zwar in einem Betrag versprochen wurde, aber aus wirtschaftl vernünftigen Gründen in zwei Kj ausgezahlt wird (BFH VI 381/65 BStBl III 67, 2). Wenn die Zahlung (zB eine jeweils nachträgl ausgezahlte Tantieme) in drei verschiedenen VZ zufließt, kann § 34 II Nr 4 nicht angewendet werden (vgl BFH VI R 55/73 BStBl II 75, 690); anders, wenn Tantiemen für mehrere Jahre in einem Jahr nachgezahlt werden (BFH VI R 338/67 BStBl II 70, 639). **Optionen** (zB auf Bezug von Aktien) sind nach BFH aber **Anreizlohn** und nicht ledigl Erfolgsvergütung (Tantieme), so dass auch bei nur teilweiser Optionsausübung jeweils ein im Voraus gezahltes Entgelt für mehrjährige Tätigkeit gegeben ist (BFH VI R 59/05 BFH/NV 08, 779); es steht aber der StVergünstigung nicht entgegen, dass das Optionsrecht nicht in vollem Umfang in einem VZ ausgeübt wird. Der BFH leitet die **notwendige Zusammenballung** allein aus dem Ablauf der Jahresfrist im Hinblick auf die **Laufzeit der Aktienoption** und die **Dauer**

der Beschäftigung des ArbN beim ArbG ab (= Laufzeit der Optionen und Beschäftigung mehr als zwölf Monate; *Paetsch* HFR 08, 351); daher ist schädl, wenn der ArbN unmittelbar nach Einräumung der Option ausscheidet und das Optionsrecht bis zu seiner Ausübung fortbesteht, weil sich hier kein Anknüpfungspunkt mehr für eine mehrjährige Beschäftigung findet.

e) Besonderheiten bei nichtselbstständiger Arbeit. Die Anwendung des 44
§ 34 II Nr 4 setzt bei Einkünften aus nichtselbstständiger Arbeit **keine** von der Haupttätigkeit **abgrenzbare Sondertätigkeit** voraus (BFH VI R 258/68 BStBl II 71, 802; EStR 34.4 (2)). Begünstigt ist, wenn Arbeitslohn **VZ-übergreifend** für *mehr* als *12 Monate* geleistet (BFH VI R 44/13, DStR 15, 1865) oder beim Ausscheiden aus dem ArbVerh vom ArbG ein Betrag gezahlt wird, dessen Höhe von der Dauer der Betriebszugehörigkeit abhängt (BFH VI R 106/79 BStBl II 83, 575). Auch auf **Nachzahlung** von **Ruhegehaltsbezügen** (BFH VI 155/56 U BStBl III 58, 169) und **nachträgl** Zahlungen von **Leibrenten** iSd § 22 Nr 1 ist § 34 II Nr 4 anwendbar (EStH 34.4), nicht aber auf Abfindungen für vorzeitiges Ausscheiden aus dem Dienst, die aber nach § 24 Nr 1b, § 34 I, II Nr 2 begünstigt sein können (BFH VI R 28/84 BStBl II 87, 106). § 34 II Nr 4 ist auch auf sonstige Geschenke **(Sonderzuwendungen)** des ArbG (BFH VI R 176/80 BStBl II 83, 642) anzuwenden, sofern es sich dabei nicht um lfd Arbeitsentgelt handelt. Vergütungen eines ArbN, die wegen des Rechtsübergangs der **ArbN-Erfindung** nach § 7 I ArbEG an den ArbN gezahlt werden (§ 9 ArbEG), sind keine Vergütungen für mehrjährige Tätigkeit (BFH VI R 43/00 BFH/NV 05, 888; s aber § 24 Rz 6, 27).

f) Besonderheiten bei Renten/Altersvorsorge. Grds sind auch nachträgl 45
Zahlungen von Leibrenten iSd § 22 Nr 1 nach § 34 II Nr 4 begünstigt (EStH 34.4). Ebenso hat BFH X R 3/12 BStBl II 14, 58 für § 22 Nr 1 Satz 3 Buchst a/aa idF AltEinkG entschieden: Kapitalabfindung bei „Schicht 1" (berufsständische Einrichtung) für Zahlungen bis 2005 „atypische/auslaufende Ausnahme". Gleiches soll nach FG RhPf EFG 15, 1441, Rev X R 23/15 für „Schicht 2" (§ 22 Nr 5; Altersvorsorgevertrag; betriebl AV) gelten (glA Anm *Zimmermann* aaO; fragl; *OfD Fft,* juris:AdV).

g) Besonderheiten bei Gewinneinkünften, insb selbstständiger Arbeit. 46
Obgleich § 34 II Nr 4 nicht darauf zielt, allg die nachteiligen Folgen temporär schwankender Einkünfte auszugleichen, und auch die lfd Gewinneinkünfte dem Regelsteuersatz zu unterwerfen sind (zutr BFH III R 84/11 BStBl II DStR 13, 697), ist die Norm nach der jüngeren (allerdings nicht einheitl) Rspr fallgruppenbezogen anwendbar. Bei **Überschußrechnung** (§ 4 III; vgl BFH IV R 57/05 BStBl II 07, 180; *FinVerw* DB 14, 2018), wenn *(1)* der StPfl sich während mehrerer Kj *ausschließl* einer bestimmten Aufgabe gewidmet und die Vergütung in einem VZ erhält oder *(2)* eine sich über mehrere Kj erstreckende *abgrenzbare Sondertätigkeit,* in einem VZ entlohnt wird oder *(3)* eine *mehrjährige Tätigkeit* nachträgl *nach Beilegung eines Rechtsstreits vergütet wird,* zur Zuflussballung s. Rz 15. Darüber hinaus haben BFH X R 10/12 BStBl II 14, 668; BFH III R 5/12 BStBl II 15, 220 auch bei **Bilanzierenden** (§§ 4, 5) eine Vergütung für eine mehrjährige Tätigkeit im Fall der Nachaktivierung von USt-Erstattungsansprüchen bejaht, die auf einer grundlegenden EU-rechtl Neubeurteilung beruhten (aA hier 33. Aufl). Letzteres (Verzicht auf Sondertätigkeit) überschreitet mE nicht nur den Gesetzeszweck (s oben), sondern ist auch kaum praktikabel abgrenzbar. Gegenbeispiele: kein § 34 II Nr 4s BFH III R 84/11 aaO: Honorar für mehrjähriges Mandat; BFH VIII R 1/12 StuB 15, 316: Erfolgshonorar iVm 12-jährigem Restitutionsverfahren; ebenso mE bei Nachforderungen einer BP oder Erstattungszinsen iZm betriebl Einkünften (Rz 38), auch wenn hierüber rechtl Streit bestand.

11. Ermittlung der begünstigten Einkünfte. – a) Freibeträge. Freibeträge 50
für Veräußerungsgewinne iSd § 34 II Nr 1 (§ 14, § 16 IV, § 18 III) sind sachl Steu-

erbefreiung (zB § 16 Rz 577). Veräußerungsgewinne nehmen daher iHd Freibeträge am Verlustausgleich (s Rz 51) nicht teil. Der Freibetrag nach § 13 III ist zunächst von lfd, nicht tarifbegünstigten Einkünften aus LuF abzuziehen, wenn neben diesen tarifbegünstigte Einkünfte aus LuF vorliegen.

51 **b) Verlustausgleich.** Auch begünstigungsfähige ao Einkünfte unterliegen dem Verlustausgleich; soweit dieser stattfindet, entfällt die Möglichkeit der Anwendung des ermäßigten Steuersatzes (BFH IV B 120/95 BFH/NV 97, 223); es besteht also nicht die Möglichkeit den Verlustausgleich zu vermeiden; zur Berechnung s EStR 34.1. Nicht in den Verlustausgleich einzubeziehen sind die – ab 2009 – der **AbgeltungsSt** unterliegende KapEinkünfte, ferner für nicht mehr vererbbare Verluste BFH GrS 2/04 BStBl II 08, 608 sowie § 10d Rz 14. Von VZ 99 bis VZ 03 sind die sich aus § 2 III (§ 2 Rz 61), § 2b (bis 05) und § 15b (ab 10./11.11.05s Erläut zu § 15b) ergebenden Verlustverrechnungsbeschränkungen zu beachten, so dass der horizontale Verlustausgleich auch die begünstigungsfähigen ao Einkünfte umfasst, aber mit ihnen erst nachrangig nach voll stpfl Einkünften vorzunehmen ist (BFH X B 53/05 BFH/NV 06, 1463 mwN; EStR 34.1 III; *Schynol* DStR 00, 1590; *Freyer/Schult* DStR 01, 71; aA *Jahndorf/Lorscheider* FR 00, 433; vgl auch *Lemm* DStZ 02, 35; vgl *Korezkij* DStR 03, 319, 321 mwN). Vorrang haben § 2a I, § 2b, § 15 IV. Wenn beschr ausgleichsfähige Verluste zB aus **gewerbl Tierzucht/Tierhaltung** mit Veräußerungsgewinnen aus gewerbl Tierzucht/Tierhaltung zusammentreffen, kann gem § 15 IV nur der sich nach Ausgleich oder Verrechnung mit derartigen Verlusten ergebende Veräußerungsgewinn tarifbegünstigt versteuert werden. Ebenso ist dies, wenn Verluste, die gem § 15a nur eingeschränkt verrechenbar sind, mit zugehörigen Veräußerungsgewinnen zusammentreffen (BFH IV R 23/93 BStBl II 95, 467/70). Entsprechendes gilt für Verluste iSd § 15b. Treffen unterschiedl tarifbegünstigte Einkünfte zusammen, sind die Einkünfte, die einem höheren Steuersatz unterliegen, zuerst mit Verlusten auszugleichen.

52 **c) Sonderausgaben; außergewöhnl Belastungen.** Verbleiben nach dem Verlustausgleich positive voll stpfl Einkünfte neben den tarifbegünstigten Einkünften, sind SA grds (zuerst) von den dem vollen EStTarif unterliegenden Einkünften abzuziehen. Demgemäß sind der Altersentlastungsbetrag (§ 24a), die SA (§§ 10–10b), der Haushaltsfreibetrag (§ 32 VII aF – bis 03), die agB (§§ 33–33b) und die sonstigen vom Einkommen abzuziehenden Beträge zunächst von den voll stpfl und sodann von den am höchsten zu besteuernden ao Einkünften abzuziehen (vgl EStR 34.1 I; *Korn* KÖSDI 88, 7433; aA *Puhl* DB 88, 1919). Nicht zulässig ist, das auf den VZ entfallende Fünftel um den Betrag beschr abziehbarer SA zu kürzen, der sich bei der Berechnung der ESt für das verbleibende zu versteuernde Einkommen nicht ausgewirkt hat (BFH X R 15/06 BFH/NV 09, 138).

III. Ermäßigter Steuersatz, § 34 I, III

55 **1. Alternative Tarifermäßigung; Wahlrecht; Antrag; Objektgrenze.** Außerordentl Einkünfte iSd § 34 II werden gem § 34 I ermäßigt besteuert. Für ao Einkünfte iSd § 34 II Nr 1 wird gem § 34 III alternativ einmal im Leben (Objektgrenze) ab VZ 04 **56 % des durchschnittl Steuersatzes** angewendet. Nur dafür ist ein Antrag erforderl (§ 34 III 1, 5; zur Rechtsentwicklung s Rz 2). Die Anträge nach § 34 III können nachgeholt, geändert oder zurückgenommen werden. Diese Wahlmöglichkeiten bestehen bis zur Rechtskraft des Bescheids oder – im Falle der Anfechtung – bis zum Schluss der mündl Verhandlung vor dem FG; insofern gilt nichts anderes als für vergleichbare Gestaltungsrechte des materiellen Rechts wie zB das Veranlagungswahlrecht nach §§ 26ff (glA FG Ddorf EFG 14, 201, Rev X R 56/13). Da es sich bei § 34 III um eine sachl Steuerermäßigung handelt, kann auch der Erbe des StPfl den Antrag stellen. Der **Objektverbrauch** tritt allerdings – vorbehaltl Treu und Glauben – auch dann ein, wenn § 34 III zu Unrecht ge-

währt worden ist (BFH X B 111/15 BFH/NV 16, 179; s auch § 16 Rz 581). Soweit die Voraussetzungen für die Anwendung des § 34 I, III nebeneinander vorliegen (Rz 6; also für § 34 III auch ein Antrag), führt das FA bei der Steuerberechnung eine Vorteilsberechnung durch (EStR 34.1 I 4). Sind mehrere Veräußerungsgewinne zu versteuern, so kommt nur für einen davon die Anwendung des § 34 III in Betracht (§ 34 III 5). Der StPfl hat ein **Wahlrecht,** auf welchen Veräußerungsgewinn § 34 III angewendet werden soll (§ 34 III 5).

2. Tarifglättung, § 34 I; Fünftelregelung. Soweit kein Antrag erforderl oder – soweit erforderl – gestellt ist, wird zunächst der Steuerbetrag für das um die nach § 34 I ermäßigt zu versteuernden Einkünfte verminderte zu versteuernde Einkommen ermittelt. Lfd negative Einkünfte sind vorrangig mit lfd positiven Einkünften zu verrechnen; erst danach ist eine Verrechnung mit den ermäßigt zu besteuernden Einkünften zulässig (BFH X B 53/05 BFH/NV 06, 1463; BFH X R 46/02 BFH/NV 04, 1643). Sodann wird der für ein Fünftel der ao Einkünfte, ohne Abzug des Altersentlastungsbetrags (BFH IV R 68/04 BFH/NV 06, 723) zusammen mit dem übrigen zu versteuernden Einkommen der sich ergebende Steuerbetrag ermittelt. Die Differenz der Steuerbeträge wird verfünffacht und dem zuerst ermittelten Steuerbetrag hinzugerechnet. Dies ergibt die tarifl ESt. Zu Berechnungsbeispielen s EStH 34.2. § 34 I 3 stellt die ermäßigte Besteuerung ao Einkünfte auch für den Fall sicher, dass das **verbleibende** zu versteuernde **Einkommen negativ,** aber das zu versteuernde Einkommen positiv ist, letzteres also allein auf den ao Einkünften beruht. In diesem Falle ist die Steuerermäßigung nach § 34 I durch Verfünffachung der auf ein Fünftel des zu versteuernden Einkommens sich ergebenden ESt zu ermitteln (vgl EStH 34.2 *Beispiel 2*). *Lemm* (DStZ 02, 35) weist darauf hin, dass sich gleichheitswidrige Ergebnisse ergeben, je nach dem, ob das gesamte zu versteuernde Einkommen höher (dann überhöhte Steuer) oder niedriger ist (dann teilweise Nicht-Besteuerung des Veräußerungsgewinns) als das „gesamte zu versteuernde Einkommen"; eingehend *Eggesiecker ua* DStR 07, 1281. § 34 I enthält – anders als § 34 III (Rz 58) – keine ausdrückl Regelung zur Anwendung von **Progressionsvorbehalten.** Der Progressionsanstieg gem § 32b ist in die Ermittlung des Steuersatzes nach § 34 I einzubeziehen (vgl BFH XI B 140/02 BFH/NV 03, 772); str ist, wie dabei vorzugehen ist. Nach BFH VI R 44/07 BStBl II 11, 21 ist bei Zusammentreffen von Vergütungen für mehrjährige Tätigkeit mit stfreien Einkünften iSd § 32b die Steuerberechnung für die **außerordentlichen Einkünfte** nach § 34 Abs 1 Satz 3 EStG vorzunehmen. Der Progressionsvorbehalt nach § 32b EStG ist grds neben der Tarifermäßigung des § 34 Abs 1 EStG anwendbar (BFH VI R 66/03 BStBl II 08, 375; nunmehr gefolgt von BFH IX R 93/07 BStBl II 10, 1032; *Jachmann* DB 10, 86). Der BFH kommt zu dem Ergebnis, dass in diesen Fällen eine **integrierte Steuerberechnung** vorzunehmen ist – und zwar dergestalt, dass die Progressionseinkünfte bei der Steuerberechnung nach § 34 Abs 1 EStG steuersatzerhöhend berücksichtigt werden (BFH IX R 23/11 BStBl II 13, 370). Übersteigen die der Tarifermäßigung unterliegenden ao Einkünfte das zu versteuernde Einkommen, so sind die Progressionseinkünfte hierbei nur insoweit zu berücksichtigen, als sich nach einer Verrechnung mit dem negativen verbleibenden zu versteuernden Einkommen ein positiver Differenzbetrag ergibt (so auch EStH 34.2 Beispiel). Die Einwände von *Siegel/Korezkij* (DStR 05, 577/8) berücksichtigt der BFH durch Heranziehung des **Meistbegünstigungsprinzips** (BFH VI R 66/03 BStBl II 08, 375). S weiterhin *Siegel* FR 10, 445; *Hechtner/Siegel* DStR 10, 1593. Für VZ 2007 kann das Zusammenspiel der §§ 34 *I* und 32c zu einer höheren Steuerlast führen, als eine Berücksichtigung derselben Einkünfte als lfd Gewinneinkünfte ergibt (Korrektur durch *FinVerw* DStR 10, 2517); § 32c (2007) wird hingegen durch § 34 *III* insgesamt ausgeschlossen (BFH X R 9/12 BFH/NV 13, 1918; *FinVerw* aaO). Zur Verfassungsmäßigkeit s Rz 2. Zum **Billigkeitserlass** s BFH IX B 86/15 BFH/NV 16, 179: KiSt-Erstattung. 56

58 **3. Ermäßigter Steuersatz für Veräußerungs-/Aufgabegewinne, § 34 II Nr 1, III. – a) Steuersätze.** Der ermäßigte StSatz kann auch bei einer **Betriebsaufgabe,** die sich über zwei VZ erstreckt, für beide Jahre zu gewähren sein (§ 16 Rz 193). Er beträgt ab 2004 56% des Durchschnittssteuersatzes unter Einbeziehung von **Progressionsvorbehalten** (§ 32a, § 32b; vgl BFH XI B 140/02 BFH/NV 03, 772). Die Einbeziehung aller dem Progressionsvorbehalt unterliegenden nicht stbaren Einkünfte (§ 32b) hat nur geringe praktische Bedeutung (*Herzig/Schiffers* DB 89, 2441). Ergeben sich neben Veräußerungsgewinnen auch Veräußerungsverluste in verschiedenen Betriebsteilen oder Teilbetrieben, sind diese vor Anwendung des ermäßigten Steuersatzes zu saldieren (BFH VIII B 90/00 BFH/NV 01, 1279; BFH I R 34/11 BStBl II 12, 405). Die fallenden Steuersätze der Jahre bis 2005 sind zu beachten (s § 32a). Zu dem ermäßigten Steuersatz kommt der SolZ hinzu, der sich wegen der Anknüpfung an die ESt entsprechend ermäßigt. Auch die **GewStAnrechnung** gem § 35 EStG iVm § 7 I 2 GewStG ist einzubeziehen. Es ist ein **Mindeststeuersatz** zu beachten; dieser beträgt für 2001/2002/2003 19,9%, für 2004 16% (Art 29 I HBeglG 04) und ab 2005 15% (§ 52 Abs 47 S 6 aF); durch die Absenkung des Eingangssteuersatzes ab 2009 auf 14% können nun Fälle auftreten, in denen das Wahlrecht nach § 34 III zu einer höheren Steuerlast ggü der Regelbesteuerung führt (*Hechtner* DStZ 09, 237), s auch Rz 56 aE.

Die Mindeststeuersätze sind systematisch verfehlt, weil sie nicht nur zu einer zeitl Verlagerung der Besteuerung bzw der Verlustverrechnung führen und weil in Fällen, in denen nur der Veräußerungsgewinn zu versteuern ist, der Grundfreibetrag nicht in vollem Umfang gewährt wird (vgl *Hagen/Schynol* DB 01, 397, 404).

59 **b) Wechselseitige Berücksichtigung der Tarifermäßigungen, § 34 I, III.** § 34 I, III beeinflussen wechselseitig den Steuersatz, der sich bei ihrer Anwendung für den jeweiligen Teilbetrag des zu versteuernden Einkommens ergibt. Deshalb ist eine komplizierte Verhältnisrechnung vorzunehmen. Die *FinVerw* nimmt hinsichtl der Frage, ob die Anwendung des § 34 I oder § 34 III oder eine Kombination aus beiden zu dem günstigsten Ergebnis führt, programmgesteuerte Vergleichsberechnungen vor, wenn für die Anwendung des § 34 III ein entspr Antrag gestellt ist.

60 **c) Betragsgrenze.** Der ermäßigte Steuersatz wird nur bis zu einem Betrag des Veräußerungsgewinns von 5 Mio € (ab 2002) gewährt. Die Betragsgrenze gilt insgesamt auch, wenn der Betriebsaufgabegewinn in zwei VZ erzielt und besteuert wird (*BMF* DStR 06, 37). Ein darüber hinausgehender Gewinn unterliegt dem vollen Steuersatz, sofern nicht anderweitige Steuersatzermäßigungen (zB § 34b) oder Steuerbefreiungen (zB § 16 IV) eingreifen.

61 **d) Altersgrenze; Berufsunfähigkeit.** Erforderl ist, dass der StPfl entweder *(1)* das **55. Lebensjahr** vollendet hat oder *(2)* im *sozialversicherungsrechtl* Sinne **dauernd berufsunfähig** ist (§ 34 III 1). Ebenso wie iRv § 16 IV 1 bedeutet dies, dass die Merkmale – gleich der früheren Rechtslage – spätestens im Zeitpunkt der Veräußerung (Erfüllungsgeschäft) oder des Endes der Betriebsaufgabe erfüllt sein müssen (BFH X R 12/07 BStBl II 08, 193; *BMF* BStBl I 06, 7; aA hier bis 30. Aufl: Ablauf des VZ/Kj maßgebl). Zu weiteren Einzelheiten s § 16 Rz 579.

65 **4. Verwaltungsverfahren. – a) Veranlagung, Gewinnfeststellung.** Über die Gewährung der Tarifermäßigungen ist grds im ESt-Veranlagungsverfahren zu entscheiden. Gehören Einkünfte zum Gewinn einer PersGes, ist im **Gewinnfeststellungsverfahren** (§§ 179, 180 AO) darüber zu befinden, ob es sich um ao, nach § 34 I/III begünstigungsfähige Einkünfte handelt, wie hoch diese sind und welchem der MUer sie zuzurechnen sind (BFH VIII R 149/86 BStBl II 92, 817).

66 **b) Lohnsteuer.** § 39b III 9 enthält eine dem § 34 I 2 entspr Regelung. Statt dessen oder daneben kann ein **Antrag auf Veranlagung** zwecks Abrechnung der LSt nach § 46 II Nr 8 gestellt werden. Von Vergütungen aus **mehrjähriger Tätig-**

keit (§ 34 II Nr 4) kann die LSt nach § 39b III 9 ermäßigt einbehalten werden. Der StPfl kann (§ 46 II Nr 8) wählen, ob er es bei der pauschalen Begünstigung beim LStAbzug bewenden lässt oder ob die Begünstigungsvorschrift des § 34 I im Veranlagungsverfahren angewendet wird.

§ 34a Begünstigung der nicht entnommenen Gewinne

(1) [1] **Sind in dem zu versteuernden Einkommen nicht entnommene Gewinne aus Land- und Forstwirtschaft, Gewerbebetrieb oder selbständiger Arbeit (§ 2 Absatz 1 Satz 1 Nummer 1 bis 3) im Sinne des Absatzes 2 enthalten, ist die Einkommensteuer für diese Gewinne auf Antrag des Steuerpflichtigen ganz oder teilweise mit einem Steuersatz von 28,25 Prozent zu berechnen; dies gilt nicht, soweit für die Gewinne der Freibetrag nach § 16 Absatz 4 oder die Steuerermäßigung nach § 34 Absatz 3 in Anspruch genommen wird oder es sich um Gewinne im Sinne des § 18 Absatz 1 Nummer 4 handelt. [2] Der Antrag nach Satz 1 ist für jeden Betrieb oder Mitunternehmeranteil für jeden Veranlagungszeitraum gesondert bei dem für die Einkommensbesteuerung zuständigen Finanzamt zu stellen. [3] Bei Mitunternehmeranteilen kann der Steuerpflichtige den Antrag nur stellen, wenn sein Anteil am nach § 4 Absatz 1 Satz 1 oder § 5 ermittelten Gewinn mehr als 10 Prozent beträgt oder 10 000 Euro übersteigt. [4] Der Antrag kann bis zur Unanfechtbarkeit des Einkommensteuerbescheids für den nächsten Veranlagungszeitraum vom Steuerpflichtigen ganz oder teilweise zurückgenommen werden; der Einkommensteuerbescheid ist entsprechend zu ändern. [5] Die Festsetzungsfrist endet insoweit nicht, bevor die Festsetzungsfrist für den nächsten Veranlagungszeitraum abgelaufen ist.**

(2) **Der nicht entnommene Gewinn des Betriebs oder Mitunternehmeranteils ist der nach § 4 Absatz 1 Satz 1 oder § 5 ermittelte Gewinn vermindert um den positiven Saldo der Entnahmen und Einlagen des Wirtschaftsjahres.**

(3) [1] **Der Begünstigungsbetrag ist der im Veranlagungszeitraum nach Absatz 1 Satz 1 auf Antrag begünstigte Gewinn. [2] Der Begünstigungsbetrag des Veranlagungszeitraums, vermindert um die darauf entfallende Steuerbelastung nach Absatz 1 und den darauf entfallenden Solidaritätszuschlag, vermehrt um den nachversteuerungspflichtigen Betrag des Vorjahres und den auf diesen Betrieb oder Mitunternehmeranteil nach Absatz 5 übertragenen nachversteuerungspflichtigen Betrag, vermindert um den Nachversteuerungsbetrag im Sinne des Absatzes 4 und den auf einen anderen Betrieb oder Mitunternehmeranteil nach Absatz 5 übertragenen nachverteuerungspflichtigen Betrag, ist der nachversteuerungspflichtige Betrag des Betriebs oder Mitunternehmeranteils zum Ende des Veranlagungszeitraums. [3] Dieser ist für jeden Betrieb oder Mitunternehmeranteil jährlich gesondert festzustellen.**

(4) [1] **Übersteigt der positive Saldo der Entnahmen und Einlagen des Wirtschaftsjahres bei einem Betrieb oder Mitunternehmeranteil den nach § 4 Absatz 1 Satz 1 oder § 5 ermittelten Gewinn (Nachversteuerungsbetrag), ist vorbehaltlich Absatz 5 eine Nachversteuerung durchzuführen, soweit zum Ende des vorangegangenen Veranlagungszeitraums ein nachversteuerungspflichtiger Betrag nach Absatz 3 festgestellt wurde. [2] Die Einkommensteuer auf den Nachversteuerungsbetrag beträgt 25 Prozent. [3] Der Nachversteuerungsbetrag ist um die Beträge, die für die Erbschaftsteuer (Schenkungsteuer) anlässlich der Übertragung des Betriebs oder Mitunternehmeranteils entnommen wurden, zu vermindern.**

(5) [1] **Die Übertragung oder Überführung eines Wirtschaftsguts nach § 6 Absatz 5 Satz 1 bis 3 führt unter den Voraussetzungen des Absatzes 4 zur**

Nachversteuerung. [2]Eine Nachversteuerung findet nicht statt, wenn der Steuerpflichtige beantragt, den nachversteuerungspflichtigen Betrag in Höhe des Buchwerts des übertragenen oder überführten Wirtschaftsguts, höchstens jedoch in Höhe des Nachversteuerungsbetrags, den die Übertragung oder Überführung des Wirtschaftsguts ausgelöst hätte, auf den anderen Betrieb oder Mitunternehmeranteil zu übertragen.

(6) **[1]Eine Nachversteuerung des nachversteuerungspflichtigen Betrags nach Absatz 4 ist durchzuführen**

1. **in den Fällen der Betriebsveräußerung oder -aufgabe im Sinne der §§ 14, 16 Absatz 1 und 3 sowie des § 18 Absatz 3,**
2. **in den Fällen der Einbringung eines Betriebs oder Mitunternehmeranteils in eine Kapitalgesellschaft oder eine Genossenschaft sowie in den Fällen des Formwechsels einer Personengesellschaft in eine Kapitalgesellschaft oder Genossenschaft,**
3. **wenn der Gewinn nicht mehr nach § 4 Absatz 1 Satz 1 oder § 5 ermittelt wird oder**
4. **wenn der Steuerpflichtige dies beantragt.**

[2]In den Fällen der Nummern 1 und 2 ist die nach Absatz 4 geschuldete Einkommensteuer auf Antrag des Steuerpflichtigen oder seines Rechtsnachfolgers in regelmäßigen Teilbeträgen für einen Zeitraum von höchstens zehn Jahren seit Eintritt der ersten Fälligkeit zinslos zu stunden, wenn ihre alsbaldige Einziehung mit erheblichen Härten für den Steuerpflichtigen verbunden wäre.

(7) **[1]In den Fällen der unentgeltlichen Übertragung eines Betriebs oder Mitunternehmeranteils nach § 6 Absatz 3 hat der Rechtsnachfolger den nachversteuerungspflichtigen Betrag fortzuführen. [2]In den Fällen der Einbringung eines Betriebs oder Mitunternehmeranteils zu Buchwerten nach § 24 des Umwandlungssteuergesetzes geht der für den eingebrachten Betrieb oder Mitunternehmeranteil festgestellte nachversteuerungspflichtige Betrag auf den neuen Mitunternehmeranteil über.**

(8) **Negative Einkünfte dürfen nicht mit ermäßigt besteuerten Gewinnen im Sinne von Absatz 1 Satz 1 ausgeglichen werden; sie dürfen insoweit auch nicht nach § 10d abgezogen werden.**

(9) **[1]Zuständig für den Erlass der Feststellungsbescheide über den nachversteuerungspflichtigen Betrag ist das für die Einkommensbesteuerung zuständige Finanzamt. [2]Die Feststellungsbescheide können nur insoweit angegriffen werden, als sich der nachversteuerungspflichtige Betrag gegenüber dem nachversteuerungspflichtigen Betrag des Vorjahres verändert hat. [3]Die gesonderten Feststellungen nach Satz 1 können mit dem Einkommensteuerbescheid verbunden werden.**

(10) **[1]Sind Einkünfte aus Land- und Forstwirtschaft, Gewerbebetrieb oder selbständiger Arbeit nach § 180 Absatz 1 Nummer 2 Buchstabe a oder b der Abgabenordnung gesondert festzustellen, können auch die Höhe der Entnahmen und Einlagen sowie weitere für die Tarifermittlung nach den Absätzen 1 bis 7 erforderliche Besteuerungsgrundlagen gesondert festgestellt werden. [2]Zuständig für die gesonderten Feststellungen nach Satz 1 ist das Finanzamt, das für die gesonderte Feststellung nach § 180 Absatz 1 Nummer 2 der Abgabenordnung zuständig ist. [3]Die gesonderten Feststellungen nach Satz 1 können mit der Feststellung nach § 180 Absatz 1 Nummer 2 der Abgabenordnung verbunden werden. [4]Die Feststellungsfrist für die gesonderte Feststellung nach Satz 1 endet nicht vor Ablauf der Feststellungsfrist für die Feststellung nach § 180 Absatz 1 Nummer 2 der Abgabenordnung.**

(11) **[1]Der Bescheid über die gesonderte Feststellung des nachversteuerungspflichtigen Betrags ist zu erlassen, aufzuheben oder zu ändern, soweit der**

Steuerpflichtige einen Antrag nach Absatz 1 stellt oder diesen ganz oder teilweise zurücknimmt und sich die Besteuerungsgrundlagen im Einkommensteuerbescheid ändern. [2]Dies gilt entsprechend, wenn der Erlass, die Aufhebung oder Änderung des Einkommensteuerbescheids mangels steuerlicher Auswirkung unterbleibt. [3]Die Feststellungsfrist endet nicht, bevor die Festsetzungsfrist für den Veranlagungszeitraum abgelaufen ist, auf dessen Schluss der nachversteuerungspflichtige Betrag des Betriebs oder Mitunternehmeranteils gesondert festzustellen ist.

Übersicht

Verwaltung: *BMF* BStBl I 08, 838; *OFD Fft/M* DStR 14, 803 (Erbfall).

Schrifttum (Auswahl ab 2008); *Ley,* Zur Thesaurierungsbesteuerung …, FS Herzig, 469; *Wacker,* Notizen zur Thesaurierungsbegünstigung …, FR 08, 605; *Meyer ua,* Thesaurierung …, Ubg 08, 733; *Kessler ua,* Internationale Aspekte …, Ubg 08, 741; *B. Fischer,* Thesaurierungsbegünstigung … aus Sicht eines international … dt PersGes-Konzerns, FS Schaumburg, 2009, 319; *Bodden,* Aktuelle Brennpunkte …, FR 14, 920; *Brähler ua,* Gelungene Reform … (?), StuW 12, 119; *Englisch,* Zur Ausübung des Wahlrechts …, FR 15, 533.

I. Allgemeines

1. Zweck; Regelungszusammenhang. Das UntStRefG 08 hält einerseits daran fest, dass die von Einzelbetrieben und MUerschaften erzielten Gewinne 1 beim Einzelunternehmer/MUer estpfl sind (sog **Transparenz;** keine einheitl Unternehmenssteuer; dazu zB *Herzig* WPg 07,7; *Hey* DStR 07, 925); andererseits hat es die Thesaurierungsbelastung bei **KapGes** im Interesse der „internationalen Wettbewerbsfähigkeit" und der „Signalwirkung für (ausl) Investoren" (BT-Drs 16/4841, 29f) deutl auf 29,83% (s Rz 3) gesenkt.

2 **a) Belastungs-/Rechtsformneutralität.** Da diese Belastungsquote nach wie vor vom ganz überwiegenden Teil der Personenunternehmen/-unternehmer nicht erreicht werde, bestehe – so (BT-Drs 16/4841, 31, 62) – zwar keine Notwendigkeit zu einer allg Senkung des EStSatzes; jedoch müsse „**ertragstarken** und im internationalen Wettbewerb (stehenden) **Personenunternehmen**" das Recht eingeräumt werden, die Belastung für **thesaurierte Gewinne** derjenigen von KapGes (29,83%) anzunähern und hierdurch die EK-Basis sowie die Investitionsmöglichkeiten zu verbessern.

3 **b) Thesaurierung; Regelbesteuerung.** – Die Gewinne von **KapGes** unterliegen ab VZ 2008 – aufgrund der Absenkung der KSt auf 15% (§ 23 I nF; bisher: 25%) sowie der GewSt-Messzahl auf 3,5% (§ 11 II GewStG; bisher 5%) – bei einem GewSt-Hebesatz von 400% einer **Thesaurierungsbelastung** von nur rund **29,83%** (bisher: 38,65%). Wird der verbleibende Gewinn (70,17%) ins **PV** ausgeschüttet, tritt – ohne Berücksichtigung von KiSt – ab VZ 2009 auf Ges'terebene eine Steuerbelastung von 18,5% hinzu (= 70,17% × 26,37% [*AbgeltungsSt* + SolZ]; bisher: 14,56%); Gesamtbelastung (bei Ausschüttung) mithin: **48,33%** (bisher: 53,21%). Werden die Anteile im **BV** gehalten (zB BetrAufsp), greift ab VZ 2009 das 60%-*Teileinkünfteverfahren* (§§ 3 Nr 40, 3c II), so dass bei einem individuellem ESt-Satz von 45% (42%; 30%; jeweils zuzügl SolZ) und Geltung des gewstl Schachtelprivilegs (§ 8 Nr 5, § 9 Nr 2a GewStG) die Ausschüttungsbelastung 19,98% (18,65%; 13,32%) beträgt und damit zusammen mit der Thesaurierungsbesteuerung (29,83%) eine Gesamtbelastung von **49,81%** (48,48%; 43,15%) eintritt (vgl *Weber* NWB F 18, 4509/30). – Die **Regelbesteuerung** beläuft sich (einschließl SolZ, GewSt und GewSt-Anrechnung gem § 35 nF: 3,8 × GewSt-Messbetrag; ohne KiSt) – sowohl für thesaurierte als auch für entnommene Gewinne (Transparenz, s Rz 1) – bei einem ESt-Satz von 45% (42%; 35%; 30%; 25%) und einem GewSt-Hebesatz von 400% auf **47,44%** (44,28%; 36,89%; 31,67%; 26,34%; vgl *Ley* KÖSDI 07, 15737/40). Dies liegt zwar unterhalb der Steuerbelastung ausgeschütteter Dividenden, benachteiligt jedoch die Personenunternehmer ggü dem geminderten Thesaurierungssatz von KapGes (29,83%) in signifikanter Weise.

4 **c) Tarifermäßigung für nicht entnommenen Gewinn.** Zur Beseitigung der unterschiedlichen Thesaurierungsbelastung (Regelbesteuerung bei PersGes und KapGes; K s Rz 3) gewährt § 34a auf Antrag für den vom Unternehmer/MUer nicht entnommenen Gewinn eine Tarifermäßigung (proportionaler Sonder-EStSatz: 28,25% zuzügl 5,5% SolZ = **29,80%;** so BT-Drs, s Rz 2). Bei späterer Entnahme entfällt der Begünstigungsgrund, so dass auf den nachsteuerpflichtigen Betrag (70,2% des Gewinns) eine gleichfalls proportionale Nachsteuer iHv 25% zuzügl 5,5% SolZ (= 26,37% × 70,2% = 18,51%) erhoben wird und die Gesamtbelastung (rd **48,3%** = 29,8% + 18,51%) nach BT-Drs 16/4841, 32) derjenigen von KapGes (einschließl Dividenden; s Rz 3) entspricht (s *Dörfler ua* DStR 07, 645/7). Der Gesetzgeber hat sich damit für das sog **Tarif-Modell (T-Modell;** dazu *Wissenschaftl Beirat* BB 05, 1653; zur Reformdiskussion s auch Rz 1 mwN) entschieden, das einerseits durch eine *unternehmerbezogene* Begünstigung des ESt-Satzes gekennzeichnet ist, andererseits nicht sämtl betriebl Einkünfte zusammenfasst, sondern an den *einzelnen Betrieb/MUeranteil* anknüpft.

5 **d) Kritik.** Abgesehen davon, dass jeder Belastungsvergleich die konkreten Einzelfallumstände zu berücksichtigen hat, sind auch gegen die typisierenden Prämissen des Gesetzgebers zR **Einwände** erhoben worden: – ***(1)*** Kein Sondertarif (29,8%), sondern Regelbesteuerung

(individueller ESt-Satz; zB 45%) für den mit **GewSt** belasteten Teil des Gewinns (zutr; dazu Rz 25), so dass die Thesaurierungsbelastung auf **32,28 %** ansteige und damit um 2,5% über derjenigen von KapGes (29,83%) liege. – ***(2)*** Nicht selten weiterer Anstieg der Belastung durch **Steuerentnahmen** (auf rd **36 %–38 %;** s § 37 III 5: Sondertarif bleibt bei ESt-Vorauszahlungen außer Ansatz; zB *Dörfler ua* DStR 07, 649; *Kleineidam ua* DB 07, 409) sowie **sonstigen Entnahmen** (privater Lebensbedarf; zu Entnahmen von stfreien Gewinnen und sog Altkapital s Rz 62f). – ***(3)*** Ob hieraus allerdings (*Dörfler ua* DStR 07, 650: Verfehlung einer rechtsformneutralen Belastung thesaurierter Gewinne) ein tragfähiges Argument für einen **Rechtsformwechsel** (Personenunternehmen in KapGes) bei langfristiger Thesaurierungsabsicht abzuleiten ist, erscheint fragl (zR zurückhaltend *Ley* KÖSDI 07, 15743).

e) Schaubild (GewSt-Hebesatz: 400%; max GewSt-Anrechnung; einschließl SolZ; ohne KiSt; Angaben in vH): 6

	KapGes/ Abgeltungssteuer	KapGes/60%-Teileinkünfteverfahren	PersGes/ Regelbesteuerung – *unabhängig* von Entnahmen –	PersGes/ Sondertarif gem § 34a (maximal; *ohne* Steuerentnahmen)
Thesaurierung	29,83	29,83		
EStSatz:				
45%			47,44	32,28
42%			44,28	31,83
30%			31,67	30,06
Ausschüttung/Entnahme				
EStSatz:				
45%				
42%	18,50	19,98		15,92
30%	18,50	18,65		15,92
	18,50	13,32		15,92
Summe				
ESt-Satz:				
45%	48,33	49,81	47,44	48,20
42%	48,33	48,48	44,28	47,75
30%	48,33	43,15	31,67	45,98

f) Wahlrechtsparameter; § 34a versus Regelbesteuerung. Im Vergleich zur Regelbesteuerung (s Rz 3) ist dem Vorteil des Sondertarifs der Nachteil der proportionalen Nachversteuerung bei späterer Entnahme gegenüberzustellen. Das Wahlrecht wird deshalb daran auszurichten sein, ob der Zinsvorteil aus der vorübergehend ersparten Steuer die Nachversteuerungsmehrbelastung kompensiert. Dies dürfte bei hohen ESt-Sätzen (bis ca 40%) häufig zu bejahen sein (*Förster* Ubg 08, 185/92). Da aber mit sinkenden ESt-Sätzen der Thesaurierungsvorteil abnimmt (er entfällt bei einem ESt-Satz von 28,25%) und umgekehrt der Nachversteuernachteil zunimmt, bedarf es iÜ einer sorgfältigen Einzelfallprüfung (*Ley* KÖSDI 07, 15743: Investitionsbedarf, Dauer des Thesaurierungszeitraums; *Schröder* WPg 08, 548: KapEinkünfte/AbgeltungsSt). Zu berücksichtigen sind hierbei aber auch das Recht zur Antragsrücknahme (§ 34a I 4; Rz 40) und der Umstand, dass die Bescheide nicht selten unter dem Vorbehalt der Nachprüfung (§ 164 AO) ergehen. Zu **gesellschaftsvertragl** Regelungen (zB Optionspflichtklauseln) s *Levedag* GmbHR 09, 13; zu **internationalen** Sachverhalten (Anrechnungsüberhänge) s zB *Kessler ua* Ubg 08, 741. Zur **praktischen Akzeptanz** von § 34a s *Kessler ua* DB 11, 185; *Brähler ua* StuW 12, 119. 7

2. Überblick; Binnensystematik. Gegenstand des antragsabhängigen ESt-Sondertarifs (BT-Drs 16/4841, 62: betriebs- und personenbezogene Vergünstigung) ist – ausgehend von der Gewinnermittlung nach § 4 I 1, § 5 – der vom StPfl nicht entnommene Gewinn des *einzelnen* Betriebs/MUeranteils (zu doppelstöckigen PersGes s Rz 22), soweit er im zu versteuernden Einkommen enthalten ist 10

(§ 34a I, II) mit der Folge der betriebs-/mitunternehmeranteilsbezogenen gesonderten Feststellung eines nachversteuerpflichtigen Betrags (§ 34a III, IX). Übersteigen in den Folgejahren die Entnahmen die Summe aus Gewinn und Einlagen, löst dies grds eine Nachversteuerung aus (Ausnahmen: § 34a IV 3, V: Entnahme für Zwecke der ErbSt/SchenkSt; Buchwertentnahme gem § 6 V iVm Übertragung des nachversteuerungspflichtigen Betrags). Unabhängig von Entnahmen ist eine Nachversteuerung zB bei Veräußerung/Aufgabe des Betriebs/MUeranteils oder Einbringung in KapGes durchzuführen (§ 34a VI; uU Stundung), nicht jedoch bei Buchwert-Einbringung in PersGes (§ 34a VII 2) – Bei unentgeltl Betriebs-/MUeranteils-Übertragung (§ 6 III) führt der Rechtsnachfolger den nachversteuerungspflichtigen Betrag fort (§ 34a VII 1).

11 **3. Verhältnis zu anderen Vorschriften.** – ***(1)*** Anspruchsberechtigt können auch **beschr StPfl** (Rz 38), Gegenstand der Begünstigung können auch nicht entnommene Gewinne *ausl* Betriebe, Betriebsstätten und MUeranteile sein (zu DBA-Qualifikationskonflikten bei ausl PersGes s *Goebel ua* IStR 07, 877; zu § 34c I 2s Rz 50, 64). Zu Implikationen ausl steuerbefreiter Gewinne auf den nicht entnommenen Gewinn s Rz 25; zu Entnahmen/Einlagen s Rz 33. – ***(2)*** Der nach § 34a II begünstigungs*fähige* nicht entnommene Gewinn unterliegt dem vorrangigen **Verlustausgleich** (s einschließl Verlustabzug gem § 10d I 2 Rz 36); ausgeschlossen ist aber ein (Verlust-)Ausgleich von Nachversteuerungsbetrag und negativen Einkünften des Nachsteuerjahrs (Rz 64). – ***(3)*** § 34a I (Sondertarif) geht dem **Regeltarif** vor (§ 32a I 2, V). – ***(4)*** § 34a schließt **§ 35** (GewSt-Anrechnung) nicht aus (aA Vorschlag des *Wissenschaftl Beirats* BB 05, 1653/4), mindert jedoch die tarifl ESt gem § 35 I 1, 3 nF (*BMF* BStBl I 09, 440 Rz 15; § 35 Rz 5; zur Nachversteuerung s Rz 64). – ***(5)*** Die Steuerermäßigung nach § 34a – mutmaßl einschließl Nachsteuer – bleibt bei der Bemessung der **ESt-Vorauszahlungen** außer Ansatz (§ 37 III 5; BT-Drs 16/4841, 65: Begünstigungsumfang erst nach Ablauf des VZ bestimmbar; Antrag deshalb regelmäßig erst bei Abgabe der ESt; zutr *Thiel ua* DB 07, 1099, 1104: fiskalische Gründe); ebenso für den hierauf entfallenden SolZ (§§ 1 IV, 3 I Nr 2 SolZG). Zu den Einwirkungen (Steuerentnahmen) auf den nicht entnommenen Gewinn s Rz 5.

12 **4. Verfassungsfragen.** – Verfrechtl nicht zu beanstanden ist die Konzentration der Begünstigung auf **ertragstarke** Personenunternehmen (beachte auch § 7g). Dies gilt mit Rücksicht auf die angestrebte Annährung zur Ertragsteuerbelastung der von KapGes thesaurierten Gewinnen (s Rz 3) auch, soweit die Personenunternehmen nicht im internationalen Wettbewerb stehen (Rz 2, 4); die zT gegenläufigen Wirkungen („Entnahmezwang"; s Rz 63) dürften durch die Einschätzungsprärogative des Gesetzgebers (s BVerfGE 116, 164/82) gedeckt sein (insgesamt aA wohl *Wilk* DStZ 07, 216: Verstoß gegen Leistungsfähigkeitsprinzip). – Im Gegensatz zur Exemtion pauschaler Gewinnermittlungen (§§ 5a, 13a), entbehrt mE der – vom Gesetzgeber (vgl BT-Drs 16/4841, 63) nicht begründete – Ausschluss von nach **§ 4 III** ermittelten Gewinnen eines hinreichenden sachl Grunds (arg.: § 4 IV a S 6 iVm allg Grundsätzen der Feststellungslast; *Blümich* § 34a Rz 14; *Dörfler ua* DStR 07, 645/8; aA *Gragert ua* NWB 14621/8; *Wissenschaftl Beirat* BB 05, 1653/5). – Zweifelhaft ist ferner die Restriktion des **§ 34a I 3** (bei **MUern** Gewinnanteil von mehr als 10% oder mehr als 10 000 €; s Rz 39). Die hierfür gegebene Begründung (BT-Drs 16/4841, 63: Verwaltungsvereinfachung; Ausschluss von Minimalbeteiligungen an als nicht begünstigt zu klassifizierenden PublikumsGes; zust *Gragert ua* NWB F 3, 14621/4) ist kaum tragfähig, da es Einzelunternehmern freisteht, den Antrag gem § 34a I ohne Wahrung einer Bagatellgrenze zu beschränken (s Rz 39). Auch wird nicht erläutert, weshalb Ges'ter von PublikumsGes außerhalb des Gesetzeszwecks stehen sollen.

13 **5. Zeitl Anwendungsbereich.** § 34a ist erstmals für den VZ 2008 anzuwenden (§ 52 Abs 34) und damit bei Gewerbetreibenden mit vom Kj abw Wj bereits

für den Gewinn des Wj 07/08 (s Rz 28). Die hiermit verbundene Rückwirkung ist begünstigend und deshalb unbedenkl. Zu Altkapital s Rz 63. Zum Feststellungsverfahren § 34a X nF s Rz 95.

6. Reformvorschläge. *Dörfler ua,* DStR Beil 29/09, 69; *Fechner ua* FR 10, 744; *Schneider ua* FR 11, 166. 14

II. Tatbestand der Begünstigung

1. Gewinne iSv §§ 4 I 1, § 5. Der Sondertarif wird nur denjenigen StPfl gewährt, die als Einzelunternehmer, MUer oder persönl haftende Ges'ter einer KGaA (§ 15 I 1 Nr 1–3; *BMF* BStBl I 08, 838 Tz 1, 2; *Gragert ua* NWB F 3, 14621/32) durch **BV-Vergleich** (§§ 4 I 1, 5) ermittelte Gewinne oder Gewinnanteile – nicht Verluste oder Verlustanteile (s auch Rz 62 betr Nachversteuerung) – erzielen (§ 34a I 1, 3, II). Erfasst werden hiernach **betriebl Einkünfte** (GewBetr, LuF, selbständige Arbeit; nicht jedoch Gewinne nach § 17, *Blümich* § 34a Rz 16), *ausgenommen* Gewinnermittlung nach §§ 5a, 13a oder nach § 4 III (s aber Rz 12). Bei betriebl Beteiligungen an UnterPersGes soll es nach *BMF* BStBl I 08, 838 Tz 15 ausreichen, dass in den Bestandsvergleich der OberPersGes auch die Gewinnanteile aus der UnterPersGes eingehen (*Gragert ua* NWF F 3, 15251/60; mE nur bei vermögensverwaltenden UnterPersGes zutr; s iÜ Rz 22). Zu den nach §§ 4 I 1, 5 ermittelten Gewinnen können bei unbeschr StPfl auch **ausl betriebl Einkünfte** gehören (Einzelheiten *HHR* § 4 Rz 8; zu DBA-Freistellung sowie zu beschr StPfl s Rz 38; zur Anrechnung s Rz 50). Ebenso die in HB/StB des **Organträgers** (natürl Person; PersGes) ausgewiesene *zivilrechtl* Gewinnabführung der OrganGes (*BMF* BStBl I 08, 838 Tz 11; BFH I R 240/72 BStBl II 75, 126: *außerbilanzielle* Kürzung iVm mit Zurechnung nach § 14 KStG; KStR 29 I; *Pohl* DB 08, 84); zu Minderabführungen s Rz 25; zu § 19 KStG s Rz 35. 20

a) Betriebs-/anteilsbezogene Betrachtung. Anknüpfungspunkt ist (grds) der für den einzelnen Betrieb oder MUeranteil bestimmte Gewinn (BT-Drs 16/4841, 62). Dies entspricht bei Einzelunternehmen der Rspr zu § 4 IVa (BFH IV R 72/02 BStBl II 08, 420) mit der Folge, dass zwar ein Betrieb auch bei Vorliegen **mehrerer Teilbetriebe** eine Beurteilungseinheit bildet. Nach dem sog engen Betriebsbegriff sind aber selbst **mehrere Einzelbetriebe** der näml Einkunftsart jeweils eigenständig zu beurteilen (s zu § 4 IVa *Wacker* HFR 07, 1091/4; *Niehus ua* DStZ 09, 14/6). Demgemäß ist auch bei Beteiligung des StPfl an mehreren *(Schwester-) PersGes* der **einzelne MUeranteil** Gegenstand der § 34a-Begünstigung (vgl § 34a I 2); zu § 34a I 3s Rz 39. 21

aa) Ausnahme bei doppel-/mehrstöckigen PersGes. Das *BMF* (BStBl I 08, 838, Tz 21 mit Beispiel iVm Tz 12/3) geht von nur einem **einheitl begünstigten Gewinn des OberGes'ters** aus, der neben seinem Gewinnanteil an der OberPersGes (*einschließl* deren Beteiligung an der Unter-PersGes) auch die Sonderbetriebsergebnisse nach § 15 I 1 Nr 2 S 2 (zB Darlehen OberGes'ter an UnterPersGes) umfasse, so dass Vermögenstransfers zw den PersGes das Begünstigungsvolumen nicht beeinflussen und zu den Entnahmen iSv § 34a nur solche aus dem Betrieb der OberPersGes sowie aus dem SonderBV des OberGes'ters einschließl § 15 I 1 Nr 2 S 2 gehören (glA *Gragert* NWB F 3, 14621/32; *Rogall* DStR 08, 429/32; *Niehus ua* DStZ 09/14, 23; **diff** *Thiel ua* DB 07, 1099, 1104; *Ley/Brandenberg* FR 07, 1085/9; *Ley* FS Herzig, 469/83: OberGes'ter hat MUeranteil **(1)** an OberPersGes einschließl deren Beteiligung an UnterPersGes *und* **(2)** an UnterPersGes gem § 15 I 1 Nr 2 S 2). Hierauf aufbauend müssen auch MUeranteile **im BV von Einzelbetrieben** wie Teilbetriebe behandelt werden (aA bezügl Veräußerung aber *OFD Koblenz* DStR 07, 992; s auch *OFD Fft* DB 08, 265; dazu § 16 Rz 407, 582). Zum Erfordernis der Gewinnermittlung durch Bestandsvergleich s *BMF* BStBl I 08, 838 Tz 15. 22

Stellungnahme: Trotz BFH IV R 23/93 BStBl II 95, 467/9 (Gewinn der UnterPersGes = Teil des StB-Gewinns der OberPersGes; s § 15 Rz 622, 613, 256) erfordert § 34a – ebenso wie zB § 4 IV a (*BMF* BStBl I 05, 1019 Rz 8; § 15 Rz 430) und § 15a (BFH IV R 67/00 DB 04, 2401; § 15a Rz 61; s auch § 15 Rz 471 betr Ergänzungsbilanzen) – mE die **Trennung der Beteiligungsstufen** (OberPersGes ist MUerin der UnterPersGes; selbständige Feststellungsverfahren) und damit der **Gewinnermittlungskreise** (Gewinn der UnterPersGes einschließl Ergänzungs-/Sonderbilanzen der OberPers*Ges* und § 15 I 1 Nr 2 S 2 einerseits sowie „originärer" Gewinn der OberPersGes einschließl Ergänzungs-/Sonderbilanzen der OberPers*Ges'ter* andererseits); *arg.:* Wortlaut und mitunternehmer-anteilsbezogene Systematik; zweckentsprechende (vgl Rz 1ff) kongruente Entlastung zum gedachten Parallelfall gestufter KapGes-Beteiligungen iVm § 8b KStG (bei OberKapGes 95%-ige Steuerfreiheit der Dividenden aus UnterKapGes; Ausnahme: § 8b IV KSt nF; grds kein Verlusttransfer); Gleichbehandlung mit SchwesterPersGes (s Rz 21). Demgemäß sind dem Ober-PersGes'ter zwei MUeranteile zuzurechnen (*MUeranteil 1:* über OberPersGes vermittelter MUeranteil an UnterPersGes einschließl § 15 I Nr 2 S 2; *MUeranteil 2:* Anteil am originären Gewinn der OberPersGes einschließl SonderBV). Bei dreistöckigen Strukturen etc ist entspr zu vervielfachen.

23 **bb) Divergierende Folgen (Auswahl).** – ***(1)*** Zur Gewinnermittlung nach §§ 4 I, 5 (Bestandsvergleich) s Rz 20; *BMF* BStBl I 08, 838 Tz 15. – ***(2)* § 34a I 3** (dazu Rz 39) ist auf beiden Stufen eigenständig – bei UnterPersGes einschließl § 15 I 1 Nr 2 S 2 – zu prüfen (aA mutmaßl *BMF* BStBl I 08, 838 Tz 21 iVm 9). – ***(3)*** Für beide Gewinnermittlungskreise/MUeranteile sind die nachversteuerpflichtigen Beträge selbständig festzustellen (§ 34a III; Rz 91). – ***(4)*** Sowohl ausgleichsfähige als auch nur verrechenbare **Verluste** aus der Beteiligung an der inl/ausl UnterPersGes (s auch Rz 25) mindern nicht den auf die OberPersG'ter entfallenden Anteil am originären Gewinn der OberPersGes iSv § 34a. *Beispiel:* § 15a-Verlust der UnterPersGes: 100; Gewinn der OberPersGes nach §§ 4 I 1, 5 *(a) ohne* Beteiligungsverlust: 200 (= mE Gewinn iSv § 34a), *(b) mit* Beteiligungsverlust: 100 ([= 200 – 100] = mutmaßl Gewinn iSv § 34a gem *BMF* BStBl I 08, 838, Tz 21; *Ley/Brandenberg* FR 07, 1085/92). – ***(5)* Gewinne** aus der UnterPersGes sind – soweit Teil des zu versteuernden Einkommens der OberPersGes-Ges'ter – auch dann nach § 34a begünstigt, wenn die OberPersGes originär Verluste erzielt (aA mutmaßl *BMF* BStBl I 08, 838 Tz 21). – ***(6)*** Umgekehrt sind zB nach DBA **steuerbefreite** Gewinne der UnterPersGes vom nicht entnommenen Gewinn der OberPerGes ausgenommen (unklar *BMF* BStBl I 08, 838; aA *Thiel ua* DB 07, 1099, 1105; *B. Fischer* FS Schaumburg, 319/30; *Ley/Brandenberg* FR 07, 1085/92). – ***(7)* Vermögenstransfers** von UnterPers zu OberPersGes führen auch iSv § 34a II zu Entnahmen(UnterPersGes)/Einlagen (OberPersGes); ggf ist der festgestellte nachversteuerungspflichtige Betrag auf den MUeranteil an der OberPersGes zu übertragen (§ 34a V iVm § 6 V; s – auch zu Geld – Rz 66ff; *BMF* BStBl I 08, 838 Tz 21; s oben Rz 22; zu *ausl* PersGes s aber *BMF* BStBl I 08, 838 Tz 39; Rz 33). – ***(8)* Veräußerung** des Anteils an UnterPersGes (oder Einbringung in KapGes) löst – ohne § 34a V – Nachversteuerung aus (§ 34a VI Nr 1/2; aA *BMF* BStBl I 08, 838 Tz 5; BT-Drs 16/4841, 63; *Ley* FS Schaumburg, 423/41; *Schaumburg/Rödder* UntStReform 2008, 441). – ***(9)*** Zur **Einbringung** von MUeranteilen in **PersGes** s Rz 78.

24 **b) Nach § 4 I 1 oder § 5 ermittelter Gewinn, § 34a I 1, II.** Gewinn in diesem Sinne ist der Unterschiedsbetrag zw dem BV am Schluss des Wj und demjenigen am Ende des vorangegangenen Wj, vermehrt um den Wert der Entnahmen und vermindert um den Wert der Einlagen. – **aa) MUeranteile.** Es ist auf den Anteil am Gesamtgewinn der MUerschaft (vgl § 15 Rz 400f, 475), dh auf den Anteil am GesGewinn einschließl Korrekturen durch positive/negative Ergänzungsbilanzen (zu deren Auswirkungen s *Ley* KÖSDI 07, 15737/52) zuzügl/abzügl Sonderbetriebsergebnisse zuzügl/abzügl Entnahmen und Einlagen beider Bereiche abzustellen (*BMF* Tz 2, 12, 20). Zu Entnahmen/Einlagen s Rz 32.

25 **bb) Außerbilanzielle Korrekturen.** Sie sind nicht anzusetzen (zB *Ley* KÖSDI 07, 15737/45; str): Der Gewinn (iSv § 4 I 1 oder § 5) ist damit einerseits um

betriebl veranlasste, jedoch **nicht** als **BA abziehbare** Aufwendungen **gemindert,** so dass diese – obgleich sie aufgrund der außerbilanziellen Hinzurechung Teil des im zu versteuernden Einkommen enthalten Gewinns sind – nicht in den begünstigungsfähigen Gewinn nach § 34a I, III eingehen (*BMF* BStBl I 08, 838 Tz 16 mit Beispiel; BT-Drs 16/4841, 63: „tatsächlich verausgabt und damit nicht entnahme-/begünstigungsfähig"; FG Mster EFG 14, 1201, rkr: verfgemäß; zutr). *Beispiele* (*Grützner* StuB 07, 445/6): § 3c I, II aF/nF; § 4 IV a; § 4 V; § 4 Va; § 4 Vb nF (FG Mster aaO; zur Nachversteuerung s Rz 62; zur ausl GewSt s *Kollruss* BB 08, 1373), § 4h, § 15 IV, §§ 1, 10 AStG (vgl *BMF* BStBl I 05, 570 zu 5.3.3; BFH I R 118/04 BStBl II 06, 537). – Teil des begünstigungsfähigen Gewinns sind mE jedoch **organschaftl** (dazu Rz 20, 35) **Minderabführungen** (arg § 14 IV KStG „Ausgleichsposten in der Steuerbilanz"; dazu § 16 Rz 161; vgl auch KStR 63 I; *Wacker* FR 08, 605/9; *von Freeden ua,* FR 09, 785; ohne Aussage *BMF* BStBl I 08, 838 Tz 11); dass der Ausgleichsposten das EK des Organträgers nicht erhöht (BFH I R 65/11 BStBl II 13, 555), ändert hieran nichts. Gleiches dürfte für **Übernahmegewinne** (§ 4 UmwStG) gelten (*Ley* Ubg 08, 13/7: teleologische Extension; zutr). – Zu § 4f aF/9c I aF (erwerbsbedingte Kinderbetreuungskosten) s *Gragert ua* NWB F 3, 14621/32: Belastung des betriebl Kontos = Entnahme iVm *außer*bilanzieller Gewinnkürzung; str).

cc) Betriebsmehrungen. Der Gewinn (iSv § 4 I 1, § 5) umfasst andererseits 26
auch stfreie BV-Mehrungen. *Beispiele:* § 3 Nr 40; § 3 Nr 40a (s aber Rz 35), § 3 Nr 70; §§ 15 IV, 15a II (Verlustverrechnung); § 12 InvZulG. Gleiches gilt für steuerbefreite ausl **Betriebsstätteneinkünfte** (*BMF* BStBl I 08, 838 Tz 11, 18; BT-Drs 16/4841, 63; *Wissenschaftl Beirat* BB 05, 1653/6); sie sind Teil des BV-Vergleichs gem §§ 4 I 1, 5 (BFH I R 11/117/87, BStBl II 90, 57; *BMF* BStBl I 99, 1076 zu 1.1.4.2; zu ausl PersGes s BFH I R 32/90 BStBl II 92, 94; *BMF* BStBl I 08, 838 zu 1.1.5.4; aA *Thiel ua* DB 07, 1099, 1102), *nicht* jedoch bei Beteiligung *beschr* StPfl an ausl PersGes mit inl Betriebsstätten (*BMF* BStBl I 08, 838 Tz 3; *Schultes-Schnitzlein* ua NWB F 3, 14683/92; vgl auch BFH I R 95/96 BStBl II 98, 260: Einkünfteermittlung nur für stbare Einkünfte; zu inl PersGes s *Wassermeyer,* Betriebsstättenhandbuch, S 344/61: Ermittlung des Gesamtgewinns nach dt Steuerrecht, wenn auch Steuerinländer beteiligt; zu Entnahmen/Einlagen s Rz 33). Zu EU-rechtl Bedenken s *Wacker* FR 08, 605/9; *Kessler ua* Ubg 08, 741/5; zu ausl/inl **UnterPersGes** s Rz 22. **Folgen** ua sind: – ***(1)*** Gleichen stfreie BV-Vermehrungen die nicht abziehbaren BA aus, kann – vorbehaltl eines positiven Entnahme/Einlagen-Saldos – der gesamte im zu versteuernden Einkommen enthaltene Gewinn nach § 34a I begünstigt sein (Kompensationseffekt; *Ley* KÖSDI 07, 15737/46; *Meyer ua* Ubg 08, 733/5). – ***(2)*** Bis zur Höhe stfreier BV-Mehrungen mindert ein positiver Saldo von Entnahmen und Einlagen zwar den nicht entnommenen Gewinn (§ 34a II; *BMF* BStBl I 08, 838 Tz 17 mit Beispiel: Fiktion der vorrangigen Entnahme), nicht jedoch den im zu versteuernden Einkommen enthaltenen (begünstigungsfähigen) Gewinn iSv § 34a I (s Rz 35). – *(cc)* Zur Nachversteuerung s Rz 62f.

c) Zeitl Zuordnung; abweichendes Wj. Der Gewinn nach § 4 I 1 (oder 28
§ 5) wird grds für das Kj ermittelt und veranlagt (§§ 2 VII 2, 25 I). Weicht bei einem Gewerbebetreibenden (Einzelunternehmer; PersGes) das Wj vom Kj ab, gilt der Gewinn – und damit auch der hieraus abzuleitende nicht entnommene und im zu versteuernden Einkommen enthaltene begünstigungsfähige Gewinn (s Rz 35) – in dem Kj bezogen, in dem das **Wj endet** (§ 4a II Nr 2). Demgemäß kann § 34a auch bereits für den (gesamten) Gewinn des Wj 07/08 beansprucht werden (§ 52 Abs 34; Rz 13; *BMF* BStBl I 08, 838 Tz 19). Bei LuF mit abw Wj ist hingegen aufzuteilen (§ 4a II Nr 1; *BMF* BStBl I 08, 838 Tz 19: einschließl Entnahmen/Einlagen). Werden in einem VZ die Gewinne/Verluste **mehrerer (Rumpf-)Wj** erfasst (zB abw Wj: Wj 08/09; RumpfWj 09; § 4 Rz 23) und ergeben sich für

beide Wj nicht entnommene Gewinne iSv § 34a II, sind diese – soweit im zu versteuernden Einkommen des VZ (09) enthalten – Gegenstand des beliebig begrenzbaren Antrags nach § 34a I (Begünstigungsbetrag) sowie des hieraus abzuleitenden – jedoch jährl gesondert festzustellenden – nachversteuerungspflichtigen Betrags (§ 34a III 1–3). Treffen hingegen nicht entnommener Gewinn = Begünstigungsbetrag (Wj 08/09) und Nachversteuerungsbetrag gem § 34a IV (Rumpf-Wj 09) zusammen, ist nach dem Gesetzeswortlaut (mE jedoch korrigierende Auslegung) der Anfall einer Nachsteuer daran gebunden, dass zum Ende des vorangegangenen VZ (31.12.08) ein nachversteuerungspflichtiger Betrag festgestellt wurde (§ 34a IV 1, letzter HS); fehlt es hieran, wäre gleichwohl – wiederum nach dem Gesetzeswortlaut (§ 34a III 2) – der nachversteuerungspflichtige Betrag um den (nicht belasteten) Nachversteuerungsbetrag zu kürzen (aA *Meyer ua* Ubg 08, 733/6: Zusammenfassung beider Wj).

30 **2. Nicht entnommener Gewinn, § 34a II. – a) Differenzgröße.** Nicht entnommener Gewinn ist der um den positiven Saldo von Entnahmen und Einlagen verminderte Gewinn iSv § 4 I 1 oder § 5 (§ 34a II). Da der Gewinn iSv § 4 I 1 (oder § 5) bereits um die Entnahmen erhöht und um die Einlagen gemindert wurde (s Rz 23), ist zur Bestimmung des nicht entnommenen Gewinns nur ein positiver Saldo Entnahme/Einlage-Saldo abzusetzen (*BMF* BStBl I 08, 838 Tz 13: „maximaler Begünstigungsbetrag"; *Hölzerkopf ua* BB 07, 2769). Übersteigen oder erreichen hingegen die Einlagen die Entnahmen (negativer/ausgeglichener Saldo), bedarf es keiner Korrektur, dh der nicht entnommene Gewinn entspricht dem Gewinn iSv § 4 I 1 (= betriebl veranlasste BV-Mehrung des Wj; zu Einlagen iZm § 34a V s aber Rz 71 (3)). Der nicht entnommene Gewinn ist somit eine *rechnerische* Differenz, der die gesetzl Wertung zugrunde liegt, dass *(1)* Entnahmen und Einlage des Wj zu saldieren sind; *(2)* die *Gewinne des lfd Wj (a)* bei Entnahmen bis zur Höhe der Einlagen thesauriert und *(b)* bei einem positiven Entnahme/Einlage-Saldo ggü den Gewinnen der Vorjahre vorrangig entnommen werden (*Thiel ua* DB 07, 1099, 1100). Zu Altkapital s Rz 62f.

31 **b) Betriebsbezogene Einlagen/Entnahmen.** Einlagen/Entnahmen sind bei Einzelunternehmen betriebsbezogen (Rz 21) zu erfassen (s zu § 4 IVa *BMF* BStBl I 05, 1019 Rn 10; irreführend *BMF* BStBl I 08, 838 Tz 37; dazu Rz 33; zu § 34a V s aber Rz 71) und – ebenso wie iRd BV-Vergleichs (§§ 4 I 1, 5) – nach § 6 I Nr 4, 5 zu bewerten (*BMF* BStBl I 08, 838 Tz 14); Gleiches gilt in Fällen der Buchwertfortführung nach § 6 V 1–3 (zur Nachversteuerung s aber Rz 66ff). Auch Entnahmen zur Tilgung der ErbSt/SchenkSt (§ 12 Nr 3) sind anzusetzen (*BMF* BStBl I 08, 838 Tz 31; zur Nachversteuerung s aber Rz 65).

32 **c) MUeranteilsbezogene Einlagen/Entnahmen.** Bei MUern ist eine Entnahme mitunternehmer-anteilsbezogen (s Rz 21–23) zu bejahen, wenn WG (oder Nutzungen) aus dem Gesamthandsvermögen oder dem SonderBV entweder in das PV oder in ein anderes BV oder in ein SonderBV des MUers bei einer anderen MUerschaft übertragen oder überführt werden. *Beispiele:* Geld-Entnahme aus Ges zur ESt-Tilgung; Auszahlung von Sondervergütungen (Dienstleistungs-/Nutzungsentgelt) auf privates Bankkonto = Entnahme aus *SonderBV* (*BMF* BStBl I 08, 838 Tz 20; zur Willkürung des Guthabens s *Ley* KÖSDI 07, 15737/53; FR 07, 1085/96). – Die umgekehrten Vorgänge lösen eine Einlage aus (zB Ges'terdarlehen oder Vermietung eines Grundstücks an PersGes = Einlage in das SonderBV). Auch hier kommt es auf die Buchwertfortführung nach § 6 V 2, 3 nicht an (zur Nachversteuerung s aber Rz 66ff, 71). – Gleiches gilt, wenn ein WG vom SonderBV der MUers 1 in das SonderBV des MUers 2 bei der näml MUerschaft unentgeltl übertragen wird (§ 6 V 3 Nr 3; Entnahme des MUers 1; Einlage des MUers 2). – Werden hingegen WG zu Lasten des KapKtos von MUer 1 in dessen SonderBV bei der MUerschaft übertragen (§ 6 V 3 Nr 2), lässt dies die Höhe seines nicht entnommenen Gewinns unberührt (Entnahme und Einlage gleichen einander aus;

ebenso zu § 4 IV a *BMF* BStBl I 05, 1019 Rn 32d); Entsprechendes gilt für den umgekehrten Vorgang (Einbringung von SonderBV in das Gesamthandsvermögen), *soweit* die Einlage dem Kapital des Einbringenden gutgeschrieben wird (*Niehus ua* DStZ 09, 14/6); uU weitergehend *BMF* BStBl I 08, 838 Tz 20. – Zu MUeranteilen im BV (zB doppel-/mehrstöckigen PersGes) s Rz 22.

d) Entstrickungstatbestände. Nach dem Wortlaut von § 34a II gehören auch die Entstrickungstatbestände nach § 4 I 3 iVm 4 (idF JStG 10) zu den (gesetzl fingierten) **Entnahmen** (s dort; § 16 Rz 175). Hiervon geht auch *BMF* BStBl I 08, 838 Tz 34, 37–40 bei Überführung/Übertragung von WG **zw inl und ausl Betrieben** oder **PersGes** aus (*Niehus ua* DStZ 09, 14/8; zum WG-Transfer zw inl Betrieben/PersGes s Rz 31 f; zu doppelstöckigen PersGes s aber Rz 22). Abzugrenzen sind **ausl Betriebsstätten** inl Einzelbetriebe (oder PersGes). Da sie in die Gewinnermittlung nach §§ 4 I 1, 5 einzubeziehen sind (s Rz 25), sieht *BMF* BStBl I 08, 838 Tz 35, 40 bei *unbeschr* StPfl von einem Entnahmeansatz ab (glA *Thiel ua* DB 07, 1099, 1105; *Kessler ua* Ubg 08, 741/3; einschr *Schultes-Schnitzlein* NWB F 3, 14683/92f: Kompensation von Entnahme/ Einlage iVm Gewinnrealisierung); *nicht* jedoch bei *beschr* StPfl (*BMF* BStBl I 08, 838 Tz 36, 40; Rz 25; zur Rücklage nach § 4g s *Ley/Brandenberg* FR 07, 1085/94; zu EU-rechtl Bedenken s *Wacker* FR 08, 605/9). Dementsprechend löst die Überführung von WG aus ausl Betriebsstätten in das inl Stammhaus (Verstickungstatbestände gem § 4 I 7 iVm § 6 I Nr. 5a) bei unbeschr StPfl keine Einlage iSv § 34a aus. Entnahmen iSv § 34a II liegen aber vor, wenn das überführte WG aus der ausl Betriebsstätte entnommen wird. 33

3. Im zu versteuernden Einkommen enthaltener Gewinn, § 34a I 1; Verlustausgleich/-abzug, § 34a VIII; § 10d I 2. – a) Begünstigungsfähiger Gewinn. Die Tarifermäßigung kann höchstens iHd nicht entnommenen Gewinns (s Rz 30) beansprucht werden. Sie wird demgemäß grds nicht auf den Teil des betriebl Gewinns gewährt, der auf nicht abziehbare BA entfällt (s Rz 25). Darüber hinaus ist eine **doppelte Begrenzung** und zudem der vorrangige Verlustausgleich (s Rz 36) zu beachten. – ***(1)*** Der nicht entnommene Gewinn ist zum einen nur insoweit begünstigt, als er im **zu versteuernden Einkommen enthalten** ist (§ 34a I 1, HS 1), dh stfreie BV-Mehrungen (Teil des nicht entnommenen Gewinns) sind nicht Gegenstand der Begünstigung (s Rz 25 einschließl mögl Kompensationseffekte). – ***(2)*** Zum anderen sind aus dem im zu versteuernden Einkommen enthaltenen nicht entnommenen Gewinn bestimmte **Gewinnanteile** zur Verhinderung von **Doppelbegünstigungen** (BT-Drs 16/4841, 63) **herauszurechnen** (§ 34a I 1, HS 2). – ***(a)*** Nicht begünstigungsfähig sind nach dem Gesetzeswortlaut *(aa)* Gewinne iSd **§ 18 I 4** („carried interest"; vgl § 3 Nr 40a; krit *Gragert ua* NWB F 3, 14621/3) und *(bb)* „Gewinne, soweit … **§ 16 IV** oder die Steuerermäßigung nach **§ 34 III** in Anspruch genommen wird". – Nach ihrem Wortlaut („soweit") geht die Regelung zu *(bb)* zum einen insofern ins Leere, als der nach § 16 IV steuerbefreite Veräußerungsgewinn nicht Teil des zu versteuernden Einkommens ist; zum anderen vermag sie die Begünstigung eines Veräußerungsgewinns nicht auszuschließen, „soweit" er die Höchstgrenze des § 34 III (5 Mio €) überschreitet (*Ley* FS Herzig, 469/76). Demggü schließt *BMF* BStBl I 08, 838 Tz 4, 6 (glA uU BT-Drs 16/4841, 29f) auch diesen Teil des Veräußerungsgewinns von § 34a I aus und erstreckt die Ausschlusstatbestände darüber hinaus – gleichfalls ohne Rechtsgrundlage – auch auf *Veräußerungs*gewinne nach § 3 Nr 40 S 1 Buchst b (Teileinkünfteverfahren) sowie auf alle tarifermäßigten Gewinne (zB § 34b; insoweit glA *Ley* Ubg 08, 13/4). – ***(b)*** Ungeachtet dieser nur vom Gesetzgeber (iRe *konzeptionellen* Ergänzung) zu legitimierenden Anliegen der FinVerw ist mE aber bereits *de le lata* zu beachten, dass die Steuersatz-Ermäßigung *betriebs- bzw mitunternehmer-anteilsbezogen* gewährt wird (dazu Rz 21) und damit grds jede Veräußerung eines Betriebs oder MUeranteils – ungeachtet der Verwendung des Erlö- 35 ses und ungeachtet der Tarifbegünstigung des Veräußerungsgewinns – von § 34a ausgeschlossen ist (s Nachversteuerung gem § 34a VI 1 Nr 1; Rz 76; aA *BMF* BStBl I 08, 838 Tz 5 betr Veräußerung von MUeranteilen im BV – zB bei doppelstöckiger PersGes; vgl dazu Rz 22): – *Ausnahmen* (mE): nicht nach §§ 16 IV, 34 III begünstigte Veräußerung von Teilbetrieben (einschließl 100%-iger KapGes-Beteiligung; aA *BMF* BStBl I 08, 838 Tz 4) oder von Teil-MUeranteilen, die zu einem BV gehören, jeweils ohne Entnahme des Erlöses aus dem Betrieb, dh iVm betriebs-/anteilbezogener Reinvestition (insoweit glA *BMF* BStBl I 08, 838 Tz 5, 42; BT-Drs 16/4841, 29f). – *(c)* Zu den begünstigten Gewinnanteilen gehören grds auch die dem **Organträger** (natürl Person einschließl Beteiligung an PersGes) zugerechneten Gewinne der OrganGes(§ 14 KStG; Rz 20; zu Minderabführungen s aber Rz 25). § 19 II KStG (gleichartige Tarifvorschriften; dazu BFH III 19/02 BStBl II 04, 515) steht § 34a nicht entgegen (*Schaumburg/Rödder* UntStReform 2008, 419 Fn 24; *Pohl* DB 08, 84).

36 **b) Verlustausgleich; Verlustabzug. – aa) Verlustausgleich.** Trotz § 34a VIII HS 1 sind auch die begünstigungs*fähigen* Gewinne dem Verlustausgleich unterworfen (§ 2 III). Sie gehen insoweit nicht in das zu versteuernde Einkommen ein (§ 34a I 1 iVm § 2 V) und werden unter gleichzeitigem Ausschluss eines Verlustvortrags nicht besteuert (glA – wenn auch zT missverständl – *BMF* BStBl I 08, 838 Tz 1; FG BaWü EFG 15, 564, Rev X R 65/14; ausführl *Wacker* FR 08, 605/6). Verbleibt nach Verlustausgleich und Abzug der weiteren Beträge gem § 2 III–V ein positiver Gesamtbetrag der Einkünfte, sind negative Einkünfte vorrangig mit den nicht nach § 34a begünstigten positiven Einkünften (zB entnommenen Gewinne) zu verrechnen (vgl zB BFH X R 25/04 BStBl II 07, 694 zu § 35 aF: Meistbegünstigungsprinzip; aA *Wendt* DStR 09, 406).

37 **bb) Verlustabzug. – (1) Rücktrag.** Wurde in 01 (positiver Gesamtbetrag der Einkünfte) § 34a zB iHv 100 in Anspruch genommen, sperrt § 10d I 2 nF *insoweit* den Rücktrag eines in 02 erzielten Verlusts (negativer Gesamtbetrag der Einkünfte) mit der Folge eines entspr Verlustvortrags (so zutr BT-Drs 16/4841, 54, 64 trotz missverständl Wortlaut von § 34a VIII HS 2; s iEinz *Wacker* FR 08, 605f; aA *BMF* BStBl I 08, 838 Tz 1); der StPfl kann jedoch den Antrag nach § 34a I 4 für 01 ganz (oder teilweise) zurücknehmen und hierdurch den Verlustrücktrag aus 02 erreichen (*Folge:* keine Besteuerung des nicht entnommenen Gewinns in 01. – **(2) Vortrag.** § 34a VIII HS 2 soll zum Erhalt von § 34a in 02 Verlustvortrag aus 01 ausschließen (*Wendt* DStR 09, 406; mE unzutr). – **cc)** Zu § 34a III (**Nachversteuerungsbetrag;** kein Verlustausgleich) s Rz 64.

38 **4. Steuerpflichtige, § 34a I 1.** StPfl iSv § 34a I 1 sind nur natürl Personen, die der ESt unterliegen. Demgemäß auch beschr ESt-Pflichtige (Umkehrschluss aus § 50 I), wenn und soweit in ihrem zu versteuernden Einkommen gem § 49 nicht entnommene Gewinne iSv §§ 4 I 1, 5 enthalten sind (§ 34a I 1; *BMF* BStBl I 08, 838 Tz 1; *Schultes-Schnitzlein ua* NWB F 3, 14683/92; *Bäumer* DStR 07, 2089/93; vgl dazu auch Rz 11; zu Einlagen und Entnahmen s Rz 33).

39 **5. Wahlrecht, § 34a I, III 1. – a) Einzelbetrieb.** Das Wahlrecht ist vom StPfl (Rz 38) iRd Veranlagung zur ESt (Rz 90ff) für jeden Einzelbetrieb (s Rz 21) und für jeden VZ gesondert auszuüben (§ 34a I 2, 4). Der zur Wahlrechtsausübung erforderl Antrag kann rechtl Wirkung maximal bis zur Höhe des begünstigungsfähigen Gewinns (Rz 35) des jeweiligen Einzelbetriebs entfalten; der Antrag kann aber auch in beliebiger Weise begrenzt werden (§ 34a I 1: „ganz oder teilweise"; glA *BMF* BStBl I 08, 838 Tz 7, 8). Zu den Wahlrechtsparametern s Rz 7.

40 **b) MUeranteil.** Gleiches gilt grds auch für MUer (§ 34a I 2, 4: gesondertes und betragsmäßig variables Wahlrecht jeweils bezogen auf den einzelnen MUeranteil iRd ESt-Veranlagung; also *nicht* im Feststellungsverfahren). Das Wahlrecht kann von den MUern jeweils eigenständig ausgeübt werden (*BMF* BStBl I 08, 838

Tz 9: keine „einheitl Antragstellung"; ebenso Vorschlag *Wissenschaftl Beirat* BB 05, 1653/9). Allerdings wird zusätzl gefordert, dass der Anteil des MUers an dem nach § 4 I 1 oder § 5 ermittelten Gewinn (vor außerbilanziellen Korrekturen; einschließl Vorabgewinne, Ergänzungs-/Sonderbilanzen) – also eine Größe, die mit dem einheitl und gesondert festgestellten Gewinnanteil nicht übereinstimmen muss – entweder **mehr als 10 %** beträgt oder **10 000 €** übersteigt (§ 34a I 3; *BMF* BStBl I 08, 838, Tz 7, 9 mit Beispiel; *Ley/Brandenberg* FR 07, 1085/8: Wj-bezogene Prüfung). Dies soll der Vereinfachung sowie dem Ausschluss der Beteiligung an PublikumsGes mit minimaler Ausprägung der MUerinitiative dienen (zB Medienfonds, Windkraftfonds; BT-Drs 16/4841, 63; zur Verfmäßigkeit s Rz 12). Zu MUeranteilen im BV (zB doppelstöckigen PersGes) s Rz 22.

c) Zeitl Grenzen; Antragsänderung/-rücknahme. Der Antrag unterliegt keiner Frist. Er kann deshalb grds **bis zur Unanfechtbarkeit** des ESt-Bescheids **gestellt** werden (vgl § 172 I 1 Nr 2a, 2 AO; BFH IX R 72/06 BStBl II 09, 639); bei Klagen bis zum Abschluss des FG-Verfahrens (zB BFH IV R 6/07 BFH/NV 09, 1989). Ist der nicht angefochtene ESt-Bescheid unter dem Vorbehalt der Nachprüfung ergangen (keine materielle Bestandskraft; s BFH II R 48/81, BStBl II 83, 164), kann er (zB zur Milderung eines BP-Mehrergebnisses) bis zum Ablauf der Festsetzungsfrist auch zur Berücksichtigung eines Antrags gem § 34a geändert werden (§ 164 II AO; *BMF* BStBl I 08, 838 Tz 10; *Blümich* § 34a Rz 22). Wird der ESt-Bescheid – außerhalb von § 164 AO – zB gem § 173 I Nr 1 AO geändert, sind §§ 177, 351 I AO zu beachten (*Bäumer* DStR 07, 2089/93; aA *Englisch* FR 15, 533). – **(2)** Die Grenzen zu a) gelten grds auch für die **Änderung** oder **Rücknahme** (vgl BFH IX R 72/06 BStBl II 09, 639; aA *Bäumer* DStR 07, 2089/93: arg § 175 I 1 Nr 2 AO) eines zunächst gestellten Antrags. Darüber hinaus gestattet § 34a I 4 HS 1 zur „Vermeidung unbilliger Härten" (zB bei unvorhergesehenen Verlusten; BT-Drs 6/4841, 63 krit *Blümich* § 34a Rz 23), dass der StPfl den Antrag (zB für VZ 01) bis zur Unanfechtbarkeit (= formelle Bestandskraft, s oben (1); fragl bei eingeschränkter Anfechtbarkeit gem §§ 172ff, 351 AO; abl *Blümich* § 34a Rz 22 mwN) der *nächsten* ESt-Veranlagung (VZ 02) ganz oder teilweise zurücknimmt (nicht also: erstmaliger Antrag oder Antragserweiterung für 01; s Rz 39; *BMF* BStBl I 08, 838 Tz 10). Die Antragsrücknahme begründet ein rückwirkendes Ereignis (§ 175 I 1 Nr 2 AO) mit der Folge eines verzögerten Zinslaufs (§ 233a II a AO; *Gragert* ua NWB F 3, 15251/7). Fragl ist, ob Letzterem durch § 34a I 4 HS 2 und I 5 (eigenständige Korrekturvorschrift iVm besonderer Ablaufhemmung; BT-Drs 16/11108; 16/10494, 9) begegnet wird (vgl zB *T/K* § 233a Tz 64: materiell-rechtl Begriff des rückwirkenden Ereignisses). 41

III. Rechtsfolgen

1. Begünstigungsbetrag; Sondertarif, § 34a I 1, III 1. Begünstigungsbetrag ist der Teil des begünstigungsfähigen Gewinns (Rz 35), für den der StPfl wirksam den Antrag (Rz 39f) auf Sondertarifierung gestellt hat. Er ist maW deren Bemessungsgrundlage (*BMF* BStBl II 08, 838 Tz 23). Der Sondertarif (§ 34a I 1 iVm § 32a I 2, V 2; BT-Drs 16/5491, 19) beläuft sich auf 28,25 % zuzügl 5,5 % SolZ (= 9,80 %). Zur Ermäßigung für ausl Steuern auf im Inl stpfl ausl Gewinne (zB ausl Betriebsstätten-Einkünfte) s § 34c I 2 aF/nF); zur Antragsbegrenzung s *Kessler ua* Ubg 08, 741/2; zu DBA-Qualifikationskonflikten s *Goebel ua* IStR 07, 877; *B. Fischer* FS Schaumburg, 319/40. Der verbleibende Gewinn unterliegt dem Regeltarif (§ 32a I 2) oder eigenständigen Milderungen (zu Ausschlusstatbeständen s aber Rz 35). Der nach § 34a begünstigte Gewinn geht nicht in die Steuersatzbestimmung gem § 32a (betr die übrigen Gewinnanteile/Einkünfte) oder gem § 34 I (EStR 34.2 II 2) ein (zum Verhältnis § 34a/§ 34 I s *BMF* BStBl I 08, 838 Tz 6: Wahlrecht; str, s *Bäumer* DStR 07, 2089/92; *Ley/Brandenberg* FR 07, 1090). Sind für eine Veranlagung § 34 III (zB Veräußerung von Betrieb 1) *und* § 34a (betr Betrieb 2) anzuwen- 50 den, ist der Sondertarif (§ 34a) bei des Bemessung des durchschnittl Steuersatzes gem § 34 III 2 anzusetzen (aA *Schmidtmann* DStR 10, 2418, s auch Rz 64/cc).

51 **2. Nachversteuerungspflichtiger Betrag des VZ, § 34a III 2, 3.** Aus dem Begünstigungsbetrag ist – wiederum betriebs- bzw mitunternehmer-anteilsbezogen (§ 34 III 3) – der nachversteuerungspflichtige Betrag des *StPfl* abzuleiten (arg § 34a VII; missverständl insoweit § 34 III 2, 3 sowie *BMF* BStBl I 08, 838 Tz 24). Er ist jährl gesondert festzustellen (s Rz 91) und bildet zugleich die maximale Bemessungsgrundlage zur Bestimmung der späteren Nachsteuer iHv § 25% (zuzügl SolZ; s Rz 64). Bei mehreren Betrieben/MUeranteilen können somit mehrere – gesondert zu ermittelnde und fortzuentwickelnde – nachversteuerungspflichtige Beträge des StPfl festzustellen sein.

52 **a) Grundsatz.** Der nachversteuerungspflichtige Betrag ist – parallel zu KapGes (*Wissenschaftl Beirat* BB 05, 1653/5; *Thiel ua* DB 07, 1099, 1103) – die **Differenz** von Begünstigungsbetrag (= der auf Antrag begünstigte im zu versteuernden Einkommen enthaltene Gewinn; Rz 50) einerseits und ESt-Belastung nach § 34a I sowie *darauf* entfallender SolZ (28,25% + 1,55% [5,5% × 28,25%]; insgesamt mithin 29,80%) andererseits. Angesetzt wird damit bei GewSt-Pflicht nicht der tatsächl (nach Abzug der GewSt-Anrechnung) erhobene, sondern ein fiktiv höherer SolZ (*Ley* KÖSDI 07, 15737/47). Nicht abgezogen werden jedoch die KiSt (*BMF* BStBl I 08, 838 Tz 24) sowie angefallene Nebenleistungen (zB Zinsen, Säumniszuschläge; BT-Drs 16/4841, 63f).

Beispiel: Gewinn: 100; GewSt: 14 [3,5 × 400%]; Maximale Begünstigungsbetrag (keine Steuerentnahmen): 86; ESt-Belastung nach § 34a: 24,29 (= 86 × 28,25%); nachversteuerungspflichtiger Betrag: 86-24,29–1,34 [SolZ] = 60,37.

53 **b) Hinzurechnungen; Abrechnungen.** Der nachversteuerpflichtige Betrag ist nach § 34a III 2 (*BMF* BStBl I 08, 838 Tz 25) zum einen zu **erhöhen** um *(1)* den zum Ende des vorangegangenen VZ (Vorjahr) für den einzelnen Betrieb (MUeranteil) festgestellten nachversteuerungspflichtigen Betrag (zur Bindungswirkung s Rz 93) und *(2)* den auf den Betrieb (MUeranteil) nach § 34a V (Buchwertfortführung gem § 6 V 1–3; s Rz 66, 71) übertragenen nachversteuerpflichtigen Betrag; er ist zum anderen zu **mindern** um *(1)* den Nachversteuerungsbetrag gem § 34a IV (dazu Rz 61) und *(2)* den auf einen anderen Betrieb (MUeranteil) nach § 34a V (s Rz 66, 71) übertragenen nachversteuerungspflichtigen Betrag.

IV. Nachversteuerung

60 **1. Allgemeines.** § 34a unterscheidet die Nachversteuerung aufgrund von – ***(1)*** Entnahmen (§ 34a IV; abgemildert für Entnahmen zum Zwecke der Tilgung von ErbSt/SchenkSt gem § 34a IV 3 und bei Buchwertübertragung von WG gem § 34a V) sowie – ***(2)*** sonstiger Nachversteuerungstatbestände (§ 34a VI; zB Betriebsveräußerung; ausgenommen: unentgeltl Buchwertübertragung von Betrieben/MUeranteilen oder deren Buchwerteinbringung in PersGes). Die hierdurch ausgelöste Nachtsteuer, die *neben* die Besteuerung der im VZ der Nachversteuerung anzusetzenden Gewinne tritt, beträgt – entspr der ESt-Belastung privater Dividendenerträge ab 2009 (§ 32d) – gleichbleibend 26,37% (ESt: 25% + SolZ: 1,37; § 34a IV 2) ggf zuzügl KiSt (vgl auch *BMF* BStBl I 08, 838 Tz 27 mit Beispiel).

61 **2. Nachversteuerung aufgrund von Entnahmen, § 34a IV, V. – a) Grundsatz, § 34a IV 1, 2.** Übersteigt bei betriebs- bzw mitunternehmeranteilsbezogener Betrachtung der positive Saldo von Entnahmen/Einlagen des Wj den nach § 4 I 1 oder § 5 ermittelten Gewinn (**Nachversteuerungsbetrag** = Bemessungsgrundlage der Nachsteuer, § 34a IV 2), ist vorbehaltl dessen Minderung um Entnahmen zur Begleichung von ErbSt/SchenkSt (§ 34a IV 3; dazu Rz 65) und vorbehaltl § 34a V (Übertragung der nachversteuerpflichtigen Betrags; dazu Rz 66ff)

eine Nachversteuerung bis zur Höhe des zum Ende des vorangegangenen VZ festgestellten nachversteuerungspflichtigen Betrags (§ 34a III; s Rz 51) durchzuführen.

aa) Tatbestandsmerkmale. Die Tatbestände „nach § 4 I 1 oder § 5 ermittelter Gewinn", „Entnahmen" entsprechen denen des § 34a I, II (s deshalb Rz 31–33; glA *Blümich* § 34a Rz 41). – **(1) Einzelheiten.** Verluste (= entnahmeunabhängige EK-Minderung; vgl *Thiel ua* DB 07, 1099, 1101) gehören auch iRv § 34a IV nicht zu den Gewinnen (*BMF* BStBl I 08, 838 Tz 27; zu § 34a II s Rz 20); der Nachversteuerungsbetrag entspricht damit in Verlustjahren dem positiven Entnahme/Einlage-Saldo. – Nicht abziehbare BA mindern den Gewinn iSv § 4 I 1, § 5 (zu § 34a II s Rz 25) mit der Folge, dass sie – obwohl im zu versteuernden Einkommen enthalten – nicht mehr zur Vermeidung der Nachversteuerung aufgrund eines positiven Entnahme/Einlage-Saldos gegengerechnet werden können (zutr *BMF* BStBl I 08, 838 Tz 28 mit Beispiel); insb in Verlustjahren (s zu (1)) kann mithin erhebl sein (*Gragert ua* NWB F 3, 14621/36; *Bäumer* DStR 07, 2089/90), ob die GewSt als nicht abziehbare BA (Rz 25) oder als Privatschuld (iVm Entnahme) zu qualifizieren ist. – Umgekehrt erhöhen stfreie Gewinne, obwohl nicht Teil des zu versteuernden Einkommens, den Gewinn iSv § 4 I 1, 5 I und vermindern damit den Nachversteuerungsbetrag („Entnahme-Puffer"; zu § 34a II s Rz 25). – Zu MUeranteilen im BV (zB doppelstöckige PersGes) s Rz 22. – Zu den Ent- und Verstrickungstatbeständen nach § 4 I 3 und 7s Rz 33. – **(2) Entnahmezuordnung.** Damit liegt dem Gesetz im Hinblick auf die Zuordnung von Entnahmen zu den Bestandteilen des (nicht gegliederten) EK folgende (betriebs- bzw mitunternehmeranteilsbezogene) *gedankl* **Reihung** zugrunde (vgl auch *BMF* BStBl I 08, 838 Tz 29 „Verwendungs"reihenfolge): – *(aa)* Entnahmen sind mit den Einlagen des näml Wj zu saldieren; – *(bb)* ein hiernach sich ergebender Entnahmeüberhang (positiver Entnahme/Einlage-Saldo) ist zunächst (BT-Drs 16/4841, 63: „vorrangig") mit den im Wj erzielten stfreien BV-Mehrungen und erst dann – *(cc)* mit dem stpfl Gewinn (nicht Verlust, s oben) zu verrechnen; – *(dd)* anschließend Verrechnung mit dem auf das Ende des Vorjahres festgestellten nachversteuerungspflichtigen Betrag, der seinerseits aus dem Begünstigungsbetrag (Bemessungsgrundlage des Sondertarifs gem § 34a I, II) abgeleitet wurde; Schritt (dd) löst damit grds die Nachsteuer aus; – *(ee)* Verrechnung mit den stfreien oder stpfl, aber nicht nach § 34a I, II begünstigten BV-Mehrungen der Vorjahre. 62

bb) Konsequenzen. – **(1) Nachversteuerungsbetrag.** Da der Gewinn iSv § 4 I 1 (§ 5) durch Entnahmen erhöht und durch Einlagen gemindert wird (Hinzu-/Abrechnung zum/vom Unterschiedsbetrag), kann sich ein Nachversteuerungsbetrag (Entnahme/Einage-Saldo übersteigt den Gewinn; s Rz 61) nur ergeben, wenn der **Unterschiedsbetrag negativ** ist (dh das BV sich ggü demjenigen zum Ende der Vorperiode gemindert hat; *Thiel ua* DB 07, 1099, 1101). – **(2) Einschluss-Effekt.** Da ein Überhang des positiven Entnahme/Einlage-Saldos über den Gewinn iSv § 4 I 1 (einschließl steuerbefreiter Gewinne) *vorrangig* dem nachversteuerungspflichtigen Betrag zugeordnet wird, kann das übrige nicht nach § 34a begünstigte EK erst nach Durchführung der Nachversteuerung entnommen werden. Der hiermit verbundene Einschluss-Effekt ist nicht nur ein Übergangsproblem, sondern ein permanenter Defekt des § 34a. Er betrifft nicht nur das in Wj vor erstmaliger Anwendung gebildete thesaurierte **Altkapital** (*Thiel* DB 07, 1099, 1100), sondern auch die in Wj der Inanspruchnahme von § 34a thesaurierten stpfl und stfreien Gewinne (*Hey* DStR 07, 925/9: Auslandsgewinne), für die der **Sondertarif nicht** beantragt wird (bzw werden kann), sowie schließl auch die nicht entnommenen Gewinne in **Interimsperioden** (zB Wj 02–04) zw der Anwendung von § 34a (zB Wj 01) und einer späteren Entnahme mit Anfall des Nachversteuerungsbetrag (zB Wj 05). Mit anderen Worten: Die Entscheidung zugunsten von § 34a löst – entgegen der Erwartung des Gesetzgebers (BT-Drs 16/4841, 63

62: „nachhaltige Senkung der Fremdkapitalquote"; s Rz 2) – den Zwang aus, bis zur Grenze der Nachversteuerung das EK zu mindern (s auch Rz 14). – **(3) Gestaltungserwägungen.** S insb im Hinblick auf die Entnahme von Altkapital (Wj 2007 bzw 2006/2007) einschließl ihrer steuerl (zB für § 4 IV a, § 15a; § 13a ErbStG) und außersteuerl Folgewirkungen – zB Entnahme/spätere Wiedereinlage; Einlagen in SchwesterKapGes oder betriebl/vermögensverwaltende SchwesterPersGes; fremdübl Darlehensrückgewähr von betriebl SchwesterPersGes an UrsprungsGes; nicht fremdübl Darlehen an Ges'ter – *Thiel ua* DBH 07, 1105; *Ley* KÖSDI 07, 15737/55.

64 **b) Rechtsfolgen, § 34a IV 2.** Der Nachversteuerungsbetrag ist – begrenzt auf den betriebs-/mitunternehmeranteilsbezogen festgestellten nachversteuerungspflichtigen Betrag (Rz 51; zu Rumpf-Wj s Rz 28) – Bemessungsgrundlage der gleichbleibenden (konstanten) **Nachsteuer** (einschließl SolZ) iHv 26,37%. Er ist nicht Teil des Gewinns und kann damit auch nicht der GewSt unterliegen (§ 7 GewStG; s auch unten zu bb). – Trotz fehlender gesetzl Regelung (vgl § 2 VI) ist angesichts des Wortlauts von § 34a IV 2 („ESt auf Nachversteuerungsbetrag") – und des systematischen Zusammenhangs zur geminderten Thesaurierungsbelastung (§ 34a I) für im zu versteuernden Einkommen enthaltene und *nach* Durchführung eines Verlustausgleichs verbleibende Gewinne (s Rz 36) – ein **(Verlust-) Ausgleich** mit negativen Einkünften *des Nachsteuerjahrs* – anders als nach § 32d IV – **ausgeschlossen** (*Thiel ua* DB 07, 1099, 1103; insoweit zutr *Bäumer* DStR 07, 2080/91; krit *Hey* DStR 07, 925/9). Dh: der Nachversteuerungsbetrag ist **nicht Teil des zu versteuernden Einkommens** (*Kessler ua* Ubg 08, 741; unklar § 32a I 2; § 34a VIII – ohnehin missglückt (s Rz 36) – trifft hierzu keine Aussage). Deshalb scheidet auch eine Anrechnung nach § 34c I 2 (s Rz 50) aus (*Bäumer* DStR 07, 2089/92; aA *Ley/Brandenberg* FR 07, 1085, 1101; *Goebel ua* IStR 07, 877: DBA-Qualifikationskonflikt). Auch für Zwecke des § 35 (GewSt-Anrechnung) erhöht sich iSv § 35 I ledigl die tarifl ESt, nicht jedoch die im zu versteuernden Einkommen enthaltenen gewerbl Einkünfte (*BMF* BStBl I 09, 440 Rz 15; s § 35 Rz 5; nicht eindeutig *Ley/Brandenberg* FR 07, 1085, 1101; *Gragert* NWB F 3, 14621/49). – Treffen Nachsteuer und **§ 34 III** im VZ zusammen, ist der Nachversteuerungsbetrag nicht bei der Ermittlung des durchschnittl Steuersatzes zu berücksichtigen (insoweit glA *Schmidtmann* DStR 10, 2418; s auch Rz 50 aE). – Der Nachversteuerungsbetrag mindert den gesondert festzustellenden nachversteuerungspflichtigen Betrag (§ 34a III 2; Rz 53).

65 **c) Ausnahmen, § 34a IV 3, V. – aa) ErbSt/SchenkSt, § 34a IV 3.** Der Nachversteuerungsbetrag ist nach § 34a IV 3 um die Beträge, die für die ErbSt/SchenkSt anlässl der Übertragung des Betriebs oder MUeranteils entnommen wurden, zu mindern (s auch *Wissenschaftl Beirat* BB 05, 1653/5). Nach dem Wortlaut („anlässlich") ist ein wirtschaftl Zusammenhang zw Entnahme und Steuertilgung ausreichend, eine unmittelbare Tilgungsverwendung der entnommenen Mittel mithin nicht erforderl (ohne Aussage *BMF* BStBl I 08, 838). – Die nachversteuerungsunschädl Entnahme ist auf ErbSt/SchenkSt anlässl der Übertragung „des Betriebs/MUeranteils" begrenzt (*BMF* BStBl I 08, 838 Tz 30: Aufteilung nach Bemessungsgrundlage, mE zweifelhaft; *Ley/Brandenberg* FR 07, 1085, 1101: nicht Teilbetriebe, Teil-MUeranteile). Bei Übertragung von zwei (oder mehreren) Betrieben (MUeranteilen) soll deshalb nach *BMF* BStBl I 08, 838 Tz 31 die Entnahme aus Betriebs 1 nicht begünstigt sein, soweit sie für die Tilgung der auf Betrieb 2 entfallenden ErbSt/SchenkSt verwendet wird (fragl; zur Vermeidung des Erfordernisses einer steuerkongruenten Verteilung des EK ist mE der Rechtgedanke des § 34a V entspr anzuwenden; zu Geldentnahmen s aber Rz 67). Wird die ErbSt/SchenkSt aus Entnahmen und privaten Mitteln getilgt, gelten die entnommenen Beträge als vorrangig begünstigt verwendet (*BMF* BStBl I 08, 838 Tz 31 mit Beispiel; zutr: Meistbegünstigung). – Die **Rechtsfolge** beschränkt sich auf die Kür-

zung des Nachversteuerungsbetrags und damit die Vermeidung der Nachsteuer aufgrund der Entnahme für Zwecke der ErbSt/SchenkSt. Nicht gemindert wird hingegen der nachversteuerungspflichtige Betrag, dh nur Nachversteuerungsaufschub (*BMF* BStBl I 08, 838 Tz 31; *Gragert ua* NWB F 3, 14621/39; *Blümich* § 34a Rz 36, 42; nicht eindeutig BT-Drs 16/4841, 64. „Nachversteuerung nicht durchzuführen"). ErbSt/SchenkSt-Entnahmen sind ferner bei der Bestimmung des nicht entnommenen Gewinns anzusetzen (s Rz 31). – Zu § 13a V ErbStG aF s BFH II R 63/08 BStBl II 10, 305.

66 **bb) Buchwertübertragung, § 34a V.** § 34a V 1 stellt klar (glA *Niehus ua* DStZ 09, 14/6), dass eine Nachversteuerung unter den Voraussetzungen des § 34a IV auch durch die Buchwertübertragung/-überführung von WG nach § 6 V 1–3 auslöst werden kann. Nach § 34a V 2 findet aber eine Nachversteuerung nicht statt, wenn der StPfl beantragt, den nach versteuerungspflichtigen Betrag iHd Buchwerts der übertragenen oder überführten WG, höchstens jedoch iHd Nachversteuerungsbetrags, den die Übertragung oder Überführung ausgelöst hätte, auf den anderen Betrieb oder MUeranteil zu übertragen (BT-Drs 16/4841, 64: Nachversteuerung aufgrund weiterer betriebl Nutzung nicht gerechtfertigt; ledigl „buchungstechnische[?] Behandlung als Entnahme").

67 **(1) Tatbestand, § 34a V 2 iVm 1. – (a) Entnahme.** Die Regelungen sind angesichts ihrer Anbindung an § 34a *IV* nicht anwendbar, wenn der WG-Transfer **keine** Entnahme auslöst. Der Entnahmebegriff ist damit zwar auch iRv § 34a V aus der Sicht des abgebenden Betriebs/MUeranteils, dh betriebs-/mitunternehmeranteilsbezogen auszulegen (s Rz 21) und somit zB erfüllt, wenn SonderBV des MUers 1 nach § 6 V 3 Nr 3 unentgeltl in das SonderBV des MUers 2 bei der näml MUerschaft übertragen wird, nicht jedoch, soweit WG des SonderBV in das Gesamthandsvermögens der MUerschaft zugunsten des KapKtos des Einbringenden übertragen werden (oder umgekehrt; *Gragert ua* NWB F 3, 14621/41; *Ley* Ubg 08, 214/5; s auch Rz 32). Der Frage, ob ein Übertragungsvorgang beim aufnehmenden Rechtsträger als Einlage (s Rz 71) oder tauschähnl Geschäft zu qualifizieren ist (zB Einbringung von WG des Betriebs 1 in das Gesamthandsvermögen bei MUerschaft 2 gegen Gewährung von GesRechten; vgl § 6 Rz 698), kommt keine Bedeutung zu (glA *Niehus ua* DStZ 09, 14/9). Entgegen der Ansicht der FinVerw (s *BMF* BStBl I 11, 1279 Rz 18ff) fällt auch die Übertragung von WG zw den Gesamthandsvermögen von **SchwesterPersGes** unter § 6 V 3 (iVm § 34a V). Nach *BMF* BStBl I 08, 838, Tz 21 (s dazu aber Rz 22) sind MUeranteile, die zu einem BV gehören (zB **doppelstöckige PersGes**), nicht als selbstständige Einheiten zu behandeln mit der Folge, dass WG-Transfers *innerhalb* dieses einheitl Vermögenskreises (zB Gutschrift einer Einlage der OberPersGes auf *ihrem* KapKto bei der UnterPersGes) keine Entnahmen/Einlagen auslösen und damit auch nicht § 34a IV, V (Nachversteuerung) unterstehen können. Gleiches gilt grds bei Überführung eines WG in **ausl Betriebsstätten** (Rz 33). – Entgegen *BMF* BStBl I 08, 838 Tz 32 („Geldbeträge"; Ausweg: Wertpapiere?) gehört auch (Bar-/Buch-)**Geld** zu den WG iSv § 34a I, IV, V 1 (iVm §§ 4, 6 V) und damit auch zu den nach § 34a V 2 übertrag-/überführbaren WG (glA *Niehus ua* DStZ 09, 14/19; *Ley/Brandenberg* FR 07, 1085, 1103; vgl auch nicht umgesetzte BR-Initiative/JStG 09 BT-Drs 16/10494, 8); *allg* Ausnahme uU: nur kurzfristiger Verbleib im aufnehmenden Betrieb (vgl zB BFH XI R 48/00 BFH/NV 03, 895).

68 **(b) Betrieb/MUeranteil.** Die Übertragung (§ 34a V 2) setzt nicht voraus, dass ggü dem StPfl bereits für den **aufnehmenden** Betrieb/MUeranteil ein Nachversteuerungsbetrag festgestellt wurde. Erforderl ist aber, dass zum Ende des Wj der WG-Überführung/Übertragung ein abstrakt begünstigungsfähiger Betrieb/MUeranteil iSv § 34a I, II vorliegt (Gewinnermittlung nach § 4 I 1/§ 5; glA *Blümich* § 34a Rz 45).

(c) Buchwertfortführung. Vorausgesetzt ist nicht nur eine **Entnahme** nach § 34a IV iVm § 6 V 1–3 (s Rz 67), sondern auch eine solche zu Buchwerten (§ 34a V 1, 2). Letzteres ist nicht (mehr) gegeben, wenn in Fällen der WG-Übertragung (§ 6 V 3) gegen die *Sperrfristen* gem § 6 V 4, 6 verstoßen wird und deshalb rückwirkend der Teilwert anzusetzen ist (glA *BMF* BStBl I 08, 838 Tz 32; aA zB *Niehus ua* DStZ 09, 14, 21). Bereits ergangene Feststellungsbescheide (abgebender/aufnehmender Betrieb/MUeranteil) – einschließl derjenigen für die VZ zw Entnahme und Sperrfristverletzung sind – ebenso wie bereits ergangene ESt-Bescheide – zu ändern (ggf nach § 175 I 1 Nr 2 AO).

69 **(d) Nachversteuerung.** Die WG-Übertragung/Überführung („§ 6 V-Entnehmen") muss zu einer Nachversteuerung gem § 34a IV führen (§ 34a V 1); nur dann kann sie nach Maßgabe der weiteren Voraussetzungen und Rechtsfolgen iSv § 34a V 2 „nicht stattfinden". Die Vorschrift ordnet keine Verwendungsreihenfolge für den Sachverhalt an, dass § 6 V-Entnahmen und sonstige Entnahmen zusammentreffen. Die Lücke ist iSd **Meistbegünstigungsprinzips** (s Rz 36) zu schließen (vgl die auch insoweit nicht umgesetzte BR-Initiative/JStG 09 BT-Drs 16/10494, § 8: Vorrang der sonstigen Einnahmen). Aus diesem kann allerdings keine allg gültige Reihung abgeleitet werden; vielmehr bedarf es einer **einzelfallbezogenen** Beurteilung, die sich mE in Fallgruppen gliedern lässt.

Fallgruppe 1: Ist der **Nachversteuerungsbetrag** (Entnahmen abzügl Einlagen und Gewinn [nicht Verluste, s Rz 62]) **Bemessungsgrundlage der Nachsteuer,** weil er den festgestellten nachversteuerungspflichtigen Betrag (§ 34a IV) *nicht* übersteigt, sind die **sonstigen Entnahmen vorrangig** mit den Gewinnen und Einlagen zu verrechnen (insoweit glA *BMF* BStBl I 08, 838 Tz 32 mit Beispiel). Dies gilt unabhängig von dem Verhältnis der § 6 V-Entnahmen zu den sonstigen Entnahmen (nachfolgend Beispiel 1). Auch kommt es nicht darauf an, ob die § 6 V-Entnahmen den Nachversteuerungsbetrag überschreiten (s Beispiel 2).

Beispiel 1: Gewinn zuzügl Einlagen 50; § 6 V-Entnahme 60; sonstige Entnahmen 90; Nachversteuerungsbetrag somit 100 = nachversteuerpflichtiger Betrag am Ende des Vorjahrs. Die vorrangige Verrechnung der sonstigen Entnahmen (90) mit der Summe aus Gewinn und Einlagen (50) führt zu einem Nachversteuerungsbetrag (= nachversteuerpflichtigen Betrag) iHv 40; der auf die § 6 V-Entnahmen entfallende Teil des Nachversteuerungsbetrags (= des nachversteuerungspflichtigen Betrags = 60) kann in *vollem* Umfang gem § 34a IV 2 übertragen und somit von der Nachsteuer ausgenommen werden. Würden hingegen – umgekehrt (dh entgegen dem Grundsatz der Meistbegünstigung) – vorrangig die § 6 V-Entnahmen angesetzt, entfielen die gesamten sonstigen und nicht nach § 34a IV 2 privilegierten Entnahmen (90) auf den Nachversteuerungsbetrag (= nachversteuerungspflichtigen Betrag).

Beispiel 2: Gewinn zuzügl Einlagen 210; § 6 V-Entnahme 150; sonstige Entnahmen 160; Nachversteuerungsbetrag somit 100 = nachversteuerpflichtiger Betrag am Ende des Vorjahrs. Wird der Gewinn zuzügl Einlagen (210) vorrangig mit den sonstigen Entnahmen (160) verrechnet, entfällt der (potentielle) Nachversteuerungsbetrag (100) in vollem Umfang auf die § 6 V-Entnahmen (150).

Hinweis: Lediglich für den mutmaßl nicht anzutreffenden Sachverhalt, dass im VZ der Nachversteuerung *nur Entnahmen* (also keine Einlagen, kein Gewinn; zur Nichtberücksichtigung von Verlusten s Rz 62) anfallen, ist unter der Prämisse von Fallgruppe 1 die gedankl Reihung von § 6 V-Entnahmen und sonstigen Entnahmen ohne Bedeutung.

Fallgruppe 2: Ist der **Nachversteuerungsbetrag** (Entnahmen abzügl Einlagen und Gewinn [nicht Verluste, s Rz 62]) **größer** als der festgestellte **nachversteuerungspflichtige Betrag** und somit letzterer Betrag **Bemessungsgrundlage der Nachsteuer,** erweist sich – im Gegensatz zu Fallgruppe 1 – die **vorrangige** Verrechnung der **§ 6 V-Entnahmen** als für Zwecke des § 34a V nicht nur dann als begünstigend, wenn im VZ der Nachsteuer keine Einlagen und keine Gewinne anfallen (dazu nachfolgend Beispiel 4). Gleiches gilt weitergehend, wenn der § 6 V-Buchwert *(a)* die Summe aus Gewinn und Einlagen überschreitet und *(b)* der hiernach auf den nachversteuerpflichtigen Betrag entfallende Teil des § 6 V-Buchwerts (= potentieller Übertrag nach § 34a V 2) die (positive) Differenz übersteigt, die sich ergäbe, wenn vom nachversteuerungspflichtigen Betrag zuzügl der Summe aus Gewinn und Einlagen die sonstigen Entnahmen vorrangig abgezogen würden. *Entgegen BMF* BStBl I 08, 838 Tz 33 mit Beispiel ist auch in dieser Konstellation nach dem Meistbegünstigungsprinzip zu verfahren.

Beispiel 3: Gewinn zuzügl Einlagen 90; § 6 V-Entnahme 130; sonstige Entnahmen 120; Nachversteuerungsbetrag somit 160; nachversteuerungspflichtiger Betrag am Ende des Vorjahrs (aber nur) 50. Würde der Gewinn zuzügl Einlagen (90) vorrangig mit den sonstigen Entnahmen (120) verrechnet (so *BMF*), ergäbe sich eine Nachsteuer auf 30 (120 – 90); der nachversteuerungspflichtige Betrag wäre nur noch iHv 20 (= 50 – 30) übertragbar. Geht man hingegen (zutr; s oben) von der vorrangigen Verrechnung von § 6 V-Entnahmen (130) und Gewinnen zuzügl Einlagen (90) aus, ist der potentiell nachversteuerungspflichtige Betrag iHv 40 (= 130 – 90) auf Antrag zu übertragen und die Nachsteuer auf nur 10 (= 50 – 40) zu erheben.

Beispiel 4 (nach *BMF* Tz 33): Gewinn und Einlagen jeweils 0; § 6 V-Entnahme 130; sonstigen Entnahmen 120; nachversteuerpflichtiger Betrag am Ende des Vorjahrs 100. Nach dem Meistbegünstigungsprinzip muss bei Antrag gem § 34a V 2 die § 6 V – Entnahme (130) unter Ausschluss einer Nachsteuer vorrangig angesetzt werden (aA *BMF* BStBl I 08, 838 Tz 33). Weitere Folge: Übertragung des gesamten nachversteuerungspflichtigen Betrags iHv 50. Auch dies ergibt sich aber nicht aus § 34a V 2, der die Übertragung „in“ Höhe des (gemeint: bis zur Grenze des) § 6 V-Buchwerts (130), beschränkt auf den durch § 6 V ausgelösten *Nachversteuerungsbetrag* (gleichfalls 130; vgl. § 34a IV 1, HS 1) anordnet (vgl die auch insoweit nicht umgesetzte BR-Initiative/JStG 09 BT-Drs 16/10494, 8).

(e) Antrag. Er kann nicht auf einen Teil des nach § 34a IV 2 übertragbaren nachversteuerungspflichtigen Betrags beschränkt werden (*Blümich* § 34a Rz 47). Der Antrag ist weder formgebunden noch fristgebunden und kann deshalb bis zur Bestandskraft des ESt-Bescheids gestellt und zurückgenommen werden (§ 34a III 3; aA *Blümich* § 34a Rz 47), bei Einspruch und Klage bis zum Abschluss der FG-Verfahrens (s Rz 40). Zum Feststellungsverfahren s Rz 91. 70

(2) Rechtsfolgen. Übertragung des *nachversteuerungspflichtigen* Betrags (§ 34a III 2, IV 1) bis zur Höhe des Buchwerts des/der nach § 6 V 1–3 zu Buchwerten übertragenen oder überführten WG, begrenzt auf die Höhe des Nachversteuerungsbetrags, den die Übertragung oder Überführung dieses/r WG ausgelöst hätte. Zu diesen Schranken sowie zur Bestimmung des nachversteuerungspflichtigen Betrags nach dem Grundsatz der Meistbegünstigung s Rz 69 mit Beispielen. – In der näml Höhe wird die Bemessungsgrundlage für die Nachsteuer betr den abgebenden Betrieb/MUeranteil gemindert. – Der übertragene Betrag erhöht zugleich den für den aufnehmenden Betrieb/MUeranteil zum Ende des VZ festzustellenden nachversteuerungspflichtigen Betrag (§ 34a III 2, 3). Ggf ist erstmals ein solcher Feststellungsbescheid zu erlassen (Rz 68, 92). Fragl ist allerdings, ob beim aufnehmenden Betrieb *auch* iHd übertragenen nachversteuerungspflichtigen Betrags eine *Einlage* anzusetzen ist und damit jegl Nachversteuerung vermieden werden kann. ME ist dies nach Sinn und Zweck von § 34a V zu *verneinen* (aA offenbar nicht umgesetzte BR-Initiative/JStG 09 BT-Drs 16/10494, 9; *Pohl* BB 08, 1536/7; *Niehus ua* DStZ 09, 14/7). 71

3. Entnahmeunabhängige Nachversteuerungstatbestände, § 34a VI, VII. – a) Allgemeines. Die – nicht an das Vorliegen von Entnahmen gebundene – Nachversteuerung des nachversteuerungspflichtigen Betrags gem § 34a VI 1 Nr 1/2 findet ihre Rechtfertigung darin, dass die personellen Voraussetzungen des § 34a entfallen (BR-Drs 220/07, 13: Wechsel des Besteuerungssubjekts/-systems), dh der StPfl, der die Thesaurierungsbegünstigung in Anspruch genommen hat, entweder aufgrund der Betriebsveräußerung/-aufgabe (§ 34 VI 1 Nr 1; zur unentgeltl Übertragung sowie zur Einbringung in PersGes, s Rz 85) oder durch die Einbringung von Betrieben/MUeranteilen in KapGes/Genossenschaft (§ 34a VI 1 Nr 2: einschließl Formwechsel) nicht mehr Inhaber des Betriebs ist. Dem ist nach § 34a VI 1 Nr 3 der Übergang von der bisherigen Gewinnermittlung durch BV-Vergleich zu einer anderen Gewinnermittlungsart (§§ 13a, 5a, 4 III) gleichgestellt. 75

Desweiteren kann gem § 34a VI 1 Nr 4 der StPfl die Nachversteuerung beantragen. – Nur für die Sachverhalte gem S 1 Nr 1, 2 trifft S 2 eine Anordnung zur Stundung (s aber Rz 81).

76 **b) Tatbestände. – aa) Veräußerung/Aufgabe, § 34a VI 1 Nr 1.** – Zu den „Fällen der Betriebsveräußerung/-aufgabe" (§ 34a VI 1 Nr 1 iVm §§ 16 I, III, 14, 18 III) gehört – gem *BMF* BStBl I 08, 838 Tz 5 *vorbehaltl* seiner Zugehörigkeit zum BV (zB doppelstöckige PersGes; s aber Rz 22) – auch die Veräußerung/Aufgabe des **gesamten MUeranteils** (§ 16 I 1 Nr 2, III 1; BT-Drs 16/4841, 64; 16/5491, 20; *BMF* BStBl I 08, 838 Tz 42; aA *Ley* KÖSDI 07, 15750) – ungeachtet dessen, ob ein Veräußerungs-/Aufgabegewinn nach §§ 16 IV, 34 III begünstigt ist (glA *Ley* KÖSDI 07, 15737/50) –, **nicht** jedoch die Veräußerung von **Teil-MUeranteilen** (s § 16 I 2; *Gragert ua* NWB F 3 14621/44; *BMF* Tz 42: Nachversteuerung beim StPfl weiterhin „möglich"); unberührt bleibt die Nachversteuerung aufgrund Entnahmen (§ 34a IV). Aus den näml Gründen, aber entgegen dem Gesetzeswortlaut (§ 34a VI 1 Nr 1 iVm § 16 I 1 Nr 1, III 1; s auch § 16 Rz 205) soll – wiederum vorbehaltl § 34a IV – nach dem Willen des Gesetzesgebers (vgl gescheiteter BR-Antrag; BR-Drs 220/07, 12f) auch die Veräußerung/Aufgabe von **Teilbetrieben** ausgenommen sein (*BMF* BStBl I 08, 838 Tz 42; Ausnahme: Realteilung, s zu bbb; Rz 87). Dies mag der Vereinfachung dienen (*Gragert ua* NWB F 3, 14644), wird jedoch erhebl Gestaltungsspielräume eröffnen. – Keine Veräußerung von Betrieben/MUeranteilen ist deren Übertragung gegen **Versorgungsleistungen** gem §§ 10 I Nr 1a nF sowie gegen Entgelt bis zur Höhe des KapKtos (**gemischte Schenkung;** *Einheitstheorie*). Aufgrund der Buchwertfortführung gem § 6 III (§ 16 Rz 58, 433) untersteht der Vorgang § 34a VII (Übergang des nachversteuerungspflichtigen Betrags; anders aber uU bei Übergang auf juristische Personen; s insgesamt Rz 85). § 34a VI 1 Nr 1 ist hingegen zu bejahen, wenn der Betrieb/MUeranteil vollentgeltl mit Verlust veräußert wird; auch kommt es bei **Realteilung** einer MUerschaft (Betriebsaufgabe; § 16 Rz 535) grds nicht darauf an, ob sie zu Buchwerten vollzogen wird (§ 16 III 2; glA *BMF* BStBl I 08, 838 Tz 42; aA *Niehus ua* DStZ 09, 14, 23); zur Zuweisung von Teilbetrieben etc s aber einschl Erbauseinandersetzung zu Rz 87.

77 **bb) Einbringung; Umwandlung. – (1) Einbringung/Umwandlung in KapGes/Genossenschaft, § 34a VI 1 Nr 2.** Aufgrund der personellen Zuordnung des nachversteuerpflichtigen Betrags löst der Wechsel des Besteuerungsregimes – dh die Einbringung des Betriebs oder gesamten MUeranteils in eine KapGes/Genossenschaft (§ 20 UmwStG) sowie der Formwechsel in solche Rechtsträger (§ 25 UmwStG) – die Nachversteuerung aus (vgl auch BT-Drs 16/5491, 20; krit *Niehus ua* DStZ 09, 14, 26; *Hey* DStR 07, 925/31; *Ley* KÖSDI 07, 15750: „Umwandlungsbremse"), ungeachtet dessen, ob die Umwandlung zu Buch-, Zwischen- oder gemeinen Werten vollzogen wird. Einschr bei offener/verdeckter Einlage von MUeranteilen und Zugehörigkeit der KapGesAnteile zum bisherigen Betrieb *Bindl* DB 08, 949/53; *Ley* Ubg 08, 214/8; weitergehend *Schiffers* FS Herzig, 823/8. – Gleich der Behandlung von Veräußerungstatbeständen außerhalb des UmwStG soll aber die Einbringung von **Teilbetrieben** oder **Teilen von MUeranteilen** – gleichfalls unabhängig vom Wertansatz – nicht erfasst sein (*BMF* BStBl I 08, 838 Tz 43; s hierzu auch Rz 76); unberührt bleibt auch hier die Nachversteuerung nach § 34a IV (zB KapGes-Anteile werden PV).

78 **(2) Einbringung in PersGes, § 34a VII.** – Wird ein **Betrieb** oder **gesamter MUeranteil** in eine PersGes gem § 24 UmwStG zu **Buchwerten** eingebracht, geht der festgestellte nachversteuerungspflichtige Betrag auf den „neuen MUeranteil über" mit der Folge, dass der Feststellungsbescheid (§ 34a III 2, 3) bezügl des eingebrachten Betriebs/MUeranteils aufzuheben und bezügl des erhaltenen MUeranteils an der aufnehmenden PersGes ein Feststellungsbescheid zu erlassen oder zu ändern ist. Die Regelung durchbricht damit die Nachversteuerung aufgrund Ver-

äußerung (§ 34a VI 1 Nr 1) mit Rücksicht darauf, dass der nachversteuerungspflichtige Betrag dem (näml) StPfl zugeordnet bleibt und ledigl der Gegenstand der Begünstigung ausgetauscht wird. Dieser Befund ist einerseits (rechtspolitisch) kaum geeignet, die gesetzl erforderl Buchwertverknüpfung zu rechtfertigen (krit *Bindl* DB 08, 949/53; *Niehus ua* DStZ 09, 14, 27; s auch nachfolgend zu *(3)*); andererseits kann durch § 34a VII 2 – außerhalb der Gesamtplan-Rspr – ein nicht unerhebl Entnahmepotential für die anderen MUer (betr aufnehmende PersGes) geschaffen werden. – **Nicht** erfasst wird die Einbringung von Betrieben/MUeranteilen zum **gemeinen Wert** (oder Zwischenwert; *BMF* BStBl I 08, 838 Tz 47: Nachversteuerung aufgrund Einbringung = Veräußerung iSv § 34a VI 1 Nr 1; grds zutr, s aber zu *(3)*). Ebenso nach Ansicht der FinVerw nicht die Einbringung von **Teilbetrieben/MUer*teil*anteilen** (*BMF* BStBl I 08, 838 Tz 47: nachversteuerungspflichtiger Betrag verbleibt gleich der Veräußerung/unentgeltl Übertragung beim StPfl; s auch hierzu zu *(3)*). Gleichfalls kein Fall des § 34a VII 2 ist die unentgeltl Aufnahme von Angehörigen in ein bestehendes Einzelunternehmen (§ 6 III S 1, HS 2 ggf iVm S 2; str, dazu § 16 Rz 204); mE Gleichstellung mit unentgeltl Übertragung von TeilMUeranteilen (s dazu Rz 85). Zu Zuzahlungsfällen (andere MUer der aufnehmenden PersGes leisten Ausgleichszahlungen an den Einbringenden) s § 16 Rz 563-5. – Nicht angesprochen wird in *BMF* BStBl I 08, 838 Tz 47 die Konstellation, dass der Betrieb (oder MUeranteil) einer (Ober-)PersGes in eine **UnterPersGes** eingebracht wird (Entstehen einer doppel-/dreistöckigen PersGes). Folgt man den Grundsätzen von *BMF* BStBl I 08, 838 Tz 21, muss ein Übergang des nachversteuerungspflichtigen Betrags *ungeachtet* des Wertansatzes ausgeschlossen sein (fortdauernde Zuordnung des nachversteuerpflichtigen Betrags zum (einheitl) MUeranteil an der OberPersGes auch bei Ansatz des gemeinen Werts; ähnl *Ley* KÖSDI 07, 15751). *ME* geht hingegen der nachversteuerpflichtige Betrag – entspr der betriebs-/mueranteilsbezogenen Systematik (s im Einz Rz 22) und damit abw vom Wortlaut des § 34a VII 2 (teleologische Extension) – nicht nur bei Buchwerteinbringung, sondern auch bei Ansatz eines Zwischenwerts oder des gemeinen Werts auf den erlangten MUeranteil (betr UnterPersGes) über. Gleiches muss gelten, wenn der Teilbetrieb eines Einzelunternehmens in eine PersGes eingebracht wird *und* der erhaltene MUeranteil zum BV des Einzelbetriebs gehört (jew aA *BMF* BStBl I 08, 838 Tz 47; s zu *(2)*).

cc) Kein BV-Vergleich, § 34a VI 1 Nr 3. Die aufgrund des Übergangs vom BV-Vergleich (§ 4 I 1, § 5) zu einer anderen Gewinnermittlungsart (§§ 13a, 5a, 4 III, s dazu auch Rz 20, 12) angeordnete Nachversteuerung dient nach der Gesetzesbegründung der „Verhinderung von Umgehungsgestaltungen" (BT-Drs 16/4841, 64; *Gragert ua* NWB F 3, 14644: Entnahmeaufschub bis zum Wechsel der Gewinnermittlungsart). Nicht hierunter fällt die Schätzung des Gewinns (*Blümich* § 34a Rz 54; aA *Gützner* StuB 07, 445/50). 79

dd) Antrag, § 34a VI 1 Nr 4. Das Recht, die Nachversteuerung des nachversteuerungspflichtigen Betrags – oder eines Teils hiervon (*BMF* BStBl I 08, 838 Tz 47; zutr) – zu beantragen (S 1 Nr 4), soll nach BT-Drs 16/4841, 64 zB die Möglichkeit geben, bei unentgeltl Betriebsübertragung den Rechtsnachfolger (vgl hierzu auch Rz 85) von der Nachsteuer zu entlasten. Der nicht formgebundene Antrag kann bis zur Bestandskraft des ESt-Bescheids (bei Klage bis zum Abschluss des FG-Verfahrens) und in Erbfällen auch von den Gesamtrechtsnachfolgern gestellt werden (§ 45 AO; unklar *BMF* BStBl I 08, 838 Tz 47 aE); *Folge:* Erhöhung der Nachlassverbindlichkeit (§ 10 V Nr 1, VI ErbStG; BFH II R 15/11 BStBl II 12, 790; *FinVerw* DStR 12, 2440; *Gragert ua* NWB F 3, 14646). 80

c) Rechtsfolgen; Stundung, § 34a VI 1, 2. – Die ESt erhöht sich um 25% des zum Ende des Vorjahres festgestellten nachversteuerungspflichtigen Betrags (*Ley/Brandenberg* FR 07, 1085, 1106: uU erhöht um antragsgemäß begünstigte lfd Gewinne des Veräußerungsjahrs) und Aufhebung oder Änderung (s zu S 1 Nr 4 81

Rz 80) des Feststellungsbescheids gem III 2, 3 iVm IV, VI 1 Nr 1–4. Auf Antrag des StPfl oder seines Rechtsnachfolgers (§ 45 AO) ist nach § 34a VI 2 in den Fällen von S 1 Nr 1 und 2 die nach § 34a IV geschuldete ESt (nicht die ESt auf den Veräußerungs-/Einbringungs- oder Aufgabegewinn) in regelmäßigen (= gleichmäßigen?) Teilbeträgen zinslos für einen Zeitraum von höchstens 10 Jahren zu stunden, wenn ihre alsbaldige Einziehung mit erhebl Härten für den StPfl (= auch seines Rechtsnachfolgers?) verbunden wäre. Die mutmaßl in Anlehnung an § 6 IV, V AStG getroffene Regelung ist nicht nur bezügl der Frage der Sicherheitsleistung unbestimmt (ohne Aussage *BMF* BStBl I 08, 838 Tz 46); sie verweist zudem mit Rücksicht auf das Vorliegen einer erhebl (= nicht unerhebl) Härte auf § 222 AO (glA *BMF* BStBl I 08, 838 Tz 46) mit der Folge, dass die Ermessensentscheidung des FA auch insoweit nur eingeschränkt gerichtl überprüfbar ist (vgl § 102 FGO). Darüber hinaus schließt § 34a VI 2 die Stundung gem § 222 in den Fällen der Nachversteuerung nach § 34a VI Nr 3 und 4 nicht aus (*BMF* BStBl I 08, 838 Tz 46); gleiches gilt für den SolZ.

85 **4. Fortführung des nachversteuerungspflichtigen Betrags/unentgeltl Rechtsnachfolge, § 34a VII 1. – a) Unentgeltl Übertragung ganzer Betriebe.** Wird der der Betrieb oder (gesamte) MUeranteil unentgeltl nach § 6 III (1, 3) übertragen (Schenkung, Erbfall), hat (kein Wahlrecht) der Rechtsnachfolger den nachversteuerungspflichtigen Betrag fortzuführen (bei Miterben anteilig). Dh: von einer Nachversteuerung beim Übertragenden ist abzusehen, der ihm ggü ergangene Feststellungsbescheid (§ 34a III 2, 3) ist aufzuheben; für den Übernehmer (bei mehreren Miterben jeweils einzeln) ist erstmals (bezügl des erhaltenen Betriebs/MUeranteils) ein Feststellungsbescheid zu erlassen (*Ausnahme:* Antrag nach § 34a VI 1 Nr 4, s Rz 80). Die Regelung durchbricht die personengebundene Konzeption des § 34a (*Gragert ua* NWB F 3, 14646: „unsystematisch"); ob sie dadurch gerechtfertigt ist, dass der nicht entnommene Gewinn (§ 34a II) im Betrieb verbleibt (so *Blümich* § 34a Rz 58), ist mit Rücksicht auf die Nachversteuerungstatbestände in § 34a VI (s Rz 75ff) zweifelhaft. Die latente ESt-Last (Nachversteuerung) ist weder Betriebsschuld noch Nachlassverbindlichkeit (BFH BStBl II 92, 781; *Ley* KÖSDI 07, 15737/51). Die Vorschrift kann auch die Übertragung von Betrieben/MUeranteilen gegen Versorgungsleistungen sowie gegen Teilentgelt erfassen (s Rz 76). Zweifelhaft ist, ob unter § 34a VII auch die unentgeltl Übertragung auf **juristische Personen** (zB Stiftungen) fällt (*FinVerw* DStR 14, 803: Nachversteuerung gem § 34a VI 1 Nr 2 analog; *Bodden* FR 14, 920; aA *Maetz* FR 13, 652: ersatzloser Wegfall des nachversteuerungspflichtigen Betrags).

86 **b) Unentgelt Übertragung von Teilbetrieben/MUerteilanteilen.** Nicht erfasst ist jedoch der unentgeltl Übergang von Teilbetrieben/MUer*teil*anteilen gem § 6 III 1, 2 (*BMF* BStBl I 08, 838 Tz 47: nachversteuerungspflichtiger Betrag bleibt beim Übertragendem; kein Wahlrecht; *Ley* KÖSDI 07, 15751; aA *Cordes* WPg 07, 526/9: analog § 34a V; mE nicht tragfähig: Buchwertübertragung gem § 6 III ist keine Entnahme). Zur unentgeltl Aufnahme von Angehörigen in Einzelunternehmen s Rz 78.

87 **c) Realteilung; Erbauseinandersetzung.** In diesen Fällen (zum Erbfall s Rz 85) unter Zuweisung von *Betrieben, Teilbetrieben* oder *MUeranteilen* (vgl § 16 Rz 532/4, 614, 639) verdrängt mE § 34a VII den zugleich gegebenen Aufgabetatbestand (§ 34a VI 1 Nr 1; s dazu Rz 76); *Folge:* (anteilige) Fortführung des nachversteuerungspflichtigen Betrags (aA 28. Aufl, Rz 76), soweit keine Ausgleichszahlungen geleistet werden (s dazu § 16 Rz 620, 640). Gleiches gilt bei einfacher **Nachfolgeklausel** (§ 16 Rz 665); bei qualifizierter Nachfolge geht der nachversteuerungspflichtige Betrag – vorbehaltl einer Entnahme des Erblassers (vgl § 16 Rz 672/4) – insgesamt auf den Qualifizierten über.

88 **d) Einbringung nach § 24 UmwStG.** S dazu Rz 78.

V. Verfahrensfragen

1. Zuständigkeit; ESt-Veranlagung. Der Antrag auf Sondertarifierung ist (betriebs-/mitunternehmeranteilsbezogen) bei dem für die ESt zuständigen FA (§ 19 AO; regelmäßig WohnsitzFA) zu stellen (§ 34a I 2; vgl auch *Wissenschaftl Beirat* BB 05, 1653/5; zur Antragsfrist einschließl Rücknahme s Rz 40). Dieses hat auch über die Nachversteuerung (§ 34a IV–VII; ggf iVm mit Übertragung des nachversteuerungspflichtigen Betrags; zu Einspruch und Klage s §§ 357 II 1, 367 AO; §§ 57 Nr 2, 63 FGO) sowie den Feststellungsbescheid nach § 34a III, IX, XI zu entscheiden (Rz 91), *nicht* jedoch über denjenigen nach § 34a X nF (s Rz 95; zur Aufteilung der Entscheidungskompetenzen/Bindungswirkungen s Rz 99). 90

2. Feststellung des nachversteuerungspflichtigen Betrags, § 34a IX, XI nF. – a) Gesonderte Feststellung. Nach § 34a IX 1 hat das für die ESt zu ständige FA (§ 19 AO; s Rz 90) – ähnl § 15a IV (*Wissenschaftl Beirat* BB 05, 1653/6) – den **nachversteuerungspflichtigen Betrag** jährl gesondert festzustellen (§ 34a III 3; zu RumpfWj s Rz 28). Bei mehreren Betrieben/MUeranteilen müssen mehrere gesonderte Feststellungsbescheide ergehen (zu MUeranteil im BV s aber Rz 22). Die in **§ 34a IX 3** vorgesehene förml **Verbindung** von Feststellungs- und ESt-Bescheid ändert nichts an der Selbständigkeit der VA (vgl zB BFH VIII R 29/98 BStBl II 99, 592 betr § 15a IV 5). Insb erlangt der Feststellungsbescheid nach § 34a III 3 für den EStBescheid **keine Grundlagenfunktion** (§§ 179 I, 182 AO; *Bodden* FR 11, 829/35; zu § 34a IV 1 letzter HS s aber Rz 93). 91

b) Bescheidanfechtung. Beide Bescheide sind deshalb auch gesondert anzufechten. – ***(1)*** Wird nur der ESt-Bescheid mit dem Ziel angefochten, den Sondertarif zu gewähren (oder den Begünstigungsbetrag zu erhöhen), kann im Falle des Erfolgs der Bescheid zur Feststellung des nachversteuerungspflichtigen Betrags zwar nicht nach § 175 I AO, jedoch nach **§ 174 IV AO** erstmals erlassen oder geändert werden. Gleiches gilt, wenn zB auf Einspruch/Klage eine im ESt-Bescheid angesetzte Nachsteuer aufgrund der Buchwertübertragung/-Überführung von WG nach §§ 34a V, § 6 V gemindert wird oder unterbleibt (Änderung/erstmaliger Erlass der Feststellungsbescheide für abgebenden *und* aufnehmenden Betrieb). – ***(2)*** Darüber hinaus ist nach **§ 34a XI 1, 2 nF** (iVm § 52 Abs. 34) bei (erstmaligem) **Antrag** auf Sondertarif, Antragsänderung/-rücknahme (§ 34a I 4 aF/nF) der Feststellungsbescheid (§ 34a III 3) selbst dann anzupassen, wenn die Antragskorrektur keine Änderung des ESt-Bescheids auslöst. Zudem sieht **§ 34a XI 3 nF** eine gesonderte Ablaufhemmung (BT-Drs 16/11108) vor: Ablauf der Feststellungsfrist nicht vor Ablauf der ESt-Festsetzungsfrist des VZ (s auch § 34a I 5; dazu Rz 41), auf dessen Schluss der nachversteuerungspflichtige Betrag festzustellen ist. 92

c) Anfechtungsumfang. Nach § 34a IX 2 kann der Feststellungsbescheid gem § 34a III 3 nur insoweit angegriffen werden, als sich der nachversteuerungspflichtige Betrag ggü dem Vorjahr verändert hat (vgl hierzu § 34a III 2; Rz 53). Der Feststellungsbescheid zum 31.12.08 ist somit zum einen als Grundlagenbescheid für den Bescheid zum 31.12.09 bindend (§§ 182, 175 I 1 Nr 1 AO; zum str Verhältnis zu § 351 AO s (betr § 15a IV 4) *HHR* § 15a Rz 174). Zum anderen entfaltet er im Hinblick auf die Höchstgrenze der Nachversteuerung des Folgejahres (§ 34a IV 1 letzter HS) Bindungswirkung. 93

3. Gesonderte Feststellung der Besteuerungsgrundlagen, § 34a X. § 34a hatte ***zunächst*** *nur* eine Feststellung des nachversteuerungspflichtigen Betrags (§ 34a III 3) vorgesehen mit der Folge, dass das hierfür (sowie für die Gewährung des Sondertarifs) zuständige WohnsitzFA (s Rz 90f) „auf Antrag des StPfl" (so *E-BMF* Tz 40) in Form eines unverbindl sog **Mitteilungsverfahrens** von dem für die Einkünftefeststellung (§ 180 I Nr 2 AO) zuständigen FA über die für § 34a erforderl Besteuerungsgrundlagen unterrichtet werden sollte. Dies war insb wegen 95 der mangelnden Sachnähe des WohnsitzFA sowie der fehlenden Bindungswirkung zu kritisieren (s iEinz *27.* Aufl, Rz 91f).

96 **Gesonderte Feststellung.** Mit dem JStG 09 wurde deshalb – im Grundsatz zR – ein gesondertes Feststellungsverfahrens bzgl der für die „Tarifermittlung nach den Abs 1 bis 7 erforderl Besteuerungsgrundlagen" eingeführt (§ 34a X 1 iVm § 52 Abs 34). Zuständig hierfür ist nach § 34a X 2 nicht das WohnsitzFA (§ 19 AO s Rz 90), sondern das BetriebsFA/LageFA/TätigkeitsFA (§ 18 AO).

97 **a) Tatbestand.** Gesonderte Gewinnfeststellung nach § 180 I Nr 2a AO (Einkünftebeteiligung *mehrerer* Personen) oder nach Nr 2b (Auseinanderfallen der Zuständigkeiten gem §§ 18 und 19 AO). Es ist eine Kann-Vorschrift (vgl zB § 180 II, III AO), dh der Erlass des Feststellungsbescheids gem § 34a X steht im pflichtgemäßen Ermessen des nach § 18 AO zuständigen FA (zB BetriebsFA, s Rz 96). Er soll zur Vermeidung von unnötigem Bürokratieaufwand nur *anlassbezogen* ergehen, zB bei Antrag des StPfl (an WohnsitzFA) auf Sondertarif (BT-Drs 16/1108); ebenso mE, wenn für das Vorjahr ein nachversteuerungspflichtiger Betrag festgestellt wurde (BT-Drs 16/10494; *Bodden* FR 11, 829/36).

98 **b) Rechtsfolgen.** Der Bescheid nach § 34a X zielt auf die (ledigl) *gesonderte* Feststellung der *individuellen* Voraussetzungen der Tarifermäßigung. Demgemäß ist auch nur der individuelle Adressat des Bescheids (StPfl/einzelne MUer) rechtsbehelfsbefugt; § 352 AO, § 48 FGO gelten mangels einheitl Feststellung nicht (FG Mster EFG 14, 1201 rkr). – Gegenstand des Feststellungsbescheids sind die Entnahmen/Einlagen sowie die für die Tarifermittlung (§ 34a I bis VII) erforderl Besteuerungsgrundlagen. Nach BT-Drs 16/11108 gehören hierzu zB die stfreien Gewinne, nicht abziehbare BA; mE darüber hinaus auch die zunächst für das Mitteilungsverfahren (s Rz 95) vorgesehenen weiteren Merkmale (zB Gewinn/Verlustanteile; Entnahmen/Buchwerte gem § 34a IV 3; Nachversteuerungstatbestände gem § 34a VI, VII). S aber Rz 99. – Der Feststellungsbescheid gem § 34a X ist ggü dem (einheitl *oder* nur gesonderten) Feststellungsbescheid nach § 180 I Nr 2a/b AO ein eigenständiger Bescheid, der ledigl förml mit diesem verbunden werden (X 3; FG Mster aaO). – Sein Erlass unterliegt aber einer besonderen Ablaufhemmung, die an die Feststellungsfrist für die Bescheide gem § 180 I Nr 2a/b AO gebunden ist. Dies schließt jedoch mE § 181 V AO (uU iVm § 179 III AO: Ergänzungsbescheid/Bescheid nach Ablauf der Feststellungsfrist) nicht aus.

99 **c) Konkurrenzen.** Ein Feststellungsbescheid gem **§ 180 I Nr 2 AO** (zB festgestellter Gewinnanteil eines MUers) – ***Stufe 1*** – ist gem § 182 I AObindender **Grundlagenbescheid** für den Feststellungsbescheid nach **§ 34a X** – ***Stufe 2*** – und dieser wiederum Grundlagenbescheid sowohl für die Festsetzung der ESt (Rz 90) als auch die Feststellung des nachversteuerungspflichtigen Betrags (§ 34a III 3; IX, XI; Rz 91ff) – ***Stufe 3*** –. Bei erstmaligem Erlass oder Änderung der Bescheide auf den Stufen 1 oder 2 sind die jeweiligen Folgebescheide anzupassen (§ 175 I 1 Nr 1 AO). – **Kritik:** Die Trennung der Stufen 1 und 2 ist nicht recht verständl, weil auch iRd Bescheide nach § 180 I Nr 2 (Stufe 1) individuelle (den einzelnen Beteiligten betreffende) Feststellungen zu treffen sind (s einschließl § 180 I Nr 2b *HHSp* § 180 Rz 244, 407). – **De lege lata** (Trennung) entsteht damit die Frage, welcher Bescheid zur Entscheidung welcher Streitfragen angefochten werden muss. Zu berücksichtigen ist hierbei, dass nicht nur den ausdrückl Feststellungen gem § 180 Nr 2a/b (zB Höhe des Gewinns; einschließl *Entnahme*gewinne) Bindungswirkung für den Bescheid nach § 34a X zukommt. Gleiches gilt nach der Rspr (s mit Abgrenzungen BFH VIII R 11/02 BStBl II 06, 253/7) für die den Feststellungen gem § 180 I Nr 2a/b AO *vorgreifl* (tatsächl und rechtl) *Umstände* (zB Höhe des Gewinnanteils aufgrund nicht abziehbare BA, stfreie Gewinne), so dass auch hierauf gerichtete Streitigkeiten mE auf Stufe 1 (iVm einer etwaigen Folgeanpassung auf der Stufen 2 und 3) auszutragen sind. Bis zur richterl Klärung der Ent-

scheidungskompetenzen dürfte es sich für die Praxis empfehlen, *beide* Stufen anzufechten; das Gericht wird dann ggf das Verfahren bezügl Stufe 2 (§ 34a X) bis zur Entscheidung über den Bescheid nach § 180 I Nr 2a/b (Stufe 1) aussetzen (§ 74 FGO; glA *Bodden* FR 11, 829/34).

§ 34b Steuersätze bei Einkünften aus außerordentlichen Holznutzungen

(1) **Außerordentliche Holznutzungen sind**

1. Holznutzungen, die aus volks- oder staatswirtschaftlichen Gründen erfolgt sind. [2] Sie liegen nur insoweit vor, als sie durch gesetzlichen oder behördlichen Zwang veranlasst sind;

2. Holznutzungen infolge höherer Gewalt (Kalamitätsnutzungen). [2] Sie sind durch Eis-, Schnee-, Windbruch oder Windwurf, Erdbeben, Bergrutsch, Insektenfraß, Brand oder durch Naturereignisse mit vergleichbaren Folgen verursacht. [3] Hierzu gehören nicht die Schäden, die in der Forstwirtschaft regelmäßig entstehen.

(2) **[1] Zur Ermittlung der Einkünfte aus außerordentlichen Holznutzungen sind von den Einnahmen sämtlicher Holznutzungen die damit in sachlichem Zusammenhang stehenden Betriebsausgaben abzuziehen. [2] Das nach Satz 1 ermittelte Ergebnis ist auf die ordentlichen und außerordentlichen Holznutzungsarten aufzuteilen, indem die außerordentlichen Holznutzungen zur gesamten Holznutzung ins Verhältnis gesetzt wird. [3] Bei einer Gewinnermittlung durch Betriebsvermögensvergleich sind die im Wirtschaftsjahr veräußerten Holzmengen maßgebend. [4] Bei einer Gewinnermittlung nach den Grundsätzen des § 4 Absatz 3 ist von den Holzmengen auszugehen, die den im Wirtschaftsjahr zugeflossenen Einnahmen zugrunde liegen. [5] Die Sätze 1 bis 4 gelten für entnommenes Holz entsprechend.**

(3) **Die Einkommensteuer bemisst sich für die Einkünfte aus außerordentlichen Holznutzungen im Sinne des Absatzes 1**

1. nach der Hälfte des durchschnittlichen Steuersatzes, der sich ergäbe, wenn die tarifliche Einkommensteuer nach dem gesamten zu versteuernden Einkommen zuzüglich der dem Progressionsvorbehalt unterliegenden Einkünfte zu bemessen wäre;

2. nach dem halben Steuersatz der Nummer 1, soweit sie den Nutzungssatz (§ 68 der Einkommensteuer-Durchführungsverordnung) übersteigen.

(4) **Einkünfte aus außerordentlichen Holznutzungen sind nur anzuerkennen, wenn**

1. das im Wirtschaftsjahr veräußerte oder entnommene Holz mengenmäßig getrennt nach ordentlichen und außerordentlichen Holznutzungen nachgewiesen wird und

2. Schäden infolge höherer Gewalt unverzüglich nach Feststellung des Schadensfalls der zuständigen Finanzbehörde mitgeteilt und nach der Aufarbeitung mengenmäßig nachgewiesen werden.

(5) **Die Bundesregierung wird ermächtigt, durch Rechtsverordnung mit Zustimmung des Bundesrates**

1. die Steuersätze abweichend von Absatz 3 für ein Wirtschaftsjahr aus sachlichen Billigkeitsgründen zu regeln,

2. die Anwendung des § 4a des Forstschäden-Ausgleichsgesetzes für ein Wirtschaftsjahr aus sachlichen Billigkeitsgründen zu regeln,

wenn besondere Schadensereignisse nach Absatz 1 Nummer 2 vorliegen und eine Einschlagsbeschränkung (§ 1 Absatz 1 des Forstschäden-Ausgleichsgesetzes) nicht angeordnet wurde.

Einkommensteuer-Durchführungsverordnung:

§ 68 ***Nutzungssatz, Betriebsgutachten, Betriebswerk***

(1) [1]**Der Nutzungssatz muss periodisch für zehn Jahre durch die Finanzbehörde festgesetzt werden.** [2]**Er muss den Nutzungen entsprechen, die unter Berücksichtigung der vollen Ertragsfähigkeit des Waldes in Kubikmetern (Festmetern) nachhaltig erzielbar sind.**

(2) [1]**Der Festsetzung des Nutzungssatzes ist ein amtlich anerkanntes Betriebsgutachten oder ein Betriebswerk zugrunde zu legen, das auf den Anfang des Wirtschaftsjahres aufzustellen ist, von dem an die Periode von zehn Jahren beginnt.** [2]**Es soll innerhalb eines Jahres nach diesem Stichtag der Finanzbehörde übermittelt werden.** [3]**Sofern der Zeitraum, für den es aufgestellt wurde, nicht unmittelbar an den vorherigen Zeitraum der Nutzungssatzfeststellung anschließt, muss es spätestens auf den Anfang des Wirtschaftsjahrs des Schadensereignisses aufgestellt sein.**

(3) [1]**Ein Betriebsgutachten im Sinne des Absatzes 2 ist amtlich anerkannt, wenn die Anerkennung von einer Behörde oder einer Körperschaft des öffentlichen Rechts des Landes, in dem der forstwirtschaftliche Betrieb liegt, ausgesprochen wird.** [2]**Die Länder bestimmen, welche Behörden oder Körperschaften des öffentlichen Rechts diese Anerkennung auszusprechen haben.**

Einkommensteuer-Richtlinien: EStR 34b.1–34b.8/EStH 34b.1–34b.7

Übersicht

1 **1. Anwendungsbereich.** § 34b dient der Entlastung der Forstwirte von übermäßiger Progression auf die – in dieser Einkunftsart häufigen und nicht immer planbaren – zusammengeballten Nutzungen. Die Vorschrift gilt **unabhängig von der Einkunftsart,** ist also (anders als in den VZ 1999–2007) nicht auf Einkünfte aus LuF beschränkt, sondern kommt auch GewBetr zugute (zB gewerbl geprägte PersGes mit Forstbetrieb, s BFH IV 262/59 S BStBl III 60, 486). Auf KStSubjekte ist sie nicht unmittelbar anwendbar; KStR 71 sieht bei Kalamitätsnutzungen in Härtefällen jedoch eine KStErmäßigung aus Billigkeitsgründen vor (krit *HHR/Stalbold* § 34b Anm 4; *Blümich/Nacke* § 34b Rz 5: keine Notwendigkeit wegen fehlender Progression im KStRecht). Zudem gilt § 34b **unabhängig von der Gewinnermittlungsart.** – Zu den **Besonderheiten der Gewinnermittlung bei Forstbetrieben** s ausführl § 13 Rz 14 ff; zum FSchAusglG s § 13 Rz 20 f. Das Wj der Holznutzung (Trennung vom GuB und Übergang des Holzes ins UV; bei Kalamitätsholz hingegen erst der Zeitpunkt der Aufarbeitung) kann vom Wj der Gewinnrealisierung (bei § 4 I Veräußerung des Holzes, bei § 4 III Zufluss des Veräußerungserlöses, s § 13 Rz 15) verschieden sein. Daher können die StErmäßigungen des § 34b für eine einzige ao Holznutzung ggf in mehreren VZ in Anspruch genommen werden (ebenso *HHR/Stalbold* § 34b Anm 9). – **Beschr StPfl** können die SonderStSätze seit 2008 im selben Umfang in Anspruch nehmen wie unbeschr StPfl (§ 50 I enthält keine Einschränkung mehr).

2. Außerordentl Einkünfte aus Holznutzungen, § 34b I. Die Vorschrift begünstigt seit VZ 2012 nur noch Holznutzungen aus volks- oder staatswirtschaftl Gründen (Rz 4) und Holznutzungen infolge höherer Gewalt (Rz 6). Holznutzungen aus privatwirtschaftl Gründen waren nur bis VZ 2011 begünstigt (Einzelheiten zur früheren Rechtslage s 33. Aufl Rz 8). 3

a) Holznutzungen aus volks- oder staatswirtschaftl Gründen, § 34b I Nr 1. Solche sind nur insoweit gegeben, als sie durch gesetzl oder behördl Zwang veranlasst werden (zB Enteignung, den Umständen nach drohende Enteignung, behördl angeordnete Überhiebe; vgl EStR 34b.2 III). Nutzungen infolge militärischer Übungen sind als Kalamitätsnutzungen nach Nr 2 (stärker) begünstigt (s Rz 6). – Eine Holznutzung kann mE auch im **Verkauf eines Waldgrundstücks** liegen (glA *HHR/Stalbold* § 34b Anm 8; aA allerdings EStR 34b.2 I 4 und BT-Drs 17/5125, 43; offen gelassen von BFH IV R 180/77 BStBl II 82, 158); dies ist insb bei Verkäufen zur Abwendung einer drohenden Enteignung von Bedeutung. Sofern dieses Grundstück einen Teilbetrieb darstellt (dazu § 14 Rz 7), konkurrieren die Steuerermäßigungen des § 34b mit denen des § 34; es ist die dem StPfl günstigere Regelung anzuwenden (glA *HHR/Stalbold* § 34b Anm 5). 4

b) Holznutzungen infolge höherer Gewalt; Kalamitätsnutzungen, § 34b I Nr 2. Sie fallen auf Grund von Naturereignissen an (zB Bruch, Insektenfraß, Brand; vgl die – nicht abschließende – Aufzählung in § 34b I Nr 2 S 2). Weitere, im Gesetz nicht ausdrückl erwähnte Fälle höherer (Natur-)Gewalt sind zB Rotfäule, Schwamm und andere infektiöse Holzkrankheiten (BFH IV 422/60 S BStBl III 64, 119) sowie Dürre. Über den Wortlaut des Gesetzes hinaus (aber in Übereinstimmung mit dem Gesetzeszweck) werden auch Schäden einbezogen, die ihre Ursache nicht in Naturereignissen, sondern in menschl Einwirkung haben. Dies gilt zB für **Immissionsschäden** („saurer Regen", s *Schindler* StBP 85, 109, 111; *Voß* StBP 97, 187 mwN) oder Spätschäden aus Kriegsfolgen (vgl *Schindler* StBP 85, 109, 110). Auch vorzeitige Nutzungen infolge militärischer Übungen gelten als Kalamitätsnutzungen; für Entschädigungen kann eine RfE gebildet werden (EStR 34b.2 V; s hierzu näher § 6 Rz 101 ff). – **Kalamitätsfolgehiebe** (Einschläge von Restbeständen, die zwar selbst nicht von der Kalamität betroffen sind, aber für sich allein nicht mehr langfristig überlebensfähig sind) sind nur dann begünstigt, wenn sie nicht in die planmäßige Nutzung der Folgejahre einbezogen werden können (BFH I 138/60 S BStBl III 61, 276 unter IV.2.; s auch *Voß/Steinle* Inf 94, 235). Vom Anwendungsbereich der Nr 2 ausgenommen sind Schäden, die in der Forstwirtschaft regelmäßig entstehen (S 3). Hierzu gehören Schadensfälle an *einzelnen* Bäumen, zB durch Dürrholz oder Blitzschlag (EStR 34b.2 IV 4). Zur Anwendung des **FSchAusglG** bei höherer Gewalt s § 13 Rz 20 f. 6

3. Ermittlung der begünstigten Einkünfte, § 34b II. Die Berechnung ist ab VZ 2012 stark vereinfacht worden (s *Wiegand* NWB 11, 3606, 3608 mit Beispiel; zur Rechtslage bis VZ 2011 s 33. Aufl Rz 12 f). Nunmehr sind zunächst die (Netto-)Einkünfte aus Holznutzungen zu ermitteln, indem von den Einnahmen aus sämtl Holznutzungen (unabhängig davon, ob es sich um ordentl oder ao Nutzungen handelt) sämtl BA, die mit den Holznutzungen in Zusammenhang stehen, abgezogen werden (§ 34b II 1). Diese Nettoeinkünfte sind dann auf die ao (tarifbegünstigten) und die ordentl (nicht begünstigten) Holznutzungen nach dem Verhältnis der iRd jeweiligen Nutzung im Wj veräußerten Holzmengen zu verteilen (§ 34b II 2, 3). Bei Gewinnermittlung nach § 4 III sind nicht die im Wj veräußerten Holzmengen maßgebl, sondern diejenigen, denen die im Wj zugeflossenen Einnahmen entsprechen. 11

4. Steuersätze, § 34b III. Ab VZ 2012 sind sämtl ao Holznutzungen tarifbegünstigt, auch soweit sie innerhalb des Nutzungssatzes liegen (zur Rechtslage bis VZ 2011 s 33. Aufl Rz 16). Der Gesetzgeber hat dies als gerechtfertigt angesehen, weil die Begünstigung ao Nutzungen aus privatwirtschaftl Gründen entfallen ist 15 und die verbleibenden Tatbestände der ao Holznutzungen enger sind (krit zum erhebl Umfang der Begünstigung *Reimer* FR 11, 929, 934). – Grds unterliegen die (nach Abs 2 ermittelten) ao Holznutzungen der **Hälfte des durchschnittl StSatzes,** der sich für das *gesamte* zvE (einschließl der ao Holznutzungen) ergeben würde (§ 34b III Nr 1). Die Ermittlung eines Nutzungssatzes bzw die Aufstellung eines Betriebswerks oder -gutachtens ist für die Inanspruchnahme dieser Begünstigung nicht mehr erforderl. – Stellt der StPfl jedoch freiwillig ein Betriebswerk oder -gutachten auf, unterliegen die Einkünfte aus ao Holznutzungen nur einem **Viertel des durchschnittl StSatzes,** soweit sie den Nutzungssatz, der sich aus dem Betriebswerk/-gutachten ergibt, übersteigen (§ 34b III Nr 2). Im Wj einer **Einschlagsbeschränkung** gilt dieser Viertelsteuersatz einheitl für *sämtl* Kalamitätsnutzungen, und zwar auch für solche *innerhalb* des Nutzungssatzes (§ 5 I FSchAusglG; ausführl § 13 Rz 21). Zum Umfang der begünstigten Einkünfte beim Zusammentreffen mit anderen tarifbegünstigten Einkünften s EStR 34b.5 II. – Eine **Untergrenze für den StSatz** ist (anders als in § 34 III 2) nicht vorgesehen (krit dazu *Blümich/Nacke* § 34b Rz 2). – **Zusätzl Begünstigungen durch VO (§ 34b V).** Durch RVO darf die BReg zusätzl Begünstigungen gewähren, wenn „besondere Schadensereignisse nach Abs 1 Nr 2" (dh höhere Gewalt) vorliegen, gleichwohl aber keine Einschlagsbeschränkung nach § 1 I FSchAusglG (s dazu § 13 Rz 20) angeordnet worden ist. In diesen Fällen können die StSätze abw von Abs 3 für ein Wj aus sachl Billigkeitsgründen geregelt werden; außerdem kann § 4a FSchAusglG (Absehen von der Aktivierung unverkauften Kalamitätsholzes; s § 13 Rz 21) für anwendbar erklärt werden. Ob für diese Sonderregelung wirkl eine Notwendigkeit besteht, ist mE sehr zweifelhaft, da bereits § 1 FSchAusglG eine Vorgehensweise ermöglicht, die den – bei Schadensereignissen übl – regionalen Unterschieden gerecht wird. Zudem dürfte Abs 5 nicht den **Anforderungen des Art 80 GG** genügen, da das Ausmaß der Ermächtigung (insb der Umfang der Begünstigung) nicht hinreichend bestimmt ist (glA *Blümich/Nacke* § 34b Rz 2).

21 **5. Gemeinsame Voraussetzungen, § 34b IV.** Diese müssen für die Anerkennung ao Einkünfte aus Holznutzungen stets erfüllt sein. – **a) Mengenmäßiger Nachweis.** Die in einem Wj erzielten verschiedenen Nutzungen müssen – getrennt nach ordentl und ao Nutzungen – mengenmäßig nachgewiesen werden (§ 34b IV Nr 1). Nach EStR 34b.2 III genügt dabei eine Trennung zw den Kalamitätsnutzungen und den übrigen Nutzungen. Bei buchführenden Betrieben kann dies idR anhand der Aufzeichnungen geschehen. Bei nicht buchführenden Betrieben (Gewinnermittlung nach § 4 III oder § 13a VI 1 Nr 1) müssen für das Jahr, in dem begünstigte Holznutzungen eintreten, Aufzeichnungen über die Mengen der einzelnen Holznutzungsarten geführt werden. Sofern das Holz über staatl Forstämter verwertet wird, kann der Nachweis durch Vorlage der Abrechnungen des Forstamtes erbracht werden, wenn diese die erforderl Mengenangaben enthalten.

22 **b) Unverzügl Schadensmeldung an das FA.** Schäden infolge höherer Gewalt (dh nur Kalamitätsnutzungen, nicht auch ao Nutzungen aus wirtschaftl Gründen) müssen unverzügl nach ihrer Feststellung der zuständigen FinBeh mitgeteilt werden (§ 34b IV Nr 2). Dies soll eine forstfachl Prüfung von Entstehung und Umfang der Schäden ermöglichen (BT-Drs 17/5125, 43). Die *FinVerw* sieht eine Meldung innerhalb von drei Monaten noch als „unverzügl" an, sofern sie bis zum Beginn der Aufarbeitung erfolgt (*OFD Mbg* ESt-Kartei ST § 34b Karte 1). Das Ausmaß des Schadens kann zu diesem Zeitpunkt idR nur geschätzt werden. Seit VZ 2012 ist nach der Aufarbeitung zusätzl ein mengenmäßiger Nachweis des Schadens erforderl.

23 **c) Nutzungssatz durch Betriebsgutachten oder Betriebswerk.** Will der StPfl den Viertel-Steuersatz nach § 34b III Nr 2 erlangen, setzt dies die Ermittlung eines Nutzungssatzes durch ein amtl anerkanntes Betriebsgutachten oder ein Betriebswerk voraus (§ 68 II EStDV; Einzelfragen s EStR 34b.6). Für die Anwendung

des halben Steuersatzes nach § 34b III Nr 1 sind diese Nachweise hingegen nicht erforderl. Demggü setzte die Anwendung des § 34b bis VZ 2011 stets die Vorlage eines Betriebsgutachtens oder -werks voraus. – **Betriebswerk** (Regelfall bei größeren Betrieben) ist die Zusammenfassung aller Schriften und Karten, in denen das Ergebnis einer Forsteinrichtung hinsichtl Zustandserfassung und Planung wiedergegeben wird (*Frotscher* § 34b Anm 22). Es stellt die periodische forstl Betriebsplanung dar, die die Nachhaltigkeit der Holznutzung steuert (s *Wittwer* FR 08, 617, 618). **Betriebsgutachten** kommen eher bei kleineren Betrieben in Betracht (zu derartigen Gutachten s *Voß* StBP 03, 137). Der **Nutzungssatz** entspricht den bei voller Ertragsfähigkeit des Waldes nachhaltig erzielbaren Nutzungen (§ 68 I 2 EStDV), hingegen nicht unbedingt dem tatsächl Hiebsatz, den der StPfl anwenden will (zutr EStR 34b.4 IV 3). Eine Einschlagsbeschränkung mindert den maßgebenden Nutzungssatz nicht (glA *HHR/Stalbold* § 34b Anm 26). – Das **Betriebsgutachten/-werk** ist auf den Beginn einer Periode von zehn Jahren aufzustellen (§ 68 II 1 EStDV). Es *soll* innerhalb eines Jahres nach diesem Stichtag der Finanzbehörde übermittelt werden (§ 68 II 2 EStDV); für die frühere Rechtslage hatte die Rspr zugelassen, dass das Gutachten bis zum Schluss der mündl Verhandlung vor dem FG nachgereicht werden kann (BFH IV 49/59 U BStBl III 62, 34). – Zur **amtl Anerkennung** von Betriebsgutachten s § 68 III EStDV; Betriebs*werke* bedürfen der amtl Anerkennung hingegen nicht. Trotz amtl Anerkennung ist das FA an die im Betriebswerk/-gutachten enthaltenen Feststellungen der Forstbehörde nicht gebunden (kein „Grundlagenbescheid"), sondern kann insb den Nutzungssatz selbst überprüfen (BFH IV 185/60 U BStBl III 64, 322; EStR 34b.4 IV 5). Dabei bleibt es auch nach der ab VZ 2012 geltenden Rechtslage. – **Kleinbetriebe** (weniger als 50 ha forstwirtschaftl Fläche) können aus Vereinfachungsgründen auch ohne Betriebsgutachten/-werk einen Nutzungssatz von 5 fm ohne Rinde je ha anwenden (EStR [2012] 34b.6 III). Bis VZ 2011 lag die Kleinbetriebsgrenze bei 30 ha und der Nutzungssatz bei 4,5 fm (EStR [2008] 34b.2 II). Abgesehen von dieser Vereinfachungsregelung stellt § 68 EStDV an Nachhalts- und aussetzende Betriebe seit 2012 nunmehr identische Anforderungen (so ausdrückl *BMF* BStBl I 12, 594).

V. Steuerermäßigungen

1. Steuerermäßigung bei ausländischen Einkünften

§ 34c Steuerermäßigung bei ausländischen Einkünften

(1) [1]**Bei unbeschränkt Steuerpflichtigen, die mit ausländischen Einkünften in dem Staat, aus dem die Einkünfte stammen, zu einer der deutschen Einkommensteuer entsprechenden Steuer herangezogen werden, ist die festgesetzte und gezahlte und um einen entstandenen Ermäßigungsanspruch gekürzte ausländische Steuer auf die deutsche Einkommensteuer anzurechnen, die auf die Einkünfte aus diesem Staat entfällt; das gilt nicht für Einkünfte aus Kapitalvermögen, auf die § 32d Absatz 1 und 3 bis 6 anzuwenden ist.** [2]**Die auf die ausländischen Einkünfte nach Satz 1 erster Halbsatz entfallende deutsche Einkommensteuer ist in der Weise zu ermitteln, dass der sich bei der Veranlagung des zu versteuernden Einkommens, einschließlich der ausländischen Einkünfte, nach den §§ 32a, 32b, 34, 34a und 34b ergebende durchschnittliche Steuersatz auf die ausländischen Einkünfte anzuwenden ist.** [3]**Bei der Ermittlung des zu versteuernden Einkommens und der ausländischen Einkünfte sind die Einkünfte nach Satz 1 zweiter Halbsatz nicht zu berücksichtigen; bei der Ermittlung der ausländischen Einkünfte sind die ausländischen Einkünfte nicht zu berücksichtigen, die in dem Staat, aus dem sie stammen, nach dessen Recht nicht besteuert werden.** [4]**Gehören ausländi-**

sche Einkünfte der in § 34d Nummer 3, 4, 6, 7 und 8 Buchstabe c genannten Art zum Gewinn eines inländischen Betriebes, sind bei ihrer Ermittlung Betriebsausgaben und Betriebsvermögensminderungen abzuziehen, die mit den diesen Einkünften zugrunde liegenden Einnahmen in wirtschaftlichem Zusammenhang stehen. [5]Die ausländischen Steuern sind nur insoweit anzurechnen, als sie auf die im Veranlagungszeitraum bezogenen Einkünfte entfallen.

(2) **Statt der Anrechnung (Absatz 1) ist die ausländische Steuer auf Antrag bei der Ermittlung der Einkünfte abzuziehen, soweit sie auf ausländische Einkünfte entfällt, die nicht steuerfrei sind.**

(3) **Bei unbeschränkt Steuerpflichtigen, bei denen eine ausländische Steuer vom Einkommen nach Absatz 1 nicht angerechnet werden kann, weil die Steuer nicht der deutschen Einkommensteuer entspricht oder nicht in dem Staat erhoben wird, aus dem die Einkünfte stammen, oder weil keine ausländischen Einkünfte vorliegen, ist die festgesetzte und gezahlte und um einen entstandenen Ermäßigungsanspruch gekürzte ausländische Steuer bei der Ermittlung der Einkünfte abzuziehen, soweit sie auf Einkünfte entfällt, die der deutschen Einkommensteuer unterliegen.**

(4) *(weggefallen)*

(5) **Die obersten Finanzbehörden der Länder oder die von ihnen beauftragten Finanzbehörden können mit Zustimmung des Bundesministeriums der Finanzen die auf ausländische Einkünfte entfallende deutsche Einkommensteuer ganz oder zum Teil erlassen oder in einem Pauschbetrag festsetzen, wenn es aus volkswirtschaftlichen Gründen zweckmäßig ist oder die Anwendung des Absatzes 1 besonders schwierig ist.**

(6) [1]**Die Absätze 1 bis 3 sind vorbehaltlich der Sätze 2 bis 6 nicht anzuwenden, wenn die Einkünfte aus einem ausländischen Staat stammen, mit dem ein Abkommen zur Vermeidung der Doppelbesteuerung besteht. [2]Soweit in einem Abkommen zur Vermeidung der Doppelbesteuerung die Anrechnung einer ausländischen Steuer auf die deutsche Einkommensteuer vorgesehen ist, sind Absatz 1 Satz 2 bis 5 und Absatz 2 entsprechend auf die nach dem Abkommen anzurechnende ausländische Steuer anzuwenden; das gilt nicht für Einkünfte, auf die § 32d Absatz 1 und 3 bis 6 anzuwenden ist; bei nach dem Abkommen als gezahlt geltenden ausländischen Steuerbeträgen sind Absatz 1 Satz 3 und Absatz 2 nicht anzuwenden. [3]Absatz 1 Satz 3 gilt auch dann entsprechend, wenn die Einkünfte in dem ausländischen Staat nach dem Abkommen zur Vermeidung der Doppelbesteuerung mit diesem Staat nicht besteuert werden können. [4]Bezieht sich ein Abkommen zur Vermeidung der Doppelbesteuerung nicht auf eine Steuer vom Einkommen dieses Staates, so sind die Absätze 1 und 2 entsprechend anzuwenden. [5]In den Fällen des § 50d Absatz 9 sind die Absätze 1 bis 3 und Satz 6 entsprechend anzuwenden. [6]Absatz 3 ist anzuwenden, wenn der Staat, mit dem ein Abkommen zur Vermeidung der Doppelbesteuerung besteht, Einkünfte besteuert, die nicht aus diesem Staat stammen, es sei denn, die Besteuerung hat ihre Ursache in einer Gestaltung, für die wirtschaftliche oder sonst beachtliche Gründe fehlen, oder das Abkommen gestattet dem Staat die Besteuerung dieser Einkünfte.**

(7) **Durch Rechtsverordnung können Vorschriften erlassen werden über**

1. **die Anrechnung ausländischer Steuern, wenn die ausländischen Einkünfte aus mehreren fremden Staaten stammen,**
2. **den Nachweis über die Höhe der festgesetzten und gezahlten ausländischen Steuern,**
3. **die Berücksichtigung ausländischer Steuern, die nachträglich erhoben oder zurückgezahlt werden.**

Einkommensteuer-Durchführungsverordnung:

§ 68a *Einkünfte aus mehreren ausländischen Staaten*

[1]Die für die Einkünfte aus einem ausländischen Staat festgesetzte und gezahlte und um einen entstandenen Ermäßigungsanspruch gekürzte ausländische Steuer ist nur bis zur Höhe der deutschen Steuer anzurechnen, die auf die Einkünfte aus diesem ausländischen Staat entfällt. [2]Stammen die Einkünfte aus mehreren ausländischen Staaten, so sind die Höchstbeträge der anrechenbaren ausländischen Steuern für jeden einzelnen ausländischen Staat gesondert zu berechnen.

§ 68b *Nachweis über die Höhe der ausländischen Einkünfte und Steuern*

[1]Der Steuerpflichtige hat den Nachweis über die Höhe der ausländischen Einkünfte und über die Festsetzung und Zahlung der ausländischen Steuern durch Vorlage entsprechender Urkunden (z. B. Steuerbescheid, Quittung über die Zahlung) zu führen. [2]Sind diese Urkunden in einer fremden Sprache abgefasst, so kann eine beglaubigte Übersetzung in die deutsche Sprache verlangt werden.

Einkommensteuer-Richtlinien: EStR 34c/EStH 34c

Übersicht

Schrifttum: *Kessler/Dietrich* IWB 12, 544 (Praxis- und Zweifelsfragen); *Grotherr* RIW 06, 898 und IWB F 3 Gr 3 S 1445 (JStG 2007); *Haase* IStR 10, 45 (divergierende Einkünftezurechnung und Qualifikationsprobleme); zu Änderungen durch StVergAbgG s 32. Aufl mwN.

1. Zweck der Vorschrift. § 34c ist eine Tarifvorschrift, die – entspr § 36 II Nr 1, 2 für inl Steuern – die *Anrechnung* bzw den *Abzug eigener* (ausl) ESt regelt. Die unbeschr StPfl erfasst grds auch ausl Einkünfte (Welteinkommen, s § 1 Rz 2). Soweit dieselben Einkünfte auch im Ausl besteuert werden, wird die – ungewollte – Doppelbesteuerung idR durch DBA ausgeschlossen (s § 1 Rz 80). § 34c soll (hilfsweise) verbleibende Lücken im DBA-System schließen in Fällen, in denen kein DBA besteht oder ein DBA zB wegen Begriffskollisionen diesen Zweck nicht erreicht. § 34c regelt des Weiteren ggf die *Methode* der in DBA vorgesehenen Anrechnung (dazu *Kempf/Köllmann* IStR 14, 286). Die unterschiedl Anrechnungsmethoden berücksichtigen, dass sich die normale Anrechnung nach § 34c I nur auswirkt, soweit dt ESt anfällt; sonst ermöglichen § 34c II, III den Abzug bei der Ermittlung der Einkünfte, § 34c V uU den Erlass bzw die Pauschalierung dt ESt. 1

2. Zeitl Anwendungsbereich. § 34c gilt ab VZ 1957, wurde 1980 neu gefasst und seitdem mehrfach geändert, zuletzt durch JStG 2009 (s 31. Aufl). 2

3. Persönl Anwendungsbereich, § 34c I 1. – a) Natürl Personen. § 34c betrifft alle u**nbeschr StPfl** iSv § 1 I, III und ist nicht auf einzelne Einkunftsarten begrenzt (ArbN s Rz 29). Nach § 50 III sind § 34c I–III zT auf **beschr StPfl** iSv 3

§ 1 IV, 49 entspr anzuwenden; § 34c V entspricht § 50 IV. Sonstige Besteuerungsmerkmale wie Staatsangehörigkeit oder Gewährleistung der Gegenseitigkeit sind seit 1980 entfallen. **Ehegatten** s Rz 5; **Rechtsmissbrauch** s Rz 13.

4 **b) Gesellschaften.** Bei **PersGes** ist nicht auf den Sitz der Ges, sondern auf die Wohnsitze der Ges'ter abzustellen. Zu **KapGes** uä kstpfl Personen s § 26 KStG. Die **EuGH-Urteile** *Centros* (Rs C-212/97, IStR 99, 253) und *NCC/Überseering* (Rs C-208/00 IStR 02, 809) haben bei Zuzug im EG-Bereich eine Abkehr von der **Sitztheorie** zu Gunsten der **Gründungstheorie** einleitet (vgl 21./25. Aufl mwN; zu Zuzug *Kahle/Cortez* FR 14, 673; zu BGH-Folgeurteilen s 32. Aufl mwN). Vgl auch zu Sitzwechsel EuGH Rs C-210/06 Fall *Cartesio* DStR 09, 121, Anm 32. Aufl; zu EuGH Rs C-167/01 Fall *Inspire Art* IStR 2003, 849 – ausl BriefkastenGes – s auch Rz 13 und 25. Aufl mwN. **Qualifikationsprobleme** s § 15 Rz 173; *BMF* BStBl I 14, 1258 (DBA und PersGes); *Kofler/Lüdicke/Simonek* IStR 14, 349; *Dorfmueller* IStR 14, 682; 26./32. Aufl mwN. Im Zweifel **Beurteilung nach dt Recht** (BFH I R 134/84 BStBl II 88, 588, § 49 Rz 11).

5 **c) Personenidentität.** § 34c setzt für die StPfl im Inl und im Ausl Subjektidentität voraus; hieran scheitert nach der Rspr die Anrechnung bei einer nach § 42 AO im Inl rechtsmissbräuchl Gründung einer KapGes im Ausl (s Rz 13). Zur Zurechnung von **Betriebsstätteneinkünften** s § 50 Rz 29 ff; s auch § 4 Rz 329 zu § 4 I 3. Einkünfte zusammenveranlagter **Ehegatten/LPart** sind bei einheitl Wahlrechtsausübung zusammenzurechnen (EStR 34c III 6, 7; *FinVerw* DStR 14, 36).

6 **4. Sachl Anwendungsbereich, § 34c I. – a) Grundvoraussetzung.** Voraussetzung ist die **Doppelbelastung** *derselben* ausl Einkünfte mit dt ESt und entspr ausl Steuer (vgl § 1 Rz 80). Dabei muss ESt auf die Anrechnungseinkünfte anfallen (s Wortlaut § 34c I 1 HS 1; grds nicht bei **inl StFreiheit,** zB § 8b KStG, str, s *Kempf/Oppermann* DStZ 06, 730; *Menhorn* DStR 05, 1885); Teilsteuerfreiheit nach **§ 3 Nr 40** s Rz 12. Eine Erhöhung des StSatzes auf *sonstige* Einkünfte auf Grund der Anrechnungseinkünfte über **§ 32b** führt nicht zu einer Besteuerung *dieser sonstigen* Einkünfte im Inl (s § 32b Rz 1, somit keine Anrechnung nach § 34c). Zum Begriff **Ausland** und zu den nach § 34c begünstigten Einkünften s Rz 12, § 34d Rz 2; andere Einkünfte können unter die Ermäßigung § 34c III fallen. **Sonderregelungen:** Auf in Erträgen aus *Investmentanteilen* enthaltene ausl Einkünfte ist § 34c entspr anzuwenden (§ 4 II InvStG; s *Wölferet/Quinten/Schiefer* BB 13, 2076), ebenso auf die Anrechnung von Hinzurechnungsbeträgen nach § 3 Nr 41/§ 12 AStG. Zur entspr Anwendung auf *Gemeinschaftssteuer der EU* und Sonderregelung für *KapEinkünfte mit AbgeltungSt* s Rz 12. Für Körperschaften gilt § 26 KStG.

7 **b) Entsprechende Steuern.** Eine ausl Steuer entspricht der inl ESt, wenn sie – rechtmäßig – direkt auf die Besteuerung *dieser* Einkünfte gerichtet ist. Die Art der ausl StErhebung ist ohne Bedeutung (Veranlagung, StAbzug – keine Anrechnung bei inl Pauschalierung, § 34c V, s Rz 23). Die BMF-Aufstellung in **Anlage zu EStR 34c** ist nicht abschließend, nicht bindend und nicht anfechtbar; nicht aufgeführte Steuern können anrechenbar sein, wenn nachgewiesen wird, dass sie wie die ESt dieselben Einkünfte bei demselben StPfl betreffen. Bei sonstigen auf das Einkommen erhobenen Steuern ist der Abzug nach § 34c III zu prüfen. Die Einkünfte müssen in *dem* ausl Staat erzielt sein, in dem sie besteuert wurden (§ 34c I 1, § 68a EStDV zu Aufteilung bei mehreren Staaten); Einkünfte aus Drittstaaten sind uU nach § 34c III begünstigt (s Rz 20). Zu EU-Abgeordneten und KapEinkünften s Rz 12. **Zeitpunkt:** Die Anrechnung erfolgt unabhängig vom VZ der Zahlung im Ausl *im VZ der Besteuerung im Inl* (§ 34c I 5). Die ausl Steuern müssen im Zeitpunkt der inl Veranlagung festgesetzt (dazu BFH I R 9/90 BStBl II 92, 607; Nachweis s Rz 33) und gezahlt sein – egal für welchen VZ – und dürfen keinem Vergütungs-, Erstattungs- oä Ermäßigungs*anspruch* unterliegen (§ 34c I, III;

vgl auch Rz 26; § 68a DV). Ggf ist die Veranlagung später zu ändern (§ 34c VII Nr 3, Rz 34). Zur fiktiven StAnrechnung s § 34c VI 2, Rz 26. Aufteilung erfolgt ggf nach wirtschaftl Zusammenhang (s zu BA-Aufteilung **§ 34c I 4,** Rz 11). **Währungsschwankungen:** Kursumrechnung nach dem innerhalb der Währungsunion allg oder sonst von der EZB tägl festgesetzten Kurs (EStR 34c I mit Vereinfachungsregelung – USt-Monatskurse). Betriebsstättengewinne s Rz 5.

5. Anrechnungsverfahren, § 34c I. – a) Anrechnungsgrundsatz, § 34c 10
I 1. Grundvoraussetzungen s Rz 6, 7. Ohne Antrag wird – höchstens, s Rz 14 – die ausl Tarif-ESt auf die inl ESt angerechnet, die – einzelstaatsbezogenen – auf *diese* Auslandseinkünfte entfällt. Zur Ermittlung der dt ESt auf die ausl Einkünfte sind diese ins Verhältnis zum zu versteuernden Einkommen zu setzen (s Rz 13).

b) Ermittlung der dt ESt auf Auslandseinkünfte, § 34c I 2, 3, 4. – aa) 11
Ausl Einkünfte. Das sind solche iSv § 34d und DBA. Sie müssen (auch) *nach EStG* stbar und stpfl sein (s Rz 6). Art und Höhe sind nach dt Recht zu ermitteln. Berechnungsarten auf Grund von im Ausl nicht maßgebl Besteuerungsgrundlagen (zB § 13a) sind nicht anwendbar (s BFH IX R 143/83 BStBl II 86, 287). §§ 2a und 15a sind zu beachten. Für den Abzug von BA/WK gilt grds das Veranlassungsprinzip der § 4 IV, § 9. Abw von § 3c I und § 50 V 2 Nr 3 aF war nach früherer BFH-Rspr – und ist jetzt bei nicht in § 34c I 4 aufgeführten Einkünften – ein *unmittelbarer* Zusammenhang mit den Auslandseinkünften erforderl (s BFH I R 15/99 BStBl II 00, 577). Seit 2003 erweitert **§ 34c I 4** den Abzug bei Einkünften iSv § 34d Nr 3, 4, 6, 7, 8c auf *alle* unmittelbar oder mittelbar in *wirtschaftl* Zusammenhang zu den Einnahmen stehenden **BA/BV-Minderungen** (zB Refinanzierungszinsen iZm ausl Portfolioanlagen, anteilige Gemeinkosten, TW-AfA usw; vgl FG Mster EFG 15, 303, Rev I R 61/14; aA *Reese/Hehlmann* IStR 15, 461 – EGwidrig) mit der Folge einer Anrechnungskürzung nach § 34c I 2. Die Einkünfte sind nicht nach Einkunftsarten aufzuteilen (BFH I R 57/97 BStBl II 96, 261).

bb) Besonderheiten; Ausnahmen. – (1) Ausl DBA-Einkünfte, § 34c I 3 12
HS 2. Die tatsächl Besteuerung im Ausland war früher nach der Rspr irrelevant (so zur „per-country-limitation" BFH I R 57/94 BStBl II 96, 261). Ab 2003 ist diese Besteuerungslücke durch § 34c I 3 HS 2 geschlossen: Können ausl Einkünfte nach dem Recht des ausl Staates, aus dem sie *stammen,* oder nach DBA (s § 34c VI 3) dort nicht besteuert werden, sind sie bei der Ermittlung der ausl Einkünfte nach § 34c I 2 nicht mehr anzusetzen. § 34c soll nur eine Doppelbesteuerung vermeiden (s auch Rz 6 und BFH I R 113/08 BFH/NV 09, 1992, BFH I R 76/09 BStBl II 12, 276 zu DBA-widriger Besteuerung in der Schweiz). Dies gilt nicht, wenn die Besteuerung im Ausl rechtl mögl ist, jedoch aus anderen Gründen im Einzelfall unterbleibt (zB fiktive Steuer, § 34c VI 2, Rz 26). Nachweise s Rz 33. Zusammenrechnung bei Zusammenveranlagung s Rz 5. **Ausl Einkünfte** sind solche iSv **§ 34d.** Dabei ist für jede DBA-Einkunftsquelle auf die jeweilige Katalognummer abzustellen. Fragl ist, ob stfreie Einkünfte aus einzelnen Quellen weiter zerlegt, atomisiert und unterschiedl behandelt werden können (s § 34d Rz 4). – **(2) Einbeziehung von EU-Gemeinschaftsteuer, § 22 Nr 4d.** Die Einkünfte werden *wie* ausl Einkünfte behandelt, die Steuer wie ausl Steuer (vgl FG Mchn EFG 15, 133, rkr). – **(3) Ausl KapEinkünfte, § 34c I 1 HS 2, I 3 HS 1, VI 2 HS 2.** Unterliegen diese– ohne „per-country-limitation" – der AbgeltungSt nach § 32d V, VI 2, sind sie nach § 34c nicht anzusetzen (und wie die darauf entfallende QuellenSt aus der Formelberechnung nach § 34c I 2 auszunehmen; s *Hechtner* BB 09, 76; *FinVerw* IStR 12, 440). Bei anteiliger StBefreiung nach **§ 3 Nr 40** keine Anrechnung ausl ESt nach § 34c I, VI, aber anteilige Kürzung nach § 34c II (vgl EStR 34c II 3, III 5, IV 8). Änderung der Anrechnung *spanischer* Quellenst ab 2015 s *BMF* BStBl I 15, 253. Anrechnung ausl QuellenSt im **BV** s *Eberl* FR 14, 835. **KSt** s § 26 KStG. – **(4) Pauschaliert besteuerte Einkünfte, § 34c V.** Sie

sind ebenso wie die darauf entfallende PauschalSt nicht in die Anrechnung einzubeziehen (s Rz 23).

13 **cc) Ermittlung der auf diese ausl Einkünfte entfallenden dt ESt als Höchstanrechnungsbetrag, § 34c I 2.** Anzurechnen ist der Teil der auf ausl Einkünfte aus einem Staat in einem VZ ohne StAbzug entfallenden dt ESt. Der dafür maßgebl durchschnittl StSatz wird nicht mehr durch eine Verhältnisrechnung ermittelt. Vielmehr wird der Besteuerung/Anrechnung der ausl Einkünfte der unter Berücksichtigung von §§ 32a, 32b, 34, 34a, 34b für die *gesamten* inl und ausl Einkünfte aus einem Staat ermittelte StSatz zu Grunde gelegt. Die systemändernde Gesetzesänderung im ZK-AnpG geht auf EG-Widrigkeit der früheren Regelung zurück, die bei der Berechnung auf das Verhältnis der Auslandseinkünfte zur *Summe der Einkünfte* abgestellt hatte ohne Berücksichtigung weiterer steuerrechtlich abzugsfähiger personen- und familienbezogener Positionen (SA, agB und persönl Umstände, Grundfreibetrag, vgl § 2 III–V), s EuGH Rs C-168/11 BStBl II 15, 431; Endurteil BFH I R 71/10 BStBl II 15, 361; *BMF* BStBl I 15, 452; *FinVerw* DStR 15, 1689; 33. Aufl mwN. Völlige Gleichstellung ist noch immer nicht erreicht (vgl zu Grundfreibetrag § 24 Rz 20, *Siegle* DStR 15, 508, *Ismer* IStR 14, 925; *Desens* IStR 15, 77), aber vom EuGH auch nicht gefordert (s *Sülflow-Schworck* IStR 15, 802). § 34c I 2 gilt **ab 2015** mit Übergangsregelung bis 2014 in § 52 Abs 34a. Bei § 34c I 2 sind alle (ausl) Einkünfte anzusetzen, die tatsächl der dt ESt unterliegen. **§ 2a** ist zu beachten (EStR 34c III 8). Zum Problem bei **Gestaltungsmissbrauch** über ausl BasisGes s FG Nds BeckRS 2015, 94048, Rev I R 73/14 und Rz 4. **Ehegatteneinkünfte** s Rz 5. Für **Körperschaften** gilt § 26 KStG. Zu Auswirkungen auf § 4 II InvStG *Wölferet/Quinten/Schiefer* BB 13, 2076.

14 **c) Begrenzung der Steueranrechnung, § 34c I 5.** Die gezahlte ausl Steuer muss sachl und zeitl auf die im VZ bezogenen und besteuerten Einkünfte entfallen. Die Zahlung kann auch vorher erfolgt sein (s Rz 7). Grds erfolgt keine Kürzung bei höherer ausl Bemessungsgrundlage (BFH I R 66/92 BStBl II 94, 727). **Höchstbetragsgrenze** ist die Höhe der tarifl ESt (Anrechnung „*auf* die dt ESt"), also keine Anrechnung über ESt 0 und keine inl StErstattung (s Rz 26).

15 **6. Wahlrecht, § 34c II. – a) Grundsatz.** Ohne Antrag erfolgt von Amts wegen Anrechnung nach § 34c I bzw Abzug nach § 34c III, wenn die Voraussetzungen nach § 34c I nicht vorliegen. Wahlweise ist die ausl Steuer bei der **Ermittlung der Einkünfte** abzuziehen. Dafür müssen die Voraussetzungen des § 34c I vorliegen: Ausl Steuer kann nur angerechnet werden, wenn die entspr Einkünfte in die inl Besteuerungsgrundlage eingehen (ausdrückl Ausnahme stfreier Einkünfte). Anders als bei § 34c I vermindert sich nicht die Steuer, sondern deren Bemessungsgrundlage. Vor- und Nachteile s Rz 16. Zum StAbzug gem § 34c II nach Progressionsvorbehalt § 32b s *Ziesecke* IStR 03, 115; vgl auch Rz 6, § 32b Rz 5.

16 **b) Unterschiedl Auswirkungen von § 34c I, II.** Vgl Beispiele im Schrifttum 34. Aufl. Der Abzugsmethode ist vor allem bei geringerer inl ESt (zB ESt 0 durch Inlandsverluste) oder hoher AuslandSt (zB bei hohen QuellenSt auf Bruttokapitalerträge) der Vorzug zu geben. Überhang der Auslandsteuern kann nach § 34c I nicht ausgeglichen werden, wohl aber bei § 34c II. Zur Bedeutung für fiktive StAnrechnung s § 34c VI 2, Rz 26.

17 **c) Höhe.** Höchstgrenze bilden die inländischen stpfl Einkünfte.

18 **d) Verfahren.** Das Wahlrecht ist für jeden VZ einheitl für alle Einkünfte aus *einem* Staat auszuüben (§ 34c I 1; EStR 34c IV 1, 6). Für mehrere Staaten bestehen unterschiedl Wahlmöglichkeiten (vgl § 34c VII, § 68a EStDV). **Antrag** s Rz 31. **Ehegatten/LPart** (s Rz 5) und Beteiligte an einem **Feststellungsverfahren** haben unterschiedl Wahlrechte, EStR 34c IV 2, 5; *FinVerw* DStR 14, 36.

7. Abzugsverfahren, § 34c III. Wenn die Voraussetzungen der Abs 1 und 2 *nicht vorliegen,* kann unter bestimmten Voraussetzungen ein Abzug bei der Einkünfteermittlung ohne Antrag nach Abs 3 in Frage kommen, auch bei Anrechnungsmöglichkeit nach DBA (EStR 34c V). *Beispiele:* Einkünfte aus Drittstaaten bei mehrfachem Wohnsitz; Einkünfte, die nach dt Recht als inl, nach ausl Recht als ausl qualifiziert werden (zB Liefergewinne aus Montagen im Ausl). Die Ausdehnung von § 34c III durch BFH I R 38/97 BStBl II 98, 471 auf **DBAwidrige Auslandsbesteuerung** von Drittstaateneinkünften ist ab VZ 2000 eingeschränkt durch **§ 34c VI 6** (s Rz 30); § 34c enthält keinen allg Grundsatz der Anrechnung jegl Doppelsteuer. S aber zum „stammen" bei Drittstaateneinkünften BFH I R 76/09 BStBl II 12, 276 (DBA Schweiz). – **Höhe:** Abziehbar ist die tatsächl gezahlte, um entstandene Ermäßigungsansprüche gekürzte ausl Steuer auf auch im Inl stbare und stpfl Einkünfte als Höchstgrenze, ohne per-country-limitation. 20

8. Pauschalierungserlass, § 34c V. § 34c V enthält eine Rechtsgrundlage für die Pauschalierung der dt ESt im Erlasswege (bestätigt durch BVerfG BStBl II 78, 548) mit Zuständigkeitsregelung, ab 1992 ausdrückl mit Delegationsmöglichkeit (beschr StPfl s § 50 IV). Die Vorschrift gilt bei Doppelbesteuerung derselben Einkünfte, nicht bei § 12 AStG (BFH I R 197/84 BStBl II 88, 983) und nicht bei Freistellung in DBA (BFH VI R 19/84 BStBl II 87, 856; BFH I R 180/87 BFH/NV 92, 248 zu Montageerlass und § 32b). § 34c V trägt ua den sog *Montageerlass* (BStBl I 75, 944) bzw ab 1.1.84 den *Auslandstätigkeitserlass* (BStBl I 83, 470) und den *Pauschalierungserlass* (BStBl I 84, 252 mit Beispielen BStBl I 94, 97), jeweils ohne abschließende Regelung der Pauschalierungsmöglichkeiten nach § 34c V (BFH VIII R 297/82 BStBl II 88, 139; BFH I B 16/92 BFH/NV 92, 740; *FinVerw* DStR 14, 1555). Die pauschalierten Einkünfte sind im Inl stfrei; die Pauschalierung ersetzt die Anrechnung (Pauschalierungserlass Tz 8). Zu **EU-Bedenken** gegen die Beschränkung der StFreiheit nach Auslandstätigkeitserlass auf *inl* ArbG s EuGH Rs C-544/11 BStBl II 13, 847; *FinVerw* DB 13, 2892; zu Auswirkungen *Gosch* IStR 13, 325. 23

9. Bedeutung von DBA, § 34c VI. Regelungsmöglichkeiten eines DBA s § 1 Rz 80. – **a) Grundsatz, § 34c VI 1.** § 34c gilt nur dann *unmittelbar,* wenn **kein DBA** besteht. Bei DBA mit Zuteilung und **Freistellung** von ausl Einkünften ist § 34c I–III nicht anwendbar, wenn die Einkünfte tatsächl aus dem ausl DBA-Staat **stammen;** dafür Progressionsvorbehalt § 32b. § 2a ist zu beachten (s EStR 34c III 8). Einbeziehung von § 34c VI 6s Rz 30. 25

b) DBA-Anrechnung, § 34c VI 2. – ***(1)*** **Grundsatz, HS 1.** Bei DBA mit Anrechnung von Steuern sind § 34c I 2–5 und II auf den anzurechnenden Teil entspr anzuwenden, soweit das DBA dies nicht ausschließt. **Abzugsbetragshöhe** und **Abzugszeitpunkt:** Anzurechnen ist – höchstens – die für den VZ auf diese ausl Einkünfte erhobene Steuer (BFH I R 51/89 BStBl II 91, 922, FG Köln EFG 00, 567, rkr), grds ohne Kürzung bei niedrigerer Bemessung nach EStG (BFH I R 66/92 BStBl II 94, 727). – **Obergrenzen** sind die auf diese Einkünfte entfallende dt ESt (§ 34c entfällt bei im Inl stfreien Einkünften und bei ESt 0, vgl BFH I S 10/03 BFH/NV 04, 525 mit Anm *Wassermeyer* IStR 04, 279) sowie die nach DBA zulässige QuellenSt, unabhängig vom Bestehen eines ausl Erstattungsanspruchs (§ 34c I 3; BFH I R 75/08 BFH/NV 10, 1820, Rz 20, § 68a EStDV). S auch Rz 11 (Berechnung, tatsächl Besteuerung); zu Lizenzgebühren s *Pfaar/Jüngling* IStR 09, 610. – ***(2)*** **Ausnahmen.** – **HS 2** nimmt ausl **KapEinkünfte,** die der AbgeltungSt gem § 32d unterliegen, von der Anrechnung aus (vgl Rz 12). Dagegen keine Anrechnungsbeschränkung bei nach § 3 Nr 40 begünstigten Einkünften (Teileinkünfteverfahren, s Rz 12). – **HS 3** beschränkt den Abzug **fiktiver Steuern** auf die Anrechnung nach Abs 1 ohne Einschränkung durch § 34c I 3 (fiktive Anrechnung nicht voll erhobener QuellenSt ist idR in DBA mit sog Entwicklungsländern für Dividenden, Zinsen, Lizenzgebühren vorgesehen, zB DBA Iran Art 24 I c). Zu Bruttobetrag bei Zinsen s BFH I R 103/10 BStBl II 12, 115. 26

27 **c) Anrechnungsausschluss bei DBA-Freistellung, § 34c VI 3.** § 34c VI 3 erstreckt den Ausschluss nach § 34c I 3 ab 2003 auf DBA-Freistellungsfälle, auch wenn die Einkünfte im Ausl stpfl wären, aber nach DBA dort nicht besteuert werden dürfen (s auch *FinVerw* IStR 04, 136). Diese Rechtsfolge ergibt sich idR bereits unmittelbar aus § 34c I 3.

28 **d) Anrechnung ohne DBA-Regelung, § 34c VI 4.** Bei DBA ohne Regelung für bestimmte Einkünfte sind § 34c I und II entspr anzuwenden (Ausnahme § 34c VI 6s Rz 30). Voraussetzung ist jedoch eine Doppelbesteuerung nach DBA (s BFH I R 81/09 BStBl II 14, 754; *BMF* BStBl I 14, 1258). **Alt 1 aF** (fehlende Beseitigung der Doppelbesteuerung) wurde als gegenstandslos aufgehoben.

29 **e) Unilaterale Switch-over-Klauseln, § 34c VI 5.** § 50d IX erlaubt bei DBA-widriger Freistellung oder Niedrigbesteuerung im Ausl trotz ausl Besteuerungsrechts uU die Besteuerung im Inl trotz DBA-Freistellung (s § 50d Rz 56 ff; § 1 Rz 83; *BMF* BStBl I 14, 1258 Tz 4.1.3.3.2). § 34c VI 5 stellt folgerichtig sicher, dass dann etwaige AuslandSt gem § 34c I–III, VI 6 anzurechnen sind, um Doppelbesteuerungen zu vermeiden, wie § 50d IX rückwirkend.

30 **f) Drittstaateneinkünfte, § 34c VI 6.** Die Regelung war die Reaktion auf BFH I R 39/02 BStBl II 03, 869. Die Anwendung des § 34c III (nicht § 34c I, II, s § 34c VI 1) auf Fälle, in denen der DBA-Staat aus Drittstaaten (iSd DBA, einschließl der BRD) stammende Einkünfte besteuert, wird zwar grds bestätigt, jedoch in zweifacher Hinsicht grundlegend eingeschränkt: **Abs 3 ist nicht anzuwenden** ***(1)*** wenn die Besteuerung ihre Ursache in einer rechtsmissbräuchl Gestaltung des StPfl hat (ähnl § 50d III, s § 50d Rz 45) oder ***(2)*** das DBA die Besteuerung gestattet (um Doppelanrechnungen auszuschließen). S zu Flugbegleiterin/DBA Japan FG Hbg EFG 13, 1671, rkr.

31 **10. Verfahrensfragen, § 34c VII mit DV. – a) Antrag.** Das Gesetz verlangt einen form- und fristlosen Antrag nur für Abs 2 (s Rz 15). Der Antrag kann daher – auch im Berichtigungsverfahren – bis zur Bestandskraft des StBescheids, längstens bis zur Entscheidung durch das FG, nachgeholt werden (EStR 34c IV 7). **Ehegatten/LPart** s Rz 5, 17.

32 **b) Veranlagung.** Grds erfolgen Anrechnung und Abzug im Veranlagungs- bzw im Gewinnfeststellungsverfahren (BFH X R 35/88 BStBl II 92, 187; zu Feststellung EStR 34c IV). Keine Berücksichtigung ausl Steuern beim LStAbzug; ArbN müssen daher zur Anwendung des § 34c eine Veranlagung beantragen (§ 46 II Nr 8). Häufig wird jedoch für im Ausl erbrachte Tätigkeit im Inl keine LSt einbehalten (vgl DBA-Regelungen, Auslandstätigkeitserlass Rz 23). Aufteilung bei Einkünften aus mehreren ausl Staaten s **§ 34c VII Nr 1, § 68a EStDV,** Rz 17.

33 **c) Nachweis, § 34c VII Nr 2, § 68b EStDV.** Der StPfl hat die Festsetzung und Zahlung der ausl Steuern idR durch Vorlage deutschsprachiger Urkunden zu belegen. Frühere Veröffentlichung im BStBl zu ausl Investmentfonds (BFH I B 2/03 BFH/NV 04, 628) war nicht ausreichend. Ohne Festsetzung (StAbzug) genügt sonstiger Nachweis (BFH I B 87/93 BFH/NV 94, 175, *FinVerw* FR 97, 391).

34 **d) Berichtigung, § 34c VII Nr 3.** Änderungen sind dem FA mitzuteilen (§ 153 II AO). Bei nachträgl Festsetzung, Änderung oder Erstattung ausl Steuern ist der StBescheid zu berichtigen (§§ 153 II, 175 I 1 Nr 2 AO; § 34c VII Nr 3 ist dadurch gegenstandslos, § 68c EStDV aF ist als überflüssig aufgehoben), auch nach Bestandskraft bis Ablauf der Festsetzungsfrist § 169 AO (beides str). Ab 2005 ist § 175 II 2 AO zu beachten. Anrechnung und Abzug sind zwar Bestandteile der StFestsetzung. Änderung und Anfechtbarkeit des Änderungsbescheides beschränken sich jedoch – iRv § 177 AO – auf die Folgeänderung (§ 351 I AO).

35 **e) Rechtsbehelf.** Einspruch gegen ESt- bzw Feststellungsbescheid (§ 347 AO).

§ 34d Ausländische Einkünfte

Ausländische Einkünfte im Sinne des § 34c Absatz 1 bis 5 sind

1. Einkünfte aus einer in einem ausländischen Staat betriebenen Land- und Forstwirtschaft (§§ 13 und 14) und Einkünfte der in den Nummern 3, 4, 6, 7 und 8 Buchstabe c genannten Art, soweit sie zu den Einkünften aus Land- und Forstwirtschaft gehören;

2. Einkünfte aus Gewerbebetrieb (§§ 15 und 16),

a) die durch eine in einem ausländischen Staat belegene Betriebsstätte oder durch einen in einem ausländischen Staat tätigen ständigen Vertreter erzielt werden, und Einkünfte der in den Nummern 3, 4, 6, 7 und 8 Buchstabe c genannten Art, soweit sie zu den Einkünften aus Gewerbebetrieb gehören,

b) die aus Bürgschafts- und Avalprovisionen erzielt werden, wenn der Schuldner Wohnsitz, Geschäftsleitung oder Sitz in einem ausländischen Staat hat, oder

c) die durch den Betrieb eigener oder gecharterter Seeschiffe oder Luftfahrzeuge aus Beförderungen zwischen ausländischen oder von ausländischen zu inländischen Häfen erzielt werden, einschließlich der Einkünfte aus anderen mit solchen Beförderungen zusammenhängenden, sich auf das Ausland erstreckenden Beförderungsleistungen;

3. Einkünfte aus selbständiger Arbeit (§ 18), die in einem ausländischen Staat ausgeübt oder verwertet wird oder worden ist, und Einkünfte der in den Nummern 4, 6, 7 und 8 Buchstabe c genannten Art, soweit sie zu den Einkünften aus selbständiger Arbeit gehören;

4. Einkünfte aus der Veräußerung von

a) Wirtschaftsgütern, die zum Anlagevermögen eines Betriebs gehören, wenn die Wirtschaftsgüter in einem ausländischen Staat belegen sind,

b) Anteilen an Kapitalgesellschaften, wenn die Gesellschaft Geschäftsleitung oder Sitz in einem ausländischen Staat hat;

5. Einkünfte aus nichtselbständiger Arbeit (§ 19), die in einem ausländischen Staat ausgeübt oder, ohne im Inland ausgeübt zu werden oder worden zu sein, in einem ausländischen Staat verwertet wird oder worden ist, und Einkünfte, die von ausländischen öffentlichen Kassen mit Rücksicht auf ein gegenwärtiges oder früheres Dienstverhältnis gewährt werden. [2]Einkünfte, die von inländischen öffentlichen Kassen einschließlich der Kassen der Deutschen Bundesbahn und der Deutschen Bundesbank mit Rücksicht auf ein gegenwärtiges oder früheres Dienstverhältnis gewährt werden, gelten auch dann als inländische Einkünfte, wenn die Tätigkeit in einem ausländischen Staat ausgeübt wird oder worden ist;

6. Einkünfte aus Kapitalvermögen (§ 20), wenn der Schuldner Wohnsitz, Geschäftsleitung oder Sitz in einem ausländischen Staat hat oder das Kapitalvermögen durch ausländischen Grundbesitz gesichert ist;

7. Einkünfte aus Vermietung und Verpachtung (§ 21), soweit das unbewegliche Vermögen oder die Sachinbegriffe in einem ausländischen Staat belegen oder die Rechte zur Nutzung in einem ausländischen Staat überlassen worden sind;

8. sonstige Einkünfte im Sinne des § 22, wenn

a) der zur Leistung der wiederkehrenden Bezüge Verpflichtete Wohnsitz, Geschäftsleitung oder Sitz in einem ausländischen Staat hat,

b) bei privaten Veräußerungsgeschäften die veräußerten Wirtschaftsgüter in einem ausländischen Staat belegen sind,

c) bei Einkünften aus Leistungen einschließlich der Einkünfte aus Leistungen im Sinne des § 49 Absatz 1 Nummer 9 der zur Vergütung der Leistung Verpflichtete Wohnsitz, Geschäftsleitung oder Sitz in einem ausländischen Staat hat.

Einkommensteuer-Richtlinien: EStH 34 d

1 **1. Gesetzeszweck.** § 34d bestimmt abschließend die ausl Einkünfte, die eine Tarifvergünstigung nach § 34c (und § 50 III, 26 VI KStG) begründen.

2 **2. Ausland** ist jedes Hoheitsgebiet, das nach dt EStRecht nicht zum Inl zählt (s zu Inl § 1 Rz 30). Hoheitsfreie Zonen liegen nicht in einem „ausl Staat" (s zu Antarktis/Auslandstätigkeitserlass BFH VI R 185/87 BStBl II 91, 926; das gilt auch für § 34d). Die Einkünfte müssen – isoliert gesehen – ausl iSv § 34d sein (BFH I R 178/94 BStBl II 97, 657; s umgekehrt § 49 Rz 10 ff sowie zur Auslandszuweisung weiterer BA und BV-Minderungen ab VZ 2003 über diese Rspr hinaus durch **§ 34c I 4** § 34c Rz 11). Nach **§ 34c I 3 HS 2** müssen sie auch dort der Besteuerung unterliegen (s § 34c Rz 12). Liegen keine ausl Einkünfte idS vor, kann ein Abzug nach § 34c III in Frage kommen (s § 34c Rz 20).

3 **3. Steuertatbestände, § 34d Nr 1–8.** § 34d knüpft – mit Abweichungen durch die Anpassung an ausl Besteuerungstatbestände – an die in §§ 13 ff und 49 aufgeführten Steuertatbestände an. Wegen der Grundbegriffe wird daher auf die dortigen Erläut verwiesen (§ 49 Rz 18 ff). Zu missbräuchl Gründung einer ausl KapGes (§ 42 AO) s § 34c Rz 30. Zur Sonderregelung für **EU-Abgeordnetenentschädigungen** s § 22 Nr 4 S 4, § 34c Rz 12.

4 **4. Art und Höhe der Einkünfte** richten sich nach dt StRecht. Vgl § 34c Rz 11 und hier 27. Aufl mwN. Grds ist auf die einzelnen DBA-Katalognummern abzustellen. Der Umfang einer **DBA-StFreiheit** ist nicht nach EStG, sondern eigenständig nach DBA auszulegen. Danach ist auch zu entscheiden, ob Einkünfte aus einzelnen im Inl stfreien DBA-Quellen weiter zerlegt, atomisiert und unterschiedl behandelt werden können, ob zB im Ausl stfreie Einkunftsteile von grds dort stpfl „Betriebsstätteneinkünften" aufgrund von Subject-to-tax-Klauseln im Inl besteuert werden können (zB Ausklammerung einzelner im Ausl stfreier KapEinkünfte einer dort stpfl Betriebsstätte oder im Ausl stfreier Arbeitslohnteile – so offenbar *BMF* BStBl I 13, 980 Tz 2b unter Aufhebung abw *BMF*-Schrb in Tz 5; aA wohl zutr zu DBA-Klauseln *Lüdicke* IStR 13, 721 mwN; BFH I R 127/95 BStBl II 98, 58; bedenkl allenfalls, wenn eine Betriebsstätte überwiegend oder gar ausschließl solche stfreien KapEinkünfte erzielt).

§§ 34e, 34f *(aufgehoben)*

2b. Steuerermäßigung bei Zuwendungen an politische Parteien und an unabhängige Wählervereinigungen

§ 34g Steuerermäßigung bei Zuwendungen an politische Parteien und an unabhängige Wählervereinigungen

[1]**Die tarifliche Einkommensteuer, vermindert um die sonstigen Steuerermäßigungen mit Ausnahme des § 34f Absatz 3, ermäßigt sich bei Zuwendungen an**

1. politische Parteien im Sinne des § 2 des Parteiengesetzes und
2. Vereine ohne Parteicharakter, wenn
a) der Zweck des Vereins ausschließlich darauf gerichtet ist, durch Teilnahme mit eigenen Wahlvorschlägen an Wahlen auf Bundes-,

Landes- oder Kommunalebene bei der politischen Willensbildung mitzuwirken, und

b) der Verein auf Bundes-, Landes- oder Kommunalebene bei der jeweils letzten Wahl wenigstens ein Mandat errungen oder der zuständigen Wahlbehörde oder dem zuständigen Wahlorgan angezeigt hat, dass er mit eigenen Wahlvorschlägen auf Bundes-, Landes- oder Kommunalebene an der jeweils nächsten Wahl teilnehmen will.

[2]Nimmt der Verein an der jeweils nächsten Wahl nicht teil, wird die Ermäßigung nur für die bis zum Wahltag an ihn geleisteten Beiträge und Spenden gewährt. [3]Die Ermäßigung für Beiträge und Spenden an den Verein wird erst wieder gewährt, wenn er sich mit eigenen Wahlvorschlägen an einer Wahl beteiligt hat. [4]Die Ermäßigung wird in diesem Fall nur für Beiträge und Spenden gewährt, die nach Beginn des Jahres, in dem die Wahl stattfindet, geleistet werden.

[2]Die Ermäßigung beträgt 50 Prozent der Ausgaben, höchstens jeweils 825 Euro für Ausgaben nach den Nummern 1 und 2, im Fall der Zusammenveranlagung von Ehegatten höchstens jeweils 1650 Euro. [3]§ 10b Absatz 3 und 4 gilt entsprechend.

Einkommensteuer-Lohnsteuer-Richtlinien: EStH 34g/LStH 34g

1. Allgemeines. Die StErmäßigung des § 34g als Kürzung der tarifl ESt neben und vorrangig vor dem SA-Abzug entspricht der Tendenz, Abzüge bei den Besteuerungsgrundlagen wegen der unterschiedl StAuswirkung durch (einheitl) Tarifabzüge zu ersetzen. Sie gilt nur im Veranlagungsverfahren (vgl § 39a I). § 34g ist Teil der Neuregelung des Parteispendenabzugs und hat wohl grds deren Verfassungsmäßigkeit abgesichert; vgl BVerfG 2 BvR 1271/02 StEd 03, 574; BFH X R 190/87 BStBl II 90, 158 zu kommunaler Wählervereinigung (dazu § 10b Rz 29). 1

2. Anwendungsbereich. – ***(1)* Zuwendungen, § 34g 1, 3.** Entspr § 10b I, III sind Mitgliedsbeiträge und Spenden begünstigt. Die Einhaltung der Melde- und Abführungspflicht nach § 25 ParteiG stellt den Abzug nach § 10b/§ 34g nicht in Frage. Der StPfl muss die Zahlung an begünstigte Empfänger jedoch glaubhaft machen, bis 200 € durch Zahlungsnachweis, darüber hinaus durch **Zuwendungsbestätigung** des Empfängers auf amtl Vordruck, s § 50 I, II Nr 2c, III EStDV. Ein ausdrückl **Antrag** ist nicht erforderl; es genügt zB, wenn der StPfl SA iSv § 10b geltend macht. – ***(2)* Begünstigte Zahlungsempfänger, § 34g S 1 Nr 1, 2.** § 34g erweitert den Empfängerkreis von früher nur politischen Parteien und deren Gebietsverbänden iSv § 2 PartG um bestimmte eingetragene oder nicht eingetragene Vereine ohne Parteicharakter iSv § 1 I Nr 4, 5 KStG. Darunter – nicht unter § 10b – fallen unabhängige, meist kommunale Wählervereinigungen, freie Wählergemeinschaften, Rathausparteien uä Vereine (s Rz 5 ff). § 51 III AO (Beschränkungen bei extremistischen Körperschaften) betrifft nur die Förderung nach §§ 51 ff AO, nicht die parteipolitische Förderung. Spenden an (über) Parteimitglieder sind nur bei Weiterleitung an die zuständigen Parteigremien abziehbar. – ***(3)* Begünstigte Wahlen.** Alle demokratischen Volkswahlen iSv Art 20 II, 28 GG zur Ausübung der Staatsgewalt (Bundestag, Landtage, Selbstverwaltungsgremien der Landkreise und Kommunen), nicht sonstige wie zB Ausländerbeiratswahlen (*FinVerw* DB 95, 298). 2

3. Besondere Voraussetzungen, § 34g S 1 Nr 2. Der Abzug von Zuwendungen an *Vereine ohne Parteicharakter* ist eingeschränkt. – ***(1)* Zweckbestimmung, § 34g 1 Nr 2 Buchst a.** Satzungsmäßiger Vereinszweck muss ausschließl die Mitwirkung bei der politischen Willensbildung sein (Ausschluss von Mischvereinen ua gemeinnützigen Vereinen mit anderen Zielen). Großzügig ist EStH 34g zu tatsächl geselligen Veranstaltungen und bei nicht überwiegender wirtschaftl Betä- 3 tigung (unschädl). – *(2)* **Wahlbeteiligung, § 34g 1 Nr 2 Buchst b.** Zusätzl Voraussetzung ist: – *(a)* **Erfolgreiche Wahlteilnahme** an der letzten Wahl (mindestens 1 Mandat; dann Ermäßigung ohne weitere Voraussetzungen bis zur nächsten Wahl dieser Art), oder – *(b)* **Anzeige der Beteiligung an der nächsten Wahl, § 34g 1 Nr 2 S 2.** Diese ermöglicht nach erfolgloser Wahlbeteiligung oder bei Neugründung die Ermäßigung bis zur Wahl, unabhängig von der tatsächl Teilnahme. Anzeige ohne Form und Frist bei der Wahlbehörde, ab Wahltag bis Meldefrist für nächste Wahl, spätestens Ende des Begünstigungsjahres. – *(c)* **Ausschlüsse, § 34g S 1 Nr 2 S 3, 4.** Nimmt der Verein anzeigewidrig nicht an der nächsten Wahl teil (*BMF* BStBl I 89, 239 Tz 4, 5), ist *dieser* Verein für die ganze folgende Wahlperiode bis zum Beginn des Jahres, in dem er sich tatsächl an einer Wahl beteiligt, von der Ermäßigung ausgeschlossen (uU Neugründung mögl).

4 **4. Person des Zahlenden.** § 34g betrifft wie § 10b unbeschr und beschr stpfl natürl Personen einschließl Ges'ter einer **PersGes** (Entscheidung bei deren Veranlagung, nicht im Gewinnfeststellungsverfahren), nicht KapGes (s § 9 Nr 3 KStG). Bei zusammenveranlagten **Ehegatten/LPart** Verdoppelung des Höchstbetrages; bei getrennter bzw Einzelveranlagung Ermäßigung jeweils für eigene Ausgaben.

5 **5. Höhe, § 34g S 1, 2, 3.** Bis zum absoluten Höchstbetrag von 825 €, bei Zusammenveranlagung 1650 € sind – progressionsunabhängig – die tatsächl Ausgaben zur Hälfte von der tarifl ESt abziehbar, bei Zahlung an verschiedene Empfänger iSv § 34g S 1 Nr 1 und 2 ggf doppelt („jeweils" in § 34g S 2). Weitere Obergrenze ist die tarifl ESt (§§ 2 V, 32a), abzügl sonstiger StErmäßigungen iSv §§ 34c–35b, mit Ausnahme von § 34f III (Einleitungssatz). Für **Sachspenden** und **Aufwandsspenden** gilt § 10b III (ohne Nutzungen und Leistungen, s § 10b Rz 2 ff). – **Verhältnis zu § 10b:** SA iSv § 10b II sind nur Parteizuwendungen (nicht solche an sonstige Wählervereinigungen, s Rz 1, § 10b Rz 29) über die **verdoppelten** in Anspruch genommenen Höchstbeträge des § 34g hinaus (*für* Ausgaben in dieser Höhe ist die Zahlung nach hM für StErmäßigung nach § 34g verbraucht iSv **§ 10b II 2,** nicht eindeutig); s § 10b Rz 75.

6 **6. Vertrauensschutz; Haftung, § 34g S 3.** Bösgläubige Spender genießen keinen Vertrauensschutz. Für StAusfälle verantwortl Personen haften ggf entspr § 10b IV. Vgl iEinz § 10b Rz 49 ff.

7 **7. Rechtsbehelfe.** Die Ermäßigung ist als Teil des EStBescheides mit diesem durch Einspruch anfechtbar.

3. Steuerermäßigung bei Einkünften aus Gewerbebetrieb

§ 35 Steuerermäßigung bei Einkünften aus Gewerbebetrieb

(1) [1] **Die tarifliche Einkommensteuer, vermindert um die sonstigen Steuerermäßigungen mit Ausnahme der §§ 34f, 34g und 35a, ermäßigt sich, soweit sie anteilig auf im zu versteuernden Einkommen enthaltene gewerbliche Einkünfte entfällt (Ermäßigungshöchstbetrag),**

1. **bei Einkünften aus gewerblichen Unternehmen im Sinne des § 15 Absatz 1 Satz 1 Nummer 1**
   um das 3,8-fache des jeweils für den dem Veranlagungszeitraum entsprechenden Erhebungszeitraum nach § 14 des Gewerbesteuergesetzes für das Unternehmen festgesetzten Steuermessbetrags (Gewerbesteuer-Messbetrag); Absatz 2 Satz 5 ist entsprechend anzuwenden;
2. **bei Einkünften aus Gewerbebetrieb als Mitunternehmer im Sinne des § 15 Absatz 1 Satz 1 Nummer 2 oder als persönlich haftender Gesellschafter einer Kommanditgesellschaft auf Aktien im Sinne des § 15 Absatz 1 Satz 1 Nummer 3**

um das 3,8-fache des jeweils für den dem Veranlagungszeitraum entsprechenden Erhebungszeitraum festgesetzten anteiligen Gewerbesteuer-Messbetrags.

2 Der Ermäßigungshöchstbetrag ist wie folgt zu ermitteln:

$$\frac{\textbf{Summe der positiven gewerblichen Einkünfte}}{\textbf{Summe aller positiven Einkünfte}} \cdot \textbf{geminderte tarifliche Steuer.}$$

3 Gewerbliche Einkünfte im Sinne der Sätze 1 und 2 sind die der Gewerbesteuer unterliegenden Gewinne und Gewinnanteile, soweit sie nicht nach anderen Vorschriften von der Steuerermäßigung nach § 35 ausgenommen sind. 4 Geminderte tarifliche Steuer ist die tarifliche Steuer nach Abzug von Beträgen auf Grund der Anwendung zwischenstaatlicher Abkommen und nach Anrechnung der ausländischen Steuern nach § 32d Absatz 6 Satz 2, § 34c Absatz 1 und 6 dieses Gesetzes und § 12 des Außensteuergesetzes. 5 Der Abzug des Steuerermäßigungsbetrags ist auf die tatsächlich zu zahlende Gewerbesteuer beschränkt.

(2) **1 Bei Mitunternehmerschaften im Sinne des § 15 Absatz 1 Satz 1 Nummer 2 oder bei Kommanditgesellschaften auf Aktien im Sinne des § 15 Absatz 1 Satz 1 Nummer 3 ist der Betrag des Gewerbesteuer-Messbetrags, die tatsächlich zu zahlende Gewerbesteuer und der auf die einzelnen Mitunternehmer oder auf die persönlich haftenden Gesellschafter entfallende Anteil gesondert und einheitlich festzustellen. 2 Der Anteil eines Mitunternehmers am Gewerbesteuer-Messbetrag richtet sich nach seinem Anteil am Gewinn der Mitunternehmerschaft nach Maßgabe des allgemeinen Gewinnverteilungsschlüssels; Vorabgewinnanteile sind nicht zu berücksichtigen. 3 Wenn auf Grund der Bestimmungen in einem Abkommen zur Vermeidung der Doppelbesteuerung bei der Festsetzung des Gewerbesteuer-Messbetrags für eine Mitunternehmerschaft nur der auf einen Teil der Mitunternehmer entfallende anteilige Gewerbeertrag berücksichtigt wird, ist der Gewerbesteuer-Messbetrag nach Maßgabe des allgemeinen Gewinnverteilungsschlüssels in voller Höhe auf diese Mitunternehmer entsprechend ihrer Anteile am Gewerbeertrag der Mitunternehmerschaft aufzuteilen. 4 Der anteilige Gewerbesteuer-Messbetrag ist als Prozentsatz mit zwei Nachkommastellen gerundet zu ermitteln. 5 Bei der Feststellung nach Satz 1 sind anteilige Gewerbesteuer-Messbeträge, die aus einer Beteiligung an einer Mitunternehmerschaft stammen, einzubeziehen.**

(3) **1 Zuständig für die gesonderte Feststellung nach Absatz 2 ist das für die gesonderte Feststellung der Einkünfte zuständige Finanzamt. 2 Für die Ermittlung der Steuerermäßigung nach Absatz 1 sind die Festsetzung des Gewerbesteuer-Messbetrags, die Feststellung des Anteils an dem festzusetzenden Gewerbesteuer-Messbetrag nach Absatz 2 Satz 1 und die Festsetzung der Gewerbesteuer Grundlagenbescheide. 3 Für die Ermittlung des anteiligen Gewerbesteuer-Messbetrags nach Absatz 2 sind die Festsetzung des Gewerbesteuer-Messbetrags und die Festsetzung des anteiligen Gewerbesteuer-Messbetrags aus der Beteiligung an einer Mitunternehmerschaft Grundlagenbescheide.**

(4) **Für die Aufteilung und die Feststellung der tatsächlich zu zahlenden Gewerbesteuer bei Mitunternehmerschaften im Sinne des § 15 Absatz 1 Satz 1 Nummer 2 und bei Kommanditgesellschaften auf Aktien im Sinne des § 15 Absatz 1 Satz 1 Nummer 3 gelten die Absätze 2 und 3 entsprechend.**

Einkommensteuer-Richtlinien/Verwaltungsschreiben: EStH 35 – *BMF* v 24.2.2009, BStBl I 09, 440 (EinführungsSchrb); v 22.12.2009, BStBl I 10, 43 (Vorabgewinne); 10, 1312 (mehrstöckige PersGes)

Übersicht

I. Allgemeines

1 **1. Regelungsinhalt; Überblick.** Nach § 35 I wird die auf gewerbl Einkünfte entfallende ESt durch pauschalierte Anrechnung der GewSt gemindert (aktuell: das 3,8-fache des GewSt-Messbetrags). Begünstigt sind damit Einzelunternehmern, persönl haftende Ges'ter von KGaA und MUer, nicht aber KapGes (Rz 2). Bei MUerschaften und KGaA ist ein für die ESt-Veranlagung bindendes Feststellungsverfahren durchzuführen (§ 35 II–IV).

2 **2. Zweck: typisierende GewSt-Entlastung.** § 35 will zum einen die Ertragsteuerbelastung gewerbl und nicht gewerbl Unternehmer angleichen. Allerdings wird die Doppelbelastung gewerbl Einkünfte (ESt/GewSt) nur typisierend gemindert, insbes also die GewSt nicht durchgängig in vollem Umfang angerechnet oder gar vergütet (BFH X R 32/06 BStBl II 09, 7). Zum anderen will § 35 – iSe *typisierenden* Beitrags zur rechtsformneutralen Besteuerung – einen Ausgleich für den geminderten KSt-Satz (aktuell: 15 vH) schaffen (BFH IV R 3/10 BStBl II

12, 14; BRDrs 90/00; *Wacker* JbFfSt 12/13, 482f). Zu Verfassungsfragen s Rz 7. – Das UntStRefG 2008 geht von einem gewichteten durchschnittl GewSt-Hebesatz von etwa 400 vH aus. Bezieht man den SolZ in die Belastungsrechnung ein, ergibt sich der Grenzwert-Hebesatz aus der Formel: 3,5% × H = 3,5% × 3,8 × 1,055; hieraus folgt: H = 400,9. Bezogen auf den Gewerbeertrag sind dies 14,03% (*Herzig ua* DB 07, 1037/9 Fn 10). Bei diesem Hebesatz entspricht die prozentuale GesamtSt-Ermäßigung der GewSt-Belastung. Bei einem Hebesatz von unter 380 ist das 3,8-fache des StMessbetrags (EStErmäßigung) höher als die GewSt (*Thiele* NWB 12, 10). Zu beachten sind aber die Anrechnungsbegrenzungen (Ermäßigungshöchstbetrag; tatsächl GewSt; Rz 35, 41).

3. Anwendungsbereich. – ***(1)*** **Persönlich.** § 35 erfasst unbeschr und beschr 3
(einschließl § 2 AStG; *Weiss* EStB 15, 365/6) estpfl **natürl Personen,** die gewerbl Einkünfte erzielen (Rz 1), *nicht* aber KSt-Subjekte (zB KapGes; s Rz 1; BFH IV R 5/08 BStBl II 10, 912; BTDrs 14/2683, 116), auch nicht als persönlich haftende Ges'terin einer KGaA. Unbeschr estpfl Stifter/Bezugsberechtigte einer ausl Familienstiftung mit inl GewBetr/MUerstellung waren bisher nicht begünstigt; ab VZ 13 ist dies wegen § 15 VIII AStG nF (KapEinkünfte) fragl (s auch § 15 Rz 258). – ***(2)*** **Zeitlich.** § 35 war erstmals für den VZ 2001 anzuwenden, auch wenn ein abw Wj bestand und in 2001 endete (*BMF* BStBl I 09, 440 Rz 1). Zur Rechtsentwicklung s Rz 4; zum Übergang von § 32c auf § 35s 24. Aufl.

4. Rechtsentwicklung. Die aktuelle Fassung geht auf das UntStRefG 08 4
(BGBl I 07, 1912) zurück. Danach wurde ab VZ 08 einerseits zum Ausgleich für die Absenkung des KSt-Satzes auf 15 vH sowie das BA-Abzugsverbot gem § 4 Vb (GewSt) der Anrechnungsfaktor auf 3,8 (§ 35 I 1; zuvor Faktor 1,8) erhöht (BFH IV R 8/13 BStBl II 15, 1046; zu § 52 Abs 50a S 2 idF JStG 09 s Rz 45), andererseits die StErmäßigung auf die tatsächl zu zahlende GewSt beschränkt. Gleichfalls ab VZ 08 wurde mit dem JStG 08 (BGBl I 08, 2794) § 35 I um Regelungen zu den begünstigten gewerbl Einkünften sowie zum sog Ermäßigungshöchstbetrag ergänzt. Zu weiteren Änderungen (JStG 09/AmtshilfeRLUmsG) s den lfd Text.

5. Regelungszusammenhang. – a) Tarifvorschrift; Verhältnis zu anderen 5
Ermäßigungen; Anrechnungen. § 35 gehört zu den StErmäßigungen des Abschnitts V des EStG und knüpft an die tarifl ESt (§§ 32a, 32b) an, die jedoch vor der GewSt-Anrechnung mit der Folge einer geringeren Ermäßigungshöchstbetrags (§ 35 I 1, 2; Rz 35) zunächst zu kürzen ist (I 1, 4: „geminderte tarifl (E)St"). Vorrang haben die Kürzungen gem. §§ 34, 34a, 34b, § 34e und 35b (nF). Ein Kumulationsverbot im Verhältnis zu § 34 besteht aber nicht (glA *Korezkji* DStR 01, 1642/4; ähnl zu § 32c aF BFH XI R 15/03 BStBl II 04, 718). Nach § 35 I 1 sind nur die §§ 34f, 34g und 35a (iVm § 52 Abs 50a idF JStG 09; BT-Drs 16/11108: wegen § 35a I 1 nur klarstellend; aA 27. Aufl; s auch BFH X R 1/07 BStBl II 2008, 520) nachrangig (*BMF* BStBl I 09, 440 Rz 5). – Vorrang ggü § 35 haben ferner die StAnrechnungen bei **ausl Einkünften** gem § 34c I, VI sowie § 12 AStG (iVm § 35 I 4 idF JStG 08; Rz 3; *BMF* BStBl I 09, 440 Rz 5); zudem wurde durch das AmtshilfeRLUmsG § 35 I 4 iSe Vorrangs der Anrechnungsbeträge nach § 32d VI 2 ab VZ 13 (aA zuvor *FinVerw* DB 11, 2407) ergänzt (BT-Drs 17/13033: bisher unterbliebene Folgeänderung zur AbgeltungSt; allg Vorrang jedweder ausl StAnrechnung). – Ggü § 35 vorrangig sind (mE wie bisher) auch ausl Steuern, die nach zwischenstaatl Abkommen anzurechnen sind (zB Schlussprotokoll zu Art 23 DBA-Belgien, BGBl II 2003, 1615; FinA, BT-Drs 16/7036, 21) – Der antragsgebundene Sonder-StSatz für nicht entnommene Gewinne **(§ 34a)** schließt § 35 nicht aus (glA *Förster* DB 07, 760; *Schiffers* DStR 08, 1805/6). Auch die nach § 34a begünstigungsfähigen Gewinne sind aber dem Verlustausgleich unterworfen (§ 34a Rz 36; aA hier bis 28. Aufl; zu § 35 I 2s Rz 39). Der Nachversteuerungsbetrag nach Abs 4 ist kein Gewinnanteil, der nach § 7 GewStG der GewSt unterliegt

(§ 34a Rz 64). Allerdings erhöht sich im Jahr der Nachversteuerung die tarifl ESt als Ausgangsgröße für den Ermäßigungshöchstbetrag (BMF BStBl I 09, 440 Rz 15).

6 **b) Verhältnis zu anderen Vorschriften und Steuern.** Der Kürzungsbetrag (3,8-fache des anteiligen GewSt-Messbetrags) darf maximal nur iHd ESt abgezogen werden, die auf die entspr gewerbl Einkünfte entfällt (Ermäßigungshöchstbetrag; Rz 35); deshalb wird das Entlastungspotential des § 35 durch den **Verlustausgleich** (BFH X R 32/06 BStBl II 09, 7), **SA,** Verlustabzug/-vorträge und **agB** gemindert (s Rz 35). Andererseits sind aber sowohl der *GewSt-Messbetrag* als auch die *gewerbl Einkünfte* iSv § 35 I 3) betriebs-/unternehmensbezogen zu ermitteln. *Insoweit* ist ein horizontaler Verlustausgleich ausgeschlossen (str; s Rz 15, 37); der GewSt-Messbetrag wird aber durch den Verlustvortrag nach **§ 10a GewStG** beeinflusst (Rz 24). – Der **Tonnagegewinn** ist gem § 5a V 2 nicht nach § 35 begünstigt; ebenso sind Veräußerungs-/Aufgabegewinne nach Umwandlung von KapGes in PersGes gem **§ 18 III 3 UmwStG** auszunehmen (s zu beidem Rz 23). – § 35 wirkt nicht für die **KiSt** (§ 51a II 3), wohl aber für den **SolZ** (§ 3 II SolZG; *BMF* BStBl I 09, 440 Rz 4).

7 **6. Verfassungsmäßigkeit.** Finanzverfassungsrechtl Bedenken bestehen mE nicht: § 35 schafft weder die GewSt ab, noch wird sie ausgehöhlt. Die Ertragsverteilung des Art 106 GG verbietet nicht, den Anteil der Länder/Gemeinden an der ESt zu mindern (BR-Drs 90/00, 141; vgl auch BFH X R 32/06 BStBl II 09, 7). – Der **Mindesthebesatz** (§ 16 IV 2 GewStG: 200%) ist verfgemäß (Rz 24). – Auch der Grundsatz der **Widerspruchsfreiheit** der Rechtsordnung wird durch die Anrechnung nicht berührt (BVerfG 2 BvL 2/99 BVerfGE 116, 164 zu § 32c aF).– § 35 verletzt ferner nicht den **Gleichheitssatz.** Ggü nicht begünstigten Einkünften natürl Personen ist die Vorschrift durch das Ziel gerechtfertigt, die Doppelbelastung der gewerbl Einkünfte mit ESt und GewSt zu mindern (BVerfG 1 BvL 2/04 BVerfGE 120, 1 zu § 35; ebenso BVerfG 2 BvL 2/99 aaO zu § 32c aF). Im Verhältnis zu KapGes (vgl Rz 1f) schafft die Anrechnung einen Ausgleich zum niedrigen KSt-Thesaurierungssatz (BFH II R 52/10 BStBl II 11, 43; BFH X R 32/06 aaO). Die Nichtbegünstigung von KapEinkünften eines KapGes'ters ist mit Rücksicht auf das Trennungsprinzip (Anteilseigner und KapGes sind verschiedene StSubjekte mit jeweils eigener steuerl Leistungsfähigkeit; dazu BFH X R 32/06 aaO) nicht zu beanstanden (BFH I R 21/12 BStBl II 14, 531; BVerfG 2 BvL 2/99 aaO, zu § 32c aF). Soweit Bedenken gegen die **Wirkungsunschärfen** der Entlastung erhoben werden, liegen diese mE innerhalb der **Typisierungsbefugnis** des Gesetzgebers (BFH X R 32/06 aaO; zu § 32c aF s BVerfG 2 BvL 2/99 aaO). Dies gilt für die fehlende Entlastung bei Hebesätzen über 400 vH (Rz 2; BVerfG 1 BvL 2/04 aaO, auch zu § 35), für GewSt-Belastungen aufgrund der Hinzurechnungen nach § 8 GewStG (Rz 36, 55), die mangels gewerbl estl Einkünfte von § 35 nicht ausgeglichen werden, und ebenso für Abzugstatbestände (zB **Verlustabzug;** Rz 2, 6), die eine estl Belastung der gewerbl Einkünfte entfallen lassen (BFH X R 32/06 aaO; BFH X R 55/06 BFH/NV 09, 379: keine Doppelbelastung; keine GewSt-Vollvergütung; kein Vortrag eines **Anrechnungsüberhangs;** BVerfG 2 BvR 2523/08, juris; BVerfG 2 BvR 1540/08, juris: Nichtannahme; Rz 36). Auch bestehen keine verfrechtl Bedenken, dass MUer nur nach Maßgabe des allg GuV-Schlüssels (keine Berücksichtigung von Vorabgewinnen/Sondervergütungen; Rz 25), dh gleichfalls nicht punktgenau entlastet werden (BFH IV B 114/11 BFH/NV 12, 1440). **Überentlastungen** sind jedenfalls ab VZ 08 (tatsächl GewSt-Last als Anrechnungsgrenze) ausgeschlossen; bis VZ 07 dürfte es sich um typisierend hinzunehmende Ausnahmefälle handeln (*HHR* § 35 Rz 9).

II. Tatbestandsmerkmale

10 **1. Gewerbliche Einkünfte.** § 35 begünstigt Einkünfte (Gewinne) aus gewerbl Einzelunternehmen iSv § 15 I 1 Nr 1, darüber hinaus auch die Einkünfte (Ge-

winnanteile) aus GewBetr als MUer iSv § 15 I 1 Nr 2. Aus der Bezugnahme auf § 15 folgt, dass sämtl dort zu erfassenden gewerbl Einkünfte iRv § 35 unter der weiteren Voraussetzung iher gewstl Belastung begünstigt sind. Dazu gehören neben originären gewerbl Einkünften (einschließl atypisch stille Ges, Unterbeteiligung, Erben- oder Bruchteilsgemeinschaft) zB auch Einkünfte aus Besitzunternehmen iRd BetrAufsp (auch soweit der Ges'ter der BesitzPerGes nicht an der BetriebsGes beteiligt ist; str), aus einer gewerbl Beteiligung an einer sog ZebraGes (s auch § 15 Rz 201, § 35 Rz 63), aus gewerbl Beteiligung kraft Abfärbung oder Prägung (§ 15 III Nr 1 und 2), idR jedoch nicht Einkünfte aus Verpachtungsbetrieb (Rz 18, § 15 Rz 709). Zum persönl haftenden Ges'ter einer KGaA s Rz 22.

2. Entlastungssystematik. Nach § 35 I ergibt sich das sog *potenzielle Anrechnungsvolumen* für Einzelunternehmern aus dem 3,8-fachen des GewSt-Messbetrags, für MUer und persönl haftende Ges'ter einer KGaA aus dem entspr Anteil am GewSt-Messbetrag (§ 35 I 1 Nr 1, 2). Dieser maximale Anrechnungsbetrag wird begrenzt (1) auf den Anteil der (ggf geminderten) tarifl ESt, der auf die gewerbl Einkünfte einfällt (§ 35 I 1; *Ermäßigungshöchstbetrag*), und (2) auf die *tatsächl zu zahlende GewSt* (§ 35 I 5). 11

3. Potentielles Anrechnungsvolumen, § 35 I Satz 1 Nr 1 und 2, Satz 3. Der Begriff (BFH X R 32/06 BStBl II 09, 7) kennzeichnet das maximale Anrechnungsvolumen auf der Grundlage der GewSt-Messbeträge. Es wird für Einkünfte aus gewerbl Einzelunternehmen (§ 35 I 1 Nr 1 iVm § 15 I 1 Nr 1), aus GewBetr als MUer und als persönl haftender Ges'ter einer KGaA (§ 35 I 1 Nr 2 iVm § 15 I 1 Nr 2, 3) ermittelt und setzt demnach gewerbl Einkünfte iSv § 35 I 1, 3 voraus. Für die Höhe des Anrechnungsvolumens ist der festgesetzte GewSt-Messbetrag bindender Grundlagenbescheid. Materiell stimmt der Messbetrag iSv § 35 I 1 Nr 1/2 mit demjenigen des § 14 GewStG überein. 12

a) Begünstigte Einkünfte iSv 35 I 3. Nach § 35 I 3 idF JStG 08 sind gewerbl Einkünfte die der GewSt unterliegenden Gewinne und Gewinnanteile, soweit sie nicht nach anderen Vorschriften von der StErmäßigung des § 35 ausgenommen sind. Das Erfordernis der tatsächl GewSt-Belastung war zwar auch nach nach altem Recht zu beachten (FG Ddorf EFG 07, 685, rkr; 29. Aufl, str), jedoch werden nunmehr **negative Einkünfte** auch im Falle gewstl Hinzurechnungen nicht mehr berücksichtigt (str; Rz 15). 13

aa) Grundsätze. – (1) Unternehmensbezogene Ermittlung; Gewinne. Da das potentielle Anrechnungsvolumen auf dem festgesetzten GewSt-Messbetrag fußt und dieser für das gewerbl Unternehmen betriebs-/unternehmensbezogen zu ermitteln ist, müssen auch die der GewSt unterliegenden Gewinne/Gewinnanteile (§ 35 I 3) für das **einzelne gewerbl Unternehmen** bestimmt werden (*BMF* BStBl I 9, 440; 10, 1312 jeweils Rz 10). Gleiches gilt für mehrstöckige MUerschaften (*BMF* aaO jeweils Rz 27); s dazu auch Rz 26, 41. Dies schließt eine betriebsübergreifende Zusammenfassung der gewerbl Einkünfte (zB Verlustverrechnung) nicht nur bei Ehegatten, sondern auch beim näml EStPflichtigen aus. IRd ESt-Veranlagung werden deshalb nur für die einzelnen Unternehmen ermittelten (positiven) Messbeträge/Messbetragsanteileanteile addiert. Zum Ermäßigungshöchstbetrag s Rz 35, 37; zur tatsachl GewSt-Last s Rz 41. 14

(2) Verluste. Dem entspricht, dass die FinVerw – anders als zuvor – zu den gewerbl Einkünfte iSv § 35 I 3 JStG 08 nur Gewinne/Gewinnanteile, hingegen nicht Verluste/Verlustanteile rechnet, und zwar selbst dann, wenn sich aufgrund gewstl Hinzurechnungen ein positiver Gewerbeertrag und damit ein GewStMessbetrag ergibt (*BMF* BStBl I 09, 440; 10, 1312 jeweils Rz 10, 27f: auch bei mehrstöckigen PersGes; s dazu § 35 Rz 26). Der Ansicht ist mE zu folgen (*Gragert* NWB 11, 430; aA hier bis 32. Aufl Rz 16; *Hechtner* BB 09, 1556/62; *Kortendick ua* DB 11, 76). Sie entspricht dem eindeutigen Wortlaut des § 35 I 3 (Differenzierung zw gewerbl 15

Einkünften und Gewinnen/anteilen) sowie dem Grundsatz, dass die Entlastung nach § 35 betriebsbezogen (s Rz 14) das Zusammentreffen von gewst-belasteten und estpfl Gewinnen erfordert. Zum Ermäßigungshöchstbetrag s Rz 39. Zur Ausnahme bei organschaftl Zurechnung s Rz 54.

16 **(3) Unternehmensbezogene Reichweite.** Ein Betrieb („Unternehmen") kann insgesamt nicht der GewSt unterliegen oder nur im Hinblick auf Teile des Gewinns von der GewSt befreit sein. In ersterem Fall ist die Anrechnung ausgeschlossen, im zweiten Fall ist nur der GewSt-Messbetrag gemindert und demgemäß iRd Ermäßigungshöchstbetrags nur der gewstpflichtige Gewinn anzusetzen (Rz 38). Zur Kürzung nach § 9 GewStG s Rz 18. Zum umgekehrten Fall (gewstbelastete, aber *estfreie* Einkunftsteile zB nach dem Teileinkünfteverfahren) s Rz 36.

17 **(4) Steuerschuldnerschaft.** Gewinne unterliegen grds auch dann der GewSt, wenn für die unmittelbar der natürl Person zugeordneten gewerbl Einkünfte die **GewSt** von einem **Dritten getragen** wird (BVerfG DStR 06, 1316 Tz 97). Dies trifft zu für MUerschaften (PersGes), die als solche Schuldner der GewSt sind, ferner für die (§ 8 Nr 4 GewStG; zur KGaA s Rz 22). Zu der OrganGes nachgeordneten PersGes s aber Rz 54.

18 **bb) Einzelfälle. – (1) Laufende Gewinne.** In erster Linie handelt es sich bei den begünstigten Einkünften um solche nach **§ 15,** nicht jedoch, wenn sie außerhalb der werbenden Tätigkeit anfallen (zB Vorbereitungsphase, ruhende GewBetr, Verpachtungsbetriebe). Ebenso nicht Einkünfte aus **gewst-befreiten** Betrieben (§ 3 Nr 7, 13, 20 GewStG, § 13 GewStDV; zu § 32c BFH IV R 24/00 BStBl II 01, 486). Zur teilweisen GewSt-Freiheit s Rz 16. – **(2) GewStl Kürzungen.** Gewinne können gewstl nach § 9 GewStG (dort Nr 1 S 2 und 3, Nr 2a, Nr 3, 5, 7 und 8) sowie nach § 9 Nr 2 GewStG, soweit sie auf ausl Betriebsstätten entfallen, zu kürzen sein, gleichwohl aber estl bei den Einkünften erfasst werden (nicht bei DBA-Freistellung). § 35 I 3 spricht von Gewinnen und Gewinnanteilen, die der GewSt unterliegen müssen. Dies entspricht den in § 32c II aF verwendeten Begriffen. Da aber – im Gegensatz zu § 32c aF – § 35 I 3 die Kürzungen nach § 9 GewStG nicht erwähnt und auch im JStG 2008 keine Ergänzung vorgenommen worden ist, wird zT vertreten, dass die Kürzungen nach § 9 GewStG die gewerbl Einkünfte nicht mindern (*K/Gosch* § 35 Rz 11 mwN; *Förster* DB 07, 760/1; *Korezkij* DStR 07, 2103; hier 32. Aufl). ME ist dies angesichts des Zwecks von § 35 I 3 (Begünstigung der tatsächl gewst-belasteten Einkünfte) zweifelhaft. Die FinVerw hat sich noch nicht ausdrückl geäußert; allerdings spricht *BMF* BStBl I 09, 440, Rz 14 nicht mehr von dem Grunde nach gewstpfl, sondern schlicht von gewstpfl Einkünften (vgl auch *Korezkij* aaO). – **(3) Veräußerungsgewinne.** Keine gewerbl Einkünfte sind die nicht mit GewSt belasteten Gewinne aus der Veräußerung/Aufgabe von Betrieben/Teilbetrieben/MUeranteilen **(§ 16).** Gleiches gilt für Veräußerungsgewinne gem **§ 17 EStG** sowie § 22 I, § 24 II **UmwStG** und für gewstfreie Übernahmegewinne nach § 18 II UmwStG; zu § 18 III UmwStG (Anrechnungsverbot s Rz 23). **Ausnahme:** Gewpfl und damit begünstigt sind aber: – **(a)** die Veräußerung einer 100-%-igen KapGes-Beteiligung, wenn sie nicht iZm einer Betriebsaufgabe/-veräußerung steht (*BMF* aaO, Rz 14). – **(b)** Teilanteilsveräußerungen gem § 16 I S 2 EStG (*BMF* aaO, Rz 14; aA 28. Aufl). – **(c)** Gewinne aus Veräußerungen „an sich selbst" gem § 16 II 3 EStG und § 24 III 3 UmwStG (BFH VIII R 7/01 BStBl II 04, 754). – **(d)** Veräußerungsgewinne nach § 7 S 2 GewSt (Rz 20). – **(e)** Übernahmefolgegewinne (§§ 6, 18 I UmwStG, *BMF* BStBl I 11, 1314 Rz 6.02).

20 **cc) Besonderheiten bei MUerschaften.** Nach **§ 7 I S 2 GewStG** unterliegen ab EZ 2002 auch die Gewinne aus der Veräußerung von betriebl Einheiten insoweit der GewSt, als sie nicht auf eine natürl Person als *unmittelbar* beteiligten MUer entfallen. Hieran fehlt es bei Veräußerung eines Anteils der OberPersGes an der UnterPersGes; der nur mittelbar beteiligte MUer soll nach § 35 entlastet wer-

den, um dem BetriebsFA die Schwierigkeiten bei der Feststellung mittelbar Beteiligter zu ersparen (BFH IV 29/07 BStBl II 11, 511; *BMF* BStBl I 09, 440, Rz 14; krit 28. Aufl). Zur Aufteilung des GewSt-Messbetrags nach allg GuV-Schlüssel der UnterGes (§ 35 II 2) s Rz 25 ff.

dd) KGaA, § 35 I 1 Nr 2. Mit dem Hinweis auf den persönl haftenden Ges'ter einer KGaA iSv § 15 I 1 Nr 3 lässt § 35 I 1 Nr 2 es genügen, dass die KGaA die GewSt für dessen Gewinnanteile und Geschäftsführervergütungen des persönl haftenden Ges'ters einer KGaA trägt (Einmalbelastung mit GewSt iVm personenübergreifende Entlastung; Rz 17). Der auf natürl Personen beschränkten Begünstigung (Rz 1/2) liegt zugrunde, dass nach § 8 Nr 4 GewStG, der mit § 9 I Nr 1 KStG korrespondiert, die nicht auf das Kommanditkapital entfallenden Gewinnanteile und Geschäftsführervergütungen des persönl haftenden Ges'ters dem Gewerbeertrag der KGaA hinzuzurechnen sind (BFH I R 32/86 BStBl II 91, 253) und § 9 Nr 2b GewStG die mögl GewSt-Belastung eines gewerbl Geschäftsführers beseitigt. Allerdings erfasst § 15 I 1 Nr 3 auch sonstige Sondervergütungen (für Darlehensgewährung oder Nutzungsüberlassung von WG; § 15 Rz 891), die aber im Grds nicht der GewSt bei der KGaA unterliegen. Sie gehören deshalb auch nicht zu gewerbl Einkünften iSv § 35 I S 1 Nr 2 iVm S 3). Nach der Rspr zu § 32c aF ändert hieran auch die Hinzurechung der Entgelte gem § 8 Nr 1 GewStG (zB Schuldzinsen) bei der KGaA nichts (BFH X R 6/05 BStBl II 08, 363). Ob dies auch iRv § 35 gilt (so 32. Aufl), erscheint aber mit Rücksicht auf die geänderte Gesetzeslage zweifelhaft (s auch *Ritzer ua* DStR 02, 1785/8). Zur Aufteilung des GewSt-Messbetrags s Rz 32. 22

b) Ausgenommene Gewinne; Gewinnanteile. Der **Tonnagegewinn** ist zwar mit GewSt belastet (§ 7 S 3 GewStG), jedoch nach § 5a V 2 nicht nach § 35 begünstigt (*BMF* BStBl I 09, 440 Rz 13). Nach BFH IV R 27/11 BStBl II, 15, 278 ist der Freibetrag (§ 11 GewStG) dem nicht nach § 35 begünstigten Tonnagegewinnpauschale nur anteilig anzurechnen (keine Meistbegrünstigung; zutr). – Ausgenommen sind ferner gewstpfl Veräußerungs-/Aufgabegewinne gem **§ 18 III UmwStG** innerhalb der 5-jährigen Sperrfrist nach Umwandlung einer KapGes. Bereits der Sinn dieser Sondernorm (Umgehungsschutz gegen Gewstfreie Liquidation von KapGes) schließt die Anrechnung gem § 35 EStG aus (BFH IV R 5/08 BStBl II 10, 912: § 18 III 3 UmwStG ist nur deklaratorisch). *Ausnahme:* Veräußerung nach Umwandlung einer OrganGes in PersGes iVm Organträger-PersGes (BFH IV R 27/12 BStBl II 15, 837; *Schießl* HFR 15, 859). § 18 III UmwStG geht nach hM § 7 S 2 GewStG im Range vor (*BMF* BStBl I 11, 1314 Rz 18.09; iErg glA BFH IV R 27/12 aaO; aA evtl *Rödder* DStR 02, 939/43). GewSt wird unter den dort genannten Voraussetzungen nur nach § 18 III UmwStG ausgelöst. Für den Ausschluss des § 35 ist deshalb nicht danach zu differenzieren, ob eine natürl Person unmittelbar oder mittelbar beteiligt ist (*Füger* DStR 02, 1021); auch ist es unerhebl, ob die Anteilsveräußerung zugleich § 7 S 2 GewStG unterfällt (BFH IV R 27/12 aaO). Teilanteilsveräußerungen sieht die hM nach allg Grundsätzen als gewstpfl (Rz 18) und nach § 35 als begünstigt an; auch sei § 18 III UmwStG nicht anzuwenden (*Widmann/Mayer* § 18 Rn 181; fragl; s 26. Aufl). § 18 III 3 UmwStG erfordert eine Kürzung des anrechnungsfähigen GewSt-Messbetrags und der gewerbl Einkünfte iRd Ermäßigungshöchstbetrages (Rz 37; *BMF* BStBl I 09, 440 Rz 14; aA *Korezkij* BB 02, 2099) in dem Verhältnis, in dem der von § 18 III 1/2 UmwStG betroffene Gewinn-(Anteil) zum gesamten gewstpfl Gewinn steht (*BMF aaO* Rz 13; BFH aaO). Bei MUerschaften ist das Kürzungspotential allen MUern nach dem Gewinnverteilungsschlüssel zuzurechnen. Zu zivilrechtl Abreden s Rz 25. Zum Feststellungsverfahren s Rz 61. 23

c) Festgesetzter GewSt-Messbetrag; Mindesthebesatz; abw Wj. – ***(1)*** **Verfahrensrechtl Bindung.** Der GewSt-Messbescheid ist bindender Grundlagenbescheid für das potentielle Anrechnungsvolumens (§ 35 III 2 iVm I 1 Nr 1 und 2; 24

§ 175 I 1 Nr 1). Materiell stimmt der Messbetrag iSv § 35 I 1 Nr 1/2 demjenigen des § 14 GewStG überein; er wird durch den Verlustvortrag gem § 10a GewStG gemindert. – ***(2)* Gewstl Niedrigbesteuerung.** § 35 I wurde durch das StVergAbG für den VZ 03 um eine Regelung ergänzt (§ 35 I 2, 3), der zufolge die StErmäßigung nach § 35 I 1 bei niedrigen GewSt-Belastung nicht zu gewähren war (s dazu 22. Aufl Rz 56). *Ab VZ 04* wurde die Regelung als für Gestaltungen anfällig aufgehoben. Die Ertragsverlagerung in Niedrighebesatzgemeinden soll nun durch den Mindesthebesatz von 200 vH (§ 16 IV 2 GewStG nF; BVerfG DB 10, 542; verfgemäß) eingeschränkt werden. – ***(3)* Abweichendes Wj.** § 35 knüpft an das Kj an (§ 2 VII). Bei abw Wj gilt der gewerbl Gewinn nach § 4a II Nr 2 in dem Kj bezogen, in dem das Wj endet Für die GewSt gilt nach § 10 II GewStG Entsprechendes (*BMF* BStBl I 09, 440 Rz 8). Zum Wechsel der sachl GewSt-Pflicht s Rz 50ff. Zur Sonderregelung nach § 52 Abs 50a idF JStG 09s Rz 45.

25 **d) Aufteilung des GewSt-Messbetrag, § 35 I 1 Nr 2 iVm § 35 II 2 bis 4. – aa) PersGes als MUerschaften.** Der GewSt-Messbetrag ist nach dem allg Gewinnverteilungsschlüssel aufzuteilen (§ 35 II 2, HS 1); der Anteil ist ggf nach dem auf 2 Kommastellen gerundeten Prozentsatz zu ermitteln (§ 35 II 4). Maßgebl ist grds die **handelsrechtl Gewinnverteilung** (§ 15 Rz 443ff) und damit idR das Verhältnis der Festkapitalien (*Ritzer ua* DStR 02, 1785); hierbei sind fixe Begrenzungen des Gewinnteils zu berücksichtigen (BFH IV R 43/11 BStBl II 14, 695; *Karl* BB 12, 368; zutr). Maßgebl ist die handelsrechtl Abrede jedoch nur in der Form, in der sie steuerl anerkannt wird (*BMF* BStBl I 09, 440 Rz 20f). Auf das Handelsrecht allein kann schon deshalb nicht abgestellt werden, weil ansonsten auch Ges berücksichtigt werden müssten, die als MUerschaften nicht anerkannt werden (zu FamilienGes s § 15 Rz 342ff, 776; zu mitunternehmerischem Nießbraucher s *von Oertzen ua* Ubg 12, 285/90). **Nicht** berücksichtigt werden **Vorabgewinnanteile** (§ 35 II 2 HS 2; *Korezkij* BB 01, 389/90: auch wenn sie den estl Gewinn aufgebrauchen), Sondervergütungen (§ 15 I 1 Nr 2 S 1; BFH IV B 136/07 juris; *Groh* DStZ 01, 358; zur Abgrenzung s BFH VIII R 30/99 BStBl II 01, 621) und sonstige gewinnwirksame Vorgänge im Bereich des SonderBV (einschließl vGA; s § 15 Rz 724) oder der Ergänzungsbilanz. Gleiches für ausnahmsweise gewstpfl Veräußerungsgewinne (*BMF* aaO, Rz 25; s Rz 18, 20; zum Ausscheiden von Ges'tern s auch Rz 52). Grund: die allein maßgebl Gewinnverteilung bezieht sich nur auf die StB der MUerschaft (1. Stufe, § 15 Rz 401); Abhilfe soll die Ausgliederung von SonderBV in eine Auffang-PersGes schaffen (*Ritzer* ua DStR 02, 1785/6). Soweit nach *BMF* (aaO Rz 23) **gewinnabhängige** Vorabgewinnanteile (zB Tantiemen) Bestandteil des Gewinnverteilungsschlüssels sein sollten, ist der BFH dem unter Hinweis auf Wortlaut und Entstehungsgeschichte (s *Söffing* DB 00, 688) zR nicht gefolgt (BFH IV B 109/08 BStBl II 10, 116; BFH IV B 114/11 BFH/NV 12, 1440: verfgemäß; *BMF* BStBl I 10, 43: Übergangsregelung zu gesellschaftsvertragl Ausgleichsklauseln s FN-IdW Beil 8/11 Tz 20). In die Aufteilung nach dem Gewinnverteilungsschlüssel sind auch Ges einzubeziehen wie **KapGes,** für die § 35 nicht in Betracht kommt (zum Feststellungsverfahren s Rz 61ff). *Ausnahme:* Wird aufgrund eines DBA bei der Festsetzung des GewSt-Messbetrags nur der auf einen Teil der MUer entfallende Gewerbeertrag berücksichtigt, ist nach § 35 II 3 der GewSt-Messbetrag „nach Maßgabe des allg Gewinnverteilungsschlüssels in voller Höhe auf diese MUer entspr ihrer Anteile am Gewerbeertrag der MUerschaft aufzuteilen". Aufteilungsmaßstab ist demnach der individuelle Gewinnanteil des unbeschr stpfl MUers im Verhältnis zur Summe der Gewinnanteile aller unbeschr stpfl MUer. IdR sind im Ausl ansässige MUer einer inl MUerschaft aber beschr stpfl (BFH I R 5/82 BStBl II 83, 771).

26 **bb) Mehrstöckige MUerschaften.** Ist eine PersGes an einer anderen beteiligt, werden nach BFH-Rspr der OberGes die Gewinnanteile als MUerin der UnterGes zugerechnet (mE OberGes = Verbund der OberGes'ter; s § 15 Rz 256, 612). Die

Sondervergütungen des über die OberGes und damit mittelbar iSd § 15 I 1 Nr 2 S 2 an der UnterGes Beteiligten bleiben außer Ansatz (Rz 25); für den mittelbar Beteiligten ist bei der UnterGes kein anteiliger GewSt-Messbetrag festzustellen. Das Beteiligungsergebnis für die OberGes erhöht zunächst auch den Gewerbeertrag der OberGes, wird allerdings nach § 9 Nr 2 GewStG wieder gekürzt und gewstl bei der UnterGes erfasst. Für Zwecke des § 35 I 1 Nr 2 wird aber der anteilige GewSt-Messbetrag auf den mittelbar als natürl Person beteiligten MUer „durchgereicht". Dazu werden in die gesonderte Feststellung für die OberGes (§ 35 II 1) nach § 35 II 5 die bei der UnterPersGes getroffenen Feststellungen (GewSt-Messbetrag, Anteil der OberGes entspr dem Gewinnverteilungsschlüssel bei der UnterGes) einbezogen und dieser zusammen mit dem eigenen Messbetrag der OberGes nach deren Gewinnverteilungsschüssel auf die OberGes'ter verteilt. Negative Gewerbeerträge der Ober- oder UnterGes bleiben unberücksichtigt (*BMF* BStBl I 09, 440; 10, 1312 jeweils Rz 27f; zur unternehmensbezogenen Betrachtung s Rz 14; 41; *Seitz* StbJb 09/10, 107/16). Nach geänderter Ansicht des *BMF* (aaO, jew Rz 27f) sollen darüber hinaus auch auf gewstl Hinzurechnungen beruhende GewSt-Messbeträge, denen *negative Einkünfte* von Ober- oder UnterGes zugrunde liegen, unberücksichtigt bleiben (mE zutr; s Rz 15; zum Feststellungsverfahren s Rz 62). Zur Veräußerung betriebl Einheiten bei s Rz 20, 28.

cc) Inkongruente Entlastung; Anrechnungsüberhänge. – (1) SonderBV; Sondervergütungen. Da die PersGes gewstl Steuerschuldnerin auch für Gewerbeerträge aus dem SonderBV (Tätigkeitsvergütungen etc) ist (§ 5 I 3 GewStG), die GewSt-Messbeträge jedoch nach dem Gewinnverteilungsschlüssel zugeordnet werden, erhält nicht immer der estl zB wegen der Vorgänge im SonderBV mehrbelastete MUer einen entspr Anteil am GewSt-Messbetrag zugewiesen. 27

Beispiel: Die AB-OHG erzielt einen gewerbl Gewinn von 50 000 €. Der Ges'ter A hat SonderBE iHv 10 000 €. Gewerbl Gewinn und Gewerbeertrag der MUerschaft beläuft sich auf 60 000 €. Der Gesellschaftsvertrag sieht eine hälftige Gewinnverteilung vor. Der GewSt-Messbetrag wird je zur Hälfte auf A und B aufgeteilt, obwohl auf A insgesamt 35 000 € entfallen.

Stellungnahme: ME können die Ges'ter die Rechtsfolge der anteiligen Zurechnung des anteiligen GewSt-Messbetrags nach dem allg Gewinnverteilungsschlüssel nicht abändern (glA *Brinkmann ua* DStR 03, 93; *BMF* BStBl I 09, 440, Rz 25; krit 28. Aufl). Mit der typisierenden (vereinfachenden) Regelung in § 35 II 2 hat es der Gesetzgeber bewusst unterlassen, bei der Aufteilung des GewSt-Messbetrags zu berücksichtigen, wer von den MUern die jeweilige GewSt verursacht oder trägt (zur VerfMäßigkeit s Rz 2, 7). Die Ges'ter können aber die der UrsprungsGes überlassen WG in **SchwesterPers** ausgliedern (*Herzig ua* DB 00, 1728; Rz 55) oder **zivilrechtl** die estl Mehrentlastung des anderen MUers als Vorteil gegenrechnen (zu Ausgleichsabreden s FN-IdW Beil 8/11 Tz 20), wie auch umgekehrt die internen Anteile an der GewSt-Schuld (*Glanegger/Selder* § 5 Rz 22). Dazu ist erforderl, dass der Anteil an der GewSt durch die dem Ges'ter zugeordneten positiven Gewerbeertragsanteile ermittelt wird, dh unter Einschluss positiver Erträge des SonderBV (ähnl *Korezkij* BB 01, 389/91). Die zivilrechtl Ausgleichsansprüche sind dann um die persönl StErmäßigung nach § 35 zu vermindern (zu Formeln s *Ottersbach* DStR 02, 2023).

(2) Veräußerungsgewinne nach § 7 I 2 GewStG. Da ab EZ 2002 auch die Gewinne aus der Veräußerung von betriebl Einheiten (MUeranteilen etc) insoweit gewstpfl, als sie nicht auf eine natürl Person als *unmittelbar* beteiligten MUer entfallen, kann die StErmäßigung nach der allg Gewinnverteilungsabrede der UnterGes (§ 35 II 2), die den Veräußerungsgewinn nicht berücksichtigt (Rz 52: Gest'terwechsel), zu Anrechnungsdefiziten/-überhängen (*Ritzer ua* DStR 02, 1785/90), aber auch dazu führen, dass § 35 für die als natürl Personen beteiligten MUer selbst dann zum Tragen kommt, wenn eine KapGes ihren MUeranteil nach § 7 S 2 GewStG gewstpfl veräußert (*Förster* DB 02, 1394/6). Auch hier wird vertreten, dass von dem allg Gewinnverteilungsschlüssel abw Abreden iRv § 35 beachtl seien (*Bechler ua* DB 02, 2238/41); s dazu aber Rz 27, 52. 28

(3) KapGesAnteil-Veräußerung. Bei einem aus dem Gesamthandsvermögen einer MUerschaft veräußerten KapGesAnteil ergeben sich MUer-bezogene Gewerbeertragsminderungen nach § 7 I 4 GewStG iVm § 8b VI KStG für die beteiligte KapGes, weil § 8 Nr 5 GewStG auf Veräußerungserlöse nicht anzuwenden ist (so *Benz* DB Beil 1/02, 22; BT-Drs 15/4050, 72). Auch hier wird mE zu Unrecht vertreten (s Rz 27), eine veranlassungsbezogene Gewinnvereinbarung als allg Gewinnverteilung iSv § 35 II 2 anzusehen (*Bechler ua* aaO).

29 **dd) Andere MUerschaften.** Solche Verbindungen – zB atypische stille Ges, mitunternehmerische Bruchteils-/Erbengemeinschaft oder Unterbeteiligung – weisen zwar Besonderheiten hinsichtl der gewstl StSchuldnerschaft, der Gewinnverteilung und der Struktur des BV auf. Sie sind aber gleichwohl den Regeln des § 35 II zu unterwerfen; ebenso hinsichtl der gesonderten Feststellungen der GewSt-Messbeträge und ihrer Aufteilung (dazu Rz 61).

30 **(1) Typisch stillen Ges.** Die Verhältnisse liegen ähnl wie bei einer KG (vgl § 15 Rz 347). Schuldner der GewSt ist aber der Geschäftsinhaber. Zur Aufnahme eines Stillen s Rz 52. Zur Gewinnverteilung s allg § 15 Rz 449, 776; zu § 35 II 2 s BFH IV R 8/09 BStBl II 12, 183. Zum SonderBV s § 15 Rz 348.

31 **(2) Weitere Einzelfälle.** Der Gewinn der **Erbengemeinschaften,** mitunternehmerischer **Bruchteilsgemeinschaften** wird idR nach Maßgabe der Anteile verteilt (§ 743 I BGB, § 2038 II BGB). Bei **Gütergemeinschaften** ist idR von einer hälftigen Gewinnzurechnung auszugehen (§ 15 Rz 380). Die Beteiligten sind gewstl Gesamtschuldner. Bei einer überquotalen Inanspruchnahme ist gleichwohl der anteilige GewSt-Messbetrag anzurechnen. Zu zivilrechtl Abreden s Rz 27.

32 **ee) KGaA.** S zunächst Rz 22. Maßgebl für den Anteil des persönl haftenden Ges'ters am GewSt-Messbetrag der KGaA ist das Verhältnis seines aus dem Gewinnverteilungsschlüssel folgenden Gewinnanteils (ohne den auf die Kommanditaktien entfallenden Anteil) zum Gesamtgewinn der KGaA (*BMF* BStBl I 09, 440 Rz 29). Unberücksichtigt bleiben auch hier neben SonderBV-Vorgängen nicht nur gewinnunabhängige (*BMF* aaO Rz 29; I 2010, 43), sondern auch gewinngebundene Tätigkeitsvergütungen (s Rz 25).

35 **4. Ermäßigungshöchstbetrag, § 35 I 1 bis 3. – a) Allgemeines; Systematik.** Das aus dem GewSt-Messbetrag abgeleitete potentielle (maximale) Anrechungsvolumen (Rz 12) wird durch den sog Ermäßigungshöchstbetrag begrenzt, nach dem die Anrechnung auf den Teil der – ggf durch vorrangige Ermäßigungen/Anrechnungen geminderten (s Rz 5) – tarifl ESt beschränkt ist, der auf die im zu versteuernden Einkommen enthaltenen gewerbl Einkünfte entfällt (§ 35 I 1). Das Gesetz bringt damit zum Ausdruck, dass die typisierende EStErmäßigung nicht nur die gewstl, sondern auch die estl Belastung der gewerbl Einkünfte erfordert. Zur Verhältnisrechnung s Rz 39.

36 **b) Minderung der Einkommensteuer. – aa) ESt-Befreiungen; Teileinkünfteverfahren.** Die gewerbl Einkünfte und damit die anteilige ESt werden zB durch das auch gewerbl Betrieb geltende Teileinkünfteverfahren (§ 3 Nr 40) gemindert. Wird dies gewstl durch Hinzurechnung nach § 8 Nr 5 GewStG wieder neutralisiert, ist der (gewstl) Anrechnungsüberhang auch hier nicht zu beanstanden (s Rz 7; aA *K/Gosch* § 35 Rz 16). Ein Vor- oder Rücktrag ist nicht zulässig (s Rz 7). Auslandsdividenden, die ebenfalls vom Teileinkünfteverfahren betroffenen sind, werden unter den Voraussetzungen des § 9 Nr 7 GewStG (iVm § 8 Nr 5 GewStG) gekürzt. Sind diese nicht erfüllt und kommt es im ersten Schritt zur Hinzurechnung nach § 8 Nr 5 GewStG, ist die Kürzung nach § 9 Nr 8 GewStG zu prüfen (*Fischer* DStR 02, 610/5).

37 **bb) Verluste; sonstige Minderungen des zu versteuernden Einkommens.** Zwar werden die positiven und negativen GewErträge verschiedener Unternehmen des StPfl iRd potentiellen Anrechnungsvolumens nicht saldiert (Rz 15); gleichwohl entfällt nach den Regeln des Ermäßigungshöchstbetrags die StErmäßigung in dem Maße, in dem das zu versteuernde Einkommen und damit die ESt

aufgrund negativer gewerbl oder negativer anderer Einkünfte (beachte aber § 2 Vb) gemindert wird. Gleiches gilt für sonstige Abzugsbeträge nach § 2 III–V (zB Verlustabzug, SA, agB; s Rz 6).

cc) Begünstigte gewerbl Einkünfte. Der Begriff der nach § 35 I 1 iVm 3 begünstigten gewerbl Einkünfte erfordert auch iRd Ermäßigungshöchstbetrags deren StPfl nach EStG und GewSt. Zu Einzelheiten – einschließl der unternehmensbezogenen Ermittlung – s Rz 13 ff. Zur Organschaft s aber Rz 54. **38**

c) Verhältnisrechnung. Der Ermäßigungshöchstbetrag ist – bei Vorliegen eines positiven zu versteuernden Einkommens (Rz 36) – aufgrund einer Verhältnisrechnung zu bestimmen, die durch das JStG 08 – die Rspr brechend – in § 35 I 2 geregelt ist. **39**

Beispiel: Ein zusammenveranlagtes Ehepaar erzielt folgende Einkünfte:

	M (Ehemann)	F (Ehefrau)
Einkünfte nach § 15		
– als Einzelunternehmer/in	60 000 €	50 000 €
– als MUer	– 10 000 €	– 75 000 €
Einkünfte nach § 16		– 10 000 €
Einkünfte nach § 21	25 000 €	
Summe der Einkünfte	40 000 €	

(1) Bis **VZ 2007** war nach BFH X R 25/04 BStBl II 07, 694 zunächst der *horizontale* Verlustausgleich (§ 2 Rz 57; BFH III R 69/10 BStBl II 13, 201: aufgrund Zusammenveranlagung *„Ehegatten-übergreifend"*) durchzuführen, so dass sich die gewerbl Einkünfte auf 25 000 € beliefen. Der sich anschließende *vertikale* Ausgleich von Verlusten aus nichtprivilegierten Einkünften, auch des zusammenveranlagten Ehegatten, unterlag dem **Meistbegünstigungsprinzip,** so dass Verluste vorrangig mit den iSd § 35 nicht gewerbl (nicht privilegierten) Einkünften zu verrechnen waren. Folge: Verrechnung des § 16-Verlusts (10 000 €) mit den VuV-Einkünften. **Gewerbl Quote** mithin: **62,5 %** (entspricht 25 000 €/40 000 €) Das *BMF* hatte sich dem angeschlossen (BStBl I 07, 701 Rz 12).

(2) Ab **VZ 2008** gilt gem § 35 I 2 nach folgende Formel:

$$\frac{\text{Summe der positiven gewerbl Einkünfte}}{\text{Summe aller positiven Einkünfte}} \times \text{geminderte tarifl Steuer}$$

Zwar bedeutet der Begriff der geminderten tarifl Steuer keine Änderung (Rz 5). Auch sollte der horizontale Verlustausgleich (Verrechnung der gewerbl Gewinne und Verluste gem § 15; auch bei Ehegatten; s zu *(1)*) nicht angetastet werden (zust FG Nds EFG 13, 1849, rkr). *Geändert* werden sollte nach dem FinA (BT-Drs 16/7036) aber der sog **vertikale Verlustausgleich,** so dass die Verluste aus nicht privilegierten Einkünften wieder verhältnismäßig auch mit gewerbl Einkünften iSv § 35 verrechnet werden, wie dies die FinVerw ursprüngl vertreten hatte (*BMF* BStBl I 07, 108 Rz 13). Zum Teil wird § 35 I 2 in diesem Sinne ausgelegt mit der Folge, dass sich im Beispiel (zu versteuerndes Einkommen: 40 000 €) gewerbl Einkünfte iHv 20 000 € (50 000 € – 25 000 € [horizontaler Verlustausgleich] – 5000 € [anteiliger vertikaler Ausgleich]) ergeben und die **gewerbl Quote 50 %** beträgt (zB *Hechtner* BB 09, 1556/7; hier 32. Aufl). Nach **BFH** III R 7/14 DStR 15, 2058 ist hingegen ein *horizontaler Verlustausgleich* nur bezügl der jeweiligen Einkünfte des *jeweiligen Ehegatten* vorzunehmen (hier gewerbl Einkünfte des M: 60 000 € – 10 000 € = 50 000 €; der F: 50 000 € – 75 0000 € = – 25 000 €). Letzteres gilt auch bei Zusammenveranlagung (arg: Individualbesteuerung; anders zu *(1)* betr Rechtslage bis 2007), so dass der gewerbl Verlust der F nicht mit dem gewerbl Gewinn von M zu verrechnen ist. Auch iÜ sind negative Einkünfte (F: – 10 000 €) aus der Berechnung ausklammern *(kein vertikaler Verlustausgleich)*. Die gewerbl. Quote beträgt demnach **66,67 %** (entspricht 50 000 €/75 000 €). Nach hier vertretener Ansicht (ab 33. Aufl) scheidet hingegen aufgrund des missglückten Gesetzeswortlautes („Summe der *positiven* Einkünfte", Summe aller *positiven* Einkünfte) iRd Verhältnisrechnung (zum zu versteuernden Einkommen s aber Rz 35 f) jegl Verlustausgleich aus und damit sind grds nur positive Einkünfte anzusetzen (glA bisher auch *BMF* BStBl I 09, 440 Rz 16ff; *FinVerw* DStR 09, 1698; *K/Gosch* § 35 R 12; *offen* nunmehr *OFD* Fft, juris); Gleiches gilt mE bei mehrstöckigen PersGes. Ausnahme: § 20 (*BMF* aaO: Vereinfachung; glA *Schmidt ua* NWB F 3, 14917; *Blaufus ua* BB 08, 80). Im Beispiel würde sich hiernach eine gewerbl Quote iHv **81,48 %** (entspricht 110 000 €/135 000 €) ergeben, ungeachtet dessen, dass auch diese Auslegung das gesetzgeberische Anliegen verfehlt.

41 **5. Tatsächlich zu zahlende GewSt.** Nach § 35 I 5 idF ab VZ 2008 ist der Abzug der StErmäßigung auf die tatsächl zu zahlende GewSt beschränkt; die GewSt-Festsetzung durch die Gemeinde ist insoweit Grundlagenbescheid (§ 35 III 2 nF). Auch dieser gewstl begründete absolute Höchstbetrag ist *betriebsbezogen* (Rz 14) zu bestimmen (*BMF* BStBl I 09, 440; 10, 1312 jeweils Tz 10; FG Mster EFG 15, 49, Rev X R 62/14; BFH X R 12/15; OFD Ffm, juris; aA *Cordes* DStR 10, 1416: gesellschafterbezogen); er begrenzt ggf über den Ermäßigungshöchstbetrag hinaus die GewSt-Anrechnung (Rz 11). Die FinVerw veranlagt zunächst nach den bestehenden GewSt-Hebesätzen und berichtigt dann ggf – auch bei Billigkeitsmaßnahmen (§§ 163, 227 AO) – nach § 175 I 1 Nr 1/2 AO (*BMF* BStBl I 09, 440 Rz 7; zutr). Bei MUerschaften. ist auch die tatsächl zu zahlende GewSt nach dem allg Gewinnverteilungsschlüssel (Rz 24ff) aufzuteilen (§ 35 II 2 iVm IV), obwohl diese ab VZ 2008 nicht den Gewinn mindert (nichtabziehbare BA, § 4 Vb nF; s dort Rz 618). Zum Feststellungsverfahren s Rz 60 f. Zur früheren Rechtslage s 26. Aufl.

III. Rechtsfolgen

45 **1. Allgemeines.** § 35 ermäßigt als Tarifvorschrift (Rz 5) die ESt. Ab **VZ 08** ist die ESt – vorbehaltl der Begrenzungen durch den Ermäßigungshöchstbetrag und die zu zahlenden GewSt – um das 3,8-fache (zuvor 1,8-fache) des festgesetzten GewSt-Messbetrag zu vermindern (Rz 4). Durch § 52 Abs 50a idF JStG 09 wurde die Anhebung des Anrechnungsfaktors auf GewSt-Messbeträge für vor dem 1.1.08 endende EZ ausgeschlossen (BT-Drs 16/11108, 25; *BMF* BStBl I 09, 440 Rz 2/3 mit Beispiel: Vermeidung von Doppelbegünstigungen bei mehrstufigen Personenunternehmen mit abw Wj).

Beispiel: Bei einem Gewerbeertrag von 120 000 € nach außerbilanzieller Hinzurechnung der GewSt beträgt der GewSt-Messbetrag 3342 €. Bei einem Hebesatz von 400 ergeben sich 3342 € × 400 % = 13 368 € als tatsächl geschuldete GewSt (absolute Höchstgrenze). Die relative Belastungsgrenze (anteilige ESt) beträgt bei einer Summe aller positiven Einkünfte von 150 000 €, einem zu versteuernden Einkommen von 140 000 € sowie einer tarifl ESt nach Splittingtabelle von 42 984 €: 120 000 × 42 984/150 000 (vgl Rz 39) = 34 387 €. Die ESt-Ermäßigung von 3,8 × 3342 € = 12 701 € ist niedriger als die anteilige ESt von 34 387 € (relativer Höchstbetrag). Sie unterschreitet auch die tatsächl zu zahlenden GewSt von 13 368 € (absoluter Höchstbetrag).

46 **2. Anrechnungsüberhänge.** – Zu sog Anrechnungsüberhängen (dh nicht ausgenutzten gewst Anrechnungsvolumina) aufgrund von gewstl Hinzurechnung, der mitunternehmerschaftl Gewinnverteilung, ESt-Befreiungen oder sonstigen Minderungen des zu versteuernden Einkommens s Rz 15, 27, 36. Der rechtspolitischen Forderung nach einem Anrechnungsvortrag (*Siegel* BB 01, 701) ist der FinA nicht gefolgt (BT-Drs 14/7344, 12); verfrechtl ist dies unbedenkl (Rz 7, 36).

IV. Sonderfälle

50 **1. Anteilige GewSt-Messbeträge und gewerbl Einkünfte. – a) Partielle Begrenzungen der GewSt-Pflicht.** Ist ein Unternehmen nur teilweise gewstpfl, zB wegen einer partiellen GewStFreiheit nach § 3 GewStG, lässt dies zwar die Betriebseinheit unberührt. Gemindert werden jedoch nicht nur GewSt-Messbetrag und tatsächl zu zahlende GewSt (§ 35 I 5), sondern auch die gewerbl Einkünfte

(§ 35 I 3) und damit auch der Entlastungshöchstbetrag (§ 35 I 1, 2). Gleiches gilt, wenn im Kj (VZ, EZ gem § 10 GewStG) Beginn und Ende der gewerbl Tätigkeit estl und gewstl voneinander abweichen (zB wegen gewstl Vorlaufverluste; Rz 18) oder wenn die GewStPfl nicht ledigl iSv § 2 IV GewStG unterbrochen wird, sondern wie zB bei einer Betriebsverpachtung endet, der Betrieb aber estl mangels Aufgabeerklärung fortbesteht (vgl § 14 S 3 GewStG: abgekürzter EZ). Wird nach Beendigung der bisherigen gewerbl Tätigkeit im lfd Kj ein neuer Betrieb gegründet, sind die Voraussetzungen des § 35 I für *jeden Betrieb gesondert* (Rz 14) zu ermitteln, dh (1) positive Einkünfte und GewSt-Messbetrag; Rz 15, 24) und (2) betriebsbezogene Prüfung der Anrechnungsgrenzen (Ermäßigungshöchstbetrag und zu zahlende GewSt; s Rz 37ff; 41). Der Begünstigung der gewerbl Einkünfte beider Betriebe (Unternehmen) steht nicht entgegen, dass ein estl VZ mit zwei abgekürzten EZ korrespondiert.

b) Umwandlungen. Besteht die GewSt-Pflicht für das Unternehmen fort, 51
obwohl der gewstl StSchuldner wechselt (zB **Betriebseinbringung** in PersGes), ergehen mehrere den StSchuldnerwechsel berücksichtigende GewSt-Messbescheide (GewStR 11.1; *BMF* BStBl I 09, 440 Rz 31f: Aufteilung des einheitl GewSt-Messbetrags). Damit stehen auch hier gem der betriebs-/unternehmensbezogenen Betrachtung den gewerbl Einkünften als Einzelunternehmer und PersGes'ter jeweils getrennte GewSt-Messbetraganteile ggü (zu den Folgen s Rz 50; *BMF* aaO). – Die **Verschmelzung** (oder Formwechsel) einer PerGes in KapGes führt zum StSchuldnerwechsel und damit zu einem abgekürzten EZ, für den ein entspr geminderter GewSt-Messbetrag festzusetzen ist; hiermit korrespondiert die estl Gewinnermittlung (gewerbl Einkünfte iSv § 35 I 3). – Der *rechtsformwahrende* **Formwechsel** bedeutet dagegen weder einen Wechsel der sachl GewSt-Pflicht noch des gewstl StSchuldners.

c) Ausscheiden eines Ges'ters aus PersGes; Ges'terwechsel. Auf den Aus- 52
scheidenden kann nur der bis zu seinem Ausscheiden entstandene Teil des GewSt-Messbetrags iSv § 35 II 1 entfallen. Dieser Teil ist ihm nach dem allg Gewinnverteilungsschlüssel (§ 35 II 2) zuzurechnen. Ist er zu 50 vH am Gewinn beteiligt und scheidet er zum 30.6 aus, sind ihm 25% des für das Kj (EZ) ermittelten Messbetrags zuzuweisen. Entsprechendes gilt für seinen Anteil an den gewerbl Einkünften (§ 16 II 2; s § 15 Rz 452/3). Eine Feinabstimmung der Beteiligungsquote kann sich aus einer Abschichtungsbilanz ergeben und daraus, wie sich die Ges tatsächl auseinandergesetzt haben (ähnl *BMF* BStBl I 09, 440 Rz 30; *Ritzer ua* DStR 02, 1785/9). Der Veräußerungsgewinn beeinflusst die maßgebl Gewinnverteilung nicht, so dass bei gewstpfl Vorgängen das Entlastungspotential nicht ausschließl demjenigen zukommt, der den Veräußerungsgewinn versteuert (FG RhPf EFG 13, 368, Rev IV R 48/12; FG BaWü EFG 14, 651, Rev IV R 5/14; s dazu – einschließl gesellschaftsvertragl Ausgleichsklauseln – auch Rz 25ff, 46). Entsprechendes gilt für den Ges'terwechsel sowie die Aufnahme eines (weiteren) Ges'ters (zB eines atypisch Stillen; kein GewSt-Schuldnerwechsel; *Ritzer ua* DStR 02, 1785/91).

2. Organschaft. Für die im Organkreis verbundenen Betriebe gilt zwar der 54
Grundsatz der getrennten Gewerbeertragsermittlung. GewStl werden aber die OrganGes als Betriebsstätten des Organträgers behandelt (§ 2 II 2 GewStG), so dass die Gewerbeerträge (grds) *wie* in einem einheitl Betrieb zusammen zu rechnen sind (GewStR 7.1 V). *Folge:* Die betriebsbezogenen Gewinnermittlung (s Rz 14f) wird zugunsten eines horizontalen Verlustausgleichs durchbrochen und hierdurch sowohl die auf die gewerbl Einkünfte entfallende ESt als auch der GewSt-Messbetrag gemindert. Umgekehrt werden auch positive GewStMessbeträge der OrganGes – ggf über zwischengeschaltete Organträger-PersGes – auf die natürl Person durchgereicht (BFH IV R 27/12 BStBl II 15, 837; Rz 23). **Anders** ist dies aber nach BFH IV R 3/10 BStBl II 12, 14 zu beurteilen, *soweit* die **OrganGes** (KapGes) **MUerin** einer PersGes (zB KG, atypisch stille Beteiligung) ist. *Begründung:* Or-

ganGes entfalte abschirmende Wirkung, § 32 II 5 sei mangels MUerstellung des Organträgers (PersGes oder natürl Person) nicht einschlägig (glA zB *K/Gosch* § 35 Rz 30); sachl Billigkeitsgründe lägen nicht vor (BFH IV R 42/09 BFH/NV 12, 236). Die Rspr ist fragl: Entspr dem weitgefasstem Wortlaut des § 35 I, II 5 sowie dem Zweck der Vorschrift ist die Entlastung geboten; die Differenzierung zw dem eigenen Betrieb der OrganGes und deren mitunternehmerschaftl Beteiligung ist nicht überzeugend (iEinz *Wacker* JbFSt 12/13, 489ff; hier 30. Aufl; *Prinz ua* StuB 12, 20). Zu Ausweichstrategien s *Kollruss* DStR 07, 378: hybride KGaA; *Prinz* aaO: Umstrukturierung. Zum tatbestandl anders gefassten **§ 32c aF** s BFH I B 179/10 BFH/NV 11, 2052.

55 **3. Gestaltungen.** – ***(1)*** Sie zielen zum einen darauf sog **Anrechnungsüberhänge** (s Rz 15, 27ff, 36, 46) zu verhindern, zB Vermeidung des Verlustausgleichs/-rücktrags bei Ehegatten durch die Wahl der **Einzelveranlagung** (§ 26a). – ***(2)*** Bei MUerschaften wird für den Fall inkongruenter Entlastungen (zB wegen SonderBV) die Nutzungsüberlassung durch **SchwesterPersGes** empfohlen (Rz 25). – ***(3)*** In Fällen der **gewstl Hinzurechnung** nach § 8 Nr 1 Buchst d/e GewStG stellt sich die *umgekehrte BetrAufsp* (§ 15 Rz 803) günstiger dar als die klassische, weil sich der GewSt-Messbetrag der BetriebsPersGes erhöht und nicht der Messbetrag der BesitzKapGes (*Kessler ua* BB 01, 17, 24; *dies* DStR 01, 869; FG Ddorf EFG 07, 685, rkr). ME setzt dies jedoch voraus, dass die BetriebsPersGes ihren Ges'tern estl positive Einkünfte vermittelt (Rz 15). – ***(4)*** Eine Kombination des StSatzes für thesaurierte **KapGes-Gewinne** und § 35 weist die Rechtsform der atypisch GmbH & Still auf. – ***(5)*** Die gewerbl **Abfärbung** (§ 15 III Nr 1) kann sich iRv § 35 als günstig erweisen (*Höck* FR 01, 683).

V. Verfahren

60 **1. Einzelunternehmer.** Die StErmäßigung nach § 35 wird iRd ESt-Veranlagung gewährt. Bei Einzelunternehmern ist sowohl der GewSt-Messbescheid für den GewSt-Messbetrag als auch der GewSt-Bescheid für die tatsächl zu zahlende GewSt (§ 35 I 5) bindender Grundlagenbescheid (§ 182 I, 175 I 1 Nr 1, 171 X AO iVm § 35 III 2). Im Falle einer gesonderten Feststellung § 180 I Nr 2b AO (BetriebsFA ist nicht WohnsitzFA) sind auch die gewerbl Einkünfte iSv § 35 I 3 mit bindender Wirkung für die ESt-Veranlagung festzustellen (glA *BMF* BStBl I 09, 440 Rz 34). Bei Änderung des ESt-Bescheids oder der gesonderten Feststellung ist der GewSt-Messbescheid ggf nach § 35b GewStG anzupassen. Zur Zugehörigkeit von MUeranteilen zum BV/SonderBV s Rz 63.

61 **2. MUerschaften; KGaA. – a) Allgemeines.** Nach § 35 II 1, IV werden bei MUerschaften (einschließl InnenGes) und KGaA der GewSt-Messbetrag, die tatsächl zu zahlende GewSt sowie die auf die MUer/persönlich haftenden Ges'ter entfallenden Anteile wiederum für den ESt-Bescheid bindend gesondert und einheitl festgestellt (Grundlagenbescheid; Rz 60; zum Aufteilungsmaßstab s Rz 25), nicht aber der individuelle StErmäßigungsbetrag (FG Mstr EFG 15, 986, Rev X R 12/15). Die Feststellungen nach § 35 II, IV EStG und nach § 180 I Nr 2a AO sind zwar eigenständig, können aber verfahrensrechtl miteinander verbunden werden (BFH IV R 8/09 BStBl II 12, 183); zuständig ist jeweils das BetriebsFA (§ 18 I Nr 2 AO). Die Feststellungen gem § 35 II 2, IV sind auch ggü den nicht nach § 35 I begünstigten MUer (zB KapGes) zu treffen, allerdings entfällt insoweit die Bindungswirkung nach § 35 III 2 (BFH R 8/09 aaO; *BMF* BStBl I 09, 440 Rz 26). Obgleich der GewSt-Messbescheid und der GewSt-Bescheid Grundlagenbescheide für die Feststellungen nach § 35 II 1, IV (GewSt-Messbetrag, zu zahlende GewSt und Anteilen hieran) sind (§ 35 III 3 HS 1, IV), ist in dem Verfahren nach § 35 II 2 über den sachl Begünstigungsausschluss gem § 18 III 3 UmwStG (Kürzung des Messbetrags) mit Bindungswirkung für die ESt zu entscheiden (Rz 23; BFH IV R 30/13 DStR 15, 2260; BFH IV R 27/11 BStBl II 15, 278 betr § 5a). Die Fest-

stellung der gewerbl Einkünfte iSv § 35 I 3 ist hingegen dem Feststellungsverfahren nach § 180 I Nr 2b AO vorbehalten (Rz 60; aA *BMF* BStBl I 09, 440 Rz 34: Einbeziehung in Verfahren nach § 35 II 2).

b) Mehrstöckige MUerschaften. Die § 35-Merkmale der UnterGes werden auf die Ges'ter der OberGes („SchlussGes") durchgereicht (Rz 26). Dem entspricht, dass die Feststellungen gem § 35 II 2, IV auf der Stufe der jeweiligen UnterPersGes für die jeweilige OberGes Grundlagebescheide gem § 182 AO sind. Letzteres betrifft die Feststellungen (missverständl § 35 III 3 HS 2: „Festsetzung") zum Anteil der OberGes am GewSt-Messbetrag der UnterPersGes und – ab VZ 08 – an der von der UnterPersGes tatsächl zu zahlenden GewSt (§ 35 II 1/5, III 3, IV). Beiden Feststellungen sind in das Feststellungsverfahren der OberGes „einzubeziehen" (§ 35 II 5, IV); verfügt diese jedoch über weitere Einkünfte, sind die Messbeträge und GewSt-Zahlungen getrennt festzustellen (vgl zur unternehmensbezogenen Betrachtung Rz 26, 41). Entsprechendes gilt für die gestuften Feststellungen zu den gewerbl Einkünften gem § 35 I 3 EStG iVm § 180 I Nr 2b AO (s Rz 61). 62

3. Sonderfragen. Gehören **MUeranteile zum SonderBV** (s § 15 Rz 507), gelten die Grundsätze zu Rz 62 entspr. – Gehören MUeranteile zum BV eines **Einzelunternehmens,** ordnet § 35 I 1 Nr 1 letzter HS die entspr Geltung von § 35 II 5 an. Die dort bestimmte „Einbeziehung des GewSt-Messbetrags" dürfte ins Leere gehen, weil für den Einzelunternehmer keine Feststellungen nach § 35 II 1 zu treffen sind. Auch erscheint fragl, ob § 35 I 1 Nr 1 letzter HS für Fälle greifen kann, in denen (wie zB bei Arbeitsgemeinschaften, § 2a GewStG) der Gewerbeertrag mehreren gewstl Schuldner zuzuordnen ist (so hier bis 32. Aufl). – Jedenfalls ist für **ZebraGes** (§ 15 Rz 201ff) kein Verfahren nach § 35 II 1 durchzuführen. Sind an der ZebraGes gewerbl PersGes beteiligt, sind in deren Feststellungsverfahren (einschließl § 35 II 1) auch die Ergebnisse aus der Beteiligung an der ZebraGes einzubeziehen. – Zu **Organschaften** s Rz 54. 63

4. Steuerermäßigung bei Aufwendungen für haushaltsnahe Beschäftigungsverhältnisse und für die Inanspruchnahme haushaltsnaher Dienstleistungen

§ 35a Steuerermäßigung bei Aufwendungen für haushaltsnahe Beschäftigungsverhältnisse, haushaltsnahe Dienstleistungen und Handwerkerleistungen

(1) **Für haushaltsnahe Beschäftigungsverhältnisse, bei denen es sich um eine geringfügige Beschäftigung im Sinne des § 8a des Vierten Buches Sozialgesetzbuch handelt, ermäßigt sich die tarifliche Einkommensteuer, vermindert um die sonstigen Steuerermäßigungen, auf Antrag um 20 Prozent, höchstens 510 Euro, der Aufwendungen des Steuerpflichtigen.**

(2) [1]**Für andere als in Absatz 1 aufgeführte haushaltsnahe Beschäftigungsverhältnisse oder für die Inanspruchnahme von haushaltsnahen Dienstleistungen, die nicht Dienstleistungen nach Absatz 3 sind, ermäßigt sich die tarifliche Einkommensteuer, vermindert um die sonstigen Steuerermäßigungen, auf Antrag um 20 Prozent, höchstens 4000 Euro, der Aufwendungen des Steuerpflichtigen.** [2]**Die Steuerermäßigung kann auch in Anspruch genommen werden für die Inanspruchnahme von Pflege- und Betreuungsleistungen sowie für Aufwendungen, die einem Steuerpflichtigen wegen der Unterbringung in einem Heim oder zur dauernden Pflege erwachsen, soweit darin Kosten für Dienstleistungen enthalten sind, die mit denen einer Hilfe im Haushalt vergleichbar sind.**

(3) [1] Für die Inanspruchnahme von Handwerkerleistungen für Renovierungs-, Erhaltungs- und Modernisierungsmaßnahmen ermäßigt sich die tarifliche Einkommensteuer, vermindert um die sonstigen Steuerermäßigungen, auf Antrag um 20 Prozent der Aufwendungen des Steuerpflichtigen, höchstens jedoch um 1200 Euro. [2] Dies gilt nicht für öffentlich geförderte Maßnahmen, für die zinsverbilligte Darlehen oder steuerfreie Zuschüsse in Anspruch genommen werden.

(4) [1] Die Steuerermäßigung nach den Absätzen 1 bis 3 kann nur in Anspruch genommen werden, wenn das Beschäftigungsverhältnis, die Dienstleistung oder die Handwerkerleistung in einem in der Europäischen Union oder dem Europäischen Wirtschaftsraum liegenden Haushalt des Steuerpflichtigen oder – bei Pflege- und Betreuungsleistungen – der gepflegten oder betreuten Person ausgeübt oder erbracht wird. [2] In den Fällen des Absatzes 2 Satz 2 zweiter Halbsatz ist Voraussetzung, dass das Heim oder der Ort der dauernden Pflege in der Europäischen Union oder dem Europäischen Wirtschaftsraum liegt.

(5) [1] Die Steuerermäßigungen nach den Absätzen 1 bis 3 können nur in Anspruch genommen werden, soweit die Aufwendungen nicht Betriebsausgaben oder Werbungskosten darstellen und soweit sie nicht als Sonderausgaben oder außergewöhnliche Belastungen berücksichtigt worden sind; für Aufwendungen, die dem Grunde nach unter § 10 Absatz 1 Nummer 5 fallen, ist eine Inanspruchnahme ebenfalls ausgeschlossen. [2] Der Abzug von der tariflichen Einkommensteuer nach den Absätzen 2 und 3 gilt nur für Arbeitskosten. [3] Voraussetzung für die Inanspruchnahme der Steuerermäßigung für haushaltsnahe Dienstleistungen nach Absatz 2 oder für Handwerkerleistungen nach Absatz 3 ist, dass der Steuerpflichtige für die Aufwendungen eine Rechnung erhalten hat und die Zahlung auf das Konto des Erbringers der Leistung erfolgt ist. [4] Leben zwei Alleinstehende in einem Haushalt zusammen, können sie die Höchstbeträge nach den Absätzen 1 bis 3 insgesamt jeweils nur einmal in Anspruch nehmen.

Einkommensteuer-Richtlinien/Verwaltungsschreiben: EStH 35a/LStH 35a – *BMF* BStBl I 10, 140; *BMF* BStBl I 14, 75

Übersicht

1 **1. Inhalt und Bedeutung. – a) Regelungszweck und zeitl Anwendungsbereich.** § 35a gewährt für bestimmte haushaltsnahe Dienstleistungen auf Antrag eine StErmäßigung durch Abzüge von der tarifl ESt. Die Vorschrift soll der Bekämpfung der Schwarzarbeit dienen und Anreiz für legale Beschäftigungsverhältnisse im Privathaushalt geben (BT-Drs 15/91, 19). § 35a wurde durch das FamLeistG besser strukturiert. Die Neufassung gilt erstmals für im VZ 2009 geleistete Aufwendungen, soweit die zugrunde liegende Leistung nach dem 31.12.2008 erbracht wurde (§ 52 Abs 50b 5; BFH VI R 65/10 BStBl II 13, 82). Zu Übergangsregelungen s *BMF* BStBl I 10, 140 Rz 48 und 32. Aufl Rz 1. Zur Rechtslage bis 2008s 27 Aufl.

b) Übersicht zu haushaltsnahen Dienstleistungen ab 2009 2

Begünstigte Leistungen im Haushalt	Steuerermäßigung
Geringfügige Beschäftigungsverhältnisse (ArbLohn bis 400 € bzw ab 2013 450 € monatl, Teilnahme am Haushaltsscheckverfahren)	20% der Aufwendungen; Höchstbetrag 510 € bei Aufwendungen von 2550 € (Abs 1)
Sonstige Beschäftigungsverhältnisse (sozialversicherungspflichtig), Dienstleistungen, Pflege- und Betreuungsleistungen; Heim- und Pflegeunterbringung (soweit mit Haushaltshilfe vergleichbar)	20% der Arbeitskosten; Höchstbetrag 4000 € bei Aufwendungen von 20 000 € (Abs 2)
Handwerkerleistungen (nicht öffentl geförderte Renovierungs-, Erhaltungs- und Modernisierungsmaßnahmen)	20% der Arbeitskosten; Höchstbetrag 1200 € bei Aufwendungen von 6000 € (Abs 3)

Die **maximale Begünstigung** aus § 35a beläuft sich somit auf insgesamt 5710 € bei Aufwendungen von 28 550 €.

2. Geringfügige haushaltsnahe Beschäftigungsverhältnisse, § 35a I. – 5
a) Beschäftigungsverhältnis. § 35a I setzt ein ArbVerh voraus (s § 19 Rz 11 ff). Es muss steuerl anzuerkennen sein, so dass ArbVerh zw Ehegatten, Lebenspartnern und haushaltsangehörigen Kindern im Hinblick auf die zivilrechtl Pflicht zur Mithilfe im Haushalt ausscheiden.

b) Geringfügigkeit. Es muss sich um eine geringfügige Beschäftigung iSv § 8a SGB IV handeln. Eine solche liegt nur vor, wenn der StPfl (= ArbG) am **Haushaltsscheckverfahren** teilnimmt *(BMF* BStBl I 14, 75 Rz 2; FG Nds EFG 13, 1341, rkr; Auskunft unter *www.minijob-zentrale.de).* Auch Wohnungseigentümer können für geringfügige Beschäftigungsverhältnisse in ihrem Privathaushalt die StErmäßigung nach § 35a I in Anspruch nehmen. Wohnungseigentümergemeinschaften als solche und Vermieter können iRd Vermietertätigkeit hingegen nicht am Haushaltsscheckverfahren teilnehmen (*Richter* DStR 13, 1135). Von ihnen eingegangene Beschäftigungsverhältnisse sind daher nicht nach § 35a I, sondern allenfalls nach § 35a II begünstigt. 6

c) Haushaltsnähe. Eine Beschäftigung ist haushaltsnah, wenn sie einen engen Bezug zu einem Haushalt aufweist (BFH VI R 28/08 BStBl II 10, 166; *BMF* BStBl I 14, 75 Rz 1). Unter dem Begriff des Haushalts ist die Wirtschaftsführung mehrerer (in einer Familie oder ähnl Gemeinschaft) zusammenlebender Personen oder einer einzelnen Person zu verstehen (BFH VI R 28/08 BStBl II 10, 166). Das Wirtschaften im Haushalt umfasst Tätigkeiten, die gewöhnl durch Mitglieder des Haushalts für den Haushalt oder die anderen Haushaltsmitglieder erbracht werden (BFH VI R 77/05 BStBl II 07, 760). Haushaltsnah sind insb Einkaufen von Verbrauchsgütern, Kochen, Backen, Nähen, Wäschepflege, Reinigung der Räume und Fenster, hauswirtschaftl geprägte Gartenpflege, Umzugsdienstleistungen, Pflege, Versorgung, Betreuung von Kranken sowie alten und pflegebedürftigen Personen und der zum Haushalt gehörenden Kinder und Haustiere (BFH VI R 13/15 BFH/NV 16, 115; FG Mster EFG 12, 1674, rkr; weitere Beispiele s *BMF* BStBl I 14, 75, Anlage 1). Nicht haushaltsnah sind zB die Unterrichtung von Kindern, sportl und andere Freizeitbetätigungen (*BMF* BStBl I 14, 75 Rz 1) sowie tierärztl Leistungen für Haustiere (FG Nbg EFG 13, 224, rkr). Hier fehlt der Bezug zur Hauswirtschaft (*Littmann/Barein* § 35a Rz 4). Das Gleiche gilt für personenbezogene Dienstleistungen (zB Frisör, Fußpflege, s *Nolte* NWB 14, 508, 511), soweit sie nicht zu den Pflegeleistungen gehören und nach § 35a II gefördert sind (*BMF* BStBl I 14, 75 Rz 8). Handwerkl Leistungen sind ebenfalls nicht haushaltsnah; sie 7 sind nur nach § 35a III begünstigt. Dies gilt ab VZ 2006 unabhängig davon, ob es sich um qualifizierte Leistungen, die idR nur von Fachkräften ausgeführt werden, oder um einfache handwerkl Verrichtungen handelt, etwa regelmäßige Ausbesserungs- und Erhaltungsmaßnahmen (BFH VI R 4/09 BStBl II 11, 909).

8 **d) Höhe der Steuerermäßigung.** Sie beträgt 20% der Aufwendungen (einschließl LSt und Sozialabgaben, *BMF* BStBl I 14, 75 Rz 36), höchstens 510 €. Ergibt sich keine tarifl ESt, geht die Begünstigung ins Leere. Es gibt weder eine **Rücktrags-** oder **Vortragsmöglichkeit** nicht ausgenutzter Begünstigungsbeträge, noch eine StErstattung in Form einer **negativen ESt** (BFH VI R 44/08 BStBl II 09, 411; *BMF* BStBl I 14, 75 Rz 55). – Nach BFH X R 1/07 BStBl II 08, 520 ist die StErmäßigung nach § 34f vor der des § 35a zu berücksichtigen. Hierdurch geht der Rück- bzw Vortrag iSd § 34f III 3, 4 verloren. Diese Entscheidung wird dem Begünstigungszweck der StErmäßigungen nicht gerecht (zutr daher FG Sachs EFG 07, 933).

10 **3. Andere haushaltsnahe Beschäftigungsverhältnisse sowie Pflege- und Betreuungsleistungen, § 35a II. – a) Andere haushaltsnahe Beschäftigungs- und Dienstverhältnisse, § 35a II 1.** Die Vorschrift begünstigt haushaltsnahe Beschäftigungsverhältnisse und Dienstleistungen, die weder unter § 35a I noch unter § 35a III fallen. Der Begriff des Beschäftigungsverhältnisses iSv § 35a II 1 umfasst unabhängig von der zivilrechtl Einordnung alle auf vertragl Grundlage erbrachten haushaltsnahen Dienstleistungen (*Frotscher* § 35a Rz 39). Zw Ehegatten, LPart sowie Eltern und im Haushalt lebenden Kinder kann wegen der familienrechtl Verpflichtungen idR kein haushaltsnahes DienstVerh begründet werden (*Nolte* NWB 14, 508, 512). Das Beschäftigungsverhältnis darf auch keines iSv § 8a SGB IV sein (s dazu Rz 6). § 35a II 1 gilt also für normale sozialversicherungspflichtige ArbVerh und für solche, bei denen eine Teilnahme am Haushaltsscheckverfahren nicht mögl ist. Zum Beschäftigungsverhältnis s auch Rz 5, zur Haushaltsnähe s Rz 7. Für alle handwerkl Leistungen gilt ab VZ 2006 ausschließl § 35a III (BFH VI R 4/09 BStBl II 11, 909).

11 **b) Pflege- und Betreuungsleistungen, § 35a II 2 Alt 1.** Die Aufwendungen für solche Leistungen sind ab VZ 2009 unabhängig vom Grad der Pflegebedürftigkeit begünstigt. Es reicht aus, wenn Dienstleistungen zur Grundpflege oder zur Betreuung in Anspruch genommen werden. Zweckgebundene Pflege- und Betreuungsleistungen der Pflegeversicherung sind anzurechnen (*BMF* BStBl I 14, 75 Rz 42). Anspruchsberechtigt kann auch ein Angehöriger der gepflegten/betreuten Person sein, wenn diese in dessen oder in ihrem eigenen Haushalt gepflegt/betreut wird (*BMF* BStBl I 14, 75 Rz 10, 43, Beispiel 5). Der Begünstigung steht nicht entgegen, wenn ein Angehöriger den Pflege-Pauschbetrag nach § 33b VI in Anspruch nimmt (*Plenker* DB 10, 365; aA *Littmann/Barein* § 35a Rz 25). Nimmt der Sozialhilfeträger den StPfl wegen der dem Pflegebedürftigen gewährten Sozialhilfe im Wege des Rückgriffs in Anspruch, kommt die StErmäßigung indes nicht in Betracht, weil es an einer Zahlung an den Erbringer der Pflegeleistung fehlt (FG BaWü EFG 15, 730, rkr).

12 **c) Heimunterbringung und dauernde Pflege, § 35a II 2 Alt 2.** Zum Heimbegriff s FG Nbg EFG 14, 1312, Rev VI R 18/14. Auch diese Vorschrift setzt einen Haushalt des StPfl gem Abs 4 voraus (s dazu Rz 20; aA *BMF* BStBl I 14, 75 Rz 14, eigener Haushalt im Heim nicht erforderl). Das Pflegeheim selbst ist kein solcher Haushalt (*Frotscher* § 35a Rz 55, str). Allerdings kann ein StPfl auch in einem Wohnstift einen eigenen Haushalt führen. Trifft dies zu, kann die StErmäßigung auch für Dienstleistungen in Anspruch genommen werden, die auf Gemeinschaftsräume entfallen (BFH VI R 28/08 BStBl II 10, 166). Begünstigt sind aber stets nur die Teile der Unterbringungskosten, die *Dienstleistungen* abgelten, die mit denen *einer Hilfe im Haushalt vergleichbar sind* (iEinz s *Plenker/Schaffhausen* DB 09,

191, 194; *Czisz/Krane* DStR 14, 873, 875, 877). Zur Anrechnung von Leistungen der Pflegeversicherung s *BMF* BStBl I 14, 75 Rz 42.

d) Höhe der Steuerermäßigung. Sie beträgt 20 % der begünstigten Aufwendungen, höchstens 4000 € (s auch Rz 8, 26). 13

4. Handwerkerleistungen, § 35a III. – a) Begriffsbestimmung. Die Vorschrift erfasst grds alle handwerkl Tätigkeiten einschließl einfacher handwerkl Verrichtungen (BFH VI R 4/09 BStBl II 11, 909). Handwerkl Tätigkeiten sind nur nach § 35a III begünstigt; für sie kommt eine StErmäßigung nach § 35a I oder § 35a II nicht in Betracht (BFH VI R 61/10 BStBl II 12, 232). Handwerkerleistungen liegen vor, wenn sie zum Kernbereich eines handwerkl Berufs gehören (*Frotscher* § 35a Rz 69). Begünstigt sind zB der Austausch von Bodenbelägen, Türen und Fenstern oder deren Reparatur, das Streichen oder Tapezieren, aber auch Garten- und Wegebauarbeiten (*BMF* BStBl I 14, 75 Anlage 1) sowie die Wartung von technischen Anlagen (zB Heizung). Die Eintragung des beauftragten Unternehmens in die Handwerksrolle ist nicht erforderl. Begünstigt sind auch Gutachtertätigkeiten, wenn sie von Handwerkern ausgeführt werden (zB Messungen durch Schornsteinfeger, Dichtigkeitsprüfung der Abwasserleitung, BFH VI R 1/13 BStBl II 15, 481; ebenso nunmehr *BMF* BStBl I 15, 876). Die Leistungen müssen Renovierungs-, Erhaltungs- und Modernisierungsmaßnahmen betreffen, die in einem Haushalt des StPfl erbracht werden (BFH VI R 4/09 BStBl II 11, 909). Handwerkl Tätigkeiten iRe Neubaumaßnahme, die erst der Errichtung eines Haushalts dienen, sind folgl nicht begünstigt (s *Czisz/Krane* DStR 14, 873 mit Beispielen auch zur Berechnung der abziehbaren Aufwendungen; *Bruschke* DStZ 15, 313). Ob die Aufwendungen Herstellungsaufwand darstellen, ist demggü unerhebl (BFH VI R 61/10 BStBl II 12, 232; *A Schmidt* NWB 13, 2572; *aA Frotscher* § 35a Rz 70; *Paus* FR 12, 154; FG RhPf EFG 13, 127, rkr, Begünstigung abgelehnt für Wintergartenanbau, mE zweifelhaft). **Ausgeschlossen** ist die StVergünstigung für nach dem 31.12.2010 erbrachte Leistungen bei öffentl Förderung iSv § 35a III 2. 15

b) Höhe der Steuerermäßigung. Sie beträgt 20 % der begünstigten Aufwendungen, höchstens 1200 € (s auch Rz 8, 26). Auftraggeber von Handwerkerleistungen kann auch eine Wohnungseigentümergemeinschaft sein; jedem Wohnungseigentümer steht die StErmäßigung für seinen Haushalt iHd Höchstbetrags ungekürzt zu (FG BaWü EFG 13, 525, rkr). 16

5. Haushalt als Ort der Leistung, § 35a IV. – a) Gegenwärtiger Haushalt. Die Leistung muss im Haushalt des StPfl oder der gepflegten bzw betreuten Person erbracht werden. Der Haushalt muss sich im Inl, in der EU oder im EWR befinden. In den Fällen des § 35a II 2 Alt 2 (Rz 12) muss das Heim oder der Ort der dauernden Pflege im Inl, in der EU oder im EWR liegen. Zu Beschäftigungsverhältnissen in einem nicht inl Haushalt s *BMF* BStBl I 14, 75 Rz 4. Es muss sich um einen gegenwärtigen, nicht um einen künftigen Haushalt handeln (FG Mster EFG 10, 1385, rkr). Leistungen, die erst der Errichtung eines Haushalts dienen, sind folgl nicht begünstigt (BFH VI R 61/10 BStBl II 12, 232). Zu Kosten iZm Wohnungswechsel s aber *BMF* BStBl I 14, 75 Rz 19: hiernach gehört mit Beginn des Mietvertrags bzw Übergang des wirtschaftl Eigentums auch die Wohnung, in die der StPfl in engem zeitl Zusammenhang einzieht, bereits zu dessen gegenwärtigem Haushalt, so dass auch Leistungen in diesem Haushalt begünstigt sind (zB Handwerkerleistungen zur Renovierung vor Einzug). Ein vorübergehend ruhender Haushalt genügt (FG Nds EFG 06, 417, rkr); nicht aber eine (endgültig) beendete oder bevorstehende Haushaltsführung (FG Hess EFG 11, 529, rkr). Bei Vorhandensein mehrerer Wohnungen ist die StErmäßigung nur einmal bis zu den jeweiligen Höchstbeträgen zu gewähren (BFH VI R 60/09 BStBl II 14, 151, zutr). 20

21 **b) Räuml Haushaltsbereich.** Der Leistungsort befindet sich im Haushalt, wenn die Leistung in dessen im räuml Bereich erbracht wird (BFH VI R 61/10 BStBl II 12, 232). Zum Haushalt gehören die private Wohnung nebst Zubehörräumen und Garten, ebenso die eigengenutzte Zweit-, Wochenend- oder Ferienwohnung und die einem nach § 32 zu berücksichtigenden Kind überlassene Wohnung (*BMF* BStBl I 14, 75 Rz 18). Bei einem Wohnstift zählen auch die Gemeinschaftsflächen zum räuml Bereich des Haushalts (BFH VI R 28/08 BStBl II 10, 166). Leistungen außerhalb des Haushalts sind demggü nicht begünstigt, selbst wenn sie für den Haushalt erbracht werden (zB Tagesmutter BFH III R 80/09 BStBl II 12, 816; Anschluss an eine Notrufzentrale, FG Hbg DStRE 09, 1177, rkr; „Essen auf Rädern", FG Mster EFG 12, 126, rkr; Zubereitung des Essens in zentraler Küche eines Wohnstifts, FG BaWü EFG 12, 1266, rkr, aA FG BaWü EFG 13, 125, rkr; in einer Werkstatt erbrachte Arbeitsleistungen, FG Mchn DStRE 12, 1118, rkr; Textilreinigung in Reinigungsfirma, FG Nbg DStRE 06, 599, rkr; Grabpflege, FG Nds EFG 09, 761, rkr; Müllabfuhr, FG Köln EFG 11, 978, rkr; Hundebetreuung beim Dienstleister, FG Mster EFG 12, 1674, rkr; weitergehend *Geserich* HFR 14, 616). Zum räuml Bereich des Haushalts rechnen auch private Flächen vor der Wohnung (zB Reinigung und Schneeräumen von Grundstückswegen, *BMF* BStBl I 14, 75 Rz 9). Leistungen, die öffentl Flächen betreffen, werden ebenfalls im Haushalt erbracht, wenn sie in unmittelbarem räuml Zusammenhang zum Haushalt durchgeführt werden und dem Haushalt dienen (BFH VI R 56/12 BFH/NV 14, 1148, Hausanschluss an zentrale Wasserversorgung; BFH VI R 55/12 BFH/NV 14, 1147, Schneeräumung auf öffentl Wegen; *Frotscher* § 35a Rz 77; aA *BMF* BStBl I 14, 75 Rz 9). Denn auch diese Tätigkeiten weisen eine hinreichende Nähe zur Haushaltsführung auf, so dass sie noch als „in einem" Haushalt erbracht angesehen werden können (s auch *Geserich* NWB 14, 1930).

25 **6. Konkurrenzen; abziehbare Aufwendungen und Nachweis, § 35a V. – a) Ausschluss der Steuerermäßigung, § 35a V 1.** Soweit Aufwendungen **BA** oder **WK** darstellen (zB Reinigung der Wohnung bei doppelter Haushaltsführung) oder als **SA** oder **agB** berücksichtigt worden sind, ist die StErmäßigung ausgeschlossen. Da der Ausschluss nur eingreift, „soweit" ein vorrangiger Abzug zu berücksichtigen ist, sind gemischte Aufwendungen (zB für Reinigung der Wohnung und des häusl Arbeitszimmers) im Wege sachgerechter Schätzung aufzuteilen und entspr zB als WK und nach § 35a I abziehbar (*BMF* BStBl I 14, 75 Rz 31). Für den Teil der Aufwendungen, der iRd zumutbaren Belastung gem § 33 III nicht als agB berücksichtigt wird, kann der StPfl § 35a in Anspruch nehmen. Dabei sind Aufwendungen, die sowohl als agB als auch nach § 35a berücksichtigt werden können, vorrangig der zumutbaren Belastung zuzuordnen (*BMF* BStBl I 14, 75 Rz 32). IÜ hat der StPfl ein **Wahlrecht,** ob er die Berücksichtung von Aufwendungen nach § 33 oder nach § 35a geltend macht (ebenso *Frotscher* § 35a Rz 89, 89; *Paus* EStB 04, 201, 204; *Rosenke* EFG 13, 1342; aA *HHR* § 35a Rz 24; *Blümich/Erhard* § 35a Rz 51; FG Nds EFG 13, 1341, rkr). Denn § 35a V 1 schließt den Abzug nur aus, soweit die Aufwendungen als agB „berücksichtigt worden sind". Die Wahl für § 33 ist ab einer Grenzsteuerbelastung von 20% günstiger (*Plenker* DB 10, 365). Fallen **Kinderbetreuungskosten** dem Grunde nach unter § 10 I Nr 5, scheidet ein Abzug nach § 35a auch insoweit aus, als die Höchstbeträge der genannten Vorschrift überschritten werden (*BMF* BStBl I 14, 75 Rz 34). Zur Aufteilung der Aufwendungen bei Aufnahme eines Au-pair auf Kinderbetreuung und Hausarbeit s *BMF* BStBl I 14, 75 Rz 35. – Die Inanspruchnahme des **Behinderten-Pauschbetrags** (§ 33b I 1 iVm III 2 oder III 3) schließt die Berücksichtigung der Pflegeaufwendungen nach § 35a II aus, da ansonsten Aufwendungen, die durch den Pauschbetrag abgegolten werden sollen, nochmals über § 35a Berücksichtigung fänden (BFH VI R 12/12 BFH/NV 14, 1927; *FinVerw* DB 14, 745; *Heß/Görn* DStR 07, 1804, 1807). Dies gilt indes nicht im Fall der

Übertragung des Behinderten-Pauschbetrags nach § 33b V, wenn der StPfl für Pflege- und Betreuungsaufwendungen aufkommt (BMF BStBl I 14, 75 Rz 33; *Czisz/Krane* DStR 14, 873, 878). Zum Pflege-Pauschbetrag nach § 33b VI s Rz 11.

b) Abzug der Arbeitskosten, § 35a V 2. Begünstigt sind nur Arbeitskosten einschl darauf entfallender LSt und SV-Beiträge. Materialkosten und Kosten für Waren sind nicht begünstigt (Ausnahme bei Kosten für Verbrauchsmittel wie Schmier-, Reinigungs- oder Spülmittel sowie Maschinen- und Fahrtkosten, *BMF* BStBl I 14, 75 Rz 39). Versicherungsleistungen sind anzurechnen (*BMF* BStBl I 14, 75 Rz 41 – 43 auch zur Anrechnung von Leistungen aus der PflV; zu künftigen Ersatzleistungen nach Ablauf des VZ, s *Nolte* NWB 14, 508, 519). 26

c) Rechnung, Zahlung, § 35a V 3. Der StPfl muss eine Rechnung erhalten haben. Aus ihr müssen sich die wesentl Grundlagen der Leistungsbeziehung entnehmen lassen. Dies beinhaltet den Leistungserbringer als Rechnungsaussteller, den Leistungsempfänger, Art, Zeitpunkt und Inhalt der Leistung sowie das dafür vom StPfl geschuldeten Entgelt (BFH VI R 28/08 BStBl II 10, 166). Der Anteil der berücksichtigungsfähigen Arbeitskosten muss sich aus der Rechnung ermitteln lassen (FG Köln EFG 06, 503, rkr); eine prozentuale Aufteilung des Rechnungsbetrages in Arbeits- und Materialkosten ist zulässig (*BMF* BStBl I 14, 75 Rz 40). Die *FinVerw* lässt von § 35a V 3 bei Wohnungseigentümern und Mietern sowie bei ArbN, denen eine Dienstwohnung zur Verfügung gestellt wird, Ausnahmen zu (*BMF* BStBl I 14, 75 Rz 45, 47, 48; *Nolte* NWB 14, 507, 516), da diese StPfl idR nicht selbst über eine Rechnung verfügen und ihre Zahlung auch nicht unmittelbar an den Leistenden erfolgt. Nach FG Nds (DStRE 13, 1478, rkr) soll auch ein Altenteiler die StErmäßigung ohne Rechnung auf seinen Namen in Anspruch nehmen können, soweit Handwerkerleistungen auf seinen Haushalt entfallen und in der Person des die Leistung erbringenden Altenteilsverpflichteten die Voraussetzungen der StErmäßigung vorliegen. Pauschale Zahlungen des Mieters an den Vermieter für Schönheitsreparaturen sind indes nicht begünstigt, wenn sie unabhängig von der tatsächl Durchführung solcher Reparaturen erfolgen (BFH VI R 18/10 BStBl II 13, 14). – Die Zahlung muss auf das **Konto** des Leistenden erfolgen (FG BaWü EFG 15, 730, rkr); der Einzug der Forderung durch ein Inkassobüro oder ein Factoring-Unternehmen steht der StErmäßigung aber nicht entgegen (*FinVerw* DB 14, 745). Barzahlungen sind indes ausgeschlossen (BFH VI R 14/08 BStBl II 09, 307; BFH VI B 31/13 BFH/NV 13, 1786). Verlangt der Leistende zunächst eine Baranzahlung und wird später nach Rechnungsstellung der Restbetrag auf das Konto des Leistenden überwiesen, ist somit nur der Restbetrag begünstigt. 27

d) Abzugszeitpunkt. Die StErmäßigung kann entspr § 11 II im **VZ der Zahlung** in Anspruch genommen werden (*BMF* BStBl I 14, 75 Rz 44). Bei Wohnungseigentümern und Mietern werden die Aufwendungen zT durch Vorauszahlungen und zT durch Nachzahlungen aufgrund der Jahresabrechnung geleistet. Hier lässt die *FinVerw* bei wiederkehrenden Aufwendungen abw von § 11 zu, dass die gesamten Aufwendungen entweder im VZ der Vorauszahlungen oder insgesamt im VZ der Jahresabrechnung geltend gemacht werden (*BMF* BStBl I 14, 75 Rz 47–48; s auch *Heß/Görn* DStR 07, 1804, 1806; zu Änderungen bei nachträgl Vorlage der Jahresabrechnung s *FinVerw* DStR 08, 254). Macht ein Wohnungseigentümer/Mieter Aufwendungen, die aus geleisteten Vorauszahlungen erbracht wurden, im Zahlungsjahr geltend, steht ihm die StErmäßigung bereits im VZ der Zahlung zu; er muss nicht bis zum VZ der Jahresabrechnung warten (FG BaWü EFG 13, 525, rkr). 28

e) Haushaltsgemeinschaft, § 35a V 4. Alleinstehende und Partner einer nichtehel Lebensgemeinschaft, die gemeinsam in einem Haushalt leben, können die Höchstbeträge nach § 35a I–III jeweils nur einmal in Anspruch nehmen **(Höchstbetragsgemeinschaft).** Beansprucht also der eine § 35a I, kann der 29 andere § 35a II wählen, oder die Höchstbeträge werden aufgeteilt. Der Gesetzgeber geht davon aus, dass sich die Alleinstehenden/Partner einigen. Kommt es nicht dazu und ist keine der Veranlagungen bestandskräftig, ist der gemeinsam beanspruchte Höchstbetrag entspr § 26a II 4 hälftig aufzuteilen (*BMF* BStBl I 14, 75 Rz 52). Zusammen zur ESt veranlagte Ehegatten und eingetragene Lebenspartner bilden nicht nur eine Höchstbetragsgemeinschaft, sondern sind auch hinsichtl der Aufwendungen einheitl zu behandeln (§ 2 VIII; § 26b Rz 9; *BMF* BStBl I 14, 75 Rz 52, 53 mit Rechnungsbeispielen). Im Falle der getrennten Veranlagung gilt § 26a II 4.

30 **7. Verfahren.** Die StErmäßigungen nach § 35a I–III werden nur auf Antrag gewährt, der bis zur Bestandskraft der StFestsetzung gestellt werden kann (*Frotscher* § 35a Rz 103). Bereits beim LStAbzug kann auf Antrag ein Freibetrag gem § 39a I Nr 5c iHd Vierfachen der StErmäßigung nach § 35a berücksichtigt werden. Bei der Festsetzung der Vorauszahlungen nach § 37 ist die StErmäßigung ebenfalls anzusetzen.

5. Steuerermäßigung bei Belastung mit Erbschaftsteuer

§ 35b Steuerermäßigung bei Belastung mit Erbschaftsteuer

[1] Sind bei der Ermittlung des Einkommens Einkünfte berücksichtigt worden, die im Veranlagungszeitraum oder in den vorangegangenen vier Veranlagungszeiträumen als Erwerb von Todes wegen der Erbschaftsteuer unterlegen haben, so wird auf Antrag die um sonstige Steuerermäßigungen gekürzte tarifliche Einkommensteuer, die auf diese Einkünfte entfällt, um den in Satz 2 bestimmten Prozentsatz ermäßigt. [2] Der Prozentsatz bestimmt sich nach dem Verhältnis, in dem die festgesetzte Erbschaftsteuer zu dem Betrag steht, der sich ergibt, wenn dem steuerpflichtigen Erwerb (§ 10 Absatz 1 des Erbschaftsteuer- und Schenkungsteuergesetzes) die Freibeträge nach den §§ 16 und 17 und der steuerfreie Betrag nach § 5 des Erbschaftsteuer- und Schenkungsteuergesetzes hinzugerechnet werden.

Übersicht Rz

I. Überblick und Voraussetzungen

1 **1. Überblick. – a) Zweck der Regelung.** In bestimmten Fällen können Einkünfte mit ESt und mit ErbSt belastet sein. Dies betrifft zum einen noch nicht

zugeflossene Forderungen, wenn die ESt nach dem Zuflussprinzip ermittelt wird; ferner der ESt unterliegende, aber vom Erblasser noch nicht realisierte Wertsteigerungen (zu diesen Anwendungsfällen des § 35b s ausführl Rz 18 f). Bei der ErbSt wird hierfür kein Ausgleich gewährt (s Rz 2). Bei der ESt bewirkt § 35b einen gewissen Ausgleich, indem die ESt, die auf die doppelt erfassten Einkünfte entfällt, sich um den Betrag ermäßigt, der näherungsweise der fiktiven ErbSt auf diesen ESt-Betrag entspricht (s Rz 21 ff). – **Praktische Bedeutung der Vorschrift.** Sie ist nach den jüngsten estl und erbstl Reformen (BV-Begünstigung, AbgeltungSt) **sehr gering** geworden, weil die klassischen Anwendungsfälle des § 35b nicht mehr zu einer Doppelbelastung iSd restriktiven Gesetzesfassung führen (s Rz 18 f).

b) Erbschaftsteuerl Rechtslage. Beruhen ESt-Schulden auf Einkünften, die noch dem Erblasser zuzurechnen waren, werden diese **ESt-Schulden des Erblassers** aber erst nach dessen Tod vom Erben bezahlt, sind sie **als Nachlassverbindlichkeiten bei der ErbSt** abziehbar (§ 10 V ErbStG); insoweit kann es daher nicht zu Doppelbelastungen kommen. – Sind **Einkünfte,** die wirtschaftl auf Tätigkeiten des Erblassers beruhen, estl hingegen **dem Erben zuzurechnen** (zB weil sie erst nach dem Tod des Erblassers zufließen), schuldet nicht der Erblasser, sondern der Erbe die entstehende ESt. Diese fällt daher nicht in den Nachlass und kann bei der ErbSt nicht abgezogen werden. Gleichwohl hat der Sachverhalt, der später zu estpfl Einkünften führt (zB noch nicht zugeflossene Forderung; im BV vorhandene stille Reserven), auch die ErbSt erhöht. Der Gesetzgeber hat diese Doppelbelastung bewusst in Kauf genommen (BT-Drs 7/2180, 21); der für die ErbSt zuständige II. Senat des BFH lehnt es in stRspr ab, hierfür bei der ErbSt-Festsetzung einen Ausgleich zu gewähren (BFH II R 58/67 BStBl II 77, 420: betriebl Versorgungsrente zugunsten der Witwe, die bei der ErbSt mit ihrem Kapitalwert anzusetzen ist; BFH II R 190/81 BStBl II 87, 175 unter II.1.d: noch nicht zugeflossene Erbbauzinsen, die bei der ErbSt mit ihrem Kapitalwert anzusetzen sind; BFH II R 23/09 BStBl II 10, 641, Anm *Leipold* HFR 10, 834: entstandene, aber noch nicht zugeflossene Zinsansprüche im PV). Dies ist verfgem (ausführl BVerfG 1 BvR 1432/10 HFR 15, 695; dazu *Birnbaum* BB 15, 2141; krit *Friz* DStR 15, 2409). – **Bei der ESt** ist die **ErbSt grds nicht abziehbar,** da es sich um eine Personensteuer iSd § 12 Nr 3 handelt (s § 12 Rz 45). Auch der früher zugelassene Abzug der nach § 23 ErbStG verrenteten ErbSt auf den Kapitalwert von Renten oder wiederkehrenden Nutzungen oder Leistungen nach § 10 I Nr 1a aF ist spätestens seit der Neufassung dieses Tatbestands ab VZ 2008 nicht mehr mögl (s 33. Aufl Rz 16). 2

c) Zeitl und persönl Anwendungsbereich. § 35b gilt erstmals für die ESt des VZ 2009, setzt aber zusätzl voraus, dass auch der Erbfall nach dem 31.12.08 eingetreten ist (§ 52 Abs 50c EStG 2009). Für die VZ 1975 bis 1998 bestand eine nahezu wortgleiche Regelung in § 35 aF; zuvor ein auf die Hebung stiller Reserven bei Betriebsveräußerungen/-aufgaben beschränkter Ausgleichsmechanismus in § 16 V aF. Von 1999 bis 2008 war kein Ausgleich der Doppelbelastung vorgesehen; auch dies war verfgem (BFH X R 63/08 BStBl II 11, 680 unter II.5.; BVerfG 1 BvR 1432/10 HFR 15, 695; *Leipold* HFR 10, 834). – **Persönl Anwendungsbereich.** § 35b ist nur auf natürl Personen anzuwenden, nicht aber auf KStSubjekte (BFH I R 78/94 BStBl II 95, 207 unter II.4.; FG Nbg EFG 11, 361, rkr; glA *Maßbaum* BB 92, 606, 607; *Herzig/Joisten/Vossel* DB 09, 584, 585; krit *Mellinghoff* DStJG 22 (1999), 127, 150; *KSM/Keß* § 35b Rz A 74). 3

2. Voraussetzungen. – a) Doppelbelastung der Einkünfte mit ESt und ErbSt. Nach dem Wortlaut des S 1 müssen die Einkünfte zum einen „bei der Ermittlung des Einkommens berücksichtigt worden" sein (zu den estl Voraussetzungen s Rz 6); zum anderen müssen sie „im VZ oder in den vorangegangenen vier VZ als Erwerb von Todes wegen der ErbSt unterlegen haben" (zu den erbstl Voraussetzungen s Rz 8). 5

6 **aa) Berücksichtigung der Einkünfte bei der Ermittlung des estpfl Einkommens.** Dies ist der Fall, wenn die Einkünfte das Einkommen iSd § 2 IV erhöht haben, dh sie müssen im Gesamtbetrag der Einkünfte enthalten sein. – **(1) Stfreie Einkünfte.** Eine Doppelbelastung kann nicht eintreten. Hierzu gehören sowohl die in § 3 genannten Einkünfte als auch nach einem DBA stfreie Auslandseinkünfte. Allein deren Einfluss auf die Höhe des EStSatzes (Progressionsvorbehalt nach § 32b) führt nicht zur Anwendung des § 35b, weil der Gesetzeswortlaut eine Berücksichtigung bei der Ermittlung des *Einkommens* voraussetzt. ME ist dies europarechtl ebenso zulässig wie die in den DBA gewählte Regelungstechnik (Zweifel jedoch bei *HHR/Levedag* § 35b Anm 7). – **(2) AbgeltungSt.** Einnahmen aus KapVerm, die der AbgeltungSt unterliegen, lösen keine StErmäßigung nach § 35b aus (zutr *BMF* BStBl I 12, 953 Rz 132). Der StPfl kann allerdings beantragen, diese Einkünfte der tarifl ESt zu unterwerfen (§ 32d VI); dann sind sie im Einkommen enthalten, so dass § 35b anwendbar ist (wegen dieses Wahlrechts bestehen mE keine verfrechtl Bedenken gegen die grds Nichtanwendung des § 35b bei AbgeltungSt; aA *HHR/Levedag* § 35b Anm 15). Demggü reicht der Antrag nach § 32d IV (Einbeziehung in die EStVeranlagung, aber weiterhin Anwendung des StSatzes von 25%) oder die Erklärung von nicht der AbgeltungSt unterliegenden KapEinkünften nach § 32d III nicht aus, weil die KapErträge dann weiterhin nach § 32d I behandelt werden und nicht in das Einkommen einzubeziehen sind (so ausdrückl § 2 Vb; aA *Gauß/Schwarz* BB 09, 1387, 1389). – **(3) Verlustausgleich.** Sind (positive) Einkünfte durch negative Einkünfte derselben Einkunftsart ausgeglichen worden, ergibt sich insgesamt aber noch ein positives Einkommen, sind die erstgenannten Einkünfte im Einkommen enthalten (glA *HHR/Levedag* § 35b Anm 15). – **(4) EStPflicht beim Erben.** § 35b ist nur anwendbar, wenn die Einkünfte beim *Erben* (ggf Vermächtnisnehmer, Pflichtteilsberechtigter) der ESt unterliegen; nicht aber, wenn sie noch vom *Erblasser* zu versteuern sind (BFH IV R 66/92 BStBl II 94, 227: Ausscheiden eines MUers durch Tod, so dass der Veräußerungsgewinn estl noch dem Erblasser zuzurechnen ist, s dazu § 16 Rz 660ff; zur Behandlung bei qualifizierter Nachfolgeklausel s ausführl *Gebel* BB 95, 173 mwN). Daher sind für die Ermittlung der Einkünfte und ihre Zuordnung zu einer bestimmten Einkunftsart ausschließl die Verhältnisse desjenigen maßgebl, bei dem sie der ESt unterliegen, nicht aber die des Erblassers.

8 **bb) Belastung mit ErbSt.** In § 35b heißt es, dass die **„Einkünfte ... der ErbSt unterlegen"** haben müssen. – **(1) Wortlaut.** Terminologisch ist dies unzutr, da nicht „Einkünfte" der ErbSt unterliegen, sondern die „Bereicherung des Erwerbers" (§ 10 I 1 ErbStG) Gegenstand der ErbSt ist. Als Bereicherung gilt der Wert des gesamten Vermögensanfalls, soweit dieser der ErbSt unterliegt, abzügl der Nachlassverbindlichkeiten (§ 10 I 2 ErbStG). Damit unterliegen letztl **einzelne WG** der ErbSt, nicht aber Einkünfte (so auch BFH I R 79/94 BStBl II 95, 321). § 35b bezieht sich daher auf WG, die der ErbSt unterlegen haben und danach beim *Erben* durch Transformation in Geld (zB Einziehung einer Forderung, Veräußerung eines WG mit stillen Reserven) oder durch Überführung ins PV (zB Entnahme, Betriebsaufgabe) mit ihrer *Substanz* zu Einkünften führen. – **(2) Erträge, die auf die Zeit nach dem Tod des Erblassers entfallen.** Diese haben nicht der ErbSt unterlegen; § 35b ist daher nicht anwendbar (zB Todesfall am 30.6.; am 31.12. fließen dem Erben aus einer geerbten Forderung Zinseinnahmen für die Zeit vom 1.1. bis 31.12. zu: die wirtschaftl auf die Zeit bis zum 30.6. entfallende Zinsforderung hat der ErbSt unterlegen und fällt unter § 35b, die Zinsen für die Zeit ab 1.7. nicht; Gleiches gilt für stille Reserven eines nach dem Erbfall veräußerten WG, soweit sie erst nach dem Erwerb entstanden sind). – Erträge, die rechtl und wirtschaftl die Zeit *nach* dem Erbfall betreffen, haben auch dann nicht iSd § 35b „der ErbSt unterlegen", wenn der erbstl Wertansatz rechentechnisch durch **Kapitalisierung der künftig zu erwartenden Erträge des WG** ermittelt wor-

den ist (BFH I R 79/94 BStBl II 95, 321: vererbt wird ein Urheberrecht, das mit seinem Ertragswert bewertet wird; Gleiches gilt bei Anwendung des erbstl Ertragswertverfahrens für BV und Anteile an KapGes; teilweise aA *LBP/Derlien* § 35b Rz 30). – **(3) Erbstl Stichtagswert.** Dieser richtet sich gem § 11 ErbStG nach dem BewG; danach ist grds der **gemeine Wert** der erworbenen Vermögensgegenstände maßgebl (allg § 9 I BewG; für Anteile an KapGes § 12 II 1 BewG; für BV § 109 I BewG; für Grundvermögen § 177 BewG); Kapitalforderungen sind gem § 12 I BewG mit dem Nennwert anzusetzen. – **(4) Erbstl Begünstigungen.** Die Rspr nimmt eine **konkrete Betrachtungsweise** vor, um den erhebl erbstl Begünstigungen für bestimmte Vermögensarten (zB BV, Anteile an KapGes, Immobilien) Rechnung zu tragen: Ist das WG nicht mit seinem vollen Wert in die erbstl Bemessungsgrundlage eingegangen, wird zur Ermittlung der EStErmäßigung nicht der *tatsächl* Veräußerungsgewinn angesetzt, sondern der Betrag, der sich ergeben würde, wenn nur der erbstl Wert des WG als Veräußerungspreis erzielt worden wäre (ausführl BFH X R 72/89 BStBl II 91, 350; diese Berechnungsweise lag aber auch schon BFH IV R 226/85 BStBl II 88, 832 zugrunde). ME ist dies zutr, um Überbegünstigungen zu vermeiden (s auch Rz 23; glA *Hechtner* BB 09, 486, 487; *HHR/Levedag* § 35b Anm 3, 17; *KSM/Keß* § 35b Rz B 30; aA *Maßbaum* BB 92, 606, 609; *Ley* KÖSDI 94, 9866, 9870).

Beispiel. A erbt von seinem Vater BV (ErbSt-Wert 5 Mio €). Kurz nach dem Erbfall veräußert er ein betriebl WG (keine wesentl Betriebsgrundlage) für 300 000 € (Buchwert 200 000 €). – ***Lösung:*** Die tatsächl estl „Einkünfte" aus der Veräußerung betragen 100 000 €. Weil aber 85 % des BV von der ErbSt befreit war (§ 13b IV ErbStG), hat der tatsächl Wert des veräußerten WG (300 000 €) nur iHv 45 000 € der ErbSt unterlegen. Dieser Betrag liegt unterhalb des estl Buchwerts, so dass insoweit keine ESt angefallen ist. § 35b ist daher nicht anwendbar.

(5) Festsetzung von ErbSt. Die förml Festsetzung ist für die Anwendung des § 35b erforderl (Wortlaut des S 2; glA *Maßbaum* BB 92, 606, 608). Ist noch offen, ob ErbSt festgesetzt wird, kann (zunächst) keine EStErmäßigung gewährt werden. Hingegen setzt § 35b weder die Bestandskraft des ErbSt-Bescheids noch die Zahlung der ErbSt voraus. Der Erlass, die Aufhebung oder Änderung eines ErbSt-Bescheids führt als rückwirkendes Ereignis (§ 175 I 1 Nr 2 AO; glA *KSM/Keß* § 35b Rz A 83; aA *Blümich/Schallmoser* § 35b Anm 10; *BoBr* § 35b Rz 15: Grundlagenbescheid iSd § 175 I 1 Nr 1 AO; hierfür fehlt es aber an der gesetzl Anordnung einer Bindungswirkung) auch nach Eintritt der Bestandskraft zur Änderung des ESt-Bescheids, in dem die StErmäßigung zu berücksichtigen ist. – **Ausl ErbSt.** Eine solche Belastung ist mE ebenfalls zu berücksichtigen (*LBP/Derlien* § 35b Rz 25; *Maßbaum* BB 92, 606, 610; *Ley* KÖSDI 94, 9866, 9871; glA für die Vorläufervorschrift des § 16 V aF BFH I R 126/73 BStBl II 75, 110; aA *Blümich/Schallmoser* § 35b Anm 41; *KSM/Keß* § 35b Rz B 21 sowie für die Vorläufervorschrift des § 35 aF auch FG Hess EFG 82, 570, rkr). Dem steht die Bezugnahme des § 35b S 2 auf bestimmte Freibeträge des *dt* ErbStG nicht entgegen, da die dort angeordnete Berechnungstechnik ebenfalls auf ausl ErbSt-Systeme übertragen werden kann. Voraussetzung ist allerdings, dass die ausl ErbSt latente EStBelastungen ebenfalls nicht berücksichtigt. Die Gleichbehandlung ausl ErbSt ist mE auch europarechtl geboten. Soweit allerdings ausl ErbSt nach § 21 ErbStG auf die dt ErbSt angerechnet wird, ist der Erwerb mit *dt* ErbSt belastet, so dass sich kein Auslandsproblem stellt. 10

(6) Personelle Identität des StPfl nicht erforderl. Zur Vorläufervorschrift des § 16 V aF hatte der BFH entschieden, dass der StPfl, der mit der ErbSt belastet war, identisch mit demjenigen sein musste, der später mit der ESt belastet war (BFH IV R 179/73 BStBl II 77, 609). Eine EStErmäßigung war daher ausgeschlossen, wenn das ererbte WG vor der Realisierung der stillen Reserven (und der damit verbundenen EStPflicht) durch Schenkung oder einen weiteren Erbfall auf einen Dritten übertragen wurde, bei dem dann die ESt entstand. § 16 V aF setzte allerdings (anders als die Nachfolgevorschrift des § 35 aF und der heute gel- 11 tende § 35b) voraus, dass „der StPfl" einen später veräußerten Betrieb erworben und infolge des Erwerbs ErbSt entrichtet hatte. Gleichwohl forderte die *FinVerw* auch für die (mit § 35b insoweit wortgleiche) Regelung des § 35 aF die personelle Identität (letztmals H 213e EStH 1998 „Frühere Erbfälle"). ME ist dies unzutr; weder dem Wortlaut noch dem Zweck des § 35b lässt sich das Erfordernis einer personellen Identität entnehmen (glA *HHR/Levedag* § 35b Anm 17; *Blümich/Schallmoser* § 35b Anm 26; *KSM/Keß* § 35b Rz B 51; *BoBr* § 35b Rz 54; *Maßbaum* BB 92, 606, 610; *Dautzenberg/Heyeres* StuW 92, 302, 305; *Herzig/Joisten/Vossel* DB 09, 584, 587).

12 **b) Fünfjähriger Begünstigungszeitraum.** Die EStErmäßigung wird nur für Einkünfte gewährt, die im selben VZ, in dem die EStSchuld beim Erben entsteht, oder in den vorangegangenen vier VZ der ErbSt unterlegen haben. Diese Einschränkung beruht darauf, dass die eine Fallgruppe der Doppelbelastung (Einziehung von Forderungen des Erblassers) nach fünf Jahren im Wesentl abgewickelt sein wird, und es in der anderen Fallgruppe (Realisierung von stillen Reserven, die der Erblasser gelegt hat) mit zunehmendem Zeitablauf immer schwieriger wird, die im Veräußerungszeitpunkt bestehenden stillen Reserven der Besitzzeit des Erblassers bzw des Erben zuzuordnen (*Klotz* DStZ/A 74, 347, 349). Diese Erwägungen können die zeitl Begrenzung mE rechtfertigen (glA wohl *Maßbaum* BB 92, 606, 611; aA *Mellinghoff* DStJG 22 (1999), 127, 145). – Der ErbSt haben die „Einkünfte" zu dem Zeitpunkt unterlegen, in dem die ErbSt-Schuld rechtl entstanden ist; das ist beim Erwerb von Todes wegen idR der Zeitpunkt des Todes des Erblassers (§ 9 1 Nr 1 ErbStG mit Ausnahmen). Der fünf VZ umfassende Begünstigungszeitraum beginnt mit dem VZ, in den der Zeitpunkt der Entstehung der ErbSt fällt. Nicht entscheidend ist, wann die ErbSt festgesetzt oder entrichtet worden ist. – Wählt der Erwerber die 100%-Begünstigung für BV mit der 7-jährigen Haltefrist des § 13a VIII ErbStG und veräußert er den Betrieb oder wesentl Betriebsgrundlagen im 6. oder 7. Jahr, löst diese Handlung zugleich einen estl Veräußerungsgewinn und die erbstl **rückwirkende Nachversteuerung nach § 13a V ErbStG** aus. Wegen Ablaufs der Fünf-Jahres-Frist des § 35b ist aber keine EStErmäßigung mehr mögl (krit daher *Herzig/Joisten/Vossel* DB 09, 584, 588; *Hechtner* BB 09, 486, 487). – Bei Einkünften aus GewBetr oder LuF, die nach einem vom Kj **abw Wj** ermittelt werden (§ 4a), kann wegen der zeitl Verschiebung der estl Erfassung die Anwendung des § 35b ggf auch dann ausscheiden, wenn zw Tod des Erblassers und Gewinnrealisierung weniger als fünf Jahre liegen.

Beispiel: Wj 1.7. bis 30.6.; Erbfall eines WG mit stillen Reserven 1.11.10; Veräußerung des WG 1.7.14. Der Gewinn aus der Veräußerung entsteht im Wj 2014/15 und unterliegt im VZ 2015 der ESt. Obwohl zw Erbfall und Veräußerung weniger als vier Jahre liegen, ist der Gewinn nicht nach § 35b begünstigt, weil die stillen Reserven bereits im VZ 2010 der ErbSt unterlegen haben, also früher als in den vier vor dem VZ 2015 liegenden VZ.

13 **c) Beschränkung auf Erwerbe von Todes wegen.** Hierzu gehören gem § 3 ErbStG Erwerbe durch Erbanfall, Vermächtnis, Pflichtteilsanspruch oder Schenkung auf den Todesfall, ferner der Vermögensübergang auf eine vom Erblasser angeordnete Stiftung. Erwerbe, die auf den weiteren ErbSt-Tatbeständen beruhen (§ 1 I Nr 2–4 ErbStG: Schenkungen unter Lebenden, Zweckzuwendungen, Vermögen von Familienstiftungen in Zeitabständen von 30 Jahren), führen auch dann nicht zur Anwendung des § 35b, wenn der Erwerb zugleich als Einkünfte der ESt unterliegt. ME ist diese Differenzierung (die die vorweggenommene Erbfolge benachteiligt) noch gerechtfertigt, weil bei Schenkungen wesentl größere StGestaltungsspielräume bestehen als bei Erbfällen (zB rechtzeitiger Wechsel zum BV-Vergleich oder Hebung stiller Reserven noch durch den Schenker; glA *Klotz* DStZ/A 74, 347, 349; *Maßbaum* BB 92, 606, 608; *Blümich/Schallmoser* § 35b Anm 23; krit *HHR/Levedag* § 35b Anm 3; *LBP/Derlien* § 35b Rz 16; *Dautzenberg/Heyeres* StuW 92, 302, 308; *Mellinghoff* DStJG 22 (1999), 127, 150; *Herzig/Joisten/Vossel* DB 09, 584, 585).

d) Antrag. Die Anwendung des § 35b setzt einen Antrag des StPfl voraus. Dieser ist aber nicht an eine bestimmte Form gebunden. Es genügt, wenn der StPfl die entspr Zeile der EStErklärung ausfüllt. Der Antrag kann bis zum Schluss der mündl Verhandlung vor dem FG gestellt werden. 15

3. Hauptanwendungsfälle. – a) Einkommensteuerbare, vom Erblasser noch nicht realisierte Wertsteigerungen. Dies betrifft Gewinne aus einer erst vom Erben durchgeführten **Betriebsveräußerung oder -aufgabe** (§ 16 I, III), aus der **Veräußerung oder Entnahme** einzelner **WG des BV,** aus der Veräußerung von Beteiligungen iSd **§ 17** (BFH IV R 226/85 BStBl II 88, 832 unter II.) sowie von WG iSd **§ 20 II** und **§ 23.** Gleiches gilt für die Auflösung **stiller Reserven,** die in stfreien Rücklagen (§ 6b) bzw dem Investitionsabzugsbetrag (§ 7g) verkörpert sind (glA zur früheren Preissteigerungsrücklage FG Hbg EFG 84, 505, rkr). – Eine Doppelbelastung (und damit die Anwendung des § 35b) setzt allerdings voraus, dass die stillen Reserven sowohl im Zeitpunkt des Erbfalls als auch im Zeitpunkt der späteren Gewinnrealisierung durch den Erben vorhanden waren. Waren zwar beim Erbfall, nicht aber bei der späteren Veräußerung stille Reserven vorhanden, haben diese nur der ErbSt, nicht aber der ESt unterlegen. Sind die stillen Reserven hingegen erst in der Besitzzeit des Erben gelegt worden, haben sie nicht der ErbSt unterlegen. – Die **praktische Bedeutung dieser Fallgruppe** ist seit den letzten estl und erbstl Reformen allerdings sehr gering geworden: Weil BV, Anteile an KapGes und Immobilien erbstl stark begünstigt werden, wird sich aufgrund der bei § 35b vorzunehmenden konkreten Betrachtungsweise für diese WG häufig gar kein EStErmäßigungsbetrag mehr ergeben (s Rz 8 unter (4)). Für die Realisierung stiller Reserven aus KapVerm gilt die AbgeltungSt, so dass § 35b ebenfalls nicht anwendbar ist (s Rz 6). – Ob Doppelbelastungen, die in Fällen der **Thesaurierungsbegünstigung (§ 34a)** entstehen können, unter § 35b fallen, ist zweifelhaft (vgl *Herzig/Joisten/Vossel* DB 09, 584, 585 mwN; vern *KSM/Keß* § 35b Rz A 30). 18

b) Dem Erblasser noch nicht zugeflossene Forderungen. Hier kommt es zu Doppelbelastungen, wenn sich bei der ESt die zeitl Zuordnung von Einnahmen nach dem **Zuflussprinzip** des § 11 richtet (dh im BV bei Gewinnermittlung nach § 4 III sowie bei allen Überschusseinkunftsarten): Da beim Erblasser kein Zufluss mehr stattgefunden hatte, unterliegt der Zufluss beim *Erben* der ESt (ggf als nachträgl Einkünfte iSd § 24 Nr 2). Demggü unterliegen der ErbSt nicht nur die bereits dem Erblasser zugeflossenen Geldbeträge, sondern auch alle noch nicht zugeflossenen Kapitalforderungen (§ 10 I 2, § 12 I ErbStG, § 12 I BewG). Die Forderung wird daher sowohl von der ErbSt als auch von der ESt in vollem Umfang erfasst. – Wäre sie hingegen noch dem Erblasser zugeflossen, hätte dieser darauf zwar die volle ESt bezahlen müssen; dieser ESt-Betrag wäre aber nicht mehr in seinem Vermögen vorhanden gewesen, so dass die ErbSt entspr geringer ausgefallen wäre (sofern die für den Erblasser entstandene ESt erst vom Erben bezahlt worden wäre, hätte sie als Nachlassverbindlichkeit die ErbSt gemindert, was zum selben Ergebnis geführt hätte). – Typische Fälle sind die **Honorarforderungen von Freiberuflern** (mit Gewinnermittlung nach § 4 III) oder der Zufluss von wirtschaftl bereits auf die Zeit vor dem Tod des Erblassers entfallenden **Zins- oder Mieteinnahmen** sowie **Gewinnausschüttungen.** – Sind Gegenstand der ErbSt hingegen **wiederkehrende Leistungen in schwankender Höhe,** wird eine Doppelbelastung schon dadurch vermieden, dass der ErbSt nur deren Kapitalwert, der ESt aber nur deren Zinsanteil unterliegt (BFH X R 187/87 BStBl II 93, 298); der Anwendung des § 35b bedarf es hier nicht. – **Hinterbliebenenbezüge,** die auf gesetzl Vorschriften beruhen, unterliegen nicht der ErbSt (Umkehrschluss aus § 3 I Nr 4 ErbStG, der nur *vertragl* Ansprüche erfasst). Wenn der Hinterbliebene auf solche Bezüge ESt zu entrichten hat, stellt dies daher keine Doppelbelastung dar. – Auch in dieser Fallgruppe ist die praktische Bedeutung aber gering geworden: Noch 19 nicht zugeflossene Forderungen des BV werden häufig wegen der erbstl Begünstigungen faktisch nicht der ErbSt unterliegen; Zinsforderungen des PV fallen estl unter die AbgeltungSt und scheiden daher aus dem Anwendungsbereich des § 35b aus.

II. Rechtsfolgen

21 **1. Keine Vollanrechnung.** § 35b gewährt keinen vollen Ausgleich der tatsächl ErbStBelastung. Ziel der Regelung ist es vielmehr, denjenigen Betrag von der ESt abzuziehen, um den die ErbStBelastung niedriger gewesen wäre, wenn dort die latente EStBelastung hätte abgezogen werden können (*Herzig/Joisten/Vossel* DB 09, 584, 588; *Maßbaum* BB 92, 606, 611). Dies wäre einfacher im ErbStRecht zu verwirklichen gewesen; der Gesetzgeber hat sich aber entschieden, das dortige strenge Stichtagsprinzip nicht zu durchbrechen. – In einem **1. Schritt** wird der ESt-Betrag ermittelt, der durch die doppelt belasteten Einkünfte hervorgerufen worden ist (§ 35b S 1; s dazu Rz 22). Im **2. Schritt** wird der Prozentsatz für die EStErmäßigung ermittelt; dieser entspricht der durchschnittl ErbSt-Belastung auf den Gesamterwerb (§ 35b S 2; s Rz 23). Die **Höhe der StErmäßigung** ergibt sich schließl daraus, dass der im ersten Schritt ermittelte EStBetrag um den im zweiten Schritt ermittelten Prozentsatz gekürzt wird.

22 **2. ESt-Betrag und anzuwendende Steuerermäßigung.** Zur Ermittlung dieses Betrags ist nach dem Wortlaut des § 35b S 1 zunächst die sich insgesamt ergebende tarifl ESt um sämtl andere StErmäßigungen (§§ 34a–35a) zu kürzen. § 35b ist daher im Ablauf der EStBerechnung als letzte der StErmäßigungen zu prüfen. Der so gekürzte EStBetrag ist in dem Verhältnis aufzuteilen, in dem die auch mit ErbSt belasteten Einkünfte zur **Summe der Einkünfte** stehen (*HHR/Levedag* § 35b Anm 30; *Maßbaum* BB 92, 606, 612; FG Hbg EFG 84, 505, rkr; aA *Merten* FR 75, 595, 597: Gesamtbetrag der Einkünfte). Der sich danach ergebende EStBetrag ist derjenige, der auf die mit ErbSt belasteten Einkünfte entfällt, und Basis für die weiteren Berechnungsschritte. – Im Schrifttum findet man zT die Aussage, der EStBetrag, der auf die mit ErbSt belasteten Einkünfte entfalle, sei evident, wenn der StPfl einen GewBetr mit stillen Reserven veräußert: Dann sei der nach § 34 zu versteuernde Veräußerungsgewinn zugleich Bemessungsgrundlage der StErmäßigung nach § 35b (so *Maßbaum* BB 92, 606, 612). Dies gilt aber nur, wenn der Erbe den Betrieb *sofort* nach dem Erbfall veräußert. Führt er den Betrieb hingegen fort und veräußert er ihn später, ist zunächst zu klären, in welchem Umfang die im Veräußerungszeitpunkt vorhandenen stillen Reserven vom Erblasser bzw vom Erben gelegt worden sind (s Rz 18).

23 **3. Prozentsatz der ESt-Ermäßigung.** Hierfür ist gem § 35b S 2 das Verhältnis zw der festgesetzten ErbSt und dem sog Gesamterwerb maßgebl. Dieser erbstl Gesamterwerb ergibt sich, wenn dem stpfl Erwerb (§ 10 I 1 ErbStG) die Freibeträge nach §§ 16, 17 ErbStG (persönl Freibetrag, besonderer Versorgungsfreibetrag) und der stfreie Betrag nach § 5 ErbStG (tatsächl Zugewinn bei Zugewinngemeinschaft) hinzugerechnet werden. Nicht hinzugerechnet werden die (uU sehr hohen) Freibeträge nach §§ 13–13c ErbStG (zB Hausrat, Familienheim, BV, Immobilien). Dies wird von Teilen der Literatur als Verstoß gegen das Gebot der Folgerichtigkeit kritisiert (zB *Lang* StuW 74, 293, 3317 Fn 244; *Maßbaum* BB 92, 606, 612; *HHR/Levedag* § 35b Anm 33). Weil aber die Rspr eine konkrete Berechnungsweise vornimmt (s Rz 8 unter (4)), ist für Einkünfte aus solchen WG, die wegen der genannten Freibeträge nicht mit ErbSt belastet worden sind, die StErmäßigung nach § 35b letztl nicht zu gewähren; dieses Ergebnis ist folgerichtig. – Der nach § 35b S 2 ermittelte Prozentsatz ist nicht mit dem tatsächl ErbStSatz iSd § 19 ErbStG identisch, sondern entspricht dem Durchschnitts-ErbStSatz auf einen Betrag, der zw dem (niedrigeren) stpfl Erwerb und dem (höheren) wirtschaftl Wert des insgesamt übergegangenen Vermögens liegt. Die Hinzurechnung der Freibeträge führt

zu einer erhebl Minderung der EStErmäßigung, so dass nicht der volle Betrag der Doppelbelastung ausgeglichen wird (Zahlenbeispiel bei *Herzig/Joisten/Vossel* DB 09, 584, 589). – Zur **festzusetzenden ErbSt** gehört auch die nach § 23 ErbStG in jährl Raten zu entrichtende Steuer. Ausl ErbSt ist mE ebenfalls zu berücksichtigen, soweit sie nicht bereits nach § 21 ErbStG angerechnet worden ist (s Rz 10).

4. Berechnungsbeispiel. A erbt von seinem Vater Immobilien des PV (ErbSt-Wert 900 000 €). Kurz nach dem Erbfall zieht er eine rückständige Mietforderung iHv 100 000 € ein. Die Summe der Einkünfte des A möge 200 000 € betragen, die tarifl ESt 38 000 €. **24**

Ermittlung des ESt-Betrags für die Steuerermäßigung: Die Einkünfte aus der Einziehung der Mietforderung, die zugleich der ErbSt unterlegen hat, betragen 100 000 €; dies entspricht 50 % der Summe der Einkünfte. Daher sind 50 % der tarifl ESt, dh 19 000 €, begünstigt.

Ermittlung des Prozentsatzes der ESt-Ermäßigung:

ErbSt-Wert der Immobilien	900 000 €
zzgl Wertansatz der Mietforderung	100 000 €
Summe	1 000 000 €
Freibetrag (§ 16 ErbStG)	./. 400 000 €
erbstpfl Erwerb	600 000 €
ErbSt (15 %)	90 000 €
Verhältnis der ErbSt (90 000 €) zum Gesamterwerb (600 000 € + 400 000 €)	9 %

Ermittlung der Höhe der ESt-Ermäßigung: Von der tarifl ESt ist nach § 35b ein Betrag iHv 9 % von 19 000 € abzuziehen, dh 1710 €.

VI. Steuererhebung

1. Erhebung der Einkommensteuer

§ 36 Entstehung und Tilgung der Einkommensteuer

(1) **Die Einkommensteuer entsteht, soweit in diesem Gesetz nichts anderes bestimmt ist, mit Ablauf des Veranlagungszeitraums.**

(2) **Auf die Einkommensteuer werden angerechnet:**

1. **die für den Veranlagungszeitraum entrichteten Einkommensteuer-Vorauszahlungen (§ 37);**
2. **die durch Steuerabzug erhobene Einkommensteuer, soweit sie auf die bei der Veranlagung erfassten Einkünfte oder auf die nach § 3 Nummer 40 dieses Gesetzes oder nach § 8b Absatz 1 und 6 Satz 2 des Körperschaftsteuergesetzes bei der Ermittlung des Einkommens außer Ansatz bleibenden Bezüge entfällt und nicht die Erstattung beantragt oder durchgeführt worden ist. [2]Die durch Steuerabzug erhobene Einkommensteuer wird nicht angerechnet, wenn die in § 45a Absatz 2 oder Absatz 3 bezeichnete Bescheinigung nicht vorgelegt worden ist. [3]In den Fällen des § 8b Absatz 6 Satz 2 des Körperschaftsteuergesetzes ist es für die Anrechnung ausreichend, wenn die Bescheinigung nach § 45a Absatz 2 und 3 vorgelegt wird, die dem Gläubiger der Kapitalerträge ausgestellt worden ist.**

(3) [1]**Die Steuerbeträge nach Absatz 2 Nummer 2 sind auf volle Euro aufzurunden.** [2]**Bei den durch Steuerabzug erhobenen Steuern ist jeweils die Summe der Beträge einer einzelnen Abzugsteuer aufzurunden.**

(4) [1]**Wenn sich nach der Abrechnung ein Überschuss zuungunsten des Steuerpflichtigen ergibt, hat der Steuerpflichtige (Steuerschuldner) diesen Betrag, soweit er den fällig gewordenen, aber nicht entrichteten Einkommensteuer-Vorauszahlungen entspricht, sofort, im Übrigen innerhalb eines Monats nach Bekanntgabe des Steuerbescheids zu entrichten (Abschlusszahlung).** [2]**Wenn sich nach der Abrechnung ein Überschuss zugunsten des Steuerpflichtigen ergibt, wird dieser dem Steuerpflichtigen nach Bekanntgabe des Steuerbe-**

scheids ausgezahlt. [3]Bei Ehegatten, die nach den §§ 26, 26b zusammen zur Einkommensteuer veranlagt worden sind, wirkt die Auszahlung an einen Ehegatten auch für und gegen den anderen Ehegatten.

(5) [1]**In den Fällen des § 16 Absatz 3a kann auf Antrag des Steuerpflichtigen die festgesetzte Steuer, die auf den Aufgabegewinn und den durch den Wechsel der Gewinnermittlungsart erzielten Gewinn entfällt, in fünf gleichen Jahresraten entrichtet werden, wenn die Wirtschaftsgüter einem Betriebsvermögen des Steuerpflichtigen in einem anderen Mitgliedstaat der Europäischen Union oder des Europäischen Wirtschaftsraums zuzuordnen sind, sofern durch diese Staaten Amtshilfe entsprechend oder im Sinne der Amtshilferichtlinie gemäß § 2 Absatz 2 des EU-Amtshilfegesetzes und gegenseitige Unterstützung bei der Beitreibung im Sinne der Beitreibungsrichtlinie einschließlich der in diesem Zusammenhang anzuwendenden Durchführungsbestimmungen in den für den jeweiligen Veranlagungszeitraum geltenden Fassungen oder eines entsprechenden Nachfolgerechtsakts geleistet werden. [2]Die erste Jahresrate ist innerhalb eines Monats nach Bekanntgabe des Steuerbescheids zu entrichten; die übrigen Jahresraten sind jeweils am 31. Mai der Folgejahre fällig. [3]Die Jahresraten sind nicht zu verzinsen. [4]Wird der Betrieb oder Teilbetrieb während dieses Zeitraums eingestellt, veräußert oder in andere als die in Satz 1 genannten Staaten verlegt, wird die noch nicht entrichtete Steuer innerhalb eines Monats nach diesem Zeitpunkt fällig; Satz 2 bleibt unberührt. [5]Ändert sich die festgesetzte Steuer, sind die Jahresraten entsprechend anzupassen.**

Einkomensteuer-Richtlinien/Verwaltungsschreiben: EStR 36/EStH 36 – *BMF* BStBl I 15, 83 (Erstattungsanspruch)

Übersicht

1 **1. Entstehung der Einkommensteuer, § 36 I. – a) Anwendungsbereich von § 36 I.** Nach § 36 I (iVm mit § 38 AO) entsteht die nach § 2 VII festzusetzende ESt mit Ablauf des VZ (= Kj, § 25 I), in dem der StPfl einen Besteuerungstatbestand verwirklicht hat. **Weitere Vorschriften („entsteht, soweit"):** § 37 I 2 für EStVorauszahlungen (uU auch für Nur-ArbN, BFH VI R 182/97 BStBl II 05, 358), § 38 II 2 für LSt, § 44 I 2 für KapESt, § 50a V 1 iVm § 73c EStDV für Abzugsteuer bei beschr StPfl, § 30 KStG für die KSt; s auch § 48c zu BauabzugSt. Keine Anrechnung von GewSt (BFH X R 55/06 BFH/NV 09, 379).

2 **b) Auswirkungen des § 36 I.** Vgl zB § 45 I AO (Gesamtrechtsnachfolge), §§ 48, 69ff, 192 AO (Haftung), §§ 169, 170 AO (Festsetzungsfrist), § 233a II 1 AO (Nachforderungszinsen), § 324 AO (Arrest). **Abgrenzungen:** Zu trennen von der Entstehung sind die – rechtmäßige – **Steuerfestsetzung,** die nur den Steuerzahlungsanspruch, die Fälligkeit betrifft (zB §§ 36 IV 1, 37 I 1, IV 2, 41a, 44 I 5, 50a V 2), sowie die **Entstehung des Steuererstattungsanspruchs** (§ 37 II AO, zB §§ 36 IV 2, 44b, 50d I 2; vgl Rz 27). Einfluss ausl ESt auf **Pfändungsfreigrenzen** s EuGH Fall *Pusa* Rs C-224/02, IStR 05, 62 (fragl). Zu **ErbSt** s BFH II R 15/11 BStBl II 12, 790.

5 **2. Anrechnung auf die Einkommensteuer, § 36 II, III. – a) Anrechnung eigener ESt, § 36 II Nr 1 und 2, III.** Die Anrechnung nach § 36 II Nr 1, 2 betrifft im Gegensatz zu § 36 II Nr 3 aF grds die ESt *des StPfl,* die er selbst oder

ein Dritter für ihn an das FA gezahlt hat. Überzahlte Beträge werden *entweder* bei der Veranlagung angerechnet *oder* erstattet (Antragsveranlagung s § 46 II Nr 8); Aufrundung gem § 36 III. In Fällen der **Steuerfreiheit, Abgeltung** (s § 43 V, § 50 V 1 aF, II 1 nF) oder **Pauschalierung** (§§ 40–40b) kein Ansatz der Einkünfte und damit – Wortlaut § 36 II Nr 2 – keine Anrechnung (vgl Rz 9). **„Durch Steuerabzug erhoben"** ist grds auch vom Ertragschuldner einbehaltene, ohne Wissen der StPfl nicht an das FA abgeführte LSt/KapESt (§ 38 I, § 42d Rz 19 zu LSt; zu Nettolohnvereinbarung § 39b Rz 12, BFH VI R 67/90 BStBl II 94, 182; zu KapESt BFH VIII R 30/93 DStR 96, 1526; zu Abrechnungsverfahren BFH VI R 91/93 BFH/NV 94, 862). Anders – auch bei LStEinbehalt durch Dritte – nur bei positiver Kenntnis des StPfl (ohne Abführung keine Anrechnung, s BFH VII R 51/98 BFH/NV 00, 46).

Zum sog **„Düsseldorfer Verfahren"** (Club-Betreiber führt Beträge als ESt-Vorauszahlung für selbständige Prostituierte an FA ab) s FG Köln EFG 15, 622, Rev VII R 50/14. – Abhängigkeit von Einkünftebesteuerung s Rz 7; Eheleute s Rz 27. – Nach Eröffnung der **Insolvenz** geleistete ESt-Vorauszahlungen dürfen dem BFH zufolge nicht auf Insolvenzforderungen des FA angerechnet werden (BFH VII R 27/14 BStBl II 15, 993; BFH VIII B 143/14 BFH/NV 16, 40; s auch T/K § 226 Rz 43a; krit *Anzinger* EWiR 15, 419: nur unter Vereinfachungsgesichtspunkten vertretbar).

b) Einzelfälle nach § 36 II Nr 1, 2. – aa) ESt-Vorauszahlungen s § 37. 6

bb) Lohnsteuer. LSt wird nach § 36 II Nr 2 grds nur angerechnet, soweit sie 7
auf tatsächl – zu Recht oder nicht – bei der Veranlagung erfasste Einnahmen entfällt (hM, s BFH VII B 70/10 BFH/NV 10, 2274; BFH VII R 69/99 BStBl II 01, 353; BFH VII R 28/12 BFH/NV 14, 339; Probleme s *Leu* DStZ 96, 123, *Heuermann* DB 96, 1052 und 97, 400). AA zu LStAbzug trotz Ende der unbeschr StPfl BFH VII R 3/00 BStBl II 00, 581 (fragl, ob nicht ein Erstattungsfall vorlag, s § 50d I mit Rz 35, § 50a Rz 41, BFH I R 64/95 NJW 96, 2815; *Wassermeyer* IStR 00, 688; *Gosch* StBP 00, 374). Die **rechtl Qualifikation der Einkünfte** sollte nicht maßgebl sein, soweit die „Anrechnungseinkünfte" überhaupt erfasst sind, etwa durch Schätzung Gewerbegewinn statt ArbLohn – mE LStAnrechnung für diese Tätigkeitseinkünfte. Außerdem darf nicht die Erstattung beantragt oder durchgeführt sein. Zur Bedeutung der LStBescheinigung s BFH VI B 9/11 BFH/NV 11, 2042 mwN: keine Bindung des FA (nur widerlegbare Vermutung). – Bei **LStAbzug ohne Einkünftebesteuerung** (ArbG führt versehentl LSt ab) besteht nur Erstattungsanspruch des ArbG (BFH VII B 155/90 BFH/NV 00, 547; BFH VI 88/61 U BStBl III 62, 93). Diese Rspr hat BFH VI R 46/07 BStBl II 10, 72 zu Unrecht und in Divergenz zum VII. Senat aufgegeben; der VI. Senat gibt dem ArbN einen Anrechnungsanspruch und erfasst im EStBescheid die zu Unrecht abgeführte LSt als Einkunft des ArbN, um auf diese Weise zur Anrechnung der zu Unrecht abgeführten LSt zu kommen (zur Fehlerhaftigkeit dieses Vorgehens s § 19 Rz 100 „Lohnsteuer"; s aber auch FG Hbg EFG 11, 1790, rkr).

Kritik: Auch die Ausführungen des VI. Senats, werde der LStAbzug des Kj mit Ausstellung der LStBescheinigung abgeschlossen, könne er nach § 41c III 1 nicht mehr geändert werden (Hinweis auf BFH VI R 57/04 BStBl II 08, 434; s dazu § 41c Rz 4), übersieht, dass zwar der ArbG die Bescheinigung nicht mehr ändern kann, dass das FA aber als **Herr des Besteuerungsverfahrens** berechtigt und verpflichtet ist, für die zutr Besteuerung zu sorgen. Daher ist auch die nachfolgende Schlussfolgerung des BFH („Damit steht endgültig fest, dass die LSt verfahrensrechtl nicht ohne rechtl Grund – § 37 II 1 AO – gezahlt worden ist und jedenfalls dem ArbG kein Erstattungsanspruch zusteht") unzutr. Dem ArbG steht sehr wohl materiellrechtl ein Erstattungsanspruch zu, der mit der Veranlagung des ArbN nichts zu tun hat und außerhalb der Veranlagung geltend gemacht werden kann. – Trotz abw Wortlauts sind Einkünfte auch bei **Aufzehrung durch Freibeträge** oder **Ausgleich durch Verluste** *„erfasst"* (hM, auch bei Nacherklärung, s *FinVerw* DStR 99, 1989 und 03, 30, zutr nach Sinn des Abzugs- und Anrechnungsverfahrens); nicht aber dann, wenn sie verschwiegen wurden (BFH VII B 42/09 BFH/NV 09, 1988). Erhebung durch Steuerabzug s Rz 5.

cc) Kapitalertragsteuer. Wahlweise Anrechnung gem § 36 II Nr 2 oder Er- 8
stattung gem §§ 44a IX, 44b, 45b bzw DBA, soweit die Steuer nicht abgegolten ist

(dazu Rz 9, § 43 Rz 3). S auch § 20 IV REITG. **Bescheinigung** s § 45a II, III (ohne – keine Schätzung, BFH VIII R 28/07 BStBl II 09, 842); s auch 30. Aufl § 24c Rz 4. Nach *FinVerw* DB 05, 2103, FG Hbg EFG 07, 1556, rkr, und FG Köln EFG 07, 934, rkr, keine Anrechnung bei Nachversteuerung infolge **Amnestieerklärung** nach StraBEG (aA *Milatz/Tempich* DB 05, 2103; *Randt/Schauf* DStR 06, 537). Anrechnung bei Steuerhinterziehung s Rz 31. Anrechnung von Steuern auf Auslandszinsen s **Art 14 ZIV** (s Anm zu §§ 45e, 50b; ferner FG Hbg IStR 12, 274). Zu § 7 VII InvStG s FG Mchn EFG 15, 226, Rev VIII R 47/14. Zu sog **cum/ex-Geschäften** s BFH I R 2/12 DStR 14, 2012; *Gosch* BFH/PR 15, 16 (rein „fallbezogene" Lösung); *Schmid* DStR 15, 801 (BFH verkompliziert Geschäfte mit Aktien); *Desens* DStZ 14, 154; *ders* DStR 14, 2317; *ders* DStZ 12, 142; *Bruns* DStZ 12, 333; *Podewils* FR 13, 481; lesenswert auch die Kritik von *Spengel/Eisgruber* DStR 15, 785 (*Fazit:* mehrfache Anrechnung und Erstattung gesetzl gar nicht mögl).

Geplante Gesetzesänderungen: Auf die **Vorlage von StBescheinigungen** als materielle Anrechnungsvoraussetzung soll künftig teilweise verzichtet werden; auf Verlangen müssen die Bescheinigungen aber vorgelegt werden können (s Entwurf eines Gesetzes zur Modernisierung des Besteuerungsverfahrens, BR-Drs 631/15, S 35 und 122). Außerdem sollen mit einem InvestmentsteuerreformG in § 36 II und einem neuen Abs 2a Klauseln für einen **Anrechnungsausschluss** für den Fall der **Steuerumgehung** geschaffen werden (Generalklausel und Spezialklausel für sog Cum/Cum-Geschäfte, s Referentenentwurf v 16.12.2015, S 44 und 141).

9 **dd) Beschränkte Steuerpflicht.** Bei beschr StPfl grds Abgeltung durch Steuerabzug gem § 50 II 1, evtl Erstattung nach § 50 V 2 Nr 3 aF oder DBA (s § 50 Rz 40, § 50d Rz 35 ff). **EG-Problematik** (s 27. Aufl) ist gelöst durch § 50 II 2, 7, § 50a III, IV (JStG 2009). Grenzpendler iSv § 1 III/§ 1a sind wie andere unbeschr StPfl abzugsberechtigt (s Rz 5).

10 **ee) Steuerabzug bei Bauleistungen.** § 48c enthält eine besondere **Reihenfolge der Anrechnung** von Abzugsbeträgen bei dem Bauleistenden (*nach* LSt, Vorauszahlungen auf ESt/KSt, ESt-/KSt-Erstattung; vgl *BMF* BStBl I 01, 804 und I 02, 1399; zu Problemen s *Diebold* DStZ 02, 471; *ders* DStR 02, 1336; *ders* DB 03, 1134).

11 **ff) Teileinkünfteverfahren.** § 36 II Nr 2 S 1 HS 2 soll sicherstellen, dass bei Weiterausschüttung von nach § 8b KStG ganz oder nach § 3 Nr 40 anteilig stfreien Dividendenerträgen die einbehaltene KapESt nicht definitiv wird (unabhängig von der Steuerfreiheit ist die KapESt nach § 43 I S 3 voll einzubehalten und beim Anteilseigner voll anzurechnen). Zum Begriff „Erstattung" s BFH I R 54/09 BFH/NV 11, 641; BFH VII R 49/13 BFH/NV 15, 1683.

12 **gg) Solidaritätszuschlag.** Der SolZ wird bereits im Vorauszahlungs- und Abzugsverfahren erhoben und auf den später festgesetzten SolZ angerechnet (s § 3 I SolZG).

13 **hh) Einheitl Feststellung.** Die einheitl Feststellung von Anrechnungsbeträgen erfolgt ggf nach § 180 V Nr 2 AO.

15 **c) Abzugsbescheinigung, § 36 II Nr 2 S 2 und 3.** Die Bescheinigung nach § 45a (oder § 24c aF) ist im Original vorzulegen (EStR 36). Das entspricht § 36 II Nr 3 S 4b aF zur KStAnrechnung. § 36 II Nr 2 S 3 enthält eine Sonderregelung für § 8b VI 2 KStG.

20 **d) Anrechnung von KSt, § 36 II Nr 3 aF.** Grds mit Wirkung ab VZ 2002 ist das KStAnrechnungsverfahren beim Anteilseigner ersetzt worden durch das sog „Halb-/Teileinkünfteverfahren". Einzelheiten bei § 3 Rz 135 ff. Zur früheren Rechtslage s 23. Aufl. – Zur nachträgl EG-Problematik s jetzt das Schlussurteil zu EuGH ***Meilicke I*** und ***Meilicke II,*** BFH I R 69/12 DStR 15, 1297 mwN (VerfBeschw 2 BvR 1452/15); ebenso BFH I R 38/12 BeckRS 2016, 94102.

Zwar kann der StPfl dem BFH zufolge grds der Anrechnungsbetrag ausgehend vom letzten maßgebl Wj („retrograd") belegen; trotzdem war im konkreten Fall eine Anrechnung ausgeschlossen, weil die ausl KSt bei der Veranlagung nicht bei den Einkünften aus KapVerm erfasst worden war (VZ 1996 und 1997) bzw weil die tatsächl im Ausl angefallene KSt nicht hinreichend belegt wurde (VZ 1995). S auch *Gosch* BFH/PR 15, 266 (Problematik bewegt sich „am Rande einer Dokumentationsunmöglichkeit"); Sydow IStR 15, 551 (kein echter Erkenntnisgewinn für parallel gelagerte Fälle); *Roser* GmbHR 15, 758, 765 f (Nachweisrisiko und Nachweisobliegenheiten treffen den Anteilseigner). Gegen die Entscheidung ist **Verf-Beschw** eingelegt worden (s oben). Zu den Anforderungen an die vorzulegenden Unterlagen s auch FG Köln EFG 15, 566, rkr.

3. Abrechnung, § 36 IV. – a) Fälligkeit der Abschlusszahlung, § 36 IV 1. 24
Zur Abgrenzung von der Entstehung der Steuer s Rz 2. – **aa) Grundsatz.** Fälligkeit 1 Monat nach Bekanntgabe des Bescheides (dazu § 122 II AO, zur Fristberechnung § 108 AO), soweit in der Anrechnungsverfügung eine Abschlusszahlung ausgewiesen ist (BFH VII R 32, 33/99 BStBl II 01, 133).

Beispiel: Versendung der Bescheide am 2.4., Fiktion der Bekanntgabe am 5.4. (soweit kein Wochenende oder Feiertag); Fristablauf grds mit dem 5.5. Bei Zahlungseingang nach 5.5. Säumniszuschläge (§ 240 AO). Der 5.5. ist zugleich der Ablauftag der Einspruchsfrist (§ 355 I AO).

bb) Ausnahme. Eine vorher fällige **Vorauszahlung (§ 37 I 1)** ist sofort zu 25
entrichten (BFH VIII B 31/80 BStBl II 81, 767).

b) Erstattungsanspruch, § 36 IV 2, 3. Entsteht durch Überzahlung mit Ab- 27
lauf des VZ (BFH VII R 116/94 BStBl II 96, 557, auch zu Abtretung) und wird bei Bekanntgabe des Bescheides fällig (str, BFH VII R 86/88 BStBl II 90, 523; BFH VII B 82/01 BFH/NV 02, 471 mwN). Keine Erstattung vor (ohne) Veranlagung (FG Nds EFG 94, 302, rkr). Keine Erstattung ausl Quellensteuer ohne DBA-Sonderregelung (FG Brem EFG 03, 1707, rkr). Zum unberechtigten LStAbzug s Rz 5, 7. **Anspruchsberechtigt** für Erstattung und Anrechnung (Rz 5) ist der, für dessen Rechnung die Steuer abgezogen war (BFH VII R 35/06 BStBl II 07, 742). Das gilt grds auch bei **Ehegatten/LPart** (§ 37 II AO, BFH VII R 118/87 BStBl II 90, 41, und BFH VII R 99/89 BStBl II 91, 47 **zu § 10d,** dazu auch BFH VII R 104/98 BStBl II 00, 491). S iÜ *BMF* v 14.1.15 BStBl I 15, 83, Anm 2.; ferner *Baum* NWB 13, 834.

Besonderheiten und Grenzen: Vorauszahlungen eines **Ehegatten/LPart** aufgrund eines an beide Ehegatten/LPart gerichteten Vorauszahlungsbescheides sind auf die festgesetzte ESt beider Ehegatten/LPart anzurechnen (BFH VII R 41/14 BFH/NV 15, 1347), auch wenn die Ehe zum Zeitpunkt der Zahlung nicht mehr bestand, dies aber für das FA nicht erkennbar war (BFH VII R 38/14 BFH/NV 15, 1346). Ein verbleibender Rest ist nach Kopfteilen an die Ehegatten/LPart auszukehren (vgl BFH VII R 42/10 BStBl II 11, 607 mwN; s auch BFH VII B 199/10 BFH/NV 11, 1661; diff FG Ddorf EFG 11, 3102, rkr: nicht bei abw Kontoangabe; ferner BFH VII R 16/05 BStBl II 06, 453; FG SachsAnh EFG 08, 1554, rkr, mit Anm *Zimmermann*). Zu **Widerlegung einer Einziehungsvollmacht** FG SachsAnh EFG 04, 908, rkr. Interner Ausgleich s BGH DStR 06, 1455, Anm *Witt* DStR 07, 56. Erstattung bei Steuerhinterziehung s Rz 31. – **Verzinsung** stets ab 15 Monate nach Ablauf des Entstehungsjahres (§ 233a AO, § 15 IV EGAO). Der Anspruch **verjährt** nach 5 Jahren (§ 228 AO). **AdV** s Rz 34.

4. Finale Betriebsaufgabe, § 36 V. In Fällen des § 16 III a (Verlegung eines 28
Betriebs/Teilbetriebs in einen anderen EU-/EWR-Staat) kann auf Antrag des StPfl die festgesetzte Steuer, die auf den Aufgabegewinn und den durch den Wechsel der Gewinnermittlungsart erzielten Gewinn entfällt, in fünf gleichen Jahresraten *zinslos* entrichtet werden. Zur Berechnung der gestreckt zu zahlenden Steuer ist von der festgesetzten Steuer diejenigen Steuer abzuziehen, die sich ergeben würde, wenn der Aufgabegewinn und der Übergangsgewinn unberücksichtigt blieben. Die erste Jahresrate wird innerhalb eines Monats nach Bekanntgabe des Steuerbescheids und die übrigen vier Jahresraten werden jeweils am 31. Mai des Folgejahres fällig. Voraussetzung für die gestreckte Besteuerung ist, dass die WG einem BV des StPfl in

einem anderen EU-/EWR-Staat zuzuordnen sind (tatsächl-funktional, vgl BFH I R 112/94 BStBl II 96, 563), sofern dieser Staat Amtshilfe nach der AmtshilfeRL gem § 2 II des EU-AmtshilfeG und Unterstützung iSd BeitrRL leistet. Bei Einstellung, Veräußerung oder Verlegung des Betriebs/Teilbetriebs in einen anderen EU-/EWR-Staat ist die noch ausstehende Steuer innerhalb eines Monats nach dem vorbeschriebenen Ereignis fällig. Zur Auswirkung von EuGH Rs C-371/10 **Fall *National Grid indus*** DStR 11, 2334 s *Prinz* GmbHR 12, 195; *Mitschke* DStR 12, 629; *ders* IStR 13, 393; *Kessler/Philipp* DStR 12, 267.

30 **5. Verfahren. – a) Anrechnung. – aa) Selbständige Verfügung.** S *FinVerw* DStR 14, 149; *Haunhorst* DStZ 05, 706. Die Anrechnung nach § 36 erfolgt – anders als bei § 34c – nicht im Verfahren der StFestsetzung, sondern der **Steuererhebung,** und zwar durch einen vom Steuerbescheid getrennten VA, wenn auch mit deklaratorischer Wirkung (s BFH I R 2/12 DStR 14, 2012; BFH VII R 55/10 BStBl II 12, 220; BFH VIII R 28/07 BStBl II 09, 842 mwN; § 233a V 1 HS 2 AO; aA früher zur LStAnrechnung BFH VI R 68/66 BStBl III 67, 214; wohl auch zum isolierten Anrechnungsteil des EStBescheids BFH VII B 147/04 BStBl II 05, 457). Die **Bindungswirkung** (Änderung nur nach §§ 130, 131 AO) gilt nach Auffassung des für AO-Fragen zuständigen VII. Senats entgegen I. Senat auch für spätere Abrechnungsbescheide iSv § 218 II AO (BFH VII R 35/06 BStBl II 07, 742 mwN – keine entscheidungserhebl Abweichung vom I. Senat; zur **Verjährung** vgl BFH VII R 33/06 BStBl II 08, 504; BFH VII R 51/08 BStBl II 10, 382; ferner BFH VII R 3/10 BFH/NV 11, 750; BFH VII R 55/10 BStBl II 12, 220: Rückzahlungsanspruch des FA; s auch 16./23. Aufl und Rz 31, 32).

31 **bb) Berichtigung.** Die unterbliebene Anrechnung kann fünf Jahre lang nachgeholt werden (§ 228 AO; zu Anrechnung bei Steuerhinterziehung s BFH VIII R 28/07 BStBl II 09, 842; s auch BFH VIII R 1/07 BStBl II 08, 659). Die Berichtigungsmöglichkeit einer fehlerhaften Anrechnung hängt ab von der Annahme eines selbständigen VA (Rz 30). ME kann die zu niedrige Anrechnung nach § 130 I AO ohne Einschränkung korrigiert werden (vgl – auch zu Grenze der Zahlungsverjährung – BFH VII R 33/06 BStBl II 08, 504; *FinVerw* DStR 08, 1333), die überhöhte Anrechnung – außer § 129 AO – nur eingeschränkt nach § 130 II AO (glA BFH VII R 35/06 BStBl II 07, 742 mwN mit weiter Auslegung von § 130 II AO; *FinVerw* DStR 03, 30, DStR 06, 848 und DStR 08, 1333, auch zu § 173 AO – s aber Rz 30). – Bei einer geänderten StFestsetzung ist auch die mit dem Änderungsbescheid verbundene Anrechnungsverfügung anzupassen (s BFH VII R 68/11 DStRE 14, 500: neue Frist nach § 228 AO, mit Anm *H. Schmitt*). Zum Widerruf einer Anrechnungsverfügung nach Änderung des EStBescheids wegen Festsetzungsverjährung s BFH VII R 43/07 BStBl II 09, 344.

32 **b) Rechtsbehelfe.** Bei fehlerhafter Anrechnung mE Anfechtung dieses VA durch Einspruch (s Rz 30, 31). IÜ kann der StPfl – alternativ, FG Mster EFG 91, 587, rkr – einen Erstattungsanspruch nach § 37 II AO geltend machen (s § 44b V zu KapESt) bzw einen Abrechnungsbescheid iSv § 218 AO beantragen (s Rz 30, 16. Aufl mwN, zum Inhalt BFH VII R 142/84 BFH/NV 90, 69); bei Ablehnung Einspruch (§ 347 I Nr 1 AO) oder Sprungklage (BFH I R 62/81 BStBl II 86, 565). An der **verfahrensrechtl Vorrangigkeit des Abrechnungsverfahrens** hat sich durch BFH VII R 100/96 BStBl II 97, 787 nichts geändert (BFH VII R 35/06 BStBl II 07, 742, BFH I B 79/06 BFH/NV 07, 207).

33 **c) Zusammenhang Besteuerung/KStAnrechnung.** S Rz 20, *FinVerw* DStR 08, 1333 sowie 23. Auflage.

34 **d) Aussetzung der Vollziehung.** AdV des EStBescheids führt grds dazu, dass die Steuerfestsetzung in dem Sinne suspendiert ist, dass sich kein Beteiligter darauf berufen kann. Von den Wirkungen darf kein Gebrauch gemacht werden. Jede Verwirklichung, auf welche Art und Weise auch immer, ist untersagt (vgl BFH VII

R 58/94 BStBl II 96, 55 zur Begründung seiner RsprÄnderung zum Aufrechnungsverbot mit derartigen Forderungen). Damit wären auch geleistete Vorauszahlungen, durch **Steuerabzug** erhobene LSt, KapESt und Abzugsteuer nach § 50a sowie anzurechnende KSt zu erstatten gewesen (vgl 15. Aufl mwN). Obwohl sich der *BMF* dem angeschlossen hatte (BStBl I 96, 642), ist diese Rechtslage durch **Gesetzesänderung** für alle offenen Verfahren überholt (§ 361 II 4 AO, § 1 VI zu Art 97 EGAO, § 69 II 8 und III 3 FGO): Soweit die AdV dieser Abzugsbeträge nicht zur **Abwendung wesentl Nachteile** nötig erscheint, wird sie nicht mehr durch die AdV des EStBescheids erfasst (großzügige Auslegung durch BFH IX B 177/02 BStBl II 04, 367: wesentl Nachteil mit der Folge der AdV und ggf Aufhebung der Vollziehung bei Überzeugung von der VerfWidrigkeit einer Norm, hier zur rückwirkenden Fristverlängerung nach § 23 I Nr 1).

Kritik: Das ist sinnvoll zur – fremden – KSt (vgl FG RhPf EFG 96, 934, rkr zu § 36 II Nr 3 aF), fragl zu LSt, KapESt und geleisteten Vorauszahlungen (bestätigt durch BFH I B 49/99 BStBl II 00, 57), unverständl zu offenen festgesetzten Vorauszahlungen (s FG Köln EFG 99, 1144, aufgehoben durch BFH X B 99/99 BStBl II 00, 559; FG Nds EFG 99, 1243, rkr, unter Beschränkung auf *entrichtete* Vorauszahlungen im Auslegungswege wie bisher), s 18./24. Aufl; der Gesetzeswortlaut geht weiter und ist nicht verfwidrig; idR wird ein **Herabsetzungsantrag** Erfolg haben. Zur **Grenze** s FG Nds EFG 98, 772, rkr, FG Mchn EFG 98, 1479, rkr, und im Anschluss daran die *FinVerw* (*Hinweis* in EFG 98, 1479: AdV auch in Höhe zurückgeforderter Anrechnungs-Erstattungsbeträge nach Bescheidänderung).

§ 37 Einkommensteuer-Vorauszahlung

(1) [1]**Der Steuerpflichtige hat am 10. März, 10. Juni, 10. September und 10. Dezember Vorauszahlungen auf die Einkommensteuer zu entrichten, die er für den laufenden Veranlagungszeitraum voraussichtlich schulden wird.** [2]**Die Einkommensteuer-Vorauszahlung entsteht jeweils mit Beginn des Kalendervierteljahres, in dem die Vorauszahlungen zu entrichten sind, oder, wenn die Steuerpflicht erst im Laufe des Kalendervierteljahres begründet wird, mit Begründung der Steuerpflicht.**

(2) *(weggefallen)*

(3) [1]**Das Finanzamt setzt die Vorauszahlungen durch Vorauszahlungsbescheid fest.** [2]**Die Vorauszahlungen bemessen sich grundsätzlich nach der Einkommensteuer, die sich nach Anrechnung der Steuerabzugsbeträge (§ 36 Absatz 2 Nummer 2) bei der letzten Veranlagung ergeben hat.** [3]**Das Finanzamt kann bis zum Ablauf des auf den Veranlagungszeitraum folgenden 15. Kalendermonats die Vorauszahlungen an die Einkommensteuer anpassen, die sich für den Veranlagungszeitraum voraussichtlich ergeben wird; dieser Zeitraum verlängert sich auf 23 Monate, wenn die Einkünfte aus Land- und Forstwirtschaft bei der erstmaligen Steuerfestsetzung die anderen Einkünfte voraussichtlich überwiegen werden.** [4]**Bei der Anwendung der Sätze 2 und 3 bleiben Aufwendungen im Sinne des § 10 Absatz 1 Nummer 4, 5, 7 und 9 sowie Absatz 1a, der §§ 10b und 33 sowie die abziehbaren Beträge nach § 33a, wenn die Aufwendungen und abziehbaren Beträge insgesamt 600 Euro nicht übersteigen, außer Ansatz.** [5]**Die Steuerermäßigung nach § 34a bleibt außer Ansatz.** [6]**Bei der Anwendung der Sätze 2 und 3 bleibt der Sonderausgabenabzug nach § 10a Absatz 1 außer Ansatz.** [7]**Außer Ansatz bleiben bis zur Anschaffung oder Fertigstellung der Objekte im Sinne des § 10e Absatz 1 und 2 und § 10h auch die Aufwendungen, die nach § 10e Absatz 6 und § 10h Satz 3 wie Sonderausgaben abgezogen werden; Entsprechendes gilt auch für Aufwendungen, die nach § 10i für nach dem Eigenheimzulagengesetz begünstigte Objekte wie Sonderausgaben abgezogen werden.** [8]**Negative Einkünfte aus der Vermietung oder Verpachtung eines Gebäudes im Sinne des § 21 Absatz 1 Satz 1 Nummer 1 werden bei der Festsetzung der Vorauszah-**

lungen nur für Kalenderjahre berücksichtigt, die nach der Anschaffung oder Fertigstellung dieses Gebäudes beginnen. [9]Wird ein Gebäude vor dem Kalenderjahr seiner Fertigstellung angeschafft, tritt an die Stelle der Anschaffung die Fertigstellung. [10]Satz 8 gilt nicht für negative Einkünfte aus der Vermietung oder Verpachtung eines Gebäudes, für das erhöhte Absetzungen nach den §§ 14a, 14c oder 14d des Berlinförderungsgesetzes oder Sonderabschreibungen nach § 4 des Fördergebietsgesetzes in Anspruch genommen werden. [11]Satz 8 gilt für negative Einkünfte aus der Vermietung oder Verpachtung eines anderen Vermögensgegenstands im Sinne des § 21 Absatz 1 Satz 1 Nummer 1 bis 3 entsprechend mit der Maßgabe, dass an die Stelle der Anschaffung oder Fertigstellung die Aufnahme der Nutzung durch den Steuerpflichtigen tritt. [12]In den Fällen des § 31, in denen die gebotene steuerliche Freistellung eines Einkommensbetrags in Höhe des Existenzminimums eines Kindes durch das Kindergeld nicht in vollem Umfang bewirkt wird, bleiben bei der Anwendung der Sätze 2 und 3 Freibeträge nach § 32 Absatz 6 und zu verrechnendes Kindergeld außer Ansatz.

(4) **[1]Bei einer nachträglichen Erhöhung der Vorauszahlungen ist die letzte Vorauszahlung für den Veranlagungszeitraum anzupassen. [2]Der Erhöhungsbetrag ist innerhalb eines Monats nach Bekanntgabe des Vorauszahlungsbescheids zu entrichten.**

(5) **[1]Vorauszahlungen sind nur festzusetzen, wenn sie mindestens 400 Euro im Kalenderjahr und mindestens 100 Euro für einen Vorauszahlungszeitpunkt betragen. [2]Festgesetzte Vorauszahlungen sind nur zu erhöhen, wenn sich der Erhöhungsbetrag im Fall des Absatzes 3 Satz 2 bis 5 für einen Vorauszahlungszeitpunkt auf mindestens 100 Euro, im Fall des Absatzes 4 auf mindestens 5000 Euro beläuft.**

(6) **[1]Absatz 3 ist, soweit die erforderlichen Daten nach § 10 Absatz 2 Satz 3 noch nicht nach § 10 Absatz 2a übermittelt wurden, mit der Maßgabe anzuwenden, dass**

1. als Beiträge im Sinne des § 10 Absatz 1 Nummer 3 Buchstabe a die für den letzten Veranlagungszeitraum geleisteten
   a) Beiträge zugunsten einer privaten Krankenversicherung vermindert um 20 Prozent oder
   b) Beiträge zur gesetzlichen Krankenversicherung vermindert um 4 Prozent,

2. als Beiträge im Sinne des § 10 Absatz 1 Nummer 3 Buchstabe b die bei der letzten Veranlagung berücksichtigten Beiträge zugunsten einer gesetzlichen Pflegeversicherung

anzusetzen sind; mindestens jedoch 1 500 Euro. [2]Bei zusammen veranlagten Ehegatten ist der in Satz 1 genannte Betrag von 1 500 Euro zu verdoppeln.

Einkommensteuer-Richtlinien: EStR 37/EStH 37

Übersicht

1 **1. Bedeutung; Wirkung.** Die Anforderung von Vorauszahlungen dient der Sicherung eines stetigen Steueraufkommens (BFH VII R 42/10 BStBl II 11, 607

mwN). § 37 soll zudem eine Gleichstellung zu den StPfl bewirken, die ihre Steuer durch Steuerabzug (LSt, KapESt) vorauszahlen. Die Vorauszahlungsschuld ist eine auflösend bedingte Schuld, die mit Ablauf des VZ erlischt, soweit keine EStSchuld entstanden ist (vertiefend *KSM* § 37 A 10f, danach soll auflösende Bedingung die Festsetzung der Jahressteuerschuld sein; ebenso *T/K* § 38 AO Rz 19). Zu diesem Zeitpunkt – und nicht erst mit Festsetzung der **Jahressteuerschuld** – entsteht ein eventueller Erstattungsanspruch. Die Festsetzung der Jahressteuerschuld berührt die Fälligkeit des Erstattungsanspruchs (s *T/K* § 37 AO Rz 42ff, 49). Solange der Vorauszahlungsbescheid wirksam ist, kann die Erstattung überzahlter Vorauszahlungen trotz bestehenden materiellen Erstattungsanspruchs nicht verlangt werden. Seine Wirksamkeit verliert der Vorauszahlungsbescheid nur durch ausdrückl Aufhebung oder durch Erlass des Jahressteuerbescheides (Rz 17). Nach Ergehen des Jahressteuerbescheides kann der Vorauszahlungsbescheid nicht mehr vollzogen werden (*KSM* § 37 A 14); ebenso nicht mehr nach Eintritt der Verjährung der EStJahresschuld (*KSM* § 37 A 16). Nach Eintritt der **Verjährung der ESt-Jahresschuld** kann ein EStBescheid nicht mehr ergehen; mit *T/K* (§ 37 AO Rz 45) ist davon auszugehen, dass der Vorauszahlungsbescheid durch Eintritt der Verjährung nicht unwirksam wird und dass dem StPfl die von ihm über den materiellen Steueranspruch hinaus geleisteten Vorauszahlungen allenfalls im Billigkeitswege erstattet werden können (ausführl *KSM* § 37 A 15–17, auch keine Billigkeitsmaßnahme; aA für Erstattung FG Nds EFG 10, 38, rkr; *Koops/Scharfenberg* DStR 95, 552; *HHR* § 37 Rz 30). Ergeht aber nach Eintritt der Festsetzungsverjährung ein Jahressteuerbescheid, so ist der Vorauszahlungsbescheid „auf andere Weise erledigt"; dieser erlangt nach Aufhebung des Jahressteuerbescheids seine Rechtswirkungen nicht mehr zurück, so dass mit Aufhebung des Jahressteuerbescheids wegen eingetretener Festsetzungsverjährung die Vorauszahlungen zu erstatten sind (FG BaWü DStRE 05, 474, rkr). – Die Festsetzung **negativer ESt-Vorauszahlungen** ist auch dann unzulässig, wenn damit LSt-Überzahlungen ausgeglichen werden sollen. Dafür enthält das LSt-Ermäßigungsverfahren (§ 39a) eine abschließende Regelung (FG BaWü EFG 76, 342, rkr; BVerfG in HFR 77, 255; ferner FG Nds EFG 94, 302, rkr). – Ein **Ehegatte** kann bestimmen, nur auf seine eigene Vorauszahlungsschuld zu leisten (FG Saarl EFG 01, 328, rkr). Zur zivilrechtl Lage bei Erstattung von ESt-Vorauszahlungen eines Ehegatten nach Scheitern der Ehe s BGH DStRE 02, 850. – Zur Hinterziehung von ESt-Vorauszahlungen durch unrichtige Angaben in der Jahressteuererklärung s BFH VII R 74/96 BStBl II 97, 600. Zur Abtretung eines Erstattungsanspruchs auf überzahlte Vorauszahlungen s BFH VII R 86/88 BStBl II 90, 523.

2. Entstehung; Fälligkeit. Die regelmäßigen Vorauszahlungstermine ergeben 2
sich aus § 37 I 1. Ab 2009 werden keine abweichenden Vorauszahlungstermine mehr festgesetzt (Aufhebung von Abs 2; frühere Rechtslage s 27. Aufl). Auch für ArbN, deren Lohn dem **LStAbzug** unterliegt, können **Vorauszahlungen** festgesetzt werden (BFH VI R 182/97 BStBl II 05, 358; FG Ddorf DStRE 05, 696, rkr). Die Vorauszahlungsschuld entsteht dem Grunde (nicht der Höhe nach, *Kruse* in FS für K. Tipke S 285 und *T/K* § 38 AO Rz 18) regelmäßig am 1. Januar, 1. April, 1. Juli und 1. Oktober. Wird die obj oder subj StPfl (*HHR* § 37 Rz 15) erst im Laufe eines Kalendervierteljahres begründet, so entsteht die Vorauszahlungsschuld mit Begründung der StPfl. Bei einer nachträgl Erhöhung der Vorauszahlung iSd § 37 IV gilt die erhöhte Vorauszahlungsschuld als am 1. Oktober entstanden (glA, aber krit *HHR* § 37 Rz 100; aA mit beachtl Gründen *KSM* § 37 B 8). Die Vorauszahlung kann nicht vor ihrer Entstehung **fällig** werden. Wird zB die StPfl am 11. Juni begründet, so kann eine an diesem Tag entstehende Vorauszahlungsschuld erst zum 10. September angefordert werden. Auf eine zB am 1. April entstehende Vorauszahlungsschuld ist es ohne Einfluss, wenn der StPfl danach (zB am 1. Juni) stirbt. Die Vorauszahlungen zum 10. Juni sind von dem

Erben für den verstorbenen StPfl zu entrichten. Für spätere Vorauszahlungstermine verliert der Vorauszahlungsbescheid seine Wirksamkeit. Vorauszahlungen sind dann durch gegen die Erben persönl gerichtete Vorauszahlungsbescheide geltend zu machen. Das Ergehen eines **Vorauszahlungsbescheids** (= Steuerbescheid unter Vorbehalt der Nachprüfung, § 164 I 2 AO) ist Voraussetzung für die **Fälligkeit** der Vorauszahlung (ebenso: *K/Gosch* § 37 Rz 26; aA *HHR* § 37 Rz 25: Voraussetzung für Fälligkeit und Entstehung). Der Vorauszahlungsbescheid wird häufig mit dem EStBescheid des Vorjahres oder eines der Vorjahre verbunden; es handelt sich aber um zwei verschiedene Bescheide. Die Vorauszahlungsschuld kann **gestundet** werden (§ 222 AO; s auch BFH IV R 161/81 BStBl II 85, 449; zur Verrechnungsstundung s BFH II R 71/94 BFH/NV 96, 873). Stundungszinsen auf Vorauszahlungen sind herabzusetzen, wenn die spätere EStVeranlagung zu niedrigerer ESt führt (FG Köln EFG 96, 575, rkr). Bei nicht rechtzeitiger Zahlung sind **Säumniszuschläge** verwirkt (§ 240 AO). Ein Säumniszuschlag wird aber bei einer Säumnis bis zu 3 Tagen nicht erhoben (§ 240 III AO). Säumniszuschläge bleiben auch dann verwirkt, wenn die Vorauszahlungen im Rechtsbehelfsverfahren herabgesetzt (BFH GrS 1/75 BStBl II 76, 262 und BFH VI R 152/70 BStBl II 76, 739 sind durch § 240 I 4 AO überholt) oder später an die zu erwartende niedrigere Jahressteuer angepasst werden (vgl *T/K* § 240 AO Rz 43 mwN; s auch Rz 9 aE).

3 **3. Höhe der Vorauszahlungen.** Bemessungsgrundlage für die Vorauszahlungen ist die für den laufenden VZ voraussichtl anfallende EStSchuld (s aber Rz 8 ff); daher kann auch bereits im Vorauszahlungsverfahren die Günstigerprüfung des § 32d VI berücksichtigt werden (*FinVerw* DB 10, 1320). Mangels anderer Anhaltspunkte richtet sich die Höhe der Vorauszahlungen grds nach der aus der letzten Veranlagung resultierenden EStSchuld, die sich nach Anrechnung von Steuerabzugsbeträgen und der KSt ergeben hat (§ 37 III 2; s FG SchlHol EFG 84, 289, rkr, Vermutung von Steuerermäßigungen aus zu erwartenden Berlin-Darlehen; hierzu auch *George* DB 85, 1768). – Liegen dem FA zum Zeitpunkt der Festsetzung der Vorauszahlungen noch keine Daten zu den **KV- und PflV-Beiträgen** des StPfl vor, ist gem **§ 37 VI nF** von den Beiträgen des jeweils letzten VZ auszugehen, abzgl eines pauschalen Abschlags von 20% bei privater KV und von 4% bei gesetzl KV; bei der PflV werden keine Abschläge vorgenommen. Der Mindestansatz beträgt 1500 € bzw bei zusammen veranlagten Ehegatten 3000 €. Die Regelung ist mit dem **Kroat-AnpG** (BGBl I 14, 1266) angefügt worden und entspricht § 52 Abs 50f S 1 und 3 aF. – Kann der StPfl glaubhaft machen, dass die EStSchuld des Vorauszahlungsjahres niedriger als die der letzten Veranlagung werden wird, so gilt diese niedrigere voraussichtl EStSchuld als Bemessungsgrundlage für die Vorauszahlungen. Greift diese Ausnahme nicht ein, so ist die letzte Veranlagung solange Bemessungsgrundlage, bis die Steuer durch einen neuen Bescheid oder eine Rechtsbehelfsentscheidung geändert oder die Steuer für ein nachfolgendes Kj festgesetzt wird. – Die vier Vorauszahlungen sind, wenn sie vor dem 10.3. festgesetzt worden sind und keine Anpassung im laufenden Kj erfolgt, im Allg mit einem Viertel der voraussichtl Jahressteuerschuld anzusetzen. Das gilt auch dann, wenn der StPfl im Wesentl **saisonale Einnahmen** erzielt (ausführl: BFH VIII R 11/09 BStBl II 12, 329). Hier kann evtl durch Stundung geholfen werden (dagegen FG Nds EFG 82, 571, rkr). Bei einem abweichenden Wj (§ 4a) können die auf den Gewinn des GewBetr entfallenden Vorauszahlungen erst frühestens vom 10. März des Kj angefordert werden, in dem nach der Neugründung das erste Wj endet (§ 4a II Nr 2; anders aber bei § 4a II Nr 1). Zum Rechtscharakter der Festsetzung s Rz 6.

4 **4. Anpassung der Vorauszahlungen** (beachte die Wertgrenzen des § 37 V) – **aa) Geänderte voraussichtliche EStSchuld.** Waren die Vorauszahlungen entspr dem Ergebnis der letzten Veranlagung festgesetzt worden und ergeht ein zeitnäherer Steuerbescheid oder ergibt sich aus anderen Umständen eine höhere oder nied-

rigere voraussichtl EStSchuld des laufenden Kj, sind die künftigen Vorauszahlungen dieses Kj an die nunmehr (voraussichtl) EStSchuld anzupassen (gegen automatische Anpassung an zeitnäheren EStBescheid s *KSM* § 37 A 25). Die künftigen Vorauszahlungen sind so festzusetzen, dass sie insgesamt mit den schon fällig gewesenen Zahlungen der voraussichtlichen EStSchuld entsprechen; dabei muss der StPfl die Gesamtsituation darlegen (FG Mster EFG 93, 236, rkr; allg zur Glaubhaftmachung s *HHR* § 37 Rz 42). – **(1) Erhöhung der Vorauszahlungen.** Nach hM (BFH IV R 241/80 BStBl II 82, 105; zur alten Rechtslage s BFH IV R 86/74 BStBl II 75, 15) soll im Falle der Erhöhung der Vorauszahlung im lfd Kj zum nächsten Vorauszahlungstermin die **Einhaltung der Monatsfrist** des § 37 IV 2 nicht gelten (EStH 37; zutr aA *HHR* § 37 Rz 50, analoge Anwendung des § 37 IV 2; *Friedrich* FR 81, 609; ausführl *Diebold* FR 92, 708). Folgt man der hM, so hat der StPfl aber einen Anspruch auf zinslose Stundung dergestalt, dass die Vorauszahlung nicht vor Ablauf eines Monats nach Bekanntgabe des neuen Vorauszahlungsbescheids fällig wird. Mit BFH IV R 241/80 BStBl II 82, 105 ist dann anzunehmen, dass ein solcher Anspruch regelmäßig nicht besteht, wenn die Vorauszahlungen auf Grund einer erklärungsgemäß durchgeführten Veranlagung für ein Vorjahr heraufgesetzt worden ist (*KSM* § 37 B 13). **Bereits fällig gewesene Vorauszahlungen** dürfen ohne Zustimmung des StPfl im laufenden Kj nicht nachträgl erhöht werden. Dies gilt allerdings nicht für die **Vorauszahlung zum 10. Dezember.** Diese kann bis zum Ablauf des auf den VZ folgenden 15./23. Kalendermonats (Anpassung an die Karenzzeit für die Vollverzinsung des § 233a AO, bis VZ 2010: 15./21. Kalendermonat) mit einer Zahlungsfrist von einem Monat nachträgl erhöht werden, wenn sich die Erhöhung auf mindestens (ab 2009) 5000 € beläuft (§ 37 III 3, IV, V; zum Entstehungszeitpunkt s Rz 2). Der StPfl hat einen Anspruch auf Heraufsetzung der Vorauszahlungen auch dann, wenn die 5000 €-Grenze (§ 37 V 2) nicht erreicht wird (glA *von Bornhaupt* DStZ 99, 148; aA aber BFH III R 243/94 BFH/NV 99, 288); ebenso nach Ablauf der fünfzehnmonatigen Frist des § 37 III 3 HS 1 (aA BFH X R 65/96 BFH/NV 02, 1567). Ein Vorauszahlungsbescheid kann auch noch erteilt oder eine Vorauszahlung angepasst werden, wenn bereits die EStErklärung für den abgelaufenen VZ eingereicht worden ist (BFH VIII B 69/75 BStBl II 77, 33).

(2) Herabsetzung der Vorauszahlungen. Eine nachträgl Herabsetzung auch 5
bereits fällig gewesener Vorauszahlungen ist ohne Einschränkung möglich (dazu *KSM* § 37 E 7), und zwar auch noch im folgenden für das vergangene Kj; § 37 III 3 spricht nur allg von Anpassung; § 37 IV 1 ist eine Sonderregelung nur für die heraufsetzende Anpassung, aus der nicht das Verbot einer herabsetzenden Anpassung abgeleitet werden kann (ebenso *HHR* § 37 Rz 51 f). – Zur Anpassung der Vorauszahlungen im Hinblick auf einen **Verlustrücktrag** s *Orth* FR 83, 545 und FR 84, 241 ff (unter Berücksichtigung des § 37 III 7–11, hierzu auch mit zT aA *Horlemann* BB 84, 1217). – **(3) Keine Berichtigungspflicht.** Der StPfl ist nicht verpflichtet, eine Erhöhung der Vorauszahlung zu beantragen, wenn er erkennt, dass die EStSchuld voraussichtl höher als die Summe der Vorauszahlungen sein wird oder wenn sich nach einer Herabsetzung die Verhältnisse steuererhöhend entwickelt haben (*FinVerw* DStR 94, 1085); wohl ist aber das FA im Einzelfall zu Nachforschungen berechtigt. Unrichtige Auskünfte hat der StPfl zu berichtigen (FG Ddorf EFG 89, 491, rkr).

bb) Entscheidung des FA. Nach hM soll die Entscheidung des FA über die 6
Anpassung der Vorauszahlungen eine **Ermessensentscheidung** sein (BFH IV R 81/79 BStBl II 82, 446, auch für die erstmalige Festsetzung; BFH IV R 241/80 BStBl II 82, 105; BFH I R 21/74 BStBl II 76, 389; BFH I 65/64 BStBl III 66, 605; s auch FG Hess EFG 81, 632, rkr; FG Hbg EFG 11, 1425), soweit es um Zweifelsfragen bei der Ermittlung der Besteuerungsgrundlagen geht (BFH IX B 121/84 BStBl II 86, 749). Das FA soll nicht ermessensfehlerhaft handeln, wenn es

der im Zeitpunkt der Vorauszahlungsentscheidung allg vertretenen Rechtsauffassung folgt. Diese Auffassung ist **zweifelhaft** (überzeugend gegen BFH: *KSM* § 37 D 143; *HHR* § 37 Rz 41, 43). Den Belangen der StPfl wird man nur gerecht, wenn das FG den Vorauszahlungsbescheid entspr den zu § 69 FGO entwickelten Grundsätzen überprüfen kann (s auch Rz 18). Um keine Ermessensentscheidung handelt es sich aber, soweit es um die Auslegung des § 37 selbst geht (BFH IX B 121/84 BStBl II 86, 749). Ein auf der Annahme der Zusammenveranlagung beruhender Vorauszahlungsbescheid soll rechtmäßig bleiben, wenn im Klageverfahren erstmals angekündigt wird, die getrennte Veranlagung zu wählen (FG Nds EFG 10, 1021, rkr).

7 **5. Vorauszahlungen bei Verlustzuweisungen.** Das Verfahren mit vorrangigem Tätigwerden des BetriebsFA im Wege des Vorprüfungsverfahrens war in BStBl I 92, 404 (geändert durch BStBl I 94, 420) geregelt (s auch *Baum* DStZ 92, 532), hat sich aber durch § 37 III 8–11 und weitere Abzugsbeschränkungen (§ 15b) erledigt.

8 **6. Außer Ansatz bleibende Beträge, § 37 III 4–12. – a) 600 €-Grenze, § 37 III 4–6.** Gem **§ 37 III 4** sind die genannten Beträge und Aufwendungen ausgeschlossen, wenn sie 600 € nicht übersteigen (getrennte Veranlagung von Ehegatten: s EStR 37). Zur Ermittlung der 600 €-Grenze s § 39a Rz 4. § 37 III 4 lässt Vorsorgeaufwendungen iSd § 10 I Nr 2 (Versicherungsbeiträge) unerwähnt; sie können daher iRd Höchstbeträge (§ 10 III) bei der Bemessung der Vorauszahlungen berücksichtigt werden (anders als bei § 39a; glA *Blümich* § 37 Rz 18). – Gem **§ 37 III 6** bleiben auch SA nach § 10a bei den Vorauszahlungen außer Ansatz (gleiche Rechtslage wie bei Rz 16). Begünstigung nicht entnommener Gewinne (§ 34a) kann nicht im Vorauszahlungsverfahren steuermindernd berücksichtigt werden **(§ 37 III 5).**

9 **b) Verluste aus VuV, § 37 III 8–11. – aa) Allgemeines.** *Negative Einkünfte* (Verluste) aus VuV eines Gebäudes iSd § 21 I Nr 1 oder eines anderen Vermögensgegenstands iSd § 21 I Nr 1–3 können nicht in den *Vorauszahlungsverfahren* der Jahre der Bauphase bis einschließl des Jahres der Fertigstellung oder der Anschaffung bzw des Jahres der Aufnahme der Nutzung steuermindernd berücksichtigt werden (verfgemäß BFH VI B 154/93 BStBl II 94, 567, AdV-Sache; FG Hess BB 95, 2626, rkr, mit abl Anm *Zärban;* aA auch *Paus* FR 95, 14). Sollen die Objekte anders als durch VuV genutzt werden, greift die Regelung von vornherein nicht ein (s Rz 11). Sie soll die Vorfinanzierung von Eigenkapitalleistungen über die ersparten EStVorauszahlungen einschränken (BT-Drs 10/336 S 37), wie dies bei Bauherren- und Erwerber-Modellen (s § 21 Rz 131 ff) praktiziert worden ist. Betroffen von der Regelung sind aber auch Bauherren oder Erwerber, die das Bauvorhaben ohne Einschaltung von Modellträgern verwirklichen; hierfür fehlt jede Rechtfertigung (vgl *HHR* § 37 Rz 71; *Paus* FR 93, 117; *Zärban* BB 95, 2627; aA *Blümich* § 37 Rz 20); dennoch sollen Säumniszuschläge auf Vorauszahlungen nicht zu erlassen sein, wenn die Vorauszahlungen bei Einzelbauherren auf der Nichtberücksichtigung der negativen Einkünfte gem § 37 III 8 beruhten (so BFH IX R 17/06 BStBl II 07, 627; nicht überzeugend).

10 **bb) Beginn der Berücksichtigung.** Verluste aus den vorbezeichneten Objekten können im Vorauszahlungsverfahren desjenigen Jahres erstmals geltend gemacht werden, das dem Jahr der Fertigstellung, Anschaffung oder Aufnahme der Nutzung folgt (zB Fertigstellung des Gebäudes am 10.1.2015; Berücksichtigung von Verlusten im Vorauszahlungsverfahren erstmals des Jahres 2016). Zur Vermeidung weiterer Finanzierungsverluste gilt es, die Fertigstellung, Anschaffung bzw Aufnahme der Nutzung noch vor Jahresende zu erreichen. **Zur Klarstellung:** Die in den Jahren der Bauphase und im Fertigstellungsjahr (usw) angefallenen Verluste sind wie bisher ohne Einschränkungen bei den Veranlagungen *dieser* Jahre anzusetzen. Es ist also wichtig, die EStErklärungen **so früh wie möglich** abzugeben, damit die bei den Vorauszahlungen nicht berücksichtigten Verluste bei der Veranlagung

angesetzt und alsbald zu Erstattungen führen können. Für die FinVerw bedeutet die Regelung eine wesentl Verwaltungsvereinfachung, da die früher notwendige Doppelprüfung im Vorauszahlungs- und im Veranlagungsverfahren entfällt.

cc) Einkünfte aus VuV. Betroffen sollen nur solche Objekte sein, die im Rahmen der Einkünfte aus VuV vermietet oder verpachtet werden. Gehören die zur VuV vorgesehenen Objekte zum BV (GewBetr, selbstständige Arbeit, LuF), sollen die während der Bauphase anfallenden Verluste in vollem Umfang bei der Festsetzung der Vorauszahlungen zu berücksichtigen sein (ganz hM). Damit sind auch gewerbl Bauherren- oder Erwerbermodelle von der Einschränkung nicht erfasst (s aber § 15b). 11

dd) Gebäude. Bei Gebäuden, die vermietet oder verpachtet werden sollen, können die Verluste erstmals bei den Vorauszahlungen des Jahres angesetzt werden, das dem Jahr der Fertigstellung (Abschluss der wesentl Baumaßnahmen) oder Anschaffung (Abschluss des Kaufvertrages und Übergang von Besitz, Nutzen, Lasten und Gefahr) folgt. Beim Erwerb unfertiger Gebäude tritt an die Stelle der Anschaffung die Fertigstellung. Erwerb eines fertigen Gebäudes in der Absicht, die Wohnungen in Eigentumswohnungen umzuwandeln, ist aber nicht Anschaffung „unfertiger" Eigentumswohnungen. In Fällen des Erwerbs und nachfolgender Altbausanierung entscheidet die Anschaffung, wenn ein bewohnbares Gebäude angeschafft worden ist (*KSM* § 37 D 71). 12

ee) Andere Vermögensgegenstände. Zu den anderen Vermögensgegenständen bei **§ 37 III 11** (s hierzu § 21 Rz 55–58) gehören insb auch **Grundstücke** (Grund und Boden) und **Gebäudeteile,** also auch **Eigentumswohnungen** (aA *HHR* § 37 Rz 79 „Wohneigentum"; *K/Gosch* § 37 Rz 21). Gebäudeteile können auch entstehen bei abschnittsweiser Errichtung eines Gebäudes und bei **Ausbauten/Erweiterungen** (*Puhl* DB 84, 12). Nach *HHR* § 37 Rz 79 zählen Gebäudeteile, Ausbauten und Erweiterungen zu den Gebäuden. Bei diesen anderen Vermögensgegenständen können die Verluste erstmals bei den Vorauszahlungen desjenigen Jahres angesetzt werden, das dem Jahr der **Aufnahme der Nutzung** durch den StPfl folgt. Der StPfl hat mE dann die Nutzung aufgenommen, wenn er den zur VuV bereits geeigneten Vermögensgegenstand ernstl zur VuV anbietet (zB Fälle vergebl Vermietungsbemühungen bei Eigentumswohnungen; *HHR* § 37 Rz 89; so wohl auch *Altehoefer/ua* DStZ 84, 18, aktive Vermietungstätigkeit des StPfl). Die Aufnahme der Nutzung durch den Mieter oder Pächter ist nicht erforderl (*HHR* § 37 Rz 89; so aber *Bordewin* FR 84, 64; *Puhl* DB 84, 14). Bei **Gebäudeteilen (zB Eigentumswohnungen)** kommt es auf die Aufnahme der Nutzung nicht an, wenn das gesamte Gebäude fertiggestellt ist (glA *Puhl* DB 84, 14; aA *Bordewin* FR 84, 64; zB Erwerb einer fertigen Eigentumswohnung im fertiggestellten Gebäude am 1.12.2007, Vermietung irgendwann in 2008, mE Berücksichtigung der Verluste bereits bei den Vorauszahlungen 2007; aA *Bordewin:* erst ab 2008; ebenso *K/Gosch* § 37 Rz 21). Bei **Grund und Boden** ist die Aufnahme der Nutzung nicht etwa im Baubeginn zu sehen; erforderl ist Aufnahme der Nutzung zur VuV (*HHR* § 37 Rz 89; *KSM* § 37 D 39). – Die **Ausnahmeregelung des § 37 III 10** hat wegen Auslaufens der genannten Vorschriften keine Bedeutung mehr, s 27. Aufl. 13

c) Vorkosten iSv § 10e VI, § 10h S 3 und § 10i, § 37 III 7. Die genannten Vorschriften haben ebenfalls keine aktuelle Bedeutung mehr, s 23. Aufl. 15

d) Kinderentlastung, § 37 III 12. Ab 1997 sind höhere Steuerentlastungen, die sich auf Grund der Gewährung des Kinderfreibetrages anstelle des Kindergeldes ergeben (§ 31), erst im Veranlagungsverfahren mögl. 16

7. Rechtsbehelfe. – a) Vorauszahlungsbescheid. Gegen erstmalige Vorauszahlungsbescheide, Anpassungsbescheide und die Herabsetzung ablehnende Bescheide ist der **Einspruch** gegeben. Der Einspruch gegen einen EStBescheid er- 17 streckt sich nicht ohne weiteres auf einen mitergangenen Vorauszahlungsbescheid. Ein Antrag auf Anpassung der EStVorauszahlungen kann uU in einen Einspruch gegen den bereits ergangenen EStBescheid umgedeutet werden (FG Köln EFG 02, 1140, rkr). Die Tilgung der Vorauszahlungsschuld kann nur im **Abrechnungsverfahren** gem § 218 II AO geltend gemacht werden. – Ist ein *Vorauszahlungsbescheid angefochten,* weil die Vorauszahlungen zu hoch festgesetzt seien, kann **vorläufiger Rechtsschutz** durch AdV des Vorauszahlungsbescheids gewährt werden (BFH I B 3/78 BStBl II 79, 46, stillschweigend; Anm *Hein* BB 80, 1099; FG Ddorf EFG 76, 350 rkr; FG Bln EFG 78, 438 rkr). Zu Aussetzungszinsen s FG Köln EFG 93, 281, rkr. Hat das FA eine **herabsetzende Anpassung der Vorauszahlungen abgelehnt,** so soll gegen diese angefochtene Entscheidung nach § 114 FGO vorläufiger Rechtsschutz gewährt werden, der aber nur in einer vorläufigen Stundung, nicht dagegen in einer Herabsetzung der Vorauszahlungen bestehen kann (BFH I B 7/75 BStBl II 75, 778; zum Anordnungsgrund s BFH VIII B 115/82 BStBl II 84, 492; krit *KSM* § 37 A 65); diese Rspr ist mE überholt; auch in diesem Fall kann AdV gewährt werden (wie bisher aber BFH I B 187/90 BStBl II 91, 643; Zweifel in Anm HFR 91, 541). – Ein **ESt-Vorauszahlungsbescheid erledigt** sich mit Ergehen des EStBescheids (BFH GrS 3/93 BStBl II 95, 730; BFH VII R 42/10 BStBl II 11, 607: „auf andere Weise", § 124 I AO; BFH I R 43/12 BFH/NV 15, 306). Ein Rechtsstreit ist damit in der Hauptsache erledigt. Gleiches gilt für KiSt-Anmeldung und KiStBescheid (BFH I R 44/96 BStBl II 98, 207). – Ist ein Klageverfahren anhängig, wird der EStBescheid zum Gegenstand des Verfahrens (s BFH X R 15/07 BStBl II 09, 710); zur Zulässigkeit einer Fortsetzungsfeststellungsklage s BFH X B 58/13 BFH/NV 14, 361. – Eine im Vorauszahlungsverfahren ergangene gerichtl Entscheidung ist im späteren Veranlagungsverfahren nicht bindend (zuletzt BFH IV E 2/80 BStBl II 80, 520 unter Nr 3).

18 **b) AdV eines ESt-Bescheids.** Durch Änderung des **§ 361 II AO/§ 69 II FGO** ist die Aussetzung/Aufhebung der Vollziehung nur noch auf die festgesetzte ESt, vermindert um die anzurechnenden StAbzugsbeträge, um die anzurechnende KSt und um die festgesetzten (auf Zahlung kommt es nicht an) Vorauszahlungen, beschränkt. Damit führt die AdV eines EStBescheids idR nicht mehr zur vorläufigen Erstattung, es sei denn, dem StPfl drohen **wesentl Nachteile** (s AEAO zu § 361, 4.6.1, mit Beispielen; *Suhrbier-Hahn* DStR 98, 1705; zur früheren Rechtslage s 23. Aufl). Geht man davon aus, dass die Entscheidung des FA über die Anpassung der Vorauszahlungen eine Ermessensentscheidung ist (s dazu Rz 6), kann dies gegen **Art 19 IV GG** verstoßen (s auch die zutr Kritik von *Woerner* BB 96, 2649; verfrechtl Bedenken *Siegert* DStZ 97, 222ff). BFH I B 49/99 BStBl II 00, 57 und BFH X B 99/99 BStBl II 00, 559 (sogar bei früherer Aussetzung der Vollziehung der Vorauszahlungen; zust *K/Gosch* § 37 Rz 30) bejahen zu Unrecht die VerfMäßigkeit (aA FG Nds DStRE 00, 274, rkr, für verfkonforme Auslegung; ebenso *T/K* § 69 FGO Rz 183; *Leonard* DB 99, 2280). S aber BFH V R 42/08 BStBl II 10, 955: **Erlass von Säumniszuschlägen** (*T/K* § 361 AO Rz 13).

§ 37a Pauschalierung der Einkommensteuer durch Dritte

(1) [1] **Das Finanzamt kann auf Antrag zulassen, dass das Unternehmen, das Sachprämien im Sinne des § 3 Nummer 38 gewährt, die Einkommensteuer für den Teil der Prämien, der nicht steuerfrei ist, pauschal erhebt.** [2] **Bemessungsgrundlage der pauschalen Einkommensteuer ist der gesamte Wert der Prämien, die den im Inland ansässigen Steuerpflichtigen zufließen.** [3] **Der Pauschsteuersatz beträgt 2,25 Prozent.**

(2) [1] **Auf die pauschale Einkommensteuer ist § 40 Absatz 3 sinngemäß anzuwenden.** [2] **Das Unternehmen hat die Prämienempfänger von der Steuerübernahme zu unterrichten.**

(3) [1]**Über den Antrag entscheidet das Betriebsstättenfinanzamt des Unternehmens (§ 41a Absatz 1 Satz 1 Nummer 1).** [2]**Hat das Unternehmen mehrere Betriebsstättenfinanzämter, so ist das Finanzamt der Betriebsstätte zuständig, in der die für die pauschale Besteuerung maßgebenden Prämien ermittelt werden.** [3]**Die Genehmigung zur Pauschalierung wird mit Wirkung für die Zukunft erteilt und kann zeitlich befristet werden; sie erstreckt sich auf alle im Geltungszeitraum ausgeschütteten Prämien.**

(4) **Die pauschale Einkommensteuer gilt als Lohnsteuer und ist von dem Unternehmen in der Lohnsteuer-Anmeldung der Betriebsstätte im Sinne des Absatzes 3 anzumelden und spätestens am zehnten Tag nach Ablauf des für die Betriebsstätte maßgebenden Lohnsteuer-Anmeldungszeitraums an das Betriebsstättenfinanzamt abzuführen.**

1. Allgemeines. § 3 Nr 38 gewährt einen Steuerfreibetrag iHv 1080 € für Sachprämien, die einem StPfl aus sog Kundenbindungsprogrammen gewährt werden (s dazu § 3 Rz 129). – § 3 Nr 38 wird durch § 37a (bestätigt durch BGBl I 11, 554) dahingehend ergänzt, dass das die Sachprämien gewährende Unternehmen die auf solche für private Zwecke verwendete Sachprämien (Freiflüge, Freiübernachtungen als BE oder Lohn) entfallende ESt in Form einer pauschalen Steuer übernimmt. Damit soll erreicht werden, dass der die Sachprämie erhaltende Kunde diese in seiner Steuererklärung nicht berücksichtigen muss und damit aus den Kundenbindungsprogrammen steuerl nicht behelligt wird. – Zu europarechtl Bedenken s *KSM* § 37a A 42 ff, mwN. Auf die pauschale Steuer ist auch der SolZ zu erheben (*Giloy* BB 98, 720); ab 2009 ist die SV-Pflicht entfallen (§ 1 S 1 Nr 13 SvEV). Zu ustrechtl Fragen s *Robisch* DStR 11, 9. 1

2. Materielle Rechtslage. – a) Gewinneinkünfte. Werden einem Unternehmer für eine betriebl veranlasste Flugreise/Hotelübernachtung **Bonuspunkte** gutgeschrieben, so ist einerseits der Aufwand für den Flug/die Hotelübernachtung in voller Höhe BA (unabhängig von der Gewinnermittlungsart). Andererseits sind aber die gutgeschriebenen Bonuspunkte, die der Unternehmer durch die BA finanziert hat, als Ertrag iHd tarifmäßigen Flugpreise für die gutgeschriebenen Flugmeilen bzw iHd Wertes einer gutgeschriebenen Hotelübernachtung zu erfassen (für bilanzierende StPfl: **Aktivierung** der Forderung aus dem Bonusprogramm; zT aA *HHR* § 37a Rz 7; *KSM* § 37a A 14). Werden die Bonuspunkte später für eine *betriebl* Reise eingesetzt, so ist der Wert der früher als Ertrag erfassten Bonuspunkte nun als **BA** abzusetzen; der Einsatz der Bonuspunkte für *private* Zwecke (zB Ferienreise) ist als **Entnahme** zu erfassen (idS zutr *FinVerw* DB 95, 1310; *HHR* aaO). Sollten die Bonuspunkte verfallen, so ergibt sich ein außerordentl Verlust. – Bei **4 III-Rechnung** kann es erst im Augenblick der Gewährung der Sachprämie zu BE kommen, wenn die Bonuspunkte für *private* Zwecke verwendet werden. Bei *betriebl* Verwendung der Bonuspunkte ist der Vorgang gewinnneutral. 3

b) Einkünfte aus nichtselbstständiger Arbeit. – aa) Zahlung durch ArbN. Die Behandlung erfolgt entspr der Überschussrechnung bei Gewinneinkünften (s Rz 3): Die **Zahlung** des berufl veranlassten Fluges/der Hotelübernachtung führt in voller Höhe zu WK. Werden die Bonuspunkte später wiederum für **berufl Zwecke** eingesetzt, steht einer fiktiven Einnahme iHd Wertes der Bonuspunkte ein fiktiver WK-Abzug ggü, so dass der Vorgang steuerneutral ist. Dies ist zutr, denn die spätere *berufl* Reise unter Einsatz der Bonuspunkte war bereits durch die früheren berufl Reisen finanziert und durch einen WK-Abzug berücksichtigt worden. Werden die Bonuspunkte hingegen für **private Zwecke** verwendet (zB Ferienreise), so ist der Wert der Reise als Einnahme iSd § 19 zu erfassen (zum Zufluss s *Thomas* DStR 97, 306); es gilt hier der Gedanke der *zurückgezahlten WK* (s auch § 9 Rz 112; glA *KSM* § 37a A 15; aA *HHR* Rz 7 mwN). 4

5 **bb) Zahlung durch ArbG.** Zahlt der ArbG die Reisekosten oder erstattet er dem ArbN die verauslagten Reisekosten **(Auslagenersatz),** ist der spätere Einsatz der Bonuspunkte für eine Dienstreise steuerneutral; hier kann es letztl nicht zur Einnahme iSd § 19 kommen, da die Bonuspunkte für berufl Zwecke verwendet werden. Anders ist die Rechtslage, wenn die Bonuspunkte, die vom ArbG finanziert worden sind, für **private Zwecke** des ArbN (zB Ferienreise) eingesetzt werden. Hier ist eine Lohnzuwendung des ArbG anzunehmen, die darin besteht, dass der ArbG darauf verzichtet, dass der ArbN die (vom ArbG finanzierten) Bonuspunkte für Dienstreisen einsetzt (*KSM* § 37a A 16; *HHR* § 37a Rz 7; zweifelnd *Thomas* DStR 97, 308); denn diese Bonuspunkte stehen arbeitsrechtl dem ArbG zu (BAG 9 AZR 500/05, DB 06, 2068; s auch *Kock* DB 07, 462). Die Frage nach der Lohnzuwendung durch Dritte ist mE schon vom Ansatzpunkt her verfehlt (glA *Giloy* BB 98, 718; aA *Strömer* BB 93, 705; *Heinze* DB 96, 2490; s auch *von Bornhaupt* FR 93, 326).

6 **cc) Private Bonuspunkte.** Stammen die Bonuspunkte aus *privat* veranlassten Reisen, führen bei privater Verwendung weder zu BE noch zu Lohn. Werden solche Bonuspunkte aber für betriebl/berufl Reisen eingesetzt, so ergibt sich iHd Wertes der Bonuspunkte ein BA-/WK-Abzug (glA *KSM* § 37a A 13).

7 **3. Verfahren.** Die Pauschalierung erfolgt auf Antrag des die Sachprämie gewährenden Unternehmens. Der Besteuerung sollen nur die tatsächl in Anspruch genommenen Prämien und nicht bereits die Gutschriften unterliegen (*FinVerw* DStR 97, 1166 und DStR 98, 1217). Das BetriebsstättenFA (Abs 3 iVm § 41 I Nr 1) trifft eine **Ermessensentscheidung,** bei der das Ermessen idR auf Null reduziert ist. Die für die Zukunft (Ausnahme s § 52 II g aF) auszusprechende Genehmigung (Grundlagenbescheid, s *Thomas* DStR 97, 305, 307; *K/Gosch* § 37a Rz 7; aA: *KSM* § 37a B 9; *HHR* § 37a Anm 17) erstreckt sich auf alle ausgeschütteten Prämien; das Unternehmen muss *sämtl* Sachprämien an Inländer (*Giloy* BB 98, 719) in die Pauschalbesteuerung einbeziehen. – Die pauschale Steuer soll die stpfl Teile der Sachprämien erfassen. Bemessungsgrundlage ist aber (dadurch erklärt sich der niedrige Steuersatz von 2,25 vH) der *gesamte* Wert der Sachprämien, gleichgültig ob die Sachprämien stbar/stpfl sind (s dazu die Begründung in BT-Drs 3/5952, 48; *Giloy* BB 98, 717; verfassungsrechtl Bedenken bei *KSM* § 37a A 37).

8 **4. Rechtscharakter der Pauschalsteuer.** Die Pauschalsteuer gilt als LSt, auch wenn sie für Unternehmer übernommen wird. Sie ist in der LStAnmeldung des Unternehmens mit aufzunehmen. Steuerschuldner ist das Unternehmen, welches die Sachprämie gewährt. Gegen dieses ist ggf ein Pauschalierungs-Steuerbescheid (nicht Haftungsbescheid) zu erlassen (Unternehmensteuer eigener Art, *KSM* § 37a A 20). Die pauschal besteuerte Sachprämie und die pauschale Steuer bleiben bei der Veranlagung des Kunden außer Betracht. Das Unternehmen muss die Kunden von der Steuerübernahme unterrichten. Solange und soweit sie nicht unterrichtet werden, müssen die Kunden die Sachprämien in ihrer Steuererklärung angeben; daher empfiehlt es sich, die Mitteilungen aufzubewahren.

§ 37b Pauschalierung der Einkommensteuer bei Sachzuwendungen

(1) [1] **Steuerpflichtige können die Einkommensteuer einheitlich für alle innerhalb eines Wirtschaftsjahres gewährten**

1. betrieblich veranlassten Zuwendungen, die zusätzlich zur ohnehin vereinbarten Leistung oder Gegenleistung erbracht werden, und

2. Geschenke im Sinne des § 4 Absatz 5 Satz 1 Nummer 1,

die nicht in Geld bestehen, mit einem Pauschsteuersatz von 30 Prozent erheben. [2] **Bemessungsgrundlage der pauschalen Einkommensteuer sind die Aufwendungen des Steuerpflichtigen einschließlich Umsatzsteuer; bei Zuwen-**

dungen an Arbeitnehmer verbundener Unternehmen ist Bemessungsgrundlage mindestens der sich nach § 8 Absatz 3 Satz 1 ergebende Wert. [3]Die Pauschalierung ist ausgeschlossen,

1. soweit die Aufwendungen je Empfänger und Wirtschaftsjahr oder
2. wenn die Aufwendungen für die einzelne Zuwendung

den Betrag von 10 000 Euro übersteigen.

(2) [1]**Absatz 1 gilt auch für betrieblich veranlasste Zuwendungen an Arbeitnehmer des Steuerpflichtigen, soweit sie nicht in Geld bestehen und zusätzlich zum ohnehin geschuldeten Arbeitslohn erbracht werden.** [2]**In den Fällen des § 8 Absatz 2 Satz 2 bis 10, Absatz 3, § 40 Absatz 2 sowie in Fällen, in denen Vermögensbeteiligungen überlassen werden, ist Absatz 1 nicht anzuwenden; Entsprechendes gilt, soweit die Zuwendungen nach § 40 Absatz 1 pauschaliert worden sind.** [3]**§ 37a Absatz 1 bleibt unberührt.**

(3) [1]**Die pauschal besteuerten Sachzuwendungen bleiben bei der Ermittlung der Einkünfte des Empfängers außer Ansatz.** [2]**Auf die pauschale Einkommensteuer ist § 40 Absatz 3 sinngemäß anzuwenden.** [3]**Der Steuerpflichtige hat den Empfänger von der Steuerübernahme zu unterrichten.**

(4) [1]**Die pauschale Einkommensteuer gilt als Lohnsteuer und ist von dem die Sachzuwendung gewährenden Steuerpflichtigen in der Lohnsteuer-Anmeldung der Betriebsstätte nach § 41 Absatz 2 anzumelden und spätestens am zehnten Tag nach Ablauf des für die Betriebsstätte maßgebenden Lohnsteuer-Anmeldungszeitraums an das Betriebsstättenfinanzamt abzuführen.** [2]**Hat der Steuerpflichtige mehrere Betriebsstätten im Sinne des Satzes 1, so ist das Finanzamt der Betriebsstätte zuständig, in der die für die pauschale Besteuerung maßgebenden Sachbezüge ermittelt werden.**

Einkommensteuer-/Lohnsteuer-Richtlinien/Verwaltungsschreiben: EStR 37b/EStH 37b; LStR 37b – *BMF* BStBl I 15, 468 (Anwendungsschreiben – gilt in allen noch offenen Verfahren); *BMF* BStBl I 09, 332 (KiSt); *OFD Rhl* DStR 12, 1085 (Zweifelsfragen).

Übersicht

1. Hintergrund. Im Wirtschaftsleben werden zur Pflege des Rufs des Unternehmens, der Geschäftsbeziehungen, des Arbeitsklimas oder zur Belohnung bzw zum Anreiz für erbrachte/zu erbringende Leistungen zahlreiche Sachzuwendungen hingegeben, bei denen in der Vergangenheit die steuerl Erfassung des geldwerten Vorteils beim Empfänger der Zuwendungen Probleme aufwarf. Derartige Zuwendungen (zB Incentive-Reisen, Einladungen zu sportl oder kulturellen Veranstaltungen, Sachgeschenke aller Art) führen beim Empfänger idR zu stpfl Einnahmen (BE beim Geschäftsfreund oder Kunden, Drittlohn beim ArbN des Geschäftsfreundes, ArbLohn bei eigenen ArbN), die bei der Veranlagung des Zuwendungsempfängers steuererhöhend zu erfassen sind. In der Praxis waren sich die Zuwendungsempfänger oft nicht im Klaren über die steuerrechtl Bedeutung der Vorgänge. Eine Mitteilung des Zuwendenden an die Zuwendungsempfänger über deren steuerl Pflichten und über den Wert der Zuwendungen würde die beabsichtigte Imagepflege ins Gegenteil verkehren und zu Erstaunen bis hin zur Verärgerung über diese Art von „Geschenken" führen. 1

Die **FinVerw** ermöglichte dem zuwendenden Unternehmen, die ertragssteuerl Folgen für die Zuwendungsempfänger zu übernehmen; dabei wurde die Aufteilung der Sachzuwendungen in Werbung, Bewirtung und Geschenk geregelt (*BMF* BStBl I 96, 1192, Incentive-Reisen; *BMF* BStBl I 05, 845, VIP-Logen; *BMF* BStBl I 06, 307, sog Hospitality-Leistungen iRd Fußballweltmeisterschaft; *BMF* BStBl I 06, 447, Ausdehnung des VIP-Logen-Schrb auf ähnl gelagerte Sachverhalte; s auch *Niermann* DB 06, 2307; *van Dülmen* DStR 07, 9). Für diese Regelungen gab es **keine gesetzl Ermächtigung** (so jetzt auch FG Nds EFG 15, 2226, Rev VI R 54/15). Da die Verständigung zw FA und zuwendendem Unternehmen keine Bindung für die Besteuerung des Zuwendungsempfängers bewirkte (BFH X R 24/03 BStBl II 04, 975) und auch der Bundesrechnungshof eine gesetzl Regelung für die abgeltende Besteuerung derartiger Zuwendungen durch den Zuwendenden angemahnt hatte, kam es zu § 37b.

2 **2. Anwendungsbereich.** Ab **2007** ermöglicht § 37b dem zuwendenden StPfl (das sind sämtl inl oder ausl StPfl unabhängig von Rechtsform und Steuerpflichtigkeit, *BMF* BStBl I 15, 468, Rz 1; also auch ArbN, die eigene UnterArbN beschäftigen oder die in eigener Regie Sachzuwendungen an Kunden des ArbG tätigen), die ESt/KSt auf Sachzuwendungen an NichtArbN und eigene ArbN pauschal mit **30 vH** (zuzügl KiSt, s *BMF* BStBl I 09, 332, und SolZ) des Zuwendungswerts zu erheben. Damit wird die steuerl Erfassung des geldwerten Vorteils beim Zuwendungsempfänger abgegolten; denn der Zuwendende wird StPfl iSd § 33 AO dieser pauschalen Steuer. Im Interesse der Rechtssicherheit ist der Zuwendungsempfänger von der Pauschalierung zu unterrichten (Rz 14). – Zu Zuwendungen durch **Kommunen** s *BMF* BStBl I 15, 468, Rz 1 und *Mohr* DStZ 15, 588.

3 **3. Bedeutung.** Die Bedeutung des § 37b erschöpft sich darin, dass die für die Zuwendungsempfänger estpfl Sachzuwendungen nun durch eine vom Zuwendenden zu tragende pauschale Steuer mit befreiender Wirkung für die Zuwendungsempfänger abgegolten wird. § 37b begründet also **keine weitere Einkunftsart** (BFH VI R 57/11 BStBl II 15, 457; s auch *Hilbert ua* BB 14, 919). Daher sind von vornherein nur solche Sachzuwendungen erfasst, die beim Zuwendungsempfänger zu (unbeschr oder beschr stpfl) BE oder ArbLohn führen (BFH VI R 47/12 BStBl II 15, 490; so jetzt auch *BMF* BStBl I 15, 468, Rz 13f, mit Vereinfachungsregelungen; *Mohr* DStZ 15, 588, 594; *Niermann* DB 15, 1242 II.3.g). Zuwendungen, die diese Voraussetzung nicht erfüllen, sind nicht stpfl, so dass es auch keiner pauschalen Besteuerung bedarf (Naturalrabatte beim Kauf durch Privatkunden).

Beispiele – keine StPfl/keine Pauschalierung: „Punkte und Prämien" an **Privatkunden im Einzelhandel,** Blumen an Vermieter und Präsentkorb an Kapitalanleger (s *Geserich* DStR 14, 561, 563; *Schneider* NWB 14, 341, 350; einschr *Niermann* DB 15, 1242 II.1.g); Satz Winterreifen beim (privaten) Autokauf (*Kohlhaas/Neumann* Stbg 14, 395, 397); Zuwendungen an nicht der inl ESt unterliegende **Ausländer** (s BFH VI R 57/11 BStBl II 15, 457). – S auch *Riegler/Riegler* IStR 11, 903; *Niermann* DB 15, 1242 II.1.e; *Hartmann* DStR 08, 1419 [2.2], *Strohner/Sladek* DStR 10, 1966; *Neufang/Hagenlocher* StBp 11, 318; *Liess* NWB 11, 913; *Kuhnardt-Junghans* EStB 12, 34.

4 **4. Sachzuwendungen an Dritte, § 37b I. – a) Betriebl Veranlassung, § 37b I 1 Nr 1.** Pauschalierungsfähig sind **nur Sachzuwendungen.** Barzuwendungen sind stets vom Zuwendungsempfänger zu versteuern. Betriebl veranlasst sind Zuwendungen, die als **Belohnung** zu einem bestimmten Verhalten des Zuwendungsempfängers gewährt werden, zB Gewinne aus Händlerwettbewerben, Incentive-Reisen für erfolgreiche Zielerfüllung usw. Es handelt sich um ein eigenständiges Tatbestandsmerkmal, das zunächst voraussetzt, dass der Zuwendende überhaupt einen Betrieb unterhält (BFH VI R 47/12 BStBl II 15, 490: private Zahlung für Jubiläumsfeier einer AG durch Ges'ter). – Zuwendungen aus **gesellschaftsrechtl Veranlassung** (vGA) können nicht nach § 37b pauschaliert werden (*BMF* BStBl I 15, 468, Rz 9). – Zuwendungen aus ausschließl **privaten Gründen** sind beim Empfänger nicht estpfl (s *Rätke* NWB 15, 549 mit Beispielen); hier kämen allenfalls schenkungsteuerrechtl Folgen in Betracht. – Die Sachzuwendung muss **zusätzl zur ohnehin vereinbarten Leistung** erbracht werden (s BFH VI R 47/12 BStBl II 15, 490: nicht bei Leistung zur Anbahnung einer vertragl Bezie-

hung; s jetzt auch *BMF* BStBl I 15, 468, Rz 9a); damit sind Entgeltumwandlungen unzulässig. Ebenso können solche Sachzuwendungen nicht pauschal besteuert werden, die als Entgelt vereinbart waren. – Da ertragsteuerl Folgen nur ausgelöst werden, wenn die Sachzuwendung beim Empfänger zu einer stpfl Einnahme führt, lässt § 37b bisher bestehende Verwaltungsregelungen unberührt, wonach **Bewirtungsaufwendungen** anlässl von Geschäftsessen oder aus besonderem Anlass nicht zu stpfl Einnahmen führen (EStR 4.7 (3); LStR 8.1 (8); s *BMF* BStBl I 15, 468, Rz 9c, 10, 18: bis zu 60 €; *Niermann* DB 15, 1242 II.3.b). Die FinVerw wendet die **Aufteilungsgrundsätze aus dem VIP-Logen-Schrb** (BStBl I 05, 845, Rz 14 und 19) mit 40 vH für Werbung (= keine Zuwendung), mit 30 vH für Bewirtung (= keine Zuwendung) und mit 30 vH für Geschenk (= StPfl Zuwendung) an (*BMF* BStBl I 15, 468, Rz 15 s auch *Hartmann* DStR 08, 1419 [2.1]). Die Aufteilung ist in dieser Allgemeinheit zweifelhaft (s Rz 5). Wird dem Kunden iRe Händlerwettbewerbs eine **Incentive-Reise** zugewendet, dann sind sämtl Elemente dieser Reise zugewendet und führen zu einer Bereicherung des Empfängers, so dass der Wert der Reise mit allen Elementen der Pauschalsteuer unterliegt (*Hartmann* aaO V. 2.1; diff *Niermann* DB 15, 1242 II.3.c). Der Zuwendende hat den vollen BA-Abzug. – Zu Sachzuwendungen an ausl ArbN, die **keiner Besteuerung im Inl** unterliegen s Rz 3.

b) Geschenke, § 37b I 1 Nr 2. Geschenke sind die in § 4 V 1 Nr 1 genannten Zuwendungen; also auch diejenigen bis zur Freigrenze von 35 € (so jetzt auch BFH VI R 52/11 BStBl II 15, 455; *Hartmann* DStR 08, 1418/20; aA *HHR* § 37b Rz 14). Zugaben iSv § 1 I ZugabeVO sind keine Geschenke (BFH I R 99/09 DStRE 11, 466). Die Pauschalierung nach § 37b setzt nicht voraus, dass die Geschenkaufwendungen vom Zuwendenden als BA abgezogen werden können. – Im Gegensatz zu den in S 1 Nr 1 erwähnten betriebl veranlassten Zuwendungen dienen Geschenke generell dazu, die allg Geschäftsbeziehungen erst anzuknüpfen, zu erhalten oder zu verbessern. Die **Unterscheidung** zw betriebl veranlasster Zuwendung und Geschenk hat zwar für die Pauschalierung nach § 37b keine Bedeutung; der Wert beider Zuwendungen kann pauschal besteuert werden. Die Unterscheidung hat aber **Bedeutung für den BA-Abzug** des Zuwendenden. Die Aufwendungen für die betriebl veranlassten Sachzuwendungen und die PauschalSt sind als BA abziehbar, während Aufwendungen für Geschenke an Personen, die nicht eigene ArbN des Zuwendenden sind, bei Überschreiten der Freigrenze von 35 € nicht abziehbar sind (§ 4 V 1 Nr 1), was auch für die **Pauschalsteuer** gilt, denn diese ist Teil der Zuwendung an den Zuwendungsempfänger und damit **ebenfalls Teil des Geschenks** (FG Nds EFG 14, 894, Rev IV R 13/14; *BMF* BStBl I 15, 468, Rz 26; *Niermann* DB 15, 1242 II.3.f; aA *Kohlhaas* FR 12, 950: PauschalSt ist *immer* abzugsfähige BA; ebenso *Hilbert ua* BB 14, 919, 925 f). In die 35 €-Grenze ist die pauschale Steuer nicht mit einzubeziehen (*BMF* aaO Rz 25). – Geschenke sind zB auch **Einladungen** zu sportl oder kulturellen Veranstaltungen (= kein BA-Abzug), es sei denn, die Einladungen sind geknüpft an die Erfüllung bestimmter Zielvorgaben des Zuwendenden; denn dann würde es sich um betriebl veranlasste Zuwendungen iSd § 37 I 1 Nr 1 (= BA-Abzug) handeln. – Allenfalls bei Einladungen (VIP-Logen) könnte in Anlehnung an *BMF* BStBl I 05, 845 eine **Aufteilung** dergestalt in Betracht kommen, dass ein allg Werbeanteil aus der Zuwendung ausgeklammert wird (= BA-Abzug: keine Pauschalierung); iÜ ist die *Bewirtung wesentl Teil des Geschenks* (= kein BA-Abzug; PauschalSt) bzw *der betriebl veranlassten Zuwendung* (= begrenzter BA-Abzug gem § 4 V 1 Nr 2; PauschalSt auf den vollen Zuwendungswert); s auch BFH VI R 52/11 BStBl II 15, 455; aA *BMF* BStBl I 15, 468, Rz 10; *Rätke* NWB 15, 549, 553. – **Streuwerbeartikel** und geringwertige Warenproben gelten dem BMF zufolge als nicht stbare Zugaben, die damit auch nicht der Pauschalierung nach § 37b unterliegen (*BMF* BStBl I 15, 468, Rz 10; *Mohr* DStZ 15, 588, 592; *Niermann* DB 15, 1242 II.3.e; *Weber* NWB 15, 2136, 5

2143). Der BFH hat dem widersprochen (BFH VI R 52/11 BStBl II 15, 455: keine rechtl Grundlage; krit *Rätke* NWB 15, 549, 552f: „praxisfern"); vor Gericht hätte diese Wertgrenze also keinen Bestand. Das BMF bleibt aber bei seiner Auffassung (*BMF* aaO Rz 10).

6 **c) Zuwendungsempfänger.** Empfänger der Zuwendung sind alle Personen (außer Privatkunden, s Rz 3), denen im Hinblick auf betriebl Interessen oder Belange die Sachzuwendung als konkrete Belohnung/konkreter Anreiz gewährt wird *(betriebl veranlasste Zuwendung)* oder die eine Zuwendung im Hinblick auf allg betriebl Klima-/Kontaktpflege erhalten *(Geschenk):* Geschäftsfreunde/Kunden, ArbN der Geschäftsfreunde/Kunden, Politiker **(Empfängerkreis 1).** Zuwendungen an Familienangehörige der vorgenannten Personen sind Teil der Zuwendung an die vorgenannten Personen.

7 **d) Bemessungsgrundlage, § 37 I 2.** Die pauschale ESt bemisst sich nach den Aufwendungen des Zuwendenden einschließl USt; dies gilt auch bei Herstellung des Zuwendungsgegenstandes durch den Zuwendenden (*Niermann* DB 15, 1242 II.4.b). Die Einbeziehung der USt in die Bemessungsgrundlage ist sachgerecht, da die Pauschalierung die Besteuerung des Endverbrauchs abgilt. – Bei Sachzuwendungen an **ArbN eines verbundenen Unternehmens** ist der Wert des § 8 III anzusetzen. Damit soll verhindert werden, dass diese ArbN besser gestellt sind als die eigenen ArbN des zuwendenden Herstellerunternehmens, bei denen im Normalfall (Ausnahme s § 8 Rz 70) die Besteuerung nach § 8 III gilt (*Niermann* DB 08, 1231 III. 4; krit *Urban* DStR 07, 306f). *BMF* BStBl I 15, 468, Rz 5 erlaubt bei ArbN verbundener Unternehmen auch individuelle Besteuerung (s auch *Niermann* DB 15, 1242, 1244 und 1246; *Weber* NWB 15 2136, 2147) und Pauschalierung durch den ArbG (aaO Rz 11; s auch *Mohr* DStZ 15, 588, 593: Handlungsspielraum).

8 **e) Höchstgrenzen, § 37 I 3.** Die Regelung soll bei hohen Sachzuwendungen eine Besteuerung mit dem individuellen Steuersatz des Empfängers bei diesem gewährleisten. Daher ist die Pauschalierung bei einer Zuwendung insgesamt ausgeschlossen, *wenn* die Aufwendung (einschließl USt) für die *einzelne Aufwendung* den Betrag von 10 000 € übersteigt (**Luxusgeschenke;** *Freigrenze,* § 37b I 3 Nr 2: „wenn"; *BMF* BStBl I 15, 468, Rz 21). IÜ kommt eine Pauschalierung nicht in Betracht, *soweit mehrere Aufwendungen zusammen* je Empfänger und Wj den Betrag von 10 000 € (einschließl USt) übersteigen (*Freibetrag,* § 37b I 3 Nr 1: „soweit"); hier ist die Pauschalierung ausgeschlossen hinsichtl des den Betrag von 10 000 € übersteigenden Teils: Erhält zB der Zuwendungsempfänger eine einzelne Sachzuwendung im Wert von 12 000 € sowie weitere Sachzuwendungen von insgesamt 15 000 €, so scheidet eine Pauschalierung der Einzelaufwendung iHv 12 000 € insgesamt aus, während hinsichtl der weiteren Einzelzuwendungen eine Pauschalierung bis zum Betrag von 10 000 € mögl ist; der darüber hinausgehende Betrag von 5000 € kann nicht pauschaliert werden (*BMF* aaO). **Zuzahlungen des Empfängers** mindern den Wert der Zuwendung (*BMF* aaO Rz 9c, 21: nicht bei Zuzahlungen Dritter).

9 **f) Einheitl Pauschalierung.** Der Zuwendende *kann* (Wahlrecht, Rz 13) für die Pauschalierung der Sachzuwendungen optieren. Dann ist aber zwingend, dass für *alle* betriebl veranlassten Sachzuwendungen und *alle* Geschenke, die innerhalb eines Wj erbracht werden, einheitl pauschaliert wird. Der Zuwendende hat somit im jeweiligen Wj nur die Wahl zw dem **völligen Verzicht** auf Pauschalierung (Rechtsfolge: der Wert der Sachzuwendungen ist bei den Veranlagungen der Zuwendungsempfänger als BE/Drittlohn zu erfassen; evtl Kontrollmitteilungen des FA; kein Raum mehr für die Übernahme der Steuer des Zuwendungsempfängers durch den Zuwendenden) und der **Pauschalierung hinsichtl sämtl Sachzuwendungen/Geschenke** an den Empfängerkreis 1 (Ausnahme nur bei Luxuszuwendungen, s Rz 8). – In diese Pauschalierung sind nach *BMF* BStBl I 15, 468,

Rz 34 (ebenso *Niermann* DB 08, 1231 II. 2) auch solche Sachzuwendungen einzubeziehen, die unter **BA-Abzugsverbote** wie zB § 4 V 1 Nr 10 (rechtswidrige Handlungen, zB Bestechung; s dazu *Preising/Kiesel* DStR 07, 1108) oder § 160 AO (Nichtbenennung der Zuwendungsempfänger) fallen; dies ist nicht zweifelsfrei, weil das BA-Abzugsverbot bereits eine Versteuerung der Aufwendungen durch den Zuwendenden bedeutet; dann ist kein Grund für die Pauschalierung nach § 37b ersichtl. – Zur Ausübung des Pauschalierungswahlrechts und Zurücknahme der Pauschalierung s Rz 13.

5. Sachzuwendungen an eigene ArbN, § 37b II. – a) Abgrenzung. Während Abs 1 die Sachzuwendungen an sämtl Personen regelt, die keine ArbN des Zuwendenden sind, betrifft Abs 2 nur die Zuwendungen des ArbG an seine *eigenen ArbN* **(Empfängerkreis 2);** Zuwendungen an ArbN der Geschäftskunden werden bereits von § 37b I erfasst (*Niermann* DB 08, 1231 II. 3). – Es gelten die obigen Ausführungen zur Bemessungsgrundlage (Rz 7) und zu den Höchstgrenzen (Rz 8). – Auch das Gebot der **einheitlichen Pauschalierung** (s Rz 9) gilt innerhalb des Empfängerkreises 2 (dem *BMF* zufolge auch bei abw Wj bezogen auf das Kj, s *BMF* BStBl I 15, 468, Rz 4; *Mohr* DStZ 15, 588, 589 f). Wird also die Sachzuwendung an einen eigenen ArbN pauschaliert, so gilt dies für *sämtl* Sachzuwendungen an *sämtl* eigenen ArbN (s auch *BMF* BStBl I 15, 468, Rz 4: alle lohnsteuerl Betriebsstätten iSd § 41 II). – ME gilt wegen der unterschiedl Gegebenheiten in den beiden Empfängerkreisen (s zB die zahlreichen Pauschalierungsausschlüsse bei eigenen ArbN, Rz 12, oder die unterschiedl ertragsteuerl Folgen bei Geschenken, Rz 5, 11) **kein empfängerkreisübergreifendes Pauschalierungsgebot,** vielmehr ist jeweils nur innerhalb des jeweiligen Empfängerkreises einheitl zu verfahren (glA *BMF* BStBl I 15, 468, Rz 4). 10

b) Sachzuwendungen; Geschenke. Die Unterscheidung zw betriebl veranlassten Sachzuwendungen und Geschenken spielt im Verhältnis zw zuwendendem ArbG und eigenen ArbN keine Rolle. Jede durch das Arbeitsverhältnis veranlasste Zuwendung ist ArbLohn (s § 19 Rz 40), der ohne Einschränkungen als BA des ArbG abzusetzen ist; dies gilt auch für Geschenke, da § 4 V 1 Nr 1 nicht für Geschenke an eigene ArbN gilt. Damit ist auch die Pauschalsteuer, falls nach § 37b pauschaliert wird, ohne Einschränkung als BA abziehbar. – Auch bei § 37b II ist die **Lohnumwandlung** von Barlohn in Sachlohn zur Vermeidung ungerechtfertigter Steuervorteile ausgeschlossen (§ 37b II 1; zur Auslegung des Tatbestandsmerkmals „zusätzl zum ohnehin geschuldeten ArbLohn" s § 3 Rz 112 mwN; *BMF* BStBl I 15, 468, Rz 9b). – Da § 37b **keinen neuen Einkünftetatbestand** schafft (s Rz 3), können nur Sachzuwendungen der Pauschalierung unterliegen, die stpfl ArbLohn darstellen (so jetzt auch BFH VI R 78/12 BStBl II 15, 495: Regattabegleitfahrt, eigenbetriebl Interesse; *Geserich* DStR 14, 561; s aber auch BFH IV R 25/09 BStBl II 12, 824; *Reese/Kahnwald* BB 13, 1634). Die Sachzuwendung ist stets darauf zu untersuchen, ob sie überhaupt den ArbLohnbegriff erfüllt, und wenn ja, ob der ArbLohn stpfl ist. Insb bei der Vorteilsbewertung von Incentivereisen mit Dienstreiseelementen müssen die Kostenteile in Lohn und Nichtlohn aufgeteilt werden (s dazu § 19 Rz 100 „Prämien"); nur hinsichtl der Lohnteile kann es zur Pauschalierung nach § 37b kommen (so jetzt auch *BMF* BStBl I 15, 468, Rz 13 f: Aufzeichnungspflicht und ggf Benennung, § 160 AO; krit *Bechthold* BB 15, 2266). 11

c) Pauschalierungsausschluss, § 37b II 2 und 3. Für die Besteuerung von Sachzuwendungen an eigene ArbN bestehen seit langem gesetzl Regelungen, die sich bewährt haben; hier besteht für die Pauschalierung nach § 37b von vornherein kein Bedürfnis. Daher schließt das Gesetz in folgenden Fällen eine Pauschalierung aus: Bei Firmenwagenbesteuerung (§ 8 II 2 bis 5), bei amtl Sachbezügen (§ 8 II 6 bis 8), bei ArbG-Rabatten (§ 8 III; s *BMF* BStBl I 15, 468, Rz 3: auch bei Bewertung nach § 8 II – s auch *Mohr* DStZ 15, 588), bei Überlassung von Vermögensbe- 12 teiligungen (§ 19a bzw nach dessen Aufhebung allg für jegl Überlassung von betriebl und überbetriebl Vermögensbeteiligungen), bei Sachprämien im Rahmen von Kundenbindungsprogrammen (§ 37a; dies gilt auch im Rahmen des Abs 1), bei der Pauschalbesteuerung von Mahlzeiten im Betrieb (§ 40 II 1 Nr 1), bei Betriebsveranstaltungen (§ 40 II 1 Nr 2: hier kann es zur Anwendung des § 37b kommen bei Hingabe von Sachgeschenken *gelegentl* der Betriebsveranstaltung oder wenn es sich gar nicht um eine Betriebsveranstaltung iSd § 40 II 1 Nr 2 handelt, s dort Rz 13), bei Erholungsbeihilfen (§ 40 II 1 Nr 3), bei Verpflegungsmehraufwendungen anlässl Auswärtstätigkeit über die gesetzl Pauschbeträge hinaus (§ 40 II 1 Nr 4), bei Überlassung von Telekommunikationseinrichtungen (§ 40 II 1 Nr 5) sowie bei Beförderung der ArbN zw Wohnung und Arbeitsstätte (§ 40 II 2). – Der weitere **Ausschlusstatbestand des § 40 I 1** soll sicherstellen, dass das Gebot der einheitl Pauschalierung nach § 37b nicht störend in bereits nach § 40 I 1 pauschal besteuerte Sachzuwendungen eingreift und bei Feststellung weiterer Sachzuwendungen zB im Rahmen einer LStAußenprüfung nur auf die neuen Tatbestände § 37b Anwendung finden kann (*BMF* BStBl I 15, 468, Rz 22). – Konsequent ist, dass **§ 8 II 11** nicht als Ausschlusstatbestand aufgenommen worden ist; denn bei Einhaltung der monatl Freigrenze von 44 € liegt bereits keine stpfl Lohnzuwendung vor (*BMF* aaO Rz 17; zu Gestaltungsmöglichkeiten bei geringwertigen Sachzuwendungen s *Niermann* DB 15, 1242 II.3.j). Dasselbe gilt ab VZ 2015 für (stfreie) Zuwendungen bis zu 110 € je ArbN bei bis zu zwei **Betriebsveranstaltungen** jährl (§ 19 I 1 Nr 1a; s *BMF* BStBl I 15, 566, vor Rz 17; *Niermann* aaO und II.4.c; s auch § 19 Rz 77). – Zur Mahlzeitengestellung iRv Auswärtstätigkeit oder bei außergewöhnl Arbeitseinsätzen oder bei Aufmerksamkeiten (LStR 19.6 I) ist bei Überschreitung der 60 €-Freigrenze (LStR 8.1 VIII Nr 2) nach § 37b zu pauschalieren (*BMF* aaO Rz 18, 19; *Niermann* DB 15, 1242 II.3.k; s auch *Geserich* DStR 561, 564: Blumen, Genussmittel, Bücher oder Tonträger).

13 **6. Rechtsfolgen der Pauschalierung, § 37b III. – a) Wahlrecht, § 37b III 1 und 2.** Der pauschalierende StPfl hat die Pauschalsteuer (Entstehungszeitpunkt = Zufluss) zu übernehmen; er wird *Steuerschuldner.* Die Sachzuwendungen und die Pauschalsteuer bleiben bei der Einkünfteermittlung des Zuwendungsempfängers außer Ansatz (gilt auch für GewSt, KSt des Empfängers). Die Ausübung des Pauschalierungswahlrechts hat rechtsgestaltenden Charakter (Ausübung durch vertretungsberechtigte Person erforderl, s FG Nds EFG 15, 2226, Rev VI R 54/15). Wegen § 40 III ist die Abwälzung der Pauschalsteuer auf den ArbN mögl (*Niermann* DB 15, 1242 II.8). – Die Ausübung des Wahlrechts geschieht, da die Pauschalsteuer als LSt gilt, idR durch Abgabe der LStAnmeldung (*BMF* BStBl I 15, 468, Rz 7, 8), also grds spätestens bis zum 28.2. des Folgejahres, aber nach geänderter Auffassung auch noch durch Änderung einer materiell noch nicht bestandskräftigen LSt-Anmeldung (§ 168 S 1 iVm § 164 II 1 AO) und somit auch iRe LSt-Außenprüfung (das gilt mE für beide Empfängerkreise; s auch *Rätke* NWB 15, 549: „Wahl zw Pest und Colera"; einschr *BMF* aaO, Rz 8a; *Niermann* DB 15, 1242, 1243; *Mohr* DStZ 15, 588). Mit der erstmaligen Pauschalierung sind alle im Wj vorangegangenen Sachzuwendungen/Geschenke nachträgl in die Pauschalierung einzubeziehen, alle nachfolgenden Sachzuwendungen/Geschenke sind ebenfalls pauschalierungspflichtig. – ME kann der Zuwendende die **Pauschalierung widerrufen** (so jetzt auch FG Nds EFG 15, 2226, Rev VI R 54/15; ferner *Urban* DStZ 08, 309; *Blümich* § 37b Rz 91; aA *BMF* aaO Rz 4; *Hartmann* aaO 5.; *Niermann* DB 15, 1242 II.2.c); allerdings setzt der wirksame Widerruf eine entspr Mitteilung an die Zuwendungsempfänger voraus (s Rz 14); daher wird es in der Praxis kaum zu einem Widerruf kommen. Die Pauschalierung führt nur hinsichtl eigener ArbN und ArbN von verbundenen Unternehmen zur SV-Pflicht (§ 1 S 1 Nr 14 SvEV; ab 2009).

14 **b) Unterrichtungspflichten des Zuwendenden, § 37b III 3.** Der Zuwendende hat den Zuwendungsempfänger über die Pauschalierung zu unterrichten.

Dazu reicht eine formlose Mitteilung aus, dass hinsichtlich der Sachzuwendung bzw des Geschenks die Steuerübernahme durch den Zuwendenden erfolgt ist; weitere Einzelheiten (zB über die Höhe der Zuwendung) müssen nicht mitgeteilt werden (*Niermann* DB 15, 1242 II.6).

7. Anmeldung; Abführung der Pauschalsteuer, § 37b IV. S *Niermann* DB 15, 1242 II.2.c und II.8. 15

2. Steuerabzug vom Arbeitslohn (Lohnsteuer)

§ 38 Erhebung der Lohnsteuer

(1) [1] **Bei Einkünften aus nichtselbständiger Arbeit wird die Einkommensteuer durch Abzug vom Arbeitslohn erhoben (Lohnsteuer), soweit der Arbeitslohn von einem Arbeitgeber gezahlt wird, der**

1. im Inland einen Wohnsitz, seinen gewöhnlichen Aufenthalt, seine Geschäftsleitung, seinen Sitz, eine Betriebsstätte oder einen ständigen Vertreter im Sinne der §§ 8 bis 13 der Abgabenordnung hat (inländischer Arbeitgeber) oder

2. einem Dritten (Entleiher) Arbeitnehmer gewerbsmäßig zur Arbeitsleistung im Inland überlässt, ohne inländischer Arbeitgeber zu sein (ausländischer Verleiher).

[2] **Inländischer Arbeitgeber im Sinne des Satzes 1 ist in den Fällen der Arbeitnehmerentsendung auch das in Deutschland ansässige aufnehmende Unternehmen, das den Arbeitslohn für die ihm geleistete Arbeit wirtschaftlich trägt; Voraussetzung hierfür ist nicht, dass das Unternehmen dem Arbeitnehmer den Arbeitslohn im eigenen Namen und für eigene Rechnung auszahlt.** [3] **Der Lohnsteuer unterliegt auch der im Rahmen des Dienstverhältnisses von einem Dritten gewährte Arbeitslohn, wenn der Arbeitgeber weiß oder erkennen kann, dass derartige Vergütungen erbracht werden; dies ist insbesondere anzunehmen, wenn Arbeitgeber und Dritter verbundene Unternehmen im Sinne von § 15 des Aktiengesetzes sind.**

(2) [1] **Der Arbeitnehmer ist Schuldner der Lohnsteuer.** [2] **Die Lohnsteuer entsteht in dem Zeitpunkt, in dem der Arbeitslohn dem Arbeitnehmer zufließt.**

(3) [1] **Der Arbeitgeber hat die Lohnsteuer für Rechnung des Arbeitnehmers bei jeder Lohnzahlung vom Arbeitslohn einzubehalten.** [2] **Bei juristischen Personen des öffentlichen Rechts hat die öffentliche Kasse, die den Arbeitslohn zahlt, die Pflichten des Arbeitgebers.** [3] **In den Fällen der nach § 7f Absatz 1 Satz 1 Nummer 2 des Vierten Buches Sozialgesetzbuch an die Deutsche Rentenversicherung Bund übertragenen Wertguthaben hat die Deutsche Rentenversicherung Bund bei Inanspruchnahme des Wertguthabens die Pflichten des Arbeitgebers.**

(3a) [1] **Soweit sich aus einem Dienstverhältnis oder einem früheren Dienstverhältnis tarifvertragliche Ansprüche des Arbeitnehmers auf Arbeitslohn unmittelbar gegen einen Dritten mit Wohnsitz, Geschäftsleitung oder Sitz im Inland richten und von diesem durch die Zahlung von Geld erfüllt werden, hat der Dritte die Pflichten des Arbeitgebers.** [2] **In anderen Fällen kann das Finanzamt zulassen, dass ein Dritter mit Wohnsitz, Geschäftsleitung oder Sitz im Inland die Pflichten des Arbeitgebers im eigenen Namen erfüllt.** [3] **Voraussetzung ist, dass der Dritte**

1. sich hierzu gegenüber dem Arbeitgeber verpflichtet hat,

2. den Lohn auszahlt oder er nur Arbeitgeberpflichten für von ihm vermittelte Arbeitnehmer übernimmt und

3. die Steuererhebung nicht beeinträchtigt wird.

[4]Die Zustimmung erteilt das Betriebsstättenfinanzamt des Dritten auf dessen Antrag im Einvernehmen mit dem Betriebsstättenfinanzamt des Arbeitgebers; sie darf mit Nebenbestimmungen versehen werden, die die ordnungsgemäße Steuererhebung sicherstellen und die Überprüfung des Lohnsteuerabzugs nach § 42f erleichtern sollen. [5]Die Zustimmung kann mit Wirkung für die Zukunft widerrufen werden. [6]In den Fällen der Sätze 1 und 2 sind die das Lohnsteuerverfahren betreffenden Vorschriften mit der Maßgabe anzuwenden, dass an die Stelle des Arbeitgebers der Dritte tritt; der Arbeitgeber ist von seinen Pflichten befreit, soweit der Dritte diese Pflichten erfüllt hat. [7]Erfüllt der Dritte die Pflichten des Arbeitgebers, kann er den Arbeitslohn, der einem Arbeitnehmer in demselben Lohnabrechnungszeitraum aus mehreren Dienstverhältnissen zufließt, für die Lohnsteuerermittlung und in der Lohnsteuerbescheinigung zusammenrechnen.

(4) **[1]Wenn der vom Arbeitgeber geschuldete Barlohn zur Deckung der Lohnsteuer nicht ausreicht, hat der Arbeitnehmer dem Arbeitgeber den Fehlbetrag zur Verfügung zu stellen oder der Arbeitgeber einen entsprechenden Teil der anderen Bezüge des Arbeitnehmers zurückzubehalten. [2]Soweit der Arbeitnehmer seiner Verpflichtung nicht nachkommt und der Arbeitgeber den Fehlbetrag nicht durch Zurückbehaltung von anderen Bezügen des Arbeitnehmers aufbringen kann, hat der Arbeitgeber dies dem Betriebsstättenfinanzamt (§ 41a Absatz 1 Satz 1 Nummer 1) anzuzeigen. [3]Der Arbeitnehmer hat dem Arbeitgeber die von einem Dritten gewährten Bezüge (Absatz 1 Satz 3) am Ende des jeweiligen Lohnzahlungszeitraums anzugeben; wenn der Arbeitnehmer keine Angabe oder eine erkennbar unrichtige Angabe macht, hat der Arbeitgeber dies dem Betriebsstättenfinanzamt anzuzeigen. [4]Das Finanzamt hat die zu wenig erhobene Lohnsteuer vom Arbeitnehmer nachzufordern.**

Lohnsteuer-Richtlinien: LStR 38.1–38.5/LStH 38.1–38.4

Übersicht

Schrifttum: Weiteres Schrifttum bis 1985 s 4. Aufl; bis 1993 s 12. Aufl; bis 1997 s 20. Aufl; *Heuermann* Systematik und Struktur der Leistungspflichten im LStAbzugsverfahren, Frankfurt am Main/ua, 1998 (Diss); *ders* Leistungspflichten im LStVerfahren, StuW 98, 219; *ders* Steuern erheben durch Beleihen?, StuW 99, 349; *Albert* Vereinfachung der LSt durch Typisierung und Pauschalierung, DB 04, 1958; *Drüen* Grenzen der StEntrichtungspflichten – verfassungsrechtl Bestandsaufnahme, FR 04, 1134; *Seer* Reform des (Lohn-)StAbzugs, FR 04, 1037; *ders* (Hrsg) Bochumer LStTag – LSt im Spannungsfeld zw Unternehmerfreiheit und Fiskalinteressen, Frankfurt am Main 2005; *Kirchhof* Die Erfüllungspflichten des ArbG in LSt-Verfahren, Bln, 2005 (Diss); *Heuermann* Was ist eigentl eine EntrichtungsStSchuld?, StuW 06, 332; *Drüen* Inanspruchnahme Dritter für den StVollzug, DStJG 31, 167; *Albert* Lohnzahlung durch Dritte,

FR 09, 857; *Drüen* Die Indienstnahme Privater für den Vollzug von Steuergesetzen, 2012; *Wissenschaftl Beirat Ernst & Young* DB 13, 139; *Heuermann* Entrichtungspflicht – Steuerpflicht – Grundpflicht?, FR 13, 354.

I. Allgemeines, § 38 I

1. Rechtscharakter der Lohnsteuer. Die im Laufe des Kj einzubehaltende und abzuführende LSt ist keine besondere Steuerart, sondern die **Vorauszahlung** auf die mit Ablauf des Kj entstehende und auf die Einkünfte aus nichtselbstständiger Arbeit entfallende EStSchuld (BFH VI R 165/01 BStBl II 05, 890; BFH VI R 64/09 BFH/NV 11, 753; BFH VI R 50/12 BFH/NV 14, 426; *Drenseck* StuW 00, 452, 453; *Plenker* DB 10, 192; *Heuermann* FR 13, 354). Das LStVerfahren ist ein reines Vorauszahlungsverfahren. Die LSt wird iRe nach § 46 II durchzuführenden Veranlagung auf die ESt angerechnet (§ 36 II Nr 2, s § 36 Rz 7). Kommt ausnahmsweise keine Veranlagung in Betracht, gilt die auf die Einkünfte aus nichtselbstständiger Arbeit entfallende EStSchuld allerdings durch den LStAbzug als abgegolten (§ 46 IV, s § 46 Rz 2). – Der ArbG als Dritter ist insoweit in das LSt-Verfahren einbezogen, als er die Besteuerungsgrundlagen ermitteln, die LSt berechnen, einbehalten und abführen muss (BFH VI R 182/97 BStBl II 05, 358). Der ArbG hat dabei als durch Gesetz Beauftragter sowohl für das FA als auch für seinen ArbN tätig zu werden; er wird nicht etwa als Beliehener hoheitl tätig (*Heuermann* StuW 99, 349, 351 ff; *Lang* RdA 99, 64, 67; aA *Kloubert* DStR 00, 231, 232, mwN; zum Verhältnis ArbG-Fiskus s auch *Schick* BB 83, 1041, 1044f; *Blümich/Wagner* § 42d Rz 19 ff; grds anderer Ausgangspunkt *Stolterfoht* DStJG 9, 175 ff; s ferner *Trzaskalik* DStJG 12, 157 ff). Die Rechtsbeziehungen des ArbG zum FA sind öffentl-rechtl, während seine Rechtsbeziehungen zum ArbN dem Zivilrecht angehören. Unterlaufen dem ArbG beim LStAbzug Fehler, haftet er uU ggü dem FA (§ 42d). Er kann sich aber auch ggü dem ArbN schadensersatzpflichtig machen (BAG NZA 90, 309; BAG NZA 08, 884; BFH VI R 57/95 BStBl II 97, 144; aA *KSM* § 38 A 39 ff); uU muss er auch ungerechtfertigte Nachversteuerungsansinnen des FA ablehnen (BAGE 9, 105, 111f; BAG DB 61, 746). – Der lstrechtl ArbLohnbegriff entspricht dem des § 19 (s § 19 Rz 40 ff). Stfreier ArbLohn unterliegt nicht dem LStAbzug (BFH VI R 18/11 BStBl II 12, 291; *HHR* § 38 Rz 21). Zum pauschal besteuerten ArbLohn s § 40 Rz 1. 1

2. Arbeitgeberbegriff. Der lstrechtl ArbG-Begriff ist im EStG nicht definiert. Er wird abgeleitet aus den in § 1 LStDV enthaltenen Begriffen ArbN und DienstVerh (s § 19 Rz 32). ArbG ist demgemäß derjenige, zu dem eine bestimmte Person, um deren einzubehaltende LSt es geht, in einem ArbVerh steht (*zivilrechtl ArbG-Begriff,* BFH VI R 84/10 BStBl II 11, 986; BFH VI R 122/00 BStBl II 04, 620; *Blümich/Thürmer* § 38 Rz 65). Zum *wirtschaftl ArbG-Begriff* s Rz 3. ArbG können natürl und juristische Personen des privaten sowie döR und nicht rechtsfähige Personenzusammenschlüsse sein (zu ArbGEigenschaft einer GbR s § 19 Rz 32). ArbG ist auch derjenige, der an einen ehem ArbN oder dessen Rechtsnachfolger Bezüge aus dem früheren DienstVerh zahlt. Selbst ein ArbN kann seinerseits ArbG sein (s § 19 Rz 32). Bei verbundenen Unternehmen ist nicht jede Ges Arbeitgeber des für verschiedene Ges tätigen ArbN, sondern nur diejenige, von der er angestellt ist und entlohnt wird. So ist eine GmbH & Co KG nicht ArbG des Geschäftsführers der Komplementär-GmbH (FG Hbg EFG 05, 1268, rkr). In Fällen der Organschaft ist idR die **OrganGes** selbst ArbG der Personen, zu denen sie zivilrechtl ein ArbVerh unterhält. Ein Organträger kann grds für die LStSchulden der ArbN der OrganGes (TochterGes) nicht in Anspruch genommen werden (BFH VI R 9/80 BStBl II 86, 768; BFH IX R 82/98 BStBl II 06, 669; ab VZ 2004s aber Rz 3, 6). Wird ein ArbN der OberGes iRd ArbVerh vorübergehend zu einer TochterGes entsandt, wird diese nicht ArbG. Eine konzerninterne ArbN-Entsendung kann nur dann zu einem Wechsel der ArbG-Stellung führen, 2 wenn der betr ArbN nicht nur in dem betr Unternehmen, sondern auch für dieses tätig wird (BFH I R 46/03 BStBl II 05, 547, mit Abgrenzung zu BFH VI R 122/00 BStBl II 04, 620; s aber Rz 3, 6; *Weber* BB 05, 1485); wenn also zw entsandtem ArbN und der TochterGes (auch nur konkludent) ein ArbVerh begründet wird (*Bergkemper* HFR 06, 883).– In Fällen der **ArbN-Überlassung** ist derjenige als ArbG anzusehen, der dem ArbN den Lohn im eigenen Namen und für eigene Rechnung (unmittelbar) auszahlt (BFH VI R 34/79 BStBl II 82, 502; BFH I R 64/98 BStBl II 00, 41). Dies ist idR der Verleiher (*Eismann* DStR 11, 2381, 2382). – Ein ArbN kann zu mehreren ArbG in lohnsteuerrechtl anzuerkennenden ArbVerh stehen, instruktiv FG BaWü EFG 10, 1037, rkr. Erklärt der Insolvenzverwalter die Freigabe des Geschäftsbetriebes, ist der Betriebsinhaber ArbG und zum LStAbzug verpflichtet (FG Nds EFG 07, 1272, rkr).

3 **3. Inländischer Arbeitgeber, § 38 I S 1 Nr 1 und S 2.** Einbehaltungspflichtig ist nur der inl ArbG, also der ArbG, der im Inl einen Wohnsitz (§ 8 AO), seinen gewöhnl Aufenthalt (§ 9 AO), seine Geschäftsleitung (§ 10 AO), seinen Sitz (§ 11 AO), eine Betriebstätte (§ 12 AO) oder einen ständigen Vertreter (§ 13 AO) hat. Der Betriebstättenbegriff des § 41 II 2 ist für die Bestimmung des inl ArbG nicht maßgebend; durch ihn werden nur der Ort der Aufzeichnungspflichten des inl ArbG und die Zuständigkeit des FA bestimmt (allg Meinung). Es gilt der zivilrechtl ArbG-Begriff (s Rz 2). § 38 I 2 schließt bei **grenzüberschreitender ArbN-Entsendung** ins Inl eine Lücke beim LStAbzug: Werden von ausl Unternehmen ArbN ins Inl entsendet, gilt das im Inl ansässige, die ArbN aufnehmende Unternehmen als inl ArbG, wenn es den ArbLohn für die ihm geleistete Arbeit *wirtschaftl* trägt (FG Nbg EFG 12, 1191, rkr; FG Saarl EFG 13, 1706, rkr); ein „Tragenmüssen“ reicht insoweit nicht aus (*Hilbert ua* DStR 13, 2433). Dabei kommt es abw vom zivilrechtl ArbG-Begriff (s Rz 2) nicht darauf an, dass das inl Unternehmen dem ArbN den ArbLohn in eigenem Namen und für eigene Rechnung auszahlt. Damit hat der Gesetzgeber insoweit den **abkommensrechtl wirtschaftl ArbG-Begriff** zugrunde gelegt (dazu BFH I R 64/98 BStBl II 00, 41). Wirtschaftl ArbG ist, wer einen ArbN in seinen Geschäftsbetrieb integriert, weisungsbefugt ist und den ArbLohn für die ihm geleistete Arbeit wirtschaftl trägt, sei es, dass er den Lohn unmittelbar auszahlt oder dass ein anderes Unternehmen für ihn mit dem Lohn in Vorlage tritt (BFH I R 63/80 BStBl II 86, 4; BFH I R 96/01 BFH/NV 03, 1152; BFH I R 46/03 BStBl II 05, 547). Das nach § 38 I 2 als inl ArbG geltende aufnehmende Unternehmen ist zum LStAbzug verpflichtet (*BMF* BStBl I 04, 173, Tz III.1). Auch wenn das ausl Unternehmen die Löhne an die im Inl entsendeten ArbN zahlt, ist das inl Unternehmen, das wegen der Rückbelastung die Löhne wirtschaftl trägt, zum LStAbzug insoweit verpflichtet als die Weiterbelastung des ArbLohns reicht (*Niermann/Plenker* DB 03, 2724, unter 4). Da die LSt in dem Zeitpunkt entsteht, in dem der Lohn dem ArbN zufließt (§ 38 II 2), ist dies für den LStAbzug durch das inl Unternehmen auch dann entscheidend, wenn die Weiterbelastung durch den ausl Unternehmer erst später (zB vierteljährl) erfolgt (LStH 16 R 38.3 (5) 4; *Niermann/Plenker* DB 04, 2118, 2122; *Hartmann* INF 04, 903, 907). § 38 I 2 greift aber nicht bei echten *Dienst- oder Werkverträgen* ein, da dort von vornherein keine LSt anfällt, und nicht bei *Umlagen,* die das ausl Unternehmen leistet (*Hofmann/Schubert* BB 04, 1477); ebenso nicht in Fällen ausl ArbN-Verleiher (§ 38 I 1 Nr 2; hier aber ggf Haftung des Entleihers).

4 **4. Ausländischer Arbeitnehmer-Verleiher, § 38 I 1 Nr 2.** Ausl ArbN-Verleiher haben, sofern sie ArbG der verliehenen ArbN sind, für ihre im Inl verliehenen ArbN LSt einzubehalten und abzuführen (andere ausl ArbG sind von dieser Regelung nicht betroffen). Für im Inl ansässige ArbN des ausl Verleihers ist ebenfalls LSt einzubehalten. ArbN-Verleih ist auch innerhalb des Konzerns mögl (BFH I R 64/98 BStBl II 00, 41). Diese Regelung ist mit EU-Recht vereinbar (FG BaWü EFG 94, 891, rkr). Keine Verpflichtung zum LStAbzug besteht indes,

wenn Deutschland gar kein Besteuerungsrecht für den ArbLohn zusteht, zB bei im Ausl ansässigen, aber im Inl eingesetzten ArbN, wenn sich der LeihArbN im Laufe des Kj nicht länger als insgesamt 183 Tage im Inl aufgehalten hat (BFH I R 96/01 BFH/NV 03, 1152). Der LStAbzug darf in diesem Fall auch dann unterbleiben, wenn keine Freistellungsmitteilung gem § 39 IV Nr 5 vorliegt (BFH I R 50/85 BStBl II 89, 755; aA *HHR* § 38 Rz 30). Die Einbehaltungspflicht greift nur im Falle *gewerbsmäßiger ArbN-Überlassung* ein. Gewerbsmäßig ist eine ArbN-Überlassung, wenn sie nicht nur gelegentl, sondern auf Dauer und mit dem Ziel, wirtschaftl Vorteile zu erlangen, betrieben wird (*Blümich/Thürmer* § 38 Rz 81; *HHR* § 38 Rz 31, 32). Nicht darunter fallen: Gelegentl Ausleihen von ArbN zw selbstständigen Betrieben zur Deckung eines kurzfristigen Personalmehrbedarfs; Entsendung des ArbN in eine andere Betriebstätte; Freistellung oder Abordnung zu Arbeitsgemeinschaften (hierzu auch *Weisemann* BB 89, 907); Überlassung des ArbN als Nebenleistung, zB im Falle der Vermietung einer Maschine mit Bedienungspersonal; Subunternehmerverhältnisse; werkvertragl Rechtsbeziehungen (*ErfK/Wank* AÜG § 1 Rz 8 ff, 31 ff, auch zur Abgrenzung der ArbN-Überlassung vom Werk-/Dienstvertrag; *Stenslik/Heine* DStR 13, 2179, 2185). – Ausführl zur steuerl Behandlung des **ArbLohns nach DBA** s *BMF* BStBl I 06, 532; *BMF* BStBl I 13, 980 Tz 2.4. – Zur **Haftung des Entleihers** s § 42d VI–VIII.

5. Lohnzahlung durch Dritte, § 38 I 3, IV 3. Zu unterscheiden ist zw unechter und echter Lohnzahlung durch Dritte. § 38 I 3, IV 3 regelt nur letztere. Eine Ausdehnung des ArbLohnbegriffs ist mit § 38 I 3, IV 3 nicht verbunden; die Vorschrift regelt nur die LStAbzugspflicht. – **a) Unechte Lohnzahlung durch Dritte.** Eine solche liegt vor, wenn der Dritte ledigl als Zahlstelle in die Zahlung des ArbLohns eingeschaltet ist, der Dritte also im Auftrag des ArbG und damit als dessen Leistungsmittler die Lohnzuwendung vornimmt (BFH VI R 74/00 BStBl II 03, 496; BFH VI R 123/00 BStBl II 02, 230). Zahlender und LStAbzugsverpflichteter ist in diesem Falle der ArbG. Hier bestehen keine Besonderheiten (s LStH 16 R 38.4 (1)). **Beispiele:** Ein ArbN einer OrganGes erhält den Lohn von der OberGes ausgezahlt; Zahlungen von Unterstützungsleistungen oder Erholungsbeihilfen durch selbstständige Unterstützungskassen, denen die Mittel vom ArbG zur Verfügung gestellt werden (BFH VI 233/56 S BStBl III 58, 268; BFH VI 249/60 U BStBl III 61, 167; s auch § 19 Rz 100 „Lohnersatzleistungen"; *Portner* FR 14, 91); Verzicht des ArbG auf Vermittlungsprovisionen zugunsten eines verbilligten Bezugs von Leistungen durch die ArbN vom Vertragspartner (BFH VI R 123/00 BStBl II 02, 230; dazu auch *MIT* DStR 01, 1659; s auch *Lang* StuW 04, 227). – Lohnzahlungen bei einem **verdeckten ArbVerh** sind dem wirkl ArbG zuzurechnen (BFH VII R 51/98 BFH/NV 00, 46). 5

b) Echte Lohnzahlung durch Dritte. Ist der zahlende Dritte nicht ledigl als Zahlstelle des ArbG anzusehen, liegt eine echte Lohnzahlung durch Dritte vor. Ein typischer Fall ist die **erlaubte ArbN-Überlassung,** wenn der Entleiher zB Teile des ArbLohns an die ArbN des Verleihers zahlt (s auch *Eismann* DStR 11, 2381). Hierzu gehören auch geldwerte Vorteile, die der LeihArbN durch den Zugang zu Gemeinschaftseinrichtungen und -diensten des Entleihers erhält (LStH 16 R 38.4 (2) 1). Der Verleiher bleibt ArbG, er ist zur Abführung der LSt verpflichtet und haftet auch (BFH VI 158/65 BStBl II 68, 84; BFH V 191/64 BStBl II 68, 791; zur Haftung des ArbG für Drittzahlungen s auch § 42d Rz 8). Nach § 38 I 3 und IV 3 ist der ArbG hinsichtl des iRd DienstVerh von einem Dritten gewährten ArbLohns zum LStAbzug auch dann verpflichtet, wenn er *weiß* (positive Kenntnis) oder *erkennen kann,* dass derartige Lohnzuwendungen erbracht werden. Das Gesetz hat dadurch die Abzugspflicht von der *Herrschaftssphäre* des ArbG abgekoppelt und auf die *unsichere Erkennbarkeitssphäre* des ArbG ausgedehnt (*Drüen* FR 04, 1134, 1147). Sind ArbG und Dritter **konzernverbundene Unternehmen** (§ 15 AktG), unterstellt das Gesetz (widerlegbar; *Gersch* FR 04, 938, 940) die Kenntnis des ArbG mit 6 der Rechtsfolge der LStAbzugspflicht (Konzernverantwortung, *Drüen* FR 04, 1134, 1146; *Drüen* DStJG 31, 185f). Diese Unterstellung kann kaum gelten bei Leistungen innerhalb des Konzerns mit Verschwiegenheitspflicht des ArbN ggü jedermann (s *Leuner/Dumser* DStR 06, 2017). – **§ 38 IV 3** soll die Anordnung in **§ 38 I 2** flankieren: Dem ArbN wird die Pflicht auferlegt, die von dem Dritten empfangenen Bezüge am Ende des jeweiligen Lohnzahlungszeitraums dem ArbG anzugeben (§ 38 IV 3). Erfüllt der ArbN seine Anmeldepflicht, hat der ArbG diese Drittbezüge dem LStAbzug zu unterwerfen. Macht der ArbN keine Angaben, soll für den ArbG eine Anzeigepflicht ggü dem BetriebsstättenFA darüber bestehen, dass der ArbN keine oder eine erkennbar unrichtige Angabe gemacht hat (§ 38 IV 3).

7 **Stellungnahme:** Die gesetzl Regelung in § 38 I 3 und IV 3 ist in der Praxis kaum durchführbar (glA *Albert* DB 04, 1958; s auch Auflistung der Schwierigkeiten bei *Eismann* DStR 04, 1585; *Eismann* DStR 11, 2381; *Lucas/Hilbert* NWB 12, 886 zu diesbezügl Problemen bei ArbN-Überlassung; aA *HHR* § 38 Rz 40; *Blümich/Thürmer* § 38 Rz 93). Sanktionen hieraus ggü dem ArbG wären idR ermessenswidrig (aA ohne nähere Begr zur Ermessensausübung FG Mchn EFG 12, 456; dieses Urt ist auch im Hinblick auf die Annahme von ArbLohn und das „Erkennen können" der Drittzuwendung unzutr, daher zu Recht aufgehoben durch BFH VI R 62/11, BFH/NV 14, 1431). – Im Einzelnen: Wenn der ArbG in eine konkrete Drittzuwendung eingebunden ist, weiß er von ihr und hat sie dem LStAbzug zu unterwerfen; insoweit bestehen keine Besonderheiten. Ist der ArbG nicht in eine konkrete Drittzuwendung eingebunden, **weiß** er aber von ihr, besteht eine LStAbzugsverpflichtung, wenn der ArbN dem ArbG diese Drittzuwendung bis zum Ende des jeweiligen Lohnzahlungszeitraums anzeigt; macht der ArbN keine Angabe (Steuerverkürzung, § 370 AO), ist der ArbG dem BetriebsstättenFA ggü anzeigepflichtig. – Wann der ArbG eine Drittzuwendung **„erkennen kann"**, ist kaum justitiabel (*Albert* FR 09, 857/9; aA *Hettler* HFR 14, 794: ArbG muss die Möglichkeit haben zu erkennen, dass Dritte ArbLohn zahlen, was in erster Linie eine vom FG zu beantwortende Tatfrage sei; vgl iÜ § 25d UStG, wo von „kennen müssen" die Rede ist). Das FA ist beweispflichtig. Das „Kennenkönnen" muss sich auf eine konkrete Drittzuwendung innerhalb eines bestimmten Lohnzahlungszeitraums beziehen (FG Mchn EFG 09, 1749, aus anderen Gründen bestätigt, BFH VI R 41/09 BStBl II 10, 1022; s aber *ge* DStRE 10, 1004). Dieses Tatbestandsmerkmal wird allenfalls erfüllt sein, wenn der ArbG in sachwidriger Weise die Augen vor einer konkreten Drittleistung verschlossen hat, um der positiven Kenntnis auszuweichen, zB wenn das Drittentgelt die wesentl oder sogar alleinige Entlohnung des ArbN darstellt (FG Mster EFG 03, 1549, rkr). Hier muss der ArbG seiner Anzeigepflicht gem § 38 IV 3 nachzukommen. – IÜ dürfte § 38 I 3, IV 3 selbst für konzernverbundene Unternehmen keine Ausdehnung der lstrechtl ArbG-Pflichten bedeuten; denn es gibt keine gesetzl Pflicht, sich Kenntnis davon zu verschaffen, welche Vorteile im Konzernverbund tatsächl gewährt werden (aA *van Lishaut* FR 04, 203, II. 5, 6; *Niermann/Plenker* DB 03, 2724, 2725). Ein Auskunftsanspruch der Konzerntochter ggü der ausl MutterGes, ob zB ArbN im Inl Aktionsoptionsrechte eingeräumt wurden, ist nicht ersichtl. Zur ArbN-Überlassung im Konzern, s auch BAG DB 11, 1528, unter II.2. – Anders ist die Rechtslage auch nicht, wenn der ArbG (konzernangehörig oder nicht) mit einem Dritten ein Rahmenabkommen über die Gewährung von Rabatten zugunsten seiner ArbN abgeschlossen hat (aA *van Lishaut* FR 04, 203, II. 5; *Niermann/Plenker* DB 04, 2118, Nr 11; aA evtl auch *Heuermann* INF 06, 608; *Paetsch* HFR 07, 981f; offen gelassen in BFH IX R 82/98 BStBl II 06, 669, unter II. 2b, aE; krit zur gesetzl Regelung *Bergkemper* FR 06, 836). Denn auch hier ist das Gesetz, sofern der ArbN keine Anzeige macht, nicht durchführbar: Woher soll der ArbG wissen, welcher konkrete ArbN in welchem Lohnzahlungszeitraum welche Drittzuwendung erhalten hat? Eine Verpflichtung zum Aufbau eines Kontroll- und Überwachungssystems enthält das Gesetz nicht (*Drüen* FR 04, 1134, 1146; *Blümich/Thürmer* § 38 Rz 151). Daher ist der ArbG auch nicht verpflichtet, sich die Nichtinanspruchnahme solcher Drittzuwendungen bestätigen zu lassen (aA LStH 16 R 38.4 (2) 3; BMF BStBl I 04, 173, Tz III. 2; *van Lishaut* FR 04, 203, III. 2; *Niermann/Plenker* DB 04, 2118, Nr 11; *Hartmann* INF 04, 946; Musterschreiben an ArbN-Schaft *Sprenger* INF 05, 789).

II. Steuerschuldner, § 38 II 1; Entstehung der LSt, § 38 II 2

10 **1. Steuerschuldner.** Schuldner der LSt ist der ArbN als der Einkommensbezieher (§ 38 II 1; zum ArbN-Begriff s § 19 Rz 4ff). Dies gilt auch im Fall der sog

Nettolohnvereinbarung (vgl hierzu § 39b Rz 12ff). Ist der ArbLohn **pauschaliert** besteuert (§§ 40–40b), ist Steuerschuldner der ArbG (§§ 40 III, 40a IV, 40b III).

2. Entstehung der LSt. Die LSt entsteht in dem Zeitpunkt, in dem der stpfl ArbLohn dem ArbN iSd § 11 I 1 zufließt (§ 38 II 2). Es handelt sich um die Regelung des Entstehungszeitpunkts der auf den ArbLohn entfallenden **Vorauszahlungsschuld.** Mit Ablauf des Kj entsteht die Jahreseinkommensteuerschuld der ArbN (§ 36). Von der Entstehung der LSt ist deren Abführung durch den ArbG zu unterscheiden (§ 41a). Zum Erlöschen durch Zahlung, Aufrechnung und Verjährung (§ 170 II Nr 1 AO) s *KSM* § 38 C 6ff: LSt erlischt nicht bereits im Zeitpunkt der Einbehaltung durch den ArbG, sondern erst im Zeitpunkt der Abführung an das FA (ebenso *Völlmeke* DB 94, 1746, 1748; aA *Heuermann* DB 94, 2411f und die zweifelhafte Entscheidung des FG Mster EFG 94, 107, aufgehoben aus anderen Gründen durch BFH VI R 91/93 BFH/NV 94, 862; s auch § 42d Rz 19). Zur Verjährung s § 40 Rz 10. 11

III. Einbehaltungspflichten, § 38 III, IIIa

1. Einbehaltungspflicht des ArbG, § 38 III. Zur Rechtsnatur der Einbehaltung der LSt s *Heuermann* Diss S 82ff, mwN. § 38 III ist verfgemäß (BFH VI 270/62 U BStBl III 63, 468; BVerfG DB 64, 204; vgl auch *Drüen* FR 04, 1134; *Drüen* Die Indienstnahme Privater, S 149ff, Bestandsaufnahme der Rspr). Die Einbehaltungspflicht sowie die Anmeldungs- und Abführungspflichten, die in § 41 geregelt sind, sind öffentl-rechtl Verpflichtungen, die durch Vereinbarungen zwischen ArbN und ArbG nicht außer Kraft gesetzt werden können. Die Einbehaltungspflicht gilt für jede Lohnzahlung, also auch für Vorschüsse, Abschlagszahlungen, ArbLohnpfändungen und bei Verurteilung zur Zahlung von ArbLohn. Eine Lohnzahlung ist erfolgt, wenn dem ArbN der ArbLohn zugeflossen ist, er also über den ArbLohn wirtschaftl verfügen kann. Bei Abschlagszahlungen kann die Einbehaltung der LSt bis zur Lohnabrechnung hinausgeschoben werden (§ 39b V). Die Verpflichtungen des ArbG beziehen sich auch auf die KiSt (verfassungsrechtl Bedenken s *Felix* BB 95, 1929). Der ArbG errechnet unter Zugrundelegung der LStAbzugsmerkmale die auf den stpfl ArbLohn entfallende LSt (s § 39b) und zahlt den um diese LSt gekürzten ArbLohn an den ArbN aus. Reichen die Mittel des ArbG zur Zahlung des vollen Lohns nicht aus, hat der ArbG die LSt von dem gezahlten niedrigeren Betrag zu errechnen und einzubehalten. Zum LSt-Abzug nach Beendigung des DienstVerh s *BMF* BStBl I 13, 951 Rz 57, 58). – Ein Rentamt kann eine öffentl Kasse iSd § 38 III 2 sein (BFH VI R 23/80 BFH/NV 86, 492). – § 38 III 3 betrifft die Auszahlung von Wertguthaben bei Arbeitszeitkonten. Die DRV ist bei Leistungen aus den auf sie übertragenen Wertguthaben zum LStAbzug verpflichtet. 13

2. LSt-Abzugspflicht Dritter, § 38 IIIa 1. Inl Dritte, die tarifvertragl Ansprüche von ArbN durch Zahlung von Geldleistungen erfüllen, zB die als gemeinsame Einrichtung der Tarifparteien bestehende Lohnausgleichskasse der Bauwirtschaft (ULAG), werden durch § 38 IIIa 1 lstabzugsverpflichtet, ohne selbst ArbG zu sein. Die Vorschrift wurde aufgrund der Entscheidung BFH VI R 74/00 BStBl II 03, 496 geschaffen. Zu Folgeänderungen s § 39c III und § 42d IX (Haftung, § 42d Rz 76). 16

3. Übertragung lohnsteuerrechtl Pflichten auf Dritte, § 38 IIIa 2ff. Das FA kann auf (formlosen schriftl) Antrag zulassen, dass ein Dritter die Pflichten des ArbG im eigenen Namen erfüllt. Die LStAbzugspflicht kann damit vom ArbG auf einen Dritten übertragen werden, wenn dieser sich ggü dem ArbG hierzu verpflichtet, den Lohn auszahlt oder die ArbG-Pflichten für von ihm vermittelte ArbN übernimmt und die Steuererhebung nicht beeinträchtigt wird. Die Übertra- 17 gung der ArbG-Pflichten auf den Dritten bedarf der Zustimmung des BetriebsstättenFA des Dritten und wird nur im Einvernehmen mit dem BetriebsstättenFA des ArbG erteilt. Sie darf mit Nebenbestimmungen versehen werden, die einer Beeinträchtigung der LStErhebung entgegenwirken. – Zu Haftungsfolgen s § 42d IX 4 ff.

IV. Fehlende Barmittel; Anzeigepflichten, § 38 IV

18 Werden neben Barlohn hohe Sachbezüge gewährt oder hat der ArbG Abschlagzahlungen nach § 39b V geleistet, kann bei der Lohnabrechnung der LStAbzug höher sein als der Barlohn bzw der nach den Abschlagzahlungen noch ausstehende ArbLohn. Gleiches kann eintreten bei Lohnzahlungen durch Dritte (s FG Hbg EFG 97, 1414, rkr). In diesen Fällen hat der ArbG zunächst die Barmittel (stpfl und stfreie Bezüge, zB Reisekostenersatz) für den LStAbzug zurückzubehalten. Ob bei Abtretung einer Geldforderung ein Fall fehlender Barmittel gegeben ist, hat BFH VI R 112/99 BStBl II 02, 884 offengelassen (dazu *MIT* DStR 02, 2169). Ist die einzubehaltende Steuer immer noch höher als die zurückbehaltenen Beträge, ist der ArbN verpflichtet, dem ArbG den Fehlbetrag zur Verfügung zu stellen. Entzieht sich der ArbN dieser Verpflichtung, hat dies der ArbG dem BetriebsstättenFA anzuzeigen. Durch die Anzeige, die die Erfüllung der Einbehaltungspflichten ersetzt, kann der ArbG seine Haftung vermeiden; bei unterlassener Anzeige haftet er (BFH VI R 112/99 BStBl II 02, 884; dagegen *Eisgruber* DStR 03, 141; *Nacke* DStR 05, 1297, 1298). Das FA fordert die LSt in diesem Falle vom ArbN nach. Die Bagatellgrenze von 10 € (§ 42d V) gilt hier nicht. Zum Inhalt der Anzeige und zum weiteren Verfahren durch das FA vgl LStH 16 R 41c. 2. – Zu **§ 38 IV 3** (Anzeigepflichten) s Rz 6, 7.

V. Billigkeitsmaßnahmen im LSt-Verfahren

20 Solche Maßnahmen (zB Stundung, Erlass; s *von Groll* DStJG 9, 447 ff) kommen **ggü dem ArbG** grds nicht in Betracht (es handelt sich nicht um ArbG-Mittel, *FinVerw* DB 93, 814; *KSM* § 38 D 10; offen gelassen BFH VII R 96/79 BStBl II 82, 521; FG Hbg EFG 86, 203, rkr; Stundung erst im Haftungsverfahren, s § 42d Rz 56; zur Ablehnung von Stundungen bei der KapESt s BFH I R 120/97 BStBl II 99, 3; dazu *Gerber* DB 99, 1729). Wohl aber ist eine Stundung **ggü dem ArbN** im Grundsatz mögl. Die Stundung kann in der Weise erfolgen, dass der ArbN seinem WohnsitzFA eine Bescheinigung seines ArbG über die jeweils einbehaltene und für seine Rechnung abgeführte LSt vorlegt und das WohnsitzFA die Steuer gem § 37 II AO erstattet (ausführl BFH VI R 71/90 BStBl II 93, 479). Ermessensfehlerfrei ist aber die Ablehnung einer sog *Verrechnungsstundung* (*FinVerw* DStR 97, 1371; s aber *Carl/Klos* DB 95, 1146, 2039; *Rößler* DB 95, 2038). Damit ist iErg praktisch nur die Stundung aus persönl Härtegründen mögl (s auch Anm HFR 93, 366; gegen diese Einschränkung *Schäfer* DB 93, 2205). Soweit § 222 S 3 AO eine Stundung im LStAbzugsverfahren generell und damit auch in Härtefällen ausschließt, ist die Vorschrift verfwidrig (ausführl und überzeugend *T/K* § 222 AO Rz 6); insb bei Katastrophenschäden muss die LSt ebenso gestundet werden können wie die Vorauszahlungen bei § 37. Ein Erlass der Vorauszahlungsschuld scheidet mE aus, da durch Stundung bis zum Ablauf des Kj die Interessen des ArbN gewahrt werden können; erst dann ist über den Erlass der Jahressteuer zu befinden (weitergehend *Schick* BB 84, 733, 736 f; *Schuhmann* BB 85, 184). – Zum Rechtsschutz des ArbN gegen die Einbehaltung der LSt durch den ArbG s § 41a Rz 5).

VI. Rechtsweg

21 Ein nach Ansicht des ArbN zu hoher LStEinbehalt ist ggü dem FA auf dem Finanzrechtsweg und nicht ggü dem ArbG geltend zu machen (FG MeVo EFG 93,

744, rkr). Für eine Klage des ArbN gegen den ArbG über das Bestehen einer Nettolohnvereinbarung ist der Finanzrechtsweg demggü nicht gegeben (BFH VI B 108/92 BStBl II 93, 760; BFH VI B 108/07 BFH/NV 09, 175); ebenso nicht bei Streitigkeiten mit dem ArbG über den LStAbzug (FG Bdg EFG 97, 358, rkr; FG Hbg DStRE 03, 1390, Verweisungsbeschluss). Nach BAG HFR 03, 1209 soll bei Klage auf Berichtigung der LStBescheinigung indes der Finanzrechtsweg gegeben sein (ebenso BAG DStR 13, 1345, wenn der Streit von der Anwendung steuerrechtl Vorschriften abhängt; dagegen FG Mchn DStRE 08, 194, rkr; FG Mster EFG 11, 1735). Zu dem insoweit bestehenden negativen Kompetenzkonflikt s BFH VI S 17/05 BFH/NV 06, 329 (Anm *MIT* DStRE 06, 441). – Zur **Anfechtung der LStAnmeldung** durch ArbG und ArbN s § 41a Rz 5.

§ 38a Höhe der Lohnsteuer

(1) [1]**Die Jahreslohnsteuer bemisst sich nach dem Arbeitslohn, den der Arbeitnehmer im Kalenderjahr bezieht (Jahresarbeitslohn).** [2]**Laufender Arbeitslohn gilt in dem Kalenderjahr als bezogen, in dem der Lohnzahlungszeitraum endet; in den Fällen des § 39b Absatz 5 Satz 1 tritt der Lohnabrechnungszeitraum an die Stelle des Lohnzahlungszeitraums.** [3]**Arbeitslohn, der nicht als laufender Arbeitslohn gezahlt wird (sonstige Bezüge), wird in dem Kalenderjahr bezogen, in dem er dem Arbeitnehmer zufließt.**

(2) **Die Jahreslohnsteuer wird nach dem Jahresarbeitslohn so bemessen, dass sie der Einkommensteuer entspricht, die der Arbeitnehmer schuldet, wenn er ausschließlich Einkünfte aus nichtselbständiger Arbeit erzielt.**

(3) [1]**Vom laufenden Arbeitslohn wird die Lohnsteuer jeweils mit dem auf den Lohnzahlungszeitraum fallenden Teilbetrag der Jahreslohnsteuer erhoben, die sich bei Umrechnung des laufenden Arbeitslohns auf einen Jahresarbeitslohn ergibt.** [2]**Von sonstigen Bezügen wird die Lohnsteuer mit dem Betrag erhoben, der zusammen mit der Lohnsteuer für den laufenden Arbeitslohn des Kalenderjahres und für etwa im Kalenderjahr bereits gezahlte sonstige Bezüge die voraussichtliche Jahreslohnsteuer ergibt.**

(4) **Bei der Ermittlung der Lohnsteuer werden die Besteuerungsgrundlagen des Einzelfalls durch die Einreihung der Arbeitnehmer in Steuerklassen (§ 38b), Feststellung von Freibeträgen und Hinzurechnungsbeträgen (§ 39a) sowie Bereitstellung von elektronischen Lohnsteuerabzugsmerkmalen (§ 39e) oder Ausstellung von entsprechenden Bescheinigungen für den Lohnsteuerabzug (§ 39 Absatz 3 und § 39e Absatz 7 und 8) berücksichtigt.**

1. Jahreslohnsteuer, § 38a I. Der JahresArbLohn umfasst nur den ArbLohn, der bei dem jeweiligen ArbG dem LStAbzug unterliegt (s § 38 Rz 5, 6). Steht der ArbN zu mehreren ArbG in ArbVerh, ist der JahresArbLohn für jedes ArbVerh gesondert zu bestimmen. Die Berechnung der LSt iEinz ist in § 39b und § 39c geregelt. 1

a) Zeitl Zuordnung des ArbLohns, § 38a I 2 und 3. Es ist zu unterscheiden zw **lfd ArbLohn** (der dem ArbN regelmäßig zufließt, s LStH 16 R 39b. 2 (1)) und **sonstigen Bezügen** (die nicht als laufender ArbLohn gezahlt werden, s LStH 16 R 39b. 2 (2); zB unregelmäßig gezahlte Gratifikationen, 13. Monatsgehalt; Dezemberlohn, der erst nach dem 21.1. des Folgejahres zufließt, dazu auch *Hartmann* INF 99, 737, 741; Ausgleichszahlungen bei vorzeitiger Beendigung eines Altersteilzeitarbeitsverhältnisses, BFH VI R 26/11 BStBl II 12, 415). Für lfd (regelmäßig zufließenden) ArbLohn durchbricht § 38a I 2 das Zuflussprinzip des § 11. Wird zB lfd ArbLohn am 28.12. für den Lohnzahlungszeitraum Januar gezahlt, so gilt der Lohn als erst im folgenden Kj bezogen; denn der Lohnzahlungszeitraum endet erst im folgenden Kj (s aber FG Mster EFG 91, 567, rkr, zutr). Auch § 38a 2

I 2 setzt aber den tatsächl Zufluss iSv § 11 I voraus (*HHR* § 38a Rz 16). Nur zugeflossener ArbLohn unterliegt der ESt und dem LStAbzug. § 38a I 2 macht davon keine Ausnahme; er dient nur der Vereinfachung des LStAbzugsverfahrens, indem lfd ArbLohn zeitl zugeordnet wird (BFH VI R 57/05 BStBl II 09, 147). Für sonstige Bezüge gilt dagegen weiterhin § 11. § 38a I 2, 3 erfasst nur solche Lohnbestandteile, die zu Lohnzahlungszeiträumen um den Jahreswechsel gehören, nicht hingegen Lohnnachzahlungen für Lohnzahlungszeiträume eines bereits abgelaufenen Jahres oder noch früherer Jahre (BFH VI R 104/92 BStBl II 93, 795; BFH VI B 275/97 BFH/NV 98, 1477).

3 b) **Lohnzahlungszeitraum** ist der Zeitraum, für den der lfd ArbLohn gezahlt wird (zB Tageslohn, Wochenlohn, Monatslohn). Er ergibt sich häufig aus dem Tarifvertrag, einer Betriebsvereinbarung oder aus dem Einzelarbeitsvertrag. Eine Übereinstimmung mit Kalenderwochen oder Kalendermonaten muss nicht bestehen. Der Lohnzahlungszeitraum kann auch in zwei Kj reichen (zB vom 20.12. bis 19.1.; BFH VI R 67/68 BStBl II 70, 664). Die Lohnzahlungszeiträume können wechseln (zB zunächst nach Monaten, anschließend nach Wochen). Wird der ArbLohn für einen bestimmten Zeitraum zwischen ArbN und ArbG abgerechnet und gezahlt, so sind Lohnzahlungszeitraum und **Lohnabrechnungszeitraum** identisch. Sie fallen aber auseinander, wenn der ArbG zunächst nur zB wöchentl Abschlagszahlungen in ungefährer Höhe vorauszahlt und die Lohnabrechnung für einen Lohnabrechnungszeitraum (zB 1 Monat) vorgenommen wird. Voraussetzung hierfür ist, dass der Lohnabrechnungszeitraum 5 Wochen nicht übersteigt und dass die Lohnabrechnung innerhalb von 3 Wochen nach Ablauf des Lohnabrechnungszeitraums erfolgt (§ 39b V). Zum Lohnauszahlungszeitraum bei Beginn der EStPfl im Laufe eines Kalendermonats s BFH VI R 27/99 BFH/NV 04, 1239. Zu unplanmäßigen Lohnzahlungen s *HHR* § 38a Rz 18.

4 **2. Bemessung der Jahreslohnsteuer, § 38a II.** Die Jahreslohnsteuer entspricht der ESt, die der ArbN schuldet, wenn er ausschließl Einkünfte aus nichtselbstständiger Arbeit erzielt (§ 38a II). Die LStAbzugsbeträge sind daher Vorauszahlungen auf die Jahressteuerschuld (§ 38 Rz 1).

5 **3. Erhebung der Lohnsteuer, § 38a III.** Die Vorschrift unterstellt für die Einbehaltung der LSt vom lfd ArbLohn (§ 38a III 1), dass der in dem betr Lohnzahlungszeitraum bezogene ArbLohn in gleicher Höhe auch in den folgenden (gleichlangen) Lohnzahlungszeiträumen des Kj zufließen wird. Daher kommt es bei schwankendem ArbLohn oder Arbeitslosenzeiten zu LStÜberzahlungen. Dies wird beim sog permanenten LStJA vermieden (§ 39b II 12). Bei sonstigen Bezügen ergibt sich die LSt aus der Differenz zw der JahresLSt aus dem (ggf hochgerechneten) lfd ArbLohn des Kj einschließl bereits ausgezahlter sonstiger Bezügen und der wie vor berechneten JahresLSt ohne den sonstigen Bezug, für den die LSt erhoben werden soll (§ 38a III 2).

6 **4. Besteuerungsgrundlagen, § 38a IV.** Die Vorschrift zählt deklaratorisch die Elemente auf, die bei der Ermittlung der LSt im Einzelfall zu berücksichtigen sind.

§ 38b Lohnsteuerklassen, Zahl der Kinderfreibeträge

(1) [1] **Für die Durchführung des Lohnsteuerabzugs werden Arbeitnehmer in Steuerklassen eingereiht.** [2] **Dabei gilt Folgendes:**

1. In die Steuerklasse I gehören Arbeitnehmer, die
- **a) unbeschränkt einkommensteuerpflichtig und**
  - **aa) ledig sind,**
  - **bb) verheiratet, verwitwet oder geschieden sind und bei denen die Voraussetzungen für die Steuerklasse III oder IV nicht erfüllt sind; oder**
- **b) beschränkt einkommensteuerpflichtig sind;**

2. in die Steuerklasse II gehören die unter Nummer 1 Buchstabe a bezeichneten Arbeitnehmer, wenn bei ihnen der Entlastungsbetrag für Alleinerziehende (§ 24b) zu berücksichtigen ist;
3. in die Steuerklasse III gehören Arbeitnehmer,
   a) die verheiratet sind, wenn beide Ehegatten unbeschränkt einkommensteuerpflichtig sind und nicht dauernd getrennt leben und
      aa) der Ehegatte des Arbeitnehmers keinen Arbeitslohn bezieht oder
      bb) der Ehegatte des Arbeitnehmers auf Antrag beider Ehegatten in die Steuerklasse V eingereiht wird,
   b) die verwitwet sind, wenn sie und ihr verstorbener Ehegatte im Zeitpunkt seines Todes unbeschränkt einkommensteuerpflichtig waren und in diesem Zeitpunkt nicht dauernd getrennt gelebt haben, für das Kalenderjahr, das dem Kalenderjahr folgt, in dem der Ehegatte verstorben ist,
   c) deren Ehe aufgelöst worden ist, wenn
      aa) im Kalenderjahr der Auflösung der Ehe beide Ehegatten unbeschränkt einkommensteuerpflichtig waren und nicht dauernd getrennt gelebt haben und
      bb) der andere Ehegatte wieder geheiratet hat, von seinem neuen Ehegatten nicht dauernd getrennt lebt und er und sein neuer Ehegatte unbeschränkt einkommensteuerpflichtig sind,

   für das Kalenderjahr, in dem die Ehe aufgelöst worden ist;
4. in die Steuerklasse IV gehören Arbeitnehmer, die verheiratet sind, wenn beide Ehegatten unbeschränkt einkommensteuerpflichtig sind und nicht dauernd getrennt leben und der Ehegatte des Arbeitnehmers ebenfalls Arbeitslohn bezieht;
5. in die Steuerklasse V gehören die unter Nummer 4 bezeichneten Arbeitnehmer, wenn der Ehegatte des Arbeitnehmers auf Antrag beider Ehegatten in die Steuerklasse III eingereiht wird;
6. die Steuerklasse VI gilt bei Arbeitnehmern, die nebeneinander von mehreren Arbeitgebern Arbeitslohn beziehen, für die Einbehaltung der Lohnsteuer vom Arbeitslohn aus dem zweiten und einem weiteren Dienstverhältnis sowie in den Fällen des § 39c.

[3] Als unbeschränkt einkommensteuerpflichtig im Sinne der Nummern 3 und 4 gelten nur Personen, die die Voraussetzungen des § 1 Absatz 1 oder 2 oder des § 1a erfüllen.

(2) [1] Für ein minderjähriges und nach § 1 Absatz 1 unbeschränkt einkommensteuerpflichtiges Kind im Sinne des § 32 Absatz 1 Nummer 1 und Absatz 3 werden bei der Anwendung der Steuerklassen I bis IV die Kinderfreibeträge als Lohnsteuerabzugsmerkmal nach § 39 Absatz 1 wie folgt berücksichtigt:
1. mit Zähler 0,5, wenn dem Arbeitnehmer der Kinderfreibetrag nach § 32 Absatz 6 Satz 1 zusteht, oder
2. mit Zähler 1, wenn dem Arbeitnehmer der Kinderfreibetrag zusteht, weil
   a) die Voraussetzungen des § 32 Absatz 6 Satz 2 vorliegen oder
   b) der andere Elternteil vor dem Beginn des Kalenderjahres verstorben ist oder
   c) der Arbeitnehmer allein das Kind angenommen hat.

[2] Soweit dem Arbeitnehmer Kinderfreibeträge nach § 32 Absatz 1 bis 6 zustehen, die nicht nach Satz 1 berücksichtigt werden, ist die Zahl der Kinderfreibeträge auf Antrag vorbehaltlich des § 39a Absatz 1 Nummer 6 zu Grunde zu legen. [3] In den Fällen des Satzes 2 können die Kinderfreibeträge für mehrere Jahre gelten, wenn nach den tatsächlichen Verhältnissen zu erwarten ist, dass die Voraussetzungen bestehen bleiben. [4] Bei Anwendung der Steuerklassen III

und IV sind auch Kinder des Ehegatten bei der Zahl der Kinderfreibeträge zu berücksichtigen. [5]Der Antrag kann nur nach amtlich vorgeschriebenem Vordruck gestellt werden.

(3) [1]**Auf Antrag des Arbeitnehmers kann abweichend von Absatz 1 oder 2 eine für ihn ungünstigere Steuerklasse oder geringere Zahl der Kinderfreibeträge als Lohnsteuerabzugsmerkmal gebildet werden. [2]Dieser Antrag ist nach amtlich vorgeschriebenem Vordruck zu stellen und vom Arbeitnehmer eigenhändig zu unterschreiben.**

Lohnsteuer-Richtlinien: LStR 38b/LStH 38b

1 **1. Steuerklasseneinteilung, § 38b I.** Sie gilt sowohl für unbeschr als auch für beschr stpfl ArbN, so dass sämtl Regelungen zur Einreihung der ArbN in Steuerklassen in § 38b I zusammengefasst sind. Von der **Wahl der StKlassen bei arbeitenden Ehegatten** hängt ab, ob es nach Ablauf des Kj zu LStNachzahlungen oder LStErstattungen kommt. Die **Kombination IV/IV** unterstellt, dass beide Ehegatten gleichviel verdienen. Bei dieser Wahl kann es nicht zu Nachzahlungen kommen. Hier kommt es zu StÜberzahlungen, wenn die ArbLöhne der Ehegatten unterschiedl hoch sind. Die Überzahlungen sind umso höher, je mehr die ArbLöhne der Ehegatten voneinander abweichen. Zum Faktorverfahren anstelle der Kombination III/V s § 39f. Zum Zusammenhang zw Splitting und LStKlasse V s *Schlick* DStZ 05, 593. Die Wahl der StKlassenkombination III/V kann bei Beantragung der getrennten Veranlagung missbräuchl iSv § 42 AO sein, wenn hierdurch die Durchsetzung der ESt vereitelt werden soll (BFH III R 66/98 BFH/NV 05, 186; FG BaWü AO-StB 11, 296). Zum Wechsel der StKlasse als Gestaltungsprinzip s auch LAG RhPf DB 05, 2587. LSt-Klassenwechsel und Arbeitslosengeld s BAG BFH/NV-Beilage 05, 427. LSt-Klassenwechsel zur Erlangung eines höheren Elterngeldes s BSG DStR 09, 2263. Zur Wahl einer ungünstigeren LStKlasse in Gläubigerbenachteiligungsabsicht s BGH DStR 05, 2096. Das Recht der StKlassenwahl geht auch im Insolvenzverfahren nicht auf den Verwalter über (BFH VI R 9/11 BFH/NV 11, 2111, zur StKlassenwahl im Insolvenzverfahren s auch *Kahlert* DB 11, 2516).

2 **2. Kinderfreibeträge, § 38b II.** Die Vorschrift regelt die Berücksichtigung von Kinderfreibeträgen als LSt-Abzugsmerkmale. Die Kinderfreibeträge sind nur für die Bemessung der Zuschlagssteuern zur LSt (KiSt, SolZ) bedeutsam. Für die Bildung von Kinderfreibeträgen als LSt-Abzugsmerkmal gelten die allg Vorschriften zur Bildung und Bekanntgabe der Merkmale in § 39 I. Die Kinderfreibetragszähler sollen regelmäßig ab der Geburt des Kindes bis zur Vollendung des 18. Lebensjahres automatisiert gebildet und berücksichtigt werden. Der Kinderfreibetragszähler beträgt 0,5 in den Fällen des § 32 VI 1 und 1 in den Fällen des § 32 VI 2, 3. Soweit Kinderfreibeträge nicht automatisiert nach § 38b II 1 berücksichtigt werden (zB bei Pflegekindern), muss der ArbN einen Antrag nach amtl Vordruck stellen, damit die Kinderfreibeträge als LSt-Abzugsmerkmal zu Grunde gelegt werden. Diese Kinderfreibeträge können unter den Voraussetzungen des § 38b II 3 auch für mehrere Jahre gelten (*BMF* BStBl I 13, 951 Rz 31). Durch die Einführung der ELStAM wird das Jahresprinzip, das sich bisher aus der jährl Ausstellung der LStKarte ergab, aufgehoben. ELStAM können unverändert jahrelang gelten.

3 **3. Wahl der Steuerklasse, § 38b III.** Das Gesetz gestattet dem ArbN die Wahl einer für ihn ungünstigeren StKlasse oder einer geringeren Anzahl von Kinderfreibeträgen als LSt-Abzugsmerkmal. Ein solcher Antrag kommt zB für ArbN in Betracht, die dem ArbG ihren Familienstand nicht mitteilen möchten.

§ 39 Lohnsteuerabzugsmerkmale

(1) [1]Für die Durchführung des Lohnsteuerabzugs werden auf Veranlassung des Arbeitnehmers Lohnsteuerabzugsmerkmale gebildet (§ 39a Absatz 1 und 4, § 39e Absatz 1 in Verbindung mit § 39e Absatz 4 Satz 1 und nach § 39e Absatz 8). [2]Soweit Lohnsteuerabzugsmerkmale nicht nach § 39e Absatz 1 Satz 1 automatisiert gebildet werden oder davon abweichend zu bilden sind, ist das Finanzamt für die Bildung der Lohnsteuerabzugsmerkmale nach den §§ 38b und 39a und die Bestimmung ihrer Geltungsdauer zuständig. [3]Für die Bildung der Lohnsteuerabzugsmerkmale sind die von den Meldebehörden nach § 39e Absatz 2 Satz 2 mitgeteilten Daten vorbehaltlich einer nach Satz 2 abweichenden Bildung durch das Finanzamt bindend. [4]Die Bildung der Lohnsteuerabzugsmerkmale ist eine gesonderte Feststellung von Besteuerungsgrundlagen im Sinne des § 179 Absatz 1 der Abgabenordnung, die unter dem Vorbehalt der Nachprüfung steht. [5]Die Bildung und die Änderung der Lohnsteuerabzugsmerkmale sind dem Arbeitnehmer bekannt zu geben. [6]Die Bekanntgabe richtet sich nach § 119 Absatz 2 der Abgabenordnung und § 39e Absatz 6. [7]Der Bekanntgabe braucht keine Belehrung über den zulässigen Rechtsbehelf beigefügt zu werden. [8]Ein schriftlicher Bescheid mit einer Belehrung über den zulässigen Rechtsbehelf ist jedoch zu erteilen, wenn einem Antrag des Arbeitnehmers auf Bildung oder Änderung der Lohnsteuerabzugsmerkmale nicht oder nicht in vollem Umfang entsprochen wird oder der Arbeitnehmer die Erteilung eines Bescheids beantragt. [9]Vorbehaltlich des Absatzes 5 ist § 153 Absatz 2 der Abgabenordnung nicht anzuwenden.

(2) [1]Für die Bildung und die Änderung der Lohnsteuerabzugsmerkmale nach Absatz 1 Satz 2 des nach § 1 Absatz 1 unbeschränkt einkommensteuerpflichtigen Arbeitnehmers ist das Wohnsitzfinanzamt im Sinne des § 19 Absatz 1 Satz 1 und 2 der Abgabenordnung und in den Fällen des Absatzes 4 Nummer 5 das Betriebsstättenfinanzamt nach § 41a Absatz 1 Satz 1 Nummer 1 zuständig. [2]Ist der Arbeitnehmer nach § 1 Absatz 2 unbeschränkt einkommensteuerpflichtig, nach § 1 Absatz 3 als unbeschränkt einkommensteuerpflichtig zu behandeln oder beschränkt einkommensteuerpflichtig, ist das Betriebsstättenfinanzamt für die Bildung und die Änderung der Lohnsteuerabzugsmerkmale zuständig. [3]Ist der nach § 1 Absatz 3 als unbeschränkt einkommensteuerpflichtig zu behandelnde Arbeitnehmer gleichzeitig bei mehreren inländischen Arbeitgebern tätig, ist für die Bildung der weiteren Lohnsteuerabzugsmerkmale das Betriebsstättenfinanzamt zuständig, das erstmals Lohnsteuerabzugsmerkmale gebildet hat. [4]Bei Ehegatten, die beide Arbeitslohn von inländischen Arbeitgebern beziehen, ist das Betriebsstättenfinanzamt des älteren Ehegatten zuständig.

(3) [1]Wurde einem Arbeitnehmer in den Fällen des Absatzes 2 Satz 2 keine Identifikationsnummer zugeteilt, hat ihm das Betriebsstättenfinanzamt auf seinen Antrag hin eine Bescheinigung für den Lohnsteuerabzug auszustellen. [2]In diesem Fall tritt an die Stelle der Identifikationsnummer das vom Finanzamt gebildete lohnsteuerliche Ordnungsmerkmal nach § 41b Absatz 2 Satz 1 und 2. [3]Die Bescheinigung der Steuerklasse I kann auch der Arbeitgeber beantragen, wenn dieser den Antrag nach Satz 1 im Namen des Arbeitnehmers stellt. [4]Diese Bescheinigung ist als Beleg zum Lohnkonto zu nehmen und während des Dienstverhältnisses, längstens bis zum Ablauf des jeweiligen Kalenderjahres, aufzubewahren.

(4) Lohnsteuerabzugsmerkmale sind

1. Steuerklasse (§ 38b Absatz 1) und Faktor (§ 39f),
2. Zahl der Kinderfreibeträge bei den Steuerklassen I bis IV (§ 38b Absatz 2),

3. **Freibetrag und Hinzurechnungsbetrag (§ 39a),**
4. **Höhe der Beiträge für eine private Krankenversicherung und für eine private Pflege-Pflichtversicherung (§ 39b Absatz 2 Satz 5 Nummer 3 Buchstabe d) für die Dauer von zwölf Monaten, wenn der Arbeitnehmer dies beantragt,**
5. **Mitteilung, dass der von einem Arbeitgeber gezahlte Arbeitslohn nach einem Abkommen zur Vermeidung der Doppelbesteuerung von der Lohnsteuer freizustellen ist, wenn der Arbeitnehmer oder der Arbeitgeber dies beantragt.**

(5) [1] **Treten bei einem Arbeitnehmer die Voraussetzungen für eine für ihn ungünstigere Steuerklasse oder geringere Zahl der Kinderfreibeträge ein, ist der Arbeitnehmer verpflichtet, dem Finanzamt dies mitzuteilen und die Steuerklasse und die Zahl der Kinderfreibeträge umgehend ändern zu lassen.** [2] **Dies gilt insbesondere, wenn die Voraussetzungen für die Berücksichtigung des Entlastungsbetrags für Alleinerziehende, für die die Steuerklasse II zur Anwendung kommt, entfallen.** [3] **Eine Mitteilung ist nicht erforderlich, wenn die Abweichung einen Sachverhalt betrifft, der zu einer Änderung der Daten führt, die nach § 39e Absatz 2 Satz 2 von den Meldebehörden zu übermitteln sind.** [4] **Kommt der Arbeitnehmer seiner Verpflichtung nicht nach, ändert das Finanzamt die Steuerklasse und die Zahl der Kinderfreibeträge von Amts wegen.** [5] **Unterbleibt die Änderung der Lohnsteuerabzugsmerkmale, hat das Finanzamt zu wenig erhobene Lohnsteuer vom Arbeitnehmer nachzufordern, wenn diese 10 Euro übersteigt.**

(6) [1] **Ändern sich die Voraussetzungen für die Steuerklasse oder für die Zahl der Kinderfreibeträge zu Gunsten des Arbeitnehmers, kann dieser beim Finanzamt die Änderung der Lohnsteuerabzugsmerkmale beantragen.** [2] **Die Änderung ist mit Wirkung von dem ersten Tag des Monats an vorzunehmen, in dem erstmals die Voraussetzungen für die Änderung vorlagen.** [3] **Ehegatten, die beide in einem Dienstverhältnis stehen, können einmalig im Laufe des Kalenderjahres beim Finanzamt die Änderung der Steuerklassen beantragen.** [4] **Dies gilt unabhängig von der automatisierten Bildung der Steuerklassen nach § 39e Absatz 3 Satz 3 sowie einer von den Ehegatten gewünschten Änderung dieser automatisierten Bildung.** [5] **Das Finanzamt hat eine Änderung nach Satz 3 mit Wirkung vom Beginn des Kalendermonats vorzunehmen, der auf die Antragstellung folgt.** [6] **Für eine Berücksichtigung der Änderung im laufenden Kalenderjahr ist der Antrag nach Satz 1 oder 3 spätestens bis zum 30. November zu stellen.**

(7) [1] **Wird ein unbeschränkt einkommensteuerpflichtiger Arbeitnehmer beschränkt einkommensteuerpflichtig, hat er dies dem Finanzamt unverzüglich mitzuteilen.** [2] **Das Finanzamt hat die Lohnsteuerabzugsmerkmale vom Zeitpunkt des Eintritts der beschränkten Einkommensteuerpflicht an zu ändern.** [3] **Absatz 1 Satz 5 bis 8 gilt entsprechend.** [4] **Unterbleibt die Mitteilung, hat das Finanzamt zu wenig erhobene Lohnsteuer vom Arbeitnehmer nachzufordern, wenn diese 10 Euro übersteigt.**

(8) [1] **Der Arbeitgeber darf die Lohnsteuerabzugsmerkmale nur für die Einbehaltung der Lohn- und Kirchensteuer verwenden.** [2] **Er darf sie ohne Zustimmung des Arbeitnehmers nur offenbaren, soweit dies gesetzlich zugelassen ist.**

(9) [1] **Ordnungswidrig handelt, wer vorsätzlich oder leichtfertig entgegen Absatz 8 ein Lohnsteuerabzugsmerkmal verwendet.** [2] **Die Ordnungswidrigkeit kann mit einer Geldbuße bis zu zehntausend Euro geahndet werden.**

Lohnsteuer-Richtlinien/Verwaltungsschreiben: LStR 39.2–39.4/LStH 39.1, 39.4 – *BMF* BStBl I 13, 951

Übersicht

1. Allgemeines. Die LStKarte wurde von den Gemeinden letztmalig für das Jahr 2010 ausgestellt. Seitdem ist allein die FinVerw für die Bildung der LSt-Abzugsmerkmale zuständig. § 39 wurde durch das BeitrRLUmsG an den Wegfall der LStKarte und deren Ersatz durch die elektronischen LSt-Abzugsmerkmale (ELStAM) angepasst. Zu § 39 aF s 30. Aufl. Die LStKarte 2010 galt wegen der Verschiebung des Einsatzes der elektronischen LSt-Abzugsmerkmale bis in das Jahr 2013 auch in den Jahren 2011–2013 (s Übergangsregelung in § 52b). Die auf der LStKarte 2010 bzw in den Ersatzbescheinigungen 2011–2013 enthaltenen Daten konnten der Berechnung der LSt daher bis in das Jahr 2013 hinein zugrunde zu legen sein. Ab 2013 kann der LStAbzug aber auch anhand der ELStAM erfolgen. Zur Rechtlage 2012 s 31. Aufl; zum Einführungszeitraum der ELStAM im Jahr 2013 s § 52b). 1

2. Bildung der LSt-Abzugsmerkmale, § 39 I. Die ELStAM werden auf Veranlassung des ArbN (idR automatisiert) gebildet. Grundlage sind die von den Meldebehörden an die FinVerw übermittelten melderechtl Daten (zB Familienstand, Kinder, Religionszugehörigkeit). Die FinVerw ist grds an diese Daten gebunden. Das FA kann im Einzelfall aber (zB bei entspr substantiierten Vortrag des ArbN) deren Überprüfung durch die Meldebehörde anregen oder selbst eine Prüfung der melderechtl Daten vornehmen und bei abw Feststellungen eine eigene Entscheidung für Besteuerungszwecke treffen (*Paintner* DStR 12, 105, 108; *BMF* BStBl I 13, 951 Rz 12). § 39 I 3 gibt dem FA die Möglichkeit, LSt-Abzugsmerkmale abw von der ELStAM-Datenbank selbst zu bilden. Das FA stellt dann eine jahresbezogene Bescheinigung für den LSt-Abzug aus; der Abruf der ELStAM wird zugleich für den Gültigkeitszeitraum der Bescheinigung allg gesperrt. Der ArbG hat die Bescheinigung in das Lohnkonto des ArbN zu übernehmen, dem LSt-Abzug zugrunde zu legen und § 39e VI 8 (LSt-Abzug nach StKlasse VI) nicht anzuwenden (*BMF* BStBl I 13, 951 Rz 35). Der ArbN kann beim zuständigen FA (Rz 3) einen Antrag stellen, ihm seine ELStAM mitzuteilen; daraufhin werden diese (ggf erstmalig) gebildet und dem ArbN mitgeteilt. Die erstmalige Bildung der ELStAM erfolgt ferner auf Anfrage des ArbG bei der FinVerw. Hierzu muss der ArbN dem ArbG seine Identifikationsnummer und sein Geburtsdatum mitteilen. Falls der ArbG nicht am elektronischen Verfahren teilnehmen kann (§ 39e VII), wird ein Ersatzverfahren in Papierform angewendet. Bildung und Änderung der LSt-Abzugsmerkmale sind gesonderte Feststellungen von Besteuerungsgrundlagen nach § 179 I AO unter Nachprüfungsvorbehalt, deren Bekanntgabe elektronisch, schriftl, mündl oder in anderer Weise erfolgen kann (s auch *BMF* BStBl I 13, 951 Rz 110ff). 2

3. Örtl Zuständigkeit, § 39 II. Für die Bildung und Änderung der LSt-Abzugsmerkmale bei nach **§ 1 I unbeschr stpfl ArbN** ist das Wohnsitz-FA (§ 19 I 1 und 2 AO) zuständig (s § 1 Rz 20ff). Für die Bildung und Änderung der LSt-Abzugsmerkmale der nach anderen Vorschriften unbeschr und **beschr stpfl ArbN** ist das Betriebsstätten-FA zuständig. Die Zuständigkeit richtet sich nach den örtl Verhältnissen zur Zeit der Bildung bzw Änderung der LSt-Abzugsmerkmale. Welcher ArbG den LStAbzug vorzunehmen hat, regelt § 38. 3

4 **4. ArbN ohne Identifikations-Nr, § 39 III.** Die Vorschrift beschreibt das Verfahren zur Bildung und Änderung von LSt-Abzugsmerkmalen durch das Betriebsstätten-FA bei nach **§ 1 II unbeschr stpfl ArbN,** nach **§ 1 III als unbeschr stpfl geltenden ArbN** und **beschr stpfl ArbN,** denen keine Identifikations-Nr zugeteilt worden ist. Grundlage für den LStAbzug bei beschr stpfl ArbN ist eine vom Betriebsstätten-FA (§ 41a I Nr 1) auszustellende Bescheinigung, die die LSt-Abzugsmerkmale enthält. Zu den LSt-Abzugsmerkmalen gehört nach § 39 IV Nr 5 auch die Entscheidung, dass der ArbLohn nach DBA von der LSt freizustellen ist, wenn der ArbN oder der ArbG dies beantragen (s auch BFH I R 72/96 BStBl II 97, 660, DBA-Frankreich). Die Bescheinigung hat aber nur Bedeutung für das LSt-Abzugsverfahren, sie hat keine Bindungswirkung für die Veranlagung (FG BaWü EFG 07, 333 rkr). Wird die Bescheinigung dem ArbG nicht vorgelegt, ist der LStAbzug nach § 39c II (StKlasse VI) vorzunehmen (s auch § 39c Rz 4). Allerdings kann nach § 39 III 3 auch der ArbG die Anwendung der StKlasse I im Namen des ArbN beantragen. Dies gilt nicht nur für beschr stpfl ArbN, sondern auch für nach § 1 II unbeschr oder nach § 1 III als unbeschr stpfl zu behandelnde ArbN (*Paintner* DStR 12, 105, 109). Ob Einkünfte aus nichtselbstständiger Arbeit beschr estpfl sind und wie das stpfl Einkommen zu ermitteln ist, bestimmt sich nach § 49 I Nr 4 und § 50, § 50a. Zur Besteuerung beschränkt stpfl nichtselbstständiger Künstler s *BMF* BStBl I 02, 707; *BMF* BStBl I 13, 443.

5 **5. LSt-Abzugsmerkmale, § 39 IV.** Die LSt-Abzugsmerkmale sind in § 39 IV aufgezählt. Hierzu gehören auch die Beiträge des ArbN zu einer privaten Kranken- und Pflegeversicherung. Diese werden nur auf Antrag des ArbN berücksichtigt (s *FinVerw* DB 13, 2892). Da die hierzu erforderl Daten nach § 10 II idR erst nach Jahresabschluss übermittelt werden, durchbricht § 39 IV Nr 4 die im LSt-Recht übl Jahresgrenze und lässt es zu, diese Beiträge für die Dauer von 12 Monaten über die Jahresgrenze hinweg zu berücksichtigen. Nach Ablauf dieses Zeitraums ist eine erneute Bescheinigung des Versicherungsunternehmens über die Beiträge erforderl. Erhöhen sich die Beiträge des ArbN in dem 12 Monatszeitraum, zB wegen der Geburt eines Kindes, ist eine Anpassung des LSt-Abzugsmerkmals mögl. Die Übermittlung der Versicherungsbeiträge als ELStAM wird aber voraussichtl nicht vor 2015 mögl sein. Auch die auf Antrag von ArbG oder ArbN als ELStAM zu berücksichtigende Mitteilung, dass der ArbLohn nach DBA von der LSt freizustellen ist, wird erst später abrufbar sein. S dazu auch die Anwendungsvorschrift in § 52 Abs 50g und *BMF* BStBl I 13, 951 Rz 8. Zu den LSt-Abzugsmerkmalen gehören auch die für den KiSt-Abzug erforderl Merkmale (§ 39e III 1).

6 **6. Änderung der LSt-Abzugsmerkmale, § 39 V–VII.** Der ArbN ist nach § 39 V anzeigepflichtig, wenn die Voraussetzungen für eine ungünstigere StKlasse oder eine geringere Zahl von Kinderfreibeträgen eintreten (zu Meldepflichten des ArbN s auch *BMF* BStBl I 13, 951 Rz 70 ff). Die Meldepflicht besteht nicht, wenn die Änderung von den Meldebehörden nach § 39e II 2 zu übermittelnde Daten betrifft (Religionszugehörigkeit, Familienstand, Kinder). Anders verhält es sich bei der Änderung von Umständen, die nicht im Melderegister erfasst werden (zB dauerndes Getrenntleben, Entfallen des Entlastungsbetrags für Alleinerziehende, § 24b). Solche Änderungen sind weiterhin dem FA mitzuteilen. Verletzt der ArbN die Anzeigepflicht, muss das FA die LSt-Abzugsmerkmale auch von Amts wegen ändern. Erfolgt dies nicht, hat das FA vom ArbN zuwenig erhobene LSt nachzufordern, wenn sie eine Bagatellgrenze von 10 € übersteigt.

7 **a) Änderung von LSt-Abzugsmerkmalen zugunsten des ArbN, § 39 VI.** Ändern sich die Voraussetzungen für die StKlasse oder die Kinderfreibeträge zu Gunsten des ArbN, kann er beim zuständigen FA (Rz 3) die Änderung der LSt-Abzugsmerkmale beantragen. Der Antrag kann jederzeit gestellt werden. Die Änderung ist mit Wirkung vom ersten Tag des Monats vorzunehmen, in dem erstmals die Voraussetzungen für die Änderung vorlagen, so dass auch Änderungen mit

Wirkung für die Vergangenheit beantragt werden können. Für eine Berücksichtigung im lfd Kj muss der Antrag aber bis zum 30.11. gestellt sein. Ehegatten, die beide in einem ArbVerh stehen, können im Laufe des Kj beim zuständigen FA (Rz 3) einmal den Wechsel der StKlassen für die Zukunft beantragen. Dies gilt unabhängig von der automatisierten Bildung der StKlassen nach § 39e III 3 sowie einer von den Ehegatten gewünschten Änderung der automatisiert gebildeten StKlassen. Der Antrag muss bis zum 30.11. gestellt sein, wenn er noch im lfd Kj berücksichtigt werden soll (s auch BFH VI B 16/07 BFH/NV 07, 1649). Das Recht auf StKlassenwechsel wird nicht verbraucht, wenn der Antrag erfolgt, weil ein ArbN keinen ArbLohn mehr bezieht (zB Antrag während der Arbeitslosigkeit; FG Ddorf EFG 03, 1104, rkr) oder weil die Ehegatten sich getrennt haben.

b) Wechsel zur beschr Steuerpflicht, § 39 VII. Der ArbN muss dem FA auch den Wechsel von der unbeschr zur beschr StPfl unverzügl mitteilen, damit das FA die LSt-Abzugsmerkmale vom Zeitpunkt des Eintritts der beschr StPfl, also auch rückwirkend, ändern kann. Unterbleibt die Mitteilung, hat das FA vom ArbN zuwenig erhobene LSt nachzufordern. Zur LStNachforderung bei irrtüml Annahme der unbeschr StPfl s BFH I R 65/07 BStBl II 09, 666. **8**

7. Verwendung der LSt-Abzugsmerkmale durch ArbG, § 39 VIII, IX. **9** Die Vorschrift dient dem Schutz des ArbN vor missbräuchl Verwendung der LSt-Abzugsmerkmale durch den ArbG. Dieser darf die LSt-Abzugsmerkmale nur zur Einbehaltung der LSt und KiSt verwenden. Die Offenbarung ohne Zustimmung des ArbN ist nur zulässig, soweit dies gesetzl vorgeschrieben ist. Ein vorsätzl oder leichtfertiger, dh grob fahrlässiger, Verstoß gegen § 39 VIII ist eine Ordnungswidrigkeit (§ 39 IX).

8. Rechtsbehelfe Bildung und Änderung von LSt-Abzugsmerkmalen sind gem **10** § 39 I 4 gesonderte Feststellungen von Besteuerungsgrundlagen iSd § 179 I AO unter Nachprüfungsvorbehalt. Gegen die Bildung oder die Ablehnung der Bildung/Änderung von LSt-Abzugsmerkmalen ist der Einspruch gegeben. Der Einspruch ist gegen das FA zu richten. Nach § 39 I 7 braucht der Bekanntgabe der LSt-Abzugsmerkmale **keine Belehrung über den zulässigen Rechtsbehelf** beigefügt zu werden. Daher kann der Einspruch binnen eines Jahres seit Bekanntgabe der Eintragung eingelegt werden (§ 356 II AO). Ein schriftl Bescheid mit Rechtsbehelfsbelehrung ist jedoch zu erteilen, wenn der ArbN dies beantragt oder dem Antrag des ArbN auf Bildung oder Änderung von LSt-Abzugsmerkmalen nicht vollständig entsprochen wird. Nach erfolglosem Einspruch kann **Anfechtungsklage** erhoben werden (BFH VI B 116/72 BStBl II 73, 667). Vorläufiger Rechtsschutz erfolgt im AdV-Verfahren jedenfalls bei Änderung von LSt-Abzugsmerkmalen (*BMF* BStBl I 13, 951 Rz 109; s auch BFH III B 210/10 BFH/NV 11, 1692). Zum Rechtsschutzbedürfnis nach Ablauf des Kj des LStAbzugs s auch § 39a Rz 13.

§ 39a Freibetrag und Hinzurechnungsbetrag

(1) [1] **Auf Antrag des unbeschränkt einkommensteuerpflichtigen Arbeitnehmers ermittelt das Finanzamt die Höhe eines vom Arbeitslohn insgesamt abzuziehenden Freibetrags aus der Summe der folgenden Beträge:**

1. **Werbungskosten, die bei den Einkünften aus nichtselbständiger Arbeit anfallen, soweit sie den Arbeitnehmer-Pauschbetrag (§ 9a Satz 1 Nummer 1 Buchstabe a) oder bei Versorgungsbezügen den Pauschbetrag (§ 9a Satz 1 Nummer 1 Buchstabe b) übersteigen,**
2. **Sonderausgaben im Sinne des § 10 Absatz 1 Nummer 4, 5, 7 und 9 sowie Absatz 1a und des § 10b, soweit sie den Sonderausgaben-Pauschbetrag von 36 Euro übersteigen,**

3. der Betrag, der nach den §§ 33, 33a und 33b Absatz 6 wegen außergewöhnlicher Belastungen zu gewähren ist,
4. die Pauschbeträge für behinderte Menschen und Hinterbliebene (§ 33b Absatz 1 bis 5),
4a. der Erhöhungsbetrag nach § 24b Absatz 2 Satz 2,
5. die folgenden Beträge, wie sie nach § 37 Absatz 3 bei der Festsetzung von Einkommensteuer-Vorauszahlungen zu berücksichtigen sind:
   a) die Beträge, die nach § 10d Absatz 2, §§ 10e, 10f, 10g, 10h, 10i, nach § 15b des Berlinförderungsgesetzes oder nach § 7 des Fördergebietsgesetzes abgezogen werden können,
   b) die negative Summe der Einkünfte im Sinne des § 2 Absatz 1 Satz 1 Nummer 1 bis 3, 6 und 7 und der negativen Einkünfte im Sinne des § 2 Absatz 1 Satz 1 Nummer 5,
   c) das Vierfache der Steuerermäßigung nach den §§ 34f und 35a,
6. die Freibeträge nach § 32 Absatz 6 für jedes Kind im Sinne des § 32 Absatz 1 bis 4, für das kein Anspruch auf Kindergeld besteht. [2] Soweit für diese Kinder Kinderfreibeträge nach § 38b Absatz 2 berücksichtigt worden sind, ist die Zahl der Kinderfreibeträge entsprechend zu vermindern. [3] Der Arbeitnehmer ist verpflichtet, den nach Satz 1 ermittelten Freibetrag ändern zu lassen, wenn für das Kind ein Kinderfreibetrag nach § 38b Absatz 2 berücksichtigt wird,
7. ein Betrag für ein zweites oder ein weiteres Dienstverhältnis insgesamt bis zur Höhe des auf volle Euro abgerundeten zu versteuernden Jahresbetrags nach § 39b Absatz 2 Satz 5, bis zu dem nach der Steuerklasse des Arbeitnehmers, die für den Lohnsteuerabzug vom Arbeitslohn aus dem ersten Dienstverhältnis anzuwenden ist, Lohnsteuer nicht zu erheben ist. [2] Voraussetzung ist, dass
   a) der Jahresarbeitslohn aus dem ersten Dienstverhältnis geringer ist als der nach Satz 1 maßgebende Eingangsbetrag und
   b) in Höhe des Betrags für ein zweites oder ein weiteres Dienstverhältnis zugleich für das erste Dienstverhältnis ein Betrag ermittelt wird, der dem Arbeitslohn hinzuzurechnen ist (Hinzurechnungsbetrag).

   [3] Soll für das erste Dienstverhältnis auch ein Freibetrag nach den Nummern 1 bis 6 und 8 ermittelt werden, ist nur der diesen Freibetrag übersteigende Betrag als Hinzurechnungsbetrag zu berücksichtigen. [4] Ist der Freibetrag höher als der Hinzurechnungsbetrag, ist nur der den Hinzurechnungsbetrag übersteigende Freibetrag zu berücksichtigen,
8. der Entlastungsbetrag für Alleinerziehende (§ 24b) bei Verwitweten, die nicht in Steuerklasse II gehören.

[2] Der insgesamt abzuziehende Freibetrag und der Hinzurechnungsbetrag gelten mit Ausnahme von Satz 1 Nummer 4 und vorbehaltlich der Sätze 3 bis 5 für die gesamte Dauer eines Kalenderjahres. [3] Die Summe der nach Satz 1 Nummer 1 bis 3 sowie 4a bis 8 ermittelten Beträge wird längstens für einen Zeitraum von zwei Kalenderjahren ab Beginn des Kalenderjahres, für das der Freibetrag erstmals gilt oder geändert wird, berücksichtigt. [4] Der Arbeitnehmer kann eine Änderung des Freibetrags innerhalb dieses Zeitraums beantragen, wenn sich die Verhältnisse zu seinen Gunsten ändern. [5] Ändern sich die Verhältnisse zu seinen Ungunsten, ist er verpflichtet, dies dem Finanzamt umgehend anzuzeigen.

(2) [1] Der Antrag nach Absatz 1 ist nach amtlich vorgeschriebenem Vordruck zu stellen und vom Arbeitnehmer eigenhändig zu unterschreiben. [2] Die Frist für die Antragstellung beginnt am 1. Oktober des Vorjahres, für das der Freibetrag gelten soll. [3] Sie endet am 30. November des Kalenderjahres, in dem der Freibetrag gilt. [4] Der Antrag ist hinsichtlich eines Freibetrags aus der

Summe der nach Absatz 1 Satz 1 Nummer 1 bis 3 und 8 in Betracht kommenden Aufwendungen und Beträge unzulässig, wenn die Aufwendungen im Sinne des § 9, soweit sie den Arbeitnehmer-Pauschbetrag übersteigen, die Aufwendungen im Sinne des § 10 Absatz 1 Nummer 4, 5, 7 und 9 sowie Absatz 1a, der §§ 10b und 33 sowie die abziehbaren Beträge nach den §§ 24b, 33a und 33b Absatz 6 insgesamt 600 Euro nicht übersteigen. [5]Das Finanzamt kann auf nähere Angaben des Arbeitnehmers verzichten, wenn er

1. höchstens den Freibetrag beantragt, der für das vorangegangene Kalenderjahr ermittelt wurde, und
2. versichert, dass sich die maßgebenden Verhältnisse nicht wesentlich geändert haben.

[6]Das Finanzamt hat den Freibetrag durch Aufteilung in Monatsfreibeträge, falls erforderlich in Wochen- und Tagesfreibeträge, jeweils auf die der Antragstellung folgenden Monate des Kalenderjahres gleichmäßig zu verteilen. [7]Abweichend hiervon darf ein Freibetrag, der im Monat Januar eines Kalenderjahres beantragt wird, mit Wirkung vom 1. Januar dieses Kalenderjahres an berücksichtigt werden. [8]Ist der Arbeitnehmer beschränkt einkommensteuerpflichtig, hat das Finanzamt den nach Absatz 4 ermittelten Freibetrag durch Aufteilung in Monatsbeträge, falls erforderlich in Wochen- und Tagesbeträge, jeweils auf die voraussichtliche Dauer des Dienstverhältnisses im Kalenderjahr gleichmäßig zu verteilen. [9]Die Sätze 5 bis 8 gelten für den Hinzurechnungsbetrag nach Absatz 1 Satz 1 Nummer 7 entsprechend.

(3) **[1]Für Ehegatten, die beide unbeschränkt einkommensteuerpflichtig sind und nicht dauernd getrennt leben, ist jeweils die Summe der nach Absatz 1 Satz 1 Nummer 2 bis 4 und 5 in Betracht kommenden Beträge gemeinsam zu ermitteln; der in Absatz 1 Satz 1 Nummer 2 genannte Betrag ist zu verdoppeln. [2]Für die Anwendung des Absatzes 2 Satz 4 ist die Summe der für beide Ehegatten in Betracht kommenden Aufwendungen im Sinne des § 9, soweit sie jeweils den Arbeitnehmer-Pauschbetrag übersteigen, und der Aufwendungen im Sinne des § 10 Absatz 1 Nummer 4, 5, 7 und 9 sowie Absatz 1a, der §§ 10b und 33 sowie der abziehbaren Beträge nach den §§ 24b, 33a und 33b Absatz 6 maßgebend. [3]Die nach Satz 1 ermittelte Summe ist je zur Hälfte auf die Ehegatten aufzuteilen, wenn für jeden Ehegatten Lohnsteuerabzugsmerkmale gebildet werden und die Ehegatten keine andere Aufteilung beantragen. [4]Für eine andere Aufteilung gilt Absatz 1 Satz 2 entsprechend. [5]Für einen Arbeitnehmer, dessen Ehe in dem Kalenderjahr, für das der Freibetrag gilt, aufgelöst worden ist und dessen bisheriger Ehegatte in demselben Kalenderjahr wieder geheiratet hat, sind die nach Absatz 1 in Betracht kommenden Beträge ausschließlich auf Grund der in seiner Person erfüllten Voraussetzungen zu ermitteln. [6]Satz 1 zweiter Halbsatz ist auch anzuwenden, wenn die tarifliche Einkommensteuer nach § 32a Absatz 6 zu ermitteln ist.**

(4) **[1]Für einen beschränkt einkommensteuerpflichtigen Arbeitnehmer, für den § 50 Absatz 1 Satz 4 anzuwenden ist, ermittelt das Finanzamt auf Antrag einen Freibetrag, der vom Arbeitslohn insgesamt abzuziehen ist, aus der Summe der folgenden Beträge:**

1. Werbungskosten, die bei den Einkünften aus nichtselbständiger Arbeit anfallen, soweit sie den Arbeitnehmer-Pauschbetrag (§ 9a Satz 1 Nummer 1 Buchstabe a) oder bei Versorgungsbezügen den Pauschbetrag (§ 9a Satz 1 Nummer 1 Buchstabe b) übersteigen,
2. Sonderausgaben im Sinne des § 10b, soweit sie den Sonderausgaben-Pauschbetrag (§ 10c) übersteigen, und die wie Sonderausgaben abziehbaren Beträge nach § 10e oder § 10i, jedoch erst nach Fertigstellung oder An-

schaffung des begünstigten Objekts oder nach Fertigstellung der begünstigten Maßnahme,

3. den Freibetrag oder den Hinzurechnungsbetrag nach Absatz 1 Satz 1 Nummer 7.

2 **Der Antrag kann nur nach amtlich vorgeschriebenem Vordruck bis zum Ablauf des Kalenderjahres gestellt werden, für das die Lohnsteuerabzugsmerkmale gelten.**

(5) **Ist zu wenig Lohnsteuer erhoben worden, weil ein Freibetrag unzutreffend als Lohnsteuerabzugsmerkmal ermittelt worden ist, hat das Finanzamt den Fehlbetrag vom Arbeitnehmer nachzufordern, wenn er 10 Euro übersteigt.**

Lohnsteuer-Richtlinien: LStR 39a.1–39.3/LStH 39a.1–39.3

Übersicht

I. Allgemeines

1 Die Vorschrift soll den ArbN davor bewahren, dass er im LStAbzug erhöhte Vorauszahlungen leistet, die er erst bei der Veranlagung zurückerhält. Der Freibetrag kann auch für künftige glaubhaft gemachte Aufwendungen beantragt werden. Das FA kann den ArbN nicht ohne Prüfung der Glaubhaftmachung der Aufwendungen auf einen späteren Ermäßigungsantrag nach Tätigung der Aufwendungen verweisen (BFH VI R 284/69 BStBl II 72, 139). Der Antrag auf den Freibetrag kann nur vom 1.10. des Vorjahres, für das der Freibetrag gelten soll, bis zum 30.11. des Abzugsjahrs nach amtl vorgeschriebenem Vordruck gestellt werden (§ 39a II 1–3). Sollten LSt-Ermäßigungsanträge schon vor dem 1.10. beim FA eingehen, wird das FA diese Anträge idR aber dennoch bearbeiten und nicht aus formalen Gründen ablehnen. Entscheidungen im LStErmäßigungsverfahren erzeugen keine Bindung für die Veranlagung. ArbN haben im LStAbzugsverfahren keine wesentl schlechtere Stellung mehr als andere StPfl im Rahmen des § 37 (s aber Rz 3–6). Schlechterstellungen ergeben sich noch aus dem monatl LStEinbehalt ggü der vierteljährl Vorauszahlungspflicht bei § 37 (zur Eintragungsgrenze von 600 € s Rz 3, 4, zur Frage der Stundung s § 38 Rz 20). Diese Nachteile sind im Interesse eines praktikablen LStAbzugsverfahrens hinzunehmen. § 39a I 2 führt die jahresbezogene Betrachtungsweise für den Freibetrag nach § 39a vorbehaltl der S 3–5 fort und begrenzt dessen Geltungsdauer sowie die eines Hinzurechnungsbetrags (s Rz 7) auf ein Kj. Wie bisher sind hiervon die Pauschbeträge für Behinderte und Hinterbliebene ausgenommen. Gem § 39a I 3 gelten der Freibetrag und der Hinzurechnungsbetrag zwei Kj. Der ArbN kann aber jederzeit eine Änderung beantragen, wenn sich die Verhältnisse zu seinen Gunsten ändern (§ 39a I 4). An-

dererseits trifft ihn eine Anzeigepflicht, wenn sich die Verhältnisse zu seinen Ungunsten ändern (§ 39a I 5). § 39a I 3–5 sind mit Veröffentlichung des StartSchrb im BStBl I 15, 488 im LStErmäßigungsverfahren ab 1.10.15 mit Wirkung ab 1.1.16 anzuwenden (s Rz 9).

II. Antrag auf Abzug des Freibetrags

1. Kein Freibetrag von Amts wegen. Der Freibetrag wird nach § 39a II nur auf Antrag des ArbN berücksichtigt. Dies gilt auch für die Pauschbeträge nach § 33b (zu § 39a aF s 30. Aufl, Rz 2). 2

2. Antrag mit Mindestgrenze. – a) Abzugspositionen. Auf Antrag des ArbN werden WK, die bei den Einkünften aus nichtselbstständiger Arbeit anfallen (§ 9) und in § 39a I 1 Nr 2 genannte SA, die Beträge nach § 24b sowie agB nach § 33 und 33a nur insoweit als Freibetrag berücksichtigt, als sie den ArbN-Pauschbetrag und SA-Pauschbeträge bzw die zumutbare Eigenbelastung (§ 33) des ArbN übersteigen. Von jegl Berücksichtigung als Freibetrag ausgeschlossen sind die **Vorsorgeaufwendungen** des § 10 I Nr 2 (Versicherungsbeiträge), weil ArbN für Vorsorgeaufwendungen die Vorsorgepauschale (§ 39b II 5 Nr 3) erhalten (zur VerfMäßigkeit des Ausschlusses unter Geltung des AlterseinkünfteG BFH X R 28/07 BStBl II 10, 348; auch nach Begrenzung der Vorsorgepauschale für bestimmte ArbN s BFH X R 12/84 BStBl II 89, 976; ferner FG Mster EFG 09, 664, Rev VI R 55/08). Zur Geltendmachung von Vorsorgeaufwendungen s iÜ § 39b Rz 3. Zahlt ein ArbN in den Vorjahren empfangene Einnahmen zurück, können diese sog **negativen Einnahmen** als werbungskostenähnl Aufwendungen berücksichtigt werden. Der Abzug dieser negativen Einnahmen erfolgt neben dem WK-Pauschbetrag (s aber § 9 Rz 108). 3

b) 600 €-Grenze, § 39a II 4. Die Grenze ist verfgemäß (FG Mchn EFG 91, 568, rkr); sie ist auch bei § 37 – was SA und ag Belastungen betrifft – zu beachten. Die vorbezeichneten, dem Grunde nach berücksichtigungsfähigen Beträge können nur angesetzt werden, wenn sie insgesamt 600 € übersteigen (§ 39a II 4). Die Pauschbeträge iSd § 33b I–V (nicht VI) können dagegen ohne Beschränkung berücksichtigt werden. Für die **Berechnung** der 600 €-Grenze sind die tatsächl im Rahmen der §§ 9 (aber nur, soweit der ArbN-Pauschbetrag überschritten ist), § 9c II, III (bis 2010), 10, 24b, 33a, 33b VI, 33c abzugsfähigen Aufwendungen anzusetzen. Außergewöhnl Belastungen nach § 33 sind *für die Berechnung der 600 €-Grenze* nicht um die zumutbare Eigenbelastung zu kürzen. Ist die 600 €-Grenze nach vorstehender Berechnung überschritten, kann ein Freibetrag für die genannten Aufwendungen berücksichtigt werden. Bei der sich nun *anschließenden Berechnung der Höhe* des Freibetrages ist von den tatsächl Aufwendungen bei agB iSd § 33 die zumutbare Eigenbelastung abzuziehen. Der sich dann ergebende Betrag ist zuzügl etwaiger unbegrenzt eintragungsfähiger Aufwendungen als Freibetrag zu berücksichtigen (Einzelheiten zur Berechnung s LStH 16 R 39a.1). Bei **Anträgen von Ehegatten** ist die Summe der für beide Ehegatten in Betracht kommenden Aufwendungen und abziehbaren Beträge zugrunde zu legen, ohne dass sich die 600 €-Grenze verdoppelt. Ist für beschr eintragungsfähige Aufwendungen bereits ein Freibetrag berücksichtigt, ist bei einer **Änderung dieses Freibetrages** (herauf oder herab) die 600 €-Grenze nicht erneut zu überprüfen. 4

3. Antrag ohne Mindestgrenze, § 39a I 1 Nr 5; Kinderfreibeträge, § 39a I 1 Nr 6; Freibetragsübertragung, § 39a I 1 Nr 7; verwitwete ArbN, § 39a I 1 Nr 8. – a) Verlustabzug. ArbN und Vorauszahlungspflichtige iSd § 37 werden im Wesentlichen gleich behandelt (Auslöser war BFH VI B 152/91 BStBl II 92, 752). **Bei Nr 5** richtet sich die Eintragung nach den Regeln des § 37 (s dort Rz 8 ff). Dies gilt auch bei Eintragung eines Betrages nach § 10f (s FG Sachs EFG 12, 1883). Die Berücksichtigung des Freibetrags nach Nr 5 als LSt-Abzugsmerkmal 5 soll eine Ermessensentscheidung des FA sein (FG Hbg EFG 11, 1425, zweifelhaft, NZB aber unbegr BFH IX B 72/11 BFH/NV 11, 1880; s auch § 37 Rz 6). Wird nachträgl festgestellt, dass die negative Summe der Einkünfte zu hoch angesetzt worden ist, sind entspr ESt-Vorauszahlungen ergänzend zum LStAbzug festzusetzen. Bei der Berücksichtigung von negativen Einkünften sind auch die Verlustabzugsbeschränkungen (§ 10d II) zu beachten (vgl *FinVerw* DB 99, 2387); Vorjahresverluste können angesetzt werden, ohne dass sie nach § 10d IV besonders festgestellt worden sind (FG Saarl EFG 03, 323, aufgehoben aus anderen Gründen durch BFH VIII B 116/03 BFH/NV 05, 1108). – Seit Einführung der Abgeltungssteuer ist bei den KapEinkünften der Abzug der tatsächl WK ausgeschlossen (§ 20 IX 1); daher kann es ab 2009 von vornherein insoweit nicht zu negativen Einkünften kommen (s auch *FinVerw* DB 09, 2462; Vorjahre s 27. Aufl); es sei denn, es handelt sich um KapEinkünfte, die unter die Ausnahmeregelung des § 32d II Nr 1–3 fallen (LStH 16 R 39a.2). – Seit 2003 kann das **Vierfache der Steuerermäßigung nach § 35a** berücksichtigt werden (§ 35a Rz 30; s auch *FinVerw* DB 09, 2462).

6 **b) Kinderfreibetrag.** Von § 39a I 1 Nr 6 sind betroffen unbeschränkt estpfl **Ausländer** mit Kindern im Inland ohne Aufenthaltserlaubnis oder -berechtigung sowie unbeschränkt EStPfl mit Kindern im Ausland außerhalb eines EU- oder EWR-Staates. Diese StPfl haben keinen Anspruch auf Kindergeld; daher ist es sachgerecht, die StBelastung durch Berücksichtigung eines Kinderfreibetrages zu senken (Folge: Pflichtveranlagung). Um die doppelte Berücksichtigung von Kinderfreibeträgen beim Solidaritätszuschlag zu vermeiden, ist eine bereits berücksichtigte Zahl der Kinderfreibeträge entspr zu mindern (§ 39a I 1 Nr 6 S 2). § 39a I 1 Nr 6 S 3 soll verhindern, dass ein Kind doppelt berücksichtigt wird. Bei der automatischen Bildung des Kinderfreibetrags aufgrund der Übermittlung der Meldedaten durch die Gemeinde (zB bei Zuzug eines Kindes aus dem Ausl) kann nicht geprüft werden, ob für das Kind bereits ein Freibetrag nach 39a I 1 Nr 6 S 1 gebildet und dem ArbG mitgeteilt worden ist. Deshalb ist der ArbN verpflichtet, dem FA eine doppelte Berücksichtigung mitzuteilen.

7 **c) Mehrere Dienstverhältnisse.** § 39a I 1 Nr 7 soll für geringverdienende ArbN mit mehreren Beschäftigungsverhältnissen die Möglichkeit eröffnen, für ein **zweites** oder ein **weiteres DienstVerh** einen Freibetrag bis zu der Höhe zu berücksichtigen, die dem zu versteuernden Jahresbetrag entspricht, bis zu dem für das erste DienstVerh noch keine LSt zu erheben ist. Hierdurch wird vermieden, dass aus den weiteren DienstVerh LSt überzahlt wird. Damit dem ArbN aber keine unberechtigten Vorteile erwachsen, ist iHd Betrags für das zweite oder weitere DienstVerh zugleich für das erste DienstVerh ein entspr **Hinzurechnungsbetrag** zu ermitteln (ggf Saldierung mit bereits berücksichtigten Freibeträgen; Einzelheiten *BMF* DStR 00, 203; *Niermann* DB 00, 108, 109, Rechenbeispiel). Insb Betriebsrentner, bei denen eine StBefreiung für den 450 €-Job nicht in Betracht kommt, und Studenten mit mehreren DienstVerh können damit den LStAbzug für die geringfügige Beschäftigung vermeiden (s auch *Hartmann* INF 01, 1, 5f).

8 **d) Verwitwete ArbN.** Für verwitwete ArbN ist im Kj des Todes des Ehegatten ab VZ 2013 die Einzelveranlagung mit Splittingverfahren mögl (s § 26 Rz 14), womit die StKlasse III gilt. Da hier – anders als bei der StKlasse II – der Entlastungsbetrag für Alleinerziehende (§ 24b) nicht vorgesehen ist, war für diese StPfl das Freibetragsverfahren erforderl (§ 39a I 1 Nr 8).

9 **4. Zeitl Wirksamkeit der Eintragung, § 39a II.** Der Freibetrag und der Hinzurechnungsbetrag gelten mit Ausnahme des Behinderten- und HinterbliebenenPauschbetrags bis einschl 2015 nur für ein Kj, ab 2016 längstens für zwei Kj (s Rz 1, *Seifert* NWB 15, 2856). Das FA teilt den ermittelten Jahresbetrag gleichmäßig auf die Zeit vom Beginn des auf die Antragstellung folgenden Monats in

Monatsfreibeträge (ggf in Wochen- und Tagesfreibeträge) auf. Für die Berechnungen im LSt-Ermäßigungsverfahren nach § 39a II ist auch bei zweijähriger Geltung des Freibetrags weiterhin eine jährl Betrachtungsweise maßgebl. Eine rückwirkende Eintragung (und zwar auf den 1.1.) gibt es nur, wenn der Freibetrag im Monat Januar beantragt worden ist. **Einzelheiten der Aufteilung** (auch bei wiederholter Antragstellung) finden sich in LStH 16 R 39a. 1 (8). Bei beschr estpfl ArbN ist der Freibetrag durch Aufteilung in Monatsbeträge (ggf in Wochen- und Tagesbeträge) auf die voraussichtl Dauer des DienstVerh im Kj gleichmäßig zu verteilen. Die **Verteilung eines herabgesetzten Freibetrages** ist gesetzl nicht geregelt (zutr *Blümich/Thürmer* § 39a Rz 74; aA *KSM* § 39a E 5). Um möglichst rückwirkend Änderungen zu vermeiden, sollte die Summe der bereits verbrauchten Freibeträge von dem herabgesetzten Freibetrag abgezogen werden. Der Restbetrag sollte auf die folgenden Monate des Kj gleichmäßig verteilt werden. Eine rückwirkende Änderung kommt somit nur in Betracht, wenn die bereits verbrauchten Freibeträge den neu berechneten Freibetrag übersteigen. In diesem Fall richtet sich das weitere Verfahren nach § 41c I Nr 1. Das Verbot rückwirkender Eintragung **(§ 39a II 6)** erscheint verfassungsrechtl bedenkl (FG Mchn EFG 95, 268, bestätigt durch BFH VI B 8/95 BFH/NV 95, 877; s auch *Arnold* DStR 95, 1142). – **§ 39a II 5** regelt ein **vereinfachtes Eintragungsverfahren.** Das FA kann auf nähere Angaben des ArbN verzichten, wenn er keinen höheren Freibetrag als im Vorjahr beantragt und versichert, dass sich die Verhältnisse nicht wesentl geändert haben. Es hat dann eine Veranlagung von Amts wegen zu erfolgen (§ 46 II Nr 4). Das vereinfachte Verfahren ist auch in den Fällen der zweijährigen Geltung des Freibetrags mögl.

5. Ehegatten, § 39a III. Bei Ehegatten, die beide unbeschr StPfl sind und 10
nicht dauernd voneinander getrennt leben, ergeben sich Besonderheiten: So ist es unerhebl, in wessen Person die Voraussetzungen der SA und der agB erfüllt sind. Der Freibetrag wird aus der Summe der bei beiden Ehegatten berücksichtigungsfähigen Beträge ermittelt. Nur **WK** bei den Einkünften aus **nichtselbstständiger Arbeit** sind für jeden Ehegatten *gesondert* zu ermitteln; sie dürfen auch nur bei demjenigen Ehegatten berücksichtigt werden, dem sie voraussichtl entstehen werden. IÜ kann der Freibetrag für dessen Geltungsdauer (s dazu Rz 1) auf Antrag beliebig unter den Ehegatten aufgeteilt werden; zB auch, was negative Einkünfte aus anderen Einkunftsarten anbelangt. Die Aufteilung kann später wieder auf Antrag geändert werden; bereits verbrauchte Teile des Freibetrages sind dann aber bei der erneuten Aufteilung abzusetzen. Wegen der Übertragung der Pauschbeträge für körperbehinderte Kinder vgl § 33b V.

6. Freibeträge bei beschr estpfl ArbN, § 39a IV. Andere als die in § 39a IV 11
genannten Freibeträge können für beschr estpfl ArbN nicht als LSt-Abzugsmerkmal berücksichtigt werden. Der Antrag kann bis zum Ablauf des Kj gestellt werden, für das die LSt-Abzugsmerkmale gelten sollen. Zu viel einbehaltene LSt kann gem § 41c I oder durch einen Erstattungsanspruch (§ 37 II AO) ausgeglichen werden. Die Antragsgrenze des § 39a II 4 gilt nicht.

7. Nachforderung, § 39a V. Der ArbN hat keine Anzeigepflicht nach § 153 II 12
AO, wenn die Voraussetzungen, die der Berücksichtigung eines Freibetrages zugrunde lagen, *nachträgl* unrichtig geworden sind (zB der ArbN führt ab einem Stellenwechsel keine Fahrten mehr zw Wohnung und Arbeitsstätte durch, was bei Berücksichtigung des Freibetrages nicht vorhersehbar war; s auch § 37 Rz 5). Nach § 39a I 5 besteht allerdings eine besondere Anzeigepflicht des ArbN bei Änderung der Verhältnisse zu seinen Ungunsten. § 153 I AO ist anwendbar, dh, wenn der ArbN bereits bei Beantragung des Freibetrags die Erklärungen unrichtig oder unvollständig gemacht hat, ist er anzeigepflichtig. Aus § 39a V folgt, dass das FA zuwenig erhobene LSt vom ArbN nachzufordern hat, wenn der zu geringe LStAbzug auf einer unzutr Ermittlung des Freibetrags als LSt-Abzugsmerkmal

beruht. Diese Nachforderung ist Teil des Vorauszahlungsverfahrens; sie ist daher nach Erlass eines Jahressteuerbescheides ohne Bescheidänderung nicht mehr mögl. Im Veranlagungsverfahren gilt die 10 €-Grenze nicht.

13 **8. Rechtsbehelfe; Rechtsnatur des Freibetrags.** Zur Rechtsnatur s § 39 I 4 (dort Rz 2). Die Bildung des Freibetrags als LSt-Abzugsmerkmal ist Grundlagenbescheid für die LStAnmeldung und im Falle der LStNachforderung gegen den ArbN während des laufenden Abzugsjahres, nicht hingegen bei der *Jahressteuer*festsetzung (*Drenseck* DStJG 9, 384f). Der Freibetrag kann jederzeit auch rückwirkend geändert werden. Dies gilt auch für die Korrektur eines ursprüngl Freibetrages (BFH VI R 64/79 BStBl II 83, 60). Wie nach einer Änderung während des laufenden Abzugsjahres zu verfahren ist, s Rz 9. Nach Ablauf des Abzugsjahres kann das FA nur noch mit einem Nachforderungsbescheid (Ermächtigung § 175 I Nr 1 AO; *HHR* § 39a Rz 66; aA *Nieland* DStZ 83, 230, 232f) gegen den ArbN vorgehen, sofern die Veranlagung noch nicht durchgeführt ist. Zu Einzelfragen des Rechtsbehelfsverfahrens vgl § 39 Rz 10. Die richtige Klageart ist die Anfechtungsklage (s *KSM* § 39a A 15–18). Hat das FA nach Ablauf des Kj (jedenfalls aber nach Einleitung des Veranlagungsverfahrens) über einen Antrag auf Berücksichtigung eines Freibetrages noch nicht entschieden und kann sich der Freibetrag im LStAbzugsverfahren nicht mehr auswirken, so entfällt das **Rechtsschutzbedürfnis** für die Berücksichtigung des Freibetrages und damit auch für den vorläufigen Rechtsschutz (BFH VIII B 36/82 BStBl II 83, 232; BFH X S 20/93 BFH/NV 94, 783). Der ArbN kann seine Rechte bei der Veranlagung geltend machen (BFH VI R 36/96 BFH/NV 02, 340). Nach Ablauf des Kj kann der ArbN keinen Erstattungsanspruch nach § 37 II AO mehr geltend machen, da diesem allg Anspruch die Erstattungsansprüche aus der Veranlagung vorgehen. Auch nach Ablauf des Kj kann über eine bereits anhängige Klage noch entschieden werden. Da sich nach Ablauf des Monats März des dem Abzugsjahr folgenden Kj (jedenfalls aber nach Einleitung des LStJA- bzw Veranlagungsverfahrens) die Eintragung im LStAbzug nicht mehr auswirken kann (s § 42b III), ist das Anfechtungsverfahren in die **Fortsetzungsfeststellungsklage nach § 100 I 4 FGO** überzuleiten (BFH IX B 5/90 BFH/NV 91, 746; BFH VI R 131/00 BStBl II 02, 300). Es wird dann nur noch darüber entschieden, ob die Asblehnung der Berücksichtigung des Freibetrags als LSt-Abzugsmerkmal rechtswidrig war, falls der ArbN an dieser Feststellung ein berechtigtes Interesse hat (BFH VI R 21/77 BStBl II 79, 650; BFH III R 4/05 BStBl II 07, 637, mwN). Das berechtigte Interesse besteht nicht, wenn die Veranlagung durchgeführt ist und es wegen geänderter Sach- und Rechtslage auf die im LStAbzugsverfahren streitige Rechtsfrage nicht mehr ankommt (BFH X R 156/97, BFH/NV 01, 476; BFH VI B 66/05 BFH/NV 06, 1335); auch wird der EStBescheid nicht zum Gegenstand des Klageverfahrens wegen Eintragung eines Freibetrages (FG Nds EFG 08, 1989, rkr).

14 Wird die Berücksichtigung eines Freibetrages ganz oder teilweise versagt, kann **vorläufiger Rechtsschutz durch AdV** gewährt werden (BFH VI B 152/91 BStBl II 92, 752, mwN; BFH X S 20/93 BFH/NV 94, 783; BFH IX B 72/11 BFH/NV 11, 1880). Dies gilt auch bei ernstl verfassungsrechtl Bedenken gegen eine Rechtsnorm (BFH VI B 42/07 BStBl II 07, 799, Eintragung wegen Entfernungspauschale, Anm *Tipke* FR 07, 962; BFH VI B 69/09 BStBl II 09, 826 für Freibeträge wegen des häusl Arbeitszimmers).

III. Zuständigkeit

15 Für die Ermittlung der beim LStAbzug zu berücksichtigenden Freibeträge ist nur das FA zuständig (§ 39a I 1). Zur örtl Zuständigkeit s § 39 II (dort Rz 3). Entscheidend sind die Verhältnisse im Zeitpunkt der Bildung oder Änderung des als LSt-Abzugsmerkmal zu berücksichtigenden Freibetrags bzw der Nachforderung nach § 39a V. Die Zuständigkeit des FA kann sich also mit der Änderung der örtl

Verhältnisse des ArbN ändern. Das FA, das den Freibetrag eingetragen hat, muss nicht auch das im Falle der Änderung oder Nachforderung zuständige FA sein. – **Folgen der Verletzung der örtl Zuständigkeit.** Die Aufhebung eines VA, der nicht nichtig ist, kann nicht allein auf die Verletzung der Vorschriften über die örtl Zuständigkeit gestützt werden, wenn keine andere Entscheidung in der Sache hätte getroffen werden können (§ 127 AO). § 127 AO findet auf Ermessensentscheidungen grds keine Anwendung. Denn innerhalb des Ermessenspielraums sind mehrere sachl richtige Entscheidungen mögl (BFH I R 157/87 BStBl II 92, 43; V R 77/97 BFH/NV 99, 585); es sei denn, das Ermessen ist auf Null reduziert (FG Mster EFG 92, 107, rkr).

§ 39b Einbehaltung der Lohnsteuer

(1) **Bei unbeschränkt und beschränkt einkommensteuerpflichtigen Arbeitnehmern hat der Arbeitgeber den Lohnsteuerabzug nach Maßgabe der Absätze 2 bis 6 durchzuführen.**

(2) [1]**Für die Einbehaltung der Lohnsteuer vom laufenden Arbeitslohn hat der Arbeitgeber die Höhe des laufenden Arbeitslohns im Lohnzahlungszeitraum festzustellen und auf einen Jahresarbeitslohn hochzurechnen.** [2]**Der Arbeitslohn eines monatlichen Lohnzahlungszeitraums ist mit zwölf, der Arbeitslohn eines wöchentlichen Lohnzahlungszeitraums mit $^{360}/_{7}$ und der Arbeitslohn eines täglichen Lohnzahlungszeitraums mit 360 zu vervielfältigen.** [3]**Von dem hochgerechneten Jahresarbeitslohn sind ein etwaiger Versorgungsfreibetrag (§ 19 Absatz 2) und Altersentlastungsbetrag (§ 24a) abzuziehen.** [4]**Außerdem ist der hochgerechnete Jahresarbeitslohn um einen etwaigen als Lohnsteuerabzugsmerkmal für den Lohnzahlungszeitraum mitgeteilten Freibetrag (§ 39a Absatz 1) oder Hinzurechnungsbetrag (§ 39a Absatz 1 Satz 1 Nummer 7), vervielfältigt unter sinngemäßer Anwendung von Satz 2, zu vermindern oder zu erhöhen.** [5]**Der so verminderte oder erhöhte hochgerechnete Jahresarbeitslohn, vermindert um**

1. **den Arbeitnehmer-Pauschbetrag (§ 9a Satz 1 Nummer 1 Buchstabe a) oder bei Versorgungsbezügen den Pauschbetrag (§ 9a Satz 1 Nummer 1 Buchstabe b) und den Zuschlag zum Versorgungsfreibetrag (§ 19 Absatz 2) in den Steuerklassen I bis V,**
2. **den Sonderausgaben-Pauschbetrag (§ 10c Satz 1) in den Steuerklassen I bis V,**
3. **eine Vorsorgepauschale aus den Teilbeträgen**
   a) **für die Rentenversicherung bei Arbeitnehmern, die in der gesetzlichen Rentenversicherung pflichtversichert oder von der gesetzlichen Rentenversicherung nach § 6 Absatz 1 Nummer 1 des Sechsten Buches Sozialgesetzbuch befreit sind, in den Steuerklassen I bis VI in Höhe des Betrags, der bezogen auf den Arbeitslohn 50 Prozent des Beitrags in der allgemeinen Rentenversicherung unter Berücksichtigung der jeweiligen Beitragsbemessungsgrenzen entspricht,**
   b) **für die Krankenversicherung bei Arbeitnehmern, die in der gesetzlichen Krankenversicherung versichert sind, in den Steuerklassen I bis VI in Höhe des Betrags, der bezogen auf den Arbeitslohn unter Berücksichtigung der Beitragsbemessungsgrenze, den ermäßigten Beitragssatz (§ 243 des Fünften Buches Sozialgesetzbuch) und den Zusatzbeitragssatz der Krankenkasse (§ 242 des Fünften Buches Sozialgesetzbuch) dem Arbeitnehmeranteil eines pflichtversicherten Arbeitnehmers entspricht,**
   c) **für die Pflegeversicherung bei Arbeitnehmern, die in der sozialen Pflegeversicherung versichert sind, in den Steuerklassen I bis VI in Höhe des Betrags, der bezogen auf den Arbeitslohn unter Berücksichtigung der**

Beitragsbemessungsgrenze und den bundeseinheitlichen Beitragssatz dem Arbeitnehmeranteil eines pflichtversicherten Arbeitnehmers entspricht, erhöht um den Beitragszuschlag des Arbeitnehmers nach § 55 Absatz 3 des Elften Buches Sozialgesetzbuch, wenn die Voraussetzungen dafür vorliegen,

d) für die Krankenversicherung und für die private Pflege-Pflichtversicherung bei Arbeitnehmern, die nicht unter Buchstabe b und c fallen, in den Steuerklassen I bis V in Höhe der dem Arbeitgeber mitgeteilten Beiträge im Sinne des § 10 Absatz 1 Nummer 3, etwaig vervielfältigt unter sinngemäßer Anwendung von Satz 2 auf einen Jahresbetrag, vermindert um den Betrag, der bezogen auf den Arbeitslohn unter Berücksichtigung der Beitragsbemessungsgrenze und den ermäßigten Beitragssatz in der gesetzlichen Krankenversicherung sowie den bundeseinheitlichen Beitragssatz in der sozialen Pflegeversicherung dem Arbeitgeberanteil für einen pflichtversicherten Arbeitnehmer entspricht, wenn der Arbeitgeber gesetzlich verpflichtet ist, Zuschüsse zu den Kranken- und Pflegeversicherungsbeiträgen des Arbeitnehmers zu leisten;

[2] Entschädigungen im Sinne des § 24 Nummer 1 sind bei Anwendung der Buchstaben a bis c nicht zu berücksichtigen; mindestens ist für die Summe der Teilbeträge nach den Buchstaben b und c oder für den Teilbetrag nach Buchstabe d ein Betrag in Höhe von 12 Prozent des Arbeitslohns, höchstens 1900 Euro in den Steuerklassen I, II, IV, V, VI und höchstens 3000 Euro in der Steuerklasse III anzusetzen,

4. den Entlastungsbetrag für Alleinerziehende für ein Kind (§ 24b Absatz 2 Satz 1) in der Steuerklasse II,

ergibt den zu versteuernden Jahresbetrag. [6] Für den zu versteuernden Jahresbetrag ist die Jahreslohnsteuer in den Steuerklassen I, II und IV nach § 32a Absatz 1 sowie in der Steuerklasse III nach § 32a Absatz 5 zu berechnen. [7] In den Steuerklassen V und VI ist die Jahreslohnsteuer zu berechnen, die sich aus dem Zweifachen des Unterschiedsbetrags zwischen dem Steuerbetrag für das Eineinviertelfache und dem Steuerbetrag für das Dreiviertelfache des zu versteuernden Jahresbetrags nach § 32a Absatz 1 ergibt; die Jahreslohnsteuer beträgt jedoch mindestens 14 Prozent des zu versteuernden Jahresbetrags, für den 10 070 Euro [*bis VZ 2015:* 9873 Euro] übersteigenden Teil des zu versteuernden des Jahresbetrags höchstens 42 Prozent, für den 26 832 Euro [*bis VZ 2015:* 26 441 Euro] übersteigenden Teil des zu versteuernden Jahresbetrags [*bis VZ 2015:* jeweils] 42 Prozent und für den 203 557 Euro [*bis VZ 2015:* 200 584 Euro] übersteigenden Teil des zu versteuernden Jahresbetrags 45 Prozent. [8] Für die Lohnsteuerberechnung ist die als Lohnsteuerabzugsmerkmal mitgeteilte Steuerklasse maßgebend. [9] Die monatliche Lohnsteuer ist $^1/_{12}$, die wöchentliche Lohnsteuer sind $^7/_{360}$ und die tägliche Lohnsteuer ist $^1/_{360}$ der Jahreslohnsteuer. [10] Bruchteile eines Cents, die sich bei der Berechnung nach den Sätzen 2 und 9 ergeben, bleiben jeweils außer Ansatz. [11] Die auf den Lohnzahlungszeitraum entfallende Lohnsteuer ist vom Arbeitslohn einzubehalten. [12] Das Betriebsstättenfinanzamt kann allgemein oder auf Antrag zulassen, dass die Lohnsteuer unter den Voraussetzungen des § 42b Absatz 1 nach dem voraussichtlichen Jahresarbeitslohn ermittelt wird, wenn gewährleistet ist, dass die zutreffende Jahreslohnsteuer (§ 38a Absatz 2) nicht unterschritten wird.

(3) [1] Für die Einbehaltung der Lohnsteuer von einem sonstigen Bezug hat der Arbeitgeber den voraussichtlichen Jahresarbeitslohn ohne den sonstigen Bezug festzustellen. [2] Hat der Arbeitnehmer Lohnsteuerbescheinigungen aus früheren Dienstverhältnissen des Kalenderjahres nicht vorgelegt, so ist bei der Ermittlung des voraussichtlichen Jahresarbeitslohns der Arbeitslohn für Beschäftigungszeiten bei früheren Arbeitgebern mit dem Betrag anzusetzen, der

sich ergibt, wenn der laufende Arbeitslohn im Monat der Zahlung des sonstigen Bezugs entsprechend der Beschäftigungsdauer bei früheren Arbeitgebern hochgerechnet wird. [3]Der voraussichtliche Jahresarbeitslohn ist um den Versorgungsfreibetrag (§ 19 Absatz 2) und den Altersentlastungsbetrag (§ 24a), wenn die Voraussetzungen für den Abzug dieser Beträge jeweils erfüllt sind, sowie um einen etwaigen als Lohnsteuerabzugsmerkmal mitgeteilten Jahresfreibetrag zu vermindern und um einen etwaigen Jahreshinzurechnungsbetrag zu erhöhen. [4]Für den so ermittelten Jahresarbeitslohn (maßgebender Jahresarbeitslohn) ist die Lohnsteuer nach Maßgabe des Absatzes 2 Satz 5 bis 7 zu ermitteln. [5]Außerdem ist die Jahreslohnsteuer für den maßgebenden Jahresarbeitlohn unter Einbeziehung des sonstigen Bezugs zu ermitteln. [6]Dabei ist der sonstige Bezug um den Versorgungsfreibetrag und den Altersentlastungsbetrag zu vermindern, wenn die Voraussetzungen für den Abzug dieser Beträge jeweils erfüllt sind und soweit sie nicht bei der Steuerberechnung für den maßgebenden Jahresarbeitslohn berücksichtigt worden sind. [7]Für die Lohnsteuerberechnung ist die als Lohnsteuerabzugsmerkmal mitgeteilte Steuerklasse maßgebend. [8]Der Unterschiedsbetrag zwischen den ermittelten Jahreslohnsteuerbeträgen ist die Lohnsteuer, die vom sonstigen Bezug einzubehalten ist. [9]Die Lohnsteuer ist bei einem sonstigen Bezug im Sinne des § 34 Absatz 1 und 2 Nummer 2 und 4 in der Weise zu ermäßigen, dass der sonstige Bezug bei der Anwendung des Satzes 5 mit einem Fünftel anzusetzen und der Unterschiedsbetrag im Sinne des Satzes 8 zu verfünffachen ist; § 34 Absatz 1 Satz 3 ist sinngemäß anzuwenden. [10]Ein sonstiger Bezug im Sinne des § 34 Absatz 1 und 2 Nummer 2 und Nummer 4 ist bei der Anwendung des Satzes 4 in die Bemessungsgrundlage für die Vorsorgepauschale nach Absatz 2 Satz 5 Nummer 3 einzubeziehen.

(4) **In den Kalenderjahren 2010 bis 2024 ist Absatz 2 Satz 5 Nummer 3 Buchstabe a mit der Maßgabe anzuwenden, dass im Kalenderjahr 2010 der ermittelte Betrag auf 40 Prozent begrenzt und dieser Prozentsatz in jedem folgenden Kalenderjahr um je 4 Prozentpunkte erhöht wird.**

(5) **[1]Wenn der Arbeitgeber für den Lohnzahlungszeitraum lediglich Abschlagszahlungen leistet und eine Lohnabrechnung für einen längeren Zeitraum (Lohnabrechnungszeitraum) vornimmt, kann er den Lohnabrechnungszeitraum als Lohnzahlungszeitraum behandeln und die Lohnsteuer abweichend von § 38 Absatz 3 bei der Lohnabrechnung einbehalten. [2]Satz 1 gilt nicht, wenn der Lohnabrechnungszeitraum fünf Wochen übersteigt oder die Lohnabrechnung nicht innerhalb von drei Wochen nach dessen Ablauf erfolgt. [3]Das Betriebsstättenfinanzamt kann anordnen, dass die Lohnsteuer von den Abschlagszahlungen einzubehalten ist, wenn die Erhebung der Lohnsteuer sonst nicht gesichert erscheint. [4]Wenn wegen einer besonderen Entlohnungsart weder ein Lohnzahlungszeitraum noch ein Lohnabrechnungszeitraum festgestellt werden kann, gilt als Lohnzahlungszeitraum die Summe der tatsächlichen Arbeitstage oder Arbeitswochen.**

(6) **[1]Das Bundesministerium der Finanzen hat im Einvernehmen mit den obersten Finanzbehörden der Länder auf der Grundlage der Absätze 2 und 3 einen Programmablaufplan für die maschinelle Berechnung der Lohnsteuer aufzustellen und bekannt zu machen. [2]Im Programmablaufplan kann von den Regelungen in den Absätzen 2 und 3 abgewichen werden, wenn sich das Ergebnis der maschinellen Berechnung der Lohnsteuer an das Ergebnis einer Veranlagung zur Einkommensteuer anlehnt.**

Lohnsteuer-Richtlinien: LStR 39b.1–39b.10/LStH 39b.1–39b.10

Übersicht

1 **1. Allgemeines, § 39b I.** Der ArbG hat den LStAbzug bei **unbeschr** und **beschr stpfl ArbN** nach § 39b II–VI durchzuführen. Die Vorschrift des § 39d, die früher den LStAbzug für beschr stpfl ArbN regelte, wurde durch das BeitrRLUmsG aufgehoben. Die inhaltl Regelungen zum LStAbzug bleiben nach Abkehr vom LStKartenprinzip indessen weitgehend unverändert (für den Übergangszeitraum bis 2013s auch § 52b).

2 **2. LSt-Abzug vom laufenden ArbLohn, § 39b II.** Lfd ArbLohn ist der stpfl Lohn, der dem ArbN regelmäßig zufließt, zB Monatsgehalt, Wochen- oder Tageslohn, Überstundenvergütung, lfd gezahlte Zulagen oder Zuschläge, geldwerte Vorteile aus regelmäßigen Sachbezügen. Er kann der Höhe nach schwanken. Nachzahlungen und Vorauszahlungen gehören ebenfalls zum lfd ArbLohn, wenn sie sich ausschließl auf Lohnzahlungszeiträume des lfd Kj beziehen. Sie sind für den LStAbzug den Lohnzahlungszeiträumen hinzuzurechnen, zu denen sie gehören (s hierzu das Beispiel in LStH 16 H 39b.5). Neben der Höhe des stpfl lfd ArbLohns hat der ArbG den Lohnzahlungszeitraum (§ 38a Rz 3) festzustellen.

3 **a) Berechnung des LStAbzugs.** Der stpfl ArbLohn ist ggf zu kürzen um einen anteiligen Versorgungsfreibetrag (§ 19 II; LStH 16 R 39b.3) und einen anteiligen Altersentlastungsbetrag (§ 24a; LStH 16 R 39b.4). Nach Abzug der vorstehenden Freibeträge ist noch ein als LSt-Abzugsmerkmal mitgeteilter Freibetrag (§ 39a) abzuziehen und ein Hinzurechnungsbetrag (§ 39a I 1 Nr 7) hinzuzurechnen. Der so hochgerechnete ArbLohn ist zu vermindern um die Pauschbeträge des § 9a und den Zuschlag zum Versorgungsfreibetrag (§ 19 II), den SA-Pauschbetrag (§ 10c), den Entlastungsbetrag für Alleinerziehende für ein Kind in StKlasse II (§ 24b II 1) sowie – ab 2010 grundlegend geändert – eine **Vorsorgepauschale in sämtl St-Klassen** (von § 10c aF überführt in § 39b II 5 Nr 3 und IV, s Rz 20; *Seifert* DStZ 14, 837, 842 zur Änderung von § 39b II 5 Nr 3b durch das Kroat-AnpG). Höhere Aufwendungen und auch die Günstigerprüfung können iRd ESt-Veranlagung geltend gemacht werden. Zur Bildung eines LSt-Abzugsmerkmals für Beiträge zu einer privaten KV und PflV s § 39 Rz 5; *FinVerw* DB 13, 2892. Zur Untergliederung der Vorsorgepauschale in Teilbeträge für RV, gesetzl KV, soziale PflV; Berücksichtigung der tätsächl Beiträge für die private BasisKV und PflV; *Mindestvorsorgepauschale* für KV und PflV iHv 12 vH des ArbLohns, höchstens 1900 €/3000 €, s ausführl aktualisiertes *BMF-Schrb* BStBl I 13, 1532; *Harder-Buschner/Jungblut* NWB 09, 2636 mit zahlreichen Rechenbeispielen). Für den so ermittelten stpfl ArbLohn ist unter Beachtung der persönl LSt-Abzugsmerkmale die LSt zu ermitteln.– Zum LSt-Abzug bei Zahlung lfd ArbLohns nach **Beendigung des DienstVerh** s *BMF* BStBl I 13, 951 Rz 57.

4 **b) Permanenter Lohnsteuerjahresausgleich, § 39b II 12.** Im Hinblick auf die maschinelle Lohnabrechnung lässt § 39b II 12 den sog permanenten LStJA zu. Dabei wird bei jedem Lohnzahlungszeitraum für den einzelnen ArbN der bisherige ArbLohn auf einen voraussichtl Jahresarbeitslohn hochgerechnet und die darauf entfallende LSt ermittelt. Diese LSt wird sodann auf die bisherigen Lohnzahlungszeiträume umgerechnet. Auf die sich ergebende zeitanteilige JahresLSt wird die

bisher einbehaltene LSt angerechnet. Der verbleibende Betrag ist die für den Lohnzahlungszeitraum einzubehaltende LSt. Durch dieses in LStH 16 R 39b.8 erläuterte und bei jeder LStKlasse anwendbare Verfahren werden bei schwankendem ArbLohn LStÜberzahlungen vermieden, die sonst erst bei der Veranlagung erstattet werden können.

3. LSt-Abzug von sonstigen Bezügen, § 39b III. Stpfl ArbLohn, der nicht als lfd ArbLohn gezahlt wird, ist ein sonstiger Bezug (dazu LStH 16 R 39b.2 (2)). Hierzu zählen einmalige neben dem laufenden ArbLohn zugewendete Bezüge, wie zB 13. und 14. Monatsgehälter, einmalige Abfindungen und Entschädigungen, nicht fortlaufend gezahlte Tantiemen und Gratifikationen, Jubiläumszuwendungen, Urlaubs- und Weihnachtszuwendungen, unregelmäßig gezahlte Erfindervergütungen, Nachzahlungen und Vorauszahlungen, die ganz oder teilweise auf Lohnzahlungszeiträume anderer Kj entfallen. Die Unterscheidung zwischen lfd ArbLohn und sonstigem Bezug ist bedeutsam im Hinblick auf den **Zuflusszeitpunkt** (s § 38a Rz 2; wird zB das 13. Gehalt zusammen mit dem Dezemberlohn im Januar ausgezahlt, so ist es dem neuen Kj, der Dezemberlohn dagegen dem alten Kj zuzurechnen), im Hinblick auf § 40 I Nr 1 und im Hinblick auf die Art des LStAbzugs. 5

a) Berechnung des LStAbzugs. Der LStAbzug von sonstigen Bezügen ist anders geregelt als der LStAbzug vom lfd ArbLohn. Zunächst muss der ArbG den voraussichtl Jahresarbeitslohn ohne den sonstigen Bezug feststellen (zur Ermittlung des voraussichtl ArbLohns s LStH 16 R 39b. 6 (2); FG Mster EFG 85, 561, rkr; *Niermann* DB 04, 2118, 2123). Bei Ausscheiden aus dem ArbVerh kann der ArbG eine Arbeitslosigkeit des ArbN beachten. Zur Ermittlung des lfd stpfl ArbLohns bei Bonuszahlungen im Jahr des Zusammentreffens der unbeschr und beschr StPfl s BFH I R 33/08 BStBl II 10, 150; *Gosch* BFH/PR 10, 55. Der voraussichtl Jahresarbeitslohn ist um den Versorgungsfreibetrag (§ 19 II) und den Altersentlastungsbetrag (§ 24a), wenn die Voraussetzungen für den Abzug dieser Beträge erfüllt sind, sowie um einen als LSt-Abzugsmerkmal mitgeteilten Jahresfreibetrag zu vermindern und um einen Hinzurechnungsbetrag zu erhöhen. Für diesen maßgebenden Jahresarbeitslohn ist die LSt zu ermitteln. Anschließend ist die LSt für den maßgebenden Jahresarbeitslohn unter Einbeziehung des sonstigen Bezugs nach § 39b III 5–7 zu ermitteln. Der Unterschiedsbetrag zwischen den so ermittelten LSt-Beträgen ist die LSt, die vom sonstigen Bezug einzubehalten ist. 6

b) Entlohnung für mehrere Jahre. Stellt ein sonstiger Bezug die Entlohnung für mehrere Jahre dar, wird die durch diese zusammengeballte Lohnzahlung auftretende Tarifprogression durch die Fünftelungsregelung nach § 39b III 9 gemildert (für Jubiläumszuwendungen s LStH 16 H 39b.6 Fünftelungsregelung). Mehrjährige Tätigkeit s § 34 II Nr 4. Die rückwirkende Anordnung der Fünftel-Regelung in § 39b III 9 war verfwidrig (BVerfG DStR 10, 1736). Zur Tarifermäßigung bei negativem Jahresarbeitslohn s *Niermann/Plenker* DB 03, 2724, 2727. Pflichtveranlagung nach § 46 II Nr 5 (FG Köln EFG 04, 1124, rkr; BFH VI B 62/04 BFH/NV 05, 1073). 7

c) Ausscheiden aus dem DienstVerh. Zur Behandlung sonstiger Bezüge, die nach Ausscheiden aus dem DienstVerh gezahlt werden (§ 39b III 2), s LStH 16 R 39b. 6 (3); *BMF* BStBl I 13, 951 Rz 58; *Schramm/Harder-Buschner* NWB 13, 348, 358; *Plenker* DB 14, 1103, 1107). 8

4. Wiederaufrollung abgelaufener Lohnzahlungszeiträume. In den Fällen der §§ 39c I, II, 41c I kann es zu einer Neuberechnung der LSt für abgelaufene Lohnzahlungszeiträume kommen. Das Gleiche gilt, wenn Nachzahlungen von ArbLohn als laufender ArbLohn zu behandeln sind. Eine Neuberechnung eines abgelaufenen Lohnzahlungszeitraums kann auch dann erfolgen, wenn der **ArbN irrtüml zu hohen Lohn bezogen** hat und diesen Lohn im gleichen Kj an seinen 10

ArbG, bei dem er noch beschäftigt ist, zurückzahlt. Hier kann der Ausgleich aber auch dadurch vorgenommen werden, dass der ArbG im späteren Lohnzahlungszeitraum die Überzahlung (brutto) vom ArbLohn absetzt und den so gekürzten ArbLohn dem Steuerabzug unterwirft (*KSM* § 39b C 12f). Kommt es **nach Ablauf des Kj zur Rückzahlung,** scheidet eine Wiederaufrollung der Lohnzahlungszeiträume des Vorjahres aus (BFH VI R 2/05 BStBl II 07, 315). Hier kann der Rückzahlungsbetrag (brutto) vom laufenden ArbLohn abgesetzt und der LSt-Abzug vom so verminderten ArbLohn vorgenommen werden (grds aA *KSM* § 39b C 14). Steht der **ArbN im Zeitpunkt der Rückzahlung in einem anderen DienstVerh,** kann die Rückzahlung nur bei der Veranlagung oder schon durch Ansatz eines Freibetrages („negative Einnahmen") als LSt-Abzugsmerkmal berücksichtigt werden (s auch § 9 Rz 108; § 39a Rz 3).

12 **5. Nettolohnvereinbarung.** Umfassend zu strechtl Fragen iZm Nettolohnvereinbarungen, insb zu EStErstattungen nach Wegfall einer unbeschr StPfl, s *FinVerw* DStZ 06, 84. – Grds schuldet der ArbG eine Bruttolohnvergütung. Die gesetzl Abgaben wie LSt, KiSt, ArbN-Anteile zur Kranken-, Renten- und Arbeitslosenversicherung hat der ArbN selbst zu tragen. Abw hiervon kann vereinbart werden, dass das Arbeitsentgelt als Nettolohn gezahlt wird, der ArbN also den als Nettolohn vereinbarten Betrag ungekürzt durch sämtl oder bestimmte gesetzl Abgaben erhält, während sich der ArbG verpflichtet, diese Beträge für den ArbN zu tragen (BFH VI R 146/87 BStBl II 92, 733; BFH VI B 144/12 BFH/NV 14, 181; BAG 5 AZR 616/08, juris). Die vom ArbG übernommenen Abgaben stellen ArbLohn dar. Es wird also ein bestimmter Bruttobetrag mit der Abrede vereinbart, dass dieser so zu bemessen ist, dass dem ArbN der im Voraus festgelegte Nettobetrag verbleibt **(abgeleitete Nettolohnvereinbarung).** Bei der **originären Nettolohnvereinbarung** wird der ausgezahlte Lohn als konstante Größe geschuldet, ohne dass ein Bruttolohn Geschäftsgrundlage der Vereinbarung ist (*Kaiser/Sigrist* DB 94, 178, mwN). Strechtl sind beide Arten gleich zu behandeln. Dieser so vereinbarte bzw heraufgerechnete Bruttolohn bildet das arbeitsvertragl vereinbarte Entgelt (BAG 5 AZR 616/08, juris) und ist damit auch die Grundlage für den LStAbzug (BFH VI R 29/06 BStBl II 10, 148). Zur **Hochrechnung des Nettolohns** auf den für den LStAbzug maßgebl Bruttobetrag beim lfd ArbLohn und bei sonstigen Bezügen s LStH 16 R 39b.9; *Plenker* DB 14, 1103, 1107. Als Ausnahme von der Regel muss die Nettolohnvereinbarung eindeutig getroffen worden sein (BAG DB 74, 778, zugleich dazu, dass „steuerfreie Leistung" nicht Nettolohn bedeutet; BGH DStR 87, 164, Entgeltszusage „ohne Abzüge" als Nettolohnvereinbarung). Dazu gehört auch, dass der ArbN dem ArbG die für den vorschriftsmäßigen LStAbzug erforderl Daten (§ 39c I 1) mitteilt (s BFH VI R 146/87 BStBl II 92, 733; Anm *von Bornhaupt* DStZ 92, 536; BFH VI B 30/05 BFH/NV 05, 2046, noch zur alten Rechtslage mit LStKarte). Zur Bezeichnung „netto" im Zivilgerichtsurteil s BFH VI R 67/90 BStBl II 94, 182.

13 **a) Nachweis und Rechtsfolgen.** Beruft sich der ArbN auf eine Nettolohnvereinbarung, hat er sie einwandfrei nachzuweisen (BFH VI R 146/87 BStBl II 92, 733; BFH VI B 144/12 BFH/NV 14, 181); denn bei der Nettolohnvereinbarung kommt es regelmäßig dazu, dass die LStBeträge *unabhängig von der Abführung durch den ArbG* bei der Jahressteuerfestsetzung des ArbN angerechnet werden (s dazu weiter unten und § 42d Rz 20). Dies ist die Hauptrechtsfolge der Nettolohnvereinbarung (ausführl BFH VI R 122/89 BStBl II 92, 441), die aber ohne Mitteilung der Daten nach § 39c I 1 für den Abruf der LSt-Abzugsmerkmale nicht eintritt (s BFH VI B 46/07 BFH/NV 07, 2109, noch zur Vorlage der LStKarte). Erklärt sich ein ausl, nicht zum LStAbzug verpflichteter ArbG ggü einem unbeschr estpfl ArbN bereit, die auf den Lohn entfallende Steuer zu tragen, liegt darin keine Nettolohnvereinbarung. Allein die Zusage des ArbG rechtfertigt auch bei der Veranlagung des ArbN nicht eine Hochrechnung auf einen Bruttolohn (BFH VI R

122/89 BStBl II 92, 441). Die Nettolohnvereinbarung führt dazu, dass im wirtschaftl Ergebnis ESt auf ESt zu entrichten ist (BFH VI R 1/14 BFH/NV 16, 110). Sie ist zu unterscheiden von der **Übernahme der LSt bei einer Pauschalbesteuerung** (BAG DB 71, 580; BFH VI R 270/69 BStBl II 73, 128). Bei einer fehlgeschlagenen Pauschalierung nach § 40 II oder § 40a kann keine Nettolohnvereinbarung unterstellt werden (zB BFH VI R 48/94 BStBl II 97, 331); ebenso nicht im Fall späterer Übernahme von LSt durch den ArbG (FG BaWü EFG 90, 620, rkr). **Streitigkeiten zw ArbN und ArbG** aus einer Nettolohnvereinbarung sind vor den Arbeitsgerichten auszutragen, wenn es um die Zahlung zusätzl Nettolöhne geht (BFH VI R 57/04 BStBl II 08, 434, mwN; *Bergkemper* FR 08, 724, mwN; s auch § 41b Rz 1). Durch die Nettolohnvereinbarung wird das Schuldverhältnis zw StGläubiger und StSchuldner nicht berührt (*Giloy* DStJG 9, 215); der ArbN bleibt **Steuerschuldner.** Ihm stehen etwaige **Erstattungsansprüche** zu (BFH IV R 168/68 BStBl II 72, 816). Der Nettolohn ist in die Jahressteuerfestsetzung des ArbN einzubeziehen (Progressionswirkung; Vorteil bei hohen anderweitigen negativen Einkünften); dabei ist der Nettolohn um die vom ArbG übernommenen und einbehaltenen Abzüge zu erhöhen (BFH VI R 123/78 BStBl II 82, 403, mwN; s auch BFH I R 102/99 BStBl II 01, 195), und zwar auch dann, wenn der ArbG die Lohnabzüge nicht abgeführt hatte (BFH VI R 4/84 BFH/NV 88, 566; s auch BFH VI R 137/82 BStBl II 85, 660). Kann der ArbN für die nichtabgeführten LSt nicht in Anspruch genommen werden (s § 42d Rz 20), sind die einbehaltenen LSt im Abrechnungsverfahren dennoch zu seinen Gunsten als abgeführt anzusetzen (BFH VI R 238/80 BStBl II 86, 186).

b) Abtretung von Erstattungsansprüchen. Hat der ArbN solche Ansprüche 14
an den ArbG abgetreten, wird dadurch der anzusetzende Lohn nicht beeinflusst (BFH VI R 13/77 BStBl II 79, 771). Wird der Erstattungsbetrag in einem späteren Jahr an den ArbG erstattet, kann dies nicht rückwirkend bei der Veranlagung des Jahres des LStAbzugs steuermindernd berücksichtigt werden. Im Jahr der Erstattung ist der Erstattungsbetrag aber als negative Einnahme (oder WK, s § 9 Rz 108) vom Bruttolohn abzusetzen (BFH VI R 29/06 BStBl II 10, 148; *Geserich* HFR 09, 1205; gegen BFH *Paus* DStZ 10, 50). Eine ESt-Nachzahlung ist auf den Bruttolohn hochzurechnen; denn die Übernahme der privaten ESt-Schuld des ArbN durch den ArbG führt iHd nachgezahlten ESt zur ArbLohn, der wie jede andere Lohnzahlung auch der LSt zu unterwerfen ist (BFH VI R 1/14 BFH/NV 16, 110). Zur Frage der Erstattung von SV-Leistungen bei ausl ArbN s *FinVerw* DStZ 06, 84, Nr 10 und FG Ddorf EFG 98, 1678, rkr; zur Anwendung des § 10d in vorstehenden Erstattungsfällen s *FinVerw* DStZ 06, 84. Lässt der ArbG, dem der Erstattungsanspruch abgetreten ist, die EStErklärung des ArbN erstellen, sind die von ihm dafür getragenen StB-Kosten im überwiegend eigenen Interesse aufgewandt und führen **nicht** zum Lohn des ArbN; das anders lautende Urteil BFH VI R 2/08 BStBl II 10, 639 wird zu Recht überwiegend abgelehnt (*Hasbargen/Höreth* DStR 10, 1169; *Retzlaff/Preising* DB 10, 980; *Gelsheimer/Meyen* DB 10, 2581; für BFH *Schneider* BFH/PR 10, 207; *Geserich* NWB 10, 952; krit *Bergkemper* FR 10, 627). Der BFH wird den Besonderheiten und Interessenlagen bei Nettolohnvereinbarungen nicht gerecht und berücksichtigt nicht hinreichend, dass die Abtretung der Erstattungsansprüche und die Einschaltung eines StB allein den finanziellen Interessen des ArbG dienen. Der BFH hat ledigl die Wertung des FG als revisionsrechtl bindend angesehen. Bei einer Entscheidung anderer FG können diese zu einer zutr gegenteiligen Wertung kommen (s *Bergkemper* FR 10, 627).

c) Verabredung von „Schwarzlohnzahlungen“. Sie ist keine Nettolohnver- 15
einbarung; daher ist der Lohn im Zeitpunkt der Lohnzahlung noch nicht um LSt und Gesamtsozialversicherung zu erhöhen; auch die LSt auf die Gesamtsozialversicherung entsteht erst im Zeitpunkt der Inanspruchnahme des ArbG durch die AOK (ausführl BFH VI R 54/03 BStBl II 08, 58). Die Nettolohnfiktion des § 14

II 2 SGB IV gilt im LStR nicht (dazu auch *Geserich* NWB 09, 3649; s aber BGH HFR 09, 412). Eine Nettolohnvereinbarung bei **gemeinsamer Steuerhinterziehung** verneint auch der BGH. Er geht zutr davon aus, dass der lstpfl Vorteil in der Befreiung des ArbN von seiner LStSchuld liegt, was die erfolgreiche Inhaftungnahme des ArbG voraussetzt (BGH HFR 93, 205, 206; BGH HFR 94, 40; für das Vorenthalten von Arbeitsentgelt wegen § 14 II 2 SGB IV aufgegeben durch BGH HFR 09, 412; s auch FG Hbg EFG 92, 689, 691, rkr). Zu beachten ist in diesem Zusammenhang, dass der wirtschaftl Vorteil, der in der Nichteinbehaltung von LSt liegt, dem ArbN *nicht im Zeitpunkt der Lohnzahlung* zufließt. Denn ebenso wie der ArbG nur für den nicht einbehaltenen LStBetrag haftet, kann der ArbN nur für diesen, auf den zugeflossenen Bruttolohn enthaltenen LStBetrag in Anspruch genommen werden (so zutr FG Hbg EFG 92, 689, 691, rkr).

16 **d) Hochrechnung von LSt auf LSt nur bei Nettolohnvereinbarung.** Außer im Fall der Nettolohnvereinbarung kommt eine Hochrechnung von LSt auf LSt nicht in Betracht; auch nicht bei der Veranlagung des ArbN (BFH VI R 12/96 BFH/NV 97, 656). Auch wenn der ArbG nach einer LStAußenprüfung erklärt, seine ArbN nicht für die LSt in Regress zu nehmen, ist die Höhe der Haftungsschuld nicht nach einem höheren NettoStSatz zu berechnen. Das Gleiche gilt, wenn aus anderen Gründen feststeht, dass ein Ausgleichsanspruch nach der LStAbführung nicht geltend gemacht wird. Denn ein Lohnzufluss in Gestalt der vom ArbG getragenen LSt kann erst angenommen werden, wenn der ArbG die LSt, für die er haftet, tatsächl gezahlt hat, weil erst diese Zahlung das Erlöschen der StSchuld des ArbN und das Entstehen eines Ausgleichsanspruchs des ArbG bewirkt. Erst im Verzicht auf diesen Ausgleichsanspruch kann ein erneuter Lohnzufluss liegen (ausführl BFH VI R 26/92 BStBl II 94, 197; Anm HFR 94, 228); dazu ist aber nicht etwa ein Erlassvertrag erforderl (BFH VI B 41/06 BFH/NV 07, 1122). Das FA wird daher nach der Zahlung der Haftungsschuld prüfen müssen, ob es einen weiteren Haftungsbescheid erlässt, weil der ArbG – wie bereits bei der LStAußenprüfung angekündigt – auf Rückbelastung der ArbN verzichtet hat (*FinVerw* FR 96, 606). Da der Lohnzufluss frühestens mit der Bezahlung der Haftungsschuld durch den ArbG geschehen kann, beginnt auch erst nach diesem Zeitpunkt die Verjährungsfrist zu laufen. Verwehren tarifvertragl Ausschlussklauseln den Rückgriff, ist zweifelhaft, ob im unterlassenen Regress ein Lohnzufluss gesehen werden kann (*MIT* DStR 94, 172; s aber § 42d Rz 64). – Zum LStAbzug durch den Insolvenzverwalter bei Zahlungen an die Bundesagentur für Arbeit s § 19 Rz 100 „Forderungsübergang ...“.

17 **e) Anrechnung der LSt.** Die Frage der Anrechnung der vom ArbG einzubehaltenden LSt berührt die Rechtmäßigkeit der Steuerfestsetzung (Veranlagung) nicht. Über die Anrechnung ist durch Abrechnungsbescheid (§ 218 II AO) und nicht im Anfechtungsverfahren gegen die Steuerfestsetzung zu entscheiden (BFH VI R 123/78 BStBl II 82, 403; Anm HFR 82, 306). Behauptet ein ArbN im Veranlagungsverfahren aber eine Nettolohnvereinbarung und begehrt er die Anrechnung der LSt, kann dies nur im Verfahren gegen den StBescheid durch gleichzeitiges Begehren auf Ansatz des um die LSt heraufgerechneten Lohns verfolgt werden (BFH VI R 238/80 BStBl II 86, 186; BFH VI R 4/84 BFH/NV 88, 566). Daher sind auch bei der Änderung eines StBescheides wegen einer nachträgl behaupteten Nettolohnvereinbarung die anzurechnenden Abzugsbeträge im Rahmen der §§ 172, 173 AO zu berücksichtigen (BFH VI R 90/86 BStBl II 90, 610).

20 **6. Übergangsregelung zur Vorsorgepauschale, § 39b IV.** Die Vorschrift enthält eine Übergangsregelung zur Berücksichtigung der RV-Beiträge für die Vorsorgepauschale bis 2024. Sie ist bei der Anwendung von § 39b II 5 Nr 3 Buchst a) in den Kj 2010–2024 zu beachten.

22 **7. Abschlagszahlungen, § 39b V; Vorschüsse.** S LStH 16 R 39b.5 (5). Nach § 38 III 1 hat der ArbG die LSt bei jeder Lohnzahlung einzubehalten. Aus Ver-

einfachungsgründen wird dem ArbG, der mit kurzen Lohnzahlungszeiträumen (Tag, Woche) arbeitet, die Lohnabrechnung aber für einen längeren Zeitraum vornimmt und daher seinen ArbN jeweils Abschlagszahlungen leistet, gestattet, den Lohnabrechnungszeitraum als Lohnzahlungszeitraum zu behandeln und die LSt erst bei der Lohnabrechnung einzubehalten. Der Entstehungszeitpunkt der LSt (§ 38 II 2) wird hierdurch aber nicht berührt. Endet der verlängerte Lohnabrechnungszeitraum im folgenden Kj, ist der ArbLohn dem folgenden Kj zuzuordnen (§ 38a I 2). Endet der verlängerte Lohnabrechnungszeitraum dagegen im abgelaufenen Kj, ist der ArbLohn dem abgelaufenen Kj zuzuordnen, wenn die Lohnabrechnung innerhalb von 3 Wochen nach Ablauf des Lohnabrechnungszeitraums vorgenommen wird. § 39b V gilt nicht, wenn der ArbG zB bei monatl Lohnzahlungszeitraum (1.–30.) am 20. einen Abschlag leistet und Anfang des Folgemonats den Rest ausbezahlt und für den Monat abrechnet. Denn hier wird nicht für einen längeren Zeitraum als den Lohnzahlungszeitraum abgerechnet; der ArbG hat hier also schon am 20. die entspr LSt einzubehalten. Die Lohnabrechnung ist erfolgt (§ 39b V 2), wenn die Zahlungsbelege den Bereich des ArbG verlassen haben. § 39b V gilt nicht für sonstige Bezüge. Von den unter § 39b V fallenden Abschlagszahlungen sind **Vorschüsse,** also Zahlungen zu unterscheiden, auf die erst in der Zukunft ein Anspruch des ArbN entsteht. Auch hier entsteht die LSt im Zeitpunkt der Zahlung (§ 38 II 2). Bei kleineren, bald zu verrechnenden Vorschüssen wird es nicht beanstandet, wenn die LSt erst bei der Verrechnung des Vorschusses einbehalten und abgeführt wird. Werden dagegen größere Beträge als Vorschüsse gezahlt, ist die LSt bei der Zahlung einzubehalten. Etwas anderes gilt aber, wenn ArbG und ArbN bezügl des Vorschusses eine **Darlehensvereinbarung** getroffen haben. Werden in einem solchen Fall später Tilgungs- oder Zinsbeträge mit Arbeitslohn verrechnet, ist die LSt vom ungekürzten Arbeitslohn einzubehalten und abzuführen.

8. Programmablaufplan, § 39b VI. Das *BMF* gibt seit Aufhebung von § 38c aF mit Wirkung ab 2001 keine amtl LSt-Tabellen mehr heraus. Es ist aber ermächtigt (§ 51 IV Nr 1a), auf der Grundlage des § 32a und des § 39b einen Programmablauf für LSt-Tabellen zur Berechnung der LSt zu erstellen; Programmablaufpläne für die Erstellung von LSt-Tabellen für 2016 s *BMF* BStBl I 15, 960; Vorjahre s 34. Aufl. Die Programmablaufpläne dürfen von den Regelungen des § 39b II, III abweichen, wenn die maschinelle Berechnung der LSt dem Ergebnis einer ESt-Veranlagung näher kommt. 24

9. ArbLohn nach DBA. Zur steuerl Behandlung des ArbLohns nach DBA s *BMF* BStBl I 14, 1467; LStH 16 R 39b. 10. Durch das BeitrRLUmsG wurde der bisherige Abs 6 aufgehoben und durch die Regelung in § 39 IV Nr 5 ersetzt. Da das elektronische Mitteilungsverfahren jedoch noch nicht eingesetzt werden kann, werden die Regelungen zur Ausstellung einer Papierbescheinigung als Grundlage für eine stfreie ArbLohn-Zahlung nach DBA so lange fortgeführt, bis das *BMF* Beginn und Zeitpunkt für den erstmaligen automatisierten Abruf dieses LSt-Abzugsmerkmals mitgeteilt hat (§ 52 Abs 37). 25

§ 39c Einbehaltung der Lohnsteuer ohne Lohnsteuerabzugsmerkmale

(1) [1] **Solange der Arbeitnehmer dem Arbeitgeber zum Zweck des Abrufs der elektronischen Lohnsteuerabzugsmerkmale (§ 39e Absatz 4 Satz 1) die ihm zugeteilte Identifikationsnummer sowie den Tag der Geburt schuldhaft nicht mitteilt oder das Bundeszentralamt für Steuern die Mitteilung elektronischer Lohnsteuerabzugsmerkmale ablehnt, hat der Arbeitgeber die Lohnsteuer nach Steuerklasse VI zu ermitteln.** [2] **Kann der Arbeitgeber die elektronischen Lohnsteuerabzugsmerkmale wegen technischer Störungen nicht abrufen oder hat der Arbeitnehmer die fehlende Mitteilung der ihm zuzutei-**

lenden Identifikationsnummer nicht zu vertreten, hat der Arbeitgeber für die Lohnsteuerberechnung die voraussichtlichen Lohnsteuerabzugsmerkmale im Sinne des § 38b längstens für die Dauer von drei Kalendermonaten zu Grunde zu legen. [3]Hat nach Ablauf der drei Kalendermonate der Arbeitnehmer die Identifikationsnummer sowie den Tag der Geburt nicht mitgeteilt, ist rückwirkend Satz 1 anzuwenden. [4]Sobald dem Arbeitgeber in den Fällen des Satzes 2 die elektronischen Lohnsteuerabzugsmerkmale vorliegen, sind die Lohnsteuerermittlungen für die vorangegangenen Monate zu überprüfen und, falls erforderlich, zu ändern. [5]Die zu wenig oder zu viel einbehaltene Lohnsteuer ist jeweils bei der nächsten Lohnabrechnung auszugleichen.

(2) [1]**Ist ein Antrag nach § 39 Absatz 3 Satz 1 oder § 39e Absatz 8 nicht gestellt, hat der Arbeitgeber die Lohnsteuer nach Steuerklasse VI zu ermitteln. [2]Legt der Arbeitnehmer binnen sechs Wochen nach Eintritt in das Dienstverhältnis oder nach Beginn des Kalenderjahres eine Bescheinigung für den Lohnsteuerabzug vor, ist Absatz 1 Satz 4 und 5 sinngemäß anzuwenden.**

(3) [1]**In den Fällen des § 38 Absatz 3a Satz 1 kann der Dritte die Lohnsteuer für einen sonstigen Bezug mit 20 Prozent unabhängig von den Lohnsteuerabzugsmerkmalen des Arbeitnehmers ermitteln, wenn der maßgebende Jahresarbeitslohn nach § 39b Absatz 3 zuzüglich des sonstigen Bezugs 10 000 Euro nicht übersteigt. [2]Bei der Feststellung des maßgebenden Jahresarbeitslohns sind nur die Lohnzahlungen des Dritten zu berücksichtigen.**

Lohnsteuer-Richtlinien: LStR 39c/LStH 39c

1 **1. Allgemeines.** Die Neufassung des § 39c durch das BeitrRLUmsG beinhaltet im Wesentl Folgeänderungen auf Grund des Wegfalls der LStKarte und deren Ersatz durch die ELStAM. Zur Rechtlage bis 2011 s 30. Aufl. Für den Übergangszeitraum bis 2013 s § 52b.

2 **2. LStAbzug nach StKlasse VI, § 39c I.** Die Vorschrift gilt für alle ArbN, bei denen nicht auf den Abruf von ELStAM oder die Vorlage einer Bescheinigung für den LStAbzug verzichtet werden kann (also nicht für Teilzeitbeschäftigte bei LSt-Pauschalierung, s § 40a). Ohne Mitteilung der Identifikationsnummer und des Geburtstags des ArbN kann der ArbG die ELStAM nicht abrufen, so dass ein zutr LStAbzug nicht gewährleistet ist. Gleiches gilt, wenn das BZSt die Mitteilung der ELStAM ablehnt, weil zB der ArbN die Übermittlung für den ArbG gesperrt hat (§ 39e VI 6 Nr 1) oder der ArbN beantragt hat, für ihn keine LSt-Abzugsmerkmale (mehr) zu bilden (§ 39e VI 6 Nr 2). Daher soll der ArbN durch das Druckmittel des § 39c – Ermittlung der LSt nach der ungünstigen StKlasse VI – zur Mitteilung der für den Abruf der ELStAM erforderl Daten angehalten werden. Bei der Veranlagung sind aber die tatsächl Verhältnisse des ArbN zugrunde zu legen. § 39c hat daher nur Auswirkungen auf den LStAbzug des laufenden Kj. Nach Ablauf des Kj kann der ArbG aus der Nichtbeachtung des § 39c zwar im Wege der Haftung in Anspruch genommen werden (BFH VI R 102/98 BStBl II 03, 151; BFH VI B 99/08 BFH/NV 09, 1809). Der ArbG kann aber ggü dem Haftungsbescheid nachweisen, dass eine StVerkürzung nicht eingetreten ist; denn es gilt der Grundsatz der Akzessorietät der Haftung ggü der StSchuld des ArbN (s § 42d Rz 2). Während des lfd Kj kann das FA den ArbG indes ohne weiteres iHd aus der Nichtbeachtung des § 39c zu niedrig einbehaltenen Steuer in Anspruch nehmen.

3 **Verschulden des ArbN.** Voraussetzung für die Besteuerung nach Abs 1 ist, dass den ArbN am Fehlen der LSt-Abzugsmerkmale ein Verschulden trifft (Vorsatz oder Fahrlässigkeit). Gründe für ein unverschuldetes Fehlen der LSt-Abzugsmerkmale können zB technische Schwierigkeiten bei Anforderung und Abruf, Bereitstellung oder Übermittlung der ELStAM oder eine verzögerte Ausstellung der Papierbescheinigung für den LStAbzug durch das FA sein. Kann der ArbG die LSt-Abzugsmerkmale wegen technischer Störungen nicht abrufen oder kann der ArbN

seine Identifikationsnummer schuldlos nicht angeben, weil ihm zB noch keine zugeteilt wurde oder es zu vom ArbN nicht zu vertretenden Verzögerungen bei der Vergabe kam, ist der hiervon betroffene ArbN zunächst nicht nach StKlasse VI sondern nach den voraussichtl LSt-Abzugsmerkmalen zu besteuern (*BMF* BStBl I 13, 951 Rz 94, 95). Die *FinVerw* legt den Begriff der technischen Störung zugunsten der StPfl weit aus. Eine solche soll auch vorliegen, wenn dem ArbG ohne sein Zutun unzutreffende ELStAM bereitgestellt werden (*FinVerw* DStR 15, 2240). Die Ausnahme ist allerdings auf drei Monate beschränkt. Nach Ablauf der Frist ist der LStAbzug rückwirkend nach StKlasse VI vorzunehmen und die LSt für die ersten drei Monate zu korrigieren, wenn auch bis dahin die LStAbzugsmerkmale für den ArbG nicht verfügbar sind (s BT-Drs 17/6263, 54; *BMF* BStBl I 13, 951 Rz 97). Es ist dem ArbG zu raten, Unterlagen zum Lohnkonto zu nehmen, aus denen sich ergibt, dass der ArbN das Fehlen der LSt-Abzugsmerkmale nicht zu vertreten hatte. Stehen die LSt-Abzugsmerkmale nach erfolgtem LStAbzug gem § 39c I 2 später doch noch zur Verfügung, ist eine Korrektur der Lohnabrechnungen für bis zu drei zurückliegende Monate vorgesehen (*Paintner* DStR 11, 105, 110). IÜ kann die erhöht einbehaltene LSt gem § 41c ausgeglichen werden.

3. ArbN ohne Identifikations-Nr, § 39c II. Die Vorschrift betrifft die Fälle, 4
in denen ein ArbN ohne Identifikationsnummer dem ArbG die vom Betriebsstätten-FA des ArbG auszustellende Bescheinigung für den LStAbzug (s § 39 III 1) schuldhaft nicht vorlegt. Da der ArbG ohne die Bescheinigung den LStAbzug nicht korrekt vornehmen kann, hat er den LStAbzug nach StKlasse VI durchzuführen. Die Vorschriften über die Korrektur des LStAbzugs in § 39c I 4 und 5 gelten sinngemäß, wenn der ArbN die Bescheinigung später noch vorlegt.

4. LStAbzug durch Dritte, § 39c III. Es handelt sich um eine Folgeände- 5
rung zu § 38 IIIa 1 (s dort Rz 16). Die Vorschrift soll den zum LStAbzug **verpflichteten Dritten** (zB Lohnausgleichskasse der Bauwirtschaft – ULAG) den LStAbzug erleichtern. Wenn der von dem Dritten an den einzelnen ArbN gezahlte Jahreslohn nicht mehr als 10 000 € beträgt, kann die LSt für den sonstigen Bezug mit einem festen StSatz von 20 vH unabhängig von den LSt-Abzugsmerkmalen erhoben werden (*BMF* BStBl I 04, 173, Tz III.3.1; LStH 16 R 39c). Diese pauschale St ist keine PauschalSt iSd §§ 40ff; der ArbN bleibt StSchuldner der PauschalSt; der ArbLohn ist bei der Veranlagung zu erfassen und die PauschalSt auf die EStSchuld anzurechnen (Pflichtveranlagung, § 46 II Nr 5).

§ 39d *(aufgehoben)*

§ 39e Verfahren zur Bildung und Anwendung der elektronischen Lohnsteuerabzugsmerkmale

(1) [1]**Das Bundeszentralamt für Steuern bildet für jeden Arbeitnehmer grundsätzlich automatisiert die Steuerklasse und für die bei den Steuerklassen I bis IV zu berücksichtigenden Kinder die Zahl der Kinderfreibeträge nach § 38b Absatz 2 Satz 1 als Lohnsteuerabzugsmerkmale (§ 39 Absatz 4 Satz 1 Nummer 1 und 2); für Änderungen gilt § 39 Absatz 2 entsprechend.** [2]**Soweit das Finanzamt Lohnsteuerabzugsmerkmale nach § 39 bildet, teilt es sie dem Bundeszentralamt für Steuern zum Zweck der Bereitstellung für den automatisierten Abruf durch den Arbeitgeber mit.** [3]**Lohnsteuerabzugsmerkmale sind frühestens bereitzustellen mit Wirkung von Beginn des Kalenderjahres an, für das sie anzuwenden sind, jedoch nicht für einen Zeitpunkt vor Beginn des Dienstverhältnisses.**

(2) [1]**Das Bundeszentralamt für Steuern speichert zum Zweck der Bereitstellung automatisiert abrufbarer Lohnsteuerabzugsmerkmale für den Arbeitge-**

ber die Lohnsteuerabzugsmerkmale unter Angabe der Identifikationsnummer sowie für jeden Steuerpflichtigen folgende Daten zu den in § 139b Absatz 3 der Abgabenordnung genannten Daten hinzu:

1. **rechtliche Zugehörigkeit zu einer steuererhebenden Religionsgemeinschaft sowie Datum des Eintritts und Austritts,**
2. **melderechtlichen Familienstand sowie den Tag der Begründung oder Auflösung des Familienstands und bei Verheirateten die Identifikationsnummer des Ehegatten,**
3. **Kinder mit ihrer Identifikationsnummer.**

[2] Die nach Landesrecht für das Meldewesen zuständigen Behörden (Meldebehörden) haben dem Bundeszentralamt für Steuern unter Angabe der Identifikationsnummer und des Tages der Geburt die in Satz 1 Nummer 1 bis 3 bezeichneten Daten und deren Änderungen im Melderegister mitzuteilen. [3] In den Fällen des Satzes 1 Nummer 3 besteht die Mitteilungspflicht nur, wenn das Kind mit Hauptwohnsitz oder alleinigem Wohnsitz im Zuständigkeitsbereich der Meldebehörde gemeldet ist und solange das Kind das 18. Lebensjahr noch nicht vollendet hat. [4] Sofern die Identifikationsnummer noch nicht zugeteilt wurde, teilt die Meldebehörde die Daten unter Angabe des Vorläufigen Bearbeitungsmerkmals nach § 139b Absatz 6 Satz 2 der Abgabenordnung mit. [5] Für die Datenübermittlung gelten die §§ 2 und 3 der Zweiten Bundesmeldedatenübermittlungsverordnung vom 1. Dezember 2014 (BGBl. I S. 1950) in der jeweils geltenden Fassung entsprechend.

(3) **[1] Das Bundeszentralamt für Steuern hält die Identifikationsnummer, den Tag der Geburt, Merkmale für den Kirchensteuerabzug und die Lohnsteuerabzugsmerkmale des Arbeitnehmers nach § 39 Absatz 4 zum unentgeltlichen automatisierten Abruf durch den Arbeitgeber nach amtlich vorgeschriebenem Datensatz bereit (elektronische Lohnsteuerabzugsmerkmale). [2] Bezieht ein Arbeitnehmer nebeneinander von mehreren Arbeitgebern Arbeitslohn, sind für jedes weitere Dienstverhältnis elektronische Lohnsteuerabzugsmerkmale zu bilden. [3] Haben Arbeitnehmer im Laufe des Kalenderjahres geheiratet, gilt für die automatisierte Bildung der Steuerklassen Folgendes:**

1. **Steuerklasse III ist zu bilden, wenn die Voraussetzungen des § 38b Absatz 1 Satz 2 Nummer 3 Buchstabe a Doppelbuchstabe aa vorliegen;**
2. **für beide Ehegatten ist Steuerklasse IV zu bilden, wenn die Voraussetzungen des § 38b Absatz 1 Satz 2 Nummer 4 vorliegen.**

[4] Das Bundeszentralamt für Steuern führt die elektronischen Lohnsteuerabzugsmerkmale des Arbeitnehmers zum Zweck ihrer Bereitstellung nach Satz 1 mit der Wirtschafts-Identifikationsnummer (§ 139c der Abgabenordnung) des Arbeitgebers zusammen.

(4) **[1] Der Arbeitnehmer hat jedem seiner Arbeitgeber bei Eintritt in das Dienstverhältnis zum Zweck des Abrufs der Lohnsteuerabzugsmerkmale mitzuteilen,**

1. **wie die Identifikationsnummer sowie der Tag der Geburt lauten,**
2. **ob es sich um das erste oder ein weiteres Dienstverhältnis handelt (§ 38b Absatz 1 Satz 2 Nummer 6) und**
3. **ob und in welcher Höhe ein nach § 39a Absatz 1 Satz 1 Nummer 7 festgestellter Freibetrag abgerufen werden soll.**

[2] Der Arbeitgeber hat bei Beginn des Dienstverhältnisses die elektronischen Lohnsteuerabzugsmerkmale für den Arbeitnehmer beim Bundeszentralamt für Steuern durch Datenfernübertragung abzurufen und sie in das Lohnkonto für den Arbeitnehmer zu übernehmen. [3] Für den Abruf der elektronischen Lohnsteuerabzugsmerkmale hat sich der Arbeitgeber zu authentifizieren und seine Wirtschafts-Identifikationsnummer, die Daten des Arbeitnehmers nach

Satz 1 Nummer 1 und 2, den Tag des Beginns des Dienstverhältnisses und etwaige Angaben nach Satz 1 Nummer 3 mitzuteilen. [4]Zur Plausibilitätsprüfung der Identifikationsnummer hält das Bundeszentralamt für Steuern für den Arbeitgeber entsprechende Regeln bereit. [5]Der Arbeitgeber hat den Tag der Beendigung des Dienstverhältnisses unverzüglich dem Bundeszentralamt für Steuern durch Datenfernübertragung mitzuteilen. [6]Beauftragt der Arbeitgeber einen Dritten mit der Durchführung des Lohnsteuerabzugs, hat sich der Dritte für den Datenabruf zu authentifizieren und zusätzlich seine Wirtschafts-Identifikationsnummer mitzuteilen. [7]Für die Verwendung der elektronischen Lohnsteuerabzugsmerkmale gelten die Schutzvorschriften des § 39 Absatz 8 und 9 sinngemäß.

(5) **[1]Die abgerufenen elektronischen Lohnsteuerabzugsmerkmale sind vom Arbeitgeber für die Durchführung des Lohnsteuerabzugs des Arbeitnehmers anzuwenden, bis**

1. ihm das Bundeszentralamt für Steuern geänderte elektronische Lohnsteuerabzugsmerkmale zum Abruf bereitstellt oder
2. der Arbeitgeber dem Bundeszentralamt für Steuern die Beendigung des Dienstverhältnisses mitteilt.

[2]Sie sind in der üblichen Lohnabrechnung anzugeben. [3]Der Arbeitgeber ist verpflichtet, die vom Bundeszentralamt für Steuern bereitgestellten Mitteilungen und elektronischen Lohnsteuerabzugsmerkmale monatlich anzufragen und abzurufen.

(6) **[1]Gegenüber dem Arbeitgeber gelten die Lohnsteuerabzugsmerkmale (§ 39 Absatz 4) mit dem Abruf der elektronischen Lohnsteuerabzugsmerkmale als bekannt gegeben. [2]Einer Rechtsbehelfsbelehrung bedarf es nicht. [3]Die Lohnsteuerabzugsmerkmale gelten gegenüber dem Arbeitnehmer als bekannt gegeben, sobald der Arbeitgeber dem Arbeitnehmer den Ausdruck der Lohnabrechnung mit den nach Absatz 5 Satz 2 darin ausgewiesenen elektronischen Lohnsteuerabzugsmerkmalen ausgehändigt oder elektronisch bereitgestellt hat. [4]Die elektronischen Lohnsteuerabzugsmerkmale sind dem Steuerpflichtigen auf Antrag vom zuständigen Finanzamt mitzuteilen oder elektronisch bereitzustellen. [5]Wird dem Arbeitnehmer bekannt, dass die elektronischen Lohnsteuerabzugsmerkmale zu seinen Gunsten von den nach § 39 zu bildenden Lohnsteuerabzugsmerkmalen abweichen, ist er verpflichtet, dies dem Finanzamt unverzüglich mitzuteilen. [6]Der Steuerpflichtige kann beim zuständigen Finanzamt**

1. den Arbeitgeber benennen, der zum Abruf von elektronischen Lohnsteuerabzugsmerkmalen berechtigt ist (Positivliste) oder nicht berechtigt ist (Negativliste). [2]Hierfür hat der Arbeitgeber dem Arbeitnehmer seine Wirtschafts-Identifikationsnummer mitzuteilen. [3]Für die Verwendung der Wirtschafts-Identifikationsnummer gelten die Schutzvorschriften des § 39 Absatz 8 und 9 sinngemäß; oder
2. die Bildung oder die Bereitstellung der elektronischen Lohnsteuerabzugsmerkmale allgemein sperren oder allgemein freischalten lassen.

[7]Macht der Steuerpflichtige von seinem Recht nach Satz 6 Gebrauch, hat er die Positivliste, die Negativliste, die allgemeine Sperrung oder die allgemeine Freischaltung in einem bereitgestellten elektronischen Verfahren oder nach amtlich vorgeschriebenem Vordruck dem Finanzamt zu übermitteln. [8]Werden wegen einer Sperrung nach Satz 6 einem Arbeitgeber, der Daten abrufen möchte, keine elektronischen Lohnsteuerabzugsmerkmale bereitgestellt, wird dem Arbeitgeber die Sperrung mitgeteilt und dieser hat die Lohnsteuer nach Steuerklasse VI zu ermitteln.

(7) **[1]Auf Antrag des Arbeitgebers kann das Betriebsstättenfinanzamt zur Vermeidung unbilliger Härten zulassen, dass er nicht am Abrufverfahren teil-**

nimmt. [2]Dem Antrag eines Arbeitgebers ohne maschinelle Lohnabrechnung, der ausschließlich Arbeitnehmer im Rahmen einer geringfügigen Beschäftigung in seinem Privathaushalt im Sinne des § 8a des Vierten Buches Sozialgesetzbuch beschäftigt, ist stattzugeben. [3]Der Arbeitgeber hat dem Antrag unter Angabe seiner Wirtschafts-Identifikationsnummer ein Verzeichnis der beschäftigten Arbeitnehmer mit Angabe der jeweiligen Identifikationsnummer und des Tages der Geburt des Arbeitnehmers beizufügen. [4]Der Antrag ist nach amtlich vorgeschriebenem Vordruck jährlich zu stellen und vom Arbeitgeber zu unterschreiben. [5]Das Betriebsstättenfinanzamt übermittelt dem Arbeitgeber für die Durchführung des Lohnsteuerabzugs für ein Kalenderjahr eine arbeitgeberbezogene Bescheinigung mit den Lohnsteuerabzugsmerkmalen des Arbeitnehmers (Bescheinigung für den Lohnsteuerabzug) sowie etwaige Änderungen. [6]Diese Bescheinigung sowie die Änderungsmitteilungen sind als Belege zum Lohnkonto zu nehmen und bis zum Ablauf des Kalenderjahres aufzubewahren. [7]Absatz 5 Satz 1 und 2 sowie Absatz 6 Satz 3 gelten entsprechend. [8]Der Arbeitgeber hat den Tag der Beendigung des Dienstverhältnisses unverzüglich dem Betriebsstättenfinanzamt mitzuteilen.

(8) **[1]Ist einem nach § 1 Absatz 1 unbeschränkt einkommensteuerpflichtigen Arbeitnehmer keine Identifikationsnummer zugeteilt, hat das Wohnsitzfinanzamt auf Antrag eine Bescheinigung für den Lohnsteuerabzug für die Dauer eines Kalenderjahres auszustellen. [2]Diese Bescheinigung ersetzt die Verpflichtung und Berechtigung des Arbeitgebers zum Abruf der elektronischen Lohnsteuerabzugsmerkmale (Absätze 4 und 6). [3]In diesem Fall tritt an die Stelle der Identifikationsnummer das lohnsteuerliche Ordnungsmerkmal nach § 41b Absatz 2 Satz 1 und 2. [4]Für die Durchführung des Lohnsteuerabzugs hat der Arbeitnehmer seinem Arbeitgeber vor Beginn des Kalenderjahres oder bei Eintritt in das Dienstverhältnis die nach Satz 1 ausgestellte Bescheinigung für den Lohnsteuerabzug vorzulegen. [5]§ 39c Absatz 1 Satz 2 bis 5 ist sinngemäß anzuwenden. [6]Der Arbeitgeber hat die Bescheinigung für den Lohnsteuerabzug entgegenzunehmen und während des Dienstverhältnisses, längstens bis zum Ablauf des jeweiligen Kalenderjahres, aufzubewahren.**

(9) **Ist die Wirtschafts-Identifikationsnummer noch nicht oder nicht vollständig eingeführt, tritt an ihre Stelle die Steuernummer der Betriebsstätte oder des Teils des Betriebs des Arbeitgebers, in dem der für den Lohnsteuerabzug maßgebende Arbeitslohn des Arbeitnehmers ermittelt wird (§ 41 Absatz 2).**

(10) **Die beim Bundeszentralamt für Steuern nach Absatz 2 Satz 1 gespeicherten Daten können auch zur Prüfung und Durchführung der Einkommensbesteuerung (§ 2) des Steuerpflichtigen für Veranlagungszeiträume ab 2005 verwendet werden.**

Lohnsteuer-Richtlinien/Verwaltungsschreiben: LStR 39e/LStH 39e – *BMF* BStBl I 13, 951

Übersicht

1. Allgemeines. § 39e wurde durch das BeitrRLUmsG als Einführungsvorschrift für die elektronischen LSt-Abzugsmerkmale neu konzipiert. Die Vorschrift regelt das technische Verfahren, das LSt-Abzugsmerkmale (§ 39) automatisiert bildet und aus ihnen elektronische LSt-Abzugsmerkmale (ELStAM) macht. Der Start der Anwendung der ELStAM erfolgte im Lauf des Kj 2013 (*BMF* BStBl I 13, 951). Die für den LStAbzug erforderl Übergangsregelung findet sich in § 52b. 1

2. Bildung von LSt-Abzugsmerkmalen, § 39e I. Das BZSt hat die StKlasse und die Zahl der Kinderfreibeträge für die StKlassen I bis IV automatisiert als LSt-Abzugsmerkmale zu bilden. Für die Änderung dieser LSt-Abzugsmerkmale sowie die Bildung der übrigen LSt-Abzugsmerkmale ist hingegen das FA zuständig. Das FA hat von ihm nach § 39 gebildete LSt-Abzugsmerkmale dem BZSt mitzuteilen, damit das BZSt auch diese LSt-Abzugsmerkmale dem ArbG zum elektronischen Abruf bereitstellen kann. LSt-Abzugsmerkmale werden für jedes DienstVerh des ArbN gebildet, also für ein erstes DienstVerh und für jedes weitere (s Rz 4). 2

3. Speicherung der LSt-Abzugsmerkmale, § 39e II. Die Zuständigkeit für die Speicherung der LSt-Abzugsmerkmale liegt beim BZSt. Die Meldebehörden haben dem BZSt die in § 39e II 1 Nr 1 bis Nr 3 genannten Daten und ihre Änderung mitzuteilen. Die Meldebehörden sind dabei nicht mehr als Finanzbehörden tätig. Die Zuteilung und Speicherung einer Identifikationsnummer des ArbN durch das BZSt ist verfgemäß (BFH II R 49/10 BStBl II 12, 168). Zu datenschutzrechtl Aspekten s *Pospischil* DStZ 14, 393; *Blümich/Thürmer* § 39e Rz 72). 3

4. Bereitstellung der LSt-Abzugsmerkmale, § 39e III. Das BZSt muss die LSt-Abzugsmerkmale zum unentgeltl automatisierten Abruf durch den ArbG bereit stellen. Bezieht ein ArbN nebeneinander von mehreren ArbG ArbLohn, sind LSt-Abzugsmerkmale für jedes DienstVerh zu bilden und zum Abruf bereitzustellen (§ 39e III 2). § 39e III 3 regelt die automatisierte Bildung von LSt-Abzugsmerkmalen im Fall der Heirat von ArbN, um eine familiengerechte Besteuerung im LSt-Abzugsverfahren zu gewährleisten. Da eine programmgesteuerte Zuordnung der StKlasse III zu Beginn des ELStAM-Verfahrens (längstens bis 2017) noch nicht mögl ist, werden Ehegatten zunächst in die StKlasse IV eingereiht (§ 52 Abs 39). Die Ehegatten können aber eine andere als die automatisiert gebildete StKlassen-Kombination beim zuständigen Wohnsitz-FA beantragen. Ein solcher Antrag gilt nicht als Änderung der StKlasse gem § 39 VI 3, so dass das Recht, einmal jährl die StKlasse zu wechseln, durch die Änderung der automatisiert gebildeten StKlassen nicht verloren geht (*BMF* BStBl I 13, 951 Rz 16). 4

5. Abruf der LSt-Abzugsmerkmale, § 39e IV. Der ArbG hat bei Beginn des ArbVerh die ELStAM beim BZSt elektronisch abzurufen und in das Lohnkonto des ArbN zu übernehmen, damit er den LSt-Abzug korrekt durchführen kann. Hierzu hat sich der ArbG über die im ElsterOnline-Portal vorgesehenen Wege zu authentifizieren und seine Wirtschafts-Identifikationsnummer anzugeben (s aber Rz 11). Ferner muss für den ArbG bei der FinVerw ein Arbeitgebersignal angelegt sein (Einzelheiten zur Anmeldung und zum Abruf der ELStAM s *BMF* BStBl I 13, 951 Rz 39ff). Da bei mehreren DienstVerh für jedes DienstVerh ELStAM zu bilden sind (s Rz 4), muss der ArbN dem ArbG nach § 39e IV 1 Nr 2 zur Anforderung der zutr LSt-Abzugsmerkmale auch mitteilen, ob es sich um das erste oder um ein weiteres DienstVerh handelt. Der ArbN darf dabei selbst festlegen, welches DienstVerh das erste und welches ein weiteres sein soll. Eine obj Einordnung, zB nach Verdienst oder Arbeitszeit, existiert nicht (*Schramm/Harder-Buschner* NWB 13, 348, 356). Der ArbG darf die ELStAM nur für die bei ihm beschäftigten ArbG abrufen (*BMF* BStBl I 13, 951 Rz 3). Er hat der FinVerw das Ende des DienstVerh unverzügl mitzuteilen (§ 39e IV 5). 5

Macht der ArbG nach § 39e IV 1 Nr 2 keine Angaben dazu, ob es sich um ein erstes oder ein weiteres DienstVerh handelt, wird programmgesteuert letzteres unterstellt (*BMF* BStBl I 13, 951 Rz 47). Der ArbN kann nach § 39e IV 1 Nr 3 6 entscheiden, ob und in welcher Höhe der ArbG einen nach § 39a I 1 Nr 7 ermittelten Freibetrag abrufen soll, ohne zuvor einen Antrag beim FA stellen zu müssen. Hierdurch kann ArbLohn, der in einem DienstVerh nicht mit LSt belastet ist, auf ein oder mehrere weitere DienstVerh übertragen werden, so dass auch dort keine oder nur eine geringere LSt zu erheben ist. Für das erste DienstVerh wird ein entspr Hinzurechnungsbetrag gebildet (s § 39a Rz 7). Nach Prüfung des übermittelten Betrags hat das BZSt dem ArbG den tatsächl zu berücksichtigenden Freibetrag als LSt-Abzugsmerkmal zum Abruf bereit zu stellen. Für den ArbG ist nur dieser Freibetrag maßgebl und für den LSt-Abzug zu verwenden. Zu Beginn des ELStAM-Verfahrens steht die Möglichkeit, einen vom ArbN gewünschten Freibetrag zu übermitteln, allerdings noch nicht zur Verfügung.

7 **6. Anwendung der LSt-Abzugsmerkmale, § 39e V.** Der ArbG hat die ELStAM beim BZSt monatl abzurufen und für den LStAbzug anzuwenden. Der ArbG muss die LSt-Abzugsmerkmale in der Lohnabrechung angeben, damit der ArbN die Berücksichtigung der zutreffenden ELStAM überprüfen kann (s § 39 I 5 und Rz 8). Gerade bei kleineren ArbG werden sich die ELStAM der ArbN nicht monatl ändern. Das BZSt teilt dem ArbG in diesem Fall auf seine Anfrage mit, dass keine neuen oder geänderten ELStAM zum Abruf zur Verfügung stehen. Zur Vermeidung solcher Anfragen hat die FinVerw einen Mitteilungsservice im Elster-Online-Portal eingerichtet, der den ArbG auf Antrag per E-Mail über die Bereitstellung neuer ELStAM informiert, die der ArbG dann abzurufen hat (*BMF* BStBl I 13, 951 Rz 51).

8 **7. Bekanntgabe der LSt-Abzugsmerkmale, § 39e VI.** Die LSt-Abzugsmerkmale gelten ggü dem ArbG mit Abruf beim BZSt und ggü dem ArbN durch Aushändigung oder elektronische Bereitstellung der Lohnabrechung mit den darin ausgewiesenen LSt-Abzugsmerkmalen als bekannt gegeben (s § 39 I 5 und Rz 7). Einer Rechtsbehelfsbelehrung bedarf es nicht, so dass der ArbN die LSt-Abzugsmerkmale innerhalb eines Jahres anfechten kann (s § 39 Rz 10). Der ArbN ist verpflichtet, das FA unverzügl zu informieren, wenn ihm bekannt wird, dass die dem LSt-Abzug vom ArbG zugrunde gelegten LSt-Abzugsmerkmale von den nach § 39 zu bildenden LSt-Abzugsmerkmalen zu seinen Gunsten abweichen. Diese Miteilungspflicht des ArbN soll den zutr LStAbzug durch den ArbG sicherstellen. Der ArbN kann über eine Positiv- oder Negativliste selbst entscheiden, welche ArbG zum Abruf seiner ELStAM berechtigt sind (Einzelheiten s *BMF* BStBl I 13, 951 Rz 78ff). Die Sperrung des ArbG führt aber zum LStAbzug nach der für den ArbN ungünstigen St-Klasse VI (s 39c Rz 2).

9 **8. Härtefallregelung, § 39e VII.** Das BetriebsstättenFA kann dem ArbG zur Vermeidung unbilliger Härten gestatten, nicht am Abrufverfahren teilzunehmen (s auch *BMF* BStBl I 13, 951 Rz 113ff). § 39e VII 2 enthält eine ermessensleitende Vorschrift für die geringfügige Beschäftigung von ArbN in Privathaushalten. Die Bestimmung verdeutlicht außerdem, welche Fälle der Gesetzgeber bei der Härtefallregelung im Auge hatte, so dass die FinVerw diese Kriterien (zB kleinerer ArbG, keine maschinelle Lohnabrechnung) auch bei der Ermessensausübung nach § 39e VII 1 in ihre Erwägungen einzubeziehen hat. Der ArbG muss auch bei Anwendung der Härtefallregelung die ihm vom Betriebsstätten-FA für ein Kj ausgestellte Bescheinigung für den LSt-Abzug sowie evtl Änderungsmitteilungen zum Lohnkonto nehmen und bis zum Ablauf des Kj aufbewahren. § 39e VII 7 legt durch Verweis auf die entspr Vorschriften des Abrufverfahrens fest, dass der ArbG auch bei Anwendung der Härtefallregelung die LSt-Abzugsmerkmale in der Lohnabrechnung auszuweisen hat, die dem ArbN mit Aushändigung oder Bereitstellung der Abrechnung als bekannt gegeben gelten.

10 **9. Unbeschr stpfl ArbN ohne Identifikations-Nr, § 39e VIII.** Solche ArbN benötigen eine vom Wohnsitz-FA auszustellende besondere Bescheinigung

mit den LSt-Abzugsmerkmalen. § 39e VIII regelt das Antrags- und Bescheinigungsverfahren sowie die Pflichten des ArbG für den LStAbzug bei Vorlage einer solchen Bescheinigung. Das FA hat dem Antrag des ArbN, dem noch keine Identifikationsnummer zugeteilt wurde, grds stattzugeben. Die Bescheinigung wird nicht arbeitgeberbezogen ausgestellt. Der ArbN muss sie im Falle eines ArbG-Wechsels auch dem neuen ArbG vorlegen. Abw von § 39e VII (Papierverfahren auf Antrag des ArbG) werden die nach § 39e VIII bescheinigten LSt-Abzugsmerkmale nur auf Antrag des ArbN und nicht von Amts wegen geändert.

10. Wirtschaftsidentifikations-Nr, § 39e IX. Solange die Wirtschaftsidentifikationsnummer noch nicht (vollständig) eingeführt ist, tritt an ihre Stelle für die Abfrage der ELStAM durch den ArbG die StNr der lstl Betriebsstätte. 11

11. Datenzugriff, § 39e X. Die beim BZSt für den LStAbzug gespeicherten Daten dürfen auch zur Prüfung und Durchführung der Einkommensbesteuerung der ArbN ab VZ 2005 verwendet werden. 12

§ 39f Faktorverfahren anstelle Steuerklassenkombination III/V

(1) [1] **Bei Ehegatten, die in die Steuerklasse IV gehören (§ 38b Absatz 1 Satz 2 Nummer 4), hat das Finanzamt auf Antrag beider Ehegatten nach § 39a anstelle der Steuerklassenkombination III/V (§ 38b Absatz 1 Satz 2 Nummer 5) als Lohnsteuerabzugsmerkmal jeweils die Steuerklasse IV in Verbindung mit einem Faktor zur Ermittlung der Lohnsteuer zu bilden, wenn der Faktor kleiner als 1 ist.** [2] **Der Faktor ist Y : X und vom Finanzamt mit drei Nachkommastellen ohne Rundung zu berechnen.** [3] **„Y" ist die voraussichtliche Einkommensteuer für beide Ehegatten nach dem Splittingverfahren (§ 32a Absatz 5) unter Berücksichtigung der in § 39b Absatz 2 genannten Abzugsbeträge.** [4] **„X" ist die Summe der voraussichtlichen Lohnsteuer bei Anwendung der Steuerklasse IV für jeden Ehegatten.** [5] **Maßgeblich sind die Steuerbeträge des Kalenderjahres, für das der Faktor erstmals gelten soll.** [6] **In die Bemessungsgrundlage für Y werden jeweils neben den Jahresarbeitslöhnen der ersten Dienstverhältnisse zusätzlich nur Beträge einbezogen, die nach § 39a Absatz 1 Satz 1 Nummer 1 bis 6 als Freibetrag ermittelt und als Lohnsteuerabzugsmerkmal gebildet werden könnten; Freibeträge werden neben dem Faktor nicht als Lohnsteuerabzugsmerkmal gebildet.** [7] **In den Fällen des § 39a Absatz 1 Satz 1 Nummer 7 sind bei der Ermittlung von Y und X die Hinzurechnungsbeträge zu berücksichtigen; die Hinzurechnungsbeträge sind zusätzlich als Lohnsteuerabzugsmerkmal für das erste Dienstverhältnis zu bilden.** [8] **Arbeitslöhne aus zweiten und weiteren Dienstverhältnissen (Steuerklasse VI) sind im Faktorverfahren nicht zu berücksichtigen.** [9] **Der nach Satz 1 gebildete Faktor gilt bis zumAblauf des Kalenderjahres, das auf das Kalenderjahr folgt, in dem der Faktor erstmals gilt oder zuletzt geändert worden ist.** [10] **Die Ehegatten können eine Änderung des Faktors beantragen, wenn sich die für die Ermittlung des Faktors maßgeblichen Jahresarbeitslöhne im Sinne des Satzes 6 ändern.** [11] **Besteht eine Anzeigepflicht nach § 39a Absatz 1 Satz 5 oder wird eine Änderung des Freibetrags nach § 39a Absatz 1 Satz 4 beantragt, gilt die Anzeige oder der Antrag auf Änderung des Freibetrags zugleich als Antrag auf Anpassung des Faktors.**

(2) **Für die Einbehaltung der Lohnsteuer vom Arbeitslohn hat der Arbeitgeber Steuerklasse IV und den Faktor anzuwenden.**

(3) [1] **§ 39 Absatz 6 Satz 3 und 5 gilt mit der Maßgabe, dass die Änderungen nach Absatz 1 Satz 10 und 11 keine Änderungen im Sinne des § 39 Absatz 6 Satz 3 sind.** [2] **§ 39a ist anzuwenden mit der Maßgabe, dass ein Antrag nach amtlich vorgeschriebenem Vordruck (§ 39a Absatz 2) nur erforderlich ist,**

wenn bei der Faktorermittlung zugleich Beträge nach § 39a Absatz 1 Satz 1 Nummer 1 bis 6 berücksichtigt werden sollen.

(4) **Das Faktorverfahren ist im Programmablaufplan für die maschinelle Berechnung der Lohnsteuer (§ 39b Absatz 6) zu berücksichtigen.**

1 **1. Geltungsbereich und Rechtsfolgen, § 39f I 1.** Ehegatten und Lebenspartner (§ 2 VIII) können beim LStAbzug nicht nur zw den Steuerklassenkombinationen III/V und IV/IV wählen, sondern sich auf gemeinsamen Antrag auch für das sog Faktorverfahren entscheiden. Das Faktorverfahren führt zu einem genaueren Einbehalt der LSt und damit zu genaueren Vorauszahlungen auf die EStJahresschuld, sofern bei der Berechnung des Faktors die zu erwartenden Bruttolöhne und die im Einzelfall in Betracht kommenden StErmäßigungen zutreffend prognostiziert werden. In gewissen Fällen hat das Faktorverfahren für die StPfl auch einen günstigen Einfluss auf die Höhe der Lohnersatzleistungen (zB höheres Arbeitslosengeld; s *Sell/Sommer* DStR 08, 1953; *Beyer-Petz/Ende* DStR 09, 2583). – Das Faktorverfahren führt zu einem Ausschluss des LStJA durch den ArbG (§ 42b I 1 Nr 3b) und zur Amtsveranlagung (§ 46 I 1 Nr 3a). Durch das BürokratieentlastG (BGBl I 15, 1400) wurde § 39f geändert. Ein beantragter Faktor ist ab Veröffentlichung eines Start-Schrb im BGBl (§ 52 Abs 37a), das noch aussteht, für längstens 2 Kj gültig (s Rz 3).

2 **2. Berechnung des Faktors, § 39f I 2–8.** Das Faktorverfahren läuft wie folgt ab: (1) Das FA ermittelt die voraussichtl Bruttolöhne der Ehegatten, wobei es grds die Angaben der StPfl zugrunde legt (*HHR* § 39f Rz 9), und die in Betracht kommenden StErmäßigungen für das jeweils erste DienstVerh und berechnet die sich nach der Splittingtabelle für die Ehegatten ergebende JahresESt. Der Faktor wird auf der Grundlage der Einkommensverhältnisse des Kj ermittelt, für das der Faktor erstmals gelten soll. (2) Diese ESt wird ins Verhältnis gesetzt zu der Summe der LSt für beide Ehegatten bei Anwendung der LStKlasse IV. (3) Der sich ergebende Faktor (stets kleiner als eins) wird vom FA als LSt-Abzugsmerkmal beider Ehegatten gebildet (§ 39 I 2, IV Nr 1). – Die Ehegatten können bei der Ermittlung des Faktors über die gesetzl Pauschbeträge hinaus auch nach den Grundsätzen des § 39a steuermindernde Beträge geltend machen, was über den kleineren Faktor zu einem geringeren LStAbzug führt. Um zu vermeiden, dass sich die steuermindernden Beträge doppelt auswirken, ist die Berücksichtigung von Freibeträgen als LSt-Abzugsmerkmal neben dem Faktor ausgeschlossen.

3 **3. Geltungsdauer des Faktors, § 39f I 9–11.** Die Sätze 9–11 wurden durch das BürokratieentlastG eingefügt. Sie sind ab Veröffentlichung eines Start-Schrb im BGBl anzuwenden (§ 52 Abs 37a), das noch aussteht. Der Faktor ist nach der Neuregelung längstens 2 Kj gültig. Eine Anpassung des Faktors ist auf Antrag möglich, sofern sich die Verhältnisse der Ehegatten zu ihren Gunsten oder Ungunsten ändern. Eine Antragspflicht besteht aber nicht. Ändert sich ein Freibetrag, müssen die Ehegatten auch bezügl des Faktors erklären, ob sie eine Änderung beantragen, weil der Freibetrag zwingender Bestandteil der Faktorregelung ist. Dasselbe gilt, wenn eine Anpassung des Faktors beantragt wird; hier muss erklärt werden, ob ein Freibetrag mit eingerechnet werden muss bzw ob ein bestehender Freibetrag unverändert fortgelten soll.

4 **4. Berechnung der LSt durch den ArbG, § 39f II.** Die ArbG ermitteln für die bei ihnen beschäftigten Ehegatten die LSt (wie bisher) nach der LStKlasse IV und wenden darauf den Faktor an. Bei beiden Ehegatten ergibt sich als LStSumme die voraussichtl JahresEStSchuld (ausführl Beispiel *Niermann* DB 09, 138, 140; *Harder-Buschner* NWB 09, 292, 294; *Schaffhausen/Plenker* DB 09, 2178; *Seifert* DStZ 10, 14, 17; *Beyer-Petz/Ende* DStR 09, 2583, mit sozialrechtl Auswirkungen).

5 **5. Änderung des Faktors, § 39f III.** Die Ehegatten können gem § 39f III 1 gemeinsam einmal im Kj bis zum 30.11. die Anwendung oder Änderung des Fak-

tors mit Wirkung ab Beginn des nächsten Monats beantragen. Dies gilt nicht als Wechsel der StKlasse. § 39f III 2 regelt iEinz des Antragsverfahrens.

6. Programmablaufplan, § 39f IV. Das *BMF* hat auch für das Faktorverfahren einen Programmablaufplan für die Berechnung der LSt aufzustellen und bekannt zu geben (s § 39b Rz 24). 6

§ 40 Pauschalierung der Lohnsteuer in besonderen Fällen

(1) [1] **Das Betriebsstättenfinanzamt (§ 41a Absatz 1 Satz 1 Nummer 1) kann auf Antrag des Arbeitgebers zulassen, dass die Lohnsteuer mit einem unter Berücksichtigung der Vorschriften des § 38a zu ermittelnden Pauschsteuersatz erhoben wird, soweit**

1. von dem Arbeitgeber sonstige Bezüge in einer größeren Zahl von Fällen gewährt werden oder
2. in einer größeren Zahl von Fällen Lohnsteuer nachzuerheben ist, weil der Arbeitgeber die Lohnsteuer nicht vorschriftsmäßig einbehalten hat.

[2] **Bei der Ermittlung des Pauschsteuersatzes ist zu berücksichtigen, dass die in Absatz 3 vorgeschriebene Übernahme der pauschalen Lohnsteuer durch den Arbeitgeber für den Arbeitnehmer eine in Geldeswert bestehende Einnahme im Sinne des § 8 Absatz 1 darstellt (Nettosteuersatz).** [3] **Die Pauschalierung ist in den Fällen des Satzes 1 Nummer 1 ausgeschlossen, soweit der Arbeitgeber einem Arbeitnehmer sonstige Bezüge von mehr als 1000 Euro im Kalenderjahr gewährt.** [4] **Der Arbeitgeber hat dem Antrag eine Berechnung beizufügen, aus der sich der durchschnittliche Steuersatz unter Zugrundelegung der durchschnittlichen Jahresarbeitslöhne und der durchschnittlichen Jahreslohnsteuer in jeder Steuerklasse für diejenigen Arbeitnehmer ergibt, denen die Bezüge gewährt werden sollen oder gewährt worden sind.**

(2) [1] **Abweichend von Absatz 1 kann der Arbeitgeber die Lohnsteuer mit einem Pauschsteuersatz von 25 Prozent erheben, soweit er**

1. arbeitstäglich Mahlzeiten im Betrieb an die Arbeitnehmer unentgeltlich oder verbilligt abgibt oder Barzuschüsse an ein anderes Unternehmen leistet, das arbeitstäglich Mahlzeiten an die Arbeitnehmer unentgeltlich oder verbilligt abgibt. [2] **Voraussetzung ist, dass die Mahlzeiten nicht als Lohnbestandteile vereinbart sind,**
1a. oder auf seine Veranlassung ein Dritter den Arbeitnehmern anlässlich einer beruflichen Tätigkeit außerhalb seiner Wohnung und ersten Tätigkeitsstätte Mahlzeiten zur Verfügung stellt, die nach § 8 Absatz 2 Satz 8 und 9 mit dem Sachbezugswert anzusetzen sind,
2. Arbeitslohn aus Anlass von Betriebsveranstaltungen zahlt,
3. Erholungsbeihilfen gewährt, wenn diese zusammen mit Erholungsbeihilfen, die in demselben Kalenderjahr früher gewährt worden sind, 156 Euro für den Arbeitnehmer, 104 Euro für dessen Ehegatten und 52 Euro für jedes Kind nicht übersteigen und der Arbeitgeber sicherstellt, dass die Beihilfen zu Erholungszwecken verwendet werden,
4. Vergütungen für Verpflegungsmehraufwendungen anlässlich einer Tätigkeit im Sinne des § 9 Absatz 4a Satz 2 oder Satz 4 zahlt, soweit die Vergütungen nach § 9 Absatz 4a Satz 3, 5 und 6 zustehenden Pauschalen um nicht mehr als 100 Prozent übersteigen,
5. den Arbeitnehmern zusätzlich zum ohnehin geschuldeten Arbeitslohn unentgeltlich oder verbilligt Datenverarbeitungsgeräte übereignet; das gilt auch für Zubehör und Internetzugang. [2] **Das Gleiche gilt für Zuschüsse des Arbeitgebers, die zusätzlich zum ohnehin geschuldeten Arbeitslohn zu den Aufwendungen des Arbeitnehmers für die Internetnutzung gezahlt werden.**

[2]Der Arbeitgeber kann die Lohnsteuer mit einem Pauschsteuersatz von 15 Prozent für Sachbezüge in Form der unentgeltlichen oder verbilligten Beförderung eines Arbeitnehmers zwischen Wohnung und erster Tätigkeitsstätte sowie Fahrten nach § 9 Absatz 1 Satz 3 Nummer 4a Satz 3 und für zusätzlich zum ohnehin geschuldeten Arbeitslohn geleistete Zuschüsse zu den Aufwendungen des Arbeitnehmers für Fahrten zwischen Wohnung und erster Tätigkeitsstätte sowie Fahrten nach § 9 Absatz 1 Satz 3 Nummer 4a Satz 3 erheben, soweit diese Bezüge den Betrag nicht übersteigen, den der Arbeitnehmer nach § 9 Absatz 1 Satz 3 Nummer 4 und Absatz 2 als Werbungskosten geltend machen könnte, wenn die Bezüge nicht pauschal besteuert würden. [3]Die nach Satz 2 pauschal besteuerten Bezüge mindern die nach § 9 Absatz 1 Satz 3 Nummer 4 und Absatz 2 abziehbaren Werbungskosten; sie bleiben bei der Anwendung des § 40a Absatz 1 bis 4 außer Ansatz.

(3) **[1]Der Arbeitgeber hat die pauschale Lohnsteuer zu übernehmen. [2]Er ist Schuldner der pauschalen Lohnsteuer; auf den Arbeitnehmer abgewälzte pauschale Lohnsteuer gilt als zugeflossener Arbeitslohn und mindert nicht die Bemessungsgrundlage. [3]Der pauschal besteuerte Arbeitslohn und die pauschale Lohnsteuer bleiben bei einer Veranlagung zur Einkommensteuer und beim Lohnsteuer-Jahresausgleich außer Ansatz. [4]Die pauschale Lohnsteuer ist weder auf die Einkommensteuer noch auf die Jahreslohnsteuer anzurechnen.**

Lohnsteuer-Richtlinien: LStR 40.1, 40.2/LStH 40.1, 40.2

Übersicht

I. Allgemeines

1 Die §§ 40–40b regeln ein Besteuerungsverfahren besonderer Art. Die Vorschriften weisen aber Unterschiede auf. Während § 40 I noch an eine individuelle LSt der *ArbN-Gruppe* anknüpft (s Rz 6), haben die festen Pauschsteuersätze der §§ 40 II, 40a, 40b keinen Bezug zu einer individuellen LSt der ArbN. Auch sind die Bescheide inhaltl unterschiedlich. Während der Bescheid nach § 40 I ein einheitl Bescheid im Hinblick auf die Steuer *der gesamten ArbN-Gruppe* ist, wird im Bescheid nach §§ 40 II, 40a, 40b jeweils eine pauschale Steuer im Hinblick *auf jeden einzelnen ArbN* festgesetzt (Sammelbescheid; Auswirkungen s BFH VI R 21/85 BStBl II 89, 193; s auch Rz 27). Der ArbN ist am Pauschalierungsverfahren nicht beteiligt (BFH VI R 270/69 BStBl II 73, 128). Daher sind auch die pauschalbesteuerten Bezüge und die pauschale LSt bei der Veranlagung außer Ansatz zu lassen. **Schuldner** der pauschalen LSt ist der ArbG (§ 40 III). Dennoch handelt es sich bei der pauschalen LSt um eine Steuer, die auf Grund einer Tatbestandsverwirklichung durch den ArbN entsteht, also um eine *von der Steuer des ArbN*

abgeleitete Steuer; die StSchuldnerschaft des ArbG ist steuertechnischer (formeller) Art (ausführl BFH VI R 47/93 BStBl II 94, 715; s auch Rz 24).

Wird die LSt pauschaliert, ist auch die **LohnKiSt** nach einem Pauschsteuersatz (idR 1–2 vH niedriger als die normalen KiSt-Sätze; s dazu auch § 40a Rz 1) zu erheben. Auf eine Kirchenmitgliedschaft des ArbG kommt es nicht an. Die pauschale LohnKiSt kann aber nur für solche ArbN anfallen, die persönl kistpfl sind (vom ArbN abgeleitete Steuer; BFH I R 24/93 BStBl II 95, 507; zust *Wagner* FR 96, 161; *Birk/Jahndorf* StuW 95, 103; *Völlmeke* DStR 94, 1517; abl *Lang/Lemaire* StuW 94, 257; s auch *List* BB 97, 17, 22ff). Eine pauschale LohnKiSt kann also nicht anfallen für ArbN, die *nachgewiesenermaßen* keiner kisterhebungsberechtigten Körperschaft angehören; dieser Nachweis fällt in den Verantwortungsbereich des ArbG (ausführl BFH I R 14/87 BStBl II 90, 993; s auch OVG Lüneburg BB 91, 1920; dazu *Meyer* FR 93, 119; zum Nachweis s *FinVerw* BStBl I 06, 716 und ab 2013 *FinVerw* BStBl I 12, 1083: Abruf der ELStAM durch ArbG, Vorlage einer Ersatzbescheinigung durch ArbN oder schriftl Versicherung des ArbN; ausführl zur KiStPauschalierung *Wagner* FR 90, 97; *HHR* § 40 Rz 62ff; krit *Sterner* DStR 91, 1240). Die FinVerw bietet ein vereinfachtes Verfahren an: Beim Nachweis, dass ein Teil der ArbN nicht zu einer KiSt erhebenden Körperschaft gehört, wird für die übrigen ArbN die KiSt mit dem vollen KiStSatz erhoben; werden sämtl ArbN in die KiStPauschalierung einbezogen, gilt der ermäßigte StSatz (*FinVerw* BStBl I 06, 716; ab 2013s *FinVerw* BStBl I 12, 1083). Zur formellen Rechtmäßigkeit eines KiStPauschalierungsbescheids s BFH I R 309/82 BStBl II 86, 42: aus dem Bescheid muss sich ergeben, für welche Konfessionszugehörigkeit KiSt erhoben wird. 2

Zur EStPfl *pauschal* nachentrichteter ArbN-Beiträge zur SV s § 19 Rz 100 „SV-Beiträge". Prozesszinsen bei Herabsetzung einer pauschalierten LSt s FG Mster, EFG 84, 196, rkr; ferner FG Hbg EFG 87, 222, rkr, Prozesszinsen bei fälschlicherweise durch Haftungsbescheid geltend gemachter StSchuld. Zur Entstehung von **Hinterziehungszinsen** bei Nacherhebung hinterzogener LSt im Wege der LStPauschalierung nach § 40 I 1 Nr 2, wenn ArbG eine GmbH ist, s BFH VI R 16/93 BStBl II 94, 557. Zur Erhebung des **SolZ** auf pauschale LSt s § 51a Rz 6, 7. 3

II. Pauschalierungsvoraussetzungen

1. Antragsverfahren. Die Pauschalierung nach § 40 I setzt einen **Antrag** des ArbG und eine **Zulassung** (vorherige Einwilligung oder nachträgl Genehmigung) durch das BetriebsstättenFA voraus (zum Rechtscharakter s *HHR* § 40 Rz 16). Ein Pauschalierungsbescheid ohne Antrag ist zwar rechtswidrig, aber nicht nichtig (BFH VI R 80/00 BStBl II 02, 438). Nach den Regeln der Anscheinsvollmacht ist auch eine für den ArbG auftretende Person zur Antragstellung befugt (BFH VI R 13/01 BStBl II 03, 156). Ein Pauschalierungszwang besteht nicht (FG Nds DStRE 03, 213, rkr). Die Pauschalierung kann dem ArbG vom FA also nicht aufgezwungen werden (BFH VI R 28/73 BStBl II 76, 134; FG Bln EFG 90, 598, rkr). Der ArbG kann einen Pauschalierungsantrag bis zum Abschluss der mündl Verhandlung vor dem FG gegen einen Haftungsbescheid stellen (BFH VI R 88/86 BFH/NV 90, 639; aA FG Nbg EFG 15, 732, rkr, nur bis zur Ausschreibung oder Übermittlung der LSt-Bescheinigung nach § 41c III, mE unzutr, s auch BFH VI R 10/99 BStBl II 04, 195). Sobald der Pauschalierungsbescheid wirksam wird (§ 124 AO), ist der ArbG an seinen **Antrag gebunden** (BFH VI R 79/91 BStBl II 93, 692; aA *Heuermann* DB 94, 2411, 2414). Bis zum Ergehen der Einspruchsentscheidung hat das FA aber iRd Ermessens zu entscheiden, ob es gerechtfertigt ist, den ArbG an seinem Antrag festzuhalten. Es wird idR den Pauschalierungsbescheid aufheben müssen, wenn erkennbar wird, dass sich zB der ArbG über die Pauschalierung nicht im klaren war und er sich von seinem Antrag lösen möchte, sofern die Schuld durch Haftungsbescheid realisiert werden kann (BFH VI 4

R 79/91 BStBl II 93, 692). Sind die Voraussetzungen des § 40 erfüllt, hat das FA die Genehmigung grds zu erteilen (Ermessensreduzierung auf Null; FG Hess EFG 85, 312, rkr; s auch *HHR* § 40 Rz 16; offengelassen BFH VI R 72/82 BStBl II 85, 170; krit *KSM* § 40 B 31 ff, mwN); das FA darf den ArbG gegen dessen Willen dann nicht durch Haftungsbescheid in Anspruch nehmen (FG Hess EFG 85, 312, rkr). Allerdings wird das FA wegen des Ausscheidens der ArbN als StSchuldner die Pauschalierung wegen fehlender Bonität das ArbG ablehnen können (zutr *Littmann/Stickan* § 40 Rz 66; *HHR* § 40 Rz 16; *Blümich/Thürmer* § 40 Rz 34); ebenso, wenn entspr BFH VII R 108/88 BStBl II 90, 767 durch die Pauschalierung der Zugriff auf die Personen des § 69 AO (s § 42d Rz 35 ff) versperrt würde (s aber Rz 30). Die Genehmigung ist ein begünstigender VA (zur Unterscheidung zwischen Genehmigung und Durchführung der Pauschalierung s *KSM* § 40 A 50). Sie kann für einmalige und wiederkehrende (dann VA mit Dauerwirkung, *Blümich/Thürmer* § 40 Rz 32; aA *HHR* § 40 Rz 16) gleichgelagerte Sachverhalte erteilt werden. Gegen eine ablehnende Entscheidung ist der **Einspruch** gegeben; *ArbN* ist aber nicht anfechtungsberechtigt (s *KSM* § 40 A 53f). – Auch nach einer erteilten Genehmigung kann der ArbG die LSt nach allg Grundsätzen (§§ 39b–39d) erheben (*HHR* § 40 Rz 16). Macht der ArbG von der pauschalen Besteuerung Gebrauch, sind sämtl ArbN, für die der Pauschalsteuersatz ermittelt worden ist, in das pauschale Verfahren einzubeziehen. Es ist unzulässig, einige dieser ArbN individuell, andere dagegen pauschal zu besteuern (s aber § 40a Rz 1).

6 **2. Pauschalierung stpfl sonstiger Bezüge, § 40 I 1 Nr 1.** Zum Begriff der sonstigen Bezüge s § 39b Rz 5. Eine **größere Zahl** wird stets ab 20 ArbN ohne Prüfung anerkannt; bei weniger als 20 ArbN kommt es für die Entscheidung auf die Verhältnisse des ArbG und den erzielbaren Vereinfachungseffekt an (LStH 16 R 40.1 (1); s auch FG Mster EFG 98, 822, rkr). Es ist unerhebl, ob die LStErmittlung im normalen Verfahren schwierig ist oder einen unverhältnismäßigen Aufwand erfordert. Die Überschreitung der 1000 €-Grenze (§ 40 I 3) bei einigen ArbN schränkt die Pauschalierungsmöglichkeit bei den anderen ArbN nicht ein, sofern das Tatbestandsmerkmal „größere Zahl" noch gegeben ist. Die Pauschalierung ist nur für den Teil der sonstigen Bezüge unzulässig, der den Betrag von 1000 € übersteigt („soweit"). Die nach anderen Vorschriften (zB § 40 II) besteuerten sonstigen Bezüge zählen für die 1000 €-Grenze nicht mit (LStH 16 R 40.2 (2)).

7 **3. Nacherhebung von LSt, § 40 I 1 Nr 2.** Die Pauschalierungsmöglichkeit kommt insb nach LStAußenprüfungen in Betracht. Zum Erfordernis einer größeren Zahl von Fällen s Rz 6. Gleichgültig ist, ob laufender ArbLohn oder sonstige Bezüge unzutreffend besteuert worden sind. Es können auch Bezüge erfasst werden, die nach anderen Vorschriften pauschal besteuert werden könnten (*HHR* § 40 Rz 24); ebenso Bezüge, die unter § 41c I fallen. Die 1000 €-Grenze gilt hier nicht. Hält ein ArbG bewusst vom laufenden ArbLohn (zB bei regelmäßigem Sachbezug wie im Fall des FG Mster EFG 81, 416, Hauptsache erledigt) keine LSt ein, um nach einer LStAußenprüfung das Verfahren nach § 40 1 Nr 2 zu beantragen, kann der Antrag abgelehnt werden (**Rechtsmissbrauch;** s auch *FinVerw* DStR 95, 1676; ebenso *HHR* § 40 Rz 16). Stellt der ArbG in Nacherhebungsfällen den Antrag, ergeht gegen ihn ein Steuerbescheid (§ 40 III), mit dem die LSt iSd § 40 I 1 Nr 2 angefordert wird. Ein **Regress gegen ArbN** scheidet regelmäßig aus. – Will der ArbG die LSt von dem ArbN wieder hereinholen oder will er Einwendungen aus den steuerl Verhältnissen seiner ArbN geltend machen, muss die Nacherhebung nach den allg Grundsätzen erfolgen (§§ 39b–39d; Erlass eines Haftungsbescheides; s *Offerhaus* StbJb 83/84, 291 ff zu der Frage, welches Verfahren für den ArbG günstiger ist; dazu auch *Littmann/Stickan* § 40 Rz 29). Zur Anwendung eines Durchschnittssteuersatzes in diesem Haftungsverfahren s § 42d Rz 50.

9 **4. Berechnung des Pauschsteuersatzes.** Sie ist ausführl in LStH 16 R 40.1 (3) dargestellt. Diese Berechnung ist von BFH VI R 106/84 BStBl II 88, 726

(iE ebenso *HHR* § 40 Rz 28; *Blümich/Thürmer* § 40 Rz 63) weitgehend bestätigt worden. Die pauschale LSt knüpft an die für ArbN im Abzugsverfahren entstehende individuelle LSt an; der Pauschsteuersatz soll weder zu einer geringeren noch zu einer höheren Steuer als die Summe der für jeden ArbN gesondert ermittelten Steuer auf die zusätzl Bezüge führen. Allerdings wird die pauschale LSt niemals der Summe der individuellen LSt der ArbN entsprechen, es ist aber jedes Verfahren zulässig, das dieses Ziel soweit wie mögl verwirklicht. Dies bedeutet auch, dass die pauschale LSt für jedes Kj getrennt zu ermitteln ist (glA FG Mster EFG 97, 608, rkr; *HHR* § 40 Rz 18). Bei der Pauschalierung sind Kinderfreibeträge nicht zu berücksichtigen (BFH VI R 48/03 BStBl II 07, 844; erläuternd *Bergkemper* FR 07, 1071). Die *FinVerw* lässt es aus Vereinfachungsgründen zu, KiSt und SolZ dem zu versteuernden Betrag nicht hinzuzurechnen (*FinVerw* DStR 11, 1182).

5. Entstehung der pauschalen LSt. Die pauschale LSt entsteht im Zeitpunkt des Zuflusses des ArbLohns beim ArbN (BFH VI R 47/93 BStBl II 94, 715; dazu *FinVerw* DStR 96, 670). Da die pauschale LSt eine von der LSt des ArbN abgeleitete Steuer ist, ist auch für die Frage der Verjährung auf die Entstehung der LSt (§ 38 II 2) abzustellen (§ 170 II Nr 1 AO). Aus BFH VI R 47/93 BStBl II 94, 715 folgt indes nicht, dass die Inanspruchnahme des ArbG für jegl LSt regelmäßig später als vier Jahre nach Ende des Zuflussjahres nicht mehr mögl ist und auch eine LStAußenprüfung ggü dem ArbG keine Ablaufhemmung mehr bewirkt. Nach § 171 XV AO idF AmtshilfeRLUmsG endet die Festsetzungsfrist ggü dem Steuerschuldner (ArbN) nicht vor Ablauf der ggü dem Entrichtungspflichtigen (ArbG) geltenden Festsetzungsfrist. – Die Angabe eines **unrichtigen Entstehungszeitraums** macht den Pauschalierungsbescheid nicht rechtswidrig (FG Mchn EFG 93, 195, rkr). 10

6. Pauschalierungen nach § 40 II. – a) Allgemeines. Die Pauschalierung ist ohne Genehmigung des FA zulässig. Es kommt auch nicht darauf an, dass die zu pauschalierenden Lohnzuwendungen in einer größeren Zahl von Fällen gewährt werden. – Str aber mE zu bejahen ist, ob ein Wahlrecht zwischen § 40 I und § 40 II besteht (ebenso *Littmann/Stickan* § 40 Rz 17; *Blümich/Thürmer* § 40 Rz 86; aA *KSM* § 40 B 1 und *HHR* § 40 Rz 33, § 40 II als lex specialis). Das Wahlrecht und die Pauschalierung nach § 40 II werden durch die Anmeldung der mit dem Pauschsteuersatz erhobenen LSt ausgeübt (BFH VI R 69/14 BFH/NV 16, 131). Zur Übernahme der pauschalen Steuer durch den ArbN s Rz 26. 11

b) Mahlzeiten im Betrieb, § 40 II 1 Nr 1. Der Vorteil aus der unentgeltl oder verbilligten Mahlzeitengestellung an ArbN gehört zum ArbLohn (s § 19 Rz 100 „Mahlzeiten" mwN). Die Pauschalierung ist nicht nur bei arbeitstägl verbilligter Mahlzeitenabgabe im Betrieb selbst, sondern auch bei Gewährung von Barzuschüssen an andere Unternehmen zur Mahlzeitengestellung mögl. Letztere kann auch durch Abgabe von Essensmarken an die ArbN zur Einlösung bei anderen Unternehmen erfolgen (*Blümich/Thürmer* § 40 Rz 87). Zur Bewertung der Mahlzeitengestellung s LStH 16 R 8.1 (7); § 8 Rz 61, 63; *Liess* NWB 13, 543. Der ArbG hat die Wahl zw der Bewertung nach § 8 III verbunden mit dem normalen LStAbzug unter Berücksichtigung des Rabattfreibetrages und der Bewertung nach § 8 II (Sachbezugswerte) verbunden mit der Pauschalierung nach § 40 II 1 Nr 1. Der ArbG kann aber auch zunächst bis zur Ausschöpfung des Rabattfreibetrages nach § 8 III verfahren und anschließend für die übersteigenden Zuwendungen das Verfahren nach § 8 II iVm § 40 II 1 Nr 1 anwenden (*Drenseck* FR 89, 266f; *HHR* § 40 Rz 35, aE). – Weitere Einzelheiten s LStH 16 R 40.2 (1) Nr 1. 12

c) Mahlzeiten bei Auswärtstätigkeit, § 40 II 1 Nr 1a. Diese durch das StVerG 2013 eingefügte und ab VZ 2014 anzuwendende Vorschrift ermöglicht dem ArbG, die Besteuerung übl Mahlzeiten, die anlässl einer Auswärtstätigkeit unentgeltl oder verbilligt zur Verfügung gestellt werden und deren Besteuerung nicht nach § 8 II 9 idF des StVerG 2013 (s § 8 Rz 63) unterbleiben kann, pauschal 13 durchzuführen. Diese Möglichkeit besteht zB, wenn bei eintägiger Auswärtstätigkeit die Mindestabwesenheitszeit nicht erreicht wird oder vom ArbG nicht aufgezeichnet wird (s auch *Wirfler* DStR 13, 2660, 2668; *Niermann* DB 13, 1015, 1021).

14 **d) Betriebsveranstaltungen, § 40 II 1 Nr 2.** Die Vorschrift setzt das Vorliegen einer Betriebsveranstaltung voraus, die zum Lohnzufluss führt (s § 19 Rz 77 ff; *BMF* BStBl I 15, 832). Pauschal besteuert werden kann nicht nur der Wert der Betriebsveranstaltung als solcher, sondern auch der Lohn, der *aus Anlass* der Betriebsveranstaltung zugewendet wird (unübl Zuwendungen). Das sind aber nur solche Zuwendungen, die durch die Betriebsveranstaltung ausgelöst worden sind (zB Gewinn eines PKW aus einer Tombola; nicht aber hohe Reisegewinne bei einer Verlosung ohne „Nieten" FG Mchn EFG 12, 2313, rkr). Nicht pauschal besteuert werden können solche Lohnbestandteile, die nur *bei Gelegenheit* einer Betriebsveranstaltung überreicht werden: zB finanzielle Belohnung für besondere Leistungen, Abfindungszahlungen an ausscheidende Mitarbeiter, Übergabe von Jubiläumsgeldern, Weihnachtsgeldern oder Goldmünzen (BFH VI R 58/04 BStBl II 07, 128), Tantiemen, Prämierung von Verbesserungsvorschlägen (BFH VI R 3/96 BStBl II 97, 365); hier besteht aber die Pauschalierungsmöglichkeit nach § 40 I 1 Nr 1 oder sofern es sich um Sachzuwendungen handelt nach § 37b. Barabfindungen anstelle der Teilnahme an der Betriebsveranstaltung können ebenfalls nicht nach § 40 II 1 Nr 2 pauschaliert werden; gleiches gilt für Wertgutscheine zur Bewirtung als Ersatz für die Nichtteilnahme (FG Mchn EFG 11, 138, rkr). Zur LSt-Pauschalierung bei der Teilnahme von LeihArbN und ArbN konzernangehöriger Unternehmen s *Plenker* DB 15, 2530, 2534.

15 **e) Erholungsbeihilfen, § 40 II 1 Nr 3.** S auch LStH 16 R 3.11. Dies sind Leistungen zum Zweck der Erholung. Der ArbG muss überprüfen, ob die ArbN die Leistungen auch tatsächl zu diesem Zweck verwenden (BFH VI R 55/11 BStBl II 13, 398; FG Nds EFG 15, 1257, rkr; FG Köln EFG 97, 110, rkr, auch zur Abgrenzung zum Urlaubsgeld). Nach der *FinVerw* reicht indes ein zeitl Zusammenhang mit einem Urlaub (LStH 16 R 40.2 (3); s auch *Seifert* DStZ 15, 199, 210). Übersteigen die Erholungsbeihilfen die Höchstgrenzen (sie sind für ArbN, Ehegatten und Kinder jeweils gesondert zu betrachten), können die Erholungsbeihilfen in voller Höhe nicht mehr nach § 40 II pauschal besteuert werden. Es ist dann nach § 39b III oder § 40 I 1 zu verfahren. Eine Verteilung der Erholungsbeihilfen auf mehrere Kj ist auch dann nicht mögl, wenn dem ArbN nur alle zwei oder mehrere Jahre eine Beihilfe gewährt wird (BFH VI 104/57 U BStBl III 58, 257).

16 **f) Verpflegungsmehraufwendungen bei Auswärtstätigkeit, § 40 II 1 Nr 4.** Der ArbG darf in Fällen der Auswärtstätigkeit des ArbN (auch bei Auslandseinsätzen) den von ihm vergüteten Verpflegungsmehraufwand, soweit die Vergütung nicht bereits nach § 3 Nr 13 bzw Nr 16 stfrei ist und sie die gesetzl Pauschbeträge um nicht mehr als 100 vH übersteigt, pauschal versteuern. *Soweit* auch die 100 vH-Grenze überschritten wird, ist dieser Lohnteil individuell zu versteuern; hier besteht aber die Pauschalierungsmöglichkeit des § 40 I 1 Nr 1 (LStH 16 R 40.2 (4) 2). Die Änderung der Vorschrift durch das StVerG 2013 ab VZ 2014 ist ledigl redaktioneller Natur. Sie ist aufgrund der Neuregelung des Abzugs von Verpflegungsmehraufwendungen in § 9 VIa erforderl. Die Pauschalierungsmöglichkeit besteht nicht im Fall der doppelten Haushaltsführung (LStH 16 R 40.2 (1) Nr 4) und auch dann nicht, wenn ein Verpflegungsmehraufwand nach dem Gesetz gar nicht geltend gemacht werden kann (zB Grundabwesenheitszeit von 8 Stunden wird nicht erreicht oder nach Ablauf von 3 Monaten an derselben Tätigkeitsstätte). Im Fall der Einsatzwechseltätigkeit mit Wohnsitznahme gilt die Rechtslage für die doppelte Haushaltsführung aber mit Pauschalierungsmöglichkeit ab 8-stündiger Abwesenheit von der Zweitwohnung am Einsatzwechselort (*Goydke* DStZ 97, 65, 66). – FinVerw lässt zur Ermittlung des stfreien Vergütungsbetrages

die Zusammenrechnung der einzelnen Aufwendungsarten (Fahrt-, Verpflegungs- und Übernachtungskosten) zu; der den stfreien Vergütungsbetrag übersteigende Betrag kann als Vergütung für Verpflegung § 40 II 1 Nr 4 zugeordnet werden (LStH 16 H 40.2 „Pauschalversteuerung von Reisekosten").

g) Übereignung von Datenverarbeitungsgeräten; Zubehör/Internetzugang sowie entspr Zuschüsse, § 40 II 1 Nr 5. S LStH 16 R 40.2 (5). *Übereignen* ArbG die genannten WG ihren ArbN, liegt hierin unabhängig davon, ob die WG der privaten Nutzung dienen oder vom ArbN für berufl Zwecke genutzt werden sollen, eine Lohnzuwendung (s § 19 Rz 67, 69; teilweise aA *FinVerw* DStR 14, 1391, keine stbare Einnahme, wenn das Gerät nur berufl genutzt werden darf). Im letzteren Fall kommt ein WK-Abzug über die AfA in Betracht. Der ArbG kann diese Lohnzuwendung pauschal mit 25 vH besteuern. Nach § 40 II 1 Nr 5 idF AmtshilfeRLUmsG sind ab VZ 2013 alle Datenverarbeitungsgeräte von der Vorschrift erfasst. – Eine pauschale Besteuerung kommt auch für Zuschüsse des ArbG zu den lfd Aufwendungen oder zu den Kosten der Einrichtung für einen Internetzugang des ArbN in Betracht. Bis 50 € monatl kann der Zuschuss des ArbG ohne weiteren Nachweis pauschaliert werden; hier erfolgt keine Anrechnung auf den WK-Abzug des ArbN (LStH 16 R 40.2 (5) 7). Bei höheren Beträgen muss ein Nachweis für einen repräsentativen Zeitraum (drei Monate) geführt werden. Bei betriebl Nutzung der Geräte kommt ein stfreier Auslagenersatz (bis 20 € LStH 16 R 3.50 (2)) neben der Pauschalierung (50 €) in Betracht. – Voraussetzung für die pauschale Besteuerung ist, dass die Zuwendungen **zusätzl zum ohnehin geschuldeten ArbLohn** geleistet werden. Der ohnehin geschuldete ArbLohn ist nach der neueren BFH-Rspr derjenige, auf den im Zeitpunkt der Zahlung ein verbindl Rechtsanspruch besteht (BFH VI R 54/11 BFH/NV 13, 124, mit zust Anm *ge* DStR 12, 2430; FG Nds EFG 15, 1257, rkr; *Schneider* HFR 13, 6; aA *Thomas* DStR 11, 789; *Obermair* DStR 13, 1118). Die FinVerw wendet diese Rspr nicht an; nach ihrer (für den StPfl günstigeren Auffassung) ist das Zusätzlichkeitserfordernis erfüllt, wenn die Leistung zu dem ArbLohn hinzukommt, den der ArbG schuldet (*BMF* BStBl I 13, 728). Die Pauschalierung kommt hiernach also auch für ArbLohn-Bestandteile in Betracht, zu deren Leistung der ArbG arbeitsrechtl, zB aus dem Arbeitsvertrag oder aufgrund betriebl Übung, verpflichtet ist; nur **Barlohnumwandlung** ist ausgeschlossen (s auch Rz 20). 17

h) Fahrten zwischen Wohnung und Arbeitsstätte, § 40 II 2, 3. Die Pauschalierungsmöglichkeit gilt bei *Gestellung eines Kfz* und bei *Barzuschüssen zu den Fahrtkosten* des ArbN bei Fahrten zw Wohnung erster Tätigkeitsstätte; allerdings nur iHd Beträge, die der ArbN nach § 9 I 3 Nr 4, II als WK absetzen könnte. Der darüber hinausgehende Betrag ist dem normalen LStAbzug zu unterwerfen oder nach § 40 I 1 Nr 1 zu pauschalieren (*HHR* § 40 Rz 45 ff). Einzelheiten LStH 16 R 40.2 (6); *BMF* BStBl I 13, 1376 Tz 5.2). Die pauschal besteuerten Bezüge mindern die nach § 9 I 3 Nr 4, II abziehbaren WK. 18

Geldwerte Vorteile aus der Weitergabe von **Job-Tickets** können ebenfalls pauschal besteuert werden; zur Kombination von § 40 II und § 8 II 11s § 8 Rz 68. Auch der **Unfallkostenersatz** des ArbG kann pauschal besteuert werden, denn das Gesetz spricht nicht von lfd Sachbezügen bzw Zuschüssen (*Offerhaus* BB 91, 257), es sei denn, man lässt die Unfallkosten neben der Entfernungspauschale zum WK-Abzug zu (§ 9 Rz 196). – **Fahrtkostenzuschüsse** iRe **Einsatzwechseltätigkeit** werden, da sie für eine Auswärtstätigkeit (Reisetätigkeit) gewährt werden, estfrei nach § 3 Nr 16 erstattet; es kommt daher von vornherein nicht zu einer Pauschalierung. – Zur Pauschalversteuerung als Gestaltungsmittel s *Hüsing* DB 01, 1585; *Nacke* NWB 13, 1645, 1655. 19

Bei *Fahrtkostenzuschüssen* ist eine **Entgelt-/Barlohnumwandlung** kraft Gesetzes ausgeschlossen. Entscheidend ist, ob die zweckbestimmte ArbG-Leistung zu den stpfl Bezügen hinzukommt, die der ArbG ohne die Zweckbestimmung ar- 20 beitsrechtl geschuldet hätte (zum Zusätzlichkeitserfordernis s Rz 17). Dies hindert nicht, dass freiwillige normal besteuerte Zuwendungen in freiwillige pauschal besteuerter Leistungen umgewandelt werden können (BFH VI R 41/07 BStBl II 10, 487).

21 **§ 40 II 3 2. HS** bringt eine Vergünstigung in Fällen der Pauschalierungsarbeitsverhältnisse nach § 40a; der ArbG kann neben den laufenden Lohnzuwendungen auch noch die Fahrtkostenzuschüsse ohne Anrechnung auf die Pauschalierungsgrenzen des § 40a pauschal besteuern (s auch § 40a Rz 3).

22 **7. Aufzeichnungspflichten** ergeben sich aus § 41 I 4 iVm § 4 II Nr 8 LStDV; LStH 16 R 41.1.

III. Rechtsfolgen der Pauschalierung, § 40 III

24 **1. „Unternehmenssteuer".** Die pauschale LSt ist eine von der Steuer des ArbN abgeleitete Steuer, die der ArbG zu übernehmen hat (BFH VI R 47/93 BStBl II 94, 715, mwN). Sowohl der pauschal besteuerte ArbLohn als auch die pauschale LSt bleiben bei der Besteuerung des ArbN außer Ansatz (hiergegen verstößt FG RhPf EFG 89, 117, rkr). Diese Rechtsfolge tritt aber nur ein, wenn die Pauschalierung tatsächl vorgenommen wurde und dem Gesetz entsprach (BFH VI B 49/15 BFH/NV 16, 38). Bei einer nicht dem Gesetz entspr Pauschalierung kann der ArbG nicht StSchuldner werden (gilt für Fälle der §§ 40 II, 40a, 40b; s § 40a Rz 13). Nach Aufhebung eines Pauschalierungsbescheids kann der ArbN in Anspruch genommen werden (BFH VI B 140/89 BStBl II 91, 309). Bei **fehlgeschlagener Pauschalierung** ist der ArbLohn in die EStVeranlagung des ArbN einzubeziehen, ohne dass die vom ArbG abgeführte pauschale LSt auf die EStSchuld anzurechnen ist (BFH VII B 230/05 BFH/NV 06, 1292). Eine pauschale Steuer kann nicht mehr für solche Sachverhalte entstehen, hinsichtl derer bereits Verjährung eingetreten war; denn ihre Entstehung ist an die Entstehung der LSt gekoppelt (*Kruse* in FS für K. Tipke S 289). Ein Anspruch auf Erstattung der pauschalen LSt steht dem ArbG zu. Zu den Rechtsfolgen einer fehlerhaften Pauschalierung s auch § 40a Rz 13. Da die pauschale LSt nichts anderes als eine besonders berechnete LSt ist, darf sie nur für solche Einkünfte erhoben werden, die dem LSt-Abzug unterlägen, wenn der ArbG keinen Pauschalierungsantrag gestellt hätte (BFH VI R 10/98 BFH/NV 01, 35; s auch BFH VI R 23/02 BStBl II 06, 210; Anm *MIT* in DStRE 06, 271 zum Verhältnis zw Anrufungsauskunft und LSt-Pauschalierung).

26 **2. Überwälzung der pauschalen Steuer auf den ArbN.** Die abgewälzte pauschale LSt gilt als zugeflossener Lohn mit der Folge, dass die pauschale LSt aus diesem vollen Lohn zu berechnen ist (§ 40 II 2). Die Überwälzung auf den ArbN wirkt sich also so aus, dass der ArbN die pauschale LSt wirtschaftl trägt. Keine Abwälzung der pauschalen LSt soll vorliegen, wenn bei Neufestsetzung des künftigen ArbLohns alle rechtl und wirtschaftl Folgen dergestalt gezogen werden, dass der geminderte Lohn zB Bemessungsgrundlage für zukünftige Lohnerhöhungen ist (*BMF* BStBl I 00, 138). Zur zivilrechtl Zulässigkeit der Überwälzung der pauschalen LSt auf den ArbN s BAG DB 06, 1059. S auch LStH 16 H 40.2.

27 **3. Festsetzung der pauschalen LSt.** Die pauschale LSt kann durch Pauschalierungsbescheid, aber nicht durch Haftungsbescheid geltend gemacht werden (BFH VI R 69/14 BFH/NV 16, 131). Haftungs- und Pauschalierungsbescheid können indes auf einem Vordruck verbunden werden, wenn die nur rein äußerl Zusammenfassung eindeutig erkennbar ist (BFH VI R 176/82 BStBl II 85, 266). Wird in einem solchen Fall nur der Haftungsbescheid angefochten, erwächst der Pauschalierungsbescheid in Bestandskraft. Gleiches gilt für den umgekehrten Fall (BFH VI R 102/81 BFH/NV 86, 56). Eine unschädl Zusammenfassung zweier Bescheide kann vorliegen, wenn der VA als StBescheid *und* Haftungsbescheid be-

zeichnet ist und sich aus den Anlagen des Bescheids eindeutig entnehmen lässt, ob und in welcher Höhe eine Steuer- *und* eine Haftungsschuld festgesetzt werden sollte (BFH VI R 28/79 BStBl II 85, 664 unter III 1 der Gründe). Haftungs- und Pauschalierungsschuld dürfen in einem Haftungsbescheid hingegen *nicht als ein* Nachforderungsbetrag festgesetzt werden. Bezügl der Pauschalierungsschuld fehlt es dann an dem erforderl Pauschalierungsbescheid; soweit die Haftungsschuld reicht, hat der Haftungsbescheid Bestand (BFH VI R 35/78 BStBl II 83, 472). Ein Bescheid ist aber insgesamt aufzuheben, wenn der Tenor einen Gesamtbetrag ausweist und nach Bezeichnung und Inhalt des Bescheides unklar ist, ob das FA eine LStHaftungsschuld oder eine pauschale LStSchuld festsetzen wollte (BFH VI R 47/80 BStBl II 84, 362). Zur Auslegung ist auch ein dem Bescheid beigefügter Prüfungsbericht heranzuziehen (BFH VI R 18/82 BFH/NV 86, 308; BFH VI R 146/80 BFH/NV 86, 517); gleiches gilt bei Bezugnahme auf einen bereits bekannt gegebenen Bericht. Ebenso ist ein Bescheid aufzuheben, wenn sich Tenor (LSt-Haftungsschuld) und Begründung des Bescheids (LSt-Pauschalierungsschuld) widersprechen (BFH VI R 30/81 BStBl II 85, 581; Anm HFR 85, 358). Unerhebl soll hingegen sein, was das FA in der Einspruchsentscheidung ausgeführt hat (BFH VI R 22/81 BFH/NV 85, 55, zweifelhaft). – Der **Grundsatz der inhaltl Bestimmtheit** eines LStPauschalierungsbescheids nach § 40 I macht eine Aufgliederung nach ArbN nicht erforderl (*Littmann/Stickan* § 40 Rz 78); für die Bescheide nach §§ 40 II, 40a, 40b gelten mE aber die zum Haftungsbescheid entwickelten Grundsätze entspr (§ 42d Rz 46 ff). IÜ erfordert die inhaltl Bestimmtheit eines LStPauschalierungsbescheides nicht eine Aufteilung nach Jahren; es reicht die Angabe des Sachverhaltskomplexes aus (ausführl BFH VI R 115/87 BStBl II 91, 488). Die Angabe eines falschen Entstehungszeitraums kann unschädl sein (FG Mchn EFG 93, 195, rkr).

a) Umdeutung. Die Umdeutung eines Nachforderungs- in einen Haftungsbescheid und umgekehrt ist nicht zulässig (BFH VI R 72/82 BStBl II 85, 170; *Drenseck* DStJG 9, 401). – ME kann im Fall der Ersetzung eines LStPauschalierungsbescheids durch einen Haftungsbescheid und umgekehrt **§ 68 FGO** angewendet werden, da es nicht auf die Identität der Streitgegenstände ankommt (BFH IV R 73/06 BStBl II 10, 40; aA *Littmann/Stickan* § 40 Rz 76). S aber FG Hess EFG 89, 608, rkr, zur Frage des Wiederauflebens eines durch Haftungsbescheid ersetzten LSt Pauschalierungsbescheides nach Aufhebung des Haftungsbescheides. 28

b) Bescheidänderung. LStPauschalierungsbescheide können nach §§ 172 ff AO (zur Änderungssperre nach § 173 II s § 41a Rz 7 und § 42f Rz 9) geändert werden. Wird nach einer LStAußenprüfung eine pauschale LSt in einem Haftungsbescheid (formell unzutr) geltend gemacht und deshalb der Haftungsbescheid aufgehoben, tritt mit dieser Aufhebung die Unanfechtbarkeit iSd § 171 IV 1 AO und damit das Ende der Hemmung des Ablaufs der Festsetzungsfrist auf Grund der Außenprüfung ein. Das FA darf zur Vermeidung von Rechtsverlusten den (formell inkorrekten) Haftungsbescheid erst aufheben, wenn zuvor der (formell korrekte) Pauschalierungsbescheid erlassen ist (ausführl BFH VI R 47/93 BStBl II 94, 715). – Die LStPauschalierungsschuld kann **gestundet** werden (*Rosenbaum* DStZ 94, 97, 109). 29

3. Haftung für pauschale LSt. Personen iSd § 69 AO (s § 42d Rz 35 ff) haften im Grundsatz für die pauschale LSt des ArbG nur insoweit, als sie das FA hinsichtl der festgesetzten pauschalen LSt nach deren Fälligkeit ggü anderen Gläubigern des ArbG benachteiligt haben. Haben diese Personen (zB Geschäftsführer einer GmbH) schuldhaft iSd § 69 AO die LSt unzutr einbehalten oder nicht abgeführt, kommt es für ihre Inanspruchnahme hierauf an (aA BFH VII R 108/88 BStBl II 90, 767, wo zu Unrecht an die durch BFH VI R 47/93 BStBl II 94, 715 überholten Grundsätze von BFH VI R 219/80 BStBl II 83, 91 angeknüpft wird). Das Gleiche gilt, wenn vorgenannte Personen pauschale LSt iSd §§ 40 II, 40a, 40b nicht ordnungsgemäß abgeführt haben. 30

§ 40a Pauschalierung der Lohnsteuer für Teilzeitbeschäftigte und geringfügig Beschäftigte

(1) [1]Der Arbeitgeber kann unter Verzicht auf den Abruf von elektronischen Lohnsteuerabzugsmerkmalen (§ 39e Absatz 4 Satz 2) oder die Vorlage einer Bescheinigung für den Lohnsteuerabzug (§ 39 Absatz 3 oder § 39e Absatz 7 oder Absatz 8) bei Arbeitnehmern, die nur kurzfristig beschäftigt werden, die Lohnsteuer mit einem Pauschsteuersatz von 25 Prozent des Arbeitslohns erheben. [2]Eine kurzfristige Beschäftigung liegt vor, wenn der Arbeitnehmer bei dem Arbeitgeber gelegentlich, nicht regelmäßig wiederkehrend beschäftigt wird, die Dauer der Beschäftigung 18 zusammenhängende Arbeitstage nicht übersteigt und

1. der Arbeitslohn während der Beschäftigungsdauer 68 Euro durchschnittlich je Arbeitstag nicht übersteigt oder
2. die Beschäftigung zu einem unvorhersehbaren Zeitpunkt sofort erforderlich wird.

(2) Der Arbeitgeber kann unter Verzicht auf den Abruf von elektronischen Lohnsteuerabzugsmerkmalen (§ 39e Absatz 4 Satz 2) oder die Vorlage einer Bescheinigung für den Lohnsteuerabzug (§ 39 Absatz 3 oder § 39e Absatz 7 oder Absatz 8) die Lohnsteuer einschließlich Solidaritätszuschlag und Kirchensteuern (einheitliche Pauschsteuer) für das Arbeitsentgelt aus geringfügigen Beschäftigungen im Sinne des § 8 Absatz 1 Nummer 1 oder des § 8a des Vierten Buches Sozialgesetzbuch, für das er Beiträge nach § 168 Absatz 1 Nummer 1b oder 1c (geringfügig versicherungspflichtig Beschäftigte) oder nach § 172 Absatz 3 oder 3a (versicherungsfrei oder von der Versicherungspflicht befreite geringfügig Beschäftigte) oder nach § 276a Absatz 1 (versicherungsfrei geringfügig Beschäftigte) des Sechsten Buches Sozialgesetzbuch zu entrichten hat, mit einem einheitlichen Pauschsteuersatz in Höhe von insgesamt 2 Prozent des Arbeitsentgelts erheben.

(2a) Hat der Arbeitgeber in den Fällen des Absatzes 2 keine Beiträge nach § 168 Absatz 1 Nummer 1b oder 1c oder nach § 172 Absatz 3 oder 3a oder nach § 276a Absatz 1 des Sechsten Buches Sozialgesetzbuch zu entrichten, kann er unter Verzicht auf den Abruf von elektronischen Lohnsteuerabzugsmerkmalen (§ 39e Absatz 4 Satz 2) oder die Vorlage einer Bescheinigung für den Lohnsteuerabzug (§ 39 Absatz 3 oder § 39e Absatz 7 oder Absatz 8) die Lohnsteuer mit einem Pauschsteuersatz in Höhe von 20 Prozent des Arbeitsentgelts erheben.

(3) [1]Abweichend von den Absätzen 1 und 2a kann der Arbeitgeber unter Verzicht auf den Abruf von elektronischen Lohnsteuerabzugsmerkmalen (§ 39e Absatz 4 Satz 2) oder die Vorlage einer Bescheinigung für den Lohnsteuerabzug (§ 39 Absatz 3 oder § 39e Absatz 7 oder Absatz 8) bei Aushilfskräften, die in Betrieben der Land- und Forstwirtschaft im Sinne des § 13 Absatz 1 Nummer 1 bis 4 ausschließlich mit typisch land- oder forstwirtschaftlichen Arbeiten beschäftigt werden, die Lohnsteuer mit einem Pauschsteuersatz von 5 Prozent des Arbeitslohns erheben. [2]Aushilfskräfte im Sinne dieser Vorschrift sind Personen, die für die Ausführung und für die Dauer von Arbeiten, die nicht ganzjährig anfallen, beschäftigt werden; eine Beschäftigung mit anderen land- und forstwirtschaftlichen Arbeiten ist unschädlich, wenn deren Dauer 25 Prozent der Gesamtbeschäftigungsdauer nicht überschreitet. [3]Aushilfskräfte sind nicht Arbeitnehmer, die zu den land- und forstwirtschaftlichen Fachkräften gehören oder die der Arbeitgeber mehr als 180 Tage im Kalenderjahr beschäftigt.

(4) **Die Pauschalierungen nach den Absätzen 1 und 3 sind unzulässig**

1. bei Arbeitnehmern, deren Arbeitslohn während der Beschäftigungsdauer durchschnittlich je Arbeitsstunde 12 Euro übersteigt,

2. bei Arbeitnehmern, die für eine andere Beschäftigung von demselben Arbeitgeber Arbeitslohn beziehen, der nach § 39b oder 39c dem Lohnsteuerabzug unterworfen wird.

(5) **Auf die Pauschalierungen nach den Absätzen 1 bis 3 ist § 40 Absatz 3 anzuwenden.**

(6) [1]**Für die Erhebung der einheitlichen Pauschsteuer nach Absatz 2 ist die Deutsche Rentenversicherung Knappschaft-Bahn-See zuständig.** [2]**Die Regelungen zum Steuerabzug vom Arbeitslohn sind entsprechend anzuwenden.** [3]**Für die Anmeldung, Abführung und Vollstreckung der einheitlichen Pauschsteuer sowie die Erhebung eines Säumniszuschlags und das Mahnverfahren für die einheitliche Pauschsteuer gelten dabei die Regelungen für die Beiträge nach § 168 Absatz 1 Nummer 1b oder 1c oder nach § 172 Absatz 3 oder 3a oder nach § 276a Absatz 1 des Sechsten Buches Sozialgesetzbuch.** [4]**Die Deutsche Rentenversicherung Knappschaft-Bahn-See hat die einheitliche Pauschsteuer auf die erhebungsberechtigten Körperschaften aufzuteilen; dabei entfallen aus Vereinfachungsgründen 90 Prozent der einheitlichen Pauschsteuer auf die Lohnsteuer, 5 Prozent auf den Solidaritätszuschlag und 5 Prozent auf die Kirchensteuern.** [5]**Die erhebungsberechtigten Kirchen haben sich auf eine Aufteilung des Kirchensteueranteils zu verständigen und diesen der Deutschen Rentenversicherung Knappschaft-Bahn-See mitzuteilen.** [6]**Die Deutsche Rentenversicherung Knappschaft-Bahn-See ist berechtigt, die einheitliche Pauschsteuer nach Absatz 2 zusammen mit den Sozialversicherungsbeiträgen beim Arbeitgeber einzuziehen.**

Lohnsteuer-Richtlinien: LStR 40a.1, 40a.2/LStH 40a.1, 40a.2

Übersicht

I. Allgemeines

1. Zielsetzung der Vorschrift. Die Vorschrift soll die LStErhebung beim ArbG erleichtern, der auf zusätzl, nur vorübergehend beschäftigte Aushilfskräfte (zB bei Stoßgeschäften oder krankheitsbedingten Ausfällen) angewiesen ist oder bei dem laufend nur geringe Aushilfstätigkeiten anfallen. Die Pauschalierung ist **ohne Antrag und Genehmigung** durch das FA zulässig (BFH VI R 10/99 BStBl II 04, 195). Die Entscheidung, ob pauschaliert werden soll, liegt allein beim ArbG. Hat dieser sich nicht eindeutig erklärt, kann nicht pauschaliert werden (*Blümich/Thürmer* § 40a Rz 36). Der ArbG kann selbst bestimmen, bei welchen Aushilfskräften er auf den Abruf der ELStAM oder die Vorlage einer Bescheinigung über den LStAbzug verzichtet (zur arbeitsrechtl Rechtslage s BFH VI R 1

48/79 BStBl II 82, 710; *HHR* § 40a Rz 18). Ständiger **Wechsel zwischen Pauschalierung und normalem LStAbzug** während des laufenden Jahres mit dem *alleinigen* Ziel den ArbN-Pauschbetrag auszunutzen, soll rechtsmissbräuchl sein (zweifelhaft: BFH VI R 32/89 BStBl II 92, 695; *HHR* § 40a Rz 6; krit *Giloy* StRK-Anm EStG 1975 § 40a Rz 24). Kein Gestaltungsmissbrauch liegt hingegen vor, wenn der ArbG nach Ablauf des Jahres die zunächst vorgenommene Pauschalierung rückgängig macht und es damit zur Lohn-Regelbesteuerung kommt (BFH VI R 10/99 BStBl II 04, 195). Nach FG Nbg EFG 15, 732, rkr, soll ein Wechsel zur Pauschalversteuerung hingegen nur bis zur Ausschreibung oder Übermittlung der LSt-Bescheinigung nach § 41c III zulässig sein. Dies ist mE unzutr (s auch BFH VI R 88/86 BFH/NV 90, 639, Pauschalierungsantrag noch im Klageverfahren vor dem FG zulässig). – § 40a regelt ein Besteuerungsverfahren eigener Art, bei der der ArbG **Steuerschuldner** der LSt ist und bei der sowohl der pauschale Lohn als auch die pauschale LSt bei einer Veranlagung des ArbN außer Betracht bleiben **(§ 40a V iVm § 40 III).** Die Anwendung des § 40a schließt den WK-Abzug der mit diesen Einnahmen zusammenhängenden Aufwendungen beim ArbN aus (FG Hbg EFG 81, 621, rkr). Die auf den Lohnzahlungszeitraum entfallende LStPauschalierungsschuld entsteht mit Ablauf dieses Lohnzahlungszeitraums, jedoch auflösend bedingt durch eine **Überschreitung der Pauschalierungsgrenzen** (BFH VI R 157/87 BStBl II 89, 1032); dies ist bei späteren Sonderzahlungen zu beachten (s Rz 4). Etwaige **Erstattungsansprüche** stehen dem ArbG und nicht dem ArbN zu (BFH VI R 270/69 BStBl II 73, 128). Zur **Abführung der KiSt** ist der ArbG nur dann verpflichtet, wenn der teilzeitbeschäftigte ArbN einer KiSt-erhebungsberechtigten Religionsgemeinschaft angehört (s dazu § 40 Rz 2). – Zur Überwälzung der pauschalen LSt auf den ArbN s § 40 Rz 23. – Zum Konkurrenzverhältnis zu § 40b s Rz 3 und § 40b Rz 12.

2 **2. Rechtslage im Überblick.** S *Niermann/Plenker* DB 03, 304; *vom Stein/Beyer-Petz* DStR 11, 977. Es gibt **drei Arten geringfügiger Beschäftigung:** (1) die *Entgeltgeringfügigkeit* (regelmäßig im Monat bis 450 €, § 8 I Nr 1 SGB IV), (2) die *Zeitgeringfügigkeit* (nicht berufsmäßig ausgeübte, im Kj längstens auf zwei Monate oder 50 Arbeitstage begrenzte Tätigkeit, § 8 I Nr 2 SGB IV) und (3) die geringfügige *ausschließl im Privathaushalt ausgeübte Beschäftigung* (gewöhnl Haushaltstätigkeiten, § 8a SGB IV). – Personen in Berufsausbildung gelten nicht als geringfügig Beschäftigte (§ 7 I SGB V, § 5 II SGB VI). Während sich der Zufluss des pauschalen Entgelts nach StRecht richtet (§ 11), kommt es für die Frage der Merkmale der geringfügigen Beschäftigung (§ 40a II und IIa) auf die sozialversicherungsrechtl Maßstäbe an (BFH VI R 57/05 BStBl II 09, 147). Sind die dort genannten Voraussetzungen für eine geringfügige Beschäftigung nicht erfüllt, scheidet auch eine Pauschalierung nach § 40a aus, es sei denn, die Beschäftigung erfüllt noch die Voraussetzungen des § 40a I (kurzfristige Beschäftigung; Rechtsfolge: Pauschalierung mit 25 vH bei voller SV-Pflicht) oder des § 40a III (Aushilfen in der LuF; Rechtsfolge: Pauschalierung mit 5 vH bei voller SV-Pflicht). Nicht gerade erleichtert wird die Rechtsanwendung dadurch, dass in § 40a I und III an den *ArbLohn* angeknüpft wird, während für § 40a II und § 40a IIa das *Arbeitsentgelt* entscheidend ist. Da zB Entlassungsabfindungen nicht zum sozialversicherungspfl Arbeitsentgelt zählen, weil sie für den Wegfall künftiger Verdienstmöglichkeiten gezahlt werden, können sie auch nach Aufhebung des § 3 Nr 9 zwar sozialversicherungsfrei gezahlt werden; gleichwohl besteht LStPflicht (normaler LStAbzug s *Hartmann* DStR 07, 2239, 2249). – **Fall des § 8 I Nr 1 SGB IV** (Entgeltgeringfügigkeit): Der ArbG entrichtet für diese Beschäftigten **ab 1.7.2006** (Vorjahre s 26. Aufl) 30 vH des Arbeitsentgelts (KV 13 vH; RV 15 vH; LSt 2 vH); darin sind enthalten KiSt und SolZ. Die gesamte Pauschalabgabe wird an die Deutsche Rentenversicherung Knappschaft-Bahn-See abgeführt (§ 40a VI). – **Fall des § 8a SGB IV** (Haushaltsbeschäftigung): Der ArbG entrichtet eine Pauschalabgabe von

12 vH des Arbeitsentgelts: RV und KV je 5 vH und PauschalSt von 2 vH (darin enthalten auch die KiSt und der SolZ, s § 40a II). Es gilt ein vereinfachtes Verfahren mittels Haushaltsscheck (§ 28a VII SGB IV). Für diese Beschäftigungsverhältnisse wird auch eine StErmäßigung nach § 35a I gewährt (s § 35a Rz 6). – **Zusammenrechnung:** Es werden die Entgelte aus den geringfügigen Beschäftigungen iSd § 8 I Nr 1 SGB IV zusammengerechnet (§ 8 II SGB IV). Eine Zusammenrechnung einer geringfügig entlohnten (§ 8 I Nr 1 SGB IV) mit einer kurzfristigen Beschäftigung (§ 8 I Nr 2 SGB IV) ist nicht vorgesehen (*Figge* DB 03, 150, 152). Wird bei der Zusammenrechnung die 450 € -Grenze überschritten, tritt der ArbN in die SV-Pflicht ein. Ab 2013 wird die bisherige Versicherungsfreiheit in der gesetzl RV bei geringfügig Beschäftigten in eine RV-Pflicht mit Befreiungsmöglichkeit (opt-out) umgewandelt, so dass für ArbN, die sich gegen die Versicherungsfreiheit in der RV entscheiden, zusätzl zu dem Pauschalbeitrag des ArbG Beitragsanteile anfallen, wobei allerdings der Beitragssatz zur gesetzl RV ab 2013 auf 18,9% abgesenkt wurde (zu den SV-Änderungen bei Minijobs ab 2013 s auch *Marschner* NWB 12, 3715, *Beyer-Petz* DStR 13, 47). Für bereits bestehende geringfügige Beschäftigungsverhältnisse besteht Bestandsschutz mit der Möglichkeit, ab dem 1.1.2013 die Versicherungspflicht in der gesetzl RV zu wählen (zu Übergangsregelungen s auch *Eilts* NWB 13, 534). In einer Gleitzone von 450,01 € bis 850 € hat der ArbG bereits seinen vollen ArbG-Anteil für das gesamte Arbeitsentgelt zu entrichten, beim ArbN steigt dessen Beitragsanteil linear bis zum vollen ArbG-Anteil an, der ab 850 € erreicht wird (s auch *Marburger* NWB 10, 3651). In diesen Fällen tritt die Versicherungspflicht erst mit dem Tag der Bekanntgabe der Feststellung der Versicherungspflicht durch die Einzugsstelle (§ 40a VI) oder durch einen Träger der RV ein (§ 8 II 3 SGB IV). Für die *Besteuerung* ist zu beachten, dass mit dem Überschreiten der 450 €-Grenze der ArbLohn (hier gilt nicht das Arbeitsentgelt) individuell zu besteuern ist, es sei denn, es sind die Voraussetzungen des § 40a I oder III erfüllt. – **Sonderfall:** Wird neben einer versicherungspflichtigen Hauptbeschäftigung eine geringfügige Nebenbeschäftigung iSv § 8 I Nr 1 SGB IV ausgeübt, bleibt diese anrechnungsfrei, wenn die 450 €-Grenze nicht überschritten ist (§ 8 II SGB IV). *Strechtl* hat dies zur Folge, dass für die Nebenbeschäftigung die Pauschalabgaben von 25 vH (geringfügige Beschäftigung iSv § 8 I Nr 1 SGB IV) bzw von 12 vH (Haushaltsbeschäftigung iSv § 8a SGB IV) abzuführen sind. Zu beachten ist, dass diese Regelung nur gilt, wenn *nur eine einzige* Nebenbeschäftigung neben der Hauptbeschäftigung ausgeübt wird (*Figge* DB 03, 150, 152, Beispiel); zweifelnd aber *Niermann/Plenker* DB 03, 304, 306 für den Fall, dass neben der Hauptbeschäftigung mehrere geringfügige Beschäftigungsverhältnisse von zusammen nicht mehr als 450 € bestehen. Das Gleitzonenprivileg gilt in diesem Sonderfall nicht.

Übersicht

Arbeitsentgelt/-lohn	Arbeitnehmer	Arbeitgeber
Entgeltgeringfügigkeit bis zu monatlich 450 €	Keine Steuern gesetzl RV mit opt-out; Bestandsschutz für bestehende ArbVerh)	30% pauschale Abgaben: 15% RV 13% KV 2% Pauschsteuer (§ 40a II)
bis zu monatlich 450 € bei Beschäftigung in privaten Haushalten	Keine Steuern gesetzl RV mit opt-out; Bestandsschutz für bestehende ArbVerh)	12% pauschale Abgaben: 5% RV 5% KV 2% Pauschsteuer (§ 40a II)
von monatlich 450,01 € bis 850 €	Sozialversicherungsbeiträge (Arbeitnehmeranteil) von ca 4% auf ca 21% ansteigend normale Besteuerung – ggf § 40a IIa (Rz 10)	Sozialversicherungsbeiträge (Arbeitgeberanteil) ca 21% also keine *pauschalen* Abgaben

Zusätzl sind zu entrichten 0,6 vH Umlage zur Ausgleichskasse U 1 und 0,14 vH Umlage zur Ausgleichskasse U 2. Zu den Rechengrößen der SV 2014 s *Richter* DStR 13, 2773; Rechengrößen der SV 2015 s *Richter* DStR 14, 2577, Rechengrößen SV 2016 s *Richter* DStR 15, 2856.

II. Regelungen im Einzelnen

3 **1. Bemessungsgrundlage für die Pauschalierung.** Dies soll der stpfl ArbLohn sein; die Pauschalsteuer ist nicht hinzuzurechnen. Die Abgrenzung zu stfreien Bezügen (zB Reisekosten, Auslagenersatz usw) soll sich nach allg Grundsätzen richten (BFH VI R 146/69 BStBl II 73, 421). Dies ist nicht zweifelsfrei; denn **WK-Ersatz** (Auslagenersatz ist kein Lohn) ist nur aus Vereinfachungsgründen stfrei, weil sonst der WK-Abzug insoweit gegeben wäre. ME sind auch stfreie Bezüge ArbLohn iSd § 40a, wenn es sich um WK-Ersatz handelt (glA FG RhPf EFG 92, 161, rkr; *HHR* § 40a Rz 22; *Blümich/Thürmer* § 40a Rz 27; s auch *KSM* § 40a B 2f). **Sachbezüge iSd § 8 II 9** gehören – weil stfrei – nicht zur Bemessungsgrundlage des § 40a. **Zukunftssicherungsleistungen** iSd § 40b sind bei der Prüfung der Lohngrenzen iRd § 40a zu berücksichtigen (BFH VI R 66/87 BStBl II 89, 1030); für sie gilt § 8 II 9 nicht (BFH VI R 68/01 BStBl II 03, 492).

4 **a) Sonderzahlungen.** Solche Leistungen (zB Weihnachtsgeld) sind auf die Lohnzahlungszeiträume rechnerisch zu verteilen, für die sie erbracht worden sind (BFH VI R 157/87 BStBl II 89, 1032; BFH VI R 57/05 BStBl II 09, 147; FG BaWü EFG 06, 332, rkr); Sonderzahlungen nach Ablauf des Kj sind aber nicht mehr Lohnzahlungszeiträumen des früheren Kj zuzurechnen (strechtl Zuflussprinzip). Im Rahmen des § 40a dürfen sich irgendwelche Freibeträge wie zB ArbN-Pauschbetrag und WK nicht auswirken (BFH VI R 157/87 BStBl II 89, 1032). WK-Ersatz gehört zum ArbLohn (s Rz 3 und § 19 Rz 66). Die Pauschalsteuer erhöht die Bemessungsgrundlage nicht. – Ist der ArbN aber ggü dem ArbG verpflichtet, die pauschale LSt zu tragen, so gelten die Ausführungen zu § 40 Rz 23. – Str ist, ob die nach § 40 I 1 Nr 1 und II 1 Nr 1–5 besteuerten sonstigen Bezüge in die ArbLohngrenze der § 40a einzubeziehen sind (s *Giloy* BB 85, 923, 926; mE zu bejahen; Umkehrschluss aus § 40 II 3; s auch *KSM* § 40a A 5).

5 **b) SV-Beitragspflicht.** Der nach § 40a besteuerte ArbLohn unterliegt der Beitragspflicht in der Kranken-, Renten- und Arbeitslosenversicherung (Einzelheiten *Benner/Niermann* BB 08 Beil 2 zu Heft 6). Die für Aushilfskräfte entrichteten SV-Beiträge sind nicht Teil des ArbLohns iSd § 40a (§ 19 Rz 100 „Sozialversicherungsbeiträge"; aA *HHR* § 40a Rz 22; wohl auch FG Hess EFG 94, 394, rkr); ebenso ist auch die pauschale Steuer des § 40a nicht Teil des Arbeitsentgelts iSd § 14 I SGB IV (BGH HFR 96, 216).

6 **2. Kurzfristig beschäftigte ArbN, § 40a I.** Der Pauschbetrag von 25 vH setzt eine gelegentl im Gegensatz zur regelmäßigen Tätigkeit voraus. Feste Wiederholungsabsicht steht einer gelegentl Tätigkeit entgegen (LStH 16 R 40a.1 (2)). Bei der Berechnung des 18-Tages-Zeitraums sind nur die Arbeitstage zu zählen (FG Hbg EFG 78, 335, rkr); zur Beschäftigung gehören aber solche Tage, an denen der ArbLohn wegen Urlaub, Krankheit, gesetzl Feiertage fortgezahlt wird (LStH 16 R 40a.1 (5) 3). Eine regelmäßig wiederkehrende Beschäftigung eines ArbN bei dem ArbG (zB jeweils an Wochenenden) steht der Pauschalierung entgegen. Bei **§ 40a I Nr 1** kommt es auf den **durchschnittl Tageslohn** der einzelnen Beschäftigungsperiode an. Der durchschnittl Tageslohn von 68 € (idF des BürokratieentlG ab VZ 2015 wegen Einführung des Mindestlohns, bis VZ 2014 62 €) braucht in Fällen des **§ 40a I Nr 2** nicht beachtet zu werden; die Beschäftigung muss aber zu einem **unvorhersehbaren Zeitpunkt** sofort erforderl sein (zB bei krankheitsbedingten Ausfällen; s auch FG Hbg EFG 91, 755, rkr: Gaststättengewerbe; FG BaWü EFG 91, 628, rkr: Bedarf erst in 3 Tagen). Das ist nicht der Fall, wenn der

Einsatz von Aushilfskräften schon längere Zeit feststeht (zB bei Messen oder Volksfesten) oder wenn der ArbG regelmäßig mit rufbereiten ArbN arbeitet (FG Nds EFG 93, 344, rkr, Mietwagenunternehmer). Fallen aber bestellte Aushilfskräfte plötzl aus oder ergibt sich plötzl ein größerer Bedarf an Aushilfskräften als angenommen, so ist insoweit § 40a I Nr 2 anwendbar. Stets ist zu beachten, dass der **durchschnittl Stundenlohn** während der Beschäftigungsperiode 12 € nicht überschreiten darf (§ 40a IV Nr 1). Die Überschreitung der Stundenlohngrenze macht die gesamte Pauschalierung der Beschäftigungsperiode unwirksam. **Arbeitsstunde** ist die Zeitstunde (BFH VI R 89/88 BStBl II 90, 1092). Maßgebl ist die reine Arbeitszeit ohne *außervertragl* Vorbereitungszeiten (BFH VI R 23/80 BFH/NV 86, 492). **Arbeitstag** kann auch eine sich auf zwei Kalendertage erstreckende Nachtschicht sein (BFH VI R 51/93 BStBl II 94, 421).

3. Geringfügig Beschäftigte, § 40a II. Der ArbG kann (Wahlrecht, das für 9
jeden ArbN gesondert ausgeübt werden kann, BAG DStR 15, 433) in den Fällen des § 8 I Nr 1 SGB IV (Entgeltgeringfügigkeit) und des § 8a SGB IV (haushaltsnahe Dienstleistungen) vom LStAbzug unter Zugrundelegung von LSt-Abzugsmerkmalen absehen und eine Pauschalversteuerung iHv 2 vH vornehmen, mit der auch die KiSt und der SolZ abgegolten ist. Zusammen mit den Sozialversicherungsbeiträgen hat der ArbG somit 30 vH des Arbeitsentgelts bzw in Fällen der haushaltsnahen Beschäftigung 12 vH des Arbeitsentgelts an die Stelle des § 40a VI abzuführen. Die Pauschalversteuerung setzt ein sozialversicherungspflichtiges ArbVerh voraus. Fehlt dies, zB bei einem Ges'ter-Geschäftsführer, ist die Pauschalierung nicht mögl (FG RhPf EFG 14, 961, rkr; FG BaWü EFG 15, 2074, rkr); dies ist verfrechtl unbedenkl. Für ab dem 1.1.2013 neu begründete Beschäftigungsverhältnisse besteht aber Versicherungspflicht in der gesetzl RV, sofern der ArbN keinen Antrag auf Befreiung von der RV-Pflicht stellt. Bestehende Beschäftigungsverhältnisse genießen Bestandsschutz; der ArbN kann aber zur Versicherungspflicht in der gesetzl RV optieren. – **Geringfügige Beschäftigung nach § 8 I Nr 1 SGB IV** liegt vor, wenn das *Arbeitsentgelt* aus dieser Beschäftigung *regelmäßig im Monat 400 € (ab 2013: 450 €) nicht übersteigt*. Weitere Voraussetzungen sind nicht erforderl; insb gilt die Stundenlohngrenze des § 40a IV Nr 1 (12 € je Stunde) nicht. Für das Tatbestandsmerkmal „regelmäßig" ist eine vorausschauende Betrachtung erforderl. Eine nur gelegentl Tätigkeit fällt nicht unter § 8 I Nr 1 SGB IV. Ausreichend ist aber eine auf ständige Wiederholung angelegte Tätigkeit, zB auf Grund einer Rahmenvereinbarung. Auf irgendwelche Zeitgrenzen kommt es nicht an; entscheidend ist die Entgeltgrenze von 400 € (ab 2013: 450 €). – **Geringfügige Beschäftigung in Privathaushalten nach § 8a SGB IV** ist nur dann gegeben, wenn die Beschäftigung ausschließl im Privathaushalt (also nicht in einer Serviceagentur) ausgeübt wird. Das ist dann der Fall, wenn die Tätigkeit durch einen privaten Haushalt begründet ist und die Tätigkeit sonst gewöhnl durch Mitglieder des privaten Haushalts erledigt wird. Es muss sich um typische Haushaltsarbeit (auch Gartenarbeit) handeln (s auch § 35a Rz 4; ferner *BMF* BStBl I 10, 140). – Die Entgeltgrenze von 400 €/450 € bezieht sich nur auf das stpfl und sozialversicherungspfl *Arbeitsentgelt*. Daher können **stfreie und sozialversicherungsfreie Zusatzleistungen** ohne Beeinträchtigung der 400 €/450 €-Grenze gewährt werden, zB Sachleistungen nach § 8 II 9, Rabattfreibetrag nach § 8 III, betriebl Telekommunikationsgeräte/Personalcomputer nach § 3 Nr 45; sog Übungsleiterpauschale, § 3 Nr 26, 26a (s die Beispiele bei *Plenker/Schaffhausen* DB 03, 957; *Sprenger* INF 03, 586, 589; *Pfeiffer* NWB 13, 2658). – Bemessungsgrundlage ist das sozialversicherungsrechtl Arbeitsentgelt; Lohnbestandteile, die nicht dazu gehören (zB Kost, Logis, Firmenwagen, s *Niermann* DB 04, 2118, 2124), bleiben also unversteuert; aber auch alle stfreien geldwerten Vorteile, die nicht zum Arbeitsentgelt gehören (*Hartmann* INF 04, 945, 948), wie zB Entlassungsabfindungen (s Rz 2). Tarifvertragl Urlaubsgeld ist aber in die Geringfügigkeitsgrenze einzubeziehen (BFH VI R 57/05 BStBl II 09, 147).

10 **4. Pauschalsteuersatz von 20 %, § 40a IIa.** Wenn der *ArbG* keine *pauschalen* SV-Beiträge für die geringfügig entlohnte Beschäftigung iSv § 8 I Nr 1 und § 8a SGB IV zu zahlen hat (sondern die vollen Sozialabgaben), gilt ein PauschalStSatz von 20 vH des Arbeitsentgelts. Dieser Fall tritt ein, wenn die Geringfügigkeitsgrenze zB infolge mehrerer geringfügiger Beschäftigungen überschritten wird und damit die ArbG die vollen – also keine pauschalen – ArbG-Anteile zur SV zu zahlen haben. SV-Pflicht ist aber auch hier Voraussetzung für die Pauschalierung (FG RhPf EFG 14, 961, rkr). Wenn hier der ArbLohn bezogen auf das einzelne ArbVerh jeweils 400 € (ab 2013: 450 €) nicht übersteigt, kann die Pauschalbesteuerung nach § 40a IIa gewählt werden (20 vH zuzügl SolZ und KiSt). Diese pauschale LSt ist nicht an die Stelle des § 40a VI abzuführen, sondern in die LStAnmeldung aufzunehmen und an das BetriebsstättenFA abzuführen (s auch *Niermann/Plenker* DB 03, 304, 306). – § 40a IIa kann auch eingreifen, wenn neben einer Hauptbeschäftigung (normale Besteuerung) mehrere Nebenbeschäftigungen von jeweils unter 400 €/450 € ausgeübt werden: Dann gilt *eine* (s Rz 2 aE) Nebenbeschäftigung als geringfügige Beschäftigung (§ 40 II), die weiteren Nebenbeschäftigungen (sozialrechtl volle Abgabenpflicht des ArbG) können – weil jeweils unter 400 €/450 € – unter § 40a IIa fallen. Zur Klarstellung: Bei einer Beschäftigung, die über 400 € (ab 2013: 450€) liegt, greift § 40a IIa nicht, also normaler LStAbzug.

11 **5. Aushilfskräfte in der LuF, § 40a III.** Der niedrige Pauschsteuersatz von 5 vH berücksichtigt, dass ansonsten einkommenslose Kräfte (zB Ferienarbeit von Schülern) überwiegend in der Land- und Forstwirtschaft aushelfen (zu Entwicklung und Hintergrund der Vorschrift s *von Twickel* DB 06, Beil 6 zu Heft 39 S 66). Daher können luf **Fachkräfte** nicht als Aushilfskräfte besteuert werden (§ 40a III 3). Fachkraft ist sowohl eine Person, die eine entspr Berufsausbildung aufweist, als auch eine angelernte Kraft, die in der Lage ist, ohne weitere Anleitung eine Fachkraft zu ersetzen. Letztere muss aber anstelle einer Fachkraft eingesetzt sein, was dann der Fall ist, wenn mehr als 25 vH der zu beurteilenden Tätigkeit Fachkraft-Kenntnisse erfordert (BFH VI R 77/02 BStBl II 06, 208; BFH VI R 59/03 BStBl II 06, 204, Bedienung eines Traktors als Zugfahrzeug mit landwirtschaftl Maschinen). Ein im Vorjahr als angelernte Fachkraft beschäftigter ArbN wird nicht zwangsläufig zur Fachkraft im Folgejahr; es kommt auch im Folgejahr auf die jeweiligen Tätigkeiten an (*Greite* HFR 06, 476; *von Twickel* DB 06, Beil 6 zu Heft 39 S 71). – Es muss sich um **typische land- und forstwirtschaftl Tätigkeiten** handeln, wozu auch der Wegebau (BFH VI R 167/83 BStBl II 86, 681) oder das Spargelschälen (als unschädl Ergänzungsarbeit; s *von Twickel* DB 06, Beil 6 zu Heft 39 S 67; aA BFH VI R 76/04 BStBl II 09, 40, weil geschälter Spargel keine Urproduktion sein soll; *Bode* HFR 08, 932) gehören kann. – Die Aushilfskräfte müssen in einem **LuF-Betrieb** iSd § 13 I Nr 1–4 tätig sein; hierzu zählt auch ein Betrieb, der nur wegen seiner Rechtsform als GewBetr gilt (BFH VI R 183/77 BStBl II 81, 76; BFH VI R 89/98 BStBl II 06, 92, zu § 15 III Nr 1; *Heuermann* StBP 05, 368); anders, wenn der Betrieb (auch Teil- oder Nebenbetrieb) *kraft Tätigkeit* als GewBetr gilt (BFH VI R 22/89 BStBl II 90, 1002). – Die zeitl und betragsmäßigen Beschränkungen der § 40a I und II gelten nicht; allerdings darf der **durchschnittl Stundenlohn** nicht überschritten werden (§ 40a IV Nr 1; s Rz 6). Wegen weiterer Einzelheiten s LStH 16 R 40a.1 (6). – Ein ArbN, den der ArbG mehr als 180 Tage im Kj beschäftigt, kann nicht nach § 40a III besteuert werden. Die Arbeiten dürfen nicht ganzjährig anfallen **(saisonbedingte Arbeiten);** sie müssen wegen der Abhängigkeit vom Lebensrhythmus der Pflanzen/Tiere einen erkennbaren Abschluss in sich tragen, wobei auch an die Bewirtschaftungsform des einzelnen Betriebes angeknüpft werden kann (BFH VI R 60/03 BStBl II 06, 206). Reinigungsarbeiten, die während des ganzen Jahres anfallen, sind keine saisonbedingten Arbeiten (BFH VI R 59/03 BStBl II 06, 204). – Bei **gemischter Tätigkeit** ist die Beschäftigung mit anderen *land- und forstwirtschaftl* Arbeiten *(also*

ganzjährig anfallende Arbeiten) bei einem Anteil von nicht mehr als 25 vH der Gesamttätigkeit unschädl; dann unterliegt die gesamte Tätigkeit der Pauschalierung nach § 40a III. Nicht land- und forstwirtschaftl Arbeiten stehen auch bei geringem Anteil (Gesetzeswortlaut: *ausschließl*) einer Pauschalierung nach § 40a III stets entgegen (BFH VI R 60/03 BStBl II 06, 206; *von Twickel* DB 06, Beil 6 zu Heft 39 S 70). – Liegen die Voraussetzungen des § 40a III nicht vor, kann immer noch eine Pauschalierung nach § 40a I oder II in Frage kommen; der ArbG muss sich aber eindeutig erklären, ob er ggf auch Schuldner einer pauschalen LSt nach § 40a I oder II sein will (BFH VI R 223/80 BStBl II 84, 569).

6. Aufzeichnungspflichten. Sie ergeben sich aus § 4 II Nr 8 LStDV (s § 41). 12
Als Beschäftigungsdauer ist jeweils die Zahl der tatsächl Arbeitsstunden in dem jeweiligen Lohnzahlungs- oder Lohnabrechnungszeitraum aufzuzeichnen (BFH VI R 220/75 BStBl II 77, 17). Pauschale Angaben über die im Lohnabrechnungszeitraum geleisteten Arbeitsstunden genügen nicht (FG BaWü EFG 84, 86, rkr; FG RhPf EFG 88, 260, rkr). Es soll nicht erforderl sein, die Dauer der Beschäftigung für jede Woche gesondert aufzuzeichnen (FG RhPf EFG 87, 377, rkr). Bei fehlerhaften Aufzeichnungen ist die Pauschalierung nur zulässig, wenn die Voraussetzungen auf andere Weise nachgewiesen werden (BFH VI R 167/83 BStBl II 86, 681). Ist das nicht mögl (zB bei nach Jahren aus dem Gedächtnis angefertigten Aufzeichnungen, FG Hess EFG 93, 610, rkr), ist die LSt nach allg Grundsätzen zu schätzen (§§ 39b–39d) und durch Haftungsbescheid vom ArbG nachzuerheben (Durchschnittssteuersatz s § 42d Rz 50). Der ArbG kann aber eine Pauschalierung nach § 40 I Nr 2 beantragen.

7. Fehlerhafte Pauschalierung. Bei fehlerhafter Pauschalierung (zB Nichtbe- 13
achtung von Pauschalierungsgrenzen) ist die Nachversteuerung nach §§ 39b–39d (Haftung des ArbG) vorzunehmen; ggf ist zu schätzen (BFH VI R 167/73 BStBl II 75, 297). Bei Haftungsinanspruchnahme ist der Bruttosteuersatz anzuwenden (BFH VI R 84/94 BFH/NV 95, 783; s auch § 39b Rz 14). – Das WohnsitzFA des ArbN ist an Entscheidungen im LStPauschalierungsverfahren nicht gebunden; es hat daher bei der Veranlagung das uneingeschränkte Recht, die Zulässigkeit der Pauschalierung zu überprüfen, zumindest, wenn bisher außer der LStAnmeldung noch kein gesonderter Pauschalierungssteuerbescheid ergangen war (BFH III R 232/84 BStBl II 88, 981; BFH VI R 66/87 BStBl II 89, 1030; aA *KSM* § 40 D 7). Ist hingegen ein Pauschalierungssteuerbescheid ergangen, wird das WohnsitzFA die pauschal besteuerten Löhne wohl erst nach Aufhebung des Pauschalierungssteuerbescheides in die Veranlagung oder den LStJA einbeziehen dürfen (BFH VI B 140/89 BStBl II 91, 309; FG RhPf EFG 14, 961, rkr).

8. Unzulässige Pauschalierung, § 40a IV. Zu **§ 40a IV Nr 1** s Rz 6, 11. – 14
§ 40a IV Nr 2 schließt die LStPauschalierung für eine Neben- oder Teilzeitbeschäftigung in den Fällen des § 40a I und III aus, wenn der ArbN für eine andere *Beschäftigung* von demselben ArbG Lohn bezieht, der dem normalen LStAbzug unterworfen wird. Denn ein einheitl Beschäftigungsverhältnis kann nicht in ein dem normalen LStAbzug und ein der Pauschalierung unterliegendes Beschäftigungsverhältnis aufgespalten werden (BFH VI R 78/91 BFH/NV 94, 22; BFH VI R 94/93 BStBl II 94, 944, aE). § 40a IV Nr 2 soll Gestaltungen verhindern und die schwierige Feststellung vermeiden, ob die Beschäftigung bei einem ArbG in eine Haupt- und Nebentätigkeit aufgeteilt werden kann (BR-Drs 171/95, S 138). § 40a IV Nr 2 erwähnt nicht **§ 40a II** und **IIa,** wohl weil für diese Pauschalierungsfälle die sozialversicherungsrechtl Regeln über mehrfache Beschäftigungen maßgebl sind (*HHR* § 40a Rz 56); mE gilt aber insoweit BFH VI R 78/91 BFH/NV 94, 22 weiter, so dass im Einzelfall zu entscheiden ist, ob ein einheitl Beschäftigungsverhältnis in Umgehungsabsicht in ein pauschalbesteuertes und ein normal besteuertes Arbeitsverhältnis aufgeteilt worden ist. – Bei Beschäftigung eines ArbN in zwei Betrieben desselben Inhabers liegt kein einheitl Beschäftigungsverhältnis

vor (FG Mster EFG 03, 864, rkr). Von § 40a IV Nr 2 ist BFH VI R 20/89 BStBl II 90, 931 nicht betroffen; daher kann der Teilzeitlohn eines früher beim ArbG beschäftigten Ruheständlers weiterhin pauschal besteuert werden (s auch *HHR* § 40a Rz 56).

15 **9. Zuständige Einzugsstelle, § 40a VI.** Dies ist für die geringfügig entlohnte Beschäftigung die Deutsche Rentenversicherung Knappschaft-Bahn-See. Die Einzugsstelle ist nach § 40 a VI 3 idF AmtshilfeRLUmsG ab VZ 2013 neben der Erhebung der Pauschsteuer nach § 40a II auch für die Erhebung des Säumniszuschlags und das Mahnverfahren zuständig. Verfahrensrechtl gilt gem § 40 a VI 3 SozR, so dass zB § 168 AO auf die Anmeldung der PauschalSt nicht anwendbar ist (ebenso *Frotscher* § 40 a Rz 59 a; aA FG Köln EFG 15, 2086, rkr, mit Anm *Pfützenreuter* EFG 15, 2087). Die Erstattung zu Unrecht gezahlter PauschalSt richtet sich nach § 26 II SGB IV. – Wegen der pauschalen Steuerzahlung hat der ArbG auf dem Beitragsnachweis oder dem für haushaltsnahe Beschäftigungen vorgesehenen Haushaltsscheck auch seine StNummer anzugeben.

§ 40b Pauschalierung der Lohnsteuer bei bestimmten Zukunftssicherungsleistungen

(1) **Der Arbeitgeber kann die Lohnsteuer von den Zuwendungen zum Aufbau einer nicht kapitalgedeckten betrieblichen Altersversorgung an eine Pensionskasse mit einem Pauschsteuersatz von 20 Prozent der Zuwendungen erheben.**

(2) [1] **Absatz 1 gilt nicht, soweit die zu besteuernden Zuwendungen des Arbeitgebers für den Arbeitnehmer 1752 Euro im Kalenderjahr übersteigen oder nicht aus seinem ersten Dienstverhältnis bezogen werden.** [2] **Sind mehrere Arbeitnehmer gemeinsam in der Pensionskasse versichert, so gilt als Zuwendung für den einzelnen Arbeitnehmer der Teilbetrag, der sich bei einer Aufteilung der gesamten Zuwendungen durch die Zahl der begünstigten Arbeitnehmer ergibt, wenn dieser Teilbetrag 1752 Euro nicht übersteigt; hierbei sind Arbeitnehmer, für die Zuwendungen von mehr als 2148 Euro im Kalenderjahr geleistet werden, nicht einzubeziehen.** [3] **Für Zuwendungen, die der Arbeitgeber für den Arbeitnehmer aus Anlass der Beendigung des Dienstverhältnisses erbracht hat, vervielfältigt sich der Betrag von 1752 Euro mit der Anzahl der Kalenderjahre, in denen das Dienstverhältnis des Arbeitnehmers zu dem Arbeitgeber bestanden hat; in diesem Fall ist Satz 2 nicht anzuwenden.** [4] **Der vervielfältigte Betrag vermindert sich um die nach Absatz 1 pauschal besteuerten Zuwendungen, die der Arbeitgeber in dem Kalenderjahr, in dem das Dienstverhältnis beendet wird, und in den sechs vorangegangenen Kalenderjahren erbracht hat.**

(3) **Von den Beiträgen für eine Unfallversicherung des Arbeitnehmers kann der Arbeitgeber die Lohnsteuer mit einem Pauschsteuersatz von 20 Prozent der Beiträge erheben, wenn mehrere Arbeitnehmer gemeinsam in einem Unfallversicherungsvertrag versichert sind und der Teilbetrag, der sich bei einer Aufteilung der gesamten Beiträge nach Abzug der Versicherungsteuer durch die Zahl der begünstigten Arbeitnehmer ergibt, 62 Euro im Kalenderjahr nicht übersteigt.**

(4) **In den Fällen des § 19 Absatz 1 Satz 1 Nummer 3 Satz 2 hat der Arbeitgeber die Lohnsteuer mit einem Pauschsteuersatz in Höhe von 15 Prozent der Sonderzahlungen zu erheben.**

(5) [1] **§ 40 Absatz 3 ist anzuwenden.** [2] **Die Anwendung des § 40 Absatz 1 Satz 1 Nummer 1 auf Bezüge im Sinne des Absatzes 1, des Absatzes 3 und des Absatzes 4 ist ausgeschlossen.**

***Lohnsteuer-Durchführungsverordnung: § 5 Besondere Aufzeichnungs- und Mitteilungspflichten im Rahmen der betrieblichen Altersversorgung** (abgedruckt bei § 3 EStG)*

Lohnsteuer-Richtlinien: LStR 40b.1, 40b.2/LStH 40b.1, 40b.2

Übersicht

Schrifttum: S bei § 4b.

1 **1. Allgemeines.** Für nach dem 31.12.2004 ausgesprochene Versorgungszusagen *(Neuverträge)* ist eine Pauschalversteuerung mit 20 vH nur noch bei Zuwendungen an eine *Pensionskasse* zum Aufbau einer *umlagefinanzierten* betriebl Altersvorsorge mögl. Neue *kapitaldeckende* Versorgungszusagen können nicht mehr pauschal besteuert werden, da solche Versorgungszusagen nicht in das neue Besteuerungssystem der nachgelagerten Besteuerung passen. Unter die Pauschalierungsmöglichkeit ab 1.1.2005 fallen vor allem die *umlagefinanzierten Zusatzversorgungseinrichtungen des öffentl Dienstes,* wie zB die VBL bzw kommunale oder kirchl Zusatzversorgungskassen (s auch *Niermann* DB 04, 1449, 1453; *Hartman* INF 05, 56, 59 ff; *BMF* BStBl I 10, 270, Rz 304). Zur Übergangsregelung für Direktversicherungsaltverträge s *BMF* BStBl I 13, 1022, Rz 349–368; zur Abgrenzung von Alt- und Neuzusagen bei DirektVers *Schrehardt* DStR 13, 2489, 2493. Zur betriebl Altersversorgung in der SV s *Uckermann/Heilck/Eversloh* DStR 14, 1009.

2 Ab 2002 werden ArbG-Beiträge an **Pensionskassen** bis 4 vH der Beitragsbemessungsgrundlage zur gesetzl RV stfrei gestellt (§ 3 Nr 63); ferner hat der ArbN einen Rechtsanspruch auf Barlohnumwandlung hinsichtl zukünftiger Gehaltsansprüche iHv 4 vH der Bemessungsgrundlage zur gesetzl RV und zugleich die Möglichkeit, die StFreiheit „abzuwählen", um statt dessen im Rahmen der privaten Altersvorsorge die Altersvorsorgezulage (§§ 79 ff) bzw den SA-Abzug (§ 10a) in Anspruch zu nehmen. Entrichtet der ArbG über die 4 vH-Grenze hinaus weitere Beiträge an die Pensionskasse, so können diese bis zu 1752 € nach § 40b pauschaliert besteuert werden; darüber noch hinausgehende Beiträge unterliegen der normalen Besteuerung (*Niermann* DB 01, 1380). – **Direktversicherungsbeiträge** (Altverträge) waren vor 2005 nicht in die StFreiheit des § 3 Nr 63 einbezogen. Die Direktversicherung bietet bei Altverträgen weiterhin die Möglichkeit der vorgelagerten Besteuerung mit dem Pauschalsteuersatz von 20 vH, während Auszahlungen aus der Pensionskasse nachgelagert als sonstige Einkünfte voll versteuert werden (§ 22 Rz 125 ff). Für ArbN, die im Alter wegen anderer Einkunftsarten eine hohe StProgression zu erwarten haben, erweist sich die Direktversicherung mit der vorgelagerten Besteuerung (20 vH) günstiger als die betriebl Altersversorgung mit der nachgelagerten Besteuerung. Werden Direktversicherungen durch Gehaltsumwandlungen finanziert, hat der ArbN auch hier die Möglichkeit, die LStPauschalierung abzuwählen, um statt dessen die Altersvorsorgezulage bzw den SA-Abzug in Anspruch zu nehmen (§ 1a III BetrAVG; *Niermann* DB 01, 1380, 1383).

3 Die KiSt ist ebenfalls zu pauschalieren (s § 40 Rz 2). – Die Leistungen nach § 40b gehören nicht zum **sozialversicherungspflichtigen Entgelt;** eine Ausnahme gilt gem § 1 Nr 4 SvEV für den Fall der Barlohnumwandlung. Ferner gibt es eine Durchschnittsberechnung wie bei § 40b II 2 im SV-Recht nicht, so dass Beiträge über 1752 € hinaus sozialversicherungspfl sind. – Eine Nachholung der Pauschalierung im Rahmen der Jahresbesteuerung des ArbN ist nicht mögl (BFH VI B 78/88 BStBl II 90, 344; aA *KSM* § 40b A 20).

4 § 40b findet auch bei einem steuerl anzuerkennenden **ArbVerh zw Ehegatten** Anwendung, s § 4b Rz 12ff. Direktversicherungsverträge **mit Kindern** sind bei steuerl anerkanntem ArbVerh idR wie Verträge mit fremden Dritten zu behandeln (BFH I R 135/80 BStBl II 83, 173).

5 **2. Begünstigte Leistungen, § 40b I.** Pauschalierungsfähig sind nur Zuwendungen an eine Pensionskasse und Beiträge für eine Direktversicherung (Altverträge). Zu den Anforderungen an eine Direktversicherung (Altvertrag), die vor dem 1.1.2005 abgeschlossen wurde, s 30. Aufl. Rz 4, 5. Barzuwendungen des ArbG an den ArbN können nicht nach § 40b besteuert werden, selbst wenn sie der ArbN zu seiner Altersversorgung verwendet. Unschädl ist, wenn der ArbN neben dem ArbG Zahlungen an die Versorgungseinrichtung erbringt, um zB eine höhere Leistung zu erlangen (beim ArbN uU SA nach § 10). Die Eigenanteile des ArbN sind kein Lohn, damit fällt auch insoweit keine PauschalSt an (s auch BFH VI R 57/08 BFH/NV 11, 890; BFH VI R 23/09 BFH/NV 11, 972). – Verlust des durch eine DirektVers eingeräumten Bezugsrechts bei Insolvenz des ArbG löst keine lstrechtl Folgen aus (BFH VI R 58/05 BStBl II 07, 774).

6 Zulässig ist es auch, den stpfl Barlohn vertragl soweit herabzusetzen, dass aus dem Herabsetzungsbetrag Zukunftssicherungsleistungen einschließl pauschaler Steuer bestritten werden können (**Entgelt-/Barlohnumwandlung,** LStH 16 R 40b.1 (5); *FinVerw* DB 15, 2179; *Niermann* DB 01, 2415, 2418). Zur Barlohnumwandlung bei Leistungen an eine Pensionskasse s BFH VI R 61/88 BStBl II 91, 647 (Anm *Ahrend/Heger* DStR 91, 1008). – Hatte der ArbG die Beiträge für eine Direktversicherung pauschal besteuert und lässt er sich später das Deckungskapital auszahlen, liegt nicht etwa eine **Lohnrückzahlung** vor, die dem ArbG einen Anspruch auf Erstattung der pauschalen LSt verschafft; die Kürzung bzw der Entzug der Versicherungsansprüche ist ein neuer Sachverhalt, der die ursprüngl pauschale Besteuerung unberührt lässt; daher hat der ArbG keinen Erstattungsanspruch (ebenso FG Nds EFG 15, 957, Rev VI R 18/15). – *Gewinnausschüttungen* einer Versorgungskasse an das Trägerunternehmen (ArbG) sind keine Lohnrückzahlungen (BFH VI R 20/07 BStBl II 10, 845; *Schneider* HFR 10, 373; *Bergkemper* FR 10, 487; krit *Höfer* DB 10, 2360); die FinVerw wendet diese Rspr für nach dem 31.12.2010 erfolgte Gewinnausschüttungen an (*BMF* BStBl I 10, 760). Damit kann auch allein der *Verlust eines Bezugsrechts* nicht mehr zu einer ArbLohnrückzahlung führen (s aber LStH 16 R 40b. 1 (13)). – Zur Rechtslage bei Umstellung der Versorgung von einer mittelbaren zu einer unmittelbaren Versorgungszusage s FG Köln EFG 09, 1394, rkr. – Zu Rückflüssen aus einer DirektVers und Überführung in eine andere betriebl Altersversorgung s FG Mchn EFG 09, 1010, rkr.

7 **Pensionskasse** s § 4c und LStH 16 R 40b.1 (4). Sie kann auch eine nicht rechtsfähige Zusatzversorgungseinrichtung des öffentl Dienstes sein (BFH VI R 52/95 BStBl II 96, 136; s auch BFH IV R 8/02 BFH/NV 04, 1246). Von einer Pensionskasse unterscheiden sich **Unterstützungskassen** dadurch, dass sie keinen Rechtsanspruch auf Leistungen gewähren. Daher sind auch die Zuführungen zur Unterstützungskasse kein gegenwärtiger ArbLohn (s auch *HHR* § 19 Rz 471; *Portner* FR 14, 91).

8 **3. Pauschalierungsgrenze, § 40b II.** Die Pauschalierung der Leistungen nach § 40b I ist nur iRd **ersten DienstVerh** (nicht bei LStAbzug mit der StKlasse VI, BFH VI R 27/96 BStBl II 97, 143) zulässig. Wechselt der ArbN im Laufe des Jahres das DienstVerh, steht er nacheinander in einem ersten DienstVerh, so dass § 40b anwendbar ist. Zur vollen Ausschöpfung der Pauschalierungsgrenze in diesem Fall s LStH 16 R 40b.1 (8). Ein ArbG darf nach § 40b auch dann noch pauschalieren, soweit er Leistungen iSd § 40b I für einen (zurückliegenden) Zeitraum erbringt, in dem der (inzwischen ausgeschiedene und in einem anderen DienstVerh stehende) ArbN bei ihm in einem ersten DienstVerh stand (BFH VI R 245/80

BStBl II 88, 554). Zur Pauschalierung bei einem ArbVerh iSd § 40a s Rz 13. Pauschaliert werden kann nur im Jahr der Bewirkung der Leistung, rückwirkend erbrachte Zukunftssicherungsleistungen führen nicht zur Vervielfältigung des Grenzbetrages (BFH VI R 171/85 BFH/NV 89, 23). Eine Vervielfältigung tritt auch dann nicht ein, wenn Beiträge für zurückliegende Jahre nachzuzahlen sind (BFH VI R 204/83 BStBl II 88, 379; krit *KSM* § 40b C 4). Die für den einzelnen ArbN erbrachte Leistung iSd § 40b I kann höchstens bis zu 1752 € jährlich vom ArbG pauschal besteuert werden. Der diese Grenze übersteigende Teil der Leistung unterliegt dem normalen LStAbzug. Zum Pauschalierungsverfahren bei laufend erbrachten Leistungen s LStH 16 R 40b.1 (10).

Die **Durchschnittsberechnung nach § 40b II 2** kommt nur in Betracht, 9
wenn mehrere ArbN gemeinsam in einem Direktversicherungsvertrag (Altvertrag) oder in einer Pensionskasse versichert sind (Gruppenversicherung; es genügt ein Rahmenvertrag, in dem die versicherten Personen und die versicherten Wagnisse bezeichnet sind; FG Nds EFG 80, 453, rkr). Zur Art der Berechnung s LStH 16 R 40b.1 (9). Einheitl Durchschnittsberechnung erfolgt auch, wenn die eine ArbN-Gruppe in einer Direktversicherung (Altvertrag) und die andere in einer Pensionskasse versichert sind; ebenso, wenn in einem Unternehmen mehrere Direktversicherungen bestehen (FG Mster EFG 95, 86, rkr). Die Durchschnittsberechnung kann dazu führen, dass auf einen ArbN, für den ein höherer Betrag als 1752 € aufgewendet wird, ein Durchschnittsbetrag von bis zu 1752 € entfällt. Dies ist vom Gesetzgeber beabsichtigt, um die Möglichkeit zu eröffnen, für ältere ArbN höhere Leistungen als 1752 € ohne zusätzl Belastung zu erbringen. Daher ist die Durchschnittsberechnung auch vorzunehmen, wenn zB nur zwei ArbN gemeinsam versichert sind und feststeht oder leicht feststellbar ist, dass der zugunsten eines ArbN gezahlte Betrag zwar 1752 € nicht aber 2148 € übersteigt (FG Nds EFG 80, 453, rkr; s auch FG Mchn EFG 02, 912, rkr, zur Rechtslage bei verdeckter Überschreitung der 2148 €-Grenze). Die 2148 €-Grenze ist nur überschritten, wenn der vom ArbG als Lohn zu qualifizierende Beitrag den Grenzbetrag übersteigt; Eigenanteile des ArbN sind – da kein Lohn – nicht schädl (BFH VI R 55/05 BStBl II 07, 619, zu ArbG- und ArbN-Anteilen zur Direktversicherung; BFH VI R 57/08 BFH/NV 11, 890). Hierbei bleiben stfrei gezahlte Beiträge des ArbG an eine Pensionskasse (§ 3 Nr 63) unberücksichtigt (LStH 16 R 40b.1 (9) 4). Gleiches gilt, wenn die Beiträge des ArbG wegen Option des ArbN zur Riester-Rente individuell besteuert werden. Beiträge zu einer Einzeldirektversicherung (Altvertrag) können nicht in die Durchschnittsberechnung einbezogen werden (BFH VI R 9/08 BStBl II 11, 183); es sei denn, Einzelversicherung wird in einem Rahmenvertrag mit dem Gruppenversicherungsvertrag zusammengefasst (*Schneider* BFH/PR 10, 328; *Schwenke* HFR 10, 827). – **§ 40b II 3** ermöglicht die Nachholung einer angemessenen Altersversorgung bei Beendigung des DienstVerh (zur Frage der Beendigung bei Weiterbeschäftigung als Berater s BFH VI R 53/05 BStBl II 09, 162; dazu *Schneider* HFR 09, 135); die Vervielfältigungsregelung gilt auch bei Barlohnumwandlung LStH 16 R 40b.1 (11) 2; ferner *FinVerw* DB 99, 878). Zur Frage des engen zeitl Zusammenhangs zwischen Beitragsleistung und Beendigung des DienstVerh s LStH 16 R 40b.1 (11), keine starre Dreimonatsgrenze mehr (s auch *Hartmann* INF 99, 737, 742, Beispiel). Angefangene Jahre zählen voll. Eine Durchschnittsberechnung nach § 40b II 2 ist hier nicht zulässig. Zur Übertragung der Direktversicherung beim Ausscheiden des ArbN s LStH 16 R 40b.1 (6) 5. § 40b II 3 kann nicht entspr auf eine Nachentrichtung für zurückliegende Jahre angewendet werden (BFH VI R 204/83 BStBl II 88, 379). Zur Anwendung der Vervielfältigungsregelung bei Altzusagen und Ausscheiden aus dem Dienst nach dem 1.1.2005 s *BMF* BStBl I 13, 1022, Rz 365.

4. Unfallversicherung, § 40b III. Diese Regelung soll verhindern, dass 11
ArbG-Beiträge zur Gruppenunfallversicherung, die keine Direktversicherung ist

(BFH VI R 49/89 BFH/NV 92, 242), voll als ArbLohn (s dazu § 19 Rz 100 „Unfallversicherung") versteuert werden müssen. Es handelt sich um eine eigenständige Pauschalierungsregelung, die auf eine durchschnittl Beitragsleistung für die in der Gruppenunfallversicherung versicherten ArbN von 62 € jährl begrenzt ist.

12 **5. Pflichtsteuerschuld bei § 19 I 1 Nr 3 S 2, § 40b IV.** Der Gesetzgeber hat in § 19 I Nr 3 für Sonderzahlungen des ArbG an betriebl Zusatzversorgungskassen einen fiktiven ArbLohn eingeführt und daran in § 40b IV eine PflichtSt-Schuld des ArbG geknüpft. Nach der Gesetzesbegründung (s BT-Drs 16/2712 unter II. Besonderer Teil zu Art 1 zu Nr 28) soll diese PflichtStSchuld die Durchführung der Besteuerung wesentl vereinfachen und der Tatsache Rechnung tragen, dass durch die Sonderzahlungen vorrangig die Sicherung der bereits bestehenden, nicht aber der Erwerb neuer Ansprüche finanziert wird und der ArbG die Sonderzahlungen ausgelöst hat. – Dieser Vorgang ist im EStRecht singulär! Die Sonderzahlung stellt materiell-rechtl schon gar keinen steuererhebl Vorgang dar, denn sie ist kein ArbLohn. Sie dient – so auch die Gesetzesbegründung – der Sicherstellung bereits bestehender Ansprüche des ArbN. Eine derartige vom ArbG selbst ausgelöste Finanzierungsmaßnahme ggü der Versorgungskasse kann nicht zum Lohn des ArbN führen (s auch *Bergkemper* HFR 06, 452, unter 3. aE; *ders* FR 07, 974; *ders* FR 11, 1043; § 19 Rz 88). Weder § 19 I 1 Nr 3 S 2 noch § 40b IV können um der materiellen Gerechtigkeit willen eingeführt worden sein, sondern *allein zur Einnahmevermehrung des Fiskus.* Es handelt sich *materiell-rechtl* um eine *im EStG versteckte VerkehrSt* (s auch *Birk/Specker* DB 08, 488; *Litmann/Barein* § 19 Rz 184c). Die Besteuerung unabhängig von der Erhöhung der Leistungsfähigkeit ist verfrechtl äußerst fragwürdig (s auch *Glaser* BB 06, 2217; ferner § 19 Rz 88). Nach zutr Ansicht des BFH ist die Vorschrift wegen Verstoßes gegen Art 3 I GG verfwidrig (BFH VI R 49/12 BFH/NV 14, 418; Az BVerfG 2 BvL 7/14; ebenso *Sonnleitner/Engels/Winkelhog* BB 14, 791). – Die Pflichtpauschalierung gilt bereits für Sonderzahlungen ab 24.8.2006; auch hierin liegt eine unzulässige stbegründete (nicht nur stverschärfende) gesetzl Rückwirkung (s auch § 19 Rz 88). – Das Gesetz ist iÜ im Hinblick auf die eigene Zielsetzung misslungen: die pauschale LSt von 15 vH sollte nur für Sonderzahlungen iSd § 19 I 1 Nr 3 S 2 Buchst a und b gelten; nach dem Wortlaut des § 40b IV sind sämtl Sonderzahlungen des § 19 I 1 Nr 3 S 2 und damit auch solche mit 15 vH zu besteuern, die bei Beendigung des Beschäftigungsverhältnisses gezahlt werden (*BMF* BStBl I 13, 1022, Rz 348; *Hartmann* INF 07, 20 unter 1.4).

13 **6. Steuerschuldnerschaft; Konkurrenzen, § 40b V.** Zu den Besonderheiten, die sich aus der Anwendung des § 40 III ergeben, s dort Rz 24 ff. Da die Zuwendungen bei der Veranlagung außer Ansatz bleiben, kann sie der ArbN auch nicht als SA absetzen (*HHR* § 40b Rz 10; aA *KSM* § 40b A 4). Nach dem eindeutigen Wortlaut des § 40b V 2 können, auch soweit der Höchstbetrag nach § 40b II überschritten ist, Beträge für Direktversicherungen und Zuwendungen an Pensionskassen nicht nach § 40 I 1 Nr 1 und 2 pauschal besteuert werden. Sonstige Zukunftssicherungsleistungen können dagegen nach § 40 I 1 Nr 1 pauschal besteuert werden. Hierzu zählen auch die Direktversicherungen, die wegen Fehlens der Altersvoraussetzung oder wegen Verstoßes gegen das Kündigungsverbot des § 40b 1 2 (idF bis 31.12.2004) nicht unter § 40b fallen. Zum **Konkurrenzverhältnis zwischen § 40a und § 40b** s zunächst § 40a Rz 3. Eine Pauschalierung nach § 40b ist auch iRe Teilzeitarbeitsverhältnisses zulässig; der ArbG hat aber nachzuweisen, dass dies das einzige ArbVerh des ArbN ist (BFH VI R 165/86 BStBl II 90, 398).

14 **7. Aufzeichnungspflichten.** Sie folgen aus § 4 II Nr 8 LStDV (s § 41).

§ 41 Aufzeichnungspflichten beim Lohnsteuerabzug

(1) [1]Der Arbeitgeber hat am Ort der Betriebsstätte (Absatz 2) für jeden Arbeitnehmer und jedes Kalenderjahr ein Lohnkonto zu führen. [2]In das Lohnkonto sind die nach § 39e Absatz 4 Satz 2 und Absatz 5 Satz 3 abgerufenen elektronischen Lohnsteuerabzugsmerkmale sowie die für den Lohnsteuerabzug erforderlichen Merkmale aus der vom Finanzamt ausgestellten Bescheinigung für den Lohnsteuerabzug (§ 39 Absatz 3 oder § 39e Absatz 7 oder Absatz 8) zu übernehmen. [3]Bei jeder Lohnzahlung für das Kalenderjahr, für das das Lohnkonto gilt, sind im Lohnkonto die Art und Höhe des gezahlten Arbeitslohns einschließlich der steuerfreien Bezüge sowie die einbehaltene oder übernommene Lohnsteuer einzutragen; an die Stelle der Lohnzahlung tritt in den Fällen des § 39b Absatz 5 Satz 1 die Lohnabrechnung. [4]Ferner sind das Kurzarbeitergeld, das Schlechtwettergeld, das Winterausfallgeld, der Zuschuss zum Mutterschaftsgeld nach dem Mutterschutzgesetz, der Zuschuss bei Beschäftigungsverboten für die Zeit vor oder nach einer Entbindung sowie für den Entbindungstag während einer Elternzeit nach beamtenrechtlichen Vorschriften, die Entschädigungen für Verdienstausfall nach dem Infektionsschutzgesetz vom 20. Juli 2000 (BGBl. I S. 1045) sowie die nach § 3 Nummer 28 steuerfreien Aufstockungsbeträge oder Zuschläge einzutragen. [5]Ist während der Dauer des Dienstverhältnisses in anderen Fällen als in denen des Satzes 4 der Anspruch auf Arbeitslohn für mindestens fünf aufeinander folgende Arbeitstage im Wesentlichen weggefallen, so ist dies jeweils durch Eintragung des Großbuchstabens U zu vermerken. [6]Hat der Arbeitgeber die Lohnsteuer von einem sonstigen Bezug im ersten Dienstverhältnis berechnet und ist dabei der Arbeitslohn aus früheren Dienstverhältnissen des Kalenderjahres außer Betracht geblieben, so ist dies durch Eintragung des Großbuchstabens S zu vermerken. [7]Die Bundesregierung wird ermächtigt, durch Rechtsverordnung mit Zustimmung des Bundesrates vorzuschreiben, welche Einzelangaben im Lohnkonto aufzuzeichnen sind. [8]Dabei können für Arbeitnehmer mit geringem Arbeitslohn und für die Fälle der §§ 40 bis 40b Aufzeichnungserleichterungen sowie für steuerfreie Bezüge Aufzeichnungen außerhalb des Lohnkontos zugelassen werden. [9]Die Lohnkonten sind bis zum Ablauf des sechsten Kalenderjahres, das auf die zuletzt eingetragene Lohnzahlung folgt, aufzubewahren.

(2) [1]Betriebsstätte ist der Betrieb oder Teil des Betriebs des Arbeitgebers, in dem der für die Durchführung des Lohnsteuerabzugs maßgebende Arbeitslohn ermittelt wird. [2]Wird der maßgebende Arbeitslohn nicht in dem Betrieb oder einem Teil des Betriebs des Arbeitgebers oder nicht im Inland ermittelt, so gilt als Betriebsstätte der Mittelpunkt der geschäftlichen Leitung des Arbeitgebers im Inland; im Fall des § 38 Absatz 1 Satz 1 Nummer 2 gilt als Betriebsstätte der Ort im Inland, an dem die Arbeitsleistung ganz oder vorwiegend stattfindet. [3]Als Betriebsstätte gilt auch der inländische Heimathafen deutscher Handelsschiffe, wenn die Reederei im Inland keine Niederlassung hat.

Lohnsteuer-Durchführungsverordnung:

§ 4 *Lohnkonto*

(1) Der Arbeitgeber hat im Lohnkonto des Arbeitnehmers Folgendes aufzuzeichnen:

1. den Vornamen, den Familiennamen, den Tag der Geburt, den Wohnort, die Wohnung sowie die in einer vom Finanzamt ausgestellten Bescheinigung für den Lohnsteuerabzug eingetragenen allgemeinen Besteuerungs-

merkmale. [2]Ändern sich im Laufe des Jahres die in einer Bescheinigung für den Lohnsteuerabzug eingetragenen allgemeinen Besteuerungsmerkmale, so ist auch der Zeitpunkt anzugeben, von dem an die Änderungen gelten;

2. den Jahresfreibetrag oder den Jahreshinzurechnungsbetrag sowie den Monatsbetrag, Wochenbetrag oder Tagesbetrag, der in einer vom Finanzamt ausgestellten Bescheinigung für den Lohnsteuerabzug eingetragen ist, und den Zeitraum, für den die Eintragungen gelten;

3. bei einem Arbeitnehmer, der dem Arbeitgeber eine Bescheinigung nach § 39b Abs. 6 des Einkommensteuergesetzes in der am 31. Dezember 2010 geltenden Fassung (Freistellungsbescheinigung) vorgelegt hat, einen Hinweis darauf, daß eine Bescheinigung vorliegt, den Zeitraum, für den die Lohnsteuerbefreiung gilt, das Finanzamt, das die Bescheinigung ausgestellt hat, und den Tag der Ausstellung;

4. in den Fällen des § 19 Abs. 2 des Einkommensteuergesetzes die für die zutreffende Berechnung des Versorgungsfreibetrags und des Zuschlags zum Versorgungsfreibetrag erforderlichen Angaben.

(2) **Bei jeder Lohnabrechnung ist im Lohnkonto folgendes aufzuzeichnen:**

1. der Tag der Lohnzahlung und der Lohnzahlungszeitraum;

2. in den Fällen des § 41 Abs. 1 Satz 5 des Einkommensteuergesetzes jeweils der Großbuchstabe U;

3. der Arbeitslohn, getrennt nach Barlohn und Sachbezügen, und die davon einbehaltene Lohnsteuer. [2]Dabei sind die Sachbezüge einzeln zu bezeichnen und – unter Angabe des Abgabetags oder bei laufenden Sachbezügen des Abgabezeitraums, des Abgabeorts und des Entgelts – mit dem nach § 8 Abs. 2 oder 3 des Einkommensteuergesetzes maßgebenden und um das Entgelt geminderten Wert zu erfassen. [3]Sachbezüge im Sinne des § 8 Abs. 3 des Einkommensteuergesetzes und Versorgungsbezüge sind jeweils als solche kenntlich zu machen und ohne Kürzung um Freibeträge nach § 8 Abs. 3 oder § 19 Abs. 2 des Einkommensteuergesetzes einzutragen. [4]Trägt der Arbeitgeber im Falle der Nettolohnzahlung die auf den Arbeitslohn entfallende Steuer selbst, ist in jedem Fall der Bruttoarbeitslohn einzutragen, die nach den Nr. 4 bis 8 gesondert aufzuzeichnenden Beträge sind nicht mitzuzählen;

4. steuerfreie Bezüge mit Ausnahme der Vorteile im Sinne des § 3 Nr. 45 des Einkommensteuergesetzes und der Trinkgelder. [2]Das Betriebsstättenfinanzamt kann zulassen, daß auch andere nach § 3 des Einkommensteuergesetzes steuerfreie Bezüge nicht angegeben werden, wenn es sich um Fälle von geringer Bedeutung handelt oder wenn die Möglichkeit zur Nachprüfung in anderer Weise sichergestellt ist;

5. Bezüge, die nach einem Abkommen zur Vermeidung der Doppelbesteuerung oder unter Progressionsvorbehalt nach § 34c Abs. 5 des Einkommensteuergesetzes von der Lohnsteuer freigestellt sind;

6. außerordentliche Einkünfte im Sinne des § 34 Abs. 1 und 2 Nr. 2 und 4 des Einkommensteuergesetzes und die davon nach § 39b Abs. 3 Satz 9 des Einkommensteuergesetzes einbehaltene Lohnsteuer;

7. *(aufgehoben)*

8. Bezüge, die nach den §§ 40 bis 40b des Einkommensteuergesetzes pauschal besteuert worden sind, und die darauf entfallende Lohnsteuer. [2]Lassen sich in den Fällen des § 40 Absatz 1 Satz 1 Nummer 2 und Absatz 2 des Einkommensteuergesetzes die auf den einzelnen Arbeitnehmer entfallenden Beträge nicht ohne weiteres ermitteln, so sind sie in einem Sammelkonto anzuschreiben. [3]Das Sammelkonto muß die folgenden Angaben enthalten: Tag der Zahlung, Zahl der bedachten Arbeitnehmer, Summe der insgesamt gezahlten Bezüge, Höhe der Lohnsteuer sowie Hinweise auf die als

Belege zum Sammelkonto aufzubewahrenden Unterlagen, insbesondere Zahlungsnachweise, Bestätigung des Finanzamts über die Zulassung der Lohnsteuerpauschalierung. [4]In den Fällen des § 40a des Einkommensteuergesetzes genügt es, wenn der Arbeitgeber Aufzeichnungen führt, aus denen sich für die einzelnen Arbeitnehmer Name und Anschrift, Dauer der Beschäftigung, Tag der Zahlung, Höhe des Arbeitslohns und in den Fällen des § 40a Abs. 3 des Einkommensteuergesetzes auch die Art der Beschäftigung ergeben. [5]Sind in den Fällen der Sätze 3 und 4 Bezüge nicht mit dem ermäßigten Kirchensteuersatz besteuert worden, so ist zusätzlich der fehlende Kirchensteuerabzug aufzuzeichnen und auf die als Beleg aufzubewahrende Unterlage hinzuweisen, aus der hervorgeht, daß der Arbeitnehmer keiner Religionsgemeinschaft angehört, für die die Kirchensteuer von den Finanzbehörden erhoben wird.

(3) [1]**Das Betriebsstättenfinanzamt kann bei Arbeitgebern, die für die Lohnabrechnung ein maschinelles Verfahren anwenden, Ausnahmen von den Vorschriften der Absätze 1 und 2 zulassen, wenn die Möglichkeit zur Nachprüfung in anderer Weise sichergestellt ist. [2]Das Betriebsstättenfinanzamt soll zulassen, daß Sachbezüge im Sinne des § 8 Absatz 2 Satz 11 und Absatz 3 des Einkommensteuergesetzes für solche Arbeitnehmer nicht aufzuzeichnen sind, für die durch betriebliche Regelungen und entsprechende Überwachungsmaßnahmen gewährleistet ist, daß die in § 8 Absatz 2 Satz 11 oder Absatz 3 des Einkommensteuergesetzes genannten Beträge nicht überschritten werden.**

(4) [1]**In den Fällen des § 38 Abs. 3a des Einkommensteuergesetzes ist ein Lohnkonto vom Dritten zu führen. [2]In den Fällen des § 38 Abs. 3a Satz 2 ist der Arbeitgeber anzugeben und auch der Arbeitslohn einzutragen, der nicht vom Dritten, sondern vom Arbeitgeber selbst gezahlt wird. [3]In den Fällen des § 38 Abs. 3a Satz 7 ist der Arbeitslohn für jedes Dienstverhältnis gesondert aufzuzeichnen.**

Lohnsteuer-Durchführungsverordnung:

§ 5 ***Besondere Aufzeichnungs- und Mitteilungspflichten im Rahmen der betrieblichen Altersversorgung*** *(abgedruckt bei § 3 EStG)*

Lohnsteuer-Richtlinien: LStR 41.1–41.3/LStH 41.3

1 **1. Umfang der Aufzeichnungspflichten.** Zuwendungen, die nicht den Lohnbegriff erfüllen, brauchen im Lohnkonto nicht angegeben zu werden. Das gilt auch für Trinkgelder, für die der ArbG keine LSt einzubehalten hat (s § 19 Rz 70). Es sind auch die Leistungen iSd § 41 I 4 einzutragen. § 41 I 5 soll im Hinblick auf § 32b sicherstellen, dass bestimmte Lohnersatzleistungen vom FA erkannt werden. Im Hinblick auf mögl stfreie Lohnersatzleistungen (zB Insolvenzgeld, Arbeitslosengeld) ist für Arbeitsunterbrechungen der Großbuchstabe U zu vermerken (LStH 16 R 41.2). Die Aufbewahrungsfrist des § 41 I 9 gilt auch für Belege, die zum **Lohnkonto** zu nehmen sind (zB abgerufene ELStAM; für den LStAbzug erforderl Merkmale aus der Bescheinigung über den LStAbzug). Pauschal versteuerte Bezüge iSd § 40a I 1 Nr 1 und Zukunftssicherungsleistungen iSd § 40b dürfen nicht in einem Sammelkonto aufgezeichnet werden (§ 4 II Nr 8 LStDV).

2 **2. Erfüllungsort der Aufzeichnungspflichten.** Das Lohnkonto ist am Ort der Betriebsstätte zu führen. Für das LStVerfahren gilt ein von § 12 AO abweichender Betriebsstättenbegriff. Für die Bestimmung der Betriebsstätte kommt es allein darauf an, wo der maßgebende ArbLohn insgesamt ermittelt wird. Ohne Bedeutung sind der Ort der Berechnung der LSt oder der Aufbewahrung der Bescheinigung über die LSt-Abzugsmerkmale. Der ArbLohn wird dort ermittelt, wo

die Teile des ArbLohns zusammengestellt werden, die für den LStAbzug bedeutsam sind; bei maschineller Lohnabrechnung also dort, wo die maßgebenden Eingabewerte zusammengefasst werden (LStH 16 R 41.3). Durch die **Betriebsstätte** wird das zuständige FA bestimmt. Es liegt im Ermessen des ArbG, der in mehreren Teilbetrieben ArbN beschäftigt, ob er eine oder mehrere Betriebsstätten iSd § 41 II einrichtet. Zur Betriebsstätte bei Konzernunternehmen s *FinVerw* BB 94, 772; bei Wohnungseigentümergemeinschaften s *FinVerw* DB 97, 1744. § 41 II 2 enthält einen Auffangtatbestand.

3 **3. Ausl ArbN-Verleiher.** Für ausl ArbN-Verleiher, die im Inl oft keinen Ort haben, an dem der für den LStAbzug maßgebende ArbLohn ermittelt wird, war eine Betriebsstättenfiktion zur Bestimmung des zuständigen FA erforderl. Die Zuständigkeit richtet sich nach dem Ort, an dem die Arbeitsleistung ganz oder vorwiegend stattfindet (§ 41 II 2, letzter HS). Unklar ist, welcher Ort die Betriebsstätte ist, wenn der Verleiher zB mehrere ArbN-Kolonnen an verschiedenen Orten eingesetzt hat oder wenn zB eine Kolonne im Laufe des Jahres den Einsatzort ständig wechselt. ME sollte jedes FA, in dessen Bezirk LeihArbN tätig werden, seine Zuständigkeit zunächst annehmen, damit nicht aus einer Unklarheit unrechtmäßige Vorteile gezogen werden können. Zum ständigen Vertreter bei ausl ArbG s LStH 16 R 41.3 S 3. Handelt es sich um ArbG, die Bauleistungen erbringen (§ 48), so gilt die abw Zuständigkeitsregelung des § 20a AO (s auch § 48 Rz 2).

§ 41a Anmeldung und Abführung der Lohnsteuer

(1) [1] **Der Arbeitgeber hat spätestens am zehnten Tag nach Ablauf eines jeden Lohnsteuer-Anmeldungszeitraums**

1. **dem Finanzamt, in dessen Bezirk sich die Betriebsstätte (§ 41 Absatz 2) befindet (Betriebsstättenfinanzamt), eine Steuererklärung einzureichen, in der er die Summen der im Lohnsteuer-Anmeldungszeitraum einzubehaltenden und zu übernehmenden Lohnsteuer angibt (Lohnsteuer-Anmeldung),**
2. **die im Lohnsteuer-Anmeldungszeitraum insgesamt einbehaltene und übernommene Lohnsteuer an das Betriebsstättenfinanzamt abzuführen.**

[2] **Die Lohnsteuer-Anmeldung ist nach amtlich vorgeschriebenem Datensatz durch Datenfernübertragung nach Maßgabe der Steuerdaten-Übermittlungsverordnung zu übermitteln.** [3] **Auf Antrag kann das Finanzamt zur Vermeidung unbilliger Härten auf eine elektronische Übermittlung verzichten; in diesem Fall ist die Lohnsteuer-Anmeldung nach amtlich vorgeschriebenem Vordruck abzugeben und vom Arbeitgeber oder von einer zu seiner Vertretung berechtigten Person zu unterschreiben.** [4] **Der Arbeitgeber wird von der Verpflichtung zur Abgabe weiterer Lohnsteuer-Anmeldungen befreit, wenn er Arbeitnehmer, für die er Lohnsteuer einzubehalten oder zu übernehmen hat, nicht mehr beschäftigt und das dem Finanzamt mitteilt.**

(2) [1] **Lohnsteuer-Anmeldungszeitraum ist grundsätzlich der Kalendermonat.** [2] **Lohnsteuer-Anmeldungszeitraum ist das Kalendervierteljahr, wenn die abzuführende Lohnsteuer für das vorangegangene Kalenderjahr mehr als 1080 Euro, aber nicht mehr als 4000 Euro betragen hat; Lohnsteuer-Anmeldungszeitraum ist das Kalenderjahr, wenn die abzuführende Lohnsteuer für das vorangegangene Kalenderjahr nicht mehr als 1080 Euro betragen hat.** [3] **Hat die Betriebsstätte nicht während des ganzen vorangegangenen Kalenderjahres bestanden, so ist die für das vorangegangene Kalenderjahr abzuführende Lohnsteuer für die Feststellung des Lohnsteuer-Anmeldungszeitraums auf einen Jahresbetrag umzurechnen.** [4] **Wenn die Betriebsstätte im vorangegangenen Kalenderjahr noch nicht bestanden hat, ist die auf einen Jahresbetrag umgerechnete für den ersten vollen Kalendermonat nach der Eröffnung der Betriebsstätte abzuführende Lohnsteuer maßgebend.**

(3) [1]**Die oberste Finanzbehörde des Landes kann bestimmen, dass die Lohnsteuer nicht dem Betriebsstättenfinanzamt, sondern einer anderen öffentlichen Kasse anzumelden und an diese abzuführen ist; die Kasse erhält insoweit die Stellung einer Landesfinanzbehörde.** [2]**Das Betriebsstättenfinanzamt oder die zuständige andere öffentliche Kasse können anordnen, dass die Lohnsteuer abweichend von dem nach Absatz 1 maßgebenden Zeitpunkt anzumelden und abzuführen ist, wenn die Abführung der Lohnsteuer nicht gesichert erscheint.**

(4) [1]**Arbeitgeber, die eigene oder gecharterte Handelsschiffe betreiben, dürfen vom Gesamtbetrag der anzumeldenden und abzuführenden Lohnsteuer einen Betrag von 40 Prozent der Lohnsteuer der auf solchen Schiffen in einem zusammenhängenden Arbeitsverhältnis von mehr als 183 Tagen beschäftigten Besatzungsmitglieder abziehen und einbehalten.** [2]**Die Handelsschiffe müssen in einem inländischen Seeschiffsregister eingetragen sein, die deutsche Flagge führen und zur Beförderung von Personen oder Gütern im Verkehr mit oder zwischen ausländischen Häfen, innerhalb eines ausländischen Hafens oder zwischen einem ausländischen Hafen und der Hohen See betrieben werden.** [3]**Die Sätze 1 und 2 sind entsprechend anzuwenden, wenn Seeschiffe im Wirtschaftsjahr überwiegend außerhalb der deutschen Hoheitsgewässer zum Schleppen, Bergen oder zur Aufsuchung von Bodenschätzen oder zur Vermessung von Energielagerstätten unter dem Meeresboden eingesetzt werden.** [4]**Ist für den Lohnsteuerabzug die Lohnsteuer nach der Steuerklasse V oder VI zu ermitteln, so bemisst sich der Betrag nach Satz 1 nach der Lohnsteuer der Steuerklasse I.**

Lohnsteuer-Richtlinien: LStR 41a.1, 41a.2/LStH 41a.1

Übersicht

1. Rechtsnatur. Die LStAnmeldung ist eine StErklärung iSd § 150 I 2 AO, in der der ArbG die Steuer selbst zu berechnen hat. Sie steht einer StFestsetzung unter dem Vorbehalt der Nachprüfung gleich (§§ 167, 168 AO) und kann, solange der Vorbehalt wirksam ist, aufgehoben oder geändert werden (§ 164 II AO; BFH VI R 10/05 BStBl II 09, 354). Ergibt sich auf Grund der LStAnmeldung ein Erstattungsanspruch des ArbG (zB infolge Zahlung von Zulagen), tritt die Wirkung der Vorbehaltsfestsetzung erst nach Zustimmung des FA (zB konkludent durch Auszahlung) ein (§ 168 S 2 AO). Für den Rechtscharakter einer vom FA akzeptierten LStAnmeldung als StFestsetzung unter Nachprüfungsvorbehalt ist unerhebl, dass der ArbG StSchuldner nur bezügl der zu übernehmenden LSt (§§ 40–40b) ist, während er bezügl der einzubehaltenden LSt nur als Haftungs- oder Entrichtungsschuldner in Anspruch genommen werden kann. Kraft gesetzl Anordnung finden die §§ 164, 167, 168 AO Anwendung. ME sind Überlegungen schon im Ansatz verfehlt, nach denen die LStAnmeldung bezügl der einzubehaltenden LSt nicht als eine StFestsetzung, sondern als ein fiktiver Haftungsbescheid zu qualifizieren sein soll, weil der ArbG für einzubehaltende LSt nur hafte. Der ArbG begleicht bei Abführung der *angemeldeten* LSt keine Haftungsschuld, sondern seine eigene StSchuld, näml seine Entrichtungssteuerschuld (ausführl *Heuermann* StuW 06, 332; s auch *Drenseck* DStJG 9, 387). Dies hat Auswirkungen auf die Änderungsvorschriften in §§ 172ff AO und auf die Verjährungsvorschriften 1 (s BFH I B 151/98 BStBl II 01, 556, für die KapESt). – Gibt zB der ArbG die LStAnmeldung nicht ab oder meldet er LSt zu niedrig an, kann ihn das FA nach Schätzung (formell) durch StBescheid in Anspruch nehmen (BFH VI R 171/00 BStBl II 04, 1087; BFH I R 61/99 BStBl II 01, 67, zur KapESt; Anm *Gosch* StBP 01, 113). Da auch materiell kein Haftungs- sondern ein Entrichtungsanspruch geltend gemacht wird, sind die Grundsätze des Haftungsverfahrens nicht zu beachten (ebenso *Nacke* DStR 05, 1297, 1298; *HHR* § 41a Rz 6; offen gelassen in BFH VI R 10/05 BStBl II 09, 354; *Schneider* BFH/PR 09, 177; aA *Drüen* DB 05, 299; *Heuermann* StuW 06, 332, 334ff; s auch BFH I R 61/99 BStBl II 01, 67, zur KapESt).

2 **2. Anmeldung.** Der ArbG hat die LStAnmeldung dem FA grds auf elektronischem Weg nach Maßgabe der Steuerdaten-Übermittlungsverordnung (StDÜV) zu übermitteln. Zur Vermeidung von unbilligen Härten kann das FA Ausnahmen zulassen (§ 41a I 3); dies ist eine Ermessensentscheidung. Dem Antrag ist zu entsprechen, wenn dem ArbG die Schaffung technischer Mittel nicht zuzumuten ist, zB kleiner Betrieb, der die technischen Mittel auch sonst nicht benötigt, oder älterer ArbG, der vor der Betriebsaufgabe steht und dem die Einarbeitung in die neue Technik nicht zuzumuten ist (FG Hbg EFG 05, 992, rkr). Ferner kann eine Ausnahme im Hinblick auf technische Risiken geboten sein (*Betzwieser* DStR 05, 463).

3 **a) Betriebsstättenbezug; LStArten.** Der ArbG hat für jede Betriebsstätte (§ 41 II) und jeden Anmeldungszeitraum eine LStAnmeldung nach amtl vorgeschriebenem Vordruck abzugeben (Muster für 2016 s *BMF* BStBl I 15, 650; zur Anmeldung/Abführung an ein unzuständiges FA s *FinVerw* DB 10, 1207). Anzumelden sind einzubehaltende (dazu zählt auch die bei einer Nettolohnvereinbarung anfallende LSt) und zu übernehmende (§§ 40–40b) LSt; die beiden LStArten sind getrennt auszuweisen. Maßgebend für den Zeitpunkt der Einbehaltung ist der Zeitpunkt der Lohnzahlung (§ 39b); davon hängt auch der von § 41a I geregelte Fälligkeitszeitpunkt ab (BFH VII R 13/92 BStBl II 93, 471). Solange ein ArbG noch ArbN beschäftigt, für die er LSt einzubehalten/zu übernehmen hat, muss er LStAnmeldungen abgeben. Die gem § 42b erstattete LSt ist gesondert anzugeben (§ 42b III 2).

4 **b) Zeitraum- und Sachverhaltsbezogenheit.** Die LStAnmeldung hat nach § 41a I Nr 1 alle lstpfl Sachverhalte zeitraumbezogen zu erfassen. Wird ein bislang zu Unrecht nicht erfasster Sachverhalt erstmalig in einem Pauschalierungs-/Haftungsbescheid geregelt, bedeutet dies eine Änderung der LStAnmeldung. Dies gilt auch, wenn das FA ggü dem ArbG sachverhaltsbezogen die Entrichtungsschuld abw von der LStAnmeldung festsetzt (aA FG Nds EFG 12, 2015, Rev VI R 47/12). Diese Bescheide sind keine Ergänzungsbescheide iSd § 179 III AO, weil eine vorhandene StFestsetzung (LStAnmeldung) in ihrer Höhe geändert wird (BFH VI R 183/88 BStBl II 93, 829; BFH VI R 106/88 BStBl II 93, 840). Nach einer LStAnmeldung ergangene Haftungs-/Pauschalierungsbescheide sind daher keine Erst-, sondern Änderungsbescheide, was zum Eingreifen des § 176 II AO führen kann (BFH VI R 65/91 BStBl II 93, 844). – Wird nach einer LStAußenprüfung der Vorbehalt der Nachprüfung für die LStAnmeldung ohne Einschränkung oder Bedingung aufgehoben, greift die Änderungssperre des § 173 II AO zugunsten des ArbG ein (BFH VI R 83/04 BStBl II 09, 703; BFH VI R 52/94 BStBl II 95, 555; FG Mchn EFG 05, 637; rkr). Ein Haftungsbescheid kann dann auch nicht mehr ergehen, wenn die LSt von dem ArbN nicht hereingeholt werden kann (zu den Folgerungen der FinVerw s DStR 98, 1307). S auch § 42f Rz 9. Zur Drittwirkung der LStAnmeldung (§ 166 AO) ggü dem Haftenden s FG Thür EFG 99, 1208, rkr; BFH VII R 50/03 BStBl II 05, 127.

5 **3. Anmeldungszeitraum.** Dies ist der Kalendermonat, das Kalendervierteljahr oder das Kj (§ 41a II). Die Betragsgrenze für den einjährigen Anmeldungsteitraum

(§ 41a II 2) wurde durch das Kroat-AnpG ab 2015 geringfügig von 1000 € auf 1080 € erhöht, damit sich bei einem monatl Pauschalentgelt von 450 € und einer PauschSt von 90 € eine jährl Anmeldung ergibt (BT-Drs 18/1529, S 66). Nach § 41a III 2 kann unter bestimmten Voraussetzungen ein anderer Zeitraum angeordnet werden. Bei den nach § 41a II 2 maßgebenden Beträgen handelt es sich um die Summe der einbehaltenen und übernommenen LSt ohne Kürzung um ausgezahlte Zulagen (zB die Berlinzulage, BFH VI R 39/79 BStBl II 82, 223). Die Anmeldung kann mit **Zwangsmitteln** durchgesetzt werden (§§ 328 ff AO). Bei verspäteter Anmeldung (BMF BStBl I 04, 173, Tz III.6) kann ein **Verspätungszuschlag** festgesetzt werden (§ 152 AO); zur Bemessung von Verspätungszuschlägen zur LSt s BFH VI R 101/84 BStBl II 89, 749. Eine Schonfrist bei verspäteter Abgabe der LSt-Anmeldung gibt es nicht (*BMF* BStBl I 04, 173, Tz III.6).

4. Rechtsschutz des ArbG. Erkennt der ArbG, dass die LStAnmeldung fehlerhaft ist, bestehen folgende **Änderungsmöglichkeiten:** – **(1)** Änderung des LStAbzugs nach § 41c. Diese Möglichkeit ist aber zeitl begrenzt (§ 41c III). Ferner greift diese Vorschrift nicht ein, wenn der ArbG irrtüml für einen nicht mehr bei ihm beschäftigten ArbN LSt angemeldet hat. – **(2)** Der ArbG kann gegen die LStAnmeldung innerhalb der Rechtsbehelfsfrist Einspruch einlegen und AdV beantragen (*Drenseck* DB 83, 2326, mwN; *HHSp* § 168 AO Rz 20; keine Beiladung des ArbN, FG Brem EFG 95, 484 rkr, mE zweifelhaft, s BFH VI B 97/79 BStBl II 80, 210; BFH VI R 165/01 BStBl II 05, 890 und Rz 6). – **(3)** Antrag auf Änderung gem § 164 II 2 AO. – **(4)** Abgabe einer berichtigten LStAnmeldung, die ebenfalls die Wirkung des § 168 AO entfalten soll (*Schwarz* DStR 80, 480, 483f; *HHSp* § 168 Rz 13; *T/K* § 168 Rz 11). Führt die berichtigte LStAnmeldung aber zu einer Herabsetzung des ursprüngl Anmeldungsbetrages, bedarf sie der Zustimmung des FA (§ 168 S 2 AO). Von der Zustimmung des FA hängt die Fälligkeit des Erstattungsanspruchs und damit die Möglichkeit ab, zB gegen andere StForderungen aufzurechnen (vgl *Schwarz* DStR 80, 480, 484). 6

5. Anfechtungsbefugnis des ArbN. Auch der ArbN ist, da er als StSchuldner die Einbehaltung/Abführung der LSt dulden muss (Drittbetroffener), zur Anfechtung der LSt-Anmeldung befugt (BFH VI R 165/01 BStBl II 05, 890; zust *Heuermann* StBP 05, 307, mwN; *ders* StuW 06, 332, 336f) und kann gegen das BetriebsstättenFA einen Erstattungsanspruch geltend machen (BFH I R 70/08 BFH/NV 10, 350); auch er kann die AdV der LStAnmeldung begehren (*Drenseck* DStJG 9, 389f, mwN; *Schuhmann* BB 85, 187; aA FG BaWü EFG 92, 110, rkr; *Giloy* BB 93, 1410; *KSM* § 41a A 21, mwN). Der ArbG ist notwendig beizuladen (BFH VI B 66/15 BFH/NV 15, 1600; FG Mchn EFG 02, 629, rkr). Zur Einspruchsfrist s BFH V B 104/97 BStBl II 98, 649. Ficht der ArbN eine LStAnmeldung nicht an, steht dies einem Erstattungsanspruch nach § 37 II AO entgegen (BFH I B 183/94 BStBl II 95, 781 zu § 50a IV; BFH I R 39/95 BStBl II 96, 87, zu § 50d). Nach Ergehen des ESt-Bescheides kann ein Erstattungsanspruch grds nur noch über die Anfechtung dieses Bescheides verfolgt werden (BFH I R 39/95 BStBl II 96, 87); eine Anfechtungsklage des ArbN gegen die LSt-Anmeldung erledigt sich durch den EStBescheid (BFH VI R 165/01 BStBl II 05, 890, Fortsetzungsfeststellungsklage). Zu beachten ist, dass Entscheidungen im Vorauszahlungsverfahren keine Bindungswirkung für das Veranlagungsverfahren erzeugen. Nach Ablauf des Abzugsjahres kann der ArbN nur noch im Wege der Veranlagung die Erstattung einbehaltener LSt begehren (s auch § 39a Rz 12 und § 48 Rz 8). 7

6. Abführung der LSt. § 40a I bestimmt den Fälligkeitszeitpunkt. Bei nicht rechtzeitiger Abführung der LSt sind Säumniszuschläge verwirkt (§ 240 AO). Nach § 240 I 3 AO tritt die Säumnis allerdings nicht ein, bevor die LSt angemeldet worden ist. Erst dann beginnt die Schonfrist des § 240 III 1 AO. Verspätete oder unvollständige Abführung kann als Ordnungswidrigkeit geahndet werden (§ 380 AO). Zur Zahlungs- und Festsetzungsverjährung s *von Groll* DStJG 9, 433 ff. Für 8 den Anspruch des ArbN gegen den ArbG auf Abführung der LSt ist der Finanzrechtsweg nicht gegeben (BFH VI B 108/92 BStBl II 93, 760).

9 **7. Einbehaltung nach § 40a IV; Handelsschiffe.** Diese Regelung begünstigt Reeder ggü anderen Transportunternehmen (*HHR* § 41a Rz 21); sie soll aber dennoch verfgemäß sein (FG Nds EFG 04, 1456, rkr). Zu Einzelheiten s *BMF* DStR 99, 1230; *Voß/Unbescheid* DB 98, 2341; *Blümich/Heuermann* § 41a Rz 40 ff. ArbG iSv § 41a IV ist der zum LSt-Einbehalt nach § 38 III Verpflichtete; ein abweichender ArbG-Begriff kommt nicht in Betracht. Voraussetzung der Begünstigung ist, dass ein ArbN zusammenhängend 183 Tage auf eigenen oder gecharterten Handelsschiffen des ArbG tätig ist (BFH VI R 84/10 BStBl II 11, 986). Durch § 52 Abs 40 a idF des G zur Erhöhung des LSt-Einbehalts in der Seeschifffahrt soll die Begünstigung durch eine vom 1.1.16 bis zum 31.12.20 befristete Erhöhung des LSt-Einbehalts von 40% auf 100% weiter ausgebaut werden (BT-Drs 18/6679).

§ 41b Abschluss des Lohnsteuerabzugs

(1) [1] **Bei Beendigung eines Dienstverhältnisses oder am Ende des Kalenderjahres hat der Arbeitgeber das Lohnkonto des Arbeitnehmers abzuschließen.** [2] **Auf Grund der Eintragungen im Lohnkonto hat der Arbeitgeber spätestens bis zum 28. Februar des Folgejahres nach amtlich vorgeschriebenem Datensatz auf elektronischem Weg nach Maßgabe der Steuerdaten-Übermittlungsverordnung vom 28. Januar 2003 (BGBl. I S. 139), zuletzt geändert durch** ***Artikel 1 der Verordnung vom 26. Juni 2007 (BGBl. I S. 1185),**** **in der jeweils geltenden Fassung, insbesondere folgende Angaben zu übermitteln (elektronische Lohnsteuerbescheinigung):**

1. **Name, Vorname, Tag der Geburt und Anschrift des Arbeitnehmers, die abgerufenen elektronischen Lohnsteuerabzugsmerkmale oder die auf der entsprechenden Bescheinigung für den Lohnsteuerabzug eingetragenen Lohnsteuerabzugsmerkmale, die Bezeichnung und die Nummer des Finanzamts, an das die Lohnsteuer abgeführt worden ist, sowie die Steuernummer des Arbeitgebers,**
2. **die Dauer des Dienstverhältnisses während des Kalenderjahres sowie die Anzahl der nach § 41 Absatz 1 Satz 6 vermerkten Großbuchstaben U,**
3. **die Art und Höhe des gezahlten Arbeitslohns sowie den nach § 41 Absatz 1 Satz 6 vermerkten Großbuchstaben S,**
4. **die einbehaltene Lohnsteuer, den Solidaritätszuschlag und die Kirchensteuer,**
5. **das Kurzarbeitergeld, das Schlechtwettergeld, das Winterausfallgeld, den Zuschuss zum Mutterschaftsgeld nach dem Mutterschutzgesetz, die Entschädigungen für Verdienstausfall nach dem Infektionsschutzgesetz vom 20. Juli 2000 (BGBl. I S. 1045), zuletzt geändert durch Artikel 11 § 3 des Gesetzes vom 6. August 2002 (BGBl. I S. 3082), in der jeweils geltenden Fassung, sowie die nach § 3 Nummer 28 steuerfreien Aufstockungsbeträge oder Zuschläge,**
6. **die auf die Entfernungspauschale anzurechnenden steuerfreien Arbeitgeberleistungen für Fahrten zwischen Wohnung und erster Tätigkeitsstätte sowie Fahrten nach § 9 Absatz 1 Satz 3 Nummer 4a Satz 3,**
7. **die pauschal besteuerten Arbeitgeberleistungen für Fahrten zwischen Wohnung und erster Tätigkeitsstätte sowie Fahrten nach § 9 Absatz 1 Satz 3 Nummer 4a Satz 3,**

---

* Redaktionsversehen: Muss wohl lauten: „Artikel 2 der Verordnung vom 8. Januar 2009 (BGBl. I S. 31)."

8. für die dem Arbeitnehmer zur Verfügung gestellten Mahlzeiten nach § 8 Absatz 2 Satz 8 den Großbuchstaben M,
9. für die steuerfreie Sammelbeförderung nach § 3 Nummer 32 den Großbuchstaben F,
10. die nach § 3 Nummer 13 und 16 steuerfrei gezahlten Verpflegungszuschüsse und Vergütungen bei doppelter Haushaltsführung,
11. Beiträge zu den gesetzlichen Rentenversicherungen und an berufsständische Versorgungseinrichtungen, getrennt nach Arbeitgeber- und Arbeitnehmeranteil,
12. die nach § 3 Nummer 62 gezahlten Zuschüsse zur Kranken- und Pflegeversicherung,
13. die Beiträge des Arbeitnehmers zur gesetzlichen Krankenversicherung und zur sozialen Pflegeversicherung,
14. die Beiträge des Arbeitnehmers zur Arbeitslosenversicherung,
15. den nach § 39b Absatz 2 Satz 5 Nummer 3 Buchstabe d berücksichtigten Teilbetrag der Vorsorgepauschale.

[3]Der Arbeitgeber hat dem Arbeitnehmer einen nach amtlich vorgeschriebenem Muster gefertigten Ausdruck der elektronischen Lohnsteuerbescheinigung mit Angabe der Identifikationsnummer (§ 139b der Abgabenordnung) oder des lohnsteuerlichen Ordnungsmerkmals (Absatz 2) auszuhändigen oder elektronisch bereitzustellen. [4]Soweit der Arbeitgeber nicht zur elektronischen Übermittlung nach Absatz 1 Satz 2 verpflichtet ist, hat er nach Ablauf des Kalenderjahres oder wenn das Dienstverhältnis vor Ablauf des Kalenderjahres beendet wird, eine Lohnsteuerbescheinigung nach amtlich vorgeschriebenen Muster auszustellen. [5]Er hat dem Arbeitnehmer diese Bescheinigung auszuhändigen. 6Nicht ausgehändigte Bescheinigungen für den Lohnsteuerabzug mit Lohnsteuerbescheinigungen hat der Arbeitgeber dem Betriebsstättenfinanzamt einzureichen.

(2) **[1]Ist dem Arbeitgeber die Identifikationsnummer (§ 139b der Abgabenordnung) des Arbeitnehmers nicht bekannt, hat er für die Datenübermittlung nach Absatz 1 Satz 2 aus dem Namen, Vornamen und Geburtsdatum des Arbeitnehmers ein Ordnungsmerkmal nach amtlich festgelegter Regel für den Arbeitnehmer zu bilden und das Ordnungsmerkmal zu verwenden. [2]Er darf das lohnsteuerliche Ordnungsmerkmal nur für die Zuordnung der elektronischen Lohnsteuerbescheinigung oder sonstiger für das Besteuerungsverfahren erforderlicher Daten zu einem bestimmten Steuerpflichtigen und für Zwecke des Besteuerungsverfahrens erheben, bilden, verarbeiten oder verwenden.**

(2a) **[1]Ordnungswidrig handelt, wer vorsätzlich oder leichtfertig entgegen Absatz 2 Satz 2 das Ordnungsmerkmal verwendet. [2]Die Ordnungswidrigkeit kann mit einer Geldbuße bis zu zehntausend Euro geahndet werden.**

(3) **[1]Ein Arbeitgeber ohne maschinelle Lohnabrechnung, der ausschließlich Arbeitnehmer im Rahmen einer geringfügigen Beschäftigung in seinem Privathaushalt im Sinne des § 8a des Vierten Buches Sozialgesetzbuch beschäftigt und keine elektronische Lohnsteuerbescheinigung erteilt, hat anstelle der elektronischen Lohnsteuerbescheinigung eine entsprechende Lohnsteuerbescheinigung nach amtlich vorgeschriebenem Muster auszustellen. [2]Der Arbeitgeber hat dem Arbeitnehmer die Lohnsteuerbescheinigung auszuhändigen. [3]In den übrigen Fällen hat der Arbeitgeber die Lohnsteuerbescheinigung dem Betriebsstättenfinanzamt einzureichen.**

(4) **Die Absätze 1 bis 3 gelten nicht für Arbeitnehmer, soweit sie Arbeitslohn bezogen haben, der nach den §§ 40 bis 40b pauschal besteuert worden ist.**

Lohnsteuer-Richtlinien: LStR 41b/LStH 41b

1 **1. Abschluss des LStAbzugs.** Bei Abschluss des Lohnkontos (Beendigung des DienstVerh oder Ende des Kj) hat der ArbG spätestens bis zum 28.2. des Folgejahres eine elektronische LSt-Bescheinigung nach amtl vorgeschriebenem Datensatz zu übermitteln (ab 2016 s *BMF* BStBl I 15, 614). Die erforderl Angaben sind in § 41b I 2 Nr 1 bis 13 geregelt. Die jährl Abrechnung nach § 41b I ist auch unverzichtbar bei Zahlung pauschaler Zuschläge zum ArbLohn für Sonntags-, Feiertags- und Nachtarbeit. Denn die Steuerfreiheit dieser Zuschläge ist nur insoweit gegeben, als sie für tatsächl geleistete Stunden zu den von § 3b begünstigten Zeiten gezahlt wurden. Dies ist durch die Abrechnung nach § 41b I zu belegen (BFH VI R 18/11 BStBl II 12, 291). Soweit der ArbG nicht zur elektronischen Übermittlung verpflichtet ist (Einzelheiten s *BMF* BStBl I 13, 1132 Tz II), hat er auf der vom FA ausgestellten Bescheinigung für den LStAbzug eine LSt-Bescheinigung auszustellen und dem ArbN (zur Vorlage bei einem neuen ArbG oder für die Veranlagung) auszuhändigen bzw dem Betriebsstätten-FA einzureichen. Nach Abschluss des Lohnkontos ist eine Änderung des LStAbzugs unzulässig; etwaige Fehler beim LStAbzug können dann nur noch iRd ESt-Veranlagung berichtigt werden (BFH III R 50/09 BFH/NV 11, 786); für eine Berichtigung der LStBescheinigung besteht nach diesem Zeitpunkt kein Rechtschutzbedürfnis mehr (BFH III B 30/13 BFH/NV 13, 1625). Über die Eintragungen auf den LStBescheinigungen und sonstige in der Praxis auftretende Fragen gibt LStH 16 R 41b. Auskunft.

2 **2. Verfahren.** Die in § 41b aufgeführten Pflichten können nach den §§ 328 ff AO erzwungen werden. Der ArbN hat gegen den ArbG einen *vor den Arbeitsgerichten* verfolgbaren Anspruch auf Erteilung, Ergänzung oder Berichtigung der LStBescheinigungen (BFH VI B 108/92 BStBl II 93, 760; BFH VI R 57/04 BStBl II 08, 434; FG Nds EFG 08, 1987, rkr, Anm *Siegers;* FG Mster EFG 06, 283, rkr, zum negativen Kompetenzkonflikt s § 38 Rz 1); der Anspruch besteht aber nur bis Ende März des dem Abzugsjahr folgenden Jahres (BFH VI R 36/96 BFH/NV 02, 340). Bei der Veranlagung gibt es keine Bindung an den Inhalt der LStBescheinigung (BFH VII B 205/99 BFH/NV 00, 1080).

§ 41c Änderung des Lohnsteuerabzugs

(1) [1] **Der Arbeitgeber ist berechtigt, bei der jeweils nächstfolgenden Lohnzahlung bisher erhobene Lohnsteuer zu erstatten oder noch nicht erhobene Lohnsteuer nachträglich einzubehalten,**

1. **wenn ihm elektronische Lohnsteuerabzugsmerkmale zum Abruf zur Verfügung gestellt werden oder ihm der Arbeitnehmer eine Bescheinigung für den Lohnsteuerabzug mit Eintragungen vorlegt, die auf einen Zeitpunkt vor Abruf der Lohnsteuerabzugsmerkmale oder vor Vorlage der Bescheinigung für den Lohnsteuerabzug zurückwirken, oder**
2. **wenn er erkennt, dass er die Lohnsteuer bisher nicht vorschriftsmäßig einbehalten hat; dies gilt auch bei rückwirkender Gesetzesänderung.**

[2] **In den Fällen des Satzes 1 Nummer 2 ist der Arbeitgeber jedoch verpflichtet, wenn ihm dies wirtschaftlich zumutbar ist.**

(2) [1] **Die zu erstattende Lohnsteuer ist dem Betrag zu entnehmen, den der Arbeitgeber für seine Arbeitnehmer insgesamt an Lohnsteuer einbehalten oder übernommen hat.** [2] **Wenn die zu erstattende Lohnsteuer aus dem Betrag nicht gedeckt werden kann, der insgesamt an Lohnsteuer einzubehalten oder zu übernehmen ist, wird der Fehlbetrag dem Arbeitgeber auf Antrag vom Betriebsstättenfinanzamt ersetzt.**

(3) [1] **Nach Ablauf des Kalenderjahres oder, wenn das Dienstverhältnis vor Ablauf des Kalenderjahres endet, nach Beendigung des Dienstverhältnisses, ist die Änderung des Lohnsteuerabzugs nur bis zur Übermittlung oder Aus-**

schreibung der Lohnsteuerbescheinigung zulässig. [2]Bei Änderung des Lohnsteuerabzugs nach Ablauf des Kalenderjahres ist die nachträglich einzubehaltende Lohnsteuer nach dem Jahresarbeitslohn zu ermitteln. [3]Eine Erstattung von Lohnsteuer ist nach Ablauf des Kalenderjahres nur im Wege des Lohnsteuer-Jahresausgleichs nach § 42b zulässig. [4]Eine Minderung der einzubehaltenden und zu übernehmenden Lohnsteuer (§ 41a Absatz 1 Satz 1 Nummer 1) nach § 164 Absatz 2 Satz 1 der Abgabenordnung ist nach der Übermittlung oder Ausschreibung der Lohnsteuerbescheinigung nur dann zulässig, wenn sich der Arbeitnehmer ohne vertraglichen Anspruch und gegen den Willen des Arbeitgebers Beträge verschafft hat, für die Lohnsteuer einbehalten wurde. [5]In diesem Fall hat der Arbeitgeber die bereits übermittelte oder ausgestellte Lohnsteuerbescheinigung zu berichtigen und sie als geändert gekennzeichnet an die Finanzverwaltung zu übermitteln; § 41b Absatz 1 gilt entsprechend. [6]Der Arbeitgeber hat seinen Antrag zu begründen und die Lohnsteuer-Anmeldung (§ 41a Absatz 1 Satz 1) zu berichtigen.

(4) [1]**Der Arbeitgeber hat die Fälle, in denen er die Lohnsteuer nach Absatz 1 nicht nachträglich einbehält oder die Lohnsteuer nicht nachträglich einbehalten kann, weil**

1. **der Arbeitnehmer vom Arbeitgeber Arbeitslohn nicht mehr bezieht oder**
2. **der Arbeitgeber nach Ablauf des Kalenderjahres bereits die Lohnsteuerbescheinigung übermittelt oder ausgeschrieben hat,**

dem Betriebsstättenfinanzamt unverzüglich anzuzeigen. [2]Das Finanzamt hat die zuwenig erhobene Lohnsteuer vom Arbeitnehmer nachzufordern, wenn der nachzufordernde Betrag 10 Euro übersteigt. [3]§ 42d bleibt unberührt.

Lohnsteuer-Richtlinien: LStR 41c.1–41c.3/LStH 41c.1, 41c.3

1. Änderungsbefugnis des ArbG, § 41c I. Abs 1 gibt dem ArbG in den dort genannten Fällen ein Recht zur Änderung des LStAbzugs für abgelaufene Lohnzahlungszeiträume. Der ArbG ist zur Änderung des LStAbzugs in den Fällen des § 41c I 1 Nr 2 verpflichtet, wenn ihm dies wirtschaftl zumutbar ist (ArbG mit maschineller Lohnabrechnung, die eine rückwirkende Neuberechnung ermöglicht, s BT-Drs 16/11740, 26). Nimmt der ArbG keine Änderung vor, ist er anzeigepflichtig (§ 41c IV), wenn die Änderung zu einer nachträgl Einbehaltung führen würde. Macht der ArbG im Fall einer sich ergebenden Erstattung von dem Änderungsrecht keinen Gebrauch, kann der ArbN bis zum Ablauf des Kj gegen das BetriebsstättenFA einen Erstattungsanspruch nach § 37 II AO geltend machen (s aber § 41a Rz 6) oder er kann bis zur Veranlagung abwarten. Nach dem Wortlaut des Gesetzes darf die Änderung nur bei der auf die Zurverfügungstellung der ELStAM zum Abruf bzw Vorlage der Bescheinigung zum LStAbzug (§ 41c I 1 Nr 1) oder dem Zeitpunkt des Erkennens (§ 41c I 1 Nr 2) nächstfolgenden Lohnzahlung vorgenommen werden (zu Pfändungsfreigrenzen bei nachträgl Einbehaltung s LStH 16 R 41c.1 (4) 3; *Niermann/Plenker* DB 10, 2127, 2136). Das Änderungsrecht bezieht sich nach hM nur auf Lohnabrechnungen, die der ArbG selbst vorgenommen hatte (aA *KSM* § 41c B 7). § 41c I kommt nicht zur Anwendung, wenn der ArbG irrtüml für einen nicht mehr bei ihm beschäftigten ArbN LSt abgeführt hat; hier hat der ArbG nur die zu § 41a Rz 5 aufgezeigten Möglichkeiten (Erstattungsanspruch, dessen Geltendmachung die vorherige Beseitigung der LStAnmeldung erfordert). § 41c sollte analoge Anwendung bei zu übernehmender LSt (§§ 40–40b) finden (glA *KSM* § 41c A 5). 1

2. Rückwirkende LSt-Abzugsmerkmale, § 41c I 1 Nr 1. Nr 1 gilt auch in den Fällen, in denen der ArbN aus irgendwelchen Gründen versäumt hatte, dem ArbG die Bescheinigung für den LStAbzug rechtzeitig vor der Lohnabrechnung vorzulegen. Die Verpflichtung des ArbG im Fall des § 39c II 2 (Änderungspflicht für den Monat Januar) wird durch § 41c nicht berührt. 2

3 **3. Fehlerhafter LSt-Abzug, § 41c I 1 Nr 2.** Nr 2 setzt voraus, dass der ArbG oder eine seiner Hilfspersonen den nicht vorschriftsgemäßen LStAbzug erkennt, also ursprüngl Unkenntnis vom zutr LSt-Einbehalt bestand. Der ArbG ist zur Änderung deshalb nicht befugt, wenn er die LSt bewusst fehlerhaft einbehalten hat (BFH VI R 29/08 BStBl II 10, 833). Wodurch dem ArbG die Kenntnis über den zutr LSt-Einbehalt vermittelt wird, ist ohne Bedeutung (*Blümich/Heuermann* § 41c Rz 13); die Änderung ist daher auch noch mögl, wenn der LSt-Prüfer den ArbG auf den Fehler aufmerksam gemacht hat. Die ab 2009 geltende Verpflichtung gem § 41c I 1 Nr 2 Satz 2 zur Anzeigepflicht im Fall rückwirkender belastender Gesetzesänderung erscheint bedenkl.

4 **4. Änderungszeitraum, § 41c III.** Abs 3 regelt, bis zu welchem Zeitpunkt die Änderung vorgenommen werden kann. Nach Übermittlung oder Ausschreiben der LStBescheinigung ist jegl Änderung des LStAbzugs unzulässig, da ansonsten der Inhalt der LStBelege unrichtig würde. Daher kann der ArbN nach Übermittlung der LStBescheinigung deren Berichtigung nicht mehr verlangen (BFH VI R 57/04 BStBl II 08, 434); ebenso nicht mehr nach Ablauf des Monats März des Folgejahres (BFH VI B 110/07 BFH/NV 08, 944). Keine Änderung des LStAbzugs liegt aber vor, wenn der ArbG eine LSt-Bescheinigung berichtigt, die weder einbehaltene noch abgeführte LSt unzutreffend als solche ausweist (BFH VII B 9/11 BFH/NV 11, 2042). Nach Ablauf des Kj kann es zu einer Erstattung nur im LStJA durch den ArbG (§ 42b) kommen. Daher kann bei beschr stpfl ArbN nach Ablauf des Kj eine Änderung des LStAbzugs mit Erstattungsfolge nur durch das FA vorgenommen werden (§ 37 II AO; LStH 16 R 41c. 1 (8)). § 41c III kann nicht zugunsten des ArbG durchbrochen werden, wenn ein ArbN sich in betrügerischer Weise einen höheren Lohn ausweist und zur Verschleierung eine zu hohe LSt für den ArbG abführt (*Haase* DStZ 05, 602). Indes ist der tatsächl LStAbzug, der durch die LSt-Bescheinigung dokumentiert wird, nicht von Bedeutung, wenn es um die Entrichtungsschuld des ArbG geht, die einen zutreffend zu ermittelnden Sollbetrag zum Gegenstand hat. Dieser wird nicht durch den in der LSt-Bescheinigung dokumentierten Istbetrag bestimmt. Daher konnte eine LSt-Festsetzung gem § 164 II AO auch dann noch geändert werden, wenn eine Änderung des LStAbzugs nach § 41c III ausscheidet (BFH VI R 38/11 BFH/NV 13, 647; FG Ddorf EFG 15, 2093, rkr; einschränkend *BMF* BStBl 13, 1474). § 41c III 4 idF Kroat-AnpG schränkt die Änderung nach § 164 II AO allerdings ein. Sie ist nunmehr nur noch zulässig, wenn sich der ArbN ohne vertragl Anspruch gegen den Willen des ArbG Beträge verschafft hat, für die LSt einbehalten wurde (*Seifert* DStZ 14, 837, 842). § 41c III 5, 6 regelt näheres zum Verfahren. – Dass der ArbG die LStBescheinigung nicht mehr ändern kann, führt nicht zu einer Bindung im Veranlagungsverfahren oder bei Geltendma-chung eines Erstattungsanspruchs, wenn die Bescheinigung fehlerhaft ist (BFH VII B 9/11 BFH/NV 11, 2042). Dies verkennt BFH VI R 46/07 BStBl II 10, 72; denn das FA kann Fehler des LStAbzugs bei der Veranlagung des ArbN oder auch im Nachforderungsverfahren korrigieren (s auch § 36 Rz 7; § 38 Rz 1). Davon zu unterscheiden ist die Haftung des ArbG, falls die unrichtige LStBescheinigung zu nachteiligen Folgen für den StAnspruch geführt hat.

5 **5. Anzeigepflicht des ArbG, § 41c IV.** Abs 4 hat in der Praxis erhebl Bedeutung, weil die Anzeige die Haftung des ArbG ausschließt (§ 42d II Nr 1). Der ArbG hat, wenn er von seiner Änderungsbefugnis nach § 41c I keinen Gebrauch macht oder die LSt aus den in § 41c IV Nr 1–2 genannten Gründen nicht einbehalten kann, dem BetriebsstättenFA unverzügl, also ohne schuldhafte Verzögerung, Anzeige zu erstatten. Die Anzeige muss so umfassend sein, dass das FA in der Lage ist, die LSt vom ArbN nachzufordern; sie muss insb die Identifikations-Nr und die LStAbzugsmerkmale des ArbN enthalten (LStH 16 R 41c.2 (2)). Die Anzeige hat auch Bedeutung für die Festsetzungsverjährung. Die Festsetzungsfrist beginnt nach § 170 II 1 Nr 1 AO erst mit Ablauf des Kj, in dem der ArbG die Anzeige erstattet

hat (BFH VI R 11/11 BStBl II 13, 190). Noch nicht geklärt ist, ob der Haftungsausschluss auch eingreift, wenn der ArbG den fehlerhaften LStAbzug nicht selbst erkannt hat (vgl § 42d Rz 7; *Bergkemper* FR 10, 952; *Schick* BB 83, 1041, 1042). Weicht der ArbG von einer ihm erteilten Anrufungsauskunft ab, so kann er nicht dadurch einen Haftungsausschluss bewirken, dass er die Abweichung und die steuerl Daten dem BetriebsstättenFA anzeigt (BFH VI R 95/92 BStBl II 93, 687). – In Fällen rückwirkender Gesetzesänderung (s Rz 3) ergibt sich mE keine Haftung des ArbG bei Versäumung einer unverzügl Anzeige; insb wenn der ArbN bei Inkrafttreten der rückwirkenden Gesetzesänderung bereits ausgeschieden war.

6. Verweise. Zu Einzelheiten der Nachforderung (§ 41c IV 2) vgl LStH 16 R 41c.3. Zur Möglichkeit der Nachforderung nach Ablauf des Kj und nach Ergehen eines Steuerbescheides s § 42d Rz 22 ff. 6

§§ 42, 42a *(weggefallen)*

§ 42b Lohnsteuer-Jahresausgleich durch den Arbeitgeber

(1) [1] Der Arbeitgeber ist berechtigt, seinen unbeschränkt einkommensteuerpflichtigen Arbeitnehmern, die während des abgelaufenen Kalenderjahres (Ausgleichsjahr) ständig in einem zu ihm bestehenden Dienstverhältnis gestanden haben, die für das Ausgleichsjahr einbehaltene Lohnsteuer insoweit zu erstatten, als sie die auf den Jahresarbeitslohn entfallende Jahreslohnsteuer übersteigt (Lohnsteuer-Jahresausgleich). [2] Er ist zur Durchführung des Lohnsteuer-Jahresausgleichs verpflichtet, wenn er am 31. Dezember des Ausgleichsjahres mindestens zehn Arbeitnehmer beschäftigt. [3] Der Arbeitgeber darf den Lohnsteuer-Jahresausgleich nicht durchführen, wenn

1. der Arbeitnehmer es beantragt oder

2. der Arbeitnehmer für das Ausgleichsjahr oder für einen Teil des Ausgleichsjahres nach den Steuerklassen V oder VI zu besteuern war oder

3. der Arbeitnehmer für einen Teil des Ausgleichsjahres nach den Steuerklassen II, III oder IV zu besteuern war oder

3a. bei der Lohnsteuerberechnung ein Freibetrag oder Hinzurechnungsbetrag zu berücksichtigen war oder

3b. das Faktorverfahren angewandt wurde oder

4. der Arbeitnehmer im Ausgleichsjahr Kurzarbeitergeld, Schlechtwettergeld, Winterausfallgeld, Zuschuss zum Mutterschaftsgeld nach dem Mutterschutzgesetz, Zuschuss bei Beschäftigungsverboten für die Zeit vor oder nach einer Entbindung sowie für den Entbindungstag während einer Elternzeit nach beamtenrechtlichen Vorschriften, Entschädigungen für Verdienstausfall nach dem Infektionsschutzgesetz vom 20. Juli 2000 (BGBl. I S. 1045) oder nach § 3 Nummer 28 steuerfreie Aufstockungsbeträge oder Zuschläge bezogen hat oder

4a. die Anzahl der im Lohnkonto oder in der Lohnsteuerbescheinigung eingetragenen Großbuchstaben U mindestens eins beträgt oder

5. für den Arbeitnehmer im Ausgleichsjahr im Rahmen der Vorsorgepauschale jeweils nur zeitweise Beträge nach § 39b Absatz 2 Satz 5 Nummer 3 Buchstabe a bis d oder der Beitragszuschlag nach § 39b Absatz 2 Satz 5 Nummer 3 Buchstabe c berücksichtigt wurden oder sich im Ausgleichsjahr der Zusatzbeitragssatz (§ 39b Absatz 2 Satz 5 Nummer 3 Buchstabe b) geändert hat oder

6. der Arbeitnehmer im Ausgleichsjahr ausländische Einkünfte aus nichtselbständiger Arbeit bezogen hat, die nach einem Abkommen zur Vermeidung der Doppelbesteuerung oder unter Progressionsvorbehalt nach § 34c Absatz 5 von der Lohnsteuer freigestellt waren.

(2) [1]Für den Lohnsteuer-Jahresausgleich hat der Arbeitgeber den Jahresarbeitslohn aus dem zu ihm bestehenden Dienstverhältnis festzustellen. [2]Dabei bleiben Bezüge im Sinne des § 34 Absatz 1 und 2 Nummer 2 und 4 außer Ansatz, wenn der Arbeitnehmer nicht jeweils die Einbeziehung in den Lohnsteuer-Jahresausgleich beantragt. [3]Vom Jahresarbeitslohn sind der etwa in Betracht kommende Versorgungsfreibetrag und Zuschlag zum Versorgungsfreibetrag und der etwa in Betracht kommende Altersentlastungsbetrag abzuziehen. [4]Für den so geminderten Jahresarbeitslohn ist die Jahreslohnsteuer nach § 39b Absatz 2 Satz 6 und 7 zu ermitteln nach Maßgabe der Steuerklasse, die die für den letzten Lohnzahlungszeitraum des Ausgleichsjahres als elektronisches Lohnsteuerabzugsmerkmal abgerufen oder auf der Bescheinigung für den Lohnsteuerabzug oder etwaigen Mitteilungen über Änderungen zuletzt eingetragen wurde. [5]Den Betrag, um den die sich hiernach ergebende Jahreslohnsteuer die Lohnsteuer unterschreitet, die von dem zugrunde gelegten Jahresarbeitslohn insgesamt erhoben worden ist, hat der Arbeitgeber dem Arbeitnehmer zu erstatten. [6]Bei der Ermittlung der insgesamt erhobenen Lohnsteuer ist die Lohnsteuer auszuscheiden, die von den nach Satz 2 außer Ansatz gebliebenen Bezügen einbehalten worden ist.

(3) [1]Der Arbeitgeber darf den Lohnsteuer-Jahresausgleich frühestens bei der Lohnabrechnung für den letzten im Ausgleichsjahr endenden Lohnzahlungszeitraum, spätestens bei der Lohnabrechnung für den letzten Lohnzahlungszeitraum, der im Monat März des dem Ausgleichsjahr folgenden Kalenderjahres endet, durchführen. [2]Die zu erstattende Lohnsteuer ist dem Betrag zu entnehmen, den der Arbeitgeber für seine Arbeitnehmer für den Lohnzahlungszeitraum insgesamt an Lohnsteuer erhoben hat. [3]§ 41c Absatz 2 Satz 2 ist anzuwenden.

(4) [1]Im Lohnkonto für das Ausgleichsjahr ist die im Lohnsteuer-Jahresausgleich erstattete Lohnsteuer gesondert einzutragen. [2]In der Lohnsteuerbescheinigung für das Ausgleichsjahr ist der sich nach Verrechnung der erhobenen Lohnsteuer mit der erstatteten Lohnsteuer ergebende Betrag als erhobene Lohnsteuer einzutragen.

Lohnsteuer-Richtlinien: LStR 42b/LStH 42b

1 **1. Allgemeines.** Der LStJA nach § 42b ist der letzte Akt des LStAbzugsverfahrens und damit dem Vorauszahlungsverfahren zuzurechnen (*HHR* § 42b Rz 3). Er wird ohne Antrag des ArbN durchgeführt und soll bezwecken, dass der ArbN die LSt frühzeitig zurückerhält, die infolge schwankenden ArbLohns oder Änderungen der LSt-Abzugsmerkmale während des Ausgleichsjahres zu viel erhoben worden ist. Der LStJA durch den ArbG ist nichts anderes als eine Änderung des LStAbzugs iSd § 41c (*Drenseck* DStJG 9, 386; *KSM* § 42b A 3f; *Blümich/Heuermann* § 42b Rz 3). Nach BFH VII R 29/77 BStBl II 80, 488 umfasst eine **Gehaltsabtretung** zugleich auch die Abtretung etwaiger LStErstattungsansprüche gegen das FA. Gleiches muss auch für den Erstattungsanspruch aus dem LStJA nach § 42b gelten (*Blümich/Heuermann* § 42b Rz 33). Ob sich eine **Gehaltspfändung** auch auf den Erstattungsanspruch aus dem LStJA nach § 42b erstreckt, ist noch nicht abschließend geklärt. Der Gläubiger sollte bei Pfändung des Erstattungsanspruchs den Pfändungs- und Überweisungsbeschluss stets an den ArbG und das FA zustellen (*HHR* § 42b Rz 6; *Kurz* DStZ 74, 75).

2 **2. Berechtigung, Verpflichtung und Verbot zur Durchführung des LStJA.** Beschäftigt der ArbG am 31.12. mindestens 10 ArbN (hierzu zählen auch Teilzeitbeschäftigte und gering entlohnte ArbN, von deren Lohn keine LSt einzubehalten war), ist er zur Durchführung des LStJA verpflichtet. Beschäftigt er weniger als 10 ArbN, ist er zur Durchführung des LStJA berechtigt. Der LStJA darf aber nur für solche ArbN durchgeführt werden, die a) am 31.12. bei ihm beschäftigt

sind, b) unbeschr stpfl sind und c) während des Ausgleichsjahres ständig in einem DienstVerh zu ihm gestanden haben. Ist der ArbN im Laufe des Kj unbeschr stpfl geworden, darf ein LStJA nicht durchgeführt werden, weil der ArbN während des Kj nicht ständig in einem inl DienstVerh gestanden hat (*Blümich/Heuermann* § 42b Rz 10). Hat der ArbN nacheinander in mehreren DienstVerh bei verschiedenen ArbG gestanden, ist der LStJA nach § 42b ebenfalls nicht möglich. Denn der ArbG kann nicht mehr wie beim alten Verfahren anhand der weitergegebenen LStKarte erkennen, welche LSt-Abzugsmerkmale ein früherer ArbG zugrunde gelegt hat (*BMF* BStBl I 13, 951 Rz 123). – Ein **LStJA** darf **nicht durchgeführt** werden in den in § 42b I S 3 Nr 1–6 genannten Fällen.

3. Durchführung des LStJA. Der ArbG hat zunächst den Jahresarbeitslohn des ArbN zu ermitteln. Auf Antrag des ArbN können auch Gehaltsnachzahlungen für mehrere Jahre (§ 34 III 1) einbezogen werden. Der Zeitpunkt der LStJA-Durchführung ergibt sich aus § 42b III. Zum LStJA bei Vorliegen einer Nettolohnvereinbarung s *FinVerw* FR 94, 440, Tz 2. 3

4. Erstattung und Abzugspflichten. Die die Jahreslohnsteuer übersteigenden Abzugsbeträge sind dem ArbN zu erstatten. Der ArbG kann ohne Einwilligung seines ArbN gegen dessen Erstattungsanspruch nicht mit einer gegen ihn gerichteten Forderung aufrechnen, da Schuldner des Erstattungsanspruchs nicht der ArbG, sondern der Steuergläubiger ist (BFH VI 301/60 U BStBl III 61, 372; *T/K* § 46 AO Rz 36). Die dem ArbN zu erstattenden Beträge kann der ArbG dem Betrag entnehmen, den er für seine ArbN für den Lohnzahlungszeitraum, in den die Erstattung fällt, insgesamt an LSt erhoben hat. Reicht der Betrag nicht aus, so wird der Fehlbetrag dem ArbG auf Antrag vom BetriebsstättenFA ersetzt (§ 42b III 2 und 3). Der an den ArbN erstattete Betrag muss im Lohnkonto besonders aufgezeichnet werden (§ 42b IV). Mit der LSt ist auch die **LohnKiSt** auszugleichen. Der ArbG wendet dabei den KiStSatz des Ortes der Betriebstätte an. 4

§ 42c *(weggefallen)*

§ 42d Haftung des Arbeitgebers und Haftung bei Arbeitnehmerüberlassung

(1) **Der Arbeitgeber haftet**

1. **für die Lohnsteuer, die er einzubehalten und abzuführen hat,**
2. **für die Lohnsteuer, die er beim Lohnsteuer-Jahresausgleich zu Unrecht erstattet hat,**
3. **für die Einkommensteuer (Lohnsteuer), die auf Grund fehlerhafter Angaben im Lohnkonto oder in der Lohnsteuerbescheinigung verkürzt wird,**
4. **für die Lohnsteuer, die in den Fällen des § 38 Absatz 3a der Dritte zu übernehmen hat.**

(2) **Der Arbeitgeber haftet nicht, soweit Lohnsteuer nach § 39 Absatz 5 oder § 39a Absatz 5 nachzufordern ist und in den vom Arbeitgeber angezeigten Fällen des § 38 Absatz 4 Satz 2 und 3 und des § 41c Absatz 4.**

(3) [1] **Soweit die Haftung des Arbeitgebers reicht, sind der Arbeitgeber und der Arbeitnehmer Gesamtschuldner.** [2] **Das Betriebsstättenfinanzamt kann die Steuerschuld oder Haftungsschuld nach pflichtgemäßem Ermessen gegenüber jedem Gesamtschuldner geltend machen.** [3] **Der Arbeitgeber kann auch dann in Anspruch genommen werden, wenn der Arbeitnehmer zur Einkommensteuer veranlagt wird.** [4] **Der Arbeitnehmer kann im Rahmen der Gesamtschuldnerschaft nur in Anspruch genommen werden,**

1. **wenn der Arbeitgeber die Lohnsteuer nicht vorschriftsmäßig vom Arbeitslohn einbehalten hat,**

2. wenn der Arbeitnehmer weiß, dass der Arbeitgeber die einbehaltene Lohnsteuer nicht vorschriftsmäßig angemeldet hat. [2]Dies gilt nicht, wenn der Arbeitnehmer den Sachverhalt dem Finanzamt unverzüglich mitgeteilt hat.

(4) [1]**Für die Inanspruchnahme des Arbeitgebers bedarf es keines Haftungsbescheids und keines Leistungsgebots, soweit der Arbeitgeber**

1. die einzubehaltende Lohnsteuer angemeldet hat oder
2. nach Abschluss einer Lohnsteuer-Außenprüfung seine Zahlungsverpflichtung schriftlich anerkennt.

[2]**Satz 1 gilt entsprechend für die Nachforderung zu übernehmender pauschaler Lohnsteuer.**

(5) **Von der Geltendmachung der Steuernachforderung oder Haftungsforderung ist abzusehen, wenn diese insgesamt 10 Euro nicht übersteigt.**

(6) [1]**Soweit einem Dritten (Entleiher) Arbeitnehmer im Sinne des § 1 Absatz 1 Satz 1 des Arbeitnehmerüberlassungsgesetzes in der Fassung der Bekanntmachung vom 3. Februar 1995 (BGBl. I S. 158), das zuletzt durch Artikel 26 des Gesetzes vom 20. Dezember 2011 (BGBl. I S. 2854) geändert worden ist, zur Arbeitsleistung überlassen werden, haftet er mit Ausnahme der Fälle, in denen eine Arbeitnehmerüberlassung nach § 1 Absatz 3 des Arbeitnehmerüberlassungsgesetzes vorliegt, neben dem Arbeitgeber. [2]Der Entleiher haftet nicht, wenn der Überlassung eine Erlaubnis nach § 1 des Arbeitnehmerüberlassungsgesetzes in der jeweils geltenden Fassung zugrunde liegt und soweit er nachweist, dass er den nach § 51 Absatz 1 Nummer 2 Buchstabe d vorgesehenen Mitwirkungspflichten nachgekommen ist. [3]Der Entleiher haftet ferner nicht, wenn er über das Vorliegen einer Arbeitnehmerüberlassung ohne Verschulden irrte. [4]Die Haftung beschränkt sich auf die Lohnsteuer für die Zeit, für die ihm der Arbeitnehmer überlassen worden ist. [5]Soweit die Haftung des Entleihers reicht, sind der Arbeitgeber, der Entleiher und der Arbeitnehmer Gesamtschuldner. [6]Der Entleiher darf auf Zahlung nur in Anspruch genommen werden, soweit die Vollstreckung in das inländische bewegliche Vermögen des Arbeitgebers fehlgeschlagen ist oder keinen Erfolg verspricht; § 219 Satz 2 der Abgabenordnung ist entsprechend anzuwenden. [7]Ist durch die Umstände der Arbeitnehmerüberlassung die Lohnsteuer schwer zu ermitteln, so ist die Haftungsschuld mit 15 Prozent des zwischen Verleiher und Entleiher vereinbarten Entgelts ohne Umsatzsteuer anzunehmen, solange der Entleiher nicht glaubhaft macht, dass die Lohnsteuer, für die er haftet, niedriger ist. [8]Die Absätze 1 bis 5 sind entsprechend anzuwenden. [9]Die Zuständigkeit des Finanzamts richtet sich nach dem Ort der Betriebsstätte des Verleihers.**

(7) **Soweit der Entleiher Arbeitgeber ist, haftet der Verleiher wie ein Entleiher nach Absatz 6.**

(8) [1]**Das Finanzamt kann hinsichtlich der Lohnsteuer der Leiharbeitnehmer anordnen, dass der Entleiher einen bestimmten Teil des mit dem Verleiher vereinbarten Entgelts einzubehalten und abzuführen hat, wenn dies zur Sicherung des Steueranspruchs notwendig ist; Absatz 6 Satz 4 ist anzuwenden. [2]Der Verwaltungsakt kann auch mündlich erlassen werden. [3]Die Höhe des einzubehaltenden und abzuführenden Teils des Entgelts bedarf keiner Begründung, wenn der in Absatz 6 Satz 7 genannte Prozentsatz nicht überschritten wird.**

(9) [1]**Der Arbeitgeber haftet auch dann, wenn ein Dritter nach § 38 Absatz 3a dessen Pflichten trägt. [2]In diesen Fällen haftet der Dritte neben dem Arbeitgeber. [3]Soweit die Haftung des Dritten reicht, sind der Arbeitgeber, der Dritte und der Arbeitnehmer Gesamtschuldner. [4]Absatz 3 Satz 2 bis 4 ist**

anzuwenden; Absatz 4 gilt auch für die Inanspruchnahme des Dritten. [5]Im Fall des § 38 Absatz 3a Satz 2 beschränkt sich die Haftung des Dritten auf die Lohnsteuer, die für die Zeit zu erheben ist, für die er sich gegenüber dem Arbeitgeber zur Vornahme des Lohnsteuerabzugs verpflichtet hat; der maßgebende Zeitraum endet nicht, bevor der Dritte seinem Betriebsstättenfinanzamt die Beendigung seiner Verpflichtung gegenüber dem Arbeitgeber angezeigt hat. [6]In den Fällen des § 38 Absatz 3a Satz 7 ist als Haftungsschuld der Betrag zu ermitteln, um den die Lohnsteuer, die für den gesamten Arbeitslohn des Lohnzahlungszeitraums zu berechnen und einzubehalten ist, die insgesamt tatsächlich einbehaltene Lohnsteuer übersteigt. [7]Betrifft die Haftungsschuld mehrere Arbeitgeber, so ist sie bei fehlerhafter Lohnsteuerberechnung nach dem Verhältnis der Arbeitslöhne und für nachträglich zu erfassende Arbeitslohnbeträge nach dem Verhältnis dieser Beträge auf die Arbeitgeber aufzuteilen. [8]In den Fällen des § 38 Absatz 3a ist das Betriebsstättenfinanzamt des Dritten für die Geltendmachung der Steuer- oder Haftungsschuld zuständig.

Lohnsteuer-Richtlinien: LStR 42d.1–42d.3/LStH 42d.1, 42d.2

Übersicht

Schrifttum: Weiteres Schrifttum **bis 1982** s 5. Aufl; **bis 1998** s 20. Aufl; *Lang* Arbeitsrecht und StRecht, RdA 99, 64; *Heuermann* Steuern erheben durch Beleihen? StuW 99, 349; *Kloubert* Gesamtschuldnerausgleich beim LStAbzug, FR 01, 465; *Nacke* Zweifelsfragen und Prüfungsschwerpunkte bei der Lohnsteuerhaftung DStR 05, 1297; *Bartone* Haftung des Insolvenzverwalters für LSt-Schulden des Insolvenzschuldners bei Neuerwerb DB 10, 596 *Nacke* Die Haftung für Steuerschulden, 3. Aufl 2012; *Heuermann* Entrichtungspflicht – Steuerpflicht – Grundpflicht?, FR 13, 354.

I. Allgemeines

1 Zur Rechtsentwicklung s *HHR* § 42d Rz 4. Die ArbGHaftung ist **verfgemäß** (BFH VI 270/62 U BStBl II 63, 468; BFH VI R 82/73 BStBl II 76, 104; BVerfG in BVerfGE 44, 103; krit *HHR* § 42d Rz 8). Da die LStEinbehaltungspflicht nur den inl ArbG und den ausl ArbN-Verleiher trifft (§ 38 I 1), können Haftungsschuldner auch nur diese Personen sein (s § 38 Rz 3, 4). Wird die LSt pauschaliert (§§ 40–40b), ist der ArbG nicht Haftungs-, sondern Steuerschuldner (§ 40 III). Bei der **Nettolohnvereinbarung** (s § 39b Rz 10 ff) bleibt der ArbN weiterhin Steuerschuldner, daher findet § 42d Anwendung. Der ArbG haftet nach den KiStGesetzen der Länder auch für die KiSt seiner ArbN. Zahlt der ArbG die angemeldete oder vom FA festgesetzte LSt nicht bis zum Ablauf des Fälligkeitstages, entstehen **Säumniszuschläge** (§ 240 AO), für die der ArbG oder andere Personen (s Rz 35 ff, 43) haften.

II. Die einzelnen Haftungstatbestände

2 **1. Zielsetzung der ArbG-Haftung.** Durch die Haftung des ArbG soll die Steuerforderung gegen den ArbN abgesichert werden, um Steuerausfälle zu verhindern. Tatbestandsvoraussetzung der Haftung ist daher eine Steuerschuld des ArbN **(Akzessorietät der Haftung).** Die Haftung hat **Schadensersatz- und keinen Strafcharakter;** daher kann nur für gesetzl geschuldete LSt, nicht aber für gesetzwidrig zu hoch einbehaltene LSt gehaftet werden (BFH VI R 116/90 BStBl II 93, 775; Anm HFR 93, 708). Str ist, ob sich die Haftung auf die *vorläufig entstandene LStSchuld* (so BFH VI R 24/69 BStBl II 74, 756; wohl auch BFH VI R 5/05 BStBl II 08, 597) oder auf die *endgültige EStSchuld* des ArbN bezieht (*Fichtelmann* DStR 74, 76f; *Lang* StuW 75, 130 ff; *Gast-de Haan* DStJG 9, 158f). Bei der Entscheidung der Streitfrage ist Folgendes zu beachten: Die LSt wird zum Zweck der Vorauszahlung einbehalten und abgeführt. Betrifft die Haftung einen Abführungszeitraum des laufenden Kj, kann Tatbestandsvoraussetzung nur die für diesen Abführungszeitraum entstandene LSt (= Vorauszahlung) sein. *Nach Ablauf des Kj* werden aber die LSt hinfällig, soweit sie die endgültige JahresEStSchuld überschreiten. Denn die Vorauszahlungsschuld ist eine auflösend bedingte Schuld, die mit Ablauf des VZ erlischt, soweit keine EStSchuld entstanden ist (s § 47 AO; ferner § 37 Rz 1). Es wäre verfassungsrechtl bedenkl, sollte der ArbG für eine Steuerschuld (Vorauszahlungsschuld) haften, die in dieser Höhe durch die Jahressteuerschuld nicht gedeckt ist. Daher hängt der Umfang der Haftung nach Ablauf des Kj (entgegen BFH VII B 30/06 BFH/NV 07, 204 auch, wenn der ArbG vor Ablauf des Kj in Haftung genommen worden ist) von der endgültigen EStSchuld des ArbN ab (glA *Lang* RdA 99, 64 ff; *HHR* § 42d Rz 22; *Drenseck* StuW 00, 452, 455; *Drüen* DStJG 31, 189f; s auch Rz 59; aA *KSM* § 42d A 9 ff; *Blümich/Wagner* § 42d Rz 35 ff; *Thomas* DStR 95, 273). Allerdings obliegt es dem ArbG substantiiert dazulegen, dass die EStSchuld des ArbN hinter dem Haftungsbetrag zurückbleibt bzw in vollem Umfang beglichen ist (ähnl *Martens* StuW 70, 310, 314; insoweit einschr *HHR* § 42d Rz 22; vgl auch Rz 59). – Kein Fall der Haftung ist die StSchuldnerschaft des ArbG nach §§ 40–40b (zum Verhältnis zu § 42d s *HHR* § 42d Rz 13; *Bergkemper* FR 09, 624).

3 **2. Einbehaltung und Abführung der LSt, § 42d I Nr 1.** Der Haftungstatbestand ist nicht erfüllt, wenn der ArbG die richtige LSt einbehalten und abgeführt

hat (BFH VI R 24/69 BStBl II 74, 756, unter III, mwN; BFH VI R 101/93 BFH/NV 95, 297). Eine unterlassene Anzeige nach § 38 IV 2 bedeutet, dass die LSt nicht ordnungsgemäß einbehalten worden ist (BFH VI R 112/99 BStBl II 02, 884; aA *Eisgruber* DStR 03, 141). In die Sphäre des ArbG fällt auch die Beurteilung der Frage, ob ein ArbLohn stpfl ist. Das Haftungsrisiko wird durch § 42e gemildert. Ist der ArbG entspr einer ihm oder dem ArbN erteilten unrichtigen **Anrufungsauskunft** oder entspr einer unrichtigen **verbindl Zusage** (§§ 204 ff AO) verfahren, hat er als „Beauftragter" die Weisungen und Vorschriften des „Auftraggebers" (FA) beachtet und hat damit die LSt vorschriftsmäßig einbehalten und abgeführt. Der Haftungstatbestand ist in diesen Fällen nicht erfüllt (*KSM* § 42d B 1; *Blümich/Wagner* § 42d Rz 51; s auch BFH VI R 23/02 BStBl II 06, 210 zur LSt-Pauschalierung, und § 42e Rz 9). Die **Nichtabführung einbehaltener LSt** erfüllt stets den Haftungstatbestand.

3. Erstattung der LSt beim LStJA, § 42d I Nr 2. Die Vorschrift dient nur der Klarstellung. Der LStJA durch den ArbG (§ 42b) ist der letzte Akt des LStAbzugs. Die **unrichtige Erstattung** hätte auch unter § 42d I Nr 1 subsumiert werden können (s BFH VI R 121/72 BStBl II 75, 420). § 42d I Nr 2 betrifft nicht den LStJA durch das FA. 4

4. Fehlerhafte Angaben im Lohnkonto, § 42d I Nr 3. Dieser Haftungstatbestand ist auf Kritik gestoßen (*Lang* StuW 75, 113, 130), weil der Gesetzgeber die Haftung auf das Veranlagungsverfahren ausgedehnt hat. Dadurch sollte das Urteil BFH VI R 320/66 BStBl II 68, 697 gegenstandlos werden (vgl BT-Drs 7/1470, S 307 zu § 152). Wird auf Grund unrichtiger Angaben im Lohnkonto oder in der LStBescheinigung die Steuer vom FA im Rahmen der Veranlagung zu niedrig festgesetzt, ist der Haftungstatbestand erfüllt. Eine Inanspruchnahme des ArbG kann aber ermessensfehlerhaft sein, wenn das FA bei der Veranlagung den Fehler hätte erkennen können (s auch Rz 29). 5

5. Zu übernehmende LSt, § 42d I Nr 4. Die Vorschrift stellt klar, dass der ArbG auch für die vom Dritten zu übernehmende LSt haftet. 6

6. Verschuldensunabhängigkeit der Haftung. Die Haftung des ArbG setzt kein Verschulden voraus (FG Thür EFG 10, 59, rkr). Der Grad des Verschuldens kann aber im Rahmen der Ermessensausübung Bedeutung erlangen (so die hM, zB *Blümich/Wagner* § 42d Rz 58 ff mwN; *Bruschke* StB 14, 76 und Rspr, s Rz 26, 28, 31; aA *Schick* BB 83, 1041, 1044 ff; *Gast-de Haan* DStJG 9, 152; *HHR* § 42d Rz 23; *KSM* § 42d B 12f). Der ArbG trägt grds auch die Verantwortung für LStManipulationen seiner für die Lohnverwaltung zuständigen ArbN (BFH VI R 29/08 BStBl II 10, 833; allerdings wird in diesem Urt unzutr nicht danach gefragt, ob die Inanspruchnahme des ArbG überhaupt ermessensfehlerfrei war; s auch *Bergkemper* FR 10, 952). 7

7. Haftung bei Drittzahlung. § 42d begründet eine Erfolgshaftung iRe selbst beherrschten Risikobereichs und nicht etwa eine Sanktion für eine Pflichtverletzung (*Stolterfoht* DStJG 5, 299 ff). Daher setzt der Haftungstatbestand voraus, dass der Lohnzufluss in der Herrschaftssphäre des ArbG erfolgt (so wohl auch BFH VI R 34/79 BStBl II 82, 502, unerlaubte ArbN-Überlassung, unter 2c). Eine Haftung des ArbG für Drittzahlungen erfordert deshalb eine zw allen Beteiligten bestehende hinreichende Klarheit über den Zahlungsvorgang. 8

8. Entstehung und Erlöschen des Haftungsanspruchs. Der Haftungsanspruch entsteht (§ 38 AO), sobald die einzubehaltene LSt zum Fälligkeitszeitpunkt nicht an das FA abgeführt wird (aA *KSM* § 42d A 40; *Blümich/Wagner* § 42d Rz 69, Entstehung mit fehlerhaftem Steuereinbehalt); es bedarf hierzu nicht des Erlasses des Haftungsbescheides (BFH VII R 46/96 BStBl II 97, 171; Anm *Rößler* DStZ 97, 575). Die Erlöschensgründe sind in § 47 AO aufgezählt. Gem § 44 II AO wirkt die **Erfüllung** durch einen Gesamtschuldner auch für die übrigen 10

Schuldner. Andere Tatsachen (zB Verjährung) wirken nur für und gegen den Gesamtschuldner, in dessen Person sie eintreten.

11 a) **Verjährung.** Es ist zu unterscheiden zw **Festsetzungsverjährung** (§§ 191 III, 169ff AO) und **Zahlungsverjährung** (§§ 228ff AO). Durch § 191 III 4 AO wird verhindert, dass die Festsetzungsfrist für den Haftungsbescheid vor Ablauf der für die Steuerfestsetzung geltenden Festsetzungsfrist endet. Ist aber die ESt bereits gegen den ArbN festgesetzt, läuft für die Festsetzung der Haftungsschuld die Festsetzungsfrist des § 191 III 2 AO (Regelfall 4 Jahre; aA BFH VI R 5/05 BStBl II 08, 597; FG Mchen EFG 15, 437, Rev VI R 3/15 die auf die LSt-Schuld abstellt). Ein Haftungsbescheid kann nicht mehr ergehen, wenn der Steueranspruch bereits durch Verjährung erloschen ist (§ 191 V AO; FG RhPf EFG 83, 477, rkr; FG Mchen EFG 15, 437, Rev VI R 3/15; s auch § 40 Rz 10, § 38 Rz 1); dies hat der Haftungsschuldner vorzutragen und nachzuweisen. Nach § 171 XV AO idF AmtshilfeRLUmsG endet die Festsetzungsfrist ggü dem Steuerschuldner (ArbN) nicht vor Ablauf der ggü dem Entrichtungspflichtigen (ArbG) geltenden Festsetzungsfrist. Hierdurch soll ein Gleichlauf der Festsetzungsfristen beim Steuerschuldner und beim Entrichtungspflichtigen hergestellt werden (zur Kritik an § 171 XV AO mit beachtl Argumenten, *Haupt* BB 15, 983; s auch BFH VI R 151/86, BStBl II 90, 526). Die Rechtmäßigkeit eines Haftungsbescheides wird aber nicht berührt, wenn erst nach dessen Erlass Zahlungsverjährung für den StAnspruch eintritt (BFH VII R 28/99 BStBl II 02, 267). Zur Aufhebung eines Haftungsbescheides nach Eintritt der Verjährung s Rz 11. Zur Unterbrechung der Verjährung eines Haftungsanspruchs s BFH VII R 105/78 BStBl II 82, 226. Durch zugunsten des FA ergangenes Sachurteil wird zugleich darüber entschieden, dass Zahlungsverjährung bis zum Tag der Entscheidung des FG nicht eingetreten ist (BFH VII B 24/96 BFH/NV 97, 95; BFH VIII B 42/07 BFH/NV 08, 802). Zur Ablaufhemmung der Festsetzungsfrist bei Neuerlass eines Haftungsbescheides s Rz 57. Zur Frage der Verwirkung eines Haftungsanspruchs s Rz 28. – Zum Bestimmungsrecht bei Zahlungen und zur Reihenfolge der Tilgung (§ 225 AO) s FG Nds EFG 91, 579, rkr und FG Saarl EFG 91, 580, rkr.

12 b) **Maßgeblichkeit des Zeitpunkts der Einspruchsentscheidung.** Die Zahlung eines Gesamtschuldners (nicht aber eine bevorstehende Tilgung zB durch Aufrechnung, BFH II R 108/81 BStBl II 83, 592) verringert die Steuerschuld und damit die Haftungsschuld eines weiteren Gesamtschuldners. Daher hat das FA *bis zum Ergehen der Einspruchsentscheidung* Zahlungen auf die Steuerschuld durch einen anderen Gesamtschuldner zu berücksichtigen, wenn der gegen den anderen Gesamtschuldner ergangene Haftungsbescheid bereits bestandskräftig ist (BFH VII R 37/06 BFH/NV 08, 526, mwN); dies gilt auch bei Zahlungen durch den St-Schuldner (BFH I R 152/83 BFH/NV 88, 5). Zahlungen des Dritten (ebenso Zahlungsverjährung der StSchuld, BFH VII B 295/04 BFH/NV 05, 1748) *nach Ergehen der Einsprucheentscheidung* gegen den Gesamtschuldner führen jedoch nicht zur Herabsetzung des Haftungsbetrages (BFH V R 125/76 BStBl II 80, 103; BFH VI R 136/77 BStBl II 81, 138). In diesem Fall kann der Gesamtschuldner aber zur Klärung etwaiger Zahlungen eines Dritten vom FA einen Bescheid nach § 218 II AO oder den Widerruf des Haftungsbescheides nach § 131 I AO auch nach Ablauf der Festsetzungsfrist verlangen (BFH VII R 107/96 BStBl II 98, 131; aA *Rößler* StBP 98, 275). Gleiches gilt bei Teilerlass der Haftungsschuld, wobei das Rechtsschutzbedürfnis für die Klage wegfällt (BFH VII R 134/81 BFH/NV 87, 205).

14 **9. Haftungsausschluss, § 42d II.** Der einzige Fall eines echten Haftungsausschlusses ist in § 42d II, 3. Alt (Fall des § 41c IV) geregelt. Er mindert in der Praxis das Haftungsrisiko des ArbG erhebl. Erkennt der ArbG (s dazu Rz 7, § 41c Rz 3, 5 und *HHR* § 42d Rz 56), dass er die LSt nicht vorschriftsmäßig einbehalten hat und zeigt er dies dem FA unverzügl an, ist seine Haftung ausgeschlossen. Zu beachten ist aber, dass selbst bei Verneinung eines Haftungsausschlusses die Inanspruchnahme

des ArbG ermessenfehlerfrei sein muss. Hat sich der ArbG überhaupt nicht über die richtige Einbehaltung der Steuer unterrichtet und ist sein Verhalten völlig willkürl, ist im Einzelfall eine Berufung auf den Haftungsausschluss eine unzulässige Rechtsausübung. Nach Anrufungsauskunft kann der ArbG keinen Haftungsausschluss herbeiführen, wenn er von der Auskunft abweicht (s § 41c Rz 5). Etwaige steuerstrafrechtl Folgen werden durch den Haftungsausschluss nicht berührt. Soweit der Haftungsausschluss eingreift, scheidet jegl Inanspruchnahme des ArbG aus. Die übrigen in § 42d II aufgezählten Alternativen beinhalten keinen Haftungsausschluss. Vielmehr ist bereits der Haftungstatbestand des § 42d I nicht erfüllt.

III. Inanspruchnahme von ArbN, ArbG und anderen Personen

16 **1. Haftungstatbestand und Ermessensentscheidung.** Die Prüfung der Inanspruchnahme eines Haftungsschuldners erfolgt zweigliedrig (FG Hbg EFG 11, 598, rkr): Zunächst ist zu prüfen, ob der Haftungstatbestand erfüllt ist (voll überprüfbare Rechtsentscheidung); sodann ist zu entscheiden, ob und wer als Haftungsschuldner in Anspruch genommen werden soll (Ermessensentscheidung). Regelmäßig ist der Sachverhalt hinsichtl der Höhe der Haftungsschuld voll überprüfbar und nicht Teil der Ermessensentscheidung; daher führen Fehler des FA in diesem Bereich nicht zur Aufhebung des Haftungsbescheides wegen eines Ermessensfehlers (BFH VII R 53/96 BFH/NV 97, 386). ArbG und ArbN sind, soweit die Haftung des ArbG reicht, Gesamtschuldner. Das FA kann die Haftungs- oder Steuerschuld nach pflichtgemäßem **Ermessen** (§ 5 AO) ggü jedem Gesamtschuldner festsetzen (§ 42d III 1 und 2). Das FA muss sein Ermessen spätestens mit der Einspruchsentscheidung ausüben, im Verfahren vor dem FG kann es seine Ermessenserwägungen nach § 102 S 2 FGO nur noch ergänzen, im Revisionsverfahren können neue Ermessenserwägungen gar nicht mehr berücksichtigt werden (BFH VI R 28/12 BFH/NV 13, 1728). Um eine Ermessensentscheidung ggü ArbN und ArbG handelt es sich aber nur, soweit *Vorauszahlungssteuern* des laufenden Kj nacherhoben werden sollen (s auch FG Brem EFG 94, 944, rkr). IÜ liegt eine Ermessensentscheidung nur vor, soweit der ArbG in Anspruch genommen werden soll (andere Tendenz *Blümich/Wagner* § 42d Rz 84). Der ArbN als Steuerschuldner kann bis auf die bei Rz 19 abgehandelten Ausnahmen stets in Anspruch genommen werden, wenn die LSt nicht ordnungsgemäß einbehalten worden ist. Er kann nicht vortragen, der ArbG als der Haftende sei vorrangig in Anspruch zu nehmen oder er könne deshalb nicht in Anspruch genommen werden, weil die Inanspruchnahme des ArbG gegen Treu und Glauben verstoßen würde (BFH VI R 126/87 BStBl II 91, 720); die Inanspruchnahme des ArbN durch Steuerbescheid ist keine Ermessensentscheidung (BFH VI R 137/82 BStBl II 85, 660; BFH VII B 257/03 BFH/NV 04, 1513). Der Einwand des ArbN, er dürfe für die LSt nicht in Anspruch genommen werden, kann gegen die StFestsetzung nicht erfolgreich vorgetragen werden; er gehört ins Abrechnungsverfahren (§ 218 II AO; s auch § 39b Rz 15).

17 **2. Zuständigkeit.** Das BetriebsstättenFA ist zuständig für sämtl Fälle der Inanspruchnahme des ArbG und des ArbN, wenn diesem ggü nur die *Vorauszahlungsschuld* durch LStNachforderungsbescheid geltend gemacht wird; iÜ ist ggü dem ArbN das WohnsitzFA zuständig (FG Brem EFG 94, 944, rkr; s auch Rz 18 ff, 22 ff). Das WohnsitzFA ist auf jeden Fall zuständig, wenn die Nachforderung gegen den ArbN die Änderung eines zuvor ergangenen EStBescheides voraussetzt (BFH VI R 141/88 BStBl II 92, 565). § 42d III 2 bezieht sich erkennbar auf das laufende LStAbzugsverfahren (BFH VI R 141/88 BStBl II 92, 565; FG Brem EFG 94, 944, rkr). Folgen der Verletzung der Zuständigkeit s § 39a Rz 15.

18 **3. Inanspruchnahme des ArbN während des lfd Kj.** Die Inanspruchnahme des ArbN erfolgt während des laufenden Kj durch LStNachforderungsbescheid, der

seinem materiellen Gehalt nach ein Vorauszahlungsbescheid ist. Zuständig für den Erlass des Nachforderungsbescheides ist das BetriebstättenFA (s Rz 17). Der Nachweis über die Begleichung des Nachforderungsbetrages iVm dem Nachforderungsbescheid ist bei der Veranlagung als Ergänzung der LSt-Bescheinigung (§ 41b I 2) zu beachten. Vorschriftsmäßig einbehalten ist die LSt (als Vorauszahlungsschuld) auch dann, wenn der ArbG eine **(materiell unrichtige) Anrufungsauskunft** (§ 42e) beachtet hat (BFH VI R 44/12 BFH/NV 14, 229; BFH VI R 43/13 BFH/NV 14, 1150). Die infolgedessen zu niedrig einbehaltene LSt kann *während* des laufenden Kj (also während des Vorauszahlungsverfahrens) ggü dem ArbN nicht nachgefordert werden (s § 42e Rz 8, 9). Da die Auskunft aber nur Bindungen für das Vorauszahlungsverfahren erzeugt, kann die materiell richtige Steuer, soweit sie die als Vorauszahlungsschuld „vorschriftsmäßig" einbehaltene und abgeführte LSt übersteigt, *nach Ablauf* des Kj gegen den ArbN im Veranlagungsverfahren geltend gemacht werden (s Rz 24; *Geserich* HFR 14, 133).

19 **a) Ausschluss der Inanspruchnahme des ArbN.** Nur in folgendem Fall scheidet jegl Inanspruchnahme des ArbN aus (auch nach Ablauf des Kj): Hat der ArbG die LSt einbehalten, hat der ArbN seine Vorauszahlungspflicht erfüllt; er ist iHd einbehaltenen LSt belastet (*Bruschke* StB 14, 76). Wenn der ArbG als „Beauftragter" des FA ohne Wissen des ArbN die einbehaltene LSt nicht anmeldet, hat das FA das Risiko der Nichtabführung allein zu tragen (**Umkehrung aus § 42d III 4 Nr 2;** s auch *Völlmeke* DB 94, 1747, zugleich zum Verhältnis zu § 36 II Nr 2; dieser Grundsatz gilt aber nicht, wenn der *ArbN* im Wege der Vollstreckung seine titulierten Lohnansprüche gegen den ArbG durchsetzt, s auch BFH VI R 67/90 BStBl II 94, 182). Der ArbN kann weder im Rahmen des LStVorauszahlungsverfahrens noch nach Ablauf des Kj für diese einbehaltenen, aber nicht angemeldeten und nicht abgeführten LSt in Anspruch genommen werden (so schon BFH IV R 168/68 BStBl II 72, 816). Dies bedeutet aber nicht, dass die Lohnteile, auf die die LSt einbehalten (aber nicht abgeführt) worden ist, nicht in einer Jahressteuerfestsetzung (Veranlagung) erfasst werden dürften; erst bei der der Steuerfestsetzung nachfolgenden Abrechnung gelten die einbehaltenen (aber nicht abgeführten) LStBeträge als vorausgezahlt (BFH VI R 137/82 BStBl II 85, 660; BFH VI R 61/09 BStBl II 11, 479). Weiß **(positive Kenntnis)** der ArbN aber, dass der ArbG die einbehaltene LSt nicht angemeldet hat, kann er in Anspruch genommen werden. Bei der dem EStBescheid nachfolgenden Abrechnung sind die Beträge dann nicht wie abgeführt zu behandeln (BFH VII R 51/98 BFH/NV 00, 46, zur Rechtslage bei einem verdeckten ArbVerh), es sei denn, er hat dem BetriebsstättenFA den Sachverhalt unverzügl (ohne schuldhafte Verzögerung) mitgeteilt. Weiß der ArbN nicht, dass der ArbG die einbehaltene LSt nicht angemeldet hat, weiß er aber, dass die LSt nicht ans FA abgeführt worden ist, so kann er nicht in Anspruch genommen werden.

20 **b) Nettolohnvereinbarung.** Auch im Fall der Nettolohnvereinbarung, die klar und eindeutig feststellbar sein muss, hat der ArbG aus der Sicht des ArbN den Bruttoarbeitslohn mit der Auszahlung des Nettolohns vorschriftsmäßig gekürzt. Daher kann der ArbN nur in Anspruch genommen werden, wenn er positive Kenntnis davon hat, dass der ArbG die LSt nicht angemeldet hat (BFH VI R 238/80 BStBl II 86, 186). Da die Nettolohnvereinbarung einen Sonderfall des LStAbzugs darstellt, darf der ArbN von einer vorschriftsmäßigen Einbehaltung der LSt iSv § 42d III 4 Nr 2 aber nur ausgehen, wenn er dem ArbG die für die Anwendung der ELStAM erforderl Angaben macht (§ 39e IV) und den Abruf der ELStAM durch den ArbG nicht sperrt (s BFH VI B 144/12 BFH/NV 14, 181).

22 **4. Inanspruchnahme des ArbN nach Ablauf des Kj.** Auch nach Ablauf des Kj kann bis zum Ende der Festsetzungsfrist (§ 169 AO) gegen den ArbN ein LSt-Nachforderungsbescheid ergehen. Auch dieser Bescheid ist ein Vorauszahlungsbescheid, wenn das zuständige BetriebsstättenFA (s Rz 23) *nur die Steuer des fehlerhaf-*

ten Abführungszeitraums festsetzt. Der ArbN kann einwenden, dass sich der Fehler des Abführungszeitraumes wegen anderer steuermindernder Merkmale (zB hohe WK) iRd Jahressteuer nicht auswirkt. Das FA wird dann eine Jahressteuerberechnung vornehmen müssen (Jahressteuerfestsetzung eigener Art, *Drenseck* DStJG 9, 422ff). Hiergegen kann der ArbN sämtl steuermindernden Umstände geltend machen. Wird der ArbN aber nicht von Amts wegen veranlagt und ist die Frist für die Beantragung der Veranlagung versäumt, kann der ArbN mit seinen steuermindernden Einwendungen allenfalls die Nachforderung zu Fall bringen. Er kann dann keine Erstattung zu viel einbehaltener LSt verlangen (BFH VI R 136/69 BStBl II 73, 423; s auch FG Hbg EFG 92, 692, rkr).

a) Form der Inanspruchnahme. Ist bereits eine Veranlagung durchgeführt worden, kann die Nachforderung nur im Wege der Änderung dieses Bescheides geltend gemacht werden (BFH VI R 141/88 BStBl II 92, 565). Ergeht im Verlauf des Veranlagungsverfahrens, aber vor Erlass der entspr Bescheide ein Nachforderungsbescheid, so sollte dieser Bescheid in das Veranlagungsverfahren einbezogen werden (*Martens* StuW 70, 131f). Zuständig für den Erlass des Nachforderungsbescheids ist auch nach Ablauf des Kj weiterhin das BetriebsstättenFA (ebenso *von Bornhaupt* FR 91, 365, 366); dies gilt wegen der Abgeltungswirkung des § 50 V 1 erst Recht in Fällen beschr stpfl ArbN (BFH I R 157/87 BStBl II 92, 43, also BetriebsstättenFA). Die FÄ können Zuständigkeitsvereinbarungen nach § 27 AO treffen. 23

b) Zulässigkeit der Inanspruchnahme. Stehen Verfahrensvorschriften (zB §§ 172ff AO) nicht entgegen, kann vom ArbN die noch nicht verjährte Steuer nachgefordert werden, soweit sie vorschriftswidrig einbehalten worden ist (*Drenseck* DStJG 9, 380ff). Gegen die uneingeschränkte Inanspruchnahme des ArbN spricht nicht die Verwendung des Wortes „nur" in § 42d III 4. Diese Formulierung ist irreführend und kann sich allenfalls auf Maßnahmen im LStAbzugsverfahren (Vorauszahlungsverfahren) beziehen. Sie gilt nicht, wenn es um die Geltendmachung der *Jahressteuerschuld* geht (BFH VI R 137/82 BStBl II 85, 660; BFH VI R 61/09 BStBl II 11, 479; FG BaWü EFG 86, 23, rkr). Von der uneingeschränkten Inanspruchnahme des ArbN als dem Steuerschuldner gibt es nur die eine Ausnahme, dass der ArbN *nicht* weiß, dass die einbehaltene LSt nicht angemeldet worden ist (§ 42d III 4 Nr 2; s Rz 19). Aus dem Grundsatz der Gleichmäßigkeit der Besteuerung folgt auch, dass das FA *nach Ablauf* des Kj an eine dem ArbN oder dem ArbG erteilte **Anrufungsauskunft** im Veranlagungsverfahren nicht gebunden ist; die Bindung ggü dem ArbN besteht nur während des LStAbzugsverfahrens (BFH VI R 44/12 BFH/NV 14, 229; s auch § 42e Rz 9). Die **vom ArbG im LStJA (§ 42b) zu Unrecht erstattete LSt** kann vom ArbN nachgefordert werden; denn durch die fehlerhafte Erstattung ist die LSt (Vorauszahlungsschuld) iErg nicht vorschriftsmäßig einbehalten worden (*Gast-de Haan* DStJG 9, 168; aA *von Bornhaupt* BB 75, 547). 24

5. Inanspruchnahme des ArbG/Entschließungsermessen. Ist der Haftungstatbestand erfüllt (s Rz 2ff) und greift der Haftungsausschluss (s Rz 14) nicht ein (dies sind Rechtsentscheidungen, die das FG in vollem Umfang überprüfen kann; BFH V R 109/75 BStBl II 78, 508; BFH I R 193/79 BStBl II 83, 544, s hierzu auch Rz 11 und 16), hat das FA zunächst zu prüfen, ob der ArbG überhaupt in Anspruch genommen werden soll. Eine Inanspruchnahme des ArbG kann insb dann von vornherein ermessensfehlerhaft sein, wenn die **Ursachen für die fehlerhafte Einbehaltung der LSt** in der Sphäre des FA liegen; der ArbG ist aber beweispflichtig (BFH VI R 177/88 BStBl II 92, 696). So kann die Inanspruchnahme des ArbG unbillig sein, wenn er den LStAbzug gem einer Verwaltungsvorschrift, zB einem BMF-Schrb, vorgenommen hat (BFH VI R 17/12 DStR 13, 2267), wenn er in einem **entschuldbaren Rechtsirrtum** den Steuerabzug unterlassen hat (zum Verschulden s Rz 7) und er in seinem Rechtsirrtum 26 durch Äußerung eines amtl Prüfers bestärkt worden ist (BFH VI 167/61 U BStBl III 63, 23; Billigung bei früherer LSt-Außenprüfung, FG BaWü EFG 80, 342, rkr), die str Frage Gegenstand wiederholter Prüfungen gewesen ist (BFH VI 259/63 U BStBl III 65, 355; mE auch schon nach einer Prüfung, s § 42f Rz 10), wenn das FA selbst durch seine Sachbehandlung bzw durch eine unklare Auskunft den ArbG in Unklarheit über die Rechtslage versetzt hat (BFH VI 297/61 U BStBl III 62, 284; BFH VI 183/59 S BStBl III 62, 37), den ArbG auf seinen Fehler nicht hingewiesen hat (BFH VI 80/62 U BStBl III 63, 574), der ArbG auf unklare LStR verweisen kann (BFH VI R 44/77 BStBl II 81, 801) oder der ArbG sich entspr einer bisherigen und für ihn nicht erkennbar aufgegebenen Rspr und Verwaltungsauffassung verhalten hatte (FG Nds EFG 92, 365, rkr). Ein Rechtsirrtum kann auch dann entschuldbar sein, wenn der ArbG auf die in einem Tarifvertrag geäußerte Auffassung zur Steuerfreiheit bestimmter Bezüge vertraut hat und vertrauen konnte (BFH VI R 44/77 BStBl II 81, 801). Die falsche Auslegung einer eindeutigen Regelung eines Tarifvertrags geht aber zu Lasten des ArbG (BFH VI R 17/83 BFH/NV 86, 372). Zur Bedeutung des Rechtsirrtums des ArbG s auch *von Bornhaupt* BB 81, 2129, mwN. Ähnliches gilt im Fall eines **Tatsachenirrtums** des ArbG (*Offerhaus* StbJb 83/84, 314). Ist der ArbG entspr einer OFD-Vfg oder einer sonstigen amtl Verlautbarung verfahren, ist seine Inanspruchnahme unabhängig davon ermessensfehlerhaft, ob er die Vfg gekannt hat oder nicht (BFH VI R 130/82 BStBl II 86, 98); auch wenn die amtl Verlautbarung erst nach dem Zeitpunkt des LStAbzugs erfolgt ist (BFH VI R 18/96 BStBl II 97, 413). S auch LStH 16 H 42d.1 „Ermessensausübung“.

27 **a) Ermessensausübung; Anrufungsauskunft.** Hat der ArbG sich an eine unrichtige Anrufungsauskunft (§ 42e) gehalten, ist schon der Haftungstatbestand nicht erfüllt (s Rz 3). Ist der ArbG entspr einer unrichtigen Anrufungsauskunft eines BetriebsstättenFA auch in anderen Betriebsstätten verfahren, ist in Bezug auf diese anderen Betriebsstätten zwar der Haftungstatbestand erfüllt, der ArbG kann aber nicht in Anspruch genommen werden, da die Ursache für die fehlerhafte Einbehaltung der LSt in der Sphäre der *FinVerw* liegt (§ 42e S 2–4, zentrales AuskunftsFA). Ist der ArbG entspr einer ihm früher erteilten Auskunft oder einer allg Verwaltungsübung verfahren, ist nach einer Änderung des Gesetzes oder der VerwAnweisung zu prüfen, ob der ArbG einem entschuldbaren Rechtsirrtum erlegen ist und ob das FA alles getan hat, um dem ArbG beim LStAbzug zu helfen. Es ist bei der Ermessensentscheidung auch zu beachten, dass der ArbG idR kein Steuerfachmann ist und bei immer komplizierter werdendem LStRecht im öffentl Interesse unentgeltl eine nicht unerhebl Belastung auf sich nehmen muss. Man kann von dem ArbG kein strechtl Wissen verlangen, das selbst der amtl Fachprüfer nicht hat (BFH VI R 109/62 U BStBl III 65, 426). Andererseits ist zu beachten, dass der ArbG die Möglichkeit der Anrufungsauskunft hat. Daher kann im Einzelfall eine nicht hinreichende Unterrichtung nicht nur bei rechtl einfach gelagerten Fällen schädl sein, sondern der Verzicht auf eine Anrufungsauskunft kann gerade in schwierigen Fällen vorwerfbar sein (BFH VI R 11/07 BStBl II 08, 933; BFH VI R 32/03 BStBl II 06, 30). IdR ist die Inanspruchnahme des ArbG bei Nichtbeachtung einer erteilten Anrufungsauskunft ermessensgerecht (FG Thür EFG 10, 59, rkr).

28 **b) Mitverschulden.** Im Einzelfall kann es in Anwendung des in § 254 BGB (Mitverschulden) zum Ausdruck kommenden Rechtsgrundsatzes auch geboten sein, den Haftungsanspruch nicht in voller Höhe geltend zu machen (fehlerhaftes Verhalten sowohl in der Sphäre des ArbG als auch des FA; aber nur bei erhebl Fehlverhalten des FA, BFH VII R 61/04 BFH/NV 06, 232; BFH VII B 85/09 BFH/NV 10, 11). Dem FA kann aber nicht vorgehalten werden, es habe über einen längeren Zeitraum von seinen Befugnissen zur Überwachung des LStAbzugs und zur Beitreibung der LStAbzugsbeträge keinen Gebrauch gemacht (BFH VI

R 169/75 BStBl II 78, 683) oder es habe nicht in angemessener Zeit über den Einspruch entschieden (BFH VII B 171/97 BFH/NV 99, 3; also **keine Verwirkung** des Haftungsanspruchs). Die Höhe des Haftungsanspruchs hat auf die Ausübung des Ermessens grds keinen Einfluss (BFH VII R 61/87 BStBl II 89, 979).

c) Unbilligkeit der Inanspruchnahme. Die Inanspruchnahme des ArbG ist idR unbillig, wenn die Steuer beim ArbN deshalb nicht nachgefordert werden kann, weil seine Veranlagung zur ESt bestandskräftig ist und die für die Änderung des EStBescheides erforderl Voraussetzungen (§ 173 AO) nicht erfüllt sind (BFH VI R 47/91 BStBl II 93, 169; FG BaWü EFG 93, 411, rkr). – Ist eine Veranlagung bereits durchgeführt, kann aber die Steuerforderung gegen den ArbN nicht durchgesetzt werden, zB weil er vermögenslos ist, kann der ArbG als Haftender in Anspruch genommen werden. – IÜ setzt die Inanspruchnahme des Haftungsschuldners nicht die vorherige Festsetzung der Steuerschuld voraus (BFH V B 212/03 BFH/NV 04, 1368). 29

6. Inanspruchnahme des ArbG; Auswahlermessen. Wenn grds eine Haftung des ArbG zu bejahen ist, stellt sich die Frage, ob nicht zunächst der ArbN als der Steuerschuldner in Anspruch zu nehmen ist. Ein allg Grundsatz, dass zunächst der ArbN als Steuerschuldner in Anspruch zu nehmen ist, besteht nicht (BFH VI 183/57 U BStBl III 59, 292; *Bruschke* StB 14, 76). Es kommt vielmehr auf die jeweiligen Umstände des Einzelfalles an. – Hat der ArbG die einbehaltenen **LSt-Abzugsbeträge nicht** an das FA **abgeführt,** ist seine Inanspruchnahme regelmäßig gerechtfertigt (vgl auch Rz 38). – Eine Inanspruchnahme des ArbG ist idR ermessensfehlerfrei, wenn der Steuerabzug bewusst oder leichtfertig versäumt worden ist (BFH VI R 23/66 BStBl III 67, 469; BFH VI R 40/07 BStBl II 09, 478). Nach der Rspr des BFH bleibt das FA im Rahmen seines billigen Ermessens, wenn es zur Vereinfachung des Verfahrens den ArbG in Anspruch nimmt, falls nach einer LStPrüfung viele LStBeträge auf Grund von im wesentl gleich liegenden Sachverhalten nachzuzahlen sind (BFH VI R 65/77 BStBl II 80, 289). Bei LStNachforderung für mehr als 40 ArbN ist die Inanspruchnahme des ArbG regelmäßig gerechtfertigt (BFH VI R 177/88 BStBl II 92, 696). Dies gilt auch dann, wenn die ArbN zu veranlagen sind, aber die sofortige Inanspruchnahme des ArbG für die Vielzahl meist kleiner LStBeträge der Vereinfachung dient (BFH VI R 24/69 BStBl II 74, 756, unter IV), insb wenn die Steuer von den ArbN schwerer herein zu bekommen wäre (BFH VI R 8/70 BStBl II 74, 8). Zweckmäßigkeitsgesichtspunkte sind aber nur *ein* Ermessenskriterium; insb bei schuldlosem Verhalten des ArbG reichen die Zweckmäßigkeitsgesichtspunkte allein zur Inanspruchnahme des ArbG nicht aus (*Offerhaus* BB 82, 793, 796). Dem FA wird in diesen Fällen ausführl Darlegung der Ermessensgesichtspunkte empfohlen; insb dann, wenn der ArbG für namentl und anschriftenmäßig bekannte ArbN in Anspruch genommen werden soll (BFH VI R 45/82 BFH/NV 86, 240, 33 ArbN). 31

7. Veranlagung des ArbN, § 42d III 3. Der ArbG kann auch dann in Anspruch genommen werden, wenn der ArbN zu veranlagen ist. Trotz dieser Klarstellung im Gesetz ist die Rspr nicht ohne weiteres überholt, nach der der ArbN vorrangig in Anspruch zu nehmen ist, wenn die Steuer von ihm ebenso schnell und einfach nacherhoben werden kann, weil er zB zu veranlagen ist (BFH VI 164/65 BStBl II 67, 331; BFH VI R 117/66 BStBl II 68, 324), insb dann, wenn der ArbN inzwischen aus dem Betrieb ausgeschieden ist (BFH VI R 23/66 BStBl III 67, 469). Dies gilt insb dann, wenn die Berechnung der LSt für den ArbG wegen Fehlens der LSt-Abzugsmerkmale ausgeschiedener ArbN einen höheren Verwaltungsaufwand verursachen würde als der Versand von Kontrollmitteilungen durch das FA (BFH VI B 28/95 BFH/NV 96, 32). Der ArbG, der sich auf die mögl Veranlagung des ArbN beruft, muss aber von sich aus die erforderl Angaben machen (BFH I R 159/76 BStBl II 79, 182, aE). Eine vorrangige Inanspruchnahme des ArbN kann dann geboten sein, wenn er im Betrieb des ArbG selbst für 32 den LStAbzug verantwortlich war (FG Mster EFG 76, 309, rkr) oder wenn damit gerechnet werden kann, dass die Einkünfte der ArbN unter der stpfl Grenze liegen, vorausgesetzt, die Nachforderung betrifft nur einen oder wenige langfristig Beschäftigte mit ihrer Anschrift bekannte ArbN und das Verhalten des ArbG war nicht grob leichtfertig (BFH VI R 167/73 BStBl II 75, 297; BFH VI R 48/79 BStBl II 82, 710, unter 2b). Eine vorrangige Inanspruchnahme des StPfl kann auch dann geboten sein, wenn zweifelhaft ist, ob er überhaupt ArbN ist. Ist die ESt später bei ihm nicht hereinzuholen, kann der ArbG immer noch als Haftender in Anspruch genommen werden, sofern der StPfl wirkl ArbN war. Dies gilt auch dann, wenn ein früherer Haftungsbescheid gegen den ArbG wegen gebotener vorrangiger Inanspruchnahme des ArbN aufgehoben worden war (BFH VI 262/62 U BStBl III 64, 213). Hatte das FA aber schuldhaft versäumt, den ArbN rechtzeitig vorrangig in Anspruch zu nehmen, kann die spätere Inanspruchnahme des ArbG ermessensfehlerhaft sein. Zur Verwirkung des Haftungsanspruchs bei zögerl Verhalten des FA s BFH II R 34/81 BStBl II 83, 135.

33 **8. Bagatellgrenze, § 42d V.** Sie gilt sowohl bei Nachforderung ggü dem ArbN als auch ggü dem ArbG. Sie ist auch bei der Änderung eines bereits ergangenen LStJA-Bescheides zu beachten. Abzustellen ist auf den Gesamtbetrag der ggü dem ArbN geltend zu machenden Nachforderung. Bei der Inanspruchnahme des ArbG ist nicht auf die auf jeden einzelnen ArbN entfallende LSt abzustellen, sondern auf die insgesamt vom ArbG nachzufordernde LSt (*Blümich/Wagner* § 42d Rz 214; aA *Gast-de Haan* DStJG 9, 162). Diese Frage kann bei Großbetrieben erhebl Auswirkung erlangen, wenn auf zahlreiche ArbN nur ein Nachforderungsbetrag von jeweils unter 10 € entfällt. Die hier vertretene Meinung führt in diesen Fällen dazu, dass das FA zwar nicht den einzelnen ArbN, wohl aber den ArbG in Anspruch nehmen darf. Der ArbG wird in diesen Fällen nicht gehindert sein, gegen seine ArbN Ausgleichsansprüche von jeweils unter 10 € geltend zu machen; denn die Bagatellgrenze soll nicht den Interessen des ArbN, sondern denen des FA (Verwaltungsökonomie) dienen. Verzichtet der ArbG auf einen Rückgriff, wird man dies nicht als Lohnzufluss mit der Folge eines Nettosteuersatzes ansehen dürfen (glA *HHR* § 42d Rz 27).

35 **9. Haftung anderer Personen.** Neben dem ArbG als dem Haftenden und dem ArbN als dem StSchuldner können insb die in §§ 69, 34, 35, 71, 75 AO genannten Personen als Haftende in Frage kommen, also gesetzl Vertreter natürl oder juristischer Personen, Geschäftsführer nicht rechtsfähiger Personenvereinigungen und Vermögensmassen, faktische Geschäftsführer (FG Nds EFG 09, 1610, rkr), Vermögensverwalter (Insolvenzverwalter, Zwangsverwalter, Nachlassverwalter, Liquidatoren, Testamentsvollstrecker, Sequester s FG Sachs-Anh EFG 09, 302, rkr), Verfügungsberechtigte (BFH VII R 20/89 BStBl II 91, 284; zB Prokurist); Duldungsbevollmächtigte (FG Nds EFG 92, 239, rkr), Steuerhinterzieher, Betriebsübernehmer. Kommt die Haftung solcher Personen in Betracht, muss dass FA die Inanspruchnahme dieser Personen prüfen und bei seinen Ermessenserwägungen berücksichtigen. Zur **Haftung bei Steuern iSd § 40 III** s dort Rz 27.

40 **10. Umfang der Haftung.** Zur Anknüpfung der Haftung an die vorläufig entstandene LStSchuld oder an die endgültige EStSchuld des ArbN s Rz 2. Der Höhe nach erstreckt sich die Haftung auf die LSt/ESt, die für den ausgezahlten Lohn entsteht. Die Höhe der LSt ist trotz des damit verbundenen Arbeitsaufwands grds individuell zu ermitteln (BFH VI R 120/92 BStBl II 1994, 536). Die Grundsätze der anteiligen Tilgung bei nicht ausreichenden Mitteln gelten iRd § 42d nicht (*Blümich/Wagner* § 42d Rz 67). LSt als treuhänderisch verwaltete Fremdgelder sind vorrangig vor sonstigen Verbindlichkeiten an das FA abzuführen (BFH VII R 110/99 BStBl II 01, 271, unter II. 3). Wenn die Mittel zur Zahlung des vollen ArbLohns einschließl des StAnteils nicht ausreichen, darf der Lohn nur gekürzt ausgezahlt werden. Aus den restl Mitteln ist die LSt an das FA abführen. Verweigert

ein vorläufiger (schwacher) Insolvenzverwalter die Zustimmung zur Abführung der LSt, darf auch der ArbLohn nicht ausgezahlt werden (FG Köln EFG 14, 1350, rkr). Soweit die für die Höhe der LSt-Haftungsschuld maßgebl Besteuerungsgrundlagen nicht ermittelt oder berechnet werden können, hat sie das FA bzw das FG gem § 162 AO zu schätzen (instruktiv BFH VI R 11/07 BStBl II 08, 933; s auch FG Köln EFG 12, 1650, Rev VI R 77/12).

11. Feststellungslast. Diese trifft für das Entstehen und die Höhe des LSt-Anspruchs und des daran anknüpfenden Haftungsanspruchs grds das FA. Die Feststellungslast kehrt sich aber um, wenn der Haftungsschuldner behauptet, die Löhne seien nicht entspr der LSt-Anmeldung ausgezahlt worden (BFH VII R 3/85 BFH/NV 89, 7; BFH VII B 252/00 BFH/NV 01, 1222). Der in Anspruch genommene Steuerschuldner (Haftungsschuldner) trägt außerdem die Feststellungslast für Tatsachen, die eine StBefreiung oder -ermäßigung (Haftungsbefreiung oder -ermäßigung) begründen. 42

IV. Haftungsbescheid

1. Schriftl Erfordernis. Der Haftungsbescheid ist schriftl zu erteilen (§ 191 I 2 AO). Er muss klar erkennen lassen, dass der Adressat als Haftungsschuldner in Anspruch genommen werden soll (BFH I R 139/85 BFH/NV 91, 497; s auch § 40 Rz 27). Er muss das Leistungsgebot und eine Rechtsbehelfsbelehrung enthalten. Eines Haftungsbescheids und eines Leistungsgebots bedarf es nicht, soweit der ArbG die einbehaltene LSt angemeldet hat **(§ 42d IV Nr 1).** Eines schriftl Haftungsbescheides und eines Leistungsgebotes bedarf es ferner nicht, soweit der ArbG nach einer LStAußenprüfung seine Zahlungsverpflichtung schriftl anerkennt **(§ 42d IV Nr 2).** Dieses Anerkenntnis gilt als Steueranmeldung (§ 167 I 3 AO) und steht damit einer StFestsetzung unter dem Vorbehalt der Nachprüfung gleich. Aus dem Anerkenntnis kann daher vollstreckt werden; bei Zahlungsverweigerung des ArbG bedarf es keines Haftungsbescheids. Durch die nach einer LStAußenprüfung ergehenden Bescheide (Haftungsbescheid, Pauschalierungsbescheid, LStAnmeldung, Anerkenntnis) wird vermieden, dass die früheren LStAnmeldungen einzeln geändert werden müssen; diese Bescheide enthalten punktuelle bzw sachverhaltsbezogene Berichtigungen der früheren LStAnmeldungen in einem Bescheid, was zur Folge hat, dass auch nur über diese Sachkomplexe gestritten werden kann (*Thomas* DStR 92, 837, 843; s auch Rz 46f). – Der einem LSt-Haftungsbescheid beigefügte Vorläufigkeitsvermerk soll nichtig sein (FG Ddorf EFG 95, 530, rkr). – **Zuständig** für den Erlass des Haftungsbescheides ist das BetriebsstättenFA. 45

2. Inhalt. Der Haftungsbescheid, durch den ein ArbG für die LSt mehrerer ArbN in Anspruch genommen wird, ist ein **Sammelbescheid,** in dem die auf den einzelnen ArbN entfallenden Beträge zusammengefasst sind (BFH VI R 182/80 BStBl II 86, 921; s auch Rz 60; ferner *HHR* § 42d Rz 100). Die Haftungsbeträge sind nach Steuerarten (LSt, ev und rk LohnKiSt, SolZ) aufzugliedern. Grds sind die Angaben im Haftungsbescheid auch noch **für jeden ArbN aufzugliedern** (BFH I B 44/96 BStBl II 97, 306; BFH I B 114/96 BFH/NV 97, 826; FG Thür EFG 97, 1417, rkr; ferner Rz 47). Hiervon soll es nach BFH VI R 169/77 BStBl II 80, 669 (zust *von Bornhaupt* BB 82, 1540; aA *Offerhaus* BB 82, 794) nur dann eine Ausnahme geben, wenn die Aufgliederung auf die einzelnen ArbN entweder objektiv unmögl ist oder dem FA nach den Grundsätzen von Recht und Billigkeit nicht zumutbar ist. Dies dürfte nur dann der Fall sein, wenn sich auf Grund einer LStAußenprüfung bei einer Vielzahl von ArbN gleichartige Ansprüche von jeweils nur geringer lsteuerrechtl Auswirkung ergeben (vgl demggü die wohl strengere Auffassung in BFH II R 127/77 BStBl II 81, 84; BFH II R 5/04 BStBl II 07, 472, wonach eine Aufgliederung von mehr als 200 bzw 100 Steuertatbeständen verlangt wird; ebenso FG Ddorf EFG 87, 591, rkr, bei 46

160–180 ArbN Aufteilung zumutbar). Aufteilung der Steuer auf einzelne ArbN ist auch dann nicht erforderl, wenn der ArbG von vornherein bei seinen ArbN keinen Regress nehmen will (BFH VI R 72/82 BStBl II 85, 170; zB bei Nettolohnvereinbarung BFH VI R 237/80 BStBl II 86, 274); ebenfalls nicht, wenn der ArbN dem FA die Namen der ArbN vorenthalten hat (BFH VI R 237/80 BStBl II 86, 274). Ist aber eine Aufteilung für den ArbG von Bedeutung, zB weil er bei allen oder einigen ArbN Rückgriff nehmen will, wird das FA eine Aufgliederung auf die einzelnen ArbN auch bei erhebl zeitl Aufwand vornehmen müssen. Unrichtige Angabe eines ArbN muss nicht schädl sein (FG Hbg EFG 04, 193, rkr, unter II.).

47 **a) Begründung.** Ergeht nach Ablauf des Erhebungsjahres ein LStHaftungsbescheid, ist die **Aufteilung der LStBeträge nach Monaten** nicht erforderl (BFH VI R 208/82 BStBl II 86, 152; wichtige Anm HFR 86, 112; BFH VII R 175/82 BFH/NV 86, 313; erforderl ist nur die Angabe des lstpfl Sachverhalts). Auf die Aufgliederung des in einer Summe angegebenen LStHaftungsbetrages nach Anmeldungszeiträumen kann auch verzichtet werden, wenn für den Haftungsschuldner keine Zweifel bestehen, für welche Sachverhalte er mit dem in einer Summe ausgewiesenen Betrag als Haftender in Anspruch genommen werden soll; auch eine **Aufgliederung nach Jahren** ist dann nicht erforderl (BFH VII R 6/87 BStBl II 88, 480; *Offerhaus* BB 82, 794f; dagegen ausführl *von Bornhaupt* BB 90, Beil Heft 1 S 12f). Die Aufteilung nach Jahren und grds auch nach ArbN ist eine Frage der Begründung und nicht der inhaltl Bestimmtheit des Haftungsbescheids. Der inhaltl Bestimmtheit ist genügt, wenn erkennbar ist, wofür der ArbG in Anspruch genommen wird (BFH VII R 59/91 BFH/NV 93, 146). Dazu reicht es aus, dass der *Sachkomplex* bezeichnet wird, bezügl dessen der ArbG die LSt fehlerhaft einbehalten und abgeführt haben soll (BFH VI R 120/92 BStBl II 94, 536; konkrete Sachverhalte, die zu Lohnzuflüssen geführt haben, und der Zeitraum der Lohnzuflüsse müssen bezeichnet sein). Ein LSt-Haftungsbescheid, der infolge fehlender Aufgliederung des Haftungsbetrages nicht erkennen lässt, in welcher Höhe die als Haftungsschuld festgesetzte LSt dem einzelnen ArbN zugeordnet werden kann, ist daher nicht etwa wegen mangelnder inhaltl Bestimmtheit nichtig, sondern allenfalls materiell-rechtl fehlerhaft (BFH VI R 120/92 BStBl II 94, 536). Nichtigkeit tritt aber bei fehlender Aufteilung der Haftsumme nach StArten ein. Der Haftungsbescheid ist *sachverhalts-* und *nicht* wie der EStBescheid *zeitraumbezogen* (BFH I B 140/04 BStBl II 06, 530; BFH VI R 20/05 BFH/NV 09, 904). Zum Sonderfall eines Haftungsbescheids ohne Angabe des Haftungszeitraums s BFH VII R 114/88 BFH/NV 91, 137. Für die inhaltl Bestimmtheit des Haftungsbescheids reicht es aus, wenn auf einen zuvor oder gleichzeitig mit dem Bescheid übersandten Bp-Bericht Bezug genommen wird (BFH VI R 55/87 BFH/NV 91, 600, mwN; *Blümich/Wagner* § 42d Rz 137). Zum Bestimmtheitserfordernis eines an zwei Personen gerichteten Haftungsbescheides s FG Hbg EFG 83, 210, rkr.

48 **b) Darlegung der Ermessenserwägungen.** Der Haftungsbescheid muss ferner die für die Ermessensausübung maßgebl Gründe enthalten (*Ergänzung* bis zum Ende der mündl Verhandlung vor dem FG gem § 102 S 2 FGO mögl, BFH VII R 52/02 BStBl II 04, 579), und zwar grds auch dann, wenn die einzelnen Punkte in der Schlussbesprechung erörtert worden sind (FG BaWü EFG 83, 519, rkr) oder wenn ein Haftungsbescheid nach der Schlussbesprechung erbeten wird (FG BaWü EFG 85, 258, rkr; zur Ermessensdarlegung im Hinblick auf das Steuergeheimnis s FG Hbg EFG 85, 322, rkr). Es genügt nicht, dass die Ermessenserwägungen sonst aus den Akten ersichtl sind; floskelhafte Feststellungen über Billigkeit und Zweckmäßigkeit der Inanspruchnahme eines Haftungsschuldners reichen nicht aus (BFH VI R 44/77 BStBl II 81, 801). S auch § 121 II Nr 2 AO. Ist die einbehaltene LSt nicht abgeführt worden, ist die Inanspruchnahme des ArbG (oder anderer Personen) idR gerechtfertigt. Hier kann davon ausgegangen werden, dass das FA

stillschweigend von seinem Ermessen sachgerecht Gebrauch gemacht hat (in derartigen Fällen wird eine Inanspruchnahme des ArbN regelmäßig ausgeschlossen sein; s Rz 19; FG Hbg EFG 86, 364, rkr). Die die Ermessensausübung bestimmenden Erwägungen müssen in diesem Fall nicht ausdrückl in den Haftungsbescheid oder die Einspruchsentscheidung aufgenommen werden (zu Ausnahmefällen, zB Nachforderung geringer Beträge für viele ArbN s auch *von Bornhaupt* BB 81, 2129, 2130; aA *Offerhaus* BB 82, 793); die Ermessensausübung selbst muss aber überprüfbar sein (BFH VI R 48/79 BStBl II 82, 710 unter 2). Dies gilt auch, wenn der ArbG leichtfertig oder gar vorsätzl den LStAbzug unterlassen hat (BFH V R 109/75 BStBl II 78, 508; BFH VII R 86/78 BStBl II 81, 493; BFH VII R 3/90 BFH/NV 91, 504) oder der ArbG den Haftungsbescheid selbst beantragt hat (FG Hbg EFG 80, 342, Rev unbegr, s BFH VI R 93/80 BStBl II 85, 644). Dies gilt ferner, wenn der ArbG zum Ausdruck gebracht hat, dass er bei seinen ArbN keinen Regress nehmen will (BFH VI R 72/82 BStBl II 85, 170, unter 2b, dd). Sind die erforderl Ermessenserwägungen aus dem Haftungsbescheid oder der Einspruchsentscheidung nicht erkennbar, ist der Haftungsbescheid (nicht etwa nur die Einspruchsentscheidung, auch wenn das FA spätestens in dieser die Ermessenserwägungen darlegen muss, BFH VII R 48/84 BStBl II 88, 170; BFH VII R 159/84 BFH/NV 88, 139) aufzuheben (BFH VII R 86/78 BStBl II 81, 493); es sei denn, dem Betroffenen war die Auffassung des FA ohne weiteres erkennbar (BFH I R 248/81 BStBl II 86, 178; BFH I R 61/85 BStBl II 89, 99). Der Haftungsbescheid ist aber nicht nichtig (BFH VI R 44/77 BStBl II 81, 801).

Eine ordnungsgemäße Ermessensentscheidung erfordert auch eine **einwandfreie und vollständige Sachaufklärung** (ausführl BFH VII R 53/96 BFH/NV 97, 386; s Rz 16). Die Ermessensentscheidung ist fehlerhaft, wenn das FA Gesichtspunkte tatsächl und rechtli Art, die nach Sinn und Zweck der Ermessensvorschrift zu berücksichtigen wären, außer Acht lässt. Merkmale des Haftungstatbestands und außertatbestandl Gesichtspunkte müssen daher bei der Ermessensentscheidung nur dann berücksichtigt werden, wenn sie nach Sinn und Zweck der Ermessensvorschrift für die Ermessensausübung von Bedeutung sind (BFH VII R 2/12 BFH/NV 13, 1543). Der Haftungsschuldner muss aber seinen Mitwirkungspflichten nachkommen (BFH VII S 19/99 BFH/NV 00, 551). Falls keine Ausnahme eingreift (s Rz 48) müssen die zur Begründung des Haftungsbescheids erforderl Angaben (Steuer, Ermessenserwägungen usw) im Haftungsbescheid selbst enthalten sein; denn auch der ArbN hat nach hM ein Anfechtungsrecht (s Rz 58). Eine Bezugnahme auf den Prüfungsbericht reicht – wenn es um die Aufgliederung der LStBeträge geht – nicht aus (FG RhPf EFG 83, 505, rkr; FG Köln EFG 85, 213, rkr); es sei denn, er ist Anlage des Haftungsbescheids. 49

c) LSt-Schätzungsbescheid. Das FA muss alle für die Schätzung bedeutsamen Umstände beachten (instruktiv BFH VI R 11/07 BStBl II 08, 933). Das FA muss die LSt grds individuell ermitteln, selbst wenn dies wegen der Vielzahl der Fälle mit erhebl Arbeitsaufwand verbunden ist. Ein **Durchschnittssteuersatz** (Unterfall der Schätzung; hierzu auch *HHR* § 42d Rz 28–30) ist idR unzulässig. Er ist nicht bereits deshalb anzusetzen, weil die Ermittlung der individuellen Steuer der ArbN schwierig ist (BFH VI R 120/92 BStBl II 94, 53). ArbG und FA können über den Durchschnittssteuersatz aber eine tatsächl Verständigung abschließen. Kommt es nicht zu einer solchen Verständigung, müssen vor Anwendung eines Durchschnittssteuersatzes alle Möglichkeiten einer individuellen Ermittlung der LSt untersucht und ggf. dargelegt werden, weshalb eine wirklichkeitsnähere Abbildung der Verhältnisse nicht zu erreichen war, selbst wenn der ArbG gar keine oder keine ordnungsgemäßen Lohnkonten geführt hat (BFH VI R 11/07 BStBl II 08, 933). Der ArbG hat iRd ihm obliegenden Mitwirkungspflichten bei der Ermittlung der LSt aber angemessene und zumutbare Hilfestellung zu leisten (BFH VI R 101/93 BFH/NV 95, 297). Die der Haftung zugrunde gelegte LSt ist nach der **Steuer-** 50

klasse VI zu bemessen, wenn die LStKarte (und ggf eine Ersatzbescheingung) nicht vorgelegt wird, dem ArbG die zum Abruf der ELStAM benötigten Angaben nicht mitgeteilt werden (§ 39e I), der ArbG vom Abruf der ELStAM gesperrt ist oder der ArbG überhaupt keine Lohnversteuerung vorgenommen hat (BFH VI B 9/12 BFH/NV 12, 1961, mwN).

51 **d) Haftungsschuld und Pauschalierungsschuld.** Diese müssen getrennt festgesetzt werden (s § 40 Rz 26). Hat das FA einen Haftungsbescheid erlassen, darf das FG im Klageverfahren zwar die Haftungsschuld herabsetzen, diese aber nicht gegen einen Nachforderungsbetrag oder gegen eine Pauschalierungsschuld austauschen (BFH VI R 69/14 BFH/NV 16, 131). – Zur **Umdeutung** eines Haftungsbescheides s § 40 Rz 27.

55 **3. Änderungen.** Sie richten sich nach §§ 130 ff AO, nicht nach §§ 172 ff AO. Es gilt § 130 II AO insofern, als in dem Haftungsbescheid *aus einem bestimmten Sachverhaltskomplex* kein höherer Betrag festgesetzt worden ist (*T/K* § 130 AO Rz 4, 16). Zu beachten ist stets folgendes: Ein bestandskräftiger Haftungsbescheid steht dem Erlass eines weiteren den gleichen Haftungsgegenstand betreffenden Haftungsbescheides entgegen (BFH VII R 29/02 BStBl II 05, 3). Ein ergänzender Haftungsbescheid ist aber zulässig, wenn die Erhöhung der Schuld auf neuen Tatsachen beruht, die das FA mangels Kenntnis im ersten Haftungsbescheid nicht berücksichtigen konnte (BFH VII R 66/10 BStBl II 11, 534, Anm *Rüsken* BFH/PR 11, 281). Infolge der *Sachverhaltsbezogenheit* des Haftungsbescheides kann zu jedem anderen noch nicht erfassten Sachkomplex ein zusätzl Haftungsbescheid ergehen, ohne dass sich die Regelungsinhalte dieser Haftungsbescheide überschnitten (BFH I B 140/04 BStBl II 06, 530); wohl aber greift jeder dieser Haftungsbescheide in den Regelungsinhalt früherer LStAnmeldungen ein (*Thomas* DStR 92, 837, 841). Entsprechendes gilt für Pauschalierungsbescheide. Zu der in diesem Zusammenhang eingreifenden **Änderungssperre des § 173 II** AO s § 41a Rz 7 und § 42 Rz 9. – Ein herabsetzender Änderungsbescheid bedeutet eine Teilrücknahme, die den ursprüngl Haftungsbescheid in dem von der Teilrücknahme nicht betroffenen Umfang nicht berührt (BFH V R 100/80 BStBl II 82, 292; BFH VII B 156/07 BFH/NV 08, 967). Die ersatzlose Aufhebung eines Haftungsbescheides kann uU als Freistellung von der Haftung ausgelegt werden, so dass das FA am Erlass eines erneuten Haftungsbescheides gehindert ist (Empfängerhorizont; BFH VI R 216/83 BStBl II 86, 779; s auch BFH VII R 112/81 BStBl II 85, 562). Dies gilt nicht, wenn das FA einen Haftungsbescheid erkennbar wegen fehlender Begründung der Ermessensentscheidung (BFH VII B 237/91 BFH/NV 92, 639) oder wegen dessen angebl Nichtigkeit aufgehoben hatte (BFH VI R 105/83 BStBl II 86, 775; *Rößler* DStR 86, 714). Dies gilt ebenfalls nicht, wenn in dem Aufhebungsbescheid zugleich der neue Haftungsbescheid enthalten ist (BFH VII R 112/81 BStBl II 85, 562, unter II 1b, aa). – Zu Änderungsmöglichkeiten nach Zahlung durch den StSchuldner s Rz 11.

56 **4. Sonstiges.** Der Haftungsanspruch kann **gestundet** werden (*Carl* DB 88, 826). Hat der ArbG die LSt ggü seinem ArbN zwar einbehalten, aber nicht an das FA abgeführt hat, lässt § 222 S 4 AO eine Stundung einbehaltener LStBeträge, für die gehaftet wird, allerdings nicht zu (dagegen aber zu Recht mit verfassungsrechtl Gründen *T/K* § 222 AO Rz 6, 9; s ferner *Carl/Klos* DB 95, 1146, 2039; *Rößler* DB 95, 2038). – Auf Haftungsschulden fallen keine Säumniszuschläge an (BFH VII R 15/96 BStBl II 98, 2). – Nach Aufhebung eines Haftungsbescheids erstattete LStHaftungsbeträge sind nicht nach § 233a und § 236 AO zu verzinsen (FG Nds DStRE 12, 507, rkr).

57 Zum **Ablauf der Festsetzungsfrist** bei *gerichtl* Aufhebung eines Haftungsbescheides wegen fehlender Ermessensausübung und Erlass eines neuen Haftungsbescheides s BFH VII R 38/92 BStBl II 93, 581; zur Aufhebung eines Haftungsbescheides *durch das FA selbst* s BFH VI R 47/93 BStBl II 94, 715; BFH VII B 142/

94 BStBl II 95, 227; BFH VII R 77/03 BStBl II 05, 122; s auch BFH VII R 18/03 BStBl II 05, 323 zur Geltung des § 171 IIIa AO im Falle der Rücknahme des angefochtenen Haftungsbescheids und der *zeitgleich* erfolgten Ersetzung durch einen neuen Haftungsbescheid während des gerichtl Verfahrens durch das FA. Steuer- und Haftungsschuld stehen nicht im Verhältnis von Grundlagen- und Folgebescheid, so dass § 171 X AO nicht gilt (BFH VII R 7/04 BStBl II 06, 343, 1646; *Jatzke* HFR 05, 935).

5. Rechtsbehelfe. Der Haftungsbescheid und der gegen den ArbN gerichtete LStNachforderungsbescheid können mit Einspruch (§ 348 I Nr 4 und 1 AO) und Klage (anschließend Rev) angefochten werden. 58

a) Anfechtungsberechtigte. Anfechtungsberechtigt sind die Personen, gegen die sich der Bescheid richtet. Der gegen den ArbN gerichtete LSt-Nachforderungsbescheid kann nur vom ArbN angefochten werden. Darüber hinaus kann nach hM der ArbN auch den gegen den ArbG gerichteten Haftungsbescheid anfechten, wenn er persönl für die nachgeforderte Steuer in Anspruch genommen werden kann (BFH VI R 311/69 BStBl II 73, 780; FG Mster EFG 97, 783, rkr; *Blümich/Wagner* § 42d Rz 159; zweifelnd *Drenseck* DStJG 9, 400; aA *KSM* § 42d A 59, mwN). Hat der ArbN den Haftungsbescheid angefochten, ist der ArbG notwendig beizuladen, § 360 III AO, § 60 III FGO (BFH VI R 311/69 BStBl II 73, 780). Folgt man der hM, muss der ArbN auch die an die Stelle des Haftungsbescheides getretene LStAnmeldung und das Anerkenntnis des ArbG (§ 42d IV) anfechten können. Ungeklärt ist, innerhalb welcher Frist der ArbN anfechten muss (Einspruchsfrist des § 355 AO oder Jahresfrist des § 356 II AO; vgl HFR 73, 486; *Röckl* BB 85, 265; FG Mster EFG 97, 783, rkr) und ob er als Beteiligter in ein bereits laufendes Klageverfahren eintreten kann. Zum Umfang des Rechts eines anfechtenden ArbN auf Akteneinsicht kann auf BFH I R 189/70 BStBl II 73, 119 zurückgegriffen werden. Zu einem Rechtsbehelfsverfahren des ArbG gegen den Haftungsbescheid kann der ArbN beigeladen werden, wenn seine rechtl Interessen berührt werden (aber keine notwendige Beiladung, BFH VI B 97/79 BStBl II 80, 210). Ist der ArbN an einem Rechtsbehelfsverfahren gegen den Haftungsbescheid als Anfechtender oder Beigeladener beteiligt, erstreckt sich die Rechtskraft der Rechtsbehelfsentscheidung auch auf den ArbN, so dass er die gleichen Rechtsfragen nicht in einem Erstattungsverfahren (§ 37 AO) nochmals aufwerfen kann. Eine Bindung für die Veranlagung tritt aber nicht ein. Daher ist mE auch nicht etwa das WohnsitzFA des ArbN an dem Rechtsbehelfsverfahren zu beteiligen. 59

b) Einwendungen gegen den Haftungsbescheid. Der ArbG kann insb einwenden, es habe kein ArbVerh bestanden, der LStAbzug sei zutr erfolgt, seine Inanspruchnahme sei ermessensfehlerhaft. Er kann auch einwenden – hat dies aber bis zum Ergehen der Einspruchsentscheidung konkret und unter Darlegung der Einzelheiten darzutun –, dass die der Haftung zugrunde gelegten Löhne bereits bei den Jahressteuerfestsetzungen der ArbN versteuert worden sind (BFH VI R 177/88 BStBl II 92, 696). Str ist, ob der ArbG auch solche materiellen Einwendungen geltend machen kann, die der ArbN im Falle seiner Inanspruchnahme hätte vorbringen können (zB Geltendmachung von WK, SA usw). Nach der Rspr des BFH können die zum LStNachforderungsverfahren gegen den ArbN entwickelten Grundsätze (s BFH VI R 136/69 BStBl II 73, 423) nicht auf das Haftungsverfahren gegen den ArbG übertragen werden. Der BFH betont, dass für die Haftung des ArbG von den LSt-Abzugsmerkmalen auszugehen ist und der ArbG daher keine steuermindernden Umstände des ArbN (höhere WK, SA usw) einwenden kann (BFH VI R 24/69 BStBl II 74, 756; BFH VI R 5/05 BStBl II 08, 597, unter II.2). Eine Ausnahme von diesem Grundsatz hat der BFH nur dann zugelassen, wenn ArbG und ArbN entschuldbar über die Zugehörigkeit von Bezügen zum ArbLohn und damit auch über die Notwendigkeit der Geltendmachung eines entspr Freibetrags als LSt-Abzugsmerkmal hinsichtl der mit diesen Bezügen zusammenhängen- 60 den WK irrten. Hier kann sich der ArbG ohne Rücksicht auf etwa abgelaufene Fristen für die Veranlagung auf die höheren WK berufen (BFH VI R 207/68 BStBl II 72, 137, mwN). Die vorstehende Rspr ist in der Literatur auf Widerstand gestoßen (*Fichtelmann* DStR 74, 76f; *Lang* StuW 75, 131; *Martens* StuW 70, 309 ff; s auch FG BaWü EFG 97, 1193, rkr). Dieser Literaturmeinung ist zu folgen. Der ArbG kann daher alle Einwendungen geltend machen, die auch dem ArbN zustehen würden. Zu den Ungereimtheiten, die sich auf der Grundlage der BFH-Rspr ergeben, s insb *Fichtelmann* DStR 74, 77. Es obliegt aber dem ArbG, sämtl Tatsachen für die steuermindernden Umstände vorzutragen. Das BetriebsstättenFA muss nicht von sich aus nachforschen (s auch Rz 2). Zu den Einwendungen des ArbN in dem gegen ihn gerichteten LStNachforderungsverfahren, s Rz 22 ff. Zu den Einwendungen eines Haftungsschuldners bei Zahlung durch einen anderen Schuldner s Rz 11. – Zur **Feststellungslast** s Rz 42.

61 **c) Sonstiges.** Haftungsbescheid ist ein **Sammelbescheid** (Rz 46); wird er nur bezügl bestimmter Haftungskomplexe angefochten, so erwachsen die übrigen in Bestandskraft (BFH VI R 182/80 BStBl II 86, 921). Eine überhöhte Haftungsschuld des einen Haftungskomplexes kann nicht mit einer zu niedrigen Haftungsschuld eines anderen Haftungskomplexes saldiert werden (*Drenseck* DStJG 9, 398f). Ferner kann einem Haftungskomplex nicht ein anderer Sachverhalt unterlegt werden. Während des Einspruchsverfahrens ist die Auswechslung der Haftungsnorm aber zulässig (BFH VII R 1/93 BFH/NV 95, 657, Haftung als Steuerhinterzieher statt als Geschäftsführer), nicht hingegen erst im Klageverfahren (FG Ddorf EFG 01, 754, NZB unbegründet, Haftung als Entleiher statt als ArbG). – Zur Anwendung des **§ 68 FGO** bei Ersetzen eines Haftungsbescheides durch einen neuen s BFH I R 29/08 BStBl II 09, 539 (zweifelhaft, soweit in dem ersetzenden Haftungsbescheid erstmalige Ermessenserwägungen enthalten sind); zur Teilrücknahme eines Haftungsbescheides s BFH VII R 77/95 BStBl II 97, 79. Zur Wirkung einer prozessualen Erledigungserklärung s FG Köln EFG 84, 506, rkr. Bei Rechtsstreitigkeiten über Haftungsbescheide sind keine **Prozesszinsen** zu zahlen (BFH VII R 39/86 BStBl II 89, 821; FG Nds EFG 11, 1587; aA *Tannert* NWB 09, 3987). Auch **Aussetzungszinsen** fallen nicht an (FG Nds EFG 11, 504).

V. Erstattungsansprüche und Rückgriffsrechte

62 **1. Erstattungsansprüche.** Erstattungsberechtigt ist nicht derjenige, der tatsächl gezahlt hat, sondern derjenige, auf dessen Rechnung die Zahlung bewirkt worden ist (§ 37 II AO). Da der **ArbN** StSchuldner ist (Ausnahme: §§ 40–40b) und die LStAbzugsbeträge aus seinem Lohn stammen, steht ihm regelmäßig der Erstattungsanspruch auf überzahlte LSt zu (BFH VI R 46/07 BStBl II 10, 72). Dies gilt auch im Fall der Nettolohnvereinbarung (BFH VI 92/60 U BStBl III 61, 170; vgl auch BFH II 189/56 U BStBl III 60, 180 zur Erstattungsberechtigung bei Scheinverträgen). Dem **ArbG** als dem Entrichtungsverpflichteten steht ausnahmsweise der Erstattungsanspruch zu, wenn er versehentl LSt abgeführt hat. **Beispiele:** Der ArbN war gar nicht mehr beim ArbG beschäftigt; der ArbG hat kein Gehalt bezahlt (BFH VI 88/61 U BStBl III 62, 93; BFH VII B 155/99 BFH/NV 00, 547); der ArbG hat die LSt doppelt abgeführt; der ArbG hat bis zur gerichtl Klärung seiner LStAbführungspflicht die LSt ohne Belastung des ArbN vorläufig getragen. Nach BFH VI 3/62 U BStBl III 63, 226 soll der Erstattungsanspruch dem ArbG auch dann zustehen, wenn dieser die Aufhebung eines gegen ihn gerichteten Haftungsbescheides erreicht hat. Dabei muss nicht geprüft werden, ob und in welchem Umfang der ArbG vom ArbN Ersatz für die auf Grund des Haftungsbescheides gezahlte LSt erhalten hat (zweifelhaft). Das FA sollte im Zweifelsfall vor einer Erstattung den ArbG und den ArbN anhören, insb wenn es sich um hohe LStBeträge für einen oder wenige ArbN handelt. – Zu den Rechtsfolgen nach Einbehaltung und Abführung von LSt, obwohl keine unbeschr StPfl mehr bestand,

s BFH VII R 3/00 BStBl II 00, 581 (Anrechnung der LSt auf die festgesetzte ESt aus allgemeinen Billigkeitserwägungen; krit *Gosch* StBP 00, 374).

2. Rückgriffsrecht des ArbG gegen den ArbN. Da den ArbN iErg die LStLast trifft (Ausnahme: Nettolohnvereinbarung), steht dem ArbG, wenn er als Haftender in Anspruch genommen worden ist, ein Rückgriffsanspruch gegen den ArbN zu. Diese Rechtsbeziehungen sind zivilrechtl Art (BFH IV R 168/68 BStBl II 72, 816; BAG BStBl II 77, 581; *Blümich/Wagner* § 42d Rz 122, mwN), und zwar handelt es sich um Ansprüche aus dem ArbVerh, die durch die Vorschriften des Auftragsrechts (§ 670 BGB) konkretisiert sind (BAG DB 74, 2210, mwN; ausführl *KSM* § 42d A 26–32, ArbN hat keine Einwendungen gegen den Regress des ArbG, er muss seine Rechte ggü dem FA geltend machen). Die Ansprüche des ArbG werden ggf von tarifl Ausschlussfristen erfasst (BAG DB 79, 1281). **Verzichtet ArbG** (nach Zahlung) **auf die Geltendmachung des Rückgriffsanspruchs,** wird dadurch dem ArbN *im Zeitpunkt des Regressverzichtes* ein Vorteil zugewendet (s § 39b Rz 14). Kein ArbLohn liegt aber vor, wenn der Rückgriff unmögl ist, zB wenn die Unterlagen durch höhere Gewalt vernichtet worden sind (*Offerhaus* DB 85, 631, 632). Das Gleiche gilt mE, wenn der Rückgriff für den ArbG unwirtschaftl wäre (zB der ArbN ist ausgeschieden oder der Lohn ist unpfändbar, *HHR* § 19 Rz 27) oder wenn auf Grund tarifvertragl Ausschlussfristen oder gewerkschaftl Drucks ein Rückgriff ausgeschlossen ist (aA *KSM* § 42d A 20). Zu diesem Problemkreis s auch § 19 Rz 100 „LSt-Nachforderung" und *HHR* § 42d Rz 27. 64

VI. Haftung bei ArbN-Überlassung, § 42d VI–VIII, § 38 III a

1. Haftung bei ArbN-Überlassung, § 42d VI–VIII. Gem § 9 Nr 1 AÜG sind Verträge zwischen dem Verleiher und den Leih-ArbN unwirksam, wenn der Verleiher nicht die nach § 1 AÜG erforderl Erlaubnis besitzt. Hierdurch wird der Entleiher strechtl aber noch nicht zum ArbG der entliehenen ArbN. § 42d VI–VIII gehen zur Schließung der sich daraus ergebenden Regelungslücke beim LSt-Abzug von folgendem Grundsatz aus: Sowohl bei der *unerlaubten* wie auch bei der *erlaubten* ArbN-Überlassung besteht die Möglichkeit, den Entleiher als Haftenden in Anspruch zu nehmen (zur ArbN-Überlassung innerhalb des Konzerns s BFH I R 64/98 BStBl II 00, 41). Im Fall der *erlaubten* ArbN-Überlassung haftet der Entleiher aber dann nicht, wenn er bestimmte Mitwirkungspflichten erfüllt (Rz 69). Sollte ausnahmsweise bei einer unerlaubten ArbN-Überlassung der Entleiher entspr der BFH-Rspr als ArbG der LeihArbN zu qualifizieren sein (s BFH VI R 34/79 BStBl II 82, 502), kann neben ihm auch der Verleiher als Haftender in Anspruch genommen werden (§ 42d VII). Beachte die Sperrwirkung des § 48 IV Nr 2, wenn die Bauabzugssteuer angemeldet und abgeführt worden ist (keine Haftung mehr nach § 42d VI, VIII). 66

a) Haftungstatbestand (Entleiher als Haftender), § 42d VI 1. Die Haftung des Entleihers setzt, da sie akzessorisch ist, eine **Schuld des Verleihers** voraus. Dies kann einmal eine Haftungsschuld des Verleihers sein, die wiederum voraussetzt, dass eine Steuerschuld des ArbN besteht. Dies kann aber auch eine eigene Steuerschuld des Verleihers sein (Fälle der LStPauschalierung, §§ 40–40b; aA *Blümich/Wagner* § 42d Rz 216). – Die Haftung des Entleihers setzt ab VZ 2013 keine gewerbsmäßige ArbN-Überlassung (s hierzu § 38 Rz 4) mehr voraus. § 42d VI 1 idF AmtshilfeRLUmsG verweist auf § 1 I 1 AÜG. Der von dieser Vorschrift erfasste Personenkreis beschränkt sich nicht auf gewerbsmäßige ArbN-Verleiher. Entspr der Leiharbeitsrichtlinie werden sämtl natürl und juristischen Personen erfasst, die eine **wirtschaftl Tätigkeit** ausüben, unabhängig davon, sie Erwerbszwecke verfolgen oder nicht. 67

Vermutung des § 1 II AÜG: Werden ArbN Dritten (Entleiher) überlassen 68
und übernimmt der Verleiher nicht die übl ArbG-Pflichten oder das ArbG-Risiko

(§ 3 I Nr 1–3 AÜG), so wird gem § 1 II AÜG vermutet, dass der Überlassende (Verleiher) eine (unerlaubte) Arbeitsvermittlung betreibt. § 42d VI 1 stellt klar, dass sich auch in diesen Fällen an der Haftung des Entleihers nichts ändert. – Von vornherein keine Haftung besteht in **Fällen des § 1 III AÜG.**

69 **b) Haftungsausschluss, § 42d VI 2, 3.** Satz 2 gilt nur im Fall der **erlaubten ArbN-Überlassung** (zu den Voraussetzungen einer erlaubten ArbN-Überlassung s *Leuchten* NZA 11, 608; *Düwell* DB 11, 1520). Der Entleiher muss nachweisen (Glaubhaftmachung reicht nicht aus; Umkehrschluss aus § 42d VI 7), dass er den im Gesetz vorgesehenen Mitwirkungspflichten nachgekommen ist. Diese Enthaftungsmöglichkeit des Entleihers ist für die Fälle gedacht, in denen der Verleiher zwar eine Erlaubnis nach § 1 AÜG besitzt, er aber weitere ArbN „schwarz" tätig werden lässt.

70 **aa) Mitwirkungspflicht nach § 51 I Nr 2 Buchst d.** Diese greift im Hinblick auf im Ausland ansässige, aber im Inland tätige LeihArbN ein (sog ausl Verleih, *Reinhart* BB 86, 500, 502). Bei diesen ArbN soll sichergestellt sein, dass die ordnungsgemäße Besteuerung im Ausland gewährleistet ist (Verhinderung von Konkurrenzvorteilen bei Einsatz von im Ausland ansässigen ArbN). Die Erfüllung dieser Mitwirkungspflicht als Voraussetzung für den Haftungsausschluss ist praktisch aber noch bedeutungslos. Denn die Einzelheiten des Verfahrens nach § 51 I Nr 2 Buchst d stehen noch nicht fest; eine RVO ist noch nicht erlassen.

71 **bb) Schuldloser Irrtum über ArbN-Überlassung, § 42d VI 3.** Dieser Haftungsausschlusses gilt bei *erlaubter* wie *unerlaubter* ArbN-Überlassung. Eine Haftung des Entleihers scheidet aus, wenn dieser über das Vorliegen einer ArbN-Überlassung ohne Verschulden irrte. Ein Irrtum führt nicht zum Haftungsausschluss, wenn er auf nur geringem Verschulden beruht; leichte Fahrlässigkeit entschuldigt nicht (*HHR* § 42d Rz 118). Auch das Unterlassen einer gebotenen Erkundigung (beim FA oder Arbeitsamt) ist schuldhaft. Wenn dem Entleiher auch nur die geringsten Zweifel bei der Auslegung des Vertrages kommen mussten, hat er schuldhaft geirrt (strenger Maßstab, s LStH 16 R 42d.2 (4) 7). Der Entleiher ist **nachweispflichtig.**

72 **c) Haftsumme, § 42d VI 4, 7.** Zutreffend kann der Entleiher natürl nur für die LSt haften, die auf die Zeit der Überlassung der ArbN entfällt (§ 42d VI 4); also zB nicht für Lohnfortzahlung im Krankheitsfall oder bei Urlaub des ArbN (*Reinhart* BB 86, 500, 504). Oft (insb in Fällen unerlaubter ArbN-Überlassung) wird sich die LSt nicht mehr genau ermitteln lassen, wenn zB der ArbLohn, der Familienstand der ArbN, die Stpfl der Bezüge oder (bei Einsatz ausl ArbN) das Besteuerungsrecht Deutschlands unklar sind. Ist in diesen Fällen die LSt aus *tatsächl* (nicht dagegen aus rechtl) Gründen schwer zu ermitteln, sieht § 42d VI 7 einen Durchschnittssteuersatz vor. Der Entleiher hat aber die Möglichkeit, glaubhaft zu machen, dass die LSt niedriger ist.

73 **d) Gesamtschuldnerische Inanspruchnahme, § 42d VI 5, 6.** Entleiher und Verleiher sind Gesamtschuldner. Der Verleiher kann ohne weiteres durch Haftungsbescheid (ggf Pauschalierungssteuerbescheid in den Fällen der §§ 40–40b) in Anspruch genommen werden (aber Ermessensentscheidung, ob nicht die ArbN vorrangig in Anspruch zu nehmen sind). Auch gegen den Entleiher kann sofort ein Haftungsbescheid ergehen; aus diesem kann er aber erst dann auf Zahlung in Anspruch genommen werden, wenn die Vollstreckung in das *inländische* bewegl Vermögen des Verleihers fehlgeschlagen ist oder keinen Erfolg verspricht. – Diese Subsidiarität der Haftung des Entleihers gilt aber nicht im Verhältnis zum ArbN als dem StSchuldner. Daher muss der Haftungsbescheid auch regelmäßig Ermessenserwägungen darüber enthalten, warum nicht der ArbN als der StSchuldner in Anspruch genommen worden ist.

74 **e) Sicherungsanordnung, § 42d VIII.** Sie darf (Ermessensentscheidung) nur erfolgen, wenn dies zur Sicherung des StAnspruchs erforderl ist (zB weil der Ver-

leiher ein säumiger Zahler ist). Die Anordnung kann auch auf Anregung des Entleihers erfolgen, wenn zB die Gefahr besteht, dass für ihn ein Haftungsrisiko entsteht, wenn er das volle vertragl vereinbarte Entgelt an den Verleiher auszahlt. Die Sicherungsanordnung ist, da sie in die Rechtsbeziehungen zwischen Verleiher und Entleiher gestaltend eingreift (Entleiher wird insoweit von seiner Zahlungspflicht ggü dem Verleiher frei), ein VA mit Drittwirkung. Die Sicherungsanordnung kann daher sowohl vom Entleiher als auch vom Verleiher durch Einspruch angefochten werden (*HHR* § 42d Rz 131). Das FA sollte im Normalfall die Anordnung sowohl ggü dem Verleiher als auch ggü dem Entleiher aussprechen.

f) Sonderfall: Entleiher als ArbG der LeihArbN, § 42d VII. Dieser Fall kann nach der Rspr des BFH (s BFH VI R 34/79 BStBl II 82, 502) bei *unerlaubter* ArbN-Überlassung eingreifen, wenn der Entleiher die Löhne im eigenen Namen und auf eigene Rechnung an die Leih-ArbN auszahlt (s Rz 66). Voraussetzung wird aber sein, dass entspr Vereinbarungen zwischen Entleiher und Verleiher bestehen und dies auch den ArbN bewusst geworden ist. – Bei *erlaubter* ArbN-Überlassung wird dieser Fall nicht eintreten. Zahlt hier der Entleiher die Löhne aus, handelt es sich regelmäßig um eine echte Lohnzahlung durch Dritte (§ 38 Rz 6). – Ist der Entleiher im Ausnahmefall als ArbG anzusehen, entspr die Rechtsstellung des Verleihers als dem Haftenden der Rechtsstellung, die der Entleiher hätte, wenn er kein ArbG wäre (s auch *Reinhart* BB 86, 500, 505). 75

2. Haftung in Fällen des § 38 III a, § 42d IX. S LStH 16 R 42d.3. In den Fällen der LStAbzugspflicht Dritter (§ 38 IIIa 1) und der Übertragung lstrechtl Pflichten auf Dritte (§ 38 IIIa 2ff) haftet der ArbG weiterhin neben dem Dritten. ArbG, Dritter und ArbN sind insoweit Gesamtschuldner. Bei der Ermessensentscheidung, welcher der Gesamtschuldner in Anspruch genommen werden soll, ist zu berücksichtigen, wer den LStFehlbetrag zu vertreten hat. – Die Überprüfung des Dritten obliegt dem BetriebsstättenFA; dieses erlässt den Haftungsbescheid; dieses ist auch zuständig für die Überprüfung des ArbG (ebenso FG Sachs EFG 13, 1524, rkr, offen gelassen von BFH VI R 43/13 BFH/NV 14, 1150). An dessen Mitwirkungspflichten ändert sich nichts. 76

§ 42e Anrufungsauskunft

[1] Das Betriebsstättenfinanzamt hat auf Anfrage eines Beteiligten darüber Auskunft zu geben, ob und inwieweit im einzelnen Fall die Vorschriften über die Lohnsteuer anzuwenden sind. [2] Sind für einen Arbeitgeber mehrere Betriebsstättenfinanzämter zuständig, so erteilt das Finanzamt die Auskunft, in dessen Bezirk sich die Geschäftsleitung (§ 10 der Abgabenordnung) des Arbeitgebers im Inland befindet. [3] Ist dieses Finanzamt kein Betriebsstättenfinanzamt, so ist das Finanzamt zuständig, in dessen Bezirk sich die Betriebsstätte mit den meisten Arbeitnehmern befindet. [4] In den Fällen der Sätze 2 und 3 hat der Arbeitgeber sämtliche Betriebsstättenfinanzämter, das Finanzamt der Geschäftsleitung und erforderlichenfalls die Betriebsstätte mit den meisten Arbeitnehmern anzugeben sowie zu erklären, für welche Betriebsstätten die Auskunft von Bedeutung ist.

Lohnsteuer-Richtlinien: LStR 42e/LStH 42e

Übersicht

1 **1. Zweck der Vorschrift.** Der ArbG steht in einem öffentl-rechtl Auftragsverhältnis (§ 38 Rz 1); ihm droht ständig das Haftungsrisiko. Daher entspricht es der Fürsorgepflicht des öffentl-rechtl Auftraggebers, dem ArbG auf Anfrage verbindl Auskunft über alles mit dessen Pflichten Zusammenhängende zu erteilen (BFH VI R 54/07 BStBl II 10, 996 mwN). Dieser Zweck wird durch die Verbindlichkeit der Auskunft für das LStAbzugsverfahren erfüllt (BFH VI R 61/09 BStBl II 11, 479 mit Anm *Heuermann* StPB 11, 150). Die Anrufungsauskunft bindet auch im LStNachforderungsverfahren als Fortsetzung des LSt-Abzugsverfahrens (BFH VI R 44/12 BFH/NV 14, 229). § 42e hat Auswirkung auf die Haftung (s § 42d Rz 3, 27).

2 **2. Beteiligte.** Auskunftsberechtigt sind der ArbG, der Dritte iSd § 38 IIIa und alle Personen, die als Haftende in Frage kommen können (s § 42d Rz 35). Nach hM ist auch der ArbN auskunftsberechtigt (BFH VI R 97/90 BStBl II 93, 166, unter 3c, bb mwN; *Bruschke* DStZ 11, 491, 492; *Martin* NWB 12, 3700, 3701). Dies ist nach dem Zweck der Vorschrift zwar nicht zwingend, zumal auch andere StPfl im Rahmen ihrer Vorauszahlungen keine dem § 42e entspr Auskunft verlangen können. Der hM ist aber zuzustimmen, denn das Gesetz spricht von Beteiligten, nicht dagegen von ArbG oder Haftenden (s auch Rz 10).

3 **3. Zuständigkeit.** Die Auskunft kann nur vom BetriebsstättenFA des ArbG oder des Dritten iSd § 38 IIIa (§ 41 II), nicht vom WohnsitzFA des ArbN oder ArbG verlangt werden. Sie wird vom LStInnendienst, nicht vom LStAußenprüfer erteilt (s aber Rz 9 sowie § 42f Rz 10). Das BetriebsstättenFA kann nur für seinen örtl Zuständigkeitsbereich eine verbindl Auskunft erteilten. Für ArbG mit **mehreren Betriebsstätten** ist die Anrufungsauskunft zentralisiert (§ 42e S 2–4; zum Verfahren s *Niermann* DB 01, 170, 173). Die vom zuständigen FA erteilte Auskunft bindet auch die FÄ der anderen Betriebsstätten und führt zum Haftungsausschluss.

4 **4. Form.** Eine Form ist nicht vorgeschrieben. Unklarheiten und Beweisschwierigkeiten gehen aber zu Lasten dessen, der sich auf die Auskunft beruft. Diesem Risiko muss ein Auskunftsberechtigter ausweichen können; daher hat jeder Beteiligte einen Anspruch auf schriftl Auskunft. Ebenso kann das FA eine schriftl Formulierung des Auskunftsbegehrens verlangen (Ermessen).

5 **5. Rechtsanspruch.** Die Beteiligten haben einen Rechtsanspruch auf Erteilung einer ohne Vorbehalte versehenen verbindl eindeutigen Auskunft. Die Auskunft muss außerdem inhaltl richtig sein (BFH VI R 54/07 BStBl II 10, 996). Soweit der BFH meint, eine Anrufungsauskunft sei nur daraufhin zu überprüfen, ob das FA den Sachverhalt zutr erfasst hat und die rechtl Beurteilung nicht evident fehlerhaft ist (BFH VI R 23/13 BFH/NV 14, 1141; BFH 19/12 BFH/NV 14, 1370), vermag dies nicht zu überzeugen (aA *Hettler* HFR 14, 620; *Geserich* NWB 14, 1866). Der ArbG hat den LStAbzug ungeachtet des Charakters der LSt als EStVorauszahlung in zutr Höhe vorzunehmen. Dies kann er aber gerade bei zweifelhafter Rechtslage nur, wenn ihm auch eine inhaltl richtige Auskunft erteilt wird. Angesichts der finanziellen Risiken, die der LStAbzug dem ArbG aufbürdet, ist es nicht angemessen, ihn auf das Haftungsverfahren oder auf die Anfechtung der eigenen LStAnmeldung zu verweisen. Die Anrufungsauskunft gibt daher anders als die verbindl Auskunft nach § 89 AO nicht lediglich einen Anspruch auf eine schlüssige und nicht evident rechtsfehlerhafte Auskunft des FA. Denn die Anrufungsauskunft soll den ArbG bei der Wahrnehmung seiner Funktion bei der LStErhebung für den Staat unterstützen (BFH IX R 11/11 BStBl II 12, 651). Auf einen bestimmten Inhalt der Auskunft besteht indes kein Rechtsanspruch (s auch Rz 14).

Der **Auskunftsgegenstand** wird bestimmt durch den Zweck des § 42e und durch die Zuständigkeit des FA. Die Anfrage muss auf einen konkreten betriebl Vorgang bezogen sein. Sie kann sich auf alles beziehen, was mit der *Einbehaltung und Abführung der LSt* zusammenhängt (*Bruschke* DStZ 11, 491, 493). *Beispiele:* Sämtl Fragen zu Form und Inhalt der Lohnbuchführung, ArbN-Eigenschaft bestimmter Personen, Behandlung geldwerter Vorteile, Pauschalierungsfragen, Behandlung von Entschädigungen wie Auslösung, Reisekosten, Beihilfen, Zukunftssicherungen usw. – Nicht dagegen kann Auskunftsgegenstand sein, was mit der Einbehaltung und Abführung der LSt nicht zusammenhängt, zB die Frage, ob bestimmte Aufwendungen des ArbN WK, SA oder agB sind (*Martin* NWB 12, 3700, 3701). Insoweit ist das BetriebsstättenFA nicht zuständig. Diese Entscheidungen werden vom WohnsitzFA bei der Veranlagung oder im Verfahren des § 39a getroffen. 6

6. Rechtsnatur. Die Anrufungsauskunft ist nach zutr Auffassung (BFH VI R 54/07 BStBl II 10, 996) keine Wissenserklärung, sondern ein **feststellender VA** iSd § 118 S 1 AO, der das FA dahingehend bindet, weder durch Nachforderungsbescheid noch durch Haftungsbescheid LSt zu erheben, wenn sich der ArbG der Anrufungsauskunft entspr verhält (BFH VI R 44/12 BFH/NV 14, 229). Diese Selbstbindung folgt aus § 42e. Entsprechend dem Zweck der Anrufungsauskunft (s Rz 1) trifft der VA nicht nur eine Regelung dahin, wie das FA den dargestellten Sachverhalt gegenwärtig beurteilt (so aber BFH VI 28/13 BFH/NV 14, 1734). Das FA hat vielmehr festzustellen, wie der Sachverhalt lstrechtl zutr zu beurteilen ist (s auch *Golombek* BB 15, 1946 zur verbindl Auskunft). 7

7. Rechtswirkungen. Sie sind die gleichen unabhängig davon, ob die Auskunft ggü dem ArbG oder dem ArbN erteilt worden ist. 8

a) Bindung im LSt-Abzugsverfahren bei einer Auskunft ggü dem ArbG. Das BetriebsstättenFA ist an die Auskunft gebunden (BFH VI R 61/09 BStBl II 11, 479). Der ArbG braucht sich nicht daran zu halten (aA *Blümich/Heuermann* § 42e Rz 35, Pflicht zur Beachtung); er geht dann aber ein Haftungsrisiko ein. Hält sich der ArbG an die Auskunft, hat er die LSt auch dann vorschriftsmäßig iSv § 42d III 4 Nr 1 einbehalten, wenn die Auskunft unrichtig war. Denn der ArbG ist dem „Auftrag" des „Auftraggebers" entspr verfahren. Rechtsfolge: Der ArbG haftet nicht; er kann auch nicht gem § 40 I 1 Nr 2 durch LStPauschalierungsbescheid in Anspruch genommen werden (BFH VI R 23/02 BStBl II 06, 210, Anm *MIT* in DStR 06, 271; FG Ddorf EFG 08, 1290, rkr). Das BetriebsstättenFA ist iRd *LStAbzugsverfahrens* (also des Vorauszahlungsverfahrens) einschl des *LStNachforderungsverfahrens* auch ggü dem ArbN gebunden (*Dißars* INF 03, 862, 865). Dieser kann daher iRd LStAbzugsverfahrens nicht nach § 42d III 4 Nr 1 in Anspruch genommen werden (BFH VI R 44/12 BFH/NV 14, 229) VA mit Drittwirkung; *T/K* § 89 AO Rz 110). *Nach Abschluss des LStAbzugsverfahrens* kann das FA vom ArbN aber die zu niedrig einbehaltene LSt nachfordern (s § 42d Rz 24). Die Bindung des BetriebsstättenFA setzt aber voraus, dass der Sachverhalt so wie in der Anfrage geschildert tatsächl verwirklicht wird. Weicht der verwirklichte Sachverhalt in maßgebl Punkten von dem in der Anfrage dargelegten Sachverhalt ab, besteht keine Bindungswirkung (instruktiv FG Mchn EFG 12, 2313, rkr). 9

b) Bindung im LSt-Abzugsverfahren bei Auskunft ggü dem ArbN. Erhält der ArbN eine für ihn ungünstige Auskunft, wird er den ArbG wegen dessen Haftungsrisiko kaum veranlassen können, entgegen der Auskunft zu verfahren. Erhält der ArbN eine günstige Auskunft, hat er einen zivilrechtl Anspruch ggü seinem ArbG, entspr der Auskunft zu verfahren (aA *KSM* § 42e A 7). Der ArbG kann sich nicht mit Erfolg weigern, da er wegen der Auskunft des BetriebsstättenFA – auch wenn sie ggü dem ArbN erfolgt ist – kein Haftungsrisiko läuft (Ver- 10 waltungsakt mit Drittwirkung; ebenso *Blümich/Heuermann* § 42e Rz 36; *Martin* NWB 12, 3700, 3705). Diese Rechtsfolge rechtfertigt es, auch dem ArbN einen Anspruch auf Auskunftserteilung zuzubilligen (s Rz 2).

11 **c) Bindung bei der Veranlagung des ArbN.** Eine dem *ArbG* erteilte Anrufungsauskunft bindet nicht das VeranlagungsFA (BFH VI R 61/09 BStBl II 11, 479; BFH VI B 143/06 BFH/NV 07, 1658; ebenso BFH I R 3/89 BStBl II 92, 107, für LStNachforderung gegen ArbN, unzutr, s BFH VI R 44/12 BFH/NV 14, 229). Nach zutr Rspr (BFH VI R 97/90 BStBl II 93, 166; s auch *Dißars* INF 03, 862, 865; aA *von Bornhaupt* FR 93, 57) hat die Anrufungsauskunft in keinem Fall – *auch nicht, wenn sie dem ArbN erteilt worden ist* – irgendwelche Bindungswirkungen im Veranlagungsverfahren des ArbN (*T/K* § 89 AO Rz 109; s aber unten Rz 13).

12 **d) Dauer der Wirksamkeit.** Die Bindung erstreckt sich auch auf bereits abgeschlossene Geschehensabläufe. Eine Disposition der Beteiligten ist nicht erforderl. IÜ ist § 207 AO analog anwendbar. Das BetriebsstättenFA kann die Anrufungsauskunft nach pflichtgemäßem Ermessen für die Zukunft aufheben oder ändern, wenn sich Gesetzeslage, Rspr oder Verwaltungsauffassung ändern (s dazu *Blümich/Heuermann* § 42e Rz 40). Die Beteiligten sind aber allg nach Treu und Glauben schutzwürdig.

13 **8. Sonstige Zusagen.** §§ 89 AO, 204 ff AO und § 42e sind nebeneinander anwendbar. Eine Bindung kann sich unabhängig von § 42e oder § 204 AO auch aus Treu und Glauben ergeben, wenn zB das WohnsitzFA dem ArbN eine Auskunft erteilt und diese Auskunft für eine steuererhebl Disposition des ArbN kausal war. Hier kann eine Bindung bis in die Veranlagung reichen.

14 **9. Rechtsbehelfe.** ArbG und ArbN haben einen **Rechtsanspruch auf Erteilung einer verbindl** (gebührenfreien; *T/K* § 89 AO Rz 97) **Auskunft** in Form des Erlasses eines feststellenden VA, der ggf nach Einspruch mit der Verpflichtungsklage durchgesetzt werden kann. Dabei tritt das FG in eine *umfassende inhaltl Überprüfung* der erteilten Anrufungsauskunft ein (s aber Rz 5); dies gewährleistet einen effektiven Rechtschutz durch frühestmögliche Klärung lohnstrechtl Zweifelsfragen (BFH VI R 54/07 BStBl II 10, 996, unter II. 4.; s auch *T/K* § 89 AO Rz 104, 106). – Für die **Aufhebung der erteilten Anrufungsauskunft** ist § 207 AO entspr anwendbar. Ebenso wie sich nach einer BP für das FA eine erhöhte Sorgfaltspflicht ggü dem StPfl ergibt, folgt eine solche Fürsorgepflicht bereits aus dem öffentl-rechtl Pflichtverhältnis des ArbG (s Rz 1); § 42e und §§ 204 ff AO weisen somit ähnl Interessenlagen auf. Das *BetriebsstättenFA als Herr des LStAbzugsverfahrens* muss die Anrufungsauskunft widerrufen oder modifizieren können (dazu passen die Korrekturvorschriften der §§ 130 ff AO nicht; insoweit bietet sich die analoge Anwendung des § 207 AO an, *T/K* § 89 AO Rz 112). Dem ist BFH VI R 3/09 BStBl II 11, 233 gefolgt (Aufhebung für die Zukunft bei Ausübung des Ermessens; *FinVerw* DB 11, 448 mit Anm *Plenker*). **Widerruf/Modifizierung** der Anrufungsauskunft stellen **ebenfalls einen VA** dar, der nach Einspruch und Anfechtungsklage in vollem Umfang vom FG auch inhaltl überprüft wird (also insoweit nicht etwa die eingeschränkte Überprüfung einer Ermessensentscheidung; allenfalls insoweit Ermessensentscheidung, als das BetriebsstättenFA auf Aufhebung/Modifizierung der erteilten Anrufungsauskunft verzichten kann; s auch *T/K* § 207 AO Rz 10 ff). Da die Anrufungsauskunft ein feststellender VA ist (Rz 7), kommt ggü ihrem Widerruf aber keine AdV in Betracht (BFH VI B 103/14 BStBl II 15, 447).

§ 42f Lohnsteuer-Außenprüfung

(1) **Für die Außenprüfung der Einbehaltung oder Übernahme und Abführung der Lohnsteuer ist das Betriebsstättenfinanzamt zuständig.**

(2) [1]**Für die Mitwirkungspflicht des Arbeitgebers bei der Außenprüfung gilt § 200 der Abgabenordnung.** [2]**Darüber hinaus haben die Arbeitnehmer des Arbeitgebers dem mit der Prüfung Beauftragten jede gewünschte Auskunft über Art und Höhe ihrer Einnahmen zu geben und auf Verlangen die etwa in ihrem Besitz befindlichen Bescheinigungen für den Lohnsteuerabzug sowie die Belege über bereits entrichtete Lohnsteuer vorzulegen.** [3]**Dies gilt auch für Personen, bei denen es streitig ist, ob sie Arbeitnehmer des Arbeitgebers sind oder waren.**

(3) [1]**In den Fällen des § 38 Absatz 3a ist für die Außenprüfung das Betriebsstättenfinanzamt des Dritten zuständig; § 195 Satz 2 der Abgabenordnung bleibt unberührt.** [2]**Die Außenprüfung ist auch beim Arbeitgeber zulässig; dessen Mitwirkungspflichten bleiben neben den Pflichten des Dritten bestehen.**

(4) **Auf Verlangen des Arbeitgebers können die Außenprüfung und die Prüfung durch die Träger der Rentenversicherung (§ 28p des Vierten Buches Sozialgesetzbuch) zur gleichen Zeit durchgeführt werden.**

Lohnsteuer-Richtlinien: LStR 42f/LStH 42f

1. Allgemeines. Die LStAußenprüfung ist eine Prüfung iSd §§ 193ff AO und eine abschließende Prüfung iSd § 164 AO. Daher ist nach einer Prüfung der Vorbehalt der Nachprüfung, unter der die LStAnmeldung steht (§ 168 AO), aufzuheben (Haftung des ArbG wird dadurch nicht beeinflusst). Eine Aufhebung des Nachprüfungsvorbehalts erfolgt auch im Falle des § 202 I 3 AO (§ 164 III 3 AO). Die Prüfung erstreckt sich auch auf KiSt, SolZ, ArbNSparzulage, Berlinzulage, Bergmannsprämien; ebenso auf die Feststellung der ArbG-Eigenschaft (BFH VI R 26/85 BFH/NV 87, 77) und die Pauschalierung nach § 37a und § 37b, die als LSt gelten (§ 37a Rz 8). Auf USt darf sich die LStAußenprüfung indes nicht erstrecken (FG BBg EFG 14, 1077, rkr). Mit der LStAußenprüfung wird oft die Prüfung der KapESt (§ 50b) und des StAbzugs iSv § 50a (§ 73d EStDV) verbunden; dies ist keine Rasterfahndung (BFH VI B 102/04 BFH/NV 05, 1224). Zuständig ist das BetriebsstättenFA (§ 41 II) des ArbG oder des Dritten iSd § 38 IIIa (s § 42f III). In den Fällen des § 38 IIIa kann das BetriebsstättenFA des Dritten auch beim ArbG prüfen; es kann aber auch das BetriebsstättenFA des ArbG mit dieser Prüfung beauftragen, zB weil der zu prüfende ArbG in dessen Bezirk ansässig ist (§ 195 S 2 AO). Der ArbG kann die Prüfungsanordnung anfechten; in diesem Verfahren ist weder die Beiladung der ArbN noch der RV-Träger notwendig (BFH VI B 13/15 BFH/NV 15, 1672). In § 203 AO ist die abgekürzte Außenprüfung geregelt. Zum Ort der LStAußenprüfung s BFH VI B 33/06 BFH/NV 07, 646. Der *Prüfungszeitraum* kann auch mehr als drei Jahre umfassen (FG Thür EFG 98, 984, rkr). Zur Wiederholung einer Prüfung nach Aufhebung einer früheren Prüfungsanordnung wegen formeller Mängel s FG Köln EFG 04, 1184, rkr, zutr. – Zur Möglichkeit der zeitgleichen Prüfung durch FinVerw und Sozialversicherungsträger s § 42f IV (dazu ausführl *Schmidt* NWB 12, 3692). 1

2. Geprüfter Personenkreis (§ 193 AO). Geprüft werden kann jede Person, die ArbN beschäftigt oder zu beschäftigten scheint; also auch private Haushalte (diese sollen aber idR nicht geprüft werden, LStH 16 R 42f. (3) 2). 2

3. Rechte und Pflichten der Beteiligten. – a) Allgemeines. Die Entscheidung, ob die Prüfung stattfinden soll, ist eine Ermessensentscheidung (BFH VI B 89/05 BFH/NV 06, 964; BFH VIII B 114/08 BFH/NV 09, 887). Zur Begründung der Prüfungsanordnung s BFH IV R 255/82 BStBl II 83, 621 und FG RhPf EFG 84, 9, rkr. Die vor der Prüfung zu erteilende (FG Mchn EFG 82, 336, rkr; FG RhPf EFG 84, 380, rkr) schriftl Prüfungsanordnung (§ 196 AO) bestimmt den Prüfungsumfang, der zeitl und sachl nach pflichtgemäßem Ermessen geändert 3 werden kann (BFH I R 236/70 BStBl II 73, 74; BFH IV R 104/79 BStBl II 83, 286). Die Prüfungsanordnung ist anfechtbar (Einspruch), sie kann in ihrer Vollziehung ausgesetzt werden (§ 361 AO; keine Verwirkung des Einspruchs durch rügelose Mitwirkung BFH IV R 6/85 BStBl II 86, 435). Nur bei einer für rechtswidrig erklärten Anordnung besteht ein Verwertungsverbot (BFH VIII B 210/08 BFH/NV 09, 1396; s aber auch BFH I R 106/08 BFH/NV 10, 5; BFH IV B 3/82 BStBl II 82, 659, mwN, vorläufiger Rechtsschutz gegen Prüfungsauswertung). Ein trotz Verwertungsverbots ergangener Haftungsbescheid ist nicht nichtig (BFH VI R 143/84 BFH/NV 88, 284). Ein Verwertungsverbot hindert nicht die Inanspruchnahme des ArbN (BFH VI R 157/83 BStBl II 85, 191). Die Duldung der LStAußenprüfung kann erzwungen werden (§ 328 AO). Zur Unterscheidung zwischen Prüfungsunterbrechung und Abschluss der Prüfung s FG Hbg EFG 87, 253, rkr (iE zutr).

4 **b) Der ArbG und der Dritte iSd § 38 IIIa haben umfassende Mitwirkungspflichten.** (Überblick *Mösbauer* DB 98, 1303). Das Verlangen des Prüfers auf En-bloc-Vorlegung von Akten, die nicht nur lsteuerrechtl Inhalts sind, kann aber ermessensfehlerhaft sein (BFH VII 243/63 BStBl II 68, 592).

5 **c) Auch der ArbN hat Mitwirkungspflichten,** er sollte aber erst dann eingeschaltet werden, wenn dies zur weiteren Aufklärung erforderl ist. Zur Mitwirkungspflicht potentieller ArbN vgl § 42f II 3. Die Pflichten des ArbN erstrecken sich auch auf den ArbLohn aus einem vorangegangenen DienstVerh (wenn dies im Rahmen des § 42b von Bedeutung sein kann) und auf ArbLohn iSd § 38 I 2. Die Auskunftspflicht erstreckt sich nicht auf Einnahmen aus anderen Einkunftsarten (Umkehrschluss aus § 193 II Nr 2 AO).

6 **4. Schlussbesprechung; Prüfungsbericht.** §§ 201, 202 AO enthalten Regelungen über die Schlussbesprechung und den Prüfungsbericht. Gegen den BP-Bericht ist ein Rechtsbehelf nicht gegeben (*T/K* § 202 AO Rz 14).

7 **5. Folgen der LSt-Außenprüfung. – a) Festsetzungsverjährung.** Durch die LStAußenprüfung wird die Festsetzungsfrist in Bezug auf den EStAnspruch gegen den ArbN nicht gehemmt (BFH VI R 151/86 BStBl II 90, 526; BFH VI R 87/89 BStBl II 90, 608). Dies zwingt zur zeitnahen LStAußenprüfung, da bei einer Verjährung des EStAnspruchs gegen den ArbN auch der ArbG nicht mehr in Anspruch genommen werden kann. Nach § 171 XV AO idF AmtshilfeRLUmsG läuft die Festsetzungsfrist ggü dem Steuerschuldner (ArbN) indes nicht vor Ablauf der ggü dem Entrichtungspflichtigen (ArbG) geltenden Festsetzungsfrist ab. Hierdurch wird nunmehr ein Gleichlauf der Festsetzungsfristen hergestellt.

8 **b) Änderungssperre des § 173 II AO.** LStAußenprüfung durchbricht nicht eine bereits beim ArbN auf Grund einer *bei ihm* durchgeführten Betriebsprüfung eingetretene Änderungssperre (BFH VI R 153/85 BStBl II 89, 447). Ist auf Grund der LStAußenprüfung *gegen den ArbN* ein Bescheid (oder eine Mitteilung nach § 202 I 3 AO) ergangen, kann der Bescheid später nur unter den Voraussetzungen des § 173 II AO geändert werden. Entscheidend für den Umfang der Änderungssperre ist der Inhalt der Prüfungsanordnung, nicht dagegen, worauf sich die Prüfung tatsächl nur erstreckt hat oder was im Betriebsprüfungsbericht abgehandelt worden ist (*T/K* § 173 AO Rz 93; ausführl *von Groll* DStJG 9, 440 ff). Ein nachträgl bekannt gewordener Sachverhalt, auf den sich die Prüfung tatsächl nicht erstreckt hat, nach der Prüfungsordnung aber hätte erstrecken können, rechtfertigt daher keine Änderung des auf Grund der Prüfung ergangenen Bescheides. Die gleichen Grundsätze gelten auch, wenn **nach der Außenprüfung** *ggü dem ArbG* ein Bescheid ergangen ist: Wird nach der Prüfung der Vorbehalt der Nachprüfung der den Prüfungszeitraum betr LStAnmeldungen aufgehoben, steht dem späteren Erlass eines Pauschalierungsbescheides oder LStHaftungsbescheides für einen den Prüfungszeitraum betreffenden Sachverhalt die **Änderungssperre des § 173 II**

AO entgegen (BFH VI R 83/04 BStBl II 09, 703; s auch § 41a Rz 7). Da der Prüfungsvorbehalt auf Grund einer Außenprüfung entfallen ist, handelt es sich nunmehr bei den vorbehaltlosen LStAnmeldungen um Prüfungsfolgebescheide (BFH VI R 52/94 BStBl II 95, 555). War nach der Prüfung versehentl die Aufhebung des Vorbehalts der Nachprüfung übersehen worden, hat der ArbG noch einen entspr Anspruch und damit ebenfalls den Schutz des § 173 II AO. Die vorstehende Rechtsfolge tritt auch ein, wenn vor der Außenprüfung noch keine LStAnmeldungen abgegeben worden waren und der nach der Prüfung ergangene Haftungs-/Pauschalierungsbescheid erstmals die gesamte LSt des Prüfungszeitraums zeitraumbezogen erfasst (*Thomas* DStR 92, 1468). Zur gesamten Problematik der Prüfungsfolgebescheide s *Thomas* DStR 92, 842f; *Lohmeyer* Inf 95, 236. – Die Änderungssprerre nach einer LSt-Außenprüfung kann aber nicht auf den Fall ausgedehnt werden, dass im Rahmen der LStAußenprüfung zB ein ArbVerh des ArbG zu seinem Ehegatten unbeanstandet bleibt, bei einer späteren allg Betriebsprüfung aber nicht anerkannt wird (BFH X R 123/94 BFH/NV 97, 161). Denn die Änderungssperre betrifft allein das LSt-Rechtsverhältnis, nicht aber die ESt-Veranlagung. – Zur Änderungssperre nach § 173 II AO im Verhältnis LStAußenprüfung und StFahndung s FG RhPf EFG 96, 574, rkr.

c) Selbstanzeige. Entscheidend für ihre Wirksamkeit (§ 371 II AO) ist der Umfang der Prüfungsanordnung. 9

d) Folgen für die Zukunft. Grds soll sich aus dem Verhalten des Prüfers keine unmittelbare Bindung für die Zukunft ergeben (BFH VI 167/61 U BStBl III 63, 23). Eine solche soll nur aus einer Anrufungsauskunft (§ 42e) oder verbindl Zusage (§§ 204 ff AO) folgen. Wenn aber der Prüfer Fehler erkennt, diese nicht beanstandet und der ArbG daher seine Handlungsweise für zutr hält, kann die Inanspruchnahme des ArbG nach einer späteren Prüfung ermessensfehlerhaft sein (s § 42d Rz 26). 10

§ 42g Lohnsteuer-Nachschau

(1) [1] **Die Lohnsteuer-Nachschau dient der Sicherstellung einer ordnungsgemäßen Einbehaltung und Abführung der Lohnsteuer.** [2] **Sie ist ein besonderes Verfahren zur zeitnahen Aufklärung steuererheblicher Sachverhalte.**

(2) [1] **Eine Lohnsteuer-Nachschau findet während der üblichen Geschäfts- und Arbeitszeiten statt.** [2] **Dazu können die mit der Nachschau Beauftragten ohne vorherige Ankündigung und außerhalb einer Lohnsteuer-Außenprüfung Grundstücke und Räume von Personen, die eine gewerbliche oder berufliche Tätigkeit ausüben, betreten.** [3] **Wohnräume dürfen gegen den Willen des Inhabers nur zur Verhütung dringender Gefahren für die öffentliche Sicherheit und Ordnung betreten werden.**

(3) [1] **Die von der Lohnsteuer-Nachschau betroffenen Personen haben dem mit der Nachschau Beauftragten auf Verlangen Lohn- und Gehaltsunterlagen, Aufzeichnungen, Bücher, Geschäftspapiere und andere Urkunden über die der Lohnsteuer-Nachschau unterliegenden Sachverhalte vorzulegen und Auskünfte zu erteilen, soweit dies zur Feststellung einer steuerlichen Erheblichkeit zweckdienlich ist.** [2] **§ 42f Absatz 2 Satz 2 und 3 gilt sinngemäß.**

(4) [1] **Wenn die bei der Lohnsteuer-Nachschau getroffenen Feststellungen hierzu Anlass geben, kann ohne vorherige Prüfungsanordnung (§ 196 der Abgabenordnung) zu einer Lohnsteuer-Außenprüfung nach § 42f übergegangen werden.** [2] **Auf den Übergang zur Außenprüfung wird schriftlich hingewiesen.**

(5) **Werden anlässlich einer Lohnsteuer-Nachschau Verhältnisse festgestellt, die für die Festsetzung und Erhebung anderer Steuern erheblich sein können,**

so ist die Auswertung der Feststellungen insoweit zulässig, als ihre Kenntnis für die Besteuerung der in Absatz 2 genannten Personen oder anderer Personen von Bedeutung sein kann.

Lohnsteuer-Richtlinien/Verwaltungsscheiben: LStR 42g/LStH 42g – *BMF* BStBl 14, 1408

Übersicht

1 **1. Allgemeines.** Die Vorschrift wurde durch das AmtshilfeRLUmsG eingefügt. Sie ist am 30.6.13 in Kraft getreten (Art 31 I AmtshilfeRLUmsG) und ab VZ 2013 anzuwenden (§ 52 I). § 42g ist der Regelung über die USt-Nachschau in § 27b UStG nachgebildet, die sich ihrerseits an § 210 AO orientiert. Mögl verfassungsrechtl Bedenken gegen § 42g sind mE iErg unbegründet (s zur USt-Nachschau *Bunjes/Leonard* UStG § 27b Rz 7, 10; *Sölch/Ringleb* UStG § 27b Rz 22; s auch BVerfGE 32, 54 und BFH VII R 59/86 HFR 89, 62). Die LSt-Nachschau soll der Sicherstellung einer ordnungsgemäßen Einbehaltung und Abführung der LSt durch zeitnahe Aufklärung steuererhebl Sachverhalte dienen. Ihr Vorteil für die FinVerw ggü der LSt-Außenprüfung und der allg Außenprüfung besteht darin, ohne Ankündigung Grundstücke und Räume von gewerbl oder berufl Tätigen während der übl Geschäfts- und Arbeitszeiten betreten zu dürfen. Das Betreten ist anders als bei § 99 AO (s § 99 II AO) auch zulässig, um unbekannte Sachverhalte zu erforschen. Die Rechtswirkungen einer (LSt-)Außenprüfung erzeugt die LSt-Nachschau indes nicht (*Apitz* StBp 14, 33; *Bergan/Jahn* NWB 15, 579). Sie hemmt also nicht den Ablauf der Festsetzungsfrist (§ 171 IV AO) und führt auch nicht zu einer Änderungssperre nach § 173 II AO (s dazu § 42f Rz 8). Die FinVerw kann aber gem § 42g IV zu einer LSt-Außenprüfung übergehen mit der Folge, dass zum Zeitpunkt des Übergangs die Festsetzungsfrist für die LSt gehemmt ist. Dies führt nach § 171 XV AO idF AmtshilfeRLUmsGdazu, dass auch die Festsetzungsfrist ggü dem Steuerschuldner (ArbN) nicht abläuft. Da die LSt-Nachschau keine (LSt-)Außenprüfung ist, finden die §§ 193 ff AO keine Anwendung (*BMF* BStBl I 14, 1408 Rz 2); insb muss weder eine Schlussbesprechung (§ 201 AO) durchgeführt noch ein Prüfungsbericht (§ 202 AO) erstellt werden. Die LSt-Nachschau ist aber eine Prüfung iSv § 371 II Nr 1a AO, so dass mit Erscheinen des Amtsträgers eine Straffreiheit durch Selbstanzeige ausscheidet (ebenso für die USt-Nachschau *Sölch/Ringleb* UStG § 27b Rz 7 mwN, str). Maßgebl für den Umfang der Sperrwirkung ist der Auftrag des Prüfers, wie er sich aus der Anordnung über die LSt-Nachschau ergibt.

3 **2. Zulässigkeit der LSt-Nachschau, § 42g I.** Die LSt-Nachschau dient der Sicherstellung einer ordnungsgemäßen Einbehaltung und Abführung der LSt. Daraus folgt, dass die FinVerw die LSt-Nachschau nicht beliebig durchführen kann. Vielmehr darf sie eine LSt-Nachschau nach pflichtgemäßem Ermessen (§ 5 AO) nur anordnen, wenn dies zur Erreichung des vorgenannten Gesetzeszwecks erforderl und auch iÜ verhältnismäßig ist (Beispiele s *BMF* BStBl I 14, 1408 Rz 4). Ein konkreter Anlass für die LSt-Nachschau ist allerdings nicht notwendig (s auch Rz 1). Aus dem Verweis in § 42g III 2 auf § 42f II 3 ergibt sich, dass die LSt-Nachschau auch zulässig ist, um Ermittlungen darüber anzustellen, ob Personen überhaupt ArbN des ArbG sind oder waren. Eine Beschränkung der LSt-Nachschau auf aktuelle Lohnabrechnungszeiträume enthält § 42g nicht (aA *Janssen-*

Heid/Hilbert BB 15, 598). Da die LSt-Nachschau (nur) der Sicherstellung des ordnungsgemäßen LSt-Abzugs dient, darf sie sich auf die Verhältnisse der ArbN nur insoweit erstrecken, als diese für den LSt-Abzug von Bedeutung sind (*Blümich/Wagner* § 42g Rz 15).

Anordnung der LSt-Nachschau. Sie muss durch die zuständige Finanzbehörde (idR das BetriebsstättenFA, s § 41a Rz 2) angeordnet werden, auch wenn eine Ankündigung nicht erforderl ist. Die Anordnung kann auch mündl erfolgen (*BMF* BStBl I 14, 1408 Rz 6); der Betroffene hat dann aber Anspruch auf schriftl Bestätigung gem § 119 II 2 AO (*Bergan/Jahn* NWB 15, 579). Die Anordnung muss die wesentl Angaben enthalten, insb Adressat, Prüfungsgegenstand und Begründung. Auf die zu § 196 AO entwickelten Grundsätze kann insoweit zurückgegriffen werden. 4

3. Durchführung der LSt-Nachschau, § 42g II. Die Vorschrift regelt, bei wem, durch wen, wann und wo eine LSt-Nachschau durchgeführt werden kann. 6

a) Betroffene Personen. Dies sind solche Personen, die eine gewerbl oder berufl Tätigkeit ausüben. Die LSt-Nachschau kann mithin insb ggü ArbG und Dritten (§ 38 IIIa) angeordnet werden, die gewerbl, freiberufl oder land- und forstwirtschaftl tätig sind (*HHR* § 42g Rz 33). Personen, die nur im Privathaushalt ArbN beschäftigen, sind hiernach grds nicht verpflichtet, eine LSt-Nachschau zu dulden (*Janssen-Heid/Hilbert* BB 15, 598). Sie kann auch angeordnet werden, wenn unklar oder str ist, ob die gewerbl oder berufl tätige Person lstrechtl ArbG ist. Der Gesetzeswortlaut verlangt nicht, dass die berufl Tätigkeit selbständig ausgeübt wird. Hiernach kommt eine LSt-Nachschau grds auch ggü ArbN in Betracht, sofern die Voraussetzungen iÜ vorliegen. 7

b) Betretungsberechtigte Personen. Dies sind die mit der LSt-Nachschau Beauftragten Amtsträger (§ 7 AO) der FinVerw. Hierbei wird es sich idR um die LSt-Außenprüfer des BetriebsstättenFA handeln. Die Beauftragung kann durch interne Dienstanweisung erfolgen. Die Angabe des Namens des Beauftragten ist nicht notwendiger Bestandteil der Anordnung über die LSt-Nachschau. Die Beauftragten können ohne vorherige Ankündigung tätig werden (*HHR* § 42g Rz 32). 8

c) Zeitl Beschränkung. Die LSt-Nachschau ist nur während der übl Geschäfts- und Arbeitszeiten zulässig. Da auch Geschäfts- und Betriebsräume in den Schutzbereich von Art 13 GG einbezogen sind, ist das Betreten und die Vornahme von Besichtigungen und Prüfungen nur zu den Zeiten statthaft, zu denen die Räume normalerweise für die jeweilige geschäftl oder betriebl Nutzung zur Verfügung stehen (BVerfGE 32, 54; *Bergan/Jahn* NWB 15, 579; *Janssen-Heid/Hilbert* BB 15, 598). Die FinVerw vertritt demggü die Auffassung, dass das Betretungsrecht auch außerhalb der übl Geschäftszeiten besteht, wenn in den betreffenden Räumen schon oder noch gearbeitet wird (zust *Bunjes/Leonard* UStG § 27b Rz 9; *Sölch/Ringleb* UStG § 27b Rz 16; *Apitz* StBp 14, 33). Dieser am Gesetzeszweck orientierten Auffassung ist mE angesichts des eindeutigen Wortlauts von § 42g II für die LSt-Nachschau nicht zu folgen (aA *BMF* BStBl I 14, 1408 Rz 10). 9

d) Ort der LSt-Nachschau. Die mit der LSt-Nachschau beauftragten Amtsträger haben das Recht, Grundstücke und Räume von gewerbl oder berufl tätigen Personen zu betreten. Die Grundstücke und Räume müssen den gewerbl oder berufl Zwecken eindeutig dienen (*Dißars* NWB 13, 3210, 3213); sie brauchen aber nicht im (wirtschaftl) Eigentum der betroffenen Personen stehen. Die gewerbl oder berufl tätige Person muss ledigl die tatsächl Verfügungsgewalt, zB aufgrund eines Mietverhältnisses, ausüben (*Pahlke/Koenig* AO § 210 Rz 5). Entscheidend ist, ob die Grundstücke und Räume durch den Verfügungsberechtigten „nach außen geöffnet" wurden (*HHSp* AO § 210 Rz 13). Eine solche Öffnung nach außen wird bei gemischt berufl und privat genutzten Räumen idR nicht vorliegen, so dass eine LSt-Nachschau in solchen Räumen nach § 42g II 1 unzulässig ist (*Jans-* 10 *sen-Heid/Hilbert* BB 15, 598). Dies gilt insb für häusl Arbeitszimmer (ebenso *Bergan/Jahn* NWB 15, 579; aA *BMF* BStBl I 14, 1408 Rz 9; für die USt-Nachschau wie hier *Sölch/Ringleb* UStG § 27b Rz 18). Auch nach Auffassung des BVerfG sind Betretungsrechte bei Wohnräumen, in denen auch eine geschäftl oder berufl Tätigkeit ausgeübt wird, grds ausgeschlossen (BVerfGE 32, 54, 75).

11 **Wohnräume** dürfen gegen den Willen des Inhabers nur unter den in § 42g II 2 genannten engen Voraussetzungen betreten werden. Diese Voraussetzungen sind Art 13 VII GG geschuldet. Eine Gefahr für die öffentl Sicherheit ist auch bei einer (drohenden) Verletzung der Steuergesetze gegeben, da zur öffentl Sicherheit die Unversehrtheit der gesamten obj Rechtsordnung gehört. Die Gefahr muss aber dringend sein. Eine solche Gefahr liegt vor, wenn ohne ihre Abwehr wesentl Rechtsgüter verletzt werden. Von Bedeutung sind außerdem die zeitl Nähe und die Wahrscheinlichkeit eines Schadenseintritts sowie die Schwere des drohenden Schadens. Auch wenn die Sicherung des Steueraufkommens ein hohes Rechtsgut darstellt, wird das Betreten von Wohnräumen gegen den Willen des Inhabers im Hinblick auf die prinzipielle Unverletztlichkeit der Wohnung nur in Ausnahmefällen in Betracht kommen (*Bunjes/Leonard* UStG § 27b Rz 11).

12 § 42g II gibt ledigl ein Recht zum Betreten der Grundstücke und Räume. Die LSt-Nachschau beschränkt sich deshalb auf die Besichtigung der Räume; eine Durchsuchung ist unzulässig (*BMF* BStBl I 14, 1408 Rz 11; *Apitz* StBp 14, 33; s auch BFH VII R 59/86 HFR 89, 62).

13 Wird das Betreten der Grundstücke und Räume verweigert, dürfen sich die mit der Nachschau beauftragten Amtsträger den Zutritt nicht selbst gewaltsam verschaffen. Das Betretungsrecht kann aber mit Zwangsmitteln (§ 328 AO), insb mit Zwangsgeld und als letztes Mittel mit unmittelbarem Zwang, durchgesetzt werden (*BMF* BStBl I 14, 1408 Rz 21; *Sölch/Ringleb* UStG § 27b Rz 17; *Bergan/Jahn* NWB 15, 579; *Hentschel* NJW 02, 1703, 1704; aA *Dißars* NWB 13, 3210; *Apitz* StBp 14, 33).

15 **4. Vorlage von Urkunden, Erteilung von Auskünften, § 42g III.** Die von der LSt-Nachschau betroffenen Personen haben dem beauftragten Amtsträger auf Verlangen die im Gesetz bezeichneten Unterlagen und Aufzeichnungen vorzulegen. Außerdem sind sie verpflichtet, Auskünfte zu erteilen, soweit dies zur Feststellung einer steuerl Erheblichkeit zweckdienl ist. Die Zweckdienlichkeit muss sich aus obj Gesichtspunkten ergeben (*HHR* § 42g Rz 42). Ein digitaler Datenzugriff ist iRd LSt-Nachschau ohne Zustimmung des ArbG nicht gestattet (*BMF* BStBl I 14, 1408 Rz 14; *Blümich/Wagner* § 42g Rz 42; *Apitz* StBp 14, 33). Nach § 42g III 2 iVm § 42f II 2 haben auch die ArbN des von der LSt-Nachschau betroffenen ArbG dem beauftragten Amtsträger Auskunft über Art und Höhe ihrer Einnahmen zu geben und auf Verlangen Bescheinigungen über den LSt-Abzug vorzulegen. Dies gilt ebenso für Personen, bei denen str ist, ob sie überhaupt ArbN des ArbG sind oder waren (§ 42g III 2 iVm § 42f II 3).

17 **5. Übergang zur LSt-Außenprüfung, § 42g IV.** Die Nachschau kann ohne vorherige Prüfungsanordnung (§ 196 AO) in eine LSt-Außenprüfung übergehen. Ob zu einer LSt-Außenprüfung übergegangen wird, ist eine Ermessensentscheidung (§ 5 AO), die gerichtl nur eingeschränkt überprüfbar ist (§ 102 FGO; s auch *Bergan/Jahn* NWB 15, 571). Auf den Übergang muss schriftl hingewiesen werden. Der Hinweis, der dem Adressaten bekannt gegeben werden muss (*Apitz* StBp 14, 33), muss Angaben zum zeitl und gegenständl Umfang der LSt-Außenprüfung enthalten. Außerdem ist der Anlass für den Übergang zur LSt-Außenprüfung anzugeben. Nach § 42g IV kann nur auf die Prüfungsanordnung verzichtet werden, iÜ sind die Voraussetzungen und Vorschriften über die LSt-Außenprüfung zu beachten (s § 42f).

19 **6. Auswertung der Feststellungen, § 42g V.** Die iRd LSt-Nachschau gewonnenen Erkenntnisse darf die FinVerw nicht nur ggü den von der LSt-Nach-

schau betroffenen Personen (s Rz 7) in Bezug auf die LSt verwenden. § 42g V lässt die Auswertung der Feststellungen auch für die Festsetzung und Erhebung anderer Steuern (zB KiSt, GewSt, USt) und ggü anderen Personen (zB ArbN bei deren ESt-Veranlagung) zu.

7. Rechtsbehelfe. Die Anordnung der LSt-Nachschau (Rz 4) sowie Vorlage- und Auskunftsverlangen iRd LSt-Nachschau (Rz 15) sind VAe (s auch FG Nds EFG 12, 1519, rkr), die mit Einspruch und Klage angefochten werden können (*BMF* BStBl I 14, 1408 Rz 22; *HHR* § 42g Rz 16; *Apitz* StBp 14, 33; *Bergan/Jahn* NWB 15, 579; aA *Blümich/Wagner* § 42g Rz 55). Aufschiebende Wirkung haben diese Rechtsbehelfe aber nicht. Durchführung oder Fortsetzung der LSt-Nachschau kann nur durch AdV verhindert werden. Nach Abschluss der LSt-Nachschau muss der Betroffene zur Fortsetzungsfeststellungsklage übergehen (*Janssen-Heid/Hilbert* BB 15, 598). Das für diese Klageart erforderl berechtigte Interesse kann zB in der Wiederholungsgefahr oder darin bestehen, die Verwertung der bei der LSt-Nachschau gewonnenen Erkenntnisse zu verhindern. 21

3. Steuerabzug vom Kapitalertrag (Kapitalertragsteuer)

§ 43 Kapitalerträge mit Steuerabzug

(1) [1]**Bei den folgenden inländischen und in den Fällen der Nummern 6, 7 Buchstabe a und Nummern 8 bis 12 sowie Satz 2 auch ausländischen Kapitalerträgen wird die Einkommensteuer durch Abzug vom Kapitalertrag (Kapitalertragsteuer) erhoben:**

1. **Kapitalerträgen im Sinne des § 20 Absatz 1 Nummer 1, soweit diese nicht nachfolgend in Nummer 1a gesondert genannt sind, und Kapitalerträgen im Sinne des § 20 Absatz 1 Nummer 2.** [2]**Entsprechendes gilt für Kapitalerträge im Sinne des § 20 Absatz 2 Satz 1 Nummer 2 Buchstabe a und Nummer 2 Satz 2;**

1a. **Kapitalerträgen im Sinne des § 20 Absatz 1 Nummer 1 aus Aktien und Genussscheinen, die entweder gemäß § 5 des Depotgesetzes zur Sammelverwahrung durch eine Wertpapiersammelbank zugelassen sind und dieser zur Sammelverwahrung im Inland anvertraut wurden, bei denen eine Sonderverwahrung gemäß § 2 Satz 1 des Depotgesetzes erfolgt oder bei denen die Erträge gegen Aushändigung der Dividendenscheine oder sonstigen Erträgnisscheine ausgezahlt oder gutgeschrieben werden;**

2. **Zinsen aus Teilschuldverschreibungen, bei denen neben der festen Verzinsung ein Recht auf Umtausch in Gesellschaftsanteile (Wandelanleihen) oder eine Zusatzverzinsung, die sich nach der Höhe der Gewinnausschüttungen des Schuldners richtet (Gewinnobligationen), eingeräumt ist, und Zinsen aus Genussrechten, die nicht in § 20 Absatz 1 Nummer 1 genannt sind.** [2]**Zu den Gewinnobligationen gehören nicht solche Teilschuldverschreibungen, bei denen der Zinsfuß nur vorübergehend herabgesetzt und gleichzeitig eine von dem jeweiligen Gewinnergebnis des Unternehmens abhängige Zusatzverzinsung bis zur Höhe des ursprünglichen Zinsfußes festgelegt worden ist.** [3]**Zu den Kapitalerträgen im Sinne des Satzes 1 gehören nicht die Bundesbankgenussrechte im Sinne des § 3 Absatz 1 des Gesetzes über die Liquidation der Deutschen Reichsbank und der Deutschen Golddiskontbank in der im Bundesgesetzblatt Teil III, Gliederungsnummer 7620-6, veröffentlichten bereinigten Fassung, das zuletzt durch das Gesetz vom 17. Dezember 1975 (BGBl. I S. 3123) geändert worden ist.** [4]**Beim Steuerabzug auf Kapitalerträge sind die für den Steuerabzug nach Nummer 1a geltenden Vorschriften entsprechend anzuwenden, wenn**

a) die Teilschuldverschreibungen und Genussrechte gemäß § 5 des Depotgesetzes zur Sammelverwahrung durch eine Wertpapiersammelbank zugelassen sind und dieser zur Sammelverwahrung im Inland anvertraut wurden,
b) die Teilschuldverschreibungen und Genussrechte gemäß § 2 Satz 1 des Depotgesetzes gesondert aufbewahrt werden oder
c) die Erträge der Teilschuldverschreibungen und Genussrechte gegen Aushändigung der Erträgnisscheine ausgezahlt oder gutgeschrieben werden;

3. Kapitalerträgen im Sinne des § 20 Absatz 1 Nummer 4;
4. Kapitalerträgen im Sinne des § 20 Absatz 1 Nummer 6 Satz 1 bis 6; § 20 Absatz 1 Nummer 6 Satz 2 und 3 in der am 1. Januar 2008 anzuwendenden Fassung bleiben für Zwecke der Kapitalertragsteuer unberücksichtigt. [2]Der Steuerabzug vom Kapitalertrag ist in den Fällen des § 20 Absatz 1 Nummer 6 Satz 4 in der am 31. Dezember 2004 geltenden Fassung nur vorzunehmen, wenn das Versicherungsunternehmen auf Grund einer Mitteilung des Finanzamts weiß oder infolge der Verletzung eigener Anzeigeverpflichtungen nicht weiß, dass die Kapitalerträge nach dieser Vorschrift zu den Einkünften aus Kapitalvermögen gehören;
5. *(weggefallen)*
6. ausländischen Kapitalerträgen im Sinne der Nummern 1 und 1a;
7. Kapitalerträgen im Sinne des § 20 Absatz 1 Nummer 7, außer bei Kapitalerträgen im Sinne der Nummer 2, wenn
   a) es sich um Zinsen aus Anleihen und Forderungen handelt, die in ein öffentliches Schuldbuch oder in ein ausländisches Register eingetragen oder über die Sammelurkunden im Sinne des § 9a des Depotgesetzes oder Teilschuldverschreibungen ausgegeben sind;
   b) der Schuldner der nicht in Buchstabe a genannten Kapitalerträge ein inländisches Kreditinstitut oder ein inländisches Finanzdienstleistungsinstitut im Sinne des Gesetzes über das Kreditwesen ist. [2]Kreditinstitut in diesem Sinne ist auch die Kreditanstalt für Wiederaufbau, eine Bausparkasse, ein Versicherungsunternehmen für Erträge aus Kapitalanlagen, die mit Einlagegeschäften bei Kreditinstituten vergleichbar sind, die Deutsche Postbank AG, die Deutsche Bundesbank bei Geschäften mit jedermann einschließlich ihrer Betriebsangehörigen im Sinne der §§ 22 und 25 des Gesetzes über die Deutsche Bundesbank und eine inländische Zweigstelle oder Zweigniederlassung eines ausländischen Unternehmens im Sinne der §§ 53 und 53b des Gesetzes über das Kreditwesen, nicht aber eine ausländische Zweigstelle eines inländischen Kreditinstituts oder eines inländischen Finanzdienstleistungsinstituts. [3]Die inländische Zweigstelle oder Zweigniederlassung gilt anstelle des ausländischen Unternehmens als Schuldner der Kapitalerträge;

7a. Kapitalerträgen im Sinne des § 20 Absatz 1 Nummer 9;
7b. Kapitalerträgen im Sinne des § 20 Absatz 1 Nummer 10 Buchstabe a;
7c. Kapitalerträgen im Sinne des § 20 Absatz 1 Nummer 10 Buchstabe b;
8. Kapitalerträgen im Sinne des § 20 Absatz 1 Nummer 11;
9. Kapitalerträgen im Sinne des § 20 Absatz 2 Satz 1 Nummer 1 Satz 1 und 2;
10. Kapitalerträgen im Sinne des § 20 Absatz 2 Satz 1 Nummer 2 Buchstabe b und Nummer 7;
11. Kapitalerträgen im Sinne des § 20 Absatz 2 Satz 1 Nummer 3;
12. Kapitalerträgen im Sinne des § 20 Absatz 2 Satz 1 Nummer 8.

[2]Dem Steuerabzug unterliegen auch Kapitalerträge im Sinne des § 20 Absatz 3, die neben den in den Nummern 1 bis 12 bezeichneten Kapitalerträgen oder an deren Stelle gewährt werden. [3]Der Steuerabzug ist ungeachtet des § 3

Nummer 40 und des § 8b des Körperschaftsteuergesetzes vorzunehmen. [4]Für Zwecke des Kapitalertragsteuerabzugs gilt die Übertragung eines von einer auszahlenden Stelle verwahrten oder verwalteten Wirtschaftguts im Sinne des § 20 Absatz 2 auf einen anderen Gläubiger als Veräußerung des Wirtschaftguts. [5]Satz 4 gilt nicht, wenn der Steuerpflichtige der auszahlenden Stelle unter Benennung der in Satz 6 Nummer 4 bis 6 bezeichneten Daten mitteilt, dass es sich um eine unentgeltliche Übertragung handelt. [6]Die auszahlende Stelle hat in den Fällen des Satzes 5 folgende Daten dem für sie zuständigen Betriebsstättenfinanzamt bis zum 31. Mai des jeweiligen Folgejahres nach amtlich vorgeschriebenem Datensatz auf elektronischem Weg nach Maßgabe der Steuerdaten-Übermittlungsverordnung in der jeweils geltenden Fassung mitzuteilen:

1. Bezeichnung der auszahlenden Stelle,
2. das zuständige Betriebsstättenfinanzamt,
3. das übertragene Wirtschaftsgut, den Übertragungszeitpunkt, den Wert zum Übertragungszeitpunkt und die Anschaffungskosten des Wirtschaftsguts,
4. Name, Geburtsdatum, Anschrift und Identifikationsnummer des Übertragenden,
5. Name, Geburtsdatum, Anschrift und Identifikationsnummer des Empfängers sowie die Bezeichnung des Kreditinstituts, der Nummer des Depots, des Kontos oder des Schuldbuchkontos,
6. soweit bekannt, das persönliche Verhältnis (Verwandtschaftsverhältnis, Ehe, Lebenspartnerschaft) zwischen Übertragendem und Empfänger.

(1a) *(aufgehoben)*

(2) [1]**Der Steuerabzug ist außer in den Fällen des Absatzes 1 Satz 1 Nummer 1a und 7c nicht vorzunehmen, wenn Gläubiger und Schuldner der Kapitalerträge (Schuldner) oder die auszahlende Stelle im Zeitpunkt des Zufließens dieselbe Person sind. [2]Der Steuerabzug ist außerdem nicht vorzunehmen, wenn in den Fällen des Absatzes 1 Satz 1 Nummer 6, 7 und 8 bis 12 Gläubiger der Kapitalerträge ein inländisches Kreditinstitut oder inländisches Finanzdienstleistungsinstitut nach Absatz 1 Satz 1 Nummer 7 Buchstabe b oder eine inländische Kapitalverwaltungsgesellschaft ist. [3]Bei Kapitalerträgen im Sinne des Absatzes 1 Satz 1 Nummer 6 und 8 bis 12 ist ebenfalls kein Steuerabzug vorzunehmen, wenn**

1. eine unbeschränkt steuerpflichtige Körperschaft, Personenvereinigung oder Vermögensmasse, die nicht unter Satz 2 oder § 44a Absatz 4 Satz 1 fällt, Gläubigerin der Kapitalerträge ist, oder
2. die Kapitalerträge Betriebseinnahmen eines inländischen Betriebs sind und der Gläubiger der Kapitalerträge dies gegenüber der auszahlenden Stelle nach amtlich vorgeschriebenem Muster erklärt; dies gilt entsprechend für Kapitalerträge aus Options- und Termingeschäften im Sinne des Absatzes 1 Satz 1 Nummer 8 und 11, wenn sie zu den Einkünften aus Vermietung und Verpachtung gehören.

[4]Im Fall des § 1 Absatz 1 Nummer 4 und 5 des Körperschaftsteuergesetzes ist Satz 3 Nummer 1 nur anzuwenden, wenn die Körperschaft, Personenvereinigung oder Vermögensmasse durch eine Bescheinigung des für sie zuständigen Finanzamts ihre Zugehörigkeit zu dieser Gruppe von Steuerpflichtigen nachweist. [5]Die Bescheinigung ist unter dem Vorbehalt des Widerrufs auszustellen. [6]Die Fälle des Satzes 3 Nummer 2 hat die auszahlende Stelle gesondert aufzuzeichnen und die Erklärung der Zugehörigkeit der Kapitalerträge zu den Betriebseinnahmen oder zu den Einnahmen aus Vermietung und Verpachtung sechs Jahre aufzubewahren; die Frist beginnt mit dem Schluss des Kalenderjahres, in dem die Freistellung letztmalig berücksichtigt wird. [7]Die

auszahlende Stelle hat in den Fällen des Satzes 3 Nummer 2 daneben die Konto- oder Depotbezeichnung oder die sonstige Kennzeichnung des Geschäftsvorgangs, Vor- und Zunamen des Gläubigers sowie die Identifikationsnummer nach § 139b der Abgabenordnung bzw. bei Personenmehrheit den Firmennamen und die zugehörige Steuernummer nach amtlich vorgeschriebenem Datensatz zu speichern und durch Datenfernübertragung zu übermitteln. [8] Das Bundesministerium der Finanzen wird den Empfänger der Datenlieferungen sowie den Zeitpunkt der erstmaligen Übermittlung durch ein im Bundessteuerblatt zu veröffentlichendes Schreiben mitteilen.

(3) [1] **Kapitalerträge im Sinne des Absatzes 1 Satz 1 Nummer 1 Satz 1 sowie Nummer 1a bis 4 sind inländische, wenn der Schuldner Wohnsitz, Geschäftsleitung oder Sitz im Inland hat; Kapitalerträge im Sinne des Absatzes 1 Satz 1 Nummer 4 sind auch dann inländische, wenn der Schuldner eine Niederlassung im Sinne der §§ 61, 65 oder des § 68 des Versicherungsaufsichtsgesetzes im Inland hat. [2] Kapitalerträge im Sinne des Absatzes 1 Satz 1 Nummer 1 Satz 2 sind inländische, wenn der Schuldner der veräußerten Ansprüche die Voraussetzungen des Satzes 1 erfüllt. [3] Kapitalerträge im Sinne des § 20 Absatz 1 Nummer 1 Satz 4 sind inländische, wenn der Emittent der Aktien Geschäftsleitung oder Sitz im Inland hat. [4] Kapitalerträge im Sinne des Absatzes 1 Satz 1 Nummer 6 sind ausländische, wenn weder die Voraussetzungen nach Satz 1 noch nach Satz 2 vorliegen.**

(4) **Der Steuerabzug ist auch dann vorzunehmen, wenn die Kapitalerträge beim Gläubiger zu den Einkünften aus Land- und Forstwirtschaft, aus Gewerbebetrieb, aus selbständiger Arbeit oder aus Vermietung und Verpachtung gehören.**

(5) [1] **Für Kapitalerträge im Sinne des § 20, soweit sie der Kapitalertragsteuer unterlegen haben, ist die Einkommensteuer mit dem Steuerabzug abgegolten; die Abgeltungswirkung des Steuerabzugs tritt nicht ein, wenn der Gläubiger nach § 44 Absatz 1 Satz 8 und 9 und Absatz 5 in Anspruch genommen werden kann. [2] Dies gilt nicht in Fällen des § 32d Absatz 2 und für Kapitalerträge, die zu den Einkünften aus Land- und Forstwirtschaft, aus Gewerbebetrieb, aus selbständiger Arbeit oder aus Vermietung und Verpachtung gehören. [3] Auf Antrag des Gläubigers werden Kapitalerträge im Sinne des Satzes 1 in die besondere Besteuerung von Kapitalerträgen nach § 32d einbezogen. [4] Eine vorläufige Festsetzung der Einkommensteuer im Sinne des § 165 Absatz 1 Satz 2 Nummer 2 bis 4 der Abgabenordnung umfasst auch Einkünfte im Sinne des Satzes 1, für die der Antrag nach Satz 3 nicht gestellt worden ist.**

Einkommensteuer-Richtlinien/Verwaltungsschreiben: EStH 43 – *BMF* 8.7.11 FR 11, 779 (zu OGAW-IV-UmsG); *BMF* BStBl I 16, 85 Rz 151a–183

Übersicht

Schrifttum (vor 2013 s VorAufl): *Lechner ua,* KapESt, Wien 2003; *Lechner* ua, Handbuch der Besteuerung von KapVerm, Wien 2013. – *Weber-Grellet,* Die Funktion des KapESt im System der AbgeltungSt, DStR 13, 1357/1412; *Herzberg,* § 30a AO im Kontext der AbgeltungSt, DStR 14, 1535; *Delp,* Aktuelle Problemstränge zw AbgeltungSt und EStErklärung, DB 15, 1919.

I. Grundaussage

1 **1. Gegenstand. – a) KapESt-Begriff.** DieKapESt ist im System der AbgeltungSt als tendenziell endgültige StFestsetzung konzipiert, als Emittenten- und ZahlstellenSt (*Weber-Grellet* DStR 13, 1357/60; *Delp* DB 15, 1919), wobei die Kreditinstitute als Organe der StErhebung fungieren (*BMF* BStBl I 16, 85 Rz 151a; § 45a Rz 2), früher eine Art ESt/KStVZ für Rechnung des Gläubigers der KapErträge (BFH I R 97/66 BStBl II 1970, 464; s § 36 Rz 5 ff; § 31 I KStG). Die KapESt sichert, vereinfacht und beschleunigt die Besteuerung (Erhebung an der Quelle; Haftung des Abzugsverpflichteten; BFH I R 42/04 BFH/NV 05, 1073). Die KapESt umfasst den **StAbzug** (§ 43), ab 2009 (für § 20-Einkünfte) mit **Abgeltungswirkung** (Abs 5; *HHR* vor § 43 Anm 2). Die AbgeltungSt ist ihrerseits eine besondere Form der KapESt für natürl Personen mit Finanzanlagen im PV. – IEinz geregelt sind die **Bemessung** (§§ 43a f), die **Entrichtung** (§ 44; Entstehung, Einbehalt, Abführung) einschließl **Haftung** (§§ 44 V; 45a VII), die **Freistellung** und **Abstandnahme** (§§ 43 II, 43b, 44a, 50d II), die **Erstattung** (§§ 44b–45c; 50d, 37 II AO; DBA), sowie die **Anmeldung** (§ 45a), die einer **Steuerfestsetzung** gleichsteht (§ 168 AO), und die **Bescheinigungen** (§ 45a; § 45d). – Die teilweise Neuregelung der §§ 43 ff durch das **StSenkG** ist durch die Aufhebung des kstl Anrechnungsverfahrens und den Wegfall der §§ 36a–e (insb **Vergütung** von KSt) notwendig geworden; zur Anwendbarkeit s Rz 8. Eine informative **Übersicht** über das bisherige System, Änderungen und Befreiungsmöglichkeiten enthält *OFD Nbg* DStZ 02, 44; zur Berechnung § 20 Rz 35. – **Treuhandkonten** sind wie Privatkonten zu behandeln (*BMF* BStBl I 16, 85 Rz 152 ff) ; ebenso Konten ausl Stiftung und ausl Ges (*BMF* 5.2.15 DB 15 588). – **Nachlasskonten** können auf Erben übertragen werden (*BMF* BStBl I 16, 85 Rz 165); bei StAusländer-Erblasser s *BMF* BStBl I 16, 85 Rz 314). Die Regelungen des OGAW-IV-UmsG ändern den KapEStAbzug bei dt sammelverwahrten Aktien und Investmentanteilen zur Verhinderung einer doppelten Inanspruchnahme der KapESt-Anrechnung/-Erstattung iRd sog Cum-Ex-Geschäfte (Wechsel vom Schuldner- zum Zahlstellensystem; *Klein* BB 13, 1054 [mit Kritik an Verw]; *Weber-Grellet* DStR 13, 1412/5; *BMF* FR 11, 779); § 44 Rz 4; § 45a Rz 3. – Mit Einführung der AbgeltungSt kommt der **KapESt-Sonderprüfung** bei Kreditinstituten (als StEntrichtungspflichtige; § 194 I 4 AO) besondere Bedeutung zu (*Findeis* DB 09,

2397; iEinz *Schmidt/Eck* BB 11, 1751); §§ 45d, 45e, 50b; § 30a AO haben mE insoweit nur untergeordnete Bedeutung.

Durch das **AmtshilfeRLUmsG** v 26.6.13 BStBl I 13, 802 sind folgende Regelungen geändert worden: *(1)* KapEStAbzug bei Teilschuldverschreibungen und Genussscheinen (§ 43 I); – *(2)* Anpassung des § 43b an neugefasste Mutter-Tochter-RL 2011/96/EU vom 30.11.11;– *(3)* KapEStAbzug bei Lieferung von mit Dividendenberechtigung erworbenen Aktien ohne Dividendenanspruch (§ 44 Ia); – *(4)* Erweiterung der Abstandnahme vom KapEStAbzug (44a) mit der Folge der Beschränkung der Erstattung nach § 44b und des Wegfalls des § 45b (Sammelantragserstattung); – *(5)* Umstellung des Erstattungsverfahrens bei Gesamthandsgemeinschaften (§ 44b III); – *(6)* Neufassung des § 45a II (Verpflichtung zur Ausstellung einer Bescheinigung); – *(7)* die Neuregelung des Entlastungsverfahrens für hybride ausl GesFormen (§ 50d I 11).

2 **b) KapESt-Tatbestände.** § 43 I bestimmt, bei welchen KapErträgen iSd § 20 ein KapEStAbzug vorzunehmen ist. Nach § 43 I Nr 6, 8 bis 12 ist bei den durch das UntStRefG (ab 2009) hinzugekommenen KapEStFällen nicht nur im Fall inl, sondern auch ausl KapErträge grds ein StAbzug vorzunehmen. Der Katalog des § 20 ist weiter als die Aufzählung des § 43; insb besteht keine Abzugsverpflichtung bei Zinserträgen aus privat vergebenen Darlehen (*Weber-Grellet* DStR 13, 1357/8).

Übersicht (KapESt-Fälle des § 43 I)

Abs 1 Nr	Art des Kapitalertrags	%	Abzugsverpflichteter
1	Gewinnausschüttungen/ Dividenden uä	25	Schuldner
1a	Erträge aus verwahrten Papieren	25	auszahlende Stelle
2	Wandelanleihen uä	25	Schuldner
3	stille Ges/partiarisches Darlehen	25	Schuldner
4	Lebensversicherung (ohne Verkauf)	25	Schuldner
5	*nicht besetzt*	25	–
6	ausl Dividenden uä	25	auszahlende Stelle
7	Zinsen uä	25	auszahlende Stelle
7a, b	Erträge iSd § 20 I Nr 9, Nr 10a, ausschüttungsgleiche Erträge	25/15	Schuldner
7c	Erträge iSd § 20 I Nr 10b	15	§ 20 Rz 117
8	Stillhalterprämien	25	auszahlende Stelle
9	Verkauf von Anteilen an Körperschaft	25	auszahlende Stelle
10	Verkauf sonstiger Kapitalforderungen, zB Zertifikate	25	auszahlende Stelle
11	Termingeschäfte	25	auszahlende Stelle
12	Rechtsposition iS § 20 I Nr 9 (II Nr 8)	25	auszahlende Stelle

§ 43 II schließt den StAbzug für Fälle der Identität von Gläubiger und Schuldner aus (Rz 16), § 43 III definiert „inl" KapErträge (Rz 12) und § 43 IV bestimmt die Unmaßgeblichkeit der Gläubiger-Einkunftsart (Rz 10; s aber § 44a Rz 26). Zu unterscheiden ist zw dem **Abzugsverpflichteten** und dem **StSchuldner** (Gläubiger; Empfänger der KapErträge).

3 **2. Rechtslage vor AbgeltungSt.** Zur KapESt vor Einführung der AbgeltungSt durch das StSenkG s 31. Aufl Rz 3, 4.

3. Abgeltungsteuer, § 43 V. *Schrifttum/Verwaltung* s vor § 32d. – **a) Wirkung.** Der durch das UnStRefG 2008 (BStBl I 07, 630) eingeführte und ab 2009 geltende § 43 V 1 bildet die **zentrale Vorschrift** für die grds Abgeltungswirkung der KapESt (Schrifttumsnachweise § 32d); Klarstellung durch JStG 10 (BR-Drs 318/10, 88, mit Beispiel); ist der nach § 20 zu ermittelnde Gewinn tatsächl höher als die iRd KapESt-Abzugs berücksichtigte Bemessungsgrundlage (dazu *Delp* DB 15, 1919/20: Cashflow-Vorgänge), besteht für den darüber hinausgehenden Betrag eine Veranlagungspflicht nach § 32d III. – Damit erlangt der StAbzug eine erhöhte Bedeutung; er führt praktisch zu einer Veranlagung durch die Banken (*Weber-Grellet* DStR 13, 1357/8). – § 43 V 4 (idF JStG 10; BR-Drs 318/10, 88) erstreckt die **vorläufige** Festsetzung auf die KapESt). – Zur Auswirkung der AbgeltungSt auf § 34a *Knirsch ua* DB 08, 1405/7. 5

b) Ausnahmen. – ***(1)*** **Nacherhebung, Haftung.** Die Verpflichtung des Gläubigers in den Fällen des § 44 I 8–9 und des § 44 V bleibt bestehen (§ 43 V 1 S 2). – ***(2)*** **Nahe stehende Personen.** § 43 V 2 regelt, dass die Abgeltungswirkung nicht eintritt in Fällen des neuen § 32d II (insb KapErträge unter nahe stehenden Personen), und wenn die KapErträge vorrangig zu den Einkünften aus LuF, aus GewBetr, aus selbständiger Arbeit oder aus VuV gehören. – ***(3)*** **Gemeinschaftsdepots.** Zur Problematik (insb auch im Hinblick auf die KiSt; dazu § 32d Rz 3) *Schulze zur Wiesch* DStR 09, 309; *Stoltenberg/Khalil* DStR 13, 2597. – ***(4)*** **Antrag.** § 43 V 3 sieht vor, dass KapErträge, bei denen grds die Abgeltungswirkung eintreten könnte, auf Antrag des StPfl (des Gläubigers) in die besondere Besteuerung von KapErträgen nach § 32d einbezogen werden (vgl zu den in Betracht kommenden Sachverhalten die Beispielsaufzählung in § 32d IV). 6

4. Zeitl Anwendung. Anwendbar sind die Neuregelungen des StSenkG – korrespondierend mit § 3 Nr 40, idR ab 2002 (*Grützner* NWB Fach 3b, 5385/89/98). Ist das kstl Anrechnungsverfahren nicht mehr anwendbar, sind also die Erträge auf der Ebene der KapGes mit einer KSt von definitiv 25 vH vorbelastet, gilt das Halbeinkünfteverfahren. 8

Beispiele (nach § 52 Abs 53 aF): Noch altes Recht: (1) Wj 1.1.–31.12.00; Gewinnausschüttungsbeschluss in 4/01; (2) Wj 1.7.00–30.6.01; vGA 30.9.2000. – Neues Recht: (1) Wj 1.1.–31.12.01; Ausschüttungsbeschluss in 2002; (2) Wj 1.1.–31.12.; vGA 02/2001; (3) § 45d: VZ 2002.

Ab 2009 gelten nach Maßgabe des UntStRefG die Neuregelungen der AbgeltungSt (§ 52a idF UntStRefG), außerhalb des Anwendungsbereichs des § 20 das sog Teileinkünfteverfahren (§ 20 Rz 35).

5. Sachl Besteuerungsumfang, § 43 I, IV. Welche der nach § 20 estpfl Einkünfte dem KapEStAbzug unterliegen, bestimmt § 43 abschließend; zu Investmenterträgen s Rz 65 ff mwN. § 43 I knüpft ohne vollständige Übereinstimmung sachl an einzelne Einnahmen iSv **§ 20** an und erfasst diese auch im Rahmen anderer Einkunftsarten (§ 20 VIII, § 43 IV; s § 44a Rz 25, § 20 Rz 196; Besonderheiten in § 50 V), zB als gewerbl Einkünfte (zur Anrechnung der KapESt bei Bilanzierung s *OFD Kiel* StuB 01, 1075), allerdings nicht als Arbeitslohn (LStAbzug); die Einkünftezuordnung beim Gläubiger ist ohne Bedeutung (§ 43 IV). **Wesentl Ausnahmen (kein KapEStAbzug):** KapEinkünfte iSv § 20 I Nr 5, Nr 8, § 20 II 1 Nr 4, 6, 7, private Zinsen (Umkehrschluss aus § 43 I S 1 Nr 7 Buchst b; s Rz 13, 45); sonstige Freistellungen s Rz 15 (auch zu Auslandsgläubigern), Rz 12 zu Auslandsschuldnern. Vgl auch Rz 57. Veräußerungserträge s Rz 58. **SolZ** s Rz 62 – **Kein KapEStAbzug** iZm § 22 Nr 5 (§ 22 Rz 125). 10

6. Inl und ausl KapErträge, § 43 III. – ***(1)*** **Voraussetzungen.** Der KapEStAbzug erstreckte sich bisher grds auf inl Erträge inl Kapitalschuldner (ggf auch auf Schadenersatz; *Bruns* DStR 15, 482), nunmehr auch ausl Erträge (Abs 1 Nr 6; FG Mchn EFG 13, 1913, Rev VIII R 42/13). Der Schuldner muss im Inl Wohnsitz (§ 1 Rz 20, § 8 AO für natürl Personen) oder Geschäftsleitung oder Sitz haben 12

(§§ 10, 11 AO für PersGes, KapGes). Betriebstätten s Rz 13, 15. Zweitwohnsitz genügt. Schuldner, bei denen diese Voraussetzungen vorliegen, müssen – auch ohne besondere Einrichtungen und unabhängig von ihrer StPfl im Inl – den KapEStAbzug beachten. – ***(2)*** **Abgrenzung.** Diese ist für § 44 I 3, 4 relevant. – Nach **§ 43 III 1–3** ist abzustellen *(a)* bei KapErträgen iSd Abs 1 S 1 Nr 1 S 1 (§ 20 Abs 1 Nr 1 und 2; Dividenden, Liquidationsgewinne) sowie iSd Abs 1 Nr 1a–4 (verwahrte Aktien, Teilschuldverschreibungen, stille Ges/partiarisches Darlehen, LV) auf den Schuldner der Erträge (auch bei inl Niederlassungen ausl Versicherungen), ***(b)*** bei KapErträgen iSd § 43 I 1 Nr 1 S 2 (Dividendenscheine; Zinsscheine) auf den Schuldner der veräußerten Ansprüche, – *(c)* bei KapErträgen iSd § 20 I Nr 1 S 4 (sonstige Bezüge, „Dividendenkompensation") auf den Emittenten der Aktien. – ***(3)*** **Ausl KapErträge.** KapErträge iSd § 43 I S 1 Nr 6 sind ausl, wenn die Voraussetzungen des § 43 III S 1 und 2 nicht vorliegen (§ 43 III 4).

13 **7. Abzugspflicht des Schuldners.** Die **Begriffe ‚Schuldner'** und **‚Gläubiger'** in §§ 43 ff beziehen sich im Zweifel nicht auf die Steuer, sondern auf die KapErträge. Der StSchuldner (Schuldner der ESt und damit der KapESt, § 44 I 1) ist Gläubiger der KapErträge iSv §§ 43 ff (BFH I R 69/89 BStBl II 91, 38; zu einzelnen **PersGes'tern** BFH I R 81/93 BFH/NV 96, 112; *Kruth* DStR 13, 2224). Abzugspflichtig ist im Regelfall der **Schuldner der KapErträge,** der uU als **Haftungsschuldner** und damit – wie der StSchuldner – als StPfl iSv § 33 I AO in Anspruch genommen werden kann (s § 44).

Das sind ***(1)*** die **Einzelperson** (zB nach § 43 I Nr 3 – **nicht private Darlehenszinsschuldner** nach § 43 I Nr 7 Buchst b); ***(2)*** die **KapGes** oder **PersGes** (§ 124 I HGB; BFH I R 174/85 BStBl II 89, 87, Umkehrschluss aus § 44a IVa; zu GbR als ArbG-Haftungsschuldner BFH VI R 41/92 BStBl II 95, 390); die PersGes hat ggf Erstattungsanspruch gegen Ges'ter (BGH II ZR 118/11 DStR 13, 1391), ***(3)*** bei nicht rechtsfähigen Gemeinschaften die dahinter stehenden Personen anteilig; s auch § 44a Rz 12, § 44 I 3.

An die Stelle des Schuldners kann auch die **auszahlende Stelle** (Kredit-/Finanzdienstleistungsinstitut; „Unternehmen") zur Entrichtung verpflichtet sein (§ 44 I 3, 4). Zur Rechtslage beim Nießbraucher s § 20 Rz 174, § 44a Rz 28. Anders als bei Tochter- und OrganGes (Rz 16) ist bei (unselbstständigen) **Betriebsstätten bzw Zweigstellen** Gläubiger/Schuldner grds das dahinterstehende Unternehmen; s aber Sonderregelung zu Bankzweigstellen in § 43 I 1 Nr 7 Buchst b.

14 **8. Gläubiger/Empfänger der Kapitalerträge. – a) Grundsatz.** KapESt wird idR wie eine **Objektsteuer** ohne Prüfung der persönl Verhältnisse und der Verfügungsbefugnis des Kapitalgläubigers erhoben (BFH I R 69/89 BStBl II 91, 38 – Nießbraucher; *FinVerw* DStR 96, 920 – Abtretung). Sie erfasst sachl stpfl und stfreie Ausschüttungen im PV und BV (s § 43 IV) an inl und ausl, unbeschr und – iRd § 49 – beschr stpfl, persönl steuerbefreite (vgl § 5 II Nr 1 KStG) und nicht zu veranlagende natürl Personen, PersGes und Körperschaften, grds auch in **Verlustsituationen** (§ 44a Rz 1, 2, 25).

15 **b) Ausnahmen.** Nur in folgenden, sachl und/oder persönl begrenzten Ausnahmefällen ist die gesetzl Abzugspflicht eingeschränkt: – ***(1)*** **Nichterhebung bei Ausschüttungen inl TochterGes an EU-MutterGes (§ 43b).** Ausnahme bei DBA (§ 50d). Der im Hinblick auf BFH I R 34/99 BStBl II 01, 291 durch das StÄndG 2001 geänderte **§ 50d** sieht in den Fällen des § 43b und des 50a IV eine Freistellung im StAbzugsverfahren (Abs 2) und die Unterlassung des StAbzugs im Kontrollmeldeverfahren vor (Abs 5). – ***(2)*** **Abstandnahme bei Freistellungsauftrag oder NV-Bescheinigung (§ 44a).** Aber auch keine Verlustverrechnung (*BMF* 13.6.08 DStR 08, 1236/7); **Billigkeitsregelungen** s § 44a Rz 19. – Im Unterschied zu **nicht stbaren Einkünften** (s unten zu § 49 I Nr 5) unterliegen **stfreie Einkünfte** grds dem StAbzug (§ 43 I Nr 1; § 44 Rz 14). – **§ 49 I Nr 5** beschränkt die stbaren InlEinkünfte; der Gesetzgeber geht davon aus, dass bei Feststehen der persönl beschr StPfl (§ 1 IV) KapESt nur für stbare Einkünfte einzube-

halten ist (Gesetzesbegründung zu ZinsabschlagG 1993); iEinz 20. Aufl und § 49 Rz 96f.

9. Personengleichheit, § 43 II 1. – a) Kein StAbzug. Der StAbzug entfällt, wenn Schuldner (bzw die auszahlende Stelle) und Gläubiger am Zahlungstag dieselbe Person sind (*HHR* Anm 85f). *Beispiele:* Gläubiger als Erbe des Schuldners; eigene Wertpapiere der Bank, zB auch bei Verwahrung durch Bundesbank (*FinVerw* DStR 04, 1831), eigene Aktien; Betriebstätten s Rz 13. Keine Personengleichheit zw Mutter-/Tochter- und OrganGes (s § 43b), bei Pensionsgeschäften (*FinVerw* DStR 04, 1831; § 5 Rz 270); Anmeldepflicht bleibt bestehen (§ 45a I 2). – In den Fällen des Abs 1 S 1 Nr 1a (BT-Drs 17/5417, 19) und Nr 7c (Rz 51) bleibt es trotz Personengleichheit beim StAbzug. 16

b) Bankenprivileg, § 43 II 2. Das bisher in Abs 1 S 1 Nr 7 Buchst b S 4 enthaltene Bankenprivileg (kein Einbehalt von KapESt, wenn Gläubiger der KapErträge ein inl Kredit- oder Finanzdienstleistungsinstitut oder eine inl Kapitalanlage-Ges ist (auch als Anleger eines Spezialfonds; *BMF* FR 09, 442: entspr § 7 V InvStG; *BMF* BStBl I 16, 85 Rz 174) ist (durch JStG 10) auf Abs 1 S 1 Nr 6, 7, 8–12 (auch für Options- und Termingeschäfte, FinA BT-Drs 16/11108, 24) ausgeweitet (Abs 2 S 2); die Banken (auch Dt Bundesbank, *BMF* DStR 09, 638) sind Ausführende, nicht aber Adressaten des KapEStAbzugs. 17

c) Kein StAbzug bei betriebl KapErträgen. Nach § 43 II 3–8 idF JStG 2009 unterliegen Gewinneinkünfte von Körperschaften und sonstigen inl Betrieben nicht dem StAbzug (BT-Drs 16/10189, 76; FinA BT-Drs 16/11108, 24; *BMF* BStBl I 16, 85 Rz 175f). Der Nachweis ist nach § 43 II 4–8 (amtl Muster) zu führen (iEinz *BMF* BStBl I 13, 1183 – per Datenlieferung); nach II 6 idF JStG 10 beträgt die Aufbewahrungsfrist nur noch 6 Jahre (BR-Drs 318/10, 87). Bei CTA-Konstruktionen besteht BV des Treugebers (*BMF* BStBl I 16, 85 Rz 156–158: keine Anwendung der Rz 152–154. – Ähnl für VuV-Einkünfte (*BMF* 15.8.08 EStB 09, 21 Nr 1). 18

II. Die einzelnen Kapitalertragsteuer-Tatbestände

1. Gewinnanteile, § 43 I Nr 1. Nr 1 erfasst alle Gewinnanteile iSv § 20 I Nr 1 S 1 und 2 (Dividenden und **vGA;** FG Köln EFG 13, 231, rkr; *Hey* GmbHR 01, 1; *Fuhrmann/Demuth* KÖSDI 09, 16613/6; *Lang* Ubg 09, 468/82: ggf Verzicht auf nachträgl KapEStAbzug) und Nr 2 (Bezüge nach Kapitalherabsetzung oder Auflösung) einschließl der nach **§ 3 Nr 40** stfreien Erträge und – mit dem EURLUmsG (BGBl I 04, 3310, BStBl I 04, 1158) – auch Entgelte für die **Veräußerung von Dividendenscheinen** iSv § 20 II S 1 Nr 2 Buchst a und S 2 (s auch Rz 55; *Melchior* DStR 04, 2121/3; *Dötsch*/Pung DB 05, 10; *FinMin NW* DB 04, 2660/2). Veräußerung auch bei (echter) Forfaitierung mit gewissen Beschränkungen, sofern kein Bonitätsrisiko verbleibt (BFH I R 44/09 BFH/NV 10, 1622; § 5 Rz 270). – Nach **Nr 1a** ist (durch die depotführende Stelle; § 44 I 4 Nr 3) ein StEinbehalt vorzunehmen bei sammel-/sonderverwahrten Aktien (auch ADR, EDR, IDR, GDR, Reitanteile; *BMF* BStBl I 13, 718; § 20 Rz 189) oder bei Gutschrift gegen Aushändigung von Aktienscheinen; bei Zwischenverwahrung droht Doppelbesteuerung (FinA BT-Drs 17/5417, 18; *BMF* StEK EStG § 43 Nr 108, 109, 110; *Rau* DStR 11, 2325; *Schäfer/Scholz* DStR 12, 1885/9). – Erfasst werden auch Auszahlungen aus der KapRücklage bei fehlender Feststellung nach § 27 II KStG (Anknüpfung an das Einlagekonto gem § 175 I 1 Nr 2; BFH I R 70/13 DStR 15, 1242). – Für **§ 8a KStG-Zinsen** bestand KapEStPflicht (BFH I R 29/07 BStBl II 10, 142; BFH I R 13/08 BFH/PR 09, 377; *BMF* BStBl I 04, 593 Rz 5, 6; *Hahne* FR 09, 242). 20

Beispiele: *Gewinnanteile,* sonstige Bezüge, besondere Entgelte und Vorteile aus *Aktien, GmbH-Anteilen, Genossenschaftsanteilen* einschließl *Vorabausschüttungen,* **vGA** (BFH I R 195/81

BStBl II 84, 842); keine KapESt bei unverzinsl *Darlehensgewährung* zw SchwesterGes (*Frotscher* DStR 04, 758/61; BFH I 191/65 BStBl II 69, 4). KapESt auch bei Ausschüttung von *Stammkapital* (BFH I R 60, 61/00 BFH/NV 02, 222), beim **Schütt-aus-Hol-zurück-Verfahren** (KStR 77 V), bei Verschonung der SchwesterGes (FG Köln EFG 13, 231, rkr); KapESt bei *Umwandlung* s *BMF* BStBl I 98, 268 Rz 02.18, 02.23, 02.24, 02.37; *FinVerw* DB 04, 220, IStR 04, 805 (down-stream); *Berg* DStR 99, 1219; *Krohn/Greulich* DStR 08, 646/50; mE auch bei § 7 UmwStG idF SEStEG. Zu Investmentanteilen s Rz 65. Kein KapEStAbzug bei Gewinnausschüttungen, die nicht zu den Kapitaleinnahmen gehören (zB §§ 27, 28 KStG; Freianteile; s *HHR* Anm 14).

22 **2. Wandelanleihen, Gewinnobligationen und Genussrechten ohne Anspruch auf Liquidationserlös, § 43 I Nr 2.** Nr 2 erfasst einzelne **Erträge** iSv § 20 I Nr 7 (s **§ 221 AktG;** § 20 Rz 31; Klarstellung § 43 I Nr 7 ab 1994). Ausnahmen s § 43 I Nr 2 S 2, 3. Der StAbzug ist nach den für Nr 1a geltenden Regeln vorzunehmen (§ 43 I Nr 2 idF AhRLUmsG; BRegE BT-Drs 17/10000, 57).

24 **3. Typische stille GesBeteiligungen, § 43 I Nr 3.** Nr 3 erfasst alle Erträge nach § 20 I Nr 4, auch aus *Unterbeteiligungen* (BFH I R 111/88 BStBl II 91, 313) sowie *partiarischen Darlehen* (BFH I R 78/09 BFH/NV 11, 12). Erträge aus *atypisch stillen Ges* fallen weder unter § 20 I Nr 4, III noch unter § 43 I Nr 3, IV.

28 **4. Zinsen auf Sparanteile von Lebensversicherungen, § 43 I Nr 4.** Bei **Erträgen** iSv § 20 I Nr 6 ist der KapEStAbzug stets auf der Basis des Unterschiedsbetrags zw Auszahlung und Beiträgen zu bemessen; Korrekturen erst bei Veranlagung; problematisch bei Steuerausland ohne DBA (*BMF* BStBl I 09, 1172 Rz 84; *Rengier* DB 07, 1771/4; *KSM* Rz F 6). – ***(1)*** Nach Abs 1 Nr 4 S 1 HS 2 unterbleibt beim StAbzug der Ansatz des hälftigen Unterschiedsbetrags gem § 20 I Nr 6 S 2. Der StPfl kann diese Freistellung in seiner EStErklärung geltend machen. Diese Regelung ist zur Verifikation von derartigen stpfl Versicherungsleistungen geboten, da ansonsten die Gefahr besteht, dass auf Grund fehlender Kontrollmöglichkeiten ledigl 12,5% des Wertzuwachses besteuert wird, wenn der StPfl die Erträge nicht in seiner EStErklärung angibt (*HHR* § 20 Anm 275). – ***(2)*** Weiterhin bleibt nach § 43 I 1 Nr 4 S 1 HS 2 ein etwaiger entgeltl (Rück-)Erwerb des Anspruchs (§ 20 I Nr 6 S 3) für Zwecke der KapESt unberücksichtigt. Den Ansatz der AK an Stelle der vor dem Erwerb entrichteten Beiträge kann der StPfl ebenfalls nur iRd Veranlagung nach § 32d IV oder VI geltend machen. Das Abstellen auf den 1.1.08 beruht darauf, dass die EStG-Regelungen zur Einführung der AbgeltungSt zwar bereits am Tage nach der Verkündung in Kraft treten (vgl Änderung zu Art 13), allerdings erst ab 2009 Anwendung finden (FinA BT-Drs 16/5491, 47). – ***(3)*** Nach Nr 4 S 2 ist bei sog **Finanzierungsversicherungen** nur bei Kenntnis (bzw grobfahrlässiger Unkenntnis) der StPfl ein StAbzug vorzunehmen. – ***(4)*** Versicherungsleistungen nach § 20 I Nr 6 S 7 (seit Kroat-AnpG; *Paintner* DStR 14, 1621) sowie auch die Veräußerung von Kapitalversicherungen (§ 20 II Nr 6; *Rengier* DB 07, 1771/4) sind nicht kapestpfl; zu KapESt bei gemindertem Rückkaufwert *Gstöttner/Valerius* DB 08, 1883. – ***(5)*** Zur früheren Handhabung *BMF* DStR 04, 2148.

32 **5. Ausl KapErträge, § 43 I 1 Nr 6.** Ausl KapErträge iSd Abs 1 S 1 Nr 1, Nr 1a (ab 2009 auch Dividenden aus ausl Beteiligungen) unterliegen ebenfalls dem KapEStAbzug. Anders als bei inl Dividenden wird der StAbzug nicht vom Schuldner der KapErträge, sondern von der **auszahlenden Stelle** vorgenommen. Das ist gem § 44 I 4 das inl Institut, so das eine ausl KapGes nicht zum KapEStEinbehalt verpflichtet ist. Entspr Erträge sind aber bei der Veranlagung zu erfassen. – Die Regelung steht iZm der Neuregelung in **§ 43a III** (von der auszahlenden Stelle zu führender Verlustverrechnungstopf), die vorsieht, dass die auszahlende Stelle schon bei der Erhebung der inl KapESt die auf die Dividende entfallende ausl QuellenSt berücksichtigt; auch bei Treuhandkonten pp (*BMF* 13.6.08 DStR 08, 1236/8). Dadurch wird erreicht, dass auch bei ausl Dividenden eine Abgeltungswirkung

eintreten kann. – IRd AbgeltungSt keine Anrechnung kanadischer QuellenSt (*BMF* 1.4.09, FR 09, 442).

6. Sonstige Erträge, § 43 I 1 Nr 7. Nach Nr 7 hatte ab 1993 die Auszahlungsstelle auf KapErträge iSd § 20 I Nr 7 (ausgenommen § 43 I Nr 2) einen grds 30%igen **Zinsabschlag** unter Berücksichtigung mögl StBefreiungen einzubehalten. Vorzunehmen hatte den Zinsabschlag die **auszahlende Stelle,** ein inl Kredit- oder Finanzdienstleistungsinstitut („Unternehmen") oder der inl Schuldner (§ 44 I 4 Nr 1a, b; s Rz 12; § 44 Rz 1). 34

a) Verbriefte oder registrierte Kapitalforderungen, § 43 I 1 Nr 7, Buchst a. Erfasst werden nur verbriefte oder registrierte Anleihen uä festverzinsl Forderungen iSv § 20 I Nr 7 (*BMF* BStBl I 16, 85 Rz 159; *HHR* Anm 53f). **Schuldner** ist jeder inl und ausl Kapitalschuldner, zB öffentl Körperschaften einschließl Auslandsstaaten, private Industrieunternehmen, Post, Bahn, KapitalanlageGes, Banken einschließl Bundesbank. 36

Beispiele: (Börsennotierte) öffentl und private, inl und ausl Anleihen, Schuldverschreibungen, Obligationen, Pfandbriefe, Zero-Bonds von Bund, Ländern, Gemeinden, Bundesbahn, Postbank, Industrie, Banken; (nicht börsenfähige) Bundesschatzbriefe, (kurzlaufende) Finanzierungsschätze, (verkehrsfähige – sonst Nr 7 Buchst b) Sparbriefe, Schuldscheindarlehen, auch Fremdwährungsanleihen; Minusstückzinsen (*FinVerw* DStR 04, 1831), nicht sog Mezzanine-Darlehen (*Bock* DStR 05, 1067).

b) (Einfache) Kapitalforderungen gegen inl (Kredit-) Institute, § 43 I 1 Nr 7 Buchst b, § 52 Abs 42. – aa) Schuldner. Es muss eine der abschließend in § 43 I 1 Nr 7 S 1 Buchst b, S 2 aufgezählten **inl Kredit-** oder **Finanzdienstleistungsinstitute** sein (s Rz 13), einschließl Postbank, Sparkassen, Bausparkassen und unselbstständigen Inlandszweigstellen von Auslandsinstituten, Versicherungen (Beitragsdepot, Ablaufdepot, Parkdepot [stehen gelassene Versicherungssummen]; BT-Drs 16/2712, 58; *BMF* BStBl I 05, 669; *BMF* 12.12.08 IV C 1 – S 2252/07/0001; iE *Schick/Franz* BB 07, 1981), **nicht** aber Auslandsbanken, Auslandszweigstellen von Inlandsbanken (Nr 7 S 2, 3), abw von § 43 I 1 Nr 7 Buchst a nicht die Bundesbank (*FinVerw* DStR 93, 165) und nicht alle (inl und ausl) privaten und öffentl Darlehensnehmer außerhalb dieses Kreditbereichs. 45

bb) StAbzug durch auszahlende Stelle. Dies ist das inl Kredit- oder Finanzdienstleistungsinstitut als Schuldner (s § 44 I 4 Nr 2). Abs 1 S 1 Nr 7 Buchst b erfasst jede Anlage bei einem der genannten Schuldner, die nicht vorrangig unter Abs 1 S 1 Nr 7 Buchst a fällt. 46

Beispiele: Zinsen uä Vorteile (zB Boni) aus Spareinlagen bei Banken/Post (Sparbücher), Termineinlagen (Festgelder), nicht verkehrsfähigen (sonst Nr 7a) Sparbriefen, Sparkassenbriefen, Bausparguthaben, Sichteinlagen (Girokonten), Schuldscheindarlehen, Fremdwährungskonten. Notaranderkonten s *FinVerw* BB 95, 2568.

c) Wegfall der Bagatellregelung. Mit der Streichung von § 43 I 4 (durch UntStRefG) entfallen die bisherigen Bagatellregelungen für bestimmte KapErträge, bei denen von einem KapEStAbzug abgesehen werden kann, die aber dennoch nicht steuerbefreit sind, sondern iRd ESt-Veranlagung zu erklären sind (Interbankengeschäfte, Sichteinlagen mit max. 1% Verzinsung, bestimmte Bausparverträge, Guthaben mit max. 10 € Gutschrift). Diese Tatbestände müssen der KapESt unterworfen werden, da sie ansonsten häufig nachzuerklären wären. 50

7. Leistungen von Körperschaften, § 43 I 1 Nr 7 a–7c. KapEStPfl sind – ***(1)*** nach Abs 1 S 1 Nr 7a Erträge iSd § 20 I Nr 9 (zB **ausschüttungsähnl Nutzungserträge** eines Versicherungsvereins an Träger; § 20 Rz 113f), – ***(2)*** nach Abs 1 S 1 Nr 7b Erträge iSd § 20 I Nr 10 Buchst a (Leistungen eines nicht stfreien Betriebs gewerbl Art; § 20 Rz 117) und – ***(3)*** nach Abs 1 S 1 Nr 7c Erträge iSd § 20 I Nr 10 Buchst b (Gewinne von Betrieben gewerbl Art; wirtschaftl Geschäftsbetriebe; eingehend *BMF BMF* BStBl I 15, 111; *Bott* DStZ 15, 112); auch für SonderBE fällt KapESt an (BFH I R 52/13 DStRE 15, 1172). – Es handelt sich 51 um **Vermögensübertragungen** im Bereich von solchen **Körperschaften,** bei denen es grds keine Ausschüttungen gibt (§ 1 I Nr 3–5, § 4 KStG; BT-Drs 14/2683, 114), an ihre (nicht steuerbefreiten) Mitglieder oder (Gewähr) – Träger (s § 20 Rz 116f; § 31 KStG). Nicht kapestpfl sind zul Rücklagen (*BMF* BStBl I 05, 831; § 20 Rz 116ff). Die KapESt nach § 43 I 1 Nr 7a betrug bisher 20 vH (nunmehr 25 vH), die KapESt nach § 43 I 1 Nr 7b und 7c (bisher 10 vH, nunmehr 15 vH) ist – wie auch die KStBelastung – **definitiv** (§ 32 I Nr 2 KStG; *Kessler/Fritz/Gastl* BB 02, 1512; krit zum Satz v 10 vH *Desens* DStZ 03, 654; mE seit je her differenzierende Steuersätze); § 44 Rz 21. – Für Fälle der Steuerbefreiung s § 44a VII, VIII. – Bemessungsgrundlage ist der Gewinn abzügl der für das steuerl Einlagekonto verwendeten Beträge (*OFD Nds* DB 11, 269; BFH I R 108/09 BStBl II 13, 328).

Beispiel: Gewinn eines Betriebs gewerbl Art 105 000. Freibetrag nach § 24 KStG 5000; zu versteuerndes Einkommen 100 000; KSt 15 000; Zwischensumme: 90 000; KapESt 15 vH: 13 500; Ertragsteuerbelastung 28 500.

Zur **Forfaitierung** von Ausschüttungsansprüchen von juristischen Personen döR an Banken vgl *OFD Mster* DStZ 06, 858. Zur Behandlung des Einbringungsgewinns iSd SEStEG *Orth* DB 07, 419/25.

55 **8. Stillhalterprämien, Veräußerungserträge, § 43 I 1 Nr 8–12.** Nach § 43 I 1 Nr 8 unterliegen auch Stillhalterprämien der KapESt (zu Glattstellungen s § 20 Rz 120). – Mit § 43 I 1 Nr 9–12 werden bestimmte in § 20 II neu hinzugekommene KapErträge der KapESt unterworfen, auch Leerverkäufe (*BMF* BStBl I 09, 631, BStBl I 10, 753 [wegen OGAW-IV-UmsG nur bis 31.12.11 – *BMF* BStBl I 11, 1112; *BayLfSt* DStR 12, 802]; *Mikus/Sandkühler* DB 09, 1320: zunächst Ersatzbemessung; § 43a Rz 2). Es handelt sich um Erträge nach § 20 II 1 Nr 1 (insb Veräußerung von Aktien; § 20 Rz 127; *KSM* Rz Je 2), § 20 II 1 Nr 2 Buchst b und Nr 7 (Veräußerung von Zinsscheinen und Veräußerung oder Einlösung sonstiger Kapitalforderungen jeder Art), § 20 II 1 Nr 3 (Termingeschäfte) und § 20 II 1 Nr 8 (insb Gewinn aus der Übertragung von Anteilen an Körperschaften, die keine KapGes sind); Zur Problematik des StAbzugs bei Derivatgeschäften *Hamacher/Hahne* Status: Recht 12/07, 370, insb wegen der Ausnahmen nach § 43 II 2 und § 44a V 4.

56 **9. Besondere Vorteile, § 43 I 2.** Dem StAbzug unterliegen – wie bisher – auch KapErträge iSd **§ 20 III** (§ 20 II 1 Nr 1 aF, vor UntStRefG), die zusätzl neben den Erträgen nach Abs 1 S 1 Nr 1–12 gewährt werden, zB Entschädigung nach Beratungsfehler (§ 20 Rz 156, 157).

57 **10. Teileinkünfteverfahren, § 43 I 3.** Bemessungsgrundlage für den StAbzug ist der volle KapErtrag, unabhängig davon, ob die Bezüge bei einer natürl Person als Anteilseigner gem § 3 Nr 40 nur zur Hälfte bzw zu 60 vH unterliegen oder bei einer Körperschaft als Anteilseigner gem § 8b I KStG bei der Einkommensermittlung ganz außer Ansatz bleiben; ggf Erstattung für Steuerausländer entspr § 50d I 1 (*Eckert* IStR 03, 406/10).

58 **11. Übertragung von Kapitalanlagen iSd § 20 II, § 43 I 4–6. – a) Übertragung als entgelt Geschäft.** Zur Sicherstellung des Steueraufkommens wird bei der Übertragung von Kapitalanlagen iSd § 20 II auf einen anderen Gläubiger grds von einer Veräußerung ausgegangen; zur bisherigen Rechtslage s 29. Aufl; *BMF* DStR 08, 1236; zu Depotübertragungs-Fällen *BMF* BStBl I 16, 85 Rz 162f; *Delp* DB 14, 2012 (für Immobilienfonds); zu Depotübertragung aus EU s *BMF* 5.2.15 DB 15, 588, auch für Nachlassfälle). – Die bisherigen Regelungen zur Mitteilungspflicht bei unentgeltl Übertragung von WG sind erweitert worden (I 5, 6 idF JStG 10; BR-Drs 318/10, 86). Wenn der Übertragende nicht alle erforderl Daten, die sowohl ihn als auch den Beschenkten betreffen (§ 43 I 6 Nr 4–6), dem Kreditinstitut mitteilt, hat dieses den Übertragungsvorgang als stpfl Veräußerung iSv § 43 I 4 zu behandeln. Ausgenommen davon sind ledigl Sachverhalte, bei de-

nen die erforderl Daten berechtigterweise nicht vollständig mitgeteilt wurden (zB Anleger aus dem Ausl, die keine dt ID-Nr. haben). In § 43 I 6 sind die Daten enthalten, welche die auszahlende Stelle mitzuteilen hat. Die Übertragung der Daten hat auf elektronischem Wege zu erfolgen.

b) Inlandsumwandlungen. Auf Grund der Ausweitung des § 20 IVa 1 auf Inlandsumwandlungen ist eine besondere Regelung für den KapESt-Abzug entbehrl; § 43 Ia ist daher (durch JStG 10) aufgehoben werden (BR-Drs 318/10, 87). Zur bisherigen Rechtslage s 29. Aufl. 59

12. Legale Ausweichmöglichkeiten. Streuung der persönl Zurechnung, zB durch **Schenkung an Kinder** zur Ausnutzung der persönl Freibeträge. – **a) Voraussetzungen.** Der StPfl muss das KapVerm formgerecht und unwiderrufl übertragen (s § 20 Rz 171); die Erträge müssen den Kindern aus eigenem Recht zufließen; es genügt nicht, die Erträge abzutreten und das Vermögen zu behalten (§ 20 Rz 165f; zu Geldschenkung und Rückgewähr als Darlehen oder stille Ges-Beteiligung s § 4 Rz 520 „Angehörige" e) und BFH X R 99/88 BStBl II 93, 289). Ob durch unentgeltl Übertragung von Wertpapieren bereits angelaufene Erträge beim Übertragenden verbleiben, ist str (s § 20 Rz 169). Bei Kindern ohne sonstige Einkünfte entweder Freistellung auf Grund NV-Bescheinigung des FA bzw eines eigenen Freistellungsauftrags (bis 18 Jahre Eltern als gesetzl Vertreter) nach § 44a I oder ggf Erstattung (§ 44b). 60

b) Ausweichen in bisher kapestfreie Anlagen im Ausl. Das ist nach Einführung des § 43 I Nr 6 durch UntStRefG nicht mehr mögl. – Dagegen bringt die **Umschichtung** betriebl in private Kapitalanlagen (zB Entnahme GmbH-Anteil vom BV ins PV), der Ersatz von Eigen- durch Fremdkapital für abziehbare Zwecke mit Anlage des Eigenkapitals oder die Wahl eines (Haus-)Verkaufs gegen Raten statt Renten uU bleibenden Vorteil (zu Versorgungs-Vermögensübertragung s § 20 Rz 103, § 22 Rz 105), evtl auch die Anlage in gewerbl geprägte thesaurierende PersG (*Lothmann* DStR 08, 945). 61

c) Zuflussverschiebung. Bei Anlageform und Fälligkeit kann darauf geachtet werden, die höheren Freibeträge auszunutzen, uU die Fälligkeit in Jahre mit geringeren Einkünften/Steuersätzen zu legen (vgl auch *Delp* Inf 99, 331; Solidaritätszuschlag s Rz 62; vgl zu Optimierung der Ausschüttungspolitik bei KapGes *Küffner* DStR 96, 497). – **Stückzinsenabzug** durch Kauf festverzinsl Wertpapiere (negative Einnahmen, s § 43a Rz 3; *Philipowski* DStR 94, 1593). 62

13. KapESt auf Solidaritätszuschlag und KiSt. KapESt (1991/1992 und ab 1995; s Anhang nach § 51a) ist auch auf den SolZ zu erheben (§ 3 I Nr 5, § 4 SolZG, Höhe s § 43a Rz 5, § 51a; *BMF* BStBl I 02, 1346 Rz 52). Bei stfreien Einnahmen Erstattung durch BZSt (§ 50d; *BMF* FR 91, 277 und DStR 95, 1960). Verhältnis zur Veranlagung s *Keßler* DStR 91, 1209, *Riegler/Salomon* DB 91, 1849. Abgeltung s § 51a III; zur Vorläufigkeit § 43 Rz 6. – Auch die **KiSt** wird ggf durch KapEStAbzug erhoben (§ 51a IIb–IIe idF BeitrRLUmsG v 7.12.11 [mit Regelanfrage/Sperrvermerk] und AmtshilfeRLUmsG v 26.6.13; *Meyering/Serocka* DStR 13, 2608; *KSM/Petersen* § 51a Rz C 81f; § 32d Rz 3; § 51a Rz 3). – Ab 1.1.15 ist das Verfahren automatisiert (§ 51a; automatischer Einbehalt;); Abzugsverpflichtete (zB Kreditinstitute) fragen die Religionszugehörigkeit ihrer Kunden einmal jährl beim BZSt ab (*OFD NRW* 14.2.14 DB 14, 627; zum Verfahren *Vinken* DB 35/14 M5; *DStV* Stbg 15, 291). – KapGes sind ab 1.1.15 ebenfalls verpflichtet, KiSt auf AbgeltungSt einzubehalten und abzuführen (*Spieker* DB 14, 1892: *Köster* DStZ 14, 888/97). 63

14. KapESt bei Investmenterträgen (§ 20 Rz 215f; *Weber-Grellet* DStR 13, 1412). – **a) Grundsatz. § 7 InvStG** (BGBl I 03, 2676, 2727; *Sradj/Mertes* DStR 04, 201; *HHR* Anm 15 ff; *BMF* BStBl I 09, 931, Rz 132 ff) regelt detailliert den KapEStAbzug für an den Anleger ausgeschüttete Erträge aus Investmentanteilen 64 gem § 2 I InvStG; § 7 I, III, IV idF UntStRefG ist erstmals auf KapErträge anzuwenden, die dem Anleger nach dem 31.12.08 zufließen oder als zugeflossen gelten mit Ausnahme der KapErträge aus Geschäftsjahren, die vor dem 1.1.2009 enden (zur aF iEinz 22. Aufl; zur Anwendung § 21 II, IV, VII, XV, XVII InvStG); zur Erfassung der einzelnen Erträge vgl die Übersicht in BT-Drs 15/1553, 124. Grds zu unterscheiden ist zw Zins- und Dividendenerträgen.

65 **b) Einzelheiten.** – ***(1)* Gegenstand.** Nach § 7 I InvStG wird von ausgeschütteten Erträgen grds ein StAbzug iHv 25 vH vorgenommen (*Korn/Hamacher* § 7 InvStG Rz 4f). § 7 I, II InvStG verpflichtet die **auszahlende Stelle** iSv § 44 IV. Steuerabzugspflichtig sind *(a)* ausgeschüttete Erträge iSd § 2 I InvStG: Bereits im StAbzugsverfahren soll die ausl QuellenSt auch auf den auf ausl Dividenden entfallenden Teil der ausgeschütteten Erträge in- und ausl Investmentvermögen nach dem Vorbild des Verfahrens bei der Direktanlage auch im InvStRecht berücksichtigt werden (§ 7 I 1 Nr 1 Buchst a). – Erfasst werden auch Veräußerungsgewinne; im Hinblick auf die generelle Besteuerung der an Privatanleger ausgeschütteten Gewinne besteht keine Rechtfertigung mehr dafür, vom QuellenSt-Abzug abzusehen (§ 7 I 1 Nr 1 Buchst b); *(b)* Ausschüttungen iSd § 6 InvStG (dazu BFH VIIII R 27/12 juris), *(c)* bei Rückgabe oder Veräußerung über eine inl auszahlende Stelle wird nunmehr auch der (ausl) Dividendenanteil der thesaurierten Erträge ebenso in die Bemessungsgrundlage einbezogen wie bei der KapESt auf ausgeschüttete Erträge (§ 7 I 1 Nr 3); *(d)* der Zwischengewinn (§ 7 I 1 Nr 4 idF EURLUmsG; *Häuselmann/Ludemann* FR 05, 415/21).

66 ***(2)* Teilausschüttung.** Nach § 7 II InvStG ist bei teilthesaurierenden Inlands- und Auslandsfonds § 7 I InvStG entspr anzuwenden (*Korn/Hamacher* § 7 InvStG Rz 9); die auszahlende Stelle hat den StAbzug von dem ausgeschütteten Betrag zum Fondsgeschäftsjahresende vorzunehmen.

67 ***(3)* Vornahme des StAbzugs.** § 7 III InvStG regelt den KapEStAbzug (20 vH) für ausgeschüttete und thesaurierte Dividenden, die von inl KAG stammen (*Korn/Hamacher* § 7 InvStG Rz 10); der inl Fonds hat entspr §§ 43ff für inl Dividenden den StAbzug vorzunehmen; zur Verschärfung durch JStG 10 für inl offene Immobilienfonds *Bindl/Schrade* BB 10, 2855. – § 7 IIIa – IIId bestimmt den Entrichtungspflichtigen.

68 ***(4)* Ausschüttungsgleiche Erträge.** § 7 IV InvStG enthält Regelungen für vollthesaurierende InlFonds; von den thesaurierten Erträgen – ausgenommen Dividenden und Gewinne aus Leerverkäufen von Wertpapieren – hat der Fonds den StAbzug vorzunehmen (*Korn/Hamacher* § 7 InvStG Rz 11).

69 ***(5)* Erstattung.** § 7 V–VII InvStG regeln, unter welchen Voraussetzungen ein vollthesaurierender Inlandsfonds den StAbzug erstatten kann. Abs V 1 sieht vor, dass auch eine Erstattung an Pensionskassen, Berufsverbände und Kirchen nach § 44a IV zul ist.

70 ***(6)* Rückgabe, Veräußerung.** Nach § 8 VI 1 InvStG ist von den Einnahmen aus der Rückgabe oder Veräußerung von InvAnteilen ein StAbzug vorzunehmen. § 8 V, VI idF UntStRefG ist erstmals auf die Rückgabe oder Veräußerung von Investmentanteilen anzuwenden, die nach dem 31.12.08 erworben werden. Zur Anwendung der UntStRefG-Änderungen (insb zur Abgeltung) s auch § 20 Rz 219.

71 ***(7)* Inlandserstattung.** Gem **§ 11 II InvStG** wird die von KapErträgen des inl Investmentvermögens einbehaltene und abgeführte KapESt auf Antrag an die Depotbank **erstattet,** soweit nicht nach § 44a vom StAbzug Abstand zu nehmen ist (*Desens/Hummel* FR 12, 605).

72 **15. KapEStAbzug nach dem ReitG.** Gem § 20 I REITG wird von den Ausschüttungen, sonstigen Vorteilen und Bezügen nach Kapitalherabsetzung oder Auflösung einer inl REIT-AG die ESt oder KSt durch Abzug vom KapErtrag erhoben (allg zum REITG *Wienbracke* NJW 07, 2721, auch zu sog Exit-Tax bei Schaffung von REITs). § 43 I 1 Nr 1 und S 2 sind entspr anzuwenden. Die KapESt beträgt 25 vH bzw $33^1/_3$ vH. Bei Gläubigern iSd § 44a VIII ist § 45b mit der Maßgabe anzuwenden, dass $^2/_5$ der in Abs 1 S 1 vorgeschriebenen KapESt erstattet wird. Gem. § 20 III ReitG ist in der Steuerbescheinigung nach § 45a anzugeben, dass es sich um Bezüge von einer REIT-AG handelt. – StPfl bei Veräußerung nur wenn in den letzten 5 Jahren zu mehr als 1 vH beteiligt. – Ab 2009 unterliegen die Dividenden in- und ausl REITs der AbgeltungSt von 25% (bei Verwahrung im inl Depot; *Feyerabend/Vollmer* BB 08, 1088/95).

§ 43a Bemessung der Kapitalertragsteuer

(1) [1] Die Kapitalertragsteuer beträgt

1. in den Fällen des § 43 Absatz 1 Satz 1 Nummer 1 bis 4, 6 bis 7a und 8 bis 12 sowie Satz 2:
   25 Prozent des Kapitalertrags;
2. in den Fällen des § 43 Absatz 1 Satz 1 Nummer 7b und 7c:
   15 Prozent des Kapitalertrags.

[2] Im Fall einer Kirchensteuerpflicht ermäßigt sich die Kapitalertragsteuer um 25 Prozent der auf die Kapitalerträge entfallenden Kirchensteuer. [3] § 32d Absatz 1 Satz 4 und 5 gilt entsprechend.

(2) [1] Dem Steuerabzug unterliegen die vollen Kapitalerträge ohne jeden Abzug. [2] In den Fällen des § 43 Absatz 1 Satz 1 Nummer 9 bis 12 bemisst sich der Steuerabzug nach § 20 Absatz 4 und 4a, wenn die Wirtschaftsgüter von der die Kapitalerträge auszahlenden Stelle erworben oder veräußert und seitdem verwahrt oder verwaltet worden sind. [3] Überträgt der Steuerpflichtige die Wirtschaftsgüter auf ein anderes Depot, hat die abgebende inländische auszahlende Stelle der übernehmenden inländischen auszahlenden Stelle die Anschaffungsdaten mitzuteilen. [4] Satz 3 gilt in den Fällen des § 43 Absatz 1 Satz 5 entsprechend. [5] Handelt es sich bei der abgebenden auszahlenden Stelle um ein Kreditinstitut oder Finanzdienstleistungsinstitut mit Sitz in einem anderen Mitgliedstaat der Europäischen Union, in einem anderen Vertragsstaat des EWR-Abkommens vom 3. Januar 1994 (ABl. EG Nr. L 1 S. 3) in der jeweils geltenden Fassung oder in einem anderen Vertragsstaat nach Artikel 17 Absatz 2 Ziffer i der Richtlinie 2003/48/EG vom 3. Juni 2003 im Bereich der Besteuerung von Zinserträgen (ABl. EU Nr. L 157 S. 38), kann der Steuerpflichtige den Nachweis nur durch eine Bescheinigung des ausländischen Instituts führen; dies gilt entsprechend für eine in diesem Gebiet belegene Zweigstelle eines inländischen Kreditinstituts oder Finanzdienstleistungsinstituts. [6] In allen anderen Fällen ist ein Nachweis der Anschaffungsdaten nicht zulässig. [7] Sind die Anschaffungsdaten nicht nachgewiesen, bemisst sich der Steuerabzug nach 30 Prozent der Einnahmen aus der Veräußerung oder Einlösung der Wirtschaftsgüter. [8] In den Fällen des § 43 Absatz 1 Satz 4 gelten der Börsenpreis zum Zeitpunkt der Übertragung zuzüglich Stückzinsen als Einnahmen aus der Veräußerung und die mit dem Depotübertrag verbundenen Kosten als Veräußerungskosten im Sinne des § 20 Absatz 4 Satz 1. [9] Zur Ermittlung des Börsenpreises ist der niedrigste am Vortag der Übertragung im regulierten Markt notierte Kurs anzusetzen; liegt am Vortag eine Notierung nicht vor, so werden die Wirtschaftsgüter mit dem letzten innerhalb von 30 Tagen vor dem Übertragungstag im regulierten Markt notierten Kurs angesetzt; Entsprechendes gilt für Wertpapiere, die im Inland in den Freiverkehr einbezogen sind oder in einem anderen Staat des Europäischen Wirtschaftsraums zum Handel an einem geregelten Markt im Sinne des Artikels 1 Nummer 13 der Richtlinie 93/22/EWG des Rates vom 10. Mai 1993 über Wertpapierdienstleistungen (ABl. EG Nr. L 141 S. 27) zugelassen sind. [10] Liegt ein Börsenpreis nicht vor, bemisst sich die Steuer nach 30 Prozent der Anschaffungskosten. [11] Die übernehmende auszahlende Stelle hat als Anschaffungskosten den von der abgebenden Stelle angesetzten Börsenpreis anzusetzen und die bei der Übertragung als Einnahmen aus der Veräußerung angesetzten Stückzinsen nach Absatz 3 zu berücksichtigen. [12] Satz 9 gilt entsprechend. [13] Liegt ein Börsenpreis nicht vor, bemisst sich der Steuerabzug nach 30 Prozent der Einnahmen aus der Veräußerung oder Einlösung der Wirtschaftsgüter. [14] Hat die auszahlende Stelle die Wirtschaftsgüter vor dem 1. Januar 1994 erworben oder veräußert und seitdem verwahrt oder verwaltet, kann sie den Steuerabzug nach

30 Prozent der Einnahmen aus der Veräußerung oder Einlösung der Wertpapiere und Kapitalforderungen bemessen. [15] Abweichend von den Sätzen 2 bis 14 bemisst sich der Steuerabzug bei Kapitalerträgen aus nicht für einen marktmäßigen Handel bestimmten schuldbuchfähigen Wertpapieren des Bundes und der Länder oder bei Kapitalerträgen im Sinne des § 43 Absatz 1 Satz 1 Nummer 7 Buchstabe b aus nicht in Inhaber- oder Orderschuldverschreibungen verbrieften Kapitalforderungen nach dem vollen Kapitalertrag ohne jeden Abzug.

(3) [1] **Die auszahlende Stelle hat ausländische Steuern auf Kapitalerträge nach Maßgabe des § 32d Absatz 5 zu berücksichtigen. [2] Sie hat unter Berücksichtigung des § 20 Absatz 6 Satz 4 im Kalenderjahr negative Kapitalerträge einschließlich gezahlter Stückzinsen bis zur Höhe der positiven Kapitalerträge auszugleichen; liegt ein gemeinsamer Freistellungsauftrag im Sinne des § 44a Absatz 2 Satz 1 Nummer 1 in Verbindung mit § 20 Absatz 9 Satz 2 vor, erfolgt ein gemeinsamer Ausgleich. [3] Der nicht ausgeglichene Verlust ist auf das nächste Kalenderjahr zu übertragen. [4] Auf Verlangen des Gläubigers der Kapitalerträge hat sie über die Höhe eines nicht ausgeglichenen Verlusts eine Bescheinigung nach amtlich vorgeschriebenem Muster zu erteilen; der Verlustübertrag entfällt in diesem Fall. [5] Der unwiderrufliche Antrag auf Erteilung der Bescheinigung muss bis zum 15. Dezember des laufenden Jahres der auszahlenden Stelle zugehen. [6] Überträgt der Gläubiger der Kapitalerträge seine im Depot befindlichen Wirtschaftsgüter vollständig auf ein anderes Depot, hat die abgebende auszahlende Stelle der übernehmenden auszahlenden Stelle auf Verlangen des Gläubigers der Kapitalerträge die Höhe des nicht ausgeglichenen Verlusts mitzuteilen; eine Bescheinigung nach Satz 4 darf in diesem Fall nicht erteilt werden. [7] Erfährt die auszahlende Stelle nach Ablauf des Kalenderjahres von der Veränderung einer Bemessungsgrundlage oder einer zu erhebenden Kapitalertragsteuer, hat sie die entsprechende Korrektur erst zum Zeitpunkt ihrer Kenntnisnahme vorzunehmen; § 44 Absatz 5 bleibt unberührt. [8] Die vorstehenden Sätze gelten nicht in den Fällen des § 20 Absatz 8 und des § 44 Absatz 1 Satz 4 Nummer 1 Buchstabe a Doppelbuchstabe bb sowie bei Körperschaften, Personenvereinigungen oder Vermögensmassen.**

(4) [1] **Die Absätze 2 und 3 gelten entsprechend für die das Bundesschuldbuch führende Stelle oder eine Landesschuldenverwaltung als auszahlende Stelle. [2] Werden die Wertpapiere oder Forderungen von einem Kreditinstitut oder einem Finanzdienstleistungsinstitut mit der Maßgabe der Verwahrung und Verwaltung durch die das Bundesschuldbuch führende Stelle oder eine Landesschuldenverwaltung erworben, hat das Kreditinstitut oder das Finanzdienstleistungsinstitut der das Bundesschuldbuch führenden Stelle oder einer Landesschuldenverwaltung zusammen mit den im Schuldbuch einzutragenden Wertpapieren und Forderungen den Erwerbszeitpunkt und die Anschaffungsdaten sowie in Fällen des Absatzes 2 den Erwerbspreis der für einen marktmäßigen Handel bestimmten schuldbuchfähigen Wertpapiere des Bundes oder der Länder und außerdem mitzuteilen, dass es diese Wertpapiere und Forderungen erworben oder veräußert und seitdem verwahrt oder verwaltet hat.**

Verwaltungsschreiben: BMF BStBl I 16, 85 Rz 184–241c

Übersicht

1 **1. KapESt bei lfd Erträgen, § 43a I.** – ***(1)*** **StSätze.** § 43a I 1 bestimmt die StSätze für die KapESt. Grds werden die bisherigen StSätze (20%, 25%, 30%) durch einen einheitl Satz von 25% ersetzt (*Weber-Grellet* DStR 13, 1357/61); die Steuersätze sind grds unabhängig davon, ob die Besteuerung im Teileinkünfteverfahren, nach § 8b I KStG oder nach der AbgeltungSt erfolgt (ggf § 32d VI). Für die Fälle des § 43 I 1 Nr 7b und 7c (Leistungen bzw Gewinn von Betrieben gewerbl Art mit oder ohne eigene Rechtspersönlichkeit) wird ein StSatz von 15% bestimmt; dies entspricht – wie bisher – der nach der Entlastung nach § 44a VIII 8 verbleibenden Belastung. – ***(2)*** **KiSt.** Nach Abs 1 S 2 ermäßigt sich im Falle der KiStPflicht die KapESt (§ 43 Rz 62) um 25% der auf die KapErträge entfallenden KiSt (Rechenbeispiel s § 32d Rz 4). Mit dieser Regelung wird die Abziehbarkeit der KiSt als SA nach § 10 I Nr 4 pauschal berücksichtigt (RegBegr BR-Drs 220/07, 108/9; § 51a II b–II e).– ***(3)*** **Berechnung.** Abs 1 S 3 verweist zur Berechnung der KapESt bei Berücksichtigung der KiSt sowie der anzurechnenden ausl QuellenSt auf § 32d I 4 und 5; iEinz *Frotscher/Storg* Rz 19ff. – Zu Vorschusszinsen *BMF* BStBl I 16, 85 Rz 243.

2 **2. Veräußerungsfälle, § 43a II, IV; § 20 II.** § 43a II 1 ist unverändert ggü Abs 2 aF. – ***(1)*** **Bemessungsgrundlage nach § 43a II 1.** Das ist der Bruttoertrag ohne Abzug von WK, KapESt (§ 12 Nr 3; BFH I R 108/09 BStBl II 13, 328; s § 20 Rz 226) oder ausl QuellenSt. § 43a II 2 bestimmt die Bemessungsgrundlage für die KapESt in allen Veräußerungs- und Einlösungsfällen. Die **Verweisung auf § 20 V und IVa** bewirkt, dass (bei bekanntem Anschaffungswert) bei Erhebung der KapESt nicht die Ersatzbemessungsgrundlage zum Zuge kommt (BT-Drs 16/10189, 77; *HHR* Anm 7). Zum Nachweis von AK bei Emissionen und zu AK bei Konzernumstrukturierungen *BMF* 15.6.09 DB 09, 1506). – ***(2)*** **Depotwechsel (Depotübertragung).** Hier besteht die Möglichkeit der **Übermittlung der Anschaffungsdaten** von der abgebenden an die übernehmende auszahlende Stelle („Depotüberträge", § 43a II 3–6 für Zuflüsse ab 2009; *BMF* 13.6.08 DStR 08, 1236/8; *BMF* BStBl I 16, 85 Rz 184f); übertragen werden müssen wohl **sämtl Depots.** Aktientopf und allg Verlusttopf können auf verschiedene Institute übertragen werden (*BMF* 13.6.08 DStR 08, 1236/8; *Korn* kösdi 14, 18818/25). – § 43a II 4 bestimmt, dass in Fällen der **unentgeltl Übertragung** die AK an die auszahlende Stelle des Neugläubigers übermittelt werden, damit diese im Falle einer Veräußerung die Bemessungsgrundlage für den KapEStAbzug ermitteln können. – Bei unentgeltl Depotübertrag mit Altbeständen ist keine Meldung an FA erforderl (*BMF* DStR 08, 1236/8). – § 43a II 5 idF JStG 2009 erlaubt, dass die Anschaffungsdaten von depotverwahrten WG bei einem Depotwechsel der neuen depotführenden Stelle mitgeliefert werden (FinA BT-Drs 16/11108, 25; *Haarmann* FS Herzig 2010, 422/34), zu Depotübertragung aus EU s *BMF* 5.2.15 DB 15, 588. – ***(3)*** **Ersatzbemessungsgrundlage.** Werden die Anschaffungsdaten nicht übermittelt, hat bei Veräußerung das Kreditinstitut, das die WG in sein Depot übernommen hat, den Veräußerungsgewinn iHv **30 Prozent der Einnahmen** aus der Veräußerung oder Einlösung anzusetzen (§ 43a II 7); zur **Ersatzbemessungsgrundlage** (auch zur Einbeziehung von Stück- und Zwischenzinsen) *HHR* Anm 11; *Hofrichter* SteuK 10, 177; *BMF* FR 09, 442; *BMF* BStBl I 16, 85 Rz 194f, auch zu Leerverkäufen (§ 43 Rz 55). – ***(4)*** **Übertragung auf anderen Gläubiger.** Im Fall des § 43 I 4 gilt der Börsenpreis als Einnahme aus der Veräußerung, hilfsweise wiederum 30% der AK (§ 43a II 8–13); S 9 idF MitarbeiterkapitalbeteiligungsG regelt die Ermittlung des Börsenpreises. § 43a II 8 und 11 regelt die Auswirkung des Depotübertrags mit Gläubigerwechsel auf Stückzinsen (FinA BT-Drs 16/11108, 25). – ***(5)*** **Alte WG.** Nach § 43a II 14 (vor 94 erworbene oder veräußerte WG) ist der StAbzug nach 30 vH der Einnahmen zu bemessen, nach § 43a II 15 ist bei nicht verbriefte Kapitalforderungen und nicht für den marktmäßigen Handel bestimmten schuldbuchfähige Bundespapiere der volle KapErtrag

anzusetzen. – *(6)* **Währungsgewinn.** Der bisherige § 43a II 7 (Ermittlung des Unterschieds bei Wertpapieren und Kapitalforderungen in fremder Währung unter Nichtberücksichtigung des Währungsgewinns oder -verlusts) war zu streichen; § 20 IV 8 enthält die gegenteilige Regelung, näml die Einbeziehung des Währungsgewinns/-verlustes in die steuerl Bemessungsgrundlage.

3 **3. Abwicklung des KapESt-Abzugs, § 43a III.** – *(1)* **Ausl QuellenSt.** § 43a III 1 regelt – durch Verweis auf § 32d V – die Berücksichtigung ausl QuellenSt insb bei ausl Dividenden (zur Berechnung *BMF* BStBl I 16, 85 Rz 201f; *Schönfeld* IStR 07, 850/2; *Korn/Strahl* NWB 2, 9977/88). Die ausl Steuer wird nicht berücksichtigt, wenn im ausl Staat ein Anspruch auf Erstattung besteht (*BMF* BStBl I 16, 85 Rz 207a, für Spanien; *OFD Mster* StEK EStG § 43a Nr 26, für Spanien und Norwegen). – *(2)* **Verlustverrechnungstopf.** Die bisherige Regelung zum sog Stückzinstopf (Saldo erhaltener und gezahlter Stückzinsen; § 20 Rz 145) wird erhebl ausgeweitet und in einen Verlustverrechnungstopf umgewandelt (*BMF* BStBl I 16, 85 Rz 212 ff; *Weber-Grellet* DStR 13, 1357/62). Diese Verlustverrechnung (auf der Ebene des Kreditinstituts) geht der individuellen Verlustverrechnung vor. Damit wird insb auch – *(a)* bei Bezug von mit ausl QuellenSt vorbelasteten Dividenden, – *(b)* im Fall gezahlter Stückzinsen oder – *(c)* bei Veräußerungsverlusten die KapESt in zutr Höhe einbehalten und ein zusätzl Veranlagung vermieden (*Schlottbohm* NWB-EV 11, 362; zur Verlustverrechnung von § 43 I 1 Nr 1a – Erträgen *BMF* BStBl I 11, 625). Im Hinblick auf § 20 VI 4 (§ 20 Rz 189) sind mehrere Töpfe zu führen (*BMF* BStBl I 16, 85 Rz 228; *Strahl* KÖSDI 07, 15830/7). – Ein Verlusttopf nur für gezahlte Stückzinsen ist nicht erforderl (*BMF* 13.6.08 DStR 08, 1236/8). – **§ 43a III 2–6** regeln den Ausgleich negativer KapErträge durch die auszahlende Stelle und den Verlustvortrag bzw die Ausstellung einer **Verlustbescheinigung zum Jahresende** (§ 43a III 5; bis 15.12.) sowie – im Falle eines sämtl Wertpapiere umfassenden Depotwechsels – die wahlweise Fortführung des Verlustverrechnungstopfes durch das übernehmende Kreditinstitut (RegBegr BR-Drs 220/07, 109/10); ab 2010 ehegattenübergreifende Verlustverrechnung (FinA BT-Drs 16/11108, 25; *BMF* BStBl I 16, 85 Rz 266; *OFD Ffm* StEK EStG § 43a Nr 28; *Schlottbohm* NWB-EV 11, 362/7; abwägend *Wagner* DStR 10, 2558 mit Beispielen). – Automatische Verlustbescheinigung bei Tod eines Kunden, bei Beendigung der Geschäftsbeziehung, bei Wechsel ins Ausl (*BMF* 13.6.08 DStR 08, 1236/7). – Nicht erfasst wird die Glattstellungsprämie (krit *Zentraler Kreditausschuss* FinA Prot 16/57, 238). – *(3)* **Korrektur.** § 43a III 7 idF JStG 10 regelt die Korrektur des KapESt-Abzugs (iZm § 20 IIIa; § 20 Rz 159; *BMF* BStBl I 16, 85 Rz 241 ff). Korrekturen materieller Fehler beim KapESt-Einbehalt sind nicht rückwirkend, sondern erst zum Zeitpunkt ihrer Kenntniserlangung vorzunehmen (BR-Drs 318/10, 89), auch bei bereits veräußerten Anteilen durch das jeweilige Kreditinstitut (*BMF* v 8.7.15 DB 15, 1630 zu Google/Müller/Maersk; *Delp* DB 15, 1919/23; *Fölsing* DStR 15, 2363). – § 43a III passt nicht für Erträge aus anderen Einkunftsarten und von Körperschaften (§ 43a III 8 idF JStG 2009; BT-Drs 16/10189, 77; *Intemann/HHR* Anm 21). Ggf ist der bei der KapESt berücksichtigte § 17-Gewinn/Verlust zu korrigieren (*BMF* BStBl I 15, 24). – Zur **Übernahme** der KapESt durch den Schuldner *BMF* BStBl I 16, 85 Rz 183a mit Beispiel.

4 **4. Bundeswertpapier- und Landesschuldenverwaltung, § 43a IV.** Die Sonderregelung war erforderl, da diese Behörden keine Wertpapiere veräußern oder für ihre Kunden erwerben (*OFD Ffm* DB 06, 1869). Die Neufassung des § 43a IV berücksichtigt, dass bestimmte Bundeswertpapiere inzwischen unmittelbar von der das Bundesschuldbuch führenden Stelle (die BRD Finanzagentur GmbH) erworben werden können (FinA BT-Drs 16/11108, 26).

5 **5. Solidaritätszuschlag.** Dieser ist ab 1998 iHv 5,5 vH des zu erhebenden Zinszuschlags zusätzl einzubehalten (s § 43 Rz 62, § 44 Rz 2, § 51a sowie § 3 I Nr 5 und § 4 SolZG, Anhang hinter § 51a).

§ 43b Bemessung der Kapitalertragsteuer bei bestimmten Gesellschaften

(1) [1]**Auf Antrag wird die Kapitalertragsteuer für Kapitalerträge im Sinne des § 20 Absatz 1 Nummer 1, die einer Muttergesellschaft, die weder ihren Sitz noch ihre Geschäftsleitung im Inland hat, oder einer in einem anderen Mitgliedstaat der Europäischen Union gelegenen Betriebsstätte dieser Muttergesellschaft, aus Ausschüttungen einer Tochtergesellschaft zufließen, nicht erhoben.** [2]**Satz 1 gilt auch für Ausschüttungen einer Tochtergesellschaft, die einer in einem anderen Mitgliedstaat der Europäischen Union gelegenen Betriebsstätte einer unbeschränkt steuerpflichtigen Muttergesellschaft zufließen.** [3]**Ein Zufluss an die Betriebsstätte liegt nur vor, wenn die Beteiligung an der Tochtergesellschaft tatsächlich zu dem Betriebsvermögen der Betriebsstätte gehört.** [4]**Die Sätze 1 bis 3 gelten nicht für Kapitalerträge im Sinne des § 20 Absatz 1 Nummer 1, die anlässlich der Liquidation oder Umwandlung einer Tochtergesellschaft zufließen.**

(2) [1]**Muttergesellschaft im Sinne des Absatzes 1 ist jede Gesellschaft, die**

1. **die in der Anlage 2 zu diesem Gesetz bezeichneten Voraussetzungen erfüllt und**
2. **nach Artikel 3 Absatz 1 Buchstabe a der Richtlinie 2011/96/EU des Rates vom 30. November 2011 über das gemeinsame Steuersystem der Mutter- und Tochtergesellschaften verschiedener Mitgliedstaaten (ABl. L 345 vom 29.12.2011, S. 8), die zuletzt durch die Richtlinie 2014/86/EU (ABl. L 219 vom 25.7.2014, S. 40) geändert worden ist, zum Zeitpunkt der Entstehung der Kapitalertragsteuer gemäß § 44 Absatz 1 Satz 2 nachweislich mindestens zu 10 Prozent unmittelbar am Kapital der Tochtergesellschaft beteiligt ist (Mindestbeteiligung).**

[2]**Ist die Mindestbeteiligung zu diesem Zeitpunkt nicht erfüllt, ist der Zeitpunkt des Gewinnverteilungsbeschlusses maßgeblich.** [3]**Tochtergesellschaft im Sinne des Absatzes 1 sowie des Satzes 1 ist jede unbeschränkt steuerpflichtige Gesellschaft, die die in der Anlage 2 zu diesem Gesetz und in Artikel 3 Absatz 1 Buchstabe b der Richtlinie 2011/96/EU bezeichneten Voraussetzungen erfüllt.** [4]**Weitere Voraussetzung ist, dass die Beteiligung nachweislich ununterbrochen zwölf Monate besteht.** [5]**Wird dieser Beteiligungszeitraum nach dem Zeitpunkt der Entstehung der Kapitalertragsteuer gemäß § 44 Absatz 1 Satz 2 vollendet, ist die einbehaltene und abgeführte Kapitalertragsteuer nach § 50d Absatz 1 zu erstatten; das Freistellungsverfahren nach § 50d Absatz 2 ist ausgeschlossen.**

(2a) **Betriebsstätte im Sinne der Absätze 1 und 2 ist eine feste Geschäftseinrichtung in einem anderen Mitgliedstaat der Europäischen Union, durch die die Tätigkeit der Muttergesellschaft ganz oder teilweise ausgeübt wird, wenn das Besteuerungsrecht für die Gewinne dieser Geschäftseinrichtung nach dem jeweils geltenden Abkommen zur Vermeidung der Doppelbesteuerung dem Staat, in dem sie gelegen ist, zugewiesen wird und diese Gewinne in diesem Staat der Besteuerung unterliegen.**

(3) *(aufgehoben)*

Anlage 2 (zu § 43b) hier nicht abgedruckt; s hierzu Beck'sche Textausgaben „Steuergesetze" oder „Aktuelle Steuertexte 2016".

Einkommensteuer-Richtlinien: EStH 43b

Übersicht

Schrifttum (vor 2011 s Vorauflagen): *Kempf/Gelsdorf*, Umsetzung der Mutter/Tochter-RL …, IStR 11, 173. – **Verwaltung:** *BMF* BStBl I 94, 203; *BMF* BStBl I 04, 479; *BMF* 5.4.05 DStR 05, 651 (Anwendungszeitpunkt).

1 **1. Grundsatz: QuellenSt-Befreiung inl TochterGes. – a) EU-Recht.** § 43b setzt die **Mutter-/Tochter-RL** in dt Recht um (*HHR/Intemann* Anm 3). Neben der generellen Freistellung der MutterGes (§ 8b KStG) sind nach § 43b die von einer inl TochterGes an ihre MutterGes mit Geschäftsleitung in einem anderen EU-Staat (oder nach dem EURLUmsG einer EU-ausl Betriebsstätte [Abs II a], auch bei inl Mutter; Abs I 2; *Melchior* DStR 04, 2121/3; *FinMin NW* DB 04, 2660/2) ausgeschütteten Gewinne (Rz 7) vom StAbzug an der Quelle zu befreien (zB auch nach DBA). Durch QuellenSt dürfen Ausländer nicht diskriminiert werden (EuGH C-284/09 DStR 11, 2038; BFH I R 25/10 DStR 12, 1426; *Behrens* RdF 12, 52; *Grieser/Faller* DB 12, 1296). – § 50g befreit vergleichbar Zinsen und Lizenzgebühren.

2 **b) Erweiterung.** Das **EURLUmsG** (BGBl I 04, 3310, BStBl I 04, 1158) hat **die KapEStBefreiung** erweitert (iEinz 30. Aufl). – § 43b I 4 idF SEStEG stellt klar, dass eine Abstandnahme vom KapEStAbzug anlässl der Liquidation oder Umwandlung einer dt TochterGes (für Bezüge nach § 7 UmwStG) nicht zul ist (*Benecke/Schnitger* IStR 07, 22/6; *Förster* DB 07, 72/9); Beispiel bei *Bilitewski* FR 07, 57/63.

3 **2. Persönl Voraussetzungen (Mutter-/Tochterverhältnis), § 43b II, IIa. – a) Ausschüttende TochterGes.** Sie muss eine im Inl unbeschr stpfl KapGes iSv § 1 I Nr 1 KStG sein **(§ 43b I, II 3,** mit Verweis auf Anlage 2).

4 **b) Anteilseigner.** Die MutterGes muss *(1)* eine Ges der in Anlage 2 zu § 43b aufgeführten Rechtsformen sein (abl für SAS vor 2004 BFH I R 25/10 DStR 12, 742 (nach FG-EuGH-Vorlage C-247/08; zu § 44d aF; *Wiese/Strahl* DStR 12, 1426), *(2)* in einem anderen EU-Staat ansässig sein, dh ihre Geschäftsleitung haben, vgl Anlage 2 und Art 2b der EURiLi sowie *(3)* dort einer der in Anlage 2 zu § 43b aufgeführten oder einer entspr Ersatzsteuer unterliegen (auch auf Kroatien anwendbar; *BMF* DStR 13, 2762). – Nach § 43b II 2 kann die Ausschüttung auch einer (zwischengeschalteten) **Betriebsstätte** (IIa) zufließen (iEinz *Jesse* IStR 05, 151/4).

5 **c) Mindestbeteiligung.** Diese muss nur noch 10 vH des Nennkapitals der TochterGes betragen (§ 43b II idF EURLUmsG); für Ausschüttungen vor dem 31.12.06 idR 25 vH, nach dem 31.12.06 15 vH, nach dem 31.12.08 10 vH (§ 52 Abs 55b, c idF 2013). – Abzustellen ist auf den Zeitpunkt der KapEStEntstehung (§ 44 I) oder den (früheren) des Gewinnverteilungsbeschlusses (Abs I 2; § 20 IIa; FinA BT-Drs 15/4050, 57; *Melchior* DStR 04, 2121/3). – Zu unwirksamer inl Privilegierung (bei Verzicht auf Mindestbeteiligung) EuGH C-379/05 – *Amurta SGPS* BFH/NV-Beil 08, 134. – Nießbrauch genügt nicht (EuGH C-48/07 EWS 10, 59; *Hahn* EWS 10, 22).

6 **d) Beteiligungsdauer. § 43b II 3** verlangt, dass die Beteiligung ununterbrochenen zwölf Monate besteht, um die Inanspruchnahme der Vergünstigungen aufgrund von zeitl begrenzten Umschichtungen von Beteiligungen auszuschließen. Die frühere Einschränkung (s 15. Aufl) hat der EuGH für richtlinienwidrig erklärt (s auch EuGH Rs C-307/97 – *Saint Gobain,* BStBl II 99, 844; § 1 Rz 5 sowie 17. Aufl). – **§ 43b III aF** (aufgehoben durch AhRLUmsG v 26.6.13) machte die Vergünstigung bei Beteiligungen zw 10 und 20 vH abhängig vom Bestehen **entspr Vergünstigungen im anderen Staat** bei MutterGes und TochterGes (s Rz 5).

7 **3. Gegenstand der Befreiung.** Sachl begünstigt § 43b I wie die EURiLi **Ausschüttungen** (Schachteldividende) iSv § 20 I Nr 1, nicht Veräußerungsgewinne/Liquidationsausschüttungen iSv § 20 I Nr 2 (also nur einen Teil von § 43 I Nr 1), daneben (früher) KStVergütungen iSv § 43 I Nr 6 aF (BT-Drs 12/1506, 37). Zur Abschaffung der QuellenSt auf konzerninterne **Zins-/Lizenzzahlungen** s § 50g.

4. Antragsverfahren. Bei Zufluss nach 30.6.1996 wird KapESt unabhängig von der StPfl nach DBA auf Antrag „nicht erhoben" (kein Abzug, keine Abführung, keine Haftung). Den Antrag hat die MutterGes (unter Vorlage der Freistellungsbescheinigung; dazu BFH I R 13/06 BStBl II 07, 616) beim BZSt zu stellen. Verfahren s *BMF* BStBl I 94, 203. Zum Verhältnis zu § 50d s dort Rz 4; keine Freistellung nach § 50d II bei späterer Vorlage der Bescheinigung, nur Erstattung nach § 50d I 2 (jetzt ausdrückl **§ 43b II 3**). 8

§ 44 Entrichtung der Kapitalertragsteuer

(1) [1] **Schuldner der Kapitalertragsteuer ist in den Fällen des § 43 Absatz 1 Satz 1 Nummer 1 bis 7b und 8 bis 12 sowie Satz 2 der Gläubiger der Kapitalerträge. [2] Die Kapitalertragsteuer entsteht in dem Zeitpunkt, in dem die Kapitalerträge dem Gläubiger zufließen. [3] In diesem Zeitpunkt haben in den Fällen des § 43 Absatz 1 Satz 1 Nummer 1, 2 bis 4 sowie 7a und 7b der Schuldner der Kapitalerträge, jedoch in den Fällen des § 43 Absatz 1 Satz 1 Nummer 1 Satz 2 die für den Verkäufer der Wertpapiere den Verkaufsauftrag ausführende Stelle im Sinne des Satzes 4 Nummer 1, und in den Fällen des § 43 Absatz 1 Satz 1 Nummer 1a, 6, 7 und 8 bis 12 sowie Satz 2 die die Kapitalerträge auszahlende Stelle den Steuerabzug unter Beachtung der im Bundessteuerblatt veröffentlichten Auslegungsvorschriften der Finanzverwaltung für Rechnung des Gläubigers der Kapitalerträge vorzunehmen. [4] Die die Kapitalerträge auszahlende Stelle ist**

1. in den Fällen des § 43 Absatz 1 Satz 1 Nummer 6, 7 Buchstabe a und Nummer 8 bis 12 sowie Satz 2

a) das inländische Kreditinstitut oder das inländische Finanzdienstleistungsinstitut im Sinne des § 43 Absatz 1 Satz 1 Nummer 7 Buchstabe b, das inländische Wertpapierhandelsunternehmen oder die inländische Wertpapierhandelsbank,

aa) das die Teilschuldverschreibungen, die Anteile an einer Sammelschuldbuchforderung, die Wertrechte, die Zinsscheine oder sonstigen Wirtschaftsgüter verwahrt oder verwaltet oder deren Veräußerung durchführt und die Kapitalerträge auszahlt oder gutschreibt oder in den Fällen des § 43 Absatz 1 Satz 1 Nummer 8 und 11 die Kapitalerträge auszahlt oder gutschreibt,

bb) das die Kapitalerträge gegen Aushändigung der Zinsscheine oder der Teilschuldverschreibungen einem anderen als einem ausländischen Kreditinstitut oder einem ausländischen Finanzdienstleistungsinstitut auszahlt oder gutschreibt;

b) der Schuldner der Kapitalerträge in den Fällen des § 43 Absatz 1 Satz 1 Nummer 7 Buchstabe a und Nummer 10 unter den Voraussetzungen des Buchstabens a, wenn kein inländisches Kreditinstitut oder kein inländisches Finanzdienstleistungsinstitut die die Kapitalerträge auszahlende Stelle ist;

2. in den Fällen des § 43 Absatz 1 Satz 1 Nummer 7 Buchstabe b das inländische Kreditinstitut oder das inländische Finanzdienstleistungsinstitut, das die Kapitalerträge als Schuldner auszahlt oder gutschreibt;

3. in den Fällen des § 43 Absatz 1 Satz 1 Nummer 1a

a) das inländische Kredit- oder Finanzdienstleistungsinstitut im Sinne des § 43 Absatz 1 Satz 1 Nummer 7 Buchstabe b, das inländische Wertpapierhandelsunternehmen oder die inländische Wertpapierhandelsbank, welche die Anteile verwahrt oder verwaltet und die Kapitalerträge auszahlt oder gutschreibt oder die Kapitalerträge gegen Aushändigung der Dividendenscheine auszahlt oder gutschreibt oder die Kapitalerträge an eine ausländische Stelle auszahlt,

b) die Wertpapiersammelbank, der die Anteile zur Sammelverwahrung anvertraut wurden, wenn sie die Kapitalerträge an eine ausländische Stelle auszahlt,

c) der Schuldner der Kapitalerträge, soweit die Wertpapiersammelbank, der die Anteile zur Sammelverwahrung anvertraut wurden, keine Dividendenregulierung vornimmt; die Wertpapiersammelbank hat dem Schuldner der Kapitalerträge den Umfang der Bestände ohne Dividendenregulierung mitzuteilen.

[5] Die innerhalb eines Kalendermonats einbehaltene Steuer ist jeweils bis zum zehnten des folgenden Monats an das Finanzamt abzuführen, das für die Besteuerung

1. des Schuldners der Kapitalerträge,
2. der den Verkaufsauftrag ausführenden Stelle oder
3. der die Kapitalerträge auszahlenden Stelle

nach dem Einkommen zuständig ist; bei Kapitalerträgen im Sinne des § 43 Absatz 1 Satz 1 Nummer 1 ist die einbehaltene Steuer in dem Zeitpunkt abzuführen, in dem die Kapitalerträge dem Gläubiger zufließen. [6] Dabei ist die Kapitalertragsteuer, die zu demselben Zeitpunkt abzuführen ist, jeweils auf den nächsten vollen Eurobetrag abzurunden. [7] Wenn Kapitalerträge ganz oder teilweise nicht in Geld bestehen (§ 8 Absatz 2) und der in Geld geleistete Kapitalertrag nicht zur Deckung der Kapitalertragsteuer ausreicht, hat der Gläubiger der Kapitalerträge dem zum Steuerabzug Verpflichteten den Fehlbetrag zur Verfügung zu stellen. [8] Soweit der Gläubiger seiner Verpflichtung nicht nachkommt, hat der zum Steuerabzug Verpflichtete dies dem für ihn zuständigen Betriebsstättenfinanzamt anzuzeigen. [9] Das Finanzamt hat die zu wenig erhobene Kapitalertragsteuer vom Gläubiger der Kapitalerträge nachzufordern.

(1a) **[1] Werden inländische Aktien über eine ausländische Stelle mit Dividendenberechtigung erworben, aber ohne Dividendenanspruch geliefert und leitet die ausländische Stelle auf die Erträge im Sinne des § 20 Absatz 1 Nummer 1 Satz 4 einen einbehaltenen Steuerbetrag im Sinne des § 43a Absatz 1 Satz 1 Nummer 1 an eine inländische Wertpapiersammelbank weiter, ist diese zur Abführung der einbehaltenen Steuer verpflichtet. [2] Bei Kapitalerträgen im Sinne des § 43 Absatz 1 Satz 1 Nummer 1 und 2 gilt Satz 1 entsprechend.**

(2) **[1] Gewinnanteile (Dividenden) und andere Kapitalerträge im Sinne des § 43 Absatz 1 Satz 1 Nummer 1, deren Ausschüttung von einer Körperschaft beschlossen wird, fließen dem Gläubiger der Kapitalerträge an dem Tag zu (Absatz 1), der im Beschluss als Tag der Auszahlung bestimmt worden ist. [2] Ist die Ausschüttung nur festgesetzt, ohne dass über den Zeitpunkt der Auszahlung ein Beschluss gefasst worden ist, so gilt als Zeitpunkt des Zufließens der Tag nach der Beschlussfassung; ist durch Gesetz eine abweichende Fälligkeit des Auszahlungsanspruchs bestimmt oder lässt das Gesetz eine abweichende Bestimmung der Fälligkeit durch Satzungsregelung zu, gilt als Zeitpunkt des Zufließens der Tag der Fälligkeit. [3] Für Kapitalerträge im Sinne des § 20 Absatz 1 Nummer 1 Satz 4 gelten diese Zuflusszeitpunkte entsprechend.**

(3) **[1] Ist bei Einnahmen aus der Beteiligung an einem Handelsgewerbe als stiller Gesellschafter in dem Beteiligungsvertrag über den Zeitpunkt der Ausschüttung keine Vereinbarung getroffen, so gilt der Kapitalertrag am Tag nach der Aufstellung der Bilanz oder einer sonstigen Feststellung des Gewinnanteils des stillen Gesellschafters, spätestens jedoch sechs Monate nach Ablauf des Wirtschaftsjahres, für das der Kapitalertrag ausgeschüttet oder gutgeschrieben werden soll, als zugeflossen. [2] Bei Zinsen aus partiarischen Darlehen gilt Satz 1 entsprechend.**

(4) **Haben Gläubiger und Schuldner der Kapitalerträge vor dem Zufließen ausdrücklich Stundung des Kapitalertrags vereinbart, weil der Schuldner vorübergehend zur Zahlung nicht in der Lage ist, so ist der Steuerabzug erst mit Ablauf der Stundungsfrist vorzunehmen.**

(5) [1]**Die Schuldner der Kapitalerträge, die den Verkaufsauftrag ausführenden Stellen oder die die Kapitalerträge auszahlenden Stellen haften für die Kapitalertragsteuer, die sie einzubehalten und abzuführen haben, es sei denn, sie weisen nach, dass sie die ihnen auferlegten Pflichten weder vorsätzlich noch grob fahrlässig verletzt haben.** [2]**Der Gläubiger der Kapitalerträge wird nur in Anspruch genommen, wenn**

1. **der Schuldner, die den Verkaufsauftrag ausführende Stelle oder die die Kapitalerträge auszahlende Stelle die Kapitalerträge nicht vorschriftsmäßig gekürzt hat,**
2. **der Gläubiger weiß, dass der Schuldner, die den Verkaufsauftrag ausführende Stelle oder die die Kapitalerträge auszahlende Stelle die einbehaltene Kapitalertragsteuer nicht vorschriftsmäßig abgeführt hat, und dies dem Finanzamt nicht unverzüglich mitteilt oder**
3. **das die Kapitalerträge auszahlende inländische Kreditinstitut oder das inländische Finanzdienstleistungsinstitut die Kapitalerträge zu Unrecht ohne Abzug der Kapitalertragsteuer ausgezahlt hat.**

[3]**Für die Inanspruchnahme des Schuldners der Kapitalerträge, der den Verkaufsauftrag ausführenden Stelle und der die Kapitalerträge auszahlenden Stelle bedarf es keines Haftungsbescheids, soweit der Schuldner, die den Verkaufsauftrag ausführende Stelle oder die die Kapitalerträge auszahlende Stelle die einbehaltene Kapitalertragsteuer richtig angemeldet hat oder soweit sie ihre Zahlungsverpflichtungen gegenüber dem Finanzamt oder dem Prüfungsbeamten des Finanzamts schriftlich anerkennen.**

(6) [1]**In den Fällen des § 43 Absatz 1 Satz 1 Nummer 7c gilt die juristische Person des öffentlichen Rechts und die von der Körperschaftsteuer befreite Körperschaft, Personenvereinigung oder Vermögensmasse als Gläubiger und der Betrieb gewerblicher Art und der wirtschaftliche Geschäftsbetrieb als Schuldner der Kapitalerträge.** [2]**Die Kapitalertragsteuer entsteht, auch soweit sie auf verdeckte Gewinnausschüttungen entfällt, die im abgelaufenen Wirtschaftsjahr vorgenommen worden sind, im Zeitpunkt der Bilanzerstellung; sie entsteht spätestens acht Monate nach Ablauf des Wirtschaftsjahres; in den Fällen des § 20 Absatz 1 Nummer 10 Buchstabe b Satz 2 am Tag nach der Beschlussfassung über die Verwendung und in den Fällen des § 22 Absatz 4 des Umwandlungssteuergesetzes am Tag nach der Veräußerung.** [3]**Die Kapitalertragsteuer entsteht in den Fällen des § 20 Absatz 1 Nummer 10 Buchstabe b Satz 3 zum Ende des Wirtschaftsjahres.** [4]**Die Absätze 1 bis 4 und 5 Satz 2 sind entsprechend anzuwenden.** [5]**Der Schuldner der Kapitalerträge haftet für die Kapitalertragsteuer, soweit sie auf verdeckte Gewinnausschüttungen und auf Veräußerungen im Sinne des § 22 Absatz 4 des Umwandlungssteuergesetzes entfällt.**

(7) [1]**In den Fällen des § 14 Absatz 3 des Körperschaftsteuergesetzes entsteht die Kapitalertragsteuer in dem Zeitpunkt der Feststellung der Handelsbilanz der Organgesellschaft; sie entsteht spätestens acht Monate nach Ablauf des Wirtschaftsjahres der Organgesellschaft.** [2]**Die entstandene Kapitalertragsteuer ist an dem auf den Entstehungszeitpunkt nachfolgenden Werktag an das Finanzamt abzuführen, das für die Besteuerung der Organgesellschaft nach dem Einkommen zuständig ist.** [3]**Im Übrigen sind die Absätze 1 bis 4 entsprechend anzuwenden.**

Einkommensteuer-Richtlinien/Verwaltungsschreiben: EStH 44 – *BMF* BStBl I 02, 1346; *OFD Karlsruhe* 17.6.02 StuB 02, 926 (vGA an ausl Anteilseigner); *BMF* BStBl I 05, 1051 (Freistellungsauftrag im elektronischen Verfahren); *BMF* BStBl I 16, 85 Rz 241 ff (Korrektur materieller Fehler)

Schrifttum: *Schön,* Cum/Ex-Geschäfte …., RdF 15, 115

Übersicht

1 **1. Entrichtung.** Diese umfasst – ***(1)*** **Schuldnereigenschaft** (§ 44 I 1; Gläubiger der Erträge); – ***(2)*** **Entstehung** (Zufluss; § 44 I 2, II–IV; ohne Auszahlung/ Zufluss keine Entrichtung/Anmeldung); – ***(3)*** **StAbzug** (§ 44 I 3–9; Einbehalt und Abführung); – ***(4)*** **Haftung** (§ 44 V); – ***(5)*** Sonderregelung für **Betrieb gewerbl Art** (§ 44 VI). – Zu unterscheiden ist zw dem Schuldner der KapESt und dem Schuldner/Gläubiger der KapErträge; vgl § 43 Rz 13 – im Zweifel Bezug auf KapErträge. Eine GbR kann (iZm § 20 I Nr 6) kapestpfl sein (BFH VIII B 144/10 BFH/NV 11, 1509; gesonderte Feststellung).

2 **2. Entrichtungspflicht.** Nach § 44 I 3 vorzunehmen hat den StAbzug für Rechnung des Gläubigers – ***(1)*** in den Fällen des § 43 I Nr 1–4, 7a, 7b der **Schuldner,** – ***(2)*** in dem Fall des § 20 I Nr 1 S 4 und bei der Veräußerung von Dividendenscheinen das den (Leer-)Verkauf ausführende Institut (§ 20 Rz 68; s iEinz *BMF* 13.6.08 DStR 08, 1236/9), und – ***(3)*** in den Fällen des § 43 I 1 Nr 1a, 6, 7 und 8–12, § 43 I 2) die **auszahlende Stelle** (inl Kredit- oder inl Finanzdienstleistungsinstitut; zum Begriff s iEinz **§ 44 I 4;** durch UntStRefG ergänzt um inl Wertpapierhandelsunternehmen und – handelsbanken und die Einbeziehung sonstiger WG; *BMF* BStBl I 02, 1346 Rz 2: bei mehrstufiger Verwahrung die letzte Stelle); Bindung an BMF-Auffassung (§ 44 I 3; § 45a Rz 2). Bezügl **verbriefter Forderungen** (§ 43 Rz 36) ist zw sog Verwahrfällen, *Tafelgeschäften* und sonstigen Fällen (kein inl Kreditinstitut) zu unterscheiden. – Nach § 44 I 4 Nr 1 Buchst b (idF JStG 2008) ist der Schuldner nur in seltenen Sonderfällen (zB bei Verwahrung von Bundeswertpapieren durch die Finanzagentur des Bundes) zum Einbehalt der KapESt verpflichtet (FinA BT-Drs 16/7036, 23; *Strahl* DStR 08, 9/12). – Für **sonstige Kapitalforderungen** (§ 43 Rz 45) gilt § 44 I 4 Nr 2.

Die Ergänzung in § 44 I 4 regelt, dass bei Termingeschäften (§ 20 II 1 Nr 3 iVm § 43 I 1 Nr 11) das Kreditinstitut, das die Erträge aus diesem Geschäft auszahlt oder gutschreibt, den Steuereinbehalt zukünftig vornimmt. Bisher bestand für derartige Erträge keine Abzugsverpflichtung (FinA BT-Drs 16/11108, 26); Ergänzung für Stillhalterprämien (§ 43 I 1 Nr 8) durch JStG 10 (BR-Drs 318/10, 89). – Broker brauchen unter den Voraussetzungen des § 11 II 4 InvStG keine KapESt einzubehalten (*BMF* v 30.12.13 2013/1183038). – § 44 I 4 Nr 1a/bb enthält die **Definition des (anonymen) Tafelgeschäfts** (Schaltergeschäfte ohne Depot der Wertpapiere/Wertrechte/Zinsscheine, bei denen für persönl unbekannte Gläubiger Zug um Zug gegen Vorlage von Zinsscheinen oder Wertpapieren ohne Zinsscheine, zB Zero-Bonds, und ohne Einschaltung eines ausl Kreditinstituts KapErträge ausbezahlt werden [BFH VIII R 28/07 BStBl II 09, 842]; seit 1.7.02 verlangen die Kreditinstitute die Identifizierung des Gläubigers); grds kein KiSt-Einbehalt (*BMF* 13.6.08 DStR 08, 1236/9); **Rechtsfolgen:** § 43a I Nr 3, § 44a VI, § 49 I Nr 5a, c/aa und c/cc mit Ergänzungen im StMBG zu Teilschuldverschreibungen ohne Zinsscheine. – Keine KapESt bei anonymer Einlösung von Zinsscheinen (Tafelpapiere) über ein ausl Kreditinstitut, es sei denn in der Funktion als „bloße Auszahlstelle“ (BFH I R 85/08 BStBl II 11, 758).

§ 44 I 4 Nr 3 (idF OGAW-IV-UmsG) betrifft den Fall, dass Institute die Erträge auszahlen, auch wenn die Papiere nicht vom Institut verwahrt waren; Verlagerung des KapEStAbzugs auf die auszahlende Stelle (FinA BT-Drs 17/5417, 19; *Rau* DStR 11, 2325/6; *Bruns* DStZ 11, 676/84); § 44 I 4 Nr 3 Buchst c idF ZK-AnpG, erfasst sog „abgesetzte Bestände“ und verpflichtet die ausschüttende Ges als auszahlende Stelle zum StAbzug (iEinz BReg Bts 432/14, 57). – § 44 Ia: Erfassung von § 20 I Nr 1 S 4: Dividendenkompensation (= fiktive Dividenden; s § 43 Rz 1a).

3. Keine Entrichtungspflicht. Private Zinsschuldner (s § 43 Rz 13), Aus- 3
landsbanken, ausl Finanzdienstleistungsinstitute und ausl Zweigstellen von Inlandsbanken sind nicht abzugspflichtig, wohl aber inl Zweigstellen von Auslandsbanken (s auch § 43 I 1 Nr 7 Buchst b S 2, 3, 4aa).

4. Zeitpunkt der Entstehung; Einbehaltung; Fälligkeit, § 44 I–IV. – 4
a) Einbehaltungsgrundsatz (§ 44 I 2, 3 mit Ausnahmen § 44 I 7–9). § 44 I stellt auf die Verhältnisse im Zeitpunkt des Zufließens jeder Einzelzahlung ab; jeder einzelne Zahlungsvorgang löst KapESt aus (§ 20 Rz 11, BFH I R 275/82 BStBl II 86, 193 – keine Jahressteuer). (kapestrechtl) Zufluss (BFH I R 13/06 BStBl II 07, 616) grds wie bei § 11 (s § 20 Rz 20f), auch bei Bilanzierenden (*Rogall/Dreßler* DStR 15, 449/54). Abzug vom fälligen KapErtrag oder von sonstigen Guthaben/Einlagen des StPfl (*BMF* DB 97, 1951) auch bei GesLiquidation (*FinVerw* FR 99, 614). Eine **Rückzahlungsverpflichtung** steht dem KapEStAbzug nicht entgegen (glA BFH I R 11/96 BFH/NV 98, 308; FG Köln EFG 99, 609, rkr); keine KapESt bei nicht vorhandenem Gewinnbezugsrecht (FG BBg EFG 08, 1617, rkr. **Umwandlung** s § 43 Rz 20 mwN. – Meldung an FA, wenn bei Depotübertrag keine Ersatzbemessungsgrundlage ermittelt werden kann (*BMF* 13.6.08 DStR 08, 1236/8).

Bei **Sacherträgen** ersetzt § 44 I 7, 8 die Einbehaltung ab 1994 durch eine Zahlungsaufforderung des Kapitalschuldners an den Kapitalgläubiger zur Zahlung an den Schuldner (nur dann Abführung durch ihn); die Sacherträge können vorher ausgezahlt werden (iEinz *Waclawik* BB 03, 1408). Ohne Zahlung Anzeige an das FA nach § 44 I 8, das die KapESt nachfordert (§ 44 I 9); ohne Anzeige wohl Haftung entspr § 44 V. – Behandlung **ausl Kapitalmaßnahmen** richtet sich nach Geldauszahlung oder B-shares-Gewährung (*BMF* 13.6.08 DStR 08, 1236/9).

Ab 2012 muss anstelle der ausschüttenden Ges nunmehr die letzte inl Stelle, die die Beträge an die ausl Depotbank weiterleitet, den Abzug vornehmen (§ 43 I Nr 1a, § 44 I 4 Nr 3; **Zahlstellensystem**). – Bei Leerkauf über ausl Depot und Kompensationszahlung ist die inl Sammelbank zum KapESt-Abzug verpflichtet (**§ 44 Ia** idF AhRLUmsG: BRegE BT-Drs 17/10000, 57; *Weber-Grellet* DStR 13, 1412/5; § 44b Rz 8; *Podewils* FR 11, 69, FR 13, 481; *Rau* DStR 13, 839; *Geerling/Grauke* DStR 13, 1711, *HHR* Anm 20); die Ausstellung der StBescheinigung ist korrespondierend geregelt (§ 45a II idF AhRLUmsG). Ziel des Gesetzgebers ist es, (in den Fällen des **Dividendenstrippings** über die Grenze) KapESt-Abführung und StAnrechnung zur Deckung zu bringen (*HHR* Anm 13); zu **cum/ex-Aktiengeschäften** s auch BFH I R 2/12 DStR 14, 2012; *Rau* FR 14, 1012; *Spengel/Eisgruber* DStR 15, 785 (Anrechnung durch den Leerkäufer von Anfang an unmögl); *Schmid* DStR 15, 801; *Rau* DStR 15, 2048; zu strafrechtl Relevanz *Pflaum* StBp 15, 185. – Zur ungerechtfertigten Erstattung von KapESt iZm Leerverkäufen (vor dem 1.1.12) um den Dividendenstichtag vgl (ausführl) BReg in BT-Drs 17/13638 (und BT-Drs 18/7213); mE geht die BReg zutr davon aus, dass es immer nur einen (rechtl oder wirtschaftl) Eigentümer geben kann (*Schön* RdF 15, 115/21; dazu auch BGH II ZR 164/94 BB 96, 155: Ausschluss des zivilrechtl Eigentümers; § 20 Rz 68, 166, § 45a Rz 4).

b) Zuflusszeitpunktfiktionen des § 44 II, III für Erträge iSv § 43 I Nr 1 5
und 3. Der Schuldner kann den Ausschüttungszeitpunkt bestimmen unter zeitpunktgenauer Festlegung im Ausschüttungsbeschluss (BFH I R 13/06 BStBl II 07, 616). Die Fiktionen des § 44 II, III gelten nach zutr hM nur für die Entrichtung

der KapESt (BFH I R 25/09 BFH/NV 10, 620, für stille Ges), auch für den beherrschenden Ges'ter (BFH VIII R 24/98 BStBl II 99, 223), auch bei fehlender betragl Festlegung (BFH I R 30/02 BFH/NV 03, 1301); sie ersetzen nicht den Zufluss als solchen (vgl zu Vorabausschüttung BFH/NV 94, 83, *Eder* BB 94, 1260), dessen Zeitpunkt davon abweichen kann (zu § 44 III s BFH I R 57/97 BStBl II 1998, 672), vor allem beim AlleinGes'ter (BFH I R 222/81 BFH/NV 87, 85; BFH VIII B 113/99 nv). – Durch den Hinweis in § 44 II 1 auf Erträge iSd § 43 I 1 Nr 1 ist klargestellt, dass die besondere Zuflussfiktion nur für inl Dividenden und ähnl Erträge gilt. Für vergleichbare ausl KapErträge bleibt es bei der Grundregel des § 44 I 2 (RegBegr BR-Drs 220/07, 111; *KSM/Gersch* Rz C 4). Die Ergänzung des II 2 durch StÄndG 2015 öffnet die Regelung für Fälle, in denen abw von § 271 BGB eine spätere Fälligkeit bestimmt wird (BT-Drs 18/6094, 83).

6 **c) Stundung der KapErträge.** Diese schiebt die Fälligkeit der KapESt hinaus **(§ 44 IV);** zur Stundung der KapESt durch FA vgl BFH I R 113/98 BFH/NV 00, 1066; idR kein erhebl Härte (BFH I R 107/98 BStBl II 01, 742).

7 **d) Anmeldung.** Geregelt in§ 45a (s auch Rz 17), bei Sachbezügen uU ersetzt durch **Anzeige** nach § 44 I 8.

8 **e) Abführung.** Nach § 44 I 5 monatl bis zum 10. des Folgemonats an das für den Schuldner bzw die Auszahlungsstelle zuständige FA (§§ 19, 20 AO), bei **Ausschüttungen** von Erträgen gem § 43 I 1 Nr 1 nach 31.12.04 im Zeitpunkt des Zuflusses beim Gläubiger (§ 44 I 5); nach *OFD Koblenz* DB 05, 531 mehrere Anmeldungen mögl; bisher bis zu 40 Tage später; bei Sachbezügen nur bei Zahlung durch Gläubiger **(§ 44 I 7). – Abrundung** der KapESt **(s § 44 I 6). – KapESt-Bescheinigung** s § 45a II, III.

9 **f) Solidaritätszuschlag für KapESt.** Diese ist auf Ertragszahlungen vom 1.7.91-30.6.92 und ab 1995 zu erheben (§ 44 I 2; § 3 I Nr 6 bzw 5 – ab 1995 – SolZG, Anhang § 51a; § 43 Rz 62)).

10 **5. Haftung; Nachforderung; Steuerschuld, § 44 V 1, 2.** Gem **Abs 5 S 1** haften der Schuldner, ab 1993 uU die auszahlende Stelle iSv § 44 I 4 und ab 2007 die verkaufsausführenden Stellen (§ 44 I 3) für die Einbehaltung und Abführung der KapESt – ggf Verspätungszuschlag § 152 AO (BFH I R 73/90 BFH/NV 92, 577). Zum Begriff Haftungsschuldner s § 43 Rz 13. Haftungs- und StSchuldner sind Gesamtschuldner (§ 44 AO). IRd § 44 V 2 Nr 1–3 und der Voraussetzungen Rz 11 ff liegt es im **Ermessen** des FA, welchen der beiden es – begrenzt auf die Abzugsschuld, vgl auch § 219 S 2 AO – als StPfl iSv § 33 AO in Anspruch nehmen will (dazu FG Hbg EFG 04, 74, rkr), den Haftungsschuldner durch Haftungsbescheid (§ 191 AO) – nach § 167 I 1 AO auch durch **Nachforderungsbescheid** (BFH I R 61/99 BStBl II 01, 67) – **oder** den StSchuldner durch KapEStNachforderungsbescheid (vgl auch § 73g EStDV); nach *OFD Karlsruhe* StuB 02, 926 ist Nachforderungsbescheid vorzuziehen. – Die Nachforderung kommt insb auch bei vGA in Betracht (*Kamps/Gomes* AG 14, 620, auch zu DBA-Fällen).

Das Auswahlermessen umfasst das Entscheidungsermessen (vgl *Blesinger* StuW 95, 226/231). Keine Ermessensbeschränkung entspr § 44 V 2 bei Ansatz der Einkünfte in EStVeranlagung. Zur Begründung der Ermessensentscheidung vgl § 42d Rz 31, § 50a Rz 23. Stellt der Gläubiger der KapErträge bei **Sachleistungen** keine Zahlungsmittel zur Verfügung (§ 44 I 7), kann nur er durch Nachforderung in Anspruch genommen werden (§ 44 I 9). Ohne Anzeige (§ 44 I 8) Haftung des Schuldners entspr § 44 V 1.

Fehler beim KapEStAbzug sind nur für die Zukunft zu korrigieren (*BMF* BStBl I 16, 85 Rz 241 [mit Beispielen]; *Ronig* DB 10, 128/35); zur Anfechtung der Anmeldung (erhöhte Bedeutung bei AbgeltungSt) s Rz 17, 18.

11 **6. Haftungsvoraussetzungen, § 44 V 1. – a) Sachl und persönl KapESt-Pflicht.** S dazu § 43 Rz 10, 13; keine Haftung für überhöht einbehaltene, nicht

abgeführte KapESt, s § 42d Rz 2. Die Entscheidung im Veranlagungsverfahren ist bindend für das Haftungsverfahren (vgl BFH I R 97/66 BStBl II 70, 464); ohne Veranlagung Entscheidung im Haftungsverfahren mögl (s § 219 S 2 AO). Der GmbH-Geschäftsführer haftet auch insoweit, als die Steuer auf eigene Einkünfte entfällt (BFH I R 30/02 BFH/NV 03, 1301). – Im Haftungsverfahren ist die EU-Rechtswidrigkeit nicht zu prüfen (BFH I R 13/06 BStBl II 07, 616).

b) Bestehender Haftungsanspruch. Kein Erlöschen, zB durch Verjährung, §§ 47, 191 III AO. 12

c) Bestehender StAnspruch. Kein Erlöschen (§ 47 AO), sei es durch Zahlung oder Aufrechnung durch den StSchuldner (§ 44 II 1 AO – BFH I R 152/90 BStBl II 92, 696), Ablauf der Festsetzungsfrist (auch bei Bestandskraft ohne Änderungsmöglichkeit, vgl BFH VI R 47/91 BStBl II 93, 169), Zahlungsverjährung oder Erlass beim StSchuldner (**Haftungsakzessorietät,** § 191 V AO; zu Einwendungen gegen Primäranspruch s BVerfG BStBl II 97, 415; BFH I B 210/03 BFH/NV 04, 670). Maßgebl Zeitpunkt für **Verjährung:** Ergehen des Haftungsbescheides (BFH VII R 29/99 HFR 02, 277). Umgekehrt keine Ablaufhemmung der Festsetzungsfrist durch Maßnahmen gegen Haftungsschuldner (vgl BFH VI R 87/89 BStBl II 90, 608 zu LSt). 13

d) Stfreie Erträge. Sie unterliegen – anders als nicht stbare Erträge – grds der KapESt (hM, s § 43 Rz 15, str; § 50d). Gleichwohl ist es Praxis, den Schuldner trotz Erstattungsanspruchs des Gläubigers für nicht einbehaltene KapESt in Haftung zu nehmen, zweifelhaft (so auch *KSM/Gersch* Rz F 7; s auch Rz 13). 14

e) Verschulden. Gehaftet wird bei grob fahrlässiger und vorsätzl Pflichtverletzung (§ 44 V). Zur Vermeidung der Haftung müssen sich der Schuldner bzw die Bank exkulpieren (§ 44 V 1 Hs 2; BFH I R 98/09 BStBl II 11, 416), keine Pflicht zur erneuten Steueranmeldung (FG Saarl EFG 11, 2086, rkr). Die depotführende Bank ist nicht verpflichtet, marktübl zur Verfügung gestellte Mitteilungen auf ihre Richtigkeit zu prüfen (AG Ffm DStR 15, 1398). Die Haftung entfällt auch bei Anzeige, dass der Gläubiger trotz Aufforderung für **Sachbezüge** nicht die erforderl KapESt-Zahlungsmittel geleistet hat (§ 44 I 7–9). Inanspruchnahme des Gläubigers ist nur unter den Voraussetzungen des § 44 V 2 mögl (BFH I B 197/03 BFH/NV 04, 635; FG Hbg EFG 04, 74, rkr). Eine schuldhafte Pflichtverletzung liegt nicht vor, wenn nach Anmeldung und deren Aufhebung eine 2. Anmeldung unterlassen wird (BFH I R 51/12 BStBl II 14, 982). – Ggf kann sich der Schuldner auf einen (entschuldbaren) Rechtsirrtum berufen (vgl § 42d Rz 26, § 50a Rz 35). 15

7. Verfahren. – **a) Haftungsbescheid** gegen den Schuldner bzw die verkaufsausführende oder die auszahlende Stelle (§ 191 I AO). **Zuständiges FA** wie bei § 44 I 5. **Form** und **Inhalt** s *Klein* § 191 AO Rz 30f; per Fax mögl (*BMF* BStBl I 03, 74). Die **Anmeldung** der einbehaltenen KapESt und die schriftl Anerkennung der Abführungspflicht ersetzen den Bescheid **(§ 44 V 3)** und die Ermessensdarlegung nach Rz 10. Vgl zur Verjährung BFH I B 151/98 BFH/NV 99, 1667; Anmeldung nach Verjährungseintritt ist nicht nichtig (FG Hess EFG 03, 1359, rkr). – Keine Sperrwirkung bei unterschiedl Zeiträumen (BFH I B 140/04 BStBl II 06, 531). 17

b) Rechtsmittel. Anfechtung des Haftungsbescheides durch Steuer- und Haftungsschuldner, wie beim LStHaftungsverfahren (§ 42d Rz 58). Auch die **Anmeldung** (s Rz 17) und die Nachforderung von KapESt (s Rz 10) sind durch Einspruch anfechtbar (s § 50a Rz 19), letztere nur durch StSchuldner, erstere nach bisheriger Rspr auch vom StSchuldner (BFH I B 12/93 BFH/NV 93, 726, *Salzmann* DB 90, 1061, § 41a Rz 5; aA *T/K* § 40 FGO Rz 55; *Giloy* BB 93, 1410 mwN, FG BaWü EFG 92, 110, rkr). Frist grds 1 Monat (§ 355 I 2 AO, BFH V B 104/97 BStBl II 98, 649). Bei Zusammenfassung mehrerer Zahlungen in einem Haftungsbescheid liegen mehrere Streitgegenstände vor (§ 42d Rz 60, § 50a Rz 22, auch zur Anfechtung nach Änderung). – Zinsgläubiger hat keinen Anspruch auf Erlass eines Haftungsbescheides (BFH I R 42/04 BFH/NV 05, 1073). 18

20 **8. Weitere Haftungstatbestände** bei Ausstellung unrichtiger Bescheinigung ohne Rückforderung (Haftung des Ausstellers) oder auf Grund unrichtiger Angaben (Haftung des Schuldners) enthalten **§ 45a VII.** Unter besonderen Voraussetzungen haften die gesetzl Vertreter des Schuldners (**§§ 69, 34, 35 AO;** s § 42d Rz 35).

21 **9. Entspr Anwendung bei Betrieb gewerbl Art, § 44 VI.** Im Fall des **§ 43 I 1 Nr 7c** (Betrieb gewerbl Art ohne eigene Rechtspersönlichkeit; § 43 Rz 51) fallen Gläubiger und Schuldner zivilrechtl zusammen (BT-Drs 14/2683, 117); § 44 I–IV, V 2 ist nur entspr anwendbar (BT-Drs 16/2712, 59). **§ 44 VI** ist eine Spezialregelung zur Entstehung der KapESt (*BMF* BStBl I 15, 111, Rz 59f, auch zur zeitl Anwendung; *Bott* DStZ 15, 112/26); Ergänzungen für vGA und Veräußerung von § 22 IV UmwStG-Anteilen. – KapESt entsteht bei offener Ausschüttung und bei vGA im Zeitpunkt der Bilanzerstellung (BFH I R 108/09 BStBl II 13, 328). – Bei Anmeldung der KapESt 2002 bis 31.12.02 entsteht kein Verspätungszuschlag (*BMF* BStBl I 02, 836).

22 **10. Entrichtung von KapESt bei Mehrabführungen, § 44 VII.** Abs 7 präzisiert den Zeitpunkt der Entstehung und der Abführung der KapESt in den Fällen der **vororganschaftl verursachten Mehrabführungen** gem § 14 III KStG (*Korn/Strahl* KÖSDI 05, 14511/8; *Dötsch/Pung* DB 05, 10/3; Abs 7 anwendbar nach dem 16.12.04 (*BMF* BStBl I 05, 617).

§ 44a Abstandnahme vom Steuerabzug

(1) [1]**Soweit die Kapitalerträge, die einem unbeschränkt einkommensteuerpflichtigen Gläubiger zufließen, zusammen mit den Kapitalerträgen, für die die Kapitalertragsteuer nach § 44b zu erstatten ist oder nach Absatz 10 kein Steuerabzug vorzunehmen ist, den Sparer-Pauschbetrag nach § 20 Absatz 9 nicht übersteigen, ist ein Steuerabzug nicht vorzunehmen bei Kapitalerträgen im Sinne des**

1. **§ 43 Absatz 1 Satz 1 Nummer 1 und 2 aus Genussrechten oder**
2. **§ 43 Absatz 1 Satz 1 Nummer 1 und 2 aus Anteilen, die von einer Kapitalgesellschaft ihren Arbeitnehmern überlassen worden sind und von ihr, einem von der Kapitalgesellschaft bestellten Treuhänder, einem inländischen Kreditinstitut oder einer inländischen Zweigniederlassung einer der in § 53b Absatz 1 oder 7 des Kreditwesengesetzes genannten Unternehmen verwahrt werden, und**
3. **§ 43 Absatz 1 Satz 1 Nummer 3 bis 7 und 8 bis 12 sowie Satz 2.**

[2]**Den Arbeitnehmern im Sinne des Satzes 1 stehen Arbeitnehmer eines mit der Kapitalgesellschaft verbundenen Unternehmens nach § 15 des Aktiengesetzes sowie frühere Arbeitnehmer der Kapitalgesellschaft oder eines mit ihr verbundenen Unternehmens gleich.** [3]**Den von der Kapitalgesellschaft überlassenen Anteilen stehen Aktien gleich, die den Arbeitnehmern bei einer Kapitalerhöhung auf Grund ihres Bezugsrechts aus den von der Kapitalgesellschaft überlassenen Aktien zugeteilt worden sind oder die den Arbeitnehmern auf Grund einer Kapitalerhöhung aus Gesellschaftsmitteln gehören.** [4]**Bei Kapitalerträgen im Sinne des § 43 Absatz 1 Satz 1 Nummer 1, 2 bis 7 und 8 bis 12 sowie Satz 2, die einem unbeschränkt einkommensteuerpflichtigen Gläubiger zufließen, ist der Steuerabzug nicht vorzunehmen, wenn anzunehmen ist, dass auch für Fälle der Günstigerprüfung nach § 32d Absatz 6 keine Steuer entsteht.**

(2) [1]**Voraussetzung für die Abstandnahme vom Steuerabzug nach Absatz 1 ist, dass dem nach § 44 Absatz 1 zum Steuerabzug Verpflichteten in den Fällen**

1. des Absatzes 1 Satz 1 ein Freistellungsauftrag des Gläubigers der Kapitalerträge nach amtlich vorgeschriebenem Muster oder
2. des Absatzes 1 Satz 4 eine Nichtveranlagungs-Bescheinigung des für den Gläubiger zuständigen Wohnsitzfinanzamts

vorliegt. ²In den Fällen des Satzes 1 Nummer 2 ist die Bescheinigung unter dem Vorbehalt des Widerrufs auszustellen. ³Ihre Geltungsdauer darf höchstens drei Jahre betragen und muss am Schluss eines Kalenderjahres enden. ⁴Fordert das Finanzamt die Bescheinigung zurück oder erkennt der Gläubiger, dass die Voraussetzungen für ihre Erteilung weggefallen sind, so hat er dem Finanzamt die Bescheinigung zurückzugeben.

(2a) **¹Ein Freistellungsauftrag kann nur erteilt werden, wenn der Gläubiger der Kapitalerträge seine Identifikationsnummer (§ 139b der Abgabenordnung) und bei gemeinsamen Freistellungsaufträgen auch die Identifikationsnummer des Ehegatten mitteilt. ²Ein Freistellungsauftrag ist ab dem 1. Januar 2016 unwirksam, wenn der Meldestelle im Sinne des § 45d Absatz 1 Satz 1 keine Identifikationsnummer des Gläubigers der Kapitalerträge und bei gemeinsamen Freistellungsaufträgen auch keine des Ehegatten vorliegen. ³Sofern der Meldestelle im Sinne des § 45d Absatz 1 Satz 1 die Identifikationsnummer nicht bereits bekannt ist, kann sie diese beim Bundeszentralamt für Steuern abfragen. ⁴In der Anfrage dürfen nur die in § 139b Absatz 3 der Abgabenordnung genannten Daten des Gläubigers der Kapitalerträge und bei gemeinsamen Freistellungsaufträgen die des Ehegatten angegeben werden, soweit sie der Meldestelle bekannt sind. ⁵Die Anfrage hat nach amtlich vorgeschriebenem Datensatz durch Datenfernübertragung zu erfolgen. ⁶Im Übrigen ist § 150 Absatz 6 der Abgabenordnung entsprechend anzuwenden. ⁷Das Bundeszentralamt für Steuern teilt der Meldestelle die Identifikationsnummer mit, sofern die übermittelten Daten mit den nach § 139b Absatz 3 der Abgabenordnung beim Bundeszentralamt für Steuern gespeicherten Daten übereinstimmen. ⁸Die Meldestelle darf die Identifikationsnummer nur verwenden, soweit dies zur Erfüllung von steuerlichen Pflichten erforderlich ist.**

(3) **Der nach § 44 Absatz 1 zum Steuerabzug Verpflichtete hat in seinen Unterlagen das Finanzamt, das die Bescheinigung erteilt hat, den Tag der Ausstellung der Bescheinigung und die in der Bescheinigung angegebene Steuer- und Listennummer zu vermerken sowie die Freistellungsaufträge aufzubewahren.**

(4) **¹Ist der Gläubiger**

1. eine von der Körperschaftsteuer befreite inländische Körperschaft, Personenvereinigung oder Vermögensmasse oder
2. eine inländische juristische Person des öffentlichen Rechts,

so ist der Steuerabzug bei Kapitalerträgen im Sinne des § 43 Absatz 1 Satz 1 Nummer 4, 6, 7 und 8 bis 12 sowie Satz 2 nicht vorzunehmen. ²Dies gilt auch, wenn es sich bei den Kapitalerträgen um Bezüge im Sinne des § 20 Absatz 1 Nummer 1 und 2 handelt, die der Gläubiger von einer von der Körperschaftsteuer befreiten Körperschaft bezieht. ³Voraussetzung ist, dass der Gläubiger dem Schuldner oder dem die Kapitalerträge auszahlenden inländischen Kreditinstitut oder inländischen Finanzdienstleistungsinstitut durch eine Bescheinigung des für seine Geschäftsleitung oder seinen Sitz zuständigen Finanzamts nachweist, dass er eine Körperschaft, Personenvereinigung oder Vermögensmasse im Sinne des Satzes 1 Nummer 1 oder 2 ist. ⁴Absatz 2 Satz 2 bis 4 und Absatz 3 gelten entsprechend. ⁵Die in Satz 3 bezeichnete Bescheinigung wird nicht erteilt, wenn die Kapitalerträge in den Fällen des Satzes 1 Nummer 1 in einem wirtschaftlichen Geschäftsbetrieb anfallen, für den die Befreiung von der Körperschaftsteuer ausgeschlossen ist, oder wenn

sie in den Fällen des Satzes 1 Nummer 2 in einem nicht von der Körperschaftsteuer befreiten Betrieb gewerblicher Art anfallen. [6]Ein Steuerabzug ist auch nicht vorzunehmen bei Kapitalerträgen im Sinne des § 49 Absatz 1 Nummer 5 Buchstabe c und d, die einem Anleger zufließen, der eine nach den Rechtsvorschriften eines Mitgliedstaates der Europäischen Union oder des Europäischen Wirtschaftsraums gegründete Gesellschaft im Sinne des Artikels 54 des Vertrags über die Arbeitsweise der Europäischen Union oder des Artikels 34 des Abkommens über den Europäischen Wirtschaftsraum mit Sitz und Ort der Geschäftsleitung innerhalb des Hoheitsgebietes eines dieser Staaten ist, und der einer Körperschaft im Sinne des § 5 Absatz 1 Nummer 3 des Körperschaftsteuergesetzes vergleichbar ist; soweit es sich um eine nach den Rechtsvorschriften eines Mitgliedstaates des Europäischen Wirtschaftsraums gegründete Gesellschaft oder eine Gesellschaft mit Ort und Geschäftsleitung in diesem Staat handelt, ist zusätzlich Voraussetzung, dass mit diesem Staat ein Amtshilfeabkommen besteht.

(4a) [1]Absatz 4 ist entsprechend auf Personengesellschaften im Sinne des § 212 Absatz 1 des Fünften Buches Sozialgesetzbuch anzuwenden. [2]Dabei tritt die Personengesellschaft an die Stelle des Gläubigers der Kapitalerträge.

(4b) [1]Werden Kapitalerträge im Sinne des § 43 Absatz 1 Satz 1 Nummer 1 von einer Genossenschaft an ihre Mitglieder gezahlt, hat sie den Steuerabzug nicht vorzunehmen, wenn ihr für das jeweilige Mitglied

1. eine Nichtveranlagungs-Bescheinigung nach Absatz 2 Satz 1 Nummer 2,
2. eine Bescheinigung nach Absatz 5 Satz 4,
3. eine Bescheinigung nach Absatz 7 Satz 4 oder
4. eine Bescheinigung nach Absatz 8 Satz 3 vorliegt; in diesen Fällen ist ein Steuereinbehalt in Höhe von drei Fünfteln vorzunehmen.

[2]Eine Genossenschaft hat keinen Steuerabzug vorzunehmen, wenn ihr ein Freistellungsauftrag erteilt wurde, der auch Kapitalerträge im Sinne des Satzes 1 erfasst, soweit die Kapitalerträge zusammen mit den Kapitalerträgen, für die nach Absatz 1 kein Steuerabzug vorzunehmen ist oder für die die Kapitalertragsteuer nach § 44b zu erstatten ist, den mit dem Freistellungsauftrag beantragten Freibetrag nicht übersteigen. [3]Dies gilt auch, wenn die Genossenschaft einen Verlustausgleich nach § 43a Absatz 3 Satz 2 unter Einbeziehung von Kapitalerträgen im Sinne des Satzes 1 durchgeführt hat.

(5) [1]Bei Kapitalerträgen im Sinne des § 43 Absatz 1 Satz 1 Nummer 1, 2, 6, 7 und 8 bis 12 sowie Satz 2, die einem unbeschränkt oder beschränkt einkommensteuerpflichtigen Gläubiger zufließen, ist der Steuerabzug nicht vorzunehmen, wenn die Kapitalerträge Betriebseinnahmen des Gläubigers sind und die Kapitalertragsteuer bei ihm auf Grund der Art seiner Geschäfte auf Dauer höher wäre als die gesamte festzusetzende Einkommensteuer oder Körperschaftsteuer. [2]Ist der Gläubiger ein Lebens- oder Krankenversicherungsunternehmen als Organgesellschaft, ist für die Anwendung des Satzes 1 eine bestehende Organschaft im Sinne des § 14 des Körperschaftsteuergesetzes nicht zu berücksichtigen, wenn die beim Organträger anzurechnende Kapitalertragsteuer, einschließlich der Kapitalertragsteuer des Lebens- oder Krankenversicherungsunternehmens, die auf Grund von § 19 Absatz 5 des Körperschaftsteuergesetzes anzurechnen wäre, höher wäre, als die gesamte festzusetzende Körperschaftsteuer. [3]Für die Prüfung der Voraussetzung des Satzes 2 ist auf die Verhältnisse der dem Antrag auf Erteilung einer Bescheinigung im Sinne des Satzes 4 vorangehenden drei Veranlagungszeiträume abzustellen. [4]Die Voraussetzung des Satzes 1 ist durch eine Bescheinigung des für den Gläubiger zuständigen Finanzamts nachzuweisen. [5]Die Bescheinigung ist unter dem Vorbehalt des Widerrufs auszustellen. [6]Die Voraussetzung des

Satzes 2 ist gegenüber dem für den Gläubiger zuständigen Finanzamt durch eine Bescheinigung des für den Organträger zuständigen Finanzamts nachzuweisen.

(6) [1] **Voraussetzung für die Abstandnahme vom Steuerabzug nach den Absätzen 1, 4 und 5 bei Kapitalerträgen im Sinne des § 43 Absatz 1 Satz 1 Nummer 6, 7 und 8 bis 12 sowie Satz 2 ist, dass die Teilschuldverschreibungen, die Anteile an der Sammelschuldbuchforderung, die Wertrechte, die Einlagen und Guthaben oder sonstigen Wirtschaftsgüter im Zeitpunkt des Zufließens der Einnahmen unter dem Namen des Gläubigers der Kapitalerträge bei der die Kapitalerträge auszahlenden Stelle verwahrt oder verwaltet werden.** [2] **Ist dies nicht der Fall, ist die Bescheinigung nach § 45a Absatz 2 durch einen entsprechenden Hinweis zu kennzeichnen.** [3] **Wird bei einem inländischen Kredit- oder Finanzdienstleistungsinstitut im Sinne des § 43 Absatz 1 Satz 1 Nummer 7 Buchstabe b ein Konto oder Depot für eine gemäß § 5 Absatz 1 Nummer 9 des Körperschaftsteuergesetzes befreite Stiftung im Sinne des § 1 Absatz 1 Nummer 5 des Körperschaftsteuergesetzes auf den Namen eines anderen Berechtigten geführt und ist das Konto oder Depot durch einen Zusatz zur Bezeichnung eindeutig sowohl vom übrigen Vermögen des anderen Berechtigten zu unterscheiden als auch steuerlich der Stiftung zuzuordnen, so gilt es für die Anwendung des Absatzes 4, des Absatzes 7, des Absatzes 10 Satz 1 Nummer 3 und des § 44b Absatz 6 in Verbindung mit Absatz 7 als im Namen der Stiftung geführt.**

(7) [1] **Ist der Gläubiger eine inländische**

1. **Körperschaft, Personenvereinigung oder Vermögensmasse im Sinne des § 5 Absatz 1 Nummer 9 des Körperschaftsteuergesetzes oder**
2. **Stiftung des öffentlichen Rechts, die ausschließlich und unmittelbar gemeinnützigen oder mildtätigen Zwecken dient, oder**
3. **juristische Person des öffentlichen Rechts, die ausschließlich und unmittelbar kirchlichen Zwecken dient,**

so ist der Steuerabzug bei Kapitalerträgen im Sinne des § 43 Absatz 1 Satz 1 Nummer 1, 2, 3 und 7a bis 7c nicht vorzunehmen. [2] **Voraussetzung für die Anwendung des Satzes 1 ist, dass der Gläubiger durch eine Bescheinigung des für seine Geschäftsleitung oder seinen Sitz zuständigen Finanzamts nachweist, dass er eine Körperschaft, Personenvereinigung oder Vermögensmasse nach Satz 1 ist.** [3] **Absatz 4 gilt entsprechend.**

(8) [1] **Ist der Gläubiger**

1. **eine nach § 5 Absatz 1 mit Ausnahme der Nummer 9 des Körperschaftsteuergesetzes oder nach anderen Gesetzen von der Körperschaftsteuer befreite Körperschaft, Personenvereinigung oder Vermögensmasse oder**
2. **eine inländische juristische Person des öffentlichen Rechts, die nicht in Absatz 7 bezeichnet ist,**

so ist der Steuerabzug bei Kapitalerträgen im Sinne des § 43 Absatz 1 Satz 1 Nummer 1, 2, 3 und 7a nur in Höhe von drei Fünfteln vorzunehmen. [2] **Voraussetzung für die Anwendung des Satzes 1 ist, dass der Gläubiger durch eine Bescheinigung des für seine Geschäftsleitung oder seinen Sitz zuständigen Finanzamts nachweist, dass er eine Körperschaft, Personenvereinigung oder Vermögensmasse im Sinne des Satzes 1 ist.** [3] **Absatz 4 gilt entsprechend.**

(8a) [1] **Absatz 8 ist entsprechend auf Personengesellschaften im Sinne des § 212 Absatz 1 des Fünften Buches Sozialgesetzbuch anzuwenden.** [2] **Dabei tritt die Personengesellschaft an die Stelle des Gläubigers der Kapitalerträge.**

(9) [1] **Ist der Gläubiger der Kapitalerträge im Sinne des § 43 Absatz 1 eine beschränkt steuerpflichtige Körperschaft im Sinne des § 2 Nummer 1 des**

Körperschaftsteuergesetzes, so werden zwei Fünftel der einbehaltenen und abgeführten Kapitalertragsteuer erstattet. [2] § 50d Absatz 1 Satz 3 bis 12, Absatz 3 und 4 ist entsprechend anzuwenden. [3] Der Anspruch auf eine weitergehende Freistellung und Erstattung nach § 50d Absatz 1 in Verbindung mit § 43b oder § 50g oder nach einem Abkommen zur Vermeidung der Doppelbesteuerung bleibt unberührt. [4] Verfahren nach den vorstehenden Sätzen und nach § 50d Absatz 1 soll das Bundeszentralamt für Steuern verbinden.

(10) [1] **Werden Kapitalerträge im Sinne des § 43 Absatz 1 Satz 1 Nummer 1a gezahlt, hat die auszahlende Stelle keinen Steuerabzug vorzunehmen, wenn**

1. **der auszahlenden Stelle eine Nichtveranlagungs-Bescheinigung nach Absatz 2 Satz 1 Nummer 2 für den Gläubiger vorgelegt wird,**
2. **der auszahlenden Stelle eine Bescheinigung nach Absatz 5 für den Gläubiger vorgelegt wird,**
3. **der auszahlenden Stelle eine Bescheinigung nach Absatz 7 Satz 2 für den Gläubiger vorgelegt wird oder**
4. **der auszahlenden Stelle eine Bescheinigung nach Absatz 8 Satz 2 für den Gläubiger vorgelegt wird; in diesen Fällen ist ein Steuereinbehalt in Höhe von drei Fünfteln vorzunehmen.**

[2] **Wird der auszahlenden Stelle ein Freistellungsauftrag erteilt, der auch Kapitalerträge im Sinne des Satzes 1 erfasst, oder führt diese einen Verlustausgleich nach § 43a Absatz 3 Satz 2 unter Einbeziehung von Kapitalerträgen im Sinne des Satzes 1 durch, so hat sie den Steuerabzug nicht vorzunehmen, soweit die Kapitalerträge zusammen mit den Kapitalerträgen, für die nach Absatz 1 kein Steuerabzug vorzunehmen ist oder die Kapitalertragsteuer nach § 44b zu erstatten ist, den mit dem Freistellungsauftrag beantragten Freistellungsbetrag nicht übersteigen. [3] Absatz 6 ist entsprechend anzuwenden. [4] Werden Kapitalerträge im Sinne des § 43 Absatz 1 Satz 1 Nummer 1a von einer auszahlenden Stelle im Sinne des § 44 Absatz 1 Satz 4 Nummer 3 an eine ausländische Stelle ausgezahlt, hat diese auszahlende Stelle über den von ihr vor der Zahlung in das Ausland von diesen Kapitalerträgen vorgenommenen Steuerabzug der letzten inländischen auszahlenden Stelle in der Wertpapierverwahrkette, welche die Kapitalerträge auszahlt oder gutschreibt, auf deren Antrag eine Sammel-Steuerbescheinigung für die Summe der eigenen und der für Kunden verwahrten Aktien nach amtlich vorgeschriebenem Muster auszustellen. [5] Der Antrag darf nur für Aktien gestellt werden, die mit Dividendenberechtigung erworben und mit Dividendenanspruch geliefert wurden. [6] Wird eine solche Sammel-Steuerbescheinigung beantragt, ist die Ausstellung von Einzel-Steuerbescheinigungen oder die Weiterleitung eines Antrags auf Ausstellung einer Einzel-Steuerbescheinigung über den Steuerabzug von denselben Kapitalerträgen ausgeschlossen; die Sammel-Steuerbescheinigung ist als solche zu kennzeichnen. [7] Auf die ihr ausgestellte Sammel-Steuerbescheinigung wendet die letzte inländische auszahlende Stelle § 44b Absatz 6 mit der Maßgabe an, dass sie von den ihr nach dieser Vorschrift eingeräumten Möglichkeiten Gebrauch zu machen hat.**

Einkommensteuer-Richtlinien/Verwaltungsschreiben: EStH 44a – *BMF* BStBl I 02, 1346, 06, 101; *BMF* BStBl I 08, 687 (Muster für Freistellungsauftrag); *OFD Hann* FR 02, 543 (§ 44a V); *OFD Chemnitz* DB 04, 461 (§ 44a VII, VIII); *BayLfSt* DB 06, 1285 (Antrag nach § 44a IV, VII, VIII); *BMF* BStBl I 16, 85 Rz 252–306)

Schrifttum: *Jansen,* Freistellungsbescheinigungen nach § 44a V für Unternehmen der Finanzbranche, FR 12, 667; *Ronig,* KapEStAbzug und Anmeldungsverfahren ab 2012, NWB 12, 835; *Desens/Hummel,* Die Einschaltung der Depotbank bei der Erstattung der KapESt im InvStRecht, FR 12, 605.

Übersicht

1. Grundsatz: Abstandnahme vom KapESt-Abzug. § 44a dient der Vereinfachung und enthält mehrere unterschiedl Tatbestände, nach denen für bestimmte Empfänger (Gläubiger) und bestimmte KapErträge (vgl die einzelnen Gesetzesabsätze) wegen fehlender steuerl Auswirkung kein Abzug vorzunehmen ist (*Weber-Grellet* DStR 13, 1357/62), iEinz bei: *(1)* Freistellung wegen (fiktiver) Nichtveranlagung (§ 44a I–III und Erträgen unter Sparer-Pauschbetrag), *(2)* kstbefreite Gebilde und juristische Personen döR als Gläubiger (§ 44a IV–IVb), *(3)* Dauerüberzahler (§ 44a V), *(4)* gemeinnützige Gläubiger (§ 44a VII), *(5)* wie *(2),* aber für vorbelastete Erträge (§ 44a VIII), *(6)* beschr stpfl Körperschaft (§ 44a IX), und *(7)* verwahrte Wertpapiere (§ 44a X). – § 44a will verhindern, dass allein zu Zwecken der Erstattung eine Veranlagung durchzuführen ist (Verfahrensvereinfachung). – Grds braucht der Schuldner der KapErträge die Voraussetzungen der Besteuerung stbarer KapErträge beim Gläubiger nicht zu prüfen; dieser wird auf die Verfahren der Anrechnung oder Erstattung verwiesen. Durch § 44a I 1 idF AhRLUmsG (v 26.6.13 BStBl I 13, 802) ist die Abstandnahme auf § 43 I 1 Nr 1 u 2 erweitert worden (BRegE BT-Drs 17/10000, 58). 1

2. Fiktive Nichtveranlagung, § 44a I 4, II 1 Nr 2, III. Vom Abzug ist (trotz fehlender Veranlagung) Abstand zu nehmen, wenn anzunehmen ist, dass auch im Falle der Günstigerprüfung nach § 32d VI keine Steuer entsteht (§ 44a I 4; FinA BT-Drs 16/11108, 26; *HHR* Anm 9). Eine sog **NV-Bescheinigung** ist eine Bescheinigung des FA, nach der eine Veranlagung voraussichtl nicht in Betracht kommt (§ 44a II 1 Nr 2, II 2, 3). 2

a) Persönl Geltungsbereich. § 44a I betrifft unbeschr stpfl natürl und – über § 31 KStG – kstpfl Personen als Kapitalgläubiger (zu Freibetrag gem § 24 KStG vgl *BMF* BStBl I 02, 1346 Rz 31). Stfreie Körperschaften s Rz 15, sonstige Personenvereinigungen und Zweckvermögen s Rz 12. 3

b) Sachl Geltungsbereich. § 44a I erfasst die in § 44a I 1 Nr 1–3 aufgeführten Erträge (BRegE BT-Drs 17/10000, 58; zur Entwicklung s 32. Aufl). 4

c) Verfahren. Der StPfl muss **NV-Bescheinigung** bei seinem FA beantragen (uU mehrfach) und dem Kapitalschuldner original (oder in amtl beglaubigter Kopie oder als einfache Kopie mit dem Bankvermerk der Übereinstimmung mit dem Original) vorlegen, kann sie aber – außer bei Sammelantrag der Bank – zurückverlangen und für andere Erträge oder für KStVergütung verwerten (*BMF* BStBl I 02, 1346 Rz 13f; zu NV-Bescheinigungen bei inl Brokern iZm OGAW- und AIF-Ges vgl *BMF* v 30.12.13 2013/1183038). **Frist:** Grds bis Zufluss, bei voller Auszahlung durch Schuldner uU auch später. Sonst bei verspäteter Vorlage Erstattung nach § 44b V oder Veranlagung nach § 46 II Nr 8. **Geltungsdauer** bis 3 Jahre; bei Wegfall der Voraussetzungen Rückgabe (§ 44a II 2–4). **Rechtsnatur:** Nach BFH I R 65/90 BStBl II 92, 322 kein Freistellungsbescheid 5 iSv § 155 I 3 AO, sondern begünstigender VA (§ 130 II AO) mit **Anfechtung** des (nach § 120 II Nr 3 AO vorbehaltenen) Widerrufs ab 1996 durch Einspruch § 347 I Nr 1 AO; nach FG Köln EFG 00, 558 Grundlagenbescheid, zB für Erstattung.

6 **d) Rechtsfolgen.** Kein KapEStAbzug (sonst Abzug ohne rechtl Grund, s § 44b Rz 7f), aber Anmeldung nach § 45a I 2 und Aufzeichnung nach § 44a III. Ohne NV-Bescheinigung (oder Freistellungsauftrag) KapEStAbzug, sonst uU Haftung § 44 V. Nichtveranlagung von juristischen Personen. – Verluste, die bis zum Widerruf einer NV-Bescheinigung angefallen sind, können nicht mehr genutzt werden (*BMF* 13.6.08 DStR 08, 1236/7).

10 **3. Freistellung, § 44a I 1, II 1 Nr 1, IIa. – a) Voraussetzungen.** Diese ist mögl bei Nicht-Überschreiten des Sparer-Pauschbetrags iHv 801 € (§ 20 IX idF UntStRefG), unter Einbeziehung der KapErträge nach § 44a X und § 44b. Verfahren nach § 44a I–III mit Wahlrecht der Erstattung nach § 44b V oder der Veranlagung nach § 32d IV (§ 32d Rz 16), für kstbefreite **Körperschaften** begrenzt nach § 44a IV. Sonstige gesetzl Freistellungen s § 43 Rz 15. **Betriebl Dauerüberzahler** können nach § 44a V freigestellt werden; andere private und sonstige betriebl **Verlustsituationen** stehen dem KapEStAbzug nicht entgegen (s Rz 25; aA *Raber* BB 95, 384). –

11 **b) Auftrag.** Übersteigen die KapErträge nicht den Sparer-Pauschbetrag (§ 20 IX; früher: Sparerfreibetrag und WK-Pauschbetrag), kann der StPfl einen sog **Freistellungsauftrag** erteilen (**§ 44a I 1, II Nr 1;** *BMF* BStBl BStBl I 16, 85 Rz 257 f mit Muster). Das ist der privatschriftl Auftrag des Gläubigers an den Auszahlungs- und Abzugspflichtigen (zB die Bank, § 44 I 4), bis zum stfreien Höchstbetrag von 801/1602 (ab 2009) keine KapESt abzuziehen. Keine **Kosten** für StPfl (s BVerfG 1 BvR 1821/97 DB 00, 2113).

12 **c) Persönl Grenzen.** § 44a I 1 betrifft (wie Rz 3) alle unbeschr estpfl und kstpfl Personen als Gläubiger/Antragsteller, zB auch (nichtrechtsfähige) Vereine, denen ein eigener Sparerfreibetrag für Vereinskonten zusteht (vgl *van Bebber/Tischbein* DStR 99, 261, 03, 96; *BMF* BStBl I 02, 1346 Rz 39f); Abstandnahme auch bei losen Zusammenschlüssen aus mindestens 7 Mitgliedern mit geringfügigen Erträgen aus Gemeinschaftskonten bis 10 € pro Mitglied, insgesamt bis 300 € *BMF* 27.4.09 FR 09, 544) jährl, zB Sparclubs, Schulklassen, Sportgruppen; *FinVerw* DB 94, 16 zu Elternbeiräten uä Mitbestimmungsorganen). Zweckgebundene Konten im Erbfall (zB für Grabpflege) können wie selbstständige Zweckvermögen iSv § 1 I Nr 5 KStG behandelt werden (*FinVerw* DB 95, 1886).

Bei unbeschr stpfl **Ehegatten** gemeinsamer Antrag/gemeinsames Freistellungsvolumen für alle Konten, ggf nach beidseitigen Widerruf vorheriger Einzelanträge (*BMF* BStBl I 05, 1051 Rz 21; zum Stückzinsenabzug *OFD Mster* DStR 12, 1811). – Im Jahr der Eheschließung bei gemeinsamen Freistellungsauftrag Erstattung mögl (*BMF* BStBl I 16, 85 Rz 261f, auch zu Verlustverrechnung); zum Todesfall s Rz 29 und § 45d; bei minderjährigen **Kindern** Antrag der Eltern als gesetzl Vertreter. – **Nicht antragsberechtigt** sind dagegen PersGes (*BMF* BStBl I 16, 85 Rz 286; zu Insolvenzfällen BFH I R 81/93 BFH/NV 96, 112; *Hoffmann* StuB 06, 705; *Kruth* DStR 13, 2224), Erben-, Grundstücks-, Wohnungseigentums- oder **nichtehel Lebensgemeinschaften** (*FinVerw* DB 94, 1014; 99, 1478: Aufteilung; Verzicht auf einheitl Feststellung) als Gläubiger von Gemeinschaftskonten, nach hM auch nicht bei Anträgen aller Mitglieder (s auch Rz 26).

13 **d) Sachl Grenzen.** Die KapEStFreistellung ist mehrfach **beschränkt** auf: – ***(1)* private KapErträge** iSv § 20; – ***(2)* einzelne KapErträge** iSv § 44 I 1 Nr 1–3; – ***(3)* betragsmäßige Begrenzung** auf den Sparerfreibetrag und den WK-Pauschbetrag bzw Sparer-Pauschbetrag oder jeden niedrigeren Betrag. *„Soweit"* ist echter Freibetrag, keine Freigrenze (s zu StBescheinigung *BMF* DStR 93, 165). Zeitl Rangfolge s *Reiß* DB 92, 2213 (entspr § 366 BGB – fragl, ob praktikabel). In die **Berechnung des Freistellungsvolumens** sind nach § 44a I 1 auch die nicht

unter § 44a fallenden Gewinnanteile iSv § 20 I Nr 1 und 2 einzubeziehen; anderenfalls Überschreitung der Begrenzung.

e) Verfahren. Antrag (und Änderungen) des StPfl auf **amtl Vordruck** (*BMF* BStBl I 02, 1346 Rz 17f; Muster ab VZ 2000s BStBl I 99, 453, vorher I 92, 582 – idR Bankformular; ab 04 *BMF* BStBl I 04, 335) mit genauen Personalien des Gläubigers; Vertretung zul (*OFD Mchn* DB 00, 1368). Ehegatten und Kinder s Rz 12, auch per Fax (*BMF* BStBl I 02, 1346 Rz 17) und elektronisch (*BMF* BStBl I 05, 1051). Keine Mitwirkung des FA – der Antrag wird beim Abzugspflichtigen (zB der Bank) eingereicht, dort aufbewahrt, später uU vom BZSt überprüft (§ 45d). Bei Nichtbeachtung oder verspäteter Einreichung nach gekürzter Auszahlung uU Erstattung durch die Bank (§ 44b V), sonst Anrechnung § 36 II Nr 2 beim StPfl. **Geltungsdauer:** Grds gesetzl unbefristet bis Änderung oder Widerruf durch StPfl auf amtl Vordruck; bis zur Höhe des nicht ausgenutzten Freistellungsvolumens jederzeit mögl, allerdings ohne Rückwirkung, *BMF* BStBl I 93, 526, bis Ende des Auflösungsjahres der Geschäftsverbindung (zB Kontoauflösung, *FinVerw* FR 96, 799), Tod (s Rz 29) oder Scheidung (s *BMF* DStR 93, 165). **Mehrere Aufträge bei mehreren Banken** sind mögl bis zur Höchstgrenze, bei Ortsbank und Zentrale getrennte Aufträge (*BMF* BStBl I 02, 1346 Rz 20). Auftragsüberschreitung ohne Ertragsüberschreitung ist mE unschädl (zB 3 Aufträge über je den vollen Freibetrag, insgesamt aber nur 700 € Erträge, deren Aufteilung vorher nicht immer bekannt ist). – IIa idF JStG 10 verlangt zusätzl **Identifikationsnummer** (IdNr; Einzelheiten in BR-Drs 318/10, 90; zur VerfMäßigkeit BFH II R 49/10 DStR 12, 283); Meldestellen (iR Kreditinstitute) können die IdNr beim BZSt abfragen (IIa 3; BT-Drs 18/1529, 59; ab 1.1.11. auf Freistellungsauftrag enthalten, *BMF* BStBl I 16, 85 Rz 259a). 14

4. Nichtveranlagung von kstbefreiten Gebilden und Einrichtungen döR, § 44a IV, IVa. – a) Rechtfertigung. Hintergrund ist deren Steuerfreiheit (*BMF* BStBl I 16, 85 Rz 295f, 280f); zB Landtags- oder Gemeinderatsfraktionen (*BMF* FR 93, 63) oder Waldgenossenschaften (*FinMin Bay* FR 93, 343). – Erstreckung auf KapErträge iSd § 49 I Nr 5 Buchst c, d durch **§ 44a IV 6** (BT-Drs 17/3449, 27; Gleichstellung mit inl Pensionskassen) und auf Bundesverband AOK durch **§ 44a IVa** idF JStG 10 (BR-Drs 318/10, 91; *OFD Mbg* DB 12, 2428; *KSM* Rz G2). – Die **NV-Bescheinigung** des FA (NV 2 B; *BMF* DB 02, 1081; BStBl I 02, 1346 Rz 32f; Kopie des Freistellungsbescheides genügt; *BMF* BStBl I 06, 101) besagt, dass der Gläubiger unter den Personenkreis des § 44a IV 1 fällt. 15

b) Persönl Geltungsbereich. § 44a IV gilt für alle inl juristischen Personen döR (s § 10b Rz 28) einschließl politischer Parteien und Parlamentsfraktionen (*BMF* StEd 92, 707) und für unter § 1 I KStG fallende, aber im Zuflusszeitpunkt (BFH I R 29/94 BStBl II 95, 740) nach § 5 KStG kstbefreite inl Körperschaften uä Personenvereinigungen. **Grund:** Sie können weder Freistellung nach § 44a I, II noch (mangels Veranlagung) Steueranrechnung erreichen (vgl § 32 KStG). – Der Inlandsbezug (§ 44a IV, VII) dürfte EU-rechtl zweifelhaft sein. 16

Beispiele: Kirchl Einrichtungen, Unterstützungskassen, gemeinnützige (rechtsfähige und nicht rechtsfähige) Vereine (§ 1 I Nr 5 KStG; s dazu *BMF* BStBl I 92, 693 Rz 5; *van Bebber/Tischbein* DStR 99, 261; 03, 96). KStpfl Körperschaften mit Einkünften unter Freibetrag nach § 24 KStG s Rz 3. Die Erträge dürfen nicht im kstpfl wirtschaftl Geschäftsbetrieb anfallen (§ 44a IV 5; selten).

c) Sachl Geltungsbereich. – ***(1)*** **§ 44a IV 1** erfasst Erträge iSv § 43 I 1 Nr 4, 6, 7, 8–12, S 2. Abstandnahme ohne weitere persönl Voraussetzungen. – ***(2)*** **§ 44a IV 2** erfasst **Gewinnanteile** iSv § 43 I Nr 1 und Nr 2: Abstandnahme nur, wenn auch der KapSchuldner eine kstbefreite Körperschaft ist. – ***(3)*** **§ 44a IV 6** erfasst bestimmte KapErträge iSd § 49 I Nr 5 Buchst c, d (Gleichstellung mit inl Pensionskassen). – ***(4)*** § 44a IVa erstreckt Abs 4 auf PersGes iSd § 212 I SGB V (AOK). – ***(5)*** § 44a IVb ist eine Sonderregelung für Genossenschaften (*KSM* Rz H 1). 17

d) Verfahren. Nachweis durch FA-Bescheinigung NV 2 B (§ 44a IV 3, 4, Aufbewahrung durch Abzugspflichtigen, § 44a III); es genügt auch die Vorlage eines Freistellungsbescheides (nicht älter als 5 VZ) bzw einer gültigen FA-Bescheinigung über die Gemeinnützigkeit, jeweils in amtl beglaubigter Kopie; bei wirtschaftl 18

Geschäftsbetrieb ist die Steuerbefreiung durch eine Anlage zum KStBescheid zu bescheinigen (iEinz *BMF* BStBl I 02, 1346 Rz 34); bei verspäteter Vorlage Erstattung nur über § 44b V. – Zur örtl Zuständigkeit bei ausl Pensionskassen *BMF* StEK EStG § 44a Nr 86.

19 **e) Billigkeitserstattung.** Zu Voraussetzungen s *BMF* BStBl I 92, 693 Rz 9; 93, 276; zu Billigkeit bei Übergang von § 44c zu § 44a VII/VIII FG BBg EFG 11, 1760, rkr.

20 **f) Pausch-/Freibeträge.** KStpfl Gebilden (zB nichtrechtsfähiger Verein) steht ggf der Sparer-Pauschbetrag (§ 20 IX) und der Freibetrag nach § 24 KStG zu (*BMF* BStBl I 02, 1346 Rz 27f). Bei Anwendung des Halb-/Teileinkünfteverfahrens kommt eine Freistellung nicht in Betracht (*BMF* BStBl I 02, 1346 Rz 31).

25 **5. Freistellung bei betriebl Gläubigern wegen Überzahlung, § 44a V. – a) Hintergrund.** Grds ist bei KapErträgen, die unter eine andere Einkunftsart fallen, keine Freistellung mögl (StPfl über § 20 III, zB nach § 15, KapEStPflicht nach § 43 IV, aber kein Sparer-Pauschbetrag nach § 20 IX, da keine KapErträge iSv § 20). *Beispiel:* BE aus Zinsen für Wertpapiere im BV. **Ausnahme:** Kein StAbzug nach § 44a V ab 1993, wenn ein Gläubigerunternehmen durch Vorlage einer **FA-Bescheinigung** nachweist, dass bei ihm *auf Grund der Art seiner Geschäfte* (und nicht der individuellen Geschäftsentwicklung) *auf Dauer* die KapESt höher wäre als die gesamte festzusetzende ESt/KSt (sog **Dauerüberzahler;** *FinVerw* FR 02, 543; *Beuchert/Friese* DB 13, 2825/6). Dies gilt nicht bei jeder Gewinnlosigkeit, sondern nur für Sonderfälle der von vornherein feststehenden dauerhaften Überbesteuerung (vgl BT-Drs 12/2501). *Beispiele:* Weitergabe von Wertpapiererträgen an andere Personen mit entspr BA-Abzug, zB bei LV-Ges oder UrheberrechtsverwertungsGes (GEMA, VG Wort uÄ; *Jansen* FR 12, 667 zum „Brutto-Divdenden-Modell"); ab 2002 auch bei Holding- und OrganGes (*Beuchert/Friese* DB 13, 2825; *Krauß/Meichelbeck* DStR 15, 333; *Jesse* FR 15, 249), nicht aber Ges iSd § 8b VII KStG und bei kommunalen Verkehrsbetrieben (*FinVerw* FR 02, 543; strenger FG Hess EFG 13, 1047, rkr); krit zu § 8b I-Fällen *Frase/Ballwieser* DB 10, 1366: StAbzug ohne Steuerschuld. Für weitergehende Anwendung auf Privatverluste *Raber* BB 95, 384, *Neyer* DStR 93, 230. – Durch die Änderung des **Abs 5 idF JStG 2009** behalten die Versicherungen auch in den Fällen der Organschaft die Möglichkeit, eine Dauerüberzahlerbescheinigung zu erhalten (FinA BT-Drs 16/11108, 27; *HHR* Anm 16).

Einzelfälle: zu VerfMäßigkeit und – Ablehnung – Verlustvortrag s BFH I R 118/94 BStBl II 96, 199, zu Bankbotengeschäften BFH I B 246/93 BStBl II 94, 899; FG SachsAnh EFG 95, 676, rkr; zu HoldingGes BFH I R 22/97 BStBl II 97, 817 (neue Lage durch Neufassung des § 8b KStG; dazu *OFD Mchn* DStR 01, 2209: Abstandnahme vom KapEStAbzug); zu OrganGes *FinVerw* FR 02, 542; zu Wohnbaugenossenschaft FG Bbg EFG 95, 626, rkr; zu kommunalem Verkehrsbetrieb FG Sachs EFG 96, 25, rkr; zu Agrargenossenschaft BFH I R 84/95 BStBl II 97, 38; zu Gläubiger in der Insolvenz BFH I R 5/94 BStBl II 95, 255, BFH I R 166/94 BStBl II 96, 308 mit Gründen in BFH I R 166/94 BFH/NV 96, 665, FG Saarl EFG 95, 676, rkr, BVerfG StEd 97, 250; zu WohnungsvermietungsGes BFH I R 74/96 BFH/NV 97, 747; zu Spielbanken *FinVerw* StEd 99, 503; keine Freistellung bei kommunaler AbwasserbeseitigungsGes (BFH I R 32/99 BStBl II 00, 496).

26 **b) Anwendung.** Die Regelung gilt auch für **beschr StPfl** (**§ 44a V 1,** entgegen § 44a I). – Zur **Bescheinigung** des FA (V 2, 3) vgl Rz 5, 18. Die **Ablehnungsverfügung** nach § 44a V ist ein anfechtbarer VA (Einspruch, Verpflichtungsklage), aber kein **Grundlagenbescheid** für den KapEStAbzug oder die Steuerfestsetzung; daher **keine Aussetzung der Vollziehung** (s BFH I B 246/93 BStBl II 94, 899, auch zu einstweiliger Anordnung; BFH IX R 20/92 BFH/NV 95, 975). – Ist der Gläubiger eine unbeschr oder beschr stpfl Körperschaft, die nicht unter Abs 4 S 1 fällt, so ist – mE im Hinblick auf § 8 II KStG – der StAbzug auf KapErträge iSd § 43 I 1 Nr 1, 2, 6 und 8–12 nicht vorzunehmen (Abs 5 S 4;

krit *Hamacher/Hahne* Status: Recht 12/07, 370). Im Fall des § 1 I Nr 4 und 5 KStG sind Abs 5 S 2, 3 entspr anzuwenden (Abs 5 S 5); bei Körperschaften, bei denen die Besteuerung nach dem KStG nicht eindeutig feststeht, ist die Abstandnahme von der Vorlage einer entspr Bescheinigung abhängig.

6. Namentl Verwahrung, Tafelgeschäfte und Gläubigeridentität, § 44a VI. Zur Sicherstellung der Besteuerung macht das Gesetz für Erträge iSd § 43 I Nr 7 und 8 die Abstandnahme **nach § 44a I, IV und V** davon abhängig, dass die Einlagen, Wertpapiere ua Kapitalforderungen unter dem Namen des Gläubigers bei der auszahlenden Stelle (zB bei der Bank) verwahrt oder verwaltet werden (*BMF* BStBl I 02, 1346 Rz 12; *BMF* BStBl I 16, 85 Rz 301 f). *Folgen:* **Anonyme Tafelgeschäfte** (s § 44 Rz 1) sind daher von der Abstandnahme ausgeschlossen; zu namentl Bankbuchungsbelegen § 154 II AO, *BMF* BStBl I 93, 330). 27

Identität von KapGläubiger und Depotinhaber. Ist unklar, ob Identität vorliegt, entfällt die Abstandnahme für beide (Gläubigervorbehaltskonten auf den Namen Dritter, Treuhand- und Nießbrauchskonten, Mietkautionskonten, Notarkonten uä Anderkonten); Einzelfälle in *BMF* BStBl I 92, 693 Rz 5–8 und Rz 4.3 zur entbehrl Verfügungsberechtigung sowie *FinVerw* BB 95, 2568 (Anderkonten), FR 94, 64 (Tod des Ehegatten), FR 95, 204 (beschr stpfl Treuhänder, auch zu Erstattung nach § 37 II AO), *Giloy* FR 93, 8 Rz 7; *Keßler* BB 93, 183 Rz 2.8; zu PersGes/Ges'ter/Insolvenzverwalter BFH I R 5/94 BStBl II 95, 255. 28

Im **Todesfall** ist Antrag des Erben erforderl (*FinVerw* DStR 95, 1753), bei Tod eines **Ehegatten** nur für dessen Konten und Gemeinschaftskonten (*BMF* BStBl I 02, 1346 Rz 25f; *BMF* BStBl I 16, 85 Rz 278); im Todesjahr bleiben gemeinsamer Freistellungsauftrag und NV-Bescheinigung wirksam; auch neuer Freistellungsauftrag mögl. 29

Ist eine Abstandnahme unzul, ist die Steuerbescheinigung nach § 45a II zum Zweck der Nachprüfung im Veranlagungsverfahren zu kennzeichnen (§ 44a VI 2); in diesen Fällen keine Erstattung nach § 44b. 30

7. (Vollständige) Abstandnahme bei Vereinigungen mit steuerbegünstigten und steuerbefreiten Zwecken, § 44a VII. – a) Neuregelung. Das (aufwändige) Erstattungsverfahren nach § 44c aF ist durch Erweiterung des § 44a (Abstandnahme vom StAbzug) abgelöst worden (iEinz 25. Aufl); ausnahmsweise noch Erstattung (*BMF* BStBl I 16, 85 Rz 300a idF *BMF* BStBl I 14, 1608). Ist der Gläubiger eine Einrichtung, die **steuerbegünstigten Zwecken nach §§ 51 bis 68 AO** dient, ist vom StAbzug abzusehen (Abs 7 idF StSenkG und StÄndG 2003; *Kessler ua* BB 04, 2325/7; nach *BMF* BStBl I 11, 787 ggf auch bei unselbständigen Stiftungen), und zwar bei Erträgen iSd § 43 I 1 Nr 1,2, 3, 7a–c **(Abs 7 S 1).** Der Gläubiger muss seinen Status entspr Abs 4 nachweisen (VII 2; *BMF* BStBl I 06, 101: Vordruck NV 2 B). Das Verfahren der Abstandsnahme ist für Erträge aus Namensaktien und Genussrechte durch das EURLUmsG ergänzt worden (*Melchior* DStR 04, 2121/3; *Korn/Strahl* KÖSDI 05, 14511/7). Der Antrag auf NV-Bescheinigung nach Abs 7 oder 8 ist zugleich Antrag nach Abs 4 (*BayLfSt* DB 06, 1285); zur Erstattung wegen StAbzug beim Erblasser s *BMF* BStBl I 16, 85 Rz 300b. 31

b) Partielle Entlastung. § 44a VIII bezweckt die teilweise Entlastung der nicht gemeinnützigen steuerbefreiten Körperschaften (BT-Drs 16/10189, 77). Ist der Gläubiger nach § 5 I KStG **steuerbefreit** (ohne Nr 9; von Abs 7 erfasst) oder inl juristische Person (ohne VII), so ist der StAbzug für Erträge nach § 43 I 1 Nr 1, 2, 3, 7a (im Hinblick auf die verbleibende Vorbelastung des Schuldners) nur iHv drei Fünfteln vorzunehmen **(Abs 8 S 1).** – § 44a VIIIa idF BeitrRLUmsG betrifft die kraft Gesetzes in GbR umgewandelten Landesverbände der Orts-, Betriebs- und Innungskrankenkassen. 32

8. Minderung des QuellenSt-Satzes für KapErträge ausl (beschr stpfl) Körperschaften auf den Tarifsatz, § 44a IX. Zur Gleichbehandlung mit inl Körperschaften, Personenvereinigungen und Vermögensmassen, bei denen der KapEStAbzug abgeltende Wirkung hat, wird der StSatz für die endgültige Belastung der ausl Körperschaften mit KapESt 33 ebenfalls an den tarifl StSatz für die KSt angepasst (Erstattung von $^2/_5$ von 25 vH = 15 vH; *Haarmann* FS Herzig 2010, 422/33; *Frey/Mückl* DStR 11, 2125; BZSt auf www.bzst.de). Im Einzelfall kann sich eine weitergehende Entlastung aus einem DBA ergeben. Die Entlastung erfolgt umfassend durch nachträgl Erstattung durch das BZSt; Geltung für alle KapErträge iSd § 43 I (BR-Drs 318/10, 92); Vorrang des § 43b und des § 50g.– Der KStSatz beträgt ab 1.1.08 15 vH, der Quellenabzug in 2008 noch 20 vH, so dass eine Erstattung vorzunehmen ist. – Nach S 2 ist neben § 50d I 3–12 und (durch JStG 2009, für Zufluss nach 2008) auch § 50d III, IV anwendbar (Angleichung der Verfahren; BT-Drs 16/10189, 77/8; Aktivitätsvoraussetzung). – § 8b KStG hat keine Auswirkung auf die KapESt; die KapESt-Regelungen sind nicht europarechtswidrig; bei Gemeinschaftsrechtswidrigkeit des § 32 I Nr 2 KStG oder bei analoger Anwendung des § 43b wäre iÜ das BZSt zuständig (BFH I R 53/07 DStR 09, 1469; krit *Lüdicke/Wunderlich* IStR 08, 412).

34 **9. Sammel- und sonderverwahrte Aktien, § 44a X.** Abs 10 regelt die Abstandnahme vom StAbzug in den Fällen des § 43 I 1 Nr 1a (bei Sammel-, Sonderverwahrung; Dividendenscheinen; *Rau* DStR 11, 2325/6). Zu Abs 10 S 2 *BMF* BStBl I 11, 625. – § 44a X 4–6 idF BeitrRLUmsG erlaubt eine Sammelsteuerbescheinigung der letzten inl auszahlenden Stelle bei ausl Zwischenverwahrung (*BMF* BStBl I 13, 1168, mit Muster; *Hörster* NWB 11, 4208/14; *KSM* Rz O2).

§ 44b Erstattung der Kapitalertragsteuer

(1)–(4) *(weggefallen)*

(5) [1] **Ist Kapitalertragsteuer einbehalten oder abgeführt worden, obwohl eine Verpflichtung hierzu nicht bestand, oder hat der Gläubiger dem nach § 44 Absatz 1 zum Steuerabzug Verpflichteten die Bescheinigung nach § 43 Absatz 2 Satz 4, den Freistellungsauftrag, die Nichtveranlagungs-Bescheinigung oder die Bescheinigungen nach § 44a Absatz 4 oder Absatz 5 erst zu einem Zeitpunkt vorgelegt, zu dem die Kapitalertragsteuer bereits abgeführt war, oder nach diesem Zeitpunkt erst die Erklärung nach § 43 Absatz 2 Satz 3 Nummer 2 abgegeben, ist auf Antrag des nach § 44 Absatz 1 zum Steuerabzug Verpflichteten die Steueranmeldung (§ 45a Absatz 1) insoweit zu ändern; stattdessen kann der zum Steuerabzug Verpflichtete bei der folgenden Steueranmeldung die abzuführende Kapitalertragsteuer entsprechend kürzen.** [2] **Erstattungsberechtigt ist der Antragsteller.** [3] **Solange noch keine Steuerbescheinigung nach § 45a erteilt ist, hat der zum Steuerabzug Verpflichtete das Verfahren nach Satz 1 zu betreiben.** [4] **Die vorstehenden Sätze sind in den Fällen des Absatzes 6 nicht anzuwenden.**

(6) [1] **Werden Kapitalerträge im Sinne des § 43 Absatz 1 Satz 1 Nummer 1 und 2 durch ein inländisches Kredit- oder Finanzdienstleistungsinstitut im Sinne des § 43 Absatz 1 Satz 1 Nummer 7 Buchstabe b, das die Wertpapiere, Wertrechte oder sonstigen Wirtschaftsgüter unter dem Namen des Gläubigers verwahrt oder verwaltet, als Schuldner der Kapitalerträge oder für Rechnung des Schuldners gezahlt, kann das Kredit- oder Finanzdienstleistungsinstitut die einbehaltene und abgeführte Kapitalertragsteuer dem Gläubiger der Kapitalerträge bis zur Ausstellung einer Steuerbescheinigung, längstens bis zum 31. März des auf den Zufluss der Kapitalerträge folgenden Kalenderjahres, unter den folgenden Voraussetzungen erstatten:**

1. **dem Kredit- oder Finanzdienstleistungsinstitut wird eine Nichtveranlagungs-Bescheinigung nach § 44a Absatz 2 Satz 1 Nummer 2 für den Gläubiger vorgelegt,**
2. **dem Kredit- oder Finanzdienstleistungsinstitut wird eine Bescheinigung nach § 44a Absatz 5 für den Gläubiger vorgelegt,**
3. **dem Kredit- oder Finanzdienstleistungsinstitut wird eine Bescheinigung nach § 44a Absatz 7 Satz 2 für den Gläubiger vorgelegt und eine Abstandnahme war nicht möglich oder**

4. dem Kredit- oder Finanzdienstleistungsinstitut wird eine Bescheinigung nach § 44a Absatz 8 Satz 2 für den Gläubiger vorgelegt und die teilweise Abstandnahme war nicht möglich; in diesen Fällen darf die Kapitalertragsteuer nur in Höhe von zwei Fünfteln erstattet werden.

[2]Das erstattende Kredit- oder Finanzdienstleistungsinstitut haftet in sinngemäßer Anwendung des § 44 Absatz 5 für zu Unrecht vorgenommene Erstattungen; für die Zahlungsaufforderung gilt § 219 Satz 2 der Abgabenordnung entsprechend. [3]Das Kredit- oder Finanzdienstleistungsinstitut hat die Summe der Erstattungsbeträge in der Steueranmeldung gesondert anzugeben und von der von ihm abzuführenden Kapitalertragsteuer abzusetzen. [4]Wird dem Kredit- oder Finanzdienstleistungsinstitut ein Freistellungsauftrag erteilt, der auch Kapitalerträge im Sinne des Satzes 1 erfasst, oder führt das Institut einen Verlustausgleich nach § 43a Absatz 3 Satz 2 unter Einbeziehung von Kapitalerträgen im Sinne des Satzes 1 aus, so hat es bis zur Ausstellung der Steuerbescheinigung, längstens bis zum 31. März des auf den Zufluss der Kapitalerträge folgenden Kalenderjahres, die einbehaltene und abgeführte Kapitalertragsteuer auf diese Kapitalerträge zu erstatten; Satz 2 ist entsprechend anzuwenden.

(7) **[1]Eine Gesamthandsgemeinschaft kann für ihre Mitglieder im Sinne des § 44a Absatz 7 oder Absatz 8 eine Erstattung der Kapitalertragsteuer bei dem für die gesonderte Feststellung ihrer Einkünfte zuständigen Finanzamt beantragen. [2]Die Erstattung ist unter den Voraussetzungen des § 44a Absatz 4, 7 oder Absatz 8 und in dem dort bestimmten Umfang zu gewähren.**

Einkommensteuer-Richtlinien/Verwaltungsschreiben: EStR 44b.1, 44b.2/EStH 44b.1 – *BMF* BStBl I 16, 85 Rz 307–309

Übersicht

1. Grundaussage. § 44b regelt die Befreiung des Gläubigers von der KapESt im Wege der **Erstattung,** vermeidet eine temporäre Überbesteuerung, dient der Vereinfachung und ergänzt § 44a (Nichtabzug). § 44b ist durch das AhRLUmsG stark vereinfacht worden (Streichung der Abs 1–4). Das Erstattungsverfahren ist nur noch auf der Ebene des Abzugsverpflichteten (Bank) mögl oder Kürzung bei der folgenden StAnmeldung (§ 44b V idF BürgEntlG); zur bisherigen Rechtslage s 28. und 32. Aufl. – Zur ungerechtfertigten Erstattung von KapESt iZm Leerverkäufen s § 44 Rz 4. 1

2. Erstattung bei rechtsgrundlosem KapEStAbzug oder bei verspäteter Vorlage von Bescheinigungen, § 44b V. § 44b V behandelt die Erstattung an den Schuldner bzw die Auszahlungsstelle iSv § 44 I 4 in **zwei Fällen:** – ***(1)*** Fehlende Verpflichtung. – ***(2)*** Verspätete Vorlage der NV-Bescheinigung, des Freistellungs–auftrags oder der Bescheinigung nach § 44a IV, V. § 44b V gilt für alle KapErträge (so auch *Blümich/Lindberg* Rz 21; *KSM/Gersch* Rz F 2). Sind diese Fälle nicht gegeben, kann nur der Gläubiger der KapErträge gem § 37 II AO Erstattung beanspruchen (BFH I R 11/13 BFH/NV 15, 950). – Bei nachträgl vorgelegten NV-Bescheinigungen und Freistellungsaufträgen hat der Abzugsverpflichtete (Bank) das Verfahren nach S 1 zu betreiben (§ 44b V 3 idF ZK-AnpG; FinA BT-Drs 18/3441, 58; *BMF* BStBl I 16, 85 Rz 307a). 2

Beispiele für fehlende Verpflichtung (insoweit Korrektur auch im Folgejahr mögl: Kein KapErtrag iSv § 43 I (BFH I R 97/66 BStBl II 70, 464; Zinsen iSv § 43 I 1 Nr 7 Buchst b S 4; Spielbankrücklageerträge s *FinVerw* StEd 99, 503); Überzahlung (doppelte Zahlung, Zahlung von 33 1/3 statt 25 vH); Einbehaltung trotz persönl Steuerfreiheit (s § 43 Rz 15) oder Freistellungsauftrag (§ 44a).

Keine Zahlung ohne rechtl Grund bei Rückzahlung der Erträge ohne Rechtspflicht (BFH I R 188/74 BStBl II 77, 847), nachträgl Änderung eines Gewinnverwendungsbeschlusses (BFH I R 275/82 BStBl II 86, 193; zu Vorabausschüttungsbeschluss BFH 5.9.01 I R 60/00, nv); Überzahlung ohne Veranlagung (FG Nds EFG 94, 302, rkr), Steuerfreiheit des Gläubigers bzw sachl Steuerfreiheit, soweit KapEStPflicht gegeben war. **Erbfall** s § 44a Rz 29; *FinVerw* FR 96, 868. Erstattung an beschr stpfl Treugeber (*FinVerw* FR 97, 427) bzw deren Treuhänder nach § 37 II AO (*BMF* RIW 99, 477); ebenso bei fehlender Überschusserzielungsabsicht (BFH VIII R 23/98 BFH/NV 00, 420/3).

3 **3. Erstattung bei Verwahrung, § 44b VI.** Das verwahrende Institut kann unter den Voraussetzungen des § 44b VI 1 Nr 1–3 eine Erstattung vornehmen; nach § 44b VI 2 haftet das Institut. § 44b VI 3, 4 regelt die Einzelheiten der Erstattung. – Erstattungen (und Korrekturen) von Sammelanträgen aF (§ 45b) sind im Verfahren des § 44b VI 1–3 vorzunehmen (*BMF* BStBl I 10, 269); Anwendung von Rz 295f (*BMF* BStBl I 16, 85 Rz 298a); zum Verfahren bei Leerverkäufen s *BMF* BStBl I 16, 85 Rz 196f; § 44 Rz 4.

4 **4. Erstattungen nach DBA.** Diese Fälle sind unterschiedl geregelt (*BMF* BStBl I 03, 134; *Salomon/Riegler* DB 02, 2671; BZSt auf www.bzst.de „Ausl QuellenSt" mit Höchstabzugsbetrags-Übersichten). Zuflusszeitpunkt nach DBA s BFH I R 57/97 BStBl II 98, 672 entgegen *Portner/Heuser* IStR 98, 268. Nachweise s *FinVerw* FR 98, 707. IdR Besteuerung im Wohnsitzstaat mit begrenztem KapEStAbzug im Quellenstaat (und Anrechnung nach DBA bzw § 34c oder § 26 KStG); zur Erstattung nach DBA-Schweiz BFH I R 10/02 DB 03, 1608. Zur Problematik ausl Beteiligungserträge gemeinnütziger Organisationen s *Frank* DB 95, 1307. – Zur **Freistellung nach § 50d II** s § 50d Rz 10.

5 **5. Investmenterträge.** Erstattungen können auch bei Ausschüttungen nach dem InvStG (§ 43 Rz 65) gem § 7 V, VI InvStG in Betracht kommen (*BMF* 8.7.11, FR 11, 779). – Keine Erstattung bei Dividendenbezug über ausl InvFonds wg § 4 II 7 InvStG (krit *Haase/Dorn* DStR 15, 1158).

6 **6. Gesamthandsgemeinschaft, § 44b VII.** Eine Gesamthandsgemeinschaft kann für ihre Mitglieder iSd § 44a VII oder VIII eine Erstattung der KapESt bei dem für die gesonderte Feststellung ihrer Einkünfte zuständigen FA (anstelle wie bisher beim BZSt) beantragen (Verfahrenserleichterung für das BZSt; BRegE BT-Drs 17/10000, 58).

§ 45 Ausschluss der Erstattung von Kapitalertragsteuer

[1] In den Fällen, in denen die Dividende an einen anderen als an den Anteilseigner ausgezahlt wird, ist die Erstattung von Kapitalertragsteuer an den Zahlungsempfänger ausgeschlossen. [2] Satz 1 gilt nicht für den Erwerber eines Dividendenscheines oder sonstigen Anspruches in den Fällen des § 20 Absatz 2 Satz 1 Nummer 2 Buchstabe a Satz 2. [3] In den Fällen des § 20 Absatz 2 Satz 1 Nummer 2 Buchstabe b ist die Erstattung von Kapitalertragsteuer an den Erwerber von Zinsscheinen nach § 37 Absatz 2 der Abgabenordnung ausgeschlossen.

1 **1. Ausschluss der Erstattung. § 45 S 1** enthält die **Grundregel:** Erstattung von KapESt nur an den Anteilseigner (zB bei Übertragung der Aktien „ex dividende" keine Erstattung an den Einlöser). – **§ 45 S 2** idF Kroat-AnpG enthält eine Ausnahme zur isolierten Dividendenscheinübertragung (oder sonstigen Anspruchs; BT-Drs 18/1529, 59) nach § 20 II 1 Nr 2a. – **§ 45 S 3** hält die bisherige Regelung

für Zinsscheinerwerber nach § 20 II 1 Nr 2b aufrecht (keine Erstattung an ihn); eine § 20 II 1 Nr 2a S 2 vergleichbare Regelung fehlt.

2. Veräußerer der Ertragsansprüche. Nach allg Grundsätzen erfolgt ihm ggü ein etwaiger KapEStAbzug (zB nach §§ 43 I Nr 8, 43a II) nicht ohne Rechtsgrund (keine Erstattung an ihn). Da er die Einkünfte versteuert, wird die KapESt bei ihm angerechnet (§ 36 II Nr 2). 2

§ 45a Anmeldung und Bescheinigung der Kapitalertragsteuer

(1) [1]Die Anmeldung der einbehaltenen Kapitalertragsteuer ist dem Finanzamt innerhalb der in § 44 Absatz 1 oder Absatz 7 bestimmten Frist nach amtlich vorgeschriebenem Vordruck auf elektronischem Weg nach Maßgabe der Steuerdaten-Übermittlungsverordnung zu übermitteln; die auszahlende Stelle hat die Kapitalertragsteuer auf die Erträge im Sinne des § 43 Absatz 1 Satz 1 Nummer 1a jeweils gesondert für das Land, in dem sich der Ort der Geschäftsleitung des Schuldners der Kapitalerträge befindet, anzugeben. [2]Satz 1 gilt entsprechend, wenn ein Steuerabzug nicht oder nicht in voller Höhe vorzunehmen ist. [3]Der Grund für die Nichtabführung ist anzugeben. [4]Auf Antrag kann das Finanzamt zur Vermeidung unbilliger Härten auf eine elektronische Übermittlung verzichten; in diesem Fall ist die Kapitalertragsteuer-Anmeldung von dem Schuldner, der den Verkaufsauftrag ausführenden Stelle, der auszahlenden Stelle oder einer vertretungsberechtigten Person zu unterschreiben.

(2) [1]Folgende Stellen sind verpflichtet, dem Gläubiger der Kapitalerträge auf Verlangen eine Bescheinigung nach amtlich vorgeschriebenem Muster auszustellen, die die nach § 32d erforderlichen Angaben enthält; bei Vorliegen der Voraussetzungen des

1. § 43 Absatz 1 Satz 1 Nummer 1, 2 bis 4, 7a und 7b der Schuldner der Kapitalerträge,
2. § 43 Absatz 1 Satz 1 Nummer 1a, 6, 7 und 8 bis 12 sowie Satz 2 die die Kapitalerträge auszahlende Stelle vorbehaltlich des Absatzes 3 und
3. § 44 Absatz 1a die zur Abführung der Steuer verpflichtete Stelle.

[2]Die Bescheinigung braucht nicht unterschrieben zu werden, wenn sie in einem maschinellen Verfahren ausgedruckt worden ist und den Aussteller erkennen lässt. [3]§ 44a Absatz 6 gilt sinngemäß; über die zu kennzeichnenden Bescheinigungen haben die genannten Institute und Unternehmen Aufzeichnungen zu führen. [4]Diese müssen einen Hinweis auf den Buchungsbeleg über die Auszahlung an den Empfänger der Bescheinigung enthalten.

(3) [1]Werden Kapitalerträge für Rechnung des Schuldners durch ein inländisches Kreditinstitut oder ein inländisches Finanzdienstleistungsinstitut gezahlt, so hat anstelle des Schuldners das Kreditinstitut oder das Finanzdienstleistungsinstitut die Bescheinigung zu erteilen, sofern nicht die Voraussetzungen des Absatzes 2 Satz 1 erfüllt sind. [2]Satz 1 gilt in den Fällen des § 20 Absatz 1 Nummer 1 Satz 4 entsprechend; der Emittent der Aktien gilt insoweit als Schuldner der Kapitalerträge.

(4) [1]Eine Bescheinigung nach Absatz 2 oder Absatz 3 ist auch zu erteilen, wenn in Vertretung des Gläubigers ein Antrag auf Erstattung der Kapitalertragsteuer nach § 44b gestellt worden ist oder gestellt wird. [2]Satz 1 gilt entsprechend, wenn nach § 44a Absatz 8 Satz 1 der Steuerabzug nur nicht in voller Höhe vorgenommen worden ist.

(5) [1]Eine Ersatzbescheinigung darf nur ausgestellt werden, wenn die Urschrift nach den Angaben des Gläubigers abhanden gekommen oder vernichtet ist. [2]Die Ersatzbescheinigung muss als solche gekennzeichnet sein. [3]Über

die Ausstellung von Ersatzbescheinigungen hat der Aussteller Aufzeichnungen zu führen.

(6) [1]**Eine Bescheinigung, die den Absätzen 2 bis 5 nicht entspricht, hat der Aussteller zurückzufordern und durch eine berichtigte Bescheinigung zu ersetzen.** [2]**Die berichtigte Bescheinigung ist als solche zu kennzeichnen.** [3]**Wird die zurückgeforderte Bescheinigung nicht innerhalb eines Monats nach Zusendung der berichtigten Bescheinigung an den Aussteller zurückgegeben, hat der Aussteller das nach seinen Unterlagen für den Empfänger zuständige Finanzamt schriftlich zu benachrichtigen.**

(7) [1]**Der Aussteller einer Bescheinigung, die den Absätzen 2 bis 5 nicht entspricht, haftet für die auf Grund der Bescheinigung verkürzten Steuern oder zu Unrecht gewährten Steuervorteile.** [2]**Ist die Bescheinigung nach Absatz 3 durch ein inländisches Kreditinstitut oder ein inländisches Finanzdienstleistungsinstitut auszustellen, so haftet der Schuldner auch, wenn er zum Zweck der Bescheinigung unrichtige Angaben macht.** [3]**Der Aussteller haftet nicht**
1. in den Fällen des Satzes 2,
2. wenn er die ihm nach Absatz 6 obliegenden Verpflichtungen erfüllt hat.

Einkommensteuer-Richtlinien/Verwaltungsschreiben: EStH 45a – *BMF* BStBl I 14, 1586 (zu § 45a II, III)

1 **1. Grundaussage.** § 45a regelt die **Anmeldung** der KapESt beim **FA** (I) und die Ausstellung einer **Bescheinigung** für den Gläubiger (§ 45a II–VII). § 45a I steht in engem Zusammenhang mit der Entrichtung der KapESt (§ 44 I 5–9).

2 **2. Verfahren, § 45a I.** Die KapESt anzumelden hat *(1)* der Schuldner der Erträge (bzw dessen Vertreter) oder *(2)* die auszahlende bzw verpflichtete Stelle (§ 45a I 1, III) monatl an das für *seine/ihre* Veranlagung zuständige FA (§ 44 I 5; §§ 19, 20, AO); die Kreditinstitute als „Beliehene" haben die Rechtsauffassung der FinVerw zu beachten (*BMF* BStBl I 16, 85 Rz 151a; *Weber-Grellet* DStR 13, 1357/60; jetzt ausdrückl § 44 I 3 [krit dazu *ms* ködsi 15, 19585]; aA BFH I R 27/12 BStBl II 13, 682). Die Anmeldung ist sachverhalts- (nicht zeitraum-) bezogen; mehrere Zahlungen führen zu Sammelbescheid (BFH I R 108/09 BStBl II 13, 328). Durch das JStG 2008 ist die Anmeldung (für ab 1.1.09 zufließende Erträge) auf ein **elektronisches Verfahren** umgestellt worden (FinA BT-Drs 16/7036, 24/6); Anmeldung (nach Ländern getrennt) auch in den Fällen des § 43 I 1 Nr 1a. Die Anmeldung ist eine Steuererklärung und steht einer Steuerfestsetzung unter Vorbehalt der Nachprüfung gleich (§§ 150 I, 168 AO; *Weber-Grellet* DStR 13, 1357/62). Bei Festsetzung der KapESt (der Trägerkörperschaft) erfolgt keine Verrechnung mit Verlusten eines Regiebetriebs (BFH I R 18/07 BStBl II 08, 573; § 20 Rz 118). – Die Meldung umfasst nicht nur einbehaltene KapESt, sondern auch Fälle, in denen der Schuldner (auf Grund §§ 43 II, § 43b oder § 44a wegen Steuerfreiheit vom Abzug absieht (s I 2, 3). **Frist** wie bei § 44 I 5 (§ 44 Rz 6) bzw § 44 VII (§ 44 Rz 22). ME muss die Anmeldung auch von dem materielle Betroffenen (dem StSchuldner) angefochten werden können (*Weber-Grellet* DStR 13, 1357/62); bisher eher restriktiv gehandhabt (FG Nds EFG 08, 1041, rkr; vgl auch BFH I R 19/04 BStBl II 08, 228; BFH I R 27/12 BStBl II 13, 682), s auch § 44 Rz 18. **Änderung** s § 45a VI; auch nach § 174 AO (BFH I R 51/12 BStBl II 14, 982). Die Pflicht zur Anmeldung führt zur **Anlaufhemmung** nach § 170 II 1 Nr 1 AO (BFH I B 151/98 BStBl II 01, 556); zur **Verjährung** s *Kempf/Schiegl* DB 00, 1538; *Kempf/Schmidt* DStR 03, 190. – Keine Verpflichtung zur erneuten Anmeldung nach Aufhebung der ersten (FG Saarl DStRE 12, 224, rkr. Keine **Aufhebung** trotz Untersagungsverfügung des Bundesaufsichtsamtes für das Kreditwesen (FG Nds EFG 05, 203).

3 **3. Bescheinigung der KapESt, § 45a II–VI. – a) Zwingende Voraussetzung.** Der Schuldner der KapErträge (II 1 Nr 1) bzw die auszahlende Stelle (II 1

Nr 2) bzw die inl Wertpapiersammelbank (II 1 Nr 3) sind vorbehaltl des § 45a III (inl Kredit- bzw Finanzdienstleistungsinstitut) verpflichtet, dem Gläubiger der KapErträge auf Verlangen eine Bescheinigung nach amtl vorgeschriebenem Muster auszustellen, die die nach § 32d erforderl Angaben enthält (*BMF* BStBl I 14, 1586; *Delp* DB 15, 1919/22). Die Bescheinigung ist eine zwingende Voraussetzung für die Anrechnung inl KapESt, auch bei Investmenterträgen und Tafelgeschäften (BFH VIII R 28/07 BStBl II 09, 842; *BayLfSt* DStR 07, 1439); Bescheinigung für vor dem 1.1.09 vereinnahmte Stückzinsen (*BMF* 16.12.10 DB 11, 142). – Nach *BMF* BStBl I 14, 1586 gilt: **Muster I** für Privatkonten und Verlustbescheinigung nach § 43 III 4; **Muster II:** Steuerbescheinigung von Aussteller, der kein Kreditinstitut ist; **Muster III:** Steuerbescheinigung bei Einkünften iSd §§ 13, 15, 18, 21 (zur Anwendung *BMF* BStBl I 14, 1586 Rz 57). – Auch bei Zinsen auf Spareinlagen ist eine Bescheinigung notwendig (*OFD Ffm* StEK EStG § 45a Nr 67).

b) Verhinderung einer Doppelanrechnung. Zum bisherigen Recht (vor UntStRefG) s 32. Aufl. – Bei sog **Leerverkäufen** bestand die Gefahr doppelter KapESt-Anrechnung (*Rau* DStR 10, 1267; *Seer/Krumm* DStR 13, 1757/1814; *BMF* DStR 10, 52); Vermeidung durch § 20 I Nr 1 S 4 iVm § 45a III S 2 Hs 2 (iEinz *Berger/Matuszewski* BB 11, 3097; *Anzinger* RdF 12, 394/402). – Krit zum Urt FG Hess EFG 13, 47, rkr (Versagung der Anrechnung) *Englisch* RdF 12, 425; *Desens* DStR 12, 2473; *Blumers/Elicker* BB 12, 3187. 4

Fall nach BFH I R 2/12 DStR 14, 2012 (dazu *Rau* DStR 15, 2048): A erwirbt Aktien cum Dividende, erhält aber (nach Divdendenstichtag) nur Aktien ex Dividende, dafür aber Kompensation. Bescheinigung über KapEStEinbehalt erhielt bisheriger Rechtsinhaber und Erwerber als Empfänger der Ausgleichszahlung. – I. Senat: Erwerber ist (auch) kein wirtschaftl Eigentümer, also auch keine Anrechnung; bloßer Durchgangserwerb; ob Inhaber- oder Leerverkauf unerhebl.

Nunmehr soll durch § 44 Ia Doppelanrechnung ausgeschlossen sein (§ 44 Rz 4; *Weber-Grellet* DStR 13, 1412/5; wohl immer noch aA *Desens* DStZ 14, 154). –

c) Verfahren. § 45a II 2 regelt die formellen Voraussetzungen der Bescheinigung, § 45a III regelt die Erteilung durch (Kredit-)Institute. Der Umstand, dass ein Erstattungsantrag gestellt worden ist, steht ab 2009 (UntStRefG) einer Ausstellung der Bescheinigung nach § 45a II 1 nicht entgegen, da es sich um einen Sachverhalt handelt, der durch eine entspr Ausgestaltung des amtl Musters der Bescheinigung abgefragt werden kann (§ 45a IV; RegBegr BR-Drs 220/07, 113). § 45a V regelt die Ausstellung einer Ersatzbescheinigung, § 45a VI die Rückforderung und Ersetzung. 5

4. Haftung, § 45a VII. Der Aussteller haftet bei falscher Bescheinigung. 6

§ 45b *Erstattung von KapESt aufgrund von Sammelanträgen*

Anmerkung: § 45b ist durch das AhRLUmsG v 26.6.13 BStBl I 13, 802 **aufgehoben** worden. Durch die Erweiterung der Abstandnahme vom StAbzug in § 44a kann das Sammelantragsverfahren entfallen. 1

§ 45c *(aufgehoben)*

§ 45d Mitteilungen an das Bundeszentralamt für Steuern

(1) [1]**Wer nach § 44 Absatz 1 dieses Gesetzes und § 7 des Investmentsteuergesetzes zum Steuerabzug verpflichtet ist (Meldestelle), hat dem Bundeszentralamt für Steuern bis zum 1. März des Jahres, das auf das Jahr folgt, in dem die Kapitalerträge den Gläubigern zufließen, folgende Daten zu übermitteln:**

1. Vor- und Zuname, Identifikationsnummer (§ 139b der Abgabenordnung) sowie das Geburtsdatum des Gläubigers der Kapitalerträge; bei einem gemeinsamen Freistellungsauftrag sind die Daten beider Ehegatten zu übermitteln,
2. Anschrift des Gläubigers der Kapitalerträge,
3. bei den Kapitalerträgen, für die ein Freistellungsauftrag erteilt worden ist,
a) die Kapitalerträge, bei denen vom Steuerabzug Abstand genommen worden ist oder bei denen auf Grund des Freistellungsauftrags gemäß § 44b Absatz 6 Satz 4 dieses Gesetzes oder gemäß § 7 Absatz 5 Satz 1 des Investmentsteuergesetzes Kapitalertragsteuer erstattet wurde,
b) die Kapitalerträge, bei denen die Erstattung von Kapitalertragsteuer beim Bundeszentralamt für Steuern beantragt worden ist,
4. die Kapitalerträge, bei denen auf Grund einer Nichtveranlagungs-Bescheinigung einer natürlichen Person nach § 44a Absatz 2 Satz 1 Nummer 2 vom Steuerabzug Abstand genommen oder eine Erstattung vorgenommen wurde,
5. Name und Anschrift der Meldestelle.

[2] Die Daten sind nach amtlich vorgeschriebenem Datensatz durch Datenfernübertragung zu übermitteln; im Übrigen ist § 150 Absatz 6 der Abgabenordnung entsprechend anzuwenden.

(2) **[1] Das Bundeszentralamt für Steuern darf den Sozialleistungsträgern die Daten nach Absatz 1 mitteilen, soweit dies zur Überprüfung des bei der Sozialleistung zu berücksichtigenden Einkommens oder Vermögens erforderlich ist oder der Betroffene zustimmt. [2] Für Zwecke des Satzes 1 ist das Bundeszentralamt für Steuern berechtigt, die ihm von den Sozialleistungsträgern übermittelten Daten mit den vorhandenen Daten nach Absatz 1 im Wege des automatisierten Datenabgleichs zu überprüfen und das Ergebnis den Sozialleistungsträgern mitzuteilen.**

(3) **[1] Ein inländischer Versicherungsvermittler im Sinne des § 59 Absatz 1 des Versicherungsvertragsgesetzes hat bis zum 30. März des Folgejahres das Zustandekommen eines Vertrages im Sinne des § 20 Absatz 1 Nummer 6 zwischen einer im Inland ansässigen Person und einem Versicherungsunternehmen mit Sitz und Geschäftsleitung im Ausland gegenüber dem Bundeszentralamt für Steuern mitzuteilen; dies gilt nicht, wenn das Versicherungsunternehmen eine Niederlassung im Inland hat oder das Versicherungsunternehmen dem Bundeszentralamt für Steuern bis zu diesem Zeitpunkt das Zustandekommen eines Vertrages angezeigt und den Versicherungsvermittler hierüber in Kenntnis gesetzt hat. [2] Folgende Daten sind zu übermitteln:**
1. Vor- und Zuname sowie Geburtsdatum, Anschrift und Identifikationsnummer des Versicherungsnehmers,
2. Name und Anschrift des Versicherungsunternehmens sowie Vertragsnummer oder sonstige Kennzeichnung des Vertrages,
3. Name und Anschrift des Versicherungsvermittlers, wenn die Mitteilung nicht vom Versicherungsunternehmen übernommen wurde,
4. Laufzeit und garantierte Versicherungssumme oder Beitragssumme für die gesamte Laufzeit,
5. Angabe, ob es sich um einen konventionellen, einen fondsgebundenen oder einen vermögensverwaltenden Versicherungsvertrag handelt.

[3] Die Daten sind nach amtlich vorgeschriebenem Datensatz durch Datenfernübertragung zu übermitteln; im Übrigen ist § 150 Absatz 6 der Abgabenordnung entsprechend anzuwenden.

Verwaltungsschreiben: *BMF* BStBl I 03, 158 (elektronische Datenübermittlung); *BMF* BStBl I 09, 1172 Rz 87a (Mitteilungspflicht)

1. BZSt-Mitteilungen. –a) Zweck. § 45d dient der Sicherstellung des KapESt-Abzugs (insb rechtmäßige Inanspruchnahme des Sparerpauschbetrags) und verlangt, dass die zum StAbzug Verpflichteten bzw – ab VZ 2002 – die eine Erstattung Beantragenden dem BZSt nach amtl vorgeschriebenem Datensatz auf amtl vorgeschriebenen Datenträgern ua die Höhe der Abstandnahme vom StAbzug und der Erstattung von KapESt mitteilen; das Freistellungsvolumen (801 €; § 20 IX) soll nicht mehr als einmal in Anspruch genommen werden. Zum Auskunftsanspruch des StPfl iVm § 45d aF vgl BFH VII B 21/99 BFH/NV 00, 1335. – Neufassung von § 45d I und III durch JStG 10 (dazu iEinz BR-Drs 318/10, 93; § 52 Abs 45). 1

b) Inhalt. Da alle Kapitalerträge dem gleichen StSatz unterliegen, kann die bisherige Differenzierung (insb zw Dividenden und Zinsen) bei den Mitteilungen der zum StAbzug verpflichteten Stellen an das BZSt über die Höhe des ausgeschöpften Freistellungsauftrags entfallen. Künftig (ab 2009) ist nur noch zu unterscheiden zw KapErträgen, bei denen vom StAbzug Abstand genommen worden und KapErträgen, bei denen die Erstattung von KapESt beim BZSt beantragt worden ist. 2

2. Weiterleitung, § 45d II. Das BZSt ist über § 31 AO hinaus berechtigt, allen Sozialleistungsträgern (nicht nur der Bundesanstalt für Arbeit, sondern auch zB den RV-Trägern) Mitteilung von den ihm zur Kenntnis gelangten Daten nach § 45d I zu machen (s *BfF* BStBl I 99, 673; *Frotscher/Lindberg* § 45d Rz 31). S auch MitteilungsVO BStBl I 99, 524. Zu § 45d II aF s 25. Aufl. 3

3. Inl Versicherungsvermittler. Diese müssen den Abschluss mit ausl Versicherungsunternehmen melden (§ 45d III; *BMF* BStBl I 09, 1172 Rz 87a). Mit Hilfe der Mitteilungsverpflichtung soll eine inl Besteuerung soweit sichergestellt werden, wie die inl Verifikationsmöglichkeiten reichen (FinA BT-Drs 16/11108, 27). 4

§ 45e Ermächtigung für Zinsinformationsverordnung

[1] **Die Bundesregierung wird ermächtigt, durch Rechtsverordnung mit Zustimmung des Bundesrates die Richtlinie 2003/48/EG des Rates vom 3. Juni 2003 (ABl. EU Nr. L 157 S. 38) in der jeweils geltenden Fassung im Bereich der Besteuerung von Zinserträgen umzusetzen.** [2] **§ 45d Absatz 1 Satz 2 und Absatz 2 ist entsprechend anzuwenden.**

Einkommensteuer-Richtlinien: EStH 45e

Schrifttum (vor 2011 s Vorauflagen): *Dahm/Hamacher,* Export der AbgeltungSt, IFSt 478, 2012. – *Zipfel,* Zinsbesteuerung, Amtshilfe und Co (15.8.13), www.dbresearch.de; *Zipfel,* Und sie bewegen sich doch (9.5.15), www.dbresearch.de. – **Verwaltung:** *BMF* BStBl I 05, 29, 716, I 06, 439); *BMF* BStBl I 08, 320 (AnwendungsSchr zur ZIV); www.bzst.de.

1. Rechtsgrundlagen. § 45e ist durch Art 1 Nr 28 des Gesetzes v 15.12.03 (BGBl I S 2645) eingefügt worden. Zur Umsetzung der RL 2003/48/EG des Rates v 3.6.03 im Bereich der Besteuerung von privaten AuslZinsen (ZinsRL; ABl EU Nr L 157 v 26.6.03 S 38) hat die BReg die **Zinsinformationsverordnung (ZIV)** erlassen (v 26.1.04, BGBl I, 128, BStBl I 04, 297; 1. VO zur Änderung der ZIV BStBl I 05; 803, BR-Drs 335/05; in Kraft seit 1.7.05, *BMF* BStBl I 05, 806; AnwendungsSchr *BMF* BStBl I 08, 320). BReg äußert sich in BT-Drs 16/1257 zu Problemen mit „Ein-Mann-Fonds", Trusts, Kanalinseln, offshore financial centres, weiterer Kapitalflucht, Tafelgeschäften, Einbeziehung von Fonds, Derivaten, Aktiengeschäften, Verlagerung in BV und zu DBA-Entwicklung (breitere Anwendung der Steueranrechnungsmethode); stärkere Erfassung von Stiftungen und Unternehmen (*Langer* Forum Steuerrecht 2011, 161/72). Am 24.3.14 ist die Ausweitung der EU-ZinsRL vom Rat angenommen worden; bis 2016 ist sie in nationales Recht umzusetzen, gelten soll sie ab 2017. Damit wird in allen EU-Staaten der 1

Informationsaustausch erweitert. Noch weiter geht der neue OECD-Standard (Ermittlung des „finalen wirtschaftl Eigentümers"), der in die AmthilfeRL eingearbeitet werden soll und dann die ZinsRL ersetzen wird. Das G zum automatischen Austausch von Informationen über Finanzkonten v 21.12.15 BGBl I 15, 2531 sieht den Austausch der Kontodaten (§ 2) zwischen EU- und Drittstaaten (§ 1) vor. Das Gesetz zum automatischen Austausch von Informationen über Finanzkonten v 21.12.15 BGBl I 15, 2531 sieht den Austausch der Kontodaten (§ 2) zw EU- und Drittstaaten (§ 1) vor.

2 **2. Ziel und Inhalt.** Die ZinsRL sieht in den EU-Mitgliedsstaaten einen **automatischen Informationsaustausch** über die Grenzen hinaus vor für Zinserträge von Nicht-Gebietsansässigen. Nur Österreich und Luxemburg erheben (anrechenbare) QuellenSt (bis 30.6.08 mit einem Satz von 15 vH, bis 30.6.11 von 20 vH und ab 1.7.11 von 35 vH; dazu *OFD Rhl* DB 08, 1115), von denen 75 vH an den Wohnsitzstaat überwiesen werden; Belgien nimmt seit 1.1.10 am automatischen Informationsaustausch teil (*Weber-Grellet* DStR 13, 1412/4). Die ZinsRL ist am 24.3.14 geändert worden (2014/48/EU) und verpflichtet alle Mitgliedstaaten zum automatischen Informationsaustausch; die geänderte RL ist bis zum 1.1.16 umzusetzen (DStZ 14, 545). – Noch weiter geht der von der OECD geplante automatische Informationsaustausch (‚AEOI'; dazu *Meinhardt* RdF 14, 285).

Ablauf (Prinzip): Die (ausl) Zahlstelle (zB Bank) informiert das ausl FA (über Identität des Empfängers und Höhe der Zinsen). Das ausl FA leitet die Information an das WohnsitzFA (bzw BZSt) weiter.

Mit der **ZIV** sollen im Bereich der EU **grenzüberschreitende** Zinszahlungen (*Seiler/Lohr* DStR 05, 537/42) im Wohnsitzstaat des Empfängers **effektiv** besteuert werden (BR-Drs 832/03, 16; *BMF* BStBl I 08, 320 Rz 2); dazu müssen die Zahlstellen (§ 4 ZIV; *BMF* BStBl I 08, 320 Rz 21f) den (nationalen) Finanzbehörden (§ 5 ZIV) die notwendigen **Auskünfte** (§§ 8, 9 ZIV) über die von Wirtschaftsbeteiligten (nicht zB Private) an natürl Personen (wirtschaftl Eigentümer; §§ 2, 3 ZIV; *BMF* BStBl I 08, 320, Rz 6ff) geleisteten Zinszahlungen (§ 6 ZIV) erteilen (iEinz *BMF* BStBl I 05, 29f; *BMF* BStBl I 08, 320 Rz 40f; auch „www.bzst.de"; zum Ablauf *Seiler/Lohr* DStR 05, 537). Erfasst werden **KapEinkünfte iSv § 20** I Nr 4, 5 und 7 sowie § 20 II mit Ausnahme von § 20 II Nr 2 Buchst a (*Kracht* GStB 04, 294/6); erfasst werden nur Zinserträge aus Forderungen (entspr Art 11 III OECD-MA), nicht solche aus Renten und Versicherungsleistungen (also zB nicht § 20 I Nr 6 aus LV). Ebenfalls nicht erfasst werden Kursgewinne, Dividenden, Einkünfte aus Derivat- und Termingeschäften, Optionen, Zertifikaten, Renten und LV (vgl §§ 6, 15 ZIV; *Stahl* KÖSDI 05, 14707/14).

Beispiele: Ein Deutscher unterhält in Frankreich ein Tagesgeldkonto. Die Zinsen sind nach Art 10 I DBA im Ansässigkeitsstaat zu besteuern. Die französische Bank meldet die Zinseinkünfte an das BZSt. In Frankreich kann KapESt einbehalten werden, die nach Art 25b DBA auf Antrag zu erstatten ist. – Die in Deutschland niedergelassenen Zahlstellen müssen die Zinserträge (zB des VZ 15) von im Ausl ansässigen natürl Personen bis zum 31.5.15 dem BZSt melden, das die Daten bis zum 30.6.15 an die betroffenen Staaten weiterleitet.

Das **BZSt** erteilt Auskünfte nach § 8 ZIV der zuständigen Behörde des Mitgliedstaats, in dem der wirtschaftl Eigentümer ansässig ist; es nimmt die entspr Meldungen über Zinszahlungen von Zahlstellen aus dem Gebiet der EU entgegen und leitet sie an die Landesfinanzverwaltungen weiter (*BMF* BStBl I 08, 320 Rz 61f). Die Daten sind entspr § 45d I 2, II zu übertragen. – Die innerstaatl Regelungen der Mitgliedstaaten über die Besteuerung von Zinserträgen bleiben unberührt.

3 **3. Umsetzung und Übergangsbestimmungen.** Die ZinsRL ist ab 1.7.05 in Kraft (*Dautzenberg* BB 04, 17/20, auch zur Auswirkung auf DBA bereits ab 04). Luxemburg und Österreich fertigen keine Kontrollmitteilungen, sondern erheben eine (anrechenbare) QuellenSt auf Zinserträge von EU-Ausländern und leiten diese – unter Einbehalt von 25% für Verwaltungsaufwand – an den Wohnsitzstaat

weiter (§§ 10–14 ZIV; *Kracht* GStB 04, 294; *BMF* BStBl I 08, 320 Rz 69; *OFD Rhl* DStR 08, 1435). § 16a ZIV idF 1. ÄndVO ermöglicht die Anwendung bilateraler EU-Abkommen (BR-Drs 335/05, 10; *BMF* BStBl I 08, 320 Rz 74). Am 13.11.08 hat die EU-Kommission den Entwurf einer überarbeiteten RL vorgelegt (insb Mängel durch Zwischenschaltung von Stiftungen; Klarstellung des Begriffs Zahlstelle; Erweiterung des Begriffs „Zinszahlung"). – Das Aufkommen aus „EU-ZinsSt" (QuellenSt) betrug 2015 117 Mio €, das der AbgeltungSt insgesamt 8067 Mio €.

4. Veranlagung von Steuerpflichtigen mit steuerabzugspflichtigen Einkünften

§ 46 Veranlagung bei Bezug von Einkünften aus nichtselbständiger Arbeit

(1) *(weggefallen)*

(2) **Besteht das Einkommen ganz oder teilweise aus Einkünften aus nichtselbständiger Arbeit, von denen ein Steuerabzug vorgenommen worden ist, so wird eine Veranlagung nur durchgeführt,**

1. **wenn die positive Summe der einkommensteuerpflichtigen Einkünfte, die nicht dem Steuerabzug vom Arbeitslohn zu unterwerfen waren, vermindert um die darauf entfallenden Beträge nach § 13 Absatz 3 und § 24a, oder die positive Summe der Einkünfte und Leistungen, die dem Progressionsvorbehalt unterliegen, jeweils mehr als 410 Euro beträgt;**
2. **wenn der Steuerpflichtige nebeneinander von mehreren Arbeitgebern Arbeitslohn bezogen hat; das gilt nicht, soweit nach § 38 Absatz 3a Satz 7 Arbeitslohn von mehreren Arbeitgebern für den Lohnsteuerabzug zusammengerechnet worden ist;**
3. **wenn bei einem Steuerpflichtigen die Summe der beim Steuerabzug vom Arbeitslohn nach § 39b Absatz 2 Satz 5 Nummer 3 Buchstabe b bis d berücksichtigten Teilbeträge der Vorsorgepauschale größer ist als die abziehbaren Vorsorgeaufwendungen nach § 10 Absatz 1 Nummer 3 und Nummer 3a in Verbindung mit Absatz 4 und der im Kalenderjahr insgesamt erzielte Arbeitslohn 11 000 Euro** *[VZ 2015:* **10 800 Euro***]* **übersteigt, oder bei Ehegatten, die die Voraussetzungen des § 26 Absatz 1 erfüllen, der im Kalenderjahr von den Ehegatten insgesamt erzielte Arbeitslohn 20 900 Euro** *[VZ 2015:* **20 500 Euro***]* **übersteigt;**

3a. **wenn von Ehegatten, die nach den §§ 26, 26b zusammen zur Einkommensteuer zu veranlagen sind, beide Arbeitslohn bezogen haben und einer für den Veranlagungszeitraum oder einen Teil davon nach der Steuerklasse V oder VI besteuert oder bei Steuerklasse IV der Faktor (§ 39f) eingetragen worden ist;**

4. **wenn für einen Steuerpflichtigen ein Freibetrag im Sinne des § 39a Absatz 1 Satz 1 Nummer 1 bis 3, 5 oder Nummer 6 ermittelt worden ist und der im Kalenderjahr insgesamt erzielte Arbeitslohn 11 000 Euro** *[VZ 2015:* **10 800 Euro***]* **übersteigt oder bei Ehegatten, die die Voraussetzungen des § 26 Absatz 1 erfüllen, der im Kalenderjahr von den Ehegatten insgesamt erzielte Arbeitslohn 20 900 Euro** *[VZ 2015:* **20 500 Euro***]* **übersteigt; dasselbe gilt für einen Steuerpflichtigen, der zum Personenkreis des § 1 Absatz 2 gehört oder für einen beschränkt einkommensteuerpflichtigen Arbeitnehmer, wenn diese Eintragungen auf einer Bescheinigung für den Lohnsteuerabzug (§ 39 Absatz 3 Satz 1) erfolgt sind;**

4a. **wenn bei einem Elternpaar, bei dem die Voraussetzungen des § 26 Absatz 1 Satz 1 nicht vorliegen,**
   a) bis c) *(weggefallen)*

d) im Fall des § 33a Absatz 2 Satz 5 das Elternpaar gemeinsam eine Aufteilung des Abzugsbetrags in einem anderen Verhältnis als je zur Hälfte beantragt oder

e) im Fall des § 33b Absatz 5 Satz 3 das Elternpaar gemeinsam eine Aufteilung des Pauschbetrags für behinderte Menschen oder des Pauschbetrags für Hinterbliebene in einem anderen Verhältnis als je zur Hälfte beantragt.

[2] Die Veranlagungspflicht besteht für jeden Elternteil, der Einkünfte aus nichtselbständiger Arbeit bezogen hat;

5. wenn bei einem Steuerpflichtigen die Lohnsteuer für einen sonstigen Bezug im Sinne des § 34 Absatz 1 und 2 Nummer 2 und 4 nach § 39b Absatz 3 Satz 9 oder für einen sonstigen Bezug nach § 39c Absatz 3 ermittelt wurde;

5a. wenn der Arbeitgeber die Lohnsteuer von einem sonstigen Bezug berechnet hat und dabei der Arbeitslohn aus früheren Dienstverhältnissen des Kalenderjahres außer Betracht geblieben ist (§ 39b Absatz 3 Satz 2, § 41 Absatz 1 Satz 6, Großbuchstabe S);

6. wenn die Ehe des Arbeitnehmers im Veranlagungszeitraum durch Tod, Scheidung oder Aufhebung aufgelöst worden ist und er oder sein Ehegatte der aufgelösten Ehe im Veranlagungszeitraum wieder geheiratet hat;

7. wenn

a) für einen unbeschränkt Steuerpflichtigen im Sinne des § 1 Absatz 1 bei der Bildung der Lohnsteuerabzugsmerkmale (§ 39) ein Ehegatte im Sinne des § 1a Absatz 1 Nummer 2 berücksichtigt worden ist oder

b) für einen Steuerpflichtigen, der zum Personenkreis des § 1 Absatz 3 oder des § 1a gehört, Lohnsteuerabzugsmerkmale nach § 39 Absatz 2 gebildet worden sind; das nach § 39 Absatz 2 Satz 2 bis 4 zuständige Betriebsstättenfinanzamt ist dann auch für die Veranlagung zuständig;

8. wenn die Veranlagung beantragt wird, insbesondere zur Anrechnung von Lohnsteuer auf die Einkommensteuer. [2] Der Antrag ist durch Abgabe einer Einkommensteuererklärung zu stellen.

(3) **[1] In den Fällen des Absatzes 2 ist ein Betrag in Höhe der einkommensteuerpflichtigen Einkünfte, von denen der Steuerabzug vom Arbeitslohn nicht vorgenommen worden ist und die nicht nach § 32d Absatz 6 der tariflichen Einkommensteuer unterworfen wurden, vom Einkommen abzuziehen, wenn diese Einkünfte insgesamt nicht mehr als 410 Euro betragen. [2] Der Betrag nach Satz 1 vermindert sich um den Altersentlastungsbetrag, soweit dieser den unter Verwendung des nach § 24a Satz 5 maßgebenden Prozentsatzes zu ermittelnden Anteil des Arbeitslohns mit Ausnahme der Versorgungsbezüge im Sinne des § 19 Absatz 2 übersteigt, und um den nach § 13 Absatz 3 zu berücksichtigenden Betrag.**

(4) **[1] Kommt nach Absatz 2 eine Veranlagung zur Einkommensteuer nicht in Betracht, so gilt die Einkommensteuer, die auf die Einkünfte aus nichtselbständiger Arbeit entfällt, für den Steuerpflichtigen durch den Lohnsteuerabzug als abgegolten, soweit er nicht für zu wenig erhobene Lohnsteuer in Anspruch genommen werden kann. [2] § 42b bleibt unberührt.**

(5) **Durch Rechtsverordnung kann in den Fällen des Absatzes 2 Nummer 1, in denen die einkommensteuerpflichtigen Einkünfte, von denen der Steuerabzug vom Arbeitslohn nicht vorgenommen worden ist und die nicht nach § 32d Absatz 6 der tariflichen Einkommensteuer unterworfen wurden, den Betrag von 410 Euro übersteigen, die Besteuerung so gemildert werden, dass auf die volle Besteuerung dieser Einkünfte stufenweise übergeleitet wird.**

Einkommensteuer-Durchführungsverordnung:

§ 70 Ausgleich von Härten in bestimmten Fällen

[1]Betragen in den Fällen des § 46 Absatz 2 Nummer 1 bis 7 des Gesetzes die einkommensteuerpflichtigen Einkünfte, von denen der Steuerabzug vom Arbeitslohn nicht vorgenommen worden ist und die nicht nach § 32d Absatz 6 des Gesetzes der tariflichen Einkommensteuer unterworfen wurden, insgesamt mehr als 410 Euro, so ist vom Einkommen der Betrag abzuziehen, um den die bezeichneten Einkünfte, vermindert um den auf sie entfallenden Altersentlastungsbetrag (§ 24a des Gesetzes) und den nach § 13 Absatz 3 des Gesetzes zu berücksichtigenden Betrag, niedriger als 820 Euro sind (Härteausgleichsbetrag). [2]Der Härteausgleichsbetrag darf nicht höher sein als die nach Satz 1 verminderten Einkünfte.

Einkommensteuer/Lohnsteuer-Richtlinien: EStR 46.1–46.3/EStH 46.1–46.3/LStH 46

Übersicht

I. Gemeinsame Erläuterungen zu den Veranlagungsgründen

1. Stellung des § 46 im System der Steuererhebung. – a) Verhältnis zw Veranlagungs- und Steuerabzugsverfahren. Grds wird die ESt im Wege der Veranlagung erhoben (§ 25); ggf sind Vorauszahlungen zu leisten (§ 37). In bestimmten, gesetzl geregelten Fällen erfolgt jedoch ein StAbzug an der Quelle (LSt nach §§ 38–42g; KapESt nach §§ 43–45e; StAbzug bei beschr StPfl nach § 50a). Die **Abgeltungswirkung des Steuerabzuges** ist unterschiedl: Bei beschr StPfl sieht das Gesetz grds eine vollständige Abgeltung der ESt durch die verschiedenen 1

Abzugssteuern vor (§ 50 II 1); dann unterbleibt jegl Veranlagung mit diesen Einkünften. Bei Vornahme eines KapEStAbzugs ist die ESt ab dem Inkrafttreten der AbgeltungsSt (2009) ebenfalls abgegolten (§ 43 V mit Ausnahmen); bis 2008 wurde die Veranlagung durch den KapEStAbzug hingegen grds nicht eingeschränkt.

2 **b) Abgeltungswirkung des LStAbzugs, § 46 IV.** Für **ArbN** sieht § 46 IV 1 eine Abgeltung der auf die Einkünfte aus § 19 entfallenden ESt durch den LStAbzug vor, sofern keiner der Veranlagungstatbestände des § 46 II gegeben ist, insb der StPfl keinen Antrag nach § 46 II Nr 8 stellt. Eine Nachforderung beim ArbN (§ 46 IV 1 HS 2) und ein LStJA durch den ArbG (§ 46 IV 2 iVm § 42b) bleiben aber mögl. – **Amts- und Antragsveranlagung.** Die Veranlagungstatbestände des § 46 II Nr 1–7 sind von Amts wegen zu beachten; die zeitl Grenze wird hier allein durch die Festsetzungsfrist gesetzt. Diese Tatbestände sind dadurch gekennzeichnet, dass die einbehaltene LSt die entstandene ESt möglicherweise nicht in vollem Umfang abdeckt; sie unterliegen häufigen gesetzl Änderungen (zur Rechtsentwicklung ausführl *KSM* § 46 Anm A 24 ff; *HHR* § 46 Anm 2). Darüber hinaus ermöglicht § 46 II Nr 8 die Veranlagung **auf Antrag** des StPfl, der ab VZ 2005 zeitl ebenfalls nur noch durch die Festsetzungsfrist begrenzt wird. Wenn der StPfl weder von Amts wegen zu veranlagen ist noch einen Antrag auf Veranlagung stellt, besteht nach § 46 IV ein **Veranlagungsverbot.**

3 **c) Verhältnis zw § 46 und dem LStVerfahren.** Der Gesetzgeber hat das LStVerfahren (StAbzug durch den ArbG nach § 38; Nachforderung vom ArbN nach §§ 39 V 5, 39a V; Haftung des ArbG nach § 42d) vom Veranlagungsverfahren getrennt. Die LStErhebung erfolgt unabhängig davon, ob später eine Veranlagung durchzuführen ist; die rechtl Beurteilung in diesem Verfahren hat grds keine Bindungswirkung für ein späteres Veranlagungsverfahren. Umgekehrt berührt die Durchführung oder der Ausschluss des Veranlagungsverfahrens nicht das LStVerfahren, so dass eine LStHaftung des *ArbG* trotz durchgeführter EStVeranlagung mögl bleibt (§ 42d III 3); eine LStNachforderung gegen den *ArbN* ist dann aber im Veranlagungsverfahren geltend zu machen (s § 42d Rz 23). – **Im Veranlagungsfall** ist die tatsächl abgezogene LSt nach § 36 II Nr 2 auf die unter Einbeziehung der ArbN-Einkünfte zu ermittelnde ESt anzurechnen. Dies gilt auch bei Nettolohnvereinbarungen (s § 39b Rz 12, 16), bei nachgeforderter und vom ArbG durch Haftungsbescheid erhobener Steuer; nicht jedoch bei LStPauschalierung (§ 40 III 3; näher s § 40 Rz 24 ff).

5 **2. Gemeinsame Voraussetzungen der Veranlagungstatbestände des § 46 II.** Neben den besonderen Merkmalen der Nr 1–8 müssen jeweils die folgenden Voraussetzungen erfüllt sein: – **a) Einkünfte aus nichtselbständiger Arbeit.** Der StPfl muss Einkünfte aus § 19 erzielt haben, wobei die materiellrechtl *zutreffende* Einordnung der Einkünfte maßgebl ist (BFH IV 209/58 U BStBl III 59, 348: nicht bei LStAbzug von der Tätigkeitsvergütung eines MUers). Es kommt weder auf die *Höhe* der Einkünfte aus § 19 (anders bis 1995 § 46 I) noch auf ihr Verhältnis zu den Einkünften aus anderen Einkunftsarten an. Aus dem Begriff „Einkünfte" folgt, dass § 46 II bei ausschließl Bezug von **stfreien Einnahmen** nicht anwendbar ist.

6 **b) Vornahme des LStAbzugs.** Ein LStAbzug beim ArbN ist zwingende Voraussetzung für die Anwendung des § 46 II. Die *Abführung* der LSt durch den ArbG an das FA ist hingegen ebensowenig erforderl wie die Ermittlung eines LStBetrags, der 0 € übersteigt (zB wenn der Lohn unterhalb der zu berücksichtigenden Freibeträge liegt). – **Bei zu Unrecht unterbliebenem LStAbzug** (zB Schwarzarbeit) ist die LSt zwar grds nachzuerheben (außerhalb des Veranlagungsverfahrens; s ausführl § 42d Rz 16 ff). Der Wortlaut des Einleitungssatzes des § 46 II ist aber nicht erfüllt, weil „Steuerabzug" iSd § 46 II nur der „Abzug vom ArbLohn" (§ 38 I 1), nicht aber die LStHaftung und -Nacherhebung iSd § 42d ist. Daher tritt die Veranlagungssperre des § 46 IV nicht ein, so dass eine Veranlagung nach § 25 vorzu-

nehmen ist (glA *Frotscher/Paetsch* § 46 Anm 11; *Blümich/Brandl* § 46 Anm 40; *BoBr/Schmieszek* § 46 Rz 21); für eine Privilegierung derartiger Fälle über den Wortlaut des § 46 hinaus ist kein Grund ersichtl. Die **Gegenauffassung** (*HHR/Tillmann* § 46 Anm 22) kann sich nicht auf BFH VI R 4/84 BFH/NV 88, 566 berufen, da diese Entscheidung zu § 46 I aF ergangen ist, diese Vorschrift aber einen anderen Zweck verfolgte als § 46 I (§ 46 I aF bezweckte die *Aufrechterhaltung,* § 46 II, IV die *Einschränkung* des allg Veranlagungsgebots des § 25, vgl die unterschiedl Wortlaute). – **Bei ausl ArbG** ist § 46 nicht anwendbar, weil der LStAbzug einen inl ArbG voraussetzt (§ 38 I). In diesen Fällen ist eine Veranlagung nach § 25 durchzuführen (BFH VI R 165/72 BStBl II 75, 642 unter 1.), bei der jedoch der Härteausgleich des § 46 III, V entspr anzuwenden ist (BFH VI R 117/90 BStBl II 92, 720 unter 4. mwN).

c) Anwendung bei beschr StPfl. Unmittelbar gilt § 46 nur für unbeschr 7
StPfl. Bei beschr stpfl ArbN entfaltet der LStAbzug grds Abgeltungswirkung, ohne dass § 46 II zu berücksichtigen ist (§ 50 II 1, der insoweit als lex specialis zu § 46 wirkt; zutr *BoBr/Schmieszek* § 46 Rz 29). Bei Anwendung eines Freibetrags für den LStAbzug bei beschr StPfl (§ 39a IV) führt aber § 50 II 2 Nr 4 Buchst a zur Veranlagung (vergleichbar mit § 46 II Nr 4). Zudem können ArbN aus EU-/EWR-Staaten die Veranlagung nach § 46 II Nr 8 beantragen (§ 50 II 2 Nr 4 Buchst b; s § 50 Rz 34 ff). Zu fiktiv unbeschr StPfl nach § 1 III (zB Grenzgänger) s Rz 27.

II. Besondere Voraussetzungen für eine Veranlagung von Amts wegen, § 46 II Nr 1–7

1. Positive Summe der Einkünfte ohne LStPflicht oder mit Progressionsvorbehalt über 410 €, § 46 II Nr 1. Die Regelung enthält zwei selbständige 9
Tatbestände. Eine Veranlagung ist bereits dann vorzunehmen, wenn die positive Summe der Einkünfte aus *einer* der beiden Gruppen die Grenze von 410 € übersteigt.

a) Summe der Einkünfte ohne LStPflicht. – aa) Begriff der Einkünfte. 10
Dieser ist iSd § 2 II zu verstehen (BFH IV R 8/73 BStBl II 76, 413; BFH VI R 22/11 BStBl II 13, 631). Stfreie Einnahmen sind deshalb nicht anzusetzen; Freibeträge und WK-Pauschbeträge, die bereits die *Einkünfte* mindern, sind abzuziehen. Entscheidend ist die Summe der miteinander *verrechneten* Einkünfte (Verlustausgleich, s Rz 44); dabei waren die Einschränkungen des § 2 III aF (gültig von 1999–2003) auch für die Ermittlung des Grenzbetrags nach § 46 II Nr 1 zu beachten (BFH VI R 50/04 BStBl II 06, 801). Der Freibetrag für LuF ist gem § 13 III nicht bei der Ermittlung der Einkünfte, sondern erst beim Gesamtbetrag der Einkünfte zu berücksichtigen, und bleibt daher für § 46 II Nr 1 außer Betracht (BFH IV R 8/73 BStBl II 76, 413). Negative Einkünfte, die einem Verlustausgleichsverbot unterliegen (zB § 23), sind auch für Zwecke der Einkünfteermittlung nach Nr 1 nicht in den Verlustausgleich einzubeziehen (zutr BFH VI R 22/11 BStBl II 13, 631). Ein bestehender einkunftsartbezogener Verlustvortrag (zB bei § 23) ist zunächst mit späteren positiven Einkünften aus dieser Einkunftsart zu verrechnen; erst auf den verbleibenden Betrag ist die in Nr 1 genannte Betragsgrenze anzuwenden (zutr FG Köln EFG 15, 1373, rkr). Kapitaleinkünfte, die der AbgeltungSt unterliegen, sind nicht in die Summe der Einkünfte einzubeziehen (§ 2 Vb); allein deren Vorhandensein führt daher nicht zur Pflichtveranlagung.

bb) Negative Summe der Nebeneinkünfte. Hier kommt eine Veranlagung 11
nach Nr 1 nicht in Betracht. Diese Regelung ist verfgemäß (BFH VI R 3/13 BFH/NV 14, 1739); auch ihre Rückwirkung auf VZ vor 2007 (§ 52 Abs 55j idF JStG 2007) ist verfrechtl nicht zu beanstanden (BFH VI R 32/12 BStBl II 13, 439; krit *Bergkemper* FR 13, 771). Eine Pflichtveranlagung kann auch nicht dadurch erreicht werden, dass ein Feststellungsbescheid über negative Einkünfte ergeht, da

§ 175 I 1 Nr 1 AO insoweit durch § 46 verdrängt wird (BFH VI R 82/10 BFH/NV 11, 1504 unter II.2.; BFH VI R 34/11 BStBl II 12, 750 Rz 16). Demggü hatte die zuvor zu Nr 1 aF ergangene Rspr (BFH VI R 47/05 BStBl II 07, 47; BFH VI R 52/04 BStBl II 07, 45; BFH VI R 14/06 BStBl II 07, 129; krit *Blümich/Brandl* § 46 Anm 56) eine Pflichtveranlagung auch bei Einkünften von weniger als ./. 410 € bejaht.

12 **cc) Einkünfte, die nicht dem LStAbzug zu unterwerfen sind.** Gemeint sind Einkünfte aus *anderen* Einkunftsarten als § 19 (jedoch ohne Einnahmen mit *abgeltendem* StAbzug, s Rz 1) sowie solche Einkünfte aus nichtselbständiger Arbeit, die (ausnahmsweise) nicht dem LStAbzug unterliegen (BFH VI R 74/00 BStBl II 03, 496 unter 2.b). Nach dem Wortlaut kommt es nicht darauf an, ob *tatsächl* ein LStAbzug vorgenommen worden ist, sondern nur darauf, ob ein solcher vorzunehmen gewesen *wäre*.

13 **b) Einkünfte, die dem Progressionsvorbehalt unterliegen.** S ausführl § 32b Rz 20 ff. Hat ein Ehegatte ausschließl stpfl ArbLohn bezogen und der andere ausschließl Einkünfte, die stfrei sind, aber dem Progressionsvorbehalt unterliegen, kann sich der Antrag auf Einzelveranlagung von Ehegatten (§ 26a; bis VZ 2012: getrennte Veranlagung) empfehlen, da bei einer Pflichtveranlagung in Form der Zusammenveranlagung der StSatz für die Einkünfte des erstgenannten Ehegatten deutl steigen würde (s BFH I R 181/87 BStBl II 91, 84 unter II.2.b cc).

14 **c) Grenzbetrag von 410 €.** Dieser stellt einen *Jahresbetrag* dar, auch wenn die StPfl nur während eines Teils des Kj besteht. Er soll aus Vereinfachungsgründen Pflichtveranlagungen, die allenfalls zu geringen StNachforderungen führen könnten, vermeiden (BT-Drs 11/2157, 164; krit zu dieser Rechtfertigung *KSM* § 46 Anm A 46, B 6). Bei zusammenveranlagten **Ehegatten** sind die Einkünfte beider Ehegatten miteinander zu verrechnen; der Grenzbetrag verdoppelt sich aber nicht (BFH VI 193/62 U BStBl III 64, 244; krit *KSM* § 46 Anm B 12). Ein StPfl, dessen Nebeneinkünfte die genannte Grenze *nicht* übersteigen, kann bei Versäumung der früheren Antragsfrist nach Nr 8 die Pflichtveranlagung nach Nr 1 nicht dadurch erreichen, dass er die Nebeneinkünfte durch „Erfindung" zusätzl Einnahmen oder Verzicht auf den Abzug angefallener BA/WK künstl erhöht; hingegen ist ein Verzicht auf *antragsgebundene* Abzugsbeträge (zB § 33a) mögl (ebenso zu Abs 1 aF BFH I R 120/91 BStBl II 93, 738; ausführl FG Saarl EFG 92, 607, unter III.1., rkr). – Übersteigen die in Nr 1 *HS 1* (dh nicht bei Progressionsvorbehalt) genannten Einkünfte den Grenzbetrag *nicht,* ist eine Veranlagung aber aus *anderen* Gründen durchzuführen, wird der entspr Betrag vom Einkommen abgezogen (**Härteausgleich** nach Abs 3; s Rz 41). Liegen die in Nr 1 *HS 1* genannten Einkünfte zw 410 und 820 €, wird die Besteuerung gemildert (Abs 5).

16 **2. Mehrere ArbVerh *eines* StPfl, § 46 II Nr 2.** Sie führen ebenfalls zur Pflichtveranlagung. Allerdings muss der ArbLohn (zu dem auch Versorgungsbezüge gehören) dem LStAbzug unterliegen (ansonsten ist Nr 1 anwendbar); dies ist bei pauschal versteuertem ArbLohn nicht der Fall (FG Köln EFG 05, 1778, rkr). Die Vorschrift soll der Progressionsverschärfung Rechnung tragen, die bei mehreren ArbVerh eintreten, im LStVerfahren aber nicht berücksichtigt werden kann. Sie ist nicht anzuwenden, wenn der ArbLohn aus mehreren Dienstverhältnissen bereits im LStAbzugsverfahren zusammengerechnet wird (§ 38 IIIa 7; s § 38 Rz 17). Umgekehrt gilt sie aber, wenn der StPfl zwar nur in *einem* Dienstverhältnis steht, die Bezüge aber von *mehreren* öffentl Kassen gezahlt werden (EStR 46.1).

17 **3. Vorsorgepauschale, § 46 II Nr 3.** Die Pflichtveranlagung ist durchzuführen, wenn die Vorsorgepauschale für KV- und PflV-Aufwendungen (§ 39b II 5 Nr 3 Buchst b–d, s dazu § 39b Rz 3) höher ist als die nach § 10 I Nr 3, 3a, IV tatsächl abziehbaren Aufwendungen. Damit der ArbN erkennen kann, ob er den Veranlagungstatbestand erfüllt, muss die LStBescheinigung die Höhe der berücksichtigten

KV- und PflV-Beiträge sowie der Vorsorgepauschale enthalten (§ 41b I 2 Nr 13, 15). Es gilt dieselbe **Bagatellgrenze** wie in Nr 4 (ab VZ 2016 ArbLohn 11 000 €, bei Ehegatten insgesamt 20 900 €; s hierzu *OFD Rhld* DB 11, 906; für frühere VZ geltende Beträge s Rz 20). Zur **Rechtslage bis VZ 2009** s 32. Aufl Rz 18.

4. Bezug von ArbLohn durch zusammenveranlagte Ehegatten, § 46 II Nr 3a. Dies führt zur Pflichtveranlagung, wenn *beide* Ehegatten ArbLohn bezogen haben (pauschal versteuerter ArbLohn nach §§ 40–40b genügt nicht, s Rz 16) und einer der Ehegatten zumindest während eines *Teils* des VZ entweder in StKlasse V/VI eingereiht war oder (bei Wahl der StKlassenkombination IV/IV, die ansonsten nicht zur Pflichtveranlagung führt) die Ehegatten das Faktorverfahren nach § 39f gewählt haben. – **Zweck:** Sowohl die StKlassenkombination III/V als auch das Faktorverfahren können in bestimmten Fällen zu einer zu niedrigen Summe der beiden LStTeilbeträge führen; im Wege der Pflichtveranlagung soll dann die materiell zutreffende JahresESt festgesetzt werden. 19

5. Ermittlung von Freibeträgen für den LStAbzug, § 46 II Nr 4. Die Pflichtveranlagung ist nur bei Freibeträgen iSd § 39a I 1 Nr 1–3, 5 oder 6 durchzuführen; nicht hingegen bei Freibeträgen nach § 39a I 1 Nr 4, 7, 8 (Einzelheiten s § 39a Rz 3–8). Dem Freibetrag als LSt-Abzugsmerkmal (§ 39a) ist bei StPfl ohne Identifikationsnummer in den Fällen des § 1 II (Deutsche im Ausl mit ArbLohn aus einer inl öffentl Kasse) sowie bei beschr stpfl ArbN ein Freibetrag auf der Bescheinigung nach § 39 III 1 gleichgestellt (§ 46 II Nr 4 HS 2). Ansonsten ist bei beschr stpfl ArbN mit Freibetrag eine Veranlagung nach § 50 II 2 Nr 4 Buchst a durchzuführen (s Rz 7). – Ab VZ 2009 entfällt die Pflichtveranlagung jedoch, wenn der ArbLohn bestimmte **Bagatellgrenzen** (s BT-Drs 17/2249, 62) nicht übersteigt. Diese belaufen sich ab VZ 2016 auf 11 000 € (Ehegatten iSd § 26 I: 20 900 €); für die VZ 2009–2012 lagen sie bei 10 200/19 400 €, für den VZ 2013 bei 10 500/19 700 €, für 2014 bei 10 700/20 200 €, für 2015 bei 10 800/20 500 €. – **Zweck:** Die Pflichtveranlagung soll sicherstellen, dass die Verhältnisse, die im Vorhinein zur Eintragung des Freibetrags geführt haben, nach Ablauf des VZ überprüft werden können. Auch wenn möglicherweise einzelne StPfl der StErklärungspflicht nicht nachkommen, besteht kein verfwidriges strukturelles Vollzugsdefizit (zutr FG Ddorf EFG 10, 878, rkr). 20

6. Abweichende Aufteilung bestimmter Frei- und Pauschbeträge bei Elternpaaren, § 46 II Nr 4a. Unter Nr 4a fallen nur Elternpaare, bei denen die Voraussetzungen des § 26 I 1 *nicht* gegeben sind (dh unverheiratet oder dauernd getrennt lebend). Diese müssen für ein gemeinsames Kind die Verteilung des ihnen zustehenden Ausbildungsfreibetrags (§ 33a II) oder des auf sie übertragenen Behinderten- oder Hinterbliebenen-Pauschbetrags des Kindes (§ 33b V) abw vom gesetzl Regelfall (50/50) beantragt haben. – **Zweck:** Nr 4a stellt sicher, dass auch derjenige Elternteil, auf den der geringere Teil des Frei-/Pauschbetrags entfällt, veranlagt wird, zumal die Eintragung des Freibetrags nach § 33b V *nicht* zur Veranlagung nach Nr 4 führt (Nr 4 iVm § 39a I Nr 4). Die Veranlagungspflicht besteht immer für *beide* Elternteile (§ 46 II Nr 4a S 2). 21

7. Tarifermäßigung bei Ermittlung der LSt für einen sonstigen Bezug, § 46 II Nr 5. Die Regelung soll etwaige Fehler beim LStAbzug in Fällen korrigieren, in denen ArbN Entschädigungen oder Vergütungen für mehrjährige Tätigkeiten (§ 34 II Nr 2, 4) bezogen haben und die Tarifermäßigung bereits beim LSt-Abzug berücksichtigt worden ist (§ 39b III 9). Der Pflichtveranlagungstatbestand erfasst auch Fälle, in denen die Lohnversteuerung eines sonstigen Bezugs unabhängig von den LSt-Abzugsmerkmalen durch *Dritte* vorgenommen wird (§ 46 II Nr 5 HS 2 iVm § 39c III; s § 39c Rz 5). 22

8. Ermittlung der LSt für einen sonstigen Bezug ohne Berücksichtigung früherer Dienstverhältnisse, § 46 II Nr 5a. Ist die LSt von einem sonsti- 23 gen Bezug zu ermitteln, hat der ArbN aber die LStBescheinigung aus einem früheren Dienstverhältnis desselben Kj nicht vorgelegt (§ 39b III 2) und ist im Lohnkonto daher der Großbuchstabe S aufgezeichnet (§ 41 I 6), führt Nr 5a zur Pflichtveranlagung. Dies dient der nachträgl Korrektur der in diesen Fällen ungenauen LStErmittlung.

24 **9. Eheauflösung und Wiederheirat im selben VZ, § 46 II Nr 6.** Die Regelung ist anwendbar, wenn ein ArbN im VZ zunächst verheiratet war (die Voraussetzungen des § 26 I müssen allerdings nicht vorliegen; auch Getrenntleben genügt), dann die Ehe aufgelöst wird (durch Tod, Scheidung oder Aufhebung) und noch im selben VZ der ArbN oder sein Ehegatte wieder heiratet. Die Veranlagungspflicht erstreckt sich auf *beide* frühere Ehegatten. Sie soll sicherstellen, dass die Veränderungen, die durch Eheauflösung und Wiederheirat eingetreten sind, berücksichtigt werden. Die Ehegatten der neuen Ehe konnten bis VZ 2012 die besondere Veranlagung nach § 26c wählen (dadurch war die Zusammenveranlagung mit dem früheren Ehegatten mögl); für den Ehegatten der früheren Ehe kann trotz Einzelveranlagung noch der Splitting-Tarif in Betracht kommen (§ 32a VI).

26 **10. Splittingtarif bei EU-/EWR-Ehegatten, § 46 II Nr 7 Buchst a.** Die LSt eines unbeschr StPfl kann nach dem Splitting-Tarif bemessen werden, wenn dessen Ehegatte zwar selbst nicht unbeschr stpfl, aber Staatsangehöriger eines EU-/EWR-Staats ist und die gemeinsamen Einkünfte im Wesentlichen aus dem Inl stammen (§ 1a I Nr 2). Die Pflichtveranlagung stellt dann sicher, dass unabhängig von der LStVergünstigung das Gesamteinkommen erfasst wird.

27 **11. Fiktive unbeschr StPfl, § 46 II Nr 7 Buchst b.** ArbN, die nach § 1 III als fiktiv unbeschr stpfl gelten (dh weder Wohnsitz noch gewöhnl Aufenthalt im Inl, aber mindestens 90% inl Einkünfte; zB Grenzgänger aus dem Ausl), können ebenfalls die Bildung von LSt-Abzugsmerkmalen (Freibeträgen) beanspruchen (§ 39 II). Dies führt zur Pflichtveranlagung Zuständig für die Veranlagung ist dann das BetriebsstättenFA, das die LSt-Abzugsmerkmale gebildet hat.

III. Besondere Voraussetzungen für eine Antragsveranlagung des StPfl, § 46 II Nr 8

31 **1. Allgemeines.** Auch wenn keiner der Pflichtveranlagungsgründe der Nr 1–7 gegeben ist, kann der StPfl eine Veranlagung beantragen. Die **Gründe für den Antrag** sind unbeachtl; das Gesetz nennt ledigl beispielhaft die Anrechnung von LSt (damit entspricht Nr 8 dem früheren LStJA). Gleiches gilt für die Anrechnung von QuellenSt nach einem DBA. § 50 II 2 Nr 4 Buchst b verweist für die Antragsveranlagung von beschr stpfl ArbN auf § 46 II Nr 8 (s ausführl § 50 Rz 35 f). Mit dem Antrag bezweckt der StPfl idR die Erlangung einer StErstattung. – Die **Rücknahme des Antrags** im Fall einer StNachzahlung ist mögl, wenn der Bescheid verfahrensrechtl noch aufgehoben werden kann (rechtzeitiger Einspruch; Vorbehalts- oder Vorläufigkeitsvermerk; s BT-Drs 12/1506, 175; FG Hess EFG 89, 116, rkr; beiläufig auch BFH VII R 114/97 BStBl II 99, 84 unter II.4.). Eine Antragsrücknahme geht jedoch ins Leere, wenn dem FA bekannt geworden ist, dass ein anderer Veranlagungsgrund vorliegt oder eine LStNachforderung durchzuführen ist (s § 42d Rz 16 ff). – **Verhältnis zum Recht von Ehegatten auf Wahl der Veranlagungsform.** Der Ablauf der Antragsfrist nach § 46 beschränkt die Wahlmöglichkeiten nach § 26 nicht. Auch bei Wahl der Einzelveranlagung von Ehegatten (bis VZ 2012: getrennte Veranlagung) sind *beide* Ehegatten zu veranlagen, wenn für *einen* der Ehegatten ein Veranlagungsgrund vorliegt (BFH VI R 80/04 BStBl II 07, 11, Anm *Bergkemper* FR 07, 149; aA *HHR* § 46 Anm 57). Die Veranlagung für den zweiten Ehegatten ist selbst dann durchzuführen, wenn beim ersten Ehegatten kein Pflichtveranlagungsgrund gegeben ist, das FA aber auf einen nicht formgerechten Antrag nach Nr 8 für diesen (obj zu Unrecht) einen EStBe-

scheid erlässt, der bestandskräftig wird (BFH III R 195/86 BStBl II 91, 451, betr Versäumung der früheren Zwei-Jahres-Frist).

2. Form. Der Antrag ist nicht formfrei, sondern kann nur durch **Abgabe einer ESt-Erklärung** gestellt werden (Nr 8 S 2). Diese muss formal wirksam sein (BFH VI R 82/13 BStBl II 15, 359 Rz 13), was die eigenhändige Unterschrift (§ 25 III 4) und die Erfüllung der Anforderungen des § 150 AO voraussetzt. Ein fotokopierter oder **privat gedruckter Vordruck** genügt, wenn er dem amtl Muster entspricht (BFH VI R 15/02 BStBl II 07, 2: einseitiger Druck und Verwendung der Vordrucke eines anderen Bundeslandes sind unschädl). Es ist zwar nicht erforderl, dass bereits mit Einreichung der EStErklärung sämtl materiell-rechtl wesentl Angaben gemacht werden; die Einreichung ledigl des **Mantelbogens** ohne die einkunftsartbezogenen Anlagen genügt jedoch nicht (FG Bln EFG 03, 398, rkr; FG Bbg EFG 06, 1759, Erledigung während des Revisionsverfahrens VI R 54/06); ebensowenig die Ergänzung um eine Anlage N, in der der ArbLohn nicht angegeben ist (BFH VI R 49/04 BStBl II 06, 808 unter B. IV.2.b). Es genügt, wenn der StPfl das Deckblatt der ESt-Erklärung unterschreibt und dies dem FA per Telefax übermittelt, auch wenn er den Rest der (von einem StB erstellten) Erklärung nicht gesehen hat (BFH VI R 82/13 BStBl II 15, 359 Rz 18: der StPfl hat trotzdem die Verantwortung für den gesamten Inhalt der StErklärung übernommen). – Eine **elektronisch übermittelte StErklärung** ist grds nur bei Nutzung der qualifizierten elektronischen Signatur oder ähnl sicheren Authentifizierungsverfahren wirksam (§ 87a III AO). Fehlt es daran (zB im Elster-Verfahren, wenn der StPfl sich dort gegen die elektronische Authentifizierung entscheidet), ist erst der unterschriebene komprimierte Erklärungsvordruck fristwahrend (zutr FG BaWü EFG 15, 1815, NZB VI B 104/15; *OFD Mbg* DStR 05, 832; *Frotscher/Paetsch* § 46 Anm 67b). – **Antragsberechtigt** ist wegen des Erfordernisses der eigenhändigen Unterschrift grds nur der StPfl persönl (zur ausnahmsweisen Zulässigkeit der Unterzeichnung durch einen Vertreter bei längerfristigem Auslandsaufenthalt des StPfl s BFH VI R 66/98 BStBl II 02, 455), nicht aber ein Pfändungspfandgläubiger, der sich den EStErstattungsanspruch hat überweisen lassen (BFH VII R 114/97 BStBl II 99, 84). Dieser muss den StPfl vielmehr zivilrechtl auf Abgabe der StErklärung in Anspruch nehmen (so nunmehr auch BGH VII ZB 70/06 BGHZ 176, 79, unter Aufgabe früherer anderslautender Rspr; ausführl ferner *KSM* § 46 Anm A 14a ff; krit *HHR/Tillmann* § 46 Anm 14). 33

3. Frist. Zu beachten ist nur die allgemeine, **vierjährige Festsetzungsfrist** (ausführl Rspr-Überblick bei *Geserich* NWB 12, 2210); **keine Anlaufhemmung.** Die in Fällen der Pflichtveranlagung geltende, maximal 3-jährige Anlaufhemmung nach § 170 II AO ist hier mangels gesetzl Steuererklärungspflicht nicht anwendbar, sofern das FA keine individuelle Aufforderung zur Abgabe einer Steuererklärung ausspricht (zutr EStR 46.2 II 2; *BMF* BStBl I 10, 630 Nr 14 = AEAO § 170 Nr 3; BFH VI R 53/10 BStBl II 11, 746 unter II.c: Klarstellung früherer missverständl Rspr, Anm *Bergkemper* FR 11, 819; BFH VI R 17/11 BFH/NV 12, 551; BFH VI B 118/11 BFH/NV 12, 919). Diese Differenzierung hinsichtl der Anlaufhemmung ist verfgemäß (ausführl BVerfG 1 BvR 924/12 HFR 13, 1157); insb betrifft die Versagung der Anlaufhemmung nicht nur ArbN, sondern eine Vielzahl von StPfl, so dass nicht von einer gezielten Diskriminierung von ArbN die Rede sein kann (glA nunmehr BFH VI R 53/10 BStBl II 11, 746). Wird die EStErklärung erst nach Ablauf der (ohne Anlaufhemmung ermittelten) Festsetzungsfrist abgegeben, gilt die Frist auch dann nicht als rückwirkend gewahrt, wenn in der EStErklärung ein Antrag auf Übertragung des Haushaltsfreibetrags gestellt und damit zugleich ein Veranlagungsgrund (Nr 4a) mit Anlaufhemmung geschaffen wird (BFH VI R 68/10 BStBl II 12, 711). – **Verluste.** Ist eine Verlustfeststellungserklärung abzugeben, gilt stets die Anlaufhemmung und damit eine 7-jährige Festsetzungsfrist (BFH IX R 90/07 BStBl II 09, 816 unter II.2.a aa). Wenn für das Vorjahr ein Verlustvor- 34 trag festgestellt wurde, ist für das Folgejahr zwingend eine ESt-Erklärung abzugeben (§ 56 S 2 EStDV), so dass die Anlaufhemmung ebenfalls gilt (zutr FG Nds EFG 15, 701, Rev VI R 43/15). – **Frühere Rechtslage.** Für VZ bis einschließl 2004 galt eine Zwei-Jahres-Frist (Einzelfragen s 26. Aufl Rz 34–37). Zu den (vom BFH zugunsten der StPfl sehr großzügig ausgelegten) Regelungen für den Übergang zur heutigen Rechtslage s ausführl 33. Aufl Rz 34.

IV. Härteausgleich, § 46 III, V

41 **1. Abzugsbetrag nach § 46 III.** Werden ArbN nach Abs 2 zur ESt veranlagt und betragen die saldierten Nebeneinkünfte insgesamt nicht mehr als 410 €, ist ein Betrag in Höhe dieses Saldos vom Einkommen abzuziehen. Abs 3 wirkt damit iErg wie eine **Freigrenze** für Nebeneinkünfte. Die mit dem ReferentenEntw des StModG noch geplante ersatzlose Abschaffung der Abs 3, 5 zum VZ 2017 ist nicht in den RegEntw (BR-Drs 631/15) übernommen worden.

42 **a) Zweck.** Die Regelung bewirkt die Gleichbehandlung derjenigen ArbN, die gem Abs 2 Nr 2–7 einer Pflichtveranlagung zu unterwerfen sind (und daher an sich sämtl Nebeneinkünfte zu versteuern hätten), mit ArbN ohne solche Veranlagungsgründe, bei denen Nebeneinkünfte bis 410 € wegen der Einkunftsgrenze des Abs 2 Nr 1 iErg steuerfrei bleiben (BFH VI R 74/00 BStBl II 2003, 496 unter 3.; BFH I R 69/13 BStBl II 15, 793 Rz 10).

43 **b) Anwendungsbereich.** Abs 3 bezieht sich auf **sämtl Veranlagungsgründe des Abs 2** (auch die Antragsveranlagung nach Nr 8, was nicht zwingend geboten gewesen wäre). – § 46 III, V sind analog anzuwenden, wenn der ArbN bei einem **ausl ArbG** beschäftigt war (zB Grenzgänger) und daher keine LSt einzubehalten war, so dass § 46 II nicht anwendbar ist und die Veranlagung auf der allg Regelung des § 25 I beruht (BFH VI R 117/90 BStBl II 92, 720 unter 4. mwN; BFH I R 69/13 BStBl II 15, 793). – **Einkünfte aus KapVerm,** deren Tarifbesteuerung nach § 32d VI beantragt wurde, fallen ab VZ 2014 allerdings nicht mehr in den Anwendungsbereich des Härteausgleichs. Dies soll verhindern, dass der Antrag nach § 32d VI nur deshalb gestellt wird, um in den Genuss des Härteausgleichs zu kommen (BT-Drs 18/1995, 106; *Hörster* NWB 14, 2243, 2247).

44 **c) Ermittlung des in Abs 3 für die „Einkünfte insgesamt" genannten Betrags.** Zunächst sind positive und negative Einkünfte miteinander zu verrechnen (Verlustausgleich; BFH VI 246/60 U BStBl III 61, 310). Sind allerdings die positiven Nebeneinkünfte nach § 34 tarifbegünstigt, ist zur Erreichung des für den StPfl günstigsten Ergebnisses die Tarifbegünstigung auf den *Gesamtbetrag* der positiven Nebeneinkünfte (abzügl des Abzugsbetrags nach Abs 3) zu gewähren; die negativen Nebeneinkünfte sind gesondert mit den übrigen tarifbesteuerten Einkünften zu verrechnen (BFH IV R 142/70 BStBl II 72, 278). Um zu sinnvollen Ergebnissen zu gelangen, sind die Beträge nach §§ 13 III, 24a bereits bei der Ermittlung der genannten „Einkünfte" abzuziehen (so auch Beispiel in EStH 46.3), obwohl der (von Abs 2 Nr 1 und § 70 EStDV abw) Wortlaut des Abs 3 eher für das Gegenteil spricht. Das Ergebnis ist mit dem Höchstbetrag von 410 € zu vergleichen. Dieser Betrag verdoppelt sich bei einer Zusammenveranlagung von **Ehegatten** nicht (s auch Rz 14).

45 **d) Rechtsfolge.** Ein Betrag iHd saldierten Nebeneinkünfte ist vom Einkommen abzuziehen; ein Antrag ist nicht erforderl. Einkünfte, die als solche stfrei sind und ledigl dem Progressionsvorbehalt unterliegen, sind nach dem Wortlaut und dem ausdrückl Willen des Gesetzgebers (BT-Drs 11/2157, 164) nicht erfasst; die Rspr lehnt eine ausdehnende Auslegung ab (BFH VI R 90/93 BStBl II 94, 654; hätte mE auch gegenteilig entschieden werden können). Soweit die Nebeneinkünfte außerhalb der Ermittlung der Summe der Einkünfte schon durch Abzug des Altersentlastungsbetrags (§ 24a) oder des Freibetrags für LuF (§ 13 III) gemindert worden sind, vermeidet § 46 III 2 eine Doppelbegünstigung.

2. Gleitender Übergang nach § 46 V iVm § 70 EStDV. Diese Regelungen sollen den bei einer geringfügigen Überschreitung der Freigrenze des Abs 3 eintretenden *vollen* Steuerzugriff auf die Nebeneinkünfte durch Schaffung einer Übergangszone abmildern. 47

a) Anwendungsbereich. § 70 EStDV erfasst **sämtl Pflichtveranlagungen nach § 46 II *Nr 1–7*** (dh nicht Antragsveranlagung nach Nr 8). Die Ermächtigungsgrundlage des § 46 V ist hingegen auf Fälle des Abs 2 *Nr 1* (dh Pflichtveranlagung wegen Nebeneinkünften von mehr als 410 €) beschränkt. Damit geht die VO zwar formal über ihre Ermächtigungsgrundlage hinaus; materiell liegt darin aber kein Problem, da in den Fällen des Abs 5 (der Nebeneinkünfte von mehr als 410 € voraussetzt) *immer* der Pflichtveranlagungsgrund nach Abs 2 Nr 1 gegeben ist und es daher auf die übrigen Pflichtveranlagungsgründe sowie die Antragsveranlagung nicht mehr ankommt (s auch BT-Drs 12/1506, 175; aA wohl *LBP/Barein* § 46 Rz 87). – Abw vom Wortlaut des Abs 2 Nr 1 (Einkünfte, die nicht dem LStAbzug „zu unterwerfen waren") erfassen § 46 V und § 70 EStDV alle Einkünfte, von denen kein LStAbzug „vorgenommen worden ist". Bei zutr Auslegung ist der **Abzugsbetrag für nicht der LSt unterworfenen ArbLohn** aber nur zu gewähren, wenn *materiell-rechtl* keine LStPflicht bestand (FG Mster EFG 00, 1330, rkr). – Auch hier sind seit VZ 2014 nach § 32 VI besteuerte **Nebeneinkünfte aus KapVerm** ausgenommen. 48

b) Rechtsfolge. Der Differenzbetrag zw den saldierten Nebeneinkünften (nach Abzug der Beträge nach §§ 13 III, 24a) und dem Betrag von 820 €, ab dem endgültig die Regelbesteuerung anzuwenden ist, ist vom Einkommen abzuziehen. Der Härteausgleichsbetrag darf die um die Beträge nach §§ 13 III, 24a verminderten Nebeneinkünfte nicht übersteigen (§ 70 S 2 EStDV). 49

Berechnungsbeispiele:

Nebeneinkünfte ./.	Abzugsbetrag	= zu versteuernde Nebeneinkünfte
411	409 (820 ./. 411)	= 2 (411 ./. 409)
500	320 (820 ./. 500)	= 180
820	0	= 820

§ 47 *(weggefallen)*

VII. Steuerabzug bei Bauleistungen

§ 48 Steuerabzug

(1) [1]**Erbringt jemand im Inland eine Bauleistung (Leistender) an einen Unternehmer im Sinne des § 2 des Umsatzsteuergesetzes oder an eine juristische Person des öffentlichen Rechts (Leistungsempfänger), ist der Leistungsempfänger verpflichtet, von der Gegenleistung einen Steuerabzug in Höhe von 15 Prozent für Rechnung des Leistenden vorzunehmen.** [2]**Vermietet der Leistungsempfänger Wohnungen, so ist Satz 1 nicht auf Bauleistungen für diese Wohnungen anzuwenden, wenn er nicht mehr als zwei Wohnungen vermietet.** [3]**Bauleistungen sind alle Leistungen, die der Herstellung, Instandsetzung, Instandhaltung, Änderung oder Beseitigung von Bauwerken dienen.** [4]**Als Leistender gilt auch derjenige, der über eine Leistung abrechnet, ohne sie erbracht zu haben.**

(2) [1]**Der Steuerabzug muss nicht vorgenommen werden, wenn der Leistende dem Leistungsempfänger eine im Zeitpunkt der Gegenleistung gültige Freistellungsbescheinigung nach § 48b Absatz 1 Satz 1 vorlegt oder die Gegenleistung im laufenden Kalenderjahr den folgenden Betrag voraussichtlich nicht übersteigen wird:**

1. 15 000 Euro, wenn der Leistungsempfänger ausschließlich steuerfreie Umsätze nach § 4 Nummer 12 Satz 1 des Umsatzsteuergesetzes ausführt,
2. 5000 Euro in den übrigen Fällen.

[2]**Für die Ermittlung des Betrags sind die für denselben Leistungsempfänger erbrachten und voraussichtlich zu erbringenden Bauleistungen zusammenzurechnen.**

(3) **Gegenleistung im Sinne des Absatzes 1 ist das Entgelt zuzüglich Umsatzsteuer.**

(4) **Wenn der Leistungsempfänger den Steuerabzugsbetrag angemeldet und abgeführt hat,**
1. ist § 160 Absatz 1 Satz 1 der Abgabenordnung nicht anzuwenden,
2. sind § 42d Absatz 6 und 8 und § 50a Absatz 7 nicht anzuwenden.

Einkommensteuer-Richtlinien: EStH 48

Übersicht

Verwaltung: BMF-Schrb I v 1.11.2001 in BStBl I 01, 804 mit Anm *Ramackers* BB 02, Beilage 2 zu Heft 8; OFD Kiel v 11.12.2001, zum Steuerabzug bei PersGes, insbesondere Arbeitsgemeinschaften, DB 02, 70; BMF-Schrb II v 27.12.2002 in BStBl I 02, 1399; dazu *Ebling* DStR 03, 402; *Diebold* DB 03, 1134.

Schrifttum: *Stickan/Martin* Die Neue Bauabzugsbesteuerung, DB 01, 1441; *Schwenke* Steuerabzug im Baugewerbe: Viel Aufwand um nichts?, BB 01, 1553; *Lieber* Die neue Steuerabzugspflicht für Leistungen am Bau, DStR 01, 1470; *Seifert* Die Abzugsbesteuerung bei Bauleistungen im Überblick, INF 01, 577; *Ebling* Der Steuerabzug bei Bauleistungen, Beihefter zu DStR 01 Heft 51/52; *Kleiner* Zum BMF-Schreiben, INF 01, 705, 744; *Apitz* Steuerabzug für Bauleistungen, FR 02, 10; *Hentschel* Straf- und bußgeldrechtliche Fragen, INF 02, 6; *Diebold* Der Bausteuerabzug (Rechtsnatur) DStZ 02, 252; *ders* Entstehung, Fälligkeit und Durchführung des Bausteuerabzugs DStZ; *ders* Haftung für den Bausteuerabzug DStR 02, 1336; *Heinter* Bauabzugsteuer nach § 48 EStG, StWa 11, 164. – *Materialen:* BR-Drs 383/01; BT-Drs 14/4658.

I. Zweck der Bauabzugssteuer

1 Zur Eindämmung der illegalen Beschäftigung war bereits durch das StEntlG 1999/2000/2002 eine Abzugssteuer iHv 25 vH auf Vergütungen an ausl Dienstleistungsempfänger eingeführt worden (§ 50a VII; s dazu 18. Aufl), die nach Eröffnung eines Vertragsverletzungsverfahrens durch die EU-Kommission ersatzlos rückwirkend wieder aufgehoben wurde (s § 50a Rz 11, 19. Aufl; s auch BT-Drs 14/4658 S 8). An die Stelle der Abzugspflicht nach dem früheren 50a VII ist nun die auf Bauleistungen beschränkte Abzugspflicht nach §§ 48 bis 48d getreten, die **für von In- und Ausländern erbrachte Bauleistungen** gilt (FG Ddorf EFG 02, 688, rkr). Die Regelung ist – anders als die belgische BauabzugsSt (EuGH Rs C-433/04 HFR 07, 84) – gemeinschaftskonform (BFH I B 160/08 BFH/NV 09, 377; zweifelnd *Balmes/Ambroziak* BB 09, 706). – Der Bausteuerabzug ist eine **Entrichtungssteuer** (wie LSt und KapESt; s auch *K/Gosch* § 48 Rz 2; *TK* AO § 3 Rz 83; aA *Diebold* DStZ 02, 25 ff: Zahlungseinbehalt mit Sicherungsfunktion; offen gelassen in FG Mster EFG 12, 1938, rkr). – Die Abzugspflicht greift erstmals für **nach dem 31.12.2001** auf die Bauleistung erbrachte Gegenleistungen; war die Bauleistung vor dem 1.1.2002 erbracht worden, erfolgt die Gegenleistung (Zahlung der Baurechnung) aber erst in 2002, so ist bereits die Abzugspflicht zu beachten.

Flankierend schafft der neue § 20a AO **für ausl Bauunternehmer eine zentrale örtl Zuständigkeit** der FÄ, die sich – wie bisher schon – auf die USt und nun auch auf die Ertragsteuern, das LStAbzugsverfahren sowie auf die EStBesteuerung der von den ausl Unternehmen im Inl beschäftigten ArbN mit Wohnsitz im Ausl erstreckt. Die zentrale Zuständigkeit erstreckt sich in Zukunft auch auf die ArbN-Überlassung im Baugewerbe durch ausl Verleiher. Der Gesetzgeber verspricht sich hierdurch eine frühzeitige Kenntnis von Aktivitäten ausl Unternehmen und deren ArbN aus dem Bereich der Baubranche (BT-Drs 14/4658 S 8 zu den Erfahrungen mit dem früheren § 50 VII). – Zu den Zuständigkeiten s BMF II aaO Rz 99–104 und *BMF* DStR 01, 2159 (Liste der für ausl Unternehmen zuständigen FÄ). Für inl Unternehmer bzw Unternehmen ist wie bisher das Wohnsitz- bzw BetriebsFA zuständig. 2

II. Tatbestand und Ausnahmen, § 48 I–III

1. Haupttatbestandsmerkmale. Unternehmerisch tätige Empfänger von Bauleistungen (Leistungsempfänger) im Inland haben einen Steuerabzug von 15 vH der Gegenleistung (Leistungsentgelt) für Rechnung des Leistenden (derjenige, der die Bauleistung erbringt) vorzunehmen und an das zuständige FA abzuführen, es sei denn, es liegen Befreiungstatbestände vor. 4

a) Leistender. Jeder („jemand"), der im Inland eine Bauleistung erbringt, ist Leistender iSd § 48 I 1, gleichgültig, ob er In- oder Ausländer ist, ob er regelmäßig oder nur gelegentl Bauleistungen erbringt oder ob er Unternehmer iSd § 2 UStG ist oder nicht (str, wie hier *Korn* § 48 Rz 25; aA *Blümich* § 48 Rz 93 mwN). Auch der gelegentl Schwarzarbeiter kann Leistender sein (aA *Apitz* FR 02, 10;). 5

PersGes (OHG, KG, GbR) und Arbeitsgemeinschaft kann ebenso Leistender sein, wie eine OrganGes, die Bauleistungen außerhalb des Organkreises erbringt (*BMF* II aaO Rz 26, 27). 6

Zu beachten ist **§ 48 I 4:** Hierunter fällt zB ein Generalunternehmer, der nicht selbst als Bauunternehmer tätig wird, aber mit dem Leistungsempfänger die Leistungen der beauftragten Subunternehmer abrechnet (BMF II aaO Rz 25). Ob hierunter auch eine Domizil-Briefkastenfirma fällt, ist angesichts der Rechtsfolgen des Abs 4 Nr 1 zweifelhaft (s aber *Gosch* StBP 01, 334; *Apitz* FR 02, 10, 20). 7

b) Leistungsgegenstand; Bauleistung im Inland. Die Bauleistung ist in Abs 1 S 3 definiert. Die zivilrechtl Einordnung (Werkvertrag, Werklieferungsvertrag) ist unerhebl. Die Definition entspricht der Regelung in § 211 I 2 SGB III iVm der BaubetriebeVO (abgedruckt in BStBl I 02, 1411; s auch *FinVerw* DStR 05, 1736); die dort aufgeführten Tätigkeiten müssen **im Zusammenhang mit einem Bauwerk** ausgeführt werden und unmittelbar auf die Substanz des Bauwerkes einwirken (Substanzveränderung wie Erweiterung, Verbesserung oder Beseitigung). Dazu zählen auch Erhaltungsmaßnahmen und Schönheitsreparaturen sowie die Lieferung und der Einbau fest eingebauter Einrichtungsgegenstände (Ladeneinbauten, Schaufensteranlagen, Einbauküchen; s *BMF* II aaO Rz 5, 6). **Keine Bauleistungen** sind reine Bodenarbeiten (Gartenanlagen; *Apitz* FR 02, 12), bloße Reinigungsarbeiten (anders bei Abstrahlungen), reine Wartungsarbeiten (zB an der Heizungs- oder Aufzugsanlage), sowie Materiallieferungen (*BMF* II aaO Rz 7–12) oder Gewährleistungen (*Hoor/ua* BB 03, 709). – Zum Begriff der Bauleistungen nach dem **UStG** s BFH V R 37/10 BStBl II 14, 128 und Anm *Heuer-* 10 *mann* StBP 14, 21 aE: zielgerichtete Beschränkung; zu Betriebsvorrichtungen s BFH V R 7/14 DStR 14, 2290 (kein Bauwerk).

11 Auch **planerische Leistungen** (Architekt, Statiker, Vermessungs-, Bauingenieure) sollen keine Bauleistungen darstellen (*BMF* II aaO Rz 7; BGH VII ZR 430/02 DStRE 05, 1333).

12 Beinhaltet ein Vertragsverhältnis auch Leistungen, die keine Bauleistungen sind (zB Vorplanungen), so ist entscheidend, ob die Bauleistung als Hauptleistung anzusehen ist (Beispiele bei *BMF* II aaO Rz 13). **ArbN-Überlassung** ist auch dann keine Bauleistung, wenn die überlassenen ArbN für den Entleiher Bauleistungen erbringen (*BMF* II aaO Rz 9; s auch Rz 30).

15 **c) Leistungsempfänger (Abzugsverpflichteter).** Leistungsempfänger ist derjenige, demgegenüber die Leistung erbracht wird (Bauherr). Dazu zählt **jede juristische Person des öffentl Rechts** (zB Gemeinde, Land, Bund, Religionsgemeinschaft, Rundfunkanstalten, Sparkassen, Handelskammern usw; s auch *FinVerw* DStZ 02, 619). – Ferner ist abzugsverpflichtet **jeder Unternehmer iSd § 2 UStG** (= gewerbl oder berufl Tätigkeit, die selbstständig und nachhaltig zur Erzielung von Einnahmen ausgeübt wird, ohne dass es auf eine Gewinnerzielungsabsicht ankäme), also auch der Kleinunternehmer, der pauschalierende Land- und Forstwirt, derjenige, der strechtl eine Liebhaberei ausübt, und auch derjenige, der stfreie Umsätze (VuV; Einzelvermieter oder Grundstücksgemeinschaft) ausführt, sofern die Bauleistung den **unternehmerischen** Bereich betrifft. Für Bauleistungen, die ausschließl den nichtunternehmerischen Bereich betreffen (zB die selbst bewohnte Wohnung), besteht keine Steuerabzugspflicht.

16 Betreffen die Bauleistungen ein Bauwerk, das unternehmerischen als auch nichtunternehmerischen Zwecken dient (zB Miethaus, in dem der Vermieter eine Wohnung selbst bewohnt; Wohnung, in der ein selbstständig Tätiger – also nicht ein ArbN – ein häusl Arbeitszimmer nutzt), so besteht die Abzugspflicht für den Teil der Bauleistung, der dem unternehmerischen Teil des Bauwerks zugeordnet werden kann (zB Reparatur betrifft das häusl Arbeitszimmer des freiberufl Tätigen).

17 Kann die Bauleistung nicht allein einem Teilbereich zugeordnet werden, ist sie dem überwiegenden Zweckbereich (Wohn-/Nutzflächenverhältnisse) zuzuordnen (zB Dachreparatur im auch selbst bewohnten Mietshaus = Steuerabzugspflicht, da der Mietbereich überwiegt; Dachreparatur im selbst bewohnten Einfamilienhaus mit häusl Arbeitszimmer = keine Steuerabzugspflicht, weil die private Wohnnutzung überwiegt; weitere Beispiele *BMF* II aaO Rz 16).

18 Generalunternehmer gilt im Verhältnis zum Auftraggeber als Leistender (s Abs 1 S 4) und im Verhältnis zu den Subunternehmern als Leistungsempfänger (also StAbzugspflicht; *BMF* II aaO Rz 17). Zur Rechtslage bei Organschaft s *BMF* II aaO Rz 21.

20 **d) Steuerabzug; Bemessungsgrundlage.** Der Steuerabzug beträgt 15 vH von der Gegenleistung (= Entgelt zuzügl USt für die Bauleistung abzügl Skonti). Dies gilt auch im Fall der ustrechtl Nulllösung (§ 51 II UStDV; *Stickan/Martin* DB 01, 1446; *Apitz* FR 02, 13; *FinVerw* DStR 02, 453, ausl Leistender). Eine vGA ist nicht Teil der Gegenleistung (*Stickan/Martin* aaO; *Apitz* aaO). – Ein SolZ wird nicht erhoben (BMF II aaO Rz 81). – Jede einzelne Abschlagszahlung ist Gegenleistung. Wird die Gegenleistung durch **Aufrechnung** oder durch **Tausch** erbracht, so entspricht die Bemessungsgrundlage dem Wert des Abzugsbetrags bzw dem Wert des Tauschgegenstandes (s auch *Seifert* INF 01, 579; *BMF* II aaO Rz 64, 85); verbleibt in diesen Fällen kein oder kein ausreichender Barzahlungsbetrag für den Steuerabzug, so muss der Abzugsverpflichtete den Steuerabzugsbetrag zuschießen (aA *Stickan/Martin* DB 01, 1446: analoge Anwendung des § 38 IV 1; *Apitz* FR 02, 13; *Blümich* § 48 Rz 147: StAbzug geht „ins Leere").

21 Nachträgl Minderung der Bemessungsgrundlage (zB Gutschrift; Minderung) führt nicht zur Korrektur des früheren Steuerabzugs (*BMF* II aaO Rz 69; s aber

Seifert INF 01, 579, negative Abzugssteuer). Bei versehentl vollständiger Zahlung besteht ggf ein Erstattungsanspruch (s BGH VII ZR 2/13 NZBau 13, 760)

Mit dem StAbzug sollen die aus der Bauleistung resultierenden untersten denkbaren StAnsprüche (LSt, ESt, KSt) gesichert werden (BT-Drs 14/4658 S 10 f). **22**

2. Befreiung vom StAbzug, § 48 I 2, II. – a) Kleinvermietung, § 48 I 2. **25** Diese Befreiung bezieht sich ausschließl auf Wohnungsvermietung. Vermietet der Leistungsempfänger zB eine Wohnung *und* ein Ladenlokal, so besteht Abzugspflicht. Der Befreiungstatbestand greift unabhängig davon ein, ob der Leistungsempfänger wegen der VuV oder aus anderen Gründen Unternehmereigenschaft besitzt oder nicht.

b) Freistellungsbescheinigung, § 48 II 1. Liegt dem Leistungsempfänger **26** zum Zeitpunkt der Begleichung (Zahlung, Aufrechnung) der Gegenleistung eine Freistellungsbescheinigung vor (s dazu § 48b), so besteht keine Steuerabzugspflicht. Der Empfänger der Bauleistung sollte zur Vermeidung von Problemen stets auf Vorlage der Freistellungsbescheinigung bestehen (*BMF* II aaO Rz 41–47); diese ist unbedingt zu den Akten zu nehmen.

c) Bagatellgrenzen, § 48 II 1, 2. Liegen die Befreiungstatbestände zu a) und **27** b) nicht vor, besteht dann keine Steuerabzugspflicht, wenn die Gegenleistungen (Zahlungen) im lfd Kj voraussichtl die **Freigrenzen von 15 000 € bzw 5000 €** nicht überschreiten. Die höhere Freigrenze von 15 000 € gilt nur dann, wenn der Leistungsempfänger **ausschließl ustfreie Vermietungsumsätze** (§ 4 Nr 12 UStG) ausführt; führt er daneben andere ustfreie oder ustpfl Umsätze aus, gilt – wie in allen übrigen Fällen auch – die Freigrenze von 5000 € (*BMF* II aaO Rz 48).

Der Leistungsempfänger muss eine **Prognoseentscheidung** treffen, ob die an **28** den konkret Leistenden (nicht an andere Leistende) zu bewirkende Gegenleistung (Zahlung) für Bauleistungen im Kj voraussichtl die Freigrenzen übersteigen wird; ist dies der Fall, so ist bereits bei der ersten Gegenleistung des Kj auch dann ein Steuerabzug vorzunehmen, wenn die Freigrenzen noch nicht erreicht sind. – Konnte der Leistungsempfänger davon ausgehen, dass die Freigrenzen im Kj nicht überschritten würden, unterließ er deshalb zu Recht den Steuerabzug und ergibt sich im weiteren Verlauf des Kj durch den Leistenden eine weitere Bauleistung, die zum Überschreiten der Freigrenzen führt, so ist mE nur für die spätere Gegenleistung der Steuerabzug vorzunehmen (s auch *Blümich* § 48 Rz 191). Soweit das *BMF* II aaO Rz 52, 53 verlangt, dass der früher unterbliebene Steuerabzug iZm der späteren Gegenleistung nachzuerheben ist, ist dies durch das Gesetz nicht gedeckt.

Da die Freigrenzen *Kj-bezogen* sind, kann durch Verschiebung einer Gegenleis- **29** tung (Zahlung) in das neue Kj uU ein Überschreiten der Freigrenzen im alten Kj vermieden werden.

III. Folgen des Steuerabzugs, § 48 IV

Ist der Steuerabzugsbetrag angemeldet und abgeführt worden, so greifen § 160 **30** I 1 AO (also WK-/BA-Abzug nicht eingeschränkt), § 42d VI, VIII (keine Entleiherhaftung) und § 50a VII nicht ein. Dies gilt auch bei verspäteter Anmeldung/Abführung; denn die Vorschrift ist kein Druckmittel zur Einhaltung der verfahrensrechtl Anforderungen (*KSM* § 48 E 2). Das gilt ferner, wenn der Leistungsempfänger im Haftungswege erfolgreich in Anspruch genommen worden ist; denn damit ist der Sicherungszweck des Abs 4 erfüllt *(KSM)*.

Diese Rechtsfolgen treten auch ein, wenn der Steuerabzug wegen einer Freistellungsbescheinigung nicht durchgeführt worden ist (§ 48b V; *BMF* II aaO Rz 96–98, mit Sonderheiten bei Entleiherhaftung; s auch *Apitz* FR 02, 20). Ob damit auch Zahlungen an etwaige DomizilGes/Scheinfirmen als BA/WK abziehbar sind, erscheint zweifelhaft (s aber Rz 7). – Zur **Anfechtbarkeit nach § 131 I Nr 1**

InsO s OLG Saarl DStR 12, 2288. Zu **Erstattungsansprüchen** gegen den Erbringer der Bauleistungen bei Überzahlung s BGH VII ZR 2/13 NJW 14, 55.

§ 48a Verfahren

(1) [1] **Der Leistungsempfänger hat bis zum 10. Tag nach Ablauf des Monats, in dem die Gegenleistung im Sinne des § 48 erbracht wird, eine Anmeldung nach amtlich vorgeschriebenem Vordruck abzugeben, in der er den Steuerabzug für den Anmeldungszeitraum selbst zu berechnen hat.** [2] **Der Abzugsbetrag ist am 10. Tag nach Ablauf des Anmeldungszeitraums fällig und an das für den Leistenden zuständige Finanzamt für Rechnung des Leistenden abzuführen.** [3] **Die Anmeldung des Abzugsbetrags steht einer Steueranmeldung gleich.**

(2) **Der Leistungsempfänger hat mit dem Leistenden unter Angabe**

1. des Namens und der Anschrift des Leistenden,
2. des Rechnungsbetrags, des Rechnungsdatums und des Zahlungstags,
3. der Höhe des Steuerabzugs und
4. des Finanzamts, bei dem der Abzugsbetrag angemeldet worden ist,

über den Steuerabzug abzurechnen.

(3) [1] **Der Leistungsempfänger haftet für einen nicht oder zu niedrig abgeführten Abzugsbetrag.** [2] **Der Leistungsempfänger haftet nicht, wenn ihm im Zeitpunkt der Gegenleistung eine Freistellungsbescheinigung (§ 48b) vorgelegen hat, auf deren Rechtmäßigkeit er vertrauen konnte.** [3] **Er darf insbesondere dann nicht auf eine Freistellungsbescheinigung vertrauen, wenn diese durch unlautere Mittel oder durch falsche Angaben erwirkt wurde und ihm dies bekannt oder infolge grober Fahrlässigkeit nicht bekannt war.** [4] **Den Haftungsbescheid erlässt das für den Leistenden zuständige Finanzamt.**

(4) **§ 50b gilt entsprechend.**

1 **1. Anmeldung und Abführung, § 48a I.** Die innerhalb eines Monats einbehaltenen Steuerabzugsbeträge sind bis zum 10. des Folgemonats anzumelden und bis zu diesem Tage an das für den Leistenden zuständige FA (§ 48 Rz 2) abzuführen. Es muss für *jeden Leistenden* eine *gesonderte* Anmeldung abgegeben werden. Bei verspäteter Erfüllung der Verpflichtungen können Verspätungszuschläge und/oder Säumniszuschläge verlangt werden. Weitere Einzelheiten s *BMF* BStBl I 02, 1399 Rz 64–69. Die Anmeldung steht einer Steueranmeldung gleich (§§ 167, 168 AO). Die Ausführungen zu § 41a gelten entspr. Die Abführung durch den Leistungsempfänger bewirkt die Erfüllung der zugrunde liegenden Werklohnforderung (BGH VII ZR 97/04 DStRE 05, 1334).

2 **2. Abrechnung ggü dem Leistenden, § 48a II.** Diese ist für den Leistenden wegen der Anrechnung bzw Erstattung gem § 48c von Bedeutung. Der Leistende hat einen zivilrechtl Anspruch auf die Abrechnung (s auch BGH VII ZR 2/13 NZBau 13, 760); ggf kann auch das FA die Abrechnung durch Zwangsmittel durchsetzten. Da die FinVerw als Abrechnung auch die Überlassung der Durchschrift der Anmeldung nach Abs 1 betrachtet (*BMF* aaO Rz 71), kann bei beharrl Abrechungsverweigerung das FA iRd § 48c die ihm eingereichte Steueranmeldung zugunsten des Leistenden verwerten.

3 **3. Haftung, § 48a III.** Die Haftung des Abzugsverpflichteten ist begrenzt auf den nicht oder zu niedrig abgeführten Steuerabzug; eine weitergehende Haftung für Steuerausfälle auf Seiten des Leistenden kommt nicht in Betracht (*Apitz* FR 01, 21). – Lag im Zeitpunkt der Gegenleistung (Zahlung) eine **Freistellungsbescheinigung** vor, auf die der Leistungsempfänger vertrauen durfte, scheidet eine Haf-

tung aus. Lag zwar nicht zu diesem, wohl aber zu einem späteren Zeitpunkt eine Freistellungsbescheinigung vor und ist ein Steuerabzug früher nicht erfolgt, so ist der Haftungstatbestand erfüllt; die Inanspruchnahme des Leistungsempfängers ist aber eine **Ermessensentscheidung,** bei der das FA auch zu berücksichtigen hat, ob im Einzelfall Steueransprüche gegen den Leistenden bestehen oder nicht (FG Mchn EFG 10, 147, rkr; *BMF* aaO Rz 73); insoweit treffen aber auch den Leistungsempfänger Nachweispflichten. Haftung auch bei Insolvenz des Leistenden (FG Mchn EFG 10, 147, rkr). – Ist die Freistellungsbescheinigung formell ordnungsgemäß und muss der Leistungsempfänger auch sonst keinen Verdacht auf eine unredl erwirkte Freistellungsbescheinigung haben, so kann er ihr vertrauen; zu einer elektronischen Abfrage gem § 48b VI ist er nicht verpflichtet (*FinVerw* DStR 02, 453, I). – Weitere Einzelheiten s *BMF* aaO Rz 72–78.

Die Inanspruchnahme wird regelmäßig im Wege eines **Haftungsbescheids** 4
gem § 191 AO erfolgen (s auch FG Mster EFG 12, 1938, rkr). Aus dem Haftungsbescheid muss erkennbar sein, für welchen Leistenden und für welche Gegenleistung der Abführungsverpflichtete in Anspruch genommen wird. Das FA sollte möglichst Sammelhaftungsbescheide vermeiden. – Gegen den Haftungsbescheid ist Einspruch und ggf Klage zum FA gegeben. – Zum zuständigen FA s § 48 Rz 2.

4. Besonderes Prüfungsrecht, § 48a IV. § 50b gilt entspr und gewährt dem 5
FA weitere Prüfungsrechte als bei einer allgemeinen Außenprüfung (s Anm zu § 50b; *Apitz* FR 02, 20f).

§ 48b Freistellungsbescheinigung

(1) [1] **Auf Antrag des Leistenden hat das für ihn zuständige Finanzamt, wenn der zu sichernde Steueranspruch nicht gefährdet erscheint und ein inländischer Empfangsbevollmächtigter bestellt ist, eine Bescheinigung nach amtlich vorgeschriebenem Vordruck zu erteilen, die den Leistungsempfänger von der Pflicht zum Steuerabzug befreit.** [2] **Eine Gefährdung kommt insbesondere dann in Betracht, wenn der Leistende**

1. Anzeigepflichten nach § 138 der Abgabenordnung nicht erfüllt,
2. seiner Auskunfts- und Mitwirkungspflicht nach § 90 der Abgabenordnung nicht nachkommt,
3. den Nachweis der steuerlichen Ansässigkeit durch Bescheinigung der zuständigen ausländischen Steuerbehörde nicht erbringt.

(2) **Eine Bescheinigung soll erteilt werden, wenn der Leistende glaubhaft macht, dass keine zu sichernden Steueransprüche bestehen.**

(3) **In der Bescheinigung sind anzugeben:**

1. Name, Anschrift und Steuernummer des Leistenden,
2. Geltungsdauer der Bescheinigung,
3. Umfang der Freistellung sowie der Leistungsempfänger, wenn sie nur für bestimmte Bauleistungen gilt,
4. das ausstellende Finanzamt.

(4) **Wird eine Freistellungsbescheinigung aufgehoben, die nur für bestimmte Bauleistungen gilt, ist dies den betroffenen Leistungsempfängern mitzuteilen.**

(5) **Wenn eine Freistellungsbescheinigung vorliegt, gilt § 48 Absatz 4 entsprechend.**

(6) [1] **Das Bundeszentralamt für Steuern erteilt dem Leistungsempfänger im Sinne des § 48 Absatz 1 Satz 1 im Wege einer elektronischen Abfrage Auskunft über die beim Bundeszentralamt für Steuern gespeicherten Freistellungsbescheinigungen.** [2] **Mit dem Antrag auf die Erteilung einer Freistellungsbescheinigung stimmt der Antragsteller zu, dass seine Daten nach § 48b**

Absatz 3 beim Bundeszentralamt für Steuern gespeichert werden und dass über die gespeicherten Daten an die Leistungsempfänger Auskunft gegeben wird.

1 **1. Keine Gefährdung von Steueransprüchen, § 48b I.** Nach § 48b I ist die Freistellungsbescheinigung dem Leistenden (s § 48 Rz 5–7) zu erteilen, wenn dieser seine steuerl Pflichten zuverlässig erfüllt und daher der Steueranspruch nicht gefährdet erscheint (nicht zu verwechseln mit der Bescheinigung nach § 13b V 2 Hs 2 UStG). Die Voraussetzungen sind im Gesetz hinreichend eindeutig genannt (s auch *BMF* BStBl I 02, 1399, Rz 3ff). Die zu sichernden Steueransprüche ergeben sich mE aus § 48c I 1 Nr 1–3, dazu zählt die LSt (FG Ddorf EFG 02, 688, rkr; zweifelnde Anm *Herlinghaus* mwN), nicht aber die USt (FG Hbg DStRE 03, 928, rkr). Die Aufzählung der **Gefährdungstatbestände** in Abs 1 S 2 ist beispielhaft. Auch das Bestehen nachhaltiger Steuerrückstände oder wiederholte unkorrekte Angaben in Steuererklärungen kann den Gefährdungstatbestand erfüllen (FG Hess DStRE 03, 656, rkr; *BMF* aaO Rz 33), wobei auch vor dem Inkrafttreten des Gesetzes liegendes Verhalten des Leistenden berücksichtigt werden kann (FG Ddorf EFG 02, 1604, rkr; FG Hbg DStRE 03, 928, rkr); ebenso kann das Verhalten eines Einfluss nehmenden Dritten berücksichtigt werden (FG Hbg EFG 10, 1517, rkr). Die Freistellungsbescheinigung darf vom FA nicht als Druckmittel zur Eintreibung noch ausstehender Steuern eingesetzt werden (FG Bln EFG 02, 330, rkr). – Zu **§ 13b UStG** s BFH XI R 21/11 BStBl II 14, 425.

2 Die Benennung eines **inl Empfangsbevollmächtigten** (jede natürl oder juristische Person mit Wohnsitz/Sitz im Inl) soll die Bekanntgabe und die Aufhebung der Feststellungsbescheinigung gewährleisten; diese Regelung gilt nur in den Fällen, in denen der Leistende im Ausl ansässig ist (BFH I B 147/02 BStBl II 03, 716).

3 Bei **im Ausland ansässigen Leistenden** muss eine Bestätigung der ausl Steuerbehörde über die steuerl Erfassung des Leistenden im Sitzstaat vorgelegt werden; in Zweifelsfällen kommt auch ein qualifizierte Sitzbescheinigung über den Ort der Geschäftsleitung und die wirtschaftl Aktivitäten in Betracht (*BMF* aaO Rz 32). – Zu Freistellungsbescheinigungen an Arbeitsgemeinschaften s *BMF* aaO Rz 33.

4 **2. Existenzgründer etc, § 48b II.** Im Fall des § 48b II ist eine Freistellungsbescheinigung zu erteilen (kein Ermessen des FA), zB bei Existenzgründern oder bei nur kurzfristigen Tätigkeiten im Inl (*BMF* aaO Rz 34) oder auch, wenn der Leistende ohne Einkunftserzielungsabsicht tätig wird (offengelassen FG Ddorf EFG 02, 688, rkr). Sie ist ebenfalls zu erteilen, wenn über das Vermögen des Leistenden das **Insolvenzverfahren** eröffnet worden ist, da wegen des Vorrangs der gleichmäßigen Befriedigung der Insolvenzgläubiger aus der Insolvenzmasse der Steueranspruch durch Freistellungsbescheinigung nicht gefährdet wäre (BFH I B 147/02 BStBl II 03, 716; *Buciek* HFR 03, 360; s auch *BMF* BStBl I 03, 431).

5 **3. Inhalt der Bescheinigung, § 48b III.** § 48b III 3 regelt den Inhalt der Bescheinigung. Sie wird auf bestimmte Zeit (längstens für drei Jahre, *BMF* BStBl I 02, 1399 Rz 36) oder auch nur bezogen auf einen bestimmten Auftrag erteilt (zB bei nur vorübergehender Tätigkeit im Inland, *BMF* aaO Rz 37). Eine kürzere Dauer als die Regelzeit von drei Jahren kann auch bei ausl Leistungen in Betracht kommen, wenn nicht ausgeschlossen werden kann, dass der Leistende in das Besteuerungsrecht der BRD eintreten kann (zB Bauzeitverlängerung mit Begründung einer Betriebsstätte; *BMF* aaO Rz 35). Zur Erteilung einer Folgebescheinigung s *BMF* BStBl I 04, 862 und *FinVerw* DStR 04, 1747.

6 **4. Wirkung und Rechtsschutz, § 48b IV–VI.** Die Freistellungsbescheinigung ist kein Steuerbescheid, sondern ein **sonstiger VA;** für ihre Aufhebung gelten die §§ 130, 131 AO. Bei Aufhebung einer auftragsbezogenen Freistellungsbescheinigung ist der Leistungsempfänger zu unterrichten **(§ 48b IV).** Weitere

Einzelheiten s *BMF* BStBl I 02, 1399 Rz 79. – Ist eine Bescheinigung erteilt worden, so greifen § 160 I 1 AO (also WK-/BA-Abzug nicht eingeschränkt), § 42d VI, VIII (keine Entleiherhaftung) und § 50a VII nicht ein (**§ 48b V** iVm § 48 IV, s § 48 Rz 30). – Gegen die Ablehnung oder die Aufhebung einer Freistellungsbescheinigung sind der Einspruch und ggf die Klage ans FG gegeben. – **Vorläufiger Rechtsschutz** wird durch einstweilige Anordnung (§ 114 FGO) gewährt (s auch *Littmann* § 48b Rz 8 ff: ggf gegen Sicherheitsleistung oder als vorläufige Bescheinigung; aA *Blümich* § 48b Rz 97: Vorwegnahme der Hauptsache). Eine unbefristete Freistellungserklärung (s Rz 5) kann nicht begehrt werden, da dadurch das Ergebnis der Hauptverhandlung vorweggenommen würde. Wohl aber kann eine objekt- oder auftragsbezogene Freistellungsbescheinigung in Betracht kommen (FG Bln EFG 02, 330, rkr). Voraussetzung ist aber, dass schlüssig dargelegt wird, dass die Existenz des Leistenden ohne vorläufigen Rechtsschutz ernstl gefährdet wäre. Dazu reichen allg Wettbewerbsnachteile nicht aus (BFH I B 86/02 BFH/NV 03, 166; BFH I B 132/02 BFH/NV 03, 313). Vielmehr muss glaubhaft gemacht werden, wie sich die Kundenstruktur zusammensetzt und dass verschiedene Auftraggeber die Auftragsvergabe von der Vorlage einer Freistellungsbescheinigung abhängig gemacht haben (BFH wie vor; FG Bln EFG 02, 330, rkr; FG Nds EFG 02, 1613, rkr). – **§ 48b VI** regelt die **Veröffentlichung** über die erteilten Freistellungsbescheinigungen im Internet.

§ 48c Anrechnung

(1) [1] **Soweit der Abzugsbetrag einbehalten und angemeldet worden ist, wird er auf vom Leistenden zu entrichtende Steuern nacheinander wie folgt angerechnet:**

1. **die nach § 41a Absatz 1 einbehaltene und angemeldete Lohnsteuer,**
2. **die Vorauszahlungen auf die Einkommen- oder Körperschaftsteuer,**
3. **die Einkommen- oder Körperschaftsteuer des Besteuerungs- oder Veranlagungszeitraums, in dem die Leistung erbracht worden ist, und**
4. **die vom Leistenden im Sinne der §§ 48, 48a anzumeldenden und abzuführenden Abzugsbeträge.**

[2] **Die Anrechnung nach Satz 1 Nummer 2 kann nur für Vorauszahlungszeiträume innerhalb des Besteuerungs- oder Veranlagungszeitraums erfolgen, in dem die Leistung erbracht worden ist.** [3] **Die Anrechnung nach Satz 1 Nummer 2 darf nicht zu einer Erstattung führen.**

(2) [1] **Auf Antrag des Leistenden erstattet das nach § 20a Absatz 1 der Abgabenordnung zuständige Finanzamt den Abzugsbetrag.** [2] **Die Erstattung setzt voraus, dass der Leistende nicht zur Abgabe von Lohnsteueranmeldungen verpflichtet ist und eine Veranlagung zur Einkommen- oder Körperschaftsteuer nicht in Betracht kommt oder der Leistende glaubhaft macht, dass im Veranlagungszeitraum keine zu sichernden Steueransprüche entstehen werden.** [3] **Der Antrag ist nach amtlich vorgeschriebenem Muster bis zum Ablauf des zweiten Kalenderjahres zu stellen, das auf das Jahr folgt, in dem der Abzugsbetrag angemeldet worden ist; weitergehende Fristen nach einem Abkommen zur Vermeidung der Doppelbesteuerung bleiben unberührt.**

(3) **Das Finanzamt kann die Anrechnung ablehnen, soweit der angemeldete Abzugsbetrag nicht abgeführt worden ist und Anlass zu der Annahme besteht, dass ein Missbrauch vorliegt.**

1. Anrechnung, § 48c I und III. Hat der Leistungsempfänger (Abzugsver- 1
pflichtete) den Abzugsbetrag einbehalten und angemeldet, so hat der Leistende seinerseits gegen das FA einen Anspruch auf Anrechnung des Abzugsbetrages auf die **in § 48c I 1 Nr 1–4** genannten eigenen Steuerzahlungspflichten. Die Reihen-

folge der Anrechnung ist zwingend. Die **Abführung** durch den Abzugsverpflichteten an das FA ist **nicht Voraussetzung für die Anrechnung.** Dies ist konsequent: Der Abzugsverpflichtete hat ggü dem Leistenden auf dessen Rechnung einbehalten; das FA muss sich an den Abzugsverpflichteten als den Abführungsschuldner halten. Nur wenn ein Missbrauch zu befürchten ist, kann das FA die Anrechnung ablehnen **(§ 48c III).** Liegt ein Missbrauch nicht vor, so ist anzurechnen. – Zur Prüfung der Anrechnung sollte der Leistende dem FA die Abrechnungsbelege iSv § 48a II vorlegen.

2 Ist nach Anrechnung auf die LSt gem **§ 48c I 1 Nr 1** ein Guthaben vorhanden, werden als nächstes gem **§ 48c I 1 Nr 2** Vorauszahlungen zur ESt/KSt angerechnet, die für den VZ der Erbringung der Bauleistung festgesetzt worden sind **(§ 48c I 2).** Das danach noch verbleibende Guthaben wird nicht etwa erstattet **(§ 48c I 3),** sondern kann erst auf das Ergebnis der Veranlagung zur ESt/KSt des Jahres angerechnet werden, in dem die Bauleistung erbracht wird (= Übergabe der fertigen Bauleistung an den Leistungsempfänger; denn erst dann ist Gewinnrealisierung eingetreten; s *BMF* BStBl I 02, 1399, Rz 89, mit Hinweisen zu Großbauwerken, die sich über mehrere Jahre hinziehen). – Zur Anrechnung, wenn Leistender eine Personenmehrheit (PersGes) ist, s *BMF* aaO Rz 90. – Steuerabzugsbeträge, die auf vor Eröffnung des Insolvenzverfahrens ausgeführten Bauleistungen beruhen und nach Insolvenzeröffnung vom Leistungsempfänger an das FA gezahlt werden, sind an die Insolvenzmasse auszukehren (*BMF* BStBl I 03, 431).

3 **2. Erstattungsverfahren, § 48c II.** Dieses wird auf Antrag (amtl vorgeschriebenes Muster) durchgeführt und setzt voraus, dass der Leistende nicht zur Abgabe von LStAnmeldungen verpflichtet ist und eine ESt/KStVeranlagung nicht in Betracht kommt oder glaubhaft gemacht wird, dass im VZ keine zu sichernden Steueransprüche entstehen werden (*BMF* aaO Rz 93). – Beachte die **Zweijahresfrist** des Abs 2 S 3, die weitergehende Fristen nach DBA aber nicht berührt.

4 **3. Rechtsschutz.** Anrechnung und Erstattung sind Steuerverwaltungsakte, die mit Einspruch und Klage zum FG angefochten werden können.

§ 48d Besonderheiten im Fall von Doppelbesteuerungsabkommen

(1) [1]**Können Einkünfte, die dem Steuerabzug nach § 48 unterliegen, nach einem Abkommen zur Vermeidung der Doppelbesteuerung nicht besteuert werden, so sind die Vorschriften über die Einbehaltung, Abführung und Anmeldung der Steuer durch den Schuldner der Gegenleistung ungeachtet des Abkommens anzuwenden.** [2]**Unberührt bleibt der Anspruch des Gläubigers der Gegenleistung auf Erstattung der einbehaltenen und abgeführten Steuer.** [3]**Der Anspruch ist durch Antrag nach § 48c Absatz 2 geltend zu machen.** [4]**Der Gläubiger der Gegenleistung hat durch eine Bestätigung der für ihn zuständigen Steuerbehörde des anderen Staates nachzuweisen, dass er dort ansässig ist.** [5]**§ 48b gilt entsprechend.** [6]**Der Leistungsempfänger kann sich im Haftungsverfahren nicht auf die Rechte des Gläubigers aus dem Abkommen berufen.**

(2) **Unbeschadet des § 5 Absatz 1 Nummer 2 des Finanzverwaltungsgesetzes liegt die Zuständigkeit für Entlastungsmaßnahmen nach Absatz 1 bei dem nach § 20a der Abgabenordnung zuständigen Finanzamt.**

1 Unterliegt ein ausl Leistender mit Gewinnen aus Bauleistungen der beschr StPfl, so kann sich aus DBA ergeben, dass diese Einkünfte im Inl nicht besteuert werden dürfen, zB weil der Leistende im Inl BRD nicht über eine entspr Betriebsstätte verfügt. Dennoch ist vom Leistungsempfänger der Steuerabzug vorzunehmen, sofern der Leistende keine Freistellungsbescheinigung (s Abs 1 S 4 iVm § 48b)

vorgelegt hat. Für diesen Fall regelt § 48d ein besonderes Erstattungsverfahren (*BMF* BStBl I 02, 1399, Rz 87; *Apitz* FR 02, 23 f).

VIII. Besteuerung beschränkt Steuerpflichtiger

§ 49 Beschränkt steuerpflichtige Einkünfte

(1) **Inländische Einkünfte im Sinne der beschränkten Einkommensteuerpflicht (§ 1 Absatz 4) sind**

1. Einkünfte aus einer im Inland betriebenen Land- und Forstwirtschaft (§§ 13, 14);

2. Einkünfte aus Gewerbebetrieb (§§ 15 bis 17),

a) für den im Inland eine Betriebsstätte unterhalten wird oder ein ständiger Vertreter bestellt ist,

b) die durch den Betrieb eigener oder gecharterter Seeschiffe oder Luftfahrzeuge aus Beförderungen zwischen inländischen und von inländischen zu ausländischen Häfen erzielt werden, einschließlich der Einkünfte aus anderen mit solchen Beförderungen zusammenhängenden, sich auf das Inland erstreckenden Beförderungsleistungen,

c) die von einem Unternehmen im Rahmen einer internationalen Betriebsgemeinschaft oder eines Pool-Abkommens, bei denen ein Unternehmen mit Sitz oder Geschäftsleitung im Inland die Beförderung durchführt, aus Beförderungen und Beförderungsleistungen nach Buchstabe b erzielt werden,

d) die, soweit sie nicht zu den Einkünften im Sinne der Nummern 3 und 4 gehören, durch im Inland ausgeübte oder verwertete künstlerische, sportliche, artistische, unterhaltende oder ähnliche Darbietungen erzielt werden, einschließlich der Einkünfte aus anderen mit diesen Leistungen zusammenhängenden Leistungen, unabhängig davon, wem die Einnahmen zufließen,

e) die unter den Voraussetzungen des § 17 erzielt werden, wenn es sich um Anteile an einer Kapitalgesellschaft handelt,

aa) die ihren Sitz oder ihre Geschäftsleitung im Inland hat oder

bb) bei deren Erwerb auf Grund eines Antrags nach § 13 Absatz 2 oder § 21 Absatz 2 Satz 3 Nummer 2 des Umwandlungssteuergesetzes nicht der gemeine Wert der eingebrachten Anteile angesetzt worden ist oder auf die § 17 Absatz 5 Satz 2 anzuwenden war,

f) die, soweit sie nicht zu den Einkünften im Sinne des Buchstaben a gehören, durch

aa) Vermietung und Verpachtung oder

bb) Veräußerung

von inländischem unbeweglichem Vermögen, von Sachinbegriffen oder Rechten, die im Inland belegen oder in ein inländisches öffentliches Buch oder Register eingetragen sind oder deren Verwertung in einer inländischen Betriebsstätte oder anderen Einrichtung erfolgt, erzielt werden. [2] Als Einkünfte aus Gewerbebetrieb gelten auch die Einkünfte aus Tätigkeiten im Sinne dieses Buchstabens, die von einer Körperschaft im Sinne des § 2 Nummer 1 des Körperschaftsteuergesetzes erzielt werden, die mit einer Kapitalgesellschaft oder sonstigen juristischen Person im Sinne des § 1 Absatz 1 Nummer 1 bis 3 des Körperschaftsteuergesetzes vergleichbar ist, oder

g) die aus der Verschaffung der Gelegenheit erzielt werden, einen Berufssportler als solchen im Inland vertraglich zu verpflichten; dies gilt nur, wenn die Gesamteinnahmen 10 000 Euro übersteigen;

3. Einkünfte aus selbständiger Arbeit (§ 18), die im Inland ausgeübt oder verwertet wird oder worden ist, oder für die im Inland eine feste Einrichtung oder eine Betriebsstätte unterhalten wird;
4. Einkünfte aus nichtselbständiger Arbeit (§ 19), die
   a) im Inland ausgeübt oder verwertet wird oder worden ist,
   b) aus inländischen öffentlichen Kassen einschließlich der Kassen des Bundeseisenbahnvermögens und der Deutschen Bundesbank mit Rücksicht auf ein gegenwärtiges oder früheres Dienstverhältnis gewährt werden, ohne dass ein Zahlungsanspruch gegenüber der inländischen öffentlichen Kasse bestehen muss,
   c) als Vergütung für eine Tätigkeit als Geschäftsführer, Prokurist oder Vorstandsmitglied einer Gesellschaft mit Geschäftsleitung im Inland bezogen werden,
   d) als Entschädigung im Sinne des § 24 Nummer 1 für die Auflösung eines Dienstverhältnisses gezahlt werden, soweit die für die zuvor ausgeübte Tätigkeit bezogenen Einkünfte der inländischen Besteuerung unterlegen haben,
   e) an Bord eines im internationalen Luftverkehr eingesetzten Luftfahrzeugs ausgeübt wird, das von einem Unternehmen mit Geschäftsleitung im Inland betrieben wird;
5. Einkünfte aus Kapitalvermögen im Sinne des
   a) § 20 Absatz 1 Nummer 1 mit Ausnahme der Erträge aus Investmentanteilen im Sinne des § 2 des Investmentsteuergesetzes, Nummer 2, 4, 6 und 9, wenn der Schuldner Wohnsitz, Geschäftsleitung oder Sitz im Inland hat oder wenn es sich um Fälle des § 44 Absatz 1 Satz 4 Nummer 1 Buchstabe a Doppelbuchstabe bb dieses Gesetzes handelt; dies gilt auch für Erträge aus Wandelanleihen und Gewinnobligationen,
   b) § 20 Absatz 1 Nummer 1 in Verbindung mit den §§ 2 und 7 des Investmentsteuergesetzes
      aa) bei Erträgen im Sinne des § 7 Absatz 3 des Investmentsteuergesetzes,
      bb) bei Erträgen im Sinne des § 7 Absatz 1, 2 und 4 des Investmentsteuergesetzes, wenn es sich um Fälle des § 44 Absatz 1 Satz 4 Nummer 1 Buchstabe a Doppelbuchstabe bb dieses Gesetzes handelt,
   c) § 20 Absatz 1 Nummer 5 und 7, wenn
      aa) das Kapitalvermögen durch inländischen Grundbesitz, durch inländische Rechte, die den Vorschriften des bürgerlichen Rechts über Grundstücke unterliegen, oder durch Schiffe, die in ein inländisches Schiffsregister eingetragen sind, unmittelbar oder mittelbar gesichert ist. [2]Ausgenommen sind Zinsen aus Anleihen und Forderungen, die in ein öffentliches Schuldbuch eingetragen oder über die Sammelurkunden im Sinne des § 9a des Depotgesetzes oder Teilschuldverschreibungen ausgegeben sind, oder
      bb) das Kapitalvermögen aus Genussrechten besteht, die nicht in § 20 Absatz 1 Nummer 1 genannt sind,
   d) § 43 Absatz 1 Satz 1 Nummer 7 Buchstabe a, Nummer 9 und 10 sowie Satz 2, wenn sie von einem Schuldner oder von einem inländischen Kreditinstitut oder einem inländischen Finanzdienstleistungsinstitut im Sinne des § 43 Absatz 1 Satz 1 Nummer 7 Buchstabe b einem anderen als einem ausländischen Kreditinstitut oder einem ausländischen Finanzdienstleistungsinstitut
      aa) gegen Aushändigung der Zinsscheine ausgezahlt oder gutgeschrieben werden und die Teilschuldverschreibungen nicht von dem

Schuldner, dem inländischen Kreditinstitut oder dem inländischen Finanzdienstleistungsinstitut verwahrt werden oder

bb) gegen Übergabe der Wertpapiere ausgezahlt oder gutgeschrieben werden und diese vom Kreditinstitut weder verwahrt noch verwaltet werden.

[2] § 20 Absatz 3 gilt entsprechend;

6. Einkünfte aus Vermietung und Verpachtung (§ 21), soweit sie nicht zu den Einkünften im Sinne der Nummern 1 bis 5 gehören, wenn das unbewegliche Vermögen, die Sachinbegriffe oder Rechte im Inland belegen oder in ein inländisches öffentliches Buch oder Register eingetragen sind oder in einer inländischen Betriebsstätte oder in einer anderen Einrichtung verwertet werden;

7. sonstige Einkünfte im Sinne des § 22 Nummer 1 Satz 3 Buchstabe a, die von den inländischen gesetzlichen Rentenversicherungsträgern, der inländischen landwirtschaftlichen Alterskasse, den inländischen berufsständischen Versorgungseinrichtungen, den inländischen Versicherungsunternehmen oder sonstigen inländischen Zahlstellen gewährt werden; dies gilt entsprechend für Leibrenten und andere Leistungen ausländischer Zahlstellen, wenn die Beiträge, die den Leistungen zugrunde liegen, nach § 10 Absatz 1 Nummer 2 ganz oder teilweise bei der Ermittlung der Sonderausgaben berücksichtigt wurden;

8. sonstige Einkünfte im Sinne des § 22 Nummer 2, soweit es sich um private Veräußerungsgeschäfte handelt, mit

a) inländischen Grundstücken oder

b) inländischen Rechten, die den Vorschriften des bürgerlichen Rechts über Grundstücke unterliegen;

8a. sonstige Einkünfte im Sinne des § 22 Nummer 4;

9. sonstige Einkünfte im Sinne des § 22 Nummer 3, auch wenn sie bei Anwendung dieser Vorschrift einer anderen Einkunftsart zuzurechnen wären, soweit es sich um Einkünfte aus inländischen unterhaltenden Darbietungen, aus der Nutzung beweglicher Sachen im Inland oder aus der Überlassung der Nutzung oder des Rechts auf Nutzung von gewerblichen, technischen, wissenschaftlichen und ähnlichen Erfahrungen, Kenntnissen und Fertigkeiten, zum Beispiel Plänen, Mustern und Verfahren, handelt, die im Inland genutzt werden oder worden sind; dies gilt nicht, soweit es sich um steuerpflichtige Einkünfte im Sinne der Nummern 1 bis 8 handelt;

10. sonstige Einkünfte im Sinne des § 22 Nummer 5; dies gilt auch für Leistungen ausländischer Zahlstellen, soweit die Leistungen bei einem unbeschränkt Steuerpflichtigen zu Einkünften nach § 22 Nummer 5 Satz 1 führen würden oder wenn die Beiträge, die den Leistungen zugrunde liegen, nach § 10 Absatz 1 Nummer 2 ganz oder teilweise bei der Ermittlung der Sonderausgaben berücksichtigt wurden.

(2) **Im Ausland gegebene Besteuerungsmerkmale bleiben außer Betracht, soweit bei ihrer Berücksichtigung inländische Einkünfte im Sinne des Absatzes 1 nicht angenommen werden könnten.**

(3) **[1] Bei Schifffahrt- und Luftfahrtunternehmen sind die Einkünfte im Sinne des Absatzes 1 Nummer 2 Buchstabe b mit 5 Prozent der für diese Beförderungsleistungen vereinbarten Entgelte anzusetzen. [2] Das gilt auch, wenn solche Einkünfte durch eine inländische Betriebsstätte oder einen inländischen ständigen Vertreter erzielt werden (Absatz 1 Nummer 2 Buchstabe a). [3] Das gilt nicht in den Fällen des Absatzes 1 Nummer 2 Buchstabe c oder soweit das deutsche Besteuerungsrecht nach einem Abkommen zur Vermeidung der Doppelbesteuerung ohne Begrenzung des Steuersatzes aufrechterhalten bleibt.**

(4) [1] **Abweichend von Absatz 1 Nummer 2 sind Einkünfte steuerfrei, die ein beschränkt Steuerpflichtiger mit Wohnsitz oder gewöhnlichem Aufenthalt in einem ausländischen Staat durch den Betrieb eigener oder gecharterter Schiffe oder Luftfahrzeuge aus einem Unternehmen bezieht, dessen Geschäftsleitung sich in dem ausländischen Staat befindet.** [2] **Voraussetzung für die Steuerbefreiung ist, dass dieser ausländische Staat Steuerpflichtigen mit Wohnsitz oder gewöhnlichem Aufenthalt im Geltungsbereich dieses Gesetzes eine entsprechende Steuerbefreiung für derartige Einkünfte gewährt und dass das Bundesministerium für Verkehr und digitale Infrastruktur die Steuerbefreiung nach Satz 1 für verkehrspolitisch unbedenklich erklärt hat.**

Einkommensteuer-Richtlinien: EStR 49.1–49.3/EStH 49.1, 49.2

Übersicht

I. Allgemeines

1 **1. Bedeutung; Aufbau.** Die §§ 49 ff knüpfen an die in § 1 getroffene Unterscheidung zw unbeschr und beschr StPfl an (s Rz 6 und § 1 Rz 2f) und regeln die Einzelheiten der beschr StPfl: **§ 49** bestimmt, welche inl Einkünfte eine beschr StPfl iSv § 1 IV begründen. **§ 50** legt Einzelheiten zur Ermittlung der beschr stpfl Einkünfte und des zu versteuernden Einkommens sowie den Steuertarif fest und bestimmt den Umfang der Abgeltungswirkung des StAbzugs. **§ 50a** regelt als Verfahrensvorschrift die Steuererhebung durch StAbzug (wie § 39d und § 44 für LSt bzw KapESt) sowie die Haftung des Vergütungsschuldners. **§ 50d** enthält besondere Regelungen (auch) für das Zusammenspiel von beschr StPfl und DBA. Ergänzende Regelungen finden sich in **§§ 73a ff EStDV.** – Als Ausgangsvorschrift definiert **§ 49 I** in einer abschließenden Aufzählung die einzelnen beschr stpfl (inl) Einkünfte. **§ 49 II** normiert den Grundsatz der sog isolierenden Betrachtungsweise. **§ 49 III und IV** enthalten Sonderregelungen zur Besteuerung von Schifffahrt- und Luftfahrtunternehmen.

Personen ohne Wohnsitz oder gewöhnl Aufenthalt im Inl sind *nur dann* beschr stpfl, wenn sie **bestimmte inl Einkünfte** iSv § 49 erzielen (§ 1 IV). Anknüpfungspunkt der Besteuerung sind weniger persönl Merkmale des Einkommensbeziehers als die inl Quelle, aus der die Einkünfte fließen (zB *inl* Betriebsstätte bei gewerbl Einkünften iSv § 49 I Nr 2 oder *inl* Tätigkeit bei § 49 I Nr 3 und 4 etc; s Rz 12). Das zeigt auch der StAbzug nach § 50a. Persönl Verhältnisse bleiben dementspr gem § 50 weitgehend unberücksichtigt. Abw von der unbeschr StPfl iSv § 1 I–III ist damit der Charakter der ESt als **Personensteuer** bei der beschr StPfl zwar nicht verloren gegangen (s § 50 I 2 Steuerprogression, § 50 I 4, II 2 Nr 4 Besteuerung von beschr stpfl ArbN); dieser wird aber wesentl mitbestimmt durch **objektsteuerartige Züge** (vgl BFH I R 32/10 BStBl II 14, 513, unter II.2.a; s auch *Schaumburg* Rz 5.99: keine klare Trennung zw Steuersubjekt und Steuerobjekt). Verstärkt wird diese Tendenz durch die sog isolierende Betrachtungsweise (§ 49 II, s Rz 132). – Zur **Rechtfertigung** der beschr StPfl s *Lüdicke* DStR 08, Beihefter Heft 17, S 25/6.

2. Persönl Anwendungsbereich. § 49 gilt grds für alle **natürl Personen** ohne Wohnsitz oder gewöhnl Aufenthalt im Inl (§ 1 IV); Ausnahme: Grenzpendler, die einen Antrag gem § 1 III gestellt haben (s § 1 Rz 41 ff; zu § 2 AStG s Rz 5). Bei **PersGes** sind Steuerschuldner die (ggf ausl) Ges'ter; maßgebl ist der Wohnsitz des jeweiligen Ges'ters, nicht der Sitz der Ges (s Rz 25). Auf beschr stpfl **juristische Personen** (§ 2 KStG) ist § 49 über § 8 I KStG ebenfalls anwendbar. 2

Zu **EU-Bediensteten** s § 1 Rz 38; zu Mitarbeitern der EZB s *Neyer* BB 13, 1244. Zu **Diplomaten/Konsuln** etc (Art 37 III WüD/Art 49 I WÜK: kein inl Wohnsitz) s § 3 Rz 4 und BFH I R 119/95 BFH/NV 97, 664. Zu Angehörigen der **NATO** s BFH I R 47/04 BStBl II 06, 374. – Ob es sich bei einer **ausl Ges** (mit inl Einkünften) um eine PersGes oder um eine KapGes handelt, bestimmt sich nach inl Recht (sog „Typenvergleich", vgl § 17 Rz 24).

3. Neuere Rechtsentwicklung; zeitl Anwendungsbereich. Die beschr StPfl von **Altersversorgungsleistungen** gem § 49 I Nr 7 und 10 ist durch das EU-VorgUmsG (BGBl I 10, 386) mit Wirkung ab VZ 2010 auf entspr Leistungen ausl Zahlstellen ausgedehnt worden (s Rz 119 und 128). – Das JStG 2010 (BGBl I 10, 1768) unterwirft mit § 49 I Nr 2g sog Transferleistungen inl Sportvereine für **Berufssportler** ebenfalls mit Wirkung ab VZ 2010 der beschr StPfl (s Rz 63). – S iÜ *HHR* § 49 Anm 2. 3

4. Verfassungsrecht; Europarecht (s auch § 50a Rz 3). Die einzelnen Tatbestandsmerkmale des § 49, die einen Inlandsbezug herstellen und damit die beschr StPfl überhaupt erst begründen (vgl Rz 11), sind sehr unterschiedl ausgeprägt. Insb zw § 49 I Nr 2 (Gewerbebetrieb) und Nr 3 (selbständige Arbeit), aber auch im Hinblick auf Nr 5 (Zinseinkünfte), kommt es aufgrund der unterschiedl gesetzl Anforderungen zu sachl kaum noch erklärbaren **Besteuerungsunterschieden** und zu **Besteuerungslücken,** die die Besteuerung nach § 49 teilweise willkürl erscheinen lassen (Art 3 I GG). – Die Regelung verstößt hingegen nicht gegen **EU-** oder **EWR-Recht** (s iEinz § 1 Rz 4–10). 4

Wie hier: *Schaumburg* Rz 5.109 ff, 5.129; *K/Gosch* § 49 Rz 3; *KSM/Hidien* § 49 Rz D 318 – **aA:** BVerfG 1 BvR 2328/73 BVerfGE 43, 1 und 1 BvR 228/65 BVerfGE 19, 119; BFH I R 219/82 BStBl II 90, 701 mwN; *HHR* § 49 Anm 10 mwN.

5. Verhältnis zu anderen Vorschriften/DBA. – a) Unilaterale Bestimmungen. Während die §§ 49 ff die Besteuerung *inl Einkünfte* von *ausl StPfl* regeln, richtet sich die Erfassung *ausl Einkünfte* von *inl StPfl* iRd StErmäßigung gem § 34c nach **§ 34 d.** Welche Vorschriften bei der Veranlagung beschr StPfl *nicht* anzuwenden sind, bestimmt § 50 I 3 (s § 50 Rz 13 ff). Die **§§ 50, 50a** setzen ihrerseits das Vorliegen beschr stpfl Einkünfte nach § 49 voraus (§ 50 Rz 6 und § 50a Rz 1). Zu **§ 4h** s Rz 59. – Beschr StPfl unterliegen gem **§ 2 Nr 1 SolZG** dem SolZ (s auch BFH I R 10/95 BStBl II 95, 868). – **§ 2 AStG** verdrängt als *lex specialis* § 49 (BFH I R 19/06 BStBl II 10, 398/401; *BMF* BStBl I 10, 368; s § 1 Rz 75); nicht ausl Einkünfte iSd Regelung sind aber auch Einkünfte iSd § 49 (BFH aaO). § 49 I Nr 2 Buchst e bleibt von **§ 6 AStG** unberührt (s § 6 I 5 AStG: Anrechnung iRd AStG; *Kraft* AStG § 6 Rz 45; s aber auch *Wassermeyer* IStR 13, 1). Die **§§ 7 ff** 5

AStG gelten nur für unbeschr StPfl (§ 7 I AStG); auf die beschr StPfl einer ausl Zwischen-Ges wirken sich diese Regelungen nicht aus (s *Kraft* AStG § 7 Rz 35). – **§ 42 AO** ist auch auf beschr StPfl anwendbar (BFH I R 65/10 IStR 12, 374 mwN).

6 **b) Doppelbesteuerungsabkommen.** Sind die tatbestandl Voraussetzungen des § 49 erfüllt und liegt eine beschr StPfl somit vor, wird die inl Besteuerung häufig durch DBA ausgeschlossen oder beschränkt. DBA haben als *leges speciales,* soweit ihr Regelungsinhalt reicht (und wenn sie nicht durch andere Regelungen überlagert werden, sog *treaty override,* s § 50d Rz 6), **Vorrang vor § 49** (s auch § 2 AO; *T/K* § 2 AO Tz 5f; *Klein/Gersch* § 2 AO Rz 3). Allerdings können sie eine inl StPfl weder begründen noch erweitern, sondern ledigl eine bestehende StPfl durch Freistellung oder Anrechnung überlagern bzw modifizieren (vgl BFH I R 81/07 BStBl II 09, 632 Rz 23; BFH I R 153/77 BStBl II 81, 517); daher ist idR auch nur dann, wenn eine beschr StPfl nach § 49 gegeben ist, das inl Besteuerungsrecht nach DBA zu prüfen (str, s iEinz *Vogel/Lehner* DBA Grundlagen Rz 44 und 65 DBA Einl Rz 43, 90). – DBA-Beschränkungen sind **von Amts wegen** zu beachten. Unerhebl ist, ob der ausl Staat *tatsächl* von seinem Besteuerungsrecht Gebrauch macht, es sei denn, es bestehen **Rückfallklauseln** (Subject-to-tax-/switch-over-Klauseln) nach DBA oder innerstaatl Recht (zB § 50d III, VIII, IX und X). Zur Wirkung von **§ 50d** s iEinz dort. – Die Liste der aktuell geltenden DBA wird jährl veröffentlicht (BStBl I 16, 76). Ist mit dem betr Land kein DBA geschlossen worden, richtet sich die Besteuerung allein nach §§ 49 ff. Zur **DBA-Auslegung** s *Vogel* IStR 03, 523.

II. Beschränkt steuerpflichtige Einkünfte, § 49 I

10 **1. Inländische Einkünfte.** § 49 I enthält eine Legaldefinition für den in § 1 IV verwendeten Begriff „inl Einkünfte". Die Aufzählung ist abschließend, wird aber durch den Steuergesetzgeber ständig erweitert.

11 **a) Tatbestandsmäßigkeit der Besteuerung.** Die einzelnen Regelungen in § 49 I knüpfen an bestimmte Einkunftsarten des § 2 I an. Eine Besteuerung nach § 49 ist daher nur mögl, wenn zunächst alle tatbestandl Voraussetzungen der jeweils in § 49 I Nr 1 bis 10 in Bezug genommenen Einkunftsarten iSv §§ 13–23 in der Person des StPfl erfüllt sind (vgl BFH I R 192/85 BStBl II 87, 383 unter 3). Ob das der Fall ist, bestimmt sich allein nach **inl Recht** (unter Berücksichtigung des gesamten im Inl und Ausl verwirklichten Sachverhalts, vgl *Lademann/Lüdicke* § 49 Rz 830). Weder § 49 II noch § 50a I kommt eine darüber hinausgehende steuerbegründende Wirkung zu (BFH I R 217/71 BStBl II 74, 511; s auch Rz 132).

Daher muss zB die Frage, ob bestimmte Leistungen der **Einkunftserzielung** dienen oder als „Liebhaberei" einzuordnen sind, auch bei beschr StPfl nach denselben Kriterien beurteilt werden wie bei unbeschr StPfl (BFH I R 14/01 BStBl II 02, 861; Nichtanwendungserlass in *BMF* BStBl I 02, 1394 durch *BMF* BStBl I 10, 1350, Rz 118, aufgehoben – s aber dort auch Rz 15: Nachweis).

12 **b) Inlandsbezug.** Zusätzl werden in § 49 I für die einzelnen Einkunftsarten weitere tatbestandl Voraussetzungen normiert, die einen Inlandsbezug herstellen und die jeweiligen Einkünfte damit überhaupt erst zu „inländischen" iSd Regelung machen (zB § 49 I Nr 2 Buchst a: Unterhalten einer Betriebsstätte *im Inland;* s auch BFH I R 22/12 BStBl II 13, 728). Ein solcher Inlandsbezug ist notwendig, um den Besteuerungszugriff des inl Fiskus zu rechtfertigen; denn nach den allg Regeln des Völkerrechts (s Art 25 GG) darf ein Staat nur solche Einkünfte besteuern, die einen besonderen räuml oder persönl Bezug *(genuine link)* zu ihm aufweisen, sog **Territorialitätsprinzip** (vgl BVerfG 2 BvR 475/78 BVerfGE 63, 343 unter B. II.4.b: „sachgerechte Anknüpfungsmomente"; *Schaumburg* Rz 5.1 und 5.103 ff).

c) Sachl Zuordnung. Wegen des **objektsteuerartigen Charakters** der beschr StPfl (s Rz 1 aE) richtet sich die Zuordnung zu einer der in § 49 I genannten Einkunftsarten nach dem obj Erscheinungsbild der jeweiligen (im Inl verwirklichten und aus dem Inl bezogenen) Einkünfte (BFH I R 32/10 BStBl II 14, 513). Für das **Verhältnis der Tatbestände** des § 49 I zueinander gelten die allg Vorschriften der §§ 13ff. Während einige sich gegenseitig ausschließen (zB § 49 I Nr 1–4), stehen andere im Verhältnis der **Subsidiarität** zueinander (§ 49 I Nr 5–9, vgl § 20 VIII, § 21 III, § 22 I Nr 1 S 1, § 22 Nr 3 S 1, § 23 II, ausdrückl § 49 I Nr 6 und Nr 9 letzter HS). Allerdings kommt im Hinblick auf auslandsbezogene Qualifikationsmerkmale die **isolierende Betrachtungsweise** (§ 49 II, s Rz 132f) zum Tragen. – Einheitl Leistungen sind ggf **aufzuteilen,** wenn sie zu unterschiedl Einkünften führen, soweit diesen nicht nur untergeordnete Bedeutung zukommt (insb wegen StAbzug gem § 50a, vgl BFH I B 157/10 BStBl II 12, 590: Aufteilung eines Pauschalhonorars für Dienstleistungen und Rechteverwertung; s auch BFH I R 73/02 BStBl II 05, 550: Aufteilung eines einheitl Leistungspakets in gewerbl Einkünfte und Einkünfte aus VuV; dazu *Gosch* FS Wassermeyer, S 263/70; krit *Lüdicke* DStR 08, Beihefter Heft 17, S 25/9). – Die einzelnen Tatbestände sind durch FA und FG grds austauschbar, im Haftungsverfahren jedoch nur, soweit die Ermessensentscheidung hiervon nicht berührt wird (s § 50a Rz 37). 13

d) Zeitl Zuordnung. – aa) Jahressteuerprinzip. Auch für beschr stpfl Einkünfte gilt das Jahressteuerprinzip (§ 2 VII 1). Zum **Wechsel der persönl StPfl** im Laufe eines VZ (Verlegung des Wohnsitzes etc) s § 1 Rz 77 und § 2 Rz 69. Zu **vorab entstandenen/nachträgl BE oder WK** s § 50 Rz 9 (vgl auch § 4 Rz 484 und § 9 Rz 94ff). 14

bb) Nachträgl Einnahmen. Auch nach Wechsel der persönl StPfl (zB nach Wegzug) können nachträgl Einnahmen aus einer Inlandsquelle (vgl § 24 Nr 1 und 2) unter den Voraussetzungen des § 49 grds wie die ursprüngl Einnahmen nach inl Recht stpfl sein, sei es als unmittelbarer Ausfluss der bisherigen Tätigkeit (s Wortlaut § 49 I Nr 3 und 4: „... oder worden ist") oder auf Grund eines neuen Besteuerungstatbestandes (zB Verwertung statt bisher Ausübung). Entscheidend für die Zuordnung ist der wirtschaftl Zusammenhang mit der (früheren) inl Einkunftsquelle (vgl BFH I R 28/08 IStR 10, 103/7 mwN, zu nachträgl Betriebsstätteneinkünften iSd § 49 I Nr 2 Buchst a). Deshalb können zB auch Veräußerungsgewinne eines ehemals inl Betriebs nach Verlegung von Wohnsitz und Betrieb ins Ausl als inl Einkünfte der beschr StPfl unterfallen, wenn dabei im Inl entstandene stille Reserven realisiert werden (BFH I R 99/08 BStBl II 11, 1019, Rspr-Änderung: **Aufgabe der sog Theorie der finalen Betriebsaufgabe;** krit *Wassermeyer* IStR 10, 461; *ders* IStR 11, 361; *Mitschke* FR 10, 187; s iEinz § 4 Rz 329 und § 16 Rz 175). Allerdings ist daneben stets DBA-Recht zu prüfen (s Rz 9; vgl BFH I R 99/08 BStBl II 11, 1019 Rz 27: Zuordnung nach dem sog Veranlassungsprinzip). 15

Beispiele: Ruhegelder als **nachträgl Sondervergütung** (BFH I R 5/11 IStR 12, 222 – mit krit Anm *Wassermeyer*); Nachzahlung von **Arbeitslohn** (BFH I R 63/00 BStBl II 03, 302); **Erfindervergütung** nach Beendigung des ArbVerh und Wegzug (BFH I R 70/08 BStBl II 12, 493); **Lohnfortzahlung im Krankheitsfall** (FG Köln EFG 07, 1446, rkr); Auszahlung von in einem **Pensionsfonds** angesammeltem Kapital (FG Ddorf EFG 05, 1783, rkr); **Veräußerungsgewinne** nach Verlegung eines Betriebs ins Ausl bei gleichzeitiger Aufgabe des inl Wohnsitzes hinsichtl der im Inl entstandenen stillen Reserven (*Rspr-Änderung:* vgl BFH I R 99/08 BStBl II 11, 1019, und BFH I R 28/08 IStR 10, 103, mwN; anders noch: BFH I R 261/70 BStBl II 77, 76); nachträgl realisierte Erträge eines ArbN aus **Aktienoptionen** (BFH I R 100/98 BStBl II 01, 509; BFH I R 119/98 BStBl II 01, 512: ggf zeitl Aufteilung nach DBA); Vergabe der **Verfilmungsrechte** an einem Roman nach Wegzug ins Ausl (BFH I R 268/83 BStBl II 87, 372, s Rz 49). – Zu **Abfindungen** s Rz 90.

2. Land- und Forstwirtschaft, § 49 I Nr 1. Begriff s § 13 Rz 6ff. Zusätzl muss die LuF **im Inl betrieben** werden, dh nur der inl Teil eines Betriebs unterliegt der beschr StPfl. Auf den Ort der Betriebsleitung kommt es nicht an (vgl 18

BFH I R 95/96 BStBl II 98, 260, Anm *FW* IStR 98, 213), ebenso wenig auf die Person des Betreibers (Eigentümer, Pächter etc). Erfasst werden auch Veräußerungsgewinne, ggf anteilig (Begünstigung: s § 50 Rz 19), und Gewinne aus Verpachtung der LuF ohne Betriebsaufgabe (s Rz 7; § 13 Rz 81 f). – Durch **DBA** wird die Besteuerung idR weder ausgeschlossen noch beschränkt (Belegenheitsprinzip, s Art 6 und 13 OECD-MA). Die **Steuererhebung** erfolgt nicht durch StAbzug, sondern durch Veranlagung (§ 50 II 2 Nr 1), uU nach § 13a (s BFH aaO: Berücksichtigung nur der inl Verhältnisse). S iÜ auch *Debatin* DB 1988, 1285.

20 **3. Gewerbebetrieb, § 49 I Nr 2.** Begriff s § 15 Rz 5 ff. Die Besteuerung des ausl Unternehmens hängt zusätzl davon ab, ob und in welchem Umfang die ausgeübte Tätigkeit einen der in Nr 2 Buchst a–g aufgeführten **Inlandsbezüge** aufweist. Besteuert wird nur der Gewinnanteil, für den diese Voraussetzungen gegeben sind (ggf Aufteilung nach dem „Quellenprinzip", vgl BFH I R 95/84 BStBl II 88, 663, II.2.d).

21 **a) Betriebsstätte; ständiger Vertreter, § 49 I Nr 2 Buchst a.** Wichtigster und vorrangiger Anknüpfungspunkt für gewerbl Einkünfte eines beschr StPfl ist die im Inl unterhaltene Betriebsstätte. Zum Begriff „Inland" s § 1 Rz 30. Zur Gewinnermittlung (durch Veranlagung) s § 49 Rz 29 und § 50 Rz 28 ff. Zu vorab entstandenen und vergebl BA s § 50 Rz 9 mwN, zu nachträgl BE s Rz 14 f.

Verwaltung: *BMF* BStBl I 10, 354 (PersGes/DBA); BStBl I 99, 1076, geändert durch BStBl I 00, 1509 und I 09, 888 (Betriebsstätten-Verwaltungsgrundsätze); BStBl I 98, 268 (Umwandlungssteuererlass – alt). – **Lit:** *Kaminski* Stbg 12, 354 (aktuelle Entwicklungen); *Kahle/Ziegler* DStZ 09, 834 (Grundfragen, aktuelle Entwicklung); *Rautenstrauch/Binger* Ubg 09, 619 (Dienstleistungsbetriebsstätten); *Blumers* DB 06, 856 (Betriebsstättenerlass); *Remberg* IStR 06, 545 (OECD-Tendenzen, Begriffsausweitung, Maschinen- und Anlagenbau); *Kleineidam* IStR 04, 1 (DBA; Betriebsstättenvorbehalt); *Bendlinger ua* IStR 04, 145; *Wassermeyer* FS Kruse, 2001 S 589 (Betriebsstätte); *Kessler/Peter* BB 00, 1545 (Weiterentwicklung, E-Commerce, OECD).

22 **aa) Betriebsstätte.** Jede feste Geschäftseinrichtung oder Anlage, die der Tätigkeit eines Unternehmens dient, ist Betriebsstätte iSv § 49 I Nr 2a. Die Begriffsbestimmung richtet sich nach § 12 AO (BFH I R 30/07 BStBl II 08, 922 mwN), nicht nach dem enger gefassten Art 5 OECD-MA (oder § 41 II). Die Aufzählung in § 12 AO ist beispielhaft (s iEinz Kommentierungen zu § 12 AO). Gewerbl Unternehmen müssen wenigsten eine (Geschäftsleitungs-)Betriebsstätte haben (ggf in der Wohnung des Unternehmers); sie können **mehrere Betriebsstätten** haben, aber **nur *eine* Geschäftsleitung** iSv § 10 AO (str, s BFH I R 19/06 BStBl II 10, 398, Rz 47: keine „betriebsstättenlosen" gewerbl Einkünfte, mwN; s auch *Haase/Brändel* StuW 11, 49; aA *Kramer* DB 11, 1882). – Zur **Aufteilung** bei mehreren Betriebsstätten im Inl/Ausl s BFH I R 15/93 BStBl II 94, 148; *Wassermeyer* IStR 04, 676, entgegen *Kramer* IStR 04, 672/677; zum Begriff **Unternehmen** s FG Brem EFG 16, 88, Rev I R 58/15.

23 **(1) Bezug zum Inland.** Die feste Geschäftseinrichtung oder Anlage muss einen nicht nur vorübergehenden **räuml und zeitl** Bezug zum Inl schaffen (BFH I R 80–81/91 BStBl II 93, 462 mwN). Eine feste Verbindung mit der Erdoberfläche genügt jedenfalls (BFH aaO), ist aber nicht zwingend (BFH I R 15/93 BStBl II 94, 148: Verkaufswagen; s aber auch BFH I R 12/02 BStBl II 04, 396). Je geringer der räuml Bezug desto wichtiger ist die zeitl Komponente. Bei von Anfang an zeitl begrenzten Tätigkeiten kann auf die 6-Monatsfrist für **Bauausführungen und Montagen** (§ 12 S 2 Nr 8 AO) zurückgegriffen werden (str, s *HHR* § 49 Anm 196 mwN). Ob diese eine Betriebsstätte begründen, hängt allein von der Dauer der einzelnen Unternehmung ab; mehrere Unternehmungen sind in zeitl Hinsicht *nicht* zusammenzurechnen (BFH I R 3/02 BStBl II 04, 932 mwN, Anm *KB* IStR 04, 204).

Beispiele für Betriebsstätten: Stätte der Geschäftsleitung, Zweigniederlassung (s BFH I R 5/04 BStBl II 09, 100; BFH I R 54/92 BStBl II 93, 483), Geschäftsstelle (s BFH I B 101/98 BFH/NV 99, 753 mwN), Fabrikations- oder Werkstätte, Warenlager, Ein- oder Verkaufsstelle, Bergwerk, Steinbruch oder andere stehende, örtl fortschreitende oder schwimmende Stätten zur Gewinnung von Bodenschätzen, Bauausführungen oder Montagen (s iEinz § 12 AO); Gebäude oder einzelne Räume (BFH I R 80–81/91 BStBl II 93, 462: Abgrenzung zw Geschäftseinrichtung und Anlage häufig nur schwer mögl); Wohnsitz eines Berufssportlers (BFH I R 19/06 BStBl II 10, 398); Verkaufswagen eines Markthändlers (BFH I R 15/93 BStBl II 94, 148); evtl ein Server (vgl BFH I R 86/01 BStBl II 02, 683, Anm *Stuhldreier* EStB 02, 430); Redaktionsaußenstelle einer Tageszeitung (BFH I R 292/81 BStBl II 85, 417; zu ausl Pressebüros: *FinVerw* DStR 00, 1142, weiter als FR 98, 535; aA *Kumpf/Roth* DB 00, 1439); zu Versicherungen s *Kahrs* IStR 98, 617; zu weiteren Sonderfällen s *BMF* BStBl I 99, 1076 Tz 4. – **Keine Betriebsstätte:** vierwöchiger Verkaufsstand auf Weihnachtsmarkt (BFH I R 12/02, BStBl II 04, 396, Anm *Hidien* DStZ 04, 126); zweimal im Jahr für jeweils 6 Wochen genutzter Wohnwagen in Italien (BFH I R 80/92 BStBl II 93, 655); Überlassung eines Satellitentransponders (BFH I R 130/97 BFH/NV 00, 1182). – Zu Anfang und Ende eine **Montagebetriebsstätte** s BFH I R 99/97 BStBl II 99, 694 und *Kahle/Kindich* DStZ 15, 751; zu mehreren Bauausführungen s BFH I R 47/00 BStBl II 02, 846; zur Anwendung von § 42 AO bei Aufteilung auf mehrere Bauunternehmungen s BFH I B 113/98 BFH/NV 99, 1314: nicht abschließend geklärt; zu Reparaturarbeiten s BFH I R 4/02 BFH/NV 04, 83 (keine Montage); zu Montageüberwachung s *Schieber* IStR 94, 521, und *Münch* RIW 95, 398. – Zu **Dienstleistungsbetriebsstätten** nach DBA s *Reimer* IStR 09, 378; *F. Loose* Stbg 07, 127 (OECD-Vorschläge).

(2) Verfügungsmacht. Der Unternehmer muss eine **hinreichende,** nicht nur 24
vorübergehende **eigene** Verfügungsmacht über die von ihm genutzte Einrichtung ausüben (BFH I R 30/07 BStBl II 08, 922). Das ist nur dann der Fall, wenn er eine Rechtsposition innehat, die ohne seine Mitwirkung nicht mehr ohne weiteres entzogen oder verändert werden kann (BFH I R 80–81/91 BStBl II 93, 462). Ob sie auf Eigentum oder auf einer entgeltl bzw unentgeltl Nutzungsüberlassung beruht, ist gleichgültig (BFH aaO). Es kann sich demnach um eigene, gemietete oder unentgeltl überlassene Räumlichkeiten oder Anlagen handeln (BFH I R 189/79 BStBl II 82, 624). Das Verfügungsrecht muss **nicht ausdrückl vereinbart,** rechtl abgesichert oder lokal festgelegt sein (BFH I R 106/03 BFH/NV 05, 154 mwN); es kann auch von Dritten abgeleitet werden (s BFH I R 85/91 BStBl II 92, 937 und I R 165/90 BStBl II 93, 577). Das **bloßes Tätigwerden** in den Räumlichkeiten des Vertragspartners **genügt** hingegen **nicht** (mehr), auch nicht über mehrere Jahre hinweg (BFH I R 30/07 BStBl II 08, 922, Abgrenzung zu BFH I R 106/03, BFH/NV 05, 154; s auch BFH I B 196/08 BFH/NV 09, 1588); damit scheint sich eine neue Rspr-Tendenz abzuzeichnen (vgl Anm *KB* IStR 08, 703: wer nur „Gast" in einem fremden Unternehmen ist, unterhält keine Betriebsstätte; *Gosch* BFH-PR 08, 524: Absage an OECD-Bestrebungen zur Ausweitung des Besteuerungsrechts des Quellenstaates; s aber FG Köln EFG 14, 2115, rkr: unentgeltl Raumnutzung durch Versicherungsvermittler; *Kahle/Schulz* DStZ 08, 784/8; *Rautenstrauch/Binger* Ubg 09, 619; *Lühn* BB 09, 700).

Beispiele für hinreichende Verfügungsmacht: Räumlichkeiten auf Kasernengelände (BFH I R 106/03 BFH/NV 05, 154: trotz Personenkontrolle) oder einer eingeschalteten ManagementGes (BFH I R 46/10 BStBl II 14, 764, und BFH I R 52/10 BFH/NV 11, 1354; s auch *Kaminski* Stbg 12, 354); Wohnhaus eines fremden Geschäftsleiters (vgl BFH I R 15/93 BStBl II 94, 148: muss nicht BV des Unternehmers sein); Büro eines Angestellten (BFH I R 90/75 BStBl II 78, 205; s aber FG Mchn EFG 97, 1482, rkr: bei bestrittener Verfügungsmacht des ArbG). – **Keine hinreichende Verfügungsmacht:** Nutzung von Räumen und Hallen auf NATO-Flughafen durch Subunternehmer (BFH I R 30/07 BStBl II 08, 922; s auch *Lühn* BB 09, 700; *Korff* IStR 09, 231); Besprechungsräume einer anderen GmbH (BFH I R 77/88 BStBl II 90, 166; s auch BFH IV R 168/72 BStBl II 76, 365). – Ob FG Mster EFG 01, 234, rkr (Arbeitstische auf **Schlachthof**) nach BFH I R 30/07 BStBl II 08, 922 noch Bestand haben kann, ist mE fragl (s auch *Beduhn/Staudler* IStR 15, 937, 942). Allerdings hat jetzt FG Thür in einem ähnl Fall das Unterhalten einer Betriebsstätte bejaht (FG Thür EFG 15, 1496, NZB I B 99/15; mE ist fragl, ob hier wirkl eine *eigene* Verfügungsmacht der ungarischen Ges begründet wurde).

25 **(3) Dienende Funktion.** Der Tätigkeit des Unternehmens dient eine Einrichtung oder Anlage vor allem dann, wenn der Unternehmer, seine ArbN oder andere weisungsgebundenen Personen **Betriebshandlungen irgendwelcher Art** darin vornehmen. Dabei genügen auch nebensächl oder untergeordnete Betriebshandlungen, solange sie dem Betrieb nur unmittelbar dienen (vgl BFH I R 130/83 BFH/NV 88, 119). – Ein **vermietetes Grundstück,** das zu einem ausl BV gehört, begründet hingegen noch keine Betriebsstätte (vgl BFH VIII R 159/84 BStBl II 88, 653 zu § 3 ZRF; BFH IV R 24/73 BStBl II 79, 18 zu § 14 BerlinFG; s aber § 49 I Nr 2 Buchst f), ebenso wenig die Betriebsstätte einer inl GmbH als Besitz-Ges im Falle einer **BetrAufsp** (BFH I R 196/79 BStBl II 83, 77).

Beispiele für hinreichende Tätigkeiten: Aufbewahrung von Kontoauszügen (BFH I R 130/83 BFH/NV 88, 119); feste Trainingseinrichtung eines Berufssportlers und Ort, an dem die Wettkämpfe geplant werden (FG Mster EFG 06, 1677, rkr). Zu Hilfstätigkeiten wie zB Informationsbeschaffung s *Endres/Freiling* PISTB 11, 134.

26 **(4) Personaleinsatz.** Der Einsatz von Personal ist nicht zwingend erforderl (sehr str). Daher kann zB eine unterirdisch verlaufende Rohrleitung eine feste Geschäftseinrichtung sein und somit eine Betriebsstätte begründen (so BFH II R 12/92 BStBl II 97, 12 zu BewG; BFH I B 26/97 BFH/NV 98, 19 zu DBA; *Buciek* DStZ 03, 142; *Schaumburg* Rz 5.144; aA *FW* IStR 97, 149; *K/Gosch* § 49 Rz 13). Für Offshore-Windparks auf dem dt Festlandsockel (§ 1 I 2, s § 1 Rz 30) oÄ gilt das gleichermaßen.

Zu **Internet** und **E-Commerce** s iEinz *Heggmair ua* IStR 15, 92; *Pinkernell* Ubg 14, 73, 75f: nur wenige Geschäftsmodelle werden der beschr StPfl unterliegen; Ubg 12, 331 („Cloud-Computing", „B2B- und B2C-Geschäfte"); *ders* Internationale StGestaltung im Electronic Commerce (2014), *Heinsen/Voß* DB 12, 1231 („Cloud-Computing"); *Tappe* IStR 11, 870 (Server, „Cloud"); *Findeis/Eickmann,* DStZ 08, 139 (Server); *Portner* IStR 98, 554. Zu OECD-MA-Entwurf Art 5 (E-Commerce) s *Kußmaul/Peter* BB 00, 1545 und IStR 01, 238; *Steimel* IStR 00, 490; *Kanzler* FR 00, 1152. Zu **Softwareüberlassung** s *Lüdemann* FR 00, 83, *Kessler* IStR 00, 70 und 98; *Hecht/Lampert* FR 09, 1127 und 10, 68. S iÜ 27. Aufl Rz 41 ff.

27 **(5) Unterhalten.** Eine Betriebsstätte wird unabhängig vom Ort der Geschäftsleitung (§§ 10, 12 Nr 1 AO) am Ort ihrer Belegenheit, der Ausübung der Tätigkeit oder der Erbringung der Leistung unterhalten (wie § 18 I Nr 2 AO, § 2a I Nr 2). Beginn/Ende durch Tätigkeitsaufnahme/Einstellung der Betriebsstätte (vgl BGH 5 StR 134/94 HFR 95, 476). Die **Verlegung** des Betriebs führt nicht zur Betriebsaufgabe, auch nicht bei vorübergehender Betriebseinstellung; das gilt insb auch bei Verlegung ins Ausl (keine Besteuerung der im Inl entstandenen stillen Reserven, s Rz 15).

28 **(6) Personengesellschaft.** Bei einer PersGes werden eine inl Betriebsstätte und die darauf entfallenden Einkünfte einem ausl Ges'ter anteilig zugerechnet, ohne dass der Ges'ter weitere Voraussetzungen erfüllen muss (vgl BFH I R 74/09 BStBl II 14, 788 mwN). Das gilt jedoch nicht für *ehemalige* Ges'ter (BFH I R 106/09 BStBl II 14, 759: nachträgl Sondervergütung; zust Anm von *Kessler/Moritz* IStR 11, 158 mwN). WG und Gewinne sind nach dem **Erwirtschaftungsprinzip** zuzuordnen (s § 50 Rz 28 ff; BFH I B 47/05 BStBl II 09, 766 mwN). – **Sondervergütungen** (§ 15 I 1 Nr 2/3) fallen grds unter § 49 I Nr 2 Buchst a (vgl BFH I R 4/13 BStBl II 14, 791; BFH I R 74/09 BStBl II 14, 788; BFH I R 5/06 BStBl II 09, 356), werden aber regelmäßig nicht der inl Betriebsstätte der PersGes zuzuordnen sein (s BFH I R 74/09 BStBl II 14, 788: kein Aktivposten, keine Umqualifizierung durch § 50d X; s auch § 50d Rz 60; *Kaminski* Stbg 11, 338; aA *BMF* BStBl I 10, 354 Rz 5); denn der einzelne Ges'ter kann neben der Betriebsstätte der PersGes eine eigene Betriebsstätte unterhalten, von der aus er seine Geschäfte mit der Ges betreibt (s auch *Wassermeyer* IStR 06, 273 und 10, 37; *Loukota* IStR 06, 274); s aber auch BFH I R 47/12 BStBl II 14, 770 (Zuordnung von notwendigem SonderBV). – Ist an einer inl PersGes mit **ausl Betriebsstätte** ein

ausl Ges'ter beteiligt, wird dessen Gewinnanteil, soweit dieser auf die ausl Betriebsstätte entfällt, nicht erfasst (BFH I R 95/84 BStBl II 88, 663: keine inl Quelle).

S iÜ § 15 Rz 173 und 565; *BMF* BStBl I 10, 354; *Lüdicke* PersGes im Internationalen StRecht, GS Knobbe-Keuk S 95 ff (2011); *Weggenmann* in: Wassermeyer/Richter/Schnittger, PersGes im Internationalen StRecht, Rz 8.75 ff. – Zu gewerbl **Verpachtung** durch GbR s FG Mchn EFG 91, 328 rkr; zu **Ges'ter-Darlehen** an KGaA s BFH I R 16/89 BStBl II 91, 211; zu **Arbeitsgemeinschaft** s BFH I R 165/90 BStBl II 93, 577. – Zu sog **Metageschäften** s BFH I R 92/01 DStR 04, 1919, Anm *Wassermeyer* IStR 03, 388, *Teichgräber* IStR 04, 806. Zu Beteiligungen an **Venture Capital** oder **Private Equity Fonds** s *BMF* BStBl I 04, 40 Rz 19, und *Töben* ISR 13, 314 und 350.

(7) Gewinnermittlung. Der Gewinn aus der **Veräußerung** oder **Aufgabe** 29
der inl Betriebsstätte eines ausl GewBetr führt ebenfalls zu beschr stpfl Einkünften iSd § 49 I Nr 2 Buchst a, ebenso die Veräußerung des Anteils an einer inl PersGes oder einer inl Betriebsstätte. §§ 16 und 34 gelten auch bei beschr StPfl (Ausnahme: § 16 IV, vgl § 50 I 3; s auch und § 16 Rz 10, § 34 Rz 3 und § 50 Rz 14 und 19). – **Sonstige Gewinnrealisierungen** werden wie auch sonst nach § 4 erfasst, s § 4 Rz 50 ff und § 50 Rz 28 ff.

Zur Behandlung von **Dotationskapital** s BFH I B 169/10 BFH/NV 11, 2119 mwN. Zu **Steuerentstrickung** s § 4 Rz 329 (Überführung von WG ins Ausl) und § 16 Rz 175 (Verlegung einer inl Betriebsstätte ins Ausl). Zu **§ 5a** s BFH I R 67/12 BStBl II 14, 172, und BFH I R 67/12 BStBl II 14, 172.

bb) Ständiger Vertreter. Wer nachhaltig die Geschäfte eines Unternehmers 30
besorgt und dabei dessen Sachweisungen unterliegt, ist ständiger Vertreter iSv § 49 I Nr 2a (s § 13 AO). Die Prüfung ist nur dann vorzunehmen, wenn keine inl Betriebsstätte vorliegt. Der Vertreter muss **nachhaltig,** also nicht nur gelegentl oder vorübergehend tätig werden (BFH I R 87/04 BStBl II 06, 220: 6 Monate); er muss **Geschäfte des Unternehmens** besorgen. Es kann sich um einen ArbN oder um einen selbständigen Gewerbetreibenden handeln (vgl BFH I R 152/73 BStBl II 75, 626; s auch BFH X R 82/89 BStBl II 91, 395: nicht bei eigenen Geschäften) oder um eine juristische Person (zB Tochtergesellschaft, s BFH I R 116/93 BStBl II 95, 238). Der Vertreter muss seinerseits über eine Betriebsstätte oder feste Einrichtung im Inl verfügen, der die Einkünfte zuzurechnen sind (str, s *Lademann* § 49 Rz 307; *K/Gosch* § 49 Rz 14; aA *HHR* § 49 Rz 226). Zur Gewinnzuordnung s *Griemla* IStR 05, 857.

Beispiele: Handelsvertreter, Kommissionär, Makler, Spediteur, Agent, Bankier, Handlungs- und Vermittlungsgehilfe (s § 13 AO); auch ein Pächter, wenn er über seine Pächterpflichten hinaus auf gewisse Dauer wirtschaftl Interessen des Verpächters wahrnimmt (BFH I R 136/77 BStBl II 78, 494; abl zu Tankstellenpächter: BFH I R 84/05 BStBl II 07, 94). Zur Vermittlung, Aushandlung und Abwicklung von Werbeverträgen durch inl GmbH s BFH I B 157/10 DStRE 12, 89. Zu Eigenhändler und Kommissionär s auch *Wassermeyer* in FS Schaumburg (2009), S 971 ff. Ob der Geschäftsführer einer KapGes deren ständiger Vertreter sein kann, hat der BFH offen gelassen (BFH I R 87/04 BStBl II 06, 220 mwN). – Die *FinVerw* macht in EStR 49.1 I zugunsten des StPfl Ausnahmen für Handelsvertreter, Kommissionäre und Makler (s auch Art. 5 VI OECD-MA; zutr krit *Schaumburg* Rz 5.158).

cc) DBA-Beschränkungen. Das Besteuerungsrecht (einschließl Betriebsver- 31
äußerung) ist gem Art 7 OECD-MA idR dem Staat der Betriebsstätte zugewiesen, so dass § 49 I Nr 2 Buchst a hier nur ausnahmsweise eingeschränkt wird; das gilt allerdings nicht für ständige Vertreter (s iEinz *Vogel* Art 5 Rz 109 ff und 143 ff). – Auch abkommensrechtl (vgl Rz 25) sind **Betriebsstätten einer PersGes** den Ges'tern als eigene zuzurechnen (BFH I R 74/09 BStBl II 14, 788; BFH I R 17/01 BStBl II 03, 631 mwN: gilt auch für doppelstöckige PersGes).

Verwaltung: *BMF* BStBl I 10, 354 Rz 5. – **Lit:** *Hruschka* DStR 10, 1357; *Schmitt-Homann* DStR 10, 2545; *Wassermeyer* IStR 07, 413; *Lang* IStR 07, 606; *Hoheisel* IWB F 10 Gr 2, 2009. – Zur abkommensrechtl Behandlung von **Sondervergütungen** (entgegen *BMF* aaO Rz 5) s BFH I R 74/09 BStBl II 14, 788 (Lizenzzahlungen), BFH I R 5/06 BStBl II 09, 356 (Darlehenszinsen), BFH I B 47/05 BStBl II 09, 766 (Darlehen für Betriebsstätte Fremdkapital);

BFH I R 71/01 BStBl II 03, 191 (Leistungen im Auftrag einer zwischengeschalteten KapGes); s iÜ auch § 50d Rz 60. Zu *nachträgl* Sondervergütungen s BFH I R 106/09 DStR 11, 14 (kein inl Besteuerungsrecht, keine gesonderte und einheitl Feststellung).

32 **dd) Verfahren.** Die StErhebung erfolgt grds durch Veranlagung (§ 50 I, II 2 Nr 1).

33 **b) Seeschiffe; Luftfahrzeuge, § 49 I Nr 2 Buchst b.** Der Betrieb von Seeschiffen oder Luftfahrzeugen im Inl begründet für den ausl Unternehmer keine inl Betriebsstätte iSd Buchst a (s *BMF* BStBl I 99, 1076 Tz 4.5 mwN), kann aber gleichwohl zu beschr stpfl Einkünften nach Buchst b führen. – Erfasst werden Einkünfte durch den Betrieb **eigener oder gecharterter Seeschiffe oder Luftfahrzeuge** zur **Beförderung von Personen und Sachen.** Den Aufzählungen in § 3 SchiffRegO und § 1 LuftVG und ebenso der Eintragung ins See- oder Binnenschiffsregister kommt ledigl indizielle Wirkung zu; entscheidend ist, wie das jeweilige Gefährt tatsächl genutzt wird und ob die Einkünfte durch den Beförderungsbetrieb erzielt werden. **„Durch den Betrieb"** erzielt werden praktisch alle Gewinne, die durch den Einsatz des Schiffes/Luftfahrzeugs anfallen (vgl BFH IV R 59/70 BStBl II 73, 610). Der erforderl **Inlandsbezug** wird durch die Beschränkung auf Beförderungen zw inl (vgl FG Berlin IStR 00, 688, rkr, mit Anm *Hensel*) oder von inl zu ausl Häfen hergestellt (s auch BFH I R 57/84 BStBl II 88, 596: Aufteilung einheitl Beförderungsleistung; FG Hbg EFG 84, 354, rkr: Durchfrachtbeförderung zw ausl Häfen; FG Bln EFG 93, 83, rkr: Rettungsflug). – Daneben werden mit solchen Beförderungen **zusammenhängende Beförderungsleistungen** erfasst, wenn und soweit sie sich auf das Inl erstrecken. Es muss sich in Bezug auf die eigentl Beförderung um „dienende", also vorbereitende oder unterstützende Leistungen handeln (insb Zubringertransporte, Anschlussbeförderungen).

Zu **Pauschalierung/Freistellung** gem § 49 III und IV s Rz 134. – Zur **Geschäftsleitung** s *BMF* aaO und BFH IV R 58/95 BStBl II 98, 86; vgl auch EStR 49.1 II. Besteuerung von **Seeleuten** s Rz 59 und § 1 Rz 24; zu DBA s BFH I R 42/94 BStBl II 95, 405.

34 **c) Internationale Betriebsgemeinschaften; Pool-Abkommen, § 49 I Nr 2 Buchst c.** Daneben werden nach Buchst c auch Unternehmen besteuert, die nicht selbst die Voraussetzungen des § 49 erfüllen, aber über internationale Vertragsbeziehungen an Beförderungserträgen eines inl Unternehmens beteiligt sind, ohne dass es darauf ankommt, ob das die Beförderung durchführende inl Unternehmen als ständiger Vertreter des ausl Unternehmens anzusehen ist (ansonsten Buchst a, vgl auch EStR 49.1 II 2).

36 **d) Darbietungen, § 49 I Nr 2 Buchst d.** Erfasst werden die **gewerbl Ausübung und Verwertung** bestimmter Tätigkeiten von Künstlern, Berufssportlern, Artisten etc und damit **zusammenhängende Leistungen.** Sämtl tatbestandl Merkmale des § 15 müssen vorliegen (s Rz 11; vgl auch BFH I B 99/98 BStBl II 00, 54). Die Betätigung darf nicht unter § 49 I Nr 3 oder 4 fallen. Die Regelung gilt auch für ausl Unternehmen, die ohne inl Betriebsstätte oder ständigen Vertreter (ansonsten: Buchst a) – ausl oder inl(!) – Künstler, Sportler und Artisten etc vermitteln (zB Künstlerverleih, Konzertdirektion, Promotion-Agentur) oder Rechte iZm entspr Veranstaltungen vermarkten (vgl BFH I R 41/11 BStBl II 12, 880). Wem die Einnahmen zufließen, ist unerhebl; der StPfl muss nicht der Darbietende sein. Es kann sich um Einzel- oder Gemeinschaftsdarbietungen handeln, unabhängig von der Rechtsform des Darbietenden (s auch FG Ddorf EFG 13, 1132, NZB unzulässig, mwN).

Hintergrund: Die Ausübung und Verwertung einer gewerbl Tätigkeit im Inl ohne Betriebsstätte oder ständigen Vertreter begründete bis 1985 grds keine beschr StPfl iSv § 49 I Nr 2 (anders als bei § 49 I Nr 3, 4). Das hatte zu unvertretbaren Unterschieden geführt (zB Berufssportler Nr 2, Amateursportler Nr 3, 4). Außerdem hatten sich vor allem Künstler und Amateursportler vielfach der beschr StPfl nach § 49 I Nr 3, 4 dadurch entzogen, dass sie als

ArbN einer ausl KapGes auftraten, die ihrerseits (mangels inl Betriebsstätte) nach Nr 2 im Inl nicht stpfl war. – **Verwaltung:** *BMF* BStBl I 96, 89 (allg, mit Beispielen), I 09, 362 (ausl Fotomodelle) und I 10, 1350 (StAbzug); *BfF* BStBl I 02, 904 (Merkblatt). – **Literatur:** *Dahle/Sureth/Stamm* StuB 11, 138; *Schauhoff/Cordewener/Schlotter* Besteuerung ausl Künstler und Sportler in der EU (2008); *Holthaus* IStR 08, 95 (Künstler); *Graf/Bisle* IStR 06, 44 (Sportler); *Molenaar/Grams* IStR 05, 762 (Künstler und Sportler).

aa) Begriff. Darbietung ist die **unterhaltende Präsentation** eigener oder fremder Werke, Kenntnisse oder Fähigkeiten vor oder für Publikum. Es kann sich um öffentl (zB Konzerte, Theateraufführungen, Shows, Turniere und Wettkämpfe, s *BMF* BStBl I 96, 89 Tz 2.2.1) und nichtöffentl Präsentationen handeln, um Live-Auftritte (auch unter Playback-Einsatz) oder um Rundfunk-, Film- und Fernsehaufzeichnungen etc. Nur die unter Buchst d aufgeführten Darbietungen werden erfasst (abschließende Aufzählung), nicht wie nach § 98 EStG-Österr oder einzelnen DBA jedwede (zB auch die unterrichtende) Tätigkeit eines Künstlers, Sportlers etc; ggf ist aber zu prüfen, ob eine mit den genannten Darbietungen zusammenhängende Leistung vorliegt (s Rz 43). Rein **sachl Darbietungen** ohne persönl Aktivitäten (zB Verkaufsvernissage eines Malers durch KapGes) fallen ebenfalls unter Buchst d. 37

Werbung unter Ausnutzung des Bekanntheitsgrads eines Künstlers, Sportlers etc ist idR *keine* künstlerische oder sportl Darbietung iSd § 49 I Nr 2 Buchst d; Ausnahme s Rz 43 („zusammenhängende Leistung", vgl auch BFH I R 73/02 BStBl II 05, 550 Rz 15). Bei Rechteüberlassung greift uU § 49 I Nr 6 ein (s auch BFH aaO).

(1) Künstlerisch. Eine Darbietung ist künstlerisch, wenn sie eine **eigenschöpferische Leistung** darstellt (s iEinz § 18 Rz 66). Der Begriff ist eng auszulegen (wie bei Art 17 OECD-MA): Nur *darbietende* Künstler fallen darunter, also vor allem Bühnen-, Film-, Rundfunk-, Fernsehkünstler (zB Schauspieler, Sänger, Balletttänzer uÄ, Musiker, Dirigent etc), nicht hingegen *schaffende* Künstler (zB Maler, Bildhauer, Komponist, Schriftsteller, Kunsthandwerker, Fotograf), es sei denn, sie bieten ihre Werke selbst künstlerisch dar (zB Musikvortrag durch Komponisten, Dichterlesung etc; aber Vorrang von § 49 I Nr 3, s auch § 18 Rz 77 f) oder lassen dies durch Dritte tun (zB ausl KapGes). 38

Nicht erfasst werden: Tänzerinnen, die „sich zu Musik … entkleiden", s aber Rz 41 (BFH I R 81, 82/06 BFH/NV 08, 356); Regisseure und Bühnenbildner (vgl BFH I R 26/01 BStBl II 02, 410 zu Art 17 OECD-MA; vgl auch BFH I R 51/96 BStBl II 97, 679); ebenso Kameramann, Cutter, Tontechniker, Choreograph und Produzent; „Bühnenshow" eines Technikerteams (BFH I R 20/04 BFH/NV 05, 892: keine „unabhängige" Darbietung; BFH I R 65/10 IStR 12, 374); unterrichtender Tänzer (FG Bbg EFG 01, 1284, rkr); Fotomodell (FG Nbg EFG 98, 951, rkr). – Zu Diskjockeys s Grams FR 99, 747. Zu technischen Hilfskräften s Rz 37.

(2) Sportlich. Eine Darbietung ist sportl, wenn sie auf **körperl Bewegung** in Form von Spiel, Einzel- oder Wettkampfleistungen und auf eine über den alltägl Rahmen hinausgehenden **körperl Anstrengungen** der beteiligten Menschen ausgerichtet ist. Zw Berufssportler und Amateur wird nicht unterschieden; Startgelder, die nicht nur Aufwandsersatz sind, indizieren Gewinnerzielungsabsicht (*Schaumburg* Rz 5.175). Ob auch **geistige Tätigkeiten** unter den Begriff „sportlich" fallen („Denksport"), ist str (abl FG Mchn IStR 95, 537 für Berufsschachspieler; aA *K/Gosch* § 49 Rz 26 – zu DBA s *Vogel* Art 17 Rz 32). Jedenfalls wird man bei „geistigen Wettkämpfen" uÄ vor oder für Publikum ab VZ 2009 eine unterhaltende Darbietung (Rz 39) annehmen können. 39

Berufssportler erzielen gewerbl Einkünfte (stRspr, s BFH I R 44–51/99 BStBl II 02, 271 mwN), wenn sie nicht ArbN sind (vgl FG BaWü EFG 07, 1879, rkr). – **Nicht erfasst werden:** Teilnahme an Pferderennen (BFH I R 14/01 BStBl II 02, 861: keine Gewinnerzielungsabsicht; aA: FG Hbg EFG 00, 14, rkr); Schiedsrichter (vgl FG Nds EFG 05, 766, rkr); Fußballtrainer (FG Köln EFG 98, 744, rkr); Sportlehrgänge (*FW* IStR 93, 69); nicht eingesetzte Ersatzspieler (*Killius* FR 95, 721/4). – Zu **Werbung** s Rz 35 und 39. Zu Steuererlass für **Mannschaftssport** s § 50 Rz 43.

40 **(3) Artistisch.** Darunter fallen Darbietungen im Zirkus, im Varieté uä Veranstaltungen, die ein besonderes körperl Geschick erfordern, zB durch Jongleure, Dompteure, Seiltänzer, Fakire, Zauberer, Clowns, Bauchredner und Film-Stuntmen; nicht hingegen Wahrsager und Hellseher (s aber Rz 39). Zur gewerbl Tätigkeit selbständiger Artisten s auch BFH I R 96/92 BFH/NV 93, 716.

41 **(4) Unterhaltend.** Auch Darbietungen ohne spezifisch künstlerischen, sportl oder artistischen Gehalt begründen eine beschr StPfl, wenn sie „unterhaltend" sind. Im Grunde handelt es sich um eine Tautologie, da der unterhaltende Charakter bereits zum Begriff „Darbietung" gehört (s Rz 31). Erfasst werden sollen mit dem **ab VZ 2009** geltenden Auffangtatbestand Veranstaltungen auch jenseits der von BFH I R 81, 82/06 BFH/NV 08, 356 aufgezeigten Grenze eigenschöpferischer Gestaltung (s BT-Drs 16/10189, 58: Anpassung an DBA-Regelungen). – Dem Begriff **„ähnl Darbietung"** kommt mE daneben keine eigenständige Bedeutung mehr zu (s aber auch *HHR* § 49 Anm 536: Auslegungsregel für einen weiten Darbietungsbegriff). Auf die Vergleichbarkeit mit künstlerischen etc Darbietungen kommt es daher nicht (mehr) an; zur Rechtslage bis VZ 2008 s 30. Aufl Rz 28.

Beispiele: Tänzerinnen, die „sich zu Musik ... entkleiden" (BFH I R 81, 82/06 BFH/NV 08, 356); Ritterspiele und mittelalterl Handwerksmarkt (FG Thür EFG 01, 74, rkr); Auftritte von Prominenten (nicht nur Künstler und Sportler) auf Benefizveranstaltungen uÄ mit Unterhaltungscharakter; Teilnahme an Talkshows (abl zum alten Recht noch BFH I B 99/98 BStBl II 00, 254), ebenso an Casting-Shows, Quizsendungen, Interviews oder sog Homestories; Hellseher, Astrologen und Wahrsager; Büttenredner. – Nach wie vor **nicht erfasst** werden: Vorträge und Seminare (es sei denn, der unterhaltende Charakter überwiegt, zB „Wissenschaftsshow"); Werbeaufnahmen von Fotomodellen etc (FG Nbg EFG 98, 951, rkr).

42 **bb) Inlandsbezug. Ausgeübt** wird eine Tätigkeit im Inl, wenn sich der beschr StPfl dort physisch aufhält und persönl etwas vorführt bzw an einer unterhaltenden Darbietung teilnimmt (s auch Rz 73). – **Verwertet** wird die Tätigkeit, wenn durch zusätzl Handlungen finanzieller Nutzen daraus gezogen wird (vgl Rz 74), zB durch die Überlassung von (Nutzungs-)Rechten (s BFH I R 6/07 BStBl II 09, 625: Vermarktung). Die Verwertungshandlung muss einen unmittelbaren sachl Zusammenhang zur Darbietung aufweisen (BFH aaO; s auch BFH I R 64/99 BStBl II 03, 641). Fehlt es daran, ist zu prüfen, ob Einkünfte aus „zusammenhängenden Leistungen" vorliegen (s unten). Ob es sich um eine **Auslands- oder Inlandsdarbietung** handelt, ist seit 1999 unerhebl, wenn nur die Verwertung im Inl erfolgt (zur früheren Rechtslage: BFH I R 18/97 BStBl II 98, 440; s auch *Wassermeyer* IStR 98, 372; *Kumpf/Roth* DB 99, 1132; 23. Aufl mwN). Wann das der Fall ist, ist nach wie vor nicht abschließend geklärt, bei Nutzung von überlassenen Rechten im Inl aber wohl jedenfalls zu bejahen (vgl BFH I R 6/07 BStBl II 09, 625, Rz 29 mwN).

Beispiele: Überlassung von **Fernsehübertragungsrechten** zu inl Sportveranstaltungen durch ausl Verein an inl Rundfunkanstalt (BFH I R 6/07 BStBl II 09, 625; s auch BFH I R 41/11 BStBl II 12, 880; ferner *Schauhoff/Schlotter* IStR 09, 751, auch zu Konzertveranstaltungen); (Neben-)Leistungen zu **Inlandstournee** ausl Musiker (BFH I R 19/04 BStBl II 08, 228). – **Nicht erfasst:** die von einer zwischengeschalteten ausl Ges eingeräumte Möglichkeit der **Bandenwerbung** bei Sportveranstaltung (BFH I R 64/99 BStBl II 03, 641, Anm *FW* IStR 01, 782). – Änderung der Rspr zu **Sportler-Werbeverträgen:** BFH I R 19/06 BStBl II 10, 398 mwN (Abgrenzung zu BFH I R 73/02 BStBl II 05, 550), Anm *Schauhoff/Idler* IStR 08, 341; *Gosch* BFH-PR 08, 234.

43 **cc) Zusammenhängende Leistungen.** Darüber hinaus werden auch Leistungen erfasst, die selbst keine künstlerische, sportl etc Darbietung darstellen, diese aber vorbereiten, unterstützen oder nachbereiten (gesamte technische und kfm Organisation wie Vermittlung, Transport, Hotelbuchung, Aufbau, Materialbeschaffung, Kartenverkauf, Werbung für die Veranstaltung und Merchandising, Künstlerbetreuung, Bühnenbild, Tontechnik, Beleuchtung, Abrechnung etc); glei-

chermaßen erfasst werden „begleitende" Leistungen wie Ausrüstungsverträge (Sponsoring), Werbeverträge, Vergütungen für Autogrammstunden und Interviews (vgl *BMF* BStBl I 10, 1350 Rz 31 ff). Erforderl ist ein **tatsächl konkreter und untrennbarer Zusammenhang** mit der Darbietung (s auch BFH I R 93/09 IStR 11, 37 mwN: „Konnexitätsklausel"). Verhindert werden soll, dass durch Aufteilung an sich zusammenhängender Leistungen auf jeweils gesonderte Verträge einzelne Bereiche eines einheitl Leistungsgefüges (teilweise) der beschr StPfl entzogen werden (vgl BT-Drucks 10/1636, 64). – Die Rspr setzt zudem **personelle Identität** voraus: Derselbe Anbieter muss zugleich eine dem § 49 I Nr 2 Buchst d unterfallende Hauptleistung erbringen (BFH I R 93/09 IStR 11, 37 mwN: „aus einer Hand"; BFH I R 65/10 IStR 12, 374: „Gesamtleistung" des Darbietenden, enge Auslegung im Hinblick auf die Funktion des Abzugsverfahrens nach § 50a; s auch *Lamprecht* IStR 12, 378; *Ehlig* IStR 10, 504). Trennbare Leistungen (unabhängiger) Dritter aufgrund besonderer Verträge werden hingegen nicht erfasst, auch nicht bei Beteiligung des Darbietenden oder nahestehender Personen an dem Unternehmen, das die weiteren Leistungen erbringt. Dass der Darbietende „unmittelbaren Einfluss auf Wahl und Umfang der Leistungen des Dritten ausüben kann", genügt nicht (so aber *BMF* BStBl I 10, 1350 Rz 34; wie hier: *K/Gosch* § 49 Rz 30).

Weiteres Beispiel: Werbung auf Helmen und Anzügen eines ausl Motorsportteams (BFH I R 3/11 BFH/NV 12, 2038: Einheit von sportl Darbietung und Werbeleistung, eigenständige Darbietung des „Rennteams"; s Anm *Gosels* BFH/PR 13, 13). – **Nicht erfasst werden:** Bereitstellung von Musikanlage und Transportfahrzeugen durch GmbH der Ehefrauen (BFH I R 93/09 IStR 11, 37: Ausgliederung technischer Dienstleistungen, keine missbräuchl Gestaltung; tendenziell eher weiter wohl FG Köln EFG 09, 255, rkr: „wirtschaftl Betrachtungsweise"; s auch FG Mchn EFG 02, 835, rkr); „Bühnenshow" eines Technikerteams (BFH I R 65/10 IStR 12, 374: selbständige, unabhängige Ges mit eigenem Personal; s auch BFH I R 20/04 BFH/NV 05, 892); Werbung durch unabhängige Dritte während oder anlässl von Sportveranstaltungen (BFH I R 64/99 BStBl II 03, 641); Überlassung von Rechten (Bild und Namen) an der Person eines Sportlers (BFH I R 73/02 BStBl II 05, 550: § 49 I Nr 6, jetzt § 49 I Nr 2 Buchst f; s auch *BMF* BStBl I 05, 844). – Das Erfordernis personeller Identität schließt es mE aus, Regisseure, Choreographen, Komponisten, Bühnenbildner, Autoren etc, die selbst *keine* künstlerische Darbietung erbringen, über das Tatbestandsmerkmal der „zusammenhängenden Leistung" der beschr StPfl zu unterwerfen (so aber *Krabbe* FR 86, 425/6; *Kessler* BB 86, 1890/7; *HHR* § 49 Rz 549; *K/Gosch* § 49 Rz 30).

dd) Zufluss der Einnahmen. Ob die Einnahmen dem Darbietenden oder Verwertenden selbst oder aber einem Dritten zufließen, ist unerhebl (s letzter HS der Regelung); die jeweilige Zahlung muss ledigl in einem kausalen Zusammenhang zu der Ausübung oder Verwertung einer Darbietung im Inl stehen (BFH I B 143/93 BFH/NV 94, 864: „durch"). **44**

ee) DBA-Beschränkungen. Nach Art 17 OECD-MA keine Beschränkung bei inl Darbietung für (persönl) Ausübungseinkünfte; vorausgesetzt wird ein (unmittelbarer oder mittelbarer) Zusammenhang mit einer konkreten öffentl Darbietung (s iEinz *Vogel* Art. 17 Rz 6). Dagegen können Verwertungseinkünfte idR nur im Ansässigkeitsstaat besteuert werden (Art. 12 OECD-MA; zur Abgrenzung s BFH I R 41/11 BStBl II 12, 880; ferner *Vogel* Art 17 Rz 13 und 43). **45**

ff) Verfahren. Die **Steuererhebung** erfolgt gem § 50a I und § 50 II 1 im Wege des **Brutto-StAbzugs** durch den inl Vergütungsschuldner, grds mit abgeltender Wirkung ohne BA-Abzug (s § 50 Rz 27, § 50a Rz 10 ff; Ausnahmen: § 50 II 2 Nr 4b und 5, erweiterte beschr StPfl gem § 2 V AStG), oder durch **Nachforderungsbescheid** an den beschr StPfl (§ 50a V 5, s dort). Veranlagung nur für EU-/EWR-Staatsangehörige mit Ansässigkeit im EU-/EWR-Raum (§ 50 Rz 35 ff, 39). Kontrollmeldeverfahren bei stfreien Einkünften s § 50d V (§ 50d Rz 28). Zur mangelnden Abstimmung mit § 50a s dort Rz 10. – **Höhe des StAbzugs** ab **2009** (für Vergütungszufluss nach dem 31.12.2008, s § 50a Rz 2): **46**

15 vH (mit Geringfügigkeitsgrenze von 250 €, § 50a II) oder **Nettosteuerabzug von 30 vH** (§ 50a III).

48 **e) Veräußerung von KapGes-Anteilen, § 49 I Nr 2 Buchst e.** Was Anteile an einer KapGes sind, regelt § 17 I 3 (s § 17 Rz 20 ff); zu sonstigen Anteilen s Rz 102 (§ 49 I Nr 5 Buchst d iVm § 43 I Nr 9). Auch die übrigen tatbestandl Voraussetzungen des § 17 müssen erfüllt sein. Gehören die Anteile zum BV einer inl Betriebsstätte, gilt Buchst a (vgl § 17 Rz 12). Dagegen ist unerhebl, ob die Anteile im Ausl im **BV oder PV** gehalten werden (Folge der isolierende Betrachtungsweise, s Rz 132 f; vgl auch BFH I 35/64 BStBl III 67, 45 und § 17 Rz 8).

Gehören die Anteilen zum Gesamthandsvermögen einer **vermögensverwaltenden PersGes,** fällt die Veräußerung von Anteilen am Gesamthandsvermögen ebenfalls unter Buchst e (wegen Zurechnung gem § 39 II Nr 2 AO, s § 17 Rz 55). – Zur **Zuständigkeit** der FÄ s *Füllbier/Beckert* NWB 11, 2396/2405.

49 **aa) Inlandsbezug (allg).** Die KapGes, deren Anteile veräußert werden, muss **Sitz oder Geschäftsleitung im Inl** haben **(Buchst e/aa).** Dies genügt für die Begründung der beschr StPfl. Die Veräußerung kann im Inl oder Ausl und an einen inl oder ausl Erwerber erfolgen. Erfasst werden alle Vorgänge, die § 17 unterfallen, also neben Veräußerung von Anteilen und verdeckter Einlage (§ 17 I 2) auch Auflösung einer KapGes, KapHerabsetzung etc (vgl FG Mster EFG 14, 2076, Rev I R 55/14; s iEinz § 17 Rz 210 ff).

Bei privater Veräußerung vor Ablauf der **Spekulationsfrist** des § 23 I 1 Nr 2 ist bis 2008 § 49 I Nr 8 vorrangig gewesen. Zum **Wegzug** ins Ausl s § 17 Rz 15 und § 6 I 5 AStG (Kürzung des Veräußerungsgewinns um die bereits besteuerten stillen Reserven, s EStR 49.1 IV; ferner: FG Ddorf EFG 12, 1150, rkr, zu § 49 I Nr 8 aF; *BMF* BStBl I 05, 714; *Rosenbaum/Dorn* DStZ 06, 11/28); zu Gestaltungsmöglichkeiten („KG-Modell") s *Loose/Wittkowski* IStR 11, 68 und *Schönfeld* IStR 11, 142. Zu **§ 23** s BFH I R 25/86 BStBl II 90, 1056. Zu ausl **FondsGes** s *Stoll/Schuh* BB 11, 2330.

50 **bb) Nachversteuerung stiller Reserven.** Als Folgeänderungen zur Steuerentstrickungs-Gesetzgebung in § 17 und in §§ 13 II, 21 II UmwStG ist der Tatbestand mit Buchst e/bb erweitert worden. Die Regelung gilt **ab VZ 2006** (§ 52 Abs 57 aF). Sie soll eine **Nachversteuerung** eingefrorener stiller Reserven **bei späterer Veräußerung** durch Anteilseigner ohne Wohnsitz/Sitz im Inl (Anzeigepflicht gem § 54 IV EStDV) in folgenden Fällen sichern: *(1)* Buchwertansatz nach **Verschmelzung** aufgrund eines Antrags nach **§ 13 II UmwStG** (keine Gewinnrealisierung trotz Veräußerungsfiktion des § 13 I UmwStG, wenn das dt Besteuerungsrecht hinsichtl der Anteile nicht beschr wird oder der Vorgang nach Art 8 FusionsRiLi nicht besteuert werden darf). – *(2)* Buch- oder Zwischenwertansatz bei **qualifiziertem Anteilstausch** aufgrund eines Antrags nach **§ 21 II 3 Nr 2 UmwStG** (Anteilstausch darf wiederum gem Art 8 FusionsRiLi nicht besteuert werden). – *(3)* Ausnahme von der Veräußerungsfiktion des § 17 V 1 bei **Sitzverlegung einer EG-Ges** gem **§ 17 V 2** (s § 17 Rz 240 ff).

51 **cc) DBA-Beschränkungen.** Gem Art 13 V OECD-MA Besteuerung im Ansässigkeitsstaat des Veräußerers; s iEinz *Vogel* Art 13 Rz 190 ff und 199 ff (Wegzugsfälle). Vgl iÜ auch BFH I R 39/87 und 40/87 BStBl II 90, 379 und 381.

52 **dd) Verfahren.** Die **Steuererhebung** erfolgt durch Veranlagung unter Berücksichtigung von § 17 II (Veräußerungsgewinn) und III (Freibetrag) sowie § 34 I (Tarifermäßigung); s § 50 Rz 19.

54 **f) Sonstige gewerbl Einkünfte, § 49 I Nr 2 Buchst f.** Auch hier müssen zunächst sämtl Merkmale des § 15 vorliegen (s Rz 48). Ferner darf der Tatbestand von Nr 2 Buchst a nicht erfüllt sein (Rz 53). Zu den Begriffen **unbewegl Vermögen, Sachinbegriffe** und **Rechte** s Rz 109; die Veräußerung von Anteilen an einer PersGes mit inl Grundbesitz wird nicht erfasst (so zutr FG Mchn EFG 13, 1852, rkr, mwN; s auch Anm *Podewils* jurisPR-SteuerR 46/2013 Anm 3: keine

Änderung durch gesetzl Neufassung). – Zur Rechtslage bis VZ 2009 s 30. Aufl Rz 38 und *HHR* Rz 591).

Hintergrund: Sonstige gewerbl Einkünfte blieben früher vor allem bei ausl KapGes ohne Betriebsstätte/Vertreter im Inl außerhalb der Spekulationsfrist unbesteuert (s 24. Aufl Rz 38; vgl auch *Krämer* StBp 01, 235). Die Lücken, die sich daraus ergaben (vor allem: keine Erfassung stiller Reserven), sind ab 1994 sukzessiv geschlossen worden, auch um die Zuordnung wirtschaftl einheitl Vorgänge zu unterschiedl Einkunftsarten mit unterschiedl Einkünfteermittlung zu vermeiden (BT-Drs 16/10189, 58). Ist der Tatbestand des Buchst f erfüllt, führt dies allein noch **nicht** zur Annahme einer Betriebsstätte iSd § 2 I 3 GewStG und damit zur **GewStPfl.**

Verwaltung: *BMF* BStBl I 11, 530 (Buchführungspflichten, Gewinnermittlung, Besteuerung), BStBl I 09, 362 (Fotomodelle) und BStBl I 94, 883 (Ermittlung des Veräußerungsgewinns – jetzt aufgehoben durch *BMF* BStBl I 13, 1163). – **Lit:** *Eckert* DB 11, 1189 (Bilanzierung ausl GrundstücksGes); *Wassermeyer* IStR 09, 238 (weitgehender Leerlauf, Zinseinkünfte); *Bron* DB 09, 592 (Änderungen durch JStG 2009); *Lindauer/Westphal* BB 09, 420 (VuV durch ausl KapGes); *Töben* ua FR 09, 151 (Inbound-Investitionen in inl Grundvermögen); *Mensching* DStR 09, 96 (Neufassung durch JStG 2009); *Böhl* ua IStR 08, 651 (VuV durch ausl KapGes); *Huschke/Hartwig* IStR 08, 745 (VuV durch ausl KapGes); *Meining/Kruschke* GmbHR 08, 91 (grundstücksverwaltende ausl KapGes&CoKG); *Schnittger/Fischer* DB 07, 598 (grundstücksverwaltende KapGes).

aa) Inlandsbezug. Dieser wird bei Grundstücken etc und Sachinbegriffen durch die Belegenheit im Inl und bei Rechten durch Eintragung in inl öffentl Bücher oder Register (zB Patent-, Markenschutz- oder Gebrauchsmusterregister) hergestellt, ferner durch Verwertung von vermieteten, verpachteten oder veräußerten Sachinbegriffen oder Rechten in der inl Betriebsstätte/Einrichtung eines Dritten (bei eigener Betriebsstätte des beschr StPfl: Buchst a). 55

bb) Vermietung; Verpachtung; Veräußerung. Vermietung und Verpachtung ist die zeitl begrenzte Überlassung eines WG gegen Entgelt (s § 21 Rz 2). Veräußerung ist die entgeltl Übertragung auf einen anderen Rechtsträger (vgl § 6b Rz 26 ff; s auch BFH I R 81/00 BStBl II 04, 344 mwN: verdeckte Einlage in KapGes ist keine Veräußerung). – Soweit nicht die Gewerblichkeitsfiktion Anwendung findet, muss nach inl Maßstäben eine **gewerbl Tätigkeit** vorliegen (s Rz 10), zB gewerbl Grundstückhandel oder gewerbl Vermietung (s § 15 Rz 47 und 80 ff). Bei der Prüfung, ob ein **gewerbl Grundstückshandel** vorliegt, sind auch ausl Grundstücksverkäufe zu berücksichtigen; § 49 II steht dem nicht entgegen (so zutr *Bornheim* DStR 98, 1773; *Schaumburg* Rz 5.193). Natürl Personen, die ein inl Grundstück vermieten, erzielen nach wie vor Einkünfte aus § 49 I Nr 6 (vgl *Wassermeyer* IStR 09, 238; *Bron* DB 09, 592). – Zu **„BetrAufsp über die Grenze"** s § 15 Rz 862; zu **Forderungsverzicht** *Schmid/Renner* FR 12, 463. 56

Während früher nur die zeitl begrenzte Rechtsüberlassung nach § 49 I Nr 6 erfasst wurde (vgl BFH I R 73/02 BStBl II 05, 551; I R 33/04 BStBl II 06, 489; BFH I R 19/06 BStBl II 10, 398), ist mit Wirkung ab 2007 die Besteuerung auf Rechtsverkäufe, vor allem auf veranstaltungsbezogene **verbrauchende Rechteüberlassungen** ausgedehnt worden, die sich zB in der ausschließl, einmaligen oder wiederholenden Nutzung zu Werbezwecken erschöpfen (exklusive Nutzungs- und Werberechtsverkäufe an inl Unternehmen gegen Einmalzahlung zur Bandenwerbung bei Sportveranstaltung oder Fernsehwerbung uÄ, vgl *Dörr* IStR 06, 583; *Cordewener/Dörr* GRUR Int 06, 674, auch zu fortbestehenden DBA-rechtl Problemen).

cc) Keine inl Betriebsstätte. Die Einkünfte aus VuV/Veräußerung dürfen keiner Betriebsstätte oder einem ständigen Vertreter im Inl zuzurechnen sein (ausdrückl Vorrang von Buchst a). Dementspr können allein der Umstand einer VuV oder Veräußerung im Inl für sich genommen (noch) keine inl Betriebsstätte begründen (Umkehrschluss), auch nicht bei langfristiger VuV (s auch BFH I R 84/05 BStBl II 07, 94: verpachteter Betrieb keine Betriebsstätte des Verpächters; BFH VIII R 271/84 BStBl II 91, 126: Erbringung zusätzl Leistungen). 57

dd) Gewerblichkeitsfiktion, § 49 I Nr 2 Buchst f S 2. Die Regelung fingiert für den Regelungsbereich (entgegen § 49 II) gewerbl Einkünfte, wenn es sich 58 um entspr Einkünfte einer beschr stpfl Körperschaft handelt, die mit einer KapGes iSd § 1 I Nr 1–3 KStG vergleichbar ist (Typenvergleich, s § 17 Rz 24; Umqualifizierung bislang als Überschusseinkünfte iSv § 49 I Nr 6 erfasster Einkünfte). Betroffen sind davon insb Immobilienvermögen verwaltende ausl KapGes (zB niederländische B. V., vgl BFH I R 6/06 BStBl II 07, 163). Die Fiktion hat nicht zur Folge, dass eine (fiktive) inl Betriebsstätte angenommen wird (so zutr *Wassermeyer* IStR 09, 238; ebenso FG BBg IStR 15, 32 mwN, Rev I R 76/14: kein im Inl stpfl Gewinn durch Forderungsverzicht iZm Grundstücksveräußerung; s auch BFH I B 93/15 DStR 15, 2771, mwN: ernstl zweifelhaft).

Zum nach § 42 AO missbräuchl Einsatz einer ausl BasisGes s BFH I R 8/97 BStBl II 98, 163, und BFH I R 35/96 BStBl II 98, 235 (Folgeurteil: FG Köln EFG 03, 1705, rkr; vgl auch *Jegzentis/Kahl* IStR 01, 131).

59 **ee) Gewinnermittlung.** Sie erfolgt für beide Alternativen nach §§ 4 ff (BFH I R 81/00 BStBl II 04, 344; Anm *Lüdicke* IStR 02, 673, auch zu § 2 III aF). Ausgangsgröße für den Veräußerungsgewinn ist der Veräußerungspreis; von diesem werden die AK/HK und die Veräußerungskosten abgezogen. Im Inl in Anspruch genommene AfA mindert die AK/HK (BFH I R 105/00 IStR 02, 596). Bei Anschaffung vor 1994 ist vom TW zum 1.1.94 auszugehen (BFH I R 6/06 BStBl II 07, 163: „Quasi-Einlage"; FG Ddorf EFG 03, 1388 rkr). Zu Buchführungs-/Anzeigepflichten und AfA s iÜ *BMF* BStBl I 11, 530 (krit *Könemann/Blaudow* Stbg 12, 220; s ferner: *Mensching* DStR 09, 96; *Bron* DB 09, 592). Spezielle betriebsbezogene Regelungen wie § 4h sind nicht anwendbar (kein Betrieb, vgl *Huschke/Hartwig,* IStR 08, 745/9; *Bron* IStR 08, 14/8; *Schaumburg* Rz 5.195; aA: *Kröner/Bolik* DStR 08, 1309; ebenso, jedenfalls für ausl KapGes, *BMF* BStBl I 11, 530 Rz 9; s dazu auch *Schuck/Faller* DB 12, 1893). Die §§ 17 II/23 III sind ebenfalls nicht (auch nicht entspr) anwendbar (so zutr *K/Gosch* § 49 Rz 45; aA *HHR* § 49 Rz 602; *Hendricks* IStR 97, 229).

60 **ff) DBA-Beschränkungen.** VuV und Veräußerung von inl Grundvermögen werden im Inl besteuert („Belegenheitsprinzip", s Art. 6 I und 13 I OECD-MA); § 49 I Nr 2 Buchst f wird insoweit nicht eingeschränkt. Dagegen unterliegen die Gewinne aus der Veräußerung von Schiffen und Luftfahrzeugen (Art 13 III OECD-MA), sonstige Veräußerungsgewinne (Art 13 II OECD-MA) und Einkünfte aus VuV von Sachinbegriffen und Rechten idR nicht der inl Besteuerung.

61 **gg) Verfahren.** Die Einkünfte unterliegen grds nur iRd § 50a I 1 Nr 3 dem **StAbzug** (s § 50a Rz 13), ggf auch nach § 50a VII.

63 **g) Vermittlung von Berufssportlern, § 49 I Nr 2 Buchst g.** Sog **Transferleistungen** eines inl Sportvereins an einen nicht im Inl ansässigen Verein für die vertragl Verpflichtung eines Sportlers unterliegen (erst) mit Wirkung ab VZ 2010 der beschr StPfl. Beschr StPfl ist der **Empfänger** der Transferleistung. Zu den rechtl Grundlagen von „Spielerleihe/-transfer" s *Schlotter/Degenhart* IStR 11, 457. Zur Aktivierung von Transferleistungen s BFH I R 24/91 BStBl II 92, 977.

Hintergrund: Dem BFH zufolge fallen entspr Zahlungen bei einer „Spielerleihe" nicht unter § 21 III/§ 49 I Nr 6 oder Nr 9 (BFH I R 86/07 BStBl II 10, 120; s auch Rz 77); sie unterlagen daher entgegen der Auffassung der FinVerw auch nicht dem StAbzug. Die mit dem **JStG 2010** geschaffene Regelung soll die bisherige Praxis der FinVerw *für die Zukunft* rechtl absichern (s BT-Drs 17/2249, 62). Das *BMF* hat den gegen das BFH-Urt gerichteten Nichtanwendungserlass zwischenzeitl wieder aufgehoben (BStBl I 10, 617, ausdrückl auch für sog endgültige Spielertransfers). – **Lit:** *Kraft* IStR 11, 486 (Neuregelung/EU-rechtl Bedenken); *Haase/Brändel* IWB 10, 381; *Chuchra* ua DB 10, Beilage 7, 17 (auch zur Frage der Rückwirkung).

64 **aa) Verpflichtung eines Berufssportlers.** Die gesetzl Regelung knüpft an die vertragl Verpflichtung eines Berufssportlers an. Dieser kann gewerbl oder als ArbN tätig sein (s § 15 Rz 150 „Berufssportler", § 18 Rz 132 und § 19 Rz 15 „Sportler"). Die Abgrenzung zum Amateursportler richtet sich mE *nicht* nach den Statuten

der Sportverbände; Berufssportler idS ist vielmehr, wer entweder nachhaltig und mit Gewinnerzielungsabsicht (etc) iSd § 15 tätig ist oder aber als ArbN iSd § 19 beschäftigt wird. Maßgebl wird hier iErg letztl die Freigrenze von 10 000 € (Rz 66) sein. – Die Regelung stellt nicht auf eine bestimmte Form bzw Dauer der **vertragl Verpflichtung** des Sportlers ab. Sie gilt sowohl für die zeitl begrenzte „Spielerleihe" als auch für den endgültigen Spielertransfer. – Die adverbiale Bestimmung **„im Inland"** bezieht sich mE nicht auf den Ort des Vertragsschlusses bzw der Verschaffung der Gelegenheit dazu (so aber wohl *K/Gosch* § 49 Rz 49d; *Schlotter/Degenhart* IStR 11, 457/62), sondern auf den Gegenstand der vertragl Verpflichtung, näml die Verpflichtung des Sportlers, *für* einen inl Sportverein oder Veranstalter zu spielen bzw anzutreten; auch die Entstehungsgeschichte der Norm legt mE einen solchen Schluss nahe (ebenso *Blümich* § 49 Rz 140b; vgl auch *Kraft* IStR 11, 486, 490). – Der Sportler muss **„als solcher"** verpflichtet werden; dh der Vertrag muss auf die Erbringung sportl Leistungen gerichtet sein. Die Vermittlung von Werbeverträgen uÄ fällt nicht unter die Regelung.

In der Literatur wird die Frage aufgeworfen, ob die erfassten Einkünfte einen hinreichenden **Inlandsbezug** aufweisen (krit *Kraft* IStR 11, 486/90f). Da es sich jedoch bei dem Territorialitätsprinzip und dem Erfordernis eines *genuine link* (s Rz 11) um eine **„völkerrechtl Minimalschranke"** handelt (so zutr *Schaumburg* Rz 5.105), ergeben sich hieraus mE keine Bedenken (nicht zuletzt auch im Hinblick auf die geltenden DBA-Beschränkungen, s Rz 67).

bb) Verschaffung der Gelegenheit. Besteuert werden Einkünfte aus der „Verschaffung der Gelegenheit", einen Berufssportler im Inl vertragl zu verpflichten. Die Regelung lässt offen, wer Empfänger der Transferleistung ist. Sie knüpft nicht an die Übertragung oder Überlassung von Rechten durch den abgebenden Sportverein an. Daher werden mE auch Leistungen an Spielervermittler oder -berater etc erfasst. 65

Der Gesetzentwurf bezieht sich auf „Spielertransfers im allgemeinen Sinne"; jedoch ist dort auch die Rede von „Entschädigungszahlungen an den abgebenden Verein" (BT-Drs 17/2249, 62 f). Dem Wortlaut der Regelung lässt sich eine entspr Beschränkung allerdings nicht entnehmen; die Möglichkeit von Umgehungsgestaltungen spricht mE gegen eine enge Auslegung (str – wie hier: *Kraft* IStR 11, 486/88; aA *Schlotter/Degenhart* IStR 11, 457/61).

cc) Freigrenze. Der Betrag von 10 000 € in HS 2 ist eine Freigrenze (s BT-Drs 17/2249, 63: „zugunsten des Amateursports"; gilt aber tatbestandl für Berufssportler, s Rz 64). Auch bei nur geringfügigem Überschreiten unterliegt die gesamte Transferleistung der beschr StPfl. 66

dd) DBA-Beschränkungen. Da die Vermittlungsleistungen eines Dritten tatbestandl nicht unter Art 17 OECD-MA fallen, wird Art 7 OECD-MA eine Besteuerung im Inl idR ausschließen (vgl iEinz *Schlotter/Degenhart* IStR 11, 457/63 f; diff *Kraft* IStR 11, 486/90). Zu Freistellung und Erstattung s § 50d. 67

ee) Verfahren. Nur die „Spielerleihe" unterliegt gem § 50a I Nr 3 nF dem **StAbzug,** nicht dagegen die Verschaffung der Gelegenheit zu einer zeitl unbegrenzten vertragl Verpflichtung (also insoweit Veranlagung); zur Abgrenzung s *Schlotter/Degenhart* IStR 11, 457/62 f. 68

4. Einkünfte aus selbständiger Arbeit, § 49 I Nr 3. – a) Begriff. Sämtl tatbestandl Merkmale des § 18 müssen vorliegen (§ 18 Rz 5 f). Die Abgrenzung zu nichtselbständiger Arbeit (§ 18 Rz 7 ff) und zu gewerbl Tätigkeit (§ 18 Rz 15 ff) erfolgt nach inl Recht (s Rz 10). Zusätzl muss der Berufsträger die Arbeit **im Inl** (§ 1 Rz 30) ausüben oder verwerten oder (ab VZ 2004) dort eine feste Einrichtung oder Betriebsstätte unterhalten. Nur der Teil der Einkünfte, der einen solchen Inlandsbezug aufweist, unterliegt der beschr StPfl. Zu nachträgl Einkünften s Rz 74. – Nur **natürl Personen** fallen unter die Regelung; **ausl KapGes** können *per se* keine freiberufl Einkünfte erzielen (trotz § 49 II, s BFH I R 238/81 BStBl II 83, 213 mwN). – Zur **Aufteilung** verschiedenartiger Leistungen bei einheitl Vergütung s EStR 49.3 III (mit Vereinfachungsregelung). 72

Anmerkung: Die Anforderungen an den Inlandbezug sind hier deutl niedriger als nach § 49 I Nr 2. Anders als bei gewerbl Einkünften wird die freiberufl Tätigkeit eines nur beschr StPfl im Inl grds lückenlos erfasst (insb auch gelegentl Tätigkeit ohne inl Betriebsstätte, s Rz 46). Dies stellt eine **gleichheitswidrige Differenzierung** dar (so zutr *Schaumburg* Rz 5.197: Verstoß gegen Art 3 GG). Zudem werden beschr StPfl im Zweifel versuchen, ihre Einkünfte bei Fehlen einer Betriebsstätte oder eines ständigen Vertreters als gewerbl Einkünfte auszugeben (vgl *Frotscher* § 49 Rz 224).

73 **b) Ausübung.** Eine selbständige Tätigkeit wird vor allem dann im Inl ausgeübt, wenn sich der beschr stpfl Berufsträger dort physisch aufhält und die Arbeitsleistung persönl erbringt. Die Tätigkeit kann allerdings auch durch **fachl vorgebildete Arbeitskräfte** (vgl § 18 I 3) im Inl ausgeübt werden, ohne dass sich der Berufsträger selbst dort aufhalten muss (vgl § 18 Rz 23; *Lademann/Lüdicke* § 49 Rz 545; s aber BFH VIII R 32/75 BStBl II 81, 170: grds engere Grenzen bei künstlerischer Tätigkeit). – Das für die Auslegung von (älteren) DBA entwickelte **Arbeitsortsprinzip** gilt auch iRd § 49 I Nr 3 (vgl BFH I R 268/83 BStBl II 87, 372 unter 3; BFH I R 82/86 BFH/NV 91, 143: Arbeitsort eines Erfinders). Bei der Bestimmung des Arbeitsorts muss die Eigenart der jeweiligen Tätigkeit berücksichtigt werden. Bei rein geistigen oder künstlerischen Tätigkeiten kommt es darauf an, wo sich der eigentl „schöpferische" Akt vollzieht, nicht darauf, wo er vorbereitet wird. Vorübergehende oder gelegentl Ausübung im Inl genügt (anders als bei § 49 I Nr 2 Buchst a), eine nur „virtuelle Präsenz" per Videokonferenz oÄ hingegen nicht (vgl *HHR* § 49 Rz 670). Passive Tätigkeit (Sich-zur-Verfügung-Halten) wird idR am Aufenthaltsort erbracht (BFH I R 19/69 BStBl II 70, 867); zu Unterlassen (Konkurrenz-/Wettbewerbsverbot) s *BMF* BStBl I 14, 1467 Rz 268). – Bei nur **teilweiser Ausübung im Inl** unterliegt nur der auf die inl Tätigkeit entfallenden Anteil der beschr StPfl.

Beispiele: Inlandsauftritt eines ausl **Künstlers** (zB Musiker, vgl BFH I R 104/08 BFH/NV 10, 1814; s auch BFH I R 22/81 BFH/NV 85, 17: Orchesterleiter mit angestellten Ensemblemitgliedern) oder **Amateursportlers;** inl Operation des ausl **Arztes;** inl Prozessvertretung oder Beratung durch ausl **Anwalt;** ausl **Dozent** hält Vortrag im Inl (EStR 49.2); ausl **Komponist** schreibt Musikstück oder ausl **Schriftsteller** einen Text oder ein Gedicht im Inl (vgl auch BFH I R 268/83 BStBl II 87, 372, und I R 145/70 BStBl II 73, 660); **Beirat** einer KG (BFH I R 34/02 BStBl II 04, 773).

74 **c) Verwertung.** Eine selbständige Tätigkeit wird im Inl verwertet, wenn der beschr stpfl Berufsträger durch zusätzl Handlungen finanziellen Nutzen aus seiner Arbeit zieht, zB durch Einräumung von Nutzungsrechten (vgl BFH I R 6/07 BStBl II 09, 625 zu § 49 I Nr 2 mwN: „Vermarktung"). § 49 I Nr 3 (und Nr 4) enthält keine gesetzl Definition und abw von § 49 I Nr 2 auch keine tatbestandl Beschränkungen (s Rz 45). Erfasst werden insb Verwertungshandlungen iSv § 15 UrhG (Vervielfältigung, Verbreitung, Ausstellung etc) und § 22 KunstUrhG (Bildveröffentlichung). – **Personengleichheit:** Verwerten iSv § 49 I Nr 3 (und Nr 4) kann nur derjenige, der die verwertete Leistung *selbst* erbracht hat, nicht ein Dritter, der seinerseits das Ergebnis einer selbständigen Tätigkeit erworben hat. Der Berufsträger muss daher selbst durch einen über die Arbeitsleistung hinausgehenden Vorgang ein körperl oder geistiges Arbeitsprodukt dem Inl zuführen (so BFH I R 38/83 BStBl II 87, 377 zu § 49 I Nr 4). Dass die Vergütung von einem inl Auftraggeber gezahlt wird (vgl § 49 I Nr 4 Buchst b), genügt nicht.

Beispiele: Lizenzeinnahmen eines im Ausl lebenden **Erfinders** für eigene Erfindungen von inl Lizenznehmern (BFH I R 99/08 BStBl II 11, 1019; s auch BFH I R 41/92 BStBl II 93, 407: bei Verwertung fremder Erfindungen VuV, § 49 I Nr 6); Verkauf im Ausl gemalter **Bilder** im Inl (OFD Ffm BB 04, 1016 mit Abgrenzung zu Verkauf im Ausl an inl Galerie); Verwertung von **Autorenrechten** (BFH I R 174/85 BStBl II 89, 87: idR am Ort der Geschäftsleitung des Verlags); Verwertung der Tätigkeit eines **Filmschauspielers** (BFH I R 261/82 BStBl II 87, 171: am Sitz des Filmherstellungsunternehmens; BFH I R 128/83 BStBl II 87, 253); Lieferung von **Marktanalyse- oder Forschungsberichten** (BFH I R 69/83 BStBl II 87, 379, und BFH I R 144/80 BFH/NV 87, 761, beide zu § 49 I Nr 4) oder von **klinischen Studien** (FG Mchn EFG 13, 1412, rkr). – **Keine Verwertung:** ausl **Architekt** überlässt Baupläne an ausl Baugesellschaft, die im Inl baut (BFH I B 148/86 nv, juris); Veräußerung von **Filmrechten** durch ausl KapGes (BFH I R 137/68 BStBl II 71, 200).

d) Abgrenzung. Die bloße Arbeitsleistung ist keiner Verwertung zugängl; das gilt nicht nur bei körperl Leistungen. So erschöpft sich zB die Tätigkeit eines Bauingenieurs grds in der Ausübung (vgl BFH I R 192/85 BStBl II 87, 383 zu § 49 I Nr 4). Unterschieden wird wie folgt: 75

aa) Ausübung als Grundtatbestand. Stammen Einkünfte aus einer selbständigen Arbeit, die **im Inl sowohl ausgeübt als auch verwertet** wird oder worden ist, bleibt für den Verwertungstatbestand kein Raum. Jede Art der späteren Verwertung der im Inl ausgeübten Tätigkeit führt zu Ausübungseinkünften, unabhängig von der Art und dem Zeitpunkt der Verwertung oder ihrer Voraussehbarkeit. Das gilt auch bei Ausübung als unbeschr StPfl und Verwertung als beschr StPfl (BFH I R 268/83 BStBl II 87, 372: Vergabe von Verfilmungsrechten an einem Buch, das ein Schriftsteller vor 13 Jahren im Inl geschrieben hatte). 76

bb) Subsidiarität der Verwertung. Der Verwertungstatbestand hat nur dann eine eigenständige Bedeutung, wenn eine **im Ausl ausgeübte Tätigkeit** durch eine zusätzl Handlung **im Inl verwertet** wird (BFH aaO). – Weder Ausübung noch Verwertung: Talkshowteilnahme eines Künstlers oder Schriftstellers (BFH I B 99/98 BStBl II 00, 54 – s aber ab VZ 2009 Rz 42). 77

e) Feste Einrichtung; Betriebsstätte. Da eine gesetzl Definition fehlt, ist in Anlehnung an DBA-Recht von einer **festen Einrichtung** auszugehen, wenn die selbständige Tätigkeit durch eine Geschäftseinrichtung mit fester örtl Bindung und von gewisser Dauer ausgeübt wird (vgl BFH I R 92/05 BStBl II 07, 100 mwN: mehr als 6 Monate „verfügbar"; aA *Vogel/Lehner* Art 14 Rz 24: kein Mindestzeitraum). Zum Begriff **Betriebsstätte** s § 12 AO und Rz 20 ff. Beide Begriffe entsprechen einander weitgehend (s iEinz *Vogel/Lehner* Art 14 Rz 21 ff, auch zu den Unterschieden). In beiden Fällen werden nur diejenigen Einkünfte erfasst, die der festen Einrichtung/Betriebsstätte auch tatsächl zugerechnet werden können (s § 49 I Nr 3: „für die"); ihr kommt **keine Attraktivkraft** für andere inl Einkünfte zu. 78

Beispiele: inl Zweigniederlassung eines ausl Anwalts (BFH I R 63/10 BStBl II 11, 747), Praxisraum eines Arztes, Büro eines Architekten oder Ingenieurs, Studio eines Fotografen.

f) Freiberufl PersGes. S zunächst § 18 Rz 39 ff. Die ausl Ges'ter unterliegen mit ihren Gewinnanteilen, soweit diese der festen Einrichtung/Betriebsstätte im Inl zuzurechnen sind, der beschr StPfl. Ob sie selbst im Inl tätig geworden sind, ist unerhebl. Zu Einzelheiten s *Richter* in: Wassermeyer/Richter/Schnittger, PersGes im internationalen StRecht (2010) Rz 9.32 ff. 79

g) Aufgabe; Veräußerung. Die Aufgabe einer selbständigen Tätigkeit im Inl und die Veräußerung einer inl festen Einrichtung (zB Praxis) werden ebenfalls von § 49 I Nr 3 erfasst. Die Besteuerung beruht dabei jeweils auf der Ausübung, nicht auf der Verwertung der Tätigkeit (vgl BFH I R 69/75 BStBl II 79, 64). 80

h) Nachträgl Einkünfte. Beruhen die Einkünfte auf einer im Inl ausgeübte selbständigen Arbeit, unterliegen sie im Jahr des Zuflusses ebenfalls der beschr StPfl (Wortlaut: „... oder worden ist"). Das gilt auch im Falle der *späteren* Veräußerung eines Betriebs durch einen ursprüngl unbeschr stpfl Betriebsinhaber, soweit mit der Veräußerung im Inl gebildete stille Reserve realisiert werden (so BFH I R 99/08 BStBl II 11, 1019 mwN: Veräußerungsgewinn eines Erfinders nach Verlegung von Betrieb und Wohnsitz ins Ausl; Rspr-Änderung, s Rz 15). 81

Weitere Beispiele: Erfinder hat Lizenzrechte gegen Leibrente veräußert (BFH I R 126/88 BStBl II 90, 377); Veräußerung inl Praxis gegen Beteiligung an künftigen Honorareinnahmen des Erwerbers (BFH I R 69/75 BStBl II 79, 64).

i) DBA-Beschränkungen. Gem Art 14 OECD-MA (aF) erfolgt die Besteuerung grds durch den **Wohnsitzstaat,** wenn nicht der beschr StPfl über eine feste 82

Einrichtung im Inl verfügt. Ältere (dt) DBA folgen allerdings dem Arbeitsortsprinzip; eine inl Besteuerung nach § 49 I Nr 3 ist (nur dann) ausgeschlossen, wenn sich der beschr StPfl ledigl für eine bestimmte Zeit im Inl aufhält (idR nicht mehr als 183 Tage). – Für **Aufsichts- und Verwaltungsräte** sowie für **Künstler** und **Sportler** gelten (vorrangige) Sonderregelungen (Art 16 und 17 OECD-MA), ebenso für **Lizenzgebühren** (Art. 12 OECD-MA).

83 **j) Verfahren.** Die Steuererhebung erfolgt in den Fällen des § 50a I, VII durch **StAbzug** an der Quelle (Steuersatz ab VZ 2009 15%, § 50a II 1; s iEinz dort); iÜ Veranlagung des beschr StPfl gem § 50.

86 **5. Einkünfte aus nichtselbständiger Arbeit, § 49 I Nr 4.** Begriff s § 19 Rz 1, 10 ff; die Abgrenzung zu selbständiger Arbeit (§ 18 Rz 7 ff) erfolgt nach inl Recht (Rz 11). Zusätzl muss die Tätigkeit des ArbN einen der in Buchst a bis e aufgeführten Inlandsbezüge aufweisen.

87 **a) Ausübung/Verwertung im Inland, § 49 I Nr 4 Buchst a.** Die Tatbestandsmerkmale „ausgeübt" und „verwertet" stimmen mit § 49 I Nr 3 überein (s dort Rz 67 ff, auch zur Abgrenzung der beiden Begriffe; LStR 39d I), wobei der ArbN das Ergebnis seiner nichtselbständigen Arbeit dann und dort verwertet, wenn und wo er es seinem ArbG zuführt (BFH I R 69/83 BStBl II 87, 379). Verwerten kann iÜ nur der ArbN selbst (BFH I R 38/83 BStBl II 87, 377). Es kommt nicht darauf an, ob der ArbLohn zu Lasten eines inl ArbG gezahlt wird (LStR 39d I). Zum **Inl** s § 1 Rz 30. – Kurzfristige oder vorübergehende Tätigkeit im Inl genügt (vgl BFH I R 22/85 BStBl II 86, 479, zu § 34d). Wird eine Tätigkeit im Ausl *und* im Inl ausgeübt, sind die Einnahmen entspr aufzuteilen; maßgebl ist der Veranlassungszusammenhang (ggf Aufteilung nach Tagen oder Stunden, s BFH aaO). **Nachträgl Einkünfte** werden auch hier erfasst („worden ist", s Beispiele). – Zu **Steuererlass** und **Pauschalierung** s § 50 Rz 43, LStR 39d II und *BMF* BStBl I 83, 470 („Auslandstätigkeitserlass" bei inl Verwertung der im Ausl ausgeübten Tätigkeit).

Beispiele für **„Ausübung":** Bauingenieur (BFH I R 192/85 BStBl II 87, 383: Tätigkeit erschöpft sich in der Ausübung, s auch Rz 48); Kapitän (BFH I R 38/83 BStBl II 87, 377, Schiff unter fremder Flagge, aber in dt Hoheitsgewässern; Schiffe unter dt Flagge rechnen auf hoher See zum Inl, s § 1 Rz 30 und BFH I R 218/71 DStR 74, 386); Flugbedienstete (BFH I R 320/83 BStBl II 87, 381); „Überflug" bei Dienstreise (BFH VI R 98/92 BFH/NV 94, 91). Zu Schiffpersonal s auch *Urbahns* NWB 13, 3749. – **„Verwertung":** Lieferung von Marktanalyseberichten (BFH I R 69/83 BStBl II 87, 379) und Forschungsberichten (auch ohne materiellen Wert, BFH I R 144/80 BFH/NV 87, 761). – **Nachträgl Einkünfte:** Aktienoptionen (BFH I R 68/10 BFH/NV 11, 737); Erfindervergütung nach Beendigung des ArbVerh und Wegzug (BFH I R 70/08 IStR 10, 63); Lohnfortzahlung im Krankheitsfall nach Wegzug (FG Köln EFG 07, 1446); Ruhegehalt (BFH IV 174/53 U BStBl III 54/130: Wiedergutmachungsentschädigung).

88 **b) Zahlung inl öffentl Kassen, § 49 I Nr 4 Buchst b.** Bezüge, die den inl Haushalt belasten (zB von Diplomaten), sollen unabhängig vom Ort der Ausübung der nichtselbständigen Tätigkeit im Inl besteuert werden (**„Kassenstaatsprinzip"**, europarechtl bedenkl). Die Regelung gilt nicht für andere Einkunftsarten (gleichheitsrechtl bedenkl). Zum Begriff „öffentl Kasse" s LStH 3.11 und § 3 Nr 12 „Aufwandsentschädigungen" (vgl auch BFH IV R 228/82 BStBl II 86, 848; FG Ddorf EFG 12, 1167, rkr, s dazu auch *Gosch* IWB 13, 179; ferner *Bublitz* IStR 07, 77/79); zum Begriff DienstVerh s § 19 Rz 3. – Es muss sich (anders als bei § 1 II 1 Nr 2) nicht zwingend um ein DienstVerh *zum* inl Kassenträger handeln (BFH I R 65/95 BStBl II 98, 21: dt Schule in Spanien als ausl ArbG; BFH I B 53/98 BFH/NV 99, 458). Ferner muss kein (unmittelbarer) Zahlungsanspruch ggü der inl öffentl Kassen bestehen (Wortlaut: „ohne dass …"; BT-Drs 13/5952, 49: Klarstellung); zB ins Ausl entsandte Bedienstete des Goethe-Instituts oder des DAAD (vgl BFH I R 60/05 BStBl I 07, 106; *FinVerw* DB 04, 406).

Zur **unbeschr StPfl** nach § 1 II und III s § 1 Rz 35 ff. Zur Steuerfreistellung von Zuschlägen etc gem **§ 3 Nr 64 S 2** s § 3 Rz 218. Zu **§ 50d VII** s § 50d Rz 50.

c) Geschäftsführer; Prokurist; Vorstandsmitglied, § 49 I Nr 4 Buchst c. 89
Die Regelung begründet eine **Fiktion des Tätigkeitsorts** (vgl BFH I R 81/04 BStBl II 10, 778 zu DBA Schweiz) und beruht auf der Vorstellung, dass Tätigkeiten, die typischerweise in der Erteilung von Weisungen bestehen, letztl dort ausgeübt werden, wo die Weisungen empfangen und umgesetzt werden. Ob bzw wie lange sich die jeweilige Person tatsächl im Inl aufhält, ist unerhebl. Betroffen sind (seit VZ 2002) alle im Ausl ansässigen und tätigen (sonst Nr 4 Buchst a) Geschäftsführer, Prokuristen und Vorstandsmitglieder einer Ges mit Geschäftsleitung (§ 10 AO, nicht Sitz!) im Inl. § 34c/§ 34d Nr 5 enthält keine entspr Regelung.

Beispiele: Geschäftsführer einer GmbH (§ 35 GmbHG); Vorstand einer AG (§ 76 AktG); Prokurist (§ 48 HGB) einer KapGes oder PersGes (ebenso *Blümich* § 49 Rz 165; aA *Frotscher* § 49 Rz 263). Bei einer PersGes darf der Geschäftsführer/Prokurist allerdings nicht zugleich Ges'ter sein, da er als solcher keine Einkünfte aus nichtselbständiger Arbeit erzielt (§ 15 I 1 Nr 2 und 3/§ 49 I Nr 2). – **Nicht erfasst:** Stiftungs- oder Vereinsvorstand (vgl BFH I R 93/06 BFH/NV 08, 206 zu Art 16 DBA Türkei). – **Lit:** *Neyer* IStR 01, 587; *Steinhäuser* FR 03, 652. DBA-Regelungen s *FinVerw* FR 03, 371, *Schwerdtfeger* IStR 02, 361, mit Hinweisen zu Gestaltungsmöglichkeiten; zu Schweiz *Neyer* IStR 05, 514 mwN.

d) Entschädigungen, § 49 I Nr 4 Buchst d. Erfasst werden Ausgleichszahlungen iSv § 24 Nr 1 für die **Auflösung eines DienstVerh** mit im Inl unbeschr oder beschr stpfl ArbLohn. Das soll nach der Gesetzesbegründung die bisherige Rspr zu nachträgl Lohnzahlungen kodifizieren, schafft aber tatsächl (erstmalig) mit Wirkung ab VZ 2004 einen neuen Besteuerungstatbestand (s Rz 7 aE; vgl auch BFH I R 81/07 BStBl II 09, 632, Anm *Kempermann* FR 09, 475). Die neue Problematik liegt im Aufteilungsmaßstab („soweit ..."; vgl *Neyer* IStR 04, 403). Nach Streichung von § 50 I 3 aF ist die Fünftelregelung nach § 34 I anwendbar (JStG 2008). – **Lit.** *Neyer/Schlepper* FR 11, 648 (auch zu Konsultationsvereinbarungen und § 2 II 1 AO; dazu auch Rz 92); *Günkel* IStR 09, 889; *Portner* IStR 08, 584. 90

e) Bordpersonal von Luftfahrzeugen, § 49 I Nr 4 Buchst e. Im Ausl ansässiges Bordpersonal (Piloten, Stewardessen etc) unterlag bis 2006 nur mit dem sog Inlandsanteil der beschr StPfl, während die übrigen Einkünfte wegen Art 15 III OECD-MA bzw entspr DBA-Regelungen im Ansässigkeitsstaat stfrei blieben. Diese Lücke ist mit Wirkung ab VZ 2007 geschlossen, gleichzeitig aber auf im internationalen Luftverkehr eingesetzte Luftfahrzeuge beschränkt worden (Einsatz nur im Ansässigkeitsstaat begründet keine DBA-Verlagerung des Besteuerungsrechts). – **Inlandsbezug:** Das Flugzeug muss von einem Unternehmen mit **inl Geschäftsleitung** betrieben werden (Geschäftsleitung s § 10 AO). 91

„Stand-by-Wohnungen" von Flugpersonal sind grds Wohnsitz iSd § 1 I und führen zu unbeschr StPfl (FG Hess EFG 11, 133, rkr; FG Hbg 6 K 56/06 juris, rkr; s auch *Eich* EStB 11, 269); zu gemeinsamer Nutzung mit weiteren ArbN s BFH I R 50/12 BFH/NV 13, 1909. Die ursprüngl geplante Einbeziehung von **Schiffspersonal** wurde „mit Rücksicht auf die schwierige wirtschaftl Situation" der dt Schifffahrt storniert; die Besteuerung richtet sich nach Nr 4 Buchst a. S iÜ auch *Vetter/Lühn* RIW 07, 300 (neuer Besteuerungstatbestand durch StÄndG 2007); *Urbahns* NWB 13, 3749.

f) DBA-Beschränkungen. Für die Ausübung einer nichtselbständigen Tätigkeit gilt grds das durch die 183-Tage Regel modifizierte **„Arbeitsortsprinzip"** (§ 15 I und II OECD-MA), für den öffentl Dienst das **„Kassenstaatsprinzip"** (§ 19 OECD-MA; allerdings *treaty override* durch § 50d VII, s § 50d Rz 50). Ebenso wird die Besteuerung von Flugpersonal idR nicht durch DBA beschränkt (Art. 15 III OECD-MA). Dagegen erfolgt die Besteuerung von **Verwertungseinkünften** idR durch den Wohnsitzstaat, ebenso die Besteuerung von **Grenzgängern** (zB Art 15a DBA-Schweiz; s auch BFH I R 84/08 BStBl II 10, 392; BFH I R 69/08 BFH/NV 10, 1634). 92

Verwaltung: *BMF* BStBl I 2014, 1467. – **Lit:** *Wällisch/Näth* IStR 05, 433; *Niermann* IWB F 3, Gr 2, 1345. – Für **Entschädigungen/Abfindungen** (§ 49 I Nr 4 Buchst d) wird das Besteuerungsrecht häufig anderen Staaten zugewiesen (vgl BFH I R 111/08 BStBl II 10, 387 mwN, zu DBA Schweiz, Anm *Ziehr* IStR 09, 820); allerdings binden **Konsultationsvereinbarungen** der FinVerw der beteiligten Länder die Gerichte nicht (Parlamentsvorbehalt); § 2 II AO ändert daran nichts (BFH I R 79/13 DStR 15, 222, mwN: genügt nicht den Bestimmtheitsanforderungen des Art 80 I GG, zu DBA Schweiz; s auch Anm *Gosch* BFH/PR 2015, 437; *Lehner* IStR 15, 790; BFH I R 90/08 BStBl II 10, 394, zu DBA Belgien; FG Mchn DStRE 11, 1526, rkr, zu DBA Österreich); auch eine sich nach Inkrafttreten des DBA entwickelnde **Verwaltungspraxis** wirkt grds nicht auf die Auslegung des Abkommens zurück (BFH I R 79/13 DStR 15, 222, mwN). Zu **Aktienoptionen** s *Hasbergen* ua IStR 07, 380. Zum Verhältnis zw **LStAbzug** und DBA s BFH I R 93/06 BFH/NV 08, 206.

93 **g) Verfahren.** Die Steuererhebung erfolgt durch **StAbzug** (§ 39d iVm § 38) mit WK-Eintrag (grds abgeltend gem § 50 II 1, Veranlagung nach § 50 I 4 und 5, II 2 Nr 4 nur für EU-ArbN; problematisch, s § 50 Rz 39). Verpflichtung des ArbG zum LSt-Einbehalt gem § 38 I 1 iVm III 1; Haftung gem § 42d I Nr 1. Nachforderung beim ArbN gem § 42d III 1 und 4 (s auch BFH I R 68/10 BFH/NV 11, 737: keine Verzinsung bei späterer Erstattung). Artisten s LStR 39d VI. – Zu **Erlass** und **Pauschalierung** s § 50 Rz 43 (zB kurzfristig beschäftigte „Auslandskünstler").

96 **6. Einkünfte aus Kapitalvermögen, § 49 I Nr 5.** Begriff s § 20 Rz 3 und 11. Die Regelung ist sehr unübersichtl. Teilweise knüpft sie an Tatbestände des § 20 an, teilweise an die der §§ 43, 44. Der erforderl **Inlandsbezug** wird zT durch die Person des Schuldners der KapErträge und zT durch sachl Anknüpfungspunkte hergestellt. Maßgebl ist jeweils der Zeitpunkt, zu dem die Einkünfte zu erfassen sind (BFH I R 129/79 BStBl II 84, 620; BFH I R 87/84 BFH/NV 85, 104). Die **Subsidiaritätsklausel** des § 20 VIII gilt auch hier (ohne ausdrückl Verweisung); dh § 49 I Nr 1–3 und 6 sind vorrangig zu prüfen. Einschränkungen ergeben sich aufgrund der isolierenden Betrachtungsweise (§ 49 II, s Rz 132f). – Im Folgenden wird die **Rechtslage ab VZ 2009** dargestellt (frühere Rechtslage: s 30. Aufl Rz 61 ff; zur Rechtsentwicklung s auch *Blümich* § 49 Rz 180).

Auch für beschr StPfl gelten grds **§ 3 Nr 40 und § 8b KStG** (s § 3 Rz 135). Der Gleichbehandlung mit unbeschr StPfl steht jedoch der abgeltende StAbzug nach § 50 II 1 bei Fehlen einer inl Betriebsstätte entgegen (vgl ausführl *Fock* FR 06, 369; *Dautzenberg* BB 01, 2137: EU-rechtswidrig). – **Nicht erfasst** werden Diskontbeträge von Wechseln uÄ iSv § 20 I Nr 8 (s § 20 Rz 111) und Leistungen nach § 20 I Nr 10 (Betriebe gewerbl Art uÄ, s § 20 Rz 116 ff; zur Erstattung von KapESt im letztgenannten Fall s *Wassermeyer* IStR 03, 94; aA *Ramackers* IStR 03, 383). Zur Behandlung eines StPfl bei **Wegzug** ins Ausl s *BMF* BStBl I 12, 953 Rz 314 bzw BStBl II 16, 85 Rz 312.

97 **a) Inländischer Schuldner, § 49 I Nr 5 S 1 Buchst a.** KapEinkünfte iSv § 20 I Nr 1, 2, 4, 6 und 9 unterliegen der beschr StPfl, wenn der Schuldner (nicht notwendig der Zahlende) der KapErträge Wohnsitz (§ 1 Rz 20, § 8 AO), Geschäftsleitung oder Sitz (§§ 10, 11 AO) im Inl hat; bei sog anonymen Tafelgeschäften iSd § 44 I 4 Nr 1 Buchst a/bb ergibt sich der Inlandsbezug durch die inl Zahlstelle (s § 44 Rz 2). Erfasst werden neben offenen Gewinnausschüttungen (vgl etwa BFH I R 30/10 IStR 12, 379) auch vGA (§ 20 I Nr 1 S 2), nicht hingegen zurückgewährte Einlagen (vgl § 20 I Nr 1 S 3). Ausdrückl ausgenommen sind Investmentanteile iSd § 2 InvStG (s aber Rz 98). Zu Erträgen aus Wandelanleihen und Gewinnobligationen (Nr 5 Buchst a HS 2) s Rz 99.

Zu **partiarischen Darlehen** und **typischer stillen Gesellschaft** s BFH I R 78/09 DStR 10, 2448 (mit Anm *Süß/Mayer*), krit *Helios/Hierstetter* Ubg 12, 505 (511 f) und *Helios/Birker* BB 11, 2327; zur **Veräußerung von Dividendenansprüchen** s *BMF* BStBl I 13, 939 – krit *Bisle* NWB 13, 4108, und *Wiese/Berner* DStR 13, 2674; zu Ausschüttung an US-amerikanische **S-Corporation** s BFH I R 39/07 BStBl II 09, 234, BFH I R 48/12 IStR 13, 880 und *Plewka/Renger* IStR 06, 586; zu **American Depository Receipts (ADRs)** s *BMF* BStBl I 13, 718.

98 **b) Investmenterträge, § 49 I Nr 5 S 1 Buchst b.** Bei den genannten Erträgen iSd § 2 InvStG wird kein zusätzl Inlandsbezug verlangt, da sich ein solcher bereits aus den aufgeführten Vorschriften ergibt (§ 7 III InvStG: inl Investment-

vermögen iSd §§ 2 und 6 InvG; § 7 I, II und IV InvStG iVm § 44 I 4 Nr 1 Buchst a/bb: inl Zahlstelle). Andere Investmenterträge (zB aus Zinsen) unterliegen nicht der beschr StPfl; gleichwohl einbehaltene KapESt ist nach § 7 VI InvStG zu erstatten. S auch *Rohde/Neumann* FR 12, 247.

c) Grundpfandrechte; sonstige KapErträge, § 49 I Nr 5 S 1 Buchst c. Zinseinkünfte und sonstige Erträge iSv § 20 I Nr 5 und 7, die nicht unter Nr 5 Buchst a oder b fallen, brauchen einen zusätzl sachl Inlandsbezug. Sie unterliegen nur in den abschließend in Buchst c und (ab 2009) d aufgeführten Fällen der beschr StPfl. 99

Fragl ist insoweit, ob Nr 5a nach seinem Wortlaut auch unter § 20 I Nr 7 fallende Erträge aus **Wandelanleihen** und **Gewinnobligationen** erfassen soll („dies gilt auch ..."); nach wohl zutr hM eher nicht, sondern nur unter den Voraussetzungen des Nr 5 Buchst c (s auch *HHR* § 49 Rz 833).

aa) Dingl Sicherung. Das beschr stpfl KapVerm muss nach Nr 5 Buchst c/aa **im Inl** dingl gesichert sein (Eintragung der Sicherheit im Grundbuch oder Schiffsregister; nicht in öffentl Schuldbuch, s § 49 I Nr 5c/aa S 2). Die Sicherung muss im Zeitpunkt des Zuflusses bestehen (BFH I R 129/79 BStBl II 84, 620; I R 87/84 BFH/NV 85, 104). Eine Absicherung im wirtschaftl Sinne genügt (BFH I R 97/93 BStBl II 94, 743; s auch BFH I R 11/99 BStBl II 01, 822: mittelbare Besicherung). Betroffen sind Zinsen aus Hypotheken und Grundschulden sowie Renten aus Rentenschulden (s § 20 Rz 91). Auf die dingl Sicherung *der Zinsen* kommt es nicht an (vgl BFH I R 129/79 BStBl II 84, 620). Krit *Haase/Dorn* IStR 12, 180. 100

bb) Nicht verbriefte Genussrechte. Diese werden gem Nr 5 Buchst c/bb nur erfasst, wenn der Schuldner Wohnsitz, Geschäftsleitung oder Sitz im Inl hat (Analogie zu Nr 5 Buchst a wegen planwidriger Regelungslücke, s auch *Blümich* Rz 194). 101

d) Tafelgeschäfte, § 49 I Nr 5 S 1 Buchst d. Erfasst werden Erträge aus verbrieften und registrierten KapForderungen (§ 20 I Nr 7/§ 43 I 1 Nr 7 Buchst a, s § 43 Rz 36), Gewinne aus Anteilsveräußerungen (§ 20 II 1 Nr 1/§ 43 I 1 Nr 9, s § 20 Rz 127), Gewinne aus der Veräußerung von Dividendenscheinen und sonstigen KapForderungen iSv § 20 I Nr 7 (§ 20 II 1 Nr 2 Buchst b und Nr 7/§ 43 I 1 Nr 10, s § 20 Rz 128 und 144) und besondere zusätzl gewährte Entgelte oder Vorteile (§ 20 III/§ 43 I 2; zu § 20 II 1 Nr 2 Buchst u s *BMF* BStBl I 13, 939). Der Anwendungsbereich der Regelung ist durch das JStG 2009 **ab VZ 2009** auf Schaltergeschäfte beschränkt worden, bei denen die Erträge einem nicht nach § 154 AO legitimierten (unbekannten) Depotinhaber ausgezahlt werden (vgl BT-Drs 16/11108, 28; s auch *Kahle/Schulz* DStZ 08, 784/94). Der erforderl Inlandsbezug besteht darin, dass die Erträge von einer inl Zahlstelle ausgezahlt oder gutgeschrieben worden sein müssen; dass auch der Schuldner im Inl ansässig ist, wird *nicht* verlangt. Nicht erfasst werden Auszahlungen und Gutschriften an ausl Kredit- oder Finanzdienstleistungsinstitute. 102

e) Besondere Entgelte und Vorteile, § 49 I Nr 5 S 2. Ohne weitere sachl Voraussetzungen unterliegen auch Einkünfte iSd § 20 III der beschr StPfl (zu Beispielen s § 20 Rz 157). Die Regelung enthält keinen selbständigen Besteuerungstatbestand, sondern ergänzt nur die übrigen Tatbestände (vgl § 20 Rz 156). Dementspr wird auch kein eigenständiger Inlandsbezug verlangt; dieser ergibt sich vielmehr daraus, dass die Entgelte und Vorteile gem § 20 III iVm § 49 Nr 5 S 2 *neben* einem der übrigen in § 49 Nr 5 S 1 genannten beschr stpfl KapErträge gewährt worden sein müssen, also über den jeweils dort normierten Inlandsbezug. 103

f) Einkünfteermittlung. Der Abzug von WK ist seit VZ 2009 ausgeschlossen; das gilt für unbeschr wie für beschr StPfl (§ 20 IX 1; zu beschr StPfl KapGes s *HHR* Anm 865). Der Sparer-Pauschbetrag iHv 801 € wird grds auch beschr StPfl gewährt (ebenfalls seit VZ 2009, § 50 Rz 14); s aber Rz 106. 104

g) DBA-Beschränkungen. Das Besteuerungsrecht ist grds dem Wohnsitzstaat des Empfängers der KapEinkünfte zugewiesen, häufig verbunden mit einer der 105

Höhe nach begrenzten Quellenbesteuerung im Ansässigkeitsstaat des Leistenden (bei Dividenden idR bis zu 15%, s Art 10 OECD-MA; bei Zinsen idR bis zu 10%, s Art 11 OECD-MA; s *Vogel* DBA Vor Art 10–12 Rz 55 ff). Die Ermäßigung erfolgt im Wege der Erstattung der zunächst voll abzuziehenden KapESt durch das BfF/BZSt (§ 50d I). Eine verbleibende Doppelbesteuerung wird idR durch Steueranrechnung ausgeglichen. Für Zinsen hat Deutschland weitgehend auf eine Besteuerung als Quellenstaat verzichtet (s *Vogel* DBA Art 11 Rz 48 ff; BFH I R 48/12 IStR 13, 880, zu DBA USA).

106 **h) Steuererhebung.** Die KapEinkünfte unterliegen gem §§ 43 ff dem **KapEStAbzug** und zwar gem § 50 II 1 grds mit abgeltender Wirkung (zur Problematik der Überbesteuerung s *Schaumburg* Rz 5.116 ff und 5.222), es sei denn, die Einkünfte sind einer inl Betriebsstätte zuzuordnen, § 50 II 2 (vgl § 50 Rz 26 ff; s iEinz auch *BMF* BStBl I 16, 85 Rz 312 ff). Unterliegen KapEinkünfte **nicht** der **beschr StPfl,** ist von der auszahlenden Stelle keine KapESt einzubehalten (*BMF* aaO, Rz 313); gleichwohl einbehaltene KapESt ist nach § 37 II AO zu erstatten (vgl *HHR* Anm 810: formloser Antrag). S iÜ auch *Helios/Hierstetter* Ubg 12, 505 mit Beispielen.

109 **7. Vermietung und Verpachtung, § 49 I Nr 6. – a) Begriff.** Zu VuV s § 21 Rz 1 ff. Unter die Regelung fallen VuV von unbewegl Vermögen (§ 21 I 1 Nr 1: Grundstücke, Gebäude, Gebäudeteile, im Register eingetragene Schiffe und grundstücksgleiche Rechte), von Sachinbegriffen (§ 21 I 1 Nr 2) und Rechten (§ 21 I 1 Nr 3) und von Miet- und Pachtzinsforderungen (§ 21 I Nr 4); s iEinz § 21 Rz 50 ff. Der erforderl **Inlandsbezug** wird entweder durch die Belegenheit im Inl (Grundstücke etc und Sachinbegriffe) oder durch Eintragung in inl öffentl Bücher und Register wie Grundbuch, Schiffsregister, Patent-, Markenschutz- oder Gebrauchsmusterregister (Schiffe und Rechte) oder durch Verwertung in einer inl Betriebsstätte oder Einrichtung eines Dritten hergestellt.

110 **aa) Abgrenzung.** Einzelne **bewegl Sachen** fallen nicht unter § 49 I Nr 6, sondern unter § 49 I Nr 9 (subsidiärer Auffangtatbestand); ebenso **Know-how** (s Rz 125). – **Rechte** iSd § 21 I Nr 3 sind insb die dort genannten schriftstellerischen, künstlerischen und gewerbl Urheberrechte und gewerbl Erfahrungen etc (s § 21 Rz 54); die Aufzählung ist nicht abschließend (BFH I R 86/07 BStBl II 10, 120). Erfasst wird auch die Überlassung von Persönlichkeitsrechten am eigenen Namen und Bild durch den Rechteinhaber (BFH I R 19/06 BStBl II 10, 398).

111 **bb) Inl Verwertung.** Zu **Betriebsstätte** s Rz 22. **Einrichtung** meint eine feste Geschäftseinrichtung oder Anlage, s Rz 78. Zu **Verwertung** s Rz 42 und 74 (vgl auch BFH I R 19/06 BStBl II 10, 398, Rz 49 f mwN: Selbstvermarktung eines Berufssportlers; ferner *Schmidt-Heß* IStR 06, 690). Es muss sich nicht unbedingt um eine Betriebsstätte/Einrichtung des Vergütungsschuldners handeln (wird in der Praxis aber häufig der Fall sein, vgl BFH I R 76/10 BFH/NV 12, 1444); ob der Inhaber der Betriebsstätte/Einrichtung unbeschr oder beschr stpfl ist, ist unerhebl. Die Verwertung in einer *eigenen* Betriebsstätte/Einrichtung des beschr StPfl (Vergütungsgläubiger) fällt dagegen schon tatbestandl nicht unter § 49 I Nr 6, sondern ggf unter § 49 I Nr 2 Buchst a oder Nr 3.

112 **cc) Subsidiarität.** Die Regelung ist nur anzuwenden, soweit Einkünfte nicht § 49 I Nr 1 bis 5 zugeordnet werden können (so ausdrückl § 49 I Nr 6 idF des JStG 2009); insb im Anwendungsbereich des § 49 I Nr 2 Buchst f ist dieser vorrangig (ab VZ 2009, s Rz 54). Zur Abgrenzung zw § 49 I Nr 3 und Nr 6 s BFH I R 41/92 BStBl II 93, 407.

113 **b) Nutzungseinkünfte.** § 49 I Nr 6 betrifft (anders als Nr 2 und 3) nur Einkünfte aus der Nutzung durch **zeitl begrenzte Überlassung** eines WG, nicht solche aus der Veräußerung der Vermögenssubstanz bzw der endgültigen Rechteübertragung. Das Nutzungsverhältnis kann dingl oder obligatorischer Art sein (BFH I R 54/75 BStBl II 78, 355). Vorausgesetzt wird der Fortbestand einer ei-

genständigen Rechtsposition beim Überlassenden (BFH I R 86/07 BStBl II 10, 120). An einer zeitl begrenzten Überlassung von Rechten iSd § 49 I Nr 6 fehlt es, wenn eine Rückübertragung oder ein Rückfall des Rechts bei Vertragsbeginn praktisch ausgeschlossen ist, weil sich der wirtschaftl Wert des überlassenen Rechts während der Nutzungsdauer erschöpft (vgl zu Sport-Bandenwerbung BFH I R 64/99 BStBl II 03, 641: „verbrauchende Rechteüberlassung"). Die **Dauer** der Überlassung braucht nicht festzustehen, soweit eine zeitl Begrenzung *mögl* ist. Auch eine langfristige, uU zeitl unbegrenzte Rechtebestellung kann ein Nutzungsverhältnis begründen. Die zeitl Begrenzung des gesetzl Rechtsschutzes schließt andererseits die Möglichkeit der Übertragung des Vollrechts nicht aus (Veräußerung statt Nutzung, s zu Patentrecht FG Mchn EFG 83, 353, rkr, str).

Beispiele: – ***(1)* Einkünfte aus VuV bejaht für: Werbeaktivitäten** eines Berufssportlers (BFH I R 19/06 BStBl II 10, 398, mwN und mit Abgrenzung zu BFH I R 73/02 BStBl II 05, 550; *BMF* BStBl I 05, 844; EStH 50 a.1; krit *Schauhoff/Idler* IStR 08, 341; *Schmidt-Heß* IStR 06, 690); Lizenzzahlungen für **Standardsoftware** (BFH I R 62/01 BFH/NV 02, 1142); **Filmverwertungsrechte** (FG Mchn EFG 01, 571, rkr; s aber auch BFH I B 11/82 BStBl II 83, 367, und BFH I R 137/68 BStBl II 71, 200 unter I.2); **Lizenzen für Arzneimittelrezepturen** (BFH I R 41/92 BStBl II 93, 407); **Patente und Warenzeichen** (BFH I R 54/75 BStBl II 78, 355); **Know-how** als Nebenverpflichtung zur Überlassung von Patenten und Gebrauchsmustern (BFH I R 211/74 BStBl II 77, 623; offen gelassen in BFH I B 210/08 BFH/NV 09, 1237; s auch Rz 125); **Entschädigungen** gem § 7 VII VermG (FG BBg EFG 10, 1107, rkr). – ***(2)* Einkünfte aus VuV verneint für:** Transfervereinbarung zw inl und ausl Sportvereinen in Form der **„Spielerleihe"** (BFH I R 86/07 BStBl II 10, 120, Nichtanwendungserlass: *BMF* BStBl I 10, 44, aufgehoben durch *BMF* BStBl I 10, 617; s jetzt Rz 63); Überlassung eines **Satellitentransponders** (BFH I R 130/97 IStR 00, 438; s auch *Kessler ua* IStR 00, 425; *Rabe* RIW 92, 135); Übertragung eines **Alleinvertriebsrechts** (BFH I R 130/84 BStBl II 89, 101; I R 87/85 BFH/NV 89, 393; Abgrenzung: FG Köln EFG 98, 881, rkr). – ***(3)* Offen gelassen für: Live-Fernsehübertragungsrechte** an inl Sportveranstaltungen (BFH I R 6/07 BStBl II 09, 625). – Zu Werbekampagnen mit ausl **Fotomodellen** s *Wild/Eigelshoven* DB 05, 1354 (keine beschr StPfl), wohl zutr aA *BMF* BStBl I 09, 362. Zu **Schallplattenaufnahmen** s Rz 53. Zu **Absatzmarktübertragung** s *Isensee* IStR 99, 527. Zu **grenzüberschreitender BetrAufsp** s *Haverkamp* IStR 08, 165 mwN; *Ruf* IStR 06, 232; ab VZ 2009: *Bron* DB 09, 592/5 mwN; vgl auch § 15 Rz 862.

c) Einkünfteermittlung. Zu Bemessung von AfA, Bewertung des Vermögens und Zuständigkeit im Falle der Veranlagung s *BMF* BStBl I 11, 530, Rz 10 ff. **114**

d) Verfahren. Steuererhebung in Fällen des § 50a I Nr 3 durch StAbzug idR mit abgeltender Wirkung (§ 50 II 1, s § 50 Rz 27 ff), sonst durch Veranlagung. **115**

e) DBA. Bei unbewegl Vermögen wird das Besteuerungsrecht grds dem Belegenheitsstaat zugewiesen (Art 6 I OECD-MA). Einkünfte aus VuV von Sachinbegriffen werden abkommensrechtl den Lizenzgebühren zugeordnet; das Besteuerungsrecht steht idR dem Wohnsitzstaat des Lizenzgebers zu (Art 12 OECD-MA; s auch § 50a Rz 13). Zu betriebl Nutzung über PersGes (DBA Schweiz) s BFH I R 71/92 BStBl II 94, 91, Rz 40. **116**

8. Leibrenten und andere Leistungen, § 49 I Nr 7. Erfasst werden nach **Nr 7 HS 1** (seit VZ 2005) alle im Ausl lebenden Rentner, die Leibrenten und andere Leistungen iSv § 22 Nr 1 S 3 Buchst a von einer der genannten **inl Versicherungen und Einrichtungen** beziehen (vgl dazu iEinz § 22 Rz 101 ff; s auch BFH I B 159/11 IStR 12, 588). – Mit Wirkung ab VZ 2010 ist die beschr StPfl gem **§ 49 I Nr 7 HS 2** auf entspr Leistungen **ausl Zahlstellen** ausgedehnt worden, wenn die Leistungen auf Beiträgen nach § 10 I Nr 2 beruhen, die ganz oder teilweise bei der Ermittlung der SA berücksichtigt wurden (Förderstaatsprinzip); dem Wortlaut nach kommt es allein auf die *tatsächl* Berücksichtigung („wurden") bei der Ermittlung der SA und auf den rechtl Zusammenhang („zugrunde liegen") zw den berücksichtigten Beiträgen und den Rentenzahlungen an, wohingegen unerhebl sein soll, ob und in welcher Höhe sich der SA-Abzug steuerl ausgewirkt hat (s BT Drs 17/506, 33). – Ein StAbzug ist für beide Fälle nicht vorgesehen; die **119**

Betroffenen müssen gem § 25 III eine **Erklärung** zur beschr StPfl nach § 50 I oder ggf einen Antrag nach §§ 1 III, 1a abgeben (vgl etwa FG Köln EFG 09, 1911, rkr). **Zuständigkeit,** soweit ausschließl Einkünfte iSd § 49 I Nr 7 und 10 zu veranlagen sind: FA Neubrandenburg (§ 1 EStZustVO; zu den Folgen des Zuständigkeitswechsels s BFH I R 43/12 BeckRS 2015, 94051). – Nach **DBA** wird das Besteuerungsrecht idR entfallen, weil es grds dem Wohnsitzstaat zugewiesen ist (vgl Art 18 und 21 OECD-MA; zutr daher die Kritik von *Lüdicke,* Überlegungen zur dt DBA-Politik, 2008, S 153 ff); zu DBA-Kanada s BayLfSt IStR 11, 776 (s aber *K/Gosch* § 49 Rz 90 mit Fn 4). Zur Quellenbesteuerung für Sozialversicherungsleistungen s *Vogel* DBA Art 18 Rz 82 ff.

Beamtenpensionen sind als ArbLohn nach § 49 I Nr 4 stbar. Zur Gleichbehandlung von Ruhegehalt und aktiven Lohnbezügen s EuGH Rs C-520/04 *Turpeinen* mit Anm *Wilke* IWB F 11A S 1123. – S iÜ *Hensel* PISTB 10, 83; *Decker/Looser* IStR 09, 652/5.

120 **9. Private Veräußerungsgeschäfte, § 49 I Nr 8.** Der beschr StPfl unterliegt auch die private Veräußerung von inl Grundstücken oder grundstücksgleichen Rechten iSv §§ 22 Nr 2, 23 I 1 Nr 1, wenn zw Anschaffung und Veräußerung nicht mehr als 10 Jahre liegen (s iEinz § 23 Rz 12 und 16 ff); zum Begriff Veräußerung s § 23 Rz 50. – Die Veräußerung von KapGesAnteilen fällt seit VZ 2009 nicht mehr unter § 49 I Nr 8 (jetzt ggf § 49 I Nr 2 Buchst e oder Nr 5 Bucht d). Bei Zuordnung zu einer inl Betriebsstätte richtet sich die beschr StPfl (nur) nach § 49 I Nr 2 Buchst e und f (§ 23 II; s auch *HHR* § 49 Anm 1029; aA FG Hbg EFG 98, 39, rkr); ebenfalls nicht von § 49 I Nr 8 erfasst werden gewerbl Grundstückshandel und BetrAufsp über die Grenze (s Rz 56). – Die **Einkünfteermittlung** erfolgt nach § 23 III 1; die Freigrenze des § 23 III 5 gilt auch für beschr StPfl. – **DBA-Beschränkungen** ergeben sich nicht (vgl Art 13 I OECD-MA: Besteuerung durch den Belegenheitsstaat). – **Steuererhebung** durch Veranlagung (Steuererklärungspflicht s BFH I R 45/96 BFH/NV 98, 14).

121 **10. Abgeordnetenbezüge, § 49 I Nr 8a.** Abgeordnetenbezüge fallen als sonstige Einkünfte iSd § 22 Nr 4 ohne weitere Voraussetzung unter die beschr StPfl nach § 49 I Nr 8a. **Steuererhebung** durch Veranlagung. **DBA-Beschränkungen:** Die Besteuerung erfolgt idR durch den Wohnsitzstaat (vgl Art 21 OECD-MA).

122 **11. Sonstige Leistungen, § 49 I Nr 9. – a) Begriff.** Leistung iSd § 22 Nr 3 ist jedes Tun, Dulden oder Unterlassen, das weder eine Veräußerung noch einen veräußerungsähnl Vorgang im privaten Bereich betrifft, Gegenstand eines entgeltl Vertrages sein kann und eine Gegenleistung auslöst (vgl BFH IX R 39/06 BStBl II 08, 469: Teilnahme als Kandidat an einer Fernsehshow; s auch § 22 Rz 130 ff). Der beschr StPfl unterliegen allerdings gem § 49 I Nr 9 **nur bestimmte Leistungen** iSd § 22 Nr 3. Das bedeutet einerseits, dass nicht alle Vorgänge, die unter § 22 Nr 3 fallen, eine beschr StPfl nach § 49 I Nr 9 auslösen, sondern nur die hier genannten; andererseits können aber Vorgänge, die tatbestandl nicht unter § 22 Nr 3 fallen, auch nicht von § 49 I Nr 9 erfasst werden (vgl Rz 11; so auch *Frotscher* § 49 Rz 7; aA *K/Gosch* § 49 Rz 94). Letzteres gilt insb auch für Veräußerungsvorgänge (s auch FG Mchn EFG 13, 1412, rkr).

123 **aa) Unterhaltende Darbietungen.** S Rz 41; § 49 I Nr 2 Buchst d geht vor. Eine Beschränkung auf Künstler (vgl BT-Drs 16/10189, 59) lässt sich dem Wortlaut der Regelung nicht entnehmen; entscheidend ist allein der unterhaltende Charakter der Darbietung (so auch *BMF* BStBl I 10, 1350 Rz 17; aA: *HHR* § 49 Anm 1100). **Inländisch** ist die Darbietung mE, wenn sich der Darbietende physisch im Inl aufhält. Die Tatbestandsalternative ist durch das JStG 2009 eingefügt worden und gilt ab VZ 2009.

124 **bb) Nutzung bewegl Sachen.** Sachen sind nur körperl Gegenstände (§ 90 BGB); die Regelung gilt für Einzelgegenstände, nicht für Sachinbegriffe (s Rz 110). Erfasst werden zudem nur Entgelte für die Gebrauchsüberlassung zur Nutzung, den Verzicht auf eine Nutzungsmöglichkeit oder deren Beschränkung,

nicht aber Entgelte, die als Ausgleich für den endgültigen Verlust eines WG gezahlt werden; maßgebl ist der wirtschaftl Gehalt der zugrunde liegenden Vereinbarung (vgl § 22 Rz 136).

Zu **Nutzung durch Vermietung** s BFH I R 22/12 BStBl II 13, 728, mwN: beschr stpfl Einkünfte nur insoweit, als die bewegl Sache *tatsächl* im Inl genutzt wird (Anm *Klein/Jacob* FR 13, 958). Das hätte man mE mit dem FG auch gut anders entscheiden können; denn „Vermietung" wird in § 22 Nr 3 nur als Beispiel einer Leistung genannt und vom Begriff der Nutzung umfasst (vgl auch BFH IV R 49/97 BStBl II 99, 652: Vermietung eines WG ist „Nutzung"); die vom BFH in I R 22/12 (aaO, Rz 12) angesprochene „bestimmungsgemäße Verwendung" erfolgte mE gerade durch die Weitervermietung, also im Inl; krit auch *Haberland* DStR 12, 1115. – Ob das **Leasing** von Einzelgegenständen aus dem Ausl erfasst wird, ist Tatfrage (zur Einordnung s § 5 Rz 721 ff; abl für verkaufsähnl Vergütung FG Mchn EFG 90, 242, rkr; *Roser* RIW 90, 393). **Wertpapierleihe** fällt im Zweifel nicht unter § 49 I Nr 9 (vgl § 5 Rz 270 „Wertpapierleihe"). Zu **Satellitendienst,** Überlassung von **Standard-Software** und **Internetgeschäften** s *Kessler* IStR 00, 70 und 98 (grds weder § 49 I Nr 2f noch Nr 6 oder 9); zu Ausnahmen nach § 49 I Nr 6 s BFH I R 62/01 BFH/NV 02, 1142; vgl auch *Kessler/Maywald/Peter* IStR 00, 425/6 (Lösung vom engen Wortlaut des § 49 I Nr 9).

cc) Überlassung von Know-how. Unter diese Tatbestandsalternative fällt die Überlassung nicht nur von Spezialwissen als Ergebnis erfinderischer Tätigkeit, sondern auch von sonstigem Erfahrungswissen, dessen Wert darin besteht, einem Dritten, dem es vermittelt wird, Zeit und Kosten zu ersparen (so BFH I R 90/01 BStBl II 03, 249 mwN; vgl auch zu § 22 Nr 3 BFH IX R 53/02 BStBl II 05, 167: „werthaltige Tipps"; ferner FG BBg EFG 13, 934, rkr, mit Anm *Bozza-Bodden:* Abgrenzung zum Rechtskauf). Handelt es sich um Wissen, dass urheberrechtl Schutz genießt, ist § 49 I Nr 6 einschlägig (s aber BFH I R 81/11 BFH/NV 13, 698, Rz 12: „jedenfalls" Nr 9). Anders als § 21 I Nr 3 iVm § 49 I Nr 6 setzt § 49 I Nr 9 tatbestandl **keine zeitl Begrenzung** der Überlassung voraus. 125

Keine Überlassung von Know-how: Durchführung einer **klinischen Studie** durch ausl Ärzte (FG Mchn EFG 13, 1412, rkr); Transfervereinbarung zw inl und ausl Sportvereinen (BFH I R 86/07 BStBl II 10, 120 aE: **„Spielerleihe",** s jetzt aber § 49 I Nr 2g, Rz 63); Nutzungsüberlassung „selektierter" **Kundenadressen** (BFH I R 90/01 BStBl I 03, 249); Übertragung eines **Alleinvertriebsrechts** (BFH I R 130/84 BStBl II 89, 101; Abgrenzung: FG Köln EFG 98, 881, rkr); Überlassung von **Autorenrechten** (BFH I R 174/85 BStBl II 89, 87); Beiträge zur Förderung allg zugängl **Grundlagenforschung** (FG Hbg EFG 01, 289, rkr: keine gezielte Überlassung). – Zu Lizenzgebühren für Nutzungsrechte an Software und erotischen Filmen s FG BBg EFG 12, 1352, rkr.

b) Subsidiarität. § 49 I Nr 9 ist eine subsidiäre **Auffangklausel.** Sie gilt gem § 49 I Nr 9 HS 2 nur dann nicht, wenn *stpfl* Einkünfte iSv § 49 I Nr 1–8 vorliegen. Zur Aufteilung einer gemischten Vergütung s EStR 49.3 III (mit Vereinfachungsregelung). Dass die Einkünfte bei unbeschr StPfl unter eine ggü § 22 Nr 3 vorrangige Einkunftsart fallen würden, steht der (subsidiären) Besteuerung nach § 49 I Nr 9 nicht entgegen (s Wortlaut in HS 1: „auch wenn ..."). 126

Damit zielt die Regelung insb auf die estl Erfassung von Einkünften aus der Nutzung bewegl Sachen und aus Know-how-Überlassung ohne inl Betriebsstätte (s *Lademann/Lüdicke* § 49 Rz 805).

c) Verfahren; DBA. Die **Freigrenze** des **§ 22 Nr 3** ist mE mangels Ausschluss in § 50 zu beachten (str), zwar nicht beim StAbzug, aber durch Erstattung (§ 50a Rz 41); aus § 50a I Nr 3, II 1 ergibt sich nichts anderes, da diese Regelungen als Verfahrensvorschriften keine beschr StPfl begründen können (s Rz 11). – Die **Steuererhebung** erfolgt durch StAbzug gem § 50a I Nr 3. – Die meisten **DBA** beschränken die Besteuerung von Vergütungen für die Überlassung von Lizenzen oder Know-how auf den Staat, in dem der Vergütungsgläubiger ansässig ist (Art 12 OECD-MA). 127

12. Altersversorgung, § 49 I Nr 10. Die Regelung ist durch das JStG 2009 (BGBl I 08, 2794) mit Wirkung ab VZ 2009 eingefügt und durch das EU-VorgUmsG (BGBl I 10, 386) mit Wirkung ab VZ 2010 in Bezug auf ausl Zahlstel- 128 len (HS 2) erweitert worden. Betroffen sind hiervon (wie bei § 49 I Nr 7) ArbN, die nach Eintritt in den Ruhestand ins Ausl ziehen und damit nicht mehr unbeschr estpfl sind („Auslandsrentner"). Erfasst werden Leistungen aus **Altersvorsorgeverträgen, Pensionsfonds, Pensionskassen und Direktversicherungen** (zB Riesterrente), die in der Ansparphase im Inl stfrei gestellt oder bei der Ermittlung der SA nach § 10 I Nr 2 berücksichtigt worden sind (Förderstaatsprinzip, s auch BT Drs 17/506, 33). Der Umfang der Besteuerung richtet sich nach dem Umfang der Steuerfreistellung bzw der Förderung (vgl § 22 Rz 125). – **Zuständigkeit** soweit ausschließl Einkünfte iSd § 49 I Nr 7 und 10 zu veranlagen sind: FA Neu-Brandenburg (§ 1 EStZustV vom 2.1.2009, BGBl I, 3). – Nach **DBA-Recht,** können die Leistungen idR nur im Ansässigkeitsstaat des Leistungsempfängers besteuert werden (Art. 18 OECD-MA; vgl *Vogel* DBA Art. 18 Rz 30; s auch insoweit zutr Kritik von *Lüdicke,* Überlegungen zur dt DBA-Politik, 2008, S 153 ff).

III. Isolierende Betrachtungsweise, § 49 II

132 **1. Hintergrund.** Den Grundsatz der isolierenden Betrachtungsweise hatte die Rspr über den früheren Gesetzeswortlaut hinaus in Anknüpfung an den objektsteuerartigen Charakter der beschr StPfl (s Rz 1) entwickelt. Er besagte, dass die Zuordnung von Einkünften gem § 49 I grds nach den Verhältnissen im Inl zu beurteilen ist (grundlegend BFH I R 140/66 BStBl II 70, 428; ausführl *Lademann/Lüdicke* § 49 Rz 830 ff und *HHR* § 49 Anm 1200 ff: § 49 II als Korrektur der BFH-Rspr). – Der BFH hatte es zutr stets abgelehnt, eine *wesensmäßige Einkünfteveränderung* (§ 2 II Nr 1) auf die isolierende Betrachtungsweise zu stützen und etwa ihrer Art nach gewerbl Einkünfte iSv § 15 in selbständige Einkünfte iSv §§ 18/49 I Nr 3 umzuqualifizieren, bloß weil die Voraussetzungen des § 49 I Nr 2 nicht gegeben waren. Vgl 23. Aufl Rz 10.

133 **2. Außerachtlassung ausl Besteuerungsmerkmale.** Die Bedeutung des § 49 II ist nach wie vor nicht abschließend geklärt (vgl *Lüdicke* DStR 08, Beihefter Heft 17, S 25/9; *Gosch* FS Wassermeyer, S 263), aber seit 1986 lfd durch **Sonderregelungen** abgeschwächt worden (zB **§ 49 I Nr 2d, g** und **Nr 9**). Die Prüfung, ob beschr stpfl Einkünfte iSd § 49 I vorliegen erfolgt – und nur dann – allein anhand des im Inl verwirklichten Sachverhalts, wenn sich dieser „isoliert betrachtet" einer der dort aufgeführten Regelungen zuordnen lässt und nur bei Berücksichtigung der im Ausl gegebenen Umstände eine beschr StPfl an sich zu verneinen wäre (BFH I B 11/82 BStBl II 83, 367: Priorität des inl Sachverhalts bei der Bestimmung der Einkunftsart; s auch BFH I R 14/01 BStBl II 02, 861). So sind etwa Dividendenzahlungen einer inl KapGes an einen im Ausl gewerbl tätigen StPfl ohne inl Betriebsstätte gem § 49 II als Einkünfte iSd § 49 I Nr 5 Buchst a beschr stpfl; der Umstand, dass an sich gewerbl Einkünfte vorliegen, die mangels einer Betriebsstätte im Inl von § 49 I Nr 2 Buchst a nicht erfasst würden, bleibt außer Betracht (s *Frotscher* Internationales Steuerrecht, 3. Aufl Rz 112: zweistufige Prüfung). Im Erg lässt damit das Gesetz den Inlandsbezug, der sich aus dem im Inl verwirklichten Sachverhalt ergibt, zur Begründung einer beschr StPfl genügen. § 49 II ist somit nicht auf die in § 49 I und §§ 13 ff geregelten Rechtsfolgen ausgerichtet, sondern auf den der Subsumtion zugrunde zu legenden Sachverhalt (s auch *Schaumburg* Rz 5.131 f: iErg Suspendierung der Subsidiaritätsklauseln). Das bedeutet jedoch nicht, dass im Ausl verwirklichte Sachverhalte generell vernachlässigt werden könnten; § 49 II gilt nicht, wenn bereits bei Berücksichtigung der ausl Besteuerungsmerkmale inl Einkünfte iSv § 49 I vorliegen (vgl BFH I R 73/02 BStBl II 05, 550). Darüber hinaus kommt § 49 II keine Bedeutung zu; die Regelung lässt insb keine von §§ 13 ff abw Besteuerung zu. Deshalb ist § 49 I Nr 2 ohne Gewinnerzielungsabsicht nicht anwendbar (s unten und Rz 11), und deshalb begegneten die früheren Verwaltungsanweisungen zur Überlassung von Künstlern durch ausl KapGes bis zur Gesetzesänderung durch **§ 49 I Nr 2d** oder zur Erfas-

sung von Veräußerungsvorgängen nach **§ 49 I Nr 9** Bedenken (glA BFH I R 64/99 BStBl II 03, 641). Selbst die als solche nicht steuerbegründenden Gesetzesmotive rechtfertigen keine abw Auslegung (s Wortlaut der Gesetzesbegründung in FG Mchn EFG 82, 351, insoweit bestätigt durch BFH I B 11/82 BStBl II 83, 367).

Beispiele: Einkünfte einer **ausl KapGes** aus der **Überlassung von Rechten** in Form von Lizenzgebühren sind in VZ 1995–1997 Einkünfte aus VuV iSd § 49 I Nr 6; der Umstand, dass es sich bei dem Gläubiger der Lizenzgebühren um eine gewerbl tätige KapGes handelt, bleibt als im Ausl verwirklichtes Besteuerungsmerkmal nach § 49 II außer Betracht (BFH I R 32/10 BStBl II 14, 513; s aber auch BFH I R 73/02 BStBl II 05, 550 und dazu *Lüdicke* DStR 08, Beihefter Heft 17, S 25/9). Bei der Frage nach der **Einkunftserzielungsabsicht** ist eine isolierte Betrachtung der inl Tätigkeit grds unzulässig (BFH I R 14/01 BStBl II 02, 861, zu Preisgeld für Teilnahme an einem inl Pferdeturnier; Anm *Kempermann* FR 02, 637; *Gosch* und *Lüdicke* DStR 02, 671; *KB* IStR 02, 310; wie BFH FG Köln EFG 05, 1940, rkr; zu Feststellungslast und Mitwirkungspflicht *Hruschka* IStR 02, 753; Nichtanwendungserlass in *BMF* BStBl I 02, 1394 durch *BMF* BStBl I 10, 1350, Rz 118, aufgehoben). Zur Berücksichtigung von **AfA gem § 7 IV 1 Nr 1** s FG Köln EFG 13, 1674, rkr; krit Anm *Kempermann* ISR 13, 372. – Weitere Beispiele: *HHR* § 49 Anm 1245 ff.

IV. Schiff- und Luftfahrtunternehmen, § 49 III, IV

1. Pauschale Besteuerung, § 49 III. Die Regelung knüpft an die Besteuerung von beschr stpfl Einkünften aus dem Betrieb von Seeschiffen und Luftfahrzeugen nach § 49 I Nr 2 Buchst b an (s Rz 33). Diese Einkünfte werden grds mit 5% der für die betr Beförderungsleistungen vereinbarten Entgelte pauschal besteuert; BA (und damit auch Verluste) werden nicht berücksichtigt. Dies ist der Rspr zufolge verfgemäß (s FG Hbg EFG 99, 1230, BVerfG 1 BvR 722/01 StEd 01, 738; aA *HHR* § 49 Anm 1302 vor allem für Verlustfälle); zu abkommensrechtl Grenzen (Verstoß gegen Diskriminierungsverbot) s BFH I R 54/96 DStRE 98, 590 (Anm *Wassermeyer* IStR 54/96). Die Pauschalierung gilt gem § 49 III 3 nicht für Einkünfte iSd § 49 I Nr 2 Buchst c und ferner dann nicht, wenn das dt Besteuerungsrecht durch ein DBA weder ausgeschlossen noch beschränkt wird. 134

2. Steuerfreistellung, § 49 IV. Teilweise sind die Einkünfte stfrei; das setzt aber Gegenseitigkeit voraus (vgl etwa *BMF* BStBl I 15, 675, Freistellung für Luftfahrunternehmen der Malediven). 135

§ 50 Sondervorschriften für beschränkt Steuerpflichtige

(1) [1]**Beschränkt Steuerpflichtige dürfen Betriebsausgaben (§ 4 Absatz 4 bis 8) oder Werbungskosten (§ 9) nur insoweit abziehen, als sie mit inländischen Einkünften in wirtschaftlichem Zusammenhang stehen.** [2]**§ 32a Absatz 1 ist mit der Maßgabe anzuwenden, dass das zu versteuernde Einkommen um den Grundfreibetrag des § 32a Absatz 1 Satz 2 Nummer 1 erhöht wird; dies gilt bei Einkünften nach § 49 Absatz 1 Nummer 4 nur in Höhe des diese Einkünfte abzüglich der nach Satz 4 abzuziehenden Aufwendungen übersteigenden Teils des Grundfreibetrags.** [3]**Die §§ 10, 10a, 10c, 16 Absatz 4, die §§ 24b, 32, 32a Absatz 6, die §§ 33, 33a, 33b und 35a sind nicht anzuwenden.** [4]**Hiervon abweichend sind bei Arbeitnehmern, die Einkünfte aus nichtselbständiger Arbeit im Sinne des § 49 Absatz 1 Nummer 4 beziehen, § 10 Absatz 1 Nummer 2 Buchstabe a, Nummer 3 und Absatz 3 sowie § 10c anzuwenden, soweit die Aufwendungen auf die Zeit entfallen, in der Einkünfte im Sinne des § 49 Absatz 1 Nummer 4 erzielt wurden* und die Einkünfte nach § 49 Absatz 1 Nummer 4 nicht übersteigen.** [5]**Die Jahres- und Monatsbeträge der**

* Redaktionelles Versehen des Gesetzgebers: Hier fehlt wohl ein Komma.

Pauschalen nach § 9a Satz 1 Nummer 1 und § 10c ermäßigen sich zeitanteilig, wenn Einkünfte im Sinne des § 49 Absatz 1 Nummer 4 nicht während eines vollen Kalenderjahres oder Kalendermonats zugeflossen sind.

(2) [1]**Die Einkommensteuer für Einkünfte, die dem Steuerabzug vom Arbeitslohn oder vom Kapitalertrag oder dem Steuerabzug auf Grund des § 50a unterliegen, gilt bei beschränkt Steuerpflichtigen durch den Steuerabzug als abgegolten.** [2]**Satz 1 gilt nicht**

1. **für Einkünfte eines inländischen Betriebs;**
2. **wenn nachträglich festgestellt wird, dass die Voraussetzungen der unbeschränkten Einkommensteuerpflicht im Sinne des § 1 Absatz 2 oder Absatz 3 oder des § 1a nicht vorgelegen haben; § 39 Absatz 7 ist sinngemäß anzuwenden;**
3. **in Fällen des § 2 Absatz 7 Satz 3;**
4. **für Einkünfte aus nichtselbständiger Arbeit im Sinne des § 49 Absatz 1 Nummer 4,**
   a) **wenn als Lohnsteuerabzugsmerkmal ein Freibetrag nach § 39a Absatz 4 gebildet worden ist oder**
   b) **wenn die Veranlagung zur Einkommensteuer beantragt wird (§ 46 Absatz 2 Nummer 8);**
5. **für Einkünfte im Sinne des § 50a Absatz 1 Nummer 1, 2 und 4, wenn die Veranlagung zur Einkommensteuer beantragt wird.**

[3]**In den Fällen des Satzes 2 Nummer 4 erfolgt die Veranlagung durch das Betriebsstättenfinanzamt, das nach § 39 Absatz 2 Satz 2 oder Satz 4 für die Bildung und die Änderung der Lohnsteuerabzugsmerkmale zuständig ist.** [4]**Bei mehreren Betriebsstättenfinanzämtern ist das Betriebsstättenfinanzamt zuständig, in dessen Bezirk der Arbeitnehmer zuletzt beschäftigt war.** [5]**Bei Arbeitnehmern mit Steuerklasse VI ist das Betriebsstättenfinanzamt zuständig, in dessen Bezirk der Arbeitnehmer zuletzt unter Anwendung der Steuerklasse I beschäftigt war.** [6]**Hat der Arbeitgeber für den Arbeitnehmer keine elektronischen Lohnsteuerabzugsmerkmale (§ 39e Absatz 4 Satz 2) abgerufen und wurde keine Bescheinigung für den Lohnsteuerabzug nach § 39 Absatz 3 Satz 1 oder § 39e Absatz 7 Satz 5 ausgestellt, ist das Betriebsstättenfinanzamt zuständig, in dessen Bezirk der Arbeitnehmer zuletzt beschäftigt war.** [7]**Satz 2 Nummer 4 Buchstabe b und Nummer 5 gilt nur für Staatsangehörige eines Mitgliedstaats der Europäischen Union oder eines anderen Staates, auf den das Abkommen über den Europäischen Wirtschaftsraum Anwendung findet, die im Hoheitsgebiet eines dieser Staaten ihren Wohnsitz oder gewöhnlichen Aufenthalt haben.** [8]**In den Fällen des Satzes 2 Nummer 5 erfolgt die Veranlagung durch das Bundeszentralamt für Steuern.**

(3) **§ 34c Absatz 1 bis 3 ist bei Einkünften aus Land- und Forstwirtschaft, Gewerbebetrieb oder selbständiger Arbeit, für die im Inland ein Betrieb unterhalten wird, entsprechend anzuwenden, soweit darin nicht Einkünfte aus einem ausländischen Staat enthalten sind, mit denen der beschränkt Steuerpflichtige dort in einem der unbeschränkten Steuerpflicht ähnlichen Umfang zu einer Steuer vom Einkommen herangezogen wird.**

(4) **Die obersten Finanzbehörden der Länder oder die von ihnen beauftragten Finanzbehörden können mit Zustimmung des Bundesministeriums der Finanzen die Einkommensteuer bei beschränkt Steuerpflichtigen ganz oder zum Teil erlassen oder in einem Pauschbetrag festsetzen, wenn dies im besonderen öffentlichen Interesse liegt; ein besonderes öffentliches Interesse besteht**

1. **an der inländischen Veranstaltung international bedeutsamer kultureller und sportlicher Ereignisse, um deren Ausrichtung ein internationaler Wettbewerb stattfindet, oder**

2. am inländischen Auftritt einer ausländischen Kulturvereinigung, wenn ihr Auftritt wesentlich aus öffentlichen Mitteln gefördert wird.

Einkommensteuer-Richtlinien: EStR 50/EStH 50

Übersicht

I. Allgemeines

1. Bedeutung; Aufbau. Zur Systematik s § 49 Rz 1. Die Sondervorschriften der §§ 50, 50a bestimmen, ob und in welcher Weise beschr StPfl mit ihren inl Einkünften iSd § 49 zu veranlagen sind. **§ 50 I** legt durch Ausschluss und Modifikation einzelner Regelungen fest, wie die festzusetzende ESt auf beschr stpfl Einkünfte zu ermitteln ist. **§ 50 II** normiert, in welchem Umfang dem in anderen Vorschriften geregelten StAbzugsverfahren abgeltende Wirkung zukommt (mit der Folge, dass eine Veranlagung nach § 50 I ausscheidet). **§ 50 III** behandelt die Anrechnung und den Abzug ausl Steuern bei inl Gewinneinkünften. **§ 50 IV** ermächtigt die FinVerw, die ESt unter bestimmten Voraussetzungen zu pauschalieren oder ganz oder teilweise zu erlassen. 1

2 **2. Neue Rechtsentwicklung; zeitl Anwendungsbereich.** Mit dem **StÄndG15** (BGBl I 15, 1834) ist in § 50 IV das Adverb „insbesondere" gestrichen worden (s Rz 43); die Änderung ist in allen offenen Fällen zu berücksichtigen (§ 52 Abs 46 S 2). – Zu weiteren Änderungen ab 2009, insb zur Neufassung des § 50 durch das JStG 2009, s 30. und 34. Aufl Rz 2; s iÜ auch *HHR* § 50 Anm 3.

3 **3. Verfassungsrecht; Gemeinschaftsrecht.** Mit der Neufassung des § 50 durch das JStG 2009 haben sich die meisten verfassungs- und gemeinschaftsrechtl Bedenken ggü den bisherigen Regelungen erübrigt (vgl etwa die Auflistung von *Kessler/Spengel* DB 16, Beil Nr 1, S 1 ff; s auch *Lüdicke* DStR 08, Beihefter Heft 17, 25/30; teilweise aA *HHR* § 50 Anm 6 f); allerdings ist der Ausschluss des SA-Abzugs gem § 50 I 3 europarechtswidrig (s Rz 16). Zur generellen Vereinbarkeit des StAbzugsverfahrens in seiner jetzigen Form mit Verfassungsrecht/Gemeinschaftsrecht s § 50a Rz 3; zu § 50 I 2 s FG BaWü EFG 12, 1932, rkr (weder verfwidrig noch unionsrechtswidrig). Die unterschiedl Behandlung von beschr stpfl ArbN und sonstigen beschr StPfl ist gerechtfertigt (BVerfG 2 BvR 1178/07 IStR 10, 327). Zur Gleichstellung Drittstaatsangehöriger nach DBA (Art 24 OECD MA) s *Vogel/Lehner* Art 24 Rz 53 f.

4 **4. Verhältnis zu anderen Vorschriften.** Zu Grenzpendlern (§ 1 III) s § 1 Rz 41 ff (s auch *Kudert/Glowienka* StuW 10, 278); zu erweiterter beschr StPfl nach § 2 AStG nach Wegzug s § 2 V 2 AStG und § 1 Rz 75 (*Ditz/Quallitzsch* DStR 13, 1917). Ein Sonderfall des (vorläufigen) Sicherungsabzugs ist die BauabzugSt nach §§ 48 ff, die auch für beschr StPfl gilt (BMF BStBl I 02, 1399; zur Problematik *Diebold* DStZ 02, 252 und 471; DB 03, 1134). S iÜ § 50a Rz 4.

II. Veranlagung beschränkt Steuerpflichtiger, § 50 I

6 **1. Überblick.** Die Anwendung der Sonderregelungen in § 50 I setzt zweierlei voraus: das Vorliegen beschr stpfl Einkünfte nach § 49 und eine Veranlagung des beschr StPfl. Das bedeutet, nur in den Fällen, in denen beschr stpfl Einkünfte **nicht dem StAbzug mit Abgeltungswirkung** nach § 50 II 1 unterliegen oder aber (trotz Abgeltungswirkung) eine der Ausnahmen des § 50 II 2 eingreift (Rz 28 ff), ist ein **Veranlagungsverfahren** durchzuführen, bei dem die materiellen Bestimmungen des § 50 I zur Anwendung kommen. Welche Einkünfte dabei anzusetzen sind, ergibt sich (nur) aus § 49. Zum Sonderfall des **§ 2 VII 3** s Rz 33. **Nachträgl Einnahmen** aus inl Quellen werden dabei idR erfasst (s § 49 Rz 15); zu vorweggenommenen und nachträgl BA/WK s Rz 10. StBefreiungen gem **§ 3** sind auch bei beschr StPfl zu berücksichtigen; zum Abzugsverfahren trotz Steuerfreiheit s § 50d Rz 1 ff.

7 **2. Betriebsausgaben; Werbungskosten, § 50 I 1. – a) Obj Nettoprinzip; Veranlassungsprinzip.** Für die Veranlagung beschr StPfl gelten grds **das obj Nettoprinzip** (§ 2 Rz 10) und das Veranlassungsprinzip (§ 4 Rz 480 ff, § 9 Rz 40 ff). BA und WK sind abzuziehen, soweit sie in **wirtschaftl Zusammenhang** mit den jeweiligen inl Einkünften iSd § 49 stehen (s dagegen § 3c und § 50 V 2 Nr 3 aF, die einen *unmittelbaren* wirtschaftl Zusammenhang voraussetzen). Dies muss der beschr StPfl hinreichend konkret darlegen und ggf anhand obj Tatsachen nachweisen; Zweifel gehen zu seinen Lasten (vgl § 4 Rz 31). Unerhebl ist, ob die Aufwendungen im Inl oder Ausl anfallen (BFH I R 49/84 BStBl II 89, 140). Unterlagen über BA/WK müssen nicht im Inl aufbewahrt werden (anders noch § 50 I 2 aF iZm § 10d); § 90 II AO ist aber zu beachten. Aufwendungen, die gleichermaßen in wirtschaftl Zusammenhang mit Einkünften iSd § 49 und solchen ohne Inlandsbezug stehen, sind (ggf im Schätzungswege) aufzuteilen und anteilig abzuziehen. Vorrangiger Zusammenhang mit nicht stpfl Einkünften schließt eine Berücksichtigung aus (vgl BFH I R 59/05 BStBl II 07, 756, auch zu § 32b). Tritt die **Abgeltungswirkung** (§ 50 II 1) ein, bleiben BA und WK ebenfalls unberücksichtigt. – Zu BA einer inl Betriebsstätte s Rz 28 ff; zu BA/WK iZm stfreien Auslandseinkünften s § 3c Rz 15.

b) Abzugsverbote/-beschränkungen. Die Abzugsverbote und -beschränkungen nach §§ 3c, 4 IV a–VI, 4h, 9 II, V sowie § 12 gelten auch für beschr StPfl. Zu **Pausch-/Freibeträgen** etc (§ 9a, § 20 IV aF bzw § 20 IX nF, § 24a) s Rz 14. **§ 4g** ist auf beschr StPfl nicht anwendbar (§ 4g I 1). **Verluste** s Rz 23, 27. 8

c) Vorweggenommene und nachträgl BA/WK. Sowohl vorweggenommene als auch nachträgl BA oder WK (vgl § 4 Rz 484, § 9 Rz 94 ff) sind grds abziehbar, soweit sie mit Einkünften iSd § 49 in einem (nachweisbaren) wirtschaftl Zusammenhang stehen. Das setzt auch hier einen **konkreten Bezug** der Aufwendungen zu einer *bestimmten* Tätigkeit voraus. Es genügt nicht, dass der StPfl im Zeitpunkt der Aufwendungen eine im Inl stpfl Tätigkeit ausübt, wenn die Aufwendungen im Hinblick auf eine spätere Tätigkeit ohne Inlandsbezug entstanden sind (vgl FG Hbg EFG 89, 225; zur mögl Berücksichtigung iRd § 32b s BFH I R 59/05 BStBl II 07, 756). An einem konkreten Zusammenhang fehlt es ferner, wenn nur *allg* die Absicht besteht, zu einem späteren Zeitpunkt Einkünfte iSd § 49 zu erzielen, und zwar auch dann, wenn in der Folgezeit tatsächl solche Einkünfte erzielt werden (vgl BFH I R 112/04 BFH/NV 05, 1756 zu zweijährigem Aufbaustudium; FG Hbg EFG 07, 1440, rkr, zu Pilotenausbildung; FG Hbg EFG 06, 1565, rkr). 9

Anmerkung: Allerdings hat der BFH (aaO, II.5.b) im Hinblick auf den Wortlaut des § 49 I Nr 4 („im Inland ausgeübt … *wird* oder *worden ist*") die Frage aufgeworfen, ob **zukünftige Einkünfte** überhaupt eine beschr StPfl iSd § 49 begründen können und dementsprechend vorweggenommene Aufwendungen überhaupt zu berücksichtigen sind. ***(1)*** Man könnte hier wie folgt argumentieren: Der BFH weist selbst an anderer Stelle darauf hin, dass die Problematik des **Veranlassungszusammenhangs** getrennt von der des **Abflusszeitpunkts** betrachtet werden muss (BFH I R 59/05 BStBl II 07, 756, unter II.3 mwN; ähnl FG BaWü EFG 08, 669, rkr). Wenn aber eine Tätigkeit der beschr StPfl unterliegt, weil sie im Inl ausgeübt *wird,* ist die Berücksichtigung der damit wirtschaftl zusammenhängenden Aufwendungen durch § 50 I 1 vorgegeben (und gemeinschaftsrechtl geboten: EuGH C-345/04 IStR 07, 212 *Centro Equestre,* Rn 25). Eine Unterscheidung danach, wann diese Aufwendungen entstanden sind, nimmt § 50 I 1 nicht vor. Erst in zweiter Linie stellt sich die Frage, in welchem VZ die Aufwendungen zu berücksichtigen sind. Folgte man diesem Ansatz, so wäre denkbar, Aufwendungen erst im VZ der Aufnahme der beschr stpfl Tätigkeit zu erfassen (Überlagerung des § 11 II 1 durch die speziellere Regelung des § 50 I 1 iVm § 49; ähnl wohl iErg FG Mchn EFG 07, 1677, rkr; vgl auch § 22 Rz 143 zu § 22 Nr 3 S 3, § 23 Rz 95 zu § 23 III sowie § 3c Rz 15, jeweils mwN). Mögl wäre auch die vorläufige (§ 165 AO) Berücksichtigung im VZ der Aufwendung. ***(2)*** Dem lässt sich jedoch entgegenhalten, dass auch für beschr StPfl der **Grundsatz der Abschnittsbesteuerung** gilt (§ 2 VII 1). Liegen die Tatbestandsmerkmale des § 49, die eine beschr StPfl überhaupt erst begründen, in dem VZ nicht vor, in dem die Aufwendungen angefallen sind, kommt demnach eine Berücksichtigung der Aufwendungen mangels Inlandsbezug nicht in Betracht. Die Aufwendungen könnten allenfalls im Heimatstaat des beschr StPfl iRd dort bestehenden unbeschr StPfl geltend gemacht werden. Für **vergebl Aufwendungen** müsste dies im Zweifel ebenso gelten. ***(3)*** Hier ist vieles offen. Im Hinblick auf die Gesetzessystematik spricht mE *de lege lata* mehr für den 2. Ansatz, auch wenn dies Fragen nach der Vereinbarkeit mit den gemeinschaftsrechtl Grundfreiheiten aufwerfen mag. – Vgl hierzu auch *K/Gosch* § 49 Rz 107; *KSM* § 49 Rn G 209; *Wassermeyer* IStR 10, 461/5 (aE); *Lüdicke* DStR 08, Beihefter Heft 17, 25/7 f; *ders* Verluste im Steuerrecht (2010), 274f; *Schaumburg* Internationales Steuerrecht (3. Aufl), Rn 5.128; *Wassermeyer/Andersen/ Ditz,* Betriebsstätten Handbuch (2006), S 313 ff. – Zu **§ 2 VII 3** s Rz 33.

3. Steuertarif, § 50 I 2. Der **Mindeststeuersatz** von 25% nach 50 III 2 aF (Rz 24) ist durch das JStG 2009 (s Rz 2) **abgeschafft** worden. Die Steuer auf beschr stpfl Einkünfte richtet sich mit Wirkung ab VZ 2009 (§ 52 I) gem § 50 I 2 nach **§ 32a I,** jedoch grds ohne Berücksichtigung des Grundfreibetrags. Die Anwendung des Splittingtarifs (§ 32a V, VI) bleibt ausgeschlossen (s Rz 18). Zum Progressionsvorbehalt s § 32b Rz 12. Vgl iÜ *Schön* IStR 04, 289, 293. – Zu § 50 I 2 aF (inl Verluste) s Rz 23. 10

a) Grundsatz: kein Grundfreibetrag, § 50 I 2 HS 1. Die Veranlagung beschr StPfl erfolgt ohne Berücksichtigung eines Grundfreibetrags. Dies ist grds 11 europarechtskonform (vgl EuGH C-234/01 BStBl II 2003, 859 *Gerritse,* Rn 47 ff; EuGH C-169/03 IStR 04, 688 *Wallentin,* Rn 16 f; ggf Besteuerung nach § 1 III, s auch Rz 14). Technisch erfolgt die Nicht-Berücksichtigung dadurch, dass das zu versteuernde Einkommen des beschr StPfl um den Grundfreibetrag gem § 32a I 2 Nr 1 erhöht wird. Dies wirkt sich nur auf den Steuersatz aus. Es führt *nicht* zu einer Besteuerung tatsächl nicht erzielter Einkünfte; denn die Erhöhung wird iRd Steuerberechnung „intern" wieder korrigiert durch die in § 32a I 3 und 4 bzw I 2 Nr 4 und 5 vorgesehenen Abzugsbeträge (vgl *Beispiel 1;* FG BaWü EFG 12, 1932, rkr; krit *Grams/Schön* IStR 08, 656/9). Die Erhöhung ist auch dann vorzunehmen, wenn die beschr stpfl Einkünfte unterhalb des Grundfreibetrags liegen (s *Beispiel 2*).

Beispiel 1 (VZ 2016): Das nach § 49 stpfl zu versteuernde Einkommen beträgt 35 000 €; es wird um 8652 € auf 43 652 € erhöht (§ 50 I 2 HS 1). Die Steuerberechnung richtet sich nach § 32a I 2 Nr 3. Der Wert „z" beträgt gem § 32a I 4: (43 652 € - 13 669 €) / 10 000 = 2,9983. Tarifl ESt: (225,40 × 2,9983 + 2397) × 2,9983 + 952,48 = 10 165 €. Das ergibt einen durchschnittl Steuersatz von 29,04 %. Zum Vergleich: Bei einem unbeschr StPfl mit zu versteuernden Einkommen von 35 000 € beträgt die ESt 7091 € (durchschnittl Steuersatz: 20,26 %).

Beispiel 2 (VZ 2016): Das nach § 49 stpfl zu versteuernde Einkommen beträgt 2500 €. Es wird gem § 50 I 2 HS 1 um 8652 € auf 11 152 € erhöht. Die Steuerberechnung richtet sich nach § 32a I 2 Nr 2. Der Wert „y" beträgt gem § 32a I 3: (11 152 € - 8652 €) / 10 000 = 0,25. Tarifl ESt: (993,62 × 0,25 + 1400) × 0,25 = 412 €; durchschnittl Steuersatz: 16,48 %.

12 **b) Arbeitnehmer, § 50 I 2 HS 2.** Bei beschr stpfl ArbN ist seit VZ 2011 das zu versteuernde Einkommen nur um den Betrag zu erhöhen, um den der Grundfreibetrag die um die Abzüge nach § 50 I 4 verminderten Einkünfte iSd § 49 I Nr 4 übersteigt (s BT-Drs 17/6263, 59: Verhinderung missbräuchl Gestaltungen).

Bis einschließl VZ 2010 wurde die Steuer unter Berücksichtigung des Grundfreibetrags ermittelt, also ebenso wie bei unbeschr StPfl. Dies galt für alle beschr stpfl ArbN, nicht nur für solche aus EU-/EWR-Staaten (§ 50 II 7 bezieht sich nur auf § 50 II 2 Nr 4 Buchst b und Nr 5). Die Regelung sollte für ArbN, die idR keine oder nur geringfügige anderweitigen Einkünfte erzielen, steuerl Mehrbelastungen vermeiden (vgl BT-Drs 16/11108, 28).

13 **4. Nicht anzuwendende Vorschriften, § 50 I 3.** Der Anwendungsausschluss erfasst Vorschriften, die sich (mehr oder weniger) auf **persönl Verhältnisse** des StPfl beziehen. Die Berücksichtigung solcher Verhältnisse ist nach allg Verständnis grds Aufgabe des Wohnsitzstaates, nicht des Quellenstaates (vgl EuGH C-391/97 BStBl II 99, 841 *Gschwind;* s auch *Lüdicke* DStR 08, Beihefter Heft 17, 25/30 mwN). Gleichwohl kann der Ausschluss im Einzelfall gemeinschaftsrechtl problematisch sein (vgl etwa zu § 10 I Nr 1a aF und Nr 6 aF Rz 16). Soweit eine Berücksichtigung im Wohnsitzstaat mangels dort stpfl Einkünfte ausscheidet, ist die Möglichkeit einer Veranlagung nach **§§ 1 III, 1a** zu prüfen (vgl § 1 Rz 42). **Nicht ausgeschlossene Vorschriften** sind grds anzuwenden. Für beschr stpfl ArbN wird der Anwendungsausschluss in § 50 I 4 mit Wirkung ab VZ 2010 teilweise wieder zurückgenommen (s Rz 21).

14 **a) Pauschbeträge; Freibeträge; Freigrenzen.** Nicht abziehbar sind: bis VZ 2011 (s Rz 2) Aufwendungen für erwerbsbedingte Kinderbetreuungskosten gem **§ 4f** bzw **§ 9c I, III** (mE problematisch, da Erwerbsaufwand); der Freibetrag nach **§ 16 IV** (ggf iVm § 18 III; s auch FG Ddorf EFG 09, 2024, rkr: kein Verstoß gegen EU-Recht); bis VZ 2008 der Sparerfreibetrag gem **§ 20 IV** (zu einem mögl Verstoß gegen Unionsrecht s BFH I R 71/10 BStBl II 15, 361 unter II.4.d); der ab VZ 2009 geltende Sparer-Pauschbetrag gem § 20 IX ist hingegen zu berücksichtigen. – Die WK-Pauschbeträge des **§ 9a** sind ab VZ 2009 von der Anwendung **nicht mehr ausgeschlossen** und somit zu berücksichtigen. Bis einschließl VZ 2008 galt dies nur für den ArbN-Pauschbetrag gem § 9a S 1 Nr 1 (§ 50 I 4 und 5 aF). Zur zeitanteiligen Kürzung dieser Beträge gem § 50 I 5 s Rz 22. Zu § 22 Nr 3 s § 49 Rz 127.

b) Entlastungsbeträge. Der Entlastungsbetrag für **Alleinerziehende** nach **§ 24b** ist nicht anzuwenden (wie bis 2003 der Haushaltsfreibetrag gem § 32 VII aF). Dagegen ist der in § 50 I 3 aF noch enthaltene Ausschluss des **Altersentlastungsbetrags** nach **§ 24a** mit Wirkung ab VZ 2009 entfallen. 15

c) Sonderausgaben. SA gem § 10, § 10a und § 10c sollen grds nicht berücksichtigt werden (Ausnahmen für ArbN s Rz 21). Anwendbar sind dagegen § 10b und grds auch §§ 10e–10i (wie bei allen beschr StPfl, s FG Köln EFG 95, 71, rkr), die jedoch Eigennutzung von Inlandsobjekten und damit idR unbeschr StPfl voraussetzen. – Der Ausschluss des SA-Abzugs **verstößt gegen Gemeinschaftsrecht,** soweit er über den eng zu fassenden Kreis personen- und familienbezogener Besteuerungsmerkmale hinaus Wirkung entfaltet (s *Schön* IStR 04, 289, 292 mwN). Das hat der EuGH jetzt bereits wiederholt zu § 10 I Nr 1a aF (jetzt: § 10 Ia Nr 2) entschieden (EuGH C-559/13 DStR 15, 474, Fall *Grünewald:* unmittelbarer Zusammenhang mit der Einkünfteerzielung; EuGH C-450/09 DStR 11, 664, Fall *Schröder;* krit Anm *P. Fischer* FR 11, 535; s auch *Stein* DStR 11, 1165; *Krumm* IWB 11, 456). Diese Rspr ist in allen noch offenen Verfahren zu berücksichtigen, auch bei beschr StPfl aus Drittstaaten (s *BMF* BStBl I 15, 1088: beim Empfänger aber trotzdem nicht stpfl). 16

Im Hinblick auf die Entscheidung des EuGH zur **Eigenheimzulage** war dies zu erwarten (EuGH Rs C-152/05 BStBl II 08, 326; s auch BMF BStBl I 08, 539; aA hinsichtl § 10 I Nr 3 Buchst a FG Ddorf EFG 09, 1911, rkr: europarechtskonform). Dass der Gesetzgeber hier nicht weiter reagiert hat, ist nicht recht nachvollziehbar (vgl auch *Thömmes* JbFfSt 2011/2012, 42). Der Ausschluss des Abzugs von **StB-Kosten** nach § 10 I Nr 6 aF war ebenfalls gemeinschaftsrechtswidrig (EuGH Rs C-346/04 **Fall *Conijn*** BStBl II 07, 350; BFH I R 113/03 BStBl II 04, 994, Folge-Urt BFH/NV 07, 220; glA – nur im EG-Bereich und nur bis 2005 – *BMF* BStBl I 07, 451, Anm *Rainer* IStR 07, 483). – Trifft ein **Feststellungsbescheid** Aussagen zu den Voraussetzungen des SA-Abzugs, muss bei der ESt-Festsetzung ungeachtet dessen der Abzugsausschluss gem § 50 I 4 geprüft werden (BFH I R 63/12 BFH/NV 16, 1).

d) Außergewöhnl Belastungen. AgB gem **§§ 33, 33a, 33b** (vor 2006 auch § 33c) sind nicht abziehbar. 17

e) Familienleistungsausgleich; Ehegattensplitting. Die Freibeträge für Kinder gem § 32 bleiben unberücksichtigt. Zu KiGeld s § 62 Rz 5. Das Ehegattensplitting (§ 32a V) ist unanwendbar, weil es über §§ 26, 26b die unbeschr StPfl beider Ehegatten/LPartner voraussetzt (s aber zum Freizügigkeitsabkommen mit der Schweiz EuGH C-425/11 BStBl II 13, 896; zu Erlass der Steuer nach §§ 163, 227 AO s BFH I R 219/82 BStBl II 90, 701; vgl auch *Schaumburg* Internationales StRecht, 3. Aufl, Rz 5.252). Die Anwendung von § 32a VI (Verwitwetensplitting) ist nach § 50 I 3 ausdrückl ausgeschlossen. 18

f) Tarifvergünstigungen. Zu berücksichtigen sind alle Regelungen, die weder nach § 50 I 3 noch durch norminterne Beschränkung auf unbeschr StPfl von der Anwendung ausgeschlossen sind. Anwendbar ist zB die Begünstigung nicht entnommener Gewinne nach **§ 34a** (s § 34a Rz 38); ebenfalls **§ 34b.** – **§ 34 I, II Nr 1** war früher nur für Veräußerungsgewinne iSv §§ 14, 16, 18 III anwendbar, **nicht** im Fall von § 14a, § 24 Nr 1 und 3, § 34 I, II Nr 4 (§ 50 I 3, 4 aF). Diese Einschränkungen sind durch Streichung von § 50 I 3 aF im JStG 2008 entfallen, für im EG-/EWR-Bereich ansässige EG-/EWR-Staatsangehörige auf Antrag rückwirkend in allen nicht bestandskräftigen Fällen (§ 52 LVIII), für sonstige beschr StPfl ab 2008 (§ 52 I). Damit ist die Fünftelregelung des § 34 I auch für beschr stpfl Abfindungen anwendbar. – Zu **§ 34c** s Rz 42. 19

g) Steuerermäßigungen. Der durch das JStG 2009 (Rz 2) neu eingefügte Ausschluss des **§ 35a** gilt ab VZ 2009. Der Gesetzgeber will den Anwendungsbereich der Vorschrift beschränken, nachdem das Tatbestandsmerkmals „*inl* Haushalt" in § 35a durch das JStG 2008 aufgegeben worden ist (BT-Drs 16/10189, 59). Eine Berücksichtigung ist nur noch iRd § 1 III mögl. Der Ausschluss könnte im Hin- 20 blick auf EuGH Rs C-209/01 DStRE 03, 1437 (zu § 10 I Nr 8 aF) problematisch sein. – **§ 34g** und **§ 35** sind anwendbar (s § 34g Rz 4, § 35 Rz 3).

21 **5. Sonderregelung für beschr stpfl ArbN, 50 I 4.** Seit VZ 2011 steht beschr stpfl ArbN grds ein **SA-Abzug** für (tatsächl angefallene und nachgewiesene) **Altersvorsorgeaufwendungen** gem § 10 I Nr 2 Buchst a und für **KV-/PflV-Beiträge** gem § 10 I Nr 3 (nach Maßgabe von § 10 III) zu, soweit diese auf die **Beschäftigungszeit im Inl** entfallen. Ebenfalls zu berücksichtigen sind Zuwendungen gem § 10b (kein Ausschluss nach § 50 I 3). Alternativ kann der SA-Pauschbetrag gem § 10c geltend gemacht werden. Die genannten Aufwendungen dürfen allerdings die nach § 49 I Nr 4 beschr stpfl Einkünfte nicht übersteigen (s BT-Drs 17/6263, 59: Verhinderung missbräuchl Gestaltungen). Diese Regelung gilt (wie § 50 I 2 HS 2) für ***alle* beschr stpfl ArbN,** nicht nur für solche aus EU-/EWR-Staaten; § 50 II 7 bezieht sich nur auf § 50 II 2 Nr 4 Buchst b und Nr 5.

22 **6. Zeitanteilige Kürzung, § 50 I 5.** Die **Pauschbeträge** nach § 9a I Nr 1 und § 10c stehen beschr stpfl ArbN nur für Zeiträume zu, in denen sie Einkünfte iSd § 49 I Nr 4 bezogen haben. Die nach § 50 I 5 vorgegebene Kürzung muss dem Wortlaut der Regelung zufolge nicht nur monatsweise, sondern **taggenau** vorgenommen werden („nicht während eines vollen ... Kalendermonats zugeflossen").

23 **7. Berücksichtigung von Verlusten, § 50 I 2, II aF.** Zur Einschränkung des § 50 I 2 aF, dass Verluste (bei wirtschaftl Zusammenhang mit inl Einkünften) nur dann nach § 10d abgezogen werden können, wenn sie sich aus im Inl aufbewahrten Unterlagen ergeben (bis VZ 2008), s 32. Aufl Rz 23.

24 **8. Mindeststeuersatz, § 50 III aF.** Zum Steuertarif gem § 50 III 1 aF und Mindeststeuersatz gem § 50 III 2 aF (bis VZ 2008) s 32. Aufl Rz 24.

III. Steuerabzug mit abgeltender Wirkung, § 50 II

26 **1. Persönl und sachl Anwendungsbereich.** Die Regelung gilt für beschr StPfl mit Einkünften iSd § 49, (nur) soweit diese Einkünfte dem StAbzug vom **Arbeitslohn** (§§ 38 ff), vom **Kapitalertrag** (§§ 43 ff) oder nach **§ 50a** unterliegen. Sie erfasst über § 3 I Nr 6 SolZG auch den **SolZuschlag.** Zur Beschränkung von § 50 II 2 Nr 4 Buchst b und Nr 5 auf EU-/EWR-Staatsangehörige s Rz 39. – Nicht erfasst werden Einkünfte, für die ein Sicherungsabzug nach § 50a VII angeordnet worden ist (§ 50a VII 4), ebenso wenig sonstige Einkünfte, für die Vorauszahlungen iSd § 37 geleistet worden sind. **§ 2 V 2 AStG** hebt für erweitert beschr StPfl die Abgeltungswirkung des StAbzugs gem § 50a auf (s *Blümich* § 2 AStG Rz 42).

27 **2. Grundsatz: keine Veranlagung, § 50 II 1.** Die angeordnete abgeltende Wirkung des StAbzugs bedeutet, dass die betroffenen Einkünfte keine Veranlagung des beschr StPfl auslösen können und im Falle einer aus anderen Gründen durchzuführenden Veranlagung dort nicht berücksichtigt werden. Das gilt auch dann, wenn der StAbzug tatsächl nicht vorgenommen wurde (BFH I R 97/76 BStBl II 78, 628) und bei Ergehen eines Nachforderungsbescheids, da die Nachforderung dem StAbzug gleichsteht (BFH I R 21/93 BStBl II 94, 697). Ein LStJA wird nicht durchgeführt (§ 42b I 1). BA/WK, SA und agB bleiben unberücksichtigt. Verluste können mit Einkünften, die nicht dem StAbzug unterliegen, nicht verrechnet werden (krit *Cordewener* DStJG 28 [2005], 255/75 f mwN; *Lüdicke* Verluste im Steuerrecht [2010], 266 ff). Eine Anrechnung von Steuern, die im Wege des StAbzugs einbehalten worden sind (§ 36), ist ausgeschlossen.

28 **3. Ausnahmen, § 50 II 2. – a) Veranlagung inl Betriebe, § 50 II 2 Nr 1. – aa) Anwendungsbereich.** Einkünfte, die nach § 49 einem inl Betrieb zuzuordnen sind, werden gem § 50 II 2 Nr 1 durch Veranlagung nach § 50 I ermittelt.

Soweit KapESt (Anteile im BV, § 43 IV), ESt nach § 50a oder Steuer bei Bauleistungen nach §§ 48 ff abgezogen worden ist, wird diese bei der Veranlagung angerechnet (§ 36 II Nr 2, § 48c, § 50a VII 4); Ausnahme: § 2 V 2 AStG. – **„Inl Betrieb"** können sein: ein luf Betrieb, eine inl Betriebsstätte oder ein ständiger Vertreter iSd § 49 I Nr 2a (s BFH I R 86/89 BStBl II 92, 185) sowie die feste Einrichtung eines Freiberuflers (§ 49 I Nr 3; FG Köln EFG 03, 1013, rkr). Schon dem Wortlaut nach ist der sachl Anwendungsbereich der Regelung nicht auf gewerbl Betriebe beschränkt (s auch *Korn* § 50 Rz 47). Nicht erfasst werden die bloße Ausübung/Darbietung iSv § 49 I Nr 2d oder Veräußerungen iSv § 49 I Nr 2e, f. Im Fall der Gewinnermittlung nach § 4 III muss ein inl Betrieb im Zeitpunkt des Zuflusses der beschr stpfl Einnahmen vorgelegen haben, damit der Ausschluss der Abgeltungswirkung eingreift (FG Köln EFG 03, 1013, rkr).

bb) Gewinnermittlung. Für die Gewinnermittlung gelten neben § 50 I die allg Vorschriften (zB §§ 4, 5, 13a EStG und §§ 140 ff AO; vgl BFH I R 95/96 BStBl II 98, 260; ausführl *Schaumburg* Internat StRecht, 3. Aufl, Rz 16.264 ff; *HHR* § 49 Anm 240 ff). Das **BMF** hat hierzu **Betriebsstätten-Verwaltungsgrundsätze** erlassen (BStBl I 99, 1076; geändert durch BStBl I 00, 1509, BStBl I 09, 888, BStBl I 10, 354 Tz 7 und BStBl I 13, 980; krit *Ditz/Schneider* DStR 10, 81), die auch auf selbständig Tätige angewendet werden (BStBl I 99, 1076, Tz 6.1). Welche Gewinne dabei dem inl Betrieb und welche ggf dem ausl Stammhaus zugerechnet werden, richtet sich auch hier (s Rz 7) nach dem **wirtschaftl Zusammenhang.** Ob Gewinne/Verluste im Inl oder im Ausl angefallen sind, ist ebenso unerhebl wie die Frage, wer sie getragen hat (s iEinz BFH I R 59/95 IStR 97, 145 unter II.2.a; BFH I R 49/84 BStBl II 89, 140; s auch BFH I R 19/06 BStBl II 10, 398: keine „betriebsstättenlosen" gewerbl Einkünfte, mwN). 29

Zur Zuordnung nach dem **Authorized OECD Approach (AOA)** s § 1 V AStG iVm §§ 1 ff der Betriebsstättengewinnaufteilungs-VO v 13.10.14; *BMF* v 26.9.14, BStBl I 14, 1258 (Anwendung der DBA auf PersGes), Tz. 2.2.4.1. Diese Regelungen beziehen sich unmittelbar nur auf § 1 Abs. 1 AStG, können aber ggf in DBA-Fällen in die Beurteilung der Zuordnung mit einfließen (s *K/Gosch* § 50 Rz 19a, keine allg Gewinnermittlungsregelung).

(1) Direkte Methode. Soweit nicht ein DBA besondere Ermittlungsmethoden vorschreibt, ist der Gewinn möglichst nach der sog direkten Methode zu ermitteln (*separate accounting;* vgl FG Hess EFG 03, 1191 mwN, rkr). Das Gesamtergebnis eines Unternehmens (bzw eines StPfl) soll dem inl Betrieb insoweit zugerechnet werden, als es durch diesen erwirtschaftet worden ist (BFH I R 49/84 BStBl II 89, 140). Zu diesem Zweck wird der inl Betrieb wirtschaftl **wie ein eigenständiges Unternehmen** mit eigener Buchführung behandelt (vgl Art 7 II OECD-MA; BFH II R 107/97 BFH/NV 00, 688: Abgrenzung nach dem *dealing at arm's length*-Prinzip). Fehlt eine eigene Buchführung, muss der Gewinn so geschätzt werden, wie er sich aus einer eigenen Buchführung ergäbe (*Debatin* DB 89, 1692/8). Die jeweiligen Geschäftsvorfälle werden dabei einzeln (transaktionsbezogen) erfasst und den Betrieben/Betriebsteilen zugeordnet (vgl BFH I R 92/01 IStR 03, 388). Bei Verstoß gegen § 90 II AO ist von dem Sachverhalt auszugehen, für den die größte Wahrscheinlichkeit spricht (BFH aaO). Gewinnverteilungsabreden bleiben unberücksichtigt. – Zur dt **Verhandlungsgrundlage** für DBA s *Lüdicke* IStR 13, Beil zu Heft 10, S 26 (28); *ders* ifst-Schrift 11, 492, S 107 f. – S iÜ *Vogel/Lehner* DBA Art 7 Rz 73 ff, 101 ff; *Debatin/Wassermeyer* OECD-MA Art 7 Rz 190 ff; *Ditz/Schneider* DStR 10, 81 mwN. 30

Bei Prüfung eines entspr Sachverhalts, lautet die übergeordnete Frage (vgl auch Art 7 II OECD-MA): Welchen Gewinn hätte der inl Betrieb erzielt, wenn die gleiche Tätigkeit unter gleichen Bedingungen in Form eines selbständigen Unternehmens ausgeübt worden wäre? Hinsichtl der einzelnen Geschäftsvorfälle ist zu fragen: Auf welche Tätigkeiten bzw WG sind BE/BA zurückzuführen? Wer hat die Tätigkeit ausgeübt? Sind die Tätigkeiten/WG dem inl Betrieb zuzuordnen? – Vgl BFH I R 92/01 IStR 03, 388, Rz 21. – Nachweise zu Einzelfragen s 34. Aufl Rz 30.

31 **(2) Indirekte Methode.** Dagegen sieht die indirekte Methode – hilfsweise – eine Aufteilung des Gesamtgewinns eines Unternehmens **im Schätzungswege** vor (vgl *BMF* BStBl I 99, 1076 Rz 2.3.2; zB bei reiner Geschäftsleitungs-Betriebsstätte im Ausl, s *FW* IStR 94, 28 zu BFH I R 15/93 BStBl II 94, 148; zu fehlenden Aufzeichnungen für direkte Methode s FG Bln IStR 00, 688, rkr, Anm *Hensel* IStR 00, 692).

32 **b) Nachträgl Feststellung beschr StPfl, § 50 II 2 Nr 2.** Ist ein beschr StPfl iRd StAbzugs unzutr als unbeschr stpfl gem § 1 II, III oder § 1a behandelt worden und stellt sich dies nach Ablauf des VZ (vgl FG Ddorf EFG 03, 979) heraus, wird die Abgeltungswirkung gem § 50 II 2 Nr 2 (bis VZ 2008: V 2 Nr 1) aufgehoben. Dies betrifft vor allem **beschr stpfl ArbN,** bei denen die LSt zu Unrecht nicht nach § 39d aF bzw § 39a IV, sondern insb unter Berücksichtigung des Ehegattensplittings (§ 39b II 6) einbehalten worden ist (ggf Anzeigepflicht des ArbN: § 39 VII 1). Stellt dies das FA nachträgl fest, kann es die LSt bei Vorliegen der tatbestandl Voraussetzungen des § 39 VII nachfordern, wenn eine Korrektur im LStAbzugsverfahren nicht mehr mögl oder tatsächl nicht erfolgt ist (BFH I R 65/07 BStBl II 09, 666: Rechtsgrundverweisung). Die Nachforderung setzt weder voraus, dass sich die tatsächl Verhältnisse nachträgl geändert haben, noch, dass der ArbN die Anzeige vorsätzl oder fahrlässig unterlassen hat (BFH aaO, aA *Wüllenkemper* EFG 07, 1852/3). Wird eine Veranlagung durchgeführt, kann die Korrektur iRd Veranlagung erfolgen; eine Nachforderung erübrigt sich (s auch BFH I R 63/14 BFH/NV 16, 161). – Die Vorschrift hebt nur die Abgeltungswirkung des StAbzugs auf. Sie ermöglicht demnach *keine* Korrektur, wenn ein beschr StPfl unzutr wie ein unbeschr StPfl *veranlagt* worden ist.

33 **c) Wechsel zw unbeschr/beschr StPfl, § 50 II 2 Nr 3.** Bei einem Statuswechsel während des Kj sind die während der beschr StPfl erzielten inl Einkünfte gem § 2 VII 3 in die Veranlagung zur unbeschr EStPfl einzubeziehen (§ 2 Rz 69).

Diese Regelung schloss schon nach früherem Verständnis die Abgeltungswirkung des § 50 II 1 aus (vgl BT-Drs 13/5952, 44; *Jakob* FR 02, 1113). Der durch das JStG 2009 (Rz 2) eingefügte § 50 V 2 Nr 3 hat ledigl klarstellende Bedeutung.

34 **d) Veranlagung beschr stpfl ArbN, § 50 II 2 Nr 4. – aa) Pflichtveranlagung, § 50 II 2 Nr 4 Buchst a.** Sind bei einem beschr stpfl ArbN Eintragungen nach § 39a IV vorgenommen worden (WK, bestimmte SA, Frei-/Hinzurechnungsbetrag nach § 39a I Nr 7), kommt dem LStAbzug keine abgeltende Wirkung zu (Annäherung an die Veranlagung unbeschr StPfl nach § 46 II Nr 4 iVm § 39a I, vgl BT-Drs 16/10189, 60).

35 **bb) Antragsveranlagung, § 50 II 2 Nr 4 Buchst b.** Beschr stpfl ArbN steht es zudem frei, die Abgeltungswirkung des § 50 II 1 durch einen Antrag auf Veranlagung nach § 50 II 2 Nr 4 Buchst b auszuschließen (zum historischen Hintergrund s 27. Aufl Rz 12). Auf die Höhe der inl Einkünfte kommt es (anders als nach § 1 III) nicht an. Die früher schon nach § 50 V 2 Nr 2 aF geltende Beschränkung des Antragsrechts auf **EU-/EWR-Staatsangehörige** gilt gem § 50 II 7 weiterhin (s Rz 39). Im Revisionsverfahren kann der Antrag auf Veranlagung nicht mehr gestellt werden (vgl BFH I R 65/95 BStBl II 98, 21).

36 **cc) Verfahren.** Die Veranlagung erfolgt in beiden Fällen nach den Grundsätzen des § 50 I (Rz 7 ff). Seit VZ 2009 ist die zeitanteilige Kürzung der Pauschalen nach § 50 I 5 zu berücksichtigen; eine dem § 50 V 2 Nr 2 S 5 aF entspr Ausnahmeregelung in Bezug auf § 50 I 5 enthält § 50 II 2 Nr 4 nicht. Die **Frist** nach § 50 V 2 Nr 2 S 2 aF iVm § 46 II Nr 8 ist entfallen. Zur **Zuständigkeit** s Rz 38. – Eine dem § 50 V 2 Nr 2 S 6 aF entspr Regelung, derzufolge Einkünfte, die dem **KapEStAbzug** oder dem **StAbzug nach § 50a IV** unterliegen, von der Veranlagung ausgeschlossen sind, ist in dem neu gefassten § 50 II 2 Nr 4 nicht enthalten. Der Ausschluss dieser Einkünfte von der Veranlagung ergibt sich aber mE schon aus

§ 50 II 1 (s Rz 27) iVm dem Wortlaut des § 50 II 2 Nr 4: Ausschluss der Abgeltungswirkung (nur) für ArbN-Einkünfte. Andere dem StAbzug unterliegende Einkünfte können daher (unabhängig von DBA-Regelungen) nur über den Progressionsvorbehalt berücksichtigt werden (§ 32b I, Einleitungssatz).

e) Veranlagung in sonstigen Fällen, § 50 II 2 Nr 5 und II 8. Beschr StPfl, 37 die mit ihren Einkünften nach § 50a I Nr 1, 2 und 4 dem StAbzug unterliegen, können ab VZ 2009 die Abgeltungswirkung des StAbzugs dadurch ausschließen, dass sie die Veranlagung zur ESt beantragen. Wie bei § 50 II 2 Nr 4 Buchst b gilt dies nur für **EU-/EWR-Staatsangehörige** (s Rz 39). Die Regelung ersetzt das Erstattungsverfahren nach § 50 V 2 Nr 3 aF unter Einbeziehung der Einkünfte nach § 50a I Nr 4 (Aufsichtsratsvergütungen). Das Erstattungsverfahren gilt letztmalig für Vergütungen, die vor dem 1.1.2009 gezahlt worden sind (§ 52 Abs 58 Satz 3); s iÜ Rz 40. – **Zuständigkeit.** Für die Veranlagung ist gem § 50 II 8 das **BZSt** zuständig; dies gilt gem § 2 I der ZuständigkeitsübertragungsVO-BZSt v 24.6.13 erstmals für Vergütungen, die nach dem 31.12.13 zugeflossen sind (s auch § 50a Rz 2). Bis dahin bestimmte sich die Zuständigkeit des jeweiligen FA nach § 19 II AO. – S iÜ auch *BMF* BStBl I 10, 1350, Rz 72f (Veranlagung beschr StPfl mit Einkünfte aus künstlerischen, sportl, artistischen, unterhaltenden oder ähnl Darbietungen – ergänzt durch *BMF* BStBl I 14, 887).

4. Zuständigkeit bei ArbN-Veranlagung, § 50 II 3–6. Ist dem beschr stpfl 38 ArbN eine Bescheinigung nach § 39d I 3 aF erteilt oder sind LSt-Abzugsmerkmale nach § 39 II 2 oder 4 gebildet worden, erfolgt die Veranlagung durch das jeweilige **BetriebsstättenFA** (§ 50 II 3), ansonsten durch das BetriebsstättenFA, in dessen Bezirk der ArbN zuletzt beschäftigt war (§ 50 II 6). Sind mehrere FÄ nach § 50 II 3 zuständig, erfolgt die Veranlagung ebenfalls durch das BetriebsstättenFA, in dessen Bezirk der ArbN zuletzt beschäftigt war (§ 50 II 4), bei ArbN mit Steuerklasse VI durch das BetriebsstättenFA, in dessen Bezirk der ArbN zuletzt mit Steuerklasse I beschäftigt war (§ 50 II 5).

5. Privilegierung EU-/EWR-Staatsangehöriger, § 50 II 7. Wie bereits 39 nach § 50 V 2 Nr 2 aF (vgl FG Ddorf EFG 05, 1783, rkr: verfgemäß und mit EU-Recht vereinbar) ist der Kreis der StPfl, die durch einen Antrag auf Veranlagung zur ESt die Abgeltungswirkung des § 50 II 1 bei Einkünften im Fall des § 50 II 2 Nr 4 Buchst b und Nr 5 ausschließen können, auf EU-/EWR-Staatsangehörige mit Wohnsitz oder gewöhnl Aufenthalt in einem EU-/EWR-Mitgliedsstaat beschränkt. Angehörigen von Drittstaaten bzw dort Ansässigen bleibt nur die Möglichkeit der sog Grenzpendlerbesteuerung, soweit sie die Voraussetzungen der §§ 1 III, 1a erfüllen (s § 1 Rz 40). Das ist im Hinblick auf das abkommensrechtl Diskriminierungsverbot (s Art 24 OECD-MA) problematisch (vgl *Gosch* DStR 07, 1553, 1560; aA *Vogel/Lehner* DBA Art 24 Rz 53f) und muss ggf durch Billigkeitsmaßnahmen abgemildert werden (so zutr *Schaumburg* Rz 5.215).

6. Vereinfachtes Erstattungsverfahren, § 50 V 2 Nr 3 aF. S 27. Aufl, 40 Rz 13–19 und ergänzend 32. Aufl Rz 40.

IV. Anrechnung und Abzug ausl Steuern, § 50 III

Entspr Anwendung von § 34c I-III. Die Anrechnung eigener inl Abzugsteu- 42 er iSv § 36 II Nr 2 und bis 2001 fremder KSt iSv § 36 II Nr 3 aF entfällt bei Vorrangigkeit des abgeltenden Abzugsverfahrens (§ 50 II 1, s Rz 27ff). Ausnahmen: Bei Veranlagung sind diese Abzugsbeträge und ggf geleistete EStVorauszahlungen iSv §§ 36 II Nr 1, 37 anzurechnen. S auch § 48c. § 50 III sieht unter bestimmten Voraussetzungen (Einkünfte aus LuF, Gewerbebetrieb oder selbständiger Arbeit mit inl Betrieb, s Rz 28) auch bei beschr StPfl Steuerermäßigungen um entspr Auslandsteuern nach § 34c I–III vor (s dort, Rz 6ff, und EStR 50.2; vgl auch *Haase* IStR 10, 45).

V. Steuererlass; Steuerpauschalierung, § 50 IV

43 Die Rechtsgrundlage für den Erlass oder die Pauschalierung der ESt für beschr StPfl ist mit dem **JStG 2009** neu gefasst worden (Rz 2). Sie knüpft nicht mehr wie nach § 50 VII aF an die volkswirtschaftl Zweckmäßigkeit der Maßnahmen oder an besondere Schwierigkeiten bei der „gesonderten Berechnung der Einkünfte" an, sondern setzt (nur noch) ein **besonderes öffentl Interesse** voraus. Mit der durch das JStG 2010 geänderten Formulierung soll klargestellt werden, dass ein besonderes öffentl Interesse *an der Veranstaltung selbst* vorliegen muss (BT Drs 17/3549, 26). Der Begriff des „besonderen öffentl Interesses" wird in zwei Tatbestandsalternativen konkretisiert: – ***(1)*** international bedeutsame kulturelle und sportl Ereignisse, um deren Ausrichtung ein internationaler Wettbewerb stattfindet, und – ***(2)*** inl Auftritt ausl Kulturvereinigung, der wesentl aus öffentl Mitteln gefördert wird (als wesentl wurde bislang die Deckung wenigstens eines Drittels der Kosten des inl Auftritts verstanden, vgl *BMF* BStBl I 83, 382). Diese Konkretisierung ist nach Streichung des Adverbs „insbesondere" (s Rz 2) *abschließend,* so dass sich die bislang geäußerten Bedenken hinsichtl der Frage nach der **hinreichenden Bestimmtheit** der Rechtsgrundlage (vgl *Anzinger* FR 06, 857; s auch BVerfG 2 BvL 2/75 BStBl II 78, 548 zu § 34c V) erübrigt haben (BT-Drs 18/6094, S 83: Beseitigung der Rechtsunsicherheit; zur Auslegung von § 50 IV Nr 1 s auch BT-Drs 17/13499). – Erlass und Pauschalierung sind **Billigkeitsmaßnahmen** (s *Gosch* DStZ 88, 136). Sie stehen im Ermessen der zuständigen Behörde (§ 5 AO). Das Ermessen ist allerdings nur eröffnet, wenn die tatbestandl Voraussetzungen des § 50 IV erfüllt sind (BFH I R 98/05 BStBl II 08, 186). – **Zuständigkeit:** Oberste Landes-FinBeh mit Delegationsmöglichkeit auf die FÄ; die Zustimmung des BMF ist erforderl. – **Verfahren:** Die Entscheidung über Erlass und Pauschalierung ist ein VA, der mit Einspruch und Klage angefochten werden kann, allerdings nur durch den Vergütungsgläubiger; Rechte des Vergütungsschuldners werden nicht berührt (vgl BFH I B 124/06 BFH/NV 07, 1905). Bei Ensembles sind die Mitglieder klagebefugt (BFH I R 80/03 BFH/NV 05, 26; BFH I R 98/05 BStBl II 08, 186 mwN; abl *Holthaus* IWB F 3 Gr 3, 1479). Die Gerichte können die behördl Entscheidung nur in dem eingeschränkten Rahmen des § 102 FGO überprüfen (tatbestandl Voraussetzungen des § 50 IV, Ermessensüberschreitung, Ermessensfehlgebrauch; s auch BFH I R 98/05 BStBl II 08, 186/8, unter III.3.d). Zur Anfechtung des Widerrufs s BFH I R 22/80 BStBl II 85, 5. – Zu Einzelfällen nach **§ 50 VII aF** s 33. Aufl Rz 43 aE.

§ 50a Steuerabzug bei beschränkt Steuerpflichtigen

(1) **Die Einkommensteuer wird bei beschränkt Steuerpflichtigen im Wege des Steuerabzugs erhoben**

1. **bei Einkünften, die durch im Inland ausgeübte künstlerische, sportliche, artistische, unterhaltende oder ähnliche Darbietungen erzielt werden, einschließlich der Einkünfte aus anderen mit diesen Leistungen zusammenhängenden Leistungen, unabhängig davon, wem die Einkünfte zufließen (§ 49 Absatz 1 Nummer 2 bis 4 und 9), es sei denn, es handelt sich um Einkünfte aus nichtselbständiger Arbeit, die bereits dem Steuerabzug vom Arbeitslohn nach § 38 Absatz 1 Satz 1 Nummer 1 unterliegen,**
2. **bei Einkünften aus der inländischen Verwertung von Darbietungen im Sinne der Nummer 1 (§ 49 Absatz 1 Nummer 2 bis 4 und 6),**
3. **bei Einkünften, die aus Vergütungen für die Überlassung der Nutzung oder des Rechts auf Nutzung von Rechten, insbesondere von Urheberrechten und gewerblichen Schutzrechten, von gewerblichen, technischen, wissenschaftlichen und ähnlichen Erfahrungen, Kenntnissen und Fertigkeiten,**

zum Beispiel Plänen, Mustern und Verfahren, herrühren, sowie bei Einkünften, die aus der Verschaffung der Gelegenheit erzielt werden, einen Berufssportler über einen begrenzten Zeitraum vertraglich zu verpflichten (§ 49 Absatz 1 Nummer 2, 3, 6 und 9),

4. bei Einkünften, die Mitgliedern des Aufsichtsrats, Verwaltungsrats, Grubenvorstands oder anderen mit der Überwachung der Geschäftsführung von Körperschaften, Personenvereinigungen und Vermögensmassen im Sinne des § 1 des Körperschaftsteuergesetztes beauftragten Personen sowie von anderen inländischen Personenvereinigungen des privaten und öffentlichen Rechts, bei denen die Gesellschafter nicht als Unternehmer (Mitunternehmer) anzusehen sind, für die Überwachung der Geschäftsführung gewährt werden (§ 49 Absatz 1 Nummer 3).

(2) [1]**Der Steuerabzug beträgt 15 Prozent, in den Fällen des Absatzes 1 Nummer 4 beträgt er 30 Prozent der gesamten Einnahmen.** [2]**Vom Schuldner der Vergütung ersetzte oder übernommene Reisekosten gehören nur insoweit zu den Einnahmen, als die Fahrt- und Übernachtungsauslagen die tatsächlichen Kosten und die Vergütungen für Verpflegungsmehraufwand die Pauschbeträge nach § 4 Absatz 5 Satz 1 Nummer 5 übersteigen.** [3]**Bei Einkünften im Sinne des Absatzes 1 Nummer 1 wird ein Steuerabzug nicht erhoben, wenn die Einnahmen je Darbietung 250 Euro nicht übersteigen.**

(3) [1]**Der Schuldner der Vergütung kann von den Einnahmen in den Fällen des Absatzes 1 Nummer 1, 2 und 4 mit ihnen in unmittelbarem wirtschaftlichem Zusammenhang stehende Betriebsausgaben oder Werbungskosten abziehen, die ihm ein beschränkt Steuerpflichtiger in einer für das Bundeszentralamt für Steuern nachprüfbaren Form nachgewiesen hat oder die vom Schuldner der Vergütung übernommen worden sind.** [2]**Das gilt nur, wenn der beschränkt Steuerpflichtige Staatsangehöriger eines Mitgliedstaats der Europäischen Union oder eines anderen Staates ist, auf den das Abkommen über den Europäischen Wirtschaftsraum Anwendung findet, und im Hoheitsgebiet eines dieser Staaten seinen Wohnsitz oder gewöhnlichen Aufenthalt hat.** [3]**Es gilt entsprechend bei einer beschränkt steuerpflichtigen Körperschaft, Personenvereinigung oder Vermögensmasse im Sinne des § 32 Absatz 4 des Körperschaftsteuergesetzes.** [4]**In diesen Fällen beträgt der Steuerabzug von den nach Abzug der Betriebsausgaben oder Werbungskosten verbleibenden Einnahmen (Nettoeinnahmen), wenn**

1. Gläubiger der Vergütung eine natürliche Person ist, 30 Prozent,
2. Gläubiger der Vergütung eine Körperschaft, Personenvereinigung oder Vermögensmasse ist, 15 Prozent.

(4) [1]**Hat der Gläubiger einer Vergütung seinerseits Steuern für Rechnung eines anderen beschränkt steuerpflichtigen Gläubigers einzubehalten (zweite Stufe), kann er vom Steuerabzug absehen, wenn seine Einnahmen bereits dem Steuerabzug nach Absatz 2 unterlegen haben.** [2]**Wenn der Schuldner der Vergütung auf zweiter Stufe Betriebsausgaben oder Werbungskosten nach Absatz 3 geltend macht, die Veranlagung nach § 50 Absatz 2 Satz 2 Nummer 5 beantragt oder die Erstattung der Abzugsteuer nach § 50d Absatz 1 oder einer anderen Vorschrift beantragt, hat er die sich nach Absatz 2 oder Absatz 3 ergebende Steuer zu diesem Zeitpunkt zu entrichten; Absatz 5 gilt entsprechend.**

(5) [1]**Die Steuer entsteht in dem Zeitpunkt, in dem die Vergütung dem Gläubiger zufließt.** [2]**In diesem Zeitpunkt hat der Schuldner der Vergütung den Steuerabzug für Rechnung des Gläubigers (Steuerschuldner) vorzunehmen.** [3]**Er hat die innerhalb eines Kalendervierteljahres einbehaltene Steuer jeweils bis zum zehnten des dem Kalendervierteljahr folgenden Monats an**

das Bundeszentralamt für Steuern abzuführen. [4]Der Schuldner der Vergütung haftet für die Einbehaltung und Abführung der Steuer. [5]Der Steuerschuldner kann in Anspruch genommen werden, wenn der Schuldner der Vergütung den Steuerabzug nicht vorschriftsmäßig vorgenommen hat. [6]Der Schuldner der Vergütung ist verpflichtet, dem Gläubiger auf Verlangen die folgenden Angaben nach amtlich vorgeschriebenem Muster zu bescheinigen:

1. den Namen und die Anschrift des Gläubigers,
2. die Art der Tätigkeit und Höhe der Vergütung in Euro,
3. den Zahlungstag,
4. den Betrag der einbehaltenen und abgeführten Steuer nach Absatz 2 oder Absatz 3.

(6) **Die Bundesregierung kann durch Rechtsverordnung mit Zustimmung des Bundesrates bestimmen, dass bei Vergütungen für die Nutzung oder das Recht auf Nutzung von Urheberrechten (Absatz 1 Nummer 3), die nicht unmittelbar an den Gläubiger, sondern an einen Beauftragten geleistet werden, anstelle des Schuldners der Vergütung der Beauftragte die Steuer einzubehalten und abzuführen hat und für die Einbehaltung und Abführung haftet.**

(7) **[1]Das Finanzamt des Vergütungsgläubigers kann anordnen, dass der Schuldner der Vergütung für Rechnung des Gläubigers (Steuerschuldner) die Einkommensteuer von beschränkt steuerpflichtigen Einkünften, soweit diese nicht bereits dem Steuerabzug unterliegen, im Wege des Steuerabzugs einzubehalten und abzuführen hat, wenn dies zur Sicherung des Steueranspruchs zweckmäßig ist. [2]Der Steuerabzug beträgt 25 Prozent der gesamten Einnahmen, bei Körperschaften, Personenvereinigungen oder Vermögensmassen 15 Prozent der gesamten Einnahmen; das Finanzamt kann die Höhe des Steuerabzugs hiervon abweichend an die voraussichtlich geschuldete Steuer anpassen. [3]Absatz 5 gilt entsprechend mit der Maßgabe, dass die Steuer bei dem Finanzamt anzumelden und abzuführen ist, das den Steuerabzug angeordnet hat; das Finanzamt kann anordnen, dass die innerhalb eines Monats einbehaltene Steuer jeweils bis zum zehnten des Folgemonats anzumelden und abzuführen ist. [4]§ 50 Absatz 2 Satz 1 ist nicht anzuwenden.**

Einkommensteuer-Durchführungsverordnung:

***§ 73a** Begriffsbestimmungen*

(1) **Inländisch im Sinne des § 50a Abs. 1 Nr. 4 des Gesetzes sind solche Personenvereinigungen, die ihre Geschäftsleitung oder ihren Sitz im Geltungsbereich des Gesetzes haben.**

(2) **Urheberrechte im Sinne des § 50a Abs. 1 Nr. 3 des Gesetzes sind Rechte, die nach Maßgabe des Urheberrechtsgesetzes vom 9. September 1965 (BGBl. I S. 1273), zuletzt geändert durch das Gesetz vom 7. Dezember 2008 (BGBl. I S. 2349), in der jeweils geltenden Fassung geschützt sind.**

(3) **Gewerbliche Schutzrechte im Sinne des § 50a Absatz 1 Nummer 3 des Gesetzes sind Rechte, die nach Maßgabe**

1. des Designgesetzes,
2. des Patentgesetzes,
3. des Gebrauchsmustergesetzes oder
4. des Markengesetzes

geschützt sind.

***§ 73b** (weggefallen)*

§ 73c *Zeitpunkt des Zufließens im Sinne des § 50a Abs. 5 Satz 1 des Gesetzes*

Die Vergütungen im Sinne des § 50a Abs. 1 des Gesetzes fließen dem Gläubiger zu

**1. im Fall der Zahlung, Verrechnung oder Gutschrift:
bei Zahlung, Verrechnung oder Gutschrift;**

**2. im Fall der Hinausschiebung der Zahlung wegen vorübergehender Zahlungsunfähigkeit des Schuldners:
bei Zahlung, Verrechnung oder Gutschrift;**

**3. im Fall der Gewährung von Vorschüssen:
bei Zahlung, Verrechnung oder Gutschrift der Vorschüsse.**

§ 73d *Aufzeichnungen, Aufbewahrungspflichten, Steueraufsicht*

(1) [1] **Der Schuldner der Vergütungen im Sinne des § 50a Abs. 1 des Gesetzes (Schuldner) hat besondere Aufzeichnungen zu führen.** [2] **Aus den Aufzeichnungen müssen ersichtlich sein:**

1. Name und Wohnung des beschränkt steuerpflichtigen Gläubigers (Steuerschuldners),

2. Höhe der Vergütungen in Euro,

3. Höhe und Art der von der Bemessungsgrundlage des Steuerabzugs abgezogenen Betriebsausgaben oder Werbungskosten,

4. Tag, an dem die Vergütungen dem Steuerschuldner zugeflossen sind,

5. Höhe und Zeitpunkt der Abführung der einbehaltenen Steuer.

[3] **Er hat in Fällen des § 50a Abs. 3 des Gesetzes die von der Bemessungsgrundlage des Steuerabzugs abgezogenen Betriebsausgaben oder Werbungskosten und die Staatsangehörigkeit des beschränkt steuerpflichtigen Gläubigers in einer für das Bundeszentralamt für Steuern nachprüfbaren Form zu dokumentieren.**

(2) **Bei der Veranlagung des Schuldners zur Einkommensteuer (Körperschaftsteuer) und bei Außenprüfungen, die bei dem Schuldner vorgenommen werden, ist auch zu prüfen, ob die Steuern ordnungsmäßig einbehalten und abgeführt worden sind.**

§ 73e *Einbehaltung, Abführung und Anmeldung der Steuer von Vergütungen im Sinne des § 50a Abs. 1 und 7 des Gesetzes (§ 50a Abs. 5 des Gesetzes)*

[1] **Der Schuldner hat die innerhalb eines Kalendervierteljahrs einbehaltene Steuer von Vergütungen im Sinne des § 50a Absatz 1 des Gesetzes unter der Bezeichnung „Steuerabzug von Vergütungen im Sinne des § 50a Absatz 1 des Einkommensteuergesetzes" jeweils bis zum zehnten des dem Kalendervierteljahr folgenden Monats an das Bundeszentralamt für Steuern abzuführen.** [2] **Bis zum gleichen Zeitpunkt hat der Schuldner dem Bundeszentralamt für Steuern eine Steueranmeldung über den Gläubiger, die Höhe der Vergütungen im Sinne des § 50a Absatz 1 des Gesetzes, die Höhe und Art der von der Bemessungsgrundlage des Steuerabzugs abgezogenen Betriebsausgaben oder Werbungskosten und die Höhe des Steuerabzugs zu übersenden.** [3] **Satz 2 gilt entsprechend, wenn ein Steuerabzug auf Grund der Vorschrift des § 50a Abs. 2 Satz 3 oder Abs. 4 Satz 1 des Gesetzes nicht vorzunehmen ist oder auf Grund eines Abkommens zur Vermeidung der Doppelbesteuerung nicht oder nicht in voller Höhe vorzunehmen ist.** [4] **Die Steueranmeldung ist nach amtlich vorgeschriebenem Vordruck auf elektronischem Weg zu übermitteln nach Maßgabe der Steuerdaten-Übermittlungsverordnung vom 28. Januar 2003 (BGBl. I S. 139), geändert durch die Verordnung vom 20. Dezember 2006 (BGBl. I S. 3380), in der jeweils geltenden Fassung.** [5] **Auf Antrag kann das Bundeszen-**

tralamt für Steuern zur Vermeidung unbilliger Härten auf eine elektronische Übermittlung verzichten; in diesem Fall ist die Steueranmeldung vom Schuldner oder von einem zu seiner Vertretung Berechtigten zu unterschreiben. [6] Ist es zweifelhaft, ob der Gläubiger beschränkt oder unbeschränkt steuerpflichtig ist, so darf der Schuldner die Einbehaltung der Steuer nur dann unterlassen, wenn der Gläubiger durch eine Bescheinigung des nach den abgabenrechtlichen Vorschriften für die Besteuerung seines Einkommens zuständigen Finanzamts nachweist, dass er unbeschränkt steuerpflichtig ist. [7] Die Sätze 1, 2, 4 und 5 gelten entsprechend für die Steuer nach § 50a Absatz 7 des Gesetzes mit der Maßgabe, dass

1. **die Steuer an das Finanzamt abzuführen und bei dem Finanzamt anzumelden ist, das den Steuerabzug angeordnet hat, und**
2. **bei entsprechender Anordnung die innerhalb eines Monats einbehaltene Steuer jeweils bis zum zehnten des Folgemonats anzumelden und abzuführen ist.**

§ 73f *Steuerabzug in den Fällen des § 50a Abs. 6 des Gesetzes*

[1] Der Schuldner der Vergütungen für die Nutzung oder das Recht auf Nutzung von Urheberrechten im Sinne des § 50a Abs. 1 Nr. 3 des Gesetzes braucht den Steuerabzug nicht vorzunehmen, wenn er diese Vergütungen auf Grund eines Übereinkommens nicht an den beschränkt steuerpflichtigen Gläubiger (Steuerschuldner), sondern an die Gesellschaft für musikalische Aufführungs- und mechanische Vervielfältigungsrechte (Gema) oder an einen anderen Rechtsträger abführt und die obersten Finanzbehörden der Länder mit Zustimmung des Bundesministeriums der Finanzen einwilligen, dass dieser andere Rechtsträger an die Stelle des Schuldners tritt. [2] In diesem Fall hat die Gema oder der andere Rechtsträger den Steuerabzug vorzunehmen; § 50a Abs. 5 des Gesetzes sowie die §§ 73d und 73e gelten entsprechend.

§ 73g *Haftungsbescheid*

(1) **Ist die Steuer nicht ordnungsmäßig einbehalten oder abgeführt, so hat das Bundeszentralamt für Steuern oder das zuständige Finanzamt die Steuer von dem Schuldner, in den Fällen des § 73f von dem dort bezeichneten Rechtsträger, durch Haftungsbescheid oder von dem Steuerschuldner durch Steuerbescheid anzufordern.**

(2) **Der Zustellung des Haftungsbescheids an den Schuldner bedarf es nicht, wenn der Schuldner die einbehaltene Steuer dem Bundeszentralamt für Steuern oder dem Finanzamt ordnungsmäßig angemeldet hat (§ 73e) oder wenn er vor dem Bundeszentralamt für Steuern oder dem Finanzamt oder einem Prüfungsbeamten des Bundeszentralamts für Steuern oder des Finanzamts seine Verpflichtung zur Zahlung der Steuer schriftlich anerkannt hat.**

Einkommensteuer-Richtlinien/Verwaltungsschreiben: EStR 50a.1, 50a.2/EStH 50a.1, 50a.2 – *BMF* BStBl I 14, 887 (BA-/WK-Abzug bei § 50a I Nr 3); *BMF* BStBl I 10, 1350 (StAbzug bei künstlerischen, sportl, artistischen, unterhaltenden und ähnl Darbietungen – mit Beispielen); *BMF* BStBl I 09, 362 (Fotomodelle); *OFD* Ka DStR 14, 1554 (Fotomodelle, Regisseure, Journalisten und Bildberichterstatter)

Übersicht

Schrifttum (allg): bis 2014 s 34. Aufl und (ausführl) *HHR* § 50a vor Rz 1.

I. Allgemeines

1. Bedeutung; Aufbau. Zur Systematik s § 49 Rz 1. § 50a sichert in bestimmten Fällen die Besteuerung beschr StPfl durch das Verfahren des StAbzugs. Die Vorschrift betrifft die StErhebung einschließl Nachforderung und Haftung (Verhältnis zur Veranlagung s § 50 Rz 6). Sie begründet keine StPfl, sondern setzt diese voraus (s § 49 Rz 11). – **§ 50a I** bestimmt, welche Einkünfte dem StAbzug unterliegenden. **§ 50a II** legt die Bemessungsgrundlage, den StSatz und eine Geringfügigkeitsgrenze fest (Bruttobesteuerung). **§ 50a III** lässt unter bestimmten Voraussetzungen den Abzug von BA/WK bei einem erhöhten StSatz zu (Nettobesteuerung). **§ 50a IV** regelt den StAbzug bei mehreren Vergütungsschuldnern („StAbzug auf der zweiten Stufe“). **§ 50a V** enthält Verfahrensvorschriften. **§ 50a VI** eröffnet die Möglichkeit der Abstandnahme vom StAbzug bei Vergütungen, die an einen Beauftragten (zB Gema) geleistet werden. **§ 50a VII** ermächtigt das FA, den StAbzug in weiteren Fällen anzuordnen. 1

2. Neue Rechtsentwicklung; zeitl Anwendungsbereich. Mit dem **Kroat-AnpG** (BGBl I 14, 1266) sind § 50a VII 2 und 3 (mit Wirkung ab VZ 2014, s § 52 Abs 1 idF von Art 2 Nr 34 des Kroat-AnpG) sowie § 73e S 7 EStDV geändert worden (gilt gem § 84 IIIi EStDV erstmals für Vergütungen, für die der StAbzug nach dem 31.12.14 angeordnet worden ist); s Rz 43. § 73a III EStDV wurde mit Wirkung ab VZ 2014 neugefasst (s § 84 IIIh 6 EStDV). Die durch das **FödRefBeglG 2** mit den Änderungen von § 50a III 1, V 3 und 6 sowie §§ 73d ff EStDV begründete Zuständigkeit des BZSt gilt nach der ZuständigkeitsübertragungsVO-BZSt v 24.6.13 erstmals für Vergütungen, die nach dem 31.12.13 zugeflossen sind (vgl § 52 Abs 58a S 2 und § 84 IIIh 4 EStDV). – S iÜ 32. Aufl Rz 2 und *HHR* § 50a Rz 2. 2

3 **3. Verfassungsrecht; Gemeinschaftsrecht.** Die Vereinbarkeit des StAbzugsverfahrens nach § 50a mit Verfassungs- und Gemeinschaftsrecht ist umstr. Das wird auch nach der Neufassung der Vorschrift (JStG 2009) wohl so bleiben (vgl auch *Nacke* NWB 11, 607/8). Die Regelungen sind mE gleichwohl **verfassungs- und gemeinschaftsrechtskonform.** Die Ungleichbehandlung (Art 3 I GG) beschr StPfl im Verhältnis zu anderen StPfl hinsichtl der dem StAbzug unterliegenden Einkünfte ist durch die besonderen Schwierigkeiten einer Steuererhebung bei Personen gerechtfertigt, die sich idR nur gelegentlich oder nur für kurze Zeit, uU auch nur für einen Tag, im Inl aufhalten (s EuGH C-498/10 IStR 13, 26 „X": StAbzug als geeignetes Mittel zur Gewährleistung der Beitreibung der geschuldeten Steuer; vgl auch BFH I R 104/08 BFH/NV 10, 1814, Rz 29 ff, unter Hinweis auf EuGH C-282/07 IStR 09, 135 „Truck Center"; BFH I B 91/13 BFH/NV 15, 204: auch nach Vorlagebeschluss des BFH zum *treaty override,* BFH I R 66/09 DStR 12, 949, s jetzt § 50d Rz 52; ferner *Kempermann* FR 08, 591/6; *Blümich* § 50a Rz 13 ff; krit *HHR* § 50a Rz 4). Die Belange des Gemeinschaftsrechts werden durch die mit §§ 50, 50a geschaffenen Alternativen zur früheren Bruttobesteuerung (Nettobesteuerung zu 30%, Antragsveranlagung gem § 50 II 2 Nr 4b und Nr 5 nF) und durch die Modifizierung der Bruttosteuerabzugs (Berücksichtigung bestimmter Aufwendungen, Steuersatz von 15%) hinreichend berücksichtigt.

Hintergrund; Ausblick: Den Regelungen über den StAbzug liegen zwei gegenläufige Zielsetzungen zugrunde: einerseits das berechtigte Interesse des Staates, die **Erhebung beschr stpfl Einkünfte** sicherzustellen, und andererseits die gemeinschaftsrechtl Notwendigkeit, dabei die **Grundfreiheiten** nicht über Gebühr zu beschränken. Vor dem Hintergrund dieses Konflikts hat der EuGH im Jahr 2006 die Legitimität des StAbzugsverfahrens zwar grds bestätigt, hinsichtl der konkreten Ausgestaltung jedoch Vorgaben gemacht: Ausgaben, die unmittelbar mit der jeweiligen beschr stpfl Tätigkeit zusammenhängen, müssen regelmäßig bereits iRd Abzugs- und ggf des Haftungsverfahrens berücksichtigt werden, vorausgesetzt, sie sind dem Vergütungsschuldner mitgeteilt worden; weitere Ausgaben, die (nur) mittelbar durch die Tätigkeit veranlasst sind, müssen „ggf in einem anschließenden Erstattungsverfahren" berücksichtigt werden (EuGH Rs C-290/04 BStBl II 07, 352 *Scorpio,* Rz 35 ff; Anm *Cordewener ua* IStR 06, 739; *Grams/Schön* IStR 07, 658; *Holthaus* IStR 08, 95). Der BFH hat dies zwischenzeitl mehrfach bestätigt (BFH I R 39/04 BStBl II 08, 96; I R 46/02 BStBl II 08, 190; I R 15/05 BStBl II 08, 332; I R 104/08 BFH/NV 10, 1814); s auch *BMF* BStBl I 11, 528. – Allerdings hat der EuGH in der genannten Entscheidung ausdrückl darauf abgestellt, dass es für den entscheidungserhebl Zeitraum noch keine Regelungen über eine **zwischenstaatl Amtshilfe** zur Beitreibung steuerl Forderungen gegeben habe. Im Hinblick auf die zwischenzeitl in Kraft getretene EG-BeitreibungsRL 2001/44/EG und das EG-BeitreibungsG (BGBl I 03, 654) stellte sich daher die Frage, ob die Ausführungen des EuGH auch gegenwärtig noch Bestand haben (s auch *Cordewener ua* IStR 06, 739/40). Der BFH hat dies für das Jahr 2007 bejaht: Die Gemeinschaftsrechtmäßigkeit des StAbzugsverfahrens sei jedenfalls für diesen Zeitraum nicht ernstl zweifelhaft (BFH I R 104/08 BFH/NV 10, 1814, und BFH I R 105/08 BFH/NV 10, 2043; BFH I B 181/07 BStBl II 08, 195; BFH I R 76/10 BFH/NV 12, 1444; s für 2004–2006 auch FG Ddorf EFG 12, 127, rkr; zust: *-sch* DStR 08, 44; *Kempermann* FR 08, 595, der allerdings auf die Notwendigkeit eines erneuten Vorabentscheidungsersuchens hinweist; s auch *Holthaus* DStZ 08, 741; aA etwa *Grams* IStR 08, 114/5; *Rüping* IStR 08, 575/8; *Grams/Schön* IStR 08, 656). Der **EuGH** hat dies bestätigt: Die **EG-BeitreibungsRL** sei *nicht dazu bestimmt, an die Stelle des StAbzugs an der Quelle als Erhebungstechnik zu treten* (EuGH C-498/10 IStR 13, 26 „X", Rz 47); ob der gebietsfremde Dienstleistungserbringer die einbehaltene Steuer seinerseits von der Steuer, die er in seinem Niederlassungsmitgliedstaat zu entrichten habe, abziehen könne, sei unerhebl (EuGH aaO, Rz 56). Krit *Müller* IWB 12, 843. – Zu verfrechtl Zweifel an der **Nacherhebung** nicht entrichteter AbzugSt, die den Vergütungsschuldner endgültig belasten, s aber BVerfG 1 BvR 891/13, HFR 14, 440.

4 **4. Verhältnis zu anderen Vorschriften.** Zu § 49 s dort Rz 1; zur Abgeltungswirkung des StAbzugs s § 50 Rz 27. – **LStAbzug:** Bei beschr stpfl ArbN richtet sich der StAbzug vorrangig nach §§ 38 ff (s Rz 11). **KapESt** und **BauabzugSt** werden neben dem StAbzug gem § 50a erhoben (keine Konkurrenz); zur Möglichkeit eines Sicherungseinbehalts gem § 50a VII s § 48 Rz 30. **Solidaritäts-**

zuschlag ist auf Abzugsteuern für Vergütungszahlungen zusätzl einzubehalten (§ 3 I Nr 6 und §§ 4, 5 SolZG, s Anhang § 51a; ggf Abgeltung, s § 1 III SolZG). Freistellung nach **DBA** schließt StAbzug nicht aus (s iEinz § 50d Rz 4 und BFH I R 39/04 BStBl II 08, 96/8; *BMF* BStBl I 10, 1350 Rz 74 ff).

II. Voraussetzungen und Durchführung des Steuerabzugs

1. Persönl Anwendungsbereich. Dem StAbzug unterliegen gem § 50a I **beschr StPfl.** Das können natürl Personen (§ 1 IV), über §§ 8, 31 KStG auch beschr stpfl Körperschaften sein. Erfasst werden zudem nach § 1 III fiktiv unbeschr StPfl (s § 1 III 6) sowie erweitert beschr StPfl iSd § 2 AStG (vgl § 2 V 2 AStG). 6

2. Steuerschuldner; Abzugsverpflichteter. Das Gesetz unterscheidet zw dem Steuerschuldner, der als Künstler, Sportler, Aufsichtsratsmitglied (etc) beschr stpfl Einkünfte erzielt, und dem Abzugsverpflichteten, von dem diese Einkünfte stammen (idR der Veranstalter, der den beschr StPfl engagiert hat und die Darbietung organisatorisch und finanziell trägt bzw die Körperschaft, zu der der Aufsichtsrat gehört). Zu **mehreren Abzugsverpflichteten** (sog StAbzug auf der zweiten Stufe) s Rz 28 f. 7

a) Steuerschuldner. Steuerschuldner ist der beschr StPfl. Er ist idR auch der zivilrechtl „Gläubiger der Vergütung", auf den sich das Gesetz in § 50a III–V bezieht (s § 50a V 2); zu Ausnahmen s BFH I R 35/96 BStBl II 98, 235 (§ 42 AO). Zu **Zweifeln** hinsichtl der beschr StPfl des Steuerschuldners s Rz 32. Zum Steuerschuldner als „Eigenveranstalter" s *BMF* BStBl I 10, 1350 Rz 42 (Nachforderungsbescheid); krit *Nacke* NWB 11, 607/12. 8

b) Abzugsverpflichteter. Abzugsverpflichteter ist der Schuldner der Vergütungen (§ 50a V 2). Er kann als **Haftungsschuldner** in Anspruch genommen werden (§ 50a V 4). Die Rechtslage entspricht insoweit der beim LSt-/KapESt-Abzug. Vergütungsschuldner kann **jede (teil-)rechtsfähige Person** sein (vgl § 38 Rz 4 zu ArbG, zur OHG/KG s BFH I R 174/85 BStBl II 89, 87; zu BGB-Ges als ArbG/LStHaftungsschuldner s BFH VI R 41/92 BStBl II 95, 390; s auch *BMF* BStBl I 10, 1350 Rz 41; ferner BFH I R 174/85 BStBl II 89, 87), uU auch ein Sponsor (*BMF* aaO Tz 6, Beispiel 2). Zur Zwischenschaltung eines Vermittlers s FG Köln EFG 02, 1457, rkr; vgl auch BFH I R 93/09 IStR 11, 38: wirtschaftl Gründe (Verhinderung von Unregelmäßigkeiten iRd StAbzugs). – Der Schuldner braucht im Inl nicht stpfl zu sein. Die Beschränkung auf inl ArbG in § 38 I gilt nicht für § 50a I. Der erforderl **Inlandsbezug** (§ 49 Rz 12) wird über die beschr StPfl des Steuerschuldners hergestellt (dies war lange str: BFH I R 46/02 BStBl II 08, 190 mwN, VerfBeschw nicht angenommen; s aber BVerfG 1 BvR 891/13, HFR 14, 440). Die **Einschaltung eines inl Vertreters** schließt die Verpflichtung zum StAbzug nicht aus (BFH I B 157/10 BStBl II 12, 590). Zum StAbzug beim **Beauftragten** s Rz 42. – Zu (begrenzten) **Aufklärungspflichten** des Abzugsverpflichteten ggü dem Steuerschuldner vgl BGH III ZR 165/07 DB 08, 860 (ggf Haftung, Schadensersatz). 9

3. Sachl Anwendungsbereich erfasster Einkünfte, § 50a I. Die dem StAbzug unterliegenden Einkünfte sind durch das JStG 2009 in § 50a I zusammengefasst worden (s Rz 2). Die Trennung zw Aufsichtsratsvergütungen (§ 50a I aF, jetzt § 50a I Nr 4) und sonstigen Einkünften ist aufgegeben und der sachl Anwendungsbereich des StAbzugs ist enger gefasst worden. Ziel der Änderungen: Angleichung des StAbzugs an DBA-Recht (vgl BT-Drs 16/10189, 62). Unterliegen Leistungen nur teilweise dem StAbzug, muss eine (einheitl) Vergütung **aufgeteilt** werden, ggf im Schätzungswege (BFH I R 73/02 BStBl II 05, 551; BFH I R 3/11 DStRE 12, 1514, Rz 20). Bei **Liebhaberei** muss kein StAbzug vorgenommen werden (BFH I B 191/09 BFH/NV 10, 878 mwN; s aber auch *BMF* BStBl I 10, 1350 Rz 14 ff). – Zur **Zuständigkeit** s *BMF* BStBl I 10, 1350 Rz 59 ff. 10

Zu Recht wird allerdings die Frage aufgeworfen, was in Zukunft von StPfl erwartet wird, deren Einkünfte zwar nicht mehr dem StAbzug gem § 50a I unterworfen sind, die aber nach wie vor der beschr StPfl gem § 49 unterliegen (s iEinz *Lüdicke* IStR 09, 206). Betroffen sind hiervon zB werkschaffende Künstler, Schriftsteller, Journalisten und Bildberichterstatter (s Rz 11 aE), ferner die Verwertung ausl Darbietungen (s Rz 12) und die Veräußerung von Rechten (s Rz 13). StPfl, die entspr Einkünfte erzielen, müssten an sich zunächst klären, welches FA für sie zuständig ist (s § 19 II AO; *Grams/Schön* IStR 08, 656, 659), um dann dort eine Steuererklärung abzugeben. Wie die FinVerw sicherstellen will, dass die beschr StPfl ihrer Erklärungspflicht nachkommen, ist nicht ersichtl (Problem: Vollzugsdefizit). Zu Kritik und Lösungsansätzen s *Lüdicke* aaO.

11 **a) Darbietungen, § 50a I Nr 1.** Die Regelung knüpft an die in § 49 I Nr 2 Buchst d genannten Tätigkeiten an. Sie unterwirft künstlerische, sportl, artistische und ähnl Darbietungen, die im Inl erbracht werden, dem StAbzug (s iEinz § 49 Rz 36 ff); dasselbe gilt für unterhaltende Darbietungen iSd § 49 I Nr 2 Buchst d und Nr 9, dh Darbietungen ohne spezifisch künstlerischen, sportl etc Gehalt (zB Teilnahme an Talkshow, Quizsendung, Interview, Homestory uÄ; s § 49 Rz 41). Neben gewerbl Darbietungen werden auch solche erfasst, die in Form einer freiberufl oder nichtselbständigen Tätigkeit oder als sonstige Leistung iSd § 22 Nr 3 erbracht werden. – Unterliegen die Einkünfte dem **LStAbzug** (§ 38 I, vor allem: inl ArbG), wird der StAbzug *nur* nach §§ 38 ff vorgenommen (**Subsidiarität** des StAbzugs nach § 50a I Nr 1; s auch *BMF* BStBl I 10, 1350 Rz 38 f). – **Nebenleistungen** unterliegen ebenfalls dem StAbzug (zB Transport-, Ton- und Bühnentechnik, vgl BFH I R 93/09 IStR 10, 37: sachl und personeller Zusammenhang, Leistungen „aus einer Hand", nicht bei Nebenleistungen aufgrund besonderer Verträge; BFH I R 19/04 BStBl II 08, 229/3, mwN: nicht bei Leistungen durch unabhängige Dritte; BFH I R 65/10 BFH/NV 12, 924: enge Auslegung zur Entlastung des Vergütungsschuldners, auch zu § 42 AO; BFH I B 178/10 ZSteu 11, R504: Probe und Auftritt als einheitl Gesamtleistung; s iÜ auch § 49 Rz 43, und *Kudert/Jarzynska* RIW 12, 380; *Grams/Ulbricht* IStR 11, 40; *Ehlig* IStR 10, 504; *Nacke* NWB 11, 607/10; gegen „Vertragssplitting": *BMF* BStBl I 10, 1350 Rz 34). Unerhebl ist, wem die Einnahmen als **Empfänger** zufließen (zB einer KapGes für Künstlervermittlung; vgl FG Köln EFG 09, 255. rkr). – **Nicht mehr dem StAbzug** unterliegen sog werkschaffende Künstler (zB Verkauf eines Bildes im Inl) und die übrigen in § 50a I Nr 2 aF aufgeführten Berufe (Schriftsteller, Journalisten, Bildberichterstatter), soweit die jeweilige Tätigkeit nicht einem anderen Tatbestand des § 50a I unterfällt (zB Darbietung oder Nr 3). – Zu Abgrenzungsschwierigkeiten s *Holthaus* IWB 13, 303 (entgegen *BMF* BStBl I 10, 1350 Rz 17).

12 **b) Verwertung von Darbietungen, § 50a I 1 Nr 2.** Die Regelung bezieht sich auf die Verwertung von Darbietungen iSd Nr 1, also auf die finanzielle Ausnutzung der Darbietungsleistung in grds jeder Form (Abgrenzung s § 49 Rz 42: unmittelbarer sachl Zusammenhang; vgl auch BFH I R 6/07 BStBl II 09, 625). Sie setzt einen **doppelten Inlandsbezug** voraus: Es muss sich um die *inl* Verwertung einer im *Inl* erbrachten Darbietungen handeln. Die Verwertung ausl Darbietungen unterliegt nicht mehr (bei Zufluss der Vergütung nach dem 31.12.2008, s 32. Aufl Rz 2) dem StAbzug. – Fragl ist, ob die Regelung nur die eigene Verwertung durch den beschr stpfl Künstler, Sportler etc dem StAbzug unterwirf oder (wie bisher schon nach § 50a IV 1 Nr 1 aF) auch die Verwertung **durch Dritte** (zB eine zwischengeschaltete KünstlerverleihGes). Den Gesetzesmaterialien zufolge scheint eine diesbezügl Einschränkung mit der Übernahme der Verwertungseinkünfte in § 50a I 1 Nr 2 (wohl) nicht beabsichtigt gewesen zu sein (vgl BR-Drs 16/10189, 62: „... auch künftig ..."). Ebenso sprechen die Bezugnahme auf § 50a I 1 Nr 1 und der Regelungszusammenhang zw den beiden Tatbestandsalternativen dafür, den Anwendungsbereich des § 50a I 1 Nr 2 weit aufzufassen und Verwertungshandlungen Dritter einzubeziehen (so auch *BMF* BStBl I 10, 1350 Rz 20); das gilt aber nur für

Verwertungseinkünfte iSd § 49 I Nr 2 und Nr 6 (s § 49 Rz 42), nicht hingegen für solche iSd § 49 I Nr 3 und 4 (ebenso *HHR* § 49 Rz 47; s auch § 49 Rz 74).

c) Nutzungsvergütungen, § 50a I Nr 3. Bestimmte Einkünfte iSv § 49 I 2, 3, 6 und 9, die aus der (zeitl befristeten) Überlassung von **Rechten** und sog **Know-how** herrühren, unterliegen wie schon nach § 50a IV 1 Nr 3 aF dem StAbzug. Entfallen ist dagegen der StAbzug für Einkünfte aus der Überlassung von bewegl Sachen und Sachgesamtheiten (Vermietung, Leasing; vgl *Böhl ua* IStR 08, 651) sowie aus der (erst mit dem StÄndG 2007 eingeführten) Veräußerung von Rechten (einschließl der mit dem JStG 2008 rückwirkend eingeführten Ausnahmeregelung für Emissionszertifikate). Dies gilt für Vergütungen, die nach dem 31.12.08 zufließen. – Erfasst wird nur noch die **zeitl begrenzte Nutzungsüberlassung** erfasst (vgl BFH I R 64/99 BStBl II 03, 641: Veräußerung ist nie „Überlassung der Nutzung"; zur Abgrenzung auch BFH I R 73/02 BStBl II 05, 550, zu Prominenten-Werbeverwertungsrechten; Anm *Wild ua* DB 03, 1867; *Wild ua* IStR 06, 181; so auch *BMF* BStBl I 10, 1350 Rz 23). Zum Begriff **Nutzung** mit Abgrenzung von der Vermögensübertragung s § 49 Rz 113 und 124, zum Grundsatz der Subsidiarität § 49 Rz 13, 112 und 126. – Betroffen ist zum einen die **Überlassung geschützter Rechte** (zB Urheberrechte nach dem UrhG, § 73a II EStDV; gewerbl Schutzrechte nach dem Geschmacksmuster-, Gebrauchsmuster-, Marken- oder Patentgesetz, § 73a III EStDV), und zum anderen die **Überlassung ungeschützter Rechte** wie Erfahrungen, Kenntnisse, Fertigkeiten etc (§ 49 I Nr 9); die Aufzählung ist nicht abschließend („insbesondere", s *Heinicke* FR 85, 674). Ebenfalls erfasst werden (mit Wirkung ab VZ 2010) sog **Transferleistungen** für die vertragl Verpflichtung von Berufssportlern (§ 49 I Nr 2 Buchst g); dies betrifft hier allerdings nur die „Spielerleihe" (s auch § 49 Rz 63). 13

Kein StAbzug: Durchführung einer **klinischen Studie** durch ausl Ärzte (FG Mchn EFG 13, 1412, rkr); **Bandenwerbung** bei Sportveranstaltung (BFH I R 64/99 BStBl II 03, 641); Überlassung von **Kundenadressen** (BFH I R 90/01 BStBl II 03, 249); **Forschungsgelder** aufgrund eines Forschungsvertrags (FG Hbg EFG 01, 289); Überlassung von **Autorenrechten** (BFH I R 174/85 BStBl II 89, 87); **Beratungsleistungen,** selbst wenn sie auf eigenem „Know-how" beruhen (FG Hess EFG 73, 496, rkr; *Bendixen* DB 83, 203). – Zu **Lizenzgebühren** (§§ 50g, 50h) s *Cordewener/Dörr* GRURInt 06, 447; zur Abzugsverpflichtung inl Nutzer **ausl Datenbanken** s *Holthaus/Volkmann* DStZ 15, 550 und *Maßbaum/Müller* BB 15, 3031; zu **Unterlizenzverträgen** s BFH I R 32/10 BStBl II 14, 513; zur Abgrenzung ggü **konzerninterner Weiterbelastung** (sog Recharge) s *Haase* IStR 13, 61. Zu Leistungen an die Gema s Rz 42. Zu **Rundfunk-/Fernsehübertragungen** *BMF* BStBl I 10, 1350 Rz 26 ff. Zu IT-Leistungen mittels **Cloud-Computing** s *Heinsen/Voß* DB 12, 1231.

d) Aufsichtsratsvergütungen, § 50a I Nr 4. Vergütungen, die eine der in § 50a I aufgezählten inl (nicht unbedingt persönl stpfl) Körperschaften beschr stpfl Mitgliedern des Aufsichtsrates (auch ArbN-Aufsichtsrat) oder des Verwaltungsrates für die Überwachung der Geschäftsführung gewährt, unterliegen als selbständige Einkünfte der beschr StPfl nach §§ 18 I Nr 3, 49 I Nr 3. Zu „inländisch" s § 73a I EStDV. Der **Begriff** Aufsichtsratsvergütungen entspricht dem des § 10 Nr 4 KStG (vgl *Gosch* KStG § 10 Rz 41 f). Die Tätigkeit wird uU – je nach DBA – im Inl am Sitz der Körperschaft ausgeübt (vgl § 49 Rz 73 und 89 – § 49 I Nr 4c ist nicht auf Aufsichtsräte übertragbar). Andere als Überwachungstätigkeiten werden nicht erfasst (zB nicht Beratung, Geschäftsführung durch GmbH-Angestellte oder AG-Vorstand; s BFH IV R 1/03 BStBl II 04, 112); bei Doppeltätigkeit Vergütungsaufteilung (BFH I 265/62 BStBl III 66, 688). Zu Wegzug/Zuzug s *Strothenke* IStR 10, 350. 14

4. Grundsatz: Bruttobesteuerung, § 50a II. – a) Steuersatz, § 50a II 1. Die Abzugsteuer, die der Vergütungsschuldner gem § 50a V einzubehalten und abzuführen hat, ist grds eine Bruttosteuer. Der Steuersatz beträgt 15 % für Einkünfte aus Darbietungen, Verwertungen und der Überlassung von Rechten iSd § 50a I Nr 1 bis 3 und 30 % für Aufsichtsratsvergütungen iSd § 50a I Nr 4. Der Steuersatz 16 von 15 % soll pauschal die Nichtberücksichtigung von BA und WK kompensieren. Er gilt für alle Vergütungen, die dem beschr StPfl nach dem 31.12.2008 zufließen (s Rz 2). **Alternativen:** Nettobesteuerung (Rz 22) und Antragsveranlagung (§ 50 Rz 35 und 37).

17 **b) Bemessungsgrundlage, § 50a II 2.** Bemessungsgrundlage sind die **Bruttoeinnahmen** abzgl der vom Vergütungsschuldner ersetzten oder übernommenen Reisekosten. Der Abzug der **Reisekosten** ist der Höhe nach begrenzt: auf die tatsächl Kosten im Fall von Fahrt- und Übernachtungsauslagen und auf die Pauschbeträge des § 4 V 1 Nr 5 im Fall von Vergütungen für Verpflegungsmehraufwand. Zu den Reisekosten gehören Fahrt- und Flugkosten (ggf auch für Zwischenheimfahrten), Übernachtungskosten, Reiseneben- und Transportkosten sowie Verpflegungsmehraufwendungen (s § 4 Rz 574; zur Rechtslage **ab VZ 2014** s § 9 Rz 259; zu unentgeltl Verpflegung durch Veranstalter s *Holthaus* IWB 13, 303/6). Berücksichtigt werden **„ersetzte" und „übernommene"** Reisekosten, also Kosten, die zunächst der beschr StPfl getragen hat und die ihm vom Vergütungsschuldner erstattet worden sind, ebenso wie Kosten, die der Vergütungsschuldner unmittelbar selbst für den beschr StPfl getragen hat (vgl auch *Holthaus* DStZ 08, 741/4 mit Beispielen; *ders* IWB 13, 303, auch zu Reisekosten Dritter, entgegen *BMF* BStBl I 10, 1350 Rz 44). Aufwendungen, die der Vergütungsschuldner im **überwiegend eigenbetriebl Interesse** tätigt (zB für „Tourbegleiter"), gehören nicht zu den Einnahmen des Vergütungsgläubigers (BFH I R 104/08 BFH/NV 10, 1814 mwN). – Die **USt** gehört zur Bemessungsgrundlage (BFH I R 39/04 BStBl II 08, 96/7 mwN, auch zur „Null-Regelung" des § 52 II UStDV aF; BFH I R 104/08 BFH/NV 10, 1814, und BFH I R 105/08 BFH/NV 10, 2043; s auch BFH XI R 40/09 BFH/NV 12, 798), es sei denn, sie wird gem § 13b UStG vom Vergütungsschuldner als inl Leistungsempfänger getragen (sog „Reverse-Charge-Verfahren", vgl *BMF* BStBl I 10, 1350 Rz 45; *Lüdicke* IStR 02, 18; zu Bedenken *Hidien* RIW 02, 208; *Dautzenberg* StuB 02, 469; *Kahl* DB 02, 13). Zur Ausgliederung von Kosten für technische Nebenleistungen durch Übertragung auf eine KapGes vgl BFH I B 69/02 BStBl II 03, 189.

18 **c) Geringfügigkeitsgrenze, § 50a II 3.** Die Geringfügigkeitsgrenze von 250 € gilt nur für Einkünfte iSd § 50a I Nr 1 und zwar „je Darbietung", dh bezogen auf den einzelnen Auftritt. Das muss mE dem Wortlaut nach auch bei **mehreren Darbietungen** (nicht: Probe; vgl auch BFH I B 178/10 ZSteu 11, R504) an einem Tag gelten, selbst wenn diese durch denselben Veranstalter organisiert werden (so auch *HHR* § 50a Rz 98; *BMF* I 10, 1350 Rz 55). Auf die Verwertung von Darbietungen iSd § 50a I Nr 2 ist die Regelung nicht anwendbar. Der Betrag könnte großzügiger bemessen sein (zutr *Kempermann* FR 08, 597). – Da der StAbzug den Charakter der ESt als Personensteuer (§ 1 Rz 1) unberührt lässt und somit auch der Freibetrag des § 50a II 3 personenbezogen gewährt wird, ist die Gesamtvergütung bei **mehreren Personen** idR nach Köpfen aufzuteilen, wenn kein anderer Aufteilungsmaßstab dargelegt wird (so auch *BMF* BStBl I 10, 1350 Rz 54). Das gilt jedoch nicht, wenn der Steuerschuldner eine beschr stpfl Körperschaft ist (zB ein Fußballverein oder ein entspr organisierter Chor, ein Orchester, eine Künstlerverleihfirma etc). – Die Geringfügigkeitsgrenze gilt nur für die Bruttobesteuerung nach § 50a II. Sie ist weder im Fall der Nettobesteuerung nach § 50a III 3 noch bei einer Veranlagung nach § 50 II 2 anwendbar. – Die vorgesehene Rechtsfolge ist, dass **kein StAbzug** erhoben wird. Das bedeutet mE, dass die Einkünfte *überhaupt nicht erfasst* werden; es findet also auch keine Veranlagung statt (s *HHR* § 50a Rz 102: Abgeltungswirkung ohne StAbzug, Verwaltungsvereinfachung).

22 **5. Ausnahme: Nettobesteuerung, § 50a III.** Abweichend von § 50a II kann der Vergütungsschuldner die nach § 50a V einzubehaltende und abzuführende Abzugsteuer auch auf der Grundlage eines Nettobetrags ermitteln. **Sachl** gilt die

Nettobesteuerung nur für Einkünfte iSd § 50a I Nr 1, 2 und 4; allerdings ist die Regelung aus unionsrechtl Gründen auch auf § 50a I Nr 3 anzuwenden (*BMF* BStBl I 14, 887 Rz 7; s auch BFH I R 32/10 BStBl II 14, 513 mwN). **Persönl** ist der Anwendungsbereich (gleichheitsrechtl problematisch) auf EU-/EWR-Staatsangehörige innerhalb der EU bzw des EWR sowie auf bestimmte (beschr stpfl) KSt-Subjekte beschränkt. Des Weiteren werden nur BA und WK berücksichtigt, die in einem *unmittelbaren* wirtschaftl Zusammenhang mit den betr Einkünften stehen. Die Kehrseite der Nettobesteuerung ist zudem ein für natürl Personen **erhöhter Steuersatz** von 30%.

a) Abzug von BA/WK, § 50a III 1. – aa) Unmittelbarer wirtschaftl Zusammenhang. BA und WK stehen nach der Rspr in einem unmittelbaren wirtschaftl Zusammenhang mit beschr stpfl Einnahmen, wenn sie von diesen nicht getrennt werden können bzw ohne diese nicht angefallen wären. Es muss mögl sein, die einzelnen Aufwendungen (etwa wie bei Reise-, Transport- und Unterkunftskosten) bestimmten Bezügen konkret zuzuordnen; ein bloßer Veranlassungszusammenhang genügt nicht. Auf die Rspr zu § 3c kann insoweit zurückgegriffen werden (so ausdrückl BFH I R 93/03 BStBl II 08, 132, Rz 19 mwN; vgl auch EuGH C-345/04 IStR 07, 212 Rz 25 und 27). Sind diese Voraussetzungen erfüllt, ist allein der (konkrete) Sachzusammenhang maßgebl. Es kommt weder auf den Ort noch auf den Zeitpunkt der Kostenentstehung an (so BFH/EuGH aaO). Demnach sind gleichermaßen **inl** wie **ausl** und mE auch **vorweggenommene** und **nachträgl** Aufwendungen zu berücksichtigen (s Rz 24; ebenso *HHR* § 50a Rz 106; enger dagegen *BMF* BStBl I 10, 1350, Rz 48: bei nachträgl BA/WK Berücksichtigung erst im Zeitpunkt des Abflusses durch Korrektur der StAnmeldung oder Veranlagung). 23

Beispiele – konkreter Sachzusammenhang im Zweifel zu bejahen: Reise-, Transport- und Unterkunftskosten (s. o.); Aufwendungen für Ton- und Lichtanlage und Bühne, ggf auch *konkret zurechenbare* Aufwendungen für Telefon und Personal (vgl *Cordewener/Grams/Molenaar* IStR 06, 739/41); Lizenzgebühren, die der Vergütungsgläubiger an (inl) Rechteinhaber zahlt (BFH I R 76/10 BFH/NV 12, 1444; ebenso für Unterlizenzen: BFH I R 32/10 BStBl II 14, 513). **Nicht hingegen:** allg Personal- und Verwaltungskosten, lfd Unterhaltskosten, AfA („Sowieso"-Kosten, vgl BFH I R 93/03 BStBl II 08, 132/4).

bb) Nachweis; Übernahme durch den Vergütungsschuldner. Der Vergütungsschuldner darf nur solche BA und WK von den Einnahmen abziehen, die ihm der beschr StPfl in einer für das BZSt (vor dem 31.12.13: FA, s Rz 2) **„nachvollziehbaren Form"** nachgewiesen hat (vgl § 73d I 3 EStDV). Die Regelung ist verunglückt; denn der Vergütungsschuldner muss bei Vornahme des StAbzugs entscheiden, was für das BZSt nachvollziehbar ist und was nicht (mit dem Risiko der Haftung). ME begründet das jedenfalls keine zusätzl Anforderungen an den Nachweis von BA/WK, die über die regulären Nachweiserfordernisse hinausgehen (so auch *Nacke* DB 08, 799/800; *HHR* § 50a Rz 107). Daher schließt die Formulierung mE auch nicht die Möglichkeit aus, Aufwendungen **der Höhe nach zu schätzen,** wenn sie vom Vergütungsschuldner *dem Grunde nach* (nachvollziehbar) nachgewiesen und der Höhe nach nur (nachvollziehbar) mitgeteilt worden sind (aA *Blümich* § 50a Rz 35). – Ungeachtet dessen können BA und WK jedenfalls dann berücksichtigt werden, wenn sie **vom Vergütungsschuldner übernommen** worden sind. Im Zweifelsfall ist dies der sicherste Weg. 24

Allerdings kommt dem BFH zufolge eine **Schätzung** von BA im Abzugsverfahren nicht in Betracht (BFH I R 105/08 BFH/NV 10, 2043 Rz 17; s auch *BMF* BStBl I 10, 1350 Rz 48; s aber auch FG Ddorf EFG 04, 995: Schätzung im AdV-Verfahren). Gleichzeitig hat der BFH jedoch darauf hingewiesen, dass nach der EuGH-Rspr (s Rz 3) im Abzugsverfahren die von dem Vergütungsgläubiger „mitgeteilten" BA berücksichtigt werden müssen (bei unmittelbarem Zusammenhang, s BFH aaO). Das zusätzl gesetzl Erfordernis eines Nachweises geht über diese Rspr hinaus und könnte einen Verstoß gegen Gemeinschaftsrecht begründen. Allerdings wird die Problematik durch das Wahlrecht nach § 50 II 2 Nr 5 entschärft (s auch *K/Gosch* § 50a Rz 22). – Zu **Vorauszahlungen** iRd Nettosteuerabzugs gem § 50a III s *Cordewener ua* IStR 06, 739/41.

25 **b) Beschränkung auf EU/EWR, § 50a III 2, 3.** Ist der beschr StPfl eine **natürl Person,** muss es sich gem § 50a III 2 um den Angehörigen eines EU-/EWR-Staats mit Wohnsitz *oder* gewöhnl Aufenthalt innerhalb von EU/EWR handeln. Angehörige von Drittstaaten sind unabhängig von Wohnsitz und gewöhnl Aufenthalt von der Möglichkeit der Nettobesteuerung ausgeschlossen, ebenso EU-/EWR-Staatsangehörige mit Wohnsitz und gewöhnl Aufenthalt in Drittstaaten. – Beschr stpfl **Körperschaften** (etc) iSd § 32 IV KStG sind solche, bei denen sich Sitz und Ort der Geschäftsleitung in einem EU-/EWR-Staat befinden. – **Dokumentation** s § 73d I 3 EStDV.

26 **c) Steuersatz, § 50a III 4.** Ist der beschr StPfl eine natürl Person, gilt ein erhöhter Steuersatz von 30%. Für beschr stpfl Körperschaft bleibt es beim Steuersatz von 15%. Rechtsfertigung der unterschiedl Steuersätze: BT-Drs 16/10189, 63.

28 **6. Steuerabzug auf der „zweiten Stufe", § 50a IV.** Die Bestimmung enthält Sonderregelungen für den Fall, dass das Dreiecksverhältnis „FA – Steuerschuldner – Vergütungsgläubiger" um eine (oder mehrere) Personen erweitert wird. Grds unterliegt jede Zahlung einer Vergütung, die tatbestandl § 50a I unterfällt, in einer solchen Leistungskette dem StAbzug (vgl etwa FG Hess EFG 10, 1323, NZB unbegründet, auch zur Berücksichtigung der jeweiligen Aufwendungen). Soweit dies nach früherem Recht zu einer Überbesteuerung („Kaskadeneffekt") führte, kamen (allenfalls) Billigkeitsmaßnahmen in Betracht (vgl *BMF* BStBl II 96, 89 Tz 4.2; gemeinschaftsrechtl zweifelhaft, s BFH I R 46/02 BStBl II 08, 190, Rz 22, mwN; krit auch *Grams/Schön* IStR 07, 658/9f; s iÜ *Schauhoff ua,* aaO, s Schrifttum, S 19f; aA *Holthaus* IStR 08, 95/8).

Beispiel: Die österr Konzertdirektion *Ö* schließt mit dem inl Konzertveranstalter *K* einen Werkvertrag über den Auftritt des ausl Gitarristen *G*. Auf der **ersten Stufe** ist *K* Vergütungsschuldner und *Ö* Vergütungsgläubiger. *Ö* erhält von *K* die vereinbarte, um den StAbzug nach § 50a II gekürzte Vergütung. Auf der **zweiten Stufe** ist *Ö* Vergütungsschuldner und *G* Vergütungsgläubiger. Zahlt *Ö* an *G* die diesem zugesagte Vergütung aus, ist *Ö* nach bislang geltendem Recht ebenfalls zur Vornahme des StAbzugs verpflichtet gewesen (vgl BFH I R 46/02 BStBl II 08, 190).

29 **a) Absehen vom Steuerabzug, § 50a IV 1.** Für diesen Fall gestattet § 50a IV 1 dem Vergütungs*gläubiger* der ersten Stufe (im Beispiel *Ö*), in seiner Funktion als Vergütungs*schuldner* der zweiten Stufe vom StAbzug dann abzusehen, wenn auf der ersten Stufe die Abzugsteuer gem § 50a II von den Bruttoeinnahmen erhoben worden ist. Das gilt ggf auch für jede weitere Stufe. Da die Regelung an die Person des Vergütungsgläubigers der ersten Stufe anknüpft, dabei aber seine Pflichten als Vergütungsschuldner der zweiten Stufe modifiziert, ist sie mE auf alle Vergütungen anzuwenden, die dem Vergütungsgläubiger der zweiten (bzw jeder weiteren) Stufe nach dem 31.12.08 zufließen (Rz 2).

30 **b) Berücksichtigung von BA/WK, § 50a IV 2.** Gem § 50a IV 2 lebt die Verpflichtung des Vergütungsschuldners auf der zweiten Stufe (im Beispiel *Ö*) zur Vornahme des StAbzugs in drei Fällen wieder auf: wenn er ***(1)*** im Rahmen des Nettosteuerabzugs gem § 50a III BA oder WK geltend macht, ***(2)*** die Veranlagung nach § 50 II 2 Nr 5 beantragt (nur als EU-/EWR-Angehöriger, s § 50 Rz 37) oder ***(3)*** die Erstattung der Abzugsteuer nach § 50d I oder einer anderen Vorschrift beantragt. Die erste Alternative ist missverständl formuliert, kann sich mE aber nur auf das Verfahren der ersten Stufe beziehen, da bei Wegfall des StAbzugs auf der zweiten Stufe gem § 50a IV 1 keine Notwendigkeit besteht, in diesem Verfahren BA oder WK geltend zu machen (so iErg wohl auch *Holthaus* DStR 08, 741/5 mit Beispiel, auch zu der Gefahr einer höheren Gesamtsteuerbelastung). – Lebt die

Verpflichtung zum StAbzug nach § 50a IV 2 wieder auf, richtet sich gem Halbsatz 2 das Verfahren nach § 50a V.

7. Verfahren, § 50a V. Die Abzugsteuer muss durch den Vergütungsschuldner einbehalten *und* abgeführt werden. Hat dieser keine oder eine zu geringe Abzugsteuer einbehalten und/oder abgeführt, gibt es (nur) drei Möglichkeiten: **Haftung** des Vergütungsschuldners oder **Nacherhebung** bei diesem (s Rz 34ff, auch zur Ermessensausübung) oder **Nachforderung** beim Steuerschuldner (s Rz 38). Das Unterlassen des StAbzugs führt (jenseits des § 50 II 2) *nicht* zur Veranlagung. Rechtsschutz s Rz 40. 31

a) Entstehung; Einbehaltung, § 50a V 1 und 2. Die Steuer entsteht abw von § 38 AO (wie LSt § 38 II 2, KapESt § 44 I) im Zeitpunkt des Zuflusses der Vergütung (§ 73c EStDV: Zahlung, Verrechnung, Gutschrift). Sie muss mit der Entstehung einbehalten werden; der Vergütungsschuldner darf nur den Nettobetrag an den beschr StPfl auszahlen. Zum SolZ s Rz 4. Aufzeichnungs- und Aufbewahrungspflichten s § 73d EStDV (Rechtsgrundlage: § 51 I Nr 1 Buchst d). – Hat der Vergütungsschuldner **Zweifel,** ob der Vergütungsgläubiger beschr stpfl (dann StAbzug) oder unbeschr stpfl (dann kein StAbzug) ist, muss er den StAbzug gem § 73e S 6 EStDV gleichwohl vornehmen, es sei denn, der Vergütungsschuldner legt eine amtl Bescheinigung vor, aus der sich seine unbeschr StPfl ergibt (s auch BFH I R 19/04 BStBl II 08, 228, unter III.1; aber kein StAbzug bei **Liebhaberei,** s Rz 10). Sind die Vergütungen nach einem **DBA** nicht oder nach einem niedrigeren Steuersatz zu besteuern, darf der Vergütungsschuldner den StAbzug nur dann unterlassen bzw nach dem geringeren Steuersatz vornehmen, wenn eine **Bescheinigung des BZSt** nach § 50d II vorliegt (§ 50d I 1 und 10; s auch FG BBg EFG 12, 1352, Rz 16, rkr). – Durch **privatrechtl Vereinbarungen** kann die Pflicht zum StAbzug nicht suspendiert werden (BFH I R 81/11 BFH/NV 13, 698; BFH I B 10/08 BFH/NV 09, 1237). 32

b) Abführung, Anmeldung, § 50a V 3. Abführungszeitraum ist das Kalendervierteljahr, Abführungszeitpunkt (spätestens) der 10. des Monats, der dem Kalendervierteljahr folgt. Der Vergütungsschuldner musste die Steuer für Vergütungen, die vor dem 1.1.13 zugeflossen sind, an die Kasse *seines* FA abführen (vgl BFH VII R 18/11 BFH/NV 13, 499); Vergütungen die nach dem 31.12.13 zufließen (s Rz 2), sind an das BZSt abzuführen (§ 73e S 1 EStDV, § 224 AO; s auch *BMF* BStBl I 10, 1350 Rz 59ff). – **Anmeldung.** Binnen gleicher Frist hat der Vergütungsschuldner die Steuer beim **BZSt** (bislang: FA) unter Angabe des Gläubigers, der Höhe der Vergütung, der Höhe und Art der ggf abgezogenen BA/WK und der Höhe des StAbzugs anzumelden (§ 73e S 2 EStDV); idR elektronische Anmeldung (§ 73e S 4 und 5). Diese Pflicht besteht (nur bei Zufluss, Rz 32) unabhängig von der Vornahme des StAbzugs (§ 73e S 3 EStDV). Anzumelden ist nicht die Soll-Steuer, sondern die abgeführte Ist-Steuer (BFH I B 69/02 BStBl I 03, 189; abl *Grams* DStR 03, 1245). Die Anmeldung steht einer **StFestsetzung** unter Vorbehalt der Nachprüfung gleich, uU erst nach (formloser) Zustimmung des BZSt (§ 168 AO; zu Zustimmung durch Abrechnung vgl BFH V R 42/01 BStBl II 02, 642; zu fehlender Rechtsbehelfsbelehrung BFH V R 29/02 BStBl II 03, 904; s aber Rz 40). 33

c) Haftung des Vergütungsschuldners, § 50a V 4. Wenn der Vergütungsschuldner die Abzugsteuer nicht oder nicht vollständig einbehält und abführt, haftet er gem § 50a V 4, § 73g I EStDV, und zwar unmittelbar (§ 219 S 2 AO). Das gilt sowohl für die Bruttobesteuerung gem § 50a II als auch für die Nettobesteuerung gem § 50a III. Die Haftung verstößt nicht gegen Gemeinschaftsrecht (BFH I R 46/02 BStBl II 08, 190). – S auch *BMF* BStBl I 10, 1350 Rz 56ff. 34

aa) Inanspruchnahme. Die Inanspruchnahme erfolgt idR durch **Haftungsbescheid** (§ 191 AO), uU auch gem § 167 I 1 AO durch Nachforderungs- bzw 35

Nacherhebungsbescheid (vgl BFH I R 61/99 BStBl II 01, 67 zur KapESt; BFH VI R 171/00 BStBl II 04, 1087 zur LSt; s auch BFH I B 210/08 BFH/NV 09, 1237, mwN: Wahlrecht, beim Nacherhebungsbescheid sind keine besonderen Ermessenserwägungen erforderl; ebenso: BFH I R 81/11 BFH/NV 13, 698, VerfBeschw nicht angenommen; s aber BVerfG 1 BvR 891/13, HFR 14, 440 zu verfrechtl Zweifeln, wenn der Vergütungsschuldner auf der Steuer „sitzen bleibt"; – iEinz str, wie hier: *Krabbe* DB 88, 1719; *K/Gosch* § 50a Rz 56; *ders* StBp 01, 113; *sch* DStR 03, 1296; aA *Kempf/Schmidt* DStR 03, 190; *Drüen* DB 05, 299). Wie in § 42d IV, § 44 V S 3 ersetzen die **Anmeldung oder schriftl Anerkennung** einen weiteren Bescheid (s § 167 I 3 AO; glA zu StAbzug *FinVerw* DB 07, 772). Grds entfällt die Haftung nur, wenn Einkünfte vorbehaltlos **stfrei** sind (zu Freistellung § 50d II s dort Rz 32), der Steueranspruch oder der Zahlungsanspruch bei Erlass des Haftungsbescheides **verjährt** sind (s § 44 Rz 13, BFH VII R 28/99 BStBl II 02, 267; anders bei Haftungsverjährung, s BFH VII R 7/04 BStBl II 06, 343; StAbzug und § 170 II 1 Nr 1 AO s *FinVerw* DStR 00, 248) oder wenn der Schuldner den Abzug wegen entschuldbaren **Rechtsirrtums** unterlassen hat (BFH I R 61/85 BStBl II 89, 99 unter 5c; s aber auch BFH I B 157/10 BStBl II 12, 590, Rz 28: FA muss Irrtum hervorgerufen haben; ferner FG Mchn EFG 90, 245; Unkenntnis der beschr StPfl des Gläubigers: FG Mchn EFG 92, 276, rkr; vgl ausdrückl § 44 V 1 zu KapESt). Dagegen schließt die Veranlagung des Vergütungsgläubigers eine Haftung des Vergütungsschuldners nicht aus (BFH I B 157/10 BStBl II 12, 590, Rz 27).

36 **bb) Formelle Anforderungen.** Das Verfahren richtet sich nach **§ 73g EStDV,** die Bestimmtheit und Form des Bescheides nach §§ 191, 119 AO. **Bezeichnung:** Der Gläubiger und die einzelnen Vergütungen sind für den Haftungsschuldner erkennbar zu bezeichnen (vgl § 42d Rz 46, 60, FG Mchn EFG 83, 129, rkr, mehrere **Streitgegenstände;** FG Mchn EFG 09, 119, bestätigt durch BFH I R 93/09 IStR 11, 37, Anm *Michow/Ulbricht* IStR 09, 400: fehlende Angabe des Steuerschuldners; s auch BFH VI R 31/86 BStBl II 89, 909 mwN; zum **Austausch** der Besteuerungsgrundlagen Rz 37 aE). Die Bezeichnung als Haftungsbescheide „für ESt" statt KSt oder „für Abzugsteuer § 50 a" genügte früher uU nicht (FG Mchn EFG 90, 244, rkr). BFH I B 114/96 BFH/NV 97, 826 lässt dagegen „Haftung für Steuer vom Ertrag" genügen; noch weiter bei Künstlerabzugsteuer FG Nbg EFG 98, 1412, rkr. Für die Haftung gelten iÜ die zur LSt- und KapEStHaftung entwickelten Grundsätze (s §§ 42d, 44 V mit Anm). **Haftungsakzessorietät** mit Ausnahmen s § 42d Rz 2, § 44 Rz 13, § 50d Rz 33 (Haftung trotz DBA-Steuerfreiheit). – Die **Angabe des Vergütungsgläubigers (Steuerschuldner)** ist nicht zwingend erforderl, solange die Haftungsschuld in tatsächl und rechtl Hinsicht in anderer Weise ausreichend konkretisiert werden kann (s BFH I R 104/08 BFH/NV 10, 1814: Identifizierbarkeit genügt; ferner: BFH I B 44/96 BStBl II 97, 306; FG Köln EFG 99, 655, rkr).

37 **cc) Ermessen.** Das BZSt (vor dem 31.12.13: FA, s Rz 2) trifft wie bei § 42d und § 44 V eine Ermessensentscheidung in mehrfacher Hinsicht (Nachprüfung: § 102 FGO). Zur Begründung des **Auswahlermessens** (weshalb Haftung des Vergütungsschuldners und nicht Nachforderung beim Steuerschuldner/Vergütungsgläubiger?) genügt anders als bei LSt und KapESt (vgl § 42d Rz 26, § 44 Rz 10) idR der Hinweis auf die beschr StPfl des Vergütungsgläubigers (Schwierigkeiten bei Zustellung und Beitreibung im Ausl, s BFH I R 46/02 BStBl II 08, 190, Rz 15 mwN). In Zweifelsfällen sind persönl und sachl Voraussetzungen für die Inanspruchnahme darzulegen **(Entschließungsermessen):** zB Kenntnis der Voraussetzungen des § 50a V 6 Nr 2 aF, Vorliegen des Inlandsbezugs beim Haftungsschuldner (s Rz 15 – aber wohl uU auch bei ausl Haftungsschuldner, s BFH I R 46/02 BStBl II 08, 190); ggf Verschulden, s BFH I R 61/85 BStBl II 89, 99; vgl auch FG Mchn EFG 87, 250, rkr (Aufhebung bei unvollständiger Prüfung) und

EFG 90, 245, rkr (Prüfung einzelner Tatbestandsmerkmale des § 49 I Nr 1–9 führt zu begrenzter Austauschmöglichkeit im Haftungsverfahren). **Beweislast** s Rz 15.

d) Nachforderung beim Steuerschuldner, § 50a V 5. Hat der Vergütungsschuldner die Abzugsteuer nicht oder nicht vollständig einbehalten und abgeführt, kann das BZSt (bislang: FA, s Rz 2) den beschr StPfl als Steuerschuldner in Anspruch nehmen. Die besonderen Voraussetzungen, die hierfür nach § 50a V 6 aF gegolten haben, sind mit dem JStG 2009 entfallen. Betroffen sind hiervon Vergütungen, die nach dem 31.12.08 gezahlt werden (s Rz 2). Den Gesetzesmaterialien zufolge soll das BZSt den StSchuldner in gleicher Weise wie den Vergütungsschuldner in Anspruch nehmen können (s BR-Drs 16/10189, 63). Dies wird man wohl einschränken müssen: Hat der Vergütungsschuldner die AbzugSt zwar einbehalten, aber nicht an das BZSt abgeführt, wird eine Inanspruchnahme des StSchuldners, der iHd StAbzugs bereits belastet ist, idR ermessensmissbräuchl sein. Zur Ermessensausübung s iÜ Rz 37. – Die Inanspruchnahme des StSchuldners erfolgt durch **Nachforderungsbescheid,** nicht durch Veranlagung (abw vom LStAbzug). Für den Bescheid gelten die §§ 155 ff AO; Fälligkeit und Leistungsgebot s §§ 220, 254 AO. Zuständig war bislang das FA des Vergütungsschuldners (BFH I R 21/93 BStBl II 94, 697), jetzt das **BZSt** (Rz 2). – Bei einer **PersGes** sind grds die Ges'ter StSchuldner. Die Adressierung an die Ges ist mE nach Sinn und Zweck des Abzugsverfahrens gleichwohl unschädl, wenn die Ges bei Veranstaltung und Anmeldung als solche ohne Benennung der Ges'ter auftritt (zweifelnd BFH I B 200/94 BFH/NV 96, 311; wie hier *K/Gosch* § 50a Rz 44). 38

e) Bescheinigung, § 50a V 6. Der Vergütungsschuldner muss dem beschr stpfl Vergütungsgläubiger, wenn dieser es verlangt, die Einzelheiten des StAbzugs auf amtl Vordruck bescheinigen (Formular: *BfF* BStBl I 02, 904, Anlage; s auch *www.bzst.de* unter: Steuern International, Abzugsteuerentlastung, Freistellung/Erstattung, Formulare, StBescheinigungen). In allen Fällen, in denen keine Abgeltungswirkung eintritt oder ein StAbzug zu Unrecht vorgenommen worden ist (Rz 41), dient die Bescheinigung als Nachweis über die entrichtete AbzugSt. 39

f) Rechtsschutz. Die **Steueranmeldung** steht einer StFestsetzung gleich (s Rz 33). Sie kann durch Einspruch und Klage angefochten werden, sowohl durch den abzugsverpflichteten **Vergütungsschuldner,** der das Bestehen seiner eigenen StEntrichtungsschuld überprüfen lassen will (vgl BFH I R 73/02 BStBl II 05, 550; s auch *Schauhoff* IStR 04, 706/8 f; *Wassermeyer* IStR 04, 709), als auch durch den beschr stpfl **Vergütungsgläubiger/StSchuldner** (nur) als Drittbetroffenen (nur) zur Überprüfung der Abzugsberechtigung des Vergütungsschuldners (BFH I R 19/04 BStBl II 08, 228; BFH I B 30/97 BStBl II 97, 700: keine Prüfung, ob tatsächl beschr StPfl vorliegt, s auch Rz 32 unter „Zweifel"; vgl FG Ddorf EFG 13, 1132, NZB unzulässig; *Dörr* BB 08, 599; krit *Cordewener* IStR 06, 158/61 f). Zur **Hinzuziehung/Beiladung** des Vergütungsschuldners bei Anfechtung durch den Vergütungsgläubiger s FG Mchn EFG 02, 629, rkr (zu LSt). Die **Frist** des § 355 I 2 AO läuft grds ohne Rechtsbehelfsbelehrung; nur eine schriftl Zustimmung des FA in den Fällen des § 168 S 2, § 355 I 2 AO muss eine Belehrung enthalten (vgl zu USt BFH V R 29/02 BStBl II 03, 904, § 356 AO). **AdV** können ebenfalls Vergütungsschuldner und -gläubiger beantragen (s aber BFH I B 30/97 BStBl II 97, 700 mwN: Erstattung aufgrund AdV nur an den Vergütungsschuldner). – Der **Haftungsbescheid** kann durch Einspruch und Klage angefochten werden, entspr LStRspr auch durch den StSchuldner (BFH I R 39/04 BStBl II 08, 96 mwN; BFH I B 157/10 BStBl II 12, 590). Ebenso können beide einen **AdV-Antrag** stellen (BFH I B 157/10 aaO, Rz 11: Gleichlauf von AdV-Verfahren und Hauptsacheverfahren; einschr für Aufhebung der Vollziehung: nur unter besonderen Voraussetzungen, zB bei Rückforderung durch den Haftungsschuldner, da dem StSchuldner ansonsten die Beschwer fehle; str, aA FG BaWü EFG 95, 812, rkr; ebenso *Ehlig* DStZ 11, 647/53; offen gelassen in BFH I B 157/10 aaO). Der Ver- 40 gütungsgläubiger ist im Haftungsverfahren gegen den Vergütungsschuldner **nicht notwendig beizuladen** (BFH I R 39/04 BStBl II 08, 95/7 mwN).

Sonstiges: Die **Aufforderung zur Anmeldung** ist idR kein anfechtbarer/aussetzbarer VA (FG Mchn EFG 95, 752, rkr; s aber FG Bbg EFG 96, 1107, rkr; BFH I R 72/96 BStBl II 97, 660; BFH I R 45/96 BFH/NV 98, 14). **Betriebsprüfungen** beim Vergütungsschuldner beschweren den Vergütungsgläubiger nur mittelbar (keine Bekanntgabe der Anordnung an ihn, keine Anfechtung durch ihn, vgl FG Mchn EFG 97, 1286, rkr).

41 **g) Erstattung.** Ist die Abzugsteuer zu Unrecht einbehalten und abgeführt worden, hat der beschr stpfl Vergütungsgläubiger gem **§ 37 II AO** für Zahlungen, die vor dem 1.1.14 geflossen sind, gegen das FA und für Zahlungen, die nach dem 31.12.13 zufließen (s auch Rz 2), gegen das BZSt einen Anspruch auf Erstattung des gezahlten Betrags (zB keine Einkünfte iSv §§ 49, 50a I, vgl BFH I R 283/81 BStBl II 84, 828). Dieser Anspruch ist nicht nach **§ 233a AO** zu verzinsen (s iEinz BFH I R 15/05 BStBl II 08, 332, mwN, VerfBeschw nicht angenommen, s BFH/NV 09, 2115). Zur Abtretung des Vergütungsanspruchs s BFH I R 64/81 BStBl II 85, 330; zur Abtretung des Erstattungsanspruchs s BFH I R 62/81 BStBl II 86, 565. Der Erstattungsanspruch besteht unabhängig davon, ob der Vergütungsgläubiger die Steueranmeldung durch den Vergütungsschuldner angefochten hat oder nicht (vgl auch BFH I R 19/04 BStBl II 08, 228: StAnmeldung ist keine StFestsetzung gegen den Vergütungsgläubiger und nur begrenzt überprüfbar, eigenständiges Freistellungs- oder Erstattungsverfahren ggf analog § 50d I, II; s auch BFH I B 28/10 BFH/NV 11, 971). **Antragsfrist: 4 Jahre** (§ 169 II Nr 2 AO). Das FA/BZSt entscheidet durch Freistellungsbescheid (§ 157 AO) oder durch Abrechnungsbescheid (§ 218 II AO). Abw von § 44b V hat der Vergütungs*schuldner* keinen eigenen Erstattungsanspruch. **Anfechtung im An-/Abrechnungsverfahren** s § 36 Rz 32. Zu Erstattung nach § 50 V 2 Nr 3 aF s § 50 Rz 40; zu Erstattung wegen DBA-Befreiung s § 50d Rz 35 ff.

42 **8. Vergütung an Beauftragte, § 50a VI.** Im Fall des § 50a I Nr 3 trifft den Vergütungsschuldner keine Verpflichtung zum StAbzug, wenn Vergütungen an die **Gema** oä beauftragte (inl oder ausl) Rechtsträger abgeführt werden (Ausnahme zu § 50a V). Einzelheiten regelt § 73f EStDV. Der Beauftragte ist seinerseits zum StAbzug verpflichtet. Bemessungsgrundlage sind die nach Verteilungsplan zu zahlenden Beträge (BFH I R 166/61 U BStBl III 64, 544).

43 **9. Anordnung des Steuerabzugs, § 50a VII.** Der StAbzug kann gem **§ 50a VII 1** über § 50a I hinaus *im Einzelfall* (konkret) für weitere Einkünfte iSd § 49 angeordnet werden (sog Sicherungseinbehalt). Zuständig ist das FA des beschr stpfl Vergütungsgläubigers (§§ 19 II 2, 20 IV AO). Die Entscheidung über die Anordnung ist ein VA (§§ 118 ff AO; kein Steuerbescheid iSd § 155 AO), der im Ermessen des FA steht („kann"; krit *Streck* BB 84, 846). Die Anordnung hat sich am Zweck der Vorschrift **„Sicherung des Steueranspruchs"** zu orientieren (§ 5 AO) und ist entspr zu begründen. Nicht ermessensgerecht wird es idR sein, einen StAbzug anzuordnen, wenn nach DBA kein dt Besteuerungsrecht besteht (zutr *K/Gosch* § 50a Rz 50; *HHR* § 50a Anm 185 mwN; einschr FG Mster EFG 04, 1777, rkr). Für bereits gezahlte Vergütungen darf der StAbzug nicht mehr angeordnet werden, für noch ausstehende Teilzahlungen hingegen schon (s auch *Blümich* § 50a Rz 102, zu zeitl Grenze Rz 104). – Gem **§ 50a VII 2** beträgt der Steuersatz unverändert 25% (keine Anpassung), für beschr stpfl Körperschaften seit VZ 2008 15%. Bemessungsgrundlage sind die gesamten Einnahmen (einschließl USt, s Rz 17) ohne Abzüge. Der Vergütungsgläubiger konnte bislang eine voraussichtl niedrigere Steuer glaubhaft machen (überwiegende Wahrscheinlichkeit genügt, vgl etwa *Gräber* FGO § 56 Rz 45 mwN). Nach der Neufassung der Regelung (s Rz 2: bei Anordnung des StAbzugs nach dem 31.12.14) „kann" das FA die Höhe des StAbzugs an die voraussichtl geschuldete Steuer anpassen (Ermessensentscheidung; s auch BT-Drs 18/1529, S 59 f: Flexibilisierung und Erleichterung für den StPfl).

Bei Nachweis einer voraussichtl niedrigeren Steuer reduziert sich dieses Ermessen mE auf Null, so dass die Steuer anzupassen ist. – Gem **§ 50a VII 3** ist das anordnende FA auch für die Anmeldung und Abführung der Abzugsteuer zuständig. Beides richtet sich ebenso wie Haftung und Nachforderung nach § 50a V iVm § 73e EStDV (§ 73e S 6 EStDV). Bei regelmäßigen monatl Zahlungen kann der StAbzug gem § 50a VII 3 HS 2 (iVm § 73e S 7 Nr 2 EStDV nF) ab 2015 (s Rz 2) an den jeweiligen Zahlungsrhythmus angepasst werden; auch dies soll der Vereinfachung des Verfahrens dienen (s BT-Drs 18/1529, S 60). – Gem **§ 50a VII 4** handelt es sich um vorläufige Maßnahmen. Dem StAbzug nach § 50a VII kommt **keine Abgeltungswirkung** nach § 50 II 1 zu. Er ist gem § 36 II Nr 2 auf die ESt anzurechnen. – **Rechtsschutz** durch Einspruch und Anfechtungsklage; einspruchs- und klagebefugt ist nicht nur der Vergütungsschuldner als Adressat der Anordnung, sondern auch der beschr StPfl (Steuerschuldner/Vergütungsgläubiger) als beschwerter Dritter (Hinzuziehung/Beiladung gem §§ 360 III 1 AO, 60 III FGO); vgl auch BFH I B 113/98 BFH/NV 99, 1314 mwN. AdV wird idR nur gegen Sicherheitsleistung gewährt (vgl BFH aaO, Rz 22 ff).

§ 50b Prüfungsrecht

[1] Die Finanzbehörden sind berechtigt, Verhältnisse, die für die Anrechnung oder Vergütung von Körperschaftsteuer, für die Anrechnung oder Erstattung von Kapitalertragsteuer, für die Nichtvornahme des Steuerabzugs, für die Ausstellung der Jahresbescheinigung nach § 24c oder für die Mitteilungen an das Bundeszentralamt für Steuern nach § 45e von Bedeutung sind oder der Aufklärung bedürfen, bei den am Verfahren Beteiligten zu prüfen. [2] Die §§ 193 bis 203 der Abgabenordnung gelten sinngemäß.

Anmerkung: Das Prüfungsrecht der FinVerw bei *anderen* Personen als dem 1
StSchuldner betrifft die Anrechnung/Vergütung von KapESt, die Erstattung von KapESt (§ 44b), die Abstandnahme vom StAbzug (zB § 44a; s § 43 Rz 15) sowie (rückwirkend ab 2004) für die Ausstellung von Jahresbescheinigungen nach § 24c. Wegen der Verhältnisse, die für diese Verfahren bedeutsam sind, wird auf die Erläut zu diesen Vorschriften verwiesen, wegen des Verfahrens auf §§ 193 ff AO (Außenprüfungen). § 50b ist lex specialis ggü § 30a AO (FG Hess WM 14, 1539, rkr; s auch *Herzberg* DStR 14, 1535). – **Daneben** stichprobenweise FA-Prüfung nach **§ 45d** über das *BZSt,* ob sich die Freistellungen im Rahmen der Sparerfreibeträge halten, außerdem für Mitteilungen an das BfF/BZSt zu Zinserträgen über die Grenze nach **§ 45e** und die darauf beruhende **ZIV** ab 1.7.05 (BGBl I 04, 128 und I 05, 1692/5; *BMF* BStBl I 08, 320 an Stelle von BStBl I 05, 29 und 716, I 06, 439). – S iÜ auch *Findeis* DB 09, 2397; *Wagner* DStR 10, 69. Der Begriff den „am Verfahren Beteiligten“ iSd § 50b geht über den Beteiligungsbegriff des § 78 AO hinaus und umfasst nicht nur die Depotbank, sondern auch den Gläubiger der KapErträge (FG Hess 4 V 3084/11, nv; krit *Desens* FR 12, 946).

§ 50c *(aufgehoben)*

§ 50d Besonderheiten im Fall von Doppelbesteuerungsabkommen und der §§ 43b und 50g

(1) [1] Können Einkünfte, die dem Steuerabzug vom Kapitalertrag oder dem Steuerabzug auf Grund des § 50a unterliegen, nach den §§ 43b, 50g oder nach einem Abkommen zur Vermeidung der Doppelbesteuerung nicht oder nur nach einem niedrigeren Steuersatz besteuert werden, so sind die Vorschriften über die Einbehaltung, Abführung und Anmeldung der Steuer ungeachtet der

§§ 43b und 50g sowie des Abkommens anzuwenden. [2]Unberührt bleibt der Anspruch des Gläubigers der Kapitalerträge oder Vergütungen auf völlige oder teilweise Erstattung der einbehaltenen und abgeführten oder der auf Grund Haftungsbescheid oder Nachforderungsbescheid entrichteten Steuer. [3]Die Erstattung erfolgt auf Antrag des Gläubigers der Kapitalerträge oder Vergütungen auf der Grundlage eines Freistellungsbescheids; der Antrag ist nach amtlich vorgeschriebenem Vordruck bei dem Bundeszentralamt für Steuern zu stellen. [4]Dem Vordruck ist in den Fällen des § 43 Absatz 1 Satz 1 Nummer 1a eine Bescheinigung nach § 45a Absatz 2 beizufügen. [5]Der zu erstattende Betrag wird nach Bekanntgabe des Freistellungsbescheids ausgezahlt. [6]Hat der Gläubiger der Vergütungen im Sinne des § 50a nach § 50a Absatz 5 Steuern für Rechnung beschränkt steuerpflichtiger Gläubiger einzubehalten, kann die Auszahlung des Erstattungsanspruchs davon abhängig gemacht werden, dass er die Zahlung der von ihm einzubehaltenden Steuer nachweist, hierfür Sicherheit leistet oder unwiderruflich die Zustimmung zur Verrechnung seines Erstattungsanspruchs mit seiner Steuerzahlungsschuld erklärt. [7]Das Bundeszentralamt für Steuern kann zulassen, dass Anträge auf maschinell verwertbaren Datenträgern gestellt werden. [8]Der Antragsteller hat in den Fällen des § 43 Absatz 1 Satz 1 Nummer 1a zu versichern, dass ihm eine Bescheinigung im Sinne des § 45a Absatz 2 vorliegt oder, soweit er selbst die Kapitalerträge als auszahlende Stelle dem Steuerabzug unterworfen hat, nicht ausgestellt wurde; er hat die Bescheinigung zehn Jahre nach Antragstellung aufzubewahren. [9]Die Frist für den Antrag auf Erstattung beträgt vier Jahre nach Ablauf des Kalenderjahres, in dem die Kapitalerträge oder Vergütungen bezogen worden sind. [10]Die Frist nach Satz 9 endet nicht vor Ablauf von sechs Monaten nach dem Zeitpunkt der Entrichtung der Steuer. [11]Ist der Gläubiger der Kapitalerträge oder Vergütungen eine Person, der die Kapitalerträge oder Vergütungen nach diesem Gesetz oder nach dem Steuerrecht des anderen Vertragsstaats nicht zugerechnet werden, steht der Anspruch auf völlige oder teilweise Erstattung des Steuerabzugs vom Kapitalertrag oder nach § 50a auf Grund eines Abkommens zur Vermeidung der Doppelbesteuerung nur der Person zu, der die Kapitalerträge oder Vergütungen nach den Steuergesetzen des anderen Vertragsstaats als Einkünfte oder Gewinne einer ansässigen Person zugerechnet werden. [12]Für die Erstattung der Kapitalertragsteuer gilt § 45 entsprechend. [13]Der Schuldner der Kapitalerträge oder Vergütungen kann sich vorbehaltlich des Absatzes 2 nicht auf die Rechte des Gläubigers aus dem Abkommen berufen.

(1a) **[1]Der nach Absatz 1 in Verbindung mit § 50g zu erstattende Betrag ist zu verzinsen. [2]Der Zinslauf beginnt zwölf Monate nach Ablauf des Monats, in dem der Antrag auf Erstattung und alle für die Entscheidung erforderlichen Nachweise vorliegen, frühestens am Tag der Entrichtung der Steuer durch den Schuldner der Kapitalerträge oder Vergütungen. [3]Er endet mit Ablauf des Tages, an dem der Freistellungsbescheid wirksam wird. [4]Wird der Freistellungsbescheid aufgehoben, geändert oder nach § 129 der Abgabenordnung berichtigt, ist eine bisherige Zinsfestsetzung zu ändern. [5]§ 233a Absatz 5 der Abgabenordnung gilt sinngemäß. [6]Für die Höhe und Berechnung der Zinsen gilt § 238 der Abgabenordnung. [7]Auf die Festsetzung der Zinsen ist § 239 der Abgabenordnung sinngemäß anzuwenden. [8]Die Vorschriften dieses Absatzes sind nicht anzuwenden, wenn der Steuerabzug keine abgeltende Wirkung hat (§ 50 Absatz 2).**

(2) **[1]In den Fällen der §§ 43b, 50a Absatz 1, § 50g kann der Schuldner der Kapitalerträge oder Vergütungen den Steuerabzug nach Maßgabe von § 43b oder § 50g oder des Abkommens unterlassen oder nach einem niedrigeren Steuersatz vornehmen, wenn das Bundeszentralamt für Steuern dem Gläubi-**

ger auf Grund eines von ihm nach amtlich vorgeschriebenem Vordruck gestellten Antrags bescheinigt, dass die Voraussetzungen dafür vorliegen (Freistellung im Steuerabzugsverfahren); dies gilt auch bei Kapitalerträgen, die einer nach einem Abkommen zur Vermeidung der Doppelbesteuerung im anderen Vertragsstaat ansässigen Kapitalgesellschaft, die am Nennkapital einer unbeschränkt steuerpflichtigen Kapitalgesellschaft im Sinne des § 1 Absatz 1 Nummer 1 des Körperschaftsteuergesetzes zu mindestens einem Zehntel unmittelbar beteiligt ist und im Staat ihrer Ansässigkeit den Steuern vom Einkommen oder Gewinn unterliegt, ohne davon befreit zu sein, von der unbeschränkt steuerpflichtigen Kapitalgesellschaft zufließen. [2] Die Freistellung kann unter dem Vorbehalt des Widerrufs erteilt und von Auflagen oder Bedingungen abhängig gemacht werden. [3] Sie kann in den Fällen des § 50a Absatz 1 von der Bedingung abhängig gemacht werden, dass die Erfüllung der Verpflichtungen nach § 50a Absatz 5 nachgewiesen werden [*richtig: wird*]**, soweit die Vergütungen an andere beschränkt Steuerpflichtige weitergeleitet werden. [4] Die Geltungsdauer der Bescheinigung nach Satz 1 beginnt frühestens an dem Tag, an dem der Antrag beim Bundeszentralamt für Steuern eingeht; sie beträgt mindestens ein Jahr und darf drei Jahre nicht überschreiten; der Gläubiger der Kapitalerträge oder der Vergütungen ist verpflichtet, den Wegfall der Voraussetzungen für die Freistellung unverzüglich dem Bundeszentralamt für Steuern mitzuteilen. [5] Voraussetzung für die Abstandnahme vom Steuerabzug ist, dass dem Schuldner der Kapitalerträge oder Vergütungen die Bescheinigung nach Satz 1 vorliegt. [6] Über den Antrag ist innerhalb von drei Monaten zu entscheiden. [7] Die Frist beginnt mit der Vorlage aller für die Entscheidung erforderlichen Nachweise. [8] Bestehende Anmeldeverpflichtungen bleiben unberührt.**

(3) [1] **Eine ausländische Gesellschaft hat keinen Anspruch auf völlige oder teilweise Entlastung nach Absatz 1 oder Absatz 2, soweit Personen an ihr beteiligt sind, denen die Erstattung oder Freistellung nicht zustände, wenn sie die Einkünfte unmittelbar erzielten, und die von der ausländischen Gesellschaft im betreffenden Wirtschaftsjahr erzielten Bruttoerträge nicht aus eigener Wirtschaftstätigkeit stammen, sowie**

1. **in Bezug auf diese Erträge für die Einschaltung der ausländischen Gesellschaft wirtschaftliche oder sonst beachtliche Gründe fehlen oder**
2. **die ausländische Gesellschaft nicht mit einem für ihren Geschäftszweck angemessen eingerichteten Geschäftsbetrieb am allgemeinen wirtschaftlichen Verkehr teilnimmt.**

[2] **Maßgebend sind ausschließlich die Verhältnisse der ausländischen Gesellschaft; organisatorische, wirtschaftliche oder sonst beachtliche Merkmale der Unternehmen, die der ausländischen Gesellschaft nahe stehen (§ 1 Absatz 2 des Außensteuergesetzes), bleiben außer Betracht. [3] An einer eigenen Wirtschaftstätigkeit fehlt es, soweit die ausländische Gesellschaft ihre Bruttoerträge aus der Verwaltung von Wirtschaftsgütern erzielt oder ihre wesentlichen Geschäftstätigkeiten auf Dritte überträgt. [4] Die Feststellungslast für das Vorliegen wirtschaftlicher oder sonst beachtlicher Gründe im Sinne von Satz 1 Nummer 1 sowie des Geschäftsbetriebs im Sinne von Satz 1 Nummer 2 obliegt der ausländischen Gesellschaft. [5] Die Sätze 1 bis 3 sind nicht anzuwenden, wenn mit der Hauptgattung der Aktien der ausländischen Gesellschaft ein wesentlicher und regelmäßiger Handel an einer anerkannten Börse stattfindet oder für die ausländische Gesellschaft die Vorschriften des Investmentsteuergesetzes gelten.**

(4) [1] **Der Gläubiger der Kapitalerträge oder Vergütungen im Sinne des § 50a hat nach amtlich vorgeschriebenem Vordruck durch eine Bestätigung der für ihn zuständigen Steuerbehörde des anderen Staates nachzuweisen, dass er**

dort ansässig ist oder die Voraussetzungen des § 50g Absatz 3 Nummer 5 Buchstabe c erfüllt sind. [2]Das Bundesministerium der Finanzen kann im Einvernehmen mit den obersten Finanzbehörden der Länder erleichterte Verfahren oder vereinfachte Nachweise zulassen.

(5) [1]**Abweichend von Absatz 2 kann das Bundeszentralamt für Steuern in den Fällen des § 50a Absatz 1 Nummer 3 den Schuldner der Vergütung auf Antrag allgemein ermächtigen, den Steuerabzug zu unterlassen oder nach einem niedrigeren Steuersatz vorzunehmen (Kontrollmeldeverfahren). [2]Die Ermächtigung kann in Fällen geringer steuerlicher Bedeutung erteilt und mit Auflagen verbunden werden. [3]Einer Bestätigung nach Absatz 4 Satz 1 bedarf es im Kontrollmeldeverfahren nicht. [4]Inhalt der Auflage kann die Angabe des Namens, des Wohnortes oder des Ortes des Sitzes oder der Geschäftsleitung des Schuldners und des Gläubigers, der Art der Vergütung, des Bruttobetrags und des Zeitpunkts der Zahlungen sowie des einbehaltenen Steuerbetrags sein. [5]Mit dem Antrag auf Teilnahme am Kontrollmeldeverfahren gilt die Zustimmung des Gläubigers und des Schuldners zur Weiterleitung der Angaben des Schuldners an den Wohnsitz- oder Sitzstaat des Gläubigers als erteilt. [6]Die Ermächtigung ist als Beleg aufzubewahren. [7]Absatz 2 Satz 8 gilt entsprechend.**

(6) **Soweit Absatz 2 nicht anwendbar ist, gilt Absatz 5 auch für Kapitalerträge im Sinne des § 43 Absatz 1 Satz 1 Nummer 1 und 4, wenn sich im Zeitpunkt der Zahlung des Kapitalertrags der Anspruch auf Besteuerung nach einem niedrigeren Steuersatz ohne nähere Ermittlung feststellen lässt.**

(7) **Werden Einkünfte im Sinne des § 49 Absatz 1 Nummer 4 aus einer Kasse einer juristischen Person des öffentlichen Rechts im Sinne der Vorschrift eines Abkommens zur Vermeidung der Doppelbesteuerung über den öffentlichen Dienst gewährt, so ist diese Vorschrift bei Bestehen eines Dienstverhältnisses mit einer anderen Person in der Weise auszulegen, dass die Vergütungen für der erstgenannten Person geleistete Dienste gezahlt werden, wenn sie ganz oder im Wesentlichen aus öffentlichen Mitteln aufgebracht werden.**

(8) [1]**Sind Einkünfte eines unbeschränkt Steuerpflichtigen aus nichtselbständiger Arbeit (§ 19) nach einem Abkommen zur Vermeidung der Doppelbesteuerung von der Bemessungsgrundlage der deutschen Steuer auszunehmen, wird die Freistellung bei der Veranlagung ungeachtet des Abkommens nur gewährt, soweit der Steuerpflichtige nachweist, dass der Staat, dem nach dem Abkommen das Besteuerungsrecht zusteht, auf dieses Besteuerungsrecht verzichtet hat oder dass die in diesem Staat auf die Einkünfte festgesetzten Steuern entrichtet wurden. [2]Wird ein solcher Nachweis erst geführt, nachdem die Einkünfte in eine Veranlagung zur Einkommensteuer einbezogen wurden, ist der Steuerbescheid insoweit zu ändern. [3]§ 175 Absatz 1 Satz 2 der Abgabenordnung ist entsprechend anzuwenden.**

(9) [1]**Sind Einkünfte eines unbeschränkt Steuerpflichtigen nach einem Abkommen zur Vermeidung der Doppelbesteuerung von der Bemessungsgrundlage der deutschen Steuer auszunehmen, so wird die Freistellung der Einkünfte ungeachtet des Abkommens nicht gewährt, wenn**

1. **der andere Staat die Bestimmungen des Abkommens so anwendet, dass die Einkünfte in diesem Staat von der Besteuerung auszunehmen sind oder nur zu einem durch das Abkommen begrenzten Steuersatz besteuert werden können, oder**
2. **die Einkünfte in dem anderen Staat nur deshalb nicht steuerpflichtig sind, weil sie von einer Person bezogen werden, die in diesem Staat nicht auf Grund ihres Wohnsitzes, ständigen Aufenthalts, des Ortes ihrer Geschäfts-**

leitung, des Sitzes oder eines ähnlichen Merkmals unbeschränkt steuerpflichtig ist.

[2]Nummer 2 gilt nicht für Dividenden, die nach einem Abkommen zur Vermeidung der Doppelbesteuerung von der Bemessungsgrundlage der deutschen Steuer auszunehmen sind, es sei denn, die Dividenden sind bei der Ermittlung des Gewinns der ausschüttenden Gesellschaft abgezogen worden. [3]Bestimmungen eines Abkommens zur Vermeidung der Doppelbesteuerung sowie Absatz 8 und § 20 Absatz 2 des Außensteuergesetzes bleiben unberührt, soweit sie jeweils die Freistellung von Einkünften in einem weitergehenden Umfang einschränken.

(10) **[1]Sind auf eine Vergütung im Sinne des § 15 Absatz 1 Satz 1 Nummer 2 Satz 1 zweiter Halbsatz und Nummer 3 zweiter Halbsatz die Vorschriften eines Abkommens zur Vermeidung der Doppelbesteuerung anzuwenden und enthält das Abkommen keine solche Vergütungen betreffende ausdrückliche Regelung, gilt die Vergütung für Zwecke der Anwendung des Abkommens zur Vermeidung der Doppelbesteuerung ausschließlich als Teil des Unternehmensgewinns des vergütungsberechtigten Gesellschafters. [2]Satz 1 gilt auch für die durch das Sonderbetriebsvermögen veranlassten Erträge und Aufwendungen. [3]Die Vergütung des Gesellschafters ist ungeachtet der Vorschriften eines Abkommens zur Vermeidung der Doppelbesteuerung über die Zuordnung von Vermögenswerten zu einer Betriebsstätte derjenigen Betriebsstätte der Gesellschaft zuzurechnen, der der Aufwand für die der Vergütung zugrunde liegende Leistung zuzuordnen ist; die in Satz 2 genannten Erträge und Aufwendungen sind der Betriebsstätte zuzurechnen, der die Vergütung zuzuordnen ist. [4]Die Sätze 1 bis 3 gelten auch in den Fällen des § 15 Absatz 1 Satz 1 Nummer 2 Satz 2 sowie in den Fällen des § 15 Absatz 1 Satz 2 entsprechend. [5]Sind Einkünfte im Sinne der Sätze 1 bis 4 einer Person zuzurechnen, die nach einem Abkommen zur Vermeidung der Doppelbesteuerung als im anderen Staat ansässig gilt, und weist der Steuerpflichtige nach, dass der andere Staat die Einkünfte besteuert, ohne die darauf entfallende deutsche Steuer anzurechnen, ist die in diesem Staat nachweislich auf diese Einkünfte festgesetzte und gezahlte und um einen entstandenen Ermäßigungsanspruch gekürzte, der deutschen Einkommensteuer entsprechende, anteilige ausländische Steuer bis zur Höhe der anteilig auf diese Einkünfte entfallenden deutschen Einkommensteuer anzurechnen. [6]Satz 5 gilt nicht, wenn das Abkommen zur Vermeidung der Doppelbesteuerung eine ausdrückliche Regelung für solche Einkünfte enthält. [7]Die Sätze 1 bis 6**

1. **sind nicht auf Gesellschaften im Sinne des § 15 Absatz 3 Nummer 2 anzuwenden;**
2. **gelten entsprechend, wenn die Einkünfte zu den Einkünften aus selbständiger Arbeit im Sinne des § 18 gehören; dabei tritt der Artikel über die selbständige Arbeit an die Stelle des Artikels über die Unternehmenseinkünfte, wenn das Abkommen zur Vermeidung der Doppelbesteuerung einen solchen Artikel enthält.**

[8]Absatz 9 Satz 1 Nummer 1 bleibt unberührt.

(11) **[1]Sind Dividenden beim Zahlungsempfänger nach einem Abkommen zur Vermeidung der Doppelbesteuerung von der Bemessungsgrundlage der deutschen Steuer auszunehmen, wird die Freistellung ungeachtet des Abkommens nur insoweit gewährt, als die Dividenden nach deutschem Steuerrecht nicht einer anderen Person zuzurechnen sind. [2]Soweit die Dividenden nach deutschem Steuerrecht einer anderen Person zuzurechnen sind, werden sie bei dieser Person freigestellt, wenn sie bei ihr als Zahlungsempfänger nach Maßgabe des Abkommens freigestellt würden.**

Einkommensteuer-Richtlinien/Verwaltungsschreiben: EStH 50d – *BMF* BStBl I 02, 521 (§ 50a IV aF, DBA-Freistellung); *BMF* BStBl I 02, 1386 (Kontrollmeldeverfahren); *BMF* BStBl I 05, 821 (zu § 50d VIII); *BMF* BStBl I 07, 446 und I 10, 596 (zu § 50d III); *BMF* BStBl I 09, 645 (zu § 50d VI, ab 2009); *BMF* BStBl I 10, 354 (PersGes und DBA). – S auch die *Merkblätter* des BZSt auf www.bzst.de (Steuern International, Abzugsteuerentlastung)

Übersicht

Schrifttum (allg): *Frotscher,* Zur Zulässigkeit des „Treaty Override", in FS Schaumburg (2009), S 687; *Gosch,* Über das Treaty Overriding (…), IStR 08, 413; *Lehner,* Treaty Override im Anwendungsbereich des § 50d, IStR 12, 389; *Lüdicke,* Überlegungen zur deutschen DBA-Politik (2007); *Schaumburg,* Internationales StRecht, 3. Aufl (2011).

I. Grundsatz: Quellensteuerabzug trotz Steuerfreiheit

1. Hintergrund; Bedeutung. – a) Entstehung. Die erste **Einfügung von** 1
§ 50d durch das StRefG 1990 mit Wirkung ab (Zufluss) 1989 war eine Reaktion des Gesetzgebers auf die BFH-Rspr, wonach die Steuerfreiheit beim StAbzug nach § 50a und im Haftungsverfahren zu beachten gewesen wäre (vgl Rz 4). Nach § 50d wird der Vergütungsgläubiger grds nur aufgrund eines Freistellungsbescheides von der Abzugspflicht und der Haftung bzw Nachforderung frei. Die Vorschrift wurde mehrfach **ergänzt.** Grundlegende Umstellung ab 2002 und Einfügungen ab 2004 s Rz 3. Vgl auch § 48d ab 2002 für StAbzugsfälle nach §§ 48 ff (Sonderregelung, da diese Vorschriften für inl und ausl Bauleistende gelten). Der **EuGH** hat das Verfahren des StAbzugs mit Erstattungsmöglichkeit trotz Steuerfreiheit ausdrückl gebilligt (**Fall *Scorpio*** Rs C-290/04 IStR 06, 743, mit Folgeurteil BFH I R 39/04 BStBl II 08, 95; s auch BFH I R 25/10 DStR 12, 742, Rz 29 und EuGH C-498/10 IStR 13, 26, **Fall *X***).

b) BFH-Rspr zur Freistellungsbescheinigung. Anlass für die vollständige Neufassung 2
durch das StÄndG 2001 war die Rspr des BFH, wonach die Freistellungsbescheinigung zwar VA, aber nicht Steuerbescheid war mit der Folge, dass ein entspr Antrag auch noch nach Ablauf der Festsetzungsfrist für die abzuführende Steuer gestellt werden konnte und zu bescheiden war (BFH I R 34/99 BStBl II 01, 291). Die nach § 52 Abs 59a S 3 aF bis auf § 52o II 4 (Geltungsdauer) grds unabhängig vom Zeitpunkt der Vergütungszahlung und der Antragstellung ab 2002 anwendbare Neufassung war eingefügt worden, um Steuerausfälle durch die vorherige Möglichkeit, die Abzugspflicht auch ohne Freistellungsbescheinigung folgenlos zu ignorieren, zu verhindern. Die Gesetzesänderung hat das Verfahren dem vom BFH verworfenen vorherigen Verwaltungsverfahren des BfF angepasst. Das Gesetz versucht nun (etwas) deutlicher, den **Freistellungs*bescheid*** für die Steuererstattung *nach* Auszahlung unter StAbzug (§ 50d I) von der vorläufigen, zeitl begrenzten **Freistellungs*bescheinigung*** zur Vermeidung dieser StAbzugspflicht *vor* Auszahlung abzugrenzen (Wortlaut § 50d II 1: „Freistellung im StAbzugsverfahren"). – **Schrifttum:** *Hierstetter/Hempel* FR 03, 1219; *Schnittker/Hartmann* FR 02, 197; *Klein* IStR 02, 157 (Vergleichsübersicht); *Holthaus* IStR 02, 664 („Steuerfalle") und 03, 347, entgegen *Grützner* IStR 03, 346 und 348 zu Nettovergütung.

c) Neuere Rechtsentwicklung; zeitl Anwendungsbereich. Mit dem 3
AhRLUmsG ist § 50d I 11 EStG (Regelung zur Erstattungsberechtigung hybrider GesFormen, Rz 38) neu eingefügt worden, mit Wirkung für Zahlungen, die nach dem 30.6.13 erfolgen (§ 52 Abs 59a S 7 aF). Zudem sind § 50d IX 3 (Verhältnis zu § 50d VIII und zu § 20 II AStG, Rz 59) und § 50d X (Behandlung von Sondervergütungen) neu gefasst worden; beide Änderungen gelten für alle noch nicht bestandskräftig festgesetzten ESt- bzw ESt- und KSt-Bescheide (§ 52 Abs 59a S 9 und 10 aF). S iÜ *HHR* § 50d Anm 2.

2. Verhältnis Steuerabzug/stfreie Einkünfte. Das EStG regelt die Frage mit 4
Ausnahme von § 50d nicht ausdrückl, geht aber wohl von dem Grundsatz aus, dass Abzugsteuern ohne gesetzl Regelung einbehalten werden *können* ohne Prüfung, ob die Erträge beim Gläubiger stpfl oder ganz bzw zT stfrei sind (vgl § 43 Rz 14, 15 mit Einzelausnahmen, § 50d; glA BGH X ZR 13/99 BB 01, 2024; zu nach

DBA stfreien Lizenzeinnahmen einer gemeinnützigen US-Organisation s FG Köln EFG 03, 233, rkr). Voraussetzung ist nur, dass es sich um stbare (zB § 15/§ 49 I Nr 2, § 20/§ 49 I Nr 5) und dem Abzug unterworfene Einkünfte handelt und dass der Vergütungsgläubiger beschr stpfl ist.

Die BFH-Rspr schwankte, bejahte den Abzug für stfreie Einkünfte früher zur KapESt (s BFH I R 350/83 BStBl II 88, 600; Rz 6), verneinte ihn aber zur LSt (str, s BFH VI R 165/77 BStBl II 80, 205) und zu § 50a (Rz 5 und BFH I R 28/87 BStBl II 89, 449 – s aber § 5 II KStG und BFH-Vorlage an EuGH I R 94/02 DStR 04, 1644, Fall *Stauffer;* EuGH DStR 06, 675; BFH Folge-Urt DStR 07, 438, Anm *Thömmes/Nakhai* IStR 06, 164).

§ 50d regelt nun die **Abzugspflicht in Einzelfällen.** Die Steuerfreiheit wird dadurch nicht in Frage gestellt, lässt sich jedoch in den Fällen des § 50d nur durch Vorlage einer Freistellungsbescheinigung im Abzugsverfahren oder durch Freistellungsbescheid im Erstattungsverfahren durchsetzen. Eine Anrechnung nach § 34c/§ 50 III kommt nur in Veranlagungsfällen ohne StAbzug in Frage. Zu **§ 50d** und **LSt** s Rz 5 ff. S auch Sondervorschriften zur Bauabzugsteuer §§ 48 ff sowie § 20 IV REITG. Zu Erstattung in **Treuhandfällen** s *BMF* BStBl I 16, 85 Rz 309.

5 **3. Steuerabzug trotz Steuerfreiheit, § 50d I 1, 13. – a) Persönl und sachl Geltungsbereich.** § 50d regelt nur drei, dafür aber die häufigsten Fälle der Steuerfreiheit: nach **DBA, § 43b** und **§ 50g.** § 50d gilt auch für den **SolZ** (vgl § 50a Rz 4) und ist **nicht auf sonstige Freistellungsfälle übertragbar** (zB § 44a V, s Rz 30; BFH I R 21/02 BFH/NV 04, 1076; BFH I R 33/04 BStBl II 06, 489, auch zur Begrenzung auf StAbzugsfälle; aA *Eckert* IStR 03, 406). Die EU-Richtlinie 2003/49/EG über eine gemeinsame Steuerregelung für Zahlungen von Zinsen und Lizenzgebühren zw verbundenen Unternehmen verschiedener Mitgliedstaaten (EU-ABl L 157/49) stand dem QuellenStAbzug auch vor Umsetzung im EG-AmtAnpG nicht entgegen (s *BMF* BStBl I 04, 479; *Dörr ua* IStR 04, 469; *Körner* IStR 04, 751). Für die **LSt** gilt § 39 IV Nr 5. Die sachl Rechtsänderungen durch die Neufassung von § 50d im StÄndG 2001 betreffen nicht die besonderen Freistellungsvoraussetzungen, sondern nur das Freistellungs*verfahren* (s oben Rz 2). **§ 50d I 1** soll „ungeachtet des Abkommens" den StAbzug sicherstellen, **sachl** für nach DBA, § 43b oder § 50g ganz oder zT stfreie Einkünfte iSv §§ 20/**43 ff (KapEStAbzug)** sowie iSd §§ 49/**50a** (**StAbzug bei beschränkt** StPfl, auch § 50a VII, str, s FG Mster EFG 04, 1777, rkr) und **persönl** wie früher § 73h EStDV aF in erster Linie, aber *nicht ausschließl* für beschr stpfl Gläubiger (vgl § 50a, § 50g und § 43b – vgl auch Stellung von § 50d nicht in Abschn VIII „Besteuerung beschränkt Steuerpflichtiger", sondern in Abschn IX „Sonstige Vorschriften" sowie Beschränkung von § 50d VIII und IX auf unbeschr StPfl).

6 **b) Verhältnis zu DBA-Regelungen/Treaty Override.** In **DBA** ist eine Zweiteilung des Verfahrens häufig zugelassen oder vorbehalten (Erhebung und spätere Erstattung einer Quellensteuer auf stfreie Einkünfte). Für KapErträge ist dies die Regel (s Art 10 ff, 23 A OECD-MA; *BMF* BStBl I 02, 521), für Vergütungen iSv § 50a I dagegen die Ausnahme (vgl *BMF* BStBl I 10, 1350 Rz 74 ff; zB allg DBA Großbritannien Art XVIII A Abs 4, zu Lizenzen Art 28 DBA-Schweiz, BFH I R 41/92 BStBl II 93, 407 – mit der Folge, dass Abzugspflicht und Haftung des Schuldners nach BFH I R 61/85 BStBl II 89, 99 früher auf diese Ausnahmefälle beschränkt waren). Ob es gelungen ist, diese „Unsicherheit" (BMF) für das **Abzugs- und Haftungsverfahren** beim Vergütungsschuldner allein durch „klarstellende" Übernahme von § 73h EStDV aF in **§ 50d** zu beseitigen, ist str (s 22. Aufl mwN), aber auch im EG-Bereich bej durch BFH I R 39/04 BStBl II 08, 95 (nach EuGH Fall *Scorpio* BStBl II 07, 352). Sicher gilt dies **nicht für das Nachforderungsverfahren** beim StPfl (vgl BFH I B 1/92 BFH/NV 93, 27, Anm *FW* IStR 92, 25: nur der Vergütungsschuldner ist verpflichtet, den StAbzug vorzunehmen; hieran hat sich durch § 50d I 1 ab 2002 nichts geändert; auch die Ergänzung in § 50d I 2 durch StÄndG 2003 betrifft nur die Ergänzung des Erstattungs-

anspruchs auf Nachforderungsfälle – s dazu § 50a Rz 38 und unten Rz 36; der Vergütungsgläubiger kann sich daher nach wie vor im Nachforderungsverfahren auf eine DBA-Steuerfreiheit berufen). Die Bedenken der Rspr beruhten auf dem Vorrang des DBA-Rechts vor nationalem Recht (§ 2 AO). BFH I R 120/93 BStBl II 95, 129 hat ausdrückl die Möglichkeit einer nachträgl Einschränkung von DBA-Recht durch § 50d als nationales Gesetz bejaht (**„Treaty Override"**, s Sonderregelungen § 50d III, VIII, IX und X), ebenso jetzt das BVerfG (s Rz 52).

Zu Parlamentsmitwirkung bei DBA-Änderung *Waldhoff* IStR 02, 693; grds abl *Vogel* IStR 05, 29; krit auch *Gosch* IStR 08, 413; s iÜ *Brombach-Krüger* Ubg 08, 324; *Kempf/Brandl* DB 07, 1377; *Bron* IStR 07, 431; *Rust/Reimer* IStR 05, 843; *Stein* IStR 06, 505; *Forsthoff* IStR 06, 509; *Kippenberg* IStR 06, 512; zu § 50d III Rz 45 ff/48; zu Kündigung DBA Brasilien *Schaumburg/Schulz* IStR 05, 794; zu Outbound-Steuergestaltungen und DBA *Grotherr* IWB F 3, Gr 1, 2309). Zu **Zweifeln** des BFH **an der Verfassungsmäßigkeit** des § 50d IX s jetzt aber Rz 56 aE; krit auch *Haase* IStR 14, 329.

II. Ausnahmen § 50d II, IV–VI: Freistellung im Abzugsverfahren

1. Allgemeines. Soweit die inl Besteuerungs- und Abzugsvoraussetzungen vorliegen, darf der Vergütungsschuldner auch bei nach DBA, § 50g oder § 43b stfreien Einkünften nur in **Ausnahmefällen** die Auszahlung an den Gläubiger **ohne StAbzug** vornehmen, will er das Haftungsrisiko vermeiden. Hauptfall ist die in § 50d II ab 2002 geregelte **„Freistellung im StAbzugsverfahren"** (s Rz 11 ff). Unterfälle sind das **Kontrollmeldeverfahren** nach § 50d V für den Abzug gem § 50a I (Rz 28) und die ab 2002 eingeführte Freistellung bestimmter Dividendenzahlungen vom KapEStAbzug in **§ 50d VI** (Rz 30). Darüber hinaus kann der Vergütungsgläubiger die Abzugsteuer – wie in anderen Fällen der Steuerfreiheit nach inl Recht – nur im **Erstattungsverfahren** zurückfordern (s Rz 35 ff). 10

2. Freistellungsverfahren, § 50d II, IV. – a) Sachl Anwendungsbereich. Er ist auf Einzelfälle beschränkt (vgl Rz 5): – **aa) Abzugsfälle gem § 50a I.** Hierunter fallen insb die häufig schwer zu erfassenden Vergütungen für – oft nur gelegentl – Inlandstätigkeiten von Künstlern, Sportlern, Journalisten sowie Nutzungsvergütungen (vgl zu nach DBA stfreien Lizenzzahlungen an gemeinnützige US-Organisation FG Köln EFG 03, 233, rkr). IEinz wird auf § 50a I (§ 50a Rz 10 ff) verwiesen. § 50a VII s Rz 5. 11

bb) Freistellung bei KapEStAbzug. Grundsatz: KapESt für beschr StPfl ist im Rahmen von §§ 43 ff, 49 I Nr 5 einzubehalten und ggf zu erstatten. Zu **abgesetzten Beständen** von **Clearstream-Kunden** s *BMF* BStBl I 13, 847. – § 50d II 1 sieht (neben Abs 6; s auch Rz 32) **zwei Freistellungsausnahmen** für Ausschüttungen bei **Schachtelbeteiligung Tochter-MutterGes** vor: 12

(1) Freistellung von Gewinnausschüttungen im EG-Bereich gem § 43b (§ 50d II 1 HS 1). § 50d II 1 HS 1 ist ein Kernstück der Regelung des § 43b. Der Vergütungsschuldner (die inl TochterGes) darf nach § 43b I vom KapEStAbzug nur bei vorheriger Vorlage einer Freistellungsbescheinigung des BfF/BZSt absehen (kein allg Kontrollmeldeverfahren, § 50d V 1), ansonsten KapESt-Abzug iHv § 43a oder Haftung gem § 44 V. Bei nachträgl Vorlage erfolgt Erstattung an die ausl MutterGes gem § 37 II AO/§ 50d I 2/§ 43b II 5 (s auch BFH I R 11/13 BFH/NV 15, 950: keine analoge Anwendung von § 44b V); ausl **EG-Betriebsstätten** sind gleichgestellt (§ 43b I, IIa – nach *BMF* BStBl I 05, 618 bei Zufluss ab 16.12.04, fragl, s *Pagel* DB 05, 1025). DBA-Regelungen sind unbeachtl. 13

(2) Freistellung von KapErträgen außerhalb der EG (§ 50d II 1 HS 2). Aus Gründen der Gleichbehandlung und zur Wahrung der Verfahrenseinheit hielt es der Gesetzgeber für geboten, das Freistellungsverfahren auf Direktinvestoren aus Nicht-EG-Staaten auszudehnen. **Voraussetzungen:** *(a)* **TochterGes:** Unbeschr stpfl inl KapGes iSv § 1 I Nr 1 KStG – ohne Erweiterung entspr § 43b II 3 mit Anl 2. – *(b)* **MutterGes** muss eine in einem DBA-Staat ansässige (Geschäftsleitung) 14

KapGes sein (wohl entspr den EG-Ges in Anlage 2 zu § 43b). Sie muss dort ohne StBefreiung einer der KSt entspr Steuer unterliegen (vgl Anlage 2 Nr 3 zu § 43b). Abw von HS 1/§ 43b I, IIa sind ausl **EG-Betriebsstätten** in HS 2 nicht gleichgestellt. – *(c)* **Unmittelbare Mindestbeteiligung** von 10 vH im Zeitpunkt der KapEStEntstehung, entgegen § 43b II 4 ohne Mindestzeit. – *(d)* **Begünstigte Ausschüttungen** sind nach § 50d II entgegen § 43b I alle KapErträge iSv § 43 I Nr 1 einschließl Liquidationsraten (str). § 50d II 1 HS 2 enthält einen weiteren Freistellungstatbestand neben HS 1 und nimmt nur wegen der Rechtsfolgen, nicht wegen der Tatbestandsvoraussetzungen auf HS 1 Bezug.

15 **cc) Freistellung von Zins- und Lizenzzahlungen an Betriebsstätten im EG-Bereich. § 50g** wurde durch das EG-AmtAnpG auch in § 50d eingefügt. Auch für solche ab 1.1.2004 von der Besteuerung freigestellten Zahlungen ist grds KapESt einzubehalten und abzuführen, soweit nicht eine Freistellung im Abzugsverfahren vorliegt.

16 **b) Freistellungsvoraussetzungen. – aa) Wohnsitzbestätigung, § 50d IV.** Der Gläubiger muss durch Wohnsitzbestätigung seiner ausl Steuerbehörde auf amtl Vordruck seine Abkommensberechtigung nachweisen (dazu FinVerw RIW 06, 158). Das BMF kann Vereinfachungen zulassen (§ 50d IV 2). Auch die sonstigen zu bescheinigenden Freistellungsvoraussetzungen nach §§ 43b, 50 II 1 oder 50g sind nachzuweisen (s § 50d II 1, Ia 2; Rz 42). – Zusätzl Nachweis- bzw Aufklärungspflichten gem **§ 2 SteuerHBekVO** bestehen gegenwärtig nicht.

Zwar müssen ausl Ges aus sog **nichtkooperativen Staaten** iSd § 51 I Nr 1 Buchst f S 2 ab VZ 2010 ungeachtet des § 50d III Namen und Ansässigkeit der Anteilseigner offenlegen, wenn es sich um unmittelbar oder mittelbar zu mehr als 10 Prozent beteiligte natürl Personen handelt (krit *Podewils* DStZ 09, 686). Allerdings hat das BMF mit Schrb v 5.1.2010 (BStBl I 10, 19) festgestellt, dass jedenfalls zum 1.1.2010 kein Staat die Voraussetzung für eine Anwendung der SteuerHBekVO erfüllt.

17 **bb) Antrag. – (1) Berechtigung.** § 50d II 1 stellt klar, dass nur der beschr stpfl **Vergütungs*gläubiger*** aus eigenem Recht antragsberechtigt ist (s auch BFH I R 6/07 BStBl II 09, 625). Er kann jedoch dem inl Vergütungsschuldner Vollmacht erteilen (zum Berechtigungsnachweis vgl FG Köln EFG 99, 320, rkr und EFG 2000, 1331, rkr, zu KünstlerverwertungsGes). – **(2) Form und Frist.** Der Antrag ist schriftl auf amtl **Vordruck „im StAbzugsverfahren"** zu stellen, dh vor Auszahlung.

Merkblätter und Vordrucke des BZSt unter *www.bzst.de* unter Steuern International, AbzugSt-Entlastung. – Damit sind BFH I R 34/99 BStBl II 00, 291, BFH I R 38/00 BStBl II 02, 819 und BFH I R 33/04 BStBl II 06, 489 insoweit überholt (s auch Rz 26, 46; zur Problematik *Holthaus* und *Wassermeyer* IStR 04, 199/200). Fristgerecht vor Auszahlung beim *BfF/BZSt* eingegangene Freistellungsanträge wirkten jedoch zurück (*FinVerw* DStR 04, 1832).

20 **c) Freistellungsbescheinigung, § 50d II 1.** Nicht zu verwechseln mit Freistellungs*bescheid* im Erstattungsverfahren, s Rz 2, 35. – **aa) Zuständigkeit.** Das **BZSt** erteilt dem Vergütungsgläubiger nach Prüfung die Freistellungsbescheinigung als Einmal- oder Dauerfreistellung (§ 50d II 1, § 5 I Nr 2 FVG). Für *sonstige* Freistellungen *außerhalb § 50d* ist nicht das BZSt, sondern das FA des Vergütungsgläubigers zuständig (vgl BFH I R 6/07 BStBl II 09, 625; BFH I R 33/04 BStBl II 06, 489; § 50a Rz 33).

21 **bb) Anfechtbarer Verwaltungsakt.** Die Freistellungsbescheinigung ist im Gegensatz zum Freistellungsbescheid kein Steuerbescheid, aber ein VA iSd § 118 AO. Es gelten die §§ 130 II, 131 II AO (s Rz 24); nicht anwendbar sind (ua) § 164, § 169 S 1 und §§ 172ff AO (vgl BFH I R 34/99 BStBl II 00, 291). Adressat der Bescheinigung ist der Vergütungsgläubiger.

Rechtsbehelfe bei Ablehnung: Einspruch und Verpflichtungsklage; vorläufiger Rechtsschutz: einstweilige Anordnung (§ 114 FGO). Rechtsbehelfe bei Änderung oder Aufhebung:

Einspruch und Anfechtungsklage; vorläufiger Rechtsschutz: AdV (§ 69 III, IV FGO). Den Widerruf einer zuvor erteilten Bescheinigung (s Rz 24) kann auch der Vergütungsschuldner anfechten (BFH I R 6/07 BStBl II 09, 625); ob dieser darüber hinaus die Versagung einer Bescheinigung anfechten könnte, hat der BFH offen gelassen (mE ist er durch die Versagung und eine nur *potentielle* spätere Haftung nicht beschwert; aA *K/Gosch* § 50d Rz 20). Zum fehlenden Rechtsschutzbedürfnis nach Ablauf der Geltungsdauer (Rz 22) s FG Köln EFG 15, 143, rkr; zur Antragstellung nach Zahlung der Vergütung s FG Köln EFG 15, 2080, Rev I R 59/15.

cc) Geltungsdauer. § 50d II 4 regelt die Geltungsdauer der Freistellungsbescheinigung: nur für die Zukunft, für nach dem 31.12.2001 gestellte Anträge längstens 3 Jahre, für Zahlungen ab 1.1.2004 entspr Art 1 XIII der RiLi 2003/49/EG mindestens 1 Jahr (vgl § 52 Abs 59a aF); diese Beschränkungen werden aber innerhalb der EU im Zweifel unbeachtl sein (s EuGH Rs C-290/04 IStR 06, 743 ***„Scorpio"***; *Cordewener/Grams/Molenaar* IStR 06, 739 [742]). Der Gläubiger der KapErträge oder Vergütungen hat dem BZSt Freistellungsänderungen unverzügl mitzuteilen. 22

dd) Entscheidungsdauer. § 50d II 6, 7 verpflichtet das BZSt innerhalb von 3 Monaten ab Eingang des Antrags mit Nachweisen darüber zu entscheiden (Umsetzung von Art 1 XII der RiLi 2003/49/EG). 23

d) Widerruf, Rücknahme, Nebenbestimmungen, Nachweis. – aa) Widerruf. Gem **§ 50d II 2** kann die Bescheinigung unter Widerrufsvorbehalt erteilt werden (zB Rz 49). Bei Widerruf vor Auszahlung ohne Kenntnis des Schuldners Nachforderung beim Gläubiger (s § 50a V 6 mit Rz 38, unten Rz 19; *Buciek* IStR 01, 102); bei Kenntnis des Schuldners idR auch durch Haftungsbescheid gegen diesen. Widerruf gilt allerdings nur für die Zukunft (§ 131 II AO) und ist ermessensfehlerhaft (§ 5 AO), wenn sogleich wieder eine Bescheinigung erteilt werden müsste (BFH I R 6/07 BStBl II 09, 625). **Rücknahme** mit Wirkung für die Vergangenheit kann auf § 130 II AO gestützt werden. Dem Schuldner darf die (rückwirkende) Rücknahme nur entgegengehalten werden, wenn er an der rechtswidrigen Freistellung beteiligt war bzw Kenntnis davon hatte (vgl auch BFH I B 200/94 BFH/NV 96, 311). 24

bb) Auflagen; Bedingungen, § 50d II 2, 3. Das *BZSt* kann die Freistellung von Auflagen oder Bedingungen abhängig machen (vgl § 50d I 5), bei ausl Vergütungsgläubigern als Empfänger für andere – nicht freigestellte – beschr stpfl Endgläubiger insb vom Nachweis der Erfüllung *eigener* Abzugsverpflichtungen nach § 50a V (Sicherstellung des StAbzugs bei Weiterleitung, zB bei **Zwischenschaltung einer ausl Ges,** § 50d III); problematisch, da der nachzuweisende StAbzug bei Freistellungsantrag noch aussteht und eine Bescheinigung entspr § 50a V 7 noch nicht erteilt werden kann. 25

cc) Aushändigung. § 50d II 5 verlangt die Aushändigung der Bescheinigung als Voraussetzung für die Abstandnahme vom StAbzug. Entscheidend dürfte jedoch sein, dass dem Gläubiger die Bescheinigung erteilt wurde. Dann kann der Schuldner mE ohne Haftungsrisiko vom StAbzug absehen. Vor Ergehen der Freistellungsbescheinigung sollte der Vergütungsschuldner sicherheitshalber den StAbzug vornehmen (s auch FG BBg DStRE 12, 1518, rkr [AdV]: dass die tatbestandl Voraussetzungen für die Erteilung einer Bescheinigung vorliegen, genügt nicht; s auch Anm *Hoffmann* EFG 12, 1354). 26

3. Kontrollmeldeverfahren, § 50d V. Vgl allg *BMF* BStBl I 02, 1386 und *BfF* BStBl I 02, 916/8. In Fällen geringer Bedeutung kann das BZSt gem **§ 50d V 1, 2** den *Schuldner* der Vergütung auf dessen Antrag hin auch ohne Wohnsitzbescheinigung des Gläubigers **(§ 50d V 3)** allg ermächtigen, ohne Freistellungsbescheinigungen den StAbzug zu unterlassen oder nach einem niedrigeren Steuersatz vorzunehmen, ggf unter Auflagen (Beispiel s **§ 50d V 4**). – Gleichzeitig können **Kontrollmitteilungen** an den Wohnsitz- oder Sitzstaat des Gläubigers geschickt 28 werden (vgl **§ 50d V 5**). Jahreskontrollmeldungen des Schuldners für jeden Gläubiger s *BMF* BStBl I 02, 1386 (IV). – **Anwendungsbereich:** Nur Fälle des § 50a I Nr 3, also nicht Einkünfte iSv § 50a I Nr 1/§ 49 I Nr 2d oder KapEinkünfte. Das Verfahren wird insb von FilmproduktionsGes, Rundfunk- und Fernsehanstalten und Verlagen in Anspruch genommen. *Beispiele* (s *BMF* BStBl I 02, 1386; *BfF* BStBl I 02, 916/8): Freistellung von Einzelzahlungen je Vergütungsgläubiger bis jährl 5500 €, insgesamt höchstens 40 000 €; bei Filmkomparsen ohne Jahreskontrollmitteilung bis 100 € pro Person und Film. Zahlungen vor 2002 s 23. Aufl. Weitere Anwendungsfälle s **§ 50d VI** (Rz 30). – **Antrag** des Vergütungsschuldners. **Form:** Vordrucke des BZSt (ohne ausdrückl Vorschrift entgegen § 50d II nicht zwingende Voraussetzung; s BFH I R 34/99 BStBl II 01, 291). **Frist:** mE ab 2002 wie bei § 50d II nur bis zum StAbzug, möglichst 3 Monate bis 1 Jahr vor Beginn des Freistellungszeitraums. – **Die Bescheinigung/Ermächtigung** ist aufzubewahren **(§ 50d V 6).** Sie kann unbefristet, aber für die Zukunft widerrufl erteilt werden (zB für die Dauer der Filmproduktion). Eine rückwirkende Rücknahme ist nur nach § 130 II AO mögl. Die Ablehnung ist ein – durch den Schuldner – **anfechtbarer Verwaltungsakt,** kein Steuerbescheid. – Bestehende **Anmeldeverpflichtungen** bleiben unberührt (**§ 50d V 7,** vgl § 45a I 2, 3, § 73e S 3 EStDV).

30 **4. Abstandnahme vom KapEStAbzug gem § 50d VI.** Über § 43b, 50g und § 50d II hinaus (s dazu Rz 12 ff): ***(1)* Dividenden.** § 50d VI ermöglicht dem Schuldner seit 2002 die Freistellung bestimmter Dividendenzahlungen, die nicht unter § 50d II 1 fallen, im Wege des Kontrollmeldeverfahrens nach § 50d V. Insoweit gelten die Ausführungen Rz 28; ab 2009 s auch *BMF* BStBl I 09, 645. Voraussetzung ist, dass die StFreiheit bzw der Anspruch auf Besteuerung nach einem niedrigeren Steuersatz (dh die Identität des Dividendengläubigers und seine Abkommensberechtigung) bekannt ist bzw „sich ohne nähere Ermittlungen feststellen lässt". Das wird idR nicht bei Inhaberaktien, sondern bei Namensaktien der Fall sein. – ***(2)* Erweiterung durch JStG 2007.** Ab 2007 ist § 50d VI ausgedehnt worden auf **Lebensversicherungserträge.** Der Schuldner kann auch hier auf den sonst gebotenen KapEStAbzug verzichten, wenn sich der Anspruch des beschr stpfl Versicherungsnehmers auf niedrigere Besteuerung nach DBA ohne nähere Ermittlungen feststellen lässt. – ***(3)* Sonstige Fälle.** §§ 44a V/44b I 1 (betriebl Dauerüberzahler); Billigkeitsmaßnahmen s § 50 VII; § 20 IV REITG betrifft nur StErstattung.

32 **5. Rechtsfolgen.** Durch die Freistellung wird der Vergütungsschuldner ab 2002 für die Zukunft (s § 52 Abs 59a S 3 aF) von seinen in anderen Vorschriften geregelten Verpflichtungen zum Abzug, zur Anmeldung und zur Abführung der Steuer sowie von seiner Haftung entbunden (§ 50a I, V, § 44 V). Für zeitl Zuflussbegrenzung gilt § 44 (BFH I R 13/06 BStBl II 07, 616). Keine Bindung für etwaige Veranlagung, die aber idR wegen der Abgeltungswirkung des StAbzugs entfällt (s § 50 Rz 1/27). Seit 2002 keine *nachträgl* Freistellung nach Auszahlung (§ 50d II 1; s Rz 2, 17). Ein nachträgl Freistellungsbescheid führt nur zur Erstattung (§ 50d I 2, 3, s Rz 35 ff; § 50a Rz 41, s auch BFH I R 35/98 BFH/NV 01, 881). – **Ohne Freistellung** hat das FA **zwei Möglichkeiten:**

33 **a) Nachforderung beim Vergütungsgläubiger.** Unter bestimmten Voraussetzungen, s § 44 V 2 Nr 1, 3, § 50a V 5 – selten bei beschr StPfl. Einzelheiten s § 44 Rz 10 ff, § 50a Rz 34 ff, auch zu Nachforderung bei Vergütungsschuldner; s auch Rz 6 und 36. Oder:

34 **b) Haftung des Vergütungsschuldners** (§ 44 V 1, § 50a V 4). **Haftungsverfahren** s § 44 Rz 10–18, § 50a Rz 34 ff. Der **Grundsatz der Haftungsakzessorietät** (s § 50a Rz 36) ist durch § 50d durchbrochen. Entgegen der früheren Rechtslage soll § 50d I 1, 10 den vollen Abzug und die Haftung unabhängig von DBA-Vorbehalten und Freistellungen nach §§ 43b, 50g sicherstellen. Vergütungs-

schuldner sollten daher im eigenen Haftungsinteresse die Freistellungsmöglichkeiten ausschöpfen und sich die Bescheinigung vorlegen lassen (§ 50d II 5) und sonst den durch § 50d vorgeschriebenen Abzug bei allen nach DBA, 43b oder 50g stfreien Einkünften vornehmen. In Zweifelsfällen kann nur der Vergütungsgläubiger die Voraussetzungen für eine StBefreiung nachweisen; ihn trifft daher eine besondere **Mitwirkungspflicht** (s § 90 II AO, § 76 I 4 FGO). UU **Nachforderung beim Vergütungsschuldner** (§ 167 I 1 AO, § 50a Rz 38).

III. Rechtsfolgen von Steuerabzug und Erstattung, § 50d I, Ia

1. Erstattungsverfahren, § 50d I. – a) Anspruchsgrundlage. Rechtsfolge des StAbzugs trotz DBA-Steuerfreiheit (§ 50d I 1) ist ein **Erstattungsanspruch des Gläubigers** (§ 50d I 2, 3). Weder §§ 43 ff noch § 50a enthalten für diese Fälle für natürl Personen Anspruchsgrundlagen (Ausnahme s § 44b I iVm § 44a V; Körperschaften s § 44a IX, *Schönfeld* IStR 07, 850). Eine Anrechnung im Veranlagungsverfahren scheidet idR nach § 50 II 1 aus. § 50d I 2 stellt klar, dass der Abzug für stfreie Einnahmen oder die Zahlung aufgrund eines Haftungs- bzw Nachforderungsbescheides (vgl Rz 36) zwar nicht ohne Verpflichtung des Schuldners (wie bei § 44b V), aus der Sicht des Gläubigers (und des FA) nach DBA-Recht bzw § 43b/§ 50g aber gleichwohl **ohne rechtl Grund** erfolgt und nur durch die spätere Erstattung gerechtfertigt ist (allg Rechtsgedanken, vgl BFH I R 70/08 BStBl II 12, 493). In vergleichbaren Fällen ist **§ 50d I 2 entspr** heranzuziehen (BFH aaO: abkommenswidriger LStEinbehalt; BFH I R 53/07 DStR 09, 1469: für KapErträge, die weder unbeschr noch beschr stpfl sind; BFH I R 25/10 DStR 12, 742: Einbehaltung und Abführung von KapESt unter Verstoß gegen unionsrechtl Grundfreiheiten, vorherige Freistellung ausgeschlossen; ebenso BFH I R 30/10 BFH/NV 12, 1105; aA *Wiese/Strahl* DStR 12, 1426: „gewöhnl" Erstattungsanspruch gem § 31 KStG iVm § 36 IV EStG, § 37 II AO). Grundlage der Erstattung ist gem § 50d I 3 ein (nachträgl) **Freistellungsbescheid** des BZSt. 35

b) Voraussetzungen, § 50d I 2. Tatsächl Abführung der Abzugsteuer trotz Steuerfreiheit (Wortlaut **§ 50d I 2,** s auch BFH I R 85/10 BFH/NV 12, 559 mwN; vgl ferner BFH VII R 18/11 BFH/NV 13, 499) sowie Vorlage einer Wohnsitzbestätigung der ausl Steuerbehörde zum Nachweis der DBA-Berechtigung bzw der sonstigen Freistellungsvoraussetzungen nach §§ 43b/50g auf amtl Vordruck (**§ 50d IV** gilt nicht nur für Freistellung, sondern auch für Erstattung). **§ 50d I 2** idF des StÄndG 03 stellt sicher, dass die Steuerentrichtung durch den Vergütungsschuldner auf Grund eines **Nachforderungs- oder Haftungsbescheides** der Abführung der Abzugsteuer gleichgestellt ist und wie diese ggf einen Erstattungsanspruch begründet (s auch BFH I R 11/13 BFH/NV 15, 950). Vgl zu Haftungs- und Nachforderungsbescheid Rz 6, § 50a Rz 34 ff. – Zu **§ 2 SteuerHBekVO** s Rz 16. 36

c) Verfahren, § 50d I 3–5, 7–10, 13. Das Verfahren wurde durch StÄndG 2001 ab 2002 umfassend neu geregelt. **Antragsberechtigt** ist grds nur noch der Vergütungsgläubiger, der Schuldner nur mit dessen Vollmacht (**§ 50d I 3;** s auch § 50a Rz 41, § 50 Rz 40). Der **Antrag** ist auf amtl **Vordruck** mit Wohnsitzbescheinigung an das **BZSt** zu richten (§ 50d I 3; § 5 I Nr 2 FVG; *BfF* BStBl I 02, 904/6 und 916/7), bei (nur) entspr Anwendung des § 50d I 2 in sonstigen Fällen an das **FA** (vgl BFH I R 25/10 DStR 12, 742: kein Verstoß gegen Europarecht; BFH I R 53/07 DStR 09, 1469; *Gosch* BFH/PR 11, 454; s aber auch *Lüdicke* IStR 12, 540: erhebl Rechtsunsicherheiten bei Portfoliobeteiligungen; krit auch *Linn* IStR 12, 343; *Patzner/Nagler* IStR 12, 345; *dies* GmbHR 12, 597). Für nach dem 31.12.2011 zufließende KapErträge macht der mit dem OGAW-IV-UmsG eingefügte **§ 50d I 4 nF** die Erstattung zusätzl von der Vorlage einer Bescheinigung der die KapErträge auszahlenden Stelle nach § 45a II abhängig (s *BMF* BStBl I 14, 1586 Rz 48 ff mit Muster III). Das BZSt kann den **Einsatz maschi-** 37

nell verwertbarer Datenträger zulassen (**§ 50d I 7**). In diesem Fall hat der Antragsteller gem **§ 50d I 8** für nach dem 31.12.2011 zufließenden KapErträgen zu versichern, dass ihm die nach § 50d I 4 nF erforderl Bescheinigung nach § 45a II vorliegt, und die Bescheinigung zehn Jahre lang aufzubewahren; hat er selbst die KapErträge als auszahlende Stelle dem StAbzug unterworfen, muss er versichern, dass eine Bescheinigung nach § 45a II nicht ausgestellt wurde. **Frist:** 4 Jahre nach Ablauf des Kj der Auszahlung (**§ 50d I 9;** s auch § 169 II Nr 2 AO zur Festsetzungsverjährung); vgl *Grieser/Faller* DB 12, 1296 (1298 f): keine Anlaufhemmung nach § 170 II 1 Nr 1; krit dazu *Schnitger* DB 12, 305 (307 f). Die Frist endet nicht vor Ablauf von sechs Monaten nach Steuerentrichtung (= Abführung an das FA; **§ 50d I 10;** vgl vor 2002 zu Freistellungsfrist BFH I R 10/02 BStBl II 03, 687: Ablaufhemmung für Steuerschuldner durch Nichteinreichung der StAnmeldung durch Vergütungsschuldner – offen zu Rechtslage nach § 50d I 9, 10, vgl *sch* DStR 03, 1996). Das BZSt entscheidet durch **Freistellungsbescheid,** also Steuerbescheid (**§ 50d I 3, 5,** § 155 I 3 AO – nicht zu verwechseln mit der Freistellungs*bescheinigung* im Abzugsverfahren, § 50d II 1, Rz 21). **Rechtsbehelf:** Einspruch des Vergütungsgläubigers (oder des von diesem bevollmächtigten Schuldners); s auch § 50a Rz 41. – **§ 50d I 13** betont nochmals, dass sich der Vergütungsschuldner beim StAbzug nicht mit Erfolg auf DBA-Rechte des Gläubigers berufen kann (vgl FG Mster EFG 06, 679, rkr, zu § 50d I 10 aF).

38 **d) Ausnahmen, § 50d I 11, 12.** Der mit dem AhRLUmsG eingefügte **§ 50d I 11** enthält eine Ausnahmeregelung für **hybride Ges,** also für Rechtsgebilde, die nach dt und ausl StRecht jeweils unterschiedl als transparent oder intransparent behandelt werden (s dazu *Seitz* in: Wassermeyer/Richter/Schnittker, PersGes im Internationalen StRecht, Rz 5.16 ff; zu US-amerikanische „S-Corporation" s BFH I R 48/12 BStBl II 14, 367; ferner *Schnitger* in: E/J/G/K, DBA Deutschland/USA Art 1 Rz 54 ff; zu DBA-NLD: *Jochum* IStR 14, 1; *Eilers* ISR 12, 10/14; zur fehlenden Berücksichtigung in der neuen Verhandlungsgrundlage des BMF für DBA s *Lüdicke* DStR 13, Beil zu Heft 10, S 26 ff [43 f]). Die Neuregelung soll verhindern, dass der Erstattungsanspruch aufgrund der unterschiedl Qualifikation des Vergütungsgläubigers ins Leere läuft (so BT-Drs 17/10000, S 59, zu JStG 2013). Sie bestimmt für Zahlungen, die nach dem 30.6.13 erfolgen (§ 52 Abs 59a S 7 aF), dass der Erstattungsanspruch „nur" der Person zusteht, der die Zahlungen (KapErträge oder Vergütungen) nach dem **Recht des anderen Staates** „als Einkünfte oder Gewinn einer ansässigen Person zugerechnet" werden. Die Regelung geht von dem **Bestehen eines abkommensrechtl Erstattungsanspruchs** aus (s Rechtsfolge im Hauptsatz: „steht *der* Anspruch … zu"); sie begründet somit keinen eigenen, zusätzl Erstattungsanspruch, sondern bewirkt ledigl, dass ein bestehender Anspruch auf eine andere Person übergeht (s auch *Viebrock ua* Ubg 14, 765: nur verfahrensrechtl Wirkung). „Person" in diesem Sinne ist auch eine PersGes (nach dt Verständnis), wenn sie nach dem Recht des anderen Staates als intransparent behandelt wird. Der Erstattungsanspruch des an sich erstattungsberechtigten Ges'ters wird in diesem Fall ausgeschlossen; seine StSchuldnerschaft bleibt davon unberührt. Da die Regelung explizit nur für das Erstattungsverfahren gilt, nicht auch für das Freistellungsverfahren (s auch BT-Drs 17/10000, S 72; tendenziell aA *Vierbrock ua* Ubg 13, 485, 492), kann der ausgeschlossene Ges'ter weiterhin einen Freistellungsantrag stellen (zutr allerdings die Kritik von *Schnitger* in: ifst-Schrift Nr 492, S 90: „Fußangel"). Vorausgesetzt wird eine **unterschiedl Qualifikation des Vergütungsgläubigers** durch die beteiligten Staaten; das „oder" im (ersten) Relativsatz des § 50d I 11 ist mE *disjunktiv* (ausschließend, so zutr *Lüdicke* in: ifst-Schrift Nr 480, S 57); der Tatbestand ist somit nicht erfüllt, wenn Wohnsitz- *und* Ansässigkeitsstaat eine Ges einheitl als transparent bzw intransparent behandeln (ebenso *Schnitger* aaO; *Viebrock ua* Ubg 13, 485, 487; aA: *Hagena/Klein* ISR 13, 267/70: analoge Anwendung). Bei **Dreistaatensachver-**

halte müssen daher die tatbestandl Voraussetzungen des § 50d I 11 für jedes DBA gesondert geprüft werden, also „streng" bilateral; das kann uU zu einem Nebeneinander von Erstattungsansprüchen führen (so mE zutr *Schnitger* in: ifst-Schrift Nr 492, S 90f; s zu dieser Problematik auch *Vierbrock ua* Ubg 13, 485, 489f; *dies* Ubg 14, 765; allg auch *Dremel* in: Schönfeld/Ditz DBA, Art 1 Rz 64; ferner *BMF* BStBl I 14, 1258, Tz 2.1.2.). – **§ 50d I 12** enthält nur noch eine Verweisung auf **§ 45** zum Ausschluss der Erstattung von KapESt an den Erwerber von Zins- und Dividendenscheinen (§ 20 II); vgl § 45. **§ 50d III** s Rz 45.

e) Auszahlungsauflage, § 50d I 6. Danach kann das BZSt die Erstattung (ähnl wie die Freistellung nach § 50d II 3, s Rz 24) vom Nachweis der Erfüllung *eigener* Abzugspflichten nach § 50a I, V abhängig machen (s Rz 25). 39

2. Verzinsung der Erstattungsbeträge, § 50d Ia. – a) Hintergrund. Bis 2003 bestand bei EStAbzug auf stfreie Erträge kein Anspruch auf Erstattungszinsen (§ 233a I 2 AO; BFH I R 15/05 BStBl II 08, 332 VerfBeschw nicht angenommen), allenfalls auf Prozesszinsen (§ 236 AO, BFH I R 350/83 BStBl II 88, 600). Art 1 XVI RiLi 2003/49/EG schreibt eine Verzinsung von zu viel einbehaltener und zu erstattender Quellensteuer vor. Der Gesetzgeber wollte ursprüngl die Umsetzung der RiLi (§§ 50g, h) zum Anlass nehmen, ab 2004 eine *allg* Verzinsungspflicht nicht nur für diese, sondern für **alle in § 50d I genannten Erstattungsansprüche** einzuführen, hat die Verzinsung jedoch schließl auf Fälle der EG-RiLiVorgabe nach **§ 50g beschränkt.** 40

b) Geltungsbereich, § 50d Ia 1, 8. Zu verzinsende Beträge sind nach § 50d Ia 1 iVm § 50d I solche aus Erstattungsansprüchen wegen (iErg) unberechtigter Einbehaltung von KapESt sowie von Abzugsteuer nach § 50a trotz Steuerfreiheit nach § 50g (s Rz 5, 40). Ohne Freistellung im Abzugsverfahren nach § 50d II haben inl Zins- und Lizenzschuldner die Steuern ohne Prüfung der sachl Besteuerungsvoraussetzungen einzubehalten. Der ausl Gläubiger hat bei Nachweis der Voraussetzungen einen Erstattungsanspruch (s Rz 35ff), den die *FinVerw* iRd § 50d Ia für alle nach dem 31.12.2003 erfolgten Zahlungen zu verzinsen hat (§ 52 Abs 59a 5 aF). 41

c) Sachl Voraussetzungen, § 59d Ia 1, 8. Die Steuer muss **entrichtet** worden sein (vgl § 50d Ia 2). Wird der Gläubiger mit den Abzugseinkünften nach § 50 V 2 zur ESt veranlagt (sonst Abgeltung, § 50 II 1, auch bei Veranlagung mit anderen Einkünften, s § 50 Rz 27), ist § 50d Ia nicht anwendbar (**§ 50d Ia 8;** Folge: Verzinsung nach § 233a AO; s auch § 50g I 2); – **Erstattungsantrag** nach § 50d I ohne Freistellungsantrag § 50d II; die Zinsen sind dann von Amts wegen festzusetzen; – **kein Erstattungsausschluss** (zB wegen Verstoßes gegen Missbrauchsbestimmungen § 50d III, § 50g IV oder § 42 AO); – **Vorlage** der die Steuerfreiheit rechtfertigenden Angaben und **Nachweise, § 50d Ia 2:** Welche das sind, richtet sich nach den einzelnen Befreiungsvorschriften (§§ 50d, 50g; zB Ansässigkeitsbestätigung § 50d IV, Handelsregisterauszug, Lizenz- ua Verträge, Bilanzen). 42

d) Zeitl Voraussetzungen; Zinslauf, § 50d Ia 2, 3. Da die Erstattung antragsgebunden ist **(§ 50d I 3),** beginnt der Zinslauf 12 Monate nach Ablauf des Antragsmonats (Eingang beim BZSt, s Rz 37), wenn bis dahin alle erforderl Nachweise erbracht sind (s Rz 42) und die Abzugsteuer abgeführt wurde (frühester Zeitpunkt, s § 50d Ia 2). Grund: Art 1 XVI RiLi 2003/49/EG sieht eine 12-Monatsfrist für die – zinslose – Erstattung vor. Der Fristlauf endet mit Ablauf des Tages, an dem der Freistellungsbescheid (des BZSt im Erstattungsverfahren, § 50d I 3, 4, § 155 I 3 AO) als Erstattungsvoraussetzung durch Bekanntgabe § 122 AO wirksam wird. 43

e) Zinsfestsetzung; § 50d Ia 4–7. Gem **§ 50d Ia 6** richten sich **Höhe und Berechnung** der Zinsen nach § 238 AO. Die Zinsen betragen für jeden vollen Monat 0,5% des auf den nächsten durch 50 € teilbaren abgerundeten Erstattungs- 44 betrages. – Gem **§ 50d Ia 7** erfolgt die **Zinsfestsetzung** von Amts wegen durch schriftl **Zinsbescheid** mit Rechtsbehelfsbelehrung, der die Zinsen nach Art und Höhe ausweist und den Schuldner bezeichnet (§§ 239, 155 I, 157 I AO). **Zuständig** ist wohl das für den Vergütungsschuldner zuständige FA (entspr §§ 44 I 5, 50a V 3, 50h; das BZSt ist nach § 5 I Nr 2 FVG nur für Erstattungen und Freistellungen zuständig). – Gem **§ 50d Ia 4, 5** hat die **Änderung des Freistellungsbescheides** eine Änderung des Zinsbescheides entspr § 233a V AO zur Folge.

IV. Sonderfälle, § 50d III, VII, VIII, IX, X

1. Missbrauchsausschluss (Treaty-Shopping), § 50d III idF des BeitrRL-UmsG

Verwaltung: *BMF* v 24.1.2012 BStBl I 12, 171 (s auch IStR 12, Heft 3 IV: das Schrb wurde zunächst auf die Homepage des BMF gestellt und anschließend – in überarbeiteter Form – veröffentlicht).

Schrifttum: Bis 2010 s 30. Aufl. – *Dorfmueller/Fischer* IStR 11, 857 (Neufassung durch BeitrRL-UmsG); *dies* Ubg 12, 162 (BMF-Schrb); *Engers/Dyckmanns* Ubg 11, 929 (Neuregelung des § 50d III); *Frey/Mückel* DStR 11, 2125 (Substanzerfordernisse); *Haase* IStR 14, 329 (ausl Ges); *Käshammer/Schümmer* IStR 11, 410 (Vermeidungsgestaltungen bei Ausschüttungen); *Klein* JbFfSt 2012/2013, S 544 (Gestaltungsmöglichkeiten); *Kraft/Gebhardt* DB 12, 61 (Vereinbarkeit mit EU- und Abkommensrecht); *Lüdicke* IStR 12, 81 (missratener § 50d III); *ders* IStR 12, 148 (BMF-Schrb); *Maerz/Guter* IWB 2011, 923 (Neufassung § 50d III; *Musil* FR 12, 149 (unendl Geschichte?).

45 **a) Allgemeines.** § 50d III soll verhindern, dass StPfl, denen selbst kein Anspruch nach §§ 43b, 50g oder einem DBA auf Befreiung oder Ermäßigung von KapESt oder Abzugsteuern gem § 50a zusteht (durch Freistellung und Erstattung nach § 50d I 1 und II 1), sich diese Entlastung dadurch verschaffen, dass sie *nur zu diesem Zweck* eine **ausl Ges zwischenschalten.** – Gegen die bisherigen Bestimmungen des § 50d III bestanden erhebl europarechtl Bedenken (s iEinz 30. Aufl Rz 45 und 48). Diese richteten sich insb gegen § 50d III 1 Nr 2 aF, demzufolge eine ausl Ges mehr als 10% ihrer gesamten Bruttoerträge des betr Jahres aus eigener Wirtschaftstätigkeit erzielen musste, um dem Entlastungsausschluss zu entgehen (pauschalierende Missbrauchsvermutung *ohne* Möglichkeit eines entlastenden Gegenbeweises; s *Schaumburg* Rz 16.161). Die **EU-Kommission** hat dies als unverhältnismäßig beanstandet und Deutschland iRe Vertragsverletzungsverfahrens förml aufgefordert, § 50d III zu ändern. Der Gesetzgeber ist dem nachgekommen und hat mit dem **BeitrRLUmsG** (s Rz 3) § 50d III 1 neu gefasst und anstelle der starren 10%-Grenze eine „Aufteilungsklausel" geschaffen (BT-Drs 17/7524, 17: „zielgenauer ausgestaltet"; wohl in Abstimmung mit der Kommission, vgl *Engers/Dyckmans* Ubg 2011, 929; *Lüdicke* IStR 12, 81); des Weiteren ist III 4 neu eingefügt worden. – Im Folgenden wird die **Rechtslage ab VZ 2012** dargestellt; zu den bisherigen Fassungen des § 50d III s 30. Aufl Rz 45 ff.

Ausschluss missbräuchl Gestaltungen. Die Zwischenschaltung einer ausl Ges zur Erlangung abkommensrechtl Vorteile, die den hinter dieser Ges stehenden Personen an sich nicht zukommen, bezeichnet man als **treaty-shopping;** geht es um die Erlangung von Vorteilen der Mutter-Tochter-RL oder der Zins-RL, spricht man vom **directive-shopping** (s iEinz *Wassermeyer* Art 1 OECD-MA Rz 65 ff; *Schaumburg* Rz 16.127 ff). Hiergegen wendet sich § 50d III als unilaterale sog *anti-treaty/directive-shopping*-Klausel (s auch *Gosch* DStJG 36 [2013], S. 214 f: „lupenreines Treaty override"). Ihr kommt grds Vorrang vor Abkommensrecht zu; als tatbestandl enger gefasste Spezialvorschrift verdrängt sie zudem § 42 AO (vgl BFH I R 74/04 BStBl II 06, 118, zu § 50d Ia aF). Zum Vorrang *spezieller* abkommensrechtl Regelungen zur Missbrauchsvermeidung vor § 50d III (aF) und § 42 AO s BFH I R 21/07 BStBl II 08, 619; zu DBA Niederlande s *Eilers* IStR 12, 10 (12); zur VerfMäßigkeit eines treaty override s Rz 52.

46 **b) Entlastungsvoraussetzungen, § 50d III 1. – aa) Persönl Anwendungsbereich.** Die Regelung gilt für alle **Gesellschaften,** die einen Anspruch auf Befreiung oder Ermäßigung von KapESt oder Abzugsteuern gem § 50a geltend ma-

chen, also für Ges iSd § 43b II (mit Anlage 2), des § 50g III Nr 5 Buchst a (mit Anlage 3) oder des jeweils einschlägigen DBA (vgl Art 3 I Buchst b OECD-MA). Erfasst werden in erster Linie KapGes, darüber hinaus aber auch PersGes, wenn diese abkommensberechtigt sind (s dazu iEinz *Schaumburg* Rz 16.177 ff; *Wassermeyer* in: Wassermeyer/Richter/Schnittker, PersGes im Internationalen StRecht, Rz 2.12). **Ausländisch** ist eine Ges, wenn sie weder Sitz noch Geschäftsleitung im Inl hat oder, im Falle der Doppelansässigkeit, in dem anderen Vertragsstaat als ansässig gilt (vgl Art 4 II und III OECD-MA; s auch *BMF* aaO Tz 3; zur Auslegung durch das BZSt s *Haase* IStR 14, 329). – **Sachl Anwendungsbereich.** Beschränkt werden nur Entlastungen nach § 50d I und II. Soweit diese Regelungen nur entspr herangezogen werden (s Rz 35), kommt eine analoge Anwendung des (belastenden) § 50d III nicht in Betracht (*Lüdicke* IStR 12, 540; aA *BMF* IStR 12, 552).

bb) Tatbestand. Die Versagung der Entlastung nach **§ 50d III 1** wird von vier tatbestandl Voraussetzungen abhängig gemacht. Diese sind teilweise kumulativ („und" bzw „sowie") und teilweise alternativ („oder") verknüpft. Zudem ist zu beachten, dass die ersten beiden tatbestandl Voraussetzungen mit „soweit" eingeleitet werden und daher ggf nur einen partiellen Entlastungsausschluss nach sich ziehen (s unten: „Rechtsfolge"). Die Erschließung des Sinns der neuen Regelung ist äußerst mühsam (vgl auch *Lüdicke* IStR 12, 81: „missglückt"): **47**

(1) Keine eigene Entlastungsberechtigung der Ges'ter. Der Ausschluss greift nur ein, soweit an der ausl Ges Personen beteiligt sind, denen die Erstattung bzw Freistellung ohne Zwischenschaltung der Ges nicht zustünde (zB weil sie in einem Nicht-DBA-Staat ansässig sind oder die Voraussetzungen der Mutter-Tochter-RL bzw der Zins-RL nicht erfüllen). Das gilt gleichermaßen für natürl wie für juristische Personen und nicht nur für die Beteiligung von Steuerausländern, sondern ebenso für sog Mäander-Strukturen, bei denen sich Steuerinländer an ausl Ges beteiligen. Die Prüfung erfolgt für jeden Ges'ter gesondert. Eine **mittelbare Entlastungsberechtigung** soll dem *BMF* zufolge genügen (aaO Rz 4.2 f: „Beteiligungsketten"); dies ist umstr. Der Wortlaut „an *ihr* beteiligt" spricht mE eher gegen einen Durchgriff auf nur mittelbar beteiligte Ges'ter (so auch *Flick* IStR 94, 223/4; *Frotscher* § 50d Rz 11c; *Schaumburg* Rz 16.164 unter Berufung auf BFH I R 38/00 BStBl II 02, 819, der sich aber ausdrückl nur auf die Situation bezieht, dass der unmittelbar beteiligte Ges'ter nicht abkommensberechtigt ist; aA unter Hinweis auf die sich sonst ergebenden Umgehungsmöglichkeiten *Kraft* IStR 94, 370; *Krabbe* IStR 98, 76; *Blümich* § 50d Rz 68; *K/Gosch* § 50d Rz 28b; mit guten Gründen diff *HHR* § 50d Anm 55). – Die ausl Ges muss die (unschädl) Beteiligungsverhältnisse darlegen und ggf nachweisen; ihr kommt wegen des Auslandssachverhalts eine erhöhte **Mitwirkungspflicht** zu und sie trägt die Feststellungslast, soweit die Beteiligungsverhältnisse nicht aufklärbar sind. Das ergibt sich zwar nicht aus dem neu eingefügten § 50d III 4, der sich nur auf § 50d III 1 Nr 1 bezieht, folgt aber allg aus § 90 II AO und § 76 I FGO. Die Vergünstigungen werden ggf **anteilig** im Verhältnis der nachgewiesenen, auch ohne die Zwischenschaltung begünstigten Beteiligungsanteile gewährt („soweit"). – Zu **§ 2 SteuerHBekVO** s Rz 16.

(2) Bruttoerträge aus eigener Wirtschaftstätigkeit. Die von der ausl Ges **im betr Wj** erzielten Bruttoerträge müssen aus eigener Wirtschaftstätigkeit stammen (eigene operative Tätigkeit). Der Begriff **Bruttoerträge** ist § 7 VI 2 bzw § 9 AStG entlehnt und wird dementspr wie bisher als „Solleinnahmen ohne durchlaufende Posten und ohne eine evtl gesondert ausgewiesene USt" zu verstehen sein (vgl *BMF* aaO Tz 5, unter Hinweis auf *BMF* BStBl I SonderNr 1/2004 Tz 9.0.1, zu § 9 AStG; s auch *Reiche* in: Haase, AStG, § 7 Rz 120 f; krit *Kessler/Eicke* DStR 07, 781). Dem Vorschlag, „Bruttoerträge" gleichzusetzen mit den konkret zu entlastenden „Einkünften" (*Dorfmueller/Fischer* IStR 11, 857/60 f: „teleologische Auslegung"; *Maerz/Guter* IWB 2011, 923/8; wohl ebenso *Engers/Dyckmans* Ubg 2011, 929/30), ist aus gesetzessystematischen Gründen nicht zu folgen (so zutr *Lüdicke* IStR 12, 81/3, mit begründeter Kritik hinsichtl der Sinnhaftigkeit einer solchen Regelung). – Die Bruttoerträge stammen nicht aus **eigener Wirtschaftstätigkeit,** soweit sie aus der bloßen Verwaltung eigenen oder fremden Vermögens oder dem Halten von Stammkapital herrühren (passive Beteiligungsverwaltung ohne eigene, ins Gewicht fallende „aktive" Tätigkeit, vgl *Schaumburg* Rz 16.165; s auch BFH I R 201/82 BStBl II 86, 496: „bloßer Erwerb von Beteiligungen") oder soweit die ausl Ges ihre wesentl Geschäftstätigkeiten auf Dritte übertragen hat (§ 50d III 3, s Rz 48). Eine eigene Wirtschaftstätigkeit liegt hingegen vor, wenn die ausl Ges **geschäftsleitende Funktionen** ausübt, zB als Geschäftsleitungsholding (vgl auch BFH I R

35/96 BStBl II 98, 235, zu § 42 AO: „unternehmerisches Risiko"; *Brunsbach/Mock* IStR 13, 653/5: Treffen von langfristigen und grundsätzl Führungsentscheidungen) oder als konzerneigene FinanzierungsGes (vgl BFH I R 40/89 BStBl II 92, 1026 zu § 7 AStG). Dass **mehrere Beteiligungen** verwaltet werden müssen, ist dem Wortlaut nach nicht zwingend (s aber BFH VIII R 11/77 BStBl II 81, 339 mwN, zu § 6 StAnpG: geschäftsleitende Funktionen ggü nur *einer* Tochter-Ges genügt nicht, die Ausübung von Ges'ter-Rechten ebenfalls nicht; ebenso *BMF* aaO Tz 5.2; gegen allzu strenge Anforderungen mit guten Gründen *Klein* JbFfSt 2012/2013, S 544/9f, unter Berufung auf BFH I R 46/10 BStBl II 14, 764; zust auch *Schaflitzl/Weidmann* DStR 2013, Beihefter zu Heft 23, S. 30/32). Ein **„funktionaler Zusammenhang"** genügt (vgl *BMF* Tz 5; s auch *Lüdicke* IStR 12, 148). Zur steuerl Zurechnung unternehmerischer Tätigkeit vgl BFH I R 61/09 BStBl II 11, 249 zu § 8 I Nr 3 AStG (Übertragung der Betriebsführung durch sog „Managementverträge"). S iÜ auch *BMF* aaO Tz 5.1f. – Auch dieser Tatbestandsteil knüpft an die Einschränkung **„soweit"** an (ausführl *Lüdicke* IStR 12, 81/2; ebenso *BMF* aaO, Rz 5), so dass auch hiernach ggf aufzuteilen ist (vgl auch BFH VIII R 7/88 BStBl II 93, 84); hierzu müssen die schädl Bruttoerträge des betr Wj ins Verhältnis zu den Gesamtbruttoerträgen gesetzt werden (s unten).

(3) Fehlen wirtschaftl oder sonst beachtl Gründe. Die Regelung bezieht sich mit der Verweisung „auf diese Erträge" *nur* auf die Bruttoerträge iSv **(2)**, die nicht aus eigener Wirtschaftstätigkeit stammen (vgl *Lüdicke* IStR 12, 81/3; *Gosch* JbFfSt 2012/2013, S 562). **Wirtschaftl Gründe** erfordern grds die Entfaltung oder zumindest die Vorbereitung einer eigenen Wirtschaftstätigkeit (s auch BFH I R 26/06 BStBl II 08, 978 zu § 50d Ia aF, Anm *Kessler/Eicke* IStR 08, 366); insoweit ergibt sich eine Überschneidung mit den Ausführungen zu **(2)**. *Beispiele:* Konzernaufbau, Beteiligungserwerb von einigem Gewicht (zur Ausübung geschäftsleitender Funktionen), Finanzierung von mindestens zwei Tochter-Ges (ausführl *Piltz* IStR 07, 793, mit Überblick über die Rspr). **Sonst beachtl Gründe** können rechtl, politischer oder religiöser Art sein (s auch *BMF* aaO Tz 6). Allerdings ist dabei ausschließl auf die Ges und nicht auf die Ges'ter oder der Ges nahestehende Unternehmen (s § 50d III 2) abzustellen, so dass Konzernstrategie, Konzernstruktur, künftige Erbregelungen oder der Aufbau einer Alterssicherung ebenso wenig ausreichen wie die Sicherung von Inlandsvermögen in Krisenzeiten. Diese Beschränkung ist nur schwer nachvollziehbar (s *Brunsbach/Mock* IStR 13, 653/5; *Wiese* GmbHR 376/83); zur Vereinbarkeit mit EU-Recht s Tz 49.

(4) Angemessen eingerichteter Geschäftsbetrieb. Die erforderl eigene Wirtschaftstätigkeit der ausl Ges muss in einem für den Geschäftszweck angemessenen eingerichteten Geschäftsbetrieb ausgeübt werden. Maßgebl Kriterien hierfür sind das Vorhandensein von ausreichenden Geschäftsräumen, die Anwesenheit von entspr ausgebildetem Personal (in ausreichender Stärke) und die Verfügbarkeit der nötigen technischen Kommunikationsmittel (vgl BFH I R 38/00 BStBl II 02, 819; s auch BFH I R 61/09 BStBl II 11, 249 zu § 8 I Nr 3 AStG: „personelle und sachl Mindestausstattung", allerdings ohne das Erfordernis, selbst eine eigene entspr Tätigkeit „am Markt" auszuüben; s Rz 48, zu § 50d III 3). Die *FinVerw* bezieht sich bei der Auslegung dieses Tatbestandsmerkmals auf EuGH Rs C-196/04 **Fall *Cadbury Schweppes*** DStR 06, 1686 (s *BMF* aaO Tz 7); das ist allerdings problematisch (s Rz 49).

48 **cc) Rechtsfolge.** Der **Entlastungsausschluss** greift nur ein, soweit die tatbestandl Voraussetzungen *(1) und (2)* und zusätzl noch *entweder (3) oder (4)* erfüllt sind (zu § 50d III 5 s Rz 48). **Positiv gewendet** bedeutet dass: Eine **vollständige Entlastung** ist – alternativ – zu gewähren, wenn (1. Alt) an der ausl Ges nur Ges'ter beteiligt sind, denen die völlige oder teilweise Entlastung (Erstattung oder Freistellung) auch selbst zustünde, *oder* (2. Alt) wenn in Bezug auf den nach der 1. Alt schädl Anteil die von der ausl Ges im betr Wj erzielten Bruttoerträge aus eigener Wirtschaftstätigkeit stammen, *oder* (3. Alt) wenn in Bezug auf den nach der 2. Alt schädl Anteil der Bruttoerträge für die Einschaltung der ausl Ges wirtschaftl oder sonst beachtl Gründe vorliegen *und* die ausl Ges mit einem für ihren Geschäftszweck angemessen eingerichteten Geschäftsbetrieb am allg wirtschaftl Verkehr teilnimmt. Im Falle einer nur **anteiligen Entlastung** wäre mE dem Wortlaut der Vorschrift nach wie folgt vorzugehen: Erfüllen einzelne Ges'ter die Voraussetzung *(1)* nicht, so ist jedenfalls in Bezug auf die übrigen Ges'ter iHd auf diese entfallenden Anteile die der ausl Ges an sich zustehende Entlastung ohne weiteres zu gewähren (Aufteilung 1. Stufe). Ledigl iHd (schädl) Beteiligungen der übrigen Ges'ter muss sodann in einem zweiten Schritt geprüft werden, inwieweit die Voraussetzung *(2)* erfüllt ist; dabei ist im Verhältnis der nicht-schädl Bruttoerträge zu

den Gesamtbruttoerträgen auch insoweit die der ausl Ges an sich zustehende Entlastung zu gewähren (Aufteilung 2. Stufe). Für die dann noch verbleibenden nicht gewährten Entlastungen ist in einem dritten Schritt zu prüfen, ob und ggf inwieweit die Voraussetzungen *(3)* oder *(4)* erfüllt sind (Aufteilung 3. Stufe). Hinsichtl des dann noch **verbleibenden Teils** sind Ansprüche auf völlige oder teilweise Erstattung der einbehaltenden Steuern (§ 50d I) und auf völlige oder teilweise Freistellung vom StAbzug (§ 50d II) ausgeschlossen. – Demgegenüber stellt die ***FinVerw*** bei der Aufteilung darauf ab, wie hoch der (individuelle) **Entlastungsanspruch des an der ausl Ges beteiligten Ges'ters** wäre, wenn dieser die Einkünfte unmittelbar erzielte („fiktiver Entlastungsanspruch", so *BMF* aaO, Tz 12 mit Beispiel). Das geht aus dem Gesetz so unmittelbar nicht hervor; denn § 50d III 1 knüpft ausdrückl an den eigenen Anspruch der ausl Ges „auf völlige oder teilweise Entlastung nach Absatz 1 oder Absatz 2" an und versagt *diese* Entlastung in Höhe der schädl Beteiligungen („soweit Personen an ihr beteiligt sind"). Ausgangsgröße für die Aufteilung ist demnach der der ausl Ges an sich (nach DBA oder RL) zustehende Entlastungsanspruch. Zu dem von der *FinVerw* vertretenen Ergebnis käme man unmittelbar nur, wenn der betr Satzteil lautete: „soweit den an ihr beteiligen Personen die Erstattung oder Freistellung nicht zustände, wenn sie ...". Im Hinblick auf die Funktion der Regelung (Ausschluss missbräuchl Gestaltungen) und die beabsichtigte „zielgenaue Ausgestaltung" erscheint die Lösung der FinVerw allerdings vertretbar und darüber hinaus auch sinnvoll.

Zu Recht krit ggü dem daraus resultierenden „quotalen" Missbrauchsvorwurf *Lüdicke* IStR 12, 148/9f; s auch Rz 49. Zu **alternativen Berechnungsmethoden** s *Engers/Dyckmanns* Ubg 11, 929 (930); *Fischer/Dorfmueller* Ubg 12, 162 (167); *Kraft/Gebhard* DStZ 12, 398 (400); *Schaflitzl/Weidmann* DStR 2013, Beihefter zu Heft 23, S. 30 (35f).

c) Abstellen auf die Verhältnisse der ausl Ges, § 50d III 2. Früher ließen sich wirtschaftl Gründe und eine eigene Wirtschaftstätigkeit durch Struktur- und Strategiekonzepte im Konzern relativ leicht konstruieren und nur relativ schwierig widerlegen (s „Merkmalsübertragung" nach BFH I R 74, 88/04 BStBl II 06, 118). Um dies auszuschließen, ist in Bezug auf alle vorangegangenen Tatbestandsmerkmale nach wie vor ausschließl auf die Verhältnisse der ausl Ges abzustellen (aA *Piltz* IStR 07, 793/6; s auch BFH I R 61/09 BStBl II 11, 249 zu § 8 I Nr 3 AStG). Soweit damit allerdings durchaus nachvollziehbare und wirtschaftl vernünftige Gründe für die Zwischenschaltung einer ausl Ges unberücksichtigt bleiben, ist ein Ausschluss europarechtl nicht gerechtfertigt (s Rz 49). – **Eigene Wirtschaftstätigkeit, § 50d III 3.** An einer eigenen Wirtschaftstätigkeit iSd § 50d III 1 fehlt es, wenn sich die Einnahmenerzielung auf die Vermögensverwaltung bzw die Verwaltung von WG beschränkt. Das gilt auch für das (passive) Halten von Beteiligungen an einer oder mehreren Ges ohne Übernahme geschäftsleitender Funktionen. Eine rein vermögensverwaltende Holdingtätigkeit der ausl Ges reicht nicht mehr aus. Bei tatsächl Managementtätigkeit für *mehr als eine* UnterGes ist § 50d III 3 allerdings nicht anwendbar. Außerdem darf die ausl Ges nicht ihre wesentl Geschäftstätigkeiten auf Dritte übertragen haben durch Auslagerung (Outsourcing), zB auf eine Anwaltskanzlei oder eine ManagementGes (Grund sind wohl die Dublin-Docks-Entscheidungen des BFH zu Outbound-Fallgestaltungen, BFH I R 94/97 BStBl II 01, 222, BFH I R 117/97 BFH/NV 00, 824 und BFH I R 42/02 BStBl II 05, 14 zur Auslagerung der gesamten Geschäftstätigkeit auf ManagementGes). Allerdings wird in diesen Fällen häufig auch kein angemessen eingerichteter Geschäftsbetrieb vorliegen (anders aber uU BFH I R 61/09, BStBl II 249, Rz 16). Die Auslagerung einzelner Geschäftsleitungsfunktionen unter Vorbehalt der geschäftsleitenden Führungsentscheidungen ist unschädl. – **Feststellungslast, § 50d III 4 nF.** Nach den allg Beweislastgrundsätzen träfe die Feststellungslast für diejenigen Tatbestandsmerkmale, die zu einem Entlastungsausschluss führen, an sich das FA. Dieser Grundsatz wird allerdings ohnehin schon überlagert durch die Mitwirkungspflichten des StPfl nach § 90 II AO. Ungeachtet dessen kehrt der mit dem 49

BeitrRLUmsG neu eingefügte § 50d III 4 die Feststellungslast in Bezug auf § 50d III 1 Nr 1 und 2 um. Es obliegt also dem StPfl, die dort genannten Ausschlussgründe auszuräumen (krit *Kraft/Gebhardt* DB 12, 80/3). – **Ausnahme von Börsenhandels- und InvestmentGes, § 50d III 5.** Diese Einschränkung ist eher klarstellender Art, da börsennotierte Unternehmen und Investmentfonds idR alle Voraussetzungen erfüllen und nicht nur reine Vermögensverwaltung betreiben (krit *Häussermann/Rengier* IStR 08, 679). Dem *BMF* zufolge ist diese Regelung ggf auch auf die an der ausl Ges beteiligten Ges'ter anzuwenden (s auch *BMF* aaO, Rz 9); mE zweifelhaft, da § 50d III 5 nur auf die ausl Ges abstellt, nicht auf die daran beteiligten Personen.

50 **d) Vereinbarkeit mit EU-Recht.** Auch in seiner neuen Fassung wirkt § 50d III in denjenigen Fällen, in denen eine Entlastung nach den dargelegten tatbestandl Voraussetzungen (ggf anteilig) versagt wird, als pauschalierende Missbrauchsvermutung ohne Möglichkeit eines entlastenden Gegenbeweises. Nach der Rspr des EuGH sind solche tatsächl nicht widerlegbaren Missbrauchs-Vermutungen unzulässig (EuGH Rs C-196/04 **Fall *Cadbury Schweppes*** DStR 06, 1686). Dementsprechend hat der BFH in seinem Schlussurteil „Columbus Container Services" festgestellt, dass (unilaterale) Missbrauchsvermeidungsnormen aufgrund des gemeinschaftsrechtl Anwendungsvorrangs so ausgelegt werden müssen, dass dem StPfl der gemeinschaftsrechtl gebotene **„Motivtest"** über seine tatsächl wirtschaftl Aktivitäten im Einzelfall nicht versagt wird (BFH I R 114/08 BStBl II 10, 774 Rz 27; vgl auch BFH I R 88, 89/07 DStR 09, 2295). Eine steuerl Entlastung ist danach immer dann zu gewähren, wenn die betr (ausl) Ges einer „wirkl wirtschaftl Tätigkeit" nachgeht und nicht als „eine rein künstl, jeder wirtschaftl Realität bare Gestaltung" anzusehen ist (BFH I R 114/08 aaO; s auch BFH I R 61/09 BStBl II 11, 249 zu § 8 I Nr 3 AStG). – Diese Rspr lässt sich mE ohne Weiteres auf § 50d III übertragen und stellt damit vor allem das Erfordernis, dass es ausschließl auf die Verhältnisse der ausl Ges ankommen soll, und die Annahme, dass eine Übertragung wesentl Geschäftstätigkeiten auf Dritte stets missbräuchl ist (§ 50d III 2 und 3, s Rz 48), in Frage. Daher muss auch für die Entlastung ausl Ges nach § 50d I oder II gelten: Wo kein Missbrauch, da **kein Ausschluss** (s auch *Lüdicke* IStR 12, 81 [85 f] und 148 [149 f]; *Lehner* IStR 12, 389 [392]; *Schaflitzl/Weidmann* DStR 2013, Beihefter zu Heft 23, S. 30 [34]; iErg ebenso *Kraft/Gebhardt* DB 12, 80/3; s aber *Musil* FR 12, 149, 153 zu einer uU großzügigen Umbruchs-Rspr des EuGH).

51 **2. DBA-Kassenstaatsklauseln, § 50d VII.** Die Regelung enthält eine rückwirkende (str), gesetzl verbindl Interpretation von DBA-Kassenstaatsklauseln (vgl Art 19 OECD-MA) entspr § 49 I Nr 4 für privatrechtl organisierte, aus öffentl Kassen finanzierte ArbVerh (zB Goethe-Institute, Auslandsschulen, s § 1 Rz 35, § 49 Rz 56; zur Bedeutung für § 1 II s FG Ddorf EFG 98, 1069, rkr). Mittelbare Finanzierung aus öffentl Kassen reicht nicht (vgl zu Deutscher GTZ FG Bln EFG 05, 1946, rkr; *FinVerw* DB 06, 2153). Die Änderung von § 49 I Nr 4 zur Inlandsbesteuerung und die Einfügung in § 50d VII (IV aF) zum StAbzug erfolgten als Reaktion auf abw BFH-Rspr (s 23. Aufl § 49 Rz 56; *Bublitz* IStR 07, 77 – Entwicklungszusammenarbeit). Diese Einkünfte sind im Rahmen des Kaufkraftausgleichs steuerbefreit (§ 3 Nr 64 S 2 idF StÄndG 2001).

3. Unilaterale Rückfallklausel, § 50d VIII.

Verwaltung: *BMF* BStBl I 05, 821, mit Bagatellgrenze bis 10 000 €.

Schrifttum: *Ismer/Baur* IStR 14, 421; *Kube* StuW 15, 134; *Lehner* IStR 11, 733; *Hofmann/Otto* FR 04, 826; *Holthaus* IStR 04, 16; *ders* IStR 05, 337; *Neyer* BB 04, 519; *Ludewig/Libudda* RIW 05, 344; *Strohner/Mennen* DStR 05, 1713.

52 **a) Allgemeines.** Die durch das StÄndG 2003 mit Wirkung ab VZ 2004 geschaffene Regelung soll in Form eines unilateralen **Treaty Override** die einmali-

ge Besteuerung für nach DBA stfreie Lohneinkünfte (nur) bei unbeschr StPfl sicherstellen (Verhinderung „weißer Einkünfte"). Entgegen der FG-Rspr (vgl FG RhPf EFG 08, 385, rkr; FG Bremen EFG 11, 1431, rkr; FG Köln EFG 12, 134, rkr) hatte der BFH dies wegen eines nicht zu rechtfertigenden Verstoßes gegen den allg völkerrechtl Grundsatz des *pacta sunt servanda,* gegen Art 3 I GG und gegen die verfmäßige Ordnung für **verfwidrig** gehalten und sich mit einem entspr **Vorlagebeschluss an das BVerfG** gewandt (BFH I R 66/09 DStR 12, 949, Aktz BVerfG 2 BvL 1/12; Ergänzungsbeschluss: BFH I R 66/09 IStR 15, 627; s auch *Schaumburg* Rz 16.524, *Gosch* IStR 08, 412/21, und *Lüdicke* Überlegungen zur dt DBA-Politik [2007], S 90 und 92; *Oellerich* ISR 15, 337; **aA** *Kube* StuW 15, 134, 140 ff: der gesetzl *treaty override* muss innerstaatl grds mögl sein; *Ismer/Bauer* IStR 14, 421, 425). Das BVerfG hat jetzt allerdings die verfrechtl Zulässigkeit bejaht (BVerfG 2 BvL 1/12 BeckRS 2016, 41952).

b) Tatbestand und Rechtsfolge. Im Ausl erzielter ArbLohn von im Inl ansässigen und daher **unbeschr stpfl** ArbN ist unter bestimmten, je nach DBA unterschiedl Voraussetzungen im Inl stfrei und nur in den Progressionsvorbehalt einzubeziehen. Die Ermittlung erfolgt grds nach deutschem Recht (*BMF* BStBl I 05, 821). Gem **§ 50d VIII 1** wird eine Freistellung im Inl (seit 2004) unabhängig von DBA-Rückfallklauseln nur noch dann gewährt, wenn der StPfl entweder nachweist, dass er die auf die freigestellten Einkünfte entfallende Auslandsteuer **tatsächl bezahlt** hat oder dass der Staat, dem die Besteuerung nach DBA zusteht, effektiv auf sein Besteuerungsrecht **verzichtet.** 53

Beispiele: Erlass, ausl Steuerbefreiung, völkerrechtl Vertrag, auch genereller Verzicht auf die Erhebung von ESt; s auch BFH I R 54, 55/07 BFH/NV 08, 1487: **Nachweis** durch Vorlage einer belgischen StBescheinigung und eines Schrb des belgischen FinMin; FG Bremen EFG 11, 1431, rkr: Bescheinigung einer Steuerberaterin genügt nicht; FG BaWü EFG 11, 1629, rkr (zu Frankreich und Neukaledonien); s auch *BMF* BStBl I 05, 821 mit Sonderfällen, und *BMF* BStBl I 14, 1467 Tz 2.4: Nachweis durch Vorlage des ausl St-Bescheids mit ausl Zahlungsbelegen und ausl Gehaltsabrechnungen – dies ist aber keine abschließende Aufzählungen; andere Formen des Nachweises sind weiterhin mögl.

Was ohnehin feststeht, muss dabei nicht gesondert nachgewiesen werden (BFH I R 27/11 DStR 12, 689, Rz 12). Nur **vorübergehender LSt-Einbehalt** schließt die Anwendung des § 50d VIII 1 nicht aus (BFH I R 86/13 BStBl II 15, 18, Rz 13). Zur Ermittlungspflicht des FG s BFH I R 27/13, BStBl II 15, 448. – **Systematisch** gehört die Regelung zu §§ 34c, 34d. Sie soll grds die einmalige Besteuerung sicherstellen, insb verhindern, dass der StPfl seine Einkünfte pflichtwidrig in dem anderen Staat nicht deklariert (vgl BFH I B 119/09 BFH/NV 10, 2055; s aber auch BFH I R 66/09 IStR 15, 627 Rz 6: nur „vorgetäuschtes" und „nicht stringent umgesetztes" Motiv des Gesetzgebers), und ist eine Reaktion auf die unsichere Rechtslage, ob, in welchen DBA und in welchem Umfang die Inlandsbesteuerung davon abhängig ist, ob der ausl Staat tatsächl von seinem Besteuerungsrecht Gebrauch gemacht hat (**subject-to-tax-Klausel;** vgl etwa *FinVerw* DB 05, 1598, RIW 06, 719; *Vogel/Lehner* Art 1 Rz 135e ff mwN; offen BFH I R 127/95 BStBl II 98, 58; s auch zu DBA Kanada 1981 BFH I R 14/02 BStBl II 04, 260; § 49 Rz 9 mwN; Rz 55 zu § 50d IX). Die Einschränkung der DBA-Steuerfreiheit in Fällen ohne Rückfallklausel durch die Besteuerungsnachweispflicht hat der BFH gebilligt (vgl BFH I R 38/00 BStBl II 02, 819; oben Rz 6). Vgl auch die Ergänzungen zur Anrechnung von Auslandsteuer durch § 34c I 3, VI 3 idF StVergAbG ab 2003. § 50d VIII greift nur im **Veranlagungsverfahren** und beschneidet nicht die Steuerfreiheit im LStAbzugsverfahren bei Freistellungsnachweis (s *BMF* BStBl I 04, 173/8; I 05, 821). Erbringt der StPfl den Nachweis erst nach Bestandskraft der Inlandsveranlagung, ist diese Veranlagung nach § 175 I 1 Nr 2 AO zu ändern, um eine Doppelbesteuerung zu vermeiden **(§ 50d VIII 2).** Dies hat zur Folge, dass die Festsetzungsfrist erst mit Ablauf des Kj beginnt, in dem der Nachweis erbracht wird (**§ 50d VIII 3** iVm § 175 I 2 AO).

§ 50d VIII hat allerdings nur einen eng begrenzten Anwendungsbereich und gilt *nur* für Einkünfte aus nichtselbständiger Arbeit (wohl weil deren tatsächl Besteuerung besonders schwer nachzuvollziehen ist), *nur* für **DBA-Staaten** (für Nicht-DBA-Staaten gilt der Auslandstätigkeitserlass, vgl § 34c Rz 23 mwN) und *nur* für **unbeschr StPfl** (für beschr StPfl und für andere Einkünfte gilt uU § 50d I; s auch BFH I R 90/08 BStBl II 10, 394 zu § 50d IX: keine Erstreckung auf § 1 III). **Ausnahme von § 50d VIII:** Stfreie Vergütungen von Ortskräften ausl Vertretungen im Inl (*FinVerw* IStR 07, 520). – § 50d VIII hat nach bislang hM **als speziellere Norm § 50d IX verdrängt;** dh, hat der StPfl den Nachweis gem § 50d VIII 1 erbracht, konnte eine Versagung der Freistellung nicht auf § 50d IX gestützt werden (BFH I R 27/11 DStR 12, 689, mwN; zu dem sich daraus ergebenden Wettbewerbsnachteil für dt Unternehmen s Anm *Sedemund/Hegner* IStR 12, 315). Zur **Neufassung des § 50d IX 3** durch das AhRLUmsG s Rz 59. – Zur Frage, ob § 50d VIII seinerseits durch Regelungen eines später erlassenen DBA verdrängt wird s FG Hbg EFG 13, 1932, Rev I R 64/13.

4. Ausschluss doppelter DBA-Steuerbefreiung, § 50d IX

Verwaltung: *BMF* BStBl I 08, 988 (Flugpersonal britischer und irischer Fluggesellschaften); *BMF* BStBl I 12, 1248 (geänderte Rechtslage ab VZ 2011).

Schrifttum: *Grotherr* RIW 06, 898/909 und IWB F 3 Gr 3 S. 1445; *Loose ua* BB 06, 2724; *Mattern/Schnitger* DStR 07, 1697; *Kempf/Brandl* DB 07, 1377; *Vogel* IStR 07, 225; *Wagner* NWB F 3, 14427; *Grotherr* IStR 07, 265; *Salzmann* IWB F 3 Gr 3, 1465; *Kahle* IStR 07, 757/760; *Kollruss* BB 07, 467 (Verhältnis zu §§ 8a und 8b KStG); *Meretzki* IStR 08, 23 (zT stfreie Einkünfte); *Jankowiak* Doppelte Nichtbesteuerung im Internationalen Steuerrecht, 2009, S 231 ff; *Wagner* DStZ 09, 215 (zu BFH I R 62/06); *Graf/Bisle* IStR 10, 401 (Verschmelzung); *Gebhardt* IStR 11, 58 (europa- und verfrechtl Kritik); *Pohl* DB 12, 258 (Einkünftebegriff).

55 **a) Hintergrund der Regelung.** Die DBA-Freistellungsmethode soll eine Doppelbesteuerung verhindern. Die Einkünfte werden in einem Staat freigestellt, weil sie grds im anderen Staat besteuert werden. Entfällt die Besteuerung im anderen Staat, entfällt auch der Grund für die Freistellung im ersten Staat (vgls Kommentar zum OECD-MA Tz 32.6 zu Art 23; s auch Rz 52 zu § 50d VIII). Gleichwohl ist die Einmalbesteuerung nicht in allen DBA sichergestellt und war bisher nicht Voraussetzung für die Freistellung (vgl *Suchanek* IStR 07, 654). Diese Lücke soll § 50d IX vor allem für gezielte Doppelfreistellungen schließen (s Rz 57). Steuerbefreiungen nach inl StRecht bleiben unberührt (zB § 3 Nr 40; § 8b I KStG).

56 **b) Anwendungsbereich.** – ***(1)*** **Persönlich.** § 50d IX erfasst wie § 50d VIII nur unbeschr StPfl (BFH I R 90/08 BStBl I 10, 394: nicht bei § 1 III). – ***(2)*** **Sachlich.** Betroffen sind Fälle der Nicht- oder Minderbesteuerung positiver wie negativer, nach DBA im Inl stfreier Einkünfte aller Einkunftsarten, und zwar für ESt, KSt (§ 8 I 1 KStG) und GewSt (§ 7 GewStG); Konkurrenz zu § 50d VIII s Rz 59. Im Ausl nicht abziehbare **Verluste** werden trotz Freistellung im Inl unabhängig von § 2a abziehbar, wohl nach § 50d IX 1 Nr 1 und Nr 2. Dagegen ist § 50d IX nicht anwendbar, wenn positive Einkünfte im anderen Staat nur wegen Verlustverrechnung nicht besteuert oder gar nicht erst erklärt werden (vgl BFH I B 119/09 BFH/NV 10, 2055; aber ggf § 50d VIII prüfen). Str ist nach wie vor, ob Einkünfte einer im Ausl nur teilweise besteuerten Einkunftsart (nach DBA) unter § 50d IX fallen (s Rz 57). – ***(3)*** **Zeitlich.** Die Neuregelung gilt grds **ab 2007.** – **Ausnahme:** § 50d IX 1 ***Nr 1*** soll auf alle noch nicht bestandskräftigen Steuerbescheide anzuwenden sein **(§ 52 Abs 59a S 6 aF).** Grund: Bei Qualifikationskonflikten soll § 50d IX nur klarstellender Natur sein, weil Nr 1 nur Sinn und Zweck der DBA-Freistellungsmethode verdeutlicht (so BT-Drs 16/2712); mE fragl, da es sich um eine (wenn auch DBA-rechtl gerechtfertigte) nationale Neuregelung handelt. – ***(4)*** **Verfassungsmäßigkeit.** Der BFH hat die Regelung für **verfwidrig** gehalten, da der *treaty override* auch in diesem Fall (s Rz 52 und 60) gegen binden-

des Völkervertragsrecht und damit gegen Art 25 GG verstoße und hat, auch in Bezug auf § 50d IX, das BVerfG angerufen (BFH I R 86/13 BStBl II 15, 18; s auch *Gosch* BFH/PR 15, 36; *Oellerich* ISR 15, 337; aA *Mitschke* FR 15, 94). Das BVerfG ist dem allerdings nicht gefolgt (s Rz 52).

c) Einzelheiten zu § 50d IX 1. DBA-Freistellungen werden nicht gewährt, wenn *eine* der beiden Voraussetzungen (Nr 1 *oder* Nr 2) vorliegt; s auch BFH I R 46/10 BStBl II 14, 764: unilateral angeordneter Wechsel von der Freistellungs- zur Anrechnungsmethode (vgl BT-Drs 16/2712, 61). Den StPfl treffen anders als nach § 50d VIII **keine Nachweispflichten** (Amtsermittlung der ausl Besteuerung durch die FinVerw unter Mitwirkungspflicht des StPfl nach § 90 II AO). – **(1) Qualifikationskonflikte iwS, § 50d IX 1 Nr 1.** Zum Begriff s *Vogel/Lehner* Grundlagen Rz 181 ff. Zur Nichtbesteuerung kann es kommen, wenn DBA-Staaten Einkünfte unterschiedl DBA-Bestimmungen zuordnen, weil sie von unterschiedl Sachverhalten ausgehen oder DBA-Bestimmungen bzw Abkommensbegriffe nach nationalem Recht unterschiedl auslegen. Dann ist die Besteuerung im Inl trotz Freistellung unabhängig von Art 23 OECD-MA mögl (Switch-over von der Freistellung zur Anrechnung; s zu § 20 II, III AStG EuGH Rs C-298/05 Fall *Columbus* DStR 07, 2308 mit Anm *Rainer* IStR 08, 63; *Thömmes* IWB F 11 A, 1169; *Cloer/Lavrelashvili* EWS 07, 221; zu Anrechnung bei Minderbesteuerung gem § 34c VI 5 s § 34c Rz 29). 57

Beispiele: Unterschiedl GesQualifikation (s § 15 Rz 173); unterschiedl Besteuerung von Anteilsveräußerungsgewinnen, Zinsen, Lizenzgebühren; unterschiedl Auslegung des Betriebsstättenbegriffs; Beurteilung von Unternehmenseinkünften als Einkünfte aus Vermögensverwaltung. Das gilt für Nr 1 ausdrückl auch, soweit die Einkünfte im anderen Staat nur zu einem durch das DBA begrenzten Steuersatz besteuert werden.

Unschädl ist hingegen eine **Steuerfreistellung nach innerstaatl Recht** des anderen Staates; denn sie beruht nicht auf der Anwendung von „Bestimmungen des Abkommens" (vgl BFH I R 6, 8/11 BStBl II 13, 111; BFH I R 46/10 BStBl II 14, 764 mwN; BFH I R 54, 55/07 BFH/NV 08, 1487; zu Veräußerungsgewinnen s *J. Lüdicke* IStR 11, 91, 97). Unschädl ist ferner ein Vollzugsdefizit: FG Mster EFG 09, 1222, rkr. Zum **Vertrauensschutz** nach § 176 II AO s BFH I R 49/09 BStBl II 11, 482; Anm *Gosch* BFH/PR 11, 206; zur Rückwirkung gem § 52 Abs 59a S 6 aF s FG Mster EFG 14, 2043. – **(2) Ausfall mangels persönl StPfl, § 50d IX 1 Nr 2.** Einkünfte können deshalb unbesteuert bleiben, weil sie im Inl nach DBA stfrei und im Ausl zwar grds stpfl sind (sonst allenfalls S 1 Nr 1), dort die Besteuerung aber an der fehlenden unbeschr StPfl scheitert (zB keine DBA-Ansässigkeit) und die Einkünfte bei beschr StPfl nicht erfasst werden. In solchen Fällen soll § 50d IX 1 Nr 2 bewirken, dass das Besteuerungsrecht an Deutschland zurückfällt (s auch BFH I B 109/13 DStR 14, 363, Rz 9). Dass Einkünfte **nur teilweise besteuert** werden, genügt für die Anwendung der Regelung nicht (s Wortlaut „wenn", nicht „soweit", BFH aaO, mit Anm *Gosch* BFH/PR 14, 173, entgegen *BMF* BStBl I 08, 988; jetzt erneut bestätigt durch BFH I R 68/14 DStR 15, 1966 und BFH I R 69/14 BFH/NV 15, 1395; differenzierend FG BBg EFG 14, 1278, Rev I R 41/14: ggf Aufteilung der Einkünfte, wenn eine solche Aufteilung nach ausl Recht vorgesehen ist; krit *Cloer/Hagemann* IStR 15, 489; und *Kahlenberg* ISR 15, 353; zur verfahrensrechtl Konsequenzen der BFH-Rspr s BFH I B 113/14 BFH/NV 16, 58: ausgesetzte Verfahren sind ggf fortzuführen; **aA** *BMF* BStBl I 14, 1467 Tz 2.4). Die Einkünfte sind auch dann iSd § 50d IX 1 Nr 2 „nicht stpfl", wenn sie zunächst dem StAbzug unterworfen werden, aber ein Erstattungsanspruch besteht, auch wenn die Erstattung antragsgebunden ist (BFH I R 86/13 BStBl II 15, 18: Abstellen auf die abstrakte StPfl, anders bei StAbzug mit abgeltender Wirkung); BFH I B 121/15 BeckRS 2016, 94158: auch bei Erstattung in einem späteren VZ); die sich hier ergebende temporäre (durch den StAbzug) oder ggf auch finale (bei nicht gestelltem Erstattungsantrag) doppelte Besteuerung hindert die Anwendung des § 50d IX 1 Nr 2 nicht (s auch BFH I R 27/11 DStR 12, 689; ebenso: *BMF* BStBl I 08, 988, und *BMF* BStBl I 14, 1467 Tz 2.4).

58 **d) Ausnahme für Dividenden, § 50d IX 2.** S 1 Nr 2 bezieht sich nicht auf Dividenden, die nach DBA (Schachtelprivileg) von der dt KSt und GewSt auszunehmen sind. Grund: Besteuerung auf der Ebene der ausschüttenden Ges. Darunter fallen auch **vGA.** Hier bleibt die DBA-StBefreiung (und nicht nur die nach § 8b I KStG) grds erhalten. Ausnahme: § 50d IX 1 Nr 2 ist anwendbar, soweit die Dividenden bei der Ermittlung des Gewinns der ausschüttenden Ges abgezogen wurden (zB als BA abziehbare Vergütungen stiller Ges'ter); s auch § 8b I 3 KStG.

59 **e) Verhältnis zu sonstigen Regelungen, § 50d IX 3.** Entspr Rückfall- bzw Subject-to-tax-Klauseln oder Switch-over-Regelungen (s Rz 6) können sich aus DBA, aus § 50d VIII oder § 20 II AStG ergeben (Bezug von Zwischeneinkünften durch ausl DBA-Betriebsstätte). Diese – uU weitergehenden – Regelungen werden durch § 50d IX nicht in Frage gestellt. Daraus hat der BFH geschlossen, dass § 50d VIII in seinem Anwendungsbereich als speziellere und somit vorrangige Vorschrift **§ 50d IX verdrängt** (BFH I R 27/11 DStR 12, 689, Rz 13: unbeschr stpfl Pilot einer irischen Fluggesellschaft); soweit der BFH (aaO) einen verbleibenden Anwendungsbereich für § 50d IX 1 Nr 2 für Fälle gesehen hat, in denen ein Besteuerungsverzicht des anderen Staates nur einen Teil der betr Einkünfte erfasst, ist das FG Köln (14 K 584/13) dem nicht gefolgt (offen gelassen in BFH I B 109/13 DStR 14, 363, Rz 11). – Vor diesem Hintergrund ist **§ 50d IX 3** mit dem **AmtshilfeRLUmsG** neu gefasst worden mit dem Ziel, dass § 50d IX *neben* § 50d VIII und § 20 II AStG anwendbar bleibt (vgl BR-Drs 302/12, S 49f zu JStG 2013). Dies ist mE trotz der umständl Formulierung, die sich an die Entscheidungsgründe des BFH (BFH I R 27/11 DStR 12, 689) anlehnt, letztl gelungen (so jetzt auch BFH I R 86/13 BStBl II 15, 18, mwN; glA *Schnitger* in: ifst-Schrift Nr 492, S 79; aA *HHR* § 50d Anm 124; *Hagena/Klein* ISR 13, 267/73); dh, soweit eine Freistellung nach den letztgenannten Vorschriften nicht ausgeschlossen wird, muss nunmehr ergänzend geprüft werden, ob ein Ausschluss nach § 50d IX greift (so auch bereits *BMF* BStBl I 08, 988, und *BMF* BStBl I 14, 1467 Tz 2.4, mit Beispiel). Die Änderung soll allerdings gem § 52 Abs 59a S 9 aF für alle noch offenen Verfahren gelten. Dies ist ein Verstoß gegen das **Verbot der echten Rückwirkung** (so zutr BFH I R 86/13 BStBl II 15, 18, Rz 37ff); der BFH hat hierzu das BVerfG angerufen (BFH aaO, Aktz BVerfG 2 BvL 21/14; s auch BFH I R 68/14 DStR 15, 1966; FG Köln EFG 14, 204; aA FG BBg EFG 14, 1278, Rev I R 41/14, mit Anm *Weinschütz* IStR 14, 534). Zur geänderten Rechtslage in Irland/Großbritannien ab VZ 2011 s *BMF* BStBl I 12, 1248.

5. Sondervergütungen als Unternehmensgewinne, § 50d X

Verwaltung: *BMF* BStBl I 14, 1258 (Anwendung der DBA auf PersGes).

Schrifttum: *Goebel/Eilinghoff/Schmidt* DStZ 11, 74 (Sondervergütungen); *Boller/Eilinghoff/Schmidt* IStR 09, 109 (zahnloser Tiger); *Boller/Schmidt* IStR 09, 852 (Replik); *Dörfler/Rautenstrauch/Adrian* BB 09, 580 (JStG 2008); *Frotscher* IStR 09, 593 (Treaty Override); *Günkel/Lieber* Ubg 09, 301 (Auslegungsfragen); *Hils* DStR 09, 888 (Neuregelung); *Korn* IStR 09, 641 (Grenzen innerstaatl Rechts); *Lange* GmbH-StB 09, 128 (abkommensrechtl Behandlung); *Lohbeck/Wagner* DB 09, 423 (uneingeschränktes Besteuerungsrecht?); *Meretzki* IStR 09, 217 (Ziel verfehlt, neue Probleme); *Müller* BB 09, 751 (grenzüberschreitende Sondervergütungen); *Prinz* DB 09, 807 (Grundsätze Betriebsstättenbesteuerung); *Salzmann* IWB F 3 Gr 3, 1539 (fiskalischer Blindgänger). – S allg auch *Frotscher,* Internationales StR (3. Aufl), Rz 356ff; *Schaumburg,* Internationales StR (3. Aufl), Rz 18.72ff; *Vogel/Lehner* Art 1 Rz 37ff und Art. 7 Rz 58, mwN.

60 **a) Hintergrund; Bedeutung.** Es handelt sich um eine sog rechtsprechungsbrechende Regelung (s iEinz auch *Brandenberg* DStZ 15, 393; *Kammeter* IStR 10, 35; *Schmidt* DStR 10, 2436), die zurzeit in einer Art Wettlauf gegen die BFH-Rspr fortgeschrieben wird.

Dem BFH zufolge fallen Zinsen, die ein im Ausl ansässiger Ges'ter von einer inl PersGes erhält, abkommensrechtl grds nicht unter Art 7 OECD-MA, sondern unter Art 11 OECD-MA; die Zinsen mindern zwar den im Inl zu versteuernden Gewinn der Ges, dürfen jedoch als Einkünfte des ausl Ges'ters im Inl nicht besteuert werden (BFH I R 5/06 BStBl II 09, 356 mwN, s auch Anm *Gosch* BFH-PR 08, 237; zur entspr *Outbound*-Gestaltung s BFH II R 59/05 BStBl II 09, 758; *Chr. Schmidt* IStR 08, 290). Die gegenteilige Auffassung der FinVerw (*BMF* BStBl I 1999, 1076, Tz 1.2.3) sollte mit § 50d X durch das **JStG 2009** gesetzl festgeschrieben werden (s auch *BMF* BStBl I 10, 354, Tz 5.1). Im Schrifttum war aber str, ob der Gesetzgeber das angestrebte Ziel, Sondervergütungen als Unternehmensgewinne zu erfassen, erreicht hat (abl: *Boller ua* IStR 09, 109/13; *Günkel/Lieber* Ubg 09, 301/4; *Hils* DStR 09, 888; *Lohbeck/Wagner* DB 09, 423; *Meretzki* IStR 09, 217; *Müller* BB 09, 751 – bej: *Frotscher* IStR 09, 593/5 f; *Mitschke* DB 10, 303). Der **BFH** hat dies zwischenzeitl verneint (BFH I R 74/09 BStBl II 14, 788: Fiktion greift zu kurz, s Rz 62).

Mit dem **AhRLUmsG** hat der Gesetzgeber § 50d X neugefasst und die Anwendung der Neuregelung in allen noch offenen Verfahren angeordnet (§ 52 Abs 59a S 10 aF). Soweit es damit zu einer echten Rückwirkung kommt, soll dies ausnahmsweise zulässig sein: Für den Zeitraum bis zum Ergehen von BFH I R 74/09 BStBl II 14, 788 habe angesichts der „klar zu Ausdruck gebrachten gesetzgeberischen Zielsetzung" zu § 50d X aF kein schutzwürdiges Vertrauen bestanden; und für die Zeiträume nach Ergehen des Urteils habe es an der erforderl gefestigten, langjährigen höchstrichterl Rspr gefehlt (so BR-Drs 139/13, S 148, unter Hinweis auf BT-Drs 16/11108, S 23; zust *Mitschke* FR 13, 694 [696]). Das trifft mE nicht zu; denn die BFH-Rspr zur abkommensrechtl Qualifikation grenzüberschreitenden Sonderbetriebseinnahmen reicht in sog *Outbound-Fällen* bis ins Jahr 1991 zurück (BFH I R 15/89 BStBl II 91, 444), die Übertragung dieser Rspr auf sog *Inbound-Fälle* immerhin bis ins Jahr 2007 (BFH I R 5/06 BStBl II 09, 356; s auch *Pinkernell* IStR 13, 47 [52]: „mittlerweile gefestigte Rspr-Grundsätze"; ebenso *Schmidt* DStR 13, 1704; *Kudert/Kahlenberg* IStR 13, 801 [802]; *Micker* IWB 13, 6 [9]; ferner FG Mster EFG 13, 1418; s auch *Schmidt* DStR 13, 1704; zweifelnd auch *Pohl* DB 13, 1572; *HHR* § 50d Anm 131). Dementspr hat jetzt auch der BFH einen **Verstoß gegen das Rückwirkungsverbot** bejaht (BFH I R 4/13 BStBl II 14, 791, Rz 49 ff). Außerdem ist er der Auffassung, dass § 50d X in beiden Fassungen als abkommensverdrängendes *treaty override* **völkerrechts- und verfwidrig** ist und hat auch in Bezug auf diese Regelung (s bereits Rz 52 und 56) das BVerfG angerufen (BFH aaO Rz 28 ff, Aktz BVerfG: 2 BvL 15/14; dagegen aA offenbar der *FinAussch,* s BT-Drs 16/11108, 29; ferner *Mitschke* DB 10, 303 [305] und DStR 11, 2221). Allerdings hat das BVerfG jetzt die verfrechtl Zulässigkeit des treaty override bejaht (BVerfG 2 BvL 1/12 BeckRS 2016, 41952). – Wegen der Rückwirkungsproblematik werden im Folgenden beide Fassungen des § 50d X dargestellt.

b) Bisherige Regelung, § 50d X 1, 2 aF. – aa) Anwendungsbereich. Persönl fallen sowohl im Inl ansässige Ges'ter einer ausl PersGes als auch im Ausl ansässige Ges'ter einer inl PersGes unter § 50d X. – **Sachl** werden (grenzüberschreitende) Sondervergütungen iSd § 15 I 1 Nr 2 S 1 und Nr 3 erfasst, wenn auf diese ein DBA anzuwenden ist, das *keine* ausdrückl Bestimmungen zu Sondervergütungen enthält (solche Bestimmungen sind eher selten und finden sich zB im DBA Schweiz, Österreich und Singapur; s iEinz *Vogel/Lehner* Art 7 Rz 61; vgl auch *Pohl* DB 13, 1572 [1573] mit Fn 15). **Nachträgl Einkünfte** iSd § 15 I 2 iVm § 24 Nr 2 fielen bislang nicht unter die Regelung (BFH I R 106/09 BStBl II 14, 759, Ruhegelder als nachträgl Sondervergütung; ebenso BFH I R 5/11 IStR 12, 222: keine analoge Anwendung; krit Anm *Pohl* IStR 12, 225); für Sondervergütungen an (nur) mittelbar beteiligten MUer iSv § 15 I 1 Nr 2 S 2 galt dies wohl ebenso (vgl auch *K/Gosch,* 12. Aufl, § 50d Rz 46). S jetzt aber zum neuen § 50d X 4 Rz 63. 61

bb) Rechtsfolge. Sondervergütungen gelten (Fiktion) gem **§ 50d X 1 aF** im Hinblick auf das jeweilige DBA als Unternehmensgewinne und zwar **rückwir-** 62

kend in allen noch nicht bestandskräftigen Fällen (§ 52 Abs 59a S 8 aF; FG Mchn EFG 09, 1954, rkr: verfassungsrechtl zulässige echte Rückwirkung, kein schutzwürdiges Vertrauen – mE zweifelhaft; offen gelassen in BFH I R 5/11 IStR 12, 222); die Subsidiaritätsklausel des Art 7 VII OECD MA soll damit verdrängt werden (latent abl BFH I R 74/09 BStBl II 14, 788, Rz 18: „Zirkelschluss"; s jetzt aber BFH I R 4/13 BStBl II 14, 791, Rz 22: „letztl formal-strikte Spitzfindigkeit"). Unberührt von der Fiktion bleibt jedenfalls die Frage der Zuordnung; diese richtet sich nach allg Verursachungs- und Veranlassungskriterien (s BFH I R 74/09 BStBl II 14, 788, Rz 14 und 19: autonome Abkommensauslegung, wirtschaftl-tatsächl Zuordnung, Ansatz als Aktivposten; bestätigt durch BFH I R 4/13 BStBl II 14, 791 Rz 18; zust auch *Schmidt* DStR 10, 2436; *Häck* IStR 11, 71; *Wassermeyer* IStR 11, 85/9; abl *Kammeter* IStR 11, 35; *Mitschke* FR 11, 182). Der BFH (aaO) hat es daher zutr abgelehnt, Lizenzzahlungen an eine ausl KapGes als Ges'ter der (Inlands-)Betriebsstätte der PersGes zuzuordnen. Im Falle einer natürl Person als Ges'ter wird man dies im Zweifel ebenso sehen müssen (vgl *Wassermeyer* IStR 10, 37/40).

63 **c) Neufassung durch das AmtshilfeRLUmsG, § 50d X 1–7 nF. – aa) Anwendungsbereich.** Auch die Neuregelung erfasst **persönl** sowohl im Inl ansässige Ges'ter einer ausl PersGes als auch im Ausl ansässige Ges'ter einer inl PersGes. – Der **sachl** Anwendungsbereich ist erweitert worden: **S 1 nF** bezieht sich wie die bisherige Regelung auf grenzüberschreitende Sondervergütungen iSd § 15 I 1 Nr 2 S 1 und Nr 3 (S 1 nF). **S 2 nF** erstreckt den Anwendungsbereich auch auf durch das Sonder-BV veranlasste Erträge und Aufwendungen (s BFH I R 4/13 BStBl II 14, 791, Rz 26: zB Darlehensverbindlichkeit ggü Ges'ter); zu Veräußerungseinkünften s allerdings auch BFH I R 63/06 BStBl II 09, 414, mwN (wirtschaftl Zugehörigkeit). Zu Mitveranlassung s *Schmidt* DStR 13, 1704 (1706) ; zu Sonder-BV II s FG Ddorf IStR 15, 828, mit Anm *Kahlenberg,* und *Gebhardt* IStR 15, 808; zu Gestaltungen, die zu einem doppelten Abzug von Sonder-BA führen können, s *Lüdicke* StbJb 97/98, 449 (477), *Menck* StBP 97, 173 (177) und *M. Müller* IStR 05, 181. Gem **S 4 nF** werden nunmehr auch mittelbare Beteiligungen iSd § 15 I 1 Nr 2 S 2 (doppel-/mehrstöckige PersGes) sowie nachträgl Einkünfte iSd § 15 I 2 erfasst (Reaktion des Gesetzgebers auf BFH I R 106/09 BStBl II 14, 759, und BFH I R 5/11 IStR 12, 222). Zu § 50d I 10 nF s insoweit *Schmidt* DStR 13, 1704 [1707]: Wertungswiderspruch. Nach **S 7 Nr 1 nF** sind Sondervergütungen sowie Erträge und Aufwendungen von gewerbl geprägte PersGes vom Anwendungsbereich des § 50d X nF ausgeschlossen (s aber zu Altfällen den neu eingefügten § 50i). Einkünfte aus selbständiger Arbeit werden hingegen gem **S 7 Nr 2 nF** ebenfalls von der Fiktion erfasst (zu Problemen s *Pohl* DB 13, 1572 [1577]). – Ebenso wie die bisherige Regelung steht auch § 50d X nF unter dem Vorbehalt, dass das jeweilige DBA **keine eigene Sonderregelung** zu Sondervergütungen enthält (s Rz 61; krit *Schnitger* ifst-Schrift Nr 492, S 81).

64 **bb) Rechtsfolge.** Die Sondervergütungen werden nach der **gesetzl Fiktion** des **§ 50d X 1 nF** für Zwecke des DBA in einen **„Teil des Unternehmensgewinns"** des betreffenden Ges'ters umqualifiziert (also Art 7 OECD-MA); welche Bedeutung dem zukommt, wenn ein DBA nur Regelungen zu „gewerblichen Gewinnen", nicht aber zu „Unternehmensgewinnen" enthält, hat der BFH ausdrückl offen gelassen (BFH I R 74/09 BStBl II 14, 788, Rz 17; dasselbe gilt für den Begriff „selbständige Arbeit" in S 7 Nr 2 nF). Ergänzend knüpft **§ 50d X 3 nF** an die Kritik des BFH (aaO, Rz 19) zu der bisherigen Regelung an und ordnet sowohl die Vergütung (HS 1) als auch die Erträge und Aufwendungen des Sonder-BV (HS 2), wiederum im Wege einer gesetzl Fiktion, derjenigen **Betriebsstätte** zu, in welcher der entspr Aufwand (zB Zinsaufwand für ein Ges'ter-Darlehen) anfällt, also idR der Geschäftsleitungsbetriebsstätte; dies soll ohne Rücksicht auf die

abkommensrechtl Betriebsstättenzurechnung erfolgen. – Damit erreicht die Regelung (jedenfalls) in der geänderten Fassung vom Grundsatz her den angestrebten Zweck, an ausl Ges'ter gezahlte Sondervergütungen im Inl als Unternehmensgewinne zu erfassen (s auch BFH I R 4/13 BStBl II 14, 791, Rz 21 ff).

cc) Steueranrechnung, § 50d X 5, 6 nF. Aufgrund der gesetzl vorgesehenen fiktiven Zuordnung werden die an den ausl Ges'ter einer inl PersGes gezahlten Sondervergütungen sowohl im Ausl (zB als Zinsen iSd Art 11 DBA-MA) als auch im Inl (als Unternehmensgewinne iSd Art 7 DBA-MA) besteuert. Gem **§ 50d X 5 nF** ist die im Ausl „nachweislich" festgesetzte und gezahlte Steuer auf die dt Steuer anzurechnen; den Nachweis muss der StPfl führen (s aber BFH I R 4/13 BStBl II 14, 791, Rz 43: ändert nichts am Völkerrechtsverstoß). Der Wortlaut der Regelung entspricht im Wesentl § 34c I 1, enthält aber zB keine Verweisung auf § 34c I 2 (zu den mögl Folgen s *Schmidt* DStR 13, 1704 [1707 f]; *BMF* BStBl I 14, 1258, Rz 5.1.3.1). Zur gebotenen, aber fehlenden Anrechnung auf die GewSt s *Schnitger* ifst-Schrift Nr 492, S 82 (mwN in FN 169). – Die Funktion von **§ 50d X 6 nF** ist nicht ganz klar, da im Falle von ausdrückl Regelungen für Sondervergütungen wegen des Vorbehalts in § 50d X 1 die gesamte Regelung ohnehin nicht anwendbar ist (s auch *Pohl* DB 13, 1572 [1576]; aA *Salzmann* IWB 13, 405). 65

d) Outbound-Fälle, § 50d X 8 nF (S 2 aF). Im Fall von Sondervergütungen, die eine ausl PersGes an einen im Inl ansässigen Ges'ter zahlt, soll § 50d X 8 nF (wie S 2 aF) das Entstehen sog „weißer Einkünfte" (doppelte Nichtbesteuerung) verhindern. § 50d IX 1 Nr 1 bleibt in diesen Fällen neben § 50d X anwendbar mit der Folge, dass ggf die Freistellung versagt wird (s Rz 57). 66

e) GewSt; Zinsschranke. Bei der Ermittlung des Gewerbeertrags ist § 50d X entspr anzuwenden (§ 7 S 6 GewStG, ebenfalls rückwirkend: § 36 V 2 GewStG). Zur Zinsschranke s *Boller ua* IStR 09, 109/13; *Lohbeck/Wagner* DB 09, 423. 67

6. Ausschluss des DBA-Schachtelprivilegs, § 50d XI. Eine weitere Reaktion des Gesetzgebers auf die Rspr des BFH ist der mit dem **GemFinRefG** (BGBl I 12, 1030) und mit Wirkung **ab VZ 2012** geschaffene § 50d XI. Der BFH hatte 2010 entschieden, dass es für die Anwendung des DBA-Schachtelprivilegs nach Art 20 DBA Frankreich allein auf die zivilrechtl Einordnung einer KGaA als juristische Person ankommt, nicht auf die innergesellschaftl Organisationsstruktur bzw die wirtschaftl oder strechtl Zurechnung der Dividendenzahlung (BFH I R 62/09 DStR 2010, 1712; zum Hintergrund s auch *Drüen/von Heek* DStR 12, 541, mwN; *Breuninger* JbFfSt 2012/2013, S 361 ff, mwN). Zur abkommensrechtl Verankerung s *Lüdicke* DStR 13, Beihefter zu Heft 10, S 26 ff (35). – **Zweck des § 50d XI** ist es, das abkommensrechtl Schachtelprivileg der KapGes als Zahlungsempfängerin der Dividenden nur insoweit zukommen zu lassen, als ihr die Dividenden nach dt Steuerrecht auch tatsächl zuzurechnen sind; soweit die Dividenden hingegen natürl Personen zugerechnet werden, soll die Anwendung des Schachtelprivileg ausgeschlossen sein (BT-Drs 17/8867, S 13: Verhinderung von Steuerausfällen; zur Einordnung der Regelung s *Lehner* IStR 12, 389 [396]). Betroffen sind sog „hybride" (Misch-)Gesellschaftsformen wie die KGaA oder die GmbH & atypisch Still, in denen sich Elemente von PersGes und KapGes vereinen. S iÜ auch *Hechtner* NWB 12, 546/7: „Ende des KGaA-Modells"; *Kollruss* DStZ 12, 702 (Defizite, Funktionsweise, Gestaltungsmöglichkeiten); *ders* StBp 12, 273 (stfreie Veräußerungsgewinne). Zu „mehrstöckigen" Strukturen s *Kollruss* BB 13, 157 (steuerl Gestaltungsspielräume). – Auch diese Regelung stellt ein ***treaty override*** dar, so dass sich hier ebenso wie bei § 50d VIII, IX und X (s Rz 60 aE) die Frage nach der Völkerrechts- und Verfassungswidrigkeit stellte (vgl jetzt aber Rz 52); s *Breuninger* JbFfSt 2012/2013, S 361 (372 f), und *Gosch* JbFfSt 2012/2013, S 375 f. 68

§ 50e Bußgeldvorschriften; Nichtverfolgung von Steuerstraftaten bei geringfügiger Beschäftigung in Privathaushalten

(1) [1] Ordnungswidrig handelt, wer vorsätzlich oder leichtfertig entgegen § 45d Absatz 1 Satz 1, § 45d Absatz 3 Satz 1, der nach § 45e erlassenen Rechtsverordnung oder den unmittelbar geltenden Verträgen mit den in Artikel 17 der Richtlinie 2003/48/EG genannten Staaten und Gebieten eine Mitteilung nicht, nicht richtig, nicht vollständig oder nicht rechtzeitig abgibt. [2] Die Ordnungswidrigkeit kann mit einer Geldbuße bis zu fünftausend Euro geahndet werden.

(1a) Verwaltungsbehörde im Sinne des § 36 Absatz 1 Nummer 1 des Gesetzes über Ordnungswidrigkeiten ist in den Fällen des Absatzes 1 Satz 1 das Bundeszentralamt für Steuern.

(2) [1] Liegen die Voraussetzungen des § 40a Absatz 2 vor, werden Steuerstraftaten (§§ 369 bis 376 der Abgabenordnung) als solche nicht verfolgt, wenn der Arbeitgeber in den Fällen des § 8a des Vierten Buches Sozialgesetzbuch entgegen § 41a Absatz 1 Nummer 1, auch in Verbindung mit Absatz 2 und 3 und § 51a, und § 40a Absatz 6 Satz 3 dieses Gesetzes in Verbindung mit § 28a Absatz 7 Satz 1 des Vierten Buches Sozialgesetzbuch für das Arbeitsentgelt die Lohnsteuer-Anmeldung und die Anmeldung der einheitlichen Pauschsteuer nicht oder nicht rechtzeitig durchführt und dadurch Steuern verkürzt oder für sich oder einen anderen nicht gerechtfertigte Steuervorteile erlangt. [2] Die Freistellung von der Verfolgung nach Satz 1 gilt auch für den Arbeitnehmer einer in Satz 1 genannten Beschäftigung, der die Finanzbehörde pflichtwidrig über steuerlich erhebliche Tatsachen aus dieser Beschäftigung in Unkenntnis lässt. [3] Die Bußgeldvorschriften der §§ 377 bis 384 der Abgabenordnung bleiben mit der Maßgabe anwendbar, dass § 378 der Abgabenordnung auch bei vorsätzlichem Handeln anwendbar ist.

1 **1. Bußgeld iZm der Nichtbefolgung der §§ 45d und 45e.** § 50e I ahndet eine unterlassene, unvollständige oder verspätete Mitteilung nach § 45d, der ZIV nach § 45e bzw der RiLi 2003/48/EG mit einer **Geldbuße von bis zu 5000 €.** Auf die Erläut zu § 45d, § 45e und *BMF* BStBl I 08, 320 und BStBl I 13, 1182 wird verwiesen. Die die KapErträge auszahlenden Stellen sollen angehalten werden, die Freistellungsanträge aufzubewahren und die geforderten Mitteilungen nach § 45d, § 45e an das BZSt abzugeben. Betroffen werden idR die für die Geschäftsführung verantwortl Personen sein. Durch das JStG 2009 ist die Regelung um den Verweis auf § 45d III 1 (Mitteilungspflichten inl Versicherungsvermittler) erweitert worden. Sachl zuständig für die Verfolgung der Steuerordnungswidrigkeiten nach 50e I ist gem § 50e Ia das *BZSt;* die FinVerw hatte dies auch bisher schon angenommen (sinngemäße Anwendung von § 36 I Nr 1 OWiG iVm §§ 409 S 1, § 387 I AO, s BT-Drs 18/1529, S 60).

2 **2. Nichtverfolgung von Steuerstraftaten bei geringfügiger Beschäftigung in Privathaushalten.** § 50e II soll verhindern, dass die Strafbewehrung nach dem Gesetz zur Intensivierung der Bekämpfung der Schwarzarbeit (BGBl I 2004, 1842; BStBl I 04, 906; dazu *Spatschek/Wulf/Fraedrich* DStR 05, 129) auf geringfügig Privathaushaltsbeschäftigte iSv § 8a SGB IV, für die eine Pauschalierung nach § 40a II mögl ist, durchschlägt (vgl auch § 3 „Geringfügige Beschäftigung" und § 35a). Das gilt für ArbG und ArbN. Die Bußgeldvorschriften der §§ 377–384 AO bleiben grds anwendbar.

§ 50f Bußgeldvorschriften

(1) **Ordnungswidrig handelt, wer vorsätzlich oder leichtfertig**

1. **entgegen § 22a Absatz 1 Satz 1 und 2 dort genannte Daten nicht, nicht richtig, nicht vollständig oder nicht rechtzeitig übermittelt oder eine Mitteilung nicht, nicht richtig, nicht vollständig oder nicht rechtzeitig macht oder**
2. **entgegen § 22a Absatz 2 Satz 9 die Identifikationsnummer für andere als die dort genannten Zwecke verwendet.**

(2) **Die Ordnungswidrigkeit kann in den Fällen des Absatzes 1 Nummer 1 mit einer Geldbuße bis zu fünfzigtausend Euro und in den übrigen Fällen mit einer Geldbuße bis zu zehntausend Euro geahndet werden.**

(3) **Verwaltungsbehörde im Sinne des § 36 Absatz 1 Nummer 1 des Gesetzes über Ordnungswidrigkeiten ist die zentrale Stelle nach § 81.**

Anmerkung: § 50f ist eingefügt worden durch das AltEinkG (anzuwenden ab 1.1.2005; Änderung durch JStG 2008; Erweiterung durch JStG 2010 (falsche oder verspätete Angaben nach § 22a I 1, 2; s iEinz Erläuterungen zu § 22a. 1

§ 50g Entlastung vom Steuerabzug bei Zahlungen von Zinsen und Lizenzgebühren zwischen verbundenen Unternehmen verschiedener Mitgliedstaaten der Europäischen Union

(1) [1]**Auf Antrag werden die Kapitalertragsteuer für Zinsen und die Steuer auf Grund des § 50a für Lizenzgebühren, die von einem Unternehmen der Bundesrepublik Deutschland oder einer dort gelegenen Betriebsstätte eines Unternehmens eines anderen Mitgliedstaates der Europäischen Union als Schuldner an ein Unternehmen eines anderen Mitgliedstaates der Europäischen Union oder an eine in einem anderen Mitgliedstaat der Europäischen Union gelegene Betriebsstätte eines Unternehmens eines Mitgliedstaates der Europäischen Union als Gläubiger gezahlt werden, nicht erhoben.** [2]**Erfolgt die Besteuerung durch Veranlagung, werden die Zinsen und Lizenzgebühren bei der Ermittlung der Einkünfte nicht erfasst.** [3]**Voraussetzung für die Anwendung der Sätze 1 und 2 ist, dass der Gläubiger der Zinsen oder Lizenzgebühren ein mit dem Schuldner verbundenes Unternehmen oder dessen Betriebsstätte ist.** [4]**Die Sätze 1 bis 3 sind nicht anzuwenden, wenn die Zinsen oder Lizenzgebühren an eine Betriebsstätte eines Unternehmens eines Mitgliedstaates der Europäischen Union als Gläubiger gezahlt werden, die in einem Staat außerhalb der Europäischen Union oder im Inland gelegen ist und in der die Tätigkeit des Unternehmens ganz oder teilweise ausgeübt wird.**

(2) **Absatz 1 ist nicht anzuwenden auf die Zahlung von**

1. **Zinsen,**
   a) **die nach deutschem Recht als Gewinnausschüttung behandelt werden (§ 20 Absatz 1 Nummer 1 Satz 2) oder**
   b) **die auf Forderungen beruhen, die einen Anspruch auf Beteiligung am Gewinn des Schuldners begründen;**
2. **Zinsen oder Lizenzgebühren, die den Betrag übersteigen, den der Schuldner und der Gläubiger ohne besondere Beziehungen, die zwischen den beiden oder einem von ihnen und einem Dritten auf Grund von Absatz 3 Nummer 5 Buchstabe b bestehen, vereinbart hätten.**

(3) **Für die Anwendung der Absätze 1 und 2 gelten die folgenden Begriffsbestimmungen und Beschränkungen:**

1. [1]Der Gläubiger muss der Nutzungsberechtigte sein. [2]Nutzungsberechtigter ist
a) ein Unternehmen, wenn es die Einkünfte im Sinne von § 2 Absatz 1 erzielt;
b) eine Betriebsstätte, wenn
aa) die Forderung, das Recht oder der Gebrauch von Informationen, auf Grund derer/dessen Zahlungen von Zinsen oder Lizenzgebühren geleistet werden, tatsächlich zu der Betriebsstätte gehört und
bb) die Zahlungen der Zinsen oder Lizenzgebühren Einkünfte darstellen, auf Grund derer die Gewinne der Betriebsstätte in dem Mitgliedstaat
der Europäischen Union, in dem sie gelegen ist, zu einer der in Nummer 5 Satz 1 Buchstabe a Doppelbuchstabe cc genannten Steuern beziehungsweise im Fall Belgiens dem „impôt des non-résidents/belasting der nietverblijfhouders" beziehungsweise im Fall Spaniens dem „Impuesto sobre la Renta de no Residentes" oder zu einer mit diesen Steuern identischen oder weitgehend ähnlichen Steuer herangezogen werden, die nach dem jeweiligen Zeitpunkt des Inkrafttretens der Richtlinie 2003/49/EG des Rates vom 3. Juni 2003 über eine gemeinsame Steuerregelung für Zahlungen von Zinsen und Lizenzgebühren zwischen verbundenen Unternehmen verschiedener Mitgliedstaaten (ABl. L 157 vom 26.6.2003, S. 49), die zuletzt durch die Richtlinie 2013/13/EU (ABl. L 141 vom 28.5.2013, S. 30) geändert worden ist, anstelle der bestehenden Steuern oder ergänzend zu ihnen eingeführt wird.

2. Eine Betriebsstätte gilt nur dann als Schuldner der Zinsen oder Lizenzgebühren, wenn die Zahlung bei der Ermittlung des Gewinns der Betriebsstätte eine steuerlich abzugsfähige Betriebsausgabe ist.

3. Gilt eine Betriebsstätte eines Unternehmens eines Mitgliedstaates der Europäischen Union als Schuldner oder Gläubiger von Zinsen oder Lizenzgebühren, so wird kein anderer Teil des Unternehmens als Schuldner oder Gläubiger der Zinsen oder Lizenzgebühren angesehen.

4. Im Sinne des Absatzes 1 sind
a) „Zinsen" Einkünfte aus Forderungen jeder Art, auch wenn die Forderungen durch Pfandrechte an Grundstücken gesichert sind, insbesondere Einkünfte aus öffentlichen Anleihen und aus Obligationen einschließlich der damit verbundenen Aufgelder und der Gewinne aus Losanleihen; Zuschläge für verspätete Zahlung und die Rückzahlung von Kapital gelten nicht als Zinsen;
b) „Lizenzgebühren" Vergütungen jeder Art, die für die Nutzung oder für das Recht auf Nutzung von Urheberrechten an literarischen, künstlerischen oder wissenschaftlichen Werken, einschließlich kinematografischer Filme und Software, von Patenten, Marken, Mustern oder Modellen, Plänen, geheimen Formeln oder Verfahren oder für die Mitteilung gewerblicher, kaufmännischer oder wissenschaftlicher Erfahrungen gezahlt werden; Zahlungen für die Nutzung oder das Recht auf Nutzung gewerblicher, kaufmännischer oder wissenschaftlicher Ausrüstungen gelten als Lizenzgebühren.

5. Die Ausdrücke „Unternehmen eines Mitgliedstaates der Europäischen Union", „verbundenes Unternehmen" und „Betriebsstätte" bedeuten:
a) „Unternehmen eines Mitgliedstaates der Europäischen Union" jedes Unternehmen, das
aa) eine der in Anlage 3 Nummer 1 zu diesem Gesetz aufgeführten Rechtsformen aufweist und
bb) nach dem Steuerrecht eines Mitgliedstaates in diesem Mitgliedstaat ansässig ist und nicht nach einem zwischen dem betreffenden Staat

und einem Staat außerhalb der Europäischen Union geschlossenen Abkommen zur Vermeidung der Doppelbesteuerung von Einkünften für steuerliche Zwecke als außerhalb der Gemeinschaft ansässig gilt und

cc) einer der in Anlage 3 Nummer 2 zu diesem Gesetz aufgeführten Steuern unterliegt und nicht von ihr befreit ist. [2]Entsprechendes gilt für eine mit diesen Steuern identische oder weitgehend ähnliche Steuer, die nach dem jeweiligen Zeitpunkt des Inkrafttretens der Richtlinie 2003/49/EG des Rates vom 3. Juni 2003 (ABl. L 157 vom 26.6.2003, S. 49), zuletzt geändert durch die Richtlinie 2013/13/EU (ABl. L 141 vom 28.5.2013, S. 30) anstelle der bestehenden Steuern oder ergänzend zu ihnen eingeführt wird.

[2]Ein Unternehmen ist im Sinne von Doppelbuchstabe bb in einem Mitgliedstaat der Europäischen Union ansässig, wenn es der unbeschränkten Steuerpflicht im Inland oder einer vergleichbaren Besteuerung in einem anderen Mitgliedstaat der Europäischen Union nach dessen Rechtsvorschriften unterliegt.

b) „Verbundenes Unternehmen" jedes Unternehmen, das dadurch mit einem zweiten Unternehmen verbunden ist, dass

aa) das erste Unternehmen unmittelbar mindestens zu 25 Prozent an dem Kapital des zweiten Unternehmens beteiligt ist oder

bb) das zweite Unternehmen unmittelbar mindestens zu 25 Prozent an dem Kapital des ersten Unternehmens beteiligt ist oder

cc) ein drittes Unternehmen unmittelbar mindestens zu 25 Prozent an dem Kapital des ersten Unternehmens und dem Kapital des zweiten Unternehmens beteiligt ist.

[2]Die Beteiligungen dürfen nur zwischen Unternehmen bestehen, die in einem Mitgliedstaat der Europäischen Union ansässig sind.

c) „Betriebsstätte" eine feste Geschäftseinrichtung in einem Mitgliedstaat der Europäischen Union, in der die Tätigkeit eines Unternehmens eines anderen Mitgliedstaates der Europäischen Union ganz oder teilweise ausgeübt wird.

(4) **[1]Die Entlastung nach Absatz 1 ist zu versagen oder zu entziehen, wenn der hauptsächliche Beweggrund oder einer der hauptsächlichen Beweggründe für Geschäftsvorfälle die Steuervermeidung oder der Missbrauch sind. [2]§ 50d Absatz 3 bleibt unberührt.**

(5) **Entlastungen von der Kapitalertragsteuer für Zinsen und der Steuer auf Grund des § 50a nach einem Abkommen zur Vermeidung der Doppelbesteuerung, die weiter gehen als die nach Absatz 1 gewährten, werden durch Absatz 1 nicht eingeschränkt.**

(6) **[1]Ist im Fall des Absatzes 1 Satz 1 eines der Unternehmen ein Unternehmen der Schweizerischen Eidgenossenschaft oder ist eine in der Schweizerischen Eidgenossenschaft gelegene Betriebsstätte eines Unternehmens eines anderen Mitgliedstaats der Europäischen Union Gläubiger der Zinsen oder Lizenzgebühren, gelten die Absätze 1 bis 5 entsprechend mit der Maßgabe, dass die Schweizerische Eidgenossenschaft insoweit einem Mitgliedstaat der Europäischen Union gleichgestellt ist. [2]Absatz 3 Nummer 5 Buchstabe a gilt entsprechend mit der Maßgabe, dass ein Unternehmen der Schweizerischen Eidgenossenschaft jedes Unternehmen ist, das**

1. eine der folgenden Rechtsformen aufweist:

– Aktiengesellschaft/société anonyme/società anonima;

– Gesellschaft mit beschränkter Haftung/société à responsabilité limitée/ società á responsabilità limitata;

– Kommanditaktiengesellschaft/société en commandite par actions/società in accomandita per azioni, und

2. nach dem Steuerrecht der Schweizerischen Eidgenossenschaft dort ansässig ist und nicht nach einem zwischen der Schweizerischen Eidgenossenschaft und einem Staat außerhalb der Europäischen Union geschlossenen Abkommen zur Vermeidung der Doppelbesteuerung von Einkünften für steuerliche Zwecke als außerhalb der Gemeinschaft oder der Schweizerischen Eidgenossenschaft ansässig gilt, und

3. unbeschränkt der schweizerischen Körperschaftsteuer unterliegt, ohne von ihr befreit zu sein.

Anlage 3 (zu § 50g) hier nicht abgedruckt; s hierzu Beck'sche Textausgaben „Steuergesetze" oder „Aktuelle Textausgabe 2015".

Schrifttum (vor 2011 s Vorauflagen): *Backu,* QuellenSt bei internationalen Softwareüberlassungs- und Distributionsverträgen, ITRB 12, 188; *Monteith,* StGestaltung mit Lizenzboxen, StuB 14, 883; *Ackermann,* Beschr StPfl bei KapEinkünften, IWB 15, 270.

1 **1. Verzicht auf Quellenbesteuerung, § 50g I.** Der Zinsen- und Lizenzgebührenfluss zw verbundenen Unternehmen soll erleichtert und eine Doppelbesteuerung vermieden werden (BR-Drs 619/4, 16; *HHR* Anm 1; evtl auch Auswirkungen auf § 8 Nr 1 GewStG (*Köhler* DStR 05, 227/31; *Goebel/Jacobs* IStR 09, 87: direkte Anwendung der RL). – Zu Dividenden an die MutterGes s § 43b. – **§ 50g** idF des EGAmtAnpG (BGBl I 04, 3112; BStBl I 04, 1148; *Köhler* DStR 05, 227/30; *Dörr* IStR 05, 109; *Korn/Strahl* KÖSDI 05, 14511/9; *Dautzenberg* StuB 05, 524; *Rehfeld/HHR* Anm 3) enthält die materiellen Bestimmungen zur Umsetzung der RL 2003/49/EG (ABl Nr L 157, 2003, 49) und 2004/66/EG (Anpassung an neue EU-Staaten ab 1.5.04), die die Befreiung von allen Steuern (weder Quellenabzug noch Veranlagung) **auf konzerninterne Zins- und Lizenzzahlungen** (im einstufigen Verhältnis; *Köhler* DStR 05, 227/31; *Blümich* Rz 59 f; *Frotscher* Rz 1) regelt (**StBefreiungstatbestand** wie DBA-Befreiung oder § 43b; Freistellung vom StAbzugsverfahren, § 50d II). – § 50g ist ggf richtlinienkonform auszulegen, die in Bezug genommenen Regelungen des OECD-MA „Vertragsstaatenkonform" (*Hahn* EWS 08, 273/8).

Beispiel: Ein deutsches Unternehmen (eine in Deutschland gelegene Betriebsstätte) zahlt als Schuldner an ein (verbundenes; Abs 1 S 3, Abs 3 Nr 5 Buchst b) EU-Unternehmen (Betriebsstätte; Abs 1 S 1, 4) als Gläubiger Zinsen bzw Lizenzgebühren; auf Antrag werden die KapESt und die § 50a-Steuer nicht erhoben. In seinem Ansässigkeitsstaat kann der Vergütungsgläubiger stpfl sein (*Frotscher* Rz 15). – Weitere Fälle *Hahn* EWS 08, 273 (Beteiligung an einer EU-ansässigen KapGes über eine PersGes oder über eine Betriebsstätte; Beteiligung an einer vermögensverwaltenden Ges in einem anderen Mitgliedstaat).

Das **Quellensteuer-Entlastungsverfahren** (nicht bei Veranlagung; Abs 1 S 2) lehnt sich eng an die in den DBA vorgesehenen Verfahren an (BR-Drs 619/04, 21). Die RL 2003/49/EG führt vornehml bei Lizenzgebührenzahlungen zu sachl Änderungen (BR-Drs 619/04, 21).

2 **2. Keine Befreiung. Abs 2** regelt die Fälle der Zahlung von Zinsen und Lizenzgebühren, auf die die RL-Befreiung nicht anwendbar ist, zB (verdeckte) Gewinnausschüttungen, gewinnabhängige oder unangemessen hohe Zinsen (BR-Drs 619/04, 22; *Köhler* DStR 05, 227/30); die Regelung dient der Missbrauchsverhinderung (*Frotscher* Rz 16; *HHR* Anm 8).

3 **3. Definitionen. Abs 3** enthält die notwendigen Definitionen (Gläubiger, Schuldner, Zinsen, Lizenzgebühren, verbundene Unternehmen); vgl iE BR-Drs 619/04, 22/3. **Anlage 3** bzw **3a** (ab 1.5.04) bestimmt die Unternehmen und Steuern iSd Abs 3 Nr 5 Buchst a, Doppelbuchst aa/cc.

4 **4. Weitere Einzelheiten. Abs 4** enthält einen Missbrauchs-Vorbehalt (iZm Art 5 II RL 2003/49/EG; *Hahn* IStR 10, 638; *HHR* Anm 17), **Abs 5** stellt klar,

dass weitergehende DBA-Entlastungen auch künftig zu gewähren sind. – §§ 50g, h gelten auch für Schweizer Unternehmen (**Abs 6** idF StÄndG 2007 für Zahlungen nach 30.6.05; *BMF* BStBl I 05, 858; *Tausch/Plenker* DB 06, 1512/8).

§ 50h Bestätigung für Zwecke der Entlastung von Quellensteuern in einem anderen Mitgliedstaat der Europäischen Union oder der Schweizerischen Eidgenossenschaft

Auf Antrag hat das Finanzamt, das für die Besteuerung eines Unternehmens der Bundesrepublik Deutschland oder einer dort gelegenen Betriebsstätte eines Unternehmens eines anderen Mitgliedstaats der Europäischen Union im Sinne des § 50g Absatz 3 Nummer 5 oder eines Unternehmens der Schweizerischen Eidgenossenschaft im Sinne des § 50g Absatz 6 Satz 2 zuständig ist, für die Entlastung von der Quellensteuer dieses Staats auf Zinsen oder Lizenzgebühren im Sinne des § 50g zu bescheinigen, dass das empfangende Unternehmen steuerlich im Inland ansässig ist oder die Betriebsstätte im Inland gelegen ist.

1. Zweck. **§ 50h** soll den Vollzug des § 50g und damit die Entlastung (Nicht- 1
erhebung) von der Quellensteuer auf Zinsen oder Lizenzgebühren (§ 50a) im Quellenstaat bei Zahlungen zwischen verbundenen Unternehmen sicherstellen.

2. Bestätigung. Das für das empfangende Unternehmen (bzw Betriebsstätte) 2
zuständige FA muss bestätigen, dass das empfangende Unternehmen (bzw Betriebsstätte) **im Inl** ansässig bzw gelegen ist (BR-Drs 619/04, 24; iEinz *HHR* Anm 2; *Korn/Strunk* Rz 1). Die Bestätigung ist antragsabhängig. Den Antrag können mE sowohl das inl als auch das ausl Unternehmen stellen, ggf auch Betriebsstätten (str; vgl *Korn* Rz 1; *K/S/M* Rz B 3; iEinz *OFD NW* EStG-Kartei DBA Allg Nr 811 – 2.12.15).

Beispiel: Eine dt MutterGes ist AlleinGes einer TochterGes in Italien. Die MutterGes vergibt Darlehen an die TochterGes, die Zinsen an die MutterGes zahlt. Das dt FA muss auf Antrag des ausl Stpfl eine Bestätigung ausstellen, damit der Quellenstaat Italien vom StAbzug absehen kann.

§ 50i Besteuerung bestimmter Einkünfte und Anwendung von Doppelbesteuerungsabkommen

(1) [1] **Sind Wirtschaftsgüter des Betriebsvermögens oder sind Anteile im Sinne des § 17 vor dem 29. Juni 2013 in das Betriebsvermögen einer Personengesellschaft im Sinne des § 15 Absatz 3 übertragen oder überführt worden, und ist eine Besteuerung der stillen Reserven im Zeitpunkt der Übertragung oder Überführung unterblieben, so ist der Gewinn, den ein Steuerpflichtiger, der im Sinne eines Abkommens zur Vermeidung der Doppelbesteuerung im anderen Vertragsstaat ansässig ist, aus der späteren Veräußerung oder Entnahme dieser Wirtschaftsgüter oder Anteile erzielt, ungeachtet entgegenstehender Bestimmungen des Abkommens zur Vermeidung der Doppelbesteuerung zu versteuern.** [2] **Als Übertragung oder Überführung von Anteilen im Sinne des § 17 in das Betriebsvermögen einer Personengesellschaft gilt auch die Gewährung neuer Anteile an eine Personengesellschaft, die bisher auch eine Tätigkeit im Sinne des § 15 Absatz 1 Satz 1 Nummer 1 ausgeübt hat oder gewerbliche Einkünfte im Sinne des 15 Absatz 1 Satz 1 Nummer 2 bezogen hat, im Rahmen der Einbringung eines Betriebs oder Teilbetriebs oder eines Mitunternehmeranteils dieser Personengesellschaft in eine Körperschaft nach § 20 des Umwandlungssteuergesetzes, wenn der Einbringungszeitpunkt vor dem 29. Juni 2013 liegt und die Personengesellschaft nach der Einbringung als Personengesellschaft im Sinne des § 15 Absatz 3 fortbesteht.** [3] **Auch die lau-**

fenden Einkünfte aus der Beteiligung an der Personengesellschaft, auf die die in Satz 1 genannten Wirtschaftsgüter oder Anteile übertragen oder überführt oder der im Sinne des Satzes 2 neue Anteile gewährt wurden, sind ungeachtet entgegenstehender Bestimmungen des Abkommens zur Vermeidung der Doppelbesteuerung zu versteuern. [4]Die Sätze 1 und 3 gelten sinngemäß, wenn Wirtschaftsgüter vor dem 29. Juni 2013 Betriebsvermögen eines Einzelunternehmens oder einer Personengesellschaft geworden sind, die deswegen Einkünfte aus Gewerbebetrieb erzielen, weil der Steuerpflichtige sowohl im überlassenden Betrieb als auch im nutzenden Betrieb allein oder zusammen mit anderen Gesellschaftern einen einheitlichen geschäftlichen Betätigungswillen durchsetzen kann und dem nutzenden Betrieb eine wesentliche Betriebsgrundlage zur Nutzung überlässt.

(2) [1]**Im Rahmen von Umwandlungen und Einbringungen im Sinne des § 1 des Umwandlungssteuergesetzes sind Sachgesamtheiten, die Wirtschaftsgüter und Anteile im Sinne des Absatzes 1 enthalten, abweichend von den Bestimmungen des Umwandlungssteuergesetzes, stets mit dem gemeinen Wert anzusetzen. [2]Ungeachtet des § 6 Absatz 3 und 5 gilt Satz 1 für die Überführung oder Übertragung**

1. **der Wirtschaftsgüter und Anteile im Sinne des Absatzes 1 aus dem Gesamthandsvermögen der Personengesellschaft im Sinne des Absatzes 1 oder aus dem Sonderbetriebsvermögen eines Mitunternehmers dieser Personengesellschaft oder**
2. **eines Mitunternehmeranteils an dieser Personengesellschaft**

entsprechend. [3]Werden die Wirtschaftsgüter oder Anteile im Sinne des Absatzes 1 von der Personengesellschaft für eine Betätigung im Sinne des § 15 Absatz 2 genutzt (Strukturwandel), gilt Satz 1 entsprechend. [4]Absatz 1 Satz 4 bleibt unberührt.

Einkommensteuer-Richtlinien/Verwaltungsschreiben: EStH 50i – *BMF* BStBl 16, 7 (Anwendung des § 50i II); *BMF* BStBl I 14, 1258, Rz 2.3.3 (Anwendung der DBA auf PersGes)

Übersicht

1 **1. Allgemeines. – a) Bedeutung; Hintergrund.** Mit § 50i hat der Gesetzgeber weitere Regelungen geschaffen, die ein **treaty override** enthalten. Sie dienen vor allem der steuerl Erfassung von Veräußerungs- und Entnahmegewinnen sowie von lfd Einkünften aus der Beteiligung eines in einem anderen DBA-Staat ansässigen Ges'ters an einer gewerbl geprägten oder infizierten PersGes (zB GmbH & Co. KG), wenn **vor dem 29.6.13** (Tag der Gesetzesverkündung) WG des BV oder Anteile iSd § 17 in das BV der Ges eingelegt worden sind. Die Regelungen sollen inl StSubstrat sichern und „Steuerausfälle in Mrd-Höhe" verhindern (BR-Drs 139/13, S 142). Allerdings ist, was die Auslegung und Anwendung der Regelungen angeht, vieles unklar und es wäre zu wünschen, dass sich der Gesetzgeber

hiermit noch einmal befasst (zutr *Lüdicke* FR 15, 132; zu der durchaus unterschiedl Bewertung durch die BReg s BT Plenarprotokoll 18/73, S 6967). Außerdem geht insb § 50i II weit über das hinaus, was fiskalisch notwendig wäre (s *Rödder* DB 15, 1422: existenzgefährdende Kollateralschäden). Zu dem Versuch, die „überschießende Wirkung" der Regelung nachträgl durch ein BMF-Schrb zu korrigieren, s Rz 16

Die FinVerw ging zunächst davon aus, dass Einkünfte eines ausl Ges'ters, der mit seinem Gewinnanteil aus der Beteiligung an einer gewerbl geprägten PersGes mit inl Betriebsstätte der beschr StPfl unterliegt, als Unternehmensgewinne iSd Art 7 OECD-MA im Inl stpfl sind (*BMF* BStBl I 10, 354, Rz 2.2.1); sie akzeptierte daher Gestaltungen, in denen StPfl, die einen Wegzug unter Aufgabe ihres inl Wohnsitzes planten, WG oder KapGes-Anteile zu Buchwerten in eine PersGes einbrachten, um einer **Wegzugbesteuerung nach § 6 AStG** zu entgehen (s *Loose/Wittkowski* IStR 11, 68, und *Schönfeld* IStR 11, 142). Es wurden entspr verbindl Auskünfte erteilt oder der StPfl wurde ohne Aufdeckung der stillen Reserven veranlagt. Inzwischen hat allerdings der BFH entschieden, dass die Fiktion der Gewerblichkeit nach § 15 I 1 Nr 2 nicht auf die abkommensrechtl Einkünftequalifikation durchschlägt (BFH I R 81/09 BStBl II 14, 754, zu abkommensautonomer Auslegung; BFH I R 95/10 BStBl II 14, 760, zu BetrAufsp). Die Gewinne, die ein ins Ausl verzogener Ges'ter erhält, fallen somit nicht unter Art 7 OECD-MA, sondern unter die übrigen Verteilungsartikel mit der Folge, dass das Besteuerungsrecht beim (ausl) Ansässigkeitsstatt des Ges'ters liegt. Dies würde eine **stfreie Entstrickung** ermöglichen; und ebendies soll mit § 50i verhindert werden. S iEinz *WRS/Schnittker* Rz 14.1 ff; *Prinz* DB 13, 1378; *Liekenbrock* IStR 13, 690; *Mitschke* FR 13, 694 (697 ff); *Kudert/Kahlenberg/Mroz* ISR 13, 365; *Thöben* IStR 13, 682.

b) Rechtsentwicklung; zeitl Anwendungsbereich. § 50i ist in seiner ursprüngl Form (jetzt § 50i I 1, 3 und 4) mit dem **AhRLUmsG** geschaffen worden. Durch das **Kroat-AnpG** sind § 50i I 2 eingefügt und II 1–4 angefügt worden (zur Verhinderung von ausweichenden StGestaltungen, s BT-Drs 18/1995, 106 f). – Gem § 52 Abs 48 nF (bzw § 52 Abs 59d aF) sollen § 50i I 1, 2 für alle Veräußerungen und Entnahmen von WG oder Anteilen gelten, die **nach dem 29.6.13** erfolgen (einschr in Bezug auf § 50i I 2 *HHR* § 50i Rz 4). § 50i I 3 soll für lfd Einkünfte in allen noch offenen Verfahren gelten (§ 52 Abs 48 S 2; krit *HHR* § 50i Rz 4). In allen übrigen Fällen werden Vorgänge erfasst, die sich nach dem 31.12.13 ereignen. 2

c) Verfassungsrecht; Europarecht. Ebenso wie bei § 50d VIII, IX und X bestanden auch in Bezug auf § 50i erhebl Zweifel an der **Völkerrechts- und VerfMäßigkeit des *treaty override*** (so *Prinz* DB 13, 1378, 1382; *Liekenbrock* IStR 13, 690, 697; aA *Mitschke* FR 13, 694/698. Allerdings hat jetzt das BVerfG die verfrechtl Zulässigkeit eines treaty override bejaht (BVerfG 2 BvL 1/2 BeckRS 2016, 41952). Darüber hinaus wirft die steuerl Erfassung ursprüngl stfrei realisierbarer Wertzuwächse die Frage nach einem mögl Verstoß gegen das **Rückwirkungsverbot** auf (s *FWBS/Liekenbrock* § 50i Rz 16 ff und 33 ff; einschr *HHR* § 50i Anm 4: nur bezügl der Erfassung lfd Einkünfte; zu § 50i I 2s Rz 9); allerdings wird man hier uU auch prüfen müssen, inwieweit StPfl im Hinblick auf die von ihnen gewählten Gestaltungen und die damit intendierten Rechtsfolgen (s Rz 1) auf eine stfreie Realisierung von Wertzuwächsen vertrauen durften (s auch *K/Gosch* § 50i Rz 4a). – Zu einem sich im Zweifel ergebenden Verstoß gegen **Unionsrecht** durch § 50i II s *Ettinger/Beuchert* IWB 14, 680, 685; *FWBS/Liekenbrock* § 50i Rz 46: unzulässige Diskriminierung; *WRS/Schnittker* Rz 14.57: erhebl Rechtsunsicherheit; *Prinz* GmbHR 14, R241 (Hinweis auf EuGH C-164/12 DStR 14, 193, Mindest-Erfordernis eines sachgerechten Besteuerungsaufschubs). 3

d) Verhältnis zu anderen Vorschriften. Zu §§ 4 I 3, 16 IIIa EStG und § 12 KStG s Rz 6. Zu § 1 AStG und § 50d X s *Prinz* DB 13, 1378, 1381 f („harmonisches Gesamtbild nicht erkennbar"). Ggü DBA-Vorschriften ist § 50i als *treaty override* vorrangig (zur Frage der VerfMäßigkeit s Rz 3). 4

5 **2. Persönl Anwendungsbereich.** § 50i gilt für (beschr und unbeschr) StPfl, die abkommensrechtl in einem anderen DBA-Staat ansässig (Art 4 OECD-MA) und Ges'ter einer PersGes iSd § 15 III (S 1–3) oder einer Besitz-PersGes iRe BetrAufsp sind (S 4). Es kann sich um **natürl Personen** oder (über § 8 I KStG) um **juristische Personen** handeln. Wann die abkommensrechtl Ansässigkeit in einem anderen DBA-Staat begründet wurde/wird bzw ob der Ges'ter überhaupt jemals im Inl ansässig gewesen ist, ist unerhebl; ein „Wegzug" aus dem Inl ist *kein* Tatbestandsmerkmal der Regelung (was im Hinblick auf die erklärten Regelungsziele sehr verwundert, so zutr *WRS/Schnittker* Rz 14.12 und 14.38). – Die **Regelungen des § 50i II** sind zwar so formuliert, dass sich, geht man allein vom Wortlaut aus, keine entspr Einschränkung des persönl Anwendungsbereichs ergibt. Allerdings folgt mE sowohl aus dem systematischen Zusammenhang der beiden Absätze des § 50i als auch aus der wiederholten Bezugnahme in § 50i II auf Tatbestandsmerkmale des § 50i I sowie schließl aus dem Regelungszweck der Vorschrift (s Rz 1), dass sich § 50i I und II hinsichtl des persönl Anwendungsbereich decken (s auch *Bodden* DB 14, 2371, 2374; *WRS/Schnittker* Rz 14.56 f, auch zu den sich daraus ergebenden unionsrechtl und verfrechtl Problemen; *Rödder* DB 15, 1422, 1424; *HHR* § 50i Rz 27: insb keine Anwendung auf Rückzugsfälle).

6 **3. Veräußerung und Entnahme, § 50i I 1. – a) Keine Besteuerung stiller Reserven.** Der Tatbestand des § 50i I 1 setzt zunächst zweierlei voraus: WG des BV oder Anteile iSd § 17 (s § 17 Rz 12 ff) müssen **vor dem 29.6.13** in das BV (auch Sonder-BV) einer PersGes iSd § 15 III (gewerbl infiziert oder gewerbl geprägt, s § 15 Rz 184 ff, 211 ff) übertragen oder überführt worden sein; und im Zeitpunkt der Übertragung (Rechtsträgerwechsel, ohne Rücksicht auf Entgeltlichkeit) bzw Überführung (kein Rechtsträgerwechsel) darf *keine* Besteuerung der stillen Reserven erfolgt sein (zur Folge einer Besteuerung stiller Reserven im Ausl s *WRS/Schnittker* Rz 14.12 Fn 34). Ausschließl gewerbl tätige PersGes werden von der Regelung nicht erfasst. Bei Doppel-/Mehrstöckigen PersGes ist § 50i auf jeder Ebene gesondert zu prüfen (s iEinz *FWBS/Liekenbrock* § 50i Rz 64 ff; *WRS/Schnittker* Rz 14.25). Aus welchem Grund eine Besteuerung der stillen Reserven unterblieben ist, ist unerhebl; die Regelung stellt nur auf das Ergebnis ab. – Der FinVerw zufolge sollen auch alteinbringungsgeborene Anteile unter die Regelung fallen (so *BMF* BStBl I 14, 1258, Rz 2.3.3; dagegen mit guten Gründen *Liekenbrock* IStR 13, 690, 693: kein Anteil iSd § 17). – In noch nicht bestandskräftigen Fällen schließt mE § 50i I 1 die **Anwendung der allg Entstrickungsnormen** (§§ 4 I 3, 16 IIIa, § 12 KStG) nicht aus (str, s iEinz *WRS/Schnittker* Rz 14.15 ff: kein Konkurrenzverhältnis; aA *K/Gosch* § 50i Rz 11; *Blümich/Pohl* § 50i Rz 15; *FWBS/Liekenbrock* § 50i Rz 49: „Sperrwirkung" des § 50i). Zu offenen Fragen iZm der Behandlung von „Altfällen" s iÜ die zutr Kritik von *Lüdicke* FR 15, 132 (insb auch zu der sich mit dem Inkrafttreten des § 50i ergebenden „Wieder-Verstrickung"; ihm folgend *WRS/Schnittker* Rz 14.19; aA *Hruschka* DStR 14, 2421, 2422 f).

7 **b) Steuerl Erfassung des Gewinns.** Im Falle einer **späteren Veräußerung oder Entnahme** des WG oder der Anteile (dh nach dem 29.6.13, s § 52 Abs 48 S 1; str, wie hier: *WRS/Schnittker* Rz 14.13; *K/Gosch* § 50i Rz 9; aA *Frotscher/Bäuml* § 50i Rz 33) ist der daraus resultierende Gewinn im Inl zu versteuern; auf die Zuweisung des Besteuerungsrechts nach DBA kommt es nicht an (*treaty override;* einschr *K/Gosch* § 50i Rz 10: fehlende „Doppelfiktion" bezügl Betriebsstätte iSv Art 5 OECD-MA und Zuordnung zu dieser Betriebsstätte, wie bei § 50d X aF; s aber *WRS/Schnittker* Rz 14.43: § 50i suspendiert DBA-Anwendung schon dem Grunde nach, ggf Prüfung von § 12 AO). Für die Veräußerung eines MUeranteils wird dies wegen des Transparenzprinzips ebenfalls gelten (*BMF* BStBl I 14, 1258, Rz 2.3.3.3; *Hruschka* IStR 14, 785, 787; einschr *Liekenbrock* IStR 13, 690, 696; aA *K/Gosch* § 50i Rz 14). Der **Begriff „Gewinn"** ist im allg Sinne zu ver-

stehen und umfasst auch Verluste (s § 4 Rz 2 aE und § 17 Rz 130; ebenso: *Pohl* IStR 13, 699, 701; *Prinz* DB 13, 1378, 1380; *WRS/Schnittker* Rz 14.48; iErg ebenso *HHR* § 50i Rz 17; aA *K/Gosch* § 50i Rz 22). – Stille Reserven, die uU erst **nach dem Wegzug** des Ges'ters entstehen, werden, da dem Gesetz insoweit keine Differenzierung zu entnehmen ist, in die Besteuerung einbezogen (zu Recht krit *Liekenbrock* IStR 13, 690, 697). Ohnehin kommt es nach dem Wortlaut der Regelung nicht darauf an, ob für die Gewinne, die damit steuerl erfasst werden, überhaupt jemals ein **inl Besteuerungsrecht** bestanden hat (s *FWBS/Liekenbrock* § 50i EStG Rz 57). Gleichwohl erscheint es in Anbetracht des eindeutigen Wortlauts nicht mögl, den im Hinblick auf die Gesetzesmaterialien zu weit gefasste sachl Anwendungsbereich im Wege der **teleologischen Reduktion** einzuschränken (str, wie hier: *K/Gosch* § 50i Rz 3; *WRS/Schnittker* Rz 14.12 und 14.38; aA – eine einschr Auslegung befürwortend: *Pohl* IStR 2013, 699, 702; *Bron* DStR 14, 1849, 1852; *HHR* § 50i Anm 16; wohl ebenso *Töben* IStR 13, 682, 684). – Zur Durchführung eines **Verständigungsverfahrens** bei Doppelbesteuerung s *BMF* aaO Rz 2.3.3.6.

c) Keine Anwendung des § 50i I 1. Sind WG/Anteile nach dem 28.6.13 in das BV einer PersGes iSd § 15 III übertragen oder überführt worden, ist der Tatbestand des § 50i I 1 nicht erfüllt; in diesem Fall muss allerdings geprüft werden, ob allg Entstrickungsregeln (§ 4 I 3, 4; § 6 V 1 HS 2; § 12 KStG; § 6 AStG) zum Tragen kommen. Darüber hinaus ist § 50i I 1 auch dann nicht anwendbar, wenn die Veräußerung oder Entnahmen von WG oder Anteilen vor dem 30.6.13 erfolgt ist (§ 52 Abs 48 S 1, s Rz 2); in diesem Fall sind auch nach Auffassung der FinVerw die Rechtsgrundsätze der BFH-Rspr (BFH I R 81/09 BStBl II 14, 754) anzuwenden (s *BMF* BStBl I 14, 1258, Rz 2.3.3.7, auch zur Erfassung nach § 4 I 3, 4 bei noch nicht bestandskräftiger Veranlagung). 8

4. Einbringung nach § 20 UmwStG, § 50i I 2. Im Wege einer **gesetzl Fiktion** werden Buchwerteinbringungen iSd § 20 UmwStG in die Regelung des S 1 mit einbezogen. Eine Einbringung nach § 20 UmwStG liegt mE auch in den Fällen der §§ 24, 25 UmwStG vor (str, s *Rödder/Kuhr/Heimig* Ubg 14, 477, 483 f.; *Bren* DStR 14, 1849). Der Einbringungszeitpunkt muss vor dem 29.6.13 liegen und es muss sich um eine PersGes handeln, die zuvor zumindest „auch" eine originär gewerbl Tätigkeit iSd § 15 I 1 Nr 1 ausgeübt hat oder MUerin gewesen ist. Rechtsfolge ist auch in diesem Fall die steuerl Erfassung stiller Reserven bei einer späteren Veräußerung (S 1); darüber hinaus sind auch die lfd Einkünfte zu versteuern (S 3). – Den Gesetzesmaterialien zufolge soll es sich ledigl um eine Klarstellung handeln (s BT-Drs 18/1995, 107 f); dagegen mit guten Gründen *FWBS/Liekenbrock* § 50i Rz 28 ff mwN und ebenso *Prinz* GmbHR 14, R241 (unter Hinweis auf BVerfG 1 BvL 5/08, NJW 14, 1581). 9

5. Laufende Einkünfte, § 50i I 3. § 50i I 3 knüpft an den Tatbestand des S 1 an (dh, die dort aufgeführten Voraussetzungen müssen erfüllt sein) und legt als weitere Rechtsfolge fest, dass auch die lfd Einkünfte, die der im DBA-Ausl ansässige Ges'ter aus der gewerbl infizierten oder geprägten PersGes erzielt, im Inl versteuert werden müssen; auf die Zuweisung des Besteuerungsrechts nach DBA kommt es auch hier nicht an. Die Rechtsfolge „sind ... zu versteuern" bezieht sich **ohne Differenzierung** auf „die" lfd Einkünfte aus der Beteiligung; dh es erfolgt keine Beschränkung auf Einkünfte, die iZm dem übertragenen WG oder Anteil stehen (str, glA *WRS/Schnittker* Rz 14.50; *K/Gosch* § 50i Rz 15; aA – für eine teleologische Reduktion – *Pohl* IStR 2014, 699, 702; *Bodden* DStR 15, 150, 156; *HHR* § 50i Anm 21). Allerdings ist aufgrund des systematischen Zusammenhangs mit S 1 von einer **zeitl Begrenzung** dergestalt auszugehen, dass eine Besteuerung lfd Einkünfte nicht mehr in Betracht kommt, wenn die nach S 1 maßgebl WG oder Anteile aus dem BV der PersGes ausgeschieden sind oder wenn die PersGes eine originär gewerbl Tätigkeit aufnimmt (so zutr *Liekenbrock* IStR 13, 690, 698; 10

grds ebenso *BMF* BStBl I 14, 1258 Rz 2.3.3.5, einschr hinsichtl § 21 UmwStG). – Erfasst werden von S 3 alle noch **nicht bestandskräftigen** StFestsetzungen (§ 52 Abs 48 S 2; krit *HHR* § 50i Rz 4).

11 **6. Betriebsaufspaltung, § 50i I 4.** Die Regelung beschreibt den Tatbestand einer BetrAufsp (s iEinz § 15 Rz 800 ff) und legt fest, dass S 1 und 3 in diesen Fällen entspr gelten, wenn WG vor dem 29.6.13 BV einer PersGes oder (ab VZ 2014, s § 52 Abs 48 S 3) eines Einzelunternehmers geworden sind. Das „gelten sinngemäß" setzt mE auch für S 4 voraus, dass im Zeitpunkt der Übertragung oder Überführung der WG **eine Besteuerung der stillen Reserven unterblieben** ist; ferner muss auch die Betriebsaufspaltung vor dem 29.6.13 begründet worden sein. Es handelt sich also um eine **Rechtsgrundverweisung** (*HHR* § 50i Anm 26). – Rechtsfolge soll auch hier die steuerl Erfassung eines Veräußerungs-/Entnahmegewinns im Wege des ***treaty override*** sein. Wegen der Verweisung auf S 3 werden in diesem Fall ebenfalls die **lfd Einkünfte** eines im Ausl ansässigen Ges'ters erfasst.

12 **7. Umwandlung und Einbringung (§ 1 UmwStG), § 50i II 1.** Zum persönl Anwendungsbereich s Rz 5 (einschr *HHR* § 50i Rz 27: auf Rückzugsfälle nicht anwendbar). – Sachl erfasst die Regelung Umwandlungen und Einbringungen iSv § 1 UmwStG (zu den erfassten Vorgängen s iEinz *Rödder/Kuhr/Heimig* Ubg 14, 477; *FWBS/Liekenbrock* § 50i Rz 149 ff; *WRS/Schnittker* § 50i Rz 14.63 ff; zum Hintergrund s auch *Bron* DStR 14, 1849, 1852). Diese müssen **„Sachgesamtheiten"** betreffen, die WG oder Anteile iSv § 50i I enthalten, also solche, die vor dem 29.6.13 in das BV einer gewerbl infizierten oder geprägten PersGes (§ 15 III) übertragen oder überführt worden sind, ohne dass im Zeitpunkt der Übertragung/Überführung eine Besteuerung der stillen Reserven erfolgt ist (s Rz 6; vgl *WRS/Schnittker* Rz 14.58 ff). „Sachgesamtheit" kann ein Betrieb, ein Teilbetrieb oder auch ein MUeranteil sein (zu den Begriffen s § 6 Rz 646 ff mwN). – Als Rechtsfolge sieht § 50i II 1 für Umwandlungen und Einbringungen iSv § 1 UmwStG die sofortige **Aufdeckung *aller* stillen Reserven** vor. Diese Rechtsfolge erfasst „die Sachgesamtheit" als solche, also sämtl WG, nicht nur die vor dem 29.6.13 übertragenen oder überführten WG und Anteile (str, aA *Rödder/Kuhr/Heimig* Ubg 14, 477, 479; *Kurt/Kahlenberg/Mroz* ISR 14, 257, 262; *Bodden* DStR 15, 150, 156; wie hier *K/Gosch* § 50i Rz 27). Auch mit dieser weitreichenden Folge geht die Regelung weit über das hinaus, was ihrem erklärten Sinn und Zweck nach erforderl wäre (s bereits Rz 7; vgl *Rödder/Kuhr/Heimig* Ubg 14, 477, 482; s auch *WRS/Schnittker* Rz 14.61: Vermeidung durch vorherige Veräußerung oder Entnahme von § 50i-verstrickten WG/Anteilen). – Mit der Umwandlung/Einbringung **endet die § 50i-Verhaftung** der betroffenen WG/Anteile, da nunmehr eine Besteuerung der darin enthaltenen stillen Reserven erfolgt ist (vgl *FWBS/Liekenbrock* § 50i Rz 173). Dies gilt auch für die Erfassung lfd Einkünfte nach § 50i I 3.

13 **8. Überführung und Übertragung (§ 6 III und V), § 50i II 2.** Zum persönl Anwendungsbereich s wiederum Rz 5; Überführungen und Übertragungen eines im Inl ansässigen Ges'ters werden mE nicht erfasst (str, aA *K/Gosch* § 50i Rz 28; s auch *Schnittker* FR 15, 134, 136 f mwN). – Sachl gilt die Regelung (nur) für Überführungen und Übertragungen von WG und Anteilen iSd § 17 ***aus* dem BV oder Sonder-BV** einer PersGes (Nr 1) sowie für die **unentgeltl Übertragung eines MUer-Anteils** (Nr 2; zum Begriff s § 6 Rz 648; zum Hintergrund der beiden Regelungen s *WRS/Schnittker* Rz 14.85 und 14.87). Es muss sich auch hier um eine PersGes iSd § 50i I handeln und zu deren BV müssen WG/Anteile iSd § 50i I gehören (wie bei § 50i II 1, s Rz 12). – In beiden Fällen ist der **Ansatz mit dem gemeinen Wert** zwingend („gilt Satz 1"); die Fortführung der Buchwerte nach § 6 III und V wird damit ausgeschlossen. Diese Rechtsfolge bezieht sich im Fall von Nr 1 nur auf das jeweils überführte WG, im Fall von Nr 2 auf den

gesamten übertragenen Ges'teranteil (zutr die Kritik von *WRS/Schnittker* Rz 14.82 und 14.87: „überschießende Wirkung"), nicht aber auf die Anteile der übrigen Ges'ter (einschr *HHR* § 50i Rz 28 mwN: nur bei konkreter Gefährdung oder Verlust des dt Besteuerungsrechts).

9. Strukturwandel, § 50i II 3. Zum persönl Anwendungsbereich s Rz 5. – Sachl geht es auch hier um WG oder Anteile iSv § 17, die vor dem 29.6.13 in das BV einer gewerbl infizierten oder geprägten PersGes (§ 15 III) übertragen oder überführt worden sind. Diese müssen von der PersGes **für eine (echte) gewerbl Tätigkeit iSd § 15 II genutzt** werden (zumindest als gewillkürtes BV, s *FWBS/Liekenbrock* § 50i Rz 194). Der Tatbestand ist auch bei einer entspr Nutzung ab Übertragung oder Überführung erfüllt (s *WRS/Schnittker* Rz 14.89 und 14.95: „Wandel" tatbestandl nicht erforderl). – Die Bezugnahme auf Satz 1 „gilt entspr" bezieht sich mE nur auf die dort ausgesprochene Rechtsfolge, so dass von dem **Ansatz mit dem gemeinen Wert** nur die WG oder Anteile iSd § 50i I betroffen sind (s auch *FWBS/Liekenbrock* § 50i Rz 198; aA *WRS/Schnittker* Rz 14.90: Ansatz des gesamten BV mit dem Teilwert). – Der Sinn dieser Regelung erschließt sich dem Kommentator allerdings nicht so recht. Möglicherweise geht es darum, den Fall einer gewerbl Nutzung der betroffenen WG oder Anteile in einer ausl Betriebsstätte in den Anwendungsbereich des § 50i miteinzubeziehen (vgl *WRS/Schnittker* Rz 14.93, mit Beispiel). Dann sollte dies aber im Gesetz auch so festgehalten werden. 14

10. Keine Anwendung bei Betriebsaufspaltung, § 50i II 4. Die Regelung ist so kryptisch gehalten, dass man im Grunde alles hineinlesen kann (vgl *FWBS/Liekenbrock* § 50i Rz 200 mit Fn 4; *Rödder/Kuhr/Heimig* Ubg 14, 477 mit Fn 45), was die Frage nach ihrer hinreichenden Bestimmtheit aufwirft. ME soll § 50i II 4 gewährleisten, dass es in den Fällen einer BetrAufsp iSd § 50i I 4 bei der dort festgelegten Rechtsfolge der steuerl Erfassung (erst) eines Veräußerungs- oder Entnahmegewinns bleibt (s Rz 11). Diese Regelung wird nicht durch § 50i II 3 verdrängt (so auch *WRS/Schnittker* Rz 14.96; gegenteiliger Ansicht ist allerdings *FWBS/Liekenbrock* § 50i Rz 200). 15

11. „Entschärfung" durch Steuererlass? In den parlamentarischen Gremien und im Schrifttum ist wiederholt gefordert worden, die Regelungen insb des § 50i II müssten wegen ihrer überschießenden Wirkung „entschärft" werden (s zB BT-Drs 18/3960, S 18; *Rödder* DB 15, 1422). Eine Bund-Länder-Arbeitsgruppe hat sich daraufhin in mehreren Sitzungen „intensiv mit der äußerst komplexen Thematik" befasst (s BT-Drs 18/6094, S 75) und eine überraschend einfache Lösung gefunden: In allen Fällen des **§ 50i II 1–3,** in denen das dt Besteuerungsrecht hinsichtl der lfd Einkünfte und des Gewinns aus der Veräußerung oder Entnahme der betroffenen WG *nicht* ausgeschlossen oder beschränkt wird, sind die fragl Regelungen auf Antrag der beteiligten StPfl nicht anzuwenden. Diese Lösung wird allerdings nicht im Gesetz verankert, sondern ist in einem **BMF-Schreiben** niedergelegt worden (*BMF* vom 21.12.15 BStBl I 16, 7). Die FÄ werden darin angewiesen, die Steuern in den einzeln beschriebenen Fällen **aus Gründen sachl Unbilligkeit abweichend festzusetzen** (ausführl Erläuterungen bei *van Linhaut/Hanning* FR 16, 50; *Benz/Böhmer* DStR 16, 145). Eine gesetzl Grundlage für diese Vorgehensweise wird in dem Schreiben nicht genannt; die gewählte Formulierung weist aber auf § 163 AO hin (abw Festsetzung von Steuern aus Billigkeitsgründen). 16

Kritik: Das ist allerdings **nicht unproblematisch:** Das materielle Steuerrecht steht nicht zur Disposition der FinVerw, auch nicht mit Zustimmung des StPfl (Art 20 III, 3 I GG; § 85 AO; s auch *T/K* § 78 FGO Rz 8). Ein FA kann nicht ohne weiteres auf den gesetzl begründeten StAnspruch verzichten (s BFH I R 40/12 BStBl II 14, 272, Rz 25f). Auch Billigkeitsmaßnahmen nach §§ 163, 227 AO stehen nicht im Belieben der FÄ; insb ist das Erlassverfahren nicht dazu da, generelle **Unzulänglichkeiten des Gesetzes** auszugleichen (vgl *T/K* § 227 Rz 54a). Umstände, die der Gesetzgeber bei der Ausgestaltung des gesetzl Tatbestands bewusst in Kauf genommen hat, können daher auch nicht im Wege eines Billigkeitserlasses korrigiert werden (BFH X R 23/11 BFH/NV 14, 660 Rz 16 mwN). Nur dort, wo eine StFestsetzung den Wertungen des Gesetzgebers im konkreten Einzelfall derart zuwiderliefe, dass sie zu einem vom Gesetzgeber *offensichtl nicht gewollten Ergebnis* führen würde, ist ein Erlass aus Gründen sachl Unbilligkeit gerechtfertigt (vgl *Klein* AO § 163 Rz 32). Im Fall des § 50i II 1–3 spricht in Anbetracht der weit gefassten Tatbestandsmerkmale und der im Grunde unmissverständl Aussagen in den Gesetzesmaterialien (vgl BT-Drs 18/1995, S 107) einiges dafür, dass der Gesetzgeber die überschießende Wirkung der Regelungen **bewusst in Kauf genommen** hat (aA wohl van *Linhaut/Hanning* FR 16, 50). Dann kann dies aber nicht im Erlasswege durch die FinVerw korrigiert werden. Es bedarf einer **Korrektur durch den Gesetzgeber.** Zu bedenken ist dabei auch, dass ggü den Gerichten einem BMF-Schreiben als bloßer Verwaltungsanweisung **keine bindende Wirkung** zukommt; verstößt die Verwaltungsanweisung gegen materielles Recht, darf sie vom FG auch dann nicht angewendet werden, wenn dies den StPfl im Ergebnis begünstigen würde (BFH I R 40/12 BStBl II 14, 272, Rz 26). Der Steuererlass wäre damit nicht einklagbar.

§ 51 Ermächtigungen

(1) **Die Bundesregierung wird ermächtigt, mit Zustimmung des Bundesrates**

1. zur Durchführung dieses Gesetzes Rechtsverordnungen zu erlassen, soweit dies zur Wahrung der Gleichmäßigkeit bei der Besteuerung, zur Beseitigung von Unbilligkeiten in Härtefällen, zur Steuerfreistellung des Existenzminimums oder zur Vereinfachung des Besteuerungsverfahrens erforderlich ist, und zwar:

a) über die Abgrenzung der Steuerpflicht, die Beschränkung der Steuererklärungspflicht auf die Fälle, in denen eine Veranlagung in Betracht kommt, über die den Einkommensteuererklärungen beizufügenden Unterlagen und über die Beistandspflichten Dritter;

b) über die Ermittlung der Einkünfte und die Feststellung des Einkommens einschließlich der abzugsfähigen Beträge;

c) über die Höhe von besonderen Betriebsausgaben-Pauschbeträgen für Gruppen von Betrieben, bei denen hinsichtlich der Besteuerungsgrundlagen annähernd gleiche Verhältnisse vorliegen, wenn der Steuerpflichtige Einkünfte aus Gewerbebetrieb (§ 15) oder selbständiger Arbeit (§ 18) erzielt, in Höhe eines Prozentsatzes der Umsätze im Sinne des § 1 Absatz 1 Nummer 1 des Umsatzsteuergesetzes; Umsätze aus der Veräußerung von Wirtschaftsgütern des Anlagevermögens sind nicht zu berücksichtigen. [2]Einen besonderen Betriebsausgaben-Pauschbetrag dürfen nur Steuerpflichtige in Anspruch nehmen, die ihren Gewinn durch Einnahme-Überschussrechnung nach § 4 Absatz 3 ermitteln. [3]Bei der Festlegung der Höhe des besonderen Betriebsausgaben-Pauschbetrags ist der Zuordnung der Betriebe entsprechend der Klassifikation der Wirtschaftszweige, Fassung für Steuerstatistiken, Rechnung zu tragen. [4]Bei der Ermittlung der besonderen Betriebsausgaben-Pauschbeträge sind alle Betriebsausgaben mit Ausnahme der an das Finanzamt gezahlten Umsatzsteuer zu berücksichtigen. [5]Bei der Veräußerung oder Entnahme von Wirtschaftsgütern des Anlagevermögens sind die Anschaffungs- oder Herstellungskosten, vermindert um die Absetzungen für Abnutzung nach § 7 Absatz 1 oder 4 sowie die Veräußerungskosten neben dem besonderen Betriebsausgaben-Pauschbetrag abzugsfähig. [6]Der Steuerpflichtige kann im folgenden Veranlagungszeitraum zur Ermittlung der tatsächlichen Betriebsausgaben übergehen. [7]Wechselt der Steuerpflichtige zur Ermittlung der tatsächlichen Betriebsausgaben, sind die abnutzbaren Wirtschaftsgüter des Anlagevermögens mit ihren Anschaffungs- oder Herstellungskosten, vermindert

um die Absetzungen für Abnutzung nach § 7 Absatz 1 oder 4, in ein laufend zu führendes Verzeichnis aufzunehmen. [8]§ 4 Absatz 3 Satz 5 bleibt unberührt. [9]Nach dem Wechsel zur Ermittlung der tatsächlichen Betriebsausgaben ist eine erneute Inanspruchnahme des besonderen Betriebsausgaben-Pauschbetrags erst nach Ablauf der folgenden vier Veranlagungszeiträume zulässig; die §§ 140 und 141 der Abgabenordnung bleiben unberührt;

d) über die Veranlagung, die Anwendung der Tarifvorschriften und die Regelung der Steuerentrichtung einschließlich der Steuerabzüge;

e) über die Besteuerung der beschränkt Steuerpflichtigen einschließlich eines Steuerabzugs;

f) in Fällen, in denen ein Sachverhalt zu ermitteln und steuerrechtlich zu beurteilen ist, der sich auf Vorgänge außerhalb des Geltungsbereichs dieses Gesetzes bezieht, und außerhalb des Geltungsbereichs dieses Gesetzes ansässige Beteiligte oder andere Personen nicht wie bei Vorgängen innerhalb des Geltungsbereichs dieses Gesetzes zur Mitwirkung bei der Ermittlung des Sachverhalts herangezogen werden können, zu bestimmen,

aa) in welchem Umfang Aufwendungen im Sinne des § 4 Absatz 4 oder des § 9 den Gewinn oder den Überschuss der Einnahmen über die Werbungskosten nur unter Erfüllung besonderer Mitwirkungs- und Nachweispflichten mindern dürfen. [2]Die besonderen Mitwirkungs- und Nachweispflichten können sich erstrecken auf

aaa) die Angemessenheit der zwischen nahestehenden Personen im Sinne des § 1 Absatz 2 des Außensteuergesetzes in ihren Geschäftsbeziehungen vereinbarten Bedingungen,

bbb) die Angemessenheit der Gewinnabgrenzung zwischen unselbständigen Unternehmensteilen,

ccc) die Pflicht zur Einhaltung von für nahestehende Personen geltenden Dokumentations- und Nachweispflichten auch bei Geschäftsbeziehungen zwischen nicht nahestehenden Personen,

ddd) die Bevollmächtigung der Finanzbehörde durch den Steuerpflichtigen, in seinem Namen mögliche Auskunftsansprüche gegenüber den von der Finanzbehörde benannten Kreditinstituten außergerichtlich und gerichtlich geltend zu machen;

bb) dass eine ausländische Gesellschaft ungeachtet des § 50d Absatz 3 nur dann einen Anspruch auf völlige oder teilweise Entlastung vom Steuerabzug nach § 50d Absatz 1 und 2 oder § 44a Absatz 9 hat, soweit sie die Ansässigkeit der an ihr unmittelbar oder mittelbar beteiligten natürlichen Personen, deren Anteil unmittelbar oder mittelbar 10 Prozent übersteigt, darlegt und nachweisen kann;

cc) dass § 2 Absatz 5b Satz 1, § 32d Absatz 1 und § 43 Absatz 5 in Bezug auf Einkünfte im Sinne des § 20 Absatz 1 Nummer 1 und die steuerfreien Einnahmen nach § 3 Nummer 40 Satz 1 und 2 nur dann anzuwenden sind, wenn die Finanzbehörde bevollmächtigt wird, im Namen des Steuerpflichtigen mögliche Auskunftsansprüche gegenüber den von der Finanzbehörde benannten Kreditinstituten außergerichtlich und gerichtlich geltend zu machen.

[2]Die besonderen Nachweis- und Mitwirkungspflichten auf Grund dieses Buchstabens gelten nicht, wenn die außerhalb des Geltungsbereichs dieses Gesetzes ansässigen Beteiligten oder andere Personen in einem Staat oder Gebiet ansässig sind, mit dem ein Abkommen besteht, das die Erteilung von Auskünften entsprechend Artikel 26 des Musterabkommens der OECD zur Vermeidung der Doppelbesteuerung auf dem Gebiet

der Steuern vom Einkommen und vom Vermögen in der Fassung von 2005 vorsieht oder der Staat oder das Gebiet Auskünfte in einem vergleichbaren Umfang erteilt oder die Bereitschaft zu einer entsprechenden Auskunftserteilung besteht;

2. Vorschriften durch Rechtsverordnung zu erlassen

a) über die sich aus der Aufhebung oder Änderung von Vorschriften dieses Gesetzes ergebenden Rechtsfolgen, soweit dies zur Wahrung der Gleichmäßigkeit bei der Besteuerung oder zur Beseitigung von Unbilligkeiten in Härtefällen erforderlich ist;

b) *(weggefallen)*

c) über den Nachweis von Zuwendungen im Sinne des § 10b einschließlich erleichterter Nachweisanforderungen;

d) über Verfahren, die in den Fällen des § 38 Absatz 1 *Satz 1* Nummer 2 den Steueranspruch der Bundesrepublik Deutschland sichern oder die sicherstellen, dass bei Befreiungen im Ausland ansässiger Leiharbeitnehmer von der Steuer der Bundesrepublik Deutschland auf Grund von Abkommen zur Vermeidung der Doppelbesteuerung die ordnungsgemäße Besteuerung im Ausland gewährleistet ist. [2] Hierzu kann nach Maßgabe zwischenstaatlicher Regelungen bestimmt werden, dass

aa) der Entleiher in dem hierzu notwendigen Umfang an derartigen Verfahren mitwirkt,

bb) er sich im Haftungsverfahren nicht auf die Freistellungsbestimmungen des Abkommens berufen kann, wenn er seine Mitwirkungspflichten verletzt;

e) bis m) *(weggefallen)*

n) über Sonderabschreibungen

aa) im Tiefbaubetrieb des Steinkohlen-, Pechkohlen-, Braunkohlen- und Erzbergbaues bei Wirtschaftsgütern des Anlagevermögens unter Tage und bei bestimmten mit dem Grubenbetrieb unter Tage in unmittelbarem Zusammenhang stehenden, der Förderung, Seilfahrt, Wasserhaltung und Wetterführung sowie der Aufbereitung des Minerals dienenden Wirtschaftsgütern des Anlagevermögens über Tage, soweit die Wirtschaftsgüter

für die Errichtung von neuen Förderschachtanlagen, auch in Form von Anschlussschachtanlagen,

für die Errichtung neuer Schächte sowie die Erweiterung des Grubengebäudes und den durch Wasserzuflüsse aus stillliegenden Anlagen bedingten Ausbau der Wasserhaltung bestehender Schachtanlagen,

für Rationalisierungsmaßnahmen in der Hauptschacht-, Blindschacht-, Strecken- und Abbauförderung, im Streckenvortrieb, in der Gewinnung, Versatzwirtschaft, Seilfahrt, Wetterführung und Wasserhaltung sowie in der Aufbereitung,

für die Zusammenfassung von mehreren Förderschachtanlagen zu einer einheitlichen Förderschachtanlage und

für den Wiederaufschluss stillliegender Grubenfelder und Feldesteile,

bb) im Tagebaubetrieb des Braunkohlen- und Erzbergbaues bei bestimmten Wirtschaftsgütern des beweglichen Anlagevermögens (Grubenaufschluss, Entwässerungsanlagen, Großgeräte sowie Einrichtungen des Grubenrettungswesens und der Ersten Hilfe und im Erzbergbau auch Aufbereitungsanlagen), die

für die Erschließung neuer Tagebaue, auch in Form von Anschlusstagebauen, für Rationalisierungsmaßnahmen bei laufenden Tagebauen,

beim Übergang zum Tieftagebau für die Freilegung und Gewinnung der Lagerstätte und
für die Wiederinbetriebnahme stillgelegter Tagebaue
von Steuerpflichtigen, die den Gewinn nach § 5 ermitteln, vor dem 1. Januar 1990 angeschafft oder hergestellt werden. [2]Die Sonderabschreibungen können bereits für Anzahlungen auf Anschaffungskosten und für Teilherstellungskosten zugelassen werden. [3]Hat der Steuerpflichtige vor dem 1. Januar 1990 die Wirtschaftsgüter bestellt oder mit ihrer Herstellung begonnen, so können die Sonderabschreibungen auch für nach dem 31. Dezember 1989 und vor dem 1. Januar 1991 angeschaffte oder hergestellte Wirtschaftsgüter sowie für vor dem 1. Januar 1991 geleistete Anzahlungen auf Anschaffungskosten und entstandene Teilherstellungskosten in Anspruch genommen werden. [4]Voraussetzung für die Inanspruchnahme der Sonderabschreibungen ist, dass die Förderungswürdigkeit der bezeichneten Vorhaben von der obersten Landesbehörde für Wirtschaft im Einvernehmen mit dem Bundesministerium für Wirtschaft und Energie bescheinigt worden ist. [5]Die Sonderabschreibungen können im Wirtschaftsjahr der Anschaffung oder Herstellung und in den vier folgenden Wirtschaftsjahren in Anspruch genommen werden, und zwar bei beweglichen Wirtschaftsgütern des Anlagevermögens bis zu insgesamt 50 Prozent, bei unbeweglichen Wirtschaftsgütern des Anlagevermögens bis zu insgesamt 30 Prozent der Anschaffungs- oder Herstellungskosten. [6]Bei den begünstigten Vorhaben im Tagebaubetrieb des Braunkohlen- und Erzbergbaues kann außerdem zugelassen werden, dass die vor dem 1. Januar 1991 aufgewendeten Kosten für den Vorabraum bis zu 50 Prozent als sofort abzugsfähige Betriebsausgaben behandelt werden;

o) *(weggefallen)*

p) über die Bemessung der Absetzungen für Abnutzung oder Substanzverringerung bei nicht zu einem Betriebsvermögen gehörenden Wirtschaftsgütern, die vor dem 21. Juni 1948 angeschafft oder hergestellt oder die unentgeltlich erworben sind. [2]Hierbei kann bestimmt werden, dass die Absetzungen für Abnutzung oder Substanzverringerung nicht nach den Anschaffungs- oder Herstellungskosten, sondern nach Hilfswerten (am 21. Juni 1948 maßgebender Einheitswert, Anschaffungs- oder Herstellungskosten des Rechtsvorgängers abzüglich der von ihm vorgenommenen Absetzungen, fiktive Anschaffungskosten an einem noch zu bestimmenden Stichtag) zu bemessen sind. [3]Zur Vermeidung von Härten kann zugelassen werden, dass anstelle der Absetzungen für Abnutzung, die nach dem am 21. Juni 1948 maßgebenden Einheitswert zu bemessen sind, der Betrag abgezogen wird, der für das Wirtschaftsgut in dem Veranlagungszeitraum 1947 als Absetzung für Abnutzung geltend gemacht werden konnte. [4]Für das Land Berlin tritt in den Sätzen 1 bis 3 an die Stelle des 21. Juni 1948 jeweils der 1. April 1949;

q) über erhöhte Absetzungen bei Herstellungskosten

aa) für Maßnahmen, die für den Anschluss eines im Inland belegenen Gebäudes an eine Fernwärmeversorgung einschließlich der Anbindung an das Heizsystem erforderlich sind, wenn die Fernwärmeversorgung überwiegend aus Anlagen der Kraft-Wärme-Kopplung, zur Verbrennung von Müll oder zur Verwertung von Abwärme gespeist wird,

bb) für den Einbau von Wärmepumpenanlagen, Solaranlagen und Anlagen zur Wärmerückgewinnung in einem im Inland belegenen Gebäude einschließlich der Anbindung an das Heizsystem, cc) für die Errichtung von Windkraftanlagen, wenn die mit diesen Anlagen erzeugte Energie überwiegend entweder unmittelbar oder durch Verrechnung mit Elektrizitätsbezügen des Steuerpflichtigen von einem Elektrizitätsversorgungsunternehmen zur Versorgung eines im Inland belegenen Gebäudes des Steuerpflichtigen verwendet wird, einschließlich der Anbindung an das Versorgungssystem des Gebäudes,

dd) für die Errichtung von Anlagen zur Gewinnung von Gas, das aus pflanzlichen oder tierischen Abfallstoffen durch Gärung unter Sauerstoffabschluss entsteht, wenn dieses Gas zur Beheizung eines im Inland belegenen Gebäudes des Steuerpflichtigen oder zur Warmwasserbereitung in einem solchen Gebäude des Steuerpflichtigen verwendet wird, einschließlich der Anbindung an das Versorgungssystem des Gebäudes,

ee) für den Einbau einer Warmwasseranlage zur Versorgung von mehr als einer Zapfstelle und einer zentralen Heizungsanlage oder bei einer zentralen Heizungs- und Warmwasseranlage für den Einbau eines Heizkessels, eines Brenners, einer zentralen Steuerungseinrichtung, einer Wärmeabgabeeinrichtung und eine Änderung der Abgasanlage in einem im Inland belegenen Gebäude oder in einer im Inland belegenen Eigentumswohnung, wenn mit dem Einbau nicht vor Ablauf von zehn Jahren seit Fertigstellung dieses Gebäudes begonnen worden ist und der Einbau nach dem 30. Juni 1985 fertiggestellt worden ist; Entsprechendes gilt bei Anschaffungskosten für neue Einzelöfen, wenn keine Zentralheizung vorhanden ist.

[2] Voraussetzung für die Gewährung der erhöhten Absetzungen ist, dass die Maßnahmen vor dem 1. Januar 1992 fertiggestellt worden sind; in den Fällen des Satzes 1 Doppelbuchstabe aa müssen die Gebäude vor dem 1. Juli 1983 fertiggestellt worden sein, es sei denn, dass der Anschluss nicht schon im Zusammenhang mit der Errichtung des Gebäudes möglich war. [3] Die erhöhten Absetzungen dürfen jährlich 10 Prozent der Aufwendungen nicht übersteigen. [4] Sie dürfen nicht gewährt werden, wenn für dieselbe Maßnahme eine Investitionszulage in Anspruch genommen wird. [5] Sind die Aufwendungen Erhaltungsaufwand und entstehen sie bei einer zu eigenen Wohnzwecken genutzten Wohnung im eigenen Haus, für die der Nutzungswert nicht mehr besteuert wird, und liegen in den Fällen des Satzes 1 Doppelbuchstabe aa die Voraussetzungen des Satzes 2 zweiter Halbsatz vor, so kann der Abzug dieser Aufwendungen wie Sonderausgaben mit gleichmäßiger Verteilung auf das Kalenderjahr, in dem die Arbeiten abgeschlossen worden sind, und die neun folgenden Kalenderjahre zugelassen werden, wenn die Maßnahme vor dem 1. Januar 1992 abgeschlossen worden ist;

r) nach denen Steuerpflichtige größere Aufwendungen

aa) für die Erhaltung von nicht zu einem Betriebsvermögen gehörenden Gebäuden, die überwiegend Wohnzwecken dienen,

bb) zur Erhaltung eines Gebäudes in einem förmlich festgelegten Sanierungsgebiet oder städtebaulichen Entwicklungsbereich, die für Maßnahmen im Sinne des § 177 des Baugesetzbuchs sowie für bestimmte Maßnahmen, die der Erhaltung, Erneuerung und funktionsgerechten Verwendung eines Gebäudes dienen, das wegen seiner geschichtlichen, künstlerischen oder städtebaulichen Bedeutung erhalten bleiben soll, und zu deren Durchführung sich der Eigentümer neben bestimmten Modernisierungsmaßnahmen gegenüber der Gemeinde verpflichtet hat, aufgewendet worden sind, cc) zur Erhaltung von Gebäuden, die nach den jeweiligen landesrechtlichen Vorschriften Baudenkmale sind, soweit die Aufwendungen nach Art und Umfang zur Erhaltung des Gebäudes als Baudenkmal und zu seiner sinnvollen Nutzung erforderlich sind,

auf zwei bis fünf Jahre gleichmäßig verteilen können. [2] In den Fällen der Doppelbuchstaben bb und cc ist Voraussetzung, dass der Erhaltungsaufwand vor dem 1. Januar 1990 entstanden ist. [3] In den Fällen von Doppelbuchstabe cc sind die Denkmaleigenschaft des Gebäudes und die Voraussetzung, dass die Aufwendungen nach Art und Umfang zur Erhaltung des Gebäudes als Baudenkmal und zu seiner sinnvollen Nutzung erforderlich sind, durch eine Bescheinigung der nach Landesrecht zuständigen oder von der Landesregierung bestimmten Stelle nachzuweisen;

s) nach denen bei Anschaffung oder Herstellung von abnutzbaren beweglichen und bei Herstellung von abnutzbaren unbeweglichen Wirtschaftsgütern des Anlagevermögens auf Antrag ein Abzug von der Einkommensteuer für den Veranlagungszeitraum der Anschaffung oder Herstellung bis zur Höhe von 7,5 Prozent der Anschaffungs- oder Herstellungskosten dieser Wirtschaftsgüter vorgenommen werden kann, wenn eine Störung des gesamtwirtschaftlichen Gleichgewichts eingetreten ist oder sich abzeichnet, die eine nachhaltige Verringerung der Umsätze oder der Beschäftigung zur Folge hatte oder erwarten lässt, insbesondere bei einem erheblichen Rückgang der Nachfrage nach Investitionsgütern oder Bauleistungen. [2] Bei der Bemessung des von der Einkommensteuer abzugsfähigen Betrags dürfen nur berücksichtigt werden

aa) die Anschaffungs- oder Herstellungskosten von beweglichen Wirtschaftsgütern, die innerhalb eines jeweils festzusetzenden Zeitraums, der ein Jahr nicht übersteigen darf (Begünstigungszeitraum), angeschafft oder hergestellt werden,

bb) die Anschaffungs- oder Herstellungskosten von beweglichen Wirtschaftsgütern, die innerhalb des Begünstigungszeitraums bestellt und angezahlt werden oder mit deren Herstellung innerhalb des Begünstigungszeitraums begonnen wird, wenn sie innerhalb eines Jahres, bei Schiffen innerhalb zweier Jahre nach Ablauf des Begünstigungszeitraums geliefert oder fertiggestellt werden. [2] Soweit bewegliche Wirtschaftsgüter im Sinne des Satzes 1 mit Ausnahme von Schiffen nach Ablauf eines Jahres, aber vor Ablauf zweier Jahre nach dem Ende des Begünstigungszeitraums geliefert oder fertiggestellt werden, dürfen bei Bemessung des Abzugs von der Einkommensteuer die bis zum Ablauf eines Jahres nach dem Ende des Begünstigungszeitraums aufgewendeten Anzahlungen und Teilherstellungskosten berücksichtigt werden,

cc) die Herstellungskosten von Gebäuden, bei denen innerhalb des Begünstigungszeitraums der Antrag auf Baugenehmigung gestellt wird, wenn sie bis zum Ablauf von zwei Jahren nach dem Ende des Begünstigungszeitraums fertiggestellt werden;

dabei scheiden geringwertige Wirtschaftsgüter im Sinne des § 6 Absatz 2 und Wirtschaftsgüter, die in gebrauchtem Zustand erworben werden, aus. [3] Von der Begünstigung können außerdem Wirtschaftsgüter ausgeschlossen werden, für die Sonderabschreibungen, erhöhte Absetzungen oder die Investitionszulage nach § 19 des Berlinförderungsgesetzes in Anspruch genommen werden. [4] In den Fällen des Satzes 2 Doppelbuchstabe bb und cc können bei Bemessung des von der Einkommensteuer abzugsfähigen Betrags bereits die im Begünstigungszeitraum, im Fall des Satzes 2 Doppelbuchstabe bb Satz 2 auch die bis

zum Ablauf eines Jahres nach dem Ende des Begünstigungszeitraums aufgewendeten Anzahlungen und Teilherstellungskosten berücksichtigt werden; der Abzug von der Einkommensteuer kann insoweit schon für den Veranlagungszeitraum vorgenommen werden, in dem die Anzahlungen oder Teilherstellungskosten aufgewendet worden sind. [5]Übersteigt der von der Einkommensteuer abzugsfähige Betrag die für den Veranlagungszeitraum der Anschaffung oder Herstellung geschuldete Einkommensteuer, so kann der übersteigende Betrag von der Einkommensteuer für den darauf folgenden Veranlagungszeitraum abgezogen werden. [6]Entsprechendes gilt, wenn in den Fällen des Satzes 2 Doppelbuchstabe bb und cc der Abzug von der Einkommensteuer bereits für Anzahlungen oder Teilherstellungskosten geltend gemacht wird. [7]Der Abzug von der Einkommensteuer darf jedoch die für den Veranlagungszeitraum der Anschaffung oder Herstellung und den folgenden Veranlagungszeitraum insgesamt zu entrichtende Einkommensteuer nicht übersteigen. [8]In den Fällen des Satzes 2 Doppelbuchstabe bb Satz 2 gilt dies mit der Maßgabe, dass an die Stelle des Veranlagungszeitraums der Anschaffung oder Herstellung der Veranlagungszeitraum tritt, in dem zuletzt Anzahlungen oder Teilherstellungskosten aufgewendet worden sind. [9]Werden begünstigte Wirtschaftsgüter von Gesellschaften im Sinne des § 15 Absatz 1 Satz 1 Nummer 2 und 3 angeschafft oder hergestellt, so ist der abzugsfähige Betrag nach dem Verhältnis der Gewinnanteile einschließlich der Vergütungen aufzuteilen. [10]Die Anschaffungs- oder Herstellungskosten der Wirtschaftsgüter, die bei Bemessung des von der Einkommensteuer abzugsfähigen Betrags berücksichtigt worden sind, werden durch den Abzug von der Einkommensteuer nicht gemindert. [11]Rechtsverordnungen auf Grund dieser Ermächtigung bedürfen der Zustimmung des Bundestages. [12]Die Zustimmung gilt als erteilt, wenn der Bundestag nicht binnen vier Wochen nach Eingang der Vorlage der Bundesregierung die Zustimmung verweigert hat;

t) *(weggefallen)*

u) über Sonderabschreibungen bei abnutzbaren Wirtschaftsgütern des Anlagevermögens, die der Forschung oder Entwicklung dienen und nach dem 18. Mai 1983 und vor dem 1. Januar 1990 angeschafft oder hergestellt werden. [2]Voraussetzung für die Inanspruchnahme der Sonderabschreibungen ist, dass die beweglichen Wirtschaftsgüter ausschließlich und die unbeweglichen Wirtschaftsgüter zu mehr als 33$^1/_3$ Prozent der Forschung oder Entwicklung dienen. [3]Die Sonderabschreibungen können auch für Ausbauten und Erweiterungen an bestehenden Gebäuden, Gebäudeteilen, Eigentumswohnungen oder im Teileigentum stehenden Räumen zugelassen werden, wenn die ausgebauten oder neu hergestellten Gebäudeteile zu mehr als 33$^1/_3$ Prozent der Forschung oder Entwicklung dienen. [4]Die Wirtschaftsgüter dienen der Forschung oder Entwicklung, wenn sie verwendet werden

aa) zur Gewinnung von neuen wissenschaftlichen oder technischen Erkenntnissen und Erfahrungen allgemeiner Art (Grundlagenforschung) oder

bb) zur Neuentwicklung von Erzeugnissen oder Herstellungsverfahren oder

cc) zur Weiterentwicklung von Erzeugnissen oder Herstellungsverfahren, soweit wesentliche Änderungen dieser Erzeugnisse oder Verfahren entwickelt werden.

[5]Die Sonderabschreibungen können im Wirtschaftsjahr der Anschaffung oder Herstellung und in den vier folgenden Wirtschaftsjahren in Anspruch genommen werden, und zwar

aa) bei beweglichen Wirtschaftsgütern des Anlagevermögens bis zu insgesamt 40 Prozent,

bb) bei unbeweglichen Wirtschaftsgütern des Anlagevermögens, die zu mehr als $66^2/_3$ Prozent der Forschung oder Entwicklung dienen, bis zu insgesamt 15 Prozent, die nicht zu mehr als $66^2/_3$ Prozent, aber zu mehr als $33^1/_3$ Prozent der Forschung oder Entwicklung dienen, bis zu insgesamt 10 Prozent,

cc) bei Ausbauten und Erweiterungen an bestehenden Gebäuden, Gebäudeteilen, Eigentumswohnungen oder im Teileigentum stehenden Räumen, wenn die ausgebauten oder neu hergestellten Gebäudeteile zu mehr als $66^2/_3$ Prozent der Forschung oder Entwicklung dienen, bis zu insgesamt 15 Prozent, zu nicht mehr als $66^2/_3$ Prozent, aber zu mehr als $33^1/_3$ Prozent der Forschung oder Entwicklung dienen, bis zu insgesamt 10 Prozent

der Anschaffungs- oder Herstellungskosten. [6]Sie können bereits für Anzahlungen auf Anschaffungskosten und für Teilherstellungskosten zugelassen werden. [7]Die Sonderabschreibungen sind nur unter der Bedingung zuzulassen, dass die Wirtschaftsgüter und die ausgebauten oder neu hergestellten Gebäudeteile mindestens drei Jahre nach ihrer Anschaffung oder Herstellung in dem erforderlichen Umfang der Forschung oder Entwicklung in einer inländischen Betriebsstätte des Steuerpflichtigen dienen;

v) *(weggefallen)*

w) über Sonderabschreibungen bei Handelsschiffen, die auf Grund eines vor dem 25. April 1996 abgeschlossenen Schiffbauvertrags hergestellt, in einem inländischen Seeschiffsregister eingetragen und vor dem 1. Januar 1999 von Steuerpflichtigen angeschafft oder hergestellt worden sind, die den Gewinn nach § 5 ermitteln. [2]Im Fall der Anschaffung eines Handelsschiffes ist weitere Voraussetzung, dass das Schiff vor dem 1. Januar 1996 in ungebrauchtem Zustand vom Hersteller oder nach dem 31. Dezember 1995 auf Grund eines vor dem 25. April 1996 abgeschlossenen Kaufvertrags bis zum Ablauf des vierten auf das Jahr der Fertigstellung folgenden Jahres erworben worden ist. [3]Bei Steuerpflichtigen, die in eine Gesellschaft im Sinne des § 15 Absatz 1 Satz 1 Nummer 2 und Absatz 3 nach Abschluss des Schiffbauvertrags (Unterzeichnung des Hauptvertrags) eingetreten sind, dürfen Sonderabschreibungen nur zugelassen werden, wenn sie der Gesellschaft vor dem 1. Januar 1999 beitreten. [4]Die Sonderabschreibungen können im Wirtschaftsjahr der Anschaffung oder Herstellung und in den vier folgenden Wirtschaftsjahren bis zu insgesamt 40 Prozent der Anschaffungs- oder Herstellungskosten in Anspruch genommen werden. [5]Sie können bereits für Anzahlungen auf Anschaffungskosten und für Teilherstellungskosten zugelassen werden. [6]Die Sonderabschreibungen sind nur unter der Bedingung zuzulassen, dass die Handelsschiffe innerhalb eines Zeitraums von acht Jahren nach ihrer Anschaffung oder Herstellung nicht veräußert werden; für Anteile an einem Handelsschiff gilt dies entsprechend. [7]Die Sätze 1 bis 6 gelten für Schiffe, die der Seefischerei dienen, entsprechend. [8]Für Luftfahrzeuge, die vom Steuerpflichtigen hergestellt oder in ungebrauchtem Zustand vom Hersteller erworben worden sind und die zur gewerbsmäßigen Beförderung von Personen oder Sachen im internationalen Luftverkehr oder zur Verwendung zu sonstigen gewerblichen Zwecken im Ausland bestimmt sind, gelten die Sätze 1 bis 4 und 6 mit der Maßgabe entsprechend, dass an die Stelle der Eintragung in ein inländisches Seeschiffsregister die Eintragung in die deutsche Luftfahrzeugrolle, an die Stelle des Höchstsatzes von 40 Prozent

ein Höchstsatz von 30 Prozent und bei der Vorschrift des Satzes 6 an die Stelle des Zeitraums von acht Jahren ein Zeitraum von sechs Jahren treten;

x) über erhöhte Absetzungen bei Herstellungskosten für Modernisierungs- und Instandsetzungsmaßnahmen im Sinne des § 177 des Baugesetzbuchs sowie für bestimmte Maßnahmen, die der Erhaltung, Erneuerung und funktionsgerechten Verwendung eines Gebäudes dienen, das wegen seiner geschichtlichen, künstlerischen oder städtebaulichen Bedeutung erhalten bleiben soll, und zu deren Durchführung sich der Eigentümer neben bestimmten Modernisierungsmaßnahmen gegenüber der Gemeinde verpflichtet hat, die für Gebäude in einem förmlich festgelegten Sanierungsgebiet oder städtebaulichen Entwicklungsbereich aufgewendet worden sind; Voraussetzung ist, dass die Maßnahmen vor dem 1. Januar 1991 abgeschlossen worden sind. [2]Die erhöhten Absetzungen dürfen jährlich 10 Prozent der Aufwendungen nicht übersteigen;

y) über erhöhte Absetzungen für Herstellungskosten an Gebäuden, die nach den jeweiligen landesrechtlichen Vorschriften Baudenkmale sind, soweit die Aufwendungen nach Art und Umfang zur Erhaltung des Gebäudes als Baudenkmal und zu seiner sinnvollen Nutzung erforderlich sind; Voraussetzung ist, dass die Maßnahmen vor dem 1. Januar 1991 abgeschlossen worden sind. [2]Die Denkmaleigenschaft des Gebäudes und die Voraussetzung, dass die Aufwendungen nach Art und Umfang zur Erhaltung des Gebäudes als Baudenkmal und zu seiner sinnvollen Nutzung erforderlich sind, sind durch eine Bescheinigung der nach Landesrecht zuständigen oder von der Landesregierung bestimmten Stelle nachzuweisen. [3]Die erhöhten Absetzungen dürfen jährlich 10 Prozent der Aufwendungen nicht übersteigen;

3. die in § 4a Absatz 1 Satz 2 Nummer 1, § 10 Absatz 5, § 22 Nummer 1 Satz 3 Buchstabe a, § 26a Absatz 3, § 34c Absatz 7, § 46 Absatz 5 und § 50a Absatz 6 vorgesehenen Rechtsverordnungen zu erlassen.

(2) [1]Die Bundesregierung wird ermächtigt, durch Rechtsverordnung Vorschriften zu erlassen, nach denen die Inanspruchnahme von Sonderabschreibungen und erhöhten Absetzungen sowie die Bemessung der Absetzung für Abnutzung in fallenden Jahresbeträgen ganz oder teilweise ausgeschlossen werden können, wenn eine Störung des gesamtwirtschaftlichen Gleichgewichts eingetreten ist oder sich abzeichnet, die erhebliche Preissteigerungen mit sich gebracht hat oder erwarten lässt, insbesondere, wenn die Inlandsnachfrage nach Investitionsgütern oder Bauleistungen das Angebot wesentlich übersteigt. [2]Die Inanspruchnahme von Sonderabschreibungen und erhöhten Absetzungen sowie die Bemessung der Absetzung für Abnutzung in fallenden Jahresbeträgen darf nur ausgeschlossen werden

1. für bewegliche Wirtschaftsgüter, die innerhalb eines jeweils festzusetzenden Zeitraums, der frühestens mit dem Tage beginnt, an dem die Bundesregierung ihren Beschluss über die Verordnung bekannt gibt, und der ein Jahr nicht übersteigen darf, angeschafft oder hergestellt werden. [2]Für bewegliche Wirtschaftsgüter, die vor Beginn dieses Zeitraums bestellt und angezahlt worden sind oder mit deren Herstellung vor Beginn dieses Zeitraums angefangen worden ist, darf jedoch die Inanspruchnahme von Sonderabschreibungen und erhöhten Absetzungen sowie die Bemessung der Absetzung für Abnutzung in fallenden Jahresbeträgen nicht ausgeschlossen werden;
2. für bewegliche Wirtschaftsgüter und für Gebäude, die in dem in Nummer 1 bezeichneten Zeitraum bestellt werden oder mit deren Herstellung

in diesem Zeitraum begonnen wird. [2]Als Beginn der Herstellung gilt bei Gebäuden der Zeitpunkt, in dem der Antrag auf Baugenehmigung gestellt wird.

[3]Rechtsverordnungen auf Grund dieser Ermächtigung bedürfen der Zustimmung des Bundestages und des Bundesrates. [4]Die Zustimmung gilt als erteilt, wenn der Bundesrat nicht binnen drei Wochen, der Bundestag nicht binnen vier Wochen nach Eingang der Vorlage der Bundesregierung die Zustimmung verweigert hat.

(3) **[1]Die Bundesregierung wird ermächtigt, durch Rechtsverordnung mit Zustimmung des Bundesrates Vorschriften zu erlassen, nach denen die Einkommensteuer einschließlich des Steuerabzugs vom Arbeitslohn, des Steuerabzugs vom Kapitalertrag und des Steuerabzugs bei beschränkt Steuerpflichtigen**

1. **um höchstens 10 Prozent herabgesetzt werden kann. [2]Der Zeitraum, für den die Herabsetzung gilt, darf ein Jahr nicht übersteigen; er soll sich mit dem Kalenderjahr decken. [3]Voraussetzung ist, dass eine Störung des gesamtwirtschaftlichen Gleichgewichts eingetreten ist oder sich abzeichnet, die eine nachhaltige Verringerung der Umsätze oder der Beschäftigung zur Folge hatte oder erwarten lässt, insbesondere bei einem erheblichen Rückgang der Nachfrage nach Investitionsgütern und Bauleistungen oder Verbrauchsgütern;**
2. **um höchstens 10 Prozent erhöht werden kann. [2]Der Zeitraum, für den die Erhöhung gilt, darf ein Jahr nicht übersteigen; er soll sich mit dem Kalenderjahr decken. [3]Voraussetzung ist, dass eine Störung des gesamtwirtschaftlichen Gleichgewichts eingetreten ist oder sich abzeichnet, die erhebliche Preissteigerungen mit sich gebracht hat oder erwarten lässt, insbesondere, wenn die Nachfrage nach Investitionsgütern und Bauleistungen oder Verbrauchsgütern das Angebot wesentlich übersteigt.**

[2]Rechtsverordnungen auf Grund dieser Ermächtigung bedürfen der Zustimmung des Bundestages.

(4) **Das Bundesministerium der Finanzen wird ermächtigt,**

1. **im Einvernehmen mit den obersten Finanzbehörden der Länder die Vordrucke für**
   a) *(weggefallen)*
   b) die Erklärungen zur Einkommensbesteuerung,
   c) die Anträge nach § 38b Absatz 2, nach § 39a Absatz 2, in dessen Vordrucke der Antrag nach § 39f einzubeziehen ist, die Anträge nach § 39a Absatz 4 sowie die Anträge zu den elektronischen Lohnsteuerabzugsmerkmalen (§ 38b Absatz 3 und § 39e Absatz 6 Satz 7),
   d) die Lohnsteuer-Anmeldung (§ 41a Absatz 1),
   e) die Anmeldung der Kapitalertragsteuer (§ 45a Absatz 1) und den Freistellungsauftrag nach § 44a Absatz 2 Satz 1 Nummer 1,
   f) die Anmeldung des Abzugsbetrags (§ 48a),
   g) die Erteilung der Freistellungsbescheinigung (§ 48b),
   h) die Anmeldung der Abzugsteuer (§ 50a),
   i) die Entlastung von der Kapitalertragsteuer und vom Steuerabzug nach § 50a auf Grund von Abkommen zur Vermeidung der Doppelbesteuerung

   und die Muster der Bescheinigungen für den Lohnsteuerabzug nach § 39 Absatz 3 Satz 1 und § 39e Absatz 7 Satz 5, des Ausdrucks der elektronischen Lohnsteuerbescheinigung (§ 41b Absatz 1), das Muster der Lohnsteuerbescheinigung nach § 41b Absatz 3 Satz 1, der Anträge auf Erteilung einer Bescheinigung für den Lohnsteuerabzug nach § 39 Absatz 3 Satz 1

und § 39e Absatz 7 Satz 1 sowie der in § 45a Absatz 2 und 3 und § 50a Absatz 5 Satz 6 vorgesehenen Bescheinigungen zu bestimmen;

1a. im Einvernehmen mit den obersten Finanzbehörden der Länder auf der Basis der §§ 32a und 39b einen Programmablaufplan für die Herstellung von Lohnsteuertabellen zur manuellen Berechnung der Lohnsteuer aufzustellen und bekannt zu machen. [2]Der Lohnstufenabstand beträgt bei den Jahrestabellen 36. [3]Die in den Tabellenstufen auszuweisende Lohnsteuer ist aus der Obergrenze der Tabellenstufen zu berechnen und muss an der Obergrenze mit der maschinell berechneten Lohnsteuer übereinstimmen. [4]Die Monats-, Wochen- und Tagestabellen sind aus den Jahrestabellen abzuleiten;

1b. im Einvernehmen mit den obersten Finanzbehörden der Länder den Mindestumfang der nach § 5b elektronisch zu übermittelnden Bilanz und Gewinn- und Verlustrechnung zu bestimmen;

1c. durch Rechtsverordnung zur Durchführung dieses Gesetzes mit Zustimmung des Bundesrates Vorschriften über einen von dem vorgesehenen erstmaligen Anwendungszeitpunkt gemäß § 52 Absatz 15a in der Fassung des Artikels 1 des Gesetzes vom 20. Dezember 2008 (BGBl. I S. 2850) abweichenden späteren Anwendungszeitpunkt zu erlassen, wenn bis zum 31. Dezember 2010 erkennbar ist, dass die technischen oder organisatorischen Voraussetzungen für eine Umsetzung der in § 5b Absatz 1 in der Fassung des Artikels 1 des Gesetzes vom 20. Dezember 2008 (BGBl. I S. 2850) vorgesehenen Verpflichtung nicht ausreichen;

2. den Wortlaut dieses Gesetzes und der zu diesem Gesetz erlassenen Rechtsverordnungen in der jeweils geltenden Fassung satzweise nummeriert mit neuem Datum und in neuer Paragraphenfolge bekannt zu machen und dabei Unstimmigkeiten im Wortlaut zu beseitigen.

1 **Anmerkung:** § 51 enthält zahlreiche Ermächtigungen zum Erlass von Rechtsverordnungen (Absätze 1–3), zur Herausgabe von Vordrucken und Mustern (Abs 4 Nr 1) und zur Neubekanntmachung des Gesetzestextes (Abs 4 Nr 2). Soweit von diesen Ermächtigungen Gebrauch gemacht ist, insb in der EStDV, und die einschlägigen Normen allg Bedeutung haben, sind diese im jeweiligen Sachzusammenhang berücksichtigt.

§ 51a Festsetzung und Erhebung von Zuschlagsteuern

(1) **Auf die Festsetzung und Erhebung von Steuern, die nach der Einkommensteuer bemessen werden (Zuschlagsteuern), sind die Vorschriften dieses Gesetzes entsprechend anzuwenden.**

(2) [1]**Bemessungsgrundlage ist die Einkommensteuer, die abweichend von § 2 Absatz 6 unter Berücksichtigung von Freibeträgen nach § 32 Absatz 6 in allen Fällen des § 32 festzusetzen wäre.** [2]**Zur Ermittlung der Einkommensteuer im Sinne des Satzes 1 ist das zu versteuernde Einkommen um die nach § 3 Nummer 40 steuerfreien Beträge zu erhöhen und um die nach § 3c Absatz 2 nicht abziehbaren Beträge zu mindern.** [3]**§ 35 ist bei der Ermittlung der festzusetzenden Einkommensteuer nach Satz 1 nicht anzuwenden.**

| (2a) [1]**Vorbehaltlich des § 40a Absatz 2 ist beim Steuerabzug vom Arbeitslohn Bemessungsgrundlage die Lohnsteuer; beim Steuerabzug vom laufenden Arbeitslohn und beim Jahresausgleich ist die Lohnsteuer maßgebend, die sich ergibt, wenn der nach § 39b Absatz 2 Satz 5 zu versteuernde Jahresbetrag für die Steuerklassen I, II und III um den Kinderfreibetrag von 4608 Euro *[VZ 2015:* 4512 Euro*]* sowie den Freibetrag für den Betreuungs- und Erziehungsoder Ausbildungsbedarf von 2640 Euro und für die Steuerklasse IV um den**

Kinderfreibetrag von 2304 Euro *[VZ 2015:* 2256 Euro*]* sowie den Freibetrag für den Betreuungs- und Erziehungs- oder Ausbildungsbedarf von 1320 Euro für jedes Kind vermindert wird, für das eine Kürzung der Freibeträge für Kinder nach § 32 Absatz 6 Satz 4 nicht in Betracht kommt. [2]Bei der Anwendung des § 39b für die Ermittlung der Zuschlagsteuern ist die als Lohnsteuerabzugsmerkmal gebildete Zahl der Kinderfreibeträge maßgebend. [3]Bei Anwendung des § 39f ist beim Steuerabzug vom laufenden Arbeitslohn die Lohnsteuer maßgebend, die sich bei Anwendung des nach § 39f Absatz 1 ermittelten Faktors auf den nach den Sätzen 1 und 2 ermittelten Betrag ergibt.

(2b) **Wird die Einkommensteuer nach § 43 Absatz 1 durch Abzug vom Kapitalertrag (Kapitalertragsteuer) erhoben, wird die darauf entfallende Kirchensteuer nach dem Kirchensteuersatz der Religionsgemeinschaft, der der Kirchensteuerpflichtige angehört, als Zuschlag zur Kapitalertragsteuer erhoben.**

(2c) **[1]Der zur Vornahme des Steuerabzugs vom Kapitalertrag Verpflichtete (Kirchensteuerabzugsverpflichteter) hat die auf die Kapitalertragsteuer nach Absatz 2b entfallende Kirchensteuer nach folgenden Maßgaben einzubehalten:**

1. **[1]Das Bundeszentralamt für Steuern speichert unabhängig von und zusätzlich zu den in § 139b Absatz 3 der Abgabenordnung genannten und nach § 39e gespeicherten Daten des Steuerpflichtigen den Kirchensteuersatz der steuererhebenden Religionsgemeinschaft des Kirchensteuerpflichtigen sowie die ortsbezogenen Daten, mit deren Hilfe der Kirchensteuerpflichtige seiner Religionsgemeinschaft zugeordnet werden kann. [2]Die Daten werden als automatisiert abrufbares Merkmal für den Kirchensteuerabzug bereitgestellt;**
2. **sofern dem Kirchensteuerabzugsverpflichteten die Identifikationsnummer des Schuldners der Kapitalertragsteuer nicht bereits bekannt ist, kann er sie beim Bundeszentralamt für Steuern anfragen. [2]In der Anfrage dürfen nur die in § 139b Absatz 3 der Abgabenordnung genannten Daten des Schuldners der Kapitalertragsteuer angegeben werden, soweit sie dem Kirchensteuerabzugsverpflichteten bekannt sind. [3]Die Anfrage hat nach amtlich vorgeschriebenem Datensatz durch Datenfernübertragung zu erfolgen. [4]Im Übrigen ist die Steuerdaten-Übermittlungsverordnung entsprechend anzuwenden. [5]Das Bundeszentralamt für Steuern teilt dem Kirchensteuerabzugsverpflichteten die Identifikationsnummer mit, sofern die übermittelten Daten mit den nach § 139b Absatz 3 der Abgabenordnung beim Bundeszentralamt für Steuern gespeicherten Daten übereinstimmen;**
3. **der Kirchensteuerabzugsverpflichtete hat unter Angabe der Identifikationsnummer und des Geburtsdatums des Schuldners der Kapitalertragsteuer einmal jährlich im Zeitraum vom 1. September bis 31. Oktober beim Bundeszentralamt für Steuern anzufragen, ob der Schuldner der Kapitalertragsteuer am 31. August des betreffenden Jahres (Stichtag) kirchensteuerpflichtig ist (Regelabfrage). [2]Für Kapitalerträge im Sinne des § 43 Absatz 1 Nummer 4 aus Versicherungsverträgen hat der Kirchensteuerabzugsverpflichtete eine auf den Zuflusszeitpunkt der Kapitalerträge bezogene Abfrage (Anlassabfrage) an das Bundeszentralamt für Steuern zu richten. [3]Im Übrigen kann der Kirchensteuerabzugsverpflichtete eine Anlassabfrage bei Begründung einer Geschäftsbeziehung oder auf Veranlassung des Kunden an das Bundeszentralamt für Steuern richten. [4]Auf die Anfrage hin teilt das Bundeszentralamt für Steuern dem Kirchensteuerabzugsverpflichteten die rechtliche Zugehörigkeit zu einer steuererhebenden Religionsgemeinschaft und den für die Religionsgemeinschaft geltenden Kirchensteuersatz zum**

Zeitpunkt der Anfrage als automatisiert abrufbares Merkmal nach Nummer 1 mit. [5] Während der Dauer der rechtlichen Verbindung ist der Schuldner der Kapitalertragssteuer zumindest einmal vom Kirchensteuerabzugsverpflichteten auf die Datenabfrage sowie das gegenüber dem Bundeszentralamt für Steuern bestehende Widerspruchsrecht, das sich auf die Übermittlung von Daten zur Religionszugehörigkeit bezieht (Absatz 2e Satz 1), schriftlich oder in geeigneter Form hinzuweisen. [6] Anträge auf das Setzen der Sperrvermerke, die im aktuellen Kalenderjahr für eine Regelabfrage berücksichtigt werden sollen, müssen bis zum 30. Juni beim Bundeszentralamt für Steuern eingegangen sein. [7] Alle übrigen Sperrvermerke können nur berücksichtigt werden, wenn sie spätestens zwei Monate vor der Abfrage des Kirchensteuerabzugsverpflichteten eingegangen sind. [8] Dies gilt für den Widerruf entsprechend. [9] Der Hinweis nach Satz 5 hat rechtzeitig vor der Regel- oder Anlassabfrage zu erfolgen. [10] Gehört der Schuldner der Kapitalertragsteuer keiner steuererhebenden Religionsgemeinschaft an oder hat er dem Abruf von Daten zur Religionszugehörigkeit widersprochen (Sperrvermerk), so teilt das Bundeszentralamt für Steuern dem Kirchensteuerabzugsverpflichteten zur Religionszugehörigkeit einen neutralen Wert (Nullwert) mit. [11] Der Kirchensteuerabzugsverpflichtete hat die vorhandenen Daten zur Religionszugehörigkeit unverzüglich zu löschen, wenn ein Nullwert übermittelt wurde;

4. im Falle einer am Stichtag oder im Zuflusszeitpunkt bestehenden Kirchensteuerpflicht hat der Kirchensteuerabzugsverpflichtete den Kirchensteuerabzug für die steuererhebende Religionsgemeinschaft durchzuführen und den Kirchensteuerbetrag an das für ihn zuständige Finanzamt abzuführen. [2] § 45a Absatz 1 gilt entsprechend; in der Steueranmeldung sind die nach Satz 1 einbehaltenen Kirchensteuerbeträge für jede steuererhebende Religionsgemeinschaft jeweils als Summe anzumelden. [3] Die auf Grund der Regelabfrage vom Bundeszentralamt für Steuern bestätigte Kirchensteuerpflicht hat der Kirchensteuerabzugsverpflichtete dem Kirchensteuerabzug des auf den Stichtag folgenden Kalenderjahres zu Grunde zu legen. [4] Das Ergebnis einer Anlassabfrage wirkt anlassbezogen.

[2] Die Daten gemäß Nummer 3 sind nach amtlich vorgeschriebenem Datensatz durch Datenfernübertragung zu übermitteln. [3] Die Verbindung der Anfrage nach Nummer 2 mit der Anfrage nach Nummer 3 zu einer Anfrage ist zulässig. [4] Auf Antrag kann das Bundeszentralamt für Steuern zur Vermeidung unbilliger Härten auf eine elektronische Übermittlung verzichten. [5] § 44 Absatz 5 ist mit der Maßgabe anzuwenden, dass der Haftungsbescheid von dem für den Kirchensteuerabzugsverpflichteten zuständigen Finanzamt erlassen wird. [6] § 45a Absatz 2 ist mit der Maßgabe anzuwenden, dass die steuererhebende Religionsgemeinschaft angegeben wird. [7] Sind an den Kapitalerträgen ausschließlich Ehegatten beteiligt, wird der Anteil an der Kapitalertragsteuer hälftig ermittelt. [8] Der Kirchensteuerabzugsverpflichtete darf die von ihm für die Durchführung des Kirchensteuerabzugs erhobenen Daten ausschließlich für diesen Zweck verwenden. [9] Er hat organisatorisch dafür Sorge zu tragen, dass ein Zugriff auf diese Daten für andere Zwecke gesperrt ist. [10] Für andere Zwecke dürfen der Kirchensteuerabzugsverpflichtete und die beteiligte Finanzbehörde die Daten nur verwenden, soweit der Kirchensteuerpflichtige zustimmt oder dies gesetzlich zugelassen ist.

(2d) [1] Wird die nach Absatz 2b zu erhebende Kirchensteuer nicht nach Absatz 2c als Kirchensteuerabzug vom Kirchensteuerabzugsverpflichteten einbehalten, wird sie nach Ablauf des Kalenderjahres nach dem Kapitalertragsteuerbetrag veranlagt, der sich ergibt, wenn die Steuer auf Kapitalerträge nach § 32d Absatz 1 Satz 4 und 5 errechnet wird; wenn Kirchensteuer als Kirchen-

steuerabzug nach Absatz 2c erhoben wurde, wird eine Veranlagung auf Antrag des Steuerpflichtigen durchgeführt. [2]Der Abzugsverpflichtete hat dem Kirchensteuerpflichtigen auf dessen Verlangen hin eine Bescheinigung über die einbehaltene Kapitalertragsteuer zu erteilen. [3]Der Kirchensteuerpflichtige hat die erhobene Kapitalertragsteuer zu erklären und die Bescheinigung nach Satz 2 oder nach § 45a Absatz 2 oder 3 vorzulegen.

(2e) [1]**Der Schuldner der Kapitalertragsteuer kann unter Angabe seiner Identifikationsnummer nach amtlich vorgeschriebenem Vordruck schriftlich beim Bundeszentralamt für Steuern beantragen, dass der automatisierte Datenabruf seiner rechtlichen Zugehörigkeit zu einer steuererhebenden Religionsgemeinschaft bis auf schriftlichen Widerruf unterbleibt (Sperrvermerk). [2]Das Bundeszentralamt für Steuern kann für die Abgabe der Erklärungen nach Satz 1 ein anderes sicheres Verfahren zur Verfügung stellen. [3]Der Sperrvermerk verpflichtet den Kirchensteuerpflichtigen für jeden Veranlagungszeitraum, in dem die Kapitalertragsteuer einbehalten worden ist, zur Abgabe einer Steuererklärung zum Zwecke der Veranlagung nach Absatz 2d Satz 1. [4]Das Bundeszentralamt für Steuern übermittelt für jeden Veranlagungszeitraum, in dem der Sperrvermerk abgerufen worden ist, an das Wohnsitzfinanzamt Name und Anschrift des Kirchensteuerabzugsverpflichteten, an den im Fall des Absatzes 2c Nummer 3 auf Grund des Sperrvermerks ein Nullwert im Sinne des Absatzes 2c Satz 1 Nummer 3 Satz 6 mitgeteilt worden ist. [5]Das Wohnsitz-Finanzamt fordert den Kirchensteuerpflichtigen zur Abgabe einer Steuererklärung nach § 149 Absatz 1 Satz 1 und 2 der Abgabenordnung auf.**

(3) **Ist die Einkommensteuer für Einkünfte, die dem Steuerabzug unterliegen, durch den Steuerabzug abgegolten oder werden solche Einkünfte bei der Veranlagung zur Einkommensteuer oder beim Lohnsteuer-Jahresausgleich nicht erfasst, gilt dies für die Zuschlagsteuer entsprechend.**

(4) [1]**Die Vorauszahlungen auf Zuschlagsteuern sind gleichzeitig mit den festgesetzten Vorauszahlungen auf die Einkommensteuer zu entrichten; § 37 Absatz 5 ist nicht anzuwenden. [2]Solange ein Bescheid über die Vorauszahlungen auf Zuschlagsteuern nicht erteilt worden ist, sind die Vorauszahlungen ohne besondere Aufforderung nach Maßgabe der für die Zuschlagsteuern geltenden Vorschriften zu entrichten. [3]§ 240 Absatz 1 Satz 3 der Abgabenordnung ist insoweit nicht anzuwenden; § 254 Absatz 2 der Abgabenordnung gilt insoweit sinngemäß.**

(5) [1]**Mit einem Rechtsbehelf gegen die Zuschlagsteuer kann weder die Bemessungsgrundlage noch die Höhe des zu versteuernden Einkommens angegriffen werden. [2]Wird die Bemessungsgrundlage geändert, ändert sich die Zuschlagsteuer entsprechend.**

(6) **Die Absätze 1 bis 5 gelten für die Kirchensteuern nach Maßgabe landesrechtlicher Vorschriften.**

I. Zuschlagsteuern

1. Allgemeines. § 51a schafft die verfahrensrechtl Voraussetzungen für die Ergänzungsabgabe (s Rz 2ff). Mittelbare Bedeutung (weil dem Bund insoweit keine Gesetzgebungskompetenz zusteht, Rz 7) hat § 51a für die KiSt der Länder, die die Regelung des § 51a übernommen haben; zu den mit Wirkung (zunächst) ab 2014 durch das BeitrRL-UmsG geschaffenen Regelungen für ein **elektronisches KiStAbzugverfahren** (§ 51 II c und IIe nF) s unten, (Rz 3). 1

2. Bemessungsgrundlage, § 51a II und IIa. Die Zuschlagsteuern (KiSt, SolZ) werden auf der Grundlage der ESt/LSt bemessen, die sich nach Abzug von Kinderfreibeträgen und Betreuungsfreibeträgen ergäbe; dh, die beiden Freibeträge mindern die Bemessungsgrundlage für die Zuschlagsteuern (s auch *Giloy* FR 96, 2

409). Mit G v 16.7.15 (BGBl I 15, 1202) sind die Beträge an die erhöhten Kinderfreibeträge für VZ 2015 und 2016 angepasst worden. – Auch bei den Vorauszahlungen und beim LStAbzug für Zuschlagssteuern werden Kinderfreibeträge und Betreuungsfreibeträge berücksichtigt. Durch die **Sätze 2 und 3** in Abs 2 soll sichergestellt werden, dass die erhebungsberechtigten Kirchengemeinden durch das Halbeinkünfteverfahren und die Anrechnung der GewSt auf die EStSchuld keine StEinbußen erleiden. Dies ist entgegen der Gesetzesbegründung (BT-Drs 14/3762, S 4) gesetzestechnisch nicht der zweckmäßige Weg; denn es führt zu einer weiteren erhebl Verkomplizierung des EStG. Der gesetzestechnisch zweckmäßige und richtige Weg wäre eine Anhebung der KiSt-Sätze gewesen. Durch den hier gewählten Weg soll diese **Anhebung der KiSt-Sätze gesetzestechnisch verschleiert** werden. – Die Hinzurechnung zur Bemessungsgrundlage von nach dem Halbeinkünfteverfahren stfreien Einkünften kann nicht durch Verrechnung mit im betr VZ nicht verbrauchten Verlustvorträgen neutralisiert werden (BFH I R 76/08 BStBl II 10, 1061; BFH I R 53/10 BFH/NV 12, 23; BVerwG 9 C 9.07 DStRE 09, 483; s auch *Homburg* DStR 09, 2179). Die Berücksichtigung von Veräußerungsgewinnen und Übergangsgewinnen bei der KiSt-Festsetzung ist nicht unbillig (BFH I R 81/08 BStBl II 11, 379). Bei Streit ist nicht das FA, sondern die Kirchenbehörde zuständig (BFH I R 99/06 BStBl II 11, 40, für NRW).

3 **3. Kapitalerträge, § 51a IIb-IIe.** Für nach dem 31.12.2008 zufließende KapErträge (§ 52a Abs 18 S 1 aF) regeln Abs 2b–2e die Einbehaltung und Abführung der KiSt bereits zusammen mit der KapESt durch die auszahlende Stelle (zB Bank), wenn der StPfl dies bei dieser Stelle **schriftl beantragt** (Abs 2c S 1; zur Übernahme durch den Schuldner s *BMF* BStBl I 16, 85 Rz 183). Wird der Antrag nicht gestellt, so ist die KiSt erst iRd Jahresveranlagung (§ 32d IV) zu zahlen (Abs 2d S 1). Sind an den Kapitalerträgen mehrere Personen beteiligt, so gilt Abs 2c S 10. Die Regelungen des mit dem BeitrRLUmsG eingeführten **elektronischen KiSt-Abzugsverfahrens** in Abs 2c und 2e, dessen Start zunächst für VZ 2014 vorgesehen war (s *Hörster* NWB 11, 4208/14f; und *Meyering/Serocka* DStR 12, 1378), sind durch das AhRLUmsG geändert worden. Die Änderungen betreffen die Annahme von Sperrvermerken, die Authentifizierung von Abzugsverpflichteten, die Abfrage von Steuer-Identifikationsnummern und die Bereitstellung des KiSt-Merkmals (s iEinz BT-Drs 17/12375, S 38f). Wegen der Komplexität des Verfahrens sind die Regelungen insgesamt erstmals auf nach dem 31.12.2014 zufließende KapErträge anzuwenden (§ 52 Abs 49 nF bzw § 52a Abs 18 S 2 aF). Mit Wirkung **ab VZ 2015** ist die **jährl Informationspflicht** über die bevorstehende Datenabfrage und das Widerspruchsrecht durch einen zumindest einmaligen Hinweis ersetzt worden (§ 51a IIc 1 Nr 3 S 5); dieser soll gem § 51a IIc 1 Nr 3 S 9 so rechtzeitig erfolgen, dass der Schuldner der KapErtrSt noch einen Sperrvermerk beim BZSt erwirken kann (vgl BT-Drs 18/5418, S 9). – Zu den Folgen eines unterjährigen Kirchenaustritts auf den KiSt-Abzug s *Meyering/Serocka* DStR 13, 2608.

4 **4. Zuschlagsteuer, § 51a III.** Abs 3 regelt zum einen das Schicksal der auf StAbzugsbeträge (LSt, KapESt) entfallenden Ergänzungsabgabe; eine im Wege des StAbzugs **überzahlte Ergänzungsabgabe** kann nur über die Veranlagung zurückerlangt werden (ESt-Jahressteuerbescheide sind Grundlagenbescheide, s Abs 5; FG BaWü EFG 92, 245, rkr; s auch *Baum* DB 92, 1600; *Giloy* DB 92, 1602). Zum anderen ist aus Abs 3 abzuleiten, dass auch auf **pauschale LSt** eine Ergänzungsabgabe erhoben werden kann (Anknüpfung an § 40 III 3; BFH VI R 171/98 BStBl II 02, 440; ebenso *HHR* § 51a Rz 41).

5 **5. Vorauszahlungen, § 51a IV.** Vorauszahlungen auf die Ergänzungsabgabe knüpfen an einen Vorauszahlungsbescheid zur ESt an. Dieser ist Grundlagenbescheid (BFH I R 123/95 BStBl 96, 619, für KStVorauszahlungsbescheid). Solange ein solcher noch nicht ergangen ist, muss auch eine Ergänzungsabgabe nicht ge-

zahlt werden (glA *Blümich* § 51a Rz 117; *HHR* § 51a Rz 47). Ist ein EStVorauszahlungsbescheid ergangen, ist kraft Gesetzes die auf die EStVorauszahlung entfallende Ergänzungsabgabe (= Vorauszahlung zur Ergänzungsabgabe) zu zahlen, ohne dass es eines Vorauszahlungsbescheides zur Ergänzungsabgabe bedarf; ein solcher ist aber sinnvoll (s *HHR* § 51a Rz 47: systemwidrige Selbstberechnung). Säumnisfolgen treten ohne Ergehen eines entsprechenden Vorauszahlungsbescheids zur Ergänzungsabgabe ein (Ausschluss des § 240 I 3 AO; mE unangemessene gesetzgeberische Entscheidung); vorauszuzahlende Ergänzungsabgabe kann zusammen mit dem EStVorauszahlungsbescheid beigetrieben werden (analoge Anwendung des § 254 II AO). Wird die EStVorauszahlung herabgesetzt und führt dies zu einer entsprechenden Erstattung der ESt-Vorauszahlungen, ist die ebenfalls überzahlte Vorauszahlung zur Ergänzungsabgabe zu erstatten, ohne dass insoweit ein besonderer Bescheid ergehen muss. – Die **Jahres-Ergänzungsabgabe** ist aber nur nach Ergehen eines entsprechenden Ergänzungsabgabebescheids zu zahlen; die Erstattung zu viel vorausgezahlter Ergänzungsabgabe setzt einen Bescheid über die Jahres-Ergänzungsabgabe mit der entsprechenden Abrechnung der Vorauszahlungen zur Ergänzungsabgabe voraus.

6. Grundlagenbescheide, § 51a V. EStVorauszahlungsbescheid und EStJahresbescheide sind Grundlagenbescheide für die Ergänzungsabgabe (s auch BFH I R 67/94 BStBl II 95, 305 und BFH I R 123/95 BStBl II 96, 619), allerdings nur hinsichtl solcher Besteuerungsgrundlagen, die für die Festsetzung der ESt als Maßstabsteuer relevant sind (vgl BFH I R 53/10 BFH/NV 12, 23 mwN). Dies gilt auch im Falle der Nichtberücksichtigung von Kinderfreibeträgen bei der Festsetzung der Zuschlagsteuern (FG Ddorf EFG 00, 439, rkr). 6

7. Kirchensteuer, § 51a VI. § 51a hat wegen der fehlenden Gesetzgebungskompetenz des Bundes keine unmittelbare Geltung für die von den Ländern erlassenen KiSt-Gesetze. Soweit diese vorsehen, dass die KiSt auch als Zuschlag zur ESt erhoben werden kann, bedienen sich jedoch dieser Vorschrift durch Verweise (s BT-Drs 17/2865, 5: Mustervorschrift für die Landesgesetzgeber; s auch BT-Drs 18/4876, 2 zu Erhebung und Einzug der KiSt). 7

II. Exkurs: Solidaritätszuschlaggesetz 1995 (SolZG 95)

In der Fassung vom 15. Oktober 2002 (BGBl. I S. 4130), zuletzt geändert durch Art. 3 und 4 Gesetz zur Anhebung des Grundfreibetrags, des Kinderfreibetrags, des Kindergeldes und des Kinderzuschlags v. 16.7.2015 (BGBl. I S. 1202)

FNA 610-6-12

§ 1 Erhebung eines Solidaritätszuschlags

(1) **Zur Einkommensteuer und zur Körperschaftsteuer wird ein Solidaritätszuschlag als Ergänzungsabgabe erhoben.**

(2) **Auf die Festsetzung und Erhebung des Solidaritätszuschlags sind die Vorschriften des Einkommensteuergesetzes und des Körperschaftsteuergesetzes entsprechend anzuwenden.**

(3) **Ist die Einkommen- oder Körperschaftsteuer für Einkünfte, die dem Steuerabzug unterliegen, durch den Steuerabzug abgegolten oder werden solche Einkünfte bei der Veranlagung zur Einkommen- oder Körperschaftsteuer oder beim Lohnsteuer-Jahresausgleich nicht erfasst, gilt dies für den Solidaritätszuschlag entsprechend.**

(4) [1]**Die Vorauszahlungen auf den Solidaritätszuschlag sind gleichzeitig mit den festgesetzten Vorauszahlungen auf die Einkommensteuer oder Körperschaftsteuer zu entrichten; § 37 Abs. 5 des Einkommensteuergesetzes ist nicht**

anzuwenden. [2]Solange ein Bescheid über die Vorauszahlungen auf den Solidaritätszuschlag nicht erteilt worden ist, sind die Vorauszahlungen ohne besondere Aufforderung nach Maßgabe der für den Solidaritätszuschlag geltenden Vorschriften zu entrichten. [3]§ 240 Abs. 1 Satz 3 der Abgabenordnung ist insoweit nicht anzuwenden; § 254 Abs. 2 der Abgabenordnung gilt insoweit sinngemäß.

(5) [1]**Mit einem Rechtsbehelf gegen den Solidaritätszuschlag kann weder die Bemessungsgrundlage noch die Höhe des zu versteuernden Einkommens angegriffen werden. [2]Wird die Bemessungsgrundlage geändert, ändert sich der Solidaritätszuschlag entsprechend.**

§ 2 Abgabepflicht

Abgabepflichtig sind

1. **natürliche Personen, die nach § 1 des Einkommensteuergesetzes einkommensteuerpflichtig sind,**
2. **natürliche Personen, die nach § 2 des Außensteuergesetzes erweitert beschränkt steuerpflichtig sind,**
3. **Körperschaften, Personenvereinigungen und Vermögensmassen, die nach § 1 oder § 2 des Körperschaftsteuergesetzes körperschaftsteuerpflichtig sind.**

§ 3 Bemessungsgrundlage und zeitliche Anwendung

(1) **Der Solidaritätszuschlag bemisst sich vorbehaltlich der Absätze 2 bis 5,**

1. **soweit eine Veranlagung zur Einkommensteuer oder Körperschaftsteuer vorzunehmen ist:**
   nach der nach Absatz 2 berechneten Einkommensteuer oder der festgesetzten Körperschaftsteuer für Veranlagungszeiträume ab 1998, vermindert um die anzurechnende oder vergütete Körperschaftsteuer, wenn ein positiver Betrag verbleibt;
2. **soweit Vorauszahlungen zur Einkommensteuer oder Körperschaftsteuer zu leisten sind:**
   nach den Vorauszahlungen auf die Steuer für Veranlagungszeiträume ab 2002;
3. **soweit Lohnsteuer zu erheben ist:**
   nach der nach Absatz 2a berechneten Lohnsteuer für
   a) **laufenden Arbeitslohn, der für einen nach dem 31. Dezember 1997 endenden Lohnzahlungszeitraum gezahlt wird,**
   b) **sonstige Bezüge, die nach dem 31. Dezember 1997 zufließen;**
4. **soweit ein Lohnsteuer-Jahresausgleich durchzuführen ist, nach der nach Absatz 2a sich ergebenden Jahreslohnsteuer für Ausgleichsjahre ab 1998;**
5. **soweit Kapitalertragsteuer oder Zinsabschlag zu erheben ist außer in den Fällen des § 43b des Einkommensteuergesetzes:**
   nach der ab 1. Januar 1998 zu erhebenden Kapitalertragsteuer oder dem ab diesem Zeitpunkt zu erhebenden Zinsabschlag;
6. **soweit bei beschränkt Steuerpflichtigen ein Steuerabzugsbetrag nach § 50a des Einkommensteuergesetzes zu erheben ist:**
   nach dem ab 1. Januar 1998 zu erhebenden Steuerabzugsbetrag.

(2) **Bei der Veranlagung zur Einkommensteuer ist Bemessungsgrundlage für den Solidaritätszuschlag die Einkommensteuer, die abweichend von § 2 Abs. 6 des Einkommensteuergesetzes unter Berücksichtigung von Freibeträgen nach § 32 Abs. 6 des Einkommensteuergesetzes in allen Fällen des § 32 des Einkommensteuergesetzes festzusetzen wäre.**

(2a) [1]**Vorbehaltlich des § 40a Absatz 2 des Einkommensteuergesetzes ist beim Steuerabzug vom Arbeitslohn Bemessungsgrundlage die Lohnsteuer;**

beim Steuerabzug vom laufenden Arbeitslohn und beim Jahresausgleich ist die Lohnsteuer maßgebend, die sich ergibt, wenn der nach § 39b Absatz 2 Satz 5 des Einkommensteuergesetzes zu versteuernde Jahresbetrag für die Steuerklassen I, II und III im Sinne des § 38b des Einkommensteuergesetzes um den Kinderfreibetrag von 4608 Euro *[VZ 2015:* **4512 Euro*]*** **sowie den Freibetrag für den Betreuungs- und Erziehungs- oder Ausbildungsbedarf von 2640 Euro und für die Steuerklasse IV im Sinne des § 38b des Einkommensteuergesetzes um den Kinderfreibetrag von 2304 Euro** *[VZ 2015:* **2256 Euro*]*** **sowie den Freibetrag für den Betreuungs- und Erziehungs- oder Ausbildungsbedarf von 1320 Euro für jedes Kind vermindert wird, für das eine Kürzung der Freibeträge für Kinder nach § 32 Absatz 6 Satz 4 des Einkommensteuergesetzes nicht in Betracht kommt.** [2]**Bei der Anwendung des § 39b des Einkommensteuergesetzes für die Ermittlung des Solidaritätszuschlages ist die als Lohnabzugsmerkmal gebildete Zahl der Kinderfreibeträge maßgebend.** [3]**Bei Anwendung des § 39f des Einkommensteuergesetzes ist beim Steuerabzug vom laufenden Arbeitslohn die Lohnsteuer maßgebend, die sich bei Anwendung des nach § 39f Abs. 1 des Einkommensteuergesetzes ermittelten Faktors auf den nach den Sätzen 1 und 2 ermittelten Betrag ergibt.**

(3) [1]**Der Solidaritätszuschlag ist von einkommensteuerpflichtigen Personen nur zu erheben, wenn die Bemessungsgrundlage nach Absatz 1 Nummer 1 und 2, vermindert um die Einkommensteuer nach § 32d Absatz 3 und 4 des Einkommensteuergesetzes,**

1. in den Fällen des § 32a Absatz 5 oder 6 des Einkommensteuergesetzes 1944 Euro,
2. in anderen Fällen 972 Euro

übersteigt. [2]**Auf die Einkommensteuer nach § 32d Absatz 3 und 4 des Einkommensteuergesetzes ist der Solidaritätszugschlag ungeachtet des Satzes 1 zu erheben.**

(4) [1]**Beim Abzug vom laufenden Arbeitslohn ist der Solidaritätszuschlag nur zu erheben, wenn die Bemessungsgrundlage im jeweiligen Lohnzahlungszeitraum**

1. bei monatlicher Lohnzahlung
   a) in der Steuerklasse III mehr als 162 Euro und
   b) in den Steuerklassen I, II, IV bis VI mehr als 81 Euro,
2. bei wöchentlicher Lohnzahlung
   a) in der Steuerklasse III mehr als 37,80 Euro und
   b) in den Steuerklassen I, II, IV bis VI mehr als 18,90 Euro,
3. bei täglicher Lohnzahlung
   a) in der Steuerklasse III mehr als 5,40 Euro und
   b) in den Steuerklassen I, II, IV bis VI mehr als 2,70 Euro

beträgt. [2]**§ 39b Absatz 4 des Einkommensteuergesetzes ist sinngemäß anzuwenden.**

(5) **Beim Lohnsteuer-Jahresausgleich ist der Solidaritätszuschlag nur zu ermitteln, wenn die Bemessungsgrundlage in Steuerklasse III mehr als 1944 Euro und in den Steuerklassen I, II oder IV mehr als 972 Euro beträgt.**

§ 4 Zuschlagsatz

[1]**Der Solidaritätszuschlag beträgt 5,5 Prozent der Bemessungsgrundlage.** [2]**Er beträgt nicht mehr als 20 Prozent des Unterschiedsbetrages zwischen der Bemessungsgrundlage, vermindert um die Einkommensteuer nach § 32d Absatz 3 und 4 des Einkommensteuergesetzes, und der nach § 3 Absatz 3 bis 5 jeweils maßgebenden Freigrenze.** [3]**Bruchteile eines Cents bleiben außer**

Ansatz. [4]Der Solidaritätszuschlag auf die Einkommensteuer nach § 32d Absatz 3 und 4 des Einkommensteuergesetzes beträgt ungeachtet des Satzes 2 5,5 Prozent.

§ 5 Doppelbesteuerungsabkommen

Werden auf Grund eines Abkommens zur Vermeidung der Doppelbesteuerung im Geltungsbereich dieses Gesetzes erhobene Steuern vom Einkommen ermäßigt, so ist diese Ermäßigung zuerst auf den Solidaritätszuschlag zu beziehen.

§ 6 Anwendungsvorschrift

(1) **§ 2 in der Fassung des Gesetzes vom 18. Dezember 1995 (BGBl. I S. 1959) ist ab dem Veranlagungszeitraum 1995 anzuwenden.**

(2) **Das Gesetz in der Fassung des Gesetzes vom 11. Oktober 1995 (BGBl. I S. 1250) ist erstmals für den Veranlagungszeitraum 1996 anzuwenden.**

(3) **Das Gesetz in der Fassung des Gesetzes vom 21. November 1997 (BGBl. I S. 2743) ist erstmals für den Veranlagungszeitraum 1998 anzuwenden.**

(4) **Das Gesetz in der Fassung des Gesetzes vom 23. Oktober 2000 (BGBl. I S. 1433) ist erstmals für den Veranlagungszeitraum 2001 anzuwenden.**

(5) **Das Gesetz in der Fassung des Gesetzes vom 21. Dezember 2000 (BGBl. I S. 1978) ist erstmals für den Veranlagungszeitraum 2001 anzuwenden.**

(6) **Das Solidaritätszuschlaggesetz 1995 in der Fassung des Artikels 6 des Gesetzes vom 19. Dezember 2000 (BGBl. I S. 1790) ist erstmals für den Veranlagungszeitraum 2002 anzuwenden.**

(7) **§ 1 Abs. 2a in der Fassung des Gesetzes zur Regelung der Bemessungsgrundlage für Zuschlagsteuern vom 21. Dezember 2000 (BGBl. I S. 1978, 1979) ist letztmals für den Veranlagungszeitraum 2001 anzuwenden.**

(8)* **§ 3 Absatz 2a** *in der Fassung des Gesetzes zur Regelung der Bemessungsgrundlage für Zuschlagsteuern vom 21. Dezember 2000 (BGBl. I S. 1978, 1979)* **ist erstmals für den Veranlagungszeitraum 2002 anzuwenden.**

(9) **§ 3 in der Fassung des Artikels 7 des Gesetzes vom 20. Dezember 2007 (BGBl. I S. 3150) ist erstmals für den Veranlagungszeitraum 2008 anzuwenden.**

(10) **§ 3 in der Fassung des Artikels 5 des Gesetzes vom 22. Dezember 2008 (BGBl. I S. 2955) ist erstmals für den Veranlagungszeitraum 2009 anzuwenden.**

(11) **§ 3 in der Fassung des Artikels 9 des Gesetzes vom 22. Dezember 2009 (BGBl. I S. 3950) ist erstmals für den Veranlagungszeitraum 2010 anzuwenden.**

(12) **[1]§ 3 Absatz 3 und § 4 in der Fassung des Artikels 31 des Gesetzes vom 8. Dezember 2010 (BGBl. I S. 1768) sind erstmals für den Veranlagungszeitraum 2011 anzuwenden. [2]Abweichend von Satz 1 sind § 3 Absatz 3 und § 4 in der Fassung des Artikels 31 des Gesetzes vom 8. Dezember 2010 (BGBl. I S. 1768) auch für die Veranlagungszeiträume 2009 und 2010 anzuwenden, soweit sich dies zu Gunsten des Steuerpflichtigen auswirkt.**

---

* **Redaktionelle Anmerkung:** Redaktionelles Versehen des Gesetzgebers; müsste wohl richtig lauten: „in der Fassung des Gesetzes vom 16.8.2001 (BGBl. I S. 2074) bzw vom 23.7.2002 (BGBl. I S. 2715)".

(13) **§ 3 Absatz 2a Satz 2 in der Fassung des Artikels 6 des Gesetzes vom 7. Dezember 2011 (BGBl. I S. 2592) ist erstmals für den Veranlagungszeitraum 2012 anzuwenden.**

(14) [1]**§ 3 Absatz 2a Satz 1 in der am 23. Juli 2015 geltenden Fassung ist erstmals anzuwenden auf laufenden Arbeitslohn, der für einen nach dem 30. November 2015 endenden Lohnzahlungszeitraum gezahlt wird, und auf sonstige Bezüge, die nach dem 30. November 2015 zufließen.** [2]**Bei der Lohnsteuerberechnung auf laufenden Arbeitslohn, der für einen nach dem 30. November 2015, aber vor dem 1. Januar 2016 endenden täglichen, wöchentlichen und monatlichen Lohnzahlungszeitraum gezahlt wird, ist zu berücksichtigen, dass § 3 Absatz 2a Satz 1 in der am 23. Juli 2015 geltenden Fassung bis zum 30. November 2015 nicht angewandt wurde (Nachholung).** [3]**Das Bundesministerium der Finanzen hat dies im Einvernehmen mit den obersten Finanzbehörden der Länder bei der Aufstellung und Bekanntmachung der entsprechenden Programmablaufpläne zu berücksichtigen (§ 52 Absatz 32a Satz 3 des Einkommensteuergesetzes).**

(15) **§ 3 Absatz 2a in der am 1. Januar 2016 geltenden Fassung ist erstmals auf den laufenden Arbeitslohn anzuwenden, der für einen nach dem 31. Dezember 2015 endenden Lohnzahlungszeitraum gezahlt wird, und auf sonstige Bezüge, die nach dem 31. Dezember 2015 zufließen.**

1. Hintergrund: Jahre 1991 und 1992. Zu dem für diese Jahre erhobenen SolZ s 12. Aufl. Zu den Nachträgen s 16. Aufl. Der Zuschlag war verfrechtl nicht zu beanstanden (BVerfG HFR 00, 134). Bis zur Neuregelung des § 2 VI EStG durch JStG 1996 war auf die NachSt nach § 10 V kein SolZ zu erheben (BFH/NV 00, 942). 10

2. Keine zeitl Beschränkung; Verfassungsmäßigkeit. Seit 1995 wird erneut ein SolZ erhoben, diesmal zeitl nicht beschränkt; dies ist nach BVerfG 2 BvL 3/10 DStR 10, 1982 verfgemäß. Die sorgfältig begründete Vorlage des FG Nds EFG 10, 1071 wurde durch Kammerbeschluss als *unzulässig* behandelt (s auch *Birk* FR 10, 1002); das FG Nds hat jedoch für **VZ 2007** das BVerfG erneut angerufen (FG Nds DStRE 14, 534, Aktz BVerfG: 2 BvL 6/14) und zwischenzeitl wegen **VZ 2012** AdV gewährt (FG Nds EFG 16, 63, Beschwerde II B 91/15; Anm *Kreft* DB 15, 2973). Die übrigen FG und auch der BFH gehen nahezu übereinstimmend von Verfassungsmäßigkeit aus (BFH II R 52/10 BStBl II 12, 43, unter Hinweis auf den noch *bis 2019* lfd Solidarpakt II; FG Nbg EFG 15, 1389, Rev II R 27/15; FG Mster EFG 10, 588, rkr; s auch *HHR* Anhang zu § 51a Rz 3); auch AdV wird überwiegend abgelehnt (FG Nds EFG 10, 1438, rkr; FG Hbg EFG 10, 1532, rkr, Anm *Siegers* zu Recht sehr krit). Die FÄ veranlagen den SolZ ab VZ 05 vorläufig gem § 165 I 2 Nr 3 AO (*BMF* BStBl I 15, 786). 11

3. Rechtscharakter des SolZ. Es handelt sich um eine **Ergänzungsabgabe** (§ 1); sie ist Steuer iSd § 3 I AO. Der ab 2001 geltende § 1 II-V entspr § 51a I, III, IV und V EStG (s Rz 1); die Aufnahme ins SolZG dient der besseren Verständlichkeit. Stpfl sind alle Personen, die unbeschr oder beschr estpfl oder erweitert beschränkt stpfl (ab 1996) oder kstpfl sind (§ 2). 12

a) Bemessungsgrundlage, § 3. Die Ergänzungsabgabe knüpft bei der Veranlagung zur ESt und KSt an die festgesetzten Steuern an **(Jahresergänzungsabgabe).** Der ab 2001 geltende § 3 II und IIa entspr § 51a II 1 und II a EStG (s Rz 1). Die Regelungen sind bereits bei Vorauszahlungen zur ESt und KSt ab 1995 sowie im LStJA durch den ArbG zu beachten **(Vorauszahlungen zur Ergänzungsabgabe).** Im LStAbzugsverfahren ist die Ergänzungsabgabe vom ArbG einzubehalten und an das FA abzuführen. Auch die Erhebung der **pauschalen LSt** ist ein „Steuerabzug vom Arbeitslohn" (Überschrift vor § 38 EStG; ebenso *HHR* § 51a Rz 41); daher ist die Ergänzungsabgabe auch auf die pauschale LSt zu erheben. Erhält ein 13

ArbN in 1995 ff Lohnnachzahlungen für frühere Jahre, so unterliegen diese Nachzahlungen auch der Ergänzungsabgabe (entspr BFH VI R 104/92 BStBl II 93, 795; s auch Rz 1). Auf die pauschale Nachversteuerung von vor dem 1.1.1995 zugeflossenen Löhnen (§ 40 I Nr 2) fällt kein SolZ an (*FinVerw* DStR 95, 335).

14 **b) Ergänzungsabgabesatz.** Er beträgt seit 1998 **5,5 vH** (vorher 7,5 vH) der festgesetzten, vorauszuzahlenden und einzubehaltenden ESt, KSt bzw LSt (§ 4). Seit 1996 werden Kinder berücksichtigt; dadurch hat der ArbG für den LStAbzug eine andere Bemessungsgrundlage zu beachten als beim SolZ. – Für **Geringverdiener** ist eine sog **Null-Zone** vorgesehen; die Ergänzungsabgabe wird bei natürl Personen nur erhoben, wenn die festgesetzte JahresESt 1944 € bzw 972 € (Zusammenveranlagung/Einzelveranlagung) übersteigt. Diese Null-Zone gilt auch bei den Vorauszahlungen nach § 37 EStG und beim LStAbzug durch den ArbG. Für den LStAbzug ergibt sich diese Nullzone aus § 3 IV. Neben der Null-Zone gibt es noch einen **Übergangsbereich mit abgemilderter Ergänzungsabgabe.** Nach **§ 4** wird die volle Ergänzungsabgabe erst erhoben, wenn sie bei zusammenveranlagten Ehegatten höher ist als 20 vH des 1944 €, bei anderen Personen (Einzelveranlagung) höher ist als 20 vH des 972 € übersteigenden Teils der festgesetzten Einkommensteuer; seit VZ 2011 und ggf bereits für VZ 2009 und 2010 (s § 6 XII: Günstigerprüfung) ist zudem die Verminderung um die ESt nach § 32d III und IV zu berücksichtigen. Die Erhebungsgrenze gilt nicht im Fall der LStPauschalierung (BFH VI R 171/98 BStBl II 02, 440).

15 **c) Jahresergänzungsabgabe.** Bei ihr vermindert sich die Bemessungsgrundlage (festgesetzte ESt) um die anzurechnende **oder** vergütete KSt, wenn ein positiver Betrag der Bemessungsgrundlage verbleibt. Die Festsetzung eines negativen SolZ zur KSt ist damit in jedem Fall ausgeschlossen (BFH I R 53/03 BStBl II 04, 428). Zur Realisierung des Guthabens aus KSt und SolZ nach § 37 V KStG s den Vorlagebeschluss BFH I R 39/10 BStBl II 12, 603 (BVerfG 2 BvL 12/11), mit Anm *Prinz* GmbHR 12, 49; *Heinstein* DStR 08, 381; *FinVerw* DB 10, 2079.

§ 52 Anwendungsvorschriften

(1) [1] **Diese Fassung des Gesetzes ist, soweit in den folgenden Absätzen nichts anderes bestimmt ist, erstmals für den Veranlagungszeitraum 2016 anzuwenden.** [2] **Beim Steuerabzug vom Arbeitslohn gilt Satz 1 mit der Maßgabe, dass diese Fassung erstmals auf den laufenden Arbeitslohn anzuwenden ist, der für einen nach dem 31. Dezember 2015 endenden Lohnzahlungszeitraum gezahlt wird, und auf sonstige Bezüge, die nach dem 31. Dezember 2015 zufließen.** [3] **Beim Steuerabzug vom Kapitalertrag gilt Satz 1 mit der Maßgabe, dass diese Fassung des Gesetzes erstmals auf Kapitalerträge anzuwenden ist, die dem Gläubiger nach dem 31. Dezember 2015 zufließen.**

(2) [1] **§ 2a Absatz 1 Satz 1 Nummer 6 Buchstabe b in der am 1. Januar 2000 geltenden Fassung ist erstmals auf negative Einkünfte eines Steuerpflichtigen anzuwenden, die er aus einer entgeltlichen Überlassung von Schiffen auf Grund eines nach dem 31. Dezember 1999 rechtswirksam abgeschlossenen obligatorischen Vertrags oder gleichstehenden Rechtsakts erzielt.** [2] **Für negative Einkünfte im Sinne des § 2a Absatz 1 und 2 in der am 24. Dezember 2008 geltenden Fassung, die vor dem 25. Dezember 2008 nach § 2a Absatz 1 Satz 5 bestandskräftig gesondert festgestellt wurden, ist § 2a Absatz 1 Satz 3 bis 5 in der am 24. Dezember 2008 geltenden Fassung weiter anzuwenden.** [3] **§ 2a Absatz 3 Satz 3, 5 und 6 in der am 29. April 1997 geltenden Fassung ist für Veranlagungszeiträume ab 1999 weiter anzuwenden, soweit sich ein positiver Betrag im Sinne des § 2a Absatz 3 Satz 3 in der am 29. April 1997 geltenden Fassung ergibt oder soweit eine in einem ausländischen Staat belegene Betriebsstätte im Sinne des § 2a Absatz 4 in der Fassung des § 52 Absatz 3**

Satz 8 in der am 30. Juli 2014 geltenden Fassung in eine Kapitalgesellschaft umgewandelt, übertragen oder aufgegeben wird. [4]Insoweit ist in § 2a Absatz 3 Satz 5 letzter Halbsatz in der am 29. April 1997 geltenden Fassung die Angabe „§ 10d Absatz 3“ durch die Angabe „§ 10d Absatz 4“ zu ersetzen.

(3) **§ 2b in der Fassung der Bekanntmachung vom 19. Oktober 2002 (BGBl. I S. 4210; 2003 I S. 179) ist weiterhin für Einkünfte aus einer Einkunftsquelle im Sinne des § 2b anzuwenden, die der Steuerpflichtige nach dem 4. März 1999 und vor dem 11. November 2005 rechtswirksam erworben oder begründet hat.**

(4) [1]**§ 3 Nummer 5 in der am 30. Juni 2013 geltenden Fassung ist vorbehaltlich des Satzes 2 erstmals für den Veranlagungszeitraum 2013 anzuwenden. [2]§ 3 Nummer 5 in der am 29. Juni 2013 geltenden Fassung ist weiterhin anzuwenden für freiwillig Wehrdienst Leistende, die das Dienstverhältnis vor dem 1. Januar 2014 begonnen haben. [3]§ 3 Nummer 10 in der am 31. Dezember 2005 geltenden Fassung ist weiter anzuwenden für ausgezahlte Übergangsbeihilfen an Soldatinnen auf Zeit und Soldaten auf Zeit, wenn das Dienstverhältnis vor dem 1. Januar 2006 begründet worden ist. [4]Auf fortlaufende Leistungen nach dem Gesetz über die Heimkehrerstiftung vom 21. Dezember 1992 (BGBl. I S. 2094, 2101), das zuletzt durch Artikel 1 des Gesetzes vom 10. Dezember 2007 (BGBl. I S. 2830) geändert worden ist, in der jeweils geltenden Fassung ist § 3 Nummer 19 in der am 31. Dezember 2010 geltenden Fassung weiter anzuwenden. [5]§ 3 Nummer 40 ist erstmals anzuwenden für**

1. **Gewinnausschüttungen, auf die bei der ausschüttenden Körperschaft der nach Artikel 3 des Gesetzes vom 23. Oktober 2000 (BGBl. I S. 1433) aufgehobene Vierte Teil des Körperschaftsteuergesetzes nicht mehr anzuwenden ist; für die übrigen in § 3 Nummer 40 genannten Erträge im Sinne des § 20 gilt Entsprechendes;**
2. **Erträge im Sinne des § 3 Nummer 40 Satz 1 Buchstabe a, b, c und j nach Ablauf des ersten Wirtschaftsjahres der Gesellschaft, an der die Anteile bestehen, für das das Körperschaftsteuergesetz in der Fassung des Artikels 3 des Gesetzes vom 23. Oktober 2000 (BGBl. I S. 1433) erstmals anzuwenden ist.**

[6]**§ 3 Nummer 40 Satz 3 und 4 in der am 12. Dezember 2006 geltenden Fassung ist für Anteile, die einbringungsgeboren im Sinne des § 21 des Umwandlungssteuergesetzes in der am 12. Dezember 2006 geltenden Fassung sind, weiter anzuwenden. [7]Bei vom Kalenderjahr abweichenden Wirtschaftsjahren ist § 3 Nummer 40 Buchstabe d Satz 2 in der am 30. Juni 2013 geltenden Fassung erstmals für den Veranlagungszeitraum anzuwenden, in dem das Wirtschaftsjahr endet, das nach dem 31. Dezember 2013 begonnen hat. [8]§ 3 Nummer 40a in der am 6. August 2004 geltenden Fassung ist auf Vergütungen im Sinne des § 18 Absatz 1 Nummer 4 anzuwenden, wenn die vermögensverwaltende Gesellschaft oder Gemeinschaft nach dem 31. März 2002 und vor dem 1. Januar 2009 gegründet worden ist oder soweit die Vergütungen in Zusammenhang mit der Veräußerung von Anteilen an Kapitalgesellschaften stehen, die nach dem 7. November 2003 und vor dem 1. Januar 2009 erworben worden sind. [9]§ 3 Nummer 40a in der am 19. August 2008 geltenden Fassung ist erstmals auf Vergütungen im Sinne des § 18 Absatz 1 Nummer 4 anzuwenden, wenn die vermögensverwaltende Gesellschaft oder Gemeinschaft nach dem 31. Dezember 2008 gegründet worden ist. [10]§ 3 Nummer 63 ist bei Beiträgen für eine Direktversicherung nicht anzuwenden, wenn die entsprechende Versorgungszusage vor dem 1. Januar 2005 erteilt wurde und der Arbeitnehmer gegenüber dem Arbeitgeber für diese Beiträge auf die Anwendung des § 3 Nummer 63 verzichtet hat. [11]Der Verzicht gilt für die Dauer des Dienstverhältnisses; er ist bis zum 30. Juni 2005 oder bei einem späteren Arbeit-**

geberwechsel bis zur ersten Beitragsleistung zu erklären. [12]§ 3 Nummer 63 Satz 3 und 4 ist nicht anzuwenden, wenn § 40b Absatz 1 und 2 in der am 31. Dezember 2004 geltenden Fassung angewendet wird. [13]§ 3 Nummer 71 in der am 31. Dezember 2014 geltenden Fassung ist erstmals für den Veranlagungszeitraum 2013 anzuwenden.

(5) [1]**§ 3c Absatz 2 Satz 3 und 4 in der am 12. Dezember 2006 geltenden Fassung ist für Anteile, die einbringungsgeboren im Sinne des § 21 des Umwandlungssteuergesetzes in der am 12. Dezember 2006 geltenden Fassung sind, weiter anzuwenden. [2]§ 3c Absatz 2 in der am 31. Dezember 2014 geltenden Fassung ist erstmals für Wirtschaftsjahre anzuwenden, die nach dem 31. Dezember 2014 beginnen.**

(6) [1]**§ 4 Absatz 1 Satz 4 in der Fassung des Artikels 1 des Gesetzes vom 8. Dezember 2010 (BGBl. I S. 1768) gilt in allen Fällen, in denen § 4 Absatz 1 Satz 3 anzuwenden ist. [2]§ 4 Absatz 3 Satz 4 ist nicht anzuwenden, soweit die Anschaffungs- oder Herstellungskosten vor dem 1. Januar 1971 als Betriebsausgaben abgesetzt worden sind. [3]§ 4 Absatz 3 Satz 4 und 5 in der Fassung des Artikels 1 des Gesetzes vom 28. April 2006 (BGBl. I S. 1095) ist erstmals für Wirtschaftsgüter anzuwenden, die nach dem 5. Mai 2006 angeschafft, hergestellt oder in das Betriebsvermögen eingelegt werden. [4]Die Anschaffungs- oder Herstellungskosten für nicht abnutzbare Wirtschaftsgüter des Anlagevermögens, die vor dem 5. Mai 2006 angeschafft, hergestellt oder in das Betriebsvermögen eingelegt wurden, sind erst im Zeitpunkt des Zuflusses des Veräußerungserlöses oder im Zeitpunkt der Entnahme als Betriebsausgaben zu berücksichtigen. [5]§ 4 Absatz 4a in der Fassung des Gesetzes vom 22. Dezember 1999 (BGBl. I S. 2601) ist erstmals für das Wirtschaftsjahr anzuwenden, das nach dem 31. Dezember 1998 endet. [6]Über- und Unterentnahmen vorangegangener Wirtschaftsjahre bleiben unberücksichtigt. [7]Bei vor dem 1. Januar 1999 eröffneten Betrieben sind im Fall der Betriebsaufgabe bei der Überführung von Wirtschaftsgütern aus dem Betriebsvermögen in das Privatvermögen die Buchwerte nicht als Entnahme anzusetzen; im Fall der Betriebsveräußerung ist nur der Veräußerungsgewinn als Entnahme anzusetzen. [8]§ 4 Absatz 5 Satz 1 Nummer 5 in der Fassung des Artikels 1 des Gesetzes vom 20. Februar 2013 (BGBl. I S. 285) ist erstmals ab dem 1. Januar 2014 anzuwenden. [9]§ 4 Absatz 5 Satz 1 Nummer 6a in der Fassung des Artikels 1 des Gesetzes vom 20. Februar 2013 (BGBl. I S. 285) ist erstmals ab dem 1. Januar 2014 anzuwenden.**

(7)* **§ 4d Absatz 1 Satz 1 Nummer 1 Satz 1 in der Fassung des Artikels 5 Nummer 1 des Gesetzes vom 10. Dezember 2007 (BGBl. I S. 2838) ist erstmals bei nach dem 31. Dezember 2008 zugesagten Leistungen der betrieblichen Altersversorgung anzuwenden.**

(8) **§ 4f in der Fassung des Gesetzes vom 18. Dezember 2013 (BGBl. I S. 4318) ist erstmals für Wirtschaftsjahre anzuwenden, die nach dem 28. November 2013 enden.**

(9) [1]**§ 5 Absatz 7 in der Fassung des Gesetzes vom 18. Dezember 2013 (BGBl. I S. 4318) ist erstmals für Wirtschaftsjahre anzuwenden, die nach dem 28. November 2013 enden. [2]Auf Antrag kann § 5 Absatz 7 auch für frühere Wirtschaftsjahre angewendet werden. [3]Bei Schuldübertragungen, Schuldbeitritten und Erfüllungsübernahmen, die vor dem 14. Dezember 2011 vereinbart wurden, ist § 5 Absatz 7 Satz 5 mit der Maßgabe anzuwenden, dass für einen Gewinn, der sich aus der Anwendung von § 5 Absatz 7 Satz 1 bis 3 ergibt, jeweils in Höhe von 19 Zwanzigsteln eine gewinnmindernde Rücklage**

---

* Im VZ 2018 letztmals anzuwenden (Mobilitäts-Richtlinie-Gesetz v 21.12.16 (BGBl I, 2553).

gebildet werden kann, die in den folgenden 19 Wirtschaftsjahren jeweils mit mindestens einem Neunzehntel gewinnerhöhend aufzulösen ist.

(10) [1] **§ 5a Absatz 3 in der Fassung des Artikels 9 des Gesetzes vom 29. Dezember 2003 (BGBl. I S. 3076) ist erstmals für das Wirtschaftsjahr anzuwenden, das nach dem 31. Dezember 2005 endet.** [2] **§ 5a Absatz 3 Satz 1 in der am 31. Dezember 2003 geltenden Fassung ist weiterhin anzuwenden, wenn der Steuerpflichtige im Fall der Anschaffung das Handelsschiff auf Grund eines vor dem 1. Januar 2006 rechtswirksam abgeschlossenen schuldrechtlichen Vertrags oder gleichgestellten Rechtsakts angeschafft oder im Fall der Herstellung mit der Herstellung des Handelsschiffs vor dem 1. Januar 2006 begonnen hat.** [3] **In Fällen des Satzes 2 muss der Antrag auf Anwendung des § 5a Absatz 1 spätestens bis zum Ablauf des Wirtschaftsjahres gestellt werden, das vor dem 1. Januar 2008 endet.** [4] **Soweit Ansparabschreibungen im Sinne des § 7g Absatz 3 in der am 17. August 2007 geltenden Fassung zum Zeitpunkt des Übergangs zur Gewinnermittlung nach § 5a Absatz 1 noch nicht gewinnerhöhend aufgelöst worden sind, ist § 5a Absatz 5 Satz 3 in der am 17. August 2007 geltenden Fassung weiter anzuwenden.**

(11) **§ 5b in der Fassung des Artikels 1 des Gesetzes vom 20. Dezember 2008 (BGBl. I S. 2850) ist erstmals für Wirtschaftsjahre anzuwenden, die nach dem 31. Dezember 2010 beginnen.**

(12) [1] **§ 6 Absatz 1 Nummer 4 Satz 2 und 3 in der am 1. Januar 2016 geltenden Fassung ist für Fahrzeuge mit Antrieb ausschließlich durch Elektromotoren, die ganz oder überwiegend aus mechanischen oder elektrochemischen Energiespeichern oder aus emissionsfrei betriebenen Energiewandlern gespeist werden (Elektrofahrzeuge), oder für extern aufladbare Hybridelektrofahrzeuge anzuwenden, die vor dem 1. Januar 2023 angeschafft werden.** [2] **§ 6 Absatz 5 Satz 1 zweiter Halbsatz in der am 14. Dezember 2010 geltenden Fassung gilt in allen Fällen, in denen § 4 Absatz 1 Satz 3 anzuwenden ist.**

(13)* [1] **§ 6a Absatz 2 Nummer 1 erste Alternative und Absatz 3 Satz 2 Nummer 1 Satz 6 erster Halbsatz in der am 1. Januar 2001 geltenden Fassung ist bei Pensionsverpflichtungen gegenüber Berechtigten anzuwenden, denen der Pensionsverpflichtete erstmals eine Pensionszusage nach dem 31. Dezember 2000 erteilt hat; § 6a Absatz 2 Nummer 1 zweite Alternative sowie § 6a Absatz 3 Satz 2 Nummer 1 Satz 1 und § 6a Absatz 3 Satz 2 Nummer 1 Satz 6 zweiter Halbsatz sind bei Pensionsverpflichtungen anzuwenden, die auf einer nach dem 31. Dezember 2000 vereinbarten Entgeltumwandlung im Sinne von § 1 Absatz 2 des Betriebsrentengesetzes beruhen.** [2] **§ 6a Absatz 2 Nummer 1 und Absatz 3 Satz 2 Nummer 1 Satz 6 in der am 1. September 2009 geltenden Fassung ist erstmals bei nach dem 31. Dezember 2008 erteilten Pensionszusagen anzuwenden.**

(14) [1] **§ 6b Absatz 2a in der am 6. November 2015 geltenden Fassung ist auch auf Gewinne im Sinne des § 6b Absatz 2 anzuwenden, die vor dem 6. November 2015 entstanden sind.** [2] **§ 6b Absatz 10 Satz 11 in der am 12. Dezember 2006 geltenden Fassung ist für Anteile, die einbringungsgeboren im Sinne des § 21 des Umwandlungssteuergesetzes in der am 12. Dezember 2006 geltenden Fassung sind, weiter anzuwenden.**

(15) [1] **Bei Wirtschaftsgütern, die vor dem 1. Januar 2001 angeschafft oder hergestellt worden sind, ist § 7 Absatz 2 Satz 2 in der Fassung des Gesetzes vom 22. Dezember 1999 (BGBl. I S. 2601) weiter anzuwenden.** [2] **Bei Gebäuden, soweit sie zu einem Betriebsvermögen gehören und nicht Wohnzwecken dienen, ist § 7 Absatz 4 Satz 1 und 2 in der am 31. Dezember 2000 geltenden**

---

* Siehe Fn. auf S. 2380.

Fassung weiter anzuwenden, wenn der Steuerpflichtige im Fall der Herstellung vor dem 1. Januar 2001 mit der Herstellung des Gebäudes begonnen hat oder im Fall der Anschaffung das Objekt auf Grund eines vor dem 1. Januar 2001 rechtswirksam abgeschlossenen obligatorischen Vertrags oder gleichstehenden Rechtsakts angeschafft hat. [3]Als Beginn der Herstellung gilt bei Gebäuden, für die eine Baugenehmigung erforderlich ist, der Zeitpunkt, in dem der Bauantrag gestellt wird; bei baugenehmigungsfreien Gebäuden, für die Bauunterlagen einzureichen sind, der Zeitpunkt, in dem die Bauunterlagen eingereicht werden.

(15a)[*] ***[1]Die Inanspruchnahme einer Sonderabschreibung nach § 7b in der am ... geltenden Fassung kann letztmalig für den Veranlagungszeitraum 2022 geltend gemacht werden. [2]Das gilt auch dann, wenn der Abschreibungszeitraum nach § 7b Absatz 1 noch nicht abgelaufen ist.***

(16) **[1]§ 7g Absatz 1 bis 4 in der am 1. Januar 2016 geltenden Fassung ist erstmals für Investitionsabzugsbeträge anzuwenden, die in nach dem 31. Dezember 2015 endenden Wirtschaftsjahren in Anspruch genommen werden. [2]Bei Investitionsabzugsbeträgen, die in vor dem 1. Januar 2016 endenden Wirtschaftsjahren in Anspruch genommen wurden, ist § 7g Absatz 1 bis 4 in der am 31. Dezember 2015 geltenden Fassung weiter anzuwenden. [3]Soweit vor dem 1. Januar 2016 beanspruchte Investitionsabzugsbeträge noch nicht hinzugerechnet oder rückgängig gemacht worden sind, vermindert sich der Höchstbetrag von 200 000 Euro nach § 7g Absatz 1 Satz 4 in der am 1. Januar 2016 geltenden Fassung entsprechend. [4]In Wirtschaftsjahren, die nach dem 31. Dezember 2008 und vor dem 1. Januar 2011 enden, ist § 7g Absatz 1 Satz 2 Nummer 1 mit der Maßgabe anzuwenden, dass bei Gewerbebetrieben oder der selbständigen Arbeit dienenden Betrieben, die ihren Gewinn nach § 4 Absatz 1 oder § 5 ermitteln, ein Betriebsvermögen von 335 000 Euro, bei Betrieben der Land- und Forstwirtschaft ein Wirtschaftswert oder Ersatzwirtschaftswert von 175 000 Euro und bei Betrieben, die ihren Gewinn nach § 4 Absatz 3 ermitteln, ohne Berücksichtigung von Investitionsabzugsbeträgen ein Gewinn von 200 000 Euro nicht überschritten wird. [5]Bei Wirtschaftsgütern, die nach dem 31. Dezember 2008 und vor dem 1. Januar 2011 angeschafft oder hergestellt worden sind, ist § 7g Absatz 6 Nummer 1 mit der Maßgabe anzuwenden, dass der Betrieb zum Schluss des Wirtschaftsjahres, das der Anschaffung oder Herstellung vorangeht, die Größenmerkmale des Satzes 1 nicht überschreitet.**

(17) **§ 9b Absatz 2 in der Fassung des Artikels 11 des Gesetzes vom 18. Dezember 2013 (BGBl. I S. 4318) ist auf Mehr- und Minderbeträge infolge von Änderungen der Verhältnisse im Sinne von § 15a des Umsatzsteuergesetzes anzuwenden, die nach dem 28. November 2013 eingetreten sind.**

(18) **[1]§ 10 Absatz 1a Nummer 2 in der am 1. Januar 2015 geltenden Fassung ist auf alle Versorgungsleistungen anzuwenden, die auf Vermögensübertragungen beruhen, die nach dem 31. Dezember 2007 vereinbart worden sind. [2]Für Versorgungsleistungen, die auf Vermögensübertragungen beruhen, die vor dem 1. Januar 2008 vereinbart worden sind, gilt dies nur, wenn das übertragene Vermögen nur deshalb einen ausreichenden Ertrag bringt, weil ersparte Aufwendungen, mit Ausnahme des Nutzungsvorteils eines vom Vermögensübernehmer zu eigenen Zwecken genutzten Grundstücks, zu den Erträgen des Vermögens gerechnet werden. [3]§ 10 Absatz 1 Nummer 5 in der am 1. Januar 2012 geltenden Fassung gilt auch für Kinder, die wegen einer**

---

[*] § 15a wird eingefügt durch Gesetz zur steuerlichen Förderung des Mietwohnungsneubaus (BT-Drs 67/16 v 5.2.2016)

vor dem 1. Januar 2007 in der Zeit ab Vollendung des 25. Lebensjahres und vor Vollendung des 27. Lebensjahres eingetretenen körperlichen, geistigen oder seelischen Behinderung außerstande sind, sich selbst zu unterhalten. [4] § 10 Absatz 4b Satz 4 bis 6 in der am 30. Juni 2013 geltenden Fassung ist erstmals für die Übermittlung der Daten des Veranlagungszeitraums 2016 anzuwenden. [5] § 10 Absatz 5 in der am 31. Dezember 2009 geltenden Fassung ist auf Beiträge zu Versicherungen im Sinne des § 10 Absatz 1 Nummer 2 Buchstabe b Doppelbuchstabe bb bis dd in der am 31. Dezember 2004 geltenden Fassung weiterhin anzuwenden, wenn die Laufzeit dieser Versicherungen vor dem 1. Januar 2005 begonnen hat und ein Versicherungsbeitrag bis zum 31. Dezember 2004 entrichtet wurde.

(19) **[1] Für nach dem 31. Dezember 1986 und vor dem 1. Januar 1991 hergestellte oder angeschaffte Wohnungen im eigenen Haus oder Eigentumswohnungen sowie in diesem Zeitraum fertiggestellte Ausbauten oder Erweiterungen ist § 10e in der am 30. Dezember 1989 geltenden Fassung weiter anzuwenden. [2] Für nach dem 31. Dezember 1990 hergestellte oder angeschaffte Wohnungen im eigenen Haus oder Eigentumswohnungen sowie in diesem Zeitraum fertiggestellte Ausbauten oder Erweiterungen ist § 10e in der am 28. Juni 1991 geltenden Fassung weiter anzuwenden. [3] Abweichend von Satz 2 ist § 10e Absatz 1 bis 5 und 6 bis 7 in der am 28. Juni 1991 geltenden Fassung erstmals für den Veranlagungszeitraum 1991 bei Objekten im Sinne des § 10e Absatz 1 und 2 anzuwenden, wenn im Fall der Herstellung der Steuerpflichtige nach dem 30. September 1991 den Bauantrag gestellt oder mit der Herstellung des Objekts begonnen hat oder im Fall der Anschaffung der Steuerpflichtige das Objekt nach dem 30. September 1991 auf Grund eines nach diesem Zeitpunkt rechtswirksam abgeschlossenen obligatorischen Vertrags oder gleichstehenden Rechtsakts angeschafft hat oder mit der Herstellung des Objekts nach dem 30. September 1991 begonnen worden ist. [4] § 10e Absatz 5a ist erstmals bei den in § 10e Absatz 1 und 2 bezeichneten Objekten anzuwenden, wenn im Fall der Herstellung der Steuerpflichtige den Bauantrag nach dem 31. Dezember 1991 gestellt oder, falls ein solcher nicht erforderlich ist, mit der Herstellung nach diesem Zeitpunkt begonnen hat, oder im Fall der Anschaffung der Steuerpflichtige das Objekt auf Grund eines nach dem 31. Dezember 1991 rechtswirksam abgeschlossenen obligatorischen Vertrags oder gleichstehenden Rechtsakts angeschafft hat. [5] § 10e Absatz 1 Satz 4 in der am 27. Juni 1993 geltenden Fassung und § 10e Absatz 6 Satz 3 in der am 30. Dezember 1993 geltenden Fassung sind erstmals anzuwenden, wenn der Steuerpflichtige das Objekt auf Grund eines nach dem 31. Dezember 1993 rechtswirksam abgeschlossenen obligatorischen Vertrags oder gleichstehenden Rechtsakts angeschafft hat. [6] § 10e ist letztmals anzuwenden, wenn der Steuerpflichtige im Fall der Herstellung vor dem 1. Januar 1996 mit der Herstellung des Objekts begonnen hat oder im Fall der Anschaffung das Objekt auf Grund eines vor dem 1. Januar 1996 rechtswirksam abgeschlossenen obligatorischen Vertrags oder gleichstehenden Rechtsakts angeschafft hat. [7] Als Beginn der Herstellung gilt bei Objekten, für die eine Baugenehmigung erforderlich ist, der Zeitpunkt, in dem der Bauantrag gestellt wird; bei baugenehmigungsfreien Objekten, für die Bauunterlagen einzureichen sind, gilt als Beginn der Herstellung der Zeitpunkt, in dem die Bauunterlagen eingereicht werden.**

(20) **[1] § 10h ist letztmals anzuwenden, wenn der Steuerpflichtige vor dem 1. Januar 1996 mit der Herstellung begonnen hat. [2] Als Beginn der Herstellung gilt bei Baumaßnahmen, für die eine Baugenehmigung erforderlich ist, der Zeitpunkt, in dem der Bauantrag gestellt wird; bei baugenehmigungsfreien Baumaßnahmen, für die Bauunterlagen einzureichen sind, gilt als Beginn der Herstellung der Zeitpunkt, in dem die Bauunterlagen eingereicht werden.**

(21) [1] § 10i in der am 1. Januar 1996 geltenden Fassung ist letztmals anzuwenden, wenn der Steuerpflichtige im Fall der Herstellung vor dem 1. Januar 1999 mit der Herstellung des Objekts begonnen hat oder im Fall der Anschaffung das Objekt auf Grund eines vor dem 1. Januar 1999 rechtswirksam abgeschlossenen obligatorischen Vertrags oder gleichstehenden Rechtsakts angeschafft hat. [2] Als Beginn der Herstellung gilt bei Objekten, für die eine Baugenehmigung erforderlich ist, der Zeitpunkt, in dem der Bauantrag gestellt wird; bei baugenehmigungsfreien Objekten, für die Bauunterlagen einzureichen sind, gilt als Beginn der Herstellung der Zeitpunkt, in dem die Bauunterlagen eingereicht werden.

(22) Für die Anwendung des § 13 Absatz 7 in der am 31. Dezember 2005 geltenden Fassung gilt Absatz 25 entsprechend.

(22a) [1] § 13a in der am 31. Dezember 2014 geltenden Fassung ist letztmals für das Wirtschaftsjahr anzuwenden, das vor dem 31. Dezember 2015 endet. [2] § 13a in der am 1. Januar 2015 geltenden Fassung ist erstmals für das Wirtschaftsjahr anzuwenden, das nach dem 30. Dezember 2015 endet. [3] Die Bindungsfrist auf Grund des § 13a Absatz 2 Satz 1 in der am 31. Dezember 2014 geltenden Fassung bleibt bestehen.

(23) § 15 Absatz 4 Satz 2 und 7 in der am 30. Juni 2013 geltenden Fassung ist in allen Fällen anzuwenden, in denen am 30. Juni 2013 die Feststellungsfrist noch nicht abgelaufen ist.

(24) [1] § 15a ist nicht auf Verluste anzuwenden, soweit sie

1. durch Sonderabschreibungen nach § 82f der Einkommensteuer-Durchführungsverordnung,
2. durch Absetzungen für Abnutzung in fallenden Jahresbeträgen nach § 7 Absatz 2 von den Herstellungskosten oder von den Anschaffungskosten von in ungebrauchtem Zustand vom Hersteller erworbenen Seeschiffen, die in einem inländischen Seeschiffsregister eingetragen sind,

entstehen; Nummer 1 gilt nur bei Schiffen, deren Anschaffungs- oder Herstellungskosten zu mindestens 30 Prozent durch Mittel finanziert werden, die weder unmittelbar noch mittelbar in wirtschaftlichem Zusammenhang mit der Aufnahme von Krediten durch den Gewerbebetrieb stehen, zu dessen Betriebsvermögen das Schiff gehört. [2] § 15a ist in diesen Fällen erstmals anzuwenden auf Verluste, die in nach dem 31. Dezember 1999 beginnenden Wirtschaftsjahren entstehen, wenn der Schiffbauvertrag vor dem 25. April 1996 abgeschlossen worden ist und der Gesellschafter der Gesellschaft vor dem 1. Januar 1999 beigetreten ist; soweit Verluste, die in dem Betrieb der Gesellschaft entstehen und nach Satz 1 oder nach § 15a Absatz 1 Satz 1 ausgleichsfähig oder abzugsfähig sind, zusammen das Eineinviertelfache der insgesamt geleisteten Einlage übersteigen, ist § 15a auf Verluste anzuwenden, die in nach dem 31. Dezember 1994 beginnenden Wirtschaftsjahren entstehen. [3] Scheidet ein Kommanditist oder ein anderer Mitunternehmer, dessen Haftung der eines Kommanditisten vergleichbar ist und dessen Kapitalkonto in der Steuerbilanz der Gesellschaft auf Grund von ausgleichs- oder abzugsfähigen Verlusten negativ geworden ist, aus der Gesellschaft aus oder wird in einem solchen Fall die Gesellschaft aufgelöst, so gilt der Betrag, den der Mitunternehmer nicht ausgleichen muss, als Veräußerungsgewinn im Sinne des § 16. [4] In Höhe der nach Satz 3 als Gewinn zuzurechnenden Beträge sind bei den anderen Mitunternehmern unter Berücksichtigung der für die Zurechnung von Verlusten geltenden Grundsätze Verlustanteile anzusetzen. [5] Bei der Anwendung des § 15a Absatz 3 sind nur Verluste zu berücksichtigen, auf die § 15a Absatz 1 anzuwenden ist.

(25) [1] **§ 15b in der Fassung des Artikels 1 des Gesetzes vom 22. Dezember 2005 (BGBl. I S. 3683) ist nur auf Verluste der dort bezeichneten Steuerstundungsmodelle anzuwenden, denen der Steuerpflichtige nach dem 10. November 2005 beigetreten ist oder für die nach dem 10. November 2005 mit dem Außenvertrieb begonnen wurde. [2] Der Außenvertrieb beginnt in dem Zeitpunkt, in dem die Voraussetzungen für die Veräußerung der konkret bestimmbaren Fondsanteile erfüllt sind und die Gesellschaft selbst oder über ein Vertriebsunternehmen mit Außenwirkung an den Markt herangetreten ist. [3] Dem Beginn des Außenvertriebs stehen der Beschluss von Kapitalerhöhungen und die Reinvestition von Erlösen in neue Projekte gleich. [4] Besteht das Steuerstundungsmodell nicht im Erwerb eines Anteils an einem geschlossenen Fonds, ist § 15b in der Fassung des Artikels 1 des Gesetzes vom 22. Dezember 2005 (BGBl. I S. 3683) anzuwenden, wenn die Investition nach dem 10. November 2005 rechtsverbindlich getätigt wurde. [5] § 15b Absatz 3a ist erstmals auf Verluste der dort bezeichneten Steuerstundungsmodelle anzuwenden, bei denen Wirtschaftsgüter des Umlaufvermögens nach dem 28. November 2013 angeschafft, hergestellt oder in das Betriebsvermögen eingelegt werden.**

(26) **Für die Anwendung des § 18 Absatz 4 Satz 2 in der Fassung des Artikels 1 des Gesetzes vom 22. Dezember 2005 (BGBl. I S. 3683) gilt Absatz 25 entsprechend.**

(26a) **§ 19 Absatz 1 Satz 1 Nummer 3 Satz 2 und 3 in der am 31. Dezember 2014 geltenden Fassung gilt für alle Zahlungen des Arbeitgebers nach dem 30. Dezember 2014.**

(27) **§ 19a in der am 31. Dezember 2008 geltenden Fassung ist weiter anzuwenden, wenn**

1. **die Vermögensbeteiligung vor dem 1. April 2009 überlassen wird oder**
2. **auf Grund einer am 31. März 2009 bestehenden Vereinbarung ein Anspruch auf die unentgeltliche oder verbilligte Überlassung einer Vermögensbeteiligung besteht sowie die Vermögensbeteiligung vor dem 1. Januar 2016 überlassen wird**

und der Arbeitgeber bei demselben Arbeitnehmer im Kalenderjahr nicht § 3 Nummer 39 anzuwenden hat.

(28) [1] **Für die Anwendung des § 20 Absatz 1 Nummer 4 Satz 2 in der am 31. Dezember 2005 geltenden Fassung gilt Absatz 25 entsprechend. [2] Für die Anwendung von § 20 Absatz 1 Nummer 4 Satz 2 und Absatz 2b in der am 1. Januar 2007 geltenden Fassung gilt Absatz 25 entsprechend. [3] § 20 Absatz 1 Nummer 6 in der Fassung des Gesetzes vom 7. September 1990 (BGBl. I S. 1898) ist erstmals auf nach dem 31. Dezember 1974 zugeflossene Zinsen aus Versicherungsverträgen anzuwenden, die nach dem 31. Dezember 1973 abgeschlossen worden sind. [4] § 20 Absatz 1 Nummer 6 in der Fassung des Gesetzes vom 20. Dezember 1996 (BGBl. I S. 2049) ist erstmals auf Zinsen aus Versicherungsverträgen anzuwenden, bei denen die Ansprüche nach dem 31. Dezember 1996 entgeltlich erworben worden sind. [5] Für Kapitalerträge aus Versicherungsverträgen, die vor dem 1. Januar 2005 abgeschlossen worden sind, ist § 20 Absatz 1 Nummer 6 in der am 31. Dezember 2004 geltenden Fassung mit der Maßgabe weiterhin anzuwenden, dass in Satz 3 die Wörter „§ 10 Absatz 1 Nummer 2 Buchstabe b Satz 5" durch die Wörter „§ 10 Absatz 1 Nummer 2 Buchstabe b Satz 6" ersetzt werden. [6] § 20 Absatz 1 Nummer 6 Satz 3 in der Fassung des Artikels 1 des Gesetzes vom 13. Dezember 2006 (BGBl. I S. 2878) ist erstmals anzuwenden auf Versicherungsleistungen im Erlebensfall bei Versicherungsverträgen, die nach dem 31. Dezember 2006 abgeschlossen werden, und auf Versicherungsleistungen bei Rückkauf eines**

Vertrages nach dem 31. Dezember 2006. [7] § 20 Absatz 1 Nummer 6 Satz 2 ist für Vertragsabschlüsse nach dem 31. Dezember 2011 mit der Maßgabe anzuwenden, dass die Versicherungsleistung nach Vollendung des 62. Lebensjahres des Steuerpflichtigen ausgezahlt wird. [8] § 20 Absatz 1 Nummer 6 Satz 6 in der Fassung des Artikels 1 des Gesetzes vom 19. Dezember 2008 (BGBl. I S. 2794) ist für alle Versicherungsverträge anzuwenden, die nach dem 31. März 2009 abgeschlossen werden oder bei denen die erstmalige Beitragsleistung nach dem 31. März 2009 erfolgt. [9] Wird auf Grund einer internen Teilung nach § 10 des Versorgungsausgleichsgesetzes oder einer externen Teilung nach § 14 des Versorgungsausgleichsgesetzes ein Anrecht in Form eines Versicherungsvertrags zugunsten der ausgleichsberechtigten Person begründet, so gilt dieser Vertrag insoweit zu dem gleichen Zeitpunkt als abgeschlossen wie derjenige der ausgleichspflichtigen Person. [10] § 20 Absatz 1 Nummer 6 Satz 7 und 8 ist auf Versicherungsleistungen anzuwenden, die auf Grund eines nach dem 31. Dezember 2014 eingetretenen Versicherungsfalles ausgezahlt werden. [11] § 20 Absatz 2 Satz 1 Nummer 1 in der am 18. August 2007 geltenden Fassung ist erstmals auf Gewinne aus der Veräußerung von Anteilen anzuwenden, die nach dem 31. Dezember 2008 erworben wurden. [12] § 20 Absatz 2 Satz 1 Nummer 3 in der am 18. August 2007 geltenden Fassung ist erstmals auf Gewinne aus Termingeschäften anzuwenden, bei denen der Rechtserwerb nach dem 31. Dezember 2008 stattgefunden hat. [13] § 20 Absatz 2 Satz 1 Nummer 4, 5 und 8 in der am 18. August 2007 geltenden Fassung ist erstmals auf Gewinne anzuwenden, bei denen die zugrunde liegenden Wirtschaftsgüter, Rechte oder Rechtspositionen nach dem 31. Dezember 2008 erworben oder geschaffen wurden. [14] § 20 Absatz 2 Satz 1 Nummer 6 in der am 18. August 2007 geltenden Fassung ist erstmals auf die Veräußerung von Ansprüchen nach dem 31. Dezember 2008 anzuwenden, bei denen der Versicherungsvertrag nach dem 31. Dezember 2004 abgeschlossen wurde; dies gilt auch für Versicherungsverträge, die vor dem 1. Januar 2005 abgeschlossen wurden, sofern bei einem Rückkauf zum Veräußerungszeitpunkt die Erträge nach § 20 Absatz 1 Nummer 6 in der am 31. Dezember 2004 geltenden Fassung steuerpflichtig wären. [15] § 20 Absatz 2 Satz 1 Nummer 7 in der Fassung des Artikels 1 des Gesetzes vom 14. August 2007 (BGBl. I S. 1912) ist erstmals auf nach dem 31. Dezember 2008 zufließende Kapitalerträge aus der Veräußerung sonstiger Kapitalforderungen anzuwenden. [16] Für Kapitalerträge aus Kapitalforderungen, die zum Zeitpunkt des vor dem 1. Januar 2009 erfolgten Erwerbs zwar Kapitalforderungen im Sinne des § 20 Absatz 1 Nummer 7 in der am 31. Dezember 2008 anzuwendenden Fassung, aber nicht Kapitalforderungen im Sinne des § 20 Absatz 2 Satz 1 Nummer 4 in der am 31. Dezember 2008 anzuwendenden Fassung sind, ist § 20 Absatz 2 Satz 1 Nummer 7 nicht anzuwenden; für die bei der Veräußerung in Rechnung gestellten Stückzinsen ist Satz 15 anzuwenden; Kapitalforderungen im Sinne des § 20 Absatz 2 Satz 1 Nummer 4 in der am 31. Dezember 2008 anzuwendenden Fassung liegen auch vor, wenn die Rückzahlung nur teilweise garantiert ist oder wenn eine Trennung zwischen Ertrags- und Vermögensebene möglich erscheint. [17] Bei Kapitalforderungen, die zwar nicht die Voraussetzungen von § 20 Absatz 1 Nummer 7 in der am 31. Dezember 2008 geltenden Fassung, aber die Voraussetzungen von § 20 Absatz 1 Nummer 7 in der am 18. August 2007 geltenden Fassung erfüllen, ist § 20 Absatz 2 Satz 1 Nummer 7 in Verbindung mit § 20 Absatz 1 Nummer 7 vorbehaltlich der Regelung in Absatz 31 Satz 2 und 3 auf alle nach dem 30. Juni 2009 zufließenden Kapitalerträge anzuwenden, es sei denn, die Kapitalforderung wurde vor dem 15. März 2007 angeschafft. [18] § 20 Absatz 4a Satz 3 in der Fassung des Artikels 1 des Gesetzes vom 8. Dezember 2010 (BGBl. I S. 1768) ist erstmals für Wertpapiere anzuwenden, die nach dem

31. Dezember 2009 geliefert wurden, sofern für die Lieferung § 20 Absatz 4 anzuwenden ist.

(29) **Für die Anwendung des § 21 Absatz 1 Satz 2 in der am 31. Dezember 2005 geltenden Fassung gilt Absatz 25 entsprechend.**

(30) **Für die Anwendung des § 22 Nummer 1 Satz 1 zweiter Halbsatz in der am 31. Dezember 2005 geltenden Fassung gilt Absatz 25 entsprechend.**

(31) [1] **§ 23 Absatz 1 Satz 1 Nummer 2 in der am 18. August 2007 geltenden Fassung ist erstmals auf Veräußerungsgeschäfte anzuwenden, bei denen die Wirtschaftsgüter nach dem 31. Dezember 2008 auf Grund eines nach diesem Zeitpunkt rechtswirksam abgeschlossenen obligatorischen Vertrags oder gleichstehenden Rechtsakts angeschafft wurden; § 23 Absatz 1 Satz 1 Nummer 2 Satz 2 in der am 14. Dezember 2010 geltenden Fassung ist erstmals auf Veräußerungsgeschäfte anzuwenden, bei denen die Gegenstände des täglichen Gebrauchs auf Grund eines nach dem 13. Dezember 2010 rechtskräftig abgeschlossenen Vertrags oder gleichstehenden Rechtsakts angeschafft wurden.** [2] **§ 23 Absatz 1 Satz 1 Nummer 2 in der am 1. Januar 1999 geltenden Fassung ist letztmals auf Veräußerungsgeschäfte anzuwenden, bei denen die Wirtschaftsgüter vor dem 1. Januar 2009 erworben wurden.** [3] **§ 23 Absatz 1 Satz 1 Nummer 4 ist auf Termingeschäfte anzuwenden, bei denen der Erwerb des Rechts auf einen Differenzausgleich, Geldbetrag oder Vorteil nach dem 31. Dezember 1998 und vor dem 1. Januar 2009 erfolgt.** [4] **§ 23 Absatz 3 Satz 4 in der am 1. Januar 2000 geltenden Fassung ist auf Veräußerungsgeschäfte anzuwenden, bei denen der Steuerpflichtige das Wirtschaftsgut nach dem 31. Juli 1995 und vor dem 1. Januar 2009 angeschafft oder nach dem 31. Dezember 1998 und vor dem 1. Januar 2009 fertiggestellt hat; § 23 Absatz 3 Satz 4 in der am 1. Januar 2009 geltenden Fassung ist auf Veräußerungsgeschäfte anzuwenden, bei denen der Steuerpflichtige das Wirtschaftsgut nach dem 31. Dezember 2008 angeschafft oder fertiggestellt hat.** [5] **§ 23 Absatz 1 Satz 2 und 3 sowie Absatz 3 Satz 3 in der am 12. Dezember 2006 geltenden Fassung sind für Anteile, die einbringungsgeboren im Sinne des § 21 des Umwandlungssteuergesetzes in der am 12. Dezember 2006 geltenden Fassung sind, weiter anzuwenden.**

(32) [1] **§ 32 Absatz 4 Satz 1 Nummer 3 in der Fassung des Artikels 1 des Gesetzes vom 19. Juli 2006 (BGBl. I S. 1652) ist erstmals für Kinder anzuwenden, die im Veranlagungszeitraum 2007 wegen einer vor Vollendung des 25. Lebensjahres eingetretenen körperlichen, geistigen oder seelischen Behinderung außerstande sind, sich selbst zu unterhalten; für Kinder, die wegen einer vor dem 1. Januar 2007 in der Zeit ab der Vollendung des 25. Lebensjahres und vor Vollendung des 27. Lebensjahres eingetretenen körperlichen, geistigen oder seelischen Behinderung außerstande sind, sich selbst zu unterhalten, ist § 32 Absatz 4 Satz 1 Nummer 3 weiterhin in der bis zum 31. Dezember 2006 geltenden Fassung anzuwenden.** [2] **§ 32 Absatz 5 ist nur noch anzuwenden, wenn das Kind den Dienst oder die Tätigkeit vor dem 1. Juli 2011 angetreten hat.** [3] **Für die nach § 10 Absatz 1 Nummer 2 Buchstabe b und den §§ 10a, 82 begünstigten Verträge, die vor dem 1. Januar 2007 abgeschlossen wurden, gelten für das Vorliegen einer begünstigten Hinterbliebenenversorgung die Altersgrenzen des § 32 in der am 31. Dezember 2006 geltenden Fassung.** [4] **Dies gilt entsprechend für die Anwendung des § 93 Absatz 1 Satz 3 Buchstabe b.**

(32a) [1] **§ 32a Absatz 1 und § 51a Absatz 2a Satz 1 in der am 23. Juli 2015 geltenden Fassung sind beim Steuerabzug vom Arbeitslohn erstmals anzuwenden auf laufenden Arbeitslohn, der für einen nach dem 30. November 2015 endenden Lohnzahlungszeitraum gezahlt wird, und auf sonstige Bezüge,**

die nach dem 30. November 2015 zufließen. [2]Bei der Lohnsteuerberechnung auf laufenden Arbeitslohn, der für einen nach dem 30. November 2015, aber vor dem 1. Januar 2016 endenden täglichen, wöchentlichen und monatlichen Lohnzahlungszeitraum gezahlt wird, ist zu berücksichtigen, dass § 32a Absatz 1 und § 51a Absatz 2a Satz 1 in der am 23. Juli 2015 geltenden Fassung bis zum 30. November 2015 nicht angewandt wurden (Nachholung). [3]Das Bundesministerium der Finanzen hat im Einvernehmen mit den obersten Finanzbehörden der Länder entsprechende Programmablaufpläne aufzustellen und bekannt zu machen (§ 39b Absatz 6 und § 51 Absatz 4 Nummer 1a).

(33) [1]**§ 32b Absatz 2 Satz 1 Nummer 2 Satz 2 Buchstabe c ist erstmals auf Wirtschaftsgüter des Umlaufvermögens anzuwenden, die nach dem 28. Februar 2013 angeschafft, hergestellt oder in das Betriebsvermögen eingelegt werden. [2]§ 32b Absatz 1 Satz 3 in der Fassung des Artikels 11 des Gesetzes vom 18. Dezember 2013 (BGBl. I S. 4318) ist in allen offenen Fällen anzuwenden.**

(34) **§ 34a in der Fassung des Artikels 1 des Gesetzes vom 19. Dezember 2008 (BGBl. I S. 2794) ist erstmals für den Veranlagungszeitraum 2008 anzuwenden.**

(34a) **Für Veranlagungszeiträume bis einschließlich 2014 ist § 34c Absatz 1 Satz 2 in der bis zum 31. Dezember 2014 geltenden Fassung in allen Fällen, in denen die Einkommensteuer noch nicht bestandskräftig festgesetzt ist, mit der Maßgabe anzuwenden, dass an die Stelle der Wörter „Summe der Einkünfte" die Wörter „Summe der Einkünfte abzüglich des Altersentlastungsbetrages (§ 24a), des Entlastungsbetrages für Alleinerziehende (§ 24b), der Sonderausgaben (§§ 10, 10a, 10b, 10c), der außergewöhnlichen Belastungen (§§ 33 bis 33b), der berücksichtigten Freibeträge für Kinder (§§ 31, 32 Absatz 6) und des Grundfreibetrages (§ 32a Absatz 1 Satz 2 Nummer 1)" treten.**

(35) [1]**§ 34f Absatz 3 und 4 Satz 2 in der Fassung des Gesetzes vom 25. Februar 1992 (BGBl. I S. 297) ist erstmals anzuwenden bei Inanspruchnahme der Steuerbegünstigung nach § 10e Absatz 1 bis 5 in der Fassung des Gesetzes vom 25. Februar 1992 (BGBl. I S. 297). [2]§ 34f Absatz 4 Satz 1 ist erstmals anzuwenden bei Inanspruchnahme der Steuerbegünstigung nach § 10e Absatz 1 bis 5 oder nach § 15b des Berlinförderungsgesetzes für nach dem 31. Dezember 1991 hergestellte oder angeschaffte Objekte.**

(36) [1]**Das Bundesministerium der Finanzen kann im Einvernehmen mit den obersten Finanzbehörden der Länder in einem Schreiben mitteilen, wann die in § 39 Absatz 4 Nummer 4 und 5 genannten Lohnsteuerabzugsmerkmale erstmals abgerufen werden können (§ 39e Absatz 3 Satz 1). [2]Dieses Schreiben ist im Bundessteuerblatt zu veröffentlichen.**

(37) [1]**Das Bundesministerium der Finanzen kann im Einvernehmen mit den obersten Finanzbehörden der Länder in einem Schreiben mitteilen, ab wann die Regelungen in § 39a Absatz 1 Satz 3 bis 5 erstmals anzuwenden sind. [2]Dieses Schreiben ist im Bundessteuerblatt zu veröffentlichen.**

(37a) [1]**§ 39f Absatz 1 Satz 9 bis 11 und Absatz 3 Satz 1 ist erstmals für den Veranlagungszeitraum anzuwenden, der auf den Veranlagungszeitraum folgt, in dem die für die Anwendung des § 39f Absatz 1 Satz 9 bis 11 und Absatz 3 Satz 1 erforderlichen Programmierarbeiten im Verfahren zur Bildung und Anwendung der elektronischen Lohnsteuerabzugsmerkmale (§ 39e) abgeschlossen sind. [2]Das Bundesministerium der Finanzen gibt im Einvernehmen mit den obersten Finanzbehörden der Länder im Bundesgesetzblatt den Veranlagungszeitraum bekannt, ab dem die Regelung des § 39f Absatz 1 Satz 9 bis 11 und Absatz 3 Satz 1 erstmals anzuwenden ist.**

(37b) [1] **§ 39b Absatz 2 Satz 5 Nummer 4 in der am 23. Juli 2015 geltenden Fassung ist erstmals anzuwenden auf laufenden Arbeitslohn, der für einen nach dem 30. November 2015 endenden Lohnzahlungszeitraum gezahlt wird, und auf sonstige Bezüge, die nach dem 30. November 2015 zufließen.** [2] **Bei der Lohnsteuerberechnung auf laufenden Arbeitslohn, der für einen nach dem 30. November 2015, aber vor dem 1. Januar 2016 endenden täglichen, wöchentlichen und monatlichen Lohnzahlungszeitraum gezahlt wird, ist zu berücksichtigen, dass § 39b Absatz 2 Satz 5 Nummer 4 in der am 23. Juli 2015 geltenden Fassung bis zum 30. November 2015 nicht angewandt wurde (Nachholung).** [3] **Das Bundesministerium der Finanzen hat dies im Einvernehmen mit den obersten Finanzbehörden der Länder bei der Aufstellung und Bekanntmachung der geänderten Programmablaufpläne für 2015 zu berücksichtigen (§ 39b Absatz 6 und § 51 Absatz 4 Nummer 1a).** [4] **In den Fällen des § 24b Absatz 4 ist für das Kalenderjahr 2015 eine Veranlagung durchzuführen, wenn die Nachholung nach Satz 2 durchgeführt wurde.**

(38) **§ 40a Absatz 2, 2a und 6 in der am 31. Juli 2014 geltenden Fassung ist erstmals ab dem Kalenderjahr 2013 anzuwenden.**

(39) **Haben Arbeitnehmer im Laufe des Kalenderjahres geheiratet, wird längstens bis zum Ablauf des Kalenderjahres 2017 abweichend von § 39e Absatz 3 Satz 3 für jeden Ehegatten automatisiert die Steuerklasse IV gebildet, wenn die Voraussetzungen des § 38b Absatz 1 Satz 2 Nummer 3 oder Nummer 4 vorliegen.**

(40) [1] **§ 40b Absatz 1 und 2 in der am 31. Dezember 2004 geltenden Fassung ist weiter anzuwenden auf Beiträge für eine Direktversicherung des Arbeitnehmers und Zuwendungen an eine Pensionskasse, die auf Grund einer Versorgungszusage geleistet werden, die vor dem 1. Januar 2005 erteilt wurde.** [2] **Sofern die Beiträge für eine Direktversicherung die Voraussetzungen des § 3 Nummer 63 erfüllen, gilt dies nur, wenn der Arbeitnehmer nach Absatz 4 gegenüber dem Arbeitgeber für diese Beiträge auf die Anwendung des § 3 Nummer 63 verzichtet hat.**

*(40a)** ***Abweichend von § 41a Absatz 4 Satz 1 darf vom 1. Januar 2016 bis zum 31. Dezember 2020 ein Betrag von 100 Prozent abgezogen und einbehalten werden.***

(41) **Bei der Veräußerung oder Einlösung von Wertpapieren und Kapitalforderungen, die von der das Bundesschuldbuch führenden Stelle oder einer Landesschuldenverwaltung verwahrt oder verwaltet werden können, bemisst sich der Steuerabzug nach den bis zum 31. Dezember 1993 geltenden Vorschriften, wenn die Wertpapier- und Kapitalforderungen vor dem 1. Januar 1994 emittiert worden sind; dies gilt nicht für besonders in Rechnung gestellte Stückzinsen.**

(42) **§ 43 Absatz 1 Satz 1 Nummer 7 Buchstabe b Satz 2 in der Fassung des Artikels 1 des Gesetzes vom 13. Dezember 2006 (BGBl. I S. 2878) ist erstmals auf Verträge anzuwenden, die nach dem 31. Dezember 2006 abgeschlossen werden.**

(42a) **§ 43b und Anlage 2 (zu § 43b) in der am 1. Januar 2016 geltenden Fassung sind erstmals auf Ausschüttungen anzuwenden, die nach dem 31. Dezember 2015 zufließen.**

(43) [1] **Ist ein Freistellungsauftrag im Sinne des § 44a vor dem 1. Januar 2007 unter Beachtung des § 20 Absatz 4 in der bis dahin geltenden Fassung erteilt worden, darf der nach § 44 Absatz 1 zum Steuerabzug Verpflichtete den an-**

---

* § 52 Abs 40a soll eingefügt werden durch den Entwurf eines Gesetzes zur Änderung des Einkommensteuergesetzes zur Erhöhung des Lohnsteuereinbehalts in der Seeschifffahrt (BT-Drs 18/6679 v. 11.11.2015).

gegebenen Freistellungsbetrag nur zu 56,37 Prozent berücksichtigen. [2]Sind in dem Freistellungsauftrag der gesamte Sparer-Freibetrag nach § 20 Absatz 4 in der Fassung des Artikels 1 des Gesetzes vom 19. Juli 2006 (BGBl. I S. 1652) und der gesamte Werbungskosten-Pauschbetrag nach § 9a Satz 1 Nummer 2 in der Fassung des Artikels 1 des Gesetzes vom 19. Juli 2006 (BGBl. I S. 1652) angegeben, ist der Werbungskosten-Pauschbetrag in voller Höhe zu berücksichtigen.

(44) § 44 Absatz 6 Satz 2 und 5 in der am 12. Dezember 2006 geltenden Fassung ist für Anteile, die einbringungsgeboren im Sinne des § 21 des Umwandlungssteuergesetzes in der am 12. Dezember 2006 geltenden Fassung sind, weiter anzuwenden.

(45) § 45d Absatz 1 in der am 14. Dezember 2010 geltenden Fassung ist erstmals für Kapitalerträge anzuwenden, die ab dem 1. Januar 2013 zufließen; eine Übermittlung der IdentifikationsNummer hat für Kapitalerträge, die vor dem 1. Januar 2016 zufließen, nur zu erfolgen, wenn die Identifikations-Nummer der Meldestelle vorliegt.

(46) [1]Der Zeitpunkt der erstmaligen Anwendung des § 50 Absatz 2 in der am 18. August 2009 geltenden Fassung wird durch eine Rechtsverordnung der Bundesregierung bestimmt, die der Zustimmung des Bundesrates bedarf; dieser Zeitpunkt darf nicht vor dem 31. Dezember 2011 liegen. [2]§ 50 Absatz 4 in der am 1. Januar 2016 geltenden Fassung ist in allen offenen Fällen anzuwenden.

(47) [1]Der Zeitpunkt der erstmaligen Anwendung des § 50a Absatz 3 und 5 in der am 18. August 2009 geltenden Fassung wird durch eine Rechtsverordnung der Bundesregierung bestimmt, die der Zustimmung des Bundesrates bedarf; dieser Zeitpunkt darf nicht vor dem 31. Dezember 2011 liegen. [2]§ 50a Absatz 7 in der am 31. Juli 2014 geltenden Fassung ist erstmals auf Vergütungen anzuwenden, für die der Steuerabzug nach dem 31. Dezember 2014 angeordnet worden ist.

(48) [1]§ 50i Absatz 1 Satz 1 und 2 ist auf die Veräußerung oder Entnahme von Wirtschaftsgütern oder Anteilen anzuwenden, die nach dem 29. Juni 2013 stattfindet. [2]Hinsichtlich der laufenden Einkünfte aus der Beteiligung an der Personengesellschaft ist die Vorschrift in allen Fällen anzuwenden, in denen die Einkommensteuer noch nicht bestandskräftig festgesetzt worden ist. [3]§ 50i Absatz 1 Satz 4 in der am 31. Juli 2014 geltenden Fassung ist erstmals auf die Veräußerung oder Entnahme von Wirtschaftsgütern oder Anteilen anzuwenden, die nach dem 31. Dezember 2013 stattfindet. [4]§ 50i Absatz 2 Satz 1 gilt für Umwandlungen und Einbringungen, bei denen der Umwandlungsbeschluss nach dem 31. Dezember 2013 erfolgt ist oder der Einbringungsvertrag nach dem 31. Dezember 2013 geschlossen worden ist. [5]§ 50i Absatz 2 Satz 2 gilt für Übertragungen und Überführungen und § 50i Absatz 2 Satz 3 für einen Strukturwandel nach dem 31. Dezember 2013.

(49) § 51a Absatz 2c und 2e in der am 30. Juni 2013 geltenden Fassung ist erstmals auf nach dem 31. Dezember 2014 zufließende Kapitalerträge anzuwenden.

(49a) [1]Die §§ 62, 63 und 67 in der am 9. Dezember 2014 geltenden Fassung sind für Kindergeldfestsetzungen anzuwenden, die Zeiträume betreffen, die nach dem 31. Dezember 2015 beginnen. [2]Die §§ 62, 63 und 67 in der am 9. Dezember 2014 geltenden Fassung sind auch für Kindergeldfestsetzungen anzuwenden, die Zeiträume betreffen, die vor dem 1. Januar 2016 liegen, der Antrag auf Kindergeld aber erst nach dem 31. Dezember 2015 gestellt wird. [3]§ 66 Absatz 1 in der am 23. Juli 2015 geltenden Fassung ist für Kindergeldfestsetzungen anzuwenden, die Zeiträume betreffen, die nach dem 31. De-

zember 2014 beginnen. [4]§ 66 Absatz 1 in der am 1. Januar 2016 geltenden Fassung ist für Kindergeldfestsetzungen anzuwenden, die Zeiträume betreffen, die nach dem 31. Dezember 2015 beginnen.

(50) **§ 70 Absatz 4 in der am 31. Dezember 2011 geltenden Fassung ist weiter für Kindergeldfestsetzungen anzuwenden, die Zeiträume betreffen, die vor dem 1. Januar 2012 enden.**

Einkommensteuer-Durchführungsverordnung:

§ 84 Anwendungsvorschriften

(1) **Die vorstehende Fassung dieser Verordnung ist, soweit in den folgenden Absätzen nichts anderes bestimmt ist, erstmals für den Veranlagungszeitraum 2012 anzuwenden.**

(1a) **§ 1 in der Fassung des Artikels 2 des Gesetzes vom 18. Juli 2014 (BGBl. I S. 1042) ist in allen Fällen anzuwenden, in denen die Einkommensteuer noch nicht bestandskräftig festgesetzt ist.**

(1b) **§ 7 der Einkommensteuer-Durchführungsverordnung 1997 in der Fassung der Bekanntmachung vom 18. Juni 1997 (BGBl. I S. 1558) ist letztmals für das Wirtschaftsjahr anzuwenden, das vor dem 1. Januar 1999 endet.**

(1c) **Die §§ 8 und 8a der Einkommensteuer-Durchführungsverordnung 1986 in der Fassung der Bekanntmachung vom 24. Juli 1986 (BGBl. I S. 1239) sind letztmals für das Wirtschaftsjahr anzuwenden, das vor dem 1. Januar 1990 endet.**

(2) **[1]§ 8c Abs. 1 und 2 Satz 3 in der Fassung dieser Verordnung ist erstmals für Wirtschaftsjahre anzuwenden, die nach dem 31. August 1993 beginnen. [2]§ 8c Abs. 2 Satz 1 und 2 ist erstmals für Wirtschaftsjahre anzuwenden, die nach dem 30. Juni 1990 beginnen. [3]Für Wirtschaftsjahre, die vor dem 1. Mai 1984 begonnen haben, ist § 8c Abs. 1 und 2 der Einkommensteuer-Durchführungsverordnung 1981 in der Fassung der Bekanntmachung vom 23. Juni 1982 (BGBl. I S. 700) weiter anzuwenden.**

(2a) **§ 11c Abs. 2 Satz 3 ist erstmals für das nach dem 31. Dezember 1998 endende Wirtschaftsjahr anzuwenden.**

(2b) **§ 29 Abs. 1 ist auch für Veranlagungszeiträume vor 1996 anzuwenden, soweit die Fälle, in denen Ansprüche aus Versicherungsverträgen nach dem 13. Februar 1992 zur Tilgung oder Sicherung von Darlehen eingesetzt wurden, noch nicht angezeigt worden sind.**

(3) **§ 29 Abs. 3 bis 6, §§ 31 und 32 sind in der vor dem 1. Januar 1996 geltenden Fassung für vor diesem Zeitpunkt an Bausparkassen geleistete Beiträge letztmals für den Veranlagungszeitraum 2005 anzuwenden.**

(3a) **§ 51 in der Fassung des Artikels 2 des Gesetzes vom 1. November 2011 (BGBl. I S. 2131) ist erstmals für das Wirtschaftsjahr anzuwenden, das nach dem 31. Dezember 2011 beginnt.**

(3b) **[1]§ 54 Abs. 1 Satz 2 in der Fassung des Artikels 1a des Gesetzes vom 20. Dezember 2007 (BGBl. I S. 3150) ist erstmals für Vorgänge nach dem 31. Dezember 2007 anzuwenden. [2]§ 54 Abs. 4 in der Fassung des Artikels 2 des Gesetzes vom 7. Dezember 2006 (BGBl. I S. 2782) ist erstmals auf Verfügungen über Anteile an Kapitalgesellschaften anzuwenden, die nach dem 31. Dezember 2006 beurkundet werden.**

(3c) **§ 56 in der Fassung des Artikels 10 des Gesetzes vom 29. Dezember 2003 (BGBl. I S. 3076) ist erstmals für den Veranlagungszeitraum 2004 anzuwenden.**

(3d) § 60 Abs. 1 und 4 in der Fassung des Artikels 2 des Gesetzes vom 20. Dezember 2008 (BGBl. I S. 2850) ist erstmals für Wirtschaftsjahre (Gewinnermittlungszeiträume) anzuwenden, die nach dem 31. Dezember 2010 beginnen.

(3e) § 62d Abs. 2 Satz 2 in der Fassung des Artikels 2 des Gesetzes vom 22. Dezember 2003 (BGBl. I S. 2840) ist erstmals auf Verluste anzuwenden, die aus dem Veranlagungszeitraum 2004 in den Veranlagungszeitraum 2003 zurückgetragen werden.

(3f) § 64 Absatz 1 in der Fassung des Artikels 2 des Gesetzes vom 1. November 2011 (BGBl. I S. 2131) ist in allen Fällen anzuwenden, in denen die Einkommensteuer noch nicht bestandskräftig festgesetzt ist.

(3g) § 70in der Fassung des Artikels 24 des Gesetzes vom 25. Juli 2014 (BGBl. I S. 1266) ist erstmals ab dem Veranlagungszeitraum 2014 anzuwenden.

(3h) [1] Die §§ 73a, 73c, 73d Abs. 1 sowie die §§ 73e und 73f Satz 1 in der Fassung des Artikels 2 des Gesetzes vom 19. Dezember 2008 (BGBl. I S. 2794) sind erstmals auf Vergütungen anzuwenden, die nach dem 31. Dezember 2008 zufließen. [2] Abweichend von Satz 1 ist § 73e Satz 4 und 5 in der Fassung des Artikels 2 des Gesetzes vom 19. Dezember 2008 (BGBl. I S. 2794) erstmals auf Vergütungen anzuwenden, die nach dem 31. Dezember 2009 zufließen. [3] § 73e Satz 4 in der Fassung der Bekanntmachung vom 10. Mai 2000 (BGBl. I S. 717) ist letztmals auf Vergütungen anzuwenden, die vor dem 1. Januar 2010 zufließen. [4] § 73d Absatz 1 Satz 3, § 73e Satz 1, 2 und 5 sowie § 73g Absatz 1 und 2 in der Fassung des Artikels 9 des Gesetzes vom 10. August 2009 (BGBl. I S. 2702) sind erstmals auf Vergütungen anzuwenden, die nach dem 24. Dezember 2013 zufließen. [5] § 73e Satz 7 in der am 31. Juli 2014 geltenden Fassung ist erstmals auf Vergütungen anzuwenden, für die der Steuerabzug nach dem 31. Dezember 2014 angeordnet worden ist. [6] § 73a Absatz 3 in der am 30. Dezember 2014 geltenden Fassung ist ersmals ab dem 1. Januar 2014 anzuwenden.

(3i) § 80 der Einkommensteuer-Durchführungsverordnung 1997 in der Fassung der Bekanntmachung vom 18. Juni 1997 (BGBl. I S. 1558) ist letztmals für das Wirtschaftsjahr anzuwenden, das vor dem 1. Januar 1999 endet.

(4) [1] § 82a ist auf Tatbestände anzuwenden, die in dem in Artikel 3 des Einigungsvertrages genannten Gebiet nach dem 31. Dezember 1990 und vor dem 1. Januar 1992 verwirklicht worden sind. [2] Auf Tatbestände, die im Geltungsbereich dieser Verordnung ausschließlich des in Artikel 3 des Einigungsvertrages genannten Gebiets verwirklicht worden sind, ist

1. **§ 82a Abs. 1 und 2 bei Herstellungskosten für Einbauten von Anlagen und Einrichtungen im Sinne von dessen Absatz 1 Nr. 1 bis 5 anzuwenden, die nach dem 30. Juni 1985 und vor dem 1. Januar 1992 fertiggestellt worden sind,**
2. **§ 82a Abs. 3 Satz 1 ab dem Veranlagungszeitraum 1987 bei Erhaltungsaufwand für Arbeiten anzuwenden, die vor dem 1. Januar 1992 abgeschlossen worden sind,**
3. **§ 82a Abs. 3 Satz 2 ab dem Veranlagungszeitraum 1987 bei Aufwendungen für Einzelöfen anzuwenden, die vor dem 1. Januar 1992 angeschafft worden sind,**
4. **§ 82a Abs. 3 Satz 1 in der Fassung der Bekanntmachung vom 24. Juli 1986 für Veranlagungszeiträume vor 1987 bei Erhaltungsaufwand für Arbeiten anzuwenden, die nach dem 30. Juni 1985 abgeschlossen worden sind,**

5. § 82a Abs. 3 Satz 2 in der Fassung der Bekanntmachung vom 24. Juli 1986 für Veranlagungszeiträume vor 1987 bei Aufwendungen für Einzelöfen anzuwenden, die nach dem 30. Juni 1985 angeschafft worden sind,
6. § 82a bei Aufwendungen für vor dem 1. Juli 1985 fertiggestellte Anlagen und Einrichtungen in den vor diesem Zeitpunkt geltenden Fassungen weiter anzuwenden.

(4a) [1] § 82b der Einkommensteuer-Durchführungsverordnung 1997 in der Fassung der Bekanntmachung vom 18. Juni 1997 (BGBl. I S. 1558) ist letztmals auf Erhaltungsaufwand anzuwenden, der vor dem 1. Januar 1999 entstanden ist. [2] § 82b in der Fassung des Artikels 10 des Gesetzes vom 29. Dezember 2003 (BGBl. I S. 3076) ist erstmals auf Erhaltungsaufwand anzuwenden, der nach dem 31. Dezember 2003 entstanden ist.

(4b) § 82d der Einkommensteuer-Durchführungsverordnung 1986 ist auf Wirtschaftsgüter sowie auf ausgebaute und neu hergestellte Gebäudeteile anzuwenden, die im Geltungsbereich dieser Verordnung ausschließlich des in Artikel 3 des Einigungsvertrages genannten Gebiets nach dem 18. Mai 1983 und vor dem 1. Januar 1990 hergestellt oder angeschafft worden sind.

(5) § 82f Abs. 5 und Abs. 7 Satz 1 der Einkommensteuer-Durchführungsverordnung 1979 in der Fassung der Bekanntmachung vom 24. September 1980 (BGBl. I S. 1801) ist letztmals für das Wirtschaftsjahr anzuwenden, das dem Wirtschaftsjahr vorangeht, für das § 15a des Gesetzes erstmals anzuwenden ist.

(6) [1] § 82g ist auf Maßnahmen anzuwenden, die nach dem 30. Juni 1987 und vor dem 1. Januar 1991 in dem Geltungsbereich dieser Verordnung ausschließlich des in Artikel 3 des Einigungsvertrages genannten Gebiets abgeschlossen worden sind. [2] Auf Maßnahmen, die vor dem 1. Juli 1987 in dem Geltungsbereich dieser Verordnung ausschließlich des in Artikel 3 des Einigungsvertrages genannten Gebiets abgeschlossen worden sind, ist § 82g in der vor diesem Zeitpunkt geltenden Fassung weiter anzuwenden.

(7) [1] § 82h in der durch die Verordnung vom 19. Dezember 1988 (BGBl. I S. 2301) geänderten Fassung ist erstmals auf Maßnahmen, die nach dem 30. Juni 1987 in dem Geltungsbereich dieser Verordnung ausschließlich des in Artikel 3 des Einigungsvertrages genannten Gebiets abgeschlossen worden sind, und letztmals auf Erhaltungsaufwand, der vor dem 1. Januar 1990 in dem Geltungsbereich dieser Verordnung ausschließlich des in Artikel 3 des Einigungsvertrages genannten Gebiets entstanden ist, mit der Maßgabe anzuwenden, dass der noch nicht berücksichtigte Teil des Erhaltungsaufwands in dem Jahr, in dem das Gebäude letztmals zur Einkunftserzielung genutzt wird, als Betriebsausgaben oder Werbungskosten abzusetzen ist. [2] Auf Maßnahmen, die vor dem 1. Juli 1987 in dem Geltungsbereich dieser Verordnung ausschließlich des in Artikel 3 des Einigungsvertrages genannten Gebiets abgeschlossen worden sind, ist § 82h in der vor diesem Zeitpunkt geltenden Fassung weiter anzuwenden.

(8) § 82i ist auf Herstellungskosten für Baumaßnahmen anzuwenden, die nach dem 31. Dezember 1977 und vor dem 1. Januar 1991 in dem Geltungsbereich dieser Verordnung ausschließlich des in Artikel 3 des Einigungsvertrages genannten Gebiets abgeschlossen worden sind.

(9) § 82k der Einkommensteuer-Durchführungsverordnung 1986 ist auf Erhaltungsaufwand, der vor dem 1. Januar 1990 in dem Geltungsbereich dieser Verordnung ausschließlich des in Artikel 3 des Einigungsvertrages genannten Gebiets entstanden ist, mit der Maßgabe anzuwenden, dass der noch nicht berücksichtigte Teil des Erhaltungsaufwands in dem Jahr, in dem das Gebäu-

de letztmals zur Einkunftserzielung genutzt wird, als Betriebsausgaben oder Werbungskosten abzusetzen ist.

(10) [1]**In Anlage 3 (zu § 80 Abs. 1) ist die Nummer 26 erstmals für das Wirtschaftsjahr anzuwenden, das nach dem 31. Dezember 1990 beginnt.** [2]**Für Wirtschaftsjahre, die vor dem 1. Januar 1991 beginnen, ist die Nummer 26 in Anlage 3 in der vor diesem Zeitpunkt geltenden Fassung anzuwenden.**

(11) **§ 56 Satz 1 Nummer 1, die §§ 61 und 62d in der Fassung des Artikels 2 des Gesetzes vom 1. November 2011 (BGBl. I S. 2131) sind erstmals für den Veranlagungszeitraum 2013 anzuwenden.**

§ 85 (gegenstandslos)

Lohnsteuer-Durchführungsverordnung:

§ 8 Anwendungszeitraum

(1) **Die Vorschriften dieser Verordnung in der Fassung des Artikels 2 des Gesetzes vom 13. Dezember 2006 (BGBl. I S. 2878) sind erstmals anzuwenden auf laufenden Arbeitslohn, der für einen nach dem 31. Dezember 2006 endenden Lohnzahlungszeitraum gezahlt wird, und auf sonstige Bezüge, die nach dem 31. Dezember 2006 zufließen.**

(2) [1]**§ 6 Abs. 3 und 4 sowie § 7 in der am 31. Dezember 2001 geltenden Fassung sind weiter anzuwenden im Falle einer schädlichen Verfügung vor dem 1. Januar 2002.** [2]**Die Nachversteuerung nach § 7 Abs. 1 Satz 1 unterbleibt, wenn der nachzufordernde Betrag 10 Euro nicht übersteigt.**

Anmerkungen zu § 52 EStG, § 84 EStDV, § 8 LStDV

1 **1. Anwendung in zeitl Hinsicht.** § 52 regelt – entspr Art 82 II GG – primär in zeitl Hinsicht, für welche VZ die einzelnen Normen der EStG in der jeweiligen Fassung erstmals oder letztmals anzuwenden sind (VZ-bezogene Betrachtungsweise, BFH IV R 53/09 DStR 11, 2091; BR-Drs 171/95, 141). § 52 muss daher sicherstellen, dass die Anwendung nicht zu einer echten Rückwirkung führt (vgl BFH XI B 151/00 BStBl II 01, 552). Die Grundregel (§ 52 I) bestimmt, dass das Gesetz erstmals für den lfd VZ anzuwenden ist, soweit in den folgenden Absätzen nichts anderes bestimmt ist (vgl etwa FinA BT-Drs 16/11108, 9f). – §§ 52, 52a sind durch das Kroat-AnpG bereinigt worden; etl Übergangsvorschriften sind in der neuen Fassung nicht mehr enthalten (dazu s Rz 2), zT in die Stammvorschrift überführt worden (etwa § 10a). Im Ergebnis enthält der neue § 52 nur noch 48 Absätze, einschließl der erforderl Regelungen aus dem bisherigen § 52a.

2 **2. Grundsätze.** Die Neufassung folgt folgenden Grundsätzen (BT-Drs 18/1529, 60): – ***(1)*** Die allg Anwendungsregelung des § 52 I wird auf den VZ 2014 bzw. nach dem 31.12.13 endende Lohnzahlungszeiträume fortgeschrieben. Nach I 3 ist diese Fassung des Gesetzes – vorbehaltl der besonderen Regelungen in den folgenden Absätzen – erstmals auf KapErträge anzuwenden, die dem Gläubiger nach dem 31. Dezember 2013 zufließen. – ***(2)*** Regelungen, die durch Zeitablauf erledigt sind, werden gestrichen, insb iZm erstmaliger Anwendung. – ***(3)*** Noch erforderl Regelungen, die nicht die zeitl Anwendung betreffen, werden grds in die jeweilige Stammvorschrift übernommen (ohne inhaltl Änderungen). – ***(4)*** Noch erforderl Regelungen zur zeitl Anwendung werden in der Neufassung des § 52 fortgeführt. Alle für eine Vorschrift maßgebl Übergangsregelungen sind in einem einzigen Absatz enthalten (s zB § 52 Abs 6 für § 4). – ***(5)*** Die noch erforderl Regelungen aus § 52a wurden in § 52 in der Gesetzesreihenfolge übernommen.

3. Rückwirkung. Soweit diese Anwendungsvorschriften in den Rechtsfolgen auch an Tatbestände der Vergangenheit anknüpfen (sog unechte Rückwirkung), ist dies idR verfrechtl unbedenkl (Einzelheiten § 2 Rz 41). Die Anwendungsvorschriften gelten auch dann weiter, wenn sie in späteren Gesetzesfassungen nicht mehr enthalten sind (BFH XI R 36/89 BStBl II 92, 26). 3

4. Verweisung. Der jeweilige zeitl Anwendungsbereich einer Norm ist, soweit von allg Bedeutung, iRd Erläut zu dieser Norm berücksichtigt. – Soweit § 52 auch (systemwidrig) Regelungen mit allg materiellen Inhalt enthält, sind diese im jeweiligen Sachzusammenhang erläutert. 4

§ 52a *Anwendungsvorschriften zur Einführung einer Abgeltungsteuer auf Kapitalerträge und Veräußerungsgewinne*

Anmerkung: § 52a ist durch das KroatienAnpG v 25.7.14, BGBl I 14, 1266 mit Wirkung ab VZ 2014 aufgehoben worden. § 52a enthielt Anwendungsvorschriften zur Einführung der AbgeltungSt auf KapErträge und Veräußerungsgewinne, die zu einem relativ komplizierten Nebeneinander von Alt- und Neuregelungen führten, um verfrechtl Rückwirkungsprobleme zu vermeiden (Helios/Link DStR 08, 386/9). Abs 1 bestimmte, dass die in den §§ 43 bis 45e enthaltenen überarbeiteten Regelungen zum Einbehalt von KapESt iRd AbgeltungSt grds auf ab 1.1.2009 zufließende Kapitalerträge anzuwenden sind (BReg BR-Drs 220/07, 119/20). § 52a II–VII enthielt Änderungen zu den §§ 2–10. § 52a VII bezog sich auf § 20 I Nr 7; § 52a IX betraf § 20 I Nr 11 und § 52a X vor allem die Anwendung des § 20 II (Veräußerungstatbestände; s 33. Aufl § 52a Rz 4–7). §§ 52a XI–XVIb regelten insb die Anwendung der §§ 23, 24c, 32d (s 33. Aufl § 52a Rz 8–10). 1

§ 52b Übergangsregelungen bis zur Anwendung der elektronischen Lohnsteuerabzugsmerkmale

(1) [1]Die Lohnsteuerkarte 2010 und die Bescheinigung für den Lohnsteuerabzug (Absatz 3) gelten mit den eingetragenen Lohnsteuerabzugsmerkmalen auch für den Steuerabzug vom Arbeitslohn ab dem 1. Januar 2011 bis zur erstmaligen Anwendung der elektronischen Lohnsteuerabzugsmerkmale durch den Arbeitgeber (Übergangszeitraum). [2]Voraussetzung ist, dass dem Arbeitgeber entweder die Lohnsteuerkarte 2010 oder die Bescheinigung für den Lohnsteuerabzug vorliegt. [3]In diesem Übergangszeitraum hat der Arbeitgeber die Lohnsteuerkarte 2010 und die Bescheinigung für den Lohnsteuerabzug

1. während des Dienstverhältnisses aufzubewahren, er darf sie nicht vernichten;

2. dem Arbeitnehmer zur Vorlage beim Finanzamt vorübergehend zu überlassen sowie

3. nach Beendigung des Dienstverhältnisses innerhalb einer angemessenen Frist herauszugeben.

[4]Nach Ablauf des auf den Einführungszeitraum (Absatz 5 Satz 2) folgenden Kalenderjahres darf der Arbeitgeber die Lohnsteuerkarte 2010 und die Bescheinigung für den Lohnsteuerabzug vernichten. [5]Ist auf der Lohnsteuerkarte 2010 eine Lohnsteuerbescheinigung erteilt und ist die Lohnsteuerkarte an den Arbeitnehmer herausgegeben worden, kann der Arbeitgeber bei fortbestehendem Dienstverhältnis die Lohnsteuerabzugsmerkmale der Lohnsteuerkarte 2010 im Übergangszeitraum weiter anwenden, wenn der Arbeitnehmer schriftlich erklärt, dass die Lohnsteuerabzugsmerkmale der Lohnsteuerkarte 2010 weiterhin zutreffend sind.

(2) [1]Für Eintragungen auf der Lohnsteuerkarte 2010 und in der Bescheinigung für den Lohnsteuerabzug im Übergangszeitraum ist das Finanzamt zuständig. [2]Der Arbeitnehmer ist verpflichtet, die Eintragung der Steuerklas-

se und der Zahl der Kinderfreibeträge auf der Lohnsteuerkarte 2010 und in der Bescheinigung für den Lohnsteuerabzug umgehend durch das Finanzamt ändern zu lassen, wenn die Eintragung von den Verhältnissen zu Beginn des jeweiligen Kalenderjahres im Übergangszeitraum zu seinen Gunsten abweicht. [3]Diese Verpflichtung gilt auch in den Fällen, in denen die Steuerklasse II bescheinigt ist und die Voraussetzungen für die Berücksichtigung des Entlastungsbetrags für Alleinerziehende (§ 24b) im Laufe des Kalenderjahres entfallen. [4]Kommt der Arbeitnehmer seiner Verpflichtung nicht nach, so hat das Finanzamt die Eintragung von Amts wegen zu ändern; der Arbeitnehmer hat die Lohnsteuerkarte 2010 und die Bescheinigung für den Lohnsteuerabzug dem Finanzamt auf Verlangen vorzulegen.

(3) [1]**Hat die Gemeinde für den Arbeitnehmer keine Lohnsteuerkarte für das Kalenderjahr 2010 ausgestellt oder ist die Lohnsteuerkarte 2010 verloren gegangen, unbrauchbar geworden oder zerstört worden, hat das Finanzamt im Übergangszeitraum auf Antrag des Arbeitnehmers eine Bescheinigung für den Lohnsteuerabzug nach amtlich vorgeschriebenem Muster (Bescheinigung für den Lohnsteuerabzug) auszustellen. [2]Diese Bescheinigung tritt an die Stelle der Lohnsteuerkarte 2010.**

(4) [1]**Beginnt ein nach § 1 Absatz 1 unbeschränkt einkommensteuerpflichtiger lediger Arbeitnehmer im Übergangszeitraum ein Ausbildungsdienstverhältnis als erstes Dienstverhältnis, kann der Arbeitgeber auf die Vorlage einer Bescheinigung für den Lohnsteuerabzug verzichten. [2]In diesem Fall hat der Arbeitgeber die Lohnsteuer nach der Steuerklasse I zu ermitteln; der Arbeitnehmer hat dem Arbeitgeber seine Identifikationsnummer sowie den Tag der Geburt und die rechtliche Zugehörigkeit zu einer steuererhebenden Religionsgemeinschaft mitzuteilen und schriftlich zu bestätigen, dass es sich um das erste Dienstverhältnis handelt. [3]Der Arbeitgeber hat die Erklärung des Arbeitnehmers bis zum Ablauf des Kalenderjahres als Beleg zum Lohnkonto aufzubewahren.**

(5) [1]**Das Bundesministerium der Finanzen hat im Einvernehmen mit den obersten Finanzbehörden der Länder den Zeitpunkt der erstmaligen Anwendung der ELStAM für die Durchführung des Lohnsteuerabzugs ab dem Kalenderjahr 2013 oder einem späteren Anwendungszeitpunkt sowie den Zeitpunkt des erstmaligen Abrufs der ELStAM durch den Arbeitgeber (Starttermin) in einem Schreiben zu bestimmen, das im Bundessteuerblatt zu veröffentlichen ist. [2]Darin ist für die Einführung des Verfahrens der elektronischen Lohnsteuerabzugsmerkmale ein Zeitraum zu bestimmen (Einführungszeitraum). [3]Der Arbeitgeber oder sein Vertreter (§ 39e Absatz 4 Satz 6) hat im Einführungszeitraum die nach § 39e gebildeten ELStAM abzurufen und für die auf den Abrufzeitpunkt folgende nächste Lohnabrechnung anzuwenden. [4]Für den Abruf der ELStAM hat sich der Arbeitgeber oder sein Vertreter zu authentifizieren und die Steuernummer der Betriebsstätte oder des Teils des Betriebs des Arbeitgebers, in dem der für die Durchführung des Lohnsteuerabzugs maßgebende Arbeitslohn des Arbeitnehmers ermittelt wird (§ 41 Absatz 2), die Identifikationsnummer und den Tag der Geburt des Arbeitnehmers sowie, ob es sich um das erste oder ein weiteres Dienstverhältnis handelt, mitzuteilen. [5]Er hat ein erstes Dienstverhältnis mitzuteilen, wenn auf der Lohnsteuerkarte 2010 oder der Bescheinigung für den Lohnsteuerabzug eine der Steuerklassen I bis V (§ 38b Absatz 1 Satz 2 Nummer 1 bis 5) eingetragen ist oder wenn die Lohnsteuerabzugsmerkmale nach Absatz 4 gebildet worden sind. [6]Ein weiteres Dienstverhältnis (§ 38b Absatz 1 Satz 2 Nummer 6) ist mitzuteilen, wenn die Voraussetzungen des Satzes 5 nicht vorliegen. [7]Der Arbeitgeber hat die ELStAM in das Lohnkonto zu übernehmen und gemäß der übermittelten zeitlichen Gültigkeitsangabe anzuwenden.**

(5a) [1]**Nachdem der Arbeitgeber die ELStAM für die Durchführung des Lohnsteuerabzugs angewandt hat, sind die Übergangsregelungen in Absatz 1 Satz 1 und in den Absätzen 2 bis 5 nicht mehr anzuwenden.** [2]**Die Lohnsteuerabzugsmerkmale der vorliegenden Lohnsteuerkarte 2010 und der Bescheinigung für den Lohnsteuerabzug gelten nicht mehr.** [3]**Wenn die nach § 39e Absatz 1 Satz 1 gebildeten Lohnsteuerabzugsmerkmale den tatsächlichen Verhältnissen des Arbeitnehmers nicht entsprechen, hat das Finanzamt auf dessen Antrag eine besondere Bescheinigung für den Lohnsteuerabzug (Besondere Bescheinigung für den Lohnsteuerabzug) mit den Lohnsteuerabzugsmerkmalen des Arbeitnehmers auszustellen sowie etwaige Änderungen einzutragen (§ 39 Absatz 1 Satz 2) und die Abrufberechtigung des Arbeitgebers auszusetzen.** [4]**Die Gültigkeit dieser Bescheinigung ist auf längstens zwei Kalenderjahre zu begrenzen.** [5]**§ 39e Absatz 5 Satz 1 und Absatz 7 Satz 6 gilt entsprechend.** [6]**Die Lohnsteuerabzugsmerkmale der Besonderen Bescheinigung für den Lohnsteuerabzug sind für die Durchführung des Lohnsteuerabzugs nur dann für den Arbeitgeber maßgebend, wenn ihm gleichzeitig die Lohnsteuerkarte 2010 vorliegt oder unter den Voraussetzungen des Absatzes 1 Satz 5 vorgelegen hat oder eine Bescheinigung für den Lohnsteuerabzug für das erste Dienstverhältnis des Arbeitnehmers vorliegt.** [7]**Abweichend von Absatz 5 Satz 3 und 7 kann der Arbeitgeber nach dem erstmaligen Abruf der ELStAM die Lohnsteuer im Einführungszeitraum längstens für die Dauer von sechs Kalendermonaten weiter nach den Lohnsteuerabzugsmerkmalen der Lohnsteuerkarte 2010, der Bescheinigung für den Lohnsteuerabzug oder den nach Absatz 4 maßgebenden Lohnsteuerabzugsmerkmalen erheben, wenn der Arbeitnehmer zustimmt.** [8]**Dies gilt auch, wenn der Arbeitgeber die ELStAM im Einführungszeitraum erstmals angewandt hat.**

(6)–(8) *(weggefallen)*

(9) **Ist der unbeschränkt einkommensteuerpflichtige Arbeitnehmer seinen Verpflichtungen nach Absatz 2 Satz 2 und 3 nicht nachgekommen und kommt eine Veranlagung zur Einkommensteuer nach § 46 Absatz 2 Nummer 1 bis 7 nicht in Betracht, kann das Finanzamt den Arbeitnehmer zur Abgabe einer Einkommensteuererklärung auffordern und eine Veranlagung zur Einkommensteuer durchführen.**

Lohnsteuer-Richtlinien/Verwaltungsschreiben: LStH 52b – *BMF* BStBl I 10, 762; *BMF* BStBl I 11, 1254; *BMF* BStBl I 12, 1258 (Startschreiben); *BMF* BStBl I 13, 943

Vorbemerkung: Durch die Verschiebung des Starts von ELStAM bis in das Jahr 2013 hinein war für das LStAbzugsverfahren eine Übergangsregelung erforderl. § 52b wurde durch das AmtshilfeRLUmsG rückwirkend zum 1.1.2013 neu gefasst (zur vorherigen, mit Wirkung zum 1.1.2013 aufgehobenen Fassung s 31. Aufl). Die Neufassung war erforderl, um den zeitl gestreckten Übergang zum ELStAM-Verfahren auf eine verfrechtl gebotene gesetzl Grundlage zu stellen (dazu *Heuermann* DStR 13, 565).

1. Allgemeines. Das BMF hat als Zeitpunkt für den mögl erstmaligen Abruf der **ELStAM** durch den ArbG den 1.11.2012 mit Wirkung ab dem ersten Lohnzahlungszeitraum 2013 festgelegt (BMF BStBl I 12, 1258). Dem ArbG stand aber ein langer Einführungszeitraum zur Verfügung; spätestens für den letzen im Kj 2013 endenden Lohnzahlungszeitraum musste er die ELStAM abrufen; ein Abruf erst in 2014 war verspätet. Der ArbG war also nicht verpflichtet, bereits ab dem 1.1.2013 am ELStAM-Verfahren teilzunehmen. Zum Einführungszeitraum der ELStAM im Jahr 2013 s *BMF* BStBl I 13, 943; *Hartmann* DStR 13, 10). 1

2. Fortgeltung der LSt-Karte im Übergangszeitraum, § 52b I. Die LSt-Karte 2010 und die vom FA ausgestellten Ersatzbescheinigungen für 2011–2013 galten bis zum erstmaligen Abruf der ELStAM durch den ArbG fort, sofern die 2

LStKarte und die Ersatzbescheinigungen dem ArbG vorlagen. Konnte die LStKarte nach Ablauf des Jahres 2010 nicht beim ArbG verbleiben, weil auf der Rückseite die LStBescheinigung enthalten war (ArbN braucht die LStKarte mit der LStBescheinigung für die Veranlagung), konnten die LStAbzugsmerkmale 2010 bei fortbestehendem DienstVerh weiter angewendet werden, wenn der ArbN dem ArbG schriftl bestätigte, dass die LStAbzugsmerkmale weiterhin zutr waren (§ 52b I 5). Die Erklärung war zum Lohnkonto zu nehmen. Legte der ArbN dem ArbG im Übergangszeitraum einen ELStAM-Ausdruck oder eine sonstige Papierbescheinigung seines WohnsitzFA zur Durchführung des LStAbzugs vor, waren ausschließl die LStAbzugsmerkmale auf der zuletzt ausgestellten amtl Bescheinigung für den LStAbzug maßgebl (*Schaffhausen/Plenker* DB 12, 2476, 2477). Der ArbG hat die LStKarte 2010 weiter aufbewahren und sie ggf für Eintragungen, in Fällen der Beendigung des ArbVerh (zB beim ArbGWechsel) an den ArbN herausgeben. Beim ArbGWechsel hatte der ArbN dem neuen ArbG die LStKarte 2010 und etwaige Ersatzbescheinigungen für 2011–2013 vorzulegen. Die LStKarte 2010, die Ersatzbescheinigungen und sonstige Papierbescheinigungen dürfen erst nach Ablauf des KJ 2014 vernichtet werden (*BMF* BStBl I 13, 943, Tz III 9).

3 **3. Zuständigkeit des Wohnsitz-FA, § 52b II.** Für sämtl Eintragungen auf der LStKarte 2010 und den Ersatzbescheinigungen 2011–2013 war das Wohnsitz-FA des ArbN zuständig. Wich die Eintragung auf der LStKarte 2010 und in einer Ersatzbescheinigung von den Verhältnissen zum Beginn des jeweiligen Kj im Übergangszeitraum *zu Gunsten des ArbN* ab oder war die Steuerklasse II bescheinigt und waren die Voraussetzungen des § 24b weggefallen, bestand eine entspr Anzeigepflicht des ArbN ggü dem WohnsitzFA. Wichen die Eintragungen *zu Ungunsten des ArbN* ab, so bestand keine Anzeigepflicht, wohl aber das Recht, die Eintragungen ändern zu lassen.

4 **4. Ersatzbescheinigung, § 52b III.** Eine Ersatzbescheinigung benötigte der ArbN, wenn (1) für 2010 keine LStKarte ausgestellt worden war, (2) die LStKarte 2010 verloren gegangen bzw unbrauchbar geworden oder vernichtet worden war, (3) auf der LStKarte eine LStBescheinigung enthalten war (also Herausgabe an den ArbN; s Rz 2) und die LStAbzugsmerkmale sich verändert hatten, (4) der ArbN ein neues ArbVerh aufnahm und aus den in Rz 2 genannten Gründen keine LStKarte vorlegen konnte oder (5) wenn ein weiteres ArbVerh aufgenommen wurde.

5 **5. Ausbildungsdienstverhältnis, § 52b IV.** Bei unbeschr estpfl ledigen ArbN, die im Übergangszeitraum ein Ausbildungsverhältnis als *erstes* ArbVerh begannen, konnte der LStAbzug vom ArbG nach der StKlasse I ohne LStKarte und ohne Ersatzbescheinigung durchgeführt werden. Der ArbN musste dem ArbG aber IdentifikationsNr, Tag der Geburt, Religionsgemeinschaft mitteilen und schriftl bestätigen, dass es sich um ein erstes ArbVerh handelte. – Lagen die vorstehenden Voraussetzungen für den auszubildenden ArbN nicht vor, musste eine Ersatzbescheinigung ausgestellt werden.

6 **6. Einführungszeitraum, § 52b V, Va.** Zum Starttermin des Abrufs der ELStAM und zum Einführungszeitraum s Rz 1. Der ArbG musste seine ArbN im Einführungszeitraum in der ELStAM-Datenbank anmelden (zur Anmeldung als erstes DienstVerh s *BMF* BStBl i 13, 943, Tz III 4). Er sollte grds sämtl ArbN einer Betriebsstätte gleichzeitig in das ELStAM-Verfahren einbeziehen. Hatte der ArbG die ELStAM im Einführungszeitraum (erstmalig) *erfolgreich* abgerufen, war er verpflichtet, sie für die auf den Abrufungszeitpunkt folgende nächste Lohnabrechnung der betreffenden ArbN anzuwenden. Er hatte die ELStAM in das Lohnkonto zu übernehmen. Nachdem der ArbG die ELStAM angewendet hat, waren die Übergangsregelungen (für den LStAbzug der betreffenden ArbN) nicht mehr anzuwenden. Die LStKarte 2010 und die Ersatzbescheinigungen 2011–2013 galten dann nicht mehr. Allerdings konnte der ArbG mit Zustimmung des ArbN auch nach

dem erstmaligen Abruf der ELStAM im Einführungszeitraum für höchstens 6 Monate (und damit ggf bis in das Jahr 2014 hinein) die LSt weiterhin nach der LStKarte 2010 und den Ersatzbescheinigungen erheben. Der 6-Monatszeitraum soll dem ArbG die Möglichkeit geben, die Funktionsfähigkeit seiner Lohnbuchhaltungssoftware zu prüfen; außerdem kann der ArbN etwaige Abweichungen der ELStAM von den vorliegenden Papierbescheinigungen oder den tatsächl Verhältnissen klären. Entsprechen die automatisiert nach § 39e I 1 gebildeten ELStAM nicht den tatsächl Verhältnissen, hat das WohnsitzFA auf Antrag des ArbN eine besondere Bescheinigung für den LStAbzug auszustellen, die längstens 2 Kj gültig ist und die Abrufberechtigung des ArbG für den betreffenden ArbN zu sperren. Der ArbG darf diese Bescheinigung dem LStAbzug nur zugrunde legen, wenn ihm die LStKarte 2010 oder eine Ersatzbescheinigung vorliegt (*BMF* BStBl I 13, 943, Tz III 2). Weichen die erstmals abgerufenen ELStAM von den auf den Papierbescheinigungen ausgewiesenen LStAbzugsmerkmalen ab, besteht für den ArbG weder eine Korrekturpflicht nach § 41c I 1 Nr 1, Nr 2 noch eine Anzeigepflicht nach § 41c IV (*BMF* BStBl I 13, 943 Tz III 6; *Schaffhausen/Plenker* DB 12, 2476, 2480).

7. Pflichtveranlagung, § 52b IX. Nach dieser Vorschrift kann das FA ArbN, 7
die Eintragungen auf der LStKarte 2010 und den Ersatzbescheinigungen, die von den tatsächl Verhältnissen zu Beginn des jeweiligen Kj zu ihren Gunsten abweichen oder bei denen die StKlasse II bescheinigt ist und die Voraussetzungen für den Entlastungsbetrag nach § 24b im Laufe des Kj weggefallen sind, nicht ändern lassen, auch dann zur Abgabe einer EStErklärung auffordern und eine Veranlagung durchführen, wenn die Voraussetzungen für eine Pflichtveranlagung nach § 46 II iÜ nicht vorliegen.

§ 53 Sondervorschrift zur Steuerfreistellung des Existenzminimums eines Kindes in den Veranlagungszeiträumen 1983 bis 1995

[1] In den Veranlagungszeiträumen 1983 bis 1995 sind in Fällen, in denen die Einkommensteuer noch nicht formell bestandskräftig oder hinsichtlich der Höhe der Kinderfreibeträge vorläufig festgesetzt ist, für jedes bei der Festsetzung berücksichtigte Kind folgende Beträge als Existenzminimum des Kindes steuerfrei zu belassen:

1983	**3732 Deutsche Mark,**
1984	**3864 Deutsche Mark,**
1985	**3924 Deutsche Mark,**
1986	**4296 Deutsche Mark,**
1987	**4416 Deutsche Mark,**
1988	**4572 Deutsche Mark,**
1989	**4752 Deutsche Mark,**
1990	**5076 Deutsche Mark,**
1991	**5388 Deutsche Mark,**
1992	**5676 Deutsche Mark,**
1993	**5940 Deutsche Mark,**
1994	**6096 Deutsche Mark,**
1995	**6168 Deutsche Mark.**

[2] Im Übrigen ist § 32 in der für den jeweiligen Veranlagungszeitraum geltenden Fassung anzuwenden. [3] Für die Prüfung, ob die nach Satz 1 und 2 gebotene Steuerfreistellung bereits erfolgt ist, ist das dem Steuerpflichtigen im jeweiligen Veranlagungszeitraum zustehende Kindergeld mit dem auf das bisherige zu versteuernde Einkommen des Steuerpflichtigen in demselben Veranlagungszeitraum anzuwendenden Grenzsteuersatz in einen Freibetrag umzurechnen; dies gilt auch dann, soweit das Kindergeld dem Steuerpflich-

tigen im Wege eines zivilrechtlichen Ausgleichs zusteht. [4]Die Umrechnung des zustehenden Kindergeldes ist entsprechend dem Umfang der bisher abgezogenen Kinderfreibeträge vorzunehmen. [5]Bei einem unbeschränkt einkommensteuerpflichtigen Elternpaar, bei dem die Voraussetzungen des § 26 Absatz 1 Satz 1 nicht vorliegen, ist eine Änderung der bisherigen Inanspruchnahme des Kinderfreibetrags unzulässig. [6]Erreicht die Summe aus dem bei der bisherigen Einkommensteuerfestsetzung abgezogenen Kinderfreibetrag und dem nach Satz 3 und 4 berechneten Freibetrag nicht den nach Satz 1 und 2 für den jeweiligen Veranlagungszeitraum maßgeblichen Betrag, ist der Unterschiedsbetrag vom bisherigen zu versteuernden Einkommen abzuziehen und die Einkommensteuer neu festzusetzen. [7]Im Zweifel hat der Steuerpflichtige die Voraussetzungen durch Vorlage entsprechender Unterlagen nachzuweisen.

1 **Anmerkung:** Die Vorschrift hat sich **durch Zeitablauf erledigt.** Sie ist verfgemäß (BFH VI B 12/05 BFH/NV 05, 2005 – VerfBeschw nicht angenommen, BVerfG 2 BvR 1660/05). Hinsichtl der Erläut wird auf die 23. Aufl verwiesen; Nachträge s 34. Aufl.

§ 54 *(weggefallen)*

§ 55 Schlussvorschriften (Sondervorschriften für die Gewinnermittlung nach § 4 oder nach Durchschnittssätzen bei vor dem 1. Juli 1970 angeschafftem Grund und Boden)

(1) [1]**Bei Steuerpflichtigen, deren Gewinn für das Wirtschaftsjahr, in das der 30. Juni 1970 fällt, nicht nach § 5 zu ermitteln ist, gilt bei Grund und Boden, der mit Ablauf des 30. Juni 1970 zu ihrem Anlagevermögen gehört hat, als Anschaffungs- oder Herstellungskosten (§ 4 Absatz 3 Satz 4 und § 6 Absatz 1 Nummer 2 Satz 1) das Zweifache des nach den Absätzen 2 bis 4 zu ermittelnden Ausgangsbetrags. [2]Zum Grund und Boden im Sinne des Satzes 1 gehören nicht die mit ihm in Zusammenhang stehenden Wirtschaftsgüter und Nutzungsbefugnisse.**

(2) [1]**Bei der Ermittlung des Ausgangsbetrags des zum land- und forstwirtschaftlichen Vermögen (§ 33 Absatz 1 Satz 1 des Bewertungsgesetzes in der Fassung der Bekanntmachung vom 10. Dezember 1965 – BGBl. I S. 1861 –, zuletzt geändert durch das Bewertungsänderungsgesetz 1971 vom 27. Juli 1971 – BGBl. I S. 1157) gehörenden Grund und Bodens ist seine Zuordnung zu den Nutzungen und Wirtschaftsgütern (§ 34 Absatz 2 des Bewertungsgesetzes) am 1. Juli 1970 maßgebend; dabei sind die Hof- und Gebäudeflächen sowie die Hausgärten im Sinne des § 40 Absatz 3 des Bewertungsgesetzes nicht in die einzelne Nutzung einzubeziehen. [2]Es sind anzusetzen:**

1. **bei Flächen, die nach dem Bodenschätzungsgesetz vom 20. Dezember 2007 (BGBl. I S. 3150, 3176) in der jeweils geltenden Fassung zu schätzen sind, für jedes katastermäßig abgegrenzte Flurstück der Betrag in Deutsche Mark, der sich ergibt, wenn die für das Flurstück am 1. Juli 1970 im amtlichen Verzeichnis nach § 2 Absatz 2 der Grundbuchordnung (Liegenschaftskataster) ausgewiesene Ertragsmesszahl vervierfacht wird. [2]Abweichend von Satz 1 sind für Flächen der Nutzungsteile**
   a) Hopfen, Spargel, Gemüsebau und Obstbau
   2,05 Euro je Quadratmeter,
   b) Blumen- und Zierpflanzenbau sowie Baumschulen
   2,56 Euro je Quadratmeter
   anzusetzen, wenn der Steuerpflichtige dem Finanzamt gegenüber bis zum 30. Juni 1972 eine Erklärung über die Größe, Lage und Nutzung der betreffenden Flächen abgibt,

2. **für Flächen der forstwirtschaftlichen Nutzung je Quadratmeter 0,51 Euro,**
3. **für Flächen der weinbaulichen Nutzung der Betrag, der sich unter Berücksichtigung der maßgebenden Lagenvergleichszahl (Vergleichszahl der einzelnen Weinbaulage, § 39 Absatz 1 Satz 3 und § 57 Bewertungsgesetz), die für ausbauende Betriebsweise mit Fassweinerzeugung anzusetzen ist, aus der nachstehenden Tabelle ergibt:**

Lagenvergleichszahl	Ausgangsbetrag je Quadratmeter in Euro
bis 20	1,28
21 bis 30	1,79
31 bis 40	2,56
41 bis 50	3,58
51 bis 60	4,09
61 bis 70	4,60
71 bis 100	5,11
über 100	6,39

4. **für Flächen der sonstigen land- und forstwirtschaftlichen Nutzung, auf die Nummer 1 keine Anwendung findet, je Quadratmeter 0,51 Euro,**
5. **für Hofflächen, Gebäudeflächen und Hausgärten im Sinne des § 40 Absatz 3 des Bewertungsgesetzes je Quadratmeter 2,56 Euro,**
6. **für Flächen des Geringstlandes je Quadratmeter 0,13 Euro,**
7. **für Flächen des Abbaulandes je Quadratmeter 0,26 Euro,**
8. **für Flächen des Unlandes je Quadratmeter 0,05 Euro.**

(3) [1] **Lag am 1. Juli 1970 kein Liegenschaftskataster vor, in dem Ertragsmesszahlen ausgewiesen sind, so ist der Ausgangsbetrag in sinngemäßer Anwendung des Absatzes 2 Nummer 1 Satz 1 auf der Grundlage der durchschnittlichen Ertragsmesszahl der landwirtschaftlichen Nutzung eines Betriebs zu ermitteln, die die Grundlage für die Hauptfeststellung des Einheitswerts auf den 1. Januar 1964 bildet.** [2] **Absatz 2 Satz 2 Nummer 1 Satz 2 bleibt unberührt.**

(4) **Bei nicht zum land- und forstwirtschaftlichen Vermögen gehörendem Grund und Boden ist als Ausgangsbetrag anzusetzen:**

1. **Für unbebaute Grundstücke der auf den 1. Januar 1964 festgestellte Einheitswert.** [2] **Wird auf den 1. Januar 1964 kein Einheitswert festgestellt oder hat sich der Bestand des Grundstücks nach dem 1. Januar 1964 und vor dem 1. Juli 1970 verändert, so ist der Wert maßgebend, der sich ergeben würde, wenn das Grundstück nach seinem Bestand vom 1. Juli 1970 und nach den Wertverhältnissen vom 1. Januar 1964 zu bewerten wäre;**
2. **für bebaute Grundstücke der Wert, der sich nach Nummer 1 ergeben würde, wenn das Grundstück unbebaut wäre.**

(5) [1] **Weist der Steuerpflichtige nach, dass der Teilwert für Grund und Boden im Sinne des Absatzes 1 am 1. Juli 1970 höher ist als das Zweifache des Ausgangsbetrags, so ist auf Antrag des Steuerpflichtigen der Teilwert als Anschaffungs- oder Herstellungskosten anzusetzen.** [2] **Der Antrag ist bis zum 31. Dezember 1975 bei dem Finanzamt zu stellen, das für die Ermittlung des Gewinns aus dem Betrieb zuständig ist.** [3] **Der Teilwert ist gesondert festzustellen.** [4] **Vor dem 1. Januar 1974 braucht diese Feststellung nur zu erfolgen, wenn**

ein berechtigtes Interesse des Steuerpflichtigen gegeben ist. [5]**Die Vorschriften der Abgabenordnung und der Finanzgerichtsordnung über die gesonderte Feststellung von Besteuerungsgrundlagen gelten entsprechend.**

(6) [1]**Verluste, die bei der Veräußerung oder Entnahme von Grund und Boden im Sinne des Absatzes 1 entstehen, dürfen bei der Ermittlung des Gewinns in Höhe des Betrags nicht berücksichtigt werden, um den der ausschließlich auf den Grund und Boden entfallende Veräußerungspreis oder der an dessen Stelle tretende Wert nach Abzug der Veräußerungskosten unter dem Zweifachen des Ausgangsbetrags liegt.** [2]**Entsprechendes gilt bei Anwendung des § 6 Absatz 1 Nummer 2 Satz 2.**

(7) **Grund und Boden, der nach § 4 Absatz 1 Satz 5 des Einkommensteuergesetzes 1969 nicht anzusetzen war, ist wie eine Einlage zu behandeln; er ist dabei mit dem nach Absatz 1 oder Absatz 5 maßgebenden Wert anzusetzen.**

Einkommensteuer-Richtlinien/Verwaltungsschreiben: EStR 55/EStH 55 – *BMF* BStBl I 72, 102

Übersicht

1 **1. Rechtsentwicklung; Bedeutung.** Nach der bis 1970 geltenden Fassung des § 4 I 5 blieb der Wert des zum AV gehörenden GuB außer Ansatz, sofern der Gewinn nicht nach § 5 ermittelt wurde. Dies führte zur StFreistellung erhebl Veräußerungs- und Entnahmegewinne. Faktisch war diese Begünstigung im Wesentl auf die LuF beschränkt, was das BVerfG auf Vorlage des BFH beanstandet hatte (BVerfG 1 BvL 17/67 BVerfGE 28, 227). Daraufhin hat der GesGeber im Jahr 1970 § 4 I 5 aF gestrichen, womit realisierte Wertsteigerungen des GuB stpfl wurden (in Österreich gilt eine entspr Regelung hingegen erst seit 2012). Zur Milderung der neuen Besteuerung des GuB wurden durch § 14a für eine Übergangszeit Freibeträge gewährt (mit dem Jahr 2005 endgültig ausgelaufen). Die gleichzeitige Einfügung des § 55 (umfassend dazu *BMF* BStBl I 72, 102) diente der **vereinfachenden Wertermittlung** des bereits vorhandenen GuB, die in einem pauschalierenden Verfahren ohne aufwändige Ermittlung des individuellen TW geschehen sollte und im Regelfall zu eher hohen (dh für den StPfl günstigen) Werten führte (BFH IV R 181/77 BStBl II 79, 103 unter 2.; BFH IV R 129/83 BStBl II 86, 6 unter 1.). Im Zusammenwirken mit der Einlagefiktion des § 55 VII sollte dies sicherstellen, dass die bis 1970 angefallenen Wertsteigerungen steuerl (auch in Zukunft) nicht erfasst werden. Verluste iZm den Pauschalwerten sind allerdings nicht abziehbar (Abs 6). Blieb der pauschal ermittelte Wert im Einzelfall hinter dem TW zum 30.6.70 zurück, hatte der StPfl bis 1975 die Möglichkeit, den Ansatz des TW zu beantragen (Abs 5).

2 **2. Anwendungsbereich. – a) Persönl Anwendungsbereich.** § 55 gilt für StPfl, deren Gewinn für das Wj, in das der 30.6.70 fällt, nicht nach § 5 zu ermitteln war. Die Vorschrift ist daher **nicht auf die LuF beschränkt,** findet dort aber ihren wesentl Anwendungsbereich (daneben Freiberufler und kleine GewBetr, die idR aber nicht über nennenswerten GuB verfügen). Ermittelt eine **PersGes** ihren Gewinn nach § 5, erstreckt sich diese Gewinnermittlungsart auch auf das SonderBV, so dass § 55 nicht anwendbar ist (BFH XI R 38/89 BStBl II 92, 797; dort auch *generelle* Zweifel an der Anwendbarkeit des § 55 auf PersGes, die mE in

Wortlaut und Zweck des § 55 aber keine Stütze finden; wie hier *HHR/Kanzler* § 55 Anm 17; *Blümich/Nacke* § 55 Rz 9).

3 **b) Sachl Anwendungsbereich. – aa) Von § 55 erfasster Grund und Boden.** § 55 erfasst nur den GuB, der am 30.6.70 bereits zum AV des StPfl gehört hat (zur Zugehörigkeit von GuB zum luf BV ausführl § 13 Rz 213 ff). Bei Zuteilung von GuB im Flurbereinigungs- und **Umlegungsverfahren** setzt sich der bisherige Wertansatz in dem zugeteilten Grundstück fort (s § 13 Rz 214). Flächenbeiträge im Umlegungsverfahren können zu nachträgl AK des GuB führen (BFH IV R 27/87 BStBl II 90, 126: auch dann, wenn der Beitrag freiwillig zur Vermeidung eines förml Verfahrens erfolgt; s auch Rz 8). – Einzubeziehen ist auch der GuB, den der StPfl bei der unentgeltl Übertragung eines Betriebs, Teilbetriebs oder MUeranteils (§ 6 III) nach dem 30.6.70 erworben hat, sofern der GuB bei dem **Rechtsvorgänger** (oder bei einem von dessen unentgeltl Rechtsvorgängern) am 30.6.70 zum AV gehört hat. Erwirbt ein Miterbe einen Anteil an einem beim Rechtsvorgänger nach § 55 bewerteten Grundstück, ist dieser Wert daher bei ihm fortzuführen; erwirbt er jedoch anschließend *entgeltl* den Anteil des anderen Miterben, ist dieser Anteil getrennt mit den tatsächl AK zu bewerten (BFH IV R 129/83 BStBl II 86, 6 unter 2.). Wird der GuB nach dem 30.6.70 *entgeltl* erworben, ist § 55 nicht anwendbar; vielmehr sind in Anwendung der allg Grundsätze die tatsächl AK anzusetzen (BFH IV B 208/04 BFH/NV 06, 1823). Gleiches gilt, wenn einzelne Grundstücke (die nicht als Teilbetrieb anzusehen sind) aus *betriebl* Gründen *unentgeltl* iSd § 6 IV übertragen werden (Ansatz des gemeinen Werts als AK). Bei einem unentgeltl Erwerb aus *privaten* Gründen ist nach § 6 I Nr 5 grds der TW anzusetzen. – In den **neuen Bundesländern** gilt § 55 nicht. Der GuB ist zum 1.7.90 vielmehr mit dem Verkehrswert anzusetzen (§ 9 I DMBilG).

4 **bb) Beschränkung auf den „nackten" GuB, § 55 I 2.** Nach § 55 I 2 gehören zum GuB für Zwecke des § 55 nicht die damit in Zusammenhang stehenden WG und Nutzungsbefugnisse (s auch EStR 55). Er umfasst zB nicht die stehende Ernte, das Feldinventar und Anlagen im GuB, entdeckte Bodenschätze (s § 7 Rz 193) und die weiteren in § 13 Rz 233 genannten WG (s auch Rz 13). – Mit der Einführung der Milchquote im Jahr 1984 hat sich der Wert dieses **Milchlieferrechts vom GuB abgespalten;** hieran hat der BFH auch nach Anfügung des § 55 I 2 festgehalten (ausführl § 13 Rz 252 mwN). Eine derartige Buchwertabspaltung ist auch für Zuckerrübenlieferrechte anzunehmen (s § 13 Rz 259).

5 **c) Zeitl Anwendungsbereich.** Die Vorschrift gilt grds für Veräußerungen bzw Entnahmen nach dem 30.6.70. Obwohl es sich um eine Übergangsregelung handelt, ist sie auch heute noch von erhebl Bedeutung: Zum einen sind bei Veräußerungen/Entnahmen von GuB weiterhin Ausgangswerte nach dem pauschalierenden Verfahren der Abs 2–4 zu ermitteln, sofern kein „sonstiger" Buchwert vorhanden ist. Zum anderen ist das Verlustberücksichtigungsverbot des Abs 6 zeitl unbeschränkt zu beachten.

8 **3. Pauschale Wertermittlung, § 55 I–IV.** Einzelfragen s *BMF* BStBl I 72, 102 Rz 10. – ***(1)* GuB, der zum luf Vermögen iSd § 33 BewG gehört.** Hier kommt es auf die am 1.7.70 gegebene Zuordnung zu den in § 34 II BewG genannten Nutzungen an. In Abhängigkeit von dieser Zuordnung enthält § 55 II Wertansätze je qm. Wegen der Anknüpfung des Abs 2 an das Liegenschaftskataster ist Aufteilungs- und Bewertungseinheit grds das einzelne Flurstück; werden auf demselben Flurstück mehrere verschiedene Nutzungen ausgeübt, ist es weiter zu unterteilen. Für die landwirtschaftl Nutzung ist dabei grds das Vierfache der nach dem BodenschätzungsG ermittelten und im Liegenschaftskataster ausgewiesenen **Ertragsmesszahl** maßgebend (§ 55 II 2 Nr 1). Fehlte ein solches Liegenschaftskataster am 1.7.70, ist der Ausgangsbetrag auf der Grundlage der durchschnittlichen Ertragsmesszahl zu bestimmen, die für die EW-Feststellung auf den 1.1.64 verwendet worden ist (§ 55 III). – ***(2)* GuB, der nicht zum luf Vermögen iSd BewG**

gehört. Der Ausgangsbetrag entspricht hier dem EW zum 1.1.64 (§ 55 IV). Dies betrifft vor allem den GuB der (von § 55 ebenfalls erfassten) Freiberufler und kleinen GewBetr; bei LuF ist im Wesentlichen (zum Grundvermögen gehörendes) Bauland und Bauerwartungsland erfasst (zur Abgrenzung s § 69 BewG). – ***(3)* Verdoppelung des Ausgangsbetrags.** Der nach § 55 II–IV ermittelte Ausgangsbetrag ist für Zwecke des Wertansatzes zu verdoppeln (§ 55 I 1). Liegt der pauschal ermittelte Wert über dem tatsächl TW des GuB, braucht auch ein bilanzierender LuF keine TW-AfA vorzunehmen, weil § 6 I Nr 2 S 2 ledigl ein entspr *Wahlrecht* vorsieht (ausführl § 13 Rz 158). – ***(4)* Nachträgl Erhöhungen des Buchwerts.** Später gezahlte Anschaffungs*neben*kosten (zB Notar, GrESt) erhöhen den pauschal ermittelten Wert nicht; sie sind daher als nicht abziehbare BA zu behandeln. Nachträgl HK (zB Urbarmachung von Unland, s § 13 Rz 234) erhöhen hingegen auch einen pauschal ermittelten Buchwert (zum Ganzen *BMF* BStBl I 72, 102 Rz 12). Gleiches gilt für „echte" nachträgl AK, soweit es sich nicht um bloße Nebenkosten des ursprüngl Anschaffungsvorgangs handelt (BFH IV R 27/87 BStBl II 90, 126 unter 2.b).

10 **4. Fristgebundener Antrag auf Feststellung eines höheren TW, § 55 V. – a) Verfahren.** Der StPfl konnte nachweisen, dass der tatsächl TW zum 1.7.70 höher war als der pauschal ermittelte Wert (§ 55 V 1). Der TW war in diesem Fall vom FA förmlich gesondert festzustellen (§ 55 V 3); diese Feststellungsbescheide sollten wegen ihrer langfristigen Bedeutung sorgfältig aufbewahrt werden. Der StPfl konnte den entspr Antrag allerdings nur bis zum 31.12.75 stellen (§ 55 V 2), so dass Abs 5 (anders als die anderen Vorschriften des § 55) **ausgelaufenes Recht** ist. Bei versäumter Antragsfrist konnte Wiedereinsetzung in den vorigen Stand nur bis zur gesetzl Höchstfrist von einem Jahr (§ 110 III AO, dh bis zum 31.12.76) beantragt werden. Danach ist ein Ansatz des höheren TW auch im Billigkeitswege nicht mehr mögl (BFH IV R 51/93 BStBl II 94, 833: selbst dann nicht, wenn der StPfl gar nicht gewusst hat, dass seine kleine Parzelle später einmal als aussetzender Forstbetrieb und damit als BV behandelt würde). – Mit der Feststellung des höheren TW wurde zugleich verbindl über die **Zugehörigkeit des Grundstücks zum luf BV** entschieden. Umgekehrt entfaltet auch ein negativer Feststellungsbescheid, mit dem die Feststellung eines höheren TW mangels Zugehörigkeit zum BV abgelehnt wurde, entspr Bindungswirkung (BFH IV R 55/74 BStBl II 80, 5 unter I.). Dies gilt allerdings nicht, wenn am 30.6.70 gar kein luf Betrieb bestand und gleichwohl ein TW-Feststellungsbescheid ergangen ist (BFH IV R 153/80 BStBl II 83, 324 unter 2.).

11 **b) Teilwertermittlung.** Ausführl § 6 Rz 231 ff. Der nach § 55 V zu bestimmende TW landwirtschaftl genutzter Grundstücke entspricht idR den Wiederbeschaffungskosten bzw dem Einzelveräußerungspreis zum Bewertungsstichtag (BFH IV R 218/80 BStBl II 84, 33 unter 2.; IV R 162/85 BFH/NV 87, 296 unter II.1.). Bei Grundstücken, die Bauerwartungs- oder Bauland bzw Gegenstand entspr lfd Bebauungs- oder Flächennutzungsplanverfahren sind, ist der Wert ihrer luf Nutzbarkeit idR nicht mehr prägend (BFH IV R 218/80 BStBl II 84, 33 unter 2.; FG Mchn EFG 90, 102, rkr).

13 **5. Verbot der Verlustberücksichtigung, § 55 VI.** Ist der GuB nach dem pauschalierenden Verfahren der Abs 1–4 bewertet worden, dürfen Verluste, die bei der Veräußerung oder Entnahme (§ 55 VI 1) oder durch TW-AfA (§ 55 VI 2) entstehen, nicht berücksichtigt werden. Auf den Grund einer etwaigen Wertminderung kommt es nicht an (BFH IV R 5/97 BStBl II 98, 185 unter II.2.: Zerstörung der Ackerkrume durch Abbau von Bodenschätzen). **Hintergrund dieser Regelung** ist, dass die pauschalierte Wertermittlung im Regelfall zu relativ hohen Werten führte. Dem StPfl sollte zwar der Vorteil aus diesen hohen Werten verbleiben; umgekehrt sollte jedoch die Realisierung von (fiktiven) Verlusten vermieden werden (BFH IV R 181/77 BStBl II 79, 103 unter 2.; BFH IV R 129/83 BStBl II 86, 6 unter 1.; BFH IV R 2/09 BFH/NV 12, 1309 Rz 36; krit *HHR/Kanzler* § 55 Rz 110 für Wertminderungen, die erst nach dem 1.7.70 eingetreten sind). Aus diesem Grund ist Abs 6 nicht auf GuB anwendbar, für den ein höherer TW nach Abs 5 festgestellt wurde (BFH IV R 181/77 BStBl II 79, 103 unter 2.). Erst recht gilt Abs 6 nicht für GuB, der nach dem 1.7.70 erworben und daher mit seinen tatsächl AK bewertet wurde. Die Anwendung des Abs 6 erfordert daher auch

in Zukunft, die Flächen, die pauschal nach Abs 1–4 bewertet sind, in den Aufzeichnungen des StPfl strikt von den übrigen Flächen zu trennen (BFH IV R 129/83 BStBl II 86, 6 unter 2.). – Zur **Buchwertabspaltung bei Milch- und Zuckerrübenlieferrechten** und den damit verbundenen Auswirkungen auf die Verlustklausel s ausführl § 13 Rz 252ff. Da ein Bodenschatz originär im PV entsteht (s § 13 Rz 245 mwN), findet hier keine Buchwertabspaltung vom GuB statt (zutr FG Nds EFG 11, 2135, rkr). – **Aufteilung eines Gesamtkaufpreises.** Die zutr Anwendung der Verlustklausel setzt voraus, dass ein Gesamtkaufpreis, der einheitl für mehrere Grundstücke vereinbart wird, auf die einzelnen unterschiedl zu beurteilenden Flächen aufgeteilt wird (allg zur Aufteilung s § 6 Rz 118).

6. Einbuchung des Grund und Bodens als Einlage, § 55 VII. Obwohl der GuB trotz der Regelung des § 4 I 5 schon immer zum luf BV gehört hatte, fingierte § 55 VII eine Einlage zum 1.7.70. Dies sollte sicherstellen, dass die zuvor angefallenen Wertsteigerungen auf Dauer nicht steuerl erfasst werden (s Rz 1). 15

§ 56 Sondervorschriften für Steuerpflichtige in dem in Artikel 3 des Einigungsvertrages genannten Gebiet

Bei Steuerpflichtigen, die am 31. Dezember 1990 einen Wohnsitz oder ihren gewöhnlichen Aufenthalt in dem in Artikel 3 des Einigungsvertrages genannten Gebiet und im Jahre 1990 keinen Wohnsitz oder gewöhnlichen Aufenthalt im bisherigen Geltungsbereich dieses Gesetzes hatten, gilt Folgendes: § 7 Absatz 5 ist auf Gebäude anzuwenden, die in dem in Artikel 3 des Einigungsvertrages genannten Gebiet nach dem 31. Dezember 1990 angeschafft oder hergestellt worden sind.

Anmerkung: Erläuterungen s 25. Auflage.

§ 57 Besondere Anwendungsregeln aus Anlass der Herstellung der Einheit Deutschlands

(1) **Die §§ 7c, 7f, 7g, 7k und 10e dieses Gesetzes, die §§ 76, 78, 82a und 82f der Einkommensteuer-Durchführungsverordnung sowie die §§ 7 und 12 Absatz 3 des Schutzbaugesetzes sind auf Tatbestände anzuwenden, die in dem in Artikel 3 des Einigungsvertrages genannten Gebiet nach dem 31. Dezember 1990 verwirklicht worden sind.**

(2) **Die §§ 7b und 7d dieses Gesetzes sowie die §§ 81, 82d, 82g und 82i der Einkommensteuer-Durchführungsverordnung sind nicht auf Tatbestände anzuwenden, die in dem in Artikel 3 des Einigungsvertrages genannten Gebiet verwirklicht worden sind.**

(3) **Bei der Anwendung des § 7g Absatz 2 Nummer 1 und des § 14a Absatz 1 ist in dem in Artikel 3 des Einigungsvertrages genannten Gebiet anstatt vom maßgebenden Einheitswert des Betriebs der Land- und Forstwirtschaft und den darin ausgewiesenen Werten vom Ersatzwirtschaftswert nach § 125 des Bewertungsgesetzes auszugehen.**

(4) [1] **§ 10d Absatz 1 ist mit der Maßgabe anzuwenden, dass der Sonderausgabenabzug erstmals von dem für die zweite Hälfte des Veranlagungszeitraums 1990 ermittelten Gesamtbetrag der Einkünfte vorzunehmen ist.** [2] **§ 10d Absatz 2 und 3 ist auch für Verluste anzuwenden, die in dem in Artikel 3 des Einigungsvertrages genannten Gebiet im Veranlagungszeitraum 1990 entstanden sind.**

(5) **§ 22 Nummer 4 ist auf vergleichbare Bezüge anzuwenden, die auf Grund des Gesetzes über Rechtsverhältnisse der Abgeordneten der Volks-**

kammer der Deutschen Demokratischen Republik vom 31. Mai 1990 (GBl. I Nr. 30 S. 274) gezahlt worden sind.

(6) **§ 34f Absatz 3 Satz 3 ist erstmals auf die in dem in Artikel 3 des Einigungsvertrags genannten Gebiet für die zweite Hälfte des Veranlagungszeitraums 1990 festgesetzte Einkommensteuer anzuwenden.**

Anmerkung: Erläuterungen s 25. Auflage.

§ 58 Weitere Anwendung von Rechtsvorschriften, die vor Herstellung der Einheit Deutschlands in dem in Artikel 3 des Einigungsvertrages genannten Gebiet gegolten haben

(1) **Die Vorschriften über Sonderabschreibungen nach § 3 Absatz 1 des Steueränderungsgesetzes vom 6. März 1990 (GBl. I Nr. 17 S. 136) in Verbindung mit § 7 der Durchführungsbestimmung zum Gesetz zur Änderung der Rechtsvorschriften über die Einkommen-, Körperschaft- und Vermögensteuer – Steueränderungsgesetz – vom 16. März 1990 (GBl. I Nr. 21 S. 195) sind auf Wirtschaftsgüter weiter anzuwenden, die nach dem 31. Dezember 1989 und vor dem 1. Januar 1991 in dem in Artikel 3 des Einigungsvertrages genannten Gebiet angeschafft oder hergestellt worden sind.**

(2) [1] **Rücklagen nach § 3 Absatz 2 des Steueränderungsgesetzes vom 6. März 1990 (GBl. I Nr. 17 S. 136) in Verbindung mit § 8 der Durchführungsbestimmung zum Gesetz zur Änderung der Rechtsvorschriften über die Einkommen-, Körperschaft- und Vermögensteuer – Steueränderungsgesetz – vom 16. März 1990 (GBl. I Nr. 21 S. 195) dürfen, soweit sie zum 31. Dezember 1990 zulässigerweise gebildet worden sind, auch nach diesem Zeitpunkt fortgeführt werden.** [2] **Sie sind spätestens im Veranlagungszeitraum 1995 gewinn- oder sonst einkünfteerhöhend aufzulösen.** [3] **Sind vor dieser Auflösung begünstigte Wirtschaftsgüter angeschafft oder hergestellt worden, sind die in Rücklage eingestellten Beträge von den Anschaffungs- oder Herstellungskosten abzuziehen; die Rücklage ist in Höhe des abgezogenen Betrags im Veranlagungszeitraum der Anschaffung oder Herstellung gewinn- oder sonst einkünfteerhöhend aufzulösen.**

(3) **Die Vorschrift über den Steuerabzugsbetrag nach § 9 Absatz 1 der Durchführungsbestimmung zum Gesetz zur Änderung der Rechtsvorschriften über die Einkommen-, Körperschaft- und Vermögensteuer – Steueränderungsgesetz – vom 16. März 1990 (GBl. I Nr. 21 S. 195) ist für Steuerpflichtige weiter anzuwenden, die vor dem 1. Januar 1991 in dem in Artikel 3 des Einigungsvertrages genannten Gebiet eine Betriebsstätte begründet haben, wenn sie von dem Tag der Begründung der Betriebsstätte an zwei Jahre lang die Tätigkeit ausüben, die Gegenstand der Betriebsstätte ist.**

Gesetz zur Änderung der Rechtsvorschriften über die Einkommen-, Körperschaft- und Vermögensteuer (Steueränderungsgesetz)

Vom 6. März 1990 (GBl. I Nr. 17 S. 136). Geändert durch Steueranpassungsgesetz vom 22. Juni 1990 (GBl. Sonderdruck Nr. 1427 S. 3)

– Auszug –

§ 3 Steuervergünstigungen. (1) Für Investitionen, die für die wirtschaftliche Entwicklung besonderen Vorrang haben, können Sonderabschreibungen gewährt werden.

(2) Steuerpflichtige, die Einkommen bzw. Gewinn aus den im § 1 Abs. 1 Ziff. 1 bis 3 genannten Betrieben bzw. Tätigkeiten erzielen, können für Zwecke der Akkumulation eine steuerfreie Rücklage in Höhe von 20% des jährlichen Einkommens bzw. Gewinns, höchstens 50 000 M, bilden.

Durchführungsbestimmung zum Gesetz zur Änderung der Rechtsvorschriften über die Einkommen-, Körperschaft- und Vermögensteuer

Vom 16. März 1990 (DDR-GBl. I Nr. 21 S. 195). Geändert durch Steueranpassungsgesetz vom 22. Juni 1990 (GBl. Sonderdruck Nr. 1427 S. 3) – Auszug –

Zu § 3 des Steueränderungsgesetzes:

§ 7 Sonderabschreibungen. (1) Sonderabschreibungen werden gewährt für Grundmittel, die
– der Entwicklung und Einführung von Verfahren und Erzeugnissen auf hohem wissenschaftlich-technischen Niveau dienen;
– zu höheren Lieferungen und Leistungen für den Export führen;
– der Schaffung neuer Arbeitsplätze in bestehenden Betrieben oder Unternehmen dienen oder
– zur Realisierung von Umweltschutzmaßnahmen angeschafft oder hergestellt werden.

(2) Sonderabschreibungen können im
– ersten Jahr bis 50 vom Hundert,
– zweiten Jahr bis 30 vom Hundert,
– dritten Jahr 20 vom Hundert
der Anschaffungs- oder Herstellungskosten betragen.

(3) Werden die im Abs. 1 genannten Grundmittelanschaffungen über einen aufgenommenen Kredit finanziert, können die Sonderabschreibungen in Höhe der jährlichen Kredittilgungsrate in Anspruch genommen werden.

§ 8 Steuerfreie Rücklage. (1) [1] Die steuerfreie Rücklage und ihre Verwendung sind im Rechnungswesen gesondert auszuweisen. [2] Nicht für die Akkumulation verbrauchte Rücklagen sind nach Ablauf von 5 Jahren gewinnerhöhend aufzulösen.

(2) Der Anteil der Investitionsfinanzierung aus der Rücklage ist im Anlagennachweis als Verschleiß zu behandeln.

§ 9 Gewährung von Steuervergünstigungen und Ausgleichszahlungen. (1) [1] Bei Neueröffnung eines Handwerks-, Handels- oder Gewerbebetriebes wird dem Inhaber eine einmalige Steuerbefreiung für 2 Jahre höchstens bis 10 000 Mark gewährt. [2] Sind mehrere Inhaber vorhanden, kann die Steuerbefreiung nur einmal in Anspruch genommen werden. [3] Die einmalige Steuerbefreiung wird auch bei Aufnahme einer hauptberuflichen selbständigen oder freiberuflichen Tätigkeit gewährt.

(2) [1] Inhaber von Handwerks-, Handels- oder Gewerbebetrieben, die ihre Einnahmen zu staatlich festgelegten Preisen realisieren, in denen die zw den Tarifpartnern vereinbarten Lohn- und Gehaltserhöhungen für die Beschäftigten noch nicht enthalten sind, können Ausgleichszahlungen beantragen, wenn die Einkünfte (Gewinne) aus dem Betrieb 50 000 Mark im Veranlagungsjahr nicht übersteigen. [2] Die Ausgleichszahlungen sind im Rechnungswesen als Einnahmen zu behandeln. [3] Das gilt auch für hauptberuflich selbständig bzw. freiberuflich Tätige.

(3) Mit der Einführung günstiger steuerlicher Regelungen nach dem Steueränderungsgesetz entfallen leistungsbezogene Steuervergünstigungen bzw. Prämien, die bisher
– zur Anwendung des § 3 Abs. 4 des PGH-Steuergesetzes vom 30. November 1962 (GBl. I Nr. 13 S. 119),
– zur Förderung der Reparatur-, Dienst- und Versorgungsleistungen des genossenschaftlichen und privaten Handwerks sowie anderer Gewerbebetriebe gegenüber der Bevölkerung und
– zur weiteren Steigerung des Leistungsvermögens privater Einzelhändler und Gastwirte und zur Erhöhung ihrer Versorgungsleistungen für die Bevölkerung
gewährt wurden.

(4) Soweit in Einzelfällen durch den Wegfall bisheriger Steuervergünstigungen unter Berücksichtigung der Steuerminderung nach dem Steueränderungsgesetz sich eine Nettoeinkommensminderung ergibt, ist der Differenzbetrag personengebunden bis zum 31. Dezember 1990 als Steuerermäßigung durch die Abteilung Finanzen des Rates des Kreises weiter zu gewähren.

Anmerkung: Erläuterungen s 25. Auflage.

§§ 59–61 *(weggefallen)*

X. Kindergeld

Verwaltung: *BfF* BStBl I 02, 241 (Länderübersicht zu § 65 I 1 Nr 2); *BZSt* KiGeld-Merkblatt BStBl I 13, 199; *BZSt* BStBl I 12, 40 (Auswirkungen des StVerG 11); *BZSt* BStBl I 13, 1505 (KiGeld auch bei Aufenthaltserlaubnis nach §§ 17, 18 II AufenthG); *BZSt* DA-KiGeld, BStBl I 15, 584 (Zsfg von DA-FamEStG, DA-FamRb, DA-FamBuStra. *BZSt* BStBl I 15, 511, BStBl I 16, 12 (IdNr-Kontrollverfahren).

Schrifttum (Aufsätze vor 2010 s Vorauflagen): *Felix,* Kindergeldrecht 2005 (zit *Felix*); *Helmke/Bauer,* Familienleistungsausgleich (Loseblatt; zit *Helmke*). – *Schwarz,* Aktuelles zum KiGeldRecht, FamRB 10, 160; *Bilsdorfer,* Permanente und aktuelle Baustellen im KiGeld-Recht, NJW 11, 2913; *Felix,* Paradigmenwechsel im KiGeldRecht, NJW 12, 22 (krit zu § 32 IV nF); *Günther,* BFH und EuGH zum KiGeld, EStB 12, 262; *Wendl,* KiGeldanspruch von WanderArbN nach EuGH, DStR 12, 1894; *Reimer,* Keine Bundeskompetenz für das KiGeldrecht, NJW 12, 1928.

§ 62 Anspruchsberechtigte

(1) [1]**Für Kinder im Sinne des § 63 hat Anspruch auf Kindergeld nach diesem Gesetz, wer**

1. im Inland einen Wohnsitz oder seinen gewöhnlichen Aufenthalt hat oder
2. ohne Wohnsitz oder gewöhnlichen Aufenthalt im Inland
   a) nach § 1 Absatz 2 unbeschränkt einkommensteuerpflichtig ist oder
   b) nach § 1 Absatz 3 als unbeschränkt einkommensteuerpflichtig behandelt wird.

[2]**Voraussetzung für den Anspruch nach Satz 1 ist, dass der Berechtigte durch die an ihn vergebene Identifikationsnummer (§ 139b der Abgabenordnung) identifiziert wird.** [3]**Die nachträgliche Vergabe der Identifikationsnummer wirkt auf Monate zurück, in denen die Voraussetzungen des Satzes 1 vorliegen.**

(2) **Ein nicht freizügigkeitsberechtigter Ausländer erhält Kindergeld nur, wenn er**

1. eine Niederlassungserlaubnis besitzt,
2. eine Aufenthaltserlaubnis besitzt, die zur Ausübung einer Erwerbstätigkeit berechtigt oder berechtigt hat, es sei denn, die Aufenthaltserlaubnis wurde
   a) nach § 16 oder § 17 des Aufenthaltsgesetzes erteilt,
   b) nach § 18 Absatz 2 des Aufenthaltsgesetzes erteilt und die Zustimmung der Bundesagentur für Arbeit darf nach der Beschäftigungsverordnung nur für einen bestimmten Höchstzeitraum erteilt werden,
   c) nach § 23 Absatz 1 des Aufenthaltsgesetzes wegen eines Krieges in seinem Heimatland oder nach den §§ 23a, 24, 25 Absatz 3 bis 5 des Aufenthaltsgesetzes erteilt

   oder
3. eine in Nummer 2 Buchstabe c genannte Aufenthaltserlaubnis besitzt und
   a) sich seit mindestens drei Jahren rechtmäßig, gestattet oder geduldet im Bundesgebiet aufhält und
   b) im Bundesgebiet berechtigt erwerbstätig ist, laufende Geldleistungen nach dem Dritten Buch Sozialgesetzbuch bezieht oder Elternzeit in Anspruch nimmt.

Einkommensteuer-Richtlinien/Verwaltungsschreiben: EStH 62 – *BZSt* DA-KiGeld, BStBl I 15, 584

Übersicht

1. Grundaussage. – a) Struktur. Die im X. Abschnitt enthaltenen §§ 62–78 sind den Ki-Geld-Regelungen des BKGG idF bis VZ 95 nachgebildet (die Gesetzgebungskompetenz ergibt sich mE aus Art 105 II GG); §§ 62–66 enthalten materiellrechtl, §§ 67–78 verfahrensrechtl Regelungen. Im Jahr 2013 wurden 38 Mrd € KiGeld für 16,5 Mio Kinder gezahlt, vornehml durch die BA mit 14 Familienkassen (der öffentl Dienst hat eigene Familienkassen). – Berechtigte, die nach § 1 EStG in Deutschland **unbeschr stpfl** sind (insb also ihren Wohnsitz oder gewöhnl Aufenthalt im Inl haben; §§ 8, 9 AO; BFH III R 21/12 BStBl II 15, 135), erhalten für Kinder iSd § 63 ab 1.1.96 KiGeld nach dem EStG; diese Anknüpfung verstößt nicht gegen EU-Recht (BFH III B 17/08 BFH/NV 09, 380). Im (neugefassten) BKGG (Art 2 JStG 96 v 11.10.95, BGBl I, 1250, BStBl I 438, 566; DA-BKGG 2011) sind deshalb nur noch (weiterhin sozialrechtl) KiGeld-Ansprüche von Berechtigten geregelt, die in Deutschland nicht unbeschr stpfl, aber in sonstiger Weise mit dem dt Arbeits-, Dienst- und Sozialrechtssystem verbunden sind (sog Rest-KiGeld, § 1 I BKGG nF; mE keine FG-Kompetenz; aA FG Mster EFG 02, 848, rkr) oder die KiGeld für sich selbst erhalten (§ 1 II BKGG nF; zB Vollwaise); unterschiedl Verfahrensregelungen sind nicht verfwidrig (BVerfG 1 BvR 1765/09 HFR 11, 812). – Bei Widersprüchen zw Sozial- und Steuerrecht (ggf auch bei Rückforderung) ist eine Billigkeitsmaßnahme angezeigt (*Bilsdorfer* NJW 12, 3706; BFH III B 41/14 BFH/NV 15, 658). – Das *BZSt* hat eine einheitl DA erlassen (DA-KiGeld), das die bisherigen DA-FamEStG, DA-FamRb und DA-FamBuStra umfasst (BStBl I 15, 584); die bisherige (bewährte) an den KiGeld-§§ orientierte Nummerierung wurde aufgegeben. – Die Anknüpfung des KiGeld-Anspruchs an die Angabe der jeweiligen steuerl Identifikationsmerkmale von Antragstellern und Kindern als materielle Tatbestandsvoraussetzung verhindert ungerechtfertigte Doppelzahlungen, da nunmehr nur für ein durch das steuerl Identifikationsmerkmal eindeutig identifiziertes Kind KiGeld gezahlt wird (§ 62 I 2, 3 idF FreizügigkeitsG v. 2.12.14, BGBl I 14, 1922). Die IdNr ist Anspruchsvoraussetzung für das KiGeld. Am BZSt-Kontrollverfahren hat jede Familienkasse teilzunehmen (*BZSt* BStBl I 15, 511; BStBl I 16, 12). Die Rückwirkung der Vergabe der Identifikationsnummer stellt sicher, dass Personen mit nicht eindeutiger Identität den Anspruch auf KiGeld geltend machen können (zur Anwendung ab 1.1.16 § 52 Abs 49a; *BZSt* BStBl I 15, 511). 1

b) Gesetzestechnik. Aufgrund der **einheitl steuerl Ausgestaltung** des Familienleistungsausgleichs ist das KiGeld-Recht in das EStG verlagert worden; das ist mE systemwidrig, da Leistungsgesetz (auch krit *Sarrazin* FS Haas, 1996, 305: KiGeld als Negativsteuer; *KSM* § 62 Rz A 33) und zu kompliziert, aber nicht verfwidrig (BVerfG 1 BvR 1765/09 HFR 11, 812). Ebenfalls problematisch ist der Gesetzesvollzug (Organleihe; Steuerbescheid durch die Arbeitsagentur; *Dostmann* DStR 99, 884). Zur Struktur der Neuregelung und zum rechtspolitischen Hintergrund vgl *Horlemann* BB 96, 186; zu den fiskalischen Auswirkungen und der Kostentragung durch Bund und Länder vgl *Kruhl* BB 95, 2032/3. Die neuen Regelungen, die sich grds noch an den entspr Vorschriften des bisherigen BKGG orientieren (BT-Drs 13/1558), bezwecken die strechtl Freistellung des Existenzminimums des Kindes bei den Eltern (*Korn/Greite* § 62 Rz 1; *Bilsdorfer* NJW 11, 2

2913), keine Sozialleistung; zu KiGeld iZm mit AuslUnterhalt s *Rieck* NJW 14, 1905. – KiGeld und Kinderfreibetrag **(duales System)** können ab 1996 nur noch **alternativ** in Anspruch genommen werden (§ 2 V, VI; § 31); infolge der monatl Auszahlung des KiGeldes geht dieses dem Kinderfreibetrag zunächst vor. Die Voraussetzungen sind unterschiedl (vgl zB § 63 Rz 4 und § 32 Rz 77, 57). Nach § 31 wird die steuerl Freistellung durch den Kinderfreibetrag nach § 32 oder durch das KiGeld nach §§ 62ff bewirkt (zum Verhältnis von § 32 und §§ 62ff vgl iEinz § 31 Rz 10f; BFH VI R 182/98 DStRE 00, 80). Das FA prüft von Amts wegen, ob das KiGeld die steuerl Wirkung des Kinderfreibetrags ausgleicht (*BMF* BStBl I 1995, 805, Tz 1). Zur Bedeutung der Kinderfreibeträge bei der LSt (Bemessung von KiSt und SolZ) vgl *Hartmann* Inf 95, 641/3. Der EStBescheid des Kindes ist kein Grundlagenbescheid für KiGeld-Festsetzung (BFH III B 70/05 BFH/NV 07, 1083; BFH III R 82/09 DStR 12, 1022; *FinVerw* DStR 00, 1734).

3 **c) Aufbau.** Kern des KiGeld-Rechts sind die **§§ 62 und 63,** sie regeln die Anspruchsvoraussetzungen. **§§ 64, 65** enthalten Ausschlusstatbestände, **§ 66** bestimmt die Höhe und die **§§ 67–78** regeln das Verfahren und bestimmte Auszahlungsmodalitäten. Vereinfacht lautet die Grundregel: Wer im Inl wohnt, erhält für abhängige Kinder KiGeld. – Das KiGeld wird zur Steuerfreistellung des elterl Einkommens iHd Existenzminimums eines Kindes gezahlt. Das Existenzminimum umfasst auch den Bedarf für Betreuung und Erziehung oder Ausbildung des Kindes. Soweit das KiGeld dafür nicht erforderl ist, dient es der **Förderung der Familie** (BFH III B 58/12 BFH/NV 12, 1977). Im lfd Kj wird zunächst das KiGeld als Steuervergütung gezahlt. Die steuerl Freibeträge für Kinder werden beim Abzug der LSt grds nicht berücksichtigt. Bei der EStVeranlagung prüft das FA nachträgl, ob durch den Anspruch auf Zahlung des KiGeldes die Steuerfreistellung des Existenzminimums des Kindes auch tatsächl erreicht worden ist. Ist dies nicht der Fall, werden die steuerl Freibeträge abgezogen und das zustehende KiGeld mit der Steuerschuld des KiGeldBerechtigten verrechnet. Dies gilt selbst dann, wenn kein KiGeld beantragt wurde.

4 **d) Festsetzung.** Das KiGeld – bisher Sozialleistung, nun steuerl Sozialzwecknorm in Form einer **StVergütung** (§ 31 S 3; Begr zu § 70, BT-Drs 13/1558, 161; BFH VI R 165/99 BStBl II 01, 279; BVerfG 2 BvL 5/00 HFR 2004, 1139: Doppelfunktion) – wird durch **selbstständigen Bescheid** festgesetzt, auf den (nur) die für die Steuerfestsetzung geltenden Vorschriften der AO sinngemäß anwendbar sind (§ 155 IV AO; BFH III R 108/06 BFH/NV 09, 357), ebenso die Verjährungsvorschriften, §§ 169f AO (BFH XI R 9/14 BFH/NV 16, 166; FG Nds 1 K 102/13, Rev V R 13/15). Zuständig für die Festsetzung sind die Familienkassen (§§ 70, 72). Die BA stellt dem BZSt zur Durchführung dieser Aufgaben ihre Behörden **(Arbeitsagenturen)** als Familienkassen zur Verfügung (Organleihe); die Fachaufsicht obliegt dem BZSt (§ 5 I Nr 11 FVG). Gegen die KiGeld-Festsetzung (bzw Nichtfestsetzung) ist der Einspruch gegeben (§ 77). Klage ist vor dem FG zu erheben (§ 33 I Nr 2 FGO; *BMF* BStBl I 95, 805, Tz 6); ggf Aussetzung des Verfahrens (BFH V B 135/14 BFH/NV 16, 51). Ausgezahlt wird das KiGeld im öffentl Dienst durch den ArbG (§ 72). § 163 AO gilt auch für Steuervergütungen (FG BaWü EFG 03, 908, rkr). – Der KiGeld-Anspruch wird nicht nach § 233a AO verzinst (BFH III R 64/04 BStBl II 07, 240); zu Prozesszinsen BFH III R 85/06 BStBl II 07, 598.

5 **2. KiGeld-Berechtigung von dt Staatsangehörigen, § 62 I.** – § 62 legt den Personenkreis fest, der KiGeld erhält (Anspruchsberechtigte); bisher § 1 BKGG aF. Den Kindern selbst steht der Anspruch auf KiGeld nicht zu. Soweit Anspruchsberechtigte nicht in die steuerl Regelung aufgenommen worden sind, gilt für sie weiterhin das BKGG (BT-Drs 13/1558, 160).

6 **a) Anspruchsberechtigung bei inl Wohnsitz oder inl gewöhnl Aufenthalt.** § 62 I knüpft die Anspruchsberechtigung für dt Staatsangehörige (FG Thür

EFG 00, 573 rkr) und Ausländer (unter den zusätzl Voraussetzungen des Abs 2) an einen inl Wohnsitz oder inl gewöhnl Aufenthalt (§§ 8, 9 AO; BFH III R 21/12 BStBl II 15, 135; A 2.1 DA-KiGeld 2015); das Territorialitätsprinzip ist sachgerecht und verfgemäß (BFH III R 77/09 BFH/NV 11, 1351; zum KiGeld bei Auslandsbezug *Günther* EStB 12, 262). Zum Merkmal ‚Wohnsitz' vgl § 1 Rz 20f (BFH VI R 64/98 BFH/NV 01, 1231; BFH VIII R 62/00 BFH/NV 02, 1146. – Beibehaltung bei Entführung, sofern Rückkehr nicht ausgeschlossen (BFH III B 174/11 BFH/NV 12, 1599); **Aufgabe des Wohnsitzes** bei auf mehr als ein Jahr angelegten Auslandsaufenthalt (BFH III R 53/05 BFH/NV 09, 564; FG Nbg DStRE 10, 535, rkr [BFH III B 30/09 BFH/NV 10, 2272]); Beibehaltung des Wohnsitzes bei 5-jährigem Studium, aber pro Jahr 5-monatiger inl Aufenthalt (BFH III R 52/09 BStBl II 10, 1013; uU auch weniger; BFH III R 38/14 DStRE 15, 1363); Beibehaltung bei rechtswidriger Verweigerung der Erlaubnis (FG Nds EFG 14, 1120, rkr); Einzelfallentscheidung (BFH III B 97/11 BFH/NV 12, 1131). Kein Anspruch bei unklarem Wohnsitz/gewöhnl Aufenthalt im Inl (BFH III R 89/08 BFH/NV 11, 1324; BFH XI R 37/11 BStBl II 14, 831); unsubstantiiertes Untermietverhältnis reicht nicht (FG BBg EFG 09, 1039, rkr). *Geplanter* inl Wohnsitz genügt nicht (BFH III R 77/09 BFH/NV 11/1351). Mehrere Entsendungen können gewöhnl Aufenthalt begründen (BFH III B 143/14 BFH/NV 15, 1386). Bei **Zweitwohnsitz** besteht Anspruch auf Differenz-KiGeld (BFH III R 44/12 BStBl II 15, 143; § 65 Rz 6). – Zum **gewöhnl Aufenthalt** im Inl § 1 Rz 27f. – Die Anknüpfung an den Wohnsitz oder gewöhnl Aufenthalt verstößt weder gegen Art 6 GG (BFH VI R 165/99 BStBl II 01, 279) noch gegen EG-Recht (BFH III B 156/07 BFH/NV 09, 580); kein KiGeld bei unrechtmäßig ausgestellten (dt) Ausweispapieren (BFH III R 16/05 BStBl II 09, 918), KiGeld aber bei § 19-Tätigkeit im Ausl und § 18-Tätigkeit im Inl (FG Köln EFG 08, 1567, rkr). – Bei fehlendem Wohnsitz oder gewöhnl Aufenthalt im Inl kann gem **§ 62 I 1 Nr 2 Buchst a, b** (bei DienstVerh zu inl öffentl Kasse, § 1 II; bei Grenzpendlern, § 1 III; *HHR* Anm 6, 7) ein KiGeldAnspruch bestehen (dazu § 1 Rz 35f; BFH III R 59/11 BStBl II 14, 843; *KSM* § 62 Rz B 54; A 2.2 DA-KiGeld 2015; § 63 Rz 4); der ESt-Bescheid ist insoweit nicht bindend (BFH XI R 26/12 BFH/NV 14, 313). – KiGeld für **Ortskraft** (BFH XI R 9/12 BFH/NV 13, 1077 [Anm *Schießl* HFR 13, 605]), nicht bei unechter Ortskraft, da nicht in das dt SV-System eingegliedert (BFH III R 20/12 BFH/NV 14, 684). – KiGeld kann nur für die Monate des Bestehens des Wohnsitzes und des Bezugs inl Einkünfte verlangt werden (BFH III R 63/10 BFH/NV 14, 12; BFH XI R 8/12 BFH/NV 14, 495). – „Hartz-IV"-Bezieher sollen KiGeld aufgrund Beschäftigung, nicht aufgrund des Wohnsitzes erhalten (FG BBg EFG 14, 214, rkr).

b) Aufenthaltsort des Kindes. Welche Kinder berücksichtigt werden, regelt 7
§ 63 (s § 63 Rz 4). Minderjährige teilen grds den Wohnsitz ihrer Eltern (FG BaWü EFG 15, 1615, rkr), auch ein im Ausl geborenes Kind (FG Mster EFG 13, 1355, Rev V R 15/13). Bei einem **Studium im Ausl** wird der inl Wohnsitz beibehalten, *(1)* wenn dieser in den ausbildungsfreien Zeiten genutzt wird (BFH VI R 107/99 BStBl II 01, 294), *(2)* wenn die Ausbildung zeitl begrenzt ist (*Pust* HFR 01, 463/4), auch bei ungeplanter Urlaubsverlängerung (FG Ddorf EFG 04, 1638, rkr), *(3)* grds wenn die familiären Bindungen bestehen bleiben (FG BaWü EFG 12, 1361, rkr). Kein inl Wohnsitz bei langfristig angelegtem Auslandsaufenthalt (BFH III R 10/14 BStBl II 15, 655; *Siegers* HFR 15, 257; krit *Dziadkowski* IStR 15, 147). – Juristische Personen sind (mangels Kindschaftsverhältnisses) nicht anspruchsberechtigt. Dies gilt selbst dann, wenn sie ausschließl oder überwiegend für den Unterhalt eines Kindes sorgen. – Die Anspruchsvoraussetzungen für minderjährige (§§ 62, 63, 32 III) und für volljährige Kinder (§§ 62, 63, 32 IV; zu den Voraussetzungen des § 32 IV s dort) sind getrennt voneinander zu beurteilen (BFH VI R 162/98 BStBl II 00, 459; vgl § 32 Rz 19, 21ff). Heimatlose Ausländer

sind (nach dem Gesetz über die Rechtsstellung heimatloser Ausländer) Inländer (FG Mchn EFG 03, 785, rkr). – Über § 1 II hinaus kein KiGeld für im Ausl lebende Kinder dt Staatsangehöriger (FG Hbg EFG 11, 653, rkr).

8 **3. KiGeld-Berechtigung von EU-/EWR-Ausländern.** *(Freizügigkeitsberechtigte)* EU- und EWR-Ausländer nebst Angehörigen erhalten KiGeld, sofern die Voraussetzungen des § 62 I erfüllt sind, insb auch inl Einkünfte erzielt wurden (FG Nds 10 K 233/10, Rev XI R 29/13), also ggf auch ein in **Polen** wohnender und im Inl arbeitender Bauarbeiter (iEinz BFH III R 18/14 BFH/NV 15, 331; BFH III R 54/11 BFH/NV 15, 477; FG Köln EFG 14, 562, rkr: für Italiener; *HHR* Anm 11), auch während der Übergangszeit zum EU-Beitritt (BFH III B 127/14 BStBl II 15, 901; *Siegers* HFR 15, 953; wN 34. Aufl); kein KiGeld bei europaweitem Einsatz (BFH III R 38/12 HFR 15, 584).– Nach § 1 II AufenthG iVm § 2 II FreizügigkeitsG/EU (BGBl I 04, 1950) haben freizügigkeitsberechtigte EU-Bürger und EWR-Bürger (nach Beitritt von Finnland, Österreich und Schweden zur EU noch Island, Norwegen und Liechtenstein – EFTA; EWR-Abkommen s *Helmke,* Teil D 3) grds unter denselben Voraussetzungen wie dt Staatsangehörige Anspruch auf KiGeld (FG Köln EFG 05, 1704, rkr: ggf Deckelung; A 3.5 DA-KiGeld 2015; *Helmke* § 62 Rz 8f), auch geschiedene Ehegatten nach Wiederverheiratung (FG Köln DStRE 06, 466, rkr); ab 1.1.04 (Ost-Erweiterung – Vertrag v 16.4.03) gehören zur EU auch Estland, Lettland, Litauen, Malta, Polen, Slowakei, Slowenien, Tschechien, Ungarn, Zypern, ab 1.1.07 Bulgarien und Rumänien. Für **Übergangszeit** (von ggf 5/7 Jahren) sind einschränkende Übergangsmaßnahmen zul (FG Mster EFG 12, 1478 für Rumänien). – Zur (konstitutiven) Wirkung einer Aufenthaltskarte (bei belgischem Ehepaar) FG RhPf 1 K 1780/07, rkr. – Die Nichtfeststellbarkeit der Freizügigkeit geht zulasten des Antragstellers (FG BBg EFG 15, 1457, Rev VI R 35/15).

Nach **EuGH** DStRE 12, 999 [EuGH C-611/10 auf Vorlage von BFH III R 35/10 BFH/NV 11, 364; EuGH C-612/10 nach BFH III R 5/09 BFH/NV 11, 360; Hauptsacheerledigung BFH/NV 13, 933] können auch „WanderArbN" und Saisonarbeiter grds KiGeld beziehen (**„Meistbegünstigung";** dazu iEinz *Wendl* DStR 12, 1894). – VO (EG) 1408/71 ist ab 1.5.10 ersetzt durch **VO 883/04** iVm VO 987/09 (BFH III R 55/08 BStBl II 13, 619; BFH III R 36/08 BFH/NV 12, 184; BFH III R 10/11 BStBl II 14, 706). Welchen Rechtsvorschriften eine Person betr KiGeld unterliegt, bestimmt sich bei grenzüberschreitenden Sachverhalten für Vze ab Mai 2010 nach Art. 11 ff. der VO (EG) 883/04 v 29.4.04. Nach Art 11 I 1 VO (EG) 883/04 unterliegen Personen den Rechtsvorschriften nur eines Mitgliedstaates. Welcher Mitgliedstaat dies ist, wird durch Art. 11 III iVm Art 12 bis 16 VO (EG) 883/04 geregelt. – KiGeld auch bei sozialversicherungspflichtiger Tätigkeit in Niederlanden (FG Köln EFG 12, 417, rkr) oder für freigestellten griechischen Beamten (FG Mster EFG 14, 366, rkr; zum Problem auch BFH III R 4/11 BFH/NV 14, 681). – Kein KiGeld, wenn Mutter in Slowakei arbeitet und Vater in BRD nicht arbeitet (FG Nds EFG 12, 1071, rkr; Kollisionsregelung in Art 68 VO [EG] 883/2004); kein KiGeld für Saisonarbeiter bei Heimatlandaufenthalt und keine Inlandseinkünfte (BFH III R 10/12 BFH/NV 14, 491). – **EuGH-System:** Dem EuGH geht es um den Schutz der Grundfreiheiten und um das Verbot faktischer Behinderung; bei Beschäftigung im Ausl hat der StPfl ein faktisches Wahlrecht (FG Köln EFG 12, 417, rkr), wo er (bei versicherungspflichtiger Tätigkeit) KiGeld beantragt (Anknüpfung an Wohnsitz und an Beschäftigungsland); allerdings ist eine Kumulierung ausgeschlossen.

Deutschland muss **KiGeld an polnische Saisonarbeiter** zahlen; das in Polen gezahlte KiGeld ist anzurechnen (EuGH C-611/10, C-612/10 DStRE 12, 999; so auch zahlreiche FG-Entscheidungen; s 34. Aufl). Dieser Auffassung hat sich der BFH angeschlossen (BFH V R 38/11 BFH/NV 14, 837; wN 34. Aufl): VO 1408/71 steht der Anwendung dt Rechts (§ 62 I 1 Nr 2 Buchst b) nicht entgegen;

Mitgliedschaft in der KRUS reicht (BFH III R 50/11 BFH/NV 14, 1191). Die Anspruchsberechtigung richtet sich insoweit allein nach dt Recht. § 65 I 1 Nr 2 führt ggf zur Kürzung. – Demnach begründen die Regelungen des Titels II der VO 1408/71 als Kollisionsregeln selbst keinen unmittelbaren Anspruch auf KiGeld aus Unionsrecht (BFH XI R 37/11 BStBl II 14, 831; BFH III R 38/12 HFR 15, 584; BFH V B 1/15 BFH/NV 15, 1682). – Der in Deutschland lebende (geschiedene) Vater (Mutter und Kind in Polen) ist KiGeld-berechtigt (EuGH C-378/14 DStRE 15, 1501 – auf Vorlage von BFH III R 17/13 BStBl II 15, 329- Auslegung des Art 60 I VO 987/09; *Selder* jurisPR-StR 41/14 Anm 4; § 64 Rz 3). - Aufnahme des Kindes bei Großeltern in Polen unschädl (FG Saarl EFG 15, 1379, Rev III R 3/15).

Wie Freizügigkeitsberechtigte zu behandeln sind auch – zT – **Schweizer ArbN** (nach Freizügigkeitsabkommen v 21.6.01; A 3.5 II DA-KiGeld 2015) und türkische ArbN auf Grund EU-Assoziierungsrecht (EuGH 4.5.99 C-262/96 EuGHE I 99, 2685; BFH III R 76/08 BFH/NV 11, 213; BFH III R 77/08 BFH/NV 10, 2255; FG Nds EFG 14, 1120, rkr [nach **VEA**]; *Korn/Greite* § 62 Rz 29; *KSM* § 62 Rz C 7; A 3.5 IV DA-KiGeld 2015). Ähnl gilt für ArbN nach VO 1408/71 aus Algerien, Marokko und Tunesien (A 3.5 IV DA-KiGeld 2015; zusätzl zu Rz 10f). Für ALG-II-Empfänger gilt VO 1408/71 nicht (FG Hbg EFG 08, 958, rkr).

4. KiGeld-Berechtigung bei Sozialabkommen. Der Besitz eines in § 62 II genannten Aufenthaltstitels (Rz 10f) ist nicht erforderl bei ArbN aus Staaten, mit denen zwischenstaatl Abkommen bestehen (vgl BFH III R 61/04 BFH/NV 08, 769; *HHR* Anm 12); den Abkommen liegt ein enger ArbN-Begriff zugrunde (BFH V R 61/10 BStBl II 14, 475 für Jugoslawien und (fortgeltend) für Serbien). Abkommensstaaten sind Bosnien und Herzegowina, Kosovo, Marokko, Montenegro, Serbien, Türkei und Tunesien (Abkommen über soziale Sicherheit und andere zwischenstaatl Abkommen; dokumentiert in BArbBl 04, 11; A 3.5 III DA-KiGeld 2015). Diese Abkommen sehen ein sog (geringeres) Vertrags-KiGeld für AuslKinder vor (Abkommens-KiGeld) und sollen die Kumulierung von Rechten und Pflichten verhindern (*BMF* BStBl I 95, 805; BFH III R 6/08 BStBl II 12, 883). Die Assoziations-Abkommen gelten auch für **Asylfälle** (BFH III R 42/09 DStRE 10, 1402 für türkischen Asylbewerber: ab 6 Monate Aufenthalt KiGeld nach VEA mögl; Hess FG EFG 09, 674, rkr); fragl, ob Wohnen rechtmäßig sein muss (so FG Brem EFG 10, 1894). Kein KiGeld mehr ab Bezug einer Erwerbsunfähigkeitsrente (FG Mchn EFG 00, 574, rkr) oder Verletztenrente (BFH III R 54/02 BStBl II 09, 913); kein KiGeld eines Türken bei Bezug von Arbeitslosenhilfe (BFH VI B 142/99 BFH/NV 00, 1193; ähnl FG Hbg DStRE 09, 1303); entspr für Jugoslawien und Tunesien (s 34. Aufl). Zur Höhe § 66 Rz 3. Kein KiGeld für Rentner nach Türkei-Sozialabkommen (BFH III B 113/07 BFH/NV 09, 146). Kein KiGeld für Türken mit türkischem öffentl ArbGeb (FG Mster EFG 15, 490, rkr). – Art 33 SozSichAbk Türkei ist nicht auf in Deutschland lebende türkische ArbN beschränkt (BFH III R 55/10 BStBl II 14, 473). 9

5. KiGeld-Berechtigung von anderen Ausländern mit Aufenthaltstitel, § 62 II. – a) Regelungsinhalt. Andere Ausländer (*HHR* Anm 12) erhalten KiGeld nach Abs 2, wenn sie einen Aufenthaltstitel nach dem AufenthG tatsächl besitzen (BFH III B 54/08 BFH/NV 10, 32, auch zu Sachverhalten vor 2005; BFH III B 138/11 BFH/NV 13, 373; *Bilsdorfer* NJW 11, 2913); Falschbezeichnung unschädl (Hess FG EFG 13, 1776, rkr). Der Anspruch allein genügt nicht (FG Ddorf DStRE 10, 281); Aufenthaltstitel ist kein Grundlagenbescheid (BFH V B 136/14 BFH/NV 15, 1233). „Im Besitz" steht einem rückwirkenden Bezug entgegen (BFH VI B 221/98 BStBl II 99, 140; BFH III R 19/14 BStBl II 15, 840). – KiGeld auch bei Aufenthaltstitelverlängerungs-Antrag (FG Nds EFG 05, 307, rkr). – § 62 II nF ist bei Vergleichbarkeit auch auf nach dem AuslG erteilte 10

Aufenthaltstitel anwendbar (FG Ddorf EFG 07, 605, rkr; FG Ddorf EFG 07, 1615, rkr; FG Köln EFG 08, 1396, rkr). Bisherige Aufenthaltsrechte gelten fort (§ 101 AufenthG; *Helmke* § 62 Rz 51.5); die nach dem AuslG 1990 erteilten Aufenthaltsbefugnisse gelten nach § 101 II AufenthG als Aufenthaltserlaubnisse fort und berechtigen gleichfalls zum Bezug von KiGeld nach § 62 Abs 2 EStG nF (vgl auch FG Ddorf EFG 2007, 605); die v BVerfG für verfwidrig erklärte Ungleichbehandlung ist damit beseitigt (*Grube* jurisPR-StR 22/07 Anm 3). – Die Neuregelung ist in **allen offenen Fällen** anzuwenden (§ 52 Abs 61a).

11 **b) Verfassungsmäßigkeit.** Abs 2 nF verstößt weder gegen Art 3 GG noch gegen **RL 2004/83/EG** (BFH III R 4/09 BFH/NV 11, 248; BFH III S 72/08 (PKH) BFH/NV 10, 203; FG Mster EFG 09, 133, rkr; FG Nds EFG 14, 1124, Rev XI R 7/14; FG BBg EFG 14, 1323, rkr; FG Mster 10 K 175/13 Kg; aA FG Nds 7 K 9/10 ua, EFG 14, 932 – BVerfG-Vorlage, ua 2 BvL 9/14). – Nach **BVerfG 1 BvL 4–6/97** BFH/NV Beil 05, 114 verstößt eine Differenzierung nach Art des Aufenthaltstitels gegen Art 3 I GG (so auch EGMR 59140/00 BFH/NV Beil 06, 357). Abhilfe schafft das Gesetz v 13.12.2006 BGBl I 06, 2915 (dazu BT-Drs 16/1368; Geltung ab 1.1.06; krit *Werner* InfAuslR 2007, 112: weiterhin zu eng). Nach BFH III R 93/03 BStBl II 09, 905 BFH III R 13/07 BFH/NV 09, 1638; BFH III R 47/07 BFH/NV 09, 1984; FG Köln EFG 08, 66, rkr; FG Mster EFG 08, 1980, rkr ist § 62 II nF **verfgemäß;** auch für frühere Jahre anwendbar. – Daher (trotz BSG-Vorlagen zum Erziehungsgeld) kein KiGeld für **nicht freizügigkeitsberechtigte Ausländer** ohne entspr Aufenthaltstitel, da Sicherstellung des Lebensunterhalts durch Sozialleistungen (BFH III R 1/08 BStBl II 10, 980; BFH III B 34/10 BFH/NV 10, 2268; BFH III B 158/12 BFH/NV 13, 968; *Selder* jurisPR-StR 34/10 Anm 4); ebenso kein KiGeld für nicht freizügigkeitsberechtigte erwerbsunfähige Ausländerin (BFH III R 72/09 BFH/NV 11, 1134; die ausländerrechtl Voraussetzungen muss das FG feststellen (BFH III R 48/10 BFH/NV 13, 189). Der Titel-Vermerk „Erwerbstätigkeit nicht gestattet" ist schädl (FG Mster EFG 13, 792, rkr).

12 **c) KiGeld bei Niederlassungserlaubnis, § 62 II Nr 1.** KiGeld berechtigt ist, wer eine Niederlassungserlaubnis besitzt (*HHR* Anm 15). Die Niederlassungserlaubnis ist gem § 9 I AufenthG ein unbefristeter Aufenthaltstitel. Sie berechtigt zur Ausübung einer Erwerbstätigkeit; unter den Voraussetzungen des § 9 II AufenthG ist einem Ausländer die Niederlassungserlaubnis zu erteilen.

13 **d) KiGeld bei Aufenthaltserlaubnis mit Erwerbsberechtigung, § 62 II Nr 2.** – ***(1)* Berechtigung.** KiGeld erhält auch, wer eine Aufenthaltserlaubnis besitzt, die zur Ausübung einer Erwerbstätigkeit berechtigt oder berechtigt hat (Einzelheiten in A 3 DA-KiGeld 2015; *HHR* Anm 16). – Uneingeschränkt erwerbsberechtigt sind die, die einen Anspruch auf Verlängerung der Aufenthaltserlaubnis haben, insb Asylberechtigte, anerkannte Flüchtlinge, Familienangehörige von Deutschen und von ausl Staatsangehörigen mit Niederlassungserlaubnis, Rückkehrberechtigte und ehemalige Deutsche (FG Ddorf EFG 10, 437, rkr; BT-Drs 16/1368, 9; A 3.4 DA-KiGeld 2015). Erwerbsberechtigung auch bei geringfügiger Beschäftigung (FG Ddorf EFG 07, 1452, rkr). – Kein KiGeld für die Dauer des Asylverfahrens (FG Mster EFG 09, 495, rkr; FG Köln EFG 09, 1575, rkr). Kein KiGeld bei erfolglosem Anerkennungsverfahren als **Spätaussiedler** oder **Vertriebener** (FG BaWü EFG 09, 1303, rkr), auch nicht bei sog Einbeziehungsbescheid (FG Mchn EFG 09, 263, rkr; aA FG Nbg EFG 09, 1655, rkr mit Aufenthaltsbefugnis nach § 30 III AuslG 1990). Kein KiGeld in den Fällen des §§ 32, 34 III AufenthG bei fehlender Beschäftigungserlaubnis (BFH III R 47/09 BStBl II 11, 589, VerfBeschw 2 BvR 2707/10; BFH III R 45/09 BStBl II 11, 720). – Ausnahmsweise Kigeld für US-Amerikaner mit „SoFA-Stempel" (BFH III R 22/12 BStBl II 14, 838; *Selder* jurisPR-StR 50/13 Anm 3). – ***(2)* Keine Berechtigung.** Kein KiGeld bei § 25 III AufenthG (BFH III R 72/08 BFH/NV 10, 2242); bei

§ 25 V AufenthG, aber fehlender Erwerbstätigkeit (BFH III R 4/09 BFH/NV 11, 248); kein KiGeld (trotz § 25 V AufenthG) bei Ausreiseaufforderung (FG Mchn EFG 08, 1978, rkr).

Ausgenommen (also kein KiGeld) sind auch (wegen nur vorübergehenden Aufthalts) die Fälle *(a)* der §§ 16 oder § 17 AufenthG (Ausbildung), *(b)* des § 18 II AufenthG bei Beschäftigungshöchstzeitraum (FG Mster 10 K 175/13 Kg), *(c)* des § 23 I AufenthG wegen eines Krieges im Heimatland und der §§ 23a, 24, 25 III–V AufenthG (Härtefälle, vorübergehender Schutz, humanitäre Gründe; BFH III B 61/09 BFH/NV 10, 1270; BFH III S 44/09 BFH/NV 11, 598; FG Mster EFG 09, 1404, rkr). In diesen Fällen ist die Verlängerung der Aufenthaltserlaubnis nicht absehbar (BT-Drs 16/1368, 9). Kein KiGeld daher bei unberechtigter Erwerbstätigkeit trotz Aufenthaltserlaubnis (FG Ddorf EFG 07, 607, rkr). – In Umsetzung der RL 2011/98/EU wird jetzt auch in den Fällen der Aufenthaltserlaubnis nach §§ 17, 18 II AufenthG KiGeld gewährt (*BZSt* BStBl I 13, 1505).

e) Aufenthaltserlaubnis ohne Erwerbsberechtigung, § 62 II Nr 3. Nach 14
Nr 3 erhält in den Fällen der Nr 2 Buchst c („Rückausnahme"; *HHR* Anm 18f) KiGeld auch, wer sich bei einer Aufenthaltserlaubnis nach den §§ 23ff AufenthG seit drei Jahren (ununterbrochen, FG Mchn EFG 09, 1572, rkr) zumindest geduldet im Bundesgebiet aufhält (Nr 3 Buchst a; kurze Unterbrechungen schädl, so BFH III R 20/10 BStBl II 14, 27; *Teller* HFR 12, 1268) *und* – zusätzl – (nach Nr 3 Buchst b) *(a)* berechtigt erwerbstätig ist (BFH III B 221/08 BFH/NV 10, 636; FG Köln EFG 08, 555, rkr: verfrechtl in Ordnung; BFH III R 4/09 BFH/NV 11, 248, für Armenier; BFH III R 87/03 BFH/NV 12, 1603, für Libanesin; FG BaWü EFG 13, 375, Rev XI R 18/12, für Kongolesin); notwendig ist Tätigkeit iSd **§ 7 SGB IV** (FG Mster EFG 10, 505, rkr), *(b)* lfd Geldleistungen nach dem SGB III (Arbeitsförderung) bezieht (BFH III R 62/09 BStBl II 12, 732) oder *(c)* Elternzeit in Anspruch nimmt (BFH III S 23/07 BFH/ NV 07, 2290: verfrechtl noch zu prüfen); berechtigte Erwerbstätigkeit auch bei einfacher nichtselbständiger Tätigkeit (FG Nds EFG 07, 1787, rkr). II Nr 3 dürfte mit BVerfG 1 BvL 2/10 ua BGBl I 12, 1898 vereinbar sein (s *Öndül* jurisPR-SozR 22/12 Anm 2). – Die bloße **Duldung** genügt nicht (BVerfG 2 BvR 1957/08 HFR 10, 292; BFH III B 119/12 BFH/NV 13, 1417; BFH III B 88/13 BFH/NV 14, 517; weitere Fälle s Rz 15), auch nicht Grenzübertrittsbescheinigung (BFH III B 152/08 BFH/NV 09, 1811). Ausschluss wegen Sperrfrist gem § 144 I Nr 1, III SGB III nach Kündigung (BFH III R 14/08 BStBl II 12, 737).

f) Einzelfälle. – ***(1)* KiGeld bejaht.** bei Aufenthaltsbefugnis nach § 32 AuslG 15
(FG Ddorf EFG 07, 1615, rkr: ähnl zu § 23 I AufenthG); bei Erwerb eines eigenständigen Aufenthaltsrechts (FG Mster EFG 07, 1093, rkr); im Wege verfassungskonformer Auslegung auch nach einjährigem Aufenthalt und Abschiebungshindernis (FG Nds EFG 06, 751, rkr; ähnl FG Mster EFG 07, 1702, rkr). – ***(2)* KiGeld verneint.** Kein KiGeld bei sog Kontingentflüchtlingen mit Einreisevermerk aus Art 24, 25 Genfer Konvention (BFH III R 90/03 BStBl II 09, 908); bei Staatenlosen nicht nach Steuerübereinkommen, nur unter den Voraussetzungen des § 62 II 1 (vgl BFH III R 60/99 BStBl II 09, 911); für Zeit des unrechtmäßigen Besitzes eines dt Passes (BFH III R 93/06 BFH/NV 09, 749). Visum nach § 81 IV AufenthG reicht nicht (FG Hbg EFG 14, 1597, rkr). – Kein KiGeld für türkischen Lehrer (FG Mster 10 K 175/13 Kg; § 63 Rz 4); ältere Fälle s 34. Aufl. – ***(3)* Entsendung.** Die frühere Rspr (BFH III R 51/08 BFH/NV 12, 1765; BFH III R 52/08 BStBl II 13, 623: „entweder-oder" nach Maßgabe der Entsendungsvoraussetzungen) dürfte überholt sein; ein inl KiGeldAnspruch wird nicht dadurch ausgeschlossen, dass Polen als Wohnsitzstaat im Hinblick auf die Gewährung von Familienleistungen nach der VO 1408/71 der an sich zuständige Mitgliedstaat ist (BFH XI R 55/10 BFH/NV 15, 172).

16 **6. Ausländische Organisationen.** Für Personen, die ausl Organisationen (NATO; diplomatische Missionen, konsularische Vertretungen, internationale Organisationen) angehören, gelten die allg Grundsätze; sie können im Einzelfall (ggf nach Wiener Übereinkommen und VO 1408/71) von der KiGeld-Berechtigung ausgeschlossen sein (vgl A 4, 5 DA-KiGeld 2015; FG Hess EFG 02, 1313; FG Nds EFG 03, 868, rkr, FG Köln EFG 09, 939, Rev III R 12/09). – Hauspersonal einer Botschaft mit „gelbem Ausweis" ist KiGeld-berechtigt (BFH III R 55/02 BStBl II 08, 758; BFH III R 81/03 BFH/NV 08, 196).

17 **7. Rückforderung.** Die Rückforderung von KiGeld richtet sich nur nach der AO (BFH III B 187/08 BFH/NV 10, 645); ferner § 64 Rz 5; § 68 Rz 1; § 70 Rz 9; § 74 Rz 3, 7).

§ 63 Kinder

(1) [1] **Als Kinder werden berücksichtigt**

1. Kinder im Sinne des § 32 Absatz 1,

2. vom Berechtigten in seinen Haushalt aufgenommene Kinder seines Ehegatten,

3. vom Berechtigten in seinen Haushalt aufgenommene Enkel.

[2] **§ 32 Absatz 3 bis 5 gilt entsprechend.** [3] **Voraussetzung für die Berücksichtigung ist die Identifizierung des Kindes durch die an dieses Kind vergebene Identifikationsnummer (§ 139b der Abgabenordnung).** [4] **Ist das Kind nicht nach einem Steuergesetz steuerpflichtig (§ 139a Absatz 2 der Abgabenordnung), ist es in anderer geeigneter Weise zu identifizieren.** [5] **Die nachträgliche Identifizierung oder nachträgliche Vergabe der Identifikationsnummer wirkt auf Monate zurück, in denen die Voraussetzungen der Sätze 1 bis 4 vorliegen.** [6] **Kinder, die weder einen Wohnsitz noch ihren gewöhnlichen Aufenthalt im Inland, in einem Mitgliedstaat der Europäischen Union oder in einem Staat, auf den das Abkommen über den Europäischen Wirtschaftsraum Anwendung findet, haben, werden nicht berücksichtigt, es sei denn, sie leben im Haushalt eines Berechtigten im Sinne des § 62 Absatz 1 Satz 1 Nummer 2 Buchstabe a.** [7] **Kinder im Sinne von § 2 Absatz 4 Satz 2 des Bundeskindergeldgesetzes werden nicht berücksichtigt.**

(2) **Die Bundesregierung wird ermächtigt, durch Rechtsverordnung, die nicht der Zustimmung des Bundesrates bedarf, zu bestimmen, dass einem Berechtigten, der im Inland erwerbstätig ist oder sonst seine hauptsächlichen Einkünfte erzielt, für seine in Absatz 1 Satz 3 erster Halbsatz bezeichneten Kinder Kindergeld ganz oder teilweise zu leisten ist, soweit dies mit Rücksicht auf die durchschnittlichen Lebenshaltungskosten für Kinder in deren Wohnsitzstaat und auf die dort gewährten dem Kindergeld vergleichbaren Leistungen geboten ist.**

Einkommensteuer-Richtlinien/Verwaltungsschreiben: EStH 63; A 6 – A 21 DA-KiGeld 2015

Übersicht

1 **1. Zu berücksichtigende Kinder. § 63 I** regelt, für welche Kinder der Berechtigte (§ 62 I) KiGeld erhalten kann. Der **weite Kindbegriff** bewirkt, dass dasselbe Kind im Verhältnis zu mehreren Personen Zählkind (im Unterschied zum

Zahlkind) sein kann; die Zählkindeigenschaft (vom Monat der Geburt an; FG Hess EFG 99, 781) ist eine notwendige, aber nicht hinreichende Bedingung für die Auszahlung des KiGeldes (vgl § 64 II, III; § 65; § 64 Rz 1); sie führt iÜ zur Erhöhung des Anspruchs für jüngere Zahlkinder (§ 66 Rz 1). § 63 I 4 stellt sicher, dass Ansprüche nach dem EStG bei Bezug von KiGeld nach § 2 IV 2 BKGG ausgeschlossen sind. Das Kind muss durch seine IdNr oder ggf in anderer Weise (zB durch Ausweisdokumente, ausl Urkunden oder die Angabe eines ausl Personenkennzeichens) identifiziert werden können (§ 63 I 3–5; BR-Drs 394/14, 25; *BZSt* BStBl I 16, 12 mit Beispielen: § 62 Rz 1). Die nachträgl Identifizierung wirkt zurück (§ 63 I 5). Zur **Anwendung ab 1.1.16** s iEnz § 52 Abs 49a.

2. Kinder iSd § 63 I. Das sind die **leibl Kinder** und die Pflegekinder (§ 32 I Nr 1, 2; A 9, A 10 DA-KiGeld 2015; *HHR* Anm 5f), die im Haushalt aufgenommenen Kinder des Ehegatten (§ 63 I Nr 2), die im Haushalt aufgenommenen Enkel (§ 63 I Nr 3); keine Pflegekindschaftsverhältnis besteht bei fortbestehendem Kontakt zur leibl Mutter (FG Mster EFG 07, 1180, rkr). Die gleichgeschlechtl LPart ist keine Ehe (BFH VIII R 61/04 BFH/NV 05, 695; BFH III B 153/05 BFH/NV 06, 1644), aber Anerkennung nach § 2 VIII (BFH VI R 76/12 BStBl II 14, 36); zivilrechtl Wirksamkeit ist notwendig (BFH III R 85/03 BFH/NV 07, 1855). Vermisste Kinder werden bis zum 18 Lebensjahr berücksichtigt (A 6 IV DA-KiGeld 2015). Geschwister können – wie schon bisher im Steuerrecht – nur noch dann berücksichtigt werden, wenn sie zugleich Pflegekinder sind. 2

a) Alter. Altersmäßig werden Kinder vom Monat der Geburt an bis zu dem Monat berücksichtigt, in dem das **18. Lebensjahr** noch nicht vollendet ist (Monatsprinzip; § 63 I 2 iVm § 32 III; BT-Drs 13/1558, 161; BFH XI R 7/12 BStBl II 14, 37; § 32 Rz 20). Unter den Voraussetzungen des § 63 I 2 iVm **§ 32 IV, V** können Kinder über die Vollendung des 18. Lebensjahres hinaus berücksichtigt werden (dazu iEinz **§ 32 Rz 21 ff, 68 ff;** *HHR* Anm 12f; A 13 – A 20 DA-KiGeld 2015). 3

b) Aufenthaltsort. Grds werden nur Kinder, die im Inl, in der EU oder in einem EWR-Staat leben (**§ 63 I 6;** EStH 63; BFH III R 73/07 BFH/NV 10, 1429; A 21 DA-KiGeld 2015; *HHR* Anm 17f), berücksichtigt (sog **doppeltes Wohnsitzprinzip:** der Anspruchsberechtigte [§ 62 I] und das Kind [§ 63 I 6]); die Regelung ist verfgemäß (BFH III B 24/13 BFH/NV 13, 1568 mwN; FG Mchn IStR 15, 179, rkr; *KSM* § 63 Rz C 1; krit *Greite* FR 02, 1084). Kinder, die im EU-Ausl leben, sind Kindern mit inl Wohnsitz gleichgestellt (FG Mster EFG 13, 1680, Rev V R 35/13). Ggf ist aber Kinderfreibetrag zu gewähren (§ 32 Rz 76, 57). Kinder teilen den Wohnsitz der Eltern, solange sie sich noch nicht vom Elternhaus getrennt haben (FG Ddorf EFG 99, 716). Daher zB kein KiGeld bei Wohnsitz in USA (FG Ddorf EFG 98, 1015), in Japan (FG Ddorf EFG 98, 1069). – **Ausnahmen** (A 21.2 DA-KiGeld 2015): *(1)* Kinder, die im Haushalt eines erweitert unbeschr Stpfl (§ 1 II) leben, *(2)* ggf aufgrund von Sozialabkommen (s § 62 Rz 9; *Korn/Greite* § 63 Rz 18), nicht bei kroatischem Sozialabkommen (BFH V B 36/13 BFH/NV 14, 680). – Keine Ausnahme bei § 1 III (FG BaWü EFG 14, 852, rkr). – Wohnsitz und gewöhnl Aufenthalt (§§ 8, 9 AO; § 62 Rz 6) sollen rein tatsächl zu bestimmen sein (FG Nds EFG 98, 377). Der Wohnsitz ist im Heimatland, wenn der Inlandsaufenthalt (wegen fehlender Mittel) unterbleibt (FG Köln EFG 07, 1174, rkr) oder wenn nur Ferienbesuch im Inl (BFH VI R 165/99 BStBl 01, 279; FG Mchn EFG 07, 857, rkr); er bleibt aber im Inl bei begrenztem Ausbildungsaufenthalt im Heimatland (FG Nds EFG 01, 514; Rz 7). Bei (neuer) dt Staatsangehörigkeit (auch) kein § 62-KiGeld (für in Türkei lebende Kinder) nach Sozial- oder Assoziierungsabkommen, nur AbkommensKiGeld (BFH III B 103/12 BFH/NV 13, 552; BFH III B 24/13 BFH/NV 13, 1568; s auch FG Nds 1 K 102/13, Rev V R 13/15). – Die territoriale Anknüpfung nach § 63 I 6 ist irrelevant für die Freibeträge nach § 32 VI (*Dürr* jurisPR-StR 7/15 Anm 2) 4

5 **3. Stiefkinder und Enkel, § 63 I Nr 2, Nr 3. – a) Haushaltsaufnahme.** Stiefkinder und Enkel sind nur dann (als Zahl- oder Zählkind) zu berücksichtigen, wenn sie der Berechtigte (auch LPart; s § 2 VIII) in seinen Haushalt aufgenommen hat (**§ 63 I Nr 2, 3;** BFH V R 41/11 BStBl II 14, 34); auch der mehrmonatige Aufenthalt eines Enkels kann noch Besuchscharakter haben (BFH VI B 13/12 BFH/NV 12, 1599). – Eine Haushaltsaufnahme liegt vor, wenn das (auch volljährige; BFH III B 69/07 BFH/NV 08, 948) Kind bewusst in die Obhut der Familiengemeinschaft mit einem auf längere Dauer gerichteten Betreuungs- und Erziehungsverhältnis familienhafter Art aufgenommen wird (Lebensmittelpunkt; BFH V R 41/11 BStBl II 14, 34); das Sorgerecht ist nicht entscheidend (BFH III B 192/10 BFH/NV 11, 2043; A 8 DA-KiGeld 2015); ein bloßes Dulden des Mitlebens reicht nicht aus, wohl aber ein Aufenthalt von mehr als 3 Monaten bei offener Rückkehr (BFH V B 130/11 BFH/NV 12, 1137). Obj Beweislast bei Antragsteller (FG Mchn EFG 14, 216, rkr). – Der Widerspruch der Sorgeberechtigten ist unerhebl (FG Nds EFG 00, 796 rkr). Auch bei widerrechtl Entziehung des Kindes ist maßgebl, ob eine Rückkehr wahrscheinl ist, zB bei konkretem Rückführungsanspruch (FG Ddorf EFG 05, 124, rkr) oder bei Gegenwehr (FG RhPf EFG 05, 1546, rkr); es besteht eine Übergangszeit von 6 Monaten (BFH VIII R 86/00 BFH/NV 03, 464); aus Besuchs- kann Daueraufenthalt werden (FG Mster EFG 04, 1226, rkr). Bei *mehrfacher Haushaltsaufnahme* (zB bei getrennt lebenden Eltern) ist auf die überwiegende Betreuung und auf den Lebensmittelpunkt abzustellen oder – besser – § 64 II 2–4 entspr anzuwenden (so wohl auch BFH V R 41/11 BStBl II 14, 34).

6 **b) Voraussetzungen.** Die Haushaltsaufnahme, die materielle, immaterielle und örtl Elemente umfasst, bedingt den Unterhalt und die Versorgung des Kindes; eine wesentl Unterhaltsgewährung ist nicht erforderl (vgl § 32 I Nr 2; BSGE 39, 207). Der Berechtigte muss dem Kind seine Fürsorge durch Erziehung, Beaufsichtigung und Pflege zukommen lassen.

7 **c) Lebensmittelpunkt.** Der Haushalt muss den örtl Mittelpunkt der Lebensinteressen bilden (iEinz FG BaWü EFG 99, 564; 1039 für Student mit auswärtigem Wohnsitz). Das Kind muss jedoch nicht ständig in dessen Haushalt leben. Eine vorübergehende anderweitige Unterbringung des Kindes (zB bei den Großeltern; dazu FG Mster EFG 10, 1796, rkr) ändert an der Haushaltsaufnahme dann nichts, wenn der Zusammenhang mit dem Haushalt nicht unterbrochen wird (zB iRd Schul- oder Berufsausbildung oder beim vorübergehenden Aufenthalt in einer Erziehungsanstalt; vgl FG Köln EFG 02, 1181, rkr; *KSM* § 63 Rz C 9). Anders verhält es sich zB bei einer dauernden Heimunterbringung oder Fürsorgeerziehung auf Kosten Dritter. – Wiederholte Inhaftierung ist schädl (FG SachsAnh EFG 08, 1393, rkr), nicht aber kurzfristige (FG RhPf EFG 13, 868).

9 **d) Haushalt des Antragstellers.** Auf die Eigentums- und Besitzverhältnisse an der Wohnung oder dem Hausrat oder auf die Kostentragung kommt es nicht entscheidend an (BFH VI B 236/97 BFH/NV 99, 177). In Abweichung zu der zu § 2 BKGG aF ergangenen Rspr (zB BSGE 30, 28) kann ein gemeinsamer Haushalt (zB von den Großeltern und einem Elternteil) genügen (vgl § 64 II 2, 5).

10 **e) Beendigung.** Bei **Ehescheidung** und Auflösung des gemeinsamen Haushalts der Stiefeltern hat der Stiefelternteil, der keinen eigenen Haushalt mehr hat, in den das Kind aufgenommen wird, keinen Anspruch mehr auf KiGeld; bei Trennung von „Tisch und Bett" besteht mE weiterhin ein Haushalt (iErg ähnl FG Köln EFG 02, 1183 mit Anm *Siegers*). Trennt sich die Mutter vom Stiefvater, ist eine Aufnahme in dessen Haushalt nicht mehr gegeben (FG BaWü EFG 00, 795, rkr).

11 **f) Haushaltswechsel.** Die Festsetzung des KiGeldes ist auf den Zeitpunkt der Veränderung aufzuheben (§ 64 Rz 4) und das KiGeld – ggf unter Berücksichti-

gung des Zählkindervorteils – zurückzufordern (BFH VI B 256/00 BFH/NV 01, 1117; § 64 Rz 4; § 70 Rz 6).

4. VO-Ermächtigung, § 63 II. Abs 2 enthält eine an die BReg gerichtete (und noch nicht genutzte) VO-Ermächtigung in Bezug auf die Berücksichtigung von im Ausl lebenden Kindern (dazu BT-Drs 7/2032, 9; Rz 4). 12

§ 64 Zusammentreffen mehrerer Ansprüche

(1) **Für jedes Kind wird nur einem Berechtigten Kindergeld gezahlt.**

(2) [1] **Bei mehreren Berechtigten wird das Kindergeld demjenigen gezahlt, der das Kind in seinen Haushalt aufgenommen hat.** [2] **Ist ein Kind in den gemeinsamen Haushalt von Eltern, einem Elternteil und dessen Ehegatten, Pflegeeltern oder Großeltern aufgenommen worden, so bestimmen diese untereinander den Berechtigten.** [3] **Wird eine Bestimmung nicht getroffen, so bestimmt das Familiengericht auf Antrag den Berechtigten.** [4] **Den Antrag kann stellen, wer ein berechtigtes Interesse an der Zahlung des Kindergeldes hat.** [5] **Lebt ein Kind im gemeinsamen Haushalt von Eltern und Großeltern, so wird das Kindergeld vorrangig einem Elternteil gezahlt; es wird an einen Großelternteil gezahlt, wenn der Elternteil gegenüber der zuständigen Stelle auf seinen Vorrang schriftlich verzichtet hat.**

(3) [1] **Ist das Kind nicht in den Haushalt eines Berechtigten aufgenommen, so erhält das Kindergeld derjenige, der dem Kind eine Unterhaltsrente zahlt.** [2] **Zahlen mehrere Berechtigte dem Kind Unterhaltsrenten, so erhält das Kindergeld derjenige, der dem Kind die höchste Unterhaltsrente zahlt.** [3] **Werden gleich hohe Unterhaltsrenten gezahlt oder zahlt keiner der Berechtigten dem Kind Unterhalt, so bestimmen die Berechtigten untereinander, wer das Kindergeld erhalten soll.** [4] **Wird eine Bestimmung nicht getroffen, so gilt Absatz 2 Satz 3 und 4 entsprechend.**

Einkommensteuer-Richtlinien / Verwaltungsschreiben: EStH 64; A 22 – A 25 DA-KiGeld 2015

Übersicht

1 **1. Verbot der Doppelleistung, § 64 I.** Für jedes Kind wird nur einer Person KiGeld gewährt (**Zahlkind;** § 3 BKGG aF; BT-Drs 13/1558, 161; keine Aufteilung); das verstößt nicht gegen Verfassungs- oder Gemeinschaftsrecht (BFH III B 31/10 BFH/NV 11, 1350; BFH XI S 25/11 BFH/NV 12, 1133). § 64 I schließt nicht aus, dass ein Kind bei nachrangig Berechtigten Zählkind (§ 63 Rz 1) ist.

2 **2. Mehrere Berechtigte, § 64 II 1. – a) Obhutsprinzip.** Bei mehreren Berechtigten ist die **Haushaltsaufnahme** (§ 63 Rz 5f) Anspruchsvoraussetzung und Konkurrenzlösung (Obhutsprinzip; zur VerfMäßigkeit BFH VIII R 60/99 BFH/NV 04, 320; BFH VIII B 76/04 BFH/NV 05, 337; BFH VIII R 106/03 BStBl II 08, 762); der Aufnehmende trägt den Hauptteil der kindbezogenen Belastungen. Der Wechsel im lfd Monat ist im Folgemonat zu berücksichtigen (FG Mster EFG 12, 1561, rkr). Das gilt auch für Pflegeeltern bei einzelnen Kontakten zu leibl Eltern (FG Mchn EFG 12, 851, rkr). Mehrere Berechtigte sind zB getrennt lebende Eltern (BFH VI B 259/98 BFH/NV 99, 1331; das gilt auch bei Entfernung aus dem Haushalt gegen den Willen der leibl Mutter, FG Mchn EFG 98, 1656); zweifelhaft bei vorübergehender Unterkunft in der Wohnung der Großeltern (BFH VI

B 175/00 BFH/NV 01, 1253). Auf die konkrete Antragstellung des vorrangig Berechtigten kommt es nicht an (FG Brem EFG 00, 879, rkr). Eine Aufteilung des KiGeldes ist nicht zul (BFH VIII R 106/03 BStBl II 08, 762). Bei gleichwertiger Aufnahme in getrennten Haushalten ist die Berechtigtenbestimmung maßgebl (BFH V R 41/11 BStBl II 14, 34). Es besteht ein Vorrang des im EU-Ausl lebenden (Groß-)Elternteils (FG Brem EFG 12, 143, rkr; FG BaWü EFG 13, 711, Rev III R 57/12; ausgesetzt wegen EuGH C-378/14 DStRE 15, 1501; aA FG RhPf EFG 11, 1323, rkr). – Eine vormalige Berechtigtenbestimmung wird mit der Auflösung des vormals gemeinsamen Haushalts gegenstandslos (BFH V B 31/13 BFH/NV 14, 522).

3 **b) Familienbetrachtung in KiGeldFällen mit Auslandsbezug.** Bejaht wird die KiGeldBerechtigung eines in Deutschland lebenden Elternteils, wenn das Kind im EU-Ausl-Haushalt des anderen Teils (oder der Großeltern) aufgenommen ist (FG Köln EFG 14, 1801, Rev V R 31/14, mit Anm *Bauhaus* ; zu zahlreichen weiteren Rev s 33. Aufl; s auch § 62 Rz 8, § 65 Rz 6). § 64 II 1 verlangt, dass zwei inl KiGeldAnsprüche konkurrieren (FG Mster EFG 14, 1694, Rev VI R 48/14).

4 **3. Gemeinsamer Haushalt, § 64 II 2. – a) Bestimmungsrecht.** Bei einem gemeinsamen Haushalt (§ 63 Rz 6) mehrerer Berechtigter können diese den Empfänger durch (formfreie empfangsbedürftige rechtsgestaltende) Willenserklärung ggü der Familienkasse bestimmen (BFH V R 41/11 BStBl II 14, 34; *KSM* § 64 Rz C 21; A 23.1 II DA-KiGeld 2015 verlangt Unterschrift); anderenfalls Entscheidung durch das Familiengericht (Amtsgericht, § 35 FGG), aber grds Vorrang der Eltern ggü den Großeltern (II 3–5; schriftl Verzicht mögl); gemeinsamer Haushalt trotz familienrechtl Trennung mögl (FG RhPf EFG 00, 631). Änderung ist mögl, solange noch kein KiGeld festsetzt ist (BFH III R 42/10 BStBl II 13, 21). – Bei Heimaufenthalt eines Kindes bleibt Zugehörigkeit zum Haushalt der Eltern erhalten, wenn die Betreuung im Haushalt einen zeitl bedeutsamen Umfang hat (BFH VIII R 91/98 BFH/NV 04, 324). Bei Wechsel der Haushaltszugehörigkeit gilt Entsprechendes (*Korn/Greite* § 64 Rz 14), ggf Umstände des Einzelfalls maßgebl (FG Köln EFG 10, 337, rkr). Änderungen im Laufe eines Monats sind vom Beginn des Folgemonats an zu berücksichtigen (§ 66 II; BFH VIII R 76/99 BFH/NV 04, 933). In Trennungsfällen kann ein gemeinsamer Haushalt noch mögl sein (FG Ddorf DStRE 01, 1034; FG SchlHol EFG 02, 337, rkr); erst die Beendigung der Haushaltszugehörigkeit führt zum Anspruchsverlust des ausziehenden Elternteils (FG Hess EFG 00, 2). Kein Obhutsverhältnis nach widerrechtl Kindesentziehung (FG Ddorf DStRE 04, 1459; ähnl FG BaWü EFG 07, 778, rkr). Die obj Beweislast trägt der KiGeldBerechtigte (BFH V S 10/12 BFH/NV 12, 1774).

5 **b) Wechsel der Obhutsverhältnisse.** In diesem Fall ist das KiGeld rückwirkend zurückzufordern (BFH VI B 271/00 BFH/NV 01, 1254; zur **Rückforderung** ferner BFH VIII R 64/00 BFH/NV 02, 1425 (bei Mitwirkungspflichtverletzung); § 70 Rz 6, 8.

Hinweis: Der Erstattungsanspruch der Familienkasse wird nicht durch eine zivilrechtl Unterhaltsregelung zw den Eltern berührt (BFH VI B 93/99 BFH/NV 01, 33), auch nicht durch bisherige BSHG-Anrechnung (BFH III R 54/05 BFH/NV 07, 1298). Der Rückforderung kann aber die sog (förml) **Weiterleitung an den Berechtigten** entgegenstehen (BFH III B 94/09 BFH/NV 10, 2062); Bescheinigung des Berechtigten erforderl, „faktische Weiterleitung" reicht nicht (BFH III S 68/08 BFH/NV 10, 874). – Vor Verzicht auf die Rückforderung (im Billigkeitsweg; BFH III B 41/14 BFH/NV 15, 658) kann die Familienkasse eine Erklärung des vorrangig Berechtigten verlangen, dass er das KiGeld durch Weiterleitung erlangt hat und seinen Anspruch als erfüllt ansieht (BFH III B 192/10 BFH/NV 11, 2043). Die Abhebung von Geld durch den Berechtigten von einem Konto, auf das KiGeld gezahlt wurde, ist keine Weiterleitung (BFH VI B 308/00 BFH/NV 01, 1387). Der Nachweis der Weiterleitung obliegt dem, der sich darauf beruft (FG Nds EFG 03, 471, rkr). IÜ ist es nicht Sache der Familienkasse, im sog Weiterleitungsverfahren Vereinbarungen und Zahlungen zu prüfen

(BFH VIII B 172/01, BFHNV 03, 306). Die Weiterleitungsbestätigung ist nicht widerrufl (FG Mchn EFG 06, 790, rkr).

c) Widerruf der Bestimmung. Die einvernehml Bestimmung kann widerrufen werden (*KSM* § 64 Rz C 24), bei bestandskräftiger Festsetzung nicht rückwirkend (FG Mchn EFG 07, 423, rkr). 6

4. Bestimmung durch das Familiengericht, § 64 II 3, 4; III 4. Ggf muss das Familiengericht entscheiden (Vorrangbestimmungsverfahren; A 23.1 V, VI DA-KiGeld 2015); grds bindet die Entscheidung des Gerichts die Familienkasse (nicht bei Verstoß gegen die Verfahrensgrundordnung; BFH III R 3/13 BStBl II 14, 576) für die Zukunft (FG BaWü EFG 09, 350, rkr). Die Entscheidung wird gegenstandslos, wenn sich die Grundlagen verändern, zB die Anspruchsberechtigung nachträgl entfällt. Die Familienkasse hat mitzuwirken (BFH III R 3/13 BStBl II 14, 576). Zum Verfahren vgl FG RhPf DStRE 01, 134 rkr; A 24 III DA-KiGeld 2015; *KSM* § 64 Rz D 9 ff. 7

5. Keine Haushaltsaufnahme, § 64 III. Ist das Kind nicht im Haushalt eines Berechtigten aufgenommen, erhält das KiGeld der, der eine (ggf die höhere) Unterhaltsrente (regelmäßige Geldleistungen; lfd Barunterhalt; BFH VIII B 253/04 BFH/NV 05, 346; BFH III B 107/05 BFH/NV 06, 549) zahlt (Vorrang der Haushaltsaufnahme vor der Unterhaltsgewährung; BFH III B 25/11 BFH/NV 12, 571; *HHR* Anm 15; A 24 DA-KiGeld 2015. Zur Berechnung s FG Köln EFG 01, 297, rkr), nach BFH III R 66/04 BStBl II 06, 184 ohne KiGeld (krit *Greite* FR 05, 1260). Werden gleich hohe Unterhaltsrenten gezahlt oder zahlt keiner der Berechtigten dem Kind Unterhalt, können die Berechtigten untereinander bestimmen, wer das KiGeld erhalten soll. – Nachzahlungen sollen keine Unterhaltsrente sein (FG Nds EFG 14, 147, Rev III R 57/13, m Anm *Bauhaus*). 8

§ 65 Andere Leistungen für Kinder

(1) [1]**Kindergeld wird nicht für ein Kind gezahlt, für das eine der folgenden Leistungen zu zahlen ist oder bei entsprechender Antragstellung zu zahlen wäre:**

1. Kinderzulagen aus der gesetzlichen Unfallversicherung oder Kinderzuschüsse aus den gesetzlichen Rentenversicherungen,
2. Leistungen für Kinder, die im Ausland gewährt werden und dem Kindergeld oder einer der unter Nummer 1 genannten Leistungen vergleichbar sind,
3. Leistungen für Kinder, die von einer zwischen- oder überstaatlichen Einrichtung gewährt werden und dem Kindergeld vergleichbar sind.

[2]**Soweit es für die Anwendung von Vorschriften dieses Gesetzes auf den Erhalt von Kindergeld ankommt, stehen die Leistungen nach Satz 1 dem Kindergeld gleich.** [3]**Steht ein Berechtigter in einem Versicherungspflichtverhältnis zur Bundesagentur für Arbeit nach § 24 des Dritten Buches Sozialgesetzbuch oder ist er versicherungsfrei nach § 28 Absatz 1 Nummer 1 des Dritten Buches Sozialgesetzbuch oder steht er im Inland in einem öffentlich-rechtlichen Dienst- oder Amtsverhältnis, so wird sein Anspruch auf Kindergeld für ein Kind nicht nach Satz 1 Nummer 3 mit Rücksicht darauf ausgeschlossen, dass sein Ehegatte als Beamter, Ruhestandsbeamter oder sonstiger Bediensteter der Europäischen Union für das Kind Anspruch auf Kinderzulage hat.**

(2) **Ist in den Fällen des Absatzes 1 Satz 1 Nummer 1 der Bruttobetrag der anderen Leistung niedriger als das Kindergeld nach § 66, wird Kindergeld in Höhe des Unterschiedsbetrags gezahlt, wenn er mindestens 5 Euro beträgt.**

Einkommensteuer-Richtlinien / Verwaltungsschreiben: EStH 65 – A 26, A 27 DA-KiGeld 2015

Übersicht

1 **1. Ausschluss von KiGeld.** § 65 I regelt die Anspruchskonkurrenz von KiGeld zu kindergeldähnl Leistungen (**Kumulationsverbot; Vermeidung kindbezogener Doppelleistungen;** *Blümich/Treiber* § 65 Rz 4). Werden für ein Kind die abschließend aufgezählten Leistungen nach § 65 I 1 Nr 1–3 gewährt, ist der Anspruch auf KiGeld ausgeschlossen (**Subsidiarität** des Familienleistungsausgleichs; zB FG Hess EFG 07, 1527, rkr); die materiellrechtl Richtigkeit ist irrelevant (BFH VI R 18/99 BStBl II 02, 81); kein Ausschluss zB bei Waisenrente, bei nicht staatl Leistungen, beim Familienzuschlag der Beamten (*KSM* § 65 Rz B 53f). Der Ausschluss wirkt nicht nur ggü derjenigen Person, der die Leistung selbst zusteht, sondern auch ggü anderen Personen, zu denen das Kind in einem Kindschaftsverhältnis nach § 63 I steht (BFH III R 56/08 BFH/NV 12, 395; FG Mster EFG 12, 140, rkr); die Zählkindeigenschaft bleibt unberührt. Beim Anspruchsausschluss kommt es nicht darauf an, ob die andere Leistung tatsächl gezahlt worden ist (§ 65 I 1: … ist … oder zu zahlen wäre …), sondern nur darauf, ob der Rechtsanspruch auf die andere Leistung besteht und dieser in zumutbarer Weise auch realisiert werden kann.

2 **2. Kein KiGeld bei Kinderzulagen/-zuschüssen, § 65 I 1 Nr 1.** Die Regelung über Kinderzulagen aus der gesetzl Unfallversicherung oder Kinderzuschüsse aus den gesetzl RV betrifft nur noch die Kinderzulagen bzw Kinderzuschüsse, die auf Grund der vor dem 1.1.1984 herrschenden Rechtslage begründet worden sind (Einzelheiten s 32. Aufl; *Blümich/Treiber* § 65 Rz 15). Seit 1.1.1984 wird bei Neurenten keine Kinderzulage bzw kein Kinderzuschuss mehr geleistet.

3 **3. Vorrang ausl Leistungen, § 65 I 1 Nr 2. – a) Grundsatz.** Die Regelung bezweckt – ebenso wie Art 76 II VO (EWG) 1408/71 – eine **„Antikumulierung"** (BFH III R 87/09 BStBl II 13, 1030; FG Köln EFG 13, 801, rkr; § 62 Rz 8). Der Anspruch auf Familienleistungen ruht, wenn im Wohnmitgliedstaat kein Antrag gestellt wurde (BFH 5.2.15 III R 40/09 DStRE 15, 731, im Anschluss an EuGH C-4/13). Art 68 I der VO 883/2004 regelt die Prioritäten bei Zusammentreffen von Ansprüchen.

4 **b) Vergleichbarkeit.** Die ausl Leistungen müssen dem KiGeld oder den Kinderzulagen aus der gesetzl Unfallversicherung bzw den Kinderzuschüssen aus den gesetzl RV (nur) vergleichbar sein (BFH III R 97/08 BStBl II 13, 24; Aufstellung vergleichbarer Leistungen in *BMF* BStBl I 14, 768).

5 **c) Prioritätsregel.** Bei Anspruch auf ausl Leistungen besteht kein Anspruch auf dt KiGeld; das folgt auch bereits aus dem sog doppelten Wohnsitzprinzip (§ 63 Rz 4). § 65 II ist nicht entspr (auf § 65 I 1 Nr 2, 3) anzuwenden (BFH III R 51/09 BFH/NV 13, 1973; FG Köln EFG 12, 1077, rkr; zu US-child-benefit BFH VIII R 104/01 BFH/NV 05, 341; zu engl child benefit FG Saarl EFG 14, 1211, rkr). Das gilt auch, wenn der Anspruchsteller wegen Nichtversicherung in einem SozVers-System nicht von der VO (EWG) Nr. 1408/71 erfasst wird (BFH III R 1/13 DStRE 15, 338).

6 **d) Keine Geltung für EU- und EWR-Staaten; aber Anrechnung.** § 65 I 1 Nr 2 gilt nicht für EU- und EWR-Staaten (EuGH C-352/06 HFR 08, 877 *„Bosmann"; EuGH C-611/10* DStRE 12, 999 *„Hudzinski";* FG Hbg EFG 13, 1056, rkr: Verdrängung; *HHR* Anm 9, 10). Auf einen inl KiGeldAnspruch (FG Ddorf EFG 14, 53, rkr; *Blümich/Treiber* § 65 Rz 7, 41f) ist die EU-/EWR-Leistung anzurechnen (BFH III R 17/11 BFH/NV 14, 306; BFH III R 54/11 BFH/NV 15, 477; BFH III R 40/09 DStRE 15, 731; weitere Verfahren wegen

EuGH C-378/14 DStRE 15, 1501 ausgesetzt (zB V R 35/13 VI R 67/13), so dass im Ergebnis nur ein **Differenz-KiGeld** gezahlt wird; eine doppelte Leistung ist (natürl) ausgeschlossen. Die einzelnen Konstellationen sind von dem Beschäftigungsstatus der Kindseltern und dem Wohnstaat des Kindes abhängig (*Wd* DStRE 14, 211; zur Berechnung sind zahlreiche Rev anhängig). – Die ausl Leistungen sind in Euro umzurechnen (zum amtl **Wechselkurs** am Zahlungstag; EuGH C-250/13, juris).

Bei der Berechnung des Differenzbetrags sind nur gleichartige Familienleistungen zu berücksichtigen (EuGH C-347/12 StE 14, 306); die **Antikumulierung** war bisher in den VO 1408/71 (Leistungen wegen Erwerbstätigkeit; dazu BFH III R 39/13 DStRE 16, 17) und VO 574/12 (Leistungen wegen Wohnsitzes) geregelt, nunmehr in VO 883/2004 und VO 987/2009 (EuGH C-347/12 StE 14, 306). Die Berechnung ist kindbezogen vorzunehmen (FG BaWü EFG 15, 997, Rev VI R 25/15).

Entsprechendes gilt mE für **Sozialabkommen** (§ 62 Rz 9; *Blümich/Treiber* § 65 Rz 9; *Korn/Greite* § 65 Rz 10, 16) und für EU-Freizügigkeitsabkommen mit Schweiz (FG Hbg EFG 13, 1056, rkr). – Die EU-Konkurrenzvorschriften sind nicht anzuwenden, wenn keiner der mögl Anspruchsberechtigten ArbN, Selbständiger, Studierender (bzw Familienangehöriger oder Hinterbliebener) ist (FG SachsAnh EFG 13, 1052, rkr, zu dt/französischem KiGeld).

e) Einzelfälle (zur Anrechnung). – Niederländisches KiGeld (BFH XI R 52/10 BFH/NV 14, 33; FG Ddorf EFG 15, 57, rkr); slowakisches KiGeld (FG Mchn EFG 13, 460, rkr); polnisches KiGeld (BFH III R 18/14 BFH/NV 15, 331; BFH III R 29/14 BFH/NV 15, 1083); österreichisches KiGeld (BFH III R 87/09 BStBl II 13, 1030; FG Mster EFG 14, 563, rkr); griechisches KiGeld (BFH III R 76/10 BStBl II 13, 1033); belgisches KiGeld (FG Mster EFG 13, 709, Rev III R 11/13, ausgesetzt); niederländisches KiGeld (BFH III R 71/11 BFH/NV 14, 24); polnisches KiGeld (BFH III R 52/11 BFH/NV 14, 851; zu den einzelnen Prüfkriterien BFH III R 6/14 BFH/NV 15, 1237). – **Differenz-KiGeld auch** gegeben, wenn beide Elternteile Schweizer Grenzgänger sind (BFH III R 32/11 BFH/NV 14, 217, unter Aufgabe bisheriger Rspr; *Selder* jurisPR-StR 6/14 Anm 3; *Wd* DStRE 14, 211); kein KiGeld bei in der Schweiz arbeitenden Drittstaatsangehörigen (FG BaWü EFG 11, 1266, rkr). – Ab 1.3.99 Abkommen Deutschland/Schweiz (*BfF* BStBl I 99, 452; A 27 II DA-KiGeld 2015; *Korn/Greite* § 65 Rz 15; *Helmke* § 65 Rz 17); zur Berechnung FG BaWü EFG 06, 54, rkr. – Schweizer Kinderrente ist nicht vergleichbar (FG Hbg EFG 13, 1056, rkr). 7

f) Verfahrensrecht. Das FG hat das maßgebende ausl Recht zu ermitteln (BFH III R 63/11 BStBl II 14, 711; BFH III R 4/13 BFH/NV 15, 845; BFH III R 6/14 BFH/NV 15, 1237; *Selder* jurisPR-StR 45/13Anm 5); der Kläger ist nicht zu dessen Darlegung verpflichtet (BFH III R 10/11 BStBl II 14, 706). – Für Anspruchsteller besteht eine erhöhte Mitwirkungspflicht (§ 90 II AO; FG Mster EFG 11, 552, rkr, für polnischen Selbständigen), ggf auch zur Antragstellung (*Blümich/Treiber* § 65 Rz 13, 50f). – Die Entscheidung der ausl Behörde ist grds zu beachten (BFH III R 55/08 BStBl II 13, 619; FG Mster EFG 12, 140, rkr; *Bauhaus* EFG 12, 142). Die Familienkasse ist nicht an die ESt-Feststellungen gebunden (BFH III R 9/09 BStBl II 14, 802). 8

4. Vorrang zwischen- oder überstaatl Einrichtungen, § 65 I 1 Nr 3. Kein KiGeld-Anspruch besteht bei vergleichbaren Leistungen für Kinder von einer zwischen- oder überstaatl Einrichtung (§ 65 I 1 Nr 3; A 26.4 II DA-KiGeld 2015; *Blümich/Treiber* § 65 Rz 26). Hierzu zählen etwa die *Kinderzulagen* nach Art 67 Abs 1b) des Statuts der Beamten der EG (nicht jedoch die Kinderzulagen zum Waisengeld nach Art 80 Abs 1, 2 des Statuts); die *Unterhaltsberechtigtenzulagen* nach Art 69 des Statuts der Beamten des Europäischen Patentamtes; die einem zivilen NATO-Angestellten auf Grund Art 29 der NATO-Sicherheits- und Personalvorschriften zustehenden *Beihilfen* für unterhaltsberechtigte Kinder (vgl ferner *KSM* § 65 Rz B 39), auch Zahlungen nach dem (das Familienbudget entlastenden) NL-TOG 2000 (BFH III R 36/05 BStBl II 09, 921), ebenso UN-Leistungen (FG Köln EFG 12, 1077, rkr). Nicht vergleichbar sind Rentenzahlungen aus der NATO-Gruppenversicherung (BFH VIII R 91/01 BFH/NV 02, 1431). 9

10 **5. Ergänzende Regelungen.** § 65 I 2 stellt die Leistungen nach S 1 dem KiGeld gleich, so dass sie auch im Rahmen anderer Vorschriften (zB §§ 31, 36 II 1; § 33 III 2) zu beachten sind. § 65 I 3 geht zurück auf EuGH v 7.5.87 (EuGH Slg 87, 2061/75), nach der die KiGeld-Zahlung für bestimmte Fallgruppen nicht mit Rücksicht auf die Familienzulagen ausgeschlossen werden darf, die Bedienstete der EG/EU erhalten (dazu FG Köln EFG 15, 1726, Rev XI R 16/15; *Blümich/Treiber* § 65 Rz 32).

11 **6. Teilkindergeld, § 65 II.** IHd Unterschiedsbetrages zu der anderen Leistung iSd § 65 I 1 Nr 1 wird TeilKiGeld gewährt, sofern der Bruttobetrag der anderen Leistung niedriger ist als das KiGeld nach § 66 (A 27 DA-KiGeld 2015) und der Unterschiedsbetrag mindestens 5 € beträgt (*Hillmoth* Inf 02, 424/7; *HHR* Anm 14). – Für die Berechnung des TeilKiGeld zu Kinderzulagen aus der gesetzl UV ist derjenige KiGeld-Satz heranzuziehen, der sich für das jeweilige Kind entspr seiner Ordnungszahl ergibt. Das Teil-KiGeld ist mE vom Differenz-KiGeld (Rz 6), das sich aus einer Einschränkung des § 65 I 1 Nr 2 ergibt, zu unterscheiden.

§ 66 Höhe des Kindergeldes, Zahlungszeitraum

(1) **Das Kindergeld beträgt monatlich für erste und zweite Kinder jeweils 190 Euro *[VZ 2015:* 188 Euro*]*, für dritte Kinder 196 Euro *[VZ 2015:* 194 Euro*]*, und für das vierte und jedes weitere Kind jeweils 221 Euro *[VZ 2015:* 219 Euro*]*.**

(2) **Das Kindergeld wird monatlich vom Beginn des Monats an gezahlt, in dem die Anspruchsvoraussetzungen erfüllt sind, bis zum Ende des Monats, in dem die Anspruchsvoraussetzungen wegfallen.**

Einkommensteuer-Richtlinien/Verwaltungsschreiben: EStH 66; A 28 – A 29 DA-KiGeld 2015

1 **1. Bemessung.** Die Höhe der KiGeld-Beträge bemisst sich nach der **Ordnungszahl** der Kinder (erstes, zweites usw Kind). Das (nach der Geburt; FG Mchn EFG 07, 943, rkr) älteste Kind ist stets das erste Kind. In der Reihe der Kinder werden auch die **Zählkinder** (§ 63 Rz 1; Beispiel EStH 66) mitgezählt, für die der Berechtigte nur deshalb keinen Anspruch auf KiGeld hat, weil dieser vorrangig einem anderen Elternteil zusteht oder nach § 65 oder entspr Vorschriften ausgeschlossen ist (EStH 66; A 28 DA-KiGeld 2015; *HHR* Anm 10). Die Regelung bezweckt die Freistellung des Existenzminimums (§ 31 EStG) und ist verfgemäß (FG BaWü EFG 01, 984, rkr; FG Nds EFG 07, 1785, rkr). – Es besteht kein verfrechtl Anspruch auf bestimmte Höhe (BFH III B 105/09 BFH/NV 10, 884).

2 **2. Höhe.** Nach dem Gesetz zur Anhebung des GFB, KFB, KiGeldes und des Kinderzuschlags, BStBl I 15, 566 beträgt das KiGeld ab 1.1.15 für das 1. und 2. Kind 188 €, für ein 3. 194 € und für jedes weitere Kind 219 € monatl (*BMF* BStBl I 15, 580). – Nach Aufhebung des früheren § 32 VI 2 steht **behinderten Kindern** das volle KiGeld zu (BT-Drs 14/6160, 22). Zu KiGeld-Höhe in früheren Jahren s VorAufl und Tabelle; zur VerfMäßigkeit s. *Helmke* § 66 Rz 6f.

Zeitraum	**1. und 2. Kind**	**3. Kind**	**4. und jedes weitere Kind**
Ab 1.1.2002	154	154	179
Ab 1.1.2009	164	170	195
Ab 1.1.2011	184	190	215
Ab 1.1.2015	188	194	219
Ab 1.1.2016	190	196	221

3 **3. Kinder im Ausl** (§ 62 Rz 7). Die gleichen Beträge gelten für Personen aus EU-Mitgliedstaaten, aus Island, Norwegen, Schweiz (BGBl II 90, 199), deren Kinder in einem dieser Staaten wohnen (*Blümich/Treiber* § 66 Rz 13). Bei ArbN

aus dem ehem Jugoslawien (BGBl II 75, 916), Tunesien (BGBl II 95, 641) und Marokko (BGBl II 95, 634) kommt nach den sog **Sozialabkommen** für Kinder, die sich im Heimatland aufhalten, KiGeld mit erhebl geringeren Beträgen in Betracht (BFH III B 103/12 BFH/NV 13, 552; *FinVerw* FR 97, 501; *HHR* Anm 11); § 62 Rz 9.

4. Leistungszeitraum. Der Leistungszeitraum (§ 66 II) für das KiGeld ist nach Monaten bemessen **(Monatsprinzip),** BFH V R 43/11 BStBl II 13, 491 (dazu *Selder* jurisPR-StR 50/13 Anm 4; *HHR* Anm 16), BFH VI R 70/11 BFH/NV 13, 1554; BFH III R 59/11 BStBl II 14, 843; BFH III R 10/12 BFH/NV 14, 491; BFH XI R 7/12 BStBl II 14, 37. Es wird für jeden Monat gewährt, in dem wenigstens an einem Tage die Anspruchsvoraussetzungen vorgelegen haben (BFH VIII B 185/01 BFH/NV 02, 1289; *Felix* § 66 Rz 15f); gezahlt wird monatl. Für die Berechnung und Bestimmung von Fristen und Terminen gelten gem § 108 I AO die einschlägigen BGB-Vorschriften (§§ 187–193 BGB). 4

Wenn ein Kind, für das bisher KiGeld in der durch ein Sozialabkommen bestimmten Höhe gezahlt worden ist, im Bundesgebiet seinen gewöhnl Aufenthalt begründet, ist KiGeld von dem Einreisemonat an zu zahlen (A 29 II DA-KiGeld 2015). Das Gleiche gilt für ein Kind, das im Laufe eines Monats seinen gewöhnl Aufenthalt im Bundesgebiet aufgibt, für den Ausreisemonat.

Ein gem § 1 III EStG unbeschr estpfl polnischer Saisonarbeiter hat Anspruch auf KiGeld nur für die Monate des Jahres, in denen er Einkünfte i. S. des § 49 erzielt hat (BFH III R 63/10 BFH/NV 14, 12; BFH XI R 8/12 BFH/NV 14, 495; BFH III R 14/14 BStBl II 15, 850).

5. Altersgrenze. Kinder, die am ersten Tag eines Monats geboren sind, vollenden ihr 18. (bzw 25. Lebensjahr; § 32 III, IV) mit Ablauf des dem Geburtsmonat vorangehenden Monats. 5

6. Rückwirkende Antragstellung. Mit Wirkung ab 1.1.98 sind die bisherigen Abs 3 und 4 (Ausschlussfrist von 6 Monaten) gestrichen; iEinz 31. Aufl. 6

§ 67 Antrag

[1]Das Kindergeld ist bei der zuständigen Familienkasse schriftlich zu beantragen. [2]Den Antrag kann außer dem Berechtigten auch stellen, wer ein berechtigtes Interesse an der Leistung des Kindergeldes hat. [3]In Fällen des Satzes 2 ist § 62 Absatz 1 Satz 2 bis 3 anzuwenden. [4]Der Berechtigte ist zu diesem Zweck verpflichtet, demjenigen, der ein berechtigtes Interesse an der Leistung des Kindergeldes hat, seine an ihn vergebene Identifikationsnummer (§ 139b der Abgabenordnung) mitzuteilen. [5]Kommt der Berechtigte dieser Verpflichtung nicht nach, teilt die zuständige Familienkasse demjenigen, der ein berechtigtes Interesse an der Leistung des Kindergeldes hat, auf seine Anfrage die Identifikationsnummer des Berechtigten mit.

Einkommensteuer-Richtlinien / Verwaltungsschreiben: EStH 67 – V 5.2 DA-KiGeld 2015

1. Antragsabhängigkeit des KiGeld. § 67 sieht für die erstmalige Zahlung von steuerl KiGeld einen Antrag bei der Familienkasse (auch Außenstelle; BFH III R 25/13 BStBl II 15, 847) vor (bisher § 17 BKGG aF); verfrechtl unbedenkl (*KSM* § 62 Rz A 24; § 66 Rz A 11); ein zeitl nicht beschränkter Antrag ist weit auszulegen (BFH V R 56/10 BFH/NV 12, 1775). Die Antragstellung zählt nicht zu den materiellrechtl Voraussetzungen des KiGeld-Anspruchs, so dass KiGeld, wenn die Voraussetzungen vorliegen, auch rückwirkend zu gewähren ist. Bei einem Wechsel der Zuständigkeit vom öffentl ArbG auf die Familienkasse der Arbeitsagentur (§ 62 Rz 4) ist kein Neuantrag notwendig (V 5.2 IV DA-KiGeld 2015). Ein neuer Antrag ist zu stellen, wenn die Anspruchsvoraussetzungen für KiGeld wenigstens für einen vollen Kalendermonat weggefallen sind und danach erneut 1

KiGeld begehrt wird. Ein bestandskräftiger Ablehnungsbescheid kann Sperrwirkung entfalten (FG Köln EFG 04, 1227, rkr), bis zum Ende des Monats seiner Bekanntgabe (BFH VI R 35/14 BFH/NV 16, 178); ein „wiederholender VA" hat keinen eigenen Regelungsgehalt (BFH III R 14/14 BStBl II 15, 850). – Der Antrag ist **schriftl** zu stellen (§ 67 S 1; V 5.2 I DA-KiGeld 2015; *HHR* Anm 6). In der Regel soll der entspr Vordruck verwendet werden (*BfF* BStBl I 99, 51; EStH 67). Außerdem ist ggf eine Haushaltsbescheinigung oder eine Lebensbescheinigung vorzulegen. – KiGeld ist nicht ausgeschlossen bei unterbliebener Antragstellung im Mitgliedstaat der Beschäftigung (BFH XI R 52/10 BFH/NV 14, 33).

2 **2. Örtl Zuständigkeit der Familienkasse.** Diese bestimmt sich nach den Vorschriften der AO (BT-Drs 13/1558, 161), also dem Wohnsitz (§ 19 AO); iEinz (V 2 DA-KiGeld 2015). Für den Antrag auf KiGeld bei Angehörigen des öffentl Dienstes gilt § 72.

3 **3. Berechtigung.** Antragsberechtigt (§ 67 S 2) ist der KiGeld-Berechtigte und auch der, der ein berechtigtes Interesse an der Leistung des KiGeldes hat (*HHR* Anm 9). Ein berechtigtes Interesse haben insb Personen, die unterhaltsverpflichtet sind oder zu deren Gunsten eine Auszahlung, Übertragung und Verpfändung oder Pfändung des KiGeldes mögl ist (BFH III R 31/13 BStBl II 15, 1017; §§ 48 ff SGB I; ferner *Felix* § 67 Rz 25; V 5.3 DA-KiGeld 2015), zB auch das Kind selbst. Gem § 36 I SGB I kann auch ein Minderjähriger, der das 15. Lebensjahr vollendet hat, ohne Einwilligung seines gesetzl Vertreters einen Antrag auf KiGeld für sein Kind stellen. – Antragsberechtigt ist ggf auch ein abzweigungsberechtigtes Kind, aber nicht nach rkr abgelehntem Antrag (BFH III R 67/07 BStBl II 10, 476). – Sozialrechtl Interessen begründen keine steuerrechtl Beschwer (FG SachsAnh EFG 10, 770, rkr). – Der eigentl Berechtigte ist verpflichtet, seine erhaltene IdNr nach § 139b AO demjenigen mitzuteilen, der stattdessen den Anspruch geltend macht (§ 62 Rz 1).

4 **4. Rückwirkende Antragstellung.** Verjährung ist mögl (§ 62 Rz 4). Der Antrag wird idR auch für Vergangenheit bis zur Grenze der Festsetzungsverjährung gestellt (BFH III B 94/10 BFH/NV 12, 1147). Bei befristeter Festsetzung („Vollentscheidung") muss rechtzeitig ein neuer Antrag gestellt werden (BFH III R 6/13 BStBl II 15, 149).

5 **5. Anzeige.** Die Anzeigepflicht für über 18 Jahre alte Kinder ist durch das FamFördG aufgehoben worden (*Nolde* FR 00, 187/92); ein **Neuantrag** ist erforderl (V 5.4 DA-KiGeld 2015; *Helmke* § 67 Rz 4).

§ 68 Besondere Mitwirkungspflichten

(1) [1] **Wer Kindergeld beantragt oder erhält, hat Änderungen in den Verhältnissen, die für die Leistung erheblich sind oder über die im Zusammenhang mit der Leistung Erklärungen abgegeben worden sind, unverzüglich der zuständigen Familienkasse mitzuteilen.** [2] **Ein Kind, das das 18. Lebensjahr vollendet hat, ist auf Verlangen der Familienkasse verpflichtet, an der Aufklärung des für die Kindergeldzahlung maßgebenden Sachverhalts mitzuwirken; § 101 der Abgabenordnung findet insoweit keine Anwendung.**

(2) *(weggefallen)*

(3) **Auf Antrag des Berechtigten erteilt die das Kindergeld auszahlende Stelle eine Bescheinigung über das für das Kalenderjahr ausgezahlte Kindergeld.**

(4) **Die Familienkassen dürfen den die Bezüge im öffentlichen Dienst anweisenden Stellen Auskunft über den für die jeweilige Kindergeldzahlung maßgebenden Sachverhalt erteilen.**

Einkommensteuer-Richtlinien/Verwaltungsschreiben: EStH 68 – V 7.1 DA-KiGeld 2015

1. Pflicht zur Mitteilung von Änderungen. § 68 I normiert eine ggü § 153 AO selbstständige Verpflichtung zur **Mitteilung geänderter Verhältnisse** (BT-Drs 13/1558, 161; BFH VIII R 77/01 BFH/NV 04, 14; BFH III B 163/11 BFH/NV 12, 1118; V 7.1.5 DA-KiGeld 2015), zB den Haushaltswechsel eines Kindes. Der EStBescheid ist kein Grundlagenbescheid für die KiGeldfestsetzung (BFH III B 4/05 BFH/NV 06, 1055). Durch Verletzung dieser Verpflichtung kann eine Steuerhinterziehung (§ 370 I, IV 2 AO) begangen werden (*Helmke* § 68 Rz 18); eine Berufung auf Vertrauensschutz ist ausgeschlossen (BFH VIII R 77/01 BFH/V 04, 14). § 68 I 2 stellt die (detaillierte) Mitwirkungspflicht des Kindes sicher (BFH VI S 2/00 BStBl II 01, 439; V 7.2 DA-KiGeld 2015). Hauptanwendungsfall der Regelung ist die Änderung der tatsächl Verhältnisse. Die Verletzung der Mitwirkungspflicht kann eine Rückforderung nach § 37 II AO (BFH III B 108/08 BFH/NV 10, 641), eine rückwirkende Korrektur der KiGeldfestsetzung (FG Ddorf EFG 09, 1519, rkr), strafrechtl Konsequenzen und Schadenersatzpflicht (§ 823 II BGB) zur Folge haben (*BZSt* BStBl I 13, 1361; *KSM* § 68 Rz B 17f). Die Mitteilung führt nicht zur Anlaufhemmung (BFH III R 80/04 BStBl II 08, 371). Die Verpflichtung betrifft auch den Abzweigungsempfänger gem § 74 I (FG Hbg DStRE 04, 323, rkr). – Der Ausschluss des Zeugnisverweigerungsrechts gilt nur im Verwaltungs-, nicht im FG-Verfahren (FG Mster EFG 07, 1180, rkr). – Eine nach § 32 IV 1 Nr 3 ggf erforderl Untersuchung wird von § 68 I nicht erfasst (§ 32 Rz 39). – Ab 2009 Aufhebung des Abs 2 (ArbG-Verpflichtung; iEinz 32. Aufl). 1

2. Antrag, § 68 III. Eine **Bescheinigung** über das ausgezahlte KiGeld soll nur auf Antrag ausgestellt werden, da die Höhe des ausgezahlten KiGeldes nur in wenigen Fällen im Besteuerungsverfahren von Bedeutung ist (O 4.3 DA-KiGeld 2015); grds KiGeld-Berechtigung reicht, also auch nachrangig Berechtigter (BFH III R 40/13 BStBl II 14, 783; *Bauhaus* EFG 13, 1867). – Die KiGeld-Akte eines anderen Berechtigten ist nicht vorzulegen (BFH III S 38/11 BFH/NV 13, 701). 2

3. Weitergabe von Daten. § 68 IV entbindet von der Wahrung des StGeheimnisses und ermöglicht eine umfassende **Weitergabe von Daten** durch die Familienkasse an die Stelle, die die Bezüge im öffentl Dienst anweist (BT-Drs 13/3084, 72; O 4.4 DA-KiGeld 2015). 3

§ 69 Überprüfung des Fortbestehens von Anspruchsvoraussetzungen durch Meldedaten-Übermittlung

Die Meldebehörden übermitteln in regelmäßigen Abständen den Familienkassen nach Maßgabe einer auf Grund des § 56 Absatz 1 Nummer 2 des Bundesmeldegesetzes zu erlassenden Rechtsverordnung die in § 34 Absatz 1 und 2 des Bundesmeldegesetzes genannten Daten aller Einwohner, zu deren Person im Melderegister Daten von minderjährigen Kindern gespeichert sind, und dieser Kinder, soweit die Daten nach ihrer Art für die Prüfung der Rechtmäßigkeit des Bezuges von Kindergeld geeignet sind.

Einkommensteuer-Richtlinien/Verwaltungsschreiben: EStH 69 – O 4.5 DA-KiGeld 2015

Die Regelung ermöglicht die von Amts wegen gebotene **Überprüfung** der Richtigkeit der geltend gemachten Ansprüche auf KiGeld (bisher § 21 BKGG aF). Ohne die Vorschrift wäre eine doppelte Zahlung von KiGeld in verschiedenen Bundesländern für dasselbe Kind nicht auszuschließen (BT-Drs 13/1558, 161); krit zum Umfang der Datenübermittlung *Schild* NJW 96, 2415; *Korn/Greite* § 69 Rz 6. 1

§ 70 Festsetzung und Zahlung des Kindergeldes

(1) Das Kindergeld nach § 62 wird von den Familienkassen durch Bescheid festgesetzt und ausgezahlt.

(2) [1]Soweit in den Verhältnissen, die für den Anspruch auf Kindergeld erheblich sind, Änderungen eintreten, ist die Festsetzung des Kindergeldes mit Wirkung vom Zeitpunkt der Änderung der Verhältnisse aufzuheben oder zu ändern. [2]Ist die Änderung einer Kindergeldfestsetzung nur wegen einer Anhebung der in § 66 Absatz 1 genannten Kindergeldbeträge erforderlich, kann von der Erteilung eines schriftlichen Änderungsbescheides abgesehen werden.

(3) [1]Materielle Fehler der letzten Festsetzung können durch Aufhebung oder Änderung der Festsetzung mit Wirkung ab dem auf die Bekanntgabe der Aufhebung oder Änderung der Festsetzung folgenden Monat beseitigt werden. [2]Bei der Aufhebung oder Änderung der Festsetzung nach Satz 1 ist § 176 der Abgabenordnung entsprechend anzuwenden; dies gilt nicht für Monate, die nach der Verkündung der maßgeblichen Entscheidung eines obersten Bundesgerichts beginnen.

Verwaltungsschreiben: V 10 DA-KiGeld 2015

Übersicht

1 **1. Grundaussage.** § 70 ist die zentrale verfahrensrechtl Regelung für die Festsetzung von KiGeld. Neben der Festsetzung und Auszahlung enthält § 70 auch – über §§ 172ff AO hinaus – spezielle Änderungstatbestände (Rz 5f).

2 **2. Festsetzung; Monatsprinzip; schriftl Bescheid. – a) Dauerverwaltungsakt.** Das KiGeld wird jeweils für einzelne Monate (§ 31 S 3, § 66; BFH III R 11/08 BStBl II 11, 722; BFH V R 43/11 BStBl II 13, 491; BFH III R 10/12 BFH/NV 14, 491; BFH XI R 8/12 BFH/NV 14, 495) durch selbstständigen begünstigenden DauerVA festgesetzt (§ 25 BKGG aF; § 73 I 2; V 10 I DA-KiGeld 2015; *Görke* BFH/PR 14, 132); die Voraussetzungen sind nach Maßgabe des einzelnen Monats zu prüfen (§ 63 I 2). Die KiGeld-Festsetzung ist ein DauerVA, der monatl Einzelregelungen umfasst (zB BFH VIII R 15/02 BFH/NV 04, 910; BFH III B 189/04 BFH/NV 05, 1305); auch bei Ablehnung (BFH III B 107/05 BFH/NV 06, 549). Klagegegenstand reicht bis zur Einspruchsentscheidung (BFH III R 70/09 BFH/NV 2012, 1446; BFH XI R 24/12 BStBl II 13, 1920); Überschreiten verstößt gegen § 96 I 2 FGO (BFH III R 36/12 BStBl II 15, 286). Klageerweiterung ist grds unzul (FG RhPf EFG 13, 880, rkr). Bindungswirkung für die Zukunft haben nur positive KiGeldfestsetzungen (BFH III R 54/09 BFH/NV 11, 1858), Ablehnung nur bis zum Ende des Moants der Bekanntgabe (BFH VI R 35/14 BFH/NV 16, 178).

Die KiGeld-Festsetzung ist nicht Teil des EStBescheides. Im Hinblick auf die Anwendung des § 31 (alternative Gewährung des Kinderfreibetrags) und des § 36 II 1 (Hinzurechnung des

KiGeldes) hat der Bescheid bezügl der Höhe des KiGeldes Grundlagenfunktion (§ 171 X AO; *HHR* Anm 6; *KSM/Felix* § 70 Rz B 2); s Rz 7. Da das KiGeld eine Steuervergütung (!) ist (§ 31 S 3), finden nach § 155 IV AO die für die Steuerfestsetzung geltenden Vorschriften sinngemäß Anwendung, also zB auch §§ 164, 165 AO (BFH VI R 122/99 BStBl II 02, 84; BFH VI R 125/00 BStBl II 02, 296).

Bei (teilweiser) **Ablehnung** sind Einspruch (§ 347 I 1 Nr 1 AO) und Verpflichtungsklage vor dem **FG** (§ 40 FGO) statthaft; grds keine notwendige Beiladung im KiGeld-Verfahren (BFH VIII R 91/98 BFH/NV 04, 324); Ausnahme bei Abzweigungsbegehren (BFH III R 71/09 BFH/NV 10, 1291), bei Klage des Kindes (BFH III R 105/07 BFH/NV 09, 193), § 74 Rz 7. – Einstweiliger Rechtsschutz nur nach § 114 FGO (BFH VIII R 142/00 FR 02, 1318; krit *Greite* FR 02, 1320). Die Ablehnung bzw die (entbehrl) Nullfestsetzung nach Aufhebung **bindet** nur bis zum Ende des Monats der Bescheid-Bekanntgabe (stRspr; BFH III R 10/09 BFH/NV 11, 985; BFH V R 58/10 BFH/NV 12, 1953; *BfF* BStBl I 01, 615), ggf der Einspruchsentscheidung (BFH III R 71/10 DStRE 12, 227; *Teller* HFR 12, 169; BFH III R 56/13 BFH/NV 15, 206); für die Zeit danach kann KiGeld wieder – auch rückwirkend – bewilligt werden. Der **zeitl Regelungsumfang eines Aufhebungsbescheids** ist auf die Monate der Aufhebung beschränkt; die Familienkasse kann eine abw zeitl Regelung treffen (BFH III R 87/07 BStBl II 10, 429; *Selder* jurisPR-StR 15/10 Anm 1); bei Aufhebung zum 1.1. wegen Überschreitung der Jahresgrenze besteht Bindung nur für dieses Jahr, nicht bis zur Bekanntgabe (ua BFH III R 85/07 BFH/NV 10, 854); maßgebl ist die Empfängersicht; Bindungswirkung für die Zukunft haben nur positive KiGeld-Festsetzungen. Die Zahlung für künftigen Zeitraum kann konkludente Ablehnung für früheren Zeitraum bedeuten (BFH V R 56/10 BFH/NV 12, 1775); Auslegung erforderl (BFH III R 45/10 BStBl II 13, 1028). – **Keine Bindung** durch „wichtigen Hinweis" (BFH III R 39/06 BFH/NV 07, 1459) oder an die KiGeld-Bewilligung anderer Behörden (FG Bln EFG 00, 748, rkr). – Auch der Leistungsträger ist zur Anfechtung des KiGeld-Bescheides befugt (BFH VI R 181/97 BStBl II 01, 443); zur Klagebefugnis in Erstattungsfällen s § 74 Rz 12. Das Landesarbeitsamt konnte das Arbeitsamt (Familienkasse; nunmehr Arbeitsagentur) vor dem FG vertreten (BFH VIII R 81/97 BFH/NV 02, 939). – Keine Klagebefugnis des anderen Ehegatten gegen positiven KiGeld-Bescheid (BFH III B 149/12 BFH/NV 13, 1602).

b) Schriftl Bescheid. Nur bei KiGeld-Anhebung ist ein schriftl Bescheid nicht erforderl (§ 70 II 2). 3

3. Zuständigkeit. Das KiGeld ist bei der örtl zuständigen Familienkasse zu beantragen. Die BA stellt dem BZSt ihre Behörden (die bisherigen KiGeldkassen) als Familienkassen zur Verfügung (O 2 DA-KiGeld 2015). Die örtl zuständige Familienkasse (Arbeitsagentur oder juristische Person döR gem § 72 I 2) setzt das KiGeld durch Bescheid fest. Die bisher 102 selbständigen Familienkassen der Bundesagentur sind ab 1.5.13 in 14 Familienkassen zusammengefasst (ggf gesetzl Beteiligtenwechsel; BFH V B 36/13 BFH/NV 14, 680). 4

4. Änderung der Festsetzung. Das Korrektursystem der AO ist nicht auf DauerVAe zugeschnitten (BT-Drs 13/3084, 73); daher enthalten **§ 70 II, III für die Zukunft** (ab Änderung der Verhältnisse bzw ab dem der Änderung folgenden Monat) unbeschr Änderungsmöglichkeiten. Bereits getroffene Festsetzungen sind nach §§ 172ff AO zu ändern. Bei Doppelzahlung (zB durch öffentl ArbG und Familienkasse) Aufhebung mögl (ggf gem § 70 II, §§ 172, 174 AO; s BFH III R 13/14 BFH/NV 15, 948; FG SchlHol EFG 15, 1818, Rev VI R 46/15). Sog Null-Festsetzungen (der Sache nach Ablehnung) und abgelehnte Festsetzungen sind keine negativen (Dauer-)Festsetzungen; die Ablehnung erstreckt sich auf die Vergangenheit und den Monat der Bekanntgabe (BFH VIII R 12/03 BFH/NV 04, 786; BFH VI R 35/14 BfH/NV 16, 178; *BfF* BStBl I 01, 615); zur Billigkeits-Änderung bei fehlerhafter Null-Festsetzung s *BfF* BStBl I 00, 1555); § 155 I 3 AO 5 gilt nicht für Dauer-VA (wie hier *Bergkemper* FR 00, 138; aA *Huhn* FR 00, 141); zur rückwirkenden Antragstellung s § 67 Rz 4. – Keine Änderung nach § 70 II, IV bei **Änderung der Rechtsauffassung** (BFH III R 74/09 BFH/NV 11, 250); keine Aufhebung nach Festsetzungsverjährung (BFH XI R 9/14 BFH/NV 16, 166).

6 **a) Änderung der Verhältnisse.** Hierfür enthält **§ 70 II** (wie auch Abs 3) eine eigenständige Änderungsnorm iSd § 172 I 1 Nr 2 Buchst d AO (BFH III R 13/06 BStBl II 07, 714), nach der die Festsetzung des jeweiligen monatl KiGeldes mit **Wirkung vom Zeitpunkt der Änderung** an (also auch rückwirkend, aber in den Grenzen der Verjährung; BFH VIII R 98/01 DStRE 03, 949; BFH III R 11/08 BStBl II 11, 722; FG München EFG 13, 2025, rkr) aufgehoben oder geändert wird.

Beispiele: Bei Haushaltswechsel (BFH VI R 21/99 BFH/NV 01, 444; BFH VI B 85/00 BFH/NV 01, 444), bei vorgreifl Entscheidung einer anderen Behörde (BFH VI R 18/99 BStBl II 02, 81), bei Änderung der gesetzl Voraussetzungen (*Korn/Greite* § 70 Rz 15), zB bei doppelter Haushaltsführung (*BMF* BStBl I 04, 431), bei Aufgabe des inl Wohnsitzes (BFH III R 53/05 BFH/NV 09, 564); die Behörde trägt die Feststellungslast (FG Bbg EFG 02, 479, rkr).

Nachträgl Erkenntnisse (zB wegen unterlassener Mitwirkung) werden nicht erfasst (*Felix* FR 01, 674/7). § 70 II erfasst nur Änderungen, die nach Ergehen des (ursprüngl) Bescheids eintreten („neue Tatsachen"; FinA BT-Drs 13/1558, 161, § 155 IV AO BFH VI B 251/99 BFH/NV 00, 1204; 01, 21; ähnl FG BaWü EFG 00, 1197, rkr); keine Änderung bei Fehlen nachträgl Bekanntwerdens, zB bei Eintritt einer Altersgrenze (aA BFH XI R 15/12 BFH/NV 15, 590; FG Ddorf EFG 13, 461, rkr). – Zur Änderung bei Überschreitung der Einkommensgrenze s Rz 7, 8. – Bei späterer Kenntnis ist nicht notwendig, die Änderung für die Vergangenheit und die Zukunft in einem Bescheid zusammenzufassen (so aber FG Köln EFG 01, 1224). – Treu und Glauben kann Rückforderung entgegenstehen (BFH III B 106/12 BFH/N 13, 374; BFH VI R 67/11 BFH/NV 14, 20).

7 **b) Materielle Fehler.** (Nur) Für die **Zukunft** (§ 70 III; BFH III R 13/06 BStBl II 07, 714; *KSM/Felix* § 70 Rz D 1) können (= müssen; FG Mchn EFG 13, 60, rkr; *Tiedchen* DStZ 00, 237/41; *Blümich/Treiber* § 70 Rz 30; aA FG SachsAnh EFG 09, 13, rkr: Ermessen) erkannte **materielle Fehler** (zB Rechtsfehler; aber auch falsche Sachverhalte, FG Hess EFG 99, 185) gem **§ 70 III** (zugunsten und zulasten) durch Aufhebung oder Änderung der Festsetzung beseitigt werden (*KSM/Felix* § 70 Rz D 23); die sog Null-Festsetzung steht der Aufhebung gleich (BFH VI R 78/98 BStBl II 02, 88). – Vertrauensschutz nach § 176 AO ist nur dem Monatsprinzip entspr zu gewähren (III 2). Durch das ZK-AnpG (BGBl I 14, 2417/26) wird klargestellt, dass die Familienkasse bei bestehender Festsetzung, die einen materiellen Fehler enthält, keine Neufestsetzung (doppelte Festsetzung) vornimmt, sondern die bestehende Festsetzung ändert (BReg BR-Drs 432/14, 58).

8 **c) Änderung nach §§ 172ff AO.** Daneben kann ein ergangener KiGeld-Bescheid (unter Beachtung des Monatsprinzips; § 66 Rz 4) ggf nach §§ 172ff AO geändert werden (BFH VIII R 67/01 BFH/NV 02, 1294; FG Mster EFG 04, 1228, rkr; FG BBg EFG 14, 217, NZB XI B 106/13; so auch V 16–V 20 DA-KiGeld 2015; *Helmke* § 70 Rz 19f). Eine bestandskräftig aufgehobene KiGeld-Festsetzung kann nach **§ 173 AO** geändert werden (zB bei nachträgl Zweifeln an der Vaterschaft, FG Mster EFG 08, 764, rkr); eine Änderung nach § 175 I Nr 1 AO scheidet aus; der EStBescheid ist kein Grundlagenbescheid für das KiGeld (BFH III B 4/05 BFH/NV 06, 1055). Rechtsfehler sind kein rückwirkendes Ereignis (FG Ddorf DStRE 00, 317, rkr), wohl aber der Umstand des Überschreitens von Einkommensgrenzen (FG SachsAnh EFG 00, 797, rkr). Der aufgrund fehlerhafter Einkunftsprognose ergangene KiGeld-Bescheid kann gem § 175 I Nr 2 AO rückwirkend geändert werden (FG Köln EFG 05, 415, rkr).

Der VI. Senat hat für den Fall der Änderung wegen Überschreitens des Jahresgrenzbetrags (§ 32 IV 2 aF) eine Änderungsmöglichkeit bejaht – und zwar sowohl für den Fall, dass sich eine Überschreitung des Grenzbetrags bereits während des Kj abzeichnete (VI R 83/98 BStBl II 02, 85) als auch erst nach Ablauf des Kj herausstellte (BFH VI R 55/00 BStBl II 02, 86) –, die Änderungsgrundlage (§ 175 I 1 Nr 2, II oder § 70 II) aber unzulässigerweise offen gelassen; ohne einwandfrei feststehende Änderungsbefugnis darf ein Bescheid nicht geändert werden; mE ist § 175 I 1 Nr 2 vorzuziehen, da sich die Verhältnisse nicht ändern, sondern Voraussetzungen des KiGeld-Anspruchs rückwirkend entfallen; s nunmehr Rz 8.

Auch „etappenweise" Änderung ist zul (BFH VI R 102/99 BFH/NV 02, 178).

d) Rückforderung. Rechtsgrundlos gezahltes KiGeld (auch „aufgedrängtes") ist vom KiGeld-Berechtigten nach § 37 II AO zurückzufordern (BFH III B 112/08 BFH/NV 10, 836; BFH V B 133/11 BFH/NV 13, 933); auch die Änderung berechtigt grds zur Rückforderung gem § 37 II AO (BFH III B 177/10 BFH/NV 11, 1507; Rz 5 aE); das KiGeld kann auch nach Geltendmachung des Erstattungsanspruchs durch Sozialbehörde rückgefordert werden (FG Hess EFG 04, 1783, rkr); kein besonderer Vertrauensschutz (BFH VIII R 64/01 BFH/NV 03, 905); evtl **Weiterleitungseinwand** (§ 64 Rz 5). Eine Verwirkung kommt nur bei Vorliegen besonderer Umstände in Betracht (BFH VIII R 23/04 BFH/NV 05, 499; BFH III B 37/09 BFH/NV 10, 837); Weiterzahlung reicht nicht (BFH VI B 147/11 BFH/NV 12, 944). Ein Billigkeitserlass der Rückforderung ist nach § 227 AO zu beurteilen (BFH III B 41/14 BFH/NV 15, 658; FG Brem EFG 14, 1944, rkr; *Bilsdorfer* NJW 12, 3706). – Bei **Doppelfestsetzung** (zB durch öffentl ArbG und Familienkasse) Aufhebung mögl (ggf gem § 172 AO, § 70 II, 174 AO; s BFH III R 13/14 BFH/NV 15, 948). Die Zahlungsverjährung (§ 228 AO) des Rückforderungsanspruchs beginnt nicht vor Ablauf des Kj, in dem die Aufhebung wirksam geworden ist (BFH XI R 42/11 BStBl II 14, 840). 9

e) Grenzbetragsänderungen. § 70 IV aF stellte sicher, dass eine (bereits ergangene) KiGeld-Festsetzung in den Fällen des § 32 IV aF bei nachträgl Bekanntwerden der Überschreitung des Grenzbetrags **aufgrund von nachträgl bekanntgewordenen Tatsachen** auch nach Ablauf des Kj korrigiert werden konnte, also die Fälle einer unzutr Prognoseentscheidung (BFH III R 103/06 BStBl II 08, 549; BFH XI R 46/10 BFH/NV 13, 555); Änderung der FA-Rechtsauffassung genügt nicht (BFH III R 64/10 BFH/NV 12, 927). Mit Änderung des § 32 IV (durch StVerG 2011) ist der Grenzbetrag entfallen; § 70 IV ist weiterhin für VZ vor 2012 anwendbar (§ 52 Abs 50). Einzelheiten s 30. Aufl. 10

f) Ausschluss der Änderungsmöglichkeit. Wenn trotz Anzeige der Änderung der Verhältnisse weiter KiGeld gezahlt wird, entfällt die rückwirkende Änderungsbefugnis (der Anspruch auf Rückforderung) nur bei besonderen Umständen (BFH VIII R 56/01 BStBl II 04, 123; BFH VIII R 93/03 BFH/NV 05, 153), zB bei Verwirkung (BFH III B 1/06 BFH/NV 07, 1120). Dagegen hielt BFH VI R 163/00 BStBl II 02, 174 eine Rückforderung des KiGeldes nach Treu und Glauben für unzul, wenn die Familienkasse „zu lange zuwartet"; mE problematisch, es gelten die Verjährungsvorschriften (vgl iÜ zu den Voraussetzungen von Treu und Glauben *Tipke/Kruse* § 4 AO Tz 138ff; FG Bbg EFG 04, 314). – Zum Weiterleitungseinwand § 64 Rz 5. 11

5. Auszahlung. Das KiGeld wird von der Familienkasse ausgezahlt, soweit nicht anders (zB in §§ 72, 73 I) bestimmt ist. 12

6. Auswirkung auf bestandskräftige Bescheide. Bestandskräftige ESt-Bescheide sind nicht wegen rückwirkender Gewährung von KiGeld zu ändern (BFH I R 29/11 BFH/NV 12, 921; zum SolZ s BFH III R 90/07 BStBl II 11, 543). 13

§ 71 *(weggefallen)*

§ 72 Festsetzung und Zahlung des Kindergeldes an Angehörige des öffentlichen Dienstes

(1) [1]**Steht Personen, die**

1. in einem öffentlich-rechtlichen Dienst-, Amts- oder Ausbildungsverhältnis stehen, mit Ausnahme der Ehrenbeamten, oder
2. Versorgungsbezüge nach beamten- oder soldatenrechtlichen Vorschriften oder Grundsätzen erhalten oder
3. Arbeitnehmer des Bundes, eines Landes, einer Gemeinde, eines Gemeindeverbandes oder einer sonstigen Körperschaft, einer Anstalt oder einer Stiftung des öffentlichen Rechts sind, einschließlich der zu ihrer Berufsausbildung Beschäftigten,

Kindergeld nach Maßgabe dieses Gesetzes zu, wird es von den Körperschaften, Anstalten oder Stiftungen des öffentlichen Rechts festgesetzt und ausgezahlt. [2]**Die genannten juristischen Personen sind insoweit Familienkasse.**

(2) **Der Deutschen Post AG, der Deutschen Postbank AG und der Deutschen Telekom AG obliegt die Durchführung dieses Gesetzes für ihre jeweiligen Beamten und Versorgungsempfänger in Anwendung des Absatzes 1.**

(3) **Absatz 1 gilt nicht für Personen, die ihre Bezüge oder Arbeitsentgelt**

1. von einem Dienstherrn oder Arbeitgeber im Bereich der Religionsgesellschaften des öffentlichen Rechts oder
2. von einem Spitzenverband der Freien Wohlfahrtspflege, einem diesem unmittelbar oder mittelbar angeschlossenen Mitgliedsverband oder einer einem solchen Verband angeschlossenen Einrichtung oder Anstalt

erhalten.

(4) **Die Absätze 1 und 2 gelten nicht für Personen, die voraussichtlich nicht länger als sechs Monate in den Kreis der in Absatz 1 Satz 1 Nummer 1 bis 3 und Absatz 2 Bezeichneten eintreten.**

(5) **Obliegt mehreren Rechtsträgern die Zahlung von Bezügen oder Arbeitsentgelt (Absatz 1 Satz 1) gegenüber einem Berechtigten, so ist für die Durchführung dieses Gesetzes zuständig:**

1. bei Zusammentreffen von Versorgungsbezügen mit anderen Bezügen oder Arbeitsentgelt der Rechtsträger, dem die Zahlung der anderen Bezüge oder des Arbeitsentgelts obliegt;
2. bei Zusammentreffen mehrerer Versorgungsbezüge der Rechtsträger, dem die Zahlung der neuen Versorgungsbezüge im Sinne der beamtenrechtlichen Ruhensvorschriften obliegt;
3. bei Zusammentreffen von Arbeitsentgelt (Absatz 1 Satz 1 Nummer 3) mit Bezügen aus einem der in Absatz 1 Satz 1 Nummer 1 bezeichneten Rechtsverhältnisse der Rechtsträger, dem die Zahlung dieser Bezüge obliegt;
4. bei Zusammentreffen mehrerer Arbeitsentgelte (Absatz 1 Satz 1 Nummer 3) der Rechtsträger, dem die Zahlung des höheren Arbeitsentgelts obliegt oder – falls die Arbeitsentgelte gleich hoch sind – der Rechtsträger, zu dem das zuerst begründete Arbeitsverhältnis besteht.

(6) [1]**Scheidet ein Berechtigter im Laufe eines Monats aus dem Kreis der in Absatz 1 Satz 1 Nummer 1 bis 3 Bezeichneten aus oder tritt er im Laufe eines Monats in diesen Kreis ein, so wird das Kindergeld für diesen Monat von der Stelle gezahlt, die bis zum Ausscheiden oder Eintritt des Berechtigten zuständig war.** [2]**Dies gilt nicht, soweit die Zahlung von Kindergeld für ein Kind in Betracht kommt, das erst nach dem Ausscheiden oder Eintritt bei dem Berechtigten nach § 63 zu berücksichtigen ist.** [3]**Ist in einem Fall des**

Satzes 1 das Kindergeld bereits für einen folgenden Monat gezahlt worden, so muss der für diesen Monat Berechtigte die Zahlung gegen sich gelten lassen.

(7) [1]**In den Abrechnungen der Bezüge und des Arbeitsentgelts ist das Kindergeld gesondert auszuweisen, wenn es zusammen mit den Bezügen oder dem Arbeitsentgelt ausgezahlt wird.** [2]**Der Rechtsträger hat die Summe des von ihm für alle Berechtigten ausgezahlten Kindergeldes dem Betrag, den er insgesamt an Lohnsteuer einzubehalten hat, zu entnehmen und bei der nächsten Lohnsteuer-Anmeldung gesondert abzusetzen.** [3]**Übersteigt das insgesamt ausgezahlte Kindergeld den Betrag, der insgesamt an Lohnsteuer abzuführen ist, so wird der übersteigende Betrag dem Rechtsträger auf Antrag von dem Finanzamt, an das die Lohnsteuer abzuführen ist, aus den Einnahmen der Lohnsteuer ersetzt.**

(8) [1]**Abweichend von Absatz 1 Satz 1 werden Kindergeldansprüche auf Grund über- oder zwischenstaatlicher Rechtsvorschriften durch die Familienkassen der Bundesagentur für Arbeit festgesetzt und ausgezahlt.** [2]**Dies gilt auch für Fälle, in denen Kindergeldansprüche sowohl nach Maßgabe dieses Gesetzes als auch auf Grund über- oder zwischenstaatlicher Rechtsvorschriften bestehen.**

Einkommensteuer-Richtlinien/Verwaltungsschreiben: EStH 72 –V 1.2 DA-KiGeld 2015

Übersicht

1. Auszahlung durch den öffentl-rechtl Dienstherrn. Die Vorschrift regelt 1
die Zahlung von KiGeld an Angehörige des öffentl Dienstes (einschließl Postnachfolgeunternehmen; § 72 II). Abweichungen zu § 45 BKKG aF beruhen auf der geänderten Finanzierung und Verwaltung des KiGeldes. Für diesen Personenkreis ist für die Festsetzung (mit Ausnahme des EU- und sog VertragsKiGeld, Abs 9; dazu BT-Drs 13/3084, 73) und Zahlung des KiGeldes der Dienstherr zuständig (§ 72 I 1, VII); im Bereich des BMF das BfF/BZSt (*BMF* BStBl I 00, 1562). Für die Anwendung des § 72 kommt es weder auf den Umfang der Beschäftigung noch darauf an, dass Dienstbezüge oder Arbeitsentgelt gezahlt werden.

Nicht erfasst werden von der Vorschrift jedoch ArbN von privatrechtl organisierten Vereinigungen, wenn diese öffentl Aufgaben erfüllen und die Tarifverträge für ArbN des Bundes oder eines Landes oä anwenden. Auch ehem ArbN des öffentl Dienstes, denen aufgrund tarifvertragl Vereinbarung Geld nach dem VorruhestandsG gezahlt wird, sind von der Vorschrift nicht erfasst. Schließl sind nicht erfasst Versorgungsempfänger, deren Bezüge zwar nach beamtenrechtl Grundsätzen gezahlt werden, die Regelung der Versorgung aber auf ein Dienst- oder ein ArbVerh mit einem privaten Rechtsträger zurückgeht.

2. Personenkreis, § 72 I, II (vgl *KSM/Felix* § 72 Rz B 3 ff; V 1.3 DA-KiGeld 2
2015). – **a) Aktive Beamte.** Zum Personenkreis nach § 72 I 1 **Nr 1** gehören: (aktive) Beamte von Bund, Ländern, Gemeinden, Gemeindeverbänden sowie sonstigen Körperschaften, Anstalten und Stiftungen döR mit Ausnahme der Ehrenbeamten (zB Wahlkonsuln); Richter des Bundes und der Länder mit Ausnahme der ehrenamtl Richter; Berufssoldaten und Soldaten auf Zeit; Praktikanten und Dienstanfänger in einem öffentl-rechtl Ausbildungsverhältnis; Beamte auf Wider-

ruf; Mitglieder der Bundesregierung oder einer Landesregierung, Parlamentarische Staatssekretäre.

3 **b) Pensionäre.** Zum Personenkreis nach § 72 I 1 **Nr 2** zählen insb Personen, die folgende Versorgungsbezüge erhalten; V 1.3 II DA-KiGeld 2015: Ruhegehälter, besondere Versorgungsbezüge nach dem Gesetz zu Art 131 GG, Emeritenbezüge, Witwen-/Witwergelder, Unterhaltsbeiträge, Bezüge nach § 11a und § 21a des Gesetzes zur Regelung der Wiedergutmachung nationalsozialistischen Unrechts für Angehörige des öffentl Dienstes, Übergangsgebührnisse nach § 17 des BundespolizeibeamtenG und § 11 des SoldatenversorgungsG, Übergangsgeld nach § 47 des BeamtenversorgungsG.

4 **c) ArbN des öffentl Dienstes.** Zum Personenkreis nach § 72 I 1 **Nr 3** gehören in erster Linie Arbeiter und Angestellte des öffentl Dienstes, ferner nebenberufl oder gegen Gebührenanteile tätige ArbN (etwa Fleischbeschauer), Mitarbeiter der Dt Beamtenversicherung; V 1.3 III DA-KiGeld 2015. Nicht als ArbN idS gelten ausl Stipendiaten, die als Lehrer, Wissenschaftler etc an einer dt Lehranstalt tätig werden. Zur Zuständigkeit bei Auslandslehrkräften *BfF* BStBl I 97, 3.

5 **3. Familienkasse.** Das ist die jeweilige juristische Person (§ 72 I 2; ähnl wie § 39 VI; V 1.2 DA-KiGeld 2015; BT-Drs 13/1558, 161); eine Übertragung auf fremde Körperschaften ist unzul (*BfF* BStBl I 04, 296).

6 **4. Nicht erfasster Personenkreis, § 72 III. – a) Kirchen-ArbN.** ArbN bei ReligionsGes döR (§ 72 III Nr 1); auch die regionalen Untergliederungen der Kirchen, einschließl der Ordensgemeinschaften sowie auch Einrichtungen der Kirche, mit denen diese tätig werden (kirchl Krankenhäuser, Schulen, Kindergärten etc).

7 **b) Wohlfahrtspflege-ArbN.** Zu den Spitzenverbänden der Freien Wohlfahrtspflege (§ 72 III Nr 2) zählen: Arbeiterwohlfahrt-Hauptausschuss; Diakonisches Werk der Evangelischen Kirchen Deutschland; Dt Caritas-Verband; Dt Paritätischer Wohlfahrtsverband; Dt Rotes Kreuz; Zentralwohlfahrtsstelle der Juden in Deutschland.

8 **5. Vorübergehend Beschäftigte.** Durch § 72 IV wird vermieden, dass mit der Aufnahme und Beendigung einer kurzfristigen Beschäftigung im öffentl Dienst die Zuständigkeit für die KiGeld-Festsetzung und -Zahlung wechselt (*Felix* § 72 Rz 41f). Maßgebl ist die voraussichtl Dauer.

9 **6. Konkurrenzen.** § 72 V trifft Regelungen für den Fall, dass mehreren Rechtsträgern die Zahlung von Bezügen/Arbeitsentgelt obliegt (*Felix* § 72 Rz 44f).

10 **7. Ausscheiden.** Zuständig bei Ausscheiden oder Eintritt in den öffentl Dienst im Verlauf eines Monats (§ 72 VI) ist grds die zu Beginn des Monats zuständige Stelle (*Felix* § 72 Rz 49f).

11 **8. Gesonderter Ausweis; Auszahlung.** § 72 VII sieht den gesonderten Ausweis des KiGeldes in der Lohnabrechnung für den ArbN und in der LStAnmeldung des ArbG vor, (nur) wenn es zusammen mit den Bezügen ausgezahlt wird (dazu BT-Drs 16, 1368, 10: Konzentration der Familienkassen). Der ArbG hat das **ausgezahlte KiGeld** bei der nächsten LStAnmeldung gesondert abzusetzen. Ist das KiGeld höher als die insgesamt abzuführende LSt, muss der ArbG den Unterschiedsbetrag zunächst vorleisten; **Ersetzung** auf Antrag (*Helmke* § 72 Rz 29). Kürzt der ArbG die abzuführende LSt zu Unrecht, hat das BetriebsstättenFA einen Rückforderungsanspruch (§ 37 II AO; vgl BFH VI R 30/82 BStBl II 86, 886 zu § 28 V BerlinFG).

12 **9. Kinder im Ausl, § 72 VIII.** Hat ein zum Personenkreis des § 62 gehörender Angehöriger des öffentl Dienstes Anspruch auf KiGeld für in einem anderen EU- bzw EWR-Staat oder einem anderen Vertragsstaat (§ 62 Rz 5) lebende

Kinder, ist für die Festsetzung des KiGeldes – und ab 1999 auch für die Auszahlung – die Familienkasse der BA zuständig (BT-Drs 14/29, 189; V 1.5.2 DA-KiGeld 2015; *BfF* BStBl I 01, 329; *HHR* Anm 40).

§ 73 *(weggefallen)*

§ 74 Zahlung des Kindergeldes in Sonderfällen

(1) [1] **Das für ein Kind festgesetzte Kindergeld nach § 66 Absatz 1 kann an das Kind ausgezahlt werden, wenn der Kindergeldberechtigte ihm gegenüber seiner gesetzlichen Unterhaltspflicht nicht nachkommt.** [2] **Kindergeld kann an Kinder, die bei der Festsetzung des Kindergeldes berücksichtigt werden, bis zur Höhe des Betrags, der sich bei entsprechender Anwendung des § 76 ergibt, ausgezahlt werden.** [3] **Dies gilt auch, wenn der Kindergeldberechtigte mangels Leistungsfähigkeit nicht unterhaltspflichtig ist oder nur Unterhalt in Höhe eines Betrages zu leisten braucht, der geringer ist als das für die Auszahlung in Betracht kommende Kindergeld.** [4] **Die Auszahlung kann auch an die Person oder Stelle erfolgen, die dem Kind Unterhalt gewährt.**

(2) **Für Erstattungsansprüche der Träger von Sozialleistungen gegen die Familienkasse gelten die §§ 102 bis 109 und 111 bis 113 des Zehnten Buches Sozialgesetzbuch entsprechend.**

Einkommensteuer-Richtlinien / Verwaltungsschreiben: EStH 74 –V 32 DA-KiGeld 2015

Übersicht

1. Grundaussage. Das KiGeld soll direkt in die richtigen Hände kommen 1
(*KSM/Felix* § 74 Rz B 2); daher eröffnet die **Abzweigung** (§ 74 I) die Möglichkeit, das KiGeld nicht an die KiGeld-Berechtigten (idR die Eltern) auszuzahlen, sondern an das Kind selbst (§ 74 I 2, 3) oder an den tatsächl Unterhaltsgewährenden (§ 74 I 4: Person oder Stelle), und zwar **(1)** bei Nichterfüllung der Unterhaltspflicht (§ 74 I 1) oder **(2)** bei Fehlen einer Unterhaltsverpflichtung (§ 74 I 3 Alt 1) oder **(3)** bei betragsmäßigem Zurückbleiben der Unterhaltsverpflichtung (§ 74 I 3 Alt 2; *Reuß* EFG 09, 494). § 74 II regelt die **Erstattung** an Sozialleistungsträger. – (Vorherige) Abzweigung und (nachträgl) Erstattung stehen nebeneinander (BFH VI B 272/99 BFH/NV 01, 898); eine Abzweigung kann ggf auch noch nach einer Erstattung (gem § 74 II) nachgeholt werden (BFH V R 25/12 BFH/NV 14, 322).

2. Abzweigung, § 74 I. – a) Unterhaltspflichtverletzung. Nach § 74 I 1 2
kann bei Verletzung der Unterhaltspflicht (§§ 1360ff, 1601ff BGB; V 32.2 DA-KiGeld 2015; BFH III B 135/05 BFH/NV 06, 1285; FG Mchn EFG 07, 1178, rkr) das KiGeld an das **Kind** bzw an den **tatsächl Unterhalt Gewährenden** ausgezahlt werden („Auszahlungskorrektur": zB BFH III R 31/13 BStBl II 15, 1017; BFH VIII R 50/01 BStBl II 02, 575); abzustellen ist auf den Monat (FG Mchn

EFG 08, 698, rkr), auch bei Vormundschaft (FG Ddorf EFG 08, 1983, rkr). Die Auszahlung betrifft nicht die Anspruchs-, sondern die Empfangsberechtigung (BFH III R 3/13 BStBl II 14, 576). Die Abzweigung ist eine Soforthilfemaßnahme, um die Auswirkungen einer Unterhaltspflichtverletzung zu begrenzen (*Löcher* TuP 10, 94). Betreuer/Pflegeeltern sind nicht gesetzl unterhaltsverpflichtet (FG BaWü EFG 12, 2027, rkr). – Das Anbieten von Natural- statt Geldleistungen genügt idR nicht (BFH III B 135/05 BFH/NV 06, 1285; FG Mster EFG 08, 386, 1642, rkr; iEinz *Reuß* EFG 09, 494). Eine einmalige oder unwesentl Pflichtverletzung genügt nicht. Hintergrund der Regelung ist der Gedanke, dem Kind des Berechtigten das KiGeld zugute kommen zu lassen, ohne dass dieses den Zivilrechtsweg beschreiten muss; zum (berechtigten) Weiterleitungseinwand FG Köln EFG 03, 101, rkr; § 64 Rz 5. Nach FG Mster (EFG 09, 266, rkr) Pflichtabzweigung bei mittellosen Eltern (krit *Hollatz* EFG 09, 267); Abzweigung auch bei Unterbringung in betreuter Wohnform (BFH III R 89/09 BStBl II 13, 695). Die Abzweigung wirkt bis zur Aufhebung (FG BBg EFG 15, 1459, Rev VI R 12/15). – **Keine Abzweigung** bereits ausgezahlten KiGeldes (BFH III R 21/08 BStBl II 13, 583; BFH III B 79/12 BFH/NV 13, 1422); mE kommt es auch auf die Bestandskraft der KiGeld-Festsetzung an (so auch FG SachsAnh EFG 12, 1483, rkr). Keine Abzweigung bei erhebl Betreuungsaufwand der Unterhaltspflichtigen (FG BaWü EFG 09, 1306, rkr; FG Mster EFG 11, 1327, rkr; FG Mster EFG 11, 1727, rkr), die diese glaubhaft machen müssen (FG BBg EFG 11, 159, rkr). Abzweigung mögl bei Übergehen eines Abzweigungsantrags (FG BBg EFG 09, 1305, rkr). – Keine Abzweigung des Kinderbonus (BFH III R 2/11 BStBl II 13, 584). – Bei KiGeld-Erhöhung erhält ggf Kind den Unterschiedsbetrag; in 2015 keine Abzweigung der Erhöhung an Leistungsträger, wohl aber 2016 (*BMF* BStBl I 15, 580; *BZSt* BStBl I 15, 794).

3 **b) Ermessensentscheidung.** Die Abzweigung (und auch die Entscheidung über deren Höhe) ist eine Ermessensentscheidung (BFH III R 89/09 BStBl II 13, 695; die Unterhaltsleistungen sind vollständig zu erfassen (BFH III R 41/12 DStRE 15, 84). Geringe Leistungen der Eltern und auch rückwirkend gezahlter Unterhalt sind zu berücksichtigen (BFH III R 16/08 BStBl II 13, 617); sind die Leistungen mdsts so hoch wie das KiGeld, ist eine Abzweigung nicht ermessensgerecht (BFH III B 26/12 BFH/NV 12, 1963; BFH III R 23/13 DStRE 14, 339); das Ermessen ist vorgeprägt bei Haushaltsaufnahme des behinderten Kindes (FG Mchn EFG 12, 2029, rkr). – Ohne Weiterleitungserklärung kann das KiGeld vom vorrangig Berechtigten zurückgefordert werden (BFH III R 82/08 BStBl II 12, 734); zum Widerruf FG Nds EFG 12, 853, rkr. – § 74 I **2** bezweckt eine gleichmäßige Verteilung des KiGeldes und des Zählkindervorteils.

Beispiel: A hat vier Kinder. Das dritte Kind ist ein Zählkind, das im Haushalt der Großeltern lebt. A steht 583 € KiGeld zu (2× 184 und 215). Ohne das Zählkind wären es 558 € (2× 184 und 190). Der Zählkindervorteil (Erhöhungsbetrag) beträgt 25 € und ist mit je 6,25 € auf alle drei Kinder zu verteilen.

4 **c) Mangelnde Leistungsfähigkeit, § 74 I 3.** Abzweigung ist auch mögl, wenn der KiGeld-Berechtigte nicht leistet und nicht verpflichtet ist (BFH VIII R 50/01 BStBl II 02, 575; BFH III B 131/11 BFH/NV 12, 1129; FG Mster EFG 12, 2228 bei Wohngemeinschaft behinderter Erwachsener). Die Regelung entspricht § 48 SGB I (BT-Drs 13/1558, 162). § 74 I 3 berücksichtigt die fehlende Leistungsfähigkeit des Unterhaltsverpflichteten (BFH III R 65/04 BStBl II 08, 753; BFH III R 6/07 BStBl II 09, 926; BFH III B 124/14 BFH/NV 15, 837).

5 **3. Auszahlung an unterhaltsgewährende Stelle. – a) Abzweigung bei Unterhaltsgewährung.** Nach § 74 I 4 kann das KiGeld – auch ohne Pflichtverletzung (FG Mchn EFG 03, 1023, rkr: Unterbringung von Mutter und Kind in betreuter Wohnform; FG Bln EFG 05, 1219, rkr) – an die **unterhaltsgewährende Stelle ausgezahlt** werden, zB an Sozialleistungsträger (BFH VIII R 58/03

BStBl II 06, 130; BFH VIII R 30/04 BFH/NV 05, 692), aber auch an den Ehegatten, an Verwandte, Nachbarn; Abzweigung evtl auch bei Internatsunterbringung (BFH VI B 57/01 BFH/NV 02, 483), bei mehreren Kindern nach Kopfteilen (FG Thür EFG 02, 1463, rkr), ggf Ermessensreduzierung (FG Bbg EFG 04, 1635, rkr), zB bei gänzl fehlenden Kontaktpflege-Kosten; Aufteilung mögl (FG SachsAnh EFG 12, 1564, rkr; FG SachsAnh EFG 12, 1570, rkr; mit Anm *Siegers* EFG 12, 1574), auch bei vollstationärer Unterbringung (FG Thür EFG 08, 865, rkr), ggf zu trennen zw KiGeld nach § 66 und nach dt-türkischem DBA (BFH III R 44/08 BStBl II 13, 580). Abzweigung bei Unterhaltsbeitrag von 26 € (FG Mchn EFG 07, 1179, rkr).

b) Abzweigung an das Sozialamt. Diese kommt in Betracht, wenn die Eltern keine oder nur noch geringe Aufwendungen für ihr grundsicherungsberechtigtes Kind haben; eine Abzweigung an den Grundsicherungsträgerträger ist nicht zul, wenn die Leistungen der Eltern KiGeld-Höhe erreichen (BFH III R 37/07 BStBl II 09, 928; FG Hess 13 K 2752/06, rkr; gegen „kleinliche" Abzweigung ausführl FG SachsAnh DStRE 12, 159, rkr). Abzweigung an den Sozialleistungsträger aber, wenn der KiGeld-Berechtigte nicht zum Unterhalt eines volljährigen behinderten Kindes verpflichtet ist (und auch nicht beiträgt), weil es Grundsicherung nach §§ 41ff SGB VIII bezieht (BFH III R 6/07 BStBl II 09, 926; BFH III B 124/14 BFH/NV 15, 837); hingegen keine Abzweigung bei Erbringung eigener Unterhaltsleistungen über KiGeld (BFH III R 38/07 BFH/NV 09, 1107; BFH V R 48/11 BStBl II 13, 697); keine Abzweigung bei teilstationärer Unterbringung eines behinderten Kindes (BFH III R 23/13 DStRE 14, 339; BFH III R 24/13 BFH/NV 14, 504; FG Thür EFG 12, 423, rkr); auch keine Abzweigung von an Pflegeeltern gezahltes KiGeld (FG SachsAnh EFG 12, 430, rkr; FG BaWü DStRE 13, 347, rkr), da keine gesetzl Unterhaltspflicht besteht). 6

c) Verfahren. Bei der Abzweigung (von Amts wegen) bleibt der Inhaber des Anspruchs der Berechtigte, aber nicht Leistungsempfänger; er ist mithin nicht Adressat eines mögl **Rückforderungsanspruchs** (BFH VI R 83/99 BStBl II 02, 47). Abzweigung von Amts wegen (BFH III R 16/06 BFH/NV 09, 164); der Abzweigungsberechtigte ist antragsbefugt (BFH VI B 310/00 BFH/NV 01, 896); Beiladung des KiGeld-Berechtigten bzw des Sozialleistungsträgers notwendig (BFH XI B 145/13 BFH/NV 14, 1223); zum Verfahren *Helmke* § 74 Rz 22f. – Keine rückwirkende Abzweigung nach KiGeld-Auszahlung (BFH III B 79/12 BFH/NV 13, 1422; FG Mchn EFG 06, 1335, rkr; BFH V R 25/12 BFH/NV 14, 322). Unterbliebene Abzweigung soll allerdings nach Erstattung nachgeholt werden können (BFH V S 29/12 BFH/NV 13, 1414). – Zur Nicht-Aufhebung einer Abzweigungsentscheidung FG Mster EFG 08, 922, rkr; Bekanntgabe der Aufhebung an KiGeld-Berechtigten nicht erforderl (FG SachsAnh EFG 10, 1800, rkr). 7

4. Erstattungsansprüche gegen Familienkasse, § 74 II. Abs 2 bezieht die KiGeld-Zahlung in das Ausgleichssystem der verschiedenen Leistungsträger ein (Ausgleich zu Leistungsträgern: keine Überleitung nach §§ 90f SGB XII; FG Bbg EFG 02, 1315, rkr); die §§ 102ff SGB X sind nur rechtstechnische Vorschriften, die den Ausgleich zw Leistungsträgern regeln; ob die Merkmale der Gleichartigkeit und des Vor- und Nachrangs der Leistungsverpflichtung erfüllt sind, ergibt sich ausschließl aus dem SGB und den KiGeld-rechtl Vorschriften im EStG. 10

Das Jugendamt kann in bestimmten Fällen bei der Bundesagentur für Arbeit einen Erstattungsanspruch nach § 74 II EStG geltend machen und sich das KiGeld für ein Kind als Mindestkostenbeitrag der Eltern von der Bundesagentur erstatten lassen. Rechtsgrundlage ist § 94 III 2 SGB VIII, der den Erstattungsanspruch des Jugendamtes jedoch an folgende Voraussetzungen knüpft: (1) Unterbringung „über Tag und Nacht" außerhalb des Elternhauses (§ 94 III 1 SGB VIII); (2) Kindergeldanspruch eines leibl Elternteils (§ 94 III 1 SGB VIII); (3) keine Zahlungsbereitschaft des leibl Elternteils (§ 94 III 2 SGB VIII).

11 **a) Erstattungsanspruch des nachrangigen Leistungsträgers.** § 104 SGB X verpflichtet die Familienkasse als vorrangigen Leistungsträger bei **Gleichartigkeit** der Leistung zur Erstattung (BFH VIII R 21/03 BFH/NV 05, 171; FG Ddorf EFG 04, 1380, rkr; BFH V R 25/12 BFH/NV 14, 322; iEinz V 33 DA-KiGeld 2015; *Helmke* § 74 Rz 35f); die Familienkasse hat kein Ermessen (BFH III B 133/12 BFH/NV 13, 921). Besteht ein Erstattungsanspruch, gilt der KiGeld-Anspruch der Eltern etc durch Zahlung an den Leistungsträger als erfüllt (§ 107 SGB X; FG Mster EFG 02, 33, rkr; BFH III R 37/05 BFH/NV 07, 1160 [Beiladung des Sozialamts]; FG Hbg EFG 12, 2298, rkr); der Erstattungsanspruch besteht auch bei nachträgl KiGeldFestsetzung (BFH III R 28/10 BStBl II 13, 26; BFH VI R 15/12 BStBl II 15, 145). Der Erstattungsanspruch des Jugendhilfeträgers ist auf Kostenbeitrag begrenzt (BFH III R 43/08 BStBl II 10, 1014). Es besteht kein Anspruch des Leistungsträgers auf Erstattung von rückwirkend festgesetztem KiGeld, wenn dem Kind das KiGeld nicht ausgezahlt/zugeflossen ist (BFH III R 87/06 BFH/NV 08, 1833; BFH III R 33/05 BStBl II 09, 919; BFH III R 89/07 BFH/NV 08, 1995). – Zur Beiladung des Sozialamts bei Rückforderung durch Familienkasse BFH III R 37/05 BFH/NV 07, 1160 [Beiladungsbeschluss]. Der Erstattungsanspruch muss konkretisiert werden (FG Köln EFG 02, 1181; FG Ddorf EFG 04, 1380, rkr); der Erstattungsanteil bemisst sich nach Kopfteilen (FG Köln EFG 00, 1393, rkr). – § 76 S 2 Nr 1 ist entspr anwendbar (BFH III R 44/08 BStBl II 13, 580). – Zur Handhabung bei KiGeldErhöhung s Rz 2 aE.

12 **b) Kostenbeitragsbescheid.** Ein Erstattungsanspruch des Sozialleistungsträgers nach § 104 I 4 SGB X setzt einen Kostenbeitragsbescheid voraus, den der KiGeld-Berechtigte ganz oder zT nicht erfüllt hat (BFH III R 85/09 BStBl II 13, 19). – Der Grundsicherungsträger hat keinen Erstattungsanspruch (FG Ddorf EFG 05, 55, rkr). Heimerziehung-Sachleistungen sind nicht gleichartig (BFH VIII R 57/04 BFH/NV 05, 862). – Erstattungsansprüche (des Leistungsträgers) sind allein von der Erfüllung der §§ 102ff SGB X abhängig (BFH III R 88/09 BFH/NV 11, 1326). Auch wenn das Kind im eigenen Haushalt lebt, hat der Sozialleistungsträger einen Erstattungsanspruch, wenn der KiGeld-berechtigte Elternteil ebenfalls (nachrangige) Sozialleistungen nach dem SGB II bezieht (BFH III R 24/11, BStBl II 14, 32).

13 **5. Finanzrechtsweg.** Für Klagen des Sozialleistungsträgers (zB Jugendamt) auf Erstattung ist der Finanzrechtsweg gegeben (FG Ddorf EFG 00, 225, rkr; *Korn/Greite* § 74 Rz 13). Im Erstattungsverfahren besteht eine Bindung an die ggü dem nachrangig verpflichteten Leistungsträger ergangene Entscheidung über den KiGeld-Anspruch (BFH VIII R 88/01 BFH/NV 02, 1156). Eine Rückforderung nach § 112 SGB X ist nicht durch VA, sondern durch allg Leistungsklage geltend zu machen (BFH III R 89/03 BStBl II 06, 545).

§ 75 Aufrechnung

(1) **Mit Ansprüchen auf Erstattung von Kindergeld kann die Familienkasse gegen Ansprüche auf Kindergeld bis zu deren Hälfte aufrechnen, wenn der Leistungsberechtigte nicht nachweist, dass er dadurch hilfebedürftig im Sinne der Vorschriften des Zwölften Buches Sozialgesetzbuch über die Hilfe zum Lebensunterhalt oder im Sinne der Vorschriften des Zweiten Buches Sozialgesetzbuch über die Leistungen zur Sicherung des Lebensunterhalts wird.**

(2) **Absatz 1 gilt für die Aufrechnung eines Anspruchs auf Erstattung von Kindergeld gegen einen späteren Kindergeldanspruch eines mit dem Erstattungspflichtigen in Haushaltsgemeinschaft lebenden Berechtigten entsprechend, soweit es sich um laufendes Kindergeld für ein Kind handelt, das bei beiden berücksichtigt werden kann oder konnte.**

Einkommensteuer-Richtlinien/Verwaltungsschreiben: EStH 75 – V 27 DA-KiGeld 2015

1 **1. Begrenzte Aufrechnungsbefugnis der Familienkasse.** § 75 I (angepasst an § 12 BKGG iVm § 51 SGB I) durchbricht das grds Aufrechnungsverbot zugunsten der Familienkassen (*Helmke* § 75 Rz 2). Die Hauptforderung ist der Anspruch auf das KiGeld, die Gegenforderung, mit der die Familienkasse aufrechnen kann, ein Erstattungsanspruch (zB bei Doppelzahlung; FG Nds EFG 01, 197); zw altem und neuem KiGeld-Berechtigten besteht keine Aufrechnungslage (FG Bln EFG 99, 850). Die Aufrechnung ist von vornherein auf die Hälfte des Anspruchs auf das KiGeld begrenzt und scheidet ganz aus bei Hilfsbedürftigkeit iSd §§ 1ff SGB XII. Aufrechnung auch mit EStNachforderungen aus Wegfall von Kinderfreibeträgen (FG Ddorf EFG 02, 1351). – Anwendung auch bei Aufrechnung gegen KiGeld-*Nach*zahlungen (FG Sachs 6 K 1290/06 Kg, rkr; *HHR* Anm 4 aE; aA FG Hbg EFG 05, 1250, rkr). Aufrechnung ist eine Ermessensentscheidung (FG Sachs 6 K 1290/06 Kg, rkr). Zur Vollstreckung einer Erstattungsforderung V 31.2 DA-KiGeld 2015.

2 **2. Erweiterung.** § 75 II enthält eine (eng begrenzte) Ausnahme vom Prinzip der Gegenseitigkeit (V 27.2 DA-KiGeld 2015); die Regelung soll verhindern, dass sich Eltern der Realisierung eines Erstattungsanspruchs missbräuchl entziehen.

§ 76 Pfändung

[1] Der Anspruch auf Kindergeld kann nur wegen gesetzlicher Unterhaltsansprüche eines Kindes, das bei der Festsetzung des Kindergeldes berücksichtigt wird, gepfändet werden. [2] Für die Höhe des pfändbaren Betrags gilt:

1. **[1] Gehört das unterhaltsberechtigte Kind zum Kreis der Kinder, für die dem Leistungsberechtigten Kindergeld gezahlt wird, so ist eine Pfändung bis zu dem Betrag möglich, der bei gleichmäßiger Verteilung des Kindergeldes auf jedes dieser Kinder entfällt. [2] Ist das Kindergeld durch die Berücksichtigung eines weiteren Kindes erhöht, für das einer dritten Person Kindergeld oder dieser oder dem Leistungsberechtigten eine andere Geldleistung für Kinder zusteht, so bleibt der Erhöhungsbetrag bei der Bestimmung des pfändbaren Betrags des Kindergeldes nach Satz 1 außer Betracht;**
2. **der Erhöhungsbetrag nach Nummer 1 Satz 2 ist zugunsten jedes bei der Festsetzung des Kindergeldes berücksichtigten unterhaltsberechtigten Kindes zu dem Anteil pfändbar, der sich bei gleichmäßiger Verteilung auf alle Kinder, die bei der Festsetzung des Kindergeldes zugunsten des Leistungsberechtigten berücksichtigt werden, ergibt.**

Einkommensteuer-Richtlinien/Verwaltungsschreiben: EStH 76 – V 23 DA-KiGeld 2015

1 **1. Pfändung.** § 76 erlaubt die Pfändung des idR den Eltern (§ 64 II) zustehenden steuerl KiGeldes nur wegen gesetzl Unterhaltsansprüche der gesetzl unterhaltsberechtigten Kinder (BT-Drs 13/1558, 162). Die Regelung bewirkt (ähnl wie § 74), dass das Kind in den Genuss der ihm zugedachten Leistung kommt (Beispiele bei *Seewald/Felix* NWB 27, 4465/71; *HHR* Anm 3). Die Finanzbehörden können den KiGeld-Anspruch nicht pfänden. Dies ergibt sich aus § 76 iVm § 319 AO. Die Regelung entspricht § 54 V SGB I; iEinz V 23 DA-KiGeld 2015. Die Höhe des pfändbaren Teils des KiGeldes hängt davon ab, ob die Pfändung zugunsten eines Zahl- oder eines Zählkindes erfolgt; Zahlkinder können den auf sie entfallenden Anteil des gleichmäßig verteilten KiGeldes pfänden (Nr 1), Zählkinder den (aufgeteilten) Erhöhungsbetrag (Nr 2). Zur Anwendung des § 76 auf Erstattungsanspruch nach § 74 II BFH III R 44/08 BStBl II 13, 580).

2 **2. Abtretung; Verpfändung.** Ein KiGeld-Anspruch kann an einen Dritten abgetreten werden (§ 46 AO; §§ 398ff BGB), soweit er der Pfändung unterliegt (§ 400 BGB; zur Höhe des pfändbaren Einkommens *Helmke* § 76 Rz 10f).

§ 77 Erstattung von Kosten im Vorverfahren

(1) [1] **Soweit der Einspruch gegen die Kindergeldfestsetzung erfolgreich ist, hat die Familienkasse demjenigen, der den Einspruch erhoben hat, die zur zweckentsprechenden Rechtsverfolgung oder Rechtsverteidigung notwendigen Aufwendungen zu erstatten.** [2] **Dies gilt auch, wenn der Einspruch nur deshalb keinen Erfolg hat, weil die Verletzung einer Verfahrens- oder Formvorschrift nach § 126 der Abgabenordnung unbeachtlich ist.** [3] **Aufwendungen, die durch das Verschulden eines Erstattungsberechtigten entstanden sind, hat dieser selbst zu tragen; das Verschulden eines Vertreters ist dem Vertretenen zuzurechnen.**

(2) **Die Gebühren und Auslagen eines Bevollmächtigten oder Beistandes, der nach den Vorschriften des Steuerberatungsgesetzes zur geschäftsmäßigen Hilfeleistung in Steuersachen befugt ist, sind erstattungsfähig, wenn dessen Zuziehung notwendig war.**

(3) [1] **Die Familienkasse setzt auf Antrag den Betrag der zu erstattenden Aufwendungen fest.** [2] **Die Kostenentscheidung bestimmt auch, ob die Zuziehung eines Bevollmächtigten oder Beistandes im Sinne des Absatzes 2 notwendig war.**

Einkommensteuer-Richtlinien/Verwaltungsschreiben: EStH 77 – R 7.5 DA-KiGeld 2015

1 **Anmerkung:** Anders als das außergerichtl Rechtsbehelfsverfahren nach der AO sieht § 77 bei erfolgreichem Einspruch (auch gegen Aufhebung einer KiGeld-Festsetzung; BFH VIII R 73/00 BFH/NV 03, 25, auch zu § 77 II) und in den Fällen des § 77 I 2 grds eine **Erstattung von Kosten** im außergerichtl Rechtsbehelfsverfahren vor (FG Nds EFG 99, 905); Erfolg auch bei Tätigwerden nach Untätigkeitseinspruch (FG Ddorf EFG 12, 529, rkr), auch (analog) für Fälle der Abzweigung (BFH III R 39/12 BStBl II 15, 148; FG Mster EFG 14, 1696, rkr; FG Sachs 6 K 1785/13, Rev XI R 24/14) und für Abrechnungsbescheide (BFH III R 31/14 BStBl II 16, 26). Keine Erstattung wird gewährt bei Verletzung der Mitwirkungspflicht (BFH XI B 2/14 BFH/NV 14, 1049), bei Billigkeitsentscheidungen (FG Mster EFG 07, 1533, rkr) und in Weiterleitungsfällen (BFH III B 115/09 BFH/NV 11, 434). Erforderl ist ein erkennbares Tätigwerden des Bevollmächtigten (FG Mchn EFG 07, 1704, rkr; FG Köln EFG 10, 1446, rkr). – Mit der Regelung wird eine Schlechterstellung ggü dem bisherigen Recht vermieden (BT-Drs 13/1558, 162). Die Regelung entspricht § 63 SGB X. - Die Kostengrundentscheidung ist ein selbstständiger VA (BFH III R 8/14 BStBl II 15, 844; FG Ddorf 15 K 3756/14 Kg, Rev III R 24/15); zweistufiges Verfahren (Grund und Höhe; FG Ddorf EFG 06, 909, rkr); zur Streitwertberechnung s BFH III S 2/14 DStRE 15, 118. – Abtretung mögl (FG Hess EFG 15, 1616, rkr). - Zur Zuständigkeit s FG Thür EFG 15, 1549, NZB XI B 44/15).

§ 78 Übergangsregelungen

(1) bis (4) *(weggefallen)*

(5) [1] **Abweichend von § 64 Absatz 2 und 3 steht Berechtigten, die für Dezember 1990 für ihre Kinder Kindergeld in dem in Artikel 3 des Einigungsvertrages genannten Gebiet bezogen haben, das Kindergeld für diese Kinder auch für die folgende Zeit zu, solange sie ihren Wohnsitz oder gewöhnlichen Aufenthalt in diesem Gebiet beibehalten und die Kinder die Voraussetzungen ihrer Berücksichtigung weiterhin erfüllen.** [2] **§ 64 Absatz 2 und 3 ist insoweit erst für die Zeit vom Beginn des Monats an anzuwenden, in dem ein hierauf gerichteter Antrag bei der zuständigen Stelle eingegangen ist; der hiernach**

Berechtigte muss die nach Satz 1 geleisteten Zahlungen gegen sich gelten lassen.

Einkommensteuer-Richtlinien/Verwaltungsschreiben: EStH 78 – A 25 DA-KiGeld 2015

Anmerkung: § 78 I–IV sind aufgehoben worden (zur alten Rechtslage s 17., 34. Aufl). – § 78 V entspricht § 44d II des BKGG aF; er enthält eine Sonderregelung für Berechtigte in den neuen Bundesländern; § 78 V ist nur solange anwendbar, als sich die tatsächl Verhältnisse nicht ändern (FG Bbg EFG 98, 751). 1

XI. Altersvorsorgezulage

§ 79 Zulageberechtigte

[1]Die in § 10a Absatz 1 genannten Personen haben Anspruch auf eine Altersvorsorgezulage (Zulage). [2]Ist nur ein Ehegatte nach Satz 1 begünstigt, so ist auch der andere Ehegatte zulageberechtigt, wenn

1. **beide Ehegatten nicht dauernd getrennt leben (§ 26 Absatz 1),**
2. **beide Ehegatten ihren Wohnsitz oder gewöhnlichen Aufenthalt in einem Mitgliedstaat der Europäischen Union oder einem Staat haben, auf den das Abkommen über den Europäischen Wirtschaftsraum anwendbar ist,**
3. **ein auf den Namen des anderen Ehegatten lautender Altersvorsorgevertrag besteht,**
4. **der andere Ehegatte zugunsten des Altersvorsorgevertrages nach Nummer 3 im jeweiligen Beitragsjahr mindestens 60 Euro geleistet hat und**
5. **die Auszahlungsphase des Altersvorsorgevertrages nach Nummer 3 noch nicht begonnen hat.**

[3]Satz 1 gilt entsprechend für die in § 10a Absatz 6 Satz 1 und 2 genannten Personen, sofern sie unbeschränkt steuerpflichtig sind oder für das Beitragsjahr nach § 1 Absatz 3 als unbeschränkt steuerpflichtig behandelt werden.

Verwaltungsschreiben: *BMF* BStBl I 13, 1022; *BMF* BStBl I 14, 97
Schrifttum: S zu § 10a.

1. Allgemeines. §§ 10a und 79ff regeln die steuerl Förderung für eine zusätzl **private Altersvorsorge** als Ausgleich für die schrittweise Absenkung des Rentenniveaus aus der gesetzl RV. Die steuerl Förderung der privaten Altersvorsorge erfolgt durch Kombination einer progressionsunabhängigen **Altersvorsorgezulage** (§§ 79ff) und durch einen **SA-Abzug,** sofern dieser günstiger ist (Prüfung von Amts wegen durch das FA). Die Inanspruchnahme der steuerl Förderung führt dazu, dass die späteren Rentenleistungen aus dem Altersvorsorgevertrag in voller Höhe – also nicht nur mit dem Ertragsanteil – **zu versteuern** sind (§ 22 Nr 5); das Gleiche gilt für den **Verminderungsbetrag** nach § 92a II 5 und den **Auflösungsbetrag** nach § 92a III 5 (§ 22 Nr 5 S 4). 1

2. Personenkreis. – a) Grundsätze. Begünstigt sind im Wesentlichen StPfl, die von der Absenkung des Rentenniveaus aus der gesetzl Rentenversicherung betroffen sind. Zum begünstigten Personenkreis s § 10a Rz 8ff. Soweit § 79 S 1 an die unbeschr StPfl anknüpfte, war die Regelung europarechtswidrig; dies ist nun bereinigt (zur Umsetzung der EuGH-Rspr s *BMF aaO,* Rz 2ff; zum Bestandsschutz bei ausl Alterssicherungssystemen s § 52 Abs 63a aF; § 79 S 3 nF; *BMF* aaO, Rz 14ff). 2

b) Ehegatten/LPart. Gehören *beide* Ehegatten zum begünstigten Personenkreis, steht beiden die Förderung zu. Aber auch dann, wenn nur *ein* Ehegatte zum begünstigten Personenkreis gehört, eröffnet **§ 79 S 2** (ab VZ 2013 idF AltvVerbG) 3 dem anderen (**mittelbar** zulagenberechtigten) Ehegatten durch Abschluss eines *eigenen* Altersvorsorgevertrags die steuerl Förderung; hierzu zählt jedoch nicht die eigene betriebl Altersversorgung des anderen Ehegatten (BFH X R 33/07 BStBl II 09, 995; *Risthaus* DB 09, 2185). Mittelbar zulagenberechtigt ist aber auch der Ehegatte, der ledigl die verfahrensrechtl Voraussetzungen des § 10a I nicht erfüllt (BFH X R 20/14 BStBl II 15, 709: Beamte). Durch § 2 VIII nF sind *Lebenspartner* (iSd LPartG) den Ehegatten gleichgestellt, auch rückwirkend, soweit die ESt-Festsetzung nicht bestandskräftig ist (§ 52 Abs 2a aF). Die mittelbare Förderung greift mE auch, wenn der zum begünstigten Personenkreis gehörende Ehegatte/Lebenspartner für sich keinen Altersvorsorgevertrag abgeschlossen hat (glA FG BBg EFG 14, 1878, Rev X R 49/14; aA *BMF* BStBl I 13, 1022 Rz 21). Ist zB der Ehemann Selbstständiger (also nicht begünstigt) und die Ehefrau geringfügig mit Verzicht auf die Versicherungsfreiheit beschäftigt, kann der Ehemann durch Abschluss eines eigenen Vorsorgevertrages in die Zulagebegünstigung eintreten. Voraussetzung für den abgeleiteten Zulagenanspruch ist ua, dass der Ehegatte/Lebenspartner einer versicherungspflichtigen Tätigkeit nachgeht und die Ehegatten/Lebenspartner nicht dauernd getrennt leben, ab VZ 13 zudem, dass der Altersvorsorgevertrag des mittelbar Begünstigten sich noch nicht in der Auszahlungsphase befindet (§ 79 S 2 Nr 5).

4 **3. Mindestbeitrag.** Abw von der früheren Rechtslage wurde mit dem BeitrRLUmsG ab 2012 ein – dem Sockelbetrag gem § 86 I 4 entspr – Mindestbeitrag iHv 60 € je Beitragsjahr eingeführt (jetzt § 79 S 2 Nr 4), um dann, wenn die *unmittelbare* Zulagenberechtigung zB des kindererziehenden Ehegatten *verkannt* wird, eine Rückforderung der Zulagen zu vermeiden (BT-Drs 17/6263). Der Anbieter hatte hierüber seinen Vertragspartner bis zum 31.7.12 zu informieren (§ 52 Abs 63a S 2 aF). Im Zusammenhang hiermit steht die Möglichkeit der Beitragsnachentrichtung für Beitragsjahre bis 2011 gem § 82 Abs 5. *Folge:* rückwirkende Zulage iVm nachgelagerter Besteuerung, jedoch keine Berücksichtigung iRd §§ 10a, 2 VI. Zu Einzelheiten – einschließl verfahrensrechtl Fragen – s *Myßen ua* NWB 11, 4390.

§ 80 Anbieter

Anbieter im Sinne dieses Gesetzes sind Anbieter von Altersvorsorgeverträgen gemäß § 1 Absatz 2 des Altersvorsorgeverträge-Zertifizierungsgesetzes sowie die in § 82 Absatz 2 genannten Versorgungseinrichtungen.

1 **Zertifizierungsfähige Zusagen.** Sie können nur abgegeben werden von Lebensversicherungsunternehmen, Kreditinstituten, KapitalanlageGes gem InvG nF: (externe KapitalverwaltungsGes) und Genossenschaften, sofern sie die in § 1 I AltZertG aF/nF geforderten Voraussetzungen erfüllen. Dies braucht der Anleger nicht zu prüfen. Die Anbieter unterliegen einer besonderen staatl Aufsicht. Die Zertifizierung ist ua daran gebunden, dass zu Beginn der Auszahlungsphase zumindest die eingezahlten Altersvorsorgebeiträge zur Verfügung stehen und für die Leistungserbringung genutzt werden (§ 1 I 1 Nr 3 AltZertG aF/nF; Ausnahme: Absicherung von Erwerbs-/Dienstunfähigkeit oder Hinterbliebenenversorgung ab VZ 2014 iHv 20%, zuvor: 15%). Wird die Zertifizierung erteilt (§ 1 III AltZertG), kann der Anleger davon ausgehen, dass die gesetzl Anforderungen erfüllt sind (s auch § 82 I 2).

§ 81 Zentrale Stelle

Zentrale Stelle im Sinne dieses Gesetzes ist die Deutsche Rentenversicherung Bund.

1 Die DRV Bund (Zentrale Stelle für Altersvermögen – ZfA) ermittelt im Wege der Organleihe (§ 5 I Nr 18 S 2 FVG; BFH X R 41/13 DStRE 15, 1365: verf-

gem) den Zulageanspruch (§ 90 I); sie veranlasst die Auszahlung der Zulage an den Anbieter (§ 90 II), überwacht die Zulageberechtigung (§§ 90 III, 91) und setzt ggf die Zulage fest (§ 90 IV). Bei ihr ist die Verwendung von Kapital für eine eigenen Wohnzwecken dienende Wohnung im eigenen Haus zu beantragen (§ 92b); sie leitet das Verfahren im Falle schädl Verwendung von Altersvorsorgevermögen (§ 94).

§ 81a Zuständige Stelle

[1] Zuständige Stelle ist bei einem

1. **Empfänger von Besoldung nach dem Bundesbesoldungsgesetz oder einem Landesbesoldungsgesetz die die Besoldung anordnende Stelle,**
2. **Empfänger von Amtsbezügen im Sinne des § 10a Absatz 1 Satz 1 Nummer 2 die die Amtsbezüge anordnende Stelle,**
3. **versicherungsfrei Beschäftigten sowie bei einem von der Versicherungspflicht befreiten Beschäftigten im Sinne des § 10a Absatz 1 Satz 1 Nummer 3 der die Versorgung gewährleistende Arbeitgeber der rentenversicherungsfreien Beschäftigung,**
4. **Beamten, Richter, Berufssoldaten und Soldaten auf Zeit im Sinne des § 10a Absatz 1 Satz 1 Nummer 4 der zur Zahlung des Arbeitsentgelts verpflichtete Arbeitgeber und**
5. **Empfänger einer Versorgung im Sinne des § 10a Absatz 1 Satz 4 die die Versorgung anordnende Stelle.**

[2] Für die in § 10a Absatz 1 Satz 1 Nummer 5 genannten Steuerpflichtigen gilt Satz 1 entsprechend.

§ 82 Altersvorsorgebeiträge

(1) **[1] Geförderte Altersvorsorgebeiträge sind im Rahmen des in § 10a Absatz 1 Satz 1 genannten Höchstbetrags**

1. **Beiträge,**
2. **Tilgungsleistungen,**

die der Zulageberechtigte (§ 79) bis zum Beginn der Auszahlungsphase zugunsten eines auf seinen Namen lautenden Vertrags leistet, der nach § 5 des Altersvorsorgeverträge-Zertifizierungsgesetzes zertifiziert ist (Altersvorsorgevertrag). [2] Die Zertifizierung ist Grundlagenbescheid im Sinne des § 171 Absatz 10 der Abgabenordnung. [3] Als Tilgungsleistungen gelten auch Beiträge, die vom Zulageberechtigten zugunsten eines auf seinen Namen lautenden Altersvorsorgevertrags im Sinne des § 1 Absatz 1a Satz 1 Nummer 3 des Altersvorsorgeverträge-Zertifizierungsgesetzes erbracht wurden und die zur Tilgung eines im Rahmen des Altersvorsorgevertrags abgeschlossenen Darlehens abgetreten wurden. [4] Im Fall der Übertragung von gefördertem Altersvorsorgevermögen nach § 1 Absatz 1 Satz 1 Nummer 10 Buchstabe b des Altersvorsorgeverträge-Zertifizierungsgesetzes in einen Altersvorsorgevertrag im Sinne des § 1 Absatz 1a Satz 1 Nummer 3 des Altersvorsorgeverträge-Zertifizierungsgesetzes gelten die Beiträge nach Satz 1 Nummer 1 ab dem Zeitpunkt der Übertragung als Tilgungsleistungen nach Satz 3; eine erneute Förderung nach § 10a oder Abschnitt XI erfolgt insoweit nicht. [5] Tilgungsleistungen nach den Sätzen 1 und 3 werden nur berücksichtigt, wenn das zugrunde liegende Darlehen für eine nach dem 31. Dezember 2007 vorgenommene wohnungswirtschaftliche Verwendung im Sinne des § 92a Absatz 1 Satz 1 eingesetzt wurde. [6] Bei einer Aufgabe der Selbstnutzung nach § 92a Absatz 3 Satz 1 gelten im Beitragsjahr der Aufgabe der Selbstnutzung auch die nach der Aufgabe der Selbstnutzung geleisteten Beiträge oder Tilgungs-

leistungen als Altersvorsorgebeiträge nach Satz 1. [7]Bei einer Reinvestition nach § 92a Absatz 3 Satz 9 Nummer 1 gelten im Beitragsjahr der Reinvestition auch die davor geleisteten Beiträge oder Tilgungsleistungen als Altersvorsorgebeiträge nach Satz 1. [8]Bei einem beruflich bedingten Umzug nach § 92a Absatz 4 gelten

1. im Beitragsjahr des Wegzugs auch die nach dem Wegzug und
2. im Beitragsjahr des Wiedereinzugs auch die vor dem Wiedereinzug

geleisteten Beiträge und Tilgungsleistungen als Altersvorsorgebeiträge nach Satz 1.

(2) [1]Zu den Altersvorsorgebeiträgen gehören auch

a) die aus dem individuell versteuerten Arbeitslohn des Arbeitnehmers geleisteten Beiträge an einen Pensionsfonds, eine Pensionskasse oder eine Direktversicherung zum Aufbau einer kapitalgedeckten betrieblichen Altersversorgung und
b) Beiträge des Arbeitnehmers und des ausgeschiedenen Arbeitnehmers, die dieser im Fall der zunächst durch Entgeltumwandlung (§ 1a des Betriebsrentengesetzes) finanzierten und nach § 3 Nummer 63 oder § 10a und diesem Abschnitt geförderten kapitalgedeckten betrieblichen Altersversorgung nach Maßgabe des § 1a Absatz 4 und § 1b Absatz 5 Satz 1 Nummer 2 des Betriebsrentengesetzes selbst erbringt,

wenn eine Auszahlung der zugesagten Altersversorgungsleistung in Form einer Rente oder eines Auszahlungsplans (§ 1 Absatz 1 Satz 1 Nummer 4 des Altersvorsorgeverträge-Zertifizierungsgesetzes) vorgesehen ist. [2]Die §§ 3 und 4 des Betriebsrentengesetzes stehen dem vorbehaltlich des § 93 nicht entgegen.

(3) Zu den Altersvorsorgebeiträgen gehören auch die Beitragsanteile, die zur Absicherung der verminderten Erwerbsfähigkeit des Zulageberechtigten und zur Hinterbliebenenversorgung verwendet werden, wenn in der Leistungsphase die Auszahlung in Form einer Rente erfolgt.

(4) Nicht zu den Altersvorsorgebeiträgen zählen

1. Aufwendungen, die vermögenswirksame Leistungen nach dem Fünften Vermögensbildungsgesetz in der jeweils geltenden Fassung darstellen,
2. prämienbegünstigte Aufwendungen nach dem Wohnungsbau-Prämiengesetz in der Fassung der Bekanntmachung vom 30. Oktober 1997 (BGBl. I S. 2678), zuletzt geändert durch Artikel 5 des Gesetzes vom 29. Juli 2008 (BGBl. I S. 1509), in der jeweils geltenden Fassung,
3. Aufwendungen, die im Rahmen des § 10 als Sonderausgaben geltend gemacht werden,
4. Zahlungen nach § 92a Absatz 2 Satz 4 Nummer 1 und Absatz 3 Satz 9 Nummer 2 oder
5. Übertragungen im Sinne des § 3 Nummer 55 bis 55c.

(5) [1]Der Zulageberechtigte kann für ein abgelaufenes Beitragsjahr bis zum Beitragsjahr 2011 Altersvorsorgebeiträge auf einen auf seinen Namen laufenden Altersvorsorgevertrag leisten, wenn

1. der Anbieter des Altersvorsorgevertrags davon Kenntnis erhält, in welcher Höhe und für welches Beitragsjahr die Altersvorsorgebeiträge berücksichtigt werden sollen,
2. in dem Beitragsjahr, für das die Altersvorsorgebeiträge berücksichtigt werden sollen, ein Altersvorsorgevertrag bestanden hat,
3. im fristgerechten Antrag auf Zulage für dieses Beitragsjahr eine Zulageberechtigung nach § 79 Satz 2 angegeben wurde, aber tatsächlich eine Zulageberechtigung nach § 79 Satz 1 vorliegt,

4. die Zahlung der Altersvorsorgebeiträge für abgelaufene Beitragsjahre bis zum Ablauf von zwei Jahren nach Erteilung der Bescheinigung nach § 92, mit der zuletzt Ermittlungsergebnisse für dieses Beitragsjahr bescheinigt wurden, längstens jedoch bis zum Beginn der Auszahlungsphase des Altersvorsorgevertrages erfolgt und

5. der Zulageberechtigte vom Anbieter in hervorgehobener Weise darüber informiert wurde oder dem Anbieter seine Kenntnis darüber versichert, dass die Leistungen aus diesen Altersvorsorgebeiträgen der vollen nachgelagerten Besteuerung nach § 22 Nummer 5 Satz 1 unterliegen.

[2] Wurden die Altersvorsorgebeiträge dem Altersvorsorgevertrag gutgeschrieben und sind die Voraussetzungen nach Satz 1 erfüllt, so hat der Anbieter der zentralen Stelle (§ 81) die entsprechenden Daten nach § 89 Absatz 2 Satz 1 für das zurückliegende Beitragsjahr nach einem mit der zentralen Stelle abgestimmten Verfahren mitzuteilen. [3] Die Beträge nach Satz 1 gelten für die Ermittlung der zu zahlenden Altersvorsorgezulage nach § 83 als Altersvorsorgebeiträge für das Beitragsjahr, für das sie gezahlt wurden. [4] Für die Anwendung des § 10a Absatz 1 Satz 1 sowie bei der Ermittlung der dem Steuerpflichtigen zustehenden Zulage im Rahmen des § 2 Absatz 6 und des § 10a sind die nach Satz 1 gezahlten Altersvorsorgebeiträge weder für das Beitragsjahr nach Satz 1 Nummer 2 noch für das Beitragsjahr der Zahlung zu berücksichtigen.

Verwaltungsschreiben: BMF BStBl I 13, 1022; *BMF* BStBl I 14, 97; FinVerw DStR 03, 2020

1. Altersvorsorgebeiträge. Sie sind lfd freiwillige Zahlungen **(Beiträge),** die auf einen zertifizierten Altersvorsorgevertrag geleistet werden; ferner **Tilgungsleistungen** auf Darlehen (einschließl Kombi-Verträge gem § 1 Abs 1a S 1 Nr 3 AltZertG iVm § 82 Abs 1 S 3: Darlehens- und Sparvertrag) für eine nach dem 31.12.2007 vorgenommene wohnwirtschaftl Verwendung iSv § 92a Abs 1 S 1 (ausführl *Risthaus* DB 08 Beil 6 S 9 ff). Nicht jedoch die dem Altersvorsorgevertrag festgeschriebenen Anlagezinsen (BFH X R 41/13 DStRE 15, 1365; *Myßen* DB 15, 2967). – Nach dem mit AltvVerbG (v 24.6.13, BGBl I 13, 1667) eingeführten § 82 I 6 werden ab VZ 2014 (§ 52 Abs 23h) aus Vereinfachungsgründen (BT-Drs 17/12219, 17) bei Aufgabe der Selbstnutzung einer Wohnung oder der Reinvestition auch die im Beitragsjahr der Aufgabe der Selbstnutzung oder Reinvestition geleisteten Beiträge gefördert; sie werden zugleich auf dem Wohnförderkonto erfasst (§ 92a Abs 2 S 3). Entspr gilt ab VZ 14 nach § 8 nF bei berufl bedingtem Umzug. – Altersvorsorgebeiträge nach Beginn der Auszahlungsphase sind ab 2010 nicht mehr steuerl begünstigt (*BMF* aaO, Rz 36). – Die Beträge können im abgekürzten Zahlungsweg auch von einem Dritten gezahlt werden (*FinVerw* DStR 03, 2020). Zur Zahlung um den Jahreswechsel s *FinVerw* DStR 03, 2020 (es gilt § 11; Zahlungen bis zum 10.1. des Folgejahres werden dem Vorjahr zugerechnet; *Blümich/Lindberg* § 88 Rz 1). – Zur Sicherung der Anleger werden die Produkte (RV, Bankensparpläne, Investmentfonds etc) auf Antrag des Anbieters vom BZSt (Zertifizierungsstelle, Art. 4 AltZertG) darauf geprüft (und zertifiziert), ob sie den Anforderungen des AltZertG entsprechen. Der Anleger kann hierauf vertrauen; die Zertifizierung ist **Grundlagenbescheid** (I 2). 1

Hinweis: Die Zertifizierung besagt nichts darüber aus, ob der Altersvorsorgevertrag wirtschaftl sinnvoll ist, insb ob die zugesagten Renditen gesichert sind; dieses Risiko trägt der Anleger allein. Gesichert ist aber, dass zu Beginn der späteren Auszahlungsphase das eingezahlte Kapital zur Auszahlung der Altersversorgung in Form einer lebenslangen gleich bleibenden oder steigenden monatl Leibrente zur Verfügung steht. Zur Produktinformation gem § 3a AltZertG s *BMF* NWB 15, 3155. 2

2. Leibrentenzahlung als unabdingbare Voraussetzung für die staatl Förderung. Auch bereits vor dem 1.1.2002 abgeschlossene **Altverträge** können förderfähig sein, wenn sie an die Bedingungen des § 1 I AltZertG angepasst werden. In der späteren Auszahlungsphase sind die Leistungen aus dem Vertrag aber in 3 zwei unterschiedl zu behandelnde Teile zu zerlegen und unterschiedl zu besteuern (§ 22 Rz 127; *Risthaus* DB 01, 1276).

4 **3. Betriebl Altersvorsorge, § 82 II.** Abs 2 ermöglicht auch die Förderung von Zahlungen in Pensionsfonds, Pensionskasse oder DirektVers als Altersvorsorgebeiträge, wenn die Zahlungen aus individuell versteuertem ArbLohn des ArbN geleistet werden und wenn eine lebenslange Altersversorgung durch Rentenzahlungen gewährleistet ist. Zu eigenen Beiträge aus Entgeltumwandlungen s Abs 2 S 1 Buchst b.

5 **a) Pensionsfonds; Pensionskassen; DirektVers.** Soweit Beiträge des ArbG hierzu gem § 3 Nr 63 stfrei geleistet oder (bei kapitalgedeckten Pensionskassen) nach § 40b aF pauschal besteuert werden, muss aus der StFreiheit bzw der Pauschalbesteuerung in die individuelle Besteuerung optiert werden (§ 82 II 1 Buchst a). Zu Einzelheiten s *BMF* aaO, Rz 330ff. Zu Alt-Direktversicherungen/Zuwendungen an Pensionskassen (Zusage vor dem 1.1.2005) s § 52 Abs 4 S 10ff und 40; *BMF* aaO, Rz 349ff.

6 **b) Abfindung.** Wird bei Beendigung eines DienstVerh ein unverfallbarer Anspruch des ArbN auf betriebl Altersversorgung abgefunden, bleiben die steuerl Vergünstigungen erhalten, wenn der Abfindungsbetrag zum Aufbau einer begünstigten Altersversorgung verwendet oder der Barwert einer Versorgungsanwartschaft auf den neuen ArbG oder dessen Versorgungswerk übertragen wird (§ 4 IV BetrAVG iVm § 93 II).

7 **4. Verminderte Erwerbsfähigkeit, § 82 III.** Abs. 3 lässt es zu, dass ein Teil der Beiträge zur Absicherung der verminderten Erwerbsfähigkeit des Anlegers oder zur Hinterbliebenenversorgung verwendet wird. Voraussetzung für die StVergünstigungen ist auch hier, dass in der späteren Auszahlungsphase eine Rentenzahlung erfolgt.

8 **5. Doppelbegünstigungsausschluss, § 82 IV.** Abs 4 verhindert eine Förderung der in Nr 1–5 aufgeführten Aufwendungen. Dadurch soll eine Doppelbegünstigung ausgeschlossen werden (BFH X R 41/13 DStRE 15, 1365). Ab VZ 2005 kommt es bei Nr 1 und Nr 2 nicht mehr darauf an, ob eine ArbN-Sparzulage oder eine WoP *gewährt* wird. § 82 IV Nr 5 nF ist durch BetrRLUmsG eingefügt worden und bereits am 14.12.11 in Kraft getreten (Art 25 IV BeitrRLUmsG). Die Regelung knüpft an die StFreistellung aus der Übertragung von Altersvorsorgevermögen gem § 3 Nr 55 bis 55c (s dort) an mit der Folge, dass eine steuerl Förderung des übertragenen Betrags ausgeschlossen wird (BT-Drs 17/7524; *Myßen ua* NWB 11, 4390, 4403).

9 **6. § 82 V idF Kroat-AnpG** übernimmt unverändert § 52 Abs 63b aF (Beitragsentrichtung für Jahre bis einschl 2011). S dazu § 79 Rz 4; *Blümich/Lindberg* § 82 Rz 12f.

§ 83 Altersvorsorgezulage

In Abhängigkeit von den geleisteten Altersvorsorgebeiträgen wird eine Zulage gezahlt, die sich aus einer Grundzulage (§ 84) und einer Kinderzulage (§ 85) zusammensetzt.

§ 84 Grundzulage

[1]**Jeder Zulageberechtigte erhält eine Grundzulage; diese beträgt jährlich 154 Euro.** [2]**Für Zulageberechtigte nach § 79 Satz 1, die zu Beginn des Beitragsjahres (§ 88) das 25. Lebensjahr noch nicht vollendet haben, erhöht sich die Grundzulage nach Satz 1 um einmalig 200 Euro.** [3]**Die Erhöhung nach Satz 2 ist für das erste nach dem 31. Dezember 2007 beginnende Beitragsjahr zu gewähren, für das eine Altersvorsorgezulage beantragt wird.**

§ 85 Kinderzulage

(1) [1]Die Kinderzulage beträgt für jedes Kind, für das dem Zulageberechtigten Kindergeld ausgezahlt wird, jährlich 185 Euro. [2]Für ein nach dem 31. Dezember 2007 geborenes Kind erhöht sich die Kinderzulage nach Satz 1 auf 300 Euro. [3]Der Anspruch auf Kinderzulage entfällt für den Veranlagungszeitraum, für den das Kindergeld insgesamt zurückgefordert wird. [4]Erhalten mehrere Zulageberechtigte für dasselbe Kind Kindergeld, steht die Kinderzulage demjenigen zu, dem für den ersten Anspruchszeitraum (§ 66 Absatz 2) im Kalenderjahr Kindergeld ausgezahlt worden ist.

(2) [1]Bei Eltern, die miteinander verheiratet sind, nicht dauernd getrennt leben (§ 26 Absatz 1) und ihren Wohnsitz oder gewöhnlichen Aufenthalt in einem Mitgliedstaat der Europäischen Union oder einem Staat haben, auf den das Abkommen über den Europäischen Wirtschaftsraum (EWR-Abkommen) anwendbar ist, wird die Kinderzulage der Mutter zugeordnet, auf Antrag beider Eltern dem Vater. [2]Bei Eltern, die miteinander eine Lebenspartnerschaft führen, nicht dauernd getrennt leben (§ 26 Absatz 1) und ihren Wohnsitz oder gewöhnlichen Aufenthalt in einem Mitgliedstaat der Europäischen Union oder einem Staat haben, auf den das EWR-Abkommen anwendbar ist, ist die Kinderzulage dem Lebenspartner zuzuordnen, dem das Kindergeld ausgezahlt wird, auf Antrag beider Eltern dem anderen Lebenspartner. [3]Der Antrag kann für ein abgelaufenes Beitragsjahr nicht zurückgenommen werden.

Verwaltungsschreiben: BMF BStBl I 13, 1022; *BMF* BStBl I 14, 97

Anmerkungen zu §§ 83 bis 85

1. Altersvorsorgezulage. Jeder, der die Förderungsvoraussetzungen erfüllt, erhält die Altersvorsorgezulage, die aus einer **Grundzulage** (§ 84) und einer **Kinderzulage** (§ 85) besteht. Zu beachten ist die Öffnungsklausel zur sog mittelbaren Zulagenberechtigung (s § 79 Rz 3). Für **Berufseinsteiger** (= Zulageberechtigte bis zum 25. Lebensjahr) wird ab 2008 einmalig eine um 200 € erhöhte Grundzulage gewährt (§ 84 S 2; *Risthaus* DB 08 Beil 6 S 21; *Scheurer* DStR 08, 2449f). Die Zulagen werden von der DRV Bund (§ 81) direkt an den Anbieter überwiesen und von diesem auf den Altersvorsorgevertrag verbucht. Sie gelten als Altersvorsorgebeiträge, für die – sofern dies günstiger ist – der SA-Abzug in Betracht kommt (§ 10a; *BMF* aaO, Rz 87ff). 1

2. Kinderzulage. Es kommt nicht auf die Kindergeldberechtigung, sondern darauf an, wem das KiGeld *ausgezahlt* wurde (Haushaltszugehörigkeit des Kindes). 2

a) Ehegatten (§ 26). Auch bei **Ehegatten** (§ 26 I) erhält nur einer der Ehegatten die Kinderzulage; dies ist die Mutter und nur auf gemeinsamen, nicht zurücknehmbaren und für jedes Beitragsjahr zu erneuernden Antrag der Vater (§ 85 II). Ist nur ein Elternteil zulagebegünstigt, muss darauf geachtet werden, dass dieser Elternteil kindergeldberechtigt ist (§ 64 I). Bei **zwei oder mehr Kindern** kann die Kinderzulage für ein Kind bei der Mutter verbleiben und die Kinderzulage für ein anderes Kind dem Vater zugeordnet werden (glA *Risthaus* DB 01, 1273; aA *Lindberg* DStR 01, 2059). Es wird näml eine Kinderzulage für jedes Kind gewährt; dies hat Auswirkungen für die Berechnung des Mindesteigenbeitrages (§ 86). 3

b) Lebenspartner (iSd LPartG). Sie sind durch § 2 VIII idF des Gesetzes v 15.7.13 (BGBl I 13, 2397) rückwirkend (§ 52 Abs 2a) den Ehegatten gleichgestellt. Durch das Gesetz v 18.7.14 (BGBl I 14, 1042) wurde in § 85 II 2 eine entspr Zulage-Zuordnungsregel eingefügt. 4

c) Rückforderung. Wird das Kindergeld für den gesamten VZ **zurückgefordert,** entfällt die Zulage und wird von der DRV Bund zurückgefordert (§ 90 III). 5

§ 86 Mindesteigenbeitrag

(1) [1]Die Zulage nach den §§ 84 und 85 wird gekürzt, wenn der Zulageberechtigte nicht den Mindesteigenbeitrag leistet. [2]Dieser beträgt jährlich 4 Prozent der Summe der in dem dem Kalenderjahr vorangegangenen Kalenderjahr

1. erzielten beitragspflichtigen Einnahmen im Sinne des Sechsten Buches Sozialgesetzbuch,
2. bezogenen Besoldung und Amtsbezüge,
3. in den Fällen des § 10a Absatz 1 Satz 1 Nummer 3 und Nummer 4 erzielten Einnahmen, die beitragspflichtig wären, wenn die Versicherungsfreiheit in der gesetzlichen Rentenversicherung nicht bestehen würde und
4. bezogenen Rente wegen voller Erwerbsminderung oder Erwerbsunfähigkeit oder bezogenen Versorgungsbezüge wegen Dienstunfähigkeit in den Fällen des § 10a Absatz 1 Satz 4,

jedoch nicht mehr als der in § 10a Absatz 1 Satz 1 genannte Höchstbetrag, vermindert um die Zulage nach den §§ 84 und 85; gehört der Ehegatte zum Personenkreis nach § 79 Satz 2, berechnet sich der Mindesteigenbeitrag des nach § 79 Satz 1 Begünstigten unter Berücksichtigung der den Ehegatten insgesamt zustehenden Zulagen. [3]Auslandsbezogene Bestandteile nach den §§ 52 ff. des Bundesbesoldungsgesetzes oder entsprechender Regelungen eines Landesbesoldungsgesetzes bleiben unberücksichtigt. [4]Als Sockelbetrag sind ab dem Jahr 2005 jährlich 60 Euro zu leisten. [5]Ist der Sockelbetrag höher als der Mindesteigenbeitrag nach Satz 2, so ist der Sockelbetrag als Mindesteigenbeitrag zu leisten. [6]Die Kürzung der Zulage ermittelt sich nach dem Verhältnis der Altersvorsorgebeiträge zum Mindesteigenbeitrag.

(2) [1]Ein nach § 79 Satz 2 begünstigter Ehegatte hat Anspruch auf eine ungekürzte Zulage, wenn der zum begünstigten Personenkreis nach § 79 Satz 1 gehörende Ehegatte seinen geförderten Mindesteigenbeitrag unter Berücksichtigung der den Ehegatten insgesamt zustehenden Zulagen erbracht hat. [2]Werden bei einer in der gesetzlichen Rentenversicherung pflichtversicherten Person beitragspflichtige Einnahmen zu Grunde gelegt, die höher sind als das tatsächlich erzielte Entgelt oder die Entgeltersatzleistung, ist das tatsächlich erzielte Entgelt oder der Zahlbetrag der Entgeltersatzleistung für die Berechnung des Mindesteigenbeitrags zu berücksichtigen. [3]Für die nicht erwerbsmäßig ausgeübte Pflegetätigkeit einer nach § 3 Satz 1 Nummer 1a des Sechsten Buches Sozialgesetzbuch rentenversicherungspflichtigen Person ist für die Berechnung des Mindesteigenbeitrags ein tatsächlich erzieltes Entgelt von 0 Euro zu berücksichtigen.

(3) [1]Für Versicherungspflichtige nach dem Gesetz über die Alterssicherung der Landwirte ist Absatz 1 mit der Maßgabe anzuwenden, dass auch die Einkünfte aus Land- und Forstwirtschaft im Sinne des § 13 des zweiten dem Beitragsjahr vorangegangenen Veranlagungszeitraums als beitragspflichtige Einnahmen des vorangegangenen Kalenderjahres gelten. [2]Negative Einkünfte im Sinne des Satzes 1 bleiben unberücksichtigt, wenn weitere nach Absatz 1 oder Absatz 2 zu berücksichtigende Einnahmen erzielt werden.

(4) Wird nach Ablauf des Beitragsjahres festgestellt, dass die Voraussetzungen für die Gewährung einer Kinderzulage nicht vorgelegen haben, ändert sich dadurch die Berechnung des Mindesteigenbeitrags für dieses Beitragsjahr nicht.

(5) Bei den in § 10a Absatz 6 Satz 1 und 2 genannten Personen ist der Summe nach Absatz 1 Satz 2 die Summe folgender Einnahmen und Leistungen aus dem dem Kalenderjahr vorangegangenen Kalenderjahr hinzuzurechnen:

1. die erzielten Einnahmen aus der Tätigkeit, die die Zugehörigkeit zum Personenkreis des § 10a Absatz 6 Satz 1 begründet, und
2. die bezogenen Leistungen im Sinne des § 10a Absatz 6 Satz 2 Nummer 1.

Verwaltungsschreiben: BMF BStBl I 13, 1022 *BMF* BStBl I 14, 97

1. Allgemeines. Um die volle Zulage (Grund- und Kinderzulage) zu erhalten, muss der Anleger einen gewissen **Mindesteigenbeitrag** leisten. Dies wird deshalb verlangt, weil eine Privatvorsorge gefördert, aber nicht eine staatl finanzierte Grundrente eingeführt werden soll. Beteiligt sich der Berechtigte nicht in ausreichendem Maße durch den Mindesteigenbeitrag bzw mindestens durch den **Sockelbetrag** (s Rz 2), werden die Zulagen nach dem Verhältnis der Altersvorsorgebeiträge zum Mindesteigenbeitrag gekürzt (§ 86 I 6). 1

2. Mindesteigenbeitrag. Er bemisst sich nach dem im Gesetz genannten Prozentsatz, der in den dem Beitragsjahr vorangegangenen Kj erzielten beitragspflichtigen Einnahmen iSd SGB VI, **höchstens** (also Begrenzung nach oben hin) nach den in § 10a I 1 genannten Beträgen abzügl der Grund- und Kinderzulage. Zu Einnahmen-Hinzurechnungen s **§ 86 V nF** (= § 52 Abs 64 aF). Wurden im Vorjahr keine oder keine beitragspflichtigen Einnahmen bezogen (zB noch kein ArbVerh), ist der Sockelbetrag als Mindesteigenbeitrag anzusetzen (Rz 3). Bei *pflichtversicherten Landwirten* sind die Einkünfte aus LuF des zweiten dem Beitragsjahr vorangegangenen VZ einzubeziehen **(§ 86 III).** bei einem Nebenerwerbslandwirt, der zusätzl ArbLohn bezieht, sind Einkünfte nach § 13 und § 19 (hier aber Vorjahr) zusammenzurechnen. 2

a) Sockelbetrag. Es ist stets *mindestens* der **Sockelbetrag** nach § 86 I 4 zu leisten, auch wenn er im Einzelfall höher sein sollte als der Mindesteigenbeitrag (§ 86 I 5). Der Sockelbetrag gilt dann als Mindesteigenbeitrag. Der Sockelbetrag soll verhindern, dass bei Zulageberechtigten mit geringen beitragspflichtigen Einnahmen und einer großen Anzahl von Kindern die Vorsorgeleistung überwiegend durch die Zulagen erbracht wird (Berechnungsbeispiele s *Blümich/Lindberg* § 86 Rz 6ff). Ab VZ 2005 gilt ein einheitl Sockelbetrag von 60 €; damit entfällt die bisherige Differenzierung beim Sockelbetrag nach der Zahl der zustehenden Kinderzulagen. 3

b) Behinderung. § 86 II 2, 3 trifft eine Sonderregelung für **behinderte Menschen,** die in anerkannten Werkstätten/Blindenheimen arbeiten, für Bezieher von Lohnersatzleistungen und für Wehr-/Zivildienstleistende. Nach § 86 II 3 ist ab VZ 2013 für Personen, die Pflegebedürftige nicht erwerbsmäßig pflegen, bei der Berechnung des Mindesteigenbeitrags ein tatsächl Entgelt von 0 € anzusetzen, so dass sie vorbehaltl anderer relevanter Einnahme den Sockelbetrag (60 €; Rz 3) zu leisten haben. S iEinz *Blümich/Lindberg* § 82 Rz 12ff. 4

c) LuF. Negative LuF-Einkünfte können gem § 86 III 2 von anderen bei Berechnung des Mindesteigenbetrags zugrunde zu legenden Einnahmen nicht abgezogen werden. 5

d) Kinderzulage. § 86 IV soll nachträgl Zulagenkürzungen wegen Unterschreitung des Mindesteigenbeitrages verhindern, wenn nach Ablauf des Beitragsjahres festgestellt wird, dass eine Kinderzulage nicht gewährt werden durfte. Hierdurch wird die Rückforderung der Kinderzulage nach § 85 I 3 aber nicht berührt. 6

3. Mindesteigenbeitragsberechnung bei Ehegatten. Gehören *beide* Ehegatten zum begünstigten Personenkreis (§ 79 Rz 2), ist für beide Ehegatten die Berechnung des Mindesteigenbeitrages getrennt durchzuführen. Gleiches gilt nach § 2 VIII für **Lebenspartner** (iSd LPartG). Wegen der Zuordnung der Kinderzulagen (s §§ 83–85 Rz 2ff) können sich für die Ehegatten unterschiedl Sockelbeträge ergeben; s dort Rz 5 auch zu Lebenspartnern. Bezügl der Kinderzulage ist stets auf die Verhältnisse des Beitragsjahres abzustellen (s aber Rz 6 aE ab VZ 2005). – Ge- 7 hört *nur ein* Ehegatte zum begünstigten Personenkreis, ist die Öffnungsklausel nach § 79 S 2 zu beachten. – Der Ehegatte mit dem **abgeleiteten Zulageanspruch** (§ 79 S 2) hatte nach *früherer Rechtslage* (§ 86 I 2 HS 2, II 1) bereits dann einen Anspruch auf ungekürzte Zulage, wenn der Ehegatte iSd § 79 S 1 seinen Mindesteigenbeitrag unter Berücksichtigung der den Ehegatten insgesamt zustehenden Zulagen erbracht hatte; der Ehegatte iSd § 79 S 2 musste damit auf seinen eigenen Altersvorsorgevertrag keine eigenen Beiträge leisten, sondern konnte den Vertrag ausschließl mit den Zulagen bedienen (*Risthaus* DB 01, 1273f). Nach *neuer Rechtslage* (§ 79 S 2, letzter HS idF BeitrRlUmsG; jetzt S 2 Nr 4 idF AltvVerbG) muss hingegen ab 2012 auch der nur mittelbar Zulageberechtigte einen Mindestbeitrag von jährl 60 € leisten (s einschließl Beitragsnachentrichtung § 79 Rz 4). Entsprechendes gilt für **Lebenspartner** (§ 2 VIII; ggf iVm § 52 Abs 2a aF).

§ 87 Zusammentreffen mehrerer Verträge

(1) [1] **Zahlt der nach § 79 Satz 1 Zulageberechtigte Altersvorsorgebeiträge zugunsten mehrerer Verträge, so wird die Zulage nur für zwei dieser Verträge gewährt.** [2] **Der insgesamt nach § 86 zu leistende Mindesteigenbeitrag muss zugunsten dieser Verträge geleistet worden sein.** [3] **Die Zulage ist entsprechend dem Verhältnis der auf diese Verträge geleisteten Beiträge zu verteilen.**

(2) [1] **Der nach § 79 Satz 2 Zulageberechtigte kann die Zulage für das jeweilige Beitragsjahr nicht auf mehrere Altersvorsorgeverträge verteilen.** [2] **Es ist nur der Altersvorsorgevertrag begünstigt, für den zuerst die Zulage beantragt wird.**

Verwaltungsschreiben: BMF BStBl I 13, 1022

1 Die Zulage wird maximal für zwei Altersvorsorgeverträge gewährt und ist entspr der auf diese Verträge geleisteten Beiträge zu verteilen. Beantragt der Zulageberechtigte die Zulage für mehr als zwei Verträge, so bestimmt die DRV Bund, dass die Zulage für die beiden Verträge mit den höchsten Altersvorsorgebeiträgen gewährt wird (§ 89 I 3). Zu beachten ist, dass auf die beiden Altersvorsorgeverträge insgesamt der nach § 86 zu erbringende Mindesteigenbeitrag zugunsten dieser beiden Verträge geleistet worden ist; andernfalls tritt eine Kürzung der Zulage ein (s Beispiel bei *Risthaus* DB 01, 1274).

§ 88 Entstehung des Anspruchs auf Zulage

Der Anspruch auf die Zulage entsteht mit Ablauf des Kalenderjahres, in dem die Altersvorsorgebeiträge geleistet worden sind (Beitragsjahr).

1 Der Zulagenanspruch entsteht jeweils mit Ablauf jeden Beitragsjahres (31.12.). Zur Beitragsleistung – einschließl § 11 II – s § 82 Rz 1.

§ 89 Antrag

(1) [1] **Der Zulageberechtigte hat den Antrag auf Zulage nach amtlich vorgeschriebenem Vordruck bis zum Ablauf des zweiten Kalenderjahres, das auf das Beitragsjahr (§ 88) folgt, bei dem Anbieter seines Vertrages einzureichen.** [2] **Hat der Zulageberechtigte im Beitragsjahr Altersvorsorgebeiträge für mehrere Verträge gezahlt, so hat er mit dem Zulageantrag zu bestimmen, auf welche Verträge die Zulage überwiesen werden soll.** [3] **Beantragt der Zulageberechtigte die Zulage für mehr als zwei Verträge, so wird die Zulage nur für die zwei Verträge mit den höchsten Altersvorsorgebeiträgen gewährt.** [4] **Sofern eine Zulagenummer (§ 90 Absatz 1 Satz 2) durch die zentrale Stelle (§ 81) oder eine Versicherungsnummer nach § 147 des Sechsten Buches Sozialge-**

setzbuch für den nach § 79 Satz 2 berechtigten Ehegatten noch nicht vergeben ist, hat dieser über seinen Anbieter eine Zulagenummer bei der zentralen Stelle zu beantragen. [5]Der Antragsteller ist verpflichtet, dem Anbieter unverzüglich eine Änderung der Verhältnisse mitzuteilen, die zu einer Minderung oder zum Wegfall des Zulageanspruchs führt.

(1a) [1]**Der Zulageberechtigte kann den Anbieter seines Vertrages schriftlich bevollmächtigen, für ihn abweichend von Absatz 1 die Zulage für jedes Beitragsjahr zu beantragen.** [2]**Absatz 1 Satz 5 gilt mit Ausnahme der Mitteilung geänderter beitragspflichtiger Einnahmen entsprechend.** [3]**Ein Widerruf der Vollmacht ist bis zum Ablauf des Beitragsjahres, für das der Anbieter keinen Antrag auf Zulage stellen soll, gegenüber dem Anbieter zu erklären.**

(2) [1]**Der Anbieter ist verpflichtet,**

a) die Vertragsdaten,

b) die Versicherungsnummer nach § 147 des Sechsten Buches Sozialgesetzbuch, die Zulagenummer des Zulageberechtigten und dessen Ehegatten oder einen Antrag auf Vergabe einer Zulagenummer eines nach § 79 Satz 2 berechtigten Ehegatten,

c) die vom Zulageberechtigten mitgeteilten Angaben zur Ermittlung des Mindesteigenbeitrags (§ 86),

d) die für die Gewährung der Kinderzulage erforderlichen Daten,

e) die Höhe der geleisteten Altersvorsorgebeiträge und

f) das Vorliegen einer nach Absatz 1a erteilten Vollmacht

als die für die Ermittlung und Überprüfung des Zulageanspruchs und Durchführung des Zulageverfahrens erforderlichen Daten zu erfassen. [2]**Er hat die Daten der bei ihm im Laufe eines Kalendervierteljahres eingegangenen Anträge bis zum Ende des folgenden Monats nach amtlich vorgeschriebenem Datensatz durch amtlich bestimmte Datenfernübertragung an die zentrale Stelle zu übermitteln.** [3]**Dies gilt auch im Fall des Absatzes 1 Satz 5.**

(3) [1]**Ist der Anbieter nach Absatz 1a Satz 1 bevollmächtigt worden, hat er der zentralen Stelle die nach Absatz 2 Satz 1 erforderlichen Angaben für jedes Kalenderjahr bis zum Ablauf des auf das Beitragsjahr folgenden Kalenderjahres zu übermitteln.** [2]**Liegt die Bevollmächtigung erst nach dem im Satz 1 genannten Meldetermin vor, hat der Anbieter die Angaben bis zum Ende des folgenden Kalendervierteljahres nach der Bevollmächtigung, spätestens jedoch bis zum Ablauf der in Absatz 1 Satz 1 genannten Antragsfrist, zu übermitteln.** [3]**Absatz 2 Satz 2 und 3 gilt sinngemäß.**

Die Zulage ist für jedes Beitragsjahr zu beantragen (Vordruckmuster für 2014 **1**
BStBl I 14, 1279). Die **Zweijahresfrist** des § 89 I 1 ist eine nicht verlängerbare Ausschlussfrist, bei deren Versäumung Wiedereinsetzung in den vorigen Stand gewährt werden kann. Der Antrag ist bei dem/den Anbieter(n) einzureichen, bei dem/denen der Vorsorgevertrag/die Vorsorgeverträge abgeschlossen worden sind (Versicherungsunternehmen, Bank, Fonds; sog **Anbieterverfahren**); Der SA-Abzug ist dagegen bei der Veranlagung vom FA zu prüfen. Der Antragsteller hat die Mitteilungspflichten aus § 89 I 5. Die Pflichten des Anbieters folgen aus § 89 II. Die Daten sind an die DRV Bund zu übermitteln, damit diese nach § 90 verfahren kann. – Nach Abs 1a kann der Anbieter schriftl **bevollmächtigt** werden, in Zukunft die Zulage für den Zulageberechtigten zu beantragen.

§ 90 Verfahren

(1) [1]**Die zentrale Stelle ermittelt auf Grund der von ihr erhobenen oder der ihr übermittelten Daten, ob und in welcher Höhe ein Zulageanspruch besteht.** [2]**Soweit der zuständige Träger der Rentenversicherung keine Versiche-**

rungsnummer vergeben hat, vergibt die zentrale Stelle zur Erfüllung der ihr nach diesem Abschnitt zugewiesenen Aufgaben eine Zulagenummer. [3]Die zentrale Stelle teilt im Fall eines Antrags nach § 10a Absatz 1a der zuständigen Stelle, im Fall eines Antrags nach § 89 Absatz 1 Satz 4 dem Anbieter die Zulagenummer mit; von dort wird sie an den Antragsteller weitergeleitet.

(2) **[1]Die zentrale Stelle veranlasst die Auszahlung an den Anbieter zugunsten der Zulageberechtigten durch die zuständige Kasse. [2]Ein gesonderter Zulagenbescheid ergeht vorbehaltlich des Absatzes 4 nicht. [3]Der Anbieter hat die erhaltenen Zulagen unverzüglich den begünstigten Verträgen gutzuschreiben. [4]Zulagen, die nach Beginn der Auszahlungsphase für das Altersvorsorgevermögen von der zentralen Stelle an den Anbieter überwiesen werden, können vom Anbieter an den Anleger ausgezahlt werden. [5]Besteht kein Zulageanspruch, so teilt die zentrale Stelle dies dem Anbieter durch Datensatz mit. [6]Die zentrale Stelle teilt dem Anbieter die Altersvorsorgebeiträge im Sinne des § 82, auf die § 10a oder dieser Abschnitt angewendet wurde, durch Datensatz mit.**

(3) **[1]Erkennt die zentrale Stelle nachträglich, dass der Zulageanspruch ganz oder teilweise nicht besteht oder weggefallen ist, so hat sie zu Unrecht gutgeschriebene oder ausgezahlte Zulagen zurückzufordern und dies dem Anbieter durch Datensatz mitzuteilen. [2]Bei bestehendem Vertragsverhältnis hat der Anbieter das Konto zu belasten. [3]Die ihm im Kalendervierteljahr mitgeteilten Rückforderungsbeträge hat er bis zum zehnten Tag des dem Kalendervierteljahr folgenden Monats in einem Betrag bei der zentralen Stelle anzumelden und an diese abzuführen. [4]Die Anmeldung nach Satz 3 ist nach amtlich vorgeschriebenem Vordruck abzugeben. [5]Sie gilt als Steueranmeldung im Sinne der Abgabenordnung.**

(4) **[1]Eine Festsetzung der Zulage erfolgt nur auf besonderen Antrag des Zulageberechtigten. [2]Der Antrag ist schriftlich innerhalb eines Jahres vom Antragsteller an den Anbieter zu richten; die Frist beginnt mit der Erteilung der Bescheinigung nach § 92, die die Ermittlungsergebnisse für das Beitragsjahr enthält, für das eine Festsetzung der Zulage erfolgen soll. [3]Der Anbieter leitet den Antrag der zentralen Stelle zur Festsetzung zu. [4]Er hat dem Antrag eine Stellungnahme und die zur Festsetzung erforderlichen Unterlagen beizufügen. [5]Die zentrale Stelle teilt die Festsetzung auch dem Anbieter mit. [6]Im Übrigen gilt Absatz 3 entsprechend.**

Verwaltungsschreiben: *BMF* BStBl I 13, 1022; *BMF* BStBl I 14, 97

1 **Allgemeines.** Die DRV Bund **ermittelt** die Höhe der Zulage, veranlasst deren Auszahlung, fordert ggf zu Unrecht gewährte Zulagen zurück und setzt ggf die Zulage (nur bei Antrag) durch Bescheid fest. Zur Verfmäßigkeit dieses 3-stufigen Verfahrens s BFH X R 18/14 BStBl II, 15, 371.

2 **Auszahlung der Zulage.** Sie erfolgt an den Anbieter, der die Zulage dem Altersvorsorgevertrag des Anlegers gutschreibt (§ 90 II 3); es handelt sich nicht um einen VA, sondern um schlichtes Verwaltungshandeln (§ 90 II 2).

3 **Keine Anspruchsberechtigung.** Besteht kein Anspruch auf Zulage, teilt die DRV Bund dies dem Anbieter mit; auch diese Mitteilung ist kein VA. Zu einem VA kommt es erst dann, wenn der Antragsteller die Festsetzung der Zulage über den Anbieter beantragt. Nach § 90 IV 2 idF AltvVerbG ist für den Beginn der Antragsfrist (ein Jahr) auf die Erteilung der Bescheinigung gem § 92 für das jeweilige Beitragsjahr abzustellen (BT-Drs 17/10818: Klarstellung). Gegen den von der DRV Bund zu erlassenden Festsetzungsbescheid (§ 90 IV) ist Einspruch und Klage ans FG gegeben (§ 98).

4 **Rückforderung der Zulage.** Sie erfolgt nach § 90 III, wenn die DRV Bund nachträgl erkennt, dass die Zulage zu Unrecht ausgezahlt worden war; hier belastet

der Anbieter das Konto des Anlegers entspr (§ 90 III 2) und zahlt die Rückforderungsbeträge nach vierteljährl Anmeldung (= StAnmeldung iSd §§ 167, 168 AO) an die DRV Bund zurück (§ 90 III 3–5).

5 **Rückforderungsbescheid.** Besteht der Vorsorgevertrag zum Rückforderungszeitpunkt nicht mehr und ist er nicht auf einen anderen Anbieter übergegangen, muss die DRV Bund einen **Rückforderungsbescheid** (§ 37 AO) gegen den Anleger erlassen.

§ 91 Datenerhebung und Datenabgleich

(1) [1]**Für die Berechnung und Überprüfung der Zulage sowie die Überprüfung des Vorliegens der Voraussetzungen des Sonderausgabenabzugs nach § 10a übermitteln die Träger der gesetzlichen Rentenversicherung, die landwirtschaftliche Alterskasse, die Bundesagentur für Arbeit, die Meldebehörden, die Familienkassen und die Finanzämter der zentralen Stelle auf Anforderung die bei ihnen vorhandenen Daten nach § 89 Absatz 2 durch Datenfernübertragung; für Zwecke der Berechnung des Mindesteigenbeitrags für ein Beitragsjahr darf die zentrale Stelle bei den Trägern der gesetzlichen Rentenversicherung und der landwirtschaftlichen Alterskasse die bei ihnen vorhandenen Daten zu den beitragspflichtigen Einnahmen sowie in den Fällen des § 10a Absatz 1 Satz 4 zur Höhe der bezogenen Rente wegen voller Erwerbsminderung oder Erwerbsunfähigkeit erheben, sofern diese nicht vom Anbieter nach § 89 übermittelt worden sind.** [2]**Für Zwecke der Überprüfung nach Satz 1 darf die zentrale Stelle die ihr übermittelten Daten mit den ihr nach § 89 Absatz 2 übermittelten Daten automatisiert abgleichen.** [3]**Führt die Überprüfung zu einer Änderung der ermittelten oder festgesetzten Zulage, ist dies dem Anbieter mitzuteilen.** [4]**Ergibt die Überprüfung eine Abweichung von dem in der Steuerfestsetzung berücksichtigten Sonderausgabenabzug nach § 10a oder der gesonderten Feststellung nach § 10a Absatz 4, ist dies dem Finanzamt mitzuteilen; die Steuerfestsetzung oder die gesonderte Feststellung ist insoweit zu ändern.**

(2) [1]**Die zuständige Stelle hat der zentralen Stelle die Daten nach § 10a Absatz 1 Satz 1 zweiter Halbsatz bis zum 31. März des dem Beitragsjahr folgenden Kalenderjahres durch Datenfernübertragung zu übermitteln.** [2]**Liegt die Einwilligung nach § 10a Absatz 1 Satz 1 zweiter Halbsatz erst nach dem in Satz 1 genannten Meldetermin vor, hat die zuständige Stelle die Daten spätestens bis zum Ende des folgenden Kalendervierteljahres nach Erteilung der Einwilligung nach Maßgabe von Satz 1 zu übermitteln.**

1 Damit die DRV Bund die erforderl Überprüfungen vornehmen kann, sind sämtl beteiligten Behörden zur Datenübermittlung an die DRV Bund verpflichtet; s auch *BMF* BStBl I 07, 789: Abgleich mit Familienkassen; Trägerin der Altersicherung der Landwirte ist nach der Neuordnung durch das LSV-NOG (BGBl I 13, 579) ab 1.1.2013 die SV für Landwirtschaft, Forsten und Gartenbau (Bundesträger), die für Altersicherungsangelegenheiten die Bezeichnung „landwirtschaftl Alterskasse" trägt. Führt die Überprüfung zu einer Änderung der Zulage oder des SA-Abzugs, so ist dies dem Anbieter bzw dem FA zur weiteren Veranlassung mitzuteilen.

§ 92 Bescheinigung

[1]**Der Anbieter hat dem Zulageberechtigten jährlich eine Bescheinigung nach amtlich vorgeschriebenem Muster zu erteilen über**

1. **die Höhe der im abgelaufenen Beitragsjahr geleisteten Altersvorsorgebeiträge (Beiträge und Tilgungsleistungen),**

2. die im abgelaufenen Beitragsjahr getroffenen, aufgehobenen oder geänderten Ermittlungsergebnisse (§ 90),
3. die Summe der bis zum Ende des abgelaufenen Beitragsjahres dem Vertrag gutgeschriebenen Zulagen,
4. die Summe der bis zum Ende des abgelaufenen Beitragsjahres geleisteten Altersvorsorgebeiträge (Beiträge und Tilgungsleistungen),
5. den Stand des Altersvorsorgevermögens,
6. den Stand des Wohnförderkontos (§ 92a Absatz 2 Satz 1), sofern er diesen von der zentralen Stelle mitgeteilt bekommen hat, und
7. die Bestätigung der durch den Anbieter erfolgten Datenübermittlung an die zentrale Stelle im Fall des § 10a Absatz 5 Satz 1.

[2]Einer jährlichen Bescheinigung bedarf es nicht, wenn zu Satz 1 Nummer 1, 2, 6 und 7 keine Angaben erforderlich sind und sich zu Satz 1 Nummer 3 bis 5 keine Änderungen gegenüber der zuletzt erteilten Bescheinigung ergeben. [3]Liegen die Voraussetzungen des Satzes 2 nur hinsichtlich der Angabe nach Satz 1 Nummer 6 nicht vor und wurde die Geschäftsbeziehung im Hinblick auf den jeweiligen Altersvorsorgevertrag zwischen Zulageberechtigtem und Anbieter beendet, weil

1. das angesparte Kapital vollständig aus dem Altersvorsorgevertrag entnommen wurde oder
2. das gewährte Darlehen vollständig getilgt wurde,

bedarf es keiner jährlichen Bescheinigung, wenn der Anbieter dem Zulageberechtigten in einer Bescheinigung im Sinne dieser Vorschrift Folgendes mitteilt: „Das Wohnförderkonto erhöht sich bis zum Beginn der Auszahlungsphase jährlich um 2 Prozent, solange Sie keine Zahlungen zur Minderung des Wohnförderkontos leisten.“ [4]Der Anbieter kann dem Zulageberechtigten mit dessen Einverständnis die Bescheinigung auch elektronisch bereitstellen.

1 Damit der Anleger stets über den aktuellen Stand seines Vorsorgevertrages unterrichtet ist, hat ihm der Anbieter jährl die Bescheinigung nach § 92 zu erteilen (Vordruckmuster BStBl I 09, 46; 11, 964). Durch § 92 S 2 und 3 idF AltvVerbG wurden ab VZ 2014 die Fälle des Verzichts auf die Erteilung der Bescheinigung an die Neuregelung in § 92a II (Führung des Wohnförderkontos durch die zentrale Stelle) angepasst (BTDrs. 17/12219, 56f). Bei der Prozentangabe in S 3 (zunächst 1%) handelte es sich um ein Versehen (vgl § 92a II 3 aF/nF), das durch das KroatAnpG (BGBl I 14, 1266) bereinigt worden ist (2%).

§ 92a Verwendung für eine selbst genutzte Wohnung

(1) [1]**Der Zulageberechtigte kann das in einem Altersvorsorgevertrag gebildete und nach § 10a oder nach diesem Abschnitt geförderte Kapital in vollem Umfang oder, wenn das verbleibende geförderte Restkapital mindestens 3000 Euro beträgt, teilweise wie folgt verwenden (Altersvorsorge-Eigenheimbetrag):**

1. bis zum Beginn der Auszahlungsphase unmittelbar für die Anschaffung oder Herstellung einer Wohnung oder zur Tilgung eines zu diesem Zweck aufgenommenen Darlehens, wenn das dafür entnommene Kapital mindestens 3000 Euro beträgt, oder
2. bis zum Beginn der Auszahlungsphase unmittelbar für den Erwerb von Pflicht-Geschäftsanteilen an einer eingetragenen Genossenschaft für die Selbstnutzung einer Genossenschaftswohnung oder zur Tilgung eines zu diesem Zweck aufgenommenen Darlehens, wenn das dafür entnommene Kapital mindestens 3000 Euro beträgt, oder

3. bis zum Beginn der Auszahlungsphase unmittelbar für die Finanzierung eines Umbaus einer Wohnung, wenn
   a) das dafür entnommene Kapital
      aa) mindestens 6000 Euro beträgt und für einen innerhalb eines Zeitraums von drei Jahren nach der Anschaffung oder Herstellung der Wohnung vorgenommenen Umbau verwendet wird oder
      bb) mindestens 20 000 Euro beträgt,
   b) das dafür entnommene Kapital zu mindestens 50 Prozent auf Maßnahmen entfällt, die die Vorgaben der DIN 18040 Teil 2, Ausgabe September 2011, soweit baustrukturell möglich, erfüllen, und der verbleibende Teil der Kosten der Reduzierung von Barrieren in oder an der Wohnung dient; die zweckgerechte Verwendung ist durch einen Sachverständigen zu bestätigen; und
   c) der Zulageberechtigte oder ein Mitnutzer der Wohnung für die Umbaukosten weder eine Förderung durch Zuschüsse noch eine Steuerermäßigung nach § 35a in Anspruch nimmt oder nehmen wird noch die Berücksichtigung als außergewöhnliche Belastung nach § 33 beantragt hat oder beantragen wird und dies schriftlich bestätigt. [2]Diese Bestätigung ist bei der Antragstellung nach § 92b Absatz 1 Satz 1 gegenüber der zentralen Stelle abzugeben. [3]Bei der Inanspruchnahme eines Darlehens im Rahmen eines Altersvorsorgevertrags nach § 1 Absatz 1a des Altersvorsorgeverträge-Zertifizierungsgesetzes hat der Zulageberechtigte die Bestätigung gegenüber seinem Anbieter abzugeben.

[2]Die DIN 18040 ist im Beuth-Verlag GmbH, Berlin und Köln, erschienen und beim Deutschen Patent- und Markenamt in München archivmäßig gesichert niedergelegt. [3]Die technischen Mindestanforderungen für die Reduzierung von Barrieren in oder an der Wohnung nach Satz 1 Nummer 3 Buchstabe b werden durch das Bundesministerium für Umwelt, Naturschutz, Bau und Reaktorsicherheit im Einvernehmen mit dem Bundesministerium der Finanzen festgelegt und im Bundesbaublatt veröffentlicht. [4]Sachverständige im Sinne dieser Vorschrift sind nach Landesrecht Bauvorlageberechtigte sowie nach § 91 Absatz 1 Nummer 8 der Handwerksordnung öffentlich bestellte und vereidigte Sachverständige, die für ein Sachgebiet bestellt sind, das die Barrierefreiheit und Barrierereduzierung in Wohngebäuden umfasst, und die eine besondere Sachkunde oder ergänzende Fortbildung auf diesem Gebiet nachweisen. [5]Eine nach Satz 1 begünstigte Wohnung ist

1. eine Wohnung in einem eigenen Haus oder
2. eine eigene Eigentumswohnung oder
3. eine Genossenschaftswohnung einer eingetragenen Genossenschaft,

wenn diese Wohnung in einem Mitgliedstaat der Europäischen Union oder in einem Staat, auf den das Abkommen über den Europäischen Wirtschaftsraum (EWR-Abkommen) anwendbar ist, belegen ist und die Hauptwohnung oder den Mittelpunkt der Lebensinteressen des Zulageberechtigten darstellt. [6]Einer Wohnung im Sinne des Satzes 5 steht ein eigentumsähnliches oder lebenslanges Dauerwohnrecht nach § 33 des Wohnungseigentumsgesetzes gleich, soweit Vereinbarungen nach § 39 des Wohnungseigentumsgesetzes getroffen werden. [7]Bei der Ermittlung des Restkapitals nach Satz 1 ist auf den Stand des geförderten Altersvorsorgevermögens zum Ablauf des Tages abzustellen, an dem die zentrale Stelle den Bescheid nach § 92b ausgestellt hat. [8]Der Altersvorsorge-Eigenheimbetrag gilt nicht als Leistung aus einem Altersvorsorgevertrag, die dem Zulageberechtigten im Zeitpunkt der Auszahlung zufließt.

(2) [1]Der Altersvorsorge-Eigenheimbetrag, die Tilgungsleistungen im Sinne des § 82 Absatz 1 Satz 1 Nummer 2 und die hierfür gewährten Zulagen sind

durch die zentrale Stelle in Bezug auf den zugrunde liegenden Altersvorsorgevertrag gesondert zu erfassen (Wohnförderkonto); die zentrale Stelle teilt für jeden Altersvorsorgevertrag, für den sie ein Wohnförderkonto (Altersvorsorgevertrag mit Wohnförderkonto) führt, dem Anbieter jährlich den Stand des Wohnförderkontos nach amtlich vorgeschriebenem Datensatz durch Datenfernübertragung mit. [2]Beiträge, die nach § 82 Absatz 1 Satz 3 wie Tilgungsleistungen behandelt wurden, sind im Zeitpunkt der unmittelbaren Darlehenstilgung einschließlich der zur Tilgung eingesetzten Zulagen und Erträge in das Wohnförderkonto aufzunehmen; zur Tilgung eingesetzte ungeförderte Beiträge einschließlich der darauf entfallenden Erträge fließen dem Zulageberechtigten in diesem Zeitpunkt zu. [3]Nach Ablauf eines Beitragsjahres, letztmals für das Beitragsjahr des Beginns der Auszahlungsphase, ist der sich aus dem Wohnförderkonto ergebende Gesamtbetrag um 2 Prozent zu erhöhen. [4]Das Wohnförderkonto ist zu vermindern um

1. **Zahlungen des Zulageberechtigten auf einen auf seinen Namen lautenden zertifizierten Altersvorsorgevertrag nach § 1 Absatz 1 des Altersvorsorgeverträge-Zertifizierungsgesetzes bis zum Beginn der Auszahlungsphase zur Minderung der in das Wohnförderkonto eingestellten Beträge; der Anbieter, bei dem die Einzahlung erfolgt, hat die Einzahlung der zentralen Stelle nach amtlich vorgeschriebenem Datensatz durch Datenfernübertragung mitzuteilen; erfolgt die Einzahlung nicht auf den Altersvorsorgevertrag mit Wohnförderkonto, hat der Zulageberechtigte dem Anbieter, bei dem die Einzahlung erfolgt, die Vertragsdaten des Altersvorsorgevertrags mit Wohnförderkonto mitzuteilen; diese hat der Anbieter der zentralen Stelle zusätzlich mitzuteilen;**
2. **den Verminderungsbetrag nach Satz 5.**

[5]Verminderungsbetrag ist der sich mit Ablauf des Kalenderjahres des Beginns der Auszahlungsphase ergebende Stand des Wohnförderkontos dividiert durch die Anzahl der Jahre bis zur Vollendung des 85. Lebensjahres des Zulageberechtigten; als Beginn der Auszahlungsphase gilt der vom Zulageberechtigten und Anbieter vereinbarte Zeitpunkt, der zwischen der Vollendung des 60. Lebensjahres und des 68. Lebensjahres des Zulageberechtigten liegen muss; ist ein Auszahlungszeitpunkt nicht vereinbart, so gilt die Vollendung des 67. Lebensjahres als Beginn der Auszahlungsphase. [6]Anstelle einer Verminderung nach Satz 5 kann der Zulageberechtigte jederzeit in der Auszahlungsphase von der zentralen Stelle die Auflösung des Wohnförderkontos verlangen (Auflösungsbetrag). [7]Der Anbieter hat im Zeitpunkt der unmittelbaren Darlehenstilgung die Beträge nach Satz 2 erster Halbsatz und der Anbieter eines Altersvorsorgevertrags mit Wohnförderkonto hat zu Beginn der Auszahlungsphase den Zeitpunkt des Beginns der Auszahlungsphase der zentralen Stelle nach amtlich vorgeschriebenem Datensatz durch Datenfernübertragung mitzuteilen. [8]Wird gefördertes Altersvorsorgevermögen nach § 93 Absatz 2 Satz 1 von einem Anbieter auf einen anderen auf den Namen des Zulageberechtigten lautenden Altersvorsorgevertrag vollständig übertragen und hat die zentrale Stelle für den bisherigen Altersvorsorgevertrag ein Wohnförderkonto geführt, so schließt sie das Wohnförderkonto des bisherigen Vertrags und führt es zu dem neuen Altersvorsorgevertrag fort. [9]Erfolgt eine Zahlung nach Satz 4 Nummer 1 oder nach Absatz 3 Satz 9 Nummer 2 auf einen anderen Altersvorsorgevertrag als auf den Altersvorsorgevertrag mit Wohnförderkonto, schließt die zentrale Stelle das Wohnförderkonto des bisherigen Vertrags und führt es ab dem Zeitpunkt der Einzahlung für den Altersvorsorgevertrag fort, auf den die Einzahlung erfolgt ist. [10]Die zentrale Stelle teilt die Schließung des Wohnförderkontos dem Anbieter des bisherigen Altersvorsorgevertrags mit Wohnförderkonto mit.

(2a) [1] **Geht im Rahmen der Regelung von Scheidungsfolgen der Eigentumsanteil des Zulageberechtigten an der Wohnung im Sinne des Absatzes 1 Satz 5 ganz oder teilweise auf den anderen Ehegatten über, geht das Wohnförderkonto in Höhe des Anteils, der dem Verhältnis des übergegangenen Eigentumsanteils zum verbleibenden Eigentumsanteil entspricht, mit allen Rechten und Pflichten auf den anderen Ehegatten über; dabei ist auf das Lebensalter des anderen Ehegatten abzustellen. [2] Hat der andere Ehegatte das Lebensalter für den vertraglich vereinbarten Beginn der Auszahlungsphase oder, soweit kein Beginn der Auszahlungsphase vereinbart wurde, das 67. Lebensjahr im Zeitpunkt des Übergangs des Wohnförderkontos bereits überschritten, so gilt als Beginn der Auszahlungsphase der Zeitpunkt des Übergangs des Wohnförderkontos. [3] Der Zulageberechtigte hat den Übergang des Eigentumsanteils der zentralen Stelle nachzuweisen. [4] Dazu hat er die für die Anlage eines Wohnförderkontos erforderlichen Daten des anderen Ehegatten mitzuteilen. [5] Die Sätze 1 bis 4 gelten entsprechend für Ehegatten, die im Zeitpunkt des Todes des Zulageberechtigten**

1. **nicht dauernd getrennt gelebt haben (§ 26 Absatz 1) und**
2. **ihren Wohnsitz oder gewöhnlichen Aufenthalt in einem Mitgliedstaat der Europäischen Union oder einem Staat hatten, auf den das Abkommen über den Europäischen Wirtschaftsraum anwendbar ist.**

(3) [1] **Nutzt der Zulageberechtigte die Wohnung im Sinne des Absatzes 1 Satz 5, für die ein Altersvorsorge-Eigenheimbetrag verwendet oder für die eine Tilgungsförderung im Sinne des § 82 Absatz 1 in Anspruch genommen worden ist, nicht nur vorübergehend nicht mehr zu eigenen Wohnzwecken, hat er dies dem Anbieter, in der Auszahlungsphase der zentralen Stelle, unter Angabe des Zeitpunkts der Aufgabe der Selbstnutzung mitzuteilen. [2] Eine Aufgabe der Selbstnutzung liegt auch vor, soweit der Zulageberechtigte das Eigentum an der Wohnung aufgibt. [3] Die Mitteilungspflicht gilt entsprechend für den Rechtsnachfolger der begünstigten Wohnung, wenn der Zulageberechtigte stirbt. [4] Die Anzeigepflicht entfällt, wenn das Wohnförderkonto vollständig zurückgeführt worden ist, es sei denn, es liegt ein Fall des § 22 Nummer 5 Satz 6 vor. [5] Im Fall des Satzes 1 gelten die im Wohnförderkonto erfassten Beträge als Leistungen aus einem Altersvorsorgevertrag, die dem Zulageberechtigten nach letztmaliger Erhöhung des Wohnförderkontos nach Absatz 2 Satz 3 zum Ende des Veranlagungszeitraums, in dem die Selbstnutzung aufgegeben wurde, zufließen; das Wohnförderkonto ist aufzulösen (Auflösungsbetrag). [6] Verstirbt der Zulageberechtigte, ist der Auflösungsbetrag ihm noch zuzurechnen. [7] Der Anbieter hat der zentralen Stelle den Zeitpunkt der Aufgabe nach amtlich vorgeschriebenem Datensatz durch Datenfernübertragung mitzuteilen. [8] Wurde im Fall des Satzes 1 eine Tilgungsförderung nach § 82 Absatz 1 Satz 3 in Anspruch genommen und erfolgte keine Einstellung in das Wohnförderkonto nach Absatz 2 Satz 2, sind die Beiträge, die nach § 82 Absatz 1 Satz 3 wie Tilgungsleistungen behandelt wurden, sowie die darauf entfallenden Zulagen und Erträge in ein Wohnförderkonto aufzunehmen und anschließend die weiteren Regelungen dieses Absatzes anzuwenden; Absatz 2 Satz 2 zweiter Halbsatz und Satz 7 gilt entsprechend. [9] Die Sätze 5 bis 7 sowie § 20 sind nicht anzuwenden, wenn**

1. **der Zulageberechtigte einen Betrag in Höhe des noch nicht zurückgeführten Betrags im Wohnförderkonto innerhalb von zwei Jahren vor dem Veranlagungszeitraum und von fünf Jahren nach Ablauf des Veranlagungszeitraums, in dem er die Wohnung letztmals zu eigenen Wohnzwecken genutzt hat, für eine weitere Wohnung im Sinne des Absatzes 1 Satz 5 verwendet,**
2. **der Zulageberechtigte einen Betrag in Höhe des noch nicht zurückgeführten Betrags im Wohnförderkonto innerhalb eines Jahres nach Ablauf des**

Veranlagungszeitraums, in dem er die Wohnung letztmals zu eigenen Wohnzwecken genutzt hat, auf einen auf seinen Namen lautenden zertifizierten Altersvorsorgevertrag zahlt; Absatz 2 Satz 4 Nummer 1 ist entsprechend anzuwenden,
3. **die Ehewohnung auf Grund einer richterlichen Entscheidung nach § 1361b des Bürgerlichen Gesetzbuchs oder nach der Verordnung über die Behandlung der Ehewohnung und des Hausrats dem anderen Ehegatten zugewiesen wird oder**
4. **der Zulageberechtigte krankheits- oder pflegebedingt die Wohnung nicht mehr bewohnt, sofern er Eigentümer dieser Wohnung bleibt, sie ihm weiterhin zur Selbstnutzung zur Verfügung steht und sie nicht von Dritten, mit Ausnahme seines Ehegatten, genutzt wird.**

[10] **Der Zulageberechtigte hat dem Anbieter, in der Auszahlungsphase der zentralen Stelle, die Reinvestitionsabsicht und den Zeitpunkt der Reinvestition im Rahmen der Mitteilung nach Satz 1 oder die Aufgabe der Reinvestitionsabsicht mitzuteilen; in den Fällen des Absatzes 2a und des Satzes 9 Nummer 3 gelten die Sätze 1 bis 9 entsprechend für den anderen, geschiedenen oder überlebenden Ehegatten, wenn er die Wohnung nicht nur vorübergehend nicht mehr zu eigenen Wohnzwecken nutzt.** [11] **Satz 5 ist mit der Maßgabe anzuwenden, dass der Eingang der Mitteilung der aufgegebenen Reinvestitionsabsicht, spätestens jedoch der 1. Januar**
1. **des sechsten Jahres nach dem Jahr der Aufgabe der Selbstnutzung bei einer Reinvestitionsabsicht nach Satz 9 Nummer 1 oder**
2. **des zweiten Jahres nach dem Jahr der Aufgabe der Selbstnutzung bei einer Reinvestitionsabsicht nach Satz 9 Nummer 2**

als Zeitpunkt der Aufgabe gilt.

(4) [1] **Absatz 3 sowie § 20 sind auf Antrag des Steuerpflichtigen nicht anzuwenden, wenn er**
1. **die Wohnung im Sinne des Absatzes 1 Satz 5 auf Grund eines beruflich bedingten Umzugs für die Dauer der beruflich bedingten Abwesenheit nicht selbst nutzt; wird während dieser Zeit mit einer anderen Person ein Nutzungsrecht für diese Wohnung vereinbart, ist diese Vereinbarung von vorneherein entsprechend zu befristen,**
2. **beabsichtigt, die Selbstnutzung wieder aufzunehmen und**
3. **die Selbstnutzung spätestens mit der Vollendung seines 67. Lebensjahres aufnimmt.**

[2] **Der Steuerpflichtige hat den Antrag bei der zentralen Stelle zu stellen und dabei die notwendigen Nachweise zu erbringen.** [3] **Die zentrale Stelle erteilt dem Steuerpflichtigen einen Bescheid über die Bewilligung des Antrags und informiert den Anbieter des Altersvorsorgevertrags mit Wohnförderkonto des Zulageberechtigten über die Bewilligung, eine Wiederaufnahme der Selbstnutzung nach einem beruflich bedingten Umzug und den Wegfall der Voraussetzungen nach diesem Absatz; die Information hat nach amtlich vorgeschriebenem Datensatz durch Datenfernübertragung zu erfolgen.** [4] **Entfällt eine der in Satz 1 genannten Voraussetzungen, ist Absatz 3 mit der Maßgabe anzuwenden, dass bei einem Wegfall der Voraussetzung nach Satz 1 Nummer 1 als Zeitpunkt der Aufgabe der Zeitpunkt des Wegfalls der Voraussetzung und bei einem Wegfall der Voraussetzung nach Satz 1 Nummer 2 oder Nummer 3 der Eingang der Mitteilung des Steuerpflichtigen nach Absatz 3 als Zeitpunkt der Aufgabe gilt, spätestens jedoch die Vollendung des 67. Lebensjahres des Steuerpflichtigen.**

Verwaltungsschreiben: BMF BStBl I 13, 1022; *BMF* BStBl I 14, 97.

Schrifttum (Rechtslage ab VZ 2014/AltvVerbG; zuvor s 32. Aufl): *Myßen ua* NWB 13, 1977; *Franz* DB 13, 1988; *Schrehardt,* DStR 13, 1240.

1. Grundsätze. Durch das EigRentG hat der Gesetzgeber ab VZ 2008 die Möglichkeit eröffnet, das in einem Riester-Vertrag angesparte Kapital zu entnehmen und für eine selbstgenutzte Wohnung („wohnungswirtschaftlich") zu verwenden (§ 92a Abs 1: Altersvorsorge-Eigenheimbetrag). Die Förderung des Wohneigentums in der **Ansparphase** (Zulagen gem §§ 84, 85 oder SA-Abzug gem § 10a) geht einher mit der nachgelagerten Besteuerung des sog Wohnförderkontos in der **(fiktiven) Auszahlungsphase** (nachgelagerte Besteuerung gem § 22 Nr 5). Letzteres gilt auch, wenn die Förderung für die Darlehenstilgung nach § 82 Abs 1 S 1 Nr 2 in Anspruch genommen wurde. Die Vorschrift wurde mit Wirkung ab **VZ 2014** durch das **AltvVerbG** (v 24.6.13, BGBl I 13, 1667) vor allem mit dem Ziel neu gefasst, die förderunschädl Verwendung zu erweitern und die Besteuerung des Wohnförderkonto zu vereinfachen. Zu berücksichtigen ist ferner, dass die Ehegattenregelungen nach § 2 Abs 8 auch für **Lebenspartner** (iSd LPartG) anzuwenden sind (s dazu auch § 52 Abs 2a aF). – **Hinweis:** Den folgenden Erl liegt die Rechtslage ab 2014 zugrunde (zu früheren Fassungen s 32. Aufl). 1

a) Verwendung. Das entnommene Altersvorsorgevermögen kann in vollem Umfang oder, wenn ein Mindestrestkapital von 3000 € verbleibt (Grund: Vermeidung von Kleinst-Rentenansprüchen), auch teilweise bis zum Beginn der vertragl zu vereinbarten Auszahlungsphase (vgl § 92a Abs 2 S 5: ansonsten Vollendung des 67. Lebensjahres; s unten) unmittelbar (dazu FG Bbg EFG 14, 206, rkr) zur Anschaffung/Herstellung einer *selbstgenutzten* Wohnung (FG BBg EFG 14, 1399, Rev X R 29/14; einschl nachträgl AK für GruBo) oder Genossenschaftswohnung (Erwerb von Geschäftsanteilen) oder auch – ab VZ 2014 jederzeit (zB bei Ablauf von Zinsbindungen) bis zum Auszahlungsbeginn und unter Beachtung eines Mindestentnahmebetrag von 3000 € – zur Umschuldung von Darlehen verwendet werden, die für die vorgenannte Zwecke aufgenommen worden sind. – Die eigene Wohnung (EFH, ETW, Wohnung einer eG; Dauerwohnrecht; § 92a Abs 1 S 5f; FG BBg EFG 14, 1318, Rev X R 23/14: einschl GbR-Anteil; zutr) muss in einem EU- oder EWR-Staat belegen sein und als **Hauptwohnsitz** oder als Mittelpunkt der Lebensinteressen des Zulagenberechtigten dienen. – Ab 2014 ist auch die unmittelbare (S 1 nF) Finanzierung eines **barrierereduzierenden Umbaus** einer solchen Wohnung begünstigt. Das dafür entnommene Kapital muss bei Umbau innerhalb von 3 Jahren nach Wohnungsanschaffung/-herstellung mindestens 6000 €, ansonsten mindestens 20 000 € betragen. Darüber hinaus sind baul Mindestanforderungen (gem DIN 18040 Teil 2; Reduzierung von Barrieren) zu wahren, die zweckgerechte Mittelverwendung durch einen Sachverständigen sowie durch den Zulageberechtigten zu bestätigen, dass er keine andere Begünstigung (zB Zuschüsse, §§ 35a, 33) in Anspruch nimmt (iEinz *BMF* BStBl I 14, 97 Rz 247a ff; *Schrehardt* DStR 14, 617; *Myßen* DB 14, 617). 2

b) Auszahlungsphase. Auf diesem ab 2014 von der zentralen Stelle (DRV Bund) geführten Konto werden die in der selbstbewohnten Immobilie gebundenen steuerl geförderten Beträge erfasst (Entnahmebeträge, Tilgungsleistungen, Zulagen und – ab 2014 unverändert – jährl 2% Zinsen). Diese Beträge sind – abzügl der Zahlungen auf einem anderen Altersvorsorge-Vertrag (§ 92a II 4 Nr 1) – die Grundlage für die nachgelagerte Besteuerung in der fiktiven Auszahlungsphase. – Deren **Beginn** darf vereinbarungsgemäß zw der Vollendung des 60. und 68. Lebensjahres des StPfl liegen; die Auszahlungsphase endet definitiv mit Vollendung des 85. Lebensjahres. Damit umfasst die (fiktive) Auszahlungsphase einen Zeitraum von 17 bis 25 Jahren; das Wohnförderkonto ist um den jährl gleich hohen und nach § 22 Nr 5 zu versteuernden Verminderungsbetrag zu verringern, so dass es bis zur Vollendung des 85. Lebensjahres auf 0 € zurückgeführt ist. Alternativ 3 kann (ab 2014 *jederzeit*) die **Sofortbesteuerung** des Kontobestandes mit einem Abschlag von 30 vH (§ 22 Nr 5 S 4/5) beansprucht werden (§ 92a Abs 2 S 6).

4 **2. Einzelfragen. § 92a IIa** regelt den Übergang eines Objekts iRe **Scheidungsfolgenregelung** und den Übergang des Wohnförderkontos auf den anderen Ehegatten mit allen Rechten und Pflichten; sie gilt auch im Falle der Aufhebung einer Lebenspartnerschaft (§ 2 VIII). Nach § 92a IIa S 5 nF gilt ab VZ 2014 Entsprechendes bei **Tod** des Ehegatten/Lebenspartners. – Bei nicht nur vorübergehender **Selbstnutzungsaufgabe** ist nach **§ 92a III S 5** das Wohnförderkonto aufzulösen (ab VZ 2014 zum Ende des betr VZ einschließl Erhöhung um 2%) und der Auflösungsbetrag zu versteuern (§ 22 Nr 5 S 4). Ebenso grundsätzl gem § 92a Abs 3 S 8 ab VZ 2014 bei Förderung sog Kombiverträge nach § 82 Abs 1 S 3 vor Darlehenstilgung (BT-Drs 17/10818, 20: Gleichstellung aller Eigenheimprodukte, dh Nachversteuerung anstelle Vorteilsrückforderung; Ausnahme: Übertragung auf anderen Altersvorsorgevertrag). § 92a Abs 3 S 9ff regeln die Fälle, in denen das Wohnförderkonto nicht aufzulösen ist und auch Zinseinkünfte nicht anfallen (*zB* Reinvestition mit ab VZ 2014 verlängerten Fristen; Einzahlung auf anderen Altersvorsorgevertrag). Darüber hinaus kann nach § 92a Abs 4 auf Antrag eine schädl Verwendung im Falle eines berufsbedingten Umzugs vermieden werden.

§ 92b Verfahren bei Verwendung für eine selbst genutzte Wohnung

(1) [1]**Der Zulageberechtigte hat die Verwendung des Kapitals nach § 92a Absatz 1 Satz 1 spätestens zehn Monate vor dem Beginn der Auszahlungsphase des Altersvorsorgevertrages im Sinne des § 1 Absatz 1 Nummer 2 des Altersvorsorgeverträge-Zertifizierungsgesetzes bei der zentralen Stelle zu beantragen und dabei die notwendigen Nachweise zu erbringen.** [2]**Er hat zu bestimmen, aus welchen Altersvorsorgeverträgen der Altersvorsorge-Eigenheimbetrag ausgezahlt werden soll.** [3]**Die zentrale Stelle teilt dem Zulageberechtigten durch Bescheid und den Anbietern der in Satz 2 genannten Altersvorsorgeverträge nach amtlich vorgeschriebenem Datensatz durch Datenfernübertragung mit, bis zu welcher Höhe eine wohnungswirtschaftliche Verwendung im Sinne des § 92a Absatz 1 Satz 1 vorliegen kann.**

(2) [1]**Die Anbieter der in Absatz 1 Satz 2 genannten Altersvorsorgeverträge dürfen den Altersvorsorge-Eigenheimbetrag auszahlen, sobald sie die Mitteilung nach Absatz 1 Satz 3 erhalten haben.** [2]**Sie haben der zentralen Stelle nach amtlich vorgeschriebenem Datensatz durch Datenfernübertragung Folgendes anzuzeigen:**

1. **den Auszahlungszeitpunkt und den Auszahlungsbetrag,**
2. **die Summe der bis zum Auszahlungszeitpunkt dem Altersvorsorgevertrag gutgeschriebenen Zulagen,**
3. **die Summe der bis zum Auszahlungszeitpunkt geleisteten Altersvorsorgebeiträge und**
4. **den Stand des geförderten Altersvorsorgevermögens im Zeitpunkt der Auszahlung.**

(3) [1]**Die zentrale Stelle stellt zu Beginn der Auszahlungsphase und in den Fällen des § 92a Absatz 2a und 3 Satz 5 den Stand des Wohnförderkontos, soweit für die Besteuerung erforderlich, den Verminderungsbetrag und den Auflösungsbetrag von Amts wegen gesondert fest.** [2]**Die zentrale Stelle teilt die Feststellung dem Zulageberechtigten, in den Fällen des § 92a Absatz 2a Satz 1 auch dem anderen Ehegatten, durch Bescheid und dem Anbieter nach amtlich vorgeschriebenem Datensatz durch Datenfernübertragung mit.** [3]**Der Anbieter hat auf Anforderung der zentralen Stelle die zur Feststellung erforderlichen Unterlagen vorzulegen.** [4]**Auf Antrag des Zulageberechtigten stellt**

die zentrale Stelle den Stand des Wohnförderkontos gesondert fest. [5] § 90 Absatz 4 Satz 2 bis 5 gilt entsprechend.

Das Verfahren zur Inanspruchnahme des Altersvorsorge-Eigenheimbetrages ist in § 92b ausführl geregelt. Ab VZ 2014 ist die wohnungswirtschaftl Verwendung spätestens 10 Monate vor Beginn der Auszahlungsphase bei der zentralen Stelle zu beantragen. 1

§ 93 Schädliche Verwendung

(1) [1] **Wird gefördertes Altersvorsorgevermögen nicht unter den in § 1 Absatz 1 Satz 1 Nummer 4 und 10 Buchstabe c des Altersvorsorgeverträge-Zertifizierungsgesetzes oder § 1 Absatz 1 Satz 1 Nummer 4, 5 und 10 Buchstabe c des Altersvorsorgeverträge-Zertifizierungsgesetzes in der bis zum 31. Dezember 2004 geltenden Fassung genannten Voraussetzungen an den Zulageberechtigten ausgezahlt (schädliche Verwendung), sind die auf das ausgezahlte geförderte Altersvorsorgevermögen entfallenden Zulagen und die nach § 10a Absatz 4 gesondert festgestellten Beträge (Rückzahlungsbetrag) zurückzuzahlen. [2] Dies gilt auch bei einer Auszahlung nach Beginn der Auszahlungsphase (§ 1 Absatz 1 Satz 1 Nummer 2 des Altervorsorgeverträge-Zertifizierungsgesetzes) und bei Auszahlungen im Fall des Todes des Zulageberechtigten. [3] Hat der Zulageberechtigte Zahlungen im Sinne des § 92a Absatz 2 Satz 4 Nummer 1 oder § 92a Absatz 3 Satz 9 Nummer 2 geleistet, dann handelt es sich bei dem hierauf beruhenden Altersvorsorgevermögen um gefördertes Altersvorsorgevermögen im Sinne des Satzes 1; der Rückzahlungsbetrag bestimmt sich insoweit nach der für die in das Wohnförderkonto eingestellten Beträge gewährten Förderung. [4] Eine Rückzahlungsverpflichtung besteht nicht für den Teil der Zulagen und der Steuerermäßigung,**

a) der auf nach § 1 Absatz 1 Satz 1 Nummer 2 des Altersvorsorgeverträge-Zertifizierungsgesetzes angespartes gefördertes Altersvorsorgevermögen entfällt, wenn es in Form einer Hinterbliebenenrente an die dort genannten Hinterbliebenen ausgezahlt wird; dies gilt auch für Leistungen im Sinne des § 82 Absatz 3 an Hinterbliebene des Steuerpflichtigen;

b) der den Beitragsanteilen zuzuordnen ist, die für die zusätzliche Absicherung der verminderten Erwerbsfähigkeit und eine zusätzliche Hinterbliebenenabsicherung ohne Kapitalbildung verwendet worden sind;

c) der auf gefördertes Altersvorsorgevermögen entfällt, das im Falle des Todes des Zulageberechtigten auf einen auf den Namen des Ehegatten lautenden Altersvorsorgevertrag übertragen wird, wenn die Ehegatten im Zeitpunkt des Todes des Zulageberechtigten nicht dauernd getrennt gelebt haben (§ 26 Absatz 1) und ihren Wohnsitz oder gewöhnlichen Aufenthalt in einem Mitgliedstaat der Europäischen Union oder einem Staat hatten, auf den das Abkommen über den Europäischen Wirtschaftsraum (EWR-Abkommen) anwendbar ist;

d) der auf den Altersvorsorge-Eigenheimbetrag entfällt.

(1a) [1] **Eine schädliche Verwendung liegt nicht vor, wenn gefördertes Altersvorsorgevermögen auf Grund einer internen Teilung nach § 10 des Versorgungsausgleichsgesetzes oder auf Grund einer externen Teilung nach § 14 des Versorgungsausgleichsgesetzes auf einen zertifizierten Altersvorsorgevertrag oder eine nach § 82 Absatz 2 begünstigte betriebliche Altersversorgung übertragen wird; die auf das übertragene Anrecht entfallende steuerliche Förderung geht mit allen Rechten und Pflichten auf die ausgleichsberechtigte Person über. [2] Eine schädliche Verwendung liegt ebenfalls nicht vor, wenn gefördertes Altersvorsorgevermögen auf Grund einer externen Teilung nach**

§ 14 des Versorgungsausgleichsgesetzes auf die Versorgungsausgleichskasse oder die gesetzliche Rentenversicherung übertragen wird; die Rechte und Pflichten der ausgleichspflichtigen Person aus der steuerlichen Förderung des übertragenen Anteils entfallen. [3]In den Fällen der Sätze 1 und 2 teilt die zentrale Stelle der ausgleichspflichtigen Person die Höhe der auf die Ehezeit im Sinne des § 3 Absatz 1 des Versorgungsausgleichsgesetzes oder die Lebenspartnerschaftszeit im Sinne des § 20 Absatz 2 des Lebenspartnerschaftsgesetzes entfallenden gesondert festgestellten Beträge nach § 10a Absatz 4 und die ermittelten Zulagen mit. [4]Die entsprechenden Beträge sind monatsweise zuzuordnen. [5]Die zentrale Stelle teilt die geänderte Zuordnung der gesondert festgestellten Beträge nach § 10a Absatz 4 sowie der ermittelten Zulagen der ausgleichspflichtigen und in den Fällen des Satzes 1 auch der ausgleichsberechtigten Person durch Feststellungsbescheid mit. [6]Nach Eintritt der Unanfechtbarkeit dieses Feststellungsbescheids informiert die zentrale Stelle den Anbieter durch einen Datensatz über die geänderte Zuordnung.

(2) [1]Die Übertragung von gefördertem Altersvorsorgevermögen auf einen anderen auf den Namen des Zulageberechtigten lautenden Altersvorsorgevertrag (§ 1 Absatz 1 Satz 1 Nummer 10 Buchstabe b des Altersvorsorgeverträge-Zertifizierungsgesetzes) stellt keine schädliche Verwendung dar. [2]Dies gilt sinngemäß in den Fällen des § 4 Absatz 2 und 3 des Betriebsrentengesetzes, wenn das geförderte Altersvorsorgevermögen auf eine der in § 82 Absatz 2 Buchstabe a genannten Einrichtungen der betrieblichen Altersversorgung zum Aufbau einer kapitalgedeckten betrieblichen Altersversorgung übertragen und eine lebenslange Altersversorgung im Sinne des § 1 Absatz 1 Satz 1 Nummer 4 des Altersvorsorgeverträge-Zertifizierungsgesetzes oder § 1 Absatz 1 Satz 1 Nummer 4 und 5 des Altersvorsorgeverträge-Zertifizierungsgesetzes in der bis zum 31. Dezember 2004 geltenden Fassung vorgesehen wird. [3]In den übrigen Fällen der Abfindung von Anwartschaften der betrieblichen Altersversorgung gilt dies, soweit das geförderte Altersvorsorgevermögen zugunsten eines auf den Namen des Zulageberechtigten lautenden Altersvorsorgevertrages geleistet wird.

(3) [1]Auszahlungen zur Abfindung einer Kleinbetragsrente zu Beginn der Auszahlungsphase gelten nicht als schädliche Verwendung. [2]Eine Kleinbetragsrente ist eine Rente, die bei gleichmäßiger Verrentung des gesamten zu Beginn der Auszahlungsphase zur Verfügung stehenden Kapitals eine monatliche Rente ergibt, die 1 Prozent der monatlichen Bezugsgröße nach § 18 des Vierten Buches Sozialgesetzbuch nicht übersteigt. [3]Bei der Berechnung dieses Betrags sind alle bei einem Anbieter bestehenden Verträge des Zulageberechtigten insgesamt zu berücksichtigen, auf die nach diesem Abschnitt geförderte Altersvorsorgebeiträge geleistet wurden.

(4) [1]Wird bei einem einheitlichen Vertrag nach § 1 Absatz 1a Satz 1 Nummer 2 zweiter Halbsatz des Altersvorsorgeverträge-Zertifizierungsgesetzes das Darlehen nicht wohnungswirtschaftlich im Sinne des § 92a Absatz 1 Satz 1 verwendet, liegt zum Zeitpunkt der Darlehensauszahlung eine schädliche Verwendung des geförderten Altersvorsorgevermögens vor, es sei denn, das geförderte Altersvorsorgevermögen wird innerhalb eines Jahres nach Ablauf des Veranlagungszeitraums, in dem das Darlehen ausgezahlt wurde, auf einen anderen zertifizierten Altersvorsorgevertrag übertragen, der auf den Namen des Zulageberechtigten lautet. [2]Der Zulageberechtigte hat dem Anbieter die Absicht zur Kapitalübertragung, den Zeitpunkt der Kapitalübertragung bis zum Zeitpunkt der Darlehensauszahlung und die Aufgabe der Absicht zur Kapitalübertragung mitzuteilen. [3]Wird die Absicht zur Kapitalübertragung aufgegeben, tritt die schädliche Verwendung zu dem Zeitpunkt ein, zu dem die Mitteilung des Zulageberechtigten hierzu beim Anbieter eingeht, spätes-

tens aber am 1. Januar des zweiten Jahres nach dem Jahr, in dem das Darlehen ausgezahlt wurde.

Verwaltungsschreiben: BMF BStBl I 13, 1022; *BMF* BStBl I 14, 97.

1. Grundsätze. Das mit staatl Förderung während der Ansparphase angesammelte Kapital soll **zwingend** im Alter für eine **Rentenzahlung** eingesetzt werden. **Rechtsfolge:** Jede Verfügung über das staatl geförderte Altersvorsorgevermögen während der Anspar- und auch während der Auszahlungsphase (§ 93 I 2) ist daher grds eine schädl Verwendung, die zur Rückzahlung der gewährten StVorteile (Zulagen, SA-Abzug) und nach § 22 Nr 5 zur Versteuerung der auf das geförderte Altersvermögen entfallenden Zuwächse (Zinserträge, Kursgewinne usw) führt; Rechenbeispiel bei *Blümich/Lindberg* § 93 Rz 10 ff. 1

a) Ausnahmen. Keine schädl Verwendung liegt vor bei Einsatz des Kapitals iRd Zwischenentnahmemodells (§ 92a) oder wenn das Kapital auf einen anderen Altersvorsorgevertrag des Anlegers übertragen wird (§ 93 II), ebenso wenig bei Rentenzahlungen in Fällen der Erwerbsminderung und bei Hinterbliebenenversorgung (§ 93 I 4). 2

b) Erbfall. Auch die Auszahlung des Kapitals im Todesfall des **Zulageberechtigten** an dessen Erben ist eine schädl Verwendung; die Rechtsfolgen richten sich gegen die Erben. Eine Ausnahme gilt für den **überlebenden Ehegatten,** wenn im Todeszeitpunkt die Zusammenveranlagungsvoraussetzungen (§ 26 I) vorgelegen haben und der überlebende Ehegatte das ererbte geförderte Altersvorsorgevermögen auf einen eigenen Altersvorsorgevertrag überträgt (§ 93 I 4). 3

2. Einzelfragen. – Die Zulagen sind nicht zurückzuzahlen, wenn iRe Scheidungsfolgenregelung das geförderte Altersvorsorgevermögen zugunsten zB eines Altersvorsorgevertrages des ausgleichsberechtigten Ehegatten aufgeteilt wird. – **§ 93 Ia.** Entspr gilt bei Aufhebung einer LPartschaft (S 3 nF). Auch die Übertragung von gefördertem Altersvorsorgevermögen auf die Vorsorgeausgleichskasse oder die gesetzl RV ist keine schädl Verwendung. – **§ 93 III** enthält eine Regelung zur unschädl Abfindung einer Kleinbetragsrente; dies dient der Verwaltungsvereinfachung beim Anbieter (Einzelheiten *Risthaus* DB 04, 1383); s auch § 10 I Nr 2 S 2/3 nF. – **§ 93 IV** (ab VZ 2010). Die nicht wohnungswirtschaftl Verwendung eines Darlehens aus dem Altersvorsorgevertrag ist eine schädl Verwendung; hier kann aber innerhalb Jahresfrist das Kapital förderunschädl auf einen anderen zertifizierten Altersvorsorgevertrag übertragen werden. Da sog Kombiverträge durch das AltvVerbG der Neuregelung des § 92a Abs 3 S 8 unterstehen (s dort Rz 5: Erfassung iRd Wohnförderkontos), sind sie nunmehr von § 93 IV ausgenommen. 4

§ 94 Verfahren bei schädlicher Verwendung

(1) [1]**In den Fällen des § 93 Absatz 1 hat der Anbieter der zentralen Stelle vor der Auszahlung des geförderten Altersvorsorgevermögens die schädliche Verwendung nach amtlich vorgeschriebenem Datensatz durch amtlich bestimmte Datenfernübertragung anzuzeigen.** [2]**Die zentrale Stelle ermittelt den Rückzahlungsbetrag und teilt diesen dem Anbieter durch Datensatz mit.** [3]**Der Anbieter hat den Rückzahlungsbetrag einzubehalten, mit der nächsten Anmeldung nach § 90 Absatz 3 anzumelden und an die zentrale Stelle abzuführen.** [4]**Der Anbieter hat die einbehaltenen und abgeführten Beträge der zentralen Stelle nach amtlich vorgeschriebenem Datensatz durch amtlich bestimmte Datenfernübertragung mitzuteilen und diese Beträge dem Zulageberechtigten zu bescheinigen.** [5]**In den Fällen des § 93 Absatz 3 gilt Satz 1 entsprechend.**

(2) [1]**Eine Festsetzung des Rückzahlungsbetrags erfolgt durch die zentrale Stelle auf besonderen Antrag des Zulageberechtigten oder sofern die Rück-**

zahlung nach Absatz 1 ganz oder teilweise nicht möglich oder nicht erfolgt ist. [2] § 90 Absatz 4 Satz 2 bis 6 gilt entsprechend; § 90 Absatz 4 Satz 5 gilt nicht, wenn die Geschäftsbeziehung im Hinblick auf den jeweiligen Altersvorsorgevertrag zwischen dem Zulageberechtigten und dem Anbieter beendet wurde. [3] Im Rückforderungsbescheid sind auf den Rückzahlungsbetrag die vom Anbieter bereits einbehaltenen und abgeführten Beträge nach Maßgabe der Bescheinigung nach Absatz 1 Satz 4 anzurechnen. [4] Der Zulageberechtigte hat den verbleibenden Rückzahlungsbetrag innerhalb eines Monats nach Bekanntgabe des Rückforderungsbescheids an die zuständige Kasse zu entrichten. [5] Die Frist für die Festsetzung des Rückzahlungsbetrags beträgt vier Jahre und beginnt mit Ablauf des Kalenderjahres, in dem die Auszahlung im Sinne des § 93 Absatz 1 erfolgt ist.

1 Der Anbieter hat die DRV Bund vor der Auszahlung des Kapitals an den Anleger über die schädl Verwendung des Altersvorsorgevermögens zu unterrichten (§ 94 I). Die DRV Bund ermittelt den Rückforderungsbetrag (Zulagen, Vorteile aus dem SA-Abzug) und teilt diesen dem Anbieter mit, der dem Anleger nur das um den Rückforderungsbetrag verminderte Kapital auszahlen darf. Die DRV Bund unterrichtet das FA wegen der Versteuerung nach § 22 Nr 5. In der dem Zulageberechtigten vom Anbieter zu erteilenden Bescheinigung sind ab VZ 2014 die Erträge nicht mehr auszuweisen (§ 94 Abs 1 S 4 idF AltvVerbG; *BMF* BStBl I 14, 810). – Ein Rückforderungsbescheid ergeht nur auf Antrag des Anbieters oder wenn (wohl nur im Falle des § 92a) die Rückzahlung allein durch den Einbehalt ganz oder teilweise nicht mögl ist. Gegen den Rückforderungsbescheid sind Einspruch und Klage an FG (§ 98) gegeben. Zu beachten ist die vierjährige Verjährungsfrist nach § 94 II 5.

§ 95 Sonderfälle der Rückzahlung

(1) **Die §§ 93 und 94 gelten entsprechend, wenn**

1. **sich der Wohnsitz oder gewöhnliche Aufenthalt des Zulageberechtigten außerhalb der Mitgliedstaaten der Europäischen Union und der Staaten befindet, auf die das Abkommen über den Europäischen Wirtschaftsraum (EWR-Abkommen) anwendbar ist, oder wenn der Zulageberechtigte ungeachtet eines Wohnsitzes oder gewöhnlichen Aufenthaltes in einem dieser Staaten nach einem Abkommen zur Vermeidung der Doppelbesteuerung mit einem dritten Staat als außerhalb des Hoheitsgebiets dieser Staaten ansässig gilt und**
2. **entweder keine Zulageberechtigung besteht oder der Vertrag in der Auszahlungsphase ist.**

(2) **[1] Auf Antrag des Zulageberechtigten ist der Rückzahlungsbetrag im Sinne des § 93 Absatz 1 Satz 1 zunächst bis zum Beginn der Auszahlung zu stunden. [2] Die Stundung ist zu verlängern, wenn der Rückzahlungsbetrag mit mindestens 15 Prozent der Leistungen aus dem Vertrag getilgt wird. [3] Die Stundung endet, wenn das geförderte Altersvorsorgevermögen nicht unter den in § 1 Absatz 1 Satz 1 Nummer 4 des Altersvorsorgeverträge-Zertifizierungsgesetzes genannten Voraussetzungen an den Zulageberechtigten ausgezahlt wird. [4] Der Stundungsantrag ist über den Anbieter an die zentrale Stelle zu richten. [5] Die zentrale Stelle teilt ihre Entscheidung auch dem Anbieter mit.**

(3) **Wurde der Rückzahlungsbetrag nach Absatz 2 gestundet und**

1. **verlegt der ehemals Zulageberechtigte seinen ausschließlichen Wohnsitz oder gewöhnlichen Aufenthalt in einen Mitgliedstaat der Europäischen Union**

oder einen Staat, auf den das Abkommen über den Europäischen Wirtschaftsraum (EWR-Abkommen) anwendbar ist, oder

2. wird der ehemals Zulageberechtigte erneut zulageberechtigt,

sind der Rückzahlungsbetrag und die bereits entstandenen Stundungszinsen von der zentralen Stelle zu erlassen.

Verwaltungsschreiben: BMF BStBl I 13, 1022; *BMF* BStBl I 14, 97.
Schrifttum: Myßen/Fischer FR 10, 462; NWB 10, 2050.

1. Wegzug ins Ausl. Dies ist grundsätzl auch dann ein Fall der schädl Verwendung, wenn die Zulageberechtigung bereits geendet oder die Auszahlungsphase bereits begonnen hat (§ 95 I Nr 2 idF AltvVerbG; BT-Drs 17/10818, 21: Klarstellung). Davon sind jedoch Wegzugsfälle innerhalb der EU oder in einen EWR-Staat nicht mehr betroffen (Beseitigung des bisherigen EU-Verstoßes). Die begünstigte Immobilie muss aber selbst genutzt werden und die Hauptwohnung oder den Mittelpunkt der Lebensinteressen des Förderberechtigten darstellen. Wird das Altersvorsorgevermögen ausgezahlt, kommt es zudem zur Besteuerung nach § 22 Nr 5. 1

2. Stundung, § 95 II. Wird das Altersvorsorgevermögen aber nicht ausgezahlt, kann der Rückzahlungsbetrag bis zum Beginn der Auszahlungsphase (Beginn der Rentenzahlungen) zinslos gestundet werden. Die Stundung kann darüber hinaus verlängert werden, wenn mindestens 15 vH der dann zufließenden Rentenzahlungen zur Tilgung des Rückforderungsbetrages verwendet werden. Kommt es jedoch während der Stundungsphase zur Auszahlung des Altersvorsorgekapitals, endet die Stundung und der gesamte Rückzahlungsbetrag wird fällig (Abs 2 S 3). Durch Gesetz zu Umsetzung steuerl EU-Vorgaben ist die Zinsfreistellung wegfallen, um die durch die Herbeiführung des EU-konformen Rechtszustandes verursachten Mindereinnahmen etwas abzumildern. Aufgrund der Änderung durch das AltvVerbG finden die Stundungsregeln (§ 95 II nF) auch auf Verträge der betriebl Altersversorgung Anwendung (BT-Drs 17/10818, 21). 2

3. Erlass, § 95 III. Der gestundete Rückzahlungsbetrag und die Stundungszinsen sind von der zentralen Stelle zu erlassen, wenn eine Zulagenberechtigung erneut begründet wird oder der ausschließl Wohnsitz/gewöhnl Aufenthalt wieder in den EU-/EWR-Raum verlegt wird. 3

§ 96 Anwendung der Abgabenordnung, allgemeine Vorschriften

(1) [1]**Auf die Zulagen und die Rückzahlungsbeträge sind die für Steuervergütungen geltenden Vorschriften der Abgabenordnung entsprechend anzuwenden.** [2]**Dies gilt nicht für § 163 der Abgabenordnung.**

(2) [1]**Der Anbieter haftet als Gesamtschuldner neben dem Zulageempfänger für die Zulagen und die nach § 10a Absatz 4 gesondert festgestellten Beträge, die wegen seiner vorsätzlichen oder grob fahrlässigen Pflichtverletzung zu Unrecht gezahlt, nicht einbehalten oder nicht zurückgezahlt worden sind.** [2]**Für die Inanspruchnahme des Anbieters ist die zentrale Stelle zuständig.**

(3) **Die zentrale Stelle hat auf Anfrage des Anbieters Auskunft über die Anwendung des Abschnitts XI zu geben.**

(4) [1]**Die zentrale Stelle kann beim Anbieter ermitteln, ob er seine Pflichten erfüllt hat.** [2]**Die §§ 193 bis 203 der Abgabenordnung gelten sinngemäß.** [3]**Auf Verlangen der zentralen Stelle hat der Anbieter ihr Unterlagen, soweit sie im Ausland geführt und aufbewahrt werden, verfügbar zu machen.**

(5) **Der Anbieter erhält vom Bund oder den Ländern keinen Ersatz für die ihm aus diesem Verfahren entstehenden Kosten.**

(6) [1]**Der Anbieter darf die im Zulageverfahren bekannt gewordenen Verhältnisse der Beteiligten nur für das Verfahren verwerten.** [2]**Er darf sie ohne Zustimmung der Beteiligten nur offenbaren, soweit dies gesetzlich zugelassen ist.**

(7) [1] Für die Zulage gelten die Strafvorschriften des § 370 Absatz 1 bis 4, der §§ 371, 375 Absatz 1 und des § 376 sowie die Bußgeldvorschriften der §§ 378, 379 Absatz 1 und 4 und der §§ 383 und 384 der Abgabenordnung entsprechend. [2] Für das Strafverfahren wegen einer Straftat nach Satz 1 sowie der Begünstigung einer Person, die eine solche Tat begangen hat, gelten die §§ 385 bis 408, für das Bußgeldverfahren wegen einer Ordnungswidrigkeit nach Satz 1 die §§ 409 bis 412 der Abgabenordnung entsprechend.

1 Es gelten sämtl AO-Vorschriften entspr (Ausnahme: § 96 I 2). Die Haftung des Anbieters (§ 96 II) wird wohl kaum zur Anwendung kommen.

§ 97 Übertragbarkeit

[1] Das nach § 10a oder Abschnitt XI geförderte Altersvorsorgevermögen einschließlich seiner Erträge, die geförderten laufenden Altersvorsorgebeiträge und der Anspruch auf die Zulage sind nicht übertragbar. [2] § 93 Absatz 1a und § 4 des Betriebsrentengesetzes bleiben unberührt.

1 Das angesammelte Kapital, soweit es der steuerl Förderung unterliegt, die damit zusammenhängenden Erträge, die lfd Altersvorsorgebeiträge und der Anspruch auf Zulage sind geschützt, also nicht übertragbar, nicht pfändbar und nicht verpfändbar (*BMF* BStBl I 13, 1022, Tz 261ff). Das darüber hinaus angesammelte Kapital und die darüber hinaus geleisteten Beiträge werden hingegen von § 97 nicht erfasst.

§ 98 Rechtsweg

In öffentlich-rechtlichen Streitigkeiten über die auf Grund des Abschnitts XI ergehenden Verwaltungsakte ist der Finanzrechtsweg gegeben.

1 Zuständig ist das FG Bbg (§ 38 I FGO; BMF X R 41/13 DStRE 15, 1365).

§ 99 Ermächtigung

(1) Das Bundesministerium der Finanzen wird ermächtigt, die Vordrucke für die Anträge nach § 89, für die Anmeldung nach § 90 Absatz 3 und für die in den §§ 92 und 94 Absatz 1 Satz 4 vorgesehenen Bescheinigungen und im Einvernehmen mit den obersten Finanzbehörden der Länder den Vordruck für die nach § 22 Nummer 5 Satz 7 vorgesehene Bescheinigung und den Inhalt und Aufbau der für die Durchführung des Zulageverfahrens zu übermittelnden Datensätze zu bestimmen.

(2) [1] Das Bundesministerium der Finanzen wird ermächtigt, im Einvernehmen mit dem Bundesministerium für Arbeit und Soziales und dem Bundesministerium des Innern durch Rechtsverordnung mit Zustimmung des Bundesrates Vorschriften zur Durchführung dieses Gesetzes über das Verfahren für die Ermittlung, Festsetzung, Auszahlung, Rückzahlung und Rückforderung der Zulage sowie die Rückzahlung und Rückforderung der nach § 10a Absatz 4 festgestellten Beträge zu erlassen. [2] Hierzu gehören insbesondere

1. **Vorschriften über Aufzeichnungs-, Aufbewahrungs-, Bescheinigungs- und Anzeigepflichten des Anbieters,**
2. **Grundsätze des vorgesehenen Datenaustausches zwischen den Anbietern, der zentralen Stelle, den Trägern der gesetzlichen Rentenversicherung, der Bundesagentur für Arbeit, den Meldebehörden, den Familienkassen, den zuständigen Stellen und den Finanzämtern und**
3. **Vorschriften über Mitteilungspflichten, die für die Erteilung der Bescheinigungen nach § 22 Nummer 5 Satz 7 und § 92 erforderlich sind.**

1 Aufgrund von § 99 Abs 2 ist die Altersvorsorge-Durchführungsverordnung (AltvDV) erlassen worden.

Sachverzeichnis

Die fettgedruckten Zahlen bezeichnen die Paragraphen,
die mageren Zahlen die Randziffern.